Karsten Schmidt
Insolvenzordnung

Beck'sche Kurz-Kommentare

Band 27

Insolvenzordnung

InsO mit EuInsVO

Herausgegeben von

Karsten Schmidt

Dr. Dr. h. c. mult.
Professor der Bucerius Law School, Hamburg

Bearbeitet von

Prof. Dr. Martin Ahrens; Prof. Dr. Moritz Brinkmann LL. M. (McGill); Rechtsanwalt Dr. Volker Büteröwe; Vorsitzender Richter am BGH a. D. Dr. Hans Gerhard Ganter; Staatssekretär Prof. Dr. Ulf Gundlach; Rechtsanwalt Kai Henning; Leiter des Insolvenzgerichts Hamburg RiAG Dr. Axel Herchen; Rechtsanwalt Priv.-Doz. Dr. Gerrit Hölzle; Programmdirektor/Rechtsanwalt Dr. Carsten Jungmann LL. M. (Yale), M. Sc. Finance (Leicester); Prof. Ulrich Keller, Dipl.-Rpfl.; Rechtsanwalt Stephan Ries; Rechtsanwältin Dr. Ruth Rigol; Rechtsanwalt Dr. Andreas Ringstmeier; Prof. Dr. Dr. h. c. mult. Karsten Schmidt; Rechtsanwalt/Steuerberater Prof. Dr. Jens M. Schmittmann; Rechtsanwalt Prof. Dr. Ralf Sinz, Dipl.-Kfm.; Rechtsanwalt Dr. Jürgen D. Spliedt; Richter am Amtsgericht a. D. Guido Stephan; Vorsitzender Richter am Oberlandesgericht Werner Sternal; Prof. Dr. Christoph Thole, Dipl.-Kfm.; Referent Dr. Henning Thonfeld; Rechtsanwalt Dr. Sven-Holger Undritz; Richter am Amtsgericht Dr. Mihai Vuia; Richter am Oberlandesgericht Alexander Weinland

19. Auflage 2016

C.H.BECK

Zitiervorschlag:
Karsten Schmidt/*Bearbeiter* InsO § 2 Rn. 1

www.beck.de

ISBN 978 3 406 68250 6

Wilhelmstraße 9, 80801 München
Satz, Druck, Bindung und Umschlaggestaltung: Druckerei C. H. Beck Nördlingen
(Adresse wie Verlag)

Gedruckt auf säurefreiem, alterungsbeständigem Papier
(hergestellt aus chlorfrei gebleichtem Zellstoff)

Vorwort

Die 2013 erschienene 18. Auflage dieses Traditionswerks war beim Verlag bereits im Jahr 2015 vergriffen. Die mit ihr erstmals vorgelegte Neukommentierung der InsO und der EuInsO einschließlich des steuerrechtlichen Anhangs hat sich in der Insolvenzpraxis erfreulich rasch etabliert. Dies und ein Strom lebhaft diskutierter Entscheidungen sowie der wachsende Erfahrungsschatz im Bereich des neuen Insolvenzplanverfahrens nach dem ESUG wären allein schon hinreichende Gründe für die nunmehr vorliegende Neubearbeitung. Das Gesetz zur Verkürzung des Restschuldbefreiungsverfahrens und zur Stärkung der Gläubigerrechte vom 15.7.2013 (BGBl. I S. 2379) hat das Gesicht der Verbraucherinsolvenzen verändert. Hinzu kommen unmittelbar bevorstehende Änderungen des geltenden Insolvenzrechts. Im Vorgriff auf das Inkrafttreten der komplett neu gefassten VO (EU) 2015/848 im Jahr 2017 wurden relevante Änderungen vor allem des Rechts der Sekundärinsolvenzen und des Konzerninsolvenzrechts bereits in die Kommentierung der EuInsVO einbezogen. Im Interesse langfristiger Nutzbarkeit konnte auch der seit Oktober 2015 vorliegende Regierungsentwurf eines Gesetzes zur Verbesserung der Rechtssicherheit bei Anfechtungen nach der Insolvenzordnung und nach dem Anfechtungsgesetz mit den darin vorgesehenen Änderungen der §§ 14, 131, 133, 142 und 143 noch berücksichtigt werden.

Die Kommentierung befindet sich im Übrigen auf dem Stand des Sommers 2015 mit einzelnen aktuellen Nachträgen. Dem unverändert gebliebenen sachverständigen Autorenkreis gebührt, wie in der Vorauflage, großer Dank für Einsatz und Gewissenhaftigkeit. Für die professionelle Betreuung im Verlag sorgte Frau Rechtsassessorin Katharina Joachim.

Hamburg, im Oktober 2015

Aus dem Vorwort der 18. Auflage

Der hiermit vorgelegte Kommentar ist ein neu verfasstes Werk zur Erläuterung der Insolvenzordnung und der Europäischen Insolvenzverordnung unter Einschluss ihrer steuerrechtlichen Bezüge. Gleichzeitig knüpft er im Kreis der Beck'schen Kurz-Kommentare an eine von Alois Böhle-Stamschräder mit den Kommentaren zur Konkursordnung und zur Vergleichsordnung begonnene und von Joachim Kilger fortgeführte Tradition an. Diese Werke hat der Herausgeber mit der 16. Auflage zur Konkursordnung übernommen und in der 17. Auflage insgesamt überarbeitet und mit einer Erläuterung der Gesamtvollstreckungsordnung zu einer integrierten Kommentierung zusammengeführt (Kilger/Karsten Schmidt, Insolvenzgesetze, KO/VglO/GesO, 17. Aufl. 1997). Dem Plan des Herausgebers, alsbald nach ihrem Inkrafttreten eine Gesamtkommentierung zur Insolvenzverordnung anzuschließen, stellten sich zeitraubende akademische Aufgaben in den Weg. Umgesetzt wurde dieses Vorhaben schließlich durch den auf einer Autorenkonferenz zusammengestellten, im vorliegenden Band versammelten Kreis erfahrener und renommierter Kommentatoren.

Autorenübersicht

Einf. vor § 315 .... Dr. Dr. h. c. mult. Karsten Schmidt
§§ 315–334 .... Dr. Dr. h. c. mult. Karsten Schmidt
§§ 335–359 .... Dr. Moritz Brinkmann
Art. 102 EGInsO
§§ 1–11 .... Dr. Moritz Brinkmann
EuInsVO .... Dr. Moritz Brinkmann
Anhang Steuerrecht .... Dr. Jens M. Schmittmann

Inhaltsübersicht

Inhaltsverzeichnis

Sechster Teil. Insolvenzplan

Inhaltsverzeichnis

Achter Teil. Restschuldbefreiung nF

Achter Teil. Restschuldbefreiung aF

Neunter Teil. Verbraucherinsolvenzverfahren

Inhaltsverzeichnis

Verordnung (EG) Nr. 1346/2000 des Rates vom 29. Mai 2000 über Insolvenzverfahren – Abl. L 160/1 – EuInsVO –

Kapitel I. Allgemeine Vorschriften

Kapitel II. Anerkennung der Insolvenzverfahren

Kapitel III. Sekundärinsolvenzverfahren

Inhaltsverzeichnis

Kapitel IV. Unterrichtung der Gläubiger und Anmeldung ihrer Forderungen

Kapitel V. Übergangs- und Schlußbestimmungen

Anhang Steuerrecht

Abkürzungsverzeichnis

aA	anderer Auffassung
aaO	am angegebenen Ort
abl.	ablehnend
ABl.	Amtsblatt
Abs.	Absatz, Absätze
abw.	abweichend
AcP	Archiv für die civilistische Praxis
aE	am Ende
aF	alter Fassung
ÄndVO	Änderungsverordnung
ADSp	Allgemeine Deutsche Spediteursbedingungen
AEUV	Vertrag über die Arbeitsweise der Europäischen Union
AFG	Arbeitsförderungsgesetz (jetzt SGB III)
AFRG	Arbeitsförderungs-Reformgesetz
AG	Aktiengesellschaft, Amtsgericht, Die Aktiengesellschaft (Zeitschrift)
AGB	Allgemeine Geschäftsbedingung(en)
AGBG	Gesetz zur Regelung des Rechts der Allgemeinen Geschäftsbedingungen
AGGVG	Gesetz zur Ausführung des Gerichtsverfassungsgesetzes
AktG	Aktiengesetz
allg.	allgemein, allgemeine
allgA	allgemeine Ansicht
allgM	allgemeine Meinung
Alt.	Alternative
amtl.	amtlich
AnfG	Gesetz betreffend die Anfechtung von Rechtshandlungen eines Schuldners außerhalb des Insolvenzverfahrens (Anfechtungsgesetz)
Anh.	Anhang
Anm.	Anmerkung(en)
AnwBl.	Anwaltsblatt
AO	Abgabenordnung, Anordnung
AP	Arbeitsrechtliche Praxis, Nachschlagewerk des Bundesarbeitsgerichts
ArbG	Arbeitsgericht
ArbGG	Arbeitsgerichtsgesetz
Arge	Arbeitsgemeinschaft
Art.	Artikel
Aufl.	Auflage
ausdr.	ausdrücklich
ausf.	ausführlich
AÜG	Arbeitnehmerüberlassungsgesetz
AV	Ausführungsverordnung
AWD	Außenwirtschaftsdienst des Betriebs-Beraters
BA	Bundesanstalt für Arbeit
BaFin	Bundesanstalt für Finanzdienstleistungsaufsicht
BAG	Bundesarbeitsgericht
BAGE	Rechtsprechung des Bundesarbeitsgerichts

Abkürzungsverzeichnis

BAnz	Bundesanzeiger
BauR	Zeitschrift für Baurecht
BayObLG	Bayerisches Oberstes Landgericht
BB	Der Betriebs-Berater
BC	Bankruptcy Code (USA)
Bd.	Band
BDSG	Bundesdatenschutzgesetz
BeckRS	Beck-Rechtsprechung
Begr.	Begründung
Beil.	Beilage
BetrAVG	Gesetz zur Verbesserung der betrieblichen Altersversorgung
BetrVG	Betriebsverfassungsgesetz
BfA	Bundesanstalt für Arbeit
BFH	Bundesfinanzhof
BFHE	Amtliche Sammlung der Entscheidungen des Bundesfinanzhofes
BFH/NV	Nichtamtliche Sammlung der Entscheidungen des Bundesfinanzhofes
BG	Bundesgericht (Schweiz)
BGB	Bürgerliches Gesetzbuch
BGBl.	Bundesgesetzblatt
BGH	Bundesgerichtshof
BGHSt	Entscheidungen des Bundesgerichtshofes in Strafsachen
BGHZ	Entscheidungen des Bundesgerichtshofes in Zivilsachen
BJ	Betrifft Justiz
BK	Berliner Kommentar
BKartA	Bundeskartellamt
BMF	Bundesministerium der Finanzen
BMJ	Bundesministerium der Justiz
BMWi	Bundesministerium für Wirtschaft und Technologie
BNotO	Bundesnotarordnung
BörsG	Börsengesetz
BRAGO	Bundesrechtsanwaltsgebührenordnung
BRAK-Mitt.	Bundesrechtsanwaltskammer Mitteilungen
BRAO	Bundesrechtsanwaltsordnung
BR-Drs.	Drucksache des Bundesrats
BReg.	Bundesregierung
BSG	Bundessozialgericht
BSHG	Bundessozialhilfegesetz
bspw.	beispielsweise
BStBl.	Bundessteuerblatt
BT-Drs.	Drucksache des Deutschen Bundestages
BVerfG	Bundesverfassungsgericht
BVerfGE	Entscheidungen des Bundesverfassungsgerichts
BVerwG	Bundesverwaltungsgericht
BVerwGE	Amtliche Sammlung der Entscheidungen des Bundesverwaltungsgerichts
bzgl.	bezüglich
bzw.	beziehungsweise
c. i. c.	culpa in contrahendo
COMI	Center of main interests
CRO	Chief Restructuring Officer

D&O-Versicherung	Directors-and-Officers-Versicherung
dh	das heißt
DAV	Deutscher Anwalt Verein
DB	Der Betrieb
Der Konzern	Der Konzern (Zeitschrift)
ders.	derselbe
dies.	dieselbe
diff.	differenziert, differenzierend
DiskE	Diskussionsentwurf
Diss.	Dissertation
DGVZ	Deutsche Gerichtsvollzieher-Zeitung
DöKV	Deutsch-österreichische Vertrag auf dem Gebiet des Konkurs- und Vergleichs-(Ausgleichs)rechts vom 25.5.1979
DPMA	Deutsches Patent- und Markenamt
DRiG	Deutsches Richtergesetz
Drs.	Drucksache
DStR	Deutsches Steuerrecht
DZWIR	Deutsche Zeitschrift für Wirtschafts- und Insolvenzrecht (ab 1999)
DZWir	Deutsche Zeitschrift für Wirtschaftsrecht (bis 1998)
ebd.	ebenda
EFG	Entscheidungen der Finanzgerichte
EFZH	Entgeltfortzahlungsgesetz
EG	Europäische Gemeinschaft
EGAktG	Einführungsgesetz zum Aktiengesetz
EGBGB	Einführungsgesetz zum Bürgerlichen Gesetzbuch
EGInsO	Einführungsgesetz zur Insolvenzordnung
EGInsOÄndG	Gesetz zur Änderung des Einführungsgesetzes zur Insolvenzordnung und anderer Gesetze
EGV	Vertrag zur Gründung der Europäischen Gemeinschaften
EGZPO	Gesetz, betreffend die Einführung der Zivilprozessordnung
EHUG	Gesetz über elektronische Handelsregister und Gesetzesregister sowie das Unternehmensregister
Einf v	Einführung vor
EinigungsV	Einigungsvertrag
EinSiG	Einlagensicherungsgesetz
Einl.	Einleitung
EInsVV	Entwurf der Insolvenzrechtlichen Vergütungsverordnung
EMRK	Europäische Menschenrechtskonvention
ErbbauVO	Verordnung über das Erbbaurecht
EStG	Einkommensteuergesetz
etc	et cetera
ESUG	Gesetz zur weiteren Erleichterung der Sanierung von Unternehmen vom 7.12.2011 (BGBl. I S. 2582)
EU	Europäische Union
EuGH	Europäischer Gerichtshof
EuGVÜ	Europäisches Übereinkommen vom 27.9.1968 über die gerichtliche Zuständigkeit und die Vollstreckung

	gerichtlicher Entscheidungen in Zivil- und Handelssachen
EuGVVO	Verordnung des Rates (EG) Nr. 44/2001 vom 22.12.2000 über die gerichtliche Zuständigkeit und die Anerkennung und Vollstreckung von Entscheidungen in Zivil- und Handelssachen
EuInsÜ	Europäisches Übereinkommen über Insolvenzverfahren vom 23.11.1995 (statt EuIÜ)
EuInsVO	Verordnung des Rates (EG) Nr. 1346/2000 vom 29.5.2000 über Insolvenzverfahren
EuZW	Europäische Zeitschrift für Wirtschaftsrecht
evtl.	eventuell
EVÜ	Europäisches Übereinkommen über das auf vertragliche Schuldverhältnisse anzuwendende Recht vom 19.6.1980
EWiR	Entscheidungen zum Wirtschaftsrecht
EWIV	Europäische Wirtschaftliche Interessenvereinigung
EWR	Europäischer Wirtschaftsraum
EWS	Europäisches Wirtschafts- und Steuerrecht
EzA	Entscheidungssammlung zum Arbeitsrecht
f./ff.	folgende (Singular/Plural)
FamRZ	Zeitschrift für das gesamte Familienrecht
FG	Finanzgericht
FGG	Gesetz über die Angelegenheiten der freiwilligen Gerichtsbarkeit
FGO	Finanzgerichtsordnung
FK	Frankfurter Kommentar
FMStFG	Finanzmarktstabilisierungsfondsgesetz
Fn.	Fußnote(n)
FS	Festschrift
GBl.	Gesetzblatt
GBO	Grundbuchordnung
GbR	Gesellschaft bürgerlichen Rechts
GBV	Grundbuchverfügung
gem.	gemäß
GenG	Gesetz betreffend die Erwerbs- und Wirtschaftsgenossenschaften
GesO	Gesamtvollstreckungsordnung
GesRZ	Der Gesellschafter
GewO	Gewerbeordnung
GG	Grundgesetz für die Bundesrepublik Deutschland
ggf.	gegebenenfalls
ggü.	gegenüber
GKG	Gerichtskostengesetz
GmbH	Gesellschaft mit beschränkter Haftung
GmbHG	Gesetz betreffend die Gesellschaften mit beschränkter Haftung
GmbHR	GmbH-Rundschau
GmS OGB	Gemeinsamer Senat der obersten Gerichtshöfe des Bundes
grds.	grundsätzlich
GRUR	Gewerblicher Rechtsschutz und Urheberrecht
GrS	Großer Senat

GS	Gedächtnisschrift
GuV	Gewinn- und Verlustrechnung
GVG	Gerichtsverfassungsgesetz
GVGA	Gerichtsvollzieher-Geschäftsanweisung
GWB	Gesetz gegen Wettbewerbsbeschränkungen
hA	herrschende Ansicht/Auffassung
HambK	Hamburger Kommentar
HBG	Hypothekenbankgesetz
HdB	Handbuch
HGB	Handelsgesetzbuch
HintO	Hinterlegungsordnung
HK	Heidelberger Kommentar
hL	herrschende Lehre
hM	herrschende Meinung
HRefG	Handelsrechts-Reformgesetz
Hrsg.	Herausgeber
hrsg.	herausgegeben
Hs.	Halbsatz
hRspr.	herrschende Rechtsprechung
HwO	Handwerksordnung
idS	in diesem Sinne
idR	in der Regel
IDW	Institut Deutscher Wirtschaftsprüfer
IDW ES 11	Entwurf eines IDW-Standards zur Beurteilung des Vorliegens von Insolvenzeröffnungsgründen
IDW S 11	Standard zur Beurteilung des Vorliegens von Insolvenzeröffnungsgründen
iErg	im Ergebnis
IILR	International Insolvency Law Review
IIR	International Insolvency Review
INF	Information über Steuer und Wirtschaft
Insbüro	Zeitschrift für das Insolvenzbüro
InsO	Insolvenzordnung
InsOÄndG 2001	Gesetz zur Änderung der Insolvenzordnung und anderer Gesetze (BGBl. I S. 2710 ff.)
InsOBeRV	Verordnung zu öffentlichen Bekanntmachungen in Insolvenzverfahren im Internet
InsR-Hdb	Insolvenzrechts-Handbuch
InsVV	Insolvenzrechtliche Vergütungsverordnung
InVo	Insolvenz & Vollstreckung
IPR	Internationales Privatrecht
IPRax	Praxis des Internationalen Privat- und Verfahrensrechts
IPRG	Bundesgesetz über das internationale Privatrecht (Schweiz)
IPRspr.	Die dt. Rspr. auf dem Gebiet des IPR
iSd	im Sinne des
iSv	im Sinne von
iVm	in Verbindung mit
iwS	im weiteren Sinne
JA	Juristische Arbeitsblätter
JR	Juristische Rundschau
Jura	Juristische Ausbildung
JurBüro	Das juristische Büro

Abkürzungsverzeichnis

JuS	Juristische Schulung
JW	Juristische Wochenschrift
JZ	Juristenzeitung
Kap.	Kapitel
Kaug	Konkursausfallgeld
KG	Kommanditgesellschaft, Kammergericht
KGaA	Kommanditgesellschaft auf Aktien
KK	Kölner Kommentar
KKZ	Kommunale Kassenzeitschrift
KO	Konkursordnung
Konzern	s. Der Konzern
KS InsO	Kölner Schrift zur Insolvenzordnung
KSchG	Kündigungsschutzgesetz
KStG	Körperschaftsteuergesetz
KTS	Konkurs. Treuhand. Sanierung
KuT	Konkurs- und Treuhandwesen
KWG	Kreditwesengesetz
LAG	Landesarbeitsgericht
LAGE	Entscheidungen der Landesarbeitsgerichte
LG	Landgericht
Lit.	Litera (Buchstabe)
LM	Nachschlagewerk des BGH, hrsg. *v. Lindenmaier, Möhring* u. a.
LPG	Landwirtschaftliche Produktionsgesellschaft
LPGG	LPG-Gesetz
LSG	Landessozialgericht
LuftFzgG	Gesetz über die Rechte an Luftfahrzeugen
LuftVG	Luftverkehrsgesetz
LZ	Leipziger Zeitschrift für Deutsches Recht
mAnm	mit Anmerkung
m a W	mit anderen Worten
MarkenG	Markengesetz
Mat.	Materialien
MDR	Monatszeitschrift für Deutsches Recht
MiZi	Anordnung über Mitteilungen in Zivilsachen
MK	Münchener Kommentar
m N	mit Nachweisen
MoMiG	Gesetz zur Modernisierung des GmbH-Rechts und zur Bekämpfung von Missbräuchen
mwN	mit weiteren Nachweisen
nF	neuer Fassung
NJOZ	Neue Juristische Onlinezeitung
NJW	Neue Juristische Wochenschrift
NJW-CoR	Computerreport der NJW
NJW-RR	NJW-Rechtsprechungs-Report Zivilrecht
Nr.	Nummer
n rkr	nicht rechtskräftig
NStZ	Neue Zeitschrift für Strafrecht
nv	nicht veröffentlicht
NVwZ-RR	Neue Verwaltungszeitschrift – Rechtsprechungsreport
NZA	Neue Zeitschrift für Arbeits- und Sozialrecht
NZA-RR	NZA Rechtsprechungs-Report Arbeitsrecht

NZG	Neue Zeitschrift für Gesellschaftsrecht
NZI	Neue Zeitschrift für Insolvenz und Sanierung
OFD	Oberfinanzdirektion
oHG	Offene Handelsgesellschaft
OLG	Oberlandesgericht
OLGE	Entscheidungen der Oberlandesgerichte
OLGR	OLG-Rechtsprechungsreport
OLGRspr	Die Rechtsprechung der Oberlandesgerichte auf dem Gebiet des Zivilrechts
OLGZ	Entscheidungen der Oberlandesgerichte in Zivilsachen einschließlich der freiwilligen Gerichtsbarkeit
o.	oben
oÄ	oder Ähnliche/s
o V	Ohne Verfasser
OVG	Oberverwaltungsgericht
OWiG	Gesetz über Ordnungswidrigkeiten
PartGG	Partnerschaftsgesellschaftsgesetz
PatG	Patentgesetz
PKH	Prozesskostenhilfe
ProdHaftG	Produkthaftungsgesetz
PSV	Pensionssicherungsverein
PSVaG	Pensionssicherungsverein auf Gegenseitigkeit
RabelsZ	Rabels Zeitschrift für ausländisches und internationales Privatrecht
RAG	Reichsarbeitsgericht
RAGE	Entscheidungen des Rechtsarbeitsgerichtes
RBerG	Rechtsberatungsgesetz
RdA	Recht der Arbeit
Rn.	Randnummer(n)
RefE	Referentenentwurf
RegE	Regierungsentwurf
RG	Reichsgericht
RGBl.	Reichsgesetzblatt
RGRK	Reichsgerichtsräte-Kommentar
RGSt	Entscheidungen des Reichsgerichts in Strafsachen
RGZ	Entscheidungen des Reichsgerichts in Zivilsachen
RIW	Recht der internationalen Wirtschaft
rkr.	rechtskräftig
RL	Richtlinie
Rn.	Randnummer
Rom I	Verordnung (EG) Nr. 593/2008 des Europäischen Parlaments und des Rates vom 17. Juni 2008 über das auf vertragliche Schuldverhältnisse anzuwendende Recht
Rom II	Verordnung (EG) Nr. 864/2007 des Europäischen Parlaments und des Rates vom 11. Juli 2007 über das auf außervertragliche Schuldverhältnisse anzuwendende Recht
RNotZ	Rheinische Notar-Zeitschrift
Rpfleger	Der Deutsche Rechtspfleger (Zeitschrift)
RPflG	Rechtspflegergesetz
Rspr.	Rechtsprechung
RWS-Dok.	RWS-Dokumentation

Abkürzungsverzeichnis

S.	Seite, Satz
s.	siehe
sa	siehe auch
ScheckG	Scheckgesetz
SchlH	Schleswig-Holstein
SchRG	Gesetz über Rechte an eingetragenen Schiffen und Schiffsbauarten
SchRegO	Schiffsregisterordnung
SchRegDV	Verordnung zur Durchführung der Schiffsregisterordnung
SchuldRModG	Gesetz zur Modernisierung des Schuldrechts, BGBl. I 2001, S. 3138
SchVG	Schuldverschreibungsgesetz
sec.	section
SGB	Sozialgesetzbuch
SGG	Sozialgerichtsgesetz
SigG	Gesetz zur digitalen Signatur
Slg.	Sammlung der Rechtsprechung des Gerichtshofs der Europäischen Gemeinschaften und des Gerichts erster Instanz
sog	sogenannte(r/s)
SozPlG	Sozialplangesetz
SozplKonkG	Gesetz über den Sozialplan im Konkurs- und Vergleichsverfahren
SozR	Sozialrecht, Rechtsprechung und Schrifttum, bearbeitet von den Richtern des BSG
SprAuG	Sprecherausschussgesetz
StÄndG 2001	Steueränderungsgesetz 2001 (BGBl. I S. 3794 ff.)
StBerG	Steuerberatungsgesetz
Stbg	Steuerberatung
StGB	Strafgesetzbuch
StPO	Strafprozessordnung
str.	Strittig
StV	Der Strafverteidiger (Zeitschrift)
TVG	Tarifvertragsgesetz
Tz.	Textziffer
u.	unten
u a	unter anderem
u Ä	und ähnliches
Überarb.	Überarbeiter
UGB	Unternehmensgesetzbuch (Österreich)
umf.	Umfassend
umstr.	Umstritten
UmwG	Umwandlungsgesetz
UNCITRAL	United Nations Commission in International Trade Law
UntStFG	Gesetz zur Fortentwicklung des Unternehmenssteuerrechts (Unternehmenssteuerfortentwicklungsgesetz – UntStFG) vom 20.12.2001 (BGBl. I S. 3858)
UrhbG	Urhebergesetz
Urt.	Urteil
U. S. C.	United States Code
u s w	und so weiter

UStDV	Umsatzsteuer-Durchführungsverordnung
UStG	Umsatzsteuergesetz
UStR	Umsatzsteuer-Richtlinien
u U	unter Umständen
UWG	Gesetz gegen unlauteren Wettbewerb
v.	von, vom
va	vor allem
VAG	Versicherungsaufsichtsgesetz
VbrInsVV	Verordnung zur Einführung von Vordrucken für das Verbraucherinsolvenzverfahren und das Restschuldbefreiungsverfahren (Verbraucherinsolvenzvordruckverordnung – VbrInsVV)
VerbrKrG	Verbraucherkreditgesetz
VergVO	Verordnung über die Vergütung von Konkursverwaltern, des Vergleichsverwalters, der Mitglieder des Gläubigerausschusses und der Mitglieder des Gläubigerbeirats (Vergütungsverordnung)
VerlG	Verlagsgesetz
VermG	Vermögensgesetz
VersR	Versicherungsrecht
VerwArch	Verwaltungsarchiv
VGH	Verwaltungsgerichtshof
vgl.	vergleiche
VglO	Vergleichsordnung
VIA	Verbraucherinsolvenz aktuell
VO	Verordnung
VOB	Verdingungsordnung für Bauleistungen
VOB/B	Verdingungsordnung für Bauleistungen, Teil
Vorbem. v.	Vorbemerkung von
VuR	Verbraucher und Recht
VVG	Gesetz über den Versicherungsvertrag (Versicherungsvertragsgesetz)
VwGO	Verwaltungsgerichtsordnung
VwVfG	Verwaltungsverfahrensgesetz
WEG	Gesetz über das Wohnungseigentum und das Dauerwohnrecht (Wohnungseigentumsgesetz)
WG	Wechselgesetz
wistra	Zeitschrift für Wirtschaft, Steuer, Strafrecht
WM	Wertpapier-Mitteilungen, Zeitschrift für Wirtschafts- und Bankrecht
WPg	Die Wirtschaftsprüfung
WpHG	Wertpapierhandelsgesetz
WpÜG	Wertpapiererwerbs- und Übernahmegesetz
WuB	Wirtschafts- und Bankrecht
WuW	Wirtschaft und Wettbewerb
WuW/E	WuW-Entscheidungssammlung
zB	zum Beispiel
ZBB	Zeitschrift für Bankrecht und Bankwirtschaft
ZfA	Zeitschrift für Arbeitsrecht
ZfIR	Zeitschrift für Immobilienrecht
ZfPW	Zeitschrift für die gesamte Privatrechtswissenschaft
ZGB	Zivilgesetzbuch der DDR
ZGR	Zeitschrift für Unternehmens- und Gesellschaftsrecht

ZHR .... Zeitschrift für das gesamte Handels- und Wirtschaftsrecht
Ziff. .... Ziffer
ZInsO .... Zeitschrift für das gesamte Insolvenzrecht
ZIP .... Zeitschrift für Wirtschaftsrecht (früher: „und Insolvenzpraxis")
ZMR .... Zeitschrift für Miet- und Raumrecht
ZPO .... Zivilprozessordnung
ZPO-RG .... Gesetz zur Reform des Zivilprozesses vom 27.7.2001 (BGBl. I S. 1887 ff.)
ZRP .... Zeitschrift für Rechtspolitik
ZSEG .... Gesetz über die Entschädigung von Zeugen und Sachverständigen
zusf. .... zusammenfassend
zust. .... zustimmend
ZVG .... Gesetz über die Zwangsversteigerung und die Zwangsverwaltung (Zwangsversteigerung)
ZVI .... Zeitschrift für Verbraucher-Insolvenzrecht
ZZP .... Zeitschrift für Zivilprozess

Literaturverzeichnis

Ahnert, Verbraucherinsolvenz- und Restschuldbefreiung, 2. Aufl. 2003
Ahrens/Gehrlein/Ringstmeier, Fachanwalts-Kommentar Insolvenzrecht, 2. Aufl. 2014
Andres/Leithaus, Insolvenzordnung, Kommentar, 3. Aufl. 2014; zitiert: Andres/Leithaus/*Bearbeiter*
Arbeitskreis für Insolvenzwesen Köln e. V. (Hrsg.), Kölner Schrift zur Insolvenzordnung, 3. Aufl. 2009; zitiert: Kölner Schrift InsO
Arnold/Meyer-Stolte/u a, Rechtspflegergesetz: Kommentar, 8. Aufl. 2015; zitiert: Arnold/Meyer-Stolte/*Bearbeiter*
Backmeister/Trittin/Mayer, Kündigungsschutzgesetz mit Nebengesetzen: KSchG, 4. Aufl. 2009
Balz, Sanierung von Unternehmen oder von Unternehmensträgern?: Zur Stellung der Eigentümer in einem künftigen Reorganisationsverfahren, 1986
Balz/Landfermann, Die neuen Insolvenzgesetze: mit Einleitung und den amtlichen Materialien, 2. Aufl. 1999; zitiert: *Balz/Landfermann*
Bamberger/Roth, Kommentar zum Bürgerlichen Gesetzbuch, 3. Aufl. 2012
Bankrechts-Handbuch s. Schimansky/Bunte/Lwowski
Bassenge/Herbst/Roth, Gesetz über die Angelegenheiten der freiwilligen Gerichtsbarkeit– Rechtspflegergesetz, 12. Aufl. 2009; zitiert: Bassenge/Herbst/Roth FGG
Bauer/v. Oefele, Grundbuchordnung, 3. Aufl. 2013; zitiert: Bauer/v. Oefele/*Bearbeiter*
Baumbach/Hopt, Handelsgesetzbuch, 37. Aufl. 2015
Baumbach/Hueck, GmbH-Gesetz, 20. Aufl. 2013
Baumbach/Lauterbach/Albers/Hartmann, Zivilprozessordnung, 74. Aufl. 2015; zitiert: BLAH ZPO/*Bearbeiter*
Baur/Stürner, Insolvenzrecht: ein Lehrbuch, 3. Aufl. 1991; zitiert: *Bauer/Stürner* InsR
Baur/Stürner, Zwangsvollstreckungsrecht, 13. Aufl. 2006; zitiert: *Bauer/Stürner* ZVR
Beck'scher Bilanz-Kommentar: Handelsbilanz, Steuerbilanz, 9. Aufl. 2014; zitiert: BeBiKo/*Bearbeiter*
Beck'sches Handbuch der GmbH, Gesellschaftsrecht-Steuerrecht, 5. Aufl. 2014; zitiert: BeckGmbH-HdB/*Bearbeiter*
Berliner Kommentar zum Insolvenzrecht, Stand 52. Lieferung, Juli 2015; zitiert: BK-InsO/*Bearbeiter*
Berliner Kommentar zum Versicherungsvertragsgesetz: Kommentar zum deutschen und österreichischen VVG, 2012; zitiert: BK-VVG/*Bearbeiter*
Blersch, Insolvenzrechtliche Vergütungsverordnung, 2000
Blersch/Goetsch/Haas s. Berliner Kommentar
Bley/Mohrbutter, Vergleichsordnung: Großkommentar, 4. Aufl. 1979 ff.; zitiert: Bley/Mohrbutter VglO/*Bearbeiter*
Böhle-Stamschräder/Kilger, Vergleichsordnung, 11. Aufl. 1986; zitiert: Böhle-Stamschräder/Kilger VglO
Boochs/Dauernheim, Steuerrecht in der Insolvenz, 3. Aufl. 2007
Boos/Fischer/Schulte-Mattier, Kreditwesengesetz: Kommentar zu KWG und Ausführungsvorschriften, 4. Aufl. 2012
Bork, Einführung in das Insolvenzrecht, 7. Aufl. 2014
Bork, Handbuch des Insolvenzanfechtungsrechts, 1. Aufl. 2006; zitiert: Bork InsAnfR-HdB/*Bearbeiter*

Literaturverzeichnis

Bork/Hölzle, Handbuch Insolvenzrecht, 2014; zitiert: Bork/Hölzle InsR-HdB/*Bearbeiter*
Bork/Schäfer, Kommentar zum GmbHG, 2. Aufl. 2012
Braun, Insolvenzordnung, 6. Aufl. 2014; zitiert: Braun/*Bearbeiter*
Braun/Uhlenbruck, Unternehmensinsolvenz: Grundlagen, Gestaltungsmöglichkeiten, Sanierung mit der Insolvenzordnung, 1997; zitiert: Braun/Uhlenbruck Unternehmensinsolvenz
Bringewat/Uhländer/Schmittmann, Insolvenzen und Steuern, 9. Aufl. 2011
Brox/Walker, Erbrecht, 26. Aufl. 2014
Brox/Walker, Zwangsvollstreckungsrecht, 10. Aufl. 2014
Cranshaw/Paulus/Michel, Bankenkommentar zum Insolvenzrecht, 2. Aufl. 2012; zitiert: Cranshaw/Paulus/Michel/*Bearbeiter* oder BankenKoInsR/*Bearbeiter*
Däubler/Kittner/Klebe/Wedde, BetrVG: Betriebsverfassungsgesetz, 14. Aufl. 2014; zitiert: DKKW BetrVG/*Bearbeiter*
Demharter, GBO, 29. Aufl. 2014; zitiert: Demharter/*Bearbeiter*
Duursma-Kepplinger/Duursma/Chalupsky, Europäische Insolvenzverordnung, Kommentar, 2002; zitiert: Duursma-Kepplinger/Duursma/Chalupsky EuInsVO/*Bearbeiter*
Ebenroth/Boujong/Joost/Strohn , HGB Kommentar in zwei Bänden, 2009; zitiert: EBJS/*Bearbeiter*
Eickmann, Vergütungsrecht – Kommentar zur InsVV, 2. Aufl. 2001
Eidenmüller, Unternehmenssanierung zwischen Markt und Gesetz: Mechanismen der Unternehmensreorganisation und Kooperationspflichten im Reorganisationsrecht, 1999; zitiert: *Eidenmüller* Unternehmenssanierung zwischen Markt und Gesetz
Erman, Bürgerliches Gesetzbuch: Handkommentar mit AGBG, EGBGB, ErbbauVO, HausratsVO, HausTWG, ProdHaftG, SachenRBerG, SchuldRAnpG, VerbrKrG, 14. Aufl. 2014; zitiert: Erman/*Bearbeiter*
Erster Bericht der Kommission für Insolvenzrecht, 1985
Etzel/Bader/Fischermeier/ua, KR-Gemeinschaftskommentar zum Kündigungsschutzgesetz und zu sonstigen kündigungsrechtlichen Vorschriften, 11. Aufl. 2015; zitiert: KR-KSchG/*Bearbeiter*
Feuerich/Weyland, Bundesrechtsanwaltsordnung (BRAO), 8. Aufl. 2012; zitiert: Feuerich/Weyland/*Bearbeiter*
Fitting/Engels/Schmidt/Trebinger/Linsenmaier, Betriebsverfassungsgesetz: BetrVG, 27. Aufl. 2014; zitiert: Fitting BetrVG/*Bearbeiter*
Flöther, Handbuch zum Konzerninsolvenzrecht, 2015
Foerste, Insolvenzrecht, 6. Aufl. 2014; zitiert: Foerste InsR/*Bearbeiter*
Frankfurter Kommentar zur Insolvenzordnung, 8. Aufl., München 2015; zitiert: FK-InsO/*Bearbeiter*
Frege/Keller/Riedel, Insolvenzrecht, 8. Aufl., München 2015
Frotscher, Besteuerung bei Insolvenz, 8. Aufl. 2014
Gaul/Schilken/Becker-Eberhard, Zwangsvollstreckungsrecht, 12. Aufl. 2010; zitiert: Gaul/Schilken/Becker-Eberhard ZVR/*Bearbeiter*
Geimer/Schütze, Europäisches Zivilverfahrensrecht, 3. Aufl. 2015; zitiert: Geimer/Schütze EuZVerfR/*Bearbeiter*
Gemeinschaftskommentar zum Betriebsverfassungsgesetz, in 2 Bänden, 10. Aufl. 2014; zitiert: GK-BetrVG/*Bearbeiter*
v. Gerkan/Hommelhoff, Handbuch des Kapitalersatzrechts, 2. Aufl. 2002
Gessner/Rhode/Strate/Ziegert, Die Praxis der Konkursabwicklung in der Bundesrepublik Deutschland – eine rechtssoziologische Studie, 1978
Göhler, Ordnungswidrigkeitengesetz, 16. Aufl. 2012; zitiert: Göhler/*Bearbeiter*
Goette, Gesellschafterfinanzierung nach MoMiG und das Eigenkapitalersatzrecht in der Praxis, 6. Aufl. 2010

Goette, Einführung in das neue GmbH-Recht, 2008; zitiert: Goette GmbH-Recht
Gottwald, Insolvenzrechtshandbuch, 5. Aufl. 2015; zitiert: Gottwald InsR-HdB/*Bearbeiter*
Graeber, Vergütung im Insolvenzverfahren von A–Z, 2005
Graf-Schlicker, Kommentar zur Insolvenzordnung, 4. Aufl. 2014; zitiert: Graf-Schlicker/*Bearbeiter*
Großkommentar zum AktG, 5. Aufl. 2015; zitiert: GK-AktG/*Bearbeiter*
Großkommentar zum GmbHG, 2. Aufl. 2008; zitiert: GK-GmbH/*Bearbeiter*
Grote/Weinhold, Arbeitshilfe InsO, 2001
Grunewald, Gesellschaftsrecht, 9. Aufl. 2014
Haarmeyer/Mock, Insolvenzrechtliche Vergütung (InsVV), 5. Aufl. 2014; zitiert: *Haarmeyer/Mock* InsVV
Haarmeyer/Wutzke/Förster, Handbuch zur Gesamtvollstreckungsordnung, 4. Aufl. 1998; zitiert: Haarmeyer/Wutzke/Förster GesVO-HdB
Haarmeyer/Wutzke/Förster, Kommentar zur Insolvenzordnung, 2. Aufl. 2012
Haarmeyer/Wutzke/Förster, Handbuch zur Insolvenzordnung InsO/EGInsO, 3. Aufl. 2001; zitiert: Haarmeyer/Wutzke/Förster InsO/EGInsO-HdB
Haarmeyer/Wutzke/Förster, Insolvenzrechtliche Vergütungsverordnung, InsVV, 4. Aufl. 2007; zitiert: Haarmeyer/Wutzke/Förster InsVV
Hachenburg/Ulmer, Kommentar zum GmbHG, 8. Aufl. 2003
Hahn, Die gesamten Materialien zu den Reichs-Justizgesetzen, Band 4 (Materialien zur KO), 1881 (Nachdruck 1983)
Hamburger Kommentar zum Insolvenzrecht, A. Schmidt (Hrsg.), 5. Aufl. 2015; zitiert: HambK-InsO/*Bearbeiter*
Hartmann, Kostengesetze: KostG, 45. Aufl. 2015; zitiert: Hartmann/*Bearbeiter*
Häsemeyer, Insolvenzrecht, 4. Aufl. 2007; zitiert: *Häsemeyer* InsR
Haß/Huber/Gruber/Heiderhoff, EU-Insolvenzverordnung (EuInsVO), Kommentar zur VO (EG) Nr. 1346/2000 über Insolvenzverfahren, Sonderdruck aus Geimer/Schütze (Hrsg.), Internationaler Rechtsverkehr in Zivil- und Handelssachen, 2005; zitiert: HHGH EuInsVO/*Bearbeiter*
Heidelberger Kommentar zur Insolvenzordnung, 7. Aufl. 2014; zitiert: HK-InsO/*Bearbeiter*
Hennsler/Strohn, GesellschaftsR, 2. Aufl. 2014; zitiert: Hennsler/Strohn/*Bearbeiter*
Hess, Insolvenzrecht, Kommentar zur Insolvenzordnung in zwei Bänden, 2. Aufl. 2013
Hess/Obermüller, Die Rechtsstellung der Verfahrensbeteiligten nach der Insolvenzordnung, 1996
Hess/Obermüller, Insolvenzplan, Restschuldbefreiung und Verbraucherinsolvenz, 3. Aufl. 2003; zitiert: *Hess/Obermüller* Insolvenzplan, Restschuldbefreiung und Verbraucherinsolvenz
Hess/Weis/Wienberg, Insolvenzarbeitsrecht, Kommentar, 2. Aufl. 2000
Hoffmann, Verbraucherinsolvenz und Restschuldbefreiung, 2. Aufl. 2002; zitiert: Hoffmann Verbraucherinsolvenz
Huber, Anfechtungsgesetz (AnfG), Gesetz über die Anfechtung von Rechtshandlungen eines Schuldners außerhalb des Insolvenzverfahrens, 10. Aufl. 2006; zitiert: Huber AnfG
Insolvenzrechts-Handbuch s. Gottwald
Jaeger, Insolvenzordnung, 2004; zitiert: Jaeger/*Bearbeiter*
Jaeger/Weber, Konkursordnung mit Einführungsgesetzen, 8. Aufl. 1973
Jauernig, Bürgerliches Gesetzbuch, 15. Aufl. 2014; zitiert: Jauernig/*Bearbeiter*
Jauernig, Zwangsvollstreckungs- und Insolvenzrecht: ein Studienbuch, 23. Aufl. 2010; zitiert: Jauernig ZVR InsR

Junker, Internationales Arbeitsrecht im Konzern, 1992
Keidel, FamFG, Kommentar zum Gesetz über das Verfahren in Familiensachen und in den Angelegenheiten der freiwilligen Gerichtsbarkeit, 18. Aufl. 2014
Kilger/Karsten Schmidt, Insolvenzgesetze KO/VglO/GesO, 17. Aufl. 1997
Kindler/Nachmann, Handbuch Insolvenzrecht in Europa, Loseblatt, 2014, Stand: April 2014; zitiert: Kindler/Nachmann InsR-HdB
Kindl/Meller-Hannich/Wolf, Gesamtes Recht der Zwangsvollstreckung, 2. Aufl. 2012
Kittner/Däubler/Zwanziger, KSchR – Kündigungsschutzrecht, 9. Aufl. 2014; zitiert: Kittner/Däubler/Zwanziger KSchR/*Bearbeiter*
Kölner Kommentar zum Aktiengesetz, 3. Aufl. 2012
Kölner Schrift zur Insolvenzordnung, Das neue Insolvenzrecht in der Praxis, Arbeitskreis für Insolvenz- und Schiedsgerichtswesen e. V. (Hrsg.), 3. Aufl. 2009; zitiert: Kölner Schrift InsO
Koller/Kindler/Roth/Morck, Handelsgesetzbuch, 8. Aufl. 2015; zitiert: KRRM/*Bearbeiter*
Kropholler/von Hein, Europäisches Zivilprozessrecht, 9. Aufl. 2011
Kübler, HRI – Handbuch Restrukturierung in der Insolvenz, 2. Aufl. 2015
Kübler, Neuordnung des Insolvenzrechts, 1989
Kübler/Prütting/Bork, Kommentar zur Insolvenzordnung, Loseblatt, Stand Februar 2015; zitiert: Kübler/Prütting/Bork/*Bearbeiter*
Landmann/Rohmer, Gewerbeordnung und ergänzende Vorschriften, 68. Aufl. 2015; zitiert: Landmann/Rohmer GewO/*Bearbeiter*
Larenz/Canaris, Lehrbuch des Schuldrechts, Band II.: Besonderer Teil, 2. Halbband, 13. Aufl. 1994
Leipold, Insolvenzrecht im Umbruch, Analysen und Alternativen; Würzburger Arbeitstagung der Vereinigung der Zivilprozeßlehrer zum Referentenentwurf einer Insolvenzordnung, 1991
Leipold, Erbrecht, 20. Aufl. 2014; zitiert: Leipold ErbR
Leipziger Kommentar zum Strafgesetzbuch, Jähnke u a (Hrsg.), 12. Aufl. 2006
Leonhardt/Smid/Zeuner, Insolvenzordnung, 3. Aufl. 2010; zitiert: Leonhardt/Smid/Zeuner/*Bearbeiter*
Leonhardt/Smid/Zeuner, Insolvenzrechtliche Vergütungsverordnung, 2014; zitiert: Leonhardt/Smid/Zeuner InsVV/*Bearbeiter*
Leonhardt/Smid/Zeuner, Internationales Insolvenzrecht, 2. Aufl. 2012; zitiert: Leonhardt/Smid/Zeuner IntInsR/*Bearbeiter*
Linke/Hau, Internationales Zivilverfahrensrecht, 2. Aufl. 2012; zitiert: *Linke/Hau* IntZVerfR
Lüke, Persönliche Haftung des Verwalters in der Insolvenz, 5. Aufl. 2015
Lutter/Hommelhoff, GmbH-Gesetz, 18. Aufl. 2012
Lwowski/Fischer/Langenbucher, Das Recht der Kreditsicherung, 9. Aufl. 2011
Lwowski/Tetzlaff, Umweltrisiken und Altlasten in der Insolvenz, 2002; zitiert: Lwowski/Tetzlaff Umweltrisiken Insolvenz
Marotzke, Gegenseitige Verträge im neuen Insolvenzrecht, 3. Aufl. 2001
Maunz/Dürig, Grundgesetz, Loseblattsammlung, 72. Aufl. 2014
Meikel, Grundbuchrecht, 10. Aufl. 2008
Michalski, Kommentar zum GmbHG, 2. Aufl. 2010; zitiert: Michalski/*Bearbeiter*
Mönning, Betriebsfortführung in der Insolvenz, 2. Aufl. 2014; zitiert: Mönning BetriebsF Inso/*Bearbeiter*
Mohrbutter/Ringstmeier, Handbuch der Insolvenzverwaltung, 9. Aufl. 2015; zitiert: Mohrbutter/Ringstmeier InsVw-HdB/*Bearbeiter*
Moss/Fletcher/Isaacs, The EC Regulation on Insolvency Proceedings, A Commentary and Annotated Guide, 2. Aufl. 2009

Münchener Kommentar zum Aktiengesetz, 4. Aufl. 2014; zitiert: MüKoAktG/*Bearbeiter*
Münchener Kommentar zum Bürgerlichen Gesetzbuch, in 12 Bänden, 6. Aufl. 2012–2015; zitiert: MüKoBGB/*Bearbeiter*
Münchener Kommentar zum GmbHG, 2. Aufl. 2014; zitiert: MüKoGmbH/*Bearbeiter*
Münchener Kommentar zum Handelsgesetzbuch, 3. Aufl. 2010–2012; zitiert: MüKoHGB/*Bearbeiter*
Münchener Kommentar zur Insolvenzordnung, 3. Aufl. 2013–2014; zitiert: MüKoInsO/*Bearbeiter*
Münchener Kommentar, Zivilprozessordnung, 4. Aufl. 2012; zitiert: MüKoZPO/*Bearbeiter*
Musielak, Kommentar zur Zivilprozessordnung, 12. Aufl. 2015
Nerlich/Kreplin, Münchener Anwaltshandbuch Insolvenz und Sanierung, 2. Aufl. 2012
Nerlich/Niehus, Anfechtungsgesetz (AnfG): Gesetz über die Anfechtung von Rechtshandlungen eines Schuldners außerhalb des Insolvenzverfahrens, 2000
Nerlich/Römermann, Insolvenzordnung (InsO), Kommentar, Loseblatt, Stand: Januar 2015; zitiert: Nerlich/Römermann/*Bearbeiter*
Obermüller, Insolvenzrecht in der Bankpraxis, 8. Aufl. 2011
Obermüller/Hess, InsO: Eine systematische Darstellung des neuen Insolvenzrechts, 4. Aufl. 2003
Oetker, Kommentar zum Handelsgesetzbuch, 3. Aufl. 2013
Onusseit/Kunz, Steuern in der Insolvenz, 2. Aufl. 1997
Palandt, Bürgerliches Gesetzbuch, 74. Aufl. 2015; zitiert: Palandt/*Bearbeiter*
Pannen, Europäische Insolvenzverordnung, 2007
Pape/Graeber, Handbuch der Insolvenzverwalterhaftung, 1. Aufl. 2009
Pape/Uhlenbruck/Voigt-Salus, Insolvenzrecht, 2. Aufl. 2010; zitiert: Pape/Uhlenbruck/Voigt-Salus InsR
Paulus, Europäische Insolvenzverordnung, Kommentar, 4. Aufl. 2013; zitiert: *Paulus* EuInsVO
Pelka/Niemann, Praxis der Rechnungslegung in Insolvenzverfahren, 2. Aufl. 2001
Pink, Insolvenzrechnungslegung. Eine Analyse der konkurs-, handels- und steuerrechtlichen Rechnungslegungspflichten des Insolvenzverwalters, 1995; zitiert: Pink Insolvenzrechnungslegung
Prölss/Martin, Versicherungsvertragsgesetz, 29. Aufl. 2015; zitiert: Prössl/Martin
Prütting/Wegen/Weinreich, BGB Kommentar, 10. Aufl. 2015
Prütting/Gehrlein, ZPO Kommentar, 7. Aufl. 2015
Rauscher, Europäisches Zivilprozess- und Kollisionsrecht EuZPR/EuIPR, Kommentar, Bd. 2, 4. Aufl. 2015
Richardi, Betriebsverfassungsgesetz mit Wahlordnung, Kommentar, 14. Aufl. 2014; zitiert: Richardi BetrVG
Römer/Langheid, Versicherungsvertragsgesetz, 4. Aufl. 2014; zitiert: Römer/Langheid
Rosenberg/Schwab/Gottwald, Zivilprozessrecht, 17. Aufl. 2010; zitiert: Rosenberg/Schwab/Gottwald ZivilProzR
Roth/Altmeppen, Gesetz betreffend die Gesellschaften mit beschränkter Haftung: GmbHG, 7. Aufl. 2012; zitiert: Roth/Altmeppen
Rowedder/Schmidt-Leithoff, Gesetz betreffend die Gesellschaften mit beschränkter Haftung (GmbHG), Kommentar, 5. Aufl. 2013; zitiert: Rowedder/Schmidt-Leithoff
Runkel/Schmidt, Anwalts-Handbuch Insolvenzrecht, 3. Aufl. 2015
Saenger, ZPO, Handkommentar, 6. Aufl. 2015; zitiert: Saenger/*Bearbeiter*
Schaub, Arbeitsrechthandbuch, 15. Aufl. 2013; zitiert: Schaub Arb-HdB/*Bearbeiter*

Literaturverzeichnis

Schlüter, Erbrecht, ein Studienbuch von Wilfried Schlüter, 16. Aufl. 2007; zitiert: Schlüter ErbR
Karsten Schmidt, Handelsrecht, 6. Aufl. 2014
Karsten Schmidt, Gesellschaftsrecht, 4. Aufl. 2002
Karsten Schmidt/Uhlenbruck, Die GmbH in Krise, Sanierung und Insolvenz, 4. Aufl. 2009
Schimansky/Bunte/Lwowski, Bankrechts-Handbuch, 4. Aufl. 2011; zitiert: Schimansky/Bunte/Lwowski BankR-HdB/*Bearbeiter*
Scholz, GmbHG, 10. Aufl. 2010, Bd. I, 11. Aufl. 2012
Schöner/Stöber, Handbuch der Rechtspraxis, Bd. 4, Grundbuchrecht, 15. Aufl. 2012; zitiert: Stöber/Schöner GrundbuchR
Smid, Deutsches und Europäisches Internationales Insolvenzrecht, 2004
Smid, Grundzüge des Insolvenzrechts, 4. Aufl. 2002; zitiert: Smid InsR
Smid/Rattunde, Der Insolvenzplan: Handbuch für das Sanierungsverfahren nach dem neuen Insolvenzrecht mit praktischen Beispielen und Musterverfügungen, 3. Aufl. 2012; zitiert: Smid/Rattunde Der Insolvenzplan
Soergel, Bürgerliches Gesetzbuch mit Einführungsgesetzen und Nebengesetzen, 13. Aufl. 2014
Sölch/Ringleb, Umsatzsteuergesetz: mit Durchführungsbestimmungen und Ergänzungsvorschriften; Kommentar, Loseblatt, 74. Lieferung, 2015; zitiert: Sölch/Ringleb/*Bearbeiter*
Stahlhacke/Preis/Vossen, Kündigung und Kündigungsschutz, 10. Aufl. 2010
Staub, Handelsgesetzbuch, 5. Aufl. 2009 ff.
Staub/u a, Handelsgesetzbuch: Großkommentar, 5. Aufl. 2012; zitiert: GK-HGB/*Bearbeiter*
Staudinger, Kommentar zum Bürgerlichen Gesetzbuch mit Einführungsgesetz und Nebengesetzen, 15. Aufl. 2011; zitiert: Staudinger/*Bearbeiter*
Stein/Jonas, Kommentar zur Zivilprozessordnung, 22. Aufl. 2002 ff.
Stephan/Riedel, Insolvenzrechtliche Vergütungsverordnung: InsVV, 2010
Stöber, Forderungspfändung, 15. Aufl. 2010
Stöber, Zwangsversteigerungsgesetz ZVG, 20. Aufl. 2012; zitiert: Stöber
Thomas/Putzo, Zivilprozessordnung, 36. Aufl. 2015; zitiert: Thomas/Putzo
Tipke/Kruse, Abgabenordnung (AO): mit Finanzgerichtsordnung (FGO), u a, Loseblatt Stand: März 2015
Trunk, Internationales Insolvenzrecht, Systematische Darstellung des deutschen Rechts mit rechtsvergleichenden Bezügen, 1998
Uhlenbruck, Das neue Insolvenzrecht: Insolvenzordnung und Einführungsgesetz nebst Materialien; mit Praxishinweisen; Text- und Dokumentationsband, 1994
Uhlenbruck, Insolvenzordnung, Kommentar, 14. Aufl. 2015; zitiert: Uhlenbruck/*Bearbeiter*
Westermann/Gursky/Eickmann, Sachenrecht: ein Lehrbuch, 8. Aufl. 2011
Weyand/Diversy, Insolvenzdelikte – Unternehmenszusammenbruch und Strafrecht, 7. Aufl. 2006
Wimmer/Dauernheim/Wagner/Gietl, Handbuch des Fachanwalts Insolvenzrecht, 7. Aufl. 2015; zitiert: WDWG/*Bearbeiter*
Wolff, Konkursordnung, 2. Aufl. 1921
Zeller/Stöber, Zwangsversteigerungsgesetz, 20. Aufl. 2012
Zeuner, Die Anfechtung in der Insolvenz, 2. Aufl. 2007; zitiert: Zeuner Anf Insolvenz
Zimmermann, Insolvenzrecht, 9. Aufl. 2012
Zöller, Zivilprozessordnung, 30. Aufl. 2014
Zwanziger, Arbeitsrecht der Insolvenzordnung, 5. Aufl. 2015
Zweiter Bericht der Kommission für Insolvenzrecht, 1986

Insolvenzordnung mit EuInsVO

Einleitung

Übersicht

I. Historisches

1 **1. Rechtsentwicklung bis zur Insolvenzordnung. a) Konkursordnung.** Die **Vorgeschichte des deutschen Insolvenzrechts** reicht bis in das Gemeine Recht (Referenzwerk: *Salgado de Somoza*, Labyrinthus creditorum, 1665/1672) und in das Partikularrecht des 19. Jahrhunderts zurück (vgl. Gottwald InsR-HdB § 1; Jaeger/*Henckel* Einl. Rn. 6 f.); MüKoInsO/*Stürner* Rn. 26 ff.). Die **Konkursordnung von 1877,** hier bis zur 17. Aufl. kommentiert, gehörte zu den sog „Reichsjustizgesetzen", die am 1.10.1879 in Kraft traten. Vorläufer und Vorbilder der KO waren die Preußische KO von 1855, die Bayerische Prozessordnung von 1869 (5. Buch: Gant) und der Code de Commerce von 1807/38 (3. Buch: des faillites et banqueroutes). Grundlage der KO war der von *Hagens* im Jahre 1872 verfasste **„Entwurf einer deutschen Gemeinschuldordnung"** von 1873, der nach Änderungen durch eine vom Bundesrat eingesetzte Kommission und den Bundesrat selbst als „Entwurf des Bundesrats" dem Reichstag vorgelegt wurde. Nachdem eine vom Reichstag eingesetzte Kommission geringe Änderungen in formeller Hinsicht vorgenommen hatte, wurde der so geänderte Bundesratsentwurf als **„Konkursordnung"** am 21.12.1876 in dritter Lesung angenommen und mit dem Einführungsgesetz am 10.2.1877 veröffentlicht. Die Beratungen des Bundesrats sind niedergelegt in den von *Hagens* abgesetzten „Motiven", die Beratungen der Reichstagskommission in den „Protokollen" (vgl. als meistgenutzte Quelle *Hahn*, Materialien zur Konkursordnung, 1881). Die Entstehungsgeschichte der KO ist ausf. geschildert bei *Uhlenbruck* FS 100 Jahre KO, 1977, 3 ff.; *Thieme* ebd. S. 35 ff.; MüKoInsO/*Stürner* Rn. 31 f. Die Novelle vom 17.5.1898 hat die KO dem BGB und seinen Nebengesetzen angepasst. In der Folgezeit wurde die Konkursordnung wiederholt mit Rücksicht auf andere Gesetze geändert. Grundsätzliche Bedeutung kam dem **Gesetz über das Konkursausfallgeld** vom 17.7.1974 zu, das die Stellung des Arbeitnehmers im Konkurs des Arbeitgebers wesentlich verbessert hat.

2 **b) Vergleichsordnung.** Neben die KO war nach einem Vorgängergesetz von 1927 die **Vergleichsordnung von 1935** (RGBl. I S. 321) getreten. Sie regelte ein separates Zwangsvergleichsverfahren zur Abwendung des Konkurses (eing. kommentiert bei Kilger/*Karsten Schmidt,* 17. Aufl. 1997). Auch die Vergleichsordnung erlebte zahlreiche Änderungen, erfüllte aber nicht die in sie gesetzten Erwartungen (dazu ebd., Einl. VglO).

3 **c) Gesamtvollstreckungsordnung.** Neben beide Gesetze trat nach der deutschen Wiedervereinigung für den **Bereich der neuen Bundesländer** die **Gesamtvollstreckungsordnung** (GesO) idF der Bekanntmachung vom 23.5.1991 (BGBl. I S. 1185). Die GesO war durch Anl. II Kap. III A Abschn. II Nr. 1a des Einigungsvertrags mit einigen Modifikationen in den **Rang eines Bundesgesetzes** erhoben worden. Sie beruhte auf der GesamtvollstreckungsVO des Ministerrats der DDR v. 1.7.1990, also auf einer schon in Kenntnis der Wiedervereinigung erlassenen VO (näher Kilger/*Karsten Schmidt,* 17. Aufl. 1997, Einl. GesO). Gegen die Übernahme der KO und der VglO durch den Einigungsvertrag sprachen in den Augen der beteiligten Ministerien mehrere Gesichtspunkte, die in ihrem Kern auf zwei Haupteinwände hinausliefen: auf die Befürchtung einer Überforderung der Gerichte in den neuen Bundesländern und auf die im Zuge der Insolvenzrechtsreform aufgekommenen Bedenken gegen die Sachgerechtigkeit zahlreicher KO- und VglO-Regelungen.

4 **d) Provisorischer Rechtszustand.** Das Ergebnis war ein **gesetzliches Provisorium.** Dieses bestand darin, dass **bis 1998** im Bundesgebiet drei verschiedene,

sachlich und historisch schlecht miteinander verzahnte Insolvenzgerichtsverfahrensgesetze galten: die KO von 1877, die VglO von 1935 und die GesO von 1990.

2. Die Insolvenzordnung. a) Vorbereitung und Verabschiedung. Die **Insolvenzordnung von 1994,** in Kraft getreten am 1.1.1999 (Art. 110 Abs. 1 EGInsO), ist das Ergebnis der in den 70er Jahren des 20. Jahrhunderts begonnenen, nicht auf Deutschland beschränkten Insolvenzrechtsreform. Als **historische Sanktion der deutschen Reform** sind zunächst die Aufsätze von *Kilger* und *Uhlenbruck* über den „Konkurs des Konkurses" und über die „Krise des Insolvenzrechts" zu nennen (KTS 1975, 142; NJW 1975, 897). Im Jahr 1976 befasste sich der 51. Deutsche Juristentag mit dem Thema „Empfehlen sich gesetzliche Maßnahmen zur Reform der Mobiliarsicherungsrechte?" (Gutachten *Drobnig,* Referate *Henckel* und *Kilger*). Zur Vorbereitung der Insolvenzrechtsreform wurde 1978 eine vom Bundesminister der Justiz initiierte rechtstatsächliche Studie vorgelegt (*Gessner/Rhode/Strate/Ziegert,* Die Praxis der Konkursabwicklung in der Bundesrepublik Deutschland). **Der 54. Deutsche Juristentag** behandelte im Jahr 1982 die Frage nach „Möglichkeiten der Sanierung von Unternehmen im Unternehmens-, Arbeits-, Sozial- und Insolvenzrecht" (Gutachten *Karsten Schmidt* und *Hanau,* Referat *Zeuner*). Die nichtöffentlichen Verhandlungen der 1978 vom Bundesminister eingesetzten Kommission für Insolvenzrecht wurden 1985 (Erster Bericht) und 1986 (Zweiter Bericht) in den Berichten der **Kommission für Insolvenzrecht** dokumentiert. Bereits 1988/89 legte das Bundesministerium der Justiz in zwei Teilen einen „Diskussionsentwurf Gesetz zur Reform des Insolvenzrechts" vor, 1989 sodann auch bereits einen Referentenentwurf. In BT-Drs. 12/2443 fand sich der Regierungsentwurf einer Insolvenzordnung (RegE InsO). Die Stellungnahme des Bundesrats findet sich in BT-Drs. 12/2443, der Bericht des Rechtsausschusses in BT-Drs. 12/8506. 5

b) Ziele der Reform. Die Ziele waren vielfältig. Als **Mängel des alten Konkurs- und Vergleichsrechts**, zu deren Beseitigung die Reform beitragen sollte, zählten insbes.: die schlechte Verzahnung von Konkurs- und Vergleichsverfahren, die inneren Schwächen der VerglO (Vergleichswürdigkeitsprüfung, Fristen, Verwalterkompetenzen, Fehlen einer Vergleichsanfechtung), das „exekutorische" Konkursmodell mit einem Zuwenig an Gläubigerautonomie, das Fehlen eines Vorverfahrens, die geringe Vorbeugung gegenüber dem Phänomen der Masselosigkeit (im Jahr 1991 wurden 74,6 % der Insolvenzverfahren mangels Masse nicht durchgeführt, ZIP 1992, 523), die Belastung der Insolvenzmassen durch Nichtteilnahme der gesicherten Gläubiger, Schwächen des Konkursanfechtungsrechts, die mangelnde Gleichbehandlung der Gläubiger zB auf Grund des Fiskusprivilegs nach § 61 KO, die unzureichende Ausrichtung der KO und VerglO auf Fragen der Unternehmensinsolvenz (geringe Abstimmung mit Gesellschafts- und Arbeitsrecht), die Ineffektivität für Sanierungszwecke, die rechtliche Fortsetzung der deutschen Teilung usw. Als weiterführende und anhaltend relevante **Literatur zur Reform** seien folgende Titel genannt: *Balz,* Sanierung von Unternehmen oder von Unternehmensträgern?, 1986; *ders.*, Kölner Schrift InsO; *Balz/Landfermann,* Die neuen Insolvenzgesetze, 1995; *Bitz/Hemmerde/Rausch,* Gesetzliche Regelungen und Reformvorschläge zum Gläubigerschutz, eine ökonomische Analyse, 1986; *Flessner*, Sanierung und Reorganisation, 1982; Gottwald InsR-HdB § 1; *Hanau,* Arbeits- und sozialrechtliches Teilguthaben für den 54. DJT zu dem Thema: Möglichkeiten der Sanierung von Unternehmen durch Maßnahmen im Unternehmens-, Sozial- und InsolvenzR, in Gutachten zum 54. DJT, 1982, Teil E; Institut der Wirtschaftsprüfer (Hrsg.), Beiträge zur Reform des Insolvenzrechts, 1987; *Kübler*, Neuordnung des Insolvenzrechts, 1989; Kübler/Prütting, Das neue Insolvenzrecht, 1994; *Leipold*, Insolvenzrecht im Umbruch, 6

1991; *Karsten Schmidt*, Arbeits- und sozialrechtliches Teilguthaben für den 54. DJT zu dem Thema: Möglichkeiten der Sanierung von Unternehmen durch Maßnahmen im Unternehmens-, Sozial- und InsolvenzR, in: Gutachten zum 54. DJT, 1982, Teil D; *ders.*, Wege zum Insolvenzrecht der Unternehmen, 1990; *R. Schmidt*, Ökonomische Analyse des Insolvenzrechts, 1989; *Schmidt-Ränsch*, Insolvenzordnung (Text und Materialien), 1995; *Schulz*, Die masselose Liquidation der GmbH, 1986; *Uhlenbruck*, Das neue Insolvenzrecht, 1994.

7 **c) Interimsphase vor dem Inkrafttreten.** Erste **Änderungen der InsO** erfolgten bereits in der langen Phase vor ihrem Inkrafttreten am **1.1.1999.** Zu nennen sind etwa die Gesetze zur Änderung des AGB-Gesetzes vom 19.7.1996 (BGBl. I S. 1013), zur Abschaffung der Gerichtsferien vom 28.10.1996 (BGBl. I S. 1546), das Gesetz zur Einführung der Insolvenzgeldregelung in das SGB III vom 24.3.1997 (BGBl. I S. 594), zur erb- und unterhaltsrechtlichen Gleichstellung der nichtehelichen Kinder vor 1997/1998 (BGBl. I S. 2942 bzw. S. 666), zur Änderung des Umwandlungsgesetzes vom 22.7.1998 (BGBl. I S. 1878) sowie zur Änderung der EGInsO vom 19.12.1998 (BGBl. I S. 3836). Durch **das Arbeitsrechtliche Beschäftigungsförderungsgesetz vom 13.9.1996** (BGBl. I S. 1476) wurden § 1 KSchG und § 113 BetrVG geändert und §§ 113, 120–122, 125–128 InsO für die alten Bundesländer mit einem dem Konkursrecht angepassten Wortlaut (zB „Konkursverwalter") bereits vorzeitig in Kraft gesetzt. Über **Vorwirkungen der InsO** in der Gerichtspraxis vor ihrem Inkrafttreten vgl. Kilger/*Karsten Schmidt,* 17. Aufl. 1997, Einl. KO Anm. II 3.

8 **3. Bedeutsame Änderungen seit Inkrafttreten.** Unter den zahlreichen **Änderungen der InsO** sind die folgenden besonders hervorzuheben (ausführlicher Gottwald InsR-HdB § 1 Rn. 38 ff.; Jaeger/*Henckel* Einl. Rn. 46 ff.; MüKoInsO/*Stürner* Rn. 45 ff.; HambK-InsO/*A. Schmidt* § 1 Rn. 7 ff.).

9 **a) ZPO-Reform.** Das **Gesetz zur Reform des Zivilprozessrechts** von 2001 (BGBl. I S. 1887) betraf va die Rechtsbehelfe.

10 **b) Verbraucherverfahren.** Das **Gesetz zur Änderung der InsO und anderer Gesetze** von **2001** (BGBl. I S. 2710) führte das Kostenstundungsverfahren für natürliche Personen (§§ 4a ff.) ein, verkürzte die Wohlverhaltensperiode (§ 287 Abs. 2 S. 1) und schränkte den Anwendungsbereich des Verbraucherinsolvenzverfahrens ein (§ 304).

11 **c) Internationales Insolvenzrecht.** Das **Gesetz zur Neuregelung des Internationalen Insolvenzrechts** von 2003 (BGBl. I S. 345) fügte den Elften Teil (§§ 335–358) in die InsO ein.

12 **d) Vereinfachung 2007.** Das **Gesetz zur Vereinfachung des Insolvenzverfahrens** von **2007** (BGBl. I S. 509) enthielt neben zahlreichen technischen Verbesserungen die Neuregelung über die Freigabe selbständiger Tätigkeiten (§ 35 Abs. 2). Wesentliche Verbesserungen gab es ua für die Massesicherung im Eröffnungsverfahren (§ 21), die Verwalterauswahl (§ 56) und die Unternehmensveräußerung vor dem Berichtstermin (§§ 158, 160).

13 **e) MoMiG.** Das Gesetz zur Modernisierung des GmbH-Rechts und zur Bekämpfung von Missbräuchen (**MoMiG**) von **2008** (BGBl. I S. 2026) überführte durch **§ 15a** das Recht der Insolvenzverschleppung in die InsO (dazu → § 15a Rn. 5) und änderte die Regelungen über den Nachrang von Gesellschafterleistungen (§§ 39, 44a, 135, 143). Die Regelungen haben das Verhältnis zwischen Gesellschaftsrecht und Insolvenzrecht nachhaltig verändert (→ Rn. 18). Als nach wie vor wichtige **Literatur zum MoMiG** seien hervorgehoben: Bayer/Koch, Das neue GmbH-Recht, 2008; *Gehrlein*, Das neue GmbH-Recht, 2009; *Goette/*

Habersack, Das MoMiG in Wissenschaft und Praxis, 2009; *Grigoleit/Rieder,* GmbH-Recht nach dem MoMiG, 2009; *Seibert,* Gesetz zur Modernisierung des GmbH-Rechts und zur Bekämpfung von Missbräuchen (MoMiG), 2008; eingehende Nachweise bei Scholz/*Westermann* GmbHG Einl. vor Rn. 1 sowie Rn. 53 ff.

f) FMStG. Das Gesetz zur Umsetzung eines Maßnahmenpakets zur Stabilisierung des Finanzmarktes (**Finanzmarktstabilisierungsgesetz – FMStG**) von 2008 (BGBl. I S. 1982) änderte, zunächst vorübergehend, den **Überschuldungsbegriff** des § 19 Abs. 2 (dazu → § 19 Rn. 5). Diese Regelung wurde durch das Gesetz zur Erleichterung der Sanierung von Unternehmen von 2009 (BGBl. I S. 3151) bis zum Ablauf des 31.12.2013 verlängert (auch dazu → § 19 Rn. 5), dann aber durch Gesetz vom 5.12.2012 (BGBl. I S. 2418) verstetigt (auch dazu vgl. → § 19 Rn. 5). 14

g) Restrukturierungsgesetz. Weitere Gesetze aus der seit 2008 andauernden Finanzkrise sind das **Kreditinstitute-Reorganisationsgesetz** und das **Haushaltsbegleitgesetz 2011** (BGBl. I S. 1855) als **Teil des Restrukturierungsgesetzes** von 2010 (BGBl. I S. 1900). Vgl. zu diesen Gesetzen HK-InsO/*Kreft* Einl. Rn. 16. 15

h) ESUG. Das **Gesetz zur weiteren Erleichterung der Sanierung von Unternehmen (ESUG)** von 2011 (BGBl. I S. 2582) brachte neben zahlreichen Änderungen im Detail Neuerungen va im Recht der vorläufigen Maßnahmen (§§ 21, 22a), der Insolvenzablehnung mangels Masse (§§ 26 Abs. 3, 26a), der Insolvenzverwalterauswahl (§§ 56, 56a), des Insolvenzplanverfahrens (§§ 210a, 217, 221, 222, 225a, 229–235, 238a, 241, 244–246a, 248a, 251, 254b, 259a–b) und der Eigenverwaltung (§§ 270–272, 276a). Hauptziele des ESUG sind: (1.) die frühzeitige Sanierung insolvenzbedrohter Unternehmen, (2.) die bessere Austarierung des Gläubigereinflusses im Verfahren, (3.) die Chancen einer Eigenverwaltung des Schuldnerunternehmens und (4.) die Verbesserung der Sanierungschancen im eröffneten Insolvenzverfahren. Im Interesse dieser Ziele hat das ESUG insbes. den Gläubigereinfluss bei der Verwalterauswahl gestärkt (vgl. § 56a) und die gestaltenden Wirkungen des Insolvenzplans beträchtlich erweitert (vgl. namentlich § 225a). Ausgewählte **Literatur zum ESUG:** *Blöse/Meyer-Löwy/Neubert/Rattunde/Römermann/Spliedt/Vallender,* GmbH-Beratung nach dem ESUG, GmbHR 2012, 421; *Braun/Heinrich,* Auf dem Weg zu einer (neuen) Insolvenzplankultur in Deutschland – Ein Beitrag zu dem Regierungsentwurf für ein Gesetz zur weiteren Erleichterung der Sanierung von Unternehmen, NZI 2011, 505; *Eidenmüller,* Die Eigenverwaltung im System des Restrukturierungsrechts, ZHR 175 (2011), 11; *Gottwald* InsR-HdB § 1 Rn. 75 ff.; *Hirte,* Anmerkungen zum von § 270b RefE-InsO ESUG vorgeschlagenen „Schutzschirm", ZInsO 2011, 401; Hirte/Knof/Mock, Das neue Insolvenzrecht nach dem ESUG, 2012; *Hölzle,* Praxisleitfaden ESUG, 2. Aufl. 2014; Kübler, Handbuch Restrukturierung in der Insolvenz, 2. Aufl. 2015; *Römermann,* Neues Insovenz- und Sanierungsrecht durch das ESUG, NJW 2012, 645; *Karsten Schmidt,* Gesellschaftsrecht und Insolvenzrecht im ESUG-Entwurf, BB 2011, 1603; *ders.,* Schöne neue Sanierungswelt, ZIP 2012, 2085; *Vallender,* Gesetz zur weiteren Erleichterung der Sanierung von Unternehmen (ESUG) – Änderungen des Insolvenzeröffnungsverfahrens, MDR 2012, 61; Wimmer, Das neue Insolvenzrecht nach der ESUG-Reform, 2012. Die ESUG-Reform hat das **Verhältnis von Gesellschafts- und Insolvenzrecht** massiv verändert (vgl. → Rn. 24), insbes. die Instrumentalisierung von Insolvenzplänen für die Umstrukturierung von Gesellschaften ermöglicht (→ § 1 Rn. 15; vgl. zur „stategischen Insolvenz" *Hölzle,* Handbuch stategische Insolvenz, 2016). 16

17 **i) Drei-Stufen-Plan.** Als **weitere rechtspolitische Schritte** werden erwartet (vgl. Hinweise auf den Drei-Stufen-Plan des Bundesministeriums der Justiz bei *Karsten Schmidt* BB 2011, 1603): (1.) Verbesserungen des Verbraucherinsolvenzverfahrens, (2.) Neuregelungen der Zugangsvoraussetzungen für den Insolvenzverwalterberuf sowie (3.) Regelungen für Konzerninsolvenzen. Namentlich das **Verbraucherinsolvenzverfahren** war nach dem einstweiligen Scheitern der um 2005 herausgearbeiteten Entwürfe eines neuen Entschuldungsverfahrens (dazu → Vor §§ 304–314 Rn. 9) noch defizitär, bis das Gesetz zur Verkürzung des Restschuldbefreiungsverfahrens und zur Stärkung der Gläubigerschutzrechte von 2014 (BGBl. I S. 2379) Fortschritte brachte (dazu HambK-InsO/*A. Schmidt* § 1 Rn. 15; Entwicklungsgeschichte in der Kommentierung vor §§ 304–314). Vor dem Abschluss für 2015 steht das Gesetzgebungsvorhaben zum **Konzerninsolvenzrecht** (vgl. RegE eines Gesetzes zur Erleichterung der Bewältigung von Konzerninsolvenzen, BT-Drs. 18/407; dazu Flöther, Handbuch Konzerninsolvenzrecht, 2015; *Karsten Schmidt* FS Kübler, 2015, 633 ff.; *Leutheusser-Schnarrenberger* ZIP 2013, 97; zum Gesamtthema *Eidenmüller* ZHR 169 (2005), 528 ff.; *Hirte* FS *Karsten* Schmidt, 2009, 641 ff.; *Humbeck* NZI 2013, 957; Karsten *Schmidt* KTS 2010, 1 ff.; *ders.* ZIP 2012, 1053 ff.). Zur geplanten und im Kommentar schon berücksichtigten Änderung der §§ 14, 131, 133, 142 und 143 vgl. **Regierungsentwurf eines Gesetzes zur „Verbesserung der Rechtssicherheit** bei **Anfechtungen nach der Insolvenzordnung und nach dem Anfechtungsgesetz"** vom 29.9.2015, ZIP-Beil. 2 Heft 40/2015 (auch → § 129 Rn. 2).

18 **k) Kein Vor-Insolvenzverfahren.** Nicht in Angriff genommen hat der deutsche Gesetzgeber bisher den Gedanken eines Vor-Insolvenzverfahrens, das vor Eintritt der materiellen Insolvenz ein staatlich geordnetes Sanierungsverfahren ermöglichen würde (vgl. *Wimmer,* Das neue Insolvenzrecht nach der ESUG-Reform, 2012, 35 f.). Ein solches Verfahren ist mehrfach gefordert worden (*Jaffé* Kölner Schrift InsO S. 743 ff.; *Jacoby* ZGR 2010, 359 ff.; *Paulus* WM 2011, 2205 ff.; *Westphal* ZGR 2010, 385 ff.). Aber solange noch um die Akzeptanz des Eintritts in ein Insolvenzverfahren bei bloß drohender Zahlungsunfähigkeit (§ 15a) und des vorhandenen Insolvenzplanverfahrens gerungen wird, sprechen die besseren Gründe dagegen (*Eidenmüller* WM 2010, 1337 [1343 ff.]; *Karsten Schmidt* DB-Standpunkte, DB-Beil. Heft 13/2010, 27 f.; *ders.* BB 2011, 1603 [1604]).

II. Systematische Zusammenhänge

19 **1. Insolvenzrecht als Teil des Privatrechts.** Das Insolvenzrecht wird trotz der mit ihm verbundenen gerichtlichen Eingriffe in die Rechte Verfahrensbeteiligter dem **Privatrecht** zugeordnet (*Häsemeyer* Rn. 1.05). Es gehört dem privaten **Vermögens- und Haftungsrecht** an und ordnet die Vermögens- und Haftungsbedingungen des Schuldners unter Insolvenzbedingungen. Nicht-privatrechtliche Einzelbestimmungen sind nur kraft Sachzusammenhangs mit dem privaten Vermögens- und Haftungsrecht ergänzende Bestandteile des Insolvenzrechts.

20 **2. Insolvenzverfahrensrecht und materielles Insolvenzrecht.** Das Insolvenzrecht besteht aus Bestimmungen über das Insolvenzverfahren als Prozedur und materiellrechtlichen Regeln. **Verfahrensregeln** sind namentlich diejenigen über Zuständigkeiten, gerichtliche Befugnisse und Entscheidungen, Anträge, Antragsfristen, Rechtsbehelfe und die Wirkung gerichtlicher Entscheidungen. Auch die Regeln über die Insolvenzorgane sowie über deren Organisation und Befugnisse (Insolvenzverwaltung, Gläubigerversammlung, Gläubigerausschuss) sind zum Verfahrensrecht zu zählen. Dasselbe gilt für das Eröffnungsverfahren (§§ 21 ff.),

die Beendigung des Verfahrens (§§ 207 ff.) und die Insolvenzplanprozedur (§§ 218 ff.). Von mindestens gleicher Bedeutung sind **materiellrechtliche Regeln** wie zB diejenigen über die Antragspflichten (§ 15a), über die Wirkung von Verfügungen und Leistungen nach der Insolvenzverfahrenseröffnung (§§ 80 ff.), über die Erfüllung von Rechtsgeschäften (§§ 103 ff.), über Anfechtungsansprüche (§§ 129 ff.), über die Stellung von Aus- und Absonderungsberechtigten (§§ 47 ff.) und über die Wirkungen eines Insolvenzplans (§§ 254 f.) sowie der Restschuldbefreiung (§ 301). Zahlreiche Bestimmungen verbinden die prozedurale und die materiellrechtliche Seite wie zB die Regelungen über die Insolvenzmasse (§ 35), die Nachrangigkeit (§ 39), die abgesonderte Befriedigung (§§ 49 ff., 165 ff.), die Masseschulden (§§ 55 ff.), die Verfügungsbefugnis (§§ 80 ff.), die Aufrechnung (§§ 96 ff.), die Erfüllung von Rechtsgeschäften (§§ 103 ff.), die Anfechtung (§§ 129 ff.), die Wirkungen von Insolvenzplan (§§ 254 ff.) und Restschuldbefreiung (§ 301). Schließlich sind auch zivilprozessuale Effekte des Insolvenzverfahrens zu bedenken (§§ 85 ff. iVm §§ 240 ff. ZPO).

3. Insolvenzrecht und Zivilverfahrensrecht. a) Zusammenhänge. Die **Verbindungen mit dem Zivilverfahrensrecht** sind vielfach und werden durch **§ 4** nicht ausgeschöpft. Das Insolvenzverfahrensrecht enthält zahlreiche prozessuale Elemente, die Insolvenzordnung zahlreiche prozessuale Regelungen (zB §§ 85 f., 89 f., 179 ff., 201 ff., 257). 21

b) Ausstrahlungswirkung. Vielfältig sind auch die **Ausstrahlungswirkungen des Insolvenzrechts auf Zivilprozesse**. Hauptbeispiel ist die Unterbrechung laufender Rechtsstreitigkeiten nach § 240 ZPO (dazu §§ 85, 86). Aber es kommen viele Fragen hinzu, zB: der Verwaltergerichtsstand, die Parteirolle im Verwalterprozess und die Zulässigkeit des Zeugenbeweises, die Prozesskostenhilfe für Verwalterprozesse, die Führung von Schiedsgerichtsverfahren in der Insolvenz usw. 22

4. Insolvenzrecht und Gesellschaftsrecht. a) Zusammenhänge. Die Zusammenhänge sind vielfältig (vgl. *Eidenmüller* NJW 2014, 17; *Röhricht* ZIP 2005, 505 ff.; *Schäfer* NZI 2010, 505; Parry/*Karsten Schmidt*, Substantive Harmonisation and Convergence of Laws in Europe, 2012, 213; *ders.* ZGR 1998, 633). Das gilt sowohl im Fall der **Insolvenz eines Gesellschafters** (vgl. § 728 BGB, § 131 Abs. 3 Nr. 2 HGB) als auch – und besonders! – in der **Insolvenz einer Gesellschaft.** Die Eröffnung des Insolvenzverfahrens über das Gesellschaftsvermögen einer Handelsgesellschaft löst diese auf (§ 131 Abs. 1 Nr. 3 HGB, § 262 Abs. 1 Nr. 3 AktG, § 60 Abs. 1 Nr. 4 GmbHG), leitet aber nicht ein gesellschaftsrechtliches Insolvenzverfahren, sondern ein insolvenzrechtliches Liquidations- oder Sanierungsverfahren ein (statt vieler *Karsten Schmidt* GesR § 11 V 3b). Die Verfahrenseröffnung greift tief in die Organisation der Gesellschaft ein (dazu *Finke*, Kollision von Gesellschaftsrecht und Insolvenzrecht, 2011; *Karsten Schmidt* AG 2006, 597). Aus der im praktischen Einzelfall wenig bedeutsamen Vorschrift des **§ 199 S. 2** kann abgeleitet werden, dass die Gesellschaftsinsolvenz nicht bloß auf Gläubigerbefriedigung durch Verwertung werthaltigen Vermögens, sondern auf **Restrukturierung oder Vollbeendigung der Gesellschaft als Rechtsträgerin** gerichtet ist (*Karsten Schmidt* ZGR 1998, 633 [634 ff.]). Das hat beträchtliche Auswirkungen auf die **Rechtsstellung des Insolvenzverwalters** (zu den Besonderheiten vgl. → § 1 Rn. 14; *Karsten Schmidt* KTS 1984, 345 [362 ff.]; *ders.* NJW 2010, 1489 [1491] mwN). Ob es in der Verbands- oder der Gesellschaftsinsolvenz **massefreies Vermögen** geben kann, ist umstr. (bejahend die hM; vgl. → § 35 Rn. 38; verneinend *Karsten Schmidt*, Wege zum Insolvenzrecht der Unternehmen, 1990, S. 70 f.; *ders.* NJW 2010, 1489 [1492]). Auch die **Eigenverwaltung** (§§ 270 ff.) wirft in der Gesellschaftsinsolvenz andere Fragen auf als in der Insol- 23 venz der natürlichen Person, weil Insolvenzorganisation und Gesellschafts-Innenrecht hier aneinanderstoßen (deutlich in der ESUG-Fassung § 276a; *Wimmer*, Das neue Insolvenzrecht nach der ESUG-Reform, 2012, 22 ff.; dazu etwa *Eidenmüller* ZHR 175 (2011), 29 ff.; Kübler/Prütting/Bork/*Pape* § 270 Rn. 44 ff.; *Vallender* GmbHR 2012, 445 ff.; krit. *Karsten Schmidt* BB 2011, 1603 [1606 f.]). Über **gesellschaftsrechtliche Maßnahmen im Insolvenzplan** vgl. Erl. § 225a. Schließlich zeigt sich die Besonderheit insbes. der Unternehmensinsolvenz – und das ist die Mehrzahl der Fälle der Gesellschaftsinsolvenz – in der Diskussion über die **Business Judgment Rule** als Begrenzung der Insolvenzverwalterhaftung (befürwortend *Frege/Nicht* FS Wellensiek, 2011, 291 ff.; *Uhlenbruck* FS Karsten Schmidt, 2009, 1614 ff.; ablehnend *Jungmann* NZI 2009, 80 [82 ff.]).

24 **b) Positives Recht.** Die **Vorschriften über die Gesellschaftsinsolvenz** sind teilw. in der Insolvenzordnung, teilw. in den gesellschaftsrechtlichen Gesetzen enthalten. Das **MoMiG** (→ Rn. 13) hat eine Verlegung va der Regeln über die Insolvenzverschleppung (§ 15a) sowie stärker als zuvor auch über die Kreditfinanzierung durch Gesellschafter (vgl. → § 39 Rn. 25 ff.) in die InsO mit sich gebracht und die gesellschaftsrechtliche Ahndung von Darlehensrückzahlungen beseitigt (vgl. § 57 Abs. 1 S. 4 AktG, § 30 Abs. 1 S. 3 GmbHG und dazu → § 135 Rn. 3). Über die schwierige Frage, inwieweit diese Veränderungen auch die **internationalrechtliche Qualifikation von Vorschriften** als insolvenzrechtlich oder gesellschaftsrechtlich verändert haben, vgl. → EUInsVO Art. 4 Rn. 9 ff. Eingriffe des Insolvenzrechts in das Gesellschaftsrecht, va in Fällen der Eigenverwaltung (§§ 270 ff.), des Schutzschirmverfahrens (§ 270b) und des Insolvenzplanverfahrens (vgl. namentlich §§ 225a, 254) vollzog bzw. ermöglichte das **ESUG** (Schrifttum bei → Rn. 16). Dagegen stellen die neuen Konzerninsolvenzrechtsregeln (→ Rn. 17) überwiegend Verfahrens- und Koordinationsregeln dar, weniger Eingriffe in das materielle Konzerngesellschaftsrecht.

25 **5. Insolvenzrecht, Arbeitsrecht und Sozialrecht. a) Insolvenz-Arbeitsrecht.** Die Verbindungen sind zahlreich (zusf. *Arens/Brand*, Arbeits- und Sozialrecht in der Insolvenz, 3. Aufl. 2014; Pape/Uhlenbruck/Voigt-Salus/*Voigt-Salus* Kap. 42). Das Insolvenz-Arbeitsrecht befasst sich va mit dem Fortbestand von Arbeitsverhältnissen (dazu Erl. § 108 und § 113), auch im Fall der übertragenden Sanierung (§ 613a BGB). Über Betriebsvereinbarungen, Betriebsänderungen, Sozialplan und Kündigungsschutz vgl. §§ 119–128.

26 **b) Sozialrecht.** Sozialrechtlich verdient die **dreimonatige Zahlung von Insolvenzgeld** besondere Beachtung (§§ 183 ff. SGB III und dazu → § 22 Rn. 10 sowie *Arens/Brand*, Arbeits- und Sozialrecht in der Insolvenz, 3. Aufl. 2014; im Überblick Pape/Uhlenbruck/Voigt-Salus/*Uhlenbruck* Kap. 9 Rn. 15 ff.).

27 **6. Insolvenzrecht, Bilanzrecht und Steuerrecht.** Zur handels- und steuerrechtlichen **Rechnungslegung** in der Insolvenz vgl. § 155. Dem **Insolvenz-Steuerrecht** ist der Anhang Steuerrecht gewidmet. Von der unternehmerischen Rechnungslegung der Schuldnerin zu unterscheiden ist die Rechnungslegung des Insolvenzverwalters gegenüber den Verfahrensbeteiligten (§ 155 Rn. 30 ff.).

28 **7. Insolvenzrecht, Strafrecht und Ordnungswidrigkeitenrecht. a) Materielles Strafrecht.** Die Insolvenzordnung enthält **Straftatbestände** in § 15 Abs. 4, 5. Die **Verbindungen mit dem materiellen Strafrecht** sind zahlreich. Neben den traditionellen Bankrottdelikten nach §§ 283 ff. StGB ist va auf die Praxis zu § 265b StGB (Kreditbetrug), § 266 StGB (Untreue) und zu § 266a StGB (Nichtabführung von Beiträgen zur Sozialversicherung) hinzuweisen (vgl. zum Insolvenzstrafrecht insgesamt Müller-Gugenberger/*Richter*, Wirtschaftsstrafrecht, 6. Aufl. 2015, §§ 75 ff.).

b) Verfahrensrecht. Das **Strafverfahrens- und Strafvollstreckungsrecht** wird insbes. durch Anfechtungstatbestände berührt (vgl. BGH ZIP 2008, 1291; *Karsten Schmidt* FS Samson, 2010, 161 [172 ff.]; BGH ZIP 2010, 2358). 29

8. Insolvenzrecht und Verwaltungsrecht. Verwaltungsverfahren und Verwaltungsprozess sind in vielfacher Weise von der Insolvenz beteiligter Rechtsträger berührt. Das gilt beispielsweise für die **Fortgeltung verwaltungsrechtlicher Erlaubnisse** (*Bitter/Laspeyres* ZIP 2010, 1157 ff.). Die verwaltungsgerichtliche Praxis hat große Mühe, insolvenzrechtliche und verwaltungsrechtliche Grundsätze miteinander zu versöhnen (BVerwGE 122, 75 = ZIP 2004, 2145; → § 80 Rn. 67). Insbes. folgert sie aus der Amtstheorie (→ § 80 Rn. 18 f.), dass es im **Ordnungsrecht** auf die persönliche Ordnungspflicht des Insolvenzverwalters ankommt (vgl. nur BVerwGE 122, 75 [79 f.] = NZI 2005, 51 [52]; OVG Magdeburg NJOZ 2012, 55017; sa BVerwGE 108, 269 = NZI 1999, 246) und gestattet ihm auch eine ihn von der Ordnungspflicht enthebende Freigabe aus der Masse (VGH Kassel NJW 2010, 1545; OVG Lüneburg NJW 2010, 1546; Fundamentalkritik hieran bei *Karsten Schmidt* NJW 2010, 1489 ff.; 2012, 3344 ff.). Auch **kapitalmarktrechtliche Pflichten** muss nach BVerwGE 123, 203 = NJW-RR 2005, 1207 die durch den Vorstand vertretene Gesellschaft erfüllen und nicht der Insolvenzverwalter (Kostenerstattungspflicht seit 2007 nach dem geänderten § 11 WpHG). 30

9. Internationales Insolvenzrecht. Das deutsche Internationale Insolvenzrecht ist in **§§ 335 ff.** enthalten. Die Materie wird, ebenso wie die Europäische Insolvenzordnung (**EuInsVO**) in diesem Kommentar erläutert. 31

III. Übergeordnete Vorgaben

1. Verfassungsrecht. Die Verfassungskonformität von InsO-Bestimmungen hat wiederholt zu Diskussionen und Rechtsstreitigkeiten geführt (Angaben bei Pape/Uhlenbruck/Voigt-Salus/*Uhlenbruck* Kap. 11; MüKoInsO/*Stürner* Rn. 77 ff.). Das galt nicht nur im Gesetzgebungsverfahren der InsO (vgl. Nachweise bei *Roellenbleg* NZI 2004, 176) und des ESUG (BT-Drs. 17/5712, 18, 32, 34), sondern auch für die Beurteilung der verabschiedeten Gesetzesfassungen (vgl. etwa BVerfG NZI 2003, 162; BGHZ 151, 353 [372 ff.]). Zur Frage der Vereinbarkeit des § 56 InsO mit dem GG *Kleine-Cosack* NZI 2011, 791 sowie *Bluhm* ZIP 2014, 555. 32

2. Gemeinschaftsrecht. Das nationale Insolvenzrecht muss nur wenigen europarechtlichen Vorgaben folgen (ausf. *Cranshaw,* Einflüsse des europäischen Rechts auf das Insolvenzverfahren, 2006; *Oberhammer* KTS 2009, 27). In kollisionsrechtlicher Hinsicht sind va Art. 3, 4 EuInsVO, bei grenzüberschreitendem Bezug auch die Grundfreiheiten insbes. die Niederlassungsfreiheit (Art. 49 AEUV), zu beachten (zu beiden Aspekten BGH NJW 2011, 3784 – PIN; dazu *Schall* NJW 2011, 3745). Zur Frage der Vereinbarkeit des § 56 InsO mit dem Unionsrecht *Kleine-Cosack* NZI 2011, 791 sowie *Bluhm* ZIP 2014, 555. 33

3. Wirtschaftspolitische Vorgaben. Das Insolvenzrecht ist in hohem Maße sowohl von makroökonomischen (dazu statt vieler *Eidenmüller*, Unternehmenssanierung zwischen Markt und Gesetz, 1999; Pape/Uhlenbruck/Voigt-Salus/*Uhlenbruck* Kap. 6) als auch von betriebswirtschaftlichen Vorgaben geleitet (vgl. zu diesen etwa die Angaben bei Pape/Uhlenbruck/Voigt-Salus/*Uhlenbruck* Kap. 3 und 4). Rechtspolitisch wird es in starkem Maße durch UNCITRAL inspiriert (vgl. namentlich die UNCITRAL-Modellbestimmungen zur grenzüberschreitenden Insolvenz, abgedruckt in ZIP 1997, 2224; UNCITRAL-Legislative Guide on Insolvency Law 2005/2009/2012/2013), außerdem durch international zusammengesetzte Arbeitsgruppen. 34

Erster Teil. Allgemeine Vorschriften

Ziele des Insolvenzverfahrens

1 **[1] Das Insolvenzverfahren dient dazu, die Gläubiger eines Schuldners gemeinschaftlich zu befriedigen, indem das Vermögen des Schuldners verwertet und der Erlös verteilt oder in einem Insolvenzplan eine abweichende Regelung insbesondere zum Erhalt des Unternehmens getroffen wird. [2] Dem redlichen Schuldner wird Gelegenheit gegeben, sich von seinen restlichen Verbindlichkeiten zu befreien.**

Übersicht

I. Ziele des Insolvenzverfahrens (§ 1)

1. Entstehung der Norm. a) Entwurf. Die Bestimmung ist ohne historische Vorbilder. Anders als in den Vorgängergesetzen (Konkursordnung, Vergleichsordnung, Gesamtvollstreckungsordnung; vgl. → Einl. Rn. 1 ff.) wird der **Zweck des Insolvenzverfahrens** durch die Bestimmung festgelegt (zur rechtspolitischen Bewertung vgl. MüKoInsO/*Ganter/Lohmann* Rn. 6). Die Bestimmung hatte **nach dem RegE** folgendermaßen lauten sollen: 1

(1) Das Insolvenzverfahren dient dazu, die Gläubiger eines Schuldners gemeinschaftlich zu befriedigen, indem das Vermögen des Schuldners verwertet und der Erlös verteilt wird.

(2) Die Interessen des Schuldners und seiner Familie sowie die Interessen der Arbeitnehmer des Schuldners werden im Verfahren berücksichtigt. Dem redlichen Schuldner wird Gelegenheit gegeben, sich von seinen restlichen Verbindlichkeiten zu befreien. Bei juristischen Personen und Gesellschaften ohne Rechtspersönlichkeit tritt das Verfahren an die Stelle der gesellschafts- oder organisationsrechtlichen Abwicklung.

(3) Die Beteiligten können ihre Rechte in einem Insolvenzplan abweichend von den gesetzlichen Vorschriften regeln. Sie können insbesondere bestimmen, dass der Schuldner sein Unternehmen fortführt und die Gläubiger aus den Erträgen des Unternehmens befriedigt werden.

b) Gesetzgebung. Die **endgültige Fassung** des § 1 versteht sich nur als eine **redaktionelle Straffung** dieser Entwurfsfassung durch den Rechtsausschuss des Deutschen Bundestags bei gleichzeitiger Betonung des Ziels der Unternehmenssanierung (BT-Drs. 12/7302, 155). Insbes. der **Vollabwicklungszweck** nach Absatz 2 Satz 3 des Entwurfs ist deshalb entgegen der hM (zB BGHZ 163, 32 = NJW 2005, 2015; HK-InsO/*Kirchhof* Rn. 6) vorbehaltlich anderweitiger Beendigung des Verfahrens Bestandteil des zur **Vollbeendigung des Rechtsträgers** führenden Insolvenzverfahrens (→ Rn. 14).

2 **2. Funktion des § 1.** Sie wird dahin beschrieben, dass der Gesetzgeber die Verfahrenszwecke umfassend (MüKoInsO/*Ganter/Lohmann* Rn. 7) und mit legislativer Autorität klargestellt habe (*ebd.* Rn. 6). Praktische Bedeutung kann der Verfahrenszweck va in zweierlei Hinsicht haben: bei der **Grenzziehung der Kompetenz der Verfahrensorgane** (zur Rechtsmacht des Insolvenzverwalters iRd Verfahrenszwecks vgl. → § 80 Rn. 33), als **Begrenzung legitimer Insolvenzanträge** (vgl. über missbräuchliche Insolvenzanträge → § 13 Rn. 45, → § 14 Rn. 25) und va als **Richtschnur bei der Auslegung der InsO** (Braun/*Kießner* Rn. 1; Nerlich/Römermann/*Becker* Rn. 2). Gerade in letzterer Hinsicht werden aber auch Gefahren erkannt (Jaeger/*Henckel* Rn. 2). So wird bspw. in BGHZ 163, 32 = NJW 2005, 2015 dem insolvenzrechtlichen Abwicklungszweck Vorrang vor gesellschaftsrechtlichen Erwägungen gegeben und damit die Zulässigkeit der Freigabe von Gesellschaftsvermögen durch den Insolvenzverwalter einer Gesellschaft bejaht (dazu auch hier → § 35 Rn. 38). Dagegen bestehen Bedenken (vgl. → Rn. 1, 14 sowie → Einl. Rn. 23).

3 **3. Verfahrenseinheit.** Man wird dem § 1 kaum mehr als eine **Präambelfunktion** zuzugestehen haben und sollte der **Dynamik der Verfahrenszwecke** mehr Gewicht beimessen als der aus dem Wortlaut sprechenden Starrheit eines Zweckkatalogs. Hauptzweck des Insolvenzverfahrens ist entweder die Verwertung des Schuldnervermögens unter dem Regime der Gläubigergleichbehandlung oder die Überwindung der als Zahlungsunfähigkeit oder Überschuldung beschriebenen materiellen Insolvenz. Beides kann sowohl im Regelverfahren als auch im Insolvenzplanverfahren als auch im Restschuldbefreiungsverfahren betrieben werden. Materieller Bestandteil des § 1 ist dagegen – gerade im Kontrast zu den der InsO vorausgegangenen Gesetzen – die Einheitlichkeit des eröffneten Verfahrens. So groß die Varianten im Insolvenzverfahren sind, es ist doch ein einziges Verfahren, wenn auch mit offenem Ausgang (*Karsten Schmidt* 54. DJT I S. D 55 ff.).

II. Der Zweckkatalog des § 1

4 **1. Exekutorische Funktion (Satz 1 Variante 1). a) Gesamtvollstreckung.** Satz 1 (im RegE dessen Absatz 1) betont in der ersten Variante die exekutorische **Funktion des Insolvenzverfahrens als Gesamtvollstreckung** (dazu Jaeger/*Henckel* Rn. 3 ff.). Die Bestimmung entspricht insoweit dem traditionellen Bild

des Konkursrechts. Der Gesamtvollstreckungsaspekt ist ein mehrfacher. **Ziel** ist, anders als bei der Einzelvollstreckung, die Befriedigung aller Insolvenzgläubiger „gemeinschaftlich", also unter Gleichbehandlung (par condicio creditorum). **Gegenstand** der Gesamtvollstreckung sind nicht einzelne Rechts-, oder Wirtschaftsgüter, sondern das gesamte zugriffsfähige „Vermögen des Schuldners". Anliegen dieser Gesamtvollstreckung ist die **Verwertung** dieses Vermögens und die **Verteilung des Erlöses.** Gemeint ist, wie die Gegenüberstellung mit dem Insolvenzplanverfahren zeigt, die Verwertung und Verteilung nach den Vorschriften der Insolvenzordnung (§§ 148 ff., 156 ff.).

b) Gläubigergleichbehandlung. Gemeinschaftliche Gläubigerbefriedigung bedeutet nicht notwendig gleichmäßige Befriedigung (Jaeger/*Henckel* Rn. 6), gibt aber die **Gläubigergleichbehandlung als Regelkonzept** vor. Die Bevorrechtigung von Masseforderungen (§§ 53 ff.) und die Rückstellung nachrangiger Forderungen (§ 39) bedarf rechtspolitischer Begründung. 5

c) Unternehmenserhaltung nicht nur im Insolvenzplanverfahren. Entgegen dem durch Satz 1 vermittelten Eindruck kann ein **Erhalt des Unternehmens** im Insolvenzverfahren durchaus auch ohne Insolvenzplanverfahren betrieben werden, so insbes. durch **Auffüllung der Masse** im Wege der Anfechtung oder durch Insolvenzverwalterprozesse aus § 92 oder § 93 oder unter Liquidation des Rechtsträgers durch **übertragende Sanierung** (vgl. zu dieser → § 80 Rn. 22). 6

2. Die „abweichende Regelung" im Insolvenzplan (Satz 1 Variante 2). 7
a) Zweckoffenheit des Insolvenzplans. Die „abweichende Regelung" im Insolvenzplan kann, muss sich aber nicht, wie es nach Satz 1 scheint, auf ein anderes Ziel als das der Verwertung und Gläubigerbefriedigung beziehen. Der Insolvenzplan kann ausweislich § 217 in vielfacher Weise, auch unter Beibehaltung des Verwertungsziels, von den Vorschriften der InsO abweichen (sog Liquidationsplan; vgl. Jaeger/*Henckel* Rn. 9). Als rechtspolitisches Leitmodell muss aber der Sanierungsplan gelten (Jaeger/*Henckel* Rn. 11). Insbes. die Erhaltung eines vom Schuldner (idR von einer Gesellschaft als Schuldnerin) betriebenen Unternehmens ist nur ein Beispiel für die Ziele des Insolvenzplanverfahrens. Und die Unternehmenserhaltung kann selbst im Insolvenzplan außer durch Gesellschaftssanierung auch durch Unternehmensveräußerung betrieben werden (Jaeger/*Henckel* Rn. 12).

b) Sanierung. Dem **Insolvenzplan als Sanierungsinstrument** sind insbes. die Neuerungen durch das **ESUG** von 2011 gewidmet (vgl. etwa §§ 225a, 229, 230, 232, 238a, 245, 246a, 254, 254a, 270a ff. und dazu → Einl. Rn. 16). 8

c) Unternehmenserhaltung. Die **Erhaltung eines** vom Schuldner betriebenen **Unternehmens** ist nicht nur, wie es dem Wortlaut nach scheint, ein vom regelmäßigen Ziel des Insolvenzverfahrens abweichendes Ziel des Insolvenzplans. Sie ist, wie bspw. die §§ 22 Abs. 1 Nr. 2, 135 Abs. 3, 156 Abs. 1 S. 2 zeigen, durchaus Bestandteil auch der Ziele des Verwertungs- und Verteilungsverfahrens (→ Rn. 6). 9

3. Die Restschuldbefreiung (Satz 2). a) Zweck. Der **Verfahrenszweck der Restschuldbefreiung** wurde durch das InsO-Änderungsgesetz von 2001 gestärkt (dazu etwa Uhlenbruck/*Pape* Rn. 15). Umstr. ist, ob die Restschuldbefreiung ein eigenständiges, vom Grundsatz der optimalen Gläubigerbefriedigung unabhängiges Verfahrensziel ist (dafür zB FK-InsO/*Schmerbach* Rn. 12 f.; dagegen zB Jaeger/*Henckel* Rn. 20). Man wird die Frage vor dem auch gesellschaftspolitischen Hintergrund des Restschuldbefreiungsverfahrens zu bejahen haben. 10

11 **b) Geltungsbereich.** Das Restschuldbefreiungsverfahren ist **auf natürliche Personen beschränkt**, aber nicht auf Verbraucher (dazu → § 286 Rn. 2). Diese bei der Vorbereitung der Insolvenzordnung noch höchst umstrittene Frage hat der Gesetzgeber richtig beantwortet. Die Restschuldbefreiung ist zwar sozialpolitisch ein Verbraucheranliegen, aber rechtlich und rechtspolitisch nicht auf Verbraucher beschränkt. Wer zB als Einzelunternehmer, als Geschäftsführer oder als unbeschränkt haftender Gesellschafter in den Strudel einer Unternehmensinsolvenz geraten ist, hat eine Rettung vor dem „bürgerlichen Tod" durch Endloshaftung nicht weniger verdient als ein Verbraucher.

III. Unterschiedlichkeit der Verfahrenszwecke bei natürlichen Personen und sonstigen Schuldnern, insbesondere Handelsgesellschaften

Schrifttum (Auswahl): *Bachner,* Creditor Protection in Private Companies, 2009; *Bainbridge*, Corporation Law and Economics, 2002; *Buth/Hermanns*, Restrukturierung, Sanierung, Insolvenz, 3. Aufl. 2009; *Eidenmüller,* Unternehmenssanierung zwischen Markt und Gesetz, 1999; *ders.*, Der Insolvenzplan als gesellschaftsrechtliches Universalwerkzeug, NJW 2014, 17; *Finke*, Kollision von Gesellschaftsrecht und Insolvenzrecht, 2011; *Madaus,* Schutzschirme für streitende Gesellschafter? Die Lehren aus dem Suhrkamp-Verfahren für die Auslegung des neuen Insolvenzrechts, ZIP 2014, 500; *Maesch,* Corporate Governance in der insolventen AG, 2005; *Hans-Fr. Müller,* Der Verband in der Insolvenz, 2000; *Noack*, Das Aktienrecht der Krise/das Aktienrecht in der Krise?, AG 2009, 227; *Picot,* Unternehmenskrise und Insolvenz, 1999; *Rattunde*, Sanierung durch Insolvenz, ZIP 2003, 2103; *Röhricht,* Insolvenzrechtliche Aspekte im Gesellschaftsrecht, ZIP 2005, 505; *Schäfer,* Unzulässige Umgestaltung von Gesellschaftsanteilen im Insolvenzplan. Anmerkungen zu LG Berlin v. 20.10.2014 – 51 T 696/14 – Suhrkamp, ZIP 2014, 2417; *Schluck-Amend*, Gesellschaftsrecht versus Insolvenzrecht …, in: VGR, Gesellschaftsrecht in der Diskussion 2014, 2015, S. 151; *Karsten Schmidt,* Wege zum Insolvenzrecht der Unternehmen, 1990; *ders.*, Insolvenzordnung und Gesellschaftsrecht, ZGR 1998, 633; *ders.*, Aktienrecht und Insolvenzrecht, AG 2006, 597; *ders.,* Interaction of Insolvency Law and Corporate Law – A German Experience and its international Background, in: Parry, Substantive Harmonisation and Convergence of Laws in Europe, Nottingham 2012, S. 213; *ders.*, Schöne neue Sanierungswelt, ZIP 2012, 2085; *Spindler,* Der Gläubigerschutz zwischen Gesellschafts- und Insolvenzrecht, JZ 2006, 839; *Thole,* Gesellschaftsrechtliche Maßnahmen in der Insolvenz, 2. Aufl. 2015; *Uhlenbruck,* Zur Kollision von Gesellschafts- und Insolvenzrecht in der Unternehmensinsolvenz, FS Kirchhof, 2003, 479.

12 Zu wenig beachtet wird von der hM der grundlegende **Funktionsunterschied** zwischen dem Insolvenzverfahren über das Vermögen einer natürlichen Person auf der einen und einer juristischen Person bzw. rechtsfähigen Personengesellschaft auf der anderen Seite (§ 11 Abs. 2 Nr. 1 sagt: Gesellschaft ohne Rechtspersönlichkeit).

13 **a) Natürliche Personen.** Die Besonderheiten der **Insolvenz einer natürlichen Person** resultieren (1.) aus der Erwartung eines Lebens nach der Insolvenz und (2.) aus einem Leben des Schuldners neben dem Insolvenzverfahren. Hieraus erklärt sich das Vorhandensein insolvenzfreien Vermögens (§ 36) einschließlich der Freigabe (vgl. → § 35 Rn. 37 ff.), auch bezüglich der Freigabeentscheidung des Insolvenzverwalters bezüglich einer selbständigen Tätigkeit nach § 35 Abs. 2 (dazu → § 35 Rn. 49 ff.). Die Zuständigkeit des Insolvenzverwalters nach § 80 umfasst naturgemäß nicht alle Rechte und Belange des Schuldners, sondern nur sein insolvenzbefangenes Vermögen. Auch das Konzept der Restschuldbefreiung nach §§ 286 ff. ist nicht nur nach der Willkür des Gesetzgebers, sondern auch aus Gründen der Natur der Sache auf natürliche Personen beschränkt.

14 **b) Andere Rechtsträger.** Das **Insolvenzverfahren über das Vermögen einer juristischen Person oder einer rechtsfähigen Personengesellschaft**

(„Gesellschaft ohne Rechtspersönlichkeit“ iSv § 11 Abs. 2 Nr. 1) hat eine durchaus andere, von der hM **noch weitgehend verkannte Funktion** (vgl. auch → Einl. Rn. 23): Die Insolvenzverfahrenseröffnung führt nicht zur Aufteilung des Schuldnervermögens und der sonstigen Rechte und Pflichten in einen Verwalterbereich und einen Schuldnerbereich, sondern zur ungeteilten Auflösung der juristischen Person oder Personengesellschaft (vgl. nur § 42 BGB, § 131 Abs. 1 Nr. 3 HGB, § 262 Abs. 1 Nr. 3 AktG, § 60 Abs. 1 Nr. 4 GmbHG, § 81a GenG). Der Insolvenzverwalter tritt, soweit seine Kompetenz reicht, im Außenverhältnis an die Stelle der Leitungsorgane (*Karsten Schmidt*, Wege zum Insolvenzrecht der Unternehmen, 1990, 106 ff.). In dieser Eigenschaft – nur auf Grund der herrschenden Amtstheorie „im eigenen Namen“ agierend (dazu → § 80 Rn. 18) – nimmt er auch die Arbeitgeberaufgaben der Gesellschaft (!) wahr (nach der Amtstheorie ist [!] er Arbeitgeber; vgl. BAG NJW 2007, 458). Der Insolvenzverwalter übernimmt die Gesellschaft mit all ihren Rechten und Pflichten, und zwar auch im öffentlichen Recht (zusf. *Karsten Schmidt* NJW 2010, 1489; 2012, 3344; aM BVerwG NZI 1999, 246; 2015, 51 [52 f.]; OVG Lüneburg NJW 2010, 1546). Seine Aufgaben sind nicht die eines auf die Masse beschränkten Vermögensverwalters (so aber BGHZ 32, 114 = NJW 1960, 1006), sondern die eines Fremdliquidators (*Karsten Schmidt*, Wege zum Insolvenzrecht der Unternehmen, S. 106 ff.). Wie § 199 S. 2 demonstriert, umfasst seine Aufgabe, soweit nicht ein Insolvenzplan beschlossen wird, die gesamte Abwicklung der Gesellschaft (*Karsten Schmidt*, Wege zum Insolvenzrecht der Unternehmen, S. 159 ff.; zust. Uhlenbruck/*Pape* Rn. 11; aM BGHZ 163, 32 = NJW 2005, 2015; MüKoInsO/*Santer/Lohmann* Rn. 5: „systemwidrig“ [?]). Massefreies Vermögen gibt es nach dieser Sichtweise nicht (*Karsten Schmidt*, Wege zum Insolvenzrecht der Unternehmen, S. 70 ff.; *ders.* NJW 2010, 1489 [1493]), folglich auch keine echte Freigabe (aM BGHZ 163, 32 = NJW 2005, 2015; BVerwG NZI 2005, 51). Seine Rechtsstellung als obligatorischer Fremdliquidator, die eine Fortsetzung und Restrukturierung auch nach dem Gesellschafts-Liquidationsrecht der Gesellschaften keineswegs ausschließt (*Karsten Schmidt*, Wege zum Insolvenzrecht der Unternehmen, 1990, 153 ff.), rechtfertigt auch die Anwendung der Business Judgment Rule bei unternehmerischen Entscheidungen (sehr str.; vgl. → Einl. Rn. 23; → § 60 Rn. 13).

Die **ESUG-Reform** (→ Einl. Rn. 16) hat durch das Schutzschirmverfahren **15**
(§ 270b) und durch die möglichen Eingriffe des Insolvenzplans in die Organisations- und Finanzstruktur einer Schuldnergesellschaft (§ 225a) **neue Anreize und neue Diskussionen** ausgelöst, insbes. wegen möglicher Übernahmeeffekte („Pfleiderer“ und „IVG“; vgl. *Karsten Schmidt* ZIP 2012, 2085 ff.) und wegen der Möglichkeit der Instrumentalisierung für die Lösung gesellschaftsrechtlicher Streitigkeiten (vgl. zum „Suhrkamp“-Fall *Schäfer* ZIP 2013, 2237; *ders.* ZIP 2014, 2417; *ders.* ZIP 2015, 1208; gegen ihn zB *Eidenmüller* NJW 2014, 17; Überblick bei *Westermann* NZG 2015, 134 ff.). Über **strategische Insolvenzen** → Einl. Rn. 16.

Amtsgericht als Insolvenzgericht

2 (1) **Für das Insolvenzverfahren ist das Amtsgericht, in dessen Bezirk ein Landgericht seinen Sitz hat, als Insolvenzgericht für den Bezirk dieses Landgerichts ausschließlich zuständig.**

(2) [1]**Die Landesregierungen werden ermächtigt, zur sachdienlichen Förderung oder schnelleren Erledigung der Verfahren durch Rechtsverordnung andere oder zusätzliche Amtsgerichte zu Insolvenzgerichten zu bestimmen und die Bezirke der Insolvenzgerichte abweichend festzulegen.** [2]**Die Landesregierungen können die Ermächtigung auf die Landesjustizverwaltungen übertragen.**

Schrifttum (Auswahl): *Becker,* Ausführung der Reform des Insolvenzrechts durch die Länder, KTS 2000, 157; *Franke/Burger,* Richter und Rechtspfleger im Insolvenzverfahren – Zur Zuständigkeitsabgrenzung, insbesondere bei der Vergütungsfestsetzung, NZI 2001, 403; *Frind,* Gültigkeit von thematischen Teil-Richtervorbehalten gem. § 18 Abs. 2 RPflG, ZInsO 2001, 993; *Fuchs,* Die Zuständigkeitsverteilung zwischen Richter und Rechtspfleger im Insolvenzeröffnungs- und eröffneten Insolvenzverfahren, ZInsO 2001, 1033; *Hirte,* Einwendungen des Rechtsausschusses und des Finanzausschusses des Bundesrats gegen das ESUG, ZInsO 2011, 2318; *Holzer,* Entscheidungsträger im Insolvenzverfahren, 3. Aufl. 2004; *Keller,* Osterhasen sind Weihnachtsmänner i. S. des Gesetzes, oder: Die funktionelle Zuständigkeit am Insolvenzgericht, Rpfleger 2011, 417; *Rellermeyer,* „Teilweiser" Vorbehalt des Insolvenzverfahrens, RPfleger 2002, 68.

Übersicht

I. Normzweck

1 **Absatz 1** regelt die **sachliche Zuständigkeit.** Danach ist ausschließlich das Amtsgericht am Sitz des Landgerichts für Insolvenzsachen sachlich zuständig, falls nicht entsprechend Absatz 2 durch Rechtsverordnung Abweichendes bestimmt ist. **Absatz 2** enthält eine Ermächtigung für die Landesregierungen, andere oder zusätzliche Gerichte zu Insolvenzgerichten zu bestimmen. Durch die Konzentration auf bestimmte Amtsgerichte soll die Sachkunde und Erfahrung der dort tätigen Richter und Rechtspfleger erhöht und die kostenintensive Ausstattung mit Informationstechnologie in Grenzen gehalten werden (Begr. RegE, BT-Drs. 12/2443, 109 f.). Von der Ermächtigung zur Ausnahmeregelung nach Absatz 2 haben inzwischen bis auf Hamburg, Mecklenburg-Vorpommern, Nordrhein-Westfalen, Sachsen-Anhalt und Thüringen alle Länder Gebrauch gemacht. Die Absicht der Bundesregierung die Konzentration der Insolvenzgerichte zu verstärken (RegE, BT-Drs. 17/5712, 4), wurde vom Gesetzgeber nicht aufgenommen (Beschlussempfehlung des Rechtsausschusses zum ESUG, BT-Drs. 17/7511, 2). Die **funktionelle Zuständigkeit** von Richter und Rechtspfleger ist im RPflG geregelt.

II. Sachliche Zuständigkeit (Absatz 1)

2 **1. Das Amtsgericht als Insolvenzgericht.** Das Insolvenzgericht ist die gem. § 22 GVG mit einem Einzelrichter besetzte Abteilung des Amtsgerichts, die nach dem Geschäftsverteilungsplan für Insolvenzverfahren zuständig ist (MüKoInsO/*Ganter/Lohmann* Rn. 4). Das Amtsgericht führt das Verfahren abschließend durch. Landgerichte und BGH sind nur im Beschwerdeweg mit dem Verfahren befasst. Die sachliche Zuständigkeit des Insolvenzgerichts ist ausschließlich und somit nicht durch Vereinbarung abänderbar (§ 40 Abs. 2 S. 1 Nr. 2 ZPO).

Im Regelfall ist von mehreren Amtsgerichten in einem Landgerichtsbezirk nur dasjenige Amtsgericht für Insolvenzverfahren zuständig, in dessen Bezirk das Landgericht seinen Sitz hat. Mit dieser **Konzentration der Insolvenzverfahren** bei dem Amtsgericht, in dessen Bezirk das Landgericht seinen Sitz hat, sollen die mit den Insolvenzverfahren befassten Richter und Rechtspfleger eine besondere Sachkunde und Erfahrung erwerben. Der technische Apparat, insbes. bei der Abwicklung großer Verfahren, soll durch die Verfahrenskonzentration effizienter eingesetzt werden. Von diesem in Absatz 1 vorgesehenen Regelfall können die Landesregierungen im Verordnungsweg abweichen, indem sie andere oder weitere Amtsgerichte zu Insolvenzgerichten bestimmen (dazu → Rn. 22). 3

Eine weitere Zuständigkeitskonzentration enthält **Art. 102 § 1 Abs. 3 EGInsO** für **grenzüberschreitende Insolvenzverfahren** innerhalb der Europäischen Union mit Ausnahme von Dänemark. Danach können die Landesregierungen oder die Landesjustizverwaltungen die Entscheidungen oder Maßnahmen nach der Verordnung (EG) Nr. 1346/2000 (EuInsVO) für die Bezirke mehrerer Insolvenzgerichte einem von diesem übertragen (dazu → Art. 102 EGInsO § 1 Rn. 4). Von dieser Konzentrationsermächtigung hat bislang keine Landesregierung oder Landesjustizverwaltung Gebrauch gemacht. Eine entsprechende Regelung enthält § 348 Abs. 3 und 4 für Entscheidungen nach den §§ 344–346 in grenzüberschreitenden Insolvenzverfahren außerhalb des Anwendungsbereichs der EuInsVO (dazu → § 348 Rn. 1). Auch von dieser Ermächtigung haben die Landesregierungen und Landesjustizverwaltungen bislang keinen Gebrauch gemacht. 4

2. Der Begriff des „Insolvenzverfahrens". Die Zuständigkeit des Insolvenzgerichts erstreckt sich nach der Formulierung des § 2 Abs. 1 nur auf „Insolvenzverfahren", dh auf die dem Gericht durch die Insolvenzordnung zugewiesenen Entscheidungen, die entweder unmittelbar das gemeinsame Verfahren betreffen oder „wegen ihres Einflusses auf den Fortgang der Sache mittelbar das Interesse Aller berühren und nicht auf den Weg des förmlichen Prozesses verwiesen werden dürfen" wie zB, die Feststellung des Stimmrechts in § 77 Absatz 2 (Jaeger/*Henckel* Rn. 33). 5

Das Insolvenzgericht ist jedoch auch für bestimmte **Zwangsvollstreckungssachen** sachlich zuständig. So ist in den §§ 89 Abs. 3, 148 Abs. 2 S. 2 geregelt, dass für Vollstreckungserinnerungen nach Eröffnung des Insolvenzverfahrens anstelle des sonst zuständigen Vollstreckungsgerichts das Insolvenzgericht zuständig ist (→ § 89 Rn. 52ff.; → § 148 Rn. 19). Entsprechendes gilt für Entscheidungen über die Erinnerung bei einem Verstoß gegen das Vollstreckungsverbot des § 210 (→ § 210 Rn. 23) oder Anträge gem. § 765a ZPO (AG Göttingen ZInsO 2001, 275). Die Zuständigkeit des Insolvenzgerichts gem. § 89 Abs. 3 S. 1 bleibt auch erhalten, wenn ein Rechtsbehelf während der Laufzeit des Insolvenzverfahrens eingelegt wird, das Insolvenzverfahren aber vor abschließender Entscheidung aufgehoben wird (AG Göttingen NZI 2006, 714). Das InsOÄnderungsgesetz 2001 hat in § 36 den Absatz 4 eingefügt, wonach das Insolvenzgericht auch für Entscheidungen zuständig ist, ob ein Gegenstand „nach den in Absatz 1 Satz 2 genannten Vorschriften" der Zwangsvollstreckung – und somit dem Insolvenzbeschlag – unterliegt. Es handelt sich um die Vorschriften der §§ 850, 850a, 850c, 850e, 850f Abs. 1, 850g–850i ZPO. Der Grund für diese Zuständigkeitskonzentration ist hier ebenfalls die größere Sachnähe des Insolvenzgerichts. Dieses ist auch schon im Eröffnungsverfahren zuständig (§ 36 Abs. 4 S. 3). 6

3. Abgrenzung. Nicht zu den den Insolvenzgerichten zugewiesenen „Insolvenzsachen" gehören die Streitigkeiten, die im Verlauf eines Insolvenzverfahrens zwischen den Beteiligten entstehen und außerhalb dieses Verfahrens durch das Prozessgericht zu entscheiden sind. So sind Rechtsstreitigkeiten über die Massezugehörigkeit, Masseverbindlichkeiten (§ 55), Aussonderung (§ 47), Absonderung 7

(§§ 49 ff.), Aufrechnung (§§ 94 ff.) oder Gläubigeranfechtung (§§ 129 ff.) sowie Rechtsstreitigkeiten bei Auseinandersetzung von Gesellschaften bzw. Gemeinschaften in der Insolvenz der Mitglieder (§ 84) außerhalb des Insolvenzverfahrens nach allgemeinen zivilprozessualen Regeln auszutragen. Insbes. begründet nicht die Beteiligung des Insolvenzverwalters oder des Schuldners an einem Rechtsstreit bereits die gerichtliche Zuständigkeit gem. § 2 Abs. 1. Dasselbe gilt für den Streit über das Insolvenzgläubigerrecht (§§ 179 f.). Das Insolvenzgericht hat lediglich die Prüfung der angemeldeten Insolvenzforderungen zu leiten und das Prüfungsergebnis in der Tabelle zu beurkunden (§ 178), es fällt keine Entscheidung über Bestand und Vorrecht bestrittener Insolvenzforderungen. Ficht dagegen ein Insolvenzgläubiger einen Schuldenbereinigungsplan nach gerichtlicher Feststellung der Annahme mit der Begründung an, der Schuldner habe in seinem Vermögensverzeichnis nennenswerte Vermögensbestandteile verschwiegen (§ 123 BGB), so entscheidet das Insolvenzgericht über die Wirksamkeit der Anfechtung (AG Mönchengladbach ZVI 2009, 66).

8 Andere Gerichte sind entsprechend ihrer materiellen Zuständigkeit mit solchen Prozessen betraut, die aus Anlass der Insolvenz des Schuldners entstehen. Bestimmte Streitigkeiten sind dem „Amtsgericht, bei welchem das Insolvenzverfahren anhängig ist, bzw. dem Landgericht, zu dessen Bezirk das Insolvenzgericht gehört, als Prozessgerichte zugewiesen" (§§ 180, 202). Durch die **besondere Zuweisung der örtlichen Zuständigkeit** für bestimmte streitige Angelegenheiten werden diese Verfahren örtlich beim Amts- bzw. Landgericht konzentriert. Arbeitsgerichtliche Streitigkeiten, an denen der Insolvenzverwalter beteiligt ist, fallen in die Zuständigkeit der Arbeitsgerichte. Entsprechendes gilt für Verfahren, die der Verwaltungs-, Finanz-, und Sozialgerichtsbarkeit zugewiesen sind.

III. Funktionelle Zuständigkeit

9 **1. Rechtspflegerzuständigkeit.** Grds. sind gem. **§ 3 Nr. 2 lit. e RPflG** von der Eröffnung des Insolvenzverfahrens an (§ 27) dem Rechtspfleger die Geschäfte des Insolvenzgerichts übertragen. Nur einzelne in § 18 Abs. 1 RPflG aufgeführte Geschäfte sind wegen ihres Gewichts bzw. der Nähe zu einem kontradiktorischen Verfahren auch nach der Verfahrenseröffnung dem Richter zugewiesen (→ Rn. 13). Mit der Eröffnung des Insolvenzverfahrens geht die funktionelle Zuständigkeit zur Festsetzung der Vergütung des vorläufigen Insolvenzverwalters auf den Rechtspfleger über, sofern sich nicht der Richter die Entscheidung vorbehalten hat (BGH NZI 2010, 1422). Zuständig für die Entlassung des Insolvenzverwalters aus wichtigem Grund nach § 59 InsO ist gem. § 3 Nr. 2 lit. e RPflG der Rechtspfleger (→ § 59 Rn. 10).

10 Ist **der Rechtspfleger** kraft Gesetzes oder auf Grund richterlicher Übertragung nach § 18 Abs. 2 S. 2 RPflG funktionell zuständig, **entscheidet er in sachlicher Unabhängigkeit** eigenverantwortlich (§ 9 RPflG). Der Richter kann dem Rechtspfleger keine Weisungen erteilen. Rechtlichen Einfluss auf die Geschäftsführung des Rechtspflegers hat der Richter nur im Falle des § 5 Abs. 3 RPflG. Legt der Rechtspfleger ein ihm übertragenes Geschäft gem. § 5 Abs. 1 RPflG dem Richter vor, so ist der Rechtspfleger, wenn der Richter die Sache an ihn zurückgibt, an die von dem Richter mitgeteilte Rechtsauffassung gebunden.

11 Der Rechtspfleger kann nicht mehr an der **„Mitwirkung bei Geschäften", die vom Richter wahrzunehmen sind,** beauftragt werden, nachdem § 25 RPflG durch das Dritte Gesetz zur Änderung des Rechtspflegergesetzes vom 6.8.1998 aufgehoben worden ist. Insbes. ist die Vorbereitung richterlicher Amtshandlungen, etwa durch Anfertigung von Entwürfen, durch den Rechtspfleger unzulässig (aA Jaeger/*Gerhardt* Rn. 61, wonach die Anhörung des Schuldners im Eröffnungsverfahren (§§ 14 Abs. 2, 10) auf den Rechtspfleger delegiert werden kann).

Ein Beamter auf Probe darf im ersten Jahr nach seiner Ernennung Geschäfte des Rechtspflegers in Insolvenzsachen nicht wahrnehmen **(§ 18 Abs. 4 S. 1 RPflG).** Durch das das „Gesetz zur weiteren Erleichterung der Sanierung von Unternehmen (ESUG)" wurden in **§ 18 Abs. 4 RPflG die Sätze 2 und 3** angefügt. Danach sollen Rechtspfleger in Insolvenzsachen über belegbare Kenntnisse auf den Gebieten des Insolvenzrechts, des Handels- und Gesellschaftsrechts sowie über Grundkenntnisse der für das Insolvenzverfahren notwendigen Teile des Arbeits-, Sozial- und Steuerrechts und des Rechnungswesens verfügen. Einem Rechtspfleger, dessen Kenntnisse auf diesen Gebieten nicht belegt sind, dürfen die Aufgaben eines Rechtspflegers in Insolvenzsachen nur zugewiesen werden, wenn der Erwerb der Kenntnisse alsbald zu erwarten ist. Diese Regelung gilt ab 1.1.2013 (dazu ausf. *Keller* Rpfleger 2011, 417). Eine entsprechende Regelung für Insolvenzrichter enthält § 22 Abs. 6 GVG (→ Rn. 17). 12

2. Richterzuständigkeit. Dem Richter sind nur einzelne in § 18 Abs. 1 RPflG aufgeführte Geschäfte vorbehalten, sofern dieser sich nicht gem. § 18 Abs. 2 RPflG das gesamte Verfahren vorbehält. Die dem Richter kraft Gesetzes vorbehaltenen Geschäfte müssen obligatorisch vom Richter wahrgenommen werden und können nicht auf den Rechtspfleger übertragen werden (Jaeger/*Gerhardt* Rn. 53). Im Einzelnen ist dem Richter das gesamte Eröffnungsverfahren bis zur Entscheidung über den Eröffnungsantrag vorbehalten einschließlich dieser Entscheidung und der Ernennung des Insolvenzverwalters sowie das Verfahrens über einen Schuldenbereinigungsplan nach den §§ 305–310. Ferner bleiben dem Richter bei einem Antrag des Schuldners auf Erteilung der Restschuldbefreiung die Entscheidungen nach den §§ 289, 296, 297 und 300 der Insolvenzordnung, wenn ein Insolvenzgläubiger die Versagung der Restschuldbefreiung beantragt, sowie die Entscheidung über den Widerruf der Restschuldbefreiung nach § 303 der Insolvenzordnung vorbehalten sowie bei grenzüberschreitenden Insolvenzverfahren die Entscheidungen über Sicherungsmaßnahmen (§ 344), die öffentliche Bekanntmachung (§ 345) in einem inländischen Sekundärinsolvenzverfahren sowie das Ersuchen, die Eröffnung des Insolvenzverfahrens und die Art der Einschränkung der Verfügungsbefugnis des Schuldners (§ 345) in das Grundbuch einzutragen. Ab 1.1.2013 ist der Richter auch für das Verfahren über einen Insolvenzplan zuständig (→ Rn. 16). Über Gesuche Dritter auf Akteneinsicht ist entscheidet der Gerichtsvorsitzende (→ § 4 Rn. 35). 13

Die **zwangsweise Vorführung und Haft** (§ 4 Abs. 2 Nr. 2 RPflG, §§ 98 Abs. 2, 101 Abs. 1 S. 1, 2) kann nur vom Richter angeordnet werden. Unter den Begriff der Freiheitsentziehung zu deren Androhung oder Anordnung der Rechtspfleger nicht befugt ist (§ 4 Abs. 2 RPflG) fällt nicht nur die Haft, sondern auch die zwangsweise Vorführung. Der Rechtspfleger kann daher gegen den Schuldner keinen Vorführungsbefehl erlassen (FK-InsO/*Schmerbach* § 2 Rn. 38; *Dallmeyer/Eickmann* RPflG § 4 Rn. 20; aA *Holzer* Rn. 94). Nach Verfahrenseröffnung ist der Rechtspfleger berechtigt, den Schuldner aus der Haft zu entlassen bzw. einen Haftbefehl aufzuheben (*Holzer* Rn. 95). Der Rechtspfleger ist nicht befugt, **Eide abzunehmen oder eine Beeidigung anzuordnen** (§ 4 Abs. 2 Nr. 1 RPflG). Die **Anordnung und Abnahme der eidesstattlichen Versicherung** nach § 98 Abs. 1 S. 1 obliegt im Eröffnungsverfahren dem Richter und nach Eröffnung dem Rechtspfleger des Insolvenzgerichts (MüKoInsO/*Stephan* § 98 Rn. 12). 14

Der Richter hat ferner die nicht dem Insolvenzverfahren zuzurechnenden **Entscheidungen nach § 89 Abs. 3** zu treffen (§ 20 Nr. 17 S. 2 RPflG), da gegen Vollstreckungsakte in der Mobiliarvollstreckung grds. die Erinnerung gem. § 766 ZPO der statthafte Rechtsbehelf ist (BGH NZI 2005, 520; 2004, 278; vgl. → § 89 Rn. 54). 15

16 **Änderung der funktionellen Zuständigkeit durch das ESUG.** Wegen der wirtschaftlichen Bedeutung und der rechtlichen Implikationen des neu gestalteten Insolvenzplanverfahrens wurde durch das „Gesetz zur weiteren Erleichterung der Sanierung von Unternehmen (ESUG)" vom 7.12.2011 (BGBl. I S. 2582), die funktionelle Zuständigkeit für das gesamte Insolvenzplanverfahren (§§ 217–269) vom Rechtspfleger auf den Richter übertragen Eine Ausnahme gilt lediglich für das Klauselverfahren nach § 257 gelten. Hier bleibt es bei der Zuständigkeit des Rechtspflegers bzw. des Urkundsbeamten der Geschäftsstelle. Diese Regelung gilt ab 1.1.2013.

17 Gem. **§ 22 Abs. 6 GVG** darf ein **Richter auf Probe im ersten Jahr nach seiner Ernennung** Geschäfte in Insolvenzsachen nicht wahrnehmen. Durch das das „Gesetz zur weiteren Erleichterung der Sanierung von Unternehmen (ESUG)" wurden in § 22 Abs. 6 GVG die Sätze 2 und 3 angefügt. Danach sollen Richter in Insolvenzsachen über belegbare Kenntnisse auf den Gebieten des Insolvenzrechts, des Handels- und Gesellschaftsrechts sowie über Grundkenntnisse der für das Insolvenzverfahren notwendigen Teile des Arbeits-, Sozial- und Steuerrechts und des Rechnungswesens verfügen. Einem Richter, dessen Kenntnisse auf diesen Gebieten nicht belegt sind, dürfen die Aufgaben eines Insolvenzrichters nur zugewiesen werden, wenn der Erwerb der Kenntnisse alsbald zu erwarten ist. Diese Regelung gilt ab 1.1.2013 (dazu ausf. *Keller* Rpfleger 2011, 417; *Hirte* ZInsO 2011, 2318).

18 **3. Richtervorbehalt und Evokationsrecht.** Nach § 18 Abs. 2 S. 1 RPflG kann sich der Richter das Insolvenzverfahren ganz oder teilw. vorbehalten, wenn er dies für geboten erachtet **(Vorbehaltsrecht).** Hält er den Vorbehalt nicht mehr für erforderlich, kann er das Verfahren dem Rechtspfleger übertragen (§ 18 Abs. 2 S. 2 RPflG). Der Richter ist gem. **§ 18 Abs. 2 S. 3 RPflG** jederzeit berechtigt, das Verfahren wieder an sich zu ziehen, wenn und solange er dies für erforderlich hält **(Evokationsrecht).** Das Evokationsrecht darf **nicht willkürlich** ausgeübt werden. So ist es dem Richter verwehrt, die Sache deshalb wieder an sich zu ziehen, um Sachentscheidungen des Rechtspflegers aufzuheben oder zu korrigieren.

19 Der Richter kann sich nicht nur das Verfahren für einen bestimmten Zeitabschnitt vorbehalten, sondern auch einzelne Entscheidungen an sich ziehen, zB auf Entscheidungen zur Vergütung des vorläufigen oder endgültigen Insolvenzverwalters (§§ 63, 64), Maßnahmen hinsichtlich der Aufsicht des Gerichts über den Insolvenzverwalter (§ 58) oder Entscheidungen im Zusammenhang mit der Entlassung oder Abwahl des Insolvenzverwalters (§§ 57, 59) oder die Durchführung des Berichtstermins (Jaeger/*Gerhardt* Rn. 54; Uhlenbruck/*Pape* Rn. 6; FK-InsO/*Schmerbach* Rn. 37; HambK-InsO/*Rüther* Rn. 11; *Frind* ZInsO 2001, 993; aA *Holzer* Rn. 69; *Fuchs* ZInsO 2001, 1033; *Rellermeyer* Rpfleger 2002, 68). In einem solchen Fall sind die Aufgabenbereiche für die Beteiligten erkennbar deutlich voneinander abzugrenzen (MüKoInsO/*Ganter/Lohmann* Rn. 21).

20 Der Vorbehalt **ist in Form einer Verfügung oder eines Vermerks aktenkundig** zu machen (BGHZ 50, 258 [261]; *Holzer* Entscheidungsträger Rn. 58). Ein Beschluss ist für den Vorbehalt nicht erforderlich. Die Ausübung des Vorbehalts ist unanfechtbar (*Bassenge/Herbst* RPflG § 18 Rn. 14; *Dallmayer/Eickmann* RPflG § 18 Rn. 11). Auch die Rückübertragung des Verfahrens auf den Rechtspfleger ist unanfechtbar (*Holzer* Rn. 60). Besteht Streit oder Ungewissheit über den Umfang des Vorbehalts, entscheidet der Richter nach § 7 RPflG durch unanfechtbaren Beschluss.

21 **4. Kompetenzkonflikte.** Hat der Richter ein Geschäft selbst wahrgenommen, das dem Rechtspfleger übertragen war, so wird die Wirksamkeit des Geschäftes hierdurch nicht berührt (§ 8 Abs. 1 RPflG) und kann auch nicht zur Aufhebung

im Rechtsmittelzug führen. Dagegen ist eine Entscheidung des Rechtspflegers unwirksam, welche zur Zuständigkeit des Richters gehört und dem Rechtspfleger weder allg. übertragen werden kann noch diesem im Einzelfall tatsächlich zugewiesen worden ist (§ 8 Abs. 4 RPflG). Eine solchermaßen unwirksame Handlung ist im Rechtsmittelverfahren unabhängig von ihrer inhaltlichen Richtigkeit auch dann aufzuheben, wenn das Erstbeschwerdegericht die Entscheidung in der Sache geprüft und gebilligt hat (BGH NZI 2010, 977; NJW-RR 2005, 1299). Als Verletzung der funktionellen Zuständigkeit ist dieser Mangel von Amts wegen zu berücksichtigen, ohne dass es insoweit einer Verfahrensrüge nach § 577 Abs. 2 S. 3 ZPO bedarf (BGH NZI 2010, 977).

IV. Ermächtigung zur abweichenden Zuständigkeitsregelung (Absatz 2)

Nach Absatz 2 können die **Landesregierungen** – oder die **Landesjustizverwaltungen,** sofern sie dazu ermächtigt worden sind (Satz 2) – zur sachlichen Förderung oder schnelleren Erledigung von dieser Konzentrationsregelung des Absatz 1 abweichen. Nach dem gesetzgeberischen Willen soll dem landesrechtlichen Verordnungsgeber die Möglichkeit eingeräumt werden, bei der Zuständigkeitsaufteilung den besonderen örtlichen Verhältnissen Rechnung zu tragen. Eine solche abweichende Zuständigkeitsaufteilung kann wegen spezifischer Eigenheiten der geographischen oder infrastrukturellen Verhältnisse geboten sein, insbes. wenn in einem Landgerichtsbezirk mehrere Wirtschaftszentren liegen und es daher wegen der örtlichen Nähe und der Anzahl an Insolvenzverfahren sachgerechter erscheint, innerhalb eines Landgerichtsbezirks mehrere Amtsgerichte als Insolvenzgerichte einzusetzen. Die Länder sind in der Zuweisung von Bezirken für Insolvenzsachen an einzelne Amtsgerichte nicht an die Grenzen der Landesgerichtsbezirke gebunden, sondern können unabhängig von diesen auch bezirksübergreifend die Zuständigkeit der Amtsgerichte für Insolvenzsachen festlegen und auf diesem Wege einen ausschließlich an den besonderen örtlichen Gegebenheiten ausgerichteten „erweiterten Gerichtsbezirk für Insolvenzsachen" schaffen. Von dieser Ermächtigung haben die Länder Baden-Württemberg, Bayern, Bremen, Hessen, Niedersachsen, Rheinland-Pfalz und Schleswig-Holstein Gebrauch gemacht. Diese Länder haben zusätzliche Amtsgerichte zu Insolvenzgerichten bestimmt. Dagegen hat das Bundesland Sachsen für sechs Landgerichtsbezirke nur drei Insolvenzgerichte eingerichtet. In Berlin sind wir die Unternehmensinsolvenzen bei dem Amtsgericht Berlin Charlottenburg konzentriert, während die Verbraucherinsolvenz- und sonstigen Kleinverfahren bei Eigenanträgen in die Zuständigkeit der übrigen Amtsgerichte fallen. 22

V. Anstehende Reform

Der im parlamentarischen Gesetzgebungsverfahren befindliche Gesetzentwurf eines **„Gesetzes zur Erleichterung der Bewältigung von Konzerninsolvenzen"** (dazu → Einl. Rn. 17) sieht in einem neuen Absatz 3 vor, dass Rechtsverordnungen nach Absatz 2 je Bezirk eines Oberlandesgerichts ein Insolvenzgericht bestimmen sollen, an dem ein **Gruppen-Gerichtsstand** nach § 3a (dazu § 3a) begründet werden kann. Die Zuständigkeit des bestimmten Insolvenzgerichts kann innerhalb eines Landes auch über den Bezirk eines Oberlandesgerichts erstreckt werden. 23

Örtliche Zuständigkeit

3 (1) [1]**Örtlich zuständig ist ausschließlich das Insolvenzgericht, in dessen Bezirk der Schuldner seinen allgemeinen Gerichtsstand hat.** [2]**Liegt der Mittelpunkt einer selbständigen wirtschaftlichen Tätigkeit des Schuldners an einem anderen Ort, so ist ausschließlich das Insolvenzgericht zuständig, in dessen Bezirk dieser Ort liegt.**

(2) **Sind mehrere Gerichte zuständig, so schließt das Gericht, bei dem zuerst die Eröffnung des Insolvenzverfahrens beantragt worden ist, die übrigen aus.**

Schrifttum (Auswahl): *Ehricke,* Zur gemeinschaftlichen Sanierung insolventer Unternehmen eines Konzerns, ZInsO 2002, 392; *Hirte,* Vorschläge für die Kodifikation eines Konzerninsolvenzrechts, ZIP 2008, 44; *Pape,* Gesetzwidrigkeit der Verweisung des Insolvenzverfahrens bei gewerbsmäßiger Firmenbestattung, ZIP 2006, 877; *Paulus,* Wege zu einem Konzerninsolvenzrecht, ZGR 2010, 270; *Karsten Schmidt,* Flexibilität und Praktikabilität im Konzerninsolvenzrecht – Die Zuständigkeitsfrage als Beispiel, ZIP 2012, 1053; *Vallender,* Die gerichtliche Zuständigkeit in Insolvenzverfahren, NJW-Spezial 2009, 418; *Vallender/Deyda,* Brauchen wir einen Konzerninsolvenzgerichtsstand?, NZI 2009, 825.

Übersicht

I. Normzweck

1 § 3 regelt die **örtliche** Zuständigkeit der Insolvenzgerichte. Das Insolvenzverfahren soll an dem Ort abgewickelt werden, an dem der Schuldner sich wirtschaftlich betätigt oder seinen allgemeinen Gerichtsstand hat. An diesen Orten befindet sich ein Großteil der Masse und der Gläubiger. Die Gläubiger sollen die Befriedigung ihrer Forderung dort suchen, wo sie ihr Vertrauen gelassen haben (Uhlenbruck/*Pape* Rn. 2). Absatz 1 bestimmt die Gerichtsstände, Absatz 2 bestimmt die örtliche Zuständigkeit nach dem **Prioritätsprinzip**, wenn mehrere Gerichte nach Absatz 1 örtlich zuständig sind.

II. Örtliche Zuständigkeit

2 **1. Allgemeines.** § 3 gilt für natürliche wie juristische Personen sowie insolvenzfähige Vereinigungen (§ 11 Abs. 2). **Für Nachlassinsolvenzverfahren** besteht in § 315 eine Sonderregelung, die im Wesentlichen dem § 3 entspricht, da auch im Nachlassinsolvenzverfahren primär die Zuständigkeit desjenigen Insolvenzgerichts greift, in dessen Bezirk der Mittelpunkt einer selbstständigen wirtschaftlichen Tätigkeit des Erblassers gelegen hatte (→ § 315 Rn. 2). Eine rechtlich unselbstständige **Zweigniederlassung** kann grds. keinen Gerichtsstand begrün-

den, es sei denn, es handelt sich hierbei um eine inländische Niederlassung eines im Ausland ansässigen Schuldners. In einem solchen Fall kann über das inländische Vermögen des Schuldners ein Partikularinsolvenzverfahren eröffnet werden (§ 354 bzw. Art. 3 Abs. 2 EuInsVO; → § 354 Rn. 5 bzw. → EuInsVO Art. 3 Rn. 27).

Anknüpfungspunkte für die Bestimmung der örtlichen Zuständigkeit sind **a) der allgemeine Gerichtsstand (Absatz 1 Satz 1)** und **b) der Mittelpunkt der selbstständigen wirtschaftlichen Tätigkeit (Absatz 1 Satz 2).** Diese beiden ausschließlichen Gerichtsstände stehen in einem Rangverhältnis zueinander. Nach Absatz 1 Satz 2 ist vorrangig zu prüfen, ob der Schuldner nachweislich eine selbstständige wirtschaftliche Tätigkeit ausübt. Deren Mittelpunkt bestimmt den Gerichtsstand, auch wenn er im Ausland liegt (AG Münster ZInsO 2000, 50). Wird eine selbstständige wirtschaftliche Tätigkeit im Zeitpunkt der Antragstellung nicht mehr ausgeübt, richtet sich die Zuständigkeit ausschließlich nach dem allgemeinen Gerichtsstand des Schuldners. Ein Wahlrecht, statt des Insolvenzgerichts des Tätigkeitsmittelpunkts dasjenige des allgemeinen Gerichtsstandes anzurufen, scheidet im Hinblick auf die eindeutige Formulierung des § 3 Abs. 1 S. 2 aus. Der Tätigkeitsmittelpunkt ist nur vorrangig, wenn er an einem anderen, also vom allgemeinen Gerichtsstand abweichenden Ort liegt. 3

2. Ausschließliche Zuständigkeit. Die in § 3 geregelte örtliche Zuständigkeit ist eine ausschließliche Zuständigkeit, die sowohl Gerichtsstandsvereinbarungen als auch die rügelose Einlassung (§ 40 Abs. 2 S. 1 ZPO) ausschließt (HK-InsO/*Kirchhof* Rn. 4). 4

3. Allgemeiner Gerichtsstand (Absatz 1 Satz 1). Die §§ 13–19 ZPO bestimmen, wo der Schuldner seinen allgemeinen Gerichtsstand hat. Bei natürlichen Personen ist dies der **Wohnsitz des Schuldners** (§ 7 BGB). Der Schuldner muss sich an dem Ort ständig niedergelassen haben. Ein vorübergehender Aufenthalt genügt nicht. Auch eine Inhaftierung begründet keinen Wohnsitz, da es dem Schuldner an dem Willen fehlt, den Ort an dem er sich befindet, ständig zum Schwerpunkt seiner Lebensverhältnisse zu machen (Ahrens/Gehrlein/Ringstmeier/*Ahrens* Rn. 23 ff.). Hat der Schuldner keinen festen Wohnsitz ist es der **Aufenthaltsort im Inland** oder in Ermangelung eines solchen Aufenthaltsortes der letzte Wohnsitz (§ 16 ZPO). Für die Insolvenz einer OHG, KG, AG, einer Genossenschaft, eines Vereins mit oder ohne Rechtspersönlichkeit oder eines anderen insolvenzfähigen Verbandes ist für den allgemeinen Gerichtsstand **der Sitz** maßgebend (§ 17 Abs. 1 S. 1 ZPO). 5

4. Mittelpunkt der wirtschaftlichen Tätigkeit (Absatz 1 Satz 2). a) Selbstständige Tätigkeit. Eine selbstständige wirtschaftliche Tätigkeit ist jede auf Gewinnerzielung gerichtete Tätigkeit, die nicht in abhängiger Stellung erfolgt. Ausreichend ist eine selbstständige wirtschaftliche Tätigkeit, die neben einer unselbstständigen Tätigkeit ausgeübt wird. Sie darf jedoch nicht von völlig untergeordneter Bedeutung sein (Graf-Schlicker/*Kexel* Rn. 5). **Wirtschaftliche Tätigkeit** iSd § 3 Abs. 1 S. 2 InsO setzt ein Handeln im eigenen Namen voraus (HK-InsO/*Kirchhof* Rn. 7; Graf-Schlicker/*Kexel* Rn. 6). Es braucht keine gewerbliche Tätigkeit im Rechtssinne zu sein (HK-InsO/*Kirchhof* Rn. 7). Es genügt jede wirtschaftliche, also auf Erwerb zielende Tätigkeit zB von Landwirten, Freiberuflern oder Betreibern privater Pflegedienste (Uhlenbruck/*Pape* Rn. 4). Hobby oder gemeinnützige Arbeit sind keine wirtschaftliche Tätigkeiten (MüKoInsO/*Ganter/Lohmann* Rn. 7). Auch das **Abwicklungsstadium** eines Betriebs gehört dazu (BayObLG NZI 2004, 88; MüKoInsO/*Ganter/Lohmann* Rn. 7; HK-InsO/*Kirchhof* Rn. 8). Sind etwa noch Geschäftsräume vorhanden, begründet dies bereits die Zuständigkeit nach § 3 Abs. 1 S. 2 InsO. Auch der Umstand, dass der Schuldner krankheitsbedingt nicht selbst in seinem Betrieb arbeiten kann, führt nicht zur 6

Auflösung seines Unternehmens, solange die organisatorische Betriebseinheit mit Willen des Schuldners weiter besteht (OLG Schleswig NZI 2010, 260). **Sind sämtliche Aktivitäten eingestellt und die Geschäftsräume aufgegeben,** kommt es auf den satzungsmäßigen Sitz an (OLG Frankfurt a. M. BeckRS 2015, 07922). Der Wohnsitz ihres Geschäftsführers ist dagegen nicht maßgeblich, auch wenn die GmbH ihren Betrieb eingestellt, die Geschäftsräume aufgegeben und der Geschäftsführer ggf. die Geschäftsbücher und Unterlagen an seinen Wohnsitz mitgenommen hat (OLG Celle ZIP 2006, 2098; OLG Schleswig NZI 2004, 264; BayObLG NZI 2004, 90; OLG Rostock ZInsO 2001, 1064; OLG Braunschweig NZI 2000, 266; OLG Düsseldorf NZI 2000, 601; OLG Köln NZI 2000, 232; OLG Hamm ZInsO 1999, 533; FK-InsO/*Schmerbach* Rn. 13; HambK-InsO/*Rüthers* Rn. 12; aA KG NZI 1999, 499; OLG Karlsruhe NZI 2004, 262). Die gegenteilige Rspr., wonach der Ort der Aufbewahrung der Geschäftsunterlagen für die Frage der örtlichen Zuständigkeit maßgeblich ist, birgt die Gefahr, dass die Zuständigkeit eines ansonsten unzuständigen Gerichts leicht erschlichen werden kann (Firmenbestattung), weil die Geschäftsunterlagen unter Umständen leicht von einem Ort zum nächsten verbracht werden können. Geschäftsführer, die an einer zügigen Durchführung eines Verfahrens aus manchmal leicht nachvollziehbaren Gründen kein Interesse haben, sondern das Verfahren möglichst verzögern wollen, könnten dies mit Hinweis auf den gegebenenfalls mehrfachen Wechsel des Aufbewahrungsorts der Geschäftsunterlagen leicht bewerkstelligen. Aber auch mit dem Wortlaut und Sinn des § 3 Abs. 1 InsO ist diese Rspr. kaum vereinbar. § 3 Abs. 1 S. 2 stellt auf den Mittelpunkt einer selbstständigen wirtschaftlichen Tätigkeit deswegen ab, weil die Schuldnerin an diesem Ort Kontakt zu ihren Geschäftspartnern (Gläubigern und Schuldnern) hat. Diese Erwägung des Gesetzgebers würde in ihr Gegenteil verkehrt, wenn als Kriterium für die örtliche Zuständigkeit der Aufbewahrungsort der Geschäftsunterlagen oder auch der Wohnsitz eines Geschäftsführers herangezogen würde. Diese Bedenken gelten nicht, wenn der Geschäftsführer im Zuge der wirtschaftlichen Abwicklung von seinem Wohnsitz aus etwa noch Restaufträge fertig stellt, Rechnungen erstellt oder Korrespondenz mit Kunden führt, da dies noch Außenwirkung entfaltet (OLG Schleswig NZI 2010, 574; LG Hamburg ZInsO 2000, 118; HK-InsO/*Kirchhof* Rn. 8; HambK-InsO/*Rüthers* Rn. 12). Dies gilt auch für die Abwicklungstätigkeit eines vom BaFin gem. § 37 KWG bestellten Abwicklers gelten (AG Hamburg ZInsO 2005, 838), da die Abwicklung mehr als die Verwaltung der Geschäftsunterlagen erfordert (FK-InsO/*Schmerbach* Rn. 14). Hierzu sind aber vom Insolvenzgericht konkrete Feststellungen zu treffen. **Persönlich haftende Gesellschafter** teilen den Insolvenzgerichtsstand der Gesellschaft nur dann iSv § 11 Abs. 2 Nr. 1 wenn der Gesellschaftssitz zugleich auch der Mittelpunkt der wirtschaftlichen Tätigkeit des Gesellschafters bildet (BayObLG ZInsO 2001, 669; KG NZI 2001, 156; Uhlenbruck/*Pape* Rn. 10; HambK-InsO/*Rüthers* Rn. 14). Übt der persönlich haftende Gesellschafter seine geschäftliche Tätigkeit über Gesellschaften an mehreren Orten aus, so ist das Wohnsitzgericht des Gesellschafters örtlich zuständig (Uhlenbruck/*Pape* Rn. 10). Für das Privatinsolvenzverfahren eines Mehrheitsgesellschafters und Geschäftsführers einer GmbH ist das Insolvenzgericht örtlich zuständig, in dessen Bezirk sich der Mittelpunkt der selbstständigen wirtschaftlichen Tätigkeit der GmbH befindet (AG Hamburg ZInsO 2015, 923).

7 **b) Mittelpunkt.** Eine gesetzliche Definition des Mittelpunktes der selbständigen wirtschaftlichen Tätigkeit gibt es nicht. Die Feststellung des Mittelpunkts der selbstständigen wirtschaftlichen Tätigkeit richtet sich nach den tatsächlichen Verhältnissen, nicht nach dem Rechtsschein (AG Göttingen ZIP 2007, 1282). Für den Mittelpunkt der selbständigen wirtschaftlichen Tätigkeit ist nach der in der

Literatur (HambK-InsO/*Rüthers* § 3 Rn. 13) und Rspr. (AG Essen NZI 2009, 810) überwiegend vertretenen Auffassung auf den Ort abzustellen, an dem die tatsächliche Willensbildung stattfindet, die Entscheidungen der Unternehmensleitung getroffen, dokumentiert und umgesetzt werden, wofür eine gewisse organisatorische Verfestigung zu verlangen ist. Im Einzelfall kann darauf abgestellt werden, wo sich die Geschäftsbücher und Unterlagen einer Gesellschaft befinden (LG Dessau ZIP 1998, 1006). Eine Eintragung im Handelsregister ist weder erforderlich noch maßgebend.

In **Anlehnung an die Rspr.** des EuGH **zum** „Mittelpunkt der hauptsächlichen Interessen" („center of main interests" = **COMI**) ist auch für das deutsche Recht aus Gründen der Rechtssicherheit und der Vorhersehbarkeit auf die **objektive Erkennbarkeit** für die potenziellen Gläubiger abzustellen (EuGH ZIP 2006, 1224; High Court of Justice ZIP 2009, 1777; HK-InsO/*Kirchhof* Rn. 9). Betreibt zB ein Schuldner zum Zeitpunkt der Insolvenzantragstellung noch ein geöffnetes Ladengeschäft, so ist das Insolvenzgericht für diesen Standort iSv § 3 Abs. 1 S. 2 InsO als Gericht des wirtschaftlichen Mittelpunktes auch dann zuständig, wenn Verwaltungs- und Steuerungsmaßnahmen aus dem Büro des anderweitig sitzenden Liquidators erfolgen (AG Hamburg ZInsO 2009, 302). 8

Bei Konzernen ist die Bestimmung des zuständigen Insolvenzgerichts grds. für jedes einzelne Konzernunternehmen gesondert vorzunehmen. Diesbezüglich hat der Gesetzgeber für Konzerne keine Sonderregelung getroffen, insbes. keinen einheitlichen Gerichtsstand normiert (AG Essen NZI 2009, 810). Die Mitgliedschaft in einem Unternehmensverbund reicht ebenso wenig wie die allgemeine Konzernleitungsmacht der Muttergesellschaft ohne Hinzutreten besonderer Umstände nicht aus, eine Zuständigkeit am Sitz der Muttergesellschaft zu begründen (BGHZ, 138, 40; OLG Brandenburg NZI 2002, 438; aA Braun/*Kießner* Rn. 19, der eine allgemeine Konzernleitungsmacht genügen lässt). Auch wenn der Konzern als Unternehmensverband nicht insolvenzfähig ist, kann aber gleichwohl dann ein einheitlicher Konzerninsolvenzgerichtsstand angenommen werden, wenn die Tochterunternehmen durch die Muttergesellschaft zentral gelenkt werden (LG Dessau ZIP 1998, 1006; Kübler/Prütting Rn. 36; FK-InsO/*Schmerbach* Rn. 7; MüKoInsO/*Ganter/Lohmann* Rn. 14; *Ehricke* ZInsO 2002, 393), dh die tatsächliche wirtschaftliche Lenkung über das Mutterunternehmen erfolgt (AG Köln NZI 2008, 254). 9

In der Literatur ist streitig, ob und in welcher Weise im Interesse einer Reorganisation eines gesamten Konzerns die **Konzentration der Insolvenzverfahren über mehrere konzernverbundene Unternehmen** am Sitz der Muttergesellschaft durch gesetzgeberische Maßnahmen ermöglicht werden soll (dazu umfassend Uhlenbruck/*Hirte* § 11 Rn. 394 ff.; *Karsten Schmidt* ZIP 2012, 1053; *ders.*, Konzern-Insolvenzrecht – Entwicklungsstand und Perspektiven, KTS 2010, 1; *Vallender/Deyda* NZI 2009, 825; *Hirte* ZIP 2008, 444; *Paulus* ZGR 2010, 270; *Ehricke* ZInsO 2002, 392). Die Bundesregierung hat am 30.1.2014 den Entwurf eines Gesetzes zur Erleichterung der Bewältigung von Konzerninsolvenzen vorgelegt (BT-Drs. 18/407) der sich im parlamentarischen Gesetzgebungsverfahren befindet. Der Gesetzentwurf belässt es bei dem Grundsatz, dass für jede insolvente Konzerngesellschaft ein Insolvenzverfahren zu eröffnen ist. Die Einzelverfahren sollen jedoch auf der Grundlage geeigneter Koordinationsinstrumentarien aufeinander abgestimmt werden (BT-Drs. 18/407, 17). Ein neu geschaffener § 3a soll es künftig ermöglichen, die Insolvenzverfahren über Vermögen von Unternehmensträgern, die derselben Unternehmensgruppe angehören, an ein und demselben Insolvenzgericht zu führen (Gruppengerichtsstand). Dieser Gruppengerichtsstand kann bei dem Insolvenzgericht begründet werden, bei dem aus dem Kreis der gruppenangehörigen Schuldner der erste hierauf gerichtete Antrag gestellt wird (Prioritätsprinzip). 10

III. Mehrfache Zuständigkeit (Absatz 2)

11 Sind mehrere Gerichte örtlich zuständig, etwa wenn der Schuldner ohne feststellbaren Tätigkeitsmittelpunkt iSv Absatz 1 Satz 2 einen mehrfachen Wohnsitz oder einen weiteren Gerichtsstand (§ 17 Abs. 2 ZPO) hat, hat der erste Antragsberechtigte die Wahl zwischen mehreren zulässigen Gerichtsständen (§ 35 ZPO). Es entscheidet das **Prioritätsprinzip** (Absatz 2). Das zuerst befasste zuständige Gericht schließt weitere Antragstellungen für die Dauer der Anhängigkeit des ersten Antrags aus. Maßgebend ist der **Zeitpunkt des Eingangs** des Insolvenzantrags, nicht der Eröffnungsbeschluss. Nur wenn der erste Antrag entweder zurückgenommen oder rechtskräftig abgewiesen wird, ist ein weiterer Antragsteller berechtigt, bei einem anderen zuständigen Insolvenzgericht einen neuen Antrag zu stellen (BGH NZI 2006, 254).

12 Der Fall, dass nicht schon bei Eingang des ersten Antrags mehrere Gerichte für das Insolvenzverfahren zuständig sind, sondern die **Zuständigkeit eines weiteren Gerichts erst auf Grund nachträglicher Veränderungen** – etwa eines Wohnsitzwechsels – eintritt, ist in § 3 Abs. 2 InsO nicht ausdrücklich geregelt. Für ihn kann jedoch nichts anderes gelten als für den Fall einer von vornherein bestehenden Zuständigkeit mehrerer Insolvenzgerichte. Die Vorschrift des § 3 Abs. 2 soll nicht nur sicherstellen, dass nicht mehr als ein Insolvenzverfahren über das Vermögen des Schuldners eröffnet wird. Auch Sicherungsmaßnahmen iSv § 21 sollen nur von einem einzigen Insolvenzgericht angeordnet werden können. Dieses Ziel wird nur dann erreicht, wenn schon im Eröffnungsverfahren nicht mehr als ein Insolvenzgericht für derartige Maßnahmen örtlich zuständig ist.

13 Bestehen **mehrere Zuständigkeiten** und haben mehrere Gerichte einen Insolvenzantrag gegen den gleichen Schuldner zugelassen und Sicherungsmaßnahmen iSv § 21 erlassen, so bleiben die **Entscheidungen des unzuständigen Zweitgerichts** wirksam, bis sie vom Erstgericht aufgehoben oder abgeändert werden (vgl. FK-InsO/*Schmerbach* Rn. 21; aA MüKoInsO/*Ganter/Lohmann* Rn. 23). Vom unzuständigen Gericht getroffene Sicherungsmaßnahmen nach den §§ 21 ff. kann das zuerst angegangene zuständige Gericht übernehmen. Wird das Insolvenzverfahren irrtümlich durch das – unzuständige – Zweitgericht eröffnet und wird der Eröffnungsbeschluss rechtskräftig, so entfällt die Zuständigkeit des zuerst angegangenen Gerichts und dieses ist zu Entscheidungen nicht mehr befugt (FK-InsO/*Schmerbach* Rn. 15). Die Rechtskraft des Eröffnungsbeschlusses heilt die mangelnde Zuständigkeit. Haben sowohl das unzuständige als auch das zuständige Gericht das Verfahren eröffnet, so greift § 36 Nr. 5 ZPO ein, wonach das zuständige Gericht durch das OLG bestimmt wird (MüKoInsO/*Ganter/Lohmann* Rn. 20). Handelt es sich um Insolvenzgerichte in verschiedenen OLG-Bezirken, entscheidet das OLG, in dessen Bezirk das zuerst mit der Sache befasste Gericht gehört, § 36 Abs. 2 ZPO.

IV. Internationale Zuständigkeit

14 Nicht in der InsO geregelt ist die **Zuständigkeit inländischer Gerichte bei grenzüberschreitenden Insolvenzen.** Für den Bereich der EU (mit Ausnahme von Dänemark) gilt die am 31.5.2002 in Kraft getretene Europäische Verordnung über Insolvenzverfahren (EUInsVO). Im Anwendungsbereich der EUInsVO richtet sich die Zuständigkeit nach dem Mittelpunkt der hauptsächlichen Interessen des Schuldners (center of main interests – COMI), Art. 3 EUInsVO (dazu → EuInsVO Art. 3 Rn. 5 ff.).

15 **Für Dänemark und die nicht der EU angehörende Staaten** bestimmt sich die internationale Zuständigkeit zur Eröffnung eines Hauptinsolvenzverfahrens

analog § 3 nach dem allgemeinen Gerichtsstand des Schuldners (dazu → Vorb. zu §§ 335 ff. Rn. 13). Die internationale Zuständigkeit zur Eröffnung eines Partikularverfahrens regelt § 354 (dazu → § 354 Rn. 4 ff.)

V. Verfahren

1. Amtsprüfung. Bestehen Anhaltspunkte für einen vom allgemeinen Gerichtsstand des Schuldners abweichenden Mittelpunkt einer selbstständigen wirtschaftlichen Tätigkeit, so hat das angegangene Insolvenzgericht vor einer etwaigen Verweisung den für die Zuständigkeit maßgeblichen Sachverhalt aufzuklären (OLG München ZInsO 2009, 838). Hat ein angerufenes Insolvenzgericht es versäumt, seine örtliche Zuständigkeit zu überprüfen, obwohl Zweifel an der wirtschaftlichen Tätigkeit des Schuldners in seinem Zuständigkeitsbereich bestehen, so hat ein daraus resultierender Verweisungsbeschluss keine Bindungswirkung (OLG München ZInsO 2009, 839). Die **konsequente amtswegige Ermittlung der örtlichen Zuständigkeit** (vgl. § 5 Abs. 1 InsO) ist eines der Instrumente, die zu Lasten von Gläubigern einschließlich der öffentlichen Hand gehende fraudulente Firmenbestattung unter Zuhilfenahme von „Zuständigkeitserschleichungen" zu bekämpfen. Das ist insbes. eine Amtspflicht des Gerichts, das die betrügerische Firmenverlegung in der Unternehmenskrise von der sachgerechten und natürlich zulässigen Sitzverlegung zu unterscheiden hat. Gerade zur Aufdeckung der Zuständigkeitserschleichung kann die Anhörung des antragstellenden Gläubigers zielführend sein. In dem Zeitraum des Zuständigkeitsstreites der Gerichte wird dem Schuldner ermöglicht, ggf. noch die letzten Vermögenswerte unauffindbar beiseite zu schaffen. Die Amtsermittlung kann neben anderen Maßnahmen den Informationsaustausch der etwa zuständigen Gerichte über vorhandene Erkenntnisse einbeziehen. 16

Hält sich das angerufene Gericht für örtlich unzuständig, muss es den Antragsteller auf die Möglichkeit eines Verweisungsantrags hinweisen. Wird ein Verweisungsantrag gestellt, spricht es die Unzuständigkeit durch bindenden Beschluss aus und verweist das Verfahren an das zuständige Amtsgericht. Wird kein Verweisungsantrag gestellt, muss der Eröffnungsantrag abgewiesen werden. Gegen diese Entscheidung kann der Antragsteller die sofortige Beschwerde einlegen (§ 34 Abs. 1). 17

2. Gerichtsstandbestimmung (Verweisung). Gem. § 36 Nr. 1, 2, 5 und 6 ZPO kann das zuständige Insolvenzgericht durch das höhere Gericht bestimmt werden. § 36 Abs. 1 Nr. 6 ZPO behandelt die Bestimmung der gerichtlichen Zuständigkeit bei einem **negativen Kompetenzkonflikt,** also wenn ich zwei Gerichte für unzuständig erklärt haben, obwohl eines der beiden zuständig ist. Voraussetzung ist, dass diese Unzuständigkeitserklärungen rechtskräftig sind. Eine rechtskräftige Unzuständigkeitserklärung liegt nur dann vor, wenn sie auf einem Urteil oder einem Beschluss beruht. Ergibt sich die Unzuständigkeitserklärung lediglich aus der Rückgabeverfügung des Gerichts, an das das Verfahren verwiesen wurde, handelt es sich lediglich um einen akteninternen Vorgang, der den Parteien gegenüber rechtlich nicht wirksam ist (OLG Schleswig NZI 2010, 260). Der (eher seltene) Fall eines **positiven Kompetenzkonflikts** liegt vor, wenn mehrere Insolvenzgerichte sich in rechtskräftigen Zwischenentscheidungen für zuständig erklärt haben (OLG München NZI 2014, 818). In diesem Falle bestimmt nach § 36 Abs. 1 Nr. 5 das im Rechtszug zunächst höhere Gericht die Zuständigkeit. 18

Ein grds. bindender **Verweisungsbeschluss** entfaltet ausnahmsweise keine Bindungswirkung, wenn er auf einer **Verletzung rechtlichen Gehörs** beruht. Dies ist der Fall, wenn der Schuldner vor Erlass des Beschlusses nicht gehört worden war, und das Insolvenzgericht die Verweisung vorgenommen hat, ohne die für die Prüfung der Zuständigkeit nach § 3 Abs. 1 InsO erforderlichen 19

Umstände zu ermitteln, obgleich dafür Anlass bestand (Brandenburgisches OLG BeckRS 2010, 28559).

20 Die **Bindungswirkung** eines Verweisungsbeschlusses gem. § 4 InsO, § 281 ZPO entfällt auch, wenn dieser **willkürlich** ist oder an anderen **schweren Verfahrensmängeln** leidet. Dies ist der Fall, wenn der Sachverhalt offensichtlich unzureichend ermittelt wurde, insbes., wenn sich das verweisende Insolvenzgericht dem im konkreten Fall „nahe liegenden Verdacht" gewerbsmäßiger Firmenbestattung verschließt und sich auf „substanzlose" Äußerungen des Geschäftsführers verlässt (BGH NZI 2006, 164; OLG Celle ZIP 2011, 2004; 2010, 194; KG NZI 2009, 727).

21 Schwer verfahrensfehlerhaft ist die Verweisung, wenn sie ohne jede Begründung ergangen ist (BGH NZI 2006, 164; OLG Hamm ZIP 2013, 1144; OLG Celle ZInsO 2005, 100).

Anwendbarkeit der Zivilprozeßordnung

4 Für das Insolvenzverfahren gelten, soweit dieses Gesetz nichts anderes bestimmt, die Vorschriften der Zivilprozeßordnung entsprechend.

Literatur (Auswahl): *Holzer,* Die Verbindung von Insolvenzverfahren, NZI 2007, 432; *Lackhoff/Vogel,* Hat ein Massegläubiger Anspruch auf Einsicht in die Insolvenzakten?, ZInsO 2011, 1974; *Paulick,* Akteneinsicht eines Dritten bei vor Verfahrenseröffnung erledigtem Insolvenzantrag, ZInsO 2009, 906; *Rein,* Die Akteneinsicht durch Gläubiger im Insolvenzverfahren, NJW-Spezial 2011, 661; *ders.,* Akteneinsicht Dritter im Insolvenzverfahren, NJW-Spezial 2012, 213; *Zipperer,* Private und behördliche Einsicht in Insolvenzakten – eine systematische Bestandsaufnahme, NZI 2002, 244.

Übersicht

I. Normzweck

Die InsO verzichtet auf ein eigenständiges, umfassendes Verfahrensrecht. Ergänzend soll daher § 4 das umfassende **Regelungssystem der ZPO** verfügbar machen, soweit nicht Besonderheiten des Insolvenzverfahrens entgegenstehen. Da sich an zahlreichen Stellen in der Insolvenzordnung jedoch bereits spezielle Verweisungen auf Regeln der ZPO finden, ist § 4 als Auffangtatbestand anzusehen. 1

II. Allgemeines

Das Insolvenzverfahren gehört seinem Zwecke nach zur streitigen Gerichtsbarkeit (Jaeger/*Gerhardt* Rn. 3). Somit sind die **Vorschriften der Zivilprozessordnung** auf das Insolvenzverfahren entsprechend anwendbar, soweit nicht die besonderen Verfahrensvorschriften der InsO vorgreiflich sind, oder die Anwendbarkeit mit dem besonderen Charakter des Insolvenzverfahrens unvereinbar wäre. **Im Unterschied zum Erkenntnisverfahren der ZPO gilt der Untersuchungs- (§ 5 Abs. 1) und nicht der Beibringungsgrundsatz.** Das Gericht hat demnach den Sachverhalt von Amts wegen zu ermitteln. Abweichend vom Prinzip der mündlichen Verhandlung (§ 128 Abs. 1 ZPO) entscheidet das Insolvenzgericht, ob es eine mündliche Verhandlung oder ein schriftliches Verfahren (§ 5 Abs. 2, 3) durchführt. Der Eröffnungsbeschluss entfaltet seine Wirkung für alle Insolvenzgläubiger, nicht nur für die Prozessparteien wie in § 325 ZPO geregelt. Der Grundsatz der Öffentlichkeit nach §§ 169 ff. GVG ist nicht auf das Insolvenzverfahren übertragbar (HambK-InsO/*Rüther* § 4 Rn. 6). Die Aussetzung, die Unterbrechung oder das Ruhen des Insolvenzverfahrens entsprechend den §§ 148 ff., 239 ff. ZPO lässt sich nicht herbeiführen, weil das Verfahren auf eine rasche Gläubigerbefriedigung ausgelegt ist (BGH NZI 2006, 642). Die Insolvenzordnung enthält in einigen Vorschriften eine ausdrückliche Verweisung auf die ZPO. 2

III. Anwendbare Vorschriften der ZPO

1. Sachliche und örtliche Zuständigkeit. Zur **sachlichen Zuständigkeit** enthält § 2 eine eigene Regelung. Die §§ 1–11 ZPO finden somit keine Anwendung. Hinsichtlich der **örtlichen Zuständigkeit** verweist § 3 Abs. 2 S. 1 auf die Regelungen über den allgemeinen Gerichtsstand (§§ 13–19 ZPO). Die Anwendung der Vorschriften über die besonderen Gerichtsstände (§§ 20–24 ZPO) wird durch § 3 Abs. 1 verdrängt. Anwendbar sind die Vorschriften über die Bestimmung des zuständigen Gerichts (§§ 36, 37 ZPO). Gerichtsstandvereinbarungen (§§ 38–40) sind im Insolvenzverfahren ausgeschlossen, da es sich bei § 3 um eine ausschließliche Zuständigkeit handelt. 3

2. Die Ausschließung und Ablehnung von Gerichtspersonen. Die Vorschriften der §§ 41–49 ZPO über die Ablehnung und Ausschließung von Gerichtspersonen sind entsprechend anwendbar (BGH NZI 2007, 284; HK-InsO/*Kirchhof* Rn. 5; Uhlenbruck/*Pape* Rn. 5 ff.; MüKoInsO/*Ganter*/*Lohmann* Rn. 41; Jaeger/*Gerhardt* Rn. 9). Neben dem Richter die können auch der Rechtspfleger (§ 10 RPflG) und der Urkundsbeamte der Geschäftsstelle (§ 49 ZPO) abgelehnt werden. 4

Das **Ablehnungsrecht** steht dem Schuldner, dem Verwalter und jedem einzelnen Gläubiger in jedem Verfahrensstadium zu (Uhlenbruck/*Pape* Rn. 6). Außerdem hat der Richter ein Selbstablehnungsrecht (§ 48 ZPO). 5

Liegt ein Ablehnungsgesuch gegen einen Richter oder Rechtspfleger vor, so darf dieser nur noch unaufschiebbare Rechtshandlungen vornehmen **(§ 47** 6

ZPO). Diese Voraussetzung ist für die Tätigkeit des Insolvenzgerichts nicht nur im Eröffnungsverfahren sondern regelmäßig auch im Verfahren seines Aufsichtsrechts gegen Insolvenzverwalter gegeben (Jaeger/*Gerhardt* Rn. 12). Das Insolvenzverfahren einschließlich des Eröffnungsverfahrens ist ein eilbedürftiges Verfahren. Im Zweifel dulden daher erforderliche richterliche Maßnahmen keinen Aufschub iSd § 47 ZPO).

7 Rechtsgrundlage für die sofortige Beschwerde im Ablehnungsverfahren ist nicht § 6 Abs. 1 (BGH NZI 2011, 486). Die von dieser Norm in Bezug genommenen Vorschriften sehen kein Rechtsmittel nach Abweisung eines Befangenheitsgesuchs vor. Vielmehr eröffnet die nach § 4 InsO anwendbare Vorschrift des § 46 Abs. 2 ZPO den Beschwerderechtszug. Die Entscheidung, durch die im Insolvenzverfahren das Gesuch auf Ablehnung eines Richters oder Rechtspflegers zurückgewiesen wird, oder die die Selbstablehnung für unbegründet erklärt, kann mit der sofortigen Beschwerde angefochten werden (§ 46 Abs. 2 ZPO). Die Zulässigkeit der Rechtsbeschwerde nach § 574 Abs. 1 Nr. 2 ZPO.

8 Die Regeln über die Ausschließung oder Ablehnung von Gerichtspersonen **gelten nicht für (vorläufige) Insolvenzverwalter, Treuhänder oder Sonderinsolvenzverwalter** wegen der Besorgnis der Befangenheit, da insoweit die Vorschriften über die Bestellung und Abwahl des Verwalters eine abschließende Regelung enthalten. Ein Insolvenzverwalter kann sich auch nicht im Wege des Ablehnungsrechts gegen Aufsichtsmaßnahmen des Insolvenzgerichts zur Wehr setzen. Aufsichtsmaßnahmen, die das Gericht für geboten erachtet und deren Unterlassung möglicherweise eine Amtspflichtverletzung darstellt, können keine Ablehnung begründen, auch wenn durch sie das Vertrauensverhältnis zwischen Gericht und Verwalter nachhaltig gestört wird (Jaeger/*Gerhardt* Rn. 11). Ein im Eröffnungsverfahren eingesetzter Sachverständiger kann nicht wegen Besorgnis der Befangenheit abgelehnt werden (AG Göttingen ZInsO 2007, 720; HK-InsO/*Kirchhoff* § 4 Rn. 17; MüKoInsO/*Ganter/Lohmann* § 4 Rn. 43; Uhlenbruck/*Pape* § 4 Rn. 14; aA LG München ZInsO 2001, 813; LG Ulm ZInsO 2004, 1268). Wird der Sachverständige jedoch außerhalb des Insolvenzverfahrens tätig, zB bei der Prüfung der Schlussrechnung, besteht ein Ablehnungsrecht (LG Stendal ZInsO 2003, 721; MüKoInsO/*Ganter/Lohmann* Rn. 42; HambK-InsO/*Rüthers* Rn. 14).

9 **3. Partei- und Prozessfähigkeit.** Anwendbar im Insolvenzverfahren sind die Vorschriften über **die Partei- und Prozessfähigkeit** (§§ 50–57 ZPO) und die §§ 79–90 über **die Prozessvertretung** wie in Verfahren, die nicht dem Anwaltszwang unterliegen. Eine Einschränkung gilt jedoch für den Schuldner. Die Parteifähigkeit des Gläubigers im Insolvenzverfahren ist nach § 4 InsO entsprechend § 50 ZPO zu beurteilen Für den Schuldner gelten die davon abweichenden besondere Regelung in den §§ 11, 12, 316, 332 Abs. 1, 333 Abs. 1.

10 Bei **Eigenanträgen führungsloser juristischer Personen** enthält § 15a Abs. 3 eine den §§ 51, 52 ZPO für den Bereich des Insolvenzrechts als lex specialis vorgehende Regelung. Näheres → § 15a Rn. 19 ff.

11 Im **Fremdantragsverfahren** eröffnen die § 35 Abs. 1 S. 2 GmbHG, § 78 Abs. 1 S. 2 AktG, § 24 Abs. 1 S. 2 GenG die passive Verfahrensfähigkeit der führungslosen GmbH, Aktiengesellschaft und Genossenschaft. Die Gesellschafter der GmbH sowie die Aufsichtsratsmitglieder der Aktiengesellschaft und Genossenschaft sind Ersatzempfangsvertreter für die Zustellung von Schriftstücken. § 10 Abs. 2 S. 2 ermöglicht die Gewährung rechtlichen Gehörs.

12 **4. Verfahrensverbindung.** Mehrere Eröffnungsanträge zum selben Vermögen sind entsprechend § 147 ZPO zu verbinden, wenn die Verfahren eröffnet werden (einschr. *Holzer* NZI 2007, 432). Über das Vermögen eines Schuldners kann auch auf Grund mehrerer Anträge verschiedener Gläubiger nur ein Insolvenzverfahren

zu eröffnet werden (OLG Köln NZI 2000, 480). Solange mehrere Eröffnungsanträge gegen denselben Schuldner nicht eröffnet werden, kommt eine Verbindung nicht in Betracht (FK-InsO/*Schmerbach* § 13 Rn. 74 ff.). Die Verbindung eröffneter Insolvenzverfahren **gegen mehrere Schuldner** ist unzulässig, auch wenn die Gläubiger in beiden Verfahren im Wesentlichen identisch sind (AG Göttingen ZInsO 2002, 498).

5. Kostenvorschriften. Anwendbar sind die §§ 91–100 ZPO über **die Kostenentscheidung** nur, soweit ein Parteienstreit vorliegt (BGH ZInsO 2008, 95), dh soweit es sich um die Kosten des Eröffnungsverfahrens handelt. In diesem Fall sind auch die Vorschriften über das Kostenfestsetzungsverfahren (§§ 103–107 ZPO) entsprechend anwendbar. § 93 ZPO kann wegen des Amtsermittlungsgrundsatzes keine Anwendung finden (HambK-InsO/*Rüthers* Rn. 22). 13

Im Insolvenzantragverfahren kann der Antragsteller seinen Antrag entsprechend **§ 91a ZPO** in der Hauptsache für erledigt erklären, wenn dieser erst nach Einreichung unzulässig oder unbegründet geworden ist. Damit kann insbes. der Gläubiger die Kostenlast vermeiden, wenn nach der Antragstellung seine Forderung vom Schuldner bezahlt oder das Insolvenzverfahren auf Grund eines anderen Antrags eröffnet wird. 14

6. Zustellungen und Fristen. Die §§ 166–195 ZPO, die das **Zustellungsverfahren** regeln, sind unter Berücksichtigung der Sonderregeln in den §§ 8, 307 Abs. 1 S. 3 anwendbar. Der gesetzliche Regelfall ist die Amtszustellung. 15

Die **Fristenregelungen** der §§ 214–229 ZPO gelten analog, es sei, die InsO trifft, wie in den §§ 28, 29, 75, speziellere Regelungen. Die Ladungsfrist des § 217 ZPO findet wegen des Eilcharakters im Eröffnungsverfahren keine Anwendung. Hinsichtlich der Einberufung von Gläubigerversammlungen ist jedoch § 217 zu beachten. Bei der Fristberechnung sind die §§ 9 und 139 zu berücksichtigen. 16

Eine **Wiedereinsetzung** nach §§ 233 ff. ZPO ist bei Versäumung einer Notfrist möglich (OLG Köln NZI 2000, 435). Die Vorschriften über die Unterbrechung (§§ 240 ff. ZPO), die Aussetzung (§§ 246 ff. ZPO) und das Ruhen des Verfahrens (§ 251 ZPO) finden wegen des Eilcharakters des Insolvenzverfahrens keine Anwendung. 17

7. Prozesskostenhilfe/Insolvenzkostenhilfe. Die Vorschriften über die Prozesskostenhilfe sind im Insolvenzverfahren gem. § 4 entsprechend anwendbar, soweit sich nicht aus der InsO etwas anderes ergibt. Grds. kann dem Schuldner, Gläubiger und Insolvenzverwalter Insolvenzkostenhilfe gewährt werden. Voraussetzung dafür ist, dass die persönlichen Voraussetzungen der §§ 114, 115 ZPO in der Person des Antragstellers vorliegen, die Rechtverfolgung Aussicht auf Erfolg hat und nicht mutwillig erscheint. Sie wird jedoch durch die §§ 26 Abs. 1, 207 Abs. 1 S. 2, 298 **allg. ausgeschlossen,** soweit die Gerichtskosten für das Insolvenzverfahren selbst oder den Treuhänder vorzuschießen sind (BGH NJW 2000, 1870; AG Hildesheim ZInsO 2004, 1154; HK-InsO/*Kirchhof* Rn. 8). 18

a) Schuldner. Für Insolvenzverfahren, die nach dem 1.12.2001 eröffnet worden sind werden § 4 iVm den §§ 114 ff. ZPO durch die §§ 4a–d verdrängt, soweit diese reichen. Das InsOÄndG, das am 1.12.2001 in Kraft getreten ist, hat mit den §§ 4a–d eine Verfahrenskostenstundung eingeführt, die auch völlig mittellosen natürlichen Schuldnern die Erlangung einer Restschuldbefreiung ermöglichen sollte (Begr. RegE, BT-Drs. 14/56680, 12). Die Kosten des Verfahrens werden den Schuldnern gestundet, die eine Restschuldbefreiung anstreben (s. dazu die Erläuterungen zu §§ 4a–d). 19

Legt der Schuldner gegen eine die Stundung der Verfahrenskosten ablehnende Entscheidung Beschwerde ein, kann er für das Beschwerdeverfahren Prozesskos- 20 tenhilfe beantragen, wenn die gesetzlichen Voraussetzungen vorliegen (→ § 4a Rn. 5). Dem Schuldner, der keinen Eigen- und demzufolge auch keinen Restschuldbefreiungsantrag stellt, weil er das Vorliegen eines Insolvenzgrundes bestreitet und damit von der Unzulässigkeit des Verfahrens ausgeht, ist bei Vorliegen der sonstigen Voraussetzungen Insolvenzkostenhilfe zu gewähren (LG Bonn BeckRS 2006, 06674).

21 **Juristischen Personen, Vereinen oder Gesellschaften ohne Rechtspersönlichkeit** als Schuldnern kann keine Insolvenzkostenhilfe gewährt werden (Uhlenbruck/*Pape* Rn. 23; HK-InsO/*Kirchhof* Rn. 9). Ihnen wird zugemutet, ihre Ziele, auch solche verfahrensrechtlicher Art, aus eigener Kraft zu verfolgen.

22 **b) Gläubiger.** Einem Gläubiger kann im **Insolvenzeröffnungsverfahren** grds. über § 4 InsO iVm § 114 ZPO sog Insolvenzkostenhilfe gewährt werden (BGH ZInsO 2004, 976 f.; MüKoInsO/*Ganter/Lohmann* Rn. 23; LG Hamburg BeckRS 2011, 19901). Die Rechtsverfolgung im Eröffnungsverfahren hat Aussicht auf Erfolg, wenn der Gläubiger mit einer Quote auf seine Forderung rechnen kann, also nicht bei Masselosigkeit iSv § 26. Dass die Quote voraussichtlich nur einige Prozent betragen wird, steht der Erfolgsaussicht nicht entgegen. Dem Gläubiger kann auch unter der Voraussetzung des § 121 Abs. 2 S. 1 ZPO **ein Rechtsanwalt beigeordnet** werden. An die Beiordnung sind jedoch angesichts der Besonderheiten des Insolvenzantragsverfahrens gegenüber einem normalen Parteienprozess hohe Anforderungen zu stellen. Eine anwaltliche Vertretung im Sinne dieser Vorschrift ist im Allgemeinen nicht schon dann erforderlich, wenn sich die Glaubhaftmachung der Forderung bzw. des Insolvenzgrundes als schwierig erweist (Jaeger/*Gerhardt* Rn. 47).

23 **Im eröffneten Verfahren** hat der Gläubiger die Kosten der Teilnahme am Insolvenzverfahren selbst zu tragen, da das weit gehend formularmäßig geregelte Anmeldeverfahren vom Gesetzgeber so gestaltet ist, dass jeder Gläubiger im Stande ist, seine Forderung zur Insolvenztabelle beim Insolvenzverwalter anzumelden (Uhlenbruck/*Pape* Rn. 19).

24 **c) Verwalter.** Im eröffneten Verfahren kann der Insolvenzverwalter keine Insolvenzkostenhilfe zur Durchführung des Insolvenzverfahrens beanspruchen; die Insolvenzkostenhilfe ist insoweit durch die Vorschriften der InsO über das Vorgehen bei Massearmut (§§ 207, 209) ausgeschaltet. Einem Insolvenzverwalter kann jedoch **zur Durchsetzung von Ansprüchen zugunsten der Masse** Prozesskostenhilfe bewilligt werden (dazu → § 80 Rn. 45 ff.).

25 **d) Insolvenzkostenhilfe im Nachlassinsolvenzverfahren.** Eine Bewilligung von PKH scheidet für das **Nachlassinsolvenzverfahren** aus, wenn der antragstellende Erbe zur Beschränkung seiner Erbenhaftung (§ 1990 Abs. 1 BGB) die Abweisung des Antrags mangels Masse erstrebt (LG Berlin ZInsO 2004, 626; LG Neuruppin ZInsO 2004, 1090; AG Hildesheim ZInsO 2004, 1154; aA LG Fulda ZVI 2007, 129; LG Göttingen ZInsO 2000, 619).

26 **8. Akteneinsicht und Auskunft. a) Allgemeines.** Einige Vorschriften der Insolvenzordnung regeln die Niederlegung von Schriftstücken auf der Geschäftsstelle zur Einsicht der Beteiligten (§§ 66, 150, 154, 175, 188, 234). **Einsichtsrechte für Behörden** (Sozialversicherungsträger, Finanzbehörde etc) bestehen iRd Amtshilfe (Art. 35 GG). Gerichtliche Amtshilfe muss, wie jede Verwaltung, „gesetzmäßig" sein, dh einem behördlichen Akteneinsichtsgesuch darf nur entsprochen werden, wenn das Ersuchen vom geltenden Recht gedeckt und zu dem Zweck, der mit dem Ersuchen verfolgt wird, eingesetzt werden darf. Die Amtshilfe ist unzulässig, wenn das Insolvenzgericht zur (bereichsspezifischen) Verschwiegenheit verpflichtet ist (*Zipperer* NZI 2002, 244). Tritt die Verwaltungsbehörde dagegen als Insolvenzgläubiger auf, richtet sich das Akteneinsichtsrecht

wie das privater Gläubiger nach § 299 ZPO (Andres/Leithaus/*Andres* Rn. 16). Das Akteneinsichtsrecht ist in den Fachgesetzen der anfragenden Behörde geregelt. Art. 35 Abs. 1 GG ist Rahmenvorschrift und kann als Ermächtigungsgrundlage nicht herangezogen werden (*Zipperer* NZI 2002, 244; Andres/Leithaus/*Andres* Rn. 16).

Beiakten zu den Insolvenzakten, wie Grundbuch-, Register-, Strafprozess- und Zivilprozessakten, unterliegen nicht der entsprechenden Anwendung des § 299 ZPO. Sie dürfen nur mit Erlaubnis der für sie zuständigen Behörde eingesehen werden. In die Bücher und Akten des Insolvenzverwalters können nur die Mitglieder des Gläubigerausschusses Einsicht nehmen. 27

Soweit durch diese besonderen Vorschriften im Insolvenzverfahren die Akteneinsicht nicht geregelt ist, findet **§ 299 ZPO als Auffangtatbestand** Anwendung. § 299 regelt die Akteneinsicht. Die Vorschrift unterscheidet hierbei zwischen der Einsicht durch Verfahrensbeteiligte (Absatz 1) und der Einsicht von Dritten (Abs. 2). 28

IRd Akteneinsichtsrechts ist das vom BVerfG im Volkszählungsurteil hergeleitete **Recht auf informationelle Selbstbestimmung** zu berücksichtigen (vgl. BVerfGE 65, 1 = NJW 1984, 419). Dessen Rolle darf aber nicht überbetont werden, da der Schutz des Rechtsverkehrs vor insolventen Schuldnern sowie der Schutz der Gläubiger höher einzustufen ist (vgl. BVerfG NJW 1988, 3009; Uhlenbruck/*Pape* Rn. 25). Ein übertriebener Schuldnerschutz ist auch unter dem Gesichtspunkt des Rechtes auf informationelle Selbstbestimmung keinesfalls gerechtfertigt Dem Recht des Schuldners auf informationelle Selbstbestimmung wird ausreichend dadurch Rechnung getragen, dass bei der Akteneinsicht Dritter entsprechend § 299 Abs. 2 ZPO ein rechtliches Interesse glaubhaft gemacht und dieses gegen die Interessen des Schuldners abgewogen werden muss (Uhlenbruck/*Pape* Rn. 25). 29

b) Akteneinsicht durch Verfahrensbeteiligte. § 299 Abs. 1 ZPO gewährt der Prozesspartei bzw. den Prozess-/Verfahrensbeteiligten ohne weitere Voraussetzungen Akteneinsicht. Im Insolvenzeröffnungsverfahren haben der ggf. künftige Insolvenzschuldner, einschließlich seiner Vertretungsorgane, persönlich haftenden Gesellschafter und Abwickler, sowie beim Fremdantrag auch der antragstellende Gläubiger das Recht zur Akteneinsicht als **„Parteien" iSd § 299 Abs. 1 ZPO.** Der antragstellende Gläubiger ist nach Zulassung des als „Partei" gem. § 299 Abs. 1 ZPO einsichtsberechtigt, da er dem Schuldner im Eröffnungsverfahren wie eine streitige Partei gegenübertritt. Bei der führungslosen GmbH, Aktiengesellschaft und Genossenschaft sind die Gesellschafter bzw. Mitglieder des Aufsichtsrats nur beim Eigenantrag Beteiligte. Darüber hinaus hat der vorläufige Insolvenzverwalter Akteneinsichtsrecht (AG Göttingen ZInsO 2007, 720; MüKoInsO/Ganter/*Lohmann* Rn. 67). Der vom Gericht bestellte Sachverständige kann sein Akteneinsichtsrecht nicht aus § 299 Abs. 1 ZPO herleiten, sondern aus den §§ 404a Abs. 1, § 407a Abs. 4 S. 1 ZPO (MüKoInsO/*Ganter/Lohmann* Rn. 67). Dagegen haben die potenziellen Gläubiger (einschließlich der Aussonderungs- und Absonderungsberechtigten) kein Einsichtsrecht nach § 299 Abs. 1 ZPO, sondern stehen dritten Personen (§ 299 Abs. 2 ZPO) gleich, da sie in diesem Verfahrensabschnitt noch nicht in das Verfahren einbezogen sind, also noch nicht einer „Partei" gleichgestellt werden können. 30

Im eröffneten Insolvenzverfahren sind als „Parteien" im Sinne dieser Vorschrift alle „Verfahrensbeteiligten" einsichtsberechtigt. Hierzu gehören neben dem Insolvenzverwalter, dem Insolvenzschuldner und den Insolvenzgläubigern auch Massegläubiger sowie Aus- und Absonderungsberechtigte, ferner Mitglieder des Gläubigerausschusses, auch wenn sie nicht Insolvenzgläubiger sind (Jaeger/*Gerhardt* Rn. 22). Das Akteneinsichtsrecht setzt nicht voraus, dass ein Gläubiger seine 31

Forderungen gem. §§ 174 ff. zur Insolvenztabelle angemeldet hat (*Rein* NJW-Spezial 2011, 661; aA LG Düsseldorf ZIP 2007, 1388). Der Gläubiger einer vom Verwalter bestrittenen Forderung besitzt kein Akteneinsichtsrecht als „Verfahrensbeteiligter“. Hier besteht die Besonderheit, dass der Gläubiger die Feststellung außerhalb des Insolvenzverfahrens betreiben muss (§ 179 Abs. 1), also im Wege einer Feststellungsklage vor den ordentlichen Gerichten. Deshalb wird man zu Recht (vgl. LG Karlsruhe NZI 2003, 327; LG Düsseldorf BeckRS 2007, 04473), davon ausgehen müssen, dass dem Gläubiger einer bestrittenen Forderung kein Akteneinsichtsrecht zusteht. Etwas anderes gilt nur dann, wenn für seine Forderung ein vollstreckbarer Titel oder ein Endurteil vorliegt oder die Erhebung einer Feststellungsklage nachgewiesen ist (§ 189 Abs. 1), weil dies dann zu einer Berücksichtigung der bestrittenen Forderung im Insolvenzverfahren führt (*Rein* NJW-Spezial 2011, 661).

32 Nach der **Beendigung des Insolvenzverfahrens** durch Rücknahme, Erledigungserklärung, Abweisung mangels Masse (§ 26) oder Aufhebung des Eröffnungsbeschlusses im Beschwerdeverfahren sind alle Gläubiger mit Ausnahme des Antragstellers als Dritte iSd § 299 Abs. 2 ZPO anzusehen (Uhlenbruck/*Pape* Rn. 28; MüKoInsO/*Ganter/Lohmann* Rn. 61). Dies gilt auch bei Einstellung (§§ 207, 212, 213) oder der Aufhebung des Insolvenzverfahrens nach Abhaltung des Schlusstermins gem. § 200 (MüKoInsO/*Ganter/Lohmann* Rn. 61).

33 Im Fall der Akteneinsicht durch Verfahrensbeteiligte ist deren **Rechtsschutzinteresse nicht nachzuweisen oder auch nur glaubhaft zu machen.** Das Akteneinsichtsrecht der Prozess- bzw. Verfahrensbeteiligten leitet sich nach der Rspr. des BVerfG aus dem Verfahrensgrundrecht auf rechtliches Gehör her, also Art. 103 GG (BVerfG BeckRS 2010, 49078). Damit kommt es für den Anspruch aus § 299 Abs. 1 ZPO auf die Beteiligteneigenschaft an. Die Entscheidung über die Akteneinsicht nach § 299 Abs. 1 ZPO ist während des laufenden Verfahrens von dem Richter oder dem Rechtspfleger zu treffen.

34 **c) Akteneinsicht für Dritte.** Problemlos kann Akteneinsicht gewährt werden, wenn die Verfahrensbeteiligten zustimmen. Die Akteneinsicht für Dritte setzt, anders als die Akteneinsicht durch Verfahrensbeteiligte, die **Glaubhaftmachung eines rechtlichen Interesses** an der Einsicht voraus. Ein **rechtliches Interesse** liegt vor, wenn irgendwelche persönlichen Rechte des Antragstellers durch den Akteninhalt auch nur mittelbar berührt werden können, sofern ein rechtlicher Bezug zu dem Streitstoff der einzusehenden Akten besteht (OLG München 27.1.2011 – 9 VA 8/10; Zöller/*Greger* ZPO § 299 Rn. 6a; Prütting/Gehrlein/*Deppenkemper* ZPO § 299 Rn. 8). Liegt ein rechtliches Interesse vor, ist bei der Entscheidung nach § 299 Abs. 2 ZPO dieses Interesse des Dritten an der Akteneinsicht mit dem Geheimhaltungsinteresse der Insolvenzgläubiger und des Insolvenzverwalters abzuwägen (OLG München 27.1.2011 – 9 VA 8/10). Bei (potenziellen) Gläubigern im Eröffnungsverfahren und bei Abweisung mangels Masse genügt für die Glaubhaftmachung grds., dass sie im Falle der Verfahrenseröffnung die Stellung eines Beteiligten hätten und sich nunmehr Kenntnis über etwaiges vorhandenes Vermögen verschaffen wollen. Will ein Gläubiger nach Abweisung des Antrag auf Insolvenzeröffnung über das Vermögen einer GmbH mangels Masse im Wege der Akteneinsicht vorrangig feststellen, ob die Stammeinlagen erbracht sind, kann ihm das rechtliche Interesse nicht abgesprochen werden, da er damit ermitteln will, ob die GmbH noch Vermögen – den Anspruch auf Erbringung der Stammeinlagen – hat (BGH NZI 2006, 472). Ein rechtliches Interesse hat zB jeder **Gläubiger mit offen stehenden Forderungen** zur Prüfung, ob er seine Forderung zur Tabelle anmelden will (OLG Celle ZIP 2004, 371) oder um einen neuen Insolvenzantrag vorzubereiten (OLG Hamm ZIP 2004, 284). Ein rechtliches Interesse ist auch gegeben, wenn der Gläubiger mittels Akteneinsicht

feststellen will, ob ihm Durchgriffs- und Schadensersatzansprüche gegen Dritte, insbes. Geschäftsführer oder Gesellschafter der Schuldnerin, zustehen (BGH NZI 2006, 472; MüKoInsO/*Ganter/Lohmann* Rn. 63). Auch nach Abweisung des Antrags auf Insolvenzeröffnung mangels Masse besteht für einen Gläubiger der Insolvenzschuldnerin das rechtliche Interesse iSd § 4 InsO, § 299 Abs. 2 ZPO an der Einsicht in die Insolvenzakten fort. Dadurch, dass sich zusätzlich eine selbstständige Mithaftung Dritter ergeben kann, entfällt das rechtliche Interesse nicht. Das rechtliche Interesse für einen **Anspruch aus einer Insolvenzverschleppungshaftung** gegen Organe der schuldnerischen Gesellschaft folgt unmittelbar aus § 26 Abs. 3 (HK-InsO/*Kirchhof* Rn. 15). Nicht ausreichend ist, wenn der Gesuchsteller die Akteneinsicht lediglich begehrt, um ein Strafverfahren gegen den Schuldner bzw. dessen Geschäftsführer einzuleiten (AG Hamburg NZI 2002, 117) oder den ehelichen Zugewinn zu berechnen (OLG Dresden ZInsO 2003, 1148).

Funktionell zuständig für die Gewährung der Akteneinsicht für Dritte ist der 35
Gerichtsvorsitzende (Präsident, Direktor usw) oder der von ihm „beauftragte Richter" (Prütting/Gehrlein/*Deppenkemper* ZPO § 299 Rn. 8). Die Beauftragung kann abstrakt-generell durch Rundverfügung des Gerichtsvorstandes über die Zuweisung von „Justizverwaltungssachen" erfolgen. Die Beteiligten sind iRd Interessenabwägung „gegebenfalls" anzuhören.

Wird der Antrag zurückgewiesen, steht dem Antragsteller der auf einen Monat 36
befristete **Antrag auf gerichtliche Entscheidung** zu (§ 23 Abs. 1, 2; § 24 EGGVG). Der Antrag verfolgt in Fällen des § 299 Abs. 2 ZPO die Verpflichtung des ablehnenden „Gerichtsvorstands" zur Akteneinsicht (§ 23 Abs. 2 EGGVG). Zuständig ist der Zivilsenat des Oberlandesgerichts, zu dessen Bezirk das entscheidende Amtsgericht gehört (§ 25 Abs. 1 EGGVG). Der Zivilsenat kann aber nicht selbst entscheiden, sondern lediglich entweder das Amtsgericht anweisen, die Akteneinsicht zu erteilen oder aber es zu verpflichten, den „Antragsteller unter Beachtung des Rechtsauffassung des Gerichts zu bescheiden" (§ 28 Abs. 2 EGGVG). Gegen die Entscheidung des Zivilsenats des Oberlandesgerichts im ersten Rechtszug ist die Zulassungsrechtsbeschwerde statthaft.

d) Auskunft. Von dem Recht auf Einsicht in die Akten des Insolvenzgerichts 37
ist das Recht auf Auskunfterteilung zu unterscheiden. Eine allgemeine Auskunftspflicht trifft grds. weder das Insolvenzgericht noch den Insolvenzverwalter. Das Gesetz sieht für die Beteiligten die Akteneinsicht, die Prüfungstermine sowie die Gläubigerversammlung generell als Informationsveranstaltung vor. Eine weitergehende Belastung des Gerichts oder des Verwalters ist daher nicht angezeigt. Nach pflichtgemäßem Ermessen können derartige schriftliche Auskünfte jedoch iRd Zumutbaren erteilt werden, wenn feststeht, dass der Auskunftsbegehrende die Information auf Grund seines Akteneinsichtsrechts erhalten darf. Ohne weitere Prüfung der Berechtigung zur Akteneinsicht darf daher grds. keine Information weitergegeben werden. Dies gilt insbes. auch für die Auskunft, dass ein Insolvenzverfahren tatsächlich anhängig ist, wenn der Schuldner nicht selbst die Eröffnung des Insolvenzverfahrens beantragt hat. Eine Ausnahme ist allerdings für den umgekehrten Fall zu machen: Erteilt werden darf (nicht muss) die Auskunft, dass gegen den Schuldner kein Insolvenzverfahren anhängig ist, da insoweit eine Rechtsverletzung des Schuldners nicht zu befürchten ist. Die Anordnung von Sicherungsmaßnahmen (§§ 21 f.), die ohnehin öffentlich bekannt zu machen ist (§ 23), darf mitgeteilt werden.

9. Anhörungsrüge. Im Insolvenzverfahren ist die Anhörungsrüge nach § 321a 38
Abs. 1 ZPO iVm § 4 statthaft (AG Göttingen ZVI 2011, 470 Anfechtung einer im Insolvenzverfahren entstandenen Kostenrechnung; AG Duisburg NZI 2011,

863 bei Ablehnung der Durchführung des Schuldenbereinigungsverfahrens; HambK-InsO/*Rüther* § 4 Rn. 59).

39 **10. Rechtsbehelfsbelehrung.** Mit dem Gesetz zur Einführung einer Rechtsbehelfsbelehrung im Zivilprozess und zur Änderung anderer Vorschriften vom 5.12.2012, (BGBl. I S. 2418 f.) wurde ab dem 1.1.2014 die Verpflichtung zur Erteilung einer Belehrung über Rechtsbehelfe bei jeder anfechtbaren Entscheidung eingeführt. Diese Belehrungspflicht nach § 232 gilt auch für streitige Verfahren des Insolvenzgerichts, die mit der sofortigen Beschwerde oder Rechtsbeschwerde anfechtbar sind. Bei Entscheidungen des Rechtspflegers, gegen die die sofortige Beschwerde nicht statthaft ist, ist über das Recht zur Erinnerung nach § 11 Abs. 2 RPflG zu belehren Eine Belehrungspflicht gilt nicht in Verfahren, in denen Anwaltszwang besteht, es sei denn, es ist über einen Einspruch oder Widerspruch zu belehren oder die Belehrung ist an einen Zeugen oder Sachverständigen zu richten.

40 **11. Anwendung der Zwangsvollstreckungsvorschriften.** Die §§ 703 ff. ZPO sind grds. nicht (entsprechend) anwendbar (Kübler/Prütting Rn. 25). Auch wenn das Insolvenzverfahren ein Vollstreckungsverfahren ist, bildet es doch als Gesamtvollstreckungsverfahren einen Gegensatz zur Einzelzwangsvollstreckung der ZPO (Jaeger/*Gerhardt* Rn. 56). Anwendung im Insolvenzverfahren finden daher nur § 705 ZPO für die formelle Rechtskraft einer insolvenzgerichtlichen Entscheidung, die §§ 724 ff. über die Klauselerteilung und die §§ 739, 758, 758a ZPO bei der Vollstreckung insolvenzrechtlicher Entscheidungen. Auch der Vollstreckungsschutz gem. § 765a ZPO ist im Insolvenzverfahren nicht grds. ausgeschlossen, soweit die Rechte Einzelner in schwerwiegender Weise betroffen werden. Im eröffneten Insolvenzverfahren kann dem Schuldner, der eine natürliche Person ist, bei Vollstreckungsmaßnahmen des Insolvenzverwalters nach § 148 Abs. 2 InsO auf Antrag Vollstreckungsschutz nach § 765a ZPO gewährt werden, jedenfalls soweit dies zur Erhaltung von Leben und Gesundheit des Schuldners erforderlich ist (BGH NZI 2009, 48; LG Dortmund ZInsO 2007, 1357; aA LG Bochum ZInsO 2007, 1156). Die Ziele des § 1 sind allerdings iRd § 765a ZPO regelmäßig als vorrangig zu berücksichtigen. Eine Einstellung etwa des gesamten Eröffnungsverfahrens ist dagegen ausgeschlossen (HK-InsO/*Kirchhof* Rn. 19). Die §§ 766, 767 ZPO können für Rechtsbehelfe anwendbar sein, § 766 für die Einwendung des Insolvenzschuldners wegen Wegnahme angeblich insolvenzfreier Sachen durch den Gerichtsvollzieher bei einer Herausgabevollstreckung gem. § 148 Abs. 2, nicht jedoch bei entsprechendem Streit zwischen dem Schuldner und dem Verwalter; § 767 ZPO bei nachträglichen, den Bestand des festgestellten Insolvenzgläubigerrechts in Abrede stellenden Tatsachen. § 775 Nr. 1 und 2 ZPO und die §§ 883 ff. ZPO sind bei Einzelzwangsvollstreckungen anlässlich eines Insolvenzverfahrens anwendbar. Die §§ 807, 899–910, 913 ZPO sind auf die eidesstattliche Versicherung und Haft des Insolvenzschuldners entsprechend anwendbar, insoweit enthält § 98 jedoch eine selbständige Regelung bzw. Verweisung in Absatz 3. Ferner finden iRd Bestimmung des Existenzminimums, das nach §§ 35, 36 Abs. 1 InsO nicht zur Insolvenzmasse gehört, die §§ 850 ff. ZPO entsprechende Anwendung.

IV. Anwendbare Vorschriften aus anderen Gesetzen

41 Anwendbar im Insolvenzverfahren sind die **Vorschriften des GVG** über die Geschäftsverteilung (§ 21e GVG), über die Rechtshilfe (§§ 156 ff. GVG) sowie über die Sitzungspolizei und Gerichtssprache (§§ 176–191 GVG). Das Insolvenzgericht kann sowohl im Eröffnungsverfahren als auch im eröffneten Insolvenzverfahren ein anderes Insolvenzgericht oder ein Amtsgericht im Bezirk eines

anderen Insolvenzgerichts um **Rechtshilfe** ersuchen. Das Rechtshilfegericht braucht nicht selbst Insolvenzgericht zu sein. Ein anderes Amtsgericht im Bezirk des ersuchenden Insolvenzgerichts darf nicht als Rechtshilfegericht eingeschaltet werden. Nach § 158 Abs. 1 GVG darf ein Rechtshilfeersuchen grds. nicht abgelehnt werden. Im Wege der Rechtshilfe kann der weit entfernt wohnhafte oder inhaftierte Schuldner durch ein ortsnahes Gericht angehört oder es kann ihm eine Offenbarungsversicherung abgenommen werden. Unter den gleichen Umständen können auswärtige Zeugen vernommen werden. Ein anderes Insolvenzgericht kann jedoch nicht um die Durchführung eines Insolvenztermins oder einer Gläubigerversammlung ersucht werden. Dabei handelt es sich um Kernstücke des Insolvenzverfahrens, die vor dem zuständigen Insolvenzgericht durchgeführt werden müssen. Auch der Erlass einer Vorführungsanordnung oder eines Haftbefehls kann nicht dem ersuchten Richter überlassen werden.

V. Die Anwendung allgemeiner Verfahrensgrundsätze

1. Allgemeines. Weder die Insolvenzordnung noch die Zivilprozessordnung 42
enthalten eine ausdrückliche Auflistung allgemeiner Verfahrensgrundsätze. Eine ausdrückliche Niederlegung wichtiger allgemeiner Verfahrensgrundsätze enthält demgegenüber. Art. 6 der Konvention zum Schutz der Menschenrechte und Grundfreiheiten (EMRK v. 4.11.1950), der in Deutschland unmittelbar geltendes Recht im Rang eines einfachen Gesetzes ist.

2. Verfassungsrechtlich garantierte Verfahrensgrundsätze. Die auch im 43
Insolvenzverfahren eingreifenden verfassungsrechtlich garantierten Verfahrensgrundsätze sind: das **Rechtsstaatsprinzip,** die **Garantie des gesetzlichen Richters** (Art. 101 Abs. 1 S. 2 GG), der **Anspruch auf rechtliches Gehör** (Art. 103 Abs. 1 GG), **die Rechtsschutzgarantie** (Art. 19 Abs. 4 GG), das **Willkürverbot** (Art. 3 Abs. 1 GG), der **materielle Grundrechtsschutz** (Art. 12, 13, 14 GG) und **das Recht auf informationelle Selbstbestimmung** (Art. 1 Abs. 1 iVm Art. 2 Abs. 1 GG).

3. Allgemeine Verfahrensgrundsätze. Neben den verfassungsrechtlich ga- 44
rantierten Verfahrensgrundsätzen kommen allgemeine Verfahrensgrundsätze im Insolvenzverfahren zur Anwendung, wie zB die Dispositionsmaxime und das Offizialprinzip (Amtsermittlungsprinzip). Die InsO geht weiterhin vom Grundsatz der **Gläubigerselbstverwaltung** aus. Der Gläubigerautonomie kommt im neuen Insolvenzrecht eine besondere Bedeutung zu. Der Gesetzgeber vertraut auf eine flexible Insolvenzabwicklung durch Deregulierung (vgl. Begr. RegE, BT-Drs. 12/2443, 76, 78). Die Gläubiger sollen in freien Verhandlungen die beste Lösung finden und durchsetzen. Die Entscheidung über die Liquidation oder Fortführung des Schuldnerunternehmens soll von denjenigen Personen getroffen werden, deren Vermögenswerte auf dem Spiel stehen und die deshalb die Folgen von Fehlern zu tragen haben. Weiterhin gelten im Insolvenzverfahren der **Untersuchungsgrundsatz** (§ 5 Abs. 1) und der **Amtsbetrieb,** der unter Aufsicht des Gerichts einen ordnungsgemäßen Verfahrensgang gewährleistet. Auch gilt der Grundsatz der **fakultativen Mündlichkeit,** dh es muss nicht in allen Fällen eine mündliche Verhandlung stattfinden (vgl. Prütting in Kölner Schrift InsO 1. Aufl. 1997 S. 197 f.). Weiterhin greifen die Grundsätze der Unmittelbarkeit, der Öffentlichkeit und der Förderung einer gütlichen Einigung ein (Kübler/Prütting/Bork/*Prütting* § 5 Rn. 53 ff.). Der Grundsatz der Förderung einer gütlichen Einigung hat eine besondere Ausprägung im Verbraucherinsolvenzverfahren nach den §§ 304 ff. erfahren, wonach in der ersten und zweiten Stufe eine einvernehmliche Schuldenbereinigung dem eigentlichen Insolvenzverfahren vorgeschaltet ist.

45 **4. Insolvenzrechtliche Verfahrensgrundsätze.** Zu den speziellen insolvenzrechtlichen Verfahrensgrundsätzen zählen die **gleichmäßige Gläubigerbefriedigung** (par condicio creditorum), der Gleichrang von Liquidation, Übertragung und Sanierung, der personellen und internationalen Universalität, der Grundsatz der Geldliquidation, der Restschuldbefreiung, das Prinzip der freien Nachforderung sowie der Einheit des Verfahrens. Einzelheiten zu diesen speziellen insolvenzrechtlichen Verfahrensgrundsätzen bei *Prütting* (Allgemeine Verfahrensgrundsätze der Insolvenzordnung, Kölner Schrift InsO, S. 183, 199ff. Rn. 56ff.; *ders.* bei Kübler/Prütting/Bork § 5 Rn. 60–86).

Stundung der Kosten des Insolvenzverfahrens[1]

4a (1) **[1]Ist der Schuldner eine natürliche Person und hat er einen Antrag auf Restschuldbefreiung gestellt, so werden ihm auf Antrag die Kosten des Insolvenzverfahrens bis zur Erteilung der Restschuldbefreiung gestundet, soweit sein Vermögen voraussichtlich nicht ausreichen wird, um diese Kosten zu decken. [2]Die Stundung nach Satz 1 umfasst auch die Kosten des Verfahrens über den Schuldenbereinigungsplan und des Verfahrens zur Restschuldbefreiung. [3]Der Schuldner hat dem Antrag eine Erklärung beizufügen, ob einer der Versagungsgründe des § 290 Absatz 1 Nummer 1vorliegt. [4]Liegt ein solcher Grund vor, ist eine Stundung ausgeschlossen.**

(2) **[1]Werden dem Schuldner die Verfahrenskosten gestundet, so wird ihm auf Antrag ein zur Vertretung bereiter Rechtsanwalt seiner Wahl beigeordnet, wenn die Vertretung durch einen Rechtsanwalt trotz der dem Gericht obliegenden Fürsorge erforderlich erscheint. [2]§ 121 Abs. 3 bis 5 der Zivilprozessordnung gilt entsprechend.**

(3) **[1]Die Stundung bewirkt, dass**

1. die Bundes- oder Landeskasse
   a) die rückständigen und die entstehenden Gerichtskosten,
   b) die auf sie übergegangenen Ansprüche des beigeordneten Rechtsanwalts

   nur nach den Bestimmungen, die das Gericht trifft, gegen den Schuldner geltend machen kann;

2. der beigeordnete Rechtsanwalt Ansprüche auf Vergütung gegen den Schuldner nicht geltend machen kann.

[2]Die Stundung erfolgt für jeden Verfahrensabschnitt besonders. [3]Bis zur Entscheidung über die Stundung treten die in Satz 1 genannten Wirkungen einstweilig ein. [4]§ 4b Abs. 2 gilt entsprechend.

§ 4a Abs. 1 aF (Fassung für die bis zum 30.6.2014 beantragten Verfahren)

(1) [1]Ist der Schuldner eine natürliche Person und hat er einen Antrag auf Restschuldbefreiung gestellt, so werden ihm auf Antrag die Kosten des Insolvenzverfahrens bis zur Erteilung der Restschuldbefreiung gestundet, soweit sein Vermögen voraussichtlich nicht ausreichen wird, um diese Kosten zu decken. [2]Die Stundung nach Satz 1 umfasst auch die Kosten des Verfahrens über den Schuldenbereinigungsplan und des Verfahrens zur Restschuldbefreiung. [3]Der Schuldner hat dem Antrag eine Erklärung beizufügen, ob einer der Versagungsgründe des § 290 Absatz 1 Nr. 1 und 3 vorliegt. [4]Liegt ein solcher Grund vor, ist eine Stundung ausgeschlossen.

---

[1] § 4a eingef. mWv 1.12.2001 durch G v. 26.10.2001 (BGBl. I S. 2710); Abs. 1 Satz 3 geänd. mWv 1.7.2014 durch G v. 15.7.2013 (BGBl. I S. 2379).

Schrifttum (Auswahl): *Ahrens,* Kostenstundung bei Versagungsanträgen, NJW-Spezial 2015, 85; *ders.,* Versagung oder Aufhebung der Kostenstundung, ZVI 2003, 268; *ders.,* Zu den erforderlichen Angaben des Schuldners im Stundungsverfahren und der Kostenvorschusspflicht des Ehegatten, NZI 2003, 558; *Frind,* Gläubigerschutz bei der Verfahrenskostenstundung, ZInsO 2015, 542; *Grote,* Die Entscheidung über den Antrag auf Kostenstundung nach § 4a InsO, ZInsO 2002, 179; *Pape,* Aktuelle Entwicklungen im Verbraucherinsolvenzverfahren und Erfahrungen mit den Neuerungen des InsO-Änderungsgesetzes 2001, ZVI 2002, 225; *Schäferhoff,* Die Vorschusspflicht des Ehegatten im Stundungsverfahren, ZVI 2004, 80; *Vallender,* Die Vorschusspflicht des Ehegatten im Stundungsverfahren, ZVI 2003, 505.

Übersicht

I. Normzweck

1 Die Verfahrenskostenstundung nach § 4a soll es auch **für mittellose natürliche Personen** unter Einschluss der Restschuldbefreiung ermöglichen, **ein geordnetes Insolvenzverfahren** zu durchlaufen. Sie ist ein von den Vorschriften der Prozesskostenhilfe abweichendes, **eigenständiges Rechtsinstitut** (BT-Drs. 14/5680, 1, 11 f.), das zur Verfahrensvereinfachung und -beschleunigung beitragen soll (BT-Drs. 14/5680, 12). Komplizierte Prüfungen, die schon im Ansatz mit Unsicherheiten tatsächlicher Art behaftet und geeignet sind, das Verfahren zu verzögern, Rechtsmittel im Eröffnungsverfahren herauszufordern und damit dem Anliegen des Gesetzgebers zuwiderlaufen, mittellosen Personen den Verfahrenszugang unter zumutbaren Bedingungen zu eröffnen, sollen in diesem Verfahrensabschnitt nach Möglichkeit unterbleiben (BGH NZI 2006, 712). Das Stundungsmodell unterscheidet sich dabei von der Bewilligung der Prozesskostenhilfe im Wesentlichen dadurch, dass die Kosten des Verfahrens bei vorhandenem Vermögen oder pfändbarem Einkommen des Schuldners ohne zusätzlichen Verwaltungsaufwand der Gerichte von dem Insolvenzverwalter oder Treuhänder vorrangig an die Staatskasse zurückzuführen sind. Dadurch soll auch die finanzielle Belastung der Landeshaushalte geringer gehalten werden als bei einer Bewilligung von PKH (HK-InsO/*Kirchhof* Rn. 2).

2 § 4a regelt als **zentrale Norm des Stundungsrechts** die subjektiven und objektiven Voraussetzungen **(Absatz 1),** die Rechtfolgen **(Absatz 3)** der Stundungsbewilligung und die Beiordnung eines Rechtsanwaltes **(Absatz 2).** Absatz 3 Satz 2 regelt die verfahrensabschnittweise Anordnung der Stundung und den einstweiligen Eintritt der Stundungswirkungen ab Antragstellung.

3 **Rechtspolitisch** war die Erforderlichkeit einer Prozess- bzw. Insolvenzkostenhilfe bereits in den ersten Entwürfen zu Ausgestaltung eines Restschuldbefreiungsverfahrens diskutiert worden. Dennoch enthielten weder der Diskussionsentwurf noch der RegE zur InsO eine ausdrückliche Regelung dieser Frage. Die Stundungsvorschriften (§§ 4a–4d) wurden erst durch das InsOÄndG 2001 vom 26.10.2001 (BGBl. I S. 2710) zum 1.12.2001 eingeführt.

II. Anwendungsbereich

4 Kostenstundung kann allein einer **natürlichen Person** gewährt werden, da nur sie Restschuldbefreiung erlangen kann. Eine Stundung bei einer Insolvenz von Nachlässen oder Personengesellschaften scheidet daher aus, nicht aber eine Stundung in einem Insolvenzverfahren über das Vermögen des Erben bzw. des persönlich haftenden Gesellschafters (LG Kassel NZI 2014, 697; Uhlenbruck/*Mock* § 4a Rn. 10). Die Kostenstundung kann dem Schuldner sowohl in einem **Regel- als auch in einem Verbraucherinsolvenzverfahren** bewilligt werden, weil er über beide Verfahrensarten Zugang zur Restschuldbefreiung erlangen kann. Es handelt sich nicht um ein spezifisch auf den Verbraucherschuldner zugeschnittenes Recht. Im Fall der **Durchführung eines Insolvenzplanverfahrens** kommt eine Stundung der Verfahrenskosten nicht in Betracht, da die vorrangige Befriedigung der unstreitigen Masseansprüche, zu denen auch die Verfahrenskosten gehören, im Insolvenzplanverfahren gem. § 258 Abs. 2 unabdingbar ist. Wenn aber der Schuldner in der Lage ist, seine Gläubiger durch Zahlungen auf Grund eines Insolvenzplans zu befriedigen, kann dies nicht zulasten der Staatskasse gehen, die die Verfahrenskosten weiter stunden soll (BGH NZI 2011, 683).

5 Die Regelungen über die Kostenstundung erfassen den **Zeitraum** des Insolvenzverfahrens, der anschließenden Wohlverhaltensperiode (§§ 292 ff.) und bis zu vier Jahre nach Erteilung der Restschuldbefreiung (§ 4b Abs. 1). Auch die Kosten des der Insolvenzeröffnung vorausgehenden Verfahrens über den Schuldenbereinigungsplan (§§ 306, 309) können ebenfalls gestundet werden. Dazu gehört jedoch nicht das außergerichtliche Schuldenbereinigungsverfahren. Für dieses Verfahren kann dem Schuldner Beratungshilfe gewährt werden, dazu → § 305 Rn. 15 ff. Soweit § 4a reicht, ist die Gewährung von PKH ausgeschlossen. Auf die in **Rechtsbehelfsverfahren** anfallenden Kosten, sind die Vorschriften der §§ 4a ff. nicht anwendbar. Gem. § 4 InsO kann insoweit nur Prozesskostenhilfe nach den Bestimmungen der Zivilprozessordnung (§§ 114 ff. ZPO) gewährt und bei Vorliegen der gesetzlichen Voraussetzungen nach § 121 ZPO ein Rechtsanwalt beigeordnet werden (BGH NZI 1914, 2014; 2002, 574; MüKoInsO/*Ganter/Lohmann* Rn. 4; Jaeger/*Eckardt* Rn. 75 ff.; HK-InsO/*Kirchhof* Rn. 15; Uhlenbruck/*Mock* Rn. 9, 49; Ahrens/Gehrlein/Ringstmeier/*Ahrens* Rn. 14; aA LG Bochum NZI 2003 164).

6 § 4a findet nur auf Insolvenzverfahren Anwendung, die ab 1.12.2001 eröffnet worden waren (BGH NZI 2004, 635; aA AG Duisburg ZInsO 2003, 386). Dies ergibt sich aus Art. 103a EGInsO und der amtlichen Begründung dieser Vorschrift, die hervorhebt, dass in allen Verfahren die erst nach Inkrafttreten des Insolvenzrechtsänderungsgesetzes eröffnet werden, die Schuldner von der Stundungsmöglichkeit der Verfahrenskosten profitieren (vgl. BT-Drs. 14/5680, 35 f.).

III. Voraussetzungen der Kostenstundung

1. Wirtschaftliche Voraussetzungen. Eine Stundung der Verfahrenskosten setzt voraus, dass das Vermögen des Schuldners voraussichtlich nicht ausreichen wird, um die Kosten des Insolvenzverfahrens zu decken. Maßgeblich für die Beurteilung der Stundungsvoraussetzungen ist daher, ob ohne Gewährung der Verfahrenskostenstundung eine Masseinsuffizienz gegeben wäre und entsprechend die Abweisung nach § 26 Abs. 1 InsO erfolgen müsste (vgl. dazu → § 26 Rn. 9 ff.). Erforderlich ist eine zweistufige Prüfung. In der ersten Stufe sind kursorisch die Kosten des Verfahrens zu schätzen. In einer zweiten Stufe ist das Vermögen des Schuldners zu ermitteln. Zu berücksichtigen ist dafür das pfändbare und dem Insolvenzbeschlag unterliegende Vermögen des Schuldners gem. den §§ 35–37. 7

Die Kosten des Verfahrens, die gedeckt sein müssen, **sind für jeden Verfahrensabschnitt gesondert zu ermitteln.** Unter Verfahrensabschnitt ist jeder Teil des gesamten Insolvenzverfahrens zu verstehen, der besondere Kosten verursacht und für den bei der ursprünglichen Stundung noch nicht alle einer Restschuldbefreiung möglicherweise entgegenstehenden Umstände geprüft werden konnten (vgl. BT-Drs. 14/5680, 21; BGH NZI 2003, 665; Kübler/Prütting/Bork/*Wenzel* Rn. 24). Im Anwendungsbereich der §§ 304 ff. (Verbraucherinsolvenzverfahren und sonstige Kleinverfahren) fallen hierunter das „Eröffnungsverfahren", das „gerichtliche Schuldenbereinigungsplanverfahren", das „eröffnete (vereinfachte) Insolvenzverfahren" und das „Restschuldbefreiungsverfahren" Eine Zusammenfassung der Verfahrensabschnitte „Eröffnungsverfahren" und „eröffnetes (vereinfachtes) Insolvenzverfahren" kommt danach nicht in Betracht, weil der Antrag auf Verfahrenseröffnung eine besondere Gebühr auslöst (§ 1 Abs. 1 GKG iVm Nr. 5110 KV). Einer Zusammenfassung des „Eröffnungsverfahrens" mit dem „gerichtlichen Schuldenbereinigungsplanverfahren" steht entgegen, dass die Gebühr für das Eröffnungsverfahren nach der Formulierung des Gebührentatbestands auch dann entsteht, wenn dieses Verfahren nach § 306 InsO ruht (BGH NZI 2003, 665). In einem **gerichtlichen Verfahren über den Schuldenbereinigungsplan** (§§ 306–309) entstehen Auslagen (Nr. 9000, 9002 KV-GKG). **Für das Eröffnungsverfahren** fällt eine Gebühr nach Nr. 2310 KV-GKG an, die Vergütung des vorläufigen Insolvenzverwalters ist zu berichtigen, und es entstehen Auslagen (Nr. 9004, 9005 KV-GKG). Für das **eröffnete Insolvenzverfahren** müssen die in § 54 genannten Kosten gedeckt sein. Die sich an die Ankündigung der Restschuldbefreiung (§ 291) und Aufhebung des Insolvenzverfahrens (§ 289 Abs. 2 S. 2) anschließende **„Wohlverhaltensphase"** (§§ 292 ff.) ist ein eigenständiger Verfahrensabschnitt, für den zwar keine Gerichtskosten anfallen, wohl aber die Vergütung des Treuhänders (§ 293). Diese Kosten sind dem Schuldner regelmäßig zu stunden (§ 63 Abs. 2, KV-GVG Nr. 9018), weil ihm auf Grund seiner Abtretungserklärung (§ 287 Abs. 2) kein pfändbares Vermögen mehr verbleibt. Ist in dem Verfahrensabschnitt, für die Stundung beantragt wird, die **Beiordnung eines Rechtsanwalts** geboten, sind auch die hierfür anfallenden Kosten in die Berechnung einzustellen. Eine genaue Ermittlung der anfallenden Kosten ist nicht nötig; es genügt eine kursorische Schätzung (Jaeger/*Eckardt* § 4a Rn. 21; HK-InsO/*Kirchhof* Rn. 10). 8

Im Vorfeld des Verfahrens ist der Schuldner grds. nicht verpflichtet, **Rücklagen** für die zu erwartenden Kosten des Verfahrens zu bilden. Der Verbrauch der letzten Vermögenswerte vor Verfahrensbeginn für den Familienunterhalt steht der Stundung der Verfahrenskosten nicht entgegen (BGH NZI 2006, 712; aA AG Duisburg NZI 2005, 462; LG Duisburg NZI 2005, 48). Der Schuldner ist auch in der Wohlverhaltensperiode nicht verpflichtet, aus seinen unpfändbaren Bezügen 9

Rücklagen zu bilden (LG Koblenz ZVI 2014, 115). Der Insolvenzverwalter hat jedoch eine **Rückstellung für die** nach der Aufhebung des Insolvenzverfahrens **in der Wohlverhaltensperiode entstehenden Verfahrenskosten** zu bilden, wenn die in diesem Verfahrensabschnitt voraussichtlich entstehenden Verfahrenskosten durch die in diesem Verfahrensabschnitt mutmaßlich zu erwartenden Einkünfte nicht gedeckt sind (BGH NZI 2015, 128; aA LG Kleve ZInsO 2006, 1002; HK-InsO/*Waltenberger* § 292 aF Rn. 6; Braun/*Pehl* § 196 Rn. 29).

10 Die Kosten des Insolvenzverfahrens sind dem Schuldner selbst dann zu stunden, wenn er unter Berücksichtigung der voraussichtlichen Dauer des Bewilligungszeitraums die in den jeweiligen Verfahrensabschnitten – Eröffnungsverfahren, Hauptverfahren, Wohlverhaltensperiode – anfallenden Kosten (Absatz 3 Satz 2 InsO) im Wege der **Ratenzahlung,** nicht aber in einer Einmalzahlung aufbringen kann (BGH NJW-Spezial 2012, 53; NZI 2008, 47). Der Wortlaut des § 4a InsO knüpft allein an das „Vermögen" des Schuldners iSd §§ 35–37 an und unterscheidet – anders als die Vorschriften über die Prozesskostenhilfe – nicht zwischen Einmalzahlungen und Ratenzahlungen. Reicht das erzielte pfändbare Arbeitseinkommen nicht aus, um die Kosten durch Einmalzahlung zu decken, braucht das Insolvenzgericht nicht zu prüfen, wie sich der pfändbare Teil des Arbeitseinkommens des Schuldners voraussichtlich entwickeln und welcher Betrag bei der zu schätzenden Dauer des jeweiligen Verfahrensabschnitts in die Masse fließen wird, um die Verfahrenskosten zu decken. Eine solche, oftmals komplizierte Prüfung, die zudem schon im Ansatz mit Unsicherheiten tatsächlicher Art behaftet ist, würde das Verfahren verzögern, Rechtsmittel im Eröffnungsverfahren herausfordern und dem Anliegen des Gesetzgebers zuwiderlaufen, mittellosen Personen den Zugang zum Insolvenzverfahren unter zumutbaren Bedingungen zu eröffnen.

11 Gegenüber dem eherechtlichen Anspruch auf einen **Prozesskostenvorschuss aus § 1360a Abs. 4 BGB** ist die Stundung der Verfahrenskosten subsidiär. Entsprechendes gilt gem. § 5 LPartG für die Verpflichtungen zwischen Lebenspartnern. Die Ehegatten bzw. Lebenspartner müssen noch zusammenleben, und der andere Ehegatte/Partner muss selbst leistungsfähig sein. Ferner müssen die betreffenden Schulden einen hinreichenden Zusammenhang mit der ehelichen Lebensführung aufweisen. Bei vorehelichen Verbindlichkeiten, die nicht im Zusammenhang mit dem Aufbau oder der Sicherung der wirtschaftlichen Existenz der Eheleute stehen, kommt ein Vorschussanspruch nicht infrage. Der Anspruch auf einen Prozesskostenvorschuss ist jedoch im Stundungsverfahren nicht zu berücksichtigen, wenn der Ehepartner oder Lebenspartner seiner Unterhaltspflicht nur durch Ratenzahlungen nachkommen kann (LG Duisburg NZI 2011, 949). Ist der Ehepartner vorschusspflichtig und leistungsfähig, jedoch leistungsunwillig, muss der Schuldner den Anspruch klageweise durchsetzen. Zwar kann nicht gewartet werden, bis der Vorschussanspruch „ausprozessiert" ist; indes kann der Schuldner eine einstweilige Anordnung nach §§ 644, 621 Abs. 1 Nr. 5 ZPO erwirken. Unterlässt er dies, ist sein Stundungsantrag unbegründet (BGH NZI 2007, 298). Eine Vorschusspflicht für weitere Angehörige des Schuldners besteht nicht.

12 **2. Erfolgsaussicht. a) Fehlen von Versagungsgründen.** Eine Stundung der Verfahrenskosten soll nur solchen Schuldnern zugutekommen, bei denen damit zu rechnen ist, dass sie nach Ablauf der Wohlverhaltensperiode Restschuldbefreiung erlangen. Nach § 4a Abs. 1 S. 3 und 4 InsO ist daher die Stundung der Verfahrenskosten ausgeschlossen, wenn der in § 290 Abs. 1 Nr. 1 genannte Versagungsgrund für die Restschuldbefreiung vorliegt. Diese Regelung ist jedoch nicht abschließend. Sofern bereits im Insolvenzeröffnungsverfahren zweifelsfrei feststeht, dass der Schuldner aus einem anderen Grund keine Restschuldbefreiung erlangen kann, ist die Stundung der Verfahrenskosten abzulehnen (BGH ZInsO 2011, 1223; NZI 2005, 472; LG München ZVI 2003, 301 [302];

Uhlenbruck/*Mock* Rn. 30 ff.; HK-InsO/*Kirchhof* Rn. 8; Nerlich/Römermann/*Becker* Rn. 32 ff.; krit. Gottwald InsR-HdB/*Ahrens* § 85 Rn. 8; aA LG Berlin ZInsO 2002, 680 [681]; AG Hannover NZI 2004, 391; *Ahrens* NJW-Spezial 2015, 85; *ders.* ZVI 2003, 269; Kübler/Prütting/Bork/*Wenzel* Rn. 45). So kann etwa das Verschweigen eines Bankkontos des Schuldners als Versagungsgrund in Betracht kommen (BGH ZInsO 2011, 1233). Das Gericht soll allerdings keine Ermittlungen zum Vorliegen von Versagungsgründen anstellen. Nur wenn diese erkennbar vorliegen, braucht es nicht abzuwarten, ob im späteren Verfahren tatsächlich Versagungsanträge gestellt werden.

In den **Verfahren, die bis zum 30.6.2014 beantragt worden sind**, ist auch eine Stundung der Verfahrenskosten ausgeschlossen, wenn der Versagungsgrund des § 290 Abs. 1 Nr. 3 (früherer Antrag auf Restschuldbefreiung) vorliegt. Dieser Versagungsgrund wurde durch das „Gesetz zur Verkürzung der Restschuldbefreiung und zur Stärkung der Gläubigerrechte" (→ Einl. Rn. 17) aufgehoben und durch die Zulassungsentscheidung des § 287a ersetzt (→ § 287a Rn. 1 f.). 13

b) Sonstige Hindernisse. Eine Stundung kann dann nicht gewährt zu werden, wenn die Restschuldbefreiung aus anderen Gründen, die nicht unter § 290 InsO fallen, offensichtlich nicht erreicht werden kann (Kübler/Prütting/*Wenzel* Rn. 38a), etwa weil der Schuldnerantrag unzulässig ist (AG Köln NZI 2002, 618) oder die wesentlichen am Verfahren teilnehmenden Forderungen – mindestens 90 % – gem. § 302 InsO von der Restschuldbefreiung ausgenommen sind (LG Düsseldorf NZI 2008, 253 (75 %); AG Düsseldorf NZI 2006, 415; AG Marburg ZVI 2002, 275 f.; AG München ZVI 2003, 369). Ein Stundungsantrag ist unzulässig, wenn auch der Restschuldbefreiungsantrag gemäß § 287a Abs. 2 unzulässig ist (AG Göttingen ZInsO 2015, 1451). Kommt eine Verjährung der gem. § 302 ausgenommenen Forderung ernsthaft in Betracht, kann eine Stundung der Verfahrenskosten nicht verweigert werden (BGH NZI 2014, 231). 14

IV. Verfahren

1. Antrag auf Erteilung der Restschuldbefreiung. Gem. Absatz 1 Satz 1 hat der Schuldner zunächst einen Antrag auf Erteilung der Restschuldbefreiung zu stellen, der gem. § 287 Abs. 1 mit dem Antrag auf Eröffnung des Insolvenzverfahrens verbunden werden soll (BGH NZI 2004, 511; 2004, 593). Wird er nicht mit diesem Antrag verbunden, so ist er innerhalb von zwei Wochen nach dem Hinweis nach § 20 Abs. 2 zu stellen (§ 287 Abs. 1 S. 2). Soweit bei Vorliegen eines Gläubigerantrags lediglich ein Antrag auf Restschuldbefreiung ohne einen Eigenantrag gestellt wurde, ist der Schuldner auf die Erforderlichkeit des Eigenantrags hinzuweisen und ihm für dessen Nachholung eine richterliche Frist zu setzen (BGHZ 162, 181 [184]). 15

2. Antrag auf Stundung der Kosten des Insolvenzverfahrens. Neben dem Antrag auf Eröffnung des Insolvenzverfahrens und Erteilung der Restschuldbefreiung hat der Schuldner den Antrag zu stellen, ihm die Kosten des Insolvenzverfahrens bis zur Erteilung der Restschuldbefreiung zu stunden. Der Antrag kann dabei für jeden Verfahrensabschnitt gesondert oder aber auch für das gesamte Verfahren gestellt werde (AG Neumünster ZInsO 2006, 1007 [1008]; Jaeger/*Eckhardt* Rn. 42; Uhlenbruck/*Mock* Rn. 19; aA Kübler/Prütting/Bork/*Wenzel* Rn. 24). Der Antrag kann formlos gestellt werden. Die Verwendung eines bestimmten Formulars ist nicht vorgeschrieben. § 117 ZPO findet keine entsprechende Anwendung (BGHZ 156, 92 [94]). Der Antrag muss vor der rechtskräftigen Entscheidung über den betreffenden Verfahrensabschnitt gestellt werden (MüKoInsO/*Ganter*/*Lohmann* Rn. 33; Uhlenbruck/*Mock* Rn. 19). Ausnahmsweise kann der Schuldner rückwirkend die Stundung der im eröffneten Verfahren 16 angefallenen Verfahrenskosten beantragen, wenn er durch das Insolvenzgericht nicht rechtzeitig über die Notwendigkeit eines Eigenantrags verbunden mit einem Antrag auf Restschuldbefreiung belehrt worden ist (BGH BeckRS 2015, 13764). Auf das Antragsrecht sowie gegebenenfalls die Notwendigkeit, zugleich einen Insolvenz-und Restschuldbefreiungsantrag zu stellen, hat das Insolvenzgericht den Schuldner kraft seiner Fürsorgepflicht hinzuweisen.

17 Ein **zulässiger Antrag auf Stundung** gem. § 4a setzt die substantiierte, nachvollziehbare Darlegung voraus, dass das Schuldnervermögen voraussichtlich zur Deckung der anfallenden Kosten nicht ausreicht (BGH ZInsO 2005, 264). Dabei genügt eine formlose Darstellung des Schuldners über seine Einkommens- und Vermögensverhältnisse. § 117 ZPO ist nicht entsprechend anwendbar (BGHZ 156, 92; BGH NJW 2002, 2793). Ergeben die dem § 20 Abs. 1 S. 1 entsprechenden Angaben des Schuldners über seine Vermögensverhältnisse, dass die Verfahrenskosten voraussichtlich nicht gedeckt sind, so hat er iRd § 4a InsO ausreichend vorgetragen, warum der Stundungsantrag aus seiner Sicht berechtigt ist. Zur Begründung des Stundungsantrags kann auch die Bezugnahme auf ein zeitnah erstelltes Gutachten genügen, in welchem der Sachverständige ermittelt hat, der Schuldner verfüge über kein die Kosten des Verfahrens deckendes Vermögen (BGH NZI 2005, 45). Eine Schlüssigkeit im technischen Sinne ist jedoch nicht zu verlangen (BGH ZInsO 2005, 264). Die Begründung des Stundungsantrags ist zwar an den Anforderungen aus § 20 Abs. 1 InsO auszurichten, doch sind sie nicht deckungsgleich (*Ahrens* NZI 2003, 558). Ansonsten könnte das gesetzliche Ziel vereitelt werden, durch die Kostenstundung mittellosen Personen raschen und unkomplizierten Zugang zum Insolvenzverfahren unter zumutbaren Bedingungen zu ermöglichen.

18 Kommt ein **Vorschussanspruch gegen den Ehegatten oder Lebenspartner** in Betracht (→ Rn. 11), muss der Antrag Ausführungen zur Leistungsfähigkeit des Ehegatten, zur Entstehung der Verbindlichkeiten und den Ursachen der Verschuldung enthalten, damit das Gericht die Frage der Vorschusspflicht beurteilen kann.

19 **3. Erklärung über Versagungsgründe (Absatz 1 Satz 3).** Der Schuldner hat dem Antrag eine Erklärung beizufügen, ob der Versagungsgrund des § 290 Abs. 1 Nr. 1 vorliegt. Er hat deshalb schon in seinem Antrag zu erklären, ob er rechtskräftig wegen einer Insolvenzstraftat nach den §§ 283–283c StGB verurteilt worden ist. Soweit es der Schuldner unterlässt, eine entsprechende Erklärung abzugeben, ist der Antrag als unzulässig abzuweisen, wobei der Schuldner darauf vor der Abweisung hinzuweisen ist (Kübler/Prütting/Bork/*Wenzel* Rn. 44). In den bis zum 30.6.2014 beantragten Verfahren, hatte der Schuldner auch die Erklärung abzugeben, ob ein Versagungsgrund des § 290 Abs. 1 Nr. 3 vorliegt. Durch die Aufhebung dieses Versagungsgrundes (→ Rn. 13) ist dieser Verweis gestrichen worden.

20 **4. Prüfung des Antrags durch das Insolvenzgericht.** Die Prüfung erfolgt in diesem Verfahrensstadium summarisch. Die Stundung der Kosten darf nicht durch übersteigerte Informationsauflagen erschwert werden. Ob das Vermögen des Schuldners zur **Kostendeckung** ausreicht, ist wie bei § 26 zu ermitteln. Das Gericht hat zu schätzen, welche Kosten im Verfahren voraussichtlich anfallen. Sodann sind die Mittel zu bestimmen, die dem Schuldner zur Verfügung stehen, um die Verfahrenskosten aufzubringen. Dazu sind das Vermögen und das pfändbare Einkommen des Schuldners zu ermitteln. **Künftiger Erwerb** des Schuldners ist zu berücksichtigen, soweit er im Lauf des Insolvenzverfahrens mit einiger Wahrscheinlichkeit anfällt. Können die Verfahrenskosten auf Grund des Neuerwerbs des Schuldners gedeckt werden, bedarf er der Stundung nicht. Berücksichtigungsfähig ist ein Zeitraum von etwa einem Jahr ab Eröffnung. **Künftige**

Erlöse aus der Verwertung von Sicherungsgut, die zum Anfall von Verwertungskostenbeiträgen für die Masse führen, sind ebenfalls in Rechnung zu stellen (BGH WM 2011, 505). Bei der Beurteilung, ob das Schuldnervermögen zur Kostendeckung ausreicht, können auch **Steuererstattungsansprüche** von Bedeutung sein. Unterlässt es der Schuldner diese zu realisieren oder verweigert er Angaben zu möglichen Erstattungsansprüchen, rechtfertigt dies eine Versagung der Stundung, weil der Schuldner die Unzulänglichkeit seines Vermögens nicht hinlänglich dargetan hat (BGH NZI 2010, 614).

Das Insolvenzgericht hat bei der Frage, ob vor der Entscheidung über das Stundungsgesuch weitere Umstände aufzuklären sind, einen nur begrenzt überprüfbaren **Beurteilungsspielraum** (BGH ZInsO 2011, 931). Bestehen auf Grund eines in sich stimmigen Stundungsantrags objektiv keine Zweifel, dass der Antragsteller voraussichtlich nicht in der Lage ist, die für das Insolvenzverfahren anfallenden Kosten zu decken, ist ihm die Stundung regelmäßig zu gewähren. Das Insolvenzgericht hat nicht zu prüfen, wie es dazu kommen konnte, dass der Schuldner nicht in der Lage ist, die Kosten des Verfahrens zu zahlen (BGH ZInsO 2005, 264). Mangels gegenteiliger Anhaltspunkte hat es außerdem davon auszugehen, dass der Schuldner redlich ist und seine Angaben wahrheitsgemäß und vollständig gemacht hat. Für die Beurteilung der persönlichen und wirtschaftlichen Voraussetzungen ist auf den Zeitpunkt der letzten Tatsachenentscheidung über die Stundung abzustellen (BGH NZI 2010, 948; 2008, 46). 21

Sind die **Angaben** hingegen **unvollständig oder widersprüchlich,** hat das Insolvenzgericht die Mängel konkret zu bezeichnen und dem Schuldner aufzugeben, binnen angemessener Frist Darlegung und Nachweise zu ergänzen. Dies folgt iÜ auch aus der dem Gericht gem. § 4a Abs. 2 InsO obliegenden besonderen Fürsorgepflicht. Erst dann, wenn der Schuldner die gebotenen Hinweise unbeachtet lässt, darf der Stundungsantrag als unzulässig zurückgewiesen werden. 22

5. Entscheidung des Gerichts. Für jeden Verfahrensabschnitt ist die Kostenstundung nach § 4a Abs. 3 S. 2 gesondert zu bewilligen, auch wenn der Schuldner in einem einheitlichen Antrag Kostenstundung für mehrere Verfahrensabschnitte begehrt. Wegen des Begriffes des Verfahrensabschnitts → Rn. 8. Eine auf einen Teil der Verfahrenskosten beschränkte Stundung ist nicht zulässig (BGH ZInsO 2006, 773). Über den Antrag muss entschieden werden, bevor die den betreffenden Verfahrensabschnitt abschließende Entscheidung ergeht (BGH NZI 2010, 948; HK-InsO/*Kirchhof* Rn. 26; aA AG Hamburg ZIP 2001, 2241, wonach über den Stundungsantrag nicht schon bei der Eröffnung des Verfahrens, sondern erst später durch den Rechtspfleger zu entscheiden sei). 23

Die **Entscheidung** erfolgt **durch anfechtbaren Beschluss,** eine Entscheidung durch schlüssiges Handeln genügt nicht (BGH NZI 2008, 47). Die Bestimmungen zur Entscheidung des Gerichts über den Stundungsantrag (§§ 4a Abs. 3 S. 4, 4b Abs. 2, 4c, 5 Abs. 2 InsO) setzen erkennbar eine ausdrückliche Entscheidung voraus. Insbes. eine konkludente Ablehnung widerspricht nicht nur in Bezug auf die Stundungswirkungen, sondern auch mit Blick auf das dem Schuldner eröffnete Rechtsmittel dem Gebot der Rechtssicherheit. Da die Verfahrenskostenstundung für den Schuldner von existenzieller Bedeutung ist, bedarf sie einer wirksamen gerichtlichen Kontrolle. 24

Funktionell zuständig für die Entscheidung ist nach der Verfahrenseröffnung, im eröffneten Verfahren oder während der Wohlverhaltensperiode, der Rechtspfleger (§ 3 Nr. 2 lit. e RPflG), sofern der Richter nicht von dem Vorbehalt nach § 18 Abs. 2 S. 1 RPflG Gebrauch gemacht hat. Vor der Verfahrenseröffnung, im Schuldenbereinigungsplan- und im Eröffnungsverfahren liegt die funktionelle Zuständigkeit beim Richter. 25

26 Ist der Stundungsantrag als unzulässig oder unbegründet zurückgewiesen worden, ist auf Grund neuen Vorbringens ein **neuer Stundungsantrag** zulässig. Das gilt selbst nach Rechtskraft des Ablehnungsbeschlusses (LG Berlin ZVI 2004, 123; HK-InsO/*Kirchhof* Rn. 30).

27 **6. Rechtsmittel.** Gegen die Ablehnung der Stundung oder deren Aufhebung sowie gegen die Ablehnung der Beiordnung eines Rechtsanwalts steht dem Schuldner nach Maßgabe des § 4d Abs. 1 die **sofortige Beschwerde** zu. Gegen die Bewilligung der Stundung zu kann die Staatskasse gem. § 4d Abs. 2 die sofortige Beschwerde einlegen.

28 **7. Änderung der Entscheidung.** Nachträglich kann die unanfechtbar gewordene Stundung nur unter den Voraussetzungen des § 4c wird aufgehoben und des § 4b Abs. 2 geändert werden. Die Stundung kann nach Maßgabe des § 4b Abs. 1 verlängert werden, wenn der Schuldner bei Erteilung der Restschuldbefreiung eine ausreichende Leistungsfähigkeit nicht wieder erlangt hat.

V. Wirkungen der Stundung (Absatz 1 Satz 2, Absatz 2 und 3)

29 **1. Gerichtskosten.** Die Stundung bewirkt, dass die Fälligkeit der erfassten Kostenforderungen nicht eintritt. Gestundet werden alle notwendigen Gerichtskosten einschließlich Zustellung-und Veröffentlichungskosten aus allen Verfahrensabschnitten.

30 Die gestundeten **Kosten bleiben Verfahrenskosten iSd §§ 53, 292**. Sie sind deshalb, soweit möglich durch den Insolvenzverwalter bzw. Treuhänder aus der vorhandenen Insolvenzmasse und dem pfändbaren Teil der laufenden Einkünfte zu decken, und zwar vor den Forderungen aller anderen Gläubiger (§§ 53 f., 209, 292 Abs. 1 S. 2, 3). Dies gilt auch für die nach den §§ 63 Abs. 2, 73 Abs. 2 hilfsweise auf die Staatskasse übergeleiteten Ansprüche des Insolvenzverwalters bzw. Treuhänders und der Gläubigerausschussmitglieder (vgl. → § 63 Rn. 33). Vorhandene Masse darf so lange nicht für andere Zwecke, insbes. anderer Masseverbindlichkeiten eingesetzt werden, als noch vorrangige Verfahrenskosten einschließlich der Vergütung und Auslagen von Organen und Organmitgliedern bestehen oder in ihrem zukünftigen entstehen absehbar sind. Ggf. ist also vorhandene Masse für zukünftige entstehende Kosten dieser Art zurückzuhalten.

31 **2. Beiordnung eines Rechtsanwalts (Absatz 2 Satz 1). a) Voraussetzungen.** Wird die Stundung bewilligt, kann dem Schuldner gem. § 4a Abs. 2 für den entsprechenden Verfahrensabschnitt zugleich ein anwaltlicher Vertreter beigeordnet werden, obwohl eine anwaltliche Vertretung nicht vorgeschrieben ist. Die Beiordnung setzt die Stundungsbewilligung voraus (LG Mannheim NZI 2010, 866). Eine Beiordnung scheidet daher aus, solange die Stundungswirkung nur auf den einstweiligen Wirkungen des Antrags gem. § 4a Abs. 3 S. 3 beruht. Im Hinblick auf diese Verknüpfung sind die Kosten für die anwaltliche Vertretung sogleich mit bei der Entscheidung zu berücksichtigen, ob das Vermögen des Schuldners zur Deckung ausreicht (HK-InsO/*Kirchhof* Rn. 37).

32 Die Beiordnung eines Rechtsanwalts setzt einen zusätzlichen **Antrag des Schuldners** voraus, der auch den gewünschten Anwalt benennen sollte.

33 Ein Rechtsanwalt wird nur beigeordnet, wenn die Vertretung durch die im Einzelfall **erforderlich** erscheint. Die Erforderlichkeit einer Beiordnung ist § 4a Abs. 2 InsO bewusst enger gefasst, als diejenige des § 121 Abs. 2 ZPO. Anders als im Recht der Prozesskostenhilfe wird die Erforderlichkeit der Anwaltsbeiordnung nicht bereits dann vermutet, wenn der Gegner anwaltlich vertreten ist (§ 121 Abs. 2 ZPO). Durch den Hinweis auf die „dem Gericht obliegenden Fürsorge"

wird deutlich gemacht, dass diese Fürsorge im Regelfall als ausreichend anzusehen ist, um die Verfahrensrechte des Schuldners zu wahren. Die Beiordnung eines Rechtsanwaltes gem. § 4a Abs. 2 soll die Ausnahme bleiben. Sie ist im Hinblick auf dem im Allgemeinen hinreichenden Schutz des Schuldners durch die gerichtliche Fürsorge-und Beratungspflicht nur dann geboten, wenn **im konkreten Einzelfall** besondere Schwierigkeiten der Sach- und Rechtslage hinzutreten, die den Schuldner nach seinen Kenntnissen und Erfahrungen und seiner allgemeinen Gewandtheit voraussichtlich überfordern.

Die Beiordnung eines Rechtsanwaltes kann **insbes. in quasikontradiktorischen Verfahren,** wie dem Zustimmungsersetzungsverfahren gem. § 309 oder dem Versagungsverfahren gemäß den §§ 290, 296 in Betracht kommen. Weist das eingeleitete Insolvenzverfahren keine vom Normalfall abweichende Besonderheiten auf, kann dem Schuldner kein Anwalt beigeordnet werden, auch wenn sich der Schuldner bereits bei Einreichung des Insolvenzantrags der Hilfe dieses Anwalts bedient hat (LG Baden-Baden ZVI 2002, 322). Hat ein Gläubiger eine Forderung aus einer vorsätzlich begangenen unerlaubten Handlung zur Tabelle angemeldet, so ist die Beiordnung eines Rechtsanwalts gem. § 4a Abs. 2 nicht allein wegen eines dem Schuldner gem. § 175 Abs. 2 InsO vom Insolvenzgericht erteilten Hinweises auf die Rechtsfolgen des § 302 Nr. 1 InsO und die Möglichkeit des Widerspruchs zu versagen. Vielmehr ist ein Rechtsanwalt beizuordnen, wenn der Schuldner im Rahmen seiner Möglichkeiten dartut, dass er nach seinen persönlichen Fähigkeiten und Kenntnissen im konkreten Fall nicht in der Lage ist, ohne anwaltliche Hilfe eine Entscheidung über die Zweckmäßigkeit der Erhebung des Widerspruchs zu treffen. 34

Eine Anwaltsbeiordnung ist in der Regel **nicht erforderlich,** wenn im gerichtlichen Schuldenbereinigungsplanverfahren eine Nachbesserung oder Ergänzung des Plans verlangt wird. Allein der Umstand, dass mehrere Gläubiger vorhanden sind, rechtfertigt nicht die Beiordnung eines Anwalts (LG Koblenz ZInsO 2002, 322). Gleiches gilt, wenn der Schuldner nicht die deutsche Sprache beherrscht. In einem solchen Fall kommt allenfalls die Zuziehung eines Dolmetschers gem. § 185 GVG in Betracht. Entsprechendes gilt für einen behinderten Schuldner, für den sein Betreuer handeln kann. Zur Abwicklung eines eröffneten Insolvenzverfahrens besteht durchweg kein Bedarf für eine Beiordnung. Auch nicht im Falle einer Eigenverwaltung oder eines Insolvenzplanverfahrens. Problematisch ist die Beiordnung eines Rechtsanwalts für den Fall, dass der Treuhänder eine Eigentumswohnung aus der Insolvenzmasse freigibt (so AG Darmstadt VuR 2010, 188), da der erforderliche Beratungsbedarf wegen der damit verbundenen rechtlichen Probleme nicht die Vertretung im Insolvenzverfahren betrifft, nachdem die Eigentumswohnung durch Freigabe aus dem Insolvenzbeschlag ausgeschieden ist. Der erforderliche Beratungsbedarf wäre in einem solchen Falle im Wege der Beratungshilfe zu decken gewesen (*Martini* jurisPR-InsR 15/10 Anm. 6). 35

b) Wirkungen der Beiordnung. Die Beiordnung eines Rechtsanwalts bewirkt nach Absatz 3 Nr. 2, dass der beigeordnete Rechtsanwalt keine Vergütungsansprüche gegen den Schuldner oder dessen Insolvenzmasse geltend machen kann. Der beigeordnete Rechtsanwalt erhält gem. § 45 RVG seine Vergütung aus der Landeskasse, die ihrerseits gegen den Schuldner nach Maßgabe des § 59 RVG iVm § 4 Abs. 3 Nr. 1b Rückgriff nehmen kann. Eine Geltendmachung durch den beigeordneten Anwalt gegen den Schuldner ist nach § 4a Abs. 3 S. 1 Nr. 2 ausgeschlossen. Die Höhe der Vergütung richtet sich nach den gesetzlichen Vorschriften. Abweichende Vereinbarungen sind nichtig (§ 3a Abs. 3 RVG). 36

3. Vorläufige Wirkung (Absatz 3 Satz 3). Die Stundung wirkt erst vom Zeitpunkt ihrer Bewilligung an. Im Interesse einer zügigen Verfahrensabwicklung 37 und um zu verhindern, dass bis zur Bewilligung der Stundung gegenüber dem Schuldner Vorschüsse geltend gemacht werden, sieht § 4a Abs. 3 S. 3 vor, dass die Wirkungen der Stundungen bereits ab Antragstellung einstweilen eintreten. Wird dem Schuldner die Kostenstundung für das Restschuldbefreiungsverfahren nicht gewährt, nachdem ihm für das Verbraucherinsolvenzverfahren die Stundung der Verfahrenskosten bewilligt worden ist, hat der Treuhänder gegen die Landeskasse einen Anspruch auf Festsetzung seiner Vergütung und Auslagen für das erste Jahr nach Aufhebung des Insolvenzverfahrens. Er darf nach § 4a Abs. 3 Nr. 2 S. 3 darauf vertrauen, dass die Stundung der Verfahrenskosten für das Restschuldbefreiungsverfahren erfolgt und er demgemäß seine Vergütung und die Auslagen aus der Landeskasse erhält. Sobald der Stundungsantrag aber endgültig abgewiesen wurde, kann ein Anspruch gegen die Staatskasse nicht mehr geltend gemacht werden (LG Göttingen NZI 2009, 257).

38 **4. Kostendeckung aus der Insolvenzmasse.** Die Stundung der Verfahrenskosten erfolgt subsidiär. Unabhängig von einer dem Schuldner bewilligten Stundung ist die vorhandene Insolvenzmasse zunächst für die Deckung der Verfahrenskosten einzusetzen. Die Berichtigung der Kosten des Insolvenzverfahrens und damit auch der Vergütung und der Auslagen des Insolvenzverwalters hat auch im Falle der Stundung der Verfahrenskosten absoluten Vorrang vor der Befriedigung der Masseverbindlichkeiten. Unterbleibt dies, geht dies zulasten des Treuhänders bzw. Verwalters. Dieser verliert seinen Auslagen- und Vergütungsanspruch gegen die Staatskasse, wenn er Masse verteilt, die zur Befriedigung von Massekostenansprüchen iSd § 54 InsO benötigt wird. Masse darf erst verteilt werden, wenn die Verfahrenskosten gedeckt sind und die Verteilung nicht zulasten der Kostengläubiger geht. Im eröffneten Verfahren hat der Insolvenzverwalter/Treuhänder die Rangordnung des § 209 Abs. 1 InsO auch dann zu beachten, wenn (noch) keine Masseunzulänglichkeit angezeigt ist; hat er ausreichend Masse, um die Kosten zu decken, darf er diese nicht an die sonstigen Massegläubiger verteilen, wenn anschließend die Gefahr besteht, dass er die Kosten nicht mehr befriedigen kann. Eine solche Verteilung führt zur Kürzung oder zum Verlust seines Anspruchs auf Befriedigung aus der Staatskasse (BGH NZI 2011, 60). In der Wohlverhaltensphase ist nach § 292 Abs. 1 S. 2 InsO eine Auskehrung der vom Schuldner abgetretenen Beträge erst gestattet, wenn die nach § 4a InsO gestundeten Verfahrenskosten berichtigt sind.

39 **5. Ende der Kostenstundung.** Die Stundungswirkung endet mit der Rechtskraft des Beschlusses über die Erteilung der Restschuldbefreiung nach §§ 299, 300 (HK-InsO/*Kirchhof* Rn. 46; MüKoInsO/*Ganter/Lohmann* Rn. 32). Wird die Restschuldbefreiung versagt oder widerrufen, führt dies nicht zur automatischen Beendigung der Stundung. Die Versagung oder der Widerruf ermöglichen vielmehr eine Aufhebung der Stundung (§ 4c Nr. 5). Nach der rechtskräftigen Erteilung der Restschuldbefreiung kann dem Schuldner nach Maßgabe des § 4b die Stundungswirkung verlängert werden, falls der Schuldner weiterhin nicht in der Lage ist, den gestundeten Betrag aus seinem Einkommen und seinem Vermögen zu zahlen. Anderenfalls hat der Schuldner die geschuldeten Kosten insgesamt an die Staatskasse zu zahlen.

40 Mit der Beendigung der Stundungswirkung endet auch **die Beiordnung des Rechtsanwalts.** Verdient dieser danach noch eine Vergütung, hat der Schuldner diese selbst zu entrichten (HK-InsO/*Kirchhof* Rn. 46).

Rückzahlung und Anpassung der gestundeten Beträge[1]

4b **(1) [1]Ist der Schuldner nach Erteilung der Restschuldbefreiung nicht in der Lage, den gestundeten Betrag aus seinem Einkommen und seinem Vermögen zu zahlen, so kann das Gericht die Stundung verlängern und die zu zahlenden Monatsraten festsetzen. [2]§ 115 Abs. 1 bis 3 sowie § 120 Absatz. 2 der Zivilprozessordnung gelten entsprechend.**

(2) [1]Das Gericht kann die Entscheidung über die Stundung und die Monatsraten jederzeit ändern, soweit sich die für sie maßgebenden persönlichen oder wirtschaftlichen Verhältnisse wesentlich geändert haben. [2]Der Schuldner ist verpflichtet, dem Gericht eine wesentliche Änderung dieser Verhältnisse unverzüglich anzuzeigen. [3]§ 120a Absatz 1Satz 2und 3 der Zivilprozessordnung gilt entsprechend. [4]Eine Änderung zum Nachteil des Schuldners ist ausgeschlossen, wenn seit der Beendigung des Verfahrens vier Jahre vergangen sind.

Schrifttum (Auswahl): *Homann,* Verlängerung der Stundung der Verfahrenskosten nach Erteilung der Restschuldbefreiung, ZVI 2009, 431; *Mäusezahl,* Aufhebung der Verfahrenskostenstundung im eröffneten Verfahren, ZVI 2006, 105; *Pape,* Bevorstehende Änderungen der InsO nach dem InsOÄndG 2001, ZInsO 2001, 587.

Übersicht

[1] § 4b eingef. mWv 1.12.2001 durch G v. 26.10.2001 (BGBl. I S. 2710); Abs. 1 Satz 2 neu gef., Abs. 2 Satz 3 geänd. mWv 1.1.2014 durch G v. 31.8.2013 (BGBl. I S. 3533).

I. Normzweck

1 § 4b enthält zwei sachlich unzusammenhängende Regelungen. **Absatz 1** soll verhindern, dass die im Verlauf des Insolvenzverfahrens und der Laufzeit der Abtretungserklärung nicht getilgten Verfahrenskosten den mit der Restschuldbefreiung erstrebten wirtschaftlichen Neuanfang des Schuldners vereiteln. Nach Erteilung der Restschuldbefreiung kann sich daher eine weitere Stundung der fälligen Verfahrenskosten anschließen. **Absatz 2** soll eine Anpassung der Stundungs- bzw. Ratenzahlungsanordnungen an nachträglich veränderte Verhältnissen ermöglichen. § 4b wurde neu eingefügt durch Art. 1 Nr. 1 InsOÄndG v. 26.10.2001 (BGBl. I S. 2710).

II. Verlängerung der Stundung (Absatz 1)

2 **1. Die „Rückzahlungsverpflichtung".** Die Stundung der Verfahrenskosten endet grds. mit der Erteilung der Restschuldbefreiung. Damit entfallen die Wirkungen des § 4a Abs. 3 mit der Folge, dass der Schuldner sofort die gestundeten Beträge in ihrer vollen noch ausstehenden Höhe an die Staatskasse zu zahlen hat. Das Ziel des wirtschaftlichen Neuanfangs würde jedoch verfehlt, wenn nach Ablauf der Stundung der Schuldner sich diesen Kostenansprüchen ausgesetzt sehen würde, die ihn wiederum in ein neues Insolvenzverfahren treiben (Begr. RegE InsOÄndG 2001, BT-Drs. 14/5680, 22).

3 **2. Fälligkeit nach Erteilung der Restschuldbefreiung.** Die Verlängerung gem. § 4d Abs. 1 setzt zunächst voraus, dass dem Schuldner im Zusammenhang mit einer Stundung der Verfahrenskosten Restschuldbefreiung nach § 300 erteilt worden ist (BGH NZI 2011, 683). Die Verlängerung setzt ferner voraus, dass das Verfahren nach Erteilung der Restschuldbefreiung aufgehoben worden ist und aus diesem Grund die sofortige Fälligkeit der gestundeten Verfahrenskosten eingetreten ist. Der Erteilung der Restschuldbefreiung steht nicht die schuldbefreiende Wirkung eines Insolvenzplans gem. § 227 (BGH NZI 2011, 683) oder ein gem. §§ 308, 309 zustande gekommener Schuldenbereinigungsplan gleich. Auch eine analoge Anwendung der Vorschrift des § 4b InsO auf den Fall, dass der Schuldner gem. § 227 Abs. 1 InsO von seinen Verbindlichkeiten gegenüber den Insolvenzgläubigern frei wird, kommt nicht in Betracht (HK-InsO/*Kirchhof* Rn. 3; MüKo-InsO/*Ganter*/*Lohmann* Rn. 3; aA Jaeger/*Eckardt* § 4c Rn. 77; krit. FK-InsO/*Kohte* Rn. 11), da das Insolvenzplanverfahren (§§ 217 ff. InsO) eine die Verfahrenskosten betreffende Sonderregelung enthält. Gem. § 258 Abs. 2 InsO hat der Verwalter vor der Aufhebung des Insolvenzverfahrens die unstreitigen Masseansprüche zu berichtigen und für die streitigen Sicherheit zu leisten. Hierunter fallen auch die Verfahrenskosten (§ 53 InsO).

4 Für andere Fälle des Stundungsendes ist **keine Verlängerung** vorgesehen, zB im Falle der Aufhebung der Stundung gem. § 4c, bei Rücknahme des Antrags auf Restschuldbefreiung, im Falle des Todes des Schuldners oder bei Begleichung sämtlicher Forderungen vor dem Ende des Insolvenzverfahrens oder dem Ende der Wohlverhaltensperiode.

5 **3. Die wirtschaftlichen Voraussetzungen einer Verlängerung.** Der Schuldner darf nicht in der Lage sein, den gesamten gestundeten Betrag aus seinem Einkommen und seinem Vermögen zu zahlen. Ob diese Voraussetzungen gegeben sind, orientiert sich, gemäß der Verweisung in Satz 2 auf § 115 Abs. 1 und Abs. 2 ZPO, an den wirtschaftlichen Voraussetzungen für die Gewährung von Prozesskostenhilfe. Damit ist, anders als bei § 4a, sowohl die **Einsetzbarkeit von Einkommen** als auch die Verwertbarkeit von Vermögen zu prüfen. Ent-

sprechend der Prüfungsreihenfolge bei der Gewährung von Prozesskostenhilfe ist zunächst das jeweilige Bruttoeinkommen zu ermitteln. Jegliches Einkommen zählt, unabhängig davon, ob es in Geld oder nur in Geldeswert erzielt wird (§ 115 Abs. 1 ZPO). Von diesen Einkünften sind die Mittel zur Existenzsicherung nach § 115 Abs. 1 S. 3 ZPO abzusetzen. Das somit bereinigte Einkommen ist dann gemäß der Tabelle in § 115 Abs. 1 S. 4 ZPO einzusetzen.

Hinsichtlich des zu verwertenden Vermögens ist die Verweisung des § 115 Abs. 2 auf § 90 SGB XII von Bedeutung. Steht fest, dass der Schuldner nicht in der Lage ist, aus dem zu berücksichtigendem Einkommen und Vermögen den gesamten Kostenrest zu zahlen, muss das Gericht eine Verlängerung gewähren. Das Gericht hat hierbei keinen Ermessensspielraum. 6

4. Verfahren. a) Antrag. Das Insolvenzgericht hat nicht von Amts wegen über eine Verlängerung der Verfahrenskostenstundung zu entscheiden. Die Verlängerung der Stundung setzt, ebenso wie die Stundung selbst und die Beiordnung eines Rechtsanwalts, einen Antrag voraus (BGH NZI 2011, 683; Jaeger/*Eckardt* Rn. 23; MüKoInsO/*Ganter/Lohmann* Rn. 7; einschränkend HK-InsO/*Kirchhof* Rn. 8 „Anregung des Schuldners“). Dies ergibt sich zwar nicht aus dem Wortlaut des § 4b InsO. Dem Schuldner dürfen jedoch die Wirkungen der weiteren Stundung einschließlich der ihn belastenden Auskunfts- und Verhaltensobliegenheiten nicht gegen oder ohne seinen Willen aufgedrängt werden (Jaeger/*Eckardt* Rn. 23). Das Gericht soll den Schuldner auf die Möglichkeit, eine Verlängerung zu beantragen, hinweisen, wenn es Anhaltspunkte dafür hat, dass der Schuldner die Kosten des Verfahrens nicht aufbringen kann (BGH NZI 2011, 683). Solche Anhaltspunkte können sich aus dem Schlussbericht des Treuhänders ergeben. 7

Der Antrag ist an **keine Frist** gebunden, auch wenn der Schuldner ihn zweckmäßigerweise schon vor der Erteilung der Restschuldbefreiung stellen sollte (LG Hagen NZI 2014, 574; LG Trier ZVI 2010, 381). Er kann ihn jedoch auch jederzeit später stellen, solange noch ein Kostenrest offensteht, auch nachdem der Schuldner Teilzahlungen vorgenommen hat (Nerlich/Römermann/*Becker* Rn. 6). 8

b) Funktionell zuständig. Funktionell zuständig für die Entscheidung über den Verlängerungsantrag ist gem. § 3 Nr. 2 lit. e RPflG der Rechtspfleger des Insolvenzgerichts, auch wenn die ursprüngliche Stundungsentscheidung vor der Verfahrenseröffnung und damit durch den Richter ergangen war; jedoch hat der Richter die Möglichkeit, die Sache gem. § 18 Abs. 1 Nr. 2 RPflG an sich zu ziehen. Die Gerichtskasse entscheidet lediglich über Zahlungserleichterungen oder die Niederschlagung der Kosten. 9

c) Anhörung. Eine Anhörung der Staatskasse ist nicht erforderlich (Jaeger/*Eckardt* Rn. 23; HK-InsO/*Kirchhof* Rn. 8). Die Insolvenzgläubiger sind an diesem Verfahrensabschnitt nicht mehr beteiligt. Eine Anhörung der Insolvenzgläubiger kommt daher auch nicht mehr in Betracht. 10

d) Entscheidung. Liegen die Voraussetzungen für eine Stundungsverlängerung vor, so ist die Stundung zu verlängern. Es handelt sich um eine nicht im Ermessen des Gerichts stehende, sondern um eine gebundene Entscheidung, auch wenn das Gesetz das Wort „kann“ verwendet (Jaeger/*Eckardt* Rn. 29; HK-InsO/*Kirchhof* Rn. 9; Graf-Schlicker/*Kexel* Rn. 6). Die Verlängerung kann nur unterbleiben, wenn feststeht, dass ein Aufhebungsgrund gem. § 4c vorliegt und die gewährte Verlängerung deshalb sogleich wieder aufzuheben wäre. Die Entscheidung über den Verlängerungsantrag ergeht durch Beschluss des Insolvenzgerichts einheitlich über die Gesamtheit aller noch offenen Kostenforderungen (Jaeger/*Eckhardt* Rn. 31). Der Beschluss ist, da er der sofortigen Beschwerde unterliegt, zu begründen. Verlängert das Gericht die Stundung, so sind gem. § 4b Abs. 1 S. 1 die zu 11 zahlenden Monatsraten festzusetzen. Hierzu verweist § 4b Abs. 1 S. 2 auf § 115 Abs. 1, 2 sowie auf § 120 Abs. 2 ZPO.

12 **Höhe der monatlich zu zahlenden Raten.** Das Gericht setzt die Monatsraten anhand der Tabelle des § 115 Abs. 1 S. 4 ZPO ziffernmäßig fest. Ist bereits im Zeitpunkt der Festsetzung absehbar, dass sich die maßgeblichen Verhältnisse des Schuldners ändern, kann zugleich festgesetzt werden, dass der Schuldner ab einem bestimmten Termin eine andere Monatsrate zu zahlen hat. Dazu muss sich allerdings der Zeitpunkt des Eintritts der Veränderung hinreichend konkretisieren lassen (Kübler/Prütting/Bork/*Wenzel* Rn. 11). Soweit sich ergibt, dass der Schuldner zu Zahlungen nicht verpflichtet ist, ist die Monatsrate auf 0 EUR festzusetzen („Nullrate").

13 **Die Anzahl der Raten** beträgt höchstens 48. Auch sog „Nullraten" sind mitzurechnen (Jaeger/*Eckhardt* Rn. 32; Uhlenbruck/*Mock* Rn. 7; *Pape* ZInsO 2001, 587 [588]; str. aA Kübler/Prütting/Bork/*Wenzel* Rn. 14). Der Gesetzeszweck, eine Restschuldbefreiung in angemessener Zeit zu ermöglichen, gestattet keine weitere Verlängerung (HK-InsO/*Kirchhof* Rn. 10). Die Zahlungsverpflichtungen des Schuldners sollen nach 48 Monaten endgültig enden.

14 **e) Rechtsbehelfe.** Die Ablehnung der Verlängerung ist ebenso gem. § 4d Abs. 1 durch den Schuldner anfechtbar wie auch gem. § 4d Abs. 2 ihre Erteilung durch die Staatskasse. In § 4d ist zwar die Entscheidung über die Verlängerung nicht ausdrücklich genannt, jedoch handelt es sich ebenfalls um eine „Stundung" (bzw. deren Ablehnung) iS dieser Bestimmung.

III. Anpassung der Raten wegen veränderter Verhältnisse (Absatz 2)

15 **1. Anwendungsbereich. Absatz 2** gestattet lediglich eine Änderung der Entscheidung über die Stundung, nicht jedoch eine Aufhebung der Stundung. Die vollständige Aufhebung der Stundung ist nur unter strengeren Voraussetzungen nach § 4c möglich (AG Neumünster ZInsO 2006, 1007; Uhlenbruck/*Mock* Rn. 16; HK-InsO/*Kirchhof* Rn. 11; aA Kübler/Prütting/Bork/*Wenzel* Rn. 21). Das Gericht kann die Stundung insgesamt oder die Ratenzahlungen anpassen. Ferner muss bereits eine Entscheidung über die Stundung getroffen worden sein. Die Anpassung darf mit Rückwirkung nur auf den Eintritt des ändernden Erfolgs erfolgen.

16 **2. Voraussetzungen für eine Ratenanpassung. a) Änderungen der persönlichen und wirtschaftlichen Verhältnisse.** Eine Änderung der persönlichen und wirtschaftlichen Verhältnisse muss nachträglich eingetreten sein, dh nach der letzten Entscheidung des Insolvenzgerichts über eine Stundung oder die Höhe der zu entrichtenden Raten. Lagen die Voraussetzungen für eine Stundung schon im Zeitpunkt der Stundung nicht vor und hat sie der Schuldner nur unzutreffend angegeben oder das Gericht sie falsch bewertet, so kommt keine Änderung nach § 4b Abs. 2, sondern nur eine Aufhebung nach § 4c Nr. 1 oder 2 in Betracht.

17 **b) Verhältnisse des Schuldners.** Es müssen sich die persönlichen oder wirtschaftlichen Verhältnisse des Schuldners verändert haben. Die „persönlichen Verhältnisse" sind diejenigen Umstände, die für die Ermittlung der unabweisbaren Bedürfnisse des Schuldners und des von ihm wirtschaftlich abhängigen Personenkreises von Bedeutung sind. Die „wirtschaftlichen Verhältnisse" betreffen die Einnahmenseite des Schuldner-Haushalts. Sie ergibt sich aus seinem Einkommen und seinem Vermögen, wobei eine exakte Abgrenzung zwischen „persönlichen" und „wirtschaftlichen" Verhältnissen nicht möglich und auch nicht erforderlich ist (Jaeger/*Eckardt* Rn. 41 f.).

Eine **Verbesserung** der persönlichen oder wirtschaftlichen Verhältnisse des Schuldners kann zB eintreten durch ein Bankguthaben, das durch den Widerruf einer Lastschrift seitens des vorläufigen Verwalters entstanden ist (AG Hamburg NZI 2009, 117), durch den Wegfall von Unterhaltsverpflichtungen, Vermögenszuwachs, Gehaltserhöhung, Zahlungen aus dem Zugewinnausgleich, durch Veräußerung von Schonvermögen oder durch den Erwerb von Unterhaltsansprüchen. Dagegen ist die Erhöhung der Arbeitslosenhilfe keine wesentliche Verbesserung, soweit diese nur die gestiegenen Lebenshaltungskosten ausgleichen soll. Gleiches gilt für Rentenerhöhungen. Eine **Verschlechterung** der persönlichen oder wirtschaftlichen Verhältnisse kann zB eintreten durch Verlust des Arbeitsplatzes, Einkommensverminderung durch Kurzarbeit, bei Hinzutreten weiterer Unterhaltsverpflichtungen durch Eheschließung oder Geburt, Belastung des Schuldners mit berücksichtigungsfähigen Schulden oder durch eine Inhaftierung. 18

c) Wesentlichkeit. Eine Änderung der persönlichen oder wirtschaftlichen Verhältnisse muss wesentlich und nicht nur vorübergehend sein. Wann eine Veränderung wesentlich ist, ist eine Frage des Einzelfalls. Im Allgemeinen wird eine Veränderung des Einkommens um mindestens 10 % als wesentlich angesehen (Uhlenbruck/*Mock* § 3 Rn. 17; HK-InsO/*Kirchhof* Rn. 18). Soweit es sich um Veränderungen des laufenden Einkommens handelt, sollte jede Veränderung als wesentlich angesehen werden, die dazu führt, dass die durch den Schuldner zu leistenden Monatsraten um mehr als eine Ratenstufe fallen oder steigen (Jaeger/*Eckardt* Rn. 44). 19

d) Ausschlussfrist (Absatz 2 Satz 4). Eine Änderung der Entscheidung zuungunsten des Schuldners ist ausgeschlossen, wenn seit der Beendigung des Verfahrens vier Jahre vergangen sind. Unter dem Begriff des „Verfahrens" ist die Beendigung des jeweiligen Verfahrensabschnitts zu verstehen, auf die sich die Änderung auswirken soll (HK-InsO/*Kirchhof* Rn. 19; aA MüKoInsO/*Ganter/Lohmann* Rn. 10; Uhlenbruck/*Mock* Rn. 22), wonach die Sperrfrist mit der Erteilung der Restschuldbefreiung beginnen soll. Dies gilt auch dann, wenn das Insolvenzgericht erst nach Ablauf der Frist von der Veränderung Kenntnis erlangt hat. Ist die Änderungsentscheidung innerhalb der Frist erfolgt, kann der Schuldner durch die Einlegung eines erfolglosen Rechtsmittels nicht den ihm günstigen Fristablauf herbeiführen (MüKoInsO/*Ganter/Lohmann* Rn. 10). 20

3. Anzeigepflicht des Schuldners. Anders als nach einer Gewährung von Prozesskostenhilfe, ist der Schuldner verpflichtet, dem Gericht eine wesentliche Änderung der wirtschaftlichen oder persönlichen Verhältnisse von sich aus anzuzeigen (Absatz 2 Satz 2). Daneben kann das Insolvenzgericht den Schuldner zur Auskunft auffordern. Eine unmittelbare Sanktion sieht das Gesetz bei einer Verletzung der Aufsichtspflicht nicht vor. Die Mitteilungs- und Erklärungspflichten treffen ausschließlich den Schuldner. 21

4. Verfahren. a) Amtsverfahren. Das Insolvenzgericht wird **von Amts wegen** tätig, wenn ihm eine wesentliche Änderung bekannt wird. Anträge des Schuldners auf Herabsetzung der Raten oder einer Gläubigers bzw. des Treuhänders auf deren Erhöhung sind lediglich als Anregung an das Gericht zu behandeln, von Amts wegen tätig zu werden. 22

Regel-Selbstbehalt. Eine Ausnahme gilt jedoch, wenn die Abänderung zugunsten des Schuldners wegen einer Änderung der jährlich angepassten Abzugsbeträge nach § 115 Abs. 1 S. 3 Nr. 1 Buchst. b und Nr. 2 ZPO erfolgen soll; hier schreibt das Gesetz einen Antrag des Schuldners vor (§ 120a Abs. 1 S. 2 und 3 ZPO iVm § 4 Abs. 2 S. 3). In diesem Fall kommt eine Änderung der Entscheidung zudem abweichend vom Grundsatz auch und zugleich nur dann in Betracht, 23 wenn die Änderung zu einem vollständigen Wegfall der Ratenzahlungspflicht führt (so ausdrücklich § 120a Abs. 1 S. 2 ZPO iVm § 4b Abs. 2 S. 3). Eine bloße Verringerung festgesetzter Raten ist hierbei nicht zu erreichen.

24 **b) Zuständigkeit. Funktionell zuständig** ist für die Änderungsentscheidung vor der Verfahrenseröffnung der Richter, danach der Rechtspfleger (§ 3 Nr. 2 lit. e, § 18 Abs. 1 Nr. 1 RpflG), dies gilt auch dann, wenn die Stundung durch den Richter erfolgt war.

25 **c) Anhörung.** Dem Schuldner ist vor der Entscheidung rechtliches Gehör zu gewähren. Der Staatskasse, dem Rechtsanwalt des Schuldners, selbst wenn er gem. § 4a Abs. 2 beigeordnet war, und der Schuldnerberatungsstelle ist mangels unmittelbarer Betroffenheit in eigenen Rechten kein rechtliches Gehör zu gewähren.

26 **d) Nachweis über die Änderung der wirtschaftlichen Verhältnisse.** Das Insolvenzgericht kann eine **Erklärung des Schuldners** über seine Verhältnisse verlangen, um zu prüfen, ob sich die wirtschaftlichen Verhältnisse des Schuldners verbessert haben und die Entscheidung über die Stundung deshalb gem. § 4b Abs. 2 InsO zu ändern ist (BGH ZInsO 2009, 2405). Gegenteiliges ergibt sich auch nicht aus § 120 Abs. 4 ZPO, auf dessen Sätze 1 und 2 § 4b Abs. 2 S. 3 InsO verweist. In § 120 Abs. 4 S. 2 ZPO heißt es ausdrücklich, die Partei habe sich auf Verlangen des Gerichts darüber zu erklären, ob eine Änderung der Verhältnisse eingetreten sei.

27 **5. Entscheidung des Insolvenzgerichts.** Die Entscheidung des Gerichts ergeht durch Beschluss, der, da er der sofortigen Beschwerde unterliegt, zu begründen ist. Der Beschluss ist dem Schuldner zuzustellen. Das Gericht kann die angeordnete Ratenzahlung erhöhen, verringern oder ganz entfallen lassen. Es kann andere Zahlungstermine festlegen oder bei hinreichendem Vermögenszuwachs eine Zahlung anordnen, die die gesamte Kostenlast tilgt.

28 **6. Rechtsbehelfe.** Die zum Nachteil des Schuldners ergangenen Änderungsbeschlüsse sind gem. § 4d Abs. 1 grds. ebenso wenig durch den Schuldner anfechtbar (AG Leipzig Beschl. v. 27.5.2015 – 401 IK 781/07; AG Köln NZI 2014, 229; MüKoInsO/*Ganter* § 4d Rn. 4; HK-InsO/*Kirchhof* § 4d Rn. 5; Uhlenbruck/*Mock* § 4d Rn. 3; aA HambK-InsO/*Dawe* Rn. 13; Nerlich/Römermann/*Becker* Rn. 52) wie umgekehrt gem. § 4d Abs. 2 die zugunsten des Schuldners ergangenen Änderungsbeschlüsse durch die Staatskasse (Jaeger/*Eckhardt* Rn. 71). Anders ist nur zu entscheiden, wenn eine den Schuldner beschwerende Änderung iErg einer Ablehnung oder Aufhebung der Stundung gleichkommt. Dies kann für Entscheidungen zur Abänderung einer Stundungsentscheidung iSv § 4b Abs. 2 in Betracht kommen, wenn sie zur Fälligkeit des gesamten Betrags der gestundeten Beträge führen und deshalb der Anordnung der sofortigen Zahlung der angefallenen Kosten wirtschaftlich entsprechen. Unstreitig kommt kein Rechtsmittel in Betracht, wenn das Gericht eine Änderung ablehnt oder schlicht untätig bleibt. Hat der Rechtspfleger eine nicht beschwerdefähige Änderungsentscheidung getroffen, kommt eine sofortige Erinnerung gem. § 11 RPflG in Betracht.

Aufhebung der Stundung[1]

4c Das Gericht kann die Stundung aufheben, wenn

1. der Schuldner vorsätzlich oder grob fahrlässig unrichtige Angaben über Umstände gemacht hat, die für die Eröffnung des Insolvenzverfahrens oder die Stundung maßgebend sind, oder eine vom Gericht verlangte Erklärung über seine Verhältnisse nicht abgegeben hat;

2. die persönlichen oder wirtschaftlichen Voraussetzungen für die Stundung nicht vorgelegen haben; in diesem Fall ist die Aufhebung ausgeschlossen, wenn seit der Beendigung des Verfahrens vier Jahre vergangen sind;

3. der Schuldner länger als drei Monate mit der Zahlung einer Monatsrate oder mit der Zahlung eines sonstigen Betrages schuldhaft in Rückstand ist;

4. der Schuldner keine angemessene Erwerbstätigkeit ausübt und, wenn er ohne Beschäftigung ist, sich nicht um eine solche bemüht oder eine zumutbare Tätigkeit ablehnt; *und dadurch die Befriedigung der Insolvenzgläubiger beeinträchtigt; dies gilt nicht, wenn den Schuldner kein Verschulden trifft;* § 296 Abs. 2 Satz 2 und 3 gilt entsprechend;

5. die Restschuldbefreiung versagt oder widerrufen wird.

§ 4c aF (Fassung für die bis zum 30.6.2014 beantragten Verfahren)

…

4. *der Schuldner keine angemessene Erwerbstätigkeit ausübt und, wenn er ohne Beschäftigung ist, sich nicht um eine solche bemüht oder eine zumutbare Tätigkeit ablehnt § 296 Abs. 2 Satz 2 und 3 gilt entsprechend;*

Schrifttum (Auswahl): *Ahrens,* Versagung oder Aufhebung der Kostenstundung, ZVI 2003, 268; *Mäusezahl,* Aufhebung der Verfahrenskostenstundung im eröffneten Verfahren, ZVI 2006, 105; *G. Pape,* Aufhebung und Stundung der Verfahrenskosten im eröffneten Verfahren, ZInsO 2008, 143; *I. Pape,* Ausfüllung von Gesetzeslücken bei den Stundungsvorschriften – Widerruf wegen der Verletzung von Mitwirkungspflichten, NZI 2005, 594; *Pieper,* Aufhebung der Verfahrenskostenstundung in der Wohlverhaltensperiode des Schuldners wegen Verletzung von Mitwirkungspflichten auch vor Versagung/Widerruf der Restschuldbefreiung?, ZVI 2009, 241; *Vallender,* Ein redlicher Schuldner?, ZVI 2003, 253.

Übersicht

[1] §4c eingef. mWv 1.12.2001 durch G v. 26.10.2001 (BGBl. I S. 2710); Nr. 4 neu gef. mWv 1.7.2014 durch G v. 15.7.2013 (BGBl. I S. 2379).

I. Normzweck

1 § 4c verfolgt den Zweck sicherzustellen, dass der **Einsatz öffentlicher Mittel** zur Durchführung eines Insolvenzverfahrens auf diejenigen Fälle beschränkt bleibt, in denen der Schuldner zum einen tatsächlich bedürftig war und ist, zum anderen auch tatsächlich Aussicht hat, das Verfahrensziel der Restschuldbefreiung zu erreichen (Jaeger/*Eckhardt* Rn. 2). Die Bewilligung der Kostenstundung beruht vielfach auf einer summarischen Beurteilung. Aus diesem Grund werden dem Gericht mit § 4c Korrekturmöglichkeiten an die Hand gegeben. Eine Aufhebung der Stundung soll erfolgen, wenn sich auf Grund nachträglich bekannt gewordener Sachverhalte herausstellt, dass die Stundung nicht hätte bewilligt werden dürfen. Darüber hinaus dient die Möglichkeit der Stundungsaufhebung dazu, den Schuldner zur Einhaltung seiner gesetzlichen Pflichten anzuhalten und Pflichtverletzungen zu sanktionieren. Die Korrektur der Prognoseentscheidung wegen nachträglicher Erkenntnisse des Gerichts ist in § 4c Nr. 1 Alt. 1 u. Nr. 2 InsO geregelt. Sanktionsmöglichkeiten wegen Pflichtverletzungen finden sich in § 4c Nr. 1 Alt. 2 InsO sowie in den Nr. 3–5. Die Vorschrift ist dem § 124 ZPO nachgebildet.

II. Allgemeines

2 Während § 4b Abs. 2 grds. eine gewährte Stundung fortbestehen lässt und lediglich einer späteren Veränderung der maßgeblichen Verhältnisse Rechnung trägt, führt § 4c zu einer nachträglichen Beseitigung einer von Anfang fehlerhaften oder unrichtigen Stundungsbewilligung. **Die Gründe** die zu einer Aufhebung der Stundungsbewilligung führen **sind abschließend** (RegE InsOÄndG S. 22 zu § 4c). Dem Gericht steht bei der Entscheidung über die Aufhebung der Stundung ein **Ermessensspielraum** zu. Auch wenn ein Aufhebungsgrund verwirklicht ist, muss deswegen nicht die Stundung aufgehoben werden (Jaeger/*Eckhardt* § 4c Rn. 78). Die Vorschrift ist dem § 124 ZPO nachgebildet.

3 **Gegenstand der Aufhebungsentscheidung** ist die Stundungsentscheidung gemäß 4a Abs. 1 S. 1, auch wenn diese Entscheidung zwischenzeitlich Gegenstand eine Änderung nach § 4b Abs. 2 S. 1 gewesen ist. Aufgehoben wird auch in diesem Fall die ursprüngliche Stundungsentscheidung in der Gestalt, die sie durch den Änderungsbeschluss nach § 4b gefunden hat; der Änderungsbeschluss als solcher dagegen kann nicht Gegenstand einer Aufhebung nach § 4c sein (Nerlich/Römermann/*Becker* § 4c Rn. 2 f.).

Die **Beiordnung eines Rechtsanwaltes** wird von der Aufhebung des Stundungsbeschlusses miterfasst. Die Aufhebung einer Beiordnung allein ist keine Aufhebung gem. § 4c, sondern lediglich eine Änderung der Stundung gem. § 4b (Nerlich/Römermann/*Becker* Rn. 3). Sie muss deshalb in der Aufhebungsentscheidung nicht eigens erwähnt werden. Jedoch kann die Beiordnung auch isoliert nach § 4c Nr. 1 und 2 aufgehoben werden, sofern nur diese erschlichen bzw. zu Unrecht angeordnet worden war. 4

Eine **zeitliche Grenze** besteht für die Aufhebung der Stundung nicht. Da die Aufhebung nicht zurückwirkt, sondern nur für die Zukunft die Wirkungen der Stundung beseitigt, ist sie aber nur sinnvoll, solange die Stundung noch irgendwelche Wirkungen entfaltet (Jaeger/*Eckhardt* Rn. 7). § 4c ist damit unanwendbar, wenn alle gestundeten Kosten zurückgezahlt sind oder die Kostenforderung verjährt ist (MüKoInsO/*Ganter/Lohmann* Rn. 20; HK-InsO/*Kirchhof* Rn. 4). Spätestens nach Ablauf von 4 Jahren seit der Gewährung der Restschuldbefreiung entfaltet die Stundung keine Wirkungen mehr, da nach diesem Zeitpunkt gem. § 115 Abs. 1 S. 4 ZPO iVm § 4b Abs. 1 S. 2 in keinem Fall mehr (Raten-)Zahlungen auf die gestundeten Forderungen eingefordert werden können 5

III. Aufhebungsgründe im Einzelnen

1. Unrichtige oder unterlassene Angaben (Nr. 1). Nach Nr. 1 ist die Stundung aufzuheben, wenn der Schuldner vorsätzliche oder grob fahrlässige **Falschangaben** gemacht hat, die **für die Verfahrenseröffnung oder die Stundung relevant** sein können. Ferner liegt ein Aufhebungsgrund vor, wenn der Schuldner es unterlässt, mit dem Gericht zu kooperieren. 6

a) Unrichtige Angaben (§ 4c Nr. 1 Alt. 1). Unrichtig sind die Angaben des Schuldners, wenn sie von der Wirklichkeit abweichen, also unwahr sind. Unrichtig sind aber auch unvollständige Angaben. Erwecken die richtigen, aber unvollständigen Angaben den Anschein der Vollständigkeit, vermitteln aber durch das Weglassen wesentlicher Umstände in vorwerfbarer Weise den ein falsches Gesamtbild, dann sind diese unvollständigen Angaben auch unrichtig (BGH NZI 2009, 188; MüKoInsO/*Ganter/Lohmann* Rn. 4; HK-InsO/*Kirchhof* Rn. 8; Jaeger/*Eckardt* Rn. 10). Unvollständige Angaben des Schuldners, die ein falsches Gesamtbild vermitteln, liegen etwa dann vor, wenn der Schuldner eine Tätigkeit als Geschäftsführer einer GmbH, aus der er Einnahmen erzielen könnte, in seinem Antrag nicht angibt. Diese Angaben müssen für die Stundungsbewilligung ursächlich worden sein, allein, dass es sich um falsche Angaben gehandelt, genügt nicht. Voraussetzung ist, dass dem Schuldner bei vollständigen und wahren Angaben die Stundung hätte versagt werden müssen. 7

aa) Für die Verfahrenseröffnung relevante Falschangaben. Für die Eröffnung des Insolvenzverfahrens maßgebende Angaben können die Voraussetzungen für die Zuständigkeit des angerufenen Gerichts oder die Insolvenzgründe betreffen. Die Angaben müssen nicht notwendig schriftlich zur Kenntnis des Gerichts abgegeben worden sein. Die Angaben können aber auch in der Erklärung gem. § 305 Abs. 1 Nr. 3 enthalten sein. So kann ein unvollständiges Gläubiger- und Forderungsverzeichnis zur Aufhebung der Stundung führen, wenn es sich um einen so bedeutenden Betrag handelt, dass er für den Schuldner nicht in Vergessenheit geraten konnte (LG Göttingen ZInsO 2007, 276). **Relevant** sind unrichtige Angaben nur dann, wenn sie Umstände betreffen, die für die Eröffnung des Insolvenzverfahrens maßgebend sind. Auch Falschangaben zur Begründung der internationalen Zuständigkeit können eine Aufhebung der Stundung rechtfertigen (Uhlenbruck/*Mock* Rn. 4). Dagegen führen unrichtige Angaben, die nur für das Schuldenbereinigungsverfahren erheblich sind, nicht zur Aufhebung der 8

Stundung. Dies gilt auch für unrichtige Angaben zur Abgrenzung des Regelinsolvenzverfahrens vom Verbraucherinsolvenzverfahren, da für beide Verfahrensarten dieselben Insolvenzgründe gelten und beide in gleicher Weise in die Restschuldbefreiung zur führen (HK-InsO/*Kirchhof* Rn. 6). Es fehlt hiermit an der Kausalität geht für die ergangene Entscheidung.

9 **bb) Für die Stundungsbewilligung relevante Falschangaben.** Als unrichtige Angaben, die für die Stundungsentscheidung maßgebend sind, kommen va Angaben in Betracht, die entweder den Ausschluss von Versagungsgründen oder die Bedürftigkeit des Schuldners betreffen. Das Verschweigen eines Kontos, auf den Arbeitseinkommen des Schuldners eingeht (LG Potsdam ZInsO 2002, 941), die unterbliebene Erklärung über den Verbleib sicherungsübereigneter Kraftfahrzeuge (AG Göttingen NZI 2004, 47) können eine Aufhebung rechtfertigen.

10 **cc) Berichtigung unrichtiger Angaben.** Unrichtige Angaben kann der Schuldner nach Anhörung oder auch im Beschwerdeverfahren gegen die Aufhebungsentscheidung noch berichtigen. Dies folgt aus dem Zweck der Norm, die lediglich die Aufhebung unrichtiger oder unrichtig gewordene Stundungsentscheidungen bewirken soll und kein Sanktionsinstrument gegen unredliche Schuldner ist (Jaeger/*Eckardt* Rn. 16).

11 **b) Nichtabgabe einer angeforderten Erklärung (Nr. 1 Alt. 2).** Aufhebungsgrund ist die Nichtabgabe einer von dem Insolvenzgericht – rechtmäßig verlangten Erklärung über seine Verhältnisse. Erfasst werden nur gerichtliche Aufforderungen nach Erteilung der Stundung. Die gerichtliche Aufforderung muss hinreichend konkret sein, dh ausdrücklich darauf hinweisen, zu welchen Punkten Angaben des Schuldners erwartet werden und mit einer angemessenen Frist versehen sein; fehlt es hieran, so kann die Aufhebung nur erfolgen, wenn die Aufforderung mit Fristsetzung wiederholt und ohne Reaktion geblieben ist (Jaeger/*Eckardt* Rn. 26). Mit der Fristsetzung ist der Hinweis auf die gesetzliche Aufhebungsmöglichkeit des § 4c Nr. 1 zu verbinden. Die Aufforderung ist grds. an den Schuldner persönlich zu richten. Erkennt da Gericht, dass der Schuldner nach seinen persönlichen Verhältnissen und Fähigkeiten möglicherweise außerstande ist, die Aufforderung vollinhaltlich zu verstehen oder ihr nachzukommen, so hat das Gericht gleichzeitig die vom Schuldner eingeschaltete (§ 305 Abs. 4) Schuldnerberatungsstelle zu informieren. Ist ein zustellungsbevollmächtigter Rechtsanwalt vorhanden, so ergeht die Aufforderung entsprechend § 172 ZPO ohne weiteres an diesen (§ 170 ZPO).

12 Eine **Erklärungspflicht des Schuldners** besteht allerdings nur für solche Erklärungen, die für die Gewährung der Stundung maßgeblich sind. Hinsichtlich anderer Umstände – etwa der Verfahrenseröffnung – besteht keine Erklärungspflicht des Schuldners, so dass eine dahingehende Untätigkeit auch nicht zur Aufhebung der Stundung nach § 4c Nr. 1 erfolgen kann (LG München ZVI 2006, 505; aA AG Göttingen NZI 2004, 47; Kübler/Prütting/Bork/*Wenzel* Rn. 17).

13 **Nachholung im Abänderungsverfahren.** Hat der Schuldner die angeforderte Erklärung zwar schuldhaft verspätet, aber richtig und vollständig vor der aufzuhebenden Entscheidung nachgereicht, ist eine Aufhebung nicht möglich (HK-InsO/*Kirchhof* Rn. 10). Das Gericht hat dann seine Abänderungsentscheidung gem. § 4b Abs. 2 auf dieser Grundlage zu treffen. 4c Nr. 1 bezweckt nicht, den Schuldner für sein Fehlverhalten zu bestrafen oder aus dem Fehlverhalten seine „Unwürdigkeit" für die Gewährung der Stundung zu folgern (LG Göttingen NZI 2011, 909; aA Kübler/Prütting/Bork/*Wenzel* Rn. 20). Vielmehr soll die Stundungsentscheidung ebenso wie im Fall des § 4c Nr. 2 primär im Hinblick auf ihre inhaltliche Unrichtigkeit korrigiert werden (Jaeger/*Eckardt* Rn. 18). Der

Schuldner kann eine unterlassene Erklärung sogar noch in der **Beschwerdeinstanz** nach erfolgter Aufhebung nachholen. Entscheidend ist, dass die nachgereichte Erklärung noch prozessordnungsgemäß in das Beschwerdeverfahren eingeführt werden kann und nicht an einer für neue Angriffs- und Verteidigungsmittel gesetzten Ausschlussfrist scheitert (Jaeger/*Eckardt* Rn. 28).

c) Verschulden. Eine Aufhebung der Stundung nach Nr. 1, setzt voraus, dass der Verstoß vorsätzlich oder grob fahrlässig erfolgt ist. **Direkter Vorsatz** ist der auf Herbeiführung einer fehlerhaften Stundungsentscheidung durch unrichtige Angaben gerichtete Wille, während bedingter Vorsatz vorliegt, wenn der Schuldner es für möglich hielt, dass seine Angaben falsch waren und es ihm darauf ankam eine positive Stundungsentscheidung auch für den Fall der Unrichtigkeit der Angaben zu erreichen. 14

Grobe Fahrlässigkeit ist ein Handeln, bei dem die im Verkehr erforderliche Sorgfalt in ungewöhnlich hohem Maße verletzt wurde, wenn ganz nahe liegende Überlegungen nicht angestellt oder beiseite geschoben wurden und dasjenige unbeachtet geblieben ist, was sich jedem aufgedrängt hätte. Bei der groben Fahrlässigkeit handelt es sich um eine auch subjektiv schlechthin unentschuldbare Pflichtverletzung. Grobe Fahrlässigkeit liegt vor, wenn der Schuldner die Unrichtigkeit seiner Angaben die Fehlerhaftigkeit der Bewilligung zwar nicht erkannt hat, jedoch ohne weiteres hätte erkennen können, wenn er sich darüber Gedanken gemacht und die jedem einleuchtende Sorgfalt bei der Zusammenstellung und Überprüfung seiner Angaben beachtet hätte (Jaeger/*Eckardt* Rn. 20). Bei der Beurteilung dieser Tatbestände ist allerdings auch die persönliche Situation des Schuldners zu berücksichtigen. Schuldner haben häufig den Überblick über ihr Vermögen verloren. Dies kann entlastend wirken (LG Hamburg ZInsO 2001, 330). Erreicht zB den Schuldner die Aufforderung zur Erklärung über stundungsrelevante Umstände deshalb nicht, weil er es verabsäumt hat, dem Insolvenzgericht einen zwischenzeitlich erfolgten Wohnsitzwechsel mitzuteilen, so bedeutet diese unterbliebene Mitteilung regelmäßig kein grob fahrlässiges Verhalten iSv § 4c Nr. 1 InsO, wenn der Schuldner glaubhaft versichert, irrig davon ausgegangen zu sein, dass mit der Ummeldung beim Einwohnermeldeamt automatisch auch das Insolvenzgericht von der neuen Wohnanschrift Kenntnis erlangt (LG Dessau-Rosslau BeckRS 2012, 09660). Grobe Fahrlässigkeit kann bereits dann zu bejahen sein, wenn der Schuldner ein von seinem Verfahrensbevollmächtigten unrichtig ausgefülltes Formular ungeprüft unterschreibt (BGH NZI 2010, 1236). 15

Das Verschulden eines Vertreters (§ 85 Abs. 2 ZPO) ist dem Schuldner nicht zuzurechnen. Dem Schuldner kann jedoch im Hinblick auf unrichtige Angaben seines Bevollmächtigten ein Verschuldensvorwurf treffen, wenn er den Bevollmächtigten mit unwahren Informationen versorgt hat oder wenn er unrichtigen Angaben des Vertreters nicht korrigiert, obwohl er sie erkennt oder nur infolge grober Nachlässigkeit nicht erkennt. 16

d) Ursächlichkeit. Es muss eine **Kausalität** zwischen den falschen Angaben und der Eröffnung des Insolvenzverfahrens bzw. der gewährten Stundung gegeben sein (BGH NZI 2009, 188). Dies ist der Fall, wenn auf Grund des wahren Sachverhalts ein Insolvenzverfahren nicht eröffnet worden wäre oder die Stundung nicht oder mit höheren Raten festgesetzt worden wäre (→ Rn. 8, 9, 12). 17

2. Fehlerhafte Beurteilung der Stundungsvoraussetzungen durch das Gericht (Nr. 2). Eine Stundung der Verfahrenskosten kann nach Nr. 2 aufgehoben werden, wenn die **persönlichen oder wirtschaftlichen Voraussetzungen** zum Zeitpunkt ihrer Bewilligung, also der letzten Tatsachenentscheidung, nicht vorgelegen haben und seit der Beendigung des Verfahrens vier Jahre noch nicht vergangen sind (BGH NZI 2008, 46; Kübler/Prütting/Bork/*Wenzel* Rn. 24). Die 18

Vorschrift regelt – anders als § 4b Abs. 2 – die Fälle anfänglicher Unrichtigkeit der Stundungsentscheidung. Ein **Verschulden** des Schuldners ist nicht notwendig.

19 Die Aufhebung der Stundung wird von Nr. 2 nur für den Fall zugelassen, dass die bei der Bewilligung angenommenen wirtschaftlichen Voraussetzungen der Stundung **in tatsächlicher Hinsicht** unzutreffend waren. Eine abweichende rechtliche Beurteilung derselben tatsächlichen Umstände, wie sie das Gericht bereits der Stundungsbewilligung zugrunde gelegt hatte, rechtfertigt die Aufhebung dagegen nicht. Zwar haben auch in diesem Fall die Stundungsvoraussetzungen objektiv nicht vorgelegen; dem Wortlaut der Bestimmung nach käme eine Aufhebung deshalb in Betracht. Jedoch überwiegt das schutzwürdige Interesse des Schuldners, nicht von wechselnden Rechtsansichten des Gerichts betroffen zu werden, das fiskalische Interesse an der Aufhebung rechtswidriger Stundungsentscheidungen. Dies muss auch dann gelten, wenn die Stundungsentscheidung „greifbar gesetzeswidrig" gewesen sein sollte.

20 Ob die Stundung wegen Fehlens der persönlichen oder wirtschaftlichen Voraussetzungen aufgehoben werden kann, ist nach den Verhältnissen zum **Zeitpunkt** der Stundungsentscheidung zu beurteilen (BGH NZI 2008, 46). Eine spätere Änderung der Verhältnisse wird von § 4b erfasst. Die Vorschrift ist nicht nur dann anwendbar, wenn die Bewilligungsvoraussetzungen insgesamt gefehlt, sondern auch dann, wenn sie nur hinsichtlich der Ratenfreiheit oder der Ratenhöhe nicht vorgelegen haben.

21 Die Aufhebung der Stundung nach § 4c Nr. 2 setzt voraus, dass die fehlerhafte Beurteilung der persönlichen oder wirtschaftlichen Voraussetzungen der Stundung für die Stundungsentscheidung **ursächlich** geworden ist. Wenn die Stundung auch bei zutreffenden Annahmen des Gerichts hätte erfolgen müssen, besteht kein Aufhebungsgrund.

22 Die Aufhebung der Stundung wegen anfänglicher Unrichtigkeit ist ausgeschlossen, wenn seit „Beendigung des Verfahrens" **vier Jahre** vergangen sind. Abzustellen ist auf die Beendigung des jeweiligen Verfahrensabschnitts, nicht des Gesamtverfahrens (Gottwald InsR-HdB/*Ahrens* § 85 Rn. 14; Graf-Schlicker/*Kexel* Rn. 6; Uhlenbruck/*Mock* Rn. 15; Kübler/Prütting/Bork/*Wenzel* Rn. 26; aA HK-InsO/*Kirchhof* Rn. 15; Jaeger/*Eckardt* Rn. 39; FK-InsO/*Kohte* Rn. 29 mit der Aufhebung des Insolvenzverfahrens (§ 289 Abs. 2 S. 2); Nerlich/Römermann/*Becker* Rn. 22 mit der Erteilung der Restschuldbefreiung).

23 **3. Aufhebung nach Zahlungsrückstand.** Nach Nr. 3 InsO kann die Stundung der Verfahrenskosten aufgehoben werden, wenn der Schuldner länger als 3 Monate mit Zahlungen einer nach § 4b angeordneten Monatsrate oder mit der Zahlung eines sonstigen Betrages, die dem Schuldner in Zusammenhang mit der Stundung auferlegt worden sind, schuldhaft in Rückstand ist. Bei monatlichen Zahlungen schadet erst der Rückstand „einer Monatsrate"; geringere Teilrückstände werden erst erheblich, sobald ihre Summe den Betrag einer ganzen Monatsrate erreicht hat.

24 Der Schuldner muss den Rückstand zu vertreten haben. Bei mangelndem **Verschulden** darf die Stundung nicht aufgehoben werden, so etwa, wenn der Schuldner arbeitslos geworden ist oder ihm der Zahlungsbeginn oder die Zahlstelle nicht mitgeteilt worden ist (Jaeger/*Eckhardt* Rn. 45). Für fehlendes Verhalten trifft ihn keine Beweislast. Kann das Verschulden nicht zur Überzeugung des Gerichts positiv festgestellt werden, so muss die Aufhebung unterbleiben.

25 Begleicht der Schuldner den Rückstand vor der Entscheidung über sein Rechtsmittel, so ist auch dies in der Beschwerdeentscheidung zu berücksichtigen. Kein Fall des § 4c Nr. 3 InsO liegt vor, wenn der Schuldner von der Abtretungserklärung erfasste Bezüge nicht vollständig an den Treuhänder abführt, seinen Pflichten aus § 295 Abs. 1 Nr. 3 InsO zur Auskunftserteilung über sein Einkommen jedoch vollständig nachgekommen ist. Allein die fehlende Abführung wird durch § 295 Abs. 1 Nr. 3 InsO nicht sanktioniert. Eine entsprechende Anwendung der Vorschrift kommt auf Grund des Verbotes der Erweiterung der Versagungs- und Widerrufsgründe im Wege der Analogie nicht in Betracht.

4. Nichtausübung angemessener Erwerbstätigkeit/nicht ausreichendes Bemühen um eine solche Tätigkeit. Nach Nr. 4 Hs. 1 kann eine Aufhebung der Stundung in Betracht kommen, wenn der Schuldner keine angemessene Erwerbstätigkeit ausübt. Damit wird die dem Schuldner gem. § 295 Abs. 1 Nr. 1 in der Wohlverhaltensperiode treffende Erwerbsobliegenheit mittelbar in die Zeit ab Kostenstundung, dh in der Regel ab Eröffnung des Insolvenzverfahrens vorverlegt. Öffentliche Mittel sollen nur dann für die Restschuldbefreiung eingesetzt werden, wenn der Schuldner einen eigenen Beitrag zur Restschuldbefreiung leistet (Begr. RegE InsOÄndG, BT-Drs. 14/5680, 23). Die an den Schuldner zu stellenden Anforderungen hinsichtlich des Bemühens um eine angemessene Erwerbstätigkeit sind identisch mit denen aus § 295 Abs. 1 Nr. 1 (→ § 295 Rn. 7 ff.). Sie gelten für die unselbstständige wie auch für die selbstständige Tätigkeit gleichermaßen (Jaeger/*Eckhardt* Rn. 52). 26

Durch **die Verweisung auf § 296 Abs. 2 S. 3** begründet Nr. 4 Hs. 2 einen weiteren selbstständigen Aufhebungsgrund, der unabhängig von dem Aufhebungsgrund des § 4c Nr. 1 in der zweiten Alternative besteht (BGH NZI 2008, 736). Dieser ist dann gegeben, wenn der Schuldner trotz mehrfacher Aufforderungen des Gerichts und Hinweisen auf eine entsprechende Verpflichtung zu Beginn des Verfahrens schuldhaft über seine Bemühungen, eine angemessene Erwerbstätigkeit zu finden, keine Auskunft erteilt (→ § 296 Rn. 27). Das Insolvenzgericht ist nicht gehindert, den Schuldner von Amts wegen zur Auskunftserteilung aufzufordern, wenn ein ausreichender Anfangsverdacht für eine Überprüfung besteht. Ob das Insolvenzgericht verpflichtet ist, sich in regelmäßigen Abständen von der Erfüllung der Erwerbsobliegenheit durch den Schuldner zu überzeugen und ob Überprüfungen auch ohne einen konkreten Verdacht, dass der Schuldner sein Erwerbspflicht nicht nachkommt, erfolgen dürfen, hat der BGH zunächst offen gelassen. Anders als bei § 296 Abs. 2, bei dem das Gericht einen vorausgehenden Antrag eines Gläubigers braucht, um das Verfahren einzuleiten, ist das Gericht hier befugt, die Erfüllung der Erwerbspflicht im Hinblick auf einen möglichen Stundungswiderruf zu überprüfen. Generell gilt auch im Hinblick auf alle Varianten der Nr. 4, dass dem Schuldner die Stundung nur entzogen werden darf, wenn er in der Lage ist, eine Tätigkeit zu finden, mit der er pfändbare Bezüge erzielt, die er für die Befriedigung der Gläubiger einsetzen kann. Scheidet dies wegen der beschränkten Möglichkeiten des Schuldners aus, darf auch die Stundung nicht widerrufen werden. Für Nr. 4 gilt genauso wie für eine Versagung der RSB wegen Verletzung einer Obliegenheit aus § 295 InsO, dass eine Beeinträchtigung der Befriedigung der Insolvenzgläubiger gegeben sein muss. Eine solche Beeinträchtigung liegt schon dann vor, wenn die vom Schuldner nicht abgeführten Beträge lediglich zur (teilweisen) Deckung der Verfahrenskosten ausreichen. Auf die Frage, ob die Gläubiger ohne die Obliegenheitsverletzung des Schuldners tatsächlich etwas erhalten hätten, kommt es deshalb nicht unbedingt an, wenn die vom Schuldner zurückgehaltenen Beträge wenigstens ausgereicht hätten, um einen Teil der Verfahrenskosten zu begleichen. 27

5. Versagung oder Widerruf der Restschuldbefreiung. Die Stundung kann nach Nr. 5 aufgehoben werden, wenn die Restschuldbefreiung – nach § 290 oder den §§ 296–298 – versagt oder gem. § 303 wiederrufen wird. Ggf. kann auch eine nach § 4b Abs. 1 angeordnete Verlängerung der Stundung aufgehoben werden (HK-InsO/*Kirchhof* Rn. 23). Mit der Versagung oder dem Widerruf der 28

Restschuldbefreiung kann das Ziel der Kostenstundung, den mittellosen Schuldner zu entschulden, endgültig nicht mehr erreicht werden.

29 Nach dem **Gesetzeswortlaut** greift die Vorschrift nur ein, wenn die Restschuldbefreiung gleichzeitig versagt oder widerrufen wird. Bei „zweifelsfreiem" Vorliegen von Versagungsgründen während des eröffneten Verfahrens kommt jedoch eine Aufhebung der Stundung **ohne vorhergehende Versagung oder Widerruf** der Restschuldbefreiung in Betracht (BGH ZInsO 2008, 111; NZI 2008, 624; aA LG Mönchengladbach NZI 2006, 539). Das Gericht kann danach die Stundung **von Amts wegen** aufheben, wenn die Voraussetzungen eines Versagungsgrundes zweifelsfrei vorliegen (BGH NZI 2010, 264; LG Göttingen ZInsO 2005, 1340; *Pape* ZInsO 2008, 141). Daran, dass ein Gläubiger das Verhalten des Schuldners tatsächlich zum Anlass nimmt, um einen Versagungsantrag zu stellen, ist das Gericht bei seiner Entscheidung über die Aufhebung der Stundung nicht gebunden. Dies soll insbes. gelten, wenn der Schuldner Bezüge verheimlicht, die von seiner Abtretungserklärung (§ 287 Abs. 2) erfasst sind (LG Göttingen ZInsO 2008, 1032), eine Änderung des Wohnsitzes nicht unverzüglich dem Insolvenzgericht anzeigt (AG Göttingen NZI 2010, 115), die für die Insolvenzmasse schädliche Steuerklasse V wählt (BGH NZI 2008, 624), von Todes wegen erworbenes Vermögen verheimlicht (AG Göttingen ZInsO 2015, 367); oder wenn der Schuldner während des laufenden Verfahrens untergetaucht ist und damit der Versagungsgrund des § 290 Abs. 1 Nr. 5 InsO ohne weiteres gegeben ist.

30 **Nicht jede** zur Überzeugung des Gerichts bereits **feststehende Obliegenheitsverletzung** des Schuldners kann zur Aufhebung der Stundung der Verfahrenskosten führen (LG Dessau-Rosslau VuR 2011, 393; MüKoInsO/*Ganter* Rn. 15). Das für die Entscheidung über die Versagung der Restschuldbefreiung maßgebliche förmliche Verfahren enthält eine Reihe einschränkender Voraussetzungen und verfahrensrechtlicher Sicherungen zum Schutz des Schuldners. Diese würden ausgehebelt werden, wenn schon allein wegen des objektiven Vorliegens einer Obliegenheitsverletzung die Stundung der Verfahrenskosten aufzuheben wäre. So ist die Restschuldbefreiung wegen eines Verstoßes gegen Obliegenheiten grds. nur auf – zudem fristgebundenen – Antrag eines Gläubigers zu versagen. Zudem kann sich der Schuldner im dortigen Verfahren dahin entlasten, dass ihn kein Verschulden trifft. Schließlich ist Voraussetzung, dass eine Obliegenheitsverletzung auch zu einer Beeinträchtigung der Befriedigung der Gläubiger geführt hat (§ 296 Abs. 1). Aus diesem Grund kann eine Aufhebung der Kostenstundung vor dem rechtskräftigen Abschluss des Versagungs- und Widerrufsverfahren nur erfolgen, wenn die **tatbestandlichen Voraussetzungen evident** sind (FK-InsO/*Kothe* § 4c Rn. 33).

31 Durch das „Gesetz zur Verkürzung des Restschuldbefreiungsverfahrens und zur Stärkung der Gläubigerrechte"(→ Einl. Rn. 17), hat der Gesetzgeber in Absatz 1 Nr. 4 eine Regelung für die ab 1.7.2014 beantragten Verfahren aufgenommen, wonach die verletzte Erwerbsobliegenheit die Befriedigung der Insolvenzgläubiger beeinträchtigt haben muss und fehlendes Verschulden den Schuldner entlastet. Mit dieser Neuregelung ist keine sachliche Änderung gegenüber der bisherigen höchstrichterlichen Rspr. und der in der überwiegend in der Literatur vertretenen Auffassung verbunden (→ Rn. 30 und → § 296 Rn. 19 ff.).

IV. Das Aufhebungsverfahren

32 **1. Prüfung von Amts wegen.** Das Aufhebungsverfahren setzt keinen Antrag voraus. Das Insolvenzgericht prüft das Vorliegen der Aufhebungsgründe von Amts wegen, sobald es von dem maßgeblichen Sachverhalt Kenntnis erlangt hat. Hinweisen und Anregungen, die Sachverhalte betreffen, welche eine Aufhebung der

Stundung rechtfertigen können, hat das Gericht nachzugehen, sofern sie sich nicht in allgemeinen Vermutungen erschöpfen. Einer Glaubhaftmachung (vgl. § 290 Abs. 2, § 296 Abs. 1 S. 3) bedarf es nicht (Kübler/Prütting/Bork/*Wenzel* § 4c Rn. 44).

2. Funktionelle Zuständigkeit. Für die Aufhebungsentscheidung ist der Richter zuständig, wenn die Aufhebung ausnahmsweise bereits vor der Verfahrenseröffnung, insbes. im gerichtlichen Schuldenbereinigungsverfahren gem. §§ 306 ff., oder gleichzeitig mit dieser erfolgt (§ 18 Abs. 1 Nr. 1 RPflG). IÜ entscheidet der Rechtspfleger über die Aufhebung (§ 3 Nr. 2 lit. e RPflG); dies gilt auch dann, wenn die Stundung durch den Richter erfolgt war. Der Richter kann sich die Aufhebungsentscheidung allerdings vorbehalten. **33**

3. Anhörung. Dem Schuldner ist vor der Entscheidung rechtliches Gehör zu gewähren (Art. 103 Abs. 1 GG), nicht dagegen der Staatskasse, dem Rechtsanwalt des Schuldners, selbst wenn er gem. § 4a Abs. 2 beigeordnet war und ihm durch die Aufhebung der Bewilligung Vergütungsansprüche gegen den Staat entgehen können, und der Schuldnerberatungsstelle. Eine Anhörung durch öffentliche Bekanntmachung ist nicht ausreichend, wenn sich dessen Anschrift in der Gerichtsakte befindet (LG Darmstadt VuR 2014, 320). **34**

4. Entscheidung. a) Allgemeines. Die Entscheidung über die Aufhebung der Stundungsanordnung steht im Ermessen des Insolvenzgerichts. Das pflichtgemäße Ermessen wird bei den verschuldensabhängigen Gründen das jeweilige Gewicht der Schuld zu beachten haben, ansonsten die Erheblichkeit der objektiven Abweichungen. Bei der Versagung oder Widerruf der Restschuldbefreiung (Nr. 5) ist aber kaum noch ein Ermessensspielraum vorhanden (Graf-Schlicker/*Kexel* Rn. 12). Im Falle des Rechtsmittels geht die Ermessensentscheidung auf das Beschwerdegericht über. Die Aufhebung der Stundung setzt voraus, dass der Tatbestand eines Aufhebungsgrunds zur Überzeugung des Gerichts feststeht. Bleiben Zweifel, so gehen diese nach den allgemeinen Grundsätzen der objektiven Beweislast zugunsten des Schuldners (Jaeger/*Eckhardt* Rn. 83). **35**

b) Form der Entscheidung. Die Entscheidung über die Aufhebung der Stundung ergeht durch Beschluss, der im Hinblick auf die Beschwerdemöglichkeit nach § 4d zu begründen ist. Die Begründung muss auch erkennen lassen, ob und wie das Gericht das ihm eingeräumte Ermessen ausgeübt hat. Die Entscheidung ist, da sie der fristgebundenen sofortigen Beschwerde unterliegt, dem Schuldner bzw. dem von ihm beauftragten Rechtsanwalt zuzustellen. **36**

c) Inhalt der Entscheidung. Grds. wird durch die Entscheidung die Stundungsbewilligung mit Wirkung ex nunc vollständig aufgehoben. Beruht die Unrichtigkeit der Stundungsentscheidung in den Fällen der Nr. 1 und 2 lediglich darauf, dass dem Schuldner zu niedrige Ratenzahlungen auferlegt wurden, während die Stundung an sich berichtigt war, ist in solchen Fällen die Stundung nicht ganz aufzuheben. Auszusprechen ist vielmehr, dass die Bewilligung insoweit aufgehoben wird, als keine bzw. keine höheren Zahlungen oder Monatsraten angeordnet worden sind (Jaeger/*Eckhardt* Rn. 88; aA HK-InsO/*Kirchhof* Rn. 27). Teilw. wird die Auffassung vertreten, dass das Gericht, um eine unzumutbare Härte für den Schuldner zu vermeiden, in Analogie zu § 4b eine Auslaufregelung treffen kann, wonach die an sich sofort fällige Zahlung der gesamten Kosten gestreckt oder auch teilw. erlassen werden kann (Nerlich/Römermann/*Becker* Rn. 10). **37**

5. Rechtsmittel. Gegen die Aufhebung der Stundung kann nur **der Schuldner** die sofortige Beschwerde einlegen. (§ 4d Abs. 1), auch wenn der Rechtspfleger entschieden hat (§ 11 Abs. 1 RPflG). Das Rechtsmittel hat keine aufschie- **38**

bende Wirkung. Weder einem **Gläubiger,** der seine Befriedigungsaussichten deswegen sinken sieht, weil eine Abweisung des Eröffnungsantrages mangels Masse, Einstellung mangels Masse oder vorzeitiges Ende der Treuhandphase droht, noch **dem beigeordneten Rechtsanwalt** oder **der Staatkasse** stehen gegen die Entscheidung über die Aufhebung noch gegen das Unterbleiben einer solchen Entscheidung ein Rechtsmittel zu.

V. Wirkungen der Aufhebung

39 **1. Sofortige Fälligkeit der Kosten.** Mit der Rechtskraft des Aufhebungsbeschlusses, entfallen alle Stundungswirkungen (§§ 4a Abs. 3 S. 1 Nr. 1, 4b Abs. 1 S. 1) für die Zukunft (aA AG Göttingen ZInsO 2009, 2070, wonach die Stundungswirkungen auch die vorangegangenen Verfahrensabschnitte erfassen kann, zB im Falle einer Aufhebung gem. § 4c Nr. 1 Alt. 1 alle Verfahrensabschnitte bis zum Zeitpunkt der Auskunftsverletzung). Sämtliche dem Schuldner gestundeten Kosten werden fällig und können sofort in ihrer vollen noch ausstehenden Höhe gegen den Schuldner geltend gemacht werden. Die gem. § 59 RVG auf die Staatskasse übergegangenen Ansprüche verändern sich aber nicht.

40 **Nebenentscheidungen** wie insbes. die Beiordnung eines Rechtsanwalts gem. § 4a Abs. 2 S. 1 werden von der Aufhebung der Stundungsentscheidungen ohne weiteres mit betroffen, da sie isoliert keine Berechtigung haben können. Sie müssen in der Aufhebungsentscheidung nicht eigens erwähnt werden.

41 Während die **Stundung für jeden Verfahrensabschnitt** besonders erfolgt, bezieht sich die **Aufhebung der Stundung auf sämtliche Verfahrensabschnitte.** Eine Aufhebung in der Wohlverhaltensperiode hat zur Folge, dass die Kostenstundung insgesamt aufgehoben ist (LG Dresden BeckRS 2011, 09993).

42 § 4c ist unanwendbar, wenn alle gestundeten Kosten beglichen sind oder die Kostenforderung verjährt ist (§ 5 Abs. 1, 3 GKG). Auch die Rücknahme des Antrags auf Restschuldbefreiung führt zur Aufhebung (Nr. 5 analog). Ebenso die Einstellung des Verfahrens gem. §§ 200, 213 oder der Tod des Schuldners. In diesen Fällen kann das Ziel der Restschuldbefreiung bzw. eines wirtschaftlichen Neubeginn nicht mehr erreicht werden.

43 **2. Die Vergütung des beigeordneten Rechtsanwalts.** Rechtsanwälte, die gem. § 4a Abs. 2 beigeordnet waren, müssen ihre bislang gegen den Mandanten nicht durchsetzbaren Vergütungsansprüche nunmehr unmittelbar gegen diesen geltend machen. Sie können sie nach § 11 RVG festsetzen lassen. Neue Ansprüche gegen die Staatskasse (§ 45 Abs. 1 RVG) können nicht begründet werden. Seinen bisher gegen die Staatskasse erworbenen Vergütungsanspruch verliert der Rechtsanwalt nicht. Die Staatskasse behält die auf sie übergegangenen Vergütungsansprüche gegen den Schuldner. Soweit sie die Ansprüche des beigeordneten Rechtsanwalts befriedigt hat, kann nunmehr die Landeskasse die auf sie übergegangenen Vergütungsansprüche gegen den Schuldner verfolgen. Das Mandat des Rechtsanwalts erlischt mit der Aufhebung der Kostenstundung nicht automatisch, sondern unterliegt der Beendigung durch die Beteiligten (Jaeger/*Eckhardt* Rn. 97; HK-InsO/*Kirchhof* Rn. 29).

44 **3. Mittelbare Folgen der Stundungsaufhebung.** Die Aufhebung der Stundung bewirkt, dass der Schuldner regelmäßig die Verfahrenskosten nicht aufbringen kann. Dies führt idR zur **Abweisung mangels Masse** (dazu § 26). Etwas anderes kann sich nur ergeben, wenn auf Grund der Ermittlungen im Eröffnungsverfahren Vermögenswerte aufgetaucht sind, mit denen die Verfahrenskosten bestritten werden können. Nach dem Gesetzeswortlaut bewirkt die Abweisung des Insolvenzantrags mangels Masse bewirkt keine Sperrfrist. Im Wege einer doppelten Analogie nimmt der BGH jedoch eine dreijährige Sperrfrist an (BGH

NZI 2010, 445). Der unredliche Schuldner soll nach dieser Rspr. das aufwändige und kostenträchtige Verfahren nicht sofort wieder in Anspruch nehmen können.

Ist das Verfahren **bereits eröffnet,** ist es gem. **§ 207** mangels Masse einzustellen (→ § 207 Rn. 5 ff.). Die Erteilung einer Restschuldbefreiung ist zu versagen (§ 289 Abs. 3). Ob in einem solchen Fall der Schuldner ohne Beachtung weiterer Fristen erneut Insolvenzantrag und Antrag auf Restschuldbefreiung stellen kann, ist noch nicht entschieden. Der Versagungsgrund des § 290 Abs. 1 Nr. 3 ist nach dem Wortlaut nicht erfüllt. Auch hier stellt sich die Frage der analogen Anwendung, die der BGH zu § 290 Abs. 1 Nr. 3 entwickelt hat. Nach den bisherigen Grundsätzen ist von einer Sperrfrist auszugehen. 45

Wird die Stundung in der **Treuhandphase** aufgehoben, hat der Treuhänder nach § 298 die Möglichkeit, einen Antrag auf Versagung der Restschuldbefreiung zu stellen, wenn die ausstehende Vergütung des Treuhänders nicht gezahlt wird. Eine Versagung der Restschuldbefreiung wegen Nichtzahlung der Treuhändervergütung löst eine dreijährige Sperrfrist aus (BGH NZI 2013, 846; LG Lübeck NZI 2011, 411; aA AG Göttingen NZI 2011, 545; LG Kiel ZInsO 2011, 494). 46

4. Erneuter Stundungsantrag. Ist der Aufhebungsgrund weggefallen, kann der Schuldner einen neuen Stundungsantrag für denselben oder für einen späteren Verfahrensabschnitt stellen (Nerlich/Römermann/*Becker* Rn. 48). 47

Rechtsmittel[1]

4d (1) **Gegen die Ablehnung der Stundung oder deren Aufhebung sowie gegen die Ablehnung der Beiordnung eines Rechtsanwalts steht dem Schuldner die sofortige Beschwerde zu.**

(2) [1] **Wird die Stundung bewilligt, so steht der Staatskasse die sofortige Beschwerde zu.** [2] **Diese kann nur darauf gestützt werden, dass nach den persönlichen oder wirtschaftlichen Verhältnissen des Schuldners die Stundung hätte abgelehnt werden müssen.**

Übersicht

I. Normzweck

Nach § 6 kann eine gerichtliche Entscheidung nur in den Fällen angefochten werden, in denen die Insolvenzordnung dies ausdrücklich vorsieht. Wegen der existentiellen Bedeutung der Stundung für den Schuldner eröffnet **Absatz 1** dem Schuldner gegen die **Ablehnung der Stundung** oder deren **Aufhebung** sowie 1

[1] § 4d eingef. mWv 1.12.2001 durch G v. 26.10.2001 (BGBl. I S. 2710).

gegen die **Ablehnung der Beiordnung eines Rechtsanwalts** das Rechtsmittel der sofortigen Beschwerde. Wurde die Stundung bewilligt, ermöglicht Absatz 2 der Staatskasse die sofortige Beschwerde gegen die gewährte Stundung, um einer etwa zu großzügigen Gewährungspraxis der Gerichte entgegenzuwirken. Die Vorschrift wurde durch das InsOÄndG 2001 neu eingeführt. Der Absatz 2 ist dem § 127 Abs. 3 ZPO nachgebildet.

II. Rechtsmittel des Schuldners (Absatz 1)

2 **1. Beschwerde gegen die Ablehnung und Aufhebung der Stundung.** Wird der Stundungsantrag vollständig oder teilw. zurückgewiesen oder wird eine zunächst bewilligte Stundung aufgehoben, kann der Schuldner diese Entscheidung mit der sofortigen Beschwerde anfechten. Die Ablehnung einer Verlängerung der Stundung gem. § 4b Abs. 1 oder die Aufhebung der Verlängerung der Stundung gem. § 4b Abs. 2 können als Ablehnung einer Stundung verstanden werden, wenn sie zur Fälligkeit des gesamten Betrages der gestundeten Beträge führen und sind damit mit der sofortigen Beschwerde anfechtbar (Ahrens/Gehrlein/Ringstmeier/*Ahrens* Rn. 12; FK-InsO/*Kohte* Rn. 8; MüKoInsO/*Ganter/Lohmann* Rn. 3; HK-InsO/*Kirchhof* Rn. 3; aA AG Köln NZI 2014, 229).

3 **2. Beschwerde gegen die Ablehnung der Anwaltsbeiordnung.** Als Ablehnung eines Rechtsanwalts sind zunächst die Fälle einzustufen, in denen ein Gericht eine anwaltliche Beiordnung als nicht erforderlich gem. § 4 Abs. 2 InsO qualifiziert. Gleichzustellen sind die Sachverhalte, in denen ein Gericht trotz eines konkreten Schuldnerantrages einen anderen Rechtsanwalt beigeordnet hat, da mit einer solchen Entscheidung die Ablehnung der Beiordnung des beantragten Rechtsanwalts verbunden ist, ferner die Ablehnung eines Antrags auf Entpflichtung des beigeordneten Anwalts aus wichtigem Grund (§ 48 Abs. 2 BRAO). Hat der Schuldner es unterlassen, die Beiordnung eines bestimmten Rechtsanwalts zu beantragen, so kann er nicht die Beiordnung eines anderen Anwalts mit der Begründung anfechten, ihm sei ein bestimmter Anwalt lieber (FK-InsO/*Kohte* Rn. 13).

4 **3. Nicht-Beschwerde gegen Folgewirkungen der Stundung.** Eine sofortige Beschwerde ist nicht statthaft gegen die Anordnungen des Insolvenzgerichts über die Wirkung der Stundung im Einzelnen (zB § 4a Abs. 3 Nr. 1 lit. b) oder über die Rückzahlung bzw. Anpassung der gestundeten Beträge nach § 4b (→ § 4b Rn. 23) (AG Köln NZI 2014, 229; MüKoInsO/*Ganter* Rn. 4; HK-InsO/*Kirchhof* Rn. 5; Uhlenbruck/*Mock* Rn. 3). Gegen solche Entscheidungen kommt nur – falls sie der Rechtspfleger erlassen hat – die sofortige Erinnerung nach § 11 Abs. 2 RPflG in Betracht. Hat der Richter die Entscheidung erlassen, ist lediglich eine formlose Gegenvorstellung möglich.

III. Rechtsmittel der Staatskasse (Absatz 2)

5 Der Staatskasse steht bei gewährter Stundung die sofortige Beschwerde **nur gegen die Gewährung der Stundung** zu. Stundung in diesem Sinne ist auch deren Verlängerung gem. § 4b Abs. 1 (HK-InsO/*Kirchhof* Rn. 6; MüKoInsO/*Ganter* Rn. 5). Zulässig ist diese Beschwerde allerdings nur, soweit geltend gemacht wird, dass nach den persönlichen und wirtschaftlichen Verhältnissen des Schuldners die Stundung hätte abgelehnt werden müssen. Die Bestimmung schränkt damit die Angriffsmöglichkeit in ähnlicher Weise ein wie bei der PKH (§ 127 Abs. 3 S. 2 ZPO). Damit steht der Staatskasse kein Beschwerderecht hinsichtlich der sachlichen Voraussetzungen der Verfahrenskostenstundung zu. In

gleicher Weise ist die Staatskasse nicht befugt, gegen die Beiordnung eines Rechtsanwalts und die Bedingungen der Beiordnung Beschwerde zu erheben.

IV. Rechtsmittel Dritter

Dritte – Insolvenzgläubiger, Insolvenzverwalter oder Treuhänder – sind **nicht beschwerdebefugt.** Auch der Rechtsanwalt des Schuldners, dessen Beiordnung angeordnet oder abgelehnt wurde, kann diese Entscheidung nicht mit der sofortigen Beschwerde anfechten. § 4d beschränkt das Beschwerderecht vielmehr auf den Schuldner und die Staatskasse. Ist die Entscheidung durch den Rechtspfleger erlassen worden, kann ein Dritter dagegen eine **Erinnerung nach § 11 Abs. 2 RPflG** einlegen, wenn der Dritte durch die Entscheidung im Stundungsverfahren formell beschwert wäre. 6

V. Rechtsbehelfe bei Missachtung der Stundungswirkungen

Werden die Stundungswirkungen gem. § 4a Abs. 3 S. 1 nicht beachtet, etwa indem das Insolvenzgericht zu Unrecht einen Vorschuss anfordert, so richten sich die Rechtsmittel nicht nach § 4d, sondern nach den für die jeweilige Materie einschlägigen Bestimmungen, idR also nach § 66f GKG. Die InsO und damit auch § 6 ist hierfür nicht einschlägig (Jaeger/*Eckhardt* Rn. 43). 7

VI. Das Beschwerdeverfahren

1. Frist. Das Beschwerdeverfahren richtet sich nach § 6 (→ § 6 Rn. 9 ff.), hilfsweise nach den allgemeinen Bestimmungen der §§ 567 ff. ZPO. Die sofortige Beschwerde ist unabhängig davon statthaft, ob in erster Instanz der Richter oder der Rechtspfleger entschieden hat. Für das Beschwerderecht nach § 4d ist die **Beschwerdefrist** zwei Wochen (§ 569 Abs. 1 S. 1 ZPO) maßgeblich. 8

Auch für die Staatskasse gilt die zweiwöchige Beschwerdefrist. § 127 Abs. 3 S. 3 ZPO, wonach der Partei, die Prozesskostenhilfe beantragt hat, zur Verbesserung ihrer Rechtsschutzmöglichkeiten eine Frist von einem Monat eingeräumt wird, ist nicht anwendbar, da das Stundungsverfahren ein seiner Rechtsnatur nach eigenständiges Insolvenzkostenhilfeverfahren ist, das einer unmittelbaren Anwendung der für die Prozesskostenhilfe geltenden Vorschriften nicht zugänglich ist. Wurde der nicht verkündete Stundungsbeschluss der Staatskasse nicht förmlich zugestellt, nur kann nur durch eine entsprechende Anwendung des § 569 Abs. 1 S. 2 ZPO die Einlegung des Rechtsmittels zeitlich begrenzt werden. Da die Entscheidungen des Insolvenzgerichts der Staatskasse nicht übermittelt werden, beschränkt sich deren Kontrolle auf Stichproben. 9

2. Wirkung. Die sofortige Beschwerde hat keine aufschiebende Wirkung. Die Beschwerde des Schuldners gegen die Aufhebung der Stundung bewirkt nicht deren Verlängerung. Ebenso wenig werden die Stundungswirkungen durch die Beschwerde der Staatskasse aufgeschoben. Das Beschwerdegericht kann jedoch, bei einer Ablehnung der Stundung eine einstweilige Anordnung mit dem Inhalt des vorläufigen Eintritts der Stundungswirkungen erlassen. 10

3. Prozesskostenhilfe. Für das Beschwerdeverfahren kann der Schuldner Prozesskostenhilfe beantragen (BGH NZI 2003, 556). Eine im Insolvenzverfahren ergangene Prozesskostenhilfeentscheidung kann jedoch nicht mit dem besonderen Rechtsmittel des § 6 InsO, sondern nur mit der einfachen Beschwerde nach § 127 Abs. 2 und 3 ZPO angefochten werden (BGHZ 144, 78; BGH NZI 2003, 556). 11

Verfahrensgrundsätze[1]

5 (1) [1]**Das Insolvenzgericht hat von Amts wegen alle Umstände zu ermitteln, die für das Insolvenzverfahren von Bedeutung sind.** [2]**Es kann zu diesem Zweck insbesondere Zeugen und Sachverständige vernehmen.**

(2) [1]**Sind die Vermögensverhältnisse des Schuldners überschaubar und ist die Zahl der Gläubiger oder die Höhe der Verbindlichkeiten gering, wird das Verfahren schriftlich durchgeführt Das Insolvenzgericht anordnen, dass das Verfahren oder einzelne seiner Teile schriftlich durchgeführt werden, wenn dies zur Förderung des Verfahrensablaufs angezeigt ist.** [2]**Es kann diese Anordnung jederzeit aufheben oder abändern.** [3]**Die Anordnung, ihre Aufhebung oder Abänderung sind öffentlich bekannt zu machen.**

(3) [1]**Die Entscheidungen des Gerichts können ohne mündliche Verhandlung ergehen.** [2]**Findet eine mündliche Verhandlung statt, so ist § 227 Abs. 3 Satz 1 der Zivilprozeßordnung nicht anzuwenden.**

(4) [1]**Tabellen und Verzeichnisse können maschinell hergestellt und bearbeitet werden.** [2]**Die Landesregierungen werden ermächtigt, durch Rechtsverordnung nähere Bestimmungen über die Führung der Tabellen und Verzeichnisse, ihre elektronische Einreichung sowie die elektronische Einreichung der dazugehörigen Dokumente und deren Aufbewahrung zu treffen.** [3]**Dabei können sie auch Vorgaben für die Datenformate der elektronischen Einreichung machen.** [4]**Die Landesregierungen können die Ermächtigung auf die Landesjustizverwaltungen übertragen.**

§ 5 aF (Fassung für die bis zum 30.6.2014 beantragten Verfahren)

…

(2) [1]*Sind die Vermögensverhältnisse des Schuldners überschaubar und die Zahl der Gläubiger oder die Höhe der Verbindlichkeiten gering, kann das Insolvenzgericht anordnen, dass das Verfahren oder einzelne seiner Teile schriftlich durchgeführt werden.* [2]*Es kann diese Anordnung jederzeit aufheben oder abändern.* [3]*Die Anordnung, ihre Aufhebung oder Abänderung sind öffentlich bekannt zu machen.*

…

Schrifttum (Auswahl): *Holzer,* Entscheidungsträger im Insolvenzverfahren, 2. Aufl. 1998; *Prütting,* Allgemeine Verfahrensgrundsätze der Insolvenzordnung, Kölner Schrift, 2. Aufl. 2000, S. 221; *Vallender,* Das rechtliche Gehör im Insolvenzverfahren, Kölner Schrift, 2. Aufl. 2000, S. 249; *ders.,* Der gerichtlich bestellte Sachverständige im Insolvenzeröffnungsverfahren, ZInsO 2010, 1457; *Wessel,* Der Sachverständige im Insolvenzeröffnungsverfahren nach § 5, DZWIR 1999, 230; *Wiester/Wilke,* Zur Einschaltung von Industriegutachtern durch den vorläufigen Insolvenzverwalter, NZI 2007, 12.

Übersicht

[1] § 5 Abs. 2 Satz 2 angef. durch G v. 28.10.1996 (BGBl. I S. 1546); Abs. 2 eingef., bish. Abs. 2 und 3 werden Abs. 3 und 4, neuer Abs. 4 Sätze 2–4 angef. mWv 1.7.2007 durch G v. 13.4.2007 (BGBl. I S. 509); Abs. 2 neu gef. mWv 1.7.2014 durch G v. 15.7.2013 (BGBl. I S. 2379).

I. Normzweck

Die Vorschrift unterstellt in **Absatz 1** die Tätigkeit des Insolvenzgerichts dem Grundsatz der Amtsermittlung und weicht damit von dem Verfahren nach der ZPO, deren Vorschriften gem. § 4 im Insolvenzverfahren entsprechend anwendbar sind, ab. Dies soll der Wahrheitsfindung und zugleich der umfassenden und mit den **Absätzen 2–4** der beschleunigten und vereinfachten Abwicklung von Insolvenzverfahren (HK-InsO/*Kirchhof* Rn. 2) dienen. 1

II. Amtsermittlung

1. Ermittlungspflicht. Absatz 1 verpflichtet das Gericht zur **Amtsermittlung (Untersuchungsgrundsatz).** Die Parteien können weder den Verfahrensgegenstand bestimmen noch Tatsachen rechtswirksam unstreitig stellen (BGH ZIP 2006, 2187; HK-InsO/*Kirchhof* Rn. 4). Das Gericht hat alle Umstände zu ermitteln, die für das Insolvenzverfahren von Bedeutung sind. Diese Ermittlungspflicht von Amts wegen setzt jedoch nur dann ein, wenn der Verfahrensstand Anlass für Ermittlungen bietet (HK-InsO/*Kirchhof* Rn. 8). Bei der Frage, wann Ermittlungen erforderlich sind, hat das Gericht einen gewissen Beurteilungsspielraum. Art und Umfang der Ermittlungen stehen im pflichtgemäßen Ermessen des Gerichts. Das Gericht ist nicht verpflichtet, ohne jeden konkreten Anhaltspunkt „ins Blaue hinein“ Ermittlungen anzustellen (HambK-InsO/*Rüther* Rn. 9), sondern nur dann, wenn es auf Grund gerichtsbekannter Umstände oder auf Grund der Angaben der Verfahrensbeteiligten, insbes. des Antragstellers, hierzu veranlasst 2 wird. Ebenso wenig muss es tätig werden, wenn der das Verfahren einleitende Insolvenzantrag mangels ordnungsgemäßer Darlegung eines Insolvenzgrundes nicht zulässig ist (BGH NZI 2012, 151; BGHZ 153, 205 [207]; Uhlenbruck/*Pape* Rn. 1; MüKoInsO/*Ganter/Lohmann* Rn. 13). So ist für die Zulässigkeit eines Eröffnungsantrags des Schuldners entsprechend § 253 Abs. 2 Nr. 2 ZPO zu verlangen, dass der Schuldner den Eröffnungsgrund in substantiierter, nachvollziehbarer Form darlegt. Erst danach ist das Gericht zu eigenen Ermittlungen befugt und verpflichtet (BGH BeckRS 2007, 01082).

3 **2. Anwendungsbereich. a) Amtsermittlungen in den verschiedenen Verfahrensabschnitten.** Der Untersuchungsgrundsatz gilt grds. für das gesamte gerichtliche Verfahren einschließlich des Beschwerdeverfahrens. Er greift bei antragsgebundenem Tätigwerden jedoch erst ein, wenn ein zulässiger Antrag vorliegt. Die Ermittlungspflicht gilt daher nicht für die Prüfung der Zulässigkeit des Insolvenzantrags (BGH NJW 2003, 1187). Im **Eröffnungsverfahren** hat das Gericht insbes. festzustellen, ob das angerufene Gericht zuständig ist, ein Eröffnungsgrund (§§ 16–19) vorliegt, die Verfahrenskosten durch die voraussichtliche Masse gedeckt sind (§ 26 Abs. 1 S. 1) und ob Sicherungsmaßnahmen (§§ 21 f.) geboten sind. **Im eröffneten Verfahren** gilt der Untersuchungsgrundsatz zB für die Verfahrensaufhebung und -einstellung sowie für die Anordnung und Aufhebung der Eigenverwaltung. Ferner bedürfen der Amtsermittlung insbes. die Aufsicht über und die Entlassung des Insolvenzverwalters (§§ 58 f.), die Durchsetzung von Pflichten des Schuldners (§ 98), die Anordnung der Postsperre (§ 99), die Untersagung der Betriebsstilllegung (§ 158 Abs. 2), die Aufhebung von Beschlüssen der Gläubigerversammlung (§ 78), die Anordnung der Nachtragsverteilung (§ 201), die Anordnung und Aufhebung der Eigenverwaltung, die Einberufung und Leitung von Gläubigerversammlungen einschließlich der Beurkundung des Prüfungstermins, die Zurückweisung, Genehmigung und Überwachung des Insolvenzplans, die Entscheidung über die Restschuldbefreiung und die Festsetzung der Verwaltervergütung.

4 **b) Untersuchungsgrundsatz bei antragsgebundenen Tätigkeiten.** Der Untersuchungsgrundsatz greift nicht ein, soweit das Insolvenzgericht nur auf Antrag tätig wird, bevor ein solcher Antrag in zulässiger Weise gestellt worden ist. Zu diesen **antragsgebundenen Tätigkeiten** gehören zB die Verfahrenskostenstundung (§ 4a), der Insolvenzeröffnungsantrag (§ 13 Abs. 1), die Aufhebung eines Beschlusses der Gläubigerversammlung (§ 78 Abs. 1), die beschleunigte Verwertung durch den Insolvenzverwalter (§ 173 Abs. 1, die Einstellung des Insolvenzverfahrens wegen Wegfalls des Eröffnungsgrundes (§ 212) oder mit Zustimmung der Gläubiger (§ 213), die Anordnung der Eigenverwaltung (§ 270 Abs. 2 S. 1) bzw. die Aufhebung der Eigenverwaltung (§ 272), die Anordnung der Zustimmungsbedürftigkeit (§ 277), die Erteilung der Restschuldbefreiung (§ 287), die Versagung bzw. der Widerruf der Restschuldbefreiung (§§ 290, 296–298, 300 Abs. 2, 303) und die Ersetzung der Zustimmung im Schuldenbereinigungsverfahren (§ 309 Abs. 1 S. 1).

5 **c) Grenzen der Amtsermittlung.** Die Ermittlungspflicht wird **weiterhin beschränkt durch die gesetzliche Kompetenzverteilung** zwischen Insolvenzgericht, Insolvenzverwalter und Gläubigerversammlung. Die Verwaltung und Verwertung der Insolvenzmasse fällt in den Aufgabenbereich des Insolvenzverwalters (§§ 80 ff., 159) und der Organe der Gläubigerselbstverwaltung. Eine Einmischung des Gerichts in die Masseverwaltung durch den Insolvenzverwalter liegt allerdings dann nicht vor, wenn der Verwalter selbst eine gerichtliche Ermittlung erbittet, um eine ihm obliegende Aufgabe sachgerecht lösen zu können (Jaeger/*Gerhardt* Rn. 9). Nach der Rücknahme des Insolvenzantrags ist der Umfang der Istmasse,

zB für die Vergütungsfestsetzung, nicht mehr von Amts wegen festzustellen (BGH NZI 2005, 558). Der Untersuchungsgrundsatz gilt auch nicht in den Fällen, in denen das Gesetz die Erbringung von Nachweisen, wie zB die Glaubhaftmachung, anderen Verfahrensbeteiligten auflegt. So sind zB Versagungsgründe vom Gläubiger glaubhaft zu machen (§§ 251 Abs. 2, 296 Abs. 1 S. 3).

3. Maßnahmen der Amtsermittlung. a) Grundsatz. Art und Umfang der Ermittlungen zum Zwecke der Aufklärung von für das Insolvenzverfahren bedeutsamen Umständen stehen im pflichtgemäßen Ermessen des Insolvenzgerichts. Das Gericht kann zu jedem Zeitpunkt Maßnahmen jeder Art anordnen. Der Strengbeweis des Zivilprozesses gilt im Insolvenzverfahren nicht. Das Gericht kann Auskünfte von Behörden einholen sowie alle relevanten Akten anfordern und einsehen. Die Vernehmung von Zeugen und Sachverständigen von Amts wegen ist in Absatz 1 Satz 2 ausdrücklich geregelt. Das Wort „insbes." und die Verweisung von § 4 auf die ZPO zeigen aber, dass auch Urkunden und Augenschein von Amts wegen zur Ermittlung aller Umstände herangezogen werden können. 6

b) Kosten. Die gerichtlichen Ermittlungen lösen keine Gerichtsgebühren aus. Die Auslagen – wie die Zeugen oder Sachverständigenentschädigung, die nach dem JVEG entschädigt werden – sind nach § 54 Abs. 1 Massekosten, soweit sie nicht gem. § 23 Abs. 1 S. 2 und Abs. 2 GKG dem Antragsteller zur Last fallen. 7

c) Rechtsmittel. Richterliche Maßnahmen der Amtsermittlung sind nicht beschwerdefähig (§ 6 Abs. 1). Sie bereiten die Entscheidung des Insolvenzgerichts nur vor. Soweit der Rechtspfleger Maßnahmen der Amtsermittlung anordnet, ist dagegen die Rechtspflegererinnerung statthaft (§ 11 Abs. 2 RPflG). 8

III. Beweismittel

1. Zeugen. Beispielhaft in Absatz 1 Satz 2 geregelt ist die Vernehmung von Zeugen. Ein Beweisbeschluss ist nicht erforderlich, dem Zeugen sollte allerdings mit der Ladung das Beweisthema mitgeteilt werden (§ 377 Abs. 2 Nr. 2 ZPO), damit er sich vorbereiten kann. Neben einer förmlichen Ladung kommt auch eine formlose Ladung in Betracht. Für Ordnungsmittel und Zeugnisverweigerungsrechte gelten §§ 380, 383–385 ZPO entsprechend. Der Insolvenzverwalter – im Eröffnungsverfahren – zumindest der vorläufige starke Insolvenzverwalter – kann einen Zeugen iSd § 383 Abs. 1 Nr. 6 ZPO von der Verschwiegenheitspflicht entbinden. Über die Beeidigung von Zeugen entscheidet immer der Richter, dem ggf. der Rechtspfleger die Akten vorlegen muss (§ 4 Abs. 2 Nr. 1, Abs. 3 RPflG). 9

2. Sachverständige. Ein wichtiges Ermittlungsmittel des Gerichts im Insolvenzverfahren ist der Sachverständige, der zumindest in Unternehmensinsolvenzverfahren regelmäßig mit der Erstellung eines schriftlichen Gutachtens zur Frage des Vorliegens eines Eröffnungsgrunds und der Kostendeckung oder um eine Klärung der Zulässigkeitsvoraussetzungen Prüfung beauftragt wird. Zwar enthält Abs. 1 Satz 2 lediglich die Regelung, dass das Insolvenzgericht einen Sachverständigen vernehmen kann. Dies schließt jedoch die Befugnis ein, gem. § 4 iVm den §§ 358 ff., 402 ff. ZPO einen Sachverständigen mit Ermittlungsaufgaben zu beauftragen. Der Sachverständige ist nicht nur in § 5 Abs. 1 S. 2 erwähnt, sondern auch in § 22 Abs. 1 S. 2 Nr. 3. 10

Die **Auswahlkriterien** orientieren sich Art und Umfang der dem Gutachter gestellten Aufgabe. Wird der Sachverständige im Eröffnungsverfahren bestellt, um das Vorliegen eines Insolvenzgrundes oder die Massezulänglichkeit zu prüfen, so wird man im Regelfall die gleichen Anforderungen an ihn stellen müssen wie nach § 56 an einen vorläufigen oder endgültigen Insolvenzverwalter. In diesem 11

Falle kann zB der Sachverständige im Insolvenzverfahren nur eine natürliche Person sein. Wird dagegen zB im eröffneten Insolvenzverfahren ein Sachverständiger mit der Aufgabe betraut wird, spezielle Tatbestände festzustellen, wie zB die Prüfung der Ordnungsmäßigkeit des Rechnungswesens des Insolvenzschuldners oder dessen insolvenzzweckwidriges Verhalten, reicht es aus, dass der Sachverständige die insolvenzspezifische Sachkunde aufweist, um den Prüfungsauftrag des Gerichts zu erfüllen.

12 **a) Die Bestellung des Sachverständigen.** Die Bestellung des Sachverständigen erfolgt durch einen Beschluss, der den Gutachterauftrag genau zu bezeichnen hat. Hat das Gericht gleichzeitig ein allgemeines Verfügungsverbot erlassen und einen vorläufigen Insolvenzverwalter bestellt, macht die gesetzliche Prüfungspflicht des vorläufigen Insolvenzverwalters nach § 22 Abs. 1 S. 2 Nr. 3 die genaue Bezeichnung des gerichtlichen Prüfungsauftrags keineswegs überflüssig (Uhlenbruck/*Pape* Rn. 12). Der Beschluss über die Bestellung des Sachverständigen selbst ist unanfechtbar, da es sich hierbei nicht um eine Entscheidung iSd § 6 InsO, sondern um eine vorbereitende und verfahrensfördernde Maßnahme zur Erfüllung der Amtsermittlungspflicht, § 5 Abs. 1 InsO, handelt, gegen die die InsO kein Rechtsmittel vorsieht (BGH NJW-RR 1998, 1579; OLG Köln NZI 2001, 598; OLG Celle ZIP 2001, 127; OLG Brandenburg NZI 2001, 42).

13 **b) Die Rechtsstellung des Sachverständigen.** Die Rechtsstellung des Sachverständigen bestimmt sich nach den §§ 402 ff. ZPO. Auch im Eröffnungsverfahren hat der Sachverständige keine von den §§ 402 ff. abweichende Rechtsstellung (Uhlenbruck/*Pape* Rn. 13; HK-InsO/*Kirchhof* Rn. 13; aA *Wessel* DZWIR 1999, 230 [231]). Ohne entsprechende gerichtliche Anordnung ist der Sachverständige kein vorläufiger Insolvenzverwalter. Seine Rechtsstellung orientiert sich deshalb weitgehend an dem Gutachterauftrag. Der Sachverständige (Gutachter) ist der „verlängerte Arm" des Insolvenzgerichts. Als „verlängerter Arm" des Gerichts vermittelt er jedoch nicht nur durch sein Fachwissen dem Gericht Kenntnis von abstrakten Erfahrungssätzen; vielmehr stellt er auf Grund eigener Ermittlungen Tatsachen fest, wie zB das Vorliegen eines Insolvenzgrundes. Eigene Verfahrensentscheidungen darf er allerdings nicht treffen (BGH VersR 1978, 229; *Holzer* Entscheidungsträger Rn. 295). Dadurch unterscheidet sich die Tätigkeit des gerichtlichen Sachverständigen im Insolvenzeröffnungsverfahren teilw. von derjenigen des Sachverständigen im Zivilprozess (DZWIR 1999, 230 [231]). Vielfach steht hier nicht die besondere Sachkunde, sondern die Ermittlungstätigkeit im Vordergrund. Es handelt sich auch nicht um ein Parteiverfahren, sondern um Amtsermittlungen. IRd §§ 402 ff. ZPO ist deshalb den Besonderheiten des Insolvenzeröffnungsverfahrens Rechnung zu tragen. So muss dem Sachverständigen, der später zum Verwalter bestellt wird, das Recht zugestanden werden, zumindest im Insolvenzeröffnungsverfahren den Gutachterauftrag abzulehnen. Einer Anwendung des § 408 Abs. 1 ZPO bedarf es nicht. Wie für den Insolvenzverwalter (§ 56) gilt auch für den Sachverständigen, dass er nicht nur geeignet, sondern zugleich auch von den Gläubigern und dem Schuldner unabhängig sein muss. Dies nicht zuletzt auch deswegen, weil der vom Gericht bestellte Sachverständige (Gutachter) oftmals gleichzeitig oder später zum vorläufigen oder endgültigen Verwalter bestellt wird. Schon die Zulässigkeit eines Nebeneinanders von Gutachterbestellung und vorläufiger Insolvenzverwaltung zwingt zu strengen Anforderungen an die Person des Sachverständigen.

14 Der Sachverständige ist berechtigt und verpflichtet, **eigene Ermittlungen** anzustellen, da er sich nicht auf die Angaben des Schuldners allein verlassen darf. Auskunfts- und Mitwirkungspflichten des Schuldners bestehen im Eröffnungsverfahren gem. §§ 20, 22 Abs. 3 S. 3, 97 nur gegenüber dem Gericht und dem vorläufigen Insolvenzverwalter, sodass der Sachverständige grds. auf die Mitwir-

kung des Schuldners angewiesen ist. Zur Ermittlung der für seinen Auftrag nötigen Tatsachen darf jeder Sachverständige selbst Auskünfte einholen. Andererseits ist er gegenüber Dritten nicht zur Auskunft verpflichtet. Auch dem Antragsteller gegenüber ist der Sachverständige weder zur Auskunft noch zur Vorabmitteilung des Ergebnisses seiner gutachtlichen Feststellungen verpflichtet. Ein Gutachter, kann Ermittlungsakten nach § 475 Abs. 1 S. 1 StPO umfassend einsehen, wenn er anhand der von den Ermittlungsbehörden zusammen getragenen Unterlagen die Vermögenslage des Schuldners feststellen und mögliche Schadensersatz- bzw. Bereicherungsansprüche zugunsten der Masse prüfen will (OLG Dresden NZI 2014, 358). Diesem berechtigten Interesse des Insolvenzgutachters stehen idR keine schutzwürdigen Belange des Insolvenzschuldners gegenüber. Unterlässt ein Gutachter die Einsichtnahme in Ermittlungsakten, kann dies zu einem erhöhten Haftungsrisiko führen.

Der Sachverständige hat im Rahmen seiner Ermittlungen **keine Zwangsbefugnisse,** falls die Auskunftspersonen nicht freiwillig mitwirken (Jaeger/*Gerhardt* Rn. 15; MüKoInsO/*Ganter* Rn. 36). Mitwirkungspflichten des Schuldners und seiner organschaftlichen Vertreter greifen gegenüber dem Sachverständigen nicht ein. Die Regelungen in den §§ 22 S. 2, 22 Abs. 3 S. 3 betreffen Auskunftspflichten gegenüber dem Insolvenzgericht und dem vorläufigen Insolvenzverwalter. Der Gutachter darf auch nicht die Wohn- und Geschäftsräume des Schuldners gegen dessen Willen betreten. Die Insolvenzordnung räumt ihm keine Sonderrechte ein. Eine vom Insolvenzgericht analog §§ 21 Abs. 1, 22 Abs. 3 erteilte Ermächtigung ist rechtswidrig (BGH NJW 2004, 2015). Der Sachverständige darf Auskunftspersonen nicht von gesetzlichen Verschwiegenheitspflichten befreien (LG Göttingen ZVI 2002, 466). Auch die Hausbank des Schuldners ist ohne entsprechende gerichtliche Anordnung nicht zu Auskünften gegenüber dem Sachverständigen verpflichtet (str. aA *Wessel* DZWIR 1999, 230). Auskünfte von Banken, dem Finanzamt oder der Staatsanwaltschaft kann der Sachverständige nur mit Zustimmung des Schuldners verlangen. Über Gelder des Schuldners darf er nicht verfügen (OLG Köln ZIP 2004, 919). Hat das Insolvenzgericht dem Sachverständigen Befugnisse eingeräumt, die nach dem Gesetz nur dem vorläufigen Insolvenzverwalter zustehen, ist es ausnahmsweise gerechtfertigt, den Grundsatz, dass vorbereitende Maßnahmen des Insolvenzgerichts iSd § 5 InsO nicht rechtsmittelfähig sind, verfassungskonform einzuschränken. In einem solchen Fall ist der Schuldner berechtigt, gegen diese Maßnahme analog § 21 Abs. 1 S. 2 InsO im Wege der sofortigen Beschwerde vorzugehen (BGH NZI 2004, 312) Die Ermächtigung des Gerichts zur Einsichtnahme in die Steuerakten des Finanzamtes greift nicht objektiv willkürlich in die Rechts des Finanzamtes ein und kann somit nicht durch das Finanzamt mit der sofortigen Beschwerde angefochten werden (LG Hamburg NZI 2015, 281). Zu den Aufgaben des Sachverständigen gehört es nicht, den Schuldner zur Begleichung der Forderungen seiner Gläubiger – mit dem Ziel einer Erledigung des Insolvenzantrags – anzuhalten oder Zahlungen des Schuldners zu diesem Zweck zu übermitteln oder aufzubewahren. 15

Weitergehende Befugnisse, die über die in den §§ 402 ff. ZPO normierten Rechte hinausgehen, können dem Sachverständigen mittelbar durch zusätzliche Anordnungen nach den §§ 21, 22 verliehen werden oder müssen auf Anregung des Sachverständigen vom Gericht selbst ausgeübt werden. Ist der Sachverständige zugleich zum vorläufigen Verwalter, auf den die Verwaltungs- und Verfügungsbefugnis übergegangen ist, bestellt worden, tritt der Sachverständige als vorläufiger Verwalter in die die Rechtsposition des Schuldners ein und erwirbt damit jedenfalls im Hinblick auf seine Aufgabenstellung alle Rechte des Schuldners. Auskünfte an einen Gutachter, der gleichzeitig „starker" vorläufiger Verwalter ist, verletzen weder das Bankgeheimnis noch das Steuergeheimnis (§ 30 AO). Da der „starke" vorläufige Insolvenzverwalter zugleich Vertreter iSv § 34 Abs. 3 AO ist und die 16 steuerlichen Pflichten des Schuldners zu erfüllen hat, ist die Finanzbehörde berechtigt, ihm alle Auskünfte über Verhältnisse des Schuldners zu erteilen, die er zur Erfüllung der steuerlichen Pflichten benötigt (vgl. auch OFD Frankfurt/M. DStR 1999, 938).

17 **c) Besorgnis der Befangenheit.** Der mit der Ermittlung, ob ein Insolvenzgrund vorliegt und die Verfahrenskosten gedeckt sind, beauftragte Sachverständige kann nicht wegen Besorgnis der Befangenheit abgelehnt werden (BGH NZI 2007, 284; AG Göttingen ZInsO 2000, 347; AG Frankfurt ZInsO 2006, 107; FK-InsO/*Schmerbach* § 4 Rn. 43; aA OLG Köln ZIP 1990, 58; AG Köln InVo 1999, 141; MüKoInsO/*Ganter/Lohmann* Rn. 34; Jaeger/*Gerhardt* Rn. 14) Die Vorschrift des § 406 ZPO findet über § 4 InsO keine Anwendung. Die Stellung eines Sachverständigen im Insolvenzverfahren ist weniger mit dem Sachverständigen im Zivilprozess als mit dem vorläufigen Verwalter, der in vielen Fällen zugleich die Aufgaben eines Sachverständigen wahrnimmt, vergleichbar. Der Sachverständige wird iRd gerichtlichen Amtsermittlungen (§§ 5 Abs. 1, 22 Abs. 1 S. 2 Nr. 3 InsO) als „verlängerter Arm" des Insolvenzgerichts tätig. Er entscheidet eigenverantwortlich, welche konkreten Fragen entscheidungserheblich sind ohne Bindung an konkret gefasste Beweisfragen des Gerichtes. Das Gericht ist bei der Auswahl der Mittel zur notwendigen Sachaufklärung frei. Durch ein Ablehnungsrecht wegen der Besorgnis der Befangenheit wäre dem Schuldner oder den Gläubigern über den Umweg des Befangenheitsgesuchs ein Rechtsmittel gegen die vom Gericht eingeleiteten – einem Rechtsmittel nicht zugänglichen – Ermittlungsmaßnahmen eingeräumt. Schließlich ist zu berücksichtigen, dass es sich bei einem Insolvenzverfahren dem Grunde nach um ein Vollstreckungsverfahren handelt, das anderen Grundsätzen als ein Erkenntnisverfahren unterliegt. Daran ändert auch der Umstand nichts, dass das Insolvenzverfahren bei einem Gläubigerantrag quasi kontradiktorische Züge aufweist. Vor diesem Hintergrund ist die Ablehnung eines Sachverständigen durch Beteiligte des Insolvenzverfahrens unzulässig (*Vallender* ZInsO 2010, 1457; aA Jaeger/*Gerhardt* Rn. 14).

18 **d) Grundsatz der Höchstpersönlichkeit.** Dem Grundsatz der Höchstpersönlichkeit folgend hat der Sachverständige das Gutachten persönlich zu erstatten (§ 407a Abs. 2 S. 1 ZPO). Eine Delegation der Begutachtung ist nicht zulässig. Nicht verboten ist die Hinzuziehung von Hilfskräften. Beauftragt der Sachverständige Dritte (Industriegutachter) mit der Aufnahme und Bewertung des Anlagevermögens des Schuldners, hat er dies dem Gericht gem. § 407a Abs. 2 S. 2 ZPO anzuzeigen, da es sich hierbei nicht um Hilfsdienste von untergeordneter Bedeutung handelt (AG Hamburg ZInsO 2006, 448; *Wiester/Wilke* NZI 2007, 12). Die Kosten für den als Hilfskraft beauftragten Industriegutachter sind mit dem Vergütungsantrag geltend zu machen (§ 12 Abs. 1 S. 2 Nr. 1 JVEG).

19 **e) Die Vergütung des Sachverständigen.** Die Vergütung des Sachverständigen bestimmt sich nach 9 JVEG (Justizvergütungs- und -entschädigungsgesetz v. 5.5.2004). Nach § 9 Abs. 2 JVEG beträgt das Honorar des Sachverständigen im Fall des § 22 Abs. 1 S. 2 Nr. 3 InsO für jede Stunde 80 EUR. Erfasst ist damit der – höchst seltene – Fall, dass der Sachverständige im Eröffnungsverfahren zugleich als „starker" vorläufiger Verwalter eingesetzt ist. Die Tätigkeit des Sachverständigen, der nicht zugleich als „starker" vorläufiger Verwalter bestimmt ist, wird nach § 9 Abs. 1 JVEG vergütet. Die Tätigkeit des insolvenzrechtlichen Sachverständigen kann keiner Honorargruppe des § 9 Abs. 1 JVEG direkt zugeordnet werden so dass die Vergütung nach billigem Ermessen bestimmt werden muss (AG Darmstadt NZI 2014, 164). Der amtlichen Begründung zur Neuregelung des § 9 JVEG kann entnommen werden, dass der Stundensatz des isolierten Sachverständigen über dem in § 9 Abs. 2 JVEG genannten Stundensatz von 80 EUR liegen muss

(95 EUR: AG Saarbrücken 7.5.2014 – 110 IN 61/13; AG Darmstadt NZI 2014, 164; 90 EUR: LG Wuppertal ZIP 2014, 1990). Der Stundensatz beträgt zwischen 50 EUR und 95 EUR. Vergütung und Auslagen werden durch gerichtlichen Beschluss festgesetzt (§ 4 Abs. 1 ZSEG). Gegen den Beschluss ist die sofortige Beschwerde zulässig, wenn der Wert des Beschwerdegegenstands 200 EUR übersteigt (§ 16 Abs. 2 S. 1 JVEG). Der Ersatz von Aufwendungen ist in § 12 JVEG geregelt. Gutachterkosten können auf verschiedene Eröffnungsverfahren aufgeteilt werden, wenn mehrere Insolvenzanträge gegen denselben Schuldner anhängig sind und in jedem Verfahren eine Gutachterbestellung erfolgt ist (MüKoInsO/*Ganter/Lohmann* Rn. 39).

f) Haftung des Sachverständigen. Die Haftung des Sachverständigen wegen vorsätzlich oder grob fahrlässig unrichtiger Gutachtenerstattung ist durch das Zweite Schadensersatzrechtsänderungsgesetz, das zum 1.8.2002 in Kraft getreten ist, in § 839a BGB geregelt. 20

3. Insolvenzschuldner. a) Auskunfts- und Mitwirkungspflicht des Schuldners. Die **wichtigste Informationsquelle** für das Gericht ist der Schuldner. Er ist umfassend **als Partei zur Auskunft verpflichtet.** Ein Auskunftsverweigerungsrecht steht ihm nicht zu. Die Auskunftspflichten sind in den §§ 20, 97, 98, 101 Abs. 1 S. 1 ausdrücklich normiert (→ § 20 Rn. 1 ff.; → § 97 Rn. 15). Sie richten sich daher nicht nach den §§ 445 ff. ZPO. 21

Kommt der Schuldner seinen **Auskunfts- und Mitwirkungspflichten** nicht nach, hat das Gericht diese gem. § 98 zwangsweise durchzusetzen (→ § 98 Rn. 13 f.). Das Gericht kann dem Schuldner zur Herbeiführung einer wahrheitsgemäßen Aussage die eidesstattliche Versicherung abnehmen. Die Gläubiger sind berechtigt, bei natürlichen Personen gem. § 290 Abs. 1 Nr. 5 einen Antrag auf Versagung der Restschuldbefreiung zu stellen, wenn der Schuldner seine Auskunfts- und Mitwirkungspflichten verletzt (→ § 290 Rn. 51 ff.).

b) Auskunftspflichten der Vertreter des Schuldners. Ist der **Schuldner keine natürliche Person,** gelten die Auskunftspflichten entsprechend für Mitglieder des Vertretungs- oder Aufsichtsorgans und die vertretungsberechtigten persönlich haftenden Gesellschafter des Schuldners (§§ 20 Abs. 1 S. 2, 101 Abs. 1 S. 1). Personen, die nicht früher als zwei Jahre vor dem Antrag auf Eröffnung des Insolvenzverfahrens aus einer dieser Stellungen ausgeschieden sind, werden insofern gleichbehandelt. Nach § 101 Abs. 2 gilt die Auskunftspflicht entsprechend auch für Angestellte des Schuldners, sofern dieser keine natürliche Person ist, und frühere Angestellte, wenn sie nicht früher als zwei Jahre vor dem Eröffnungsantrag beim Schuldner ausgeschieden sind (dazu → § 101 Rn. 17). Als Auskunftspersonen sind die Angestellten keine Zeugen. Sie nehmen vielmehr eine eigenartige Stellung zwischen Schuldner und Zeugen ein. Im Unterschied zum Schuldner brauchen Angestellte und frühere Angestellte keine Straftaten zu offenbaren. Ihre Auskunftspflichten können nicht mit den besonderen Maßnahmen des Insolvenzgerichts (§ 98 Abs. 2, 3) durchgesetzt werden, weil die Angestellten am Verfahren nicht unmittelbar beteiligt sind und daher nicht der Entscheidungsgewalt des Insolvenzgerichts unterstehen. Geben die Angestellten nicht freiwillig Auskunft, kann sie der Insolvenzverwalter vor dem Prozessgericht verklagen. Stattdessen kann er das Insolvenzgericht auch ersuchen, die Angestellten als Zeugen zu vernehmen. 22

4. Gläubiger. Sie sind als Partei anzusehen und können – ggf. auch eidlich – vernommen werden. Anders als der Schuldner kann ein Gläubiger nicht zur Aussage gezwungen werden. Verweigern sie die Aussage oder den Eid, ist § 453 Abs. 2 ZPO analog anwendbar. 23

24 **5. Insolvenzverwalter.** Der Insolvenzverwalter ist der Aufsicht des Gerichts unterstellt. Er ist dem Gericht gegenüber zu Auskunft über alle das Verfahren betreffenden Umstände verpflichtet. Bei Verstößen gegen die Auskunftspflicht finden die Zwangsmittel der §§ 58 Abs. 2 und 59 Anwendung.

25 **6. Urkunden.** Das Gericht kann anordnen, dass die Verfahrensbeteiligten oder Dritte, die im Besitz einer Urkunde oder sonstiger Unterlagen sind, diese vorlegen (§ 142 ZPO). Insbes. sind für den Sachverständigen und das Gericht die **Geschäftsunterlagen des Schuldners** von besonderer Bedeutung, da sich aus ihnen wichtige Erkenntnisse über die wirtschaftliche Tätigkeit des Schuldners herleiten lassen. Befinden sich Geschäftsunterlagen beim Steuerberater und beruft sich dieser wegen offener Honorarforderungen auf ein Zurückbehaltungsrecht, ist das Gericht gem. § 142 ZPO berechtigt, die Vorlage der Unterlagen anzuordnen, sofern der Schuldner bzw. der (starke vorläufige) Insolvenzverwalter den Steuerberater von seiner Schweigepflicht entbunden hat (LG Köln NZI 2004, 671; HambK-InsO/*Rüther* § 4c Rn. 22). Von der Herausgabepflicht sind die vom Steuerberater vertragsgemäß erstellten Arbeitsergebnisse ausgenommen (LG Düsseldorf ZIP 1997, 1657).

26 **7. Sonstige Aufklärungsmittel.** Das Gericht kann von Behörden und auskunftsbereiten Privatpersonen Auskünfte einholen. Es kann Register- und Grundbuchauszügen von dem Registergericht bzw. Grundbuchämtern anfordern und Gerichtsvollzieher befragen.

IV. Sonstige Verfahrensgrundsätze

27 **1. Zulässigkeit schriftlicher Verfahren (Absatz 2). a) Grundsatz.** Regelinsolvenz- und Verbraucherinsolvenzverfahren, in denen die Vermögensverhältnisse des Schuldners überschaubar sind und die Zahl der Gläubiger oder die Höhe der Verbindlichkeiten gering sind, sollen nach Absatz 2 schriftlich durchgeführt werden es sei denn, das Insolvenzgericht ordnet ausdrücklich an, dass Verfahren oder einzelne Teile davon mündlich durchgeführt werden. Diese Regelung ist durch „Gesetz zur Verkürzung des Restschuldbefreiungsverfahrens und zur Stärkung der Gläubigerrechte" (→ Einl. Rn. 17) eingefügt worden. Mit dieser Änderung wird das bisherige Regel-Ausnahme-Verhältnis zwischen mündlichem und schriftlichem Verfahren umgekehrt. Die Schriftlichkeit des Kleinverfahrens wird damit zum **Regelfall**. Jede Voraussetzung für das schriftliche Verfahren, – die überschaubaren Vermögensverhältnisse des Schuldners, die geringe Zahl der Gläubiger und die geringe Höhe der Verbindlichkeiten – muss jedoch getrennt geprüft und bejaht werden. Die Vermögensverhältnisse sind überschaubar, sobald sich aus den bisherigen Ermittlungen ein zuverlässiger Überblick über das Vermögen, das Einkommen und die Verbindlichkeiten ermitteln lässt (HK-InsO/*Kirchhof* Rn. 27). Für das Kriterium der „geringen Zahl der Gläubiger" gelten nicht ohne weiteres die Grenzen des § 304 Abs. 2. Der Grenzwert von weniger als 20 Gläubigern ist zwar ein Indiz, aber keine feste Schranke (BT-Drs. 17/11268, 21). Die Zahl der Gläubiger kann daher auch dann gering sein, wenn im Einzelfall mehr als 19 Gläubiger festzustellen sind. Die Verbindlichkeiten des Schuldners sollten 25.000 EUR nicht übersteigen (HK-InsO/*Kirchhof* Rn. 28; MüKoInsO/*Ganter/Lohmann* Rn. 64b). Das Insolvenzgericht kann deshalb auch bei Vorliegen der Kriterien des § 5 Abs. 2 S. 1 anordnen, dass das Verfahren oder einzelne seiner Teile mündlich durchgeführt werden, wenn dies zur Förderung des Verfahrensablaufs angezeigt ist, zB wenn Erörterungsbedarf im Rahmen eines Versagungsverfahrens besteht (Ahrens/Gehrlein/Ringstmeier/*Ahrens* § 5 nF Rn. 5) oder ein Streit zwischen dem Schuldner und einem Gläubiger um die Qualifizierung einer Forderung als Deliktsforderung zu klären ist. (HambK-InsO/*Rüther* Rn. 35; *Blan-*

kenburg ZInsO 2014, 801 [805]). Das Gericht trifft diese Entscheidung nach pflichtgemäßem Ermessen.

28 **b) Verfahrensrechtliches.** Einer gesonderten Anordnung des schriftlichen Verfahrens oder einer Begründung im Eröffnungsbeschluss bedarf es nicht (HambK-InsO/*Rüther* Rn. 33). Wird die Anordnung des mündlichen Verfahrens mit der Eröffnungsentscheidung getroffen, ist der Richter zuständig, zu einem späteren Zeitpunkt entscheidet der Rechtspfleger (MüKoInsO/*Ganter/Lohmann* Rn. 64a). Die Anordnung des mündlichen Verfahrens nach § 5 Abs. 2 S. 2 kann jederzeit bei Veränderung der Umstände aufgehoben oder abgeändert werden. Rechtsmittel gegen die Entscheidung sind – vorbehaltlich der Erinnerung bei Tätigwerden des Rechtspflegers – nicht gegeben.

Wegen der mit der mündlichen Verfahrensdurchführung verbundenen Rechtsfolgen für die Gläubiger sind gem. Satz 3 die entsprechende Anordnung, die Aufhebung und Abänderung iSv § 9 **öffentlich bekannt** zu machen.

29 **c) Schriftliches Verfahren in Altverfahren.** In den Verfahren, die bis zum 30.6.2014 beantragt worden sind, ist Absatz 2 aF anzuwenden. Nach dieser Regelung ist, anders als im neuen Recht, das mündliche Verfahren der Regelfall. Absatz 2 eröffnet jedoch dem Gericht die Möglichkeit, das gesamte Verfahren oder Teile davon vollständig schriftlich durchzuführen, soweit es sich um Kleinverfahren handelt (zu den Kleinverfahren, deren Voraussetzungen unverändert geblieben sind → Rn. 27). Ob das Gericht von dieser Möglichkeit Gebrauch macht, steht in seinem pflichtgemäßen Ermessen. Maßgeblich für Entscheidung wird sein, auf welche Weise das Verfahren zügiger und dadurch effizienter geführt werden kann. Der Anwendungsbereich erstreckt sich nicht nur auf die Verbraucherinsolvenzverfahren, sondern auf alle Verfahrensarten. Sind die Vermögensverhältnisse des Schuldners überschaubar und ist die Zahl der Gläubiger und die Höhe der Verbindlichkeiten gering, kann das Gericht das schriftliche Verfahren anordnen. Es kann aber auch davon absehen, das schriftliche Verfahren anordnen, obwohl dessen Zulässigkeitsvoraussetzungen vorliegen. Die Anordnung des schriftlichen Verfahrens hat durch Beschluss zu ergehen (BGH NZI 2006, 481), der jederzeit wieder aufgehoben oder geändert werden kann. Die Anordnung, Aufhebung oder Abänderung sind öffentlich bekannt zu machen (→ § 9 Rn. 9 ff.).

30 **2. Entscheidungen im Insolvenzverfahren.** Nach **Absatz 3** gilt auch außerhalb des Anwendungsbereichs von Absatz 2 im Insolvenzverfahren der Grundsatz der fakultativen Mündlichkeit. Damit hat der Gesetzgeber zum Ausdruck gebracht, dass es ausreicht, wenn die von einer gerichtlichen Entscheidung betroffenen Verfahrensbeteiligten im Insolvenzrecht in irgendeiner Form Kenntnis und Gelegenheit zur Stellungnahme erhalten. Soweit das Gesetz selbst an einigen Stellen ausdrücklich die Anhörung des Schuldners vorschreibt (etwa § 14 Abs. 2), bedeutet auch dies nicht, dass dort in jedem Fall eine mündliche Verhandlung stattfinden müsste. Die zwingende Anhörung des Schuldners ist ein Gebot des rechtlichen Gehörs gemäß Art. 103 Abs. 1 GG. Aber auch der Anspruch auf rechtliches Gehör erzwingt keine mündliche Verhandlung, sondern ermöglicht auch eine schriftliche Anhörung. Unabhängig von der Durchführung einer mündlichen Verhandlung ergeht die Entscheidung des Insolvenzgerichts stets in Beschlussform. Sie bedarf jedenfalls dann einer Begründung, wenn die Entscheidung beschwerdefähig ist. Die fakultative Mündlichkeit gilt allerdings nur für Verhandlungen im Hinblick auf gerichtliche Entscheidungen. Unanwendbar ist Absatz 3 auf die Gläubigerversammlungen der §§ 29, 160 Abs. 1 S. 2, 178, 197 und 236, Diese Termine dienen der Gläubigerselbstverwaltung (Uhlenbruck/*Pape* Rn. 29).

Aufgrund der Eilbedürftigkeit findet nach **Absatz 3 Satz 2** die Vorschrift des § 227 Abs. 3 S. 1 ZPO keine Anwendung, so dass die Verhandlungen auch zwischen dem 1.7. und dem 31.8. stattfinden können.

V. Tabellen und Verzeichnisse (Absatz 4)

31 Die Erlaubnis, Tabellen und Verzeichnisse maschinell herzustellen, dient der technischen Vereinfachung (Satz 1). Die Zulässigkeit elektronischer Dokumente ergibt sich iÜ bereits aus § 4 iVm § 130a ZPO. Sie bezieht sich insofern nicht nur auf die ausdrücklich erwähnten „Tabellen und Verzeichnisse", sondern umfasst alle gerichtlichen Schriftstücke, die sich für die elektronische Datenverarbeitung eignen. Absatz 4 wurde durch das Vereinfachungsgesetz vom April 2007 um die Sätze 2–4 erweitert. Sie ermächtigen die Landesregierungen durch Einzelverordnung, eine elektronische Verfahrensabwicklung zu regeln. Ausweislich der Entwurfsbegründung soll durch diese Ergänzung die Möglichkeit nach Satz 1 der maschinellen Erstellung und Bearbeitung von Tabellen und Verzeichnissen „operabel ausgestaltet" werden. Vorbild ist insoweit der allerdings weitaus ausführlichere § 8a HGB zum elektronischen Handelsregister. Insbes. die zugelassene Vereinheitlichung der Datenformate soll eine vollelektronische Abwicklung des Verfahrens ermöglichen. Gerade in Massenverfahren können die Effizienzgewinne durch die Verwendung moderner Kommunikationsverarbeitungsmittel erheblich sein. Entsprechende Rechtsverordnungen sind noch nicht erlassen worden.

Sofortige Beschwerde[1]

6 (1) [1]**Die Entscheidungen des Insolvenzgerichts unterliegen nur in den Fällen einem Rechtsmittel, in denen dieses Gesetz die sofortige Beschwerde vorsieht.** [2]**Die sofortige Beschwerde ist bei dem Insolvenzgericht einzulegen.**

(2) **Die Beschwerdefrist beginnt mit der Verkündung der Entscheidung oder, wenn diese nicht verkündet wird, mit deren Zustellung.**

(3) [1]**Die Entscheidung über die Beschwerde wird erst mit der Rechtskraft wirksam.** [2]**Das Beschwerdegericht kann jedoch die sofortige Wirksamkeit der Entscheidung anordnen.**

Schrifttum (Auswahl): *Ahrens,* Gerichtliche Zulassung der Rechtsbeschwerde in Insolvenzsachen, NJW-Spezial 2012, 85; *ders.,* Haftbefehl ohne Folgen – Aufschiebende Wirkung der Beschwerde?, NZI 2005, 299; *Hoffmann,* Rechtsmittel im Insolvenzrecht unter besonderer Berücksichtigung des Verbraucherinsolvenzverfahrens, NZI 1999, 425; *Kirchhof,* Rechtsbeschwerden nur durch einen beim BGH zugelassenen Rechtsanwalt, ZInsO 2001, 1073; *Pape,* Gehörsverletzungen und Willkürentscheidungen – kritische Bemerkungen zu § 7 InsO, ZInsO 2010, 2030; *ders.,* Selbstkorrektur oder außerordentliche Beschwerde wegen „greifbarer Gesetzwidrigkeit"?, NZI 2003, 12; *Prütting,* Aktuelle Fragen der Rechtsmittel im Insolvenzrecht, NZI 2000, 145.

Übersicht

[1] § 6 Abs. 2 Satz 2 aufgeh., Abs. 3 neu gef. mWv 1.1.2002 durch G v. 27.7.2001 (BGBl. I S. 1887); Abs. 1 Satz 2 angef. mWv 1.3.2012 durch G v. 7.12.2011 (BGBl. I S. 2582).

I. Normzweck

1 § 6 beschränkt das Beschwerderecht im Insolvenzverfahren auf die in der InsO ausdrücklich vorgesehenen Fälle – **Enumerationsprinzip**. Grds. ist von der **Unanfechtbarkeit** insolvenzgerichtlicher Entscheidungen auszugehen, wenn ihre **Anfechtbarkeit** nicht ausdrücklich genannt worden ist. Mit dieser Regelung soll die soll der zügige Fortgang des Verfahrens gefördert werden (Begr. RegE, BT-Drs. 12/2443, 110). Ergänzend bestimmt Absatz 1 Satz 2, Absatz 2, 3 einige **Verfahrensregeln** zur Einlegung, zum Beginn der Beschwerdefrist und zur Wirkung der sofortigen Beschwerde. Die InsO trifft über § 6 hinaus keine Bestimmungen zum Beschwerdeverfahren, sodass über § 4 weitestgehend auf die entsprechende Anwendung der §§ 567–573 ZPO zurückgegriffen werden kann.

II. Sofortige Beschwerde

2 **1. Statthaftigkeit der Beschwerde.** Absatz 1 nennt zwei Voraussetzungen, unter denen eine Beschwerde statthaft ist. Zum einen muss eine Entscheidung des Insolvenzgerichts vorliegen und zum anderen muss diese Entscheidung nach dem ausdrücklich in der Insolvenzordnung erklärten Willen des Gesetzgebers anfechtbar sein (Kübler/Prütting/Bork/*Prütting* Rn. 7).

3 **a) Entscheidung des Insolvenzgerichts.** Die Beschwerde muss sich gegen eine Entscheidung des Insolvenzgerichts richten. Unerheblich ist, ob die Entscheidung in Form eines Beschlusses ergeht oder lediglich als Verfügung. Die sofortige Beschwerde findet unabhängig davon statt, ob der **Richter oder der Rechtspfleger** die angefochtene Entscheidung erlassen hat. Keine Entscheidungen sind lediglich vorbereitende Maßnahmen, etwa die Beauftragung eines Gutachters, der das Vorliegen eines Insolvenzgrundes oder der Masseunzulänglichkeit feststellen soll (BGH ZInsO 2011, 1499) oder Beurkundungen und Niederschriften, etwa im Prüfungstermin. Keine Entscheidung ist das bloße **Untätigbleiben** des Insolvenzgerichts. Entscheidungen des Insolvenzverwalters, des Gläubigerausschusses, der Gläubigerversammlung oder anderer Verfahrensbeteiligter sind nicht beschwerdefähig. § 6 gilt **nur für „insolvenzgerichtlichen Entscheidungen“**, also Entscheidungen, deren Rechtsgrundlagen sich in der InsO selbst befinden. Für insolvenzrechtliche „Nebenentscheidungen“, die im Rahmen eines Insolvenzverfahrens auf der Grundlage allgemeiner, nicht zum eigentlichen Insolvenzrecht gehöriger Vorschriften getroffen werden, bleiben also auch die dort ggf. vorgesehenen Anfechtungsmöglichkeiten erhalten. Die Insolvenzordnung hat zB dem Insolvenzrichter nicht die Möglichkeit eröffnet, einen Sachverständigen zu ermächtigen, Wohn- und Geschäftsräume des Schuldners gegen dessen Willen zu betreten. Richterliche Anordnungen dieses Inhalts sind daher mit der sofortigen Beschwerde anfechtbar (BGH NZI 2004, 312). Ähnliches gilt für die wegen besonderer Sachnähe dem Insolvenzgericht übertragenen Entscheidungen nach § 36 Abs. 4 S. 1 und § 89 Abs. 3 (dazu → § 36 Rn. 15). Hier handelt das Insolvenzgericht funktional als Vollstreckungsgericht. Der Rechtsmittelzug richtet sich in diesen Fällen nach den allgemeinen vollstreckungsrechtlichen Vorschriften (BGH NZI 2006, 246; 2006, 420). Im Fall des § 36 Abs. 1 S. 2 ist die sofortige Beschwerde nach § 793 ZPO gegeben. Unberührt bleibt des Weiteren die Möglichkeit der Rechtspflegererinnerung unter den Voraussetzungen des § 11 RPflG. Zu weiteren Nebenentscheidungen, die auf der Grundlage allgemeiner, nicht zum eigentlichen Insolvenzrecht gehöriger Vorschriften getroffen werden, → Rn. 61.

b) Verhältnis zur Rechtspflegererinnerung. Sieht die InsO gegen eine bestimmte Entscheidung das Rechtsmittel der sofortigen Beschwerde ausdrücklich vor (Absatz 1), so unterliegt die Entscheidung auch dann der sofortigen Beschwerde, wenn sie der Insolvenzrechtspfleger erlassen hat. Der Rechtsmittelzug führt vom Insolvenzrechtspfleger direkt zum Landgericht als Beschwerdegericht (§ 11 Abs. 1 RPflG). Ist nach der InsO die sofortige Beschwerde nicht gegeben, so eröffnet § 11 Abs. 2 S. 1 RPflG die Erinnerung gegen eine Entscheidung des Rechtspflegers (BGH NZI 2011, 442; 2003, 31). Eine Erinnerung ist jedoch gegen die Entscheidung des Rechtspflegers über die Gewährung eines Stimmrechts ausdrücklich ausgeschlossen (§ 11 Abs. 3 S. 2 RPflG). Die Erinnerung ist innerhalb der für die sofortige Beschwerde gegebenen Frist beim Insolvenzgericht einzulegen. Die Erinnerung hat grds. keine aufschiebende Wirkung. Das Gericht kann jedoch die Vollziehung der angefochtenen Entscheidung aussetzen. Nach § 11 Abs. 2 S. 2 RPflG kann der Rechtspfleger abhelfen. Hilft er ganz oder teilw. nicht ab, so legt er nach § 11 Abs. 2 S. 3 RPflG die Sache dem Insolvenzrichter vor, der abschließend über die Erinnerung entscheidet. Gegen die richterliche Entscheidung ist sodann keine Überprüfungsmöglichkeit mehr gegeben. Das Erinnerungsverfahren ist gerichtsgebührenfrei (§ 11 Abs. 4 RPflG). Auslagen sind zu erstatten. Anwaltsgebühren richten sich nach § 18 Nr. 5 RVG, der dortige Gegenstandswert nach § 28 RVG. 4

c) Gesetzlich zugelassene Beschwerdemöglichkeiten. Nur in den Fällen, in denen die InsO dies ausdrücklich bestimmt, können gerichtliche Entscheidungen mit dem Rechtsmittel der sofortigen Beschwerde angefochten werden. Eine solche Bestimmung ist in den nachfolgenden Fällen enthalten: 5

- § 4d Abs. 1 und Abs. 2: Entscheidungen des Gerichts über die Verfahrenskostenstundung;
- § 20 Abs. 1 S. 2 mit § 98 Abs. 3: Zwangsmaßnahmen im Rahmen schuldnerischer Auskunftspflichten;
- § 21 Abs. 1 S. 2: bei Anordnung von Sicherungsmaßnahmen im Eröffnungsverfahren;
- § 26a Abs. 2: Festsetzung der Vergütung des vorläufigen Verwalters;
- § 34 Abs. 1: bei Ablehnung der Verfahrenseröffnung;
- § 34 Abs. 2: gegen die Eröffnung des Insolvenzverfahrens auch hinsichtlich der Verfahrensart (vgl. → § 304 Rn. 17);
- § 57 S. 4: gegen die Versagung der Bestellung eines durch die Gläubigerversammlung gewählten anderen Insolvenzverwalters;
- § 58 Abs. 2 S. 3 und Abs. 3: auch iVm § 21 Abs. 2 Nr. 1 gegen die Festsetzung von Zwangsgeld gegen den Insolvenzverwalter;
- § 59 Abs. 2 S. 1 und 2: auch iVm § 21 Abs. 2 Nr. 1 gegen die Entlassung oder die Ablehnung der Entlassung des Insolvenzverwalters;
- § 64 Abs. 3: auch iVm § 21 Abs. 2 Nr. 1 und § 73 Abs. 2 und § 274 Abs. 1 gegen die Festsetzung der Vergütung des Insolvenzverwalters;
- § 70 S. 3 Hs. 2: gegen die Entlassung eines Mitglieds des Gläubigerausschusses;
- § 75 Abs. 3: gegen die Ablehnung der Einberufung der Gläubigerversammlung;
- § 78 Abs. 2 S. 2 und 3: gegen die Aufhebung eines Beschlusses der Gläubigerversammlung und bei Nichtaufhebung eines solchen Beschlusses;
- § 98 Abs. 3 S. 3: auch iVm §§ 20 Abs. 1 S. 2, 21 Abs. 3 S. 3, 22 Abs. 3 S. 3 Hs. 2, 153 Abs. 2 S. 2, 261 Abs. 1 S. 3, 274 Abs. 2 S. 2 gegen die Anordnung der Haft oder gegen die Abweisung eines Antrags auf Aufhebung des Haftbefehls;
- § 99 Abs. 3: auch iVm §§ 21 Abs. 2 Nr. 4 und 101 Abs. 1 S. 1 gegen die Anordnung der Postsperre;

- § 153 Abs. 2 S. 2: wegen eidesstattlicher Versicherung der Vollständigkeit der Vermögensübersicht;
- § 194 Abs. 2 S. 2: gegen die Zurückweisung von Einwendungen gegen das Verteilungsverzeichnis;
- § 194 Abs. 3 S. 2: gegen den Beschluss zur Berichtigung des Verteilungsverzeichnisses;
- §§ 197 Abs. 3, 194 Abs. 2 und 3: gegen die Entscheidung des Gerichts über Einwendungen eines Gläubigers im Schlusstermin;
- §§ 204 Abs. 2 S. 2, 203 Abs. 3 S. 1: gegen die Ablehnung der Nachtragsverteilung;
- §§ 204 Abs. 1 S. 2, 203 Abs. 1: gegen die Anordnung der Nachtragsverteilung;
- §§ 211 Abs. 3 S. 2, 204: bei Nachtragsverteilung nach Einstellung des Verfahrens wegen Masseunzulänglichkeit;
- §§ 216 Abs. 1 und 2, 207, 212, 213: bei Einstellung des Insolvenzverfahrens oder Ablehnung der Einstellung;
- § 231 Abs. 3: gegen die Zurückweisung des Insolvenzplans;
- § 248a Abs. 3: bei einer gerichtlichen Planbestätigung;
- § 253: gegen die Bestätigung oder Versagung der Bestätigung des Insolvenzplans;
- § 272 Abs. 2 S. 3: gegen die Aufhebung der Eigenverwaltung oder die Ablehnung des Antrags auf Aufhebung;
- §§ 274 Abs. 1, 57 S. 4, 58 Abs. 2 S. 3 und Abs. 3, 59 Abs. 2, 64 Abs. 3: gegen die Versagung der Bestellung eines durch die Gläubigerversammlung gewählten anderen Sachwalters oder gegen einen dem Sachwalter gegenüber ausgesprochenen Zwangsgeldfestsetzungsbeschluss, gegen die Entlassung oder Ablehnung der Entlassung des Sachwalters sowie die Vergütungsfestsetzung;
- § 287a Abs. 1 S. 3: gegen die Ankündigung der Restschuldbefreiung aussprechenden oder zurückweisenden Beschluss;
- § 290 Abs. 3: gegen den die Restschuldbefreiung aussprechenden oder versagenden Beschluss;
- § 292 Abs. 3 S. 2: gegen die Entlassung oder Ablehnung der Entlassung des Treuhänders;
- §§ 293 Abs. 2, 64 Abs. 3: gegen die Festsetzung der Vergütung des Treuhänders;
- §§ 296 Abs. 3 S. 1, 297 Abs. 2, 298 Abs. 3: gegen die Versagung der Restschuldbefreiung;
- § 300 Abs. 3 S. 2: gegen die Erteilung der Restschuldbefreiung;
- § 303 Abs. 3 S. 2: gegen den Widerruf der Restschuldbefreiung;
- § 309 Abs. 2 S. 3: gegen die Ersetzung der Zustimmung zum Schuldenbereinigungsplan;
- § 344 Abs. 2: Beschwerde des ausländischen vorläufigen Insolvenzverwalters gegen den Beschluss des Sicherungsmaßnahmen anordnenden deutschen Gerichts;
- § 345: Beschwerde des ausländischen Insolvenzverwalters gegen eine Ablehnung der öffentlichen Bekanntmachung durch das deutsche Gericht;
- § 346 Abs. 2: gegen die Weigerung des deutschen Gerichts, inländische Register (Grundbuch, Schiffsregister, Register für Pfandrechte an Luftfahrzeugen) zu ersuchen, die Verfahrenseröffnung eines ausländischen Insolvenzmaßnahmen oder die Anordnung bestimmter Sicherungsmaßnahmen einzutragen.

Im **arbeitsgerichtlichen Verfahren** über die gerichtliche Zustimmung zur Durchführung einer Betriebsänderung eröffnet § 122 Abs. 3 unter Ausschluss der sofortigen Beschwerde die Statthaftigkeit der Rechtsbeschwerde zum BAG. § 126 Abs. 2 S. 2 verweist für das Beschlussverfahren zum Kündigungsschutz auf diese Regelung.

d) Fehlende Statthaftigkeit. Keine Beschwerdemöglichkeit, da nicht ausdrücklich zugelassen, besteht daher insbes. für folgende Entscheidungen: 6

- gegen die Zulassung des Insolvenzantrages (BGH ZInsO 2006, 828; OLG Köln ZInsO 2000, 105),
- gegen Beweisanordnungen im Eröffnungsverfahren (BGH NZI 2008, 100; OLG Köln NZI 2000, 173; OLG Brandenburg NZI 2001, 42),
- gegen die Androhung der Verhaftung (LG Hamburg NZI 2000, 236),
- gegen die Bestellung eines Gutachters im Eröffnungsverfahren (BGH BeckRS 2011, 20013),
- gegen eine Vorschussanordnung nach § 9 InsVV (BGH BeckRS 2011, 07712; BGH ZIP 2002, 2223 [2224]),
- eines weiteren Beteiligten gegen eine richterliche Durchsuchungsanordnung (BGH ZIP 2008, 476 ff. [477]),
- gegen die Ablehnung von Sicherungsmaßnahmen sowie gegen die bloße Androhung einer Verhaftung (LG Hamburg NZI 2000, 236; HK-InsO/*Kirchhof* Rn. 6),
- gegen die Anordnung einer vorläufigen Postsperre nach deren Aufhebung (BGH NZI 2007, 34),
- gegen die Anordnung eines Verfahrenskostenvorschusses gem. § 26 Abs. 1 S. 2 (LG Göttingen NZI 2000, 438),
- gegen die Mitteilung des Insolvenzgerichts an den Schuldner, dass sein Antrag auf Eröffnung des Insolvenzverfahrens wegen der Nichtbeachtung einer gerichtlichen Aufforderung zur Ergänzung gemäß 305 Abs. 3 S. 2 als zurückgenommen gilt (BGH VIA aktuell 2011, 28),
- Feststellung der Unwirksamkeit der Stimmrechtsentscheidung (BGH NZI 2011, 713),
- gegen aufsichtsrechtliche Anordnungen nach § 58 Abs. 1 (BGH NZI 2011, 442),
- gegen die Entscheidung des Gerichts, dem Antrag eines Gläubigers auf Einsetzung eines vorläufigen Gläubigerausschusses nach § 21 Abs. 2 Nr. 1a nicht zu entsprechen (LG Dessau-Rosslau BeckRS 2013, 07431),
- gegen die Bestellung eines Sonderinsolvenzverwalters sowie gegen diesen ermächtigende Beschlüsse des Insolvenzgerichts (LG Göttingen ZInsO 2012, 225),
- für den Verwalter gegen die Aufhebung des Eröffnungsbeschlusses (BGH NZI 2007, 349),
- gegen die Ablehnung des Antrages auf Eigenverwaltung. Die Ablehnung des Antrags auf Anordnung der Eigenverwaltung kann weder isoliert noch mit der sofortigen Beschwerde gegen den Eröffnungsbeschluss angefochten werden (BGH NZI 2007, 240),
- gegen die Auswahl des Verwalters nach § 56 – auch bei Anfechtung durch Mitbewerber – (LG Münster NZI 2002, 445) und die Ablehnung seiner Entlassung (BGH BeckRS 2009, 05597) sowie gegen die Bestellung des von den Gläubigern gewählten Verwalters (BGH NZI 2009, 246),
- gegen die Einberufung oder Vertagung der Gläubigerversammlung (BGH BeckRS 2012, 02999),
- gegen Entscheidungen der Gläubigerversammlung (OLG Saarbrücken NZI 2000, 179).

e) Anschlussbeschwerde. § 6 InsO schließt die Anschlussbeschwerde nicht aus. Über § 4 findet § 567 Abs. 3 ZPO entsprechende Anwendung, wonach der Beschwerdegegner sich der Beschwerde anschließen kann, selbst wenn er auf die Beschwerde verzichtet oder die Beschwerdefrist verstrichen ist Eine Anschlussbeschwerde ist bezüglich eines die InsO betreffenden Gegenstandes nur statthaft, 7 wenn die Erstbeschwerde statthaft ist. Mit dieser Einschränkung ist auch eine unselbständige Anschlussbeschwerde iRd § 6 InsO möglich; sie verliert bei Rücknahme oder Verwerfung der Erstbeschwerde ihre Wirkung (Uhlenbruck/*Pape* Rn. 5; HK-InsO/*Kirchhof* Rn. 14; *Hoffmann* NZI 1999, 425). Weitere Voraussetzung einer Anschlussbeschwerde im Insolvenzverfahren ist eine Gegnerschaft zwischen dem Beschwerdeführer und dem Anschließenden. Ein Insolvenzgläubiger kann sich nicht der Beschwerde eines anderen Insolvenzgläubigers anschließen (Ahrens/Gehrlein/Ringstmeier/*Ahrens* Rn. 33).

8 **f) Verbundene Entscheidung.** Fasst das Insolvenzgericht mehrere Maßnahmen in einem einheitlichen Beschluss zusammen, die teils anfechtbar, teils unanfechtbar sind, erweitert dies die Rechtsschutzmöglichkeiten gegenüber der einzelnen Maßnahme nicht. Sie sind jeweils nur mit dem Inhaltsteil anfechtbar, gegen die die sofortige Beschwerde vorgesehen ist (BGH NZI 2007, 238; MüKoInsO/*Ganter/Lohmann* Rn. 8; HK-InsO/*Kirchhof* Rn. 5; *Prütting* NZI 2000, 145 [147]).

9 **2. Zulässigkeit der sofortigen Beschwerde. a) Allgemeine Prozesshandlungsvoraussetzungen/Beschwerdeberechtigung.** Die allgemeinen Prozesshandlungsvoraussetzungen müssen vorliegen, so die Partei- und Prozessfähigkeit, die sich nach den §§ 50, 51 ZPO richtet. Ist der Schuldner eine juristische Person oder Gesellschaft ohne Rechtspersönlichkeit, übt er das Beschwerderecht durch seine Organe bzw. persönlich haftenden Gesellschafter aus (BGH NZI 2008, 121; HK-InsO/*Kirchhof* Rn. 24). Der nach Gesellschaftsrecht berufene gesetzliche Vertreter der Schuldnerin kann für diese auch dann Beschwerde gegen die Eröffnung des Insolvenzverfahrens einlegen, wenn der nach § 37 KWG bestellte Abwickler den Insolvenzantrag gestellt hat (BGH ZInsO 2006, 825). Gesellschafter einer GbR haben kein eigenes Beschwerderecht (BGH ZInsO 2006, 822). Im Falle des Eigenantrags einer führungslosen juristischen Person gem. § 15 Abs. 1 S. 2 übt diese ihr Beschwerderecht durch ihre Gesellschafter bzw. bei der AG und Genossenschaft durch die Mitglieder des Aufsichtsrats aus. Die führungslose GmbH, Aktiengesellschaft oder Genossenschaft kann bei einem Gläubigerantrag auf Grund der reinen Passivvertretung durch ihre Gesellschafter bzw. Aufsichtsratsmitglieder kein Rechtsmittel gegen Entscheidungen des Gerichts einlegen, auch wenn dagegen ein Beschwerderecht für den Schuldner eröffnet wäre (HambK-InsO/*Rüther* § 4 Rn. 16a). Beschwerdeberechtigt sind jeweils nur die in den Einzelbestimmungen genannten Personen.

10 **b) Form und Frist der Beschwerde.** Die Beschwerdefrist beträgt zwei Wochen (§ 569 Abs. 1 ZPO) und beginnt, wie Absatz 2 bestimmt, mit der Verkündung der Entscheidung, im Falle der Nichtverkündung mit der Zustellung. Dabei schließt die öffentliche Bekanntmachung nach § 9 Abs. 3, die grds. zum Nachweis der Zustellung an alle Beteiligten genügt, den Nachweis einer früheren Zustellung an einzelne Beteiligte nicht aus, sodass Letztere für den Beginn der Beschwerdefrist maßgeblich wäre (BGH NZI 2010, 159; 2004, 341). Es handelt sich um eine Notfrist, die weder verkürzt noch verlängert werden kann. Eine Wiedereinsetzung in den vorigen Stand (§ 233 ZPO) ist möglich. Die Einlegung der Beschwerde ist bereits vor Zustellung der wirksamen Entscheidung zulässig. Gegen eine weder verkündete noch unterzeichnete Entscheidung ist eine Beschwerde statthaft, wenn der Anschein einer wirksamen Gerichtsentscheidung geschaffen wurde (HK-InsO/*Kirchhof* Rn. 20). **Bei wesentlichen Zustellungsmängeln** wird die Beschwerdefrist als Notfrist gem. § 187 S. 2 ZPO selbst dann nicht in Gang gesetzt, wenn die Entscheidung dem Betroffenen zugegangen ist. In diesen Fällen muss erneut zugestellt werden.

Eine Fristversäumnis wegen einer **fehlenden oder unrichtigen Rechtsbehelfsbelehrung** (dazu → § 4 Rn. 39) hat auf die Wirksamkeit und die Länge der Beschwerdefrist keinen Einfluss (HambK-InsO/*Rüthers* Rn. 24a). Sie kann jedoch einen Wiedereinsetzungsgrund bilden (§ 233 Abs. 2 ZPO). Es besteht in diesem Fall die widerlegliche Vermutung, dass die Partei, die keine oder eine unrichtige Rechtsbehelfsbelehrung erhalten hat, die Einlegung des Rechtsmittels unverschuldet versäumt hat. Eine Wiedereinsetzung ist ausgeschlossen, wenn die Partei wegen vorhandener Kenntnis über ihre Rechtsbehelfe keiner Unterstützung durch eine Rechtsbehelfsbelehrung bedarf. Auf diese Weise wird die geringere Schutzbedürftigkeit anwaltlich vertretener Parteien berücksichtigt. Die Ursächlichkeit zwischen der unrichtigen Belehrung und der Fristversäumnis entfällt nicht schon allein deshalb, weil die Partei durch einen Anwalt vertreten ist. Vielmehr ist nach der Art des Fehlers zu differenzieren und darauf abzustellen, ob der Fehler in der gerichtlichen Darstellung der Rechtslage nachvollziehbar und daher auch verständlich den Irrtum des Rechtsanwalts verursacht hat. Grds. wird ein Rechtsanwalt auf die in der Belehrung mitgeteilten Rechtsbehelfsfristen vertrauen dürfen, so dass der von ihm vertretenen Partei Wiedereinsetzung zu gewähren ist, wenn er den Rechtsbehelf innerhalb der mitgeteilten falschen Frist eingelegt hat (BT-Drs. 17/10490, 14 f.). 11

Die **Beschwerde** kann schriftlich (§ 569 Abs. 2 ZPO) oder zu Protokoll der Geschäftsstelle (§ 569 Abs. 3 Nr. 1 ZPO) **beim zuständigen Insolvenzgericht** eingelegt werden (Absatz 1 Satz 2). Anwaltszwang besteht nicht. Die Möglichkeit, das Rechtsmittel bei dem Beschwerdegericht einzulegen ist durch das Gesetz zur weiteren Erleichterung der Sanierung von Unternehmen (ESUG) vom 7.12.2011 mit Wirkung zum 1.3.2012 weggefallen. Wird das Rechtsmittel bei einem unzuständigen Gericht eingelegt, ist Wiedereinsetzung zu gewähren, falls es bei ordentlichem Geschäftsgang noch rechtzeitig an das zuständige Gericht hätte weitergeleitet werden können. Über die Wiedereinsetzung hat nach § 237 das Beschwerdegericht und nicht das Insolvenzgericht zu entscheiden. Das Insolvenzgericht darf nach § 572 Abs. 1 S. 1 abhelfen (BGH ZInsO 2010, 631; HK-InsO/*Kirchhof* Rn. 21). Der Schriftform steht gem. den allgemeinen Grundsätzen die Übermittlung durch Telegramm, Telefax, durch Fernschreiber und durch Computerfax mit eingescannter Unterschrift nach Maßgabe des § 130a ZPO gleich (HK-InsO/*Kirchhof* Rn. 21). Die Beschwerde muss die angefochtene Entscheidung bezeichnen sowie erkennen lassen, dass eine Beschwerde eingelegt wird (§ 569 Abs. 2 S. 2 ZPO). Die Beschwerde soll (§ 571 Abs. 1 ZPO), muss aber nicht begründet werden.

c) Beschwer. Ohne Beschwer ist eine an sich statthafte Beschwerde unzulässig. 12
Die Beschwer kann darin bestehen, dass der Antrag des Beschwerdeführers abgelehnt wurde **(formelle Beschwer).** Hat der Schuldner zB ausschließlich die Eröffnung eines Verbraucherinsolvenzverfahrens beantragt wird er dadurch, dass das Insolvenzgericht von einer Überführung in das Regelinsolvenzverfahren absieht und den Eröffnungsantrag als in der gewählten Verfahrensart unzulässig abweist, nicht beschwert (BGH ZInsO 2008, 1324). Weiterhin ist eine Beschwer immer dann zu bejahen, wenn der Beschwerdeführer durch die Entscheidung in seinen Interessen nachteilig betroffen ist **(materielle Beschwer).** Der formell beschwerte Antragsteller ist regelmäßig auch materiell beschwert. Die Beschwer muss auch noch im Zeitpunkt der Entscheidung vorliegen; ihr Wegfall macht das Rechtsmittel unzulässig (BGH NJW-RR 2004, 1365).

d) Rechtsschutzbedürfnis. Ohne Rechtsschutzbedürfnis ist jeder Rechts- 13
behelf unzulässig, selbst wenn eine Beschwer besteht. Mit der sofortigen Beschwerde muss die Beseitigung gerade derjenigen Beschwer angestrebt werden, derentwegen das Rechtsmittel statthaft ist (HK-InsO/*Kirchhof* Rn. 27; MüKo-

InsO/*Ganter/Lohmann* Rn. 35). So fehlt zB das Rechtsschutzbedürfnis für eine sofortige Beschwerde gegen einen Eröffnungsbeschluss, mit der nur der Eröffnungszeitpunkt angegriffen wird (LG Duisburg ZInsO 2002, 990) oder das Ziel verfolgt wird, einen anderen Treuhänder zu erhalten (LG Münster ZInsO 2002, 777). Für die Beschwerde eines Gläubigers gegen die Festsetzung der Vergütung des Insolvenzverwalters fehlt das Rechtsschutzinteresse, wenn bereits im Zeitpunkt der Einlegung der Beschwerde feststeht, dass auf die Forderung des beschwerdeführenden Gläubigers keine Quote entfällt (BGH NZI 2006, 250). Ein Insolvenzverwalter kann nicht mit der sofortigen Beschwerde gegen die Festsetzung eines Zwangsgelds, mit dem er zur Vornahme einer bestimmten Handlung angehalten werden soll, die Zulässigkeit der vom Insolvenzgericht getroffenen Aufsichtsanordnung bekämpfen (BGH NZI 2011, 681). In Fällen der prozessualen Überholung wird man die Überprüfung einer bereits erledigten Entscheidung ausnahmsweise im Wege einer Fortsetzungsfeststellung zulassen können, wenn das Interesse des Betroffenen an der Feststellung der Rechtslage in besonderer Weise schutzwürdig ist, etwa dann, wenn das gerichtliche Verfahren dazu dient, einer Wiederholungsgefahr zu begegnen oder eine fortwirkende Beeinträchtigung durch einen an sich beendeten Eingriff zu beseitigen etwa bei solchen Grundrechtseingriffen, die typischerweise die rechtzeitige Abwehr kaum erlauben (BGH NZI 2004, 312) bei der Möglichkeit tief greifender Grundrechtsverletzung oder einer fortwirkenden Beeinträchtigung, welche eine Sachentscheidung trotz Erledigung des ursprünglichen Rechtsschutzziels ausnahmsweise erfordert (BGH NZI 2007, 34).

14 **3. Wirkung der Beschwerdeeinlegung.** Die Beschwerde hat grds. keine aufschiebende Wirkung (§ 570 ZPO). Das gilt entgegen § 570 Abs. 1 auch für die Haftanordnung gegen den Schuldner (LG Göttingen NZI 2005, 339; *Ahrens* NZI 2005, 299; HK-InsO/*Kirchhof* § 6 Rn. 32). Nach § 570 Abs. 2 und 3 ZPO können erst- und zweitinstanzliches Gericht allerdings die Vollziehung der angefochtenen Entscheidung aussetzen. Die mit einem Eröffnungsbeschluss von Gesetzes wegen eintretenden Wirkungen bleiben jedoch selbst dann bestehen. Eine Aussetzung der Vollziehung sollte in der Regel nur erfolgen, wenn das Rechtsmittel zulässig und die Rechtslage zumindest zweifelhaft ist und dem Beschwerdeführer durch die Vollziehung größere Nachteile drohen als den anderen Beteiligten im Falle der Aufschiebung der vom Insolvenzgericht beschlossenen Maßnahme (BGH ZInsO 2009, 432).

15 **4. Rücknahme der sofortigen Beschwerde.** Solange nicht über die sofortige Beschwerde entschieden ist, kann der Beschwerdeführer sie zurücknehmen (§ 516 Abs. 1 ZPO). Dann hat das Beschwerdegericht, wenn es die Wirksamkeit der Rücknahme bejaht, durch Verlustigkeitsbeschluss – zugleich über die Kosten – zu entscheiden (§ 516 Abs. 3 S. 1, 2 ZPO analog).

16 **5. Das Beschwerdeverfahren. a) Das Abhilfeverfahren.** Nach § 4 InsO iVm § 572 Abs. 1 S. 1 ZPO folgt auf die Einlegung der Beschwerde zunächst das Abhilfeverfahren beim Erstgericht. Dieses soll eine unnötige, kostenverursachende und zeitraubende Befassung des Beschwerdegerichts vermeiden, wenn gebotene Korrekturen unschwer durch das Insolvenzgericht selbst vorgenommen werden können (MüKoInsO/*Ganter/Lohmann* Rn. 44). Die Abhilfemöglichkeit ist unabhängig davon, ob der Insolvenzrichter oder der Insolvenzrechtspfleger entschieden hat (MüKoInsO/*Ganter/Lohmann* Rn. 45).

17 IRd Abhilfeverfahrens muss **neues Vorbringen,** ggf. sogar eine Änderung des Verfahrensgegenstands (OLG Köln ZInsO 2001, 420) keinesfalls aber ein gänzlich neuer Verfahrensgegenstand berücksichtigt werden (BGH NZI 2007, 86). Wird eine Beschwerde ohne Begründung eingelegt, darf das Insolvenzgericht die Sache

sofort vorlegen. Es braucht grds. nicht abzuwarten, ob der Beschwerdeführer eine Begründung nachreicht. Kündigt der Beschwerdeführer eine Begründung an, muss das Insolvenzgericht entweder diese abwarten oder für die Begründung eine angemessene Frist setzen (MüKoInsO/*Ganter/Lohmann* Rn. 46). Vor Abänderung des angefochtenen Beschlusses muss das Gericht rechtliches Gehör gewähren. Im Falle einer Nichtabhilfeentscheidung bedarf es dessen nicht.

Über die Abhilfe hat das Insolvenzgericht durch **Beschluss** zu entscheiden, der zu begründen ist (OLG Celle DZWIR 2001, 516; LG München ZInsO 2001, 425; MüKoInsO/*Ganter/Lohmann* Rn. 48). Aus der Begründung muss sich ergeben, ob und in welchem Umfang abgeholfen wird. Eine bloße Vorlageverfügung genügt nicht. Wird vollständig abgeholfen, so ist die Beschwerde erledigt; der Abhilfebeschluss muss eine Kostenentscheidung enthalten. Hilft das Insolvenzgericht der sofortigen Beschwerde nicht ab, legt es die Sache unverzüglich dem Beschwerdegericht vor. Auch der Nichtabhilfebeschluss ist zu begründen, falls in der Beschwerdebegründung neue Tatsachen geltend gemacht worden sind oder der angefochtene Beschluss keine Gründe enthalten hatte. Sind neue Tatsachen vorgebracht worden, deren Erheblichkeit verneint wird, muss sich die Begründung damit auseinandersetzen. Gleiches gilt, wenn das Ausgangsgericht seine Entscheidung nunmehr auf andere Gesichtspunkte stützen möchte. **18**

b) Verfahren des Beschwerdegerichts. Das Beschwerdegericht prüft zunächst von Amts wegen, ob die Beschwerde statthaft und zulässig ist (§ 572 ZPO). Es ist zweite Tatsacheninstanz; neue Tatsachen und Beweismittel sind uneingeschränkt zu berücksichtigen (§ 571 Abs. 2 S. 1 ZPO), hierzu zählen auch Tatsachen, die erstinstanzlich – auch verschuldet – nicht vorgebracht wurden. Für das Beschwerdevorbringen kann das Gericht oder der Vorsitzende eine Ausschlussfrist setzen (§ 571 Abs. 3 ZPO). Von der Frage, welcher Sachverhalt nach dem Verfahrensrecht grds. berücksichtigungsfähig ist, zu trennen ist aber die Frage, welcher Betrachtungszeitpunkt für die Beurteilung der Rechtmäßigkeit der angefochtenen Entscheidung maßgeblich ist (Graf-Schlicker/*Kexel* Rn. 12). Dieser Zeitpunkt wird regelmäßig der Zeitpunkt der Beschwerdeentscheidung als letzter Tatsachenentscheidung sein, soweit das materielle Recht nicht nach einem anderen Zeitpunkt verlangt und dadurch nicht das Gebot effektiven Rechtsschutzes ausgehöhlt würde. Ein solcher Ausnahmefall wird für die Überprüfung eines Eröffnungsbeschlusses angenommen; hier kommt es allein darauf an, ob die Voraussetzungen der Eröffnung zum Zeitpunkt der angefochtenen Entscheidung vorlagen (BGH NZI 2006, 693). Lagen sie nicht vor, ist der Eröffnungsbeschluss aufzuheben und der Eröffnungsantrag abzuweisen. Gleiches gilt für den umgekehrten Fall, dass die Voraussetzungen bei Erlass der Erstentscheidung vorlagen; sie hat dann Bestand, der nachträgliche Wegfall des Insolvenzgrundes kann nur im Verfahren nach § 212 geltend gemacht werden (BGH NZI 2011, 20). Hat jedoch das Insolvenzgericht einen Antrag auf Eröffnung des Insolvenzverfahrens abgewiesen, hat das Beschwerdegericht darüber nach dem Sach- und Streitstand im Zeitpunkt der Beschwerdeentscheidung zu entscheiden (BGH NZI 2008, 391). Liegen die Eröffnungsvoraussetzungen – sei es auch erstmals – in diesem Zeitpunkt vor, ist das Verfahren zu eröffnen. Dem Beschwerdegericht kommt iÜ eine eigene Ermessenskompetenz zu (MüKoInsO/*Ganter/Lohmann* Rn. 53a). Die Überprüfung erstinstanzlicher Ermessensentscheidungen ist somit nicht auf eine bloße Ermessensfehlerkontrolle beschränkt. Auch im Beschwerdeverfahren gilt der Untersuchungsgrundsatz (§ 5). **19**

6. Die Entscheidung des Beschwerdegerichts. a) Form. Das Beschwerdegericht (Landgericht) kann seine Entscheidung ohne mündliche Verhandlung treffen (§ 4 iVm § 128 Abs. 4 ZPO). Dies gilt auch dann, wenn eine (freigestellte, § 128 Abs. 4) mündliche Verhandlung stattgefunden hat. Es entscheidet durch **20**

Beschluss. Zuständig für die Entscheidung ist der Einzelrichter nach Maßgabe des § 568 ZPO. Der Einzelrichter überträgt das Verfahren dem Beschwerdegericht zur Entscheidung in der im Gerichtsverfassungsgesetz vorgeschriebenen Besetzung, wenn (1) die Sache besondere Schwierigkeiten tatsächlicher oder rechtlicher Art aufweist *oder* (2) die Rechtssache grundsätzliche Bedeutung hat. Der Beschwerdeführer kann sich selbst vertreten, es gilt kein Anwaltszwang, auch nicht im Fall der mündlichen Verhandlung (Jaeger/*Gerhardt* Rn. 31). Eine Begründung des Beschlusses des Beschwerdegerichts schreibt das Gesetz nicht ausdrücklich vor. Eine Pflicht zur Begründung lässt sich jedoch aus allgemeinen rechtsstaatlichen Grundsätzen ableiten. Beschlüsse, welche der Rechtsbeschwerde unterliegen (§ 574 Abs. 1 ZPO), müssen den maßgeblichen Sachverhalt wiedergeben, über den entschieden wird, da die Feststellungen des Beschwerdegerichts Grundlage der Entscheidung des Rechtsbeschwerdegerichts sind (BGH ZVI 2006, 565). Fehlen tatsächliche Feststellungen, so kann eine Rechtsprüfung nicht erfolgen. Ausführungen des Beschwerdegerichts, die eine solche Überprüfung nicht ermöglichen, sind keine Gründe im zivilprozessualen Sinne. Sie führen von Amts wegen zur Aufhebung der angefochtenen Entscheidung (§§ 576 Abs. 3, 547 Nr. 6 ZPO). Eine auf das Wesentliche beschränkte Begründung empfiehlt sich aber auch dann, wenn ein Rechtsmittel nicht gegeben ist. Das gilt insbes. dann, wenn eine Zurückverweisung erfolgt, der eine Sachverhaltsdarstellung und eine Begründung enthalten muss.

21 **b) Inhalt.** Ist die sofortige Beschwerde **unzulässig,** wird sie auf Kosten des Beschwerdeführers (§ 97 Abs. 1) verworfen. Ist die sofortige Beschwerde zulässig, aber nicht begründet, wird sie – regelmäßig ebenfalls auf Kosten des Beschwerdeführers, § 97 Abs. 1 – zurückgewiesen; gleiches gilt, wenn ihre Zulässigkeit offen geblieben ist. Ist die sofortige Beschwerde **zulässig und begründet,** wird die angefochtene Entscheidung aufgehoben. Ob das Beschwerdegericht eine eigene Sachentscheidung trifft oder ob es die Sache an das Ausgangsgericht zurückverweist, steht in seinem pflichtgemäßen Ermessen. Ist die Sache zur Endentscheidung reif, kann das Beschwerdegericht selbst entscheiden und wird dies regelmäßig auch tun.

22 **Zurückverweisung.** Eine Pflicht zur Zurückverweisung besteht, wenn in 1. Instanz statt des funktionell zuständigen Richters der Rechtspfleger entschieden hat. Auf die Frage, ob die Entscheidung sachlich richtig war, kommt es hier nicht an. Vielmehr fehlt es an einer wirksamen Erstentscheidung und damit an einer gesetzlichen Grundlage für ein Rechtsmittelverfahren. Ein nur aufhebender Beschluss enthält keine Kostenentscheidung. Die Entscheidung über die Kosten des Beschwerdeverfahrens gehört dann vielmehr zu den Anordnungen, welche nach Abs. 3 dem Ausgangsgericht zu übertragen ist, da zum Zeitpunkt der Aufhebung der endgültige Erfolg oder Misserfolg des Rechtsmittels noch nicht fest steht. Der Beschluss ist dem Unterlegenen zuzustellen (§ 4 iVm § 329 Abs. 3 ZPO). IÜ reicht die formlose Mitteilung aus (§ 329 Abs. 2 S. 1). Das **Insolvenzgericht** ist nach der Zurückverweisung an die tragenden Gründe der Beschwerdeentscheidung gebunden (§ 4 iVm § 577 Abs. 4 S. 4 ZPO). Gebunden ist auch das Beschwerdegericht selbst, wenn es sich mit derselben Sache ein zweites Mal befassen muss, weil die nach Zurückverweisung ergangene Entscheidung des Insolvenzgerichts wiederum angefochten wird (MüKoInsO/*Ganter/Lohmann* Rn. 55a).

23 **c) Das Verbot der reformatio in peius.** Das Verschlechterungsverbot ist auch im Beschwerdeverfahren zu beachten. Eine Entscheidung darf nicht zum Nachteil des Beschwerdeführers abgeändert werden. Allein bei zwei gegenläufigen Beschwerden gegen dieselbe Entscheidung ist eine Verschlechterung zulasten jedes Rechtsmittelführers zulässig. Das Verschlechterungsverbot gilt auch bei Auf-

hebung und Zurückverweisung (BGH NZI 2004, 440; MüKoInsO/*Ganter/Lohmann* § 6 Rn. 72; Uhlenbruck/*Pape* § 6 Rn. 20). Der Beschwerdeführer darf bei Aufhebung und Zurückverweisung nicht schlechter gestellt werden, als wenn das Rechtsmittelgericht eine eigene Sachentscheidung getroffen hätte. Andererseits darf das Gericht, zB im vergütungsrechtlichen Insolvenzbeschwerdeverfahren auch nicht über das Begehren des Beschwerdeführers hinausgehen, ne ultra petita (BGH NZI 2007, 45). Das Verbot der reformatio in peius ist zB beeinträchtigt, wenn das Insolvenzgericht sich eine Nachtragsverteilung (§§ 203 ff. InsO) „vorbehält", das Beschwerdegericht auf die Beschwerde des Schuldners hin die Nachtragsverteilung jedoch „anordnet" (BGH NZI 2008, 560).

d) Zulassung der Rechtsbeschwerde. Nachdem durch das Gesetz zur Änderung des § 522 ZPO vom 21.10.2011 (BGBl. I S. 2082) § 7 mit Wirkung zum 27.2.2011 aufgehoben wurde, hat das Beschwerdegericht von Amts wegen über die Zulassung der Rechtsbeschwerde zu entscheiden. Es hat die Rechtsbeschwerde zuzulassen, wenn die Voraussetzungen des § 574 Abs. 2 erfüllt sind, die Rechtssache also grundsätzliche Bedeutung hat oder wenn die Fortbildung des Rechts oder die Sicherung einer einheitlichen Rspr. eine Entscheidung des Rechtsbeschwerdegerichts erfordert Die Zulassungsentscheidung ist in den Tenor der Beschwerdeentscheidung aufzunehmen. Sie muss jedenfalls in der Beschwerdeentscheidung getroffen werden. Eine nachträgliche Zulassung ist – wenn nicht lediglich eine Berichtigung nach § 319 erfolgt – unwirksam (BGH MDR 2009, 887); auch eine entsprechende Ergänzung der Beschwerdeentscheidung analog § 321 ist unzulässig (BGH NJW-RR 2002, 1621 [1622]; NJW 2004, 779 f.). Möglich ist eine Ergänzung analog § 321a. Diese kommt in Betracht, wenn die Entscheidung, die Rechtsbeschwerde nicht zuzulassen, auf einer Verletzung von Verfahrensgrundrechten (rechtliches Gehör, Art. 103 Abs. 1 GG, oder gesetzlicher Richter, Art. 101 Abs. 1 S. 2 GG) beruht (BGH MDR 2007, 1276 Rn. 7 ff.; 2009, 887 Rn. 11). 24

e) Keine Rechtsbehelfsbelehrung. Eine Rechtsbehelfsbelehrung ist nicht vorgeschrieben. Die Belehrungspflicht nach § 232 ZPO gilt nicht für Verfahren, in denen sich die Parteien durch einen Rechtsanwalt vertreten lassen müssen, § 232 S. 2 ZPO. 25

7. Die Kosten des Beschwerdeverfahrens. Die in dem Beschluss – außer in Fällen der Zurückverweisung – zu treffende Kostengrundentscheidung richtet sich nach den §§ 97, 91, 92 ZPO. Der Streitwert beruht grds. auf § 47 GKG, für die Beschwerde gegen den Eröffnungsbeschluss auf § 58 Abs. 2 und 3 GKG. Die Gerichtsgebühren ergeben sich aus Nr. 2360, 2361 GKG-KV, § 58 Abs. 2 bzw. 3 GKG; die Anwaltsgebühren aus § 15 Abs. 2 S. 2 RVG, für die der Gegenstandswert aus §§ 28, 23 Abs. 3 S. 2 RVG bestimmt wird. Wird die Sache an das Insolvenzgericht zurückverwiesen, kann diesem auch die Entscheidung über die Kosten des Beschwerdeverfahrens übertragen werden, wenn der endgültige Erfolg des Rechtsmittels noch nicht feststeht (HK-InsO/*Kirchhof* § 6 Rn. 35). Hatte ein Insolvenzverwalter erfolglos einen gegen ihn gerichteten Zwangsgeldbeschluss angefochten, hat er auch die Kosten des erfolglosen Rechtsmittels persönlich zu tragen und nicht die Insolvenzmasse (HK-InsO/*Kirchhof* Rn. 36). 26

8. Wirksamkeit der Entscheidung. Die Entscheidung des Beschwerdegerichts wird grds. erst mit Eintritt der – formellen – Rechtskraft wirksam (Absatz 3). Durch diese Regelung soll die wiederholte Abänderung ggf. folgenschwerer Entscheidungen – etwa bei der Beschwerde gegen einen Eröffnungsbeschluss – vermieden werden (Jaeger/*Gerhardt/Eckhardt* § 6 Rn. 49). Das Beschwerdegericht kann jedoch nach seinem freien Ermessen gem. Absatz 2 Satz 2 – immer gleichzeitig mit der Sachentscheidung – die sofortige Wirksamkeit anord- 27 nen. Die Anordnung sofortiger Wirksamkeit kann nur zusammen mit der Beschwerdeentscheidung angefochten werden (Kübler/Prütting Rn. 29; FK-InsO/*Schmerbach* Rn. 77). Die Anordnung sofortiger Wirksamkeit ist in der Praxis die Ausnahme. Sie kommt va in Betracht, wenn das Beschwerdegericht erstmals den Eröffnungsbeschluss auf Grund einer sofortigen Beschwerde nach § 34 erlässt (HK-InsO/*Kirchhof* Rn. 36). Wird eine auf Eröffnung des Insolvenzverfahrens lautende, mit der Anordnung sofortiger Wirksamkeit ausgestattete Beschwerdeentscheidung in der nächsten Instanz aufgehoben, hat der Schuldner keinen Schadenersatzanspruch gegen den antragstellenden Gläubiger entsprechend § 717 Abs. 2 ZPO oder § 945 ZPO, weil nicht der Antragsteller, sondern die Richter die Anordnung der vorläufigen Wirksamkeit verantworten (HK-InsO/*Kirchhof* Rn. 39; Jaeger/*Gerhardt* Rn. 50).

28 **9. Prozesskostenhilfe.** Für das Rechtsmittel der sofortigen Beschwerde gelten auch für den Schuldner nicht die Stundungsvorschriften der §§ 4a–4d. Der Beschwerdeführer kann Prozesskostenhilfe nach den §§ 114 ff. ZPO beantragen und erhält diese abhängig von den Erfolgsaussichten des jeweils eingelegten Rechtsmittels (BGH NZI 2003, 556). Die formularmäßige Erklärung zur Prozesskostenhilfe ist regelmäßig auch dann nicht entbehrlich, wenn über das Vermögen des Antragstellers das Insolvenzverfahren eröffnet worden ist (BGH NZI 2002, 291).

III. Die Rechtsbeschwerde

29 **1. Allgemeines. a) Grundsatz.** Die Rechtsbeschwerde ist durch das ZPO-Reformgesetz mit Wirkung zum 1.1.2002 eingeführt worden. Der Rechtsschutz in Beschwerdesachen sollte durch Eröffnung des Zugangs zum BGH erweitert werden (BT-Drs. 14/4722, 68). Die Rechtsbeschwerde soll immer, aber auch nur dann stattfinden, wenn die Rechtssache grundsätzliche Bedeutung hat oder wenn die Fortbildung des Rechts oder die Sicherung einer einheitlichen Rspr. eine Entscheidung des Rechtsbeschwerdegerichts erfordert (Absatz 2).

30 **b) Gesetzesänderung.** Bis zum 26.10.2011 war die Rechtsbeschwerde in Insolvenzsachen immer dann zulassungsfrei eröffnet, wenn zuvor das Beschwerdegericht über eine sofortige Beschwerde nach § 6 entschieden hat. Mit Art. 2 des Gesetzes zur Änderung von § 522 ZPO v. 21.10.2011 (BGBl. I S. 2082) wurde die in § 7 enthaltene gesetzliche Zulassung der Rechtsbeschwerde in Insolvenzsachen aufgehoben. Die Rechtsbeschwerde ist demgemäß nur noch statthaft, wenn das Beschwerdegericht sie in seinem Beschluss zugelassen hat, § 574 Abs. 1 Nr. 2 ZPO. Nach der Übergangsregelung aus Art. 103f EGInsO ist das neue Recht auf alle Beschwerdeentscheidungen anzuwenden, die nach dem 26.10.2011 erlassen sind (BGH WuM 2012, 170). Zulassungsfrei bleiben solche Beschwerdeentscheidungen, die vor dem 27.10.2011 erlassen worden sind, auch wenn die Rechtsbeschwerde erst nach diesem Zeitpunkt eingelegt worden ist (BGH ZInsO 2012, 218).

31 **c) Beschwer.** Maßgeblich für die Bestimmung der Beschwer ist die Beschwerdeentscheidung des Landgerichts. Wer durch diese Entscheidung in seinen Rechten beeinträchtigt ist, hat das Beschwerderecht. Bereits bisher am Beschwerdeverfahren Beteiligte haben das Beschwerderecht, wenn sie durch die erfolgreiche sofortige Beschwerde erstmals beschwert sind und gegen eine entsprechende erstinstanzliche Entscheidung die sofortige Beschwerde eröffnet gewesen wäre (BGH NZI 2006, 239). Soweit die Erstbeschwerde erfolglos bleibt, ist regelmäßig nur derjenige beschwert, der sie eingelegt hatte. Erhebt ein durch die ursprüngliche Entscheidung Beschwerter, der keine Beschwerde eingelegt hatte, nach Erlass der

Beschwerdeentscheidung eine Rechtsbeschwerde, so ist diese wegen Verfristung unzulässig (Nerlich/Römermann/*Becker* § 7 Rn. 6).

2. Statthaftigkeit der Rechtsbeschwerde. a) Zulassung der Rechtsbeschwerde durch das Beschwerdegericht. Für die Rechtsbeschwerde gelten über § 4 die Regelungen in §§ 574–577 ZPO entsprechend. Grds. findet die Rechtsbeschwerde gegen Entscheidungen des Beschwerdegerichts statt, wenn dies im Gesetz ausdrücklich bestimmt ist oder wenn das Beschwerdegericht, sie ausdrücklich zugelassen hat (§ 574 Abs. 1 S. 1 ZPO). Da die Insolvenzordnung eine zulassungsfreie Rechtsbeschwerde nicht mehr vorsieht (→ Rn. 30) ist sie nur statthaft, wenn das Beschwerdegericht sie zugelassen hat. Das Beschwerdegericht hat die Rechtsbeschwerde zuzulassen, wenn die Rechtssache grundsätzliche Bedeutung hat oder die Fortbildung des Rechts oder die Sicherung einer einheitlichen Rspr. eine Entscheidung des Rechtsbeschwerdegerichts erfordert (§ 574 Abs. 2, Abs. 3 S. 1 ZPO). 32

Über die **Zulassung** muss im **anzufechtenden Beschluss** entschieden werden. Eine Beschlussergänzung entsprechend § 321 ist grds. unzulässig (BGH NJW 2004, 779). Eine nachträgliche Zulassung der Rechtsbeschwerde entsprechend § 319 ZPO ist nur dann zulässig und geboten, wenn der Beschluss durch willkürliche Nichtzulassung Verfahrensgrundrechte des Beschwerdeführers verletzt hat (BGH NJW 2004, 2529). Ist die Zulassung, die in dem Beschluss ausgesprochen werden sollte, versehentlich unterblieben, der dieser entsprechend § 319 ZPO berichtigt werden. Eine Rechtsmittelbelehrung, die fälschlicherweise darauf hinweist, dass gegen den Beschluss die Rechtsbeschwerde stattfinde, stellt keine Entscheidung über die Zulassung der Rechtsbeschwerde dar (BGH NJW-RR 2011, 1569). Die Zulassung kann auf einen tatsächlich oder rechtlich selbständigen Teil des Gesamtstreitstoffs beschränkt werden (BGH NJW-RR 2011, 427). 33

Die Zulassungsentscheidung ist von der vollbesetzten Kammer des Beschwerdegerichts zu treffen. Wegen der grundsätzlichen Bedeutung der Rechtssache darf der Einzelrichter diese Entscheidung nicht treffen. Entscheidet der Einzelrichter in einer Sache, der er rechtsgrundsätzliche Bedeutung beimisst und lässt die Rechtsbeschwerde zu, so ist die Zulassung zwar wirksam, die Entscheidung unterliegt jedoch auf Rechtsbeschwerde wegen objektiv willkürlicher Verletzung des Verfassungsgebots des gesetzlichen Richters (Art. 101 Abs. 1 S. 2 GG) der Aufhebung von Amts wegen (BGHZ 154, 200). 34

b) Keine Nichtzulassungsbeschwerde. Die Entscheidung des Beschwerdegerichts, die Rechtsbeschwerde nicht zuzulassen, ist nicht angreifbar. Eine Nichtzulassungsbeschwerde ist nicht vorgesehen, da bei den in der Regel weniger bedeutsamen Nebenentscheidungen es nicht erforderlich ist, dass mehrere Gerichte die Voraussetzungen für die Zulässigkeit der Rechtsbeschwerde prüfen (BT-Drs. 14/4722, 116). 35

c) Bindungswirkung der Zulassungsentscheidung. Der BGH als Rechtsbeschwerdegericht ist – zum Schutz des Vertrauens auf die Statthaftigkeit eines zugelassenen Rechtmittels - grds. an die Zulassung gebunden. Die Bindungswirkung beschränkt sich auf das Vorliegen eines Zulassungsgrundes. Sie eröffnet aber nicht ein gesetzlich nicht vorgesehenes Rechtsmittel (BGHZ 159, 14 [15]; BGH NJW-RR 2010, 1318). Eine Bindungswirkung des Rechtsbeschwerdegerichts an die Zulassung besteht daher nicht, wenn die angefochtene Entscheidung unanfechtbar ist. Ist die angefochtene Entscheidung überhaupt unanfechtbar, ändert sich daran nichts durch eine Zulassung der Rechtsbeschwerde durch das Beschwerdegericht (BGHZ 159, 14 [15]) Das gilt erst recht, wenn schon das Rechtsmittel zum Beschwerdegericht nicht zulässig war. Übersteigt zB der Wert des Gegenstands einer Beschwerde gegen die Entscheidung über die Kosten 36

200 EUR nicht, ist dem Rechtsbeschwerdegericht trotz Zulassung der Rechtsbeschwerde eine Entscheidung in der Sache im Hinblick auf den rechtskräftigen Abschluss des Verfahrens verwehrt. Andere Fehler bei der Zulassungsentscheidung stehen der Bindungswirkung dagegen nicht entgegen. Das Rechtsbeschwerdegericht darf folglich nicht nachprüfen, ob tatsächlich ein Zulässigkeitsgrund gegeben ist oder nicht.

37 **3. Zulässigkeit der Rechtsbeschwerde. a) Frist und Form.** Die Rechtsbeschwerde ist binnen einer Notfrist von einem Monat nach Zustellung des angefochtenen Beschlusses beim Rechtsbeschwerdegericht einzulegen (§ 575 Abs. 1 S. 1 ZPO). Rechtsbeschwerdegericht ist ausschließlich der BGH (§ 133 GVG). Die Rechtsbeschwerde kann nur beim BGH eingelegt werden, nicht beim Beschwerdegericht. Daraus folgt zugleich, dass kein Abhilfeverfahren vor dem Beschwerdegericht stattfindet. Das Beschwerdegericht ist also zu einer Änderung seiner Entscheidung nicht befugt. Die Frist beginnt mit der Zustellung des angegriffenen Beschlusses. Die Frist zur Einlegung der Rechtsbeschwerde ist eine Notfrist (§ 224 Abs. 1 ZPO). Sie kann nicht verlängert werden (§ 124 Abs. 2). Grds. ist jedoch die Möglichkeit einer Wiedereinsetzung gegeben (§ 233 ZPO).

38 Die **Rechtsbeschwerdeschrift** muss gem. § 575 Abs. 1 S. 2 ZPO die genaue Bezeichnung der angegriffenen Beschwerdeentscheidung und die Erklärung enthalten, dass gegen diese Entscheidung die Rechtsbeschwerde eingelegt wird. Die Beschwerde muss durch einen beim Bundesgerichtshof zugelassenen Rechtsanwalt eingelegt und begründet werden. Erforderlich ist weiter, wie sich aus § 130 Nr. 1 ZPO ergibt, die hinreichend bestimmte Benennung von Rechtsbeschwerdeführer und -gegner. Eine Ausfertigung oder beglaubigte Abschrift der angefochtenen Entscheidung soll beigefügt werden (§ 575 Abs. 1 S. 3 ZPO); hierbei handelt es sich jedoch nur um eine Ordnungsvorschrift, deren Missachtung keine prozessualen Nachteile zur Folge hat.

39 **b) Anwaltszwang.** Der Beschwerdeführer muss durch einen beim BGH zugelassenen Rechtsanwalt vertreten sein (§ 78 Abs. 1 S. 4 ZPO). Dies entspricht dem alleinigen Zweck der Rechtsbeschwerde, Rechtsfragen von grundsätzlicher Bedeutung klären zu lassen oder zur Rechtsfortbildung oder Rechtsvereinheitlichung beizutragen (Uhlenbruck/*Pape* § 7 Rn. 13; *Kirchhof* ZInsO 2001, 1073). Unter den Anwaltszwang fallen alle verfahrensgestaltenden Handlungen, also nicht nur bestimmende, sondern auch vorbereitende Schriftsätze (BGH NJW 2004, 2529). Dies alles gilt auch für eine im Verfahren der Rechtsbeschwerde erhobene Anhörungsrüge nach § 321a ZPO (HK-InsO/*Kirchhof* § 7 Rn. 59). Legt die Staatskasse eine Rechtsbeschwerde ein (etwa auf Grund von § 4d Abs. 2 S. 1), so braucht sie sich nicht durch einen am BGH zugelassenen Rechtsanwalt vertreten zu lassen. Der Bezirksrevisor ist unmittelbar postulationsfähig, ohne dass es einer Vertretung durch einen beim Bundesgerichtshof zugelassenen Rechtsanwalt bedarf. Er ist weder Partei noch Beteiligter oder beteiligter Dritter, sondern hat eine ihm durch § 127 Abs. 2 ZPO zugewiesene besondere Rechtsstellung, die dem Anwaltszwang nach § 78 ZPO nicht unterfällt (HK-InsO/*Kirchhof* § 7 Rn. 29; BGH NJW 2009, 3658). Mit dem Gesetz zur Neuregelung des Rechtsberatungsrechtes vom 12.12.2007 (BGBl. I S. 2840) hat der Gesetzgeber das Behördenprivileg dahin eingeschränkt, dass die behördlichen Vertreter vor dem Bundesgerichtshof der Befähigung zum Richteramt bedürfen, und zwar ausnahmslos (§ 78 Abs. 2 ZPO). In der Begründung zum Gesetz zur Neuregelung des Rechtsberatungsrechtes vom 12.12.2007 (BGBl. I S. 2840) heißt es dazu, dass „in Übereinstimmung mit der Neuregelung in allen übrigen Verfahrensordnungen für die Vertretung vor dem Bundesgerichtshof eine besondere juristische Qualifikation des Behördenvertreters eingeführt" werde. Dies diene der Sicherstellung der für die Einlegung der Nichtzulassungsbeschwerde und die Durch-

führung des Rechtsbeschwerdeverfahrens erforderlichen „hohen Rechtskenntnisse“ (BT-Drs. 16/3655, 85). Danach kann sich die Staatskasse beim Bundesgerichtshof nur durch einen Mitarbeiter mit der Befähigung zum Richteramt vertreten lassen. Das gilt ausnahmslos, also auch für den für die Staatskasse tätigen Bezirksrevisor (BGH NJW-RR 2011, 76).

c) Begründung. Die Beschwerde bedarf einer Begründung, die gem. § 575 Abs. 2 S. 1 ZPO ebenfalls innerhalb eines Monats nach Zustellung der angefochtenen Entscheidung erfolgen muss. 40

Die **Begründungsfrist** beginnt ebenso wie die Einlegungsfrist mit der Zustellung der angefochtenen Entscheidung (§ 575 Abs. 2 S. 2 ZPO). Sie kann auf Antrag vom Senatsvorsitzenden verlängert werden, wenn der Gegner einwilligt. Ohne Einwilligung kann die Frist um bis zu zwei Monate verlängert werden, wenn nach freier Überzeugung des Vorsitzenden der Rechtsstreit durch die Verlängerung nicht verzögert wird oder wenn der Beschwerdeführer erhebliche Gründe darlegt. Ein erheblicher Grund liegt insbes. dann vor, wenn die Akten des Beschwerdegerichts noch nicht eingegangen sind und der beim BGH zugelassene Anwalt noch keine Akteneinsicht nehmen konnte. Bei Versäumung der Begründungsfrist kann gegebenenfalls Wiedereinsetzung in den vorigen Stand beantragt werden (§ 233). Beantragt eine unbemittelte Partei Wiedereinsetzung in den vorigen Stand gegen die Versäumung der Einlegungs- und Begründungsfrist für eine Rechtsbeschwerde, läuft die Frist für deren Begründung ab der Bekanntgabe der Gewährung von Prozesskostenhilfe und nicht erst ab Bekanntgabe der Bewilligung von Wiedereinsetzung gegen die Versäumung der Einlegungsfrist (BGHZ 176, 379). Die Frist des § 234 Abs. 2 kann nicht verlängert werden (§ 224 Abs. 2). 41

Wird die Rechtsbeschwerde nicht in der vorgeschriebenen Frist und Form begründet, wird sie als unzulässig verworfen **(§ 577 Abs. 1 ZPO).** Die Begründung muss nach § 575 Abs. 3 ZPO die Erklärung, inwieweit die Entscheidung des Beschwerdegerichts angefochten und deren Aufhebung beantragt wird (Rechtsbeschwerdeanträge) und die Angabe der Rechtsbeschwerdegründe, also die genaue Bezeichnung der einzelnen Umstände, aus denen sich entweder ein materiellrechtlicher Rechtsfehler (§ 575 Abs. 3 Nr. 3a ZPO) oder ein Verfahrensfehler (§ 575 Abs. 3 Nr. 3b ZPO) ergibt, enthalten. Hierbei müssen auch die konkreten Tatsachen benannt werden. Hat das Beschwerdegericht die sofortige Beschwerde gegen einen Eröffnungsbeschluss als unzulässig verworfen und hilfsweise deren Begründetheit verneint, ist die Rechtsbeschwerde nur zulässig, wenn hinsichtlich beider Begründungen die Zulässigkeitsvoraussetzungen des § 574 Abs. 2 ZPO dargelegt werden (BGH NZI 2006, 606). 42

4. Begründetheit. Die zulässige Rechtsbeschwerde ist begründet, wenn sich aus der Begründung der angefochtenen Entscheidung eine Rechtsverletzung ergibt und die Entscheidung auf dieser Rechtsverletzung beruht (§ 577 Abs. 3 ZPO). Dies wird in den Fällen des § 547 ZPO unwiderlegbar vermutet. Der ursächliche Zusammenhang besteht bei festgestellten Verfahrensverstößen regelmäßig dann, wenn sie so schwer wiegen, dass die Möglichkeit einer anderen Entscheidung bei ordnungsgemäßer Durchführung des Verfahrens nicht ausgeschlossen werden kann. Die örtliche Zuständigkeit unterliegt nicht der Prüfung des Rechtsbeschwerdegerichts (§ 576 Abs. 2 ZPO). 43

5. Wirkung der Beschwerdeeinlegung. Auch die Rechtsbeschwerde hat grds. keine aufschiebende Wirkung, es sei denn, es geht um die Festsetzung eines Ordnungs- oder Zwangsmittels. Nach § 575 Abs. 5, § 570 Abs. 1 und 3 ZPO kann auch das Rechtsbeschwerdegericht die Vollziehung der angefochtenen Entscheidung, auch der erstinstanzlichen, durch eine einstweilige Anordnung ausset- 44 zen (BGH ZInsO 2009, 432: Aussetzung der Vollziehung des Eröffnungsbeschlusses im Rechtsbeschwerdeverfahren). Ein Antrag ist nicht zwingend erforderlich. Voraussetzung einer Aussetzung der Vollziehung des erst- oder zweitinstanzlichen Beschlusses ist, dass durch dessen weitere Vollziehung dem Beschwerdeführer größere Nachteile drohen als den anderen Beteiligten im Falle der Aufschiebung und dass das Rechtsmittel Aussicht auf Erfolg hat (BGHZ 169, 17). Einstweilige Anordnungen nach § 575 Abs. 5, § 570 Abs. 3 ZPO haben nicht den Charakter einer einstweiligen Verfügung (BGH NZI 2006, 189). Die Anordnung muss sich daher auf die Rechtswirkungen einer bereits ergangenen Entscheidung beziehen. Das Rechtsbeschwerdegericht ist nicht befugt, erstmals vorläufigen Rechtsschutz bis zur Entscheidung über einen in den Vorinstanzen abgelehnten Antrag zu gewähren (BGH NZI 2006, 189).

45 **6. Anschlussrechtsbeschwerde (§ 574 Abs. 4 ZPO).** Nach § 574 Abs. 4 S. 1 ZPO kann sich der Rechtsbeschwerdegegner bis zum Ablauf einer Notfrist von einem Monat nach der Zustellung der Begründungsschrift der Rechtsbeschwerde durch Einreichen der Rechtsbeschwerdeanschlussschrift beim Rechtsbeschwerdegericht anschließen, auch wenn er auf die Rechtsbeschwerde verzichtet hat, die Rechtsbeschwerdefrist verstrichen oder die Rechtsbeschwerde nicht zugelassen worden ist. Die Anschlussrechtsbeschwerde setzt eine Beschwer durch die angefochtene Entscheidung voraus, weil erweiterte oder geänderte Anträge in der dritten Instanz nicht mehr zulässig sind (HK-InsO/*Kirchhof* § 7 Rn. 43; aA MüKoInsO/*Ganter/Lohmann* § 7 Rn. 73). Die Anschließung erfolgt durch Einreichen einer Rechtsbeschwerdeanschlussschrift beim Rechtsbeschwerdegericht. Sie ist binnen einer Notfrist von einem Monat seit Zustellung der Rechtsbeschwerdebegründungsfrist einzulegen. Sie muss den Anforderungen einer Rechtsbeschwerdeschrift (§ 575 Abs. 1 S. 2 und 3 ZPO) genügen. Nach § 574 Abs. 4 S. 2 ZPO hat der Anschließende die Anschlussrechtsbeschwerde bereits in der Anschlussschrift zu begründen, weil dem Rechtsbeschwerdegegner spätestens mit Zustellung der Rechtsbeschwerdebegründung die Angriffe des Rechtsbeschwerdeführers bekannt sind und ihm Überlegungen zur Anschließung ermöglichen. Nach § 574 Abs. 4 S. 3 ZPO verliert die Anschlussrechtsbeschwerde ihre Wirkung, wenn die Rechtsbeschwerde zurückgenommen oder als unzulässig verworfen wird. Es handelt sich mithin um eine unselbständige Anschlussrechtsbeschwerde (MüKoInsO/*Ganter/Lohmann* § 7 Rn. 73).

46 **7. Das Verfahren des Rechtsbeschwerdegerichts.** Es gibt kein Abhilfeverfahren, schon weil der Rechtsbeschwerdeführer seine Beschwerde unmittelbar beim Rechtsbeschwerdegericht einlegt. Das Rechtsbeschwerdegericht entscheidet zunächst von Amts wegen, ob die Rechtsbeschwerde statthaft und zulässig ist (§ 4 InsO iVm § 577 Abs. 1 ZPO). Hierzu gehört auch die (Vorab-)Prüfung, ob die sofortige Erstbeschwerde zulässig war; sollte dies nicht der Fall sein, fehlt es an einem gültigen und zulässigen Verfahren vor dem Rechtsbeschwerdegericht (BGH NZI 2007, 166). Bei der Prüfung der Begründetheit geht das Rechtsbeschwerdegericht grds. von dem vom Beschwerdegericht festgestellten Sachverhalt aus (§ 577 Abs. 2 S. 3 und 4 iVm § 559 ZPO). Es ist an die tatsächlichen Feststellungen der Vorinstanz gebunden (§ 577 Abs. 2 S. 4 iVm § 559 ZPO). Neuer tatsächlicher Vortrag ist damit grds. ausgeschlossen. Das in den Tatsacheninstanzen versäumte Vorbringen kann im Rechtsbeschwerdeverfahren nicht nachgeholt werden (BGHZ 156, 165). Die dortige Tatsachenfeststellung wird nur daraufhin überprüft, ob sie unter Verletzung des Gesetzes zustande gekommen ist. Zu berücksichtigen sind jedoch die zur Begründung von Verfahrensrügen und Verfahrensgegenrügen vorgebrachten Tatsachen (§ 577 Abs. 2 S. 4 iVm §§ 559 Abs. 1 S. 2, 551 Abs. 3 Nr. 2b ZPO). Beachtlich sind ferner prozessuale Vorgänge, die sich erst nach Abschluss des Beschwerdeverfahrens ereignet haben.

Der Prüfung unterliegen nur **die von den Parteien gestellten Anträge** (§ 577 Abs. 2 S. 1 ZPO). An die geltend gemachten Gründe ist das Gericht jedoch nicht gebunden (§ 577 Abs. 2 S. 2 ZPO). Von Amts wegen zu berücksichtigende Verfahrensmängel werden auch ohne Rüge geprüft, so etwa die fehlende Sachverhaltsdarstellung (vgl. § 547 Nr. 6 ZPO). 47

8. Entscheidung des Rechtsbeschwerdegerichts. Die nicht statthafte oder sonst **unzulässige Rechtsbeschwerde** wird verworfen (§ 577 Abs. 1 ZPO). War bereits die sofortige Beschwerde unzulässig, hat das Beschwerdegericht sie jedoch sachlich verbeschieden, ist diese Entscheidung auf eine zulässige Rechtsbeschwerde hin aufzuheben und die sofortige Beschwerde als unzulässig zu verwerfen. Ist allerdings auch die Rechtsbeschwerde unzulässig, muss sie ohne Rücksicht auf die Zulässigkeit der vorausgegangenen sofortigen Beschwerde verworfen werden (BGH NZI 2007, 166). 48

Als unbegründet **zurückzuweisen ist die Beschwerde,** wenn die Entscheidung des Beschwerdegerichts nicht auf einer Rechtsverletzung beruht (§ 577 Abs. 3 ZPO). Das gilt auch dann, wenn die Beschwerdeentscheidung nur in der Begründung, nicht aber iErg Fehler aufweist (§ 577 Abs. 3 ZPO). Der Rechtsbeschwerdeführer erleidet keinen Nachteil, wenn die angefochtene Entscheidung trotz der Rechtsverletzung iE richtig ist (BT-Drs. 14/4722, 118). 49

Hält das Rechtsbeschwerdegericht die **Beschwerde** für **begründet,** so hat es, wenn der Sachverhalt genügend aufgeklärt ist, in der Sache selbst zu entscheiden (§ 577 Abs. 5 ZPO); hingegen spricht es die Aufhebung und Zurückverweisung zur erneuten Entscheidung aus (§ 577 Abs. 4 ZPO), wenn weitere tatsächliche Ermittlungen notwendig sind. Dabei kommt auch eine Zurückverweisung an das Amtsgericht in Betracht, wenn schon dieses entsprechenden Fragen nachzugehen hatte (BGH NZI 2004, 444; 2004, 626). 50

Das Gericht, an das zurückverwiesen wird, ist an die rechtliche Beurteilung des Rechtsbeschwerdegerichts, die der Aufhebung unmittelbar zugrunde liegt gebunden (§ 577 Abs. 4 S. 4 ZPO). Die Bindungswirkung bezieht sich nicht auf Rechtsausführungen, welche die Entscheidung nicht tragen (BGHZ 159, 122). Die Bindungswirkung entfällt auch, wenn das Gericht, an das zurückverwiesen wird, neue Tatsachen feststellt und auf der Grundlage eines geänderten maßgeblichen Sachverhalts entscheidet (BGHZ 159, 122). Das Beschwerdegericht, an das zurückverwiesen wurde, darf seinerseits nicht an das Amtsgericht weiterzurückverweisen (MüKoInsO/*Ganter/Lohmann* § 7 Rn. 110; HK-InsO/*Kirchhof* § 7 Rn. 57). Auch im Rechtsbeschwerdeverfahren gilt das Verschlechterungsverbot. Eine Entscheidung darf nicht zum Nachteil des Beschwerdeführers abgeändert werden. Über die Kosten des Rechtsbeschwerdeverfahrens hat dasjenige Gericht zu entscheiden, an das die Sache zurückverwiesen worden ist. 51

Die Entscheidung über die Rechtsbeschwerde ergeht durch **Beschluss** (§ 577 Abs. 6 S. 1 ZPO), der grds. zu begründen ist. Die Begründungspflicht entfällt bei Rügen von Verfahrensmängeln gem. § 577 Abs. 6 S. 2 iVm § 564 ZPO. IÜ kann von einer Begründung abgesehen werden, wenn sie nicht geeignet wäre, zur Klärung von Rechtsfragen grundsätzlicher Bedeutung, zur Fortbildung des Rechts oder zur Sicherung einer einheitlichen Rspr. beizutragen (§ 577 Abs. 6 S. 3 ZPO). Diese Vorschrift ist mit Wirkung ab dem 1.9.2004 durch das 1. Justizmodernisierungsgesetz v. 24.8.2004 eingefügt worden (BGBl. I S. 2198) und dient der Entlastung des Rechtbeschwerdegerichts. 52

Eine **Zustellung** erfolgt nur, wenn die Entscheidung einen Vollstreckungstitel bildet (Uhlenbruck/*Pape* § 7 Rn. 25; FK-InsO/*Schmerbach* § 7 Rn. 63). Das Rechtsbeschwerdegericht hat auch über die Kosten des Rechtsbeschwerdeverfahrens zu entscheiden. Regelmäßig trägt der Rechtsbeschwerdeführer die Kosten der erfolglosen Rechtsbeschwerde (§ 97 Abs. 1). Die in dem Beschluss – außer in 53

Fällen der Zurückverweisung – zu treffende Kostengrundentscheidung richtet sich nach den allgemeinen Vorschriften. Regelmäßig trägt der Rechtsbeschwerdeführer die Kosten der erfolglosen Rechtsbeschwerde (§ 97 Abs. 1). Der Rechtsbeschwerdewert bestimmt sich grds. nach § 47 GKG, im Verfahren über einen Eröffnungsbeschluss nach § 58 GKG. Die Gebühren des Gerichts ergeben sich aus Nr. 2362–2364 GKG-KV, die des Anwalts aus § 18 Nr. 5 RVG. Für den Gegenstandswert gelten §§ 28, 23 Abs. 3 S. 2 RVG.

54 **9. Rechtskraft. a) Formelle Rechtskraft.** Die Entscheidungen in Insolvenzsachen werden nach allgemeinen Regeln formell rechtskräftig, wenn sie mit ordentlichen Rechtsmitteln nicht mehr angegriffen werden können. Im Falle der Rechtsbeschwerdeentscheidung des Bundesgerichtshofs tritt die formelle Rechtskraft mit dem Erlass der Entscheidung ein.

55 **b) Materielle Rechtskraft.** Die materielle Rechtskraft klärt die Frage, ob in derselben Rechtssache künftig ein erneuter Streit möglich ist (Kübler/Prütting § 7 Rn. 37). Die Insolvenzordnung kennt keine Regelung über die Fragen der materiellen Rechtskraft. Anerkannt ist heute, dass auch Beschlüsse insoweit der materiellen Rechtskraft fähig sind, als sie formell rechtskräftig sind und eine sachliche Entscheidung enthalten, der Rechtskraftfähigkeit zukommt. Voraussetzung hierfür ist, dass der Beschluss nach seinem Inhalt eine materiellrechtliche Beziehung zwischen den Verfahrensbeteiligten festlegt. So wird materielle Rechtskraft bejaht im Falle von Kostenfestsetzungsbeschlüssen und ähnlichen Entscheidungen. Zweifelhaft ist die Annahme einer materiellen Rechtskraft bei der Entscheidung über die Eröffnung des Insolvenzverfahrens. Anzuerkennen ist materielle Rechtskraft auch im Falle der Entscheidung über die Vergütung und Auslagen von Insolvenzverwaltern.

IV. Weitere Rechtsbehelfe

56 **1. Erinnerung. a) Entscheidungen des beauftragten oder ersuchten Richters. Gegen die Entscheidungen des beauftragten oder ersuchten Richters** kann binnen einer Notfrist von zwei Wochen die Entscheidung des mit der Sache selbst befassten Insolvenzgerichts beantragt werden (Erinnerung). Die Erinnerung ist schriftlich oder zu Protokoll der Geschäftsstelle einzulegen. Gegen die Entscheidung des Insolvenzgerichts über die Erinnerung ist die sofortige Beschwerde gegeben (§ 4 iVm § 573 Abs. 2 ZPO).

57 **b) Entscheidungen des Urkundsbeamten oder der Serviceeinheit.** Gegen eine Entscheidung des Urkundsbeamten der Geschäftsstelle ist gem. **§ 573 Abs. 1 ZPO** ebenso wie gegen Entscheidungen des beauftragten oder ersuchten Richters die befristete Erinnerung gegeben. Weigert sich zB der hierfür zuständige (§ 724 Abs. 2 ZPO) Urkundsbeamte der Geschäftsstelle, eine vollstreckbare Tabellausfertigung gem. § 201 Abs. 2 S. 1 zu erteilen oder verweigert er die Akteneinsicht kann der Betroffene hiergegen mit der befristeten Erinnerung die Entscheidung des Amtsgerichts anrufen.

58 **c) Vollstreckungserinnerung.** Wird das Vollstreckungsverbot des § 89 im Einzelfall nicht beachtet, so ist die Erinnerung gem. § 766 Abs. 1 S. 1 ZPO statthaft (BGH NZI 2004, 278), die an keine Frist gebunden ist. Das Insolvenzgericht entscheidet hier „als Vollstreckungsgericht" (dazu → § 89 Rn. 51 ff.). Deshalb richtet sich der Rechtsmittelzug nach den allgemeinen vollstreckungsrechtlichen Vorschriften. Funktionell zuständig ist nicht der Rechtspfleger, sondern der Richter (§ 20 Nr. 17 RPflG). Vor dessen Entscheidung hat das Vollstreckungsorgan die Abhilfemöglichkeit zu prüfen. Gibt der Richter der Erinnerung nicht statt, so ist dagegen die sofortige Beschwerde (§ 793 Abs. 1 ZPO) gegeben.

2. Einfache Beschwerde. Die einfache Beschwerde findet gegen den Kostenansatz nach § 66 Abs. 2 GKG und die Festsetzung des Gegenstandswerts (§ 68 GKG) statt. Die **unbefristete Kostenbeschwerde** findet statt, wenn eine vorgeschaltete, ebenfalls an keine Frist gebundene Erinnerung fruchtlos geblieben ist. Werden Erinnerung und Beschwerde für begründet erachtet, hat das Erstgericht abzuhelfen. Die **Streitwertbeschwerde** ist befristet (§ 68 Abs. 1 S. 3 iVm § 63 Abs. 3 S. 2 GKG). Das Insolvenzgericht kann der Beschwerde abhelfen (§ 68 Abs. 1 S. 5 iVm § 66 Abs. 3 S. 1 GKG). Gegen die Entscheidung des Beschwerdegerichts ist die weitere Beschwerde zulässig (§ 68 Abs. 1 S. 6 GKG). Hierfür ist das OLG zuständig (§ 68 Abs. 1 S. 5 iVm § 66 Abs. 4 S. 3 GKG). 59

3. Sofortige Beschwerde außerhalb des § 6. § 6 findet auf **Prozesskostenhilfeentscheidungen,** die in Insolvenzverfahren ergehen, keine Anwendung. 60

Im Prozesskostenhilfeverfahren ist gem. § 127 Abs. 2, 3 ZPO eine sofortige Beschwerde und zusätzlich die Rechtsbeschwerde möglich (BGH NJW 2000, 1869; OLG Hamburg NZI 2000, 173; HK-InsO/*Kirchhof* § 6 Rn. 11). (BGH NJW 2000, 1869; OLG Hamburg NZI 2000, 173; HK-InsO/*Kirchhof* Rn. 11). Der Beschwerdewert muss 600 EUR übersteigen (§ 127 Abs. 2 S. 2 iVm § 511 Abs. 2 Nr. 1 ZPO). Die sofortige Beschwerde ist ferner statthaft gegen Entscheidungen darüber, **ob ein Gegenstand der Pfändung unterliegt** und somit vom Insolvenzbeschlag erfasst wird (§ 36 Abs. 4), gegen Kostengrundentscheidungen (§ 4 iVm § 91a Abs. 2 S. 1, § 269 Abs. 3 S. 5 ZPO), gegen die **Zurückweisung eines Ablehnungsgesuchs** (§ 4 iVm § 46 Abs. 2, § 49 ZPO, § 10 RPflG), gegen die Ablehnung der von einem Verfahrensbeteiligten beantragten **Akteneinsicht** oder der Verweigerung der Erteilung von Abschriften durch den Insolvenzrichter. Sitzungspolizeiliche Maßnahmen sind nach den allgemeinen Vorschriften anfechtbar. Gegen die Festsetzung von Ordnungsmitteln wegen Ungebühr (§ 4 iVm §§ 178, 180 GVG) kann binnen einer Frist von einer Woche nach ihrer Bekanntmachung Beschwerde zum Oberlandesgericht eingelegt werden (§ 4 iVm § 181 GVG). Es handelt sich der Sache nach ebenfalls um eine sofortige Beschwerde, auf die jedoch die §§ 567 ff. ZPO nicht anwendbar sind. Gegen die **Streitwertfestsetzung** findet die Streitwertbeschwerde gem. § 68 Abs. 1 GKG statt (HK-InsO/*Kirchhof* § 6 Rn. 11). Die sofortige Beschwerde gegen richterliche Entscheidungen ist zB gegeben bei der Verhängung von Ordnungsmitteln nach §§ 380, 402 ZPO oder bei der Festsetzung der Vergütung von Zeugen und Sachverständigen gem. § 4 Abs. 3 JVEG. Allerdings sind die Wertgrenzen zu beachten (vgl. § 567 Abs. 2 ZPO, § 4 Abs. 3 JVEG). Gegen Entscheidungen über Kosten ist die Beschwerde nur zulässig, wenn der Wert des Beschwerdegegenstands 200 EUR übersteigt. Gegen die Festsetzung der Vergütung, der Entschädigung oder des Vorschusses von Zeugen und Sachverständigen können der Berechtigte und die Staatskasse Beschwerde einlegen, wenn der Wert des Beschwerdegegenstands 200 EUR übersteigt oder wenn sie das Gericht, das die angefochtene Entscheidung erlassen hat, wegen der grundsätzlichen Bedeutung der zur Entscheidung stehenden Frage in dem Beschluss zulässt.

4. Gegenvorstellung und außerordentliche Beschwerde. a) Außerordentliche Beschwerde wegen „greifbarer Gesetzwidrigkeit". Nach der Neuregelung des Beschwerderechts durch das Zivilprozessreformgesetz v. 27.7.2001 (BGBl. I S. 1887 [1902 ff.]) ist die bis dahin in der Rspr. anerkannte außerordentliche Beschwerde auch dann nicht mehr statthaft, wenn die Entscheidung ein Verfahrensgrundrecht des Beschwerdeführers verletzt oder aus sonstigen Gründen „greifbar gesetzwidrig" ist (BGH NZI 2002, 398). In einem solchen Fall ist die angefochtene Entscheidung durch das Gericht, das sie erlassen hat, auf (fristgebundene) Gegenvorstellung zu korrigieren. Wird ein Verfassungsverstoß 61 nicht beseitigt, kommt allein eine Verfassungsbeschwerde zum BVerfG in Betracht.

62 **b) Gegenvorstellung.** Eine Entscheidung, die nicht oder nicht mehr anfechtbar ist, kann sofern sie nicht in materieller Rechtskraft erwachsen ist. im Rahmen einen Gegenvorstellung abgeändert werden. Dies kommt allerdings nur in Betracht, wenn die Entscheidung nicht in materieller Rechtskraft erwachsen ist. Die Gegenvorstellung ist ein gesetzlich nicht geregelte Rechtsbehelf durch den das Gericht, das entschieden hat, veranlasst werden soll seine Entscheidung aus übersehenen oder neuen, tatsächlichen oder rechtlichen Gründen zu ändern.

63 **c) Gehörsrüge.** Die durch das ZPO-RG eingeführte fristgebundene Gehörsrüge nach § 321a ZPO ist eine Art Gegenvorstellung, Sie ist auf unanfechtbare Beschlüsse entsprechend anwendbar. Da das Gebot des rechtlichen Gehörs das Gericht nicht verpflichtet, alle Einzelpunkte des Parteivortrags in den Gründen der Entscheidung auch ausdrücklich zu verbescheiden, kann die Gehörsrüge nicht dazu eingelegt werden, eine Ergänzung der Begründung des beanstandeten Beschlusses herbeizuführen. Eine Gehörsrüge gegen anfechtbare Beschlüsse ist unzulässig (§ 321a Abs. 1 S. 1 Nr. 1 ZPO).

Weitere Beschwerde[1]

7 **[aufgehoben]**

Zustellungen[1]

8 (1) [1] **Die Zustellungen erfolgen von Amts wegen, ohne dass es einer Beglaubigung des zuzustellenden Schriftstücks bedarf.** [2] **Sie können dadurch bewirkt werden, dass das Schriftstück unter der Anschrift des Zustellungsadressaten zur Post gegeben wird; § 184 Abs. 2 Satz 1, 2 und 4 der Zivilprozessordnung gilt entsprechend.** [3] **Soll die Zustellung im Inland bewirkt werden, gilt das Schriftstück drei Tage nach Aufgabe zur Post als zugestellt.**

(2) [1] **An Personen, deren Aufenthalt unbekannt ist, wird nicht zugestellt.** [2] **Haben sie einen zur Entgegennahme von Zustellungen berechtigten Vertreter, so wird dem Vertreter zugestellt.**

(3) [1] **Das Insolvenzgericht kann den Insolvenzverwalter beauftragen, die Zustellungen nach Absatz 1 durchzuführen.** [2] **Zur Durchführung der Zustellung und zur Erfassung in den Akten kann er sich Dritter, insbesondere auch eigenen Personals, bedienen.** [3] **Der Insolvenzverwalter hat die von ihm nach § 184 Abs. 2 Satz 4 der Zivilprozessordnung angefertigten Vermerke unverzüglich zu den Gerichtsakten zu reichen.**

Schrifttum (Auswahl): *Graeber,* Auswirkungen der Übertragungen der Zustellungen auf den Insolvenzverwalter nach § 8 Abs. 3 InsO auf die Vergütung und den Auslagenersatz des Insolvenzverwalters, ZInsO 2007, 82; *ders.,* Zur Übertragung der Zustellungen nach § 8 Abs. 3 InsO und ihre Berücksichtigung bei der Vergütungsfestsetzung, ZInsO 2005, 752; *Keller,* Auswirkungen des Zustellungsreformgesetzes auf das Insolvenzverfahren, NZI 2002, 581; *Keller,* Der Auslagenersatz des Insolvenzverwalters bei der Beauftragung zu Zustellungen nach § 8 III InsO, DZWIR 2007, 353; *Sabel,* Zustellungsfragen in der InsO, ZIP 1999, 305.

---

[1] § 7 aufgeh. mWv 27.10.2011 durch G v. 21.10.2011 (BGBl. I S. 2082).

[1] § 8 Abs. 1 geänd. mWv 1.4.2005 durch G v. 22.3.2005 (BGBl. I S. 837); Abs. 1 und 3 neu gef. mWv 1.7.2007 durch G v. 13.4.2007 (BGBl. I S. 509).

der Zustellungen auf den Insolvenzverwalter soll gleichzeitig zu einer Entlastung der Serviceeinheit des Insolvenzgerichts führen (vgl. Begr. des Rechtsausschusses, BT-Drs. 12/7302, 155).

II. Zuzustellende Schriftstücke

4 **1. Notwendigkeit der Zustellung.** § 8 regelt nur die Art und Weise der Zustellung. Die Vorschrift enthält keine allgemeine Bestimmung, welche Schriftstücke zugestellt werden müssen. Dies ergibt sich vielmehr aus den besonderen Anordnungen in der Insolvenzordnung Zustellungsbedürftig sind die Anordnung und die Aufhebung vorläufiger Sicherungsmaßnahmen (§ 23 Abs. 1 S. 2; § 25 Abs. 1 S. 1), die Eröffnung des Insolvenzverfahrens (§ 30 Abs. 2), die Anordnung eines besonderen Prüfungstermins (§ 177 Abs. 3), die Anzeige der Masseunzulänglichkeit durch den Insolvenzverwalter (§ 208 Abs. 2 S. 2), Verfügungen und Entscheidungen im Insolvenzplanverfahren (§§ 235 Abs. 3, 252 Abs. 2) sowie Verfügungen und Entscheidungen im Restschuldbefreiungsverfahren. Zuzustellen sind ferner **Entscheidungen** des Insolvenzgerichtsnach § 4 InsO iVm § 329 Abs. 3 ZPO, **die mit der sofortigen Beschwerde angefochten werden können.** Bei diesen setzt erst die Zustellung die Beschwerdefrist in Lauf (anders bei verkündeten Entscheidungen, § 6 Abs. 2) oder Schriftstücke, die eine Terminsbestimmung enthalten. Die Zustellung an die von der Entscheidung unmittelbar Betroffenen erfolgt auch dann, wenn die Entscheidung in mündlicher Verhandlung (Gläubigerversammlung) verkündet worden ist.

5 **2. Zustellungsadressat.** Die Zustellung hat an diejenige Person zu erfolgen, die in der Vorschrift aufgeführt ist sowie an jeden, der durch die Entscheidung beschwert ist (Ahrens/Gehrlein/Ringstmeier/*Ahrens* Rn. 13). Jeder Verfahrensbeteiligte hat dafür Sorge zu tragen, dass ihn gerichtliche Post an die von ihm angegebene Adresse auch jederzeit erreichen kann. Der Verfahrensbeteiligte muss auch damit rechnen, dass das Gericht ein anderes Postzustellungsunternehmen als die Deutsche Post AG beauftragt, weil das Gericht insoweit freie Wahl bei der Auswahl eines Postdienstleisters für die Versendung von gerichtlicher Post hat. Der Empfänger kann sich daher nicht auf die Kenntnis des Postzustellers von einem bei einem bestimmten Postdienstleister eingerichteten Postfach verlassen (BGH NZI 2010, 276). Bei juristischen Personen ist an das Vertretungsorgan und bei Gesellschaften ohne Rechtspersönlichkeit an jeden persönlich haftenden Gesellschafter zuzustellen (FK-InsO/*Schmerbach* § 8 Rn. 24).

III. Zustellungsverfahren

6 **1. Zustellung von Amts wegen (Absatz 1 Satz 1).** Im Insolvenzverfahren erfolgen die Zustellung ausschließlich im **Amtsbetrieb** (Absatz 1 Satz 1). Damit sind über § 4 die §§ 166–190 ZPO entsprechend anzuwenden.

7 **2. Art der Zustellung. a) Grundsatz.** Obwohl Absatz 1 Satz 2 ausdrücklich nur die Zustellung durch Aufgabe zur Post als Zustellungsart erwähnt, stehen dem Gericht mehrere **Möglichkeiten der Zustellung** zur Verfügung (BGH ZInsO 2008, 320). Möglich sind neben der Zustellung durch Aufgabe zur Post (§§ 183, 184 ZPO),
- die Zustellung durch Aushändigung des Schriftstücks an der Amtsstelle des Gerichts (§ 173 ZPO),
- die Zustellung gegen Empfangsbekenntnis an den Anwalt, Notar, Gerichtsvollzieher oder eine Behörde (§ 174 ZPO),
- die Zustellung durch Einschreiben mit Rückschein (§ 175 ZPO),
- die Zustellung durch die Post mittels Zustellungsurkunde (§§ 176–182 ZPO).

Übersicht

I. Normzweck und Anwendungsbereich

1 **1. Normzweck.** § 8 regelt die Art und Weise der Zustellung im Insolvenzverfahren. Die in Absatz 3 geregelte Aufgabenverlagerung auf den Insolvenzverwalter soll das Insolvenzgericht entlasten. Die Zustellung soll damit nicht nur schneller und effizienter, sie soll va auch billiger werden (BT-Drs. 14/4554, 15), wobei die Ersparnis weniger bei der Staatskasse als bei den Parteien des Verfahrens liegt, denen die Kosten der Zustellung als Auslagen nach KV GKG 9002 in Rechnung gestellt werden (*Keller* NZI 2002, 581 [582]). Im **Verhältnis zur öffentlichen Bekanntmachung** (§ 9) bewirkt die Einzelzustellung gem. § 8, dass die Beschwerdefirst bereits mit dem Zugang der Einzelzustellung zu laufen beginnt, wenn diese nachweisbar vor dem Eintritt der Wirkungen der öffentlichen Bekanntmachung erfolgt ist. Ist die Einzelzustellung nach dem Eintritt der Bekanntmachungswirkung des § 9 Abs. 3 erfolgt, bleibt die öffentliche Bekanntmachung für den Eintritt der Beschwerdefrist maßgeblich (vgl. → § 9 Rn. 6 f.).

2 **2. Geltende Fassung.** Mit dem Gesetz zur Vereinfachung des Insolvenzverfahrens vom 13.4.2007 sind die Absätze 1 und 3 des § 8 neu gefasst worden. In Absatz 1 wurde klargestellt, dass im Insolvenzverfahren die Zustellungen durch Aufgabe zur Post bewirkt werden können und bei einer Zustellung im Inland das Schriftstück 3 Tage nach Aufgabe zur Post als zugestellt gilt. Absatz 3 stellt klar, dass der Insolvenzverwalter, auf den die Zustellungen regelmäßig übertragen werden, alle in § 8 Abs. 1 genannten Möglichkeiten der Zustellung wählen kann, somit auch die Zustellung durch Aufgabe zur Post.

3 **3. Geltungsbereich.** § 8 ist auf alle Insolvenzverfahren anzuwenden, dh auch auf solche, die vor In-Kraft-Treten des Gesetzes zur Vereinfachung des Insolvenzverfahrens eröffnet worden sind (Art. 103c Abs. 1 EGInsO). Durch die Neuregelung in § 8 wird das Verfahren vereinfacht und beschleunigt. Die Übertragung

rigkeit" der erlassenen Entscheidung kein außerordentliches Rechtsmittel an die übergeordnete Instanz eröffnet (BGHZ 150, 133). Dem Betroffenen bleibt die Möglichkeit der fristgebundenen Rüge einer entscheidungserheblichen Verletzung des rechtlichen Gehörs entsprechend § 321a ZPO (OLG Celle ZInsO 2003, 82; Jaeger/*Gerhardt* § 6 Rn. 27).

War wegen **Eilbedürftigkeit** bzw. einer **Gefährdung des Verfahrenszwecks** 16
von einer Anhörung abgesehen worden, kann diese noch im Beschwerdeverfahren nachgeholt werden (BVerfGE 18, 399). Auch iÜ kann die versäumte Anhörung des Schuldners im Beschwerdeverfahren noch nachgeholt werden (BGH NZI 2011, 282; ZVI 2004, 24; HK-InsO/*Kirchhof* § 6 Rn. 33; FK-InsO/*Schmerbach* Rn. 20; aA Uhlenbruck/*Pape* Rn. 10).

Zweiter Teil. Eröffnung des Insolvenzverfahrens. Erfasstes Vermögen und Verfahrensbeteiligte

Erster Abschnitt. Eröffnungsvoraussetzungen und Eröffnungsverfahren

Zulässigkeit des Insolvenzverfahrens[1]

11 (1) [1] **Ein Insolvenzverfahren kann über das Vermögen jeder natürlichen und jeder juristischen Person eröffnet werden.** [2] **Der nicht rechtsfähige Verein steht insoweit einer juristischen Person gleich.**

(2) **Ein Insolvenzverfahren kann ferner eröffnet werden:**

1. **über das Vermögen einer Gesellschaft ohne Rechtspersönlichkeit (offene Handelsgesellschaft, Kommanditgesellschaft, Partnerschaftsgesellschaft, Gesellschaft des Bürgerlichen Rechts, Partenreederei, Europäische wirtschaftliche Interessenvereinigung);**
2. **nach Maßgabe der §§ 315 bis 334 über einen Nachlaß, über das Gesamtgut einer fortgesetzten Gütergemeinschaft oder über das Gesamtgut einer Gütergemeinschaft, das von den Ehegatten gemeinschaftlich verwaltet wird.**

(3) **Nach Auflösung einer juristischen Person oder einer Gesellschaft ohne Rechtspersönlichkeit ist die Eröffnung des Insolvenzverfahrens zulässig, solange die Verteilung des Vermögens nicht vollzogen ist.**

Schrifttum: *Bach/Knof,* Insolvenzfähigkeit der Stiftung, ZInsO 2005, 729; *Bork,* Die Insolvenz der Wohnungseigentümergemeinschaft, ZInsO 2005, 1067; *Gundlach,* Die Insolvenzfähigkeit des Schuldners, InsR-HdB § 5; *Gutzeit,* Die Vereinsinsolvenz unter besonderer Berücksichtigung des Sportvereins, Diss. 2003; *Messink,* Die unternehmenstragende Erbengemeinschaft in der Insolvenz, 2007; *Mock/Schildt,* Insolvenz ausländischer Kapitalgesellschaften mit Sitz in Deutschland, NZI 2005, 432; *H.-Fr. Müller,* Der Verband in der Insolvenz, 2002; *ders.*, Insolvenz ausländischer Kapitalgesellschaften mit Sitz in Deutschland, ZInsO 2003, 396; *Karsten Schmidt,* Wege zum Insolvenzrecht der Unternehmen, 1990; *Siebert,* Die Kommanditgesellschaft auf Aktien in der Insolvenz, Diss. 2003.

Übersicht

[1] § 11 Abs. 2 Nr. 1 geänd. durch G v. 22.7.1998 (BGBl. I S. 1878).

der Prozessführung faktisch unfähige Schuldner handeln deren gesetzliche Vertreter (vgl. → Rn. 7).

3. Insolvenzverfahren über Sondervermögen (Absatz 2 Nr. 2). Charakteristisch für Insolvenzverfahren über Sondervermögen ist die Definition des Insolvenzverfahrens nicht durch das (pfändbare) Gesamtvermögen des Schuldners (§ 35), sondern durch eine **separat abzuwickelnde Vermögensmasse** (vgl. → Rn. 2; hierauf beruht die, allerdings wenig sachgerechte, Redeweise von insolvenzrechtsfähigen Objekten bei Jaeger/*Ehricke* Rn. 4). Absatz 2 Nr. 2 nennt hierfür nur die in der InsO besonders geregelten, jedoch ergänzungsbedürftigen Beispiele (→ Rn. 25 ff.). 5

II. Insolvenzrechtsfähigkeit im Einzelnen

1. Natürliche Personen (Absatz 1). a) Grundsatz. Jede natürliche Person ist insolvenzrechtsfähig (Absatz 1 Satz 1). Die Insolvenzrechtsfähigkeit geht mit der allgemeinen Rechtsfähigkeit nach § 1 BGB einher. Auf die Geschäftsfähigkeit kommt es nicht an (→ Rn. 4), ebenso wenig auf die Staatsangehörigkeit, auf den Wohnsitz oder auf die Belegenheit des Schuldnervermögens. Die ganz andere Frage, ob ein Insolvenzverfahren nach der InsO trotz ausländischer (oder ganz fehlender) Staatsangehörigkeit, trotz ausländischen Wohnsitzes oder trotz Auslandsbelegenheit des Vermögens eröffnet werden kann, ist eine solche des internationalen Insolvenzrechts und wird bei §§ 335–358 bzw. in der Kommentierung der EuInsVO behandelt. Dasselbe gilt für die Zulässigkeit von Sicherungsmaßnahmen nach §§ 344, 348. Das Insolvenzverfahren ist auch, wie schon nach der Konkursordnung (vgl. *Hahn* Materialien S. 41), nicht auf Kaufleute oder Unternehmer beschränkt. Die Sonderbehandlung von Verbraucherinsolvenzen (§§ 304 ff.) basiert nur auf spezifischen Schutzinteressen und ist keine Frage einer besonderen (Verbraucher-)Insolvenzrechtsfähigkeit (MüKoInsO/*Ott/Vuia* Rn. 11). Die Insolvenzrechtsfähigkeit der natürlichen Person ist ungeteilt. 6

b) Insolvenzrechtsfähigkeit und Geschäftsfähigkeit. Die **Ausübung der Schuldnerrechte im Fall fehlender oder beschränkter Geschäftsfähigkeit** richtet sich nach §§ 1626, 1629 Abs. 1 S. 1, 1793 Abs. 1 S. 1 BGB. Der gesetzliche Vertreter bedarf – auch im Insolvenzplanverfahren – für insolvenzrechtliche Anträge und Erklärungen nicht der familien- bzw. vormundschaftsgerichtlichen Genehmigung nach § 1822 Nr. 12 BGB (MüKoBGB/*Wagenitz,* 6. Aufl. 2012, § 1821 Rn. 14, § 1822 Rn. 69; Palandt/*Götz* § 1822 Rn. 23). Im Fall der Betreuung nach § 1896 BGB handelt als Vertreter des Betreuten der Betreuer, soweit die Betreuung die Vermögenssorge umfasst (vgl. § 1902 BGB; HambK-InsO/*Linker* Rn. 5; MüKoBGB/*Schwab,* 6. Aufl. 2012, § 1896 Rn. 113). Der Schuldner steht insofern einer prozessunfähigen Person gleich (§ 53 ZPO iVm § 4). 7

c) Tod des Schuldners. Die **Insolvenzrechtsfähigkeit endet durch den Tod des Schuldners.** Über den Nachlass als Sondervermögen kann nach §§ 315 ff. das Nachlassinsolvenzverfahren als Sonderinsolvenzverfahren eröffnet werden (dazu → Rn. 25 sowie die Erläuterungen zu §§ 315 ff.). Stirbt der Schuldner während des Insolvenzverfahrens, so kann dieses als Nachlassinsolvenzverfahren fortgesetzt werden (dazu → Vor § 315 Rn. 25). 8

2. Juristische Personen (Absatz 1). a) Grundsatz. Absatz 1 Satz 1 erfasst **jede juristische Person** (vgl. im Gegensatz hierzu → § 15a Rn. 8). Erfasst werden damit zunächst **juristische Personen** sowohl **des Privatrechts** als auch des öffentlichen Rechts (richtig MüKoInsO/*Ott/Vuia* § 12 Rn. 8; Jaeger/*Ehricke* Rn. 16, jedoch im Kontrast zu → § 12 Rn. 8). Für **juristische Personen des** 9

öffentlichen Rechts gilt allerdings die **Sonderregel des § 12,** die die Eröffnung eines Insolvenzverfahrens im Regelfall ausschließt (vgl. Erl. zu § 12). Soweit § 12 nicht entgegensteht und auch sonst kein Verfahrenshindernis besteht, ist die Eröffnung des Insolvenzverfahrens auch bezüglich juristischer Personen des öffentlichen Rechts zulässig (vgl. namentlich für Kammern und Krankenkassen HK-InsO/*Kirchhof* § 12 Rn. 5; Jaeger/*Ehricke* § 12 Rn. 41 ff.; *Rieger* GewArch 2011, 279).

10 **b) Begriffsbildung.** Der für § 11 im Ergebnis irrelevante Streit um den **Begriff der juristischen Person** ist hier nur zu erwähnen, nicht auszutragen (Angaben bei *Karsten Schmidt* GesR § 8 II). Umstr. ist va, ob alle Rechtsträger, die nicht natürliche Personen sind, als juristische Personen anerkannt werden sollen (in diesem Sinne zB *Raiser* AcP 194 (1994), 495 [504]). Nach dieser Definition sind insbes. auch die in Absatz 2 Nr. 1 genannten Personen-Außengesellschaften (sog Gesamthandsgesellschaften) juristische Personen (so namentlich *Raiser* AcP 194 (1994), 495 [503 ff.]; *ders.* AcP 199 (1999), 104 ff.). Die InsO macht sich diese Sichtweise nicht zu eigen (gegen die Behandlung als juristische Personen auch MüKoBGB/*Ulmer/Schäfer,* 6. Aufl. 2012, § 705 Rn. 307 ff.). Sie behandelt die Personen-Außengesellschaft als „Gesellschaft ohne Rechtspersönlichkeit" (Absatz 2 Nr. 1, vgl. dazu → Rn. 19). **IErg** ist dieser rechtsdogmatische Streit, da diese Gesellschaften den juristischen Personen in puncto Insolvenzrechtsfähigkeit gleichstehen, **folgenlos.**

11 **c) Katalog.** Als **juristische Personen des deutschen Privatrechts** fallen unter Absatz 1 Satz 1: **rechtsfähige Vereine** (§§ 21 ff. BGB), **rechtsfähige Stiftungen** (§§ 80 ff. BGB), **Aktiengesellschaften** (§ 1 Abs. 1 S. 1 AktG), **Europäische Aktiengesellschaften** (Art. 1 Abs. 3 SE-VO), **Kommanditgesellschaften auf Aktien** (§§ 278 ff. AktG), **Gesellschaften mit beschränkter Haftung** (§§ 1, 13 GmbHG) unter Einschluss der **„Unternehmergesellschaft haftungsbeschränkt"** (§ 5a GmbHG), **eingetragene Genossenschaften** (§ 17 Abs. 1 GenG), **Versicherungsvereine auf Gegenseitigkeit** (§ 15 VAG). Auf eine genaue Analyse der Rechtsnatur dieser Rechtsträger (zB war das Verständnis der KGaA als juristische Person keineswegs immer unstreitig) kommt es nicht an. Auch die **SUP** (Societas unius personae) ist insolvenzrechtsfähig. **Der „nichtrechtsfähige" Verein** (§ 54 BGB) ist den juristischen Personen ausdrücklich gleichgestellt (Absatz 1 Satz 2). Das entspricht der Natur der Sache. Der „nichtrechtsfähige" Verein ist entgegen dem gesetzgeberischen Plan nach heutigem Sachstand rechtsfähig (BGH NJW 2008, 69 = ZIP 2007, 1942; MüKoBGB/*Arnold,* 7. Aufl. 2015, § 54 Rn. 15 ff.; MüKoInsO/*Ott/Vuia* Rn. 20; *Karsten Schmidt* NJW 2001, 993 [1003]; *Terner* NJW 2008, 16 [17]).

12 **d) Vorverbände (sog Vorgesellschaften).** Errichtete, aber noch nicht durch Eintragung oder Konzession zu vollendeten juristischen Personen gediehene Vereine oder Gesellschaften sind rechtsfähig (BGHZ 80, 129 [132] = NJW 1981, 1373 [1374]; BGHZ 117, 323 [326] = NJW 1992, 1824; stRspr) und nach § 11 auch insolvenzrechtsfähig (BGH NJW-RR 2004, 258). Ob sie rechtsdogmatisch als Gesamthandsgesellschaften, in der Sprache der InsO also „Gesellschaften ohne Rechtspersönlichkeit", zu betrachten sind (so zB GK-GmbHG/*Ulmer/Habersack* § 11 Rn. 6) oder als werdende juristische Personen bereits unter dem ihr zugedachten Status als Verein, Kapitalgesellschaft oder Personengesellschaft leben (so zB *Karsten Schmidt* GesR § 11 IV 2b, § 34 III 3a; Scholz/*Karsten Schmidt,* GmbHG, 11. Aufl. 2012, § 11 Rn. 27), ist iErg ohne Belang. Ein Scheitern der Eintragung (Fall der sog unechten Vorgesellschaft) kann zwar den Vorverband in die Rechsform der oHG oder GbR überführen (Scholz/*Karsten Schmidt,* 11. Aufl. 2012, § 11 Rn. 159 ff.), aber auch das ändert nichts an seiner Insolvenzrechts-

fähigkeit (vgl. nämlich → Rn. 15). **Nicht** insolvenzrechtsfähig ist dagegen die sog **Vorgründungsgesellschaft** vor der Errichtung der juristischen Person (MüKoInsO/*Ott/Vuia* Rn. 15; Braun/*Bußhardt* Rn. 11; HambK-InsO/*Linker* Rn. 14). Die Vorgründungsgesellschaft ist als formbedürftiger Vorvertrag eine rein schuldrechtliche Innengesellschaft (eing. Scholz/*Karsten Schmidt,* GmbHG, 11. Aufl. 2012, § 11 Rn. 9 ff.). Wird schon das Gesellschaftsunternehmen betrieben, so entsteht – nach richtiger Auffassung neben der Vorgründungsgesellschaft (str.) – kraft Rechtsformzwangs eine oHG oder BGB-Außengesellschaft (BGH NJW 1983, 2822; BAG ZIP 2007, 1044 [1045]). Diese – nicht die Vorgründungsgesellschaft als solche – ist dann rechts- und insolvenzrechtsfähig (→ Rn. 15).

e) Verbände in Liquidation. Über **aufgelöste Verbände** vgl. Absatz 3 und dazu → Rn. 19. Erst die Vollbeendigung lässt die Rechtsfähigkeit und damit auch die Insolvenzrechtsfähigkeit erlöschen. **13**

f) Ausländische juristische Personen. Sie sind, soweit in Deutschland als Rechtsträger anerkannt (dazu ausf. Nerlich/Römermann/*Mönning* Rn. 44 ff.; MüKoInsO/*Ott/Vuia* Rn. 17a), gleichfalls erfasst. Für den Geltungsbereich der EuInsVO ergibt sich dies aus deren Art. 4 Abs. 2 (dazu → EuInsVO Art. 4 Rn. 20). **14**

3. „Gesellschaften ohne Rechtspersönlichkeit". a) Begriffsbildung. Als Gesellschaften ohne Rechtspersönlichkeit bezeichnet die InsO: die **offene Handelsgesellschaft** (§ 105 HGB), die **Kommanditgesellschaft** (§ 161 HGB), die **Partnerschaftsgesellschaft** (§ 1 PartGG), die **Gesellschaft bürgerlichen Rechts** (§ 705 ff. BGB), die Europäische **wirtschaftliche Interessenvereinigung** (EWIVVO und EWIVAG) und, soweit noch vorhanden, die Partenreederei (§ 489 HGB aF). Die Rechtsträgerschaft ergibt sich nach heutigem Verständnis für die oHG aus § 124 HGB, für die KG aus §§ 124, 161 Abs. 2 HGB, für die Partnerschaftsgesellschaft aus § 7 Abs. 2 PartGG iVm § 124 HGB und für die EWIV aus § 1 EWIVAG iVm § 124 HGB. Im Gesellschaftsrecht nicht geregelt ist und vormals in der Rspr. bestritten wurde die Rechtsfähigkeit der Außen-GbR (gegen Rechtsfähigkeit noch BGH NJW-RR 1990, 867) und der Partenreederei alten Seehandelsrechts (zur Parteifähigkeit undeutlich RGZ 71, 26 [27]; 82, 131 [132]). Gleichwohl sind beide nach Absatz 2 Nr. 1 insolvenzrechtsfähig. Dies stimmt mit der heutigen Einschätzung der Rechtsfähigkeit und der Parteifähigkeit überein (zur GbR vgl. BGHZ 146, 341 = NJW 2001, 1056; jetzt stRspr; zur Partenreederei vgl. *Karsten Schmidt,* Die Partenreederei als Handelsgesellschaft, 1995, 41 ff.; HambK-InsO/*Linke* Rn. 38 ff.). Als „Gesellschaft ohne Rechtspersönlichkeit" insolvenzrechtfähig ist eine Gesellschaft bürgerlichen Rechts allerdings **nur als BGB-Außengesellschaft.** Eine BGB-Innengesellschaft ist nicht insolvenzrechtsfähig (Jaeger/*Ehricke* Rn. 1; MüKoInsO/*Ott/Vuia* Rn. 53; *Karsten Schmidt* NJW 2001, 993 [1001]; **aM** Kübler/Prütting/Bork/*Prütting* Rn. 41). Diese im Gesetz nicht zum Ausdruck gebrachte Unterscheidung ergibt sich aus der Natur der Sache. **15**

b) Vorgesellschaften? Ein **Problem der Vorgesellschaft** gibt es bei den Außen-Personengesellschaften **nicht.** Ist eine Außengesellschaft nach § 123 HGB noch keine oHG oder KG, so ist sie doch eine Außen-GbR und als solche insolvenzrechtsfähig (vgl. MüKoHGB/*Karsten Schmidt,* 3. Aufl. 2011, § 123 Rn. 3). Handelt es sich nur um eine Verabredung, die Außengesellschaft zu gründen, so liegt, solange kein gemeinschaftliches Unternehmen betrieben wird, nur eine Innengesellschaft als Vorgründungsgesellschaft vor, und diese ist nicht insolvenzrechtsfähig (→ Rn. 12). **16**

17 **c) Fehlerhafte Gesellschaften.** Verbände auf fehlerhafter Rechtsgrundlage sind, vorbehaltlich ihrer Auflösung und Abwicklung, vollwertige Rechtsträger (*Karsten Schmidt* GesR § 6 III 2) und ebenfalls insolvenzrechtsfähig (Kübler/Prütting/Bork/*Prütting* Rn. 28). Hierdurch unterscheidet sich die fehlerhaft gegründete aber doch rechtswirksam entstandene Gesellschaft von einer bloßen Schein-Gesellschaft.

18 **d) Aufgelöste Gesellschaften.** Für **aufgelöste Gesellschaften „ohne Rechtspersönlichkeit"** gilt Absatz 3. Auch diese Gesellschaften bestehen bis zu ihrer Vollbeendigung als Rechtsträger fort (→ Rn. 19).

19 **4. Auflösung, Umwandlung, Totalbeendigung. a) Liquidation und Vollbeendigung.** Juristische Personen und Personengesellschaften enden nicht schon mit ihrer **Auflösung,** sondern bestehen bis zur Vollbeendigung als **Verbände in Liquidation** weiter (vgl. § 264 Abs. 1 AktG, § 69 Abs. 1 GmbHG, § 156 HGB). Das Gesellschaftsrecht selbst geht davon aus, dass Verbände durch Eröffnung des Insolvenzverfahrens aufgelöst werden (§§ 42 Abs. 1 S. 1, 86 S. 1 BGB, § 131 Abs. 1 Nr. 3 HGB, § 262 Abs. 1 Nr. 3 AktG, § 60 Abs. 1 Nr. 4 GmbHG) und unterstreicht damit die Insolvenzrechtsfähigkeit aufgelöster Gesellschaften. Sie erlöschen grds. erst, wenn sie **im Register gelöscht und vermögenslos sind** (*Karsten Schmidt* GesR § 11 V 3b, 6b: Lehre vom Doppeltatbestand). Erst mit diesem Zeitpunkt endet ihre Insolvenzrechtsfähigkeit **(ungenau Absatz 3).** Ist das bekannte Vermögen verteilt oder ist die Gesellschaft mangels verteilbaren Vermögens gelöscht worden (§ 394 FamFG, § 262 Abs. 1 Nr. 6 AktG, § 60 Abs. 1 Nr. 7 GmbHG, § 131 Abs. 2 Nr. 2 HGB), so schließt dies eine Wiedereintragung und Nachtragsliquidation nicht aus, etwa wenn noch nennenswerte Ansprüche der Gesellschaft gegen Organe und Gesellschafter bestehen (näher *Karsten Schmidt* GesR § 11 V 6b). Eine solche der Nachtragsliquidation fähige und bedürftige Gesellschaft ist trotz Vermögensverteilung insolvenzrechtsfähig (Kübler/Prütting/Bork/*Prütting* Rn. 52). Die Verfahrenseröffnung kann an anderen Formalien oder an § 26 scheitern, nicht aber an § 11.

20 **b) Formwechsel.** Ein **Formwechsel** nach §§ 190 ff. UmwG lässt den Rechtsträger in der in dem Umwandlungsbeschluss bestimmten Rechtsform als juristische Person oder „Gesellschaft ohne Rechtspersönlichkeit" fortbestehen (§ 202 UmwG). Er berührt also die Insolvenzrechtsfähigkeit nicht. Dasselbe gilt für den Aufstieg der Außen-GbR zur Handelsgesellschaft (§ 123 HGB) bzw. für deren Abstieg zur Außen-GbR.

21 **c) Gesamtrechtsnachfolge.** Anders verhält es sich beim **Erlöschen eines insolvenzrechtsfähigen Rechtsträgers unter Anfall seines Vermögens bei einem anderen Rechtsträger.** Absatz 3 ist hier weder direkt noch analog anwendbar (tendenziell **aM** HK-InsO/*Marotzke* vor § 315 Rn. 12). Im Wesentlichen sind folgende Fallgestaltungen relevant: die **Verschmelzung** (§§ 20, 36 UmwG), die **Aufspaltung** eines Rechtsträgers (§ 131 Abs. 1 Nr. 2 UmwG) und das Erlöschen einer Personengesellschaft durch **Anfall aller Anteile bei einem Gesellschafter** (vgl. → Rn. 26).

22 **5. Fehlende Insolvenzrechtsfähigkeit. a) Beispiele. Nicht** rechtsfähig und nicht insolvenzrechtsfähig sind:

– das **Unternehmen** als solches; nur der Träger des Unternehmens kann Schuldner sein, und nur über sein Vermögen kann das Unternehmens-Insolvenzverfahren eröffnet werden (*Karsten Schmidt* HandelsR § 4 Rn. 1 f., 47); allerdings führt die Sondervermögensinsolvenz im Fall des § 35 Abs. 2 (→ Rn. 27) de facto zu einer Abwicklung des Unternehmens statt des Rechtsträgers;

- die **Zweigniederlassung** nach §§ 13 ff. HGB als nicht-rechtsfähiges Unternehmenssegment (*Karsten Schmidt* HandelsR § 3 Rn. 36; über die Niederlassung als Gegenstand eines Sekundärinsolvenzverfahrens vgl. dagegen → EUInsVO Art. 27 Rn. 10);
- der **Konzern als Unternehmensgruppe** (eing. *Ehricke* Kölner Schrift InsO S. 1037 ff.; *Karsten Schmidt* KTS 2010, 1 ff.); taugliche Schuldner können hier stets nur die einzelnen Konzerngesellschaften sein (ausf. *J. Schmidt* KTS 2015, 19; zum Konzerninsolvenzrecht vgl. iÜ → Einl. Rn. 17);
- die **stille Gesellschaft,** selbst in ihrer Ausgestaltung als atypische stille Gesellschaft (MüKoHGB/*Karsten Schmidt,* 3. Aufl. 2011, § 230 Rn. 8); auch im Fall einer „GmbH & Still" ist nur die GmbH als Unternehmensträgerin und juristische Person insolvenzrechtsfähig, nicht die stille Gesellschaft;
- die **nichtrechtsfähige Stiftung** (MüKoInsO/*Ott/Vuia* Rn. 19);
- die **Bruchteilsgemeinschaft** nach §§ 741 ff. BGB (*Bork* ZIP 2001, 545 ff.; MüKoInsO/*Ott/Vuia* Rn. 63a; aA vereinzelt AG Göttingen NZI 2001, 102).

b) Wohnungseigentümergemeinschaft. Die Wohnungseigentümergemeinschaft (§§ 10 ff. WEG) ist gleichfalls nicht insolvenzrechtsfähig (*Gundlach* InsO-HdB § 5 Rn. 40). § 11 Abs. 3 WEG schließt ein Insolvenzverfahren über das Verwaltungsvermögen aus. Vorausgegangen war eine Diskussion: In einer wenig überzeugenden Grundsatzentscheidung hatte der V. Zivilsenat des BGH die Wohnungseigentümergemeinschaft als rechtsfähig anerkannt (BGHZ 163, 154 = NJW 2005, 2061; zust. *Bub/Petersen* NJW 2005, 2590; ablehnend *Bork* ZIP 2005, 1205; insofern auch *Häublein* ZIP 2005, 1270). Dieser Entscheidung folgte nach rechtspolitischer Unsicherheit während des Gesetzgebungsverfahrens (Nachweise bei MüKoInsO/*Ott/Vuia* Rn. 63b) 2007 die **gesetzliche Klarstellung in § 11 Abs. 3 WEG.** 23

c) Gesamtgut und Erbengemeinschaft. Auch der **Nachlass** und das **Gesamtgut bei der (fortgesetzten) Gütergemeinschaft** sind keine insolvenzrechtsfähigen Rechtsträger. Gegenteilige Formulierungen in Kommentaren (zB MüKoInsO/*Ott/Vuia* Rn. 64, 68) beruhen nur auf der in Absatz 2 Nr. 2 angeordneten Zulässigkeit von Sonderinsolvenzverfahren in diesen Fällen (→ Rn. 25 f.) und auf deren unberechtigter Gleichsetzung mit der Insolvenzrechtsfähigkeit (hiergegen vgl. → Rn. 2). Für den Fall der **Erbengemeinschaft** wird allerdings verschiedentlich deren Rechtsfähigkeit (*Ann,* Die Erbengemeinschaft, 2001, S. 384 ff.; *Grunewald* AcP 197 [1997], 305 ff.) und auch Insolvenzrechtsfähigkeit (*Ann,* Die Erbengemeinschaft, 2001, S. 384 ff.) postuliert. Dem ist indes nicht zu folgen (BGH NJW 2006, 3715 = NZG 2006, 940; AG Duisburg NZI 2004, 97; HK-InsO/*Marotzke* vor § 315 Rn. 9; MüKoInsO/*Ott/Vuia* Rn. 63c; *Heil* ZEV 2002, 296). Die Erbengemeinschaft ist nicht Rechtssubjekt, sondern ein gemeinschaftliches Sondervermögen (immerhin zw.; vgl. → Vor § 315 Rn. 9). Selbst eine unternehmenstragende Erbengemeinschaft (Nachlass eines Einzelunternehmers) wird nicht durch bloße Unternehmensfortführung zu einem insolvenzrechtsfähigen Rechtsträger (**aM** *Messink* S. 47 ff.). Zwar ist das Gesamthandsvermögen der Erbengemeinschaft ebenso wie das Gesamtgut deckungsgleich mit der Insolvenzmasse in der Sondervermögensinsolvenz nach §§ 315 ff., 332 ff. Beide Gesamthandsgemeinschaften sind aber nicht, wie die „nichtrechtsfähigen" Personengesellschaften (Absatz 2 Nr. 1), organisierte, organschaftlich vertretene Rechtsträger, sondern nur Sondervermögensmassen der Eheleute bzw. des oder der Erben (→ Rn. 25 f.). 24

III. Sondervermögensinsolvenzverfahren im Einzelnen (Absatz 2 Nr. 2)

25 **1. Nachlass- und Gesamtgutsinsolvenz (Absatz 2 Nr. 2). a) §§ 315 ff., 332.** Das **Nachlassinsolvenzverfahren** ist in §§ 315 ff. geregelt, das Insolvenzverfahren über das Gesamtgut einer festgesetzten Gütergemeinschaft in § 332 (Verweisung auf die §§ 315 ff.). Für das gemeinschaftlich verwaltete **Gesamtgut** einer Gütergemeinschaft gelten die §§ 333 f. Die Insolvenzverfahrenseröffnung bezüglich des Vermögens eines der Ehegatten erfasst das Gesamtgut bei gemeinschaftlicher Verwaltung nicht (§ 37 Abs. 2). Wird das Gesamtgut nur von einem Ehegatten verwaltet, so gibt es kein Sondervermögens-Insolvenzverfahren. Im Insolvenzverfahren über das Vermögen des verwaltenden Ehegatten gehört das Gesamtgut zur Masse (§ 37 Abs. 1), nicht dagegen im Insolvenzverfahren des nicht verwaltenden Ehegatten.

26 **b) Analoge Anwendung im Gesellschaftsrecht.** Ein **analog §§ 315 ff.** ablaufendes Insolvenzverfahren findet statt beim **Anfall des Vermögens einer Personengesellschaft** im Vermögen des letztverbleibenden Gesellschafters (OLG Hamm ZIP 2007, 1233 [1237 f.] = *Herchen* EWIR 2007, 527; LG Dresden ZInsO 2005, 384; AG Hamburg ZInsO 2005, 837; näher → Vor § 315 Rn. 31 f.). Diese Fälle sind vergleichsweise zahlreich, wenn man mit der hM auch die Doppelinsolvenz der KG und der Komplementär-GmbH bei einer Einpersonen-GmbH & Co. KG als einen solchen Fall ansieht (Ausscheiden der GmbH nach § 131 Abs. 3 Nr. 2 HGB; vgl. BGH GmbHR 2004, 952 = ZIP 2004, 1047; eing. *Bork/Jacoby* ZGR 2005, 611 [650 ff.]; *Albertus/Fischer* ZInsO 2005, 246 ff.). In diesem Fall der Doppelinsolvenz sprechen allerdings bessere Argumente für eine konsolidierte Insolvenzabwicklung der GmbH & Co. KG ohne Ausscheiden (teleologische Reduktion des § 131 Abs. 3 Nr. 2 HGB; vgl. MüKoHGB/*Karsten Schmidt,* 3. Aufl. 2011, § 131 Rn. 76 ff.; *Karsten Schmidt* GmbHR 2002, 1209 ff.; KTS 2011, 161 [166 f.]). Sobald aber der Anfall des Gesellschaftsvermögens beim Kommanditisten unausweichlich ist, ist die Zulässigkeit eines Sonderinsolvenzverfahrens über vormalige KG-Vermögen analog §§ 315 ff. anzuerkennen (vgl. → Vor § 315 Rn. 30 f.).

27 **2. Andere Sondervermögens-Insolvenzverfahren. a) § 35 Abs. 2. Das Sondervermögen auf Grund Freigabeerklärung nach § 35 Abs. 2** kann Gegenstand eines separaten Insolvenzverfahrens werden. Die Freigabe des aus der selbständigen Tätigkeit einer natürlichen Person resultierenden Vermögens aus deren Insolvenzmasse (§ 35 Abs. 2) lässt ein Sondervermögen entstehen, über das ein Separat-Insolvenzverfahren eröffnet werden kann (vgl. → § 35 Rn. 54; BGH NZI 2011, 633 = ZIP 2011, 1326; BGH ZIP 2012, 533 [536]; AG Göttingen NZI 2008, 313; AG Hamburg ZIP 2009, 384 f.; hM; vgl. zB HambK-InsO/*Lüdtke* § 35 Rn. 259; Uhlenbruck/*Hirte* § 35 Rn. 107; aM AG Dresden ZVI 2009, 289).

28 **b) Partikularinsolvenzverfahren.** Solche Verfahren sind möglich **nach §§ 356–358 sowie nach Art. 27–38 EuInsVO.** Nach § 356 schließt die Anerkennung eines ausländischen Hauptinsolvenzverfahrens die Eröffnung eines Sekundärinsolvenzverfahrens über das Inlandsvermögen nicht aus. Auch nach Art. 27, 28 EuInsVO kann sich an ein Insolvenzverfahren in einem Mitgliedsstaat ein Sekundärinsolvenzverfahren in einem anderen anschließen. Diese Sekundärinsolvenzverfahren sind Sondervermögens-Insolvenzverfahren. Auf die Kommentierung der Art. 27, 28 EuInsVO wird verwiesen.

3. Kein Sonderinsolvenzverfahren bei Bruchteilsgemeinschaft und Wohnungseigentum. Bruchteilsgemeinschaft und Wohnungseigentümergemeinschaft sind weder insolvenzrechtsfähige Rechtssubjekte (→ Rn. 22 f.) noch gibt es ein Sonder-Insolvenzverfahren über das gemeinschaftliche Vermögen. 29

Juristische Personen des öffentlichen Rechts[1]

12 (1) **Unzulässig ist das Insolvenzverfahren über das Vermögen**

1. des Bundes oder eines Landes;

2. einer juristischen Person des öffentlichen Rechts, die der Aufsicht eines Landes untersteht, wenn das Landesrecht dies bestimmt.

(2) **Hat ein Land nach Absatz 1 Nr. 2 das Insolvenzverfahren über das Vermögen einer juristischen Person für unzulässig erklärt, so können im Falle der Zahlungsunfähigkeit oder der Überschuldung dieser juristischen Person deren Arbeitnehmer von dem Land die Leistungen verlangen, die sie im Falle der Eröffnung eines Insolvenzverfahrens nach den Vorschriften des Dritten Buches Sozialgesetzbuch über das Insolvenzgeld von der Agentur für Arbeit und nach den Vorschriften des Gesetzes zur Verbesserung der betrieblichen Altersversorgung vom Träger der Insolvenzsicherung beanspruchen könnten.**

Schrifttum: *Engelsing,* Zahlungsunfähigkeit von Kommunen und anderen juristischen Personen des öffentlichen Rechts, 1999; *Frielinghaus,* Die Kommunale Insolvenz, 2007; *Gundlach,* Die Regelung des § 12 Abs. 2 InsO, DZWIR 2000, 368; *Gundlach/Frenzel/Schmidt,* Die Insolvenzunfähigkeit nach der InsO, NZI 2000, 561; *dies.,* Die Zwangsvollstreckung gegen die öffentliche Hand, InVo 2001, 227.

Übersicht

I. Normzweck

Zielsetzung des Absatz 1 ist es, die **Funktionsfähigkeit der Staatsgewalt** bzw. der öffentlichen Verwaltung aufrechtzuerhalten. Die Regierungsgewalt kann mithin nicht dadurch eingegrenzt werden, dass nicht die jeweilige Regierung, sondern ein Insolvenzverwalter über das Vermögen des Bundes oder eines Landes verfügungsbefugt ist. Unabhängig vom Vorliegen eines oder mehrerer Insolvenz- 1

[1] § 12 Abs. 2 geänd. durch G v. 24.3.1997 (BGBl. I S. 594); Abs. 2 geänd. mWv 1.1.2004 durch G v. 23.12.2003 (BGBl. I S. 2848).

gründe können Insolvenzverfahren über die Vermögen der in § 12 genannten juristischen Personen daher nicht durchgeführt werden. Sie sind durch § 12 dem Insolvenzverfahren entzogen (dazu → § 11 Rn. 9). Gleichwohl gestellte Anträge sind unzulässig (ob dies die Rechtsfigur der Insolvenzrechtsfähigkeit rechtfertigt, vgl. dazu → § 11 Rn. 1, ist eine nur theoretische Frage).

II. Insolvenzunfähigkeit

2 **1. Bund und Bundesländer.** Die **Bundesrepublik Deutschland** und auch die **Bundesländer** sind per Gesetz insolvenzunfähig. Von § 12 nicht erfasst werden die bundesunmittelbaren juristischen Personen des öffentlichen Rechts (zB die Bundesanstalt für Arbeit). Diese juristischen Personen des öffentlichen Rechts können durch Spezialgesetz für insolvenzunfähig erklärt werden, erfolgt dies jedoch nicht, so sind sie insolvenzfähig. Entsprechendes gilt grds. für die landesunmittelbaren juristischen Personen des öffentlichen Rechts, denn der InsO-Gesetzgeber hat die Bundesländer ermächtigt, Ausnahmen von der Insolvenzfähigkeit festzulegen.

3 Errichtet der Bund bzw. ein Land eine **privatrechtliche juristische Person,** so ist diese **insolvenzfähig.** Dies gilt unabhängig davon, ob der Bund/das Land mit ihr eine öffentliche Aufgabe wahrnehmen will.

4 **2. Juristische Personen des öffentlichen Rechts, die der Aufsicht des Landes unterstehen.** Gem. **Absatz 1 Nr. 2** kann jedes einzelne Bundesland juristische Personen des öffentlichen Rechts, die seiner Aufsicht unterstehen, durch Landesrecht für insolvenzunfähig erklären. Üblicherweise wird von dieser Möglichkeit durch die Bundesländer auch Gebrauch gemacht (zB Baden Württemberg: § 45 AGGVG; Bayern: Art. 25 AGGVG; Brandenburg: § 118 Abs. 2 BbgKVerf; Bremen: § 4 Abs. 1 AGZPO-InsO-ZVG; Hamburg: § 1 Hamburgisches Insolvenzunfähigkeitsgesetz; Hessen: § 146 HGO, § 26 Abs. 2 HessVwVG; Mecklenburg-Vorpommern: § 62 Abs. 3 Kommunalverfassung; Niedersachsen: § 1 Nds. Gesetz über die Insolvenzunfähigkeit juristischer Personen des öffentlichen Rechts; NRW: § 78 Abs. 3 S. 2 VwVG NRW; Rheinland-Pfalz: § 8a Abs. 1 AG ZPO/ZVGAG RP; Saarland: § 37 Abs. 1 S. 2 SaarlVwVG; Sachsen-Anhalt: § 6 AG InsO LSA; Schleswig-Holstein: § 131 Abs. 2 GO, § 70 Abs. 2 KrO; Thüringen: § 69 Abs. 3 Thüringer Kommunalordnung: § 1 JurPersöRGesG TH). Der Umfang ist jedoch unterschiedlich ausgeprägt (krit. dazu *Gundlach/Frenzel/Schmidt* NZI 2000, 567).

5 Durchweg werden die **Gemeinden und Gemeindeverbände** für insolvenzunfähig erklärt. Die Insolvenzunfähigkeit kann dabei auch auf Zweckverbände der Kommunen bezogen werden. Die Insolvenzunfähigkeit der Kommunen strahlt jedoch nicht auf Kapitalgesellschaften aus, die sie errichten (sog Eigengesellschaften) bzw. an denen sie sich beteiligen. Kommunale GmbHs bzw. AGs sind daher insolvenzfähig. Nicht insolvenzfähig sind andererseits Eigenbetriebe, denn die Eigenbetriebe sind nur organisatorisch verselbstständigte Bereiche der Kommune, die rechtlich keine Selbstständigkeit erlangen (näher dazu *Gundlach/Frenzel/Schmidt* NZI 2000, 565 f.). Sie nehmen daher an der Insolvenzunfähigkeit der Gemeinde teil.

6 Die Bundesländer sind berechtigt **über den kommunalen Bereich hinaus** juristische Personen des öffentlichen Rechts durch Landesrecht für insolvenzunfähig zu erklären. Allerdings müssen diese ihrer Aufsicht unterliegen. Sieht der Landesgesetzgeber keine Insolvenzunfähigkeit vor, so ist von einer Insolvenzfähigkeit der juristischen Person auszugehen (wenn nicht im Einzelfall sich die Insolvenzunfähigkeit aus Spezialgesetz oder Verfassungsgründen ergibt). Insbes. regionale öffentlich-rechtliche Kreditinstitute sind daher insolvenzfähig, wenn der Landesgesetzgeber nichts anderes bestimmt.

Die Regelung des Absatz 1 Nr. 2 wird von den Bundesländern recht **unterschiedlich** genutzt. Sachsen-Anhalt gewährt zB zunächst allen juristischen Personen des öffentlichen Rechts, die der Aufsicht des Landes unterliegen, die Insolvenzunfähigkeit (§ 6 AG INSO LSA), nimmt danach aber bestimmte öffentlich-rechtliche Versicherungsunternehmen, **öffentlich-rechtliche Bank- und Kreditinstitute** sowie Handwerksinnungen und Kreishandwerkerschaften von der Insolvenzunfähigkeit aus. Die Insolvenzfähigkeit der Landesbanken und der Sparkasse wird dabei regelmäßig gewährleistet (zur Insolvenzfähigkeit der Landesbank Baden Württemberg, der Sparkassen in Baden Württemberg s. § 45 AGGVG BW; zur Rechtslage in Bayern Art. 25 Abs. 2 AGGVG Bay.; Bremen § 4 Abs. 2 AGZPO-InsO-ZVG; für Hamburg: § 1 S. 2 Hamburgisches Insolvenzunfähigkeitsgesetz; für Niedersachsen § 1 Abs. 2 Nds. Gesetz über die Insolvenzunfähigkeit juristischer Personen des öffentlichen Rechts, für NRW § 78 Abs. 4 VwVG NRW, für Rheinland-Pfalz § 8a Abs. 2 ZPO/ZVGAG RP- nur Sparkassen; für das Saarland: § 37 Abs. 2 SaarlVwVG, einschränkend Thüringen: § 1 Abs. 1 JurPersöRGesG TH). Zudem werden gesonderte Insolvenzunfähigkeiten in Spezialgesetzen festgelegt (zB § 12 Abs. 5 ArchtG LSA). Entsprechende Regelungen sind auch in anderen Bundesländern geschaffen worden, sodass zB auch Rechtsanwaltskammern, Architektenkammern bzw. Ärztekammern insolvenzunfähig sein können. 7

3. Krankenkassen. Die bundesunmittelbaren gesetzlichen Krankenkassen waren und sind **insolvenzfähig.** Die landesunmittelbaren gesetzlichen Krankenkassen waren je nach Landesrecht insolvenzfähig oder insolvenzunfähig. Die Privaten Krankenkassen waren ohnehin insolvenzfähig. Durch das GKV-OrgWG hat sich hier zum 1.1.2010 jedoch insoweit eine Änderung ergeben, dass nunmehr alle Krankenkassen insolvenzfähig sind, § 171b SGB V. Die Verbände der Krankenkassen sind ebenfalls ausdrücklich für insolvenzfähig erklärt worden, § 171f SGB V. 8

4. Insolvenzunfähigkeit weiterer Personen. a) Kirchen und Rundfunkanstalten. Die Insolvenzordnung hat die zurzeit der Geltung der Konkursordnung durch Verfassungsgerichte entwickelte Rechtslage hinsichtlich der Gesamtvollstreckungsunfähigkeit von Kirchen und Rundfunkanstalten nicht verändert. Mithin sind öffentlich-rechtliche Kirchen und öffentlich-rechtliche Rundfunkanstalten insolvenzunfähig (dazu BVerfGE 66, 1 ff.; 89, 153 f.). 9

b) Völkerrechtssubjekte. Völkerrechtssubjekte sind ebenfalls insolvenzunfähig. Die ausländischen Staaten unterliegen nicht der deutschen Gerichtsbarkeit, über ihr Vermögen kann insoweit auch kein Insolvenzverfahren durchgeführt werden. Zudem schließen Staatsverträge teilw. die Vollstreckung gegen ausländische Staaten aus, in diesen Fällen folgt die Insolvenzunfähigkeit mithin auch aus diesen völkerrechtlichen Verträgen, vgl. dazu Art. 25 GG. 10

c) Gewerkschaften und Parteien. Gewerkschaften und Parteien sind insolvenzfähig (HK-InsO/*Kirchhof* Rn. 5, 6; Uhlenbruck/*Hirte* Rn. 16; krit. hinsichtlich der Insolvenzfähigkeit der Parteien: *Hientzsch* NVwZ 2009, 1135). Da sie unter § 11 zu fassen sind, würde die Insolvenzfähigkeit nur auszuschließen sein, wenn die Voraussetzungen des § 12 bzw. spezialgesetzliche Regelungen vorliegen. Dies ist nicht der Fall, zumal weder die Parteien noch die Gewerkschaften der Aufsicht des Landes unterliegen. Eine Analogie zu § 12 InsO ist ebenso wenig überzeugend wie eine Berufung auf verfassungsmäßige Gründe. 11

III. Folgen der Insolvenzunfähigkeit

Die Insolvenzunfähigkeit gibt vor, dass das angerufene Insolvenzgericht einen gleichwohl gestellten **Insolvenzantrag** als **unzulässig** zurückzuweisen hat. Hat 12 das angerufene Insolvenzgericht ein Insolvenzverfahren über das Vermögen einer insolvenzunfähigen Person entgegen § 12 rechtskräftig eröffnet, so bewirkt die **Rechtskraft des Eröffnungsbeschlusses** grds., dass die fehlende Insolvenzunfähigkeit für den weiteren Fortgang des Verfahrens unbeachtlich ist; das Insolvenzverfahren ist dementsprechend durchzuführen (vgl. sinngemäß BGHZ 113, 216 [218]; OLG Frankfurt a. M. ZIP 1996, 556).

Nicht insolvenzfähige Personen/Vermögen sind zudem nicht zur Insolvenzgeldumlage heranzuziehen. Dies gilt auch für die Wohnungseigentümergemeinschaft, die durch Bundesgesetz für insolvenzunfähig erklärt wurde (HessLSG ZInsO 2014, 1508 f.).

IV. Insolvenzschutz für Arbeitnehmer

13 **1. Gewährleistungspflicht nach Absatz 2.** Nach Absatz 2 können Arbeitnehmer einer juristischen Person, die durch ein Land für insolvenzunfähig erklärt wurde, im Fall einer eingetretenen Zahlungsunfähigkeit oder im Fall der Überschuldung dieser juristischen Person vom Land diejenigen Leistungen verlangen, die sie bei Eröffnung eines Insolvenzverfahrens über das Vermögen dieser Person nach dem SGB III bzw. dem BetrAVG hätten beanspruchen können. Das Land, das von der Regelung des § 12 Abs. 1 Nr. 2 Gebrauch macht, trifft somit eine **Gewährleistungspflicht** gegenüber den Mitarbeitern der für insolvenzunfähig erklärten juristischen Person hinsichtlich deren Ansprüche auf Insolvenzgeld bzw. Betriebsrente.

Da der Landesgesetzgeber die nachteilige Folge für die Mitarbeiter der juristischen Person des öffentlichen Rechts bewirkt, kann er auf diese Weise aus dem Gesichtspunkt der **„Verursacherhaftung"** in die Pflicht genommen werden. Ein solcher Gewährleistungsanspruch ist andererseits aber nur gerechtfertigt, wenn das Land die „Insolvenzunfähigkeit" durch sein Gesetz auch bewirkt hat. Dies muss nicht unbedingt der Fall sein. Hat der Landesgesetzgeber zB eine öffentlich-rechtliche Rundfunkanstalt im Landesgesetz für insolvenzunfähig erklärt, so hat diese Norm lediglich deklaratorische Bedeutung, da sich die Insolvenzunfähigkeit der Rundfunkanstalt bereits aus dem Grundgesetz ergibt. Gleiches gilt für die Kommunen (*Gundlach* DZWIR 2000, 369). Es erscheint daher sachgerecht und notwendig, § 12 Abs. 2 InsO insoweit einschränkend auszulegen, dass diese Regelung nicht greift, wenn die Insolvenzunfähigkeit der juristischen Person des öffentlichen Rechts schon auf Grund verfassungsrechtlicher Vorgaben gegeben ist.

14 **2. Beschränkung auf Bundesländer.** Eine analoge Anwendung des Absatz 2 auf Fallgestaltungen, in denen der Bund in gesonderten Gesetzen Insolvenzunfähigkeiten juristischere Personen des öffentlichen Rechts vorsieht, ist nicht möglich.

Eröffnungsantrag[1]

13 (1) [1]**Das Insolvenzverfahren wird nur auf schriftlichen Antrag eröffnet.** [2]**Antragsberechtigt sind die Gläubiger und der Schuldner.** [3]**Dem Antrag des Schuldners ist ein Verzeichnis der Gläubiger und ihrer Forderungen beizufügen.** [4]**Wenn der Schuldner einen Geschäftsbetrieb hat, der nicht eingestellt ist, sollen in dem Verzeichnis besonders kenntlich gemacht werden**

[1] § 13 Abs. 1 Satz 1 geänd. und Abs. 3 angef. mWv 1.7.2007 durch G v. 13.4.2007 (BGBl. I S. 509); Abs. 1 Sätze 3–7 und Abs. 3 Satz 3 angef. mWv 1.3.2012 durch G v. 7.12.2011 (BGBl. I S. 2582); Abs. 3 Satz 1 geänd. mWv 8.9.2015 durch VO v. 31.8.2015 (BGBl. I S. 1474).

1. die höchsten Forderungen,
2. die höchsten gesicherten Forderungen,
3. die Forderungen der Finanzverwaltung,
4. die Forderungen der Sozialversicherungsträger sowie
5. die Forderungen aus betrieblicher Altersversorgung.

[5] Der Schuldner hat in diesem Fall auch Angaben zur Bilanzsumme, zu den Umsatzerlösen und zur durchschnittlichen Zahl der Arbeitnehmer des vorangegangenen Geschäftsjahres zu machen. [6] Die Angaben nach Satz 4 sind verpflichtend, wenn
1. der Schuldner Eigenverwaltung beantragt,
2. der Schuldner die Merkmale des § 22a Absatz 1 erfüllt oder
3. die Einsetzung eines vorläufigen Gläubigerausschusses beantragt wurde.

[7] Dem Verzeichnis nach Satz 3 und den Angaben nach den Sätzen 4 und 5 ist die Erklärung beizufügen, dass die enthaltenen Angaben richtig und vollständig sind.

(2) **Der Antrag kann zurückgenommen werden, bis das Insolvenzverfahren eröffnet oder der Antrag rechtskräftig abgewiesen ist.**

(3) **[1] Das Bundesministerium der Justiz wird ermächtigt, durch Rechtsverordnung mit Zustimmung des Bundesrates für die Antragstellung durch den Schuldner ein Formular einzuführen. [2] Soweit nach Satz 1 ein Formular eingeführt ist, muss der Schuldner dieses benutzen. [3] Für Verfahren, die von den Gerichten maschinell bearbeitet, und für solche, die nicht maschinell bearbeitet werden, können unterschiedliche Formulare eingeführt werden.**

Schrifttum: *Delhaes,* Kölner Schrift zur InsO, Die Stellung, Rücknahme und Erledigung von das Insolvenzverfahren einleitender Anträge nach der Insolvenzordnung, 2009, S. 98; *Wolfram Henckel,* Fehler bei der Eröffnung des Insolvenzverfahrens – Abhilfe und Rechtsmittel, ZIP 2000, 2045; *Vallender,* Allgemeine Anforderungen an Anträge im Insolvenzverfahren, MDR 1999, 280.

Übersicht

I. Einleitung

1 Das Insolvenzverfahren ist ein Antragsverfahren. Auch ein vorläufiges Insolvenzverfahren ist nicht ohne einen Insolvenzantrag möglich. Vorgaben zum Insolvenzantrag sind nicht nur in § 13 niedergelegt, sondern auch in weiteren Regelungen, insbes. den §§ 14, 15, 18. § 14 befasst sich näher mit dem Gläubigerantrag, § 15 mit der Antragsbefugnis im Fall juristischer Personen und Gesellschaften ohne Rechtspersönlichkeit, ergänzt durch § 18 Abs. 3, der Sondervorschriften für die Beantragung eines Insolvenzverfahrens auf Grund des Insolvenzgrunds der „drohenden Zahlungsunfähigkeit" enthält.

II. Antrag

2 **1. Schriftlicher Antrag.** Absatz 1 Satz 1 verlangt die **Schriftform.** Die mündliche Antragstellung zu Protokoll der Geschäftsstelle des Insolvenzgerichts ist nicht mehr möglich (anders noch nach der Konkursordnung). Als schriftlicher Antrag ist ein Dokument anzuerkennen, das handschriftlich oder maschinenschriftlich abgefasst ist und einen Antragsteller erkennen lässt. Anzuerkennen ist auch ein elektronisch nach Maßgabe des § 130a ZPO gestellter Antrag. Fehlt es an der Schriftlichkeit und erfüllt der Antragstellende diese Voraussetzung trotz einer entsprechenden Aufforderung des Gerichts nicht, so ist der gestellte Antrag unzulässig. Der schriftliche Antrag muss durch den Antragsteller (oder seinen Bevollmächtigten) unterzeichnet sein. Soweit die Verordnungsermächtigung des Absatz 3 noch nicht ausgeschöpft wurde (wie derzeit der Fall), ergibt sich aber noch **kein Formularzwang** für die Insolvenzantragstellung (zum Sonderfall des Verbraucherinsolvenzverfahrens s. jedoch § 305 Abs. 5 und die entsprechende Verordnung). Sollte von der Verordnungsermächtigung Gebrauch gemacht werden, sind Anträge, die dieser Verordnung nicht entsprechen, als unzulässig abzuweisen (dazu AG Köln NZI 2002, 679 zu einem Fall des § 305). **Vertretung,** zB durch einen Rechtsanwalt, ist zulässig.

3 **2. Inhalt des Antrags.** Der Antrag muss **auf die Eröffnung** eines Insolvenzverfahrens **gerichtet** sein. Er muss den Insolvenzschuldner, im Fall der Insolvenz eines bestimmten Sondervermögens diese Vermögensmasse (zB Erbschaft) und den Antragsteller bezeichnen und den oder die Insolvenzgründe nachvollziehbar aufzeigen. Die entsprechenden Angaben müssen möglichst genau sein, insbes. die Person/Vermögensmasse also möglichst zweifelsfrei bezeichnen (AG Hamburg ZInsO 2007, 501). Bei natürlichen Personen sind daher Vor- und Nachname anzugeben. Bei juristischen Personen sind deren vollständiger Name und ihre

Rechtsform zu nennen. Bei Unternehmen mithin die Firma. Die Organvertreter müssen dabei nicht unbedingt angegeben werden, jedoch ist es regelmäßig sinnvoll anzugeben, wer die juristische Person vertritt. Soweit möglich ist es anzuraten, dem Antrag einen Registerauszug beizufügen. Nicht erforderlich ist es, dass für einen Antrag, mit dem die Durchführung eines Insolvenzverfahrens über das Vermögen einer GmbH erstrebt wird, die nicht in einem Handelsregister im Zuständigkeitsbereich des Insolvenzgerichts registriert ist, ein Nachweis der Existenz der GmbH vorzulegen ist (so aber AG Potsdam NZI 2001, 606 f.; ähnlich Gottwald InsR-HdB/*Uhlenbruck/Vuia* § 9 Rn. 5). Bei Gesellschaften ohne Rechtspersönlichkeit (zB einer BGB-Gesellschaft) ist ihre Bezeichnung mitzuteilen oder – wenn dies zur Unterscheidung nicht ausreicht – die Namen der Gesellschafter (dazu auch Uhlenbruck/*Hirte* § 11 Rn. 371). Dem Insolvenzgericht ist auch die **ladungsfähige Anschrift** des Schuldners mitzuteilen, da insoweit die § 4 InsO, § 253 Abs. 2 ZPO heranzuziehen sind. Ist eine ladungsfähige Anschrift nicht bekannt bzw. kann die Anschrift nicht mit üblichen Mitteln ermittelt werden, zB weil der Schuldner durch Umzüge seine Anschrift regelmäßig verändert und der jetzige Aufenthalt unbekannt ist, so hat der Antragsteller lediglich ernsthaften Nachforschungen vorzunehmen, um die geforderten Daten zu erlangen. Diese ernsthaften Nachforschungen sind nicht schon als gegeben anzuerkennen, wenn der Antragsteller dem Gericht mehrere unterschiedliche Adressen des Schuldners angibt. Das Gericht ist in diesem Fall nicht gehalten, eigene Nachforschungen anzustellen, sondern kann den Antragsteller auffordern, die aktuelle Adresse nachzureichen. Kommt der Antragsteller der Aufforderung nicht nach und betreibt keine ernsthaften Nachforschungen, kann das Insolvenzgericht den Antrag zurückweisen (AG Potsdam ZInsO 2003, 192; LG Hamburg NZI 2010, 865).

Der Antragsteller muss Tatsachen vortragen, aus denen sich der **Insolvenzgrund** ableiten lässt. Notwendig sind insbes. Angaben über die Vermögenssituation/Liquiditätslage, die den Schluss auf das Vorliegen eines Insolvenzgrunds zulassen (dazu LG Duisburg NZI 2002, 501; BGH ZInsO 2007, 887). Die Notwendigkeit der Antragsbegründung iSd Substanziierung des Antrags durch Vortrag des zugrundeliegenden Sachverhalts trifft damit den Antragsteller und wird nicht durch eine Amtsermittlungspflicht des Insolvenzgerichts obsolet (AG Duisburg NZI 2002, 502). Allerdings sind auch nicht zu strenge Anforderungen zu stellen. Es ist ausreichend, wenn Tatsachen mitgeteilt werden, welche die wesentlichen Merkmale eines Insolvenzgrunds erkennen lassen (BGH NZI 2003, 147; *Gundlach/Frenzel* EWIR 2003, 589). **4**

Nicht anzugeben ist, welche insolvenzrechtliche **Verfahrensart** durchzuführen ist bzw. durchgeführt werden soll (vgl. aber → Rn. 11). Ob ein Regel- oder Verbraucherinsolvenzverfahren durchzuführen ist, entscheidet das Gericht nach eigener Prüfung (dazu → Rn. 11). Der Antragsteller hat aber Tatsachen mitzuteilen, die dem Gericht eine Entscheidung über die richtige Verfahrensart ermöglicht (BGH NZI 2003, 647). Begehrt ein Gläubiger die Eröffnung eines Insolvenzverfahrens über das Vermögen einer natürlichen Person und benennt weder eine besondere Verfahrensart noch weitere Anhaltspunkte, so kann das Gericht (zunächst) ein Regelinsolvenzverfahren betreiben (LG Hamburg NZI 2012, 29). **5**

Der gestellte Antrag kann und muss durch das Insolvenzgericht ggf. ausgelegt werden. So kann zB die gewünschte Eigenverwaltung als Bedingung oder als Anregung formuliert sein, dies ist durch Auslegung zu ermitteln (zur Bedingungsfeindlichkeit → Rn. 8). Die Grenze einer möglichen **Auslegung** ist aber überschritten, wenn ein Antrag auf Eröffnung eines Insolvenzverfahrens einer verstorben bzw. untergegangenen Person als Antrag auf Eröffnung eines Insolvenzverfahrens gegenüber dem Rechtsnachfolger gelten soll (BGH WM 2008, 2128 f.). **6**

7 Genügen die vorgelegten Unterlagen nicht diesen Anforderungen, so hat das Gericht den Antragsteller durch einen richterlichen **Hinweis (§ 139 ZPO, § 4 InsO)** aufzufordern, den Antrag bzw. die vorzulegenden Unterlagen entsprechend zu ergänzen. Das Gericht wird dem Antragsteller dabei regelmäßig eine (angemessene) Frist setzen, den Mangel der Antragstellung zu beseitigen. Nach erfolglosem Ablauf dieser Frist kann das Gericht den Antrag als unzulässig zurückweisen (BGH NZI 2003, 147). Für das Verbraucherinsolvenzverfahren ist insoweit allerdings die Sondervorschrift des § 305 zu beachten. Von dieser Hinweispflicht zu trennen ist der Hinweis des Insolvenzgerichts auf eine eventuell mögliche Restschuldbefreiung, allerdings können diese Hinweise verbunden werden.

8 **3. Bedingungsfeindlichkeit.** Der Antrag auf Eröffnung eines Insolvenzverfahrens ist bedingungsfeindlich. Ist er gleichwohl unter eine Bedingung gestellt, so ist der Antrag unzulässig. Vorab ist jedoch durch Auslegung zu ermitteln, ob der Insolvenzantrag wirklich unter eine Bedingung gestellt werden sollte oder ob mit dem Antrag lediglich eine **Anregung** an das Gericht verbunden wurde (BGH ZInsO 2007, 1224). Die bloße Ankündigung, nach der Bewilligung der Prozesskostenhilfe einen Insolvenzantrag stellen zu wollen, ist selbst kein Antrag auf Insolvenzeröffnung und auch kein bedingter Insolvenzantrag. Anders ist die Erklärung, der Insolvenzantrag werde nur für den Fall der Gewährung der Prozesskostenhilfe gestellt, zu werten, hiermit wird zwar ein Insolvenzantrag gestellt, der Antragsteller bringt aber unmissverständlich den Willen zum Ausdruck, seinen Antrag nur unter der Bedingung der Bewilligung von Prozesskostenhilfe stellen zu wollen, es handelt sich dann um eine unzulässige Bedingung. Rein vorsorglich gestellte Insolvenzanträge sind unzulässig, soweit ihnen schon der notwendige Vortrag zum Vorliegen eines Insolvenzgrunds fehlt (AG Köln NZI 2000, 284; krit. dazu HK-InsO/*Kirchhof* § 13 Rn. 4). Ebenso wenig kann sich der Schuldner einerseits gegen den Insolvenzantrag des Gläubigers wehren und andererseits gleichzeitig selbst einen Insolvenzantrag verbunden mit einem Antrag auf Restschuldbefreiung stellen (BGH NZI 2010, 441).

9 **4. Glaubhaftmachung.** Während der antragstellende Gläubiger seine Forderung und den Insolvenzgrund glaubhaft zu machen hat (dazu → § 14 Rn. 20–24) ist die Glaubhaftmachung nicht erforderlich, wenn ein Eigenantrag des Schuldners vorliegt und der antragstellende Schuldner eine natürliche Person ist (BGH NZI 2003, 147). Dies bedeutet aber nicht, dass der Schuldner sich in diesen Fällen darauf zurückziehen kann, das Vorliegen des Insolvenzgrunds schlicht zu behaupten. Er hat dem Insolvenzgericht den Insolvenzgrund vielmehr **nachvollziehbar** darzulegen und die notwendigen Unterlagen vorzulegen, aus denen sich das Vorliegen des Insolvenzgrunds ergibt (dazu auch LG Stendal NZI 2008, 44). Das Gericht ist im Fall des Eigenantrags gehalten die Voraussetzungen der Insolvenzverfahrenseröffnung ebenso genau zu prüfen wie bei einem Fremdantrag. Dies gilt insbes. auch bei einem Insolvenzantrag gem. § 18 (zutr. Kübler/Prütting/Bork/*Pape* Rn. 39).

Bei dem Eigenantrag einer Gesellschaft ohne Rechtspersönlichkeit oder einer juristischen Person ist § 15 zu beachten.

10 **5. Die Antragstellung wegen drohender Zahlungsunfähigkeit.** Ein Insolvenzantrag wegen drohender Zahlungsunfähigkeit kann nur vom Schuldner selbst gestellt werden, s. dazu die Erläuterungen zu § 18.

11 **6. Besondere Verfahrensart.** Der Antrag auf Eröffnung eines Insolvenzverfahrens kann durch bestimmte Anträge ergänzt werden (zB Antrag auf Prozesskostenhilfe – § 4a; Antrag auf Restschuldbefreiung; Antrag auf Anordnung der Eigenverwaltung). Der Antragsteller kann aber nicht vorgeben, ob das Insolvenzgericht ein Regelinsolvenzverfahren oder ein Verbraucherinsolvenzverfahren

durchzuführen hat (dazu auch → Rn. 5). Wird gleichwohl ausdrücklich ein Antrag auf Eröffnung eines Regelinsolvenzverfahrens bzw. eines Verbraucherinsolvenzverfahrens gestellt und wäre ein andere Insolvenzverfahren einschlägig, so hat dass Insolvenzgericht den Antragsteller auf die Unrichtigkeit der gewählten Verfahrensart hinzuweisen und dem Antragsteller damit Gelegenheit zu geben, seinen Antrag insoweit zu korrigieren. Erfolgt dies nicht innerhalb einer gesetzten, angemessenen Frist, so kann der Insolvenzantrag als in der beantragten Verfahrensart unzulässig abgewiesen werden. Der Antragsteller kann sich gegen diese Entscheidung durch die Erhebung der sofortigen Beschwerde wehren.

7. Mehrere Anträge. Die Befugnis, einen Insolvenzantrag zu stellen, entfällt 12
nicht dadurch, dass ein anderer Antragsberechtigter schon einen Insolvenzantrag gestellt hat. Allerdings kann jeder Antragsberechtigter jeweils nur einen Antrag stellen. Solange dieser rechtshängig ist, ist ein weiterer Antrag desselben Antragstellers unzulässig. Hat ein Gläubiger seinen Antrag zwischenzeitlich wieder zurückgezogen, so ist ihm die Stellung eines erneuten Antrages möglich.

Stellt der Schuldner den Antrag ist allerdings ggf. eine Sperrfrist zu beachten (dazu → § 287 Rn. 21).

Wurden **mehrere Insolvenzanträge verschiedener Antragsteller** gestellt, 13
so führen die Anträge zu jeweils gesonderten Eröffnungsverfahren. Eine Verbindung der Anträge erfolgt regelmäßig nicht, da Antragsrücknahmen bzw. Erledigungserklärungen nicht ausgeschlossen werden können. Kommt es zur Insolvenzeröffnung werden die Anträge mit der Verfahrenseröffnung regelmäßig verbunden, die Durchführung mehrerer gleichzeitiger Insolvenzverfahren über dasselbe Vermögen ist nicht möglich.

Wird auf einen Gläubigerantrag das Insolvenzverfahren eröffnet ist ein weiterer (Schuldner)antrag selbst dann unzulässig, wenn der Schuldner damit auch keinen Antrag auf Restschuldbefreiung mehr stellen kann, dies gilt auch dann wenn der Eröffnungsbeschluss noch nicht rechtskräftig ist (BGH ZInsO 2015, 90). Wird ein Antrag auf Eröffnung eines Insolvenzverfahrens vom Insolvenzgericht abgelehnt, so wird damit nicht automatisch ein **erneuter Insolvenzantrag** ausgeschlossen. Kann der Antragsteller glaubhaft darlegen, dass neue Tatsachen gegeben sind, die die Entscheidung des Insolvenzgerichts beeinflussen dürften, ist die Stellung eines weiteren Insolvenzantrags zulässig. Dies ist zB gegeben, wenn im Gegensatz zum vorherigen Eröffnungsverfahren nunmehr eine Person bereit ist, den Kostenvorschuss gem. § 26 aufzubringen.

Ist der Insolvenzantrag eines Gläubigers mangels Masse abgewiesen worden, so kann der Schuldner selbst (ohne Einhaltung einer Sperrfrist) einen neuen Insolvenzantrag mit dem Ziel der Restschuldbefreiung stellen (dazu BGH ZInsO 2014, 1758; AG Köln NZI 2013, 851).

Hat ein Gläubiger den zunächst gestellten **Insolvenzantrag zurückgenommen oder für erledigt erklärt,** weil dieser unzulässig wurde (zB da der Schuldner die Forderung des Gläubigers beglich und die Situation des § 14 Abs. 1 S. 2 und 3 nicht gegeben war), so kann dieser Gläubiger, wenn er wiederum eine Forderung gegen den Insolvenzschuldner erwirbt, einen weiteren Insolvenzantrag stellen. Dies gilt auch für sog Stapel- bzw. Kettenanträge (die unabhängig von der Änderung des § 14 durch das Haushaltsbegleitgesetz 2011 weiterhin möglich sind). 14

Wird ein Antrag auf Eröffnung eines Insolvenzverfahrens gestellt, obgleich 15
bereits ein **anderes Insolvenzverfahren** über das betreffende Vermögen eröffnet wurde und dieses Verfahren andauert, so ist der weitere Insolvenzantrag als unzulässig abzuweisen. Gleiches gilt für Anträge, die zwar vor Insolvenzeröffnung gestellt aber weder mit dem Verfahren, das zur Eröffnung führte, verbunden noch beschieden wurden (dazu BGH NZI 2008, 610). Etwas anderes kann sich nur

ergeben, wenn der Antragsteller die Durchführung eines (Sonder-)Insolvenzverfahrens bezogen auf einen haftungsmäßig zu trennenden Teil des Schuldnervermögens beantragt (Sondervermögen) oder der Schuldner nunmehr über pfändbares Vermögen verfügt, dass nicht bereits dem Insolvenzbeschlag des eröffneten Insolvenzverfahrens unterliegt (dies kann zB im Sonderfall des freigegebenen Vermögens gem. § 35 gegeben sein, siehe dazu insoweit zutr. AG Göttingen NZI 2008, 314). Die Abweisung des **zweiten Insolvenzantrags** während des laufenden Insolvenzverfahrens hat selbst dann zu erfolgen, wenn der Schuldner in dem laufenden Verfahren vergessen hatte einen Antrag auf Restschuldbefreiung zu stellen (BGH ZInsO 2006, 821 f.). Wurde das Insolvenzverfahren allerdings aufgehoben, kann grds. ein neuer Insolvenzantrag gestellt werden.

Wurde einem Schuldner nach Eröffnung des Insolvenzverfahrens die Restschuldbefreiung rechtskräftig gem. § 290 Abs. 1 Nr. 5 und 6 versagt, steht einem erneuten Eigenantrag auf Eröffnung eines Insolvenzverfahrens, der dem Ziel der Restschuldbefreiung dient, die Rechtkraft der Entscheidung über die Restschuldbefreiung entgegen. Der Schuldner hat eine Sperrfrist von 3 Jahren einzuhalten (BGH NZI 2010, 153; 2010, 407; 2009, 691; dazu auch BGH Beschl. v. 22.11.2012 – IX ZB 194/11, NJW-RR 2013, 756), sa § 290 Abs. 1 S. 4.

16 **8. Beizufügendes Verzeichnis.** Durch das ESUG wurde **Absatz 1** um die Pflicht des antragstellenden Schuldners ergänzt, seinem Eröffnungsantrag ein Verzeichnis beizufügen. Ziel des Gesetzgebers war es dabei, den ordnungsgemäßen Ablauf des Insolvenzverfahrens zu gewährleisten und dem Gericht die Möglichkeit zu eröffnen, die Gläubiger bereits in einem frühen Verfahrensstadium einzubeziehen (BT-Drs. 17/5712, 23). Das Gesetz geht dabei gestuft vor.

Jeder antragstellende Schuldner ist nunmehr gehalten, seinem Insolvenzantrag ein **Verzeichnis seiner Gläubiger und ihrer Forderungen** beizufügen. Dabei hat er auch die Gläubiger aufzunehmen, deren Forderungen er dem Grunde oder der Höhe nach bestreitet. Er kann dieses Bestreiten aber durch Zusätze kenntlich machen. Wirtschaftlich wertlose Forderungen braucht er hingegen nicht aufzunehmen. Zudem hat jeder Schuldner seinem Antrag eine Erklärung beizufügen, in der er erklärt, dass die enthaltenen Angaben richtig und vollständig sind. Für Schuldner, die einen nicht eingestellten Geschäftsbetrieb haben, gelten besondere Regelungen, die je nach dem, ob die Voraussetzungen des Absatz 1 Satz 6 vorliegen, nochmals unterschieden werden (dazu → Rn. 17 und 18).

Die neuen Vorgaben (Verzeichnis, Kennzeichnung, weitergehende Angaben) können sich einerseits uU auf die **Zulässigkeit des Insolvenzantrags** auswirken (dazu → Rn. 18), andererseits konkretisieren sie den „richtigen" Insolvenzantrag iSd § 15a Abs. 4.

17 Der antragstellende Schuldner, der einen nicht eingestellten **Geschäftsbetrieb** hat (und nicht die Voraussetzungen des Satz 6 erfüllt – dazu → Rn. 18), soll gegenüber dem einfachen Schuldner weitergehende Kennzeichnungen (diese betreffen bestimmte Forderungen bzw. Gläubiger) und Angaben vornehmen (diese betreffen Angaben zur Bilanzsumme, den Umsatzerlösen und der Zahl der Arbeitnehmer). Er hat zudem gegenüber dem Insolvenzgericht zu erklären, dass die im Verzeichnis enthaltenen Angaben sowie ggf. die vorgenommenen Kennzeichnungen und die Angaben nach Satz 5 richtig und vollständig sind (Absatz 1 Satz 7). Auch wenn der Wortlaut dies nicht offen darlegt, war der Wille des Gesetzgebers darauf gerichtet, in dieser Stufe keine Verpflichtung zur Kennzeichnung der aufgezeigten Gläubigergruppen und zur Mitteilung der geforderten Angaben zu schaffen (s. dazu die Begr. der Beschlussempfehlung des Rechtsausschusses zur Änderung des § 13 Abs. 1 – BT-Drs. 17/7511). Der antragstellende Schuldner kann daher auch von der weitergehenden Kennzeichnung bzw. von der Mitteilung der Angaben gem. Satz 5 absehen. Das Insolvenzgericht kann die

weitergehende Kennzeichnung bzw. die Angaben zur Bilanzsumme, zu den Umsatzerlösen und der durchschnittlichen Arbeitnehmerzahl nicht erzwingen und ihr Fehlen auch nicht heranziehen, um den Insolvenzantrag als unzulässig abzulehnen. Die Erklärung des Schuldners zur Richtigkeit und Vollständigkeit seiner Angaben bezieht sich dann nur auf das Verzeichnis der Gläubiger und ihrer Forderungen.

Der antragstellende Schuldner, der nicht nur einen nicht eingestellten Geschäftsbetrieb hat, sondern darüber hinaus die **Eigenverwaltung** beantragt, die Merkmale des § 22a Abs. 1 erfüllt oder die Einsetzung eines vorläufigen Gläubigerausschusses beantragt, wird ausdrücklich verpflichtet, diese zusätzlichen Angaben gegenüber dem Insolvenzgericht zu machen. Er ist zudem verpflichtet die Richtigkeit und Vollständigkeit seiner Angaben auch insoweit zu erklären. 18

Die **Kennzeichnung nach Absatz 1 Satz 4** zielt darauf Gläubiger bzw. Gläubigergruppen, die bei der Bildung eines vorläufigen Gläubigerausschusses berücksichtigt werden könnten, von vornherein offen zu legen. Diese Kennzeichnung kann durch besondere Hervorhebung im Verzeichnis oder auch dadurch erfüllt werden, dass die entsprechenden Gläubiger/Forderungen durch den Schuldner schriftlich gesondert aufgeführt werden. Soweit der Gesetzgeber die Kennzeichnung der höchsten Forderungen verlangt, räumt er dem Schuldner einen gewissen Spielraum ein, den Kreis der Forderungen, die als „höchsten Forderungen" anzuerkennen sind, zu bestimmen. Der Schuldner hat dabei aber zumindest die beiden höchsten Forderungen aufzuzeigen. Ergibt sich eine Gläubigergruppe, deren Forderungshöhe sich deutlich von denen der anderen Gläubiger absetzt, so ist es sachgerecht und notwendig die Gläubiger dieser Gruppe aufzuzeigen. Entsprechendes ergibt sich bei der Kennzeichnung der „höchsten gesicherten Forderungen". Als „gesicherte Forderung" ist dabei eine Forderung anzusehen, die dem Gläubiger ein Recht auf abgesonderte Befriedigung im Insolvenzverfahren sichert. Eine Sicherung, die dem Gläubiger von einem Dritten gestellt wird, ist hier nicht zu berücksichtigen. Forderungen der Finanzverwaltung sind Forderungen, die das Finanzamt geltend macht. Damit sind nicht alle Abgabeforderungen zu kennzeichnen, Forderungen der Kommunen auf Grund von Abgabepflichten des Schuldners brauchen zB nicht gekennzeichnet zu werden.

Das Insolvenzgericht ist durch die besondere gesetzliche Hervorhebung der Angaben nach Absatz 1 Satz 4 oder die konkreten Angaben des Schuldners im Verzeichnis aber nicht gebunden, bestimmte Gläubiger auszuwählen oder bestimmte Gläubigergruppen bei der Benennung der Gläubigerausschussmitglieder zu berücksichtigen. Das Insolvenzgericht kann allerdings nicht Personen in den vorläufigen Gläubigerausschuss bestellen, die keine Gläubiger sind.

Die Zulässigkeit des Insolvenzantrags wird durch die **Unvollständigkeit des Verzeichnisses** grds. nicht beeinträchtigt. Dies gilt zumindest, wenn nur vereinzelte, unwesentliche Forderungen oder Gläubiger fehlen. Der Schuldner kann Forderungen, deren Höhe ungewiss sind, auch auf der Grundlage einer Schätzung angeben (dazu BT-Drs. 17/5712, 23). Kommt ein antragstellender Schuldner, trotz seiner Verpflichtung, dem Gericht das Verzeichnis der Gläubiger und ihrer Forderungen vorzulegen, den Vorgaben nicht nach, indem er kein Verzeichnis oder ein in wesentlichen Teilen unzureichendes Verzeichnis vorgelegt, so hat das Gericht den Schuldner aufzufordern seinen Antrag entsprechend nachzubessern. Kommt der Schuldner dieser Aufforderung nicht fristgemäß nach, so kann der Eröffnungsantrag insgesamt als unzulässig abgewiesen werden, AG Hamburg NZI 2012, 850; AG Mönchengladbach ZInsO 2012, 2299. Ist das Gericht allerdings in der Lage, das Antragsverfahren auch ohne die fehlenden Daten sachgerecht weiterzuführen, so kommt eine Abweisung des Antrags als unzulässig auch ohne Nachbesserung nicht in Betracht. So kann auf die Mitteilung der Bilanzsumme uU verzichtet werden, AG Ludwigshafen ZInsO 2012, 2058. Unterfällt der 19 antragstellende Schuldner nur der „Soll"-Regelung des § 13 so wird der Insolvenzantrag durch die mangelnde Kennzeichnung bzw. durch die mangelnde Angabe der weitergehenden Daten des Absatz 1 Satz 5 nicht unzulässig. Hat der Schuldner einen Antrag auf Eigenverwaltung gestellt, so können Versäumnisse bezüglich der Vorgaben des § 13 allerdings iRd Nachteilsprognose berücksichtigt werden (AG Hamburg ZInsO 2014, 566).

Absatz 1 Satz 7 gibt zudem vor, dass der antragstellende Schuldner dem Verzeichnis und den geforderten Angaben eine Erklärung beifügt, in der er erklärt, dass die enthaltenen Angaben richtig und vollständig sind. Diese Erklärung ist vom Schuldner persönlich zu unterzeichnen. Sie wurde durch den Gesetzgeber bewusst nicht als förmliche Versicherung an Eides Statt ausgestaltet, da eine solche Ausgestaltung den Schuldner von einer frühzeitigen Antragstellung abhalten könnte (BT-Drs. 17/7511 zu § 13; sa die abweichende Vorstellung des Bundesrats und die Gegenäußerung der Bundesregierung BT-Drs. 17/5712, 51 und 67).

Ist diese **Erklärung nicht beigefügt,** so hat das Insolvenzgericht die Abgabe der Erklärung (unter Fristsetzung) nachzufordern. Gibt der Schuldner diese Erklärung gleichwohl nicht ab oder erweist sich auch die nachgebesserte Erklärung als sachlich nicht zutr. kann das Insolvenzgericht den Antrag gleichwohl nicht als unzulässig zurückweisen (str. ebenso *N. Schmidt* ZInsO 2014, 2352; *Müller/Rautmann* ZInsO 2012, 920; aA LG Potsdam ZInsO 2014, 2501; AG Essen ZInsO 2015, 418; MüKoBGB/*Schmahl/Vuia* Rn. 110). Gibt der Schuldner eine vorsätzlich falsche Erklärung ab, so kann allerdings eine Strafbarkeit wegen Betruges in Betracht gezogen werden.

III. Antragsberechtigung

20 **1. Eigenantrag. a) Natürliche Person.** Ist der Schuldner eine natürliche Person, so ist er grds. auch berechtigt beim Insolvenzgericht einen Antrag zu stellen, der darauf gerichtet ist, dass über sein Vermögen ein Insolvenzverfahren durchgeführt wird. Voraussetzung ist allerdings, dass er prozessfähig ist (→ Rn. 34). Zudem darf der Eigenantrag nicht mangels Rechtsschutzinteresse unzulässig sein. Eine Unzulässigkeit wegen mangelnden Rechtsschutzinteresses kann im Fall der Eigenantragstellung durch eine natürliche Person angenommen werden, wenn der Schuldner mit seiner Antragstellung Ziele verfolgt, die den Zielen des Insolvenzverfahren zuwiderlaufen bzw. Wertungen der InsO widersprechen (zB Versuch einer Firmenbestattung). Liegen andere Fallgestaltungen, die im Fall der Gläubigerantragstellung die Annahme einer „Unzulässigen Rechtsausübung" rechtfertigen würden, vor (zB Versuch, sich aus einem Schuldverhältnis zu befreien) vor, so sind diese unbeachtlich, wenn der Schuldner mit der Antragstellung besondere Zielsetzungen, die der Insolvenzgeber mit der Antragstellung des Schuldners verbindet, verfolgt (zB Ermöglichung der Restschuldbefreiung) siehe dazu *Gundlach/Müller/Rautmann* ZInsO 2015, 889 f.

21 Ein mit dem Schuldner vereinbartes Antragsverbot hat keine Auswirkung auf einen gleichwohl gestellten Insolvenzantrag durch den Schuldner. Teilw. wird vertreten, dass eine solche Vereinbarung ohnehin nach § 134 BGB unwirksam sei (Gottwald InsR-HdB/*Vuia* § 8 Rn. 5).

Die Regelung des **§ 1365 BGB** entfaltet in diesem Zusammenhang keine Wirkung, sodass auch eine verheiratete Person ohne Zustimmung des Ehegatten einen Insolvenzantrag auf Eröffnung eines Insolvenzverfahrens über sein Vermögen stellen kann. Ist allerdings Gütergemeinschaft vereinbart, so ergeben sich Besonderheiten, dazu §§ 37, 333.

22 Der Eigenantrag muss nicht durch den Schuldner persönlich gestellt werden. Es ist auch die Einschaltung eines **Bevollmächtigten** möglich. Allerdings ist dann dem Antrag eine entsprechende schriftliche Vollmacht beizufügen. Letztere kann

bei der Bevollmächtigung eines Rechtsanwalts entfallen (s. dazu § 88 Abs. 2 ZPO und BGH NZI 2010, 63). Die Vollmacht muss nicht ausdrücklich auf die Insolvenzantragstellung gerichtet sein (BGH 21.12.2010 – IX ZB 206/09, BeckRS 2011, 01767).

Ist der Schuldner **Kaufmann,** so ergibt sich grds. nichts anderes, allerdings ist darauf zu achten, dass Handlungsbevollmächtigte und auch Prokuristen nicht schon auf Grund ihrer auf den Geschäftsbetrieb ausgerichteten Vollmacht zur Insolvenzantragstellung befugt sind. Hier müssten gesonderte Bevollmächtigungen erfolgen. Wird ein Insolvenzantrag ohne diese gesonderte Bevollmächtigung gestellt, so ist er zurückzuweisen, wenn er nicht vorher vom Antragsberechtigten genehmigt wird. Wird das Insolvenzverfahren eröffnet, obgleich eine Bevollmächtigung nicht vorlag, so ist die Insolvenzeröffnung wirksam aber angreifbar. Der Antrag kann dann aber noch bis zur Entscheidung des Insolvenzgerichts über das Rechtsmittel des Schuldners genehmigt werden (BGH NZI 2003, 375).

b) Personengesellschaften. Für die Beantragung eines Insolvenzverfahrens im Fall der Personengesellschaft ist § 15 Abs. 1 zu beachten (s. die Erläuterungen zu § 15). Befindet sich die Personengesellschaft bereits in der Liquidation, so ist neben den persönlich haftenden Gesellschaftern der Liquidator antragsberechtigt. 23

c) Juristische Person. Soll über das Vermögen einer juristischen Person ein Insolvenzverfahren eröffnet werden, so ist im Fall eines Eigenantrags die Antragsberechtigung nach den Vorgaben des § 15 InsO zu prüfen (Einzelheiten s. dort; zum Fall der Führungslosigkeit → § 15 Rn. 14–18). 24

d) Spezialregelungen. Dem Gesetzgeber steht es frei, die Insolvenzantragsberechtigung bezogen auf bestimmte Fallgestaltungen gesondert festzulegen. Von dieser Möglichkeit hat er verschiedentlich Gebrauch gemacht. Für Unternehmen der Kredit-, Finanzdienstleistung- bzw. Versicherungswirtschaft wird zB teilw. der Bundesanstalt für Finanzdienstleistungen die Insolvenzantragsbefugnis zugewiesen (vgl. hierzu §§ 37 Abs. 2, 46b KWG, § 88 VAG). Diese Spezialzuweisungen bewirken, dass der Schuldner selbst und auch die Gläubiger des Schuldners nicht zur Insolvenzantragstellung befugt sind (BGH NZI 2003, 645). Für den Verein, den nicht-rechtsfähigen Verein und die Stiftung gilt § 42 BGB. 25

2. Fremdantrag. a) Antragsrecht der Gläubiger. Das Insolvenzverfahren kann auch auf Antrag eines Gläubigers eröffnet werden. Neben zukünftigen Insolvenzgläubigern können insbes. **auch dingliche gesicherte Gläubiger** einen Insolvenzantrag stellen. Allerdings ist einschränkend zu berücksichtigen, dass die dinglich gesicherten Gläubiger zwar grds. antragsbefugt sind, aber nicht immer über ein rechtliches Interesses an der Insolvenzantragstellung verfügen (dazu → § 14 Rn. 25 f.). Auch einem **nachrangigen Insolvenzgläubiger** kann ein Antragsrecht zustehen (dazu → § 14 Rn. 6). Gläubiger, die grds. berechtigt sind, einen Insolvenzantrag zu stellen, können wirksam darauf verzichten, den Insolvenzantrag zu stellen (dazu Gottwald InsR-HdB/*Vuia* § 8 Rn. 46). Ein gleichwohl gestellter Insolvenzantrag ist in diesen Fallgestaltungen dann als unzulässig abzuweisen. 26

Die Antragsberechtigung eines Gläubigers setzt voraus, dass dieser geltend macht, **Inhaber einer Forderung** gegen den späteren Insolvenzschuldner zu sein. Im Fall eines Forderungsübergangs folgt das Antragsrecht der Forderung. Das Antragsrecht geht mit dem Erlöschen der Forderung unter. Aus diesem Grund versuchen insolvente Schuldner häufig durch Zahlung nur der Forderung des antragstellenden Gläubigers das Insolvenzverfahren zu vermeiden. Der Gesetzgeber hat diese Möglichkeit durch die Änderung des § 14 eingegrenzt (dazu → § 14 Rn. 15–18). Zudem ist in diesem Zusammenhang zu beachten, dass Zahlungen des Schuldners, die gegen § 21 Abs. 2 Nr. 2 verstoßen, keine Erfüllungs- 27 wirkung entfalten (BGH NZI 1999, 313). Zudem kann die Annahme der Zahlung ggf. zulässigerweise verweigert worden sein (dazu *Kirchhof* ZInsO 2004, 1171). Ist noch nicht über den Insolvenzantrag entschieden, so ist zudem auch ein Nachschieben von Forderungen zur Begründung des Insolvenzantrags möglich (BGH NZI 2004, 587; ZInsO 2012, 593 f.). Wurde die Forderung an einen Dritten verpfändet oder einem Dritten die Einziehungsberechtigung hinsichtlich der Forderung übertragen, so ist der einziehungsberechtigte Dritte antragsbefugt

Da die Berechtigung Forderungen einzuziehen die Antragsberechtigung umfasst ist der Verwalter einer Wohnungseigentümergemeinschaft berechtigt einen Insolvenzantrag gegen ein Mitglied der Eigentümergesellschaft (wegen ausstehender Wohngeldzahlungen) zu stellen (LG Bad Kreuznach NZI 2011, 649; HK-InsO/*Kirchhof* Rn. 9).

28 Auch der Arbeitnehmer, dessen rückständige **Lohn-/Gehaltsforderung** auf die Bundesanstalt für Arbeit übergegangen ist, ist antragsbefugt. Dem Arbeitnehmer ist ein Antragsrecht zuzugestehen, da dieser gesetzliche Forderungsübergang nur infolge des Schutzzwecks des § 187 Abs. 3 SGB III erfolgt und dem Arbeitnehmer damit nicht die Antragsbefugnis entzogen werden sollte (BAG NJW 2008, 2204; Gottwald InsR-HdB/*Vuia* § 8 Rn. 41). Auf rückständige Lohn-/Gehaltsforderungen der Arbeitnehmer kann hingegen der Betriebsrat des Schuldners kein Antragsrecht stützen.

29 **Nicht erforderlich** ist das **Vorhandensein mehrerer Gläubiger.** Die vereinzelt vertretene Gegenansicht (AG Koblenz NZI 2004, 47) ist abzulehnen. Diese Eingrenzung ist aber weder notwendig noch sachgerecht und würde auch den Zielen der InsO und denen der Restschuldbefreiung entgegenstehen. Schon gar nicht kann verlangt werden, dass der Antragsteller glaubhaft macht, dass der Schuldner noch mindestens einen weiteren Gläubiger hat.

30 **b) Eingeschränktes Antragsrecht des Aussonderungsberechtigten.** Aus- und Absonderungsberechtigte, die keinen Ausfall zu erwarten haben, können keinen zulässigen Antrag stellen – allerdings ging der Gesetzgeber davon aus, dass dieses Resultat nicht durch eine mangelnde Antragsberechtigung, sondern durch das mangelnde „rechtlichen Interesses" dieser Personengruppen erzielt wird. Haben Aussonderungsberechtigte neben dem Aussonderungsrecht keine Forderungen gegen den Schuldner, so können sie dementsprechend keinen zulässigen Insolvenzantrag stellen. Steht ihnen aber neben dem Herausgabeanspruch, der durch ein Aussonderungsrecht gesichert ist, auch ein schuldrechtlicher Anspruch gegen den Schuldner zu, so sind auch diese Aussonderungsberechtigte antragsbefugt.

31 **c) Verdrängung des Gläubigerantragsrechts durch Verwalterbestellung.** Hat das Insolvenzgericht auf Grund eines Insolvenzantrages eine vorläufige Verwaltung angeordnet und ist es einer Person damit verboten ihre Außenstände einzuziehen, so ist sie auch nicht mehr berechtigt einen Antrag zu stellen, der darauf gerichtet ist, dass ein Insolvenzverfahren über das Vermögen ihres Schuldners durchgeführt wird. Antragsberechtigt ist in diesem Fall der eingesetzte vorläufige Verwalter (LG Duisburg DZWIR 2000, 34 f.). Entsprechendes gilt, wenn über das Vermögen eines solchen Gläubigers ein Insolvenzverfahren eröffnet wurde. In diesem Fall ist der Insolvenzverwalter, der das Verfahren über das Vermögen des Gläubigers führt, und nicht mehr der Gläubiger selbst berechtigt einen Antrag auf Eröffnung eines Insolvenzverfahrens über das Vermögen des Schuldners zu stellen (*Gundlach/Müller* ZInsO 2011, 900 – auch zum Recht des Insolvenzverwalters einen Eigenantrag zu stellen).

IV. Zulassung des Antrags

Das **Eröffnungsverfahren** kann in **zwei Abschnitte** unterteilt werden. Zunächst hat der antragstellende Gläubiger seine Forderung und einen Insolvenzgrund glaubhaft zu machen. Gelingt es dem Gläubiger durch die beigefügten Unterlagen nicht das Insolvenzgericht von der überwiegenden Wahrscheinlichkeit des Bestehens der Forderung und des Vorliegens eines Insolvenzgrunds zu überzeugen, so hat das Insolvenzgericht den Antragsteller auf die Mängel hinzuweisen und dem Antragsteller (unter Einräumung einer angemessenen Frist) Gelegenheit zu geben, seinen Antrag nachzubessern (BGH NZI 2003, 147 f.; *Gundlach/Frenzel* EWIR 2003, 589 f.). Erfolgt diese Nachbesserung nicht oder liegt die Nachbesserung trotz Ablauf der Frist nicht vor, kann das Insolvenzgericht den Insolvenzantrag ablehnen. Ist das Insolvenzgericht sich nicht sicher oder liegen besondere Umstände vor, die zB einen Antragsmissbrauch nahe legen, so steht es ihm frei den Schuldner bereits in diesem Verfahrensstadium einzubinden und ihm die Gelegenheit zu geben eine Gegenglaubhaftmachung vorzunehmen. Das Insolvenzgericht kann dann unter Einbindung der Gegenglaubhaftmachung über die Zulassung des Antrags befinden. 32

Hält das Insolvenzgericht den **Insolvenzantrag** für **zulässig** – insbes. die Forderung und den Insolvenzgrund für glaubhaft gemacht – so lässt es den Antrag zu. Diese Zulassung ist ein **interner Verfahrensschritt,** der vom Schuldner nicht gesondert angegriffen werden kann. Diese Zulassung stellt insoweit ein Zäsur im Verfahren dar, als ab diesem Zeitpunkt der **Amtsermittlungsgrundsatz** des § 5 greift (BGH NZI 2003, 147) und das Insolvenzgericht ab diesem Zeitpunkt Maßnahmen gem. § 21 ergreifen kann bzw. gehalten sein kann entsprechende sichernde Anordnung zu treffen. Zudem ist nunmehr der Schuldner zwingend einzubeziehen und zum Insolvenzantrag zu hören. 33

Soweit das Gericht Maßnahmen gem. § 21 anordnet ist der Schuldner auch erstmals in der Lage gegen den Antrag und seine Folgen vorzugehen, s. dazu § 21 Abs. 1 S. 2. Ab Zulassung des Antrags sind iRd Amtsermittlung auch Zwangsmaßnahmen gegen den Schuldner gem. §§ 20 Abs. 1 S. 2, 97, 98, 101 möglich.

V. Prozessfähigkeit des Insolvenzschuldners

Da die **Insolvenzantragstellung als Prozesshandlung** zu verstehen ist, muss der Schuldner, der einen Eigenantrag stellt, prozessfähig sein. Der BGH hat dementsprechend in einer Fallgestaltung, in der infolge einer nichtigen Geschäftsführerbestellung die Prozessfähigkeit einer GmbH nicht gegeben war, da der gesetzliche Vertreter der GmbH fehlte, die Eigenantragstellung als unzulässig zurückgewiesen (BGH ZInsO 2007, 97). 34

Stellt nicht der Schuldner, sondern ein Gläubiger den Insolvenzantrag, so ist zwar der Antrag selbst nicht angreifbar, wenn der Schuldner nicht prozessfähig ist – der Insolvenzantrag ist mithin auch nicht von vornherein unzulässig. Schwierigkeiten ergeben sich jedoch im weiteren Verfahren, denn der Schuldner muss angehört und ein Eröffnungsbeschluss muss dem Schuldner wirksam zugestellt werden. Im Fall der juristischen Person, die über kein Mitglied im Vertretungsorgans verfügt, muss daher – soweit § 10 nicht greift – ein Verfahrenspfleger bestellt werden.

VI. Antragsrücknahme/Erledigungserklärung

1. Zulässigkeit. a) Rücknahme. Absatz 2 bestätigt, dass der Antrag auf Eröffnung eines Insolvenzverfahrens zurückgenommen werden kann. Dies jedoch nur bis zum Zeitpunkt der Insolvenzeröffnung bzw. bis zum Zeitpunkt der rechts- 35 kräftigen Abweisung des Insolvenzantrags. Zeitliche Grenze ist demnach bei der ablehnenden Entscheidung des Insolvenzgerichts über den Insolvenzantrag die Rechtskraft, bei der positiven Entscheidung über den Antrag auf Eröffnung des Insolvenzverfahrens dagegen der Zeitpunkt, in dem der Eröffnungsbeschlusses erfolgt (BGH ZVI 2006, 564; Kölner Schrift InsO/*Delhaes* S. 104). Dementsprechend ist eine Rücknahme des Antrags in der Zeit zwischen Eröffnungsbeschluss und dem Abschluss eines Rechtsmittelverfahrens über diesen Beschluss nicht mehr möglich. Der Gesetzgeber hat diese Festlegung aus Gründen der Rechtssicherheit vorgenommen (BT-Drs. 12/2443, 113). Wirksam wird der Eröffnungsbeschluss in dem Zeitpunkt, in dem der Beschluss in den Geschäftsgang gegeben wird.

36 Die **Rücknahme** des Insolvenzantrags **ist** wie die Antragstellung eine **Prozesshandlung** und dementsprechend bedingungsfeindlich. Eine unter eine Bedingung gestellte Antragsrücknahme ist daher unbeachtlich. Die Rücknahme hat gegenüber dem zuständigen Gericht zu erfolgen, es bedarf dazu nur einer einseitigen Willenserklärung. Wurde der Antrag von einem Gläubiger gestellt, so bedarf die Antragsrücknahme nicht der Zustimmung des Schuldners, die Rücknahme des Eigenantrags bedarf nicht der Zustimmung der Gläubiger.

Die Antragsrücknahme kann in Einzelfällen **rechtmissbräuchlich** und damit unwirksam sein. Dies kann gegeben sein, wenn klare Anhaltspunkte dafür vorhanden sind, dass mit der Antragsrücknahme eine vorliegende Insolvenzverschleppung aufrechterhalten werden soll (BGH NZI 2008, 550; LG Frankenthal NZI 2013, 1031; LG Duisburg NZI 2009, 911).

37 **b) Erledigungserklärung.** Der antragstellende Gläubiger kann nicht nur den Antrag zurücknehmen, sondern auch den Antrag in der Hauptsache für **erledigt** erklären (BGH NZI 2008, 736). Die Erledigungserklärung wird – abgesehen von der Kostenfolge – wie eine Antragsrücknahme behandelt (BGH NZI 2006, 34; 2005, 108). Allerdings reicht nicht die einseitige Erledigungserklärung des antragstellenden Gläubigers. Der Insolvenzantrag wird nur dann nicht weiter verfolgt, wenn der Schuldner der Erledigungserklärung zustimmt – dann ist nur noch über die Kosten zu entscheiden (zu einem Fall, in dem die Erledigungserklärung rechtsmissbräuchlich erfolgt, AG Hamburg ZInsO 2011, 2093). Stimmt der Schuldner der Erledigungserklärung nicht zu, so ist die Erledigungserklärung als Antrag auf Feststellung der Erledigung zu behandeln. Das Gericht entscheidet dann über die Erledigung und die Kostentragung.

38 **2. Berechtigung zur Antragsrücknahme/Erledigungserklärung.** Zur Antragsrücknahme ist grds. die Person berechtigt, die auch den Antrag gestellt hat. Zu beachten ist aber in diesem Zusammenhang, dass auch beim Eigenantrag nicht immer der Insolvenzschuldner selbst die Antragstellung vorgenommen hat. Handelt es sich um eine insolvente natürliche Person, so wird regelmäßige diese selbst den Antrag gestellt haben – dann ist sie auch zur Antragsrücknahme berechtigt. Vielfach handelt der Schuldner jedoch nicht selbst, sondern ein Dritter im Namen der insolventen Person (zB der gesetzliche Vertreter oder im Fall einer juristischen Person das Mitglied des Vertretungsorgans). In diesem Fall ist zu differenzieren, der gesetzliche Vertreter ist auch zur Antragsrücknahme im Namen des (insolventen) Schuldners befugt, im Fall des Mitglieds des Vertretungsorgans sind die Sonderregelungen des § 15 zu beachten. Jedenfalls setzt eine Antragsrücknahme voraus, dass der Vertreter auch noch im Zeitpunkt der Rücknahme über seine Vertretungsmacht bzw. organschaftliche Stellung verfügt, der Geschäftsführer einer GmbH zB also noch die Funktion des Geschäftsführers innehat.

39 Nach **Ende der Amtszeit** des Organmitglieds, das den Antrag gestellt hatte, kann das verbleibende (bzw. neu bestellte) Mitglied des Vertretungsorgans den Antrag wieder zurücknehmen (BGH NJW-RR 2008, 1439). Vorausgesetzt wird dabei jedoch, dass diese Rücknahme nicht rechtsmissbräuchlich erfolgt (BGH

NZI 2008, 550). Dies gilt auch wenn der durch ein Mitglied des Vertretungsorgans gestellte Insolvenzantrag durch ein anderes Mitglied zurückgenommen wird – und das selbst dann, wenn das antragstellende Mitglied nicht zwischenzeitlich abberufen wurde, vielmehr noch in der Geschäftsleitung tätig ist.

3. Folgen der Rücknahme/Erledigungserklärung. a) Verfahrensabbruch. Das Verfahren verliert mit der Rücknahme des Antrags seine Grundlage. 40
Nach der wirksamen Rücknahme des Insolvenzantrags hat das Insolvenzgericht die entsprechende Akte ohne weiteres zu schließen. Eines besonderen Beschlusses bedarf es dazu nicht.

Hat das Gericht im Insolvenzeröffnungsverfahren bereits belastende Anordnungen getroffen, so sind diese durch einen gesonderten Beschluss aufzuheben. Dies gilt sowohl für Anordnungen, die Rechte des Schuldners belasten, als auch für solche, die Rechte Dritte betreffen (BGH NZI 2007, 40 und 99; 2008, 100).

Wird das Insolvenzverfahren trotz einer rechtzeitig erklärten Antragsrücknahme eröffnet, so ist die Insolvenzeröffnung zunächst einmal wirksam. Sie kann allerdings mit dem Argument, dass der Antrag rechtzeitig zurückgenommen worden ist, mittels Beschwerde angegriffen werden.

b) Kostentragung. Mit der Antragsrücknahme ist die Kostenfolge des § 269 41
Abs. 3 ZPO, § 4 InsO verbunden. Haben Mitglieder des Vertretungsorgans bzw. Beauftragte den Insolvenzantrag für den Schuldner gestellt, so trifft die Kostenlast den Schuldner. Dies gilt selbst dann, wenn ein Mitglied von mehreren Mitgliedern des Vertretungsorgans den Antrag gegen den Willen der anderen gestellt hat. Diese Festlegung schließt nicht aus, dass der Schuldner in diesen Fallgestaltungen einen internen Ausgleichsanspruch gegen die Person hat, die den Antrag im Namen des Schuldners stellte.

Wurde ein Fremdantrag gestellt, so gelten ebenso die **§ 269 Abs. 3 ZPO, § 4** 42
InsO. Der antragstellende Gläubiger hat damit regelmäßig die Kosten zu tragen. Aufgrund dieser Situation ist der antragstellende Gläubiger häufig gut beraten keine Antragsrücknahme zu erklären, sondern den Insolvenzantrag für erledigt zu erklären. In diesem Fall ergibt sich die Kostenfolge nämlich aus § 91a ZPO, § 4 InsO. Hat der Schuldner einen Eigenantrag gestellt, so entfällt die Möglichkeit der Erledigungserklärung, er kann seinen Antrag nur zurücknehmen.

In diesem Zusammenhang ist aber die **Sonderregelungen des § 14 Abs. 1** 43
S. 2 und Abs. 3 zu beachten. Danach braucht eine Gläubiger dessen ursprünglich zulässiger und begründeter Antrag auf Grund der Erfüllung der Forderung im Zeitpunkt der Entscheidung des Insolvenzgerichts über den Antrag nicht mehr zulässig wäre, seinen Antrag unter bestimmten Voraussetzungen nicht mehr zurückzunehmen, da er trotz der Zahlung weiterhin als zulässig zu behandeln ist.

4. Prozesskostenhilfe. Nach Maßgabe der §§ 4a–d kann der antragstellende 44
Schuldner eine Kostenstundung erreichen. Die Stundungsregelungen schließen eine Anwendung der §§ 114 ff. ZPO insoweit aus (BGHZ 156, 92). Dies gilt auch für die Eigenantragstellung von juristischen Personen, die die Stundungsregelungen nicht in Anspruch nehmen können.

Zur Prozesskostenhilfe des antragstellenden Gläubigers und zur Prozesskostenhilfe des Schuldners, der sich gegen einen Antrag eines Gläubigers verteidigt, → § 14 Rn. 3.

VII. Haftung für unbegründete Insolvenzanträge

Der Antragsteller kann sich uU haftbar machen, wenn er einen unbegründeten 45
Insolvenzantrag stellt. Hier kommt zunächst der Fall eines Geschäftsführers in Betracht, der unter Verletzung seiner Pflichten gegenüber seiner Gesellschaft in

deren Namen einen Insolvenzantrag stellt, obgleich die Voraussetzungen (erkennbar) nicht vorlagen. Zudem kann ein Geschäftsführer persönlich haften, wenn er ohne Zustimmung der Gesellschafter einen Insolvenzantrag wegen drohender Zahlungsunfähigkeit stellt (OLG München ZIP 2013, 1121). Zu beachten sind insbes. die Haftungen aus § 43 Abs. 2 GmbHG und § 93 Abs. 2 AktG.

Wird kein Eigenantrag, sondern ein **Fremdantrag** gestellt, dürfte die Haftung jedoch nur in Einzelfällen zum Tragen kommen, denn die Stellung eines Insolvenzantrags ist zunächst einmal eine zulässige Handlungsalternative, die ein Gläubiger zur Durchsetzung seiner Forderung ergreifen darf. Nach zutreffender Ansicht ist ein Gläubiger auch nicht gehalten zunächst die Möglichkeiten der Einzelzwangsvollstreckung zu ergreifen bzw. auszuschöpfen bevor er einen Insolvenzantrag stellen darf (Uhlenbruck/*Wegener* § 14 Rn. 70; Kübler/Prütting/Bork/*Pape* § 14 Rn. 97). Missbraucht der Gläubiger sein Antragsrecht, indem er vorrangig gar nicht die Befriedigung der Forderung, sondern die Schädigung des Schuldners verfolgt, so kommt eine Haftung gem. §§ 824 bzw. 826 BGB in Betracht (BGHZ 36, 18; 118, 206; 154, 271 ff.; Uhlenbruck/*Wegener* Rn. 49; dazu auch *Henckel,* Prozessrecht und materielles Recht, S. 306 f.). Bei der Antragstellung durch öffentlich-rechtliche Gläubiger wäre im Fall eines hoheitlichen Handelns eine Schadensersatzpflicht aus § 839 BGB zu prüfen. Dem Schuldner kommt in solchen Fallgestaltungen ein Unterlassungsanspruch gegen seinen Gläubiger zu (OLG Koblenz NZI 2006, 353). Erschöpft sich die schädigende Handlung des Antragstellers nicht in der Antragstellung, hat der Antragsteller also zB darüber hinaus die (angebliche) Insolvenz des Schuldners in bestimmten Geschäftskreisen verbreitet, kann unabhängig davon eine Haftung greifen.

VIII. Verordnungsermächtigung des BMJ

46 Mit dem Gesetz zur Vereinfachung des Insolvenzverfahrens (2007) wurde in § 13 ein **Absatz 3** eingefügt. Danach ist das Bundesministerium der Justiz ermächtigt durch Rechtsverordnung verbindlich die Nutzung bestimmter Formulare vorzugeben. Diese Vorschrift wurde durch das ESUG ergänzt. Es wird nunmehr ausdrücklich für zulässig erklärt für maschinell bearbeitete und für nicht maschinell bearbeitete Verfahren unterschiedliche Formulare einzuführen. Es ist beabsichtigt auf der Basis dieser Regelung zeitnah auch für das Regelinsolvenzverfahren ein Formular bzw. mehrere Formulare einzuführen.

Antrag eines Gläubigers[1]

14 (1) [1]**Der Antrag eines Gläubigers ist zulässig, wenn der Gläubiger ein rechtliches Interesse an der Eröffnung des Insolvenzverfahrens hat und seine Forderung und den Eröffnungsgrund glaubhaft macht.** [2]**War in einem Zeitraum von zwei Jahren vor der Antragstellung bereits ein Antrag auf Eröffnung eines Insolvenzverfahrens über das Vermögen des Schuldners gestellt worden, so wird der Antrag nicht allein dadurch unzulässig, dass die Forderung erfüllt wird.** [3]**In diesem Fall hat der Gläubiger auch die vorherige Antragstellung glaubhaft zu machen.**

(2) **Ist der Antrag zulässig, so hat das Insolvenzgericht den Schuldner zu hören.**

(3) **Wird die Forderung des Gläubigers nach Antragstellung erfüllt, so hat der Schuldner die Kosten des Verfahrens zu tragen, wenn der Antrag als unbegründet abgewiesen wird.**

---

[1] § 14 Abs. 1 S. 2 und 3 angef., Abs. 3 angef. mWv 1.1.2011 durch G v. 9.12.2010 (BGBl. I S. 1885).

Schrifttum *Frind,* Zwischenruf: Änderung des § 14 InsO, ZInsO 2011, 2183; *Gundlach/Rautmann,* Die Änderung des § 14 InsO durch das Haushaltsbegleitgesetz, NZI 2011, 315; *dies.,* Änderungen der Insolvenzordnung durch das Haushaltsbegleitgesetz 2011, DStR 2011, 82; *Klages/Pape,* Die Neuregelung des § 14 InsO, NZI 2013, 561; *Marotzke,* Sinn und Unsinn einer insolvenzrechtlichen Privilegierung des Fiskus, ZInsO 2011, 2163; *Marotzke,* Kostenfreie Weiterverfolgung eines von Gläubigerseite gestellten Insolvenzantrags, ZInsO 2011, 841; *Müller/Rautmann,* Die teleologische Reduktion des § 14 InsO, ZInsO 2014, 888.

Übersicht

I. Einleitung

§ 14 betrifft die Insolvenzantragstellung durch einen Gläubiger. Durch das **Haushaltsbegleitgesetz 2011** eingefügt wurden Absatz 1 Satz 2 und Absatz 1 Satz 3 (näher → Rn. 10 ff.). Hintergrund dieser Änderung war die Tatsache, dass ein Gläubiger, der eine Forderung gegen einen insolventen Schuldner hatte und einen Insolvenzantrag stellte, zur Rücknahme bzw. Erledigungserklärung gezwungen war, wenn seine Forderung nach der Antragstellung erfüllt wurde. Das Insolvenzverfahren konnte nach der Erfüllung der dem Antrag zugrundeliegenden Forderung nicht durchgeführt werden, auch wenn unzweifelhaft war, dass der Schuldner insolvent war und blieb. Seit der nunmehrigen Änderung wird ein Antrag in bestimmten Fallgestaltungen nicht allein dadurch unzulässig, dass der Schuldner nach Antragstellung die Forderung erfüllt. Diese **Zielrichtung** ist **zu begrüßen,** die konkrete **Ausgestaltung** musste jedoch berechtigte Kritik hinnehmen (dazu *Gundlach/Rautmann* DStR 2011, 82 f.). In der Diskussion über den § 14 wurde zu stark auf das Antragsprinzip und damit auf die Forderungsinhaberschaft abgestellt. Das verengte die Fragestellung unangemessen. Zwar bedarf es eines rechtlichen Interesses des Antragstellers für die Antragsberechtigung und insoweit liegt es nahe an die Forderung gegen den Schuldner anzuknüpfen, jedoch musste die Forderungsinhaberschaft schon vor der Änderung des § 14 nur glaubhaft gemacht werden. Sobald das Insolvenzgericht den Antrag zugelassen hatte, hatte die Frage, ob der Antragsteller tatsächlich Inhaber der Forderung ist, grds. keine Relevanz mehr (insbes. hat das Insolvenzgericht iRd Amtsermittlung nicht die Forderungsinhaberschaft des Antragstellers zu prüfen). Hier wird deutlich, dass das Insolvenzverfahren nicht maßgeblich auf das Bestehen der Forderung sondern auf das Vorliegen eines Insolvenzgrundes abstellt. Mit dem Antragsprinzip wäre es daher auch vereinbar gewesen, die Antragsberechtigung des antragstellenden 1

Gläubigers nur bezogen auf den Zeitpunkt der Antragstellung zu verlangen – damit wäre der Problemsituation sachgerecht begegnet worden.

2 Nach dem **Regierungsentwurf eines Gesetzes zur Verbesserung der Rechtssicherheit bei Anfechtungen (Herbst 2015),** sollen Absatz 1 Satz 2, 3 durch einen einzigen **Absatz 1 Satz 2 nF** ersetzt werden (→ Rn. 17): „Der Antrag wird nicht allein dadurch unzulässig, dass die Forderung erfüllt wird." Dieser Entwurf folgt der hier aufgezeigten Argumentation (→ Rn. 1) und entwickelt das Insolvenzantragsrecht sachgerecht fort.

II. Antrag und Prozesskostenhilfe

3 Zu den Anforderungen, die an einen Antrag zu stellen sind, vergleiche die Erläuterungen zu § 13. Der Gläubiger, der einen Insolvenzantrag stellen will, kann Prozesskostenhilfe beantragen (BGH ZInsO 2004, 976). Wird Prozesskostenhilfe gewährt so wird damit nicht die Übernahme der Verfahrenskosten nach § 26 zugesagt, sondern nur die Kosten des Antragsverfahrens. Die Beiordnung eines Rechtsanwalts ist uU möglich.

III. Gläubiger

4 Im Gegensatz zur Rechtslage unter Geltung der Konkursordnung ist nach der InsO „**jeder Gläubiger** antragsberechtigt" (BT-Drs. 12/2443, 113). Aus- und Absonderungsberechtigte sind nicht ausgenommen. Dementsprechend wird in der Gesetzesbegründung formuliert, dass hinsichtlich des Gläubigers, der als Aussonderungsberechtigter keinen Ausfall zu erwarten hat, sich die Unzulässigkeit seines Antrags nicht aus seiner Gläubigerstellung, sondern „aus dem Erfordernis des rechtlichen Interesses" (BT-Drs. 12/2443, 113) ergebe.

5 Auch **nachrangigen Insolvenzgläubigern** ist ein Antragsrecht zuzugestehen. Teilw. wird das Antragsrecht zwar insoweit eingeschränkt, als verlangt wird, dass der nachrangige Gläubiger zumindest mit einer teilweisen Befriedigung seiner Forderung rechnen können muss (so HK-InsO/*Kirchhof* § 14 Rn. 26; Jaeger/*Gerhardt* § 14 Rn. 13). Der BGH (BGH NZI 2011, 58; dazu *Gundlach/Müller* EWIR 2010, 819) ist dieser Einschränkung jedoch zutr. entgegengetreten (so auch Gottwald InsR-HdB/*Vuia* § 8 Rn. 34; Uhlenbruck/*Wegener* § 13 Rn. 22; Kübler/Prütting/Bork/*Pape* § 13 Rn. 32; MüKoBGB/*Schmahl/Vuia* § 14 Rn. 24; *Gundlach/Müller* ZInsO 2011, 84 f.). Das Antragsrecht besteht auch wenn der nachrangige Insolvenzgläubiger eine Rangrücktrittsvereinbarung iSd § 39 Abs. 2 abgeschlossen hat (so *Gundlach/Müller* ZInsO 2011, 84 f.; aA Kübler/Prütting/Bork/*Pape* § 14 Rn. 63). Auch hier gilt zunächst, dass der Wortlaut des Gesetzes alle Gläubiger des Insolvenzschuldners erfasst. Die Ausgrenzung der nachrangigen Insolvenzgläubiger aus dem Kreis der Antragsberechtigten bedürfte daher einer besonderen Begründung. Eine solche Begründung ist nicht ersichtlich. Zudem gilt gerade in diesen Situationen, dass eine sich aus § 15a ergebende Insolvenzantragspflicht des Gesellschafters nicht durch eine in Abrede gestellte Insolvenzantragsberechtigung unterlaufen werden darf.

6 **Mitgliedsrechte** (zB der Aktionäre einer Aktiengesellschaft) allein **begründen keine Gläubigerstellung** iSd § 14 (iE auch BGH 30.6.2009 – IX ZA 21/09, BeckRS 2009, 20530).

IV. Forderung

7 Die **Forderungsinhaberschaft** hat der antragstellende Gläubiger nicht zu beweisen, sondern nur glaubhaft zu machen (dazu → Rn. 21 f.). Das Insolvenzantragsverfahren dient nicht dazu, die Forderungsberechtigung des antragstellen-

den Gläubigers gerichtlich zu überprüfen. Die Forderung ist zunächst einmal nur insoweit relevant als die Berechtigung des Antragstellers zur Antragstellung glaubhaft gemacht werden muss. Insoweit erfolgt nur eine summarische Prüfung der Forderung durch das Insolvenzgericht. Wird eine Forderung geltend gemacht, bei der noch nicht geklärt ist, ob rechtlich überhaupt ein Anspruch bestehen kann, so ist dieser Anspruch von vornherein nicht geeignet, eine Insolvenzantragsberechtigung zu rechtfertigen (BGH ZInsO 2005, 40). Für die Forderung muss das Vermögen allg. haften, über das das Insolvenzverfahren eröffnet werden soll.

Glaubhaftmachung dem Grunde nach ist erforderlich. Die Höhe der Forderung ist unerheblich. Sie muss auch nicht tituliert sein. Die Forderung kann sogar verjährt sein, etwas anderes ergibt sich erst, wenn die Einrede der Verjährung auch wirklich erhoben worden ist (zutr. LG Göttingen ZInsO 2005, 832). Auch noch nicht fällige oder bedingte Forderungen reichen aus (dazu s. §§ 41, 42). Auch Teilforderungen sind als „Forderung" anzuerkennen. Ist die geltend gemacht Forderung schon aus Rechtsgründen zweifelhaft, so genügt sie nicht, zumal die Insolvenzantragstellung nicht zur Klärung zweifelhafter Rechtsfragen dient (dazu BGH ZInsO 2005, 40; AG Köln NZI 2007, 666). 8

Zahlt der Schuldner auf die geltend/glaubhaft gemachte Forderung des Gläubigers, so kann der Antragsteller dadurch seine Antragsberechtigung verlieren (aber → Rn. 9 und 10 f.). Allerdings muss die Zahlung auch wirksam sein. Eine gegen ein Verfügungsverbot verstoßende Zahlung ist zB nicht wirksam.

Kommt es zum **Erlöschen oder** zur **Übertragung der Forderung** auf einen Dritten, so kann eine andere Forderung durch den Gläubiger nachgeschoben oder die bisherige Forderung ausgewechselt werden. Steht dem Antragsteller keine andere Forderung zu, so verliert er sein Antragsrecht. Wurde dem Schuldner in einem früheren Insolvenzverfahren eine Restschuldbefreiung gewährt, so kann ein Altgläubiger seinen Insolvenzantrag nicht mehr auf eine Altforderung stützen, unabhängig davon, ob er die Altforderung im damaligen Insolvenzverfahren angemeldet hat (AG Göttingen ZInsO 2011, 347 [348]). War der Schuldner nur zur zunächst angeführten Forderung angehört worden, ist der Schuldner hinsichtlich der nachgeschobenen/ausgewechselten Forderung erneut zu hören. Zu beachten ist in diesem Zusammenhang aber die Änderung, die das Haushaltsbegleitgesetz 2011 ab dem 1.1.2011 für § 14 brachte. Das Erlöschen der Forderung durch Erfüllung ist hinsichtlich der Zulässigkeitsprüfung unerheblich, wenn diese nach der Antragstellung erfolgt und in einem Zweijahreszeitraum vor der Antragsstellung bereits ein anderer Antrag auf Insolvenzeröffnung gestellt worden war. 9

V. Antragsberechtigung trotz erloschener Forderung

1. Rechtslage 2015 (Absatz 1 Satz 2, 3). Die Insolvenzeröffnung setzt grds. voraus, dass im Zeitpunkt der Entscheidung des Insolvenzgerichts über die Insolvenzeröffnung der Antrag eines antragsberechtigten Gläubigers vorliegt. Diese **Antragsberechtigung** war **bis zum 31.12.2010 an die Forderung gebunden,** die der Gläubiger gegen den insolventen Schuldner geltend macht und gegenüber dem Insolvenzgericht glaubhaft zu machen war. Erlosch die (einzige) Forderung des antragstellenden Gläubigers noch vor der gerichtlichen Entscheidung des Insolvenzgerichts über die Insolvenzeröffnung, so konnte das Gericht den Antrag nur als unzulässig abweisen. Dies führte dazu, dass insolvente Schuldner vielfach gezielt die Forderung des antragstellenden Gläubigers beglichen und dadurch dem eingeleiteten aber noch nicht eröffneten Insolvenzverfahren den Boden entzogen (LG Aachen ZIP 2003, 1264). Insolventen Schuldner gelang es auf diese Weise häufig mehrere Jahre zu „gewinnen", in denen die Masse weiter aufgezehrt und Anfechtungsmöglichkeiten unterlaufen wurden. **Seit dem 1.1.2011** erkennt das Gesetz zumindest teilw. die Antragsberechtigung des Gläubigers an, der im Zeit- 10

punkt der Antragstellung eine Forderung gegen den Schuldner hatte, sie aber danach durch Erfüllung verlor (→ Rn. 1).

11 Nach Absatz 1 Satz 2, 3 ist die Antragsberechtigung des Gläubigers für den Fall, in dem die dem aktuellen Antrag zugrunde liegende Forderung nach der Antragstellung erfüllt wurde, unter einige Voraussetzungen gestellt. Zunächst muss die der Antragstellung zugrundeliegende Forderung erfüllt worden sein. Die **Erfüllung** der Forderung, die dem aktuellen Insolvenzantrag zugrunde liegt, muss nicht durch den Insolvenzschuldner erfolgt sein – es reicht jede Erfüllung, auch zB die durch Zahlung eines Dritten (dazu auch *Marotzke* ZInsO 2010, 2165). Auch ist nicht erforderlich, dass das Erlöschen auf eine Zahlung zurückzuführen ist, andere Vorgänge, die zu einem Erlöschen der Forderung führen, zB eine Aufrechnung, reichen aus. Zudem ist es nicht erforderlich, dass das vorangegangene Antragsverfahren abgeschlossen ist (aA LG Leipzig NZI 2012, 275; offen gelassen vom BGH NZI 2012, 708). Das Antragsrecht ist auch nicht auf den Fiskus und die Sozialversicherungsträger begrenzt (zutr. *Müller/Rautmann* ZInsO 2014, 2211; Kübler/Prütting/Bork/*Pape* § 14 Rn. 115; so aber LG Berlin ZInsO 2012, 2348).

12 Sodann muss in einem **Zeitraum von zwei Jahren** vor dieser Antragstellung bereits ein anderer Antrag (= **Altantrag**) auf Eröffnung eines Insolvenzverfahrens über das Vermögen des Schuldners gestellt worden sein. Bei der Fristberechnung sind die entsprechenden Regelungen des BGB zur Anwendung zu bringen. Der zeitliche Anwendungsbereich des Absatz 1 ist auch nicht in der Weise begrenzt, dass die Frist frühestens am 1.1.2011 beginnen konnte (so aber AG Leipzig ZInsO 2011, 1802), damit würde eine ungerechtfertigte Verzögerung des Inkrafttretens der Neuregelung bewirkt. **Jeder Insolvenzantrag** reicht grds. aus. Insbes. muss es sich nicht um einen Insolvenzantrag des nunmehr antragstellenden Gläubigers handeln. Es reicht die Antragstellung eines anderen Gläubigers oder auch ein Eigenantrag aus (HK-InsO/*Kirchhof* § 14 Rn. 18; *Gundlach/Rautmann* NZI 2011, 315 f.; aA LG Koblenz ZInsO 2011, 1987). Der Altantrag muss auch nicht durch die Zahlung abgewendet worden sein (so aber AG Göttingen NZI 2011, 595). Es reicht grds. jeder Antrag, der als unzulässig abgewiesen worden ist. Ausreichend können aber auch Insolvenzanträge sein, die zulässig waren, aber aus anderen Gründen zurückgezogen wurden. War der Altantrag zwar zulässig, wurde die Verfahrenseröffnung aber nach § 26 abgelehnt, so ist auch dieser Antrag als Altantrag zu berücksichtigen. Gleiches gilt, wenn auf Grund des Altantrags ein Insolvenzverfahren eröffnet und dieses Verfahren zwischenzeitlich beendet wurde. Dies kann zutreffen auf Verfahren, die nach §§ 207, 208/209, 211, 212 eingestellt wurden.

13 Fraglich ist aber die **Berücksichtigung eines Altantrags, der unabhängig von der Befriedigung der den Antrag tragenden Forderung unzulässig war oder mangels Insolvenzgrundes zurückgewiesen wurde.** Der Wortlaut der Regelung würde auch diese Insolvenzanträge erfassen. Zudem wäre es durchaus iSd Insolvenzrechts, dass in diesem Fall ein Insolvenzverfahren durchgeführt wird, da nur so die nunmehr insolventen Unternehmen von der Marktteilnahme ausgeschlossen werden können. Jedoch war es Zielsetzung des Gesetzgebers, dem Problem der „Stapelanträge" entgegenzuwirken. Der Gesetzgeber ging also bei der Formulierung des Absatz 1 Satz 2 davon aus, dass hinsichtlich des Altantrags ein Insolvenzgrund vorlag und der Antrag auch nicht aus anderen Gründen unzulässig war. Auch wenn dieser Zielsetzung bei der Auslegung nicht sklavisch gefolgt werden sollte, so sollten inhaltlich ohnehin unzulässige bzw. unberechtigte Insolvenzantragstellungen den Schuldner offensichtlich nicht schlechter stellen. Aus diesem Grund dürfte in diesen Fallgestaltungen eine teleologische Auslegung dazu führen, dass diese Insolvenzanträge iRd § 14 nicht als Vorbelastung anzuerkennen sind (iE ebenso AG Göttingen NZI 2011, 595; dazu auch *Klages/Pape* NZI 2013, 564). Dies gilt umso mehr, wenn der unbegründete Insolvenzantrag

missbräuchlich gestellt wurde und der Schuldner einen Unterlassungsanspruch gegen den Antragsteller hatte.

Als zusätzliche Voraussetzung ist **Absatz 1 Satz 3** zu beachten. Danach obliegt dem antragstellenden Gläubiger auch die **Glaubhaftmachung der vorherigen Antragstellung.** Glaubhaft zu machen ist dabei, dass ein Antrag auf Insolvenzeröffnung gestellt worden ist; nicht gefordert wird vom Antragsteller, dass er den Altantrag selbst glaubhaft macht. Problemlos sind die Fälle, in denen der Altantrag vom selben Antragsteller gestellt worden ist wie der nunmehr vom Insolvenzgericht zu entscheidende (also die typischen Fälle der Stapelanträge), denn der Antragsteller verfügt über die notwendigen Unterlagen. Soweit der Altantrag von einem anderen Gläubiger gestellt wurde, können sich allerdings Probleme der Glaubhaftmachung ergeben. Einige Gläubigergruppen (zB Finanzämter, Sozialversicherungsträge) werden entsprechende Daten sammeln und austauschen (dazu *Kollbach/Loydga/Zanthoff* NZI 2010, 933). Vielfach wird der Antragsteller aber auf solche Daten nicht ohne weiteres zugreifen können. **14**

Wird die Forderung des antragstellenden Gläubigers erfüllt, so braucht dieser auf Grund der geänderten Kostenfolge seinen Antrag gleichwohl nicht zurückzunehmen. Allerdings ist er regelmäßig von sich aus nicht in der Lage zu beurteilen, ob die Voraussetzungen des Absatz 1 Satz 2 vorliegen. Er wird schon deshalb dem Insolvenzgericht die Erfüllung der Forderung anzeigen. Bei **Kenntnis des Insolvenzgerichts von einem Antrag** (oder mehreren Anträgen) auf Eröffnung eines Insolvenzverfahrens über das Vermögen des Schuldners in den letzten zwei Jahren ist es gehalten, dem Antragsteller einen entsprechenden richterlichen Hinweis zu geben, dass diese Voraussetzungen vorliegen, damit dieser entscheiden kann, ob er das Verfahren aufrecht erhält oder seinen Antrag gleichwohl zurücknimmt bzw. eine Erledigungserklärung abgibt. **15**

Dem antragstellenden Gläubiger obliegt nach der Zahlung seiner Forderung **nicht** zusätzlich die **Glaubhaftmachung der „fortbestehende[n] Zahlungsunfähigkeit“** (ebenso AG Göttingen ZInsO 2011, 2090; aA aber AG Köln NZI 2011, 594). War der Insolvenzgrund im Zeitpunkt der Antragstellung glaubhaft gemacht worden und ändert die zwischenzeitlich erfolgte Zahlung nichts daran, dass der Insolvenzgrund im Zeitpunkt über die Entscheidung über die Insolvenzeröffnung glaubhaft ist, so ist der Antragsteller den Voraussetzungen des § 14 insoweit gerecht geworden (BGH ZInsO 2013, 594; dazu auch *Müller/Rautmann* ZInsO 2014, 888). Eine zusätzliche Glaubhaftmachung des Insolvenzgrund bezogen auf den Zeitpunkt der Zahlung kann aus dem Gesetz nicht abgeleitet werden. Mithin ist im Einzelfall zu prüfen, ob die mit Antragstellung erfolgte Glaubhaftmachung des Insolvenzgrunds auch nach Erfüllung der den Antrag stützenden Forderung fortwirkt oder der Gläubiger den Insolvenzgrund erneut glaubhaft machen muss. Dabei ist zu beachten, dass die einmal nach außen in Erscheinung getretene Zahlungsunfähigkeit nur dadurch beseitigt werden kann, dass der Schuldner seine Zahlungen insgesamt wieder aufgenommen hat (BGH NZI 2015, 220 f.; ZInsO 2013, 1087; abweichend LG Berlin NZI 2014, 1003; LG Frankenthal ZInsO 2014, 2280). **16**

Ebenso wenig ist zu fordern, dass der Insolvenzgrund seit der Stellung des Altantrages durchgehend vorliegen muss. Nur soweit im Einzelfall durch die Zahlung der Insolvenzgrund nicht mehr als glaubhaft angesehen werden kann, bedarf es einer Nachbesserung der ursprünglichen Glaubhaftmachung des Zweitantrages durch den Antragsteller (unzutreffend daher LG Berlin ZInsO 2014, 1349, das insoweit von der obigen BGH-Rspr. abweicht; unzutreffend auch LG München ZInsO 2014, 362, das einen seit der ersten Antragstellung durchgängig vorliegenden Insolvenzgrund fordert). Dementsprechend kann aus der Tatsache allein, dass die Forderung des Antragsstellers erfüllt wurde, nicht geschlossen werden, dass der Schuldner nunmehr allg. in der Lage ist, seinen Verbindlichkeiten nachzukommen.

Allerdings bedarf es auch in diesem Fall eines Rechtsschutzinteresses des Antragstellers. Ein solches rechtliches Interesse ist regelmäßig gegeben, wenn eine Finanzbehörde oder ein Sozialversicherungsträger den Antrag gestellt hat, gleiches wird anzunehmen sein, wenn der Antragsteller in laufenden Geschäftsbeziehungen zum Schuldner steht (dazu BGH NZI 2013, 596; 2012, 708).

Die **Folge des § 14 Abs. 1 S. 2** wird im Gesetz dadurch umschrieben, dass der Antrag nicht allein durch die Erfüllung „unzulässig" wird. Der Insolvenzgrund muss zwar weiterhin glaubhaft sein und ein Rechtsschutzinteresse muss vorliegen. Jedoch stellt die Erfüllung der den Antrag tragenden Forderung nicht per se die Glaubhaftmachung des Insolvenzgrunds in Frage, zudem kann das Rechtsschutzinteresse des Antragsstellers aus dem zugrundeliegenden Rechtsverhältnis (Zwangsgläubiger, Dauerschuldverhältnis) abgeleitet werden (*Müller/Rautmann* ZInsO 2014, 2211).

Absatz 1 Satz 2 nimmt andererseits dem Antragsteller nicht das Recht seinen Insolvenzantrag zurückzuziehen oder für erledigt zu erklären. Allerdings kann ein solches Verhalten rechtsmissbräuchlich sein (dazu AG Hamburg ZInsO 2011, 2092).

17 **2. Regierungsentwurf 2015.** Der Regierungsentwurf von 2015 (→ Rn. 2) zielt auf **Streichung des Erfordernisses eines Erst- oder Vorauftrags.** Nach der Begründung verfolgt der Entwurf das Ziel, eine möglichst frühzeitige Abklärung der Zahlungsunfähigkeit zu fördern. Insbesondere das Antragsrecht der Sozialversicherungsträger soll effektiver gestaltet werden. Ein erheblicher Teil der Streitfragen von Absatz 1 Satz 2, 3 (→ Rn. 11–15) würde damit entfallen.

VI. Insolvenzgrund

18 Der beantragende Gläubiger muss geltend machen, dass der Schuldner insolvent ist, dieser somit **zahlungsunfähig (§ 17),** bzw. zahlungsunfähig **und/oder überschuldet (§ 19)** ist. Den Eröffnungsgrund der drohenden Zahlungsunfähigkeit (§ 18) kann der Gläubiger nicht geltend machen. Der Gläubiger hat den Insolvenzgrund schlüssig darzulegen und glaubhaft zu machen.

VII. Glaubhaftmachung

19 Zur Definition der Glaubhaftmachung ist auf die Regelungen der ZPO zurückzugreifen, **§ 294 ZPO, § 4 InsO** (BGHZ 156, 142). Die Glaubhaftmachung bezeichnet den Grad der Anforderungen, der an den Vortrag des Antragstellers zur Überzeugungskraft des Gerichts anzulegen ist. Glaubhaft zu machen sind die Forderungsinhaberschaft des Antragstellers und das Vorliegen eines Insolvenzgrunds. Der Insolvenzantrag ist dementsprechend zuzulassen, wenn die **überwiegende Wahrscheinlichkeit** für das Bestehen der Forderung und das Vorliegen eines Insolvenzgrunds spricht. Die Glaubhaftmachung stellt damit geringer Anforderungen an das Vorbringen des Antragstellers als der Beweis. Auch sie setzt aber eine schlüssige Darstellung voraus. Zur Glaubhaftmachung einer Behauptung können die üblichen Beweismittel herangezogen werden, zB die Vorlage von Schriftstücken oder Fotos, eine Zeugenerklärung, eine gutachterliche Stellungnahme, eine schriftliche Äußerung des Schuldners, eine eidesstattliche Versicherung. Das Insolvenzgericht muss mit den vorgelegten Unterlagen in der Lage sein, kurzfristige eine Entscheidung zu fällen.

Die Glaubhaftmachung entfällt nicht schon dadurch bzw. wird in ihrer Anforderung nicht schon dadurch gemindert, dass seitens des Antragstellers geltend gemacht wird, dass der Schuldner das tatsächliche Vorbringen des Antragstellers nicht bestritten habe (BGH 16.12.2010 – IX ZB 87/10, BeckRS 2011, 0334). Etwas anderes kann sich allerdings bei einer **Äußerung des Schuldners** selbst

zur Antragstellung ergeben. Hat sich der Schuldner iRd Antragsverfahrens geäußert und dabei zB die dem Antrag zugrundeliegende Forderung des Gläubigers nicht bestritten, so ist eine Glaubhaftmachung der Forderung nicht bzw. nur in einem geringeren Maße notwendig, da iRd Beurteilung, ob die Forderung glaubhaft gemacht worden ist, auch die Einlassung des Schuldners zu berücksichtigen ist (BGH ZInsO 2009, 1533). Die Glaubhaftmachung kann dadurch erfolgen, dass auf den aktuell gestellten Eigenantrag des Schuldners verwiesen wird (AG Mönchengladbach ZInsO 2011, 1753).

Sieht das Gericht die Forderung oder den Insolvenzgrund nicht als ausreichend glaubhaft gemacht an, so hat es den Antragsteller auf diesen Mangel hinzuweisen und ihm aufzugeben, den Mangel innerhalb einer angemessenen Frist zu beheben (BGH NZI 2003, 147; *Gundlach/Frenzel* EWIR 2003, 589 f.).

Nach der Rspr. des BGH (NZI 2012, 708) hat der Antragsteller strengeren Anforderungen an die Glaubhaftmachung des Insolvenzgrunds zu genügen, wenn ein Fall des § 14 Abs. 1 S. 2 vorliegt. Dem ist nicht zu folgen. Der Gesetzgeber hat die Glaubhaftmachung in § 14 Abs. 1 S. 1 unterschiedslos als Zulässigkeitsvoraussetzung geregelt. Auch ist der zugelassene Insolvenzantrag nach Zahlung der zugrundeliegenden Forderung (Fall des § 14 Abs. 1 S. 2) nicht nochmals vom Antragsteller glaubhaft zu machen (Kübler/Prütting/Bork/*Pape* § 14 Rn. 136; aA AG Wuppertal ZInsO 2012, 2058).

1. Forderung. Der beantragende Gläubiger hat seine Forderung, die er gegen 20
den Schuldner geltend macht, glaubhaft zu machen. Das heißt, er muss das Bestehen der Forderung schlüssig darlegen. Er hat dazu den tatsächlichen Sachverhalt darzustellen und zu belegen. Eines Beweises der Forderung bedarf es dazu regelmäßig aber nicht. Die Forderung muss weder fällig noch tituliert sein. Allerdings sind an **titulierte Forderungen** geringere Anforderungen hinsichtlich der Glaubhaftmachung zu stellen. Dies gilt selbst dann wenn der Titel auf ein Versäumnisurteil zurückzuführen ist. Ergibt sich die Forderung aus einer vollstreckbaren Urkunde, so sind Einwendungen gegen die Forderung nicht im Insolvenzeröffnungsverfahren sondern im dafür vorgesehenen Verfahren zu verfolgen. Das Insolvenzgericht braucht die Einwendungen des Schuldner damit nicht zu berücksichtigen, solange die Vollstreckbarkeit besteht (BGH ZInsO 2009, 2072; NZI 2006, 589). Hat der Schuldner eine Vollstreckungsabwehrklage erhoben, aber die für die Einstellung der Zwangsvollstreckung erforderliche Sicherheitsleistung nicht erbracht, so reicht dies nicht aus, da der Titel weiter vollstreckbar ist (BGH NZI 2010, 225). Mit der Vorlage der Titel bei dem Insolvenzgericht ist die Glaubhaftmachung der Forderung daher in der Regel erfolgt. Eine schlichte Gegenglaubhaftmachung des Schuldners ist in diesen Fällen nicht zu beachten. Zur Glaubhaftmachung der Forderung kann bzw. muss der Antragsteller anderenfalls zB **Verträge, Rechnungen** oder auch einen **Schriftwechsel** vorlegen. Der Gläubiger kann aber auch eine **eigene eidesstattliche Versicherung** zur Glaubhaftmachung der Forderung einreichen. Der Antragsteller ist aber nicht gehalten, zunächst zu versuchen seine Forderung im Wege der Einzelzwangsvollstreckung einzutreiben, er kann mithin unabhängig von der Einzelzwangsvollstreckung gleich einen Insolvenzantrag stellen. Zudem muss er seine streitige Forderung nicht zunächst gerichtlich einklagen.

Macht der Schuldner schlüssig Gegenrechte geltend, so fehlt es an der Glaubhaftmachung, wenn der Antragsteller den Vortrag dieser Gegenrechte nicht entkräftet (BGH NZI 2007, 351 [408]).

Wurde die Forderung glaubhaft gemacht, so muss sie bis zur Entscheidung über 21
den Antrag glaubhaft bleiben. Hier ist zu beachten, dass der Schuldner zum Insolvenzantrag gehört wird und das Bestehen der Forderung bestreiten sowie entsprechende Unterlagen vorlegen kann **(Gegenglaubhaftmachung).** Der An-

tragsteller ist dann ggf. gehalten, seine Glaubhaftmachung nachzubessern. Im Zeitpunkt der Entscheidung kommt es darauf an, ob das Gericht das Bestehen der Forderung noch als überwiegend wahrscheinlich ansieht. Hat der Gläubiger die Forderung ausgewechselt oder eine andere Forderung nachgeschoben, so hat er nunmehr die neue Forderung glaubhaft zu machen. Stellt die Forderung des Gläubigers die einzige Forderung gegen den Schuldner dar, so ist diese nicht nur glaubhaft zu machen, sondern zu beweisen (BGH ZIP 2007, 1226).

22 Für **öffentlich-rechtliche Gläubiger** ergeben sich auch hinsichtlich ihrer Abgabeforderungen keine abweichenden Vorgaben. Zu beachten ist allerdings, dass ihnen regelmäßig das **Recht zur Selbsttitulierung** zusteht. Dies hat durchaus Gewicht, denn öffentlich-rechtlichen Gläubiger können durch das Vorlegen erlassener Bescheide titulierte Forderungen geltend machen (dazu BGH ZInsO 2011, 1614; NZI 2006, 172). Öffentlich-rechtliche Gläubiger, die ihre Abgabenforderung durch die Vorlage (einer Kopie) des Bescheids belegt haben, brauchen ihre Forderung damit regelmäßig nicht weitergehend glaubhaft zu machen. Das Finanzamt kann dementsprechend seine Forderung durch die Vorlage von Steuerbescheiden belegen. **Ausreichend** ist im Fall eines Finanzamtes aber auch die Vorlage einer Steueranmeldung des Schuldners. Die Vorlage eines einfachen Kontoauszugs eines Sozialversicherungsträgers ist demgegenüber **nicht** als **ausreichend** anzusehen (dazu BGH ZInsO 2015, 1566 f.; NZI 2004, 588; dazu auch BGH ZInsO 2011, 1614). Nicht ausreichend ist auch eine „amtliche Erklärung", dass die Forderung bestehe (BGH NZI 2006, 172; LG Duisburg 25.3.2009 – 7 T 256/08, BeckRS 2009, 214; LG Dessau-Roßlau 23.10.2012 – 1 T 280/12; aA noch OLG Köln NZI 2000, 79). Es sei denn der Schuldner lässt sich ein und bestreitet das Bestehen der Forderung nicht (BGH NZI 2011, 712). Dies gilt auch in Fallgestaltungen, in denen das Finanzamt zwar weder einen Steuerbescheid noch eine Steuervoranmeldung vorgelegt hat, der Schuldner aber nur den Einwand erhebt, ein Erlassverfahren zu betreiben oder Gegenforderungen geltend macht (BGH NZI 2012, 95; dazu auch BGH ZInsO 2009, 1533 f. – zum Einwand Rechtsmittel gegen den Bescheid eingelegt zu haben).

23 **2. Insolvenzgrund.** Der Gläubiger hat auch den Insolvenzgrund glaubhaft zu machen. Während er in dem Fall, in dem es sich bei dem Schuldner um eine natürliche Person handelt, ohnehin auf die Glaubhaftmachung der **Zahlungsunfähigkeit** angewiesen ist, kann er **im Fall der juristischen Person** neben der Zahlungsunfähigkeit **alternativ** auch die **Überschuldung** des Schuldners glaubhaft machen. Diese zusätzliche Variante ist aber zumeist eher theoretischer Natur, da der Gläubiger im Zeitpunkt der Insolvenzantragstellung regelmäßig keine weitergehende Kenntnis von internen wirtschaftlichen Daten des Schuldners hat. Selbst die Glaubhaftmachung der Zahlungsunfähigkeit ist angesichts der durch die höchstrichterliche Rspr. vorgegebene Definition der „Zahlungsunfähigkeit" schwierig, da auch insoweit regelmäßig interne Daten des Schuldners herangezogen werden müssen. Zentrale **praktische Bedeutung** erlangt daher die **Zahlungseinstellung (§ 17 Abs. 2 S. 2).** Die Zahlungseinstellung begründet die widerlegbare gesetzliche Vermutung, dass der Schuldner zahlungsunfähig ist. Der Gläubiger wird daher seinen Insolvenzantrag regelmäßig auf die Zahlungsunfähigkeit stützen und dabei Tatsachen behaupten und darlegen, die eine Zahlungseinstellung des Schuldners glaubhaft machen sollen. Als Beleg für eine Zahlungseinstellung wurde seitens der Rspr. insbes. anerkannt:

– eidesstattliche Versicherung des Schuldners
– fruchtlose Vollstreckung innerhalb der letzten 6 Monate (AG Leipzig ZInsO 2011, 2097)
– Erklärung des Schuldner, er sei zahlungsunfähig (BGH ZInsO 2006, 1210)

– längerer Rückstand mit Sozialversicherungsbeiträgen, soweit die Nicht-Abführung dieser Beträge strafbewehrt ist (dazu BGH ZInsO 2006, 827).

VIII. Rechtsschutzinteresse

Der Gesetzgeber verlangt ausdrücklich, dass der Gläubiger, der einen Insolvenzantrag stellt, auch ein rechtliches Interesse an der Durchführung des Insolvenzverfahrens haben muss. **Grds. liegt ein solches rechtliches Interesse** an der Insolvenzeröffnung bei einem Gläubiger, dessen Forderung gegen den insolventen Schuldner noch nicht befriedigt wurde, **vor** (BGH NJW-RR 2006, 1482). Ziel des Gesetzgebers war es, mit Hilfe der Voraussetzung des Rechtsschutzinteresses einer rechtsmissbräuchlichen Stellung von Insolvenzanträgen entgegenzuwirken (BT-Drs. 12/2443, 113). 24

Das rechtliche Interesse ist in der Praxis ein wichtiges Kriterium, das in verschiedenen Fallgestaltungen zur Unzulässigkeit des Insolvenzantrags führen kann. So hat der **Aussonderungsberechtigte** kein rechtliches Interesse an der Verfahrensdurchführung, insoweit er den Gegenstand unabhängig vom Insolvenzverfahren heraus verlangen kann. Entsprechendes ist anzunehmen, wenn ein **absonderungsberechtigter Gläubiger** durch sein Sicherungsrecht offensichtlich vollständig gesichert ist, er mithin mit oder ohne Durchführung eines Insolvenzverfahrens keinen Ausfall erleiden wird (dazu BGH NZI 2008, 182). Der Insolvenzantrag darf zudem nicht missbräuchlichen Zwecken dienen. Ein solcher **Missbrauch** ist anzunehmen, wenn der Gläubiger eigentlich ein anderes „Haupt"-ziel verfolgt. Ein solcher Missbrauch kann schon darin liegen zu erkunden, ob der Schuldner noch über pfändbare Vermögensgegenstände verfügt, um dann im Weg der Einzelzwangsvollstreckung auf diese Gegenstände zuzugreifen. Gleiches gilt, wenn ein (eigentlich solventer) Schuldner zur Zahlung gezwungen werden soll (zum Druckantrag zB AG Hamburg ZInsO 2011, 2092; NZI 2002, 561 – zur Teilzahlungsproblematik). Ein Missbrauch des Antragsrechts ist auch anzunehmen, wenn letztlich ein Wettbewerber diskreditiert oder aus dem Markt gedrängt werden soll (BGH NZI 2011, 540) oder der Antragsteller sich durch das Insolvenzverfahren aus einem lästigen Vertragsverhältnis befreien will. 25

Wird die Forderung des antragstellenden Gläubigers nach der Antragstellung aber vor der Entscheidung des Gerichts über den Antrag erfüllt, so entfällt grds. das Rechtsschutzinteresse. Dies gilt auch im Fall der Antragstellung durch einen Sozialversicherungsträger, wenn das Arbeitsverhältnis beendet wurde (BGH NZI 2012, 708). Liegt allerdings eine Fallgestaltung des § 14 Abs. 1 S. 2 vor, so ist das Rechtsschutzinteresse aufgrund der nunmehrigen Sachlage gesondert zu prüfen (dazu → Rn. 17; zudem *Müller/Rautmann* ZInsO 2014, 2211).

Nicht notwendig ist es, dass das Insolvenzverfahren den antragstellenden Forderungsinhaber wirtschaftlich tatsächlich besser stellt. Der Ansicht, **nachrangige Insolvenzgläubiger**, die iErg eines durchgeführten Insolvenzverfahrens noch nicht einmal mit einer teilweisen Befriedigung ihrer Forderung rechnen können, haben kein Rechtschutzinteresse, kann mithin nicht gefolgt werden. Jeder Gläubiger, dessen Befriedigung aussteht und der seine Forderung nicht auf andere Weise befriedigen kann, hat ein legitimes Vollstreckungsinteresse. Dieses Vollstreckungsinteresse ist im Fall der Insolvenz des Schuldners durch die Durchführung eines Insolvenzverfahrens zu wahren. Der Gesetzgeber erkennt das Interesse der Gläubiger an der Verfahrensdurchführung selbst dann an, wenn kein Insolvenzgläubiger mit einer Befriedigung seiner Forderung rechnen kann, die Masse aber ausreicht, die Kosten der Verfahrensdurchführung zu decken. Zudem kann in dem Zeitpunkt der Entscheidung über die Verfahrenseröffnung (unabhängig vom Vorliegen eines Gutachtens) noch nicht hinreichend abgeschätzt werden, ob der Gläubiger tatsächlich vollständig ausfallen wird. Der Versuch die Forderung im Wege der 26

Einzelzwangsvollstreckung beizutreiben ist **keine Voraussetzung** in diesem Zusammenhang (dazu BGH ZIP 2004, 1467; OLG Dresden NZI 2001, 472).

An das Rechtsschutzinteresse sind auch dann nicht strengere Anforderungen zu stellen, wenn eine Fallgestaltung des § 14 Abs. 1 S. 2 (Altantrag) vorliegt (aA BGH NZI 2012, 708). Eine solche Anforderung steht im Gegensatz zur Festlegung des Gesetzgebers, dass der Antrag nicht durch die Erfüllung der dem Antrag zugrundeliegenden Forderung unzulässig wird und widerspricht auch der Regelung des Rechtsschutzinteresses in § 14 Abs. 1 S. 1.

Zum Rechtsschutzinteresse im Fall der Eigenantragstellung → § 13 Rn. 20 und → § 15 Rn. 2.

IX. Anhörung des Schuldners

27 Für den Fremdantrag versteht es sich von selbst, dass das Insolvenzgericht den Schuldner anzuhören, ihm mithin **rechtliches Gehör** zuzugestehen hat. Absatz 2 bestimmt daher, dass das Insolvenzgericht den Schuldner im Fall eines Fremdantrages zu hören hat. Absatz 2 konkretisiert, dass der Schuldner (zumindest) nach der Zulassung des Antrags durch das Insolvenzgericht zu hören ist. Anzuhören ist der Schuldner durch das Insolvenzgericht. Eine Delegation der Anhörung auf einen Dritten (zB den Gutachter oder den vorläufigen Verwalter) ist nicht erlaubt. Dem Schuldner kann und sollte eine Anhörungsfrist vorgegeben werden. Da das Insolvenzverfahren ein Eilverfahren ist, kann eine relativ kurze Frist gesetzt werden (dazu BVerfG NZI 2002, 30). Die Anhörung kann mündlich oder auch schriftlich erfolgen. Es ist ausreichend, wenn dem Schuldner Gelegenheit gegeben wurde, sich zum Insolvenzantrag zu äußern. Ob der Schuldner sich auf die Anhörung durch das Insolvenzgericht tatsächlich einlässt ist unerheblich, entscheidend ist, dass ihm **Gelegenheit zur Stellungnahme** gegeben wurde. Ausnahmsweise kann von einer Anhörung abgesehen werden, § 10 (s. Erläuterungen dort). Handelt es sich beim Schuldner um eine juristische Person, so ist die Anhörung an die Person zu richten, die den Schuldner im Rechtsverkehr vertritt. Wurde das Vertretungsrecht im Rechtsverkehr mehreren Personen eingeräumt, so müssen nicht alle angehört werden – es reicht, wenn das Gericht eine vertretungsberechtigte Person anhört. Ist der Schuldner führungslos (dazu § 10 Abs. 2, 15) so kann das Insolvenzgericht die an dem Schuldner beteiligten Personen anhören, § 10 Abs. 2 S. 2. Im Fall eines geschäftsunfähigen Schuldners ist der gesetzliche Vertreter zu hören. Der Schuldner kann sich durch eine Schutzschrift rechtliches Gehör sichern, wenn er davon ausgeht, dass einer seiner Gläubiger einen (unberechtigten) Insolvenzantrag stellen wird.

Liegt ein Fremdantrag vor und hat sich der Schuldner zum Antrag eingelassen, so kann das Insolvenzgericht gehalten sein, nunmehr wiederum den Antragsteller zum Vorbringen des Schuldners anzuhören.

28 Eine **Anhörung** kann **auch im Fall des Eigenantrags** notwendig sein. So gibt § 15 vor, dass das Insolvenzgericht im Fall eines Insolvenzantrags der nicht von allen Antragsberechtigten einer Gesellschaft/juristischen Person (also allen Gesellschaftern eine Gesellschaft ohne Rechtspersönlichkeit, allen Gesellschaftern der juristischen Person, allen Mitgliedern des Vertretungsorgans, allen Aufsichtsräten bzw. Abwickler) gestellt wird, die weiteren Antragsberechtigten anzuhören hat. Hintergrund dieser Festlegung ist die Gefahr, dass dieser Eigenantrag aus **sachfremden Motiven** heraus gestellt worden sein könnte. Insbes. könnten Differenzen innerhalb einer Unternehmensleitung Hintergrund einer nicht sachgerechten Insolvenzantragstellung sein. Zwar hat der Antragsteller in diesen Fallgestaltungen den Insolvenzantrag glaubhaft zu machen, eine unbegründete Antragstellung ist dadurch aber nicht auszuschließen. Zumal der Schaden für die Gesellschaft/juristische Person, der durch eine ungerechtfertigte Insolvenzantrag-

stellung verursacht werden kann, häufig erheblich sein dürfte, sollen die anderen Antragsberechtigten möglichst frühzeitig Gelegenheit erhalten, ihre Position zur Insolvenzantragstellung einzubringen. Zudem werden sie in die Lage versetzt die Glaubhaftmachung des Antragstellers in Zweifel zu ziehen bzw. zu widerlegen.

Anzuhören sind aber in dem Fall **nur die anderen Antragsberechtigten.** Stellt zB im Fall einer AG ein Vorstandsmitglied den Insolvenzantrag, sind daher die anderen Vorstandsmitglieder anzuhören, nicht aber der Antragsteller (oder gar die Aufsichtsratsmitglieder). Eine fehlerhaft unterlassene Anhörung kann regelmäßig noch im Beschwerdeverfahren nachgeholt werden.

Der **Schuldner** kann im Rahmen seiner Anhörung versuchen die Glaubhaft- **29**
machung des Antragstellers zu erschüttern bzw. eine **Gegenglaubhaftmachung** anbieten. Das Gericht ist allerdings nicht gezwungen, den Antrag zugleich als unzulässig abzuweisen, wenn es dem Gläubiger gelingt, die Glaubhaftmachung des Antragstellers hinsichtlich des Insolvenzgrunds zu erschüttern, das Gericht kann auch das Ergebnis eines bestellten Gutachters abwarten. Konnte der Antragsteller eine titulierte Forderung vorweisen, so bedarf es zur Gegenglaubhaftmachung der Forderung der Vorlage einer gerichtlichen Entscheidung, die die Vollstreckung aus dem Titel untersagt.

Weitere Anhörungspflichten sind iRd Nachlassinsolvenzverfahrens vorgesehen, s. dazu §§ 317 Abs. 2, 318 Abs. 2, sowie bei der Gesamtgutinsolvenz, §§ 332 Abs. 3, 333 Abs. 2.

Die Anhörung kann unterbleiben, wenn sich der Schuldner im Ausland **30**
aufhält und die Anhörung das Verfahren übermäßig verzögern würde. Gleiches gilt, wenn der Aufenthalt des Schuldners unbekannt ist, näheres dazu s. § 10 und die Erläuterungen dort.

Unterblieb die Anhörung durch das Insolvenzgericht und liegen die Voraussetzungen des § 10 nicht vor, so kann die Anhörung noch in der Beschwerdeinstanz nachgeholt werden.

X. Kostenfolge im Fall der Antragsrücknahme

Mit der **Änderung der InsO durch das „Haushaltsbegleitgesetz 2011"** **31**
hat sich die Kostenfolge in Teilbereichen grundlegend verändert. Vor der Rechtsänderung zum 1.1.2011 hatte der Gläubiger nach seiner Antragsrücknahme die Kosten des bisherigen Verfahrens zu tragen, § 4 InsO, § 269 Abs. 3 ZPO (dazu Kölner Schrift InsO/*Delhaes* S. 111 mit Fn. 68). Häufig wurde daher die Erledigungserklärung gewählt, da der Antragsteller dann die Kosten nicht per se zu tragen hatte, sich die Kostenfolge dann vielmehr nach Maßgabe des § 91a ZPO ergab.

Diese Kostenfolgen waren gerade in Fallgestaltungen, in denen der Schuldner tatsächlich insolvent war, unbefriedigend. Dies galt insbes., wenn der insolvente Schuldner die Zulässigkeit des Insolvenzverfahrens dadurch „aushebelte", dass er nur die Forderung des antragstellenden Gläubigers befriedigte und ihm damit nach der Antragstellung die Antragsberechtigung entzog (dazu LG Aachen ZIP 2003, 1264). Der zunächst zulässige Insolvenzantrag wurde dann durch die Zahlung unzulässig.

Unter der Rechtslage, die bis zum 31.12.2010 gültig war, konnte dementsprechend den Antragstellern angeraten werden, nach der Erfüllung seiner Forderung die Erledigung des Eröffnungsantrages zu erklären. Durch die Änderung des Absatz 1 und die Einfügung des Absatz 3 ergibt sich jedoch eine neue Situation:

Zunächst ist in diesem Zusammenhang die **Neufassung des Absatz 1** zu **32**
beachten (dazu → Rn. 12–19). Ein Teil der **„Erfüllungsfälle"** wird nunmehr dadurch aufgefangen, dass der Insolvenzantrag trotz der zwischenzeitlichen Erfüllung als zulässig zu bewerten ist. In dieser Fallgestaltung besteht keine Notwendig-

keit den Antrag unter Kostengesichtspunkten zurückzunehmen oder für erledigt zu erklären. Denn die Zulässigkeit des Antrags wird durch die Zahlung nicht beeinträchtigt.

33 Da die Neuregelung des Absatz 1 aber nur einen Teil der „Erfüllungsfälle" erfasst, bleibt die **Kostenfolgefrage** in den **Fallgestaltungen** relevant, **in denen die Erfüllung** der Forderung dem Insolvenzantrag unabhängig von der Neufassung des § 14 **die Zulässigkeit entzieht** (zB weil innerhalb der letzten zwei Jahre kein Altantrag gestellt worden war). Zudem ist zu beachten, dass es dem Antragsteller auch im Fall des Absatz 1 Satz 2 frei steht, seinen Antrag zurückzuziehen bzw. ihn für erledigt zu erklären. In diesen Fallgestaltungen stellt sich dann gleichwohl die Kostenfrage.

Der Gesetzgeber hat zur Regelung der Kostentragung in diesen Fallgestaltungen einen **Absatz 3** neu in die InsO einfügt. Danach sind die Kosten des Verfahrens in dem Fall, in dem die Forderung vor der Entscheidung über die Insolvenzeröffnung erfüllt und der Insolvenzantrag daher vom Insolvenzgericht als unbegründet zurückgewiesen wird, vom Schuldner zu tragen.

Unter diesen Wortlaut fällt nicht nur die Situation, in denen die Erfüllung der Forderung erfolgte, aber zB kein vorheriger Altantrag in den letzten zwei Jahren festzustellen ist. Der Wortlaut erfasst auch Fälle, in denen der Antragsteller einen unbegründeten Insolvenzantrag stellte, der Schuldner aber seiner vertraglichen Pflicht entsprechend die Forderung nach der Antragstellung bezahlte. Zutr. wird § 14 Abs. 3 daher insoweit kritisiert (*Marotzke* ZInsO 2010, 2168; sa AG Deggendorf ZInsO 2011, 1801). Die Vorschrift des Absatz 3 ist dementsprechend **korrigierend dahin auszulegen,** dass **nur bei Vorliegen eines zulässigen und begründeten Insolvenzantrags,** der durch die Erfüllung der Forderung nicht mehr zu einer Insolvenzeröffnung führte, die **Kostentragung durch den Schuldner** zu erfolgen hat (*Gundlach/Rautmann* DStR 2011, 84). Dementsprechend ist in einem Fall, in dem ein Insolvenzantrag gestellt wurde, obgleich gar kein Insolvenzgrund vorlag, der Absatz 3 trotz seines Wortlauts nicht anzuwenden, sodass nicht dem zahlungsunwilligen Schuldner, sondern dem Antragsteller die Kosten aufzuerlegen sind (AG Deggendorf ZInsO 2011, 1801). Der Insolvenzantrag darf nicht als Mittel eingesetzt werden können, seinem Schuldner unabhängig von einem erkennbaren Insolvenzgrund Kosten aufzuerlegen.

XI. Rechtsmittel

34 Dem Schuldner steht **kein insolvenzrechtliches Rechtsmittel gegen die Antragstellung eines Gläubigers** zu. Er kann sich erst gegen den Eröffnungsbeschluss des Insolvenzgerichts wehren. Auch die Zulassung des Antrages ist daher nicht separat angreifbar. Hat das Insolvenzgericht allerdings Sicherungsmaßnahmen erlassen, so kann der Schuldner diese Sicherungsmaßnahmen anfechten, § 21 Abs. 1 InsO. Zu den sondergerichtlichen Möglichkeiten, die Stellung eines Insolvenzantrags durch einen Amtsträger anzugreifen, → Rn. 35.

Gegen die Abweisung des Antrags auf Eröffnung eines Insolvenzverfahrens steht dem Antragsteller die **sofortige Beschwerde zu, §§ 6, 34.** Der Schuldner kann sich mit der sofortigen Beschwerde gegen den Beschluss des Insolvenzgerichts ein Insolvenzverfahren zu eröffnen wenden.

35 Soweit der **Antragsteller als Amtsträger** tätig wird, soll es zulässig sein, dass der Schuldner die Behörde vor dem Fachgericht (zB dem Finanzgericht) auf Rücknahme des Insolvenzantrags verklagt. Die praktizierte Rspr. ist nicht überzeugend, da die Beurteilung, ob die Insolvenzeröffnungsvoraussetzungen vorliegen, dem Insolvenzgericht und nicht anderen Fachgerichten obliegt. Sie ist in der Praxis aber zu beachten (siehe zB FG Hmb ZInsO 2015, 101; BFH DZWIR 2011, 322; Sächsisches FG DZWIR 2007, 326; FG Köln 26.6.2008 – 6 V 973/

08, DStRE 2009, 883). Das Verfahren vor dem Fachgericht hat auch keine Auswirkung auf die Tätigkeit des Insolvenzgerichts – es sei denn der Insolvenzantrag wird wirklich zurückgenommen. IE dürften daher ohnehin nur einstweilige Rechtschutzverfahren vor den Fachgerichten Wirkungen entfalten können. Wurde nämlich das Insolvenzverfahren eröffnet, so hat sich damit das Verfahren über die Rechtmäßigkeit des Insolvenzverfahrens erledigt (so zutr. BFH 26.2.2010 – VII B 166/09, BeckRS 2010, 25016127).

Nach zutreffender Ansicht ist der **Vollstreckungsschutz des § 765a ZPO** auch im Insolvenzverfahren anwendbar (MüKoBGB/*Schmahl* § 14 Rn. 64; aA Kübler/Prütting/Bork/*Pape* § 14 Rn. 72). § 765a ZPO enthält einen allgemeinen verfassungsrechtlich unterlegten Vollstreckungsschutz, der aber nur in seltenen Ausnahmefällen greift (dazu *Gundlach/Rautmann* DZWIR 2011, 122). 36

XII. Haftung

Der Gläubiger, der einen schuldhaft unberechtigten Insolvenzantrag stellt, kann sich gem. **§ 826 BGB** schadensersatzpflichtig machen (dazu → § 13 Rn. 48). Eine solche Haftung scheidet jedoch aus, wenn das Insolvenzgericht auf den Antrag hin das Insolvenzverfahren rechtskräftig eröffnet hat. In einem solchen Fall kommt nur noch eine Haftung des Insolvenzgerichts in Betracht. 37

Antragsrecht bei juristischen Personen und Gesellschaften ohne Rechtspersönlichkeit[1]

15 (1) [1] **Zum Antrag auf Eröffnung eines Insolvenzverfahrens über das Vermögen einer juristischen Person oder einer Gesellschaft ohne Rechtspersönlichkeit ist außer den Gläubigern jedes Mitglied des Vertretungsorgans, bei einer Gesellschaft ohne Rechtspersönlichkeit oder bei einer Kommanditgesellschaft auf Aktien jeder persönlich haftende Gesellschafter, sowie jeder Abwickler berechtigt.** [2] **Bei einer juristischen Person ist im Fall der Führungslosigkeit auch jeder Gesellschafter, bei einer Aktiengesellschaft oder einer Genossenschaft zudem auch jedes Mitglied des Aufsichtsrats zur Antragstellung berechtigt.**

(2) [1] **Wird der Antrag nicht von allen Mitgliedern des Vertretungsorgans, allen persönlich haftenden Gesellschaftern, allen Gesellschaftern der juristischen Person, allen Mitgliedern des Aufsichtsrats oder allen Abwicklern gestellt, so ist er zulässig, wenn der Eröffnungsgrund glaubhaft gemacht wird.** [2] **Zusätzlich ist bei Antragstellung durch Gesellschafter einer juristischen Person oder Mitglieder des Aufsichtsrats auch die Führungslosigkeit glaubhaft zu machen.** [3] **Das Insolvenzgericht hat die übrigen Mitglieder des Vertretungsorgans, persönlich haftenden Gesellschafter, Gesellschafter der juristischen Person, Mitglieder des Aufsichtsrats oder Abwickler zu hören.**

(3) [1] **Ist bei einer Gesellschaft ohne Rechtspersönlichkeit kein persönlich haftender Gesellschafter eine natürliche Person, so gelten die Absätze 1 und 2 entsprechend für die organschaftlichen Vertreter und die Abwickler der zur Vertretung der Gesellschaft ermächtigten Gesellschafter.** [2] **Entsprechendes gilt, wenn sich die Verbindung von Gesellschaften in dieser Art fortsetzt.**

[1] § 15 Abs. 1 S. 2 angef., Abs. 2 Satz 1 geänd., Satz 2 eingef., bish. Satz 2 wird Satz 3 und geänd. mWv 1.11.2008 durch G v. 23.10.2008 (BGBl. I S. 2026).

Schriftum: *Barthel*, Reichweite des Insolvenzantragsrechts nach § 15 Abs. 1 Satz 2 InsO in Fällen der Führungslosigkeit einer juristischen Person, ZInsO 2010, 1776; *Haas*, Insolvenzantragsrecht und -pflicht in der GmbH, DStR 1998, 1359; *Zabel*, Der missglückte Wortlaut von § 15 Abs. 1 Satz 2 InsO, DZWIR 2009, 500.

Übersicht

I. Einleitung

1 Da das Insolvenzverfahren ein Antragsverfahren ist, wurde im Gesetz auch festgelegt, welcher Personenkreis einen Insolvenzantrag stellen darf. Die §§ 13 und 14 werden insoweit um die Regelung des § 15 ergänzt. § 15 betrifft nur Schuldneranträge – und zwar den **Eigenantrag** einer juristischen Person bzw. den Eigenantrag einer Gesellschaft ohne Rechtspersönlichkeit. § 15 erweitert aber nicht den Kreis der antragsberechtigten Personen über den Schuldner hinaus, sondern definiert, wer für einen insolventen Schuldner, der eine juristische Person ist, einen Insolvenzantrag stellen kann bzw. wer im Fall einer insolventen Gesellschaft ohne Rechtspersönlichkeit zur Antragstellung für diese Gesellschaft berechtigt ist. § 15 legt dabei nur fest, wer Antragsberechtigt ist, eine Antragspflicht ergibt sich aus § 15 nicht (s. zur Antragspflicht § 15a).

2 Die Personen, die dem in Absatz 1 Satz 1 aufgeführt Personenkreis zugehören, stellen keinen Insolvenzantrag im eigenen Namen, sondern einen Insolvenzantrag für den Schuldner **als Antragsteller.** Dasselbe gilt für Personen, die im Fall der führungslosen juristischen Person seit dem MoMiG zur Insolvenzantragstellung berechtigt und ggf. verpflichtet sind. Sie sind nur befugt den Antrag namens der führungslosen Gesellschaft zu stellen.

Sind nach der Regelung des § 15 mehrere Personen für die juristische Person/Gesellschaft ohne Rechtspersönlichkeit antragsbefugt, so ist zu beachten, dass die Antragstellung durch nur eine antragsberechtigte Person im Einzelfall auch wegen Rechtsmissbräuchlichkeit als unzulässig zurückzuweisen sein kann (MüKoBGB/*Klöhn* Rn. 82). Die für die Gläubigerantragstellung bekannten Fallgestaltungen des mangelnden Rechtsschutzinteresses können hier jedoch nicht unbesehen übernommen werden. Denn eine Verfahrenseröffnung kann nicht als unzulässig abgelehnt werden, wenn der Berechtigte mit der Antragstellung besondere Zielsetzungen, die der Insolvenzgeber mit der Antragstellung des Schuldners verbindet, verfolgt. Kommt der Antragsteller mit dem Antrag seiner Insolvenzantragspflicht nach oder strebt er ein Insolvenzplanverfahren an, das für den Insolvenzschuldner sinnvoll ist, so handelt der Antragsteller regelmäßig im wohlverstandenen und durch die InsO geschützten Interesse des Insolvenzschuldners.

Der Insolvenzantrag kann dann nicht wegen mangelnden Rechtsschutzinteresses als unzulässig angesehen werden. Ein anderes Ergebnis ist nur zu erzielen, wenn das mangelnde Rechtsschutzinteresse darauf zurückzuführen ist, dass der Berechtigte mit seiner Antragstellung Ziele verfolgt, die den Zielen/Wertungen des Insolvenzverfahren zuwiderlaufen (zB Firmenbestattung).

II. Einzelne Antragsberechtigungen

1. Die juristische Person. § 15 Abs. 1 InsO legt fest, dass jedes Mitglied des Vertretungsorgans einer juristischen Person unabhängig von der intern erteilten Vertretungsmacht im Außenverhältnis zur Antragstellung berechtigt ist. § 15 ist eine Spezialvorschrift, die bezogen auf die Handlung der Insolvenzantragstellung gesetzlich eine **Vertretungsregelung** für die juristische Person bzw. für die Gesellschaft ohne Rechtspersönlichkeit vorgibt. Die auf vertraglicher oder satzungsmäßiger Festlegung beruhenden Vertretungsregelungen sind daher in Bezug auf die Berechtigung zur Insolvenzantragstellung unbeachtlich (AG Göttingen ZInsO 2011, 1114). Es kann auch nicht wirksam vereinbart werden, dass die Stellung eines Insolvenzantrags nur vorgenommen werden darf, wenn zuvor das Hauptorgan über die beabsichtigte Insolvenzantragstellung informiert wird. Die Berechtigung eine Insolvenzantrag zu stellen wird den Antragsberechtigten per Gesetz zugeordnet. Die Mitglieder des Vertretungsorgans können ihr Antragsrecht alleine und ohne Abstimmung mit anderen Personen ausüben. 3

Für die **Aktiengesellschaft** ist mithin jedes Vorstandsmitglied, für die **GmbH** jedes Mitglied der Geschäftsführung zur Antragstellung berechtigt. Bei der **Genossenschaft** ist jedes Mitglied des Vorstands antragsbefugt. Nicht antragsbefugt sind die Gesellschafter einer GmbH (s. aber die Ausnahme im Fall der führungslosen Gesellschaft) bzw. Aktionäre einer AG. Ebenso wenig sind die Mitglieder der Genossenschaft antragsbefugt. Dies gilt unabhängig davon, ob sie unbeschränkt nachschusspflichtig sind oder nicht (Uhlenbruck/*Hirte* § 15 Rn. 2; Gottwald InsR-HdB/*Haas/Mock* § 93 Rn. 127; aA Jaeger/*Müller* § 15 Rn. 13; *Beuthien/Titze* ZIP 2002, 1116 f. – unbeschränkt nachschusspflichtige Mitglieder der Genossenschaft hätten ein Antragsrecht analog § 15). Bereits **ausgeschiedene Mitglieder** des Vertretungsorgans werden durch § 15 Abs. 1 InsO nicht erfasst und sind daher nicht mehr antragsbefugt. Personen, die noch zum Mitglied des Vertretungsorgans bestellt werden sollen, aber noch nicht bestellt sind, ebenfalls nicht. 4

Zu beachten ist, dass durch § 15 nicht nur Kapitalgesellschaften angesprochen werden, sondern auch **andere juristische Personen.** § 15 erfasst zudem nicht nur juristische Personen des Privatrechts, sondern auch juristische Personen des öffentlichen Rechts (aA Uhlenbruck/*Hirte* Rn. 2a). Mithin kann der Verbandsgeschäftsführer eines Zweckverbands oder der Vorstand einer Anstalt gem. § 15 InsO zur Insolvenzantragstellung berechtigt sein. 5

Auch gerichtlich bestimmte **Notgeschäftsführer** der juristischen Person sind zur Insolvenzantragstellung berechtigt. Gleiches gilt für den Insolvenzverwalter, der zum Verwalter über das Vermögen eines Gesellschafters der insolventen juristischen Person/Gesellschaft ohne Rechtspersönlichkeit bestellt worden ist (dazu *Gundlach/Müller* ZInsO 2011, 900 f.). Dies ist auch der Fall, wenn zB der im Insolvenzverfahren über das Vermögen einer KG bestellte Insolvenzverwalter für diese KG als Komplementärin in einer anderen KG handelt (Fall der Doppelinsolvenz). 6

Nicht antragsberechtigt sind demgegenüber Mitarbeiter des insolventen Schuldners, die nicht Mitglied im Vertretungsorgan sind. Dies gilt auch, wenn ihnen bestimmte Handlungsvollmachten zustehen. **Prokuristen,** Bevollmächtigte oder auch Mitglieder des Aufsichtsrats bzw. Mitglieder der Gesellschafterversammlung 7 sind daher allein auf Grund dieser Stellung regelmäßig nicht antragsbefugt. Gleiches gilt für die Konzernmutter einer juristischen Person. Zur Sondersituation der führungslosen Gesellschaft → Rn. 14–18.

8 Wurde die juristische Person aufgelöst und befindet sie sich in der **Abwicklung,** so steht jedem Abwickler das Antragsrecht zu. Sind mehrere Abwickler bestellt, so ist jeder für sich antragsbefugt. Wurde die Gesellschaft nicht nur aufgelöst, sondern bereits im Handelsregister gelöscht, kann aber (nachträglich) noch Vermögen nachgewiesen werden, so ist ggfs ein Notgeschäftsführer/Notliquidator zu bestellen, dem das Antragsrecht zukommt.

9 Vorrangige **Sonderregelungen** über die Insolvenzantragstellung sind zu beachten. So gibt § 42 Abs. 2 BGB vor, dass der Vorstand eines Vereins bei Vorliegen der Zahlungsunfähigkeit bzw. der Überschuldung einen Insolvenzantrag stellen muss. Dabei trifft die Insolvenzantragspflicht nicht den Vorstand als Kollektivorgan, sondern jedes Vorstandsmitglied einzeln. Der nichtrechtsfähige Verein steht hinsichtlich der Insolvenzfähigkeit dem eingetragenen Verein gleich, er ist auch entsprechend strukturiert. Es ist daher angebracht, den nichtrechtsfähigen Verein auch hinsichtlich der Antragsbefugnis wie den eingetragenen Verein zu behandeln, sodass auch hier die Vorstandsmitglieder antragsbefugt sind.

10 **2. Die Vorgründungsgesellschaft und die Vorgesellschaft.** Die Vorgründungsgesellschaft, die noch nicht am Wirtschaftsverkehr teilgenommen hat, ist nicht insolvenzfähig. Die Frage der Antragsberechtigung stellte sich für diese Vorgründungsgesellschaft mithin nicht. Nimmt sie am Wirtschaftsverkehr teil, so ist sie als BGB-Gesellschaft (bzw. oHG) anzusehen und unterfällt damit der Insolvenzfähigkeit. Jeder Gesellschafter der Vorgründungsgesellschaft ist dann berechtigt einen Insolvenzantrag zu stellen.

Soweit eine **Vorgesellschaft** bereits Vermögen gebildet und am Rechtsverkehr teilgenommen hat ist die Vorgesellschaft mit dem haftungsrechtlich gesonderten Vermögen als insolvenzfähig anzuerkennen. Die Antragsberechtigung steht sowohl den bestellten Organvertretern als auch den Gesellschaftern zu (MüKoGmbHG/*Merkt* § 11 Rn. 54; Jaeger/*Müller* § 15 Rn. 20; FK-InsO/*Schmerbach* § 15 Rn. 24; aA Gottwald InsR-HdB/*Vuia* § 8 Rn. 19; *Frege/Keller/Riedel* § 15 Rn. 456). Diese Festlegung beruht darauf, dass die Vorgesellschaft einerseits wie die errichtet Gesellschaft behandelt wird, andererseits aber auch Haftungsstrukturen einer Gesellschaft ohne Rechtspersönlichkeit aufweist. Angesichts der Anbindung der Antragsberechtigung an die Vertretungsbefugnis bzw. an die persönliche Haftung ist dies sachgerecht. Mitglieder des Vertretungsorgans als auch Gesellschafter haben zudem ein berechtigtes Interesse an der Antragstellung.

11 Die **„unechte Vorgesellschaft“,** also die Vorgesellschaft, die von Beginn an nicht eingetragen werden sollte oder die nach Scheitern der Eintragung weiterbetrieben wird, ist haftungsrechtlich als BGB-Gesellschaft (bzw. oHG) anzusehen (dazu → § 11 Rn. 12). Die Gesellschafter haften dementsprechend persönlich. Sie sind dementsprechend berechtigt einen Insolvenzantrag zu stellen. Waren in diesem Fall bereits Mitglieder des Vertretungsorgans bestellt, so sind diese nicht antragsberechtigt, da die unechte Vorgesellschaft eben nicht den rechtlichen Status der Vorgesellschaft erreicht.

12 **3. Die Gesellschaft ohne Rechtspersönlichkeit.** § 15 legt fest, dass im Fall der Gesellschaft ohne Rechtspersönlichkeit **jeder persönlich haftende Gesellschafter** (und jeder Abwickler) zur Antragstellung befugt ist. Mit dieser Festlegung wird einerseits wiederum an die Vertretungsbefugnis (diesmal hinsichtlich der Gesellschaft ohne Rechtspersönlichkeit) angeknüpft, zudem aber auch berücksichtigt, dass jeder Einzelne persönlich haftende Gesellschafter ein berechtigtes Interesse daran hat, dass die Gesellschaft aus dem Wirtschaftsverkehr ausscheidet und nicht weitere Verluste anhäuft, für die er letztlich persönlich haften muss (dazu

auch MüKoInsO/*Klöhn* § 15 Rn. 3). Diese Festlegung betrifft nicht nur die BGB-Gesellschaft, sondern auch die oHG, die Kommanditgesellschaft, die Partnergesellschaft, die Partenreederei und die Europäische wirtschaftliche Interessenvereinigung. Zur Antragstellung ist im Fall der Kommanditgesellschaft auf Aktien jeder persönlich haftende Gesellschafter und jeder Abwickler berechtigt. Mit dem Auflösungsbeschluss der Gesellschaft ohne Rechtspersönlichkeit ändert sich hinsichtlich der Antragsberechtigung nichts. Jeder persönlich haftende Gesellschafter ist weiterhin zur Antragstellung befugt. Wurde ein gesonderter Abwickler bestellt, so ist dieser daneben zur Stellung eines Insolvenzantrags befugt.

4. Der faktische Geschäftsführer. Auch dem faktischen Geschäftsführer ist 13
die Antragsbefugnis einzuräumen (ebenso Uhlenbruck/*Hirte* § 15 Rn. 2; aA → § 15a Rn. 2; MüKoBGB/*Klöhn* § 15 Rn. 60). Dies ergibt sich schon daraus, dass ihm nach richtiger Ansicht eine Antragspflicht aufzuerlegen ist. Nicht angezeigt ist es dem faktischen Geschäftsführer die Antragsberechtigung nur dann zugestanden, wenn die faktische Geschäftsführung auf einen fehlerhaften Bestellungsakt zurückzuführen ist (so aber Jaeger/*Müller* § 15 Rn. 36 f.). Diese Einschränkung ist nicht sachgerecht. Da mit der Insolvenzantragspflicht verhindert werden soll, dass ein Unternehmen nach Eintritt der Insolvenz weiterbetrieben wird, muss die tatsächliche Unternehmensleitung auch zur Insolvenzantragstellung berechtigt sein.

5. Die führungslose Gesellschaft. Im Fall der Führungslosigkeit einer Gesell- 14
schaft ist „auch jeder Gesellschafter, bei einer Aktiengesellschaft oder einer Genossenschaft zudem auch jedes Mitglied des Aufsichtsrats" zur Antragstellung berechtigt. Diese Neuregelung bewirkt eine erhebliche Ausweitung des Personenkreises, der zur Insolvenzantragstellung berechtigt sein kann. Allerdings wird die Regelung zutr. dahin eingrenzend verstanden, dass die Aktionäre einer AG und die Mitglieder einer Genossenschaft nicht erfasst sein sollen, sondern hinsichtlich dieser juristischen Personen nur die Mitglieder des Aufsichtsrats (dazu → Rn. 16). Zu beachten ist, dass im Fall einer führungslosen GmbH mit Aufsichtsrat mithin die GmbH-Gesellschafter und nicht die Aufsichtsratsmitglieder der GmbH zur Insolvenzantragstellung berechtigt sind.

Ist in einer insolventen führungslosen GmbH eine ebenfalls führungslose GmbH Gesellschafterin, so sind deren Gesellschafter berechtigt den Insolvenzantrag für die insolvente GmbH zu stellen (LG München ZInsO 2014, 1166).

§ 10 Abs. 2 definiert eine juristische Person als führungslos, wenn sie keinen 15
organschaftlichen Vertreter hat (sa § 35 GmbHG „hat sie keinen Geschäftsführer"). Ein **dauerhaftes Fehlen von Mitgliedern des Vertretungsorgans** liegt dabei bereits vor, wenn das einzige Mitglied bzw. die Mitglieder spurlos verschwunden und auch dauerhaft nicht zu ermitteln sind. Ein solches Verhalten ist als eine konkludente Amtsniederlegung anzusehen, die zu einer Führungslosigkeit der Gesellschaft führt (ebenso *Gehrlein* BB 2008, 848; Scholz/*U. H Schneider* Nachtrag MoMiG § 35 Rn. 10; *Gundlach/Frenzel/Strandmann* NZI 2008, 647 f.; *Weyand/Diversy* Insolvenzdelikte S. 137 f.; *Passarge* GmbHR 2010, 295 f. – abweichend allerdings in *Passarge/Brete* ZInsO 2011, 1299). Abzulehnen ist die Ansicht des AG Hamburg (AG Hamburg NZI 2009, 63; ebenso HK-InsO/*Wehr* § 10 Rn. 11; *Schmahl* NZI 2006, 6 f.; FK-InsO/*Schmerbach* § 15a Rn. 13), das für die Annahme der Führungslosigkeit voraussetzt, dass der organschaftliche Vertreter rechtlich oder tatsächlich nicht mehr existieren darf. Dies wäre nur bei einer wirksamen Amtsenthebung, einer wirksamen Amtsniederlegung oder bei Tod des Mitglieds des Vertretungsorgans der Fall. Angesichts der ursprünglichen Zielsetzung des MoMiG, der professionellen Firmenbestattung entgegenzuwirken, greift diese Auslegung zu kurz.

16 Auch wenn in § 15 Abs. 1 S. 2 Hs. 2 das Wort „zudem" verwandt wurde kann **im Fall der führungslosen Aktiengesellschaft** und bei der führungslosen Genossenschaft die Vorschrift **nicht** so verstanden werden, dass neben den einzelnen Aufsichtsratsmitgliedern **auch die Gesellschafter** zur Insolvenzantragstellung berechtigt werden (dazu HK-InsO/*Kirchhof* § 15 Rn. 6; *Zabel* DZWIR 2009, 500 f.; *Schmahl* NZI 2008, 7 f.; aA *Barthel* ZInsO 2010, 1776 f.). Zutr. wird der Kreis der antragsberechtigten Personen in diesen Fällen der Führungslosigkeit im Hinblick auf § 15a eingrenzend festgelegt. Hintergrund ist, dass die Regelung des § 15 als Reflex der Vorschrift des § 15a verstanden wird, § 15 sollte somit nur dem in § 15a erfassten Personenkreis auch eine Antragsberechtigung verleihen, nicht jedoch eine ausufernde Antragsberechtigung begründen (HK-InsO/*Kirchhof* § 15 Rn. 6; *Schmahl* NZI 2008, 8; *Zabel* DZWIR 2009, 502).

17 Absatz 1 Satz 2 Hs. 1 bezieht sich generell auf juristische Personen, betrifft mithin auch **Anteilseigener ausländischer juristischer Personen,** die ihren Sitz in Deutschland haben. Absatz 1 Satz 2 Hs. 2 ist für ausländische juristischen Personen, die der AG bzw. der Genossenschaft entsprechend organisiert sind, analog anwendbar, sodass Personen, die eine dem Aufsichtsrat entsprechende Funktion einnehmen, im Fall der Führungslosigkeit zur Insolvenzantragstellung berechtigt sind.

18 Die Gesellschaft ist **trotz Vorhandensein eines faktischen Geschäftsführers führungslos.** Die Tatsache, dass das Gesetz hinsichtlich der Führungslosigkeit darauf abstellt, dass die juristische Person keinen organschaftlichen Vertreter hat, macht deutlich, dass die Führungslosigkeit einer juristischen Person auch anzunehmen ist, wenn sie zwar keinen ordnungsgemäß bestellten Vertreter, dafür aber einen faktischen Geschäftsführer hat. Die Führungslosigkeit endet dann auch erst mit der Neubestellung eines Mitglieds des Vertretungsorgans. Nicht ausreichend ist es, wenn ein faktischer Geschäftsführer die Leitung des Betriebes übernimmt oder weiter innehat.

19 **6. Mehrstufige Gesellschaften.** Die Fälle, in denen die Gesellschaft ohne Rechtspersönlichkeit über keinen Gesellschafter verfügt, der eine natürliche Person ist, greift der Gesetzgeber in Absatz 3 gesondert auf. In diesem Fall sind nicht die Gesellschafter selbst, sondern die Mitglieder des Vertretungsorgans der jeweiligen vertretungsbefugten Gesellschafter antragsberechtigt. Im wichtigsten Fall, der **GmbH & Co KG** sind dementsprechend die Mitglieder des Vertretungsorgans der Komplementär-GmbH berechtigt, den Insolvenzantrag für die GmbH & Co KG zu stellen.

20 Dies gilt entsprechend für noch tiefer gestufte Gestaltungen. Ist Komplementärin der schuldnerischen KG eine GmbH & Co KG **(Fall der doppelstöckigen GmbH & Co KG)**, so wäre zunächst die Komplementär-GmbH dieser GmbH & Co KG als antragsberechtigt anzusehen. Dem steht jedoch Absatz 3 Satz 2 entgegen. Zielsetzung dieses Satzes ist, das Insolvenzantragsrecht (und damit ggf. die Insolvenzantragspflicht nach § 15a) an eine natürliche, persönlich haftende Person zu binden. Dementsprechend ist nicht die Komplementär-GmbH, sondern es sind die Mitglieder des Vertretungsorgans dieser Komplementär-GmbH berechtigt den Insolvenzantrag auch für die schuldnerische KG zu stellen.

IErg wird die Berechtigung der natürlichen Person, die als Gesellschafter bzw. Mitglied des Vertretungsorgans zur Stellung eines Eigenantrags berechtigt ist, auf weitere nachgegliederte Gesellschaften ausgedehnt.

Auf die satzungsmäßige bzw. vertraglich vereinbarte Vertretungskompetenz des Organmitglieds des zur Vertretung ermächtigten Gesellschafters kommt es nicht an. Entscheidend ist die Mitgliedschaft im Vertretungsorgan.

Diese Festlegung entspricht iÜ der Tatsache, dass der Gesetzgeber diesen Personenkreis eine Insolvenzantragpflicht auferlegt (§§ 130a Abs. 1, 177a HGB).

Ist im Fall **der** Gesellschaft ohne Rechtspersönlichkeit der nach Absatz 1 Satz 1 **zur Insolvenzantragstellung berufene Gesellschafter führungslos,** so gilt Absatz 1 Satz 2 entsprechend. Im Fall einer insolventen GmbH & Co KG sind dementsprechend die Gesellschafter der führungslosen Komplementär-GmbH befugt, einen Antrag auf Eröffnung eines Insolvenzverfahrens über das Vermögen der GmbH & Co KG zu stellen. Soweit nicht alle Gesellschafter der Komplementär-GmbH den Antrag stellen ist dieser hinsichtlich des Insolvenzgrunds und der Führungslosigkeit glaubhaft zu machen. 21

Die Regelung des § 15 Abs. 3 ist analog auf die Kommanditgesellschaft auf Aktien anwendbar (BGHZ 134, 392 f.).

III. Die Amtsniederlegung der antragberechtigten Person

Das Gesetz bindet die Antragsberechtigung an bestimmte Funktionen/Rechtsstellungen. Soweit das Gesetz auf die Mitgliedschaft im Vertretungsorgan abstellt, ergibt sich die notwendige Folge, dass eine **Amtsniederlegung/Abberufung** Einfluss auf die Berechtigung dieser Person hat, einen Insolvenzantrag zu stellen. 22

Allerdings ist dabei zu fordern, dass die Amtsenthebung wirksam erfolgte (zu unwirksamen weil rechtsmissbräuchlichen Amtsniederlegungen zB OLG Köln ZInsO 2008, 332; OLG Düsseldorf NZI 2001, 97). Soweit für die Amtsniederlegung/Abberufung eine Bekanntmachung erforderlich ist, entfällt die Antragsberechtigung erst mit diesem Zeitpunkt. Im Fall des GmbH-Geschäftsführers ist dementsprechend auf die entsprechende Registereintragung abzustellen.

Zu beachten ist in diesem Zusammenhang zudem, dass das Amt als Organvertreter auch auf Grund gesetzlicher Vorgaben entfallen kann; so bewirkt zB eine strafrechtliche Verurteilung des Geschäftsführers einer GmbH wegen einer in § 6 Abs. 2 Nr. 3 GmbHG aufgeführten Tat ein Erlöschen der Stellung als Geschäftsführer mit der Rechtskraft des Strafurteils. Zu einer Insolvenzantragstellung ist der Verurteilte danach nicht mehr berechtigt (AG Dresden ZInsO 2007, 501).

Ein vor dem Wirksamwerden der Amtsenthebung/Amtsniederlegung gestellter Antrag wird durch die Amtsenthebung/Amtsniederlegung nicht unzulässig.

IV. Darlegung und Glaubhaftmachung des Insolvenzgrunds

Soweit die juristische Person in ihrem Vertretungsorgan nur eine Person hat, ist diese berechtigt, einen Insolvenzantrag zu stellen. Diese Person hat bei der Antragstellung **konkrete Tatsachen** vorzutragen, aus denen sich der Eröffnungsgrund ergibt – anderenfalls ist der Antrag unzulässig (AG Hamburg NZI 2000, 238). Nicht ausreichend ist mithin die einfache Mitteilung des Antragsberechtigten an das Insolvenzgericht, dass ein Insolvenzgrund vorliegt. Der Eröffnungsgrund ist durch konkrete Tatsachen, welche die wesentlichen Merkmale eines Eröffnungsgrunds erkennen lassen, in substantiierter, nachvollziehbarer Form darzulegen (BGHZ 153, 205; LG Stendal NZI 2008, 44 f.). 23

Die gleiche Situation ergibt sich, wenn das Vertretungsorgan zwar nicht nur aus einem Mitglied besteht, aber alle Mitglieder des Vertretungsorgans den Antrag auf Insolvenzeröffnung stellen.

Der Eröffnungsgrund muss, soweit er von einem von mehreren Mitgliedern des Vertretungsorgans gestellt wird, bei der Antragstellung zudem glaubhaft gemacht werden. Dieses Erfordernis soll dem **Missbrauch der Antragsbefugnis** durch einzelne Antragsberechtigte vorbeugen. Insbes. soll vermieden werden, dass interne Streitigkeiten zu unberechtigten Insolvenzantrag führen. Auch hier ist es irrelevant, ob dem Mitglied des Vertretungsorgans, das den Insolvenzantrag stellte, eine Alleinvertretungsvollmacht erteilt wurde oder nicht. Wird der Antrag nicht 24 von allen Mitgliedern des Vertretungsorgans gestellt, so ist die Glaubhaftmachung vorzunehmen.

25 Entsprechendes gilt, wenn mehrere Liquidatoren bestellt sind, mehrere persönlich haftende Gesellschafter oder mehrere Aufsichtsratsmitglieder zur Antragstellung berechtigt sind. Hier ergibt sich eine vergleichbare Problemstellung. Eine **gemeinsame Antragstellung** setzt allerdings nicht voraus, dass alle Organvertreter, Liquidatoren, persönlich haftenden Gesellschafter bzw. Aufsichtsratsmitglieder den Insolvenzantrag unterschrieben haben. Wurde zB ein Organvertreter von den anderen Organvertretern zur Antragstellung beauftragt, so kann dieser für alle den Insolvenzantrag stellen. Er braucht, wenn er die Bevollmächtigung belegt, den Insolvenzgrund in diesem Fall nur darzulegen, nicht jedoch glaubhaft zu machen. Hat ein Mitglied des Vertretungsorgans einen Insolvenzantrag gestellt und schließen sich die anderen später der Antragstellung an, so entfällt damit die Anforderung der Glaubhaftmachung.

26 Die Voraussetzung der Glaubhaftmachung greift auch im Fall der **Führungslosigkeit** einer juristischen Person. Soweit der Insolvenzantrag nicht von allen Gesellschaftern/Aufsichtsratsmitgliedern gestellt wird, ist er dementsprechend glaubhaft zu machen. Die Glaubhaftmachung bezieht sich dabei auch auf die Führungslosigkeit.

27 Ergänzt wird die Voraussetzung der Glaubhaftmachung durch die Vorgabe an das Insolvenzgericht, die übrigen Mitglieder des Vertretungsorgans, persönlich haftenden Gesellschafter bzw. Abwickler vor der Entscheidung über die Insolvenzeröffnung zu hören. Diese **Anhörungspflicht** entspricht der in § 14. Auch sie ist geeignet einem Missbrauch der Berechtigung, einen Insolvenzantrag zu stellen, entgegen zu wirken. Die Aufforderung, sich im Rahmen dieser Anhörung zu äußern, hat durch das Insolvenzgericht zu erfolgen. § 10 findet Anwendung, sodass eine Anhörung unterbleiben kann, wenn die Anzuhörenden sich im Ausland aufhalten, sie unbekannten Aufenthalts sind oder das Verfahren durch die Anhörung übermäßig verzögert werden würde. Das Gericht sollte die Anhörung nicht in der Weise vornehmen, dass sie die schriftliche Aufforderung, eine Stellungnahme abzugeben, über den Antragsteller zustellt.

28 Wird ein Insolvenzgrund nicht gem. Absatz 2 glaubhaft gemacht, so ist der Antrag auf Insolvenzeröffnung abzulehnen. Das Insolvenzgericht hat vor der **Ablehnung** auf die mangelnde Glaubhaftmachung hinzuweisen.

V. Die Antragsrücknahme

29 Der gestellte Insolvenzantrag kann zurückgenommen werden, solange das Insolvenzgericht nicht das Insolvenzverfahren eröffnet hat oder der Antrag rechtskräftig abgelehnt wurde. Zur **Antragsrücknahme** ist jedes Mitglied des Vertretungsorgans/jeder Abwickler befugt (BGH ZInsO 2008, 922 f.; OLG Brandenburg NZI 2002, 48; einengend auf das vertretungsberechtigte Mitglied des Vertretungsorgans Uhlenbruck/*Hirte* § 15 Rn. 6; aA MüKoBGB/*Klöhn* § 15 Rn. 83 f. – grds. nur der Antragsteller selbst –; AG Potsdam NZI 2000, 328; AG Duisburg NZI 2002, 209; Jaeger/*Müller* § 15 Rn. 58, nur der Antragsteller, es sei denn diese Person ist aus dem Vertretungsorgan nach der Antragstellung ausgeschieden). Dies ergibt sich schon daraus, dass der Insolvenzantrag für die insolvente juristische Person bzw. die Gesellschaft ohne Rechtspersönlichkeit gestellt wird und darum auch von dieser – unabhängig davon, welches Mitglied des Vertretungsorgans/welcher Gesellschafter den Antrag gestellt hat – zumindest grds. wieder zurückgenommen werden können muss.

30 Zu beachten ist, dass im **Fall der Insolvenzantragstellung nach § 18** nur ein Mitglied des Vertretungsorgans zur Antragstellung berechtigt ist, das zugleich auch zur Vertretung der juristischen Person befugt ist (§ 18 Abs. 2). Dementsprechend

kann die Antragsrücknahme dann auch nur durch ein vertretungsberechtigtes Mitglied des Vertretungsorgans erfolgen.

Erfolgt eine Antragsrücknahme, so hat der Antragsteller (also regelmäßig die juristische Person bzw. die Gesellschaft ohne Rechtspersönlichkeit) die entsprechenden **Kostenfolgen** zu tragen. Eine Erledigungserklärung (§ 91a ZPO, § 4 InsO) ist in dieser Fallgestaltung nicht mehr möglich. 31

VI. Beschwerdebefugnis

1. Ablehnungsfall. Die Beschwerdebefugnis gegen die Ablehnung eines Insolvenzantrags folgt grds. dem Recht zur Antragstellung. Damit ist im Fall eines Vertretungsorgans, das aus mehreren Personen besteht, nicht nur die Person beschwerdebefugt, die den Insolvenzantrag gestellt hat, sondern auch die Personen, die zwar antragsbefugt waren, den Antrag aber nicht gestellt haben (ebenso Jaeger/*Müller* § 15 Rn. 63). 32

2. Eröffnungsfall. Beschwerdebefugt gegen den Beschluss des Insolvenzgerichts ein Insolvenzverfahren zu eröffnen sind damit im Fall einer juristischen Person jedes Mitglied des Vertretungsorgans, im Fall der Gesellschaft ohne Rechtspersönlichkeit jeder persönlich haftende Gesellschafter. Allerdings ist darauf zu achten, dass die Beschwerde im Namen des Insolvenzschuldners eingereicht wird. Dies gilt auch im Fall der Gesellschaft ohne Rechtspersönlichkeit (BGH ZInsO 2006, 822 – mit einem Fall, in dem fälschlicherweise ein BGB-Gesellschafter die Beschwerde im eigenen Namen erhoben hatte). 33

3. Nicht: ausgeschiedene Organmitglieder. Die ausgeschiedenen Mitglieder des Vertretungsorgans sind nicht beschwerdebefugt. Hat zB ein Geschäftsführer einen Antrag auf Insolvenzeröffnung gestellt und sodann sein Amt als Geschäftsführer zur Verfügung gestellt, so kann er danach, wenn das Insolvenzgericht über den Antrag entschieden hat, nicht mehr mit dem Rechtsmittel der sofortigen Beschwerde gegen die Entscheidung des Insolvenzgerichts vorgehen (BGH NZI 2006, 700). 34

Antragspflicht bei juristischen Personen und Gesellschaften ohne Rechtspersönlichkeit[1]

15a (1) [1]**Wird eine juristische Person zahlungsunfähig oder überschuldet, haben die Mitglieder des Vertretungsorgans oder die Abwickler ohne schuldhaftes Zögern, spätestens aber drei Wochen nach Eintritt der Zahlungsunfähigkeit oder Überschuldung, einen Eröffnungsantrag zu stellen.** [2]**Das Gleiche gilt für die organschaftlichen Vertreter der zur Vertretung der Gesellschaft ermächtigten Gesellschafter oder die Abwickler bei einer Gesellschaft ohne Rechtspersönlichkeit, bei der kein persönlich haftender Gesellschafter eine natürliche Person ist; dies gilt nicht, wenn zu den persönlich haftenden Gesellschaftern eine andere Gesellschaft gehört, bei der ein persönlich haftender Gesellschafter eine natürliche Person ist.**

(2) **Bei einer Gesellschaft im Sinne des Absatzes 1 Satz 2 gilt Absatz 1 sinngemäß, wenn die organschaftlichen Vertreter der zur Vertretung der Gesellschaft ermächtigten Gesellschafter ihrerseits Gesellschaften sind,**

---

[1] § 15a eingef. mWv 1.11.2008 durch G v. 23.10.2008 (BGBl. I S. 2026); Abs. 1 Satz 1, Abs. 2 und 4 geänd. mWv 1.3.2012 durch G v. 7.12.2011 (BGBl. I S. 2582); Abs. 6 angef. mWv 1.7.2014 durch G v. 15.7.2013 (BGBl. I S. 2379).

bei denen kein persönlich haftender Gesellschafter eine natürliche Person ist, oder sich die Verbindung von Gesellschaften in dieser Art fortsetzt.

(3) **Im Fall der Führungslosigkeit einer Gesellschaft mit beschränkter Haftung ist auch jeder Gesellschafter, im Fall der Führungslosigkeit einer Aktiengesellschaft oder einer Genossenschaft ist auch jedes Mitglied des Aufsichtsrats zur Stellung des Antrags verpflichtet, es sei denn, diese Person hat von der Zahlungsunfähigkeit und der Überschuldung oder der Führungslosigkeit keine Kenntnis.**

(4) **Mit Freiheitsstrafe bis zu drei Jahren oder mit Geldstrafe wird bestraft, wer entgegen Absatz 1 Satz 1, auch in Verbindung mit Satz 2 oder Absatz 2 oder Absatz 3, einen Eröffnungsantrag nicht, nicht richtig oder nicht rechtzeitig stellt.**

(5) **Handelt der Täter in den Fällen des Absatzes 4 fahrlässig, ist die Strafe Freiheitsstrafe bis zu einem Jahr oder Geldstrafe.**

(6) **Auf Vereine und Stiftungen, für die § 42 Absatz 2 des Bürgerlichen Gesetzbuchs gilt, sind die Absätze 1 bis 5 nicht anzuwenden.**

Schrifttum (Auswahl): *Barthel*, Deutsche Insolvenzantragspflicht und Insolvenzverschleppungshaftung in Scheinauslandsgesellschaften nach dem MoMiG, 2009; *Berger*, Insolvenzantragspflicht bei Führungslosigkeit der Gesellschaft nach § 15a Abs. 3 InsO, ZInsO 2009, 1977; *Casper*, Die Haftung für Insolvenzverschleppung und -verursachung ..., in: Goette/Habersack (Hrsg.), Das MoMiG in Wissenschaft und Praxis, 2009, Rn. 6.26 ff.; *Commandeur/Römer*, Haftungsrisiken der GmbH-Geschäftsführung in Krise und Insolvenz, NZG 2012, 979; *Freitag*, Insolvenzverschleppungshaftung als reine Außenhaftung, NZG 2014, 447; *Freudenberg*, Die SPE zwischen Krise und Insolvenzreife, 2012; Gottwald InsR-HdB/*Haas/Kohlmann/Paulus* § 92; *Habersack/Foerster*, Austauschgeschäfte der insolvenzreifen Gesellschaft, ZHR 178 (2014), 387; *Heil*, Insolvenzantragspflicht und Insolvenzverschleppungshaftung bei der Scheinauslandsgesellschaft in Deutschland, 2008; *Klöhn*, Der individuelle Insolvenzverschleppungsschaden, KTS 2012, 133; Müller-Gugenberger/Bieneck, Wirtschaftsstrafrecht, 6. Aufl. 2015; *Poertzgen*, Organhaftung wegen Insolvenzverschleppung, 2006; *ders.*, Die systematische Berechtigung der Insolvenzantragspflicht (§ 15a InsO), ZInsO 2014, 165; *Redeker*, Die Haftung für wrongful trading im englischen Recht, 2007; *Karsten Schmidt*, Weg mit den „Zahlungsverboten" in Insolvenzverschleppungsfällen, ZHR 175 (2011), 433; *ders.*, Insolvenzverschleppung und Verjährung, FS Lwowski, 2014, 263; *Karsten Schmidt/Uhlenbruck*, Die GmbH in Krise, Sanierung und Insolvenz, 4. Aufl. 2009, Rn. 11.1 ff.; *Steffek*, Gläubigerschutz in der Kapitalgesellschaft, 2011; *Strohn*, Organhaftung im Vorfeld der Insolvenz, NZG 2011, 1161; *Thole*, Gläubigerschutz durch Insolvenzrecht, 2010; *Wagner*, Insolvenzverschleppungshaftung nach der GmbH-Reform, FS Karsten Schmidt, 2009, 1665.

Übersicht

I. Grundlagen

1 **1. Normzweck. a) Präventiver Gläubigerschutz.** Die Bestimmung dient dem Gläubigerschutz. Während die kapitalgesellschaftlichen Ausschüttungsverbote (§ 57 AktG, § 30 GmbHG) schon die bloße Gefährdung der Gesellschaftsgläubiger durch Ausschüttung nicht gewinnbezogenen Vermögens zu binden suchen (hM; Kritik bei *Kersting* ZHR 175 (2011), 644), soll die sog Insolvenzantragspflicht aktuelle Schädigungen der Gläubiger durch Verschleppung der Insolvenz bei gleichzeitig fehlender persönlicher Haftung einer natürlichen Person verhindern (vgl. BegrRegE MoMiG, BT-Drs. 16/6140, 55). Die meist unternehmerische Tätigkeit solcher Gesellschaften im Zustand materieller Insolvenz soll zum Schutz sowohl des Rechtsverkehrs – in Gestalt der potenziellen Gläubiger – als auch der aktuellen Gläubiger unterbunden, die Gesellschaft, wenn dieser Schutz versagt, in ein die Gläubigerinteressen wahrendes Insolvenzverfahren überführt werden (dazu auch *Klöhn* KTS 2012, 133 ff.; MüKoBGB/*Klöhn* Rn. 6 ff.). Rechtspolitisch, wenn auch nicht rechtstechnisch, steht das Verbot der Insolvenzverschleppung damit den **„wrongful trading"**-Regeln in Section 214 des englischen Insolvency Act nahe (Lutter/*Karsten Schmidt*, Das Kapital der Aktiengesellschaft in Europa, 2006, 188, 198 ff.; Karsten Schmidt/Uhlenbruck/*Karsten Schmidt* Rn. 11.1 ff.; *Redeker* S. 38 ff.; iE ähnlich *Poertzgen* ZInsO 2014, 165 [167]; str.). Diese Sichtweise gibt dem § 15a ein über den Rechtszwang zur Stellung eines Insolvenzantrags hinausweisendes Gepräge (vgl. Rn. 2). Rechtspoltisch ist dieses vom Kapitalgesellschaftsrecht herrührende Konzept klar zu begrüßen (Scholz/*Karsten Schmidt* GmbHG § 64 Rn. 134).

2 **b) Konzeptioneller Hintergrund.** Die **Nähe zum Konzept des „wrongful trading"** (→ Rn. 1) sollte sich auch in der **Würdigung des materiellen Unrechtstatbestands** niederschlagen. Die hM versteht § 15a wortlautgetreu als einen reinen Gebotstatbestand (Insolvenzantragspflicht), die Verletzung des § 15a konsequenterweise als ein Unterlassungsdelikt (vgl. repräsentativ BGHSt 14, 280; 28, 371 = NJW 1980, 406). Gleichwohl sieht auch die hM selbst faktische Organe, obwohl diese nicht zur Antragsstellung berechtigt sind (vgl. nur MüKo-InsO/*Klöhn* § 15 Rn. 11; aA → § 15 Rn. 13) als taugliche Täter an (vgl. → Rn. 16, 19 sowie 65). Ihr kann iE, nicht in der Begründung, gefolgt werden, wenn man das materielle Unrecht in der Aufrechterhaltung der Gesellschaft – typischerweise: Fortführung des Unternehmens – außerhalb eines Insolvenzverfahrens – einschließlich Insolvenzeröffnungsverfahrens – ansieht. Der Unrechtsgehalt eines Verstoßes gegen § 15a liegt in einem Begehungstatbestand, nicht in einem Unterlas-

sen (Scholz/*Karsten Schmidt* GmbHG § 64 Rn. 132; näher *Karsten Schmidt* FS Rebmann, 1989, 435 ff.; anders die hM; zB, aber mit Sympathie für die hier vertretene Auffassung: MüKoInsO/*Klöhn* Rn. 146 ff., 322 f.). Rechtspolitisches Ziel ist nicht die Herbeiführung von Insolvenzverfahren, sondern die Verhinderung eines Fortlebens von Gesellschaften und juristischen Personen ohne Sanierung. Grundlage ist die unternehmensrechtliche Selbstprüfungspflicht, verbunden mit der Aufgabe, Unternehmenskrisen abzuwenden bzw. die Schuldnerin (das Unternehmen) rechtzeitig zu sanieren oder ohne Gläubigerschaden abzuwickeln. Wer das Unternehmen trotz materieller Insolvenz weiterführt, ohne ein Insolvenzverfahren zu beantragen, verstößt gegen § 15a. Das Insolvenzverfahren ist im Lichte des zwingenden Rechts ultima ratio. Das gilt auch nach seiner Aufwertung durch das ESUG. Ein Insolvenzverfahren vor Eintritt von Überschuldung oder Zahlungsunfähigkeit bleibt optional (vgl. § 18).

c) Adressaten. Die Insolvenzantragspflichten sind **insolvenzrechtliche Pflichten.** Normadressaten sind die **Leitungsorgane** (→ Rn. 15 ff.) unter Einschluss der Liquidatoren. Gesellschafter oder Dritte sind nicht unmittelbare Normadressaten (zur Haftung als Beteiligte des Verschleppungsdelikts vgl. → Rn. 18). **Sonderregeln** gelten **im Fall der Führungslosigkeit** (→ Rn. 19 ff.). Über die Möglichkeit einer Beraterhaftung vgl. → Rn. 68. 3

d) Schutzsubjekte. Geschützt sind alle gegenwärtigen und künftigen potenziellen Insolvenzgläubiger (BGHZ 171, 46; HK-InsO/*Kleindiek* Rn. 1, 24; Kübler/Prütting/Bork/*Preuß* Rn. 3; Scholz/*Karsten Schmidt* GmbHG § 64 Rn. 175). Die einen wie die anderen werden durch die Versäumung eines rechtzeitigen Insolvenzantrags in ihren Befriedigungserwartungen geschädigt. Diese Einsicht wirkt sich namentlich bei der Schadensersatzhaftung aus (→ Rn. 33 ff.). 4

2. Rechtsentwicklung, Inkrafttreten und Qualifikation. a) Ablösung gesellschaftsrechtlicher Tatbestände. Die **Rechtsentwicklung** ist charakterisiert durch die Herkunft aus dem Gesellschaftsrecht (näher dazu Kübler/Prütting/Bork/*Preuß* Rn. 4 ff.; Scholz/*Karsten Schmidt* GmbHG § 64 Rn. 139 ff.), ursprünglich aus Art. 240 Abs. 2, 241 ADHGB [Fassung 1884] und aus § 64 Abs. 1 GmbHG aF. Bis zum Inkrafttreten des MoMiG am 1.11.2008 war das Verschleppungsverbot rechtsformspezifisch auf folgende Vorschriften verteilt: §§ 92 Abs. 2, 268 Abs. 2 AktG aF für die AG, §§ 278 Abs. 3, 283 Nr. 14 AktG aF für die KGaA, §§ 64 Abs. 1, 71 Abs. 4 GmbHG aF für die GmbH, §§ 130a Abs. 1, 177a HGB aF für die Kapitalgesellschaft & Co, § 99 Abs. 1 GenG aF für die Genossenschaft. Das **MoMiG** hat diese Verschleppungsverbote rechtsformneutral in § 15a InsO konzentriert. Das ESUG vom 7.12.2011 – in Kraft seit 1.3.2012 – führte zu geringfügigen, rein redaktionellen Veränderungen des Wortlauts („Eröffnungsantrag" statt „Insolvenzantrag", Einfügung der Worte „persönlich haftender" in Absatz 2). Insgesamt ist von einer **Kontinuität der Rechtsentwicklung** auszugehen. Deshalb bleibt die Rspr. zu §§ 92 Abs. 2, 268 Abs. 2 AktG aF, §§ 278 Abs. 3, 283 Nr. 14 AktG, §§ 64 Abs. 1, 71 Abs. 4 GmbHG aF, §§ 130a Abs. 1, 177a HGB aF, § 99 Abs. 1 GenG aF für § 15a unmittelbar verwertungsfähig. 5

b) Geltungszeitraum. In Kraft ist § 15a **seit dem 1.11.2008** (Art. 25 MoMiG; BGBl. I S. 2028 v. 28.10.2008). Für Altfälle gelten die bei → Rn. 5 genannten weitgehend inhaltsgleichen, gesellschaftsrechtlichen Regeln. Die intertemporäre Abgrenzung zwischen altem und neuem Recht ist va für die Straftatbestände (Absatz 4 und 5 und dazu → Rn. 64 ff.) sowie für die neuen Regeln bei Führungslosigkeit (Absatz 3 und dazu → Rn. 19 ff.) von Belang. 6

c) Insolvenzrecht oder Gesellschaftsrecht. Die **Qualifikation** der Insolvenzantragspflicht, bedeutsam **für das Internationale Insolvenz- und Zivil-** 7

recht (→ EUInsVO Art. 4 Rn. 11), ist umstr. (FK-InsO/*Schmerbach* Rn. 48 ff.; Uhlenbruck/*Hirte* Rn. 2 f.; Überblick bei Scholz/*Karsten Schmidt* GmbHG § 64 Rn. 133 ff.). Die hM sieht darin nicht eine gesellschaftsrechtliche Governanceregel (so noch für das Recht vor dem MoMiG Scholz/*Karsten Schmidt* GmbHG § 64 Rn. 10; auf der Grundlage des aktuellen Rechts MüKoInsO/*Klöhn* Rn. 19, 50 ff.), sondern einen insolvenzrechtlichen Tatbestand (vgl. nur LG Kiel NZI 2006, 482; *Heil* S. 145 ff.; *Freudenberg* S. 211 ff.; HK-InsO/*Kleindiek* Rn. 6; HambK-InsO/*Linker* Rn. 4). Dies stimmt mit der Intention des MoMiG-Gesetzgebers überein (BegrRegE MoMiG, BT-Drs. 16/6140, 133). Aus der Beurteilung der französischen action en comblement de passif durch den EuGH (Slg. 1979, I-0733 „Gourdain/Nadler") wird gefolgert, dass sich dieser Standpunkt auch europarechtlich durchsetzen wird. Bedeutung hat dies va für die Insolvenz von Gesellschaften ausländischer Rechtsform (→ Rn. 10). Gleichgelagert ist das Qualifikationsproblem im Fall verbotener Zahlungen (vgl. → Rn. 48 ff.), zu dem eine Entscheidung des EuGH zu erwarten ist (Vorlagebeschl. BGH NZI 2015, 85).

II. Geltungsbereich

8 **1. Juristische Personen (Absatz 1 Satz 1). a) Körperschaften.** Juristische Personen iSv § 15a sind Körperschaften (rechtsfähige Stiftungen bleiben wegen Absatz 6 außer Betracht). Der Begriff ist enger als bei § 11 (dazu → § 11 Rn. 10), aber nicht einmal jede Körperschaft ist erfasst (über Anwendungsfälle des Absatz 1 Satz 1 vgl. → Rn. 9). Für Vereine, rechtsfähige Stiftungen und (wegen § 12 kaum relevant) rechtsfähige Anstalten, die zwar juristische Personen iSd Terminologie des § 15a sind, gilt § 42 Abs. 2 BGB als gegenüber § 15a vorrangige Spezialregelung, für Stiftungen über § 86 BGB und für Anstalten über § 89 Ab. 2 BGB (Kübler/Prütting/Bork/*Preuß* Rn. 4). Dies entspricht der Auffassung des Gesetzgebers, der durch das Gesetz zur Verkürzung des Restschuldbefreiungsverfahrens und zur Stärkung der Gläubigerrechte vom 15.7.2013 mit Wirkung ab dem 1.7.2014 dem § 15a einen **Absatz 6** hinzugefügt hat, um Vereins- und Stiftungsvorstände vor den Konsequenzen va der Absätze 4 und 5 zu schützen (dazu krit. *Roth* ZInsO 2012, 678; *Römermann* GWR 2012, 56; *Laroche* ZIP 2012, 558; zustimmend *Poertzgen* ZInsO 2012, 1697). Die Begr. zum Entwurf v. 31.10.2012 (BT-Drs. 17/11268, 21) betont den auf Grund des Vorrangs des § 42 Abs. 2 BGB klarstellenden Zweck der Einführung des Absatz 6. **Der nichtrechtsfähige Verein** (→ § 11 Rn. 11) ist Körperschaft (solange er sich nicht durch wirtschaftlichen Geschäftsbetrieb in eine oHG oder unternehmenstragende GbR umgewandelt hat), insolvenzrechtlich gilt er als juristische Person (vgl. § 11 Abs. 1 S. 2 und dazu → § 11 Rn. 11). Er fällt daher nicht unter Absatz 1 Satz 2, Absatz 2, sondern unter Absatz 1 Satz 1 (vgl. Jaeger/*Müller* § 15 Rn. 17; FK-InsO/*Schmerbach* § 15 Rn. 13). Diese gesetzgeberische Anordnung dürfte eine (analoge) Anwendung des § 42 Abs. 2 BGB auf den nichtrechtfähigen Verein (MüKoBGB/*Reuter* § 42 Rn. 15; vgl. auch FK-InsO/*Schmerbach* § 15 Rn. 13) nicht ausschließen. Andernfalls – bei Anwendung des § 15a – gelangte man zu einer Strafbarkeit des Vorstands eines nichtrechtsfähigen Vereins bei unterlassener Antragstellung, nicht aber des Vorstandes des eingetragenen Vereins. Keine juristischen Personen iSv § 15a Abs. 1 S. 1 und deshalb über Absatz 1 Satz 2 erfasst (→ Rn. 12 ff.) sind **rechtsfähige Personengesellschaften** (vgl. zu dieser Terminologie der InsO → § 11 Rn. 10).

9 **b) Die Körperschaften im Einzelnen.** Anwendungsfälle des Absatz 1 Satz 1 sind: **Aktiengesellschaften, Gesellschaften mbH** (einschließlich UG), **eingetragene Genossenschaften, Kommanditgesellschaften auf Aktien** (vgl. auch → Rn. 21), **Europäische Aktiengesellschaften** (SE) über die Verweisung in

§ 22 Abs. 5 S. 2 SEAG und de lege ferenda auch die **Societas Privata Europaea** (SPE; eing. *Freudenberg* S. 207 ff.) sowie die **Societas unius Personae** (SUP); dazu *Kindler* ZHR 179 (2015), 330). Die Kommanditgesellschaft auf Aktien als juristische Person und aktienrechtliche Mischform aus kapitalgesellschaftlichen und personengesellschaftlichen Elementen (*Karsten Schmidt*/Lutter AktG § 278 Rn. 1) fällt, was im gesetzlichen „Normalfall" einer KGaA mit einer natürlichen Person als Komplementär dem Geist des § 15a allerdings wenig entspricht, als juristische Person unter Absatz 1 Satz 1 (*Karsten Schmidt*/Lutter AktG § 283 Rn. 20). Eine teleologische Reduktion des Absatz 1 Satz 1 und demgemäß eine Befreiung der KGaA mit natürlichem Komplementär von der Insolvenzantragspflicht, ist vorerst nicht konsensfähig. **Vorgesellschaften** (→ § 11 Rn. 12) sind richtigerweise nicht als Gesellschaften ohne Rechtspersönlichkeit einzuordnen, sondern als juristische Personen (Scholz/*Karsten Schmidt* GmbHG § 11 Rn. 24, § 64 Rn. 148). Ob sie unter Absatz 1 Satz 1 fallen, ist aber mit Rücksicht auf die persönliche Gründerhaftung umstr. (bejahend Kübler/Prütting/Bork/*Preuß* Rn. 15; Scholz/*Karsten Schmidt* GmbHG § 64 Rn. 148; ablehnend FK-InsO/*Schmerbach* § 15 Rn. 36; MüKoInsO/*Klöhn* Rn. 49; gegen Antragspflicht *Poertzgen* ZInsO 2014, 165 [169]; unklar Uhlenbruck/*Hirte* Rn. 2 iVm § 11 Rn. 41). Das kann trotz der vor der Eintragung noch unbeschränkten Haftung bejaht werden, weil die Gesellschaft die Haftungsbeschränkung durch Eintragung anstrebt (Scholz/*Karsten Schmidt* GmbHG § 64 Rn. 148). Der praktische Unterschied besteht darin, ob eine Aufgabe der Eintragungsabsicht das Verschleppungsverbot nur ex nunc behebt oder gar nicht beginnen lässt.

c) Ausländische Körperschaften. Auslandsgesellschaften (vgl. auch → Rn. 21, 52) sind nach dem Willen des Gesetzgebers mit erfasst (BegrRegE MoMiG BT-Drs. 16/6140, 55; eing. *Barthel*; *Heil* S. 145 ff.; für viele Braun/*Bußhardt* Rn. 7; Kübler/Prütting/Bork/*Preuß* Rn. 10, 19; *Hefendehl* ZIP 2011, 601 [603]). Die Vereinbarkeit mit der Freizügigkeit von Gesellschaften nach Art. 54, 45 AEUV wird vereinzelt bestritten (zB Uhlenbruck/*Hirte* Rn. 3, 61; *Hirte* ZInsO 2008, 146 [147]; MüKoInsO/*Klöhn* Rn. 19, 50 ff., 60; vgl. dazu auch die Vorlage an den EuGH BGH NZI 2015, 85). Doch werden die Organpflichten bei materieller Insolvenz in den meisten Auslandsrechten als insolvenzrechtlich, nicht als gesellschaftsrechtlich, qualifiziert (vgl. → Rn. 7). 10

d) Juristische Personen in Liquidation. Diese (vgl. → § 11 Rn. 13, 19) unterliegen gleichfalls der Antragspflicht (statt vieler Kübler/Prütting/Bork/*Preuß* Rn. 13). Gleiches gilt – ein weitgehend theoretischer Fall – für juristische Personen, die wegen Vermögenslosigkeit gelöscht wurden (§ 394 Abs. 1 FamFG), deren Vollbeendigung jedoch mangels Vermögenslosigkeit nicht eingetreten ist (zur Nachtragsliquidations-Insolvenz vgl. → § 11 Rn. 19). 11

2. Gesellschaften ohne Rechtspersönlichkeit (Absatz 1 Satz 2, Absatz 2). a) Rechtsfähige Personengesellschaften. Hierunter fallen (→ § 11 Rn. 10, 15), offene Handelsgesellschaften, Kommanditgesellschaft, sowie BGB-Außengesellschaft, nicht die Partnerschaftsgesellschaft, deren Gesellschafter gem. § 1 Abs. 1 S. 3 PartGG nur natürliche Personen sein dürfen (MüKoInsO/*Klöhn* Rn. 96). Obgleich sie rechtsfähige Personengesellschaft ist, folgt die Antragspflicht für die Europäische Wirtschaftliche Interessenvereinigung aus der vorrangigen spezialgesetzlichen Regelung in § 11 S. 2 EWIVAG iVm § 15a Abs. 1 S. 2. Ebenfalls **nicht** unter § 15a fallen: **reine Innen-Gesellschaften,** also die stille Gesellschaft, die Unterbeteiligungsgesellschaft und die BGB-Innengesellschaft, denn diese Gesellschaften sind als solche nicht insolvenzrechtsfähig (→ § 11 Rn. 15). Auch der **nichtrechtsfähige Verein** (→ § 11 Rn. 11) fällt wegen § 11 Abs. 1 S. 2 als Körperschaft nicht unter Absatz 1 Satz 2, Absatz 2 (→ Rn. 8). 12

Solange er sich nicht durch wirtschaftlichen Geschäftsbetrieb in eine oHG oder unternehmenstragende GbR umgewandelt hat, gilt für ihn § 42 BGB analog (→ Rn. 8). Nicht unter § 15a fallen auch die spezialgesetzlich geregelten Fälle der Insolvenzantragspflichten in der fortgesetzten Gütergemeinschaft und des Erben bzw. Nachlassverwalters für den Nachlass (§§ 1489 Abs. 2, 1980, 1985 Abs. 2 BGB, vgl. dazu → § 320 Rn. 7 ff.).

13 **b) Fehlen persönlicher Haftung.** Nur wenn keine natürliche Person persönlich haftet, besteht die Antragspflicht im Fall einer Personengesellschaft. Nichts anderes ist der Sinn von Absatz 1 Satz 2 und Absatz 2. Beide Bestimmungen besagen Unterschiedliches: **Absatz 1 Satz 2 bestimmt die erfassten Personengesellschaften** und nimmt diejenigen aus, für deren Verbindlichkeiten eine natürliche Person als direkter oder mittelbarer Gesellschafter unbeschränkt haftet (Uhlenbruck/*Hirte* Rn. 9). Nicht von der Antragspflicht befreiend wirkt eine persönliche Haftung eines Gesellschafters im Innenverhältnis, zB bei einer Treuhandgesellschaft oder auf Grund einer Patronatserklärung – eine solche Haftung eines Gesellschafters gegenüber den Gläubigern ist auf Grund der Möglichkeit der Pfändung der Forderung der Gesellschaft gegen ihren Gesellschafter lediglich eine nicht genügende mittelbare persönliche Haftung (→ § 19 Rn. 10). Dagegen setzt **Absatz 2** die Anwendbarkeit des Absatz 1 Satz 2 voraus und **verlängert bei Schachtelkonstruktionen den Kreis der verantwortlichen Organe** auf (mittelbare) Organe einer Gesellschafter-Gesellschaft, erweitert also die Insolvenzantragspflicht bei mehrstöckigen Personengesellschaften ohne zumindest eine unbeschränkt haftende natürliche Person als Gesellschafter auf mittelbar zuständige Organe (Braun/*Bußhardt* Rn. 22).

14 **3. Die Kapitalgesellschaft & Co. KG im Besonderen.** Im Fall einer Kapitalgesellschaft (GmbH) & Co. KG ist das **Vorhandensein zweier separater Schuldnerinnen** (KG und Komplementärgesellschaft) zu beachten. Die Leitungsorgane (im Fall der GmbH & Co. KG also: Geschäftsführer) unterliegen der Insolvenzantragspflicht bezüglich beider Gesellschaften. Zur Führungslosigkeit bei der Kapitalgesellschaft & Co. KG vgl. → Rn. 21.

III. Normadressaten

15 **1. Verantwortliche Organe (Absatz 1). a) Mitglieder des Vertretungsorgans.** Verantwortlich sind die **Vorstandsmitglieder** bzw. **Geschäftsführer** bzw. **Liquidatoren** (das Gesetz nennt überflüssigerweise die Abwickler besonders); in der KGaA der Komplementär, § 283 Nr. 14 AktG (MüKoInsO/*Klöhn* Rn. 67); in der Europäischen Gesellschaft (SE) und der Europäischen Genossenschaft (SCE) mit monistischem System der Verwaltungsrat (§ 22 Abs. 5 S. 2 SEAG bzw. § 18 Abs. 4 S. 2 SCEAG). Im Fall einer **Personengesellschaft ohne unbeschränkt haftende natürliche Person** (Absatz 1 Satz 2) sind die organschaftlichen Vertreter der unmittelbar (Absatz 1 Satz 2) oder mittelbar (Absatz 2) geschäftsführenden Gesellschafter-Gesellschaft verantwortlich (→ Rn. 14). Sind **mehrere organschaftliche Vertreter** vorhanden, so ist jeder zur Antragstellung verpflichtet, gleich welche organinterne Ressortverteilung vereinbart wurde (zur Haftung in diesem Fall vgl. → Rn. 36).

16 **b) Faktische Vertretungsorgane.** Sie sind gleichfalls insolvenzantragspflichtig (BGHZ 104, 44 = NJW 1988, 1789; BGHZ 150, 61 = ZIP 2002, 848; BGHSt 3, 32 [37 ff.]; BGHSt 21, 101 [103] = NJW 1966, 2225; BGHSt 31, 118 = NJW 1983, 240; BGHSt 46, 62 [64] = NJW 2000, 2285; BGH ZIP 1990, 466 = NJW-RR 1990, 288; BGH ZIP 2005, 1550 = NZI 2006, 63; BGH GmbHR 2015, 191 = NZG 2015, 246 = ZIP 2015, 218; BayObLG NJW 1997, 1936; OLG

Düsseldorf GmbHR 1993, 159; OLG Naumburg GmbHR 2002, 112 [113]; OLG Karlsruhe NJW 2006, 1364 = GmbHR 2006, 598; *Poertzgen* S. 160; Karsten Schmidt/Uhlenbruck/*Karsten Schmidt* Rn. 11.1; *ders.* FS Rebmann, 1996, 419 ff.; MüKoInsO/*Klöhn* Rn. 75 ff. [nicht aber bei Auslandsgesellschaften: Rn. 59]; **aM** Baumbach/Hueck/*Haas* GmbHG § 64 Rn. 172–172b). Das gilt auch strafrechtlich (vgl. → Rn. 65). Die nach hM fehlende Antragsberechtigung (→ Rn. 2; aA → § 15 Rn. 13) steht dieser Rspr. nicht im Wege (krit. Baumbach/Hueck/*Haas* GmbHG § 64 Rn. 172b; aber *Bergmann* NZWiSt 2014, 81), wenn man den Unrechtsgehalt der Insolvenzverschleppung in der unerlaubten Unternehmensfortführung sieht (→ Rn. 2). Führungslosigkeit und das Vorhandensein faktischer Organe schließen einander nicht aus (→ Rn. 19).

Zwei Arten von faktischen Leitungsorganen sind zu unterscheiden: die fehlerhaft bestellten Gesellschaftsorgane sowie solche, die die juristische Person bzw. Personengesellschaft rein faktisch führen, ohne je bestellt worden zu sein (FK-InsO/*Schmerbach* Rn. 16 sowie § 15 Rn. 18 ff.; HambK-InsO/*A. Schmidt* Anh. zu § 35, H. Rn. 3; HK-InsO/*Kleindiek* Rn. 10; Karsten Schmidt/Uhlenbruck/*Karsten Schmidt* Rn. 11.1). Hierfür verlangt die Rspr. ein nach außen hervortretendes, üblicherweise der Geschäftsführung zuzurechnendes Handeln (repräsentativ BGHZ 104, 44 [48] = NJW 1988, 1789; BGHZ 150, 61 [69] = NZG 2002, 520 [522]; BGH GmbHR 2005, 1126 = ZIP 2005, 1414; BGH GmbHR 2005, 1187 = ZIP 2005, 1550; tendenziell weiter Scholz/*Karsten Schmidt* GmbHG § 64 Rn. 153 f.). Unter dieser Voraussetzung kann auch ein Vorstand oder Geschäftsführer, der sein Amt niedergelegt hat, faktischer Geschäftsführer bleiben (Scholz/*Karsten Schmidt* aaO). Die besondere Verantwortung im Fall der Führungslosigkeit (Absatz 3) ersetzt diese Verantwortlichkeit des faktischen Geschäftsführers nicht. Umgekehrt beseitigt die Existenz eines antragspflichtigen faktischen Organs nicht die Verantwortlichkeit der Gesellschafter bei Führungslosigkeit. Auch auf die fehlende Antragsbefugnis kann sich der faktische Geschäftsführer gegen die die zivilrechtliche Verschleppungshaftung auslösende Pflichtverletzung nicht berufen (näher Scholz/*Karsten Schmidt* aaO Rn. 154; HK-InsO/*Kleindiek* Rn. 10, § 15 Rn. 10), denn nach → Rn. 2 liegt der Unrechtsschwerpunkt in der Führung der Gesellschaft (*Karsten Schmidt* FS Rebmann, 1996, 435 ff.), nicht aber in der unterlassenen oder mangels Antragsbefugnis unzulässigen Antragstellung. 17

c) Abgrenzung. Aufsichtsratsmitglieder und Gesellschafter sind grds. keine Normadressaten des § 15a. Sie werden auch durch bloße Billigung der Insolvenzverschleppung oder Einflussnahme auf die geschäftsführenden Organe – die nicht die Übernahme von Leitungsfunktionen erreicht – nicht zu faktischen Geschäftsführern (→ Rn. 16). Es kommt allerdings eine Teilnehmerhaftung gem. § 830 Abs. 2 BGB in Betracht (ausf. dazu Scholz/*Karsten Schmidt* GmbHG § 64 Rn. 157, 210), etwa bei Erteilung gesetzeswidriger Weisungen, wobei zumindest bedingter Vorsatz erforderlich ist, um Gehilfenschaft iSv § 830 Abs. 2 BGB zu begründen (BGHZ 75, 96 [107] = NJW 1979, 1823 [1826]). Sonderregeln gelten im Fall der Führungslosigkeit (→ Rn. 19 ff.). 18

2. Führungslosigkeit (Absatz 3). a) Tatbestand. Absatz 3 ist eine **inhaltliche Neuregelung durch das MoMiG. Führungslosigkeit** ist anzunehmen, wenn kein organschaftlicher Vertreter vorhanden ist (§ 10 Abs. 2 S. 2 und dazu → § 10 Rn. 17). Das Vorhandensein faktischer Organe (→ Rn. 16 f.) beseitigt diesen Rechtszustand nicht. Umgekehrt genügt die bloße Nichterreichbarkeit des organschaftlichen Vertreters nicht für den Tatbestand der Führungslosigkeit (AG Hamburg NJW 2009, 304 = ZIP 2009, 333; HK-InsO/*Kleindiek* Rn. 17; *Brand/Brand* NZI 2010, 712 [714]; hM). Anders sollte entschieden werden, wenn die Unerreichbarkeit auf konkludente Amtsniederlegung schließen lässt (insofern richtig, aber wohl zu weitgehend *Gehrlein* BB 2008, 846 [848]; *Berger* ZInsO 19

2009, 1977 [1980]) und generell bei einem endgültigem Abtauchen der Vertretungsorgane (*Karsten Schmidt* FS U. Schneider, 2011, 1157 [1160]; *Passarge/Brete* ZInsO 2011, 1293 [1297 ff.] mwN).

20 **b) Rechtsfolge. Führungslosigkeit** führt nicht zu subsidiärer Selbstorganschaft der Gesellschafter (näher *Karsten Schmidt* FS U. Schneider, 2011, 1157 ff.). Den Gesellschaftern bzw. dem Aufsichtsrat wächst keine organschaftliche Geschäftsführungsbefugnis und Vertretungsmacht zu *(ebd.)*. Die Gesellschafter bzw. Aufsichtsratsmitglieder sind allerdings **Passivvertreter,** insbes. bei Zustellungen (§ 35 Abs. 1 S. 2 GmbHG, § 78 Abs. 1 S. 2 AktG, § 24 Abs. 1 S. 2 GenG). Im Insolvenzverfahren werden sie an Stelle der organschaftlichen Vertreter angehört (§ 10 Abs. 2 S. 2). Sie sind zur Stellung des Insolvenzantrags berechtigt (§ 15 Abs. 1 S. 2) und nach Absatz 3 insolvenzantragspflichtig.

21 **c) Erfasste Gesellschaften.** Nur für die **GmbH** (auch **UG**), **AG** und **eG** gilt Absatz 3 nach dem klaren Wortlaut (eine fragwürdige Begrenzung). Zweifelhaft (vgl. schon → Rn. 9) ist die Anwendung auf die **KGaA,** die gem. §§ 278 Abs. 3, 78 Abs. 1 S. 2 AktG führungslos werden kann, gleich, ob der einzige Komplementär ersatzlos ausscheidet (vgl. *Karsten Schmidt*/Lutter AktG § 278 Rn. 7). Zuständig ist nach einer aktienrechtlichen Lösung der **Aufsichtsrat der KGaA** (*Karsten Schmidt*/Lutter AktG § 283 Rn. 20). Dagegen wird eingewendet, dass die Insolvenzantragspflicht nach Absatz 3 auf der Verpflichtung (dazu BegrRegE MoMiG, BT-Drs. 16/6140, 55) basiert, einen Rechtsträger im Fall der Insolvenz nicht führungslos zu lassen (so auch HambK-InsO/*Linker* Rn. 24). Insolvenzantragspflichtig kann danach nur sein, wer die Führungslosigkeit beenden könnte. Dies obliegt bei der KGaA jedoch nicht dem Aufsichtsrat (zum Eintritt von Komplementären vgl. *Karsten Schmidt*/Lutter AktG § 278 Rn. 28). Aber eine „GmbH-Lösung" überzeugt wenig. Auch eine Beschränkung der Antragspflicht auf die Kapitalgesellschaft & Co. KGaA (vgl. → Rn. 9) würde die schwierigen Fragen nicht flächendeckend lösen. Eine entsprechende Anwendung auf **Auslandsgesellschaften** (→ Rn. 7, 10, 52) verbietet sich angesichts der konkreten Benennung der Gesellschaftsrechtsformen in Absatz 3 im Unterschied zu Absatz 1, der fehlenden Hinweise auf einen entsprechenden gesetzgeberischen Willen sowie der über Absatz 4 an Absatz 3 geknüpften strafrechtlichen Sanktionen (so bspw. Uhlenbruck/*Hirte* Rn. 61; HambK-InsO/*Linker* Rn. 25; HK-InsO/*Kleindiek* Rn. 20; MüKoInsO/*Klöhn* Rn. 58; *Knof/Mock* GmbHR 2007, 852 [854 f.]; aA bspw. Kübler/Prütting/Bork/*Preuß* Rn. 43; Roth/*Altmeppen* vor § 64 Rn. 65). Im Fall einer **GmbH & Co. KG oder AG & Co. KG** erfasst Absatz 3 nur die Komplementär-Kapitalgesellschaft. An Stelle der Geschäftsführer oder des Vorstandes antragspflichtig sind hier also die GmbH-Gesellschafter bzw. der AG-Aufsichtsrat, nicht die Kommanditisten (Scholz/*Karsten Schmidt* GmbHG § 64 Rn. 158; MüKoHGB/*Karsten Schmidt* § 130a Rn. 13; zust. MüKoInsO/*Klöhn* Rn. 113). Scheidet die Komplementärin aus, so haften die Kommanditisten evtl. nach Gesellschaftsrecht (MüKoInsO/*Klöhn* Rn. 114).

22 **d) Pflichtadressaten. Jeder Gesellschafter** bzw. **jedes Aufsichtsratsmitglied, nicht aber der Aktionär** (zur KGaA → Rn. 9, 21), ist bei Führungslosigkeit insolvenzantragspflichtig, allerdings vorbehaltlich des Entlastungsbeweises mangelnder Kenntnis vom Insolvenzgrund (→ Rn. 23). Kleingesellschafter (§ 39 Abs. 5) sind nicht befreit. Ist Gesellschafterin eine führungslose GmbH, sind deren Gesellschafter trotz der in § 35 Abs. 1 S. 2 GmbHG für Führungslosigkeit geregelten nur passiven Vertretungsbefugnis antragspflichtig (LG München ZIP 2013, 1739). Im Fall eines eröffneten Insolvenzverfahrens (oder der starken vorl. Insolvenzverwaltung) über das Vermögen eines Gesellschafters, ist der Insolvenzverwalter antragspflichtig (HambK-InsO/*Linker* Rn. 23; *Gundlach/Müller* ZInsO 2011, 900; Uhlen-

bruck/*Hirte* Rn. 62). Bei einer GmbH sind nur die Gesellschafter erfasst, nicht etwa auch ein fakultativer oder obligatorischer (§ 1 Abs. 1 Nr. 3 S. 2 DrittelbG, § 25 Abs. 1 Nr. 2 MitbestG, § 3 Abs. 2 MontanMitbestG, § 3 Abs. 1 S. 2 MontanMitbestGErgG, § 6 Abs. 2 InvG) Aufsichtsrat (HK-InsO/*Kleindiek* Rn. 19; aM Nerlich/Römermann/*Mönning* Rn. 20; Baumbach/Hueck/*Haas* GmbHG § 64 Rn. 169). Anderes dürfte in entsprechender Anwendung von Absatz 3 gelten, wenn dem **Aufsichtsrat** kraft Gesetzes (§ 31 Abs. 1 MitbestG, § 12 MontanMitbestG, jeweils iVm § 84 AktG) oder Satzung die **Bestellung der Geschäftsführer übertragen** ist, da in diesem Fall (nur) der Aufsichtsrat die Kompetenz hat, die Führungslosigkeit zu beenden (aA unter Hinweis auf die Entstehungsgeschichte des MoMiG Kübler/Prütting/Bork/*Preuß* Rn. 35). In diesem Fall befreit die Verantwortlichkeit der Mitglieder des Aufsichtsrates die Gesellschafter aus ihrer Pflicht, da auch bei einer AG nur die Aufsichtsratsmitglieder verpflichtet sind, nicht die Aktionäre, auch nicht als Mehrheitsaktionäre (zur Sonderfrage faktischer Organschaft vgl. → Rn. 16 f.). (Nur) aus der Kompetenz zur Beseitigung der Führungslosigkeit folgt die Antragspflicht. Existiert in der Genossenschaft satzungsgemäß kein Aufsichtsrat (§ 9 Abs. 1 S. 2 und 3 GenG), so ist die Generalversammlung antragsbefugt.

e) Wegfall der Antragspflicht. Entlastende Unkenntnis befreit von der 23
Insolvenzantragspflicht bei Führungslosigkeit (Schlussteil des Absatz 3). Kennenmüssen hindert nicht die Entlastungswirkung, und zwar auch nicht bei Aufsichtsratsmitgliedern (rechtspolitisch fragwürdig!). Allerdings steht es der Kenntnis gleich, wenn sich ein Gesellschafter der Zurkenntnisnahme offensichtlicher Fakten bewusst verschließt (in diesem Sinne BegrRegE MoMiG, BT-Drs. 16/6140, 55 f.; HK-InsO/*Kleindiek* Rn. 21; Kübler/Prütting/Bork/*Preuß* Rn. 40; Uhlenbruck/*Hirte* Rn. 63). Zudem kann aus der Kenntnis der Führungslosigkeit auf Grund der Pflicht aus Absatz 3 eine Zurkenntnisnahme möglicher Insolvenzgründe folgen und, umgekehrt, die Kenntnis eines Insolvenzgrundes, sofern keine Insolvenzantragstellung erfolgt, die Pflicht zu Prüfung auslösen, ob Führungslosigkeit besteht (BT-Drs. 16/6140, 55; Uhlenbruck/*Hirte* Rn. 63). **Gegenstand der entlastenden Unkenntnis** kann entweder die **Führungslosigkeit** (→ Rn. 19) **oder** die **materielle Insolvenz iSv §§ 17, 19** sein. Beides – die Führungslosigkeit und die materielle Insolvenz – muss also bekannt sein. Bezüglich der materiellen Insolvenz (Zahlungsunfähigkeit oder Überschuldung) ist dieses Erfordernis rechtspolitisch zweifelhaft, weil § 15a auch fahrlässige Verstöße erfasst (→ Rn. 45). Beruht diese materielle Insolvenz auf Überschuldung und Zahlungsunfähigkeit, so entlastet nur die Unkenntnis bezüglich beider (nur dies meint das missverständliche zwischen „der Zahlungsunfähigkeit" und „der Überschuldung" eingefügte „und"; vgl. Kübler/Prütting/Bork/*Preuß* Rn. 41; Uhlenbruck/*Hirte* Rn. 63; Scholz/*Karsten Schmidt* GmbHG § 64 Rn. 159). Auf Fakten muss sich die Unkenntnis beziehen; Unkenntnis nur der rechtlichen Würdigung entlastet nicht (Scholz/*Karsten Schmidt* GmbHG § 64 Rn. 159). Die **Beweislast** für behauptete Unkenntnis trifft, wie auch die Negativformulierung zeigt, im Zivilrechtsstreit den Gesellschafter bzw. das Aufsichtsratsmitglied (BegrRegE MoMiG, BT-Drs. 16/6140, 55; Kübler/Prütting/Bork/*Preuß* Rn. 41; Uhlenbruck/*Hirte* Rn. 63). Liegt keine entlastende Unkenntnis bezüglich der die Führungslosigkeit oder Zahlungsunfähigkeit bzw. Überschuldung begründenden Fakten vor, so kommt es für die Verantwortlichkeit nur noch auf einfaches Verschulden (Vorsatz oder Fahrlässigkeit) an (vgl. → Rn. 36).

IV. Pflichtinhalt

1. Verschleppungsverbot und Verschleppungsdauer. a) Grundlagen. 24
Dem bei → Rn. 2 dargestellten **Grundverständnis der Bestimmung** folgend, ist die aus § 15a sprechende Organpflicht nicht als Gebot zu verstehen, um jeden

Preis den Antrag auf Eröffnung des Insolvenzverfahrens zu stellen, sondern als Verbot, die Gesellschaft in der Insolvenzsituation fortzuführen und hierdurch die Gläubiger zu gefährden oder zu schädigen. Diesem Verbot können Geschäftsführer ebenso durch rechtzeitige Beseitigung der Insolvenz **(Sanierung)** wie durch einen rechtzeitigen **Insolvenzantrag** genügen (Uhlenbruck/*Hirte* Rn. 18; Kübler/Prütting/Bork/*Preuß* Rn. 50; Scholz/*Karsten Schmidt* GmbHG § 64 Rn. 160). Welchen dieser Wege sie gehen, macht sub specie § 15a keinen Unterschied und steht im pflichtgemäßen unternehmerischen Ermessen des Verantwortlichen (Scholz/*Karsten Schmidt* aaO). Zur Antragspflicht im technischen Sinne verdichtet sich das Verschleppungsverbot erst, wenn eine Behebung der materiellen Insolvenz nicht betrieben wird oder nicht mehr erreicht werden kann. In diesem Zeitpunkt kann die verbotene Insolvenzverschleppung schon begonnen haben. Der **Verstoß** gegen § 15a ist ein **Dauerdelikt** (vgl. auch Kübler/Prütting/Bork/*Preuß* Rn. 56).

25 **b) Materielle Insolvenz.** Das Verschleppungsverbot wirft seine Schatten im Sinne einer ständigen Selbstprüfungspflicht voraus (Karsten Schmidt/Uhlenbruck/*Karsten Schmidt* Rn. 1.20, 1.109, 5.54). Ein **Verstoß** ist erst möglich im Zeitpunkt der materiellen Insolvenz. **Zahlungsunfähigkeit** (§ 17 Abs. 2) oder **Überschuldung** (§ 19 Abs. 2) lösen die Insolvenzantragspflicht aus. Wegen dieser Tatbestände ist auf die Erläuterungen der §§ 17 und 19 zu verweisen. Drohende Zahlungsunfähigkeit (§ 18) genügt nicht. Das Verbot der Insolvenzverschleppung beginnt sogleich mit dem objektiven Eintritt des Insolvenzgrundes (Zahlungsunfähigkeit oder Überschuldung) (BGHZ 75, 96 [111 f.] = NJW 1979, 1823 [1827] (für die AG); BGH DB 2012, 794 [795] (für die GmbH); hM). Es kommt hierfür nicht darauf an, ob der Geschäftsführer die Zahlungsunfähigkeit oder die Überschuldung kannte (vgl. zu § 64 GmbHG = § 64 Abs. 2 GmbHG aF BGHZ 143, 184 [185] = NJW 2000, 668 = ZIP 2000, 184; hM). Anders als nach der vormals hM kommt es bezüglich der Kenntnis der Überschuldung nicht darauf an, ob sich die Unterdeckung aus einer Bilanz ergeben hat (näher Scholz/*Karsten Schmidt* GmbHG § 64 Rn. 161). Die Frage darf nicht mit der anderen vermischt werden, wann die Dreiwochenfrist des Absatz 1 beginnt (dazu → Rn. 32). Ist die Überschuldung im Zivilprozess darzulegen und ggf. zu beweisen, bedarf es allerdings regelmäßig einer Überschuldungsbilanz, für die die Handelsbilanz va wegen der darin nicht abgebildeten stillen Reserven nur indizielle Bedeutung hat (BGH NZG 2009, 750 = ZIP 2009, 1220 – auch zur sekundären Darlegungslast des Geschäftsführers der Schuldnerin; BGH NZI 2010, 449 = ZIP 2010, 776). Masselosigkeit, die nach § 26 eine Verfahrenseröffnung hindert, beendet die Antragspflicht nicht (Kübler/Prütting/Bork/*Preuß* Rn. 48; Jaeger/*Müller* § 15 Rn. 87; Scholz/*Karsten Schmidt* GmbHG § 64 Rn. 162; OLG Bamberg ZIP 1983, 200). Die sog Insolvenzantragspflicht dauert an, bis die Zahlungsunfähigkeit und die Überschuldung behoben sind.

26 **c) Beendigung der Pflicht.** Ein Ende der Insolvenzantragspflicht und ggf. des Pflichtverstoßes tritt **durch Insolvenzantrag oder Sanierung** ein, jedoch stets **nur ex nunc** (Kübler/Prütting/Bork/*Preuß* Rn. 56; Uhlenbruck/*Hirte* Rn. 18; eing. Scholz/*Karsten Schmidt* GmbHG § 64 Rn. 166 ff.).

27 **Außergerichtliche Sanierung** binnen der Dreiwochenfrist (→ Rn. 31) hindert, nachfolgende Sanierung beendet den Verschleppungstatbestand. Die Pflicht entfällt mit Fortfall der Zahlungsunfähigkeit oder/und Überschuldung (BGHSt 15, 310 = BB 1961, 740 = NJW 1961, 740). Die materielle Insolvenz – also nicht nur eine momentane Illiquidität! – muss objektiv beseitigt – der Tatbestand des § 17 oder/und § 19 also beendet sein. Bloße Sanierungshoffnung beseitigt die Pflicht nicht (RGSt 37, 324; 61, 291 = JW 1927, 1916; OLG Frankfurt a. M. GmbHR 2013, 65).

Wirksame Antragstellung hindert den Verschleppungstatbestand, wenn sie rechtzeitig, und beendet ihn, wenn sie nachträglich erfolgt. Hierfür genügt die Antragstellung nur eines Verpflichteten, solange der Antrag nicht zurückgenommen (vgl. BGHZ 75, 96 [106] = NJW 1979, 1823 [1826]) oder als unzulässig zurückgewiesen wird (Uhlenbruck/*Hirte* Rn. 18). Ein Gläubigerantrag beendet den Verschleppungstatbestand nicht, vielmehr endet die Verschleppung dann erst mit der Verfahrenseröffnung bzw. der Abweisung mangels Masse (BGHSt 53, 24 = GmbHR 2009, 157 = ZIP 2008, 2308; OLG Dresden GmbHR 1998, 830 = NZG 1998, 818; *Poertzgen* S. 173; hM). Die Verantwortlichen sind im Fall der Zahlungsunfähigkeit oder Überschuldung nicht nur berechtigt, sondern nach § 15a verpflichtet, sich dem begründeten Insolvenzantrag eines Gläubigers anzuschließen (RG JW 2005, 551; BGH GmbHR 1957, 131 mAnm *Seydel* = BB 1957, 273; BGH GmbHR 1988, 195 = wistra 1988, 68; BGH GmbHR 2009, 205 = NJW 2009, 157 = ZIP 2008, 2308; OLG Dresden GmbHR 1998, 830 = NZG 1998, 818; hM). Der Insolvenzantragspflicht genügt die zulässige Antragstellung bei dem zuständigen Gericht eines anderen Mitgliedstaates der Europäischen Union (Art. 3 EuInsVO) (AG Köln ZIP 2005, 1566; aA *Wagner* ZIP 2006, 1935 [1937]). 28

d) Keine Entlastung durch Einverständnis. Unbeachtlich ist ein **Einverständnis der Gesellschafter oder Gläubiger.** Da die Vorschrift den Rechtsverkehr insgesamt und damit auch künftige Gläubiger schützt, nützt nicht einmal die Zustimmung aller gegenwärtigen Gläubiger (Scholz/*Karsten Schmidt* GmbHG § 64 Rn. 168). Auch ein auf Fortsetzung lautender Weisungsbeschluss der Gesellschafter ist unbeachtlich (HambK-InsO/*A. Schmidt* Anh. zu § 35 H. Rn. 43; Scholz/*Karsten Schmidt* GmbHG § 64 Rn. 168). Gesellschafter oder Dritte, die im Widerspruch zu § 15a Weisungen an die Geschäftsführer geben, können uU sogar selbst haftbar sein (→ Rn. 18). 29

e) Niederlegung des Amts. Amtsniederlegung als Geschäftsführer bzw. Liquidator oder Aufsichtsrat lässt die Organpflichten für den Amtsträger entfallen (vgl. BGHZ 78, 82 [93] = GmbHR 1980, 273; BayObLG DB 1999, 1748; hM), jedoch nur ex nunc (HambK-InsO/*Linker* Rn. 32; HambK-InsO/*A. Schmidt* Anh. zu § 35 H. Rn. 43), so dass eine bereits entstandene Haftung nicht entfällt. Das gilt selbst dann, wenn die Amtsniederlegung (anstellungs-)vertragswidrig ist (BGHZ 78, 82 [93]; offen aber BGHZ 121, 257 [262] = NJW 1993, 1198 [1200] = GmbHR 1993, 216 [218]; OLG Koblenz GmbHR 1995, 730 = NJW-RR 1995, 556). Nur wenn die Amtsniederlegung ausnahmsweise wegen Missbrauchs unwirksam ist oder wenn der Geschäftsführer trotz Niederlegung als faktisches Organ tätig bleibt, bleiben die Pflichten aus § 15a bestehen (Scholz/*Karsten Schmidt* GmbHG § 64 Rn. 170 f.). 30

2. Die Dreiwochenfrist (Absatz 1 Satz 1). a) Bedeutung. Die Dreiwochenfrist soll den verantwortlichen Organmitgliedern Prüfungsmöglichkeiten und Sanierungschancen nach Eintritt der Zahlungsunfähigkeit oder Überschuldung erhalten. Sie ist **keine Antragsfrist** im verfahrensrechtlichen Sinne. Sie konkretisiert nur die Organpflichten und den Fahrlässigkeitsmaßstab bei der Anwendung des Verschleppungsverbots. Die Frist hat auch keine Aufschubwirkung in dem Sinne, dass erst nach ihrem Ablauf gegen § 15a verstoßen werden könnte. Die Geschäftsführer können bei und sogar vor Ablauf der Frist schon gegen das Verschleppungsverbot verstoßen haben (BGHZ 75, 95 [111 f.] = NJW 1979, 1823 [1827]; BGH DB 2012, 794 [795]). Umgekehrt endet der Verstoß nicht mit dem Ende der Frist (BGHSt 14, 280; 28, 371 = NJW 1980, 406; allgM). Die starre **Frist** gilt in Folge der Anordnung in Absatz 6 (vgl. → Rn. 8) **nicht für den Vorstand von Verein und Stiftung** (dazu Braun/*Bußhardt* Rn. 40). Im Anwen- 31 dungsbereich des § 42 Abs. 2 BGB dürfte zur Meidung einer persönlichen Schadensersatzpflicht der Vorstandsmitglieder eine unverzügliche Antragstellung geboten sein, wobei man sich an § 15a Abs. 1 S. 1 wird orientieren können.

32 **b) Fristlauf.** Der Fristlauf beginnt im Fall der Zahlungsunfähigkeit mit deren objektivem Eintritt. Dasselbe gilt nach dem klaren Wortlaut des § 15a auch in dem viel schwierigeren Fall der Überschuldung (HK-InsO/*Kirchhoff*, 5. Aufl., Rn. 6; HambK-InsO/*A. Schmidt* Anh. zu § 35 H. Rn. 47; Uhlenbruck/*Hirte* Rn. 14; MüKoInsO/*Klöhn* Rn. 119; Scholz/*Karsten Schmidt* GmbHG § 64 Rn. 164; aA [„evidente Erkennbarkeit"] Kübler/Prütting/Bork/*Preuß* Rn. 55; HK-InsO/*Kleindiek* Rn. 13; so wohl auch HambK-InsO/*Linker* Rn. 26). Das hat zur Folge, dass die Dreiwochenfrist nur ausnutzen kann, wer den Eintritt der Überschuldung alsbald erkennt (Scholz/*Karsten Schmidt* aaO). Ob, wie vor der Neufassung, erst eine zutage getretene Überschuldung die Frist beginnen lässt, ist umstr. (ausf. dazu Kübler/Prütting/Bork/*Preuß* § 15a Rn. 53–55).

V. Zivilrechtliche Sanktionen

33 **1. § 823 Abs. 2. a) Der Deliktstatbestand.** § 15a ist **Schutzgesetz iSv § 823 Abs. 2 BGB** (RG JW 1935, 3302; BGHZ 29, 100 = LM Nr. 1 zu § 64 GmbHG mAnm *Hauß* = GmbHR 1959, 110 mAnm *Vogel*; BGHZ 75, 96 [106] = NJW 1979, 1823; BGHZ 100, 19 [21] = GmbHR 1987, 260 [261] = NJW 1997, 2433 [2434] = WM 1987, 556 [557]; BGHZ 126, 181 = NJW 1994, 2220 = ZIP 1994, 1103; BGHZ 138, 211 = NJW 1998, 2667 = ZIP 1998, 776; BGH NJW 2009, 2454 = ZIP 2009, 860; BGH NZI 2010, 449 = ZIP 2010, 776; BGH DB 2012, 794 [795]; BGH GmbHR 2015, 244 = NZG 2015, 227). Geschützt sind **alle ungesicherten Insolvenzgläubiger** (BGHZ 100, 19 [24 ff.] = NJW 1987, 2433 = ZIP 1987, 509; *Haas/Kolmann/Pauw* InsO-HdB § 92 Rn. 91 ff.; Kübler/Prütting/Bork/*Preuß* Rn. 82 ff.; HK-InsO/*Kleindiek* Rn. 1, 24; für Einbeziehung absonderungsberechtigter Gläubiger Uhlenbruck/*Hirte* Rn. 40; diff. *Klöhn* KTS 2012, 133 [161 ff.]). Aufgrund ihrer Gläubigereigenschaft, nicht ihrer Konzernzugehörigkeit, sind auch Mitglieder eines Cash-Pools im Fall der Insolvenz des Pool-Führers geschützt (OLG Düsseldorf ZIP 2015, 73 = GmbHR 2015, 303; zust. *Beck* GmbHR 2015, 287). Zur Abgrenzung des Schutzbereichs vgl. → Rn. 38. Über das umstrittene Verhältnis zur culpa in contrahendo (§§ 280, 311 Abs. 2 BGB) vgl. → Rn. 39. Nicht zu folgen ist der von *Altmeppen/Wilhelm* NJW 1999, 673 ff. vertretenen Ansicht, wonach die Gesellschaft Schutzsubjekt und der Gläubigerschutz nur ein mittelbarer ist (näher Scholz/*Karsten Schmidt* GmbHG § 64 Rn. 175).

34 **b) Altgläubiger und Neugläubiger.** Die **Insolvenzgläubiger** werden **als Schutzsubjekte** in zwei Gruppen eingeteilt (vgl. zum Folgenden HK-InsO/*Kleindiek* Rn. 31 ff.; Kübler/Prütting/Bork/*Preuß* Rn. 82 ff.; Scholz/*Karsten Schmidt* GmbHG § 64 Rn. 176; *Klöhn* KTS 2012, 133 [136 ff.]): Altgläubiger und Neugläubiger. **Altgläubiger** (→ Rn. 37) sind diejenigen Gläubiger, die bereits vor dem Beginn der Insolvenzantragspflicht der Gesellschaft Forderungsinhaber waren und durch die Verschlechterung der Insolvenzquote einen Verschleppungsschaden erleiden. Sofern ein solcher Gläubiger nach Beginn der Antragspflicht ungesicherte Leistungen erbringt, die er nach § 321 BGB (sog Dürftigkeitseinrede) hätte verweigern können, soll er insoweit einem Neugläubiger gleichstehen (OLG Oldenburg GWR 2010, 170; OLG Celle NZG 2002, 730). **Neugläubiger** (→ Rn. 38) sind diejenigen Gläubiger, die erst in der Phase der Insolvenzverfahrensverschleppung Forderungen gegen die Schuldnerin erlangen (BGHZ 29, 100 [102 ff.]; 75, 96 [106]; 126, 181 [192] = GmbHR 1994, 539 [543] = NJW 1994, 2220 [2222] = WM 1994, 1429 [1431] = ZIP 1994, 1103 [1106 f.]; hM; anders

MüKoBGB/*Wagner* § 823 Rn. 98; *ders.* FS Karsten Schmidt, 2011, 1665 [1667]: Es komme auf den Leistungszeitpunkt an). Bei einem **Dauerschuldverhältnis** kommt es grds. auf den Vertragsschluss an, nicht auf die einzelnen Leistungen (BGH NJW 2014, 698 = NZI 2014, 23; LG Mainz NJW-RR 1998, 473; BGHZ 171, 46 = GmbHR 2007, 482 = NJW-RR 2007, 759 = ZIP 2007, 676; im Grundsatz wohl auch Uhlenbruck/*Hirte* Rn. 40). Es kommt darauf an, ob der Vertragsgegner bei Vermögensverfall geschützt ist, sei es durch automatische Vertragsbeendigung oder durch ein Kündigungsrecht (vgl. für Miete BGH NJW 2014, 698 Rn. 11 = NZI 2014, 25 = ZIP 2014, 23). Ein **Kontokorrentgläubiger,** zB die Hausbank der Gesellschaft, ist Neugläubiger in diesem Sinne, soweit sich das Kontokorrent-Kreditvolumen in der Verschleppungsphase erhöht hat (BGHZ 171, 46 = GmbHR 2007, 482 = NJW-RR 2007, 759 = ZIP 2007, 676).

c) Abgrenzung des Schutzkreises. Nicht iSv § 823 Abs. 2 geschützt sind 35 die **Gesellschafter** der Schuldnerin (Kübler/Prütting/Bork/*Preuß* § 15a Rn. 87; Scholz/*Karsten Schmidt* GmbHG § 64 Rn. 178; *Wagner* FS Karsten Schmidt, 2011, 1665 [1680 f.]; aM Uhlenbruck/*Hirte* § 15a Rn. 59), auch nicht als neu hinzutretende Gesellschafter (*Karsten Schmidt* FS Koziol, 2010, 1301 ff.; *ders.* GesRZ 2009, 317; aM OGH Wien GesRZ 2007, 266; *Ekkenga* FS Hadding, 2004, 343 ff.). Soweit **Gesellschafter** allerdings **(auch) Insolvenzgläubiger** iSv § 38 sind, sind sie geschützt (Scholz/*Karsten Schmidt* GmbHG § 64 Rn. 178). Gleichfalls nicht geschützt sind Gläubiger, die ihre **Ansprüche erst mit oder nach der Insolvenzverfahrenseröffnung** erwerben (BGHZ 110, 342 [361] = NJW 1990, 1725 [1730]; BGH NJW 1999, 718 [719] = WM 1999, 1117 [1118]), so die **Bundesagentur für Arbeit als Leistungsträger** des Insolvenzausfallgeldes, weil der Schutzbereich der Insolvenzantragspflicht wegen der mit einem Insolvenzgläubiger nicht vergleichbaren Stellung der Agentur nicht berührt ist und etwaige Schadensersatzansprüche der Arbeitnehmer wegen Insolvenzverschleppung im Unterschied zu Lohn- und Gehaltsansprüchen nach § 611 BGB nicht von der cessio legis nach § 187 S. 1 SGB III erfasst werden und der Übergang erst mit Stellung des Antrags auf Insolvenzgeld stattfindet (BAG NZA 2002, 669 = ZIP 2002, 992; BGHZ 175, 58 = ZIP 2008, 361 = NZI 2008, 242; BGHZ 108, 134 = NJW 1989, 3277 = ZIP 1989, 1341; OLG Frankfurt a. M. NZG 1999, 947; hM), oder der **Pensionssicherungsverein,** auf den die Ansprüche und Anwartschaften nach § 9 Abs. 2 BetrAVG übergehen (BGHZ 110, 342 [361 f.] = NJW 1990, 1725 [1739] = ZIP 1990, 578 [585]; Kübler/Prütting/Bork/*Preuß* Rn. 86). Auch **Massegläubiger** (§§ 53 f.) sind nicht geschützt. Die **Verletzung von Aus- und Absonderungsrechten** durch Verschleppungsmaßnahmen fällt nach Rspr. und hL nicht in den Schutzbereich (→ Rn. 4, 33), weil die Inhaber dinglicher Rechte nach §§ 823, 987 ff. BGB geschützt seien (BGHZ 100, 19 [24] = NJW 1987, 2433 [2434] = ZIP 1987, 509 [511 f.]; HambK-InsO/*A. Schmidt* Anh. zu § 35 H. Rn. 53; Ulmer/*Casper* GmbHG § 64 Rn. 136; Lutter/Hommelhoff/*Kleindiek* GmbHG Anh. zu § 64 Rn. 73; Baumbach/Hueck/*Haas* GmbHG § 64 Rn. 111; zum öst. Recht OGH Wien GesRZ 1981, 183). Die durch BGHZ 126, 181 = NJW 1994, 2220 eingeleitete Rspr. zum Individualschadensersatz auf der Basis der § 823 Abs. 2 BGB, § 15a (→ Rn. 33) hat hieran nichts geändert (ausf. Scholz/*Karsten Schmidt* GmbHG § 64 Rn. 177).

d) Verschuldenshaftung. Die Ersatzhaftung ist eine Verschuldenshaftung (zur 36 Beweislast → Rn. 43). Fahrlässigkeit genügt (BGHZ 126, 181 [194 ff.] = NJW 1994, 2220 [2222] = ZIP 1994, 1103; OLG Saarbrücken GmbHR 2008, 1036 [1037]; HambK-InsO/*A. Schmidt* Anh. zu § 35 H. Rn. 46; Baumbach/Hueck/*Haas* GmbHG § 64 Rn. 126). Soweit eigene Kenntnisse und Fähigkeiten nicht ausreichen, sind Organmitglieder auf fachkundigen Rat angewiesen (BGH NZI

2012, 567 = ZIP 2012, 1174). **Beratung** durch Dritte kann, muss aber nicht entlasten (Tatfrage, vgl. BGH ZIP 2007, 1265; 2011, 2097; str.; vgl. *Krieger* ZGR 2012, 496 ff.; *Strohn* ZHR 176 (2012), 137 ff.) und kann im letzten Fall auch zur Beraterhaftung führen (BGH NZG 2012, 866 = ZIP 2012, 1353; BGH NZI 2013, 793 = ZIP 2013, 1332; BGH NZI 2014, 308 = ZIP 2014, 583; vgl. → Rn. 68). **Mehrere Organmitglieder** können gesamtschuldnerisch haften (so ausdrücklich § 130a Abs. 2 S. 1 HGB für die Kapitalgesellschaft & Co.). Mit- oder Nebentäterschaft macht gesamtschuldnerisch haftbar (§§ 830, 840 BGB), doch bleibt die Haftung eine Verschuldenshaftung. Es haften stets nur diejenigen, die selbst durch Tun oder Unterlassen schuldhaft gegen die Pflichten des § 15a verstoßen haben. Bei Arbeitsteilung besteht für alle, auch für die ressortmäßig unzuständigen Organmitglieder, eine Verpflichtung, sich an der Aufsicht über die Finanzlage zu beteiligen und auch die zuständigen Organmitglieder zu überwachen (Gesamtverantwortung). Die Ressortverteilung kann somit nur – über die Erkennbarkeit der Voraussetzungen der Antragspflicht – die Beurteilung des Verschuldens beeinflussen.

37 **2. Altgläubigerschäden und Neugläubigerschäden. a) Altgläubigerschäden.** Altgläubiger (→ Rn. 34) erleiden durch Insolvenzeröffnung nur einen sog **Quotenschaden:** Sie hätten bei rechtzeitiger Insolvenzantragstellung auch nur die Insolvenzquote erhalten, wenn auch eine höhere Quote. Die Quotendifferenz bestimmt ihren Verschleppungsschaden (BGHZ 138, 211 [221] = ZIP 1998, 776 [778]; OLG Koblenz GmbHR 2015, 582; Kübler/Prütting/Bork/*Preuß* Rn. 95; Uhlenbruck/*Hirte* Rn. 42; Baumbach/Hueck/*Haas* GmbHG § 64 Rn. 133; *Karsten Schmidt* NZI 1998, 9 [13]). Die individuelle Geltendmachung des Schadens durch einzelne Gläubiger ist unattraktiv und unwahrscheinlich. Gleichwohl ist der Quotenschadensersatz nicht, wie behauptet worden ist, rein akademisch. Seine Relevanz liegt darin, dass die Gesellschaft (→ Rn. 41) und insbes. nach § 92 der Insolvenzverwalter (→ Rn. 42) Ersatz des Gesamtschadens der (Alt-)Gläubiger verlangen kann (Scholz/*Karsten Schmidt* GmbHG § 64 Rn. 180, 186 ff., 193).

38 **b) Neugläubigerschäden.** Neugläubiger (→ Rn. 34) – jedenfalls als Vertragsgläubiger –, die bei rechtzeitiger Antragstellung nicht kontrahiert hätten, erleiden einen über den Quotenschaden hinausgehenden **Vertrauensschaden** (BGHZ 126, 181 [194 ff.] = NJW 1994, 2220 [2222] = ZIP 1994, 1103; BGHZ 138, 211 = NJW 1998, 2667 f. = NZI 1998, 38 [40] = ZIP 1998, 776; BGHZ 171, 46 = NZG 2007, 347 = ZIP 2007, 676; Kübler/Prütting/Bork/*Preuß* Rn. 96; HK-InsO/*Kleindiek* Rn. 33 ff.; Scholz/*Karsten Schmidt* GmbHG § 64 Rn. 180). Die Höhe des Vertrauensschadens der Neugläubiger entspricht idR ihrem Forderungsausfall, jedoch grds. unter Abzug der Gewinnmarge (BGH DB 2009, 1287 = ZIP 2009, 1220 = NZG 2009, 750; zum Abzug der Umsatzsteuer vgl. OLG Celle BauR 2005, 1195 [1196] mAnm *Zillmer*). Der Schutzbereich der Haftung kann auch Folgeschäden umfassen, zB aus insolvenzbedingt mangelhafter Bauleistung, wenn die Schäden wegen fehlender Mittel nicht mehr beseitigt werden können (BGH NZG 2012, 864 = ZIP 2012, 1455), nicht aber Schäden, die auf durch eine mangelhafte Leistung des Schuldners begünstigtem deliktischen Handeln Dritter beruhen (BGH GmbHR 2015, 244 = NZG 2015, 227: Einbruchsdiebstahl während der Insolvenzverschleppung begünstigt durch Schlechtleistung der Schuldner-Gesellschaft). Der BGH begründet letzteres mit den deliktsrelevanten Grenzen des Schutzzwecks von § 15a. Die hier vertretene Auffassung (→ Rn. 39) kommt zu demselben Ergebnis (kein haftungsrelevantes Solvenzvertrauen).

39 Die **Anspruchsgrundlage** ist str. Nach BGHZ 126, 181 = NJW 1994, 2220, und der nachfolgenden Rspr. ist auch dieser Neugläubigerschaden gem. **§ 823 Abs. 2 BGB, § 15a InsO** zu ersetzen (BGHZ 171, 46 = NZG 2007, 347 = ZIP 2007, 676; BGHZ 138, 211 = NJW 1998, 2667 f. = NZI 1998, 38 [40] = ZIP

1998, 776; BGH NJW 2011, 2427 = ZIP 2011, 1007; OLG Koblenz ZInsO 2011, 1012; *Haas/Kolmann/Pauw* InsO-HdB § 92 Rn. 108 ff.). Den Vorzug verdient aus an anderer Stelle dargelegten Gründen eine Haftung aus **culpa in contrahendo** nach **§§ 280, 311 Abs. 2 BGB** (zusf. Karsten Schmidt/Uhlenbruck/*Karsten Schmidt* Rn. 11.14 ff.; Scholz/*Karsten Schmidt* GmbHG § 64 Rn. 180 ff., 186 ff.). **Umstr.** ist, ob sich im Neugläubigerschaden auch ein Quotenschaden niederschlägt (so Karsten Schmidt/Uhlenbruck/*Karsten Schmidt* Rn. 11.25; Scholz/*Karsten Schmidt* § 64 Rn. 176, 186 f., 193 ff.; *ders.* KTS 2001, 373 [383 f.]) oder ob es einen **Quotenschaden der Neugläubiger** überhaupt nicht gibt (so BGHZ 138, 211 [214] = NJW 1998, 2667 f. = NZI 1998, 38 [40] = ZIP 1998, 776; Baumbach/Hueck/*Haas* GmbHG § 64 Rn. 137, 141; *Karollus* ZIP 1995, 269 [271]; ablehnend zB *Poertzgen* DZWiR 2007, 101 ff.). Da der Quotenschaden, wenn es ihn gibt, im Vertrauensschaden enthalten sein muss (also nicht zum Vertrauensschaden hinzukommt), scheint die Frage zunächst eine rein theoretische zu sein. Sie wirkt sich aber bei der **Schadensabwicklung,** insbes. bei der Anwendung der § 92 InsO, erheblich aus (→ Rn. 42 sowie → § 92 Rn. 5, 17 ff.).

Gesetzliche Neugläubiger (etwa auf Grund Delikts oder Bereicherungsrechts) sind nicht vom Schutzbereich der Insolvenzantragspflicht erfasst (BGHZ 164, 50 [60 ff.] = NJW 2005, 3137 [3140] = ZIP 2005, 1734 [1738]; BGH NZG 2009, 280 = ZIP 2009, 366; OLG Koblenz GmbHR 2011, 249; HambK-InsO/*A. Schmidt* Anh. zu § 35 H. Rn. 50; Scholz/*Karsten Schmidt* GmbHG § 64 Rn. 197; krit. Kübler/Prütting/Bork/*Preuß* Rn. 96; ablehnend HK-InsO/*Kleindiek* Rn. 35; *Klöhn* KTS 2012, 133 [155 ff.]). Sie können – wie vertragliche Altgläubiger (Baumbach/Hueck/*Haas* GmbHG § 64 Rn. 129) – nur Ersatz des Quotenschadens verlangen. Dies ergibt sich zwangsläufig, wenn man – wie hier vertreten – den Individualschadensersatz des Neugläubigers statt auf § 823 Abs. 2 BGB, § 15a InsO auf culpa in contrahendo stützt (→ Rn. 39). Diese Neugläubiger nehmen am Ersatz des Quotenschadens teil. Der Individualschadensersatz wird ihnen mit Recht versagt. 40

3. Gesamtschadensersatz durch Leistung in das Gesellschaftsvermögen (die Masse). a) Materielles Recht. Eine **Gesamtschadensabwicklung nach materiellem Recht** ist nur in § 130a Abs. 2 HGB gesetzlich vorgeprägt. Ein Anspruch der Gesellschaft auf Gesamtschadensersatz ist aber entgegen der hM im ganzen Berich des § 15a zu bejahen (Scholz/*Karsten Schmidt* GmbHG § 64 Rn. 197; **aM** BGHZ 126, 181 [194 ff.] = NJW 1994, 2220 [2222] = ZIP 1994, 1103; BGHZ 138, 211 [214] = NJW 1998, 2667 f. = NZI 1998, 38 [40] = ZIP 1998, 776; Kübler/Prütting/Bork/*Preuß* Rn. 84; HK-InsO/*Kleindiek* Rn. 36; Baumbach/Hueck/*Haas* GmbHG § 64 Rn. 137, 141; das Binnenhaftungsmodell des § 130a Abs. 2 BGB generell und für alle Gesellschaftsformen abl. *Freitag* NZG 2014, 447 ff. [450]). Es bedarf deshalb nach der hier vertretenen Ansicht nicht der Eröffnung des Insolvenzverfahrens (dann § 92 und dazu → Rn. 42), um den Gesamtgläubigerschaden über das Gesellschaftsvermögen abzuwickeln. Die Gesellschaft kann diejenige Zahlung verlangen, die erforderlich ist, um statt der kompensationslosen Ist-Quote die bei rechtzeitigem Insolvenzantrag erwartete Soll-Quote zu erreichen. Die Schadenshöhe kann nach § 287 ZPO geschätzt werden. 41

b) Schadensabwicklung nach § 92. Im eröffneten **Insolvenzverfahren** übernimmt **§ 92** diese Aufgabe (Kübler/Prütting/Bork/*Preuß* Rn. 94 f.; HK-InsO/*Kleindiek* Rn. 32; Karsten Schmidt/Uhlenbruck/*Karsten Schmidt* Rn. 11.17 ff.; Scholz/*Karsten Schmidt* GmbHG § 64 Rn. 198 ff.). Die Schadensabwicklung nach § 92 InsO ist allerdings umstr.: Nach BGHZ 138, 211 = NJW 1998, 2667, kann der Insolvenzverwalter **nur** den **Gesamtgläubigerschaden (Quotenschaden)** 42

der Altgläubiger geltend machen, weil nur sie einen Quotenschaden, die Neugläubiger dagegen einen einheitlichen, individuellen Vertrauensschaden, nicht aber einen Gesamtgläubigerschaden erleiden (zust. etwa *Haas/Kolmann/Pauw* InsO-HdB § 92 Rn. 117; Kübler/Prütting/Bork/*Preuß* Rn. 82, 84, 96; HK-InsO/*Kleindiek* Rn. 36; FK-InsO/*Schmerbach* Rn. 36; Baumbach/Hueck/*Haas* GmbHG § 64 Rn. 137, 141). **Stellungnahme** (vgl. auch → § 92 Rn. 19): Diese Rspr., die die bedeutsame Regelung des § 92 in ihrem wichtigsten Anwendungsbereich für die Praxis gegenstandslos gemacht hat (vgl. HambK-InsO/*A. Schmidt* Anh. zu § 35 H. Rn. 52 f.), ist **abzulehnen** (→ § 92 Rn. 19). Sie ist in den Rechtsfolgen unannehmbar und rechtsdogmatisch verfehlt (eing. Karsten Schmidt/Uhlenbruck/*Karsten Schmidt* Rn. 11.22 ff., 11.27 ff.). In den Ergebnissen hat diese Rspr. dazu geführt, dass die deliktsrechtliche Schadensliquidation über § 823 Abs. 2 BGB in Insolvenzverschleppungsfällen nur noch außerhalb des Insolvenzverfahrens effektiv funktioniert (Beispiel BGHZ 171, 46 = NZG 2007, 347 = ZIP 2007, 676; OLG Koblenz ZInsO 2011, 1012). Im eröffneten Insolvenzverfahren muss jeder Neugläubiger nach dieser Rspr. seinen Schaden individuell geltend machen, da er an einer etwaigen Quotenverbesserung durch eine auf § 92 gestützte Schadensersatzklage des Insolvenzverwalters wegen Insolvenzverschleppung nicht teilhat. Die eingeklagten Beträge stehen allein den Altgläubigern in Form einer Sondermasse zu (BGHZ 138, 211 [214] = NJW 1998, 2667 f. = NZI 1998, 38 [40] = ZIP 1998, 776; Kübler/Prütting/Bork/*Preuß* Rn. 94). **Den Vorzug verdient folgende Schadensabwicklung** (ausf. Karsten Schmidt/Uhlenbruck/*Karsten Schmidt* Rn. 11.17 ff.; Scholz/*Karsten Schmidt* GmbHG § 64 Rn. 197 ff.; zustimmend *Poertzgen* S. 334 ff.): Zugunsten aller (Alt- und Neu-)Gläubiger wird nach § 92 der Gesamtschaden durch den Insolvenzverwalter liquidiert. Eingeklagt wird also die nach § 287 ZPO geschätzte Summe, die erforderlich ist, um aus der Ist-Insolvenzquote die Soll-Insolvenzquote zu machen. Der Einwand, es gebe auf Seiten der Neugläubiger neben dem Vertrauensschaden (→ Rn. 38) keinen Quotenschaden, verfängt nicht. Der Quotenschaden der Neugläubiger ist nicht ein für jeden Neugläubiger separat zu errechnender besonderer Schaden. Es handelt sich nur um einen Rechnungsposten, nämlich den Teil des Vertrauensschadens der nach § 823 Abs. 2 BGB, §§ 15, 92 InsO kollektiv liquidiert wird. Deshalb ist dieser Quotenschaden auch nicht, wie das argumentum ad absurdum des BGH unterstellt, für früher oder später hinzugekommene Gläubiger verschieden und individuell zu ermitteln, sondern die Quotendifferenz ist für alle (Alt- und Neu-) Gläubiger gleich. Bei der Schadensabwicklung nach § 92 kommt es nur auf die (mutmaßliche) Dauer der Insolvenzverschleppung und den geschätzten Gesamt-Verschleppungsschaden an. Dieser bestimmt den Gesamtschadensersatz, und dieser verteilt sich als einheitlicher Prozentsatz auf alle Insolvenzforderungen. An dieser Schadensabwicklung nehmen alle Insolvenzgläubiger teil. Wer behauptet, Neugläubiger zu sein (eine im Hinblick auf den Insolvenzstichtag schwierige, nicht durch § 287 ZPO erleichterte Feststellung), kann einen darüber hinausgehenden Vertrauensschaden auf eigenes Risiko außerhalb des Insolvenzverfahrens geltend machen.

43 **4. Die Beweislast. a) Tatbestand.** Den **Verletzungstatbestand** einschließlich der Zahlungsunfähigkeit oder Überschuldung im fraglichen Zeitpunkt muss darlegen und beweisen, wer Ansprüche wegen eines Verstoßes gegen § 15a geltend macht (BGHZ 126, 181 [200] = NJW 1994, 2220 [2224] = ZIP 1994, 1103 [1110]; BGHZ 164, 50 [57] = ZIP 2005, 1734 [1736]; BGHZ 171, 46 = ZIP 2007, 676; BGH NJW 2007, 3130 [3131] = ZIP 2007, 1060 [1061]; BGH NZG 2009, 750 = DB 2009, 1287 = ZIP 2009, 1220; BGH NZG 2010, 1393 = ZIP 2010, 2400; BGH NZI 2011, 452 = ZIP 2011, 1007; OLG Düsseldorf NZG 1999, 946; Uhlenbruck/*Hirte* Rn. 42). Zur Prognosebeweislast im Überschul-

dungsfall vgl. → § 19 Rn. 55. Eine regelrechte Umkehr der Beweislast gibt es nicht einmal im Fall der masselosen Insolvenz (§ 26 Abs. 3 S. 2 betrifft nur den Kostenvorschuss nach § 26 Abs. 1 S. 2; dazu Scholz/*Karsten Schmidt* GmbHG § 64 Rn. 204). Im Fall der Masselosigkeit spricht aber der erste Anschein für eine Verschleppung (nicht jedoch für einen präzisen Zeitpunkt der Überschuldung). Auch sonst kommt die Praxis nicht ohne Beweiserleichterungen aus. Steht im Überschuldungsfall rechnerische Überschuldung unter Zugrundelegung von Liquidationswerten fest (→ § 19 Rn. 20 ff.), so wird man erwarten müssen, dass der Verantwortliche die tatsächlichen Voraussetzungen einer günstigen Fortführungsprognose darlegt und im Streitfall beweist, wenn er sich darauf beruft, dass und wie lange die Gesellschaft im Rechtssinne nicht überschuldet war (Scholz/*Karsten Schmidt* GmbHG § 64 Rn. 204). Verletzt der Geschäftsführer seine Pflicht zur Führung und Aufbewahrung von Büchern und Belegen, so kann der dem Gläubiger obliegende Beweis uU wegen Beweisvereitelung als geführt gelten (BGH NZI 2012, 413 = ZIP 2012, 723).

b) Schaden. Der **Verschleppungsschaden** ist gleichfalls darzulegen und im 44
Streitfall zu beweisen (Uhlenbruck/*Hirte* Rn. 42; Scholz/*Karsten Schmidt* GmbHG § 64 Rn. 205). Jedoch ist ohne Schadensschätzung nach § 287 ZPO nicht auszukommen, weil die Dauer der Verschleppung ebenso wie die im Soll-Eröffnungszeitpunkt erzielbare Quote idR nur annäherungsweise feststellbar ist. Beim Gesamtschadensausgleich über das Gesellschaftsvermögen (die Insolvenzmasse, dazu → Rn. 41) ist idR davon auszugehen, dass der auf die Insolvenzverschleppungsphase berechnete periodische Verlust der Gesellschaft die Höhe des akkumulierten Gesamtschadens aller geschützten Gläubiger bestimmt.

c) Verschulden. Vom **Verschuldensvorwurf** (Verletzung der „Sorgfalt eines 45
ordentlichen Geschäftsmannes") muss sich die in Anspruch genommene Person (→ Rn. 15 ff., 19 ff.), wenn die objektive Pflichtverletzung feststeht, rechtsähnlich § 93 Abs. 2 S. 2 AktG, § 64 S. 2 GmbHG, § 130a Abs. 2 S. 2 HGB exkulpieren (HambK-InsO/*A. Schmidt* Anh. zu § 35 H. Rn. 46; Scholz/*Karsten Schmidt* GmbHG § 64 Rn. 206). BGHZ 143, 184 = GmbHG 2000, 182 mAnm *Frings* = NJW 2000, 668 = ZIP 2000, 184 (auch BGH NJW 2007, 2119 = ZIP 2007, 1265; BAG NJW 2014, 2669 = ZIP 2014, 1976) lässt für § 64 (§ 64 Abs. 2 aF) die Regel gelten, dass sich der Geschäftsführer, wenn die Überschuldung feststeht, von der Vermutung ihrer Erkennbarkeit entlasten muss. Zu Absatz 3 vgl. → Rn. 23.

5. Verzicht, Vergleich und Verjährung. a) Verzicht und Vergleich. Ver- 46
zicht und Vergleich der Gesellschaft hinsichtlich des Ersatzanspruchs sind insoweit unwirksam, als der Ersatz zur Befriedigung des Gläubigers erforderlich ist (Rechtsgedanke der §§ 50, 93 Abs. 5 S. 3 AktG). Dies gilt allerdings nicht, wenn der Vergleich Bestandteil eines Insolvenzplans der Gesellschaft ist oder wenn mit einem seinerseits insolventen Haftungsschuldner ein Vergleich zur Abwendung des Insolvenzverfahrens abgeschlossen wird (§ 50 S. 2 AktG, § 9b Abs. 1 S. 2 GmbHG). Auch der **Insolvenzverwalter** darf nicht auf den Anspruch verzichten (→ § 92 Rn. 11 ff.; HK-InsO/*Kleindiek* Rn. 36; Scholz/*Karsten Schmidt* GmbHG § 64 Rn. 207). Das Verzichts- und Vergleichsverbot gilt nicht, wenn der Ersatzpflichtige zahlungsunfähig ist und sich zur Abwendung des Insolvenzverfahrens mit seinen Gläubigern vergleicht (§ 64 S. 3 iVm § 43 Abs. 3 und § 9b Abs. 1 S. 2 GmbHG). Auch in einem **Insolvenzplan** kann die Ersatzpflicht geregelt werden. Darüber hinaus muss der Abschluss eines Vergleichs zugelassen werden, wenn er der Haftungsverwirklichung und damit der Auffüllung der Masse objektiv dienlich ist (*Karsten Schmidt* KTS 2001, 378 ff.: teleologische Reduktion des Vergleichsverbots). Allerdings erschwert die hier abgelehnte (→ Rn. 42), durch BGHZ 138,

211, eingeleitete BGH-Rspr. den Abschluss von Vergleichsverträgen durch den Insolvenzverwalter, weil dieser nach der Auffassung des BGH nur über Altgläubigerrechte verfügen kann (krit. mit Gegenvorschlag Scholz/*Karsten Schmidt* GmbHG § 64 Rn. 190, 208).

47 **b) Verjährung.** Es ist umstr., ob mangels spezieller Regelung die dreijährige Regelverjährung nach § 195 BGB greift (BGH NJW 2011, 2427 = ZIP 2011, 1007 [für Ansprüche der Neugläubiger]; OLG Naumburg GmbHR 2004, 364 = NJW-RR 2004, 613 [zu § 852 BGB aF]; OLG Saarbrücken GmbHR 2008, 1036 = NJW-RR 2008, 1621 = ZIP 2009, 565; *Haas* NZI 2011, 691; *Poertzgen* GmbHR 2011, 646) oder eine fünfjährige Verjährung analog §§ 64 S. 4, 43 Abs. 4 GmbHG, § 93 Abs. 5 AktG, § 130a Abs. 2 S. 6 HGB; MüKoInsO/*Klöhn* Rn. 249 ff.; Scholz/*Karsten Schmidt* GmbHG § 64 Rn. 209; zum alten Recht bereits OLG Köln NZG 2001, 411 [412]). Die fünfjährige Verjährungsfrist wird insbes. (womit sich BGH NJW 2011, 2427 = ZIP 2011, 1007 nicht auseinandersetzt) durch § 130a Abs. 2 S. 6 HGB, der auch für den Verstoß gegen § 15a gilt (vgl. § 130a Abs. 2 S. 1 HGB), unterstrichen. Die von individueller Kenntnis auf Seiten der Gläubiger unabhängige Geltendmachung des Gesamtgläubigerschadens nach § 130a Abs. 2 HGB bzw. § 15a InsO, § 823 Abs. 2 BGB unterliegt damit auch ohne Rücksicht auf individuelle Kenntnis der geschädigten Gläubiger pauschal der Verjährungsfrist von fünf Jahren. Der darüber hinausgehende Individualschaden eines Neugläubigers (→ Rn. 38) kann nur bis zum Ablauf der regelmäßigen Verjährungsfrist nach §§ 195, 199 BGB geltend gemacht werden (*Karsten Schmidt* FS Lwowski, 2014, 263 ff.). Aus diesem Grund war das BGH-Urteil iErg richtig.

VI. Verbotene Zahlungen

48 **1. Die maßgeblichen Regelungen. a) Die gesetzlichen Tatbestände.** Vorbehaltlich der Exkulpation (→ Rn. 57) sind **Zahlungen nach Eintritt der Überschuldung oder Zahlungsunfähigkeit** von den verantwortlichen Organmitgliedern zu erstatten (§§ 92 Abs. 2 S. 1, 93 Abs. 3 Nr. 6 AktG, § 64 S. 1 GmbHG, § 130a Abs. 1 HGB, § 99 S. 1 GenG). Hinzu kommt und von dem hier geschilderten Verbot **zu unterschieden** ist das **Verbot insolvenzauslösender Zahlungen** an Gesellschafter nach § 92 Abs. 2 S. 3 AktG, § 64 S. 3 GmbHG (dazu → Rn. 58 ff.). Für entsprechende Klagen sind deutsche Gericht auch dann nach Art. 3 Abs. 1 EuInsVO international und analog § 19a ZPO örtlich zuständig, wenn der Beklagte, etwa wegen Wohnsitzes in der Schweiz, keinen Gerichtstand in einem Mitgliedstaat der EU hat (BGH NZI 2014, 881 = ZIP 2014, 1962; EuGH NZI 2015, 88 = ZIP 2015, 196).

49 **b) Normzweck.** Dies ist auch hier der Gläubigerschutz (BGHZ 143, 184 = GmbHR 2000, 182 mAnm *Frings* = NJW 2000, 668 = ZIP 2000, 184; BGH NJW 2009, 2454 = ZIP 2009, 860; BGH ZIP 2010, 470 = NZI 2010, 313; HK-InsO/*Kleindiek* Anh. § 35 Rn. 107 f.; HambK-InsO/*A. Schmidt* Anh. zu § 35 H. Rn. 4). Die Einzelheiten sind **umstr.** Va gilt dies für die allgemeinen Zahlungsverbote bei Zahlungsunfähigkeit oder (praktisch bedeutsam) Überschuldung. Zur Qualifikation vgl. → Rn. 7, 10.

50 **aa) Herrschende Auffassung.** Der **BGH** und mit ihm die **hM** sehen in dieser Haftung keine Sanktion des Insolvenzverschleppungsverbots nach § 15a, sondern eine **Haftungsregel eigener Art,** die va nichts mit einem Schadensersatzanspruch zu tun hat (BGHZ 146, 264 [278] = ZIP 2001, 235 [239]; BGH NJW-RR 2007, 1490 [1491]; 2008, 1066 [1067]; BGHZ 187, 60 = JZ 2001, 1188 mAnm *Habersack* = NJW 2011, 221 „Doberlug"; OLG Hamm ZIP 2012, 2106, weshalb auch keine Feststellung des Deliktsattributs iSv § 302 Nr. 1 möglich ist;

von Schadensersatz spricht aber BGH NJW 2009, 2454 = NZI 2009, 490; Baumbach/Hueck/*Haas* GmbHG § 64 Rn. 7; HK-InsO/*Kleindiek* Anh. § 35 Rn. 107; HambK-InsO/*A. Schmidt* Anh. zu § 35 H. Rn. 2; zusf. *Schürnbrand* NZG 2010, 1207 [1209]). Die verantwortlichen Personen schulden hiernach Erstattung aller Zahlungen, ohne dass es auf den dadurch verursachten Verschleppungsschaden ankommt. Der BGH hat diese Einschätzung sogar auf § 130a HGB ausgedehnt, dessen Absatz 2 bei einem Verstoß gegen § 130a Abs. 1 HGB ausdrücklich von Schadensersatz spricht (BGH ZIP 2007, 1006 und ZIP 2007, 1501; ebenso schon OLG Schleswig ZIP 2005, 2211; vgl. auch Baumbach/*Hopt* § 130a Rn. 7; Staub/*Habersack* § 130 Rn. 35). Kennzeichnend für diese hM ist **ein doppeltes Charakteristikum:** Die hM blickt immer nur auf den einzelnen Vermögenstransfer, nicht auf die Gesamtvermögensentwicklung (was schon bei Austauschgeschäften Schwierigkeiten macht; krit. *Bitter* WM 2001, 666; verteidigend *Habersack/Foerster* ZHR 178 (2014), 387 ff.; dazu aber *Karsten Schmidt* NZG 2015, 129 ff.; *Altmeppen* ZIP 2015, 949 ff.), und sie führt durch Addition aller „verbotenen Zahlungen" zu exorbitanten Ersatzpflichten, die den Insolvenzverschleppungsschaden um ein vielfaches übersteigen können (zusammenfassende Kritik bei Scholz/*Karsten Schmidt* GmbHG § 64 Rn. 17 ff., 62, 65 ff.).

bb) Gegenkonzept. Die Haftung für „verbotene Zahlungen". Die hier vertretene, mehrfach begründete **Gegenansicht** sieht in den (sog) Zahlungsverboten nichts als eine Schadensvermutung bei der Sanktionierung des Insolvenzverschleppungsverbots nach § 15a, der die haftenden Personen stets mit dem Nachweis begegnen können, der Verschleppungsschaden sei geringer als die Summe der nach Eintritt der Überschuldung geleisteten Zahlungen (Begr. und Zusammenfassung bei Karsten Schmidt/Uhlenbruck/*Karsten Schmidt* Rn. 11.34 ff.; Scholz/*Karsten Schmidt* GmbHG § 64 Rn. 21, 68 ff.; s. auch *Altmeppen* ZIP 2015, 949 ff.). Es handelt sich nach diesem Verständnis bei den „Zahlungsverboten" nicht um eigene Verbotstatbestände neben § 15a, sondern nur um die **Beschreibung typischer Schadensposten** bei Insolvenzverschleppung. **Rechtspolitisch** sind die Regelungen in der Gestalt, in der sie vom BGH angewendet werden, wegen der unverhältnismäßigen Rechtsfolgen abzulehnen. Sie sollten, wenn es bei der von der Rspr. vertretenen Interpretation bleibt, gestrichen werden (*Karsten Schmidt* ZHR 175 (2011), 433 ff.; zuletzt *ders.* NZG 2015, 129 [133]), während die Verbote insolvenzauslösender Zahlungen (→ Rn. 58 ff.) noch vor der Bewährungsprobe stehen. 51

2. Haftungsadressaten. Ersatzpflichtig machen sich die **Vorstandsmitglieder, Geschäftsführer oder Liquidatoren** (§§ 92 Abs. 2, 93 Abs. 3 Nr. 6 AktG, § 64 S. 1 GmbHG), einschließlich faktischer Organe (→ Rn. 16 f.). Der durch den Haftungsadressaten selbst vorgenommenen Zahlung stehen die Veranlassung einer haftungsauslösenden Zahlung, die Billigung durch einen entsprechenden Beschluss in einem mehrköpfigen Leitungsgremium sowie das Unterlassen der Verhinderung einer solchen Zahlung (Lutter/Hommelhoff/*Kleindiek* GmbHG § 64 Rn. 6, 23; BGH NJW 2009, 1598 = ZIP 2009, 956) gleich. Für **Vereinsvorstände** gibt es eine solche Haftung nicht (BGH NJW-RR 2010, 978; 2010, 1047; OLG Hamburg NZG 2009, 1036; OLG Karlsruhe NZG 2009, 995; OLG Düsseldorf 26.3.2010 – I-22 U 173/09, BeckRS 2010, 15515). Für obligatorische **Aufsichtsräte** bejaht das „Doberlug"-Urteil, BGHZ 187, 60 = JZ 2001, 1188 mAnm *Habersack* = NJW 2011, 221, die Haftung (§§ 116, 93 Abs. 3 Nr. 6 AktG), verneint sie aber im Fall eines fakultativen Aufsichtsrats nach § 52 GmbHG (BGHZ 187, 60 = JZ 2001, 1188 mAnm *Habersack* = NJW 2011, 221; HK-InsO/*Kleindiek* Anh. § 35 Rn. 120). Diese Differenzierung ist wenig überzeugend (*Altmeppen* ZIP 2010, 1973 ff.; *Karsten Schmidt* GmbHR 2010, 1319 [1325]). Soweit sie zur Ablehnung der gerade für die Aufsichtsratshaftung unverhältnis- 52 mäßigen Haftung für die Summe der Einzelzahlungen führt, ist das „Doberlug"-Urteil iErg zu begrüßen. Aber der Fehler liegt im Konzept der Haftung für alle „verbotenen Zahlungen" (→ Rn. 49 ff.). Dieses sollte auf die bloße Schadensersatzpflicht wegen Verstoßes gegen § 15a reduziert werden (vgl. ebd.). Wegen der (gesellschafts-)rechtsformspezifischen Regelung in § 64 S. 1 GmbHG bzw. §§ 92 Abs. 2, 93 Abs. 3 Nr. 6 AktG scheidet eine Anwendung auf Auslandsgesellschaften (→ Rn. 10, 21) selbst bei Annahme einer insolvenzrechtlichen Qualifikation der Haftungsnormen (so Begr. RegE MoMiG, BT-Drs. 16/6140, 47) aus.

53 **3. Handhabung durch die Gerichtspraxis. a) Materielle Insolvenz.** Den **Beginn der Haftung** beschreiben die § 92 Abs. 2 AktG, § 64 S. 1 GmbHG, § 130a Abs. 1 HGB mit dem Eintritt der Zahlungsunfähigkeit sowie damit, dass sich die Überschuldung „ergeben hat". Die Dreiwochenfrist des § 15a Abs. 1 ist nicht zugunsten der Haftungsadressaten anwendbar (vgl. dazu → Rn. 31 f.; BGHZ 143, 184 [188 f.] = GmbHR 2000, 182 mAnm *Frings* = NJW 2000, 668 = ZIP 2000, 184; BGH NJW 2009, 1598 = ZIP 2009, 956). Solange diese Frist zulässigerweise für Sanierungsbemühungen genutzt wird, können im Rahmen dieser Bemühungen erforderliche Zahlungen jedoch mit der Sorgfalt eines ordentlichen Geschäftsmannes (§ 64 S. 2 GmbHG) vereinbar sein (OLG Hamburg NZG 2010, 1225 = ZIP 2010, 2448).

54 **b) Verletzungstatbestand.** Der **Begriff „Zahlungen"** wird im Lichte des Schutzes des Gesellschaftsvermögens als potenzieller Masse weit ausgelegt (BGHZ 126, 181 [194] = NJW 1994, 2220 [2223] = ZIP 1994, 1103; BGHZ 143, 184 [186 f.] = GmbHR 2000, 182 mAnm *Frings* = NJW 2000, 668 = ZIP 2000, 184; BGHZ 146, 264 [278] = ZIP 2001, 235 [239]; BGH NJW 2009, 1598 = ZIP 2009, 956; HK-InsO/*Kleindiek* Anh. § 35 Rn. 109; HambK-InsO/*A. Schmidt* Anh. zu § 35 H. Rn. 7; Scholz/*Karsten Schmidt* GmbHG § 64 Rn. 29 ff.). Als Zahlungen gelten alle in (Bar- oder Buch-)Geld erbrachten oder liquidationsrelevanten Leistungen mit Geldwert (Scholz/*Karsten Schmidt* GmbHG § 64 Rn. 21 f.). Dazu gehören auch: Aufrechnung, Leistungen an Zahlung Statt oder zahlungshalber (Großkommentar GmbHG/*Casper* § 64 Rn. 84; Scholz/*Karsten Schmidt* GmbHG § 64 Rn. 29). Als „Zahlungen" wurden auch angesehen: die Einlösung von Kundenschecks auf debitorischen Bankkonten (BGHZ 143, 184 = GmbHR 2000, 182 mAnm *Frings* = NJW 2000, 668 = ZIP 2000, 184; HK-InsO/*Kleindiek* Anh. § 35 Rn. 109; HambK-InsO/*A. Schmidt* Anh. zu § 35 H. Rn. 12), die Veranlassung oder Duldung des Zahlungseingangs auf debitorischem Bankkonto (anders aber im Fall einer Globalzession an die Bank: BGH ZIP 2015, 1480; OLG Frankfurt a. M. ZIP 2009, 2293), zB im Lastschriftverfahren oder durch Angabe dieses Kontos auf Rechnungen (BGH NZI 2007, 418 mAnm *Poertzgen* = ZIP 2007, 1006), die Zahlung von Steuern im Fall einer gewerbesteuerlichen Organschaft (BGH ZIP 2003, 1005). Die Überweisung von Geld soll dagegen nur dann eine Zahlung der Schuldnerin sein, wenn das Konto kreditorisch, nicht wenn es debitorisch ist (BGH NZI 2007, 418 mAnm *Poertzgen* = ZIP 2007, 1006; BGH NZI 2010, 313 = ZIP 2010, 470; HK-InsO/*Kleindiek* Anh. § 35 Rn. 109; HambK-InsO/*A. Schmidt* Anh. zu § 35 H. Rn. 12; krit. *Karsten Schmidt* ZIP 2008, 1401). **Keine Zahlung** ist eine **wirtschaftlich neutrale Leistung**, so grds. der Transfer von einem Gesellschaftskonto auf ein anderes (BGH ZIP 2008, 72; Scholz/*Karsten Schmidt* GmbHG § 64 Rn. 23) oder die Begleichung einer ohnedies an die Bank abgetretenen Forderung auf debitorisches Konto (BGH ZIP 2015, 1480). Ebenso wenn mit der bewirkten Zahlung ein **gleichwertiger Gegenwert** in das Gesellschaftsvermögen gelangt (BGH NZG 2015, 149 mAnm *Karsten Schmidt* ebd. 129 = ZIP 2015, 71; Scholz/*Karsten Schmidt* GmbHG § 64 Rn. 40 ff.; *Habersack/Foerster* ZHR 178 (2014), 387 ff.). Maßgeblich für die Bewertung der Gleichwertigkeit ist der Zeitpunkt des Massezuflusses (so mit Recht BGH ebd. unter Aufgabe von BGH NJW 2003, 2316

= ZIP 2003, 1005; hierzu abl. auch Scholz/*Karsten Schmidt* GmbHG § 64 Rn. 34). Abbuchungen/Zahlungen auf Grund eines Pfändungs- und Überweisungsbeschlusses sind mangels Veranlassung durch den Verantwortlichen ebenfalls keine Zahlungen iSv § 64 S. 1 (BGH NJW 2009, 1598 = ZIP 2009, 956; OLG München ZIP 2011, 277 = NZG 2011, 465). **Nicht** gleichgestellt ist schließlich die **Begründung von Verbindlichkeiten** (BGHZ 138, 211 [216 f.] = NJW 1998, 2667 f. = NZI 1998, 38 [40] = ZIP 1998, 776; OLG Hamburg NZG 2005, 1008 = ZIP 2005, 1968; HambK-InsO/*A. Schmidt* Anh. zu § 35 H. Rn. 14; Lutter/Hommelhoff/*Kleindiek* GmbHG § 64 Rn. 10; Scholz/*Karsten Schmidt* GmbHG § 64 Rn. 33); aA OLG Celle GmbHR 1997, 901; *Poertzgen* GmbHR 2007, 1258, 1262).

c) Additionsmethode der Rechtsprechung. Der Haftende hat nach der (bei → Rn. 50 f. abgelehnten) **Rspr.** die **Summe aller verbotenen Zahlungen ungekürzt zu erstatten** (BGHZ 146, 264 = NJW 2001, 1280 = ZIP 2001, 235), selbst wenn der Gesamtgläubigerschaft kein deckungsgleicher Schaden entstanden ist (zur Kritik vgl. → Rn. 50 f.). Ihm ist in dem Urteil vorzubehalten, seinen Gegenanspruch, der sich nach Rang und Höhe mit dem Betrag deckt, den der begünstigte Gesellschaftsgläubiger im Insolvenzverfahren erhalten hätte, nach Erstattung an die Masse gegen den Insolvenzverwalter zu verfolgen. Dieses sog **Verfolgungsrecht** ist als Vorbehalt von Amts wegen in den Urteilstenor aufzunehmen (BGH ZIP 2005, 1550 = NZI 2006, 63), auch wenn der Verwalter als Beklagter aufrechnet. Etwa bestehende Erstattungsansprüche der Masse gegen Dritte sind Zug um Zug an den Haftenden abzutreten. Eine Bereicherung der Masse ist zu vermeiden (BGHZ 146, 264 = NJW 2001, 1280 = ZIP 2001, 235). 55

d) Anspruch der Gesellschaft. Der Ersatzanspruch steht der Gesellschaft zu. Er geht auf **Zahlung in das Gesellschaftsvermögen** (nach Verfahrenseröffnung: in die Masse) und wird im eröffneten Insolvenzverfahren vom Insolvenzverwalter geltend gemacht (§ 80 Abs. 1). Dieser trägt die **Darlegungs- und Beweislast,** allerdings können ihm die sekundäre Darlegungslast des beklagten Haftenden und Beweiserleichterungen zugutekommen (näher Scholz/*Karsten Schmidt* GmbHG § 64 Rn. 63, 68 ff.). Der Anspruch ist im Fall der der masselosen Insolvenz nachfolgenden Liquidation von den Gesellschaftsorganen geltend zu machen und zugunsten eines Gesellschaftsgläubigers **pfändbar** (BGH NJW 2001, 304 = ZIP 2000, 1896; dazu *Karsten Schmidt* GmbHR 2000, 1225) und kann nach Überweisung von diesem geltend gemacht werden. **Verzicht und Vergleich** hinsichtlich des Ersatzanspruchs sind unwirksam, soweit der Ersatz zur Gläubigerbefriedigung erforderlich ist (§§ 64 S. 4, 43 Abs. 3, 9b Abs. 1 S. 1 GmbHG; abweichend bei der AG geregelt: §§ 92 Abs. 2, 93 Abs. 3 Nr. 6, Abs. 4 S. 3 AktG), da der Anspruch ihrem Schutz dient. Das Verzichts- und Vergleichsverbot greift nicht ein, wenn der Ersatzpflichtige zahlungsunfähig ist und sich zur Abwendung des Insolvenzverfahrens mit seinen Gläubigern vergleicht oder der Verzicht bzw. Vergleich in einem Insolvenzplan geregelt werden (§§ 64 S. 4, 43 Abs. 3, 9b Abs. 1 S. 2 GmbHG; §§ 92 Abs. 2, 93 Abs. 3 Nr. 6, Abs. 4 S. 4 AktG). Vgl. iÜ zur teleologischen Reduktion des Vergleichsverbots Scholz/*Karsten Schmidt* GmbHG Anh. § 64 Rn. 75. Der Anspruch **verjährt** nach fünf Jahren (§§ 64 S. 4, 43 Abs. 4 GmbHG; bei der AG regelmäßig fünf Jahre, uU aber zehn Jahre: §§ 92 Abs. 2, 93 Abs. 3 Nr. 6, Abs. 6 AktG). 56

4. Exkulpation. Nicht zu erstatten sind Zahlungen, die mit der **Sorgfalt eines ordentlichen Geschäftsmannes** vereinbar sind (§ 64 S. 2 GmbHG, § 92 Abs. 2 S. 2 AktG: „Sorgfalt eines ordentlichen und gewissenhaften Geschäftsleiters"). Hierunter fallen Zahlungen, die auch ein Insolvenzverwalter vornehmen würde, etwa weil sie größere Nachteile von der (künftigen) Insolvenzmasse abwenden oder nach Insolvenzeröffnung als Masseverbindlichkeiten zu begleichen wären (BGHZ 146, 264 = NJW 2001, 1280 = ZIP 2001, 235; BGH NZI 2008, 1226; 57

OLG Hamburg ZIP 2010, 2448 = NZG 2010, 1225; OLG Celle ZIP 2004, 1210). Der Geschäftsführer muss sich entlasten. Will er dies dadurch erreichen, dass er sich auf Nichterkennbarkeit der Insolvenzreife beruft, muss er darlegen und ggf. beweisen, dass er sich stets über die wirtschaftliche Lage der Gesellschaft vergewissert und bei Anzeichen einer Krise einen Vermögensstatus aufgestellt hat. Zugleich muss er für eine Organisation sorgen, die ihm die zur Wahrnehmung seiner Pflichten erforderliche Übersicht über die wirtschaftliche und finanzielle Situation der Gesellschaft jederzeit ermöglicht (BGH NZI 2012, 812 = ZIP 2012, 1557). Zahlungen auf Grund eines mit § 15a zu vereinbarenden Sanierungsversuchs sind ebenfalls nicht verboten (OLG Hamburg GmbHR 2004, 797). Gleichfalls nicht verboten sind Zahlungen, die auf Grund gesetzlicher Gebote zu leisten sind, insbes. zur Erfüllung steuerlicher Pflichten (§ 69 AO), etwa die Pflicht zur Lohnsteuerabführung, sowie die strafbewehrte Pflicht (§ 266a StGB), Sozialversicherungsbeiträge abzuführen (BGH ZIP 2011, 422 = NZI 2011, 196; ZIP 2010, 368 = NZI 2010, 235; ZIP 2008, 2220 = NJW 2009, 295; ZIP 2007, 1265 = NJW 2007, 2118). Dagegen erfasst das Privileg **nicht** alle zum ordnungsgemäßen Geschäftsgang gehörenden Leistungen (Lohnzahlungen, Begleichung von Lieferantenforderungen, Versicherungsprämien usw)

58 **5. Insolvenzauslösende Zahlungen an Gesellschafter (§ 92 Abs. 2 S. 3 AktG, § 64 S. 3 GmbHG, §§ 130a Abs. 1 S. 3 iVm 177a HGB). a) Grundlagen.** Die durch das MoMiG vom 23.10.2008 (BGBl. I S. 2026) eingeführte und zum 1.11.2008 in Kraft getretene Regelung verbietet Zahlungen an Gesellschafter, die zur Zahlungsunfähigkeit der Gesellschaft führen mussten, und sanktioniert den Verstoß durch die Pflicht zur Erstattung der entsprechenden Zahlung. Es handelt sich um ein **echtes Zahlungsverbot,** das rechtstechnisch und rechtspolitisch § 30 GmbHG, aber auch § 64 S. 1 GmbHG und den Schwesterbestimmungen im AktG und HGB nahe steht (vgl. Scholz/*Karsten Schmidt* GmbHG § 64 Rn. 18, 79 ff.). Sieht man in § 64 S. 1 GmbHG ebenfalls ein Zahlungsverbot (krit. dazu Scholz/*Karsten Schmidt* GmbHG § 64 Rn. 9 ff., 63), so lässt sich sagen, dass dieses durch Satz 3 zeitlich vorverlagert wird (*Kleindiek* FS Karsten Schmidt, 2011, 893 [901]; HambK-InsO/*A. Schmidt* Anh. zu § 35 H. Rn. 29). Das dem Schutz des Stammkapitals dienende Ausschüttungsverbot des § 30 GmbHG wird durch das Zahlungsverbot des § 64 S. 3 GmbHG ebenso ergänzt wie das Anfechtungsrecht (vgl. Begr. RegE MoMiG, BT-Drs. 16/6140, 46). Diese Schutzmechanismen können nebeneinander zur Anwendung gelangen; es besteht **keine Subsidiarität** (*Streit/Bürk* DB 2008, 742 [750]). Für die Auslegung der Norm und ihre praktische Handhabung ist von Bedeutung, dass – so die Regierungsbegründung (Begr. RegE MoMiG, BT-Drs. 16/6140, 46) – § 64 S. 3 GmbHG einen Teilbereich der Haftung wegen **existenzvernichtenden Eingriffs** erfassen (vgl. auch HK-InsO/*Kleindiek* Anh. § 35 Rn. 113) und va einen **Schutz gegen Ausplünderung von Gesellschaften** gewährleisten soll (*Kleindiek* FS Karsten Schmidt, 2011, 893 [901]).

59 **b) Anwendungsbereich. Auslandsgesellschaften** und zum Kreis der **Haftungsadressaten** vgl. sinngemäß → Rn. 21 und 52 (anders bei § 15a, dazu → Rn. 10).

60 **c) Zahlung.** Zum **Begriff** der **Zahlung** vgl. → Rn. 54, zu gleichstehenden Handlungen → Rn. 54. Im Unterschied zu § 64 S. 1 GmbHG ist in § 64 S. 3 GmbHG die **Zahlung an einen Gesellschafter** Voraussetzung. Der Umfang seiner Beteiligung ist – anders als bei §§ 135 iVm 39 Abs. 5 – nicht relevant (HK-InsO/*Kleindiek* Anh. § 35 Rn. 114). Der Empfänger muss allerdings im Zeitpunkt der Zahlung Gesellschafter sein (Ulmer/*Casper* GmbHG § 64 Rn. 106). Ob ein und ggf. welcher Rechtsgrund der Zahlung zugrunde lag, ist nicht entscheidend.

Zahlungen an einen Dritten, die einer Zahlung an einen Gesellschafter wirtschaftlich entsprechen (§ 39 Abs. 1 Nr. 5), etwa an nahe stehende Personen, Treugeber, Zahlungen im Konzernverbund, stehen Zahlungen an einen Gesellschafter gleich. Dies rechtfertigt sich aus der Nähe des Haftungstatbestands zu demjenigen aus § 30 GmbHG und aus existenzvernichtendem Eingriff (vgl. HK-InsO/*Kleindiek* Anh. § 35 Rn. 114, 113; ausf. Scholz/*Karsten Schmidt* GmbHG § 64 Rn. 79, 114; *Knof* DStR 2007, 1536 [1538]).

d) Verursachung der Zahlungsunfähigkeit. Die Zahlung muss die **Zahlungsunfähigkeit** (§ 17 Abs. 2) **herbeigeführt** haben. Liegt Zahlungsunfähigkeit schon im Moment der Zahlung vor, ist nach BGHZ 195, 42 = ZIP 2012, 2391 = NZI 2012, 1009 = NZG 2012, 1379 die Bestimmung unanwendbar, weil dann § 15a Abs. 1 bzw. das Zahlungsverbot des § 64 S. 1 GmbHG zum Zuge kommen (dazu *Karsten Schmidt* JuS 2013, 267). Zahlungsunfähigkeit – nicht lediglich eine Zahlungsstockung (→ § 17 Rn. 24) oder eine vor der Eröffnungsentscheidung beseitigte Zahlungsunfähigkeit (*Böcker/Poertzgen* WM 2007, 1203 [1208]; Scholz/*Karsten Schmidt* GmbHG § 64 Rn. 98; Ulmer/*Casper* GmbHG § 64 Rn. 110) – muss aber, um die Ersatzpflicht als Sanktion auszulösen, bestehen, dh nachträglich entstanden sein. Überschuldung (§ 19) allein genügt nicht (*Greulich/Bunnemann* NZG 2006, 681 [684]; **aM** Ulmer/*Casper* GmbHG § 64 Rn. 107), ebenso wenig drohende Zahlungsunfähigkeit (§ 18). Bereits vor oder bei der die Zahlungsunfähigkeit herbeiführenden Zahlung bestehende Überschuldung schließt eine Haftung nicht aus (Scholz/*Karsten Schmidt* GmbHG § 64 Rn. 95 ff.). Entscheidend für die Haftung ist die **Kausalität der Zahlung für die Zahlungsunfähigkeit** (BegrRegE MoMiG, BT-Drs. 16/6140, 46). Hierfür genügt, dass ohne die Zahlung die konkrete Zahlungsunfähigkeit in dem konkreten Zeitpunkt entfiele. Das kann es auch bei der Zahlung auf fällige Schuld geben (aM *Haas* NZG 2013, 41 [43]). Alleinige Ursache muss die Zahlung nicht sein (Scholz/*Karsten Schmidt* GmbHG § 64 Rn. 98). Der Einwand, die Gesellschaft wäre ohnehin zahlungsunfähig geworden, ist dem Haftenden verschlossen (HambK-InsO/*A. Schmidt* Anh. zu § 35 H. Rn. 30; *Niesert/Hohlert* NZI 2009, 345; *Böcker/Poertzgen* WM 2007, 1203 [1208]). Die Zahlung muss ohne Hinzutreten weiterer Kausalbeiträge zur Zahlungsunfähigkeit führen (BegrRegE MoMiG, BT-Drs. 16/6140, 46; ausf. Scholz/*Karsten Schmidt* GmbHG § 64 Rn. 99). Im Wege einer ex-post-Betrachtung („mussten") ist festzustellen, ob bei einer ex-ante-Solvenzprognose die Herbeiführung der (ex post feststehenden) Zahlungsunfähigkeit durch die relevante Zahlung überwiegend wahrscheinlich war (HK-InsO/*Kleindiek* Anh. § 35 Rn. 113; Lutter/Hommelhoff/*Kleindiek* GmbHG § 64 Rn. 28; Scholz/*Karsten Schmidt* GmbHG § 64 Rn. 101; *Greulich/Bunnemann* NZG 2006, 681 [685]; *Knof* DStR 2007, 1536 [1539]; 2007, 1580 [1591]; *Spliedt* ZIP 2009, 160). An der Kausalität kann es fehlen, wenn es durch die – zulässige (BegrRegE MoMiG, BT-Drs. 16/6140, 46 f.) – **Berücksichtigung** gleichermaßen **liquiditätswirksamer Gegenleistungen** des Gesellschafters iErg zu keinem Liquiditätsentzug oder einem unterhalb des Nominalwertes der Zahlung (dann Haftung allenfalls „soweit") gekommen ist. 61

e) Exkulpation. Die Haftung ist ausgeschlossen, wenn bei Beachtung der Sorgfalt eines ordentlichen Geschäftsmannes für den Haftungsadressaten nicht zu erkennen war, dass die Zahlung zur Zahlungsunfähigkeit führen musste (§ 64 S. 3 GmbHG). Zu den Sorgfaltsanforderungen vgl. → Rn. 36. Der Haftungsadressat muss sich exkulpieren: ihn trifft die Darlegungs- und Beweislast (vgl. sinngemäß → Rn. 45). Dies wird nur gelingen, wenn der Geschäftsführer im Zeitpunkt der Zahlung über einen aktuellen Liquiditätsstatus und Liquiditätsplan verfügte (vgl. dazu auch HambK-InsO/*A. Schmidt* Anh. zu § 35 H. Rn. 30). Andernfalls wird er wegen unzureichender Kenntnis der finanziellen Verhältnisse der Gesellschaft 62 gegen die Sorgfalt eines ordentlichen Geschäftsmannes verstoßen haben. Waren Liquiditätsstatus und Liquiditätsplan falsch oder unvollständig, so wird es entscheidend darauf ankommen, ob der Geschäftsführer dies subjektiv auf Grund besonderer Umstände nicht erkennen konnte. Zudem kann sich der handelnde Geschäftsführer auch nach **§ 64 S. 2 GmbHG** entlasten, da Zahlungen vor materieller Insolvenz nicht strenger zu sanktionieren sind als solche nach Eintritt der materiellen Insolvenz (HK-InsO/*Kleindiek* Anh. § 35 Rn. 117; Scholz/*Karsten Schmidt* GmbHG § 64 Rn. 103). Handelt der Geschäftsführer auf Grund eines **Gesellschafterbeschlusses,** so entlastet ihn dies nicht (BegrRegE MoMiG, BT-Drs. 16/6140, 47; allgM; vgl. etwa HambK-InsO/*A. Schmidt* Anh. zu § 35 H. Rn. 31).

63 **f) Wirkung ex ante und ex post: Zahlungsverbot, Leistungsverweigerungsrecht und Erstattungspflicht.** Verstieße eine Zahlung gegen § 64 S. 3 GmbHG, ist diese dem Haftungsadressaten verboten; er ist zur Leistungsverweigerung verpflichtet. Hieraus folgt ein **Leistungsverweigerungsrecht** für die Gesellschaft (BGH ZIP 2012, 2391 = NZI 2012, 1009 = NZG 2012, 1379; LG Berlin GmbHR 2010, 201; HambK-InsO/*A. Schmidt* Anh. zu § 35 H. Rn. 27; Lutter/Hommelhoff/*Kleindiek* GmbHG § 64 Rn. 21, 27; Scholz/*Karsten Schmidt* GmbHG § 64 Rn. 91; *Bormann* DB 2006, 2616; *Henckel* EWiR 2010, 745; *Hölzle* GmbHR 2007, 729 [732]; *Karsten Schmidt* JuS 2013, 267; aA OLG München ZIP 2010, 1236; 2011, 225; *Haas* DStR 2010, 1991; NZG 2013, 41 [44 f.]). IÜ führt eine gem. § 64 S. 3 GmbHG verbotene Zahlung nach hM zur **Erstattungspflicht**, ohne dass es auf einen Schadensnachweis ankäme. Es handelt sich nach hM wie bei § 64 S. 1 GmbHG (→ Rn. 50) um einen **Anspruch eigener Art,** der auf Rückerstattung gerichtet ist (vgl. etwa Lutter/Hommelhoff/*Kleindiek* GmbHG § 64 Rn. 20; zur Kritik des Ansatzes der hM Scholz/*Karsten Schmidt* GmbHG § 64 Rn. 106 ff.). Ansprüche aus § 812 BGB oder § 823 Abs. 2 BGB bestehen nicht. Das Zahlungsverbot ist weder Verbotsgesetz noch Schutzgesetz iSd BGB (Scholz/*Karsten Schmidt* GmbHG § 64 Rn. 107).

VII. Strafsanktionen (Absatz 4, 5)

64 **1. Der Tatbestand.** Die **Absätze 4 und 5** sind Nachfolgevorschriften zu den § 401 Abs. 1 Nr. 2 und Abs. 2 AktG aF, § 84 Abs. 1 Nr. 2 und Abs. 2 GmbHG aF, § 148 Abs. 1 Nr. 2, Abs. 2 GenG aF und § 130b HGB aF. Absatz 4 betrifft vorsätzliche, Absatz 5 fahrlässige Verstöße. Die Bestimmungen sind, soweit sie auf die Merkmale der Absätze 1–3 Bezug nehmen, zivilrechtsakzessorisch auszulegen (BGH wistra 2007, 312; HK-InsO/*Ransiek* Rn. 39; *Natale/Bader* wistra 2008, 413). Die Verurteilung führt zur Amtsunfähigkeit als Geschäftsführer und Vorstand (vgl. § 6 Abs. 2 S. 2 Nr. 3 lit. a GmbHG, dazu OLG Celle NZI 2013, 852 = ZIP 2013, 2014; § 76 Abs. 3 lit. a AktG).

65 **2. Taugliche Täter.** Strafbare Insolvenzverschleppung ist ein Sonderdelikt (HK-InsO/*Ransiek* Rn. 40). Der **taugliche Täterkreis** ergibt sich aus den → Rn. 15 ff. Umstr. ist die Strafbarkeit **faktischer Organe** (→ Rn. 16). Sie wird vom BGH in stRspr bejaht (BGHSt 21, 101 [104] = NJW 1966, 2225; BGHSt 31, 118 [122] = NJW 1983, 240; BGH wistra 1990, 97; BGHSt 46, 62 [64 f.] = NJW 2000, 2285; BGH GmbHR 2015, 191; weitere Angaben bei Müller-Gugenberger/Bieneck/*Richter* § 64 Rn. 27). Gegen diese Rspr. werden Bedenken erhoben, weil die Bestrafung bloß faktischer Geschäftsführer vom Wortlaut nicht gedeckt ist (vgl. mwN HK-InsO/*Ransiek* Rn. 40; *Bergmann* NZWiSt 2014, 81; BGH GmbHR 2015, 191 = NZG 2015, 246 = ZIP 2015, 218; ausf. Baumbach/Hueck/*Haas* GmbHG § 64 Rn. 172–172b; aber für Antragspflicht bei fehlerhafter Bestellung in → Rn. 17). Hinzu kommt, dass faktische Geschäfts-

führer auch nicht nach § 15 antragsberechtigt sind (vgl. → Rn. 2, 16; aA → § 15 Rn. 13). Vor der Ablösung der gesellschaftsrechtlichen Einzelvorschriften durch § 15a (→ Rn. 5) konnte die Anwendung der Strafvorschriften mit der schon bei → Rn. 2 angeschnittenen Überlegung gerechtfertigt werden, dass das materielle Unrecht nicht in dem unterlassenen Eröffnungsantrag, sondern in der Fortführung der Geschäfts liegt (*Karsten Schmidt* FS Rebmann, 1996, 435 ff.; Scholz/*Karsten Schmidt* GmbHG Anh. § 64 Rn. 132). Ob dieses Argument noch trägt, nachdem der **MoMiG**-Gesetzgeber die Begehungsweisen in Absatz 4 beschrieben hat, ist allerdings unklar. Dafür spricht die Feststellung, dass die Beschreibung des strafbaren Verhaltens nahezu unbrauchbar ist (→ Rn. 66). Rechtspolitisch spricht alles für die Rspr. des BGH. Im Fall der **Führungslosigkeit** (→ Rn. 19 ff.) ist Absatz 3 ohne die Beweislastumkehr des Schlusssatzes anzuwenden. Kenntnis muss positiv festgestellt sein (HK-InsO/*Ransiek* Rn. 42).

3. Strafbares Verhalten. Absatz 4 beschreibt das strafbare Verhalten dahin, 66
dass der Täter den Eröffnungsantrag nicht, nicht richtig oder nicht rechtzeitig stellt. Diese Tatbestandsbeschreibung ist misslungen. Da es sich um ein Dauerdelikt handelt, ist der Zusatz „nicht rechtzeitig" überflüssig (strafbar ist hier das Verhalten vor dem Insolvenzantrag). Das Merkmal „nicht richtig" ist unklar. Es sollte auf Fälle beschränkt werden, bei denen der Antrag zur Eröffnung des Insolvenzverfahrens schlechterdings ungeeignet ist. Dies ist sicher bei unzulässigen Anträgen der Fall. Zutr. ist, dass (nur) solche Fehl- oder Falschangaben, die die gerichtliche Entscheidung verhindern oder erheblich erschweren (etwa MüKoInsO/*Klöhn* Rn. 133, 333), Unrichtigkeit iSv Absatz 4 begründeten. Praktisch stellt sich dieses Problem allerdings nahezu nicht, da solche Anträge regelmäßig bereits unzulässig sind. Wenn etwa das Gläubigerverzeichnis (§ 13 Abs. 1 S. 3) fehlt (für irrelevant hält dies MüKoInsO/*Klöhn* Rn. 133), wird die Darlegung des Eröffnungsgrundes in substantiierter und nachvollziehbarerWeise (vgl. BGH ZIP 2007, 1868) kaum gelingen. Alles Übrige ergibt sich aus den Abs. 1–3 und damit aus den → Rn. 8 ff.

4. Vorsatz und Fahrlässigkeit. Es gelten **die strafrechtlichen Begriffe** von 67
Vorsatz und Fahrlässigkeit. Als Vorsatz genügt bedingter Vorsatz (HK-InsO/*Ransiek* Rn. 42). Vorsatz bzw. Fahrlässigkeit müssen sich auf alle Tatbestandsmerkmale beziehen.

VIII. Beraterhaftung

Eine Beraterhaftung (zB für Anwälte, Steuerberater und Wirtschaftsprüfer) 68
wegen Mitverursachung einer Insolvenzverschleppung kommt außer in Fällen der Beihilfe (§ 830 BGB) va auf der Grundlage eines die (In-)Solvenzprüfung umfassenden Beratungsverhältnisses in Betracht (vgl. BGHZ 193, 297 = DB 2012, 1559 = ZIP 2012, 1353; MüKoInsO/*Klöhn* Rn. 280; InsO-HdB/*Haas/Kolmann/Paulus* § 92 Rn. 95; *Thole* ZfPW 2015, 31 [36 ff.]). In diesem Fall kann der mit dem Berater geschlossene Vertrag Schutzwirkungen zugunsten der Gesellschafter und Geschäftsführer haben, seine Verletzung also auch Ersatzansprüche für sie begründen (BGH aaO; *Thole* ZfPW 2015, 31 [50 ff.]). Umstr. ist, inwieweit sich Warnpflichten außerhalb des Mandats ergeben, wenn die Insolvenzreife und damit der Prüfungsbedarf erkennbar ist (vgl. *Kayser* ZIP 2014, 597 [602]; *Thole* ZfPW 2015, 31 [34 ff.]). Dies wird im Grundsatz verneint bei BGH NZI 2013, 438 = ZIP 2013, 829 (auch dazu ausf. *Thole*). Erklärt aber ein vertraglich lediglich mit der Erstellung der Steuerbilanz betrauter Steuerberater, dass eine insolvenzrechtliche Überschuldung nicht vorliege, haftet er der Gesellschaft wegen der Folgen der dadurch bedingten verspäteten Insolvenzantragstellung (BGH DB 2013, 1542 = ZIP 2013, 1332). Allerdings trifft, wenn der Insolvenzantrag infolge einer fehler-

haften Abschlussprüfung verspätet gestellt wird, die Gesellschaft mit Rücksicht auf ihre Selbstprüfungspflicht idR ein Mitverschulden an dem dadurch bedingten Insolvenzverschleppungsschaden (BGH aaO).

Eröffnungsgrund

16 **Die Eröffnung des Insolvenzverfahrens setzt voraus, daß ein Eröffnungsgrund gegeben ist.**

Schrifttum: *Frystatzky*, Die Beurteilung des Vorliegens von Insolvenzeröffnungsgründen – Entwurf eines neuen Standards des Instituts der Wirtschaftsprüfer (IDW ES 11), NZI 2014, 840; *Gundlach*, Die Insolvenzgründe als Verfahrensauslöser, InsO-HdB, § 6; *Lenger/Nachtsheim*, Insolvenzeröffnungsgründe – Praxisrelevante Aspekte des neuen IDW ES 11, NZI 2014, 992; *Weber/Küting/Eichenlaub*, Zweifelsfragen bei der Beurteilung des Vorliegens von Insolvenzeröffnungsgründen – zugleich Anmerkungen zu IDW ES 11, GmbHR 2014, 1009.

I. Grundlagen

1 **1. Normzweck und Anwendungsbereich. a) Materielle Insolvenz.** Die Eröffnung des Insolvenzverfahrens ist ein einschneidender Verfahrensschritt und bedarf einer doppelten **Legitimation**: der Legitimation durch eine rechtsstaatliche Prozedur (§§ 2 ff., §§ 20 ff.) und durch einen diesen Eingriff materiell rechtfertigenden Grund. Von diesem handelt § 16 (vgl. auch Braun/*Bußhardt* Rn. 1; Nerlich/Römermann/*Mönning* Rn. 5). Die Eröffnungsgründe sind in der Insolvenzordnung enumerativ aufgezählt (numerus clausus; vgl. Kübler/Prütting/Bork/*Pape* Rn. 4; Uhlenbruck/*Mock* Rn. 6). Die Verfahrenseröffnung ohne Eröffnungsgrund ist rechtswidrig und im Wege der sofortigen Beschwerde nach § 34 Abs. 2 anfechtbar (→ § 34 Rn. 44).

2 **b) Ausnahmslose Geltung.** § 16 gilt für **alle nach der InsO abzuwickelnden Insolvenzverfahren**, auch für Verbraucherverfahren und sonstige Kleinverfahren (§§ 304 ff.) sowie für die Insolvenzverfahren über Sondervermögen nach §§ 315 ff., 332, 333 f. Für diese sind die Eröffnungsgründe zwar speziell geregelt (§§ 320, 333 Abs. 2 S. 2), aber das allgemeine Erfordernis des § 16 gilt auch hier. Für den Schuldenbereinigungsplan im Kleinverfahren (§§ 305 ff.) ist zwar umstr., ob ein die Zustimmung zum Schuldenbereinigungsplan ersetzender Beschluss nach § 309 ohne Feststellung des Insolvenzgrunds ergehen darf (dazu Braun/*Bußhardt* Rn. 5; eing. Jaeger/*H.-Fr. Müller* Rn. 17–19). Doch geht es hierbei nicht um die Verfahrenseröffnung.

3 **2. Sekundärinsolvenzverfahren neben Auslandsinsolvenz und Partikularinsolvenzverfahren oder bei fehlender inländischer (Hauptverfahrens-) Zuständigkeit. a) Sekundärinsolvenzverfahren.** Das inländische Sekundärinsolvenzverfahren nach Eröffnung eines Auslands-Hauptinsolvenzverfahrens in einem EU-Mitgliedsstaat kann nach **Art. 27 S. 2 EUInsVO** eröffnet werden, ohne dass im Inland die Insolvenz des Schuldners geprüft wird. Die Anerkennung des Hauptverfahrens nach Art. 16 f. EuInsVO führt ohne weitere Prüfung eines Insolvenzgrunds zur Zulässigkeit des Sekundärinsolvenzverfahrens über inländisches Vermögen (vgl. hierzu → EuInsVO Art. 27 Rn. 11). Dasselbe gilt, wenn das Auslandsinsolvenzverfahren außerhalb des EU-Raums eröffnet worden ist, für ein Sekundärinsolvenzverfahren nach **§ 356** (vgl. dort Absatz 3 und dazu → § 356 Rn. 47).

4 **b) Isoliertes Partikularverfahren.** Anders verhält es sich beim isolierten Partikularverfahren über Inlandsvermögen nach **§ 354,** wenn kein Auslands-Insolvenzverfahren eröffnet ist (eingehend Erl. § 354). In diesem Fall müssen die

Insolvenzgründe, bezogen auf das Inlandsvermögen, festgestellt werden (HK-InsO/*Kirchhof* Rn. 4). Umstr. ist allerdings, ob es für die Feststellung der Zahlungsunfähigkeit bzw. Überschuldung im Partikularinsolvenzverfahren nur auf die im Inland geltend gemachten Verbindlichkeiten oder auf alle Verbindlichkeiten des ausländischen Schuldners ankommt (dazu → § 354 Rn. 13; für ersteres HK-InsO/*Kirchhof* Rn. 4 mwN).

3. „Allgemeine" und „besondere" Eröffnungsgründe. Das Gesetz unterscheidet zwischen dem „allgemeinen" Eröffnungsgrund der Zahlungsunfähigkeit (§ 17 Abs. 1) und anderen, also „besonderen" Eröffnungsgründen (dazu etwa HK-InsO/*Kirchhof* Rn. 5 ff.). „Allgemein" ist der Eröffnungsgrund der Zahlungsunfähigkeit nach dem historischen Konkursrechtsmodell in einem doppelten Sinne: insofern nämlich, als er einerseits für jeden Schuldner gilt und zum anderen das exekutorische Rechtsbild des Insolvenzverfahrens (Konkurs als Gesamtvollstreckung) verdeutlicht. Heute ist § 17 „allgemein" in dem Sinne, dass er anders als § 18 für jeden Insolvenzantrag und anders als § 19 für jedes Verfahren gilt (→ § 17 Rn. 2). Aber die Hierarchie der Eröffnungsgründe hat ihre Tragfähigkeit weitgehend eingebüßt. Das gilt umgekehrt auch für die Sonderinsolvenzverfahren, bei denen die Überschuldung (vgl. § 215 KO) nach wie vor als „allgemeiner" Eröffnungsgrund gelten könnte, obwohl § 320 InsO nicht mehr auf die Überschuldung begrenzt ist. 5

II. Praktische Relevanz der Eröffnungsgründe

1. Im Eröffnungsverfahren. a) Amtsermittlung. Das Gericht ermittelt das Vorhandensein eines Insolvenzgrunds von Amts wegen (§ 5 Abs. 1; BGH ZIP 2006, 1057; umfassend MüKoInsO/*Schmahl* Rn. 6–68). Die verschiedentlich zum Zulässigkeitserfordernis erhobene Glaubhaftmachung (zB §§ 14 Abs. 1, 15 Abs. 2 S. 1, 317 Abs. 2 S. 1) ändert nichts daran, dass das Gericht im Fall eines zulässigen Antrags in vollem Umfang zur Amtsermittlung verpflichtet ist (dazu etwa BGH ZIP 2006, 1057; AG Potsdam NZI 2001, 604). Das gilt auch für die Feststellung von bestrittenen Verbindlichkeiten, soweit es nach §§ 17–19 auf diese Verbindlichkeiten ankommt (HambK-InsO/*Schröder* Rn. 9). Es gilt das Prinzip der freien Beweiswürdigung (§ 286 ZPO iVm § 4). Die Einlassung des Schuldners ist, auch wenn er die materielle Insolvenz selbst mit dem Antrag geltend macht oder auf Gläubigerantrag hin die Zahlungsunfähigkeit bzw. Überschuldung einräumt, frei zu würdigen und rechtfertigt nicht die ungeprüfte Feststellung des Insolvenzgrunds (HK-InsO/*Kirchhof* Rn. 11; Jaeger/*H.-Fr. Müller* Rn. 10; Kübler/Prütting/Bork/*Pape* Rn. 2; HambK-InsO/*Schröder* Rn. 10; Uhlenbruck/*Mock* Rn. 7). Das gilt auch für ein Schweigen des Schuldners, das weder pauschal als Geständnis (so aber *Rugullis* KTS 2007, 283 ff.) noch als Bestreiten zu gelten hat (so aber HambK-InsO/*Schröder* Rn. 10). Bei Nichterweislichkeit eines Eröffnungsgrunds weist das Gericht den Insolvenzantrag als unbegründet zurück (Jaeger/*H.-Fr. Müller* Rn. 15; MüKoInsO/*Schmahl*/*Vuia* Rn. 40; Uhlenbruck/*Mock* Rn. 17). Doch ist das Gericht nicht an den im Antrag genannten Eröffnungsgrund gebunden, kann also zB einem auf Zahlungsunfähigkeit gestützten Antrag wegen festgestellter Überschuldung stattgeben (vgl. → § 18 Rn. 9; HambK-InsO/*Schröder* Rn. 8, 12). Verletzung der Amtsermittlungspflicht kann Staatshaftungsansprüche nach Art. 34 GG, § 839 BGB begründen (BGH KTS 1992, 257 = ZIP 1992, 947; Jaeger/*H.-Fr. Müller* Rn. 11; Uhlenbruck/*Mock* Rn. 19). 6

b) Maßgebender Zeitpunkt. Dies ist nach hM der Zeitpunkt der Entscheidung über die Verfahrenseröffnung (BGHZ 169, 17 = NZI 2006, 693; Braun/*Bußhardt* Rn. 14; HK-InsO/*Kirchhof* Rn. 17; HambK-InsO/*Schröder* Rn. 14; MüKoInsO/*Schmahl*/*Vuia* Rn. 41 ff.), nicht der Zeitpunkt der letzten Tatsachen- 7 instanz (so noch BGH NZI 2004, 587; Jaeger/*H.-Fr. Müller* Rn. 16). Ein nachträglicher Wegfall des im Eröffnungszeitpunkt vorhandenen Insolvenzgrunds kann demnach nicht durch Rechtsmitteleinlegung geltend gemacht werden, sondern nur im Verfahren nach §§ 212, 213 (HambK-InsO/*Schröder* Rn. 14; Uhlenbruck/*Mock* Rn. 21) oder durch Erledigungserklärung des Eröffnungsantrags (→ § 13 Rn. 37 ff.; HK-InsO/*Kirchhof* § 14 Rn. 56; FK-InsO/*Schmerbach* Rn. 10). Umgekehrt genügt es nach hM nicht, wenn die vom Insolvenzgericht unrichtig angenommene materielle Insolvenz nachträglich im Rechtsmittelzug eintritt (vgl. insofern auch → § 17 Rn. 17). Im Beschwerdeverfahren gegen einen die Eröffnung ablehnenden Beschluss genügt es dagegen, wenn der Eröffnungsgrund im Zeitpunkt der Beschwerdeentscheidung gegeben ist (BGH ZIP 2008, 1034). Die Überzeugungskraft dieser hM ist zu bezweifeln (vgl. noch Kilger/*Karsten Schmidt*, 17. Aufl. 1997, § 109 Rn. 3), doch scheint die Frage inzwischen ausdiskutiert (vgl. auch → § 17 Rn. 17).

8 **2. In Zivil- und Strafprozessen.** Die **Hauptschwierigkeit** bei der gerichtlichen Feststellung der Eröffnungstatbestände liegt nicht in ihrer zeitnahen Prüfung im Eröffnungsverfahren, sondern in ihrer nachträglichen Relevanz für Zivil- und Strafprozesse. Das gilt namentlich für Anfechtungsstreitigkeiten (vgl. zB §§ 130 Abs. 1 Nr. 2, Abs. 2, 131 Abs. 1 Nr. 2), und für Sanktionen wegen Insolvenzverschleppung (→ § 15a Rn. 43 ff.) sowie für die Haftung wegen verbotener Zahlungen nach §§ 92 Abs. 2, 93 Abs. 3 Nr. 6 AktG, § 64 GmbHG, § 130a HGB (auch dazu Erl. zu § 15a sowie → § 17 Rn. 32, → § 19 Rn. 55 ff.).

9 **3. IdW-Standards.** Für die **ex-ante-Entscheidung über die materielle Insolvenz(reife)** durch Gesellschaftsorgane und für die Beratung über die Behebung von Eröffnungsgründen (also über die Sanierungsfähigkeit) hat das Institut der Wirtschaftsprüfer (IDW) Standards entwickelt (IDW PS 800 und FAR 1/1996), die in Gestalt des Standards „Beurteilung des Vorliegens von Insolvenzeröffnungsgründen" **(IDW S 11)** am 29.1.2015 neu verabschiedet wurden (dazu *Frystatzky* NZI 2014, 840; *Lenger/Nachtsheim* NZI 2014, 992; *Linnepe/Huesmann* DB 2014, 2363; *Weber/Küting/Eichenlaub* GmbHR 2014, 1009). Die Standards dienen als Arbeitshilfen auf der Grundlage von Gesetz und Rspr. Rechtsnormen sind sie nicht.

Zahlungsunfähigkeit

17

(1) **Allgemeiner Eröffnungsgrund ist die Zahlungsunfähigkeit.**

(2) [1] **Der Schuldner ist zahlungsunfähig, wenn er nicht in der Lage ist, die fälligen Zahlungspflichten zu erfüllen.** [2] **Zahlungsunfähigkeit ist in der Regel anzunehmen, wenn der Schuldner seine Zahlungen eingestellt hat.**

Schrifttum (vgl. auch die Angaben bei § 16): *Arens*, Die Bestimmung der Zahlungsunfähigkeit im Strafrecht, wistra 2007, 450; *Baumert*, Zahlungseinstellung bei Bugwelle, NZI 2013, 919; *Bitter/Rauhut*, Zahlungsunfähigkeit wegen nachrangiger Forderungen, insbesondere aus Genussrechten, ZIP 2014, 1005; *Bork*, Grundlagen der Zahlungsunfähigkeit, KTS 2005, 1; *ders.*, Zahlungsstockung und Passiva II, ZIP 2008, 413; *ders.*, Genussrechte und Zahlungsunfähigkeit, ZIP 2014, 997; *Bremer*, Der Insolvenzgrund der Zahlungsunfähigkeit einer GmbH, GmbHR 2002, 257; *Dahl*, Der Begriff der Zahlungsunfähigkeit in § 17 Abs. 2 InsO, NJW-Spezial 2008, 53; *Drukarczyk/Schüler*, Die Eröffnungsgründe der InsO: Zahlungsunfähigkeit, drohende Zahlungsunfähigkeit und Überschuldung, Kölner Schrift InsO, 3. Aufl. 2009, 28; *Erdmann*, Die fälligen Zahlungspflichten i. S. des § 17 II 1 InsO, NZI 2007, 695; Fachausschuss IDW, Der neue PS 800 und die Ermittlung der Zahlungsunfähigkeit nach § 17 InsO, ZIP 2009, 201; *G. Fischer*, Zur Feststellung der Zahlungsunfähigkeit, FS Ganter, 2010, 153; *Frystatzki*, Ungeklärte Probleme bei der Ermittlung der Zahlungsunfähigkeit und der neue IDW PS 800, NZI 2010, 113; *ders.*, Die insolvenzrechtliche Fortführungsprognose – Zahlungsfähigkeits- oder Fortführungsprognose?, NZI 2011, 173; *Ganter,* Die Bedeutung der „Bugwelle" für die Feststellung der Zahlungsunfähigkeit, ZInsO 2011, 2297; *Harz/Baumgartner/Conrad,* Kriterien der Zahlungsunfähigkeit und Überschuldung, ZInsO 2005, 1304; *Himmelsbach/Thonfeld,* Gegen die Verschärfung des Begriffs der Zahlungsunfähigkeit nach § 17 Abs. 2 InsO, NZI 2001, 11 ff.; *Hölzle,* Zahlungsunfähigkeit – Nachweis der Kenntnis im Anfechtungsprozess, ZIP 2006, 101; *ders.,* Nochmals: Zahlungsunfähigkeit – Nachweis der Kenntnis im Anfechtungsprozess, ZIP 2007, 613; IDW, Prüfungsstandard: Beurteilung eingetretener oder drohender Zahlungsunfähigkeit bei Unternehmen (IDW PS 800), Stand 2009, in: IDW-Verlautbarungen zur Sanierung und Insolvenz, 4. aktualisierte Ausgabe, 2010; *Kamm/Köchling,* Zur Abgrenzung von Zahlungsstockung und Zahlungsunfähigkeit, ZInsO 2006, 732; *Kirchhof,* Die Zahlungseinstellung nach § 17 Abs. 2 S. 2 InsO, Kölner Schrift InsO, S. 285; *Knolle/Tetzlaff,* Zahlungsunfähigkeit und Zahlungsstockung, ZInsO 2005, 897; *Koza,* Die Zahlungsunfähigkeit im Lichte der jüngsten anfechtungsrechtlichen Judikatur, DZWIR 2007, 322; *Krüger/M. Pape,* Patronatserklärungen und Beseitigung von Zahlungsunfähigkeit, NZI 2011, 617; *Müller-Gugenberger/Bieneck,* Wirtschaftsstrafrecht, 5. Aufl. 2011; *Neumaier,* Wann wird eine Zahlungsstockung zur Zahlungsunfähigkeit?, NJW 2005, 3041; *Nickert/Lamberti,* Überschuldungs- und Zahlungsunfähigkeitsprüfung, 2008; *Niesert,* Übersicht über die Rechtsprechung zu den Insolvenzgründen Zahlungsunfähigkeit und Überschuldung in 2001, ZInsO 2002, 356; *Pape,* Zahlungsunfähigkeit in der Gerichtspraxis, WM 2008, 1949; *Plagens/Wilkes,* Betriebswirtschaftliche Aspekte und offene Fragen im Zusammenhang mit der Definition des Begriffs „Zahlungsunfähigkeit", ZInsO 2010, 2107; *Pohl,* Der Insolvenzgrund der Zahlungsunfähigkeit, 2011; *Prager/Jungclaus,* Der Begriff der Zahlungsunfähigkeit und die sog. „Bugwellentheorie", FS Wellensiek, 2011, 101; *Ringstmeier,* Patronatserklärungen als Mittel zur Suspendierung der Insolvenzantragspflicht, FS Wellensiek, 2011, 133; *Saenger/Koch,* Cash Pooling und Feststellung der Zahlungsunfähigkeit, GmbHR 2010, 113; *A. Schmidt/Roth,* Die Bewertung von streitigen Verbindlichkeiten bei der Ermittlung der Insolvenzgründe, ZInsO 2006, 236; *D. Schulz,* Zahlungsunfähigkeit und ernsthaftes Einfordern, ZIP 2009, 2281; *Stahlschmidt,* Die Zahlungsunfähigkeit nach § 17 InsO, ZInsO 2005, 1086; *Staufenbiel/Hoffmann,* Die Ermittlung des Eintritts der Zahlungsunfähigkeit – Teil 1, ZInsO 2008, 785 – Teil 2, ZInsO 2008, 838 – Teil 3, ZInsO 2008, 891; *Tetzlaff,* Neues zum Insolvenzgrund der Zahlungsunfähigkeit, ZInsO 2007, 1334; *Uhlenbruck,* Zahlungsunfähigkeit wegen vorläufig vollstreckbarer Zahlungstitel?, ZInsO 2006, 338; *Wolf/Kurz,* Die Feststellung der Zahlungsunfähigkeit: Was sind 100% bei Berücksichtigung eines Schwellenwerts?, DStR 2006, 1339.

Übersicht

I. Grundlagen

1 **1. Zahlungsunfähigkeit als „allgemeiner" Eröffnungstatbestand (Absatz 1). a) Normzweck.** Zahlungsunfähigkeit ist (Geld-)Illiquidität (vgl. Karsten Schmidt/*Uhlenbruck* Rn. 5.19). Das Insolvenzrecht wartet nicht, bis das Schuldnervermögen nicht mehr zur Befriedigung aller Gläubiger durch Leistung oder Einzelzwangsvollstreckung ausreicht (was allerdings in der Rechtswirklichkeit meist schon vor der Zahlungsunfähigkeit der Fall ist) oder bis dieser Zustand der Vermögensinsuffizienz offenkundig ist. Es überlässt es dem Schuldner, für hinreichende **Liquidität** zu sorgen, um Geldverbindlichkeiten zu erfüllen. Sobald es hierfür an liquiden Mitteln fehlt, setzt das Recht nicht mehr auf Individualvollstreckung, sondern auf Gläubigergleichbehandlung. Wer das Insolvenzverfahren vermeiden will, muss Liquidität beschaffen und kann, wenn dies nicht gelingt, die Gläubiger nicht auf die Zwangsvollstreckung verweisen.

b) Allgemeiner Eröffnungstatbestand. Diese Kennzeichnung passt für die Zahlungsunfähigkeit in einem mehrfachen Sinne (vgl. auch → § 16 Rn. 5): Dieser Tatbestand gilt für **alle Insolvenzverfahren;** er gilt seit der Einführung der Insolvenzordnung auch im Nachlassinsolvenzverfahren (dazu → § 320 Rn. 2 f.) und im Insolvenzverfahren über ein Gesamtgut (→ § 333 Rn. 6). Der Eröffnungsgrund gilt für **alle Schuldner** (anders als § 19). Er gilt für den **Gläubigerantrag** wie für den **Schuldnerantrag** (anders als § 18). Auch **statistisch** ist die Zahlungsunfähigkeit der allgemeine Insolvenzeröffnungsgrund. Etwa 75 % aller Eröffnungsanträge sind allein auf den Eröffnungsgrund der Zahlungsunfähigkeit gestützt (*Greil/Herden* ZInsO 2011, 109 [111]). Im **Verhältnis zwischen § 17** (Zahlungsunfähigkeit) **und § 19** (Überschuldung) gibt es Überschneidungen (Braun/*Bußhardt* § 19 Rn. 18; Jaeger/*H.-Fr. Müller* Rn. 2). De facto gilt dies sogar im Verhältnis zu **§ 18,** weil Eigenanträge selbst noch in Fällen akuter Zahlungsunfähigkeit nicht selten auf diese Bestimmung gestützt werden (vgl. auch → § 18 Rn. 6). 2

c) Rechtliche Bedeutung. Die Bedeutung des Zahlungsunfähigkeitstatbestands beschränkt sich nicht auf das **Eröffnungsverfahren** (§ 16) und die **Insolvenzantragspflicht** (§ 15a). Der Tatbestand spielt auch im **Anfechtungsrecht** eine Rolle (vgl. §§ 131 Abs. 1 Nr. 2, 132 Abs. 1, 133 Abs. 1) sowie im **Insolvenzstrafrecht** (§§ 283, 283c, 283d StGB). Über letzteres vgl. Uhlenbruck/*Mock* Rn. 2; Müller-Gugenberger/*Richter*, Wirtschaftsstrafrecht, 6. Aufl. 2015, § 76 Rn. 52 ff.; *Arens* wistra 2007, 453 ff. 3

2. Definition und Grundverständnis (Absatz 2). a) Absatz 2 Satz 1. Die **Definition in Absatz 2 Satz 1** stellt darauf ab, dass der Schuldner nicht in der Lage ist, die fälligen Verbindlichkeiten zu erfüllen. Das frühere **Konkurs- und Vergleichsrecht** definierte die Zahlungsunfähigkeit nicht (§ 102 KO, § 2 VglO). Zahlungsunfähigkeit setzte als Konkursgrund voraus, dass der Schuldner dauernd unvermögend war, seine Zahlungsverpflichtungen im Wesentlichen zu erfüllen (dazu BGHZ 163, 134 [137] = NJW 2005, 3062 [3063] = ZIP 2005, 1426 [1427] mit Hinweis auf RG JW 1934, 841; BGHZ 118, 171 [174] = NJW 1992, 1960; BGH NJW 1991, 980 = ZIP 1991, 39 [40]; NJW 1992, 624 = ZIP 1991, 1014; BGHSt 31, 32 = NJW 1982, 1952; Kilger/*Karsten Schmidt,* 17. Aufl. 1997, KO § 30 Rn. 5; BK-InsO/*Humberg* Rn. 3 f.). Für diese Feststellung wurden die verfügbaren Mittel zu den insgesamt fälligen und ernsthaft eingeforderten (BGH NJW 1992, 1960) Zahlungsverbindlichkeiten ins Verhältnis gesetzt. Die „Dauer" und die „Wesentlichkeit" der sich hieraus ergebenden Liquiditätsstörung gab dann den Ausschlag für und gegen die Zahlungsunfähigkeit. Die **Praxis zu § 17 Abs. 2** knüpft bei dieser Rspr. an (BGHZ 149, 178 [184] = NZG 2002, 141 = ZIP 2002, 87 [89]; stRspr. vgl. BGH NZI 2011, 589 = ZIP 2011, 1416). Die gesetzliche Definition ist im Insolvenzrecht allgemeingültig (BGH NZI 2006, 591 = ZIP 2006, 1457 = ZInsO 2006, 827) und auch für das Insolvenzstrafrecht maßgeblich (BGH NStZ 2007, 643; 2008, 417; *Natale/Bacher* wistra 2008, 413 ff.; aber str.; vgl. Scholz/Tiedemann/Rönnau GmbHG vor § 82 Rn. 42). Die **Zahlungseinstellung** (Absatz 2 Satz 2) ist kein eigenständiger Eröffnungstatbestand, sondern nur ein Tatbestand vermuteter Zahlungsunfähigkeit (→ Rn. 39 ff.). 4

b) Zeitraumilliquidität versus Zeitpunktilliquidität. Zahlungsunfähigkeit ist nach hM **Zeitraumilliquidität**, nicht bloß Zeitpunktilliquidität (vgl. nur Pape/Uhlenbruck/Voigt-Salus/*Sietz* Rn. 17.9; Jaeger/*H.-Fr. Müller* Rn. 26; MüKoInsO/*Eilenberger* Rn. 12, 20; hM; anders BK-InsO/*Humberg* Rn. 14; *Reck* GmbHR 1999, 267 [269]). Doch darf dieser Begriff nicht irreführen. Der **Tatbestand** ist **stichtagsbezogen** in dem Sinne, dass Zahlungsunfähigkeit immer für einen bestimmten Stichtag (realistischerweise: als Illiquiditätsphase von einem 5 bestimmten Stichtag an) zu prüfen ist (so wohl auch MüKoInsO/*Eilenberger* Rn. 26). Dies ist der Stichtag der materiellen Insolvenz und damit ein zB für § 15a rechtsrelevanter Tatbestand. **Zeitraumbezogen** ist die Zahlungsunfähigkeit zugleich in einem doppelten Sinne: zum einen ist Illiquidität **ein mit dem Stichtag beginnender Zustand,** nicht ein am Stichtag stattfindendes Ereignis, zum anderen wird dieser Zustand fortlaufend in jedem neuen Zeitpunkt prognostisch definiert („nicht in der Lage"). Das auf *Kilger* (15. Aufl. 1987, § 102 KO Anm. 2a) zurückgehende **Kriterium der Zeitraumilliquidität** hält die Praxis zu einer dynamischen Betrachtung an, darf aber nicht dazu verleiten, den Tatbestand der Zahlungsunfähigkeit in dem Sinne aufzuweichen, dass überwindbare Zahlungsunfähigkeit zu bloß drohender Zahlungsunfähigkeit wird. Von *Kilger* intendiert war eine Vorverlegung des Tatbestands der Zahlungsunfähigkeit, nicht deren Gegenteil (näher Kilger/*Karsten Schmidt,* 17. Aufl. 1997, § 102 KO Ann. 2a).

II. Maßgebliche Verbindlichkeiten

6 **1. Zahlungsverbindlichkeiten. a) Maßgebliche Verbindlichkeiten.** Maßgeblich sind **alle fälligen Zahlungspflichten.** Es muss sich um Geldforderungen gegen den Schuldner handeln (statt aller Jaeger/*H.-Fr. Müller* Rn. 6). Darunter fallen auch Schadensersatzpflichten, insbes. auch solche, die auf Schadensersatz statt der Leistung gerichtet sind (§§ 281 ff. BGB). Dass die Ausgangsverbindlichkeit nicht auf Zahlung gerichtet war (→ Rn. 7), ändert daran nichts. Auf den Rechtsgrund kommt es gleichfalls nicht an. Auch Verbindlichkeiten, die im Insolvenzfall nach **§ 39** nachrangig sind, zB Schulden aus Gesellschafterdarlehen, fallen darunter (dazu → Rn. 10; Braun/*Bußhardt* Rn. 16; diff. FK-InsO/*Schmerbach* Rn. 9), sofern nicht die Zahlung schon vor eingetretener Zahlungsunfähigkeit, zB nach § 64 S. 3 GmbHG, verboten ist (dazu → Rn. 10). Dasselbe gilt für konzerninterne Verbindlichkeiten (HK-InsO/*Kirchhof* Rn. 7). Es kommt nicht darauf an, ob die Gläubiger der einzelnen für die Prüfung nach § 18 relevanten Zahlungsverbindlichkeiten sämtlich berechtigt sind, nach § 14 einen Insolvenzantrag zu stellen (undeutlich FK-InsO/*Schmerbach* Rn. 9). Zu der ganz anderen Frage, ob es an der Fälligkeit fehlt, vgl. → Rn. 9.

7 **b) Abgrenzung. Keine Zahlungspflichten** sind Verpflichtungen zu Lieferungen, Leistungen, Handlungen, Duldungen und Unterlassungen (ähnlich Uhlenbruck/*Mock* Rn. 76), solange sie nicht zu Zahlungspflichten geworden sind (HambK-InsO/*Schröder* Rn. 5; HK-InsO/*Fischer* Rn. 6). Dass solche Verbindlichkeiten nach § 45 im Insolvenzverfahren in Geldforderungen umgerechnet werden können, ändert hieran nichts.

8 **c) Ansatz der Verbindlichkeiten.** Die **Verbindlichkeiten** werden **zum Nennwert** angesetzt. Auf ihre Vollwertigkeit, die ja Ausdruck der Solvenz des Schuldners wäre, kommt es nicht an. **Streitige, objektiv zweifelhafte Verbindlichkeiten** werfen praktische Fragen auf (vgl. etwa FK-InsO/*Schmerbach* Rn. 8; Uhlenbruck/*Mock* Rn. 80, 128 ff.; ausführlich *Poczka,* Der bilanzielle Umgang mit Veritätsrisiken …, 2015; für streitige Steuerschulden *Brete/Thomsen* GmbHR 2008, 912 ff.; für vorläufig vollstreckbare Zahlungstitel *Uhlenbruck* ZInsO 2006, 338 ff.). Eine kaufmännisch-praktische Betrachtung mag dafür sprechen, sie wegzulassen (in dieser Richtung *Brete/Thomsen* GmbHR 2008, 912 ff.) oder sie als unsichere Posten nur mit einem Abschlag vom Nennwert zu berücksichtigen (so Braun/*Bußhardt* Rn. 21; HK-InsO/*Fischer* Rn. 7; *Schmidt/Roth* ZInsO 2006, 236 [240]), va, wenn es sich nicht bloß um einzelne Geldschulden, sondern um ein ganzes Bündel zweifelhafter Verbindlichkeiten handelt wie zB im Fall der Produkthaftung gegenüber Verbrauchern (vgl. sinngemäß → § 18 Rn. 17). Für die

Selbstprüfung im Unternehmen wird sich vielfach die Frage stellen, ob und in welcher Höhe für ungewisse Verbindlichkeiten bilanzielle Rückstellungen gebildet werden sollen. Das legt in der Veritätsfrage (besteht die Verbindlichkeit oder besteht sie nicht?) Kompromisslösungen nahe. Doch bestehen bei der Prüfung der Zahlungsunfähigkeit nach § 17 Bedenken gegen die rechtliche Relevanz einer solchen kaufmännischen Praxis (abl. deshalb FK-InsO/*Schmerbach* Rn. 8). Im Ausgangspunkt kommt es für § 17 auf **das objektive Bestehen oder Nichtbestehen von Verbindlichkeiten** an (wie hier jetzt auch HambK-InsO/*Schröder* Rn. 6). Nur auf den ersten Blick ist diese Betrachtungsweise rein akademisch und praxisfern. Im Eröffnungsverfahren ist ein Wahrscheinlichkeitskalkül zwar unvermeidbar (allein auf den Insolvenzantrag des Gläubigers bezieht sich BGH BeckRS 2008, 26934: Prüfung nur im Prozess). Dasselbe gilt, wenn im Unternehmen die Insolvenzantragspflicht nach § 15a geprüft wird. Dabei kann aus einer größeren Zahl von zweifelhaften Verbindlichkeiten eine Summe gebildet und ein Erfahrungssatz von dieser abgezogen werden, Beispiel: Reisemängelreklamationen (ausgerechnet bei einem Paket zweifelhafter Verbindlichkeiten wohl aM HK-InsO/*Fischer* Rn. 7 Fn. 17). Aber diese Betrachtung ist dem Tatbestand der Zahlungsunfähigkeit nicht immanent, beruht vielmehr allein auf natürlichen Erkenntnisgrenzen bei der Feststellung der objektiven Zahlungs(un)fähigkeit. Diese Erkenntnisgrenzen verändern sich aber mit fortlaufendem Zeitablauf. Im Strafprozess und im Zivilprozess wird die Zahlungsunfähigkeit regelmäßig ex post für einen in der Vergangenheit liegenden Zeitpunkt – genauer: für einen mit diesem Zeitpunkt beginnenden Zeitraum – geprüft (vgl. → Rn. 5). Dann kann sich herausstellen, dass Verbindlichkeiten in diesem Zeitpunkt übersehen, zu Unrecht geleugnet oder zu Unrecht angenommen wurden. Der Tatbestand der Zahlungsunfähigkeit (im Fall des § 15a also auch die Insolvenzantragspflicht) wurde dann evtl. (schuldhaft oder unverschuldet) verkannt, oder bestand umgekehrt nur zum Schein. Die Möglichkeit solcher Fehleinschätzungen ändert nichts an der Maßgeblichkeit des objektiven Bestehens oder Nichtbestehens von Verbindlichkeiten. Lebensnahe Korrekturen gehören auf die Verschuldensebene, nicht auf die Tatbestandsebene.

2. Fälligkeit. a) Erfordernis. Nur **fällige Verbindlichkeiten** werden be- 9
rücksichtigt. Jede für Absatz 2 relevante Verbindlichkeit muss **entstanden und im rechtlichen Sinne durchsetzbar** sein. Künftige Verbindlichkeiten scheiden aus. Das gilt insbes. für solche, die erst mit der Insolvenzeröffnung entstehen, wie zB Rückzahlungsverpflichtungen aus Insolvenzanfechtung (§ 143). Dasselbe gilt für die Insolvenzverfahrenskosten (AG Göttingen ZInsO 2002, 944 [945]; FK-InsO/*Schmerbach* Rn. 9).

b) Abgrenzung. Nicht fällig sind alle Verbindlichkeiten, deren Erfüllung der 10
Gläubiger nicht „sofort verlangen" kann (§ 271 Abs. 1 BGB). Das sind außer den künftigen (→ Rn. 9) insbes. **betagte Verbindlichkeiten** (vgl. § 271 Abs. 2 BGB) sowie **einredebehaftete Verbindlichkeiten.** Zahlungen, deren Leistung verboten ist (zB nach § 30 GmbHG) oder Forderungen, die einredebehaftet sind (zB wegen § 64 S. 3 GmbHG), sind iSv Absatz 2 nicht fällig (zur umstrittenen Konsequenz im Bereich des § 64 S. 3 GmbHG vgl. → § 15a Rn. 61; BGHZ 195, 42 = ZIP 2012, 2391 = NZI 2012, 1009 = NZG 2012, 1379; *Karsten Schmidt* JuS 2013, 267). Das ist anders als bei der Überschuldungsmessung nach § 19 Abs. 2 (vgl. → § 19 Rn. 34), womit va Gesellschafterdarlehen, soweit nach § 64 S. 3 GmbHG nicht rückzahlbar, ausscheiden können (vgl. Scholz/*Bitter* GmbHG vor § 64 Rn. 7; *Bormann* DB 2006, 2616 [2619]; *Knolle/Ljowski* NZI 2013, 171 f.; Uhlenbruck/*Mock* Rn. 89; anders als hier offenbar HK-InsO/*Kirchhof* Rn. 7; FK-InsO/*Schmerbach* Rn. 9). Dies setzt aber voraus, dass das Zahlungsverbot auch beachtet bzw. das Leistungsverweigerungsrecht auch ausgeübt wird. Es liegt in der Natur des § 64 S. 3 GmbHG, dass die Zurückhaltung einer Zahlung, deren Vor-

nahme zur Zahlungsunfähigkeit führen müsste, deren Eintritt verhindern kann. Ein schon im Vorfeld der Insolvenz wirkender **Rangrücktritt**, wie er zur Vermeidung einer Überschuldung eingesetzt wird (→ § 19 Rn. 35), ist auch hier zu empfehlen. Allerdings behebt nicht die bloß verfahrensbezogene Rangrücktrittswirkung nach § 35 Abs. 2, sondern nur eine im Rangrücktritt idR enthaltene vorinsolvenzliche Durchsetzungssperre die Zahlungsunfähigkeit (vgl. ähnlich auch → § 19 Rn. 39; so wohl auch Braun/*Bußhardt* Rn. 16; zur Wirkungsweise des Rangrücktritts vgl. → § 35 Rn. 21 ff.). Ein regelrechtes Zahlungsverbot, wie es BGHZ 204, 231 = NJW 2015, 1672 = ZIP 2015, 638 mAnm *Bitter/Heim* für einen überschuldungsabwendenden Rangrücktritt verlangt (krit. → § 19 Rn. 35, → § 39 Rn. 22), ist hier eindeutig nicht erforderlich (*Karsten Schmidt* ZIP 2015, 901, [904 ff.]). Eine ausdrückliche oder konkludente **Stundungsvereinbarung,** insbes. bei einem Sanierungs- oder Finanzplandarlehen (nicht mehr kraft Gesetzes, vgl. § 30 Abs. 1 S. 3 GmbHG) oder im Zusammenhang mit einer Patronatsvereinbarung (zu dieser auch → Rn. 14) beseitigt die eingetretene Fälligkeit (HK-InsO/*Kirchhof* Rn. 9; zur Liquiditätszufuhr durch Patronatsvereinbarungen vgl. demgegenüber → Rn. 14). Dasselbe gilt für eine **Besserungsabrede** (vgl. dazu *Schrader,* Die Besserungsabrede, 1995) oder ein – sonstiges – pactum de non petendo (HK-InsO/*Kirchhof* Rn. 10). Die **Stellung einer Sicherheit** zugunsten eines Gläubigers wird häufig, aber nicht notwendig, mit einer Stundung einhergehen. Ist dies nicht der Fall, so scheidet dagegen die gesicherte Verbindlichkeit nicht ohne weiteres aus der Prüfung des Absatz 2 aus (→ Rn. 18). Die etwa vereinbarte Verpflichtung des Gläubigers, primär auf die Sicherheit zuzugreifen, kann im Einzelfall Stundungsqualität annehmen. Zu der ganz anderen Frage, ob diesem Gläubiger bei einem Insolvenzantrag das Rechtsschutzinteresse fehlt (vgl. zum Rechtsschutzinteresse → § 14 Rn. 24 ff.). Dies allein lässt die gesicherte Verbindlichkeit aber nicht aus der Liquiditätsprüfung ausscheiden.

11 **c) Fälligkeit iSv Absatz 2.** Der für § 17 Abs. 2 relevante **Fälligkeitsbegriff** ist mit dem schuldrechtlich-technischen Begriff des § 271 BGB nicht deckungsgleich (BGHZ 173, 286 [289] = NJW-Spezial 2007, 453 = ZIP 2007, 1666; *G. Fischer* FS Ganter, 2010, 153 [156]; MüKoInsO/*Eilenberger* Rn. 7a; Uhlenbruck/*Mock* Rn. 108; **aM** wohl BK-InsO/*Humberg* Rn. 9; Braun/*Bußhardt* Rn. 19, 23). Es kommt darauf an, welche Zahlungsverbindlichkeiten aus vorhandener Liquidität beglichen werden müssen (Beispiele bei Braun/*Bußhardt* Rn. 19 ff.). Deshalb kann zB eine einstweilige Einstellung der Zwangsvollstreckung nach § 769 ZPO die „Fälligkeit" iSv Absatz 2 aufschieben (FK-InsO/*Schmerbach* Rn. 17; Uhlenbruck/*Mock* Rn. 125). Das gilt auch für die Aussetzung der Steuervollstreckung wegen ernstlicher Zweifel an der Rechtmäßigkeit des Bescheids (OLG Brandenburg DStR 2013, 1844 = ZIP 2013, 941; BGH NZI 2014, 698 = ZIP 2014, 1289 vermisst hier das „ernsthafte Einfordern"). Als **gestundet** gilt auch eine vom Gläubiger nur, also ohne rechtlich bindenden Fälligkeitsaufschub, aufgeschobene Verbindlichkeit (BGH ZIP 1997, 1926 [1927]; 2007, 1666; NZI 2008, 231 [232] = ZIP 2008, 420 [422]). Auch eine **geduldete Überziehung von Zahlungszielen** ohne rechtliche Verbindlichkeit kann als faktisches Stillhalteabkommen die „Fälligkeit" hindern (BGH WM 2007, 1796 [1798] = ZIP 2007, 1666; NZI 2008, 231 = ZIP 2008, 420 [422]; FK-InsO/*Schmerbach* Rn. 15). **Bloße Apathie** einzelner Gläubiger (Absehen von aussichtslosen Vollstreckungsversuchen) **reicht** allerdings **nicht aus** (vgl. FK-InsO/*Schmerbach* Rn. 15; Kübler/Prütting/Bork/*Pape* Rn. 6; **aM** Uhlenbruck/*Mock* Rn. 118). **Fällige Forderungen** bleiben bei der Prüfung der Zahlungsunfähigkeit nur außer Betracht, sofern sie mindestens rein tatsächlich – also auch ohne rechtlichen Bindungswillen – gestundet sind (BGHZ 181, 132 = NJW 2009, 2600 = ZIP 2009, 1235). Die **Vereinbarung eines Ratenzahlungsplans** in Kenntnis oder in

der Annahme bereits eingetretener Zahlungsunfähigkeit beseitigt den Tatbestand nicht (BGH ZIP 2012, 1973 [1974]). Insgesamt ist gegenüber der Annahme „faktischer Stillhalteabkommen" Vorsicht geboten (BGH NZI 2008, 299 = ZIP 2008, 706 [708]; Jaeger/*H-Fr. Müller* Rn. 10; Uhlenbruck/*Uhlenbruck* Rn. 30). Eine erzwungene „Stundung", zB von Löhnen, die nur die Antwort auf die unabänderliche Zahlungsunfähigkeit ist, entlastet nicht (Braun/*Bußhardt* Rn. 21).

d) Ernsthaftes Einfordern. aa) Rechtsprechung. Der BGH und mit ihm die Instanzrechtsprechung verlangt, dass die **Forderungen „ernsthaft eingefordert"** werden (BGHZ 173, 286 [292] = NJW-Spezial 2007, 453 = NZI 2007, 579 [580]; stRspr; **aM** OLG Hamm ZInsO 2008, 511; Kübler/Prütting/Bork/*Pape* Rn. 6). Weitgehend stößt dieses Erfordernis des ernsthaften Einforderns auf Zustimmung (vgl. nur Pape/Uhlenbruck/Voigt-Salus/*Sietz* Rn. 17.8; Braun/*Bußhardt* Rn. 22 ff.; HK-InsO/*Kirchhof* Rn. 10; eing. *G. Fischer* FS Ganter, 2010, 153 [156]). Selbst bei Ansprüchen aus gesetzlichen Schuldverhältnissen, etwa aus unerlaubter Handlung, mit deren Stundung der Schuldner nicht ohne weiteres rechnen kann, soll dies gelten (*G. Fischer* FS Ganter, 2010, 153 [157] gegen den *Verfasser*). **Zurückhaltender** verlangt BGHZ 173, 286 [289] = NJW-Spezial 2007, 453, dass „eine Gläubigerhandlung feststeht, aus der sich der Wille, vom Schuldner Erfüllung zu verlangen, im Allgemeinen ergibt". Auch wenn der Schuldner selbst, zB durch Kündigung, die Fälligkeit herbeiführt, verlangt der BGH keine besondere Einforderung seitens des Gläubigers (BGHZ 181, 132 [140] = NJW 2009, 2600 = ZIP 2009, 1235). Ähnlich entscheidet BGH DB 2013, 55 = ZIP 2013, 88 bezüglich einer Darlehensverbindlichkeit, die durch Zeitablauf fällig wird. BGH NZI 2011, 679 [680] = ZInsO 2011, 1740 stellt auf dieser Grundlage klar, das Merkmal des „ernsthaften Einforderns" meine nur, dass außer förmlich betagten oder gestundeten Forderungen auch solche Forderungen ausscheiden, die, sei es selbst ohne rechtlichen Bindungswillen oder ohne erkennbare Erklärung, de facto gestundet sind (vgl. auch zur Aussetzung der Vollziehung BGH NZI 2014, 689 = ZIP 2014, 1289 und dazu → Rn. 11). Auch ist nicht erforderlich, dass der Gläubiger den Schuldner, um ihn zur Zahlung zu bewegen, besonders bedrängt (BGH NZI 1998, 118 [119] = ZIP 1998, 2008 [2009]; FK-InsO/*Schmerbach* Rn. 11). Eine Forderung ist stets zu berücksichtigen, wenn der Schuldner selbst sie durch eine Kündigung fällig stellt und die Erfüllung zusagt (BGHZ 181, 132 = NJW 2009, 2600 = ZIP 2009, 1235). Diese Rspr. entspricht im Wesentlichen der schon unter dem alten Konkursrecht geübten Praxis (Angaben dazu bei BGHZ 173, 286 [291] = NJW-Spezial 2007, 453 = NZI 2007, 579 Rn. 15 ff.; *D. Schulz* ZIP 2009, 2281 ff.). Doch wird dem Kriterium des ernsthaften Einforderns mehr und mehr **Kritik** entgegengebracht (vgl. Jaeger/*H.-Fr. Müller* Rn. 9; HambK-InsO/*Schröder* Rn. 13b; *D. Schulz* ZIP 2009, 2281 ff.). 12

bb) Stellungnahme. Der Rspr. ist **in den Ergebnissen zuzustimmen.** Aber **die Redewendung vom ernsthaften Einfordern ist missverständlich** und irreleitend, weil sie das Merkmal der Zahlungsunfähigkeit aus der Gläubigerperspektive statt aus der Schuldnerperspektive würdigt. Sie ist ein Relikt exekutorischen Konkursdenkens und vernachlässigt insbes. die Selbstprüfungssituation im Umfeld des § 15a. Aus der Schuldnerperspektive ist grds. jede Verbindlichkeit zu bedienen, die rechtlich iSv § 271 BGB und auch faktisch zur Zahlung fällig ist (→ Rn. 10). Ausgenommen sind also nur betagte, gestundete oder im faktischen Einverständnis mit dem Gläubiger noch nicht zu bedienende Verbindlichkeiten (ähnlich *Pohl* S. 52 ff.; Braun/*Bußhardt* Rn. 24 ff.; FK-InsO/*Schmerbach* Rn. 12; Jaeger/*H.-Fr. Müller* Rn. 9; *D. Schulz* ZIP 2009, 2281 [2282]). Richtig ist damit der zweite Leitsatz bei BGHZ 173, 286 = NJW-Spezial 2007, 453: „Forderungen, deren Gläubiger sich für die Zeit vor Eröffnung eines Insolvenzverfahrens mit einer späteren oder nachrangigen Befriedigung einverstanden erklärt haben, sind 13 bei der Prüfung der Zahlungsunfähigkeit des Schuldners nicht zu berücksichtigen." Ein solches Einverständnis kann ausdrücklich oder konkludent gegeben werden (zB durch späten Rechnungsversand oder durch de-facto-Handhabung einer Kredit- oder Lieferbeziehung als Kontokorrent). Beispiele sind aus → Rn. 11 ersichtlich. Wo solche Hinweise fehlen, zählt jede fällige Verbindlichkeit (enger im Anschluss an die Senatsrechtsprechung *G. Fischer* FS Ganter, 2010, 153 [157]).

III. Die Illiquidität

14 **1. Tatbestand. a) Unfähigkeit zur Zahlung.** Nicht in der Lage zur Zahlung ist der Schuldner, wenn keine hinreichende Liquidität zu Gebote steht (Braun/*Bußhardt* Rn. 8; FK-InsO/*Schmerbach* Rn. 30; HK-InsO/*Kirchhof* Rn. 13 ff.; HambK-InsO/*Schröder* Rn. 14 ff.; Jaeger/*H.-Fr. Müller* Rn. 14; Uhlenbruck/*Mock* Rn. 21 ff.; *ders.* wistra 1996, 1 ff.). **Liquidität** muss in **Bar- oder Buchgeld** bereitstehen, wenn Zahlungsunfähigkeit vermieden werden soll. Kreditmittel, die nicht ihrerseits zur Rückzahlung fällig sind, genügen (Braun/*Bußhardt* Rn. 28). Liquidität einer Tochtergesellschaft kann sich auch bei einem von der Mutter verwalteten **Cash Pool** ergeben, wenn auf diesen zugegriffen werden kann (Braun/*Bußhardt* Rn. 28; *Saenger/Koch* GmbHR 2010, 113 ff.). Das **Vorhandensein von geldwertem Vermögen** ersetzt fehlende Liquidität nur, sofern **kurzfristige Liquidierbarkeit** gewährleistet ist (BGH NZI 1999, 70 = NJW 1999, 645 = ZIP 1999, 76; OLG Köln NZI 2000, 174; FK-InsO/*Schmerbach* Rn. 32; Uhlenbruck/*Mock* Rn. 42; jetzt auch Braun/*Bußhardt* Rn. 34). Das gilt va für Anlagevermögen und hier namentlich für Immobilien (BGH ZIP 2007, 1666 = ZInsO 2007, 939 [942]; Braun/*Bußhardt* Rn. 34; FK-InsO/*Schmerbach* Rn. 35). Liquidierbarkeit steht für Beleihbarkeit, die bloße Möglichkeit eines Vollstreckungszugriffs genügt nicht (Scholz/*Bitter* GmbHG Vor § 64 Rn. 13; ähnlich MüKoHGB/*Karsten Schmidt* Anh. § 158 Rn. 9). Auch Geldforderungen sind (anders als auf Sicht verfügbares Buchgeld) nur geldwerte Vermögensbestandteile und kein Geld (BK-InsO/*Humberg* Rn. 26). Ihre Liquidierbarkeit hängt von ihrer Verität und von der Bonität des Schuldners ab (über notwendige Abschläge vgl. BGH ZIP 2012, 1479). Ist aber kurzfristige Liquidierbarkeit gegeben, so schließen vorhandene Wirtschaftsgüter die Zahlungsunfähigkeit auch dann aus, wenn diese Geldbeschaffung kaufmännisch unwirtschaftlich scheint (HK-InsO/*Kirchhof* Rn. 17). Richtigerweise wird man hierfür auch die Bereitschaft zu sofortiger Umsetzung in Geld zu verlangen haben. Die **Haftung Dritter** (zB selbstschuldnerischer Bürgen, persönlich haftender Gesellschafter, verlustausgleichspflichtiger Konzernmütter) ersetzt fehlende Liquidität nicht (vgl. BGH NZI 2011, 536 = ZIP 2011, 1111). Hierfür bedarf es vielmehr einer Liquiditätsgarantie des Garanten, die auch praktisch vollzogen wird (vgl. BGH NZI 2011, 536 = ZIP 2011, 1111). Insbes. eine **Patronatserklärung** ohne Liquiditätsgarantie, zB eine Patronatserklärung nur gegenüber den Gläubigern statt (auch) der Schuldnerin, stellt keine Liquidität bereit und beseitigt die Zahlungsunfähigkeit nicht (BGH NZI 2011, 536 = ZIP 2011, 1111; Braun/*Bußhardt* Rn. 37; *Krüger/M. Pape* NZI 2011, 617 ff.). Erforderlich ist vielmehr eine harte Patronatserklärung, die eine Liquiditätsausstattungspflicht gegenüber der Schuldnerin (nicht bloß eine Verlustdeckungspflicht) enthält und auch durchgeführt wird (ausführlich und differenzierend *G. Fischer* FS Lwowski, 2014, 175 [179]). Selbst wenn ein Dritter den Gläubiger befriedigt, schließt dies Zahlungsunfähigkeit nicht aus, solange er Regress nehmen kann und mit diesem Anspruch nicht stillhält (MüKoHGB/*Karsten Schmidt* Anh. § 158 Rn. 12).

15 **b) Abgrenzung zum Verzugstatbestand.** Verzug ist für den Tatbestand der Zahlungsunfähigkeit **weder erforderlich** (BGHZ 163, 134 [140] = NJW 2005,

3062 [3064] = ZIP 2005, 1426 [1428]; FK-InsO/*Schmerbach* Rn. 11; Jaeger/*H-Fr. Müller* Rn. 8; MüKoInsO/*Eilenberger* Rn. 7; **aM** *Himmelsbach/Thonfeld* NZI 2001, 11 [13]) **noch ausreichend** (insofern überzeugend BGHZ 163, 134 [138 f.] = NJW 2005, 3062 [3064] = ZIP 2005, 1426 [1428]). Die Unterscheidung von **Zahlungsstockung** und **Zahlungsunfähigkeit** (→ Rn. 24) basiert geradezu auf der Überzeugung, dass sich ein Unternehmen wegen Zahlungsstockung im Schuldnerverzug befinden kann, ohne schon zahlungsunfähig zu sein.

c) Abgrenzung zur Zahlungsunwilligkeit. Bloße Zahlungsunwilligkeit ge- 16
nügt nicht (BGH NZI 2001, 417 = ZIP 2001, 1155; BK-InsO/*Humberg* Rn. 28; Braun/*Bußhardt* Rn. 35; FK-InsO/*Schmerbach* Rn. 35; HK-InsO/*Kirchhof* Rn. 13; HambK-InsO/*Schröder* Rn. 14; Mohrbutter/*Pape* § 2 Rn. 10; MüKoInsO/*Eilenberger* Rn. 9). Wer zahlungsfähig, aber zahlungsunwillig ist, kann durch Zwangsvollstreckung zur Gläubigerbefriedigung gezwungen werden, ist aber im materiellen Sinne nicht insolvent (über Gegenansichten vgl. Braun/*Bußhardt* Rn. 36). Das gilt aber nur, solange es nicht an Liquidität mangelt (BGH BeckRS 2014, 15812 = ZInsO 2014, 1661; HK-InsO/*Kirchhof* Rn. 14 f.). Vorgeschobene Zahlungsunwilligkeit schützt selbstverständlich nicht, kann vielmehr sogar ein Indiz für Zahlungsunfähigkeit sein.

2. Zeitpunkt. a) Tatbestandsabhängigkeit. Der für die Beurteilung nach 17
Absatz 2 maßgebliche Zeitpunkt ist tatbestandsabhängig. Für **§ 15a** kommt es auf den Verschleppungszeitraum an, für **§§ 130 ff.** auf den Zeitpunkt der Rechtshandlung, für **§ 64 GmbHG, § 130a HGB, § 92 Abs. 2 AktG** auf den Zeitpunkt der Zahlung usw. Maßgeblicher Zeitpunkt ist **im Eröffnungsverfahren** derjenige der Eröffnungsentscheidung (→ § 16 Rn. 7; BGHZ 169, 17 = NZI 2006, 693 = ZIP 2006, 1957; BK-InsO/*Humberg* Rn. 35; Braun/*Bußhardt* Rn. 42; Nerlich/Römermann/*Mönning* Rn. 32). Das gilt nach BGHZ 169, 17 = NZI 2006, 693 = ZIP 2006, 1957 entgegen der früher hM (Angaben in Rn. 9 des BGH-Beschlusses) auch im Beschwerdeverfahren (→ § 16 Rn. 7). Diese Regelungen erfassen zunächst den Fall des nachträglichen Fortfalls des Eröffnungsgrunds (Geltendmachung nur nach § 212; vgl. BGH aaO; Braun/*Bußhardt* Rn. 42). Dasselbe gilt aber auch bei einem Hineinwachsen in die Insolvenz. Ein mangels Zahlungsunfähigkeit fehlerhafter Eröffnungsbeschluss wird nicht durch nachträglich eintretende Zahlungsunfähigkeit geheilt. Mit Recht hat der BGH (aaO Rn. 22) ausgeführt, dass ein zu Unrecht ergangener Eröffnungsbeschluss und die mit ihm verbundenen einschneidenden Rechtsfolgen nicht deshalb von Anfang an unkorrigierbar bleiben dürfen, weil die Voraussetzungen später eingetreten sind (insoweit auch → § 16 Rn. 7).

b) Beendigung. Eine **Wiederherstellung der Zahlungsfähigkeit** ist nur 18
durch **Neuaufnahme der fälligen Zahlungen** im Allgemeinen möglich (BGHZ 149, 100 = NJW 2002, 512 = ZIP 2001, 2235; BGHZ 149, 178 = NJW 2002, 515 = ZIP 2002, 87; Braun/*Bußhardt* Rn. 37). Sie setzt also **Beschaffung von Liquidität oder/und Stundung im erforderlichen Umfang** voraus. Die Begleichung nur derjenigen Verbindlichkeiten, auf die die Annahme der Zahlungsunfähigkeit vorher gestützt war, genügt nicht (BGH NZI 2006, 591 = ZIP 2006, 1457 = ZInsO 2006, 827; sa BGH ZIP 2012, 2355). Ebensowenig genügt eine Stundung dieser Verbindlichkeiten, solange nicht die übrigen fälligen Verbindlichkeiten beglichen werden, einschließlich solcher, die nachträglich entstanden sind (BGH NZI 2008, 231 [232] = ZIP 2008, 420 [422]; vgl. HK-InsO/*Kirchhof* Rn. 45). Es genügt trotz BGHZ 163, 134 = NJW 2005, 3062 = ZIP 2005, 1426 (dazu → Rn. 22) auch nicht, dass ein Status erreicht wird, in dem 90 % der Verbindlichkeiten binnen drei Wochen nach Fälligkeit beglichen werden können. **Nicht ausreichend** ist in Konsequenz der Ausführungen bei → Rn. 14

die Stellung von dinglichen (Grundschuld) oder persönlichen Sicherheiten (Bürgschaft, Garantie) unter Einschluss einer nur auf Erstattung lautenden Patronatserklärung. Erforderlich ist vielmehr entweder eine Liquiditätsbeschaffung beim Dritten (zB durch Liquiditätsgarantie) oder eine mit dieser Sicherheit einhergehende Stundung (vgl. sinngemäß → Rn. 10).

IV. Erheblichkeitskriterien (Wesentlichkeit und Dauer)

19 **1. Grundsätzliches. a) Abgrenzung zum Tatbestand des vormaligen Konkurs- und Vergleichsrechts.** Nach früherem Konkurs- und Vergleichsrecht setzte Zahlungsunfähigkeit voraus, dass der Schuldner dauernd unvermögend war, seine Zahlungsverpflichtungen im Wesentlichen zu erfüllen (dazu BGHZ 163, 134 [137] = NJW 2005, 3062 [3063] = ZIP 2005, 1426 [1427] mit Hinweis auf RG JW 1934, 841; BGHZ 118, 171 [174] = NJW 1992, 1960; BGH NJW 1991, 980 = ZIP 1991, 39 [40]; NJW 1992, 624 = ZIP 1991, 1014; BGHSt 31, 32 = NJW 1982, 1952; Kilger/Karsten Schmidt, 17. Aufl. 1997, KO § 30 Rn. 5). Die „Dauer" und die „Wesentlichkeit" der sich hieraus ergebenden Liquiditätsstörung gab dann den Ausschlag für und gegen die Zahlungsunfähigkeit. **§ 17 Abs. 2 S. 1** nennt die überkommenen Merkmale der „Dauer" und der „Wesentlichkeit" nicht. Das ist kein Zufall, beruht vielmehr auf dem Willen, die Strenge des Zahlungsunfähigkeitsbegriffs zu unterstreichen (vgl. Begr. RegE BT-Drs. 12/2443, 114 und dazu BGHZ 163, 134 [137] = NJW 2005, 3062 [3063] = ZIP 2005, 1426 [1427]; Braun/*Bußhardt* Rn. 4 f.; FK-InsO/*Schmerbach* Rn. 5).

20 **b) Relevanz dieses Unterschieds.** Ob in dem Verzicht des InsO-Gesetzgebers auf einen besonderen Hinweis auf „Wesentlichkeit" und „Dauer" eine inhaltliche **Verschärfung des Tatbestands** liegt (dazu eing. BK-InsO/*Humberg* Rn. 16, 21 ff.), ist **zweifelhaft**. Die Regierungsbegründung erklärt ein zeitliches und quantitatives Erheblichkeitskriterium in beiderlei Hinsicht für „selbstverständlich" und unterstreicht nur, dass sich die Herauskehrung dieser Erheblichkeitserfordernisse nicht „empfiehlt", um der „verbreiteten Neigung" zu enger „Auslegung" zu begegnen (dazu auch BGHZ 163, 134 [137] = NJW 2005, 3062 [3063] = ZIP 2005, 1426 [1427]). Hieraus werden ganz unterschiedliche Folgerungen für die Handhabung des § 17 Abs. 2 gezogen (Angaben bei BK-InsO/*Humberg* Rn. 24 f.). Das Urteil BGHZ 149, 178 [187] = NJW 2002, 515 [517] hatte die Frage noch unentschieden lassen können. In der **Grundlagenentscheidung** BGHZ 163, 134 [137] = NJW 2005, 3062 [3063 f.] = ZIP 2005, 1426 [1427] und mit ihr die nachfolgende Entscheidungspraxis (BGH ZIP 2007, 1666 [1669]; BeckRS 2009, 02192) hat der BGH einerseits am Erfordernis einer zeitlichen und quantitativen Erheblichkeit festgehalten (zust. zB Pape/Uhlenbruck/Voigt-Salus/*Sietz* Rn. 17.9 ff.; BK-InsO/*Humberg* Rn. 30 ff.; Braun/*Bußhardt* Rn. 7 ff.; krit. HambK-InsO/*Schröder* Rn. 23; FK-InsO/*Schmerbach* Rn. 8 f.; *Tetzlaff* ZInsO 2007, 1334 [1336]), ist jedoch auf der anderen Seite nicht den Stimmen gefolgt, die zum Zahlungsunfähigkeitstatbestand des alten Konkurs- und Vergleichsrechts zurückkehren wollten (dafür *Himmelsbach/Thonfeld* NZI 2001, 11 [15]). Inhaltlich ist es aber doch bei den Wesentlichkeitsmerkmalen der älteren Rspr. geblieben (vgl. auch Karsten Schmidt/*Uhlenbruck* Rn. 5.13). Im Verein mit dem Dauererfordernis (→ Rn. 24) stellt sich die auf quantitative Relevanz (→ Rn. 22) abstellende Methode der Rspr. als eine **„dynamische Kombinationslösung"** dar (FK-InsO/*Schmerbach* Rn. 21, 28). Wie bei → Rn. 25 f. ersichtlich, wohnt der Rspr. sogar eine **Tendenz zur Lockerung des Tatbestands** inne.

21 **c) Stellungnahme.** Dem BGH ist zuzustimmen, soweit es um die **fortgeltende Maßgeblichkeit der Erheblichkeitskriterien** geht (zur Handhabung dieser

Kriterien vgl. dagegen → Rn. 22 f., 24 ff.). Die diesbezügliche Gesetzesbegründung ist in sich nicht frei von Widersprüchen. Wenn eine zeitliche und quantitative Erheblichkeitsschwelle „selbstverständlich" ist, kann sich die angeblich „verbreitete Neigung, den Begriff ... einzuengen" und die Weigerung, die Erheblichkeitsschwelle „im Gesetz vorzuschreiben" (BT-Drs. 12/2443, 114 f.), nicht auf das Ob, sondern nur auf das Wie der Erheblichkeitsprüfung beziehen. Das Gesetz soll gläubigergefährdende Insolvenzverschleppung weder decken noch gar dazu ermutigen (nur dies ist mit der Warnung vor einer nachlässigen „Auslegung" gemeint). Der Unterschied gegenüber der alten Praxis ist also seinerseits rein quantitativ: Mit den Erheblichkeitsmerkmalen der **„Dauer"** und der **„Wesentlichkeit"** ist **restriktiv im Sinne einer strengen Auslegung des Tatbestands** umzugehen. Mehr ist aus der Regierungsbegründung nicht zu folgern.

2. Die quantitative Relevanz („Wesentlichkeit"). a) Standpunkt des BGH. Nur generelle Illiquidität fällt unter Absatz 2 (MüKoInsO/*Eilenberger* Rn. 8). Verzug mit einzelnen Geldschulden begründet noch keine Zahlungsunfähigkeit (→ Rn. 15). Im Einklang mit der Regierungsbegründung, die „ganz geringfügige Liquiditätslücken" nach wie vor aus dem Tatbestand ausnehmen will, verlangt der BGH für den Gesetzesbegriff der Zahlungsfähigkeit nicht, dass alle fälligen Verbindlichkeiten sogleich oder auch nur binnen der vom BGH konzedierten dreiwöchigen Frist (→ Rn. 23, 24) vollständig erfüllt werden können (BGHZ 163, 134 [142] = NJW 2005, 3062 [3064] = ZIP 2005, 1426). Das Urteil bemüht sich um **Konkretisierung des Merkmals der Geringfügigkeit** durch Festlegung einer 10 %-Grenze (BGHZ 163, 134 = NJW 2005, 3062 = ZIP 2005, 1117): „Beträgt eine innerhalb von drei Wochen nicht zu beseitigende Liquiditätslücke des Schuldners weniger als 10 % seiner fälligen Gesamtverbindlichkeiten, ist regelmäßig von Zahlungsfähigkeit auszugehen, es sei denn, es ist bereits absehbar, dass die Lücke demnächst mehr als 10 % erreichen wird (zweiter Leitsatz). Beträgt die Liquiditätslücke des Schuldners 10 % oder mehr, ist regelmäßig von Zahlungsunfähigkeit auszugehen, sofern nicht ausnahmsweise mit an Sicherheit grenzender Wahrscheinlichkeit zu erwarten ist, dass die Liquiditätslücke demnächst vollständig oder fast vollständig beseitigt werden wird und den Gläubigern ein Zuwarten nach den besonderen Umständen des Einzelfalls zuzumuten ist (dritter Leitsatz)." Die Entscheidung fand Eingang in die **IDW-Prüfungsstandards** (→ § 16 Rn. 9 mit Literaturangaben zu IDW S 11 näher IDW S 11 Rn. 13 ff.). Auch die Kommentarliteratur ist ihr im Großen und Ganzen gefolgt (vgl. nur Andres/Leithaus/*Leithaus* Rn. 2; BK-InsO/*Humberg* Rn. 24 ff., 33 f.; Braun/*Bußhardt* Rn. 12 f.; HK-InsO/*Kirchhof* Rn. 21; wohl auch *Drukarczyk/Schüler* Rn. 2.39; vgl. auch Pape/Uhlenbruck/Voigt-Salus/*Sietz* Rn. 17.12). Aber es gibt auch Kritik (vgl. nur FK-InsO/*Schmerbach* Rn. 29; HambK-InsO/*Schäfer* Rn. 23). 22

b) Stellungnahme. Die Relevanzschwelle von 90:10 gibt einen groben **Anhaltspunkt für die Praxis** (näher *G. Fischer* FS Ganter, 2010, 153 [162 f.]). Um mehr soll es sich offenbar auch nach der Einschätzung des IX. Senats nicht handeln („regelmäßig"!). Ihre Festlegung ist allerdings **arbiträr und tendenziell zu nachgiebig**. Ein Unternehmen, das nur 90 % seiner Verbindlichkeiten zu begleichen imstande ist, kann zahlungsunfähig sein (ähnlich *Pohl* S. 26 ff.; Kübler/Prütting/Bork/*Pape* Rn. 12–14; *Baumert* NZI 2013, 919 ff.). Es darf nicht 10 % seiner Verbindlichkeiten unbeglichen lassen und die Gläubiger mit dem Hinweis hinhalten (und von Insolvenzanträgen abhalten), für sie stehe, ohne dass dies Zahlungsunfähigkeit sei, Liquidität nicht zur Verfügung. Es sollte deshalb bei der unter der Konkursordnung gebräuchlichen Generalklausel bleiben, wonach der Schuldner nur dann zahlungsfähig ist, wenn die fälligen Zahlungsverbindlichkeiten im Wesentlichen, dh tendenziell vollständig, beglichen werden können. Eine Quote von 10 % unbezahlbaren Verbindlichkeiten ist bedenklich hoch (5 % mö- 23 gen als Richtsumme taugen). Bedenklich ist diese Quote vor allem im Verein mit dem Dauerelement (→ Rn. 25).

24 **3. Das Dauererfordernis (Abgrenzung zur Zahlungsstockung). a) BGH und hM.** Bloße **Zahlungsstockung** ist noch **keine Zahlungsunfähigkeit** (vgl. statt vieler BK-InsO/*Goetsch* Rn. 17; Braun/*Bußhardt* Rn. 11 ff.; HambK-InsO/*Schröder* Rn. 15). Das Urteil BGHZ 163, 134 = NJW 2005, 3062 = ZIP 2005, 1624 hat diese Abgrenzung für's Erste mit folgender Formel festgeschrieben: „Eine bloße Zahlungsstockung ist anzunehmen, wenn der Zeitraum nicht überschritten wird, den eine kreditwürdige Person benötigt, um sich die benötigten Mittel zu leihen. Dafür erscheinen drei Wochen erforderlich, aber auch ausreichend." Dieses Urteil wurde mehrfach bestätigt (BGH ZIP 2011, 1416 [1417]; 2007, 1469 [1470]; 2006, 2222 [2224]; 2006, 1457 [1458]). Damit sucht der BGH einen Kompromiss zwischen dem unter der Konkursordnung weitgehend eingeräumten Monatsspielraum (BGHZ 149, 100 [108] = NJW 2002, 512 [514]; BGH NJW 1999, 645 [646] = WM 1999, 12 [14]; NJW-RR 2002, 261 = NZI 2002, 34 = WM 2001, 2181 [2182]) und radikaleren Kürzungsvorschlägen (Angaben bei BGHZ 163, 134 [139] = NJW 2005, 3062 [3064] = ZIP 2005, 1426 [1428]). Das Urteil betont, dass einerseits „allein objektive Umstände", anderseits aber „die konkreten Gegebenheiten" relevant seien. Die hM folgt dieser Rspr. (*Pape/Uhlenbruck/Voigt-Salus* Kap. 17 Rn. 11; BK-InsO/*Humberg* Rn. 19; Braun/*Bußhardt* Rn. 11 ff.; HK-InsO/*Kirchhof* Rn. 19; MüKoInsO/*Eilenberger* Rn. 18 f.; Uhlenbruck/*Mock* Rn. 26). Aber es gibt auch Kritik (*Pohl* S. 36 ff.; *Neumaier* NJW 2005, 3041 f.; vor der neuen Rspr. Kübler/Prütting/Bork/*Pape* Rn. 6, 11; Jaeger/*H-Fr. Müller* Rn. 22). Die praktische Wirkung dieser Rspr. zeigt sich va im Verein mit der Wesentlichkeitsschranke des Urteils BGHZ 163, 134 = NJW 2005, 3062 = ZIP 2005, 1426 (→ Rn. 22). Diese doppelte Relevanzprüfung führt zu dem Ergebnis, dass Zahlungsunfähigkeit idR nicht eintritt, solange zu erwarten ist, dass 90% der gegenwärtig fälligen Verbindlichkeiten binnen drei Wochen erfüllt werden können.

25 **b) Stellungnahme.** Die hM bedarf der **Korrektur** (krit. bzgl. dauernder Unterdeckung auch IDW S 11 Rn. 17). Das Bestreben, von einer Zeitpunktilliquidität auf eine Zeitraumilliquidität umzustellen (→ Rn. 5), wird von ihr im Sinne eines Aufschubs statt einer Vorverlagerung der Überschuldung missdeutet. Das gilt besonders im Verein mit der bei → Rn. 23 kritisierten 90%-Regel. Die vom BGH angenommene Dreiwochenfrist beruht auf dem Gedanken, dass das Gesetz ausweislich § 15a Abs. 1 – vormals § 64 Abs. 1 GmbHG aF – eine Ungewissheit über die Wiederherstellung der Zahlungsfähigkeit der Gesellschaft für die Dauer von längstens drei Wochen hinzunehmen bereit ist (BGHZ 163, 134 [140] = NJW 2005, 3062 [3064] = ZIP 2005, 1426 [1428] mwN). Das bedeutet zwar nicht, dass der Schuldner zwei Dreiwochenfristen abwarten kann (dazu krit. auch Braun/*Bußhardt* Rn. 51 f.). Denn die nach Ansicht des BGH dem § 17 immanente Frist ist eine Prognosefrist und schließt nicht aus, dass schon am Prüfungstag Zahlungsunfähigkeit vorliegt. Zugrunde liegt ihr der folgende Gedanke: Wenn § 15a Abs. 1 eine Dreiwochenfrist nach (!) Eintritt der Zahlungsunfähigkeit hinnimmt, kann das Recht auch eine Dreiwochenfrist vor (!) Eintritt der Zahlungsunfähigkeit aushalten. Eine solche Folgerung ist indes, vor allem vor dem Hintergrund der Gesetzesbegründung (→ Rn. 19) **nicht plausibel.** Die für die Beseitigung eingetretener Zahlungsunfähigkeit, also für einen Aufschub des gebotenen Insolvenzantrags konzedierte Dreiwochenfrist kennt keine spiegelbildliche Dreiwochenfrist zum Aufschub des Zahlungsunfähigkeitstatbestands trotz eingetretener Illiquidität. Es ließe sich sogar im Gegenteil sagen: Wenn das Gesetz selbst einem nach § 15a insolvenzantragspflichtigen Schuldner noch nach Eintritt der Zahlungsunfähigkeit eine Dreiwochenfrist für Bemühungen um die Behe-

bung des Eröffnungsgrunds konzediert, gibt es keinen Grund, dem Schuldner für die Beseitigung der eingetretenen Illiquidität noch einen gleichen Zeitraum einzuräumen, bevor Zahlungsunfähigkeit eintritt und die gesetzliche Dreiwochenfrist in Lauf tritt (ähnlich *Neumaier* NJW 2005, 3041 [3042]). **Methodisch** liegt die **Schwäche der BGH-Ansicht** darin, dass sie eine **bilanzielle Betrachtung** anstellt, die in einer **Liquiditätsbilanz** (→ Rn. 27) auf der Aktivseite ein künftiges Liquiditätspotenzial und auf der Passivseite nur die gegenwärtig fälligen Verbindlichkeiten ansetzt (repräsentativ BGHZ 163, 134 [138] = NJW 2005, 3062 [3063] = ZIP 2005, 1426 [1428]). Maßgeblich sein muss aber ein **Liquiditätsplan,** in den zwar nicht alle künftigen Verbindlichkeiten und Fälligkeiten, wohl aber alle zwischenzeitlichen Abflüsse einzubeziehen sind (auch → Rn. 32, 34).

Auch die **anfechtungsrechtliche Indizwirkung der Zahlungsunfähigkeit** 26 (§§ 130–132) knüpft an die eingetretene Illiquidität an, nicht an komplizierte Prognosen. Ein Schuldner, der dauerhaft nicht zur Zahlung bei Fälligkeit, sondern erst zur Zahlung mit dreiwöchiger Verspätung in der Lage ist, ist zahlungsunfähig. Wer diesen Zustand beenden will, muss die Zahlungen wieder aufnehmen (→ Rn. 45) bzw., soweit dies nicht gelingt, die Gläubiger zu Moratorien veranlassen (→ Rn. 11). **Nur Wiederherstellung der Liquidität oder/und Beseitigung der Fälligkeit vermeidet die Zahlungsunfähigkeit.** Dies muss umgehend geschehen, nicht erst im Laufe von Wochen. Insgesamt ergibt sich: Die seit BGHZ 163, 134 = NJW 2005, 3062 = ZIP 2005, 1426 ununterbrochene Rspr. bedarf in jedem ihrer Elemente (ernsthaftes Einfordern, Dreiwochenfrist, Erheblichkeitsgrenze) einer Begradigung.

4. Der Bugwelleneffekt der Rechtsprechung (die sog „Bugwellentheorie"). a) Rechtsprechung. 27 Der BGH geht von der Maßgeblichkeit einer **Liquiditätsbilanz** aus, auf deren **Aktivseite** er sich die am Stichtag verfügbaren und innerhalb der Karenzzeit von drei Wochen flüssig zu machenden Mittel vorstellt (BGHZ 163, 134 [138] = NJW 2005, 3062 [3063] = ZIP 2005, 1426 [1428]; BGHZ 173, 286 [296] = ZIP 2007, 1666 [1669]; BGH NZI 2007, 36 [38] = ZIP 2006, 2222 [2224]; NJW 2009, 2600 [2603] (insoweit nicht in BGHZ 181, 132); *G. Fischer* FS Ganter, 2010, 153 [161]; HK-InsO/*Kirchhof* Rn. 24; MüKoInsO/*Eilenberger* Rn. 18 ff.; *Bruns* EWiR 2005, 767 [768]). Auf der **Passivseite** erscheinen nach der BGH-Lösung nur die am Prüfungsstichtag fälligen, nicht die im Prognosezeitraum entstehenden oder fällig werdenden Verbindlichkeiten (BGHZ 163, 134 [138] = NJW 2005, 3062 [3063] = ZIP 2005, 1426 [1428]; Braun/*Bußhardt* Rn. 14; HK-InsO/*Kirchhof* Rn. 24; *Bruns* EWiR 2005, 767 [768]). Dies ist die Grundlage der **sog „Bugwellentheorie"** (zu dieser zusf. als Befürworter *G. Fischer* FS Ganter, 2010, 153 [158 f.]; als Kritiker *Prager/Jungclaus* FS Wellensiek, 2011, 91 [102 ff.]). Statt von einer Theorie wäre besser von einem **Bugwelleneffekt** zu sprechen (zust. *Baumert* NZI 2013, 919). Der Bugwelleneffekt der Rspr. wird darin gesehen, dass der Schuldner, vom Prüfungsstichtag aus gesehen, auf jeweils drei Wochen nicht nur unbeglichene fällige Forderungen („Passiva I"), sondern auch zwischenzeitlich fällig werdende Forderungen vor sich herschieben kann („Passiva II"), ohne dass Überschuldung vorliegt (Darstellung und Kritik bei *Bork* ZIP 2008, 1749 ff.). Allerdings vermittelt die Rspr. gerade in dieser Hinsicht noch kein ganz eindeutiges Bild (*Ganter* ZInsO 2011, 2297 f.).

b) Diskussion. 28 Die sog „Bugwellentheorie" hat **Zustimmung** gefunden (vgl. etwa *Reischl,* Insolvenzrecht, 2. Aufl. 2011, Rn. 104 ff.; berichtend *G. Fischer* FS Ganter, 2010, 153 [158 f.]; *Bruns* EWiR 2005, 767 [768]). Es überwiegt aber die **Ablehnung** (MüKoInsO/*Eilenberger* Rn. 22 ff.; Uhlenbruck/*Mock* Rn. 85, 24, 43; HambK-InsO/*Schröder* Rn. 16; *Bork* ZIP 2008, 1749 ff.; *Wolf/Kurz* DStR 2006, 1339 [1342]; *Frystatzky* NZI 2010, 389 ff.; *Hölzle* ZIP 2007, 613 ff.; *Staufenbiel/Hoffmann* ZInsO 2008, 891 [893]; umfassend *Prager/Jungclaus* FS Wellensiek,

2011, 91 [102 ff.]). Unterstelle man, dass Neuvermögen („Aktiva II") stets für die Begleichung von Altschulden („Passiva I") verwendet würden, so könne der Schuldner nach fortlaufendem Schuldnerverzug eine „Bugwelle" von unbeglichenen Verbindlichkeiten vor sich herschieben, ohne im Rechtssinne zahlungsunfähig zu sein (so namentlich *Bork* ZIP 2008, 1749; *Wolf/Kurz* DStR 2006, 1339 [1342]). Die Kritik zielt demgemäß auf die Annahme, dass die binnen drei Wochen höchstmöglichen Aktiva nur den gegenwärtig fälligen Passiva („Passiva I") gegenübergestellt werden. Als bloß redaktionelle Unklarheit erscheint dies nicht (so aber *Hölzle* ZIP 2007, 613 [615]; *Frystatzy* NZI 2010, 389 [391]). Genau diese Frage ist noch nicht ausdiskutiert (*Ganter* ZInsO 2011, 2297 [2301 f.]).

29 **c) Stellungnahme.** Systemimmanent verfängt der geschilderte Grundsatzeinwand nicht, denn ein Bugwelleneffekt ist der unvermeidlichen Erheblichkeitsprüfung bei § 17 Abs. 2 (→ Rn. 19 ff.) immanent. Die dem Absatz 2 zugrunde liegende Liquiditätskontrolle ist kein einmaliger Vorfall, sondern ein Kontinuum, das die „Passiva II" sukzessiv zu „Passiva I" werden lässt. Wenn man bedenkt, dass die Zahlungsunfähigkeitsprüfung eine fortlaufende Prüfung des Absatz 2 auch mit der sich ständig erneuernden Prognosefrist mit sich bringt, kann die sukzessive Fälligkeit neuer Verbindlichkeiten die unablässige Liquiditätsprüfung in Richtung Zahlungsunfähigkeit umkippen lassen, sobald diese Neu-Fälligkeiten den Liquiditätstest nicht mehr bestehen. Ein **„Bugwelleneffekt"** ist **mit Absatz 2 nicht grds. unvereinbar.** Er ist nur durch die generösen Erheblichkeitskriterien der Rspr. (quantitativ 90 % und zeitlich drei Wochen) besonders augenfällig. Durch Korrektur der Erheblichkeitskriterien (90 % und drei Wochen) lässt er sich minimieren. **Der entscheidende Einwand** besteht in der vom BGH abgelehnten Prognoserelevanz der Neu-Fälligkeiten bezüglich der Erfüllbarkeit der bereits im Prüfungszeitpunkt fälligen Verbindlichkeiten: Sobald das Fälligwerden von Verbindlichkeiten während des Prognosezeitraums – etwa solcher Verbindlichkeiten, die keinen Verzug dulden – die Erfüllbarkeit der gegenwärtig fälligen Verbindlichkeiten unwahrscheinlich erscheinen lässt, tritt bereits am gegenwärtigen Stichtag Zahlungsunfähigkeit ein. **Rechtspolitisch** ist der Bugwelleneffekt **zu kritisieren.** Er steht mit dem Bestreben nach Vorverlegung des Tatbestands (→ Rn. 5, 19) nicht im Einklang. Und **rechtlich** geht es nicht an, die prospektive Zahlungsfähigkeit einer gegenwärtigen Zahlungsfähigkeit gleichzustellen. Die quantitativen (→ Rn. 22 f.) und zeitlichen (→ Rn. 24 ff.). Mindestkriterien des § 17 Abs. 2 dienen als praxisgerechte Korrektive (Handsteuerung), nicht als systematischer Aufschub des Illiquiditätstatbestands.

30 **5. Korrektur.** Insgesamt sollte festgehalten werden, dass die **Erheblichkeitsspielräume (1.) verringert** werden müssen (Nichterfüllungsquote von 10 % und Verzögerungsquoten von drei Wochen sind als Regelannahmen zu hoch) **und (2.) additiv und nicht alternativ gehandhabt** werden sollten: Wer wegen Liquiditätsmangels einen erheblichen Teil (zB 5 %) nicht sogleich bei Fälligkeit begleichen kann, ist zahlungsunfähig (so wohl auch MüKoInsO/*Eilenberger* Rn. 22). Zahlungsunfähig ist auch, wer einen verbleibenden unerheblichen Teil der fälligen Geldschulden nicht demnächst (zB binnen zehn Tagen) begleichen kann. Mit Recht wird bei BGHZ 163, 134 [141] = NJW 2005, 3062 [3064] = ZIP 2005, 1426 [1428 f.] nur konzediert, dass eine GmbH, die nicht in der Lage ist, am Prüfungsstichtag die fälligen Verbindlichkeiten „vollständig zu bedienen", aber in dem für das Ende bloßer Zahlungsstockung relevanten Prognosezeitpunkt „sämtliche Gläubiger" wird befriedigen können, nicht insolvent ist. Dem ist bei Reduzierung der vom BGH angenommenen Erheblichkeitsschwellen zuzustimmen. Ein Schuldner, der diesen Test nicht besteht, muss für Stundungen oder für neue Liquidität sorgen.

V. Nachweis der Zahlungsunfähigkeit

1. Grundsätzliches. a) Methoden. Unter dem Gesichtspunkt des Nachweises 31
der Zahlungsunfähigkeit werden üblicherweise die relevanten betriebswirtschaftlichen Methoden behandelt (BK-InsO/*Goetsch* Rn. 30 ff.; FK-InsO/*Schmerbach* Rn. 36; HK-InsO/*Kirchhof* Rn. 23 ff.; MüKoInsO/*Eilenberger* Rn. 15 ff.). Diese Methoden werden eing. dargestellt bei *Drukarczyk/Schüler* Kölner Schrift InsO Rn. 2.35 ff.; MüKoInsO/*Eilenberger* Rn. 15 ff.; *Staufenbiel/Hoffmann* ZInsO 2008, 785 ff., 388 ff., 891 ff.; *Frystatzky* NZI 2014, 840 [841 f.]; *Weber/Küting/Eichenlaub* GmbHR 2014, 1009 [1010 ff.]). Sie weisen einen hohen Grad gleichzeitig an Kompliziertheit und Unsicherheit auf. Ihre **rechtliche Relevanz** hängt von den rechtlichen Voraussetzungen des Zahlungsunfähigkeitsbegriffs, insbes. von der Umsetzbarkeit des Urteils BGHZ 163, 134 = NJW 2005, 3062 = ZIP 2005, 1426 ab (dazu → Rn. 14 ff., 19 ff.). Die anzuwendendeMethode ist insofern teleologisch, also rechtlich determiniert. Der Gedanke, dass für die praktische Anwendung der InsO „eine exakte Messung und Feststellung der Zahlungsunfähigkeit mit Hilfe von Finanzplan und Finanzstatus unabdingbar ist" (MüKoInsO/*Eilenberger* Rn. 23) ist als normzweckwidrig und unrealistisch zurückzuweisen. Hält man an dem dynamischen Element des Zahlungsunfähigkeitstatbestands fest, so kann jenseits der Zahlungseinstellung eine noch so „exakte Ermittlung" nur eine „überschlägige Beurteilung" für den Liquiditätszeitraum zulassen (so nur für Liquiditätskennzahlen MüKoInsO/*Eilenberger* Rn. 20). Praktische Hinweise geben die IDW S 11 Rn. 13 ff.

b) Liquiditätsprüfung. Die verschiedenartigen **Prüfungsszenarien** (→ § 16 32
Rn. 6 ff.) machen eine betriebswirtschaftlich-schulmäßige Liquiditätsprüfung in vielen Fällen überflüssig. Das hängt damit zusammen, dass im **Eröffnungsverfahren** die Zahlungsunfähigkeit in vielen Fällen ohne solche komplizierten Operationen auf der Hand liegt. Auf dieser Erfahrungstatsache beruht auch Absatz 2 Satz 2 (dazu → Rn. 39 ff.). Schwieriger ist die **nachträgliche Prüfung im Strafprozess** (Insolvenzverschleppung) **bzw. im Zivilprozess** (Anfechtung, Insolvenzverschleppungshaftung, Rückforderung verbotener Zahlungen). Sie macht aus der erforderlichen Prognose (→ Rn. 24 ff.) meist eine Rückschau auf einen in der Vergangenheit liegenden Prüfungszeitpunkt, also eine simulierte ex-post-Prognose (vgl. auch → Rn. 37, 38; zust. HambK-InsO/*Schröder* Rn. 34). Die Schwierigkeit bei der stichtagsbezogenen Prüfung ex post liegt eher im Zuvielwissen als im Zuwenigwissen über den Eintritt der Illiquidität. Eine modellgerechte betriebswirtschaftliche Prüfung findet deshalb weniger in diesen vergangenheitsbezogenen gerichtlichen Verfahren statt als bei der **ex-ante-Selbstprüfung im Unternehmen** (zur Vermeidung verbotener Insolvenzverschleppung und zur betrieblichen Prüfung bestehenden Sanierungsbedarfs). Mit Recht lässt deshalb der BGH auch eine **indizielle Feststellung der Zahlungsunfähigkeit ex post** auf Grund belastbarer Fakten ohne aufwändige Finanzpläne zu (BGH NZI 2007, 36 [38] = ZIP 2006, 2222 [2224 f.]; BB 2011, 2131 = ZIP 2011, 1416; ZIP 2013, 228 [230]).

c) Unterschied zur Prognose nach § 19. Die **Methode der Finanzplanrechnung** ist nicht in jeder Hinsicht dieselbe wie im Fall der Prognose nach § 19 33
(so aber *Greil/Herden* ZInsO 2011, 109 ff.), weil die Prognose nicht auf die Überlebensfähigkeit des Unternehmens, sondern nur auf die Fähigkeit zur künftigen Begleichung der gegenwärtig fälligen Verbindlichkeiten zielt. Bei Zugrundelegung der Rspr. geht es um die sich aus einer prospektiven Finanzplanung ergebenden Liquiditätsgrade, bezogen auf maximal dreiwöchige Fristigkeit (dazu eing. *Nickert/Lamberti* Rn. 166 ff.). Die hier vertretene Auffassung (→ Rn. 21, 25) vereinfacht die Feststellung (dazu sogleich).

34 **d) Liquiditätsstatus.** Die für die Feststellung der Zahlungs(un)fähigkeit maßgeblichen **Rechenwerke** hängen von den rechtlichen Vorgaben des Absatz 2 und seiner Interpretation ab. Die Feststellung der Zahlungs(un)fähigkeit basiert auf einer Finanzplanungsrechnung, diese wiederum auf einem **Liquiditätsstatus** und einer **Prognose.** Der Liquiditätsstatus ist aus der kaufmännischen Rechnungslegung, insbesondere aus der Handelsbilanz nicht unmittelbar ablesbar (BGH WM 2015, 931). Ein stichtagsbezogener **Liquiditätsstatus im Prüfungszeitpunkt** kann ausreichen, um Zahlungsunfähigkeit auszuschließen: Reicht die Liquidität aus, um alle fälligen Verbindlichkeiten sofort zu begleichen, so liegt Zahlungsunfähigkeit nicht vor (möglicherweise aber Überschuldung oder drohende Zahlungsunfähigkeit). Nur wenn die Begleichung aller fälligen Verbindlichkeiten gegenwärtig nicht möglich ist, entscheidet eine **Finanzplanungsrechnung** darüber, ob die Zahlungsverbindlichkeiten voraussichtlich im Wesentlichen erfüllt werden können (Prüfungsstandard IDW S 11 Rn. 33 ff.; vgl. *Frystatzky* NZI 2014, 840 [842 ff.]). Der **Bundesgerichtshof** geht von der Maßgeblichkeit einer **Liquiditätsbilanz** aus, auf deren **Aktivseite** er sich die am Stichtag verfügbaren und innerhalb der Karenzzeit von drei Wochen flüssig zu machenden Mittel vorstellt (BGHZ 163, 134 [138] = NJW 2005, 3062 [3063] = ZIP 2005, 1426 [1428]; BGHZ 173, 286 [296] = ZIP 2007, 1666 [1669]; BGH NZI 2007, 36 [38] = ZIP 2006, 2222 [2224]; *G. Fischer* FS Ganter, 2010, 153 [161]; HK-InsO/*Kirchhof* Rn. 24; MüKoInsO/*Eilenberger* Rn. 14 ff.; *Bruns* EWiR 2005, 767 [768]). Auf der **Passivseite** erscheinen nach der BGH-Lösung nur die am Prüfungsstichtag fälligen, nicht die im Prognosezeitraum fällig werdenden Verbindlichkeiten (BGHZ 163, 134 [138] = NJW 2005, 3062 [3063] = ZIP 2005, 1426 [1428]; HK-InsO/*Kirchhof* Rn. 24; *Bruns* EWiR 2005, 767 [768]). Die Prüfung läuft also auf einen in die Zukunft verlegten, durch die 90 %-Marke zusätzlich relativierten Liquiditätsstatus hinaus: Ob heute Zahlungsunfähigkeit vorliegt, entscheidet sich danach, ob die in drei Wochen vorhandene Liquidität ausreichen wird, die heute fälligen Verbindlichkeiten zu mindestens 90 % zu begleichen (so auch HK-InsO/*Kirchhof* Rn. 25; *Bruns* EWiR 2005, 767 [768]).

35 **2. Verfahrensrechtliches.** Verfahrensrechtlich ist zu bedenken, dass das Merkmal der Zahlungsunfähigkeit einerseits ein komplexer **Rechtsbegriff** ist (HK-InsO/*Kirchhof* Rn. 23) und andererseits von festzustellenden **Tatsachen** abhängt (vgl. zu den Anforderungen an die tatrichterlichen Feststellungen BGH ZIP 2006, 2222 = ZInsO 2006, 1210).

36 **a) Eröffnungsverfahren.** Die **Feststellung im Insolvenzeröffnungsverfahren** ist Gegenstand der insolvenzgerichtlichen **Amtsprüfung** nach § 5 Abs. 1 (vgl. → § 16 Rn. 6). Es geht hierbei um den **Ist-Stand** im Zeitpunkt der Eröffnungsentscheidung (näher → Rn. 17 sowie → § 16 Rn. 7).

37 **b) Zivilprozess.** Im Zivilprozess, zB in Insolvenzverschleppungs- (→ § 15a Rn. 24), Erstattungs- (zB § 64 GmbHG) oder Anfechtungsfällen (zB §§ 130–132), gilt der **Beibringungsgrundsatz** unter Berücksichtigung der **Darlegungs- und Beweislast.** Die Darlegungs- und Beweislast ist materiellrechtlich bedingt und wird an Ort und Stelle im Zusammenhang mit den einzelnen Normen dargestellt. Charakteristisch ist in Zivilprozessen, dass nicht die aktuelle Zahlungsunfähigkeit festzustellen ist, sondern die Zahlungsunfähigkeit in einem **in der Vergangenheit** liegenden Zeitpunkt (zB im Zeitpunkt einer anfechtbaren Rechtshandlung oder verbotenen Zahlung) oder einem entsprechenden Zeitraum (zB bei Insolvenzverschleppung); vgl. dazu → Rn. 32.

38 **c) Strafprozess.** Im Strafprozess, zB wegen Insolvenzverschleppung nach § 15a Abs. 4 oder 5, wird die Zahlungsunfähigkeit **von Amts wegen** festgestellt, und

zwar auch hier für einen in der **Vergangenheit** liegenden Zeitpunkt (Tatzeit); auch dazu → Rn. 32.

3. Zahlungseinstellung als Indiz. a) Grundlagen. aa) Die Funktion. Nach Absatz 2 Satz 2 ist Zahlungsunfähigkeit idR anzunehmen, wenn der Schuldner seine Zahlungen eingestellt hat. Zahlungseinstellung ist als kundgetane (manifestierte) Zahlungsunfähigkeit zu begreifen (Kilger/*Karsten Schmidt,* 17. Aufl. 1997, § 102 KO Anm. 3; zust. FK-InsO/*Schmerbach* Rn. 41). Dieses Verständnis bestimmt sowohl den Tatbestand (→ Rn. 41 ff.) als auch die Rechtsfolge der Zahlungseinstellung als Indiz dafür, dass Zahlungsunfähigkeit objektiv vorlag. Zahlungseinstellung ist kein eigenständiger Eröffnungstatbestand, auch kein Spezialtatbestand der Zahlungsunfähigkeit (Uhlenbruck/*Mock* Rn. 146). Sie ist nur eine **Beweislastregelung bzw. Beweishilfe** auf der tatsächlichen Ebene des Zahlungsunfähigkeitstatbestands (BGH NZI 2007, 36 [38] = ZIP 2006, 2222 [2223]; NZI 2012, 663 = WM 2012, 998; ZIP 2015, 437; BK-InsO/*Humberg* Rn. 38; FK-InsO/*Schmerbach* Rn. 39; Uhlenbruck/*Uhlenbruck* Rn. 32). Insbes. kann sie die vo der hM grds. verlangte Liquiditätsbilanz (→ Rn. 27) entbehrlich machen (BGH NZI 2015, 369 = ZIP 2015, 437; OLG Celle BeckRS 2013, 05645). Die Zahlungseinstellung ist ihrerseits Gegenstand des auch durch Indizien zu führenden Beweises (vgl. BGH NZG 2012, 464 = ZIP 2012, 723 zur Beweisvereitelung). Die **Zulässigkeit des Gegenbeweises** ist weitgehend theoretisch. Er wird kaum gelingen (HK-InsO/*Kirchhof* Rn. 47). Der Nachweis der Zahlungswilligkeit genügt jedenfalls nicht (BGH NZI 2012, 416). 39

bb) Unterschied zwischen Parteiprozess und Amtsprüfung. Im **Zivilprozess** (→ Rn. 37) verschiebt Absatz 2 Satz 2 die Darlegungs- und Beweislast. Wer Zahlungsunfähigkeit darlegen und im Streitfall beweisen muss, kommt dem grds. nach, soweit er die Zahlungseinstellung darlegt bzw. im Streitfall beweist. Dem Gegner obliegt es, die hierin liegende **widerlegliche Vermutung** durch Gegenbeweis zu entkräften (→ Rn. 39 aE). Im **Strafprozess** (→ Rn. 38) gibt es eine solche Beweislastumkehr nicht (missverständlich Müller-Gugenberger/*Bieneck*, Wirtschaftsstrafrecht, 5. Aufl. 2011, § 76 Rn. 86). Hier wirkt die Zahlungseinstellung als bloßes **Indiz** bei der Ermittlung der die Zahlungsunfähigkeit begründenden Tatsachen. 40

b) Tatbestand. Der **Tatbestand der Zahlungseinstellung** wird definiert als ein äußerliches Verhalten des Schuldners, in dem sich typischerweise die Zahlungsunfähigkeit ausdrückt (BGHZ 149, 178 [184 f.] = NZG 2002, 141 [142] = ZIP 2002, 87 [89]; BGH NZI 2007, 36 [37] mAnm *Gundlach/Frenzel* = ZIP 2006, 2222 [2223]; ZInsO 2007, 816 Rn. 27; NZI 2008, 231 [232] = ZIP 2008, 420 [422]; ZIP 2011, 1416 [1417] = ZInsO 2011, 1410 [1411]; BK-InsO/*Humberg* Rn. 39; Braun/*Bußhardt* Rn. 454; HK-InsO/*Kirchhof* Rn. 27; MüKoInsO/*Eilenberger* Rn. 27; Scholz/*Bitter* GmbHG vor § 64 Rn. 17). **Die wesentlichen Merkmale** sind folgende: 41

aa) Schuldnerverhalten. Ein **Verhalten des Schuldners oder** ein **dem Schuldner zuzurechnendes Verhalten** ist erforderlich (BGH NJW-RR 1986, 849 [850]; HK-InsO/*Kirchhof* Rn. 28). Das Verhalten eines Vertreters genügt, wenn die Vertretungsmacht den Schuldendienst des Schuldners im Allgemeinen, also nicht bloß die Erfüllung einer Einzelverbindlichkeit umfasst. Um ein zivilrechtlich wirksames Verhalten muss es sich nicht handeln. Ausreichen kann eine bloße Information (vgl. BGH NJW 1984, 1953 = ZIP 1984, 809: „Wir haben zu, wir machen Konkurs“), ebenso ein tatsächliches Verhalten (BGH NZI 2008, 231 [232] = ZIP 2008, 420 [422]). Konkludentes Verhalten wie zB eine Zahlungsverweigerung (BGH NJW 2001, 980 [981] = ZIP 2001, 39 [40]; NZI 2007, 36 [37] mAnm *Gundlach/Frenzel* = ZIP 2006, 2222 [2223]; BK-InsO/*Humberg* 42

Rn. 42; HK-InsO/*Kirchhof* Rn. 34; Uhlenbruck/*Uhlenbruck* Rn. 32) kann genügen, also auch Stillschweigen. Aber das Verhalten muss die bei → Rn. 44 beschriebene Indizwirkung haben (→ Rn. 48). Nichterfüllung als solche (Nichtzahlung einer Geldschuld) reicht nicht aus (Braun/*Bußhardt* Rn. 45), solange sie auch mit bloßer Zahlungsunwilligkeit erklärt werden kann (vgl. Mohrbutter/Ringstmeier/*Pape* § 2 Rn. 10; Uhlenbruck/*Mock* Rn. 168). Insbes. ist es keine Zahlungseinstellung, wenn sich der Schuldner verklagen lässt.

43 **bb) Erkennbarkeit für die Gläubiger.** Sie ist erforderlich (BGH NZI 2007, 36 [37] = ZIP 2006, 2222 [2224]; FK-InsO/*Schmerbach* Rn. 41). Betroffen von der Zahlungseinstellung ist die Gesamtheit der Zahlungsgläubiger, jedoch muss nicht jeder Gläubiger Adressat des Schuldnerverhaltens sein. Es genügt das Verhalten gegenüber selbst einem einzigen Gläubiger, wenn dieses Verhalten, wäre es allg. bekannt, geeignet wäre, jeden gegenwärtigen Gläubiger oder Verhandlungspartner auf Zahlungsunfähigkeit hinzuweisen (in dieser Richtung wohl auch OLG Brandenburg BeckRS 2010, 10856; OLG Dresden ZInsO 2010, 1187). Darauf, ob diese Gläubiger Zahlungen „eingefordert" haben, kommt es auch hier nicht an (Braun/*Bußhardt* Rn. 47; Kübler/Prütting/Bork/*Pape* Rn. 6; MüKoHGB/*Karsten Schmidt* Anh. § 158 Rn. 13; **aM** HK-InsO/*Kirchhof* Rn. 10).

44 **cc) Indizielles Verhalten.** Das Verhalten muss geeignet sein, den **Schluss auf Zahlungsunfähigkeit** zuzulassen, und zwar bezüglich der wesentlichen Forderungen (HK-InsO/*Kirchhof* Rn. 26; FK-InsO/*Schmerbach* Rn. 40). Dafür muss nicht genau festgestellt werden, welche Forderungen es insgesamt gibt (BGH ZInsO 2013, 1419). Die Zahlungseinstellung kann sich aus einzelnen Anzeichen oder aus einer Gesamtschau ergeben (BGH NZI 2015, 369 = ZIP 2015, 437). Dass noch einzelne, vielleicht sogar beträchtliche, Zahlungen geleistet werden, hindert nicht (BGHZ 149, 178 [188] = NZI 2002, 91 [94]; BGH NZI 2007, 36 [37] = ZIP 2006, 2222 [2223]; 2008, 706 [707]; 2012, 1973; Uhlenbruck/*Mock* Rn. 148). Selbst die Nichtbegleichung einer einzigen Verbindlichkeit kann Zahlungseinstellung sein, wenn die Verbindlichkeit so bedeutend ist, das sie den Schluss auf die Zahlungsunfähigkeit zulässt (BGHZ 149, 178 [185] = NZI 2002, 91 [93]; BGH ZIP 2012, 1973). Nachlässiges Geschäftsgebaren im Allgemeinen wie regelmäßig verspätete Zahlungen ist dagegen noch keine Zahlungseinstellung (BGH ZInsO 2013, 2434 = ZIP 2013, 2318 = *Laroche* EWiR 2014, 51; LG Mannheim EWiR 2013, 175; *Braun/Bußhardt* Rn. 45). Insbes. bei regelmäßig fälligen unstreitigen Verbindlichkeiten wie Sozialversicherungsbeiträgen kann allerdings die dauerhaft unpünktliche Zahlung in Zahlungseinstellung münden (→ Rn. 47). Die Zahlungseinstellung muss sich auf fällige Forderungen beziehen (BGH NZI 2008, 231 [232] = ZIP 2008, 420 [422]; Braun/*Bußhardt* Rn. 42). Die bloße Ankündigung, mittelfristig keine Zahlungen mehr zu leisten, lässt auf drohende, nicht auf vorhandene Zahlungsunfähigkeit schließen (vgl. auch → Rn. 48).

45 **c) Ende.** Der Schuldner beendet die Zahlungseinstellung **nicht schon durch** deren bloßen **Widerruf.** Insbes. genügt nicht der Nachweis, wieder zahlungswillig zu sein (BGH NZI 2012, 416 = ZIP 2012, 735). Die Beweiswirkung einer einmal vorhandenen Zahlungseinstellung wirkt vielmehr fort, solange der Schuldner nicht den **Zahlungsdienst** allg. wieder aufnimmt (BGHZ 149, 100 [109] = NZI 2002, 88 [90] = ZIP 2002, 87 [90]; BGH NZI 2007, 36 [37] mAnm *Gundlach/Frenzel* = ZIP 2006, 2222 [2224]; Braun/*Bußhardt* Rn. 48; FK-InsO/*Schmerbach* Rn. 39; HK-InsO/*Kirchhof* Rn. 45; HambK-InsO/*Schröder* Rn. 30; MüKoInsO/*Eilenberger* Rn. 35). Die Wiederaufnahme der Zahlungen hat der Schuldner darzulegen und im Streitfall zu beweisen (BGHZ 149, 100 [109] = NZI 2002, 88 [90] = ZIP 2001, 2235 [2238]; BGHZ 149, 178 [188] = NZI 2002, 91 [94] = ZIP 2002, 87 [90]; BGH NZI 2008, 231 [232] = ZIP 2008, 420 [422]).

4. Sonstige Indizien für Zahlungsunfähigkeit. a) Begriffliches. Verschiedentlich ist von **„Indizien für die Zahlungseinstellung"** die Rede (BGH ZIP 2011, 1416 = ZInsO 2011, 1410; Braun/*Bußhardt* Rn. 43; FK-InsO/*Schmerbach* Rn. 42; Uhlenbruck/*Uhlenbruck,* 13. Aufl. 2010, Rn. 31 ff.), auch von ihrer Abgrenzung gegen die Zahlungseinstellung (Uhlenbruck/*Uhlenbruck,* 13. Aufl. 2010, Rn. 33). Das ist wenig nützlich, weil Zahlungseinstellung ihrerseits nur ein Indiz für Zahlungsunfähigkeit ist (→ Rn. 39). Richtigerweise geht es um Indizien für die Zahlungsunfähigkeit, deren Indizwirkung der Zahlungseinstellung nahe kommen oder die (§ 130 Abs. 2) sogar zwingend für Zahlungsunfähigkeit sprechen können. In derartigen Fällen kann eine Liquiditätsrechnung unterbleiben (BGH BB 2011, 2131 = ZIP 2011, 1416; s. auch BGH NZI 2015, 369 = ZIP 2015, 437). Vielfach werden, was iErg unschädlich, aber von der üblichen Definition der Zahlungsunfähigkeit nicht gedeckt ist, diese Fälle sogar direkt der Zahlungseinstellung zugeordnet. 46

b) Indizien. Als Indizien kommen in Betracht (mehr bei HK-InsO/*Kirchhof* Rn. 36 ff.; Jaeger/*H.-Fr. Müller* Rn. 32; s. auch Uhlenbruck/*Mock* Rn. 158 ff.): die Abgabe der eidesstattlichen Versicherung (BGH wistra 1993, 184; OLG Düsseldorf StV 2007, 38 [39]), die Einstellung des Geschäftsbetriebs (BGH NJW 1984, 1953 = ZIP 1984, 809; BK-InsO/*Humberg* Rn. 42; Braun/*Bußhardt* Rn. 43), Verschwinden des Schuldners oder im Fall einer Handelsgesellschaft ihres Leitungsorgans (BGH NZI 2006, 405 = ZIP 2006, 1065), die Verhaftung wegen Vermögensdelikten (BGH NJW 1991, 980 = ZIP 1991, 39), Häufung von Wechselprotesten und Scheckrückläufen (BGH WM 1972, 994 [995]; 1975, 6; OLG Düsseldorf StV 2007, 38 [39]), das Scheitern von Vollstreckungsversuchen (HK-InsO/*Kirchhof* Rn. 39), wachsende Lohnrückstände (BGH ZIP 2008, 706 = ZInsO 2008, 378), Nichtabführung von Sozialversicherungsbeiträgen (BGH NZI 2006, 591 = ZIP 2006, 1457; NZI 2007, 36 = ZIP 2006, 2222; ZInsO 2008, 1019; NZI 2014, 23 = ZIP 2013, 2318), Nichtbegleichung von Betriebskosten wie etwa Energielieferungen (BGH WM 1955, 1470; OLG Brandenburg 19.12.2007 – 7 U 70/07, BeckRS 2008, 12087; Mohrbutter/Ringstmeier/*Pape* § 2 Rn. 12). Ein Insolvenzantrag nach § 18 reicht nicht aus (Uhlenbruck/*Mock* Rn. 151). 47

c) Eigene Erklärungen des Schuldners. Eigene Erklärungen des Schuldners, eine fällige Verbindlichkeit nicht begleichen zu können, deuten auf eine Zahlungsunfähigkeit hin, auch wenn sie mit der Bitte um Stundung verbunden sind (BGH NJW-RR 2002, 261 [262] = ZIP 2001, 2097 [2098]; BGH NZI 2007, 36 [37] mAnm *Gundlach/Frenzel* = ZIP 2006, 2222 [2223]; BGH NZI 2008, 231 [232] = ZIP 2008, 420 [422]; Uhlenbruck/*Uhlenbruck* Rn. 30). Die Stundungsbitte unterstreicht idR sogar die durch die Erklärung indizierte Zahlungsunfähigkeit (BGH NZI 2008, 231 [232] = ZIP 2008, 420 [422]), dies allerdings nur, wenn sie auf Überwindung einer alle Gläubiger treffenden Illiquidität zielt. Ein vor der Fälligkeit der Verbindlichkeit beginnendes Hinarbeiten auf eine Stundung genügt nicht (vgl. → Rn. 44 aE). 48

Drohende Zahlungsunfähigkeit

18 (1) **Beantragt der Schuldner die Eröffnung des Insolvenzverfahrens, so ist auch die drohende Zahlungsunfähigkeit Eröffnungsgrund.**

(2) **Der Schuldner droht zahlungsunfähig zu werden, wenn er voraussichtlich nicht in der Lage sein wird, die bestehenden Zahlungspflichten im Zeitpunkt der Fälligkeit zu erfüllen.**

(3) **Wird bei einer juristischen Person oder einer Gesellschaft ohne Rechtspersönlichkeit der Antrag nicht von allen Mitgliedern des Vertretungsorgans, allen persönlich haftenden Gesellschaftern oder allen Abwicklern gestellt, so ist Absatz 1 nur anzuwenden, wenn der oder die Antragsteller zur Vertretung der juristischen Person oder der Gesellschaft berechtigt sind.**

Schrifttum (vgl. auch die Angaben bei § 16): *App,* Nachweispflichten des Schuldners bei Geltendmachung der drohenden Zahlungsunfähigkeit, DGVZ 2004, 132; *Burger/Schellberg,* Zur Vorverlagerung der Insolvenzauslösung durch das neue Insolvenzrecht, KTS 1995, 563; *dies.*, Die Auslösetatbestände im neuen Insolvenzrecht, BB 1995, 261; *Drukarczyk/Schüler* Kölner Schrift Rn. 2/43 ff.; *Ehlers,* Der Eröffnungsgrund der drohenden Zahlungsunfähigkeit, ZInsO 2005, 169; *Geißler,* Die drohende Zahlungsunfähigkeit in der Entscheidungsverantwortung des Geschäftsführers, ZInsO 2013, 919; *Greil/Herden,* Drohende Zahlungsunfähigkeit und Fortbestehensprognose, ZInsO 2011, 109; *Hölzle,* Der Insolvenzantrag als Sanierungsoption – auch gegen den Willen der Gesellschafter?, ZIP 2013, 1846; *Kebekus/Zenker,* Business Judgment Rule in Krise und Insolvenz?, FS Maier-Reimer, 2010, 319; Möser, Die drohende Zahlungsunfähigkeit des Schuldners als neuer Eröffnungsgrund, 2006; Müller-Gugenberger/Bieneck, Wirtschaftsstrafrecht, 5. Aufl. 2011; *Röhm,* Strafrechtliche Folgen eines Insolvenzantrages bei drohender Zahlungsunfähigkeit, NZI 2002, 134; *ders.*, Die drohende Zahlungsunfähigkeit als insolvenzstrafrechtliches Krisenmerkmal, INF 2003, 592; *Tetzlaff,* Drohende Zahlungsunfähigkeit – Geschäftsführer und Gesellschafter in der Zwickmühle, ZInsO 2008, 137; Karsten Schmidt/Uhlenbruck/*Uhlenbruck*, Die GmbH in Krise, Sanierung und Insolvenz, 5. Teil, 4. Aufl. 2009; *Wertenbruch*, Gesellschafterbeschluss für Insolvenzantrag bei drohender Zahlungsunfähigkeit?, DB 2013, 1592; *Wortberg*, Holzmüller und die Stellung eines Insolvenzantrages wegen drohender Zahlungsunfähigkeit, ZInsO 2004, 707.

Übersicht

I. Grundlagen

1 **1. Entstehung des Eröffnungsgrunds. a) Neuschöpfung der InsO.** Der Tatbestand der drohenden Zahlungsunfähigkeit ist eine Neuschöpfung der InsO und **ohne Vorbild in der Konkurs- und Vergleichsordnung sowie in der Gesamtvollstreckungsordnung.** Die Bestimmung geht auf den Ersten Bericht der Insolvenzrechtskommission (Leitsatz 1.2.5 Abs. 3) zurück und blieb mit Ausnahme des Absatz 3 (Ausschussbericht BT-Drs. 12/7302, 12) seit dem Regierungsentwurf unverändert (eing. MüKoInsO/*Drukarczyk* Rn. 8 ff.) Bei der praktischen Handhabung finden sich Hinweise in den **IDW-Standards** (→ § 16 Rn. 9) unter IDW S 11 Rn. 91 ff.

2 **b) Abgrenzung zur strafrechtlichen Vorfeldverantwortlichkeit.** Im **Insolvenzstrafrecht** war der Begriff der drohenden Zahlungsunfähigkeit schon vor der InsO vorhanden (§§ 283 Abs. 1, 283 Abs. 4, 283 Abs. 5, 283d Abs. 1 Nr. 1 StGB; dazu Bretzke, Der Begriff der „drohenden Zahlungsunfähigkeit" im Konkursstrafrecht, 1984; *Möser* S. 1, 16 ff.). Die strafrechtlichen Vorschriften beabsichtigen indes etwas durchaus anderes als § 18 (zu diesem vgl. → Rn. 5). Sie begründen eine insolvenzbezogene strafbewehrte Vorfeldverantwortlichkeit (dazu etwa Müller-Gugenberger/*Bieneck* § 76 Rn. 73 ff.). Ein Eröffnungsgrund oder gar eine Insolvenzantragspflicht ergibt sich aus ihnen nicht. Die Maßgeblichkeit des § 18 Abs. 2 für diese Tatbestände wird gleichwohl überwiegend bejaht (ebd. Rn. 75). Allerdings besteht über diese InsO-Akzessorietät der Strafrechtstatbestände Streit (vgl. ebd.). Aus der hier allein zu diskutierenden Sicht des § 18 ist eine Maßgeblichkeit der strafrechtlichen Auslegung für die Auslegung des Absatz 2 klar zur verneinen (Braun/*Bußhardt* Rn. 3; Nerlich/Römermann/*Mönning* Rn. 21 f.). Die Erstreckung der strafrechtlichen Vorfeldverantwortlichkeit kann nicht den Ausschlag dafür geben, wie weit die Zulässigkeit fakultativer Eigenanträge vorverlegt werden darf. Das bedeutet: Wenn die Tatbestände übereinstimmen (so die hM), dann wegen der InsO-Akzessorietät der Strafnormen, nicht umgekehrt wegen einer Strafrechtsakzessorietät des § 18. **Absatz 2** ist also **autonom auszulegen.**

3 **c) § 133 Abs. 1 S. 2 InsO, § 3 Abs. 1 Nr. 2 AnfG.** Bei der **Anfechtung wegen vorsätzlicher Benachteiligung** führt die drohende Zahlungsunfähigkeit zu einer Verschärfung des Anfechtungstatbestands (§ 133 Abs. 1 S. 2, sa § 3 Abs. 1 Nr. 2 AnfG), also zu einer anfechtungsrechtlichen Vorfeldverantwortlichkeit (zur diesbezüglichen Rechtsprechung vgl. *Pape* DB 2015, 1207). Auch hiervon unterscheidet sich **§ 18 als fakultativer Eröffnungstatbestand** in rechtspolitischer Hinsicht (was die de-facto-Verweisung in § 133 zweifelhaft scheinen lässt).

4 **d) § 46b Abs. 1 KWG. Einen Sondertatbestand** enthält § 46b Abs. 1 KWG neben den fortgeltenden §§ 283 und 283d StGB (→ Rn. 1). Nach § 46b Abs. 1 KWG ist ein Institut bzw. dessen Muttergesellschaft im Fall drohender

Zahlungsunfähigkeit sogar, wie bei Zahlungsunfähigkeit oder Überschuldung, zur Anzeige verpflichtet. Über **Krankenkassen** vgl. HK-InsO/*Kirchhof* Rn. 3; Boos/Fischer/Schulte-Mattler/*Lindemann* KWG § 46b Rn. 7; *Heeg/Kehbel* ZIP 2009, 306.

5 **2. Normzweck, praktische Bedeutung und rechtspolitische Einschätzung. a) Rechtspolitisches Ziel.** § 18 ist **ein der materiellen Insolvenz (§§ 17, 19) vorgelagerter Eröffnungstatbestand** für Eigenanträge. **Ziel des InsO-Gesetzgebers** war, mit der Einführung des § 18 bereits vor Eintritt der materiellen Insolvenz „Gegenmaßnahmen einzuleiten" (Begr. RegE BT-Drs. 12/2443, 114 f.). Diese Formulierung ist missverständlich. Eine Obliegenheit zur Einleitung von „Gegenmaßnahmen" in der finanziellen Krise trifft jeden Schuldner im eigenen Interesse und ganz unabhängig von § 18. Im Fall von Gesellschaften und Verbänden wird daraus eine Pflicht der Leitungsorgane zu ständiger Selbstprüfung, zur Krisenvermeidung und ggf. zu Sanierungsanstrengungen (Karsten Schmidt/Uhlenbruck/*Karsten Schmidt* Rn. 1.109 ff.; *A. N. Rokas,* Die Insolvenzprophylaxe als Bestandteil der Corporate Governance im deutschen Aktienrecht, 2012, 136 ff., 185 ff.). Hiermit steht § 18 in Zusammenhang insofern, als ein Eröffnungsantrag mit einer **Sanierungsoption** verbunden sein kann (vgl. insbes. §§ 270a Abs. 2, 270b). Indes ist die Verfahrenseröffnung mehr als eine bloße „Gegenmaßnahme" gegen die Krise. Sie leitet ein vollbürtiges Insolvenzverfahren ein. Durch die Vorverlagerung des Eröffnungsgrundes soll ein Anreiz für frühzeitige Verfahrenseröffnung geschaffen, einer Insolvenzverschleppung vorgebeugt und die Sanierungsaussicht des Insolvenzverfahrens gestärkt werden. Dieses Bestreben kommt **auch im ESUG von 2011** (dazu Einl. → Vor § 1 Rn. 16) zum Ausdruck. § 39 Abs. 4 lässt das Sanierungsprivileg für Gesellschafterdarlehen bei drohender Zahlungsunfähigkeit eingreifen. Nach § 270b Abs. 1 bestimmt das Gericht eine Frist zur Vorlage eines Insolvenzplans, wenn ein Eigenantrag des Schuldners auf drohende Zahlungsunfähigkeit oder Überschuldung gestützt und Eigenverwaltung beantragt worden ist. Der Tatbestand des § 18 erscheint als weitere Ausprägung des von *Kilger* (15. Aufl. 1987, § 102 KO Anm. 2a; dazu aber auch bereits Kilger/*Karsten Schmidt,* 17. Aufl. 1997, § 102 KO Anm. 2a) schon früh angemahnten Ziels, aus der bloßen „Zeitpunkt-Illiquidität" eine „Zeitraum-Illiquidität" zu machen (dazu auch BK-InsO/*Humberg* Rn. 9). Dieses Ziel schlägt sich teils in der Auslegung des § 17 nieder (→ § 17 Rn. 5), teils auch im Verständnis des fakultativen Eröffnungsgrunds nach § 18.

6 **b) Praktische Bedeutung.** In der Praxis hat die Vorschrift des § 18 in dieser Hinsicht bisher nicht gehalten, was man sich rechtspolitisch von ihr versprach (vgl. auch FK-InsO/*Schmerbach* Rn. 34 ff.; Jaeger/*H.-Fr. Müller* Rn. 25). Das gilt va im Insolvenzrecht der **Handelsgesellschaften,** bei denen Eigenanträge nicht selten auf drohende Zahlungsunfähigkeit gestützt werden, um eine vorausgegangene Verfahrensverschleppung (vgl. § 15a) zu kaschieren (vgl. Karsten Schmidt/Uhlenbruck/*Karsten Schmidt* Rn. 5.41; Uhlenbruck/*Mock* Rn. 5; prognostiziert schon bei *Karsten Schmidt* Kölner Schrift InsO, 1./2. Aufl. 1997/2000, Rn. 11). Die Bereitschaft zu früher Verfahrenseinleitung war jedenfalls vor dem ESUG durch § 18 offenbar nicht gestärkt worden (FK-InsO/*Schmerbach* Rn. 36; *Holzer* NZI 2005, 308 [315]). Der Anteil an Insolvenzanträgen wegen drohender Zahlungsunfähigkeit wird mit weniger als 1 % angegeben (FK-InsO/*Schmerbach* Rn. 34; *Ehlers* ZInsO 2005, 169 [171]; *Greil/Herden* ZInsO 2011, 109 [110 f.]: nur 1.513 von 251.675 = 0,6 %). Ob sich dieser desillusionierende Befund nach dem ESUG ändern wird (vgl. → Rn. 5), bleibt abzuwarten. Bei **Verbraucherinsolvenzen** besteht ein Vorteil darin, dass eingetretene Zahlungsunfähigkeit für die Eröffnung nicht geprüft werden muss, wenn Zahlungsunfähigkeit droht.

c) Kritik. Rechtspolitisch steht § 18 auf schwankendem Boden (FK-InsO/*Schmerbach* Rn. 32). Sein **Verhältnis zum** prognostischen **Überschuldungstatbestand** (dazu Erl. § 19) ist, wenn man von dessen engem Normadressatenkreis (vgl. → § 19 Rn. 9 ff.) absieht, bis heute wenig geklärt (vgl. dazu FK-InsO/*Schmerbach* Rn. 3; *Karsten Schmidt* ZIP 2013, 485 [490]). Vereinfachend ist zu sagen: Drohende Zahlungsunfähigkeit setzt keine bilanzielle Überschuldung voraus. Sie ist ein **prospektiver Illiquiditätstatbestand** und, insofern anders als § 19, rein liquiditätsorientiert. Sie erlaubt dem Illiquidität beantragenden Schuldner den vorzeitigen freiwilligen Eintritt in das Insolvenzverfahren. Hielte das Insolvenzverfahren als Sanierungsinstrument, was sich viele von ihm versprechen, so könnte von § 18 eine missbräuchliche **Flucht des Schuldners in die (strategische) Insolvenz** drohen, zB um sich unter den Schutzschirm der §§ 88, 89 und 21 Abs. 2 Nr. 3 zu stellen (vgl. etwa FK-InsO/*Schmerbach* Rn. 38; *Ehlers* ZInsO 2005, 169 [176]). Es wäre dann eine restriktive Interpretation des Absatz 2 anzumahnen. De lege lata muss als **teleologische Auslegungsrichtschnur** gelten: § 18 muss als Anreiz zur Ingangsetzung eines Verwertungs- oder Sanierungsverfahrens vor endgültigem Eintritt der Zahlungsunfähigkeit (dies gegen zu enge Auslegung), darf aber nicht als Einladung funktionieren, sich vor Eintritt der materiellen Insolvenz durch Missbrauch des Insolvenzverfahrensrechts der Verantwortung gegenüber den Gläubigern zu entziehen (dies gegen zu weite Auslegung). Für das Erste sorgt die **Prognose** (→ Rn. 22 ff.), für das zweite die **Begrenzung auf die** im Beurteilungszeitpunkt bereits **„bestehenden Zahlungspflichten“** (→ Rn. 14, 16). 7

3. Anwendungsbereich. a) Jedes Insolvenzverfahren. Der Eröffnungsgrund der drohenden Zahlungsunfähigkeit gilt für jedes Insolvenzverfahren, auch für das Verbraucherinsolvenzverfahren (dazu Erl. § 304) und selbst für das Nachlassinsolvenzverfahren (krit. → § 320 Rn. 2 f.) und das Insolvenzverfahren über ein Gesamtgut (→ § 333 Rn. 6). 8

b) Schuldnerantrag. Nur bei einem Schuldnerantrag gilt Absatz 1 (vgl. Absatz 1). Der Schuldner selbst oder ein gesetzlicher Vertreter (im Fall einer juristischen Person oder insolvenzrechtsfähigen Personengesellschaft ein organschaftlicher Vertreter nach Maßgabe des § 15) muss also den Antrag stellen (eing. Jaeger/*H.-Fr. Müller* Rn. 16; zur Nachlassinsolvenz vgl. § 317) und ihn – jedenfalls auch – auf das drohende Zahlungsverbot stützen (vgl. → § 16 Rn. 6). Wird der Eröffnungsantrag von einem Gläubiger gestellt, so genügt es im Fall bloß drohender Zahlungsunfähigkeit nicht, wenn der Schuldner diesem Antrag mit Hinweis auf drohende Zahlungsunfähigkeit zustimmt. Das Verfahren kann auf Gläubigerantrag nur wegen etwa schon bestehender Überschuldung (§ 19) oder Zahlungsunfähigkeit (§ 17) eröffnet werden, zB wenn die Zustimmung des Schuldners mit einer Zahlungseinstellung (§ 17 Abs. 2 S. 2) einhergeht (zu deren Voraussetzungen vgl. → § 17 Rn. 39), oder wenn die „Zustimmung“ des Schuldners als Eigenantrag nach §§ 13, 18 ausgelegt werden kann. Dies sollte ggf. durch ausdrückliche Erklärung bekräftigt werden. 9

c) Keine Antragspflicht. Im Rahmen des **§ 15a** ist § 18 **nicht anwendbar.** Der Eigenantrag nach § 18 ist **fakultativ,** nicht obligatorisch. Eine Verpflichtung der Organe, den Antrag nach § 18 zu stellen, kann es nur im Innenverhältnis geben, zB auf Grund eines Weisungsbeschlusses der Gesellschafter einer GmbH oder GmbH & Co. (vgl. dazu Scholz/*Karsten Schmidt/Bitter* GmbHG vor § 64 Rn. 78 mwN). Missverständlich ist allerdings die Auffassung, die Organe könnten eine drohende, aber noch nicht aktuelle Zahlungsunfähigkeit „mehr oder weniger ignorieren“, solange dies nicht auf einen Eingehungsbetrug gegenüber Geschäftspartnern hinausläuft (*Tetzlaff* ZInsO 2008, 137 [139]). Richtig ist dies nur in 10

Bezug auf den zwingenden Gläubigerschutz, nicht in Bezug auf die internen Organpflichten gegenüber der Gesellschaft (§ 93 AktG, § 43 GmbHG). Im Innenverhältnis einer Gesellschaft stellt sich auch die Frage, ob die Organe zur Stellung des Antrags befugt sind (→ Rn. 30).

II. Der Tatbestand der drohenden Zahlungsunfähigkeit (Absatz 2)

11 **1. Prognostizierte Zahlungsunfähigkeit: methodische Grundlagen. a) Prognosetatbestand.** Der Tatbestand des § 18 ist ein **prognostischer Tatbestand.** Absatz 2 stellt darauf ab, dass der Schuldner voraussichtlich nicht in der Lage sein wird, die bestehenden Verbindlichkeiten im Zeitpunkt ihrer Fälligkeit zu erfüllen. Diese Prognose enthält notwendig ein Moment der Ungewissheit. Der Tatbestand enthält aber auch abgesehen von seinem prognostischen Element eine Reihe von Ungenauigkeiten (→ Rn. 13 ff., 19 ff.). Diese beziehen sich va auf den Gegenstand der Prognose. Absatz 2 lässt es ja nicht ausreichen, dass der Eintritt der Zahlungsunfähigkeit wahrscheinlich ist. Vielmehr soll es darauf ankommen, ob die bestehenden (→ Rn. 14 ff.) Zahlungspflichten (→ Rn. 13) im Zeitpunkt ihrer Fälligkeit (→ Rn. 12) nicht erfüllt werden können, weil der Schuldner hierzu nicht in der Lage (→ Rn. 20) sein wird. Die Frage ist deshalb, inwieweit der Tatbestand des Absatz 2 dem einer allgemeinen Liquiditätsprognose angenähert werden kann.

12 **b) Prognosegegenstand.** Prüfungsgegenstand ist **künftige Zahlungsunfähigkeit.** Der Tatbestand der (im Fall des § 18 noch nicht eingetretenen) Zahlungsunfähigkeit ist nach hM derselbe wie bei § 17 (FK-InsO/*Schmerbach* Rn. 7). Die hM projiziert die für § 17 bei BGHZ 163, 134 = NJW 2005, 3062 = ZIP 2005, 1426 zugrundegelegten Zeitraum- und Liquiditätsgrenzen (→ § 17 Rn. 19 ff.) bei der Anwendung des § 18 in die Zukunft (vgl. statt vieler Karsten Schmidt/*Uhlenbruck* Rn. 5.46; Braun/*Bußhardt* Rn. 4; FK-InsO/*Schmerbach* Rn. 15; HK-InsO/*Kirchhof* Rn. 12; MüKoInsO/*Drukarczyk* Rn. 59 ff.; Uhlenbruck/*Mock* Rn. 18). Das würde auf die Maßgeblichkeit dreier Zeitpunkte hinauslaufen: vom **Prüfungszeitpunkt** müsste auf einen **Zahlungsunfähigkeitszeitpunkt** vorausgeblickt werden (er entspräche dem Prüfungszeitpunkt bei § 17). Für diesen Zeitpunkt wäre nicht die aktuelle Liquidität zu prognostizieren. Denn aktuelle Illiquidität begründet nach BGHZ 163, 134 = NJW 2005, 3062 = ZIP 2005, 1426 noch nicht aktuelle Zahlungsunfähigkeit iSv § 17 Abs. 2 (näher → § 17 Rn. 24 ff.). Maßgebend für die Prognose müsste sein, ob die im gegenwärtigen **Prüfungszeitpunkt** „bestehenden" Zahlungspflichten in einem künftigen **Prognosezeitpunkt** (1.) fällig sein werden und dann (2.) binnen weiterer drei Wochen zu 90 % aus der Liquidität der Gesellschaft beglichen oder nicht beglichen werden können, wobei **die in diesem weiteren Prognosezeitpunkt bestehende Liquiditätslücke** von mehr oder weniger als 10 % wiederum die drohende Zahlungsunfähigkeit oder deren Fehlen nur indizieren, aber nicht definitiv festlegen kann (weil sie auch im Fall des § 17 nur „regelmäßig" über die Zahlungsunfähigkeit oder Zahlungsfähigkeit entscheidet). **Das ist** – ganz unabhängig von der um die Richtigkeit der hM zu § 17 geführten Diskussion, also auch bei Unterstellung ihrer Richtigkeit (krit. → § 17 Rn. 25, 29) – **reine Theorie.** § 18 Abs. 2 verlangt keine Prognose, ob zu einem bestimmten Zeitpunkt vorauszusehen ist, dass die dann fälligen (jetzt schon bestehenden) Verbindlichkeiten in einem dann erst beginnenden weiteren Prognosezeitraum von maximal drei Wochen zu 90 % erfüllt werden können und ob die an dieses Quantum von 90 % anknüpfende Indikation künftiger Zahlungsunfähigkeit im Einzelfall widerlegbar ist. Eine solche Doppelprognose ist unrealistisch. Eine

Übertragung dieser von BGHZ 163, 134 = NJW 2005, 3062 = ZIP 2005, 1426 zu § 17 Abs. 2 formulierten Grundsätze auf den § 18 Abs. 2 wäre in sich auch rechtlich nur schlüssig, wenn man sie auf alle im künftigen Prognosezeitpunkt fälligen und nicht nur auf die im Prüfungszeitpunkt schon begründeten Schulden bezöge, wie Absatz 2 es verlangt (dazu → Rn. 14, 16). Der **Wortlaut des Absatz 2** ist vielmehr **buchstäblich zu nehmen.** Es kommt darauf an, ob ein finanzieller Zustand droht, der es nicht mehr erlaubt, alle (!) jetzt bestehenden Zahlungsverbindlichkeiten bei Fälligkeit (!) zu begleichen (ebenso jetzt Uhlenbruck/*Mock* Rn. 19). Die entscheidende Frage ist aber die nach **Gegenstand** und **Methode** der Prognose.

2. Die bestehenden Zahlungspflichten im Prüfungszeitpunkt. a) Zahlungspflichten. Nur Zahlungspflichten fallen unter Absatz 2. Nur auf sie bezieht sich die drohende Zahlungsunfähigkeit. Auf die Währung (§ 45 S. 2) kommt es nicht an. Auch der Rechtsgrund (vertraglich, gesetzlich) ist ohne Belang (Braun/*Bußhardt* Rn. 9). Verbindlichkeiten, die erst im eröffneten Insolvenzverfahren in Geld umgerechnet werden (§ 45 S. 1), genügen nicht. Zweifelhaft ist, ob Verbindlichkeiten, die durch Rücktritt oder Kündigung oder durch Nichterfüllung in Geldverbindlichkeiten übergehen können, ausreichen. Man sollte dies ausreichen lassen, wenn die Umwandlung in eine Geldverbindlichkeit im Prognosezeitraum ihrerseits wahrscheinlich ist. Dies ist zwar nicht hM, ergibt sich aber als Konsequenz, wenn § 18 als prognostischer Illiquiditätstatbestand auf die voraussichtliche Nicht-Erfüllbarkeit bestehender Verbindlichkeiten aus finanziellen Gründen abstellt. 13

b) Bestehende Verbindlichkeiten. aa) Herrschende Auffassung. Nach dem **Wortlaut** muss sich die drohende Zahlungsunfähigkeit auf die im Prüfungszeitpunkt bereits „bestehenden Zahlungspflichten" beziehen. (OLG Hamm ZInsO 2010, 1006; HK-InsO/*Kirchhof* Rn. 6; Jaeger/*H.-Fr. Müller* Rn. 8; Kübler/Prütting/Bork/*Pape* Rn. 6; MüKoInsO/*Drukarczyk* Rn. 46). Es ist nicht von „im Zeitpunkt der Fälligkeit bestehenden Zahlungspflichten", sondern davon die Rede, dass „die bestehenden Zahlungspflichten im Zeitpunkt der Fälligkeit" nicht erfüllt werden. Die wohl noch **hM** beschränkt deshalb die Prüfung auf **die im Prüfungszeitpunkt bereits begründeten Verbindlichkeiten** (FK-InsO/*Schmerbach* Rn. 10; HK-InsO/*Kirchhof* Rn. 6; Kübler/Prütting/Bork/*Pape* Rn. 7; undeutlich MüKoInsO/*Drukarczyk* Rn. 48). Dies sind diejenigen Verbindlichkeiten, deren Rechtsgrund schon besteht, auch wenn die Verbindlichkeit noch betagt oder befristet oder von einer Gegenleistung abhängig ist. Künftige Leistungen aus bestehenden Dauerschuldverhältnissen (zB aus Arbeitsverträgen oder aus Raummiete) reichen aus (FK-InsO/*Schmerbach* Rn. 7; *Bürger/Schellberg* BB 1995, 261 [264]). Ein Schuldner, der im Prognosezeitraum nicht mehr die Löhne, Raummieten und Versicherungsprämien aus ungekündigtem Rechtsverhältnis wird zahlen können, ist im Zustand drohender Zahlungsunfähigkeit. Darauf, ob die Forderungen schon geltend gemacht werden (vgl. dazu → § 17 Rn. 12 f.), kommt es nicht an (vgl. selbst für gestundete Forderungen BGH NJW-RR 2014, 2015 = NZI 2014, 698 = ZIP 2014, 1289), ebenso wenig bei Schadensersatzpflichten darauf, inwieweit sich die Schäden schon konkretisiert haben. Eine einstweilige Schätzung erwarteter Schäden analog § 287 ZPO muss ausreichen (allerdings zweifelhaft; vgl. FK-InsO/*Schmerbach* Rn. 10). Allerdings muss die Schadensersatzpflicht (zB durch den Vertrieb gefährlicher Güter oder durch eine Deliktshandlung) dem Grunde nach schon angelegt sein (enger wohl FK-InsO/*Schmerbach* Rn. 10). **Nicht** ausreichend sind nach dieser hM Verbindlichkeiten, die erst in Zukunft entstehen, zB durch geplante Investitionen oder drohende Unfälle. 14

15 **bb) Gegenauffassung.** Dieser hM wird in der **Kritik** ein Widerspruch mit der Intention des InsO-Gesetzgebers vorgehalten (vgl. etwa Uhlenbruck/*Uhlenbruck* 13. Aufl. 2010, Rn. 3; vgl. allerdings *ebd.* Rn. 14). Um dem Normzweck des § 18 zu entsprechen, trägt eine Gegenansicht deshalb vor, dass auch alle voraussichtlich während des Prognosezeitraums entstehenden Verbindlichkeiten Gegenstand der prognostischen Zahlungsunfähigkeitsprüfung sind (vgl. etwa Pape/Uhlenbruck/Voigt-Salus/*Sietz* Rn. 17.23; Karsten Schmidt/*Uhlenbruck* Rn. 5.42; HambK-InsO/*Schröder* Rn. 6; Braun/*Bußhardt* Rn. 10; wohl auch Jaeger/*H.-Fr. Müller* Rn. 16 ff.; sa MüKoInsO/*Drukarczyk* Rn. 54; Uhlenbruck/*Mock* Rn. 45 mit zweifelhafter Berufung auf BGH NZG 2014, 273 = ZIP 2014, 183 und BGH NZG 2014, 698 = ZIP 2014, 1289; undeutlich Braun/*Bußhardt* Rn. 10). Bei natürlichen Personen wären hiernach die durch Lebensführung entstehenden Verbindlichkeiten einzubeziehen, bei Unternehmen die fortlaufend entstehenden Verbindlichkeiten, zB außer Löhnen, Versicherungsprämien, laufenden Mietzahlungen auch künftige Steuern, Lieferungen, Reparaturen, Investitionen etc. Tatbestand und Prognose wären auszudehnen.

16 **cc) Stellungnahme.** Der **hM** (→ Rn. 14) ist zuzustimmen. Richtig ist zwar, dass dem prognostischen Charakter des Absatz 2 durch unbegrenzte Einbeziehung aller bestehenden und zu erwartenden Verbindlichkeiten mit größerer Vollkommenheit Rechnung getragen werden könnte. Nur dann würde das Gesetz wirklich jede warum auch immer „drohende Zahlungsunfähigkeit" erfassen. Selbst die Absicht, demnächst ungedeckte Verbindlichkeiten einzugehen, könnte dann den Tatbestand drohender Zahlungsunfähigkeit begründen. Genau dies hat der Gesetzgeber aber nicht gewollt. Nach der **Regierungsbegründung** (BT-Drs. 12/2443, 114 f.) soll Absatz 2 die Zahlungsunfähigkeitsprüfung gegenüber § 17 nur auf diejenigen Verbindlichkeiten ausdehnen, „die schon bestehen, aber noch nicht fällig sind". Drohende Überschuldung ist noch nicht drohende Zahlungsunfähigkeit, und auch drohende Zahlungsunfähigkeit liegt nach Absatz 2 nicht schon bei jeder Situation vor, auf die dieses Schlagwort passt (also „Zahlungsunfähigkeit droht"). Die **Legaldefinition des Absatz 2** begrenzt den Tatbestand auf die **Befriedigungserwartung bezüglich schon bestehender Verbindlichkeiten.** Aber bei der dergestalt auf die Erfüllung schon begründeter Verbindlichkeiten begrenzten Prognose, die sich auf die „gesamte Entwicklung" beziehen soll, sind „auch die zukünftigen, noch nicht begründeten Zahlungspflichten mitzuberücksichtigen" (so richtig FK-InsO/*Schmerbach* Rn. 11; Kübler/Prütting/Bork/*Lüke* Rn. 7 f.; MüKoInsO/*Drukarczyk* Rn. 48). **Gegenstand der prognostizierten Zahlungsunfähigkeitsprüfung** können maW nur im Prüfungszeitpunkt bereits begründete Verbindlichkeiten sein. Dagegen wird **das Ergebnis** der auf diese Verbindlichkeiten bezogenen und begrenzten **Illiquiditätsprognose** aus dem Gesamtbild, also unter Einschluss erwarteter Verbindlichkeiten und Kapitalflüsse, entwickelt (vgl. → Rn. 25). Diese Unterscheidung ist in sich nicht widersprüchlich (vgl. dagegen Uhlenbruck/*Mock* Rn. 45: „unklar"). Der praktische Effekt dieser Unterscheidung besteht darin, dass die bestehenden Verbindlichkeiten den Prognosezeitraum begrenzen (BK-InsO/*Goetsch* Rn. 11; wohl auch MüKoInsO/*Drukarczyk* Rn. 56 f.). Der **Prognosezeitraum** ist also bei § 18 – anders als bei § 19 (→ § 19 Rn. 49) – **doppelt begrenzt:** durch die Fälligkeitserwartung bei bestehenden Verbindlichkeiten und durch die zeitlichen Grenzen der Prognosefähigkeit (→ Rn. 27; str.). Für das **Prognoseergebnis** werden dagegen auch Vermögensabflüsse aus künftigen Verbindlichkeiten (zB aus Lieferungen) als liquiditätswirksam mitberücksichtigt (→ Rn. 25; dies auch zur Deutung des hier vertretenen Standpunkts durch HambK-InsO/*Schröder* Rn. 6).

17 **c) Ansatz zum Nennwert. Verbindlichkeiten** werden **zum Nennwert** angesetzt (vgl. auch → § 17 Rn. 8). Der Nennwert bestimmt den Liquiditäts-

bedarf für die Tilgung der Verbindlichkeiten. Zu den bestehenden Verbindlichkeiten können **auch ungewisse oder bestrittene Verbindlichkeiten** zählen (FK-InsO/*Schmerbach* Rn. 8). Umstr. ist, ob hier ein Alles-oder-Nichts-Prinzip gilt, ob also nur zwischen Berücksichtigung zum Nennwert oder Nicht-Berücksichtigung gewählt werden kann oder ob ungewisse Verbindlichkeiten mit einem Abschlag anzusetzen sind (für letzteres FK-InsO/*Schmerbach* Rn. 8). Bei Einzelverbindlichkeiten liegt der erste dieser Ansätze näher, bei einer Summe zweifelhafter Verbindlichkeiten, zB aus Produkthaftung oder Mängelgewährleistung, eher der zweite, weil diese Verbindlichkeiten, selbst wenn sie bestehen, nicht allesamt liquiditätswirksam sind. Das Bestehen ebenso wie die Höhe der Verbindlichkeiten ist Gegenstand der Feststellung des Eröffnungsgrunds (→ Rn. 11 ff.). Dagegen ist die Bildung von Rückstellungen, insbes. für künftig zu erwartende Verbindlichkeiten als solche nicht relevant, weil nicht liquiditätswirksam (anders wohl MüKoInsO/*Drukarczyk* Rn. 47).

d) Fälligkeit nicht erforderlich. Absatz 2 stellt auf die Zahlungsunfähigkeit 18
im (künftigen) Fälligkeitszeitpunkt ab. Nicht erforderlich ist **Fälligkeit im Prüfungs- und Antragszeitpunkt.** Die Fälligkeit muss erst in der Prognosephase eintreten und im künftigen Prognosezeitpunkt eingetreten sein (→ Rn. 19).

3. Zahlungsunfähigkeitszeitpunkt. a) Prognosezeitpunkt. Vom jeweils 19
gegenwärtigen **Prüfungszeitpunkt** unterscheidet die hier gewählte Terminologie den in der Zukunft liegenden **Prognosezeitpunkt,** auf den sich die (Il-)Liquiditätsprognose bezieht. Als **Zahlungsunfähigkeitszeitpunkt** wird hier derjenige künftige Zeitpunkt bezeichnet, in dem Illiquidität angenommen wird. Dieser spezielle Prognosezeitpunkt ist in der Realität nicht als präziser Zeitpunkt bestimmbar (vgl. insofern auch → § 17 Rn. 5). Er muss nur im **Prognosezeitraum** (→ Rn. 27) liegen. Es handelt sich um den mutmaßlichen **Eintritt des Schuldners in den Zustand der Zahlungsunfähigkeit.** Während die hM hierfür auf die Rspr. zu § 17 Abs. 2 abstellt (Angaben bei → Rn. 12), kommt es nach der hier vertretenen Ansicht darauf an, ob ein Zeitpunkt vorhersehbar ist, in dem die im Prüfungszeitpunkt bereits bestehenden Verbindlichkeiten aus finanziellen Gründen nicht mehr oder nicht mehr vollständig beglichen werden können (→ Rn. 12). Zur Frage, wie weit dieser Zeitpunkt in der Zukunft liegen kann, vgl. → Rn. 27.

b) Kriterien im Prognosezeitpunkt. Zwei Merkmale müssen im Zah- 20
lungsunfähigkeitszeitpunkt zusammentreffen: **die Fälligkeit** der im Prüfungszeitpunkt bereits bestehenden (zu diesem Zeitpunkt fälligen oder noch nicht fälligen) Verbindlichkeiten (→ Rn. 14) und die **liquiditätsbedingte Unfähigkeit,** diese Verbindlichkeiten zu begleichen (→ Rn. 12, 29).

c) Wahrscheinlichkeitsgrad. Das erforderliche **Maß an Wahrscheinlichkeit** 21
wird im Gesetzeswortlaut („voraussichtlich") nicht präzisiert. Die hM geht von einem Wahrscheinlichkeitsgrad über 50 % aus, also von überwiegender Wahrscheinlichkeit (vgl. nur Pape/Uhlenbruck/Voigt-Salus/*Sietz* Rn. 17.23; Braun/*Bußhardt* Rn. 4; BK-InsO/*Goetsch* Rn. 14; FK-InsO/*Schmerbach* Rn. 22; HK-InsO/*Kirchhof* Rn. 13; Uhlenbruck/*Mock* Rn. 26; *Burger/Schellberg* BB 1995, 261 [265]). Das ist eine brauchbare Grundlage. Der Einwand, um Spekulationen zu Lasten der Gläubiger zu verhindern, dürfe die drohende Zahlungsunfähigkeit nicht so einfach verneint werden (Scholz/*Bitter* GmbHG vor § 64 Rn. 77) vernachlässigt den Optionscharakter des § 18 (→ Rn. 5). Auch die Annahme, der Wahrscheinlichkeitsgrad müsse mit der Länge der Prognosedauer steigen (*Bittmann* wistra 1998, 321 [325]; sympathisierend FK-InsO/*Schmerbach* Rn. 23) scheint unbegründet. Was mit der Prognosedauer steigt, ist nur die Schwierigkeit, bezüg-

lich der prognostizierten Zahlungsunfähigkeit ein Wahrscheinlichkeitsurteil über 50 % zu erreichen.

22 **4. Die Prognose: Methode, Gegenstand, Zeitraum. a) Finanzplanung.** Die **Prognose** ist auf **Liquiditätspläne** zu stützen (Prüfungsstandart IDW S 11 Rn. 92 f.; eing. Braun/*Bußhardt* Rn. 11 ff.; FK-InsO/*Schmerbach* Rn. 16 ff.; MüKoInsO/*Drukarczyk* Rn. 20 ff.; Uhlenbruck/*Mock* Rn. 27 ff.). Die **Methode der Finanzplanung** ist nicht in jeder Hinsicht dieselbe wie im Fall der Prognose nach § 19 (so aber *Greil/Herden* ZInsO 2011, 109 ff.), weil es nicht um die Überlebensfähigkeit des Unternehmens (des Rechtsträgers), sondern nur um die Fähigkeit zur künftigen Begleichung der gegenwärtigen Verbindlichkeiten im Zeitpunkt der Fälligkeit geht. Es geht um eine prospektive Finanzplanung (→ Rn. 11). Deren betriebswirtschaftliche Grundlagen sind ua geschildert in Kölner Schrift InsO/*Drukarczyk/Schüler* Rn. 2.49 ff.; Karsten Schmidt/*Uhlenbruck* Rn. 5.103 ff.; MüKoInsO/*Drukarczyk* Rn. 13 ff.; *Greil/Herden* ZInsO 2011, 109 ff.; *Tetzlaff* ZInsO 2008, 226 ff.).

23 **b) Gegenstand der Prognose.** Gegenstand der Prognose sind **zwei sich aus → Rn. 20 ergebende Merkmale** (bestätigend BGH NZG 2014, 273 = NZI 2014, 259 = ZIP 2014, 183): die Fälligkeit der im Prüfungszeitpunkt bestehenden Verbindlichkeiten (→ Rn. 18, 24) und deren Erfüllbarkeit aus liquiden Mitteln (→ Rn. 25 f.). Maßgeblich für die Erfüllbarkeit sind: der Zuwachs von Verbindlichkeiten (→ Rn. 16) und die im Prognosezeitpunkt vorhandene Liquidität (→ Rn. 26). Die sich hierauf beziehende Wahrscheinlichkeit von über 50 % (→ Rn. 21) wird nach der hier vertretenen Auffassung nicht auf die bei BGHZ 163, 134 = NJW 2005, 3062 = ZIP 2005, 1117 fein ausziselierten Grenzen des § 17 Abs. 2 (Ausfall mit nicht unter 10 % binnen maximal drei Wochen) bezogen, sondern auf alle in Absatz 2 bezeichneten Geldschulden im Zeitraum der Fälligkeit (vgl. → Rn. 12). Die hierüber hinausgehende hM ist **im Eröffnungsverfahren** beim Insolvenzgericht nicht durchzuhalten (→ Rn. 12). Im Alltagsgebrauch müssen finanzplanbasierte Erfahrungsregeln ausreichen. Die in akademischer Sicht „richtige" Prognose taugt hier nur als Richtpunkt. Für die **Selbstvergewisserung im Unternehmen** (soll Antrag nach § 18 gestellt werden oder nicht?) mag man von der bei → Rn. 12 kritisierten hM ausgehen, also geduldete Verzugsphasen wie Zahlungsziele mit einkalkulieren. Das hat aber nichts mit der Auslegung des Absatz 2 zu tun, sondern nur mit dem strategischen Umgang mit dem optionalen Eigenantrag. Die strategische Feinsteuerung der Finanzplanung zur Selbstvergewisserung über die Opportunität eines Schuldnerantrags nach § 18 ist Gegenstand des Schuldnerermessens und kann nicht von Rechts wegen durch Absatz 2 begrenzt oder erweitert werden. Für den Tatbestand des Absatz 2 muss faktische Zahlungsunfähigkeit im Fälligkeitszeitpunkt genügen.

24 **c) Einzelheiten. aa) Fälligkeit im Prognosezeitpunkt.** Fälligkeit der im Prüfungszeitpunkt bestehenden Verbindlichkeiten **im Prognosezeitpunkt** (→ Rn. 19) ist erforderlich. Teil der Prognose ist also die Prüfung, welche gegenwärtigen Verbindlichkeiten im Prognosezeitraum fällig werden (vgl. zur Rspr. *Pape* DB 2015, 1207). Der Fälligkeitszeitpunkt ist idR leicht feststellbar. Hinzu kommt im Stadium der drohenden Zahlungsunfähigkeit allerdings die mögliche vorzeitige Fälligstellung bestehender Verbindlichkeiten durch Kündigungserklärungen (BGH NZG 2014, 273 = NZI 2014, 259 = ZIP 2014, 183 Rn. 10).

25 **bb) Relevanz neuer Verbindlichkeiten.** Der **Zuwachs neuer Verbindlichkeiten** im Prognosezeitraum ist für das Liquiditäts-Gesamtbild relevant (→ Rn. 16). Er wird regelmäßig aus einer Fortschreibung der im Prüfungszeitpunkt bereits bekannten Passivenentwicklung gefolgert. Ein zwischenzeitlicher

Fortfall von Altverbindlichkeiten durch Erfüllung wird durch Liquiditätsabfluss (→ Rn. 26) ausgeglichen. Er ist deshalb idR ungeeignet, eine drohende Zahlungsunfähigkeit bezüglich verbleibender Verbindlichkeiten auszuschließen. Künftige Verbindlichkeiten sind zwar nicht selbst Gegenstand der Zahlungsunfähigkeitsprüfung (→ Rn. 16), aber **künftige zu erwartende Kapitalabflüsse,** zB wegen Lieferungen, zählen bei der Zahlungsunfähigkeitsprüfung mit, insofern also auch künftig entstehende oder fällig werdende Verbindlichkeiten (BGH NZG 2014, 273 = ZIP 2014, 183; BGH NZG 2014, 698 [702] = ZIP 2014, 1289 [1293]).

cc) Prognostizierte Liquidität. Die prognostizierte Liquidität hängt von dem Zufluss bzw. Abfluss von Mitteln bis zum Prognosezeitpunkt ab. Nachhaltige Liquiditätszusagen etwa von Mutterunternehmen, Gesellschaftern oder Kreditinstituten gehen in diese Prognose ein (vgl. über Patronatserklärungen → § 17 Rn. 14). Dasselbe gilt umgekehrt von nachhaltigen Liquiditätsabflüssen. Der Abfluss von Mitteln durch Begleichung von Verbindlichkeiten gleicht den Zuwachs neuer Verbindlichkeiten teilw. aus (→ Rn. 25). 26

d) Prognosezeitraum. Der Prognosezeitraum ist in der **Literatur** Gegenstand unterschiedlicher Hypothesen: bis zum spätesten Fälligkeitszeitpunkt bestehender Forderungen (BK-InsO/*Goetsch* Rn. 11; MüKoInsO/*Drukarczyk* Rn. 58)? maximal drei Jahre (so FK-InsO/*Schmerbach* Rn. 13)? maximal zwei Jahre (so zB Graf-Schlicker/*Pöhlmann* Rn. 2; HK-InsO/*Kirchhof* Rn. 8; Kübler/Prütting/Bork/*Pape* Rn. 6)? maximal bis zum Ende des nächsten Geschäftsjahrs (Karsten Schmidt/*Uhlenbruck* Rn. 5.108)? maximal ein Jahr (*Bittmann* wistra 1998, 321 [325])? wenige Monate (Nerlich/Römermann/*Mönning* Rn. 34)? **Richtigerweise** kann es **keine absolute Grenze** geben (so auch Braun/*Bußhardt* Rn. 8; HambK-InsO/*Schröder* Rn. 10; Uhlenbruck/*Mock* Rn. 23 f.), weshalb der Zeitraum mindestens theoretisch bis zur letzten Fälligkeit einer schon bestehenden Verbindlichkeit reichen kann (so denn auch IDW S 11 Rn. 93). Und richtigerweise ist dieser Zeitraum **normzweckabhängig**: Geht es bei § 19 um eine die Fortführung rechtfertigende Prognose, so soll die Prognose bei § 18 die Verfahrenseröffnung rechtfertigen. Der Prognosezeitraum ist **doppelt begrenzt:** zum einen durch die Begrenzung des Absatz 2 auf **bestehende Verbindlichkeiten** (→ Rn. 16) und zum anderen durch die **Erschöpfung der Prognosefähigkeit** von Finanzplänen. Eine Wahrscheinlichkeit von über 50 % (→ Rn. 21) wird sich nur ausnahmsweise über Jahre hinweg vorhersagen lassen (wohl aber zB, wenn eine befristete Liquiditätszusage ausläuft und der Garant, zB eine Muttergesellschaft, deren Verlängerung nicht verlässlich in Aussicht stellt). 27

III. Rechtsfolgen des § 18

1. Allgemein. a) Insolvenzantrag. Nach **§§ 16, 18** ist der **Eigenantrag** zulässig (dazu → Rn. 9). Dies gilt auch im Verhältnis zu den Gläubigern. Wirksam ist allerdings, soweit nicht § 138 BGB entgegensteht, die Vereinbarung mit einem Gläubiger, dass kein Eigenantrag gestellt wird. In eng begrenzten Fällen kann die Stellung eines Eigenantrags gem. § 18 auch eine vertragliche Nebenpflichtverletzung sein, wenn der Schuldner (ggf. die Geschäftsleitung einer Schuldner-Gesellschaft) einen Vertragspartner mit einem Eröffnungsantrag nach § 18 überrascht. An dessen Wirksamkeit ändert dies grds. nichts. Die Diskussion über **die vom Schuldner** im Fall des § 18 **beizubringenden Unterlagen** (ausf. *Möser* S. 70 ff.) ist im Hinblick auf → Rn. 6 eher theoretisch. 28

b) Weitere Rechtsfolgen. Der Tatbestand des § 18 hat im Sanierungsinteresse auch weitere **Rechtsfolgen nach § 39 Abs. 4** (Sanierungsprivileg) **und § 270b** (Schutzschirmverfahren). Nach **§ 133 Abs. 1 S. 2** wird bei der sog Vorsatz- 29 anfechtung Kenntnis des Anfechtungsgegners vom Benachteiligungsvorsatz vermutet, wenn der Anfechtungsgegner wusste, dass die Zahlungsunfähigkeit drohte (dazu → § 133 Rn. 74 ff.; BGH NJW-RR 2014, 698 = ZIP 2014, 1289).

30 **2. Bei Gesellschaften als Schuldnern. a) Insolvenzrecht.** Im **Außenverhältnis** ist **Absatz 3** zu beachten. Der Wortlaut ist selbsterklärend. Es kommt auf die Vertretungsbefugnis an. Fehlt es daran, so ist der Eröffnungsantrag unwirksam und die Verfahrenseröffnung unzulässig. Die Bestimmung soll voreilige Anträge verhindern (Bericht des Rechtsausschusses BT-Drs. 12/7302, 157). Dem Gesellschafterschutz dient sie nur mittelbar (missverständlich *Tetzlaff* ZInsO 2008, 137 [142]).

31 **b) Gesellschaftsrecht.** Im **Innenverhältnis** ist ein Vorstand zur Stellung des Antrags, wenn wirklich nur drohende Zahlungsunfähigkeit vorliegt, nur berechtigt, wenn der **Aufsichtsrat** zugestimmt hat. Erwogen wird sogar eine Befragung der Hauptversammlung (*A. N. Rokas,* Die Insolvenzprophylaxe als Bestandteil der Corporate Governance im deutschen Aktienrecht, 2012, 149 f.; *Wortberg* ZInsO 2004, 707 [708 f.]; *Wertenbruch* DB 2013, 1592 [1594] [alle mit Berufung auf die Holzmüller-Doktrin]). Verlangt wird sogar ein HV-Beschluss mit ¾-Mehrheit (*Wertenbruch* DB 2013, 1592 [1594]). Das scheint in dieser Allgemeinheit unrealistisch (skeptisch auch *Kebekus/Zenker* FS Maier-Reimer, 2010, 319 [335]). Eine **Befragung der Hauptversammlung** ist zwar zulässig (§ 119 Abs. 2 AktG) und kann, va bei einer kleinen AG, als Vorabentlastung empfehlenswert sein, va im Zusammenhang mit einem Sanierungskonzept. Rechtlich geboten ist sie aber grds. nicht. Der Geschäftsführer einer **GmbH** darf den Antrag nur stellen, wenn er zuvor nach §§ 46 Nr. 6, 49 Abs. 2 GmbHG die **Gesellschafter** (Karsten Schmidt/Uhlenbruck/*Karsten Schmidt* Rn. 5.43, 5.216; *Wortberg* ZInsO 2004, 707 [709 f.]; *Tetzlaff* ZInsO 2008, 137 [140]; *Geißler* ZInsO 2013, 919 [923]; *Wertenbruch* DB 2013, 1592 [1593]; **aM** *Hölzle* ZIP 2013, 1846) oder einen etwa vorhandenen Aufsichtsrat befragt hat. Grds. wird ein qualifizierter Gesellschafterbeschluss verlangt (*Geißler* und *Wertenbruch* aaO). Die Gefahr, dass die Geschäftsführer in der Absicht, ein Buy Out in die Wege zu leiten, die Gesellschafter mit einem Antrag nach § 18 überfahren (FK-InsO/*Schmerbach* Rn. 38; *Tetzlaff* ZInsO 2008, 137 [141 ff.]), ist also gering. Nicht auszuschließen ist allerdings der missbräuchliche Einsatz des Insolvenzantrags für strategische Insolvenzziele zu Lasten von Minderheitsgesellschaftern. Verstöße gegen interne Pflichten wirken sich allerdings grds. nicht auf die Zulässigkeit des Eröffnungsantrags gegenüber dem Insolvenzgericht aus. Möglich ist eine Geschäftsführerhaftung im Innenverhältnis (FK-InsO/*Schmerbach* Rn. 37; HambK-InsO/*Schröder* Rn. 14; *Wortberg* ZInsO 2004, 707 [711 f.]; *Tetzlaff* ZInsO 2008, 137 [140 ff.]). Bei einer **Personengesellschaft,** zB einer GmbH & Co. KG, bedarf die Antragstellung wegen drohender Zahlungsunfähigkeit als strategische Maßnahme grds. gleichfalls eines Gesellschafterbeschlusses (OLG München NZI 2013, 542 = ZIP 2013, 1121; *Wertenbruch* DB 2013, 1592 [1594 f.]). Ein Verstoß kann gegenüber der KG zum Schadensersatz verpflichten (OLG München NZI 2013, 542 = ZIP 2013, 1121; zust. HambK-InsO/*Schröder* Rn. 14). Anders wird dies für den natürlichen Komplementär gesehen (*Wertenbruch* DB 2013, 1592 [1595 f.]): Er entscheidet vorbehaltlich entgegenstehend der Treupflicht nach eigener Einschätzung.

Überschuldung[1]

19 (1) **Bei einer juristischen Person ist auch die Überschuldung Eröffnungsgrund.**

(2) [1]**Überschuldung liegt vor, wenn das Vermögen des Schuldners die bestehenden Verbindlichkeiten nicht mehr deckt, es sei denn, die Fortführung des Unternehmens ist nach den Umständen überwiegend wahrscheinlich.** [2]**Forderungen auf Rückgewähr von Gesellschafterdarlehen oder aus Rechtshandlungen, die einem solchen Darlehen wirtschaftlich entsprechen, für die gemäß § 39 Abs. 2 zwischen Gläubiger und Schuldner der Nachrang im Insolvenzverfahren hinter den in § 39 Abs. 1 Nr. 1 bis 5 bezeichneten Forderungen vereinbart worden ist, sind nicht bei den Verbindlichkeiten nach Satz 1 zu berücksichtigen.**

(3) [1]**Ist bei einer Gesellschaft ohne Rechtspersönlichkeit kein persönlich haftender Gesellschafter eine natürliche Person, so gelten die Absätze 1 und 2 entsprechend.** [2]**Dies gilt nicht, wenn zu den persönlich haftenden Gesellschaftern eine andere Gesellschaft gehört, bei der ein persönlich haftender Gesellschafter eine natürliche Person ist.**

Schrifttum (Auswahl; vgl. auch die Angaben bei § 16): *Ahrend/Plischkaner,* Der modifizierte zweistufige Überschuldungsbegriff – Rückkehr mit Verfallsdatum, NJW 2009, 964; *Aleth/Haflinger,* Die Fortführungsprognose i. S. von § 19 II InsO, NZI 2011, 166; *Bitter,* Neuer Überschuldungsbegriff in § 19 Abs. 2 InsO: Führt die Finanzmarktkrise zu besseren Einsichten des Gesetzgebers?, ZInsO 2008, 1097; *ders.,* Positive Fortführungsprognose trotz fehlender Ertragsfähigkeit?, ZIP 2012, 1733; *Bitter/Hommerich,* Die Zukunft des Überschuldungsbegriffs, 2012; *Bitter/Hommerich/Reiß,* Die Zukunft des Überschuldungsbegriffs, ZIP 2012, 1201; *Bitter/Kresser,* Positive Fortführungsprognose trotz fehlender Ertragsfähigkeit?, ZIP 2012, 1733; *Böcker/Poertzgen,* Finanzmarkt-Rettungspaket ändert Überschuldungsbegriff (§ 19 InsO), GmbHR 2008, 1289; *dies.,* Der insolvenzrechtliche Überschuldungsbegriff ab 2014, GmbHR 2013, 17; *Bork,* Wie erstellt man eine Fortbestehungsprognose?, ZIP 2000, 1709; *Bretz/Gude,* Beurteilung des neuen Überschuldungsbegriffs in der InsO anhand von Bilanzinformationen, ZInsO 2010, 515; Budde/Förschle/Winkeljohann, Sonderbilanzen, 4. Aufl. 2008; *Büttner,* Der neue Überschuldungsbegriff und die Änderung des Insolvenzstrafrechts, ZInsO 2009, 841; *Dahl,* Die Änderung des Überschuldungsbegriffs durch Art. 5 des Finanzmarktstabilisierungsgesetzes (FMStG), NZI 2008, 719; *Dahl/Schmitz,* Probleme von Überschuldung und Zahlungsunfähigkeit nach FMStG und MoMiG, NZG 2009, 567; *Eckert/Happe,* Todgesagte leben länger – die (vorübergehende) Rückkehr des zweistufigen Überschuldungsbegriffs, ZInsO 2008, 1098; *Ehlers,* Anforderungen an die Fortführungsprognose, NZI 2011, 161; *Fischer,* Harte Patronatserklärungen in der Insolvenz, FS Lwowski, 2014, 175; *Fromm/Gierthmühlen,* Zeitliche Geltung des neuen Überschuldungsbegriffs im Insolvenzstrafrecht, NZI 2009, 665; *Frystatzki,* Die Insolvenzrechtliche Fortführungsprognose – Zahlungsunfähigkeits- oder Ertragsfähigkeitsprognose?, NZI 2011, 173; *ders.,* Ansprüche gegen Geschäftsführer und Gesellschafter in der Überschuldungsbilanz der GmbH, NZI 2013, 161; *Ganter,* die Anforderungen der höchstrichterlichen Rechtsprechung an eine zuverlässige Fortführungsprognose bei der Sanierungsprüfung, NZI 2014, 673; *Götz,* Entwicklungslinien insolvenzrechtlicher Überschuldungsmessung, KTS 2003, 1; *Graeber,* Der auskunftsunwillige Schuldner im Eigenantragsverfahren – Überlegungen zur verfahrensmäßigen Behandlung – zugleich Anm. BGH vom 12.12.2002 (IX ZB 426/02), ZInsO 2003, 551; *Greil/Herden,* Die Überschuldung als Grund für die Eröffnung des Insolvenzverfahrens, ZInsO 2010, 833; *Haas,* Das neue Kapitalersatzrecht nach dem RegE-MoMiG, ZInsO 2007, 617; *Habersack,* Gesellschafterdarlehen nach MoMiG: Anwendungsbereich, Tatbestand und Rechtsfolgen der Neuregelung, ZIP 2007, 2145; *Haußer/Heeg,* Überschuldungsprüfung und Patronatserklärung, ZIP 2010, 1427; *Hirte,* Neuregelungen mit Bezug zum gesellschaftsrechtlichen Gläubigerschutz und im Insolvenzrecht durch das Gesetz zur Modernisierung des

---

[1] § 19 Abs. 2 neu gef. mWv 18.10.2008 durch G v. 17.10.2008 (BGBl. I S. 1982, insoweit geänd. durch G v. 7.4.2009, BGBl. I S. 725 und G v. 24.9.2009, BGBl. I S. 3151 und G v. 5.12.2012, BGBl. I S. 2418); Abs. 2 Satz 2 angef. mWv 1.11.2008 durch G v. 23.10.2008 (BGBl. I S. 2026).

GmbH-Rechts und zur Bekämpfung von Missbräuchen (MoMiG), ZInsO 2008, 689; *Hirte/Knof/Mock,* Überschuldung und Finanzmarktstabilisierungsgesetz, ZInsO 2008, 1217; *Hölzle,* Nachruf: Wider die Überschuldungs-Dogmatik in der Krise, ZIP 2008, 2003; *Holzer,* Die Änderung des Überschuldungsbegriffs durch das Finanzmarktstabilisierungsgesetz, ZIP 2008, 2108; *Hunkemöller/Tymann,* Stolperfalle Überschuldung: Warum § 19 InsO den Sanierungsgedanken konterkariert, ZInsO 2011, 712; *Hüttemann,* Überschuldung, Überschuldungsstatus und Unternehmensbewertung, FS Karsten Schmidt, 2009, 760; IDW, Empfehlungen zur Überschuldungsprüfung bei Unternehmen, FAR 1/1996, in: IDW Verlautbarungen zur Sanierung und Insolvenz, 4. Aufl. 2010; *Kahlert/Gerke,* Steuerneutralität des Rangrücktritts eines GmbH-Gesellschafters nach § 19 Abs. 2 S. 3 InsO nF?, ZIP 2008, 2392; *Kessler,* Interne und externe Patronatserklärungen als Instrumente zur Insolvenzvermeidung, 2015; *Körnert/Wagner,* Verlängerte Befristung der Überschuldungsdefinition der InsO nach dem FMStG durch das Gesetz zur Erleichterung der Sanierung von Unternehmen – eine kritische Stellungnahme, ZInsO 2009, 2131; *Kühne/Nickert,* Wann ist eine insolvenzrechtliche Prognose positiv?, ZInsO 2014, 2297; *Lüer,* Gesetzgeberischer Gestaltungseifer statt Rechtspolitik. Zur Neufassung von § 19 Abs. 2 InsO, FS Hüffer, 2010, 604; *Luttermann/Vahlenkamp,* Wahrscheinlichkeitsurteile im Insolvenzrecht und internationale Bewertungsstandards (Rating-Agentur), ZIP 2003, 1629; *Möhlmann-Mahlau/Schmitt,* Der „vorübergehende" Begriff der Überschuldung, NZI 2009, 19; Pfaff, Die Rückkehr zur Fortführungsbewertung im Überschuldungstatbestand, 2009; *Plagens/Wilkes,* Betriebswirtschaftliche Aspekte und offene Fragen im Zusammenhang mit der Definition des Begriffs „Zahlungsunfähigkeit" auf Grund der jüngeren BGH-Entscheidungen, ZInsO 2010, 2107; *Poertzgen,* Fünf Thesen zum neuen (alten) Überschuldungsbegriff (§ 19 InsO nF), ZInsO 2009, 401; *Pott,* Renaissance des modifiziert zweistufigen Überschuldungsbegriffs, NZI 2012, 4; *Rokas,* Die „neue" Legaldefinition der Überschuldung, ZInsO 2009, 18; *Karsten Schmidt,* Wege zum Insolvenzrecht der Unternehmen, 1990, 46 ff.; *ders.,* Konkursgründe und präventiver Gläubigerschutz, AG 1978, 334; *ders.,* Sinnwandel und Funktion des Überschuldungstatbestands, JZ 1982, 165; *ders.,* Überschuldung und Insolvenzantragspflicht nach dem Finanzmarktstabilisierungsgesetz, DB 2008, 2467; *ders.,* Überschuldung und Unternehmensfortführung, ZIP 2013, 485; *ders.,* Rangrücktritt insolvenzrechtlich/Rangrücktritt steuerrechtlich, DB 2015, 600; *ders., Schmidt/Roth,* Die Bewertung von streitigen Verbindlichkeiten bei der Ermittlung der Insolvenzeröffnungsgründe, ZInsO 2006, 236; *A. Schmidt/Schröder,* Die Fortführungsprognose im Rahmen der Überschuldungsprüfung, Meilensteine in Zeiten der InsO, 2012, 27; *Sikora,* Die Fortbestehensprognose im Rahmen der Überschuldungsprüfung, ZInsO 2010, 1761; *Thonfeld,* Der „instabile Überschuldungsbegriff" des Finanzmarktstabilisierungsgesetzes, NZI 2009, 15; *Wachter,* Auswirkungen der Finanzmarktkrise auf die Unternehmergesellschaft (haftungsbeschränkt), GmbHR 2008, 1296; *Wackerbarth,* Überschuldung und Fortführungsprognose, NZI 2009, 145; *Weyand,* Strafrechtliche Aspekte des MoMiG im Zusammenhang mit juristischen Personen, ZInsO 2008, 702; *Wolf,* Bewertung von Vermögensgegenständen im Überschuldungsstatus, DStR 1995, 859; *Wuschek,* Der Überschuldungsbegriff, ZInsO 2011, 1734.

Übersicht

I. Grundlagen

1. Normzweck. a) Doppelfunktion. Der Eröffnungsgrund der Überschuldung hat eine Doppelfunktion: Er dient als **Legitimationsgrund für die Verfahrenseröffnung** (vgl. → § 16 Rn. 1) und als **Anknüpfungspunkt für die sog Insolvenzantragspflicht** (→ § 15a Rn. 25) und die mit ihr verbundene ständige Selbstprüfung des Unternehmens (vgl. zu dieser → Rn. 18). 1

2 **b) Präventiver Gläubigerschutz.** Der **Normzweck** des Überschuldungstatbestands zielt in einem rein exekutorisch orientierten Insolvenzrecht auf die Abgrenzung der Gesamtvollstreckung (Insolvenzrecht) von der Einzelzwangsvollstreckung (Zwangsvollstreckungsrecht). In einem modernen Unternehmensinsolvenzrecht dient der Überschuldungstatbestand dem präventiven **Gläubigerschutz** (*Karsten Schmidt*, Wege zum Insolvenzrecht der Unternehmen, 1990, 46 ff.; *ders.* AG 1978, 334 ff.; JZ 1982, 165 ff. und seither öfter). Er entscheidet darüber, ab wann Unternehmen aus der Selbstverantwortung in das Insolvenzverfahren überführt werden müssen und sich die Weiterführung durch die Unternehmensleitung als gläubigerschädigendes „wrongful trading" erweist (→ § 15a Rn. 1).

3 **2. Entwicklung des Tatbestands. a) Die beiden Varianten. aa) Bilanzielle und prognostische Elemente.** Die **Konkursordnung** hatte den Tatbestand der Überschuldung nicht definiert. In § 92 Abs. 2 S. 2 AktG aF, § 64 Abs. 1 S. 2 GmbHG aF war der Tatbestand in dem Sinne beschrieben, dass das Vermögen nicht die Verbindlichkeiten deckt. Historischer Ausgangspunkt war damit ein **exekutorisches Konkursrechtsverständnis** (vgl. → Einl. Rn. 6), und aus unternehmensrechtlicher Sicht entsprach dem eine rein **bilanzielle Überschuldungsmessung.** Trotzdem hatte sich bereits unter der Konkursordnung ein prognostisches Merkmal durchgesetzt (vgl. → Rn. 5). **Umstr.** war allerdings, ob die **Überlebensprognose** lediglich **als Wertprämisse** in die Aktivenbewertung eingehe (so die traditionelle Auffassung) oder ob die **Überlebensprognose ein eigenständiges Merkmal** des Überschuldungstatbestands darstellt (so der vom *Verfasser* seit AG 1978, 334 und JZ 1982, 165 propagierte damals „neue" zweistufige Überschuldungsbegriff). Der letztere Überschuldungsbegriff entsprach bereits der Fassung des nunmehr geltenden Absatz 2 (vgl. → Rn. 4). Entgegen einer verbreiteten Auffassung ist beiden Ansätzen eines gemeinsam: die **Zweistufigkeit.** Dem Überschuldungstatbestand wohnen gemäß seiner präventiven Funktion (→ Rn. 2) zwei Elemente inne: **ein bilanzielles und ein prognostisches Element**. Der den Streit um die „richtige" Überschuldungsfeststellung begleitende Unterschied liegt nur darin, wo der Platz der Prognose ist: Ist die Prognose der bilanziellen Überschuldungsprüfung als Bewertungsprämisse immanent, oder stellt sie ein separates Tatbestandsmerkmal dar (eing. Karsten Schmidt/Uhlenbruck/*Karsten Schmidt* Rn. 5.56 ff.; *ders.* DB 2008, 2467 ff.; ZIP 2013, 485 ff.)?

4 **bb) Alternative Grundtatbestände.** In der **Insolvenzordnung** schlug sich die geschilderte Polarität der Überschuldungsdefinitionen in gegensätzlichen Fassungen des **Absatz 2** nieder: **Tatbestand Nr. 1 (1998–2008) = § 19 Abs. 2 InsO aF:** „Überschuldung liegt vor, wenn das Vermögen des Schuldners die bestehenden Verbindlichkeiten nicht mehr deckt. Bei der Bewertung des Vermögens des Schuldners ist jedoch die Fortführung des Unternehmens zugrunde zu legen, wenn diese nach den Umständen überwiegend wahrscheinlich ist". Dieser Tatbestand wurde dahin ausgelegt, dass eine bilanzielle Überschuldung, wenn selbst Fortführungswerte die Passiva nicht decken, stets auch eine Überschuldung im Rechtssinne des Absatz 2 ist (BGHZ 171, 46 = ZIP 2007, 676; OLG Naumburg ZInsO 2004, 512; KG InVO 2007, 187). Ob dies durch Aktivierung des Firmenwerts neutralisierbar ist (Karsten Schmidt/Uhlenbruck/*Karsten Schmidt* Rn. 5.75) blieb zweifelhaft. Durch das Gesetz zur Umsetzung eines Maßnahmenpakets zur Stabilisierung des Finanzmarkts (Finanzmarktstabilisierungsgesetz) vom 17.10.2008 (BGBl. I S. 1982) wurde der folgende, zurzeit geltende **Tatbestand Nr. 2 (2008–2013) = § 19 Abs. 2 InsO nF** gefunden: „Überschuldung liegt vor, wenn das Vermögen des Schuldners die bestehenden Verbindlichkeiten nicht mehr deckt, es sei denn, die Fortführung des Unternehmens ist nach den Umständen überwiegend wahrscheinlich." Dies ist **Ab-**

satz 2 in der gegenwärtigen Fassung. Die zunächst vorgesehene Verfalldauer des Tatbestands Nr. 2 hat sich durch Entfristung erledigt (vgl. → Rn. 5 und 7, jew. aE).

5 **b) Rechtsentwicklung. Historisch** verlief die Debatte wie folgt (vgl. auch *Drukarczyk/Schlüter* Kölner Schrift InsO Kap. 2 Rn. 89 ff.; *Braun/Bußhardt* Rn. 2 ff.; HambK-InsO/*Schröder* Rn. 1b-14; Jaeger/*H.-Fr. Müller* Rn. 15 ff.; MüKoInsO/*Drukarczyk/Schüler* Rn. 11 ff.; Uhlenbruck/*Mock* Rn. 3 ff.; *Karsten Schmidt* ZIP 2013, 485 f.): Der **Tatbestand 1** dominierte **bis etwa 1980** (Angaben bei *Karsten Schmidt* JZ 1982, 165; nach *Götz,* Entwicklungslinien insolvenzrechtlicher Überschuldungsmessung, KTS 2003, 1 [27] gab es keine herrschende Meinung). In den Jahren **1980–1998** dominierte **Tatbestand 2**. Dieses vom Verfasser konzipierte Modell (*Karsten Schmidt* AG 1978, 334 ff.; JZ 1982, 165) fand Anerkennung im Leitsatz des Urteils BGHZ 119, 201: „Eine Überschuldung der Gesellschaft liegt grds. nur dann vor, wenn das Vermögen der Gesellschaft bei Ansatz von Liquidationswerten die bestehenden Verbindlichkeiten nicht decken würde (rechnerische Überschuldung) und die Finanzkraft der Gesellschaft mittelfristig nicht zur Fortführung des Unternehmens ausreicht (Überlebens- und Fortbestehensprognose)." Für die Jahre **1998–2008** schrieb die InsO in **§ 19 Abs. 2** den **Tatbestand Nr. 1** fest, und zwar ausdrücklich in Ablehnung des Ansatzes von BGHZ 119, 201 (Begr. RegE zu § 23 sowie *Pfaff* S. 75 ff.; BK-InsO/*Humberg* Rn. 18). Der BGH folgte nolens volens diesem Gesetzgeberwillen (vgl. BGHZ 171, 46 = ZIP 2007, 676): „Mit der Neufassung des Überschuldungstatbestands in § 19 Abs. 2 InsO ist für das neue Recht der zur Konkursordnung ergangenen Rspr. des Senats zum sog. ‚zweistufigen Überschuldungsbegriff' (BGHZ 119, 201) die Grundlage entzogen." Nach OLG Schleswig NZI 2010, 492 galt dies für Haftungssachverhalte vor dem 18.10.2008 weiterhin auch nach der Wiedereinführung des Tatbestands 2. **Seit 2008** gilt neuerlich der **Tatbestand 2.** In der im Jahr 2008 ausgebrochenen Finanzkrise wechselte der Gesetzgeber wieder zum Tatbestand Nr. 2 (Art. 6 Abs. 3 des Gesetzes zur Umsetzung eines Maßnahmenpakets zur Stabilisierung des Finanzmarkts vom 17.10.2008, BGBl. I S. 182). Dieser Tatbestand war ursprünglich befristet bis zum 31.12.2010 und wurde durch das Gesetz vom 24.9.2009 (BGBl. I S. 3151) bis zum 31.12.2013 verlängert. **Ab 2014** sollte wieder **Tatbestand Nr. 1** gelten, sofern nicht der Gesetzgeber ihn erneut verlängern (zur rechtspolitischen Empfehlung vgl. → Rn. 7) oder den Überschuldungstatbestand vollständig ersetzen oder beseitigen würde. Durch Gesetz vom 5.12.2012 (BGBl. I S. 2418) wurde dann aber der **Tatbestand 2 entfristet und verstetigt** (dazu *Böcker/Poertzgen* GmbHR 2013, 17; *Karsten Schmidt* ZIP 2013, 485).

6 **3. Rechtspolitische Beurteilung. a) Meinungsstand.** Die **rechtspolitische Einschätzung** dieser Tatbestände und des Überschuldungstatbestands insgesamt ist umstr. Der **Überschuldungstatbestand** ist Gegenstand unablässiger Diskussion seit Jahrzehnten (Überblick bei *Pott* NZI 2012, 4 ff.). Es gibt Stimmen, die die Berechtigung des Überschuldungstatbestands vollständig ablehnen und für die ersatzlose Beseitigung plädieren (so zB *Frystatzki* NZI 2011, 521 [526]; *Hunkemöller/Tymann* ZInsO 2011, 712 ff.). Andere lehnen die in dem Tatbestand enthaltene Prognose vollends ab (so zB *Wackerbarth* NZI 2009, 145 ff.). Nicht ohne Grund wird auch das unklare **Verhältnis zwischen** dem obligatorischen Eröffnungsgrund des **§ 19 Abs. 2 und** dem fakultativen Eröffnungsgrund des **§ 18** diskutiert (vgl. nur MüKoInsO/*Drukarczyk* § 18 Rn. 76 ff.; *Pott* NZI 2012, 4 [7] mwN). Kritik fand auch die temporäre **Ablösung des Tatbestands 1 durch den Tatbestand 2** im Jahr 2008 (ablehnend zu dieser Methode BK-InsO/*Humberg* Rn. 13; FK-InsO/*Schmerbach* Rn. 40; *Lüer* FS Hüffer, 2010, 603 ff.). Das **Bundesjustizministerium** hatte eine Studie über die Erfahrungen ausgeschrieben (BAnz

2011, 1831). Umfrageergebnisse sind analysiert und publiziert bei *Bitter/Hommerich* passim sowie *Bitter/Hommerich/Reiß* ZIP 2012, 1201 ff. Die Umfrage dürfte für die Entscheidung des Gesetzgebers mit ausschlaggebend gewesen sein.

7 **b) Stellungnahme.** Hier wird, nicht anders als in der 17. Auflage 1997 (Kilger/*Karsten Schmidt* § 102 KO Anm. 2b), für den bei Erscheinen des Kommentars geltenden **Tatbestand 2** plädiert (eing. *Karsten Schmidt* ZIP 2013, 485 ff.), wie immer er dauerhaft heißen mag, denn nicht der **Begriff „Überschuldung"**, sondern die **Funktion des Tatbestands** gibt den Ausschlag (vgl. vorerst *Karsten Schmidt* ZIP 2009, 1551 ff.). Die Argumente sind, kurz gefasst, die folgenden: Die Bedeutung des Tatbestands ist in erster Linie an der Insolvenzantragspflicht (§ 15a) und nicht an der Befugnis des Gerichts zur Eröffnung des Verfahrens zu messen (→ Rn. 1). Der Überschuldungstest entscheidet über erlaubte oder verbotene Unternehmensfortführung. Die sich hieraus ergebende **Funktion präventiven Gläubigerschutzes** (*Karsten Schmidt,* Wege zum Insolvenzrecht der Unternhmen, S. 38 ff. sowie AG 1978, 334) ist kaum zu entbehren. Das sprach für die nunmehr vollzogene **Fortschreibung des Tatbestands Nr. 2** (→ Rn. 4) über den 31.12.2013 hinaus (→ Rn. 5).

8 An **Bestimmtheit** ist Absatz 2 immer noch dem funktionell vergleichbaren Tatbestand des „Wrongful Trading" nach Art. 214 Insolvency Act überlegen, mit dem er teilw. funktionsgleich ist (→ Rn. 2). Grundsatzeinwände gegen die einer Prognose notwendig **immanente Unbestimmtheit** (vgl. *Wackerbarth* NZI 2009, 145 [146]) sind zurückzuweisen (näher *Karsten Schmidt* ZIP 2013, 485 [489 f.]). Die hiervon zu trennende Frage, ob dem **Tatbestand 2** der Vorzug zu geben **oder** zum **Tatbestand 1** (→ Rn. 4) zurückzukehren ist, wurde aus hier nicht zu wiederholenden Gründen **zugunsten des Tatbestands 2** entschieden (vgl. ebd.).

9 **4. Anwendungsbereich. a) Juristische Personen iSv Absatz 1.** Dies sind die bei → § 11 Rn. 9 ff. genannten Schuldner. Das sind zunächst **die rechtsfähigen Körperschaften:** rechtsfähige Vereine, Aktiengesellschaften (einschließlich SE), Kommanditgesellschaften auf Aktien, Gesellschaften mbH (unter Einschluss der UG), eingetragene Genossenschaften sowie auch **der „nicht rechtsfähige" Verein** (→ § 11 Rn. 11; BK-InsO/*Humberg* Rn. 4; HK-InsO/*Kirchhof* Rn. 5). Im Fall der eingetragenen Genossenschaft ist die Anwendbarkeit durch § 98 GenG eingeschränkt. **Umstr.** ist die Anwendbarkeit des § 19 auf **Vorgesellschaften** (vgl. auch → § 15a Rn. 9). Die Frage sollte weniger von deren Rechtsnatur (juristische Person in Gründung oder Gesellschaft ohne Rechtspersönlichkeit) als von ihrem Haftungsstatus abhängig gemacht werden. Im Hinblick auf die persönliche Gesellschafterhaftung vor der Eintragung wird die Anwendung nach positivem Recht teilw. verneint (vgl. die Angaben bei Jaeger/*H.-Fr. Müller* Rn. 12; unklar Uhlenbruck/*Mock* Rn. 31). Hier wird sie, weil die Vorgesellschaft jederzeit durch Eintragung zur beschränkten Haftung überwechseln kann, ungeachtet bestehender Zweifel bejaht (vgl. sinngemäß → § 15a Rn. 9). Über **Auslandsgesellschaften** vgl. sinngemäß → § 15a Rn. 10. Auch **rechtsfähige Stiftungen** fallen unter die juristischen Personen. **Juristische Personen des öffentlichen Rechts** sind entgegen verbreiteter Lesart nicht per definitionem insolvenzrechtsunfähig (vgl. → § 11 Rn. 9), doch ist das Insolvenzverfahren nach § 12 idR unzulässig. Wo dieses Hindernis nicht besteht, gilt auch § 19.

10 **b) Gesellschaften „ohne Rechtspersönlichkeit".** Diese Gesellschaften (→ § 11 Rn. 15) fallen nach Absatz 3 unter § 19, wenn keine natürliche Person als persönlich haftender Gesellschafter unmittelbar (Satz 1) oder als Gesellschafter-Gesellschafter mittelbar für die Gesellschaft haftet (Absatz 3). Die Abgrenzung ist dieselbe wie bei § 15a Abs. 1 S. 2 (dazu → § 15a Rn. 13). Eine bloße Innenhaftung von Anlegern – etwa eine Treugeberhaftung bei einer Publikums-GmbH &

Co. KG mit einem Treuhandkommanditisten – befreit nicht von der Anwendung des § 19 (vgl. auch → § 15a Rn. 13).

c) Sonderfälle. Ausdrücklich anwendbar ist der Eröffnungsgrund der Überschuldung **bei allen Kreditinstituten** (§ 46b Abs. 1 KWG) in der **Nachlassinsolvenz** (§ 320) und in der **Insolvenz der fortgesetzten Gütergemeinschaft** (§ 332). Angebracht wäre der Eröffnungsgrund auch beim Sondervermögen des insolventen Einzelunternehmens nach Unternehmensfreigabe gem. § 35 Abs. 2, weil die Gläubiger auch hier nur auf das freigegebene Unternehmen zugreifen können (vgl. zur Insolvenz dieses Sondervermögens → § 11 Rn. 27). Zur zweifelhaften Anwendbarkeit des Absatz 2 auf den Fall der Nachlassinsolvenz vgl. → § 320 Rn. 4. 11

II. Systematik und praktische Anwendung

1. Systematische Gleichwertigkeit des bilanziellen und des prognostischen Tests. Die unterschiedlichen Überschuldungsdefinitionen (→ Rn. 3 ff.) unterscheiden sich nicht in der Befürwortung oder Ablehnung, sondern im Stellenwert der Prognose. Nach dem **„Tatbestand 1"** (1998–2008) konnte die Überschuldungsprüfung nur eine bilanzielle sein, weil die Prognose nur für die Aktivenbewertung einsetzbar war. Der geltende **„Tatbestand 2"** mit der Formulierung „es sei denn" hat Mutmaßungen über das **Verhältnis von rechnerischer Überschuldung und Prognose** aufkommen lassen (mehrstufige Prüfung? zwingende Prüfungsreihenfolge?; vgl. nur BK-InsO/*Humberg* Rn. 23 ff.; FK-InsO/*Schmerbach* Rn. 12 ff.). Festzuhalten ist: 12

a) Zwei Elemente. Der **Überschuldungstatbestand** ist eine **Einheit,** bestehend **aus zwei gleichwertigen Merkmalen:** der rechnerischen Überschuldung und dem Fehlen einer positiven Prognose. Beides zusammen begründet den Tatbestand der **Überschuldung im Rechtssinne.** Als Eröffnungstatbestand setzt deshalb Absatz 2 beide Prüfungen voraus: **Bilanzielle Überschuldung** und das Fehlen einer positiven Prognose. Umgekehrt ist konsequenterweise die **negative Überschuldungsprüfung** (zu Fortführungszwecken) segmentiert: Rechtmäßige Fortführung ist (vorbehaltlich Zahlungsunfähigkeit) gegeben, wenn entweder die rechnerische Überschuldung ausgeschlossen oder eine positive Fortführungsprognose angenommen werden kann. 13

b) Prüfungsreihenfolge. Es gibt **keine rechtlich vorgeschriebene Prüfungsreihenfolge** (Kübler/Prütting/Bork/*Pape* Rn. 30; FK-InsO/*Schmerbach* Rn. 13; Scholz/*Karsten Schmidt* GmbHG, 10. Aufl., vor § 64 Rn. 24; Scholz/*Bitter* GmbHG vor § 64 Rn. 31; **aM** Baumbach/Hueck/*Haas* GmbHG § 64 Rn. 59a; noch für den „Tatbestand I" OLG Naumburg ZInsO 2004, 512 f.; BK-InsO/*Humberg* Rn. 23, 30). Das Leitungsorgan wird diejenige Prüfung vorziehen, die schneller zur Entscheidungsreife führt und nötigenfalls gerichtsfest ist. Steht – wie unter Normalverhältnissen bei der Mehrheit der Unternehmen – die Fortführungsprognose außer Zweifel (dies sind Fälle, die nicht vor die Gerichte kommen), so ist eine bilanzielle Überschuldungsprüfung überflüssig (insoweit wie hier Kübler/Prütting/Bork/*Pape* Rn. 30; HK-InsO/*Kirchhof* Rn. 6). Eine bilanzielle Überschuldungsmessung zu Liquidationswerten wäre in diesen Fällen zulässig, aber nutzlos. Einfach gesprochen heißt das: Die Prognose hat so lange den Vorrang, wie eine belastbare Überschuldungsprüfung nicht stattfinden muss. 14

Steht die Überschuldungsfrage ernsthaft im Raum, also in der **Krise der Gesellschaft,** so gibt es immer noch keine zwingend vorgeschriebene Prüfungsreihenfolge (HK-InsO/*Kirchhof* Rn. 6). Der Ratschlag, die angeblich einfachere Prognoseführung vorzuziehen (so etwa Kübler/Prütting/Bork/*Pape* Rn. 30; HK- 15

InsO/*Kirchhof* Rn. 6; Baumbach/Hueck/*Haas* GmbHG § 64 Rn. 59b), ist in seiner Allgemeinheit bedenklich, weil die Prognose (noch) unsicherer ist als die bilanzielle Überschuldungsmessung. Nur wenn die Prognose ungeachtet jeder Vermögensmessung positiv ist, macht sie diese entbehrlich (→ Rn. 14; weitergehend Baumbach/Hueck/*Haas* GmbHG § 64 Rn. 59b: strenger Vorrang der Prognose; s. auch IDW S 11 Rn. 53). Die **Grundregel für die Unternehmenspraxis** ist: Um die Unternehmensfortführung ohne Insolvenzantrag gerichtsfest zu legitimieren, sollten im Fall einer Unternehmenskrise Vermögenslage und Prognose geprüft werden (*Karsten Schmidt* ZIP 2013, 485 [489]). Wenn es gelingt, eine bilanzielle Überschuldung auszuschließen, empfiehlt es sich, dies durch den Überschuldungsstatus (→ Rn. 20 ff.) zu belegen. Aber auch in der Situation rechnerischer Überschuldung kann es geboten sein, die Fortführungsprognose durch einen (in diesem Fall negativen) Vermögensstatus zu unterlegen. Auch die Finanzplanung ist ja nicht frei von einem Urteil über das Ist-Vermögen.

16 **2. Bilanzielle Überschuldung als Vermutungstatbestand. a) Vermutung.** Umstr. ist auch die **Vermutungswirkung der „es sei denn"-Formel.** Unstreitig ist die **Beweislastwirkung im Zivilprozess**, zB in einem auf eine Verletzung des § 15a oder der insolvenzrechtlichen Zahlungsverbote (§ 93 Abs. 3 Nr. 6 AktG, § 64 GmbHG, § 130a HGB) gestützten Haftungsprozess (vgl. Uhlenbruck/*Mock* Rn. 53; Kübler/Prütting/Bork/*Pape* Rn. 49). Im Zivilprozess wird also vermutet, dass bei rechnerischer Überschuldung auch rechtliche Überschuldung vorliegt (in dieser Richtung auch BGH ZInsO 2008, 1019). Diese Vermutung rechtlicher Überschuldung kann nicht einfach auf die Handelsbilanz gestützt werden (BGH WM 2012, 665 = ZInsO 2012, 737), denn die Handelsbilanz ist kein Überschuldungsstatus (→ Rn. 21). Die Vermutung setzt aber auch keinen in der Krise erstellten Insolvenzstatus voraus (an dem es in einschlägigen Fällen meist fehlen wird). Vielmehr genügt die allgemeinen Regeln (§ 186 ZPO) folgende Überzeugung des Gerichts, dass im Referenzzeitpunkt rechnerische Überschuldung vorlag. Das Gericht wird dann nur noch prüfen, ob die Prognose trotzdem positiv war.

17 **b) Verfahren mit Amtsprüfung.** Zweifelhaft ist die Vermutungswirkung bei der **Prüfung von Amts wegen im Eröffnungsverfahren** und (ex post) im **Strafprozess.** Dass hier das Regel-Ausnahmeverhältnis bedeutungslos wäre, wäre eine rein akademische Sichtweise. Zwar ergibt sich aus der „es sei denn"-Formel im Eröffnungsverfahren bzw. im Strafprozess keine Darlegungslast der Unternehmensleitung. Gleichwohl wird das Insolvenzgericht und ebenso ex post ein Strafgericht die Überschuldung bejahen, wenn die rechnerische Überschuldung für den relevanten Zeitpunkt feststeht und für eine gleichwohl positive Fortführungsprognose in diesem Zeitpunkt keine Anhaltspunkte bestehen, die weitere Sachverhaltsaufklärung rechtfertigen würden.

18 **3. Selbstprüfung des Unternehmens. a) Perspektive der Überschuldungsprüfung.** Dem Sinn und Zweck des Überschuldungstatbestands folgend (→ Rn. 1 f.), ist dieser in erster Linie nicht Gegenstand der Prüfung im Insolvenzeröffnungsverfahren, sondern **Gegenstand ständiger Selbstprüfung** zur Vermeidung rechtswidriger Insolvenzverschleppung (vgl. Karsten Schmidt/Uhlenbruck/*Karsten Schmidt* Rn. 1.109, 5.54, 5.110 ff.; FK-InsO/*Schmerbach* Rn. 41). Prüfungsziel ist die Fortführungsfähigkeit, also die **Nicht(!)-Überschuldung.** Die Überschuldungsprüfung ist **rechtsträgerbezogen**, nicht zB bezogen auf Unternehmen, Konzern oder Niederlassung (vgl. auch → Rn. 46, → § 11 Rn. 22).

19 **b) Dokumentation.** Als Dokumentation der Überschuldungsprüfung ist Schriftlichkeit bzw. elektronische Dokumentation mit Datumskontrolle ratsam (Karsten Schmidt/*Uhlenbruck* Rn. 4.141; Uhlenbruck/*Mock* Rn. 45). Doch gilt

dies selbstverständlich nur für die Überschuldungsprüfung ex ante, also für die Selbstprüfung. Die gerichtliche Überschuldungsprüfung ex post durch Insolvenz-, Zivil- oder Strafgerichte (→ Rn. 16 f.) wird häufig ohne solche Hilfe durch Beweisführung und Beweiswürdigung ex post stattfinden (mit de facto großen Nachteilen für die Beteiligten).

III. Das erste Element: die rechnerische Überschuldung

1. Funktion. a) Tragweite. Die Prüfung einer rechnerischen Überschuldung kann ausreichen, um den Tatbestand des Absatz 2 auszuschließen (weil das Vermögen die Verbindlichkeiten deckt). Nicht dagegen reicht sie nach dem geltenden Tatbestand 2 (→ Rn. 4) aus, um den Überschuldungstatbestand definitiv zu belegen (weil die Fortführungsprognose die Überschuldung ausschließen kann). Die Funktion der bilanziellen Überschuldungsprüfung besteht unter dem geltenden Tatbestand 2 (vgl. → Rn. 4) in einer reinen **Schuldendeckungsprüfung.** Geklärt werden soll, ob auch ohne positive Fortführungsprognose von einer Befriedigung der Gläubiger aus der Liquidationsmasse ausgegangen werden kann. 20

b) Überschuldungsstatus. Die rechnerische Überschuldung wird anhand eines Überschuldungsstatus geprüft (BGH BB 1987, 1006; HK-InsO/*Kirchhof* Rn. 17). Diese sog Sonderbilanz ist keine Bilanz im technischen Sinne, sondern eine **Gegenüberstellung von Aktiva und Passiva** (vgl. Budde/Förschle/Winkeljohann/*Hoffmann* Sonderbilanzen P Rn. 72). Bspw. kennt dieser Status keine Rechnungsabgrenzungsposten (missverständlich HambK-InsO/*Schröder* Rn. 33, 46; Jaeger/*H.-Fr. Müller* Rn. 69, 72). **Bilanzzweck** ist die Feststellung, ob im Verwertungsfall die Verbindlichkeiten aus dem Vermögen beglichen werden können. Bei der Bestimmung der Aktiva und Passiva sind die Posten der Jahresbilanz nicht verbindlich (zur Darlegung von Abweichungen vgl. BGH NZG 2014, 100 = ZIP 2014, 168). 21

c) Liquidationshypothese. Anders als nach dem Tatbestand 1 (→ Rn. 4) geht eine etwa positive **Fortführungsprognose** bezüglich des Rechtsträgers grds. **nicht** in die einzustellenden Werte ein. Nur der im Liquidationsfall erzielbare Wert der zu aktivierenden Wirtschaftsgüter kann deren Werthaltigkeit beeinflussen (vgl. → Rn. 25). 22

2. Die Aktivseite des Überschuldungsstatus. a) Grundlagen. aa) Schuldnervermögen. Nur **Gegenstände des Schuldnervermögens** (vgl. § 35) sind aktivierbar. Im Fall der **Verwaltungstreuhand** kann das Treuhandvermögen zwar beim Treuhänder, nicht aber beim Treugeber aktiviert werden (vgl. auch Karsten Schmidt/*Uhlenbruck* Rn. 5.166). Allg. gilt: Was im Verfahren aus dem Schuldnervermögen ausgesondert werden kann (§ 47), ist nicht aktivierbar. **Leasinggut** ist grds. nur beim Leasinggeber, nicht beim Leasingnehmer aktivierbar (Karsten Schmidt/*Uhlenbruck* Rn. 5.164). **Absonderungsrechte** gesicherter Gesellschaftsgläubiger an Gegenständen des Gesellschaftsvermögens stehen der Aktivierbarkeit nicht entgegen, weil die gesicherte Verbindlichkeit ihrerseits passiviert wird (vgl. HK-InsO/*Kirchhof* Rn. 22; Uhlenbruck/*Mock* Rn. 74; FK-InsO/*Schmerbach* Rn. 20; aA Kübler/Prütting/Bork/*Pape* Rn. 59). Anders verhält es sich bei Sicherheiten an Gegenständen des Gesellschaftsvermögens für Verbindlichkeiten Dritter, auch Konzernunternehmen. Hier kommt es darauf an, ob dem Risiko der Inanspruchnahme ein vollwertiger Freistellungsanspruch entgegengesetzt ist. 23

bb) Bewertung. Die **Aktiva** werden **zu Liquidationswerten** angesetzt (Kübler/Prütting/Bork/*Pape* Rn. 56; FK-InsO/*Schmerbach* Rn. 19; Scholz/*Bitter* GmbHG vor § 64 Rn. 43; Scholz/*Karsten Schmidt,* 10. Aufl., vor § 64 Rn. 31). Eine Aktivierung zu Fortführungswerten im Fall positiver Prognose (*Wolf* DStR 24

1995, 859 ff.) entspricht dem Tatbestand 1, nicht dagegen dem geltenden Tatbestand 2 (→ Rn. 4). Liquidationswerte, bezogen auf die juristische Person oder Personengesellschaft, sind aber **nicht notwendigerweise** dasselbe wie **Zerschlagungswerte,** bezogen auf eine Unternehmenszerschlagung (Nerlich/Römermann/*Mönning* Rn. 27; Uhlenbruck/*Mock* Rn. 130). Wirtschaftsgüter, die auch im Fall der Abwicklung verwertbar wären, werden entsprechend ihrem Veräußerungswert bewertet. Bei verschiedenen Verwertungsmöglichkeiten gibt die wahrscheinlichere den Ausschlag (HambK-InsO/*Schröder* Rn. 21).

25 **cc) Einzel- oder Gesamtbewertung.** Es gilt **kein allgemeiner Grundsatz der Gesamtbewertung.** Die Aktivierung des Unternehmens-Fortführungwerts als Ganzes, dh unter Einschluss des sog Firmenwerts kann bei der Verwendung des Tatbestands 1 (→ Rn. 3 f.) ein Hilfsmittel sein, um den Ergebnissen des Tatbestands 2 nahezukommen (Karsten Schmidt/Uhlenbruck/*Karsten Schmidt* Rn. 5.75; sa *Hüttemann* FS Karsten Schmidt, 2009, 760 ff.). Dagegen wäre eine Aktivierung des Firmenwerts mit dem bilanziellen Element des Tatbestands 2, der Überschuldungsstatus und Prognose klar trennt (→ Rn. 4), unvereinbar (so iErg auch HK-InsO/*Kirchhof* Rn. 15). Da aber der Überschuldungstatbestand rechtsträgerbezogen ist (→ Rn. 18) und der Rechtsträger nicht Unternehmen „ist", sondern ein Unternehmen „hat" (*Karsten Schmidt* HandelsR § 3 Rn. 44 ff.), ist eine Gesamtaktivierung des Unternehmens nicht ausgeschlossen (so wohl auch Scholz/*Bitter* GmbHG vor § 64 Rn. 48). Über die schwierige Frage, ob **Einzelbewertung oder Gesamtbewertung** maßgeblich ist, entscheidet auf der Grundlage des Tatbestands 2 im Einzelfall die wahrscheinliche Verwertungsart (Kübler/Prütting/Bork/*Pape* Rn. 56; Jaeger/*H.-Fr. Müller* Rn. 48). **Unternehmensteile,** die auch im Liquidationsfall geschlossen veräußerlich sind, können als Pakete bewertet werden. Die Gesamtbewertung von Unternehmen, Unternehmensteilen und sonstigen Vermögensgesamtheiten schließt eine Doppelbewertung aus. Wird etwa ein Betrieb oder Unternehmensteil aktiviert, so ist eine zusätzliche Aktivierung des hierauf bezogenen Geschäfts- oder Firmenwerts ausgeschlossen (unklar Uhlenbruck/*Mock* Rn. 82 f.). **Auslandsvermögen** wird einbezogen (näher HambK-InsO/*Schröder* Rn. 51 ff.).

26 **b) Fallgruppen. aa) Sachen. Immobilien und bewegliche Sachen** werden nach dem Verkehrswert angesetzt (Kübler/Prütting/Bork/*Pape* Rn. 59; Jaeger/*H.-Fr. Müller* Rn. 54; Uhlenbruck/*Mock* Rn. 63). Insbes. die **Grundstücksbewertung** hängt stark von der zu erwartenden Verwertung ab (Karsten Schmidt/*Uhlenbruck* Rn. 5.157). **Vorräte und Halbzeug** können nach der unter Liquidationsbedingungen erwartbaren Verwertungsart berücksichtigt werden (Angaben bei Jaeger/*H.-Fr. Müller* Rn. 57; Uhlenbruck/*Uhlenbruck* Rn. 138). Dieser Wert kann zwischen dem Verschrottungswert und dem Fertigverkaufswert abzüglich Fertigstellungskosten liegen.

27 **bb) Immaterialgüterrechte (Schutzrechte).** Diese Recht sind, soweit separat verwertbar, zu aktivieren (Karsten Schmidt/*Uhlenbruck* Rn. 5.147; HambK-InsO/*Schröder* Rn. 28; Kübler/Prütting/Bork/*Pape* Rn. 62). Nach dem bei → Rn. 25 zum Tatbestand Gesagten geht es nicht um die Verwertbarkeit durch Gesamtveräußerung des Unternehmens, sondern um die Möglichkeit separater Verwertung (die Gegenansicht bei Uhlenbruck/*Uhlenbruck* 13. Aufl. 2010, Rn. 66 bezog sich auf den Tatbestand 1). Nicht separat aktivierbar ist der sog Firmenwert (vgl. → Rn. 25, str.).

28 **cc) Beteiligungen.** Die Aktivierung von Beteiligungen richtet sich nach der Verwertbarkeit und bejahendenfalls nach dem Verkehrswert oder Kurswert (Kübler/Prütting/Bork/*Pape* Rn. 60; Jaeger/*H.-Fr. Müller* Rn. 55; Uhlenbruck/*Mock* Rn. 64, 141). Eigene Anteile an der Schuldnerin selbst sind nicht aktivierbar

(Lutter/Hommelhoff/*Kleindiek* GmbHG Anh. § 64 Rn. 31; Karsten Schmidt/*Uhlenbruck* Rn. 5.142 ff.; unklar Uhlenbruck/*Mock* Rn. 65a). Eine Gegenansicht lässt es auf die Verwertbarkeit ankommen (HambK-InsO/*Schröder* Rn. 30; Jaeger/*H.-Fr. Müller* Rn. 58; Rowedder/*Schmidt-Leithoff/Baumert* GmbHG § 64 Rn. 132; Uhlenbruck/*Mock* Rn. 118; Scholz/*Bitter* GmbHG vor § 64 Rn. 50). Ihr ist nicht zu folgen. Erst wenn (unwahrscheinlicherweise) ein wirksamer Kaufvertrag abgeschlossen sein sollte, kann der Kaufpreisanspruch, sofern vollwertig, aktiviert werden.

dd) Einlageansprüche. Rückständige Einlagen einschließlich wirksam übernommener Anteile aus Kapitalerhöhungen und verbindlich gezeichneter Nachschüsse werden grds. zum Nennwert aktiviert, jedoch ggf. mit Wertberichtigungen bei Zweifeln an der Beitreibbarkeit (Karsten Schmidt/*Uhlenbruck* Rn. 5.148; HambK-InsO/*Schröder* Rn. 23; Uhlenbruck/*Mock* Rn. 87). In Fällen möglicher Überschuldung wird eine Aktivierung zum Nennwert meist theoretisch bleiben, weil Vollwertigkeit des Anspruchs ohne Weiteres durch Einforderung und Einzahlung dokumentiert werden könnte und die Nicht-Begleichung der Forderung in der Krise gegen eine Vollwertigkeit des Einlageanspruchs spricht. Über **Ansprüche auf Verlustdeckung,** zB aus Vertragskonzernrecht oder vertraglicher Verlustübernahme, sowie Ansprüche der Gesellschaft aus **Patronatserklärungen** vgl. → Rn. 42 ff. **Rückzahlungsansprüche** wegen verbotener Ausschüttungen **aus § 31 GmbHG bzw. § 62 AktG** sind im Grundsatz aktivierbar (Jaeger/*H.-F. Müller* Rn. 65), ebenso Ansprüche auf Unterbilanzausgleich aus dem Gründungsstadium der Gesellschaft (Jaeger/*H.-F. Müller* Rn. 68) und **Bardeckungsansprüche bei überbewerteten Sacheinlagen** (§ 9 GmbHG). Jedoch sind hier die Vorbehalte von → Rn. 30 **(Verität, Bonität und Realisierungsabsicht)** besonderes ernst zu nehmen. Forderungen, die die Gesellschaft nicht geltend macht und im Bestreitensfall durchsetzt, vielleicht nicht einmal in die Rechnungslegung einstellt, sind im Insolvenzstatus nicht aktivierbar. Hier (auf der Seite der Schuldnerin!) passt das bei → § 17 Rn. 13 kritisierte Erfordernis des „ernsthaften Einforderns". Über konzernrechtliche **Verlustdeckungsansprüche**, Ansprüche aus **Patronatserklärungen**, aus der **Existenzvernichtungshaftung** und aus der **Organhaftung** vgl. → Rn. 42 ff. 29

c) Sonstige Forderungen. aa) Verität, Bonität und Realisierungsabsicht. 30
Die Aktivierung von Forderungen steht generell unter einem dreifachen Vorbehalt: dem **Vorbehalt des Veritätsrisikos** bei bestrittenen Forderungen (dazu sinngemäß → § 17 Rn. 8; kaum diskutiert) und dem **Vorbehalt des Bonitätsrisikos** (dazu statt vieler Kübler/Prütting/Bork/*Pape* Rn. 60; Jaeger/*H.-Fr. Müller* Rn. 60) sowie dem **Vorbehalt des Realisierungswillens.** Das Veritätsrisiko (besteht die Forderung, oder besteht sie nicht?) sollte durch rechtliche Prüfung minimiert und nur ausnahmsweise durch Wertberichtigungen berücksichtigt werden (auch dazu sinngemäß → § 17 Rn. 8). Das Bonitätsrisiko ist in erster Linie ein Wertberichtigungsproblem (dazu Kübler/Prütting/Bork/*Pape* Rn. 60; Jaeger/*H.-Fr. Müller* Rn. 54). Schadensersatzforderungen gegen Geschäftsführer und Gesellschafter (Karsten Schmidt/*Uhlenbruck* Rn. 5.150 f.) können nur nach strenger Veritäts- und Bonitätsprüfung aktiviert werden (*Frystatzki* NZI 2013, 161 [162 ff.]). Nur ernsthafte **Verfolgungs- oder Verwertungsabsicht** macht diese Ansprüche aktivierbar (zust. Uhlenbruck/*Mock* Rn. 66). Dazu gehört, dass sie auch in der periodischen Rechnungslegung berücksichtigt und durch Schuldanerkenntnisse unterlegt oder eingeklagt werden.

bb) Betagte Forderungen. Diese Forderungen können nur als ernsthaft verfolgt angesehen werden, wenn sie auch in die Rechnungslegung der Schuldnerin 31 eingehen. Forderungen, die erst in Zukunft fällig werden, werden abgezinst (Jaeger/*H.-Fr. Müller* Rn. 61).

32 **cc) Forderungen aus schwebenden Geschäften.** Diese Forderungen werden nur und nur insoweit aktiviert, wenn (als) auch unter Liquidationsbedingungen noch mit der Ausführung des Geschäfts gerechnet werden kann (OLG Hamm NJW-RR 1993, 1445; Karsten Schmidt/*Uhlenbruck* Rn. 5.164; HambK-InsO/*Schröder* Rn. 33; Kübler/Prütting/Bork/*Pape* Rn. 60; Jaeger/*H.-Fr. Müller* Rn. 63; HK-InsO/*Kirchhof* Rn. 19).

33 **d) Nicht aktivierbare Ansprüche.** Nicht aktivierbar sind Ansprüche, die erst nach dem Eintritt der materiellen Insolvenz (Überschuldung oder Zahlungsunfähigkeit) entstehen (HK-InsO/*Kirchhof* Rn. 16), insbes. also **Ansprüche aus der Verletzung des § 15a** (wie hier Uhlenbruck/*Mock* Rn. 96, 115). Dasselbe gilt für Erstattungsansprüche wegen „verbotener Zahlungen" iSv § 93 Abs. 3 Nr. 6 AktG, § 64 GmbHG, § 130a HGB (aM Uhlenbruck/*Mock* Rn. 116). Gleichfalls nicht aktivierbar sind Ansprüche, die erst im Insolvenzverfahren realisiert werden können (Kübler/Prütting/Bork/*Pape* Rn. 60; Jaeger/*H.-Fr. Müller* Rn. 62). Hierher gehören insbes. **Anfechtungsansprüche nach §§ 129 ff.** (Kübler/Prütting/Bork/*Pape* Rn. 60; Uhlenbruck/*Mock* Rn. 124), weshalb das neue Recht der Gesellschafterdarlehen (→ § 39 Rn. 26 ff.) eine bis 2008 jedenfalls theoretisch bestehende Aktivierungsmöglichkeit von Rückzahlungsansprüchen aus § 62 AktG, §§ 31 GmbHG (dazu aber → Rn. 29) auch de iure beseitigt hat (vgl. § 57 Abs. 1 S. 4 AktG, § 30 Abs. 1 S. 3 GmbHG). Auch Ansprüche Dritter, die erst mit der Verfahrenseröffnung in die Empfangszuständigkeit des Verwalters übergehen **(§§ 92, 93 sowie § 171 Abs. 2 HGB),** können nicht als zum Vermögen der Gesellschaft gehörig aktiviert werden (→ § 93 Rn. 43; Kübler/Prütting/Bork/*Pape* Rn. 60; HK InsO/*Kirchhof* Rn. 16). Von diesen Ansprüchen sind allerdings ohnedies allenfalls diejenigen des § 171 Abs. 2 HGB von praktischer Bedeutung für § 19, denn die unter § 92 fallenden Ansprüche entstehen idR erst nach Eintritt der Überschuldung (dazu → § 92 Rn. 5), und eine den § 93 begründende unbeschränkte Haftung lässt § 19 nicht zur Anwendung kommen, sofern der Gesellschafter eine natürliche Person ist (vgl. Absatz 3 Satz 1).

34 **3. Die Passivseite des Überschuldungsstatus. a) Umfang.** Grds. sind **alle gegenwärtigen Verbindlichkeiten** zu passivieren (Karsten Schmidt/*Uhlenbruck* Rn. 5.169; Kübler/Prütting/Bork/*Pape* Rn. 63). Ausgenommen sind nur Verbindlichkeiten, die weder auf Geld gerichtet noch nach § 45 in Geld umgerechnet werden können. Die Passivierungspflicht gilt **unabhängig von der Fälligkeit** (Karsten Schmidt/*Uhlenbruck* Rn. 5.169; Kübler/Prütting/Bork/*Pape* Rn. 63). Es kommt auch **nicht** darauf an, ob die Verbindlichkeiten von den Gläubigern eingefordert wurden. Betagte Verbindlichkeiten können zwar nicht die Zahlungsunfähigkeit begründen (→ § 17 Rn. 9), wohl aber die Überschuldung (Kübler/Prütting/Bork/*Pape* Rn. 63; Uhlenbruck/*Mock* Rn. 150). Die bloße Erwartung, ein Gläubiger werde seine Forderung verjähren lassen, berechtigt nicht zur Nicht-Passivierung. Über bestrittene Verbindlichkeiten vgl. → Rn. 40. Rückstellungen für **ungewisse Verbindlichkeiten** (§ 249 HGB) schlagen auch auf den Überschuldungsstatus durch (Karsten Schmidt/*Uhlenbruck* Rn. 5.175; Kübler/Prütting/Bork/*Pape* Rn. 67; Jaeger/*H.-Fr. Müller* Rn. 75; Uhlenbruck/*Mock* Rn. 159), nicht dagegen Rückstellungen für drohende Verluste (zust. Uhlenbruck/*Mock* Rn. 160; aM HK-InsO/*Kirchhof* Rn. 23 mit Hinweis auf BGHZ 83, 341 [347 ff.]).

35 **b) Nachrangige Verbindlichkeiten.** Auch nachrangige Verbindlichkeiten (§ 39 Abs. 1) werden **grds. passiviert**. Selbst das **Zahlungsverbot des § 64 S. 3 GmbHG** bei Gesellschafterforderungen (→ § 17 Rn. 10) ändert daran nichts,

ebensowenig ein **Rangrücktritt** (§ 39 Abs. 2), sofern er nur im Insolvenzverfahren rangändernd wirkt. Erforderlich ist deshalb eine mit dem Rangrücktritt im Zweifel verbundene **vertragliche Durchsetzungssperre** (dazu → § 39 Rn. 22 f.; BGHZ 204, 231 = NJW 2015, 1672. = ZIP 2015, 638 mAnm *Bitter/Heim*; dazu eing. *Karsten Schmidt* ZIP 2015, 901 [904 f.]; s. auch Uhlenbruck/*Mock* Rn. 181; **aM** *Adolff* FS Hellwig, 2013, 433 [441]). Dies gilt für **Verbindlichkeiten gegenüber Dritten** ebenso wie für Gesellschafterdarlehen (BGHZ 204, 231 = NJW 2015, 1672 = ZIP 2015, 638 mAnm *Bitter/Heim*). Grds. werden auch **Verbindlichkeiten aus Gesellschafterkrediten** passiviert (klarstellend der auf dem MoMiG beruhende **Absatz 2 Satz 2**). Dasselbe gilt für gleichgestellte Leistungen von Gesellschaftern oder ihnen nahe stehenden Dritten (dazu → § 39 Rn. 34 ff.). Sogar den Darlehensteil bei einer „gesplitteten Einlage" hat der BGH diesen Regeln unterworfen (BGH NJW 2010, 701). Anders als im MoMiG-Entwurf zunächst vorgesehen (dazu krit. *Karsten Schmidt* DB 2008, 2467) setzt Nicht-Passivierung einen Rangrücktritt voraus. Dieser Grundsatz hatte sich mit Recht bereits vor dem MoMiG für sog eigenkapitalersetzende Darlehen durchgesetzt (BGHZ 146, 264 = NJW 2001, 1280). Seit dem MoMiG muss dies erst recht gelten, weil es keine vor der Verfahrenseröffnung wirkenden Rückzahlungsverbote und keine Sonderbeurteilung „eigenkapitalersetzender" Gesellschafterdarlehen mehr gibt (vgl. zum alten und neuen Recht der Gesellschafterdarlehen → § 39 Rn. 26 ff.). Über die Vereinbarung und die Rechtsnatur des Rangrücktritts → § 39 Rn. 21 ff. Das Urteil BGHZ 204, 231 = NJW 2015, 1672 = ZIP 2015, 638 mAnm *Bitter/Heim* geht davon aus, dass der überschuldungsvermeidende Rangrücktritt als **vertragliches Zahlungsverbot** wirken muss und auch in diesem Sinne ausgelegt werden kann (zust. *Bitter/Heim* ZIP 2015, 644 [645 f.]; *Bork* EWiR 2015, 219). Der BGH verlangt überdies, dass der Rangrücktritt in der Krise unkündbar ist. Das ist eine für die Praxis vorerst maßgebliche, jedoch angreifbare Rechtsposition (umfassende Kritik bei *Karsten Schmidt* ZIP 2015, 901 ff.). **Gesellschafterbesicherte Kreditforderungen Dritter** (vgl. § 44a) sind zu passivieren (OLG Jena NZG 2009, 1034). Sofern der Gesellschafter als Sicherungsgeber eine vollwertige Freistellungserklärung gegeben und bezüglich etwaiger Erstattung den Rangrücktritt erklärt hat (dazu → § 44a Rn. 17 f.), kann der Freistellungsanspruch die Verbindlichkeit ausgleichen.

c) Gesellschaftsrechtliche Verbindlichkeiten. Auch **Genussrechte** werden passiviert (Kübler/Prütting/Bork/*Pape* Rn. 67; HK-InsO/*Kirchhof* Rn. 22; Uhlenbruck/*Mock* Rn. 165; eing. Scholz/*Bitter* GmbHG vor § 64 Rn. 69; *Bork* FS Röhricht, 2005, 47 ff.; vgl. auch zu § 17 *ders.* ZIP 2014, 997 ff.). **Stille Einlagen** sind zu passivieren, soweit sie im Insolvenzfall als – sei es auch nachrangige – Verbindlichkeiten geltend gemacht werden können (Jaeger/*H.-Fr. Müller* Rn. 104; HK-InsO/*Kirchhof* Rn. 21). Dies ist nach § 236 HGB die gesetzliche Regel. Stille Einlagen werden danach wie Kredite, ggf. also wie Gesellschafterdarlehen (→ Rn. 35) behandelt. Die Verlustbeteiligung des Stillen ändert hieran nichts und führt nur zum Abzug bereits realisierter Verluste des stillen Gesellschafters (so wohl auch HK-InsO/*Kirchhof* Rn. 22). Es gibt hiervon auch keine generelle Ausnahme für jede atypische stille Beteiligung (wie hier in vermeintlicher Abgrenzung HambK-InsO/*Schröder* Rn. 44). Grundsätzlich bedarf es also des Rangrücktritts (→ Rn. 35), um das Guthaben eines stillen Gesellschafters unberücksichtigt zu lassen. Anderes gilt allerdings bei der vom Verfasser als „Innen-KG" bezeichneten atypischen stillen Gesellschaft mit wirtschaftlicher Eigenkapitalqualität der stillen Einlage (näher dazu → § 136 Rn. 5, 27). **36**

d) Verbindlichkeiten aus schwebenden Geschäften. Sie sind gleichfalls zu passivieren (Kübler/Prütting/Bork/*Pape* Rn. 63). Der Einfluss einer Insolvenzverfahrenseröffnung auf Verträge, insbes. ein Lösungsrecht des Insolvenzverwalters **37**

nach §§ 103 ff., kann hieran nichts ändern (Jaeger/*H.-Fr. Müller* Rn. 71; Kübler/Prütting/Bork/*Pape* Rn. 69; Uhlenbruck/*Mock* Rn. 153). Auch hier ist zu bedenken, dass die Prüfung des Absatz 2 in praktischen Fällen auf Feststellung der Nicht-Überschuldung, dh der Fortführungsfähigkeit des Unternehmens zielt (→ Rn. 18)!

38 **e) Einredebehaftete Verbindlichkeiten.** Diese werden grds. passiviert (Kübler/Prütting/Bork/*Pape* Rn. 6; Nerlich/Römermann/*Mönning* Rn. 37). Das gilt auch für Verbindlichkeiten aus gegenseitigen Verträgen (§ 320 BGB) und für aufrechenbare, aber noch nicht aufgerechnete Verbindlichkeiten. In diesen Fällen kann aber der Gegenanspruch aktiviert werden. Das etwaige Erlöschen der Verbindlichkeit im Insolvenzverfahren nach §§ 103 ff. ändert an der Passivierungspflicht dagegen nichts (HK-InsO/*Kirchhof* Rn. 23). Dies hängt damit zusammen, dass Überschuldungsprüfung Fortsetzungsprüfung ist (→ Rn. 2).

39 **f) Ruhegeldzusagen, Sozialplanverbindlichkeiten. Pensionsverbindlichkeiten** sind mit ihrem versicherungsmathematischen Barwert zu passivieren (HK-InsO/*Kirchhof* Rn. 24; Kübler/Prütting/Bork/*Pape* Rn. 68; Uhlenbruck/*Mock* Rn. 163). **Sozialplanverbindlichkeiten** sind zu passivieren, sofern der Sozialplan bereits aufgestellt (HK-InsO/*Kirchhof* Rn. 24; Karsten Schmidt/*Uhlenbruck* Rn. 5.169; Uhlenbruck/*Mock* Rn. 162) oder mit seiner Aufstellung zu rechnen ist (HK-InsO/*Kirchhof* Rn. 24; Jaeger/*H.-Fr. Müller* Rn. 79). Dasselbe gilt für den bereits absehbaren Aufwand für die Einstellung des Geschäftsbetriebs (KG GmbHR 2006, 374 [377]; HK-InsO/*Kirchhof* Rn. 24; **aM** wohl Uhlenbruck/*Mock* Rn. 162). Sozialplanverbindlichkeiten und Nachteilsausgleichsverbindlichkeiten, die nur im Insolvenzverfahren zum Tragen kämen, werden dagegen nicht passiviert (OLG Celle NZG 2002, 730 [731]; Kübler/Prütting/Bork/*Pape* Rn. 68).

40 **g) Bewertung.** Grds. ist **zum Nennwert** zu passivieren (MüKoInsO/*Drukarczyk/Schüler* Rn. 90; Kübler/Prütting/Bork/*Pape* Rn. 63; Uhlenbruck/*Mock* Rn. 202). Deshalb macht es grds. auch keinen Unterschied, ob die Verbindlichkeit am Vermögen der Gesellschaft besichert ist (auch → Rn. 45). Die **Veritätsfrage** (Verbindlichkeit begründet oder nicht) stellt sich umgekehrt wie bei der Aktivseite (dazu → Rn. 30). **Streitige Verbindlichkeiten** sind, ggf. mit vorsichtigen Abschlägen, grds. zu passivieren (HK-InsO/*Kirchhof* Rn. 23; Kübler/Prütting/Bork/*Pape* Rn. 63; Braun/*Bußhardt* Rn. 28). Nur wo das Prozessrisiko der Schuldnerin vernachlässigt werden kann, ist ein Nicht-Ansatz angezeigt. Einen Grundsatz, wonach eine ernsthaft bestrittene Verbindlichkeit außer Ansatz gelassen werden kann, wenn hiervon die Überschuldung oder Nicht-Überschuldung abhängt (in dieser Richtung Uhlenbruck/*Mock* Rn. 155), gibt es nicht (vgl. auch → Rn. 34).

41 **h) Eigenkapital, Rücklagen, Rückstellungen. Nicht anzusetzen** sind: Eigenkapital und sonstige mit dem Rang gem. § 199 S. 2 zu bedienenden Liquidationsansprüche (Jaeger/*H.-Fr. Müller* Rn. 85). Freie Rücklagen bilden keine Gesellschaftsschulden ab und werden nicht passiviert (BGH BB 1959, 754 = WM 1959, 914; HK-InsO/*Kirchhof* Rn. 22; Jaeger/*H.-Fr. Müller* Rn. 86; *Dahl* NJW-Spezial 2008, 117 [118]). Dasselbe gilt für Rückstellungen, wenn sie nur drohende Verluste abbilden (aM wohl Uhlenbruck/*Mock* Rn. 160, 204; HK-InsO/*Kirchhof* Rn. 23 unter Berufung auf BGHZ 83, 347).

42 **4. Ausgleich der Passivseite durch schuldrechtliche Ansprüche. a) Patronatsvereinbarungen.** Sog Patronatserklärungen (also wirksame Patronatsvereinbarungen) können die Überschuldung insgesamt beheben, wenn sie **vollwertige Ansprüche der Gesellschaft** auf Ausgleich aller ungedeckten Verbindlichkeiten gewähren (BGHZ 187, 69 = NJW 2010, 3442; Wagner, Haftungsrisiken aus Liquiditätszusagen und Patronatserklärungen in der Unternehmenskrise, 2011,

285 ff.; HambK-InsO/*Schröder* Rn. 24a; Uhlenbruck/*Mock* Rn. 108 f.; *Haußer/Heeg* ZIP 2010, 1427 [1431 f.]; *Raeschke-Kessler/Christopeit* NZG 2010, 1361; *Rosenberg/Kruse* BB 2003, 641 [647]; Kübler/Prütting/Bork/*Pape* Rn. 61). Allerdings muss die Patronatserklärung, um nicht ihrerseits eine überschuldungsrelevante Verbindlichkeit zu generieren, regressfrei oder mit einem Rangrücktritt verbunden sein (s. auch *Fischer* FS Lwowski 175, 179). Letzterer ist, wenn Überschuldungsvermeidung beabsichtigt ist, ggf. konkludent miterklärt (→ § 39 Rn. 21). Auch eine **kurzfristig kündbare interne Patronatseklärung** ist nach Auffassung des BGH in der STAR 21-Entscheidung (BGHZ 187, 69 = NJW 2010, 3442) dazu geeignet, die Überschuldung des Protegés zu vermeiden (eing. *Keßler* S. 92 ff.; s. auch *Fischer* FS Lwowski 175, 183; krit. *Kaiser* ZIP 2011, 2136; *Tetzlaff* DZWiR 2011, 181 [183]). Dem ist zuzustimmen, weil die Kündigung nur für die Zukunft wirkt und alle bis zur Kündigung bestehenden Verbindlichkeiten durch die Patronatserklärung gedeckt sind (weshalb es auf die Prognoseverschlechterung durch das Kündigungsrecht nicht ankommt). Auf der Prognoseebene wirkt sich die bloße Möglichkeit einer noch nicht ausgesprochenen und auch nicht bevorstehenden Kündigung nicht negativ aus (*Karsten Schmidt* ZIP 2013, 485 [492]; aM *Tetzlaff* DZWiR 2011, 181 [183]). Dagegen ist eine **externe Patronatserklärung** (= Vertrag mit dem/den Gläubiger(n) des Protegés) nach herrschender Meinung mangels eigenen Anspruchs des Protegés nicht geeignet, die bilanzielle Überschuldung des Protegés zu verhindern (zB BGH NZI 2011, 536; Wagner, Haftungsrisiken aus Liquiditätszusagen und Patronatserklärungen in der Unternehmenskrise, 2011, S. 283 f.; *Ringstmeier* FS Wellensiek, 2011, 135 f.; Budde/Förschle/Winkeljohann/*Förschle/Heinz* Sonderbilanzen Q Rn. 78; *Blöse* GmbHR 2011, 771 [772]; *Maier-Reimer/Etzbach* NJW 2011, 1110 [1116]; *Haußer/Heeg* ZIP 2010, 1427 [1431]). Die externe Patronatserklärung kann auf der Prognoseebene von Bedeutung sein. Auf der Ebene der bilanziellen Überschuldungsmessung kann sie ebenso wenig aktiviert werden wie zB die einem Gesellschaftsgläubiger gegebene Bürgschaft. **Anders** verhält es sich, wenn auch die Schuldnerin selbst einen vertraglichen Anspruch auf den Schutz durch externe Patronatserklärung hat (eing. *Keßler* S. 102 ff.). Zur Vermeidung der **Zahlungsunfähigkeit** durch Patronatserklärungen vgl. → § 17 Rn. 14.

b) Innenhaftung. Die periodische **Verlustausgleichspflicht nach bzw. analog § 302 AktG** genügt, wenn nicht schon bei deren Beginn eine bilanzielle Überschuldung vorliegt (für Aktivierbarkeit des Verlustausgleichsanspruchs Kübler/Prütting/Bork/*Pape* Rn. 61; Uhlenbruck/*Mock* Rn. 104). Sie genügt aber **nur im Vertragskonzern,** nicht im Fall einer bloß analogen Anwendung des § 302 bei faktischer Konzernlage (zu dieser seit „Abschaffung" der „Video"-Haftung minder bedeutsamen Analogiefrage vgl. *Lutter* AG 1990, 179). Bei faktischer Konzernlage ist deshalb eine isolierte Verlustdeckungszusage (*Karsten Schmidt* FS Werner, 1984, 777 ff.) erforderlich, um den Effekt des § 302 AktG zu ersetzen. Soll auch die **Zahlungsunfähigkeit** vermieden werden, so bedarf es neben der Pflicht zu periodischem Verlustausgleich auch einer vertraglich vereinbarten Liquiditätsgarantie (vgl. ebd.). Auch die seit BGHZ 173, 246 = NZG 2007, 667 = ZIP 2007, 1552 „Trihotel" als Innenhaftung konzipierte **Existenzvernichtungshaftung** kommt, weil außerhalb eines Insolvenzverfahrens kaum realisierbar, für den Ausgleich der Überschuldung nicht ernsthaft in Betracht (**aM** HambK-InsO/*Schröder* Rn. 26). **Organhaftungsansprüche**, zB aus § 93 Aktg, § 43 GmbHG, können in Abhängigkeit von Realisierungswillen und Realisierbarkeit aktiviert werden. 43

c) Kapitalgesellschaft & Co. KG. Bei einer Kapitalgesellschaft & Co. (typischerweise: GmbH & Co. KG) ist die Kommanditgesellschaft der Komplementärgesellschaft (typischerweise GmbH) nach § 110 HGB freistellungspflichtig (vgl. 44

Koller/Kindler/Roth/Morck HGB § 110 Rn. 3). Die hieraus resultierenden **Freistellungsansprüche der Komplementärin,** die im Kommanditgesellschaftsvertrag nicht explizit geregelt zu sein brauchen, verhindern, solange nicht die Kommanditgesellschaft ihrerseits überschuldet ist, eine Überschuldung der Komplementärin durch Gesellschaftsverbindlichkeiten der KG (vgl. auch Braun/*Bußhardt* Rn. 3).

45 **d) Besicherung. Nicht ausreichend** ist die **Besicherung einer Verbindlichkeit** (vgl. Kübler/Prütting/Bork/*Pape* Rn. 61; MüKoInsO/*Drukarczyk/Schüler* Rn. 90). Das versteht sich bei dinglichen Sicherheiten am Vermögen der Schuldnerin von selbst (sa Braun/*Bußhardt* Rn. 29 zu § 648a BGB). Grds. gilt aber dasselbe bei **von Dritten** gegebenen dinglichen Sicherheiten (zB Grundschulden) bzw. persönlichen Sicherheiten, zB Bürgschaften, Garantien oder externen Patronatserklärungen (vgl. Kübler/Prütting/Bork/*Pape* Rn. 61; MüKoInsO/*Drukarczyk/Schüler* Rn. 90). Diese Sicherheiten gleichen die Gesellschaftsverbindlichkeit nur aus, wenn der Sicherungsgeber der Schuldnerin **eine Freistellungsgarantie** gibt und mit Regressansprüchen (§§ 774, 1143 BGB) gem. § 39 Abs. 2 im Rang zurücktritt.

IV. Die Fortbestehensprognose

46 **1. Grundlagen. a) Prognosegegenstand.** Die Fortbestehungsprognose ist nach dem Gesetzeswortlaut **unternehmensorientiert** (Fortführung des Unternehmens überwiegend wahrscheinlich). Diese Formulierung trifft den Regelfall, allerdings nicht das Prinzip. Auf die Fortführung des Unternehmens kann es, wie bei → Rn. 25 dargestellt, bei der Aktivierung des Unternehmenswerts nach dem Tatbestand 1 (→ Rn. 4) ankommen. Aus diesem bis 2008 geltenden Tatbestand hat das Finanzmarktstabilisierungsgesetz die Formel „Fortführung des Unternehmens" unbesehen in den Tatbestand 2 übernommen. Die Prognose iRd geltenden Tatbestands 2 (→ Rn. 4) ist **rechtsträgerorientiert** (vgl. → Rn. 18). Es geht um den **Fortbestand des Rechtsträgers** (juristische Person oder Personengesellschaft) **ohne Insolvenz,** und zwar auch für nicht-unternehmerisch tätige Rechtsträger (zB gemeinnützige Vereine oder Stiftungen). Die Unternehmensfortführung als solche ist nur mittelbar Gegenstand der auf die Lebensfähigkeit des Rechtsträgers bezogenen Prognose (**aM** HambK-InsO/*Schröder* Rn. 12). Deshalb kommt es nicht zwingend auf die Ertragsfähigkeit des Unternehmens an, wenn zuverlässig Liquidität bereitgestellt wird (so auch *Bitter/Kresser* ZIP 2012, 1733 ff.; *Karsten Schmidt* ZIP 2013, 485 [491]; betriebeswirtschaftlich MüKoInsO/*Drukarczyk/Schlüter* Rn. 72 ff.; aber sehr str.; **aM** AG Hamburg ZIP 2012, 1776; *Schröder* Meilensteine S. 27, 35 ff.; vermittelnd HambK-InsO/*Schröder* Rn. 16). Richtig ist gleichwohl, dass idR nur ein fortführungsfähiges Unternehmen die bilanzielle Überschuldung des Rechtsträgers wird ausgleichen können.

47 **b) Objektive Prüfung.** Die **objektive Überlebensfähigkeit** entscheidet (BegrRegE § 23; HK-InsO/*Kirchhof* Rn. 11; Jaeger/*H.-F. Müller* Rn. 33). Objektiv hat also die Prognose zu sein (vgl. zu ihren Elementen → Rn. 51 f.). Erwartungen und Hoffnungen der Unternehmensleitung genügen nicht (missverständlich OLG Hamburg GmbHR 2011, 371: positive Fortführungsprognose „aus der Sicht des Geschäftsführers"). Auch der dem Geschäftsführer bisweilen eingeräumte „Ermessensspielraum" (OLG Schleswig NZI 2010, 492 [493]) darf nicht im Sinne eines freien Entscheidungsrechts verstanden werden, sondern ist nur eine missverständliche Formel für die Ungenauigkeit jeder Prognose und für den Fahrlässigkeitstatbestand in Insolvenzverschleppungsfällen.

c) Wahrscheinlichkeitsgrad. Der Prognosetatbestand ist nicht deckungsgleich mit der going-concern-Annahme nach § 252 Abs. 1 Nr. 2 HGB (HambK-InsO/*Schröder* Rn. 12). **Überwiegend wahrscheinlich** ist die Fortsetzung, wenn von mehr als 50 % Fortsetzungswahrscheinlichkeit ausgegangen werden kann (statt vieler HK-InsO/*Kirchhof* Rn. 13; Kübler/Prütting/Bork/*Pape* Rn. 37; Uhlenbruck/*Mock* Rn. 221). **Maßstab** der Überlebensfähigkeit ist die Zahlungsfähigkeit des Unternehmens (vgl. nur OLG Hamburg ZInsO 2013, 2447 [2449]; Karsten Schmidt/*Uhlenbruck* Rn. 5.123; HambK-InsO/*Schröder* Rn. 14; MüKoInsO/*Drukarczyk/Schüler* Rn. 77 ff.; *Drukarczyk/Schüler* Wpg 2003, 56 ff.). 48

d) Prognosedauer. Die Prognosedauer ist umstr. (Nachweise bei Braun/*Bußhardt* Rn. 32; FK-InsO/*Schmerbach* Rn. 37; HambK-InsO/*Schröder* Rn. 18; Kübler/Prütting/Bork/*Pape* Rn. 40; Uhlenbruck/*Mock* Rn. 217 ff.). BGHZ 119, 201 [214] = NJW 1992, 2894, = ZIP 1992, 1382 [1386] spricht von einer „mittelfristigen Prognose". Die Vorschläge reichen von zwei Jahren (BK-InsO/*Humberg* Rn. 20; Kübler/Prütting/Bork/*Pape* Rn. 40; Jaeger/*H.-Fr. Müller* Rn. 37) bis hinunter zu nur sechs Monaten (dazu krit. Uhlenbruck/*Uhlenbruck,* 13. Aufl. 2010, Rn. 48 mwN). Im Fall BGHZ 119, 201 = NJW 1992, 2891 = ZIP 1992, 1382 scheint sich der BGH mit einer Fünfmonatsprognose begnügt zu haben. Überwiegend wird als ein **mittelfristiger Zeitraum** ein solcher von zwölf bis 24 Monaten bezeichnet (Nachweise bei Uhlenbruck/*Mock* Rn. 218). Hervorgehoben wird auch, dass die Prognosedauer einzelfallabhängig ist und zB bei unterschiedlichen Branchen differiert (Braun/*Bußhardt* Rn. 32; HambK-InsO/*Schröder* Rn. 18; Jaeger/*H.-F. Müller* Rn. 37; Kübler/Prütting/Bork/*Pape* Rn. 40; Uhlenbruck/*Mock* Rn. 218). Der für § 18 maßgebliche Zeitraum lässt sich nicht ohne Weiteres hierher übertragen, weil die Fragestellung nicht dieselbe ist (→ § 88 Rn. 27). Eine unter einem Jahr liegende Liquiditätsprognose genügt idR nicht, um von einer Fortführungsfähigkeit auszugehen (näher *Schröder* Meilensteine S. 27, 42 f.; sa *Karsten Schmidt* ZIP 2013, 485 [491]). Die Erfahrungsregel, dass die Geschäftsführung das laufende und das kommende Geschäftsjahr übersieht (OLG Hamburg ZInsO 2013, 2447 [2449]; HambK-InsO/*Schröder* Rn. 18), enthält keine allgemeingültige Vorgabe. Den Vorzug verdient eine **dynamische Betrachtung** (*Karsten Schmidt* DB 2008, 2467 [2470]). Die Prognose ist keine auf Zeit wirkende Befreiung von der Insolvenzantragspflicht, sondern ein Kontinuum. Sie reicht so weit, wie im Einzelfall in die Zukunft geblickt werden kann (ähnlich OLG Schleswig NZI 2010, 492: betriebswirtschaftlich überschaubarer Zeitraum; zust. HambK-InsO/*Schröder* Rn. 18). Sie wird zu einer negativen Prognose, sobald die liquiditätsbezogene Überlebenswahrscheinlichkeit nicht mehr über 50 % liegt (zust. Karsten Schmidt/*Uhlenbruck* Rn. 5.124). 49

e) Dokumentation. Für die **Prognoseaufstellung** gibt es **keine Formvorschrift** (aA wohl OLG Naumburg ZInsO 2004, 512 f.; Uhlenbruck/*Mock* Rn. 45; für eine mittelbare Dokumentationspflicht Kübler/Prütting/Bork/*Pape* Rn. 51). Es versteht sich, dass eine gewissenhafte Geschäftsführung, wenn die Überschuldungsfrage im Raum steht, für eine **Dokumentation der Prognosegrundlagen und des Prognoseergebnisses** sorgen muss, zB um gegen den Vorwurf schuldhafter Insolvenzverschleppung (§ 15a) gewappnet zu sein. Aber ein materiellrechtliches Formerfordernis ist dies nicht. Ob die Fortführungsprognose zu einem bestimmten Zeitpunkt positiv oder negativ ist, ist unabhängig von ihrer förmlichen Niederlegung zu beurteilen. Die Dokumentation ist nur eine Frage der Beweisbarkeit. Wenn die Unternehmensleitung keine dokumentierten Finanzpläne erstellt hat, kann das Insolvenzgericht im Eröffnungsverfahren die Prognose selbst einschätzen. Auch in Insolvenzverschleppungsprozessen dürfen Zivil- und Strafgerichte das Fehlen einer Fortführungsprognose nicht einfach mit 50 der Feststellung begründen, zur Tatzeit habe keine dokumentierte Prognose vorgelegen.

51 **2. Die Elemente der Prognose: Unternehmenskonzept und Finanzplanung. a) Grundsatz.** Als **Elemente der Fortführungsprognose** bezeichnet der Prüfungsstandard IdW S 11 Rn. 58 das **Unternehmenskonzept** und die **Finanzplanung** (vgl. auch Kübler/Prütting/Bork/*Pape* Rn. 41 ff.; Uhlenbruck/*Mock* Rn. 212).

52 **b) Fortsetzungsbereitschaft.** Zum **Unternehmenskonzept** gehören die **Fortsetzungsbereitschaft der Schuldnerin** (BGH DStR 2006, 2186 mAnm *Goette*; NZI 2007, 44; KG ZInsO 2006, 437; Andres/Leithaus/*Leithaus* Rn. 9; HK-InsO/*Kirchhof* Rn. 10; Kübler/Prütting/Bork/*Pape* Rn. 38; Nerlich/Römermann/*Mönning* Rn. 19; Uhlenbruck/*Mock* Rn. 214) sowie die objektive **Eignung des Unternehmens** für seinen Fortbestand (HK-InsO/*Kirchhof* Rn. 11; Nerlich/Römerman/*Mönning* Rn. 19; Scholz/*Bitter* GmbHG vor § 64 Rn. 34 f.). Nur die Fortsetzungsbereitschaft außerhalb des Insolvenzverfahrens zählt. Wird Insolvenzantrag mit Antrag auf Eigenverwaltung (§ 370) gestellt, so besteht in diesem Sinne keine Fortsetzungsbereitschaft. Auch die Bestandsfähigkeit des Unternehmens kann sich von Tag zu Tag ändern, zB wenn ein Sanierungskonzept in die Wege geleitet (vgl. Karsten Schmidt/*Uhlenbruck* Rn. 5.126) oder wenn ihm die erforderliche Zustimmung versagt wird (vgl. Karsten Schmidt/*Uhlenbruck* Rn. 5.124, 5.126; HK-InsO/*Kirchhof* Rn. 11). Ob Fortführungsfähigkeit Ertragsfähigkeit voraussetzt (so AG Hamburg ZIP 2012, 1776; eing. *Schröder* Meilensteine S. 27, 35 ff.), ist zweifelhaft (dazu MüKoInsO/*Drukarczyk/Schüler* Rn. 72 ff.) und wird hier, dem rechtsträgerorientierten Ansatz von → Rn. 46 entsprechend verneint (*Bitter/Kresser* ZIP 2012, 1733 ff.; sa Uhlenbruck/*Mock* Rn. 214; *Karsten Schmidt* ZIP 2013, 485 [491]). Fortführungsfähigkeit ohne Ertragsfähigkeit, zB bei subventionierten Unternehmen, ist die Ausnahme, ist aber nicht ausgeschlossen.

53 **c) Finanzplanung.** Das **Finanzplanelement** ist nicht mit logischer Stringenz von dem Element des Unternehmenskonzepts trennbar. Der Finanzplan lässt sich als **Kern der Überlebensprognose** beschreiben, das Unternehmenskonzept dagegen nur als Prämisse, die in den Finanzplan eingeht. Die Finanzplanung selbst (vgl. nur MüKoInsO/*Drukarczyk* Rn. 94 ff.) zielt auf die Erwartung fortlaufender Zahlungsunfähigkeit.

V. Beweislast

54 **1. Eröffnungsverfahren.** Im Eröffnungsverfahren wird der Tatbestand des Absatz 2 von Amts wegen festgestellt. Welche Bedeutung die Vermutungswirkung des Nachsatzes in Satz 2 („es sein denn") hat (dazu → Rn. 16 f.), ist eine weitgehend theoretische Frage. Gläubigeranträge wegen Überschuldung sind selten. Ein auf Überschuldung gestützter Eigenantrag wiederum schließt, selbst wenn er mit dem Antrag auf Eigenverwaltung verbunden ist, eine positive Fortführungsprognose aus (→ Rn. 52).

55 **2. Zivilprozess.** Die Beweislast in Zivilprozessen (zB wegen Insolvenzverschleppung oder wegen verbotener Zahlungen) richtet sich nach der jeweiligen Anspruchsgrundlage. Im Insolvenzverschleppungsprozess muss die Überschuldung bewiesen werden (→ § 15a Rn. 43). Das gilt auch für die Inanspruchnahme wegen „verbotener Zahlungen" (→ § 15a Rn. 48 ff.). Die Beweislastumkehr bezüglich der Fortführungsprognose („es sei denn …") kommt nur zum Zuge, wenn bilanzielle Überschuldung als festgestellt gelten kann. Die bilanzielle Überschuldung „indiziert", wie es bei BGH ZInsO 2008, 1019 heißt, die Überschuldung im Rechtssinne (ähnlich OLG Köln 15.5.2008 – 18 U 43/06, BeckRS 2008,

13222). Selbstverständlich schließt dies nicht aus, dass das Gericht den Überschuldungstatbestand wegen positiver Prognose verneint, ohne die bilanzielle Überschuldung geprüft zu haben (→ Rn. 14). Im Einzelnen ist die „Darlegungs- und Beweislast für eine positive Fortführungsprognose" (BGH NZG 2010, 1393 = ZIP 2010, 2400) nicht dahin zu verstehen, dass das in Anspruch genommene Organmitglied die Richtigkeit einer positiven Prognose nachträglich beweisen muss. Seine Darlegungs- und Beweislast bezieht sich vielmehr auf die tatsächlichen Umstände, aus denen sich eine nachvollziehbar günstige Prognose ergibt bzw. ergeben hat (ähnlich BGH NZG 2010, 1393 [1394] = ZIP 2010, 2400 [2402]). Nichts Anderes meint OLG Koblenz NZI 2003, 463 = ZIP 2003, 571 mit dem aufgrund dieser Fakten einzuräumenden „Beurteilungsspielraum des Geschäftsführers". Bezüglich des Fortfalls einer nachweislich eingetretenen Überschuldung trägt die Beweislast, wer diesen Fortfall geltend macht (BGH NZI 2011, 452 [453] = ZIP 2011, 1007 [1008]).

3. Strafprozess. Im Strafprozess wegen Insolvenzverschleppung (§ 15a Abs. 4, 5) bedarf der Überschuldungstatbestand insgesamt des Beweises. 56

VI. Übergangsrecht

Die bei → Rn. 4 dargestellten unterschiedlichen Überschuldungsdefinitionen in Absatz 2 für die Zeit von 1999–2008 (Tatbestand Nr. 1) und seit 2008 (Tatbestand Nr. 2) haben Fragen des intertemporalen Rechts ausgelöst. Der BGH, der in der Zeit vor der InsO dem Tatbestand Nr. 2 gefolgt war (→ Rn. 5), hatte sich im Jahr 2007 nolens volens dem Gesetzeswortlaut gebeugt (BGHZ 171, 46 = ZIP 2007, 676; auch dazu → Rn. 5). Nach der (Wieder-)Einführung des Tatbestands Nr. 2 (→ Rn. 4, 5) unterscheidet er zwischen Fällen, in denen Absatz 2 in der bis zum 17.10.2008 geltenden Fassung und den nach dem geltenden Absatz 2 zu beurteilenden Fällen (vgl. nur BGH NZG 2010, 1393 = ZIP 2010, 2400). Auch im **Strafrecht** wird die Änderung des Absatz 2 als Fall des intertemporalen Rechts diskutiert. Nach hM haben die unterschiedlichen Überschuldungsdefinitionen kraft Akzessorietät rechtsändernde Wirkung auch für Insolvenzrechtstatbestände (*Dannecker/Knierim/Hagemeier,* Insolvenzstrafrecht, 2. Aufl. 2011, Rn. 62; *Grube/Röhm* wistra 2009, 81 [82 f.]). Als ein bloßes Zeitgesetz, das nur auf Verstöße während der Geltung des Tatbestands Nr. 2 ab 2008 anwendbar ist, konnte man diesen Tatbestand allenfalls unter dem Eindruck seiner zunächst zeitlich begrenzten Einführung (miss-)verstehen (so *Pelz,* Strafrecht in Krise und Insolvenz, 2. Aufl. 2011, Rn. 96). Die wohl hM wendet § 2 Abs. 3 StGB an, wonach ein milderes neues Gesetz auch für Altfälle gilt (vgl. MüKoStGB/*Kiethe/Homann* Bd. IV/1 InsO § 15a Rn. 51; *Schmitz* wistra 2009, 369 [372 f.]; vgl. auch *Bittmann* wistra 2009, 238, 140). Dieser letzten Auffassung kann iErg gefolgt werden. Die Frage ist nur, ob wirklich der Tatbestand Nr. 1 das schärfere und Tatbestand Nr. 2 das mildere Gesetz ist. Viel spricht dafür, die beiden Tatbestände nur als unterschiedliche Versuche zu sehen, die richtige Formel für einen und denselben Insolvenztatbestand zu finden (*Karsten Schmidt* ZIP 2013, 485 [487 f.]). Der geltende Absatz 2 ist Resultat nicht laxerer Rechtspolitik, sondern besserer Erkenntnis (vgl. *ebd.*), so dass man auch den Tatbestand Nr. 1 unter Einbeziehung des Firmenwerts (→ Rn. 25) im Licht des „richtigen" Tatbestands Nr. 2 handhaben kann *(ebd.).* Das spricht im Zivil- wie im Strafrecht für eine **Gleichbehandlung der Fälle aus den Jahren 1999–2008.** Dazu kann für Fälle aus 1999–2008 eine Aktivierung des Firmenwerts (Gesamtbewertung des Unternehmens) beitragen (→ Rn. 4). 57

Auskunfts- und Mitwirkungspflicht im Eröffnungsverfahren. Hinweis auf Restschuldbefreiung[1]

20 (1) [1] **Ist der Antrag zulässig, so hat der Schuldner dem Insolvenzgericht die Auskünfte zu erteilen, die zur Entscheidung über den Antrag erforderlich sind, und es auch sonst bei der Erfüllung seiner Aufgaben zu unterstützen.** [2] **Die §§ 97, 98, 101 Abs. 1 Satz 1, 2, Abs. 2 gelten entsprechend.**

(2) **Ist der Schuldner eine natürliche Person, so soll er darauf hingewiesen werden, dass er nach Maßgabe der §§ 286 bis 303 Restschuldbefreiung erlangen kann.**

Übersicht

I. Auskunfts- und Mitwirkungspflichten (Absatz 1)

1 **1. Systematik.** § 20 Abs. 1 regelt die Auskunfts- und Mitwirkungspflichten des Schuldners gegenüber dem **Insolvenzgericht** bei Eigen- und Fremdantrag. Der Umfang der Auskunfts- und Mitwirkungspflichten wird durch ihren Zweck bestimmt. Inhaltliche Abweichungen zu § 22 Abs. 3 sind möglich.

2 Die **Auskünfte und Mitwirkungspflichten** sind gegenüber dem Insolvenzgericht zu erteilen bzw. zu erfüllen; die Adressatenstellung kann auf einen Sachverständigen übertragen werden (MüKoInsO/*Schmahl* § 20 Rn. 54; *Zipperer* § 20 Rn. 19). Zur zwangsweisen Durchsetzung der Auskunfts- und Mitwirkungspflichten bleibt allein das Insolvenzgericht befugt (HambK-InsO/*Schröder* § 20 Rn. 7).

3 **2. Beginn und Ende der Auskunfts- und Mitwirkungspflichten.** Die Auskunfts- und Mitwirkungspflichten des Schuldners und seiner Organe entstehen mit dem Eingang eines objektiv zulässigen Insolvenzantrages bei Gericht (BGHZ 153, 205; BGH ZInsO 2008, 1278). Einer Zulassung des Insolvenzantrages durch das Insolvenzgericht (→ § 21 Rn. 5) bedarf es nicht. Die **einstweilige Zulassung** des Insolvenzantrages (OLG Köln ZIP 1988, 664) reicht aus. Eine Schlüssigkeitsprüfung des Insolvenzantrages im technischen Sinne ist nicht erforderlich (HambK-InsO/*Schröder* § 20 Rn. 3), da das Insolvenzeröffnungsverfahren als ein vom Amtsermittlungsgrundsatz (§ 5 Abs. 1 S. 1) geprägtes Eilverfahren keine Schwebezustände verträgt.

---

[1] § 20 Überschr. neu gef., bish. Wortlaut wird Abs. 1, Abs. 2 angef. mWv 1.12.2001 durch G v. 26.10.2001 (BGBl. I S. 2710); Überschr. neu gef., Abs. 1 Satz 1 geänd. mWv 1.7.2007 durch G v. 13.4.2007 (BGBl. I S. 509); Abs. 2 geänd. mWv 1.7.2014 durch G v. 15.7.2013 (BGBl. I S. 2379).

Die Pflichten nach § 20 entstehen auch gegenüber dem nicht antragspflichtigen Eigenantrag stellenden Schuldner (BGHZ 153, 205 [218]; aA LG Hamburg ZInsO 2010, 1651; AG Dresden ZIP 2002, 862). **Verletzt der Schuldner die Pflicht,** ist sein Insolvenzantrag entsprechend § 305 Abs. 3 S. 2 mangels Rechtsschutzbedürfnisses (*Schmahl* EWiR 2002, 721) zurückzuweisen (AG Göttingen NZI 2001, 670; *Hölzle* Praxisleitfaden ESUG § 13 Rn. 17: für die Vorlage der qualifizierten Verzeichnisse nach § 13 Abs. 1 S. 3 ff.). 4

Die Auskunfts- und Mitwirkungspflicht **endet** erst mit Aufhebung des Insolvenzeröffnungsverfahrens, also mit wirksamer Rücknahme des Insolvenzantrages oder infolge eines Aufhebungsbeschlusses nach Erledigung des Antrags (→ § 21 Rn. 21). 5

3. Pflichtenadressat. Pflichtenadressat des § 20 Abs. 1 S. 1 ist der **Schuldner.** Ist der Schuldner **keine natürliche Person,** sind Pflichtenadressat über die Verweisung in Absatz 1 Satz 2 auf § 101 Abs. 1 S. 1 f., 2 die dort genannten Mitglieder von Vertretung- und Aufsichtsorganen juristischer Personen, vertretungsberechtigte persönlich haftende Gesellschafter sowie Angestellte des Schuldners (→ § 101 Rn. 3 ff.). Sind für den Schuldner mehrere Organe bestellt, sind alle zur Auskunft und Mitwirkung verpflichtet; Ressortverantwortlichkeiten spielen keine Rolle. Die Auskunfts- und Mitwirkungspflicht gilt **für jedes Mitglied des Vertretungsorgans** uneingeschränkt (MüKoInsO/*Schmahl* § 20 Rn. 56; Kübler/Prütting/Bork/*Pape* § 20 Rn. 4; HambK-InsO/*Schröder* § 20 Rn. 8). Gleiches gilt für **faktische Organe,** wobei die Inanspruchnahme eines faktischen Geschäftsführers nicht die Auskunfts- und Mitwirkungspflicht des statutarischen Organs aufhebt (*Zipperer* § 20 Rn. 10; MüKoInsO/*Schmahl* § 20 Rn. 62). 6

Auch **ehemalige Organmitglieder,** die nicht länger als zwei Jahre vor Insolvenzantrag aus der Gesellschaft ausgeschieden sind (§ 101 Abs. 2 S. 2), bleiben zur Auskunft verpflichtet. Ebenso besteht die Auskunftspflicht zu Lasten von **Vermögensverwaltern** und Vertretern, wie Testamentsvollsteckern, Nachlassverwaltern- und -pflegern (MüKoInsO/*Schmahl* § 20 Rn. 66). 7

Es besteht keine unmittelbare **Auskunftspflicht Dritter** (Steuerberater, Rechtsanwalt, Banken, Finanzverwaltung) gegenüber dem Insolvenzgericht. Das Insolvenzgericht kann aber nach §§ 4, 5 iVm **§ 142 ZPO** zur Vorlage von in deren Besitz befindlichen Unterlagen (uneingeschränkt) auffordern, wobei wegen des vorrangigen Amtsermittlungsgrundsatzes (§ 5 Abs. 1 S. 1) die für § 142 ZPO geltenden Schranken der Ausforschung (vgl. Musielak/*Stadler* ZPO § 142 Rn. 1) nicht gelten. Das Insolvenzgericht kann Dritte nach §§ 4, 5 iVm §§ 373 ff. ZPO als **Zeugen vernehmen;** zur Berufsverschwiegenheit verpflichtete Dritte sind vom Schuldner im Rahmen von dessen Mitwirkungspflicht zu entbinden (LG Köln NZI 2004, 671; AG Duisburg NZI 2000, 606; *Zipperer* § 20 Rn. 13; MüKoInsO/*Schmahl* § 20 Rn. 81 ff.). In dem Eigenantrag des Schuldners auf Eröffnung eines Insolvenzverfahrens liegt sogleich die konkludente Entbindungserklärung gegenüber von ihm Beauftragten Dritten, insbes. Steuerberatern, Wirtschaftsprüfern, Rechtsanwälten, Banken und Finanzverwaltung (LG Köln NZI 2004, 671). Anstelle des Schuldners kann die **Entbindungserklärung** iÜ nur der starke vorläufige Insolvenzverwalter abgeben; der schwache vorläufige Insolvenzverwalter und der isolierte Sachverständige sind dazu mangels Überleitung der Verwaltungs- und Verfügungsbefugnisse nicht berechtigt (LG Göttingen ZInsO 2002, 1093); ebensowenig das Insolvenzgericht (AG Hannover ZInsO 2015, 418). Der schwache vorläufige Insolvenzverwalter kann vom Insolvenzgericht jedoch zur Abgabe der Entbindungserklärung gesondert ermächtigt werden, was aus § 22 Abs. 2 folgt, wonach jede Einzelanordnung und -ermächtigung zulässig ist, die nicht über den Rechtsrahmen des § 22 Abs. 1 hinausgeht (ebenso HambK-InsO/*Schröder* § 20 Rn. 10; *Vallender* FS Uhlenbruck, 2000, 133 [145 f.]). 8

9 Die Auskunftspflicht Dritter nach anderen Vorschriften bleibt von § 20 unberührt. Soweit die Verwaltungs- und Verfügungsbefugnis auf den vorläufigen Insolvenzverwalter übergegangen oder dieser hierzu gesondert ermächtigt ist, kann auch der vorläufige Insolvenzverwalter den Informationsanspruch nach dem **Informationsfreiheitsgesetz** (IFG) des Bundes und der Länder geltend machen (OVG Münster NZI 2008, 699). Dies gilt auch gegenüber der Finanzverwaltung (OVG Münster NZI 2011, 915; bestätigend BVerwG ZIP 2012, 1258; sa BVerwG ZIP 2011, 41).

10 **4. Reichweite der Auskunfts- und Mitwirkungspflicht.** Der Schuldner bzw. dessen Organe haben dem Insolvenzgericht bzw. dem Sachverständigen sämtliche Auskünfte zu erteilen, die zur Erfüllung der Aufgaben **erforderlich und zweckdienlich** sind. Zweckdienlich in diesem Sinne ist grds. jedes Auskunftsverlangen mit tatsächlichem oder potentiellem, unmittelbarem oder mittelbarem Bezug zur Insolvenzmasse, insbes. soweit für die Entscheidung über die Eröffnung oder die Abweisung des Insolvenzantrages von Bedeutung. Die Auskunftspflicht erstreckt sich auf die **wirtschaftlichen, rechtlichen und tatsächlichen Verhältnisse** des Schuldners einschließlich der gegen Gesellschafter und Organe selbst gerichteten Ansprüche, nicht jedoch auch auf die Vermögensverhältnisse des Gesellschafters oder Organs und die daraus abzuleitende Realisierbarkeit der Forderungen (BGH ZIP 2015, 791).

11 Der Schuldner ist nicht nur zur Auskunft sondern auch zur **ungefragten Offenbarung** (BGH ZInsO 2010, 2101 Rn. 5; ZIP 2009, 675) aller verfahrensrelevanten Umstände verpflichtet. Er hat eine aus sich heraus verständliche **Übersicht der Vermögensgegenstände** sowie ein mit zustellfähigen Anschriften versehenes **Verzeichnis seiner Gläubiger und Schuldner** vorzulegen (BGH ZInsO 2008, 1278). Die Auskunftspflicht des Insolvenzschuldners umfasst das gesamte in seinem Besitz befindliche Vermögen. Die Entscheidung, ob Fremd- und Drittrechte (Aus- und Absonderungsrechte) an einzelnen Vermögensgegenständen und Rechten bestehen, obliegt nicht dem Schuldner, sondern dem späteren Insolvenzverwalter.

12 Die Auskunftspflicht erstreckt sich mangels Schutzbedürftigkeit des Schuldners auch auf **Betriebs- und Geschäftsgeheimisse** (MüKoInsO/*Schmahl* § 20 Rn. 29 ff.; *Zipperer* § 20 Rn. 20 f.; HambK-InsO/*Schröder* § 20 Rn. 13).

13 Neben der Auskunft sind der Schuldner und seine Organe auch zur **aktiven und passiven Mitwirkung** verpflichtet, dh sie haben den Sachverständigen bei der Erfüllung seiner Aufgaben aktiv zu unterstützen und jegliches Verhalten zu unterlassen, das die Erfüllung der insolvenzgerichtlichen und ggf. auch auf den Sachverständigen übergeleiteten Aufgaben erschweren und vereiteln könnte. Dem Schuldner und seinen Organen obliegt eine allgemeine **Förderpflicht** in Bezug auf das Insolvenzeröffnungsverfahren.

14 Die Förderpflicht setzt nicht die ständige Anwesenheit des Schuldners oder seiner Organe und deshalb auch keine Residenzpflicht voraus, sondern lässt die **jederzeitige Bereitschaft** des Schuldners und seiner Organe im Sinne einer **Erreichbarkeit** für das Insolvenzgericht und den Sachverständigen genügen (AG Duisburg NZI 2007, 596; HambK-InsO/*Schröder* § 20 Rn. 21; vgl. auch OLG Karlsruhe MDR 2006, 1350).

15 Die Pflichten nach § 20 sind **höchstpersönliche Pflichten** und können vom Schuldner nicht delegiert werden (*Zipperer* § 20 Rn. 17). Auch standesrechtliche Begrenzungen hindern den Sachverständigen, der Rechtsanwalt ist, nicht, den Insolvenzschuldner unter Umgehung von dessen anwaltlichen Berater unmittelbar zur Erfüllung der Auskunfts- und Mitwirkungspflichten anzuhalten. Bedient sich der Schuldner eines Verfahrensbevollmächtigten, so ist ihm dessen Verschulden bei der Verletzung von Auskunfts- und Mitwirkungspflichten zuzurechnen (AG Hamburg ZVI 2008, 35; AG Duisburg NZI 2005, 462).

Der Schuldner und seine Organe sind auch zur **Informationsbeschaffung** verpflichtet. Die Auskunftspflicht ist nicht auf präsentes Wissen beschränkt. Die Pflicht zur Informationsbeschaffung schließt die Beschaffung von Unterlagen oder die Erstellung geforderter Auswertungen und Berichte ein. 16

5. Durchsetzung der Auskunfts- und Mitwirkungspflichten. Die Auskunfts- und Mitwirkungspflichten können über die Verweisung in Absatz 1 Satz 2 gem. § 98 Abs. 1, 2 zwangsweise durchgesetzt werden. Das Gericht kann den Schuldner zur Abgabe der **eidesstattlichen Versicherung** (§ 98 Abs. 1) in Bezug auf die Richtigkeit und die Vollständigkeit seiner Auskünfte auffordern und ihn zur Durchsetzung der Auskunfts- und Mitwirkungspflicht **vorführen** oder in **Haft** nehmen lassen (§ 98 Abs. 2). Droht die Gefahr, dass der Schuldner sich ins Ausland absetzt und seinen Mitwirkungspflichten nicht mehr nachkommt, kann das Insolvenzgericht die **Einziehung des Reisepasses** und auf diesem Wege ein Ausreiseverbot anordnen (AG München NZI 2013, 1033). 17

Ordnet das Gericht **Zwangsmaßnahmen** zur Durchsetzung der Auskunfts- und Mitwirkungspflichten (zB Vorführung oder Haft) an, so sind die geschuldeten Pflichten des Schuldners so **genau zu bezeichnen,** dass der Schuldner ohne weiteres erkennen kann, durch welche Handlungen er die Zwangsmaßnahme abwenden kann (BGH ZInsO 2005, 436; LG Duisburg NZI 2001, 384). 18

Zuständig für die Anordnung von Maßnahmen nach § 20 iVm § 98 ist ausschließlich das Insolvenzgericht (OLG Köln ZInsO 1999, 600). Die Gewährung **rechtlichen Gehörs** kann nach Anordnung der Maßnahme nachgeholt werden, da die vorherige Anhörung den Zweck der Maßnahme vereiteln könnte. 19

Anordnungen nach § 20 sind **unanfechtbar** (§ 6 Abs. 1 S. 1). Etwas anderes gilt nur für den **Erlass eines Haftbefehls,** gegen den die **sofortige Beschwerde** nach §§ 6 Abs. 1, 20 Abs. 1 S. 2, 98 Abs. 3 stattfindet, die beim Insolvenzgericht einzulegen ist (§ 6 Abs. 1 S. 2). Die sofortige Beschwerde hat keine aufschiebende Wirkung (LG Göttingen NZI 2005, 339). Das Insolvenzgericht kann die Vollziehung des Haftbefehls (einstweilen) nach § 4 iVm § 570 Abs. 2 ZPO aussetzen. 20

6. Kein Aufwandsersatzanspruch. Dem Schuldner und seinen Organen steht kein Anspruch auf Aufwandsentschädigung zu. Die Auskunftspflichten sind **unentgeltlich zu erfüllen.** Zu einer über die Auskunfts- und Mitwirkungspflichten hinausgehenden **Mitarbeit im dienstvertraglichen Sinne** ist der Schuldner und sind seine Organe nicht verpflichtet. Der vorläufige Insolvenzverwalter ist berechtigt, hierfür eine Vergütung zu zahlen. 21

II. Hinweis auf die Restschuldbefreiung (Absatz 2)

1. Systematik. Absatz 2 korrespondiert mit § 287 Abs. 1 S. 2 (→ § 287 Rn. 7), wonach dem Insolvenzschuldner, der seinem **Eigenantrag** den Antrag auf Erteilung der **Restschuldbefreiung** nicht unmittelbar beifügt, ein entsprechender **Hinweis** zu erteilen ist. Der Insolvenzschuldner soll nicht die Restschuldbefreiungsmöglichkeit aus Rechtsunkenntnis einbüßen (BGH ZInsO 2005, 310). Hat ein Gläubiger den Insolvenzantrag als **Fremdantrag** gestellt, so muss der Schuldner darauf hingewiesen werden, dass ein isolierter Restschuldbefreiungsantrag nicht ausreichend ist, sondern der Schuldner auch einen eigenen Insolvenzantrag stellen muss (BGH ZInsO 2009, 1171: **Fristsetzung** von **vier Wochen** ausreichend). Allein die Erteilung des Hinweises übt keinen unzulässigen Druck auf den Schuldner aus (LG Hamburg ZInsO 2007, 335). Der Eigenantrag kann gestellt werden, solange das Insolvenzverfahren auf Grundlage des Fremdantrages nicht eröffnet ist. Nach der Eröffnung des Insolvenzverfahrens bleibt ein späterer Restschuldbefreiungsantrag grds. unzulässig (→ Rn. 30). Das gilt auch, wenn der **Eröffnungsbeschluss nicht rechtskräftig** ist (BGH NZI 2015, 79). 22

23 **2. Rechtsfolgen der Verfristung.** Verstreicht die Frist trotz ordnungsmäßiger Belehrung, so ist ein späterer Restschuldbefreiungsantrag in demselben (BGH NZI 2015, 79) oder einem nachfolgenden zweiten Insolvenzverfahren präkludiert (AG Stuttgart NZI 2011, 375); dies jedenfalls dann, wenn kein neuer Gläubiger hinzugekommen ist (BGH ZInsO 2006, 821), oder strenger: wenn die ursprüngliche Zahlungsunfähigkeit fortbesteht (AG Duisburg NZI 2008, 753). Unabhängig davon ist ein Insolvenz- und Restschuldbefreiungsantrag des Schuldners in einem **Folgeinsolvenzverfahren** nur nach Ablauf einer **Sperrfrist von drei Jahren** und auch nur dann zulässig, wenn das Erstverfahren zwischenzeitlich aufgehoben ist (BGH NZI 2010, 195).

24 Der Eigeninsolvenzantrag verbunden mit dem Antrag auf Erteilung der Restschuldbefreiung kann nicht als **Hilfsantrag** gestellt werden, wenn sich der Schuldner vorrangig gegen die Zulässigkeit des gestellten Fremdinsolvenzantrages wendet (BGH NZI 2010, 441), vgl. → § 13 Rn. 8.

25 Nach **Fristablauf** ist das Insolvenzgericht berechtigt, das Insolvenzverfahren zu eröffnen (oder mangels Masse abzuweisen). Bis zu einer nicht notwendig rechtskräftigen (BGH NZI 2015, 79) Entscheidung des Gerichts kann der Schuldner einen gestellten Eigenantrag für erledigt erklären (LG Hamburg ZInsO 2007, 335) oder gemeinsam mit dem Restschuldbefreiungsantrag einen solchen Antrag noch stellen (BGH NZI 2008, 609); die richterliche Frist ist **keine Ausschlussfrist** im Sinne den § 230 ZPO (BGH ZInsO 2009, 1171), da § 287 Abs. 1 S. 2 insoweit nicht gilt.

26 **3. Inhalt und Form des Hinweises.** Der Hinweis nach Absatz 2 soll so **früh wie möglich** erteilt oder nachgeholt werden (AG Köln NZI 2002, 618), ist **formlos** (BGH NZI 2004, 593) möglich, kann dem Schuldner also auch mündlich gegeben werden, und muss eine angemessene Fristsetzung enthalten (LG Düsseldorf ZInsO 2015, 365). Soweit die Gerichte – wie üblich – Merk- oder **Formblätter** verwenden, müssen diese klar und eindeutig formuliert und für einen juristisch nicht vorgebildeten Laien verständlich sein (BGH ZInsO 2006, 370). Grds. reicht dabei aber die drucktechnisch einwandfrei wahrnehmbare Wiederholung des Gesetzeswortlautes aus (aA LG Memmingen NZI 2004, 44; HambK-InsO/*Schröder* § 20 Rn. 25). Das Gericht muss klar auf die **Rechtsfolgen eines Fristversäumnisses** hinweisen (AG Duisburg ZInsO 2002, 736).

27 Der Hinweis muss den **Zeitpunkt des Fristablaufs** benennen, darf also nicht nur über das Bestehen einer abstrakten Frist informieren, sondern muss die konkrete Fristberechnung beinhalten (BGH ZInsO 2004, 974).

28 Für die Wirksamkeit des Hinweises kommt es lediglich auf den nachgewiesenen **Zugang** (§ 4 iVm § 139 Abs. 4 ZPO) an, eine Zustellung ist nicht erforderlich (BGH ZInsO 2004, 974).

29 **4. Fehlen eines ordnungsmäßigen Hinweises.** Ist die in Absatz 2 vorgeschriebene Belehrung nicht oder nicht ordnungsgemäß erfolgt, kann der Antrag auf Erteilung der Restschuldbefreiung bis zur Verfahrensaufhebung zulässigerweise – und isoliert (LG Dessau-Rosslau 6.12.2011 – 1 T 276/11, BeckRS 2012, 00042) – gestellt werden (LG Düsseldorf ZInsO 2015, 365; AG Düsseldorf ZInsO 2010, 1803; vgl. auch BGH NZI 2005, 271; 2004, 511). **Schweres Mitverschulden des Schuldners** an dem Fristversäumnis schließt die Möglichkeit der Stellung eines Restschuldbefreiungsantrages im laufenden Verfahren aus (LG Düsseldorf ZInsO 2015, 365). Stellt sich im eröffneten Verbraucherinsolvenzverfahren heraus, dass die dem Antrag auf Restschuldbefreiung beizufügende Abtretungserklärung nicht vorliegt, so darf das Insolvenzgericht dem Schuldner für die **Nachreichung der Abtretungserklärung** keine kürzere Frist setzen, als einen Monat (BGH NZI 2009, 120).

Der **Hinweis** nach Absatz 2 ist **entbehrlich,** wenn die Restschuldbefreiung im konkreten Verfahren nicht zu erlangen ist, weil ihr bereits bekannte Hinderungsgründe entgegenstehen (AG Göttingen NZI 2011, 861; bei einem Zweitinsolvenzverfahren nach Freigabe gem. § 35 Abs. 2; ebenso AG Göttingen NZI 2012, 198). 30

Anordnung vorläufiger Maßnahmen[1]

21 (1) [1]**Das Insolvenzgericht hat alle Maßnahmen zu treffen, die erforderlich erscheinen, um bis zur Entscheidung über den Antrag eine den Gläubigern nachteilige Veränderung in der Vermögenslage des Schuldners zu verhüten.** [2]**Gegen die Anordnung der Maßnahme steht dem Schuldner die sofortige Beschwerde zu.**

(2) [1]**Das Gericht kann insbesondere**

1. **einen vorläufigen Insolvenzverwalter bestellen, für den § 8 Abs. 3 und die §§ 56, 56a, 58 bis 66 entsprechend gelten;**

1a. **einen vorläufigen Gläubigerausschuss einsetzen, für den § 67 Absatz 2 und die §§ 69 bis 73 entsprechend gelten; zu Mitgliedern des Gläubigerausschusses können auch Personen bestellt werden, die erst mit Eröffnung des Verfahrens Gläubiger werden;**

2. **dem Schuldner ein allgemeines Verfügungsverbot auferlegen oder anordnen, daß Verfügungen des Schuldners nur mit Zustimmung des vorläufigen Insolvenzverwalters wirksam sind;**
3. **Maßnahmen der Zwangsvollstreckung gegen den Schuldner untersagen oder einstweilen einstellen, soweit nicht unbewegliche Gegenstände betroffen sind;**
4. **eine vorläufige Postsperre anordnen, für die die §§ 99, 101 Abs. 1 Satz 1 entsprechend gelten;**
5. **anordnen, dass Gegenstände, die im Falle der Eröffnung des Verfahrens von § 166 erfasst würden oder deren Aussonderung verlangt werden könnte, vom Gläubiger nicht verwertet oder eingezogen werden dürfen und dass solche Gegenstände zur Fortführung des Unternehmens des Schuldners eingesetzt werden können, soweit sie hierfür von erheblicher Bedeutung sind; § 169 Satz 2 und 3 gilt entsprechend; ein durch die Nutzung eingetretener Wertverlust ist durch laufende Zahlungen an den Gläubiger auszugleichen. Die Verpflichtung zu Ausgleichszahlungen besteht nur, soweit der durch die Nutzung entstehende Wertverlust die Sicherung des absonderungsberechtigten Gläubigers beeinträchtigt. Zieht der vorläufige Insolvenzverwalter eine zur Sicherung eines Anspruchs abgetretene Forderung anstelle des Gläubigers ein, so gelten die §§ 170, 171 entsprechend.**

[2]**Die Anordnung von Sicherungsmaßnahmen berührt nicht die Wirksamkeit von Verfügungen über Finanzsicherheiten nach § 1 Abs. 17 des Kreditwesengesetzes und die Wirksamkeit der Verrechnung von Ansprüchen und Leistungen aus Zahlungsaufträgen, Aufträgen zwischen Zahlungs-**

---

[1] § 21 Abs. 2 Nr. 1 und 3 geänd., Nr. 4 angef. durch G v. 19.12.1998 (BGBl. I S. 3836); Abs. 1 Satz 2 angef., Abs. 1 bish. Wortlaut wird Satz 1 mWv 1.12.2001 durch G v. 26.10.2001 (BGBl. I S. 2710); Abs. 2 Satz 2 angef., bish. Wortlaut wird Satz 1 mWv 9.4.2004 durch G v. 5.4.2004 (BGBl. I S. 502); Abs. 2 Satz 1 Nr. 4 geänd. und Nr. 5 angef. mWv 1.7.2007 durch G v. 13.4.2007 (BGBl. I S. 509); Abs. 2 Satz 2 geänd. mWv 31.10.2009 durch G v. 29.7.2009 (BGBl. I S. 2355); Abs. 2 Satz 2 geänd., Satz 3 angef. mWv 30.6.2011 durch G v. 19.11.2010 (BGBl. I S. 1592); Überschr. neu gef., Abs. 2 Satz 1 Nr. 1 geänd., Nr. 1a eingef. mWv 1.3.2012 durch G v. 7.12.2011 (BGBl. I S. 2582).

dienstleistern oder zwischengeschalteten Stellen oder Aufträgen zur Übertragung von Wertpapieren, die in Systeme nach § 1 Abs. 16 des Kreditwesengesetzes eingebracht wurden. [3] Dies gilt auch dann, wenn ein solches Rechtsgeschäft des Schuldners am Tag der Anordnung getätigt und verrechnet oder eine Finanzsicherheit bestellt wird und der andere Teil nachweist, dass er die Anordnung weder kannte noch hätte kennen müssen; ist der andere Teil ein Systembetreiber oder Teilnehmer in dem System, bestimmt sich der Tag der Anordnung nach dem Geschäftstag im Sinne des § 1 Absatz 16b des Kreditwesengesetzes.

(3) [1] **Reichen andere Maßnahmen nicht aus, so kann das Gericht den Schuldner zwangsweise vorführen und nach Anhörung in Haft nehmen lassen. [2] Ist der Schuldner keine natürliche Person, so gilt entsprechendes für seine organschaftlichen Vertreter. [3] Für die Anordnung von Haft gilt § 98 Abs. 3 entsprechend.**

Schrifttum: *Berger/Frege,* Business Judgment Rule bei Unternehmensfortführung in der Insolvenz – Haftungsprivileg für den Verwalter, ZIP 2008, 204; *Berger/Frege/Nicht,* Unternehmerische Ermessensentscheidungen im Insolvenzverfahren – Entscheidungsfindung, Kontrolle und persönliche Haftung, NZI 2010, 321; Bork/Koschmieder/*Beck/Hölzle,* Fachanwaltshandbuch Insolvenzrecht, 2003; *Bunte/v. Kaufmann,* Gesetz zur weiteren Erleichterung der Sanierung von Unternehmen (ESUG): Konträre Positionen im Gesetzgebungsverfahren, DZWIR 2011, 359; *Dörndorfer,* Insolvenzverfahren und Lohnpfändung, NZI 2000, 292; Engelhardt, Die gerichtliche Entscheidung nach §§ 21 ff. InsO und ihre Auswirkungen auf die vermögensrechtliche Stellung des Insolvenzschuldners, Diss. 2002; *Flitsch* FS Wellensiek, 2011, 383; *Ganter,* Sicherungsmaßnahmen gegenüber Aus- und Absonderungsberechtigten im Insolvenzeröffnungsverfahren – Ein Beitrag zum Verständnis des neuen § 21 Abs. 2 S. 1 Nr. 5 InsO, NZI 2007, 549; Haarmeyer/Wutzke/Förster, Handbuch der vorläufigen Insolvenzverwaltung, 1. Aufl. 2011; Häsemeyer, Insolvenzrecht, 3. Aufl. 2003; *Hölzle,* Das Steuerberatungsmandat in der Insolvenz des Mandanten. Mandatsfragen im Vorfeld der Insolvenz, im vorläufigen und im eröffneten Verfahren, DStR 2003, 2075; *ders.,* Die Sanierung von Unternehmen im Spiegel des Wettbewerbs der Rechtsordnungen in Europa, KTS 2011, 291; *ders.,* Die Fortführung von Unternehmen im Insolvenzeröffnungsverfahren, ZIP 2011, 1889; *ders.,* Eigenverwaltung im Insolvenzverfahren nach ESUG – Herausforderungen für die Praxis, ZIP 2012, 158; ders., Praxisleitfaden ESUG, 2012; *Hölzle/Pink,* Mezzanine-Programme und Gestaltungspotenzial der Sanierungsverwaltung, ZIP 2011, 360; *Jacoby,* Zur umsatzsteuerrechtlichen Behandlung der Insolvenzverwalterleistung – das Argument von der Höchstpersönlichkeit, ZIP 2009, 554; *Jaffé/Hellert,* Keine Haftung des vorläufigen Insolvenzverwalters bei Anordnung eines allgemeinen Zustimmungsvorbehalts, ZIP 1999, 1204; *Jungmann,* Die einstweilige Einstellung der Zwangsverwaltung im Insolvenzeröffnungsverfahren, NZI 1999, 352; *Karsten Schmidt,* Aktienrecht und Insolvenzrecht, AG 2006, 597; *Kießling/Singhof,* Verfügungsbeschränkungen in der vorläufigen Insolvenz – insbesondere zu Grundlagen und Wirkungen besonderer Verfügungsverbote und Zustimmungsvorbehalte, DZWIR 2000, 353; *Kirchhof,* Probleme bei der Einbeziehung von Aussonderungsrechten in das Insolvenzeröffnungsverfahren, ZInsO 2007, 227; *Kirstein,* Ausführungen zur real existierenden Situation bei Eröffnungs- und Befriedigungsquoten in Insolvenzverfahren, ZInsO 2006, 966; *Kuder,* Besitzlose Mobiliarsicherheiten im Insolvenzantragsverfahren nach dem geänderten § 21 InsO, ZIP 2007, 1690; Lüders, Das Autohaus in der Insolvenz, Diss. 2011; *Lüpke/Müller,* „Pre-Trial Discovery of Documents" und § 142 ZPO – ein trojanisches Pferd im neuen Zivilprozessrecht, NZI 2002, 588; *Mankowski,* Allgemeiner Zustimmungsvorbehalt in der vorläufigen Insolvenzverwaltung und Rechtsgeschäftslehre, NZI 2000, 572; *Meyer,* Arbeitgeberkompetenz bei Anordnung eines allgemeinen Zustimmungsvorbehalts, DZWIR 2004, 133; *ders.,* Die GmbH und andere Handelsgesellschaften im Spiegel empirischer Forschung (I), GmbHR 2002, 177; *ders.,* Die Insolvenzanfälligkeit der GmbH als rechtspolitisches Problem, GmbHR 2004, 1417; *Mülbert,* Das inexistente Anwartschaftsrecht und seine Alternativen, AcP 202 (2002), 912; *Obermüller,* Die Umsetzung der Finanzsicherheitenrichtlinie, ZInsO 2004, 187; *Onusseit,* Zur Neuregelung des § 55 Abs. 4 InsO, ZInsO 2011, 641; *Pape,* Haftungsrechtliche Folgen der Nichtinanspruchnahme von Gesellschaftsorganen und Geschäftsführern, ZInsO 2007, 1080; *Prütting/Stickelbrock,* Befugnisse des vorläufigen Insolvenzverwalters – aktuelle Entwicklungen in der Rechtsprechung, ZIP 2002, 1608; *Sinz/*

Hiebert, § 21 Abs. 2 Nr. 5 InsO – Nutzung ohne Gegenleistung zulässig?, ZInsO 2011, 798; *Smid,* Vereinnahmung von sicherungszedierten Forderungen im Eröffnungsverfahren, DZWIR 2010, 309; *Spliedt,* Die „halbstarke" Verwaltung – unbeherrschbare Masseverbindlichkeiten oder sinnvolle Alternative, ZIP 2001, 1941; *Uhlenbruck,* Aus- und Abwahl des Insolvenzverwalters, KTS 1989, 229; *ders.,* Probleme des Eröffnungsverfahrens nach dem Insolvenzrechts-Reformgesetz 1994, KTS 1994, 169, 176; *ders.,* Das Bild des Insolvenzverwalters, KTS 1998, 1; *ders.,* Zur Rechtsstellung des vorläufigen Insolvenzverwalters, NZI 2000, 289; *v. Olshausen,* Verfügung statt Rechtshandlung in § 81 InsO oder: Der späte Triumph des Reichstagsabgeordneten Levin Goldschmidt, ZIP 1998, 1093; *Vallender,* Die Anordnung der vorläufigen Insolvenzverwaltung, DZWiR 1999, 265; *ders.,* Gesetz zur weiteren Erleichterung der Sanierung von Unternehmen (ESUG) – Änderungen des Insolvenzeröffnungsverfahrens, MDR 2012, 61; *ders.,* Wie viele Verwalter braucht das Land?, NZI 2005, 473; *ders.,* Der gerichtlich bestellte Sachverständige im Insolvenzeröffnungsverfahren, ZInsO 2010, 1457; *ders.,* Einzelzwangsvollstreckung im neuen Insolvenzrecht, ZIP 1997, 1993; Vallender/Undritz/*Hölzle* Praxis des Insolvenzrechts 2012; *Wessel,* Der Sachverständige im Insolvenzeröffnungsverfahren nach § 5 InsO, DZWiR 1999, 230 [231]; *Wimmer,* Die Umsetzung der Finanzsicherheitenrichtlinie, ZInsO 2004, 1.

Übersicht

I. Grundlagen

1 **1. Systematik.** Die §§ 21–25 bilden ein zusammenhängendes und differenziertes Normgerüst, das im Insolvenzeröffnungsverfahren den Sicherungsinteressen der Gläubiger ebenso wie der Vorbereitung im später eröffneten Verfahren zu ergreifenden Maßnahmen dient. Alle Maßnahmen sind gegen das Schuldnerinteresse abzuwägen. Das Insolvenzeröffnungsverfahren ist ein **Eilverfahren** (LG Magdeburg ZIP 1996, 2119 mit Komm. *Pape* EWiR 1997, 11), das kurzfristige Entscheidungen des Insolvenzgerichts erfordert, die in der Regel keinen Aufschub dulden (AG München ZIP 2008, 95). Die §§ 148 ff. ZPO über die Aussetzung des Verfahrens finden im Insolvenzeröffnungsverfahren keine Anwendung (BGH NZI 2006, 642). Zentrale Vorschrift ist § 21, der die Anordnung von Sicherungsmaßnahmen insbes. gegenüber dem Schuldner, aber auch gegenüber Dritten (Absatz 2 Nr. 5) erlaubt. Schutzzweck der anzuordnenden Sicherungsmaßnahmen ist nicht der Gläubigergleichbehandlungsgrundsatz (par conditio creditorum), sondern ausschließlich ein **Sicherungszweck,** der auf den Schutz der Insolvenzmasse vor Manipulation und (nachteiligen) Veränderungen gerichtet ist (vgl. BT-Drs. 12/2443, 116; MüKoInsO/*Haarmeyer* § 21 Rn. 12; Jaeger/*Gerhardt* InsO § 21 Rn. 3), sog **Massesicherungs- und Masseerhaltungsfunktion.**

2 Zur ergänzenden **Sachverhaltsermittlung** kann das Insolvenzgericht einen **Sachverständigen** bestellen (§§ 5 Abs. 1 S. 2, 22 Abs. 1 Nr. 3 Hs. 2) oder zur Unterstützung der Sicherungsaufgaben des vorläufigen Insolvenzverwalters Hilfstätigkeiten durch den **Gerichtsvollzieher** anordnen (BGH ZIP 2008, 476), wozu insbes. Durchsuchungsanordnungen gehören (§§ 759 Abs. 1 ZPO, 838 Abs. 1 ZPO). Mitbewohner des Schuldners haben solche Anordnungen zu dulden (§ 4 iVm § 758a Abs. 3 S. 1 ZPO; vgl. Uhlenbruck/*Vallender* InsO § 21 Rn. 10 aE).

3 **2. Normzweck.** Ziel der Sicherungsmaßnahmen ist der **Schutz der** im Antragszeitpunkt vorhandenen **Ist-Insolvenzmasse** (also einschließlich aus- und absonderungsrechtsbelastetem Vermögen) vor nachteiligen Veränderungen für die Gläubigergesamtheit (BGHZ 146, 165 [172]) während der gerichtlichen Prüfung der Eröffnungsvoraussetzungen (BT-Drs. 12/2443, 115 f.). Im Eröffnungsverfahren gilt gem. § 5 Abs. 1 eine Amtsermittlungspflicht, die mit Eingang eines zulässigen Eröffnungsantrages eingreift (BGH ZIP 2007, 1868). Hat das Gericht Zweifel an der Zulässigkeit des Antrages, stehen diese der Einholung seines Sachverständigengutachtens zur Feststellung der allgemeinen Verfahrensvoraussetzungen (§ 5 Abs. 1 S. 2) nicht entgegen (BGH ZInsO 2011, 1499).

4 Das **Tätigkeitsbild** des vorläufigen Insolvenzverwalters hat sich allerdings von diesem ausschließlichen Sicherungszweck entfernt und vom sichernden Massebestands-Erhalter zum geschäftsführenden Massebetreuer, der zwangsläufig unternehmerisch tätig wird, entwickelt (*Seagon* FS Wellensiek, 2011, 343 [349]; *Hölzle*

FS Derleder, 2015, 223). Die Möglichkeit insbes. der Übertragung der Verwaltungs- und Verfügungsbefugnis auf den vorläufigen Insolvenzverwalter nach §§ 21 Abs. 2 Nr. 1 Alt. 1, 22 Abs. 1 dient neben der Sicherung des Vermögens der Prüfung der **Sanierungsfähigkeit** des Unternehmens und der Vorbereitung der Sanierung (MüKoInsO/*Haarmeyer* § 21 Rn. 8 f.), → § 22 Rn. 8.

Der **Sicherungszweck** erfasst sämtliche dem Zweck der Masseerhaltung dienlichen Maßnahmen (Jaeger/*Gerhardt* InsO § 21 Rn. 5), was künftigen Erwerb ebenso einschließt, wie zB die Zulässigkeit von Vermögensverfügungen iRd Fortführung eines Geschäftsbetriebes, wenn dadurch die wertmäßige Zusammensetzung des Vermögens mindestens gleich bleibt (MüKoInsO/*Haarmeyer* § 21 Rn. 12). **Wertmäßige Minderungen** sind nur ausnahmsweise zulässig, wenn dies zum Zwecke des Erhalts der Sanierungsaussichten und der Entscheidung über den Sanierungsweg erforderlich ist (*Hölzle* ZIP 2011, 1889 [1891 ff.]). Die Pflicht zum Werterhalt wirkt auf den Umfang der Sicherungspflicht zurück; der Sicherungsaufwand muss in angemessenem Verhältnis zum Wert des Sicherungsguts stehen und liegt im pflichtgemäßen Ermessen des vorläufigen Insolvenzverwalters. 5

Im **Interesse des Schuldners** hat das Eröffnungsverfahren auch eine Bestandssicherungsfunktion iSd Zusammenhalts des Vermögens in seiner konkreten Zusammensetzung, da das Eröffnungsverfahren erst der Feststellung dient, ob ein Insolvenzverfahren tatsächlich zu eröffnen ist. Die vermögensrechtliche Stellung des Schuldners ist nur soweit erforderlich und geboten nachhaltig zu beeinträchtigen oder zu verändern. Regelmäßig sind deshalb Verwertungsmaßnahmen ausgeschlossen (BGHZ 146, 165; 168, 321). 6

II. Allgemeine Anordnungsvoraussetzungen

1. Zulassung des Insolvenzantrags. Ehe das Insolvenzgericht **Sicherungsmaßnahmen** anordnen oder ein **Sachverständigengutachten** in Auftrag geben darf (BGH NJW 2004, 2015) ist der Insolvenzantrag – ohne förmlichen Beschluss – zuzulassen. Die Amtsermittlungspflicht des Insolvenzgerichts nach § 5 Abs. 1 S. 1 setzt erst mit dem Vorliegen eines zulässigen Eröffnungsantrages ein (BGH ZInsO 2011, 2499; ZIP 2007, 1868). Erweiterte Befugnisse zur Anordnung von Sicherungsmaßnahmen vor abschließend geklärter örtlicher und internationaler Zuständigkeit des Insolvenzgerichts können sich aus den Umständen ergeben, zB wegen einer missbräuchlichen Firmenbestattung durch Verlagerung des Verwaltungssitzes des Insolvenzschuldners in das Ausland (BGH IPRspr Nr. 254/2007, 722; dazu *Webe* EWiR 2008, 181). Da das Insolvenzeröffnungsverfahren ein Eilverfahren (BGH KTS 1986, 470) ist, reicht die **einstweilige Zulassung** aus, ohne dass die Zulässigkeit bereits endgültig festgestellt sein muss (OLG Köln ZIP 1988, 664; MüKoInsO/*Haarmeyer* § 21 Rn. 16; Jaeger/*Gerhardt* § 21 Rn. 4; Uhlenbruck/*Vallender* InsO § 21 Rn. 2). Das Insolvenzeröffnungsverfahren verträgt keine Schwebezustände, weshalb grds. ausreicht, dass die Zulässigkeitsvoraussetzungen hinreichend glaubhaft gemacht sind. 7

Zuständig für die Anordnung von Sicherungsmaßnahmen ist gem. § 18 Abs. 1 Nr. 1 RPflG ausschließlich der Insolvenzrichter. Die Entscheidung ist von Amts wegen zu treffen. Mit dem Insolvenzantrag verbundene Gläubiger- oder Schuldneranträge auf **Anordnung bestimmter Sicherungsmaßnahmen** sind als Anregungen zu verstehen, die das Gericht weder in der einen noch in der anderen Richtung binden. Der zuständige Insolvenzrichter hat die Prüfung, welche Sicherungsmaßnahmen geboten erscheinen, in eigener Verantwortung vorzunehmen. Einer Zurückweisung entsprechender Anregungen durch das Insolvenzgericht bedarf es nicht (Uhlenbruck/*Vallender* InsO § 21 Rn. 42a). 8

9 **2. Verhältnismäßigkeit.** Die Anordnung von Sicherungsmaßnahmen darf nicht schematisch erfolgen. Das Insolvenzgericht entscheidet nach **pflichtgemäßem Ermessen** (BGH NJW-RR 1986, 1188; NZI 2006, 122 [123]; OLG Celle NZI 2001, 143) im Einzelfall nach Abwägung der Verhältnismäßigkeit (BGH ZIP 2002, 1625 mit Bespr. *Prütting/Stickelbrock* ZIP 2002, 1608; dazu *Spliedt* EWiR 2002, 990). Soweit mildere Mittel einzeln oder zusammen den Sicherungszweck hinreichend erfüllen, sind einschneidendere Maßnahmen unzulässig. Die anzuordnenden Maßnahmen dürfen nicht über das Maß hinausgehen, das im eröffneten Verfahren zulässig wäre (HK-InsO/*Kirchhof* § 21 Rn. 6). Die Anordnung unverhältnismäßiger Sicherungsmaßnahmen ist geeignet, eine **Amtshaftung** zu begründen (Haarmeyer/Wutzke/Förster InsO-HdB § 6 Rn. 27). Neben dem Sicherungszweck ist auch der Grundsatz der **Masseschonung** zu beachten (zu § 55 Abs. 4: AG Düsseldorf ZIP 2011, 443; dazu *Vallender* EWiR 2011, 259).

10 Die Anordnung von Sicherungsmaßnahmen ist **tatrichterliche Entscheidung am Maßstab der konkreten Vermögens- und Gefährdungslage** (BGH NZI 2006, 122); eine abstrakte Gefährdung reicht nicht aus, da die Folge unzulässige und pauschale Sicherungsanordnungen wären (AG Düsseldorf ZIP 2011, 443).

11 Das Insolvenzgericht hat im Allgemeinen die als geeignet erkannten Maßnahmen anzuordnen, so dass **das gerichtliche Ermessen** sich auf die mildeste geeignete Maßnahme zu einem gebundenen Ermessen verdichtet (MüKoInsO/*Haarmeyer* § 21 Rn. 20). Die Anordnung eines allgemeinen Zustimmungsvorbehalts ist in diesem Sinne regelmäßig schon dann verhältnismäßig, wenn die Vermögensverhältnisse des Schuldners nicht überschaubar sind; die Seriosität und Vertrauenswürdigkeit des Schuldners muss nicht zweifelhaft sein. Beschränkte und besondere Zustimmungsvorbehalte kommen nur dann in Betracht, wenn das Insolvenzgericht aufgrund konkreter Umstände diese für erforderlich hält, um nachteilige Veränderungen in der Vermögenslage zu verhüten (LG Berlin ZInsO 2002, 837). Das Insolvenzgericht hat allerdings dem Ziel der **effektiven Vermögenssicherung** Vorrang vor dem Schutz des Schuldners vor zu weitgehenden Eingriffen einzuräumen. Das Gericht muss daher **unter allen geeigneten das mildeste** Mittel wählen, aber keine Effizienzverluste riskieren. Die Übertragung der Verwaltungs- und Verfügungsbefugnis als effektivstes Sicherungsmittel stellt daher nach wie vor den Ausnahmefall dar. Bei einem sanierungsmotivierten, ggf. Eigenantrag stellenden Schuldner ist prima facie davon auszugehen, dass dieser kooperativ mit dem vorläufigen Insolvenzverwalter zusammen wirken wird, auf die Beratung durch den vorläufigen Insolvenzverwalter angewiesen ist (*Bischoff* ZInsO 2005, 1090) und daraus eine gemeinsame Unternehmensleitung entsteht (grundlegend *Uhlenbruck* KTS 1972, 220). Auch soweit der vorläufige Insolvenzverwalter nicht die Rechtsmacht übertragen erhalten hat (Verwaltungs- und Verfügungsbefugnis), Rechtshandlungen ohne Zustimmung des Schuldners vorzunehmen, ist davon auszugehen, dass er den Schuldner zur Vornahme bestimmter Rechtshandlungen regelmäßig anhalten kann (Jaeger/*Gerhardt* § 22 Rn. 134). Nur soweit zu befürchten ist, dass der Schuldner diese aus einer zivilrechtlichen Sonderverbindung resultierende **Kooperationspflicht** (vgl. BGH ZIP 1993, 1886; *Hölzle* ZIP 2011, 1889 [1892]) verletzt, ist ihm die Handlungsbefugnis zu entziehen.

12 Die **Bestellung eines vorläufigen Insolvenzverwalters** ist ohne Nachweis einer konkreten Gefährdungslage unzulässig, wenn der Schuldner einen **Antrag auf Eigenverwaltung** (§§ 270, 270a) gestellt hat (vgl. → § 270a Rn. 2). Allein die außergerichtliche Nichtbewältigung der Unternehmenskrise lässt nicht den Rückschluss zu, dass die handelnden und verantwortlichen Personen auch zu einer Fortführung oder gar Sanierung im gerichtlichen Verfahren nicht in der Lage sind (anders: LG Bonn NZI 2003, 653; bestätigt BGH NZI 2004, 216). Die außergerichtliche Nichtbewältigung der Krise stellt lediglich eine abstrakte Gefährdung

dar, die nach Umkehr des Regel-Ausnahme-Verhältnisses in §§ 270, 270a (vgl. *Hölzle,* Praxisleitfaden ESUG, §§ 270, 270a Rn. 1 ff.) die Bestellung eines vorläufigen Insolvenzverwalters allein nicht (mehr) rechtfertigt. Nach § 270 Abs. 2 Nr. 2 iVm § 270a ist ausschließlich darauf abzustellen, ob die Anordnung offensichtlich aussichtslos ist, weil dem Insolvenzgericht bereits Umstände bekannt sind, die Nachteile für die Gläubiger erwarten lassen. Die offenkundige Ungeeignetheit der Geschäftsleiter kann solche Nachteile nur ausnahmsweise begründen, wenn sich dies aus besonderen Umständen des Einzelfalls ergibt. Andererseits genügt für die Versagung der Eigenverwaltung die Erklärung wesentlicher Gläubiger, die Eigenverwaltung abzulehnen, gleich aus welchem Grund (*Hölzle* ZIP 2012, 158 [160]; AG Köln ZIP 2013, 1390; „Die Kölner Insolvenzrichter" ZIP 2014, 2154; weitergehend, aber abzulehnen LG Halle ZIP 2014, 2355: ablehnendes Votum des vorl. Gläubigerausschusses genügt auch bei nicht tragfähiger Begründung). Die **Anordnung weitergehender Sicherungsmaßnahmen** während der vorläufigen Eigenverwaltung sieht § 270a nicht vor. Eine Verweisung auf § 277 InsO fehlt. Da jedoch mit jeder Vermögensverfügung des Schuldners jedenfalls eine abstrakte Gefährdung der Gläubigerinteressen einher geht und der Widerspruch des vorläufigen Sachwalters (§ 275) diese Gefährdung nicht hindert, weil das Rechtsgeschäft im Außenverhältnis wirksam (Uhlenbruck/*Zipperer* InsO § 275 Rn. 6) bleibt, ist die Anordnung eines **Zustimmungsvorbehalts** zu Gunsten des vorläufigen Sachwalters nach § 277 Abs. 1 S. 1 analog auf Antrag des vorläufigen Gläubigerausschusses das mildere Mittel gegenüber dem anderenfalls gebotenen Widerruf der Eigenverwaltung. **Entfällt das Sicherungsbedürfnis** nach Anordnung der vorläufigen Insolvenzverwaltung, kann diese auf Antrag des Schuldners aufgehoben und die vorläufige Eigenverwaltung nachträglich angeordnet werden (AG Münster 26.9.2014 – 73 IN 46/14, nV).

3. Gewährung rechtlichen Gehörs. Die Gewährung rechtlichen Gehörs vor der Anordnung von Sicherungsmaßnahmen richtet sich mangels spezieller Regelung nach Art. 103 Abs. 1 GG. Etwas anderes gilt nur bei der Anordnung von Haft, wo die vorherige Anhörung des Schuldners ausdrücklich vorgeschrieben ist (Absatz 3). Die **Anhörung nach § 14 Abs. 2** bezieht sich auf die Glaubhaftmachung der Antragsvoraussetzungen durch den einen Fremdantrag stellenden Gläubiger (vgl. dort → § 14 Rn. 27). **13**

Rechtliches Gehör ist jedem zu gewähren, der von der beabsichtigten Maßnahme materiell-rechtlich betroffen wird (BVerfGE 89, 381 [390 f.]). Betroffen ist zB auch ein Gläubiger, dem gegenüber Maßnahmen nach Abs. 2 Nr. 5 beschlossen werden sollen. Erforderlich ist aber die unmittelbare materiell-rechtliche Betroffenheit; eine mittelbare Betroffenheit reicht nicht aus. Nicht anzuhören sind daher Gläubiger, denen die angeordneten Sicherungsmaßnahmen nicht weit genug gehen oder die andere oder weitere als die angeordneten Sicherungsmaßnahem angeregt haben (*Vallender* ZIP 1997, 1993 [1996]). **14**

Regelmäßig ist außerhalb des Absatz 3 die **vorherige Anhörung verzichtbar** (BGH NZI 2011, 680; BVerfGE 9, 89 [98]; 18, 399 [404]; 51, 97 [111]; 57, 346 [359]). Das Insolvenzeröffnungsverfahren als Eilverfahren (BGH ZVI 2005, 119; KTS 1986, 470; *Seagon* FS Wellensiek, 2011, 343 [346 f.]; *Wessel* DZWiR 1999, 230 [231]) verträgt die durch eine vorherige Anhörung bedingten Schwebezustände nicht. Außerdem kann die vorherige Anhörung des Schuldners den Zweck der Sicherungsmaßnahmen vereiteln (LG Göttingen ZIP 2003, 679; ähnlich OLG Köln ZInsO 2000, 104 [105, 106]). Das Vorliegen konkreter Anhaltspunkte für eine Gefährdung des Sicherungszwecks ist zur Rechtfertigung der nur nachträglichen Anhörung nicht erforderlich (MüKoInsO/*Haarmeyer* § 21 Rn. 32). Die Anhörung ist **unverzüglich nachzuholen** (Jaeger/*Gerhardt* § 21 Rn. 90). Die Nachholung ist mit der Übersendung des Beschlusses mitsamt Begründung be- **15** wirkt (OLG Köln ZInsO 2000, 104 [105]; Haarmeyer/Wutzke/Förster, InsO-HdB Kap. 2 Rn. 87).

16 **4. Anordnung, Wirksamwerden und Bekanntmachung.** Sicherungsmaßnahmen nach § 21 werden durch **Beschluss des Insolvenzgerichts** angeordnet. Mehrere Maßnahmen werden in einem einheitlichen Beschluss zusammengefasst und sind auch nur einheitlich mit der Beschwerde angreifbar. Die Beschwerde kann inhaltlich auf einzelne Maßnahmen beschränkt werden (Uhlenbruck/*Vallender* InsO § 21 Rn. 47). Die angeordneten Sicherungsmaßnahmen werden entsprechend § 27 Abs. 2 Nr. 3, Abs. 3 mit Erlass des Beschlusses ex nunc wirksam (BGH NZI 2002, 103; 2001, 203; BGHZ 133, 307 = NJW 1997, 528; BGH ZIP 1995, 40 [41]). Der Beschluss ist in dem Zeitpunkt erlassen, zu dem er den Herrschafts- und Entscheidungsbereich des zuständigen Richters verlässt und von diesem in die Geschäftsstelle gegeben wird. Ist in dem Beschluss ein konkreter Zeitpunkt angegeben, so ist dieser maßgeblich (*Pape* ZInsO 1998, 61 [63]), anderenfalls gilt der Beschluss entsprechend § 27 Abs. 3 als zur Mittagsstunde des Tages erlassen. Die Angabe der Stunde des Erlasses ist nicht Wirksamkeitsvoraussetzung (BGH NZI 2001, 203; BGHZ 133, 307 = NJW 1997, 528). Auf eine öffentliche Bekanntmachung oder die Zustellung des Beschlusses, wie noch in der früheren Rspr. zugrundegelegt, kommt es nicht (mehr) an (BGHZ 133, 307 = NJW 1997, 528; BGH ZIP 1955, 40; OLG Köln ZIP 1995, 1684).

17 Nach **§ 23** ist der Beschluss über die Anwendung von Sicherungsmaßnahmen öffentlich bekannt zu machen (vgl. dort). Dies geschieht durch Veröffentlichung im Internet unter **www.insolvenzbekanntmachungen.de** (vgl. § 9). Die Veröffentlichung muss **keine Rechtsbehelfsbelehrung** umfassen (*Reck* ZVI 2014, 405).

III. Zeitpunkt der Anordnung und Aufhebung der Maßnahmen

18 **1. Im Regeleröffnungsverfahren.** Hinsichtlich des Zeitpunkts und der Art der zu erlassenden Sicherungsmaßnahmen steht dem Insolvenzgericht kein Entschließungs-, sondern nur ein **Auswahlermessen** zu (MüKoInsO/*Haarmeyer* § 21 Rn. 29). Das Insolvenzgericht hat über die Erforderlichkeit und die Verhältnismäßigkeit anzuordnender Sicherungsmaßnahmen im Zeitpunkt des Eingangs eines nicht offensichtlich unzulässigen oder missbräuchlichen Insolvenzantrages zu entscheiden (Jaeger/*Gerhardt* InsO § 21 Rn. 81).

19 **Nicht (mehr) verhältnismäßige Sicherungsmaßnahmen** sind von Amts wegen (Uhlenbruck/*Vallender* § 21 Rn. 51) jederzeit mit Wirkung für die Zukunft aufzuheben oder abzuändern (BGH ZIP 2005, 2333 [2334]; AG Hamburg WM 2000, 895), zusätzlich erforderliche Sicherungsmaßnahmen sind ergänzend anzuordnen. Dem vorläufigen Insolvenzverwalter steht ein Recht zur sofortigen Beschwerde gegen die Aufhebung von Sicherungsmaßnahmen nicht zu (BGH NZI 2007, 99).

20 Wird das Insolvenzverfahren eröffnet, bedarf es **keiner ausdrücklichen Aufhebung** der Sicherungsmaßnahmen, weil diese sich mit der Eröffnung des Insolvenzverfahrens ipso iure erledigen und in dem Übergang der Verwaltungs- und der Verfügungsbefugnis auf den Insolvenzverwalter gem. § 80 InsO aufgehen (BGH ZInsO 2008, 203). Eine gegen die Anordnung der Sicherungsmaßnahmen gerichtete Beschwerde wird ebenso wie ein Fortsetzungsfeststellungsantrag unzulässig (BGH aaO).

21 Anders als die Eröffnung des Insolvenzverfahrens führen die **Rücknahme des Eröffnungsantrages** oder eine **Erledigungserklärung** nicht automatisch zum Erlöschen der angeordneten Sicherungsmaßnahmen (BGH NZI 2008, 100). In der Regel stellt die Aufhebung der Maßnahme in diesem Fall jedoch die einzig

verhältnismäßige Entscheidung dar (BGH NZI 2008, 550), wenn nicht zB weitere Insolvenzanträge gegen den Schuldner bereits vorliegen oder kurzfristig zu erwarten sind. In diesem Fall kann die Fortsetzung der Sicherungsmaßnahmen unter ausdrücklicher Bezugnahme auf den weiter vorliegenden Insolvenzantrag zur Sicherung der künftigen Insolvenzmasse geboten sein (Uhlenbruck/*Vallender* InsO § 21 Rn. 51a). Dies kommt in der Wertung des § 14 Abs. 1 S. 2 zum Ausdruck, wonach ein Gläubigerantrag nicht allein dadurch unzulässig wird, dass der Schuldner die dem Antrag zugrundeliegende Forderung erfüllt.

Für eine vom Schuldner während des Eröffnungsverfahrens unter **Verstoß gegen die Sicherungsmaßnahmen** und deshalb unwirksame Verfügung gilt § 185 Abs. 2 S. 1 BGB: Mit Aufhebung der Sicherungsmaßnahmen wird die Verfügung rückwirkend wirksam, soweit nicht der vorläufige Insolvenzverwalter eine wirksame anderweitige Verfügung getroffen hat (BGH ZIP 2006, 479 [481]). 22

2. Im Schutzschirmverfahren (§ 270b InsO). Im Schutzschirmverfahren nach § 270b gelten für die Ausübung des gerichtlichen Ermessens bei der Anordnung von Sicherungsmaßnahmen besondere Grundsätze. Der Sicherungszweck wird dort von dem **Sanierungskonzept** und damit mehr von den Grundsätzen des Antrags- als des Amtsverfahrens bestimmt (vgl. Kommentierung zu § 270b). 23

3. Bei Stapelanträgen. Mit dem Haushaltsbegleitgesetz 2011 v. 9.12.2010 (BGBl. I S. 1885) ist § 14 mit Wirkung ab dem 1.1.2011 neu gefasst worden (vgl. dort). Nach Absatz 1 Satz 2 wird der Antrag des Gläubigers nicht allein dadurch unzulässig, dass die Forderung erfüllt wird, wenn in einem Zeitraum von zwei Jahren vor der Antragstellung bereits ein Antrag auf Eröffnung eines Insolvenzverfahrens über das Vermögen des Schuldners gestellt worden war. Der Gläubiger ist daher nicht mehr zur Erledigungserklärung oder Antragsrücknahme verpflichtet, wird die zugrundeliegende Antragsforderung erfüllt. Das Insolvenzeröffnungsverfahren ist dann als reines **Ordnungsverfahren** auch bei Untätigkeit des antragstellenden Gläubigers fortzusetzen. Einer Erklärung oder eines Antrages des Gläubigers bedarf es nicht, weil eine prozessuale Erledigung durch die Zahlung nicht (mehr) eintritt. 24

Mit dem Wegfall des bei Antragstellung glaubhaft gemachten Insolvenzgrundes entfällt die Legitimationsgrundlage für die Anordnung von Sicherungsmaßnahmen, die in Rechte des Schuldners eingreifen. Daher hat die **Ermessensausübung zu Gunsten des Schuldners** auszufallen. In aller Regel haben sich Maßnahmen des Insolvenzgerichts in Verfahren, die nach § 14 Abs. 1 S. 2 fortgesetzt werden, auf die Einholung eines **Sachverständigengutachtens** solange zu **beschränken,** wie nicht das Vorliegen eines Insolvenzgrundes sich anderweitig ergibt. 25

IV. Rechtsmittel

1. Sofortige Beschwerde. Dem Schuldner steht gem. § 21 Abs. 1 S. 2 gegen angeordnete Sicherungsmaßnahmen die sofortige Beschwerde zu. Diese hat nach § 570 ZPO **keine aufschiebende Wirkung.** Ein **außerordentliches Rechtsmittel** ist nicht statthaft (LG Aachen 6.2.2007 – 6 T 19/07, BeckRS 2008, 06895; nachgehend BGH ZInsO 2008, 203). 26

2. Gegenstand der sofortigen Beschwerde. Die Beschwerde muss sich gegen eine **konkret angeordnete Sicherungsmaßnahme** richten. Die Anordnung der Einholung eines Sachverständigengutachtens ist keine Sicherungsmaßnahme; auch eine Beschwerde analog § 21 Abs. 1 S. 2 kommt nicht in Betracht (BGH ZInsO 2011, 1499). Auch die Zulassung des Insolvenzantrages durch das 27

Insolvenzgericht kann mangels entsprechender Regelungen in der InsO nicht selbstständig angefochten werden.

28 Das Beschwerderecht richtet sich **gegen die Maßnahme als solche.** Nicht angreifbar ist die gerichtliche Auswahl der Person des vorläufigen Insolvenzverwalters. Anders nur, wenn bei der Auswahl gegen geltendes Recht verstoßen wurde, die bestellte Person also zB nicht die Anforderungen des § 56 (vgl. dort → § 56 Rn. 8 ff.) erfüllt. Auch dem vorläufigen Gläubigerausschuss steht **kein Beschwerderecht gegen die Missachtung eines Vorschlages nach § 56a Abs. 1** zu (vgl. dort → § 56a Rn. 31). Der Gesetzgeber hat von der Möglichkeit einer Beschwerde ausdrücklich abgesehen (vgl. LG Dessau-Rosslau 2.5.2012 – 1 T 116/12, BeckRS 2013, 07431; dazu *Schmidt* ZInsO 2012, 1107; *Hölzle* Praxisleitfaden ESUG §§ 56, 56a Rn. 24). Eine gegen §§ 56, 56a verstoßende und deshalb **rechtswidrige Verwalterbestellung** kann aber durch Geltendmachung eines amtshaftungsrechtlichen Folgenbeseitigungsanspruchs (Art. 20 Abs. 3 GG iVm § 1004 BGB analog, vgl. dazu allg. BVerwGE 94, 100; 112, 308) angegriffen und ggf. rückgängig gemacht werden.

29 Gegen die unterlassene Anordnung von Sicherungsmaßnahmen ist grds. **keine Untätigkeitsbeschwerde** möglich (MüKoInsO/*Haarmeyer* § 21 Rn. 40; LG München NZI 2003, 215 [216]). Für den Fall des § 270b Abs. 2 S. 3, das so genannte **Schutzschirmverfahren,** ist daran jedoch nicht mehr festzuhalten, da das gerichtliche Entschließungsermessen bei Vorliegen eines entsprechenden Schuldnerantrages insoweit auf Null reduziert wird und dem Schuldner ein Anordnungsanspruch zusteht, der mit der sofortigen Beschwerde gegen die Ablehnung der Anordnung oder eine Untätigkeitsbeschwerde angreifbar sein muss.

30 **3. Beschwerdebefugnis.** Das Recht zur Beschwerde steht nach Absatz 1 Satz 2 ausschließlich dem **Schuldner,** mangels rechtlicher Beschwer aber nicht einem Gläubiger (LG Göttingen NZI 2001, 503: Das Aussonderungsrecht kann nicht mit der sofortigen Beschwerde gegen die Sicherungsmaßnahmen geltend gemacht werden) oder dem vorläufigen Insolvenzverwalter zu (BGH NZI 2007, 99) und auch nicht dem (vorläufigen) Gläubigerausschuss. Diese haben lediglich die Möglichkeit einer Gegenvorstellung (HambK-InsO/*Schröder* § 21 Rn. 83).

31 Die **Beschwerdebefugnis endet** und eine rechtshängige Beschwerde wird unzulässig mit dem Zeitpunkt der Aufhebung der Sicherungsmaßnahmen. Außerhalb tiefgreifender Grundrechtsverletzungen ist grds. auch ein Fortsetzungsfeststellungsantrag mangels entsprechenden Rechtsschutzbedürfnisses unzulässig (BGH KTS 2010, 222).

32 Nach § 6 Abs. 1 S. 2 (vor ESUG analog § 89 Abs. 3) liegt die **Zuständigkeit** für die Entscheidung über die Beschwerde ausschließlich beim Insolvenzgericht (LG Dessau 3.11.2006 – 7 T 411/ 06, BeckRS 2011, 09833).

V. Anordnung von Sicherungsmaßnahmen im Einzelnen

33 **1. Spektrum möglicher Sicherungsmaßnahmen.** Nach Absatz 1 Satz 1 hat das Insolvenzgericht – ohne Entschließungsermessen (dazu → Rn. 18) – sämtliche Maßnahmen zu treffen, die erforderlich sind, um bis zur Entscheidung über den Insolvenzantrag eine den Gläubigern nachteilige Veränderung in der Vermögenslage des Schuldners zu verhüten. Es existiert **kein numerus clausus** zulässiger Sicherungsmaßnahmen. Dem Spektrum möglicher Sicherungsmaßnahmen sind Grenzen nur durch verfassungsrechtlich geschützte Rechtspositionen gesetzt, soweit es an einem Eingriffsvorbehalt insgesamt oder an dessen tatbestandlicher Erfüllung fehlt, und iÜ nur durch den Verhältnismäßigkeitsgrundsatz. Absatz 2 enthält mit seiner „insbes.-Aufzählung" einen notwendig unvollständigen Katalog möglicher Sicherungsmaßnahmen.

Adressat der Sicherungsanordnung ist regelmäßig der **Insolvenzschuldner.** Das Gericht kann jedoch, soweit es die Verfahrensziele erfordern, Maßnahmen auch **gegen Dritte** anordnen, soweit diese durch ihr Verhalten oder ihre Rechtsposition einen Bezug zum Insolvenzschuldner geschaffen haben. So ist zB die Beschlagnahme eines Laptops als Sicherungsmaßnahme auch gegenüber dem Kommanditisten des Insolvenzschuldners zulässig, wenn zu erwarten ist, dass sich hierdurch verfahrensrelevante Informationen gewinnen lassen (LG Aachen 17.3.2008 – 6 T 64/07, BeckRS 2010, 02265). Bei Vorliegen von Anhaltspunkten, die den Verdacht einer Vermögensverschiebung oder einer Verdunkelung rechtfertigen, ist auch die Anordnung einer Kontensperre gegenüber einem Dritten zulässig (AG München ZVI 2007, 22) oder kann das Insolvenzgericht den vorläufigen Insolvenzverwalter ermächtigen, bei der Bank Auskünfte über das Konto des Geschäftsführers des Insolvenzschuldners einzuholen, ohne dass dem das Bankgeheimnis entgegenstünde (AG Duisburg NZI 2000, 606). Das Auskunftsrecht gegenüber Dritten, die einer besonderen Verschwiegenheitsverpflichtung unterliegen, kann jedoch nur dem vorläufigen Insolvenzverwalter und nicht auch dem Sachverständigen zugewiesen werden (vgl. → § 20 Rn. 10; die gegenteilige Ansicht des AG Göttingen NZI 2002, 615 ist durch Beschluss des LG Göttingen ZIP 2002, 2269 aufgehoben worden). 34

Die Auffassung des BGH, die **Durchsuchung von Räumen Dritter,** die an dem Verfahren nicht beteiligt sind, sei unzulässig (BGH ZIP 2009, 2068), ist abzulehnen. Zwar bedarf der Eingriff in die verfassungsrechtlich geschützte Position der Unverletzlichkeit der Wohnung einer besonderen Beachtung des Verhältnismäßigkeitsgrundsatzes (LG Göttingen NZI 2007, 353); jedoch ist ein Durchsuchungsbeschluss gegen Dritte auch unter Beachtung dieser erhöhten Anforderungen zulässig, sobald und soweit Anhaltspunkte für Verdunklungshandlungen im Zusammenwirken mit dem Schuldner bestehen (AG Korbach ZInsO 2005, 1060). 35

Das Insolvenzgericht kann nach § 4 iVm § 142 ZPO **Dritte zur Herausgabe von Unterlagen** verpflichten, zB die Muttergesellschaft der Insolvenzschuldnerin (im Wege einstweiliger Verfügung AG Karlsruhe-Durlach NZI 2007, 296) oder den **Steuerberater** des Schuldners (LG Köln NZI 2004, 671 mit Hinweis auf *Hölzle* DStR 2003, 2075). **Zurückbehaltungsrechte** können dem nicht entgegengehalten werden. Das bei der Anwendung § 142 ZPO zivilprozessual zu beachtende Ausforschungsverbot (vgl. BGH 21.1.2010 – VI ZR 162/09, BeckRS 2010, 02985; LG Köln 27.2.2008 – IV O 272/07, BeckRS 2010, 03014; ausf. *Lüpke/Müller* NZI 2002, 588) gilt iRd Verweisung durch § 4 nicht, weil der insolvenzrechtliche Amtsermittlungs- den zivilprozessualen Beibringungsgrundsatz überlagert. Dem kann nicht entgegengehalten werden, dass die dadurch gewonnenen Informationen gegebenenfalls später in einem etwaig nachfolgenden Zivilprozess (zB wegen Insolvenzanfechtung, §§ 129 ff.) Verwendung finden können (für den Informationsanspruch nach IFG vgl. OVG Münster ZIP 2008, 1542). 36

Inhalt und Reichweite der vom Insolvenzgericht anzuordnenden Maßnahme richten sich nach den Bedürfnissen und Anforderungen des konkreten Verfahrens. Dabei kann das Insolvenzgericht auch den schwachen vorläufigen Insolvenzverwalter ohne Verfügungsbefugnis im Einzelfall ermächtigen, Masseverbindlichkeiten zu begründen (AG Duisburg ZIP 2002, 1700), zum Zwecke der Unternehmensfortführung Darlehensverträge abzuschließen (AG Neumünster ZInsO 2002, 383) oder den vorläufigen Insolvenzverwalter ermächtigen, auch sicherungshalber abgetretene Forderungen einzuziehen und dem absonderungsberechtigten Gläubiger die Einziehung und anschließende Verrechnung untersagen (BGHZ 154, 72 = NJW 2003, 2240; BayObLG NZI 2001, 593). Ebenso kann das Insolvenzgericht im vorläufigen Eigenverwaltungsverfahren die Zahlung auf 37 bestimmte Verbindlichkeiten (insbes. auf Steuer- und Sozialversicherungsschuld) isoliert (AG Düsseldorf ZInsO 2014, 2389) oder durch Übertragung der Kassenführungsbefugnis (AG Hamburg ZIP 2014, 2101) von der Zustimmung des vorläufigen Sachwalters abhängig machen (*Thole* DB 2015, 662; *Frind* ZInsO 2015, 22). Das Erfordernis der Berücksichtigung des Einzelfalls verbietet jedoch jede schematische Anordnung von Sicherungsmaßnahmen ebenso wie die grundsätzliche Bestellung eines vorläufigen Insolvenzverwalters. Lässt sich durch die Anordnung isolierter Sicherungsmaßnahmen statt der Bestellung eines vorläufigen Insolvenzverwalters zB die Entstehung von Masseverbindlichkeiten insbes. aus § 55 Abs. 4 InsO vermeiden, so ist eine differenzierte Entscheidung des Insolvenzgerichts geboten (vgl. AG Düsseldorf ZIP 2011, 443). Verstößt das Insolvenzgericht dagegen und hätte sich mit in gleicher Weise geeigneten einzelnen Sicherungsanordnungen die Entstehung von Masseverbindlichkeiten nach § 55 Abs. 4 InsO vermeiden lassen, so kann dies Amtshaftungsansprüche nach § 839b BGB iVm Art. 34 GG auslösen (dazu → Rn. 84 ff.). Ein Verfügungsverbot hinsichtlich einzelner Gegenstände des Schuldnervermögens löst anders als ein allgemeines Verfügungsverbot nicht die Rechtsfolgen des § 24 aus und bewirkt nur ein **relatives Verfügungsverbot** iSd §§ 135, 136 BGB (Uhlenbruck/*Vallender* InsO § 21 Rn. 10).

38 Die angeordneten Maßnahmen dürfen nicht über das Maß dessen hinausgehen, was im eröffneten Verfahren zulässig wäre. Die bei manchen Insolvenzgerichten üblichen **Aufrechnungs(verrechnungs)verbote sind unzulässig** (aA zB FK-InsO/*Schmerbach* § 21 Rn. 270; Uhlenbruck/*Vallender* InsO § 21 Rn. 10 aE). Nach §§ 94, 95 bleiben Aufrechnungslagen grds. erhalten und sind nur unter den besonderen Voraussetzungen des § 96 der Insolvenzanfechtung unterworfen. Ein generelles Aufrechnungsverbot kann als Sicherungsmaßnahme iSd § 21 Abs. 1 deshalb nicht angeordnet werden. Soweit ein Gläubiger Forderungen des Schuldners einzuziehen berechtigt ist oder, wie zB bei der Zahlung auf das debitorisch geführte Bankkonto des Schuldners, in die Lage versetzt wird, eingehende Zahlungen zu verrechnen, verbleibt es bei der Aufrechnungsbefugnis. Es steht dem Insolvenzgericht jedoch frei, die **Einziehung von Forderungen** und die Zahlung zB auf das bisherige Bankkonto des Schuldners zu untersagen. Bei der Entgegennahme von Zahlungen durch Einstellung in den Kontokorrent auf dem früheren Schuldnerkonto würde das Kreditinstitut dann gegen diese Sicherungsanordnung nach § 21 Abs. 1 verstoßen, was die Verrechnung unabhängig von der Anordnung eines Aufrechnungsverbots unwirksam machte.

39 **2. Anordnung der vorläufigen Insolvenzverwaltung. a) Bedeutung und Grundsatz.** Im Insolvenzeröffnungsverfahren werden die wesentlichen Weichen für die Gestaltung und den Ablauf des eröffneten Insolvenzverfahrens gestellt. Deshalb muss das Insolvenzgericht auch schon während des Eröffnungsverfahrens einen vorläufigen Insolvenzverwalter einsetzen, der den anspruchsvollen Aufgaben – va der Unternehmensfortführung – gewachsen ist (BGH ZIP 2002, 1625). An das Gutachten des vorläufigen Insolvenzverwalters und/oder Sachverständigen sind dieser Bedeutung des Insolvenzeröffnungsverfahrens angemessen hohe Anforderungen zu stellen (BGH NZI 2009, 233 [234]; ZIP 2003, 2171 [2172]). **Gutachten und Tätigkeitsbericht** des vorläufigen Insolvenzverwalters müssen den Umfang der gesamten Tätigkeit widerspiegeln und sowohl den rechtlichen Rahmen des Insolvenzeröffnungsverfahrens vollständig abdecken (BGH NZI 2008, 557), als auch einen ganz wesentlichen Schwerpunkt in der betriebswirtschaftlichen Analytik (Haarmeyer/Wutzke/Förster InsO-HdB § 2 Rn. 12 ff.) setzen. Richtlinie für Inhalt und Umfang ist die vom Bundesarbeitskreis der Insolvenzrichter (BAKinso) herausgegebene Checkliste für Unternehmensinsolvenzen (ZInsO 2009, 22). Das Gutachten ist zudem Informationsmittel iRd insolvenzge-

richtlichen Aufsicht und muss auch deshalb ein vollständiges Bild von der Tätigkeit zeichnen (AG Hamburg ZIP 2012, 339).

b) Aufgaben des vorläufigen Insolvenzverwalters im Allgemeinen. IRd Sicherungsfunktion hat der vorläufige Insolvenzverwalter die vorgefundene **Ist-Masse zu sichern,** noch nicht aber auf die für die Gläubigerbefriedigung entscheidende Soll-Masse zu verdichten, also grds. noch keine Aus- und Absonderungsrechte zu bedienen (vgl. → § 22 Rn. 35 ff.) oder Verwertungsmaßnahmen durchzuführen. Anfechtungs- und Haftungsansprüche sind lediglich zu ermitteln und deren Durchsetzung ist vorzubereiten (BGH NZI 2008, 557), sie sind jedoch noch nicht zur Masse zu ziehen. Eine Ermächtigung des vorläufigen Insolvenzverwalters zum **Einzug von Forderungen** ist nicht pauschal sondern grds. nur im Rahmen eines laufenden Geschäftsbetriebes und sonst nur dann zulässig, wenn anderenfalls der Untergang der Forderung droht, zB infolge Verjährung oder wegen einer aus konkreten Umständen ableitbaren Besorgnis des Eintritts der Uneinbringlichkeit (vgl. BGH ZIP 2012, 737). 40

Die im Insolvenzeröffnungsverfahren anzuordnenden Maßnahmen dienen darüber hinaus der **Aufklärung.** Der vorläufige Insolvenzverwalter schafft erst mit seinem Gutachten (vgl. → § 22 Rn. 41 ff.) die nötige Dokumentationsgrundlage für das Insolvenzgericht, verfahrensleitende Entscheidungen treffen zu können. Das Insolvenzgericht darf dabei die Angaben des vorläufigen Insolvenzverwalters im Gutachten nicht vorbehaltlos übernehmen sondern ist jedenfalls zu einer **Plausibilitätsprüfung** und zur Einholung nötigenfalls ergänzender Informationen verpflichtet (BGH NZI 2009, 233 [234]). So darf bspw. das Gericht der Anregung des vorläufigen Insolvenzverwalters in dessen Gutachten, den Insolvenzantrag mangels Masse abzuweisen, nicht folgen, wenn der vorläufige Insolvenzverwalter/Sachverständige pflichtwidrig (*Pape* ZInsO 2007, 1080 [1082]) keinerlei Feststellungen zum Zeitpunkt des Eintritts der materiellen Insolvenz und sich aus einer Insolvenzverschleppung etwaig ergebenden Haftungsanspruch der Organe oder der Gesellschafter getroffen hat (vgl. *Vallender* ZInsO 2010, 1457). Dasselbe gilt für Anfechtungsansprüche. Eine zunehmende Zahl von Gerichten nimmt zur Förderung der Transparenz in den Gutachtenauftrag nach §§ 22, 5 InsO insbes. in vorläufigen Eigenverwaltungsverfahren den Auftrag, zu Anfechtungs- und Organhaftungsansprüchen Feststellungen zu treffen, zu Recht ausdrücklich auf. 41

Daneben dient das Insolvenzeröffnungsverfahren nicht zuletzt der **Feststellung der Sanierungsfähigkeit** des Unternehmens und der Vorbereitung von Sanierungsmaßnahmen. Die Insolvenzordnung kennt drei gleichberechtigt nebeneinander stehende Verfahrensziele: Die **Liquidation,** die **Sanierung** des fortzuführenden Rechtsträgers im Insolvenzverfahren und die **übertragende Sanierung** (Uhlenbruck/*Vallender* InsO § 22 Rn. 266). Ein vom vorläufigen Insolvenzverwalter vorgefundener noch nicht eingestellter Geschäftsbetrieb ist, solange es der Grundsatz der Massesicherung erlaubt, fortzuführen (ausf. *Hölzle* ZIP 2011, 1889). Der Sicherungszweck des Eröffnungsverfahrens erstreckt sich auf die Pflicht zum Erhalt der Alternativität der Verfahrensziele. Die Kompetenz, zwischen den möglichen Verfahrenszielen zu entscheiden und eine Wahl zutreffen, weist die Insolvenzordnung nicht dem (vorläufigen) Insolvenzverwalter sondern den Gläubigern zu (§ 157 Abs. 1 S. 1). Für das unternehmerische Handeln des vorläufigen Insolvenzverwalters iRd Fortführung gilt die zu § 93 Abs. 1 AktG entwickelte **Business Judgment Rule** entsprechend (*Erker* ZInsO 2012, 199; *Berger/Frege/Nicht* NZI 2010, 321; *Berger/Frege* ZIP 2008, 204; *Karsten Schmidt* AG 2006, 597; aA *Jungmann* NZI 2009, 80), da die Fortführung risikoaverses Verhalten aus Angst vor Regress nicht verträgt und die ermessensgerechte Ausschöpfung unternehmerischer Handlungsspielräume dem Erhalt und der Mehrung der Masse, damit also allen Gläubigern dient. 42

43 **c) Rechtsstellung und Aufgaben des vorläufigen Insolvenzverwalters im Besonderen.** Die Rechtsstellung und die Aufgaben des vorläufigen Insolvenzverwalters richten sich grds. nach den ihm im gerichtlichen Beschluss übertragenen Kompetenzen und Aufgaben (BGHZ 151, 353 = NJW 2002, 3326). Neben der **gerichtlichen Kompetenzzuweisung** aus § 22 Abs. 2 stehen allgemeine, einem jeden vorläufigen Insolvenzverwalter unabhängig von der Kompetenzzuweisung obliegenden Aufgaben. Einzelne nach § 22 gesondert anzuordnende Maßnahmen sind dort lediglich aus Gründen der Transparenz genannt und bereits der allgemeinen Aufgabenzuweisung zuzuordnen (*Uhlenbruck* NZI 2000, 289 [291]). Die Rechtsstellung des vorläufigen Insolvenzverwalters leitet sich daher ab aus den Kompetenzen, die jedem vorläufigen Insolvenzverwalter und zwar unabhängig von der Kompetenzzuweisung im Einzelfall obliegen, denjenigen, die qua gesetzlicher Kompetenzzuweisung dem vorläufigen Insolvenzverwalter in dessen konkreter Rechtsstellung zugewiesen sind, und denjenigen, die erst qua gerichtlicher Kompetenzzuweisung ihm gesondert übertragen werden; Einzelheiten dazu s. § 22.

44 **d) Auswahl des vorläufigen Insolvenzverwalters.** Absatz 2 Nr. 1 verweist hinsichtlich der Bestellung des vorläufigen Insolvenzverwalters auf §§ 56, 56a. Zum vorläufigen Insolvenzverwalter kann nur eine natürliche Person (BGH ZIP 2013, 2070). bestellt werden, die im Allgemeinen geschäftskundig und im Besonderen für den Einzelfall geeignet und vom Schuldner unabhängig ist. Die Unabhängigkeit wird nach § 56 Abs. 1 S. 3 nicht schon dadurch ausgeschlossen, dass der vorläufige Insolvenzverwalter vom Schuldner oder von einem Gläubiger vorgeschlagen worden ist, und auch dann nicht wenn die Person den Schuldner vor dem Eröffnungsantrag in allgemeiner Form über den Ablauf des Insolvenzverfahrens und dessen Folgen beraten hat (insoweit sehr krit. *Hölzle* KTS 2011, 291 [314 ff.]; *Hölzle/Pink* ZIP 2011, 360). Der vorläufige Insolvenzverwalter unterliegt demselben Anforderungsprofil wie der endgültige Insolvenzverwalter. Das Insolvenzgericht hat bei der Auswahl denselben Sorgfaltsmaßstab anzulegen (*Vallender* DZWiR 1999, 269 [266]; *Uhlenbruck* KTS 1998, 1; *ders.* KTS 1989, 229). Die Verwalteraspiranten haben einen Rechtsanspruch nur auf fehlerfreie Ausübung des gerichtlichen Auswahlermessens (BVerfG NZI 2006, 453 [456]), jedoch keinen Rechtsanspruch auf Bestellung (BVerfG NZI 2006, 453 [454]).

45 Der (vorläufige) Insolvenzverwalter hat sein Amt **höchstpersönlich** auszuüben (*Jacoby* ZIP 2009, 554; *Vallender* NZI 2005, 473 [476]; OLG Bamberg ZIP 2008, 82). Er darf sich jedoch der (auch federführenden) **Bearbeitung durch Angestellte** oder selbstständige Mitarbeiter bedienen, solange gewährleistet ist, dass die gerichtlich bestellte Person die nötige Aufsicht walten lässt und die Verantwortung für sämtliche Handlungen und Maßnahmen im Sinne einer Letztentscheidungskompetenz behält. Für die Hinzuziehung von Mitarbeitern durch den gerichtlich bestellten **Sachverständigen** gilt § 407a Abs. 2 ZPO (iVm § 4). Der Grundsatz der Höchstpersönlichkeit beinhaltet die Berücksichtigung der persönlichen und sachlichen Ressourcen der Kanzlei des Insolvenzverwalteraspiranten für das konkrete Verfahren auch unter Berücksichtigung anderer bekannter Bestellungen.

46 Einen grundlegenden Bedeutungswandel hat das Auswahl- und Bestellungsverfahren durch die mit dem Gesetz zur weiteren Erleichterung der Sanierung von Unternehmen (ESUG, BGBl. 2011 I S. 2582) gestärkte **Gläubigerautonomie** und die vom Gesetzgeber geschaffenen Institutionen zur Sicherung der Beteiligung der Gläubiger bei der Auswahl des (vorläufigen) Insolvenzverwalters erfahren. Hierzu wird auf die Kommentierungen bei § 22a und § 56a verwiesen.

47 **e) Zeitpunkt und Wirksamwerden der Bestellung eines vorläufigen Insolvenzverwalters.** Die Bestellung des vorläufigen Insolvenzverwalters erfolgt durch Beschluss sobald diese Anordnung ermessensgerecht geboten ist. Es gelten

die für die Anordnung, Bekanntmachung und das Wirksamwerden der Maßnahmen gemachten Ausführungen (→ Rn. **15 ff.**). Anders als die übrigen Sicherungsmaßnahmen wird die Bestellung eines vorläufigen Insolvenzverwalters erst mit der **Annahme des Amtes** durch diesen wirksam (HK-InsO/*Kirchhof* § 21 Rn. 56). Ist die zum vorläufigen Insolvenzverwalter bestellte Person in der Vorauswahlliste (vgl. BVerfG ZIP 2006, 1355) des Insolvenzgerichts gelistet, liegt darin die antizipierte Zustimmung und wird die Bestellung nach allgemeinen Grundsätzen mit dem Erlass wirksam (→ Rn. 16). Dies gilt auch bei der Anordnung eines allgemeinen Verfügungsverbots und der Bestellung eines starken vorläufigen Insolvenzverwalters (aA MüKoInsO/*Haarmeyer* § 21 Rn. 30).

3. Bestellung eines vorläufigen Gläubigerausschusses. Absatz 2 Nr. 1a steht in engem Zusammenhang mit § 22a. Beide Vorschriften verfolgen das Hauptanliegen des ESUG-Gesetzgebers, die **Gläubigerautonomie** zu stärken und den Einfluss der Gläubiger auf die Auswahl und die Person des Insolvenzverwalters bereits im Insolvenzeröffnungsverfahren zu institutionalisieren (BT-Drs. 17/5712, 24). Die Erwartungen der Praxis waren gedämpft (vgl. *Vallender* MDR 2012, 61 [62]; Hölzle Praxisleitfaden ESUG § 22a Rn. 2 ff.). Durch die Institutionalisierung des Gläubigerausschusses sind die bisherigen Zweifel an der Rechtmäßigkeit eines solchen bislang unter der Terminologie des „vor-vorläufigen Gläubigerausschusses" bekannten Instruments (zum Meinungsstand vgl. Uhlenbruck/*Knof* InsO § 67 Rn. 4 f.) beseitigt (vgl. BGH WM 2012, 141 [142]; 2010, 136). Aus der Praxis der Auswahl und Bestellung des (vorläufigen) Insolvenz- und Sachwalters ist das Institut des Gläubigerausschusses drei Jahre nach Inkraftreten des ESUG nicht mehr wegzudenken. An Bedeutung hat in demselben Maße die Diskussion um mögliche Missbräuche, Missbrauchsvermeidung und die Besetzung des Organs gewonnen. Im Einzelnen vgl. die Kommentierung zu **§ 22a.** 48

4. Allgemeines Verfügungsverbot und Zustimmungsvorbehalt (Absatz 2 Nr. 2). a) Grundsatz. Rechtshandlungen, die gegen angeordnete Sicherungsmaßnahmen verstoßen, sind **absolut unwirksam** (BGH ZIP 2006, 138). Dies hindert allerdings nicht die Vollendung eines mehraktigen Rechtserwerbs; ein zeitlich nach der Vereinbarung zB einer **Globalzession** vom Insolvenzgericht nach Absatz 2 Satz 1 Nr. 2 angeordnetes Verfügungsverbot steht dem insolvenzfesten Erwerb einer im Voraus abgetretenen Forderung nicht entgegen (OLG Köln JMBl. NW 2009, 8; zur Anfechtbarkeit solch wirksamer Abtretung BGH ZIP 2008, 183). 49

Die **absolute Unwirksamkeit** von Handlungen, die gegen die angeordneten Sicherungsmaßnahme verstoßen (näher → Rn. 51), schließt einen **Gutglaubensschutz** nicht vollständig aus (BGH ZIP 2006, 138; aA Uhlenbruck/*Vallender* InsO § 23 Rn. 2). Nach § 24 Abs. 1 nämlich sind auf die Anordnung von Sicherungsmaßnahmen und deren Bekanntmachung die §§ 81, 82 entsprechend anwendbar, woraus gefolgert wird, dass die in § 23 vorgeschriebene Bekanntmachung der Verfügungsbeschränkungen den – sonst möglichen – gutgläubigen Erwerb einschränken soll (BGH ZIP 2006, 138 Rn. 9; MüKoInsO/*Haarmeyer* § 23 Rn. 2). Die **Darlegungs- und Beweislast** für die Unkenntnis der (bereits bekannt gemachten) Verfügungsbeschränkungen trifft den Verfügungsgegner. Dieser hat, handelt es sich um eine am Rechtsverkehr teilnehmende Organisation, sicherzustellen, dass die ihm ordnungsgemäß zugehenden, rechtserheblichen Informationen von seinen Entscheidungsträgern zur Kenntnis genommen werden können **(Organisationsverschulden).** Innerhalb der Organisation muss ein Informationsfluss gewährleistet sein, der nicht alleine von oben nach unten, sondern auch von unten nach oben ebenso wie horizontal oder filialübergreifend zu gewährleisten ist, weshalb das Vorhandensein der Information auf irgendeiner Unternehmensebene ausreichend ist, die Bösgläubigkeit der gesamten Organisation 50 herzustellen (mwN BGH ZIP 2006, 138 Rn. 13). Zu den mit zumutbarem Aufwand zu erfüllenden Organisationspflichten ua von Kreditinstituten als Berufsgläubigern gehört es auch, die nötige Vorsorge dafür zu treffen, dass die amtlichen Veröffentlichungen im Internet (www.insolvenzbekanntmachungen.de) programmgesteuert abgerufen und mit den eigenen Kundendaten abgeglichen werden (LG Essen 31.3.2011 – 6 O 171/08, nv (rkr)). Unabhängig von dem guten Glauben des Empfängers hat die Zahlung durch eine Bank auf einen vom Schuldner unter Verstoß gegen die Sicherungsmaßnahmen erteilten Überweisungsauftrag keine Tilgungswirkung mehr und kann vom vorläufigen Insolvenzverwalter kondiziert werden (BGH ZIP 2014, 32; OLG Frankfurt a. M. ZIP 2013, 509).

51 **b) Allgemeines Verfügungsverbot.** Das effektivste Mittel zur vorläufigen Sicherung der künftigen Insolvenzmasse ist die Anordnung eines allgemeinen Verfügungsverbotes für den Schuldner. Es handelt sich dabei zugleich um das einschneidendste Sicherungsmittel im Insolvenzeröffnungsverfahren. Das allgemeine Verfügungsverbot nach Absatz 2 Nr. 2 begründet zivilrechtlich ein **absolutes Verfügungsverbot** (§§ 24, 81, 82). Die §§ 135, 136 BGB über den gutgläubigen Erwerb finden daher keine Anwendung (Uhlenbruck/*Vallender* InsO § 21 Rn. 17a; *Häsemeyer* InsR Rn. 7.37b). Verfügungen des Schuldners, also jede Veräußerung, Aufhebung, Belastung oder Inhaltsänderung eines Rechts (BGHZ 101, 24 [26] = NJW 1987, 3177; dazu gehören auch Gestaltungserklärungen wie zB Kündigungen, BAG ZInsO 2003, 817 [818]), das gem. § 35 künftig zur Insolvenzmasse gehören würde, ist absolut und schwebend unwirksam gegenüber jedermann (BGH NZI 2006, 224). Die Reichweite des absoluten Verfügungsverbotes ist lediglich durch den Verfahrenszweck begrenzt und kann nicht weitergehen, als es der Schutz der Insolvenzmasse erfordert (Uhlenbruck/*Vallender* InsO § 21 Rn. 17a).

52 **Regelungsziel** der Anordnung eines allgemeinen Verfügungsverbots ist der Werterhalt der Insolvenzmasse (vgl. → Rn. 3). Da es sich um ein Sicherungsmittel handelt, setzt nicht jede Anordnung eines Verfügungsverbots auch die Anordnung einer starken vorläufigen Insolvenzverwaltung voraus. Vielmehr kann das Insolvenzgericht in Einzelfällen auch ein allgemeines Verfügungsverbot anordnen, ohne einen starken oder überhaupt einen vorläufigen Insolvenzverwalter zu bestellen (OLG Jena NZI 2000, 271; AG Göttingen NZI 1999, 330; aA Jaeger/*Gerhardt* § 21 Rn. 18; Kübler/Prütting/Bork/*Pape* InsO § 23 Rn. 1; Nerlich/Römermann/*Mönning* § 21 Rn. 53). Der **Sicherungszweck** des Insolvenzeröffnungsverfahrens kann es gebieten, eine geschützte Vermögensmasse zu begründen, hinsichtlich derer im Insolvenzeröffnungsverfahren keine Verfügungsbefugnisse bestehen. Gerade bei stillgelegten Geschäftsbetrieben oder bei Nachlassinsolvenzverfahren ist eine jederzeitige Verfügungsbefugnis nicht erforderlich, zumal die Anordnung nur des allgemeinen Verfügungsverbotes ohne Bestellung auch eines vorläufigen Insolvenzverwalters erstens das mildere Mittel darstellt und zweitens verfahrenskosteneffizienter ist.

53 **Wirksam** wird das allgemeine Verfügungsverbot bereits **mit seinem Erlass** (BGH ZIP 1995, 40; 1996, 1909) und nicht erst mit der öffentlichen Bekanntmachung oder der Zustellung gegenüber dem Schuldner. Maßgeblicher Zeitpunkt ist der formelle Abschluss der Beschlussfassung, also die Unterschrift des Richters und die Abgabe in den Geschäftsgang; regelmäßig ist mangels Angabe einer Uhrzeit auf die Mittagsstunde abzustellen (*Häsemeyer* InsR Rn. 7.38b mwN). In der praktischen Bedeutung hat sich die Anordnung eines allgemeinen Verfügungsverbots und die damit häufig gepaarte Bestellung eines starken vorläufigen Insolvenzverwalters wegen der Eingriffsintensität, der ausgelösten Haftungsgefahren und der Kosten zu einer Ausnahme einwickelt und bedarf der besonderen Rechtfertigung (MüKoInsO/*Haarmeyer* § 21 Rn. 54).

Die Wirkungen des allgemeinen Verfügungsverbots treten **bei mehraktigen Geschehensabläufen** mit dem letzten Teilakt des Verfügungstatbestandes (zB Eintragung in das Grundbuch, § 873 BGB) ein, weil § 81 Abs. 1 nicht mehr, wie noch die Vorgängerregelung des § 7 KO auf „Rechtshandlungen" abstellt. Eintragungen in das Grundbuch zB können daher nur noch den gutgläubigen Erwerbern Rechte an Grundstücken des Schuldners und dies auch nur dann verschaffen, wenn kein allgemeines Verfügungsverbot angeordnet ist (*v. Olshausen* ZIP 1998, 1093; *Eickmann* FS Uhlenbruck, 2000, 149 ff. [151 f.]). 54

Für **Vorausverfügungen des Schuldners** gilt die zu Zeiten der KO bestehende Rechtslage, wonach diese mit der Anordnung des allgemeinen Verfügungsverbots Ihre Wirksamkeit verlieren (OLG Hamm ZIP 1995, 140; OLG Koblenz ZIP 1984, 164) für die InsO nicht mehr (BGH NZI 2008, 89; BGHZ 135, 140 = NJW 1997, 1857; OLG Köln NZI 2008, 373; *Mülbert* AcP 202 (2002), 912 [946, 949]; aA *Häsemeyer* InsR Rn. 7.37b aE). Auswirkungen hat dies insbes. auf Vorausabtretungen zB in Gestalt von Globalzessionen. Entgegen einer in der Literatur zu Recht vertretenden Auffassung (Jaeger/*Gerhardt* § 24 Rn. 6 ff.; HK-InsO/*Kirchhoff* § 24 Rn. 8) hindert ein nach der Vorausverfügung angeordnetes Verfügungsverbot nicht die Wirksamkeit der Verfügung in Bezug auf das später begründete Recht, hindert also die Anordnung eines allgemeinen Verfügungsverbotes nicht die Abtretung der danach entstehenden Forderung des Schuldners auf Grundlage einer vor Anordnung des Verfügungsverbots vereinbarten Globalzession. Der BGH (NZI 2008, 89) geht zu unrecht (vgl. → § 24 Rn. 11) von der **Insolvenzfestigkeit der Globalzession,** allerdings von der **Anfechtbarkeit des Zessionsvertrages aus,** wenn die Forderung innerhalb des Anfechtungszeitraums entstanden oder werthaltig gemacht worden ist. 55

Dasselbe gilt für **Verrechnungen** im Insolvenzeröffnungsverfahren. Ein **Aufrechnungsverbot** im Insolvenzeröffnungsverfahren kann aus § 394 BGB iVm § 21 Abs. 2 Nr. 3 nicht hergeleitet werden (BGHZ 159, 388 = NJW 2004, 3118; OLG Rostock ZIP 2003, 1805). Das aus der Anfechtbarkeit der Aufrechnungslage folgende Aufrechnungsverbot wirkt im Insolvenzeröffnungsverfahren noch nicht (BGH ZIP 2012, 737; Jaeger/*Gerhardt* § 21 Rn. 68). Der BGH (BHGZ 159, 388 = NJW 2004, 3118) hat ausdrücklich klargestellt, dass die vollstreckungsrechtlichen Folgen des Insolvenzverfahrens und die Zulässigkeit der Aufrechnung gesonderten Regeln unterlägen und der Gesetzgeber den grundsätzlichen Erhalt der Aufrechnungslage nur mit den Einschränkungen des § 96 angeordnet habe. Aus diesem Grunde stellt das Aufrechnungsverbot kein zulässiges Sicherungsmittel dar, das als vollstreckungsrechtliche Folge dem Verfügungsverbot unterläge oder als Einzelermächtigung nach Nr. 3 angeordnet werden könnte (aA BayObLG ZInsO 2001, 754; Uhlenbruck/*Vallender* InsO § 21 Rn. 21). 56

Trotz des allgemeinen Verfügungsverbots bleiben **Leistungen von Drittschuldnern** des Insolvenzschuldners an den Insolvenzschuldner solange wirksam, wie der Drittschuldner gutgläubig ist (§§ 24 Abs. 1, 82). Gläubiger, auch solche mit umfangreichem Zahlungsverkehr oder als Berufsgläubiger zu bezeichnende Gläubigergruppen werden nicht allein durch die öffentliche Bekanntmachung nach § 9 bösgläubig iSd § 82 (BGH NZI 2011, 18) und sind vorbehaltlich → Rn. 50 aE auch nicht verpflichtet, die Internetveröffentlichungen nachzuhalten (BGH NZI 2010, 480). Die Bösgläubigkeit ist der (vorläufige) Insolvenzverwalter, der sich auf die fehlende schuldbefreiende Wirkung der Zahlung beruft, darzulegen und ggf. nachzuweisen verpflichtet. 57

c) Allgemeiner Zustimmungsvorbehalt. Die Anordnung eines allgemeinen Zustimmungsvorbehaltes zu Gunsten des vorläufigen Insolvenzverwalters stellt den Regelfall dar, bedarf jedoch jedenfalls seit Geltung des § 55 Abs. 4 (seit 1.1.2011, BGBl. 2010 I S. 1885) ebenfalls der Abwägung, ob eine solche An- 58 ordnung erforderlich und geeignet ist (AG Düsseldorf ZIP 2011, 443; *Vallender* EWiR 2011, 259). Der Schuldner behält die Verwaltungs- und Verfügungsbefugnis über sein Vermögen, bedarf zur Verfügung jedoch der Zustimmung des **(sog mitbestimmenden) vorläufigen Insolvenzverwalters.**

59 Zustimmung iSd Absatz 2 Nr. 2 umfasst sowohl die vorherige **Einwilligung** als auch die nachträgliche **Genehmigung** (*Mankowski* NZI 2000, 572). Da § 24 auf Absatz 2 Nr. 2 insgesamt verweist, hat die Anordnung eines allgemeinen Zustimmungsvorbehalts dieselbe Rechtswirkung, wie die Anordnung eines allgemeinen Verfügungsverbots. Das heißt, Verfügungen des Schuldners ohne Zustimmung des vorläufigen Insolvenzverwalters unterliegen derselben (schwebenden) absoluten Unwirksamkeit (BGH NZI 2006, 224; *Häsemeyer* InsR Rn. 7.37b; *Kießling/Singhof* DZWIR 2000, 353 [357]; *Engelhardt,* Die gerichtliche Entscheidung nach §§ 21 ff. InsO und ihre Auswirkungen auf die vermögensrechtliche Stellung des Insolvenzschuldners, 126 ff., 148 ff.). Die Zustimmung ist empfangsbedürftige Willenserklärung gegenüber dem Schuldner, nicht gegenüber dem betroffenen Vertragspartner. Die Verfügung ist bei Vorliegen der Zustimmung daher auch dann wirksam, wenn diese dem Vertragspartner unbekannt war. Erklärungen gegenüber dem Vertragspartner mit zustimmendem Inhalt sind bloße Wissenserklärungen; diese können deshalb auch von Mitarbeitern des Insolvenzverwalters abgegeben werden. Leistet der Vertragspartner im Vertrauen auf inhaltlich falsche Wissenserklärung, haftet der vorläufige Insolvenzverwalter bei Verschulden aus § 60 Abs. 1 S. 2 InsO und ggf. §§ 280 Abs. 1, 311 Abs. 3, 241 Abs. 2 BGB.

60 **Wirksam** wird auch der (allgemeine) Zustimmungsvorbehalt mit seinem Erlass, also mit formellem Abschluss durch Unterschrift und Abgabe in den Geschäftsgang (→ Rn. 66). Rechtshandlungen auf Weisung des Schuldners bleiben nach §§ 24 Abs. 1, 82 S. 1 jedoch wirksam, wenn der **Anweisungsempfänger gutgläubig** war. So kann eine Bank auch auf unwirksame Weisung des Schuldners dessen Konto schuldbefreiend belasten, wenn sie von der Sicherungsanordnung keine Kenntnis hatte (BGH NZI 2011, 18; 2010, 480; 2006, 175). Die Darlegungslast trifft dann jedoch den Anweisungsempfänger, der auch darzulegen hat, dass er entsprechende organisatorische Maßnahmen getroffen hat, welche die Kenntniserlangung von verfügungsbeschränkenden Umständen gewährleisten (→ Rn. 50; BGH NZI 2006, 175). Die unwirksame Anweisung begründet jedoch **keine Tilgungswirkung im Valutaverhältnis** und ermöglicht Kondiktion (BGH ZIP 2014, 32; OLG Frankfurt a. M. ZIP 2013, 509).

61 Der **vorläufige Insolvenzverwalter mit Zustimmungsvorbehalt** trifft seine Entscheidung über die Erteilung oder die Ablehnung der Zustimmung in freiem, allein am Verfahrenszweck ausgerichteten **Ermessen.** Es gibt grds. keinen Anspruch auf Zustimmung zu masseschädigenden Verfügungen, zB der Weiterleitung von Mietzahlungen, die der Schuldner als Zwischenvermieter erhält (BGH NZI 2008, 295). Allerdings kann der mitbestimmende vorläufige Insolvenzverwalter zur Zustimmung zu einer freihändigen Veräußerung absonderungsbelasteter Ware verpflichtet sein, wenn bei dem freihändigen Verkauf ein (deutlich) höherer Erlös zu erwarten ist als bei einer Versteigerung (BGH NZI 2011, 602). Nicht verpflichtet ist der vorläufige Insolvenzverwalter, vom Schuldner noch nicht – auch nicht konkludent – genehmigten **Lastschriftbuchungen** durch Zustimmung zu Wirksamkeit zu verhelfen. Die vom Lastschriftgläubiger erwartete Erfüllung ist vor Genehmigung der Belastungsbuchung durch den Schuldner noch unvollkommen, weshalb der Gläubiger keinen Anspruch auf Besserstellung gegenüber jedem anderen Insolvenzgläubiger hat (BGH NZI 2008, 27; 2005, 99). Vor dem (pauschalen) „Widerruf", der rechtsdogmatisch die Verweigerung der Zustimmung beinhaltet, ist jedoch zu prüfen, ob ggf. eine konkludente Genehmigung der Lastschriftbuchung durch den Schuldner vorliegt, was insbes. bei regel-

mäßig wiederkehrenden gleichlautenden Belastungsbuchungen anzunehmen ist (zuletzt BGH NZI 2012, 190; 2012, 182; ZIP 2011, 2400; WM 2011, 2041).

Hat der mitbestimmende vorläufige Insolvenzverwalter (vgl. → Rn. 58 aE) gegenüber einem Vertragspartner des Schuldners durch Zustimmung zu der Verfügung des Schuldners einen **Vertrauenstatbestand** gesetzt und den Vertragspartner des Schuldner so zu einer zu Gunsten der Insolvenzmasse noch in Anspruch zu nehmenden Leistung veranlasst, so kann der Insolvenzverwalter diesen Vertrauenstatbestand im Nachgang nicht mehr zerstören (BGH NZI 2005, 218). Steht die Zustimmung des vorläufigen Insolvenzverwalters zu einer Rechtshandlung des Schuldners, durch die gesetzliche Ansprüche oder **Altverbindlichkeiten** erfüllt werden, in Zusammenhang, ohne dass dies mit einer noch zu erbringenden eigenen Leistung im Zusammenhang steht, kann der spätere Insolvenzverwalter diese Rechtshandlung des Schuldners nach Eröffnung des Insolvenzverfahrens jedoch anfechten (BGH aaO). Dasselbe gilt, wenn ein Gläubiger, dessen Leistung für die Fortführung des Unternehmens von Bedeutung ist, seine fortwährende Erfüllungsbereitschaft von dem vorherigen Ausgleich von Altforderungen abhängig macht, die nach Insolvenzeröffnung als Insolvenzforderung in den Rang des § 38 treten würde. Auch hier ist die spätere **Anfechtung** der mitbestimmten Erfüllungsleistung möglich (BGHZ 154, 190 = NJW 2003, 1865). 62

Da ein vom Schuldner ohne die nötige Zustimmung des mitbestimmenden vorläufigen Insolvenzverwalters vorgenommenes **Rechtsgeschäft schwebend unwirksam** ist, kann sich der andere Teil bis zur Erklärung des vorläufigen Insolvenzverwalters über die Zustimmung gem. § 108 Abs. 2 BGB von dem Vertrag lösen (*Kießling/Singhof* DZWIR 2000, 353 [361]; HK-InsO/*Kirchhoff* § 21 Rn. 16). 63

Statt des allgemeinen Zustimmungsvorbehalts kann das Gericht auch **gegenständlich beschränkte Zustimmungsvorbehalte** für bestimmte Verfügungen des Schuldner anordnen, wenn solche partiellen Verfügungsbeschränkungen auch an dem Manko hinreichender Transparenz leiden (Nerlich/Römermann/*Mönning* InsO § 21 Rn. 66). 64

d) Einzelermächtigungen (insbesondere zum Einzug von Forderungen). Durch die Anordnung partieller Verfügungsbeschränkungen und ggf. einzelner gesonderter Ermächtigungen für den vorläufigen Insolvenzverwalter kann das Insolvenzgericht die anzuordnenden Maßnahmen an die Bedürfnisse des Einzelfalls anpassen und weniger einschneidend in die Rechte des Schuldners eingreifen. Solche **Einzelermächtigungen** können aber auch mit der Bestellung eines vorläufigen Insolvenzverwalters kombiniert und dieser ergänzend mit besonderen Ermächtigungen ausgestattet werden. So wird dem mitbestimmenden vorläufigen Insolvenzverwalter regelmäßig die zusätzliche Befugnis erteilt, Forderungen des Insolvenzschuldners einzuziehen. Den Schuldnern des Schuldners wird aufgegeben, nur noch unter Beachtung dieser Anordnung zu leisten. Die dadurch eintretenden Rechtswirkungen nach §§ 24 Abs. 1, 81 entsprechen denjenigen bei der Anordnung eines allgemeinen Verfügungsverbots (→ Rn. 67 ff.). Der mit zusätzlichen Befugnissen ausgestattete vorläufige Insolvenzverwalter wird auch als „halb starker" vorläufiger Insolvenzverwalter bezeichnet (dazu ausf. *Bork* ZIP 2011, 1521; *Pape* ZInsO 2001, 138; *Spliedt* ZIP 2001, 1941). 65

Die dem vorläufigen Insolvenzverwalter übertragene Einziehungsermächtigung hindert **Sicherungsgläubiger** nicht, ihnen abgetretene Forderungen selbst einzuziehen. Das Zwangsvollstreckungsverbot (Absatz 2 Nr. 3) steht der Durchsetzung vertraglicher Rechte ohne Vollstreckungsmaßnahmen nicht entgegen (BGHZ 154, 72 = NJW 2003, 2240). Einziehungsmaßnahmen der Sicherungsnehmer können aber ggf. der **Insolvenzanfechtung** unterliegen (BGH NZI 2006, 403). Hat der vorläufige Insolvenzverwalter auf Grund richterlicher Er- 66

mächtigung (zu deren Zulässigkeit AG Duisburg WM 1999, 2093; näher auch unten zu Absatz 2 Nr. 5, → Rn. 86 ff.) eine zur Sicherheit abgetretene Forderung eingezogen, ist der Insolvenzverwalter zur abgesonderten Befriedigung des Sicherungsnehmers aus dem Erlös verpflichtet (BGHZ 184, 101 = NJW 2010, 2585; dazu *Smid* DZWIR 2010, 309). Zieht der absonderungsberechtigte Gläubiger die Forderung nach Insolvenzeröffnung selbst unmittelbar ein, steht der Insolvenzmasse die Feststellungskostenpauschale nach §§ 170, 171 zu. Bei Tilgung bereits im Insolvenzeröffnungsverfahren ist dies nicht der Fall (BGHZ 154, 72 = NJW 2003, 2240).

67 Der schwache vorläufige Insolvenzverwalter begründet, gleich wie weit die Einzelermächtigungen auch gehen, keine Verbindlichkeiten, die im eröffneten Verfahren als **sonstige Masseverbindlichkeiten** vorrangig zu begleichen wären. § 55 Abs. 2 ist außerhalb einer konkret hierauf bezogenen Einzelermächtigung nicht entsprechend anwendbar (BGHZ 151, 353 = NJW 2002, 3326; dazu *Prütting/Stickelbrock* ZIP 2002, 1608; *Jaffé/Hellert* ZIP 1999, 1204). Nach Auffassung des BGH (BGHZ 151, 353 [365 ff.] = NJW 2002, 3326) reicht nicht einmal eine allgemeine Ermächtigung des schwachen vorläufigen Insolvenzverwalters zur Begründung von Masseverbindlichkeiten aus. Vielmehr müssen die im eröffneten Verfahren Masseverbindlichkeiten begründenden Maßnahmen in dem **Ermächtigungsbeschluss** bestimmt bezeichnet werden (*Meyer* DZWIR 2004, 133). Eine systemefremde Ausnahme bildet § 55 Abs. 4 zu Gunsten des Fiskus (→ § 55 Rn. 45 f.).

68 **5. Einstellung und Untersagung von Zwangsvollstreckungsmaßnahmen (Absatz 2 Nr. 3). a) Untersagung der Zwangsvollstreckung.** Das Insolvenzgericht kann Maßnahmen der Zwangsvollstreckung im Insolvenzeröffnungsverfahren untersagen. Hierdurch entsteht ein vollstreckungsrechtliches **Moratorium,** das dem Erhalt des Schuldnervermögens im Insolvenzeröffnungsverfahren dient. Das Vollstreckungsverbot kann sich auf einzelne Vermögensgegenstände oder einzelne Gläubiger beziehen oder als **allgemeines Vollstreckungsverbot** für das gesamte Schuldnervermögen angeordnet werden (Jaeger/*Gerhardt* § 21 Rn. 30; MüKoInsO/*Haarmeyer* § 21 Rn. 72; Uhlenbruck/*Vallender* InsO § 21 Rn. 27). Absatz 2 Nr. 3 bezieht sich dabei auf die einstweilige Einstellung bereits begonnener Maßnahmen (Wirkung des § 775 Nr. 2 ZPO) ebenso wie auf die Untersagung künftiger Zwangsvollstreckungsmaßnahmen (Wirkung des § 775 Nr. 1 ZPO) und erstreckt sich ausschließlich auf das **bewegliche Vermögen.** Zur Entlastung des Insolvenzgerichts ist für den Vollstreckungsschutz in das **unbewegliche Vermögen** des Schuldners gem. § 30d Abs. 4 ZVG auf Antrag (nur) des vorläufigen Insolvenzverwalters ausschließlich das Vollstreckungsgericht zuständig. Der vorläufige Insolvenzverwalter muss in seinem Einstellungsantrag glaubhaft machen, dass die Einstellung der Zwangsversteigerung zur Verhütung nachteiliger Veränderung der Vermögenslage des Schuldners erforderlich ist (dazu *Jungmann* NZI 1999, 352; *Uhlenbruck* KTS 1994, 169 [176 f.]). Die Einstellung von Zwangsvollstreckungsmaßnahmen, die ein Schiff betreffen, ist auch dann nicht möglich, wenn sich dieses in ausländischen Gewässern befindet (AG Hamburg ZInsO 2015, 755).

69 Die Vorschrift des § 21 Abs. 2 Nr. 3 InsO ist weit auszulegen. Unter ein allgemeines Vollstreckungsverbot fallen **sämtliche Vollstreckungshandlungen** wegen Geldforderungen, aber auch Vollstreckungsmaßnahmen gem. §§ 887 ff. ZPO, zur Vollstreckung wegen vertretbarer Handlungen (AG Göttingen NZI 2003, 612; Jaeger/*Gerhardt* § 21 Rn. 38; differenziert Uhlenbruck/*Vallender* InsO § 21 Rn. 27; aA LG Mainz NZI 2002, 444).

70 **b) Verbotswidrige Vollstreckungen.** Maßnahmen, die gegen das Vollstreckungsverbot verstoßen, führen nicht zur Entstehung eines Pfändungspfandrechts

(§ 775 Nr. 2 ZPO), bewirken wohl aber die öffentlich-rechtliche Verstrickung (MüKoInsO/*Haarmeyer* § 21 Rn. 75). Solche Verstöße können mit der Erinnerung (§ 766 ZPO) angegriffen werden. Hierfür ist nicht das Vollstreckungsgericht sondern ausschließlich das Insolvenzgericht zuständig (AG Göttingen NZI 2003, 612; *Vallender* ZIP 1997, 1993 [1996]; *Dörndorfer* NZI 2000, 292 [293]; aA AG Köln ZInsO 1999, 419; AG Rostock NZI 2000, 142). Die Pfändung des Rückzahlungsanspruchs des Insolvenzschuldners gegen den vorläufigen Insolvenzverwalter betreffend die auf dessen Anderkonto verwahrten Guthaben verstößt nicht gegen ein nach Absatz 2 Nr. 3 angeordnetes Vollstreckungsverbot (AG Hamburg NZI 2007, 669).

c) Aus- und Absonderungsberechtigte. Das Vollstreckungsverbot nach Absatz 2 Nr. 3 erstreckt sich auf Absonderungsberechtigte (*Uhlenbruck* InVO 1996, 89) ebenso, wie auf Aussonderungsberechtigte. Letzteres ergibt sich aus der Vorschrift des § 107 Abs. 1, wonach der Insolvenzverwalter erst unmittelbar nach dem Berichtstermin verpflichtet ist, eine Entscheidung über die Erfüllung eines Kaufvertrages zB einer unter Eigentumsvorbehalt gekauften Sache zu treffen. Der Zweck des Absatz 2 Nr. 3, das schuldnerische Vermögen ua im Interesse der Fortführung des schuldnerischen Unternehmens zusammenzuhalten (*Häsemeyer* InsR Rn. 7.38a), kann nur erfüllt werden, wenn das Vollstreckungsverbot sich auch gegen Aussonderungsberechtigte dergestalt richtet, dass diesen untersagt ist, die mit dem Aussonderungsrecht belasteten Gegenstände aus dem schuldnerischen Unternehmen abzuziehen (Uhlenbruck/*Vallender* InsO § 21 Rn. 28). Nimmt ein Aussonderungsberechtigter den Gegenstand in verbotener Eigenmacht in Besitz, kann der vorläufige Insolvenzverwalter diesen im Wege der einstweiligen Verfügung zurückholen (LG Leipzig ZInsO 2006, 1003; MüKoInsO/*Haarmeyer* § 21 Rn. 73). Umgekehrt hat jedoch der aussonderungsberechtigte Gläubiger die Möglichkeit, trotz Anordnung eines Vollstreckungsverbots nach Absatz 2 Nr. 3 im Wege der einstweiligen Verfügung ein Veräußerungsverbot für die aussonderungsbelasteten Gegenstände zu erwirken (LG Köln DB 2003, 195). 71

6. Postsperre (Absatz 2 Nr. 4). Das Insolvenzgericht kann im Insolvenzeröffnungsverfahren eine Postsperre anordnen. Mit dem Verweis auf §§ 99, 101 Abs. 1 S. 1 genügt die Regelung den Anforderungen des Art. 10 GG (Jaeger/*Gerhardt* § 21 Rn. 71). Es gelten dieselben Grundsätze wie für das eröffnete Verfahren (§ 99). Wie bei der Anordnung anderer Sicherungsmaßnahmen auch, hat das Insolvenzgericht unter Abwägung aller maßgeblichen Umstände des Einzelfalls zu entscheiden, ob die Sicherungsinteressen der Insolvenzmasse dem grundrechtlich geschützten Briefgeheimnis des Insolvenzschuldners vorgehen (BGH NZI 2003, 647). In der Praxis führt häufig erst die Anordnung einer Postsperre zur Aufdeckung von Vermögenswerten (Aufforderung der Finanzverwaltung, ausländische Zinseinkünfte zu erklären; Mitteilung von Lebensversicherungsgesellschaften etc). Sie ist insbes. dann geboten, wenn obstruktives Verhalten des Schuldners zu befürchten ist und dieser gegenüber dem vorläufigen Insolvenzverwalter nicht sämtliche für das Verfahren erforderlichen Sachverhalte ungefragt offenbart (BGH NZI 2007, 34; LG Bonn ZInsO 2004, 818; LG Göttingen NZI 2001, 44). Der Umfang der Postsperre unterliegt dabei keinen Beschränkungen. Zum Schutz des Schuldners gilt das Beweisverwertungsverbot des § 97 Abs. 1 S. 3 (BVerfG NJW 2001, 745). Das Sicherungsmittel ist von der gewählten Kommunikationsart unabhängig. Der Begriff der Postsperre ist daher weit auszulegen und umfasst auch **fernteIekommunikative Übermittlung** (Telefax, E-Mail; vgl. MüKoInsO/*Haarmeyer* § 21 Rn. 88; *Münzel/Böhm* ZInsO 1998, 363). 72

Die Anordnung der Postsperre muss stets **verhältnismäßig** und der Beschluss entsprechend **begründet** sein. In der Begründung hat das Gericht konkrete 73

Anhaltspunkte vorzutragen, welche die Anordnung rechtfertigen (OLG Celle ZIP 2000, 189).

74 **7. Verwertungs- und Einziehungsverbot (Absatz 2 Nr. 5). a) Bedeutung.** Gemäß dem 2007 neu geschaffenen (BT-Drs. 16/3227, 27) **Absatz 2 Nr. 5** kann der vorläufige Insolvenzverwalter durch gerichtlichen Beschluss berechtigt werden, aussonderungsbelastete Gegenstände, die niemals endgültig in das schuldnerischen Vermögen gelangt sind, zur Fortsetzung des Geschäftsbetriebes für bis zu drei Monate entschädigungslos und ausschließlich gegen Zahlung des Wertverzehrs als Masseverbindlichkeit nach Eröffnung einzusetzen und zu nutzen (ausf. *Kirchhof* ZInsO 2007, 227; krit. auch MüKoInsO/*Haarmeyer* § 21 Rn. 98). Hierdurch wird die Fortführung von Unternehmen im Eröffnungsverfahren wegen der eintretenden Liquiditätsentlasung erheblich erleichtert. Von dem Nutzungsrecht wird zu Recht in breitem Umfang Gebrauch gemacht. Maßnahmen nach Absatz 2 Nr. 5 werden nur auf begründeten Antrag des vorläufigen Insolvenzverwalters (gleich mit welcher Rechtsmacht ausgestattet) erlassen. Im Antrag müssen die **zu nutzenden Gegenstände konkretisiert und individualisiert bezeichnet** werden. Eine pauschale Anordnung des Insolvenzgerichts ist wegen der erheblichen Eingriffsintensität der Anordnung unzulässig (BGHZ 183, 269 = NJW-RR 2010, 1283; dazu *Tetzlaff* WuB VI A § 21 InsO 2.10).

75 **b) Anwendungsbereich.** Gegenständlich erstreckt sich die Anordnungsbefugnis des Absatz 2 Nr. 5 zunächst auf Gegenstände des betrieblichen Anlagevermögens (*Ganter* NZI 2007, 549 [551]). Dasselbe gilt für die Nutzung von Umlaufvermögen, regelmäßig durch **Verarbeitung, Verbrauch oder Veräußerung** (vgl. *Kuder* ZIP 2007, 1690 [1694]), soweit das Sicherungsrecht wegen des Erwerbs eines Surrogats nicht beeinträchtigt wird (*Ganter* NZI 2007, 549 [551]; Kübler/Prütting/Bork/*Pape* InsO § 21 Rn. 40; HK-InsO/*Kirchhof* § 21 Rn. 30; ausf. *Lüders,* Das Autohaus in der Insolvenz, S. 156 ff.). An die Stelle des verbrauchten Sicherungsgutes muss qua dinglicher Surrogation ein den Ausfall deckender wirtschaftlicher Wert treten, an dem sich die Vorrangrechte fortsetzen.

76 Im **Fall des verlängerten Eigentumsvorbehaltes** kann das Gericht den vorläufigen Insolvenzverwalter sowohl zur Veräußerung des Vermögensgegenstandes als auch, wie sich aus dem Verweis auf § 166 ergibt, zur Einziehung der aus dem Verkauf entstandenen Forderung ermächtigen. Die eingezogenen Beträge sind dann jedoch abzüglich der Feststellungs- und Verwertungskosten (MüKoInsO/*Haarmeyer* § 21 Rn. 103) und abzüglich etwaiger Gewinnmargen (*Lüders*, Das Autohaus in der Insolvenz, S. 166 ff.) treuhänderisch zu separieren (BGH ZIP 2010, 739 [744]; *Mitlehner* DB 2010, 1934; *Smid* DZWIR 2010, 309). Die Übertragung der **Einziehungsbefugnis** auf den vorläufigen Insolvenzverwalter nach Absatz 2 Nr. 5 ist jedoch nur solange möglich, wie die Zession durch den absonderungsberechtigten Gläubiger gegenüber dem Drittschuldner nicht bereits offen gelegt ist. Da mit der Offenlegung das Einziehungsrecht des Insolvenzverwalters im eröffneten Verfahren (§ 166) entfällt, gilt dasselbe auch im Eröffnungsverfahren und kann der Zahlungsweg nicht durch Anordnung nach Absatz 2 Nr. 5 erneut umgeleitet werden (AG Hamburg NZI 2011, 407).

77 Der **Anwendungsbereich** des Absatz 2 Nr. 5 erfasst die Nutzung **beweglicher Gegenstände** ebenso wie die fortwährende Nutzungsbefugnis für **aussonderungsbelastete Immobilien** (insbes. **Miete**). Auch hier kann das Insolvenzgericht anordnen, dass zB Gewerbemietflächen des schuldnerischen Unternehmens im Insolvenzeröffnungsverfahren für die Dauer von bis zu drei Monaten mietfrei genutzt werden können. Ein Wertverzehr für diese Gegenstände wird, von Beschädigungen in diesem Zeitraum abgesehen, in der Regel kaum zu ermitteln sein und deshalb allenfalls in Höhe der üblichen steuerlichen Abschreibung anfallen. Die Nichtzahlung der Miete auf Grundlage eines Beschlusses nach

§ 21 Abs. 2 Nr. 5 begründet mangels Verschulden **keinen Verzug**, so dass für den Vermieter eine **außerordentliche Kündigung nicht möglich** ist (*Hölzle* ZIP 2014, 1155).

c) Gegenstände von erheblicher Bedeutung. Die Insolvenzmasse wird durch den Beschluss berechtigt, die im Beschluss individualisiert bezeichneten **Gegenstände,** die für die Fortführung des Unternehmens von erheblicher Bedeutung sind, zu nutzen. An die **erhebliche Bedeutung** sind keine überhöhten Anforderungen zu stellen. Prima facie ist zu unterstellen, dass zunächst das gesamte Anlage- und Umlaufvermögen für die Fortführung des Unternehmens und die Unternehmenskontinuität von besonderer Bedeutung ist. Der aus- oder absonderungsberechtigte Gläubiger schuldet sodann nach **den Grundsätzen der abgestuften Darlegungs- und Beweislast** die Gegendarstellung. 78

d) Forderungseinzug. Für die Ermächtigung des vorläufigen Insolvenzverwalters, **sicherungszedierte Forderungen des Schuldners einzuziehen,** bedarf es eines Nachweises der Bedeutung der Forderungen für die Fortführung überhaupt nicht und ist auch eine Individualisierung nicht erforderlich. Es genügt vielmehr der Hinweis des vorläufigen Insolvenzverwalters, dass der Schuldner Forderungen zur Sicherheit an einen oder mehrere Gläubiger abgetreten hat (AG Hamburg ZInsO 2011, 2045). Auf einen solchen Forderungseinzug sind §§ 170, 171 entsprechend anwendbar (vgl. dort). Zum **Einsatz** eingezogener Forderungen im **laufenden Geschäftsbetrieb** ist der vorläufige Insolvenzverwalter grds. nicht (BGHZ 184, 101 = NJW 2010, 2585; dazu ausf. *Mitlehner* ZIP 2010, 1934 ff.; *Gehrlein* ZIP 2011, 5 ff.; aA *Lüders,* Das Autohaus in der Insolvenz, S. 156 ff.), sondern nur nach Absprache mit den Sicherungsgläubigern berechtigt (*Ganter* NZI 2010, 515 ff.; ebenfalls zur Kollision zwischen Fortführungs- und Absonderungspflicht, *Juhlke/Jensen* FS Wellensiek, 2011, 63 ff.). Einen sofortigen **Auszahlungsanspruch** analog § 170 Abs. 2 S. 1 kann der Sicherungsgläubiger nur dann geltend machen, wenn der Insolvenzverwalter keinen Prüfungsbedarf mehr hinsichtlich der Wirksamkeit der Zession sieht. Hat der vorläufige Insolvenzverwalter noch Zweifel, so ist er verpflichtet, die eingezogenen Beträge **unterscheidbar zu verwahren und zu separieren** (**BGH,** BGHZ 184, 101 = NJW 2010, 2585 Rn. 38, 41; diff. *Mitlehner* ZIP 2010, 1934 ff.). Die Einschränkungen bei dem Einziehungs- und Verwertungsrecht des vorläufigen Insolvenzverwalters gelten auch für Forderungen, die erst durch Leistung des Insolvenzschuldners im Insolvenzeröffnungsverfahren **werthaltig gemacht werden.** Zwar ist die Zession in diesem Fall regelmäßig als kongruente Deckung **anfechtbar** (BGHZ 189, 1 = NJW 2011, 1506; BGH NZI 2008, 539; 2008, 236), jedoch entsteht der Anfechtungsanspruch erst mit Eröffnung des Insolvenzverfahrens, so dass es bis dorthin bei der Wirksamkeit der Zession verbleibt. 79

e) Ausgleichsanspruch. Als **wirtschaftlichen Ausgleich** für die Anordnung der Nutzungsbefugnis kann der Gläubiger entsprechend § 169 S. 2 und 3 die Zahlung der geschuldeten Zinsen bzw. des laufenden Nutzungsentgelts verlangen, dies jedoch erst beginnend drei Monate nach der gerichtlichen Anordnung der Nutzungsbefugnis (BGHZ 183, 269 = NJW-RR 2010, 1283). Diese zeitliche Grenze der Wertausgleichspflicht ist **verfassungsgemäß** (BVerfG NZI 2012, 617). Darüber hinaus besteht ein Anspruch auf **Ersatz** des durch die Nutzung eintretenden **Wertverzehrs,** der entsprechend § 172 Abs. 1 S. 2 zu berechnen ist (MüKoInsO/*Haarmeyer* § 21 Rn. 101; *Sinz/Hiebert* ZInsO 2011, 798). Sowohl der **Zinsanspruch** als auch der Anspruch auf Ausgleich eines eingetretenen Wertverzehrs entstehen kraft gesetzlicher Anordnung und sind daher im eröffneten Insolvenzverfahren als **Masseverbindlichkeit** im Rang des § 55 InsO zu bedienen. Ein Anspruch auf Nutzungsentschädigung analog § 546a BGB zB des 80

Leasingnehmers, der durch entsprechenden Beschluss an der Rückholung gehindert wird, entsteht zwar parallel, ist aber lediglich Insolvenzforderung im Rang des § 38 InsO (*Bork* NZI 2012, 590).

81 **8. Privilegierung von Finanzsicherheiten (Absatz 2 Satz 2).** Mit Absatz 2 Satz 2 hat der Gesetzgeber die **Finanzsicherheitenrichtlinie der EU** (2002/47/EG) umgesetzt (vgl. *Wimmer* ZInsO 2004, 1; *Obermüller* ZInsO 2004, 187). Durch die Regelung soll die freie Verwertbarkeit von Finanzsicherheiten im Eröffnungsverfahren gewährleistet werden (*Obermüller* ZInsO 2004, 187 [190]). Das alltägliche Kreditgeschäft mit den dort üblichen Kreditsicherheiten wird weder von der Richtlinie noch von der Neuregelung des Absatz 2 Satz 2 erfasst (zum ganzen MüKoInsO/*Haarmeyer* § 21 Rn. 104 f.).

VI. Schuldnerbezogene Zwangsmaßnahmen (Absatz 3)

82 Aus dem Wortlaut des Absatz 3 folgt, dass schuldnerbezogene gegenüber vermögensbezogenen Maßnahmen die ultima ratio darstellen. Ist der Schuldner **keine natürliche Person,** richten sie sich nach Absatz 3 Satz 2 gegen die organschaftlichen Vertreter.

83 Das Insolvenzgericht kann, sind die Zwecke des Eröffnungsverfahrens anders nicht zu erreichen, die zwangsweise Vorführung des Schuldners und in Extremfällen auch die Haft des Schuldners anordnen. Die **Haftanordnung** des Absatz 3 ist zu unterscheiden von der Erzwingungshaft zur Durchsetzung der Auskunfts- und Mitwirkungspflichten nach §§ 20, 97 oder zur Durchsetzung der Kooperation mit dem vorläufigen Insolvenzverwalter nach §§ 22 Abs. 3 S. 3, 97. Bei der Anordnung nach Absatz 3 handelt es sich um ein **Sicherungsmittel,** weshalb die Haftanordnung nur möglich ist, wenn zu befürchten ist, dass auf andere Weise das schuldnerische Vermögen nicht vor Vermögensverschiebungen geschützt werden kann (vgl. OLG Celle ZInsO 2001, 322; Kübler/Prütting/Bork/*Pape* § 21 Rn. 26). Die Haftanordnung muss konkret begründet werden, um dem Schuldner Abwendungsmöglichkeiten zu eröffnen (BGH ZInsO 2005, 436 [438]).

VII. Haftung wegen Amtspflichtverletzung

84 **1. Grundlagen.** Die Anordnung von Sicherungsmaßnahmen einschließlich der Bestellung eines vorläufigen Insolvenzverwalters haben erhebliche Auswirkungen auf den Schuldner und dessen Unternehmen. Das **Insolvenzgericht** hat daher bei der Ausübung seines Auswahlermessens und der Verhältnismäßigkeitsprüfung größtmögliche Sorgfalt zu wahren. Dies gilt insbes. deshalb, weil es – außerhalb des § 56a – an einer wirksamen Kontrolle durch die Gläubiger fehlt (Uhlenbruck/*Vallender* InsO § 21 Rn. 56).

85 **Amtshaftungsansprüche** setzen nach **§ 839 BGB** eine schuldhafte Amtspflichtverletzung, aber keine besondere Schwere des Pflichtverstoßes voraus. Dies wäre mit der erforderlichen Sorgfalt bei solchen Maßnahmen nicht zu vereinbaren. Erforderlich und ausreichend ist stets die fahrlässig herbeigeführte Verletzung einer Amtspflicht (BGHZ 117, 249 = NJW 1992, 3229). Die Amtspflichten, insbes. die Pflicht zur zügigen Bearbeitung des Insolvenzverfahrens, begründen keine Individualansprüche einzelner Gläubiger (LG Münster NZI 2005, 632). Maßgeblich ist vielmehr stets das gemeinsame Gläubigerinteresse nach dem Kenntnisstand im Zeitpunkt der Entscheidung (vgl. KG NZI 2001, 310).

86 **2. Praxis.** Die Mehrzahl der veröffentlichten Entscheidungen zur **Haftung wegen Amtspflichtverletzung** nach § 839 Abs. 3 BGB iVm Art. 34 GG verhalten sich zu der **Auswahl und der Überwachung** der Person des (vorläufigen) Insolvenzverwalters. Die Vorstrafe eines Kandidaten wegen einer Insolvenzstraftat

schließt dessen Bestellung zum Insolvenzverwalter im Allgemeinen ohne Rücksicht darauf aus, ob die Tat im Zusammenhang mit der beruflichen Tätigkeit des Rechtsanwalts stand (BGH ZIP 2008, 466). Die Staatshaftung setzt dabei die Verletzung der **Aufsichtspflichten** nach §§ 21 Abs. 2 Nr. 1, 58 durch das Insolvenzgericht voraus. Diese erstreckten sich insbes. auf Maßnahmen der Betriebsfortführung, die Begründung von später offensichtlich nicht erfüllbaren Masseverbindlichkeiten, ungenehmigte oder vorzeitige Betriebsstilllegungen oder umgekehrt masseschädigende Fortführungen ohne Überprüfung, ob die Stilllegung indiziert sein könnte (ausf. Uhlenbruck/*Vallender* InsO § 21 Rn. 56). Die Haftung des (vorläufigen) Insolvenzverwalters wegen nicht erfüllten Masseverbindlichkeiten (§ 61 InsO) schließt die **subsidiäre Staatshaftung** wegen mangelhafter Auswahl ohne Beaufsichtigung des Insolvenzverwalters nicht aus.

Übergeht das Insolvenzgericht den grds. verbindlichen Vorschlag eines vorläu- 87
figen Gläubigerausschusses nach **§ 56a Abs. 1** (vgl. dort → § 56a Rn. 31) ohne hinreichende Begründung oder waren Angaben der Verfahrensbeteiligten, die zur Einsetzung eines vorläufigen Sachwalters nach § 270b Abs. 2 InsO geführt haben, nachweislich falsch, so besteht ein amtshaftungsrechtlicher **Folgenbeseitigungsanspruch** aus Art. 20 Abs. 3 GG iVm § 1004 BGB analog (vgl. dazu allg. BVerwGE 94, 100; 112, 308), der auf Entlassung des rechtswidrig eingesetzten und gesetzmäßige Bestellung eines anderen Verwalters bzw. Sachwalters (→ Rn. 27).

3. Berechtigte. Aktivlegitimiert sind nicht nur der Schuldner und Gläubiger. 88
Auch aus der **Fürsorgepflicht** des **Insolvenzgerichts gegenüber dem (vorläufigen) Insolvenzverwalter** können Amtshaftungsansprüche resultieren. Dies kann einerseits gelten für die Übertragung von Zustellungspflichten auf den vorläufigen Insolvenzverwalter, wenn absehbar ist, dass die Kosten des Zustellungsverfahrens aus der Insolvenzmasse nicht gedeckt werden können (offengelassen von BGH NZI 2004, 245 [247], bejahend insoweit aber Uhlenbruck/*Vallender* aaO) andererseits aber zB auch aus der Verletzung der unverzüglichen Mitteilungspflicht, wenn der Gläubigerausschuss nach § 56a Abs. 3 einen anderen Insolvenzverwalter bestimmt hat und dieser durch das Gericht bestellt worden ist (vgl. dazu Hölzle Praxisleitfaden ESUG §§ 56, 56a Rn. 46 f.).

Rechtsstellung des vorläufigen Insolvenzverwalters[1]

22 (1) [1] **Wird ein vorläufiger Insolvenzverwalter bestellt und dem Schuldner ein allgemeines Verfügungsverbot auferlegt, so geht die Verwaltungs- und Verfügungsbefugnis über das Vermögen des Schuldners auf den vorläufigen Insolvenzverwalter über.** [2] **In diesem Fall hat der vorläufige Insolvenzverwalter:**

1. **das Vermögen des Schuldners zu sichern und zu erhalten;**
2. **ein Unternehmen, das der Schuldner betreibt, bis zur Entscheidung über die Eröffnung des Insolvenzverfahrens fortzuführen, soweit nicht das Insolvenzgericht einer Stillegung zustimmt, um eine erhebliche Verminderung des Vermögens zu vermeiden;**
3. **zu prüfen, ob das Vermögen des Schuldners die Kosten des Verfahrens decken wird; das Gericht kann ihn zusätzlich beauftragen, als Sachverständiger zu prüfen, ob ein Eröffnungsgrund vorliegt und welche Aussichten für eine Fortführung des Unternehmens des Schuldners bestehen.**

---

[1] § 22 Abs. 3 Satz 3 geänd. mWv 1.7.2007 durch G v. 13.4.2007 (BGBl. I S. 509).

(2) [1] **Wird ein vorläufiger Insolvenzverwalter bestellt, ohne daß dem Schuldner ein allgemeines Verfügungsverbot auferlegt wird, so bestimmt das Gericht die Pflichten des vorläufigen Insolvenzverwalters.** [2] **Sie dürfen nicht über die Pflichten nach Absatz 1 Satz 2 hinausgehen.**

(3) [1] **Der vorläufige Insolvenzverwalter ist berechtigt, die Geschäftsräume des Schuldners zu betreten und dort Nachforschungen anzustellen.** [2] **Der Schuldner hat dem vorläufigen Insolvenzverwalter Einsicht in seine Bücher und Geschäftspapiere zu gestatten.** [3] **Er hat ihm alle erforderlichen Auskünfte zu erteilen und ihn bei der Erfüllung seiner Aufgaben zu unterstützen; die §§ 97, 98, 101 Abs. 1 Satz 1, 2, Abs. 2 gelten entsprechend.**

Übersicht

I. Einleitung

1 § 22 regelt die **Rechte und Pflichten des vorläufigen Insolvenzverwalters.** § 22 unterscheidet zwischen der Anordnung der vorläufigen Insolvenzverwaltung mit Überleitung der Verwaltungs- und Verfügungsbefugnis über das schuldnerische Vermögen auf den vorläufigen Insolvenzverwalter (**Absatz 1,** sog **„starke" vorläufige Insolvenzverwaltung**), wobei die Rechtsstellung und der Kompetenzrahmen durch eine gesetzliche Kompetenzzuweisung definiert werden, und der Anordnung der vorläufigen Insolvenzverwaltung ohne Überleitung der Verwaltungs- und Verfügungsbefugnis (**Absatz 2,** sog **„schwache" vorläufige Insolvenzverwaltung**), wobei die Reichweite der Befugnisse des vorläufigen Insolvenzverwalters durch die gerichtliche Kompetenzzuweisung im Einzelnen festgelegt wird.

2 Auch dem schwachen vorläufigen Insolvenzverwalter sind aber kraft Gesetzes Aufgaben und Kompetenzen zugewiesen, deren Anordnung es im Beschluss nicht ausdrücklich bedarf, weil sie mit der Anordnung der vorläufigen Insolvenzverwaltung und der damit verbundenen doppelten Sicherungsfunktion (vgl. → § 21 Rn. 3 f.) zwingend einhergehen. Diese **gesetzliche Kompetenzzuweisung**

auch an den schwachen vorläufigen Insolvenzverwalter kommt im Gesetzeswortlaut nicht hinreichend zum Ausdruck.

Absatz 3 regelt **Auskunfts- und Mitwirkungspflichten** des Schuldners im Wesentlichen durch Verweis auf Vorschriften, die für das eröffnete Insolvenzverfahren gelten (vgl. dort). 3

II. Gesetzliche Kompetenzzuweisung

1. Sicherung des Vermögens. Die Pflicht zur Verwirklichung der Sicherungsfunktion des Insolvenzeröffnungsverfahrens (vgl. → § 21 Rn. 3, 40) ist wesentliche Aufgabe des vorläufigen Insolvenzverwalters. Auch der **schwache vorläufige Insolvenzverwalter** ist zur Sicherung und zum Erhalt des Schuldnervermögens verpflichtet (BGHZ 189, 299 Rn. 49 = NJW 2011, 2960). Einer gesonderten Anordnung entsprechend Absatz 1 Satz 2 Nr. 1 oder der Übertragung der Verwaltungs- und Verfügungsbefugnis bedarf es dazu nicht. Obwohl das Insolvenzgericht gehalten ist, die Rechte und Pflichten des vorläufigen Insolvenzverwalters nach Absatz 2 möglichst ausdrücklich festzulegen, ist Kernaufgabe eines jeden vorläufigen Insolvenzverwalters die Überwachung des Schuldners mit dem Ziel der Sicherung der Verfahrenszwecke im Insolvenzeröffnungsverfahren (BGH aaO). 4

Die **Sicherungspflicht** umfasst die **Pflicht** des vorläufigen Insolvenzverwalters, dem Insolvenzgericht ein **massegefährdendes Verhalten des Schuldners anzuzeigen** und ggf. weitere Sicherungsmaßnahmen anzuregen. Auch diese Pflicht obliegt dem vorläufigen Insolvenzverwalter unabhängig davon, ob das Gericht ihn ausdrücklich hierzu auffordert. 5

Künftig der Insolvenzmasse zugehörige Gegenstände werden vom schwachen vorläufigen Insolvenzverwalter **nicht in Besitz genommen** (OLG Celle NZI 2003, 97) und vorbehaltlich gesonderter Ermächtigung des Insolvenzgerichts ist der schwache vorläufige Insolvenzverwalter grds. auch **nicht zum Einzug von Forderungen berechtigt.** Der vorläufige Insolvenzverwalter wird jedoch in aller Regel zum **Forderungseinzug gesondert ermächtigt** (vgl. → § 21 Rn. 65). Der mitbestimmende vorläufige Insolvenzverwalter darf der Erfüllung von **Insolvenzforderungen (§ 38)** durch den Schuldner oder sonstigen Zahlungen außerhalb einer genehmigten Betriebsfortführung ebenso wenig zustimmen, wie der **Herausgabe von aus- oder absonderungsrechtsbehafteten Gegenständen** durch den Schuldner (HambK-InsO/*Schröder* § 22 Rn. 105b). Zahlungen, die gegen die insolvenzrechtliche Befriedigungs- und Rangordnung verstoßen, ist der vorläufige Insolvenzverwalter gleich welcher Rechtsstellung ebenso wenig befugt zu veranlassen, mit zu tragen oder zu genehmigen, wie der endgültige Insolvenzverwalter (BGH NZI 2008, 65). Die **Art und Weise**, wie der vorläufige Insolvenzverwalter den Sicherungszweck erfüllt, obliegt seinem pflichtgemäßen Ermessen. Dies umfasst insbes. Art und Umfang der Inventarisierung und Bewertung des Vermögens, wobei der anfallende Aufwand stets in angemessenem Verhältnis zum voraussichtlichen Wert des zu sichernden Vermögens stehen muss (→ Rn. 12). 6

Die Sicherungsfunktion kollidiert mit der **Pflicht zur Unternehmensfortführung** (sogleich → Rn. 8), wenn im Insolvenzeröffnungsverfahren Sicherheit für die Erfüllung von Ansprüchen aus im Insolvenzeröffnungsverfahren benötigten Leistungen Dritter geleistet werden muss. Der vorläufige Insolvenzverwalter kann hier eine **Sonderermächtigung nach § 55** zur **Begründung von Masseverbindlichkeiten**, wobei der Ermächtigungsbeschluss des Insolvenzgerichts die Reichweite genau zu konkretisieren hat (BGH NZI 2011, 143). Das hierneben entwickelte sog **Treuhandmodell,** bei dem der vorläufige Insolvenzverwalter neben dem Insolvenzsonderkonto ein Treuhandkonto zu Gunsten der betroffenen Dritten einrichtet und Forderungen daraus vorausabtritt (vgl. *Windel* ZIP 2009, 7

101), ist keine praxistaugliche Alternative, da das Treuhandkontenmodell ebenfalls nur mit ausdrücklicher Einzelermächtigung des Insolvenzgerichts (AG Hamburg NZI 2004, 386; *Frind* ZInsO 2005, 1296 [1303]; *ders.* ZInsO 2004, 473) zulässig ist und ebenso konkretisiert werden muss, wie die Einzelermächtigung (zustimmend Jaeger/*Hänckel* § 55 Rn. 84; *Pape/Uhlenbruck* ZIP 2005, 417 [419]; *Pape* ZInsO 2003, 1061 [1062 f.]). Die Einrichtung eines Treuhandkontos kann im Einzelfall allerdings zulässig sein, wenn die für die Fortführung benötigte Lieferung mit der Einzelermächtigung zur Begründung von Masseverbindlichkeiten nach § 55 Abs. 2 nicht zu gewährleisten ist, da wegen der drohenden Gefahr der **Masseunzulänglichkeit** dies dem Lieferanten keine hinreichende Sicherheit gewährt und dieser zur Lieferung daher nicht bereit ist (ähnlich HambK-InsO/*Schröder* § 22 Rn. 102). In solchem Fall ist auch die Leistung von Vorschüssen, die ihrerseits durch den Lieferanten abgesichert werden, durch den vorläufigen Insolvenzverwalter möglich, die keiner Ermächtigung durch das Insolvenzgericht bedarf.

8 **2. Fortführung des schuldnerischen Unternehmens.** Jeder, auch der schwache vorläufige Insolvenzverwalter ist zunächst verpflichtet, einen vorgefundenen nicht geschlossenen schuldnerischen Geschäftsbetrieb fortzuführen. Aus der Kollision der Fortführungspflicht und der Pflicht zur Sicherung des Vermögens folgt die **qualifizierte Pflicht** des vorläufigen Insolvenzverwalters zur **Prüfung der Sanierungs- und Erhaltungswürdigkeit sowie der Sanierungsfähigkeit** des schuldnerischen Unternehmens (Uhlenbruck/*Vallender* InsO § 22 Rn. 267; *Hölzle* ZIP 2011, 1889 [1892]). Folge daraus ist die weitergehende Pflicht, eine mögliche **Sanierung vorzubereiten** (Jaeger/*Gerhardt* § 22 Rn. 163 ff.), da die Einleitung von Sanierungsmaßnahmen erst im Anschluss an den Berichtstermin (§ 157) in der Regel zu spät kommt. Hat der vorläufige Insolvenzverwalter das Unternehmen bis zum ersten Berichtstermin fortgeführt und regt er in der ersten Gläubigerversammlung nicht an, den Geschäftsbetrieb einzustellen, so folgt aus der Pflicht zur Prüfung der Sanierungsmöglichkeiten auch die Pflicht, in der ersten Gläubigerversammlung ein in der Struktur vorgezeichnetes Sanierungskonzept vorzulegen (*Uhlenbruck* Kölner Schrift InsO S. 325, 360 f.).

9 Aus der Pflicht, das schuldnerische Unternehmen fortzuführen, folgt auf Grundlage der gesetzlichen Kompetenzzuweisung, ohne dass es eines gesonderten Beschlusses des Insolvenzgerichts bedürfte, die **Rechtsmacht, alle der Fortführung zweckdienlichen Entscheidungen** zu treffen, ohne dass hiermit allerdings die Überleitung der Verwaltungs- und Verfügungsbefugnis verbunden wäre. Verweigert der Schuldner aber die Kooperation mit dem noch nicht verwaltungs- und verfügungsbefugten Insolvenzverwalter, rechtfertigt die dadurch bedingte Gefährdung der Verfahrensziele die **Anordnung weiterer Sicherungsmaßnahmen** (ausf. → § 21 Rn. 11).

10 Insbes. ist der vorläufige Insolvenzverwalter verpflichtet, zur Sicherung der Fortführung eine **Insolvenzgeldvorfinanzierung** (§§ 183 ff. SGB III) anzustrengen und den erforderlichen Verträgen zuzustimmen (Ankaufslösung, vgl. *Förster* ZInsO 1998, 238, oder Darlehenslösungen). Die Vorbereitung des Abschlusses der Verträge und die Unterstützung des Schuldners in diesem Zusammenhang gehören zum Pflichtenkatalog des vorläufigen Insolvenzverwalters auch ohne Verwaltungs- und Verfügungsbefugnis und schließen deshalb dessen Unabhängigkeit im Sinne § 56 nicht aus. Ebenso ist der vorläufige Insolvenzverwalter verpflichtet, den Schuldner zur **Kündigung nachteiliger Verträge** anzuhalten und an geeigneten Maßnahmen zur Sicherung des Geschäftsbetriebes mitzuwirken (Kündigung von Arbeitsverhältnissen etc).

11 Erweist sich iRd Prüfung der Fortführungs- und Sanierungsaussichten des schuldnerischen Unternehmens die Fortführung als unmöglich oder wirtschaftlich

unvernünftig, so ist die **Einstellung des Geschäftsbetriebes** dem Insolvenzgericht nicht nur anzuzeigen, sondern von diesem grds. genehmigen zu lassen. Der vorläufige Insolvenzverwalter weicht mit der Zustimmung zur Unternehmenseinstellung von seinen gesetzlichen Pflichten ab, wofür er einer gesonderten gerichtlichen Ermächtigung bedarf. Lediglich eine Anzeigepflicht besteht, wenn der Schuldner den Geschäftsbetrieb durch Einstellung seiner Mitwirkung faktisch einstellt und die persönliche Leistung des Schuldners nicht zu substituieren ist.

3. Inbesitznahme, Aufzeichnung und Wertermittlung. Der (schwache oder starke) vorläufige Insolvenzverwalter ist in jedem Fall verpflichtet, das von ihm zu sichernde Vermögen des Schuldners zu **inventarisieren und zu bewerten** (ausf. MüKoInsO/*Haarmeyer* § 22 Rn. 42). Die notwendige Inventarisierung erstreckt sich auf den gesamten **Besitz** des Schuldners (Ist-Masse) ungeachtet der Zugehörigkeit der Gegenstände zum Insolvenzbeschlag (Soll-Masse, vgl. zur Abgrenzung *Hölzle,* Vallender/Undritz/*Hölzle,* Praxis des Insolvenzrechts, Kap. 5 Rn. 5 ff.). Die Inventarisierung hat grds. individualisiert zu erfolgen, wobei der **Inventarisierungsaufwand** im vernünftigen Verhältnis zum Nutzen und va zum voraussichtlichen Wert der Gegenstände stehen muss. Die Bildung von Inventargruppen und Sammelposten ist unter betriebswirtschaftlichen Gesichtspunkten zulässig. Die Inventarisierung folgt insolvenzrechtlichen Zwecken und ist daher an die strengen Grundsätze aus **§§ 240, 241 HGB nicht gebunden**. 12

Das Insolvenzeröffnungsverfahren ist ein Eilverfahren, weshalb der vorläufige Insolvenzverwalter nicht analog § 153 Abs. 1 verpflichtet ist, eine **vollständige Vermögensübersicht** über Aktiva und Passiva des Schuldners aufzustellen. Er muss iRd Erfüllung des Sicherungszwecks lediglich für die nötige **Dokumentationsgrundlage** sorgen, seinen Sachverständigenauftrag zur Ermittlung der Verfahrenskostendeckung erfüllen und Rechenschaft über in Besitz genommene Gegenstände ablegen (Uhlenbruck/*Uhlenbruck* InsO § 22 Rn. 26; *Förster* ZInsO 2000, 639); im Rahmen laufenden Geschäftsbetriebs darf der vorläufige Insolvenzverwalter sich insbes. wegen des im Produktionsprozess täglich revolvierenden Umlaufvermögens auf eine **stichprobenhaft** geprüfte Warenbestandsbuchhaltung beziehen, soweit er prozessual sicherstellt, dass die Wertentwicklung nachvollziehbar bleibt. Wenn die Ermittlung von Zerschlagungs- und Fortführungswerten besondere Sachkunde erfordert, die von einem durchschnittlich qualifizierten (vorläufigen) Insolvenzverwalter nicht erwartet werden kann (MüKoInsO/*Haarmeyer* § 22 Rn. 44), ist der vorläufige Insolvenzverwalter berechtigt, einen **Sachverständigen zur Inventarisierung und Bewertung** hinzuzuziehen. 13

Zur **Inbesitznahme** ist der schwache vorläufige Insolvenzverwalter grds. nicht, sondern nur auf Grund besonderer Ermächtigung berechtigt und verpflichtet (OLG Celle NZI 2003, 97). Eine solche Ermächtigung kann sich jedoch bereits aus der Anordnung nach § 21 Abs. 2 Nr. 5 (vgl. dort) ergeben. Dementsprechend obliegt es auch dem Schuldner selbst, die Herausgabe ihm durch verbotene Eigenmacht im Eröffnungsverfahren entzogener Gegenstände durch einstweilige Verfügung geltend zu machen (LG Leipzig ZInsO 2006, 1003). 14

4. Vertragsverhältnisse. Der vorläufige Insolvenzverwalter, weder der starke noch der schwache, ist zur Entscheidung über die **Fortführung der Vertragsverhältnisse** nach §§ 103 ff. berechtigt. Die §§ 103 ff. entfalten ihre Wirkung erst ab Insolvenzeröffnung (BGH NZI 2008, 36). Allerdings haben sie Vorwirkung insoweit, als **Herausgabepflichten** des Schuldners oder des vorläufigen Insolvenzverwalters im Insolvenzeröffnungsverfahren noch nicht bestehen, soweit durch die Herausgabe die **Wahlrechte** des endgültigen Insolvenzverwalters im eröffneten Insolvenzverfahren vereitelt würden (Uhlenbruck/*Vallender* InsO § 22 Rn. 54; MüKoInsO/*Haarmeyer* § 22 Rn. 49; HambK-InsO/*Schröder* § 22 Rn. 28). Der Ausspruch der **Kündigung von Vertragsverhältnissen** auf aus- 15 schließlich vertraglicher, nicht auf insolvenzrechtlicher Grundlage durch Schuldner mit Zustimmung des mitbestimmenden Insolvenzverwalters oder den starken vorläufigen Insolvenzverwalter ist iRd Erfüllung des Sicherungszwecks möglich.

16 **5. Arbeitsverhältnisse.** Der vorläufige Insolvenzverwalter tritt nur in die **Arbeitgeberstellung** ein, wenn ihm die Verwaltungs- und Verfügungsbefugnis nach Absatz 1 übertragen worden ist (BAG NZI 2003, 45). Geht die Verwaltungs- und Verfügungsbefugnis nicht über, so verbleibt die Arbeitgeberstellung zwar beim Schuldner, ist eine Kündigung durch den Schuldner jedoch nur mit Zustimmung des mitbestimmenden vorläufigen Insolvenzverwalters wirksam (BAG NZI 2003, 509).

17 **Lohn- und Gehaltzahlungen** im Insolvenzeröffnungszeitraum, die außerhalb einer Insolvenzgeldvorfinanzierung für den Insolvenzeröffnungszeitraum erbracht werden, sind im eröffneten Insolvenzverfahren grds. wegen des berechtigten **Bargeschäftseinwandes** nicht anfechtbar (BAG NZI 2011, 981; *Bork* ZIP 2007, 2337). Die früher verbreitete Praxis, zur Vermeidung des mit einer Insolvenzgeldvorfinanzierung verbundenen Aufwandes, die Löhne und Gehälter zunächst aus der vorläufigen Insolvenzmasse zu zahlen, die Zahlungen später anzufechten und den Anfechtungsanspruch sodann durch Abtretung des Insolvenzgeldanspruchs zu erfüllen, ist überholt.

18 Der Ausgleich von **vorinsolvenzlichen Löhnen und Gehältern,** zB zur Verlängerung des Insolvenzgeldzeitraumes, verstößt gegen die insolvenzrechtliche Verteilungordnung und ist als insolvenzzweckwidrige Zahlung unzulässig. Sie darf vom vorläufigen Insolvenzverwalter nicht vorgenommen und nicht genehmigt werden, wenn der auszugleichende Lohnzahlungszeitraum bereits außerhalb des Bargeschäftszeitraums liegt.

19 **6. Versicherungen.** Der vorläufige Insolvenzverwalter ist verpflichtet, das **Bestehen und den Umfang des Versicherungsschutzes** für Vermögensgegenstände im Besitz des Schuldners zu prüfen. Dies unabhängig davon, ob aus der späteren Verwertung Erlöse oder sonstige Vorteile für die Insolvenzmasse zu erwarten sind. Der Sicherungs- und Erhaltungspflicht unterliegen sämtliche im Zeitpunkt des Wirksamwerdens der Anordnung im Besitz des Schuldners befindliche Gegenstände (BGHZ 105, 230; OLG Bremen ZIP 1988, 856). Prüft der vorläufige Insolvenzverwalter das Bestehen und den Umfang des Versicherungsschutzes für im Besitz des Schuldners stehende Gegenstände nicht innerhalb der ersten acht Wochen seit seiner Bestellung, so läuft er je nach Ausgestaltung seines eigenen Vertrages über die **Vermögensschadenshaftpflichtversicherung** Gefahr, für die daraus etwaig resultierenden Schadensersatzansprüche seinen eigenen Versicherungsschutz zu verlieren. Reicht die vorläufige **Insolvenzmasse** nicht aus, die nötige Deckung herzustellen, so ist bei Aus- und Absonderungsrechten der betreffende Gläubiger darüber zu informieren und ihm anheim zu stellen, selbst für entsprechenden Versicherungsschutz zu sorgen. Nicht versicherte unbelastete Gegenstände des Insolvenzschuldners sind bestmöglich auf andere Weise vor Verschlechterungen oder Untergang zu schützen.

20 Zum **Ausgleich rückständiger Versicherungsprämien,** die bei Insolvenzeröffnung einfache Insolvenzforderung im Rang des § 38 sind, ist der vorläufige Insolvenzverwalter wegen Insolvenzzweckwidrigkeit solcher Zahlungen nicht berechtigt (Jaeger/*Gerhardt* § 22 Rn. 34).

21 **7. Keine Insolvenzanfechtungsbefugnis.** Der vorläufige Insolvenzverwalter ist nicht zur Anfechtung nach §§ 129 ff. InsO berechtigt und kann hierzu auch nicht durch Beschluss des Insolvenzgerichts ermächtigt werden, da der Anfechtungsanspruch erst mit Eröffnung des Insolvenzverfahrens entsteht (BGHZ 101, 286 = NJW 1987, 2821). Zu **Aufrechnungsverboten** vgl. → § 21 Rn. 56.

III. Gerichtliche Kompetenzzuweisung

1. Gerichtliche Kompetenzzuweisung mit gesetzlich bestimmtem Umfang. Bei der Anordnung des Übergangs der **Verwaltungs- und Verfügungsbefugnis** auf den vorläufigen Insolvenzverwalter gem. Absatz 1 handelt es sich um eine **gerichtliche Kompetenzzuweisung** mit **gesetzlich definiertem Umfang.** Denn auch der Anordnung nach Absatz 1 liegt eine Ermessensentscheidung des Gerichts zugrunde, die nach den Grundsätzen von oben (→ § 21 Rn. 9 ff.) überprüfbar ist. 22

Durch den Übergang der Verwaltungs- und Verfügungsbefugnis erhält der starke vorläufige Insolvenzverwalter rechtlich die Stellung des Insolvenzverwalters im eröffneten Verfahren nach Maßgabe der §§ 80–82 (BGH NZI 2007, 231). Mit der Überleitung der Verfügungsbefugnis auf den vorläufigen Insolvenzverwalter geht ein **allgemeines Verfügungsverbot** für den Schuldner einher (dazu → § 21 Rn. 51). Im **Innenverhältnis** zum Schuldner darf der starke vorläufige Insolvenzverwalter von seiner Verfügungsbefugnis nur iRd **Sicherungszwecks** Gebrauch machen, woraus folgt, dass (ähnlich der Prokura) **rechtliches Können** und **rechtliches Dürfen** auseinanderlaufen (BAG NZI 2006, 310; HambK-InsO/*Schröder* § 22 Rn. 20). Eine nicht vom Sicherungszweck des Verfahrens gedeckte Maßnahme des starken vorläufigen Insolvenzverwalters bleibt im Außenverhältnis in den Grenzen der Insolvenzzweckwidrigkeit (vgl. BGHZ 150, 353 = NJW 2002, 2783) wirksam. 23

Die Anordnung der starken vorläufigen Insolvenzverwaltung führt zur **Prozessunterbrechung** nach § 240 ZPO (vgl. Musielak/*Stadler* ZPO § 240 Rn. 1). 24

Der starke vorläufige Insolvenzverwalter mit Verwaltungs- und Verfügungsbefugnis begründet durch seine Rechtshandlungen **Masseverbindlichkeiten** für das eröffnete Verfahren, § 55 Abs. 1. Dies gilt auch für Forderungen aus **Dauerschuldverhältnissen,** soweit der starke vorläufige Insolvenzverwalter die Gegenleistung für die vorläufige Insolvenzmasse in Anspruch genommen hat. Der Anspruch auf Wiederherstellung des ordnungsgemäßen Zustandes der Mietsache ist daher nur Masseschuld, wenn die Verschlechterung im Insolvenzeröffnungsverfahren eingetreten ist (BGH NJW-Spezial 2008, 407). 25

Von ihm begründete Verbindlichkeiten darf der starke vorläufige Insolvenzverwalter bereits im Eröffnungsverfahren bedienen (Erfüllbarkeit), ist hierzu gem. §§ 53, 55 Abs. 2 S. 1 jedoch erst nach Verfahrenseröffnung verpflichtet (**Fälligkeit,** vgl. HambK-InsO/*Schröder* § 22 Rn. 23), sodass ein **Verzug** iSd § 286 BGB erst nach Verfahrenseröffnung eintreten kann. 26

Wird dem vorläufigen Insolvenzverwalter die Verwaltungs- und Verfügungsbefugnis erst im Laufe des Insolvenzeröffnungsverfahrens übertragen, so ist die **Umqualifizierung von Forderungen** aus Handlungen, die er noch als schwacher vorläufiger Insolvenzverwalter vorgenommen hat, durch Genehmigung des Gerichts zu Masseverbindlichkeiten gem. § 55 Abs. 2 S. 1 ebenso unzulässig, wie die Genehmigung von Rechtshandlungen des schwachen vorläufigen Insolvenzverwalters durch den Insolvenzverwalter im eröffneten Verfahren (*Bork* ZIP 2003, 1421 f.). 27

Da Masseverbindlichkeiten erst im eröffneten Verfahren erfüllt werden müssen, kennt das Gesetz keine Anzeige der **Masseunzulänglichkeit** im Eröffnungsverfahren. Rechtsfolge der Masseunzulänglichkeitsanzeige ist ein Vollstreckungsverbot in die Insolvenzmasse. Da bereits die fehlende Fälligkeit die Durchsetzbarkeit und damit auch die Vollstreckbarkeit hindert, besteht hierfür auch kein Bedürfnis. 28

Eine Besonderheit gilt nach § 55 Abs. 3 für **Lohn- und Gehaltsansprüche,** die im Wege einer Insolvenzgeldvorfinanzierung auf die Bundesagentur für Arbeit übergeleitet wurden. Diese werden in den Rang des § 38 zurückgestuft, um der 29 (vorläufigen) Insolvenzmasse den Vorteil endgültig zu erhalten und die Fortführung des Unternehmens zu erleichtern.

30 **2. Ausschließlich gerichtliche Kompetenzzuweisung.** Soweit das Gericht keine Anordnung nach Absatz 1 trifft, bestimmt es den Umfang der dem vorläufigen Insolvenzverwalter einzuräumenden Rechtsmacht durch **kompetenzbegründenden Beschluss,** wobei die Rechtsmacht über die Kompetenzen nach Absatz 1 nicht hinausgehen darf. Auch soweit eine ausdrückliche Anordnung unterbleibt, hat dies keinen Einfluss auf die gesetzliche Kompetenzzuweisung (kein absichtsvolles Unterlassen). Der Kompetenzrahmen sollte allerdings möglichst konkret bestimmt werden, um Zweifel bei der Auslegung zu vermeiden.

31 Der schwache vorläufige Insolvenzverwalter begründet grds. **keine Masseverbindlichkeiten** gem. § 55 Abs. 2 (BGHZ 151, 153 = NJW 2002, 2563, ausf. vgl. → § 21 Rn. 67). Systemwidrige Ausnahme ist § 55 Abs. 4 (dort → § 55 Rn. 45 f.).

32 Die Anordnung der vorläufigen Insolvenzverwaltung ohne Übergang der Verwaltungs- und Verfügungsbefugnis auf den vorläufigen Insolvenzverwalter führt nicht zur **Unterbrechung anhängiger Prozesse** (§ 240 ZPO) und auch nicht zur Hemmung oder Unterbrechung von Rechtsmittel- und Rechtsbehelfsfristen. Zur Sicherungsaufgabe des vorläufigen Insolvenzverwalters gehört es deshalb auch, die Rechts- und Bestandskraft potentiell masseschädlicher Urteile, Beschlüsse und Bescheide zu verhindern.

IV. Verwertungsbefugnisse des vorläufigen Insolvenzverwalters.

33 Der vorläufige Insolvenzverwalter (der schwache ebenso wie der starke) ist **nicht** zur **Verwertung** von schuldnerischem Vermögen **befugt.** Der Beginn von Verwertungsmaßnahmen ist mit dem Sicherungs- und Erhaltungszweck des Insolvenzeröffnungsverfahrens nicht zu vereinbaren (BGHZ 146, 165 = NJW 2001, 1496). Der Entscheidung der Gläubiger nach § 157 über die Art der Verwertung des schuldnerischen Vermögens soll nicht vorgegriffen werden. Dies gilt grds. auch für die **Einziehung von Forderungen;** dies allerdings nur außerhalb des laufenden Geschäftsbetriebs. Insoweit darf der vorläufige Insolvenzverwalter zur Verwertung durch Einziehung nur ermächtigt werden, wenn die **Verjährung oder die Uneinbringlichkeit** der Forderung droht (BGH NZI 2012, 365 mAnm *Schädlich/Stapper*).

34 Eine **tatbestandliche Verwertung** ist nur die irreversible Umwandlung des schuldnerischen Vermögens in Geld zum Zwecke der Gläubigerbefriedigung außerhalb der Fortführung des schuldnerischen Unternehmens (BGHZ 154, 72 [81] = NJW 2003, 2240). Insbes. der **Verkauf von Umlaufvermögen,** die **Verarbeitung** von Rohstoffen, die Einziehung von Forderungen im **laufenden Geschäftsbetrieb** usw unterfallen deshalb nicht dem Verwertungsbegriff (BGHZ 146, 165 [173 f.] = NJW 2001, 1496). Allgemeine Maßnahmen zur Masseanreicherung sind unzulässig, es sei denn sie dulden wegen **drohenden Unterganges,** zB durch Verderb, keinen Aufschub (BGHZ 189, 299 = NJW 2011, 2960; BGHZ 146, 165 = NJW 2001, 1496). Insbes. die Regierungsbegründung zur InsO (BT-Drs. 12/2443, 117) benennt den Verkauf verderblicher Waren als zulässige Verwertungsmaßnahme. Die Befürchtung sich verschlechternder Marktbedingungen und verfallender Preise oder das Bestreben, die Masse durch Räumung gemieteter Geschäftslokale nach Verwertung zu schonen, reichen für die Begründung einer Verwertungsbefugnis nicht aus. Aus der Sicherungsfunktion kann sich jedoch die **Pflicht zur Zustimmung** zu einer Verwertungshandlung ergeben, wenn anderenfalls Schäden für die Insolvenzmasse oder für absonderungsberechtigte Gläubiger zu befürchten sind (BGHZ 189, 299 = NJW 2011, 2960).

V. Pflichten gegenüber aus- und absonderungsberechtigten Gläubigern

Die Pflicht zur Sicherung des Vermögens schließt die Sicherung und den Erhalt 35
auch von Gegenständen ein, die mit (künftigen) **Aus- und Absonderungsrechten** belastet sind. Dies gilt auch, wenn aus der Verwertung dieser Gegenstände kein Zufluss oder Vorteil für die Insolvenzmasse zu realisieren sein wird (BGHZ 189, 299 = NJW 2011, 2960). Ausgenommen von der Sicherungs- und Erhaltungspflicht sind lediglich **unpfändbare Vermögensgegenstände** (§ 36), die von vornherein nicht zur (vorläufigen) Insolvenzmasse gehören (BGH ZIP 2008, 1685 [1686]). Aus § 36 Abs. 4 S. 4 folgt, dass der Pfändungsschutz bereits im Eröffnungsverfahren zu beachten ist, weshalb es dem vorläufigen Insolvenzverwalter an der Rechtsmacht fehlt, insoweit Sicherungsmaßnahmen zu treffen.

Der Sicherungsauftrag des vorläufigen Insolvenzverwalters auch in Bezug auf 36
künftigen Aus- und Absonderungsrechten unterliegende Vermögensgegenstände begründet inhaltlich die Verpflichtung, diese künftigen **Vorrechte nicht zu beeinträchtigen oder zu vereiteln.** Soweit keine gesonderte Anordnung nach § 21 Abs. 2 Nr. 5 (→ § 21 Rn. 86) getroffen ist, richten sich daher Veräußerungs-, Verarbeitungs- und Verbrauchsrechte nach der vorgefundenen Vertragslage und den **allgemeinen zivilrechtlichen Grundsätzen** (BGHZ 146, 165 Rn. 23 = NJW 2001, 1496; BGH ZIP 2000, 895 [896 ff.]).

Die Sicherungs- und Erhaltungspflicht des vorläufigen Insolvenzverwalters er- 37
streckt sich deshalb auch darauf, betrieblich notwendige Geräte, auch solche die zur Sicherheit an Dritte übereignet sind (BGHZ 146, 165 Rn. 23 = NJW 2001, 1496), im Bedarfsfall **zu warten** oder zu **reparieren.**

Zur Vermeidung späterer Massekosten kann der vorläufige Insolvenzverwalter 38
für die Fortführung entbehrliche Gegenstände **freigeben** – jedenfalls in Form einer Anregung an das Insolvenzgericht, den **Sicherungsauftrag** entsprechend **einzuschränken** (BGHZ 105, 230 [238 f.]). Ein Anspruch des Gläubigers hierauf besteht vor dem Berichtstermin (§ 157) nicht.

Die **Nutzungsüberlassung** von Sicherungsgut an einen Dritten stellt keine 39
Verwertungshandlung dar. Dem Sicherungsnehmer steht kein Anspruch auf Herausgabe des im Eröffnungsverfahren durch die Vermietung oder Verpachtung mit Aus- oder Absonderungsrechten belasteter Gegenstände erzielten Entgeltes zu (BGH NZI 2006, 587). Auch eine „Zusage" des schwachen vorläufigen Insolvenzverwalters, das während des Eröffnungsverfahrenes erzielte Nutzungsentgelt an den Sicherungseigentümer auszukehren, begründet keine Masseverbindlichkeit (BGH aaO).

Weitergehende Rechte an mit Aus- und Absonderungsrechten belasteten 40
Vermögensgegenständen können der vorläufigen Insolvenzmasse durch Anordnung gem. **§ 21 Abs. 2 Nr. 5** (→ § 21 Rn. 74) zugewiesen werden. Hierfür ist indes eine **konkretisierende Anordnung** nötig und es reicht die allgemeine Einräumung der Nutzungsbefugnis von mit Aus- und Absonderungsrechten belastenden Gegenständen nicht aus (BGHZ 183, 269 = NZI 2010, 95). Die Anordnung nach § 21 Abs. 2 S. 1 Nr. 5 kann sich auch auf ein **Einziehungsverbot** für zur Sicherheit abgetretene **Forderungen** des Insolvenzschuldners erstrecken, kann also dem Sicherungszessionar das Verbot auferlegen, die Abtretung offenzulegen und Liquiditätsabflüsse im Insolvenzeröffnungsverfahren zu vermeiden. Außerdem eröffnet es dem Insolvenzverwalter die Möglichkeit, die Wirksamkeit der Zession nach Eröffnung des Insolvenzverfahrens zu prüfen und hierüber nicht unter großem Zeitdruck im Eilverfahren des Insolvenzeröffnungsverfahrens entscheiden zu müssen (ausf. dazu → § 21 Rn. 78 ff.).

VI. Sachverständigentätigkeit des vorläufigen Insolvenzverwalters

41 **1. Grundlagen.** Nach Absatz 1 Nr. 3 hat der vorläufige Insolvenzverwalter zu prüfen, ob das Vermögen des Schuldners die Kosten des Verfahrens decken wird. Zum Zwecke der Erfüllung seiner Pflichten, werden dem vorläufigen Insolvenzverwalter in **Absatz 3** besondere Rechte eingeräumt. Die Anordnung umfasst insbes. **Auskunfts- und Mitwirkungspflichten des Schuldners** gegenüber dem vorläufigen Insolvenzverwalter.

42 **2. Betreten und Durchsuchen der Geschäftsräume.** Absatz 3 konkretisiert den Gesetzvorbehalt des Art. 13 Abs. 2 GG. Das Recht, die **Geschäftsräume des Schuldners zu betreten** und dort Nachforschungen anzustellen, steht jedem vorläufigen Insolvenzverwalter zu, auch ohne dass dieses vom Insolvenzgericht besonders angeordnet worden wäre (BGH ZIP 2008, 476, dort auch für die Duldungspflicht von Mitbewohnern). Diese Befugnis fehlt dem isoliert beauftragten **Sachverständigen** und kann diesem auch nicht durch gerichtlichen Beschluss übertragen werden (BGHZ 158, 212 = NJW 2004, 2015; aA AG Duisburg NZI 2004, 388). Weigert sich der Schuldner, dem Sachverständigen Zutritt zu gewähren, so hat das Insolvenzgericht die vorläufige Insolvenzverwaltung anzuordnen, ggf. auch ohne die Anordnung weiterer Befugnisse iSv Absatz 2 oder einzelne Sicherungsmaßnahmen iSv § 21 Abs. 2. Der Beschluss über die Bestellung eines vorläufigen Insolvenzverwalters enthält wegen Absatz 3 die Durchsuchungsanordnung und ist zugleich **Vollstreckungstitel** iSd § 794 Abs. 1 Nr. 3 ZPO, weshalb die Vollstreckung des Betretungsrechts möglich ist (Uhlenbruck/*Vallender* InsO § 22 Rn. 284; HambK-InsO/*Schröder* § 22 Rn. 191).

43 Der Wortlaut des Absatz 3 berechtigt nur zum Betreten der **Geschäftsräume.** Für die Durchsuchung der **Privaträume** ist ein gesonderter richterlicher Durchsuchungsbeschluss erforderlich, für den das Insolvenzgericht (LG Duisburg NZI 1999, 328) zuständig ist. Anders, wenn in den Privaträumen des Schuldners zugleich der Geschäftsbetrieb geführt wird (Kübler/Prütting/Bork/*Pape* InsO § 22 Rn. 106; Nerlich/Römermann/*Mönning* § 22 Rn. 244; dagegen Uhlenbruck/*Vallender* InsO § 22 Rn. 284).

44 **3. Einsichtnahme in die Geschäftsunterlagen.** Der Schuldner und die in § 101 Abs. 1 genannten Personen haben dem vorläufigen Insolvenzverwalter die vollumfängliche Einsichtnahme in die Bücher und Geschäftspapiere des Schuldners zu gestatten. Eine **Herausgabepflicht** besteht indes nur gegenüber dem starken vorläufigen Insolvenzverwalter, auf den die Verwaltungs- undVerfügungsbefugnis übergegangen ist. **Geschäftspapiere** iSd Vorschrift sind nicht nur Buchhaltungs- und Kontenunterlagen, sondern sämtliche Unterlagen und Papiere mit Bezug auf den schuldnerischen Geschäftsbetrieb. Hierzu zählen insbes. Vertragsunterlagen, Finanzierungsunterlagen nebst darauf bezogenen Sicherheitenverträgen, auch soweit es sich um Drittsicherheiten handelt, Gesellschaftsverträge und Protokolle (arg. e §§ 217, 225a) sowie sämtliche sonstigen Unterlagen, derer der Insolvenzverwalter zur Erfüllung seines Auftrages der Sicherung und der Erhaltung und der Sachverhaltsermittlung bedarf.

45 Bei **elektronisch archivierten und erfassten Geschäftsunterlagen** erstreckt sich das Einsichtnahmerecht auf die Datenträger. Das gilt auch für unternehmensbezogenen E-Mail-Verkehr etc (Uhlenbruck/*Vallender* InsO § 22 Rn. 287; HambK-InsO/*Schröder* § 22 Rn. 194). Der Schuldner kann dem nicht entgegenhalten, dass sich unter den E-Mails auch **private E-Mails** befinden oder auf den Datenträgern auch private Dateien gespeichert sind. Soweit der Schuldner selbst in seinem Verantwortungsbereich eine Vermengung zwischen geschäftlichen und privaten Unterlagen herbeiführt, hat er in die potentielle Einsichtnahme durch

den vorläufigen Insolvenzverwalter eingewilligt. Auch muss der vorläufige Insolvenzverwalter dem Schuldner (oder Mitarbeitern, die private Daten gespeichert haben) keine Gelegenheit zur Entfernung der privaten Daten geben, da das Insolvenzeröffnungsverfahren ein Eilverfahren ist, und die Einsichtnahme und die Sicherung der schuldnerischen Unterlagen unverzüglich zu erfolgen hat. Der besonderen Besorgnis des Abhandenkommens oder der Verschleierung geschäftlicher Unterlagen bedarf es für die Verweigerung der Möglichkeit zur Löschung privater Daten nicht.

Dem vorläufigen Insolvenzverwalter stehen Einsichtnahmerechte in gerichtlich **beschlagnahmte Unterlagen** (nur) nach den strafprozessualen Regelungen zu (Uhlenbruck/*Vallender* InsO § 22 Rn. 288; HambK-InsO/*Schröder* § 22 Rn. 196). **46**

4. Auskunftspflicht. Der Schuldner ist nach **Absatz 3 Satz 3** dem vorläufigen Insolvenzverwalter zur umfassenden Auskunft verpflichtet. Auch die Auskunftspflicht erfasst alle zur Erfüllung der Aufgaben des vorläufigen Insolvenzverwalters erforderliche Informationen. Dabei beschränkt sich die Auskunftspflicht nicht auf eine wahrheitsgemäße Antwort, sondern ist auch **Offenbarungspflicht,** die den Schuldner bzw. seine Organe zur ungefragten Offenlegung aller verfahrensrelevanten Umstände verpflichtet. Gem. **Absatz 3 Satz 3, § 97 Abs. 1 S. 2** steht dem Insolvenzschuldner **kein Auskunftsverweigerungsrecht** nach dem nemo tenetur Grundsatz zu. Verfahrensrelevante Informationen sind auch dann zu erteilen, wenn sie geeignet sind, eine Verfolgung des Insolvenzschuldners oder seiner Organe wegen einer Straftat oder einer Ordnungswidrigkeit auszulösen. Geschützt ist der Schuldner durch das strafprozessuale Verwertungsverbot des § 97 Abs. 1 S. 3, das allerdings unzureichend ist, weil die Akten des Insolvenzgerichts der Staatsanwaltschaft ungeschwärzt übergeben werden und sich eine konkrete Verwertung der erteilten Informationen, die Einzug in das Gutachten des vorläufigen Insolvenzverwalters/Sachverständigen gehalten haben, kaum nachweisen lässt. **47**

Die **Auskunfts- und Offenbarungspflicht** (AG Erfurt ZInsO 2006, 1173; AG Oldenburg ZInsO 2001, 1170) erstreckt sich nicht nur auf die dem Schuldner verfügbaren Unterlagen. Dieser ist vielmehr auch zur **Informationsbeschaffung** verpflichtet, soweit diese ihm nicht vorliegen. Dies kann die Zulässigkeit einer dem Schuldner vom vorläufigen Insolvenzverwalter zu erteilenden Auflage einschließen, dem Verwalter über bestimmte Geschäftsvorfälle in regelmäßigen Abständen Bericht zu erstatten (LG Duisburg ZInsO 2001, 522; Uhlenbruck/*Vallender* InsO § 22 Rn. 290). Schließlich findet die Auskunfts- und Offenbarungspflicht des Insolvenzschuldners ihre Grenze auch nicht in gesetzlichen Verschwiegenheitspflichten zB des Rechtsanwalts, Steuerberaters oder Arztes. Auch solche **zur Berufsverschwiegenheit verpflichtete Insolvenzschuldner** sind zur Erteilung von Auskünften über Honorarforderungen und eingehende Patienten- bzw. Mandantengelder verpflichtet (BGH ZInsO 2004, 550). **48**

Wie im Rahmen seiner Auskunfts- und Mitwirkungspflicht ist der Insolvenzschuldner bzw. ist das Organ auch verpflichtet, Dritte von der **Verschwiegenheitspflicht** zu entbinden und diese anzuweisen, dem vorläufigen Insolvenzverwalter Auskunft zu erteilen, → **§ 20 Rn. 8**. Dies gilt namentlich für die Entbindung des Steuerberaters, des Rechtsanwalts, der Bank des Schuldners aber auch gegenüber zB der Finanzverwaltung. Hat der Insolvenzschuldner den Insolvenzantrag als **Eigenantrag** gestellt, so liegt bereits in der Antragsstellung die **konkludente Entbindung** Dritter von der Schweigeplicht (LG Köln NZI 2004, 671). Nach der Entbindung von der Schweigepflicht besteht eine umfassende Auskunftspflicht. Anders wegen der Beendigung des Mandates und der damit verbundenen Beendigung auch von Begleitpflichten nur, wenn der Insolvenzver- **49** walter sich die Auskünfte auch anderweitig beschaffen kann (vgl. BGH NJW 1997, 254).

50 **Dritte,** insbes. Steuerberater sind darüber hinaus zur **Herausgabe** schuldnerischer Unterlagen (§ 667 BGB) ebenso wie eigener vorläufiger und endgültiger Arbeitsergebnisse **gegenüber dem starken vorläufigen Insolvenzverwalter** (LG Cottbus DStRE 2002, 63; LG Berlin ZIP 2006, 962; LG Hannover DStR 2009, 1932) **und dem endgültigen Insolvenzverwalter** verpflichtet (vgl. LG Hannover NZI 2010, 119). Ein Zurückbehaltungsrecht wegen offener Honorarforderungen steht insbes. dem Steuerberater nicht zu.

51 Der **schwache vorläufige Insolvenzverwalter** ist vorbehaltlich einer gesonderten Anordnung des Insolvenzgerichts nach § 4 iVm § 142 ZPO (LG Köln NZI 2004, 671) auf die Geltendmachung des **Herausgabeanspruchs durch den Insolvenzschuldner** angewiesen, dem das Zurückbehaltungsrecht zB des Steuerberaters wegen nicht gezahlter Vergütung (noch) entgegengehalten werden kann.

52 Die **Eröffnung des Insolvenzverfahrens** führt automatisch zur Beendigung des Geschäftsbesorgungsvertrages zwischen dem Insolvenzschuldner und seinem **Steuerberater** (§ 116 iVm § 115 Abs. 1). Auf ein Zurückbehaltungsrecht nach §§ 273, 320 BGB kann sich der Steuerberater nur dann berufen, wenn der Insolvenzverwalter von seinem Wahlrecht nach § 103 Gebrauch macht und den Geschäftsbesorgungsvertrag mit dem Steuerberater aufrecht erhält, damit sämtliche vertragliche Rechte und Pflichten übernimmt, gleichzeitig aber die Honorarzahlung verweigert (BGH NJW 1989, 1216). Lehnt der Insolvenzverwalter die Vertragserfüllung ab, so steht dem Steuerberater auch **kein Zurückbehaltungsrecht** an den Arbeitsergebnissen zu, die Gegenleistung der geschuldeten und noch offenen Honorarforderungen sind (sog **Konnexität,** aA BGH NJW 1988, 2607; 1989, 1216; OLG Düsseldorf DStRE 2009, 1416). Das Konnexitätserfordernis des BGH ist **abzulehnen** (LG Cottbus DStRE 2002, 63; Gottwald InsR-HdB/*Gottwald* § 42 Rn. 51). Das Zurückbehaltungsrecht ist mangels ausdrücklicher Nennung in § 51 Nr. 2 **nicht insolvenzfest.** Die wesentliche Leistung des Steuerberaters besteht in der Erbringung der Dienstleistung selbst und nicht in der Überlassung der dokumentierten Arbeitsergebnisse in Papierform. Die charakteristische Leistung, die anders als zB bei einem Werklieferungsvertrag nicht in der Verschaffung von Besitz und Eigentum besteht, ist durch Schaffung der Arbeitsergebnisse bereits erbracht, weshalb die Annahme eines insolvenzfesten Zurückbehaltungsrechts des vorleistenden Steuerberaters eine nicht gerechtfertigte und insolvenzzweckwidrige Besserstellung gegenüber anderen vorleistenden Insolvenzgläubigern begründete.

53 **5. Verwendung der Informationen.** Der (vorläufige) Insolvenzverwalter darf die Auskunfts- und Mitwirkungspflichten des Schuldners nur einfordern und die gewonnenen Erkenntnisse ausschließlich verwenden iRd zu seiner Aufgabenerfüllung Notwendigen. Auch der vorläufige Insolvenzverwalter unterliegt hinsichtlich der von ihm gewonnenen Kenntnisse einer **Verschwiegenheitspflicht.** Insbes. darf er nicht verfahrensbeteiligen Dritten keine Auskünfte über die gewonnenen Erkenntnisse erteilen. Die Verschwiegenheitspflicht ist ausdrücklich nicht normiert, folgt aber ua aus der beschränkten Verfahrensöffentlichkeit nach § 74 Abs. 1 S. 2. Auch ist der vorläufige Insolvenzverwalter nicht berechtigt, an das Insolvenzgericht gerichtete Zwischenberichte aus dem Eröffnungsverfahren einzelnen Gläubigern zu Informationszwecken zur Verfügung zu stellen. Die Gläubigerinformation wird außerhalb der Bestellung eines vorläufigen Gläubigerausschusses nur durch § 156 im eröffneten Verfahren gewährleistet.

54 Wegen der sonstigen Mitwirkungspflichten des Insolvenzschuldners im Eröffnungsverfahren → § 20 Rn. 10 ff.

Verweigert der Insolvenzschuldner die Auskunft oder die Mitwirkung, verweist Absatz 3 Satz 3 für die **Durchsetzung** dieser Pflichten auf § 98. Das Spektrum der anzuordnenden **Zwangsmaßnahmen** reicht bis zur zwangsweisen Vorführung und Haft (ausf. s. § 98). 55

Bestellung eines vorläufigen Gläubigerausschusses[1]

22a (1) **Das Insolvenzgericht hat einen vorläufigen Gläubigerausschuss nach § 21 Absatz 2 Nummer 1a einzusetzen, wenn der Schuldner im vorangegangenen Geschäftsjahr mindestens zwei der drei nachstehenden Merkmale erfüllt hat:**

1. mindestens 6 000 000 Euro Bilanzsumme nach Abzug eines auf der Aktivseite ausgewiesenen Fehlbetrags im Sinne des § 268 Absatz 3 des Handelsgesetzbuchs;

2. mindestens 12 000 000 Euro Umsatzerlöse in den zwölf Monaten vor dem Abschlussstichtag;

3. im Jahresdurchschnitt mindestens fünfzig Arbeitnehmer.

(2) **Das Gericht soll auf Antrag des Schuldners, des vorläufigen Insolvenzverwalters oder eines Gläubigers einen vorläufigen Gläubigerausschuss nach § 21 Absatz 2 Nummer 1a einsetzen, wenn Personen benannt werden, die als Mitglieder des vorläufigen Gläubigerausschusses in Betracht kommen und dem Antrag Einverständniserklärungen der benannten Personen beigefügt werden.**

(3) **Ein vorläufiger Gläubigerausschuss ist nicht einzusetzen, wenn der Geschäftsbetrieb des Schuldners eingestellt ist, die Einsetzung des vorläufigen Gläubigerausschusses im Hinblick auf die zu erwartende Insolvenzmasse unverhältnismäßig ist oder die mit der Einsetzung verbundene Verzögerung zu einer nachteiligen Veränderung der Vermögenslage des Schuldners führt.**

(4) **Auf Aufforderung des Gerichts hat der Schuldner oder der vorläufige Insolvenzverwalter Personen zu benennen, die als Mitglieder des vorläufigen Gläubigerausschusses in Betracht kommen.**

Schrifttum: Balz/Landfermann, Die neuen Insolvenzgesetze, 2. Aufl. 1999; *Bichlmeier,* Die Verhinderung der Eigenverwaltung mittels einer Schutzschrift, DZWiR 2000, 62; *Fridgen,* Das ESUG – Abschluss der ersten Stufe der Insolvenzrechtsreform, GWR 2011, 535; *Frind,* Die Praxis fragt, „ESUG" antwortet nicht, ZInsO 2011, 2249; *Hölzle,* Die Sanierung von Unternehmen im Spiegel der Rechtsordnungen in Europa, KTS 2011, 291; *ders.,* Praxisleitfaden ESUG, 2012; *Obermüller,* Der Gläubigerausschuss nach dem „ESUG", ZInsO 2012, 18; *Preuß,* Reform der Insolvenzverwalterauswahl – verfassungs- und europarechtliche Rahmenbedingungen und justizorganisatorische Regelungsziele, ZIP 2011, 933; *Riggert,* Die Auswahl des Insolvenzverwalters – Gläubigerbeteiligung des Referentenentwurfs zur InsO (RefE-ESUG) aus Lieferantensicht, NZI 2011, 121; Runkel/Drees, Anwalts-HdB Insolvenzrecht, 2. Aufl. 2009; *Steinwachs,* Die Wahl des vorläufigen Insolvenzverwalters durch den (vorläufigen) Gläubigerausschuss nach dem „ESUG", ZInsO 2011, 410; *Vallender,* Gesetz zur weiteren Erleichterung der Sanierung von Unternehmen (ESUG) – Änderungen des Insolvenzeröffnungsverfahrens, MDR 2012, 61; *Wehdeking,* Behandlung „nachfolgender" Fremdanträge nach Eigenantrag des Schuldners und Antrag auf Anordnung der Eigenverwaltung, DZWiR 2005, 139; *Zuleger,* Was wollen Gläubiger?, NZI 2011, 136.

---

[1] § 22a eingef. mWv 1.3.2012 durch G v. 7.12.2011 (BGBl. I S. 2582); Abs. 1 Nr. 1 und 2 geänd. mWv 23.7.2015 durch G v. 17.7.2015 (BGBl. I S. 1245).

Übersicht

I. Gesetzgebungsverfahren und Kritik

1 Die Vorschrift geht auf das Gesetz zur weiteren Erleichterung der Sanierung von Unternehmen zurück (**ESUG**, BGBl. 2011 II I S. 2582). Sie soll die Einrichtung eines vorläufigen Gläubigerausschusses im Insolvenzeröffnungsverfahren gewährleisten, dem insbes. die Rechte aus § 56a (vgl. dort) zustehen. An der Praxistauglichkeit der Vorschrift wird massive Kritik geübt (*Vallender* MDR 2012, 61 [63]; *Frind* ZInsO 2011, 2249 [2254 ff.]; *Zuleger* NZI 2011, 136; *Riggert* NZI 2011, 121; *Hölzle* Praxisleitfaden ESUG § 22a Rn. 1 f.). Diese fokussiert sich inzwischen auf Missbrauchsgefahren bei der Besetzung vorläufiger Gläubigerausschüsse (vgl. *Hölzle* Praxisleitfaden ESUG §§ 56, 56a Rn. 52 ff.; „Die Kölner Insolvenzrichter" ZIP 2014, 2153), da ein nachhaltiger Wandel in der Praxis der Auswahl und Bestellung (vorläufiger) Insolvenz- und Sachwalter festgestellt ist.

2 Das **Antragsrecht** des Absatz 2 ist erst durch den Rechtsausschuss (BT-Drs. 17/7511, 7, 34) am Tage vor der Beschlussfassung durch den Bundestag am 27.10.2011 in den Gesetzentwurf gelangt. Die Folge sind erhebliche praktische Schwierigkeiten bei der Umsetzung, weil sich die Vorschrift nicht kohärent in das

System der übrigen Änderungen einfügt (ähnlich *Frind* ZInsO 2011, 2249; *Hölzle* Praxisleitfaden ESUG § 22a Rn. 9).

II. Regelungssystematik

1. Grundsatz. Der (vorläufige) Gläubigerausschuss ist ein selbstständiges gesetzliches Organ im Insolvenzverfahren, das unabhängig vom Insolvenzgericht, dem Insolvenzverwalter und auch von der Gläubigerversammlung ist (BGH NZI 2008, 306). Insbes. ist das Insolvenzgericht nicht zur Aufsicht befugt; dessen Rechte richten sich ausschließlich nach § 70. Da es für die Auswahl der Mitglieder des (vorläufigen) Gläubigerausschusses naturgemäß an einer § 56 Abs. 1 entsprechenden Pflicht zur Unabhängigkeit fehlt, die Ausschussmitglieder aber ausschließlich dem Gesamtwohl der Gläubiger verpflichtet sind und sich der Maßstab ihrer persönlichen Haftung daran orientiert (§ 71), folgt aus einer normativen Gesamtschau der §§ 67, 70, 71 eine **besondere Fürsorge- und Sorgfaltspflicht** des Insolvenzgerichts bei der Auswahl und Bestellung der Mitglieder des Gläubigerausschusses. 3

Das durch § 22a geschaffene hohe Maß an **Gläubigerautonomie** (AG Hamburg ZIP 2011, 2372, zu einem Altfall („Sietas") aber bereits in Anlehnung an die Gesetzesbegründung zum ESUG) stellt erhöhte Anforderungen an die Unabhängigkeit des vorgeschlagenen (vorläufigen) Insolvenzverwalters (vgl. AG Stendal ZIP 2012, 1875; *Schmidt/Hölzle* ZIP 2012, 2238). und an die Ausübung der gerichtlichen Aufsicht (AG Hamburg ZIP 2012, 339 – „Sietas II"). § 22a ist daher **restriktiv auszulegen**. 4

2. Unterscheidung von Gläubigerausschüssen. Außer der Regelung über den **endgültigen Gläubigerausschuss** im eröffneten Verfahren gemäß **§ 68** und dessen **vorläufige Einsetzung** durch das Gericht (**§ 67 Abs. 1;** Terminologie nach *Frind* ZInsO 2011, 2249 [2250]: **„Interimsausschuss"**) lässt das Gesetz seit dem ESUG die Einsetzung eines **vorläufigen Gläubigerausschusses im Eröffnungsverfahren (§§ 21 Abs. 2 Nr. 1a, 22a)** durch das Insolvenzgericht zu. Nur über die Einsetzung des endgültigen Gläubigerausschusses entscheiden die Gläubiger; die Einsetzung des vorläufigen und des Interimsausschusses obliegen allein dem gerichtlichen Ermessen (vgl. → § 67 Rn. 8). 5

Für den vorläufigen Gläubigerausschuss iSd § 21 Abs. 2 Nr. 1a ist zu differenzieren. §§ 21 Abs. 2 Nr. 1a, 22a unterscheiden zwischen Pflichtausschüssen und einem fakultativen Ausschuss. Die **Pflichtausschüsse** sind zu trennen in den **originären Pflichtauschuss** nach § 22a Abs. 1, der allein in Abhängigkeit von der Unternehmensgröße des Insolvenzschuldners, und dem **derivaten Pflichtausschuss,** der erst auf Antrag eines Verfahrensbeteiligten verpflichtend einzurichten ist (vgl. *Hölzle* Praxisleitfaden ESUG § 22a Rn. 5 ff.). Liegen die Voraussetzungen des § 22a für die Einsetzung eines Pflichtausschusses nicht vor, kann das Gericht in freiem Ermessen einen **fakultativen Ausschuss** allein auf Grundlage des § 21 Abs. 2 Nr. 1a einsetzen, → **Rn. 14**. 6

3. Originärer Pflichtausschuss (Absatz 1). Bei Erfüllung von zwei der drei in Absatz 1 genannten **Größenparameter** (→ Rn. **16 ff.**) ist die Einsetzung eines vorläufigen Gläubigerausschusses obligatorisch. Dem Insolvenzgericht ist **kein Entschließungsermessen** eingeräumt, solange nicht der mit der Einsetzung eines vorläufigen Gläubigerausschusses verbundene Zeit- und Kostenaufwand **unverhältnismäßig** erscheint (vgl. BT-Drs. 17/7511, 33). Die Bedeutung des Verhältnismäßigkeitsprinzips findet Ausdruck sowohl in der Festlegung der Größenklassen als auch in der Öffnungsklausel nach Absatz 3, → **Rn. 23 ff.** 7

8 **4. Derivativer Pflichtausschuss (Absatz 2). a) Zulässigkeit und Inhalt des Antrages.** Unabhängig von den Größenkriterien „soll" ein vorläufiger Gläubigerausschuss als derivativer Pflichtausschuss nach Absatz 2 eingerichtet werden, wenn der Schuldner, der vorläufige Insolvenzverwalter oder (irgend)ein Gläubiger dies beantragen oder in Gestalt einer Schutzschrift (vgl. insoweit bereits zur alten Rechtslage *Bichlmeier* DZWiR 2000, 62 ff.; *Wehdeking* DZWiR 2005, 139 [140]; Uhlenbruck/*Zipperer* § 270 Rn. 39) bereits vor Antragstellung beantragt haben. Es handelt sich um eine gebundene Entscheidung; dem Insolvenzgericht steht unbeschadet der in § 22a selbst enthaltenen Öffnungsklauseln ebenfalls **kein Entschließungsermessen** zu.

9 Der **Antrag** nach Absatz 2 ist **zulässig,** wenn er von einer dort genannten antragsberechtigten Person (Schuldner, vorläufiger Insolvenzverwalter, Gläubiger) gestellt wird. Der antragstellende Gläubiger muss seine Gläubigerstellung glaubhaft machen, woran allerdings keine zu hohen Anforderungen zu stellen sind.

10 In dem Antrag müssen geeignete Gläubigerausschussmitglieder in ausreichender Anzahl und differenziert nach den für die Besetzung geltenden Regeln (vgl. § 67) benannt und deren Einverständniserklärungen betreffend die Übernahme des Amtes sogleich beigefügt werden, → Rn. 42 ff. (AG Hamburg ZIP 2013, 1135). Der Antragsteller muss deshalb regelmäßig fünf Mitglieder (AG Ludwigshafen ZIP 2012, 2310), aus Gründen der Verfahrenseffizienz grds. aber auch nicht mehr, vorschlagen: je einen Repräsentanten der Absonderungsberechtigten, der ungesicherten Gläubiger, der öffentlich-rechtlichen Gläubiger, der Arbeitnehmer und zur Vermeidung von Stimmpatt-Situationen einen weiteren, frei gewählten Gläubigervertreter.

Es besteht **keine Bindung des Gerichts** an die Vorschläge des Antragstellers (Wortlaut: „in Betracht kommen"; für § 22a Abs. 4 vgl. BT-Drs. 17/5712, 25). Dem Gericht steht es in Ausübung seines Auswahlermessens und in Wahrnehmung seiner gehobenen Fürsorgepflicht (→ Rn. **3**) frei, andere als die benannten Personen zu bestellen. Dies darf nicht mit dem Ziel geschehen, die Einstimmigkeit der Verwalterwahl zu unterminieren (*Hölzle* Praxisleitfaden ESUG §§ 56, 56a Rn. 52 ff.). Zur Auswahl dient das qualifizierte Gläubigerverzeichnis nach § 13 Abs. 1. Ändert das Gericht die Zusammensetzung eines bei Antragstellung vorkonstituierten vorläufigen Gläubigerausschusses, wird ein bereits gemachter Verwaltervorschlag obsolet.

11 Der Antrag ist **unzulässig,** da insolvenzzweckwidrig, wenn er offenkundig der **Verfolgung verfahrensfremder Ziele** dient. Das ist der Fall, wenn der Gläubiger mit seinem Antrag erkennbar vorrangig, wenn auch nicht notwendigerweise ausschließlich Individualinteressen verfolgt.

12 **b) Rechtsfolge eines zulässigen Antrages.** Liegen die Voraussetzungen des Absatz 2 vor, ist der Schuldner nach § 13 Abs. 1 S. 5 Nr. 3 verpflichtet, seinem Insolvenzantrag ein **qualifiziertes Gläubigerverzeichnis** beizufügen. Fehlt das qualifzierte Gläubigerverzeichnis, ist der Eigenantrag des Schuldners unzulässig (LG Potsdam ZInsO 2013, 2501; AG Mannheim ZIP 2014, 484). Auf die **Kenntnis** des Schuldners von dem Antrag nach Absatz 2 kommt es nicht an. Insbes. für antragsverpflichtete Schuldner (§ 15a), die ihre straf- und haftungsbewährte Antragspflicht mit einem unzulässigen Antrag nicht erfüllen können, ist dieses Ergebnis rechtsstaatlich unhaltbar.

13 In Fällen einer bei Verfahrenseinleitung bereits bekannten Pflicht zur Einsetzung eines derivativen Pflichtausschusses muss dem Schuldner, der das **qualifizierte Gläubigerverzeichnis** nicht bereits iRd „Soll-Verpflichtung" eingereicht hat, eine kurz bemessene **Frist** (**3 Werktage,** AG München ZIP 2012, 789, dazu *Hölzle* EWiR 2012, 465 gesetzt werden, die Angaben nachzuholen (ebenso *Frind* ZInsO 2011, 2249 [2252]). Kommt der Schuldner seiner Obliegenheit zur Nach-

holung der geschuldeten Angaben nicht nach, wird der Insolvenzantrag nachträglich unzulässig (aA *Obermüller* ZInsO 2012, 18 [21]). Das Insolvenzgericht bedarf der Informationen aus dem qualifizierten Gläubigerverzeichnis zur Überprüfung der Besetzungsvorschläge und gegebenenfalls zur Neuvornahme der Auswahl.

5. Fakultativer vorläufiger Gläubigerausschuss (§ 21 Abs. 2 Nr. 1a). Unabhängig von § 22a kann das Gericht in Ausübung des ihm nach § 21 eingeräumten freien Ermessens zum Erhalt und zur Sicherung des schuldnerischen Vermögens jederzeit einen fakultativen vorläufigen Gläubigerausschuss einsetzen (→ § 21 Rn. 62), soweit dies erforderlich und geboten erscheint. Dies kann auf Anregung des vorläufigen Insolvenzverwalters geschehen, zB wenn bereits im Eröffnungsverfahren wesentliche Entscheidungen (Veräußerung des Geschäftsbetriebes) getroffen werden müssen. 14

Ist die Einsetzung eines Gläubigerausschusses iSd Absatz 3 **unverhältnismäßig**, so ist auch die Einsetzung eines **fakultativen vorläufigen Gläubigerausschusses unzulässig,** da Absatz 3 wegen der Geltung des der Tatbestandsalternative der Unverhältnismäßigkeit zugrundeliegenden übergeordneten Effizienzprinzips für jede Art von vorläufigen Gläubigerausschüssen gilt. 15

III. Größenklassen (Absatz 1)

1. Vorbemerkung. Die Feststellung, ob der Schuldner die für einen originären Pflichtausschuss erhebliche Schwelle nach Absatz 1 überschreitet, richtet sich nach den Verhältnissen des dem Jahr der Insolvenzantragstellung vorangegangenen Geschäftsjahres. Abzustellen ist auf die drei Größen „**Bilanzsumme** abzüglich eines auf der Aktivseite ausgewiesenen Fehlbetrages nach § 268 Abs. 3 HGB" **(Nr. 1)**, „**Umsatzerlöse** in den letzten 12 Monaten vor dem Abschlussstichtag" **(Nr. 2)** und „**Zahl der Arbeitnehmer** im Jahresdurchschnitt größer 50" **(Nr. 3).** Sobald zwei dieser drei Kriterien vorliegen, ist unbeschadet der Öffnungsklauseln des Absatz 3 ein originärer Pflichtausschuss einzusetzen. 16

2. Bilanzsumme (Nr. 1). Maßgeblich ist die Bilanzsumme abzüglich eines auf der Aktivseite ausgewiesenen Fehlbetrages nach § 268 Abs. 3 HGB. Auch bei Unternehmen mit ordnungsmäßig geführter Buchführung und ordnungsmäßiger Bilanzierung liegt bei Insolvenzantragstellung – je nach zeitlichem Fortschritt des Wirtschaftsjahres – häufig der Jahresabschluss auf den dem Jahr des Insolvenzantrages vorangegangenen Abschlussstichtag noch nicht vor. In diesem Fall ist die Bilanzsumme unter Fortschreibung der letzten vorliegenden Bilanz **zu schätzen**, wobei die Grundlagen der Schätzung zu begründen und nötigenfalls zu erläutern sind (AG Essen ZInsO 2015, 754; *Hölzle* Praxisleitfaden ESUG § 22a Rn. 14; HK-InsO/*Linker* § 13 Rn. 29; ähnlich *Obermüller* ZInsO 2012, 18 [19]). Die Schätzungsbefugnis folgt aus der Gesetzesbegründung zum notwendigen Inhalt des qualifizierten Gläubigerverzeichnisses nach § 13 Abs. 1 (BT-Drs. 17/5712, 23), wo sie für § 13 Abs. 1 ausdrücklich genannt ist. Die Obliegenheiten nach § 13 Abs. 1 und nach § 22a Abs. 1 folgen demselben Zweck: Beide Vorschriften dienen der Feststellung, ob die Einsetzung eines vorläufigen Gläubigerausschusses geboten, und wie dieser ordnungsmäßig zu besetzen ist. 17

3. Umsatzerlöse (Nr. 2). Die Umsatzerlöse der letzten zwölf Monate vor dem Abschlussstichtag, der dem Insolvenzantrag vorausgeht, sind aus der schuldnerischen Buchhaltung (Summen- und Saldenlisten) unschwer zu ermitteln. Der in Absatz 1 Nr. 2 genannte Zeitraum ist als **Referenzzeitraum untauglich**. Durch das Abstellen auf die letzten 12 Monate vor dem Abschlussstichtag, der dem Insolvenzantrag vorausgeht, bleibt das für die Durchführung des Verfahrens 18 repräsentativste Wirtschaftsjahr der Insolvenzantragstellung und bleiben seit dem letzten Abschlussstichtag bereits eingeleitete und umgesetzte Restrukturierungsmaßnahmen und Geschäftsentwicklungen unberücksichtigt.

19 Kehrseite der Schätzungsbefugnis (→ Rn. **17**) iRd Absatz 1 Nr. 1 ist die **Pflicht zur Fortschreibung der Buchhaltung** und Ermittlung der Umsatzerlöse für den Referenzzeitraum der letzten **12 Monate vor dem Insolvenzantrag.** Die über den Wortlaut hinausgehende Aktualisierungspflicht ist durch Absatz 3 gerechtfertigt, wonach das Insolvenzgericht zu prüfen hat, ob die Einsetzung eines vorläufigen Gläubigerausschusses im Hinblick auf die zu erwartende Insolvenzmasse „unverhältnismäßig" ist. Das aber ist nur anhand aktueller Zahlen möglich, nicht anhand der Werte des abgelaufenen Jahres (ebenso *Hölzle* Praxisleitfaden ESUG § 22a Rn. 14).

20 **4. Arbeitnehmerzahl (Nr. 3).** Die Ermittlung der Zahl der Arbeitnehmer erfolgt analog **§ 23 Abs. 1 S. 4 KSchG,** der eine Umrechnung von Teilzeitkräften auf volle Stellen vorsieht. Die von der Finanzverwaltung für § 13a Abs. 1 ErbStG bevorzugte Berechnungsmethode nach Köpfen (vgl. gleichlautender Erlass der Länder, BStBl. I 2009 S. 713 ff.) kann auf Absatz 1 Nr. 3 nicht übertragen werden, da die vom Rechtsausschuss noch deutlich angehobenen Größenkriterien Ausprägung des Effizienzgebots sind und Unternehmen unterhalb der genannten Größenkriterien aus der obligatorischen Einsetzung vorläufiger Gläubigerausschüsse gerade auszuklammern sind. Dem widerspräche eine nicht wirtschaftliche sondern undifferenziert nach Köpfen vorgenommene Betrachtung.

21 **5. Keine Ermittlungsobliegenheit des Insolvenzgerichts.** Die Angaben nach Absatz 1 sind **nur für den Eigenantrag** des Schuldners, nicht auch für den Fremdantrag des Gläubigers obligatorisch. Der Gläubiger ist in der Regel tatsächlich oder aus Rechtsgründen (§ 30 AO, Bankgeheimnis) nicht in der Lage, entsprechende Angaben zu machen. Dem Insolvenzgericht ist es dann anhand der Antragsunterlagen unmöglich, eine Entscheidung nach §§ 21 Abs. 2 Nr. 1a, 22a Abs. 1 zu treffen. Es besteht **keine Verpflichtung** des Insolvenzgerichts zur **Aufklärung der Größenverhältnisse** des schuldnerischen Unternehmens, zur Anhörung des Schuldners oder Bestellung eines Sachverständigen (ebenso *Obermüller* ZInsO 2012, 18 [19]; *Hölzle* Praxisleitfaden ESUG § 22a Rn. 16; aA *Frind* ZInsO 2011, 2249 [2253]). Wegen der fehlenden Pflicht zur Anhörung des Schuldners folgt dies daraus, dass der Schuldner vor Zulassung des Antrages noch nicht nach § 20 mitwirkungs- und auskunftsverpflichtet ist. Sobald das Gericht den Antrag aber zulässt, tritt der **Eilcharakter** des Insolvenzeröffnungsverfahrens in den Vordergrund (→ § 21 Rn. 1). Das Insolvenzgericht muss Entscheidungen im Insolvenzeröffnungsverfahren auf Grundlage der ihm bekannten Informationen treffen und kann nicht wegen der Ungewissheit, ob bei der Auswahl der Person des vorläufigen Insolvenzverwalters ein vorläufiger Gläubigerausschuss zu beteiligen sein könnte, zunächst die nötigen Informationen zu den Größenklassen einholen.

22 Erlangt das Gericht **spätere Kenntnis** davon, dass zwei der drei Merkmale des Absatz 1 erfüllt sind, hat es zu jedem Zeitpunkt im laufenden Insolvenzeröffnungsverfahren einen originären vorläufigen Pflichtausschuss einzusetzen.

IV. Öffnungsklauseln (Absatz 3)

23 **1. Vorbemerkung.** Absatz 1 folgt dem **Effizienzprinzip** und legt einen typisierten Maßstab zugrunde. Die Gesetzesbegründung geht davon aus, dass die Einsetzung eines vorläufigen Gläubigerausschusses nicht sinnvoll ist, wenn diese Maßnahme im Hinblick auf das geringe Restvermögen des Schuldners einen **unverhältnismäßigen Aufwand** an Zeit und Kosten verursacht, wenn die mit

ihr verbundene Verzögerung zu einer Verminderung des Vermögens des Schuldners führen würde oder der Geschäftsbetrieb des Schuldners bereits eingestellt ist (BT-Drs. 17/5712, 25). Die Anwendung des Absatz 3 ist **obligatorisch.** Liegen die Voraussetzungen eines Öffnungstatbestandes vor, ist die Einsetzung eines vorläufigen Gläubigerausschusses, gleich auf welcher Rechtsgrundlage, unzulässig.

2. Eingestellter Geschäftsbetrieb. Ist der Geschäftsbetrieb des Schuldners bereits vollständig eingestellt, ist die Unterstützung des vorläufigen Insolvenzverwalters durch einen vorläufigen Gläubigerausschuss entbehrlich (BT-Drs. 17/5712, 25) und die Einsetzung eines Ausschusses unzulässig (AG Hamburg ZIP 2013, 1135). **24**

Geschäftsbetrieb iSd Absatz 3 ist in Anlehnung an § 3 Abs. 1 S. 2 die **wirtschaftliche und werbende Tätigkeit** des Schuldners (*Frind* ZInsO 2011, 2249 [2254]). Die Einstellung des Geschäftsbetriebes setzt keinen förmlichen Einstellungsbeschluss voraus. Entscheidend sind allein die tatsächlichen Verhältnisse und die aktiv werbende Tätigkeit am Markt. Reine **Liquidationsmaßnahmen** sind davon ausgenommen (OLG Düsseldorf NZI 2000, 601; OLG Schleswig NZI 2004, 264; OLG Karlsruhe ZIP 2005, 1475), weshalb auch im Stadium der Ausproduktion oder Restverwertung ein „eingestellter Geschäftsbetrieb" vorliegt. **25**

Nur ein **bei Antragstellung bereits eingestellter Geschäftsbetrieb** wird von Absatz 3 Alt. 1 erfasst. Ist der Geschäftsbetrieb bei Antragstellung noch werbend tätig, wird dieser jedoch während des Eröffnungsverfahrens eingestellt, so verbleibt es bei der Einsetzung eines Pflichtausschusses (aA AG Hamburg ZIP 2013, 1391), ist dieser aber mit der Einstellung des Geschäftsbetriebes zu entpflichten, also aufzulösen (*Vallender* MDR 2012, 61 [63]; *Frind* ZInsO 2011, 2249 [2254]). Die Fortsetzung kann nur als fakultativer Ausschuss nach § 21 Abs. 2 Nr. 1a durch gesonderten Beschluss erfolgen, da Absatz 3 in dieser Tatbestandsalternative einen fakultativen Ausschuss nicht sperrt (→ Rn. **15**). **26**

3. Unverhältnismäßigkeit. a) Maßstab. Absatz 3 Alt. 2 verlangt eine besondere auf den konkreten **Einzelfall bezogene Unverhältnismäßigkeit** am Referenzmaßstab der zu erwartenden Insolvenzmasse. Zu erwartende Insolvenzmasse ist die freie Masse **(prospektiertes Insolvenzergebnis),** als derjenige nicht mit Aus- und Absonderungsrechten belastete Teil der Insolvenzmasse nach Abzug der Verfahrenskosten im Rang des § 54 (ebenso *Frind* ZInsO 2011, 2249 [2254]; *Hölzle* Praxisleitfaden ESUG § 22a Rn. 23 ff.). Nur dieser Teil der Masse steht zur Befriedigung der einfachen, ungesicherten Insolvenzgläubiger im Rang des § 38 InsO und zur Deckung der Kosten eines vorläufigen Gläubigerausschusses zur Verfügung. **27**

Die zu erwartenden **Kosten des vorläufigen Gläubigerausschusses** sind vom Gericht zu schätzen und zu dem prospektierten Insolvenzergebnis in Relation zu setzen. Dabei sind sämtliche Aufgaben des vorläufigen Gläubigerausschusses, nicht nur die Mitwirkung bei der Bestellung des vorläufigen Insolvenzverwalters zu berücksichtigen, wobei davon auszugehen ist, dass der vorläufige Ausschuss im Eröffnungsverfahren sehr viel häufiger tagt, als im eröffneten Verfahren (*Frind* ZInsO 2011, 2249 [2255]). Die Abgeltungswirkung des Pauschalbetrages für die Vergütung von vorläufigen Gläubigerausschussmitgliedern in Höhe von 300 EUR nach § 17 Abs. 2 S. 1 InsVV bezieht sich nur auf die Bestimmung der Person des Verwalters; daneben bleiben die **üblichen Stundensätze** (regelmäßige Höchstsatzgrenze 95 EUR/Std.) bestehen. Einzubeziehen sind weiterhin die Kosten einer angemessenen Vermögensschadenhaftpflichtversicherung für die Mitglieder des vorläufigen Gläubigerausschusses, da die Mitglieder ohne den Abschluss einer solchen ihre Entpflichtung verlangen können (BGH ZIP 2012, 876), und die dem vorläufigen Insolvenzverwalter auf dessen Vergütung zu gewährenden Zuschläge **28** für die (regelmäßige) Organisation der Tätigkeit des vorläufigen Gläubigerausschusses und die Abstimmung mit diesem.

29 Eine **Verhältnismäßigkeitsgrenze** nennt das Gesetz nicht. Statt unmittelbar auf das Verhältnis der Kosten des vorläufigen Gläubigerausschusses zum prospektierten Insolvenzergebnis abzustellen (vgl. *Frind* ZInsO 2011, 2249 [2255]: 5 %; AG Ludwigshafen ZIP 2012, 2310: 7 %), ist unter Berücksichtigung des mit Absatz 3 verfolgten Effizienzgedankens auf die bei Einrichtung eines vorläufigen Gläubigerausschusses zu erwartende **Quotenverschlechterung** für die Insolvenzgläubiger (§ 38) abzustellen. Bei niedrigen Quotenerwartungen bis 10 % ist eine Verschlechterung um 0,5 % bereits unverhältnismäßig; bei höheren Quoten von 10,01 % bis 25 % ist eine Quotenverschlechterung um mehr als 1 %, bei Quoten von 25,01 % bis 50 % eine Verschlechterung von 2,5 % und bei Quotenerwartungen > 50 % eine Quotenverschlechterung von mehr als 5 % nicht verhältnismäßig.

30 **b) Feststellung.** Das Insolvenzgericht ist regelmäßig nicht in der Lage, die Verhältnismäßigkeit auf Grundlage der Antragsunterlagen zu prüfen. Das vom Schuldner obligatorisch vorzulegende qualifizierte Gläubigerverzeichnis (§ 13 Abs. 1 S. 3 ff.) enthält zum Restvermögen des Schuldners (BT-Drs. 17/5712, 25) keine Angaben. Die Vorlage eines Vermögensverzeichnisses ist nicht obligatorisch. **Das Insolvenzgericht** kann in der Mehrzahl der Fälle nicht beurteilen, ob der Aufwand an Zeit und Kosten in einem vertretbaren Verhältnis zu den Zielen steht (vgl. BT-Drs. 17/5712, 25; vgl. wie hier auch *Hölzle* Praxisleitfaden ESUG § 22a Rn. 26 ff.).

31 Das **Insolvenzgericht ist nicht zur Amtsermittlung verpflichtet.** Der Amtsermittlungsgrundsatz (§ 5 Abs. 1) greift bei der Feststellung der Verhältnismäßigkeitsschwelle nicht. Die Amtsermittlung dient der beschleunigten Abwicklung des Verfahrens (Jaeger/*Gerhardt* § 5 Rn. 2) und findet deshalb dort ihre Grenzen, wo sie zu einer Verfahrensverzögerung führte, weil dem Gericht keine erleichterten oder vereinfachten Mittel zur Feststellung der für die verfahrensleitenden Maßnahmen erforderlichen Umstände vorliegen. Angaben zum Restvermögen zu machen ist nur der Schuldner in der Lage. Daraus folgt für die Anwendung der Öffnungsklauseln des Absatz 3 ein **Vorrang des Beibringungsgrundsatzes** vor dem Amtsermittlungsgrundsatz. Die Einsetzung eines vorläufigen Gläubigerausschusses hat damit als unverhältnismäßig zu gelten, solange dem Gericht nicht die gegenteilige Feststellung möglich ist.

32 **4. Nachteilige Veränderung der Vermögenslage durch Verzögerung. a) Grundsatz.** Die größte praktische Bedeutung kommt Absatz 3 Alt. 3 zu. Danach hat das Insolvenzgericht von der Einsetzung eines vorläufigen Pflichtausschusses abzusehen, wenn die mit der Einsetzung verbundene **zeitliche Verzögerung zu einer nachteiligen Veränderung der Vermögenslage** des Schuldners führt. Der Gesetzgeber geht davon aus, dass eine die Vermögenslage des Schuldners beeinträchtigende zeitliche Verzögerung regelmäßig nicht zu befürchten sei, wenn der Schuldner einen Eigenantrag gestellt und die Angaben nach § 13 Abs. 1 pflichtgemäß gemacht hat, weil es dem Gericht dann ein Leichtes sei, aus den Angaben die geeigneten Gläubiger zu identifizieren und einzusetzen (vgl. BT-Drs. 17/5712, 25). Dies übersieht, dass **Verlustfortführungen** in der Zeit der Antragsphase in aller Regel bei jeder auch noch so kleinen Verzögerung zu einer nachträglichen Veränderung der Vermögenslage führen (ähnlich *Vallender* MDR 2012, 61 [63]; *Riggert* NZI 2011, 121 [123]; *Frind* ZInsO 2011, 1473 [1480]).

33 Für die Anwendung des Absatz 3 Alt. 3 ist danach zu differenzieren, ob ein **Eigen- oder ein Fremdantrag** vorliegt (*Hölzle* Praxisleitfaden ESUG § 22a Rn. 20 f.):

b) Fremdantrag. Einem Fremdantrag kann ein vollständiges und qualifiziertes Gläubigerverzeichnis iSd § 13 Abs. 1 nicht beigefügt werden. Auch wenn der Gläubiger übernahmebereite Mitglieder eines möglichen vorläufigen Gläubigerausschusses benennt und deren Einverständniserklärungen beifügt, hat das Gericht das ihm eingeräumte Auswahlermessen pflichtgemäßen auszuüben (MüKoInsO/*Schmid-Burgk* § 67 Rn. 10) und nur einen repräsentativen, die Gesamtinteressen aller Gläubiger angemessen repräsentierenden Gläubigerausschuss einzusetzen, der nicht zu einer Dominanz allein der Geld- und Warenkreditgeber führt (vgl. RegBegr. InsO, BT-Drs. 12/2443, in Balz/Landfermann, Die neuen Insolvenzgesetze, S. 282; Kübler/Prütting/Bork/*Prütting* § 67 Rn. 2 ff.). **Fehlt dem Gericht die Informationsgrundlage,** sich einen Überblick über die (vollständigen) Verhältnisse des schuldnerischen Unternehmens und die Gesamtheit der Gläubiger sowie ihre Einteilung in Gläubigergruppen zu verschaffen, ist die Einsetzung eines vorläufigen Gläubigerausschusses auch bei konkretem Vorschlag durch den antragstellenden Gläubiger regelmäßig unzulässig (*Hölzle* Praxisleitfaden ESUG § 22a Rn. 21). Das Gericht bestellt den vorläufigen Insolvenzverwalter vor der ggf. späteren Einsetzung eines vorläufigen Gläubigerausschusses (*Frind* ZInsO 2011, 757; *Preuß* ZIP 2011, 933 [940]). Ein nachträglich eingesetzter vorläufiger Gläubigerausschuss ist auf die Rechte aus § 56a Abs. 3 zu verweisen (ähnlich *Vallender* MDR 2012, 61 [63]). 34

c) Eigenantrag. Hat der Schuldner einen Eigenantrag gestellt, werden die **Größenkriterien erreicht** und hat der Schuldner die Angaben nach § 13 Abs. 1 ordnungsmäßig gemacht, ist das **Gericht verpflichtet,** die Gläubiger, deren Übernahmebereitschaft nicht grds. oder im konkreten Fall bereits angezeigt ist, anzuhören. Allein diese Aufgabe, Feststellung der in Betracht kommenden Gläubiger, Ermittlung von Ansprechpartner, der Rufnummer, Versuch den Ansprechpartner zu erreichen, Erläuterung der Funktion des vorläufigen Gläubigerausschusses, Abstimmung der Bereitschaft und Anhalten, eine entsprechende schriftliche Zusage zu übermitteln, werden vom Gericht regelmäßig nicht, nicht jedoch in der zur Verfügung stehenden Zeit geleistet werden können (*Hölzle* Praxisleitfaden ESUG § 22a Rn. 22). In Fällen **nicht eingestellter Geschäftsbetriebe** ist der Geschäftsführung, den Kunden und den Arbeitnehmern an einer raschen Entscheidung des Gerichts gelegen und hat auch das Gericht bereits aus Haftungsgründen ein Eigeninteresse daran, schnellstmöglich Sicherungsmaßnahmen zu treffen (*Vallender* MDR 2012, 61 [63]). Auch ein ordnungsmäßiger Eigenantrag kann daher regelmäßig den Eintritt zeitlicher Verzögerungen iSd Absatz 3 Alt. 3 nicht verhindern (ähnlich *Steinwachs* ZInsO 2011, 410 f.; *Riggert* NZI 2011, 121; *Zuleger* NZI 2011, 136). 35

In Anlehnung an den Rechtsgedanken des Abs. 4 kann ein vorläufiger Gläubigerausschuss regelmäßig auch bei einem Eigenantrag nur dann zeitgleich mit der Bestellung des vorläufigen Insolvenz- oder Sachwalters eingesetzt werden, wenn der vorläufige Gläubigerausschuss vom Schuldner vorbereitet und vorkonstituiert ist (ähnlich *Vallender* MDR 2012, 61 [63]). Das Gericht hat zur **Vermeidung von Missbräuchen** größte Sorgfalt auf die Überprüfung der vom Schuldner ausgewählten Gläubigerausschussmitglieder zu verwenden (→ Rn. 3). An die **Vorschläge des Schuldners ist das Gericht nicht gebunden** (Uhlenbruck/*Knof* InsO § 67 Rn. 18; MüKoInsO/*Schmidt-Burgk* § 67 Rn. 10). Fehlen Indizien für einen Missbrauch und bilden die vorgeschlagenen Mitglieder einen repräsentativen Querschnitt durch die Gläubigergemeinschaft, ist es dem Gericht untersagt, unter Hinweis auf die beabsichtigte Auswahl anderer oder zusätzlicher Gläubigerausschussmitglieder eine Verfahrensverzögerung iSd Absatz 3 Alt. 3 anzunehmen und die Einsetzung eines vorläufigen Gläubigerausschusses zu versagen (*Hölzle* Praxisleitfaden ESUG § 22a Rn. 22 aE). 36

V. Zeitpunkt der Einsetzung des Pflichtausschusses

37 **1. Grundsatz.** Absatz 3 Alt. 3 regelt nur den Fall der zeitlichen Verzögerung durch die Einsetzung des vorläufigen Gläubigerausschusses. Davon zu unterscheiden ist eine **zeitliche Verzögerung nach Einsetzung des Ausschusses** durch Aufnahme der Amtsgeschäfte durch den vorläufigen Gläubigerausschuss. Selbst wenn die Voraussetzungen für die Einsetzung eines originären oder derivativen vorläufigen Pflichtausschusses vorliegen und keine der Öffnungsklauseln des Absatz 3 InsO greift, ist aus den zu Absatz 3 Alt. 3 (soeben → Rn. 35) genannten Gründen regelmäßig nur die zeitgleiche Einsetzung eines vorläufigen Gläubigerausschusses mit der Bestellung eines vorläufigen Insolvenzverwalters möglich (vgl. *Hölzle* Praxisleitfaden ESUG § 22a Rn. 29 ff.). Dem vorläufigen Gläubigerausschuss stehen die Rechte aus § 56a Abs. 3 zu.

38 Die **Bestellung des vorläufigen Insolvenzverwalters erst nach Anhörung** des vorläufigen Gläubigerausschusses bildet daher den **Ausnahmefall** und ist nur unter folgenden **Voraussetzungen** möglich: Der designierte vorläufige Gläubigerausschuss muss sich (1.) bereits vor Antragstellung vorsorglich konstituiert haben, (2.) müssen die Mitglieder iSd § 67 Abs. 2 repräsentativ ausgewählt sein und (3.) muss der Ausschuss einstimmig (§ 56a Abs. 1, vgl. dort) einen geeigneten Verwalterkandidaten (unzutreffend AG Stendal ZIP 2012, 1875, da der Gläubigerausschuss auf die Unabhängigkeit des Verwalterkandidaten einstimmig verzichten kann, vgl. *Schmidt/Hölzle* ZIP 2012, 2238) benannt haben. Jedes designierte Gläubigerausschussmitglied muss überdies zu einer persönlichen Anhörung durch das Insolvenzgericht zur Verfügung stehen (vgl. AG Hamburg ZIP 2011, 2372) und die tragenden Gründe der Entscheidung darlegen können (*Schmidt/Hölzle* ZIP 2012, 2238). In diesem Fall besteht eine grundsätzliche **Bindung des Insolvenzgerichts** aus §§ 21 Abs. 2 Nr. 1, 56a Abs. 2, wenn nicht das Gericht den Ausschuss ermessensfehlerfrei abweichend besetzt und dadurch das mitgeteilte Ergebnis der Vorberatung relativiert (das dürfte aber nur in Ausnahmefällen möglich sein; ähnlich *Vallender* MDR 2012, 61 [63]).

39 **2. Auflage nach Absatz 4.** Das Gericht kann nach Absatz 4 den Schuldner oder den vorläufigen Insolvenzverwalter auffordern, geeignete Mitglieder zur Besetzung des vorläufigen Gläubigerausschusses zu benennen. Es gilt, wie für Abs. 3 (→ Rn. 35 f.), der **Beibringungsgrundsatz.** Eine Pflicht zur Einsetzung eines obligatorischen vorläufigen Gläubigerausschusses besteht solange nicht, wie die gerichtliche Auflage materiell unerfüllt bleibt und das Gericht nicht auf andere Weise in die Lage versetzt wird, eine ermessengerechte Entscheidung zu treffen (*Hölzle* Praxisleitfaden ESUG § 22a Rn. 41).

40 Absatz 4 verpflichtet den Adressaten der Aufforderung, nur solche Personen zu benennen, die als Mitglieder „in Betracht" kommen. Die Aufforderung nach Absatz 4 begründet daher die Pflicht zur qualifizierten Benennung vorläufiger Gläubigerausschussmitglieder, die sich hinsichtlich der Auswahl und der Zusammensetzung an §§ 21 Abs. 2 Nr. 1a, 67 Abs. 2 zu orientieren hat. Darüber hinaus müssen der Benennung durch den Schuldner oder den vorläufigen Insolvenzverwalter sogleich **schriftliche Erklärungen zur Übernahmebereitschaft** nach dem Vorbild des Absatz 2 (→ Rn. **9**) beigefügt werden (*Hölzle* Praxisleitfaden ESUG § 22a Rn. 39).

41 Missachtet der Schuldner die gerichtliche Auflage und verhindert er dadurch eine angemessene und frühzeitige Beteiligung der Gläubiger, begründet dies ein von Amts wegen zu beachtendes Verhalten des Schuldners, das **Nachteile für die Gläubiger** iSd § 270 Abs. 2 Nr. 2 erwarten lässt und damit der Anordnung der Eigenverwaltung entgegensteht (Uhlenbruck/*Zipperer* InsO § 270

Rn. 50; ähnlich und mit Nachw. aus der Rspr., MüKoInsO/*Wittig/Tetzlaff* § 270 Rn. 40).

VI. Zusammensetzung des vorläufigen Gläubigerausschusses

1. Auswahl. Die Auswahl der geeigneten Gläubigerausschussmitglieder aus der Gesamtliste der Gläubiger ist **Ermessenfrage.** Einen Anspruch einzelner Gläubiger auf Teilhabe und Ernennung gibt es nicht (Uhlenbruck/*Knof* InsO § 67 Rn. 9; MüKoInsO/*Schmidt-Burgk* § 67 Rn. 10). Die zu Absatz 3 Alt. 3 (→ Rn. 37 ff.) diskutierten Verzögerungsprobleme stellen sich auch auf Ebene der Suche nach möglichen Mitgliedern des vorläufigen Gläubigerausschusses. Bei Einsetzung eines derivativen Pflichtausschusses ist das Gericht durch die Benennungspflicht in dem Antrag nach Absatz 2 entlastet. Für den originären Pflichtausschuss kann das Gericht nach Absatz 4 verfahren und **Vorschläge** von den Verfahrensbeteiligten **einfordern.** Das Insolvenzgericht sollte bei Erfüllung der Größenklassen des Absatz 1 vom Schuldner die obligatorische Benennung von geeigneten Mitgliedern des vorläufigen Gläubigerausschusses verlangen. 42

2. Personelle Zusammensetzung. Der vorläufige Gläubigerausschuss ist bei ermessensgerechter Besetzung regelmäßig ein fünfköpfiger Ausschuss (AG Ludwigshafen ZIP 2012, 2310). Nach § 67 Abs. 2 entscheidet der vorläufige Gläubigerausschuss nach dem **Mehrheitsprinzip.** Ein vierköpfiger Ausschuss, wie in § 67 Abs. 2 im Grundsatz vorgesehen, ist daher kaum funktionsfähig (*Frind* ZInsO 2011, 2249 [2251]). Im Interesse der Funktionsfähigkeit liegt es aber auch, den vorläufigen Ausschuss nicht zu stark zu besetzen, da mit einer zunehmenden Zahl an Köpfen sich auch die Entscheidungsprozesse verlangsamen. 43

Das Insolvenzgericht hat sich daher hinsichtlich der vorgeschlagenen Zusammensetzung zu vergewissern, dass dem Ausschuss ein Vertreter der absonderungsberechtigten Gläubiger, der ungesicherten Großgläubiger, der Kleingläubiger und der Arbeitnehmer angehört. Da nach §§ 21 Abs. 2 Nr. 1a, 67 Abs. 2 **nur Gläubiger** und solche, die mit Verfahrenseröffnung sicher Gläubiger werden (*Frind* ZInsO 2011, 2249 [2251]) zu Mitgliedern des vorläufigen Gläubigerausschusses bestellt werden dürfen, scheidet die Besetzung durch einen Gewerkschaftsvertreter an Stelle eines **Arbeitnehmervertreters** nach dem Wortlaut des Gesetzes aus. Verfahrenseffizienter ist es jedoch, die Vertretung eines Arbeitnehmervertreters im Gläubigerausschuss sogleich bei der Einsetzung durch einen Gewerkschaftsvertreter zu regeln (*„[…] für die Arbeitnehmer der Mitarbeiter XY der Insolvenzschuldnerin, dieser vertreten durch ZY […]“).* 44

Hat der Schuldner alle Lohnforderungen bis zur Antragstellung erfüllt oder ist – wie häufig – die Zahlungsverpflichtung des laufenden Lohnmonats noch nicht fällig, dürfen daher keine Arbeitnehmervertreter in den vorläufigen Gläubigerausschuss bestellt werden; ist jedoch eine **Insolvenzgeldvorfinanzierung** vorgesehen und bereits beantragt, so ist zur Wahrung der Parität der vorläufigen Gläubigerausschüsse ein Mitglied der Arbeitsverwaltung (Bundesagentur für Arbeit, Insolvenzgeldstelle) in den vorläufigen Ausschuss zu berufen. Die Insolvenzgeldstellen der zuständigen Agenturen haben ihre Bereitschaft zur Übernahme von Gläubigerausschussmandaten einigen Insolvenzgerichten bereits grds. angezeigt, womit es einer Erklärung der Übernahmebereitschaft im Einzelfall nicht bedarf. 45

VII. Aufgaben und Rechte des vorläufigen Gläubigerausschusses

Der vorläufige Gläubigerausschuss hat dieselben **Rechte, Pflichten und Aufgaben,** wie der endgültige Gläubigerausschuss nach §§ 67, 69. Die wesentliche Erweiterung der Befugnisse liegt in dem Recht zur Mitwirkung bei der Bestellung 46 des (vorläufigen) Insolvenzverwalters nach §§ 21 Abs. 2 Nr. 1a, 56a (dazu → § 56a Rn. 11 ff.; ausf. *Hölzle* Praxisleitfaden ESUG § 22a Rn. 43; § 56, → § 56a Rn. 20 ff.).

47 Die **erweiterten Befugnisse** des vorläufigen Gläubigerausschusses bei der Auswahl des vorläufigen und des endgültigen Insolvenzverwalters gelten unabhängig davon, ob es sich um einen Pflicht- oder um einen fakultativen vorläufigen Gläubigerausschuss handelt (aA offenbar *Obermüller* ZInsO 2012, 18 [24], der diese Rechte nur den Pflichtausschüssen zuweisen will).

48 Der **vorläufige Gläubigerausschuss** ist vom Insolvenzgericht zweimal, nämlich einmal zum Profil und/oder zur Person des vorläufigen und sodann noch einmal zum Profil und/oder zur Person des endgültigen Insolvenzverwalters **anzuhören.** Ist die erste Anhörung durchgeführt, so ist die zweite Anhörung regelmäßig entbehrlich, soweit nicht der vorläufige Gläubigerausschuss dem Insolvenzgericht anzeigt, für das eröffnete Verfahren an dem eingesetzten vorläufigen Insolvenzverwalter nicht festhalten zu wollen (Einzelheiten → § 56a Rn. 7).

VIII. Beendigung des Amtes

49 Die Einrichtung eines vorläufigen Gläubigerausschusses ist Teil der Sicherungsanordnungen des Insolvenzeröffnungsverfahrens (§ 21 Abs. 2 Nr. 1a). Das Amt endet spätestens mit der **Eröffnung des Insolvenzverfahrens** (Kübler/Prütting/Bork/*Kübler* InsO § 67 Rn. 12; *Frind* ZInsO 2011, 2249; *Obermüller* ZInsO 2012, 18 [21]; aA HambK-InsO/*Schmidt* § 67 Rn. 8). Die frühere Beendigung zB durch Erfüllung einer **Öffnungsklausel** (zB Betriebseinstellung im Eröffnungsverfahren) ist möglich, wenn das Insolvenzgericht den vorläufigen Gläubigerausschuss nicht durch Beschluss nach § 21 Abs. 2 Nr. 1a fortsetzt. Die förmliche Entpflichtung des vorläufigen Gläubigerausschusses ist wegen der kraft Gesetzes eintretenden Beendigung in keinem der genannten Fälle erforderlich.

50 Soll der vorläufige Gläubigerausschuss als **Interimsausschuss** (→ Rn. 6) fortgesetzt werden, hat das Insolvenzgericht zeitgleich mit dem Eröffnungsbeschluss auch über die Einsetzung und die Besetzung eines Interimsausschusses zu beschließen. Die Besetzung des Ausschusses ist nicht gebunden personenidentisch.

IX. Haftung

51 Für die Haftung der Mitglieder des vorläufigen Gläubigerausschusses gilt § 71 (iVm § 21 Abs. 2 Nr. 1a; vgl. dort). Die Mitglieder haften für Pflichtverletzungen als Gesamtschuldner, auch wenn einzelne Aufgaben (hier: Kassenprüfung) auf ein Mitglied delegiert wurden (OLG Rostock ZInsO 2004, 814). Doloses Handeln des Insolvenzverwalters exkulpiert den (vorläufigen) Gläubigerausschuss nicht (OLG Celle NZI 2010, 609). Die Überwachungspflicht erstreckt sich nicht nur auf die **Rechtmäßigkeit,** sondern auch auf die **Zweckmäßigkeit** und **Richtigkeit** des Verwalterhandelns (OLG Rostock ZInsO 2004, 814). Die Haftung auch für die Überwachung der (unternehmerischen) Zweckmäßigkeit und der (betriebswirtschaftlichen) Richtigkeit bedingt die Anwendung der **Business Judgement Rule** nicht nur auf den Insolvenzverwalter sondern auch auf den vorläufigen Gläubigerausschuss (*Erker* ZInsO 2012, 199; *Berger/Frege/Nicht* NZI 2010, 321; *Jungmann* NZI 2009, 80; *Berger/Frege* ZIP 2008, 204). Die Anwendung der Business Judgement Rule setzt eine informierte Entscheidung voraus, weshalb die Exkulpation jedenfalls nicht für das unterlassene Bemühen um vollständige Information greifen kann. Ist die Insolvenzmasse nicht in der Lage, eine angemessene Vermögensschadenhaftpflichtversicherung für die Mitglieder des vorläufigen Gläubigerausschusses zu finanzieren, ist die Ausübung des Amtes umzumutbar und kann jedes Mitglied seine Entpflichtung verlangen (BGH ZIP 2012, 876).

Bekanntmachung der Verfügungsbeschränkungen[1]

23 (1) [1]**Der Beschluß, durch den eine der in § 21 Abs. 2 Nr. 2 vorgesehenen Verfügungsbeschränkungen angeordnet und ein vorläufiger Insolvenzverwalter bestellt wird, ist öffentlich bekanntzumachen.** [2]**Er ist dem Schuldner, den Personen, die Verpflichtungen gegenüber dem Schuldner haben, und dem vorläufigen Insolvenzverwalter besonders zuzustellen.** [3]**Die Schuldner des Schuldners sind zugleich aufzufordern, nur noch unter Beachtung des Beschlusses zu leisten.**

(2) **Ist der Schuldner im Handels-, Genossenschafts-, Partnerschafts- oder Vereinsregister eingetragen, so hat die Geschäftsstelle des Insolvenzgerichts dem Registergericht eine Ausfertigung des Beschlusses zu übermitteln.**

(3) **Für die Eintragung der Verfügungsbeschränkung im Grundbuch, im Schiffsregister, im Schiffsbauregister und im Register über Pfandrechte an Luftfahrzeugen gelten die §§ 32, 33 entsprechend.**

Übersicht

I. Normzweck

Ist eine insolvenzrechtliche Verfügungsbeschränkung erlassen, so muss verhindert werden, dass der Schuldner noch zu Gunsten eines gutgläubigen Dritten die Insolvenzmasse schädigt (LG Duisburg NZI 2006, 534). Die Anordnung von Sicherungsmaßnahmen nach § 21 wird durch deren Veröffentlichung und die **Verhinderung eines gutgläubigen Erwerbs** (BGH ZInsO 2006, 92) flankiert. 1

II. Systematik

Absatz 1 ordnet die **öffentliche Bekanntmachung** von angeordneten Verfügungsbeschränkungen an. Die Bekanntmachung erfolgt nach § 9 durch Veröffentlichung im Amtsblatt des Gerichts oder in einem für das Gericht bestimmten elektronischen Informations- und Kommunikationssystem nach Maßgabe der Verordnung zur öffentlichen Bekanntmachung im Insolvenzverfahren im Internet (InsO BekV). Verfassungsrechtlich ist die ausschließliche Veröffentlichung im Internet (unter **www.insolvenzbekanntmachungen.de**) nicht zu beanstanden (LG Duisburg NJW-RR 2005, 57). 2

Im Fall des Absatz 1 Satz 1 ist die **Veröffentlichung zwingend vorgeschrieben.** Voraussetzung ist die kumulative Anordnung von Verfügungsbeschränkungen und der Bestellung eines vorläufigen Insolvenzverwalters. **Nicht veröffentlichungspflichtig** ist die isolierte Anordnung von Sicherungsmaßnahmen (vgl. zB AG Düsseldorf ZIP 2011, 443) und mangels Rechtsgrundlage auch nicht 3

[1] § 23 Abs. 2 geänd. durch G v. 19.12.1998 (BGBl. I S. 3836).

veröffentlichungsfähig. (aA HK-InsO/*Kirchhof* § 23 Rn. 3; HambK-InsO/*Schröder* § 23 Rn. 4). Dasselbe gilt für die isolierte Bestellung nur eines Sachverständigen; sie ist keine Maßnahme nach § 21 Abs. 2, sondern dient nur der Amtsermittlung nach § 5 Abs. 1 (BGHZ 158, 212).

4 Die durch Absatz 1 Satz 1 unmöglich gewordene **„stille Sequestration"** (vgl. HambK-InsO/*Schröder* § 2 Rn. 4) wird durch das **Schutzschirmverfahren** nach § 270b wieder eröffnet. Die Bestellung nur eines vorläufigen Sachwalters nach § 270a stellt keine Verfügungsbeschränkung iSd § 21 Abs. 2 Nr. 2 dar und ist deshalb mangels Rechtsgrundlage weder veröffentlichungspflichtig noch veröffentlichungsfähig (aA offenbar *Buchalik* ZInsO 2012, 349; *Desch* BB 2011, 841). Die jedenfalls bis zur Eröffnung des Insolvenzverfahrens in Eigenverwaltung mögliche stille Vorbereitung der Sanierung des Unternehmens ist sinnvoll und hilft das Schutzschirmverfahren als Sanierungsinstrument zu etablieren, da die fehlende Publizität iÜ der außergerichtlichen Sanierung als dieser vorbehaltenem Vorteil zugesprochen wird (vgl. ausf. Eidenmüller, Unternehmenssanierung zwischen Markt und Gesetz, 331 ff.).

III. Zustellung an Schuldner und Drittschuldner; Zahlungsaufforderung

5 Nach **Absatz 1 Satz 2** ist der Beschluss über die Anordnung von Verfügungsbeschränkungen und die Bestellung eines vorläufigen Insolvenzverwalters dem Schuldner, den Personen, die Verpflichtungen gegenüber dem Schuldner haben, und dem vorläufigen Insolvenzverwalter besonders zuzustellen. Die **Drittschuldner** (= Schuldner des Schuldners) sind zugleich aufzufordern, nur noch unter Beachtung des Beschlusses zu leisten. Die Zustellung gegenüber letzteren, die ein Leistungsgebot beinhaltet, hat nur zu erfolgen, soweit die Forderungen dem Schuldner zustehen und nicht (sicherungshalber) zediert sind oder der **vorläufige Insolvenzverwalter nach § 21 Abs. 2 S. 1 Nr. 5 zur Einziehung ausdrücklich ermächtigt** worden ist (BGH NZI 2003, 259). Ist nicht zweifelsfrei feststellbar, ob die Forderungen gegenüber Drittschuldnern wirksam abgetreten sind, so ist vorsorglich zuzustellen und liegt hierin auch kein Pflichtverstoß. Die Prüfung der Wirksamkeit der Zession und ggf. deren Anfechtbarkeit ist dem eröffneten Verfahren vorbehalten, weshalb die Zustellung auch in zweifelbehafteten und etwaig nicht insolvenzfesten Zessionsfällen zulässig ist.

6 Regelmäßig **beauftragt das Insolvenzgericht** den vorläufigen Insolvenzverwalter gem. § 8 Abs. 3 mit der **Zustellung,** die dadurch Teil seiner Amtspflichten wird. Ein Beschwerderecht hiergegen steht dem (vorläufigen) Insolvenzverwalter nicht zu. Er ist auch nicht berechtigt, die Erfüllung dieser Amtspflicht von der (vorherigen) Bewilligung eines **Vergütungszuschlages** abhängig zu machen; die Ankündigung, die Zustellung ohne einen solchen Zuschlag nicht ausführen zu wollen, stellt eine schwere, die Entlassung aus dem Amt rechtfertigende Amtspflichtverletzung dar (BGH 19.4.2012 – IX ZB 19/11, BeckRS 2012, 09740; BGH ZIP 2012, 583). Die anfallenden Sachkosten für die Ausführung der Zustellungen kann der (vorläufige) Insolvenzverwalter, soweit diese nicht von der Masse getragen werden (LG Leipzig NZI 2003, 442), neben den Auslagen geltend machen (BGH NZI 2007, 244). Dies schließt die anteiligen Personalkosten ein (BGH NZI 2012, 372).

7 Können die **Kosten der Zustellung** aus der Insolvenzmasse nicht getragen werden, hat das Insolvenzgericht grds. davon abzusehen, den vorläufigen Insolvenzverwalter zu beauftragen (offengelassen BGH NZI 2004, 245 [247]; bejahend Uhlenbruck/*Vallender* InsO § 21 Rn. 56). In Fällen einer **Betriebsfortführung** ist die Beauftragung des vorläufigen Insolvenzverwalters aber dennoch sinnvoll, weil dieser die mit der Publizität des Insolvenzverfahrens verbundenen negativen

Folgen mit einem Begleitschreiben an die für die Fortführung wichtigen Beteiligten abmildern kann.

IV. Übermittlung an Registergerichte (Absatz 2) und andere Stellen

Ist der Schuldner im Handels-, Genossenschafts-, Partnerschafts- oder Vereinsregister eingetragen, so hat die Geschäftsstelle des Insolvenzgerichts dem **Registergericht** eine Ausfertigung des Beschlusses zu übermitteln. In die Gesellschafterliste nach § 40 GmbHG ist die Anordnung von Verfügungsbeschränkungen jedoch nicht einzutragen (Roth/Altmeppen/*Altmeppen* GmbHG § 16 Rn. 60; Scholz/*Seibt* Nachtrag MoMiG § 16 Rn. 76). 8

Das dem Insolvenzgericht eingereichte Gutachten des vorläufigen Insolvenzverwalters/Sachverständigen ist regelmäßig der zuständigen **Staatsanwaltschaft** zur Prüfung eines Anfangsverdachtes zuzuleiten. Die Pflicht hieraus ergibt sich aus der Anordnung über Mitteilungen in Zivilsachen (MiZi; vgl. NZI 1999, 405). 9

V. Eintragung in das Grundbuch und Register für Schiffe und Luftfahrzeuge (Absatz 3)

Das Insolvenzgericht hat das **Grundbuchamt,** die Schiffs-, Schiffsbau- und Luftfahrzeugregister um Eintragung der Verfügungsbeschränkungen zu ersuchen. Im Falle der Ablehnung der Eintragung durch das zuständige Register besteht eine eigene **Beschwerdebefugnis** des Insolvenzgerichts (LG Frankenthal ZInsO 2001, 1067). Inhaltlich verweist Absatz 3 auf §§ 32, 33, die entsprechend anzuwenden sind. 10

Das **Insolvenzgericht hat die Eintragung zu beantragen,** sobald ihm entsprechende Rechte des Schuldners oder eingetragene Rechte daran bekannt werden. Das Eintragungsersuchen kann auch durch den vorläufigen Insolvenzverwalter gem. § 13 GBO unmittelbar erfolgen und bedarf gem. **§ 30 GBO nicht der Beglaubigung** nach § 29 GBO. Verweigert das Registergericht die Eintragung, verbleibt das Beschwerderecht beim Insolvenzgericht und ist nicht der vorläufige Insolvenzverwalter beschwerdebefugt. 11

Anders als für Absatz 1 ist für **Absatz 3** die kumulative Anordnung einer Verfügungsbeschränkung und der vorläufigen Insolvenzverwaltung nicht erforderlich. Registereintragungen sind nach dem eindeutigen Wortlaut auch bei der **isolierten Anordnung von Verfügungsbeschränkungen** von Amts wegen vorzunehmen (LG Duisburg ZIP 2006, 1594). 12

Der **Inhalt der Eintragung** muss die Art der Verfügungsbeschränkung klar zum Ausdruck bringen. Es muss sich deshalb aus der Eintragung unzweideutig ergeben, ob zB die Verwaltungs- und Verfügungsbefugnis auf einen vorläufigen Insolvenzverwalter übergegangen oder dieser (nur) mit einem Zustimmungsvorbehalt ausgestattet ist. 13

Die Verfügungsbeschränkung muss sich gegen den eingetragenen Rechteinhaber richten. Ist als Inhaber des Rechts eine **Gesamthandsgemeinschaft** (GbR, OHG, KG, etc) eingetragen, so sind gegen einen der Gesamthänder/Gesellschafter angeordnete Verfügungsbeschränkungen nach Absatz 3 im Register nicht eintragungsfähig (OLG Zweibrücken ZInsO 2001, 672; LG Dessau ZInsO 2001, 626; LG Frankenthal ZInsO 2001, 1067). Bei Rechten, die zu Gunsten von **Bruchteilsgemeinschaften** (§§ 741 ff. BGB) eingetragen sind, muss aus der Eintragung deutlich hervorgehen, dass die Verfügungsbeschränkung nur auf dem Anteil desjenigen Miteigentümers/Mitberechtigten lastet, gegen den die Verfügungsbeschränkung erlassen worden ist. Die übrigen Mitberechtigten sind in ihrer Verfügung über ihre jeweiligen Bruchteilsanteile in den Grenzen des zivil- 14 rechtlich Möglichen frei (HambK-InsO/*Schröder* § 23 Rn. 11; MüKoInsO/*Schmahl* § 32 Rn. 19).

VI. Aufhebung der Verfügungsbeschränkungen

15 Die **Aufhebung** ist in derselben Weise zu veröffentlichen und veranlasste Eintragungen in den Registern sind in derselben Weise von Amts wegen zu erwirken, wie ihre Eintragung (§ 25 Abs. 1).

Wirkungen der Verfügungsbeschränkungen

24 (1) **Bei einem Verstoß gegen eine der in § 21 Abs. 2 Nr. 2 vorgesehenen Verfügungsbeschränkungen gelten die §§ 81, 82 entsprechend.**

(2) **Ist die Verfügungsbefugnis über das Vermögen des Schuldners auf einen vorläufigen Insolvenzverwalter übergegangen, so gelten für die Aufnahme anhängiger Rechtsstreitigkeiten § 85 Abs. 1 Satz 1 und § 86 entsprechend.**

Übersicht

I. Grundlagen und Regelungszweck

1 § 24 regelt in Absatz 1 die materiell-rechtlichen, in Absatz 2 die prozessrechtlichen Folgen der nach § 21 angeordneten Verfügungsbeschränkungen jeweils durch Verweis. Absatz 1 verweist auf §§ 81, 82, Absatz 2 auf § 85 Abs. 1 S. 1 und § 86.

2 Absatz 1 gilt wegen der Verweisung auf § 21 Abs. 2 S. 1 Nr. 2 nur bei Anordnung eines allgemeinen Verfügungsverbots oder eines allgemeinen Zustimmungsvorbehalts, nicht bei Anordnung besonderer Verfügungsverbote oder von Einzelermächtigungen.

II. Verfügungsverbot (Absatz 1)

3 **1. Begriff.** Die Definition der Verfügung nach §§ 21 Abs. 2 S. 1; Nr. 2, 24 Abs. 1 folgt der **zivilrechtlichen Definition** der Verfügung als jeder Veräußerung, Aufhebung, Belastung oder Inhaltsänderung eines Rechts (BGHZ 101, 24 [26]). Kollidieren mehrere Verfügungsverbote, gilt das **Prioritätsprinzip** (HambK-InsO/*Schröder* § 24 Rn. 2).

4 **2. Wirkung.** Das **allgemeine Verfügungsverbot** und der allgemeine Zustimmungsvorbehalt nach § 21 Abs. 2 S. 1 Nr. 2 führen zur **absoluten Unwirksamkeit** entgegenstehender Verfügungen (BGH NZI 2006, 224). Die Reichweite des Verfügungsverbots ist jedoch durch den Verfahrenszweck begrenzt und kann nicht weitergehen, als es der Schutz der Insolvenzmasse erfordert (Uhlenbruck/*Vallender*

InsO § 21 Rn. 17a). Da Absatz 1 für **besondere Verfügungsverbote** nicht gilt, sind gegen sie verstoßene Verfügungen nur **relativ unwirksam** und finden die §§ 135, 136 BGB Anwendung. Sie können durch den vorläufigen Insolvenzverwalter mit ex tunc-Wirkung nach §§ 185 Abs. 2, 184 Abs. 1 BGB **genehmigt** werden (OLG Köln WM 2009, 418).

Wegen der absoluten Unwirksamkeit von Verfügungen, die gegen **allgemeine Verfügungsverbote** verstoßen, gibt es mit Ausnahme des registerrechtlichen Gutglaubensschutzes nach § 81 Abs. 1 S. 2 **keinen gutgläubigen Erwerb.** Bei der relativen Unwirksamkeit von Verfügungen, die gegen besondere Verfügungsverbote verstoßen, richtet sich der Gutglaubensschutz nach § 135 Abs. 2 BGB (Uhlenbruck/*Vallender* InsO § 21 Rn. 17a; *Häsemeyer* InsR Rn. 7.37b). 5

III. ABC typischer Verfügungen

Ablösung des Insolvenzantrages (Zahlungen an Antragssteller). Ist das Insolvenzeröffnungsverfahren auf Grund eines Fremdantrags eingeleitet und sind allgemeine Verfügungsbeschränkungen angeordnet worden, kann die Antragsforderung durch Zahlung an den Antragsteller erfüllt und der Insolvenzantrag prozessual erledigt werden (zu sog „Stapelanträgen" vgl. → § 21 Rn. 24). Zahlungen des Schuldners auf die Antragsforderung nach Anordnung von Verfügungsbeschränkungen gem. § 21 Abs. 2 S. 2 haben wegen Verstoßes gegen Abs. 1 iVm § 81 keine Erfüllungswirkung iSd § 362 BGB (AG Hamburg ZVI 2005, 42; AG Göttingen NZI 2011, 594). Dies gilt auch bei der Verwendung von Finanzmitteln für die Zahlung, die ein Dritter dem Schuldner auf Grund einer Vereinbarung zur Verfügung stellt, insbes. für Kreditmittel, Zuwendungen unter einer Zweckbestimmung und andere geschäftliche Einlagen (AG Duisburg ZVI 2005, 129). Mangels Erfüllung der Antragsforderung tritt auch keine Erledigung ein (ausf. Bork/Hölzle/*Hölzle* Praxis des InsR Rn. 29.70 ff.). Auch die **Zahlung eines Dritten,** der wirtschaftlich am Fortbestand des schuldnerischen Geschäftsbetriebes interessiert ist, an den Insolvenzantragssteller hat bei Widerspruch des vorläufigen Insolvenzverwalters keine erledigende Wirkung, da der vorläufige Insolvenzverwalter diese anfechtbare Zahlung gem. § 267 Abs. 2 BGB ablehnen muss (AG Hamburg ZVI 2005, 45). 6

Eine Zahlung, die die beabsichtigte Erfüllung nach § 362 BGB nicht herbeiführt, hat ihren Zweck verfehlt. Den wegen Zweckverfehlung bestehenden **Bereicherungsanspruch** (conditio ob rem) aus § 812 Abs. 1 S. 2 Alt. 2 BGB kann der zum Forderungseinzug ermächtigte vorläufige Insolvenzverwalter beim Zahlungsempfänger kondizieren (BGH ZIP 2014, 32). Einer Anfechtung der in Anspruchsgrundlagenkonkurrenz nach Eröffnung des Insolvenzverfahrens auch nach §§ 129 ff. anfechtbaren Zahlung bedarf es nicht. 7

Die **Erledigungserklärung eines antragstellenden Gläubigers,** der trotz einer vom Insolvenzgericht angeordneten Verfügungsbeschränkung eine Zahlung des Schuldners angenommen hat, ohne dass er hinreichenden Grund zu der Annahme hat, die Zahlungsunfähigkeit des Schuldners sei entfallen, ist wegen **Rechtsmissbrauchs** unwirksam und damit prozessual unbeachtlich (LG Duisburg NZI 2009, 911). Dies gilt jedenfalls dann, wenn die Zahlungsunfähigkeit zur Überzeugung des Insolvenzgerichts feststeht und der Schuldner einer gesetzlichen Insolvenzantragspflicht (§ 15a) unterliegt (AG Duisburg ZVI 2005, 129). Das Insolvenzgericht kann durch eine Zwischenentscheidung (§ 4 iVm § 303 ZPO) sowohl das Vorliegen eines Eröffnungsgrundes (AG Duisburg aaO) als auch die Unwirksamkeit einer Erledigungserklärung feststellen. Gegen die Entscheidung steht dem Schuldner die **sofortige Beschwerde** zu (LG Duisburg NZI 2009, 911). 8

9 Der antragsstellende Gläubiger kann nach dem Ausgleich seiner Antragsforderung durch den Schuldner oder einen Dritten zunächst dem Gericht lediglich die Zahlung anzeigen, ohne eine prozessuale Verfahrenserklärung (Rücknahme/Erledigung) abzugeben, um einen **Hinweis des Gerichts** zu erhalten, ob einer Erledigungswirkung Bedenken entgegenstehen, um so eine für ihn evtl. nachteilige Kostenentscheidung bei einer solchen Verfahrensbeendigung zu vermeiden (AG Hamburg ZVI 2005, 42).

10 Auch **nach Aufhebung** der Anordnung der vorläufigen Insolvenzverwaltung erlangt eine aus dem Schuldnervermögen an die Insolvenzantragstellerin geleistete Zahlung keine Erfüllungswirkung, da der Schuldner eine wirksame rückwirkende Genehmigung nicht erteilen kann (AG Hamburg ZIP 2007, 388).

11 **Abtretung/Vorausabtretung.** Tritt der spätere Insolvenzschuldner künftige Forderungen an den Zessionar ab, steht die Anordnung eines Zustimmungsvorbehalts während der Zeit zwischen der Abtretung und dem Entstehen der Forderung der Wirksamkeit der Abtretung nicht entgegen (BGH NZI 2010, 138; dazu *Simokat* NZI 2012, 57; *Krüger* NZI 2010, 672; *Jacoby* EWiR 2010, 123). Dies gilt insbes. bei **Globalzession** (ausführl. *Gehrlein* ZIP 2011, 5; *Flöther/Wehmer* NZI 2010, 554; *Ganter* NZI 2010, 551). Der BGH stellt darauf ab, dass es für die Unwirksamkeit einer Verfügung nach Absatz 1 iVm § 81 ausschließlich auf den Verfügungstatbestand, also die Vornahme des Rechtsgeschäfts und nicht auf den Verfügungserfolg, also die spätere Entstehung der Forderung, auf die sich das Rechtsgeschäft bezieht, ankomme (BGH NZI 2010, 138 Rn. 25; aA OLG Nauenburg ZIP 2008, 1931; OLG Dresden ZInsO 2006, 1057; HambK-InsO/*Schröder* § 24 Rn. 8; Uhlenbruck/*Vallender* InsO § 24 Rn. 4; *Simokat* NZI 2012, 57 [58 ff.]). Der angemessene Schutz der Gläubigergesamtheit werde durch die **Anfechtbarkeit** der Abtretung gewährleistet (BGH NZI 2008, 89; LSG NRW 17.11.2010 – L 11 KA 39/08, BeckRS 2011, 70149). Die Rspr. des BGH ist abzulehnen. Sie steht im Widerspruch zu der rechtlichen Behandlung anderer mehraktiger Verfügungsgeschäfte (vgl. dazu sogleich) und wird dem mit der Sicherungsanordnung im Insolvenzeröffnungsverfahren verfolgten Ziel eines möglichst **wirksamen Schutzes der künftigen Insolvenzmasse** nicht gerecht. Der Verweis auf das Anfechtungsrecht hilft nicht, da hierdurch gerade die im Insolvenzeröffnungsverfahren regelmäßig dringend benötigte Liquidität nicht gewährleistet wird, da sich der vorläufige Insolvenzverwalter etwaig schadensersatzpflichtig macht, separiert er die im Eröffnungsverfahren einer möglicherweise wirksamen Zession unterfallenen, von ihm eingezogenen Beträge nicht (ausführl. *Simokat* NZI 2012, 57 [59 ff.]; *Flöther/Wehmer* NZI 2010, 554 [556 ff.]).

12 **Aufrechnung.** Aufrechnungslagen bleiben im Insolvenzeröffnungsverfahren trotz der Anordnung von Verfügungsverboten bestehen. § 96 Abs. 1 Nr. 1 findet auf eine im Eröffnungsverfahren begründete Aufrechnungslage auch dann keine Anwendung, wenn das Insolvenzgericht einen vorläufigen Insolvenzverwalter bestellt und Sicherungsmaßnahmen nach § 21 Abs. 2 angeordnet hat (BGHZ 159, 388). Die Insolvenzordnung enthält zum Aufrechnungsausschluss eine **abschließende Regelung,** die nicht über eine entsprechende Anwendung des § 394 BGB erweitert werden kann. Für den **Erwerb der Aufrechnungslage** kommt es, ist zumindest eine der gegenseitigen durch Rechtsgeschäft entstandenen Forderungen bedingt oder befristet, auf den Zeitpunkt an, zu dem die spätere Forderung entstanden und damit das Gegenseitigkeitsverhältnis begründet worden ist. Die mit Abschluss eines Vertrags entstandene Forderung ist erst ab dem Zeitpunkt und nur insoweit zu berücksichtigen, als sie – etwa durch Erbringung der versprochenen Leistung – werthaltig geworden ist und dem Gläubiger durch die Aufrechnung eine tatsächliche Befriedigung seiner Forderung ermöglicht (BGH NZI 2010, 985).

In dem Beschluss nach §§ 21, 22 Abs. 2 kann **kein gerichtliches Aufrechnungsverbot** angeordnet werden, da dies wegen der abschließenden Regelungen in §§ 95 ff. über die in § 22 Abs. 1 gesetzlich bestimmten Sicherungsmaßnahmen hinausginge (iE ebenso HambK-InsO/*Schröder* § 24 Rn. 10) und damit unzulässig wäre. 13

Entgegennahme von Leistungen. Leistungen von **Drittschuldnern an den Insolvenzschuldner** bleiben solange wirksam, wie der Drittschuldner gutgläubig ist (§§ 24 Abs. 1, 82). Gläubiger, auch solche mit umfangreichem Zahlungsverkehr oder als **Berufsgläubiger** zu bezeichnende Gläubigergruppen werden nicht allein durch die öffentliche Bekanntmachung nach § 9 bösgläubig iSd § 82 (BGH NZI 2011, 18) und sind auch nicht verpflichtet, die Internetveröffentlichungen regelmäßig nachzuhalten (BGH NZI 2010, 480), sind jedoch sehr wohl verpflichtet, eine **betriebliche Organisation** zu schaffen (BGH NZI 2006, 175), die ihnen die Kenntnisnahme von ihre Kunden betreffenden Informationen grds. ermöglicht (vgl. → § 21 Rn. 50 aE). Fehlt es an einem solchen System folgt eine Kenntnisfiktion aus den Grundsätzen des Organisationsverschuldens. Die Bösgläubigkeit hat der (vorläufige) Insolvenzverwalter darzulegen und zu beweisen, der sich auf die fehlende Erfüllungswirkung der Zahlung beruft. Regelmäßig empfiehlt es sich, sämtliche bekannten Gläubiger und Drittschuldner sowie typischerweise verfahrensbeteiligte Berufsgläubiger (Sozialversicherungsträger, Finanzämter, etc) mit der Anordnung der vorläufigen Insolvenzverwaltung durch Übermittlung des Beschlusses unabhängig von der Übertragung der Zustellaufgabe bösgläubig zu machen. 14

Kündigung. Von den Verfügungsverboten sind auch Gestaltungserklärungen umfasst. Dies schließt Kündigungen von Arbeitsverhältnissen ein, die nur durch den starken vorläufigen Insolvenzverwalter bzw. mit Zustimmung des mitbestimmenden schwachen vorläufigen Insolvenzverwalters wirksam sind (BAG ZInsO 2003, 817). 15

Lastschrift/Belastungsbuchungen. Eine Bank kann auf Weisung des Schuldners dessen kreditorisches Konto mit befreiender Wirkung belasten, solange sie von den Verfügungsbeschränkungen keine Kenntnis hat. Sie muss jedoch organisatorisch Vorsorge treffen, damit ihre Kunden betreffende **Informationen über die Eröffnung des Insolvenzverfahrens** oder die Anordnung von Sicherungsmaßnahmen von ihren Entscheidungsträgern **zur Kenntnis genommen** werden. Anderenfalls muss sie sich Kenntnisse, die bei einem ihrer zur Vornahme von Rechtsgeschäften bestellten und ermächtigten Bediensteten vorhanden sind, als ihr bekannt zurechnen lassen (BGH NZI 2006, 175). 16

Ist die Belastung des Kontos durch **Lastschrift im Einzugsermächtigungsverfahren** vorgenommen worden und befindet sich die aus der Lastschrift folgende Belastungsbuchung noch in der Widerspruchsfrist nach AGB-Banken/Sparkassen, ist auch der vorläufige Insolvenzverwalter mit Zustimmungsvorbehalt grds. befugt, solchen Lastschriften die Genehmigung zu versagen, unabhängig davon, ob dem Schuldner eine sachliche oder rechtliche Einwendung gegen die Gläubigerforderung zusteht (BGHZ 174, 84; 161, 49). Dies gilt nicht mehr für Zahlungen, die mittels des im November 2009 neu eingeführten SEPA-Lastschriftverfahrens bewirkt sind. Solche Lastschriften sind insolvenzfest. Der Anspruch des Zahlers, gem. § 675 Abs. 1, Abs. 2, Abs. 4 BGB iVm Abschnitt C. Nr. 2.5 Abs. 1 der Sonderbedingungen für den Lastschriftverkehr im SEPA-Basis-Lastschriftverfahren binnen acht Wochen ab Belastungsbuchung von seinem Kreditinstitut Erstattung des Zahlbetrages verlangen zu können, fällt in entsprechender Anwendung des § 377 Abs. 1 BGB iVm § 36 S. 1 nicht in die Insolvenzmasse (BGH NZI 2010, 723). Auch für Lastschriften außerhalb des 2009 eingeführten SEPA-Lastschriftverfahrens scheidet die Rückbuchung der Lastschrift aus, wenn der Insolvenzschuldner die **Abbuchung bereits genehmigt** 17 hat. Die Genehmigung kann durch schlüssiges Verhalten (konkludent) erfolgen. Bei regelmäßig wiederkehrenden Zahlungen (zB aus Dauerschuldverhältnissen, ständigen Geschäftsbeziehungen, Steuervorauszahlungen) kann nach den vom Tatgericht festzustellenden Umständen des Einzelfalls jedenfalls im unternehmerischen Geschäftsverkehr eine konkludente Genehmigung vorliegen, wenn der Lastschriftschuldner in Kenntnis der Belastung dem Einzug nach Ablauf einer angemessenen Prüffrist nicht widerspricht und er einen früheren Einzug zuvor bereits genehmigt hatte (BGH aaO). An die Feststellung einer konkludenten Genehmigung sind insbes. bei regelmäßig wiederkehrenden Lastschriften aus Dauerschuldverhältnissen keine zu hohen Anforderungen zu stellen. Allein im Schweigen auf Kontoauszüge und Dispositionen über das Konto während der Widerspruchsfrist liegt aber noch keine Genehmigung, da die AGB-Banken/Sparkassen ausdrücklich ein Widerspruchsrecht einräumen (LG Ulm NZI 2009, 65; *Welker* EWiR 2010, 425).

18 Gehen **Rückbuchungen,** die auf Grund eines Widerrufs bzw. einer verweigerten Genehmigung des vorläufigen Insolvenzverwalters erfolgen, **auf einem (Privat-)Konto des Schuldners** ein, das der Insolvenzverwalter/Treuhänder hinsichtlich eines noch verbliebenen Guthabens und künftig eingehender Beträge freigegeben hat, erfasst diese **Freigabe** nicht auch die aus der Rückbuchung gutgeschriebenen Beträge. Diese sind an die Insolvenzmasse auszukehren (AG Düsseldorf NZI 2007, 117).

19 **Lohn.** Vorausverfügungen über Ansprüche aus einem Dienstverhältnis sind in den Grenzen des § 114 (ebenso wie über Miet- und Pachtzinsen gem. § 110) wirksam, obwohl die Forderungen mit jedem Lohnzeitraum neu entstehen (BGH NZI 2007, 39). Unpfändbare Lohnbeträge nach § 850a ZPO sind nach der sog Bruttolohnmethode zu berechnen und die pfändungsfreien Beträge von dem vollen Bruttobetrag in Abzug zu bringen. Prämien zu einer **Direktversicherung** aus Gehaltsumwandlung sind grds. kein Arbeitseinkommen iSd § 850 Abs. 2 ZPO. Dies gilt auch dann, wenn Arbeitgeber und Arbeitnehmer die ursprüngliche Entgeltvereinbarung nachträglich einverständlich dergestalt geändert haben, dass an die Stelle eines Teiles des Barentgelds ein Versorgungsversprechen treten soll, es sei denn, der Arbeitnehmer durfte infolge einer vorangegangenen Privatinsolvenz keine Verfügungen über sein künftiges Einkommen treffen, welche die Ansprüche der Gläubiger gefährdete. § 81 Abs. 2 S. 1 verbietet eine Verfügung des Insolvenzschuldners über künftige Bezüge aus einem Dienst- oder Arbeitsverhältnis und damit auch den Abschluss einer Direktversicherung, denn der Arbeitnehmer verfügt mit diesem Versicherungsabschluss dauerhaft über seine künftigen Arbeitsentgelte, die um die Versicherungsbeiträge gemindert werden (LAG München ZInsO 2008, 760).

20 **Mehraktige Verfügungsgeschäfte.** Bei mehraktigen Verfügungsgeschäften kommt es auf den letzten Teilakt an (BGH ZIP 2010, 890). Der Erwerb von Rechten zu Lasten der Insolvenzmasse ist im Insolvenzeröffnungsverfahren trotz eines fehlenden Verweises auf § 91 zum Schutz der künftigen Insolvenzmasse grds. unwirksam (ausführl. *Gehrlein* ZIP 2011, 5 ff.). Ausnahmen gelten, wenn die beteiligten Parteien alles getan haben und der Eintritt des Verfügungserfolges nicht mehr ihrem Einflussbereich unterliegt; so bspw. bei der Verfügung über ein Grundstück, wenn die dingliche Einigung erfolgt und der Eintragungsantrag gestellt ist (BGH ZIP 2012, 1256). Ebenfalls nicht mehr im Einflussbereich der verfügenden Parteien liegt der Rechtserwerb, wenn bereits wirksam ein Anwartschaftsrecht begründet worden ist (BGH NJW 1995, 544). Die Anordnung der **Verfügungsbeschränkung hindert nicht den späteren Eintritt der Bedingung.** Anders, wenn der Eintritt der Bedingung noch vom Willen des Schuldners abhängt, da der Verfügungsempfänger noch keine gesicherte, insolvenzfeste Rechtsposition erlangt hat (aA BGH NZI 2010, 138).

Prozessbevollmächtigte/Empfangsvollmachten. Prozessvollmachten erlöschen nach § 117 erst mit der Eröffnung des Insolvenzverfahrens, nicht bereits im Zeitpunkt der Anordnung von Verfügungsbeschränkungen nach §§ 21, 22. Der Prozessbevollmächtigte bleibt empfangs- und zustellungsbevollmächtigt, kann wegen den Verfügungsbeschränkungen nach Absatz 1 jedoch kein Rechtsmittel mehr ohne Zustimmung des vorläufigen Insolvenzverwalters einlegen (FG Hmb ZIP 2011, 2275). Auch die Befugnis des **Geschäftsführers einer GmbH** zur außergerichtlichen und gerichtlichen Vertretung der Gesellschaft gem. § 35 GmbHG im Prozess bleibt durch die Eröffnung des Insolvenzverfahrens über das Vermögen des Geschäftsführers und durch die Anordnung von Verfügungsbeschränkungen unbeeinträchtigt. Seine Dienstleistung wird nicht vom Insolvenzbeschlag gem. § 80 Abs. 1 erfasst. Zustellungen können ihm gegenüber weiter erfolgen (OLG Düsseldorf GmbHR 2011, 252). 21

Auch ohne Kenntnis von dem Verfahren wird der Insolvenzverwalter/Treuhänder **Partei kraft Amtes** einer vom Schuldner erhobenen Klage, die einen massezugehörigen Gegenstand betrifft. Zu seinem Schutz ist die Klageerhebung schwebend unwirksam (LG Mainz NZI 2011, 768). Der persönlich verklagte Schuldner, über dessen Vermögen das Insolvenzverfahren eröffnet ist, kann wirksam einen Rechtsanwalt mit seiner Rechtsverteidigung beauftragen. Nimmt der Kläger die Klage zurück und werden ihm nach § 269 Abs. 3 ZPO die Kosten des Rechtstreits auferlegt, gehören die beim Beklagten entstandenen Rechtsanwaltsgebühren zu den Kosten, die zur zweckentsprechenden Rechtsverteidigung notwendig waren und deshalb nach § 91 ZPO zu erstatten sind (OLG Celle ZIP 2008, 760). 22

Realakte und verfügungsähnliche Rechtsgeschäfte. Absatz 1 steht nur der Wirksamkeit von Verfügungen entgegen. Die entsprechende Anwendung auf Realakte scheidet aus. Absatz 1 steht der **Entstehung des Vermieterpfandrechts** durch Einbringung von Sachen des Mieters in die Mieträume nicht entgegen. Das Vermieterpfandrecht entsteht mit der Einbringung, auch soweit es erst künftig entstehende Forderungen aus dem Mietverhältnis sichert (BGH NZI 2007, 158). 23

Verfügungsähnliche Rechtsgeschäfte unterfallen der Verfügungsbeschränkung und sind unwirksam. Ein vom Insolvenzschuldner erteilter Auftrag, eine zur künftigen Insolvenzmasse gehörende Forderung an einen Dritten auszuzahlen, ist als verfügungsähnliches Geschäft gem. § 81 unwirksam (OLG Hamm GWR 2012, 21; *Mankowski* EWiR 2012, 51). 24

Verzicht. Der Verzicht ist als Verfügung über ein Recht unwirksam. Der in Insolvenz befindliche Gläubiger eines durch Vormerkung gesicherten Rückübertragungsanspruchs kann, auch wenn die Grundstücksübertragung mit Rücksicht auf eine familiäre Verbundenheit stattgefunden hat, auf die Geltendmachung des Anspruchs nicht wirksam verzichten (OLG München NZI 2010, 527). 25

IV. Insolvenzfreies Vermögen

1. Verpflichtungsbefugnis des Schuldners. Der Schuldner kann auch nach der Anordnung von Verfügungsbeschränkungen oder der Eröffnung des Insolvenzverfahrens **rechtswirksame Verpflichtungen** eingehen. Er haftet den jeweiligen Gläubigern persönlich, allerdings nur mit dem insolvenzfreien Vermögen (LG Marburg JurBüro 2011, 104). Die Vorschriften der Insolvenzordnung stehen der Befriedigung einzelner Insolvenzgläubiger aus dem insolvenzfreien Vermögen des Schuldners während des Insolvenzverfahrens grds. nicht entgegen (BGH NZI 2010, 223). 26

2. Freigabe. Gibt der Insolvenzverwalter das Vermögen des Schuldners aus einer selbstständigen Tätigkeit frei **(§ 35 Abs. 2),** können auf die selbstständige 27

Tätigkeit bezogene vertragliche Ansprüche von Gläubigern, die nach dem Zugang der Erklärung bei dem Schuldner entstehen, nur gegen den Schuldner und nicht gegen die Masse verfolgt werden (BGH NZI 2012, 409). Hat der Insolvenzverwalter eine Erklärung nach § 35 Abs. 2 abgegeben, kann auf Antrag eines Neugläubigers ein auf dieses Vermögen beschränktes **zweites Insolvenzverfahren** auch dann eröffnet werden, wenn das Erstverfahren noch nicht abgeschlossen ist (BGH NZI 2011, 633). Voraussetzung für die Eröffnung des Zweitinsolvenzverfahrens ist, dass die Verfahrenskosten voraussichtlich gedeckt sind. Eine Stundung der Verfahrenskosten gem. § 4a scheidet aus (AG Göttingen NZI 2012, 198). Einzelheiten vgl. § 35.

V. Prozessuale Wirkungen (Absatz 2)

28 Hat das Insolvenzgericht die starke vorläufige Insolvenzverwaltung angeordnet, so hat dies die Unterbrechungswirkung des **§ 240 ZPO** zur Folge (BGH NZI 1999, 363). Für die Aufnahme von Aktivprozessen gilt Absatz 2, § 85 und für die Aufnahme bestimmter Passivprozesse § 86 entsprechend.

29 Die Unterbrechung gilt für **sämtliche formlichen Verfahren** und finden entsprechende Anwendung auch für Steuerfestsetzungsverfahren und sonstige (zB steuerliche) Rechtsbehelfsverfahren.

Aufhebung der Sicherungsmaßnahmen

25 (1) **Werden die Sicherungsmaßnahmen aufgehoben, so gilt für die Bekanntmachung der Aufhebung einer Verfügungsbeschränkung § 23 entsprechend.**

(2) [1] **Ist die Verfügungsbefugnis über das Vermögen des Schuldners auf einen vorläufigen Insolvenzverwalter übergegangen, so hat dieser vor der Aufhebung seiner Bestellung aus dem von ihm verwalteten Vermögen die entstandenen Kosten zu berichtigen und die von ihm begründeten Verbindlichkeiten zu erfüllen.** [2] **Gleiches gilt für die Verbindlichkeiten aus einem Dauerschuldverhältnis, soweit der vorläufige Insolvenzverwalter für das von ihm verwaltete Vermögen die Gegenleistung in Anspruch genommen hat.**

I. Grundlagen

1 § 25 hat zwei **Regelungsziele:** die Veröffentlichung der Aufhebung der Sicherungsmaßnahmen als actus contratius ihrer Anordnung **(Absatz 1)** und die vermögensrechtliche Abwicklung des vom vorläufigen Insolvenzverwalter verwalteten Vermögens im Fall der Aufhebung seiner Bestellung **(Absatz 2).** § 25 gilt außer bei Eröffnung des Insolvenzverfahrens für jede Form der Aufhebung der Sicherungsmaßnahmen, so bei Rücknahme und Erledigung des Insolvenzantrages, bei Abweisung des Antrages mangels Masse sowie bei Aufhebung einzelner Sicherungsmaßnahmen wegen Wegfalls des Sicherungsbedürfnisses im noch laufenden Eröffnungsverfahren.

II. Öffentliche Bekanntmachung (Absatz 1)

2 Für die Aufhebung der Verfügungsbeschränkungen gilt **§ 23** entsprechend, dh die Aufhebung der Verfügungsbeschränkung ist in derselben Weise bekannt zu machen, wie deren Anordnung. Dies schließt die Benachrichtigung der in § 23 Abs. 2 genannten Registergerichte ein. Da Absatz 1 nur auf die Bekanntmachung und nicht auch auf die Zustellungsvorschriften verweist, ist eine **Zustellung** an

die Drittschuldner entsprechend § 23 Abs. 1 S. 2 nicht erforderlich (Uhlenbruck/*Vallender* § 25 Rn. 22; MüKoInsO/*Haarmeyer* § 25 Rn. 28; HambK-InsO/*Schröder* § 25 Rn. 2).

III. Berichtigung von Verbindlichkeiten (Absatz 2)

Für die **Rechtsstellung des vorläufigen Insolvenzverwalters bei Abwicklung** seines Amtes gelten die gleichen Grundsätze wie bei seiner Bestellung. Wenn zugleich ein allgemeines Verfügungsverbot angeordnet war, ergegeben sich die Abwicklungsbefugnisse des vorläufigen Insolvenzverwalters kraft Gesetzes aus Absatz 2. War dagegen die rechtliche Stellung des Verwalters durch einzelne Anordnungen des Gerichts festgelegt, so sind die Abwicklungskompetenzen des Verwalters im Einzelnen zu bestimmen. Sie können nicht weiter gehen als die gesetzlichen Befugnisse des Verwalters im Fall des Absatz 2 (AG Duisburg DZWiR 2000, 306; mAnm *Smidt* DZWiR 2000, 308). 3

Da der **starke vorläufige Insolvenzverwalter** Masseverbindlichkeiten nach § 55 begründen kann, hat er diese gem. Absatz 2 zu berichtigen, ehe seine Rechtsstellung aufgehoben wird. Solange die Verbindlichkeiten nicht berichtigt sind und dies dem Gericht angezeigt ist, besteht die Verwaltungs- und Verfügungsbefugnis fort. Der vorläufige Insolvenzverwalter ist zur unverzüglichen Erfüllung der Aufgaben nach Absatz 2 verpflichtet, um die Aufhebung der Anordnungen endgültig herbeizuführen. 4

Unmittelbare **Ansprüche der Gläubiger** gegen den vorläufigen Insolvenzverwalter resultieren aus Absatz 2 grds. nicht (BGH NZI 2007, 99). Hat der vorläufige Insolvenzverwalter vom Schuldner zur Sicherheit abgetretene Forderungen eingezogen, obwohl der Sicherungsnehmer dem Schuldner die Einziehungsbefugnis entzogen hat, so steht dem Gläubiger bei Aufhebung der Sicherungsmaßnahmen jedoch ein **Erstattungsanspruch** gegen den vorläufigen Insolvenzverwalter auf Herausgabe der eingezogenen Beträge unabhängig davon zu, ob die Verfügungsbefugnis über das Vermögen des Schuldners auf ihn übergegangen war (BGH NZI 2007, 338). 5

Reicht die (vorläufige) Insolvenzmasse zur Befriedigung sämtlicher Verbindlichkeiten nicht aus, ist **§ 209 Abs. 1 Nr. 1, 3** entsprechend anzuwenden (HK-InsO/*Kirchhof* § 25 Rn. 7; AG Duisburg DZWiR 2000, 306). 6

Absatz 2 ist auf den schwachen vorläufigen Insolvenzverwalter nur zur Deckung der Verfahrenskosten im Rang des § 54 und nach einer ausnahmsweise erteilten Einzelermächtigung, Masseverbindlichkeiten nach § 55 begründen zu dürfen, entsprechend anwendbar (AG Duisburg DZWiR 2000, 306; LG Duisburg NZI 2001, 382: keine greifbare Gesetzeswidrigkeit). 7

IV. Rechtsmittel

Der Beschluss nach § 25 ist mangels gesetzlicher Regelung mir der sofortigen Beschwerde nach § 6 Abs. 1 **nicht anfechtbar** (OLG Celle NZI 2001, 306). Auch der vorläufige Verwalter hat kein Recht zur sofortigen Beschwerde gegen die Aufhebung eines allgemeinen Verfügungsverbots (BGH NZI 2007, 99; vgl. auch LG Berlin ZIP 2009, 1640). Ein Recht zur **außerordentliche Beschwerde** ist regelmäßig nicht eröffnet (LG Duisburg NZI 2001, 382). 8

Abweisung mangels Masse[1]

26 (1) [1]**Das Insolvenzgericht weist den Antrag auf Eröffnung des Insolvenzverfahrens ab, wenn das Vermögen des Schuldners voraussichtlich nicht ausreichen wird, um die Kosten des Verfahrens zu decken.** [2]**Die Abweisung unterbleibt, wenn ein ausreichender Geldbetrag vorgeschossen wird oder die Kosten nach § 4a gestundet werden.** [3]**Der Beschluss ist unverzüglich öffentlich bekannt zu machen.**

(2) [1]**Das Gericht ordnet die Eintragung des Schuldners, bei dem der Eröffnungsantrag mangels Masse abgewiesen worden ist, in das Schuldnerverzeichnis nach § 882b der Zivilprozessordnung an und übermittelt die Anordnung unverzüglich elektronisch dem zentralen Vollstreckungsgericht nach § 882h Abs. 1 der Zivilprozessordnung.** [2]**§ 882c Abs. 3 der Zivilprozessordnung gilt entsprechend.**

(3) [1]**Wer nach Absatz 1 Satz 2 einen Vorschuss geleistet hat, kann die Erstattung des vorgeschossenen Betrages von jeder Person verlangen, die entgegen den Vorschriften des Insolvenz- oder Gesellschaftsrechts den Antrag auf Eröffnung des Insolvenzverfahrens pflichtwidrig und schuldhaft nicht gestellt hat.** [2]**Ist streitig, ob die Person pflichtwidrig und schuldhaft gehandelt hat, so trifft sie die Beweislast.**

(4) [1]**Zur Leistung eines Vorschusses nach Absatz 1 Satz 2 ist jede Person verpflichtet, die entgegen den Vorschriften des Insolvenz- oder Gesellschaftsrechts pflichtwidrig und schuldhaft keinen Antrag auf Eröffnung des Insolvenzverfahrens gestellt hat.** [2]**Ist streitig, ob die Person pflichtwidrig und schuldhaft gehandelt hat, so trifft sie die Beweislast.** [3]**Die Zahlung des Vorschusses kann der vorläufige Insolvenzverwalter sowie jede Person verlangen, die einen begründeten Vermögensanspruch gegen den Schuldner hat.**

Schrifttum: *Heyer,* Eintragung ins Schuldnerverzeichnis nach § 26 InsO, Auskünfte und Löschungen, ZInsO 2004, 1127; *Hollinderbäumer,* Der Könner macht masselos „Konkurs" – Hintergründe und Lösungen, BB 2013, 1223; *Kauffmann,* die Unzulässigkeit der Berücksichtigung sonstiger Masseverbindlichkeiten bei der Verfahrenskostendeckungsprüfung, ZInsO 2006, 961; *Marotzke,* Kostenfreie Weiterverfolgung eines von Gläubigerseite gestellten Insolvenzantrags trotz Wegfalls der zugrundeliegenden Forderung?, ZInsO 2011, 841; *ders.,* Die Verfahrenskostenvorschusspflicht des GmbH-Geschäftsführers im Fall der Nichterfüllung seiner Insolvenzantragspflicht (§ 26 Abs. 4 InsO), ZInsO 2013, 1940; *Karsten Schmidt,* Insolvenzeröffnung mit Massekostenvorschuss – Vor einer neuerlichen Änderung des § 26 InsO, NJW 2011, 1255; *Smid,* Tragung von Massekosten und Masseverbindlichkeiten aus einer Sondermasse, die durch Rechtsverfolgung gem. § 93 InsO erzielt worden ist, ZInsO 2013, 1233; *Uhlenbruck,* Falsche Kostenentscheidung der Gerichte bei Antragsrücknahme und Abweisung des Konkursantrags mangels Masse?, KTS 1983, 341; *Zimmermann,* § 26 Abs. 4 InsO – oder: Was das ESUG, der Gesetzgeber und Aristoteles Onassis gemeinsam haben, ZInsO 2012, 396; *Zipperer,* Nichterweislichkeit des Insolvenzgrundes oder Abweisung mangels Masse: zum Rechnen mit Unbekannten, NZI 2003, 590.

[1] § 26 Abs. 1 S. 2 neu gef. mWv 1.12.2001 durch G v. 26.10.2001 (BGBl. I S. 2710); Abs. 3 Satz 3 aufgeh. mWv 15.12.2004 durch G v. 9.12.2004 (BGBl. I S. 3214); Abs. 1 Satz 3 angef. mWv 1.7.2007 durch G v. 13.4.2007 (BGBl. I S. 509); Abs. 2 neu gef. mWv 1.1.2013 durch G v. 29.7.2009 (BGBl. I S. 2258); Abs. 4 angef. mWv 1.3.2012 durch G v. 7.12.2011 (BGBl. I S. 2582).

Übersicht

I. Entstehungsgeschichte und Normzweck

1. Entstehungsgeschichte und Normänderungen. Die sog **Abweisung mangels Masse** entspricht einem seit langem geltenden Grundsatz des Insolvenzrechts, wonach das Verfahren aus dem Schuldnervermögen, der Insolvenzmasse, zu finanzieren ist und nicht zu Lasten insbes. des Fiskus gehen soll (so bereits *Jaeger*, 1

KO, 6. u. 7. Aufl. 1931, § 107 Anm. 1). **Absätze 1 und 2** gehen daher auf § 107 KO und § 4 Abs. 2 . 1 GesO zurück. **Absatz 3** ist ohne historisches Vorbild (dazu BT-Drs. 12/2443, 118, 119). Absatz 1 Satz 2 wurde mit Einführung der Kostenstundung (§§ 4a ff.) neugefasst durch Insolvenzrechtsänderungsgesetz v. 26.10.2001 (BGBl. I S. 2710). Absatz 1 Satz 3 wurde eingefügt durch Insolvenzverfahrensvereinfachungsgesetz v. 13.4.2007 (BGBl. I S. 509); Übergangsrecht hierzu Art. 103c EGInsO. Ein die Verjährung betreffender Satz 3 zu Absatz 3 wurde aufgehoben durch Gesetz v. 9.12.2004 (BGBl. I S. 3214). Absatz 3 Satz 1 wurde geändert durch das Gesetz zur Modernisierung des GmbH-Rechts und zur Bekämpfung von Mißbräuchen v. 23.10.2008 (BGBl. I S. 2026); Übergangsrecht hierzu Art. 103d EGInsO. Absatz 2 wurde geändert durch Gesetz zur Reform der Sachaufklärung in der Zwangsvollstreckung v. 29.7.2009 (BGBl. I S. 2258).

2 **Absatz 4** wurde eingefügt durch Gesetz zur weiteren Erleichterung der Sanierung von Unternehmen v. 7.12.2011 (BGBl. I S. 2582; Gesetzentwurf BT-Drs. 17/5712). Er war bereits im nicht umgesetzten Entwurf eines Gesetzes zur Entschuldung mitteloser Personen, zur Stärkung der Gläubigerrechte sowie zur Regelung der Insolvenzfestigkeit von Lizenzen v. 5.12.2007 (BT-Drs. 16/7416) vorgesehen.

3 **2. Normzweck.** Absatz 1 Satz 1 bekräftigt den Grundsatz, dass ein **Insolvenzverfahren aus der Insolvenzmasse finanziert** werden muss, die Kosten mithin rechtlich der Schuldner und wirtschaftlich die Insolvenzgläubiger zu tragen haben. Das Insolvenzverfahren soll nicht auf Kosten der Allgemeinheit durchgeführt werden (BT-Drs. 12/2443, 118). Es soll auch verhindert werden, dass mit der Eröffnung Verbindlichkeiten entstehen, für welche der Insolvenzverwalter gegebenenfalls persönlich haftet (§ 61). Umgekehrt soll die Insolvenzeröffnung gesichert werden, wenn realistisch zu erwarten ist, dass ausreichend Insolvenzmasse erwirtschaftet werden kann. Im Gegensatz zu § 107 KO (dazu Jaeger/*Schilken* § 26 Rn. 1–5; Kübler/Prütting/Bork/*Pape* § 26 Rn. 1 ff.; *Dinstühler* ZIP 1998, 1697) bedarf es zur Insolvenzeröffnung nur der Deckung der Kosten des Verfahrens nach § 54, Masseverbindlichkeiten nach § 55 sind nicht zu berücksichtigen (→ Rn. 25).

4 Absatz 2 dient dem **Schutz des Rechtsverkehrs.** Die Schutzfunktion des gerichtlichen Schuldnerverzeichnisses ist gering; sie wird weitgehend durch private Dienstleister erfüllt. Diese erhalten automatisiert Auskunft aus dem gerichtlichen Verzeichnis (§ 882g Abs. 2 ZPO, §§ 2 ff. SchuVVO).

5 Absätze 3 und 4 sollen die Bereitschaft zur **Zahlung eines Kostenvorschusses** erhöhen und an die Adresse insolvenzantragspflichtiger Organe (s. § 15a) die rechtzeitige Antragstellung befördern (BT-Drs. 12/2443, 118, 119; BR-Drs. 127/11, 34; krit. Jaeger/*Schilken* § 26 Rn. 10; FK-InsO/*Schmerbach* § 26 Rn. 98; Kübler/Prütting/Bork/*Pape* § 26 Rn. 1d, 1e; Karsten Schmidt/Uhlenbruck/*Karsten Schmidt*, Die GmbH in Krise, Sanierung und Insolvenz, Rn. 6.23 ff.).

6 Rechtspolitisch wird die Abweisung mangels Masse zu Recht kritisiert, da **Vermögensverschiebungen** und **-verschleierungen** möglicherweise **unentdeckt** bleiben und kriminelles Handeln nicht geahndet wird (eing. bereits *Karsten Schmidt*, Wege zum Insolvenzrecht der Unternehmen, 177 ff.; *Karsten Schmidt* ZIP 1982, 9; *Zipperer* NZI 2003, 590; *Karsten Schmidt* NJW 2011, 1255; *Hollinderbäumer* BB 2013, 1223).

7 **3. Anwendungsbereich der Norm.** Große Bedeutung hat die Norm im Regelinsolvenzverfahren über das Vermögen **juristischer Personen oder Gesellschaften ohne Rechtspersönlichkeit.** § 26 findet auch Anwendung in der Insolvenz der Genossenschaft (Aufhebung des § 100 GenG durch Art. 49 Nr. 17 EGInsO; dazu BT-Drs. 12/3803, 92; *Frege/Keller/Riedel* Rn. 2414). In der **Nachlassinsolvenz** ist § 26 mit der Folge der §§ 1990 ff. BGB anwendbar (zur Ab-

wägung BGHZ 85, 274 [280]; allg. MüKoBGB/*Siegmann* § 1990 Rn. 4; *Frege/Keller/Riedel* Rn. 2328). § 26 ist auch im inländischen **Partikularinsolvenzverfahren** nach §§ 354 ff. anwendbar (LG Stuttgart ZIP 2000, 1122; MüKoInsO/*Reinhart* § 354 Rn. 29; HK-InsO/*Kirchhof* § 26 Rn. 3; HK-InsO/*Stephan* § 354 Rn. 18).

8 Im Insolvenzverfahren über das Vermögen **natürlicher Personen** ist wegen der **Kostenstundung** nach §§ 4a ff. die praktische Bedeutung des § 26 gering. § 26 ist wie auch § 207 anwendbar, wenn der Schuldner wegen evidenten Vorliegens von Versagungsgründen nach § 290 Abs. 1 keine Kostenstundung erhält oder diese nach § 4c vorzeitig aufgehoben wird (Jaeger/*Schilken* § 26 Rn. 8; Uhlenbruck/*Vallender* § 26 Rn. 5; HK-InsO/*Kirchhof* § 4a Rn. 8).

II. Voraussetzungen der Abweisung mangels Masse (Absatz 1 Satz 1)

9 **1. Tatbestandsvoraussetzungen als unbestimmte Rechtsbegriffe.** Die Tatbestandsvoraussetzungen des Absatz 1 Satz 1 sind als **unbestimmte Rechtsbegriffe** zu verstehen. Objektiv zu bewerten und festzustellen sind der Wert des Vermögens des Schuldners und die Kosten des Insolvenzverfahrens nach § 54 InsO; diese sind für die gesamte Dauer des Verfahrens mit Beendigung nach §§ 188 ff., 200 zu bestimmen (BGH NZI 2003, 324 = ZIP 2003, 2172; HambK-InsO/*Denkhaus* § 26 Rn. 6; HK-InsO/*Kirchhof* § 26 Rn. 4). Beurteilungsspielraum besteht in der Bewertung des Schuldnervermögens durch das Tatbestandsmerkmal „voraussichtlich"; es erlaubt eine prognostische **Schätzung der Entwicklung der künftigen Insolvenzmasse** (nach HambK-InsO/*Denkhaus* § 26 Rn. 6 dreifache Prognose mit Schätzung des Zeitpunkts des Vorhandenseins liquider Mittel). Mögliche Masseverbindlichkeiten und eine mögliche Masseunzulänglichkeit nach §§ 208 ff. sind nicht zu berücksichtigen (→ Rn. 25), ebenfalls muss sich keine Befriedigungsaussicht für Insolvenzgläubiger ergeben (HambK-InsO/*Denkhaus* § 26 Rn. 1). Auch eine Verfahrenseinstellung nach § 207 kurz nach Eröffnung ist hinzunehmen. Die Insolvenzeröffnung ist nicht mit der Begründung abzulehnen, dass die Einstellung nach § 207 absehbar oder wahrscheinlich ist.

10 **2. Erfassung und Bewertung des Vermögens.** Die Feststellung der Massekostendeckung erfordert eine Prüfung und Bewertung des schuldnerischen Vermögens als künftige Insolvenzmasse iSd §§ 35–37 InsO (Jaeger/*Schilken* § 26 Rn. 12; MüKoInsO/*Haarmeyer* § 26 Rn. 158 ff.; Kübler/Prütting/Bork/*Pape* § 26 Rn. 7 ff.; Uhlenbruck/*Vallender* § 26 Rn. 13 ff.; HambK-InsO/*Denkhaus* § 26 Rn. 9 ff.). Zu berücksichtigen ist das Vermögen, welches die **Soll-Masse im eröffneten Verfahren** bildet, insbes. bei natürlichen Personen ist auch der Neuerwerb zu berücksichtigen. Im Ausland befindliches Vermögen ist zu berücksichtigen, soweit die Anerkennung des deutschen Insolvenzverfahrens unproblematisch erscheint (MüKoInsO/*Haarmeyer* § 26 Rn. 22; Kübler/Prütting/Bork/*Pape* § 26 Rn. 8), iÜ sind im Ausland befindliche Vermögenswerte vorsichtig zu bewerten (Jaeger/*Schilken* § 26 Rn. 14). Vermögenswerte, die der Aussonderung unterliegen (§ 47), bleiben unberücksichtigt. In der Insolvenz von Sondervermögen wie Nachlass oder dem Gesamtgut der gemeinschaftlich verwalteten Gütergemeinschaft (§ 11 Abs. 2 Nr. 2) gilt das auch für das Eigenvermögen des Erben oder das Sonder- oder Vorbehaltsgut der Eheleute (zum Gesamtgut bei Insolvenz eines Ehegatten BGH WM 2006, 1343). An einzelnen Vermögenswerten lastende Absonderungsrechte (§§ 49 ff.) sind zu berücksichtigen, vom Wert des betreffenden Gegenstandes also abzuziehen (Jaeger/*Schilken* § 26 Rn. 14). Bei wertausschöpfend belasteten beweglichen Gegenständen und Forderungen, die dem Verwertungsrecht des Insolvenzverwalters unterliegen (§ 166),

sind die Kostenbeiträge des § 171 anzusetzen (Jaeger/*Schilken* § 26 Rn. 14; Kübler/Prütting/Bork/*Pape* § 26 Rn. 7); nicht selten reichen sie für eine Kostendeckung bereits aus. Soweit einzelne Absonderungsrechte der Insolvenzanfechtung oder der Rückschlagsperre (§ 88) unterliegen, ist dies zu beachten.

11 **Verwertungskosten** oder Umsatzsteuer, die Masseverbindlichkeiten nach § 55 Abs. 1 Nr. 1 sind, sind nicht zu berücksichtigen, von der Insolvenzmasse also nicht abzuziehen, sie sind den Kosten des Verfahrens gegenüber nachrangig (§ 209 Abs. 1 Nr. 2 oder 3). Das gilt auch für die Abführung der nach § 171 Abs. 2 S. 3 eingenommenen Umsatzsteuer (anders Kübler/Prütting/Bork/*Pape* § 26 Rn. 7). Teilw. wird empfohlen, Masseverbindlichkeiten, die zwingend anfallen, als Auslagen des Insolvenzverwalters zu bedienen und den Auslagenbegriff des § 4 Abs. 2 InsVV großzügig zu definieren (Jaeger/*Schilken* § 26 Rn. 24; Kübler/Prütting/Bork/*Pape* § 26 Rn. 9c). Der BGH hat dies nur für notwendige Steuerberatungskosten im Kostenstundungsverfahren zugelassen (BGHZ 160, 176 = NZI 2004, 577 = ZIP 2004, 1717; bestätigt in BGH NZI 2014, 399). Eine weitere Ausdehnung dieser Rspr. auf andere Verfahrensarten und andere Verbindlichkeiten ist angesichts der eindeutigen Wertung des Gesetzgebers im Regelungszusammenhang der §§ 26, 54 und 209 Abs. 1 krit. zu beurteilen (Uhlenbruck/*Vallender* § 26 Rn. 11, 12; HambK-InsO/*Denkhaus* § 26 Rn. 24; dazu auch Gottwald InsR-HdB/*Vallender*/*Gundlach* § 15 Rn. 11).

12 **a) Bewertung des Schuldnervermögens. aa) Unbewegliches Vermögen.** Unbewegliches Vermögen (§ 864 ZPO) ist mit dem **Verkehrswert** zu bewerten, der bei freihändiger Verwertung **unter Berücksichtigung der Absonderungsrechte** erzielt werden kann (BGH WM 2011, 505). Zu berücksichtigen sind der bauliche Zustand von Gebäuden und die mögliche Kontamination mit Altlasten oder Müll. Gehört das unbewegliche Vermögen zum Betriebsvermögen, ist grds. der Einzelliquidationswert und nicht der Fortführungswert maßgebend. Eine Unternehmensfortführung ist praktisch kaum möglich, wenn Abweisung mangels Masse droht (Jaeger/*Schilken* § 26 Rn. 13; HK-InsO/*Kirchhof* § 26 Rn. 6; *Haarmeyer* ZInsO 2001, 103). Bei Grundschulden ist nicht der im Grundbuch eingetragene Nennbetrag maßgebend sondern die Forderung, welche durch die Grundschuld gesichert wird. Würde man den Nennbetrag ansetzen, müsste in Höhe der Differenz zur gesicherten Forderung zu Gunsten des Schuldners der sicherungsvertragliche Rückgewähranspruch berücksichtigt werden. Vorsichtig wird unbewegliches Vermögen, das über den Verkehrswert hinaus mit Grundpfandrechten belastet ist, mit einem Erinnerungswert berücksichtigt.

13 **bb) Körperliche Gegenstände.** Bei der Bewertung körperlicher Gegenstände sind nach § 811 Abs. 1 ZPO **unpfändbare Gegenstände** unberücksichtigt zu lassen (§ 36 Abs. 1 S. 1). IÜ ist von den Einzelliquidationswerten unter Berücksichtigung wirksam bestehender Absonderungsrechte (§§ 50, 51) auszugehen.

14 **cc) Forderungen und sonstige Vermögenswerte.** Sie sind zu berücksichtigen, soweit sie zur Insolvenzmasse unter Berücksichtigung des § 36 Abs. 1 S. 2 oder auch des § 851 ZPO gehören (eing. → § 36 Rn. 4, 13; HK-InsO/*Keller* § 36 Rn. 27 ff.). In der Insolvenz der natürlichen Person kann auch der **Prozeßkostenvorschussanspruch** des § 1360a Abs. 4 BGB beachtlich sein, wenn die Verbindlichkeiten wesentlich aus vorehelicher Zeit stammen (zu § 4a BGHZ 156, 92; HambK-InsO/*Denkhaus* § 26 Rn. 11). Einzusetzen sind auch **Ansprüche aus Insolvenzanfechtung** (§§ 129 ff.) oder Ansprüche aus Gesellschaftsrecht (zB § 64 GmbHG; zu deren Bewertung Jaeger/*Schilken* § 26 Rn. 13; Kübler/Prütting/Bork/*Pape* § 26 Rn. 7; HambK-InsO/*Denkhaus* § 26 Rn. 10; *Karsten Schmidt*, Wege zum Insolvenzrecht der Unternehmen, 77, 177). Auch **Ansprüche,** die der Insolvenzverwalter nach § 93 **gegen persönlich haftende Gesell-**

schafter geltend macht, sollen berücksichtigt werden (AG Hamburg ZInsO 2007, 1283; HK-InsO/*Kirchhof* § 26 Rn. 7; HambK-InsO/*Denkhaus* § 26 Rn. 10; Kübler/Prütting/Bork/*Pape* § 26 Rn. 7). Der BGH erwähnt nur nebenbei, dass § 93 auch einen Beitrag zur Überwindung der Masselosigkeit leiste (BGHZ 178, 171 [174]). Die Berücksichtigung der Ansprüche aus § 93 ist zweifelhaft, da diese Ansprüche nicht Teil der Insolvenzmasse sind und den Gläubigern zustehen, denen die Gesellschafter persönlich haften (eing. → § 93 Rn. 34 ff., 42; eing. auch *Smid* ZInsO 2013, 1233; der Gesellschafter selbst haftet auch nicht für die Kosten des Insolvenzverfahrens der Gesellschaft, BGH NZI 2009, 841 = ZIP 2009, 2204; dazu *Berger* EWiR 2013, 775). Einzusetzen sind Nachschüsse der Genossen bei Nachschusspflicht nach §§ 105 ff. GenG (Jaeger/*Schilken* § 26 Rn. 14; Kübler/Prütting/Bork/*Pape* § 26 Rn. 7a; HK-InsO/*Kirchhof* § 26 Rn. 7); hier ist die Zahlungsfähigkeit eines jeden Genossen besonders zu prüfen.

Bei der Bewertung von Forderungen sind die Bonität des Drittschuldners und die Durchsetzbarkeit zu berücksichtigen (Jaeger/*Schilken* § 26 Rn. 13). Hier sind regelmäßig Wertberichtigungen auf den voraussichtlichen **Realisierungswert** vorzunehmen (eing. *Frege/Riedel*, Schlussbericht und Schlussrechnung, Rn. 187 ff.). Künftige Forderungen des Schuldners gegen Dritte sind entsprechend ihrer Wahrscheinlichkeit des Entstehens während des Insolvenzverfahrens zu berücksichtigen (zur Feststellung der Zahlungsunfähigkeit LG Hamburg ZIP 2012, 1724). 15

Bei aufrechenbaren Forderungen ist nur ein zur Masse fließender nicht aufrechenbarer Betrag anzusetzen (Jaeger/*Schilken* § 26 Rn. 15; Kübler/Prütting/Bork/*Pape* § 26 Rn. 7a; HK-InsO/*Kirchhof* § 26 Rn. 8). 16

b) Zeitlicher Verwertungshorizont. Die Bewertung des schuldnerischen Vermögens hat unter Berücksichtigung der voraussichtlichen und für die Verwertung angemessenen **Dauer des Insolvenzverfahrens** erfolgen (BGH NZI 2003, 324 = ZIP 2003, 2172; Jaeger/*Schilken* § 26 Rn. 19; Uhlenbruck/*Vallender* § 26 Rn. 8, 15 ff.; HK-InsO/*Kirchhof* § 26 Rn. 9). Es ist zu prüfen, ob und zu welchem Wert es während der Dauer eines Insolvenzverwalters verwertet werden kann (HK-InsO/*Kirchhof* § 26 Fn. 31). Übermäßige Schwierigkeiten der tatsächlichen Verwertung schmälern den Wertansatz (OLG Karlsruhe ZIP 1989, 1071; dazu *Pape* EWiR 1989, 799; OLG Schleswig ZIP 1996, 1051; Jaeger/*Schilken* § 26 Rn. 14; Uhlenbruck/*Vallender* § 26 Rn. 14). Bei Grundstücken kann es angemessen sein, einen längeren Verwertungshorizont anzusetzen. Wird bspw. ein Grundstück als werthaltig angesetzt, kann es im Insolvenzverfahren über mehrere Jahre aber doch nicht verwertet werden, weil bspw. bauplanungsrechtliche Vorgaben nicht hergestellt werden können, muss es als wertlos freigegeben werden; Einstellung nach § 207 kann dann die Folge sein. Zwar ist es allg. nicht Aufgabe eines vorläufigen Insolvenzverwalters und erst recht nicht eines Sachverständigen im Eröffnungsverfahren, durch Vorbereitung oder gar Durchführung von Verwertungsmaßnahmen oder durch Prozessführung Insolvenzmasse zu generieren und dadurch eine Insolvenzeröffnung zu ermöglichen (OLG Hamm ZIP 2005, 362; aA OLG Köln ZIP 2004, 2451). In der Rechtspraxis ist dies aber nicht selten der Fall, etwa bei Vorfinanzierung von Insolvenzgeld, Vorbereitung übertragender Sanierung eines Geschäftsbetriebes oder Optimierung der Verwertbarkeit von Grundbesitz durch Beförderung der Änderung eines Bebauungsplans (dazu *Keller* ZIP 2008, 1615). 17

Das **laufende Arbeitseinkommen** des Schuldners ist als Neuerwerb bis zur Verwertung des sonstigen Vermögens zu berücksichtigen (§ 196). Ist dem Schuldner Kostenstundung gewährt (§ 4a), sind das laufende Arbeitseinkommen oder gleichgestellte Bezüge vorrangig zur Kostendeckung zu verwenden (arg. ex § 53). 18

19 **3. Kosten des Insolvenzverfahrens.** Als **Kosten des eröffneten Insolvenzverfahrens** sind diejenigen nach § 54 anzusetzen (BT-Drs. 12/7302, 158; Uhlenbruck/*Vallender* § 26 Rn. 8 ff.; HambK-InsO/*Denkhaus* § 26 Rn. 18 ff. mit Musterberechnung in Rn. 20). Es sind dies die gerichtlichen Kosten des Verfahrens nach § 54 Nr. 1 und die Vergütungen nach § 54 Nr. 2. Die Kosten nach § 54 Nr. 1 und 2 sind gleichrangig zu behandeln.

20 **a) Gerichtliche Kosten.** Die **gerichtlichen Gebühren** sind **für das gesamte Insolvenzverfahren** bis zur Beendigung nach § 200 zu bestimmen. Ein Restschuldbefreiungsverfahren ist nicht Teil des Insolvenzverfahrens, dessen Kosten sind nicht einzubeziehen. Die Kosten des Insolvenzverfahrens bestimmen sich nach KV GKG 2310 ff. (eing. *Keller,* Vergütung und Kosten im Insolvenzverfahren, Rn. 800 ff.; Keller/*von König,* HdB Zwangsvollstreckungsrecht, Rn. 9.170 ff.). Für das Verfahren über den Antrag auf Eröffnung eines Insolvenzverfahrens wird nach KV GKG 2310, 2311 eine halbe Gebühr erhoben. Hat ein Gläubiger Antrag auf Insolvenzeröffnung gestellt, gilt eine Mindestgebühr von 180 EUR. Die **Antragsgebühr** entsteht und wird fällig mit Antragstellung (§ 6 Abs. 1 Nr. 2 GKG); Kostenschuldner ist nach § 23 Abs. 1 GKG der Antragsteller. Nach Verfahrenseröffnung hat ein antragstellender Gläubiger gegen die Masse einen Erstattungsanspruch im Range der Gerichtskosten nach § 54 Nr. 1 InsO, sodass praktisch keine Kostenhaftung des Gläubigers in Betracht kommt (Kübler/Prütting/Bork/*Pape* § 54 Rn. 9; *Keller,* Vergütung und Kosten im Insolvenzverfahren, Rn. 809). Die Antragsgebühr ist daher in die Massekostendeckung einzubeziehen.

21 Mit Eröffnung des Insolvenzverfahrens entsteht die **Verfahrensgebühr** nach KV GKG 2320 oder KV GKG 2330 (Fälligkeit § 6 Abs. 1 Nr. 2 GKG). Sie beträgt grds. das Dreifache des Gebührensatzes nach § 34 GKG; Gegenstandswert ist die Insolvenzmasse im Zeitpunkt der Beendigung des Verfahrens (§ 58 GKG). Die Verfahrensgebühr ermäßigt sich, wenn das Insolvenzverfahren durch Einstellung mangels Masse nach § 207 oder bei Masseunzulänglichkeit nach §§ 208, 211, 212, 213 vorzeitig beendet wird. Es wird ferner differenziert, ob die Einstellung des Verfahrens vor oder nach dem Ende des allgemeinen Prüfungstermins nach § 176 erfolgt. Bei Eröffnung des Insolvenzverfahrens auf Antrag eines Gläubigers ermäßigt sich die Verfahrensgebühr bei Einstellung vor dem Prüfungstermin nach KV GKG 2331 auf den einfachen Satz; zusammen mit der Gebühr nach KV GKG 2311 ist dann eine 1,5fache Gebühr zu erheben. Bei Einstellung nach dem Prüfungstermin beträgt der ermäßigte Gebührensatz nach KV GKG 2332 das Doppelte der Gebühr nach § 34 GKG (eing. *Keller,* Vergütung und Kosten im Insolvenzverfahren, Rn. 828 ff.).

22 Anzusetzen sind **gerichtliche Auslagen** des Verfahrens (KV GKG 9000 ff.). Zu nennen sind insbes. die Kosten gerichtlicher Zustellungen nach KV GKG 9002, soweit nicht durch Aufgabe zur Post entsprechend § 184 ZPO erfolgt (Uhlenbruck/*Pape* § 8 Rn. 3; Kübler/Prütting/Bork/*Prütting* § 8 Rn. 13; Nerlich/Römermann/*Becker* § 8 Rn. 10 ff.; *Keller* NZI 2002, 581); ferner die Kosten öffentlicher Bekanntmachungen nach KV GKG 9004 (1 EUR je Bekanntmachung im Internet; öffentliche Bekanntmachung in Printmedien in voller Höhe; eing. HK-InsO/*Kirchhof* § 9 Rn. 3); zuletzt die Vergütung eines Sachverständigen nach KV GKG 9005 insbes. für den Sachverständigen im Insolvenzeröffnungsverfahren, aber auch für einen Sachverständigen zur Schlussrechnungsprüfung (dazu *Keller* Rpfleger 2011, 66).

23 **b) Vergütungsansprüche.** Als **Vergütungsansprüche** aus § 54 Nr. 2 sind die Vergütung **des vorläufigen Insolvenzverwalters** nach § 21 Abs. 2 Nr. 1, §§ 63, 65 mit § 11 InsVV, die **des Insolvenzverwalters** nach §§ 63 ff. mit §§ 2 ff. InsVV oder des Treuhänders nach § 13 InsVV und die der Mitglieder **eines Gläubigerausschusses** nach § 73 mit § 17 InsVV anzusetzen. Den Ver-

gütungen des vorläufigen Insolvenzverwalters wie des Insolvenzverwalters ist die Insolvenzmasse prognostisch nach § 1 InsVV (bei vorläufigem Insolvenzverwalter mit Besonderheiten des § 11 InsVV) zu Grunde zu legen. Es sind auch mögliche Erhöhungs- oder Kürzungstatbestände des § 3 InsVV sowie Auslagen und Umsatzsteuer nach §§ 4, 7, 8 InsVV zu berücksichtigen.

Bei der Berechnung der Massekostendeckung muss und kann noch **keine detaillierte Prognose der Vergütungen** verlangt werden. Es ist aber nicht ausreichend, wenn Vergütungen nur mit einem nicht weiter plausibilisierten Geldbetrag angesetzt werden. In der Rechtspraxis ist zu beobachten, dass Vergütungen gerne moderat prognostiziert werden, um eine Verfahrenseröffnung zu ermöglichen. Sind im eröffneten Verfahren die Vergütungen höher, kann es zu Masseunzulänglichkeit oder Masselosigkeit kommen. Das ist hinzunehmen; der Insolvenzverwalter ist bei der endgültigen Vergütungsbestimmung nicht an eine Prognose bei Verfahrenseröffnung gebunden. Es ist iÜ nicht statthaft, Vergütungen zu kürzen oder nach § 3 Abs. 1 InsVV berechtigte Erhöhungen mit dem Hinweis zu verwehren, es könnte sonst Masseunzulänglichkeit eintreten (BGH NZI 2004, 251 = ZIP 2004, 518). 24

4. Keine Berücksichtigung künftiger Masseverbindlichkeiten. Bei der Prüfung der Massekostendeckung sind nach dem ausdrücklichen Willen des Gesetzgebers **mögliche Masseverbindlichkeiten nach § 55** im eröffneten Insolvenzverfahren nicht zu berücksichtigen (BT-Drs. 12/2443, 118; LG Berlin ZInsO 2000, 226; AG Neuruppin ZIP 1999, 1687; AG Neu-Ulm NZI 2000, 386; Jaeger/*Schilken* § 26 Rn. 19 ff.; MüKoInsO/*Haarmeyer* § 26 Rn. 15; Uhlenbruck/*Vallender* § 26 Rn. 6, 9, 10; Kübler/Prütting/Bork/*Pape* § 26 Rn. 9; HambK-InsO/*Denkhaus* § 26 Rn. 23; HK-InsO/*Kirchhof* § 26 Rn. 15; FK-InsO/*Schmerbach* § 26 Rn. 6a). Damit soll die Zahl der Verfahrenseröffnungen gefördert werden. Der Missstand der Abweisung mangels Masse besteht gerade darin, dass Vermögenswerte verschleiert und unentdeckt bleiben können, die bei Verfahrenseröffnung aufgedeckt werden könnten. Nicht selten ergeben sich für den Insolvenzverwalter gerade erst im eröffneten Verfahren Anfechtungsansprüche oder gesellschaftsrechtliche Haftungsansprüche, die zunächst nicht erkannt werden konnten. Die Abweisung mangels Masse auch mit dem Argument, das Verfahren müsse alsbald nach § 208 oder § 207 eingestellt werden, birgt daher die Gefahr, dass unentdeckte Vermögenswerte unentdeckt bleiben. Die Insolvenzeröffnung sichert für die juristische Person daneben auch eine „standesgemäße Beerdigung", auch wenn das Verfahren nach § 207 eingestellt wird. Für die Insolvenzgläubiger bietet die Insolvenzeröffnung ferner die Möglichkeit der Forderungsfeststellung (§§ 176 ff., 201), mit welcher bspw. Ansprüche nach § 823 Abs. 2 BGB iVm § 15a gegen ehemalige gesetzliche Vertreter leichter geltend gemacht werden können. Gleichwohl wird vertreten, dass zumindest **„unausweichliche" Masseverbindlichkeiten** in die Kostendeckung einzubeziehen seien (so AG Charlottenburg ZIP 1999, 1687 = ZInsO 1999, 597 m. abl. Anm. *Pape*; für Berücksichtigung sog Fortführungskosten Nerlich/Römermann/*Mönning* § 26 Rn. 19 ff.; *Voigt-Salus* ZIP 2004, 1541; eing. Kübler/Prütting/Bork/*Pape* § 26 Rn. 1b, 9b, 9c; *Hess* § 26 Rn. 23 ff.; Braun/*Herzig* § 26 Rn. 14 ff.; *Breitenbücher,* Masseunzulänglichkeit, 2008, 70, 91, 128; *Kauffmann* ZInsO 2006, 961). 25

III. Verfahrensgang

1. Feststellung der Massekostendeckung. a) Zulässigkeit und Begründetheit des Insolvenzantrags. Die Abweisung mangels Masse setzt einen **zulässigen** und **begründeten Insolvenzantrag** voraus (BGH ZIP 2006, 1056; HK-InsO/*Kirchhof* § 26 Rn. 18; HambK-InsO/*Denkhaus* § 26 Rn. 56; Jaeger/ 26

Schilken § 26 Rn. 27; zu den Entscheidungsalternativen Gottwald InsR-HdB/ *Gundlach* § 16 Rn. 2, 3, 4). Ein unzulässiger oder unbegründeter Insolvenzantrag ist kostenpflichtig zurückzuweisen. Auf Massekostendeckung kommt es dann nicht an). Ein Gläubigerantrag kann nicht ohne gleichzeitige Entscheidung über einen Eigenantrag des Schuldners mangels Masse abgewiesen werden. Der Schuldner kann einen Eröffnungsantrag nebst Antrag auf Stundung der Verfahrenskosten und Restschuldbefreiung unter der prozessualen Bedingung stellen, dass das Insolvenzgericht auf einen Gläubigerantrag seine – vom Schuldner bestrittene – internationale Zuständigkeit bejahe (BGH NJW 2012, 503 = ZIP 2012, 582; BGH ZIP 2010, 888).

27 **b) Amtsermittlung und Sachverständigenbeauftragung.** Das Insolvenzgericht hat die **Massekostendeckung von Amts wegen zu prüfen** (OLG Köln ZIP 2000, 551; LG Arnsberg ZInsO 2002, 680; MüKoInsO/*Haarmeyer* § 26 Rn. 14). Angaben des Schuldners in seinem Insolvenzantrag oder seiner Auskunft ersetzen die Amtsermittlung nicht. Der Schuldner ist nach §§ 20, 97 mitwirkungspflichtig (Jaeger/*Schilken* § 26 Rn. 18).

28 In der **Insolvenz des Verbrauchers** (§ 304) ist der **amtliche Vordruck** nach § 305 Abs. 5 S. 2 mit VbrInsVV verbindlich. Er enthält detaillierte Vorgaben zu einzelnen Vermögenswerten, aus welchen das Gericht die mögliche Massekostendeckung ersehen und prüfen kann. Ergibt sich hieraus unzweifelhaft die Masselosigkeit, sind weitere Ermittlungen nicht erforderlich.

29 Das Gericht kann zur Prüfung der Kostendeckung einen **Sachverständigen** beauftragen (§ 5 Abs. 1 S. 2). Es ist dies regelmäßig der vorläufige Insolvenzverwalter, wenn vorläufige Verwaltung angeordnet wird (eing. → § 22 Rn. 41 ff.). Für den sog starken vorläufigen Insolvenzverwalter ergibt sich die gutachterliche Tätigkeit aus § 22 Abs. 1 Nr. 3, der sog schwache vorläufige Insolvenzverwalter ist als Sachverständiger gesondert zu bestellen. Die Vergütung des Sachverständigen nach § 9 JVEG gehört zu den gerichtlichen Kosten des Eröffnungsverfahrens nach KV GKG 9005 (eing. auch zur Frage der Zweitschuldnerhaftung des Gläubigers *Keller*, Vergütung und Kosten im Insolvenzverfahren, Rn. 823).

30 Für eine Insolvenzeröffnung muss die ausreichende Kostendeckung zur **vollen Überzeugung des Gerichts** feststehen. Bleiben (auch nach Sachverständigengutachten) Zweifel an der Kostendeckung, ist die Insolvenzeröffnung abzuweisen (zum Zweitinsolvenzantrag BGH ZIP 2002, 1695; AG Göttingen ZVI 2008, 388; zur Abweisung wegen Nichterweislichkeit des Insolvenzgrundes AG Magdeburg ZInsO 1999, 358; zur mangelnden Mitwirkung des Schuldners LG Stendal NZI 2008, 45).

31 **2. Vorrang der Kostenstundung (Absatz 1 Satz 2).** Die **Abweisung** mangels Masse **unterbleibt,** wenn dem Schuldner **Kostenstundung** nach §§ 4a ff. gewährt werden kann (dazu → § 4a Rn. 11). Über den Antrag auf Kostenstundung ist vorrangig zu entscheiden. der Beschluss über Abweisung mangels Masse sollte erst nach Rechtskraft des Beschlusses über Versagung der Kostenstundung ergehen (HK-InsO/*Kirchhof* § 26 Rn. 21).

32 **3. Gewährung rechtlichen Gehörs.** Vor der Entscheidung nach § 26 ist dem **Antragsteller und** in jedem Fall dem **Schuldner** rechtliches Gehör zu gewähren. Die Anhörung erfolgt unter Übersendung des Sachverständigengutachtens oder, wenn ein solches nicht eingeholt ist (Verbraucherantrag, bei welchem keine Kostenstundung in Betracht kommt), unter Mitteilung der die angekündigte (oder zu erwartende) Abweisung mangels Masse tragenden Erwägungen (BGH ZIP 2004, 724; Uhlenbruck/*Vallender* § 26 Rn. 34 ff.; Kübler/Prütting/Bork/*Pape* § 26 Rn. 10, 12; HK-InsO/*Kirchhof* § 26 Rn. 20; HambK-InsO/*Denkhaus* § 26

Rn. 58). Die Schuldneranhörung kann unterbleiben, wenn er bereits sein Einverständnis zum Sachverständigengutachten erklärt hat.

Die Anhörung sollte mit der Aufforderung zur Zahlung eines Kostenvorschusses verbunden werden. Eine Stellungnahme- oder Zahlungsfrist von höchstens zwei Wochen – unter Berücksichtigung der Bearbeitungszeit der Justizkasse zur Übermittlung der Zahlungsanzeige – sollte nicht überschritten werden (HK-InsO/*Kirchhof* § 26 Rn. 20). 33

4. Anforderung eines Kostenvorschusses (Absatz 1 Satz 2). a) Bestimmung eines Kostenvorschusses. Die Abweisung mangels Masse unterbleibt, wenn ein ausreichender Kostenvorschuss geleistet wird. Diesen hat das Gericht durch **Fristsetzung** beim Antragsteller einzufordern. Die Höhe des Vorschusses bestimmt sich nach den voraussichtlichen Kosten des Verfahrens (BT-Drs. 12/2443, 118; BT-Drs. 12/7302, 158; Kübler/Prütting/Bork/*Pape* § 26 Rn. 14 ff.; eing. Gottwald InsR-HdB/*Gundlach* § 15 Rn. 14), gegebenenfalls nach dem Fehlbetrag unter Berücksichtigung des verwertbaren Vermögens. Die voraussichtlichen Kosten sollten nicht kleinlich angesetzt werden, es ist stets der Einzelfall maßgebend (HambK-InsO/*Denkhaus* § 26 Rn. 35). 34

b) Adressat der Anforderung. Die Anforderung des Kostenvorschusses richtet sich an den Antragsteller, bei **mehreren Antragstellern an jeden einzeln.** Auch bei Eigenantrag ist der Kostenvorschuss vom Schuldner anzufordern (KG NZI 2001, 380; Uhlenbruck/*Vallender* § 26 Rn. 23; Kübler/Prütting/Bork/*Pape* § 26 Rn. 13 ff.; HK-InsO/*Kirchhof* § 26 Rn. 22; anders Nerlich/Römermann/*Mönning* § 26 Rn. 33; dagegen Kübler/Prütting/Bork/*Pape* § 26 Rn. 11, 20; dazu auch Gottwald InsR-HdB/*Gundlach* § 15 Rn. 13). Dem Schuldner ist Gelegenheit zu geben, den Vorschuss bspw. durch Mittel Dritter erbringen zu können, etwa um Restschuldbefreiung erlangen zu können, wenn Kostenstundung nicht in Betracht kommt (FK-InsO/*Schmerbach* § 4a Rn. 42; HK-InsO/*Kirchhof* § 26 Rn. 22; Ermessen des Gerichts nach Jaeger/*Schilken* § 26 Rn. 58). Die Anforderung eines Kostenvorschusses erfolgt auch von der BaFin bei deren Antragstellung (§ 46b KWG, § 88 Abs. 1 VAG). 35

Die **Anforderung** erfolgt **mit angemessener Fristsetzung.** Zur Vorschusszahlung ist kein Antragsteller verpflichtet, es erfolgt daher keine kostenrechtliche Sollstellung an die Justizkasse. Die Anforderung des Kostenvorschusses ist selbständig nicht anfechtbar (OLG Köln ZIP 2000, 551; LG Göttingen NZI 2000, 438; LG Berlin ZInsO 2002, 681; Jaeger/*Schilken* § 26 Rn. 66; HK-InsO/*Kirchhof* § 26 Rn. 23). 36

Eine Vorschussanforderung unterbleibt, wenn der Antragsteller in seinem Insolvenzantrag bereits erklärt, einen solchen nicht leisten zu wollen. 37

c) Leistung eines Kostenvorschusses. Eine **Vorschussleistung** kann **durch** den **Antragsteller,** auch durch den **Schuldner** bei Fremdantrag oder **durch einen Dritten** erfolgen, insbes. auch durch einen Insolvenzgläubiger oder einen absonderungsberechtigten Gläubiger (allg. Jaeger/*Schilken* § 26 Rn. 55; MüKo-InsO/*Haarmeyer* § 26 Rn. 29). der Insolvenzverwalter, damit auch der vorläufige Insolvenzverwalter sind nicht zur Vorschusszahlung berechtigt (Uhlenbruck/*Vallender* § 26 Rn. 25; HK-InsO/*Kirchhof* § 26 Rn. 32). 38

Die Leistung des Kostenvorschusses erfolgt durch **Zahlung des Geldbetrages** an die Justizkasse zum angegebenen Insolvenzverfahren. Sie kann nicht an Bedingungen zum Verfahrensfortgang geknüpft werden (BGH NZI 2006, 35; Jaeger/*Schilken* § 26 Rn. 65; Uhlenbruck/*Vallender* § 26 Rn. 20; HambK-InsO/*Denkhaus* § 26 Rn. 39). Lediglich Zahlungszusagen oder Absichtserklärungen genügen als Vorschuss nicht (BGH NZI 2006, 35; LG Göttingen ZInsO 2007, 1358). Die Leistung durch **Stellung einer Bankbürgschaft** iSd § 108 ZPO (auch selbst- 39 schuldnerisch, § 239 BGB) soll ausreichend sein (Jaeger/*Schilken* § 26 Rn. 62; Kübler/Prütting/Bork/*Pape* § 26 Rn. 21; FK-InsO/*Schmerbach* § 26 Rn. 25).

40 Der Kostenvorschuss kann nur solange geleistet werden, wie ein wirksamer Insolvenzantrag vorliegt. Nimmt der Gläubiger seinen Insolvenzantrag nach Vorschussanforderung zurück, kann auch kein anderer Gläubiger mehr Vorschuss leisten (HK-InsO/*Kirchhof* § 26 Rn. 33).

41 **d) Verpflichtung zur Vorschusszahlung nach Absatz 4.** Nach Absatz 4 ist bei insolvenzantragspflichtigen Schuldnern diejenige **Person zur Zahlung** des **Kostenvorschusses** verpflichtet, die entgegen § 15a **keinen Antrag auf Insolvenzeröffnung** gestellt hat (krit. *Zimmermann* ZInsO 2012, 396; dagegen *Foerste* ZInsO 2012, 532). Die Pflicht zur Vorschussleistung trifft die gesetzlichen Vertreter oder vertretungsberechtigten Gesellschafter eines nach § 15a insolvenzantragspflichtigen Schuldners, aber auch Gesellschafter im Fall der Führungslosigkeit nach § 15a Abs. 3. Die Pflichtwidrigkeit und Schuldhaftigkeit des Unterlassens der Insolvenzantragstellung wird gesetzlich vermutet, die vorschusspflichtige Person trägt den Entlastungsbeweis (Absatz 4 Satz 2).

42 Die Anforderung des Vorschusses erfolgt durch den vorläufigen Insolvenzverwalter oder durch einen Insolvenzgläubiger **(Absatz 4 Satz 3).** Das Insolvenzgericht ist nicht zur Anforderung berechtigt. Ob durch die Vorschrift die Verfahrenseröffnung befördert wird, ist ähnlich wie bei Absatz 3 fraglich (krit. daher auch *Marotzke* ZInsO 2013, 1940). Denn das Insolvenzgericht wird mit der Entscheidung über die Insolvenzeröffnung nicht zuwarten können, bis der Vorschuss gezahlt wird. Es wird dann wieder auf Vorschussleistung des Gläubigers mit anschließendem Anspruch aus Absatz 3 ankommen. Allenfalls kann Absatz 4 die Bereitschaft zur rechtzeitigen Antragstellung durch den Vertreter eines insolvenzantragspflichtigen Schuldners fördern, um einer persönlichen Haftung zu entgehen.

43 **5. Beschluss über Abweisung mangels Masse. a) Inhalt.** Die **Abweisung** mangels Masse erfolgt durch **begründeten Beschluss** (Jaeger/*Schilken* § 26 Rn. 36; Uhlenbruck/*Vallender* § 26 Rn. 33; mit Muster *Frege/Keller/Riedel* Rn. 739). Die Begründung muss keine detaillierte Berechnung der Massekostendeckung enthalten, sie muss aber für den Antragsteller plausibel sein. In der Regel der Unternehmensinsolvenz kann auf das Sachverständigengutachten Bezug genommen werden.

44 Mit der Abweisung mangels Masse ist der Insolvenzantrag zurückgewiesen, das Insolvenzeröffnungsverfahren ist beendet. Angeordnete **Sicherungsmaßnahmen** nach § 21 sind **aufzuheben.** Die Wirkung der Aufhebung sollte von der Rechtskraft des Beschlusses abhängig gemacht werden.

45 **b) Kostenfolge.** Bei Abweisung mangels Masse sind die Kosten des Verfahrens dem **Schuldner als Entscheidungsschuldner** nach § 29 Nr. 1 GKG aufzuerlegen. Dies gilt insbes. beim Fremdantrag, denn die Abweisung erfolgt auf Grund eines begründeten Insolvenzantrages, also bei Zahlungsunfähigkeit und/oder Überschuldung, allein wegen mangelnder Kostendeckung. Die Abweisung mangels Masse ist daher als ein Obsiegen des Antragstellers zu betrachten (LG München I ZInsO 2002, 42; Nerlich/Römermann/*Mönning* § 26 Rn. 53; Uhlenbruck/*Vallender* § 26 Rn. 33, 38; Gottwald InsR-HdB/*Gundlach* § 16 Rn. 18 ff.; *Frege/Keller/Riedel* Rn. 2564; aA LG Frankfurt a. M. Rpfleger 1986, 496; LG Münster DZWIR 2000, 122; AG Göttingen ZInsO 2003, 1156). Es wird auch vertreten, dass der antragstellende Gläubiger seinen Antrag für in der Hauptsache erledigt erklärt (§ 91a ZPO) beziehungsweise sein Schweigen als solches auszulegen sei, wenn er über die Masselosigkeit informiert wird (HK-InsO/*Kirchhof* § 26 Rn. 25). Relevant ist dies nur, wenn der Gläubiger der Meinung ist, das

Vermögen sei kostendeckend und das Insolvenzverfahren müsse eröffnet werden. Dann sollen ihm die Kosten des Verfahrens auferlegt werden (Jaeger/*Schilken* § 26 Rn. 74; MüKoInsO/*Ganter/Lohmann* § 4 Rn. 27; MüKoInsO/*Haarmeyer* § 26 Rn. 33; HK-InsO/*Kirchhof* § 26 Rn. 25).

Der **antragstellende Gläubiger** ist in jedem Fall Schuldner für Gebühren und Auslagen des Eröffnungsverfahrens nach § 23 Abs. 1 GKG. Die Kostenentscheidung gegen den Schuldner nach § 29 Nr. 1 GKG entbindet den Gläubiger nicht von der gesetzlichen Kostenhaftung (LG Münster NZI 2000, 383; *Frege/Keller/Riedel* Rn. 2564; *Uhlenbruck* KTS 1983, 341). Der Gläubiger haftet auch für die **Sachverständigenkosten** nach KV GKG 9005 (OLG Düsseldorf ZIP 2009, 1172; LG Göttingen NZI 2009, 729 = ZVI 2009, 515; LG Bonn NZI 2009, 897 = ZVI 2010, 74; AG Bremen NZI 2009, 855). Dies wird mit dem Argument bestritten, die Abweisung mangels Masse sei keine Abweisung iSd § 23 Abs. 1 S. 2 GKG, da sie eben nur mangels Kostendeckung erfolge (AG Göttingen ZIP 2009, 1532 = ZVI 2009, 227); daher hafte der Gläubiger nicht für die Auslagen. Dem ist nicht zuzustimmen. 46

Bei Auferlegung der Kosten an den Schuldner (§ 29 Nr. 1 GKG) haften dieser und der antragstellende Gläubiger nach § 31 GKG als Gesamtschuldner **(Zweitschuldnerhaftung).** Verneint man, die Haftung des Gläubiger für Sachverständigenkosten (AG Göttingen ZIP 2009, 1532 = ZVI 2009, 227), beschränkt sich die gesamtschuldnerische Haftung des Gläubigers auf die Gebühr nach KV GKG 2311. Die gesamtschuldnerische Haftung des Gläubiger hat gerade bei der GmbH große praktische Bedeutung: Die Kosten des Verfahrens werden trotz § 31 Abs. 2 GKG durch die Staatskasse sogleich dem Gläubiger in Rechnung gestellt, da wegen Abweisung mangels Masse ein dauerndes Unvermögen des Schuldners zur Zahlung offenkundig ist (§ 10 Abs. 1 und Abs. 2 Nr. 1 KostVfg; OLG München ZIP 1987, 48 = Rpfleger 1986, 450; dazu *Lappe* EWiR 1987, 161). 47

c) Bekanntmachung. Der Abweisungsbeschluss ist dem Antragsteller und dem Schuldner zuzustellen (§ 4 mit § 329 Abs. 2 S. 2 ZPO), soweit bestellt auch dem vorläufigen Insolvenzverwalter mitzuteilen (keine Zustellung, da kein Beschwerderecht). Die **Abweisung ist** zusätzlich nach § 9 **öffentlich bekanntzumachen** (Absatz 1 Satz 3), es gilt auch § 9 Abs. 3 (MüKoInsO/*Haarmeyer* § 26 Rn. 37; HK-InsO/*Kirchhof* § 26 Rn. 26; HambK-InsO/*Denkhaus* § 26 Rn. 62). 48

Der Abweisungsbeschluss ist dem zuständigen Registergericht zu übermitteln (§ 31 Nr. 2; dort → § 31 Rn. 11). Soweit eine Verfügungsbeeinträchtigung des § 21 Abs. 2 Nr. 2 mit §§ 23 und 32 im Grundbuch eingetragen ist, ist mit deren Aufhebung um Löschung zu ersuchen. Nach Abschnitt XIIa Abschnitt 2 Abs. 2 Nr. 1–5 der Anordnung über Mitteilungen in Zivilsachen (MiZi) sind weitere Stellen zu benachrichtigen. 49

d) Sofortige Beschwerde. Die Abweisung mangels Masse ist für den Antragsteller und den Schuldner mit sofortiger Beschwerde angreifbar (Jaeger/*Schilken* § 26 Rn. 79; MüKoInsO/*Haarmeyer* § 26 Rn. 38; HK-InsO/*Kirchhof* § 26 Rn. 27). Der Schuldner ist auch dann beschwerdebefugt, wenn er selbst Insolvenzantrag gestellt hat. Ein vorläufiger Insolvenzverwalter ist nicht beschwerdebefugt (BGH ZIP 2007, 1134). 50

Mit der sofortigen Beschwerde kann gerügt werden, das Gericht habe **das schuldnerische Vermögen unzutreffend bewertet** oder den **Kostenvorschuss zu hoch** angesetzt (Jaeger/*Schilken* § 26 Rn. 78). Da das Beschwerdeverfahren Tatsacheninstanz ist (§ 574 ZPO), kann der Kostenvorschuss noch geleistet werden (LG Potsdam ZInsO 2002, 779; LG Cottbus ZInsO 2002, 296). Ob der Schuldner auch die Erfüllung der Forderung des antragstellenden Gläubigers einwenden kann, ist streitig, nach zutreffender Ansicht aber zu verneinen (BGH NZI 2011, 106; eing. → § 34 Rn. 45). 51

52 Die Kostenentscheidung kann nach **§ 99 Abs. 1 ZPO** nicht isoliert angefochten werden (BGH ZVI 2007, 69; OLG Brandenburg NZI 2001, 483; LG München I ZInsO 2002, 42; Kübler/Prütting/Bork/*Pape* § 26 Rn. 29a).

IV. Behandlung des Kostenvorschusses

53 **1. Abgrenzung zu Massedarlehen.** Der Kostenvorschuss nach Absatz 1 Satz 2 ist abzugrenzen von einem Massedarlehen, das zur Kostendeckung gewährt wird (allg. BGH ZInsO 2003, 28; OLG Brandenburg ZIP 2003, 454; Jaeger/*Schilken* § 26 Rn. 90). Letzteres wird insbes. von Dritten geleistet. Rückzahlung erfolgt nach den vertraglichen Vereinbarungen mit dem (vorläufigen) Insolvenzverwalter. Im Falle der Masseunzulänglichkeit ist der Rückzahlungsanspruch nachrangige Masseverbindlichkeit nach § 209 Abs. 1 Nr. 3. Zulässig ist auch, dass ein Dritter, etwa ein Übernahmeinteressent, der Insolvenzmasse unentgeltlich den zur Verfahrenseröffnung erforderlichen Betrag zur Verfügung stellt.

54 **2. Treuhänderisch gebundener Bestandteil der Insolvenzmasse.** Durch den Kostenvorschuss sollen allein die Kosten des Verfahrens gedeckt werden; er dient anders als ein Massedarlehen nicht der allgemeinen Masseanreicherung (eing. Jaeger/*Schilken* § 26 Rn. 19 ff.; Uhlenbruck/*Vallender* § 26 Rn. 9, 10; Kübler/Prütting/Bork/*Pape* § 26 Rn. 5 ff.; Gottwald InsR-HdB/*Gundlach* § 15 Rn. 20). Daher ist er nicht Bestandteil der Insolvenzmasse.

55 Der **Kostenvorschuss ist zurückzuzahlen,** sobald die Kosten des Verfahrens aus der erwirtschafteten Masse gedeckt werden können (OLG Frankfurt a. M. ZIP 1986, 931; dazu *Brehm* EWiR 1986, 503; Jaeger/*Schilken* § 26 Rn. 60; Uhlenbruck/*Vallender* § 26 Rn. 32; Kübler/Prütting/Bork/*Pape* § 26 Rn. 21; HK-InsO/*Kirchhof* § 26 Rn. 32 ff.). Im Falle der Masseunzulänglichkeit tritt der Vorschussleistende an die Stelle der Kosten des § 54 im Rang des § 209 Abs. 1 Nr. 1 (Jaeger/*Schilken* § 26 Rn. 61; Uhlenbruck/*Vallender* § 26 Rn. 32; Kübler/Prütting/Bork/*Pape* § 54 Rn. 22).

56 Bleibt das eröffnete Insolvenzverfahren massearm, muss es nach § 207 InsO eingestellt werden, der Vorschuss ist dann als verloren anzusehen. IRd anteiligen Befriedigung nach § 207 Abs. 3 ist der Kostenvorschuss als nachrangig nach den sonstigen Kosten (insbes. Auslagen des Gerichts und des Insolvenzverwalters) anzusehen (MüKoInsO/*Haarmeyer* § 26 Rn. 29; MüKoInsO/*Hefermehl* § 54 Rn. 31).

V. Wirkungen der Abweisung mangels Masse

57 **1. Auflösung juristischer Personen.** Ist der Schuldner eine juristische Person oder eine Gesellschaft ohne Rechtspersönlichkeit, führt die rechtskräftige Abweisung mangels Masse zur **Auflösung der Gesellschaft** (eV: § 42 Abs. 1 S. 1 BGB; Stiftung: § 86 mit § 42 BGB; AG: § 262 Abs. 1 Nr. 4 AktG; KGaA: § 289 Abs. 2 Nr. 1 AktG; GmbH: § 60 Abs. 1 Nr. 5 GmbHG; e. G.: § 81a Nr. 1 GenG; OHG und KG ohne natürliche Person als persönlich haftendem Gesellschafter: § 131 Abs. 2 S. 1 Nr. 1 HGB). Der nicht rechtsfähige aber insolvenzverfahrensfähige Verein (§§ 54 ff. BGB und § 11 Abs. 1 S. 2) wird mit Abweisung mangels Masse nicht aufgelöst (arg. ex § 42 Abs. 1 S. 3 BGB; aber → § 31 Rn. 16). Gleiches gilt für die Gesellschaft bürgerlichen Rechts, Auflösungstatbestand nach § 728 BGB ist nur die Insolvenzeröffnung.

58 In das jeweilige Vereins-, Genossenschafts- oder Handelsregister **einzutragende Tatsache** ist die Auflösung (§ 263 Abs. 1 S. 2 AktG; § 65 Abs. 1 S. 3 GmbHG; § 143 Abs. 1 S. 3 HGB), nicht etwa die Abweisung mangels Masse als solche (Ausnahme beim eingetragenen Verein § 75 Abs. 1 S. 1 BGB).

Die **Liquidation** hat **nach gesellschaftsrechtlichen Regelungen** durch die Liquidatoren zu erfolgen. Sie haben auch das endgültige Erlöschen zum jeweiligen Register anzumelden (§ 393 FamFG). Materiell erloschen ist die Gesellschaft erst mit Liquidation ihres gesamten Vermögens (BGH ZIP 1994, 1685; dazu *Pfeiffer* EWiR 1995, 97; allg. *Karsten Schmidt* Gesellschaftsrecht § 11 V. § 38 IV.). Nach Abweisung mangels Masse ist das zu liquidierende Vermögen stets gering. In der Rechtspraxis besteht daher oft das Ärgernis, dass keine ordnungsgemäße Liquidation erfolgt, sehr oft sogar notwendige Geschäftsbücher und sonstige Unterlagen nicht mehr auffindbar sind und bspw. Geschäftsführer der insolventen GmbH nicht mehr habhaft gemacht werden können. Im Handelsregister wird die Gesellschaft wegen Vermögenslosigkeit von Amts wegen gelöscht (§ 394 FamFG; dazu OLG Karlsruhe NZI 1914, 930 = ZIP 1915, 39). 59

2. Berufsrechtliche Konsequenzen. Ist der Schuldner natürliche Person, hat die Abweisung mangels Masse für die Berufsausübung grds. keine unmittelbaren Folgen. Ist er Angehöriger eines rechts- oder wirtschaftsberatenden Berufes, führt sie als Fall des Vermögensverfalls zum Entzug der Zulassung (§ 46 Abs. 2 Nr. 4 StBerG; § 20 Abs. 2 Nr. 5 mit § 16 Abs. 1 Nr. 7 WPO; § 50 Abs. 1 Nr. 6 BNotO; § 14 Abs. 1 Nr. 7 BRAO; dazu MüKoInsO/*Haarmeyer* § 26 Rn. 41). In der Praxis wird die Zulassung zumeist „rechtzeitig" freiwillig zurückgegeben. 60

IÜ kann die Abweisung mangels Masse ebenso wie die Insolvenzeröffnung Anlass sein, die gewerberechtlich geforderte **Zulassung einer wirtschaftlichen Tätigkeit** zu überprüfen (§§ 34b Abs. 4 S. 1 Nr. 4, 34c Abs. 2 Nr. 2, 35 GewO). 61

3. Arbeitsrechtliche Folgen. Das Arbeitsverhältnis des Schuldners als Arbeitnehmer wird durch die Abweisung mangels Masse nicht berührt. Es kann im Einzelfall Anlass für eine Kündigung nach § 626 BGB sein, wenn der Schuldner eine besondere Vertrauensstellung einnimmt und betrieblich nicht anderweitig eingesetzt werden kann. Ist der Schuldner Beamter, zieht die Abweisung mangels Masse keine disziplinarischen Folgen nach sich. 62

Die Abweisung mangels Masse über das Vermögen des Arbeitgebers ist sozialrechtlich Insolvenzereignis iSd § 183 Abs. 1 Nr. 2 SGB III und führt zur Anspruchsberechtigung auf Insolvenzgeld für die Arbeitnehmer. 63

4. Zwangsvollstreckung der Gläubiger. Spätestens mit Rechtskraft des Abweisungsbeschlusses sind auch Sicherungsmaßnahmen des § 21 aufzuheben. Soweit die Einstellung der Zwangsvollstreckung nach § 21 Abs. 2 Nr. 3 angeordnet war, endet dieses Vollstreckungshindernis. **Gläubiger** des Schuldners **können** wieder **ungehindert** in das Vermögen des Schuldners **vollstrecken.** Dies gilt auch bei juristischen Personen als Schuldner. Empfehlenswert ist es, sich durch das Insolvenzgericht das Sachverständigengutachten zur Massekostendeckung zukommen zu lassen. Jeder Gläubiger, der bei Insolvenzeröffnung Insolvenzgläubiger geworden wäre, hat diesbezüglich Anspruch auf Akteneinsicht (eing. *Frege/Keller/Riedel* Rn. 177 ff.). Aus dem Sachverständigengutachten lassen sich ähnlich dem Vermögensverzeichnis nicht selten noch für einen Gläubiger pfändbare Vermögenswerte ersehen. 64

5. Zulässigkeit eines neuen Insolvenzantrags. Die Abweisung mangels Masse hindert weder die Gläubiger noch den Schuldner an der neuerlichen Stellung eines Insolvenzantrags. Hierzu ist aber die zwischenzeitlich eingetretene Massekostendeckung glaubhaft zu machen oder Kostenvorschuss zu leisten (BGH ZIP 2002, 1695; ZInsO 2005, 144; MüKoInsO/*Schmahl/Vuia* § 14 Rn. 47; Kübler/Prütting/Bork/*Pape* § 26 Rn. 31 ff.; FK-InsO/*Schmerbach* § 26 Rn. 94; zu Fragestellungen in Verbindung mit der Neufassung des § 14 durch Gesetz v. 9.12.2010 *Marotzke* ZInsO 2011, 841 [851]). 65

VI. Eintragung in das Schuldnerverzeichnis (Absatz 2)

66 **1. Eintragung von Amts wegen.** Die **Eintragung** des Schuldners in das gerichtliche Schuldnerverzeichnis erfolgt von Amts wegen **nach Rechtskraft des Abweisungsbeschlusses** (Jaeger/*Schilken* § 26 Rn. 81; Kübler/Prütting/Bork/*Pape* § 26 Rn. 40; HK-InsO/*Kirchhof* § 26 Rn. 36; allg. *Heyer* ZInsO 2004, 1127).

67 Für die Eintragung, Einsicht und Abschriftenerteilung gelten die §§ 882b ff. ZPO entsprechend, ferner die Schuldnerverzeichnisverordnung für das bis 31.12.2012 eingerichtete dezentrale Schuldnerverzeichnis (SchuVVO v. 15.12.1994, BGBl. I S. 3822; tritt mit Ablauf des 31.12.2017 außer Kraft) sowie die **Schuldnerverzeichnisführungsverordnung** (SchuFV v. 26.7.2012, BGBl. I S. 1654) für das zentrale Schuldnerverzeichnis.

68 Die Eintragung hat nach § 882b Abs. 2 ZPO und § 1 Abs. 1 SchuVVO die **genaue Bezeichnung** des Schuldners nach Firma und Sitz und bei natürlichen Personen das Geburtsdatum des Schuldners, soweit dieses bekannt ist, zu enthalten. Bei Eintragung der Ablehnung der Eröffnung des Insolvenzverfahrens ist nach § 1 Abs. 2 SchuVVO neben den persönlichen Daten die Bezeichnung des Gerichts nebst Aktenzeichen anzugeben, das die Eröffnung des Verfahrens mangels Masse rechtskräftig abgelehnt hatte.

69 **2. Einsicht in das Schuldnerverzeichnis.** Nach § 882f Nr. 1 ZPO ist Einsicht oder Auskunft nur zu **Zwecken der Zwangsvollstreckung** zulässig; ferner um gesetzliche Pflichten der wirtschaftlichen Zuverlässigkeit zu erfüllen, um wirtschaftliche Nachteile aus einer möglichen Zahlungsunfähigkeit des Schuldners abzuwenden oder um Straftaten verfolgen zu können (Jaeger/*Schilken* § 26 Rn. 82; Uhlenbruck/*Vallender* § 26 Rn. 46; eing. *Keller,* HdB Zwangsvollstreckungsrecht, Rn. 2.207 ff.).

70 Diese Voraussetzungen müssen vom Antragsteller dargelegt werden, **Glaubhaftmachung** ist **nicht erforderlich.** Der Antragsteller hat in schlüssiger und in sich widerspruchsfreier Art und Weise vorzutragen, dass er die Auskünfte insbes. zu Zwecken der Zwangsvollstreckung benötigt. In aller Regel ist er im Besitz eines Vollstreckungstitels. Eine Auskunftserteilung ist nicht mehr möglich, wenn seit dem Tag der Rechtskraft des Abweisungsbeschlusses drei Jahre vergangen sind (§ 882e Abs. 1 ZPO).

71 **Automatisierte Auskunft** aus dem Schuldnerverzeichnes zum laufenden Bezug (§ 882g Abs. 1 ZPO) erhalten die in § 882g Abs. 2 ZPO genannten Stellen. Sie bedürfen gegebenenfalls der Bewilligung des Präsidenten des Amtsgerichts oder Landgerichts (§§ 2, 3 SchuVVO) Die Datenverwaltung der privaten Schuldnerverzeichnisse (insbes. SCHUFA) unterliegt der Aufsicht nach § 882g Abs. 7 ZPO mit § 38 BDSG.

72 **3. Löschung der Eintragung.** Die Eintragung ist von Amts wegen nach **drei Jahren** zu löschen (§ 882e Abs. 1 ZPO). Die früher in § 26 Abs. 2 S. 2 zweiter Hs. und später noch in § 882e Abs. 1 S. 2 ZPO geregelte besondere Löschungsfrist von fünf Jahren ist durch Art. 3 Nr. 2 des Gesetzes zur Verkürzung des Restschuldbefreiungsverfahrens v. 15.7.2013 (BGBl. I S. 379) mWv 1.7.2014 gestrichen worden.

73 Die **Vorschriften** der Zivilprozessordnung **zur vorzeitigen Löschung** (§ 882e Abs. 3 ZPO) gelten wegen des besonderen Zweck des Schuldnerverzeichnisses bei Abweisung mangels Masse nur eingeschränkt. Nach § 882e Abs. 3 Nr. 1 ZPO ist die Eintragung vor Ablauf der Frist auf Antrag des Schuldners zu löschen, wenn er nachweist, dass der Gläubiger, auf dessen Antrag hin die Vermögensauskunft abgenommen wurde, hinsichtlich seiner Vollstreckungsforderung

befriedigt ist. Für die Abweisung mangels Masse soll dies nicht gelten (LG Oldenburg ZIP 1980, 966; AG Regensburg Rpfleger 1979, 267; AG Köln ZInsO 2003, 957; Jaeger/*Schilken* § 26 Rn. 87; HK-InsO/*Kirchhof* § 26 Rn. 38; *Heyer* ZInsO 2004, 1121; aA AG Bad Hersfeld Rpfleger 1979, 65; Nerlich/Römermann/*Mönning* § 26 Rn. 50). Als Grund einer vorzeitigen Löschung soll nur die Mitteilung des Gläubigers maßgebend sein, dass seine Forderung von Anfang an nicht bestanden habe (LG Münster ZIP 1995, 1760; FK-InsO/*Schmerbach* § 26 Rn. 85). Diese Unterscheidung ist wenig überzeugend: Das Schuldnerverzeichnis hat sowohl im Verfahren nach §§ 802c ff. ZPO als auch bei § 26 den Zweck, den Rechtsverkehr zu schützen. Wegen der Sperrwirkung des § 802d ZPO wiegt es im Verfahren der Einzelvollstreckung für Gläubiger noch schwerer als im Falle des § 26. Daher sollte auch bei Nachweis der Befriedigung des seinerzeitigen Antragstellers die Löschung im Schuldnerverzeichnis erfolgen. Zuzugestehen ist freilich, dass bei Abweisung mangels Masse das Gericht den Insolvenzgrund des Schuldners zwingend bejaht haben muss und diese Feststellung auch über das Schuldnerverzeichnis kommuniziert wird.

Als **Wegfall des Eintragungsgrundes** iSd § 882e Abs. 3 Nr. 2 ZPO kommen Fehler des Abweisungsbeschlusses in Betracht, etwa die Falschbezeichnung der schuldnerischen Firma, oder auch die Aufhebung im Wege des Wiederaufnahmeverfahrens entsprechend §§ 578 ff. ZPO (Jaeger/*Schilken* § 26 Rn. 86; Uhlenbruck/*Vallender* § 26 Rn. 48). In aller Regel – wenn die Eintragung erst nach Rechtskraft des Abweisungsbeschlusses erfolgt – kann dies nicht der Fall sein. **74**

Die vorzeitige Löschung ist nach XIIa Abschn. 5 MiZi den dort genannten Stellen mitzuteilen. **75**

VII. Ersatzanspruch des Vorschussleistenden (Absatz 3)

1. Zweck der Norm. Durch den Anspruch nach Absatz 3 soll nach der Gesetzesbegründung zum einen die Neigung der Gläubiger gefördert werden, Kostenvorschuss zur Verfahrenseröffnung zu leisten, zum anderen der gesetzliche Vertreter eines insolvenzantragspflichtigen Schuldners zu einer rechtzeitigen Antragstellung angehalten werden (BT-Drs. 12/2443, 118, 119). Die Vorschrift hat wenig praktische Bedeutung, zum einen weil sie hinsichtlich der Vorschusszahlung eine Vorleistung eines Beteiligten voraussetzt und diesen auf einen Regressanspruch verweist, zum anderen weil die Tatbestandsvoraussetzung des unterlassenen oder nicht rechtzeitig gestellten Insolvenzantrages schwer zu beweisen sind (Jaeger/*Schilken* § 26 Rn. 95; Kübler/Prütting/Bork/*Pape* § 26 Rn. 1e; allg. Uhlenbruck/*Hirte* § 26 Rn. 58 ff.; Gottwald InsR-HdB/*Gundlach* § 15 Rn. 28; Karsten Schmidt/Uhlenbruck/*Karsten Schmidt*, Die GmbH in Krise, Sanierung und Insolvenz, Rn. 6.20). Die Beweislastregel des Absatz 3 Satz 2 betrifft nur die subjektive Tatbestandsvoraussetzung des schuldhaften Unterlassens. **76**

In der Insolvenzpraxis wird Absatz 3 durch die **Haftung des Vertreters aus § 64 S. 1 GmbHG** oder § 93 Abs. 2 S. 1 mit § 92 Abs. 2 S. 1 AktG oder § 823 Abs. 2 BGB mit § 15a verdrängt (insbes. zur Haftung nach § 64 GmbHG eing. Baumbach/Hueck/*Haas* § 64 Rn. 60 ff.). **77**

2. Anspruchsberechtigter. Anspruchsberechtigt ist **jeder, der** nach Absatz 1 Satz 2 **Vorschuss** zur Eröffnung des Verfahrens oder nach § 207 Abs. 1 S. 2 zur Vermeidung der Verfahrenseinstellung **geleistet hat** (→ Rn. 38). Der vorläufige Insolvenzverwalter oder auch der Sachverständige des Eröffnungsverfahrens sind nicht zur Vorschusszahlung berechtigt sein, sie können den Anspruch auch nicht geltend machen. Es kann daher nicht etwa der vorläufige Insolvenzverwalter aus eigenem Vermögen Kostenvorschuss leisten, um dann als Insolvenzverwalter in **78**

eigener Person den Anspruch nach Absatz 3 geltend zu machen. Dies widerspräche der Stellung des Insolvenzverwalters als unabhängiger Amtsträger.

79 **3. Schuldner des Anspruchs.** Anspruchsverpflichteter ist, wer als **organschaftlicher Vertreter** eines **insolvenzantragspflichtigen Schuldners** einen solchen rechtzeitig hätte stellen müssen (§ 15a). Dies gilt für organschaftliche Vertreter, die im Zeitpunkt der Insolvenzreife solche waren, auch wenn sie später ausgeschieden sind. Dies gilt auch für Liquidatoren (OLG Hamm NZI 2002, 438; Jaeger/*Schilken* § 26 Rn. 91). Anspruchsverpflichteter können auch die Gesellschafter sein, wenn sie im Falle der Führungslosigkeit antragspflichtig nach § 15a Abs. 3 waren.

80 Der Vorstand eines **eingetragenen Vereins** oder einer rechtsfähigen Stiftung ist nach § 42 Abs. 2 S. 1 BGB insolvenzantragspflichtig, § 15a gilt nicht (HK-InsO/*Kirchhof* § 15a Rn. 3), § 26 Abs. 3 ist aber anwendbar (Jaeger/*Schilken* § 26 Rn. 93; HK-InsO/*Kirchhof* § 26 Rn. 42).

81 Bei der **Nachlassinsolvenz** (§§ 1980, 1985 BGB; *Frege/Keller/Riedel* Rn. 2364 ff.) wird Absatz 3 durch die Sonderregelungen zur sog Dürftigkeitseinrede nach § 1990 BGB verdrängt (dazu *Frege/Keller/Riedel* Rn. 2328).

82 **Mehrere Anspruchsverpflichtete** haften als Gesamtschuldner nach §§ 830, 840 BGB (Jaeger/*Schilken* § 26 Rn. 93; Kübler/Prütting/Bork/*Pape* § 26 Rn. 26; HK-InsO/*Kirchhof* § 26 Rn. 42).

83 **4. Unterlassener oder verspäteter Insolvenzantrag.** Voraussetzung des Ersatzanspruchs ist das **pflichtwidrige Unterlassen einer rechtzeitigen Insolvenzantragstellung.** Hierunter fällt auch der verspätet gestellte Insolvenzantrag (Jaeger/*Schilken* § 26 Rn. 92; HK-InsO/*Kirchhof* § 26 Rn. 43; FK-InsO/*Schmerbach* § 26 Rn. 96). Beweispflichtig für den Eintritt der Insolvenzantragspflicht zu einem bestimmten Zeitpunkt ist der Anspruchsteller. Er hat mithin zu beweisen, dass der Schuldner zu einem bestimmten Zeitpunkt zahlungsunfähig oder überschuldet war.

84 Pflichtwidrigkeit und Verschulden werden nach **Absatz 3 Satz 2** vermutet. Hier trägt der Anspruchsverpflichtete die Beweislast für rechtfertigende Umstände oder mangelndes Verschulden (Jaeger/*Schilken* § 26 Rn. 94). Ein solcher Beweis wird schwer gelingen. Er soll in Betracht kommen, wenn die schuldnerische Gesellschaft im Zeitpunkt des Eintritts der Insolvenzantragspflicht noch vermögend war und erst später vermögenslos geworden ist (BT-Drs. 12/2443, 119). Ob aber bei verspäteter (nicht unterlassener) Antragstellung diese ursächlich für die Masselosigkeit war, ist nicht maßgebend (Jaeger/*Schilken* § 26 Rn. 97; HK-InsO/*Kirchhof* § 26 Rn. 44). Ebenso ist der erfolgreiche Verlauf des Insolvenzverfahrens irrelevant.

85 **5. Inhalt, Geltendmachung und Verjährung des Anspruchs.** Der Anspruch nach Absatz 3 kann von dem Anspruchsberechtigten unmittelbar während des Insolvenzverfahrens geltend gemacht werden (zur Rechtsnatur Uhlenbruck/*Hirte* § 26 Rn. 59); § 92 ist nicht anwendbar. Der Anspruch kann so lange geltend gemacht werden, als der Anspruchsteller den geleisteten Vorschuss aus der Masse nicht erstattet erhalten hat (→ Rn. 55). Der Anspruchsverpflichtete muss daher zur Zahlung verklagt und verurteilt werden **Zug um Zug gegen Abtretung des Erstattungsanspruchs** gegen die Insolvenzmasse (HK-InsO/*Kirchhof* § 26 Rn. 45; HambK-InsO/*Denkhaus* § 26 Rn. 40).

86 Der Anspruch **verjährt nach den allgemeinen Vorschriften** der §§ 195 ff. BGB in drei Jahren beginnend mit dem Jahr, in welchem er entstanden ist und der Gläubiger Kenntnis erlangt hat. Nach dem durch Gesetz v, 9.12.2004 (BGBl. I S. 3214) aufgehobenen Satz 3 zu Absatz 3 betrug die Verjährungsfrist ursprünglich fünf Jahre.

Vergütung des vorläufigen Insolvenzverwalters[1]

26a (1) **Wird das Insolvenzverfahren nicht eröffnet, setzt das Insolvenzgericht die Vergütung und die zu erstattenden Auslagen des vorläufigen Insolvenzverwalters durch Beschluss fest.**

(2) [1]**Die Festsetzung erfolgt gegen den Schuldner, es sei denn, der Eröffnungsantrag ist unzulässig oder unbegründet und den antragstellenden Gläubiger trifft ein grobes Verschulden.** [2]**In diesem Fall sind die Vergütung und die zu erstattenden Auslagen des vorläufigen Insolvenzverwalters ganz oder teilweise dem Gläubiger aufzuerlegen und gegen ihn festzusetzen.** [3]**Ein grobes Verschulden ist insbesondere dann anzunehmen, wenn der Antrag von vornherein keine Aussicht auf Erfolg hatte und der Gläubiger dies erkennen musste.** [4]**Der Beschluss ist dem vorläufigen Verwalter und demjenigen, der die Kosten des vorläufigen Insolvenzverwalters zu tragen hat, zuzustellen.** [5]**Die Vorschriften der Zivilprozessordnung über die Zwangsvollstreckung aus Kostenfestsetzungsbeschlüssen gelten entsprechend.**

(3) [1]**Gegen den Beschluss steht dem vorläufigen Verwalter und demjenigen, der die Kosten des vorläufigen Insolvenzverwalters zu tragen hat, die sofortige Beschwerde zu.** [2]**§ 567 Absatz 2 der Zivilprozessordnung gilt entsprechend.**

Schrifttum: *Frind,* Die Praxis fragt, „ESUG" antwortet nicht, ZInsO 2011, 2249; *Graeber,* Der neue § 11 InsVV: Seine Auswirkungen auf vorläufige Insolvenzverwalter, Insolvenzverwalter und Insolvenzgerichte, ZInsO 2007, 133; *Keller,* Anmerkung zu BGH, Beschl. v. 9.2.2012 – IX ZB 79/10, NZI 2012, 317; *Looff,* Vergütung des vorläufigen Verwalters bei Nichteröffnung des Insolvenzverfahrens, KTS 2008, 445; *Marotzke,* Das insolvenzrechtliche Eröffnungsverfahren neuer Prägung (Teil 2), DB 2012, 617; *Riewe,* Festsetzung der Vergütung des vorläufigen Insolvenzverwalters bei fehlender Eröffnung des Insolvenzverfahrens, NZI 2010, 131; *Römermann,* Neues Insolvenz- und Sanierungsrecht durch das ESUG, NJW 2012, 645; *Schmerbach,* Der Regierungsentwurf vom 18.7.2012 – Änderungen in Insolvenzverfahren natürlicher Personen, NZI 2012, 689; *Seehaus,* Den BGH richtig verstehen: Die Festsetzung der Vergütung des vorläufigen Insolvenzverwalters bei nicht eröffneten Insolvenzverfahren, ZInsO 2011, 1783; *Smid,* Titulierung des Vergütungsanspruchs des Insolvenzverwalters und des vorläufigen Verwalters, ZIP 2014, 1714; *Uhlenbruck,* Ablehnung einer Entscheidung über die Kosten des vorläufigen Insolvenzverwalters – ein Fall der Rechtsschutzverweigerung?, NZI 2010, 161; *Vallender,* Die Beschlüsse des BGH zur Vergütung des vorläufigen Insolvenzverwalters – eine Gefahr für den Insolvenzstandort Deutschland?, NJW 2006, 2956; *ders.,* Gesetz zur Erleichterung der Sanierung von Unternehmen (ESUG) – Änderungen des Insolvenzeröffnungsverfahrens, MDR 2012, 61; *Vuia,* Der Anspruch auf Gewährung rechtlichen Gehörs zu dem Vergütungsfestsetzungsantrag des (vorläufigen) Insolvenzverwalters nach §§ 26a, 63, 64 InsO, § 8 InsVV, ZInsO 2014, 1038; *Willemsen/Rechel,* Kommentar zum ESUG, 2012; *Wimmer,* Das neue Insolvenzrecht nach der ESUG-Reform, 2012; *Zimmer,* Probleme des Vergütungsrechts (bei Nicht-Eröffnung des Insolvenzverfahrens) vor und nach ESUG, ZInsO 2012, 1658; *Zipperer,* Anmerkung zu AG Hamburg, Beschl. v. 4.2.2015 – 67c IN 500/14, EWiR 2015, 325.

Übersicht

[1] § 26a eingef. mWv 1.3.2012 durch G v. 7.12.2011 (BGBl. I S. 2582); geänd. mWv 1.7.2014 durch G v. 15.7.2013 (BGBl. I S. 2379).

I. Entstehungsgeschichte, Normzweck und rechtspolitische Bewertung

1 Die Bestimmung ist durch das Gesetz zur weiteren Erleichterung der Sanierung von Unternehmen v. 7.12.2011 (ESUG) **neu eingeführt** worden (BGBl. I S. 2582) und mit Wirkung zum 1.3.2012 in Kraft getreten. Zum zeitlichen Anwendungsbereich s. Art. 103g EGInsO. Der **Normzweck** steht mit dem Sanierungszweck des ESUG nicht in Zusammenhang (*Wimmer* ESUG-Reform S. 30). Vielmehr wollte der Gesetzgeber dem Insolvenzgericht die Möglichkeit einräumen, eine Vergütung auch außerhalb eines Insolvenzverfahrens festzusetzen (Uhlenbruck/*Vallender* Rn. 5). Nach der vom IX. Zivilsenat des BGH zum vorausgegangenen Recht vertretenen Auffassung war eine Vergütungsfestsetzung nur in einem Insolvenzverfahren möglich. Bei einer Nichteröffnung des Verfahrens sollte der Verwalter seine Ansprüche gegen den Schuldner vor den allgemeinen Zivilgerichten analog §§ 1835, 1836, 1915, 1987, 2221 BGB geltend machen müssen (BGHZ 175, 48 = NJW 2008, 583; BGH NZI 2012, 317; NJW-RR 2010, 560); zu den Einzelheiten → § 64 Rn. 4f. Für **sämtliche vor dem 1.3.2012 beantragte Insolvenzverfahren** bleibt der Streit, ob der vorläufige Verwalter mit seinem Vergütungsanspruch auf den Zivilrechtsweg zu verweisen ist, von Bedeutung (vgl. BGH NZI 2012, 317; Uhlenbruck/*Vallender* Rn. 2). **Für sämtliche nach dem 1.3.2012 beantragte Insolvenzverfahren** gilt § 26a, ergänzend finden die §§ 63–65 über § 21 Abs. 2 S. 1 Nr. 1 Anwendung, soweit nicht § 26a eine abschließende Spezialregelung enthält (hierzu → Rn. 6, 10). **Der materiell-rechtliche Vergütungsanspruch** des vorläufigen Verwalters ergibt sich aus §§ 26a, 63 Abs. 3 S. 1 (hierzu → § 63 Rn. 1).

2 Die **Normierung der Vergütungsfestsetzung ist zu begrüßen** (zu den Einzelheiten s. die Voraufl.). Die **Kritik an der bis zum 1.7.2014 geltenden Regelung,** die va damit begründet wird, dass nach ihrem Wortlaut die Vergütung ausschließlich „gegen den Schuldner" festzusetzen ist (s. hierzu *Frind* ZInsO 2011, 2249 f.; MüKoInsO/*Haarmeyer* Rn. 6; *Keller* NZI 2012, 317 f.; Nerlich/Römermann/*Mönning/Zimmermann* Rn. 1, 6; *Römermann* NJW 2012, 645 [647]; *Smid* ZIP 2014, 1714 [1717]; *Vallender* MDR 2012, 61 [65]), überzeugt nicht (zu den Einzelheiten s. die Voraufl.). Durch das **Gesetz zur Verkürzung des Restschuldbefreiungsverfahrens und zur Stärkung der Gläubigerrechte** v. 15.7.2013 (BGBl. I S. 2379) ist § 26a gleichwohl geändert worden. Gem. Art. 103h S. 1 EGInsO ist die Neuregelung auf ab dem 1.7.2014 beantragte Verfahren anwendbar. Nunmehr kann die Vergütung unter bestimmten Voraussetzungen auch gegen den antragstellenden Gläubiger festgesetzt werden. **Die Neuregelung ist rechtspolitisch verfehlt**, weil sie ohne zwingenden Grund mit dem herrschenden Dogma bricht, dass der Insolvenzschuldner die Verwaltervergütung schuldet. Es ist sachgerechter, den Schuldner für den Fall, dass der antragstellende Gläubiger schuldhaft einen unzulässigen oder unbegründeten Antrag gestellt hat, mit dem ihm zustehenden Schadensersatzanspruch, bei dem es

überwiegend auf tatsächliche Fragen ankommen wird, auf den **Zivilrechtsweg** zu verweisen (vgl. *Wimmer* ESUG-Reform S. 30 f.; zu den Einzelheiten s. MüKoInsO/*Schmahl/Vuia* § 14 Rn. 12 ff.). Die vom Gesetzgeber neu eingeführte **vergütungsrechtliche Direkthaftung des antragstellenden Gläubigers** gegenüber dem vorläufigen Insolvenzverwalter (so BT-Drs. 17/13535, 26) wird zudem **kaum praktische Relevanz** erlangen (iE ebenso Uhlenbruck/*Vallender* Rn. 7; aA FK-InsO/*Schmerbach* Rn. 11). Der Gläubiger hat die Möglichkeit, den Eröffnungsantrag bis zur **Rechtskraft des Abweisungsbeschlusses** gem. § 13 Abs. 2 zurückzunehmen (→ § 13 Rn. 35). In diesem Fall ist eine Kostenentscheidung nach § 26a Abs. 2 zu Lasten des antragstellenden Gläubigers nicht möglich (→ Rn. 12). Da dem antragstellenden Gläubiger die Vergütung und Auslagen in diesem Fall auch nicht gem. §§ 269 Abs. 3 S. 2, 91a Abs. 1 ZPO (analog) auferlegt werden können (→ § 63 Rn. 13), kann er sich faktisch einer Auferlegung der Vergütung und Auslagen des vorläufigen Verwalters durch das Insolvenzgericht entziehen.

II. Einzelerläuterungen

1. Vergütungsfestsetzung durch das Insolvenzgericht. a) Voraussetzungen. Die Bestimmung des § 26a setzt voraus, dass das Insolvenzverfahren nicht eröffnet wird. Dies ist der Fall, wenn der **Antrag** auf Eröffnung des Insolvenzverfahrens als unzulässig oder unbegründet **abgelehnt**, mangels Masse abgewiesen (§ 26), wirksam zurückgenommen (§ 13 Abs. 2) oder für erledigt erklärt worden ist (zu den Einzelheiten s. die Kommentierung bei → § 13 Rn. 35 ff.; → § 26 Rn. 9 ff.). § 26a gilt für jeden vorläufigen Insolvenzverwalter, insbes. ist unerheblich, ob die Verfügungsbefugnis über das Vermögen des Schuldners auf ihn übergegangen ist (vgl. BT-Drs. 17/7511, 46; Braun/*Herzig* Rn. 3; Uhlenbruck/*Vallender* Rn. 2, 10). Etwaige **Schadensersatzansprüche** gegen den Verwalter sind iRd Festsetzungsverfahrens nicht zu prüfen und demnach auch nicht zu berücksichtigen, diese müssen vielmehr im Klagewege geltend gemacht werden (→ § 64 Rn. 18). 3

§ 26a gilt unmittelbar für **Vergütung und Auslagen** des vorläufigen Insolvenzverwalters. Im **Verbraucherinsolvenzverfahren** konnte das Gericht bis zum 30.6.2014 analog §§ 21, 22 einen vorläufigen Treuhänder bestellen (BGH VuR 2007, 470 f.). Für ihn gilt § 26a entsprechend. Für ab dem 1.7.2014 in Verbraucherinsolvenzverfahren bestellte vorläufige Insolvenzverwalter gilt § 26a unmittelbar (Uhlenbruck/*Vallender* Rn. 10). Dasselbe gilt für die Festsetzung der **Vergütung des vorläufigen Sachwalters** (AG Hamburg ZIP 2014, 237 [238]; Uhlenbruck/*Vallender* Rn. 10; einschränkend *Zimmer* ZInsO 2012, 1658 [1663]). Zur Höhe der Vergütung des vorläufigen Treuhänders und des vorläufigen Sachwalters → § 63 Rn. 45, 46. 4

b) Verfahren. Zuständig für die Festsetzung ist das Insolvenzgericht. **Funktionell zuständig** ist gem. § 18 Abs. 1 Nr. 1 RPflG der **Richter** (AG Hamburg ZInsO 2015, 422; Braun/*Herzig* Rn. 5; HK-InsO/*Kirchhof* Rn. 8; Graf-Schlicker/*Voß* Rn. 3; aA HambK-InsO/*Büttner* § 64 Rn. 6). Allerdings ist umstr., wann eine „Entscheidung über den Eröffnungsantrag" vorliegt. Zum Teil wird davon ausgegangen, dass dies auch bei einer Abweisung mangels Masse, der Zurückweisung eines unzulässigen oder unbegründeten Antrags sowie bei einer Rücknahme- oder Erledigungserklärung der Fall sei. Eine Auffassung geht dann von einer **Zuständigkeit des Rechtspflegers** für die sich anschließende Vergütungsfestsetzung aus (AG Düsseldorf ZInsO 2010, 1807; AG Hamburg ZIP 2015, 47 [48]; HambK-InsO/*Büttner* § 64 Rn. 8 ff.; wohl auch *Zipperer* EWiR 2015, 325 [326]). Nach anderer Auffassung soll eine **Zuständigkeit des Richters** 5 gegeben sein, weil die nach § 26a zu treffende Entscheidung gem. Art. 92 GG dem Richter zugewiesen sei (AG Hamburg ZInsO 2015, 422; s. hierzu auch *Smid* ZIP 2014, 1714 [1722]). Den vorgenannten Ansichten kann indes nicht gefolgt werden. Zwar lässt der Wortlaut des § 18 Abs. 1 Nr. 1 RPflG eine solche Normanwendung zu. Jedoch gebieten verfahrensökonomische Gründe eine einschränkende Auslegung. Eine „Entscheidung über den Eröffnungsantrag" liegt nur bei einer **Eröffnung des Insolvenzverfahrens** vor (LG Kaiserlautern Beschl. v. 30.8.2001 – 1 T 290/00, BeckRS 2001, 17036 Rn. 2; AG Göttingen ZInsO 2010, 975 [976]; HambK-InsO/*Denkhaus* Rn. 2a; *Dörndorfer* RPflG § 18 Rn. 7 aE; *Frege/Keller/Riedel* Rn. 197; Jaeger/*Schilken* § 64 Rn. 8; FK-InsO/*Schmerbach* Rn. 14; in der Sache ebenso Uhlenbruck/*Vallender* Rn. 14). Der mit dem Eröffnungsverfahren bereits befasste Richter kann die für die Vergütungsfestsetzung maßgeblichen Faktoren mit einem geringeren Zeitaufwand erfassen (HambK-InsO/*Denkhaus* Rn. 2a). Anders als bei einer Verfahrenseröffnung, die gem. § 3 Nr. 2 lit. e RpflG zur Zuständigkeit des Rechtspflegers für das weitere Verfahren führt (→ § 64 Rn. 9), ist bei Nichteröffnung des Verfahrens eine Verfahrensverzögerung nicht zu rechtfertigen. Da § 18 Abs. 1 Nr. 1 RPflG sämtliche im Eröffnungsverfahren zu treffenden Entscheidungen ungeachtet ihres Gegenstands dem Richter zuweist, ist zudem unerheblich, dass die Vergütungsfestsetzung nicht ausdrücklich dem Richter vorbehalten ist (vgl. BGH NZI 2010, 977 [979]; aA AG Düsseldorf NZI 2000, 37). Dem **Meinungsstreit,** ob § 18 Abs. 1 Nr. 1 RPflG eine **zeitliche** oder eine **sachliche Abgrenzung** vorgibt (hierzu → § 64 Rn. 9) kommt bei § 26a demnach **keine Bedeutung** zu, weil die Nichteröffnung des Verfahrens Voraussetzung für eine Vergütungsfestsetzung ist.

6 Die Entscheidung über die Vergütungsfestsetzung hat das Gericht durch **Beschluss** zu treffen, der unter Berücksichtigung der konkreten Umstände des zugrunde liegenden Verfahrens zu begründen ist (Einzelheiten bei MüKoInsO/*Nowak,* 2. Aufl. 2007, § 64 Rn. 8). In dem Beschluss sind Vergütung und Auslagen entweder „gegen den Schuldner" (Absatz 2 Satz 1) oder „gegen den antragstellenden Gläubiger" (Absatz 2 Satz 2) festzusetzen. Bei Unrichtigkeiten und Unvollständigkeiten finden über § 4 InsO die §§ 319, 321 ZPO Anwendung. Gem. § 26a Abs. 2 S. 5 gelten die **Vorschriften der ZPO über die Zwangsvollstreckung aus Kostenfestsetzungsbeschlüssen** entsprechend, also die §§ 794 Abs. 1 Nr. 2, 795 ZPO sowie die Bestimmungen des 2. Abschnitts des 8. Buches der ZPO (*Smid* ZIP 2014, 1714 [1723]). Der Vergütungsfestsetzungsbeschluss ist dem vorläufigen Verwalter und demjenigen, der die Kosten des vorläufigen Insolvenzverwalters zu tragen hat, **zuzustellen** (§ 26a Abs. 2 S. 4). Anders als § 64 Abs. 2 S. 1 sieht die Bestimmung **keine öffentliche Bekanntmachung des Beschlusses** nach § 9 vor, weil bei einer Vergütungsfestsetzung infolge Nichteröffnung des Verfahrens lediglich der Verwalter und derjenige, der die Kosten des vorläufigen Insolvenzverwalters zu tragen hat, beschwerdeberechtigt sind (FK-InsO/*Schmerbach* Rn. 15; Ahrens/Gerlein/Ringstmeier/*Sander* Rn. 10; vgl. zum vorläufigen Sachwalter AG Göttingen ZIP 2013, 36 [39]). Auch über § 21 Abs. 2 S. 1 Nr. 1 findet § 64 Abs. 2 daher keine Anwendung (HambK-InsO/*Denkhaus* Rn. 4; aA Braun/*Herzig* Rn. 15; → Rn. 1). Wird der Antrag des vorläufigen Insolvenzverwalters abgelehnt, ist der Beschluss ausschließlich an den Verwalter zuzustellen. Wird dem Antrag, sei es auch teilw., entsprochen, ist der Beschluss sowohl dem Verwalter als auch demjenigen, der die Kosten des vorläufigen Insolvenzverwalters zu tragen hat, zuzustellen (MüKoInsO/*Nowak,* 2. Aufl. 2007, § 64 Rn. 11). Die Zustellung erfolgt nach § 8 und kann auch durch Aufgabe zur Post bewirkt werden. Mit der Zustellung beginnt die Rechtsmittelfrist zu laufen. Eine **Übertragung der Zustellung an den Schuldner** auf den vorläufigen Insolvenzverwalter gem. § 8 Abs. 3 ist nicht möglich, da dieser bei Nichteröffnung des Verfahrens aus seinem Amt zu entlassen ist (Graf-Schlicker/*Voß* Rn. 3).

Damit das Gericht die Berechnung der Vergütung nachvollziehen kann, hat der Verwalter in dem **Vergütungsfestsetzungsantrag** zu der maßgeblichen Berechnungsgrundlage detaillierte Angaben zu machen, einen konkreten Betrag zu nennen und insbes. Zuschläge zur Regelvergütung besonders zu begründen (vgl. BGH ZInsO 2007, 259 f.; *Graeber* ZInsO 2007, 133 [136]). Da der Schuldner durch die Festsetzung der Verwaltervergütung mit Kosten belastet wird, ist ihm vor der Entscheidung über den Antrag **rechtliches Gehör** zu gewähren (LG Düsseldorf DB 1977, 1260; LG Gießen KTS 1986, 68; MüKoInsO/*Nowak,* 2. Aufl. 2007, § 64 Rn. 5; Ahrens/Gehrlein/Ringstmeier/*Sander* Rn. 8; *Smid* ZIP 2014, 1714 [1721]; Uhlenbruck/*Vallender* Rn. 15; *Vuia* ZInsO 2014, 1038 [1039 f.]). Soll eine **Vergütungsfestsetzung gegen den antragstellenden Gläubiger** erfolgen, hat das Gericht diesem rechtliches Gehör zu gewähren (HK-InsO/*Kirchhof* Rn. 8; Uhlenbruck/*Vallender* Rn. 15; *Vuia* ZInsO 2014, 1038 [1040]). Eine Anhörung des Schuldners ist in einem solchen Fall zwar nicht zwingend, da bei einer Festsetzung gegen den Gläubiger keine Haftung des Schuldners mehr besteht (vgl. BT-Drs. 17/13535, 27). Jedoch wird sich häufig nur unter Beteiligung des Schuldners beurteilen lassen, ob den antragstellenden Gläubiger ein grobes Verschulden trifft. Soll die Vergütung lediglich teilw. dem Gläubiger auferlegt werden oder kommt aufgrund des Gläubigervorbringens nur eine Festsetzung gegen den Schuldner in Betracht, ist diesem zwingend rechtliches Gehör zu gewähren. Ebenso hat das Insolvenzgericht den **vorläufigen Insolvenzverwalter** bei Bedenken gegen den Antrag auf diese hinzuweisen und ihm vor einer ablehnenden Entscheidung rechtliches Gehör zu gewähren (§ 4 InsO, § 139 ZPO). Hinsichtlich der Höhe der festzusetzenden Vergütung ist das Gericht gem. §§ 4 InsO, 308 Abs. 1 ZPO an den Antrag des Verwalters gebunden **(ne ultra petita)** und darf daher keine höhere Vergütung festsetzen (BGH NZI 2007, 45 [46]). Dem Verwalter steht wegen seiner Vergütung **kein Zinsanspruch** zu (→ § 63 Rn. 29). Aus § 26a Abs. 2 S. 5 ergibt sich nichts Abweichendes, da § 104 ZPO das Kostenfestsetzungsverfahren selbst und nicht die Zwangsvollstreckung aus Kostenfestsetzungsbeschlüssen betrifft (aA *Smid* ZIP 2014, 1714 [1723]). 7

2. Festsetzung gegen den Schuldner. Die **Festsetzung** der Vergütung und der Auslagen erfolgt auch unter Geltung des § 26a nF **grds. gegenüber dem Insolvenzschuldner** („es sei denn"), weil er Schuldner der Verwaltervergütung ist (LG Stuttgart NZI 2004, 630 f.; Uhlenbruck/*Vallender* Rn. 9; *Wimmer* ESUG-Reform S. 30 f.; s. ferner BT-Drs. 17/13535, 26). Einer gesonderten Kostenlastentscheidung bedarf es nicht. Gem. § 23 Abs. 1 S. 1 GKG ist im Insolvenzverfahren zwar grds. der Antragsteller Kostenschuldner der Gebühr für das Verfahren. Wird der Antrag abgewiesen oder zurückgenommen, ist der Antragsteller auch Schuldner der in dem Verfahren entstandenen Auslagen (§ 23 Abs. 1 S. 2 GKG); nur bezüglich der Auslagen nach Nr. 9018 des Kostenverzeichnisses ist Kostenschuldner der Insolvenzschuldner (§ 23 Abs. 1 S. 3 GKG). Die an den vorläufigen Insolvenzverwalter zu entrichtende Vergütung gehört jedoch nicht zu den Kosten des gerichtlichen Verfahrens (BGHZ 157, 370 = NJW 2004, 1957; BGHZ 175, 48 = NJW 2008, 583; BGH NJW-RR 2006, 1204 f.; 2010, 560 f.; OLG Celle ZIP 2000, 706; LG Stuttgart NZI 2004, 630 f.; MüKoInsO/*Hefermehl* § 54 Rn. 14; HK-InsO/*Kirchhof* Rn. 3; aA LG Mainz NJW-RR 1999, 698 f.; de lege ferenda auch *Marotzke* DB 2012, 617 [620 f.]). Etwas anderes gilt hinsichtlich der Kosten, die durch die gerichtliche Beauftragung des Verwalters als Sachverständiger entstanden sind (OLG Düsseldorf ZIP 2009, 1172 f.; Ahrens/Gehrlein/Ringstmeier/*Sander* Rn. 4). Bei zulässiger Beantragung eines **Sekundärinsolvenzverfahrens** gem. Art. 27 EuInsVO durch einen Gläubiger ist Schuldner iSd § 26a Abs. 2 S. 1 grds. nur die Vermögensmasse, die auch dem Sekundärinsolvenzverfahren unterworfen gewesen wäre (Uhlenbruck/*Vallender* Rn. 17 unter Hinweis 8 auf LG Aachen NZI 2014, 830 f.). Ein **Erstattungsanspruch gegen die Staatskasse** steht dem Verwalter **nicht** zu (BGHZ 157, 370 = NJW 2004, 1957; LG Fulda NZI 2002, 61; offen lassend OLG Celle ZIP 2000, 706; eing. zum Ganzen *Looff* KTS 2008, 445 ff.; krit. *Haarmeyer/Mock* InsVV Vorb. Rn. 99; *Smid* ZIP 2014, 1714 [1715]); zur Problematik der Anfechtbarkeit von Vergütungszahlungen s. BGH NZI 2012, 135 ff. Etwas anderes gilt hinsichtlich der Auslagen des Verwalters (Andres/Leithaus/*Andres* § 63 Rn. 19; Braun/*Blümle* § 63 Rn. 25; offen lassend BGHZ 157, 370 = NJW 2004, 1957). Unter Geltung des § 26a aF *hat* das Gericht die Vergütung und Auslagen gegen den Schuldner festzusetzen. Ein Ermessen steht dem Gericht hier nicht zu (HK-InsO/*Kirchhof* Rn. 3). Bei Eingang eines Gläubigerantrags besteht iÜ vor der Anordnung von Sicherungsmaßnahmen eine **Prüfungspflicht für das Insolvenzgericht,** ob der Antrag nicht offensichtlich rechtsmissbräuchlich gestellt wurde. Bei einer Verletzung der Prüfungspflicht können sowohl der Schuldner als auch der vorläufige Verwalter die ihnen hierdurch entstandenen Schäden im Wege eines Amtshaftungsanspruchs geltend machen (AG Potsdam DZWIR 2004, 439; *Haarmeyer/Mock* InsVV Vorb. Rn. 100; *Wimmer* ESUG-Reform S. 32).

9 **3. Festsetzung gegen den antragstellenden Gläubiger. a) Rechtslage vom 1.3.2012 bis 30.6.2014.** In Verfahren, deren Eröffnung in dem Zeitraum vom 1.3.2012 bis 30.6.2014 beantragt worden ist, ist für eine **Kostenlastentscheidung gegen den antragstellenden Gläubiger** kein Raum (Ahrens/Gehrlein/Ringstmeier/*Sander* Rn. 5). Allein der Insolvenzschuldner schuldet die Vergütung und Auslagen des vorläufigen Verwalters (BT-Drs. 17/13535, 26: „Grundsatz der schuldnerischen Haftung gegenüber dem vorläufigen Insolvenzverwalter"). **Die Gegenauffassung,** die § 26a Abs. 1 aF einschränkend so auslegen will, dass nur eine Kompetenz des Insolvenzgerichts zur Festsetzung der Höhe der Vergütung des vorläufigen Verwalters gemeint ist und daher eine von § 26a Abs. 1 abweichende Kostenlastentscheidung für möglich erachtet (*Frind* ZInsO 2011, 2249 f.; *Seehaus* ZInsO 2011, 1783 ff.; HambK-InsO/*Schröder* Rn. 1, 3; MüKoInsO/*Haarmeyer* Rn. 6; wohl auch *Vallender* MDR 2012, 61 [65]; ähnlich *Keller* NZI 2012, 317 [318]), überzeugt nicht. Sie bedeutet eine **teleologische Reduktion contra legem** (zutr. *Marotzke* DB 2012, 617 [619 f.]; s. ferner LG Frankfurt a. M. NZI 2015, 530 [533]; → Rn. 2). Auch bei einer **Antragsrücknahme oder Erledigungserklärung** können dem antragstellenden Gläubiger die Vergütung und Auslagen des vorläufigen Insolvenzverwalters nicht im Rahmen einer **Kostengrundentscheidung** gem. §§ 269 Abs. 3 S. 2, 91a Abs. 1 ZPO (analog) auferlegt werden (→ § 63 Rn. 13). Auf die Regelung des § 26a nF kann außerhalb ihres zeitlichen Anwendungsbereichs eine Kostenentscheidung zu Lasten des antragstellenden Gläubigers ebenfalls nicht gestützt werden. Eine **zeitliche „Vorwirkung" der Neuregelung** ist im Hinblick auf den klaren Wortlaut des § 26a Abs. 1 S. 1 aF nicht möglich (LG Frankfurt a. M. NZI 2015, 530 [532, 533] m zust Anm. *Prasser;* HK-InsO/*Kirchhof* Rn. 3; Nerlich/Römermann/*Mönning/Zimmermann* Rn. 10a; Uhlenbruck/*Vallender* Rn. 4; aA *Schmerbach* NZI 2012, 689 [691]). Der Gesetzgeber hat trotz Kenntnis der Kritik an der bis zum 30.6.2014 geltenden Rechtslage die Neuregelung nicht durch eine entsprechende Übergangsvorschrift auch auf „Altfälle" für anwendbar erklärt (vgl. zu Voraussetzungen und Grenzen einer Vorwirkung von Gesetzen BGHZ 134, 116 = NJW 1997, 657 [659]; BGHZ 130, 38 = NJW 1995, 2783; BGHZ 114, 268 = NJW 1992, 109; BGH NJW-RR 1996, 142; NZI 2005, 561). Werden dem antragstellenden Gläubiger vom Insolvenzgericht trotz fehlender rechtlicher Grundlage (rechtskräftig) die Vergütung und Auslagen des vorläufigen Verwalters auferlegt (s. hierzu BGH ZInsO 2012, 800), bleibt eine Festsetzung der Vergütung gegen den Schuldner gem. § 26a Abs. 1 S. 1 aF möglich. Wird die Vergütung gegen den

Schuldner und den antragstellenden Gläubiger festgesetzt, haften beide wie Gesamtschuldner für die festgesetzte Vergütung. Leistet der Schuldner, hat ggf. ein Ausgleich im Verhältnis zwischen ihm und dem Gläubiger zu erfolgen.

b) Rechtslage ab dem 1.7.2014. In Verfahren, deren Eröffnung ab dem 1.7.2014 beantragt worden ist, ist eine **Kostenentscheidung zu Lasten des antragstellenden Gläubigers** möglich. In diesem Fall hat das Gericht gem. § 26a Abs. 2 S. 2 sowohl die Vergütung und Auslagen dem antragstellenden Gläubiger „aufzuerlegen" als auch gegen ihn „festzusetzen". Es hat ein **einheitlicher Kostenlast- und Vergütungsfestsetzungsbeschluss** zu ergehen, in § 26a Abs. 2 S. 4 und Abs. 3 S. 1 heißt es jeweils „der" Beschluss. Bei der **Auslegung von Tatbestandsvoraussetzungen und Rechtsfolge** des § 26a Abs. 2 ist zu berücksichtigen, dass es sich um eine Ausnahmevorschrift handelt. Die Kostenhaftung des antragstellenden Gläubigers ist auf **Ausnahmefälle eines gänzlich unberechtigten Insolvenzantrags** beschränkt, weil der antragstellende Gläubiger regelmäßig weder die finanzielle Situation des Schuldners noch die für die Höhe der Vergütung des vorläufigen Insolvenzverwalters maßgeblichen Faktoren übersehen kann (BT-Drs. 17/13535, 27; Braun/*Herzig* Rn. 9; s. ferner Uhlenbruck/*Vallender* Rn. 20). 10

Nicht erforderlich ist, dass der Schuldner oder der vorläufige Insolvenzverwalter eine Entscheidung zu Lasten des antragstellenden Gläubigers beantragen (aA *Smid* ZIP 2014, 1714 [1722]). Ein solches **Antragserfordernis** lässt sich dem Gesetz nicht entnehmen. Vielmehr hat das Gericht bei Vorliegen eines entsprechenden Festsetzungsantrags von Amts wegen zu prüfen, ob die Vergütung gegen den Schuldner oder gegen den antragstellenden Gläubiger festzusetzen ist. Eine andere Frage ist, ob das Insolvenzgericht von Amts wegen den für seine Entscheidung maßgeblichen Sachverhalt zu ermitteln hat. Die **Amtsermittlungspflicht des Gerichts** gem. § 5 Abs. 1 gilt grds. auch im Vergütungsfestsetzungsverfahren, sobald der Verwalter seinen Vergütungsfestsetzungsantrag gestellt hat (BGH NZI 2009, 57 f. für das eröffnete Verfahren; MüKoInsO/*Ganter/Lohmann* § 5 Rn. 15d). Allerdings ist bei Nichteröffnung des Verfahrens zu differenzieren (ohne Differenzierung für die Geltung des Amtsermittlungsgrundsatzes Uhlenbruck/*Vallender* Rn. 22): Im **Zulassungsverfahren** gilt der **zivilrechtliche Beibringungsgrundsatz** (MüKoInsO/*Ganter/Lohmann* Vorb. §§ 2–10 Rn. 16). Endet das Verfahren in diesem Stadium, müssen Schuldner und/oder vorläufiger Verwalter den für eine Entscheidung nach § 26a Abs. 2 S. 2 maßgeblichen Sachverhalt dem Insolvenzgericht gegenüber vortragen, es sei denn, die hierfür relevanten Tatsachen ergeben sich aus der Verfahrensakte oder sind gerichtbekannt. Im **Eröffnungsverfahren** gilt demgegenüber der Amtsermittlungsgrundsatz (BGHZ 153, 205 [208] = NJW 2003, 1187; MüKoInsO/*Ganter/Lohmann* § 5 Rn. 14). Das Gericht muss in diesem Verfahrensstadium den Sachverhalt von Amts wegen ermitteln, wenn die Sach- und Rechtslage Anlass hierfür bietet (BGH NJW 2012, 936 = NZI 2012, 151 [152]). Darüber hinaus muss das Gericht anders als etwa im Kostenfestsetzungsverfahren gem. §§ 103 ff. ZPO oder im Vergütungsfestsetzungsverfahren gem. § 11 RVG auf Antrag oder von Amts wegen gem. § 4 InsO, §§ 355 ff. ZPO eine **Beweiserhebung** durchführen und sich die notwendige Überzeugung bilden (§ 4 InsO, § 286 ZPO), wenn die für das Vorliegen der im Gesetz geregelten materiell-rechtlichen Tatbestandsvoraussetzungen maßgeblichen Tatsachen streitig bzw. ungeklärt sind (aA wohl *Smid* ZIP 2014, 1714 [1721]: „summarischer Leistungsprozess"). Der Gesetzgeber wollte eine **im Einzelfall zu prüfende vergütungsrechtliche Direkthaftung** des antragstellenden Gläubigers schaffen (vgl. BT-Drs. 17/13535, 26). Eine Entscheidung zu Lasten des antragstellenden Gläubigers darf dabei aber nur erfolgen, wenn die Voraussetzungen hierfür feststehen, andernfalls bleibt es bei der grundsätzli- 11 chen Haftung des Insolvenzschuldners für Vergütung und Auslagen des vorläufigen Verwalters (→ Rn. 8). Die **Beweis- bzw. Feststellungslast** trägt der Insolvenzschuldner.

12 Erste Tatbestandsvoraussetzung für eine Kostenlastentscheidung zum Nachteil des antragstellenden Gläubigers ist die **Unzulässigkeit oder Unbegründetheit des Gläubigerantrags.** Nach dem Gesetzeswortlaut ist erforderlich, dass der Gläubigerantrag im Zeitpunkt des Kostenlast- und Festsetzungsbeschlusses unzulässig oder unbegründet „ist". Bei Antragsrücknahme oder Erledigungserklärung ist für eine Entscheidung nach § 26a Abs. 2 daher kein Raum (Uhlenbruck/*Vallender* Rn. 8; aA *Smid* ZIP 2014, 1714 [1723 f.]). In diesem Fall kommt es zu keiner Entscheidung mehr über den Eröffnungsantrag. Das Gericht könnte allenfalls prüfen, ob der Gläubigerantrag ursprünglich unzulässig oder unbegründet „war". Vorschlägen aus dem Schrifttum, dem Insolvenzgericht eine dem § 91a ZPO entsprechende Ermessensentscheidung über die Kostentragungspflicht einzuräumen (hierfür etwa *Marotzke* DB 2012, 617 [620 f.]; ebenso der Vorschlag des Bundesrats, BT-Drs. 17/11268, 63), ist der Gesetzgeber indes bewusst nicht gefolgt. Die Unzulässigkeit oder Unbegründetheit muss vom Gericht iÜ nicht bereits in einem entsprechenden **Abweisungsbeschluss** festgestellt worden sein (HK-InsO/*Kirchhof* Rn. 5). Liegt ein solcher vor, kann in dem Kostenlast- und Festsetzungsbeschluss auf ihn jedoch Bezug genommen werden. Andernfalls ist die Unzulässigkeit oder Unbegründetheit des Gläubigerantrags im Einzelnen zu begründen. Nicht erforderlich ist, dass der Gläubigerantrag von Anfang an unzulässig oder unbegründet ist (**aA** Nerlich/Römermann/*Mönning*/*Zimmermann* Rn. 8). Die **anfängliche Unzulässigkeit oder Unbegründetheit des Gläubigerantrags** ist lediglich bei der Prüfung des groben Verschuldens bedeutsam (§ 26a Abs. 2 S. 3).

13 Zweite Tatbestandsvoraussetzung ist **das grobe Verschulden** des antragstellenden Gläubigers. Grobes Verschulden verlangt Vorsatz oder eine Außerachtlassung der nach den Umständen erforderlichen Sorgfalt in besonders schwerem Maße, also die Nichtbeachtung dessen, was im gegebenen Fall jedem einleuchten musste (BT-Ducks. 17/13535, 27). **Vorsatz** liegt vor, wenn der antragstellende Gläubiger die Unzulässigkeit oder Unbegründetheit seines Insolvenzantrags gekannt (mindestens für möglich gehalten) und in seinen Willen aufgenommen (mindestens billigend in Kauf genommen) hat (vgl. BGH NJW-RR 2012, 404). Die **Kenntnis sog Wissensvertreter** muss sich der Gläubiger zurechnen lassen (zu Einzelheiten s. MüKoInsO/*Ott*/*Vuia* § 82 Rn. 14). **Grobe Fahrlässigkeit** setzt einen objektiv schweren und subjektiv nicht entschuldbaren Verstoß gegen die Anforderungen der im Verkehr erforderlichen Sorgfalt voraus (BGH NJW-RR 1988, 657; Braun/*Herzig* Rn. 9). Nach § 26a Abs. 2 S. 3 ist ein grobes Verschulden insbes. dann anzunehmen, wenn der Antrag von vornherein keine Aussicht auf Erfolg hatte und der Gläubiger dies erkennen musste. Ein **Tatsachen- oder Rechtsirrtum** schließt Vorsatz und in der Regel auch grobe Fahrlässigkeit aus. Insbes. wenn sich der antragstellende Gläubiger auf unzureichende Kenntnisse über die Zulässigkeitsvoraussetzungen beruft und das Fehlen eines Insolvenzgrunds mit Informationsdefiziten und unzureichenden Einsichten in die finanziellen und wirtschaftlichen Verhältnisse des Schuldners begründet, wird daher regelmäßig kein Raum für die Annahme groben Verschuldens sein (Nerlich/Römermann/*Mönning*/*Zimmermann* Rn. 8; aA Uhlenbruck/*Vallender* Rn. 20 für rechtlich fehlerhafte Vorstellungen des Gläubigers über die Zulässigkeit des Eröffnungsantrags). Die **Fälle missbräuchlicher Druckanträge** dürften nur schwer für das Insolvenzgericht festzustellen sein (FK-InsO/*Schmerbach* Rn. 10; Graf-Schlicker/*Voß* Rn. 2 aE). Im Regelfall wird es daher bei der Kostentragungspflicht des Insolvenzschuldners bleiben (→ Rn. 8, 11 aE).

14 Das Gesetz räumt dem Gericht **keine Ermessensentscheidung bezogen auf die Kostentragungspflicht** ein. Liegen die Voraussetzungen des § 26a Abs. 2

S. 1 Hs. 2 vor, „sind" nach Satz 2 dem antragstellenden Gläubiger die Vergütung und Auslagen des vorläufigen Verwalters aufzuerlegen und gegen ihn festzusetzen. Eine **Kostenfreiheit gem. § 2 GKG** zugunsten „hoheitlicher Gläubiger" besteht nicht (FK-InsO/*Schmerbach* Rn. 11; HK-InsO/*Kirchhof* Rn. 8), da Vergütung und Auslagen des vorläufigen Verwalters nicht zu den Kosten des gerichtlichen Verfahrens gehören (→ Rn. 8). Lediglich bezogen auf den **Umfang der Kostentragungspflicht** sieht das Gesetz ein vom Gericht auszuübendes Ermessen vor (HK-InsO/*Kirchhof* Rn. 7; Uhlenbruck/*Vallender* Rn. 21). Es hat dabei zu entscheiden, ob dem antragstellenden Gläubiger die Vergütung und Auslagen des Verwalters „ganz oder teilweise" aufzuerlegen sind. Die hierbei maßgeblichen **Ermessenskriterien** nennt das Gesetz allerdings nicht. Im Grundsatz ist davon auszugehen, dass den antragstellenden Gläubiger bei einem groben Verschulden die volle Kostenlast trifft. Eine **Abstufung allein nach dem Grad des Verschuldens** (Vorsatz oder grobe Fahrlässigkeit) erfolgt nicht (aA Braun/*Herzig* Rn. 10; wohl auch HK-InsO/*Kirchhof* Rn. 7; Uhlenbruck/*Vallender* Rn. 21). Vielmehr ist wie folgt zu differenzieren: Bei **anfänglicher Unzulässigkeit oder Unbegründetheit des Antrags** bleibt es aufgrund des groben Verschuldens grds. bei der vollen Kostenhaftung des Gläubigers. Eine lediglich teilw. Kostenlast kommt analog § 254 Abs. 1 BGB (vgl. HK-InsO/*Kirchhof* Rn. 7) allenfalls bei einem Mitverschulden des Insolvenzschuldners in Betracht (→ Rn. 15). Regelmäßig wird es aber auch dann bei einer überwiegenden Haftung des Gläubigers bleiben. Bei **Eintritt der Unzulässigkeit oder Unbegründetheit nach Antragstellung** ist demgegenüber grds. von einer lediglich teilweisen Kostenlast des Gläubigers auszugehen. Denn die bis zur Unzulässigkeit oder Unbegründetheit des Antrags eingetretenen Kosten hat der antragstellende Gläubiger nicht zu Unrecht veranlasst. Die vom Gericht zu bildende **Kostenquote** hat sich daran zu orientieren, welche Kosten dadurch verursacht worden sind, dass der antragstellende Gläubiger es unterlassen hat, seinen Antrag sogleich zurückzunehmen oder für erledigt zu erklären (zu § 91a ZPO vgl. OLG Rostock OLGR 2006, 782 f.; LG Karlsruhe Beschl. v. 10.6.2011 – 6 O 73/11, BeckRS 2011, 21079). Da aufgrund der Vergütungsstruktur eine exakte Bezifferung der durch die Untätigkeit des Gläubigers verursachten Kosten kaum möglich sein wird, ist bei der Bildung der Quote va zu berücksichtigen, wie viel Zeit zwischen der Kenntnis oder grob fahrlässigen Unkenntnis des Gläubigers von der Unzulässigkeit oder Unbegründetheit seines Antrags und der Aufhebung der vorläufigen Insolvenzverwaltung verstrichen ist. Zusätzlich kann auch hier ein **Mitverschulden des Insolvenzschuldners** berücksichtigt werden. Ebenso kann iRd Gesamtabwägung das **Ausmaß des Verschuldens** auf Seiten des antragstellenden Gläubigers zu berücksichtigen sein. Unzulässig ist aber eine **vollständige Kostenfreistellung des Gläubigers**, weil das Gesetz in jedem Fall eine „teilweise" Auferlegung der Kosten vorschreibt (§ 26a Abs. 2 S. 2). Bei der **Tenorierung der Kostenlastentscheidung** muss das Gericht eine konkrete Kostenquote bilden. Eine **Verteilung nach Zeitabschnitten** ist analog § 92 Abs. 1 ZPO unzulässig (vgl. *Zschokelt/E. Schneider* MDR 1981, 536).

Das bei der Ermittlung der Kostenquote zu berücksichtigende **Mitverschulden des Insolvenzschuldners** kann nicht in einer unterlassenen Aufklärung oder Mitwirkung gegenüber dem antragstellenden Gläubiger liegen, weil der Gläubiger im Anwendungsbereich des § 26a Abs. 2 die Unzulässigkeit oder Unbegründetheit seines Antrags bereits kennt oder zumindest hätte kennen müssen. Ein Mitverschulden des Schuldners kann sich lediglich daraus ergeben, dass er iRd Anhörung gem. § 14 Abs. 2 die **Darlegung und Glaubhaftmachung der Unzulässigkeit oder Unbegründetheit des Gläubigerantrags** gegenüber dem Insolvenzgericht unterlässt (vgl. Uhlenbruck/*Vallender* Rn. 21; s. ferner MüKo-InsO/*Schmahl/Vuia* § 14 Rn. 82 ff.). In welchem Umfang ein solches Mitver- 15 schulden bei der Kostenquote zu berücksichtigen ist, hängt davon ab, ob das Insolvenzgericht bereits vor Anhörung des Schuldners einen vorläufigen Insolvenzverwalter eingesetzt hat (vgl. Gottwald InsR-HdB/*Uhlenbruck/Vuia* § 14 Rn. 2 mwN zum Streitstand). In diesem Fall wiegt das Mitverschulden des Schuldners weniger schwer, als wenn der Schuldner die Bestellung hätte verhindern können. Darüber hinaus kommt ein Mitverschulden in Betracht, wenn der Schuldner konkrete Anhaltspunkte dafür hatte, dass der Gläubiger einen unzulässigen oder unbegründeten Insolvenzantrag stellen wird und sich hiergegen durch **Übermittlung einer Schutzschrift an das Insolvenzgericht** vorsorglich hätte wenden können (s. hierzu *Frege/Keller/Riedel* Rn. 571 ff., 574 ff.; MüKoInsO/*Schmahl/Vuia* § 14 Rn. 136 mwN; Uhlenbruck/*Pape* § 10 Rn. 11; **aA** Uhlenbruck/*Uhlenbruck,* 13. Aufl. 2010, § 10 Rn. 11). Das **Mitverschulden des Schuldners ist unbeachtlich**, wenn das Gericht auch auf eine entsprechende Reaktion des Schuldners hin den vorläufigen Insolvenzverwalter bestellt bzw. von einer Aufhebung der Bestellung abgesehen hätte. Die Beweis- bzw. Feststellungslast trifft insoweit den Schuldner. Die Verletzung der **Prüfungspflicht durch das Insolvenzgericht** (→ Rn. 8) kann ein Mitverschulden des Schuldners ebenfalls ausschließen oder mindern. Sie kann dagegen nicht zu Lasten des Schuldners berücksichtigt werden, da das Insolvenzgericht nicht „Erfüllungsgehilfe" des Schuldners ist (§§ 254 Abs. 2 S. 2, 278 BGB analog).

16 **4. Rechtsmittel. a) Sofortige Beschwerde; Rechtsbeschwerde.** Gegen den Beschluss steht sowohl dem vorläufigen Verwalter als auch demjenigen, der dessen Kosten zu tragen hat, also dem Insolvenzschuldner oder dem antragstellenden Gläubiger, die sofortige Beschwerde zu, wenn und soweit sie beschwert sind **(§ 26a Abs. 3 S. 1)**. Zu den Einzelheiten über den Ablauf des Beschwerdeverfahrens s. die Kommentierung bei → § 6 Rn. 16 ff. Ab dem 1.1.2014 muss der Beschluss eine **Rechtsbehelfsbelehrung** enthalten, andernfalls kann gem. § 4 InsO, §§ 232, 233 ZPO Wiedereinsetzung in den vorigen Stand beantragt werden (FK-InsO/*Schmerbach* Rn. 15). Der **neu bestellte vorläufige Insolvenzverwalter** hat gegen einen Beschluss über die Festsetzung des entlassenen vorläufigen Insolvenzverwalters (§§ 21 Abs. 2 S. 1 Nr. 1, 59 Abs. 1) kein Beschwerderecht. Anders als bei einer Eröffnung des Verfahrens (hierzu → § 64 Rn. 23) finden die §§ 54 Nr. 2, 53 keine Anwendung (s. BGHZ 175, 48 [50] = NJW 2008, 583). Werden Vergütung und Auslagen des vorläufigen Verwalters ausschließlich gegen den Schuldner festgesetzt, ist nur dieser beschwert. Der **antragstellende Gläubiger** ist dann nicht beschwerdeberechtigt (Nerlich/Römermann/*Mönning/Zimmermann* Rn. 10; HK-InsO/*Kirchhof* Rn. 9). Der **Gegenauffassung,** die §§ 21 Abs. 2 S. 1 Nr. 1, 64 Abs. 3 S. 1 anwenden will (*Frind* ZInsO 2012, 2249 [2250]; MüKoInsO/*Haarmeyer* Rn. 8; Kübler/Prütting/Bork/*Prasser* Rn. 13), kann nicht gefolgt werden (ebenso HK-InsO/*Kirchhof* Rn. 9; Ahrens/Gehrlein/Ringstmeier/*Sander* Rn. 11; Uhlenbruck/*Vallender* Rn. 26; zu den Einzelheiten s. die Voraufl.). Soweit eine **Beschwer des antragstellenden Gläubigers aufgrund der Zweitschuldnerhaftung** nach § 23 GKG angenommen wird (so MüKoInsO/*Haarmeyer* Rn. 7; HambK-InsO/*Denkhaus* Rn. 5), kann dem schon deshalb nicht gefolgt werden, weil Vergütung und Auslagen des Verwalters gerade nicht zu den Kosten des gerichtlichen Verfahrens gehören und demnach auch keine Zweitschuldnerhaftung besteht (so ausdrücklich BGHZ 157, 370 = NJW 2004, 1957 [1959]; Ahrens/Gehrlein/Ringstmeier/*Sander* Rn. 4; → Rn. 8). Werden dem Gläubiger gem. §§ 269 Abs. 3 S. 2, 91a Abs. 1 ZPO, § 4 InsO die Vergütung und Auslagen des vorläufigen Verwalters auferlegt (hierzu → Rn. 9), steht ihm hiergegen gem. §§ 269 Abs. 5 S. 1, 91a Abs. 2 S. 1 ZPO die sofortige Beschwerde zu.

17 Gem. § 26a Abs. 3 S. 2 findet § 567 Abs. 2 ZPO entsprechende Anwendung, weshalb die Beschwerde nur statthaft ist, wenn der **Wert des Beschwerdegegen-**

stands 200 EUR übersteigt. Abzustellen ist auf die Differenz zwischen der tatsächlichen Festsetzung und der angestrebten Festsetzung (MüKoInsO/*Riedel* § 64 Rn. 16). Nach Abschaffung des § 7 durch das am 27.10.2011 in Kraft getretene Gesetz zur Änderung des § 522 ZPO (BGBl. I S. 2082) ist eine **Rechtsbeschwerde** nur statthaft, wenn das Beschwerdegericht sie in dem Beschluss zugelassen hat (§ 4 InsO, § 574 Abs. 1 S. 1 Nr. 2 ZPO; zu den Einzelheiten → § 6 Rn. 29 ff.). Die Entscheidung über die Zulassung der Rechtsbeschwerde kann nicht vom Rechtsbeschwerdegericht nachgeholt werden (s. hierzu sowie zum zeitlichen Anwendungsbereich BGH ZInsO 2012, 1185 f.; 2012, 1085 ff.; 2012, 218).

Im Beschwerdeverfahren gilt das Verschlechterungsverbot **(Verbot der reformatio in peius).** Dieses kommt auch dann zur Anwendung, wenn das Rechtsmittelgericht die Entscheidung des Erstgerichts aufhebt und zur erneuten Entscheidung an dieses zurückverweist (BGHZ 159, 122 = NJW-RR 2004, 1422). Es hindert das Beschwerdegericht allerdings nicht, bei Feststellung der angemessenen Vergütung im Einzelfall Zu- und Abschläge zum Nachteil des Beschwerdeführers anders zu bemessen als das Erstgericht, soweit es den Vergütungssatz insgesamt nicht zu seinem Nachteil ändert (BGH NZI 2007, 45 f.; 2005, 559 f.). 18

b) Rechtskraft. Die Festsetzung der Verwaltervergütung entfaltet zwischen dem Verwalter und dem Festsetzungsgegner (Insolvenzschuldner oder antragstellender Gläubiger) **materielle Rechtskraft** für den Vergütungsanspruch als solchen und seinen Umfang; zu den Einzelheiten s. die Kommentierung bei → § 64 Rn. 31. 19

Eröffnungsbeschluß[1]

27 (1) [1] **Wird das Insolvenzverfahren eröffnet, so ernennt das Insolvenzgericht einen Insolvenzverwalter.** [2] **§ 270 bleibt unberührt.**

(2) **Der Eröffnungsbeschluß enthält:**

1. **Firma oder Namen und Vornamen, Geburtsdatum, Registergericht und Registernummer, unter der der Schuldner in das Handelsregister eingetragen ist,**[2] **Geschäftszweig oder Beschäftigung, gewerbliche Niederlassung oder Wohnung des Schuldners;**
2. **Namen und Anschrift des Insolvenzverwalters;**
3. **die Stunde der Eröffnung;**
4. **die Gründe, aus denen das Gericht von einem einstimmigen Vorschlag des vorläufigen Gläubigerausschusses zur Person des Verwalters abgewichen ist; dabei ist der Name der vorgeschlagenen Person nicht zu nennen.**

(3) **Ist die Stunde der Eröffnung nicht angegeben, so gilt als Zeitpunkt der Eröffnung die Mittagsstunde des Tages, an dem der Beschluß erlassen worden ist.**

Schrifttum: *Herchen,* Das Prioritätsprinzip im internationalen Insolvenzrecht, ZIP 2008, 1401; *Holzer,* Die Verbindung von Insolvenzverfahren, NZI 2007, 432; *Keller,* Die öffentliche Bekanntmachung im Insolvenzverfahren, ZIP 2003, 149; *ders.,* Der Nachweis der Tatbestandsvoraussetzungen des § 88 InsO im Grundbuchverfahren, ZfIR 2006, 499; *Kummer,* Die Stunde der Eröffnung des Insolvenzverfahrens, FS Metzler, 2003, 15; *Münzel,* Die lange

[1] § 27 Abs. 2 Nr. 1 und 3 geänd. und Nr. 4 angef. mWv 1.7.2007 durch G v. 13.4.2007 (BGBl. I S. 509); Abs. 2 Nr. 4 geänd., Nr. 5 angef. mWv 1.3.2012 durch G v. 7.12.2011 (BGBl. I S. 2582); Abs. 1 S. 2, Abs. 2 Nr. 1 geänd., Nr. 4 gestrichen, Nr. 5 zu Nr. 4 geänd. mWv 1.7.2014 durch G v. 15.7.2013 (BGBl. I S. 2379).

[2] Komma fehlt im BGBl. I.

vorläufige Verwaltung – Gedanken zur Zulässigkeit der bewussten Verzögerung des Insolvenzverfahrens, ZInsO 2006, 1238; *Onusseit,* Der auf 00.00 Uhr (vor-)datierte Insolvenzeröffnungsbeschluss und die Verjährung des Anfechtungsanspruchs, ZInsO 2003, 404; *Prütting/Brinkmann,* Das Geburtsdatum des Schuldners als delikate Information – Zum Spannungsverhältnis zwischen Rechtssicherheit und Datenschutz, ZVI 2006, 477; *Uhlenbruck,* Vordatierung von Insolvenzeröffnungsbeschlüssen, ZInsO 2001, 977.

Übersicht

I. Entstehungsgeschichte und Normzweck

1 **1. Entstehungsgeschichte und Normänderungen.** § 27 entspricht weitgehend den Vorgängernormen §§ 108, 110 KO und § 5 GesO (BT-Drs. 12/2443, 119). Zusammen mit §§ 28 und 29 regelt er den notwendigen **Inhalt des Eröffnungsbeschlusses.** Die früher verstreuten Regelungen der §§ 108, 110, 138 KO wurden redaktionell zusammengefasst und gestrafft.

Absatz 2 Nr. 1 wurde geändert mit Wirkung seit 1.7.2007 durch Insolvenzverfahrensvereinfachungsgesetz v. 13.4.2007 (BGBl. I S. 509); Übergangsrecht Art. 103c Abs. 1 EGInsO. **Nr. 4** wurde eingefügt durch Gesetz zur weiteren Erleichterung der Sanierung von Unternehmen v. 7.12.2011 (BGBl. I S. 2582; Gesetzentwurf BT-Drs. 17/5712). Durch eine frühere Nr. 4 sollte im Eröffnungsbeschluss auf den Restschuldbefreiungsantrag des Schuldners nach § 287 hingewiesen werden (eingefügt durch Insolvenzverfahrensvereinfachungsgesetz v. 13.4.2007, BGBl. I S. 509). Mit Inkrafttreten des § 287a durch das Gesetz zur Verkürzung des Restschuldbefreiungsverfahrens v. 15.7.2013 (BGBl. I S. 2379) am 1.7.2014 ist diese Angabe durch die sog Eingangsentscheidung des § 287a ersetzt worden (→ Rn. 36 und → § 287a Rn. 9). 2

2. Normzweck. Die Norm hat **zentrale Bedeutung** sowohl verfahrensführend im Zusammenhang mit §§ 28, 29 als auch materiellrechtlich durch Bestimmung des Insolvenzverwalters und va des Eröffnungszeitpunktes mit § 80 Abs. 1 S. 1 (MüKoInsO/*Schmahl/Busch* §§ 27–29 Rn. 1; Jaeger/*Schilken* § 27 Rn. 3). 3

3. Anwendungsbereich der Norm. Die Vorschrift gilt für jedes Insolvenzverfahren Bei Eigenverwaltung ist § 270 zu beachten (Absatz 1 Satz 2). § 27 ist auch im inländischen **Partikularinsolvenzverfahren** nach §§ 354 ff. anwendbar, ebenso im Sekundärinsolvenzverfahren nach § 356. 4

II. Verfahrensvoraussetzungen für die Eröffnungsentscheidung

1. Zulässigkeit des Insolvenzantrags. Die Insolvenzeröffnung setzt die **Zulässigkeit des Insolvenzantrages** nach §§ 13, 14 voraus (MüKoInsO/*Schmahl/Busch* §§ 27–29 Rn. 8; Jaeger/*Schilken* § 27 Rn. 9; FK-InsO/*Schmerbach* § 27 Rn. 4 ff.; HK-InsO/*Kirchhof* § 27 Rn. 3 ff.; HambK-InsO/*Denkhaus* § 27 Rn. 3). Es müssen die allgemeinen Prozessvoraussetzungen vorliegen, die Insolvenzeröffnung wäre ansonsten nichtig: Der Schuldner muss der deutschen Gerichtsbarkeit unterstehen (§§ 18 ff. GVG), er muss insolvenzverfahrensfähig sein (kein § 12). Fehlende Prozessfähigkeit (§ 51 ZPO) führt dagegen nicht zur Nichtigkeit der Entscheidung. 5

Wurde der **Insolvenzantrag** vor Erlass des Eröffnungsbeschlusses wirksam **zurückgenommen** oder vom Antragsteller für erledigt erklärt, hat der Eröffnungsbeschluss keine rechtliche Grundlage und ist aufzuheben (OLG Hamm KTS 1976, 148; LG München I KTS 1973, 75; Jaeger/*Gerhardt* § 6 Rn. 58; HK-InsO/*Kirchhof* § 27 Rn. 9). 6

2. Begründetheit des Insolvenzantrags. Der **Eröffnungsgrund** (§§ 16 ff.) muss im Zeitpunkt der Entscheidung des Insovenzgerichts vorliegen; im Fall der Beschwerde nach § 34 ist nicht auf den Zeitpunkt der Beschwerdeentscheidung abzustellen (BGHZ 169, 17). Kann der Eröffnungsgrund trotz aller Amtsermittlung (§ 5) nicht festgestellt werden, ist der Antrag abzuweisen (AG Magdeburg ZInsO 1999, 358; zur mangelnden Mitwirkung des Schuldners LG Stendal NZI 2008, 45; dazu auch → § 26 Rn. 30). Eine Aussetzung der Entscheidung bis zur endgültigen Klärung der Zahlungsunfähigkeit etwa bei Unsicherheit über das Bestehen einer Verbindlichkeit kommt nicht in Betracht (HK-InsO/*Kirchhof* § 27 Rn. 12). Auch ist es nicht richtig, mit einer Eröffnung so lange zu warten, bis ausreichende Verwertungsoptionen für einzelne Vermögenswerte geschaffen sind (dazu auch → Rn. 53, 54). 7

3. Deckung der Verfahrenskosten. Die Verfahrenskosten müssen **aus der Insolvenzmasse** oder durch Gewährung von Kostenstundung nach §§ 4a ff. gedeckt sein. Andernfalls ist die Insolvenzeröffnung nach § 26 abzulehnen. 8

9 **4. Verbindung mehrerer Insolvenzanträge.** Das **Insolvenzverfahren** wird gegen einen Schuldner auf Grund aller zulässiger und begründeter Anträge in einem **einheitlichen Beschluss eröffnet.** Ist von mehreren Anträgen einer unzulässig, ist er kostenpflichtig zurückzuweisen und iÜ das Verfahren zu eröffnen. In der Regel werden mehrere auch zu verschiedener Zeit gestellte Anträge während des Eröffnungsverfahrens verbunden (AG Göttingen NZI 2002, 560; MüKoInsO/*Schmahl/Busch* §§ 27–29 Rn. 13; Jaeger/*Schilken* § 27 Rn. 9; HK-InsO/*Kirchhof* § 27 Rn. 11; eing. *Holzer* NZI 2007, 432). Die Anträge bleiben insoweit selbständig, als jeder für sich zulässig sein muss, jeder eine eigene Antragsgebühr auslöst und auch zurückgenommen oder für erledigt erklärt werden kann. Sicherungsmaßnahmen des § 21 können für alle Anträge gemeinsam angeordnet werden.

III. Der Inhalt des Eröffnungsbeschlusses

10 **1. Der notwendige Inhalt. a) Die Eröffnung des Insolvenzverfahrens (Absatz 1 Satz 1).** Absatz 1 Satz 1 beschreibt den für die materiellrechtlichen Wirkungen wichtigsten Inhalt des Beschlusses (Jaeger/*Schilken* § 27 Rn. 11 ff.; eing. *Frege/Keller/Riedel* Rn. 758 ff.), den Ausspruch der **Eröffnung des Insolvenzverfahrens.** Fehlt dieser, könnte zwar aus dem Zusammenhang zwischen Ernennung eines Insolvenzverwalters und den Anordnungen nach §§ 28, 29 auf eine Eröffnung geschlossen werden, ungenaue Tenorierung führt aber wie stets zu Unsicherheiten (Jaeger/*Schilken* § 27 Rn. 25). Die materiellrechtlichen Folgen der Insolvenzeröffnung, insbes. die Verfügungsentziehung des § 80 Abs. 1 S. 1 müssen nicht gesondert ausgesprochen werden.

11 Die Insolvenzeröffnung muss in den seit dem 1.7.2014 beantragten Verfahren nicht mehr explizit im Regel- oder im Verbraucherinsolvenzverfahren erfolgen, die §§ 311 ff. sind seit 1.7.2014 aufgehoben (Übergangsrecht Art. 103h S. 1 EGInsO; eing. Vor §§ 304 ff. Rn. 13). Dennoch werden im gerichtlichen Verfahren die Aktenzeichen „IN" für das Regelinsolvenzverfahren und „IK" für das Insolvenzverfahren bei einem Schuldner, der Verbraucher iSd § 304 ist, vergeben. Bedeutung hat die Unterscheidung bspw. für die Anwendung von § 88 Abs. 2. Es muss daher nach wie vor aus dem Eröffnungsbeschluss hervorgehen, ob der Schuldner Verbraucher iSd § 304 ist. Ein späterer Wechsel der Verfahrensart ist deshalb auch bei den seit 1.7.2014 beantragten Verfahren nicht zulässig (BGH ZInsO 2008, 453). Die zutreffende Verfahrensart für den Schuldner muss daher im Eröffnungsverfahren geklärt werden, gegebenenfalls ist der Antragsteller auf eine Änderung seines diesbezüglichen Antrags hinzuweisen (OLG Schleswig NZI 2000, 164; OLG Celle NZI 2000, 229; LG Mannheim NZI 2000, 490; LG Göttingen NZI 2001, 218; ZInsO 2007, 167; Uhlenbruck/*Vallender* § 304 Rn. 37 ff.; HK-InsO/*Kirchhof* § 13 Rn. 25, § 14 Rn. 5, § 27 Rn. 13).

12 **b) Die Bezeichnung des Schuldners (Absatz 2 Nr. 1). aa) Allgemeines.** Die Bezeichnung des Schuldners erfolgt nach Absatz 2 Nr. 1 mit den dort bestimmten Angaben oder auch weiteren Angaben so genau, dass er durch den **Rechtsverkehr** unproblematisch **identifiziert** werden kann. Die Bezeichnung nach Absatz 2 Nr. 1 ist Grundlage der öffentlichen Bekanntmachung nach § 30 Abs. 1 mit § 9.

13 Die notwendigen Angaben zum Schuldner müssen aus der **Urschrift des Eröffnungsbeschlusses,** mithin dem vom Richter unterschriebenen und in den Gerichtsakten verbleibenden Exemplar, unmittelbar ersichtlich sein. Ein Verweis auf die Akten wie etwa „Über das Vermögen des Schu. Bl. 3 d. A." ist nicht zulässig; das gilt auch dann, wenn ein elektronisches Aktenverwaltungsprogramm derlei vorsieht. Die Insolvenzeröffnung ist aber dann nicht nichtig, wenn sich der

Schuldner eindeutig identifizieren lässt (BGH NZI 2003, 197; OLG Köln ZIP 2000, 1349; MüKoInsO/*Schmahl/Busch* §§ 27–29 Rn. 18; Jaeger/*Schilken* § 27 Rn. 24; Uhlenbruck/*Zipperer* § 27 Rn. 5; HK-InsO/*Kirchhof* § 27 Rn. 20; Kübler/Prütting/Bork/*Pape* § 27 Rn. 16; enger *Hess* § 27 Rn. 28 ff.). Eine unvollständige oder unrichtige Schuldnerbezeichnung ist iRd § 319 ZPO vom zuständigen Richter – nicht vom Rechtspfleger und nicht von dem Urkundsbeamten – zu berichtigen (HK-InsO/*Kirchhof* § 27 Rn. 20, 35; Kübler/Prütting/Bork/*Pape* § 27 Rn. 16, 62).

bb) Schuldner ist natürliche Person. Ist der Schuldner eine natürliche Person (§ 11 Abs. 1 S. 1), ist er mit **Vor- und Nachnamen** sowie mit **Geburtsdatum** und Anschrift zu bezeichnen. Als Name ist der bürgerliche Name des Schuldners anzugeben, die fälschliche Angabe eines „Alias-Namens" führt nicht zur Nichtigkeit des Beschlusses sondern ist im Wege der Schreibfehlerberichtigung zu korrigieren (AG Marburg NZI 2011, 26). Die Angabe des Geburtsdatums (seit 1.7.2014, vorher nur Geburtsjahr) soll gerade Massengläubigern wie Versandhäusern oder Telekommunikationsdienstleistern die Recherche erleichtern (dazu *Keller* ZIP 2003, 149; *Prütting/Brinkmann* ZVI 2006, 477). Als Anschrift (Wohnort) kann neben der aktuellen auch eine frühere Anschrift angegeben werden, insbes. wenn der Schuldner durch häufigen Wohnsitzwechsel sich den Gläubigern zu entziehen versuchte. Eine nicht prozessfähige Person (§ 51 ZPO) ist mit ihrem **gesetzlichen Vertreter** anzugeben. 14

Ein **Einzelkaufmann** ist zusätzlich **mit seiner Firma** (§ 17 HGB mit Rechtsformzusatz nach § 19 Abs. 1 Nr. 1 HGB) zu benennen: „N. N. als Inhaber der Firma XY e. K.". Die Benennung allein der Firma würde den unzutreffenden – und gerade im Steuerrecht verbreiteten – Eindruck erwecken, es wäre das Insolvenzverfahren nur über das Betriebsvermögen eröffnet. Die Firma ist so zu nennen, wie sie im Handelsregister eingetragen ist. Eine frühere Firma ist bei kurz vor der Insolvenz erfolgter Firmenänderung zusätzlich anzugeben (HK-InsO/*Kirchhof* § 27 Rn. 19). Anzugeben sind das zuständige Handelsregistergericht und die HRA-Nummer. Die Insolvenzeröffnung erfasst auch die rechtlich unselbständige Zweigniederlassung (§§ 13 ff. HGB): sie sollte klarstellend genannt werden. 15

Gehört der Schuldner einer Berufsgruppe an, die zur Verschwiegenheit insbes. hinsichtlich ihrer Honorarforderungen verpflichtet ist **(Rechtsanwalt, Steuerberater),** bestehen für die Bezeichnung im Eröffnungsbeschluss keine Besonderheiten, im Gegenteil (zum Insolvenzbeschlag grundlegend BGHZ 141, 173): Auf die berufliche Stellung sollte zum Schutz des Rechtsverkehrs besonders hingewiesen werden. Der Schuldner und seine aktuelle Anschrift müssen auch dann angegeben werden, wenn der Schuldner in einem Zeugenschutzprogramm nach §§ 3, 4 ZSHG (Gesetz zur Harmonisierung des Schutzes gefährdeter Zeugen v. 11.12.2001, BGBl. I S. 3510) steht (LG Hamburg ZInsO 2005, 1000). Ebenso wie in der Einzelzwangsvollstreckung kann dies aber zu praktischen Problemen führen, insbes. wenn die Meldebehörde unter Berufung auf § 4 Abs. 4 ZSHG mit landesrechtlichem Melderecht Auskünfte über den aktuellen Wohnort verweigert. 16

cc) Schuldner ist juristisch Person. Eine juristische Person (§ 11 Abs. 1) ist unter ihrer im **Handelsregister eingetragenen Firma** mit Nennung des Registergerichts und der HRB-Nummer oder der GenR-Nummer zu bezeichnen. Ein eingetragener Verein ist mit seinem im Vereinsregister eingetragenen Namen unter Angabe des zuständigen Registergerichts und VR-Nummer zu bezeichnen. Ein nicht eingetragener Verein ist nur mit seinem Namen zu bezeichnen. Eine frühere Firma der juristischen Person ist bei kürzlich erfolgter Firmenänderung anzugeben. Anzugeben ist der Sitz der juristischen Person entsprechend der Eintragung im Register. Weicht der Mittelpunkt der wirtschaftlichen Tätigkeit 17 vom satzungsmäßigen Sitz ab, ist zusätzlich dieser anzugeben (insbes. wegen § 3 Abs. 1 S. 2).

18 **Anzugeben** sind **sämtliche gesetzlichen Vertreter** der juristischen Person unabhängig von Einzel- oder Gesamtvertretungsbefugnis. Die Angabe der Gesellschafter insbes. bei der GmbH erfolgt nicht, sie kann allenfalls bei der führungslosen GmbH mit § 15a Abs. 3 in Betracht gezogen werden.

19 Bei der Insolvenzeröffnung nach Auflösung der juristischen Person (§ 11 Abs. 3) erfolgen die vorgenannten Angaben nach der letzten Eintragung im Handelsregister.

20 **dd) Schuldner ist Gesellschaft ohne Rechtspersönlichkeit.** Eine **Gesellschaft ohne Rechtspersönlichkeit** (§ 11 Abs. 2 Nr. 1) ist ähnlich wie eine juristische Person mit ihrer **Firma,** gegebenenfalls früheren Firma, Registergericht, HRA-Nummer und Sitz, gegebenenfalls abweichender Mittelpunkt wirtschaftlicher Tätigkeit, zu bezeichnen. Angabe der Gesellschafter der OHG oder der KG erfolgt nur insoweit, als diese vertretungsberechtigt sind (§ 125 HGB); nicht vertretungsberechtigte persönlich haftende Gesellschafter oder Kommanditisten werden nicht genannt. Ist vertretungsberechtigter persönlich haftender Gesellschaft eine juristische Person (so insbes. bei der GmbH & Co. KG), ist diese ihrerseits mit Angabe des gesetzlichen Vertreters zu bezeichnen.

21 Eine **Gesellschaft bürgerlichen Rechts** (§ 705 BGB) ist mangels Registerfähigkeit unter **Nennung aller Gesellschafter** zu bezeichnen (HK-InsO/*Kirchhof* § 27 Rn. 19), die im Zeitpunkt der Eröffnung Gesellschafter sind. Diese sind als natürliche oder juristische Person oder Gesellschaft ohne Rechtspersönlichkeit zu bezeichnen. Ein Name, unter welchem die Gesellschaft im Rechtsverkehr auftritt, ist zwecks Unterscheidung von personengleichen anderen Gesellschaften unbedingt anzugeben: „Über das Vermögen der Gesellschaft bürgerlichen Rechts XY bestehend aus den Gesellschaftern …" Wird gleichzeitig über das Vermögen der Gesellschafter das Insolvenzverfahren eröffnet, erfolgt dies unter eigenen Aktenzeichen durch je getrennte Beschlüsse. Wird eine Gesellschaft bürgerlichen Rechts nicht ausreichend bezeichnet, ist die Insolvenzeröffnung wirksam, wenn die Gesellschaft durch Auslegung als Schuldnerin identifiziert werden kann. Ist das nicht möglich, ist der Eröffnungsbeschluss wirkungslos und nichtig. Ein die Gesellschafter unvollständig aufzählender Eröffnungsbeschluss kann nicht dahingehend ausgelegt werden, dass dann das Insolvenzverfahren über das Vermögen eines jeden Gesellschafters eröffnet wäre.

22 **ee) Sondervermögen.** Der **Nachlass** (§ 11 Abs. 2 Nr. 2) ist mit Nennung des Erblassers unter Angabe seines letzten Wohnsitzes (wegen Bestimmung des Nachlassgerichts nach § 343 Abs. 1 FamFG) und des Zeitpunkts des Erbfalls durch Angabe aller Erben zu bezeichnen; anzugeben sind auch Nacherben. Testamentsvollstreckung ist anzugeben; der Name des Testamentsvollstreckers ist nicht anzugeben.

23 Bei Insolvenzeröffnung über das **Gesamtgut** einer gemeinschaftlich verwalteten Gütergemeinschaft (§§ 1450 ff. BGB) sind beide Eheleute anzugeben. Bei der fortgesetzten Gütergemeinschaft (§§ 1483 ff. BGB) sind der verstorbene Ehegatte und der noch lebende anzugeben, die gemeinschaftlichen Abkömmlinge sind ebenfalls zu bezeichnen.

24 Bei Eröffnung eines **Partikularinsolvenzverfahrens** (§§ 354 ff.) ist das im Inland befindliche Vermögen des nach vorgenannten Angaben genau bezeichneten ausländischen Schuldners als solches zu bezeichnen. Einzelne Vermögenswerte müssen nicht angegeben werden.

25 **c) Die Ernennung des Insolvenzverwalters (Absatz 1 und Absatz 2 Nr. 2). aa) Bezeichnung des Insolvenzverwalters.** Der Insolvenzverwalter ist

mit seinem **Namen und Anschrift** zu bezeichnen. Praktisch sinnvoll ist es, in Absprache mit diesem zusätzlich Telefonnummer, Telefaxnummer und E-Mail-Adresse anzugeben.

Ein Verstoß gegen Absatz 1 und Absatz 2 Nr. 2 macht die Eröffnung nicht nichtig. Die Ernennung des Insolvenzverwalters kann nachgeholt werden; zuständig ist der Richter (MüKoInsO/*Schmahl/Busch* §§ 27–29 Rn. 37, 130, 137; Jaeger/*Schilken* § 27 Rn. 17; auch durch Rechtspfleger zulässig nach Uhlenbruck/*Zipperer* § 27 Rn. 7; HK-InsO/*Kirchhof* § 27 Rn. 21; Kübler/Prütting/Bork/*Pape* § 27 Rn. 21, 22). 26

bb) Sachwalter bei Eigenverwaltung. Im Verfahren der Eigenverwaltung gilt Absatz 1 mit Absatz 2 Nr. 2 sinngemäß für die Ernennung und Bezeichnung des Sachwalters nach § 270 Abs. 3 S. 1. 27

cc) Treuhänder in der Verbraucherinsolvenz. Die Eröffnung explizit als Verbraucherinsolvenzverfahren nach §§ 311 ff. erfolgte nur bei Verfahren, die bis Ablauf des 30.6.2014 beantragt worden waren (Art. 103h S. 1 EGInsO). In diesen Verfahren war an Stelle des Insolvenzverwalters der Treuhänder nach § 313 zu ernennen und im Eröffnungsbeschluss nach Absatz 2 Nr. 2 zu bezeichnen. Soweit diese Verfahren noch nicht beendet sind, gelten die §§ 311 ff. weiter. 28

d) Die Stunde der Eröffnung (Absatz 2 Nr. 3). aa) Zweck der Angabe und Beweiswirkung. Die **Angabe der Stunde der Eröffnung** hat neben dem Ausspruch der Eröffnung selbst die unmittelbarste und wichtigste Bedeutung des Eröffnungsbeschlusses. Die Verfügungsentziehung des § 80 Abs. 1 S. 1 wirkt kraft Gesetzes mit diesem Zeitpunkt. Der Eröffnungszeitpunkt ist ferner für die Insolvenzanfechtung von Bedeutung, insbes. für die Verzinsung des Anfechtungsanspruchs nach § 143 (dazu → § 143 Rn. 20). 29

Die Angabe des Eröffnungszeitpunktes hat die Wirkung des vollen Beweises nach § 417 ZPO im Sinne öffentlicher Urkunde. Der Gegenbeweis, dass das Verfahren tatsächlich zu einem anderen Zeitpunkt eröffnet worden sei, ist praktisch nicht möglich (BGH NZI 2004, 316 = ZIP 2004, 766; allg. MüKoZPO/*Schreiber* § 417 Rn. 6, 7; Stein/Jonas/*Leipold* § 417 Rn. 4; Jaeger/*Schilken* § 27 Rn. 31 sieht dagegen die Angabe des Eröffnungszeitpunktes nicht als Entscheidungsaussage iSd § 417 ZPO). 30

bb) Zeitangabe, Vordatierung oder Rückdatierung. Anzugeben ist der **Zeitpunkt,** zu welchem der **Richter** den Eröffnungsbeschluss **unterzeichnet** (BGHZ 50, 242; BGH NZI 2004, 316 = ZIP 2004, 766; MüKoInsO/*Schmahl/Busch* §§ 27–29 Rn. 41; Jaeger/*Schilken* § 27 Rn. 30; *Kummer* FS Metzeler, 2003, 15; Uhlenbruck/*Zipperer* ZInsO 2001, 977). Würde die Insolvenzeröffnung in öffentlicher Verhandlung verkündet (§ 5 Abs. 3) – was praktisch nie der Fall ist –, wäre dieser Zeitpunkt maßgebend. 31

Absatz 2 Nr. 3 spricht zwar nur von der Stunde der Eröffnung, meint aber durchaus den genauen Zeitpunkt, also auch die **Angabe der Minute.** Anzugeben ist diese nach der in Deutschland geltenden Mitteleuropäischen Zeit bzw. Sommerzeit entsprechend § 4 des Einheiten- und Zeitgesetzes idFv 3.7.2008 (BGBl. I S. 1185). Die Zeitangabe muss nicht nach Sekunden erfolgen, die Zeitermittlung muss nicht mit Hilfe der Atomuhr-Zeit erfolgen. Jedoch sollten größere Ungenauigkeiten der Zeitbestimmung vermieden werden. 32

Die Rechtspraxis eröffnet ein Insolvenzverfahren aus Gründen vermeintlicher Rechtssicherheit oder der besseren Berechnung von Ansprüchen aus Dauerschuldverhältnissen vielfach um **„24.00 Uhr"** oder um **„0.00 Uhr".** Erstere Angabe soll das Ende des betreffenden Tages, letzteres den Beginn bezeichnen (LG Duisburg ZInsO 2002, 990; HambK-InsO/*Denkhaus* § 27 Rn. 6; *Uhlenbruck* ZInsO 2001, 977; zur Problematik des § 146 *Onusseit* ZInsO 2003, 404). **Diese** 33

Praxis ist abzulehnen. Sie ist mit dem Zweck, den Zeitpunkt der tatsächlichen Unterschriftsleistung zu dokumentieren, unvereinbar. Sie wäre nur dann richtig, wenn der Richter den Eröffnungsbeschluss tatsächlich um Mitternacht unterschrieben hätte. Allerdings ist die Insolvenzeröffnung um „24.00 Uhr" oder um „0.00 Uhr" praktisch nicht angreifbar, denn es wird durch § 417 ZPO vermutet, dass der Eröffnungsbeschluss zu diesem Zeitpunkt unterschrieben worden ist (→ Rn. 30).

34 Eine **Insolvenzeröffnung um „24.00 Uhr" oder um „0.00 Uhr"** kann iÜ **nur als Vordatierung möglich** sein (FK-InsO/*Schmerbach* § 27 Rn. 23; krit. aber BGH NZI 2004, 316 = ZIP 2004, 766; BGH ZIP 2004, 387; Uhlenbruck/*Zipperer* § 27 Rn. 10; unzulässig nach HambK-InsO/*Denkhaus* § 27 Rn. 8). Eine **Rückdatierung ist** mit Rücksicht auf § 80 absolut **unzulässig.** Ob sie angreifbar ist, hängt davon ab, wie man die Beweiswirkung des § 417 ZPO versteht (→ Rn. 30). Lässt man hier wie bei § 415 Abs. 2 ZPO den Gegenbeweis der Falschbeurkundung zu, ist die unrichtige Zeitangabe angreifbar (so Jaeger/*Schilken* § 27 Rn. 31; Baumbach/Lauterbach/*Hartmann* § 417 Rn. 3), hält man § 415 Abs. 2 ZPO für nicht anwendbar, ist dies nicht möglich (so Stein/Jonas/*Leipold* § 417 Rn. 4; MüKoZPO/*Schreiber* § 417 Rn. 6, 7).

35 **cc) Unterlassene Angabe (Absatz 3).** Unterbleibt die Angabe des Eröffnungszeitpunktes, gilt das Insolvenzverfahren um 12.00 Uhr als eröffnet. Daher ist in diesem Fall eine Ergänzung des Beschlusses auf den wahren Zeitpunkt der Unterschriftsleistung nicht zulässig.

36 **e) Abweichen vom Vorschlag des Gläubigerausschusses (Absatz 2 Nr. 4).** Die Angabe korrespondiert mit § 22a und § 56a, wonach der vorläufige Gläubigerausschuss zur Auswahl des Insolvenzverwalters zu hören ist und durch einstimmigen Beschluss dem Insolvenzgericht eine geeignete Person als Insolvenzverwalter vorschlagen kann (eing. → § 56a Rn. 17 ff.). Das Insolvenzgericht kann von diesem Vorschlag unter den Voraussetzungen des § 56a Abs. 2 abweichen, der Gläubigerausschuss kann hierauf in seiner ersten Sitzung einstimmig eine andere als die vom Gericht bestellte Person zum Insolvenzverwalter wählen (§ 56a Abs. 3). Um diese Fallgestaltungen des § 56a den Gläubigern ausreichend zur Kenntnis zu geben, hat das Insolvenzgericht im Eröffnungsbeschluss die Gründe des Abweichens vom Vorschlag des vorläufigen Gläubigerausschusses anzugeben. Die Gründe sind mit dem sonstigen Inhalt des Eröffnungsbeschlusses nach § 30 öffentlich bekanntzumachen.

37 **f) Zulassung zur Restschuldbefreiung.** In der **Insolvenz der natürlichen Person** – nicht lediglich des Verbrauchers – war in den bis zum Ablauf des 30.6.2014 beantragten Verfahren anzugeben, ob dieser Antrag auf Erteilung der Restschuldbefreiung gestellt hat. Diese Angabe sollte der Rechtsklarheit für die Insolvenzgläubiger dienen (BT-Drs. 16/3227, 16), insbes. hinsichtlich Anmeldung deliktischer Forderungen (§ 174 Abs. 2) oder auch bezüglich möglicher Versagungstatbestände bspw. nach § 290 Abs. 1 Nr. 5. In den seit 1.7.2014 beantragten Verfahren trifft das Gericht bereits bei Verfahrenseröffnung mit der sog Eingangsentscheidung des § 287a die Entscheidung über die Zulassung des Schuldners zum Restschuldbefreiungsverfahren. Der Hinweis auf einen Restschuldbefreiungsantrag erübrigt sich daher. Die Eingangsentscheidung nach § 287a ist wie die Insolvenzeröffnung selbst öffentlich bekanntzumachen (§ 287a Abs. S. 2). Die Insolvenzeröffnung und die Eingangsentscheidung nach § 287a können auch in einer Beschlussfassung zusammengefasst werden (*Frege/Keller/Riedel* Rn. 2135).

38 **g) Weiterer notwendiger Inhalt nach §§ 28 und 29.** Zum notwendigen Inhalt des Eröffnungsbeschlusses gehören die Bestimmung der Anmeldefrist für

Insolvenzforderungen und die Aufforderungen nach § 28 Abs. 2 und 3 sowie die Bestimmung des Berichtstermins und des allgemeinen Prüfungstermins nach § 29 (siehe jeweils dort).

2. Der fakultative Inhalt. a) Die Bezeichnung des oder der Antragsteller. Im Eröffnungsbeschluss können der oder die antragstellenden Gläubiger benannt werden, auf deren Anträge das Insolvenzverfahren eröffnet wird. Es kann auch auf den Eigenantrag des Schuldners hingewiesen werden. Erforderlich sind diese Angaben nicht (MüKoInsO/*Schmahl/Busch* §§ 27–29 Rn. 27; Uhlenbruck/*Zipperer* § 27 Rn. 5; FK-InsO/*Schmerbach* § 27 Rn. 27). Insbes. ist es unnötig, ein mögliches Aktenzeichen des Antragstellers (Krankenkasse, Finanzamt) anzugeben. 39

b) Die Angabe des Insolvenzantrags. Zusammen mit der Angabe des Antragstellers wird oft **auf den Insolvenzantrag Bezug genommen** und dessen Datum im Eröffnungsbeschluss angegeben. Das ist grds. nicht erforderlich. Zum einen ist es logisch zwingend, dass nach der Einschätzung des Gerichts ein zulässiger und begründeter Antrag vorliegt, sonst würde das Verfahren nicht eröffnet. Zum anderen suggeriert die Angabe insbes. des Datums eine Beweiswirkung, die ihr nicht zukommt (widersprüchlich MüKoInsO/*Schmahl/Busch* §§ 27–29 Rn. 44). Es könnte im Hinblick auf § 139 und va § 88 angenommen werden, die Angabe im Eröffnungsbeschluss habe Beweiskraft einer öffentlichen Urkunde. Das ist keineswegs der Fall. Die Bestimmung des für eine Insolvenzanfechtung oder für die Rückschlagsperre maßgeblichen Antrags ist dem Prozessgericht vorbehalten (BGHZ 196, 40 = NZI 2012, 753 mAnm *Keller;* OLG München NZI 2010, 880 = FGPrax 2010, 278 mAnm *Keller*; anders OLG Köln FGPrax 2010, 230 = ZIP 2010, 1763; eing. *Keller* ZfIR 2006, 499). Der Gesetzgeber sah entgegen dem ursprünglichem Entwurf ausdrücklich davon ab, die Bestimmung des für die Insolvenzanfechtung maßgeblichen Insolvenzantrages dem Insolvenzgericht zu übertragen (BT-Drs. 12/2443, 34, 164 ff.; BT-Drs. 12/7302, 174). Das Insolvenzgericht hat hierzu keine Kompetenz iSd § 415 Abs. 1 ZPO. Damit hat die **Angabe des Antragsdatums** im Eröffnungsbeschluss auch **keine Beweiskraft** iSd § 417 ZPO. Allein in der Insolvenz der natürlichen Person ist in den bis zum Ablauf des 30.6.2014 beantragten Verfahren die Nennung des Datums des Insolvenzantrags sinnvoll, damit im Hinblick auf Art. 103h S. 1 EGInsO erkannt werden kann, welches Recht für das Restschuldbefreiungsverfahren maßgeblich ist (→ Rn. 37; → Vor §§ 286–303a nF Rn. 1). 40

c) Die Angabe des Insolvenzgrundes. Selbstverständlich muss ein Insolvenzgrund vorliegen (§ 16). Es hat daher nur deklaratorische Bedeutung, wenn im Eröffnungsbeschluss festgestellt wird, der Schuldner sei nach Überzeugung des Gerichts zahlungsunfähig und/oder überschuldet. Die Feststellung, dass ein Insolvenzgrund gegeben ist, ist entbehrlich. 41

d) Die Einsetzung eines vorläufigen Gläubigerausschusses. Das Insolvenzgericht kann mit der Eröffnung einen sog vorläufigen Gläubigerausschuss einsetzen und deren Mitglieder benennen (§ 67). War bereits im Eröffnungsverfahren ein Gläubigerausschuss bestellt, insbes. nach § 22a, wird dieser mit Insolvenzeröffnung nicht automatisch fortgeführt. Das Insolvenzgericht muss einen Gläubigerausschuss neu einsetzen und gegebenenfalls mit denselben Mitgliedern benennen. 42

e) Die Anordnung von Zwangsmitteln. Gegen den Schuldner können im Eröffnungsbeschluss Zwangsmittel des § 98 angeordnet werden (Jaeger/*Schilken* § 27 Rn. 37; HK-InsO/*Kirchhof* § 27 Rn. 25). Es könnte auch **Postsperre** nach § 99 angeordnet werden. Wegen des besonderen Begründungszwanges wird aber empfohlen, diese stets gesondert anzuordnen (Jaeger/*Schilken* § 27 Rn. 37; HK- 43

InsO/*Kirchhof* § 27 Rn. 25). Auch die sonstigen Zwangsmaßnahmen sollten durch gesonderten Beschluss angeordnet werden, sie sind nicht unmittelbar Folge der Insolvenzeröffnung.

44 **f) Die Bekanntgabe der Masseunzulänglichkeit.** Nicht selten wird das Insolvenzverfahren bereits als masseunzulänglich nach §§ 208 ff. eröffnet (dazu krit. → § 208 Rn. 6). Diese Feststellung zusammen mit der Bekanntmachung nach § 208 Abs. 2 S. 1 kann bei Insolvenzeröffnung getroffen werden (LAG Düsseldorf ZIP 2003, 2041; dazu *Moll* EWiR 2004, 78; MüKoInsO/*Schmahl/Busch* §§ 27–29 Rn. 112; anders HK-InsO/*Kirchhof* § 27 Rn. 25).

45 **g) Die Zurückweisung des Antrags auf Eigenverwaltung.** Die Insolvenzeröffnung mit Ernennung eines Insolvenzverwalters und ohne Bestellung eines Sachwalters beinhaltet die **Zurückweisung eines Antrags auf Eigenverwaltung** nach § 270 Abs. 1. Sie sollte **deklaratorisch ausgesprochen** werden. Die Ablehnung der Eigenverwaltung kann isoliert nicht angefochten werden (BGH ZInsO 2007, 207; LG Frankfurt a. M. ZIP 2014, 742; HK-InsO/*Landfermann* § 270 Rn. 19; Kübler/Prütting/Bork/*Pape* § 270 Rn. 131 ff.; anders FK-InsO/*Foltis* § 270 Rn. 19).

46 **h) Kostenentscheidung.** Einer Kostenentscheidung bedarf der Eröffnungsbeschluss nicht. Die Kostentragungspflicht ergibt sich unmittelbar aus §§ 53, 54. Die bisherigen Kosten der Rechtsverfolgung des antragstellenden Gläubigers sind Teil seiner Insolvenzforderung, die Kosten der Teilnahme am eröffneten Insolvenzverfahren sind nach § 39 Abs. 1 Nr. 2 nachrangig.

47 **3. Die Begründung des Eröffnungsbeschlusses.** Der Eröffnungsbeschluss muss nicht begründet werden. Es ergibt sich aus ihm selbst, dass das Insolvenzgericht vom Vorliegen des Insolvenzgrundes überzeugt ist. Häufig wird standardisiert auf das Gutachten des Sachverständigen zur Insolvenzeröffnung Bezug genommen. Eine Begründung wird dann für angemessen erachtet, wenn sich schon im Eröffnungsverfahren die Voraussetzungen zwischen Antragsteller und Schuldner als streitig erweisen (MüKoInsO/*Schmahl/Busch* §§ 27–29 Rn. 114; Jaeger/*Schilken* § 27 Rn. 12; HK-InsO/*Kirchhof* § 27 Rn. 27; HambK-InsO/*Denkhaus* § 27 Rn. 16). Auch hier kann es das Insolvenzgericht aber auf eine Beschwerde nach § 34 ankommen lassen. Wird sofortige Beschwerde eingelegt, kann es iRd Nichtabhilfebeschlusses (§ 6 mit § 572 ZPO) seine Entscheidung noch ausreichend begründen.

IV. Verfahren zum Erlass des Eröffnungsbeschlusses

48 **1. Die örtliche Zuständigkeit.** Das Insolvenzgericht muss nach § 3 für die Insolvenzeröffnung **örtlich zuständig** sein. Der Mangel der örtlichen Zuständigkeit wird mit Rechtskraft des Beschlusses geheilt (BGHZ 138, 44; OLG Celle ZIP 2007, 1926; Jaeger/*Gerhardt* § 3 Rn. 45), wegen § 571 Abs. 2 S. 2 ZPO kann eine zu Unrecht angenommene örtliche Zuständigkeit nicht mit Beschwerde angegriffen werden (→ § 34 Rn. 34).

49 Soll die örtliche Zuständigkeit auf Art. 3 EuInsVO beruhen, hat also der Schuldner Vermögen im Ausland, den Mittelpunkt der wirtschaftlichen Tätigkeit (center of main interests) aber im Inland, sollen nach Art. 102 § 2 EGInsO die tatsächlichen Feststellungen und rechtlichen Erwägungen zur Zuständigkeit angegeben werden („prominente" Beispiele AG Düsseldorf ZIP 2003, 1363; 2004, 623; 2004, 866; AG Hamburg ZIP 2003, 1008; AG Mönchengladbach ZIP 2004, 1064; AG München NZI 2004, 450; AG Hamburg ZInsO 2005, 1282; 2006, 559; 2006, 1642; AG Köln ZIP 2004, 471; dazu HambK-InsO/*Undritz* EGInsO Art. 102 Rn. 3; MüKoInsO/*Schmahl/Busch* §§ 27–29 Rn. 115).

50 Wurde entgegen dem Prioritätsprinzip des Art. 16 EuInsVO im **Inland ein Hauptinsolvenzverfahren** eröffnet, ist dies schwebend unwirksam und gegebenenfalls wieder einzustellen (BGH ZIP 2008, 1338; dazu *Herchen* EWiR 2009, 13; BGH ZIP 2008, 2029; dazu *Herchen* ZIP 2005, 1401).

51 **2. Die funktionelle Zuständigkeit.** Die funktionelle Zuständigkeit für die Insolvenzeröffnung liegt bei allen Verfahrensarten beim **Insolvenzrichter** (§ 18 Abs. 1 Nr. 1 RPflG; eing. *Frege/Keller/Riedel* Rn. 193, 202 ff.). Eine Insolvenzeröffnung durch den Rechtspfleger oder ein anderes gerichtliches Organ wäre nichtig (§ 8 Abs. 4 RPflG; zur Insolvenzeröffnung durch das Beschwerdegericht → § 34 Rn. 46). Die Festlegung der Termine nach § 29 erfolgt sinnvollerweise in Absprache mit dem dann für das Verfahren zuständigen Rechtspfleger. Es erfolgt aber keine Trennung der Eröffnungsentscheidung zwischen den Angaben nach §§ 27, 28 und § 29 mit der Folge, dass für letztere der Rechtspfleger zuständig ist und damit praktisch beide den Eröffnungsbeschluss unterschreiben oder in geteilter Form erlassen (MüKoInsO/*Schmahl/Busch* §§ 27–29 Rn. 135; so aber FK-InsO/*Schmerbach* § 30 Rn. 3, 4).

52 Bestandteil der richterlichen Entscheidung ist die **Fertigung der verfahrensleitenden Verfügungen** zur öffentlichen Bekanntmachung, Zustellung und Mitteilung des Eröffnungsbeschlusses an verschiedene Stellen (dazu → Rn. 60; eing. *Frege/Keller/Riedel* Rn. 203, 775).

53 **3. Eilbedürftigkeit der Entscheidung.** Das Verfahren über den Antrag auf Eröffnung des Insolvenzverfahrens wird allg. als eilbedürftig angesehen. Das Eröffnungsverfahren wird in Amtsermittlung durchgeführt und es liegt nicht in der Parteidisposition des Antragstellers, wann über die Eröffnung zu entscheiden ist (BGH NZI 2006, 642; AG Hamburg ZInsO 2005, 158). Das Insolvenzgericht hat das **Verfahren zu eröffnen, sobald die sachlichen Voraussetzungen** hierfür **vorliegen.** Eine frühe Insolvenzeröffnung schützt den Schuldner und schützt auch den Rechtsverkehr. Einzelinteressen bspw. von Gläubigern aus Dauerschuldverhältnissen sind nicht zu berücksichtigen (LG Münster NZI 2005, 632; allg. Uhlenbruck/*Zipperer* § 27 Rn. 11; Kübler/Prütting/Bork/*Pape* § 27 Rn. 56; HK-InsO/*Kirchhof* § 27 Rn. 16).

54 Fraglich ist, ob das Gericht insbes. in Absprache mit einem vorläufigen Insolvenzverwalter den Eröffnungszeitpunkt steuern kann (abl. AG Hamburg ZInsO 2012, 1484; allg. Uhlenbruck/*Zipperer* § 27 Rn. 11; HambK-InsO/*Denkhaus* § 27 Rn. 9; FK-InsO/*Schmerbach* § 27 Rn. 8a; *Münzel* ZInsO 2006, 1238; *Frind* ZInsO 2012, 1357). Dies ist in der Rechtspraxis gerade bei Vorfinanzierung von Insolvenzgeld wichtig und sinnvoll, um den Leistungszeitraum maximal ausschöpfen zu können (§ 183 Abs. 1 S. 1 Nr. 3 SGB III). Die Zulässigkeit solchen Handelns ergibt sich aus dem Zweck des Insolvenzverfahrens, möglichst eine Verfahrenseröffnung mit ausreichender Insolvenzmasse zu ermöglichen. Dies kann durch Vorfinanzierung von Insolvenzgeld gewährleistet werden. Würde das Insolvenzgericht unmittelbar – und schlimmstenfalls ohne vorherige Information an den vorläufigen Insolvenzverwalter – das Verfahren eröffnen, wäre durch vorzeitige Beendigung des Insolvenzgeldzeitraums dieser Zweck verfehlt. Es entspricht vielmehr dem gesetzgeberischen Ziel, dass ein Insolvenzantrag so früh wie möglich gestellt wird, so kann auch bei noch laufendem Geschäftsbetrieb des schuldnerischen Unternehmens durch Vorfinanzierung von Insolvenzgeld ein bestes Ergebnis für alle Beteiligten erzielt werden.

55 **4. Anhörung von Antragsteller und Schuldner.** Eine Anhörung der Beteiligten unmittelbar vor Erlass des Eröffnungsbeschlusses wird allg. als nicht erforderlich angesehen (MüKoInsO/*Schmahl* §§ 27–29 Rn. 14 ff.; Jaeger/*Schilken* § 27 Rn. 10; Uhlenbruck/*Zipperer* § 27 Rn. 2; HambK-InsO/*Denkhaus* § 27 Rn. 4;

FK-InsO/*Schmerbach* § 27 Rn. 12). Der antragstellende Gläubiger muss nicht gesondert gehört werden, weil die Verfahrenseröffnung seinem Begehr entspricht. Gleiches gilt bei Eigenantrag des Schuldners. Zum Fremdantrag wird der Schuldner bereits nach § 14 Abs. 2 gehört. IÜ erhält er zumeist zu den Ermittlungen des bestellten Sachverständigen zum Insolvenzgrund die Möglichkeit zur Stellungnahme (auch → § 26 Rn. 32). Hat der Schuldner **Antrag auf Eigenverwaltung** gestellt und beabsichtigt das Gericht, diesen mit Verfahrenseröffnung zurückzuweisen, ist dem Schuldner Gelegenheit zu geben, seinen Insolvenzantrag zurückzunehmen (MüKoInsO/*Schmahl* §§ 27–29 Rn. 15, 34).

56 **5. Wirksamwerden und Bekanntgabe.** Der Eröffnungsbeschluss wird mit dem Zeitpunkt des Absatz 2 Nr. 3 wirksam. Wird der Beschluss verkündet, ist der Verkündungszeitpunkt als solcher nach Absatz 2 Nr. 3 maßgebend (ein in der Praxis nie vorkommendes Phänomen). Eine **fehlende Unterschriftsleistung kann nachgeholt** werden, wirkt aber nicht ex tunc (BGHZ 137, 49 [51]; Jaeger/*Schilken* § 27 Rn. 43). An die Unterschrift selbst sind dieselben Anforderungen zu stellen wie im allgemeinen bürgerlichen Recht: Sie muss individuelle Züge tragen und den Unterzeichner erkennen lassen (BGH NZI 2011, 59; allg. BGH NJW 2005, 3775; 1997, 3880).

57 Wirksamkeit nach außen erlangt der Beschluss nach den allgemeinen Regeln des Zivilverfahrens mit **Herausgabe aus dem inneren Geschäftsbereich** des Insolvenzgerichts zur Bekanntgabe an einen Außenstehenden (BGH NJW-RR 2004, 1575; OLG Celle ZIP 2000, 675; MüKoInsO/*Schmahl* §§ 27–29 Rn. 124 ff.; Jaeger/*Schilken* § 27 Rn. 14; Kübler/Prütting/Bork/*Pape* § 27 Rn. 54). Das kann auch durch Telefax-Übermittlung an den Insolvenzverwalter erfolgen (BGHZ 133, 307 [310]; Jaeger/*Schilken* § 27 Rn. 14; Uhlenbruck/*Zipperer* § 27 Rn. 8). Wird vor Herausgabe der Insolvenzantrag für erledigt erklärt, ist das zu berücksichtigen und der noch nicht wirksame Eröffnungsbeschluss zurückzunehmen (BGH ZIP 2004, 426; allg. zur Erledigterklärung BGHZ 149, 178 [181]).

58 Mit Herausgabe aus dem Geschäftsbereich des Gerichts entfaltet der Eröffnungsbeschluss bezogen auf den in Absatz 2 Nr. 3 genannten Zeitpunkt eine **Rückwirkung,** insbes. materiellrechtlich im Hinblick auf mögliche Verfügungen des Schuldners nach §§ 80, 81. Gleiches gilt für die Insolvenzeröffnung als Auflösungsgrund einer juristischen Person oder einer Gesellschaft ohne Rechtspersönlichkeit (§ 42 Abs. 1 S. 1 BGB; § 262 Abs. 1 Nr. 3 AktG; § 60 Abs. 1 Nr. 4 GmbHG; § 728 Abs. 1 S. 1 BGB; § 131 Abs. 1 Nr. 3; §§ 161, 131 Abs. 1 Nr. 3 HGB; § 9 Abs. 1 PartGG; § 131 Abs. 1 Nr. 3 HGB).

59 Die **Insolvenzeröffnung ist** gem. § 30 **öffentlich bekanntzumachen,** dem Schuldner, den Gläubigern und den Drittschuldnern zuzustellen (→ § 30 Rn. 10 ff.; eing. *Frege/Keller/Riedel* Rn. 778 ff.). Bekanntgabe an registerführende Stellen erfolgt nach §§ 31, 32 (*Frege/Keller/Riedel* Rn. 796 ff.).

60 Mitzuteilen ist die Insolvenzeröffnung nach Abschnitt XIIa 3, 6 MiZi den dort genannten Stellen, bspw. dem Familiengericht, wenn bekannt ist, dass der Schuldner Vermögenssorge für minderjährige Kinder ausübt, insbes. aber dem Vollstreckungsgericht und der Gerichtsvollzieherverteilerstelle (eing. *Frege/Keller/Riedel* Rn. 800 ff.). Die Meldungen zur Insolvenzstatistik erfolgen nach § 2 Nr. 1 InsStatG (Insolvenzstatistikgesetz; Art. 7 des Gesetzes zur weiteren Erleichterung der Sanierung von Unternehmen v. 7.12.2011, BGBl. I S. 2582; BT-Drs. 17/5712).

61 **6. Nichtigkeit des Eröffnungsbeschlusses.** Der Eröffnungsbeschluss ist nichtig, wenn er von einer **funktionell unzuständigen Person** oder Stelle **erlassen** worden ist. Ebenfalls entfaltet der nicht unterschriebene und nicht verkündete Beschluss keine Wirkung (BGHZ 137, 49 [51]). Eine Heilung kann nur durch

Neuvornahme ex nunc erfolgen. Bei zunächst unterlassener Unterschriftsleistung durch den Richter, ist daher der Eröffnungszeitpunkt auf denjenigen der tatsächlichen Unterschriftsleistung zu korrigieren (BGHZ 137, 49; Jaeger/*Schilken* § 27 Rn. 43; unklar HK-InsO/*Kirchhof* § 27 Rn. 28 am Ende).

Nichtig ist der Eröffnungsbeschluss wenn der benannte **Schuldner nicht existent** ist und eine Auslegung nicht auf den wahren Schuldner schließen lässt. Ist das Vermögen einer Personengesellschaft durch Anteilsübertragung oder durch Ausscheiden aller Mitgesellschafter auf einen einzigen Gesellschafter übergangen (Uhlenbruck/*Hirte* § 11 Rn. 240; mit weiteren Fällen Jaeger/*Schilken* § 34 Rn. 44), erfasst die Insolvenzeröffnung dieses auf den letztverbleibenden Gesellschafter Vermögen der vormaligen Personengesellschaft. Zur analogen Anwendung der Regeln über das Nachlassinsolvenzverfahren beim Rechtsübergang auf einen letztverbleibenden Kommanditisten vgl. → Vor § 315 Rn. 31 f. **Nichtigkeit wegen fehlender Insolvenzverfahrensfähigkeit** ist ein weitgehend **theoretischer Fall.** Ist der Schuldner existent, aber nicht insolvenzfähig, so ist ein Eröffnungsbeschluss anfechtbar, aber mit Rechtskraft verbindlich (→ § 12 Rn. 12). 62

Die Insolvenzeröffnung ist nichtig, wenn der Schuldner nicht der deutschen Gerichtsbarkeit unterliegt (§§ 18 ff. GVG; Jaeger/*Schilken* § 6 Rn. 57; → § 27 Rn. 47; → § 34 Rn. 41). 63

7. Berichtigung von Schreibfehlern. Formelle Fehler des Eröffnungsbeschlusses können durch Schreibfehlerberichtigung nach § 319 ZPO korrigiert werden (MüKoInsO/*Schmahl/Busch* §§ 27–29 Rn. 132; Jaeger/*Schilken* § 27 Rn. 24, 26, 42); das gilt auch für eine ungenaue Bezeichnung des Schuldners. 64

Sollte die Ernennung des Insolvenzverwalters unterlassen oder gar vergessen worden sein – ein kaum denkbarer Fall –, kann dies nachgeholt werden (→ Rn. 26). 65

V. Anfechtung und Rechtskraft

1. Sofortige Beschwerde und formelle Rechtskraft. Die Insolvenzeröffnung ist nach § 34 mit **sofortiger Beschwerde** anfechtbar (dazu → § 34 Rn. 12 ff.). Nach Ablauf der Beschwerdefrist, wenn keine solche eingelegt worden ist, erlangt er formelle Rechtskraft. 66

Nach Eintritt der Rechtskraft können Mängel des Eröffnungsbeschlusses, die nicht zur Nichtigkeit führen, nicht mehr geltend gemacht werden. Das gilt namentlich für fehlende örtliche Zuständigkeit (BGHZ 138, 44) oder fehlende Prozessfähigkeit des Schuldners (Jaeger/*Schilken* § 34 Rn. 39; Kübler/Prütting/Bork/*Pape* § 27 Rn. 34; FK-InsO/*Schmerbach* § 30 Rn. 9a). Im letzteren Fall ist aber Wiederaufnahme nach §§ 579 Abs. 1 Nr. 4, 586 ZPO möglich (LG Münster NZI 2001, 485; Jaeger/*Schilken* § 34 Rn. 7; HK-InsO/*Kirchhof* § 27 Rn. 35). 67

2. Haftung bei fehlerhaftem Erlass. Eine unrechtmäßige Insolvenzeröffnung kann zu Haftung nach Art. 34 GG mit § 839 BGB führen. Die Entscheidung über Insolvenzeröffnung unterliegt nicht dem Spruchrichterprivileg des § 839 Abs. 1 S. 2 BGB (BGH KTS 1957, 12; LG Dortmund Rpfleger 1983, 451; Kübler/Prütting/Bork/*Pape* § 27 Rn. 73). Auch die schuldhaft unterlassene Insolvenzeröffnung kann Haftungsansprüche auslösen (BGH NJW-RR 1992, 919). 68

Aufforderungen an die Gläubiger und die Schuldner

28 (1) [1] **Im Eröffnungsbeschluß sind die Gläubiger aufzufordern, ihre Forderungen innerhalb einer bestimmten Frist unter Beachtung des § 174 beim Insolvenzverwalter anzumelden.** [2] **Die Frist ist auf einen Zeitraum von mindestens zwei Wochen und höchstens drei Monaten festzusetzen.**

(2) [1] **Im Eröffnungsbeschluß sind die Gläubiger aufzufordern, dem Verwalter unverzüglich mitzuteilen, welche Sicherungsrechte sie an beweglichen Sachen oder an Rechten des Schuldners in Anspruch nehmen.** [2] **Der Gegenstand, an dem das Sicherungsrecht beansprucht wird, die Art und der Entstehungsgrund des Sicherungsrechts sowie die gesicherte Forderung sind zu bezeichnen.** [3] **Wer die Mitteilung schuldhaft unterläßt oder verzögert, haftet für den daraus entstehenden Schaden.**

(3) **Im Eröffnungsbeschluß sind die Personen, die Verpflichtungen gegenüber dem Schuldner haben, aufzufordern, nicht mehr an den Schuldner zu leisten, sondern an den Verwalter.**

Übersicht

I. Entstehungsgeschichte und Normzweck

1 **1. Entstehungsgeschichte und Normänderungen.** Die Norm übernimmt die früheren Regelungen der §§ 110, 118, 119, 120 und 138 S. 1 KO sowie § 5 Nr. 3 und 4 GesO und strafft sie redaktionell. Inhaltliche Änderungen gegenüber dem früheren Recht enthält Absatz 2 insoweit, als nicht mehr auf den Besitz an beweglichen Gegenständen abgestellt wird (BT-Drs. 12/2443, 119). § 28 ist seit Inkrafttreten nicht geändert worden.

2 **2. Normzweck.** Die Norm dient der schnelleren Abwicklung des Insolvenzverfahrens durch Einbindung der genannten Beteiligten und **Auferlegung verfahrensrechtlicher Pflichten.** Die Aufforderung nach Absatz 2 dient der Sicherung und Verwertung der Insolvenzmasse durch den Insolvenzverwalter. Er nimmt nach § 148 auch Gegenstände in Besitz, welche der Aussonderung oder der abgesonderten Befriedigung unterliegen („Ist-Masse"); die Aufforderung an diese Berechtigten soll der Klärung der jeweiligen Rechtslage dienen.

3 Die Vorschrift hat **keine unmittelbar materiellrechtliche Wirkung,** insbes. nicht gegenüber Drittschuldnern, kann aber bei Nichtbeachtung zusätzliche Kosten (Versäumung Anmeldefrist) oder Schadensersatzpflichten (Versäumung Anzeigepflicht) begründen.

3. Anwendungsbereich der Norm. Die Vorschrift gilt in der **Regel-** und in der **Verbraucherinsolvenz,** auch bei Eigenverwaltung. Die Anwendung insbes. des § 28 Abs. 1 in **inländischen Partikularinsolvenzverfahren** und Sekundärinsolvenzverfahren ist nicht ausdrücklich geregelt. Weil aber nach Art. 32, 39 EuInsVO jeder Gläubiger in jedem Haupt-, Sekundär- und selbständigen Partikularinsolvenzverfahren eines jeden Mitgliedsstaates seine Forderung anmelden darf, sollte bei Eröffnung eines Partikularinsolvenzverfahrens (§ 354) oder eines Sekundärinsolvenzverfahrens (§ 356) eine Anmeldefrist bestimmt werden (allg. zu den Problemen der Anmeldung *Paulus* EuInsVO Art. 32 Rn. 3 ff., Art. 39 Rn. 3 ff.; MüKoInsO/*Reinhart* EuInsVO Art. 32 Rn. 2 ff., EuInsVO Art. 39 Rn. 4 ff.). Zu beachten sind dann insbes. Art. 40 EuInsVO und Art. 102 § 11 EGInsO. Besondere Hinweispflichten enthalten ferner § 88a VAG und §§ 46 ff. KWG für die Insolvenz von Versicherungsunternehmen oder Kreditinstituten. 4

II. Bestimmung der Anmeldefrist (Absatz 1)

1. Zusammenhang mit §§ 174 ff. Die Anmeldefrist ist in Zusammenhang mit den §§ 174 ff., insbes. § 177 zu sehen. Sie betrifft nur **Insolvenzgläubiger** des § 38. **Nachrangige Insolvenzgläubiger** (§ 39) sind nur nach gerichtlicher Aufforderung anmeldebefugt (§ 174 Abs. 3); bei dieser Aufforderung setzt das Insolvenzgericht eine selbstständige Anmeldefrist für diese Gläubiger (*Frege/Keller/Riedel* Rn. 1581). 5

Im Verfahren der **Eigenverwaltung** hat die Forderungsanmeldung nach § 270 Abs. 3 S. 2 an den Sachwalter zu erfolgen. 6

2. Fristbestimmung. Die Fristbestimmung im Eröffnungsbeschluss erfolgt am besten durch **Festlegung eines konkreten Datums** (MüKoInsO/*Schmahl/Busch* §§ 27–29 Rn. 48). Die Benennung eines Zeitraums („binnen sechs Wochen seit Eröffnung"), kann zu Unsicherheiten führen. Die Frist ist bei solcher Fristsetzung ab Wirksamwerden der öffentlichen Bekanntmachung der Insolvenzeröffnung nach §§ 30 mit 9 Abs. 1 S. 3 zu berechnen (HK-InsO/*Kirchhof* § 28 Rn. 4). 7

Die Frist bestimmt das Gericht nach **pflichtgemäßem Ermessen.** Da der Eröffnungsbeschluss durch den Richter erlassen wird, das anschließende Verfahren und damit insbes. der Prüfungstermin des § 176 aber in der Zuständigkeit des Rechtspflegers liegt, sollte die Fristbestimmung unbedingt in Absprache beider erfolgen beziehungsweise hat der Richter im Eröffnungsbeschluss die Frist einzusetzen, die der Rechtspfleger vorgibt. Die Frist ist für das konkrete Verfahren angemessen zu bestimmen. Zu berücksichtigen ist der Umfang des schuldnerischen Unternehmens und die meist bei Eröffnung schon ungefähr bekannte Gläubigerzahl. Maßgebend ist auch, ob Berichtstermin und Prüfungstermin nach § 29 Abs. 2 verbunden werden sollen (dazu → § 29 Rn. 11). Weil der Berichtstermin spätestens sechs Wochen nach Eröffnung abgehalten werden soll und zwischen dem Ablauf der Anmeldefrist und dem Prüfungstermin mindestens eine Woche liegen muss, kann die Anmeldefrist bei Verbindung von Berichts- und Prüfungstermin nur etwas über vier Wochen betragen. Erscheint dies zu kurz, sollten die Gläubigerversammlungen nicht verbunden terminiert werden. 8

Absatz 1 der Vorschrift übernimmt den engen Zeitrahmen des früheren Konkursrechts. Die **Anmeldefrist von maximal drei Monaten** erscheint angesichts der Dauer heutiger Insolvenzverfahren als bei weitem zu kurz (*Frege/Keller/Riedel* Rn. 1548). Bei einer Verfahrensdauer von nicht selten vier Jahren auch bei einer kleineren GmbH ist es auch unter Berücksichtigung möglicher Feststellungsprozesses nach § 179 nicht zeitgemäß, eine Anmeldefrist von drei Monaten als Höchstfrist vorzuschreiben. Gleichwohl ist die Vorschrift für das Insolvenzgericht bindend. Die Bestimmung einer Anmeldefrist von mehr als drei Monaten hat aber 9 keine rechtlich nachteiligen Folgen (MüKoInsO/*Schmahl/Busch* §§ 27–29 Rn. 50; Jaeger/*Schilken* § 28 Rn. 8; Uhlenbruck/*Zipperer* § 28 Rn. 3; HK-InsO/*Kirchhof* § 28 Rn. 6; HambK-InsO/*Denkhaus* § 28 Rn. 4).

10 Eine bei Insolvenzeröffnung vergessene **Fristbestimmung kann nachgeholt werden.** Die Insolvenzeröffnung ist nicht deswegen anfechtbar (LG Meiningen ZIP 1999, 1056; MüKoInsO/*Schmahl/Busch* §§ 27–29 Rn. 134; Jaeger/*Schilken* § 28 Rn. 8; HK-InsO/*Kirchhof* § 28 Rn. 6). In jedem Fall endet die Anmeldefrist mit dem allgemeinen Prüfungstermin.

11 **3. Fristversäumnis.** Die **Anmeldefrist** ist **keine Ausschlussfrist.** Der Gesetzgeber folgte der früheren konkursrechtlichen Regelung und nicht der Regelung des § 14 GesO, welche die Anmeldefrist als Ausschlussfrist regelte (BT-Drs. 12/2443, 119). Für die Insolvenz natürlicher Personen wurde seitens der gerichtlichen Praxis immer wieder diskutiert und gefordert, speziell im Verbraucherinsolvenzverfahren die Anmeldefrist zur Notfrist oder gar zur Ausschlussfrist zu machen. Das ist abzulehnen. Zum einen stellt sich wie bei § 14 GesO die Frage der Verfassungsmäßigkeit einer absoluten Ausschlussfrist (Art. 14 GG), zum anderen brachte § 14 GesO für die gerichtliche Praxis unsinnige und unnötige Mehrarbeit bei Entscheidungen über die Zulassung verspätet angemeldeter Forderungen wegen nicht schuldhafter Fristversäumnis (s. nur *Hess/Binz/Wienberg* GesO, 4. Aufl. 1998, § 14 Rn. 32 ff.). Eine Versäumung der Frist des § 28 kann zu steuerlichen Nachteilen führen, wenn ein Gläubiger wegen des Forderungsausfalls Steuerentlastung beanspruchen kann (zum Mineralölsteuervergütungsanspruch BFH ZfZ 2011, 194; FG Bln-Bbg DStRE 2010, 949).

12 Eine **verspätet angemeldete Forderung** ist nach § 177 in einem besonderen Prüfungstermin zu prüfen. Der Gläubiger hat hierfür nach KV GKG 2340 eine besondere Gebühr von 20 EUR zu entrichten, Kosten der Bekanntmachung des besonderen Prüfungstermins fallen ihm nicht zur Last (KV GKG 9004; eing. *Keller,* Vergütung und Kosten im Insolvenzverfahren, Rn. 841 ff.).

III. Aufforderung an gesicherte Gläubiger (Absatz 2)

13 **1. Adressaten der Aufforderung.** Die Aufforderung richtet sich ihrem Wortlaut nach an alle Gläubiger. Mitteilungspflichtig sind diejenigen, die ein **Recht an beweglichen Sachen oder sonstigen Vermögensrechten** des Schuldners geltend machen. Diese können der Aussonderung nach § 47 unterliegen, mit besitzlosem Pfandrecht behaftet sein (§ 50 Abs. 1) oder der Sicherungsübereignung oder -abtretung (§ 51 Nr. 1) oder einem Eigentumsvorbehalt unterliegen (MüKoInsO/*Schmahl/Busch* §§ 27–29 Rn. 60; Jaeger/*Schilken* § 28 Rn. 12; Uhlenbruck/*Zipperer* § 28 Rn. 4; HK-InsO/*Kirchhof* § 28 Rn. 8; Kübler/Prütting/Bork/*Pape* § 28 Rn. 3). Ist der Schuldner Mieter, Pächter oder Leasingnehmer einer beweglichen Sache, gilt Absatz 2 nicht unmittelbar. Jedoch ist zu berücksichtigen, dass ein solches Mietverhältnis mit Insolvenzeröffnung nach § 103 Abs. 1 erlischt (§ 108 Abs. 1 gilt nicht bezüglich beweglicher Sachen oder Vermögensrechte mit Ausnahme des finanzierten Leasing nach § 108 Abs. 1 S. 2). Mit Erlöschen des Vertrages steht dem Vermieter regelmäßig ein Aussonderungsrecht zu (→ § 47 Rn. 62). Auch insoweit ist Absatz 2 seinem Zweck nach anwendbar, auch wenn das Aussonderungsrecht kein eigentliches Sicherungsrecht ist.

14 **Sicherungsrechte an unbeweglichem Vermögen** sind nicht erfasst, weil durch Grundbucheintragung oder Eintragung im Schiffsregister oder im Register für Luftfahrzeuge diese regelmäßig eingetragen und damit für den Insolvenzverwalter ersichtlich sind. Es kann allenfalls überlegt werden, die nicht im Grundbuch eingetragenen öffentlichen Lasten (§ 54 GBO) oder **Ansprüche einer Wohnungseigentümergemeinschaft,** die in der Rangfolge des § 10 Abs. 1 nach

Nr. 2 und 3 ZVG den im Grundbuch eingetragenen Rechten vorgehen, sinngemäß dem Absatz 2 zu unterwerfen. Bei Verwertung von Immobiliarvermögen kann dies relevant sein, wenn der Insolvenzverwalter bei freihändiger Veräußerung öffentliche Lasten nicht berücksichtigt, weil er von ihnen mangels Geltendmachung keine Kenntnis hat (hierzu BGH NZI 2010, 399 = ZIP 2010, 791; BGH NZI 2010, 482 = ZIP 2010, 994).

Ein **Dritter,** der bspw. als **Mieter** oder sonstiger in **Besitzes eines zur Insolvenzmasse gehörenden Gegenstandes,** wird von Absatz 2 nicht erfasst (MüKo-InsO/*Schmahl/Busch* §§ 27–29 Rn. 61; HK-InsO/*Kirchhof* § 28 Rn. 7; HambK-InsO/*Denkhaus* § 28 Rn. 5); anders früher § 118 KO und § 5 Nr. 5 GesO. 15

2. Die Mitteilung: Adressat, Frist und Form. Der Berechtigte muss nach Kenntniserlangung von der Insolvenzeröffnung sein Recht prüfen und darf nicht zuwarten, bis der Insolvenzverwalter tätig wird. Als rechtzeitig wird die Mitteilung angesehen, wenn sie **innerhalb der Anmeldefrist** des Absatz 1 Satz 2 erfolgt (Jaeger/*Schilken* § 28 Rn. 14; HK-InsO/*Kirchhof* § 28 Rn. 9). Meldet der Insolvenzgläubiger zusammen mit seiner Insolvenzforderung „abgesonderte Befriedigung" an, soll er auch angeben, an welchem Vermögenswert diese beansprucht wird. 16

Die Mitteilung erfolgt **an den Insolvenzverwalter.** Sie kann **in jeder Form** erfolgen, zu Beweiszwecken am besten schriftlich. Sie hat den Gegenstand genau zu bezeichnen sowie Höhe und der Grund der gesicherten Forderung (Absatz 2 Satz 2), soweit dies eine Insolvenzforderung ist. Beweis über das Bestehen des Aus- oder Absonderungsrechts muss noch nicht angetreten werden (Jaeger/*Schilken* § 28 Rn. 16; HK-InsO/*Kirchhof* § 28 Rn. 10; HambK-InsO/*Denkhaus* § 28 Rn. 7; anders MüKoInsO/*Schmahl/Busch* §§ 27–29 Rn. 62). 17

Im Verfahren der **Eigenverwaltung** hat die Mitteilung an den **Sachwalter** zu erfolgen (MüKoInsO/*Schmahl/Busch* §§ 27–29 Rn. 64). 18

3. Schadensersatz. Voraussetzung der Schadensersatzpflicht nach Absatz 2 Satz 3 ist, dass die gerichtliche Aufforderung nach Satz 1 ergangen ist. Haftungsbegründend ist das **Unterlassen oder Verzögern der Anzeige** (Jaeger/*Schilken* § 28 Rn. 18). Der jeweilige Berechtigte handelt schuldhaft, wenn er die Anzeigepflicht kannte oder kennen musste (fahrlässig nicht kannte). Fahrlässigkeit handelt er regelmäßig dann, wenn er Kenntnis von der Insolvenzeröffnung hatte und die Aufforderung nach Absatz 2 Satz 1 erfolgt ist (HK-InsO/*Kirchhof* § 28 Rn. 12). 19

Der Schadensersatz umfasst **Kosten der Verwertung,** die bei rechtzeitiger Anzeige hätten vermieden werden können (umfassend MüKoInsO/*Schmahl/Busch* §§ 27–29 Rn. 68; Jaeger/*Schilken* § 28 Rn. 23; Uhlenbruck/*Zipperer* § 28 Rn. 6). Unterliegt ein Sicherungsrecht der Insolvenzanfechtung und wird es erst nach Eintritt der Verjährung nach § 146 iVm §§ 195 ff. BGB geltend gemacht, kann der Insolvenzverwalter dies dem Berechtigten ähnlich § 146 Abs. 2 entgegenhalten (Jaeger/*Schilken* § 28 Rn. 22; HK-InsO/*Kirchhof* § 28 Rn. 13; HambK-InsO/*Denkhaus* § 28 Rn. 9). Ein Schadensersatzanspruch der Masse ist nicht gegeben, wenn der Insolvenzverwalter das Aus- oder Absonderungsrecht auch ohne Anzeige des Berechtigten positiv kennt (Uhlenbruck/*Zipperer* § 28 Rn. 6; HambK-InsO/*Denkhaus* § 28 Rn. 9). Beweispflichtig hierfür ist der Aus- oder Absonderungsberechtigte (MüKoInsO/*Schmahl/Busch* §§ 27–29 Rn. 67; HK-InsO/*Kirchhof* § 28 Rn. 14). IÜ ist für die Tatbestandsvoraussetzungen der Insolvenzverwalter als Anspruchsteller beweispflichtig. 20

Verwertet der Insolvenzverwalter in Unkenntnis des Aus- oder Absonderungsrechts einen Gegenstand, gelten die Regelungen zur Ersatzaussonderung, Ersatzabsonderung (jeweils **§ 48**) oder einfach **§ 170.** § 28 Abs. 2 führt nicht zum Verlust des dinglichen Rechts, wenn die Anzeige unterbleibt oder verspätet erfolgt. Dies kann dem Berechtigten allenfalls bei Masseunzulänglichkeit ent- 21 gegengehalten werden, der Anspruch auf Ersatzaussonderung oder Ersatzabsonderung ist dann aber ohnehin nachrangige Masseverbindlichkeit (§ 48 S. 2 und § 209 Abs. 1 Nr. 3); der Aus- oder Absonderungsberechtigte hat dann aber keinen Anspruch gegen den Insolvenzverwalter persönlich aus § 60.

IV. Aufforderung an Drittschuldner (Absatz 3)

22 Die Aufforderung hat die Bedeutung einer **öffentlichen Warnung,** sie ist deklaratorisch (BGH NJW 1963, 2019; Jaeger/*Schilken* § 28 Rn. 25; HK-InsO/*Kirchhof* § 28 Rn. 15). Sie richtet sich an Drittschuldner, auch an ausländische Drittschuldner (Jaeger/*Schilken* § 28 Rn. 27). Im früheren Konkursverfahren wurde die Aufforderung nach Absatz 2 und insbes. jene nach Absatz 3 als **offener Arrest** bezeichnet (§ 118 KO).

23 Die **Wirksamkeit einer Leistung** eines Drittschuldners an den Schuldner selbst richtet sich ausschließlich nach § 82. Die Aufforderung nach Absatz 3 ist kein Beweisanzeichen für eine Kenntnis von der Insolvenzeröffnung; es gilt allein die Beweislastregel des § 82 S. 2.

24 Bei Eigenverwaltung erfolgt der Forderungseinzug durch den Schuldner. Lediglich bei Anordnung eines Zustimmungsvorbehalts nach § 277 kann wegen dessen Verweisung auf § 82 in Abs. 1 S. 2 eine Aufforderung entsprechend § 28 Abs. 3 durch das Gericht erfolgen. Auch sie hat aber keinerlei konstitutive Wirkung.

Terminbestimmungen[1]

29 (1) **Im Eröffnungsbeschluß bestimmt das Insolvenzgericht Termine für:**

1. **eine Gläubigerversammlung, in der auf der Grundlage eines Berichts des Insolvenzverwalters über den Fortgang des Insolvenzverfahrens beschlossen wird (Berichtstermin); der Termin soll nicht über sechs Wochen und darf nicht über drei Monate hinaus angesetzt werden;**
2. **eine Gläubigerversammlung, in der die angemeldeten Forderungen geprüft werden (Prüfungstermin); der Zeitraum zwischen dem Ablauf der Anmeldefrist und dem Prüfungstermin soll mindestens eine Woche und höchstens zwei Monate betragen.**

(2) **Die Termine können verbunden werden.**

Übersicht

[1] § 29 Abs. 2 Satz 2 angef. mWv 1.7.2014 durch G v. 15.7.2013 (BGBl. I S. 2379). Zum vereinfachten Verfahren siehe § 312.

I. Entstehungsgeschichte und Normzweck

1. Entstehungsgeschichte und Normänderungen. Die Norm übernimmt und präzisiert die frühere Regelung des § 110 KO. Auch im Gesamtvollstreckungsverfahren war es üblich, wenn auch durch § 5 GesO nicht ausdrücklich vorgeschrieben, die **Termine** der Gläubigerversammlungen **bereits im Eröffnungsbeschluss** zu bestimmen. Der Regierungsentwurf zur Insolvenzordnung enthielt noch die Bestimmung eines besonderen Termins zur Wahl eines Insolvenzverwalters (BT-Drs. 12/2443, 15, 120); diese Möglichkeit ist durch § 57 in der jeweils ersten Gläubigerversammlung nach Ernennung eines Insolvenzverwalters gegeben, nach Insolvenzeröffnung ist dies stets der Berichtstermin nach § 156, ein besonderer Wahltermin ist nicht erforderlich. 1

§ 29 ist **seit Inkrafttreten nicht geändert** worden. Der Entwurf eines Gesetzes zur Verbesserung und Vereinfachung der Aufsicht im Insolvenzverfahren (GAVI) v. 21.11.2007 (BT-Drs. 16/7251) sah vor, die Terminsbestimmungen nicht mehr im Eröffnungsbeschluss sondern durch separaten Beschluss des Rechtspflegers vorzunehmen (in diesem Sinne auch FK-InsO/*Schmerbach* § 30 Rn. 3, 4); der Gesetzentwurf wurde nicht umgesetzt. 2

2. Normzweck. Die Vorschrift dient der **Information** der Gläubiger und der **Straffung des Verfahrens** durch Vorgabe von Terminen. Gerade hinsichtlich des möglichst früh zu bestimmenden Berichtstermins (Absatz 1 Nr. 1) soll auch der Sanierungsgedanke des § 1 gestärkt werden. 3

3. Anwendungsbereich. Die Vorschrift **gilt für alle Insolvenzverfahren,** insbes. auch bei Eigenverwaltung mit Vorlage eines Insolvenzplans; für den Erörterungs- und Abstimmungstermin ist zusätzlich § 235 Abs. 1 S. 2 zu beachten. 4

§ 29 betrifft nur den **Berichts-** und den **allgemeinen Prüfungstermin.** Der Schlusstermin des § 197 kann bei Insolvenzeröffnung selbstverständlich noch nicht bestimmt werden. Weitere Gläubigerversammlungen können nach Maßgabe der §§ 74, 75 einberufen und abgehalten werden. 5

II. Terminsbestimmung und Fristen

1. Der Berichtstermin. Der Berichtstermin (§ 156) soll dem Sanierungsgedanken des § 1 folgend möglichst bald nach Insolvenzeröffnung stattfinden. Daher bestimmt Absatz 1 Nr. 1 seine **Festlegung auf höchstens sechs Wochen nach Insolvenzeröffnung** als Regelfall. Die Frist berechnet sich ab Wirksamkeit der öffentlichen Bekanntmachung nach § 9 Abs. 1 S. 3. Als höchstens zulässige Frist sind drei Monate vorgesehen. 6

Das Insolvenzgericht bestimmt den Berichtstermin unter Berücksichtigung der **Umstände des Falles** und va in Rücksprache mit dem zu ernennenden Insolvenzverwalter. Hat bspw. das schuldnerische Unternehmen einen laufenden Geschäftsbetrieb, der im Wege übertragender Sanierung an einen Dritten veräußert werden soll, ist ein früher Termin angezeigt, anders wenn ein Geschäftsbetrieb bereits stillgelegt ist, keine nennenswerte Insolvenzmasse vorhanden ist und die vorhandene nur zu liquidieren ist. 7

Im vereinfachten Verfahren des § 5 Abs. 2 sollen die Gläubigerversammlungen im schriftlichen Verfahren abgehalten werden (→ § 5 Rn. 27). Im früheren **Verbraucherinsolvenzverfahren** (beantragt bis Ablauf des 30.6.2014 nach Art. 103h EGInsO) war nach § 312 Abs. 1 S. 2 nur ein Prüfungstermin zu bestimmen, ein Berichtstermin sollte entfallen. 8

2. Der allgemeine Prüfungstermin. Der allgemeine Prüfungstermin (§ 176) kann erst **nach Ablauf der Anmeldefrist** abgehalten werden. Dem Insolvenz- 9 verwalter und auch den übrigen Gläubigern (§ 175 Abs. 1 S. 2) soll ferner die Möglichkeit ausreichender Prüfung der angemeldeten Forderungen gegeben werden. Daher muss zwischen Ablauf der Anmeldefrist und Prüfungstermin mindestens eine Woche liegen. Diese Mindestfrist kann mit Rücksicht auf § 175 Abs. 1 S. 2 nicht unterschritten werden. Als Höchstzeitraum zwischen Ablauf der Anmeldefrist und Prüfungstermin nennt Absatz 1 Nr. 2 zwei Monate. Auch hier ist Rücksprache des Gerichts mit dem Insolvenzverwalter unerlässlich.

10 Es ist in der gerichtlichen Praxis üblich, den Prüfungstermin stets nach dem Berichtstermin abzuhalten. Es wäre aber auch möglich, den Prüfungstermin vor dem Berichtstermin abzuhalten (dazu Jaeger/*Schilken* § 29 Rn. 7, 11). Das sollte nur bei einer Verbindung nach Absatz 2 erfolgen. Der praktische Vorteil besteht darin, dass die Forderungen der im Termin anwesenden Gläubiger hinsichtlich ihres Stimmrechts nach § 77 im anschließenden Berichtstermin bereits geprüft und gegebenenfalls festgestellt sind.

11 **3. Verbindung von Berichts- und Prüfungstermin (Absatz 2).** Ob eine Terminverbindung opportun ist, ist Frage des konkreten Falles. Bei einer Insolvenz mit einer hohen Zahl an Gläubigern ist dies ebenso untunlich wie bei einem laufenden Geschäftsbetrieb, der übertragen werden soll. Eine **Terminverbindung** ist sinnvoll und möglich bei kleinen Verfahren und bei geringer Gläubigerzahl. Dann kommt aber oft die schriftliche Durchführung nach § 5 Abs. 2 in Betracht.

12 Bei Verbindung der Termine sind die **Fristen des § 28 Abs. 2** wie auch des Absatz 1 Nr. 1 und 2 einzuhalten. Der Termin kann frühestens in der vierten Woche nach Insolvenzeröffnung und muss spätestens nach drei Monaten stattfinden. Die Anmeldefrist beträgt dann mindestens zwei Wochen und höchstens zwei Monate und zwei Wochen (MüKoInsO/*Schmahl/Busch* §§ 27–29 Rn. 84; HK-InsO/*Kirchhof* § 29 Rn. 8).

13 Ist über einen **Insolvenzplan** zu entscheiden, kann auch der Erörterungs- und Abstimmungstermin des § 236 hinzuverbunden werden. Hier ist zusätzlich § 235 Abs. 1 S. 2 zu beachten.

14 **4. Verfahrensfragen. a) Bestimmung im Eröffnungsbeschluss.** Im Eröffnungsbeschluss sind die Gläubigerversammlungen nach den Regeln zu bestimmen, wie § 74 es für eine **ordnungsgemäße Einberufung** vorsieht (MüKoInsO/*Schmahl/Busch* §§ 27–29 Rn. 90; Uhlenbruck/*Zipperer* § 29 Rn. 5; HK-InsO/*Kirchhof* § 29 Rn. 8). Zu bestimmen sind **Zeit, Ort und Tagesordnung,** letztere nicht lediglich unter Nennung von Paragraphen (BGH NZI 2008, 430 = ZIP 2008, 1030; Uhlenbruck/*Knof* § 74 Rn. 16).

15 Da das eröffnete Verfahren in der Zuständigkeit des Rechtspflegers liegt, hat die Terminbestimmung im Eröffnungsbeschluss in Abstimmung mit diesem zu erfolgen.

16 Die **Ladungsfrist** des § 217 ZPO, beginnend mit öffentlicher Bekanntmachung nach § 9 Abs. 1 S. 3, ist zu beachten. Sie ist stets gewahrt, denn es ist praktisch kaum denkbar, den Berichtstermin auf drei Tage oder eine Woche nach der öffentlichen Bekanntmachung von der Insolvenzeröffnung festzulegen.

17 **b) Schriftliches Verfahren.** Im schriftlichen Verfahren (§ 5 Abs. 2 Rn. 25; dazu eing. auch *Frege/Keller/Riedel* Rn. 51b ff.), werden die Termine in der Weise bestimmt, dass den Gläubigern **durch öffentliche Bekanntmachung** aufgegeben wird, bis zu einem bestimmten Zeitpunkt Anträge zu stellen oder Einwendungen zu erheben. Nach Ablauf der Frist stellt das Gericht, dass keine beziehungsweise ob und welche Anträge und Einwendungen erhoben worden sind.

18 **c) Terminänderungen.** Im Eröffnungsbeschluss bestimmte Termine können in Anwendung des § 227 ZPO verlegt oder vertagt werden. Der bei Verlegung neu anberaumte Termin der Gläubigerversammlung ist nach § 74 Abs. 2 öffentlich bekanntzumachen.

d) Verletzung der Fristvorgaben. Unterbleiben die Fristbestimmungen, ist dies für den Eröffnungsbeschluss selbst unschädlich (Jaeger/*Schilken* § 29 Rn. 1; HK-InsO/*Kirchhof* § 29 Rn. 7; FK-InsO/*Schmerbach* § 29 Rn. 12; HambK-InsO/*Denkhaus* § 29 Rn. 5). Die **Terminbestimmung** kann **nachgeholt** werden, nach Insolvenzeröffnung durch den funktionell zuständigen Rechtspfleger. **19**

Verletzt das Gericht die gesetzlichen Fristvorgaben, ist dies ebenfalls unschädlich. Eine Terminbestimmung ist insbes. nicht deshalb unwirksam oder anfechtbar, weil die Höchstfrist von drei Monaten für den Berichtstermin überschritten ist oder nach Ablauf der Anmeldefrist bis zum Prüfungstermin mehr als zwei Monate liegen; bei besonders großen Verfahren ist letzteres sogar angezeigt (Jaeger/*Schilken* § 29 Rn. 8; Uhlenbruck/*Zipperer* § 29 Rn. 3; Kübler/Prütting/Bork/*Pape* § 29 Rn. 8; HK-InsO/*Kirchhof* § 29 Rn. 7; FK-InsO/*Schmerbach* § 29 Rn. 9; HambK-InsO/*Denkhaus* § 29 Rn. 5). **20**

Bekanntmachung des Eröffnungsbeschlusses[1]

30 (1) [1]**Die Geschäftsstelle des Insolvenzgerichts hat den Eröffnungsbeschluß sofort öffentlich bekanntzumachen.** [2]**Hat der Schuldner einen Antrag nach § 287 gestellt, ist dies ebenfalls öffentlich bekannt zu machen, sofern kein Hinweis nach § 27 Abs. 2 Nr. 4 erfolgt ist.**

(2) **Den Gläubigern und Schuldnern des Schuldners und dem Schuldner selbst ist der Beschluß besonders zuzustellen.**

Übersicht

I. Entstehungsgeschichte und Normzweck

1. Entstehungsgeschichte und Normänderungen. § 30 entspricht früherem Recht (§ 111 KO; BT-Drs. 12/2443, 120). Ein früherer **Absatz 3,** nach welchem der Schuldner auf Restschuldbefreiung hinzuweisen war, wurde durch das Insolvenzrechtsänderungsgesetz v. 26.10.2001 (BGBl. I S. 2710) mit Wirkung v. 1.12.2001 in **§ 20 Abs. 2** übernommen (Folgeänderung zu § 287 Abs. 1 S. 1). Die öffentliche Bekanntmachung im Bundesanzeiger war bis 1.7.2007 in Absatz 1 Satz 2 geregelt, sie ist zu Gunsten der Internetbekanntmachung in § 9 ersatzlos weggefallen (Insolvenzverfahrensvereinfachungsgesetz vom 13.4.2007, BGBl. I S. 509). Absatz 1 Satz 2 regelt seither die Bekanntmachung, ob der Schuldner **1**

[1] § 30 Überschr. geänd., Abs. 3 aufgeh. mWv 1.12.2001 durch G v. 26.10.2001 (BGBl. I S. 2710); Abs. 1 Satz 2 neu gef. mWv 1.7.2007 durch G v. 13.4.2007 (BGBl. I S. 509); Abs. 1 Satz 2 aufgeh. mWv 1.7.2014 durch G v. 15.7.2013 (BGBl. I S. 2379).

Antrag auf Restschuldbefreiung gestellt hat; Übergangsrecht Art. 103c Abs. 1 EGInsO.

2 **2. Normzweck.** § 30 bezweckt eine möglichst **schnelle Unterrichtung der Gläubiger und Drittschuldner** über die Verfahrenseröffnung. Verfahrensrechtliche Bedeutung hat die öffentliche Bekanntmachung mit Zustellfiktion (§ 9 Abs. 3) sowie die Einzelzustellung für den Lauf der Beschwerdefrist nach §§ 6, 34.

3 **3. Anwendungsbereich der Norm.** Die Vorschrift gilt für alle Arten von Insolvenzverfahren. Die bloße Anerkennung eines ausländischen Insolvenzverfahrens ist nach § 345 mit Art. 102 § 5 EGInsO auf Antrag des ausländischen Insolvenzverwalters bekanntzumachen (BT-Drs. 15/16, 22; dazu HK-InsO/*Stephan* § 345 Rn. 6 ff.).

II. Öffentliche Bekanntmachung (Absatz 1)

4 **1. Verantwortlichkeit.** Die öffentliche Bekanntmachung soll nach Absatz 1 **durch die Geschäftsstelle in eigener Verantwortlichkeit** bewerkstelligt werden (BGHZ 137, 49 [54]; MüKoInsO/*Schmahl/Busch* § 30 Rn. 4; Jaeger/*Schilken* § 30 Rn. 4; HK-InsO/*Kirchhof* § 30 Rn. 3). Selbstverständlich ist die Veranlassung der Bekanntmachung auch Teil der richterlichen Ausführungsverfügung zum Eröffnungsbeschluss; jedoch darf die Geschäftsstelle sich hierauf nicht verlassen. Fehlt etwa die Anweisung der Bekanntmachung, hat die Geschäftsstelle dies zu klären und gegebenenfalls die öffentliche Bekanntmachung selbst vorzunehmen (insoweit etwas mißverständlich BGHZ 137, 49 [54]). Auch bei Verfahrenseröffnung durch das Beschwerdegericht obliegt die öffentliche Bekanntmachung der Geschäftsstelle des Insolvenzgerichts.

5 Hat der Schuldner Vermögen in einem **Mitgliedstaat der Europäischen Union,** in welchem die EuInsVO gilt, hat nach Art. 21 Abs. 2 EuInsVO der Insolvenzverwalter für die Bekanntmachung im jeweiligen Mitgliedstaat zu sorgen. Umgekehrt wird die Insolvenz in einem Mitgliedsstaat in Deutschland nach § 345 mit Art. 102 § 5 EGInsO und Art. 21 Abs. 1 EuInsVO auf Veranlassung des ausländischen Insolvenzverwalters durch das Insolvenzgericht bekanntgemacht, bei welchem der Schuldner Vermögen besitzt. Betreibt er im Inland eine Niederlassung, erfolgt die Bekanntmachung von Amts wegen (Art. 102 § 5 Abs. 2 EGInsO), wobei das Gericht keine Nachforschungspflicht hat (eing. MüKoInsO/*Schmahl/Busch* § 30 Rn. 19 ff.).

6 **2. Ort der Bekanntmachung.** Die öffentliche Bekanntmachung erfolgt nach § 9 Abs. 1 zunächst nur im Internet unter **www.insolvenzbekanntmachungen.de** (→ § 9 Rn. 5 ff.). Nur diese Veröffentlichung ist für die Wirkung des § 9 Abs. 3 ausschlaggebend. Zusätzliche Bekanntmachung in Printmedien ist nur bei entsprechender landesrechtlicher Regelung zulässig (§ 9 Abs. 2 S. 1).

7 Für Insolvenzverfahren betreffend **Kreditinstitute** oder **Versicherungsunternehmen** gelten zusätzlich §§ 46e und 46f KWG sowie §§ 88, 88a VAG. Die Insolvenzeröffnung ist danach im Amtsblatt der Europäischen Union und in mindestens zwei Zeitungen der EU-Mitgliedsstaaten sowie Island, Norwegen und Liechtenstein vorzunehmen. Die Veröffentlichung erfolgt mit einem Formblatt des Bundesministeriums der Justiz als Vorblatt, sie erfolgt über das Amt für amtliche Veröffentlichungen der Europäischen Gemeinschaften (eing. MüKo-InsO/*Schmahl/Busch* § 30 Rn. 17, 18).

8 **3. Inhalt.** Bekanntzumachen ist die **Tatsache der Insolvenzeröffnung** über das Vermögen des genau bezeichneten Schuldners **mit den Angaben nach §§ 27, 28** (MüKoInsO/*Schmahl/Busch* § 30 Rn. 5; HK-InsO/*Kirchhof* § 30

Rn. 5; FK-InsO/*Schmerbach* § 30 Rn. 11; HambK-InsO/*Denkhaus* § 30 Rn. 4). Bei Veröffentlichung der Termine für Berichts- und Prüfungstermin nach § 29 sind zugleich Ort und Zeit sowie Tagesordnung nach Maßgabe des § 74 Abs. 2 bekanntzumachen.

Zur Information der Gläubiger ist bekanntzumachen, ob dem Schuldner **Zulassung zur Restschuldbefreiung** gewährt wurde (§ 287a Abs. 2); in aller Regel ergibt sich dies bereits aus dem Eröffnungsbeschluss (→ § 27 Rn. 37). 9

III. Zustellungen (Absatz 2)

1. Adressaten der Zustellung. Der Eröffnungsbeschluss ist **zusätzlich zur öffentlichen Bekanntmachung** den genannten Beteiligten **zuzustellen.** Die gesonderte Zustellung hat stets zu erfolgen, sie kann nicht mit dem Argument unterbleiben, die öffentliche Bekanntmachung wirke bereits als Zustellung (§ 9 Abs. 3). 10

Die Zustellung erfolgt an **alle** im Zeitpunkt der Insolvenzeröffnung **dem Gericht bekannten Gläubiger,** dazu zählt insbes. der antragstellende Gläubiger, und **Drittschuldner** sowie an den **Schuldner** selbst. Eine Nachforschungspflicht, wer Gläubiger oder Drittschuldner ist, besteht für das Gericht nicht (MüKoInsO/*Schmahl/Busch* § 30 Rn. 11; HK-InsO/*Kirchhof* § 30 Rn. 8). Werden nachträglich Gläubiger oder Drittschuldner bekannt, ist auch an diese zuzustellen (Jaeger/*Schilken* § 30 Rn. 11; HK-InsO/*Kirchhof* § 30 Rn. 8). 11

An den Insolvenzverwalter muss der Eröffnungsbeschluss **nicht zugestellt** werden. Hier genügt aktenkundige Übermittlung (Jaeger/*Schilken* § 30 Rn. 10; HK-InsO/*Kirchhof* § 30 Rn. 10). Die Gesetzesbegründung sieht die Information des Insolvenzverwalters zu Recht als Selbstverständlichkeit an (BT-Drs. 12/2443, 120). 12

Für die **Insolvenz börsennotierter Unternehmen** wird wegen § 15 WpHG eine Mitteilung an die BaFin empfohlen (MüKoInsO/*Schmahl/Busch* § 30 Rn. 15). 13

2. Form der Zustellung. Zuzustellen ist der **vollständige Eröffnungsbeschluss** (MüKoInsO/*Schmahl/Busch* § 30 Rn. 5; Jaeger/*Schilken* § 30 Rn. 12; Uhlenbruck/*Zipperer* § 30 Rn. 6; HK-InsO/*Kirchhof* § 30 Rn. 8; HambK-InsO/*Denkhaus* § 30 Rn. 13; einschränkend für Zustellung an Gläubiger und Drittschuldner MüKoInsO/*Schmahl/Busch* § 30 Rn. 11), er muss nicht beglaubigt werden (§ 8 Abs. 1 S. 3). Die Zustellung kann als Massengeschäft durch Aufgabe zur Post erfolgen (§ 8 Abs. 1 S. 2). Für die Zustellung an Gläubiger und Drittschuldner wird regelmäßig der Insolvenzverwalter beauftragt (§ 8 Abs. 3); er bewirkt die Zustellung ebenfalls durch Aufgabe zur Post (eing. MüKoInsO/*Ganter/Lohmann* § 8 Rn. 32; *Keller* NZI 2002, 581 [587]). 14

Die **Zustellung** des Eröffnungsbeschlusses **an den Schuldner** sollte aus Gründen der Rechtsklarheit stets **durch das Gericht selbst** in Anwendung der §§ 166 ff. ZPO erfolgen. Zuzustellen ist hier eine vollständige Ausfertigung des Beschlusses. Die Zustellung muss nicht unverzüglich nach Eröffnung erfolgen. Muß insbes. der Insolvenzverwalter die Insolvenzmasse mit Hilfe des Gerichtsvollziehers in Besitz nehmen (§ 148 Abs. 2 S. 1), ist der Eröffnungsbeschluss der Vollstreckungstitel. Er ist durch das Insolvenzgericht mit Vollstreckungsklausel zu versehen (§§ 724, 725 ZPO). Die nach § 750 Abs. 1 ZPO für die Herausgabevollstreckung nach § 148 Abs. 2 erforderliche Zustellung kann dann unmittelbar vor der Vollstreckung durch den Gerichtsvollzieher erfolgen. 15

Ist der Schuldner eine **juristische Person** oder **Gesellschaft ohne Rechtspersönlichkeit,** sollte die Zustellung an sämtliche Mitglieder des Vertretungsorgans oder an alle Gesellschafter erfolgen. Das gilt insbes. bei der Gesellschaft bürgerlichen Rechts (HK-InsO/*Kirchhof* § 30 Rn. 9). 16

Handels-, Genossenschafts-, Partnerschafts- und Vereinsregister[1]

31 **Ist der Schuldner im Handels-, Genossenschafts-, Partnerschafts- oder Vereinsregister eingetragen, so hat die Geschäftsstelle des Insolvenzgerichts dem Registergericht zu übermitteln:**

1. im Falle der Eröffnung des Insolvenzverfahrens eine Ausfertigung des Eröffnungsbeschlusses;

2. im Falle der Abweisung des Eröffnungsantrags mangels Masse eine Ausfertigung des abweisenden Beschlusses, wenn der Schuldner eine juristische Person oder eine Gesellschaft ohne Rechtspersönlichkeit ist, die durch die Abweisung mangels Masse aufgelöst wird.

Schrifttum: *Wentzel*, Auswirkungen des Insolvenzverfahrens auf das Vereinsregister, Rpfleger 2001, 334.

Übersicht

I. Entstehungsgeschichte und Normzweck

1 **1. Entstehungsgeschichte und Normänderungen.** § 31 entspricht ohne inhaltliche Änderung früherem Recht (§ 112 KO; BT-Drs. 12/2443, 120). Das Registerverfahrensrecht regelt auch die Eintragung von Verfügungsbeeinträchtigungen im Insolvenzeröffnungsverfahren, der Eigenverwaltung oder die Überwachung der Erfüllung des Insolvenzplans (§ 32 Abs. 1 Nr. 2, 3, 5 HGB). Auch insoweit ist § 31 anwendbar (zum Eröffnungsverfahren § 23 Abs. 2).

2 **2. Normzweck.** § 31 dient der Sicherheit des Rechtsverkehrs im Handels- und Gesellschaftsrecht durch **schnelle Unterrichtung der registerführenden Stellen** (im wesentlichen Registergericht) und Eintragung der Insolvenzeröffnung. Die Regelung des § 15 HGB betreffend die Publizität des Handelsregisters gilt aber nicht (§ 32 Abs. 2 S. 2 HGB). Da sowohl die Insolvenzeröffnung als auch eine Abweisung mangels Masse Auflösungsgründe für eine juristische Person oder eine Gesellschaft ohne Rechtspersönlichkeit sind (zB § 60 Abs. 1 Nr. 4, 5 GmbHG), dient die Mitteilung und Eintragung auch der Klarheit des Rechtsverkehrs in Bezug auf den Status der schuldnerischen Gesellschaft.

[1] § 31 Überschr. und Text geänd. durch G v. 19.12.1998 (BGBl. I S. 3836).

3. Anwendungsbereich. Die Vorschrift gilt für **alle Arten von Insolvenzverfahren,** bei welchen der Schuldner als eingetragener Kaufmann oder als juristische Person – auch im Falle des § 33 HGB – oder als Gesellschaft ohne Rechtspersönlichkeit im Handels-, Vereins-, Partnerschafts- oder Genossenschaftsregister eingetragen ist (Aufzählung bei MüKoInsO/*Schmahl/Busch* § 31 Rn. 5 ff.). Sie korrespondiert mit der Mitwirkungspflicht staatlicher Stellen bei der Registerführung nach § 379 Abs. 1 FamFG. 3

II. Übermittlungspflicht

1. Verantwortlichkeit. Die Übermittlung der Insolvenzeröffnung oder der Abweisung mangels Masse obliegt wie bei § 30 der **Geschäftsstelle des Insolvenzgerichts**. Sie erfolgt nach entsprechender Verfügung des Richters mit Erlass des betreffenden Beschlusses (→ § 30 Rn. 4). 4

Bei Insolvenzeröffnung eines in mehreren **Mitgliedsstaaten der Europäischen Union** eingetragenen Schuldners ist zu unterscheiden: Ist über eine ausländische Gesellschaft mit im Handelsregister eingetragener Niederlassung im Inland das Verfahren im Ausland eröffnet, ist § 345 Abs. 2 zu beachten; die Eintragung erfolgt über das inländische Insolvenzgericht nach Art. 102 § 6 EGInsO (HK-InsO/*Stephan* EuInsVO Art. 22 Rn. 5). Bei einer ausschließlich im Inland wirtschaftlich tätigen Gesellschaft ausländischen Rechts, insbes. der „Limited (Ltd.)“, wird die Eintragung der Insolvenzeröffnung in das ausländische Unternehmensregister nicht durch das inländische Insolvenzgericht veranlasst, zuständig ist nach Art. 22 Abs. 2 S. 2 EuInsVO der Insolvenzverwalter (eing. MüKoInsO/*Schmahl/Busch* § 31 Rn. 48 ff.). 5

2. Voraussetzungen. Eine Mitteilung seitens des Insolvenzgerichts erfolgt, wenn der **Schuldner** als Kaufmann (§§ 1 ff. HGB), als offene Handelsgesellschaft oder Kommanditgesellschaft (§§ 105 ff., 161 ff. HGB), als Aktiengesellschaft, als Kommanditgesellschaft auf Aktien oder als Gesellschaft mit beschränkter Haftung **im Handelsregister oder** als Genossenschaft **im Genossenschaftsregister** (§§ 11 ff. GenG) **eingetragen ist.** Die Vorschrift gilt auch für den eingetragenen Verein (§§ 21 ff. BGB) oder für den Versicherungsverein auf Gegenseitigkeit (s. § 16 VAG). Sie gilt auch für die Partnerschaftsgesellschaft (§ 5 PartGG). 6

Die **Mitteilung** hat **an die registerführende Stelle** zu erfolgen, auch wenn diese nicht bei demselben Amtsgericht des Insolvenzgerichts geführt wird. Ist der Schuldner noch nicht im Handelsregister eingetragen, ist aber die entsprechende Anmeldung bereits erfolgt, ist § 31 bereits anzuwenden (MüKoInsO/*Schmahl/Busch* § 31 Rn. 6; HK-InsO/*Kirchhof* § 31 Rn. 3). 7

Bei Zweigniederlassungen ist **nur** das **Registergericht der Hauptniederlassung** zu benachrichtigen (MüKoInsO/*Schmahl/Busch* § 31 Rn. 25; Jaeger/*Schilken* § 31 Rn. 8; anders Uhlenbruck/*Zipperer* § 31 Rn. 5; Kübler/Prütting/Bork/*Pape* § 31 Rn. 5). Eine Mitteilung an das Gericht der Zweigniederlassung erfolgt nur, wenn es sich um eine inländische Niederlassung eines Unternehmens mit Sitz im Ausland handelt (§ 13d HGB); bei mehreren Zweigniederlassungen genügt Mitteilung an das Gericht der Hauptniederlassung (§ 13e Abs. 5 HGB). Zu beachten ist, dass die Zweigniederlassung rechtlich nicht selbständig ist und insbes. bei der Insolvenzeröffnung oder der Abweisung mangels Masse das Schicksal des Rechtsträgers selbst teilt. Eine Eintragung im Register der Zweigniederlassung ist nach § 13 HGB nur soweit selbständig zu beurteilen, als sie die Rechtsverhältnisse nur der Zweigniederlassung betrifft (zB Prokura). Bei Tatsachen, welche den Rechtsträger selbst und damit die Hauptniederlassung betreffen, kann sich der Rechtsverkehr nicht auf die Publizität der Zweigniederlassung nach § 15 Abs. 4 HGB berufen, der über § 32 Abs. 2 S. 2 HGB ohnehin keine Anwendung 8 findet (zum registergerichtlichen Verfahren MüKoInsO/*Schmahl/Busch* § 31 Rn. 36 ff.).

9 **3. Inhalt der Übermittlung. a) Eröffnungsbeschluss.** Zu übermitteln ist der **Eröffnungsbeschluss** (§ 27) mit vollständigem Inhalt, nicht lediglich auszugsweise. Die Insolvenzeröffnung muss nicht rechtskräftig sein (arg. ex § 32 Abs. 1 S. 2 Nr. 1 HGB).

10 Wird das Insolvenzverfahren mit **Eigenverwaltung** angeordnet, wird vertreten, es sei nur bei Anordnung eines Zustimmungsvorbehalts nach § 277 die Eröffnung mitzuteilen (§ 277 Abs. 3 S. 2; HK-InsO/*Kirchhof* § 31 Rn. 4; FK-InsO/*Schmerbach* § 31 Rn. 2). Das ist nicht richtig. Die Eintragungspflicht des § 32 HGB und insbes. die Auflösung einer juristischen Person oder Gesellschaft ohne Rechtspersönlichkeit hängt nicht davon ab, ob das Insolvenzverfahren mit oder ohne Eigenverwaltung angeordnet wurde. Daher ist in jedem Fall § 31 anwendbar; nichts anderes ergibt sich auch aus § 270 Abs. 3 S. 3 (MüKoInsO/*Schmahl/Busch* § 31 Rn. 16; HambK-InsO/*Denkhaus* § 31 Rn. 8).

11 **b) Beschluss Abweisung mangels Masse.** Der Beschluss nach § 26 ist mitzuteilen, wenn die **rechtskräftige Abweisung** die Auflösung einer juristischen Person oder Gesellschaft ohne Rechtspersönlichkeit bewirkt, also nicht beim eingetragenen Kaufmann, wohl aber beim eingetragenen Verein, bei welchem der Gesetzgeber durch Gesetz v. 24.9.2009 (BGBl. I S. 3145) mit Änderung des § 42 Abs. 1 S. 1 BGB die Abweisung mangels Masse als Auflösungsgrund normiert hat (insoweit überholt, iÜ aber die Rechtslage beim eingetragenen Verein erschöpfend darstellend *Wentzel* Rpfleger 2001, 334).

12 **c) Ausfertigung oder beglaubigte Abschrift.** Zu übermitteln ist nach dem Wortlaut des § 31 eine Ausfertigung (§ 317 Abs. 3 ZPO) der Entscheidung des Insolvenzgerichts. Die Übersendung einer Ausfertigung ist entgegen dem Wortlaut der Norm nicht erforderlich, da nur die Tatsache der Eröffnung oder der rechtskräftigen Abweisung nachzuweisen ist. Hierfür genügt – wie auch früher in § 112 KO geregelt – eine **beglaubigte Abschrift** (MüKoInsO/*Schmahl/Busch* § 31 Rn. 26; Jaeger/*Schilken* § 31 Rn. 8; Uhlenbruck/*Zipperer* § 31 Rn. 5; HK-InsO/*Kirchhof* § 31 Rn. 6). Allg. wird empfohlen, die Mitteilung erst nach Rechtskraft der Entscheidung zu veranlassen (Uhlenbruck/*Zipperer* § 31 Rn. 5; HK-InsO/*Kirchhof* § 31 Rn. 6; FK-InsO/*Schmerbach* § 31 Rn. 2). Mit dem Wortlaut des § 31 gilt das nur für den Abweisungsbeschluss, der Eröffnungsbeschluss ist unverzüglich mitzuteilen (MüKoInsO/*Schmahl/Busch* § 31 Rn. 21; Jaeger/*Schilken* § 31 Rn. 8; HambK-InsO/*Denkhaus* § 31 Rn. 4). Die Insolvenzeröffnung wird auch bei **noch nicht rechtskräftiger Eröffnung** in das Register eingetragen. wird die Eröffnung im Beschwerdewege aufgehoben, ist auch das mitzuteilen und im Register die Eintragung zu löschen (§ 32 Abs. 1 S. 2 Nr. 1 HGB und § 75 Abs. 1 S. 2 Nr. 1 BGB); Mitteilung erfolgt nach § 34 Abs. 3 S. 2.

13 **4. Sonstige Mitteilungen.** Die Insolvenzeröffnung ist nach Abschnitt XIIa Abschnitt 3, 6 MiZi den dort genannten Stellen mitzuteilen (→ § 27 Rn. 60). Die rechtskräftige Abweisung mangels Masse ist nach Abschnitt XIIa Abschnitt 2 Abs. 2 Nr. 1–5 MiZi mitzuteilen.

14 **5. Einstellung und Aufhebung des Insolvenzverfahrens.** Der rechtskräftige **Beschluss** (es gilt § 11 Abs. 2 RPflG) über die **Aufhebung des Insolvenzverfahrens** ist nach § 200 Abs. 2 S. 2 zu übermitteln; gleiches gilt für Verfahrenseinstellung nach §§ 207, 208 ff., 212, 213 über § 215 Abs. 1 S. 3. In das Handelsregister wird die Einstellung oder Aufhebung des Verfahrens eingetragen (§ 32 Abs. 1 Nr. 4 HGB; für den Verein § 75 Abs. 1 Nr. 4 BGB). Wird das Insolvenzverfahren nach Bestätigung eines Insolvenzplans aufgehoben und wird Über-

wachung der Planerfüllung angeordnet (§§ 260 ff.), ist dies nach § 267 Abs. 3 S. 1 mitzuteilen. Bei Aufhebung des Verfahrens durch Insolvenzplan kann insbes. bei der Aktiengesellschaft die Hauptversammlung die Fortsetzung beschließen (§ 274 Abs. 2 Nr. 1 AktG).

III. Verfahren der Registereintragung

1. Gesellschaftsrechtliche Wirkungen der Insolvenz. Bei juristischen Personen und Gesellschaften ohne Rechtspersönlichkeit bewirkt die Eröffnung die **Auflösung der juristischen Person oder der Gesellschaft** (§ 42 Abs. 1 S. 1 BGB; § 86 mit § 42 BGB; § 262 Abs. 1 Nr. 3 AktG; § 60 Abs. 1 Nr. 4 GmbHG; § 728 Abs. 1 S. 1 BGB; § 131 Abs. 1 Nr. 3 HGB; §§ 161, 131 Abs. 1 Nr. 3 HGB; § 9 Abs. 1 PartGG; § 131 Abs. 1 Nr. 3 HGB). Gleiches gilt für die Abweisung mangels Masse (→ § 26 Rn. 57 ff.). 15

Bei einem eingetragenen **Verein** kann durch Satzung bestimmt werden, dass dieser im Falle der Insolvenz als nichtrechtsfähiger Verein fortgeführt werde (§ 42 Abs. 1 S. 3 BGB). Diese Regelungsmöglichkeit ist systematisch zweifelhaft, für die Vereinspraxis ist von ihr abzuraten (MüKoBGB/*Reuter* § 42 Rn. 9). Mit der Fortsetzung als nichtrechtsfähigem Verein würden sich die Gläubigeransprüche nach Beendigung des Insolvenzverfahrens nämlich gegen diesen richten (*Karsten Schmidt* GesR Rn. 328). Es ist daher besser, den rechtsfähigen Verein im Falle der Insolvenz nicht fortzuführen und statt dessen einen neuen Verein zu gründen. Aus § 42 Abs. 1 S. 3 BGB wird auch angenommen, der nichtrechtsfähige Verein werde durch die Insolvenz nicht aufgelöst. Auch dies widerspricht dem Verständnis der Insolvenz als Liquidationsverfahren für juristische Personen und Gesellschaften ohne Rechtspersönlichkeit. Immerhin setzt § 11 Abs. 1 S. 2 InsO den nichtrechtsfähigen Verein dem rechtsfähigen gleich, sodass auch eine Aoflösung mit Insolvenzeröffnung zu erfolgen hat. 16

2. Eintragungen von Amts wegen. Das **zuständige Registergericht** hat die Insolvenzeröffnung von Amts wegen einzutragen. Allg. gilt § 32 Abs. 1 S. 1 HGB; für den eingetragenen Verein gilt § 75 Abs. 1 S. 1 BGB. Die Auflösung einer Gesellschaft durch Eröffnung des Insolvenzverfahrens wird ebenfalls von Amts wegen eingetragen (insbes. § 262 S. 3 AktG; § 65 Abs. 1 S. 3 GmbHG; § 143 Abs. 1 S. 3 HGB). Von Amts wegen erfolgt auch das Verfahren zur Löschung der juristischen Person wegen Vermögenslosigkeit nach § 394 FamFG; Abweisung mangels Masse ist stets Indiz der Vermögenslosigkeit (BayObLG Rpfleger 1995, 363). Eine Prüfungspflicht dahingehend, ob die Eintragung ordnungsgemäß erfolgt ist, hat das Insolvenzgericht nicht (Uhlenbruck/*Zipperer* § 31 Rn. 5; Kübler/Prütting/Bork/*Pape* § 31 Rn. 5; HK-InsO/*Kirchhof* § 31 Rn. 6; HambK-InsO/*Denkhaus* § 31 Rn. 6). 17

Grundbuch

32 (1) **Die Eröffnung des Insolvenzverfahrens ist in das Grundbuch einzutragen:**

1. bei Grundstücken, als deren Eigentümer der Schuldner eingetragen ist;

2. bei den für den Schuldner eingetragenen Rechten an Grundstücken und an eingetragenen Rechten, wenn nach der Art des Rechts und den Umständen zu befürchten ist, daß ohne die Eintragung die Insolvenzgläubiger benachteiligt würden.

(2) [1] **Soweit dem Insolvenzgericht solche Grundstücke oder Rechte bekannt sind, hat es das Grundbuchamt von Amts wegen um die Eintra-**

gung zu ersuchen. [2]Die Eintragung kann auch vom Insolvenzverwalter beim Grundbuchamt beantragt werden.

(3) [1]**Werden ein Grundstück oder ein Recht, bei denen die Eröffnung des Verfahrens eingetragen worden ist, vom Verwalter freigegeben oder veräußert, so hat das Insolvenzgericht auf Antrag das Grundbuchamt um Löschung der Eintragung zu ersuchen. [2]Die Löschung kann auch vom Verwalter beim Grundbuchamt beantragt werden.**

Schrifttum: *Eickmann*, Der Grundstücksnießbrauch in der Insolvenz des Nießbrauchers, FS Gerhardt, 2008, 211; *Keller*, Insolvenzvermerk im Grundbuch bei der Gesellschaft bürgerlichen Rechts, Rpfleger 2000, 201; *ders.*, Probleme der Rechtsfähigkeit und Grundbuchfähigkeit der Gesellschaft bürgerlichen Rechts unter Berücksichtigung insolvenzrechtlicher Verfügungsbeeinträchtigungen, NotBZ 2001, 397; *Raebel*, Grundbuchvermerke über Gesamthänderinsolvenzen, FS Kreft, 2004, 483.

Übersicht

I. Entstehungsgeschichte und Normzweck

1 **1. Entstehungsgeschichte und Normänderungen.** § 32 entspricht mit kleinen Änderungen den früheren §§ 113, 114 KO und § 6 Abs. 2 Nr. 4 GesO (dazu BT-Drs. 12/2443, 120).

2 **2. Normzweck.** § 32 dient dem Schutz der Insolvenzmasse gegen die **Gefahr gutgläubigen Erwerbs** nach § 892 Abs. 1 S. 2 BGB (über § 81 Abs. 1 S. 2 oder § 91 Abs. 2). Absatz 3 steht im Zusammenhang mit dem Verwertungsrecht des Insolvenzverwalters und soll diesem die Veräußerung von Grundbesitz erleichtern.

3. Anwendungsbereich der Norm. a) Jedes Insolvenzverfahren. Die Vorschrift gilt für alle Arten von Insolvenzverfahren. 3

b) Internationales Insolvenzrecht. § 32 gilt auch bei **Partikular- und Sekundärinsolvenzverfahren** nach §§ 354 oder 356. IRd Anerkennung ausländischer Verfahren gilt § 348 (im europäischen Geltungsbereich auch Art. 22 EuInsVO), wonach das inländische Insolvenzgericht auf Antrag des ausländischen Insolvenzverwalters um die entsprechenden Eintragungen zu ersuchen hat. Das Insolvenzgericht prüft hierbei, ob die Voraussetzungen für die Anerkennung des ausländischen Insolvenzverfahrens glaubhaft gemacht sind (§ 348 Abs. 2 S. 1 mit § 343 Abs. 1). Im umgekehrten Fall (inländisches Insolvenzverfahren und ausländischer Grundbesitz) hat der Insolvenzverwalter nach Art. 22 Abs. 2 EuInsVO die entsprechende Eintragung im ausländischen Grundbuch oder dem vergleichbaren Register zu veranlassen. 4

c) Insolvenzeröffnungsverfahren. Werden iRd § 21 Abs. 2 Nr. 2 im **Eröffnungsverfahren** gegen den Schuldner **Verfügungsbeeinträchtigungen angeordnet,** gilt für deren Eintragung über **§ 23 Abs. 3** der § 32 entsprechend. Eingetragen wird nur die Verfügungsbeeinträchtigung (Verfügungsverbot, Zustimmungsvorbehalt), nicht die Anordnung vorläufiger Insolvenzverwaltung, erst recht nicht der vorläufige Insolvenzverwalter und auch nicht das Vollstreckungsverbot des § 21 Abs. 2 Nr. 3. 5

d) Eigenverwaltung. Bei Anordnung der Eigenverwaltung erfolgt grds. keine Eintragung (§ 270 Abs. 3 S. 3). Einzutragen ist aber die Anordnung eines Zustimmungsvorbehalts nach § 277 Abs. 3 S. 3 (→ § 277 Rn. 7). 6

II. Eintragungspflicht der Insolvenzeröffnung

1. Systematik des Absatz 1. Die aus § 113 Abs. 1 KO übernommene Unterscheidung des Absatzes 1 zwischen Eigentum des Schuldners (Nr. 1) und im Grundbuch eingetragenen Rechten (Nr. 2) ist sachlich nicht notwendig. Auch die sperrige Formulierung in Nr. 2 betreffend die Besorgnis der Beeinträchtigung der Insolvenzgläubiger ist wenig hilfreich. Maßgebend ist, ob ein Grundstücksrecht als Vermögenswert zur Insolvenzmasse nach §§ 35, 36 gehört und ob die Gefahr gutgläubigen Erwerbs nach § 892 Abs. 1 S. 2 BGB besteht. Scheidet beides aus, besteht auch kein Bedürfnis für die Eintragung eines Insolvenzvermerks in das Grundbuch, eine ausdrückliche Regelung nach Absatz 1 Nr. 2 ist hierfür nicht erforderlich. 7

a) Grundstücke und grundstücksgleiche Rechte (Absatz 1 Nr. 1). Ist der Schuldner als Eigentümer eines Grundstücks im Grundbuch eingetragen, hat die Eintragung des Insolvenzvermerks stets zu erfolgen. Dem Grundstückseigentum stehen **Wohnungs- oder Teileigentum** nach dem WEG, Eigentum an selbständigem **Gebäudeeigentum** in den neuen Bundesländern (Art. 233 § 4 Abs. 1 EGBGB) sowie am **Erbbaurecht** (§ 11 ErbbauRG) gleich. 8

b) Rechte an Grundstücken (Absatz 1 Nr. 2). Bei Rechten an Grundstücken oder Rechten an solchen Rechten ist die Eintragung des Insolvenzvermerks erforderlich, wenn das Recht als veräußerliches Vermögensrecht **Bestandteil der Insolvenzmasse** ist und damit ohne Eintragung die Gefahr eines gutgläubigen Erwerbs durch Verfügung des Schuldners bestünde. Wirtschaftliche Erwägungen, wie etwa die Werthaltigkeit eines Rechtes, sind nicht maßgebend, sie können vom Insolvenzgericht auch nicht festgestellt werden (HK-InsO/*Kirchhof* § 32 Rn. 12; nur bei Gläubigerbenachteiligungsgefahr nach HambK-InsO/*Denkhaus* § 32 Rn. 14); aA Braun/*Herzig* § 32 Rn. 7, der meint, andernfalls müsse die 9

Insolvenzeröffnung wegen § 1155 BGB auch auf einem Grundpfandrechtsbrief vermerkt werden. Das ist nicht richtig, denn § 1155 BGB ist nur einschlägig, wenn der Schuldner nicht im Grundbuch eingetragener Zessionar eines Grundpfandrechts ist. Dann lässt sich der gutgläubige Erwerb schon durch Wegnahme des Briefes vermeiden (dazu auch → Rn. 38). IÜ begründet der Brief keinen eigenständigen öffentlichen Glauben, ist der Insolvenzvermerk im Grundbuch eingetragen ist, ist gutgläubiger Erwerb des Briefrechts ausgeschlossen.

10 Für Rechte in **Abteilung II** des Grundbuchs gilt Folgendes:

- **Vormerkung** zu Gunsten des Schuldners (§ 883 BGB), insbes. sog Auflassungsvormerkung: Allg. wird die Eintragung des Insolvenzvermerks bejaht (MüKo-InsO/*Schmahl/Busch* §§ 32, 33 Rn. 22; Jaeger/*Schilken* § 32 Rn. 11; HK-InsO/*Kirchhof* § 32 Rn. 10). Massebestandteil ist der durch die Vormerkung gesicherte Anspruch nach § 883 Abs. 1 BGB; sog gutgläubiger Zweiterwerb der Vormerkung über § 893 zweite Alternative mit § 892 BGB kann nur mit wirksamer Abtretung des Anspruchs (§§ 398, 401 BGB) erfolgen (BGHZ 25, 16; LG Köln NJW-RR 2001, 306; Westermann/*Eickmann* Sachenrecht § 84 IV.; krit. *Schöner/Stöber* Rn. 1534; gegen Zulässigkeit des gutgläubigen Zweiterwerbs Staudinger/*Gursky* BGB (2013) § 892 Rn. 57, 58; Palandt/*Bassenge* BGB § 885 Rn. 20; *Baur/Stürner* Sachenrecht § 20 Rn. 65); weil aber eine wirksame Abtretung seitens des Schuldners nach § 81 ausscheidet und hier gutgläubiger Erwerb ausgeschlossen ist, besteht auch keine Gefahr eines gutgläubigen Erwerbs der Vormerkung; ein Zessionar des Schuldners kann sich nicht auf § 892 BGB berufen, wenn die Abtretung selbst unwirksam ist (*Keller* Insolvenzrecht Rn. 906). Die Eintragung eines Insolvenzvermerks ist aber insoweit angezeigt, als der Schuldner die Löschung der Vormerkung bewilligen kann und so eine Grundbuchunrichtigkeit herbeiführen kann, die bei späterer Veräußerung des Grundstücks zu einem endgültigen Erlöschen der Vormerkung durch gutgläubig lastenfreien Erwerb führt.
- **Grunddienstbarkeit** (§ 1018 BGB): Sie ist als wesentlicher Bestandteil des herrschenden Grundstücks nach § 96 BGB massezugehörig, wenn der Schuldner Eigentümer des herrschenden Grundstücks ist. Sie ist zwingend nur mit diesem veräußerbar, eine isolierte Verfügung über die Dienstbarkeit ist nicht möglich. Die Eintragung eines Insolvenzvermerks ist daher nicht erforderlich, sie erfolgt freilich beim herrschenden Grundstück.
- **Beschränkte persönliche Dienstbarkeit** (§ 1090 BGB): Sie gehört dann zur Masse, wenn eine wirksame Ausübungsgestattung als Inhalt des Rechts (§ 1092 Abs. 1 S. 2 BGB) vorliegt. Eine Übertragung der Dienstbarkeit ist grds. ausgeschlossen (§ 1092 Abs. 1 S. 1 BGB) und nur im Sonderfall des § 1092 Abs. 3 BGB zulässig. Der Schuldner könnte aber die Aufhebung des Rechts erklären (§ 875 BGB) und so dem Grundstückseigentümer gutgläubig Lastenfreiheit gewähren (§ 893 BGB). Insofern ist die Eintragung eines Insolvenzvermerks angezeigt.
- **Wohnungsrecht** (§ 1093 BGB): Es gilt das zur beschränkten persönlichen Dienstbarkeit Gesagte.
- **Reallast** (§ 1105 BGB): Die subjektiv persönliche Reallast ist sowohl als Stammrecht wie auch hinsichtlich der wiederkehrenden Einzelleistungen, die mit Fälligkeit Eigenständigkeit gleich fälligen Hypothekenzinsen erlangen (§ 1107 BGB), massezugehörig (§ 36 mit § 857 Abs. 6 ZPO). Eintragung eines Insolvenzvermerks ist daher angezeigt. Bei der subjektiv dinglichen Reallast ist die Rechtslage die gleiche wie der Grunddienstbarkeit.
- **Nießbrauch** (§ 1030 BGB): Nach § 1059 S. 1 BGB ist der Nießbrauch nicht übertragbar; seine Ausübung kann jedoch nach einem anderen überlassen werden. Insoweit ist er massezugehörig (§ 857 Abs. 3 ZPO; BGHZ 62, 133; 95,

99; 166, 1; Zöller/*Stöber* § 857 Rn. 12; *Stöber* Forderungspfändung Rn. 1709 ff.). Verwertung erfolgt durch eigene Ziehung der Nutzungen oder Überlassung an einen Dritten gegen Entgelt (BGHZ 62, 133; 166, 1; Jaeger/*Henckel* § 36 Rn. 48 ff.; Uhlenbruck/*Hirte* § 35 Rn. 189.). Der Insolvenzverwalter kann nicht die Aufhebung des Nießbrauchs erklären (so aber OLG Frankfurt a. M. ZIP 1990, 1357; eing. *Eickmann* FS Gerhardt, 2004, 211). Auch der Schuldner kann nicht durch Aufhebung über den Nießbrauch verfügen. Hier besteht die Gefahr des gutgläubigen Erwerbs über § 893 Alt. 2 BGB, indem der Eigentümer des belasteten Grundstücks Lastenfreiheit erlangt (allg. Palandt/*Bassenge* BGB § 893 Rn. 3). Beim Nießbrauch hat daher die Eintragung des Insolvenzvermerks zu erfolgen.
- **Vorkaufsrecht** (§ 1094 BGB); das dingliche subjektiv persönliche Vorkaufsrecht ist nicht übertragbar (§§ 514, 1094 Abs. 1, 1098 BGB) und daher nicht massezugehörig. Das subjektiv dingliche Vorkaufsrecht nach § 1094 Abs. 2 BGB fällt mit dem herrschenden Grundstück in die Masse, es ist wie die Grunddienstbarkeit nicht selbständig veräußerbar.

In **Abteilung III** des Grundbuchs zu Gunsten des Schuldners eingetragene Grundpfandrechte gehören stets zur Insolvenzmasse und sind als veräußerliche Rechte auch vom gutgläubigen Erwerb bedroht. **11**

Die **Hypothek** folgt als akzessorisches Recht zwar der Forderung, und ähnlich wie bei der Vormerkung ist die Abtretung der Forderung durch den Schuldner nach Insolvenzeröffnung niemals wirksam, gutgläubiger Erwerb ist ausgeschlossen. Hinsichtlich der Hypothek greift aber § 1138 BGB, der unter den Voraussetzungen des § 892 BGB den gutgläubigen Erwerb der dann **forderungsentkleideten Hypothek** ermöglicht (allg. Westermann/*Eickmann* Sachenrecht § 105 III.; *Baur/Stürner* Sachenrecht § 38 Rn. 22 ff.). Einzig bei einer Sicherungshypothek nach §§ 1184 ff. BGB ist dies nicht der Fall, weil § 1138 BGB hier nicht gilt (§ 1185 Abs. 2 BGB); praktisch kann dies auch relevant sein, wenn zu Gunsten des Schuldners eine Sicherungshypothek nach §§ 866, 867 ZPO im Grundbuch eines Drittschuldners eingetragen ist. **12**

Bei der nicht akzessorischen **Grundschuld** (§§ 1191 ff. BGB) ist stets diese selbst als Vermögensrecht maßgebend, gutgläubiger Erwerb auch ohne gesicherte Forderung ist hier stets möglich (allg. Westermann/*Eickmann* Sachenrecht § 118; *Baur/Stürner* Sachenrecht § 45 Rn. 56 ff.), auf den schuldrechtlichen Sicherungsvertrag zwischen Eigentümer und Grundschuldgläubiger kommt es sachenrechtlich nicht an. **13**

Bei Grundpfandrechten kann hinsichtlich der Notwendigkeit eines Insolvenzvermerks unterschieden werden, ob ein Buchrecht oder ein Briefrecht vorliegt: **14**
- Bei einer **Buchhypothek** oder Buchgrundschuld ist der Insolvenzvermerk stets einzutragen.
- Bei einer **Briefhypothek** oder Briefgrundschuld kann von einer Eintragung abgesehen werden, wenn der Insolvenzverwalter in Besitz des Briefes ist, da der Schuldner ohne diesen keine Verfügung über das Recht treffen kann (§ 1154 BGB; MüKoInsO/*Schmahl/Busch* §§ 32, 33 Rn. 22; Jaeger/*Schilken* § 32 Rn. 12; Uhlenbruck/*Zipperer* § 32 Rn. 7; Kübler/Prütting/Bork/*Holzer* § 32 Rn. 6; HK-InsO/*Kirchhof* § 32 Rn. 12).

Steht dem Schuldner eine **Eigentümergrundschuld** zu, die **aus** einem **früheren Fremdrecht entstanden** ist, so etwa im typischen Fall einer Ablösung nach §§ 1142, 1143 BGB bei Identität von Grundstückseigentümer und Schuldner der gesicherten Forderung oder bei einfacher Befriedigung des Hypothekengläubigers nach § 1163 Abs. 1 S. 2 mit § 1177 BGB (allg. Westermann/*Eickmann* Sachenrecht § 119; *Baur/Stürner* Sachenrecht § 46), ist die Eintragung eines Insolvenzvermerks angezeigt. Hier stellt sich wesentlich das grundbuchverfahrens- **15** rechtliche Problem des Nachweises des Entstehens der Eigentümergrundschuld und der Voreintragung des Schuldners als Berechtigtem (dazu → Rn. 37).

16 Als Rechte an einem Grundstücksrecht, welche § 32 Abs. 1 Nr. 2 zweite Alternative nennt, kommen nur in Betracht der **Nießbrauch an einem Grundpfandrecht** oder einer Reallast oder das nach §§ 1273 ff. BGB rechtsgeschäftlich bestellte **Pfandrecht** an diesen Rechten (allg. Westermann/*Eickmann* Sachenrecht § 137, 140; *Baur/Stürner* Sachenrecht §§ 61, 62).

17 **2. Der Insolvenzschuldner als Rechtsinhaber. a) Bezeichnung in Eröffnungsbeschluss und Grundbucheintragung.** Wesentliche Voraussetzung der Eintragung des Insolvenzvermerks ist die **Identität des Schuldners** mit seiner im Grundbuch eingetragenen Rechtsstellung. Im Grundbuchverfahren wird dies durch den sog **Voreintragungsgrundsatz** nach § 39 GBO gewährleistet (dazu → Rn. 37). Nicht zu folgen ist der Ansicht, es genüge, wenn dem Insolvenzgericht bekannt sei, dass die Rechtsinhaberschaft des Schuldners feststehe oder nachgewiesen sei, auch wenn ein Dritter im Grundbuch eingetragen ist (MüKoInsO/*Schmahl/Busch* §§ 32, 33 Rn. 15; HK-InsO/*Kirchhof* § 32 Rn. 4). Das Grundbuchamt muss aber stets die Voreintragung des Schuldners nach § 39 GBO verlangen. Das gilt auch für eine vom Schuldner als Treugeber erteilte Verwaltungstreuhand, bei welcher der Treuhänder als Rechtsinhaber im Grundbuch eingetragen ist und das Eigentum wirtschaftlich – aber eben nicht sachenrechtlich – dem Schuldner zusteht (unklar Jaeger/*Schilken* § 32 Rn. 6, 8). Wird das Insolvenzverfahren über das Vermögen einer scheinbar vollbeendeten KG eröffnet, deren Vermögen auf den verbliebenen Kommanditisten übergegangen ist, soll es für die Voreintragung nach § 39 GBO genügen, wenn die KG selbst noch im Grundbuch eingetragen ist, der Voreintragung des Kommanditisten als Rechtsnachfolger soll es nicht bedürfen (KG ZIP 2012, 1817 = Rpfleger 2013, 84 = IMR 13, 36 mAnm *Cymutta*).

18 Das Identitätsproblem stellt sich zum einen dann, wenn der Schuldner nicht allein sondern mit anderen Rechtsinhabern im Grundbuch eingetragen ist (dazu eing. → Rn. 21 ff.), zum anderen, wenn ein **Nachlassinsolvenzverfahren** vorliegt. In diesem Fall ist maßgebend, dass der Erblasser als Rechtsinhaber voreingetragen ist oder war (MüKoInsO/*Schmahl/Busch* §§ 32, 33 Rn. 13; Jaeger/*Schilken* § 32 Rn. 8). Bei der Insolvenz eines Erben ist dagegen seine Voreintragung durch Grundbuchberichtigung erforderlich (BGH NZI 2011, 650 mAnm *Keller* = ZIP 2011, 1273; unzutreffend OLG Düsseldorf Rpfleger 1998, 334). Ist noch der Erblasser eingetragen, ist das Grundbuch zu berichtigen. Der Insolvenzverwalter übt insoweit das Antragsrecht des Schuldners nach § 13 GBO aus, das Erbrecht des Schuldners hat er nach § 35 GBO nachzuweisen. Ist der Schuldner Nacherbe und zu seinen Gunsten der Nacherbenvermerk nach § 51 GBO eingetragen, ist der Insolvenzvermerk bei diesem einzutragen. Eine angeordnete Testamentsvollstreckung sowie der Vermerk nach § 52 GBO hindern die Eintragung des Insolvenzvermerks nicht (zur Konkurrenz Testamentsvollstreckung und Insolvenz *Frege/Keller/Riedel* Rn. 2343, 2344).

19 **b) Alleineigentum.** Ist der Schuldner als **Alleineigentümer** oder alleiniger Rechtsinhaber im Grundbuch eingetragen, ist die Eintragung des Insolvenzvermerks unproblematisch. Dies gilt für den Schuldner als natürliche Person wie auch für die juristische Person und die Gesellschaft ohne Rechtspersönlichkeit, die unter ihrer Firma in das Grundbuch eingetragen wird.

20 Bei der **Insolvenz der Gesellschaft bürgerlichen Rechts** selbst ist maßgebend, dass die im Eröffnungsbeschluss namentlich genannten Gesellschafter (→ § 27 Rn. 21) nach § 47 Abs. 2 GBO als Gesellschafter der Gesellschaft im Grundbuch eingetragen sind; die Gesellschaft bürgerlichen Rechts wird durch Eintragung ihrer Gesellschafter identifiziert (KEHE/*Keller* GBO § 47 Rn. 23 ff.).

Ein Name der Gesellschaft, unter welchem sie im Rechtsverkehr auftritt, kann daneben klarstellend im Grundbuch mit eingetragen sein.

c) Berechtigung nach Bruchteilen. Ist der Schuldner Miteigentümer oder Berechtigter nach Bruchteilen, erfolgt die Eintragung des Insolvenzvermerks bei seinem Bruchteil. 21

d) Gesamthandsgemeinschaft. Als Gesamthandsgemeinschaften kommen die Gütergemeinschaft (§§ 1415 ff. BGB) und die Erbengemeinschaft in Betracht (zu GbR vgl. → Rn. 24). Sind beide Eheleute in **Gütergemeinschaft** im Grundbuch eingetragen, gehört das jeweilige Recht zum Gesamtgut. Maßgebend ist, ob es zur Insolvenzmasse gehört: Bei gemeinschaftlich verwaltetem Gesamtgut muss über dieses selbst das Insolvenzverfahren eröffnet werden (§ 11 Abs. 2 Nr. 2, §§ 333 ff.), iÜ ist es massezugehörig, wenn über das Vermögen des verwaltenden Ehegatten das Insolvenzverfahren eröffnet wird (§ 37 Abs. 1 S. 1). Das Insolvenzgericht sollte in diesem Fall in seinem Eintragungsersuchen ausdrücklich hierauf hinweisen. 22

Bei der **Erbengemeinschaft** ist – wie bereits erwähnt – zu unterscheiden, ob Nachlassinsolvenz oder Insolvenz eines Miterben vorliegt (→ Rn. 18). Bei Insolvenz des Erben ist der Vermerk bei diesem einzutragen, sodass kenntlich ist, dass er nicht die übrigen Miterben betrifft sondern nur die Mitwirkung des insolventen Miterben bei Verfügungen über das Nachlassgrundstück (BGH NZI 2011, 650 mAnm *Keller*). Wird eine Erbengemeinschaft durch sog Abschichtungsvereinbarung (BGHZ 138, 8) auseinandergesetzt, ist bei einem insolventen Miterben der Insolvenzvermerk einzutragen, nicht etwa der Insolvenzverwalter (zur Auslegung einer solchen Vereinbarung OLG München NZI 2014, 335 = ZIP 2014, 482). 23

e) Gesellschaft bürgerlichen Rechts. Im Insolvenzverfahren über das Vermögen der Gesellschaft ist maßgebend, dass diese durch ihrer Gesellschafter **im Insolvenzeröffnungsbeschluss übereinstimmend mit** der **Grundbucheintragung** nach § 47 Abs. 2 GBO bezeichnet wird (→ Rn. 20). Bei einem Gesellschafterwechsel nach Grundbucheintragung und vor Insolvenzeröffnung hat der Eröffnungsbeschluss diesen zu dokumentieren, mithin auch den früheren Gesellschafter zu nennen. Das Insolvenzgericht kann in dem Grundbuchersuchen nach § 38 GBO keine von der Grundbucheintragung abweichende Gesellschafterbezeichnung angeben, das Grundbuchamt kann nicht von § 39 GBO abweichen (aA OLG Düsseldorf Rpfleger 1998, 334; MüKoInsO/*Schmahl/Busch* §§ 32, 33 Rn. 26; Jaeger/*Schilken* § 32 Rn. 8; HK-InsO/*Kirchhof* § 32 Rn. 6). Denn bei anderer Gesellschafterstruktur im Grundbuch kann es sich auch um eine andere Gesellschaft handeln, die gerade nicht insolvent ist. Letztlich besteht diese Gefahr auch bei identischer Gesellschafterstruktur, wenn ein unterscheidender Namenszusatz der Gesellschaft nicht angegeben ist. Es ist möglich, dass identische Personen Gesellschafter mehrerer Gesellschaften sind; dieses ist Risiko Folge der Eintragung der Gesellschaft durch Nennung ihrer Gesellschafter (§ 47 Abs. 2 GBO) und Folge fehlender Registerpublizität der Gesellschaft bürgerlichen Rechts. 24

Ist nur über das **Vermögen eines Gesellschafters** das Insolvenzverfahren eröffnet, ist seit Inkrafttreten der Regelungen der § 47 Abs. 2 GBO und va des § 899a BGB am 18.8.2009 ist die **Eintragung des Insolvenzvermerks** zulässig und notwendig (OLG München ZIP 2011, 375; OLG Dresden NZI 2012, 112; ebenso *Böttcher* ZfIR 2009, 613 [624]; *ders.* ZfIR 2011, 461 [465]; gegen die Eintragungsfähigkeit vor Inkrafttreten der Änderungen OLG Dresden NZI 2002, 687 = ZIP 2003, 130; OLG Rostock NZI 2003, 648 = DZWIR 2004, 38 mAnm *Keller* = ZIP 2004, 44; dazu *Undritz* EWiR 2004, 73; LG Leipzig Rpfleger 2000, 25

111; LG Frankenthal Rpfleger 2002, 72; LG Duisburg NZI 2006, 534; Jaeger/*Schilken* § 32 Rn. 8; *Hess* § 32 Rn. 15 ff.; Braun/*Kind* § 32 Rn. 10; Bauer/*v. Oefele* GBO § 38 Rn. 70; *Demharter* GBO § 38 Rn. 8; Meikel/*Böttcher* § 22 Rn. 27; Anhang §§ 19, 20 Rn. 46, 55; *Keller* Insolvenzrecht Rn. 152 ff.). Zu beachten ist aber, dass die Insolvenz eines Gesellschafters keine Verfügungsbeeinträchtigung der Gesellschaft selbst bewirkt, das Grundstück der Gesellschaft gehört nicht zur Insolvenzmasse des Gesellschafters (KG Rpfleger 2011, 316; eing. *Keller* Rpfleger 2000, 201; *ders.* NotBZ 2001, 397). Die Insolvenzeröffnung bewirkt mit der Geltung des gesellschaftsvertraglich disponiblen § 728 Abs. 2 BGB einen Wechsel in der Vertretungsbefugnis der Gesellschaft, an Stelle des insolventen Gesellschafters wirkt der Insolvenzverwalter an der Vertretung mit (zur OHG ausdrücklich § 146 Abs. 3 HGB; eing. *Keller* NotBZ 2001, 397). Eine Verfügung der Gesellschafter über das Grundstück mit dem insolventen Gesellschafter stellt sich dann als Vertreterhandeln ohne Vertretungsmacht dar.

26 § 47 Abs. 2 GBO und § 899a BGB sind als korrigierende Antwort des Gesetzgebers auf BGHZ 179, 102 zu verstehen (BT-Drs. 16/13437). § 899a BGB vermutet die Richtigkeit des Grundbuchs hinsichtlich des eingetragenen Gesellschafterbestandes. Diese Vermutung muss notwendig auch die Vertretungsbefugnis der im Grundbuch eingetragenen Gesellschafter für die Gesellschaft umfassen (BT-Drs. 16/13437, 31; Staudinger/*Gursky* BGB (2013) § 899a Rn. 7; Palandt/*Bassenge* BGB § 899a Rn. 7). Unmittelbar vermuten § 891 Abs. 1 BGB das Eigentum der (teil-)rechtsfähigen Gesellschaft und § 899a S. 2 mit § 891 Abs. 1 und § 892 Abs. 1 S. 1 BGB den Gesellschafterbestand und die Vertretungsberechtigung der Gesellschafter für die Gesellschaft. Hieraus ergibt sich für den Fall der Insolvenz eines Gesellschafters die Notwendigkeit der Eintragung eines Insolvenzvermerks zur Zerstörung des guten Glaubens an die Vertretungsberechtigung.

III. Verfahren der Grundbucheintragung

27 **1. Eintragungsersuchen des Insolvenzgerichts.** Die Eintragung des Insolvenzvermerks erfolgt regelmäßig auf **Ersuchen des Insolvenzgerichts** nach § 38 GBO. Das Ersuchen hat den Schuldner und das betroffenen Grundstück oder das betroffenen Recht nach § 28 GBO zu bezeichnen, es ist zu unterschreiben und mit Siegel zu versehen (§ 29 Abs. 3 GBO).

28 Das Ersuchen ist zu stellen, sobald das Insolvenzgericht **Kenntnis von Grundbucheintragungen** zu Gunsten des Schuldners hat, also auch während der gesamten Dauer des Insolvenzverfahrens. Funktionell zuständig ist stets der Rechtspfleger (§ 3 Nr. 2 lit. e RPflG), auch wenn das Ersuchen unmittelbar nach Insolvenzeröffnung gestellt wird; es gehört nicht zu den dem Richter vorbehaltenen Geschäften des § 18 Abs. 1 Nr. 1 RPflG im Zusammenhang mit Insolvenzeröffnung; auch § 6 RPflG greift nicht (MüKoInsO/*Schmahl/Busch* §§ 32, 33 Rn. 25; Uhlenbruck/*Zipperer* § 32 Rn. 13; HK-InsO/*Kirchhof* § 32 Rn. 14; anders Kübler/Prütting/Bork/*Holzer* § 32 Rn. 17). Die Rechtskraft des Eröffnungsbeschlusses ist nicht abzuwarten (MüKoInsO/*Schmahl/Busch* §§ 32, 33 Rn. 24; HK-InsO/*Kirchhof* § 32 Rn. 14).

29 Das Ersuchen ist **keine anfechtbare Entscheidung** des Insolvenzgerichts iSd § 6 (Jaeger/*Gerhardt* § 6 Rn. 18). Die für den Schuldner oder einen Berechtigten am Grundstück anfechtbare Entscheidung besteht in der Grundbucheintragung, sie ist nach §§ 71 ff. GBO anfechtbar.

30 **2. Eintragungsantrag des Insolvenzverwalters.** Die Eintragung kann auch auf **Antrag des Insolvenzverwalters** erfolgen. Er ist grundbuchverfahrensrechtlich antragsberechtigt nach § 13 GBO über § 32 Abs. 2. Zur Antragstellung ist er

auch im Hinblick auf § 60 verpflichtet, wenn eine rechtzeitige Stellung eines Ersuchens durch das Insolvenzgericht nicht möglich erscheint.

Bei **Eigenverwaltung** ist der Sachwalter antragsberechtigt, wenn ein Zustimmungsvorbehalt angeordnet ist (§ 277 Abs. 3 S. 3). **31**

3. Verfahren beim Grundbuchamt. Das Grundbuchamt prüft die **Eintragungsvoraussetzungen** nach den Vorschriften der Grundbuchordnung, es ist nicht unselbständiges und weisungsgebundenes Organ des Insolvenzgerichts. Funktionell zuständig ist nach § 12c Abs. 2 Nr. 3 GBO der Urkundsbeamte der Geschäftsstelle, eine Entscheidung durch den Rechtspfleger (§ 3 Nr. 1 lit. h RPflG) ist nicht unwirksam (§ 8 Abs. 5 RPflG; eing. KEHE/*Keller* GBO § 1 Rn. 20 ff., § 12c Rn. 12). **32**

Bei einem Ersuchen nach **§ 38 GBO** hat das Grundbuchamt zu prüfen, ob die ersuchende Stelle befugt ist, Ersuchen solchen Inhalts zu stellen. Für das Insolvenzgericht ergibt sich diese Befugnis aus § 32 Abs. 2. Das Grundbuchamt hat auch die abstrakte Eintragungsfähigkeit der ersuchten Eintragung zu prüfen (allg. Meikel/*Roth* GBO § 38 Rn. 13). Es darf und muss prüfen, ob ein Insolvenzvermerk bei dem eingetragenen Recht (→ Rn. 10 ff.) überhaupt eingetragen werden kann. Das Grundbuchamt prüft nicht die Richtigkeit der konkret ersuchten Eintragung, bspw. die Wirksamkeit der konkreten Insolvenzeröffnung (zur Eintragung eines Insolvenzvermerks bei englischem Hauptinsolvenzverfahren OLG Dresden ZIP 2010, 2108 = Rpfleger 2011, 27; allg. KEHE/*Volmer* GBO § 38 Rn. 80 ff.). **33**

Bei einem Antrag des Insolvenzverwalters ist dessen **Antragsberechtigung** nach § 13 GBO zu prüfen (LG Zweibrücken NZI 2000, 327; Jaeger/*Schilken* § 32 Rn. 24; Kübler/Prütting/Bork/*Holzer* § 32 Rn. 22). Der Insolvenzverwalter hat seine Antragsberechtigung durch Vorlage der **Bestellungsurkunde** im Original nach § 56 Abs. 2 (nicht lediglich in beglaubigter Abschrift) nachzuweisen (ähnlich zur Titelumschreibung nach § 727 ZPO BGH NZI 2005, 698 = NJW-RR 2005, 1716). Der Eröffnungsbeschluss genügt als Nachweis nicht, da ein Fall des § 57 oder des § 59 eingetreten sein kann. **34**

Das betroffene Grundstück oder das betroffene Grundstücksrecht sind in Gemäßheit des § 28 GBO durch **Bezugnahme auf Grundbuchbezirk und Grundbuchblatt** oder in Gemäßheit der Grundbucheintragung durch Nennung des oder der betroffenen **Flurstücke** zu bezeichnen (allg. Meikel/*Böhringer* GBO § 28 Rn. 55 ff.). Ein Grundbuchersuchen mit dem Inhalt, den Insolvenzvermerk „allerorten" einzutragen, ist nicht ausreichend. **35**

Das Grundbuchersuchen des Insolvenzgerichts bedarf der Form des § 29 Abs. 3 GBO. Dem Grundbuchamt ist eine **Urschrift des Ersuchens** vorzulegen. Das Ersuchen des Insolvenzgerichts muss den Eröffnungsbeschluss nicht beinhalten, oft wird er beigeheftet. Der Eintragungsantrag des Insolvenzverwalters bedarf keiner bestimmten Form, sollte wegen § 13 Abs. 2 S. 1 GBO freilich schriftlich erfolgen. Als Nachweis der Insolvenzeröffnung hat der Insolvenzverwalter den Eröffnungsbeschluss in beglaubigter Abschrift vorzulegen, als Nachweis seiner Antragsberechtigung die Bestellungsurkunde (→ Rn. 34). **36**

Das Grundbuchamt hat die **Voreintragung des Schuldners** als Rechtsinhaber nach § 39 GBO zu prüfen (→ Rn. 17). Es genügt nicht, wenn im dem Grundbuchersuchen oder dem Eintragungsantrag behauptet wird, der Schuldner sei wahrer Rechtsinhaber obwohl ein Dritter im Grundbuch eingetragen ist. Dies wäre ein Fall der Grundbuchunrichtigkeit, die nach §§ 22, 29 Abs. 1 S. 2 GBO durch öffentliche Urkunde nachgewiesen werden müsste. IÜ muss eine Voreintragung erfolgen, weil die Eintragung des Insolvenzvermerks kein Fall des § 40 GBO ist. Die Eintragung eines Insolvenzvermerks bei einer sog verdeckten Eigentümergrundschuld (bei Hypothek § 1163 Abs. 1 S. 2 mit § 1177 Abs. 1 **37**

BGB; bei Grundschuld §§ 1142, 1143 analog BGB), bei welcher noch der ursprüngliche Grundpfandrechtsgläubiger als Berechtigter eingetragen ist, ist daher ohne Voreintragung nicht möglich (unzutreffend Jaeger/*Schilken* § 32 Rn. 8; HK-InsO/*Kirchhof* § 32 Rn. 10; Kübler/Prütting/Bork/*Holzer* § 32 Rn. 12).

38 Bei Grundpfandrechten, für welche ein Brief erteilt ist, bedarf es nach § 41 GBO grds. der **Briefvorlage**. Die Eintragung des Insolvenzvermerks ist allerdings ohne diese zulässig und notwendig, denn sie soll gerade öffentlichen Glauben zerstören, der zu Gunsten des Schuldners als Grundpfandrechtsgläubiger gilt, wenn er in Besitz des Briefes ist (§§ 1154, 1155 BGB). Würde das Grundbuchamt hier den Brief verlangen, würde gerade begünstigt, was der Insolvenzvermerk verhindern soll (MüKoInsO/*Schmahl/Busch* §§ 32, 33 Rn. 23; Uhlenbruck/*Zipperer* § 32 Rn. 7; Kübler/Prütting/Bork/*Holzer* § 32 Rn. 3; HK-InsO/*Kirchhof* § 32 Rn. 11; *Demharter* GBO § 38 Rn. 66).

39 Im Verhältnis zu anderen Eintragungsanträgen, die dasselbe Recht betreffen, hat das Grundbuchamt die **Erledigungsreihenfolge** des § 17 GBO zu beachten. Problematisch kann dies sein, wenn der Schuldner noch eine Verfügung getroffen hat und durch Grundbucheintragung ein wirksamer Rechtserwerb über § 81 Abs. 1 S. 2 oder § 91 Abs. 2 mit § 892 Abs. 1 S. 2 BGB eintritt (dazu eing. je mit umfangreichen Nachweisen Meikel/*Böttcher* GBO Einl. H Rn. 52 ff., 72 ff.; *Keller* Insolvenzrecht Rn. 892); § 878 BGB ist in jedem Fall zu beachten. Diese Vorschrift hat iÜ nichts mit gutgl. Erwerb zu tun, die Eintragung oder Nichteintragung des InsVermerks ist hier nicht Tatbesetandsvoraussetzung (nicht zutr. insoweit Uhlenbruck/*Zipperer* § 32 Rn. 18, 20). Gegenüber späteren Eintragungsanträgen und Bewilligungen des Schuldners (§ 19 GBO) zerstört der Insolvenzvermerk den guten Glauben an Verfügungs- und verfahrensrechtlich Bewilligungsbefugnis des Schuldners; wirksame Erklärungen können nur durch den Insolvenzverwalter oder mit dessen Zustimmung abgegeben werden (umfassend Meikel/*Böttcher* GBO Anhang §§ 19, 20 Rn. 60 ff.).

40 Gegen die Entscheidung des **Urkundsbeamten des Grundbuchamtes** (§ 18 GBO) ist nach § 12c Abs. 4 S. 1 GBO Erinnerung zum Grundbuchrichter statthaft. Gegen dessen Entscheidung findet Beschwerde nach §§ 71 ff. GBO statt. Beschwerdebefugt insbes. gegen eine Zurückweisung ist auch das Insolvenzgericht (allg. *Demharter* GBO § 38 Rn. 79). Die sog **unbeschränkte Beschwerde** nach § 71 Abs. 1 GBO ist seitens eines Betroffenen auch gegen die Eintragung des Insolvenzvermerks statthaft, weil sich an dessen Eintragung kein gutgläubiger Erwerb anschließen kann (BGH NZI 2011, 650 mAnm *Keller*; KEHE/*Keller* GBO Einl. § 9 Rn. 18).

41 Die Grundbucheintragung ist **gebührenfrei;** ausdrücklich auch, wenn sie auf Antrag des Insolvenzverwalters erfolgt (Vorb. 1.4 Abs. 2 Nr. 2 und 3 zu Hauptabschnitt 4 KV GNotKG). Gleiches gilt für die Löschung des Insolvenzvermerks.

IV. Löschung des Insolvenzvermerks

42 **1. Freigabe und Veräußerung.** Die Löschung des Insolvenzvermerks soll erfolgen, wenn das Grundstück oder das Grundstücksrecht **nicht mehr zur Insolvenzmasse** gehören. Das ist der Fall, wenn das Grundstück vom Insolvenzverwalter wirksam veräußert oder aus der Insolvenzmasse freigegeben wird (dazu → § 35 Rn. 37 ff.). Das Insolvenzgericht hat spätestens bei Genehmigung der Schlussverteilung (§ 196 Abs. 2) oder bei Einstellung des Verfahrens zu prüfen, ob diese Voraussetzungen vorliegen. Nach Beendigung des Insolvenzverfahrens darf bei einzelnen Grundstücken kein Insolvenzvermerk mehr eingetragen sein.

43 Der **Insolvenzvermerk kann gelöscht werden,** sobald das betroffene Recht nicht mehr zur Insolvenzmasse gehört (MüKoInsO/*Schmahl/Busch* §§ 32, 33 Rn. 79, 82; Jaeger/*Schilken* § 32 Rn. 36). Ob der Insolvenzverwalter die Löschung des Insolvenzvermerks nach §§ 13, 19 GBO beantragen und bewilligen kann, ist fraglich (zu allg. Jaeger/*Schilken* § 32 Rn. 42; MüKoInsO/*Schmahl/Busch* §§ 32, 33 Rn. 83; HK-InsO/*Kirchhof* § 32 Rn. 24). Oft wird im Zusammenhang mit der Veräußerung eines Grundstücks durch den Insolvenzverwalter im notariell beurkundeten Vertrag die Löschung des Insolvenzvermerks bewilligt. Dies ist nicht erforderlich und sogar missverständlich, denn es suggeriert, der Insolvenzverwalter können eigenständig ohne Zusammenhang mit einer Verfügung über das Grundstück den Vermerk zur Löschung bringen. Dem ist jedoch nicht so, denn der Insolvenzvermerk ist kein Recht iSd § 19 GBO, über welches der Insolvenzverwalter Verfügungsbefugnis nach § 80 ausübt. Die Eintragung oder Löschung des Insolvenzvermerks ist Schicksal der Zugehörigkeit des Grundstücks zur Insolvenzmasse. Veräußert der Insolvenzverwalter das Grundstück wirksam, wird der Vermerk nach § 22 GBO gelöscht. Der Nachweis, dass das Grundstück nicht mehr zur Insolvenzmasse gehört, wird durch die notariell beurkundete Auflassung und die Eintragung des Erwerbers als neuen Eigentümer nachgewiesen. Bedarf die Veräußerung der Genehmigung des § 160, kann der Insolvenzverwalter in dem Veräußerungsvertrag den beurkundenden Notar beauftragen, den Löschungsantrag erst zu stellen, wenn die Genehmigung erteilt ist oder sonstige vereinbarte Voraussetzungen eingetreten sind. Soll der Vermerk „isoliert" gelöscht werden, kann dem nur eine Freigabe nach § 32 Abs. 3 zu Grunde liegen.

2. Löschungsersuchen des Insolvenzgerichts. Eine Löschung des Insolvenzvermerks erfolgt nicht von Amts wegen. Es liegt **keine Gegenstandslosigkeit** iSd § 84 Abs. 2 lit. a mit Abs. 3 GBO (Kübler/Prütting/Bork/*Holzer* § 32 Rn. 26; missverständlich HK-InsO/*Kirchhof* § 32 Rn. 23; unzutreffend Uhlenbruck/*Zipperer* § 32 Rn. 25 mwN; eing. zu § 84 Meikel/*Schneider* GBO § 84 Rn. 5 ff.) und erst recht **keine inhaltliche Unzulässigkeit** iSd § 53 Abs. 1 S. 2 GBO vor. **44**

Wie die Eintragung erfolgt auch die Löschung des Insolvenzvermerks auf **Ersuchen des Insolvenzgerichts** nach § 38 GBO. Das Grundbuchamt hat hier nicht zu prüfen, ob das Grundstück wirksam veräußert oder freigegeben ist (zur Löschung bei Grundbuchunrichtigkeit → Rn. 47). **45**

Ist parallel zum Insolvenzverfahren ein Zwangsversteigerungsverfahren anhängig und wird in diesem der Zuschlag erteilt, kann kann auch das Versteigerungsgericht im Rahmen seiner Befugnis aus § 130 ZVG um Löschung des Insolvenzvermerks ersuchen. **46**

3. Der öffentliche Glaube des Grundbuchs bei gelöschtem Insolvenzvermerk. Ist der Insolvenzvermerk im Grundbuch gelöscht, gilt hinsichtlich der Verfügungsbefugnis des eigentragenen Rechtsinhabers § 892 Abs. 1 S. 2 BGB. Das Grundbuchamt hat nicht zu prüfen, ob der Insolvenzvermerk zu Recht gelöscht wurde und ob das Grundstück oder Grundstücksrecht noch zur Insolvenzmasse gehört (grundlegend diese seit jeher geltende Rechtslage feststellend OLG Köln FGPrax 2013, 201 = MittBayNot 2014, 50 mAnm *Tomasic*; unzutreffend OLG Brandenburg MittBayNot 2013, 76; OLG Jena 26.8.2013 – 9 W 323/13, BauR 2014, 1050; OLG Naumburg ZIP 2014, 836 = Rpfleger 2014, 365; OLG Celle NZI 2015, 485 = ZIP 2015, 887 = FGPrax 2015, 154 mAnm *Keller;* dazu *Reul* MittBayNot 2013, 16). Insbes. wenn der Löschung eine Freigabe durch den Insolvenzverwalter zu Grunde lag, die Löschung aber auf Ersuchen des Insolvenzgerichts erfolgte, hat das Grundbuchamt keine Prüfungsbefugnis. Es hat vom öffentlichen Glauben des Grundbuchs auszugehen (OLG Hamm ZIP 2014, 1297 = NZI 2014, 474). Allein wenn der Insolvenzverwalters selbst die Löschung beantragte, nachdem er das Recht freigegeben hat, müsste er wegen § 29 Abs. 1 S. 2 GBO die Wirksamkeit der Freigabe durch öffentliche Urkunden beweisen, er müsste dann seine Freigabeerklärung dem Schuldner sogar über den Gerichtsvoll- **47**

zieher zustellen lassen. Teilt er aber lediglich dem Insolvenzgericht die Freigabe mit, muss er sie diesem gegenüber nicht durch öffentliche Urkunde nachweisen, § 29 GBO gilt nicht im Insolvenzverfahren. Es liegt dann im Verantwortungsbereich des Insolvenzgerichts, um Löschung des Insolvenzvermerks zu ersuchen, wenn ihm die Wirksamkeit der Freigabe nachgewiesen ist. Das Grundbuchamt hat diesbezüglich bei Vollzug des Ersuchens nach § 38 GBO keine inhaltliche Prüfungsbefugnis (KEHE/*Volmer* GBO § 38 Rn. 80).

Register für Schiffe und Luftfahrzeuge

33 **[1] Für die Eintragung der Eröffnung des Insolvenzverfahrens in das Schiffsregister, das Schiffsbauregister und das Register für Pfandrechte an Luftfahrzeugen gilt § 32 entsprechend. [2] Dabei treten an die Stelle der Grundstücke die in diese Register eingetragenen Schiffe, Schiffsbauwerke und Luftfahrzeuge, an die Stelle des Grundbuchamts das Registergericht.**

Schrifttum: *Hornung*, Das Schwimmdock in der Register- und Vollstreckungspraxis, Rpfleger 2003, 232.

Übersicht

I. Entstehungsgeschichte und Normzweck

1 **1. Entstehungsgeschichte und Normänderungen.** § 33 entspricht dem früheren § 113 KO, der die Eintragung des Insolvenzvermerks in Grundbuch und Schiffsregister, Schiffsbauregister sowie Register für Pfandrechte an Luftfahrzeugen insgesamt regelte.

2 **2. Normzweck.** § 33 dient wie § 32 dem **Schutz der Insolvenzmasse** durch Zerstörung des öffentlichen Glaubens der Register im Hinblick auf die Gefahr gutgläubigen Erwerbs nach § 892 Abs. 1 Satz 2 BGB (über §§ 16, 17, 77 SchRG, §§ 16, 7 LuftfzRG und § 81 Abs. 1 Satz 2 oder § 91 Abs. 2).

3 **3. Anwendungsbereich der Norm.** Die Vorschrift gilt für **alle Arten von Insolvenzverfahren.** IÜ gelten die Erläuterungen zu § 32 (dort → § 32 Rn. 7 ff.).

II. Schiffsregister, Schiffsbauregister und Register für Pfandrechte an Luftfahrzeugen

1. Schiffsregister und öffentlicher Glaube. Schiffe und Schiffsbauwerke, zu denen auch Schwimmdocks gehören (Steiner/*Hagemann* § 162 Rn. 40, § 170a Rn. 9 ff.; eing. *Hornung* Rpfleger 2003, 232), können in das **Schiffsregister** oder in das **Schiffsbauregister** (Schiffsregisterordnung – SchRegO – in der v. 25.12.1993 an geltenden Fassung der Bekanntmachung v. 26.5.1994, BGBI. I S. 1114; zuletzt geändert durch Art. 15 des Gesetzes zur Förderung des elektronischen Rechtsverkehrs mit den Gerichten v. 10.10.2013, BGBl. I S. 83786; eing. Steiner/*Hagemann* § 163 Rn. 16 ff.) eingetragen werden. Das für die Führung des Schiffsregisters und Schiffsbauregisters zuständige Amtsgericht wird durch §§ 1 und 3 SchRegO bestimmt. Seeschiffsregister und Binnenschiftsregister werden getrennt geführt (§ 3 Abs. 1 SchRegO). Es besteht Buchungszwang und Anmeldepflicht nach Maßgabe des § 10 SchRegO; zum Eigentumsübergang allg. § 2 Abs. 1 SchRG; für Binnenschiffe § 3 Abs. 1 SchRG). Nur bei Eintragung sind sie sachenrechtlich dem unbeweglichen Vermögen gleichgestellt. Der öffentliche Glaube des Schiffsregisters erstreckt sich auf das Eigentum, auf das Bestehen oder Nichtbestehen einer Schiffshypothek oder eines Nießbrauchs (§§ 16, 17 SchRG). 4

Ein **nicht eingetragenes Schiff oder Schiffsbauwerk** ist bewegliches Vermögen, Übereignung erfolgt nach §§ 929 ff. BGB, Zwangsvollstreckung erfolgt nach §§ 808 ff. ZPO (BGHZ 112, 4 [5]). Die Gefahr gutgläubigen Erwerbs nach Insolvenzeröffnung besteht nicht (allg. → § 81 Rn. 17 ff.). 5

Steht das Schiff im **Eigentum einer Partenreederei** (§§ 489 ff. HGB), sind alle Mitreeder in das Schiffsregister einzutragen (§ 503 Abs. 1 Satz 2 HGB); ebenso bei der OHG und KG alle persönlich haftenden Gesellschafter (§ 16 Abs. 1, § 11 Nr. 6 SchRegO). Für die Eintragung des Insolvenzvermerks stellt sich dann die gleiche Problematik wie bei Eintragung der Gesellschafter der Gesellschaft bürgerlichen Rechts im Grundbuch (→ § 32 Rn. 24 ff.). 6

2. Register für Pfandrechte an Luftfahrzeugen. Luftfahrzeuge sind **unbewegliches Vermögen** und unterliegen der Zwangsvollstreckung in das unbewegliche Vermögen bspw. nach §§ 171a ff. ZVG, wenn sie in die Luftfahrzeugrolle eingetragen sind (§ 99 LuftfzRG). Hier sind zu unterscheiden die Registrierung des Luftfahrzeugs durch Eintragung in die Luftfahrzeugrolle und die Eintragung im Register für Pfandrechte an Luftfahrzeugen. Erstere ist Voraussetzung für zweites, maßgebend für die Anwendung des § 33 ist aber die Eintragung im Register für Pfandrechte an Luftfahrzeugen (zum Pfandrechtsregister Steiner/*Hagemann* § 171b Rn. 10–16). Die Luftfahrzeugrolle wird beim Luftfahrtbundesamt Braunschweig geführt (§ 64 LuftVG), das Register für Pfandrechte vom Amtsgericht Braunschweig (§ 78 LuftfzRG). Öffentlichen Glauben genießt nur das Register für Pfandrechte, nicht die Luftfahrzeugrolle. 7

Ist ein Luftfahrzeug in der Luftfahrzeugrolle **nicht eingetragen,** ist zunächst diese Eintragung zu betreiben (MüKoInsO/*Schmahl/Busch* §§ 32, 33 Rn. 100; HK-InsO/*Kirchhof* § 33 Rn. 6). Zur Sicherung des Luftfahrzeugs als Bestandteil der Insolvenzmasse wird der Insolvenzverwalter stets zunächst die Eintragung in die Luftfahrzeugrolle betreiben und zusammen damit die Eintragung des Insolvenzvermerks in das Register für Pfandrechte. 8

III. Eintragung des Insolvenzvermerks

1. Ersuchen des Insolvenzgerichts. Für das Ersuchen des Insolvenzgerichts gelten die Erläuterungen zu § 32 (dort → § 32 Rn. 27 ff.). Das Ersuchen muss §§ 23, 45, 37 Abs. 3 SchiffsRegO oder § 86 LuftfzRG entsprechen. 9

10 **2. Antrag des Insolvenzverwalters.** Die Eintragung des Insolvenzvermerks kann wie bei § 32 auch auf Antrag des Insolvenzverwalters erfolgen.

IV. Internationales Insolvenzrecht

11 **Bei ausländischen Schiffen, Schiffsbauwerken oder Luftfahrzeugen** als Teil der Insolvenzmasse eines inländischen Insolvenzverfahrens kommt eine Registereintragung nur dann in Betracht, wenn das ausländische Recht ein entsprechendes Register führt. Die Verantwortlichkeit einer Eintragung des Insolvenzvermerks liegt beim Insolvenzverwalter (Art. 22 EuInsVO).

12 Sind von einem **ausländischen Insolvenzverfahren** betroffene Schiffe, Schiffsbauwerke oder Luftfahrzeuge in einem deutschen Register eingetragen, erfolgt die Eintragung des Insolvenzvermerks auf Antrag des ausländischen Insolvenzverwalters nach Art. 22 EuInsVO, Art. 102 § 6 EGInsO und § 346 Abs. 3.

Rechtsmittel[1]

34 (1) **Wird die Eröffnung des Insolvenzverfahrens abgelehnt, so steht dem Antragsteller und, wenn die Abweisung des Antrags nach § 26 erfolgt, dem Schuldner die sofortige Beschwerde zu.**

(2) **Wird das Insolvenzverfahren eröffnet, so steht dem Schuldner die sofortige Beschwerde zu.**

(3) [1] **Sobald eine Entscheidung, die den Eröffnungsbeschluß aufhebt, Rechtskraft erlangt hat, ist die Aufhebung des Verfahrens öffentlich bekanntzumachen.** [2] **§ 200 Abs. 2 Satz 2 gilt entsprechend.** [3] **Die Wirkungen der Rechtshandlungen, die vom Insolvenzverwalter oder ihm gegenüber vorgenommen worden sind, werden durch die Aufhebung nicht berührt.**

Schrifttum: *Haarmeyer,* Die vorzeitige Beendigung des Insolvenzverfahrens und das besondere Abwicklungsverfahren nach § 25 InsO, ZInsO 2000, 70; *Henckel,* Fehler bei der Eröffnung von Insolvenzverfahren – Abhilfe und Rechtsmittel, ZIP 2000, 2045; *Pape,* Das Beschwerderecht des Gemeinschuldners bei selbst herbeigeführter Konkurseröffnung und die Eröffnung masseloser Konkursverfahren, ZIP 1989, 1029; *Zimmermann,* Gesetz zur Änderung des § 522 ZPO (und des § 7 InsO) – Das neue Beschwerderecht in Insolvenzsachen, ZInsO 2011, 1689.

Übersicht

[1] § 34 Abs. 3 S. 2 geänd. mWv 1.7.2007 durch G v. 13.4.2007 (BGBl. I S. 509).

I. Entstehungsgeschichte und Normzweck

1. Entstehungsgeschichte und Normänderungen. § 34 entspricht sachlich dem früheren § 109 KO. Das Beschwerderecht ist gegenüber der Vorgängervorschrift differenzierter normiert (BT-Drs. 12/2443, 121; eing. MüKoInsO/*Schmahl/Busch* § 34 Rn. 6 ff.; Jaeger/*Schilken* § 34 Rn. 2; Kübler/Prütting/Bork/*Pape* § 34 Rn. 1 ff.). Die Norm wird **ergänzt durch § 6** hinsichtlich der Beschwerdefrist **und** über § 4 durch **§§ 568 ff. ZPO.** 1

2. Normzweck. Absätze 1 und 2 regeln den Rechtsschutz gegen die abschließenden Entscheidungen des Insolvenzeröffnungsverfahrens. Absatz 3 Sätze 1 und 2 dienen der Publizität der Beschwerdeentscheidung in Entsprechung zu § 30 und § 26 Abs. 1 S. 3. Absatz 3 Satz 3 dient dem Schutz des Rechtsverkehrs (BT-Drs. 12/2443, 121). 2

3. Anwendungsbereich der Norm. Die Vorschrift findet in allen Insolvenzverfahren Anwendung. Im Insolvenzverfahren über das Vermögen eines Verbrauchers iSd § 304 ist sie anwendbar auf die Feststellung der Rücknahmefiktion des § 305 Abs. 3 S. 2, wenn das Insolvenzgericht dem Schuldner offensichtlich unerfüllbare Auflagen erteilt hat. § 34 ist entsprechend anwendbar auf Entscheidung des Insolvenzgerichts, die faktisch einer abschließenden Entscheidung gleichstehen (→ Rn. 21). 3

II. Beschwerdebefugnis

1. Ablehnung der Insolvenzeröffnung (Absatz 1). a) Antragsteller. Gegen die **Zurückweisung des Insolvenzantrags** als unzulässig oder unbegründet wie auch gegen die **Abweisung mangels Masse** steht jedem Antragsteller die sofortige Beschwerde zu. Der Insolvenzantrag muss Grundlage der angefochtenen Entscheidung sein. Es ist nicht möglich, erst mit der Beschwerde einen Insolvenzantrag zu stellen, um die Insolvenzeröffnung herbeizuführen, die ein anderer Antragsteller beantragt hat (MüKoInsO/*Schmahl/Busch* § 34 Rn. 37; Uhlen- 4 bruck/*Pape* § 34 Rn. 3; Jaeger/*Schilken* § 34 Rn. 10; Kübler/Prütting/Bork/*Pape* § 34 Rn. 29; HK-InsO/*Kirchhof* § 34 Rn. 3).

5 Der Antragsteller, der seinen Insolvenzantrag für in der **Hauptsache erledigt erklärt,** kann sofortige Beschwerde einlegen, wenn das Insolvenzgericht die Erledigterklärung nicht beachtet oder für unwirksam hält und daher den Insolvenzantrag zurückweist oder auch mangels Masse abweist (HK-InsO/*Kirchhof* § 34 Rn. 3).

6 Steht in den Fällen des **§ 46b KWG** oder **§ 88 VAG** das Antragsrecht allein den genannten Aufsichtsanstalten zu, sind auch nur sie beschwerdebefugt (eing. MüKoInsO/*Schmahl/Busch* § 34 Rn. 45; Jaeger/*Schilken* § 34 Rn. 14).

7 **b) Schuldner.** Gegen die **Zurückweisung** eines Antrags als unzulässig oder unbegründet ist der **Schuldner nur beschwerdebefugt,** wenn er **selbst Insolvenzantrag** gestellt hat. Bei einer juristischen Person oder Gesellschaft ohne Rechtspersönlichkeit ist nur der jeweilige Antragsteller beschwerdebefugt, bei Wechsel in der Organschaft der Nachfolger (MüKoInsO/*Schmahl/Busch* § 34 Rn. 39; HK-InsO/*Kirchhof* § 34 Rn. 4; aA Jaeger/*Schilken* § 34 Rn. 18). Hatte der Schuldner mit dem Insolvenzantrag auch Eigenverwaltung beantragt, kann die mit der Abweisung verbundene Zurückweisung der Eigenverwaltung nicht selbständig angefochten werden (BGH ZIP 2007, 394).

8 Die Beschwerde kann auch darauf gestützt werden, dass das Gericht die Eröffnung deshalb abgelehnt habe, weil eine **falsche Verfahrensart** beantragt worden sei. Wurde die Eröffnung als Regelinsolvenzverfahren beantragt und weist das Gericht (nach vorheriger Belehrung) den Antrag ab, weil es § 304 für einschlägig hält und demnach die Nachweise des § 305 Abs. 1 nicht vorlägen, ist Absatz 1 einschlägig (OLG Oldenburg ZInsO 2001, 560; OLG Rostock NZI 2001, 213; OLG Celle ZIP 2000, 803; OLG Naumburg NZI 2000, 603; OLG Schleswig NZI 2000, 164; OLG Köln ZIP 1999, 1931; BayObLG ZIP 1999, 1927; MüKoInsO/*Schmahl/Busch* § 34 Rn. 33; Uhlenbruck/*Pape* § 34 Rn. 2; Kübler/Prütting/Bork/*Pape* § 34 Rn. 28; HK-InsO/*Kirchhof* § 34 Rn. 3).

9 Gegen die **Abweisung mangels Masse** (§ 26) ist der Schuldner in jedem Fall beschwerdebefugt, auch und gerade wenn er nicht Insolvenzantrag gestellt hat. Der Abweisungsbeschluss ist ihm daher zuzustellen. Die Beschwerdebefugnis bei einer juristischen Person oder Gesellschaft ohne Rechtspersönlichkeit steht wie bei § 15 **jedem Mitglied des Vertretungsorgans** oder persönlich haftendem Gesellschafter zu (MüKoInsO/*Schmahl/Busch* § 34 Rn. 56; Uhlenbruck/*Pape* § 34 Rn. 3; FK-InsO/*Schmerbach* § 34 Rn. 9 ff.; HK-InsO/*Kirchhof* § 34 Rn. 5; HambK-InsO/*Denkhaus* § 34 Rn. 4; aber keine Beschwerdebefugnis des ehemaligen Geschäftsführers der GmbH BGH NZI 2006, 700), auch wenn ein Abwickler nach § 37 KWG bestellt ist (BGH ZIP 2006, 1454). Bei Führungslosigkeit ist wie bei § 15 Abs. 1 S. 2 und Abs. 3 auch der Gesellschafter einer juristischen Person beschwerdebefugt (anders noch vor Inkrafttreten der Änderungen zu § 15 BGH ZInsO 2006, 822); die Gesellschafterstellung allein gibt keine Beschwerdebefugnis.

10 Gegen die Abweisung mangels Masse kann der Schuldner die sofortige Beschwerde auch mit dem Ziel der Insolvenzeröffnung einlegen, er kann bspw. den zur Verfahrenseröffnung erforderlichen **Massekostenvorschuß** zahlen (LG Berlin ZInsO 2000, 224; LG Cottbus ZIP 2001, 2188; HK-InsO/*Kirchhof* § 34 Rn. 6; HambK-InsO/*Denkhaus* § 34 Rn. 8). Insoweit kann er mit der Beschwerde dem abgewiesenen Insolvenzantrag des Gläubigers zum Erfolg verhelfen und gleichsam den Eigenantrag nachschieben. Begründet wird dies mit dem schützenswerten Interesse an geordneter Vermögensabwicklung (MüKoInsO/*Ganter/Lohmann* § 6 Rn. 32; Uhlenbruck/*Pape* § 34 Rn. 7; HK-InsO/*Kirchhof* § 6 Rn. 21; zur Anwendung des § 26 in der Verbraucherinsolvenz OLG Köln NZI 2000, 217).

c) Vorläufiger Insolvenzverwalter. Ein vorläufiger Insolvenzverwalter ist weder bei die Zurückweisung eines Insolvenzantrags noch bei Abweisung mangels Masse beschwerdebefugt (BGH ZIP 2007, 1134). 11

2. Insolvenzeröffnung (Absatz 2). a) Schuldner. Gegen die Insolvenzverfahrenseröffnung ist **nur der Schuldner beschwerdebefugt.** Mit der Beschwerde nach Absatz 2 kann auch gerügt werden, dass das Verfahren in der falschen Verfahrensart (Regel-/Verbraucherinsolvenz) eröffnet worden sei (BGH NZI 2013, 540 = ZIP 2013, 1100; dazu *Römermann/Praß* EWiR 2013, 385; OLG Köln NZI 2001, 216; OLG Schleswig NZI 2000, 164; OLG Naumburg NZI 2000, 603; OLG Köln ZIP 2000, 2031; dazu *Pape* EWiR 2000, 537; LG Göttingen ZInsO 2007, 167; Jaeger/*Schilken* § 34 Rn. 22; HK-InsO/*Kirchhof* § 34 Rn. 8; aA MüKoInsO/*Schmahl/Busch* § 34 Rn. 67). 12

Ob der Schuldner auch rügen kann, **der Insolvenzantrag eines Gläubigers hätte nach § 26 abgewiesen werden müssen,** war schon zu Zeiten der Konkursordnung umstr. Die überwiegende Meinung verneint dies (OLG Köln ZInsO 2002, 331; OLG Celle ZIP 1999, 1605; OLG Stuttgart NZI 1999, 491; OLG Karlsruhe NJW-RR 1992, 831; LG Rostock NZI 2004, 37; LG Mönchengladbach ZIP 1997, 1384; eing. MüKoInsO/*Schmahl/Busch* § 34 Rn. 70, 71; Jaeger/*Schilken* § 34 Rn. 26; Kübler/Prütting/Bork/*Pape* § 34 Rn. 67 ff.; Uhlenbruck/*Pape* § 34 Rn. 14; *Pape* ZIP 1989, 1029). Dem gegenüber wird auch vertreten, der Schuldner könne im Wege der Beschwerde die Abweisung begehren (OLG Hamm ZIP 1993, 777; MüKoInsO/*Ganter/Lohmann* § 6 Rn. 32; HK-InsO/*Kirchhof* § 34 Rn. 8; HambK-InsO/*Denkhaus* § 34 Rn. 12). Der BGH verneinte zumindest das Rechtsschutzbedürfnis hierfür nicht (BGH NZI 2004, 625; BeckRS 2008, 03874). 13

Der Schuldner ist im Fall eines Eigenantrags **nicht beschwerdebefugt** (BGH ZIP 2007, 499; ZInsO 2007, 663; NZI 2012, 274; OLG Celle ZIP 1999, 1605; HK-InsO/*Kirchhof* § 34 Rn. 11). Er ist auch nicht beschwerdebefugt, wenn daneben ein Fremdantrag gestellt war (BGH NZI 2012, 318). Er kann anders als beim Fremdantrag nicht geltend machen, der (eigene) Insolvenzantrag hätte nach § 26 abgewiesen werden müssen (BGH NZI 2008, 557; Jaeger/*Schilken* § 34 Rn. 26; HambK-InsO/*Denkhaus* § 34 Rn. 13; aA HK-InsO/*Kirchhof* § 34 Rn. 11). Er kann auch nicht geltend machen, er habe sich über den Eröffnungsgrund geirrt (HK-InsO/*Kirchhof* § 34 Rn. 11; aA OLG Koblenz ZIP 1991, 1604; OLG Stuttgart ZIP 1989, 1069; FK-InsO/*Schmerbach* § 34 Rn. 16). 14

Die **Vertretungsbefugnis** des Schuldners, der **juristische Person** oder **Gesellschaft ohne Rechtspersönlichkeit** ist, ist nach § 15 zu bestimmen (Jaeger/*Schilken* § 34 Rn. 18; Uhlenbruck/*Pape* § 34 Rn. 11; HambK-InsO/*Denkhaus* § 34 Rn. 11; HK-InsO/*Kirchhof* § 34 Rn. 8; eing. Kübler/Prütting/Bork/*Pape* § 34 Rn. 41 ff.; zur GbR BGH NZI 2008, 121); ein Gesellschafter einer juristischen Person ist grds. nicht beschwerdebefugt (Ausnahme § 15 Abs. 1 S. 2 oder Abs. 3). Ein faktischer Geschäftsführer wird ebenfalls nicht als beschwerdebefugt angesehen (MüKoInsO/*Schmahl/Busch* § 34 Rn. 58). 15

Bei der **Nachlassinsolvenz** ist jeder Erbe beschwerdeberechtigt. Sind die Erben unbekannt, ist ein Nachlasspfleger beschwerdeberechtigt (HK-InsO/*Kirchhof* § 34 Rn. 8; FK-InsO/*Schmerbach* § 34 Rn. 12a). 16

b) Insolvenzgläubiger. Ein **Insolvenzgläubiger** ist **nicht** beschwerdebefugt (BGH 30.3.2006 – IX ZB 36/05, BeckRS 2006, 05077; zu LG Zweibrücken NZI 2005, 397; LG Potsdam DZWIR 2002, 43). Der Ausschluss des Beschwerderechts verstößt nicht gegen Art. 19 Abs. 4 GG (BGH BeckRS 2006, 05077 in Zurückweisung der Rechtsbeschwerde gegen LG Zweibrücken NZI 2005, 397). Ein Gläubiger kann Beschwerde auch nicht mit der Begründung einlegen, er habe im Ausland bereits ein Insolvenzverfahren beantragt; es gilt dann ausschließlich 17

Art. 102 § 3 Abs. 1 S. 3 EGBGB (AG Hamburg ZIP 2005, 1697; HK-InsO/*Kirchhof* § 34 Rn. 8).

18 Besteht das ausschließliche Antragsrecht nach § 46b KWG oder § 88 VAG, ist die entsprechende Bundesanstalt beschwerdebefugt (MüKoInsO/*Schmahl/Busch* § 34 Rn. 63).

19 **c) Pensions-Sicherungsverein.** Nach **§ 9 Abs. 5 BetrAVG** steht dem Pensions-Sicherungsverein VVaG gegen die Insolvenzeröffnung die Beschwerde zu. Es wird auch vertreten, dass er gegen die Abweisung mangels Masse beschwerdebefugt sei (LG Duisburg ZIP 2006, 1507).

20 **d) Insolvenzverwalter.** Der Insolvenzverwalter ist **nicht beschwerdebefugt.** Konkurrenten, die vielleicht selbst als Insolvenzverwalter hätten bestellt werden wollen, sind keinesfalls beschwerdebefugt (zum Rechtsschutz bei fehlerhafter Auswahl → § 56 Rn. 66 ff.).

21 **3. Andere verfahrensabschließende Feststellungen.** Absatz 1 ist entsprechend anwendbar auf **Entscheidungen oder Feststellungen** des Insolvenzgerichts, die **in sonstiger Weise** das Eröffnungsverfahren **beenden.** Das gilt namentlich im Verbraucherinsolvenzverfahren, wenn um die **Rücknahmefiktion** des § 305 Abs. 3 Streit besteht (LG Berlin ZVI 2011, 293; MüKoInsO/*Schmahl/Busch* § 34 Rn. 32; HK-InsO/*Kirchhof* § 34 Rn. 7; Braun/*Herzig* § 34 Rn. 14 ff.; HambK-InsO/*Denkhaus* § 34 Rn. 3). Die Feststellung der Antragsrücknahme ist grds. nicht anfechtbar (umfassend Kübler/Prütting/Bork/*Pape* § 34 Rn. 52 ff.). Mit der sofortigen Beschwerde kann aber geltend gemacht werden, das Gericht habe **unerfüllbare Auflagen** erteilt oder den Schuldenbereinigungsplan (§ 305 Abs. 1 Nr. 4) nach ihm nicht zustehender inhaltlicher Prüfung nicht als Nachweis anerkannt (BGH NZI 2005, 403; BayObLG ZIP 2000, 321; Uhlenbruck/*Pape* § 34 Rn. 5; Kübler/Prütting/Bork/*Pape* § 34 Rn. 53 mwN; HK-InsO/*Kirchhof* § 34 Rn. 7).

III. Beschwerdeverfahren

22 **1. Allgemeines.** Für das Beschwerdeverfahren gelten über § 4 die §§ 568 ff. ZPO; für den Lauf der Beschwerdefrist gilt § 6 Abs. 2.

23 Die Beschwerde ist nach **§ 99 ZPO** nicht zulässig, wenn sie sich allein gegen eine Kostenentscheidung richtet (BGH ZVI 2007, 69; OLG Brandenburg NZI 2001, 483; LG München I ZInsO 2002, 42; Kübler/Prütting/Bork/*Pape* § 26 Rn. 29a).

24 Die Beschwerde gegen die Insolvenzeröffnung ist **nicht zulässig,** wenn sie sich nur **gegen Einzeltatbestände der Eröffnungsentscheidung** richtet. Es kann nicht gerügt werden, das Gericht habe den Eröffnungszeitpunkt (§ 27 Abs. 2 Nr. 3) falsch bestimmt oder die Gläubigerversammlungen (§ 29) falsch terminiert (HK-InsO/*Kirchhof* § 34 Rn. 10; HambK-InsO/*Denkhaus* § 34 Rn. 9; nicht ganz einheitlich MüKoInsO/*Schmahl/Busch* § 34 Rn. 67, 80, 81; Jaeger/*Schilken* § 34 Rn. 22). Va die Auswahl des Insolvenzverwalters oder Treuhänders kann nicht selbständig angefochten werden (LG Halle DZWIR 2004, 526; LG Münster NZI 2002, 445; MüKoInsO/*Schmahl/Busch* § 34 Rn. 67, 81; HK-InsO/*Kirchhof* § 34 Rn. 10; HambK-InsO/*Denkhaus* § 34 Rn. 9); hier kann nach Insolvenzeröffnung seitens der Gläubiger nur § 57 in Betracht kommen oder sonst die Entlassung nach § 59 angeregt werden.

25 Die Anordnung der **Eigenverwaltung** mit Insolvenzeröffnung ist nicht anfechtbar, sie kann nur über § 272 aufgehoben werden. Die Ablehnung der Eigenverwaltung mit Insolvenzeröffnung ist für den Schuldner nicht selbständig anfechtbar; die nachträgliche Anordnung kann nur über § 271 ergehen (BGH NZI

2007, 240 = ZIP 2007, 449; AG Köln NZI 2005, 633 = ZIP 2005, 1975; HambK-InsO/*Denkhaus* § 34 Rn. 9; Uhlenbruck/*Pape* § 34 Rn. 17; HK-InsO/*Kirchhof* § 34 Rn. 13; FK-InsO/*Schmerbach* § 6 Rn. 10k).

2. Zulässigkeit. a) Zuständigkeit und Abhilfe. Über die Beschwerde nach § 34 entscheidet das Landgericht, zu dessen Bezirk das Insolvenzgericht gehört (§ 72 GVG). Dies gilt auch bei Verfahren mit Auslandsbezug, § 119 Abs. 1 Nr. 1 lit. b GVG ist nicht anwendbar (BGH ZIP 2009, 48; OLG Köln ZIP 2007, 2097). 26

Das **Insolvenzgericht hat zu prüfen,** ob es der Beschwerde **abhilft** (§ 572 Abs. 1 ZPO; eing. *Henckel* ZIP 2000, 2045). Eine Nichtabhilfe ist durch Beschluss festzustellen und zu begründen. Ändert das Insolvenzgericht seine Entscheidung im Wege der Abhilfe, ist hiergegen die dann unterlegene Partei nach Absatz 1 oder 2 beschwerdebefugt (HK-InsO/*Kirchhof* § 34 Rn. 17). Die ändernde Abhilfeentscheidung ist daher zuzustellen. 27

b) Allgemeine Prozessvoraussetzungen. Der Beschwerdeführer muss partei- und prozessfähig sein (§§ 50, 51 ZPO). Macht der Schuldner als Beschwerdeführer geltend, er sei prozessunfähig, gilt er für das Beschwerdeverfahren als prozessfähig (HK-InsO/*Kirchhof* § 34 Rn. 16). Vertretung ist iRd § 79 ZPO zulässig. Bei Handeln eines vollmachtlosen Vertreters hat die Genehmigung nach § 89 ZPO innerhalb der Beschwerdefrist zu erfolgen (Uhlenbruck/*Pape* § 34 Rn. 19; HK-InsO/*Kirchhof* § 34 Rn. 16). 28

c) Form und Frist. Für die Form der Beschwerde gilt § 569 Abs. 2 ZPO. Die **Beschwerdefrist** von zwei Wochen (§ 569 Abs. 1 ZPO) regelt sich nach § 6 Abs. 2, wobei sowohl bei Abweisung mangels Masse als auch Insolvenzeröffnung die öffentliche Bekanntmachung mit Zustellungswirkung nach § 9 Abs. 3 zu beachten ist (eing. Kübler/Prütting/Bork/*Pape* § 34 Rn. 14 ff.; zur Streitfrage, ob § 9 Abs. 3 die Individualzustellung vollständig ersetzt, BGH ZIP 2003, 768; dazu *Keller* EWiR 2003, 977). 29

Eine **Rücknahme** des **Insolvenzantrags** ist nur bis zur Eröffnung des Verfahrens möglich, nicht mehr im Beschwerdeverfahren (→ § 13 Rn. 35). 30

3. Keine aufschiebende Wirkung. Die Beschwerde insbes. gegen die Insolvenzeröffnung hat **keine aufschiebende Wirkung.** Das Insolvenzverfahren bleibt bis zur Beschwerdeentscheidung eröffnet, der Insolvenzverwalter hat volle Verfügungsbefugnis nach § 80 Abs. 1 (eing. Uhlenbruck/*Pape* § 34 Rn. 31). 31

In Anwendung des § 570 Abs. 2 und 3 ZPO können das Insolvenzgericht iRd Abhilfe und das Beschwerdegericht **einstweilige Anordnungen** treffen. Es kann die Vollziehung des Eröffnungsbeschlusses aussetzen, die materiellen Wirkungen der Eröffnung werden nicht beseitigt (MüKoInsO/*Schmahl/Busch* § 34 Rn. 16 ff.; HK-InsO/*Kirchhof* § 34 Rn. 26; Kübler/Prütting/Bork/*Pape* § 6 Rn. 25; FK-InsO/*Schmerbach* § 34 Rn. 31; HambK-InsO/*Denkhaus* § 34 Rn. 28). Der Insolvenzverwalter bleibt weiterhin Insolvenzverwalter, er wird aber seine Tätigkeit trotz Absatz 3 Satz 3 auf das notwendige Maß beschränken (Jaeger/*Schilken* § 34 Rn. 38; HK-InsO/*Kirchhof* § 34 Rn. 40; HambK-InsO/*Denkhaus* § 34 Rn. 23). Als einstweilige Anordnung kann ihm bspw. untersagt werden, die Insolvenzmasse zu verwerten (arg. ex § 233; MüKoInsO/*Schmahl/Busch* § 34 Rn. 17). Einstweilige Anordnungen sind nur zu treffen, wenn die Beschwerde Aussicht auf Erfolg hat und drohende Nachteile abgewendet werden müssen (BGH ZIP 2002, 718). 32

4. Begründetheit. a) Allgemeines. Die sofortige Beschwerde ist begründet, wenn **Zulässigkeits- oder Begründetheitsvoraussetzungen** der angefochtenen Entscheidung fehlerhaft festgestellt worden sind. Abzustellen ist grds. auf den 33

Zeitpunkt der Beschwerdeentscheidung (§ 571 Abs. 2 S. 1 ZPO; Ausnahme Insolvenzeröffnung → Rn. 44).

34 Zu Unrecht angenommene **örtliche Zuständigkeit** kann nach § 571 Abs. 2 S. 2 ZPO nicht gerügt werden (HK-InsO/*Kirchhof* § 34 Rn. 19; anders Jaeger/*Schilken* § 34 Rn. 23 mit Hinweis auf Unterschiede der Verfahrensarten von Zivilprozess und Eröffnungsverfahren; zur Entscheidung im positiven Kompetenzkonflikt OLG München NZI 2014, 818 mAnm *I. Pape* = ZIP 2014, 741). Hat das Insolvenzgericht zu Unrecht seine Zuständigkeit verneint, kann dies aber mit Beschwerde angegriffen werden (MüKoZPO/*Lipp* § 571 Rn. 9).

35 Die **Verletzung rechtlichen Gehörs** durch das Insolvenzgericht kann die Beschwerde begründen, wenn die angefochtene Entscheidung hierauf beruht (HK-InsO/*Kirchhof* § 34 Rn. 20; FK-InsO/*Schmerbach* § 34 Rn. 28; HambK-InsO/*Denkhaus* § 34 Rn. 7, 17). Die Gewährung rechtlichen Gehörs kann im Abhilfeverfahren durch das Insolvenzgericht oder auch im Beschwerdeverfahren durch das Beschwerdegericht nachgeholt werden.

36 Die Beschwerde ist begründet, wenn das Insolvenzgericht seiner **Amtsermittlungspflicht (§ 5)** nicht ausreichend nachgekommen ist und bei sorgfältiger Amtsermittlung die Entscheidung anders ausgefallen wäre (Uhlenbruck/*Pape* § 34 Rn. 4).

37 **b) Zulässigkeit des Insolvenzantrags.** Begründet ist die Beschwerde, wenn der **Insolvenzantrag unzulässig** ist und das Insolvenzgericht die Zulässigkeit zu Unrecht angenommen hat indem es bspw. die Anforderungen an die Glaubhaftmachung nach § 14 falsch gestellt hat (OLG Köln NZI 2000, 78; OLG Celle NZI 2000, 214; Uhlenbruck/*Pape* § 34 Rn. 4; Kübler/Prütting/Bork/*Pape* § 34 Rn. 35).

38 **c) Zurückweisung und Abweisung mangels Masse (Absatz 1).** Die Beschwerde gegen die Zurückweisung des Insolvenzantrags als unbegründet ist begründet, wenn das Insolvenzgericht **zu Unrecht** die **Eröffnungsvoraussetzungen verneint** hat. Hierzu zählt insbes. die Bestimmung der Verfahrensart (§ 304), wenn der Antragsteller ausdrücklich eine bestimmte Verfahrensart beantragt und das Gericht diese zurückweist (OLG Köln NZI 2001, 216; OLG Schleswig NZI 2000, 164; OLG Naumburg NZI 2000, 603; OLG Köln ZIP 2000, 2031; dazu *Pape* EWiR 2000, 537; LG Göttingen ZInsO 2007, 167).

39 Hat das Insolvenzgericht den Antrag als unbegründet zurückgewiesen, weil kein Eröffnungsgrund gegeben war, ist die Beschwerde begründet, wenn dieser bis zum **Zeitpunkt der Beschwerdeentscheidung** eintritt (HK-InsO/*Kirchhof* § 34 Rn. 22; zum umgekehrten Fall → Rn. 44).

40 Die Beschwerde gegen die Zurückweisung oder auch die Abweisung mangels Masse (§ 26) ist begründet, wenn das Gericht eine vorherige **Erledigterklärung** oder Antragsrücknahme zu Unrecht nicht anerkannt hat (OLG Köln NZI 2002, 158). Eine Antragsrücknahme kann bis zur Rechtskraft der Beschwerdeentscheidung erfolgen, der Abweisungsbeschluss verliert dann seine formelle Voraussetzung wird wirkungslos. Seine Aufhebung hat deklaratorischen Charakter (Uhlenbruck/*Pape* § 34 Rn. 9).

41 Die Beschwerde gegen Abweisung mangels Masse ist begründet, wenn das Insolvenzgericht das **Vermögen** des Schuldners **falsch bewertet** hat, die Massekosten und daraus folgernd den Massekostenvorschuss falsch berechnet hat (LG Traunstein NZI 2000, 439; LG Göttingen Rpfleger 1994, 78; Jaeger/*Schilken* § 34 Rn. 15; Uhlenbruck/*Pape* § 34 Rn. 10; HK-InsO/*Kirchhof* § 34 Rn. 21; FK-InsO/*Schmerbach* § 34 Rn. 29). Ein Kostenvorschuss kann auch noch im Beschwerdeverfahren geleistet werden (arg. ex § 571 Abs. 2 S. 1 ZPO; LG Cottbus ZIP 2001, 2188).

d) Insolvenzeröffnung (Absatz 2). Die Beschwerde ist begründet, wenn das Insolvenzgericht das Verfahren zu Unrecht in einer anderen als der beantragten (Regel-/Verbraucherinsolvenz) eröffnet hat (dazu → Rn. 38). 42

Die Beschwerde gegen die Eröffnung ist begründet, wenn das Gericht eine vorherige **Erledigterklärung** oder Antragsrücknahme zu Unrecht nicht berücksichtigt hat (BGH ZInsO 2007, 206; Uhlenbruck/*Pape* § 34 Rn. 13). Antragsrücknahme nach Insolvenzeröffnung kann die Beschwerde freilich nicht begründen, § 571 Abs. 2 S. 1 ZPO findet keine Anwendung; die §§ 212, 213 gehen vor. 43

Bei der Begründetheit der Beschwerde gegen die Insolvenzeröffnung ist auf den **Zeitpunkt der Entscheidung des Insolvenzgerichts** abzustellen (BGHZ 169, 17; BGH BeckRS 2007, 12368; FD-InsR 2008, 251080; MüKoInsO/*Schmahl/Vuia* § 16 Rn. 41 ff.; → § 34 Rn. 78; HK-InsO/*Kirchhof* § 34 Rn. 23; *Gundlach* NJW 2006, 3556; *Frenzel* NZI 2007, 696), § 571 Abs. 2 S. 1 ZPO ist hier nicht anwendbar. Der BGH begründet dies zutr. damit, dass die negativen Wirkungen der Publizität der unrechtmäßigen Insolvenzeröffnung auch den anfangs nicht zahlungsunfähigen Schuldner bis zur Entscheidung des Beschwerdegerichts unweigerlich zahlungsunfähig werden lassen und dann jede Beschwerde gegen die Eröffnung unbegründet wäre. Die fehlerhafte Feststellung des Eröffnungsgrundes zum Zeitpunkt der erstinstanzlichen Entscheidung begründet vielmehr eine Haftung des Insolvenzgerichts und auch des bestellten Gutachters (§ 839a Abs. 1 BGB) für den Schaden des Schuldners, den er durch die Publizität der Insolvenzeröffnung erlitten hat. Umgekehrt ist das Abstellen auf den Zeitpunkt der erstinstanzlichen Entscheidung problematisch, wenn der Schuldner nach Insolvenzeröffnung den Eröffnungsgrund noch beseitigen kann. Nach § 571 Abs. 2 S. 1 ZPO wäre seine Beschwerde dann begründet; so muss es in diesem Fall auch sein. Ansonsten könnte das Insolvenzverfahren nur nach § 212 wieder eingestellt werden (so BGH BeckRS 2007, 12368; krit. HK-InsO/*Kirchhof* § 34 Rn. 23). 44

Streitig ist, ob der Schuldner mit **Befriedigung des antragstellenden Gläubigers** seine Beschwerde gegen die Eröffnung begründen kann (verneinend BGH NZI 2011, 106; noch offengelassen BGH BeckRS 2005, 00274; verneinend LG Karlsruhe NZI 2002, 609; Jaeger/*Schilken* § 34 Rn. 25; Uhlenbruck/*Pape* § 34 Rn. 4, 15; Kübler/Prütting/Bork/*Pape* § 16 Rn. 3; → § 34 Rn. 35; HK-InsO/*Kirchhof* § 34 Rn. 24; FK-InsO/*Schmerbach* § 34 Rn. 25; *Hess* § 34 Rn. 43). Spätestens nach Inkrafttreten des Abs. 1 S. 2 zu § 14 (Haushaltbegleitgesetz v. 9.12.2010, BGBl. I S. 1885) ist dies zu verneinen. Auch wenn nicht in jedem konkreten Fall die Voraussetzungen des § 14 Abs. 1 S. 2 vorliegen, zeigt die Vorschrift, dass der Gesetzgeber allein mit Wegfall des antragstellenden Gläubigers keinen Grund für die Unzulässigkeit der Insolvenzeröffnung sieht. Bedenklich an der Neuregelung zu § 14 ist freilich, dass sie zu einer Art Insolvenzeröffnung von Amts wegen führt, die rechtspolitisch abzulehnen ist. Als Begründung gegen die Möglichkeit des Schuldners, den antragstellenden Gläubiger nach Insolvenzeröffnung zu befriedigen, wird auch vorgebracht, dies widerspreche dem Amtsbetrieb nach Insolvenzeröffnung (Jaeger/*Schilken* § 34 Rn. 25 mwN). Einzig wenn der Schuldner alle Gläubigerforderungen befriedigt, sei dies denkbar (Uhlenbruck/*Pape* § 34 Rn. 15); dann liegt aber auch ein Fall des § 212 vor. 45

5. Entscheidung des Beschwerdegerichts. a) Beschwerde gegen Ablehnung der Eröffnung (Absatz 1). Führt die begründete Beschwerde gegen die Zurückweisung eines Insolvenzantrags oder die Abweisung mangels Masse dazu, dass die **Eröffnungsvoraussetzungen vorliegen,** kann das **Beschwerdegericht selbst** das Insolvenzverfahren **eröffnen.** Es hat dabei die §§ 27 ff. zu beachten; die Termine des § 29 sollten auch hier in Absprache mit dem Insolvenzrechts- 46 pfleger bestimmt werden (Kübler/Prütting/Bork/*Pape* § 29 Rn. 6). Das Beschwerdegericht kann aber auch die Anordnungen nach §§ 28, 29 dem Insolvenzgericht übertragen (LG Potsdam NZI 2002, 554; LG Cottbus ZIP 2001, 2188; MüKoInsO/*Schmahl/Busch* § 34 Rn. 52; Jaeger/*Schilken* § 27 Rn. 8; → § 34 Rn. 12; FK-InsO/*Schmerbach* § 34 Rn. 32, 32a). Über die Auswahl und Bestellung des Insolvenzverwalters muss das Beschwerdegericht aber selbst entscheiden, da es sonst zwischen Entscheidung des Beschwerdegerichts und Verwalterbestellung durch das Insolvenzgericht zu einem zeitweise verwalterlosen Verfahren käme (MüKoInsO/*Schmahl/Busch* §§ 27–29 Rn. 151 ff.; HambK-InsO/*Denkhaus* § 34 Rn. 30).

47 Das Beschwerdegericht soll in Anwendung des **§ 6 Abs. 3 S. 2** die sofortige Wirksamkeit seiner Entscheidung anordnen. Eine solche Anordnung ist im Zweifel schon in der Angabe des Eröffnungszeitpunkts (§ 27 Abs. 2 Nr. 3) zu sehen (HK-InsO/*Kirchhof* § 34 Rn. 31).

48 Ist die Beschwerde begründet, die **Angelegenheit** aber **nicht entscheidungsreif,** weil bspw. zur Bewertung des schuldnerischen Vermögens noch Ermittlungen notwendig sind, verweist das Beschwerdegericht die Sache zurück an das Insolvenzgericht, das an die tragenden Gründe der Beschwerdeentscheidung gebunden ist (§ 572 Abs. 3 ZPO; LG Berlin ZInsO 2002, 497; MüKoInsO/*Schmahl/Busch* § 34 Rn. 55). Soweit möglich, sollte gerade wegen der großen Nachteile bei Zeitverzögerungen im Eröffnungsverfahren aber das Beschwerdegericht selbst entscheiden (HK-InsO/*Kirchhof* § 34 Rn. 29).

49 Die **öffentliche Bekanntmachung, Zustellungen** und **Mitteilungen** nach §§ 30 ff. sowie Abschnitt XII MiZi obliegen dem Insolvenzgericht.

50 **b) Beschwerde gegen Insolvenzeröffnung (Absatz 2).** Bei begründeter Beschwerde gegen die Insolvenzeröffnung kann das Beschwerdegericht bei **Entscheidungsreife** den Eröffnungsbeschluss aufheben und den Insolvenzantrag selbst zurückweisen oder mangels Masse abweisen. Der Insolvenzverwalter ist hiergegen nicht beschwerdebefugt (BGH NZI 2007, 349). Das Beschwerdegericht **kann auch zurückverweisen** (§ 572 Abs. 3 ZPO), bspw. wenn die Abweisung mangels Masse wahrscheinlich erscheint und hierzu weitere Ermittlungen notwendig sind.

51 Die **Beschwerdeentscheidung** wird erst **mit Rechtskraft wirksam** (§ 6 Abs. 3 S. 1). Bis dahin bleiben das Insolvenzverfahren eröffnet und der Verwalter verfügungsbefugt. Hier sollte von der Möglichkeit der sofortigen Anordnung nach § 6 Abs. 3 S. 2 vorsichtig Gebrauch gemacht werden (MüKoInsO/*Schmahl/Busch* § 34 Rn. 21; Uhlenbruck/*Pape* § 34 Rn. 27; HK-InsO/*Kirchhof* § 34 Rn. 28; FK-InsO/*Schmerbach* § 34 Rn. 33; allg. Jaeger/*Gerhardt* § 6 Rn. 33).

52 Die Aufhebung der Insolvenzeröffnung ist nach Rechtskraft öffentlich bekanntzumachen (Absatz 3 Satz 1). Der **Insolvenzverwalter** hat von ihm **begründete Masseverbindlichkeiten** entsprechend § 25 vorab zu berichtigen (MüKoInsO/*Schmahl/Busch* § 34 Rn. 106 ff.; Jaeger/*Schilken* § 34 Rn. 36; Uhlenbruck/*Pape* § 34 Rn. 33; eing. *Haarmeyer* ZInsO 2000, 70; so bereits RGZ 36, 94). Er hat nach § 66 Schlussrechnung zu legen und erhält für seine Tätigkeit Vergütung nach §§ 63 ff., wobei die regelmäßig kurze Verfahrensdauer eine Vergütungskürzung begründen dürfte (§ 3 Abs. 2 lit. c InsVV).

53 **Mitteilung** erhalten die registerführenden Stellen nach §§ 31 ff. (Absatz 3 Satz 2 und § 200 Abs. 2 S. 2) durch das Insolvenzgericht, gleiches gilt für die Mitteilungen nach Abschnitt XII MiZi (dazu MüKoInsO/*Schmahl/Busch* § 34 Rn. 99; Jaeger/*Schilken* § 34 Rn. 31; eing. mit Mustern *Frege/Keller/Riedel* Rn. 791 ff.).

54 **c) Wirksamkeit des Verwalterhandelns (Absatz 3 Satz 3).** Mit Rechtskraft der Aufhebung des Eröffnungsbeschlusses treten sämtliche Folgen der Insolvenz-

eröffnung für den Schuldner rückwirkend außer Kraft, er erlangt seine **Verfügungsbefugnis rückwirkend** wieder zurück (MüKoInsO/*Schmahl/Busch* § 34 Rn. 87; Jaeger/*Schilken* § 34 Rn. 28, 29; Uhlenbruck/*Pape* § 34 Rn. 30; HK-InsO/*Kirchhof* § 34 Rn. 39). Zunächst nach § 81 Abs. 1 unwirksame Verfügungen über Gegenstände der Insolvenzmasse des Schuldners gelten rückwirkend als wirksam. Verpflichtungsgeschäfte des Schuldners nach Insolvenzeröffnung bleiben wie auch sonst wirksam, sie werden schon von § 80 nicht berührt; es stellt sich allein die Frage der Erfüllung (Jaeger/*Schilken* § 34 Rn. 34).

Zu Schutz des Rechtsverkehrs bestimmt daher Absatz 3 Satz 3, dass **Rechtshandlungen des Insolvenzverwalters** oder auch als solches wirksame Rechtshandlungen gegen ihn mit Wirkung gegen den Schuldner **wirksam bleiben.** Das gilt bspw. für Vertragsschlüsse, Kündigungen, Verfügungsgeschäfte (Jaeger/*Schilken* § 34 Rn. 33; Uhlenbruck/*Pape* § 34 Rn. 31). **Kollidieren Verfügungen** des Insolvenzverwalters und solche des Schuldners nach Eröffnung, gelten die des Insolvenzverwalters als wirksam (MüKoInsO/*Schmahl/Busch* § 34 Rn. 96; Uhlenbruck/*Pape* § 34 Rn. 32; *Hess* § 34 Rn. 48; HK-InsO/*Kirchhof* § 34 Rn. 40; HambK-InsO/*Denkhaus* § 34 Rn. 19). 55

IV. Kosten

1. Gerichtliche Kosten. Für die **Beschwerde des Schuldners gegen die Eröffnung** des Insolvenzverfahrens entsteht unabhängig vom Erfolg der Beschwerde eine volle Gebühr nach Nr. 2360 KV GKG. Gegenstandswert ist der Wert der Insolvenzmasse (§ 58 S. 1 GKG). Bei erfolgreicher Beschwerde können die Kosten dem Gläubiger auferlegt werden (§ 29 Nr. 1 GKG). 56

In **allen anderen Fällen** der Beschwerde wird eine volle Gebühr nach Nr. 2361 KV GKG nur dann fällig, wenn die Beschwerde verworfen oder zurückgewiesen wird. Hat die Beschwerde – auch nur teilweisen – Erfolg, entsteht die Gebühr nicht. Der Gegenstandswert ist nach § 3 ZPO zu bestimmen (Kübler/Prütting/Bork/*Pape* § 54 Rn. 16). 57

2. Auferlegung außergerichtlicher Kosten. Im Beschwerdeverfahren sind die **§§ 91–93, 97 ZPO** entsprechend anwendbar (Uhlenbruck/*Pape* § 34 Rn. 25, 29; HK-InsO/*Kirchhof* § 34 Rn. 33). Auch **§ 91a ZPO** ist entsprechend anwendbar, wenn die Beschwerde nur wegen Vorbringens neuer Tatsachen begründet ist (LG Limburg JurBüro 1987, 284; Uhlenbruck/*Pape* § 34 Rn. 29; HK-InsO/*Kirchhof* § 34 Rn. 33). Dem in der Beschwerde gegen die Insolvenzeröffnung unterlegenen Schuldner sind die Kosten des Verfahrens persönlich aufzuerlegen, sie fallen nicht der Insolvenzmasse zur Last (OLG Celle ZIP 2001, 619). Gegen die Staatskasse erfolgt bei erfolgreicher Beschwerde keine Kostenaufbürdung, der Beschwerdeführer kann aber wegen seiner Kosten Haftung nach Art. 34 GG mit § 839 BGB geltend machen. 58

V. Rechtsbeschwerde

1. Zulässigkeit. Die Rechtsbeschwerde ist gegen die Entscheidung des Beschwerdegerichts nach Maßgabe des § 574 Abs. 1 ZPO statthaft (BGH WuM 2012, 170). § 7 wurde durch Art. 2 des Gesetzes zur Änderung des § 522 der Zivilprozessordnung v. 21.10.2011 (BGBl. I S. 2082) aufgehoben (BT-Drs. 17/6406; eing. *Zimmermann* ZInsO 2011, 1689). Die Rechtsbeschwerde ist nur dann statthaft, wenn der Beschwerdeführer gegen die gleiche Entscheidung des Insolvenzgerichts Beschwerderecht nach § 34 hätte (BGH NZI 2006, 239; OLG Köln NZI 2002, 158). IRd § 34 ist die Rechtsbeschwerde auch gegen die Zurückverweisung des Beschwerdegerichts an das Insolvenzgericht statthaft, wenn die tragenden Gründe sich unmittelbar auf die Eröffnungsentscheidung erstrecken 59

(HK-InsO/*Kirchhof* § 34 Rn. 35), nicht aber wenn sie allein Zulässigkeitsvoraussetzungen eines Insolvenzantrags betreffen. Beschlüsse, die der Rechtsbeschwerde unterliegen, müssen den maßgeblichen Sachverhalt, über den entschieden wird, wiedergeben und den Streitgegenstand sowie die in den Vorinstanzen gestellten Anträge erkennen lassen (BGH NZI 2011, 712 = ZIP 2011, 1971).

60 Außerhalb der Rechtsbeschwerde kann auch **Wiederaufnahme** unter den Voraussetzungen der § 569 Abs. 1 S. 3, §§ 578 ff. ZPO begehrt werden (BGH ZIP 2007, 122; LG Münster NZI 2001, 485; Jaeger/*Schilken* § 34 Rn. 7).

61 **2. Kosten.** Für die Rechtsbeschwerde entstehen Gebühren nach **Nr. 2362, 2363 und 2364 KV GKG:** Bei Rechtsbeschwerde betreffend die Rechtsmäßigkeit der Insolvenzeröffnung beträgt die Gebühr das Doppelte des Gebührensatzes nach § 34 GKG (Nr. 2362 KV GKG). Die Gebühr ermäßigt sich auf den einfachen Satz bei Rücknahme der Rechtsbeschwerde oder Rücknahme des Insolvenzantrags nach Nr. KV 2363 GKG. Der Gegenstandswert bestimmt sich nach § 58 Abs. 3 GKG.

Zweiter Abschnitt. Insolvenzmasse. Einteilung der Gläubiger

Begriff der Insolvenzmasse[1]

35 (1) **Das Insolvenzverfahren erfaßt das gesamte Vermögen, das dem Schuldner zur Zeit der Eröffnung des Verfahrens gehört und das er während des Verfahrens erlangt (Insolvenzmasse).**

(2) [1] **Übt der Schuldner eine selbstständige Tätigkeit aus oder beabsichtigt er, demnächst eine solche Tätigkeit auszuüben, hat der Insolvenzverwalter ihm gegenüber zu erklären, ob Vermögen aus der selbstständigen Tätigkeit zur Insolvenzmasse gehört und ob Ansprüche aus dieser Tätigkeit im Insolvenzverfahren geltend gemacht werden können.** [2] **§ 295 Abs. 2 gilt entsprechend.** [3] **Auf Antrag des Gläubigerausschusses oder, wenn ein solcher nicht bestellt ist, der Gläubigerversammlung ordnet das Insolvenzgericht die Unwirksamkeit der Erklärung an.**

(3) [1] **Die Erklärung des Insolvenzverwalters ist dem Gericht gegenüber anzuzeigen.** [2] **Das Gericht hat die Erklärung und den Beschluss über ihre Unwirksamkeit öffentlich bekannt zu machen.**

Schrifttum: *Ahrens,* Negativerklärung zur selbstständigen Tätigkeit gem. § 35 InsO, NZI 2007, 622; *ders.,* Strukturen und Strukturbrüche des geplanten GNeuMoP, NZI 2011, 265; *ders.,* Gesetzliche Regelung des sogenannten Monatsanfangsproblems beim Pfändungsschutzkonto; NZI 2011, 183; *Antoni,* Gewerbeuntersagung und Insolvenzverfahren – Offene Fragen zu § 12 GewO, NZI 2003, 246; *Bauckhage-Hoffer/Umnuß,* Die Berechnung des pfändbaren Arbeitseinkommens nach § 850e ZPO – Schuldnerschutz ohne Grenzen?, NZI 2011, 745; *Berger,* Die unternehmerische Tätigkeit des Insolvenzschuldners im Rahmen der Haftungserklärung nach § 35 Abs. 2 InsO, ZInsO 2008, 1101; *Ehlers,* Die Freigabe der selbstständigen Tätigkeit und die Sanierungsoption, ZInsO 2014, 53; *Fritz,* Begründungspflicht für einen Antrag nach § 35 II 3 InsO, NZI 2011, 801; *Günther,* Das Pfändungsschutzkonto in der Insolvenz des Bankkunden, ZInsO 2013, 859; *Güther/Kohly,* Typische Probleme bei der Feststellung und Verwertung von Lebensversicherungen in der Unternehmensinsolvenz, ZIP 2006, 1229; *Haarmeyer,* Die Freigabe selbständiger Tätigkeit des Schuldners und die Erklärungspflichten des Insolvenzverwalters, ZInsO 2007, 696; *Heinze,* Vorläufige Verwaltung und Freigabe von Massegegenständen, ZInsO 2013, 1173; *Kayser,* Die Lebensversicherung im

[1] § 35 Abs. 2 und 3 angef., bish. Wortlaut wird Abs. 1 mWv 1.7.2007 durch G v. 13.4.2007 (BGBl. I S. 509); Abs. 2 Satz 2 geänd. mWv 1.7.2014 durch G v. 15.7.2013 (BGBl. I S. 2379).

Spannungsfeld der Interessen von Insolvenzmasse, Bezugsberechtigtem und Sicherungsnehmer – eine Zwischenbilanz, ZInsO 2004, 1321 [1322]; *Liebscher/Lübke,* Die Zwangsweise Verwertung vinkulierter Anteile – zur angeblich vinkulierungsfreien Pfand- und Insolvenzverwertung, ZIP 2004, 241; *McGuire,* Lizenzen in der Insolvenz: ein neuer Anlauf zu einer überfälligen Reform, GRUR 2012, 657; *Pape,* Änderungen im eröffneten Verfahren durch das Gesetz zur Vereinfachung des Insolvenzverfahrens, NZI 2007, 482; *Schäferhoff,* Das Insolvenzgericht als besonderes Vollstreckungsgericht – eine Odyssee, ZVI 2008, 331; *Karsten Schmidt,* „Altlasten in der Insolvenz" – unendliche Geschichte oder ausgeschriebenes Drama, ZIP 2000, 1913 [1916]; *ders.* Keine Ordnungspflicht des Insolvenzverwalters? – Die Verwaltungsrechtsprechung als staatliche Insolvenzbeihilfe für Umweltkosten, NJW 2010, 1489; *ders.,* FS Kruse, 2001, 671; *Stahlschmidt,* Die Schwierigkeiten eines (Ander-)Kontos, NZI 2011, 272; *Stöber,* Das Gesetz zum Pfändungsschutz der Altersvorsorge, NJW 2007, 1242; *Tetzlaff,* Rechtliche Probleme in der Insolvenz des Selbstständigen, ZInsO 2005, 393; *Uhlenbruck,* Die Firma als Teil der Insolvenzmasse, ZIP 2000, 401; *Vallender,* Wohnungseigentum in der Insolvenz, NZI 2004, 401; *Zimmermann,* Weisungen der Beteiligten bei Verwahrungsgeschäften nach § 23 BnotO, DNotZ 1980, 457; *Weber/Hötzel,* Das Schicksal der Softwarelizenz in der Insolvenzkette bei Insolvenz des Lizenznehmers, NZI 2011, 432; *Zipperer,* Die Insolvenz des freigegebenen selbständigen Gemeinschuldners, ZVI 2007, 541.

Übersicht

I. Allgemeines

Die §§ 35, 36 definieren das **Sondervermögen Insolvenzmasse,** dh das Vermögen, das der Verfügungsbefugnis des Insolvenzverwalters unterliegt (§ 80) und der gemeinschaftlichen Befriedigung der Gläubiger dient (vgl. → § 1 Rn. 1). Die Parteibezeichnung ist im Aktiv-/Passivprozess: *„Frau/Herr … als Insolvenzverwalter über das Vermögen der/des …".* Eigentümer dieser Vermögensmasse bleibt der 1

Schuldner. Der Insolvenzverwalter hat sie gem. § 148 *„in Besitz und Verwaltung zu nehmen"* und, soweit notwendig, zur Verhinderung eines gutgläubigen Eigentumserwerbs durch Dritte die Eintragung von Sperrvermerken zu veranlassen, §§ 32 Abs. 2 S. 2, 33.

2 Erfasst wird grds. **das gesamte Vermögen.** So haftet der Einzelunternehmer mit seinem Privat- und Betriebsvermögen. Sonderinsolvenzverfahren über separate Vermögensmasse gibt es nur ausnahmsweise (vgl. § 11 Abs. 2 Nr. 2). Zu nennen sind hier insbes. das Nachlassinsolvenzverfahren (§§ 315 ff.), das Partikularinsolvenzverfahren, das nur das in Deutschland gelegene Vermögen des Schuldners erfasst (§ 354), und das Sekundärinsolvenzverfahren, das parallel zu einem ausländischen Hauptinsolvenzverfahren geführt wird (§ 356).

3 Anders als die Konkurs- und Gesamtvollstreckungsordnung erfasst der Insolvenzbeschlag des § 35 **auch** den **Neuerwerb** (vgl. → Rn. 44).

II. Begriff der Insolvenzmasse (Absatz 1)

4 Die Insolvenzmasse setzt sich wie folgt zusammen:

5 Nach § 35 ist ein Gegenstand, dh eine Sache oder ein Recht, Teil der Insolvenzmasse, wenn **fünf Voraussetzungen** vorliegen (vgl. HambK-InsO/*Lüdtke* Rn. 11): (1.) Er gehört dem Schuldner oder ist als fremdes Recht der Insolvenzmasse gesetzlich zugewiesen (vgl. → Rn. 6); (2.) er ist nicht höchstpersönlicher Natur (vgl. → § 38 Rn. 6); (3.) er ist nicht von der Zwangsvollstreckung ausgenommen (vgl. § 36); (4.) er wurde spätestens vor Verfahrensbeendigung (§ 200) vom Schuldner erworben und (5.) er wurde nicht vom Insolvenzverwalter freigegeben.

6 Zur Insolvenzmasse gehören auch Gegenstände, die der Schuldner einem Dritten zur Sicherheit übereignet hat, wenn sie sich noch im Besitz des Schuldners befinden (§§ 166 Abs. 1, 50). Bei Gegenständen, die unter einem fremden Eigentumsvorbehalt stehen, kann dem Insolvenzverwalter auch bei einer späteren Erfüllungsablehnung ein Besitzrecht bis zum ersten Berichtstermin (§ 107 Abs. 2 S. 1) bzw. bis zur Ausübung des Wahlrechts gem. §§ 107 Abs. 2 S. 2, 103 zustehen (Uhlenbruck/*Wegener* § 107 Rn. 16; vgl. näher unter → § 107 Rn. 21 ff.; vgl. auch § 21 Abs. 2 Nr. 5). Zur Insolvenzmasse gehören auch die vom Schuldner zur Sicherheit abgetretenen Forderungen (§ 166 Abs. 2).

7 Zur Insolvenzmasse gehören auch Ansprüche aus einer Insolvenzanfechtung (§§ 129 ff.), auf Grund einer Gesamtschadensliquidation (§ 92) und aus der akzessorischen Gesellschafterhaftung (§ 93).

8 **1. Gegenstände der Insolvenzmasse. a) Bewegliche Sachen.** Diese sind Teil der Insolvenzmasse, wenn sie im **Eigentum des Schuldners** stehen. Besteht an ihnen ein Anwartschaftsrecht des Schuldners, ist dieses Teil der Masse (BGHZ 35, 85 = WM 1961, 668). Stehen sie in fremdem Eigentum, steht dem Eigentümer ein Aussonderungsrecht zu (§ 47). Ggf. kann ein fortbestehendes Nutzungsrecht Teil der Insolvenzmasse sein (vgl. → Rn. 6 und → § 135 Rn. 29 ff.). **Bargeld** gem. § 36 iVm § 811 Abs. 1 Nr. 8 ZPO.

9 **b) Grundstücke und grundstücksgleiche Rechte. Bergwerkseigentum** (§ 9 BBergG). **Dauerwohnrecht** nach § 31 WEG (vgl. § 33 Abs. 1 WEG). Die **beschränkt persönliche Dienstbarkeit,** soweit nach § 1092 Abs. 1 S. 2 BGB die Ausübung einem anderen gestattet ist (BGH WM 2006, 2226) oder der Insolvenzschuldner eine juristische Person oder Gesellschaft ist (§§ 1092 Abs. 2, 3 iVm § 1059a Abs. 1 Nr. 3 BGB). Das **Erbbaurecht** mit dem vereinbarten Inhalt, wobei eine Verfügungsbeschränkung (§§ 5, 6, 8 ErbbauRG) auch gegenüber dem Insolvenzverwalter gilt (Braun/*Bäuerle* Rn. 12). In der Insolvenz des Grundstückseigentümers der Heimfallanspruch (§ 2 Nr. 4 ErbbauRG) und der Erbbauzins.

Grundpfandrechte des Schuldners an fremden Grundstücken einschließlich der Verwertungsrechte nach §§ 1120 ff. BGB. **Grundstücke** (HambK-InsO/*Lüdtke* Rn. 122). Das **selbstständige Gebäudeeigentum** in den neuen Bundesländern nach Art. 233 EGBGB § 2 Abs. 1, § 4 Abs. 1, 3, § 8 (Braun/*Bäuerle* Rn. 15). Die Ausübung eines **Nießbrauchrechtes,** da übertragbar (§ 1059 BGB) und damit pfändbar (§ 857 Abs. 3 ZPO). Obgleich beweglich, werden **Schiffe** und Schiffsbauwerke wie Grundstücke behandelt (§ 864 ZPO) und gehören zur Masse (HambK-InsO/*Lüdtke* Rn. 130). **Wohnungseigentum** und Teileigentum nach §§ 1, 2 WEG sind Teil der Masse (Uhlenbruck/*Hirte* Rn. 137). Der Insolvenzverwalter hat vereinbarte Verfügungsbeschränkungen zu beachten (§ 12 WEG) und kann gem. § 11 Abs. 2 WEG nicht die Aufhebung der Gemeinschaft nach § 84 Abs. 2 verlangen (*Vallender* NZI 2004, 401).

c) Forderungen. Abfindungsansprüche nach §§ 112, 113 BetrVG und 10
§§ 9, 10 KSchG (BAGE 80, 359; BGH NZI 2010, 564). **Altersruhegeld** (OLG Karlsruhe BB 1980, 264). Das **Arbeitseinkommen** (§ 850 ZPO), sonstige Bezüge (§ 850b ZPO) und das verschleierte Arbeitseinkommen (§ 850h ZPO und BAG BeckRS 2013, 69778), soweit sie den Pfändungsschutz der §§ 850 ff. ZPO übersteigen, sind Teil der Insolvenzmasse (Nerlich/Römermann/*Andres* Rn. 37), nicht jedoch die **Arbeitskraft** (OLG Düsseldorf NJW 1982, 1712, 1713). Nach Aufhebung des § 114 zum 1.7.2014 besteht gem. § 91 Abs. 1 kein Absonderungsrecht mehr an vor Verfahrenseröffnung abgetretenen Gehaltsansprüchen oder aufgrund erfolgter Gehaltspfändungen (BGH NZI 2013, 42 Rn. 14). **Bankguthaben** sind Teil der Insolvenzmasse. Beim Pfändungsschutzkonto (sog P-Konto) gilt § 36 iVm § 850k ZPO (*Günther* ZInsO 2013, 859). Hier ist der den Freibetrag übersteigende Betrag Teil der Insolvenzmasse (AG Neubrandenburg NZI 2014, 37). **Entschädigungen** wegen einer Menschenrechtsverletzung sind nicht abtretbar oder pfändbar und damit nicht Teil der Insolvenzmasse (BGH NZI 2011, 341). Auch die Zuwendung für Haftopfer gem. § 17a Abs. 1 StrRehaG ist unpfändbar, die Kapitalentschädigung gem. § 17 StrRehaG ist pfändbar (BGH ZInsO 2012, 147). **Erbschaft** (§§ 1942 ff. BGB) und Vermächtnis (§§ 2176 ff. BGB) des Schuldners sind nach der Annahme Teil der Insolvenzmasse (BGH NJW 2006, 2698; NZI 2010, 741). Das Recht zur Ausschlagung steht gem. § 83 dem Schuldner zu (vgl. aber § 295 Abs. 1 Nr. 2 für die Wohlverhaltensphase nach Abschluss des Verbraucherinsolvenzverfahrens). Die Erstattungsansprüche für gezahlte **Grundsteuer** bei Nichteintritt in den Grundstückskaufvertrag nach § 103 InsO sind Teil der Insolvenzmasse (BFH ZIP 1993, 934). **Insolvenzausfallgeld,** soweit nach § 141 Abs. 1 AFG bzw. § 186 SBG III pfändbar (Nerlich/Römermann/*Andres* Rn. 42). Private **Krankheitskostenversicherungsverträge** sind nicht Teil der Insolvenzmasse (BGH NZI 2014, 369) und Ansprüche hieraus sind gem. § 850b Abs. 1 Nr. 4 ZPO nicht pfändbar und damit nicht Teil der Insolvenzmasse (LG Köln NZI 2014, 29). Der Anspruch auf Rückzahlung der **Mietkaution** gehört auch dann zur Insolvenzmasse, wenn er während der Wohlverhaltensphase fällig geworden ist (BGH NZI 2014, 1064). Zur Insolvenzmasse einer Gesellschaft gehören **gesellschaftsrechtliche Ansprüche** zB aus §§ 62, 93, 302 AktG oder §§ 43, 64 GmbHG sowie Ansprüche aus sog „harten" **Patronatszusagen,** die unmittelbar einen durchsetzbaren Anspruch begründen (Nerlich/Römermann/*Andres* Rn. 46). Der **Pflichtteilsanspruch** nach § 2317 BGB ist Teil der Insolvenzmasse (BGH ZInsO 2011, 45). **Renten** (§ 850b ZPO) und Ruhegelder, soweit pfändbar (Nerlich/Römermann/*Andres* Rn. 37). **Schmerzensgeldanspruch** (LG Bochum ZInsO 2007, 1156). Sozialleistungen, soweit pfändbar (BGH KTS 1985, 98). Der **Schuldbefreiungsanspruch** (§ 257 BGB) wandelt sich nach ständiger Rspr. in einen Zahlungsanspruch (BGH NJW 1994, 49). **Steuererstattungsansprüche** auch für den Zeitraum vor Verfahrenseröffnung

(BGH NZI 2006, 246). Wenn der Rechtsgrund für das Entstehen des Erstattungsanspruchs vor Beendigung des Insolvenzverfahrens liegt, steht dieser Anspruch nur unter der aufschiebenden Bedingung des Ablaufs des Veranlagungszeitraums. Er kann daher auch nach Abschluss des Insolvenzverfahrens noch im Wege der Nachtragsverteilung gem. § 203 Abs. 1 Nr. 1 zur Masse gezogen werden. Der Anspruch auf Zustimmung zur Zusammenveranlagung ist nach der Eröffnung eines Insolvenzverfahren über das Vermögen des Partners gegenüber dem Insolvenzverwalter geltend zu machen. Dieser kann die Zustimmung zur Zusammenveranlagung nicht davon abhängig machen, dass der hierdurch erzielte Steuervorteil an die Masse ausgezahlt wird (BGH ZInsO 2011, 47). Der Insolvenzverwalter eines Ehegatten hat gegen den anderen Ehegatten keinen Anspruch auf Zustimmung zur steuerlichen Zusammenveranlagung (OLG Schleswig NZI 2014; 1021; vgl. auch → Anh. Steuerrecht Rn. 102). **Unterlassungsansprüche** gehören zur Insolvenzmasse, wenn sie dem Schutz eines Massegegenstandes dienen (Jaeger/*Henckel* InsO Rn. 65). Zur Insolvenzmasse gehört der Anspruch des Ehegatten auf **Zugewinnausgleich** gem. § 1378 Abs. 3 S. 1 BGB unter den Voraussetzungen des § 852 ZPO (Nerlich/Römermann/*Andres* Rn. 63).

11 **d) Versicherungsansprüche. Ansprüche des Schuldners aus Versicherungsverträgen** sind Teil der Insolvenzmasse, auch wenn der Versicherungsfall erst nach Insolvenzeröffnung eintritt. Neben den nachfolgend genannten Zahlungsansprüchen gehören hierzu auch bestehende Kündigungs-, Rückkaufs- und Widerrufsrechte.

12 Ansprüche aus einer **Schadensversicherung** können bei durch Feuer, Wasser, Hagel, Sturm, Einbruch etc entstandenen Schäden bestehen (§§ 74–149 VVG). Der Schadensersatzanspruch für eine unpfändbare Sache des Schuldners gehört gem. § 17 VVG nicht zur Insolvenzmasse (HambK-InsO/*Lüdtke* Rn. 156). Ist mit dem Entschädigungsbetrag die Sache wieder herzustellen, ist an diese Zweckbestimmung gem. § 93 VVG auch der Insolvenzverwalter gebunden (BGH ZIP 1994, 142). Bei der Haftpflichtversicherung besteht ein gesetzliches Absonderungsrecht zu Gunsten des geschädigten Dritten (§ 110 VVG). Bei einer Pflichtversicherung besteht ein Direktanspruch gegen den Versicherer in der Insolvenz des Versicherungsnehmers gem. § 115 Abs. 1 Nr. 2 VVG.

13 Durch eine **Personenversicherung** kann Vorsorge ua für den Todesfall, bei Unfall und Krankheit und Erwerbsunfähigkeit getroffen werden. Rentenansprüche auf Grund einer **Lebens-, Unfall- und Berufsunfähigkeitsversicherung** sind gem. § 850 Abs. 3 lit. b ZPO wie Arbeitseinkommen pfändbar und massezugehörig. Der Rückkaufswert einer vom Schuldner abgeschlossenen Versicherung ist grds. Teil der Insolvenzmasse, wenn einem Dritten kein unwiderrufliches Bezugsrecht eingeräumt wurde. Es ist aber durch Auslegung zu ermitteln, ob mit der Abtretung der Todesfallansprüche auch der Rückkaufwert erfasst sein sollte (BGH ZInsO 2007, 772). Bei Lebensversicherungen kann ein Pfändungsschutz gem. §§ 850 Abs. 3 lit. b, 851c, 851d ZPO, § 97 EStG bestehen (→ Rn. 17).

14 Bei der **Direktversicherung** schließt der Arbeitgeber als Versicherungsnehmer eine Kapitallebensversicherung für den Arbeitnehmer als versicherte Person ab. Im Versicherungsfall kann die Versicherungsleistung vom Arbeitnehmer oder seinen Erben gem. §§ 330 ff. BGB, § 159 VVG beansprucht werden (sog Bezugsrecht, § 1b Abs. 2 BetrAVG). Der Versicherungsbeitrag wird vom Arbeitgeber im Wege der Entgeltumwandlung oder vom Arbeitgeber als zusätzliches Arbeitsentgelt erbracht (*Güther/Kohly* ZIP 2006, 1229). Steht dem Arbeitnehmer ein **unwiderrufliches Bezugsrecht** gem. § 1b BetrAVG zu, kann dieser in der Insolvenz des Arbeitgebers gem. § 47 die Aussonderung verlangen (BGH ZIP 2014, 86; Braun/*Bäuerle* Rn. 35), es sei denn, die Gewährung des Bezugsrechts ist anfechtbar (BGHZ 156, 350 = NJW 2004, 214). Der Treuhänder/(seit 1.7.2014) Insolvenz-

verwalter des Arbeitnehmers kann jedoch aufgrund der Regelung in § 2 Abs. 2 S. 5 BetrAVG iVm § 851 Abs. 1 ZPO nicht den vom Arbeitgeber eingezahlten Betrag zur Masse ziehen (BGH ZInsO 2014, 31). Für beherrschende Gesellschafter-Geschäftsführer findet das BetrAVG aber keine Anwendung (vgl. § 17 BetrAVG; näher Uhlenbruck/*Hirte* Rn. 236).

Fehlt eine Regelung zum Bezugsrecht oder liegt ein **widerrufliches Bezugsrecht** (§ 159 VVG) vor, muss der Insolvenzverwalter zunächst den Widerruf ausüben. Er kann sich danach entscheiden, ob er die Nichterfüllung gem. § 103 wählt oder gem. § 168 VVG den Vertrag kündigt mit der Folge, dass der Rückkaufswert gem. § 169 VVG an ihn auszuzahlen ist (*Kayser* ZInsO 2004, 1321 [1322]). Der Schadensersatzanspruch des Arbeitnehmers wegen der Kündigung ist keine Masseverbindlichkeit nach § 55 Abs. 1 Nr. 1 und 2 (BAG ZIP 1991, 1295 [1298]). Der Insolvenzverwalter kann auch gem. § 103 die Erfüllung wählen mit der Konsequenz, dass die Versicherung auf Kosten der Masse fortgeführt wird. Diese Option wird der Verwalter wählen, wenn mit einem Versicherungsfall voraussichtlich während des Verfahrens zu rechnen ist oder der Verwalter die Versicherung an den gem. § 170 VVG eintretenden Bezugsberechtigten oder an spezialisierte Unternehmen veräußert. Bestand bereits gem. §§ 1b Abs. 1, 30f BetrAVG für den Arbeitnehmer eine unverfallbare Anwartschaft auf die betriebliche Altersversorgung, hat es der Insolvenzverwalter gem. § 11 Abs. 3 BetrAVG dem Pensionssicherungs-Verein aG (PSV) zu melden. 15

Bei einem eingeschränkt (un-)widerruflichen Bezugsrecht ist der Widerruf an vertraglich festgelegte Vorbehalte gebunden. Häufig wird vereinbart, dass das Arbeitsverhältnis bis zum Eintritt der Unverfallbarkeit gem. §§ 1b Abs. 1, 30f BetrAVG bestanden haben muss. Wird vor Ablauf dieses Zeitraums über das Vermögen des Arbeitgebers das Insolvenzverfahren eröffnet, soll die Versicherungsleistung trotzdem nicht Bestandteil der Insolvenzmasse werden, weil die Regelung nur dazu dienen soll, den Arbeitnehmer zur Betriebstreue anzuhalten, was auf Grund der Insolvenz jedoch nicht mehr möglich ist (BGH NZI 2006, 527 – übertragende Sanierung; BGH NZI 2005, 555 – Betriebseinstellung). Das BAG stellt bei der Auslegung auf die betriebsrentenrechtlichen Wertungen ab. Ein ggf. zum Widerruf berechtigendes Ausscheiden aus dem Arbeitsverhältnis liegt nicht vor, wenn auf Grund eines Betriebsüberganges das Arbeitsverhältnis mit einem neuen Arbeitnehmer fortbesteht (BAG NZI 2011, 30). 16

Ansprüche aus einer betrieblichen Altersversorgung sind Arbeitseinkommen iSd § 850 ZPO und, soweit pfändbar, Teil der Insolvenzmasse. Bis zum 31.3.2007 konnten Freiberufler, soweit sie nicht Mitglieder von Versorgungswerken waren und das Kündigungsrecht als höchstpersönliches Recht nicht dem Insolvenzbeschlag unterfiel (BGH NJW-RR 2008, 780 = NZI 2008, 304), keine „insolvenzfeste" **private Altersversorgung** schaffen. IRd § 851c ZPO ist dies nun möglich, wenn die dort unter Nr. 1–4 genannten Voraussetzungen kumulativ zum Zeitpunkt der Pfändung vorliegen. Enthält der Vertrag Regelungen, die einen späteren Eintritt der Voraussetzungen des § 851c Abs. 1 Nr. 3 ZPO endgültig sicherstellen, so greift der Pfändungsschutz ab diesem Zeitpunkt (BGH NZI 2011, 67). Altverträge können nach § 167 VVG umgestellt werden. Das Umwandlungsverlangen kann rechtsmissbräuchlich (LG Stuttgart ZInsO 2014, 186) oder gem. § 132 (AG Köln NZI 2012, 615) bzw. § 133 anfechtbar sein, wobei auch in diesem Fall dem Versicherungsnehmer der Höhe nach der Schutz gem. § 851c Abs. 2 ZPO verbleibt (LG München BeckRS 2012, 2508). Der Schutz tritt erst mit der Umwandlung zum Schluss der laufenden Versicherungsperiode ein (LG Hamburg ZInsO 2011, 1018, str.). Der Schutz erstreckt sich nicht auf die für die Einzahlung erforderlichen Mittel (BGH ZInsO 2011; 1153). Bei **steuerlich geförderten** Rentenversicherungsverträgen besteht für abhängig Beschäftigte ein Pfändungsschutz über § 850 Abs. 3 lit. b ZPO und für Selbstständige und 17

Nichterwerbstätige über § 851d ZPO (Zöller/*Stöber* § 851d Rn. 1). Für das angesparte Versorgungskapital kann sich ein Pfändungsschutz aus § 851 Abs. 1 ZPO, § 97 EStG iVm § 10a EStG („Riester Rente") bzw. § 10 Abs. 1 Nr. 2 lit. b („Rürup Rente") ergeben (LG Aachen NZI 2014, 573; *Stöber* NJW 2007, 1242 [1245 f.]).

18 Von ihrer Gesellschaft erhalten beherrschende geschäftsführende Gesellschafter häufig Pensionszusagen. Um diese Versorgungszusage im Versorgungsfall erfüllen zu können, schließt die Gesellschaft im Regelfall eine **Rückdeckungsversicherung** ab. Ohne Verpfändung dieser Rückdeckungsversicherung fällt der Anspruch hieraus in die Insolvenzmasse. Zur Wirksamkeit der Verpfändung ist die Anzeige an die Versicherungsgesellschaft als Drittschuldnerin gem. § 1280 BGB erforderlich. Die Versorgungszusage bedarf eines zustimmenden Beschlusses der Gesellschafterversammlung (BGH NJW 1991, 1680). Auch bedarf die Verpfändung der abgeschlossenen Rückdeckungsversicherung einer eigenständigen Zustimmung der Gesellschafterversammlung (OLG Düsseldorf ZInsO 2009, 1599). Bei Pfandreife/dem Eintritt des Versicherungsfalls besteht dann ein Aussonderungsrecht für den Sicherungsgläubiger gem. § 47 (BGHZ 136, 220 = NJW 1998, 312; OLG Hamm NJW-RR 1996, 1312).

19 Vor Eintritt der Pfandreife besteht kein Zahlungsanspruch des Sicherungsgläubigers, so dass der Insolvenzverwalter das Widerrufsrecht des Versicherungsnehmers ausüben und die **Auszahlung des Rückkaufswertes** an die Insolvenzmasse verlangen kann (BGH ZInsO 2005, 535). Der Rückkaufswert ist gem. §§ 45, 191 Abs. 1 S. 2, 198 zu hinterlegen und kann bei Ausfall der Bedingung durch eine Nachtragsverteilung gem. § 203 Abs. 1 Nr. 1 an die Gläubiger ausgeschüttet werden (BGHZ 136, 220 = NJW 1998, 312; Uhlenbruck/*Hirte* Rn. 236). Wahrscheinlich ist dieser Ausfall der Bedingung aber nicht, weil regelmäßig entweder die Altersgrenze erreicht oder eine abgesicherte Arbeitsunfähigkeit oder ein abgesicherter Todesfall eintritt. Zur Vermeidung der Ungewissheit über den Bedingungseintritt und der Vermeidung einer ggf. erforderlich werdenden Nachtragsverteilung bietet sich der Abschluss einer Verwertungsvereinbarung zwischen Insolvenzverwalter und Sicherungsgläubiger an (Braun/*Bäuerle* Rn. 29b). Ist der Versorgungsfall bereits vor Insolvenzeröffnung eingetreten, steht dem Gesellschafter-Geschäftsführer der Pfändungsschutz gem. § 851c ZPO zu (BGH NZI 2012, 809).

20 Der Rückzahlungsanspruch aus einer gekündigten **Restschuldversicherung** steht der Insolvenzmasse zu (AG Göttingen NZI 2011, 192). Klauseln, die für Rückzahlungen der Versicherung ein bestimmtes Konto vorsehen, sind keine unwiderruflichen Anweisungen und verhindern nicht eine Einziehung durch den Insolvenzverwalter (aaO).

21 **e) Nutzungsrechte.** Wie sich aus § 108 InsO ergibt, ist das **Miet- und Pachtrecht** Teil der Insolvenzmasse (BGH NJW 1963, 2319). Zu den Nutzungsrechten an immateriellen Vermögenswerten vgl. unter → Rn. 22.

22 **f) Immaterialgüterrechte. Erfindungen** sind nach hM Teil der Insolvenzmasse, wenn die Absicht zur kommerziellen Nutzung kundgetan wurde (BGHZ 16, 172 = NJW 1955, 383). **Patente** sind gem. § 15 PatG übertragbar und damit pfändbar und somit Teil der Insolvenzmasse (BGHZ 125, 334 = NJW 1994, 3099). Ab der Anmeldung eines **Gebrauchsmusters** beim Patentamt sind die Rechte gem. § 22 Abs. 1 GebrMG übertragbar und damit Teil der Insolvenzmasse (HambK-InsO/*Lüdtke* Rn. 115). Entsprechendes gilt für **Geschmacksmuster** gem. §§ 29, 30 GeschmMG (BGH ZIP 1998, 830) und **Marken** (§§ 4, 29 Abs. 1 Nr. 2 bzw. § 31 MarkenG iVm § 29 Abs. 3 MarkenG). Das **Urheberrecht** ist zu Lebzeiten nicht übertragbar (§ 29 UrhG). Das Nutzungsrecht kann aber Dritten überlassen werden (§§ 31–44 UrhG) und ist damit Teil der Insolvenzmasse. Zur Insolvenzmasse gehören die **Lizenzen,** dh die vertraglich eingeräumten Nutzungsrechte an Patenten (§ 15 Abs. 2 PatG), Gebrauchsmustern (§ 22 GebrMG), Geschmacksmustern (§ 3 GeschmMG), Marken (§ 30 MarkenG) und Urheberrechten (§ 31 UrhG). Zu differenzieren ist zwischen der sog einfachen Lizenz, die eine Nutzung zwischen den Parteien erlaubt und der sog ausschließlichen Lizenz, die es dem Inhaber gestattet, allein gegen Dritte vorzugehen, die das Nutzungsrecht unberechtigt verletzen (*Weber/Hötzel* NZI 2011, 432). Die einfache Lizenz ist nicht übertragbar. Die ausschließliche Lizenz ist pfändbar, übertragbar und massezugehörig (Uhlenbruck/*Hirte* Rn. 254; Ahrens/Gehrlein/Ringstmeier/*Ahrens* Rn. 115). Inhalt und Umfang der Lizenz richten sich nach dem jeweiligen Lizenzvertrag (vgl. LG Mannheim ZIP 2004, 576; zur geplanten Reform *McGuire* GRUR 2012, 657). Zur **Internet-Domain** vgl. BGH NJW 2005, 3353.

g) Firma. Die **Sachfirma** ist Teil der Insolvenzmasse (vgl. → § 80 Rn. 64). **23**
Bei der **Personenfirma** ist das höchstpersönliche gem. § 12 BGB, Art. 2 Abs. 1 GG geschützte Geschäfts- und Namensrecht zu berücksichtigen. Teil der Insolvenzmasse ist die Personenfirma, wenn eine freiwillige kommerzielle Nutzung des Namens stattgefunden hat (BGHZ 109, 364 [367] = NJW 1990, 1605 [1607]). Mit dem Inkrafttreten des HRefG Mitte 1998 (BGBl. I S. 1474) wurde es möglich, frei zwischen Sach-, Personen- oder Phantasiefirma zu wählen. Es gab daher genügend Zeit ggf. den Firmennamen zu ändern, so dass heute von dieser Kommerzialisierung auszugehen ist (*Uhlenbruck* ZIP 2000, 401 [403]).

Die Firma ist **selbstständig verwertbar,** selbst wenn das Unternehmen als **24**
solches liquidiert wird (Uhlenbruck/*Uhlenbruck* § 159 Rn. 23). Die Anwendung des § 25 HGB ist ausgeschlossen (BAG NZI 2007, 252). Nach der Veräußerung kann die Firma mit Zustimmung des Erwerbers bis zur Beendigung der Abwicklung mit einem Insolvenzzusatz oder (ggf. nach Änderung der Satzung) mit einer Ersatzfirma fortgeführt werden (MünchHdB GmbH/*Wellensiek/Oberle* § 67 Rn. 87).

h) Gesellschaftsanteile. aa) Kapitalgesellschaften. Gesellschaftsanteile an **25**
Kapitalgesellschaften sind Teil der Insolvenzmasse und können unabhängig von Satzungsbestimmungen (§ 15 Abs. 5 GmbHG, § 68 Abs. 2 AktG) verwertet werden (hM, Scholz-Winter/*Seibt* GmbHG § 15 Rn. 254; aA *Liebscher/Lübke* ZIP 2004, 241). Die Einziehung der Anteile bleibt möglich (§ 34 GmbHG). Der dann entstehende Abfindungsanspruch bestimmt sich nach dem Verkehrswert, es sei denn, die gleiche Abfindung ist auch für den freiwilligen Austritt oder das Ausscheiden aus wichtigem Grund vereinbart (BGH ZIP 2002, 258). Der Masse steht auch der Gewinnanspruch zu (HambK-InsO/*Lüdtke* Rn. 141). Das Stimmrecht für den Geschäftsanteil wird vom Insolvenzverwalter ausgeübt (OLG München NZI 2011, 28).

bb) Personengesellschaften. Auch Gesellschaftsanteile an Personengesell- **26**
schaften sind Teil der Insolvenzmasse (vgl. § 859 Abs. 1 ZPO). Deren Veräußerung setzt die Zustimmung der Mitgesellschafter gem. § 719 BGB (§ 105 Abs. 3, 161 Abs. 2 HGB) voraus, die bereits in der Satzung erklärt sein kann. Durch Gesetz (§§ 131 Abs. 3 Nr. 2, 161 Abs. 2 HGB; § 9 PartGG) oder Satzung kann das Ausscheiden des insolventen Gesellschafters vorgesehen sein, so dass der Abfindungsanspruch gem. §§ 738 Abs. 1 S. 2 bis 740 BGB, § 105 Abs. 3 HGB Teil der Insolvenzmasse ist. Sieht das Gesetz (§ 728 Abs. 2 BGB) oder die Satzung die Auflösung der Gesellschaft im Falle der Insolvenz eines Gesellschafters vor, ist der anteilige Liquidationserlös gem. §§ 730–735 BGB, §§ 145 ff. HGB Teil der Insolvenzmasse.

cc) Wohnungsbaugenossenschaft. Das Auseinandersetzungsguthaben nach **27**
Kündigung der Mitgliedschaft in einer Wohnungsbaugenossenschaft ist Teil der Insolvenzmasse (BGH NZI 2009, 374). Der Schuldner kann nicht aus diesem Erlös die für seine selbstgenutzte Wohnung notwendige Kaution (gem. § 765a

ZPO) verlangen (BGH BeckRS 2010, 31037). Nach dem AG Duisburg gilt dies aber dann nicht, wenn der Geschäftsanteil nicht als Kapitalanlage, sondern wirtschaftlich nur als Kaution diente. Ziel des Insolvenzverfahrens ist auch, dem Schuldner einen wirtschaftlichen Neuanfang zu ermöglichen und ihn hierzu vor Obdachlosigkeit zu schützen. (NZI 2011, 333). Das seit dem 19.7.2013 unter bestimmten Voraussetzungen geltende Kündigungsverbot gem. § 67c GenG findet auf eine vom Verwalter zuvor ausgesprochene Kündigung keine entsprechende Anwendung (BGH NZI 2014, 953).

28 **i) Treuhandvermögen. aa) Treuhandkonto im Insolvenzeröffnungsverfahren.** Das vom vorläufigen Insolvenzverwalter im Eröffnungsverfahren eingerichtete **Anderkonto**, auf das Drittschuldner gem. § 23 Abs. 1 S. 3 zu leisten haben, gehört weder zum Schuldnervermögen noch wird es Teil der Insolvenzmasse (BGH ZIP 2009, 531). Ein aus einer irrtümlichen Überzahlung/Fehlzahlung entstehender Bereicherungsanspruch richtet sich daher nicht gegen die Insolvenzmasse (mit dem Risiko der Masseunzulänglichkeit, § 209), sondern gegen den vorläufigen Insolvenzverwalter (BGH ZIP 2007, 2279). Zur Insolvenzmasse gehört aber ein **Sonder-/Fremdkonto,** das auf den Namen des Schuldners lautet und über das der vorläufige Insolvenzverwalter verfügungsbefugt ist (*Stahlschmitt* NZI 2011, 272 [275]). Erfolgt die Fehlüberweisung im Eröffnungsverfahren auf ein Konto des Insolvenzschuldners, ist der Bereicherungsanspruch eine Insolvenzforderung (OLG Hamm NZI 2011, 636). Der vorläufige Insolvenzverwalter ist nicht verpflichtet, ein Treuhandkonto einzurichten (OLG Hamm NZI 2011, 636).

29 **bb) Treuhandverhältnisse. Bei sog echten Treuhandverhältnissen** kommt es zur Vollrechtsübertragung auf den Treuhänder. Hierzu gehören die Sicherungsübereignung und die Sicherungsabtretung **(sog eigennützige (Sicherungs-) Treuhand).** Obwohl das Vollrecht hier an den Sicherungsnehmer übertragen wird, gehört das Treugut gem. § 166 in der Insolvenz des Treugebers zur Insolvenzmasse, an welchem dem Treuhänder ein Absonderungsrecht gem. §§ 50, 51 Nr. 1 zusteht (vgl. näher unter → § 47 Rn. 86).

30 Ein echtes Treuhandverhältnis besteht auch **bei der sog fremdnützigen (Verwaltungs-)Treuhand.** Das Treugut wird hier im Interesse des Treugebers an einen Dritten übertragen, weil er das Recht nicht ausüben kann oder will (Palandt/*Bassenge* § 903 Rn. 35). Hierzu gehören die Rechtsanwalts- und Notarkonten (*Zimmermann* DNotZ 1980, 457) oder Übertragungen, um einen Gläubigerzugriff zu verhindern (BGH NJW 1993, 2041). In der **Insolvenz des Treugebers** erlischt das Treuhandverhältnis nach §§ 115, 116, 117 und der Insolvenzverwalter kann die Herausgabe des Treugutes verlangen (OLG Celle ZIP 2006, 1878; BGH NZI 2012, 803 [804]). Bezüglich einer Herausgabeverpflichtung kann sich der fremdnützige Treuhänder auf den Einwand der Entreicherung berufen, wenn er das Erlangte nur iRd Treuhandverhältnisses verwendet hat. Hat er das Treugut zum eigenen Vorteil veräußert oder verbraucht, hat er Wertersatz zu leisten (BGH NJW 1994, 726 [727]). Trotz Rechtsinhaberschaft hat der Treuhänder kein Aussonderungsrecht nach § 47. Zur Vorsatzanfechtung gegenüber dem uneigennützigen Treuhänder siehe BGH NZI 2012, 453.

31 In der **Insolvenz des Treuhänders** hat der Treugeber bei echten Treuhandverhältnissen unabhängig davon, ob dieses eigennützig oder uneigennützig ist, trotz dessen Vollrechtsinhaberschaft ein Aussonderungsrecht gem. § 47 (BGH NZI 2011, 371; → § 47 Rn. 86); im Falle der eigennützigen (Sicherungs-)Treuhand aber nur dann, wenn die gesicherte Forderung bedient wird (näher MüKoInsO/*Lwowski*/*Peters* § 35 Rn. 117; Uhlenbruck/*Hirte* Rn. 27).

32 Für die **Begründung eines Treuhandverhältnisses** soll nach der Rspr. grds. das „Unmittelbarkeitsprinzip" gelten, dh der Treugeber muss Vermögen unmittel-

bar aus seinem Vermögen an den Treuhänder übertragen (BGH NJW 2003, 3414). Die Übertragung durch einen Dritten kann hierfür aber ausreichen, bspw. die Geldeinzahlung auf ein Treuhandkonto (BGH NJW-RR 1993, 301). Durch eine bloße schuldrechtliche Vereinbarung, dass der Vermögenswert jetzt im Interesse eines Anderen verwaltet wird, kann ein Aussonderungsrecht für diesen „Treugeber" aber nicht begründet werden (BGH NJW 2003, 3414).

Eine **unechte Treuhandschaft** liegt vor, wenn der Treugeber Rechtsinhaber bleibt und dem Treuhänder lediglich eine Verfügungsbefugnis eingeräumt wird (auch Ermächtigungstreuhand, vgl. BGH NJW 1964, 1319 [1320]). Das Treugut gehört in der Insolvenz des Treugebers in seine Insolvenzmasse. In der Insolvenz des Treuhänders kann allenfalls die Verfügungsbefugnis in die Insolvenzmasse fallen (Uhlenbruck/*Hirte* Rn. 26). Zur Betriebsfortführung im Eröffnungsverfahren kann eine **Doppeltreuhand** (Schuldner/Treuhänder/Lieferant) begründet werden, bei welcher an den Treuhänder die künftig entstehenden Forderungen verpfändet oder zur Sicherheit abgetreten werden, um aus den Erlösen einen Ausgleich der Lieferantenforderungen auch nach Insolvenzeröffnung zu gewährleisten (vgl. *Ganter* NZI 2012, 433; BAG NZI 2014, 167; aA AG Hamburg ZIP 2003, 1809). 33

j) Erlaubnisse. Personenbezogene Erlaubnisse, bspw. gem. §§ 30ff. GewO, § 2 GastG, § 3 GüKG bestehen nach Insolvenzeröffnung fort, so dass der Schuldner den Betrieb fortführen kann, wenn keine anderen Versagungsgründe vorliegen (*Antoni* NZI 2003, 246). Ist der Schuldner zu einer weiteren Mitarbeit nicht bereit oder in der Lage und fehlt dem Verwalter, was der Regelfall sein wird, die geforderte Eignung, benötigt der Insolvenzverwalter eine Stellvertretergenehmigung (§ 45 GewO, § 9 GastG). Bei **Freiberuflern** droht ein Entzug der Zulassung (§ 14 Abs. 2 Nr. 7 BRAO (dazu BGH NJW 2005, 1944), § 50 Abs. 1 Nr. 6 BNotO, § 20 Abs. 1 Nr. 5 WPO, § 46 Abs. 2 Nr. 4 StBerG (dazu NdsFG ZInsO 2014, 411)). Streitig ist, ob eine Fortführung durch den Insolvenzverwalter bei einer Entziehung dann zulässig ist, wenn der Verwalter selbst eine entsprechende berufliche Qualifikation hat (bejahend BFH ZIP 1994, 1283; Jaeger/*Henkel* InsO Rn. 15, Braun/*Bäuerle* Rn. 46; aA HambK-InsO/*Lüdtke* Rn. 104 unter Hinweis auf eine entfallende Unabhängigkeit auf Grund der Mandatsneubegründung). 34

Die **Sachgenehmigung** wird für die Errichtung und den Betrieb einer Anlage erteilt (zB § 4 BImSchG). Da sie Unabhängig von der Person ist, gehört sie wie die **Gastwirtschaftskonzession** zur Insolvenzmasse (MüKoInsO/*Lwowski*/*Peters* § 35 Rn. 515). Eine vertragsärztliche Abrechnungsgenehmigung (LSG Bln-Bbg BeckRS 2012, 73266) oder eine Kassenärztliche Zulassung (BVerfG NZI 2013, 718) sind als höchstpersönliche Rechte keine Bestandteile der Insolvenzmasse. 35

2. Insolvenzfreies Vermögen. a) Durch Gesetz. Zum insolvenzfreien Vermögen gehört das unpfändbare Vermögen gem. § 36. Nicht zum Insolvenzvermögen gehören auch höchstpersönliche Rechte des Schuldners. Aufgrund der Garantie der Menschenwürde gilt dies für das Namensrecht, das Recht am eigenen Bild und vergleichbaren Persönlichkeitsrechten (BGH NJW 1959, 525). Persönliche Briefe und Tagebücher sind daher nicht pfändbar (BankenKoInsO/*Meyer* Rn. 7; zum Firmennamen vgl. unter → Rn. 23). 36

b) Durch Freigabe. aa) Zulässig. Die §§ 32 Abs. 3, 35 Abs. 2, 85 Abs. 2, 170 Abs. 2, 207 Abs. 3 S. 2 setzen die Möglichkeit einer Freigabe voraus. 37

Bei einer echten Freigabe erklärt der Insolvenzverwalter gegenüber dem Schuldner, dass er einen Vermögenswert aus der Insolvenzmasse freigibt. Diese verfahrensrechtliche Erklärung ist unwiderruflich und nicht wegen Irrtums anfechtbar (BGH ZInsO 2007, 94 [96]). Eine Formbedürftigkeit besteht auch bei 38

Grundstücken, da kein Eigentumsübergang erfolgt, nicht und kann auch konkludent erfolgen (HambK-InsO/*Lüdtke* Rn. 66). In der Regel wählt der Insolvenzverwalter die echte Freigabe, um hierdurch die Masse von Masseverbindlichkeiten gem. § 55 zu befreien (vgl. auch → § 55 Rn. 31 und → § 80 Rn. 6). Die herrschende Meinung bejaht die Freigabe auch in der Gesellschaftsinsolvenz, weil die optimale Gläubigerbefriedigung das Hauptziel der InsO (§ 1) darstellt (BGHZ 163, 32 = NJW 2005, 2015; BGHZ 148, 252 [258] = NJW 2001, 2966; Uhlenbruck/*Hirte* Rn. 72). Nach anderer Ansicht hat bei der Gesellschaftsinsolvenz eine Vollliquidation zu erfolgen, die eine Freigabe ausschließt (→ Einl. Rn. 23, → § 1 Rn. 14; *Karsten Schmidt* ZIP 2000, 1913 [1916]; *ders.* NJW 2010, 1489; BankenKoInsO/*Meyer* Rn. 68).

39 Als **unechte Freigabe** wird auch eine Erklärung bezeichnet, mit welcher der Insolvenzverwalter lediglich deklaratorisch festhält, dass ein Vermögensgegenstand nicht Teil der Masse ist (HambK-InsO/*Lüdtke* Rn. 54).

40 **Bei einer modifizierten Freigabe** verpflichtet sich der Schuldner im Gegenzug den Erlös aus dem freigegebenen Gegenstand an die Masse abzuführen. Eine solche Vereinbarung ist unzulässig, wenn sie dazu dient, das Prozesskostenrisiko von der Masse auf das insolvenzfreie Vermögen des Schuldners abzuwälzen (BGHZ 96, 151 [156] = NJW 1986, 850).

41 Teilw. wird auch die **Negativerklärung gem. Absatz 2 Satz 1** als „Freigabe" bezeichnet.

42 Bei der **„erkauften Freigabe"** leistet der Schuldner ein Entgelt als Gegenleistung (vgl. § 314).

43 **bb) Folgen der Freigabe.** Durch die Freigabe erlangt der Schuldner seine Verfügungsbefugnis über den freigegebenen Gegenstand zurück (vgl. auch → § 55 Rn. 25 ff. und → § 80 Rn. 68). Surrogate und Rechtsfrüchte fallen nicht als Neuerwerb in die Insolvenzmasse (HambK-InsO/*Lüdtke* Rn. 70), die vollstreckungsrechtlichen Sperrwirkungen gem. §§ 88 ff. entfallen (HK-InsO/*Ries* Rn. 56). Mit dem freigegebenen Gegenstand kann konkludent auch ein damit verbundener (Freistellungs-)Anspruch freigegeben worden sein (BGH NZI 2014, 1048). Gibt der Insolvenzverwalter eine Forderung frei und leistet der Schuldner in Unkenntnis der Freigabe an den Insolvenzverwalter, hat dies gem. § 82 entsprechend schuldbefreiende Wirkung (BGH NZI 2011, 104). Durch die Freigabe kann sich der Verwalter aber nicht bestehenden Zahlungsverpflichtungen entziehen (BAG ZInsO 2009, 1116). Zu beachten sind mögliche steuerliche Folgen der Freigabe. Veräußert der Schuldner eine freigegebene Immobilie, für die ein Vorsteuerabzug in den letzten zehn Jahren in Anspruch genommen wurde, soll der Vorsteuerberichtigungsanspruch gem. § 15a UStG eine Masseverbindlichkeit sein (BFH NZI 2002, 572). Nach der Freigabe eines Fahrzeuges ist jetzt unabhängig von der Haltereigenschaft die Kfz-Steuer keine Masseverbindlichkeit (BGH NZI 2011, 828 entgegen BGH ZInsO 2008, 211).

44 **3. Neuerwerb und Massesurrogation.** Gem. § 35 Abs. 1 Hs. 2 wird auch der (pfändbare) **Neuerwerb Teil der Insolvenzmasse.** Bedeutung hat dies für die natürlichen Personen, da schon für das alte Recht der Surrogationserwerb anerkannt war und fort gilt. Bei der **Massesurrogation** werden aus der Verwaltung, Verwertung oder Verletzung von Masserechten entstehende neue Rechte automatisch massezugehörig (BT-Drs. 12/2443, 122; HambK-InsO/*Lüdtke* Rn. 50). Zum Neuerwerb gehören ua die Einkünfte einer natürlichen Person aus ihrer beruflichen Tätigkeit, der Lottogewinn (AG Göttingen ZInsO 2011, 2002), Ansprüche aus einem Abfindungsvergleich des Arbeitnehmers (BAG ZInsO 2014, 2038, sowie Schenkungen und Erbschaften nach Verfahrenseröffnung. Nach Erteilung der Restschuldbefreiung **endet der Insolvenzbeschlag** mit dem Zeitpunkt des Ablaufs der Abtretungserklärung für den Neuerwerb unabhängig davon,

ob dieser der Erklärung nach § 287 Abs. 2 unterfallen wäre oder nicht (BGH NZI 2014, 312). Der Insolvenzbeschlag des Neuerwerbs ist nicht unproblematisch, da damit den Neugläubigern, dh den Personen, die Ansprüche nach Verfahrenseröffnung gegen den Schuldner erworben haben und nicht am Verfahren teilnehmen, nur das insolvenzfreie Vermögen zur Befriedigung ihrer Ansprüche zur Verfügung steht.

Die Neugläubiger haben grds. kein rechtlich geschütztes Interesse an der Eröffnung eines **Zweitinsolvenzverfahrens,** wenn der Schuldner seine Neuverbindlichkeiten nicht bedienen kann, da dem Schuldner nur sein unpfändbares Vermögen verbleibt (BGH NZI 2008, 609; vgl. auch LG Dresden NZI 2011, 291). Etwas anders gilt jedoch dann, wenn freigegebenes Vermögen gem. § 35 Abs. 2 vorliegt. Hierdurch entsteht eine neue Haftungsmasse, über die ein eigenes Insolvenzverfahren eröffnet werden kann (BGH ZInsO 2011, 1349). Den nicht abgeführten, pfändbaren Anteil gem. § 295 Abs. 2, der nun den Gläubigern des Zweitverfahrens zur Verfügung steht, muss der Insolvenzverwalter des Erstverfahrens im Zweitverfahren zur Insolvenztabelle anmelden (BGH NZI 2011, 633). **45**

4. Streit über die Massezugehörigkeit. Der Insolvenzverwalter hat gem. § 148 die Masse in Besitz zu nehmen. Bei einem Widerstand des Schuldners kann er auf Grund des Sicherungs- bzw. Eröffnungsbeschlusses als Vollstreckungstitel durch die Inanspruchnahme des Gerichtsvollziehers die Herausgabe erzwingen. Der Schuldner kann hiergegen Erinnerung gem. § 766 ZPO iVm § 148 Abs. 2 S. 2 beim **Insolvenzgericht** einlegen. **46**

Darüber hinaus entscheidet das Insolvenzgericht nur im Bereich des § 36 Abs. 4 und § 89 Abs. 3 über die Pfändbarkeit und damit Massezugehörigkeit von Einkünften des Schuldners. Besteht darüber hinaus ein Streit zwischen dem Schuldner und dem Insolvenzverwalter über die Massezugehörigkeit, ist dieser vor dem ordentlichen **Prozessgericht** mittels einer Feststellungs-, Unterlassungs- oder Leistungsklage zu führen (BGH NZI 2008, 244; ZInsO 2007, 1207). **47**

Werden von einem **Dritten** Ansprüche wegen einer unberechtigten Inanspruchnahme von Gegenständen für die Masse geltend gemacht, sind diese ebenfalls vor dem Prozessgericht geltend zu machen. **48**

III. Freigabe der selbstständigen Tätigkeit (Absatz 2 und 3)

1. Anwendungsbereich. Die Freigabe des Geschäftsbetriebes ist seit dem 1.7.2007 (Art. 103c EGInsO) in den **Absatz 2 und 3** geregelt. Sie war nach hM auch zuvor zulässig. Es sollen hierdurch einerseits eine (selbstständige) Erwerbstätigkeit des Insolvenzschuldners gefördert und andererseits Haftungsgefahren für die Masse verhindert werden (RegE BT-Drs. 16/3227, 11). Die Vorschrift hat nur Bedeutung für die natürlichen Personen, da nur diese selbstständig in einem Insolvenzverfahren tätig sein können. Durch den Begriff der Selbstständigkeit werden Gewerbetreibende, Freiberufler und sonstige Einzelunternehmer unabhängig davon erfasst, ob eine nebenberufliche Tätigkeit (*Ahrens* NZI 2007, 622) oder eine Scheinselbstständigkeit vorliegt (HambK-InsO/*Lüdtke* Rn. 242). Die Vorschrift gilt erst ab Verfahrenseröffnung und daher nicht für den „starken“ vorläufigen Insolvenzverwalter (HambK-InsO/*Lüdtke* Rn. 243, aA *Heinze* ZInsO 2013, 1173). **49**

2. Wahlmöglichkeiten des Verwalters. a) Gemeinsame Betriebsfortführung. Der Insolvenzverwalter kann gemeinsam mit dem Schuldner den Betrieb fortführen. Die Neugeschäfte erfolgen im Namen des Verwalters, die Betriebseinnahmen sind Teil der Masse (Surrogationserwerb, vgl. → Rn. 44). Die entstehenden Verpflichtungen einschließlich der Steuerbelastungen sind Masseverbindlichkeiten. Die Aufwendungen für den Schuldner (§ 100) sind Betriebsausgaben. **50**

51 **b) Duldung.** Der Insolvenzverwalter kann die selbstständige Tätigkeit des Schuldners dulden. Auch hier wird der Neuerwerb Teil der Insolvenzmasse. Vor dem Inkrafttreten des § 35 Abs. 2 und 3 konnte nach hM auf Grund der §§ 80, 81 durch das selbstständige Wirtschaften des Schuldners jedoch keine Masseverbindlichkeit entstehen (*Tetzlaff* ZInsO 2005, 393 [396]; HambK-InsO/*Lüdtke* Rn. 249; *Karsten Schmidt* FS Kruse, 2001, 671 ff.; aA FK-InsO/*Schumacher* § 55 Rn. 21). Da der Insolvenzverwalter durch § 35 Abs. 2 nun jedoch eine Rechtspflicht zum Handeln hat („hat … zu erklären"), führt ein pflichtwidriges Unterlassen zur Haftung nach § 55 Abs. 1 Nr. 1 Alt. 1 selbst dann, wenn massefreies Vermögen eingesetzt wird (*Berger* ZInsO 2008, 1101 [1103, 1105]). Entgegen der bisherigen Rspr. (vgl. BFH ZInsO 2005, 774) wird damit auch die aus diesen Geschäften entstehende Umsatzsteuer zur Masseverbindlichkeit, wenn der Neuerwerb die Masse vermehrt hat (HambK-InsO/*Lüdtke* Rn. 249). Ein pflichtwidriges Unterlassen setzt Kenntnis oder zumindest Erkennbarkeit voraus (Jaeger/*Windel* InsO § 80 Rn. 33; *Pape* NZI 2007, 481 [482]). Es entsteht daher keine Masseverbindlichkeit bei Unkenntnis des Insolvenzverwalters vom Handeln des Schuldners (BFH BeckRS 2010, 25016513 = ZIP 2010, 2014). Die Beweislast für die Kenntnis bzw. das Kennenmüssen des Insolvenzverwalters liegt beim Gläubiger (*Berger* ZInsO 2008, 1101 [1103]).

52 **c) Freigabe.** Der Insolvenzverwalter kann eine Freigabe/Negativerklärung nach § 35 Abs. 2 abgeben, wenn er **durch eine gemeinsame Betriebsfortführung keine Überschüsse erwartet** und eine solche auch zur Durchführung einer übertragenen Sanierung nicht angezeigt ist. Entsprechendes gilt, wenn der Schuldner nicht kooperativ ist, da sich eine selbstständige Tätigkeit nicht unterbinden lässt. Die Arbeitskraft ist kein Teil der Insolvenzmasse und die Berufstätigkeit wird durch Art. 12 GG geschützt. Um eine Haftung der Masse zu verhindern, kann der Verwalter nur die selbstständige Tätigkeit freigeben. Für die vom Insolvenzverwalter zu treffende Prognoseentscheidung hat er innerhalb einer angemessenen Zeit alle Erkenntnisquellen auszuschöpfen. Die Frist richtet sich nach dem Einzelfall. Aufgrund der unter → Rn. 51 geschilderten Rechtsfolgen ist rasches Handeln angezeigt. Ein Zeitraum von vier Wochen wird in der Regel als ausreichend angesehen, insbes. wenn der Insolvenzverwalter bereits Gutachter im Eröffnungsverfahren war (*Ehlers* ZInsO 2014, 53 [55]).

53 **3. Umsetzung.** Die Negativ- bzw. Positiverklärung ist eine **einseitige empfangsbedürftige Willenserklärung** gegenüber dem Schuldner. Diese wird auch als Freigabe bezeichnet, obwohl mit der echten Freigabeerklärung einzelne Vermögensgegenstände erfasst werden, während es sich hier um eine Rechtsgesamtheit handelt. Die Erklärung bedarf keiner Form, sollte zur Beweisführung und zur Kenntnisgabe an das Insolvenzgericht gem. Absatz 3 Satz 1 jedoch schriftlich erfolgen. Als verfahrensrechtliche Erklärung ist sie bedingungsfeindlich und unterliegt nicht der Irrtumsanfechtung (Uhlenbruck/*Hirte* Rn. 91; *Berger* ZInsO 2008, 1101 [1105]). Eine Korrektur ist nach Absatz 2 Satz 3 möglich. Die Form einer modifizierten Freigabe (vgl. → Rn. 40) kann sinnvoll sein, um einen vertraglichen Anspruch auf das fiktive Einkommen gem. Absatz 2 Satz 2 zu erhalten (vgl. → Rn. 57). Wird eine Freigabe zunächst abgelehnt, kann sie später noch erfolgen. Die Freigabe bezieht sich auf eine konkrete, dem Insolvenzverwalter bekannte Tätigkeit (HambK-InsO/*Lüdtke* Rn. 260; aA *Berger* ZInsO 2008, 1101 [1103]). Bei einem Wechsel der selbstständigen Tätigkeit hat der Insolvenzverwalter daher erneut eine Entscheidung nach Absatz 2 zu treffen (*Haarmeyer* ZInsO 2007, 696 [697]). Übt der Schuldner mehrere selbstständige Tätigkeiten aus, kann die Freigabe auf eine Tätigkeit beschränkt werden.

4. Rechtsfolgen. Die **Rechtsfolgen** der Negativerklärung gelten grds. mit dem Zugang der Erklärung (BGH NZI 2012, 409). Nach Ansicht des BGH kann der Insolvenzverwalter auch eine Rückwirkung ab Verfahrenseröffnung herbeiführen (BGH NZI 2013, 641, aA nur ex nunc Uhlenbruck/*Hirte* Rn. 99). Der Verwalter sollte in seiner Erklärung die erfassten Gegenstände konkret bezeichnen. Durch die Freigabe erlangt der Schuldner andernfalls aus der Masse die Gegenstände, die für eine selbstständige Tätigkeit sinnvoll oder erforderlich sind (Auslegungsfrage, vgl. *Ahrens* NZI 2007, 622 [624]). Stellt der Schuldner seine selbstständige Tätigkeit ein, fällt das pfändbare Vermögen an die Masse. Zum Zweitinsolvenzverfahren vgl. → Rn. 45. 54

Die auf die Einnahmen **aus der selbstständigen Tätigkeit lastenden Ertragssteuern** sind vom Schuldner zu entrichten und keine Masseverbindlichkeiten (FG Köln ZInsO 2011, 1117). Ein durch die freigegebene Tätigkeit erworbener Umsatzsteuervergütungsanspruch, bspw. weil nach § 13b UStG der Leistungsempfänger die Umsatzsteuer schuldet, fällt nicht in die Insolvenzmasse und kann vom Finanzamt mit vor Insolvenzeröffnung entstandenen Steuerschulden verrechnet werden (BFH NZI 2011, 35). Einkommenssteuererstattungsansprüche, die nach der Freigabe durch Mittel aus dem freigegebenen Vermögen erbracht wurden, sind nicht Teil der Insolvenzmasse (BFH NZI 2015, 386). 55

Streitig ist, ob sich die Negativerklärung auch auf die dazugehörigen **Vertragsverhältnisse** erstreckt. Mit der überwiegenden Ansicht ist dies ua unter Hinweis auf den Wortlaut der Regierungsbegründung zu bejahen (RegE BT-Drs. 16/3227, 17; BGH NJW 2012, 1361; LG Krefeld ZInsO 2010, 1704; MüKoInsO/*Peters* Rn. 47; Braun/*Bäuerle* Rn. 72; vgl. *Zipperer* ZVI 2007, 541). Die Masse dient nur der Absicherung der bis zur Eröffnung entstandenen Ansprüche. Nach anderer Ansicht gibt es kein Spezialitätsverhältnis von § 35 Abs. 2 gegenüber §§ 103 ff., 108, 109, so dass bis zur Kündigung die Ansprüche der Gläubiger als Masseverbindlichkeiten zu bedienen sind (HK-InsO/*Eickmann* Rn. 59). Ansprüche aus Dauerschuldverhältnissen sind daher nach der Negativerklärung auch ohne zusätzliche Kündigungserklärung nur noch gegenüber dem Schuldner durchsetzbar (BGH NZI 2012, 409). Bei einem freigegebenen Arbeitsverhältnis kann der Insolvenzverwalter daher nicht mehr kündigen und der Arbeitnehmer muss eine Kündigungsschutzklage gegen den Schuldner erheben (BAG NZI 2014, 324; ArbG Berlin ZIP 2010, 1914). 56

5. Leistung des Schuldners (Absatz 2 Satz 2). Bei einer Negativerklärung hat der Schuldner nach §§ 35 Abs. 2 S. 2, 295 Abs. 2 einen Teil seines Einkommens abzuführen. Voraussetzung ist, dass der Schuldner einen Gewinn oberhalb der Pfändungsgrenzen aus der freigegeben Tätigkeit erzielt hat. Der Höhe nach ist der Betrag beschränkt auf den pfändbaren Betrag, den der Schuldner bei einer unselbstständigen Tätigkeit erzielen würde (BGH NZI 2014, 461 [463]). Welcher Betrag dies ist richtet sich nach seiner Ausbildung und Erfahrung (vgl. → § 295 Rn. 38). Der Verwalter muss den Anspruch ggf. im Klagewege vor dem Prozessgericht verfolgen (BGH NZI 2014, 461 [462]). Der Schuldner muss darlegen, welche unselbstständige Tätigkeit mit welchem fiktiven Einkommen ihm möglich wäre. Der Verwalter muss darlegen, dass eine entsprechende Stelle auf dem Arbeitsmarkt vorhanden ist. Der tatsächlich erzielte Gewinn aus der unselbstständigen Tätigkeit ist vom Schuldner darzulegen (BGH NZI 2013, 797 Rn. 20, 21). Im Regelfall ist der Betrag jährlich zu zahlen (BGH NZI 2012, 718 Rn. 14). 57

6. Unwirksamkeitsanordnung (Absatz 2 Satz 3). Zur **Sicherung der Gläubigerautonomie** kann der Gläubigerausschuss (§ 72), bei dessen Fehlen die Gläubigerversammlung (§§ 75–77), bei Gericht beantragen, die Negativerklärung aufzuheben (zum Inhalt der Begründung des Antrages vgl. *Fritz* NZI 2011, 801 ff.). Wird eine Positiverklärung angegriffen, muss mit deren Aufhebung der 58

Verwalter zur Freigabe angewiesen werden (HambK-InsO/*Lüdtke* Rn. 266). Die Entscheidung ergeht durch nicht rechtsmittelfähigen Beschluss (§ 6). Unter Hinweis auf Rückabwicklungsschwierigkeiten soll entgegen dem Wortlaut die Wirkung nicht ex tunc eintreten (*Schmerbach* InsBüro 2007, 202 [211]; BK-InsO/*Amelung/Wagner* Rn. 145).

59 **7. Öffentliche Bekanntmachung (Absatz 3 Satz 2).** Durch die **Veröffentlichung** sollen die Geschäftspartner des Schuldners informiert werden (HambK-InsO/*Lüdtke* Rn. 268). Der Insolvenzbeschlag erfolgt unabhängig von der Positiverklärung und er endet unabhängig von der Bekanntmachung bereits mit der Negativerklärung des Insolvenzverwalters an den Schuldner. Die Veröffentlichung (§ 9) erfolgt nur deklaratorisch (Jaeger/*Windel* InsO § 80 Rn. 33; *Haarmeyer* ZInsO 2007, 696 [698]).

Unpfändbare Gegenstände[1]

36 (1) [1] **Gegenstände, die nicht der Zwangsvollstreckung unterliegen, gehören nicht zur Insolvenzmasse.** [2] **Die §§ 850, 850a, 850c, 850e, 850f Abs. 1, §§ 850g bis 850k, 851c und 851d der Zivilprozessordnung gelten entsprechend.**

(2) **Zur Insolvenzmasse gehören jedoch**

1. **die Geschäftsbücher des Schuldners; gesetzliche Pflichten zur Aufbewahrung von Unterlagen bleiben unberührt;**
2. **die Sachen, die nach § 811 Abs. 1 Nr. 4 und 9 der Zivilprozeßordnung nicht der Zwangsvollstreckung unterliegen.**

(3) **Sachen, die zum gewöhnlichen Hausrat gehören und im Haushalt des Schuldners gebraucht werden, gehören nicht zur Insolvenzmasse, wenn ohne weiteres ersichtlich ist, daß durch ihre Verwertung nur ein Erlös erzielt werden würde, der zu dem Wert außer allem Verhältnis steht.**

(4) [1] **Für Entscheidungen, ob ein Gegenstand nach den in Absatz 1 Satz 2 genannten Vorschriften der Zwangsvollstreckung unterliegt, ist das Insolvenzgericht zuständig.** [2] **Anstelle eines Gläubigers ist der Insolvenzverwalter antragsberechtigt.** [3] **Für das Eröffnungsverfahren gelten die Sätze 1 und 2 entsprechend.**

Übersicht

[1] § 36 Abs. 2 Nr. 2 geänd. durch G v. 19.12.1998 (BGBl. I S. 3836); Abs. 1 Satz 2, Abs. 4 angef., Abs. 1 bish. Wortlaut wird Satz 1 mWv 1.12.2001 durch G v. 26.10.2001 (BGBl. I S. 2710); Abs. 1 Satz 2 geänd. mWv 31.3.2007 durch G v. 26.3.2007 (BGBl. I S. 368); Abs. 1 Satz 2 geänd. mWv 1.7.2010 und mWv 1.1.2012 durch G v. 7.7.2009 (BGBl. I S. 1707).

I. Allgemeines

1 Mit dem Begriff „Gegenstände" in § 36 werden Sachen und Rechte erfasst. Bedeutung hat § 36 nur in der Insolvenz über das Vermögen natürlicher Personen, da nach § 35 auch der Neuerwerb Teil der Insolvenzmasse ist und durch den Verweis in § 36 auf die Pfändungsschutzvorschriften gewährleistet wird, dass diesen Personen die notwendigen Mittel verbleiben. Zur geplanten Änderung des Pfändungsschutzes vgl. *Ahrens* NZI 2011, 265.

II. Unpfändbarkeit (Absatz 1)

2 **1. Pfändungsschranken.** Die gesetzlichen Pfändungsbeschränkungen sind nach Absatz 1 Satz 1 auch im Insolvenzverfahren zu beachten: Die wichtigsten befinden sich in der ZPO (vgl. §§ 811 ff. und §§ 850 ff., 851c 851d und § 851 Abs. 1 iVm § 857 ZPO). § 850i Abs. 1 S. 1 Fall 2 ZPO gilt dabei für alle selbst erzielen Einkünfte unabhängig davon, ob überhaupt eine Erwerbstätigkeit vorliegt (BGH NZI 2014, 772, str.). Auch Einkünfte aus einer sog kapitalistischen Tätigkeit, etwas aus einem Nießbrauch, Kapitalvermögen, Vermietung oder Verpachtung gehören hierzu (BGH aaO). Pfändungsschutzbestimmungen finden sich auch in den Sozialgesetzen (zB §§ 54, 55 SGB I, § 17 Abs. 1 SGB XII, § 189 SGB III) und in weiteren Bestimmungen, bspw. § 51 BRRG, § 84 BBG, § 27 HAG, § 5 Bergmannsprämiengesetz; §§ 244, 262, 294 LAG, § 28 Abs. 10 Berlin FG, § 60 BSeuchG, § 9 HHG (vgl. näher MüKoInsO/*Peters* § 36 Rn. 57).

3 Vereinzelt ist eine Pfändung nur **bestimmten Gläubigern** möglich, bspw. den Unterhalts- und Deliktsgläubigern, für die erweiterte pfändbare Beträge bestehen (§§ 850d, 850f Abs. 2 ZPO). Diese Vermögenswerte, die nur für bestimmte Gläubiger pfändbar sind, gehören nicht zur Insolvenzmasse, da das Insolvenzverfahren als Gesamtvollstreckungsverfahren voraussetzt, dass der Vermögenswert für alle Gläubiger pfändbar ist. Dies ergibt sich auch aus den Auslassungen in § 36 Abs. 1 S. 2 (BegrRechtsA, BT-Drs. 14/6468, 17; HambK-InsO/*Lüdtke* Rn. 14).

4 **Forderungen** sind nur pfändbar, wenn Sie auch **übertragbar** sind (§ 851 Abs. 1 ZPO). Nicht übertragbar ist eine Forderung, wenn der Gläubigerwechsel den Inhalt der Leistung ändern würde (§ 399 Alt. 1 BGB). Hierzu gehören **höchstpersönliche** Forderungen (vgl. § 1649 Abs. 2 BGB und → § 35 Rn. 36) oder zweckgebundene Forderungen, da zum Verwendungszweck einer Forderung auch der Inhalt der zu erbringenden Leistung gehört (Zöller/*Stöber* ZPO § 851 Rn. 3). Nur bei zweckentsprechender Verwendung fallen daher zweckgebundene Forderungen in die Insolvenzmasse. Noch einzuforderndes Baugeld iSd BaufordSichG darf vom Insolvenzverwalter als Sondermasse nur zur Befriedigung der Baugläubiger verwendet werden (HambK-InsO/*Lüdtke* Rn. 17; aA OLG Hamm ZInsO 2007, 331: keine Zweckbindung). Zu den Versicherungsansprüchen mit Wiederherstellungsklausel vgl. unter → § 35 Rn. 12. Die Zweckbindung hat nur für den noch nicht erfüllten Anspruch Bedeutung, mit Auszahlung entfällt sie (BGH ZInsO 2007, 1348).

5 **Rechtsgeschäftliche Abtretungsverbote** zwischen Schuldner und Drittschuldner verhindern die Massezugehörigkeit nicht, wenn sie unter § 354a HGB fallen oder der geschuldete Gegenstand seiner Natur nach pfändbar ist (§ 851 Abs. 2 ZPO, § 399 Alt. 2 BGB; Uhlenbruck/*Hirte* Rn. 10).

6 **2. Einzelfälle.** Eine **Austauschpfändung** gem. § 811a ist auch zugunsten der Insolvenzmasse möglich (Braun/*Bäuerle* Rn. 4). Nach § 811 Abs. 1 Nr. 5 ZPO können **Arbeitsgeräte** unpfändbar sein. Erforderlich ist jedoch, dass der Schwerpunkt auf der persönlichen Tätigkeit des Schuldners liegt und nicht in der Leitung von Mitarbeitern oder dem Einsatz von Maschinen (AG Göttingen ZInsO 2011,

1659). Die Regelung ist einschränkend auszulegen, weil es unangebracht ist, eine Restschuldbefreiung zu erteilen, obwohl andernfalls wesentliche Vermögensbestandteile bei einem Schuldner verbleiben (MüKoInsO/*Peters* § 35 Rn. 132). Der Pfändungsschutz gem. § 811 Abs. 1 Nr. 5 ZPO gilt auch dann, wenn die Gläubigerversammlung die Einstellung des Geschäftsbetriebes beschlossen hat (AG Köln NZI 2003, 387 für eine Arztpraxis).

7 **Honorarforderungen** von Steuerberatern und Rechtsanwälten sind trotz der Abtretungsverbote in § 64 Abs. 2 S. 2 StBerG und § 49b BRAO pfändbar und vom Schuldner mit Name und Anschrift des Drittschuldners, des Forderungsgrundes und der Beweismittel anzugeben (BGH NJW 2004, 2015). Dies gilt auch für Honorarforderungen aus einer privatärztlichen Behandlung, weil das Geheimhaltungsinteresse des Patienten bei der Güterabwägung hinter dem geschützten Vollstreckungsinteresse des Gläubigers zurücktritt (BGH NZI 2005, 263). Bereits vor Insolvenzeröffnung abgetretene Forderungen oder Verpfändungen begründen vorbehaltlich einer Anfechtung ein Absonderungsrecht jedoch nur, wenn auch die ärztliche Leistung bereits vor Verfahrenseröffnung erbracht war. Die Anerkennung eines Absonderungsrechts würde andernfalls dazu führen, dass die Fortführung der Praxis sofort durch eine Freigabe gem. § 35 Abs. 2 beendet werden müsste, weil andernfalls die Masse die Kosten zu tragen hätte, einzelnen Gläubigern jedoch die Erlöse zustünden (BGH NZI 2010, 343). Zu **Versorgungsansprüchen gegen berufsständige Versorgungswerke** vgl. BGH NJW-RR 2008, 780 = NZI 2008, 304); zur **beamtenrechtlichen Beihilfe** vgl. BGH ZVI 2008, 29.

III. Geschäftsunterlagen (Absatz 2)

8 **1. Im Besitz des Schuldners.** Trotz der gem. § 811 Abs. 1 Nr. 11 ZPO bestehenden Unpfändbarkeit von Geschäftsbüchern, sind diese gem. **Absatz 2** Teil der Insolvenzmasse, da der Insolvenzverwalter ohne die Geschäftsunterlagen den Betrieb nicht fortführen oder abwickeln kann. Zu den Geschäftsunterlagen gehören Jahresabschlüsse, Kontoauszüge, Rechnungen, Quittungen, Kunden- und Lieferantenverzeichnisse, Lohnlisten, Steuererklärungen, Geschäftskorrespondenz und -verträge, Belege des Rechnungswesens, Einnahmen- und Ausgabenaufstellungen (HambK-InsO/*Lüdtke* Rn. 42). Die Herausgabeverpflichtung des Schuldners kann der Insolvenzverwalter gegenüber dem Schuldner gem. § 148 Abs. 2 im Wege der Zwangsvollstreckung durchsetzen.

9 **2. Im Besitz eines Dritten.** Geschäftsunterlagen, die sich **bei Dritten** (Steuerberatern, Wirtschaftsprüfern, Rechtsanwälten etc) befinden, kann der Insolvenzverwalter gem. §§ 675, 667 BGB herausverlangen, ggf. auch durch eine einstweilige Verfügung gem. §§ 935, 940 ZPO (OLG Berlin ZIP 2006, 962). Ein Zurückbehaltungsrecht wegen offener Honorarforderungen steht dem Dritten nicht zu (OLG Stuttgart ZIP 1982, 80). Vom Dritten vorbereitete Unterlagen und Akten gehören zu den herauszugebenden Geschäftsunterlagen, nicht jedoch das vertraglich geschuldete Arbeitsergebnis (BGH ZIP 2004, 1267).

10 **3. Aufbewahrungspflichten.** Nach **Absatz 2 Nr. 1** werden durch die Herausgabeverpflichtung bzgl. der Unterlagen die gesetzlichen Aufbewahrungspflichten nicht berührt. Damit wird zunächst zum Ausdruck gebracht, dass der Insolvenzverwalter nicht befugt ist, die Unterlagen zu vernichten oder als Altpapier zu verkaufen (LG Koblenz KTS 1965, 241 [242 f.]). Darüber hinaus wird hierdurch nach der hM der Insolvenzverwalter auch zur Erfüllung der gesetzlichen Aufbewahrungsvorschriften (§ 257 HGB, § 147 AO) verpflichtet (Braun/*Bäuerle* Rn. 22), soweit nicht das Schuldnerunternehmen auf Grund eines Insolvenzplans oder iRd Eigenverwaltung fortgeführt wird (Uhlenbruck/*Hirte* Rn. 49). Wird das Unternehmen (die „assets“) durch den Insolvenzverwalter veräußert, kann dieser

seine Aufbewahrungspflicht auch durch eine entsprechende Vereinbarung mit dem Erwerber bei einer Übergabe der Unterlagen an diesen erfüllen (vgl. Baumbach/Hueck/*Haas* GmbHG § 74 Rn. 9). Auch eine selbstständige Verwertung der Unterlagen ist zulässig, wenn die Aufbewahrung gesichert ist (OLG Saarbrücken ZInsO 2001, 132). Reicht die Insolvenzmasse zur Deckung der Aufbewahrungskosten nicht aus, soll es bei den allgemeinen Bestimmungen verbleiben (HambK-InsO/*Lüdtke* Rn. 45; Uhlenbruck/*Hirte* Rn. 50). Danach sind zur Erfüllung der gesetzlichen Aufbewahrungspflichten gem. § 257 HGB, § 147 AO der Schuldner, bei juristischen Personen der Geschäftsführer bzw. Liquidator (§ 74 GmbHG, § 273 AktG) und bei Personenhandelsgesellschaften die Gesellschafter nach § 157 HGB verpflichtet. Unter Geltung der Konkursordnung entsprach es der allgemeinen Ansicht, dass diese Personen nach Abschluss des Verfahrens zur Verwahrung der Bücher und Schriften verpflichtet sind (OLG Stuttgart ZIP 1984, 1385).

4. Landwirtschaftliche Betriebe und Apotheken. Bezüglich der landwirtschaftlichen Betriebe und Apotheken stellt § 36 Abs. 2 Nr. 2 klar, dass zur Insolvenzmasse auch das Inventar und die Vorräte des Landwirtes und des Apothekers gehören. 11

IV. Hausrat (Absatz 3)

Hausrat, der einer „bescheidenen" Haushaltsführung entspricht, unterfällt bereits dem Schutz des § 811 Abs. 1 Nr. 1 iVm § 36 Abs. 1 S. 1. Ähnlich wie § 812 ZPO sieht § 36 Abs. 3 vor, dass genutzte **Gegenstände des *„gewöhnlichen"* Hausrats** dann zur Insolvenzmasse gehören, wenn das Verwertungsinteresse der Gläubiger das Nutzungsinteresse des Schuldners übersteigt. Die **Verhältnismäßigkeitsprüfung** erfolgt durch den Insolvenzverwalter, Streitigkeiten sind im Zivilrechtsweg auszutragen (vgl. → § 35 Rn. 46 f.). Gegenstände des „gewöhnlichen" Hausrats sind Gegenstände, die vom Schuldner im Alltag gebraucht werden, zB Möbel, Haushaltsgeräte, Kleidung, Geschirr, ein Fernsehgerät. Luxusgegenstände, Antiquitäten und Sachen von Sammlerwert gehören nicht dazu (HambK-InsO/*Lüdtke* Rn. 49) und fallen somit in die Insolvenzmasse. 12

V. Verfahren (Absatz 4 iVm Absatz 1 Satz 2)

Für Entscheidungen, ob ein Gegenstand nach § 36 Abs. 1 S. 2 den Vorschriften der Zwangsvollstreckung unterliegt, ist gem. Absatz 4 das Insolvenzgericht zuständig. Das Insolvenzgericht entscheidet damit über den **Antrag des Schuldners,** gem. § 850f ZPO ihm einen Teil des nach den Bestimmungen der §§ 850c, 850d und 850i ZPO pfändbaren Einkommens zu belassen. Sein Rechtschutzinteresse für den Antrag entfällt jedoch, nachdem der Drittschuldner an den Gläubiger gezahlt hat (BGH BeckRS 2010, 03666). Vertreten wird auch, dass das Gericht auch über einen Pfändungsschutz für Kontoguthaben aus wiederkehrenden Einkünften gem. § 850k ZPO zu entscheiden hat (HambK-InsO/*Lüdtke* Rn. 53; *Schäferhoff* ZVI 2008, 331 [333]; zum „Monatsanfangsproblem" vgl. *Ahrens* NZI 2011, 183). Der vorläufige Insolvenzverwalter bzw. der **Insolvenzverwalter** kann gem. Absatz 4 Satz 2 und 3 eine Erhöhung der massezugehörigen Beträge gem. §§ 850c Abs. 4, 850e Nr. 2 und Nr. 2a, 850g und 850h ZPO beantragen. Entsprechendes gilt für den Treuhänder auch in der Restschuldbefreiungsphase, §§ 304 Abs. 1, 292 Abs. 1 S. 3. **Gläubiger** sind nicht antragsberechtigt, § 36 Abs. 4 S. 2. 13

Funktionell **zuständig** sind gem. § 18 RPflG im Eröffnungsverfahren der Richter und im eröffneten Insolvenzverfahren der Rechtspfleger (Uhlenbruck/*Hirte* Rn. 57; Braun/*Bäuerle* Rn. 28; aA HambK-InsO/*Lüdtke* Rn. 56: Das Insol- 14 venzgericht handelt als „besonderes Vollstreckungsgericht" (BGH ZInsO 2004, 391 [392]), so dass sich die funktionelle Zuständigkeit nach § 20 Nr. 17 RPflG richtet und grds. der Rechtspfleger zuständig ist. Der Richtervorbehalt des § 20 Nr. 17 S. 2 RPflG greift nur bzgl. der Entscheidung gem. §§ 851c, 851d ZPO).

15 Der **Rechtsmittelzug** richtet sich nicht nach der InsO (dh § 6), sondern nach den Vollstreckungsnormen der ZPO (BGH ZInsO 2006, 139). Das Rechtsmittel gegen die Entscheidung des Rechtspflegers richtet sich nach § 11 RPflG. Gegen Entscheidungen, die im Zwangsvollstreckungsverfahren ohne mündliche Verhandlung ergehen, ist die fristgebundene sofortige Beschwerde gem. §§ 793, 567, 569 ZPO statthaft (BGH NZI 2004, 447).

Gesamtgut bei Gütergemeinschaft

37 (1) [1] **Wird bei dem Güterstand der Gütergemeinschaft das Gesamtgut von einem Ehegatten allein verwaltet und über das Vermögen dieses Ehegatten das Insolvenzverfahren eröffnet, so gehört das Gesamtgut zur Insolvenzmasse.** [2] **Eine Auseinandersetzung des Gesamtguts findet nicht statt.** [3] **Durch das Insolvenzverfahren über das Vermögen des anderen Ehegatten wird das Gesamtgut nicht berührt.**

(2) **Verwalten die Ehegatten das Gesamtgut gemeinschaftlich, so wird das Gesamtgut durch das Insolvenzverfahren über das Vermögen eines Ehegatten nicht berührt.**

(3) **Absatz 1 ist bei der fortgesetzten Gütergemeinschaft mit der Maßgabe anzuwenden, daß an die Stelle des Ehegatten, der das Gesamtgut allein verwaltet, der überlebende Ehegatte, an die Stelle des anderen Ehegatten die Abkömmlinge treten.**

Schrifttum: *Thiele,* Besonderheiten eines Insolvenzverfahrens über das Vermögen des allein verwaltenden Ehegatten einer Gütergemeinschaft, ZInsO 2014, 2259.

I. Allgemeines

1 Die Vorschrift bezieht sich auf die **Gütergemeinschaft** (§§ 1415 ff. BGB) und die fortgesetzte Gütergemeinschaft (§§ 1483 ff. BGB). Sie übernimmt den Regelungsgehalt der §§ 740, 745 ZPO für das Insolvenzverfahren. Bei der Gütergemeinschaft bestehen fünf Vermögensmassen: Das Gesamtgut (Gesamthandsvermögen, § 1416 BGB), das Sondergut eines jeden Ehepartners, das die Gegenstände umfasst, die nicht rechtsgeschäftlich übertragbar sind (§ 1417 BGB), und das Vorbehaltsgut bei Mann und Frau, das die Gegenstände umfasst, die nach dem Ehevertrag im Alleineigentum eines Ehegatten verbleiben sollen (§ 1418 BGB). Hierzu kann neben Einzelgegenständen auch ein Geschäftsbetrieb gehören (*Thiele* ZInsO 2014, 2259 [2260]). Sondergut und Vorbehaltsgut werden von jedem Ehegatten selbst verwaltet. Das Gesamtgut wird gemeinschaftlich verwaltet, wenn der Ehevertrag nichts Abweichendes bestimmt (§ 1421 S. 2 BGB).

II. Gesamtgutverwaltung durch den insolventen Ehegatten (Absatz 1 Satz 1)

2 Nach **Absatz 1 Satz 1** gehört in diesem Fall zur **Insolvenzmasse** neben dem Sondergut (soweit pfändbar) und dem Vorbehaltsgut **auch** das **Gesamtgut.** Zum Gesamtgut gehört auch das pfändbare Arbeitseinkommen des nicht insolventen Ehegatten als Neuerwerb, da die Gütergemeinschaft durch die Verfahrenseröffnung nicht beendet wird (Jaeger/*Henkel* InsO § 37 Rn. 15; Uhlenbruck/*Knof* Rn. 8; HambK-InsO/*Lüdtke* Rn. 7; krit. Kübler/Prütting/Bork/*Holzer* § 35

Rn. 40, 42). Da die Gestaltung des Güterstandes den Ehegatten für die Zukunft nicht verwehrt werden kann (vgl. → § 35 Rn. 36), können sie jederzeit den Neuerwerb des nicht verwaltenden Ehegatten gem. § 1418 Abs. 2 Nr. 1 BGB zum Vorbehaltsgut erklären (MüKoInsO/*Schumann* Rn. 15, 21). Den Verfügungsbeschränkungen der §§ 1423–1425 BGB unterliegt der Insolvenzverwalter nicht (HambK-InsO/*Lüdtke* Rn. 8). Der andere Ehegatte kann lediglich Aussonderung der Gegenstände seines Sonder- und Vorbehaltsgutes verlangen (Braun/*Bäuerle* Rn. 3).

III. Aufhebung der Gütergemeinschaft (Absatz 1 Satz 2)

Durch eine Auseinandersetzung der Gütergemeinschaft kann das Gesamtgut dem Insolvenzverfahren nicht entzogen werden, da dieses kein Auseinandersetzungsgrund gem. § 37 Abs. 1 S. 2 ist. Unter den Voraussetzungen des § 1447 Nr. 3 bzw. § 1448 BGB kommt eine Klage auf Aufhebung der Gemeinschaft in Betracht (Braun/*Bäuerle* Rn. 5). **3**

IV. Insolvenz des nicht verwaltenden Ehegatten (Absatz 1 Satz 3)

Bei der Insolvenz des nicht das Gesamtgut verwaltenden Ehegatten fällt dieses nicht in seine Insolvenzmasse (BGH NZI 2006, 402). Die Insolvenzmasse besteht nur aus dem Sondergut und dem Vorbehaltsgut. **4**

V. Gemeinsame Gesamtgutsverwaltung (Absatz 2)

Diese ist nach § 1421 BGB der **Regelfall.** Das Gesamtgut wird nicht Teil der Insolvenzmasse des insolventen Ehegatten. Diese besteht nur aus dem Sondergut und dem Vorbehaltsgut. Bezüglich des Gesamtguts steht dem anderen Ehegatten ein Aussonderungsrecht nach § 47 zu (MüKoInsO/*Schumann* Rn. 32). **5**

VI. Fortgesetzte Gütergemeinschaft (Absatz 3)

Setzt der überlebende Ehegatte mit den Abkömmlingen die Gütergemeinschaft fort (§§ 1483 ff. BGB), gilt Abs. 1 entsprechend. Der überlebende Ehegatte wird als Verwalter des Gesamtguts angesehen (vgl. auch § 1487 Abs. 1 BGB). Bei der Insolvenz des überlebenden Ehegatten wird das Gesamtgut damit Insolvenzmasse, nicht jedoch im Falle der Insolvenz eines Abkömmlings. **6**

Begriff der Insolvenzgläubiger

38 Die Insolvenzmasse dient zur Befriedigung der persönlichen Gläubiger, die einen zur Zeit der Eröffnung des Insolvenzverfahrens begründeten Vermögensanspruch gegen den Schuldner haben (Insolvenzgläubiger).

Schrifttum: *Cranshaw,* Konkurrenzen zwischen Gesellschafts-, Insolvenz- und Gemeinschaftsrecht bei der Rückforderung rechtswidriger Beihilfen in der jüngsten Rechtsprechung des Bundesgerichtshofs, DZWIR 2008, 89; *Drasdo,* Das Verhältnis von InsO und WEG – Zahlungspflichten des Insolvenzverwalters, NZI 2005, 489; *Kahlert,* Zur Dogmatik der Umsatzsteuer im Insolvenzverfahren, DStR 2011, 1973; *Keller,* Der Unterhaltsanspruch als Insolvenzforderung und die Stellung des Unterhaltsgläubigers im Insolvenzverfahren, NZI 2007, 143; *Obermüller,* Die Verrechnung von Tilgungen im Insolvenzverfahren, NZI 2011, 663; *Schelp,* Arbeitnehmerforderungen in der Insolvenz, NZA 2010, 1095; *Karsten Schmidt* FS Schilken, 2015, 789; *Schwarz,* Anmerkung zur Entscheidung des BFH vom 9.12.2010, NZI 2011, 613; *Trips-Hebert,* Lizenzen in der Insolvenz – die deutsche Insolvenzordnung als Bremsklotz, ZRP 2007, 225.

Übersicht

I. Allgemeines

1 § 38 enthält die Legaldefinition des Insolvenzgläubigers. Insolvenzgläubiger können gem. § 87 ihre Forderungen nur nach den Vorschriften über das Insolvenzverfahren verfolgen. Insolvenzgläubiger ist derjenige, dem zum **Zeitpunkt der Verfahrenseröffnung** ein Vermögensanspruch gegen den Schuldner zustand (BGH BeckRS 2011, 24544), auch wenn er sich nicht am Verfahren beteiligt (BGH NJW 1979, 162; Uhlenbruck/*Sinz* Rn. 1). Die Ansprüche der Insolvenzgläubiger sollen nach § 1 S. 1 durch die Verteilung der Insolvenzmasse (§§ 187 ff.) gemeinschaftlich und gleichmäßig befriedigt werden. Auch wenn der Insolvenzgläubiger nicht am Verfahren teilnimmt, kann er daher nicht in die Insolvenzmasse vollstrecken (§ 89) und unterliegt der Rückschlagsperre (§§ 88, 312 Abs. 1 S. 3) und einem Aufrechnungsverbot (§ 96). Rechtsstreitigkeiten mit diesen Personen werden und bleiben bis zur Aufnahme daher nach § 240 ZPO auch dann unterbrochen, wenn der Gläubiger auf eine Teilnahme am Insolvenzverfahren verzichtet (BGH NZI 2009, 309; Uhlenbruck/*Sinz* Rn. 1; HambK-InsO/*Lüdtke* Rn. 4; Braun/*Kroth* § 87 Rn. 5; aA MüKoInsO/*Ehricke* Rn. 9). Nach **Verfahrensbeendigung** können der nicht anmeldende und der teilnehmende Insolvenzgläubiger ihre Ansprüche gegenüber dem Schuldner verfolgen (vgl. §§ 201, 215 Abs. 2). Ausnahmen bestehen jedoch auch hier bei einem rechtskräftig bestätigten Insolvenzplan (§ 254 Abs. 1 S. 3) und bei der Erteilung der Restschuldbefreiung (§§ 201 Abs. 3, 301 Abs. 1 S. 2). Beim Unterlassen der Forderungsanmeldung kommt es aber nicht zur Hemmung der Verjährung (§ 204 Abs. 1 Nr. 10 BGB).

2 Die Insolvenzgläubiger haben vielfältige **Rechte.** Sie können Ihre Ansprüche zur Insolvenztabelle (§§ 174 ff., auch nachträglich, §§ 177, 192) anmelden, um bei der Verteilung der Masse teilzunehmen (§§ 178, 187 ff.). Im Verfahren haben sie Antragsrechte (§§ 14, 75 Abs. 1 Nr. 4, 77 Abs. 2, 78 Abs. 1, 153 Abs. 2, 237 Abs. 1, 251 Abs. 1, 272 Abs. 1 Nr. 2, 290 Abs. 1), Stimmrechte (§ 77), Einsichtsrechte (§ 4, § 299 ZPO), Anhörungsrechte (§§ 76 S. 1, 197 Abs. 1 S. 2 Nr. 2, 207 Abs. 2, 289 Abs. 1), Informations- und Prüfungsrechte (§§ 66 Abs. 2, 3, 97 Abs. 1, 154, 175 S. 2, 176 S. 1, 177 Abs. 1 S. 2, 234, 274 Abs. 3, 281 Abs. 3, 283 Abs. 1), Widerspruchsrechte (§§ 178, 179 Abs. 2) und Beschwerderechte (vgl. §§ 57 S. 3, 59 Abs. 2 S. 2, 64 Abs. 3, 73 Abs. 2, 75 Abs. 3, 78 Abs. 2 S. 3, 197 Abs. 3 iVm § 194 Abs. 2, 272 Abs. 2 S. 3, 274 Abs. 1, 289 Abs. 2). In der Gläubigerversammlung treffen sie die verfahrensleitenden Entscheidungen (§§ 75 ff., 157 ff.). Notwendig hierfür ist, dass der Gläubiger bei der Forderungsanmeldung einen Lebenssachverhalt schlüssig dargelegt hat, *„der in Verbindung mit einem Rechtssatz die geltend gemachte Forderung als begründet erscheinen lässt"* BGH NJW-RR 2009, 772 [773]). Für nachrangige Gläubiger gem. § 39 gelten Einschränkungen gem. §§ 77 Abs. 1 S. 2, 78 Abs. 1, Abs. 2 S. 2 und 237 Abs. 1.

Aussonderungsberechtigte sind keine Insolvenzgläubiger (§ 47). **Absonderungsberechtigte** sind nur insoweit Insolvenzgläubiger, als der Schuldner ihnen auch persönlich haftet (§ 52 S. 1). Absonderungsrechte an Rechten und Forderungen (nicht an Immobilien) sind anzuzeigen (§ 28). Nach Verfahrenseröffnung entstandene Forderungen, die aus der Masse zu erfüllen sind, sind keine Insolvenzforderungen, sondern Masseverbindlichkeiten. **Massegläubiger** sind keine Insolvenzgläubiger. Masseansprüche sollen vorrangig in voller Höhe erfüllt werden (§§ 53, 55, 209). Gläubiger, die ihren Anspruch nach Verfahrenseröffnung erlangt haben (sog **Neugläubigern**) steht grds. nur ein Anspruch gegen den Schuldner selbst zu (vgl. aber § 265). Mit dem ESUG v. 7.12.2011 hat der Gesetzgeber den **Begriff des „Beteiligten"** in die Insolvenzordnung eingeführt. Hiermit werden die Personen erfasst, denen Anteils- oder Mitgliedschaftsrechte an dem Schuldner zustehen (§§ 217, 220 Abs. 2, 222 nF). 3

II. Voraussetzungen

1. Persönlicher Anspruch. Es muss ein persönlicher **Anspruch** gegen den Schuldner vorliegen, **für den der Schuldner** anders als seinen „dinglichen" Gläubigern, denen er nur mit einem bestimmten Gegenstand haftet, **mit seinem gesamten Vermögen** bzw. Sondervermögen (zB §§ 315 ff., 333) haftet. 4

2. Vermögensanspruch. a) Grundsatz. Ein Vermögensanspruch besteht nur dann, wenn dieser auch im Wege der Einzelzwangsvollstreckung aus dem Vermögen beigetrieben werden könnte (MüKoInsO/*Ehricke* § 38 Rn. 14). Der „Vermögensanspruch" muss nicht auf Zahlung gerichtet sein. Ist dies nicht der Fall, wird gem. §§ 45 S. 1, 46 S. 1 in Geld umgerechnet. 5

b) Abgrenzung. aa) Höchstpersönliche Ansprüche. Diese sind keine Vermögensansprüche. Hierzu zählen bspw. das Namensrecht (vgl. aber → § 35 Rn. 23), das Umgangsrecht, der Anspruch auf Ehescheidung oder das Anfechtungsrecht bzgl. der Vaterschaft (§ 1600a BGB), nicht jedoch der Anspruch auf Zustimmung zur steuerlichen Zusammenveranlagung (vgl. → § 35 Rn. 10). Resultiert aus der Verletzung eines höchstpersönlichen Anspruchs ein Schadensersatzanspruch, kann dieser Vermögensanspruch im Insolvenzverfahren geltend gemacht werden (HambK-InsO/*Lüdtke* Rn. 15). 6

bb) Gestaltungsrechte. Sie selbst begründen keine Insolvenzforderung, da durch das Recht zur Kündigung (zB § 626 BGB), zum Rücktritt (zB § 323 Abs. 1 BGB) oder durch das Recht zur Anfechtung (zB § 142 Abs. 1 BGB) nur auf die Rechtsstellung des Erklärungsempfängers eingewirkt wird. Nach Ausübung des Gestaltungsrechtes kann jedoch ein auf Geld gerichteter oder in Geld umzuwandelnder (§ 46) Anspruch entstehen. 7

cc) Ansprüche auf unvertretbare Handlungen. Diese sind keine Insolvenzforderungen, da unvertretbare Handlungen nur durch den Schuldner persönlich vorgenommen werden können. Die Vollstreckung richtet sich nicht gegen das Vermögen des Schuldners, sondern gegen ihn persönlich (§ 888 Abs. 1 ZPO). Hierauf gerichtete Ansprüche begründen daher keine Insolvenzforderung. Hierzu gehören bspw. Dienste höherer Art von Ärzten, Künstlern, Wissenschaftlern oder die Herstellung eines Nachlassverzeichnisses (Kübler/Prütting/Bork/*Holzer* Rn. 17). Bei Ansprüchen aus Auskunftserteilung und Rechnungslegung ist zu differenzieren. Liegt diesen ein Rechtsverhältnis zu Grunde, aus dem keine Haftung der Masse mehr resultiert, bspw. weil der Anspruch sich auf eine vor der Eröffnung des Insolvenzverfahrens abgetretene Forderung (§ 402 BGB) bezieht, so ist der Anspruch gegen den Schuldner persönlich geltend zu machen. Kann der Anspruch jedoch gegen die Masse gem. §§ 38, 47–52 oder 55 geltend gemacht 8 werden, ist der Insolvenzverwalter zur Auskunft und Rechnungslegung verpflichtet (HambK-InsO/*Lüdtke* Rn. 25). Auskunftserteilung und Rechnungslegung müssen dem Insolvenzverwalter zumutbar sein. Der Anspruch kann durch Einsichtsgewährung in die Geschäftsunterlagen des Schuldners erfüllt werden (BGH NJW 2000, 3777 und § 167 Abs. 2 S. 2).

9 **dd) Unterlassungsansprüche.** Sie können mittels Zwang nur gegen die Person des Schuldners durchgesetzt werden und ermöglichen keinen Zugriff auf das Vermögen (§ 890 ZPO). Nach herrschender Meinung begründen sie daher keine Insolvenzforderung (BGHZ 155, 371 = NZI 2003, 539; Uhlenbruck/*Sinz* Rn. 12; MüKoInsO/*Ehricke* Rn. 38; aA *Karsten Schmidt* KTS 2004, 241). Hier ist zu differenzieren. Ein Unterlassungsanspruch auch gegen die Masse besteht, wenn der geltend gemachte Anspruch Aussonderungscharakter hat, weil er dem Schutz eines absoluten Drittrechtes gegen die Inanspruchnahme durch die Masse dient (*Karsten Schmidt* FS Schilken, 2015, 789 ff.; OLG Köln BeckRS 2008, 01152, vgl. → § 35 Rn. 22). Besteht eine schuldrechtliche Verpflichtung, kommt hinsichtlich des Nichterfüllungsinteresse für den Zeitraum vor Eröffnung eine Schadensersatzforderung als Insolvenzforderung in Betracht (vgl. OLG Stuttgart ZInsO 2002, 774 [775] und → § 45 Rn. 7). Bei gesetzlich begründeten Unterlassungsansprüchen (zB die Nichteinhaltung des Grenzabstandes) kommt eine Insolvenzforderung in Betracht, wenn der Unterlassungsanspruch massebezogen und in Geld bewertbar ist (vgl. *Karsten Schmidt* FS Schilken, 2015, 789 [793]). Besteht eine absolute Verpflichtung kommt eine entsprechende Insolvenzforderung für den Zeitraum bis zur Verfahrenseröffnung in Betracht. Ab Verfahrenseröffnung ist eine absolute Verpflichtung vom Verwalter unabhängig von der Massezulänglichkeit zu erfüllen (BGHZ 185, 11 [21] = NZI 2010, 811 [813]). Nach anderer Ansicht liegt eine Masseverbindlichkeit vor (*Karsten Schmidt* FS Schilken, 2015, 789 [795]).

10 **ee) Verjährte Forderungen.** Diese begründen Insolvenzforderungen, wenn der Insolvenzverwalter versäumt, mit der Verjährungseinrede der Feststellung zur Tabelle zu widersprechen (§ 178). Steuerforderungen erlöschen mit Verjährung (§§ 47, 232 AO).

11 **ff) Gesellschaftsrechtliche Mitgliedschaftsrechte.** Sie begründen nach allgemeiner Ansicht keine Insolvenzforderung, weil die Einlage Haftkapital darstellt (Kübler/Prütting/Bork/*Holzer* Rn. 19). Der stille Gesellschafter kann jedoch insoweit, als seine Einlage seinen vertragsgemäßen Verlustanteil übersteigt (§ 236 Abs. 1 HGB), seine Einlage zurückfordern. Ist er nicht am Verlust beteiligt, kann er dies in voller Höhe tun (§ 231 Abs. 2 HGB). Hat die Einlage kapitalersetzenden Charakter, was bei atypisch stillen Gesellschaftern der Fall sein kann, kann diese nur nachrangig gem. § 39 Abs. 1 Nr. 5 geltend gemacht werden (HambK-InsO/*Lüdtke* Rn. 11).

12 **gg) Besserungsvereinbarungen.** Diese sind nicht in der Insolvenzordnung geregelt. Nach teilw. vertretener Ansicht stellen sie einen durch den Besserungsfall auflösend bedingten Forderungsverzicht, verbunden mit einem aufschiebend bedingten Schuldanerkenntnis, dar, nach anderer Ansicht handelt es sich um einen pactum de non petendo oder eine Stundung (Jaeger/*Henkel* Rn. 12; Uhlenbruck/*Sinz* Rn. 22). Entscheidend ist der Parteiwille. Soll die Forderung erst im Besserungsfall wieder geltend gemacht werden können, liegt keine Insolvenzforderung vor. Soll dies jedoch bei einem Scheitern der Sanierung möglich sein, liegt eine Insolvenzforderung vor (HambK-InsO/*Lüdtke* Rn. 21).

13 **hh) Unvollkommene Verbindlichkeiten (Naturalobligation).** Naturalobligationen liegen vor, wenn die Verbindlichkeit nicht einklagbar ist, das Gewährte aber auch nicht zurückgefordert werden kann. Sie stellen keine Insolvenzforde-

rung dar (MüKoInsO/*Ehricke* § 38 Rn. 48). Hierunter fallen Spiel- und Wettschulden (§ 762 BGB), die Mäklerprovision (§ 656 BGB) und unverbindliche Finanztermingeschäfte (arg. § 37e WpHG). Für Zahlungen nach Eintritt der Restschuldbefreiung vgl. § 301 Abs. 3.

3. Begründetheit im Eröffnungszeitpunkt. a) Begriffsbestimmung. Insolvenzgläubiger ist nur derjenige, dessen Anspruch zum „Zeitpunkt der Insolvenzeröffnung" „begründet" ist. Mit Eröffnung des Insolvenzverfahrens erlangt der Insolvenzverwalter die Verfügungsbefugnis über die Masse gem. §§ 80, 81. Danach begründete Forderungen des Insolvenzverwalters sind Masseverbindlichkeiten gem. §§ 53, 55 oder vom natürlichen Schuldner selbst begründete Neuverbindlichkeiten, die sein insolvenzfreies Vermögen betreffen. Masseverbindlichkeiten liegen jedoch auch vor, wenn ein „starker" vorläufiger Verwalter Ansprüche vor Verfahrenseröffnung begründet hat (§§ 22 Abs. 1, 55 Abs. 2). **14**

Ein Anspruch ist nicht nur dann „begründet", wenn er schon unbedingt und fällig zum Zeitpunkt der Insolvenzeröffnung bestand (vgl. §§ 41, 191). Besteht der Anspruch, ist er aber noch nicht fällig (sog **betagte Forderung**), wird er gem. § 41 Abs. 1 als fällig behandelt. Dies gilt auch für **befristete Forderungen,** die erst in Zukunft bestehen (vgl. → § 41 Rn. 4). Auch aufschiebend und auflösend **bedingte Forderungen** sind Insolvenzforderungen (vgl. → § 42 Rn. 2). Hängt das Entstehen der Forderung jedoch von einem künftigen Tun oder Unterlassen des Insolvenzschuldners ab (sog **Potestativbedingung**), ergibt sich aus § 81, dass der Anspruch nicht im Verfahren geltend gemacht werden kann (HambK-InsO/*Lüdtke* Rn. 33). **15**

Den zuvor genannten Vorschriften kann entnommen werden, dass die „Entstehung" oder die Fälligkeit nach der „Begründung" der Forderung liegen kann. Eine „begründete" Forderung liegt vor, wenn der anspruchsbegründende Tatbestand bereits vor Verfahrenseröffnung erfüllt worden ist (Uhlenbruck/*Sinz* Rn. 26). Für die „Begründung" einer Forderung ist es „erforderlich, aber auch ausreichend (…), wenn vom anspruchsbegründenden Tatbestand so viele Merkmale verwirklicht sind, dass der Gläubiger eine **gesicherte Anwartschaft** an der Forderung hat, der Schuldner ihr Entstehen also nicht mehr einseitig verhindern kann" (HambK-InsO/*Lüdtke* Rn. 30, BFH ZIP 1983, 1120). Dies wird deutlich bei Gewährleistungsfällen. Der Aufwendungsersatzanspruch gem. § 637 Abs. 1 BGB entsteht erst mit der kostenauslösenden Ersatzvornahme. Erfolgt diese vor Verfahrenseröffnung, liegt eine Insolvenzforderung vor. Eine Insolvenzforderung liegt jedoch auch vor, wenn die Ersatzvornahme nach Verfahrenseröffnung durchgeführt wurde, der zugrundeliegende Mangel jedoch vor oder erst nach Verfahrenseröffnung aufgetreten ist (vgl. Uhlenbruck/*Sinz* Rn. 26). **16**

b) Ausgewählte Fallgruppen. aa) Dauerschuldverhältnisse. Für gegenseitige Verträge und die wichtigsten Dauerschuldverhältnisse regelt die Insolvenzordnung, wann eine Insolvenzforderung vorliegt (vgl. §§ 103 Abs. 2, 104 Abs. 3 S. 2, 105 S. 1, 108 Abs. 3, 109 Abs. 1 S. 3 und Abs. 2 S. 2, 113 Abs. 3, 115 Abs. 3, 116, 118 S. 2). Ansonsten ist zu unterscheiden, ob der Anspruch jeweils neu als „Einzelanspruch" entsteht oder aus einem einheitlichen, vor Insolvenzeröffnung begründeten „Stammrecht" resultiert (HambK-InsO/*Lüdtke* Rn. 35). Ein **„Einzelanspruch"** liegt vor, wenn die wechselseitigen Ansprüche von jeweils neu zu erbringenden Gegenleistungen abhängen, bspw. bei Miet-, Pacht- oder Dienstverhältnissen von der Bereitstellung der Gegenleistung. Der entstehende Einzelanspruch ist entweder eine Masseverbindlichkeit, bspw. der Mietzins in der Zeit ab Verfahrenseröffnung bis zum Wirksamwerden der Enthaftungserklärung gem. § 109 Abs. 1 S. 2 oder eine Neuverbindlichkeit, die sich nur gegen den Schuldner richtet. Resultiert der Anspruch aus einem „Stammrecht", hat der Gläubiger den Gegenwert für seine künftigen Ansprüche bereits in das Schuld- **17**

nervermögen geleistet, so dass seine Ansprüche aus diesem Vermögen auch zu befriedigen sind (MüKoInsO/*Ehricke* Rn. 20). Diese Ansprüche sind Insolvenzforderungen. Hierzu gehören insbes. die betrieblichen Pensions- und Rentenansprüche der Arbeitnehmer (BAG NJW 1970, 964).

18 Die Konstruktion des **Wiederkehrschuldverhältnisses** (zB Energielieferungsverträge) und seine Abgrenzungen zum Sukzessivlieferungsvertrag ist durch § 105 S. 1 entbehrlich geworden (HambK-InsO/*Lüdtke* Rn. 37). Der Insolvenzverwalter hat die Möglichkeit, den Vertrag fortzusetzen mit der Folge, dass nur die Forderungen aus dem nach Verfahrenseröffnung entstehenden Leistungen Masseverbindlichkeiten iSd § 55 Abs. 1 Nr. 2 werden. Im Gegensatz hierzu liegt beim Sonderabnehmervertrag bzw. Sukzessivlieferungsvertrag ein einheitliches Schuldverhältnis vor (BGH ZIP 1982, 854; Uhlenbruck/*Sinz* Rn. 59).

19 **bb) Mietverhältnisse.** Der Vermieter kann in der Insolvenz des Mieters vom Insolvenzverwalter gem. § 47 die Aussonderung der Mietsache verlangen, wenn der Insolvenzverwalter diese in Besitz genommen hat. Andernfalls muss der Vermieter seinen Anspruch gegen den Schuldner persönlich geltend machen (BGH ZInsO 2008, 808). Die Abwicklungsansprüche sind vor Insolvenzeröffnung entstanden und damit grds. Insolvenzforderungen (BGH NZI 2007, 287), es sei denn, der Insolvenzverwalter hat das Miet- oder Pachtobjekt nach Verfahrenseröffnung weiter genutzt und den Vermieter/Verpächter dabei gezielt vom Besitz ausgeschlossen (BGH NZI 2007, 33). Zu den Abwicklungsansprüchen gehören Ansprüche auf Nutzungsentschädigung gem. § 546a BGB sowie Schadensersatzansprüche auf Herstellung des vertragsgemäßen Zustandes der Mietsache (Schönheitsreparaturen, Rückbaukosten). Kosten für die Abholung der Mietsache sind eine Insolvenzforderung (BGH NJW 1979, 310). Hat der Vermieter die Kaution nicht getrennt von seinem Vermögen gem. § 551 Abs. 2 BGB angelegt, ist der Kautionsrückzahlungsanspruch in der Insolvenz des Vermieters eine Insolvenzforderung (BGH NJW 2008, 1152). Steht dem Mieter aus einer Betriebskosten- oder Heizkostenabrechnung ein Guthaben zu, so ist der Auszahlungsanspruch eine Insolvenzforderung, selbst wenn die Rechnungsperiode nach Verfahrenseröffnung abläuft, da der Rechtsgrund hierfür vor Verfahrenseröffnung liegt (AG Berlin-Mitte MM 2005, 39).

20 **cc) Arbeitsverhältnisse.** Offene **Entgeltansprüche** für die Zeit vor Insolvenzeröffnung sind Insolvenzforderungen. **Urlaubsansprüche einschließlich des Urlaubsentgeltes,** dh dem im Urlaub fortzuzahlenden Arbeitsentgelt, sind nach Ansicht des BAG Massenverbindlichkeiten gem. § 55 Abs. 1 Nr. 2. Urlaubsansprüche sind nicht von einer Gegenleistung abhängig und werden daher auch nicht monatlich verdient. Sie lassen sich daher nicht dem Zeitraum vor oder nach Insolvenzeröffnung zuordnen. Endet das Arbeitsverhältnis daher erst nach Eröffnung des Insolvenzverfahrens, ist der Urlaubsabgeltungsanspruch gem. § 7 Abs. 4 BUrLG eine Masseverbindlichkeit (BAG ZInsO 2006, 670; 2004, 220). *Sinz* weist zu Recht darauf hin, dass es jedoch nicht entscheidend ist, wann der Anspruch entsteht, sondern wann er „begründet" wurde. Das Urlaubsentgelt und das Urlaubsgeld für die Tage vor Verfahrenseröffnung sind daher eine Insolvenzforderung, die Urlaubsvergütung für die Urlaubstage ab Verfahrenseröffnung eine Masseverbindlichkeit gem. § 55 Abs. 1 Nr. 2 (Uhlenbruck/*Sinz* § 55 Rn. 69). Bei **Sonderzahlungen** (Weihnachtsentgelt, Gratifikationen etc) ist zu differenzieren. Ist der Anspruch nach dem Vertrag bzw. dem Gesetz bereits vor Verfahrenseröffnung entstanden, liegt eine Insolvenzforderung vor, wird der Anspruch hingegen ratierlich erworben, hat eine zeitbezogene Aufteilung stattzufinden (BAG NJW 1981, 79; HambK-InsO/*Lüdtke* Rn. 42). Tarif- oder individualvertraglich erworbene Abfindungsansprüche sind eine Insolvenzforderung, auch wenn der Anspruch erst nach Insolvenzeröffnung entsteht (BAG ZIP 2008, 374; Uhlen-

bruch/*Sinz* Rn. 63). Bei einer **Block-Altersteilzeit** erwirbt der Arbeitnehmer durch seine Arbeitsleistung gleichzeitig später in der Freistellungsphase fällig werdende Zahlungen. Wird das Insolvenzverfahren noch während der Arbeitsphase eröffnet, sind die danach verdienten Vergütungen Masseverbindlichkeiten, die „spiegelbildlich" in der Freistellungsphase zu zahlen sind (HambK-InsO/*Lüdtke* Rn. 43). Wird das Insolvenzverfahren erst in der Freistellungsphase eröffnet, sind die noch offenen Zahlungen Insolvenzforderungen. Erwirbt der Arbeitnehmer ein **„Freizeitguthaben"**, ist dieses nach Insolvenzeröffnung gem. § 45 in eine Insolvenzforderung umzurechnen (LAG NZA-RR 2009, 92).

dd) Steuerforderungen. aaa) Das Verhältnis zwischen Insolvenz- und Steuerrecht wird nur in **§ 251 Abs. 2 S. 1 AO** angesprochen. Danach bleiben (bei der Vollstreckung) die „Vorschriften der Insolvenzordnung unberührt". Einigkeit besteht darüber, dass die Entstehung und die Höhe der Steuerforderung sich allein nach dem Steuerrecht bestimmen. Die Durchsetzung von Steuerforderungen richtet sich nach den Vorschriften der Insolvenzordnung. Insolvenzforderungen werden dabei ggf. durch die Finanzbehörden durch Verwaltungsakt (§ 251 Abs. 3 AO), Masseforderungen durch einen Steuerbescheid festgesetzt (BFH DStR 2011, 2396 und → Anh. Steuerrecht unter Rn. 1, 36). 21

Eine **Insolvenzforderung** liegt vor, wenn vor Verfahrenseröffnung der den Steueranspruch „begründeten Tatbestand vollständig verwirklicht und damit abgeschlossen ist" (BFH NZI 2011, 336 Rn. 18 → Anh. Steuerrecht Rn. 104 ff.). Wann dies der Fall ist, richtet sich nach den Vorschriften des Steuerrechts. Bei einer vollständigen Tatbestandsverwirklichung vor Verfahrenseröffnung liegt eine Insolvenzforderung, bei einer Tatbestandsverwirklichung nach Verfahrenseröffnung unter den Voraussetzungen des § 55 InsO eine Masseverbindlichkeit vor. 22

bbb) Bei der **Umsatzsteuer** sind folgende Fälle zu unterscheiden: 23

Forderungseinzug: Erbringt der Unternehmer vor der Eröffnung des Insolvenzverfahrens über sein Vermögen eine Leistung gegen Entgelt, das nach Verfahrenseröffnung vereinnahmt wird, entsteht bezüglich der abzuführenden Umsatzsteuer eine Masseverbindlichkeit, unabhängig davon, ob ein Fall der Soll- oder Istbesteuerung (vgl. § 13 Abs. 1 Nr. 1 lit. a, b UStG) vorliegt. Entscheidendes Merkmal bei der **Istbesteuerung** ist nicht die Leistungserbringung, sondern die Vereinnahmung des Geldes, so dass der den Umsatzsteueranspruch begründende Tatbestand erst mit der Vereinnahmung des Entgeltes vollständig verwirklicht wird (BFH NZI 2009, 447 [448]; aA Uhlenbruck/*Sinz* Rn. 79: nach § 1 Abs. 1 UStG die Leistungserbringung). Bei der **Sollbesteuerung** ist zu berücksichtigen, dass zwar auch nach Eröffnung des Insolvenzverfahrens der Grundsatz der Unternehmenseinheit gilt, das Unternehmen jedoch nach Verfahrenseröffnung aus mehreren Unternehmensteilen besteht (BFH NZI 2011, 35). Es ist zwischen dem vorinsolvenzrechtlichen Unternehmensteil, der Insolvenzmasse und einem ggf. freigegebenen Bereich zu differenzieren. Nach der Eröffnung des Insolvenzverfahrens kann der Schuldner nicht mehr mit befreiender Wirkung an dem sich in der Insolvenz befindlichen Schuldner zahlen (BFH NZI 2011, 35). Damit tritt hinsichtlich des noch nicht entrichteten Leistungsentgeltes aus rechtlichen Gründen Uneinbringlichkeit iSd § 17 Abs. 1 S. 1 UStG ein, so dass die Umsatzsteuer zu berichtigen ist (BFH NZI 2011, 336 Rn. 23). Zieht der Insolvenzverwalter auf Grund einer ihm durch § 80 eingeräumten Verfügungsbefugnis die Forderung nach Verfahrenseröffnung ein oder erhält er die Leistung auf Grund seiner Empfangszuständigkeit, ist der Umsatzsteuerbetrag nach § 17 Abs. 2 Nr. 1 S. 2 UStG erneut zu berichtigen. Diese Steuerberichtigung erfolgt auf Grund der Vereinnahmung und begründet damit eine Masseverbindlichkeit gem. § 55 Abs. 1 Nr. 1 InsO. Dieser „Kunstgriff" (*Schwarz* NZI 2011, 613 [614]) stößt in der Literatur auf Ablehnung (vgl. → Anh. Steuerrecht Rn. 206 f.), entspricht jedoch der steuer- 24 rechtlichen Systematik. Die Finanzverwaltung wendet diese Rspr. auf Insolvenzverfahren an, die nach dem 31.12.2011 eröffnet werden (BMF-Schreiben 9.12.2011 – IV D 2 – S 7330/09/10001: 001 (2011/0992053), BStBl. I 2013, 518).

25 **Immobilien:** Erhält die Insolvenzmasse einen vereinbarten Massekostenanteil bei der Verwertung einer grundpfandrechtlich belasteten Immobilie nach Verfahrenseröffnung, stellt die hierauf zu entrichtende Umsatzsteuer eine Masseverbindlichkeit dar. Hier liegt neben der Lieferung des Grundstückes an den Erwerber auch eine steuerbare und steuerpflichtige entgeltliche Geschäftsbesorgungsleistung der Insolvenzmasse an den Grundpfandgläubiger vor. Keine Umsatzsteuer entsteht jedoch, wenn für die Verwertungstätigkeit kein Masseanteil gezahlt wird, sondern die Insolvenzmasse nur den Verwertungsübererlös nach Befriedigung der durch die Grundschuld abgesicherten Forderung erhält (BFH DStR 2011, 1853). Erhält der Insolvenzverwalter für eine „kalte" Zwangsverwaltung ein Entgelt, liegt ebenfalls eine steuerpflichtige Geschäftsbesorgungsvereinbarung vor, da der Insolvenzverwalter sich gem. § 165 InsO darauf beschränken könnte, die Zwangsverwaltung der Immobilie durch den Grundpfandgläubiger nur zu dulden (BFH DStR 2011, 1853). Auch hier hat der Insolvenzverwalter die Umsatzsteuer auf das Entgelt als Masseverbindlichkeit abzuführen.

26 **Bewegliche Gegenstände:** Befinden sich Gegenstände mit Absonderungsrechten im Besitz des Insolvenzverwalters, kann er diese verwerten (§ 166). Zwei Fälle sind zu unterscheiden: (1.) Erfolgt die Verwertung (ausnahmsweise) im Namen des Sicherungsnehmers, liegt ein Doppelumsatz vor, dh eine Lieferung der Insolvenzmasse an den Gläubiger und eine Lieferung des Gläubigers an den Erwerber. Im Verhältnis zwischen Insolvenzmasse und Gläubiger bemisst sich das Entgelt nach der Höhe der Schuldbefreiung der Masse. Die Kosten der Feststellung (§ 170 Abs. 2) gehören nicht zum Entgelt (BFH DStR 2011, 1853 → § 171 Rn. 25). (2.) Im Regelfall wird der Insolvenzverwalter gem. § 166 die dem Absonderungsrecht unterliegende bewegliche Sache für die Masse im eigenen Namen verwerten („Dreifachumsatz", vgl. → Anh. Steuerrecht Rn. 256). Der Insolvenzverwalter erbringt dann wie bei der freihändigen Veräußerung grundpfandrechtsbelasteter Grundstücke im Interesse des Gläubigers an diesen eine entgeltliche Leistung (BFH DStR 2011, 1853). In beiden Fällen stellt der (vereinbarte oder gesetzlich geregelte (§ 171 Abs. 2)) Verwertungskostenbeitrag (nun) eine steuerbare und umsatzsteuerpflichtige Leistung an den Gläubiger dar, da der Insolvenzverwalter gem. § 170 Abs. 2 auf sein Verwertungsrecht auch verzichten könnte (BFH DStR 2011, 1853; vgl. → Anh. Steuerrecht Rn. 258 f.). Der BFH hat hier seine Rspr. geändert, da er in der Vergangenheit der Ansicht war, dass der Insolvenzverwalter bei der Verwertung beweglicher, mit Absonderungsrechten belasteter Gegenstände eine gesetzliche Aufgabe wahrnimmt, so dass die Vereinnahmung der Verwertungskostenpauschale gem. § 171 Abs. 2 keine entgeltliche Leistung an den Gläubiger darstellte (BFH ZIP 2005, 2119).

27 **ccc) Einkommen-, Körperschaft- und Gewerbesteuer** sind sog Jahressteuern, die mit Ablauf des Veranlagungszeitraumes entstehen. Da für jedes Jahr eine einheitliche Veranlagung erfolgt, muss insolvenzrechtlich durch Schätzung nach § 45 eine Aufteilung der Steuer auf den Zeitraum vor und nach Eröffnung des Insolvenzverfahrens vorgenommen werden (BFH ZIP 1994, 1286). Nach Ansicht der Finanzgerichte resultiert der Veräußerungsgewinn aus der Aufdeckung einer **stillen Reserve** aus einer Maßnahme des Insolvenzverwalters, so dass eine Masseverbindlichkeit entsteht (FG Düsseldorf ZIP 2011, 2070; BFH NJW 1985, 511). Nach der hL handelt es sich nur um eine Insolvenzforderung, weil die stille Reserve regelmäßig vor Eröffnung des Insolvenzverfahrens entstanden ist. Der Veräußerungsgewinn lässt sich nur erzielen, weil auf Grund der steuerlichen Bewertungs- und Abschreibungsvorschriften der Buchwert niedriger ist als der

reale Wert des Vermögensgegenstandes. Durch die gesetzlichen Vorschriften erfolgt eine Stundung der Steuerschuld, die jedoch vor der Eröffnung des Verfahrens begründet wird (*Frotscher*, Besteuerung bei Insolvenz, S. 140; MüKoInsO/*Ehricke* Rn. 81; Uhlenbruck/*Sinz* Rn. 73). Die Einkommenssteuer für Lohneinkünfte nach Insolvenzeröffnung ist keine **Masseverbindlichkeit** (BFH ZInsO 2011, 927 und → Anh. Steuerrecht Rn. 131).

ddd) Entstandene **Lohnsteuerforderungen** sind Insolvenzforderungen in der Insolvenz des Arbeitgebers, wenn der Anspruch auf den Bruttolohn vor Verfahrenseröffnung begründet wurde, unabhängig davon, dass die Zahlungsfrist gem. § 41a Abs. 1 S. 1 EStG noch nicht eingetreten ist oder der Arbeitnehmer gem. § 38 Abs. 2 S. 2 EStG erst mit Zufluss Steuerschuldner wird (BFH BB 1975, 1047 [1048]; Uhlenbruch/*Sinz* Rn. 76). Wurde vom Arbeitgeber nur der Nettolohn abgeführt, ist der Arbeitnehmer Steuerschuldner. Der daneben bestehende Lohnsteuerhaftungsanspruch gegenüber dem Arbeitgeber nach § 42d EStG ist eine Insolvenzforderung, auch wenn die Zahlung gem. § 41a EStG noch nicht fällig war (HambK-InsO/*Lüdtke* Rn. 55). 28

eee) Die **Grundsteuer** entsteht zu Beginn des Kalenderjahres (§§ 9, 27 GrStG) und ist damit für das Jahr der Insolvenzeröffnung eine Insolvenzforderung (VG Schleswig KTS 1985, 752; Kübler/Prütting/Bork/*Holzer* Rn. 41b; Uhlenbruck/*Sinz* Rn. 92; HambK-InsO/*Lüdtke* Rn. 56; nach aA hat eine Aufteilung für die Zeiträume vor und nach Insolvenzeröffnung zu erfolgen (MüKoInsO/*Ehricke* Rn. 85; *Häsemeyer* Rn. 23.53). Zur **KfZ-Steuer** vgl. unter → § 35 Rn. 43). 29

ee) Öffentliche Beihilfen. Zunehmende Bedeutung erlangt die **Rückforderung gewährter Beihilfen.** Der Anspruch auf Rückzahlung europarechtswidrig gezahlter Beihilfen ist bereits mit Gewährung der Subvention begründet, so dass eine Insolvenzforderung in der Rangklasse des § 38 vorliegt (*Cranshaw* DZWIR 2008, 89). Der Rückforderungsbescheid muss noch nicht erlassen sein (OVG Berlin-Brandenburg ZInsO 2014, 1162). Dies gilt selbst dann, wenn es sich um ein Gesellschafterdarlehen handelt, bei dem die Tatbestandsvoraussetzungen des § 39 Abs. 1 Nr. 5 erfüllt sind (BGH NZI 2007, 647). Eine Einordnung als nachrangige Insolvenzforderung würde die mit der rechtswidrigen Beihilfe verbundene Wettbewerbsverzerrung nicht wirksam beseitigen. Die Nichtanwendung resultiert aus dem Anwendungsvorrang des europäischen Rechtes (Uhlenbruck/*Sinz* Rn. 55; aA MüKoInsO/*Ehricke* Rn. 95). In diesem Zusammenhang kommen Schadensersatzansprüche gegen die Kommune wegen einer Amtspflichtverletzung in Betracht, weil Vergabevorschriften nicht hinreichend geprüft wurden, insbes. auf eine drohende Rückforderung nicht hingewiesen wurde (BGHZ 178, 243 = WM 2009, 61). Schadensersatzansprüche können auch gegenüber einem Geschäftsführer bestehen, weil er eine öffentliche Ausschreibung unterlassen hat und Subventionen deshalb zurückgefordert werden (LG Münster NZBau 2006, 523). 30

Sieht eine **Investitionszulage** vor, dass sie bei der Verletzung der Bindefristen zurückzuzahlen ist, so liegt der Rechtsgrund für die Entstehung des Rückforderungsanspruches vor dem Zeitpunkt der Insolvenzeröffnung, so dass der Rückforderungsanspruch eine Insolvenzforderung darstellt (BFH NJW 1978, 559; FG Bln-Bbg DStRE 2008, 1403). 31

ff) Bürge/Mitverpflichteter. Der Rückgriffsanspruch von Bürgen/Mitverpflichteten ist eine Insolvenzforderung, wenn die Verpflichtung vor Insolvenzeröffnung begründet wurde, selbst wenn der Hauptgläubiger erst nach Verfahrenseröffnung befriedigt wurde (BGH ZIP 2008, 183; Eickmann ua/*Eickmann* Rn. 19). Gem. § 774 BGB ist als Anspruchsinhaber für eine zuvor vom Hauptgläubiger angemeldete Forderung nun der Bürge/der Mitschuldner in der Insol- 32 venztabelle zu führen; sofern dieser seinen Anspruch nicht angemeldet hat, kann gem. § 44 InsO der Bürge/Mitverpflichtete den Anspruch zur Tabelle anmelden.

III. Verrechnung von Tilgungen

33 Wenn einem Gläubiger mehrere Forderungen zustehen oder dieser neben der Hauptforderung auch Kosten und Zinsen beanspruchen kann, stellt sich die Frage, wie Tilgungen zu verrechnen sind.

34 **Bestehen mehrere Verbindlichkeiten,** kann der Schuldner grds. gem. § 366 Abs. 1 BGB bestimmen, welche Verbindlichkeit getilgt werden soll. Dieses Tilgungsbestimmungsrecht steht dem Schuldner aber nicht zu hinsichtlich der Auskehr des Erlöses aus der **zwangsweisen Verwertung einer Sicherheit** (BGH NJW 1999, 1704; 2008, 2842). Dem steht es gleich, wenn die Zwangsvollstreckung so konkret bevorsteht, dass der Schuldner keine andere Wahl mehr hat, als zur Leistung oder zur Duldung der Zwangsvollstreckung (OLG Dresden ZInsO 2011, 2131 [2134]). Enthält die Sicherungsabrede in diesem Fall keine Anrechnungsbestimmung gelten die gesetzlichen Bestimmungen (BGH NZI 2011, 247 [249]). Änderungen können aber einverständlich erfolgen (BGH NZI 2011, 247). Führt der Insolvenzverwalter die **Verwertung auf Grund seines Verwertungsrechtes** gem. §§ 166 Abs. 1, 50 durch, kann er nicht gem. § 366 BGB bestimmen, dass durch die Auskehr zunächst Verbindlichkeiten getilgt werden sollen, die Masseverbindlichkeiten darstellen (BGH ZInsO 2014, 2320 [2321], Ahrens/Gehrlein/Ringstmeier/*Wagner* § 187 Rn. 7; aA OLG Dresden ZInsO 2011, 2131 [2135]). Ansonsten könnte der Insolvenzverwalter die Trennung zwischen gesicherten und ungesicherten Forderungen aufheben (OLG Karlsruhe ZInsO 2014, 1564).

35 Hinsichtlich der Aufteilung zwischen **Hauptforderung, Zinsen und Kosten** gilt grds. § 367 BGB. Nach § 367 BGB werden Zahlungen zunächst auf die Kosten, dann auf die Zinsen und zuletzt auf den Hauptanspruch verrechnet. Beim Verbraucherkredit gilt § 497 Abs. 3 BGB (Kosten, Hauptschuld, Zinsen, Ausnahme: grundschuldbesicherte Forderungen, § 503 BGB). Die **Tilgungsreihenfolge des § 367 BGB** bzw. § 497 BGB ist auch in der Insolvenz und **auch bei der Verwertung von Absonderungsrechten** zu beachten (BGH NZI 2011, 247). Nach der gegenteiligen Ansicht ist entsprechend dem Wortlaut von § 50 Abs. 1 der Erlös aus der Verwertung des Absonderungsrechtes auf die Hauptforderung, die Zinsen und dann auf die Kosten zu verrechnen. Dafür spräche auch, dass Zinsen im Insolvenzverfahren nachrangige Forderungen gem. § 39 Abs. 1 Nr. 1 sind (MüKoInsO/*Ganter* Vor §§ 49–52 Rn. 59b). Ausweislich des Gesetzgebungsverfahrens sollte durch die Formulierung in § 50 jedoch nicht von der Tilgungsreigenfolge des BGB abgewichen werden (BT-Drs. 12/7302, 22 zu § 57 Abs. 1 S. 2 InsO-E; BGH NZI 2011, 247 [248]) und das Absonderungsrecht erfasst auch die Zinsforderungen ab Insolvenzverfahrenseröffnung (BGH NJW 2006, 3064). Abweichungen können jedoch vor Insolvenzeröffnung vertraglich vereinbart werden (BGH NJW 1984, 2404). Enthält die Sicherungsabrede keine Anrechnungsbestimmung gilt § 367 BGB (BGH NZI 2011, 247 [249]). Änderungen können aber einverständlich erfolgen (BGH NZI 2011, 247 [249]; aA *Obermüller* NZI 2011, 663 [664], der davon ausgeht, dass der Insolvenzverwalter mit einem Gläubiger nicht vereinbaren kann, dass Zahlungen zunächst auf die Hauptforderung und die Kosten geleistet werden, um zu verhindern, dass eine Zahlung auf die Zinsen bei diesem zu einer Kapitalertragssteuer gem. §§ 20, 43 EStG führt).

Nachrangige Insolvenzgläubiger[1]

39 (1) **Im Rang nach den übrigen Forderungen der Insolvenzgläubiger werden in folgender Rangfolge, bei gleichem Rang nach dem Verhältnis ihrer Beträge, berichtigt:**

1. **die seit der Eröffnung des Insolvenzverfahrens laufenden Zinsen und Säumniszuschläge auf Forderungen der Insolvenzgläubiger;**
2. **die Kosten, die den einzelnen Insolvenzgläubigern durch ihre Teilnahme am Verfahren erwachsen;**
3. **Geldstrafen, Geldbußen, Ordnungsgelder und Zwangsgelder sowie solche Nebenfolgen einer Straftat oder Ordnungswidrigkeit, die zu einer Geldzahlung verpflichten;**
4. **Forderungen auf eine unentgeltliche Leistung des Schuldners;**
5. **nach Maßgabe der Absätze 4 und 5 Forderungen auf Rückgewähr eines Gesellschafterdarlehens oder Forderungen aus Rechtshandlungen, die einem solchen Darlehen wirtschaftlich entsprechen.**

(2) **Forderungen, für die zwischen Gläubiger und Schuldner der Nachrang im Insolvenzverfahren vereinbart worden ist, werden im Zweifel nach den in Absatz 1 bezeichneten Forderungen berichtigt.**

(3) **Die Zinsen der Forderungen nachrangiger Insolvenzgläubiger und die Kosten, die diesen Gläubigern durch ihre Teilnahme am Verfahren entstehen, haben den gleichen Rang wie die Forderungen dieser Gläubiger.**

(4) [1]**Absatz 1 Nr. 5 gilt für Gesellschaften, die weder eine natürliche Person noch eine Gesellschaft als persönlich haftenden Gesellschafter haben, bei der ein persönlich haftender Gesellschafter eine natürliche Person ist.** [2]**Erwirbt ein Gläubiger bei drohender oder eingetretener Zahlungsunfähigkeit der Gesellschaft oder bei Überschuldung Anteile zum Zweck ihrer Sanierung, führt dies bis zur nachhaltigen Sanierung nicht zur Anwendung von Absatz 1 Nr. 5 auf seine Forderungen aus bestehenden oder neu gewährten Darlehen oder auf Forderungen aus Rechtshandlungen, die einem solchen Darlehen wirtschaftlich entsprechen.**

(5) **Absatz 1 Nr. 5 gilt nicht für den nicht geschäftsführenden Gesellschafter einer Gesellschaft im Sinne des Absatzes 4 Satz 1, der mit 10 Prozent oder weniger am Haftkapital beteiligt ist.**

Schrifttum (Auswahl; zu den Gesellschafterdarlehen vgl. → Rn. 25): *Adolff,* Der Rangrücktritt zur Vermeidung der Insolvenz, FS Hellwig, 2011, 433; *Berg/Schmich,* Gewinnermittlung: Keine Passivierung einer Verbindlichkeit bei sog. qualifiziertem Rangrücktritt, GmbHR 2012, 406; *Bitter,* Wirksamkeit von Rangrücktritten und vorinsolvenzlichen Durchsetzungssperren, ZIP 2015, 345; *Funk,* Der Rangrücktritt bei Gesellschafterdarlehen nach MoMiG im Steuerrecht, BB 2009, 867; *Haas,* Die Passivierung von Gesellschafterdarlehen in der Überschuldungsbilanz nach MoMiG und FMStG, DStR 2009, 326; *Kahlert,* Passivierung eines Rangrücktritts in der Steuerbilanz, NWB 2012, 2141; *Kahlert/Gehrke,* Der Rangrücktritt nach MoMiG im GmbH-Recht: Insolvenz- und steuerrechtliche Aspekte, DStR 2010, 227; *Leuering/Bahns,* Die steuerliche Behandlung von Rangrücktrittserklärungen, NJW-Spezial 2012, 207; *Christian Mayer,* Der vertragliche Nachrang von Forderungen, 2007; *Poelzig,* Nachrangdarlehen als Kapitalanlage, WM 2014, 957; *Scheifele/Nees,* Der Rangrücktritt aus steuerlicher Sicht, Konzern 2015, 417; *Karsten Schmidt,* Sanierender Rangrücktritt bei Gesellschafterdarlehen: Irrungen, Wirrungen!, FS Raupach, 2006, 405; *ders.,* Der insolvenzrechtliche Rangrücktritt: ein steuerrechtlicher Wiedergänger?, FS Frotscher, 2013, 535; *ders.,* Rangrücktritt insolvenzrechtlich/Rangrücktritt steuerrechtlich, DB 2015, 600; *ders.,* Dogmatik und Praxis des Rangrücktritts, ZIP 2015, 901; *Weber-Grellet,* Rangrücktritt im Bilanz-

[1] § 39 Abs. 1 Nr. 1 geänd. mWv 1.7.2007 durch G v. 13.4.2007 (BGBl. I S. 509); Abs. 1 Nr. 5 neu gef., Abs. 4 und 5 angef. mWv 1.11.2008 durch G v. 23.10.2008 (BGBl. I S. 2026).

steuerrecht, BB 2015, 2667; *Weitnauer,* Der Rangrücktritt – Welche Anforderungen gelten nach der aktuellen Rechtsprechung?, GWR 2012, 193.

Übersicht

I. Grundlagen

1. Normzweck. Nachrangige Insolvenzforderungen werden **nach vollständiger Befriedigung der einfachen Insolvenzgläubiger** (§ 38) berücksichtigt und demgemäß erst auf besondere Aufforderung zur Tabelle angemeldet (§ 174 Abs. 3) und sind in ihren Teilhaberechten am Verfahren gegenüber Insolvenzgläubigern gem. § 38 erheblich beschränkt (vgl. bspw. §§ 75, 77 Abs. 1 S. 2, 78 Abs. 1, Abs. 2 S. 2). Die nachrangigen Insolvenzgläubiger bilden im System der Gläubigergleichbehandlung eine eigene Gruppe mit unterschiedlichen Rangklassen im Regelinsolvenzverfahren (§ 39 Abs. 1 Nr. 1–5) und im **Insolvenzplanverfahren** (vgl. § 222 Abs. 1 S. 2 Nr. 3). Die **Funktion der Nachrangigkeit** besteht in einem Schutz der Masse und der einfachen Insolvenzforderungen (ausf. MüKoInsO/*Ehricke* Rn. 1; Uhlenbruck/*Hirte* Rn. 1). Ein über diese Funktion hinausgehendes, dem Nachrang zugrundeliegendes gemeinsames Prinzip gibt es nicht. Nachrangige Gläubiger werden erst befriedigt, wenn alle sonstigen Insolvenzgläubiger (§ 38) volle oder planmäßige Befriedigung erhalten haben und in letzterem Falle ihre Berücksichtigung im Insolvenzplan vorgesehen ist (§ 225 Abs. 1). Die Befriedigung erfolgt in der **Reihenfolge der Rangklassen des § 39,** so das eine Ausschüttung an die nachfolgende Rangklasse erst erfolgen darf, wenn die Gläubiger der vorherigen vollen Umfangs befriedigt sind. Innerhalb einer Rangklasse wird nach dem Verhältnis der festgestellten Forderungshöhe verteilt, wenn die Masse für die volle Befriedigung unzulänglich ist. Mit dem Nachrang der noch unbefriedigten Forderung geht bei Gesellschafterdarlehen und gleichgestellten Leistungen (Absatz 1 Nr. 5; sa § 44a) im Fall der vorinsolvenzlichen Gläubigerbefriedigung ein Anfechtungsrecht nach § 135 einher (→ Rn. 28). 1

2. Normgeschichte. Die **Konkursordnung** enthielt keine Regelung über nachrangige Gläubiger. Es gab allerdings Forderungen, darunter die wichtigsten Anwendungsfälle des heutigen § 39, die im Konkursverfahren nicht angemeldet werden konnten (§ 63 KO sowie die bis zum Inkrafttreten der InsO geltenden §§ 32a KO, 32a, b GmbHG aF, 129a, 172a HGB aF; Kommentierung bei Kilger/*Karsten Schmidt* § 32a KO und § 63 KO). Der **Systemwechsel** von den nicht anmeldbaren zu nachrangigen Insolvenzforderungen gem. § 39 hängt mit dem Konzept der InsO zusammen, wonach jede gegen den Schuldner gerichtete Forderung bis hin zu den Einlagen (§ 199 S. 2) in der Passivenhierarchie des Insolvenzverfahrens eine Rangstelle hat. Zugleich wird, wenn dies auch regelmäßig theoretisch bleibt, ein gewisser Ausgleich dafür geschaffen, dass die InsO den Neuerwerb der Insolvenzmasse zuschlägt (§ 35) und die überwiegenden Fälle des § 39 Neugläubigerforderungen sind, für deren Befriedigung nach altem Recht zum Ausgleich der Unanmeldbarkeit zumindest dieser Neuerwerb als insolvenzfreie Haftungsmasse zur Verfügung gestanden hätte. **Gesetzesänderungen** gab es bezüglich des Absatz 1 Nr. 1 durch das **Gesetz zur Vereinfachung des Insolvenzverfahrens** v. 13.4.2007 (BGBl. I S. 509) sowie bezüglich des Absatz 1 Nr. 5 und der neu angefügten Absätze 4 und 5 durch das **MoMiG** v. 23.10.2008 (BGBl. I S. 2026; dazu → Einl. Rn. 13). Dieses Gesetz überführte auch den vormaligen § 32a Abs. 2 GmbHG aF als § 44a in die InsO (dazu → § 44a Rn. 1). 2

3. Sonderregeln für nachrangige Forderungen. a) Insolvenzrechtliche Sonderregelungen. Sonderregelungen enthalten die Vorschriften über die **Forderungsanmeldung** nach § 174 Abs. 3, die nur nach Aufforderung durch das Insolvenzgericht erfolgen darf (zu den Folgen, wenn es daran fehlt, vgl. → Rn. 4), über die **Gläubigerversammlung** in §§ 74 Abs. 1 S. 2, 75, 77 Abs. 1 S. 2, 78 Abs. 1, Abs. 2 S. 2, bzgl. der nur ein Teilnahmerecht, aber kein Stimmrecht, kein Einberufungsrecht und kein Beschlussanfechtungsrecht bestehen, sowie das Insol- 3 venzplanverfahren in den §§ 222 Abs. 1 S. 2 Nr. 3, 225, 246, in dem den nachrangigen Gläubigern durch § 222 eine eigene Gläubigergruppe zugewiesen wird. Hinzuweisen ist auf § 187 Abs. 2 S. 2, wonach nachrangige Gläubiger bei **Abschlagsverteilungen** nicht berücksichtigt werden sollen, sowie auf die schon bei → Rn. 1 erwähnte **Anfechtung** zurückgewährter Gesellschafterleistungen nach § 135.

4 Die **Anmeldung** nachrangiger Insolvenzforderungen **ohne Aufforderung** gem. § 174 Abs. 3 ist als unzulässig durch gem. § 8 zuzustellenden Beschluss zurückzuweisen. Gegen den Beschluss kann sofortige Erinnerung nach § 11 Abs. 1, Abs. 2 RPflG, § 6 Abs. 1 erhoben werden (MüKoInsO/*Ehricke* Rn. 67). Die Anmeldung einer unter § 39 fallenden Forderung ohne Nachrang als Insolvenzforderung nach § 38 ist verfahrensrechtlich zulässig, aber vom Verwalter zu bestreiten (LG Waldshut-Tiengen ZInsO 2005, 557; Braun/*Bäuerle* Rn. 2), weil dem Gläubiger in dem behaupteten Rang kein Recht zur Befriedigung aus der Insolvenzmasse und damit kein Beteiligungsrecht im Insolvenzverfahren zusteht (vgl. HambK-InsO/*Herchen* § 179 Rn. 17).

5 Für besondere Fälle sind **Rangverschiebungen** bzw. die **Erweiterung** der **Rangklassen** geregelt. Dies sind **§§ 264–266** (Behandlung von im Insolvenzplan geregelten Sanierungskrediten in einer Folgeinsolvenz: Rangverschiebung vor Insolvenzgläubiger gem. § 38), **§ 327** (in der Nachlassinsolvenz drei weitere Rangklassen nach § 39) sowie Art. 108 Abs. 2 EGInsO iVm **§ 18 Abs. 2 S. 3 GesO** (bei Folgeinsolvenz nach Gesamtvollstreckungsverfahren alten Rechts (vgl. → Einl. Rn. 3) eine weitere Rangklasse nach § 39) und **§ 51 Abs. 1 VAG** (eine weitere Rangklasse nach § 39). Der Referentenentwurf eines Gesetzes zur Anpassung des nationalen Bankenabwicklungsrechts an die SRM-Verordnung (SRM-Anpassungsgesetz) sieht in einem neuen Abs. 5 zu § 46f KWG im Fall der Insolvenz von CRR-Instituten iSv § 1 Abs. 3d KWG den Nachrang von Forderungen aus unbesicherten Schuldtiteln iSv § 1 Abs. 11 Nr. 3 KWG vor. Diese sollen im Rang den Forderungen nach § 39 Abs. 1 Nr. 1 vorgehen. Zur Passivierung **im Überschuldungsstatus** vgl. → § 19 Rn. 35. Einen gestuften Vorrang bestimmter Forderungen im Zusammenhang mit der gesetzlichen Einlagensicherung begründet § 46f Abs. 4 KWG.

6 **Wo Sonderregelungen fehlen,** stehen die nachrangigen Gläubiger verfahrensrechtlich den einfachen Insolvenzgläubigern gleich. Dies gilt insbes. für das Antragsrecht nach § 13 Abs. 1 S. 2 (das Rechtsschutzinteresse gem. § 14 Abs. 1 S. 1 ist zu bejahen; vgl. BGH ZIP 2010, 2055 mwN zur Gegenauffassung; HK-InsO/*Kirchhoff* § 14 Rn. 27, 29) und die Einschränkungen der Forderungsdurchsetzung in den §§ 87, 89 Abs. 1 und 294 Abs. 1, §§ 95 Abs. 1 S. 3, 96, § 254 Abs. 1, § 301 Abs. 1 sowie § 240 ZPO.

7 **b) Kreditsicherheiten und Nachrang.** Ist eine nachrangige Forderung durch ein **Absonderungsrecht** gesichert, steht der Nachrang der abgesonderten Befriedigung nicht entgegen (BGH NZI 2008, 542 = ZIP 2008, 1539; OLG Schleswig ZIP 2012, 885; LG Frankfurt a. M. 9.11.2011 – 2–16 S 69/11; HambK-InsO/*Lüdtke* Rn. 71a; Uhlenbruck/*Hirte* Rn. 19; *Thole* FS Kübler, 2015, 681 [686 ff.]); auch nicht im Fall des § 39 Abs. 1 Nr. 5 (so zu Recht *Bloß/Zugelder* NZG 2010, 332). Zur Anfechtbarkeit der Bestellung einer Sicherheit nach § 135 Abs. 1 Nr. 1 vgl. → § 135 Rn. 16 ff. sowie Scholz/*Bitter* GmbHG, 11. Aufl., Anh. § 64 Rn. 134 ff. Zu Einreden aus der Sicherungsabrede *Bloß/Zugelder* NZG 2010, 332 [333]. Die Tilgungsreihenfolge des § 367 BGB gilt auch bei einer abgesonderten Befriedigung nach § 50 Abs. 1: Zinsen werden somit nach den Kosten, aber vor der Hauptforderung getilgt (BGH ZIP 2011, 579 = NZI 2011, 247 mit zahlreichen Nachweisen zum Streitstand; zust. Uhlenbruck/*Hirte* Rn. 19 noch offengelassen in BGH NZI 2008, 542 = ZIP 2008, 1539).

c) Verhältnis zu § 38. Nach materiellem Recht sind nachrangige Gläubiger des § 39 **Insolvenzgläubiger** iSv § 38 (vgl. zum System nach der InsO → Rn. 2). Dies folgt bereits aus dem Wortlaut des § 39 (auch die Begr. RegE InsO, BT-Drs. 12/2443, 123). Insolvenzgläubigern nach § 39 stehen sie insbes. hinsichtlich der Beschränkungen der Durchsetzbarkeit ihrer Forderungen gleich (vgl. → Rn. 3). Zur Befriedigungsreihenfolge innerhalb der Rangklassen des § 39 vgl. → Rn. 1. 8

II. Die gesetzlichen Fälle der Nachrangigkeit

1. Absatz 1 Nr. 1: Zinsforderungen. a) Tatbestand. Zinsen und Säumniszuschläge (§§ 152, 235, 240 AO, § 24 SGB IV; § 18a Abs. 8 UStG; vgl. dazu auch → Rn. 15) **seit Verfahrenseröffnung** auf Insolvenzforderungen sind von Nr. 1 erfasst, soweit die Hauptverbindlichkeit unter § 38 fällt. Fällt die Hauptforderung unter § 39, so gilt Abs. 3: die Zinsen teilen den Rang der Hauptverbindlichkeit (vgl. → Rn. 20). Der **Zinsbegriff** ist weit. Er umfasst auch Nebenleistungen und Zinseffekte wie Überziehungsprovisionen und Zinsverlustschäden (Andres/Leithaus/*Leithaus* Rn. 4; Uhlenbruck/*Hirte* Rn. 10), nicht allerdings Miet- oder Reallast-„Zinsen", die nicht auf eine Geldschuld gezahlt werden (vgl. Uhlenbruck/*Hirte* Rn. 10 sowie sinngemäß zu Absatz 3 → Rn. 57). **Hinterziehungszinsen** nach § 235 AO gehören in die Kategorie der Nr. 1 und nicht der Nr. 3 (BFH ZInsO 2012, 1228). Gleichfalls unter Nr. 1 fallen, wie das Gesetz zur Vereinfachung des Insolvenzverfahrens v. 13.4.2007 (BGBl. I S. 509 ff.) klargestellt hat, öffentlich-rechtliche **Säumniszuschläge** (vgl. → Rn. 15; ausf. Braun/*Bäuerle* Rn. 8 ff.; Uhlenbruck/*Hirte* Rn. 11; für Säumniszuschläge wegen rückständiger Kommunalabgaben OVG Berlin-Brandenburg NZI 2011, 954 = ZIP 2012, 485). Allerdings gilt dies nur für Säumniszuschläge, die auf Insolvenzforderungen als solche, also nach der Insolvenzeröffnung, anfallen (statt vieler Braun/*Bäuerle* Rn. 10; Andres/Leithaus/*Leithaus* Rn. 4; Uhlenbruck/*Hirte* Rn. 13; aM vor der gesetzlichen Klarstellung LSG Nds NZI 2003, 227 f.). Säumniszuschläge auf Altforderungen, die vor der Eröffnung anfallen, sind reguläre Insolvenzforderungen (str.; vgl. → Rn. 15). Säumniszuschläge auf als Masseforderungen nach § 55 zu begleichende Verbindlichkeiten sind ihrerseits Masseforderungen (vgl. OVG Berlin-Brandenburg NZI 2011, 954 = ZIP 2012, 485; Braun/*Bäuerle* Rn. 8; Ahrens/Gehrlein/Ringstmeier/*Ahrens* Rn. 16). 9

b) Abgrenzung. Unberührt bleiben Absonderungsrechte (→ Rn. 7). Nicht unter Nr. 1 fallen deshalb **Zinsen,** die **auf Sicherungsrechte** entfallen, zB Grundschuldzinsen (BGH NZI 2008, 542 = ZIP 2008, 1539; vgl. schon → Rn. 9), ebenso wenig Zinsen und Säumniszuschläge auf Masseforderungen (zu Säumniszuschlägen OVG Berlin-Brandenburg NZI 2011, 954 = ZIP 2012, 485; BSG ZIP 1988, 659). Auf den Rechtsgrund der Zinsschuld, gesetzlich oder vertraglich, kommt es nicht an (ausf. noch 17. Aufl. § 63 KO Anm. 2; nach ganz hM auch Verzugszinsen, etwa Uhlenbruck/*Hirte* Rn. 16; aA BK-InsO/*Amelung*/*Wagner* Rn. 9; zur Diskussion über die nach einigen älteren Auffassungen abgelehnte Möglichkeit der Entstehung von Verzugszinsen nach Verfahrenseröffnung Jaeger/*Henckel* Rn. 12). Eine Vorfälligkeitsentschädigung ist kein Zins (OLG Hamburg DZWiR 2003, 79). 10

Zinsforderungen gegen Dritte, zB Bürgen oder ausgleichspflichtige Gesamtschuldner (§ 426 Abs. 1 BGB), bleiben unberührt (OLG Nürnberg ZIP 1991, 1018; sa BGHZ 134, 195 = ZIP 1997, 120). OLG Karlsruhe (MDR 1996, 487) hat § 63 Nr. 1 KO auf einen Befreiungsanspruch bezüglich der verzinslichen Verbindlichkeiten angewandt. 11

12 **c) Folgefragen.** Über die abgesonderte Befriedigung von Zinsen und Kosten aus der Zeit nach Verfahrenseröffnung, für die der Gegenstand der abgesonderten Befriedigung haftet, vgl. sinngemäß → Rn. 7. Zur Frage der **Verjährung** und ihrer Hemmung bei Zinsansprüchen vgl. § 206 BGB. Vor der Aufforderung nach § 174 Abs. 3 war der Gläubiger an der Hemmung der Verjährung gem. § 204 Abs. 1 Nr. 10 BGB gehindert. Zur Berücksichtigung von Nachrangforderungen bei der Prüfung der Insolvenzgründe vgl. *Fischer* FS *Kübler*, 2015, 137; *Thole* FS Kübler, 2015, 681 [682 ff.]; → § 17 Rn. 6, 10; → § 19 Rn. 35.

13 **2. Absatz 1 Nr. 2 Verfahrensaufwendungen. a) Tatbestand.** Kosten, die den einzelnen Gläubigern (nicht den nachrangigen Gläubigern, vgl. nämlich Absatz 3, und nicht den Massegläubigern, vgl. Ahrens/Gehrlein/Ringstmeier/*Ahrens* Rn. 17; Jaeger/*Henckel* Rn. 19) durch ihre Teilnahme am Verfahren erwachsen, begründen nachrangige Forderungen. **Ausnahmen** sind in § 163 Abs. 2 und § 183 Abs. 3 geregelt.

14 **b) Beispiele.** Zu den Kosten gehören va **Rechtsanwaltsvergütungen** (§ 28 RVG, Nr. 3317-3019, 3320, 3021 VV RVG) sowie Kosten für die Ausübung sonstiger Teilnahmerechte (zB Reisekosten zu Gläubigerversammlungen). Mit erfasst sind erstattungsfähige Aufwendungen durch Kosten im Antrags- und Eröffnungsverfahren, § 28 RVG, Nr. 3313 VV RVG, § 23 GKG, Nr. 2330 ff. KV GKG, da der Gesetzgeber bewusst von der Regelung des § 62 Nr. 1 KO Abschied genommen hat (HK-InsO/*Ries* Rn. 98; FK-InsO/*Bornemann* Rn. 21; aA MüKoInsO/*Ehricke* Rn. 20; HambK-InsO/*Lüdtke* Rn. 10). **Nicht** hierher gehören Gerichtskosten für die nachträgliche Prüfung verspätet angemeldeter Forderungen (§ 177 iVm § 23 GKG, Nr. 2340 KV GKG). Diese trägt der Gläubiger wegen seiner Säumnis selbst. Gerichtskosten wegen Versagungsanträgen (§ 23 GKG, Nr. 2350 KV GKG) können, wenn sie im Verfahren nicht mehr geltend gemacht werden können, weil das Verfahren infolge der Versagung letztlich beendet wird, etwa nach Aufhebung der Stundung, uU einen Schadensersatzanspruch gegen den Schuldner wegen Pflichtverletzung begründen.

15 **3. Absatz 1 Nr. 3: Geldsanktionen.** Die Aufzählung in Nr. 3 spricht für sich. **Außer staatlichen und kommunalen Sanktionen** (zu nennen sind §§ 73a, 73d Abs. 2, 74a, 74c StGB, §§ 22 ff. OWiG, §§ 375, 410 AO, § 8 WiStG; vgl. auch die ausführliche Auflistung bei Ahrens/Gehrlein/Ringstmeier/*Ahrens* Rn. 21) können **auch solche der EU-Kommission** hierunter fallen. Zweifelhaft war vor dem MoMiG auch die Behandlung von Säumniszuschlägen als Zwangsgelder (dazu Jaeger/*Henckel* Rn. 23). Die Einbeziehung der Säumniszuschläge in die Nr. 1 (→ Rn. 9) hat diese Frage nur teilw. obsolet werden lassen (MüKoInsO/*Ehricke* Rn. 17; Uhlenbruck/*Hirte* Rn. 11 ff., 26), weil Nr. 1 nur Säumniszuschläge auf Insolvenzforderungen erfasst. Sonstige Säumniszuschläge den Zwangsgeldern (Nr. 3) gleichzuachten, scheint nach der gesetzgeberischen Zuordnung der Säumniszuschläge zu Rangklasse 1 (→ Rn. 9) nicht mehr vertretbar (Uhlenbruck/*Hirte* Rn. 26; FK-InsO/*Bornemann* Rn. 20; Ahrens/Gehrlein/Ringstmeier/*Ahrens* Rn. 23), selbst wenn man Steuersäumnis- und Verspätungszuschläge zu Druckmitteln eigener Art erklärt und sie damit meint in Rangklasse 3 einordnen zu können (diff. HK-InsO/*Ries* Rn. 10; vgl. vor der Änderung der Nr. 1: BFH ZInsO 2005, 494; *Buhmann/Woldrich* ZInsO 2004, 1238; HambK-InsO/*Lüdtke* Rn. 14 sowie Graf-Schlicker/*Bremen* Rn. 12 ordnen Verspätungszuschläge nach § 152 AO mit diesem Argument § 38 zu). Säumniszuschläge, die sich auf die **Zeit vor der Verfahrenseröffnung** beziehen und auch schon festgesetzt waren, sind deshalb nicht nachrangig (BFH ZIP 2005, 1035; insoweit auch HK-InsO/*Ries* Rn. 10; Uhlenbruck/*Hirte* Rn. 26; Braun/*Bäuerle* Rn. 11). Bezüglich sozialrechtlicher Säumniszuschläge, die erst im Verfahren auf vor dessen

Eröffnung begründete Forderungen festgesetzt werden, meinte BSG ZIP 2004, 521, es handele sich um Forderungen der Rangklasse 3 (zustimmend auch nach der Reform durch das MoMiG HK-InsO/*Ries* Rn. 10). **Verfahrenskosten** im Strafverfahren fallen nicht unter Nr. 3 (BGH NZI 2011, 64). Ebenso wenig **Hinterziehungszinsen** nach § 235 AO (BFHE 236, 488 = ZInsO 2012, 1228; vgl. auch → Rn. 9).

4. Absatz 1 Nr. 4: Unentgeltliche Leistungen. a) Tatbestand. Als unentgeltliche Leistungen sind nicht nur Schenkungen iSv § 516 bzw. § 2301 BGB anzusehen (so aber wohl HK-InsO/*Ries* Rn. 11). Vielmehr entspricht der Begriff demjenigen in § 134 Abs. 1 (vgl. Uhlenbruck/*Hirte* Rn. 28). Auf die Erläuterung des § 134 ist zu verweisen. Im Kern entscheidend ist, ob der Leistung des Schuldners eine Gegenleistung als Entgelt gleichwertig gegenübersteht (BGH NZI 2005, 323 = ZIP 2005, 767; NZI 2006, 399 = ZIP 2006, 957; NZI 2008, 556 = ZIP 2008, 1385). Gegenleistung ist jeder wirtschaftliche Vorteil des Schuldners. Insbes. spielen neben der notwendigen und vorrangigen objektiven Bewertung der Gleichwertigkeit von Leistung und Gegenleistung subjektive Kriterien nur eine Rolle, wenn es um die Angemessenheit von Leistung und Gegenleistung geht (statt vieler Uhlenbruck/*Hirte* Rn. 29 f.), sofern überhaupt objektiv ein Wert der Gegenleistung feststellbar ist. Bspw. fallen Leihe nach § 598 BGB und Gewinnzusage nach § 661a BGB (BGH ZIP 2009, 37; 2008, 975; Braun/*Bäuerle* Rn. 1) unter Nr. 4. Auch die sog „unbenannten Zuwendungen" unter nahen Angehörigen, Lebenspartnern etc (Uhlenbruck/*Hirte* Rn. 31; Abgrenzungsbeispiele bei Palandt/*Weidenkaff* § 516 Rn. 10; MüKoBGB/*Koch* § 516 Rn. 60 ff.) sind idR unentgeltlich (*Koch* aaO Rn. 69). 16

b) Abgrenzung. Keine Unentgeltlichkeit ist anzunehmen bei einer gesetzl. Pflicht, zB bei Unterhaltsversprechen iRd gesetzl. Unterhaltspflicht (MüKoInsO/*Ehricke* Rn. 25; Uhlenbruck/*Hirte* Rn. 31) oder einer Geldauflage iRd § 153a StPO (BGH NZI 2008, 488 = ZIP 2008, 1291; dazu *Karsten Schmidt* FS Samson, 2010, 161 [175]). Ein Ausstattungsversprechen ist nur unentgeltlich, soweit das den Umständen entsprechende Maß überschritten ist (§ 1624 BGB). Maßgebender Zeitpunkt für den Charakter des Versprechens ist der Zeitpunkt des Versprechens (RGZ 141, 359; BGH NZI 2008, 556 = ZIP 2008, 1385). Nr. 4 macht keine Ausnahme für gebräuchliche Gelegenheitsgeschenke sowie für Pflicht- und Anstandsschenkungen. **Spendenzusagen** sind idR Fälle von Unentgeltlichkeit ebenso das Stiftungsgeschäft (Jaeger/*Henckel* Rn. 33). Nr. 4 setzt voraus, dass die Forderung vor Verfahrenseröffnung entstanden ist und noch besteht. 17

c) Zeitliche Begrenzung. Nach Vollzug der Schenkung ist für Nr. 4 kein Raum mehr. Weggegebene Gegenstände können dann lediglich noch unter den Voraussetzungen und nach Maßgabe der §§ 129, 134, 143 zur Masse zurückgefordert werden (Uhlenbruck/*Hirte* Rn. 28). Selbständiges **Schuldversprechen, Schuldanerkenntnis** oder **Wechselbegebung** genügt aber nicht für den Schenkungsvollzug (HK-InsO/*Ries* Rn. 11; FK-InsO/*Bornemann* Rn. 26; Braun/*Bäuerle* Rn. 17; HambK-InsO/*Lüdtke* Rn. 16). Es gilt der Gedanke des § 518 Abs. 1 S. 2 BGB. 18

5. Absatz 1 Nr. 5: Gesellschafterleistungen. Die Regelung über Gesellschafterdarlehen und gleichgestellte Leistungen ist durch das Gesetz zur Modernisierung des GmbH-Rechts und zur Verhinderung von Missbräuchen **(MoMiG)** im Jahr 2008 neu gestaltet worden. Sie wird bei → Rn. 25 ff. ausf. kommentiert. 19

6. Absatz 3: Erstreckung auf Zinsen und Kosten. Der Rang für Forderungen nach Absatz 1 Nr. 1–5 erstreckt sich nach Absatz 3 auf die auf diese Forderungen entfallenden Zinsen und Kostenerstattungsansprüche wegen der Teilnah- 20 me am Verfahren. Die Bestimmung betrifft **Zinsschulden,** nicht bereits geleistete Zinsen. Sie greift für Zinsschulden aller Art, nicht nur für Verzugszinsen, sondern auch für als Leistungsentgelt geschuldete Darlehenszinsen (HambK-InsO/*Lüdtke* Rn. 70; sa Uhlenbruck/*Hirte* Rn. 57). Miet-„Zins", der nicht auf eine Geldschuld gezahlt wird, gehört nicht hierher (Uhlenbruck/*Hirte* Rn. 38 aE, 57). Der Zinsbegriff des Absatz 3 erstreckt sich auch auf sonstige Nebenleistungen auf Geldschulden nach Absatz 1 wie etwa Säumniszuschläge oder Vertragsstrafen. Wegen des Zinseszinsverbots (§ 289 BGB und dazu OLG Hamm NJW 1973, 1002) kommen Zinsen bezogen auf Forderungen nach Absatz 1 Nr. 1 nur begrenzt in Betracht. Insbes. bzgl. Nr. 1 und Nr. 2 ist zwischen Zinsen auf Insolvenzforderungen und Kosten von Insolvenzgläubigern einerseits sowie Zinsen auf nachrangige Insolvenzforderungen und Kosten nachrangiger Insolvenzgläubiger anderseits zu unterscheiden. Erstere haben den Rang des Absatz 1 Nr. 1 und 2; letztere den des Absatz 3. Ein Anwendungsbereich des Absatz 3 dürfte somit bzgl. Absatz 1 Nr. 2 nicht verbleiben (Uhlenbruck/*Hirte* Rn. 57).

7. Absatz 2: Rangrücktrittsvereinbarungen

Schrifttum: Vgl. vor → Rn. 1.

21 **a) Der Rangrücktritt als Vertrag.** Die oft sog **Rangrücktrittserklärung** ist nur als **Rangrücktrittsvereinbarung** zwischen dem Gläubiger und dem Schuldner wirksam (BGHZ 204, 231 = NJW 2015, 1672 = ZIP 2015, 638 mAnm *Bitter/Heim* BGH ZInsO 2014, 952 = ZIP 2014, 1087; *Karsten Schmidt* ZIP 2015, 901 f.). Die Erklärung des Schuldners kann allerdings konkludent (BGHZ 138, 211 [219] = NJW 1998, 2667; Uhlenbruck/*Hirte* Rn. 54), nach § 151 BGB auch ohne Zugang an den den Rangrücktritt anbietenden Gläubiger erfolgen (Uhlenbruck/*Hirte* Rn. 54; *Wittig* NZI 2001, 169 [171]). Die Gläubigererklärung erfolgt in der Praxis ausdrücklich und regelmäßig schriftlich (MüKoInsO/*Ehricke* Rn. 63). Die Anwendung des § 151 BGB auf die Gläubigererklärung wäre möglich, jedoch ungewöhnlich. Der Rangrücktritt wird üblicher- und zweckmäßigerweise **ausdrücklich** vereinbart, kann aber in unmissverständlichen Fällen auch **konkludent** vereinbart sein, so insbesondere, wenn ein Gesellschafterdarlehen, eine Gesellschafterbürgschaft oder eine Patronatserklärung dezidiert zur Insolvenzvermeidung gegeben wird (BGHZ 204, 231, [234 f.] = NJW 2015, 1672 [1673 f.] = ZIP 2015, 638, 639 mAnm *Bitter/Heim; Karsten Schmidt* ZIP 2015, 901). Zulässig ist auch die **Vereinbarung des Nachrangs in AGB** (BGH ZInsO 2014, 952). Sie unterliegt dann aber der Inhaltskontrolle nach den §§ 305 ff. BGB und zwar nicht nur der Überprüfung auf überraschende Inhalte und Einhaltung des Transparenzgebots, sondern auch der Inhaltskontrolle nach § 307 Abs. 2 BGB (krit. *Primozic/Schaaf* ZInsO 2014, 1831). Gegenüber Verbrauchern ist eine solche Klausel objektiv ungewöhnlich, kann aber im Einzelfall mangels Überraschungseffekt wirksam sein (BGH ZInsO 2014, 952). Die Frage sorgt va bei der Verwendung hybrider Finanzierungsinstrumente für Diskussion (VG Frankfurt ZIP 2015, 367; LG Hamburg ZIP 2015, 368; *Bitter* ZIP 2015, 345 ff.).

22 **b) Rechtsnatur.** Die Rechtsnatur des Rangrücktritts wird unterschiedlich gewürdigt. Unstreitig ist er **kein Forderungserlass,** denn die Forderung bleibt mit Nachrang bestehen (BGHZ 204, 231 = NJW 2015, 1672 = ZIP 2015, 638 mAnm *Bitter/Heim;* Kübler/Prütting/Bork/*Holzer* Rn. 21; Uhlenbruck/*Hirte* Rn. 53 f.). Der Hinweis der Gesetzesbegründung auf einen angeblichen „Verzicht" (BT-Drs. 12/2443, 115) ist eine redaktionelle Ungenauigkeit (Uhlenbruck/*Hirte* Rn. 53). Auch akzessorische Sicherungen bleiben vorbehaltlich anderweitiger Abreden mit Sicherungsgebern erhalten. Umstr. ist jedoch, ob es sich um eine **vertragliche Schuldänderung** (BGHZ 204, 231 = NJW 2015, 1672 = ZIP 2015, 638 mAnm *Bitter/Heim;* hM) oder um eine Variante des **pactum de non**

petendo handelt (Karsten Schmidt/Uhlenbruck/*Karsten Schmidt* Rn. 2.218; *Karsten Schmidt* GmbHR 1999, 9 [13]; *Karsten Schmidt* ZIP 2015, 901 [910]; abl. *Bitter/Rauhut* ZIP 2014, 1005 [1011]) oder um eine **bloße Vereinbarung über den Rang** im Insolvenzverfahren (*Adolff* FS Hellwig, 2011, 433 [442]; ebenso wohl Jaeger/*Henckel* Rn. 97; Ahrens/Gehrlein/Ringstmeier/*Ahrens* Rn. 45). Die Frage ist nur auf den ersten Blick rein akademisch, denn es macht einen Unterschied, ob die Vereinbarung nur **Rangwirkung im eröffneten Insolvenzverfahren** hat oder auch eine **vorinsolvenzliche Durchsetzungssperre** mit sich bringt (BGHZ 204, 231 = NJW 2015, 1672 = ZIP 2015, 638 mAnm *Bitter/Heim;* Scholz/*Bitter* GmbHG vor § 64 Rn. 66; *Bitter* ZIP 2015, 345 [346]; *Karsten Schmidt* DB 2008, 461 [463]; *ders.* DB 2015, 600 [602 f.]). Richtig ist, dass über den Rankrücktritt und über dessen Tragweite allein der Wille der Vertragsparteien entscheidet (BGHZ 204, 231 = NJW 2015, 1672, 1673 = ZIP 2015, 638 [639] mAnm *Bitter/Heim*) und dass sich die Regelung des Absatz 2 bloß auf die Rangwirkung für den Fall der Verfahrenseröffnung bezieht. Eine demgemäß auf das Insolvenzverfahren beschränkte Vereinbarung ist also zulässig. Sie reicht indes nicht aus, um die Passivierung der Verbindlichkeit im Überschuldungsstatus zu vermeiden (→ § 19 Rn. 35). Es kommt auf die konkrete Ausgestaltung der Vereinbarung und deren Auslegung an (dies betonen besonders *Bitter/Rauhut* ZIP 2014, 1005 [1010]; auch *Mock* NZI 2014, 102 [103]). Eher theoretisch ist die Frage, ob eine vorinsolvenzliche Wirkung neben dem Rangrücktritt eine separate Vereinbarung erfordert (so *Bitter* ZIP 2015, 345) oder ob dies nur eine Frage des Umfangs der Rangrücktrittsvereinbarung darstellt (so *Karsten Schmidt* DB 2015, 600 [602 f.]). Den Effekt des **§ 19 Abs. 2 S. 2** (Nicht-Passivierung im Überschuldungsstatus) kann jedenfalls nur eine Vereinbarung haben, die die Fortsetzung des Unternehmens ohne Insolvenzantrag gestattet (BGHZ 204, 231 = NJW 2015, 1672 = ZIP 2015, 638 mAnm *Bitter/Heim;* AG Mönchengladbach 25.7.2014 – 45 IN 27/14, mAnm *Martini* jurisPR-InsR 1/2015 Anm. 3; AG Itzehoe ZIP 2014, 1038 mAnm *Jacoby* EWiR 2014, 427; *Karsten Schmidt* FS Frotscher, 2013, 535 [545 ff.]; *ders.* DB 2015, 600 [602 f.]). Dazu ist ein pactum de non petendo erforderlich (vgl. → § 19 Rn. 35), aber auch ausreichend (aM BGHZ 204, 231 = NJW 2015, 1672 = ZIP 2015, 638 mAnm *Bitter/Heim*). Nicht zu folgen ist deshalb der steuerrechtlich motivierten Auffassung, wonach der Gläubiger im Fall eines einfachen Rangrücktritts ungeachtet des § 19 Abs. 2 S. 2 bis zur Insolvenzeröffnung die Zahlung verlangen kann (so zB *Kahlert* NWB 2012, 2141 [2147]; auch *Bitter/Rauhut* ZIP 2014, 1005 [1010]). In diesem Sinne ist einem zur Überschuldungsvermeidung erklärten Rangrücktritt Rechtswirkung auch schon vor der Verfahrenseröffnung einzuräumen (zB Blersch/Goetsch/*Haas* § 14 Rn. 47; *Funk* BB 2009, 867 [869]; *Haas* DStR 2009, 326; *Karsten Schmidt* DB 2015, 600 [602 f.]). Zur Frage, ob dieser Effekt steuerrechtlich zur Auflösung des Passivpostens führt, vgl. sogleich → Rn. 23. Nach Ansicht des BGH ergibt sich aus der Rangrücktrittsvereinbarung für die Gesellschaft nicht nur ein **Leistungsverweigerungsrecht,** sondern ein **Zahlungsverbot** (krit. *Karsten Schmidt* ZIP 2015, 901, 908 f.). Zu den Auswirkungen vgl. → Rn. 23.

c) Rangtiefe. Die **vereinbarte Rangtiefe** steht im **Belieben der Parteien** 23
(Uhlenbruck/*Hirte* Rn. 52; MüKoInsO/*Ehricke* Rn. 62). **Absatz 2** enthält über den vereinbarten Rang eine **Vermutung** und **Auslegungsregel:** Im Zweifel – ein genauer Rang ist nicht bzw. nicht eindeutig bestimmt – ist ein Rang nach den Forderungen des Absatz 1 vereinbart (so wohl auch BGH ZInsO 2014, 952, mAnm *Primozic/Schaaf* ZInsO 2014, 1831); also gleichsam der Rang eines ungeschriebenen Absatz 1 Nr. 6. Eine ausdrückliche Erklärung zur Rangtiefe ist daher nicht erforderlich, auch wenn die Rechtswirkungen des § 19 Abs. 2 herbeigeführt werden sollen (insofern nicht überzeugend die Begründung des

Rechtsausschusses, Begr. Beschlussempfehlung Anl. zu BT-Drs. 16/9737 zu Nummer 4). Eine Rangklasse des Absatz 1 kann allerdings ebenso vereinbart werden; auch für eine von Absatz 1 erfasste Forderung, wobei die Vereinbarung einer Rangverbesserung für solche Forderungen unwirksam ist (HK-InsO/*Ries* Rn. 13). Nicht im Belieben der Parteien steht, welche **Rechtsfolgen** mit der vereinbarten Rangtiefe verbunden sind. Für die Nicht-Passivierung von Gesellschafterdarlehen im Überschuldungsstatus verlangte **BGHZ 146, 264 = NJW 2001, 1280,** vor der Einführung des § 19 Abs. 2 S. 2 einen sog qualifizierten Rangrücktritt (HambK-InsO/*Schröder* § 19 Rn. 43a; *Goette* KTS 2006, 217 [229]). Das war für die Sanierungspraxis, die zugleich steuerschädliche Buchgewinne vermeiden muss, eine Belastung (krit. deshalb *Karsten Schmidt* FS Raupach, 2006, 405 ff.). Den Vorzug verdiente eine Gleichstellung mit dem Rang des Absatz 1 Nr. 5 als Mindesterfordernis, denn es ging nur darum, die im Insolvenzfall gesetzlich verordnete Nachrangigkeit ex ante vertraglich abzusichern (vgl. *Karsten Schmidt* aaO). Nunmehr lässt **§ 19 Abs. 2 S. 2** den in Absatz 2 vermuteten Rang ausreichen (→ § 19 Rn. 35; eing. Karsten Schmidt/Uhlenbruck/*Karsten Schmidt* Rn. 2.85, 5.184 ff.; HK-InsO/*Kirchhof* § 19 Rn. 23; HambK-InsO/*Schröder* § 19 Rn. 43 f.). Ein tiefergehender Rangrücktritt ist ohne weiteres zulässig, aber in den Rechtsfolgen problematisch, und zwar wegen des steuerrechtlichen Passivierungsverbots des **§ 5 Abs. 2a EStG** (dazu → Anh. Steuerrecht Rn. 150). Nach einem umstrittenen BFH-Urteil v. 30.11.2011 (ZIP 2012, 570; dazu Hermann/Heuer/Raupach/*Richter* EStG Stand 2012 Rn. 1910; ausf. *Kahlert* NWB 2012, 2141 ff.) können Verbindlichkeiten, die nur aus künftigen Gewinnen oder einem etwaigen Liquiditätsüberschuss zu erfüllen sind, mangels gegenwärtiger wirtschaftlicher Belastung in der Steuerbilanz nicht ausgewiesen werden. Das Urteil wurde durch BFH DB 2015, 1633 = ZIP 2015, 1386 teils bestätigt, teils in dem Sinne relativiert, dass ein hierdurch herbeigeführter Wegfallgewinn durch den Ansatz einer Einlage in Höhe des werthaltigen Teils der Forderung neutralisiert werden kann (dazu *Scheifele/Nees* Konzern 2015, 417; *Weber-Grellet* BB 2015, 2667). **Ziel der Praxis** muss sein, einem zur Insolvenzvermeidung vereinbarten Rangrücktritt eine vorinsolvenzrechtliche Wirkung ohne steuerschädlichen Passivierungsaufschub zuzuerkennen. Dazu wurden komplizierte Vertragsklauseln entwickelt (statt vieler Kübler/*Kahlert,* Handbuch Restrukturierung, 2. Aufl. 2015, § 57 Rn. 211 ff.). Richtigerweise sollte auch ein unspezifizierter Rangrücktritt ausreichen (*Karsten Schmidt* FS Frotscher, 2013, 535; *ders.* DB 2015, 600 [602 f.]). **Anfechtungsrechtlich** führt ein Rücktritt in den Rang des Absatz 1 Nr. 4 oder Nr. 5 bzw. in eine Zwischenposition nicht zur Anfechtbarkeit etwaiger Sicherheitenbestellungen und Zahlungen gem. § 134 bzw. § 135, da diese Rechtsfolge regelmäßig nicht von dem – bei privatautonomen Vereinbarungen entscheidenden – Willen der Parteien umfasst ist (zutr. *Bitter* ZIP 2013, 2; aA *Bork* ZIP 2012, 2277).

24 **d) Aufhebung.** Nach BGHZ 204, 231 = NJW 2015, 1672 = ZIP 2015, 638 mAnm *Bitter/Heim,* kann die Rangvereinbarung als schuldändernder Vertrag zugunsten der Gläubigergesamtheit (→ Rn. 22), solange die Gesellschaft insolvenzreif, also überschuldet oder zahlungsunfähig ist, **weder einseitig noch durch Vertrag zwischen dem Schuldner und dem Gläubiger aufgehoben** werden. Wird im Zustand der Insolvenzreife mit oder ohne Aufhebungsvertrag auf die Valuta oder auf im Rang zurückgetretene Zinsengezahlt, so kann diese Rechtshandlung nicht nur nach § 134 angefochten (→ § 134 Rn. 16), sondern Zahlungen auch nach § 812 BGB zurückgefordert werden. Diese Grundsatzentscheidung bedarf kritischer Prüfung (*Karsten Schmidt* ZIP 2015, 501). Eine **Beendigung des Rangrücktritts** durch Vertragsaufhebung ist nach der hier vertretenen Auffassung – in den Grenzen der §§ 81 Abs. 1, 24 Abs. 1 – möglich. Wird der Rangrücktritt aufgehoben, so enden im Zweifel auch mit ihm verbundene

vorinsolvenzliche Wirkungen (zu diesen vgl. → Rn. 22). Ein Nachrang auf Grund gesetzlicher Anordnung in § 39 Abs. 1 bleibt selbstverständlich unberührt (praktisch bedeutsam im Fall des Absatz 1 Nr. 5). Die Aufhebungsvereinbarung unterliegt ggf. der Insolvenzanfechtung nach den §§ 129 ff. InsO (→ § 135 Rn. 12).

III. Gesellschafterdarlehen und gleichgestellte Forderungen (Absatz 1 Nr. 5, Absatz 4, Absatz 5)

Schrifttum (Auswahl): *Altmeppen,* Das neue Recht der Gesellschafterdarlehen in der Praxis, NJW 2008, 3601; *Azara,* Das Eigenkapitalersatzrecht der GmbH nach dem MoMiG, 2010; *Bayer/Graff,* Das neue Eigenkapitalersatzrecht nach dem MoMiG, DStR 2006, 1654; *Bitter,* Mehrfache Kreditgewährung und -rückführung in der Insolvenz, FS Lwowski, 2014, 223; *Blöse,* Insolvenz, Liquidation und Wandel von Eigenkapitalersatz zum Recht der Gesellschafterleistungen, GmbHR-Sonderheft Oktober 2008, 71; *Bork,* Abschaffung des Eigenkapitalersatzrechts zugunsten des Insolvenzrechts?, ZGR 2007, 250; *Buschmann,* Finanzplankredit und MoMiG, NZG 2009, 91; *Dahl/Schmitz,* Eigenkapitalersatz nach dem MoMiG aus insolvenzrechtlicher Sicht, NZG 2009, 325; *Eidenmüller,* Gesellschafterdarlehen in der Insolvenz, FS Canaris, 2007, Bd. II, 49; *Gehrlein,* Die Behandlung von Gesellschafterdarlehen durch das MoMiG, BB 2008, 846; *Goette,* Einführung in das neue GmbH-Recht, 2008; *Goette/Habersack* (Hrsg.), Das MoMiG in Wissenschaft und Praxis, 2009; *Goette/Kleindiek,* Gesellschafterfinanzierung nach MoMiG, 6. Aufl. 2010; *Gutmann/Nawroth,* Der zeitliche Anwendungsbereich des MoMiG aus insolvenzrechtlicher Sicht – oder das Ende von Ansprüchen aus Eigenkapitalersatzrecht, ZInsO 2007, 174; *Haas,* Das neue Kapitalersatzrecht nach dem RegE-MoMiG, ZInsO 2007, 617; *Habersack,* Die Erstreckung des Rechts der Gesellschafterdarlehen auf Dritte, insbesondere im Unternehmensverbund, ZIP 2008, 2385; *ders.,* Gesellschafterdarlehen nach MoMiG in *Goette/Habersack* (Hrsg.), Das MoMiG in Wissenschaft und Praxis, 2009, Kap. 5; *Hirte,* Die Neuregelung des Rechts der (früher: kapitalersetzenden) Gesellschafterdarlehen durch das „Gesetz zur Modernisierung des GmbH-Rechts und zur Bekämpfung von Missbräuchen" (MoMiG), WM 2008, 1429; *Hirte/Knof/Mock,* Ein Abschied auf Raten? – Zum zeitlichen Anwendungsbereich des alten und neuen Rechts der Gesellschafterdarlehen, NZG 2009, 48; *Huber,* Gesellschafterdarlehen im GmbH- und Insolvenzrecht nach der MoMiG-Reform, GS Winter, 2011, 261 = ZIP Beil. 39/2010, 15; *Huber/Habersack,* GmbH-Reform: Zwölf Thesen zu einer möglichen Reform des Rechts der kapitalersetzenden Gesellschafterdarlehen, BB 2006, 1; *dies.,* in: *Lutter* (Hrsg.), Das Kapital der Aktiengesellschaft in Europa, 2006, 370; *Keller/Schulz,* Darlehen im Konzernverbund – zum Begriff des Gesellschafters in §§ 39 Abs. 1 Nr. 5, 135 InsO, FS Spiegelberger, 2009, 761; *Krolop,* Mit dem MoMiG vom Eigenkapitalersatzrecht zu einem insolvenzrechtlichen Haftkapitalerhaltungsrecht?, ZIP 2007, 1738; *Laspeyres,* Hybridkapital in Insolvenz und Liquidation, 2013; *Lüneborg,* Das neue Recht der Gesellschafterdarlehen, 2010; *W. Müller,* Der Geschäftsführer der GmbH und das Gesellschafterdarlehen in der Krise, GS Winter, 2011, 487; *Noack,* Der Regierungsentwurf des MoMiG – Die Reform des GmbH-Rechts geht in die Endrunde, DB 2007, 1395; *Paulus,* Passivierungspflicht und Rangordnung eigenkapitalersetzender Darlehen in der Insolvenz, ZGR 2002, 320; *Pentz,* Zum neuen Recht der Gesellschafterdarlehen, FS Hüffer, 2010, 747; *Jürg Roth,* Reform des Kapitalersatzrechts durch das MoMiG – Der Verzicht auf das Krisenkriterium und seine Folgen, GmbHR 2008, 1184; *Karsten Schmidt,* Eigenkapitalersatz, oder: Gesetzesrecht versus Rechtsprechungsrecht? – Überlegungen zum Referentenentwurf eines GmbH-Reformgesetzes (MoMiG), ZIP 2006, 1925; *ders.,* Gesellschafterdarlehen im GmbH- und Insolvenzrecht: Was hat sich geändert?, GS Winter, 2011, 601 (teilw. übereinstimmend in ZIP-Beil. 39/2010); *ders.,* Aktionärskredite vor und nach MoMiG, FS Hüffer, 2010, 885; *ders.,* Nutzungsüberlassung und Unternehmensinsolvenz, NJW 2015, 1057; *ders.,* Rangrücktritt insolvenzrechtlich/Rangrücktritt steuerrechtlich, DB 2015, 600; *Karsten Schmidt/Uhlenbruck* (Hrsg.), Die GmbH in Krise, Sanierung und Insolvenz, 4. Aufl. 2009, Rn. 2.51 ff.; *Schröder,* Die Reform des Eigenkapitalersatzrechts durch das MoMiG, 2012; *Thiessen,* Eigenkapitalersatz ohne Analogieverbot – eine Alternativlösung zum MoMiG-Entwurf, ZIP 2007, 253; *Thole,* Nachrang und Anfechtung bei Gesellschafterdarlehen, ZHR 176 (2012), 513; *Ulbrich,* Die Abschaffung des Eigenkapitalersatzrechts der GmbH, 2010; *Wedemann,* Die Übergangsbestimmungen des MoMiG – was müssen bestehende GmbHs beachten?, GmbHR 2008, 1131; *Weitnauer,* Die Gesellschafterfremdfinanzierung aus Sicht von Finanzinvestoren – ein Resümee der Änderungen des MoMiG 25 und der derzeitigen rechtlichen Rahmenbedingungen vor dem Hintergrund der Finanzkrise, BKR 2009, 18.

26 **1. Altes und neues Recht. a) Das „alte" Kapitalersatzrecht.** Das Kapitalersatzrecht **vor dem MoMiG von 2008** wird hier nicht eing. dargestellt, obgleich es nach → Rn. 30 für Altfälle relevant bleibt (zu verweisen ist ua auf Karsten Schmidt/Uhlenbruck/*Karsten Schmidt* Rn. 2.72 ff.; *Roth/Altmeppen* GmbHG § 32a aF, § 32b aF; Scholz/*Bitter* GmbHG Anh. § 64 Rn. 1 ff.; für Personengesellschaften MüKoHGB/*Karsten Schmidt* §§ 129a, 172a). Einschlägige Normen waren die **§§ 32a, b GmbHG aF, §§ 129a, 172a HGB aF.** Auf **Aktiengesellschaften** wendete BGHZ 90, 381 = NJW 1984, 1893, die Kapitalersatzregeln bei unternehmerischen Beteiligungen von mehr als 25 % an (dazu *Karsten Schmidt* FS Hüffer, 2010, 885 ff.). Die spezialgesetzlichen Sanktionen, ursprünglich **in § 32a KO und § 6 AnfG aF** enthalten (dazu 17. Aufl., Erl. zu § 32a KO, nach Inkrafttreten der InsO dann in § 39 Abs. 1 Nr. 5 aF und § 135 aF), spielten in der Gerichtspraxis eine geringe Rolle, weil in der Krise gewährte oder stehengebliebene Gesellschafterdarlehen als **Eigenkapitalersatz** eingeordnet und den Ausschüttungsverboten der §§ 30 GmbHG, 57 AktG unterworfen wurden. Auch Begründung von Absonderungsrechten durch **dingliche Sicherheiten am Gesellschaftvermögen** war bei Eigenkapitalersatz ausgeschlossen. Gegenüber diesen Rückzahlungsverboten und den Sanktionen nach § 31 GmbHG (bzw. § 62 AktG) traten die §§ 39, 135 fast vollständig in den Hintergrund. Relevant blieb allerdings bei Masselosigkeit der Schuldnerin die Gläubigeranfechtung nach § 6 AnfG aF. Hintergrund dieses Gesetzes- und Rechtsprechungsrechts war die **Behandlung von** Krisendarlehen und gleichgestellten **Finanzierungsleistungen der Gesellschafter** als **Quasi-Eigenkapital.** Sogar **Gebrauchsüberlassungen,** zB bei **Betriebsgrundstücken,** wurden dem gleichgestellt (dazu → Rn. 53 und → § 135 Rn. 29 ff.). Der Zurechnungsgrund zu Lasten der Gesellschafter wurde in deren Finanzierungsverantwortung (in der jüngeren Rspr. „Finanzierungsfolgenverantwortung") bei der Krisenfinanzierung gesehen.

27 **b) Systemwechsel durch MoMiG.** Das geltende, auf dem MoMiG von 2008 basierende Recht hat den **Gedanken des Eigenkapitalersatzrechts abgestreift** und beschränkt sich auf eine **Sonderbehandlung der Gesellschafter-Fremd-Finanzierung im Insolvenz- und Anfechtungsrecht** (dazu Goette/Habersack und *Goette/Kleindiek* passim; sa *Schröder* Rn. 88 ff.). Zu den strafrechtlichen Folgen der Änderung (Rückzahlung kann Strafbarkeit nach § 283c StGB – Gläubigerbegünstigung – anstelle von § 283 StGB – Bankrott – begründen) vgl. etwa OLG Celle ZInsO 2014, 1668.

28 **aa) Insolvenzrecht. Neuregelungen durch MoMiG im Insolvenzrecht und im Recht der Gläubigeranfechtung.** Neu durch das MoMiG eingeführt worden ist **§ 19 Abs. 2 S. 2.** Nach dieser Bestimmung sind Forderungen aus Fremdfinanzierungsleistungen der Gesellschafter in einem Überschuldungsstatus (nur) dann nicht zu passivieren, wenn für sie ein Rangrücktritt nach § 39 Abs. 2 InsO vereinbart ist (dazu vgl. → Rn. 22 sowie → § 19 Rn. 35). **Geändert** wurde **§ 39 Abs. 1 Nr. 5** (dazu → Rn. 19). Als Ersatz für den vormaligen § 32a Abs. 1 und 3 GmbHG aF **neu eingeführt** wurde **§ 39 Abs. 4 und 5** über den Geltungsbereich der Sonderregeln über die Gesellschafter-Fremdfinanzierung (dazu → Rn. 25 ff.). Der neue **§ 44a** über die Geltendmachung gesellschafterbesicherter Drittforderungen trat an die Stelle des vormaligen § 32a Abs. 2 GmbHG (dazu Erl. § 44a). Nicht neu, aber **tiefgreifend geändert,** ist die Anfechtungsbestimmung des **§ 135** (dazu Erl. § 135), ergänzt durch einen neuen **§ 143 Abs. 3** (dazu → § 143 Rn. 31 ff.).

bb) Gesellschaftsrecht. Das MoMiG hat, Anstößen aus der Wissenschaft folgend (*Huber/Habersack* BB 2006, 1 ff.; Lutter/*dies.*, Das Kapital, 2006, 370 ff.), die Sonderregeln über eigenkapitalersetzende Gesellschafterdarlehen und wirtschaftlich gleichartige Gesellschafterleistungen gestrichen. **Aufgehoben** wurden **§§ 32a und b GmbHG aF, § 129a HGB aF** und **§ 172a HGB aF.** Gleichzeitig wurde den **§§ 30 Abs. 1 GmbHG und 57 Abs. 1 AktG** ein **Schlusssatz** angefügt. Nach diesen Bestimmungen ist § 30 Abs. 1 S. 1 GmbHG bzw. § 57 Abs. 1 S. 1 AktG „nicht anzuwenden auf die Rückgewähr eines Gesellschafterdarlehens und Leistungen auf Forderungen aus Rechtshandlungen, die einem Gesellschafterdarlehen wirtschaftlich entsprechen". Damit ist das alte Rechtsprechungsrecht derogiert (dazu *Karsten Schmidt* JZ 2009, 10 [17]) und das Recht der Gesellschafterdarlehen **im Gesellschaftsrecht nur noch negativ geregelt.** Alle mit Rechtsfolgen versehenen Regelungen finden sich in der **Insolvenzordnung** und im **Anfechtungsgesetz.** Nach materiellem Recht waren Gesellschafterdarlehen einschließlich ihrer Zinsen ab Inkrafttreten des MoMiG von den gesellschaftsrechtlichen Zahlungsverboten entsperrt (vgl. BGH NJW 2012, 682 [683] = ZIP 2012, 86 [88]; OLG München ZIP 2011, 225; zur Aufrechterhaltung von Ansprüchen aus vorausgegangenen Verstößen vgl. → § 135 Rn. 6). Im Recht der Gläubigeranfechtung ist **§ 6 AnfG neu gefasst** und durch einen **neuen § 6a AnfG** sowie **§ 11 Abs. 3 AnfG** ergänzt (auch → § 135 Rn. 1). Das Recht der **Gesellschafter-Gebrauchsüberlassung** wurde in § 135 Abs. 3 vollständig neu geregelt (vgl. → § 135 Rn. 1 sowie → Rn. 53). 29

c) Übergangsrecht. Überleitungsregeln enthält **Art. 103d EGInsO** (→ § 135 Rn. 4 ff.). Danach sind auf Insolvenzverfahren, die vor dem Inkrafttreten des MoMiG am 1.11.2008 eröffnet worden sind, die bis dahin geltenden gesetzlichen Vorschriften weiter anzuwenden (vgl. im Einzelnen dazu sowie zur Fortgeltung der sog Rechtsprechungsregeln zu §§ 30, 31 GmbHG aF – unabhängig davon, wann das Insolvenzverfahren eröffnet wurde, sondern allein davon abhängig, dass der Anspruch vor dem Inkrafttreten des MoMiG entstanden ist: Scholz/*Karsten Schmidt* GmbHG Nachtrag MoMiG §§ 32a/b aF Rn. 11 ff.; HK-InsO/*Kleindiek* Rn. 28 f.). Für danach eröffnete Verfahren gilt, selbst wenn das Darlehen bereits vor dem Inkrafttreten des MoMiG gewährt wurde, neues Recht, ohne dass es sich dabei um eine (unzulässige) echte Rückwirkung handelte (BGH NZI 2011, 257 = ZIP 2011, 575). Diese Altdarlehen sind gesellschaftsrechtlich entsperrte (→ Rn. 29). Näher zum Übergangsrecht → § 135 Rn. 4 ff. 30

2. Konzept und Auslegungskriterien. a) Grundkonzeption. Das auf *Huber* und *Habersack* (vgl. → Rn. 29) zurückgehende Konzept des Gesetzes besteht im Wesentlichen aus folgenden Grundgedanken: Die Sonderbehandlung von Finanzierungshilfen der Gesellschafter bzw. gleichgestellter Dritter bleibt bestehen, nicht aber die Unterscheidung von Gesellschafterleistungen mit oder ohne Eigenkapitalersatzcharakter. Vielmehr werden **alle Gesellschafter-Fremdkapitalisierungsleistungen** nunmehr vom Gesetz gleich behandelt, soweit nicht das Kleinbeteiligungsprivileg (→ Rn. 41) bzw. das Sanierungsprivileg (→ Rn. 44) zum Zuge kommt (zu europarechtlichen Besonderheiten vgl. → Rn. 46). Der **Unterschied zum Konzept des vormaligen Kapitalersatzrechts** (§§ 32a, b; → Rn. 26 ff.) ist beträchtlich. Die **Sonderbehandlung der Gesellschafter-Fremdfinanzierung** beginnt **erst im Insolvenzfall bzw. im Fall der Gläubigeranfechtung.** Es gibt damit auch kein analog § 30 GmbHG begründbares gesellschaftsrechtliches Verbot der Rückzahlung von Gesellschafterdarlehen aus dem Gesellschaftsvermögen mehr, folglich auch keine Rückforderung zurückgezahlter Kredite in das Gesellschaftsvermögen auf der Grundlage des § 31 (vgl. → § 135 Rn. 3, 4). 31

b) Umstrittener Normzweck. Die Doppelrolle als Gesellschafter und Darlehensgeber (Scholz/*Bitter* GmbHG Anh. 664 Rn. 29) ist nur der Zurechnungs- 32 tatbestand, nicht der Zurechnungsgrund. Der systematische Ansatz der Sonderbehandlung hat sich mit dem MoMiG-Konzept gleichfalls geändert (vgl. *Huber/Habersack* BB 2006, 1 [2]; Lutter/*dies.*, Das Kapital 2006, 370, 395 f.; *Noack* DB 2007, 1398; *Karsten Schmidt* ZIP 2006, 1925 [1934]; *ders.* GS Winter, 2011, 611 ff.; *Schröder* Rn. 282 ff.). Der Normzweck der gesetzlichen Regeln wird nicht mehr einfach darin gesehen, dass Maßnahmen der Gesellschafter-Fremdfinanzierung in der Krise als eine Variante der Mezzaninfinanzierung zwischen Eigenkapital und Fremdkapital oszillieren und in der Krise der Gesellschaft als Quasi-Eigenkapital behandelt werden (eing. Scholz/*Bitter* GmbHG Anh. § 64 Rn. 19 ff.; *Karsten Schmidt* GS Winter, 2011, 601 ff.; **aM** *Altmeppen* NJW 2008, 3601 [3602 f.]). Überwiegend wird dies als eine **Beseitigung des Konzepts der Finanzierungsverantwortung** verstanden (vgl. nur *Gehrlein* BB 2008, 846 [849]; Goette/Habersack/*Habersack* Rn. 5.13; *ders.* ZIP 2008, 2385 [2387]; *Weitnauer* BKR 2008, 18 [19]; aA ausf. FK-InsO/*Bornemann* Rn. 33 ff.). Mit gleichem Recht kann man aber das neue Recht als eine **Verallgemeinerung des Konzepts der Finanzierungsverantwortung** bezeichnen (*Karsten Schmidt* GS Winter, 2011, 611 ff.; *ders.* ZIP-Beil. 39/2010, 15 ff.), weil vorbehaltlich der Privilegien nunmehr jede Gesellschafterfremdfinanzierung der Sonderbehandlung unterliegt (eing. *Schröder* Rn. 315 ff.; *Thole* ZHR 176 (2012), 513 ff.). Die Gesellschafterstellung (bzw. gesellschafterähnliche Stellung) als solche genügt für die Sonderbehandlung, so dass im Vergleich zu Drittgläubigern **kaum mehr als das Argument des „Näher dran"** als Zurechnungsgrund übrig bleibt (*Karsten Schmidt* GS Winter, 2011, 611 ff.). Dies rechtfertigt va die Anfechtungsregel des § 135, während die Legitimation des Nachrangs sich nicht ohne weiteres ergibt (vgl. *Thole* ZHR 176 (2012), 513 ff.; sa *Conow,* Vertragsbindung als Freiheitsvoraussetzung, 2015, 56 ff.).

33 Der geschilderte **Normzweck** ist **Gegenstand wissenschaftlichen Streits.** Vertreten wird insbes. die Auffassung, der Normzweck stehe nunmehr direkt im Zusammenhang mit der Haftungsbeschränkung, die nach § 39 Abs. 4 S. 1 Anwendungsvoraussetzung der neuen Regeln ist (*Huber* FS Priester, 2007, 259 [271 ff.]; *Habersack* ZIP 2008, 2385 [2387] mit umfangreichen Nachweisen; *Weitnauer* BKR 2009, 18 [19]). Die Regeln hätten einzig noch den Zweck, einem **Missbrauch der Haftungsbeschränkung** zu begegnen (ausf. Goette/Habersack/*Habersack* Rn. 5.13; *ders.* ZIP 2008, 2385 [2387]; sa Uhlenbruck/*Hirte* Rn. 35). Einem solchen Verständnis ist in dieser Form **nicht** zu folgen (*Karsten Schmidt* GS Winter, 2011, 611). Hinter der Regel verbirgt sich kein Missbrauchsverbot. Die Finanzierungsverantwortung ist Zurechnungsgrundlage geblieben und nur die Voraussetzung einer Krisenentscheidung ist entfallen (*Karsten Schmidt* GS Winter, 2011, 611). In Anbetracht dieser gesetzlichen Entscheidung muss man die **Reduktion und Banalisierung des Normzwecks** zur Kenntnis nehmen (→ Rn. 32 aE) und sollte die **Vereinfachung des Haftungsinstrumentariums** nicht mit neuem Pathos aufladen.

IV. Die Rechtslage im Einzelnen

34 **1. Erfasste Gesellschaften und Gesellschafter. a) Erfasste Gesellschaften. aa) Absatz 1 Nr. 5.** Von § 39 Abs. 1 Nr. 5 erfasst sind Gesellschaften, die als persönlich haftende Gesellschafter weder eine natürliche Person noch eine Gesellschaft haben, bei der ein (im Außenverhältnis: HK-InsO/*Kleindiek* Rn. 51) persönlich haftender Gesellschafter eine natürliche Person ist (§ 39 Abs. 4 S. 1). Erfasst sind dieselben Gesellschaften wie bei der Regel des § 15a Abs. 1 InsO (vgl. dort → § 15a Rn. 8 ff., 13) sowie § 19 (→ § 19 Rn. 10) und bei § 135 (vgl. dort → § 135 Rn. 11 ff.), also insbes.: die AG und die SE, die GmbH nebst Unternehmergesellschaft (haftungsbeschränkt), die Vor-GmbH, wenn es nicht zu einer Außenhaftung der Gesellschafter der Vor-GmbH kommt (HambK-InsO/*Lüdtke*

Rn. 25; vgl. zur Abgrenzung zwischen pro rata Innen- und unbeschränkter Außenhaftung BGHZ 134, 333 = NJW 1997, 1507), die eG (BegrRegE MoMiG, BT-Drs. 16/6140, 56 f.), auch die SCE (*Societas Cooperativa Europaea;* Verordnung (EG) Nr. 1435/2003 des Rates vom 22.7.2003 über das Statut der Europäischen Genossenschaft) sowie vollständig kapitalistisch strukturierte Personengesellschaften, wie GmbH & Co. KG bzw. & Co. KGaA, BGB-Gesellschaft, oHG, EWIV ohne natürliche Person als unbeschränkt haftenden Gesellschafter.

Auslandgesellschaften aus anderen Mitgliedstaaten der EU werden, sofern auf das Insolvenzverfahren über ihr Vermögen gem. Art. 3, 4 EuInsVO deutsches Insolvenzrecht anzuwenden ist, ebenfalls von § 39 Abs. 1 Nr. 5 erfasst (BGH NZI 2011, 818 = ZIP 2011, 1775; OLG Köln NZI 2010, 1001 = ZIP 2010, 2016; AG Hamburg ZIP 2009, 532; HK-InsO/*Kleindiek* Rn. 53; HambK-InsO/*Lüdtke* Rn. 28; Uhlenbruck/*Hirte* Rn. 60; vgl. auch HambK-InsO/*Schröder* § 135 Rn. 5, 12; BegrRegE MoMiG, BT-Drs. 16/6140, 57). 35

bb) Abgrenzung. Nicht erfasst sind die Partnerschaftsgesellschaft, da sie gem. § 1 Abs. 1 S. 3 PartGG nur natürliche Personen als Gesellschafter haben kann, sowie die Unternehmensbeteiligungsgesellschaft auf Grund spezialgesetzlicher Anordnung in § 24 UBGG (Uhlenbruck/*Hirte* Rn. 61). Von der Regel ausgenommen sind trotz des unklaren Wortlauts gemäß dem zB aus § 15a Abs. 1 S. 2 Hs. 2 ablesbaren Grundsatz auch Personengesellschaften, bei denen eine Gesellschafter-Gesellschaft zwar nicht selbst einen unbeschränkt haftenden natürlichen Gesellschafter hat (Beispiel: oHG mit natürlichen Gesellschaftern als Komplementärin), aber eine Gesellschaft für deren Verbindlichkeiten eine natürliche Person auf noch höherer Ebene haftet (Beispiel: oHG als Komplementärin, an der Kommanditgesellschaften mit natürlichen Komplementären beteiligt sind). 36

Bei nicht von § 39 Abs. 1 Nr. 5 erfassten Gesellschaften gilt die Vorschrift auch nicht für Gesellschafter, die nicht unbeschränkt haften (also nicht für Kommanditisten oder für stille Gesellschafter einer typischen KG mit natürlichem Komplementär). 37

b) Erfasste Gesellschafter und gesellschaftergleiche Dritte. aa) Grundsatz. Von § 39 Abs. 1 Nr. 5 erfasst sind alle **Gesellschafter** einer unter die Vorschrift fallenden Gesellschaft, auch die Komplementär-GmbH in der Insolvenz der GmbH & Co. KG (über das Kleinbeteiligungsprivileg bei der Kreditvergabe an die KG vgl. → Rn. 42). Der für die Gesellschaftereigenschaft entscheidende **Zeitpunkt** ist grds. der der Eröffnung des Insolvenzverfahrens; dies ist ausreichend, um den Nachrang nach § 39 Abs. 1 Nr. 5 zu begründen. Unerheblich ist, ob die Finanzierung vor oder nach dem **Erwerb der Gesellschaftserstellung** erfolgt ist (zu §§ 44a, 135 Abs. 2: BGHZ 200, 210 = NJW 2014, 1737 = NZI 2014, 321 = ZIP 2014, 584). Wurde die Fremdfinanzierung allerdings zumindest zeitgleich mit dem Erwerb des Geschäftsanteils (oder davor) beendet, so gilt § 39 Abs. 1 Nr. 5 nicht. Ein **ausgeschiedener Gesellschafter** muss nicht nur Tatbestände gegen sich gelten lassen, die im Zeitpunkt des Ausscheidens schon abgeschlossen waren. Vielmehr bleibt sein Darlehen verstrickt, bis die Jahresfristen des § 135 Abs. 1 Nr. 2 bzw. § 6 Abs. 1 S. 1 Nr. 2 AnfG abgelaufen sind (so zumindest iE BGH NJW 2012, 682 = ZIP 2012, 86; HK-InsO/*Kleindiek* Rn. 40; Uhlenbruck/*Hirte* Rn. 46; Scholz/*Bitter* GmbHG Anh. § 64 Rn. 57 ff. mwN; *Gehrlein* BB 2008, 846, 850; *Haas* ZInsO 2007, 617 [626]; zweifelnd HambK-InsO/*Lüdtke* Rn. 32). 38

bb) Mittelbare Gesellschafter. Diese können Gesellschaftern gleichgestellt sein, zB als Treugeber (Scholz/*Karsten Schmidt* GmbHG §§ 32a, 32b Rn. 32), als stille Gesellschafter (OLG Köln ZIP 2011, 2208) oder Gesellschafter einer Gesellschafter-Gesellschaft (vgl. → Rn. 48; HK-InsO/*Kleindiek* Rn. 45 ff.; HambK- 39

InsO/*Lüdtke* Rn. 35; zum Kleinbeteiligungsprivileg Scholz/*Bitter* GmbHG Anh. § 64 Rn. 74 f.).

40 **cc) Nichtgesellschafter.** Im Fall einer **Abtretung der Darlehensforderung** an einen Nichtgesellschafter gilt dasselbe: über § 404 BGB bleibt der Nachrang erhalten, wenn die Forderung binnen Jahresfrist (§ 135 Abs. 1 Nr. 2, dazu → § 135 Rn. 12 bzw. § 6 Abs. 1 S. 1 Nr. 2 AnfG) abgetreten wurde (BGHZ 196, 220 = ZIP 2013, 582 [585]; BB 2013, 1107 mAnm *Wilhelm;* dazu auch *Greven* BB 2014, 2309 ff.; *Schniepp/Hensel* BB 2015, 777 ff.; Vorinstanz OLG Stuttgart NZI 2012, 324 = ZIP 2012, 879; BGH NZI 2007, 64 = ZIP 2006, 2272; Braun/*de Bra* § 135 Rn. 10; Uhlenbruck/*Hirte* Rn. 46; HK-InsO/*Kleindiek* Rn. 40; aA Kübler/Prütting/Bork/*Preuß* Rn. 57; *Bauer/Farian* GmbHR 2015, 230; jedenfalls für den gutgläubigen Dritten, der einem Gesellschafter nicht gleichzustellen ist, auch HambK-InsO/*Lütdke* Rn. 32).

41 **2. Einschränkungen des Tatbestands. a) Kleinbeteiligungsprivileg. aa) Inhalt.** Das Kleinbeteiligungsprivileg („Zwerganteilsprivileg") ist sachlich unverändert aus § 32a Abs. 3 S. 2 GmbHG aF in den § 39 Abs. 5 übernommen worden. **Nicht geschäftsführende Gesellschafter mit einer Beteiligung bis 10 %** sind danach vom Sonderrecht der Gesellschafterdarlehen nicht erfasst. Die gegen das Privileg erhobenen rechtspolitischen Bedenken (Scholz/*Karsten Schmidt* GmbHG §§ 32a/32b Rn. 197) gelten fort.

42 **bb) Kapitalgesellschaft & Co. KG.** Bei der GmbH & Co. KG (genauer Kapitalgesellschaft & Co. KG) kommt es hinsichtlich der Kredite an die Kommanditgesellschaft auf die Kapitalbeteiligung an der Kommanditgesellschaft und nur auf diese an (*Binz/Sorg,* Die GmbH & Co. KG, § 60 Rn. 80; näher Scholz/*Karsten Schmidt* GmbHG, 10. Aufl., 2010, Nachtrag MoMiG §§ 32a/b aF Rn. 27; *ders.* GmbHR 1999, 1269 ff.). Ist die Kommanditgesellschaft, wie in der Praxis üblich, mit Festkapitalkonten der Kommanditisten ausgestattet („feste Kapitalanteile") und die GmbH, wie gleichfalls üblich, am Kapital der KG nicht beteiligt, so ist die Feststellung einfach. Es entscheidet der Anteil des Kommanditisten am Festkapital der KG, während die GmbH als geschäftsführende Gesellschafterin nicht privilegiert ist. Bewegliche Kapitalkonten werden dann weder hinzugerechnet noch abgezogen. Das Kleinbeteiligungsprivileg (§ 39 Abs. 5 nF) gilt für Kommanditisten, die, ohne Geschäftsführer zu sein, mit 10 % oder weniger am Festkapital der Kommanditgesellschaft beteiligt sind MüKoHGB/*Karsten Schmidt,* 3. Aufl., § 172a aF Rn. 16). Ein Geschäftsanteil des nicht geschäftsführenden Gesellschafters von über 10 % nur an der Komplementär-GmbH schadet als solcher nicht (Scholz/*Karsten Schmidt* GmbHG, 10. Aufl., Nachtrag MoMiG §§ 32a/b GmbHG aF Rn. 89; Scholz/*Karsten Schmidt* GmbHG, 10. Aufl., §§ 32a/b GmbHG Rn. 230; **aM** EBJS/*Strohn* § 172a Rn. 48 [Zusammenrechnung der Anteile an KG und GmbH]). Ist der Gesellschafter als Kommanditist an der KG und als GmbH-Gesellschafter an der Komplementär-GmbH beteiligt, so kommt es nur auf die Beteiligung am Festkapital der KG an (Binz/Sorg Die GmbH & Co. KG § 12 Rn. 96; Scholz/*Karsten Schmidt* GmbHG, 10. Aufl., Nachtrag MoMiG §§ 32a/b GmbHG aF Rn. 89; ebenso jetzt Scholz/*Bitter* GmbHG Anh. § 64 Rn. 76). An diesem ist die Komplementär-GmbH ihrerseits regelmäßig nicht beteiligt, so dass idR ein Vergleich der Kommanditkonten den Ausschlag gibt (ebd.). Die Beteiligungen jedes Gesellschafters an der KG und an ihrer Komplementär-GmbH werden auch nicht addiert (Scholz/*Karsten Schmidt* GmbHG, 10. Aufl., Nachtrag MoMiG §§ 32a/b GmbHG aF Rn. 89; **aM** EBJS/*Strohn* § 172a Rn. 48). Auf die Beteiligung eines Kommanditisten an der GmbH kann es nur in Ausnahmefällen (vgl. *Karsten Schmidt* FS Röhricht, 2005, 511 ff.) ankommen, in denen die GmbH & Co. KG ohne Weisungsrecht der Kommandi-

tisten von der GmbH gesteuert wird (Scholz/*Karsten Schmidt* GmbHG, 10. Aufl., Nachtrag MoMiG §§ 32a/b GmbHG aF Rn. 89). Dann kann ein Nur-GmbH-Gesellschafter uU auch aus der Sicht der KG ein gesellschaftergleicher Dritter (→ Rn. 46 ff.) sein. Allg. wird ein Gesellschafter mit einer faktischen Geschäftsführungsposition nicht privilegiert (Scholz/*Bitter* GmbHG Anh. § 64 Rn. 82; *Karsten Schmidt* GmbHR 1999, 1269 [1271]).

cc) Praxis. Das Kleinbeteiligungsprivileg hat nur **geringe Bedeutung.** In der Mehrheit der Fälle kommt es deshalb nicht zum Zuge, weil bei der Bemessung der Anteilsgröße Gesellschaftsanteile – zB wegen abgestimmten Verhaltens bei der Finanzierung – zusammengerechnet werden (Scholz/*Karsten Schmidt* GmbHG, 10. Aufl., Nachtrag MoMiG §§ 32a/b GmbHG aF Rn. 26; Scholz/*Karsten Schmidt* GmbHG, 10. Aufl., §§ 32a/b GmbHG Rn. 184 ff.). Dass das abgestimmte Verhalten der Gesellschafter speziell auf Krisenfinanzierung ausgelegt ist, wie es der Bundesgerichtshof unter dem früheren Eigenkapitalersatzrecht verlangte, wird man nach dem neuen Recht für diese Zurechnung nicht mehr verlangen können. 43

b) Sanierungsprivileg. aa) Normative Grundlage. Das Sanierungsprivileg des § 39 Abs. 4 S. 2 entstammt weitgehend unverändert dem § 32a Abs. 3 S. 3 GmbHG aF (dazu eing. Scholz/*Karsten Schmidt* GmbHG, 10. Aufl., §§ 32a, b). Grds. nach Absatz 1 Nr. 5 und Absatz 4 S. 1 erfasste Gesellschafterfinanzierungsleistungen – Darlehen und gleichgestellte Forderungen – werden der Anfechtung nach § 135 und dem Nachrang entzogen, wenn sie mit dem Anteilserwerb einhergehen. Die Privilegierung setzt den Anteilserwerb bei drohender oder eingetretener Zahlungsunfähigkeit oder Überschuldung (bei deren Feststellung der Erwerb sowie das Sanierungskonzept unberücksichtigt bleiben: Scholz/*Bitter* Anh. § 64 Rn. 93; *Bitter* ZIP 2013, 398 [399]) zu Sanierungszwecken voraus. Durch die Regelung privilegiert ist nicht die Kreditvergabe, sondern der mit ihr zu Sanierungszwecken einhergehende Anteilserwerb (vgl. BT-Drs. 13/10038, 28). Andere Sanierungsinstrumente sind nicht privilegiert, insbes. nicht allg. jede Sanierungshilfe aus Gesellschafterhand (krit. dazu HambK-InsO/*Lüdtke* Rn. 49 mwN). Auf die Höhe der übernommenen Beteiligung kommt es ebenso wenig an wie darauf, ob der Gesellschaft durch den Erwerb liquide neue Mittel zufließen (FK-InsO/*Bornemann* Rn. 92) oder ob die Finanzierungsleistung vor oder nach dem Anteilserwerb erfolgte (HK-InsO/*Kleindiek* Rn. 58; HambK-InsO/*Lüdtke* Rn. 52). 44

bb) Begrenzung auf Neugesellschafter. Privilegiert sind nur Neugesellschafter (BegrRegE MoMiG, BT-Drs. 16/6140, 57; HK-InsO/*Kleindiek* Rn. 58; HambK-InsO/*Lüdtke* Rn. 49; *Scholz/Bitter* GmbHG Anh. § 64 Rn. 97; weiter: Kübler/Prütting/Bork/*Preuß* Rn. 51; *Altmeppen* NJW 2008, 3601), wobei es gleichgültig ist, ob diese neue Geschäftsanteile übernehmen oder bestehende erwerben. Geschützt sind allerdings solche Altgesellschafter, deren Beteiligung vor der Aufstockung ihrer Beteiligungen unter das Kleinbeteiligungsprivileg fiel (HK-InsO/*Kleindiek* Rn. 58; Scholz/*Karsten Schmidt* GmbHG, 10. Aufl., §§ 32a/b GmbHG Rn. 214). Nicht geschützt sind auch einem Gesellschafter gleichgestellte Dritte (vgl. → Rn. 47 ff.), deren Finanzierungsleistungen bereits vor dem Anteilserwerb nach Abs. 1 Nr. 5 unter Beachtung des Abs. 5 dem Nachrang unterworfen waren (HK-InsO/*Kleindiek* Rn. 58; Scholz/*Karsten Schmidt* GmbHG, 10. Aufl., §§ 32a/b GmbHG Rn. 214). 45

c) Unionsrechtliche Einschränkung. Verstoßen gewährte Gesellschafterdarlehen oder wirtschaftlich entsprechende Leistungen gegen das europarechtliche Beihilfeverbot und sind in Folge einer Entscheidung der Europäischen Kommission zurückzufordern, so sind diese an sich unter Nr. 5 fallenden Forderungen aufgrund des Anwendungsvorrangs des Unionsrechts als einfache Insolvenzforde- 46 rungen im Rang des § 38 zu behandeln (BGHZ 173, 103 = ZIP 2007, 1760; vgl. auch BGHZ 173, 129 = ZIP 2007, 1816; Graf-Schlicker/*Neußner* Rn. 37; HK-InsO/*Kleindiek* Rn. 49; krit. *Cranshaw* DZWIR 2008, 89).

47 **3. Die Ausdehnung auf gesellschaftergleiche Dritte. a) Grundsatz.** Die Anwendbarkeit auf **Dritte als Darlehensgeber** oder als Gläubiger entsprechender Forderungen ist in § 39 Abs. 1 Nr. 5 nicht mehr so klar herausgestellt wie in § 32a Abs. 3 S. 1 GmbHG aF. Der Passus „oder eines Dritten" steht nicht mehr im Gesetz. Es ist aber unstreitig, dass die einem Gesellschafterdarlehen „wirtschaftlich entsprechenden" Finanzierungsleistungen (§ 39 Abs. 1 Nr. 5) diesem nicht nur dann entsprechen können, wenn die Leistung darlehensähnlich ist, sondern auch, wenn der Gläubiger einem Gesellschafter gleichsteht (vgl. auch zu § 135 Abs. 3 BGHZ 204, 83 [99] Rn. 48 = NJW 2015, 1109 = ZInsO 2015, 559; dazu *Karsten Schmidt* NJW 2015, 1057 ff.; BGHZ 188, 163 = NJW 2011, 1503 = ZIP 2011, 575; BGHZ 196, 220 = BGH ZIP 2013, 582; BB 2013, 1107 mAnm *Wilhelm;* dazu auch *Greven* BB 2014, 2309 ff.; *Schniepp/Hensel* BB 2015, 777 ff.; HK-InsO/*Kleindiek* Rn. 343; Uhlenbruck/*Hirte* Rn. 40; HambK-InsO/*Lüdtke* Rn. 34; Scholz/*Bitter* GmbHG Anh. § 64 Rn. 180 ff.; BegrRegE MoMiG, BT-Drs. 16/6140, 56). **Umstr.** ist jedoch, ob die **Methode der Gleichstellung** dieselbe ist wie unter dem früheren Eigenkapitalersatzrecht. Vertreten wird, nach neuem Recht stehe einem Gesellschafter nur gleich, wer durch die Kreditfinanzierung das Privileg einer Haftungsbefreiung missbrauche (vgl. *Habersack* ZIP 2008, 2385 [2388 ff.]; vgl. krit. dazu auch HK-InsO/*Kleindiek* Rn. 25, 43 ff.). Richtigerweise kommt es nach neuem wie nach altem Recht auf die gesellschaftergleiche Finanzierungszuständigkeit (Finanzierungsverantwortung) des Kreditgebers an (vgl. mwN *Karsten Schmidt* GS Winter, 2011, 601 ff.; *ders.* ZIP-Beil. 39/2010, 15 ff.).

48 **b) Kasuistik** (umfassend Scholz/*Bitter* GmbHG Anh. § 64 Rn. 180 ff.). Schaltet ein Gesellschafter **Mittelspersonen** (so HambK-InsO/*Lüdtke* Rn. 35) ein, die die aus dem Vermögen des Gesellschafters stammende Finanzierungsleistung zur Verfügung stellen, also bspw. der **Hintermann eines Strohmann-Gesellschafters** (*U. Huber* FS Priester, 2007, 259 [280]), **mittelbare Stellvertreter** (HK-InsO/*Kleindiek* Rn. 45 f.; HambK-InsO/*Lüdtke* Rn. 35) oder **Treugeber** (Graf-Schlicker/*Neußner* Rn. 35; Scholz/*Bitter* GmbHG Anh. § 64 Rn. 192 ff.; Scholz/*Karsten Schmidt* GmbHG, 10. Aufl., §§ 32a/32b Rn. 152), so rechtfertigt dies die Gleichstellung (vgl. jetzt Scholz/*Bitter* Anh. § 64 Rn. 194 ff., 202 ff.).

49 Eine **mittelbare Beteiligung** des Financiers an der Gesellschaft (→ Rn. 39) kann – je nach Lage des Einzelfalls – ebenfalls die Gleichstellung rechtfertigen (vgl. → Rn. 39). Hierher gehören etwa Beteiligungen über eine **Zwischenholding** (HK-InsO/*Kleindiek* Rn. 45 f.; vgl. aber auch Scholz/*Karsten Schmidt* GmbHG, 10. Aufl., §§ 32a/32b Rn. 151; krit. HambK-InsO/*Lüdtke* Rn. 39), **Nießbrauch** (BGH NZG 2011, 864 = ZIP 2011, 1411; Vorinstanz: OLG Karlsruhe EWiR § 172a HGB 1/11, 117 mAnm *Neußner;* HambK-InsO/*Lüdtke* Rn. 37; aA Uhlenbruck/*Hirte* Rn. 43), **Unterbeteiligung** (Graf Schlicker/*Neußner* Rn. 27; aA Uhlenbruck/*Hirte* Rn. 43), **atypisches Pfandrecht** am Gesellschaftsanteil (BGHZ 119, 191 = NJW 1992, 3035; LG Dortmund ZIP 1986, 856; HK-InsO/*Kleindiek* Rn. 50; Scholz/*Bitter* GmbHG Anh. § 64 Rn. 235 ff.; aA *Hirte* ZInsO 2008, 689), **atypisch stille Gesellschaftsbeteiligung** (BGHZ 193, 378 = ZIP 2012, 1869 [Vorinstanz OLG Köln ZIP 2011, 2208]; BGH NZG 2013, 1385 = ZIP 2013, 2400; HK-InsO/*Kleindiek* Rn. 49; Scholz/*Bitter* GmbHG Anh. § 64 Rn. 240; *Mock* DStR 2008, 1645; vgl. zum alten Recht BGHZ 106, 7 = NJW 1989, 982; BGH NZG 2006, 341 = ZIP 2006, 703), Absicherungen bzw. Einflussmöglichkeiten von Gläubigern durch **financial covenants** (HK-InsO/*Kleindiek* Rn. 49 mwN; Graf-Schlicker/*Bremen* Rn. 26; einschränkend HambK-InsO/*Lüdtke* Rn. 38), sofern diese nicht allein kreditsichern-

de Funktionen erfüllen (Scholz/*Karsten Schmidt* GmbHG, 10. Aufl., §§ 32a/32b Rn. 154). Nicht ausreichend ist die **typische stille Gesellschaftsbeteiligung** (dazu → § 136 Rn. 4 sowie etwa Uhlenbruck/*Hirte* Rn. 43). Regelmäßig ist erforderlich, dass zusätzliche Befugnisse, etwa Mitspracherechte, hinzukommen, die es erlauben, die Geschicke der Gesellschaft ähnlich einem Gesellschafter mitzubestimmen. **„Nahestehende Personen" iSd § 138** zu sein, genügt für sich allein nicht (BGHZ 188, 363 = NJW 2011, 1503 = ZIP 2011, 575; HK-InsO/*Kleindiek* Rn. 45; Scholz/*Bitter* GmbHG Anh. § 64 Rn. 213).

Kommanditisten und GmbH-Gesellschafter einer nicht beteiligungsidentischen GmbH & Co. KG stehen einander gleich. Es kommt also bei der GmbH & Co. KG nicht darauf an, ob ein der Kommanditgesellschaft gegebener Kredit von einem Kommanditisten oder von einem Nur-GmbH-Gesellschafter finanziert wird (aA unter Hinweis auf die Gesetzesbegründung HambK-InsO/*Lüdtke* Rn. 40; *Tillmann* GmbHR 2006, 1289 [1293]). 50

Die Finanzierung durch **verbundene Unternehmen** ist der durch Gesellschafter gleichzustellen in Fällen der Konzernbildung nach § 18 AktG, der Abhängigkeit iSv § 17 AktG (bei maßgeblicher Beteiligung, dh einer Mehrheitsbeteiligung, die beherrschenden Einfluss erlaubt HK-InsO/*Kleindiek* Rn. 47; BGH ZIP 1999, 1314; 2008, 1230; BGHZ 196, 220 = ZIP 2013, 582; BB 2013, 1107 mAnm *Wilhelm;* dazu auch *Greven* BB 2014, 2309 ff.; *Schniepp/Hensel* BB 2015, 777 ff.; es genügt auch eine Minderheitsbeteiligung, wenn weitere Beherrschungsinstrumente (zB Aufsichtsratsposten) hinzutreten, wenn in der Zusammenschau ein beherrschender Einfluss festzustellen ist; vgl. → Rn. 49) und bei der Beteiligung derselben Gesellschafter an mehreren Gesellschaften (etwa bei Schwestergesellschaften; LG Hamburg ZIP 1991, 180; LG Hagen (Westfalen) ZIP 2012, 642; Scholz/*Bitter* GmbHG Anh. § 64 Rn. 250 ff.). In den Fällen der Unternehmensverbindungen iSv §§ 15 ff. AktG ist jedoch eine strenge Einzelfallbetrachtung angezeigt (Scholz/*Bitter* GmbHG Anh. § 64 Rn. 248 ff.). Eine restriktivere Auffassung, die auf Grund der Rechtsänderung durch das MoMiG bspw. einen Beherrschungs- und Gewinnabführungsvertrag oder eine 100 %-Beteiligung verlangt (etwa HambK-InsO/*Lüdtke* Rn. 39 mwN), ist nicht gerechtfertigt, da unabhängig von der Frage der Fortgeltung des Konzepts Finanzierungsverantwortung bereits allein das **„Näher-dran-Argument"** (vgl. → Rn. 32 aE) die Gleichstellung in den og Fällen rechtfertigt (HK-InsO/*Kleindiek* Rn. 47). 51

4. Gesellschafterdarlehen und wirtschaftlich entsprechende Leistungen. 52
a) Gesellschafterdarlehen. Von § 39 Abs. 1 Nr. 5 erfasst ist jedes Geld- bzw. Sachdarlehen gem. § 488 bzw. § 607 BGB, bei dem Gläubiger des Rückgewähranspruchs ein Gesellschafter oder gleichgestellter Dritter (vgl. → Rn. 47 ff.) und Darlehensnehmer die Schuldnerin ist. Dem steht es gleich, wenn zwischen dem Gesellschafter und der Gesellschaft vereinbart wurde, dass von der Gesellschaft aus anderem Rechtsgrund geschuldetes Geld oder geschuldete Sachen nunmehr als Darlehen geschuldet sein sollen (§ 607 BGB aF). Die Darlehenszinsen und die Kosten der Teilnahme am Insolvenzverfahren haben am Nachrang der Darlehensforderung teil (Absatz 3; vgl. → Rn. 9, 13, 20). Finanzplankredite fallen ebenfalls unter Nr. 5 (HK-InsO/*Kleindiek* Rn. 35; Uhlenbruck/*Hirte* Rn. 71). Gleichfalls solche Gesellschafterkonten bei Personengesellschaften, deren Bestand dem Fremdkapital zuzuordnen ist, also regelmäßig das Privat-, Darlehens- oder Verrechnungskonto, Teile des Kapitalkontos II beim Zwei-Konten-Modell, das Kapitalkonto III im Drei-Konten-Modell, nicht aber ein dem Eigenkapital zuzuordnendes Kapitalkonto I im Zwei-Konten-Modell und das Kapitalkonto II im Drei-Konten-Modell. Dann erfolgt die Befriedigung im Insolvenzfall allein gem. § 199 (vgl. → Rn. 53). Letztlich entscheidend ist nicht die Bezeichnung, sondern die gesellschaftsvertragliche Regelung und Zuordnung zu Fremd- oder Eigenkapital.

53 **b) Wirtschaftlich entsprechende Rechtshandlungen.** Der Forderung auf Rückgewähr eines Gesellschafterdarlehens gleichgestellt sind Forderungen aus Rechtshandlungen, die einem solchen Darlehen wirtschaftlich entsprechen. Die zu §§ 32a, b GmbHG aF entwickelten Grundsätze gelten, von dem Merkmal der Kapitalersatzfunktion abgesehen, fort (dazu Scholz/*Karsten Schmidt* GmbHG, 10. Aufl., §§ 32a/32b Rn. 121 ff.). Darunter fällt die **Stundung** einer Forderung (BAG NZI 2014, 619; Scholz/*Bitter* GmbHG Anh. § 64 Rn. 166 ff.), sofern diese nicht ohnedies eine solche aus Darlehensvertrag ist, also bspw. rückständige Ansprüche auf Miete, ebenso die nicht zeitnahe Geltendmachung von Regressansprüchen gegen die Gesellschaft (OGH Wien NZG 2000, 1126), Ausschüttungsansprüche bzgl. Gewinnvorträgen iSv § 266 Abs. 3 A. IV. HGB (OLG Koblenz NZI 2014, 27; dazu zust. *Freudenberg* ZInsO 2014, 1544; zu Recht krit. *Menkel* NZG 2014, 982) und wenn man der Auffassung des OLG Koblenz, aaO, folgt, auch Ausschüttungsansprüche aus aufgelösten anderen Gewinnrücklagen iSv § 266 Abs. 3 A. III. 4. HGB (*Freudenberg* ZInsO 2014, 1544). Gegen die Auffassung des OLG Koblenz spricht allerdings, dass es sich bei Gewinnvortrag und Rücklagen um Eigenkapital handelt (vgl. § 266 Abs. 3 HGB) und nicht, wie Nr. 5 allerdings voraussetzt, Fremdkapital. **Eine Rückzahlung dieser Beträge an den Gesellschafter kann allein nach Maßgabe des § 199** erfolgen. Der Stundung gleich steht ein **pactum de non petendo.** Der **Erwerb einer gestundeten Forderung** Dritter gegen die Gesellschaft durch einen Gesellschafter gehört ebenso hierher (Uhlenbruck/*Hirte* Rn. 38; Scholz/*Karsten Schmidt* GmbHG, 10. Aufl., §§ 32a/32b Rn. 126). **Fälligkeitsvereinbarungen** in Austauschverträgen können ebenfalls wirtschaftlich entsprechende Rechtshandlungen sein, wenn etwa ein Zahlungsziel – gemessen an der Üblichkeit im relevanten Markt – ungewöhnlich lange hinausgeschoben wird. Entscheidend ist, dass wie bei einem Darlehen zeitweise ein Kapitalwert zur Nutzung überlassen wird (Scholz/*Karsten Schmidt* GmbHG, 10. Aufl., §§ 32a/32b Rn. 123). Beim unechten **Factoring,** bei dem der Factor nicht das Delkredererisiko trägt, kann es sich ebenfalls um eine wirtschaftlich entsprechende Rechtshandlung handeln (OLG Köln ZIP 1986, 1585; Scholz/*Bitter* GmbHG Anh. § 64 Rn. 172 f.; aA Uhlenbruck/*Hirte* Rn. 39, solange der Delkrederefall noch nicht eingetreten ist), nicht aber beim echten Factoring, da der Kaufpreis für die abgetretene Forderung endgültig bei der Gesellschaft verbleibt. Über **stille Einlagen** vgl. → § 136 Rn. 25. Über **vom Gesellschafter besicherte Drittkredite** vgl. Erl. § 44a.

54 **c) Nicht: Nutzungsüberlassung.** Fälle der Überlassung von Nutzungsrechten, insbes. auf Grund Miet-, Pacht-, Leih- und Lizenzvertrags stehen zumindest für ab dem 1.11.2008 eröffnete Insolvenzverfahren einer Darlehensgewährung nach § 135 Abs. 3 nicht mehr gleich (BGHZ 204, 83 = NJW 2015, 1109 = ZInsO 2015, 559; OLG Schleswig ZIP 2012, 885; *Schröder* Rn. 391; Uhlenbruck/*Hirte* Rn. 37; FK-InsO/*Bornemann* Rn. 54; *Karsten Schmidt* NJW 2015, 1057; zum Übergangsrecht und zur Kritik an der Gleichstellung nach altem Recht Scholz/*Karsten Schmidt* GmbHG, 10. Aufl., Nachtrag MoMiG §§ 32a/b GmbHG aF Rn. 20, 64 ff.). Weder die Sachsubstanz, die ausgesondert werden kann, noch der Nutzungswert stehen der Insolvenzmasse zur Verfügung (BGHZ 204, 83 = NJW 2015, 1109 = ZInsO 2015, 559; dazu *Karsten Schmidt* NJW 2015, 1057 ff.), es sei denn, er wäre etwa auf Grund einer Stundung als wirtschaftlich entsprechende Rechtshandlung dem Nachrang unterworfen (vgl. → Rn. 52; HK-InsO/*Kleindiek* Rn. 38). Für Überlassungverträge gelten die §§ 103 ff., 135 Abs. 3. Wegen der Einzelheiten vgl. → § 135 Rn. 29 ff.

55 **5. Debt-to-equity-swap im Insolvenzplan. § 225a Abs. 2** erlaubt die Umwandlung der Forderungen von Gläubigern in Anteils- oder Mitgliedschaftsrechte am Schuldner (dazu → § 225a Rn. 20 ff.). Auch eine **Umwandlung nachrangi-**

ger Insolvenzforderungen in Beteiligungen ist nach MoMiG und ESUG zwar rechtlich zulässig (Baumbach/Hueck/*Fastrich* GmbHG § 5 Rn. 28; Scholz/*Priester* GmbHG § 56 Rn. 13), dürfte gleichwohl aber nur schwer durchführbar sein. Nach der bis zum MoMiG vorherrschenden Ansicht waren eigenkapitalersetzende Gesellschafterdarlehen nicht einlagefähig (vgl. zB Baumbach/Hueck/*Fastrich* GmbHG, 18. Aufl., § 5 Rn. 28 mwN; aA sodann die 19. Aufl.). Für Einlagefähigkeit spricht allerdings, dass Inhaber von Forderungen im Rang des § 39 Abs. 1 Nr. 5 grds. Insolvenzgläubiger iSv § 38 sind (vgl. → Rn. 8). Der Wortlaut des § 225a Abs. 2 erfasst also auch diese Forderungen und die Differenzierung in § 39 Abs. 1 Nr. 5 aF zwischen Gesellschafterleistungen mit oder ohne Eigenkapitalersatzcharakter ist aufgegeben. Vielmehr werden alle Gesellschafter-Fremdfinanzierungsleistungen nunmehr gleich behandelt (vgl. → Rn. 19, 31 f.). Die Frage der Einlagefähigkeit von Gesellschafterdarlehen dürfte sich somit auf ein reines Bewertungsproblem reduzieren (Nirk/Ziemons/Binnewies/*Ziemons/Hilke/Herchen* AG-HdB Rn. I 5.470; GK-GmbHG/*Ulmer/Casper* § 5 Rn. 65 f.; HambK-InsO/*Thies* § 225a Rn. 21). Dafür sind aber alle Gesellschaftskredite nachrangig (→ Rn. 31) und im Insolvenzplanverfahren von den nicht nachrangigen Forderungen zu unterscheiden (§ 222 Abs. 1). Demgemäß müssten nachrangige Insolvenzforderungen iSv § 39 auf Grund der gesetzgeberischen Entscheidung gegen eine Nennwerteinbringung und für den Ansatz des Verkehrswertes unter Orientierung an der Quotenerwartung (BT-Drs. 17/5712, 32; vgl. dazu krit. HambK-InsO/*Thies* § 225a Rn. 21 ff.) von einem debt-to-equity-swap idR ausgeschlossen bleiben, weil ihr Wert selbst unter Fortführungsgesichtspunkten auf Grund der Wertung des § 225 Abs. 1 mit Null anzusetzen ist, wenn nicht – eine seltene Ausnahme (HambK-InsO/*Thies* § 225 Rn. 2, § 225a Rn. 16) – abweichende Regelungen für nachrangige Gläubiger iSv § 225 Abs. 2 getroffen werden (aA in Anerkennung des Debt-Equity Swap zum Nennwert *Patrick Schulz,* Der Debt Equity-Swap 2015, 241 ff.). Auch unter Berücksichtigung der dem Plan immanenten Fortführungsprämisse kommt jedenfalls nur eine Bewertung unter dem Wert einfacher Insolvenzforderungen in Betracht. Gleiches gilt bei einer Kapitalerhöhung im Insolvenzverfahren, jedoch außerhalb eines Insolvenzplanverfahrens. Wird die Einbringung gleichwohl durchgeführt, wird das **Risiko einer Differenzhaftung** nach § 9 Abs. 1 GmbHG (diese Haftung gilt gleichermaßen für die AG; vgl. BGHZ 64, 52 [62]) in einer Folgeinsolvenz durch **§ 254 Abs. 4** ausgeschlossen (vgl. ausf. HambK-InsO/*Thies* § 225a Rn. 39; → § 254 Rn. 14 ff.; *Karsten Schmidt* ZGR 2012, 565 [580 f.]). Dem Gläubigerschutz (va bezüglich nachträglicher Gläubiger) dienen Rechtsmittel gegen den Plan sowie die Möglichkeit im Verfahren auf Fehlbewertungen hinzuweisen (dazu sowie zu weiteren Ansätzen für Rechtschutz *Gehrlein* NZI 2012, 257 [260]). Auch ist nach der wohl überwiegenden Meinung eine Anfechtung weder des Kapitalerhöhungsbeschlusses noch der Einbringung einer nachrangigen Darlehensforderung (als Erfüllungsäquivalent) zulässig (*Wicke* GmbHG § 56 Rn. 3; Lutter/Hommelhoff/*Lutter/Bayer* GmbHG § 56 Rn. 10; *Wirsch* NZG 2010, 1131; *Gehrlein* NZI 2012, 257 [260], der aber eine mögliche Anfechtbarkeit der Erfüllung der Einlagepflicht sieht). Bezüglich unverbrauchter Forderungen kann einem durch Debt-to-equity-Swap beitretenden Gläubiger das Sanierungsprivileg (→ Rn. 44 f.) zugutekommen (Lutter/Hommelhoff/*Lutter/Bayer* GmbHG § 56 Rn. 13a; Scholz/*Priester* GmbHG § 56 Rn. 15b).

Unterhaltsansprüche[1]

40 **[1] Familienrechtliche Unterhaltsansprüche gegen den Schuldner können im Insolvenzverfahren für die Zeit nach der Eröffnung nur geltend gemacht werden, soweit der Schuldner als Erbe des Verpflichteten haftet. [2] § 100 bleibt unberührt.**

Schrifttum: *Bergschneider/Engels,* Leibrente statt Unterhalt, FamRZ 2014, 436; *Keller,* Der Unterhaltsanspruch als Insolvenzforderung und die Stellung der Unterhaltsgläubiger im Insolvenzverfahren, NZI 2007, 143; *Kothe,* Die Behandlung von Unterhaltsansprüchen nach der Insolvenzordnung, Kölner Schrift, 3. Aufl. 2009, 1161 (Kap. 36); *Paul,* Die Rechtsstellung des Unterhaltsgläubigers im Insolvenz(plan-)verfahren, DZWIR 2009, 286; *Perleberg-Kölbel,* Familieninsolvenzrecht seit 2011, FuR 2012, 171; *Stapper/Jacobi,* Anmerkung zum Urteil OLG Düsseldorf vom 24.9.2008 – 8 UF 212/97 (NZI 2008, 689), EWiR 2009, 191; *Uhlenbruck,* Familienrechtliche Aspekte der Insolvenzordnung, KTS 1999, 413.

Übersicht

I. Grundlagen

1 **1. Normzweck.** Die Vorschrift regelt unmittelbar den Spezialfall der Geltendmachung bestimmter **nach Insolvenzeröffnung** entstandener familienrechtlicher Unterhaltsansprüche als Insolvenzforderungen, soweit die Unterhaltspflicht nicht mit dem Tod des Verpflichteten erloschen ist (vgl. §§ 1615, 1360a Abs. 3 BGB), sondern den Insolvenzschuldner als Erben des Unterhaltspflichtigen trifft. § 40 entspricht inhaltlich § 3 Abs. 2 KO und § 25 Abs. 2 VerglO. Allerdings haben sich die Rahmenbedingungen für die Geltendmachung von Unterhaltsansprüchen, soweit diese nicht nach §§ 38 oder 40 Insolvenzforderungen sind, dahingehend verändert, dass für deren Befriedigung während der Dauer des Insolvenzverfahrens nur noch in den erweitert pfändbaren Teil des – ansonsten zur Masse gezogenen (→ § 35 Rn. 10) – Arbeitseinkommens nach § 850d ZPO vollstreckt werden kann (Begr. zu § 47 RegE [= § 40 InsO], BT-Drs. 12/2443, 124; → Rn. 15). Zur Pfändung des Arbeitseinkommens durch einen Unterhaltsgläubiger näher → § 89 Rn. 47–51.

[1] § 40 S. 1 geänd. durch G v. 6.4.1998 (BGBl. I S. 666).

2. Entstehungsgeschichte. § 40 entspricht § 47 des Regierungsentwurfes zur InsO und dieser an sich den früheren § 3 Abs. 2 KO und § 25 Abs. 2 VerglO (→ Rn. 1). Im Gesetzgebungsverfahren wurde die Bestimmung lediglich redaktionell angepasst (Verweis in Satz 2). Die in Satz 1 der ursprünglichen Gesetzesfassung (G. v. 5.10.1994, BGBl. I S. 2866) nach dem Begriff „Unterhaltsansprüche" noch enthaltenen Worte „und familienrechtliche Erstattungsansprüche des Mutter eines nichtehelichen Kindes" wurden noch vor Inkrafttreten der InsO durch Art. 4 Abs. 5 des Kindesunterhaltsgesetzes vom 6.4.1998 (BGBl. I S. 666) wieder gestrichen, weil der vormalige Anspruch auf Entbindungskosten (§ 1615k BGB aF) in dem neu gefassten Unterhaltsanspruch des § 1615l Abs. 1 BGB aufgegangen und die gesonderte Erwähnung im ursprünglichen Gesetzeswortlaut damit obsolet geworden ist (vgl. Braun/*Bäuerle* Rn. 1). 2

II. Abgrenzung Anwendungsbereich

Familienrechtliche Unterhaltsansprüche entstehen fortlaufend neu (im gesetzlichen Regelfall zum Monatsanfang, vgl. §§ 1361 Abs. 4 S. 2, 1585 Abs. 1 S. 2 und 1612 Abs. 3 S. 1 BGB), solange die gesetzlichen Voraussetzungen, insbes. Bedürftigkeit und Leistungsfähigkeit, vorliegen (vgl. RGZ 46, 65 [67]; BGHZ 82, 246 [250 f.] = NJW 1982, 578 [579]; BGHZ 85, 16 [25] = NJW 1983, 279 [280]; OLG Nürnberg NZI 2005, 638 [639]). Die Leistungsfähigkeit des Unterhaltsschuldners entfällt insbes. nicht per se mit Eröffnung eines (Privat-)Insolvenzverfahrens (OLG Koblenz FamRZ 2002, 31 [32]). Die sich daraus ergebenden Veränderungen der Einkommensverhältnisse sind aber nach allg. materiell-rechtlichen Grundsätzen bei der Prüfung der Leistungsfähigkeit zu berücksichtigen (BGH NJW 2008, 227 [228]; OLG Koblenz NZI 2003, 60 f.; OLG Brandenburg FamRZ 2008, 286). Masseschulden sind insoweit nicht relevant (OLG Koblenz FamRZ 2002, 31 [32]). 3

1. Vor Insolvenzeröffnung. Vor Insolvenzeröffnung entstandene Unterhaltsansprüche nehmen als Insolvenzforderungen nach § 38 am Verfahren teil (OLG Jena BeckRS 2011, 22621 = ZInsO 2011, 1856 [Ls.]). Unterhalt für die Vergangenheit kann aber nur nach Maßgabe der §§ 1585b, 1613 BGB gefordert werden. Ein am Monatsanfang entstandener Unterhaltsanspruch ist für den Monat, in dem die Verfahrenseröffnung erfolgt, einheitlich Insolvenzforderung (OLG Koblenz NZI 2003, 60; OLG Hamm FamRZ 2005, 279 [280]; Braun/*Bäuerle* Rn. 7; Jaeger/*Henckel* Rn. 6; *Keller* NZI 2007, 143 – zu abweichenden Unterhaltsvereinbarungen → Rn. 8). 4

2. Nach Insolvenzeröffnung. Nach Insolvenzeröffnung fortlaufend entstehende Unterhaltsansprüche richten sich – soweit nicht der gesetzliche Sonderfall einer Haftung als Erbe des Unterhaltsverpflichteten vorliegt (→ Rn. 12) – als Neuverbindlichkeiten grds. gegen den erweitert pfändbaren Teil des schuldnerischen Einkommens (vgl. LAG Hamm NZI 2011, 772 [774]). Es entstehen insoweit also keine Masseverbindlichkeiten (→ § 55 Rn. 49). Auch im Verbraucherinsolvenzverfahren ist der Eröffnungsbeschluss maßgeblich; die Beschränkungen des § 40 finden im Schuldenbereinigungsplanverfahren noch keine Anwendung (Graf-Schlicker/*Kexel* Rn. 2; *Kothe* Rn. 53). 5

3. Familienrechtliche Unterhaltsansprüche. Familienrechtliche Unterhaltsansprüche sind zunächst die gesetzlichen Unterhaltsansprüche nach dem vierten Buch des BGB; entsprechendes gilt für auf diese Bestimmungen verweisende Normen des LPartG (eing. MüKoInsO/*Schumann* Rn. 6 ff.; *Kothe* Rn. 54 ff.). 6

a) Gesetzliche Unterhaltsansprüche. Darunter fallen Unterhaltsansprüche aus aufgehobener Ehe (§ 1318 Abs. 2 BGB), Ehegattenunterhalt (§§ 1360, 1361 7

BGB, nach Scheidung: §§ 1569 ff. BGB), Verwandtenunterhalt (§§ 1601 ff. BGB), Unterhaltsansprüche unverheirateter Eltern für ein uneheliches Kind bzw. untereinander (§§ 1615a ff. BGB), Unterhalt für Adoptivkinder und als Kind angenommene Erwachsene (§§ 1754, 1770 Abs. 3 BGB).

8 **b) Unterhaltsvereinbarungen.** Wird statt laufenden Unterhalts eine **Kapitalabfindung** vereinbart oder gem. § 1585 Abs. 2 BGB geschuldet, handelt es sich – unabhängig von deren Fälligkeit (§ 41 Abs. 1) – um eine Insolvenzforderung, wenn sie vor Insolvenzeröffnung begründet wurde (*Keller* NZI 2007, 143; *Kothe* Rn. 56; HambK-InsO/*Lüdtke* Rn. 11; *Paul* DZWIR 2009, 186 [187]; diff. Uhlenbruck/*Knof* Rn. 8 mwN: Keine Insolvenzforderung bei Fälligkeit nach Eröffnung; aA *Häsemeyer* Rn. 16.19: Stets Aufteilung des Abfindungsanspruchs, was jedoch zu Folgekorrekturen bei § 850d ZPO führt).**Vertraglich vereinbarte Unterhaltsansprüche** sind als Insolvenzforderungen nach den §§ 41, 46 geltend zu machen; sie fallen nicht unter § 40, außer wenn die Vereinbarung gesetzliche Unterhaltsansprüche lediglich feststellt oder ausgestaltet (HambK-InsO/*Lüdtke* Rn. 10; MüKoInsO/*Schumann* Rn. 14). So kann die Vereinbarung der Unterhaltszahlung zB am dritten Werktag des Monats auch die insolvenzrechtliche Einordnung (→ Rn. 4 f.) beeinflussen, wenn die Verfahrenseröffnung vorher erfolgt (OLG Naumburg ZInsO 2004, 400; Braun/*Bäuerle* Rn. 7). Ergibt die Auslegung, dass lediglich eine **verlängerte Zahlungsfrist** zB „bis zum … jeden Monats" vereinbart wurde, entsteht der Unterhaltsanspruch weiterhin am Monatsanfang (→ Rn. 3 f.) und gilt ggf. nach § 41 als fällig. Eine anstatt Unterhalts vereinbarte Leibrentenverpflichtung (§ 759 BGB) ist als Insolvenzforderung nach §§ 41, 46 geltend zu machen (*Bergschneider/Engels* FamRZ 2014, 436 [439]).

9 **c) Deliktische Ansprüche.** Deliktische Ansprüche sind, auch wenn aus ihnen Geldrenten, zB nach §§ 843–845 BGB, geschuldet werden, keine familienrechtlichen Unterhaltsansprüche iSv Satz 1 (MüKoInsO/*Schumann* Rn. 14; Uhlenbruck/*Kopf* Rn. 6). Aufgrund identischer Interessenlage gelten allerdings Schadensersatzansprüche aus § 826 BGB wegen sittenwidriger Entziehung eines Unterhaltsanspruchs ausnahmsweise als familienrechtliche Unterhaltsansprüche iSv § 40 (*Kothe* Rn. 55; *Uhlenbruck* KTS 1999, 413 [420]; Braun/*Bäuerle* Rn. 2; Uhlenbruck/*Knof* Rn. 5; vgl. auch zu § 850d ZPO OLG Frankfurt a. M. NJW 1955, 1112 f.).

10 **d) Schuldrechtlicher Versorgungsausgleich.** Trotz seiner unterhaltsähnlichen Funktion ist **der schuldrechtliche Versorgungsausgleich** (§ 20 VersAusglG) kein Unterhaltsanspruch iSv § 40, weil er grds. nicht von der Leistungsfähigkeit bzw. Bedürftigkeit sondern von der Versorgungslage der Beteiligten abhängt (BGH NZI 2012, 24 [25 f.] = WM 2011, 2188 [2189 f.] [Insolvenzforderung ab Eröffnung – aber gegen eine Kapitalisierung der Ausgleichsrente, → § 45 Rn. 9]; Kübler/Prütting/Bork/*Holzer* Rn. 7; Graf-Schlicker/*Kexel* Rn. 7; Ahrens/Gehrlein/Ringstmeier/*Ahrens* Rn. 14; *Perleberg-Kölbel* FuR 2012, 171 f.). Abgesehen davon wäre § 40 auch deshalb nicht einschlägig, weil die Ausgleichspflicht des Versorgungsausgleichspflichtigen nach BVerfG NJW 1986, 1321 [1322] nicht auf die Erben übergeht (MüKoInsO/*Schumann* Rn. 12; aA *Uhlenbruck* KTS 1999, 413 [420]; HambK-InsO/*Lüdtke* Rn. 9; Nerlich/Römermann/*Andres* Rn. 3). Schließlich ist ein Anspruch aus schuldrechtlichem Versorgungsausgleich auch nicht nach § 850d ZPO privilegiert (BGH FamRZ 2005, 1564 [1565]; Zöller/*Stöber* ZPO § 850d Rn. 3).

11 **e) Forderungsübergang.** Für den **Fall eines** vertraglichen oder gesetzlichen **Forderungsübergangs** auf einen anderen Unterhaltspflichtigen (zB nach §§ 1607 Abs. 2 S. 2, 1608 Abs. 1 S. 3, 1584 S. 3 BGB) oder auf öffentliche Träger zum Ausgleich von Sozialleistungen (zB nach § 37 Abs. 1 BAföG, § 33

Abs. 1 SGB II, § 95 SGB VIII, § 94 SGB XII, § 7 UnterhaltsvorschussG) ist umstr., ob die davon erfassten Forderungen dadurch ihre Eigenschaft als familienrechtliche Unterhaltsansprüche verlieren und deshalb zu Insolvenzforderungen werden (so etwa FK-InsO/*Bornemann* Rn. 8; HambK-InsO/*Lüdtke* Rn. 12). Zur entsprechenden Problematik in der Einzelzwangsvollstreckung nimmt die hM einen Übergang der Pfändungsvorrechte des § 850d ZPO auf die Träger öffentlicher Sozialleistungen an (BAGE 23, 226 [230 f.] = NJW 1971, 2094; BGH NJW 1986, 1688; LG Stuttgart Rpfleger 1996, 119; LAG Hamm NZI 2011, 772 [774]; Zöller/*Stöber* ZPO § 850d Rn. 4 mwN). Erfolgt trotz Höchstpersönlichkeit des Unterhaltsanspruchs ein gesetzlicher Forderungsübergang, so umfasst dieser auch die sich aus dem Anspruch (und eben nicht aus der Person des bisherigen Gläubigers) ergebenden Vorzugsrechte (BAGE 23, 226 [231] = NJW 1971, 2094 f.). Da die Gesetzesmaterialien selbst einen Bezug zu § 850d ZPO herstellen (→ Rn. 1) und die Sonderstellung des Unterhaltsgläubigers auch im Insolvenzverfahren auf die Vermeidung einer Inanspruchnahme von Sozialleistungen abzielt, sollten Rückgriffsansprüche als Unterhaltsansprüche iSv Satz 1 behandelt werden (MüKoInsO/*Schumann* Rn. 13; Braun/*Bäuerle* Rn. 4; HK-InsO/*Riedel* Rn. 3; Jaeger/*Henckel* Rn. 6; vgl. LAG Hamm NZI 2011, 772 [774]; *Keller* NZI 2007, 143 [146]). Entsprechendes sollte iErg auch bei **vertraglicher Rechtsnachfolge** gelten, wenn der Zessionar dem Zedenten den geschuldeten Unterhalt anstelle des Unterhaltsschuldners (vgl. zu § 850b Abs. 1 ZPO, § 400 BGB BGH NJW-RR 2010, 1235 [1236]; LG München II NJW 1976, 1796; Palandt/*Grüneberg* BGB § 400 Rn. 3) geleistet hat (Uhlenbruck/*Knof* Rn. 9; *Kothe* Rn. 58, 60 – wobei nach dieser Ansicht Satz 1 auf in Anspruch genommene Unterhaltsbürgen und beim Anspruchsübergang auf Erben nach § 1922 BGB nicht anwendbar sein soll. Zumindest für den Unterhaltsbürgen erscheint eine Anwendung von Satz 1 – wie bei der Zession – angemessener.).

4. Erbenhaftung des Schuldners. Nur wenn **der Insolvenzschuldner als Erbe des Unterhaltsverpflichteten für diesen haftet,** sind nach Satz 1 auch 12
Unterhaltsansprüche nach Insolvenzeröffnung (ggf. auch eines Nachlassinsolvenzverfahrens) als **Insolvenzforderungen** zu behandeln. Allerdings enden gesetzliche Unterhaltsansprüche regelmäßig mit dem Tode des Unterhaltsverpflichteten (vgl. §§ 1615, 1360a Abs. 3 BGB, § 5 S. 2 LPartG) und sind wegen ihrer höchstpersönlichen Natur nicht vererblich. Ein Übergang der Unterhaltspflicht auf den Erben ist vorgesehen für den nachehelichen Unterhalt gem. § 1586b Abs. 1 BGB, für Unterhalt bei aufgehobener Ehe nach §§ 1318 Abs. 2, 1320 Abs. 2 BGB, Unterhaltsansprüche nach § 1615l Abs. 3 S. 4 BGB sowie nachpartnerschaftlichen Unterhalt nach § 16 S. 2 LPartG iVm § 1586b Abs. 1 BGB (MüKoInsO/*Schumann* Rn. 19). Das Insolvenzrecht knüpft insoweit an Vorgaben des materiellen Unterhaltsrechts an, als ausnahmsweise fortbestehende Unterhaltsansprüche zu Vermögensansprüchen werden, die den Nachlass des Unterhaltspflichtigen belasten (*Häsemeyer* Rn. 16.19). Für die **Geltendmachung im Insolvenzverfahren** sind die §§ 41, 45, 46 S. 2 anzuwenden (FK-InsO/*Bornemann* Rn. 12).

III. Unterhaltsgewährung aus der Insolvenzmasse (Satz 2)

Im Hinblick auf die ungewissen Realisierungschancen der laufenden Unterhaltsansprüche (vgl. → Rn. 1, 5) stellt Satz 2 klar, dass die Möglichkeit einer 13
Unterhaltsgewährung aus der Insolvenzmasse nach § 100 an den Schuldner und seine Familie unberührt bleibt. Die endgültige Entscheidung darüber steht der Gläubigerversammlung zu; ein Rechtsanspruch des Schuldners auf Alimentierung besteht nicht (ausf. *Uhlenbruck* KTS 1999, 413 [417 ff.]; auch → § 100 Rn. 1). Übersteigt das Einkommen des Schuldners durch die Unterhaltsgewährung das

geschützte Existenzminimum, so sollen Unterhaltsgläubiger nicht gehindert sein, in den pfändbaren Teil des Schuldnereinkommens zu vollstrecken (Uhlenbruck/*Knof* Rn. 14). Mangels einer § 100 entsprechenden Regelung für die Wohlverhaltensperiode, sollen die Unterhaltsberechtigten während dieser Zeit keine Möglichkeit haben, Unterhalt aus dem an den Treuhänder abgetretenen Vermögen zu erhalten (MüKoInsO/*Schumann* Rn. 30).

IV. Obliegenheit zur Insolvenzverfahrenseinleitung

14 Eltern unterliegen einer **gesteigerten Unterhaltspflicht** gegenüber ihren Kindern (§ 1603 Abs. 2 BGB), die nach der hRspr. eine Obliengenheit zur Einleitung eines (Verbraucher-) Insolvenzverfahrens begründet, wenn dieses zulässig und geeignet ist, den laufenden Kindesunterhalt wegen dessen Vorrangs vor sonstigen Verbindlichkeiten sicherzustellen. Das soll nur dann nicht gelten, wenn der Unterhaltsschuldner Umstände vorträgt und ggf. beweist, die eine solche Obliegenheit im Einzelfall als unzumutbar erscheinen lassen (BGHZ 162, 234 [238 ff.] = NJW 2005, 1279 [1280]; NJW 2008, 227 [228]; umfassend dazu: MüKoInsO/*Schumann* Rn. 26 ff.; Uhlenbruck/*Knof* Rn. 15; *Keller* NZI 2007, 143 [147 f.]; aA OLG Naumburg NZI 2003, 615; OLG Stuttgart ZInsO 2002, 197). Der Gesetzgeber hat jedoch die gesteigerte Unterhaltspflicht nicht auf den **Trennungsunterhalt** erstreckt, so dass den Unterhaltsschuldner insoweit keine Obliegenheit zur Insolvenzverfahrenseinleitung trifft (BGHZ 175, 67 [73 ff.] = NJW 2008, 851 [853]; aA OLG Koblenz NJW 2004, 1256).

V. Verfahrensrechtliche Hinweise

15 **1. Klage auf laufenden Unterhalt.** Die nicht von Satz 1 erfassten **laufenden Unterhaltspflichten** nach Insolvenzeröffnung sind Neuverbindlichkeiten des Schuldners, nach Maßgabe von § 89 Abs. 2 S. 2 weiterhin **einklagbar** und können in das **insolvenzfreie Vermögen** (vom Verwalter freigegeben oder erweitert pfändbares Vermögen nach § 850d ZPO) **vollstreckt** werden (OLG Koblenz FamRZ 2002, 31 [32]; OLG Nürnberg NZI 2005, 638 [639]; HambK-InsO/*Lüdtke* Rn. 13 f.; eing. *Keller* NZI 2007, 143 [145 ff.]; vgl. BGH NJW 2011, 1582 [1583]; 2008, 227 [228 f.]).

16 **2. Anhängige Klagen.** Eine **im Zeitpunkt der Insolvenzeröffnung bereits anhängige Klage** über aufgelaufenen und künftigen Unterhalt wird nach vorherrschender oberlandesgerichtlicher Rspr. gem. § 113 Abs. 1 S. 2 FamFG iVm § 240 ZPO nur, soweit es die **Insolvenzmasse** betrifft, teilw. unterbrochen (also hinsichtlich der Insolvenzforderungen nach → Rn. 4, 12) und kann **bezüglich künftigen Unterhalts** abgetrennt fortgeführt werden (OLG Koblenz NZI 2003, 60; OLG Karlsruhe NZI 2004, 343 [344]; OLG Naumburg ZInsO 2004, 400; OLG Hamm FamRZ 2005, 279 [280]; OLG Brandenburg FamRZ 2008, 286; OLG Jena BeckRS 2011, 22621 = ZInsO 2011, 1856 [Ls.]; Braun/*Bäuerle* Rn. 11. Dagegen geht der BGH – im Zusammenhang mit Räumungsklagen – grds. zunächst von einer Gesamtunterbrechung des Rechtsstreits aus, wenn nur einer der geltend gemachten Ansprüche die Insolvenzmasse betrifft (BGH ZIP 2015, 399 [400]; 2010, 2410 [2411]; NJW 1966, 51 [zur KO]; aber nur Teilunterbrechung bei wettebwerbsrechtlichem Drittauskunftsanspruch BGH ZIP 2010, 901 [902]; vgl. Zöller/*Greger* ZPO § 240 Rn. 8a). Für eine Teilunterbrechung sprechen die Verfahrensbeschleunigung und die einfache zeitliche Abgrenzung des nicht die Insolvenzmasse betreffenden Streitgegenstandes. Soweit die Insolvenzmasse betroffen ist, wird der Insolvenzverwalter Partei des Rechtsstreits (→ § 80 Rn. 36 f.) und der Klageantrag ist ggf. auf Anerkennung zur Tabelle umzustellen. Ein zunächst beklagter und verurteilter Schuldner kann aber selbst Rechtsmittel

einlegen, um eine zwischenzeitliche Unterbrechung des Rechtsstreits durch Insolvenzeröffnung geltend zu machen (BGH WM 1984, 1170; OLG Karlsruhe NZI 2004, 343 [344]). Bei Erhebung einer **Stufenklage** richtet sich der Auskunftsanspruch – zu den Voraussetzungen der Unterhaltspflicht – gegen den Insolvenzschuldner, der Unterhaltsanspruch soweit Insolvenzforderung – gerichtet auf die Feststellung zur Insolvenztabelle – gegen den Insolvenzverwalter (vgl. OLG Naumburg NZI 2002, 605 [606]; BK-InsO/*Breutigam/Kahlert* Rn. 7). Gem. § 232 Abs. 2 FamFG geht eine **ausschließliche Zuständigkeit** nach § 232 Abs. 1 FamFG für die dort aufgeführten Unterhaltssachen der ausschließlichen Zuständigkeit eines anderen Gerichts (zB nach § 180 Abs. 1) vor (für ein Wahlrecht bei Zuständigkeit des Familiengerichts nach § 621 Abs. 1 ZPO aF neben der nach § 180 Abs. 1 früher OLG Naumburg NZI 2002, 605 [606]).

3. Restschuldbefreiung, Insolvenzplan. Laufende **Unterhaltsansprüche** 17
nach Insolvenzeröffnung, die keine Insolvenzforderungen sind, werden **nicht** von einer **Restschuldbefreiung** (vgl. → § 301 Rn. 6) erfasst und können deshalb auch nach einer solchen noch im Wege der Einzelzwangsvollstreckung durchgesetzt werden (Begr. zu § 47 RegE [= § 40 InsO], BT-Drs. 12/2443, 124; MüKoInsO/*Schumann* Rn. 25). Diese Ansprüche können richtigerweise auch nicht von einem **Insolvenzplan** (→ § 217 Rn. 7) erfasst werden (Jaeger/*Henckel* Rn. 8; *Paul* DZWIR 2009, 286 [288]; *Stapper/Jacobi* EWiR 2009, 191 f.; aA *Uhlenbruck* KTS 1999, 413 [424]). Etwas anderes mag bei individueller Zustimmung des Unterhaltsgläubigers zu einem Plan gelten, die dann aber nicht gerichtlich ersetzt werden kann (Uhlenbruck/*Knof* Rn. 13; aA OLG Düsseldorf NZI 2008, 689 [690]). Soweit Unterhaltsansprüche Insolvenzforderungen sind (→ Rn. 4, 12) können sie in Insolvenzplänen geregelt werden (*Keller* NZI 2007, 143 [147]; vgl. → § 254 Rn. 2) und unterliegen einer etwaigen Restschuldbefreiung (BGH NJW 2008, 227 [228]; MüKoInsO/*Schumann* Rn. 25), wobei in den ab 1.7.2014 beantragten Verfahren die neue Ausnahme von der Restschuldbefreiung nach § 302 Nr. 1 (2. Alt.) zu beachten ist (→ § 302 Rn. 10 f.; HambK-InsO/*Lüdtke* Rn. 15; vgl. Art. 103h EGInsO; OLG Koblenz NZI 2015, 88 – In Altverfahren kommt die Ausnahme für vorsätzlich begangene unerlaubte Handlungen [§ 823 Abs. 2 BGB iVm § 170 StGB] in Betracht.). Da es sich bei dem gerichtlichen **Schuldenbereinigungsplanverfahren** nur um eine Vorstufe zum Insolvenzverfahren handelt, können insoweit laufende Unterhaltsansprüche bis zur Eröffnung des Verbraucherinsolvenzverfahrens (→ Rn. 5) in das Schuldenbereinigungsplanverfahren einbezogen werden (*Kothe* Rn. 35; *Uhlenbruck* KTS 1999, 413 [428 f.]).

Nicht fällige Forderungen

41

(1) **Nicht fällige Forderungen gelten als fällig.**

(2) [1] **Sind sie unverzinslich, so sind sie mit dem gesetzlichen Zinssatz abzuzinsen.** [2] **Sie vermindern sich dadurch auf den Betrag, der bei Hinzurechnung der gesetzlichen Zinsen für die Zeit von der Eröffnung des Insolvenzverfahrens bis zur Fälligkeit dem vollen Betrag der Forderung entspricht.**

Schrifttum: *Bitter,* Nicht fällige, bedingte und betragsmäßig unbestimmte Forderungen in der Insolvenz, NZI 2000, 399; *Gäullein,* Von den Auswirkungen der Insolvenz auf die Prozesskostenhilfe oder „Wie es Euch gefällt", Rpfleger 2014, 406; *Gundlach/Frenzel/Schmidt,* Die Fälligkeit von Absonderungsrechten mit Insolvenzeröffnung, DZWIR 2002, 367; *Kuhn,* Anmerkung zum Urteil BGH 10.12.1959 – VII ZR 210/58 (BGHZ 31, 337 = NJW 1960, 675 = WM 1960, 229), MDR 1960, 490; *ders.,* Die Rechtsprechung des BGH zum

Insolvenzrecht, WM 1960, 958; *Muthorst,* Bedingt, befristet, betagt – Sonderfälle der Forderung im Spiegel des Insolvenzrechts, ZIP 2009, 1794; *Runge,* Quotale Gesellschafterhaftung für Darlehensverbindlichkeiten in der Insolvenz, NZI 2014, 492.

Übersicht

I. Normzweck

1 Die **gesetzliche Fälligkeitsanordnung** aller bestehenden aber noch nicht fälligen bzw. „betagten" Forderungen – so der Wortlaut der inhaltsgleichen Vorgängernormen § 65 KO und § 30 VerglO – bezweckt eine schnelle und effektive Verfahrensabwicklung sowie zusammen mit der Abzinsung unverzinslicher Forderungen (→ Rn. 15 f.) eine gleichmäßige Befriedigung der Gläubiger (vgl. Uhlenbruck/*Knof* Rn. 1; zu § 65 KO BGH ZIP 2000, 585 [587]). Die Regelung dient dazu, eine klare Grundlage für die Stellung der Gläubiger im Verfahren zu schaffen, insbes. für ihr Stimmrecht in der Gläubigerversammlung, für die Berechnung einer anteiligen Kürzung ihrer Forderungen durch einen Insolvenzplan und für die Berücksichtigung bei Verteilungen (Begr. zu § 48 RegE [= § 41 InsO], BT-Drs. 12/2443, 124).

II. Anwendungsbereich

2 Erfasst werden nach Gesetzeszweck und Systematik alle Insolvenzforderungen (§§ 38, 39) unabhängig vom Rechtsgrund der Ansprüche (Graf-Schlicker/*Castrup* Rn. 2; Kübler/Prütting/Bork/*Holzer* Rn. 4). Diese müssen bei Insolvenzeröffnung begründet sein; der **Eintritt der Fälligkeit** muss feststehen, auch wenn über den genauen **Zeitpunkt** noch Ungewissheit bestehen sollte, zB wenn die Anspruchsfälligkeit an den Tod einer Person anknüpft (*Bitter* NZI 2000, 399 f.; vgl. *Kilger/Karsten Schmidt,* 17. Aufl. 1997, § 65 KO Anm. 1). Dass die genaue Höhe eines Schadensersatzanspruchs noch nicht feststeht, hindert eine Fälligkeit nach § 41 nicht (ggf. Schätzung nach § 45; LAG Düsseldorf ZInsO 2014, 2378 [2382] = BeckRS 2014, 72696 [nrkr]; zu Rückgewähransprüchen s. OLG Brandenburg ZIP 2015, 1790 [1792]). Nicht erfasst sind Forderungen, deren Entstehen oder Fälligkeit von einem zukünftigen **ungewissen Ereignis** abhängen (MüKoInsO/*Bitter* Rn. 8; Nerlich/Römermann/*Andres* Rn. 4). Derart **aufschiebend bedingte Forderungen** nehmen nur eingeschränkt am Verfahren teil (→ § 42 Rn. 7). Keine Anwendung findet § 41 auch auf **Forderungen des Insolvenzschuldners bzw. der Masse** gegen einen Insolvenzgläubiger oder Dritte sowie auf Masseverbindlichkeiten (MüKoInsO/*Bitter* Rn. 5; Jaeger/*Henckel* Rn. 6; vgl.

OLG Hamm ZIP 2013, 1922 [1924] [rkr. – BGH ZIP 2014, 86]; zu § 65 KO OLG Frankfurt a. M. ZIP 1983, 1229 [1230] [rkr. – ZIP 1984, 993]; *Kilger/Karsten Schmidt,* 17. Aufl. 1997, § 65 KO Anm. 1).

1. Befristete Forderungen. Werden die Wirkungen eines Rechtsgeschäfts von einem ungewissen Ereignis abhängig gemacht, handelt es sich um eine Bedingung. Von einer befristeten Forderung spricht man, wenn das „ob" der **Entstehung gewiss** und lediglich deren genauer **Zeitpunkt ungewiss** ist („dies certus an, incertus quando"; vgl. Palandt/*Ellenberger* BGB § 163 Rn. 1 mwN; missverständlich dagegen OLG Koblenz ZInsO 2012, 1787 [1788] = BeckRS 2012, 17629). Die betagte Forderung entsteht sofort, ist aber noch nicht fällig, so dass § 41 anwendbar ist. Die befristete Forderung soll dagegen erst mit dem Eintritt des befristenden Ereignisses entstehen und deshalb zB nicht vorzeitig erfüllt werden können (*Bork,* AT BGB, 3. Aufl. 2011, Rn. 1285, str.). 3

Nach der hRspr ist § 41 auf **befristete Forderungen** nicht analog anzuwenden. Eine Gleichstellung würde zu einer Vorverlagerung des Entstehungszeitpunktes der befristeten Forderung führen und wäre mit dem Regelungszweck von § 41 nicht zu vereinbaren, der nur dem Mangel der Fälligkeit einer Insolvenzforderung abhelfen wolle, nicht aber dem Mangel ihrer Entstehung. Befristete Forderungen seien dementsprechend wie aufschiebend bedingte Ansprüche (dazu → § 42 Rn. 7) zu behandeln (BGHZ 168, 276 [283 f.] = ZIP 2006, 1781 [1783]; bestätigt durch BGH ZIP 2007, 543 [545]; 10, 1453 [1455]; Jaeger/*Henckel* Rn. 5; Braun/*Bäuerle* Rn. 2; *Hess* Rn. 10; Nerlich/Römermann/*Andres* Rn. 5; zu § 65 KO vgl. auch BFHE 134, 57 [58 f.] = ZIP 1981, 1261 [1262]; BFHE 150, 211 [215] = ZIP 1987, 1130 [1132]; BFH/NV 1995, 448; BFHE 184, 208 [210 f.] = ZIP 1998, 214 [215]). Nach der in der Literatur im Vordringen befindlichen Gegenauffassung ist § 41 auf befristete Forderungen entsprechend anwendbar. Weil die Entstehung der Forderung sicher und nur der Zeitpunkt ungewiss ist, sei nach dem Gesetzeszweck eine entsprechende Anwendung geboten. Die Gesetzesmaterialien enthielten zudem keine Aussagen zu befristeten Forderungen, was darauf hindeute, dass der Gesetzgeber die Besonderheiten dieser Fallgruppe gar nicht bedacht habe (MüKoInsO/*Bitter* Rn. 10; *Muthorst* ZIP 2009, 1794 [1800 f.]; BK-InsO/*Breutigam* Rn. 6; HambK-InsO/*Lüdtke* Rn. 7; Kübler/Prütting/Bork/*Holzer* Rn. 6a; Uhlenbruck/*Knof* Rn. 5). Der letztgenannten Auffassung der Literatur ist zuzustimmen. Nach Zweck und Systematik der §§ 41 ff. ist das wesentliche Abgrenzungskriterium dafür, ob eine Forderung am Verfahren teilnimmt und lediglich der Höhe nach abgezinst oder geschätzt wird, die sichere Erwartung ihrer Entstehung (*Bitter* NZI 2000, 399 [402]). Gegen die Anwendbarkeit kann nicht eingewandt werden, dass § 41 nicht den Zweck habe eine Forderung erst zum Entstehen zu bringen. Insoweit knüpfen die §§ 41 ff. an § 38 an, wo bekanntlich genügt, dass eine Forderung begründet ist (→ § 38 Rn. 14 ff.). Dies ist bei einer befristeten Forderung wegen der Gewissheit ihrer Entstehung der Fall und deshalb auch § 41 entsprechend anwendbar. 4

2. Aus- und Absonderungsrechte. Da **Aussonderungsrechte** nach den gesetzlichen Regelungen außerhalb des Insolvenzverfahrens geltend gemacht werden (→ § 47 Rn. 5), ist § 41 insoweit nicht anwendbar. Hinsichtlich der Anwendbarkeit auf **Absonderungsrechte** ist zu differenzieren zwischen der zugrundeliegenden **persönlichen Forderung** und dem **dinglichen Absonderungsrecht.** Zudem müssen dem Insolvenzschuldner die beiden Verpflichtungen nicht immer parallel obliegen, zB wenn ein Dritter die Sicherheit für eine Forderung gegen den (späteren) Insolvenzschuldner gestellt hat (→ Rn. 6) oder wenn der Gläubiger für eine Forderung gegen einen Dritten eine Sicherheit vom (späteren) Insolvenzschuldner (→ Rn. 7) erhalten hat (BK-InsO/*Breutigam* Rn. 9; MüKoInsO/*Bitter* Rn. 13 f.). 5

6 **a) Persönliche Forderung.** Auf die persönliche Forderung gegen den Insolvenzschuldner ist § 41 anwendbar, soweit diese entsprechend § 52 (vgl. → § 52 Rn. 8 f.) Insolvenzforderung ist (Uhlenbruck/*Knof* Rn. 7). Eine Drittsicherheit steht der Anwendbarkeit von § 41 auf die Insolvenzforderung nicht entgegen.

7 **b) Isoliertes Absonderungsrecht.** Auf ein isoliertes Absonderungsrecht, dh eine vom (späteren) Insolvenzschuldner für die Forderung eines Gläubigers gegen einen Dritten gewährte Sicherheit, ist § 41 – mangels Insolvenzforderung – nicht anwendbar. In diesem Fall fehlt eine parallele Insolvenzforderung und ist ungewiss, ob der Sicherungsfall überhaupt eintritt. Eine vorzeitige Verwertung bzw. Erlösauskehrung zu Gunsten des Gläubigers würde die Insolvenzmasse ungerechtfertigt mit dem Rückforderungsrisiko belasten (BGH ZIP 2009, 228 [230]; Braun/*Bäuerle* Rn. 4; BK-InsO/*Breutigam* Rn. 12 f.; MüKoInsO/*Bitter* Rn. 14).

8 **c) Zusammentreffen von Absonderungsrecht und persönlicher Forderung.** Streitig ist die Anwendung von § 41, wenn Absonderungsrecht und persönliche Forderung gegen den Insolvenzschuldner zusammentreffen. Während die ältere Rspr. aus dem Grundsatz der Befriedigung von Absonderungsrechten außerhalb des Konkursverfahrens und unter Hinweis auf die Gesetzesmaterialien zu § 65 KO dessen Anwendung auf das dingliche Absonderungsrecht ablehnte (RGZ 86, 247 [249 f.]; 93, 209 [212 f.]), wendet die inzwischen hM infolge des Urteils BGHZ 31, 337 [340 ff.] = NJW 1960, 675 = WM 1960, 229 [230] (abl. *Kuhn* MDR 1960, 490 f.; *ders.* WM 1960, 958 [964 f.]; dem BGH zust. OLG Hamm WM 1996, 1928 [zu § 65 KO]; *Kilger/Karsten Schmidt,* 17. Aufl. 1997, § 65 KO Anm. 3) den § 41 entsprechend auf das dingliche Absonderungsrecht an (OLG Köln OLGR 2004, 200 [201]; Jaeger/*Henckel* Rn. 12; MüKoInsO/*Bitter* Rn. 16; BK-InsO/*Breutigam* Rn. 11; HambK-InsO/*Lüdtke* Rn. 12; Nerlich/Römermann/*Andres* Rn. 7; aA *Gundlach/Frenzel/Schmidt* DZWIR 2002, 367 [369]). Wegen des regelmäßig dem Insolvenzverwalter nach §§ 165 ff. zustehenden Verwertungsrechts (zur Verteilung s. § 190 Abs. 3) kommt dem Streit allenfalls dann Relevanz zu, wenn der Gläubiger nach § 173 zur Verwertung befugt ist und sich nicht ohnehin schon aus der **Sicherungsabrede** die Fälligkeit des Absonderungsrechts mit Insolvenzeröffnung ergibt. Für die Anwendung von § 41 auf das Absonderungsrecht spräche dann immer noch der Zweck einer schnellen Verfahrensabwicklung bei Kompensation der sofortigen Fälligkeit durch eine etwaige Abzinsung nach Absatz 2 (BK-InsO/*Breutigam* Rn. 11; Uhlenbruck/*Knof* Rn. 9).

9 **3. Einzelfragen.** Mit Insolvenzeröffnung wird die Saldoforderung aus einem **Kontokorrentverhältnis** sofort zugunsten eines Insolvenzgläubigers fällig, was nach hM bereits aus dem Kontokorrentverhältnis ohne Rückgriff auf § 41 folgt (Jaeger/*Henckel* Rn. 7 mwN; vgl. zu § 65 KO: BGHZ 58, 108 [111] = NJW 1972, 633; BGHZ 70, 86 [93] = NJW 1978, 538; ZIP 1991, 155 [156]; 2011, 1826 [1827]; OLG Stuttgart ZIP 1994, 222 [224]; OLG Köln ZIP 1995, 138 [139]). Mit Insolvenzeröffnung werden grds. auch die bis dahin entstandenen **Steuerforderungen** – unabhängig von § 41 – fällig, ohne dass es dafür einer Festsetzung durch Bescheid oder Forderungsanmeldung zur Insolvenztabelle bedarf (BFHE 205, 409 [414] = ZIP 2004, 1423 [1425]; BGH ZIP 2013, 125 [128]; Andres/Leithaus/*Leithaus* Rn. 2). Dabei kommt es nicht auf die Entstehung nach § 38 AO sondern darauf an, ob die Steuerforderung nach insolvenzrechtlichen Grundsätzen „begründet" also der Rechtsgrund für den Anspruch bereits gelegt war (BFHE 115, 307 [308] = KTS 1975, 300 [301] [zur KO]; BFH/NV 2005, 1745 [1756]; 2008, 925 [926]; BFHE 235, 5 [10] = ZIP 2011, 2421 [2422]; eing. → Anh. SteuerR Rn. 105 ff.). Zu Abzinsung und Säumniszuschlägen → Rn. 16. Soweit **Gerichtskosten** per Kostenrechnung erhoben werden, führt die Eröffnung des Insolvenzverfahrens nach § 41 zur ggf. vorzeitigen Fälligkeit der nun-

mehr lediglich zur Tabelle anzumeldenden Kostenforderung (Sächsisches Finanzgericht IPRspr 264/2009, 687 [688 f.]; vgl. BFHE 240, 534 [539] = ZIP 2013, 1789 [1791]). IRd **Prozesskostenhilfe** gestundete Gerichtskosten und verauslagte Rechtsanwaltskosten sind nach überwiegender Ansicht gem. § 41 fällig und zur Tabelle anzumelden (OLG Bamberg ZInsO 2005, 441; *Hess* Rn. 8; aA *Gäullein* Rpfleger 2014, 406 [408 ff.] [Vorrang der §§ 120 Abs. 1, 122 Abs. 1 ZPO – unter Hinweis auf OLG Koblenz FamRZ 2010, 1360 betreffend Ratenzahlungen aus insolvenzfreiem Einkommen]).

Unverfallbare Versorgungsanwartschaften von **Arbeitnehmern** gehen 10 nach § 7 Abs. 1 iVm § 9 Abs. 2 BetrAVG mit Insolvenzeröffnung als **unbedingte Insolvenzforderungen** auf den Pensionssicherungsverein VVaG (PSV) als Träger der Insolvenzsicherung über. Diese Einordnung entsprach schon vor Einfügung des § 9 Abs. 2 S. 3 BetrAVG mWv 1.1.1999 durch Art. 91 Nr. 4b iVm Art. 100 Abs. 1 EGInsO vom 5.10.1994 (BGBl. I S. 2911 [2948, 2952]) bereits der Rspr. des BAG zu §§ 65 ff. KO (BAGE 24, 204 [211] = WM 1972, 1436 [1438]; BAGE 42, 188 [190] = ZIP 1983, 979; ZIP 1983, 1095 [1096]; BAGE 60, 32 [35] = ZIP 1989, 319 [320]; ZIP 1990, 400 [401]). Die auf den PSV übergegangenen Ansprüche verwandeln sich **mit Insolvenzeröffnung** in einen sofort **fälligen Zahlungsanspruch,** dessen **Wert nach § 45 zu schätzen** ist (BAGE 60, 32 [35] = ZIP 1989, 319 [320]; *Hess* § 45 Rn. 23 f.; terminologisch anders aber BAGE 63, 260 [267] = ZIP 1990, 534 [536]: „Mit der Feststellung der Versorgungsanwartschaften … wandeln diese sich gem. § 69 KO in fällige Ansprüche …“). Demgegenüber stellt die Rspr. des BGH darauf ab, dass der **Eintritt des Versorgungsfalls unsicher** ist (zB kann der Berechtigte vorzeitig und ohne versorgungsberechtigte Hinterbliebene versterben) und deshalb nach den Grundsätzen über aufschiebend bedingte Forderungen (→ § 42 Rn. 7) nur eine **Sicherung der Versorgungsansprüche** erfolgt (BGHZ 113, 207 [212 ff.] = ZIP 1991, 235 [237 f.] (zu §§ 65 ff. KO); BGHZ 136, 220 [223 ff.] = ZIP 1997, 1596 [1597 ff.]; ZIP 2005, 909 [910]; 2013, 987 [988]; zust. *Bitter* NZI 2000, 399 [405]). Mithin ist auch § 41 auf **Versorgungsanwartschaften außerhalb des Anwendungsbereichs des BetrAVG** (zB Zusagen causa societatis an maßgeblich beteiligte Gesellschafter; vgl. BAG NZA 2001, 959 [961 ff.]; BGH ZIP 2005, 909 [910]; 2014, 191 f.) grds. nicht anwendbar. Dies entspricht der Gesetzessystematik und betrifft in der Regel nur wenige Berechtigte, so dass auch die Verfahrensabwicklung nicht wesentlich beeinträchtigt wird (BGHZ 136, 220 [226] = ZIP 1997, 1596 [1599]; *Bitter* NZI 2000, 399 [405]; Jaeger/*Henckel* Rn. 4; krit. Andres/Leithaus/*Leithaus* § 45 Rn. 3). Tritt der Versorgungsfall noch während des Insolvenzverfahrens ein, erfolgt statt einer bloßen Sicherung (→ § 42 Rn. 7) eine Schätzung auf den Zeitpunkt der Insolvenzeröffnung (BGH ZIP 2008, 279 [281] [zur KO]; → § 45 Rn. 12 f.). Soweit der Berechtigte absonderungsberechtigt (zB Pfandgläubiger) ist, sind seine jeweils fälligen Ansprüche abzüglich etwaiger Kostenbeiträge aus dem Pfanderlös zu befriedigen, bis dieser aufgebraucht ist (BGH ZIP 2013, 987 [989]).

Vergütungsansprüche in der **Freistellungsphase von Altersteilzeitarbeitnehmern,** die vor Insolvenz erarbeitet wurden, werden als Insolvenzforderungen 11 nach § 41 fällig; ein Betriebserwerber aus der Insolvenz haftet nicht für diese Ansprüche (BAGE 128, 229 [234] = ZIP 2009, 682 [683]). Entsprechendes gilt für den Anspruch auf ein 13. Monatsgehalt, soweit dieser vor Insolvenz erarbeitet wurde (ArbG Lüneburg NZA-RR 2001, 314 [315]).

In der **Insolvenz des Mieters** ist die einen Abrechnungszeitraum vor Insol- 12 venzeröffnung betreffende **Betriebskostennachforderung** auch dann als Insolvenzforderung nach § 41 fällig, wenn der Vermieter erst nach Insolvenzeröffnung oder nach Wirksamwerden einer Enthaftungserklärung nach § 109 Abs. 1 S. 2 abrechnet (BGH ZIP 2011, 924 [925 f.]; AG Saarbrücken ZMR 2006, 49 f.).

Grds. sind Mietforderungen nach der Rspr. aufschiebend befristet (vgl. → Rn. 3 f.), weil der Anspruch erst zum Anfangstermin des jeweiligen Zeitraums der Nutzungsüberlassung entsteht (BGH ZIP 2013, 1082 [1085] der abweichend für die Grundmietzeit eines Finanzierungsleasingvertrages von betagten Forderungen [→ Rn. 1] ausgeht). Zur **Stundung von Mietforderungen** → Rn. 13.

III. Fälligkeitsfiktion

13 Noch nicht fällige Insolvenzforderungen werden durch die Fiktion in Absatz 1 fällig gestellt und zwar mit rechtskräftiger **Feststellung der Forderung zur Tabelle** (BK-InsO/*Breutigam* Rn. 16 f.; HambK-InsO/*Lüdtke* Rn. 14; Nerlich/Römermann/*Andres* Rn. 2; vgl. zur KO RGZ 93, 209 [213]; BGH NJW 1976, 2264 [2265] – anders bei den auf den PSV übergegangenen Versorgungsansprüchen → Rn. 10). Dies gilt auch, wenn die Fälligkeit von einer Kündigung abhängt; deren etwaig vereinbarter Ausschluss wird durch Absatz 1 ebenso überwunden wie sonstige Arten des Fälligkeitsaufschubes aus Vertrag (zur **Stundung** von Mietforderungen s. OLG Düsseldorf ZMR 2012, 14 wonach sich der Insolvenzverwalter für nach Insolvenzeröffnung entstandene Mietforderungen [= Masseschulden – zur Abgrenzung vgl. AG Tempelhof-Kreuzberg NZI 2013, 56] ggf. weiter auf eine Stundungsabrede berufen kann, während gestundete Mietzinsen für die Zeit vor Insolvenzeröffnung nach § 41 als fällig gelten), Gesetz oder Verwaltungsakt (BK-InsO/*Breutigam* Rn. 2; FK-InsO/*Bornemann* Rn. 3). Ergibt die Auslegung einer **Besserungsabrede,** dass die Forderung im Insolvenzfall gar nicht (also auch nicht nachrangig; vgl. § 39) geltend gemacht werden kann, so greift die Fiktion des Absatzes 1 nicht ein (*Kilger/Karsten Schmidt,* 17. Aufl. 1997, § 65 KO Anm. 2). Entsprechend ihrem verfahrensbezogenen Zweck entfaltet die Fälligkeitsfiktion **keine materielle Wirkung gegenüber Dritten** zB Bürgen oder Mitschuldnern und gewährt diesen auch kein Recht zur vorzeitigen Zahlung (OLG Karlsruhe ZIP 2013, 990 [991]; zu § 65 KO BGH ZIP 2000, 585 [587] mwN). Gegenüber nicht insolventen Mitschuldnern kann der Gläubiger ggf. isoliert kündigen (OLG München 16.4.2012 – 19 U 437/12 Rn. 15 BeckRS 2012, 08694). Entsprechend seines Regelungszweckes sollte § 41 aber in der Insolvenz einer Personengesellschaft auf die **akzessorische Gesellschafterhaftung** angewendet werden (MüKoInsO/*Bitter* 35; *Runge* NZI 2014, 492 [494]; aA OLG Koblenz NZI 2014, 509 [512]). Eine nach Absatz 1 eingetretene Fälligkeit besteht auch nach einer Aufhebung oder Einstellung des Insolvenzverfahrens zwischen Gläubiger und Schuldner fort (Kübler/Prütting/Bork/*Holzer* Rn. 9; zu §§ 65, 69, 70 KO RGZ 93, 209 [213]; zur Urteilswirkung der Tabelleneintragung → § 178 Rn. 19 ff.; → § 201 Rn. 4).

IV. Aufrechnung

14 Tritt erst infolge von § 41 die Fälligkeit ein, so berechtigt diese entsprechend § 95 Abs. 1 S. 2 nicht zur Aufrechnung. Der Gläubiger muss seine Verbindlichkeiten zur Masse erfüllen und kann seine Gegenansprüche nur als Insolvenzforderungen anmelden (Braun/*Bäuerle* Rn. 10 – anders früher § 54 Abs. 2 KO). Mit Steuerforderungen, die unabhängig von § 41 mit Verfahrenseröffnung fällig geworden sind (→ Rn. 9), kann das Finanzamt grds. aufrechnen (BFHE 205, 409 [415] = ZIP 2004, 1423 [1425]).

V. Abzinsung (Absatz 2)

15 Ein Insolvenzgläubiger dessen Forderung erst nach Insolvenzeröffnung fällig geworden wäre, soll durch die **Fälligkeitsfiktion in Absatz 1** gegenüber Gläu-

bigern, deren Forderungen schon vor Insolvenzeröffnung fällig waren, nicht bevorzugt werden (Andres/Leithaus/*Leithaus* Rn. 5). Die Abzinsungsregelung für unverzinsliche Ansprüche entspricht einem allgemeinem Rechtsgrundsatz, vgl. §§ 1133 S. 3, 1217 Abs. 2 S. 2 BGB, § 111 S. 2 ZVG (HK-InsO/*Keller* Rn. 14; Jaeger/*Henckel* Rn. 18). Dass alle Gläubiger unabhängig von der ursprünglich maßgeblichen Fälligkeit ihrer Forderungen oft Monate oder Jahre auf Zahlungen aus der Insolvenzmasse warten müssen ist insolvenzbedingt und trifft die Forderungen aller Gläubiger; deren Vergleichbarkeit wird deshalb durch das Abstellen auf den wirtschaftlichen Wert bei Insolvenzeröffnung hergestellt (vgl. HambK-InsO/*Lüdtke* Rn. 18). Der Glaubiger einer unverzinslichen Forderung hat die Abzinsung (nach → Rn. 17) bei der **Forderungsanmeldung** vorzunehmen und darzulegen. Wird die Forderung wegen fehlender oder unzutreffend ermittelter Abzinsung bestritten, soll der Gläubiger wegen § 181 nicht im Wege der Feststellungsklage vorgehen können, sondern das Anmelde- und Prüfverfahren (§§ 174 ff.) erneut durchlaufen müssen (BankenKoInsO/*Cranshaw* Rn. 17 unter Hinweis auf BGH ZIP 2009, 483 ff.). Gem. § 6 Abs. 1a S. 3 FMStFG findet § 41 Abs. 2 auf Rückgriffsforderungen des **Finanzmarktstabilisierungsfonds** für von diesem garantierte Forderungen keine Anwendung.

1. Unverzinsliche Forderungen. Unverzinsliche Forderungen sind weder 16
kraft Gesetzes oder Vereinbarung zu verzinsen. Es kommt nicht allein auf den Wortlaut sondern darauf an, ob nach dem Norm- bzw. Vertragszweck Zinsen iSv Absatz 2 geschuldet werden (vgl. Jaeger/*Henckel* InsO Rn. 19; zur Auslegung einer „Preiaufschlagsklausel" als Verzinsung OLG Köln ZIP 1992, 1478 [1481] [zu § 65 KO]). **Säumniszuschläge** (näher → Anh. SteuerR Rn. 67 ff.) sind keine Zinsen sondern Druckmittel zur Bewirkung einer zeitnahen Zahlung und führen deshalb auch nicht zur Bejahung einer Verzinslichkeit der Steuerforderung (BFHE 115, 307 [309 f.] = KTS 1975, 300 [302 f.] mwN wo entgegen der neueren Rspr. [→ Rn. 9] mangels Festsetzung von einer nach § 65 KO abzuzinsenden betagten Steuerforderung ausgegangen wurde); auf diese kommt es letztlich nicht an, wenn man mit der Rspr. (→ Rn. 9) eine Fälligkeit der Steuerforderung auch ohne Festsetzung und unabhängig von § 41 annimmt, so dass auch eine Abzinsung gem. Absatz 2 nach dessen Sinn und Zweck (→ Rn. 15) nicht erfolgt. Ansonsten sind aber betagte öffentlich-rechtliche Forderungen abzuzinsen (HK-InsO/*Keller* Rn. 14 mit Beisp. Grundsteuer). **Verzugszinsen** nach § 288 BGB führen nicht zur Annahme der Verzinslichkeit, da andernfalls Absatz 2 leerliefe (HambK-InsO/*Lüdtke* Rn. 23).

2. Hoffmann'sche Formel. Die **Berechnung des abgezinsten Forde-** 17
rungsbetrages (X) erfolgt (durch den Gläubiger, → Rn. 15) **nach der sog Hoffmann'schen Formel** (vgl. allg. BGHZ 115, 307 [310] = ZIP 1991, 1503 [1504]). Die Forderung wird in der Höhe berücksichtigt, die bei verzinslicher Anlegung samt den von der Verfahrenseröffnung bis zum ursprünglichen Fälligkeitstag auflaufenden gesetzlichen Zinsen (ohne Zinseszinsen) den Forderungsnennbetrag (N) ergibt:

$$X = \frac{36500 \star N}{36500 + (Z \star T)}$$

Der Zinssatz (Z) ist regelmäßig 4 % (§ 246 BGB), im Falle des § 352 HGB 5 %. Die Tage (T) von der Insolvenzeröffnung bis zur ursprünglichen Fälligkeit sind entsprechend den §§ 186 ff. BGB zu zählen, dh der Tag der Insolvenzeröffnung wird entsprechend § 187 Abs. 1 BGB nicht mitgerechnet, wohl aber analog § 188 Abs. 1 BGB der Tag der Fälligkeit (Jaeger/*Henckel* Rn. 21–23; BK-InsO/*Breu-*

tigam Rn. 25–27 jew. m. Beisp.). Dabei wird taggenau und entsprechend § 191 BGB mit 365 Tagen pro Jahr gerechnet (BankenKoInsO/*Cranshaw* Rn. 15; vgl. allg. MüKoBGB/*Grothe* § 191 Rn. 1; LG Berlin NJW-RR 2000, 1537).

18 **3. Forderungen mit unbestimmter Fälligkeit.** Forderungen mit unbestimmter Fälligkeit (zB bei Tod einer Person) sind nach hM mangels bestimmten Fälligkeitstermins nicht nach Absatz 2 abzuzinsen, sondern nach § 45 zu schätzen (Braun/*Bäuerle* Rn. 9; Nerlich/Römermann/*Andres* Rn. 9; zu §§ 65, 69 KO RGZ 68, 340 [342]; BGH WM 1960, 229 [231] [insoweit nicht in BGHZ 31, 337 abgedr.]; *Kilger/Karsten Schmidt,* 17. Aufl. 1997, § 65 KO Anm. 5; teilw. aA MüKoInsO/*Bitter* Rn. 20, 25; HambK-InsO/*Lüdtke* Rn. 22: Schätzung eines Fälligkeitstermins nach § 45 und anschließend Abzinsung nach Absatz 2). Zur Schätzung auch → § 45 Rn. 12 f.

19 **4. Verzinsliche Forderungen.** Verzinsliche Forderungen können einschließlich der bis zur Insolvenzeröffnung rückständigen Zinsen ungekürzt zur Tabelle angemeldet werden. Laufende Zinsen nach Insolvenzeröffnung sind nachrangige Forderungen (§ 39 Abs. 1 Nr. 1). Auch ein Zinssatz der unterhalb des gesetzlichen Zinssatzes liegt, schließt nach den Wortlaut von § 41 Abs. 2 S. 1 die Abzinsung aus (Jaeger/*Henckel* Rn. 18; MüKoInsO/*Bitter* Rn. 18 f., die den Gläubigern unverzinslicher Forderungen zur Kompensation der Abzinsung die Anmeldung der gesetzlichen Zinsen als nachrangige Forderungen zubilligen).

Auflösend bedingte Forderungen

42 **Auflösend bedingte Forderungen werden, solange die Bedingung nicht eingetreten ist, im Insolvenzverfahren wie unbedingte Forderungen berücksichtigt.**

Schrifttum: *Bitter,* Nicht fällige, bedingte und betragsmäßig unbestimmte Forderungen in der Insolvenz, NZI 2000, 399.

I. Normzweck

1 Die Norm stellt klar, dass eine auflösend bedingte Insolvenzforderung auch dann im Verfahren zu berücksichtigen ist, wenn sie möglicherweise später wieder erlöschen könnte. Inhaltlich wurden die § 66 KO und § 31 VerglO unverändert übernommen (Begr. zu § 49 RegE [= § 42 InsO], BT-Drs. 12/2443, 124), allerdings mit der Klarstellung („solange die Bedingung …"), dass die Forderung mit Eintritt der auflösenden Bedingung nicht mehr berücksichtigt wird. Der noch in § 168 Nr. 4 KO geregelte Sonderfall, wonach Anteile auf auflösend bedingte Forderungen zurückbehalten werden, wenn der Gläubiger gesetzlich oder vertraglich zu einer Sicherheitsleistung verpflichtet ist und diese nicht leistet (vgl. *Kilger/Karsten Schmidt,* 17. Aufl. 1997, § 168 KO Anm. 1d), wurde nicht in die InsO übernommen. Allerdings soll auch der Insolvenzverwalter weiterhin zur Zurückhaltung befugt sein. Eine bereits vor Insolvenz gegenüber dem Schuldner bestehende Pflicht des Gläubigers zur Sicherheitsleistung müsse auch nach Verfahrenseröffnung durch den Insolvenzverwalter geltend gemacht werden können (Jaeger/*Henckel* Rn. 6; MüKoInsO/*Bitter* Rn. 3; aA Uhlenbruck/*Knof* InsO Rn. 1).

II. Tatbestand

2 Auflösend bedingte Forderungen – auch soweit einem insgesamt auflösend bedingtem Rechtsgeschäft bzw. Schuldverhältnis entstammend – sind begründet, bestehen zunächst einmal und sind wie unbedingte Forderungen aufrechenbar

(*Häsemeyer* Rn. 19.20; FK-InsO/*Bornemann* Rn. 2); sie sind daher für Zwecke des Insolvenzverfahrens (Forderungsanmeldung, Abstimmung, Verteilung etc) **als Insolvenzforderungen voll zu berücksichtigen** (MüKoInsO/*Bitter* Rn. 4, 7; teilw. aA BK-InsO/*Breutigam* Rn. 8 mwN: Zurückbehaltungsrecht bei sehr wahrscheinlichem Bedingungseintritt, weil der Forderung dann kein Vermögenswert zukomme). Der gleichwohl ungewissen Leistungspflicht wird nicht durch eine Schätzung der Forderung im Hinblick auf die „Eintrittswahrscheinlichkeit" sondern durch eine etwaige **Rückabwicklung nach Bedingungseintritt** genügt (*Bitter* NZI 2000, 399 [400]; vgl. → Rn. 4 ff.). Ist der Eintritt der Bedingung gewiss, so handelt es sich nicht um eine bedingte sondern um eine (auflösend) befristete Forderung (HambK-InsO/*Lüdtke* Rn. 2; vgl. → § 41 Rn. 3 f.). Nicht anwendbar ist § 42 auf bloße Motive, Zweckabreden, die Geschäftsgrundlage, Rechtsbedingungen, Rücktritts- und Widerrufsvorbehalte (Uhlenbruck/*Knof* Rn. 3; HambK-InsO/*Lüdtke* Rn. 4; aA zur Rechtsbedingung Kübler/Prütting/Bork/*Holzer* Rn. 3). Auflösend bedingte Forderungen sind dagegen zB **Steuervorauszahlungsbescheide,** deren Höhe sich infolge der endgültigen Festsetzung erhöhen oder reduzieren kann, so dass die Steuerforderung später (teilw.) entfallen könnte (Kübler/Prütting/Bork/*Holzer* Rn. 2).

III. Rechtsfolgen des Bedingungseintritts

Entsprechend § 158 Abs. 2 BGB endet mit dem Eintritt der Bedingung die Wirkung des Rechtsgeschäfts und tritt mit diesem Zeitpunkt der frühere Rechtszustand ex nunc wieder ein (vgl. allg. BGHZ 10, 69 [72] = NJW 1953, 1099; zum Wiederaufleben von zu Sanierungszwecken auflösend bedingt auf die Insolvenzeröffnung reduzierten Vergütungsansprüchen s. BAGE 117, 1 [7 f.] = ZIP 2006, 1366 [1369]). Somit erlischt die Insolvenzforderung mit Bedingungseintritt. Die materiellen und verfahrensrechtlichen Konsequenzen sind davon abhängig in welchem Verfahrensstadium die Bedingung eintritt. 3

1. Bedingungseintritt vor Forderungsfeststellung. Ist die Forderung noch gar nicht zur Tabelle angemeldet oder angemeldet aber noch nicht gem. § 178 festgestellt, kann der Verwalter diese im Prüfungstermin bestreiten (§ 176), hat aber im Streitfalle (§§ 179, 180) das Erlöschen der Forderung – als rechtsvernichtende Einwendung – zu beweisen. 4

2. Bedingungseintritt nach Forderungsfeststellung. Aufgrund der Titelfunktion der Tabelleneintragung einer festgestellten Forderung (§ 178 Abs. 3) muss der Verwalter – sofern der Gläubiger nicht auf die Forderung verzichtet (zu den Wirkungen der Feststellung → § 178 Rn. 19 ff.) – **Vollstreckungs- bzw. Verteilungsabwehrklage** entsprechend § 767 ZPO erheben, weil er die titulierte Forderung ansonsten im Verteilungsverzeichnis nicht übergehen darf (HambK-InsO/*Lüdtke* Rn. 9; vgl. zum Erfordernis der Gegenklage bereits RGZ 21, 332 [336 ff.] [zur Vorgängernorm § 686 CPO]; BGH ZIP 2009, 243 [244]; BGHZ 193, 44 [46] = ZIP 2012, 1087 [1088] [zum Treuhänder im Restschuldbefreiungsverfahren]). Ein **Rückforderungsanspruch** für die vor Bedingungseintritt erbrachten Leistungen ergibt sich im Zweifel bereits aus der Bedingungsabrede ansonsten jedenfalls aus § 812 Abs. 1 S. 2 BGB (MüKoInsO/*Bitter* Rn. 9 mwN). Maßgeblich ist der **objektive Eintritt der Bedingung.** Ein Bedingungseintritt vor Forderungsfeststellung wäre, selbst wenn der Verwalter erst nach Forderungsfeststellung davon Kenntnis erhält, nach § 767 Abs. 2 ZPO präkludiert (MüKo-InsO/*Bitter* Rn. 8; vgl. BGHZ 61, 25 [26] = NJW 1973, 1328 [zu § 767 ZPO]). 5

3. Bedingungseintritt nach Aufhebung des Insolvenzverfahrens. Da die Tabelleneintragung nunmehr nach § 201 Abs. 2 S. 1 als Vollstreckungstitel gegen 6 den Schuldner wirkt, kann dieser Vollstreckungsgegenklage erheben, um den Titel zu beseitigen. Wird eine Nachtragsverteilung angeordnet (§ 203) so steht die Geltendmachung des Rückforderungsanspruchs (→ Rn. 5) wieder dem Insolvenzverwalter – nicht etwa einzelnen Gläubigern – zu (Jaeger/Henckel InsO § 42 Rn. 5; MüKoInsO/*Bitter* Rn. 10).

IV. Aufschiebend bedingte Forderungen

7 Aufschiebend bedingte Forderungen berechtigten nach dem früheren § 67 KO nur zu einer **Sicherung.** Diese Bestimmung wurde nicht ausdrücklich in die InsO übernommen; die Gesetzesmaterialien weisen aber auf die entsprechenden Regelungen zum Stimmrecht (§§ 77 Abs. 3 Nr. 1, 237), zur Aufrechnung (§ 95 Abs. 1) und zur Berücksichtigung bei Verteilungen (§ 191) hin (Begr. zu § 49 RegE [= § 42 InsO], BT-Drs. 12/2443, 124; für klarstellende Regelung plädierend Kübler/Prütting/Bork/*Holzer* Rn. 3a). Aufschiebend bedingt ist eine Forderung, wenn ihre Entstehung oder Fälligkeit von einem zukünftigen ungewissen Ereignis abhängig ist (*Kilger/Karsten Schmidt,* 17. Aufl. 1997, § 67 KO Anm. 1; Abgrenzung zur befristeten Forderung → § 41 Rn. 3). Mit **Eintritt der Bedingung** entsteht die Forderung (vgl. § 158 Abs. 1 BGB) und kann im Verfahren voll berücksichtigt werden; bis dahin ist unsicher, ob es überhaupt zur Entstehung der Forderung kommt, zB bei Versorgungsanwartschaften (dazu → § 41 Rn. 10; *Bitter* NZI 2000, 399 ff.). Mit dem endgültigen **Bedingungsausfall** erlischt das Gläubigerrecht und braucht im Insolvenzverfahren nicht mehr berücksichtigt zu werden (vgl. BGHZ 113, 207 [212] = ZIP 1991, 235 [237] [zu § 67 KO]; *Kilger/Karsten Schmidt,* 17. Aufl. 1997, § 67 KO Anm. 2). Eine **Aufrechnung** mit der aufschiebend bedingten Forderung ist erst ab Bedingungseintritt möglich (§ 95 Abs. 1 S. 1). Dies gilt entsprechend, wenn gegen eine Forderung der Insolvenzmasse aufgerechnet werden soll, die unter einer aufschiebenden (Rechts-)Bedingung (zB Auseinandersetzungsguthaben) steht, wobei der Aufrechnungsausschluss nach § 95 Abs. 1 S. 3 dann nicht entsprechend anwendbar ist (BGHZ 160, 1 [3–6] = ZIP 2004, 1608 f.). Bei **Abschlags- bzw. Schlussverteilungen** wird die aufschiebend bedingte Forderung zwar berücksichtigt aber der auf den Gläubiger entfallende Anteil zurückbehalten (§ 191 Abs. 1) bzw. hinterlegt nach § 198, außer der Bedingungseintritt ist so unwahrscheinlich, dass die Forderung keinen Vermögenswert hat und deshalb an die übrigen Gläubiger verteilt werden kann (§ 191 Abs. 2). Die Geltendmachung aufschiebend bedingter Regressansprüche von mithaftenden Bürgen oder Gesamtschuldnern des Insolvenzschuldners kann schon nach § 44 ausgeschlossen sein (HambK-InsO/*Lüdtke* Rn. 14).

Haftung mehrerer Personen

43 Ein Gläubiger, dem mehrere Personen für dieselbe Leistung auf das Ganze haften, kann im Insolvenzverfahren gegen jeden Schuldner bis zu seiner vollen Befriedigung den ganzen Betrag geltend machen, den er zur Zeit der Eröffnung des Verfahrens zu fordern hatte.

Schrifttum zu §§ 43/44: *Bitter,* Teilmithaftung in der Insolvenz – Forderungsanmeldung nach Leistung durch den Mithaftenden, ZInsO 2003, 490; *Bork,* Der Mehrfach-Komplementär: Ein Beitrag zur Gläubiger- und Schuldnermehrheit in der Insolvenz, KTS 2008, 21; *Hadding,* Zur Gläubigerstellung in der Insolvenz des Bürgen, FS G. Fischer, 2008, 223; *Noack/Bunke,* Zur Stellung gesamtschuldnerisch oder akzessorisch Mithaftender im Insolvenzverfahren, FS Uhlenbruck, 2000, 335; *v. Olshausen,* Vom Verbot, eine eigene Forderung zum Nachteil eines konkurrierenden Gläubigers geltend zu machen (§ 774 I 2 BGB), und von der Befugnis eines Gläubigers, auch eine fremde Forderung im eigenen Interesse geltend zu machen (§ 43 InsO), KTS 2005, 403; *Reiswich,* Die fehlende Positionierung des Gesetzgebers zum Ausfall- oder Doppelberücksichtigungsprinzip in § 93 InsO und ihre Konsequenzen bei der Quotenberechnung in der Doppelinsolvenz von OHG und Gesellschafter, ZInsO 2014, 2411; *Karsten Schmidt/Bitter,* Doppelberücksichtigung, Ausfallprinzip und Gesellschafterhaftung in der Insolvenz, ZIP 2000, 1077; *Schwarz/Doms,* Zur Behandlung der aus einem Kreditengagement herrührenden Ansprüche aus Darlehen, Grundschuld und abstrakten Schuldversprechen in der Insolvenz, ZInsO 2013, 1943; Wissmann, Persönliche Mithaft in der Insolvenz, 2. Aufl. 1998.

Übersicht

I. Grundlagen

1. Normzweck. Wird über das Vermögen einer oder mehrerer Personen, die nebeneinander für dieselbe Leistung auf das ganze haften, das Insolvenzverfahren eröffnet, kann der Gläubiger nach dem Grundsatz der sog **Doppel-** bzw. **Vollberücksichtigung** (zur Terminologie s. *Karsten Schmidt/Bitter* ZIP 2000, 1077 [1079 f.]) gem. § 43 bis zu seiner vollen Befriedigung in jedem Verfahren den Betrag geltend machen, den er **zurzeit der Verfahrenseröffnung** zu fordern hatte **(„Berücksichtigungsbetrag“).** Solange Zahlungen von Mithaftenden des Schuldners nicht zur vollen Befriedigung des Insolvenzgläubigers geführt haben, nimmt dieser mit dem vollen Berücksichtigungsbetrag – auch zB hinsichtlich Stimmrecht – am Verfahren teil (BGH ZIP 2009, 243 [244]; Jaeger/*Henckel* Rn. 2; *Noack/Bunke* FS Uhlenbruck, 2000, 335 [339 ff.]; vgl. BFHE 244, 70 [76 f.] = ZIP 2014, 737 [739 f.]; zu § 68 KO BGH NJW 1969, 796). Damit erhält der Gläubiger nach dem Willen des Gesetzgebers eine höhere Befriedigungschance, als wenn er nach dem in § 52 normierten **Ausfallprinzip,** das sich auf Sicherheiten an Gegenständen der Insolvenzmasse bezieht (→ § 52 Rn. 2), seine Insolvenzforderung um während des Verfahrens erhaltenen Zahlungen anderer Mithaftender reduzieren müsste und nur auf einen geringeren Betrag die Insolvenzquote bekäme (*Karsten Schmidt/Bitter* ZIP 2000, 1077 [1079]; HambK-InsO/*Lüdtke* Rn. 2; zu § 68 KO OLG Dresden ZIP 1996, 1190 [1192]). 1

2. Entstehungsgeschichte. Die Vorschrift gibt sprachlich modifiziert aber sachlich unverändert die Regelung der § 68 KO bzw. § 32 VerglO wieder (Begr. § 50 RegE [= § 43 InsO], BT-Drs. 12/2443, 124). Die bisher schon aus § 68 KO (vgl. BGHZ 39, 319 [326 f.] = NJW 1963, 1873 [1875]) abgeleiteten – wenngleich ausdrücklich nur in § 33 VerglO normierten – Beschränkungen für den Regress eines in Anspruch genommenen Gesamtschuldners, Bürgen oder anderweitig Mithaftenden sind nunmehr in § 44 ausdrücklich geregelt (MüKoInsO/*Bitter* Rn. 3; auch → § 44 Rn. 1). 2

II. Anwendungsbereich

3 Die Norm gilt für **alle Insolvenzgläubiger (§§ 38, 39)** mit ihren bei Insolvenzeröffnung bestehenden persönlichen Forderungen gegen den Insolvenzschuldner; vor Verfahrenseröffnung erfolgte Teilleistungen werden dagegen abgezogen. Dabei müssen mehrere Personen für dieselbe Leistung auf das Ganze haften (zur Teilmithaftung → Rn. 10) und eine der haftenden Personen muss der Insolvenzschuldner sein; dessen Gläubigern kommt die Vorschrift zugute (vgl. Jaeger/*Henckel* Rn. 6 f.). Aus Gesetzeszweck und Entstehungsgeschichte der Vorgängerbestimmungen ergibt sich, dass § 43 nicht die Insolvenzeröffnung über das Vermögen aller oder auch nur mehrerer mithaftender Schuldner voraussetzt (*Karsten Schmidt/Bitter* ZIP 2000, 1077 [1079]; Uhlenbruck/*Knof* Rn. 23; vgl. VG Köln 28.5.2014 – 19 K 2048/13, BeckRS 2014, 54303).

4 Bei gleichzeitiger **Nachlassinsolvenz** und Insolvenz über das Vermögen des Erben gilt gem. § 331 Abs. 1 das Ausfallprinzip; § 43 ist insoweit nicht anwendbar (BK-InsO/*Breutigam* Rn. 4; diff. MüKoInsO/*Bitter* Rn. 17: Wenn ein Miterbe aus besonderem Verpflichtungsgrund (zB § 25 HGB) haftet, sei § 43 anwendbar; s. auch → § 331 Rn. 2). **Haftungsbeschränkungen** und Haftungsverzichte zwischen einem Gläubiger und einem Mithaftenden auf Grund Gesetzes oder Vereinbarung sind auch im Insolvenzverfahren zu beachten; zB ist § 43 nicht einschlägig, wenn die Haftung nicht nebeneinander besteht, sondern ein Mithaftender nach dem anderen haftet (Braun/*Bäuerle* Rn. 3, 5); zur Ausfallbürgschaft → Rn. 5. Nicht einmal entsprechend anwendbar ist § 43 auf mehrere wirtschaftlich identische Ansprüche desselben Gläubigers in demselben Inslvenzverfahren (*Schwarz/Doms* ZInsO 2013, 1943 [1945]; → § 44 Rn. 2). Für vom **Finanzmarktstabilisierungsfonds** garantierte Forderungen ist § 6 Abs. 1a FMStFG zu beachten (→ § 44 Rn. 2; → § 41 Rn. 15).

5 **1. Persönliche Mithaftung.** Die Regelung des § 43 gilt für alle Fälle der **persönlichen Mithaftung** für dasselbe Gläubigerinteresse (*Häsemeyer* Rn. 17.04). Sie erfasst zunächst neben den Fällen der (echten) **Gesamtschuld** nach § 421 BGB (BGH ZIP 1997, 372) auch die Haftung von Hauptschuldner und **Bürgen** (für das Insolvenzverfahren über das Vermögen des Bürgen s. BGH ZIP 2008, 2183 [2185]), soweit diesem die Einrede der Vorausklage nach § 773 BGB oder § 349 HGB nicht zusteht (Begr. § 50 RegE [= § 43 InsO], BT-Drs. 12/2443, 124), was zumindest ab Insolvenzeröffnung über das Vermögen des Schuldners gem. § 773 Abs. 1 Nr. 3 BGB der Fall ist. Nicht erfasst ist der Fall einer **Ausfallbürgschaft,** soweit nicht zumindest ein Mindestausfall nachgewiesen wird (Uhlenbruck/*Knof* Rn. 6; vgl. zu § 68 KO RGZ 75, 186 [188]; BGHZ 117, 127 [133 f.] = ZIP 1992, 338 [341]; *Kilger/Karsten Schmidt,* 17. Aufl. 1997, § 68 KO Anm. 3). Wird auch über das Vermögen des Ausfallbürgen ein Insolvenzverfahren eröffnet, kann der Gläubiger in diesem den Bürgschaftsanspruch nicht nach § 43 sondern nur als aufschiebend bedingte Forderung (→ § 42 Rn. 7) geltend machen (Jaeger/*Henckel* Rn. 19). Zum Rückgriffs- bzw. Befreiungsanspruch des Ausfallbürgen → § 44 Rn. 3.

6 Weiterhin findet § 43 auch auf **andere Mithaftungen** Anwendung (teilw. begrifflich als „unechte Gesamtschuld" zusammengefasst, zB wenn wechselseitige Tilgungswirkung oder Gleichrangigkeit der Verpflichtung fehlen; Braun/*Bäuerle* Rn. 1), solange nur der Gläubiger die Leistung von mehreren Verpflichteten gleichzeitig aber insgesamt nur einmal fordern kann, zB bei einer externen – gegenüber dem Gläubiger des späteren Insolvenzschuldners abgegebenen – **„harten" Patronatserklärung** (BGHZ 117, 127 [132 ff.] = ZIP 1992, 338 [341]; eing. Uhlenbruck/*Knof* Rn. 7–9) oder vergleichbaren **Garantien.** In der Insol-

venz (nur) des Garanten oder Patrons kann der Gläubiger dort die Haftung unter Umständen nur als aufschiebend bedingte Forderung (→ § 42 Rn. 7) anmelden, soweit der Sicherungsfall beim Hauptschuldner noch nicht eingetreten ist; § 43 ist insoweit nicht anwendbar (HambK-InsO/*Lüdtke* Rn. 11).

2. Sachmithaftung. Im Falle einer **Sachmithaftung** des Dritten, die allein oder neben dessen persönlicher Mithaftung bestehen kann, ist § 43 entsprechend seinem Normzweck anwendbar, denn auch diese Mithaftung betrifft nicht die Insolvenzmasse; folglich besteht für die Anwendung des Ausfallprinzips kein Anlass (RGZ 156, 271 [278 f.]; BGH NJW 1960, 1295 [1296] [zu § 68 KO]; ZIP 2011, 180; KG ZInsO 2012, 1616 [1617] = BeckRS 2012, 18530 [zum – nicht in einen Zahlungsanspruch umgewandelten – **Befreiungsanspruch** des Insolvenzschuldners gegen den aus Grundschuld Mithaftenden]; VG Düsseldorf 22.4.2015 – 5 K 8185/14 Rn. 122, BeckRS 2015, 47746; Jaeger/*Henckel* Rn. 22; MüKoInsO/*Bitter* Rn. 19). 7

3. Akzessorische Gesellschafterhaftung. Da die **akzessorische Gesellschafterhaftung** (vgl. §§ 128, 171 Abs. 1 HGB) in der **Insolvenz der Gesellschaft** durch den Insolvenzverwalter geltend gemacht wird („Sperrwirkung" → § 93 Rn. 23 ff., vgl. auch § 171 Abs. 2 HGB), kann der persönlich haftende Gesellschafter (phG), soweit nicht Gutgläubigkeit analog § 82 vorliegt (→ § 93 Rn. 25; MüKoHGB/*Karsten Schmidt* § 128 Rn. 85 – für Analogie zu §§ 407, 412, 418 BGB: KKRM HGB/*Kindler* §§ 128, 129 Rn. 7), nicht mehr schuldbefreiend an den Gläubiger leisten; der Gläubiger kann nicht nach § 43 anmelden, weil dieser durch § 93 verdrängt wird (Jaeger/*Henckel* Rn. 25; *Wissmann* Rn. 349). Wird dagegen nur über das **Vermögen des phG** ein Insolvenzverfahren eröffnet, kommt § 43 dem Gläubiger hinsichtlich etwaiger Teilzahlungen der nicht insolventen Gesellschaft zugute (MüKoInsO/*Bitter* Rn. 15: Quote auf den vollen Berücksichtigungsbetrag). Der Insolvenzverwalter einer Gesellschaft kann bei **mehreren insolventen phG** deren akzessorische Gesellschafterhaftung jeweils voll nach § 43 anmelden (*Karsten Schmidt/Bitter* ZIP 2000, 1077 [1081 f.]; vgl. auch *Bork* KTS 2008, 21 [33]). Zu Regressmöglichkeiten von Gesellschaftern → § 44 Rn. 11. 8

4. Gesellschaftersicherheiten. Anwendbar ist § 43 auch auf **Gesellschaftersicherheiten** für Verbindlichkeiten der insolventen Gesellschaft (zu Grundpfandrecht am Privatgrundstück eines phG RGZ 91, 12 [13] [zu § 68 KO]); dies gilt auch wenn der Sicherungsgeber phG ist, denn **§ 93 betrifft nach hM nur die akzessorische Gesellschafterhaftung** (→ Rn. 8) aber nicht eine etwaige parallele Haftung aus **besonderem Verpflichtungsgrund** zB eine Bürgschaft für Verbindlichkeiten der Gesellschaft (Jaeger/*Henckel* Rn. 25; vgl. → § 93 Rn. 15, 20 f.). Hinsichtlich der Höhe der geltend zu machenden Forderung deutet der Wortlaut des insoweit an § 32a Abs. 2 GmbHG aF bzw. § 52 angelehnten § 44a auf die Anwendbarkeit des Ausfallprinzips hin (dafür insbes. Kübler/Prütting/Bork/*Holzer* Rn. 8a; *Noack/Bunke* FS Uhlenbruck, 2000, 335 [346 f.] [zu § 32a GmbHG aF]; FK-InsO/*Bornemann* Rn. 9), doch hindert dies nach zutreffender und in der Literatur überwiegender Auffassung nicht die **Vollanmeldung** in der **Insolvenz der Gesellschaft,** sondern beschränkt nur die Auszahlung im Verteilungsverfahren (→ § 44a Rn. 13 f.; HambK-InsO/*Lüdtke* Rn. 16; Ahrens/Gehrlein/Ringstmeier/*Ahrens* Rn. 17 jew. mwN). Der Gläubiger erhält die Quote auf den vollen Berücksichtigungsbetrag aber nicht mehr, als nach Verwertung der Gesellschaftersicherheit bis zu seiner vollen Befriedigung erforderlich ist (vgl. zu § 32a GmbHG aF *Karsten Schmidt/Bitter* ZIP 2000, 1077 [1088]). Der Rechtsgedanke von § 52 ist hier nicht einschlägig, weil die Sicherheit nicht aus dem Vermögen der Insolvenzschuldnerin stammt (vgl. → Rn. 1) und für eine „quoten- 9 mäßige Schlechterstellung" des Gläubigers im Vergleich zu Sicherheiten von Nichtgesellschaftern kein überzeugender Grund besteht. Wird **parallel zur Insolvenz der Gesellschaft** auch über das **Vermögen des phG** das Insolvenzverfahren eröffnet, kann die vom Insolvenzverwalter der Gesellschaft geltend zu machende akzessorische Gesellschafterhaftung mit Ansprüchen von Gesellschaftsgläubigern aus Gesellschaftersicherheiten konkurrieren (dazu eing. *Karsten Schmidt/Bitter* ZIP 2000, 1077 [1082 ff.] [„Vollanmeldungsmodell" *Bitter*], 1085 ff. [„Ausfallmodell" Karsten Schmidt, der nach § 93 nur den Betrag der rechnerischen Unterdeckung des Gesellschaftsvermögens in der Gesellschafterinsolvenz berücksichtigen will und daneben dem Gläubiger mit einer Gesellschaftersicherheit – bis zur Vollbefriedigung – deren Verwertung zugesteht; das ermöglicht zumindest eine einfachere Abwicklung]; zu rechnerischen Konsequenzen und weiteren „Modellen" s. *Reiswich* ZInsO 2014, 2411 [2413 ff.]).

10 **5. Teilmithaftung.** Auf Fälle der **Teilmithaftung** für die Forderung eines Insolvenzgläubigers ist § 43 in Höhe des Betrages für den die Mithaftenden „auf das Ganze haften" – hier iSd gemeinsam geschuldeten Teilbetrages der Gesamtforderung – ebenfalls anwendbar, solange der Teilmithaftende im Umfang seiner Mithaftung nicht oder nur teilw. leistet (BGH NJW 1960, 1295 [1296] [zu § 68 KO]; HambK-InsO/*Lüdtke* Rn. 13; *Bitter* ZInsO 2003, 490 [493]; MüKoInsO/*Bitter* Rn. 28 jew. mwN). Leistet ein Teilmithaftender – nach Insolvenzeröffnung – in voller Höhe seiner (Teil-)Haftung, so muss der Gläubiger nach hRspr seine Forderungsanmeldung in dieser Höhe reduzieren, weil iU keine gemeinsame Haftung „auf das Ganze" mehr besteht; der Mithaftende kann dagegen mit seinem Regressanspruch am Verfahren teilnehmen (BGH NJW 1960, 1295 [1296]; 1969, 796 f.; BGHZ 92, 374 [379 f.] = ZIP 1985, 18 [20] [zu § 68 KO]; *Noack/Bunke* FS Uhlenbruck, 2000, 335 [343 f.]; Braun/*Bäuerle* Rn. 6; *Häsemeyer* Rn. 17.07; Ahrens/Gehrlein/Ringstmeier/*Ahrens* Rn. 18; diff. Jaeger/*Henckel* Rn. 17; krit. *Hadding* FS G. Fischer, 2008, 223 [232 ff.] mwN). Entsprechendes soll gelten, wenn sich Gläubiger und Mithaftender vergleichsweise auf eine Teilmithaftung einigen und dieser **Vergleich** voll erfüllt wird (BGH ZIP 1997, 372 f. [zu § 68 KO]; *Kilger/Karsten Schmidt,* 17. Aufl. 1997, § 68 KO Anm. 6; *Noack/Bunke* FS Uhlenbruck, 2000, 335 [343 f.]; vgl. BGH ZIP 2003, 952 [953 f.] [zu § 426 Abs. 2 S. 2 BGB]). Die Gegenansicht in der Literatur will nach dem Normzweck dem Gläubiger weiterhin die Anmeldung des vollen Berücksichtigungsbetrages erlauben, auch wenn ein Teilmithaftender in Höhe seiner Mithaftung voll geleistet hat (*Bitter* ZInsO 2003, 490 [495 ff.]; MüKoInsO/*Bitter* Rn. 30 ff.; FK-InsO/*Bornemann* Rn. 10; *v. Olshausen* KTS 2005, 403 [420]; *Wissmann* Rn. 81; zu § 68 KO OLG Karlsruhe MDR 1958, 345 [346]). Die Gegenansicht vermeidet Abgrenzungsschwierigkeiten zwischen Voll- und Teilmithaftenden, auf die einheitlich § 44 angewendet wird und gewährleistet am sichersten die von § 43 bezweckte möglichst hohe quotenmäßige Befriedigung des Gläubigers – zumal in Fällen mit mehreren Teilmithaftenden, die zT begrenzt und teilw. unbegrenzt mithaften. In der Praxis wird das Ergebnis der hRspr. zumeist durch **AGB-Klauseln** vermieden, wonach Leistungen des Sicherungsgebers, auch wenn dieser dadurch selbst frei geworden ist, zunächst nur als Sicherheit bis zur vollständigen Befriedigung aller Forderungen des Gläubigers gelten und erst danach ein Forderungsübergang auf den Sicherungsgeber erfolgt (MüKoInsO/*Bitter* Rn. 32; HambK-InsO/*Lüdtke* Rn. 14; vgl. zur Zulässigkeit der Klausel [noch zu § 242 BGB bzw. § 9 AGBG] BGHZ 92, 374 [382 f.] = ZIP 1985, 18 [21]; ZIP 2001, 914 [917 f.]; krit. *Wissmann* Rn. 314).

III. Rechtsfolgen

Der Gläubiger kann im Insolvenzverfahren des Schuldners den vollen Berücksichtigungsbetrag zur Tabelle anmelden, bis seine Forderung voll befriedigt ist. Mithaftende können bis dahin ihre Ansprüche regelmäßig nicht geltend machen (→ § 44 Rn. 1). Bei Streitigkeiten zwischen Gläubiger und Mithaftenden kann der Insolvenzverwalter – zumindest hinsichtlich Veränderungen auf Grund von Leistungen nach Insolvenzeröffnung – die angemeldeten Forderungen anerkennen und lediglich die **Rechtszuständigkeit** mit der Beschrankung „bis zur Austragung des Streits unter den Anmeldenden Nr. …" bestreiten sowie die Insolvenzquote befreiend hinterlegen (BGH ZIP 1997, 372 [374] [zur KO]; weitergehend Braun/*Bäuerle* Rn. 12, die dem Verwalter diese Möglichkeit wohl auch bei Leistungen vor Insolvenzeröffnung zubilligt; in diesem Falle sollte der Verwalter aber bestreiten; → § 44 Rn. 6, 12). Hinsichtlich der Wirkungen von (Teil-)Leistungen kommt es auf deren Zeitpunkt an: 11

1. Leistungen vor Insolvenzeröffnung. Leistungen des Schuldners oder von Mithaftenden **vor Insolvenzeröffnung** reduzieren die Forderung und damit den Berücksichtigungsbetrag, den der Gläubiger zur Tabelle anmelden kann (→ Rn. 1). Der materiell rechtliche Grundsatz (vgl. nur §§ 268 Abs. 3, 426 Abs. 2, 774 Abs. 1 BGB), wonach die Leistung eines Mithaftenden oder das Ablösungsrecht eines Dritten und ein damit einhergehender Forderungsübergang nicht zum Nachteil des Gläubigers geltend gemacht werden dürfen („nemo subrogat contra se"), verwirklicht sich in § 43 nur begrenzt auf die quotenmäßige Besserstellung im Insolvenzverfahren und beschränkt sich nach eindeutigem Wortlaut und Systematik (§§ 38 ff.) auf die **Forderungshöhe bei Insolvenzeröffnung** (RGZ 83, 401 [404 ff.]; [zu § 68 KO]; Jaeger/*Henckel* Rn. 7; MüKoInsO/*Bitter* Rn. 39 mwN – hM; aA für Teilleistungen eines Bürgen vor Insolvenzeröfffnung hinsichtlich § 774 Abs. 1 S. 2 BGB *v. Olshausen* KTS 2005, 403 [428]). Der Mithaftende kann eine auf ihn **übergegangene Teilforderung** im anschließenden Insolvenzverfahren anmelden (→ § 44 Rn. 5; vgl. OLG Jena FamRZ 2012, 372 [373] = ZInsO 2011, 1856 [Ls.]), muss aber dem Gläubiger (soweit dieser nicht noch anderweitig voll befriedigt wird) außerhalb des Insolvenzverfahrens den Betrag erstatten, um den seine Quote ohne Verfahrensteilnahme des Mithaftenden höher wäre (HambK-InsO/*Lüdtke* Rn. 21; HK-InsO/*Keller* Rn. 13; Palandt/*Sprau* BGB § 774 Rn. 12; vgl. RGZ 83, 401 [406] [zu § 68 KO]; aA HK-InsO/*Eickmann*, 6. Aufl. 2011, Rn. 10 [bei Verteilung zu berücksichtigen]; zur KO offen gelassen von BGHZ 92, 374 [380] = ZIP 1985, 18 [20]). Außerdem soll der Gläubiger nach materiell rechtlichen Grundsätzen auch die volle Regressforderung des Mithaftenden pfänden und anschließend die darauf entfallende Quote beanspruchen können (MüKoInsO/*Bitter* § 44 Rn. 30; vgl. BGH ZIP 1997, 372 [373] [zu § 68 KO]). 12

2. Leistungen nach Insolvenzeröffnung. Leistungen von Mithaftenden **nach Insolvenzeröffnung** bzw. die Auszahlung einer Insolvenzquote führen erst im Falle einer Vollbefriedigung dazu, dass die Forderung des Gläubigers nicht mehr angemeldet werden kann. Gegen eine bereits **festgestellte Forderung** muss der Insolvenzverwalter nach § 767 ZPO vorgehen (BGH ZIP 2009, 243 [244]; BGHZ 193, 44 [46] = ZIP 2012, 1087 [1088] [zum Treuhänder im Restschuldbefreiungsverfahren]; zur KO OLG Karlsruhe ZIP 1981, 1231 [1232]; aA *Wissmann* Rn. 251 f.: Verwalter könne weitere Zahlungen unter Berufung auf § 43 verweigern, einer Klage nach § 767 ZPO fehle daher das Rechtsschutzbedürfnis). **Überzahlungen** sind vom Insolvenzverwalter nach Bereicherungsrecht zurückzufordern (MüKoInsO/*Bitter* Rn. 36; HambK-InsO/*Lüdtke* Rn. 23; 13

Schwarz/Doms ZInsO 2013, 1943 [1945]; BGH ZIP 1984, 1509 [1510] [zu § 68 KO]; ZIP 2009, 243 [244]; BGHZ 193, 44 [46] = ZIP 2012, 1087 [1088]; VG Düsseldorf 22.4.2015 – 5 K 8185/14 Rn. 131–134, BeckRS 2015, 47746 hat in casu offengelassen, ob Verwalter oder Mithaftender der Bereicherungsgläubiger ist) und stehen dem Mithaftenden nach Maßgabe seines Regress- bzw. Ausgleichsanspruchs (→ § 44 Rn. 8) zu (MüKoInsO/*Bitter* § 44 Rn. 23 f.; vgl. OLG Karlsruhe ZIP 1981, 1231 [1232 f.] [zur KO]). § 43 hindert nicht eine Erfüllung durch **Aufrechnung** eines Mithaftenden gegenüber dem Gläubiger (vgl. BGH NJW 1960, 1295 f. [zu § 68 KO]); dabei kommt es darauf an, ob eine nach Verfahrenseröffnung erklärte Aufrechnung gem. § 389 BGB auf einen Zeitpunkt vor Insolvenzeröffnung zurückwirkt und sich deshalb bereits der Berücksichtigungsbetrag reduziert (→ Rn. 12) oder ob die Wirkung erst nach Insolvenzeröffnung eintritt, so dass § 43 anwendbar bleibt (Jaeger/*Henckel* Rn. 29). Nach vollständiger Befriedigung durch den Mithaftenden ist dieser an der Geltendmachung einer auf ihn **übergegangenen Forderung** des bisherigen Gläubigers nicht mehr durch § 44 gehindert; an Stelle einer Neuanmeldung genügt beim Forderungsübergang ein entsprechender Vermerk in der Tabelle (Uhlenbruck/*Knof* § 44 Rn. 9; HambK-InsO/*Lüdtke* § 44 Rn. 24; VG Düsseldorf 22.4.2015 – 5 K 8185/14 Rn. 107–110, BeckRS 2015, 47746; vgl. zur Umsatzsteuerhaftung eines Zessionars BFHE 244, 70 [77] = ZIP 2014, 737 [740]).

IV. Gesamtgläubiger

14 Die verfahrensrechtliche **Stellung von Gesamtgläubigern** wird nicht in § 43 geregelt. Von diesen kann jeder die ganze Leistung fordern, der Schuldner ist aber nur verpflichtet, die Leistung einmal zu bewirken und kann dabei wählen, an welchen Gesamtgläubiger er leistet (§ 428 BGB). Dabei bestehen mehrere selbständige und abtretbare Forderungen die aber durch die **Einheitlichkeit der Tilgungswirkung** miteinander verbunden sind (Palandt/*Grüneberg* BGB § 428 Rn. 1). Gesamtgläubiger sind unabhängig voneinander zur Insolvenzantragsstellung (§ 13), zur Forderungsanmeldung (§ 174; *Bork* KTS 2008, 21 [31 f.] – hM) und zum Widerspruch im Prüfungstermin (§ 176) befugt (MüKoInsO/*Bitter* Rn. 45). Zur Vermeidung einer doppelten Ausschüttung sollte die Gesamtgläubigerschaft bei der **Forderungsanmeldung** bzw. in der Tabelle kenntlich gemacht werden (vgl. Uhlenbruck/*Sinz* § 174 Rn. 23 „nur für alle gemeinsam"; allg. zum Widerspruch gegen Doppelanmeldungen BGH NJW 1970, 810 [811] [zu § 144 KO]). Ein **Stimmrecht** können die Gesamtgläubiger nur einfach und einheitlich zB durch einen von allen Bevollmächtigten ausüben (allg. zur Ausübung von Gestaltungsrechten durch Gesamtgläubiger BGHZ 59, 187 [190 f.] = NJW 1972, 1711 [1712]). Die **Ausschüttung** erfolgt – soweit nichts von § 428 BGB abweichendes vereinbart ist (zB Vorrecht dessen, der zuerst Zahlung verlangt – vgl. Jaeger/*Lent,* 8. Aufl. 1958, § 67 KO Rn. 8) – nach Wahl des Insolvenzverwalters an einen Gesamtgläubiger (MüKoInsO/*Bitter* Rn. 45; *Kilger/Karsten Schmidt,* 17. Aufl. 1997, § 67 KO Anm. 3).

Rechte der Gesamtschuldner und Bürgen

44 Der Gesamtschuldner und der Bürge können die Forderung, die sie durch eine Befriedigung des Gläubigers künftig gegen den Schuldner erwerben könnten, im Insolvenzverfahren nur dann geltend machen, wenn der Gläubiger seine Forderung nicht geltend macht.

Schrifttum: S. § 43.

Übersicht

I. Normzweck

Bei **Teilzahlungen des Mithaftenden** nach Insolvenzeröffnung kann der Insolvenzgläubiger weiter den vollen Berücksichtigungsbetrag (→ § 43 Rn. 1) zur Tabelle anmelden; die **Regressforderung** des Mithaftenden – nach hM ein durch die Vollbefriedigung des Gläubigers **aufschiebend bedingter Anspruch** (BGH ZIP 1984, 1506 [1507] [zur KO]; vgl. OLG Jena FamRZ 2012, 372 [373] = ZInsO 2011, 1856 [Ls.]; OLG Dresden ZIP 2013, 1341 [1342]; aA Jaeger/*Henckel* Rn. 4: Befreiungsanspruch, der sich mit Leistung an der Gläubiger in einen Rückgriffsanspruch umwandelt) – kann gem. § 44 nicht geltend gemacht werden, obwohl sie von den Wirkungen des Verfahrens betroffen ist (→ Rn. 7). Denn wirtschaftlich sind die Forderung des Gläubigers und der Rückgriff des Mithaftenden gegen den Schuldner identisch und dürfen daher – als notwendige Konsequenz des Prinzips der Vollberücksichtigung in § 43 – nicht zum Nachteil der übrigen Insolvenzgläubiger in demselben Verfahren nebeneinander geltend gemacht werden (*Bitter* ZInsO 2003, 490 [492 f.]; vgl. zur KO/VerglO: RGZ 14, 172 [175 ff.]; BGHZ 55, 117 [120 f.] = NJW 1971, 382 f.; ZIP 1984, 1506 [1507]). Der in der Vorschrift niedergelegte Grundsatz war früher nur in § 33 VerglO ausdrücklich normiert und für das Konkursverfahren ohne gesetzliche Regelung anerkannt (Begr. zu § 51 RegE [= § 44 InsO], BT-Drs. 12/2443, 124; auch → § 43 Rn. 2). 1

II. Anwendungsbereich

Neben den ausdrücklich genannten Gesamtschuldnern und Bürgen sind **Regressansprüche aller Mithaftenden iSv § 43** erfasst (→ § 43 Rn. 5 ff.). Auf Art und Grundlage des Regressanspruchs kommt es nicht an; zur Vermeidung einer Doppelinanspruchnahme der Masse für wirtschaftlich identische Ansprüche (→ Rn. 1) sind daher vertragliche und gesetzliche Rückgriffsansprüche ebenso wie Befreiungsansprüche und qua cessio legis übergegangene Forderungen von § 44 erfasst (MüKoInsO/*Bitter* Rn. 5 ff.; HambK-InsO/*Lüdtke* Rn. 4 f.); entsprechendes gilt für Rückgriffsansprüche aufgrund dinglicher Mithaftung (MüKoInsO/*Bitter* Rn. 9 f.; Uhlenbruck/*Knof* Rn. 5). Eine analoge Anwendung des § 44 wird bei wirtschaftlicher Identität zweier Ansprüche (zB Darlehen iVm Schuldversprechen nach § 780 BGB) desselben Gläubigers vertreten, um eine doppelte Anmeldung bzw. Berücksichtigung zu verhindern (*Schwarz/Doms* ZInsO 2013, 1943 [1946]). Gem. § 6 Abs. 1a S. 1 Nr. 3 iVm S. 2 FMStFG kann der **Finanzmarktstabilisierungsfonds** seine Rückgriffsforderungen für von ihm garantierte Forderungen als Insolvenzforderungen – ungehindert von § 44 – anmelden, da 2 die Gläubiger der garantierten Forderungen nicht am Insolvenzverfahren teilnehmen.

3 **1. Ausfallbürge, Gesamtgläubiger.** Da ein **Ausfallbürge** schon vor Inanspruchnahme einen Befreiungsanspruch bzw. aufschiebend bedingten Regressanspruch hat, greift für diesen § 44 ein, auch wenn dem Gläubiger § 43 nicht zu gute kommt (MüKoInsO/*Bitter* Rn. 8; vgl. → § 43 Rn. 5). Auf **Gesamtgläubiger** ist § 44 nicht anwendbar (HambK-InsO/*Lüdtke* Rn. 10), obwohl sich auf Grund der materiell-rechtlichen Situation Einschränkungen für die Geltendmachung ihrer Rechte im Insolvenzverfahren ergeben (→ § 43 Rn. 14).

4 **2. Absonderungsrecht, Aufrechnung.** Keine Anwendung findet § 44 soweit der Mitschuldner oder Bürge vom (späteren) Insolvenzschuldner für seinen Regressanspruch eine zur **Absonderung** berechtigende **Sicherheit** erhalten hat oder in Bezug auf diesen der Insolvenzmasse gegenüber zur **Aufrechnung** berechtigt ist; insoweit gilt für das Absonderungsrecht bzw. die Aufrechnung das Ausfallprinzip (Jaeger/*Henckel* Rn. 10; Nerlich/Römermann/*Andres* Rn. 6; zur KO: RGZ 80, 407 [412 ff.]; 85, 53 [57 f.]; BGH NJW 1960, 1295 [1296]). Der Mithaftende kann aus seinem Sicherungsrecht Befriedigung suchen (hinsichtlich Aufrechnung sind Einschränkungen zB nach § 95 Abs. 1 S. 3 zu beachten; zum Zeitpunkt der Aufrechnungswirkungen → § 43 Rn. 13) und der Gläubiger bis zur vollen Befriedigung nach § 43 mit dem ganzen Berücksichtigungsbetrag am Verfahren teilnehmen (vgl. RGZ 85, 53 [57 f.] [zur KO]); auf eine etwaig verbleibende Ausfallforderung des Mithaftenden ist § 44 anwendbar (MüKoInsO/*Bitter* Rn. 31 f.).

5 **3. Zukünftiger Forderungserwerb.** Aus dem Wortlaut „künftig gegen den Schuldner erwerben" folgt, dass § 44 nur auf Zahlungen des Mithaftenden **nach Insolvenzeröffnung** anwendbar ist (FK-InsO/*Bornemann* Rn. 2). Die Geltendmachung von Regressforderungen auf Grund von Zahlungen des Mithaftenden **vor Insolvenzeröffnung** wird dagegen nicht durch § 44 eingeschränkt; allerdings kann außerhalb des Insolvenzverfahrens ein Ausgleichsanspruch des durch die Verfahrensteilnahme des Mithaftenden quotenmäßig benachteiligten Gläubigers bestehen (→ § 43 Rn. 12). Für die **Höhe des Rückgriffsanspruchs** des Mithaftenden ist das jeweilige **Innenverhältnis** zum Insolvenzschuldner zu beachten (zB im Zweifel nur hälftiger Ausgleichsanspruch nach § 426 Abs. 1 S. 1 BGB zwischen zwei Gesamtschuldnern; HambK-InsO/*Lüdtke* Rn. 14; zum vollen Rückgriff des als Haftungsschuldner für Umsatzsteuer in Anspruch genommenen Zessionars s. BFHE 244, 70 [76] = ZIP 2014, 737 [739]).

6 **4. Keine Beteiligung des Gläubigers.** Die Beschränkungen für den Rückgriffsanspruch des Mithaftenden wirken nur, soweit sich der Gläubiger mit seiner Forderung am Verfahren beteiligt und diese anmeldet. Andernfalls kann der Mithaftende seine (aufschiebend bedingte → § 42 Rn. 7) Forderung voll anmelden. Meldet der Gläubiger seinen Anspruch nur teilw. an, kann der Mithaftende ggf. in der verbleibenden Höhe seine Forderung geltend machen (MüKoInsO/*Bitter* Rn. 12, 15; Uhlenbruck/*Knof* Rn. 8).

III. Rechtsfolgen

7 Nach dem Normzweck (→ Rn. 1) beschränkt § 44 die **Geltendmachung des Rückgriffs- bzw. Befreiungsanspruchs** durch den Mithaftenden im Insolvenzverfahren, so dass er für diesen kein Stimmrecht und keine Quote erhält. Der materiell-rechtlich zumindest iSv § 38 begründete Anspruch des Mithaftenden (zu den einen Forderungsübergang einschränkenden AGB-Klauseln → § 43 Rn. 10) wird gleichwohl von den **Wirkungen des Insolvenzverfahrens** erfasst:

Vollstreckungsbeschränkungen (§§ 21 Abs. 2 Nr. 3; 89 Abs. 1), ein bestätigter Insolvenzplan (§ 254 Abs. 2 S. 2) und eine Restschuldbefreiung (§ 301 Abs. 2 S. 2) wirken auch auf den – nicht zur Tabelle angemeldeten – Anspruch des Mithaftenden (MüKoInsO/*Bitter* Rn. 16 ff.; HambK-InsO/*Lüdtke* Rn. 20; Nerlich/Römermann/*Andres* Rn. 3; vgl. OLG Jena FamRZ 2012, 372 [373] = ZInsO 2011, 1856 [Ls.]; OLG Dresden ZIP 2013, 1341 [1342]; BGHZ 114, 117 [123 f.] = ZIP 1991, 524 [527] [zu § 33 VerglO]; ZIP 2006, 1591 [1592] [zu § 426 Abs. 1 BGB]; widersprüchlich zur KO noch BGH ZIP 1984, 1506 [1507]: „Bürge kein Verfahrensbeteiligter" – allerdings bezogen auf Pflichtenkreis von Verwalter und Gläubigerausschuss). Kommt es weder zu einem Insolvenzplan noch zu einer Restschuldbefreiung, kann der Mithaftende seinen Anspruch nach Verfahrensende gem. § 201 Abs. 1 weiterverfolgen (MüKoInsO/*Bitter* Rn. 17).

IV. Regress nach Vollbefriedigung

Im Falle der **Vollbefriedigung** nach Insolvenzeröffnung kann der in Anspruch genommene Mithaftende seinen Regressanspruch bzw. die auf ihn übergegangene Forderung geltend machen (vgl. → § 43 Rn. 13). Nach hRspr. soll dies entsprechend für einen **Teilmithaftenden** gelten, der in Höhe seiner (zB durch Vergleich mit dem Gläubiger reduzierten) Haftung voll in Anspruch genommen wurde (str.; → § 43 Rn. 10). 8

1. Höhe des Rückgriffsanspruchs. Für die **Höhe des Rückgriffsanspruchs,** den der Mithaftende anmelden bzw. auf sich umschreiben lassen kann, ist das jeweilige Innenverhältnis zum Insolvenzschuldner zu beachten, so dass zB zwischen zwei Gesamtschuldnern nach § 426 Abs. 1 S. 1 BGB im Zweifel nur ein hälftiger Ausgleichsanspruch besteht (→ Rn. 5; MüKoInsO/*Bitter* Rn. 21, 27; BK-InsO/*Breutigam* Rn. 14; teilw. aA Jaeger/*Henckel* Rn. 8 f. der für die Vollbefriedigung nach Insolvenzeröffnung zwischen dem Übergang der materiellen Forderung und dem verfahrensrechtlichen Teilnahmerecht unterscheidet; letzteres soll voll übergehen und dem in Anspruch genommenen – gleichstufigen – Gesamtschuldner einen vollen Anspruch auf die Quote – betragsmäßig begrenzt auf die Höhe der materiellen Regressforderung – gewähren). 9

2. Sonderfälle. Der Mithaftende kann dagegen **keinen Rückgriff** nehmen, wenn er mit dem Gläubiger einen entsprechend § 423 BGB (Auslegung!) auch zugunsten des Schuldners wirkenden **Vergleich** schließt, durch den die Forderung nachträglich erlassen wird (vgl. OLG Dresden ZIP 1996, 1190 [1192]). Der Insolvenzverwalter eines Mithaftenden, kann die an den Gläubiger gezahlte **Quote** regelmäßig schon mangels Vollbefriedigung nicht in der **Insolvenz eines anderen Mithaftenden** anmelden (vgl. RG JW 1903, 245 [zu § 68 KO]). Nach Vollbefriedigung des Gläubigers oder gegenüber einem nicht insolventen Mithaftenden kann der Insolvenzverwalter dagegen nach Maßgabe des Innenverhältnisses grds. Regress nehmen (Jaeger/*Henckel* Rn. 7; BK-InsO/*Breutigam* Rn. 21). 10

3. Gesellschafterregress. Rückgriffsansprüche auf Grund von Leistungen eines Gesellschafters vor Insolvenzeröffnung (zB aus Gesellschafterbürgschaft) über das Vermögen seiner Gesellschaft können – soweit nicht nachrangig (§ 39 Abs. 1 Nr. 5) – in der Insolvenz der Gesellschaft nach allgemeinen Grundsätzen (→ Rn. 8 ff.) geltend gemacht werden (MüKoInsO/*Bitter* Rn. 34; Jaeger/*Henckel* Rn. 11). Soweit ein Gesellschafter noch persönlich für Insolvenzforderungen gegen die Gesellschaft haftet (→ § 93 Rn. 4 ff., 15 ff.), wird er allerdings keine Quote ausgezahlt erhalten (MüKoHGB/*Karsten Schmidt* § 128 Rn. 92 mwN). Nach Insolvenzeröffnung kann ein **phG oder persönlich haftender Kommanditist** wegen der **Sperrwirkung von § 93 bzw. § 171 Abs. 2 HGB** grds. nicht 11 mehr schuldbefreiend an einen Gesellschaftsgläubiger leisten (→ § 43 Rn. 8) und hat dementsprechend keinen Regressanspruch gegen die insolvente Gesellschaft sondern allenfalls einen Bereicherungsanspruch gegen den Gläubiger (MüKo-InsO/*Bitter* Rn. 36 hM; vgl. zur KO *Wissmann* Rn. 463 f.). Ein **ausgeschiedener Kommanditist** der nach Insolvenzeröffnung über das Vermögen der KG auf Grund persönlicher Haftung (§§ 171, 172 HGB) an Altgläubiger (die vor seinem Ausscheiden bereits Gläubiger der KG waren) geleistet hat, kann seine Erstattungsansprüche nicht neben Insolvenzforderungen der – nicht vollständig befriedigten – Altgläubiger im Insolvenzverfahren der KG geltend machen (BGHZ 27, 51 [53 f.] = NJW 1958, 787; BGHZ 39, 319 [326 ff.] = NJW 1963, 1873 [1875] [zur KO]); dies gilt auch für Leistungen vor Insolvenzeröffnung, soweit durch einen Regress die Kommanditistenhaftung wieder auflebt (§§ 171 Abs. 1 iVm 172 Abs. 4 HGB). Daher kann der ausgeschiedene Kommanditist erst nach Befriedigung aller Altgläubiger Regress nehmen (MüKoInsO/*Bitter* Rn. 37 ff.; *Kilger/Karsten Schmidt,* 17. Aufl. 1997, § 68 KO Anm. 6).

V. Konkurrierende Forderungsanmeldungen

12 Meldet der Gläubiger seine Forderung erst an, nachdem der Mithaftende seinen Regressanspruch zur Tabelle angemeldet hat, soll der Insolvenzverwalter den Regressanspruch nach hM bestreiten (krit. zum Ausschluss der Anmeldung bedingter Regressansprüche *Wissmann* Rn. 191 ff., 203 und unter Rechtsschutzgesichtspunkten Leonhardt/Smid/Zeuner/*Smid/Leonhardt* Rn. 2 [nur Verfahrensteilnahme ohne Quote]). Falls der Regressanspruch bereits in einem früheren Termin zur Tabelle festgestellt wurde, muss der Verwalter – falls der Mithaftende nicht auf seinen Anspruch verzichtet – nach § 767 ZPO vorgehen (MüKoInsO/*Bitter* Rn. 14; BK-InsO/*Breutigam* Rn. 8; HambK-InsO/*Lüdtke* Rn. 17 f.). Bei Streit über die Forderungszuständigkeit auf Grund von Leistungen des Mithaftenden nach Insolvenzeröffnung kann der Verwalter auch die Forderungsanmeldungen unter Vorbehalt hinsichtlich der Rechtszuständigkeit anerkennen und die Dividende hinterlegen (→ § 43 Rn. 11).

Gesicherte Darlehen[1]

44a In dem Insolvenzverfahren über das Vermögen einer Gesellschaft kann ein Gläubiger nach Maßgabe des § 39 Abs. 1 Nr. 5 für eine Forderung auf Rückgewähr eines Darlehens oder für eine gleichgestellte Forderung, für die ein Gesellschafter eine Sicherheit bestellt oder für die er sich verbürgt hat, nur anteilsmäßige Befriedigung aus der Insolvenzmasse verlangen, soweit er bei der Inanspruchnahme der Sicherheit oder des Bürgen ausgefallen ist.

Schrifttum: *Bartsch/Weber,* Doppelbesicherung durch Gesellschafts- und Gesellschaftersicherheiten nach dem MoMiG, DStR 2008, 1884; *Bork,* Doppelbesicherung eines Gesellschafterdarlehens durch Gesellschaft und Gesellschafter, FS Ganter, 2010, 135; *Dahl/Schmitz,* Eigenkapitalersatz nach dem MoMiG aus insolvenzrechtlicher Sicht, NZG 2009, 325; *Ede,* Die Doppelbesicherung einer Gesellschaftsschuld und der Verzicht auf die Gesellschaftersicherheit, ZIP 2012, 853; *Gessner,* Die Gesellschafterinanspruchnahme bei Doppelbesicherungen in der Gesellschaftsinsolvenz, NZI 2012, 350; *Goette/Kleindiek,* Gesellschafterfinanzierung nach MoMiG, 6. Aufl. 2010; *Gundlach/Frenzel/Strandmann,* Die Anwendung des § 44a InsO auf Doppelbesicherungen, DZWIR 2010, 132; *Hill,* Das Wahlrecht des doppelt gesicherten Gläubigers, ZInsO 2012, 910; *Lauster/Stiehler,* Doppelbesicherung und zeitliche Reichweite von Gesellschaftsfinanzierungen, BKR 2012, 106; *Löser,* Ankaufsverpflichtung für Sicherungsgut des Kreditgebers als Gesellschaftersicherheit iSd § 135 Abs. 2 InsO nF, ZInsO 2010, 28;

[1] § 44a eingef. mWv 1.11.2008 durch G v. 23.10.2008 (BGBl. I S. 2026).

Mikolajczak, Die Haftung des Gesellschafters für doppelbesicherte Drittdarlehen, ZIP 2011, 1285; *Mylich,* Kreditsicherheiten für Gesellschafterdarlehen, ZHR 176 (2012), 547; *Oepen,* Maßgabe im Übermaß – Korrekturbedarf im neuen § 44a InsO, NZI 2009, 300; *Karsten Schmidt,* Die Rechtsfolgen der „eigenkapitalersetzenden Gesellschaftersicherheiten", ZIP 1999, 1821; *ders.,* Gesellschafterbesicherte Drittkredite nach neuem Recht, BB 2008, 1966; *N. Schmidt,* Die analoge Anwendung des § 44a InsO im Falle der Besicherung eines Darlehens an die Gesellschaft durch Gesellschaft und Gesellschafter, ZInsO 2010, 70; *ders.,* Analoge Anwendung der Anfechtungsregeln bei Verwertung von Gesellschaftersicherheiten, ZInsO 2012, 586; *Spliedt,* MoMiG in der Insolvenz – ein Sanierungsversuch, ZIP 2009, 149; *Thonfeld,* Eigenkapitalersetzende Gesellschaftersicherheiten und der Freistellungsanspruch der Gesellschaft, 2005.

Übersicht

I. Grundlagen

1. Normgeschichte. a) Nachfolgeregelung zu § 32a Abs. 2 GmbHG aF. 1
§ 44a gehört in den Kreis der **InsO-Regeln über Gesellschafterkredite** (§§ 39 Abs. 1 Nr. 5, 135). Es handelt sich um die **Nachfolgeregel zu § 32a Abs. 2 GmbHG aF,** eingeführt durch Art. 9 Nr. 6 des **MoMiG** v. 23.10.2008 (BGBl. I S. 2026). Die Herauslösung des Rechts der Gesellschafterfinanzierung aus dem Gesellschaftsrecht und seine Integration in das Insolvenzrecht wodurch das MoMiG ist dargestellt bei → § 39 Rn. 26 ff. Die für **Altfälle** (→ § 39 Rn. 27 ff.; → § 135 Rn. 3) fortgeltenden Spezialregeln waren vor dem MoMiG enthalten in § 32a Abs. 2 GmbHG aF (Vorgängerregel zu § 44a InsO) sowie in der unglücklich plazierten Anfechtungsregel des § 32b GmbHG aF (Vorgängerregel zu § 135 Abs. 2 InsO): Das für die praktische Handhabung ausschlaggebende **Innenver-**

hältnis zwischen dem Gesellschafter und der Gesellschaft (→ Rn. 16) war nicht geregelt und nur in der sich hierauf beziehenden Insolvenzanfechtung erkennbar. Hierbei ist es nach dem MoMiG geblieben (*Karsten Schmidt* BB 2008, 1966 [1967]). Der Unterschied ist nur, dass es nicht mehr auf den Kapitalersatztatbestand ankommt (vgl. → § 39 Rn. 31) und dass die §§ 30, 31 keine Anwendung mehr finden (→ Rn. 2). Wegen der **Abgrenzung zwischen altem und neuem Recht** vgl. → § 39 Rn. 26 ff.; → § 135 Rn. 3 ff. sowie Erl. Art. 103d EGInsO.

2 **b) Überblick.** Die positivrechtlichen **Regelungen** sind **seit dem MoMiG** enthalten in **§§ 44a, 135 Abs. 2, 143 Abs. 3.** Außerhalb des Insolvenzverfahrens gelten die **§§ 6a, 11 Abs. 3 AnfG.** Aus **§ 30 Abs. 1 S. 3** (bzw. **§ 57 Abs. 1 S. 4 AktG**) folgt, dass die für das **Innenverhältnis** zwischen dem Gesellschafter als Sicherungsgeber und der Gesellschaft entsprechend angewendeten Regeln der §§ 30, 31 (§§ 57, 62 AktG) nicht mehr anwendbar sind (Lutter/Hommelhoff/*Kleindiek* Anh. § 64 Rn. 134; *Altmeppen* NJW 2008, 3601 [3606]). Es gibt **vor der Eröffnung des Insolvenzverfahrens keine gesetzliche Freistellungspflicht** des Gesellschafters und **kein gesetzliches Befreiungsverbot** mehr (→ Rn. 6). Ansprüche gegen den befreiten Gesellschafter analog § 31 GmbHG (bzw. § 62 AktG) aufgrund seiner Befreiung von der Sicherungsgeber-Haftung sind seit dem MoMiG ausgeschlossen (*Karsten Schmidt* BB 2008, 1966 [1970]). Zum Übergangsrecht und zum Fortbestand dieser Ansprüche vgl. → § 135 Rn. 4 ff.

3 **2. Normzusammenhang und Normzweck. a) Zusammenhang mit § 39 Abs. 1 Nr. 5.** Die Bestimmung handelt von einer Gesellschafterleistung, die als Beitrag zur Fremdfinanzierung der Gesellschaft iSv § 39 Abs. 1 Nr. 5 einem Gesellschafterdarlehen wirtschaftlich entspricht (vgl. auch → § 39 Rn. 52). § 44a ist insofern ein **gesetzlich geregelter Spezialfall des § 39 Abs. 1 Nr. 5.** Deshalb ist die Vorschrift im Zusammenhang mit § 39 Abs. 1 Nr. 5 auf der einen und §§ 135 Abs. 2, 143 Abs. 3 auf der anderen Seite zu lesen.

4 **b) Normzweck.** Der Normzweck des § 44a richtet sich entgegen dem ersten Anschein nicht gegen den dritten Kreditgeber, sondern ganz wie im Fall des § 39 Abs. 1 Nr. 5 gegen den Gesellschafter bzw. Quasi-Gesellschafter (näher → Rn. 32). **Nicht der** von den Dritten gegebene **Kredit** selbst ist Gegenstand der hier gebotenen Sonderbehandlung, **sondern die Sicherung** ist die den Ausschlag gebende Gesellschafterleistung (Kübler/Prütting/Bork/*Preuß* Rn. 3 ff.; HambK-InsO/*Lüdtke* Rn. 2; *Karsten Schmidt* BB 2008, 1966 [1968]). Die vom Gesetzeswortlaut unterstellte Anwendung des § 39 Abs. 1 Nr. 5 auf den Gläubiger ist deshalb missverständlich (*Karsten Schmidt* BB 2008, 1966 [1969]). Der **Normzusammenhang** erschließt sich aus den §§ 39 Abs. 1 Nr. 5, 135 Abs. 2, 143 Abs. 3 besser als aus § 44a: Der einen Kredit besichernde und hierdurch zur Fremdfinanzierung beitragende Gesellschafter soll im Verhältnis zur Gesellschaft nicht besser stehen als ein kreditgebender Gesellschafter. Dem Nachrang eines Gesellschafterdarlehens (§ 39 Abs. 1 Nr. 5) entspricht vice versa ein **Haftungsvorrang der Gesellschaftersicherheit** im Insolvenzverfahren (vgl. Uhlenbruck/*Hirte* Rn. 1; zum alten Recht BGH NJW 1992, 1169 = ZIP 1992, 177). Dementsprechend ist der dem Gesellschafter als Sicherungsgeber im Innenverhältnis zur Gesellschaft zustehende Freistellungs- bzw. Regressanspruch (vgl. etwa §§ 774, 1143 BGB) im Insolvenzverfahren nachrangig (§ 39 Abs. 1 Nr. 5). War der Gesellschaftsgläubiger im letzten Jahr vor dem Insolvenzantrag befriedigt, so begründet dies einen Anfechtungstatbestand nicht etwa ihm gegenüber, sondern gegenüber dem Gesellschafter als durch die Befriedigung befreitem Sicherungsgeber (§ 135 Abs. 2 und dazu → § 135 Rn. 23), weshalb er – nicht der Gesell-

schaftsgläubiger! – die dem Gesellschaftsgläubiger zugeflossene Leistung zu erstatten hat (§ 143 Abs. 3).

c) Kritik des Regelungskonzepts (vgl. Scholz/*Karsten Schmidt* GmbHG Nachtrag MoMiG §§ 32a, b aF Rn. 51). Das Gesetzesrecht der gesellschafterbesicherten Drittkredite **leidet nicht an rechtspolitischen, sondern an gesetzestechnischen Mängeln.** Das **MoMiG** hat das komplizierte Regelungssystem bezüglich der gesellschafterbesicherten Drittdarlehen konsequent vom Gedanken des Eigenkapitalersatzrechts befreit (vgl. zu diesem Grundgedanken → § 39 Rn. 31). Die Vorschriften gelten also generell und nicht nur für die Verwendung der Kreditsicherheiten zur Krisenfinanzierung. Das positivrechtliche Regelungskonzept ist insofern vereinfacht. Gesetzesredaktionell stehen jetzt die **§§ 44a, 135 Abs. 2 InsO** als rein insolvenzrechtliche Regeln immerhin im richtigen Gesetz, und im Anfechtungsgesetz ist die Gläubigeranfechtung, anders als zuvor, immerhin geregelt (§ 6a InsO). Aber rechtstechnische Webfehler sind geblieben (näher *Karsten Schmidt* BB 2008, 1966 [1969 f.]): Immer noch hat der Gesetzgeber das in Wahrheit entscheidende **Innenverhältnis zwischen dem Sicherungsgeber und der Gesellschaft** vernachlässigt. Hieraus resultieren auch Unklarheiten im Detail: § 44a nennt den gesicherten Gläubiger einen „Gläubiger nach Maßgabe des § 39 Abs. 1 Nr. 5", obwohl gar nicht der dritte Gläubiger, sondern nur der Gesellschafter als Sicherungsgeber unter diese Vorschrift fallen kann. Auch die Anfechtungsregeln des § 135 Abs. 2 InsO und des § 6a AnfG zielen auf die Befriedigung des dritten Gläubigers statt auf die Befreiung des Gesellschafters als Sicherungsgeber. Diese Ungenauigkeit in der Tatbestandsbeschreibung muss dann auf der **Rechtsfolgenseite** der Anfechtung durch **§ 143 Abs. 3 InsO** bzw. **§ 11 Abs. 3 AnfG** korrigiert werden. Durch diese Bestimmungen wird die scheinbar gegen den Kreditgeber gerichtete Anfechtungswirkung auf den richtigen Anfechtungsgegner, nämlich den kreditsichernden Gesellschafter, umgelenkt. 5

3. Das Haftungssystem der §§ 39 Abs. 1 Nr. 5, 135 Abs. 2, 143 Abs. 3 InsO und der Normzweck des § 44a. Die geschilderte Unübersichtlichkeit der Gesetzesregelung macht eine **systematische Gesamtschau auf der Basis des Innenverhältnisses** erforderlich: Während das Rechtsprechungsrecht vor dem MoMiG aus § 30 GmbHG eine materiellrechtliche Freistellungspflicht des Gesellschafters als Sicherungsgeber gegenüber seiner Gesellschaft im Stadium der Unterbilanz abgeleitet hatte (dazu *Thonfeld* S. 133 ff.; *Karsten Schmidt* ZIP 1999, 1821 [1825]), sind die Rechtsfolgen nur noch insolvenzrechtlicher Art: Im Insolvenzfall soll (a) eine **Primärhaftung der Gesellschaftersicherheit** nach § 44a, (b) ein **Nachrang des dem Gesellschafter zustehenden Freistellungs- und Regressanspruchs** nach § 39 Abs. 1 Nr. 5 und (c) eine **anfechtungsrechtliche Ausgleichspflicht** des Gesellschafters im Fall seiner masseschmälernden Befreiung nach §§ 135 Abs. 2, 143 Abs. 3 gewährleistet sein. Mit einer Sanktion gegen den Gläubiger hat dies nichts zu tun. Auch der **Normzweck des § 44a** richtet sich nicht gegen den Gläubiger (→ Rn. 4). Sie trifft ihn nur als **Regelung der Abwicklungstechnik im Verteilungsverfahren** (*Karsten Schmidt* BB 2008, 1966 [1968]; vgl. bereits *ders.*, ZIP 1999, 1821 [1822]; näher MüKoInsO/*Bitter* Rn. 22; Scholz/*Karsten Schmidt* GmbHG, 10. Aufl., §§ 32a, b Rn. 156, 169, Nachtrag MoMiG §§ 32a/b aF Rn. 57). Die Bestimmung **bezieht den Gläubiger in die Durchsetzung der Primärhaftung der Gesellschaftersicherheit ein,** um das Insolvenzverfahren nicht mit der Regressnahme gegenüber dem kreditsichernden Gesellschafter zu belasten (*Karsten Schmidt* BB 2008, 1966 [1970]). 6

II. Die Gesellschaftersicherheit als Tatbestand

7 **1. Der Tatbestand. a) § 39 Abs. 4, 5.** Der **Tatbestand des § 44a InsO** ist als Sonderfall der einem Gesellschafterkredit entsprechenden Finanzierungsleistung nur anwendbar, wenn die **Voraussetzungen des § 39 Abs. 4, 5 InsO** erfüllt sind (MüKoHGB/*Karsten Schmidt* § 172a Rn. 10, 13 f.; *Karsten Schmidt* BB 2008, 1966 ff.). Nur für Gesellschaften ohne natürlichen Komplementär gilt damit § 44a (vgl. → § 39 Rn. 34). Die Bestimmung kommt nicht zum Zuge, soweit das Kleinbeteiligungsprivileg (→ § 39 Rn. 41) oder das Sanierungsprivileg (→ § 39 Rn. 44 f.) entgegen steht.

8 **b) Kreditgeber.** Kreditgeber muss ein **Dritter** sein. Der Kreditgeber darf also nicht Gesellschafter oder einem Gesellschafter auch nicht nach → § 39 Rn. 46 ff. gleichgestellt sein (Braun/*Bäuerle* Rn. 3; FK-InsO/*Schumacher* Rn. 4; HambK-InsO/*Lüdtke* Rn. 7; MüKoInsO/*Bitter* Rn. 11). Unterliegt der Kreditgeber, weil er selbst Gesellschafter oder einem Gesellschafter gleichgestellt ist, seinerseits dem Recht der Gesellschafter-Fremdfinanzierung und hat ein (Mit-)Gesellschafter diesen Kredit besichert, so ist dies kein Fall des gesellschafterbesicherten Drittdarlehens, sondern des § 39 Abs. 1 Nr. 5 InsO (Scholz/*Karsten Schmidt* GmbHG §§ 32a, b Rn. 158). Drittkreditgeber kann ausnahmsweise allerdings auch ein Gesellschafter sein, wenn er durch das Kleinbeteiligungs- oder Sanierungsprivileg (§ 39 Abs. 5 und Abs. 4 S. 2; dazu → § 39 Rn. 41 ff.) vom Sonderrecht der Gesellschafterdarlehen freigestellt ist (MüKoInsO/*Bitter* Rn. 12). Der **Kredit des Dritten** muss **ein Darlehen** oder **eine** nach § 39 Abs. 1 Nr. 5 InsO einem Darlehen **gleichgestellte Fremdfinanzierung** sein (dazu → § 39 Rn. 51 f.).

9 **c) Sicherungsgeber.** Sicherungsgeber muss ein **Gesellschafter oder** ein nach → § 39 Rn. 46 ff. **gleichgestellter Dritter,** also ein Quasi-Gesellschafter sein. Ausgenommen ist ein Sicherungsgeber, dem das Sanierungs- oder Kleinbeteiligungsprivileg (→ § 39 Rn. 41 ff.) zugute kommt (HK-InsO/*Kleindiek* Rn. 6). Jede **Personalsicherheit** (nicht nur eine Bürgschaft) **oder Realsicherheit** kommt in Betracht (Braun/*Bäuerle* Rn. 3; FK-InsO/*Kleindiek* Rn. 6; MüKoInsO/*Bitter* Rn. 15; Scholz/*Bitter* GmbHG Anh. § 64 Rn. 275). Ein klassischer Fall der § 44a liegt bspw. vor, wenn ein Gesellschafter die sich aus einem debitorischen Bankkonto ergebende Verbindlichkeit durch Bürgschaft und Realsicherheiten absichert (vgl. zum alten Recht BGHZ 198, 77 = NJW 2013, 3031 = ZIP 2013, 1629). Eine **Ausfallbürgschaft** genügt (BGHZ 105, 168 [185] = NJW 1989, 3143 [3147]). Auch eine Ankaufspflicht des Gesellschafters, bezogen auf Sicherungsgut, kommt als Sicherheit in Betracht (BGH, mitgeteilt bei *Goette* DStR 1999, 1409 ff.; OLG Köln NZG 1999, 314 mAnm *Michalski/de Vries; Thonfeld* S. 41; HK-InsO/*Kleindiek* Rn. 6). Es muss sich allerdings um eine Sicherheit handeln, auf die der Gesellschaftsgläubiger direkt zugreifen kann (Scholz/*Karsten Schmidt* GmbHG, 10. Aufl., §§ 32a, b Rn. 161). Eine **mehrfache Besicherung** durch denselben Gesellschafter oder durch mehrere Gesellschafter oder Quasi-Gesellschafter wird von der Regelung erfasst (HambK-InsO/*Lüdtke* Rn. 10). § 44a kommt dann bezüglich jeder Kreditsicherheit zum Zuge. Nicht unter § 44a fallen deshalb Verlustübernahme- oder Ausstattungszusagen gegenüber der Gesellschaft, die keinen Gläubigeranspruch begründen (vgl. ebd.; sa OLG Düsseldorf NJW-RR 1987, 362 [365]). Eine Anwendung auf Patronatserklärungen (vgl. OLG Celle GmbHR 2008, 1096 = NZG 2009, 308 = ZIP 2008, 2416) kommt nur in Betracht, soweit die Patronatserklärung einem Gläubiger unmittelbare Ansprüche gegen den Sicherungsgeber gibt, nicht dagegen bei einer nur der Gesellschaft gegenüber eingegangenen Ausstattungs- oder Liquidationszusage.

2. Doppelbesicherung: ein Anwendungsfall des § 44a?. a) Fragestellung und These. Umstr. ist der Fall der **Doppelbesicherung einer Drittforderung durch Gesellschaft und Gesellschafter** (Beispiel: Sicherung eines Bankkredits durch Grundschuld am Gesellschaftsgrundstück und Gesellschafterbürgschaft). Die vom Gesetz bei Einführung der §§ 32a Abs. 2, 32b GmbHG aF durch die GmbH-Reform 1980 gelassene Lücke war sehr bald erkannt (zuerst wohl *Karsten Schmidt* ZIP 1981, 694; ausf. dazu *Thonfeld* S. 98 ff.; Scholz/*Karsten Schmidt* GmbHG, 10. Aufl., §§ 32a, b Rn. 176 ff.). Das MoMiG von 2008 hat es bei dieser Lückenhaftigkeit belassen (Kritik bei *Bork* FS Ganter, 2010, 135 [147]). Der *Verfasser* hat diese Lücke nach altem Recht durch (analoge) Anwendung des § 32a Abs. 2 GmbHG aF zu füllen gesucht (*Karsten Schmidt* ZIP 1981, 694; 1999, 1827; zust. mit eingehenden Nachweisen *Thonfeld* S. 87 ff.). Dies gilt sinngemäß auch für das neue Recht (vgl. *Karsten Schmidt* BB 2008, 1966 [1970]; Scholz/*Karsten Schmidt* GmbHG, 10. Aufl., Nachtrag MoMiG §§ 32a, b aF Rn. 54; so auch *Bork* FS Ganter, 2010, 135 [150 f.]; HambK-InsO/*Lüdtke* Rn. 10, 20; *Gundlach/Frenzel/Strandmann* DZWiR 2010, 232; *Lengner* NZI 2011, 253; *Nikolaus Schmidt* ZInsO 2010, 70). Die Anwendung auch in diesem Fall entspricht dem Normzweck (→ Rn. 4). Der Bedarf hierfür dürfte sogar nach dem neuen Recht noch größer sein, denn nach dem bis 2008 geltenden Kapitalersatzrecht konnte eine Freistellungspflicht des Gesellschafters, soweit nicht vertraglich geregelt, analog § 30 GmbHG aus dem Gesetz hergeleitet werden (so wohl auch BGH GmbHR 1992, 166 = NJW 1992, 1166 = ZIP 1992, 108; eing. *Thonfeld* S. 126 ff., 133 ff., 138 ff., 143 f., 150 f.; Scholz/*Karsten Schmidt* GmbHG, 10. Aufl., §§ 32a, b Rn. 180; *Karsten Schmidt* BB 2008, 1966 [1970]). Da diesem gesetzlichen Anspruch durch § 30 Abs. 1 S. 3 GmbHG nF die Grundlage entzogen ist (→ Rn. 2), der Tatbestand der Gesellschaftersicherheit also erst mit der Insolvenzverfahrenseröffnung gesetzliche Rechtsfolgen auslöst (*Karsten Schmidt* BB 2008, 1966 [1971]; vgl. auch *Dahl/Schmitz* NZG 2009, 325 [328]), ist der Bedarf nach einem Schutz der Masse durch erweiterte Anwendung des § 44a InsO seit dem MoMiG noch größer als zuvor. 10

b) Rechtsprechung. Rspr. und vorherrschende Literatur sprechen sich **gegen eine Anwendung des § 44a** aus (zusf. BGHZ 192, 7 = NZI 2012, 19 = ZIP 2012, 2417; OLG Stuttgart BB 2012, 3161; HambK-InsO/*Lüdtke* Rn. 20; im Grundsatz auch Roth/*Altmeppen* GmbHG Anh. §§ 32a, b Rn. 75 ff.; referierend Uhlenbruck/*Hirte* Rn. 7; zu § 32a GmbHG aF vgl. die ausführlichen Nachweise bei Roth/*Altmeppen* GmbHG § 32a aF Rn. 140; Scholz/*Bitter* GmbH Anh. § 64 Rn. 298 f.; *Dahl/Schmitz* NZG 2009, 325 [327 f.]). Nach der zu § 32a Abs. 2 GmbHG aF ergangenen **Rspr.** steht der Gesellschaft in diesem Fall nur ein schuldrechtlicher Freistellungsanspruch gegen den Gesellschafter zu (vgl. BGH GmbHR 1992, 166 = NJW 1992, 1166 = ZIP 1992, 108; zur Rechtslage seit MoMiG s. *Bartsch/Weber* DStR 2008, 1884 ff.), im Insolvenzverfahren nur ein ungesicherter Erstattungsanspruch (BGH GmbHR 1986, 85 = ZIP 1986, 30). Dieser hindert nicht die abgesonderte Befriedigung des dritten Gläubigers aus der von der Gesellschaft gegebenen Sicherheit (BGH GmbHR 1985, 81 = NJW 1985, 858 = ZIP 1985, 158; HK-InsO/*Kleindiek* Rn. 12). Nach BGHZ 192, 9 = NZI 2012, 19 = ZIP 2011, 2417 kommt eine Einschränkung dieses Wahlrechts „nicht in Betracht" (so iErg auch in ausführlicher Abwägung HK-InsO/*Kleindiek* Rn. 12). Daraus folgert der BGH allerdings, insoweit überzeugend, nicht, dass das Konzept der §§ 39 Abs. 1 Nr. 5, 44a, 135 Abs. 2, 143 Abs. 3 in diesen Fällen nicht zum Tragen kommt. Die Wirkung beschränkt sich nur auf das Innenverhältnis (Nichtanwendung des § 44a). Dagegen ist, wenn der Gläubiger nach der Insolvenzverfahrenseröffnung aus der Sicherheit auf Kosten des Gesellschaftsvermögens befriedigt worden ist, der hierdurch entlastete Gesellschafter **entspre-** 11

chend § 143 Abs. 3 InsO zur Ausgleichszahlung verpflichtet (dazu → § 143 Rn. 32; MüKoInsO/*Bitter* Rn. 17 ff.; eing. *Ede* ZIP 2012, 853; *Gessner* NZI 2012, 350; *Lauster/Stiehler* BKR 2012, 106; *N. Schmidt* ZIP 2012, 586). Jedenfalls dieses Ergebnis entspricht der bei → Rn. 10 angestellten Auffassung.

12 **c) Kritik der hM.** Die hM lässt es an insolvenzrechtlicher **Stimmigkeit** fehlen. Wenn im Fall der Doppelbesicherung die Gesellschaftersicherheit nach der Verfahrenseröffnung gegenüber dem Gesellschafter sogar rückwirkend dem Regelungskreis der §§ 39, 135, 143 unterworfen wird, sollte gegenüber dem doppelt gesicherten Gläubiger nichts anderes gelten. Das Konzept der hM generiert genau die Umständlichkeit, die § 44a vermeiden will. Deshalb ist der Hinweis auf die interne Freistellungshaftung des Gesellschafters (ausf. HK-InsO/*Kleindiek* Rn. 12 f.) ein untaugliches Argument für die hM. Die durch BGHZ 192, 9 = NZI 2012, 19 = ZIP 2011, 2417 gefundene vermittelnde Lösung (→ Rn. 11) weist immer noch Effektivitätsdefizite auf. Den Vorzug verdient der bei → Rn. 10 vorgetragene Standpunkt. Selbst die mit einem Gläubiger getroffene Vereinbarung, die Gesellschaftersicherheit solle erst nachrangig nach der Gesellschaftssicherheit in Anspruch genommen werden, ändert an § 44a nichts (vgl. → Rn. 13).

III. Rechtsfolgenseite

13 **1. Geltendmachung der Kreditforderung im Insolvenzverfahren der Gesellschaft (Außenverhältnis). a) Gesetzliche Folge.** Nach § 44a kann der Dritte als Gläubiger im Insolvenzverfahren anteilige Befriedigung aus der Insolvenzmasse nur verlangen, soweit er bei der Inanspruchnahme der Sach- oder Personalsicherheit ausgefallen ist. Diese Bestimmung hindert nicht die Vollanmeldung der Forderung (HambK-InsO/*Lüdtke* Rn. 17 f., MüKoInsO/*Bitter* Rn. 21 f.; Scholz/*Karsten Schmidt* GmbHG, 10. Aufl., Nachtrag MoMiG §§ 32a, b aF Rn. 57; zum alten Recht vgl. *Thonfeld* S. 82 ff.; *Karsten Schmidt* ZIP 1999, 1823; *Karsten Schmidt/Bitter* ZIP 2000, 1077 [1078]). Die vielfach vertretene Auffassung, wonach der Gläubiger nur den eventuellen Forderungsausfall anmeldet (Braun/*Bäuerle* Rn. 5; FK-InsO/*Kleindiek* Rn. 8; Uhlenbruck/*Hirte* Rn. 5; dazu auch *Spliedt* ZIP 2009, 149 [155]), dürfte zu denselben Ergebnissen führen. Sie schmälert auch nicht die Insolvenzquote selbst, sondern nur den daraus resultierenden Auszahlungsanspruch (dazu näher → Rn. 8). Auch hindert § 44a InsO weder eine nach §§ 58 f. InsO etwa zulässige Aufrechnung im Insolvenzverfahren noch gar den Zugriff des Gläubigers auf die vom Gesellschafter gegebene Kreditsicherheit (statt vieler HK-InsO/*Kleindiek* Rn. 8). Soweit der Gesellschafter nach allgemeinem Recht die sog Einrede der Vorausklage erheben könnte (§ 771 BGB) oder nur eine subsidiäre Sicherheit (zB Ausfallbürgschaft) gegeben hat, kann dies in der Insolvenz der Gesellschaft nicht geltend gemacht werden (vgl. HambK-InsO/*Lüdtke* Rn. 10; Scholz/*Karsten Schmidt* GmbHG, 10. Aufl., Nachtrag MoMiG §§ 32a, b aF Rn. 173; insoweit auch HK-InsO/*Kleindiek* Rn. 7 aE mwN).

14 **b) Berechnung der Quote.** Dagegen ist **umstr.,** ob die auf den Gläubiger iErg entfallende Quote nur auf den Ausfall ausgezahlt wird (so etwa *Hirte* WM 2008, 1429 [1434]; *Spliedt* ZIP 2009, 149 [155 f.]) oder wie nach den bei § 43 geltenden Regeln bis zur vollständigen Befriedigung auf die ganze Insolvenzforderung (vgl. mit eing. Nachw. HambK-InsO/*Lüdtke* Rn. 19; Kübler/Prütting/Bork/*Preuß* Rn. 16 ff.; MüKoInsO/*Bitter* Rn. 22 f.; eing. zum vormaligen Kapitalersatzrecht Scholz/*Karsten Schmidt* GmbHG, 10. Aufl., §§ 32a, b Rn. 171). Für die letztere Auffassung spricht, dass sich § 44a nicht gegen den gesicherten Gläubiger richtet und diesen auch nicht wie einen am Gesellschaftsvermögen gesicherten absonderungspflichtigen Gläubiger stellt.

c) Abreden. § 44a ist **zwingendes Recht,** und zwar mit Wirkung gegenüber dem Gläubiger. Abweichende Abreden zwischen der Gesellschaft und dem Gläubiger sind also unwirksam (vgl. nur HambK-InsO/*Lüdtke* Rn. 3; HK-InsO/*Kleindiek* Rn. 9). **Verzichts- und Nachrangabreden zwischen dem Gläubiger** und dem sichernden Gesellschafter wurden unter dem Kapitalersatzrecht (→ Rn. 1) nicht als unwirksam angesehen, standen aber der Anwendung von § 32a Abs. 2 GmbHG aF nicht entgegen (Scholz/*Karsten Schmidt* GmbHG, 10. Aufl., §§ 32a, b Rn. 175). Das gilt auch für § 44a InsO (→ Rn. 13 aE; zweifelnd *Spliedt* ZIP 2009, 149 [156]). Würde der Gesellschafter vor dem Insolvenzverfahren aus der Kreditsicherheit entlassen, so kann dies ihm gegenüber zur Anfechtung berechtigen (vgl. → § 135 Rn. 23). 15

2. Innenverhältnis und Rangrücktritt. a) Altes Recht bis MoMiG. Im Innenverhältnis ergab sich **nach dem früheren Kapitalersatzrecht** (→ Rn. 1) für die Dauer der Krise eine **Freistellungspflicht** des Gesellschafters gegenüber der Gesellschaft aus dem analog anzuwendenden § 30 GmbHG (vgl. BGH GmbHR 1992, 166 = NJW 1992, 1166 = ZIP 1992, 108; eing. *Thonfeld* S. 79 ff.), denn eine den sichernden Gesellschafter freistellende Leistung der Gesellschaft an den Gläubiger aus dem zur Deckung des Stammkapitals erforderlichen Vermögen wäre einer verbotenen Leistung an den Gesellschafter gleichgekommen. Umgekehrt ergab sich aus dem analog anzuwendenden § 30 eine **Beschränkung des Gesellschafterregresses** (*Karsten Schmidt* BB 2008, 1966 [1968]). Sie bestand darin, dass der Gesellschafter nicht, wie sonst typischerweise ein Sicherungsgeber, von der Gesellschaft als Schuldnerin Freistellung bzw. nach der Befriedigung des Gläubigers Regress verlangen konnte. Diese gesetzlichen Ansprüche sind **durch § 30 Abs. 1 S. 3 weggefallen** (vgl. → § 135 Rn. 3; s. auch Uhlenbruck/*Hirte* Rn. 8). 16

b) Rechtslage seit MoMiG. Nach geltendem Recht, also **für Neufälle** (→ Rn. 2), gelten im Innenverhältnis zwischen Gesellschaft und Gesellschafter die §§ 39 Abs. 1 Nr. 5, 135 Abs. 2, 143 Abs. 3 (→ Rn. 2). Ein gesetzlicher Feststellungsanspruch steht der Gesellschaft nicht mehr zu. Umso bedeutsamer ist eine **vertragliche Regelung der Freistellungspflicht,** zweckmäßig verbunden mit einem **Rangrücktritt** bezüglich des Regressanspruchs des sichernden Gesellschafters gegenüber der Gesellschaft als Schuldnerin (vgl. Scholz/*Karsten Schmidt* GmbHG, 10. Aufl., Nachtrag MoMiG §§ 32a, b aF Rn. 56; *Karsten Schmidt* BB 2008, 1966 [1971]). 17

c) Überschuldungsfeststellung. Die Bedeutung des Tatbestands für die Überschuldungsfeststellung ist aus dem Gesetz nicht abzulesen. Der gesicherte Anspruch des Dritten wird im Überschuldungsstatus (→ § 19 Rn. 35) passiviert. Ein Rangrücktritt nach § 19 Abs. 2 S. 2 InsO nF kommt im Verhältnis zum gesicherten Gläubiger nicht in Betracht. Die Frage kann nur sein, ob ein der Gesellschaft zustehender Anspruch gegen den Gesellschafter und Sicherungsgeber auf Freistellung von der gesicherten Verbindlichkeit als Aktivum entgegen gesetzt werden kann. In Analogie zu § 19 Abs. 2 S. 2 InsO wird zwischen der Gesellschaft und dem sichernden Gesellschafter eine Freistellungsvereinbarung getroffen, verbunden mit der Abrede, dass der Gesellschafter einen zB aus §§ 774, 1143, 1225 BGB abzuleitenden Regressanspruch gegen die Gesellschaft nur nachrangig geltend machen wird. Dann gleicht die Sicherheit, soweit werthaltig, die zu passivierende Drittforderung aus (→ § 19 Rn. 35). 18

Umrechnung von Forderungen

45 **[1] Forderungen, die nicht auf Geld gerichtet sind oder deren Geldbetrag unbestimmt ist, sind mit dem Wert geltend zu machen, der für die Zeit der Eröffnung des Insolvenzverfahrens geschätzt werden kann. [2] Forderungen, die in ausländischer Währung oder in einer Rechnungseinheit ausgedrückt sind, sind nach dem Kurswert, der zur Zeit der Verfahrenseröffnung für den Zahlungsort maßgeblich ist, in inländische Währung umzurechnen.**

Schrifttum: *Arend,* Die insolvenzrechtliche Behandlung des Zahlungsanspruchs in fremder Währung, ZIP 1988, 69; *Bitter,* Nicht fällige, bedingte und betragsmäßig unbestimmte Forderungen in der Insolvenz, NZI 2000, 399; *Ganter,* Die betriebliche Altersversorgung in der Unternehmensinsolvenz, NZI 2013, 769; *Grothe,* Fremdwährungsverbindlichkeiten, 1999; *Grub,* Der Einfluss des PSVaG auf das Insolvenzverfahren, DZWIR 2000, 223; *Karsten Schmidt,* Fremdwährungsschulden im Konkurs, FS Merz, 1992, 533; *ders./Jungmann,* Anmeldung von Insolvenzforderungen mit Rechnungslegungslast des Schuldners, NZI 2002, 65; *Karsten Schmidt,* Vertragliche Unterlassungsansprüche und Ansprüche auf unvertretbare Handlungen als Massegläubigerforderungen und als Insolvenzforderungen? – Nachdenken über §§ 38, 45, 55 und 103 InsO, KTS 2004, 241.

Übersicht

I. Grundlagen

1 **1. Normzweck.** § 45 dient, ebenso wie die §§ 41 und 46 der effizienten Verfahrensabwicklung und einer gleichmäßigen Befriedigung aller Insolvenzgläubiger (Begr. zu §§ 52, 53 RegE [= §§ 45, 46 InsO], BT-Drs. 12/2443, 124). Deren Forderungen müssen sich für eine Berechnung der Quote eignen, weshalb nur **auf Euro lautende Geldforderungen** – mit ihrem auf die Insolvenzeröffnung bezogenen Betrag – zur Tabelle angemeldet (§ 174) werden können (Jaeger/*Henckel* Rn. 2 f.; HambK-InsO/*Lüdtke* Rn. 1 f.; vgl. zur KO [DM] *Arend* ZIP 1988, 69 f.). Deshalb sind nach Satz 1 Forderungen, die nicht auf Geld gerichtet sind oder deren Geldbetrag unbestimmt ist, mit dem Wert geltend zu machen, der für die Zeit der Eröffnung des Insolvenzverfahrens geschätzt werden kann (BGH ZIP 2003, 2379 [2381]; zur KO BGHZ 108, 123 [127] = ZIP 1989, 926 [928]). Forderungen die auf ausländische Währungen oder Rechnungseinheiten lauten (Satz 2) sowie wiederkehrende Leistungen (§ 46) sind entsprechend umzurechnen. § 45 ist zwingendes Recht (vgl. RGZ 93, 209 [214] [zu §§ 69, 70 KO]; *Kilger/Karsten Schmidt* § 69 KO Anm. 8).

2. Entstehungsgeschichte. Die Vorschrift entspricht im Wesentlichen dem § 69 KO bzw. § 34 VerglO (Begr. zu §§ 52, 53 RegE [= §§ 45, 46 InsO], BT-Drs. 12/2443, 124). Im Gesetzgebungsverfahren wurde der Fall der Währungsumrechnung noch um die „in einer Rechnungseinheit" ausgedrückten Forderungen (→ Rn. 10) ergänzt und hinsichtlich der Maßgeblichkeit des Kurswertes am Zahlungsort präzisiert (Beschlussempfehlung und Bericht des Rechtsausschuss zu § 52 RegE [= § 45 InsO], BT-Drs. 12/7302, 21, 160). 2

II. Anwendungsbereich

Die Norm erfasst nach Wortlaut und Systematik nur **Insolvenzforderungen** (§§ 38, 39) aber keine Masseforderungen (§ 55) oder Ansprüche auf Aussonderung und Ersatzaussonderung (§§ 47, 48). Im Falle von **Absonderungsrechten** und für **Unterhaltsansprüche** ist § 45 nur anwendbar, soweit entsprechende Forderungen nach § 52 bzw. § 40 Insolvenzforderungen sind (vgl. → § 40 Rn. 12; → § 52 Rn. 8 f.; s. auch → § 41 Rn. 6). Nicht anwendbar ist § 45, soweit der Verwalter bei nicht voll erfüllten gegenseitigen Verträgen Erfüllung wählt (→ § 103 Rn. 39 ff.); in diesem Fall hat er auch die ursprünglich vom Schuldner versprochene Leistung – etwa einen Kaufpreis in fremder Währung – unverändert als Massenschuld zu erbringen (Jaeger/*Henckel* Rn. 4; MüKoInsO/*Bitter* Rn. 4 f.; vgl. zur KO *Karsten Schmidt* FS Merz, 1992, 533 [539]). Eine Zahlung in Euro wäre dann nicht nach § 45 sondern allenfalls gem. § 244 BGB zulässig. 3

1. Nicht auf einen Geldbetrag gerichtete Forderungen. Nach Satz 1 zu schätzende, weil nicht auf einen Geldbetrag gerichtete, Forderungen sind insbes. **Verschaffungsansprüche** (RGZ 94, 61 [64] [zu § 69 KO]), Ansprüche auf Leistung von Sachen oder auf **Rückgewähr von Gegenständen** zB nach Mietvertragsende (OLG Brandenburg ZIP 2015, 1790 f.) oder Rücktritt vom Vertrag (FK-InsO/*Bornemann* Rn. 3; diese können aber nicht als Zug-um-Zug-Leistung festgestellt werden; vgl. BGH ZIP 2003, 2379 [2381]; NZG 2011, 750 [751]; der Wert einer **„Zug-um-Zug-Einschränkung" eines Schadensersatzanspruchs** ist in entsprechender Anwendung von § 45 S. 1 zu schätzen und – falls nicht wertlos – vom Schadensersatzbetrag abzuziehen [BGH ZIP 2013, 1616 [1618]; 2014, 2092 [2095]; 2015, 1500 [1502]]), Ansprüche auf **Mängelbeseitigung oder Nachbesserung** (BGH ZIP 2003, 2379 [2381]; *Leonhardt/Smid*/Zeuner Rn. 6), Ansprüche auf Übergabe eines Grundschuldbriefs (RGZ 77, 106 [109] [zu § 69 KO]), Ansprüche auf Wegnahme einer Sache oder Trennung wesentlicher Bestandteile (RGZ 63, 307 [308] [zu § 69 KO]), nicht auf Geldleistung gerichtete Ansprüche aus **Auftragsverhältnis** und aus einem **Vermächtnis** nach § 2174 BGB (RGZ 72, 192 [198] [zu § 69 KO]; Jaeger/*Henckel* Rn. 6; aA MüKoInsO/*Bitter* Rn. 7a; Uhlenbruck/*Knof* Rn. 4 [Aussonderungsrecht bei Rechtsträgerschaft für fremde Rechnung]) sowie sonstige Ansprüche auf **Naturalleistungen** (zB Wohnung, Kleidung; Nerlich/Römermann/*Andres* Rn. 2). Nach der Rspr. soll § 45 auch für den Anspruch auf **Genehmigung einer Lastschrift** gelten (BGHZ 174, 84 [88 f.] = ZIP 2007, 2273 [2274]), wobei der Schätzwert regelmäßig dem abgebuchten Betrag entsprechen wird. Entsprechendes gilt für einen Anspruch auf **Freistellung von einer Verbindlichkeit** gegenüber einem Dritten (vgl. BGH ZIP 2005, 1559 [1561]), wobei die Quote unmittelbar an den Dritten gezahlt werden sollte (BK-InsO/*Breutigam* Rn. 6 mwN). **Ansprüche auf vertretbare Handlungen** können mit den Kosten der Ersatzvornahme durch Dritte (vgl. § 887 ZPO) angemeldet werden (FK-InsO/*Bornemann* Rn. 7; Uhlenbruck/*Knof* Rn. 7; vgl. zu § 69 KO OLG Köln NJW-RR 1993, 361 [363]). 4

Da nach der neuen Rspr. des BGH (BGHZ 156, 350 [359 ff.] = ZIP 2003, 2307 [2310]) **Insolvenzanfechtungsansprüchen** aus §§ 129 ff. Aussonderungs- 5 kraft zukommt (→ § 47 Rn. 67 f.), fallen diese und dementsprechend wohl auch **Ansprüche aus Gläubigeranfechtung** nach § 11 AnfG nicht mehr unter § 45 (MüKoInsO/*Bitter* Rn. 8 [Fn. 49]; HambK-InsO/*Lüdtke* Rn. 5; Uhlenbruck/*Knof* Rn. 5; aA OLG Rostock JW 1931, 2172 [zu § 7 AnfG aF, § 69 KO]; FK-InsO/*Bornemann* Rn. 3 – ohne Problematisierung der neuen Rspr.).

6 **Urlaubsansprüche** (§ 1 BUrlG) sind auf bezahlte Freistellung von der Arbeit gerichtet und bleiben – soweit nicht nach § 7 Abs. 1 BUrlG auf einen Zeitraum vor Verfahrenseröffnung festgelegt – im Hinblick auf den Fortbestand des Arbeitsverhältnisses (→ § 108 Rn. 25 ff.) vom Insolvenzverfahren unberührt (BAGE 108, 351 [355] = ZIP 2004, 1011 [1012 f.]). Ein **Anspruch auf Freizeitausgleich** für vor Insolvenzeröffnung geleistete Mehrarbeit wird dagegen zu einer Insolvenzforderung, deren Wert nach § 45 zu schätzen ist (HessLAG ZInsO 2009, 1069 [1070] = NZA-RR 2009, 92 [93]; Braun/*Bäuerle* InsO § 45 Rn. 7).

7 Auf **Unterlassungsansprüche** sollte § 45 – ua weil in der Zwangsvollstreckung nur nach § 890 ZPO erzwingbar – im Insolvenzverfahren herkömmlich nicht anwendbar sein, soweit es nicht um **Schadensersatzforderungen für Verstöße vor Insolvenzeröffnung** geht (vgl. Jaeger/*Henckel* Rn. 7; HambK-InsO/*Lüdtke* Rn. 9; zur Schätzung eines Schadensersatzanspruchs nach § 45 auf Grund wettbewerbsrechtlichem Unterlassungsanspruchs BGHZ 185, 11 [24] = ZIP 2010, 948 [952]). In Folge des noch zur KO ergangenen Urteils BGHZ 155, 371 [378] = ZIP 2003, 1550 [1553] wird in der Literatur mittlerweile auch Unterlassungsansprüchen etwa in Gestalt des Nichterfüllungsinteresses eines vertraglichen Unterlassungsgläubigers ein Vermögenswert zuerkannt, der soweit möglich auch nach § 45 geschätzt werden sollte (*Karsten Schmidt* KTS 2004, 241 [250, 256, 258] [auch für Ansprüche aus nicht vertretbaren Handlungen]; MüKoInsO/*Bitter* Rn. 8; zur Geltendmachung von Aussonderungsrechten durch Unterlassungsanspruch → § 47 Rn. 19 f.). Nach BGH ZIP 1995, 643 [644] (zu § 69 KO) ist auch die Schätzung eines **Feststellungsanspruchs** möglich (krit. Uhlenbruck/*Knof* Rn. 9 [nur soweit auf Feststellung vermögensrechtlicher Ansprüche gerichtet]). Der Anspruch auf **Vornahme einer nicht vertretbaren Handlung** fällt, selbst wenn dieser einen berechenbaren Vermögenswert hat, nicht unter § 45 (BGH ZIP 2005, 1325 [1327] [Auskunftsanspruch keine Insolvenzforderung]; Uhlenbruck/*Knof* Rn. 8; diff. *Karsten Schmidt* KTS 2004, 241 [249 ff.]). Auch auf eine behördliche **Fahrtenbuchauflage** ist § 45 nicht anwendbar (OVG Berlin NVwZ-RR 2004, 388 [offen gelassen, ob dafür festgesetzte Gebühr Insolvenzforderung ist]).

8 **2. Unbestimmter Geldbetrag.** Unter die zweite Tatbestandsalternative von Satz 1 fallen Forderungen, die dem Grunde nach bestehen aber deren **Höhe bei Verfahrenseröffnung noch nicht feststeht,** zB Schadensersatzansprüche (RGZ 82, 84 f. [zu §§ 65, 69, 70 KO]; OLG Koblenz ZInsO 2012, 1787 [1788] = BeckRS 2012, 17629; LAG Düsseldorf ZInsO 2014, 2378 [2382] = BeckRS 2014, 72696 [nrkr]; MüKoInsO/*Bitter* Rn. 10; zur Zug-um-Zug-Einschränkung eines Schadensersatzanspruchs → Rn. 4), außerdem unverzinsliche **Forderungen mit unbestimmter Fälligkeit** (→ § 41 Rn. 18), deren Eintritt (zB bei Tod einer Person) und betragsmäßige Höhe gewiss sind (RGZ 68, 340 [342] [zu § 69 KO]; BGH WM 1960, 229 [231] [zu § 69 KO – insoweit nicht in BGHZ 31, 337 abgedr.]; BK-InsO/*Breutigam* Rn. 8). Schließlich erfasst Satz 1 auch Forderungen auf **wiederkehrende Leistungen** – insbes. Rentenansprüche bzw. entsprechende Versorgungsanwartschaften – deren **Betrag und/oder Dauer** (s. § 46 S. 2) **unbestimmt** sind (Bitter NZI 2000, 399 [400 ff.]; FK-InsO/*Bornemann* Rn. 4; HambK-InsO/*Lüdtke* Rn. 13). Eine Schätzung nach § 45 kommt ferner in Betracht, wenn die genaue Bezifferung der Forderung von einer **Auskunft oder Abrechnung durch den Schuldner bzw. Insolvenzverwalter** abhängt, diese aber nicht rechtzeitig erfolgt (*Karsten Schmidt/Jungmann* NZI 2002, 65 [68 ff.]).

Für die **Geltendmachung von Rentenansprüchen** und entsprechenden **Versorgungsanwartschaften** ist zu differenzieren (ausf. MüKoInsO/*Bitter* Rn. 12 ff.; HambK-InsO/*Lüdtke* Rn. 14 ff.): Wird bei Insolvenzeröffnung bereits **Rente** bezogen, ist diese nach § 46 S. 2 iVm § 45 S. 1 zu kapitalisieren (→ Rn. 12 f.), auch soweit der Anspruch nach § 9 Abs. 2 BetrAVG auf den Pensionssicherungsverein VVaG (PSV) übergeht. Eine bei Insolvenzeröffnung noch **verfallbare Versorgungsanwartschaft** erlischt (ggf. Insolvenzforderung für vom Arbeitnehmer erbrachte Vorsorgebeiträge zB aus Gehaltsumwandlung), wenn nicht das Arbeitsverhältnis durch den Insolvenzverwalter bis zum **Eintritt der Unverfallbarkeit** fortgesetzt wird, so dass zeitanteilig Insolvenz- bzw. (ab Insolvenzeröffnung) Masseforderungen entstehen und für letztere bei einem Betriebsübergang eine Haftung nach § 613a BGB in Betracht kommt (HambK-InsO/*Lüdtke* Rn. 16, 18; *Ganter* NZI 2013, 769 [770]; zur KO BAGE 57, 152 [157 f.] = ZIP 1988, 327 [329 f.]; BAGE 114, 349 [357 ff.] = ZIP 2005, 1706 [1708 ff.]; vgl. auch BGH ZIP 2008, 279 [281] [zu §§ 67, 69 KO]). **Unverfallbare Versorgungsanwartschaften,** die nach § 9 Abs. 2 BetrAVG auf den PSV übergehen, sind als **unbedingte Forderungen** nach § 45 geltend zu machen (§ 9 Abs. 2 S. 3 BetrAVG, zur Kapitalisierung → Rn. 12 f.). Dagegen sind nach hM auf **Versorgungsanwartschaften außerhalb des Anwendungsbereichs des BetrAVG** die Grundsätze über **aufschiebend bedingte Forderungen** (→ § 42 Rn. 7) anwendbar (s. auch → § 41 Rn. 10), deren entsprechend § 45 ermittelter Schätzwert (→ Rn. 12 f.) nur zur **Sicherstellung** berechtigt (Jaeger/*Henckel* Rn. 10; *Ganter* NZI 2013, 769 [771]; zu § 69 KO BGHZ 136, 220 [225 ff.] = ZIP 1997, 1596 [1598 f.]). Eine **Kapitalisierung von Ansprüchen auf schuldrechtlichen Versorgungsausgleich** lehnt der BGH ab (BGH NZI 2012, 24 [25 f.] = WM 2011, 2188 [2190]). Es sei ein untragbares Ergebnis, wenn der Ausgleichsberechtigte mit der Insolvenzquote auf einen Kapitalbetrag abgefunden werde aber der Schuldner die Rente später ungekürzt weiter beziehe. Der Hinweis des BGH auf die Pflicht des Schuldners zur Abtretung des Versorgungsanspruchs (§ 21 VersAusglG, § 114 InsO aF) vermag kaum zu überzeugen, zumal wenn bis zur Insolvenz keine Abtretung erfolgt ist (vgl. krit. HK-InsO/*Keller* Rn. 7). 9

3. Forderungen in ausländischer Währung oder Rechnungseinheit. Forderungen in ausländischer Währung oder Rechnungseinheit nach Satz 2 betreffen alle nicht auf Euro lautenden Geldforderungen, gleich ob diese unbedingt in ausländischer Währung (ggf. auch mit ausländischem Bargeld) oder ggf. auch nach § 244 BGB in Euro zu erfüllen sind (MüKoInsO/*Bitter* Rn. 17). Rechnungseinheiten sind insbes. Sonderziehungsrechte des Internationalen Währungsfonds (MüKoInsO/*Bitter* Rn. 18; BK-InsO/*Breutigam* § 45 Rn. 13; Stellungnahme des Bundesrates zu § 52 RegE [= § 45 InsO], BT-Drs. 12/2443, 250 und Beschlussempfehlung und Bericht des Rechtsausschuss, BT-Drs. 12/7302, 21, 160). 10

III. Schätzung und Umrechnung der Forderung

Der anmeldende **Gläubiger** hat die Umrechnung bzw. Schätzung vorzunehmen (Jaeger/*Henckel* Rn. 11, 15; vgl. zur KO/Umrechnung in DM: *Kilger/Karsten Schmidt* § 65 KO Anm. 6; *Arend* ZIP 1988, 69 [74]; LG Mönchengladbach KTS 1976, 67). Er hat auch dafür anfallende **Kosten** (zB Gutachten zur Bewertung von Versorgungsanwartschaften; dazu *Grub* DZWIR 2000, 223 [226]) zu tragen und kann diese nur als nachrangige Insolvenzforderungen (→ § 39 Rn. 13 f.) geltend machen (HambK-InsO/*Lüdtke* Rn. 21). Forderungsanmeldungen, die nicht auf einen konkreten Betrag in Euro lauten, sind nicht in die Tabelle einzutragen; der Gläubiger ist entsprechend zu informieren (vgl. Braun/*Bäuerle* 11

Rn. 2). **Einwendungen** gegen Grund und Höhe einer Forderung sind im **Feststellungprozess** (§§ 179 ff.) auszutragen (FK-InsO/*Bornemann* Rn. 6).

12 **1. Maßstäbe der Schätzung.** Maßgeblich für die Schätzung ist der **gemeine Wert** im Zeitpunkt der **Verfahrenseröffnung,** nicht dagegen ein etwaiger Liebhaberwert für den Gläubiger (Jaeger/*Henckel* Rn. 11; Uhlenbruck/*Knof* Rn. 20; *Kilger/Karsten Schmidt,* 17. Aufl. 1997, § 69 KO Anm. 6). **Rentenansprüche** (auf Lebenszeit) sind mit dem bis zur Verfahrenseröffnung offen gebliebenen Betrag und dem Schätzwert der ab Eröffnung zukünftig fällig werdenden Bezüge anzusetzen; deren Höhe ist ebenso wie bei **Versorgungsanwartschaften** unter Berücksichtigung der statistischen Lebenserwartung (bleibt auf den Eröffnungszeitpunkt bezogen und wird nicht entsprechend der Verfahrensdauer „angepasst"; vgl. zu §§ 3, 69 KO RGZ 170, 276 [280]; BGHZ 113, 207 [215] = ZIP 1991, 235 [238]) nach versicherungsmathematischen Grundsätzen zu schätzen; **zukünftige Bezüge sind auf den Eröffnungszeitpunkt abzuzinsen** (vgl. HK-InsO/*Keller* Rn. 11; Braun/*Bäuerle* Rn. 11 f.; zu § 69 KO: BAGE 60, 32 [35] = ZIP 1989, 319 [320]; ZIP 1990, 400 [401]). Da § 46 S. 2 für wiederkehrende Leistungen mit unbestimmter Dauer nicht auf § 41 Abs. 2 sondern auf eine Schätzung nach § 45 S. 2 verweist ist für eine Kapitalisierung von Rentenansprüchen bzw. Versorgungsanwartschaften nach hM als **Abzinsungssatz** auf den voraussichtlich erzielbaren **Anlagezinssatz für mittel- bis langfristige Anlagen** und nicht auf die gesetzlichen Zinssätze abzustellen, auf die § 41 Abs. 2 verweist (OLG Köln OLGR 2004, 200 [201] [5 % angemessen]; FK-InsO/*Bornemann* § 41 Rn. 9; BAGE 60, 32 [35 ff.] = ZIP 1989, 319 [320 f.] [5,5 % angemessen; zu § 69 KO]; aA *Bitter* NZI 2000, 399 [401] [Fn. 31: § 41 Abs. 2]; MüKoInsO/*Bitter* Rn. 26; HambK-InsO/*Lüdtke* Rn. 23; *Ganter* NZI 2013, 769 [771]; früher wohl auch RGZ 170, 276 [279] [zu § 69 KO]). In Ermangelung adequater Schätzungsgrundlagen kann in anderen Fällen ein Rückgriff auf die gesetzlichen Zinssätze aber sachgerecht sein. Die herrschende Literatur greift **bei ungewissem Betrag und/oder Höhe** anhand geschätzter Werte (ggf. für beides) zwecks **Kapitalisierung** auf die § 46 S. 1 iVm § 41 Abs. 2 vorgesehene Methode zurück (→ § 46 Rn. 8), dh es werden die für die (ggf. geschätzte) Dauer die (ggf. auch geschätzten) Einzelbeträge abgezinst und dann zusammengerechnet (MüKoInsO/*Bitter* § 46 Rn. 5; Kübler/Prütting/Bork/*Holzer* § 46 Rn. 9; HambK-InsO/*Lüdtke* § 46 Rn. 10). Das ist zumindest hinsichtlich der Zinshöhe angesichts der Rspr. zu Versorgungsanwartschaften (Anlagezinssatz!) nicht unproblematisch, erscheint aber ansonsten solange angemessen, wie eine Kapitalisierung nicht bereits iRd zur Anspruchsschätzung verwendeten finanzmathematischen Formeln mit eingerechnet wurde. Zu Forderungen mit unbestimmter Fälligkeit vgl. → § 41 Rn. 18.

13 Bei der Schätzung von Versorgungsanwartschaften kann deren Einordnung als unbedingter bzw. aufschiebend bedingter Anspruch (→ Rn. 9) insoweit relevant werden, als die **Eintrittswahrscheinlichkeit des Versorgungsfalls** beim aufschiebend bedingten Anspruch nicht vermindernd einkalkuliert, sondern bereits durch die Sicherstellung berücksichtigt wird (Uhlenbruck/*Knof* Rn. 21; anders andeutungsweise BGHZ 136, 220 [226 f.] = ZIP 1997, 1596 [1599] [zu § 69 KO]). Absehbare **künftige Entwicklungen** (zB Inflationserwartung, Rentensteigerungen) und **spätere Erkenntnisse** über schon **bei Eröffnung vorliegende Umstände** (vgl. RGZ 170, 276 [281] [zu § 69 KO]) sind zu berücksichtigen (HambK-InsO/*Lüdtke* Rn. 25). Nach der Rspr. des BGH kommt eine Schätzung nach § 45 nicht mehr in Betracht, wenn die Forderung **vor Feststellung zur Tabelle bereits erloschen** ist, zB beim Tod des Versorgungsberechtigten hinsichtlich zukünftiger Rentenansprüche (BGHZ 113, 207 [214 f.] = ZIP 1991, 235 [238] [zu § 69 KO]; vgl. OLG Hamm BeckRS 2011, 04383; aA MüKoInsO/*Bitter* Rn. 34 f.; HambK-InsO/*Lüdtke* Rn. 25). Beim **Eintritt eines** – nach der

Rspr. des BGH – **aufschiebend bedingten Versorgungsfalles** vor Forderungsfeststellung erfolgt eine Schätzung nach den Umständen zum Zeitpunkt der Insolvenzeröffnung (BGH ZIP 2008, 279 [281] [zu §§ 67, 69 KO]).

2. Umrechnung von Fremdwährungen und Rechnungseinheiten. Für die Umrechnung ausländischer Währungen oder Rechnungseinheiten wird üblicherweise unter Hinweis auf BGHZ 108, 123 [127] = ZIP 1989, 926 [928] (zu § 69 KO) auf den „amtlichen Wechselkurs" am **Zahlungsort** (§§ 244 Abs. 2, 270 BGB – wohl iSv Zahlungserfolgsort beim Gläubiger – vgl. *Grothe* S. 775; MüKoInsO/*Bitter* Rn. 20) abgestellt (Uhlenbruck/*Knof* Rn. 23; Kübler/Prütting/Bork/*Holzer* Rn. 15). Ein amtlicher Wechselkurs wird seit der Euro-Einführung am 1.1.1999 von der Deutschen Bundesbank nicht mehr ermittelt. Funktional dürften dem heute am ehesten die börsentäglich von der Europäischen Zentralbank im Internet unter www.ecb.europa.eu veröffentlichten EZB-Referenzkurse entsprechen, deren Heranziehung mangels anderer eindeutiger Gesetzesregelungen zB auch im Bilanzrecht in Betracht gezogen wird (vgl. Schimansky/Bunte/Lwowski BankR-HdB/*Schefold* § 115 Rn. 123 ff.; Heidel/Schall/*Jonas/Elprana/Heyes,* HGB, 2. Aufl. 2015, § 256a Rn. 12). Da ein vergleichbarer unabhängig ermittelter Umrechnungskurs nicht zu jeder Tageszeit zur Verfügung steht, erscheint es sachgerecht, auf den **EZB-Referenzkurs des Insolvenzeröffnungstages** unabhängig davon abzustellen, dass dessen Ermittlung regelmäßig nicht exakt auf den Zeitpunkt (Uhrzeit) der Verfahrenseröffnung fällt (aA wohl BK-InsO/*Breutigam* Rn. 15 – unklar bleibt dabei, wie angesichts weltweiter, permanenter Kursbewegungen an den Devisenmärkten ein Wechselkurs für eine konkrete Uhrzeit rechtssicher ermittelt werden soll. Selbst BGHZ 108, 123 [128 f.]= ZIP 1989, 926 [928] [zu § 69 KO] spricht von dem „amtlichen Kurs am Eröffnungstag"; vgl. Andres/Leithaus/*Leithaus* Rn. 4). Der hier in der 18. Auflage entwickelte Vorschlag hat in der neueren Kommentarliteratur Zustimmung gefunden (Braun/*Bäuerle* Rn. 13; HambK-InsO/*Lüdtke* Rn. 24; HK-InsO/*Keller* Rn. 12). Auch der Gesetzgeber stellt inzwischen in dem vergleichbaren Falle der Einlagensicherung auf den EZB-Referenzkurs des Tages der Feststellung des Entschädigungsfalles ab (§ 7 Abs. 7 EinSiG). Nicht maßgeblich ist hingegen der Wechselkurs im Zeitpunkt der Forderungsanmeldung oder Feststellung zur Tabelle, so dass die Insolvenzmasse das **Kursrisiko** ab dem Tag der Insolvenzeröffnung trägt (MüKoInsO/*Bitter* Rn. 19, 24 der aber bei künftig fälligen Forderungen eine bereits abschätzbare Kursentwicklung berücksichtigen will – gegen derartige Berücksichtigung HambK-InsO/*Lüdtke* Rn. 26 –; vgl. zu § 69 KO bereits *Karsten Schmidt* FS Merz, 1992, 533 [540 f.]; iErg auch *Grothe* S. 777 f.). 14

IV. Wirkungen von Schätzung und Umrechnung

Die Wirkungen der Schätzung bzw. Umwandlung treten entsprechend den bei → § 41 Rn. 13 dargelegten Grundsätzen erst mit rechtskräftiger **Feststellung zur Insolvenztabelle** ein und **wirken zwischen Schuldner und Insolvenzgläubigern** (vgl. zur KO RGZ 93, 209 [213]; 112, 297 [299]; 170, 276 [280]; BGH NJW 1976, 2264 [2265]; zu auf den PSV übergegangenen Versorgungsanwartschaften → § 41 Rn. 10) aber grds. **nicht gegenüber Dritten, zB Bürgen oder mithaftenden Gesamtschuldnern** (Uhlenbruck/*Knof* Rn. 27; MüKoInsO/*Bitter* Rn. 50 ff. (diff. bzgl. Haftpflichtversicherung, die den Schuldner von seiner durch Tabelleneintrag festgestellten Verbindlichkeit freizustellen hat); vgl. zu § 65 KO BGH ZIP 2000, 585 [587]; zu §§ 34, 82 Abs. 2 VerglO BGHZ 69, 369 [371 f.] = NJW 1978, 107). **Persönlich haftende Gesellschafter,** die für festgestellte Verbindlichkeiten ihrer Gesellschaft aus akzessorischer Gesellschafterhaftung in Anspruch genommen werden (→ § 93 Rn. 15–17), können nach § 129 15

HGB allerdings nur noch persönliche Einwendungen geltend machen (HambK-InsO/*Lüdtke* Rn. 31; vgl. zur KO BAGE 63, 260 [266] = ZIP 1990, 534 [536]).

16 Die **Feststellung der Forderungen wirkt auch nach Verfahrensbeendigung** insbes. für den Fall einer Vollstreckung nach §§ 201 Abs. 2, 215 Abs. 2 S. 2, so dass ein Gläubiger – dessen etwaiger vorinsolvenzlicher Vollstreckungstitel durch die Insolvenztabelle verbraucht ist (vgl. zur KO RGZ 112, 297 [300]) – die festgestellten Forderungen **nicht mehr in ihrer ursprünglichen Gestalt** (zB Zahlung in Raten oder in fremder Währung; aA im Falle des Kursanstiegs der Fremdwährung *Karsten Schmidt* FS Merz, 1992, 533 [547 f.] [zur KO]; *Grothe* S. 789; Jaeger/*Henckel* Rn. 20) **geltend machen kann** (Uhlenbruck/*Knof* Rn. 26, 28; HambK-InsO/*Lüdtke* Rn. 29; BK-InsO/*Breutigam* Rn. 12, 16). Selbst wenn man entgegen der wohl hM (RGZ 93, 209 [213]; 112, 297 [300]; BGH NJW 1976, 2264 [2265]; BGHZ 108, 123 [129] = ZIP 1989, 926 [929] mwN [alle zur KO]; Kübler/Prütting/Bork/*Holzer* Rn. 14) nicht von einer materiell-rechtlichen Veränderung der Forderungen ausgeht, folgt dieses Ergebnis zumindest aus den **Rechtskraftwirkungen des Tabellenauszuges** (MüKoInsO/*Bitter* Rn. 42 ff.; HambK-InsO/*Lüdtke* Rn. 29; aA *Häsemeyer* Rn. 25.12–25.15; *Karsten Schmidt* KTS 2004, 241 [257]). Nach rechtskräftiger Feststellung ist eine **Abänderungsklage** (§ 323 ZPO) auf Grund von gegenüber der Schätzung abweichenden tatsächlichen Entwicklungen nicht möglich (*Bitter* NZI 2000, 399 [401] [zB Versorgungsberechtigter lebt länger, als nach statistischer Lebenserwartung angenommen]; HambK-InsO/*Lüdtke* Rn. 25; vgl. zur KO RGZ 170, 276 [280]; *Kilger/Karsten Schmidt* § 69 KO Anm. 6). Die **Aufrechnung** mit von § 45 erfassten Forderungen unterliegt den Einschränkungen – bzw. Sonderregeln für Fremdwährungsforderungen und Rechnungseinheiten – des § 95 (→ § 95 Rn. 20, 23; vgl. Nerlich/Römermann/*Andres* Rn. 7).

Wiederkehrende Leistungen

46 **[1] Forderungen auf wiederkehrende Leistungen, deren Betrag und Dauer bestimmt sind, sind mit dem Betrag geltend zu machen, der sich ergibt, wenn die noch ausstehenden Leistungen unter Abzug des in § 41 bezeichneten Zwischenzinses zusammengerechnet werden. [2] Ist die Dauer der Leistungen unbestimmt, so gilt § 45 Satz 1 entsprechend.**

Schrifttum: *Bitter,* Nicht fällige, bedingte und betragsmäßig unbestimmte Forderungen in der Insolvenz, NZI 2000, 399.

I. Normzweck

1 Die Umrechnung von Forderungen auf wiederkehrende Leistungen nach § 46 dient wie auch die §§ 41 und 45 der **effizienten Verfahrensabwicklung** und gleichmäßigen Befriedigung aller Insolvenzgläubiger, indem die anzumeldenden Insolvenzforderungen als wertmäßig auf den Zeitpunkt der Insolvenzeröffnung miteinander **vergleichbare Geldbeträge** ermittelt werden (sa → § 41 Rn. 1, 15; → § 45 Rn. 1). Der § 46 entspricht inhaltlich den § 70 KO und § 35 VerglO (Begr. zu §§ 52, 53 RegE [= §§ 45, 46 InsO], BT-Drs. 12/2443, 124; zur bisherigen Anspruchsbegrenzung nach § 70 S. 2 KO s. aber → Rn. 8). § 46 ist **zwingendes Recht** (Braun/*Bäuerle* Rn. 1; RGZ 93, 209 [214] [zu §§ 69, 70 KO]).

II. Anwendungsbereich

2 § 46 betrifft – wie auch §§ 41, 45 – **Insolvenzforderungen** iSv §§ 38, 39 deren grundsätzliche Entstehung gewiss ist und die allenfalls (s. Satz 2 bzw. § 45)

bezüglich Zeit und Höhe ungewiss sind. Nicht Regelungsgegenstand sind aufschiebend bedingte Forderungen (→ § 42 Rn. 7), bei denen bereits das „Ob" der Entstehung unsicher ist (ausf. *Bitter* NZI 2000, 399 [400 f.]). Auf Masseforderungen und Aussonderungsrechte ist § 46 nicht anwendbar; zur eingeschränkten Anwendbarkeit auf Absonderungsrechte und Unterhaltsansprüche gelten die bei → § 45 Rn. 3 dargelegten Grundsätze entsprechend (vgl. Uhlenbruck/*Knof* Rn. 3 f.; HambK-InsO/*Lüdtke* Rn. 2).

1. Forderungen auf wiederkehrende Leistungen. Erfasst sind nur Insolvenzforderungen, wenn sie einem **Rechtsverhältnis** entspringen, dass **bei Verfahrenseröffnung bereits begründet** war, zB Vergütung aus Dienstverträgen, Unterhaltsansprüche – nur soweit Insolvenzforderungen iSv § 40 (→ § 40 Rn. 12; HK-InsO/*Keller* Rn. 3) – oder Rentenzahlungen (HambK-InsO/*Lüdtke* Rn. 3 f.; Jaeger/*Henckel* Rn. 3). Nicht anwendbar ist § 46 auf Sukzessivlieferungs- und Bezugsverträge etwa über Strom und Wasser (Ahrens/Gehrlein/Ringstmeier/*Ahrens* Rn. 5); für diesbezügliche Ansprüche ist § 105 einschlägig (→ § 105 Rn. 26; die alte Rechtsfigur der sog Wiederkehrschuldverhältnisse ist überholt [→ § 38 Rn. 18 und Karsten Schmidt/*Thonfeld,* 18. Aufl. 2013, § 46 Rn. 3 mwN]). Aus der Anordnung der Abzinsung in Satz 1 und dem Zweck derselben (vgl. → § 41 Rn. 15, 19) ergibt sich, dass **verzinsliche Darlehen und Ratenzahlungen** nicht unter § 46 sondern nur unter § 41 fallen; der Zinsanspruch ist nachrangig gem. § 39 Abs. 1 S. 1 (MüKoInsO/*Bitter* Rn. 6; BK-InsO/*Breutigam* Rn. 2). Auf den **Anspruch auf schuldrechtlichen Versorgungsausgleich** sollen nach Auffassung des BGH § 46 S. 2 und § 45 S. 1 nicht anwendbar sein (→ § 45 Rn. 9). 3

2. Bestimmtheit von Betrag und Dauer. Stehen Einzelbeträge und Leistungsdauer fest, erfolgt eine Kapitalisierung der nach Insolvenzeröffnung fälligen Forderungen (→ Rn. 8); rückständige Leistungen aus der Zeit vor Eröffnung werden – ohne Abzinsung – hinzugerechnet (HambK-InsO/*Lüdtke* Rn. 5; RGZ 170, 276 [279] [zur KO]). 4

a) Leistungsdauer unbestimmt. Ist der Betrag bestimmt aber die Leistungsdauer unbestimmt, so verweist Satz 2 auf die entsprechende Anwendung von § 45 S. 1. Hierdurch wird klargestellt, dass die zukünftigen Leistungen sofort als auf den Eröffnungszeitpunkt geschätzter Kapitalbetrag und nicht etwa nur als aufschiebend bedingte Forderung (vgl. → § 42 Rn. 7) im Verfahren berücksichtigt werden (MüKoInsO/*Bitter* Rn. 4; vgl. zum Anspruch auf lebenslängliche Rente RGZ 68, 340 [343]; 170, 276 [279 f.] [zu §§ 69, 70 KO]). Zur Schätzung und – hinsichtlich Höhe der Abzinsung umstrittenen – Kapitalisierung → § 45 Rn. 11 ff. 5

b) Betrag unbestimmt. Ist umgekehrt zum Wortlaut des Satzes 2 zwar die Dauer der Leistungen bestimmt aber der Betrag unbestimmt, so ist § 45 ebenfalls anwendbar (→ § 45 Rn. 8; Jaeger/*Henckel* Rn. 7). Es erfolgt eine Schätzung nach den bei → § 45 Rn. 11 ff. dargestellten Grundsätzen. 6

c) Betrag und Leistungsdauer unbestimmt. Zumindest entsprechend anwendbar ist Satz 2 iVm § 45 auch auf den Fall, dass Betrag und Dauer der Leistungen unbestimmt sind, weil nach dem Normzweck eine Ungleichbehandlung mit den ausdrücklich im Gesetz geregelten Fällen letztlich nicht zu rechtfertigen wäre und deshalb ebenfalls eine Schätzung (→ § 45 Rn. 11 ff.) – wenn auch mit entsprechend höherer Unsicherheit – geboten ist, um auch diese – hinsichtlich der Entstehung gewisse (→ Rn. 2) – Forderung voll am Verfahren zu beteiligen (Jager/*Henckel* Rn. 7; MüKoInsO/*Bitter* Rn. 4 und *ders.* § 45 Rn. 11; HK-InsO/*Keller* Rn. 5). 7

III. Abzinsung

8 Die vom Gläubiger vorzunehmende Berechnung des auf den Zeitpunkt der Insolvenzeröffnung bezogenen (kapitalisierten) Forderungsbetrages erfolgt durch **Addition aller zukünftigen Einzelleistungen,** die zuvor – weil unverzinslich – jeweils **nach der Hoffmann'schen Formel abgezinst** werden (→ § 41 Rn. 17). Etwaige bereits vor Eröffnung fällig gewordene und nicht erfüllte Ansprüche werden als Insolvenzforderungen – ohne Abzinsung – dem Forderungsbetrag hinzugerechnet (MüKoInsO/*Bitter* Rn. 7; Uhlenbruck/*Knof* Rn. 8; HambK-InsO/*Lüdtke* Rn. 5; vgl. zu §§ 69, 70 KO RGZ 68, 340 [343]; 170, 276 [279 f.]). Die früher in § 70 S. 2 KO enthaltene **Begrenzung** der Forderungssumme auf den **zum gesetzlichen Zinssatz kapitalisierten Betrag der einzelnen Leistungen** soll nach überwiegender Ansicht in der Literatur auch für § 46 gelten (MüKoInsO/*Bitter* Rn. 8; Jaeger/*Henckel* Rn. 6; Uhlenbruck/*Knof* Rn. 9; aA BK-InsO/*Breutigam* Rn. 3 im Hinblick auf den gegenüber § 70 KO geänderten Gesetzeswortlaut). Dies sei geboten um eine ungerechtfertigte Bereicherung einzelner Gläubiger zu verhindern, die zur Befriedigung ihrer Ansprüche niemals mehr benötigen, als den Kapitalbetrag, dessen jährlicher Zinsertrag den geschuldeten wiederkehrenden Leistungen entspricht, also bei einem Zinssatz von 4 % (§ 246 BGB) das 25fache der jährlichen Leistungen und bei 5 % (§ 352 HGB) das 20fache dieser Leistung (HK-InsO/*Keller* Rn. 7). Für eine feste Jahresrente von 1.000 EUR werden bei einem Zinssatz von 4 % deshalb maximal 25.000 EUR benötigt (HambK-InsO/*Lüdtke* Rn. 6). Die Nichtübernahme des § 70 S. 2 KO in den neuen § 45 wird in der Gesetzesbegründung nicht thematisiert (Begr. zu §§ 52, 53 RegE [= §§ 45, 46 InsO], BT-Drs. 12/2443, 124), was zumindest nicht zwingend gegen eine Fortgeltung der an sich sinnvollen Begrenzung spricht. Andererseits kann diese nicht ohne weiteres auf andere Konstellationen als den Regelfall von § 46 S. 1 übertragen werden (zB Schätzungen unter Zugrundelegung eines abweichenden Zinssatzes; → § 45 Rn. 12).

9 Die **Kapitalisierung** tritt mit der rechtskräftigen **Feststellung zur Insolvenztabelle** ein und wirkt auf Grund der **Rechtskraftwirkungen des Tabellenauszuges** auch nach Beendigung des Insolvenzverfahrens fort (BK-InsO/*Breutigam* Rn. 5; Ahrens/Gehrlein/Ringstmeier/*Ahrens* Rn. 10; RGZ 93, 209 [213] [zu §§ 65, 69, 70 KO]; hM). Auch iÜ gelten die Ausführungen zu § 45 entsprechend (→ § 45 Rn. 15 f.; vgl. auch MüKoInsO/*Bitter* Rn. 9).

Aussonderung

47 **[1] Wer auf Grund eines dinglichen oder persönlichen Rechts geltend machen kann, daß ein Gegenstand nicht zur Insolvenzmasse gehört, ist kein Insolvenzgläubiger. [2] Sein Anspruch auf Aussonderung des Gegenstands bestimmt sich nach den Gesetzen, die außerhalb des Insolvenzverfahrens gelten.**

Schrifttum: *Achsnick/Krüger,* Factoring in Krise und Insolvenz, 2008; *Andersen/Freihalter* (Hrsg.), Aus- und Absonderungsrechte in der Insolvenz, 1999; *Armbrüster,* Zur Wirkung von Treuhandabreden in der Insolvenz des Treuhänders, DZWIR 2003, 485; *Barnert,* Insolvenzspezifische Pflichten des Insolvenzverwalters gegenüber Aussonderungsberechtigten, KTS 2005, 431; *Beck,* Der verlängerte Eigentumsvorbehalt in der Zwickmühle? – Absicherungsmöglichkeiten der Eigentumsvorbehaltslieferanten bei echtem Factoring, KTS 2008, 121; *Berger,* Absonderungsrecht an urheberrechtlichen Nutzungsrechten in der Insolvenz des Lizenznehmers, FS Kirchhof, 2003, 1; *ders.,* Zur Aussonderung auf Grund obligatorischer Herausgabeansprüche, FS Kreft, 2004, 191; *Bitter,* Rechtsträgerschaft für fremde Rechnung, 2006; *Blaurock,* Abtretung der Kaufpreisforderung durch den Vorbehaltskäufer an einen Factor bei verlängertem Eigentumsvorbehalt, NJW 1978, 1974; *Bork,* Die Verbindung, Vermischung und Verarbeitung von Sicherungsgut durch den Insolvenzverwalter, FS Gaul, 1997, 71; *ders.,* Gläubigersicherung im vorläufigen Insolvenzverfahren, ZIP 2003, 1421; *Brinkmann,* Der Aussonderungsstreit im internationalen Insolvenzrecht – Zur Abgrenzung zwischen EuGVVO und EuInsVO (zu EuGH 10.9.2009 – Rs. C-292/08 – German Graphics Graphische Maschinen GmbH ./. Alice von der Schee als Konkursverwalterin der Holland Binding BV), IPRax 2010, 324; *Bülow,* Der erweiterte Eigentumsvorbehalt nach der Insolvenzrechtsreform, DB 1999, 2196; *Bultmann,* Aussonderung von Daten in der Insolvenz, ZInsO 2011, 992; *Eckardt,* Anfechtung und Aussonderung – Zur Haftungspriorität des Insolvenzanfechtungsanspruchs im Verhältnis zu den Eigengläubigern des Anfechtungsgegners, KTS 2005, 15; *ders.,* Umwelthaftung im Insolvenzverfahren, AbfallR 2008, 197; *Fischer,* Nicht ausschließliche Lizenzen an Immaterialgüterrechten in der Insolvenz des Lizenzgebers, WM 2013, 821; *Fridgen,* Zum Aussonderungsrecht bei der fremdnützigen Verwaltungstreuhand, ZInsO 2004, 530; *Frind,* Treuhandkontenmodell: Zur Betriebsfortführung unnötig!, ZInsO 2003, 778; *Ganter,* Die Sicherungsübereignung von Windkraftanlagen als Scheinbestandteil eines fremden Grundstücks, WM 2002, 105; *ders.,* Die Rechtsprechung des BGH zu Treuhandkonten in der Insolvenz des Treuhänders, FS Kreft, 2004, 251; *ders.,* Patentlizenzen in der Insolvenz des Lizenzgebers, NZI 2011, 833; *Gaul,* Rangfolge und Rangsicherung unter Befriedigung suchenden konkurrierenden Anfechtungsgläubigern, FS Schmidt, 2009, 425; *Gerhardt,* Auskunftspflicht des Konkursverwalters gegenüber dem Gemeinschuldner?, ZIP 1980, 941; *Gundlach/Frenzel/Schmidt,* Die Anwendbarkeit des § 392 II HGB auf das aus dem Ausführungsgeschäft Erlangte in der Insolvenz des Kommissionärs, DZWIR 2000, 449; *dies.,* Die Rechtsstellung des obligatorisch Aussonderungsberechtigten, DZWIR 2001, 95; *dies.,* Die Vereinbarung eines Kostenbeitrags zugunsten der Masse zwischen Vorbehaltsverkäufer und Insolvenzverwalter, DZWIR 2001, 277; *Gursky,* Der Inhalt des negatorischen Beseitigungsanspruchs aus BGB § 1004 Abs. 1 S. 1, JZ 1996, 683; *Haas/Müller,* Der Insolvenzanfechtungsanspruch in der Insolvenz des Anfechtungsgegners, ZIP 2003, 49; *Häsemeyer,* Aktuelle Tendenzen in der Rechtsprechung zur Konkurs- und Einzelanfechtung, ZIP 1994, 418; *Heidland,* Software in der Insolvenz unter besonderer Berücksichtigung der Sicherungsrechte, KTS 1990, 183; *Heublein,* Die Ausgleichsansprüche des Ausonderungsberechtigten nach § 21 II Satz 1 Nr. 5 InsO, ZIP 2009, 11; *Hilger,* Miteigentum der Vorbehaltslieferanten gleichartiger Ware, 1983; *Huber,* Rücktrittsrecht des Vorbehaltsverkäufers in der Insolvenz des Vorbehaltskäufers, NZI 2004, 57; *Hübner,* Zur dogmatischen Einordnung der Rechtsposition des Vorbehaltskäufers, NJW 1980, 729; *Jacoby,* Zur Frage der Ab- und Aussonderung im Insolvenzverfahren, JZ 2008, 1053; *ders.,* Doppeltreuhand in der Insolvenz des Treugebers, FS Kübler, 2015, 309; *Kayser,* Die Lebensversicherung im Spannungsfeld der Interessen von Insolvenzmasse, Bezugsberechtigten und Sicherungsnehmer, FS Kreft, 2004, 341; *Kießling,* Entgeltfinanzierte Direktversicherungen in der Insolvenz des Arbeitgebers, NZI 2008, 469; *Kirchhof,* Die mehrseitige Treuhand in der Insolvenz, FS Kreft, 2004, 359; *Klauze,* Urheberrechtliche Nutzungsrechte in der Insolvenz, 2006; *Köbl,* Generalunternehmer in der Falle? Praktische Auswirkungen der Änderungen des Baugeldbegriffs, NZBau 2010, 220; *Koziol,* Grundlagen und Streitfragen der Gläubigeranfechtung, 1991; *Leible/Sosnitza,* Grundfälle zum Recht des Eigentumsvorbehalts, JuS 2001, 556, *Lösler,* Konsortialkredit, Sicherheitenpool und Kapitalersatzrecht, ZInsO 2003, 773; *Lüke,* Die Konkursverwaltervergütung bei der Verwaltung von Mobiliarsicherheiten, KTS 1988, 421; *Marotzke,* Die dinglichen Sicherheiten im neuen Insolvenzrecht, ZZP 109 (1996), 429; *ders.,* Das neue Insolvenzrecht – dargestellt am Beispiel der Mobiliarsicherheiten, 1999; *ders.,* Darlehen und sonstige Nutzungsüberlassungen im Spiegel des § 39 Abs. 1 Nr. 5 InsO – eine alte Rechtsfrage in neuem Kontext, JZ 2010, 592; *Martinek,* Das allgemeine Geschäftsbesorgungsrecht und die analoge Anwendung des § 392 Abs. 2 HGB, FS Musielak, 2004, 355; *Niesert/Kairies,* Aus- und Absonderung von Internet-Domains in der Insolvenz, ZInsO 2002, 510; *Obermüller,* Insolvenzrechtliche Fragen bei der Verbriefung von Bankforderungen, FS Kreft, 2004, 427; *Paulus,* Software in Vollstreckung und Insolvenz, ZIP 1996, 2; *Priebe,* Lebensversicherung und Insolvenz: Das eingeschränkt unwiderrufliche Bezugsrecht, Eine Einführung nebst Anmerkung zu BAG, Urt. v. 15.6.2010 – 3 AZR 334/06, ZInsO 2010, 2307; *Prütting,* Bedeutungswandel in der Insolvenz durch Rechtsübertragung?, FS Leipold, 2009, 427; *Reinicke/Tiedtke,* Die Bedeutung von Pool-Vereinbarungen in Konkursverfahren, WM 1979, 186; *Roth/Fitz,* Stille Zession, Inkassozession, Einziehungsermächtigung, JuS 1985, 188; *Karsten Schmidt,* Unterlassungsanspruch, Unterlassungsklage und deliktischer Ersatzanspruch im Konkurs – Eine Untersuchung am Beispiel des Patentverletzungsstreits, ZZP 1990 (1977), 38; *ders.,* Die Kommission, Treuhand am Rechtsverhältnis, Zweite FS Medicus, 2009, 467; *ders.,* Das Rätsel Treuhandkonto, FS

Wiegand, 2005, 933; *Serick,* Aussonderung, Absonderung und Sicherungstreuhand in einer – abgebrochenen – Bilanz, 50 Jahre BGH, Festgabe aus der Wissenschaft, Bd III, 2000, 743; *Sinz,* Leasing und Factoring im Insolvenzverfahren, Kölner Schrift, Kap. 14, S. 403; *Smid/Lieder,* Das Schicksal urheberrechtlicher Lizenzen in der Insolvenz des Lizenzgebers – Auswirkungen des § 103 InsO, DZWIR 2005, 7; *Smid,* Probleme der Verwertungsbefugnis des Insolvenzverwalters am Absonderungsgut, WM 1999, 1141; *ders.,* Vindikationsrechtliche Beziehungen zwischen Aussonderungsberechtigten und Insolvenzmasse, NZI 2014, 633; *Spliedt,* MoMiG in der Instanz – ein Sanierungsversuch, ZIP 2009, 149; *Steinwachs,* Die Insolvenzfestigkeit des Sicherheitenpoolvertrags, NJW 2008, 2231; *Thole,* Gläubigerschutz durch Insolvenzrecht, 2010; *ders.,* Vis attractiva concursus europaei? Die internationale Zuständigkeit für insolvenzbezogene Annexverfahren zwischen EuInsVO, EuGVVO und autonomem Recht, Entscheidung des EuGH vom 12.2.2009, Rs. C-339/07 (Rechtsanwalt Christopher Seagon als Insolvenzverwalter über das Vermögen der Frick Teppichboden Supermärkte GmbH ./. Deko Marty Belgium NV), ZEuP 2010, 904; *von Rom,* Die Aussonderungs- und Drittwiderspruchsrechte der Treugeber bei der doppelseitigen Sicherheitentreuhand, WM 2008, 813; *Wagner,* Insolvenz und Schiedsverfahren, KTS 2010, 39; *Westhelle/Miksch,* Die insolvenzrechtliche Abwicklung der Direktversicherung, ZIP 2003, 2054; *Windel,* Modelle der Unternehmensfortführung im Insolvenzeröffnungsverfahren, ZIP 2009, 101.

Übersicht

I. Normzweck und Grundlagen

Die auf **§ 43 KO** und **§ 26 Abs. 1 VglO** zurückgehende Vorschrift begründet kein Aussonderungsrecht, sondern setzt dieses voraus. Die **Aussonderungsbefugnis** muss sich aus einem dinglichen oder persönlichen Recht, das nach Maßgabe anderer Vorschriften begründet ist, ergeben; die Aussonderung verteidigt ein massefremdes Recht (*Karsten Schmidt* ZZP 90 (1977), 38 [50]). Ein Aussonderungs*anspruch* gegen den Schuldner bzw. den Verwalter ist trotz des Wortlauts von Satz 2 nicht zwingend verlangt. Es genügt, wenn durch **Feststellungs- oder Unterlassungsanträge** geltend gemacht wird, dass der Gegenstand nicht zur Insolvenzmasse gehört; bei Forderungen die Inhaberschaft der die Aussonderung begehrenden Partei, oder die Inhaberschaft eines dinglichen Rechts an einer Sache, die der Insolvenzverwalter für die Masse in Anspruch nimmt. Was zur Insolvenzmasse gehört, definieren §§ 35, 36, nicht § 47 selbst. § 35 ist freilich seinerseits unscharf formuliert, weil „nicht dem Schuldner gehörende Gegenstände" auch solche sein können, deren Eigentümer der Schuldner ist, wenn sie haftungsrechtlich dem Dritten zugewiesen sind. 1

§ 47 **sichert** damit die **haftungsrechtliche Zuordnung von Vermögensgegenständen** zu unterschiedlichen Vermögenssphären und löst zugleich ein Gläubigerkonkurrenzproblem. Mit der Herauslösung aus dem Haftungsverband des Schuldnervermögens ist idR zugleich gesagt, dass es stattdessen der Befriedigung der Gläubiger des Aussonderungsberechtigten dienen soll. 2

Aussonderungsberechtigte müssen sich als **Nicht-Insolvenzgläubiger** nicht in das Insolvenzverfahren einpassen, ihre Aussonderungsrechte nicht zur Tabelle anmelden und sie stehen damit naturgemäß auch außerhalb des par condicio-Grundsatzes; ihre vorinsolvenzlich geschaffenen Rechte werden nicht berührt (BGH NZI 2008, 554 Rn. 14). Darin liegt der entscheidende Unterschied zu den Absonderungsberechtigten, die sich grds. in das Verfahren einpassen müssen. In diesem Zusammenhang ist gewöhnlich von Soll- und Ist-Masse die Rede (krit. dazu Jaeger/*Henckel* Rn. 9), was auf den Wortlaut von § 43 KO („aus der Konkursmasse") zurückgeht gesprochen. Die Aussonderung trägt zur Herstellung der Soll-Masse bei. Durch die Neufassung des § 47 ist klargestellt, dass aussonderungsfähige Gegenstände **kein Massebestandteil** sind. Der Begriff Ist-Masse ist insofern nur untechnisch zu verstehen. Die Gegenstände fallen nicht in die Verwaltungs- und Verfügungsbefugnis des Insolvenzverwalters und sind vom Insolvenzbeschlag nicht erfasst; gleichwohl können sie (versehentlich oder vorläufig) vom Insolvenzverwalter in Besitz genommen oder sonst beansprucht werden. Darin liegt auch der entscheidende **Unterschied zur Freigabe,** die zunächst massezugehöriges Vermögen betrifft (dazu → § 32 Rn. 42; → § 35 Rn. 37); von der sog unechten Freigabe, bei der der Verwalter von vornherein die Massefremdheit anerkennt, unterscheidet sich die Aussonderung dadurch, dass bei letzterer der Verwalter den massefremden Gegenstand zunächst massebefangen macht und beansprucht (MüKoInsO/*Ganter* Rn. 7; Gottwald InsR-HdB/*Adolphsen* § 40 Rn. 3; dazu → Rn. 7). 3

Der Aussonderung entspricht iRd Zwangsvollstreckung die Drittwiderspruchsklage in **§ 771 ZPO;** allerdings ist der Anwendungsbereich nicht vollständig kongruent, weil Sicherungseigentum nach der InsO nur ein Absonderungsrecht begründet (§ 51 Nr. 1). 4

§ 47 trifft **zwei wesentliche Aussagen:** Das Aussonderungsrecht ergibt sich aus Vorschriften außerhalb von § 47. Die Durchsetzung des Aussonderungsrechts erfolgt nach allgemeinen Regeln (des Zivil- und Zivilprozessrechts) außerhalb des Insolvenzverfahrens. 5

II. Aussonderungsgegenstand

6 Die Aussonderung kann in Bezug auf **Gegenstände,** also Sachen und Rechte, geltend gemacht werden. Dazu gehören bewegliche wie unbewegliche Sachen sowie Forderungen (RGZ 98, 143 [145]) und sonstige Rechte.

7 Maßgeblich ist, dass der auszusondernde Gegenstand in Folge der Wahrnehmung des Verwaltungsbesitzes durch den Insolvenzverwalter **„massebefangen"** ist (BGH NZI 2008, 554 Rn. 14; ZIP 1994, 1700 [1702]; vgl. MüKoInsO/*Ganter* Rn. 35a). Das ist der Fall, wenn der Verwalter den Gegenstand für die Masse reklamiert. Fehlt es daran, kann der Berechtigte allein den Schuldner persönlich in Anspruch nehmen (BGHZ 127, 156 [161] = NJW 1994, 3232). Jede Inanspruchnahme des Gegenstands für die Masse durch den Verwalter genügt. Dazu reicht es aus, wenn der Verwalter trotz Anerkennung des Fremdeigentums ein Nutzungsrecht an einer Sache behauptet (BGH aaO), nicht aber, wenn der Insolvenzverwalter ein vom Schuldner gemietetes Grundstück nicht in Besitz nimmt oder dies ablehnt und die darauf befindlichen Sachen des Schuldners nicht zurücknimmt (OLG Köln ZIP 2000, 1498 [1500 f.]; vgl. BGHZ 148, 252 [260 f.] = NJW 2001, 2966).

8 Die allgemeinen **sachenrechtlichen Prinzipien** gelten auch für die Aussonderung. Daher sind das Prinzip der **Spezialität** und das **Bestimmtheitsgebot** zu beachten (BGHZ 58, 257 [258] = NJW 1972, 872: Geldscheine). Die Aussonderung eines Warenlagers mit revolvierendem und wechselndem Bestand oder einer sonstigen Sachgesamtheit setzt demnach die Identifizierbarkeit durch entsprechende Markierungen oder Kennzeichnungen der einzelnen Sachen voraus (BGH NJW-RR 1994, 1537 [1538]); die für die Eigentumsübertragung maßgeblichen Grundsätze (BGHZ 28, 16 [20] = NJW 1958, 1133 [Raumsicherungsübereignung]; zur Abtretung BGHZ 130, 19 [21 f.] = NJW 1995, 2553) gelten auch hier. IÜ ist die Bestimmtheit meist ohnedies als Entstehungsvoraussetzung für das Aussonderungsrecht zu prüfen. **Wertpapiere** sind als solche Gegenstand des Aussonderungsanspruchs, soweit sie Gegenstand eigener Rechte sein können, also Inhaber-, Traditions- und Orderpapiere, nicht aber wegen § 952 BGB Schuldscheine (MüKoInsO/*Ganter* Rn. 18; → Rn. 56); bei Computer(standard)software ist idR der Sachcharakter zu bejahen (BGHZ 102, 135 [143 ff.] = NJW 1988, 406; OLG Karlsruhe NJW 1996, 200 [201]). Zur Aussonderung von **Daten** *Bultmann* ZInsO 2011, 992. In der Insolvenz eines **Cloud-Anbieters** können die Daten theoretisch ausgesondert werden (dazu jetzt auch *Jülicher* ZIP 2015, 2063).

9 **Verbrauchbare und vertretbare Sachen** dürfen nicht ununterscheidbar mit anderen Gegenständen vermischt sein (Jaeger/*Henckel* Rn. 24); daher kann im Fall der **Vermischung** (§ 948) ggf. die Aussonderung an der Sache als solcher ausscheiden (zur Ersatzaussonderung → § 48 Rn. 23); unberührt bleibt die Auseinandersetzung nach Maßgabe des § 84. Ist der Gegenstand zum wesentlichen Bestandteil einer anderen Sache geworden, scheidet eine Aussonderung aus. **Scheinbestandteile** sind kraft eigenen Rechts aussonderungsfähig (*Ganter* WM 2002, 105 [109]; Kübler/Prütting/Bork/*Prütting* Rn. 18), so dass die Aussonderungsfähigkeit nicht von der Aussonderung der Hauptsache abhängt. Früchte folgen nach ihrer Trennung von der Hauptsache ebenfalls den eigenen Regeln. Bei **Zubehör** ist grds. eine selbständige Beurteilung geboten. Bei der Hypothek und Grundschuld besteht aber ein Haftungsverband nach §§ 1120 ff. BGB.

10 Auch die Behandlung von **Geldzeichen** folgt den sachenrechtlichen Grundsätzen. Die ohnehin überholte Lehre von der Geldwertvindikation ist auch für § 47 nicht einschlägig. Ein Aussonderungsrecht besteht daher nur an **einzelnen Münzen und Banknoten** nach allgemeinen Regeln (Palandt/*Bassenge* BGB § 985 Rn. 8; sa BGH NZI 2010, 897 Rn. 14). Auch insoweit kommt nur Ersatz-

aussonderung in Betracht, wenn und weil die Münzen oder Scheine nicht mehr individualisierbar sind und die Bank gutgläubig daran Eigentum erwirbt (BGH NZI 2010, 897 Rn. 17); Gleiches gilt bei **Einzahlung von fremdem Geld auf das Schuldnerkonto** (BGH NZI 2010, 897; Uhlenbruck/*Brinkmann* Rn. 7; MüKoInsO/*Ganter* Rn. 19). Es fehlt aber an der unberechtigten Verfügung, wenn der Schuldner mit Einwilligung oder Genehmigung des Gläubigers verfügt hat (BGH aaO).

III. Aussonderungsberechtigung

1. Allgemeines. Aussonderung und Absonderung schließen sich grds. aus. 11
Nimmt hingegen der Verwalter einen mit einem Absonderungsrecht belasteten Gegenstand als masseeigenen, unbelasteten Gegenstand in Anspruch, kann und muss der Absonderungsberechtigte in einem Aussonderungsrechtsstreit das **Bestehen des Absonderungsrechts** klären lassen (RGZ 60, 247 [251] [Grundschuld]; RGZ 86, 235 [240]; MüKoInsO/*Ganter* Rn. 13; Jaeger/*Henckel* Rn. 31). In diesem Fall sondert er nicht den Gegenstand, sondern sein Vorzugsrecht aus (Jaeger/*Henckel* aaO). Im Grunde ist insoweit der Begriff der Aussonderung entbehrlich, weil sich schon aus dem Fehlen entsprechender Regelungen in §§ 49 ff., 87, 166 ff. ergibt, dass der Rechtsstreit nach allgemeinen Regeln gegen den Insolvenzverwalter zu führen ist (anders wohl *Smid/Lieder* DZWIR 2005, 7 [17]). Aussonderung ist es dagegen, wenn sich der Berechtigte auf ein beschränktes dingliches Recht stützt und der Verwalter geltend macht, ein anderes massezugehöriges Recht belaste dieses Vollrecht (*Häsemeyer* Rn. 11.12).

Zur Aussonderung berechtigt sein kann nur ein **Dritter.** Der Schuldner ist 12
nicht aussonderungsberechtigt (Jaeger/*Henckel* Rn. 8), es sei denn, er macht geltend, dass ein Gegenstand mangels Pfändbarkeit nicht in die Masse fällt; dieser Fall ist nach § 47 zu behandeln.

Das **Aussonderungsrecht** kann sich **aus einer dinglichen oder schuld-** 13
rechtlichen Rechtsposition ergeben; die Übergänge sind fließend (→ Rn. 61). Das Bestehen des Aussonderungsrechts ist von der materiellen Rechtslage, nicht von der formellen Rechtslage abhängig. Wer nur eine **Buchposition** an Grundstücken des Schuldners erworben hat, hat ggf. kein Aussonderungsrecht. Umgekehrt kann ein **Grundbuchberichtigungsanspruch** des Dritten einen Aussonderungsanspruch begründen, wenn der Schuldner fälschlich eingetragen ist.

Ein Aussonderungsrecht wird idR vorinsolvenzlich begründet. Wegen der Er- 14
streckung von § 35 auf den **Neuerwerb** des Schuldners nach Eröffnung können Aussonderungsrechte nach Verfahrenseröffnung ggf. erlöschen, wenn der Schuldner das Vollrecht erwirbt und die Sache damit Massebestandteil wird.

Durch Rechtshandlungen des Schuldners selbst werden Aussonderungsrechte 15
nach Verfahrenseröffnung nur in den Fällen des § 81 Abs. 1 S. 2 begründet. Ohne Mitwirkung des Schuldners können nach Verfahrenseröffnung Aussonderungsrechte neu entstehen, wenn der Verwalter Rechte an einen Erwerber überträgt oder den gesetzlichen Eigentumserwerb eines Dritten herbeiführt. Die **irrtümliche Erfüllung von nicht bestehenden Aussonderungsrechten** führt nicht zu einer Neugestaltung der Eigentumslage (Kübler/Prütting/Bork/*Prütting* Rn. 87), weil die Herausgabe des vermeintlich nicht massezugehörigen Gegenstands keine Eigentumsübertragung an den Scheinberechtigten darstellt. Anders ist dies nur, wenn die Übergabe der Sache den notwendigen letzten Akt zum gutgläubigen Erwerb der vom Schuldner unberechtigterweise veräußerten Sache darstellt (§ 933 BGB) (BGH WM 1959, 313 f.).

2. Dingliche und beschränkt dingliche Rechte. a) Eigentum. aa) Voll- 16
eigentum. Der Eigentümer einer Sache kann diese in der Regel aussondern. Für

den Sicherungseigentümer gilt dies nicht, § 51 Nr. 1. Der Herausgabeanspruch des Eigentümers nach § 985 BGB ist der klassische Fall des Aussonderungsanspruchs; es greift die Vermutung des § 1006 BGB zugunsten des Insolvenzverwalters bzw. des Besitzers (→ Rn. 103). Auf den Besitzwillen des Schuldner bzw. des Insolvenzverwalters kommt es nicht an. Ein Aussonderungsrecht besteht sowohl bei **Eigen- als auch bei Fremdbesitz.** Insbes. beim Fremdbesitz kann aber ggf. ein obligatorisches Besitzrecht entgegenstehen (zB aus Mietvertrag).

17 Ist der Verwalter nur mittelbarer Besitzer, so kann der Eigentümer **Abtretung des Herausgabeanspruchs** gegen den unmittelbaren Besitzer, § 870 BGB, oder Herausgabe des unmittelbaren Besitzes verlangen (BGH NJW-RR 2004, 570 [571] mwN; einschränkend BGHZ 53, 29 [33] = NJW 1970, 241: Herausgabe nur, wenn der mittelbare gegen den unmittelbaren Besitzer einen Herausgabeanspruch hat – diese Einschränkung ist wegen des Wegfalls von § 283 BGB aF nicht mehr erforderlich, BGH NJW-RR 2004, 570 [571]).

18 Das Aussonderungsrecht des Eigentümers muss **nicht notwendigerweise** mit einem **Herausgabeanspruch** verfolgt werden. Beansprucht der Verwalter (lastenfreies) Eigentum für die Masse, so kann sich der Aussonderungsberechtigte auch auf einen Feststellungsantrag stützen oder zB Grundbuchberichtigung (§ 894 BGB) begehren. Denkbar ist auch ein Antrag auf Löschung des Insolvenzvermerks (§ 32).

19 Insbes. kann das Eigentum auch mit einem **Unterlassungsanspruch** nach § 1004 Abs. 1 S. 2 BGB verteidigt werden (*Karsten Schmidt* ZZP 90 (1977), 38 [46 ff.]; Gottwald InsR-HdB/*Adolphsen* § 40 Rn. 7); Entsprechendes bei §§ 1017, 1027, 1065, 1090 BGB. § 1004 BGB ist nur die Verlängerung des Schutzes aus § 985 BGB. Der Unterlassungsanspruch greift bspw. ein, wenn der Insolvenzverwalter die zuvor vom Schuldner angemietete Sache veräußern will oder wenn der Insolvenzverwalter den Gegenstand sonst als schuldnereigenen behandelt.

20 Die Aussonderung betrifft auch Fälle, in denen der Insolvenzverwalter das Fremdrecht des Dritten nicht in Zweifel zieht, bspw. bei **Einwirkungen des massezugehörigen Grundstücks auf das Grundstück des Dritten** (so wohl Jaeger/*Henckel* Rn. 100). Auch dann kann man im weiteren Sinne von Aussonderung sprechen, obwohl es streng genommen nicht um die Behandlung von Fremdrechten als massezugehörig geht. Gleichwohl wird das subjektive Recht durch das fremde Insolvenzverfahren beeinträchtigt. Der Rechtsinhaber kann den Insolvenzverwalter als Partei kraft Amtes auf **Unterlassung oder Beseitigung** in Anspruch nehmen und muss seine Forderung grds. nicht im Insolvenzverfahren verfolgen. Zu beachten ist, dass vom Schuldner ausgehende Störungen fremden Eigentums nach Verfahrenseröffnung nicht der Masse zugerechnet werden.

21 Bei **Beseitigungsansprüchen** des § 1004 Abs. 1 S. 1 BGB will die hM unterscheiden: Ist der Eingriffstatbestand nach der Eröffnung durch die Verwaltung des Verwalters verwirklicht, soll der Beseitigungsanspruch ein Aussonderungsrecht gewähren. War die Beeinträchtigung schon vor der Eröffnung verwirklicht und dauert sie lediglich fort, so soll der Beseitigungsanspruch eine bloße Insolvenzforderung sein (*Gursky* JZ 1996, 683 [685 f.]; Gottwald InsR-HdB/*Adolphsen* § 40 Rn. 7; MüKoInsO/*Ganter* Rn. 353a; zur Altlastenproblematik → § 55 Rn. 25 ff.). Dahinter steht offenbar die Überlegung, dass die meist auf ein ähnliches Ziel gerichteten Schadensersatzansprüche wegen Beeinträchtigung des Eigentums nur bei nachinsolvenzlicher Verwirklichung eine Masseforderung (§ 55 Abs. 1 Nr. 1) begründen, ansonsten aber reine Insolvenzforderungen darstellen und die Abgrenzung von Schadensersatz und Beseitigung schwierig ist. Die Differenzierung überzeugt gleichwohl nicht (Jaeger/*Henckel* Rn. 100). Der Beseitigungsanspruch ist nur bei fortdauernder Beseitigung gegeben; er realisiert das Eigentum des Dritten und ist inhaltlich auf die Beseitigung beschränkt. Daher muss er auch bei nachinsolvenzlich fortdauernder Beeinträchtigung Aussonderungskraft haben. Ist allerdings die Beeinträchtigung mit Eröffnung abgeschlossen, kommen nur Schadensersatzansprüche in Betracht, die bloße Insolvenzforderungen darstellen. Zur Freigabe in diesen Fällen → § 55 Rn. 31.

Sonstige **Sekundäransprüche** des Eigentümers wie zB das Recht auf Nut- 22
zungsherausgabe (§ 987 BGB) begründen als persönlicher Anspruch kein Aussonderungsrecht am Gegenstand selbst und auch nicht an den noch gegenständlich vorhandenen Nutzungen. Allerdings ist zu unterscheiden: Hat der Dritte Eigentum an diesen Gegenständen erworben, zB nach §§ 954 f. BGB, so kommt gerade wegen des Eigentums an den Früchten eine Aussonderung in Betracht (→ Rn. 9).

bb) Gesamthandseigentum. Gesamthandseigentum begründet ein **Ausson-** 23
derungsrecht für die Gesamthand, sofern diese (teil-)rechtsfähig ist (zB „Außen-GbR", OHG etc). Ein Aussonderungsrecht einzelner Gesamthänder am Anteil oder am Gegenstand scheidet wegen der gesamthänderischen Bindung aus. Ist der Insolvenzschuldner selbst einer der Gesamthänder, so findet die Auseinandersetzung außerhalb des Verfahrens statt (näher § 84). Für Ansprüche aus dem Rechtsverhältnis kann dann abgesonderte Befriedigung verlangt werden (§ 84 Abs. 1 S. 2; → § 84 Rn. 16). Ist die Gesamthand nicht rechtsfähig (zB **Erbengemeinschaft,** BGH NJW 2002, 3389 [3390]), so kann sie als solche in der Insolvenz eines Drittbesitzers keine Aussonderung verlangen, wohl aber die einzelnen Mitglieder in ihrer Gesamthand und nach Maßgabe ggf. des § 2039 BGB.

cc) Miteigentum. Auch Miteigentum (Bruchteilseigentum) kann als vollwer- 24
tiges Eigentum zur Aussonderung in der Insolvenz eines Nicht-Eigentümers berechtigen (BGH NZI 2010, 897 Rn. 13). Das gilt auch bei gesetzlichem Erwerb des Miteigentums nach §§ 947, 948 BGB (Uhlenbruck/*Brinkmann* Rn. 12). Beim Lagergeschäft entsteht Miteigentum der Einlagerer am Gesamtvorrat nach § 469 Abs. 2 HGB; näher zu Wertpapieren → Rn. 52 ff. Der Aussonderungsanspruch des § 985 BGB in Bezug auf die Sache darf von dem einzelnen Miteigentümer geltend gemacht werden, er geht aber auf Leistung an alle (§§ 432, 1011 BGB). Insoweit muss der klagende Miteigentümer den Umfang seines Anteils nicht beziffern (anders aber beweisrechtlich bei Schadensersatzklagen einzelner Miteigentümer gegen den Verwalter BGH NJW 1958, 1534 f.), wohl aber müssen die Miteigentümer, an die Herausgabe verlangt wird, der Person nach feststehen. Die **Beweislast** liegt insoweit nicht beim Verwalter (tendenziell *Reinicke/Tiedtke* WM 1979, 186 [190 f.]), sondern beim **Anspruchsteller** (so Jaeger/*Henckel* Rn. 90). Richtig ist letzteres, allerdings nicht, weil der Verwalter mit der Nennung anderer potentieller Eigentümer die nach § 432 BGB ja gerade gegebene Prozessführungsbefugnis bestritte (so Jaeger/*Henckel* Rn. 90), sondern weil er die Aktivlegitimation bestreitet. Es müssen aber die Grundsätze zur sekundären Darlegungslast eingreifen (allg. BGH NJW 1990, 3151 f.; NJW-RR 2002, 1280 mwN; NJW 2005, 2614 [2615]; 2009, 2894 [2895]).

In der **Insolvenz eines Miteigentümers** richtet sich der Aussonderungs- 25
anspruch idR auf Feststellung (doch das Feststellungsinteresse ist fraglich, sehr streng MüKoInsO/*Ganter* Rn. 45), und/oder auf Einräumung des Mitbesitzes sowie auf Auseinandersetzung (§ 749 BGB), die außerhalb des Insolvenzverfahrens erfolgt, § 84 Abs. 1 (näher dort → § 84 Rn. 4 ff.). Bei realer Teilungsmöglichkeit (§ 752 BGB) kann der Anteil als solcher ausgesondert werden; andernfalls gilt § 753 BGB. Es entsteht dann ein Anspruch auf Beteiligung am Erlös, der darüber hinaus auch durch ein Recht auf abgesonderte Befriedigung an dem Anteil des Schuldners gedeckt ist (§ 84 Abs. 1 S. 2) (BGH NJW 1958, 1534 = WM 1958, 899). Der Miteigentümer muss in der Auseinandersetzung seinen **Anteil wertmäßig darlegen und ggf. beweisen** (BGH NJW 1958, 1534 = WM 1958, 899; Jaeger/*Henckel* Rn. 92). Sind die Anteile nicht feststellbar, gelten die allgemeinen Beweislastgrundsätze, dh die Beweislast geht im Zweifel zu Lasten des Anspruch-

stellers (BGH NJW 1958, 1534 f.). Man sollte hier mit der **Beweiserleichterung** des § 287 ZPO helfen (Jaeger/*Henckel* KO § 15 Rn. 76; offen Jaeger/*Henckel* Rn. 92; aA *Westermann/Gursky* SachenR, Bd. I, 6. Aufl. 1990, § 52 IIIa: § 742 BGB). Darüber hinaus werden bestimmte Teilungsmechanismen vorgeschlagen, die ein non liquet vermeiden sollen (dazu Jaeger/*Henckel* aaO).

26 **dd) Sicherungseigentum.** Sicherungseigentum begründet in der **Insolvenz des Sicherungsgebers** kein Aussonderungsrecht des Sicherungseigentümers, sondern nur ein Absonderungsrecht (vgl. § 51 Abs. 1 Nr. 1).

27 In der **Insolvenz des Sicherungsnehmers** begründet der idR rein schuldrechtliche Rückübertragungsanspruch zugunsten des Sicherungsgebers ein Aussonderungsrecht; der Anspruch ist aber nur begründet, wenn der Sicherungszweck fortgefallen ist (BGH NJW 1954, 190 [191]; Kübler/Prütting/Bork/*Prütting* Rn. 24). Ein Recht auf vorfällige Tilgung gibt es insoweit nicht (Kübler/Prütting/Bork/*Prütting* Rn. 23).

28 **b) Einfacher Eigentumsvorbehalt.** Beim Eigentumsvorbehalt ist die Übereignung an den Käufer aufschiebend bedingt durch die vollständige Kaufpreiszahlung; der Käufer erhält ein Anwartschaftsrecht an der Sache. Nunmehr gelten für einen einfachen Eigentumsvorbehalt folgende Regelungen:

29 **aa) Insolvenz des Käufers.** In der Insolvenz des Vorbehaltskäufers begründet das vorbehaltene Eigentum ein **Aussonderungsrecht** (BGHZ 176, 86 = NJW 2008, 1803 = ZIP 2008, 842 Rn. 24; NJW 2014, 2358 Rn. 13; Jaeger/*Henckel* Rn. 44; HK-InsO/*Lohmann* Rn. 10). Das wird (rechtspolitisch) kritisiert (*Häsemeyer* Rn. 11.10; *Brinkmann* Rn. 25; Gottwald InsR-HdB/*Adolphsen* § 43 Rn. 14: besitzloses Pfandrecht; *Hübner* NJW 1980, 729 [734 f.]; *Smid* WM 1999, 1141 [1144]; diff. mit Recht *Jacoby* JZ 2008, 1053 [1054 f.]; *Prütting* FS Leipold, 2009, 427 [430 ff.]; *Brinkmann* FS Vallender, 2015, 39 [47 ff.]), mit Blick auf einen einfachen EV und das Zwei-Personen-Verhältnis von Käufer und Verkäufer wohl zu Unrecht, weil beim einfachen Eigentumsvorbehalt das Sicherungs- und Zurückhaltungs-Interesse des Verkäufers an der Sache selbst ggf. größer ist als bei der Sicherungsübereignung einer Sache, mit der der Sicherungsnehmer nichts anfangen kann. Phänotypisch betrachtet liegt beim Eigentumsvorbehalt die „Initiative" noch eher beim Verkäufer, der seine Eigentümerstellung bewusst „zurückhält", bei der Sicherungsübereignung bekommt der Sicherungsnehmer etwas, so dass es ihn weniger belastet, diese Sicherung wieder dem Sicherungsgeber zur Verwertung „zurückzugeben" (vgl. zur KO BGHZ 54, 214 [219] = NJW 1970, 1733; *Kilger/Karsten Schmidt* § 43 KO Anm. 3).

30 Der Kaufvertrag ist ein nicht vollständig erfüllter gegenseitiger Vertrag iSd § 103. Lehnt der Verwalter die Kaufpreiszahlung ab, erlischt das Recht zum Besitz iSd **§ 986 BGB;** ebenso beim Rücktritt des Verkäufers nach allgemeinen Regeln wegen Zahlungsverzugs, auch nach Verjährung des Kaufpreisanspruchs, § 216 Abs. 2 S. 2 BGB. Der Verkäufer kann dann die Sache gegen **Erstattung des bisher gezahlten Kaufpreises** aussondern (BGHZ 196, 160 = NZI 2013, 296 Rn. 11). Ob der Verkäufer mit seinem Anspruch aus § 103 Abs. 2 S. 1 (Schadensersatz wegen Nichterfüllung) gegen den Erstattungsanspruch **aufrechnen bzw. verrechnen** darf, ist str. (bejahend Kübler/Prütting/Bork/*Tintelnot* § 103 Rn. 102; MüKoInsO/*Kreft* § 103 Rn. 35; *Huber* NZI 2004, 57 [62]; aA MüKoInsO/*Ganter* Rn. 72), aber wohl nach allgemeinen Grundsätzen zu § 103 zu bejahen (BGH NJW 2001, 1136 [1137]; näher → § 95 Rn. 11 ff.). Der argumentative Vergleich mit dem Leasing trägt freilich nicht, weil es dort um die Nutzungsentschädigung geht (anders Uhlenbruck/*Brinkmann,* 13. Aufl. 2010, Rn. 19). Der **BGH** hat sich jetzt der befürwortenden Auffassung angeschlossen (BGHZ 196, 160 = NZI 2013, 296 Rn. 12).

31 Für die **Wahl des Verwalters** gilt die verlängerte Bedenkzeit des § 107 Abs. 2 (→ § 107 Rn. 13 ff.). Daraus folgt bei teleologischer Auslegung zugleich, dass der Verwalter die Sache weiter benutzen darf, bis er sich entschieden hat (ähnlich Uhlenbruck/*Brinkmann* Rn. 27). Eine Verwertungsbefugnis ergibt sich daraus vorbehaltlich einer Ermächtigung durch den Verkäufer aber nicht. Überträgt der Vorbehaltsverkäufer das Eigentum an der Kaufsache auf eine Bank, die für den Käufer den Erwerb finanziert, kann die Bank das vorbehaltene Eigentum in der Insolvenz des Käufers nicht aussondern; sie ist vielmehr wie ein Sicherungseigentümer lediglich zur abgesonderten Befriedigung berechtigt (BGHZ 176, 86 Rn. 24 ff. = NJW 2008, 1803).

32 **bb) Insolvenz des Verkäufers.** In der Insolvenz des Verkäufers geht § 107 vor. Das Anwartschaftsrecht des Käufers ist insolvenzfest; der Käufer kann insoweit aussondern, wenn der Verwalter das Eigentum an der Sache als unbelastet prätendiert. Zahlt der Käufer, erstarkt das Anwartschaftsrecht zum Vollrecht wegen Bedingungseintritts nach § 158 Abs. 1 BGB. Einzelheiten sind in dieser Kommentierung bei → § 107 Rn. 4 ff. entfaltet.

33 **cc) Durchsetzung.** Wer die Aussonderung begehrt, muss den Eigentumsvorbehalt darlegen und ggf. beweisen. Für die Vereinbarung des Eigentumsvorbehalts gelten die allgemeinen Regelungen des Sachen- und Vertragsrechts. Ist das Eigentum erloschen, so besteht auch kein Absonderungsrecht mehr. Die **Übertragung des Eigentums** an eine den Kaufpreis finanzierende Bank (Geldkreditgeber) führt zwar nicht zum Erlöschen des Eigentumsvorbehalts, wohl aber zum Erlöschen des Aussonderungsrechts des ursprünglichen Lieferanten (BGHZ 176, 86 Rn. 24 ff. = NJW 2008, 1803); nicht aber bei bloßer Übertragung im Rahmen eines **Factoringvertrags** (BGH NJW 2014, 2358 Rn. 16 ff.) oder bei Übertragung an den den **Kauf finanzierenden Dritten** (OLG München ZInsO 2014, 2504 [2505]), wenn weiterhin der Warenkredit gesichert wird; dies bedingt Übertragung des Rücktrittsrechts an den Kaufvertrag an den Dritten. Entscheidend ist, dass der Rückgewähranspruch aus dem Kaufvertrag und nicht die Finanzierungsforderung gesichert wird. In der EuInsVO ist der Eigentumsvorbehalt über Art. 5 EuInsVO abgesichert. Siehe Erläuterungen dort.

34 **c) Erweiterter Eigentumsvorbehalt.** Beim erweiterten EV wird die Übereignung nicht nur von der aufschiebenden Bedingung der vollständigen Kaufpreiszahlung, sondern auch von dem Eintritt weiterer Bedingungen, etwa der **Tilgung weiterer Forderungen,** abhängig gemacht. Das geschieht insbes. in Gestalt eines Kontokorrentvorbehalts, bei dem der Vorbehaltsverkäufer Eigentümer der Sache bleibt, bis der Käufer alle Forderungen aus dem Kontokorrentverhältnis abgelöst hat. Eine solche Klausel ist grds. wirksam (BGH NJW 1978, 632; vgl. BGHZ 94, 105 [111] = NJW 1985, 1836; BGHZ 98, 303 [307] = NJW 1987, 487; BGH NJW 1991, 2285 f.; 1994, 1154).

35 Demgegenüber ist die Vereinbarung eines **Konzernvorbehalts,** bei dem der Eigentumsübergang von der vom Käufer vorgenommene Tilgung von Forderungen eines mit dem Verkäufer verbundenen Unternehmens gegen den Käufer abhängig gemacht wird, gem. § 449 Abs. 3 BGB unwirksam bzw. nur als einfacher EV aufrechtzuerhalten. Möglich bleibt die Bedingung der Erfüllung weiterer Forderungen des Verkäufers gegen Dritte, dh die Erweiterung auf Käuferseite (Uhlenbruck/*Brinkmann* Rn. 33 f.; *Bülow* DB 1999, 2196 [2198]; MüKoBGB/*Westermann* § 449 Rn. 86 [für Individualvertrag]; aA *Leible/Sosnitza* JuS 2001, 556 [558])

36 **Beim erweiterten EV** ist zu **differenzieren:** Ein Aussonderungsrecht des Verkäufers besteht, wenn der Erweiterungsfall noch nicht eingetreten ist, also die ursprüngliche Kaufpreisforderung noch nicht getilgt ist, und wenn der Verkäufer

sodann vom Vertrag zurückgetreten ist. Der Verwalter kann das Aussonderungsrecht durch Tilgung der Kaufpreisforderung zum Erlöschen bringen; der Eigentumserwerb des Schuldners bzw. des Verwalters tritt aber dann erst mit Tilgung der anderen Forderungen ein.

37 Ist die Kaufpreisforderung schon getilgt, aber die Bedingung im Hinblick auf die sonstigen Forderungen noch nicht eingetreten, hat der Vorbehaltskäufer nur ein Recht zur abgesonderten Befriedigung aus der Kaufsache (BGHZ 98, 160 [170] = NJW 1986, 2948 [2950]; NJW 1971, 799; 1978, 632 [633]; MüKoInsO/*Ganter* Rn. 93), das aus § 51 Nr. 1 folgt. Der erweiterte EV wird also der Sicherungsübereignung gleichgestellt.

38 **d) Verlängerter Eigentumsvorbehalt.** Der verlängerte EV erstreckt die Sicherung auf Surrogate der Sache. Bei einer **Verarbeitungsklausel** wird der Erwerber ermächtigt, die Sache im Zuge des ordnungsgemäßen Geschäftsgangs zu verarbeiten. Die Parteien einigen sich darauf, dass der Vorbehaltsverkäufer Hersteller iSd § 950 BGB sein soll. Der BGH erkennt die dingliche Wirkung dieser Klauseln an (BGHZ 20, 159 [163 f.] = NJW 1956, 788; BGHZ 46, 117 [118 f.] = NJW 1967, 34; aA *Kilger/Karsten Schmidt* § 43 KO Anm. 3b aa mwN), sodass das Eigentum an der neu hergestellten Sache vom Vorbehaltsverkäufer erworben wird. Die Gegenansicht nimmt eine antizipierte Sicherungsübereignung mit Durchgangserwerb des Käufers an. Es besteht Einigkeit, dass der verlängerte EV in der Insolvenz des Käufers nur ein **Absonderungsrecht** begründet (Uhlenbruck/*Brinkmann* Rn. 26; Kübler/Prütting/Bork/*Prütting* Rn. 36; Jaeger/*Henckel* Rn. 49). Davon zu unterscheiden ist der Fall, dass die „Verlängerung" noch nicht aktuell geworden ist. Solange die Sache noch unverarbeitet beim Käufer verblieben ist, kann der Verkäufer in der Käuferinsolvenz die Sache aussondern, wenn er vom Kaufvertrag zurücktritt.

39 Bei einer **Vorausabtretungsklausel** wird der Käufer nach § 185 Abs. 1 BGB vom Verkäufer ermächtigt, die unter Vorbehalt erworbene Sache im ordnungsgemäßen Geschäftsgang weiterzuveräußern. Der Kaufpreisanspruch gegen den Dritterwerber tritt dann an die Stelle der Sache. Dieser Fall ist **als Sicherungszession** zu behandeln. Er begründet nach § 51 Abs. 1 Nr. 1 nur ein Absonderungsrecht (BGHZ 98, 160 [170] = NJW 1986, 2948; BGH NJW 1971, 799; 1978, 632 [633]). Vor Weiterveräußerung ist die Aussonderung durch den Verkäufer möglich. Nach Insolvenzeröffnung (nicht aber automatisch schon im Eröffnungsverfahren, richtig MüKoInsO/*Ganter* Rn. 145) sollen die Weiterveräußerungsermächtigung und die Verarbeitungsklausel **erlöschen** bzw. sich nicht auf den Konkursfall erstrecken (so BGH NJW 1953, 217 [218]), aber durch die Erfüllungswahl des Verwalters wieder aufleben können (MüKoInsO/*Ganter* Rn. 145). Dogmatisch richtig wäre nach Aufgabe der Erlöschenstheorie wohl die Annahme einer zeitweisen Außerkraftsetzung der Ermächtigung (zur Konstruktion bei → § 103 Rn. 7 ff.).

40 Davon abgesehen ist fraglich, ob ein Wegfall oder eine **Außerkraftsetzung der Ermächtigung** bis zur Erfüllungsablehnung sinnvoll ist (*Bork* FS Gaul, 1997, 71 [90] („Einzelfallentscheidung"); Jaeger/*Henckel* § 51 Rn. 33; Uhlenbruck/*Brinkmann* Rn. 30), weil der Verwalter bis zur Entscheidung der Gläubigerversammlung das Unternehmen fortführen mag und muss. Andererseits dient es den Interessen des Verkäufers, wenn in der Schwebelage, die durch Eröffnung und vor Ausübung des Wahlrechts eintritt, keine Verfügungen erfolgen, zumal bei einem insolventen Unternehmen die Gefahr von Fehlproduktionen und damit einer Beeinträchtigung der Sicherheit in den Verarbeitungsfällen groß ist (*Bork* aaO). Eben wegen der fehlenden Durchsetzbarkeit des Vertrags ist auch die darin enthaltene Ermächtigung im Regelfall zeitweise nicht durchsetzbar (jetzt auch Uhlenbruck/*Brinkmann* Rn. 46); entscheidend muss jeweils die **Auslegung der Klausel** sein.

41 In der **Insolvenz des Vorbehaltsverkäufers** kann der Käufer in beiden Fällen die Sache selbst aussondern, wenn er den Kaufpreis bezahlt (→ Rn. 32).

42 **e) Weitergeleiteter und nachgeschalteter EV.** Keine Besonderheiten wirft der **weitergeleitete EV** (BGH NJW 1991, 2285 f.) auf, bei dem der Käufer das Anwartschaftsrecht auf einen Dritten überträgt. Die Abwicklung im Verhältnis von Verkäufer und Drittem erfolgt nach denselben Grundsätzen wie im Verhältnis von Verkäufer und ursprünglichem Käufer.

43 **Beim nachgeschalteten EV** verkauft der Vorbehaltskäufer seinerseits – meist ohne Offenlegung des ersten EV – unter Vorbehalt weiter; dazu wird er durch den Verkäufer ermächtigt. Bei Zahlung des ersten Käufers wird dieser Eigentümer; bei Zahlung des Zweitkäufers erwirbt dieser Eigentum wegen der vom Verkäufer erteilten Ermächtigung nach § 185 BGB oder wegen des (gutgläubig erworbenen) Anwartschaftsrechts. In der Insolvenz des Erstkäufers kann der Verkäufer mangels Besitzes des Käufers nicht aussondern; wohl aber in der Insolvenz des Zweitkäufers. In beiden Fällen gilt aber § 103 (aA Kübler/Prütting/Bork/*Prütting* Rn. 38).

44 **f) Erbschaftsansprüche.** Der Erbschaftsanspruch des § 2018 BGB begründet ein Aussonderungsrecht des Erben in der Insolvenz des Erbschaftsbesitzers; ebenso der Anspruch des Nacherben auf Herausgabe des Erbes gegen den Vorerben in dessen Insolvenz (§§ 2130, 2111 BGB).

45 **Rein schuldrechtliche Forderungen** nach §§ 812 ff., 823 ff., 2021, 2023 ff. BGB sind dagegen als Insolvenzforderungen anzumelden (Gottwald InsR-HdB/*Adolphsen* § 40 Rn. 16). Von der Aussonderungskraft erfasst sind die nach § 2019 rechtsgeschäftlich erworbenen **Surrogate.** Im Falle des § 2020 BGB (Herausgabe von Nutzungen und Früchten) ist die Aussonderungskraft zu bejahen, wenn der Erbe Eigentum erworben hat, dann folgt die Aussonderungsfähigkeit ohnehin aus der Eigentümerstellung. Das gilt auch für die mittelbaren Sachfrüchte und Rechtsfrüchte, da der Erbe diese nach § 2019 BGB erwirbt (Kübler/Prütting/Bork/*Prütting* Rn. 70; Uhlenbruck/*Brinkmann* Rn. 58; Gottwald InsR-HdB/*Adolphsen* § 40 Rn. 16), nicht aber für solche Nutzungen, an denen der Erbschaftsbesitzer Eigentum erwirbt und die nicht surrogationsfähig iSd § 2019 BGB sind (aA Kübler/Prütting/Bork/*Prütting* Rn. 69).

46 **g) Besitz.** Auch der Besitz kann wegen der Ansprüche aus §§ 861, 1007 BGB eine Aussonderung begründen (OLG Düsseldorf ZIP 2008, 1930). Im Falle des § 1007 BGB gilt das wegen § 1007 Abs. 2 S. 1 Hs. 2 BGB nur, wenn nicht der Insolvenzverwalter das Eigentum des Schuldners nachweist. Bei § 861 BGB kann der Nachweis des Eigentums den possessorischen Anspruch nicht vereiteln (Jaeger/*Henckel* Rn. 118; MüKoInsO/*Ganter* Rn. 326), wohl aber die fehlende Fortdauer der Besitzstörung den Anspruch aus § 862 BGB. Allerdings kann eine vom Schuldner begründete Besitzstörung nach Eröffnung der Masse zugerechnet werden.

47 **h) Sonstige dingliche Rechte.** Beschränkte dingliche Rechte begründen idR eine Aussonderung nur, wenn der Verwalter das Recht bestreitet und damit das Recht massebefangen wird (→ Rn. 7) (*Häsemeyer* Rn. 11.12). Das betrifft zB den Nießbrauch (§§ 1030 ff. BGB), Grunddienstbarkeiten (§§ 1018 ff.), Erbbaurechte, beschränkte persönliche Dienstbarkeiten (§§ 1090 ff. BGB) und Wohnungsrechte (§ 1093 BGB). Ziel der Aussonderung ist das Recht selbst (Gottwald InsR-HdB/*Adolphsen* § 40 Rn. 17; *Kilger/Karsten Schmidt* § 43 KO Anm. 5; vgl. RGZ 98, 143 [145]); davon zu unterscheiden ist die Ausübung des (Vorzugs-)Rechts, das nur über die Absonderung erfolgen kann.

48 Auch **bei (Grund-)Pfandrechten** ist zu beachten, dass sie grds. nur ein Absonderungsrecht an den zur Masse gehörenden Gegenständen begründen. Ein Aussonderungsrechtsstreit wegen solcher Rechte kommt nur in Fällen in Betracht, in denen der Verwalter dem Rechtsinhaber das Recht streitig macht oder in Fällen, in denen der Verwalter ein (Grund)pfandrecht geltend macht, dessen Existenz oder Bestand der vermeintlich Belastete bestreitet (dazu schon → Rn. 11).

49 Beim **dinglichen Vorkaufsrecht (§ 1094 BGB)** besteht in der Insolvenz des Dritterwerbers ein Aussonderungsanspruch auf Zustimmung zur Eintragung des Berechtigten als Eigentümer. In der Insolvenz des Vorkaufsverpflichteten kann der Berechtigte mangels dinglicher Wirkung das Grundstück nicht aussondern, wenn der Verwalter das Grundstück verkauft und der Berechtigte das Recht ausgeübt hat. Er kann allenfalls im Bestreitensfalle sein Recht durch Feststellung gegenüber dem Verwalter „aussondern". Gesetzliche Vorkaufsrechte wirken nicht dinglich und sind nicht aussonderungsfähig (näher Jaeger/*Henckel* Rn. 115). Der Eigentümer kann bei einer **verdeckten Eigentümergrundschuld** (§§ 1163 Abs. 1 S. 2, 1177 Abs. 1 BGB) in der Insolvenz des Hypothekengläubigers keine Herausgabe des Briefs verlangen, sondern nur Quittierung auf dem Brief und Zustimmung zur Grundbuchberichtigung oder zur Bildung eines Teilbriefs (MüKoInsO/*Ganter* Rn. 330). Bei einer **Hinterlegung** nach § 232 BGB ist ein Streit um die Rückgabe des hinterlegten Betrags in der Insolvenz des Hinterlegers als Aussonderungsstreit zwischen Begünstigtem und Verwalter auszutragen (*Ganter* NZI 2011, 209 [212]).

50 **i) Sicherheiten- und Lieferantenpool.** Die vorgenannten Grundsätze gelten auch, wenn sich Inhaber dinglicher Rechte, insbes. auch bei Eigentumsvorbehalt, an (rechtlich zulässigen, BGH WM 1988, 1784 [1785]; *Steinwachs* NJW 2008, 2231; *Lösler* ZInsO 2003, 773 ff.; MüKoBGB/*Ulmer* BGB Vor § 705 Rn. 71; → § 51 Rn. 24; aA *Smid* WM 1999, 1141 [1148 f.]: § 91 – das gilt aber nur im Verfahren selbst) Sicherheiten- oder Lieferantenpools beteiligen. Es handelt sich ggf. um eine **BGB-Gesellschaft,** bei der die jeweiligen Rechteinhaber ihre Rechte einbringen (so bei BGH WM 1988, 1784 [1785]; näher Gottwald InsR-HdB/*Adolphsen* § 44 Rn. 8 f.). Der Pool kann dann die Aussonderungsrechte geltend machen, wenn ihm der Nachweis gelingt, dass andere als Pool-Mitglieder keine Rechte an dem jeweiligen Gegenstand haben (Jaeger/*Henckel* Rn. 90). Auf diese Weise wird in Bezug auf die Aussonderung das Problem der Bestimmbarkeit (→ Rn. 8) vermieden; und die Anteilsbestimmung der internen Abwicklung überlassen. Aussonderungsberechtigte, die nicht dem Pool angehören, werden in ihrer Rechtsstellung nicht berührt (BGH ZIP 1982, 543 [545]); der Pool kann insgesamt nicht besser stehen als in der Summe der eingebrachten Rechtspositionen (MüKoInsO/*Ganter* Rn. 189).

51 **j) Forderungen.** Die Inhaberschaft an einer Forderung, die der Verwalter als Bestandteil der Masse reklamiert, kann eine Aussonderung begründen (RGZ 98, 143 [145]; BGH NJW 1998, 2213; NJW-RR 1989, 252 [IATA-Agent]; Gottwald InsR-HdB/*Adolphsen* § 40 Rn. 23). Beim Vertrag zugunsten Dritter ist auch und ggf. nur der Dritte Forderungsinhaber. Der Erwerber einer Forderung, der vom Schuldner im Wege der Abtretung oder kraft Überweisung an Zahlungs Statt bei der Pfändung erworben hat, hat ein Aussonderungsrecht, zumindest bei einer Vollabtretung (MüKoInsO/*Ganter* Rn. 209; Gottwald InsR-HdB/*Adolphsen* § 40 Rn. 23), nicht bei einer Sicherungszession, wohl aber auch bei einer Teilabtretung. Eine **Vorausabtretung** kann ua an § 91 InsO scheitern (dort → § 91 Rn. 31) oder an einem Abtretungsverbot (§ 399 Alt. 2 BGB, s. aber § 354a HGB). War die Abtretung unwirksam, so kann der Zedent in der Insolvenz des Zessionars aussondern, umgekehrt bei wirksamer Abtretung der Zessionar in der

Insolvenz des Zedenten. Von dem Streit um die Inhaberschaft an der Forderung zu unterscheiden ist die Geltendmachung einer gegen den Schuldner gerichteten Forderung selbst: Sie kann zB nur einen persönlichen Verschaffungsanspruch betreffen, der eine reine Insolvenzforderung ist.

k) Verwahrung und Wertpapiere. Allg. gilt es für die Verwahrung zwischen der allgemeinen Verwahrung nach § 695 BGB und der unregelmäßigen Verwahrung (§ 700 BGB) zu unterscheiden. Bei letzterer ist der Verwahrer nur zur Rückgabe von Sachen gleicher Art und Güte verpflichtet; das ist ein reiner **Verschaffungsanspruch.** Ein Aussonderungsrecht besteht dagegen wegen § 695 BGB bei Abschluss eines allgemeinen Verwahrungsvertrags in der Insolvenz des Verwahrers (aA wohl versehentlich Kübler/Prütting/Bork/*Prütting* Rn. 59: Absonderung). 52

Bei der **Wertpapierverwahrung** steht die unregelmäßige Verwahrung nach §§ 13, 15 DepotG dem Fall des § 700 BGB gleich. Im Falle der Sonderverwahrung (§ 2 DepotG) kann der Hinterleger aussondern (*Canaris* Bankvertragsrecht Rn. 2139, 2209); ebenso bei Tauschverwahrung in Bezug auf die tatsächlich verwahrten Wertpapiere oder Ersatzstücke (§§ 10, 11 DepotG) und bei der Drittverwahrung in der Insolvenz des Drittverwahrers; in der Insolvenz des Zwischenverwahrers geht der Anspruch auf Abtretung des Herausgabeanspruchs gegen den Drittverwahrer (MüKoInsO/*Ganter* Rn. 417 ff.). Die Sammelverwahrung begründet Miteigentum des Hinterlegers (§§ 5 f. DepotG), das zur Aussonderung von der Hinterlegung entsprechenden Wertpapieren in der Insolvenz des Sammelverwahrers berechtigt (§ 7 DepotG). In der Insolvenz einer Kapitalanlagegesellschaft ist nur die Depotbank zur Aussonderung berechtigt (§ 14 KAGG). 53

Bei einem **Gemeinschaftsdepot mit gemeinschaftlicher Verfügungsbefugnis** kann der Verwalter in der Insolvenz eines der Depotinhaber nur zusammen mit dem anderen über die Wertpapiere verfügen; eine Aussonderung kommt gegenüber dem (nicht insolventen) Kreditinstitut nicht und gegenüber dem Insolvenzverwalter nur insoweit in Betracht, als dieser die Mitberechtigung des anderen bestreitet (vgl. auch Uhlenbruck/*Brinkmann* Rn. 118). 54

Bei einem **Gemeinschaftsdepot mit Einzelverfügungsbefugnis** kann die Bank an jeden Hinterleger mit befreiender Wirkung herausgeben. Gibt sie an den Verwalter heraus, hat der andere nach hM kein Aussonderungsrecht (MüKoInsO/*Ganter* Rn. 423). Die hM ist richtig, soweit der Mitberechtigte an den herausgegebenen Wertpapieren kein Eigentum erworben hatte. Waren die hinterlegten Gegenstände eigentumsfähig, wird ggf. Miteigentum bestanden haben; dann ändert die Herausgabe durch die Bank daran nichts. 55

Bei verbrieften Rechten ist zu unterscheiden: Inhaber- und Orderpapiere können vom Eigentümer des Papiers ausgesondert werden (Jaeger/*Henckel* Rn. 106). Bei Rektapapieren, bei denen das Recht am Papier dem im Papier verbrieften Recht folgt (§ 952 Abs. 2 BGB), oder bei nicht vertretbaren Wertpapieren wie zB Konnossementen, Lagerscheinen, Anweisungen, Sparkassenbüchern, Grundpfandbriefen etc kann der Forderungsinhaber die Forderung nach Maßgabe von → Rn. 51, und das Papier kraft seines Eigentums aussondern. Das gilt auch bei Verwahrung; die Sonderregeln des DepotG greifen nicht. 56

Für **Pfandbriefe** ergibt sich über § 30 Abs. 1 PfandBG die fehlende Massezugehörigkeit der zur Deckung vorgesehenen Vermögenswerte in der Insolvenz der Pfandbriefbank, wenn die Deckungswerte in das Deckungsregister eingetragen sind. 57

In Bezug auf **Asset Backed Securities** und bei **Mortgage Backed Securities** unter Beteiligung von special purpose vehicles (Zweckgesellschaften) ist jetzt in § 22j Abs. 1 KWG eine (Ersatz-)Aussonderung durch die Zweckgesellschaft in der Insolvenz des sog Originators (Verkäufer der Forderungen und Sicherungs- 58 geber) zugelassen (so schon vorher *Obermüller* FS Kreft, 2004, 427 [441]). Voraussetzung für die Aussonderung ist, dass die Vermögenswerte in das Refinanzierungsregister eingetragen sind (vgl. auch Uhlenbruck/*Brinkmann* Rn. 92 f.; BFSM/*Tollmann* KWG § 22j Rn. 1 f.).

59 **l) Gewerbliche Schutzrechte, Urheberrechte, Persönlichkeitsrechte.** Immaterialgüterrechte und gewerbliche Schutzrechte können Aussonderungskraft haben, wenn sich der Verwalter das Recht in der Insolvenz eines Nichtberechtigten anmaßt. Es muss sich aber um eine **absolut geschützte Rechtsposition** handeln (wohl weitergehend jetzt *Hirte/Knof* JZ 2011, 889 [894 ff.] zur Lizenz und deren Dinglichkeit). Ein **rein schuldrechtlicher Vertrag genügt nicht,** es muss eine Verfügung (dingliche Komponente) hinzukommen (ausf. *Fischer* WM 2013, 821 ff. [830]). An urheberrechtlichen Nutzungsrechten bestehen idR nur Absonderungsrechte (*Berger* FS Kirchhof, 2013, 1 [11] [auch zur Anwendbarkeit von § 166]; *Klauze,* Urheberrechtliche Nutzungsrechte in der Insolvenz, 199 ff., 203 ff.). Aussonderungsrechte können bestehen bei Ansprüchen des Erfinders in der Insolvenz des nicht berechtigten Patentinhabers gem. §§ 6, 8 PatG gerichtet auf Übertragung des Patents einschließlich erteilter Lizenzen (§ 15 Abs. 2 PatG) sowie nach § 9 PatG in der Insolvenz des Patentverletzers (Kübler/Prütting/Bork/*Prütting* Rn. 72; *Kilger/Karsten Schmidt* § 43 KO Anm. 8; MüKoInsO/*Ganter* Rn. 339). Der Lizenznehmer einer ausschließlichen **Lizenz** (§ 30 Abs. 4 PatG) kann in der Insolvenz des Patentinhabers aussondern (vgl. BGHZ 83, 251 [256] = NJW 1983, 1790 mit Unterscheidung zu einfachen Lizenzen), (*Ganter* NZI 2011, 833 [834]; → § 105 Rn. 23; anders *Smid/Lieder* DZWIR 2005, 7 [17] mit weiteren Differenzierungen). Bei nicht – ausschließlichen Lizenzen lässt sich die Aussonderungskraft kaum begründen (*Ganter* NZI 2011, 833 [834 ff.]). Aussonderungsfähig gegenüber unberechtigten Eingriffen des Verwalters sind auch **Gebrauchsmusterrechte** (§ 13 Abs. 3 GbrMG iVm §§ 6, 8 PatG), **Markenrechte** sowie **Geschmacksmusterrechte** (BGH WM 1998, 1037); ebenso Internet-Domains (*Niesert/Kairies* ZInsO 2002, 510 [512]), allerdings nicht als solche, sondern jeweils im Hinblick auf die marken- und namensrechtlichen (Unterlassungs-)Ansprüche. Auch **Urheberrechte** berechtigten zur Aussonderung, namentlich das Urheberpersönlichkeits- und -verwertungsrecht (§§ 12, 14 UrhG) und das Recht am eigenen Bild (§ 22 KUG). Software ist grds. Massebestandteil (*Paulus* ZIP 1996, 2 [5]), es gelten aber urheberrechtliche Besonderheiten (*Paulus* aaO; *Heidland* KTS 1990, 183 [198 ff., 202, 209 ff.]; *Klauze,* Urheberrechtliche Nutzungsrechte in der Insolvenz, 199 ff., 203 ff.)

60 Auch **das allgemeine Persönlichkeitsrecht** (sonstiges Recht aus § 823 Abs. 1 BGB) genießt Aussonderungskraft, ferner das Namensrecht (§ 12 BGB; *Niesert/Kairies* ZInsO 2002, 510 [511]). Soweit aus der Beeinträchtigung der genannten Rechte Unterlassungsansprüche folgen, kann der Inhaber sie mittels Aussonderungsrechtsstreits geltend machen. Schadensersatzansprüche aus der Verletzung der Rechtspositionen sind dagegen Insolvenzforderungen oder ggf. Masseschulden iSd § 55 Abs. 1 Nr. 1.

61 **3. Persönliche Rechte. a) Allgemeines.** Die Übergängezwischen dinglichen und persönlichen Rechten sind fließend. Auch ein rein persönliches Recht kann nach Satz 1 die Aussonderung begründen, sofern damit die Nichtzugehörigkeit eines konkreten Gegenstand zum haftenden Vermögen geltend gemacht wird. Daher sind reine Verschaffungsansprüche nicht von § 47 erfasst. Die Vorschrift ist aber nicht auf Herausgabeansprüche beschränkt (*Häsemeyer* Rn. 11.14; ausf. *Berger* FS Kreft, 2004, 191).

62 **b) Herausgabe- und Rückgewähransprüche.** Ein obligatorischer Herausgabeanspruch kann die Aussonderung auch dann begründen, wenn der Anspruch-

steller nicht dinglich an der Sache berechtigt ist (zum Anspruch auf Rückgewähr einer Bürgschaftsurkunde idS BGH ZIP 2011, 626 Rn. 19 ff.). Das betrifft insbes. den **Rückgabeanspruch des Vermieters aus § 546 BGB,** der davon unabhängig ist, ob der Vermieter (noch) Eigentümer der Sache ist (BGH ZIP 1994, 1700 [1701]); vgl. → § 108 Rn. 8 ff., 36 ff.). Gleiches gilt für Pachtverträge (§ 581 iVm § 546 BGB) und Leihe (§ 604 BGB) und zwar auch in der Insolvenz eines dritten Besitzmittlers wegen §§ 546 Abs. 2, 604 Abs. 4 BGB. Der mietvertragliche Räumungsanspruch geht allerdings in seiner Aussonderungskraft nicht über den Anspruch nach § 985 BGB hinaus, ein etwaiger „überschießender Teil" ist Insolvenzforderung (BGH ZInsO 2010, 1452 Rn. 8 = ZIP 2010, 2410 = NZI 2010, 901; BGH NJW 2001, 2966); also sind Herausgabe- und Räumungspflicht zu unterscheiden (anders noch BGHZ 127, 156 [165 ff.] = NJW 1994, 3232). Stets kommt es darauf an, dass der Verwalter die Sache noch für die Masse beansprucht (BGH NJW 2008, 2850). Beim **Herausgabeanspruch aus Auftrag** (§ 667 BGB) ist zu unterscheiden, ob es um die Rückforderung des zum Zwecke der Auftragsdurchführung vom Auftraggeber weggegebenen Gegenstands (dann Aussonderung; ebenso OLG Düsseldorf NZI 2012, 887 für **persönliche Daten** von Kunden auf einer Unternehmenshomepage) oder um den Anspruch auf Herausgabe des durch den Auftrag Erlangten geht (dann Insolvenzforderung) (vgl. BGH WM 1962, 180 [181]; Uhlenbruck/*Brinkmann* Rn. 62). Bei **Treuhandverhältnis** gelten aber zusätzlich die Grundsätze von → Rn. 80 ff. Der Mandant hat in der Insolvenz des Anwalts kein Aussonderungsrecht wegen der vom Anwalt auf das Geschäftskonto eingezogenen Forderung (LG Gießen ZIP 2012, 1725).

Zur **Gebrauchsüberlassung durch Gesellschafter** hatte der BGH vor dem MoMiG die Auffassung vertreten, die Gesellschaft bzw. ihr Geschäftsführer könne dem Verlangen des Gesellschafters nach Herausgabe des Mietgegenstands über § 47 S. 2 InsO iVm § 986 BGB das Auszahlungsverbot des § 30 Abs. 1 GmbHG (iVm § 43 Abs. 3 GmbHG) entgegenhalten (BGHZ 127, 1 [9] = NJW 1994, 2349). Nunmehr gilt der im Anfechtungsrecht fehlplatzierte § 135 Abs. 3 InsO nF. Allerdings fehlt es wegen fortbestehenden Nutzungsrechts (§ 108 Abs. 1 S. 1 und § 103) ggf. ohnehin an einem Aussonderungsanspruch (*Marotzke* JZ 2010, 592 [595]; → § 135 Rn. 32). Das Anknüpfungsmerkmal des § 135 Abs. 3 wirft Abgrenzungsschwierigkeiten auf (*Spliedt* ZIP 2009, 149 [156 ff.]). Ob der überlassene **Gegenstand von erheblicher Bedeutung** ist, entzieht sich einer eindeutigen Festlegung. Es empfiehlt sich eine enge Auslegung, die den Gesellschafter nur dann zur fortdauernden Überlassung verpflichtet, wenn das Unternehmen ohne den Gegenstand nicht fortgeführt werden könnte oder ein Sanierungskonzept damit in einem zentralen Punkt scheiterte (zum Ganzen → § 135 Rn. 43). 63

In der **Insolvenz des Vermieters** begründet der Anspruch auf Rückzahlung ein Aussonderungsrecht an der gem. § 551 Abs. 3 S. 3 BGB getrennt vom Vermögen anzulegenden und tatsächlich so angelegten Mietkaution (OLG Düsseldorf NJW-RR 1988, 782) (zur Treuhand → Rn. 80 ff.), nicht bei mit Vermietervermögen vermischter Kaution (BGH NJW 2008, 1152 f.; vgl. auch BGH NZI 2013, 158 Rn. 11). Zur **Mieterinsolvenz** → § 50 Rn. 14. **Baugeld** iSd § 1 BauFordSichG ist nicht insolvenzfest (OLG Hamm ZIP 2007, 240 [241] zu § 1 Abs. 1 GSB; *Köbl* NZBau 2010, 220 [223]). Der Herausgabeanspruch aus § 25 Abs. 5 S. 1 DM-BilanzG ist aussonderungsfähig zugunsten der Treuhandanstalt (BGHZ 156, 350 [360] = NJW 2004, 214). 64

Nicht zur Aussonderung berechtigen nach teilw. vertretener Ansicht Ansprüche nach **Rücktritt (§ 346 BGB),** und zwar auch dann nicht, wenn die Sache noch gegenständlich beim Rückgewährverpflichteten vorhanden ist (Uhlenbruck/*Brinkmann* Rn. 63). Das ist für die Fälle des § 346 Abs. 1 BGB zweifelhaft, weil sich der Anspruch auf die geleistete Sache selbst konkretisiert; Parallele zu § 546 65

BGB läge prima facie nahe. Ebenso wie der Anspruch aus § 433 BGB Verschaffungsanspruch ist, ist es aber auch der Rückgewähranspruch nach Rücktritt vom Kaufvertrag. Davon zu unterscheiden ist der Fall, dass zB wegen einer auf das dingliche Rechtsgeschäft erstreckten Irrtumsanfechtung der Anspruchsteller Eigentümer der Sache geblieben ist (RGZ 70, 55 [57]; *Kilger/Karsten Schmidt* § 43 KO Anm. 7); dann ist Aussonderung möglich, genauso bei sonstiger **Nichtigkeit des Erwerbs.** Davon zu unterscheiden sind Fälle, in denen ein bloßer Bereicherungsanspruch ohne dingliche Berechtigung gegeben ist. Dieser ist außer in den Fällen des § 55 Abs. 1 Nr. 3 eine Insolvenzforderung (dort → § 55 Rn. 36).

66 **c) Verschaffungsanspruch.** Auch iÜ begründen Verschaffungsansprüche, zB nach § 433 Abs. 1 S. 1 BGB, keine Aussonderungsrechte. Das gilt auch für den Anspruch auf Übergabe des Briefs bei einer Briefhypothek und -grundschuld (RGZ 77, 106 [110]).

67 **d) Anfechtungsanspruch.** Umstr. ist die Aussonderungskraft des primären Anfechtungsanspruchs aus § 143 InsO, § 11 AnfG in der Insolvenz des Anfechtungsgegners. Der BGH hat das bejaht (BGHZ 155, 199 [203] = NJW 2003, 3345; BGHZ 156, 350 [359 ff.] = NJW 2004, 214; BGHZ 178, 171 [176] = NJW 2009, 225 Rn. 15; gegen eine Aussonderungskraft früher BGH NJW 1990, 990; *Häsemeyer* Rn. 21.16; *ders.* ZIP 1998, 418 [423]; *Koziol,* Grundlagen und Streitfragen der Gläubigeranfechtung, 1991, 38 ff., 54; dafür Jaeger/*Henckel* KO § 37 Rn. 23 f.; HK-InsO/*Kreft* § 129 Rn. 72; *Haas/Müller* ZIP 2003, 49 [56]. Zur fehlenden Eignung von **Sekundäransprüchen** als Aussonderungsrechte BGHZ 155, 199 [203] = NJW 2003, 3345; BGHZ 71, 299 [302] = NJW 1978, 1525 (zum AnfG); Jaeger/*Henckel* Rn. 116; *Eckardt* KTS 2005, 15 [46]).

68 Der BGH leitet dies aus einer teleologischen Auslegung und der Anwendung der einschlägigen Gesetzesvorschriften her (zust. *Gaul* FS Karsten Schmidt, 2009, 426 [427 f.]). Das Argument, die Gläubiger des Anfechtungsgegners hätten – im untechnischen Sinne – keinen „Anspruch" auf das von ihrem Schuldner durch eine anfechtbare Rechtshandlung erlangte Gut, so dass eine Aussonderungskraft des Anfechtungsanspruchs nach der Interessenlage geboten sei, erweist sich aber als zirkulär, denn ob der Gegenstand den Gläubigern des Insolvenzschuldners oder denen des Anfechtungsgegners gebührt, gilt es gerade zu klären. Gleichwohl ist die Rspr. vorzugswürdig, weil dies den anfechtungsrechtlichen Wertungen am ehesten gerecht wird (näher *Thole,* Gläubigerschutz durch Insolvenzrecht, 2010, 540 ff.).

69 **e) Kommission und Verträge für fremde Rechnung.** Hat ein Kommittent dem Kommissionär Gegenstände zum Verkauf überlassen, so kann er in der Insolvenz des Kommissionärs aussondern. Hat der Kommissionär veräußert, stehen die daraus erwachsenen Forderungen nach § 392 Abs. 2 HGB dem Kommittenten zu. Auch diese Forderungen ebenso wie dafür begebene Papiere kann der Kommittent aussondern (BGHZ 104, 123 [127] = NJW 1998, 3203; krit. wegen Vergleichs mit allgemeinem Insolvenzrecht *Fridgen* ZInsO 2004, 530 [532 f.]); allerdings vor erfolgter Abtretung (§ 384 Abs. 2 HGB) nicht gegen den Dritten vorgehen, § 392 Abs. 1 HGB (*Karsten Schmidt* HandelsR § 31 V 4b) S. 899). Nach Zahlung an den Kommissionär durch den Dritten kann der Kommittent den erzielten Erlös auch bei Unterscheidbarkeit nicht mehr aussondern, weil **§ 392 Abs. 2 HGB** auf die offenen Forderungen aus dem Ausführungsgeschäft beschränkt ist (OLG Hamm ZIP 2003, 2262 [2263]; zur KO BGHZ 79, 89 [94] = NJW 1981, 918; NJW 1974, 456 [457]; weitergehend *Karsten Schmidt* Zweite FS Medicus, 2009, 467 [476 ff.]). Hat der Verwalter eingezogen, kann allerdings ersatzausgesondert werden, § 48 S. 2 (aA MüKoInsO/*Ganter* Rn. 289, da keine unberechtigte Einziehung). Insoweit ist problematisch, dass zwar zah-

lungshalber begebene Wechsel und Schecks aussonderungsfähig sind, die tatsächlich erlangte Gegenleistung aber nicht (krit. *Karsten Schmidt* Handelsrecht § 31 V 4c) aa) S. 904). Daher wollen manche § 392 Abs. 2 HGB und sodann § 47 auf die Gegenleistung erstrecken, ohne § 48 anwenden zu müssen (MüKoInsO/*Ganter* Rn. 289); doch wird man jedenfalls den Begriff der unberechtigten Veräußerung in § 48 auch wirtschaftlich und haftungsrechtlich auslegen und auf die Einziehung des Kaufpreises erstrecken können, obwohl der Kommissionär an sich zur Einziehung des Kaufpreis berechtigt ist (in diese Richtung wohl auch Jaeger/*Henckel* Rn. 149). Dann bedarf es der analogen Anwendung des § 392 Abs. 2 HGB nicht.

Ein entsprechender Schutz des § 392 Abs. 2 HGB wird über **§ 406 Abs. 1 S. 2 und § 422 Abs. 2, § 457 S. 2 HGB** in der Insolvenz des Gelegenheitskommissionärs und des Frachtführers oder Spediteurs zugunsten des Ab-/Versenders begründet. Ob sich § 392 Abs. 2 HGB darüber hinaus als Ausdruck **übergreifender Rechtsgedanken** begreifen lässt, der auf Handelsvertreter und andere Geschäftsbesorgungsverhältnisse und auf alle Kommissionsgeschäfte anzuwenden ist (*Karsten Schmidt* HandelsR § 31 V 4b) S. 898; *ders.* Zweite FS Medicus, 2009, 467 [481 ff.]; *Martinek* FS Musielak, 2004, 355 [372 ff.]; *Bitter,* Rechtsträgerschaft für fremde Rechnung, 195 ff.) ist fragwürdig, weil damit die eindeutige sachenrechtliche Zuordnung gefährdet wird. Es besteht zwar kein Grund, die Unterscheidung zwischen dinglichen und persönlichen Rechten überzubetonen (zum Anfechtungsanspruch eben → Rn. 67). Auch der Ausnahmecharakter des § 392 Abs. 2 HGB steht einer Analogiebildung nicht zwingend entgegen, mahnt gleichwohl zur Vorsicht. Gerade im Vergleich mit dem Anfechtungsanspruch in der Insolvenz des Anfechtungsgegners (→ Rn. 67) zeigen sich Unterschiede, weil der Gegenstand aus gläubigerschädigenden Gründen heraus aus dem Vermögen des Schuldners/Aussonderungsberechtigten ausgelagert wurde und dorthin wieder „zurück" soll. Jedenfalls bei der Einkaufskommission gab es den Gegenstand als solchen vor Ausführung des Geschäfts jedoch gerade nicht. **70**

Bei der **Einkaufskommission** kann der Kommittent in der Insolvenz des Kommissionärs die erworbene Sache aussondern, wenn er schon Eigentümer geworden ist. Das ist auch bei antizipiertem Besitzkonstitut nicht immer gewährleistet. Wer § 392 Abs. 2 HGB weit versteht, bejaht daher eine analoge Anwendung des § 392 Abs. 2 HGB (*Karsten Schmidt* HandelsR § 31 V 4c bb S. 906; Uhlenbruck/*Brinkmann* Rn. 103; aA BGH NJW 1974, 456 [457]; Kübler/Prütting/Bork/*Prütting* Rn. 67; Jaeger/*Henckel* Rn. 149). Doch sollte man das, um die Abgrenzung zu bloßen Verschaffungsansprüchen nicht zu verwischen, auf Fälle beschränken, in denen die Sache eindeutig als Treugut gekennzeichnet oder erkennbar ist (so wohl auch Gottwald InsR-HdB/*Adolphsen* § 40 Rn. 86), denn dann folgt die Beurteilung jener anerkannten Beurteilung von Treuhandverhältnissen (→ Rn. 80 ff.). **71**

Bei der **Wertpapiereinkaufskommission** gelten §§ 6, 18 Abs. 3, 24 Abs. 2 DepotG. Grds. hat der Kommittent einen Aussonderungsanspruch entweder als Eigentümer in Bezug auf die Papiere oder den Lieferungsanspruch (nicht aber bei Selbsteintritt oder Eigengeschäft der Bank); in anderen Fällen gilt das Vorrecht des § 32 DepotG. **72**

Bei der **Verkaufskommission** ist der Kommittent zur Aussonderung berechtigt, wenn er noch Eigentümer ist; sonst nur in Bezug auf den Kaufpreisanspruch gegen den Dritterwerber, wenn man § 392 Abs. 2 HGB hier analog anwenden wollte (MüKoInsO/*Ganter* Rn. 307; aA BGH NJW 1974, 456 [457]); doch auch insoweit spricht mehr für **Ersatzaussonderung** (*Canaris* Bankvertragsrecht Rn. 2072). **73**

Bei der **Versicherung für fremde Rechnung** (§§ 43 ff. VVG) ist der Versicherte Gläubiger der Versicherungsleistung. In der Insolvenz des VN kann der **74**

Versicherte aussondern (BGHZ 10, 376 [377, 380] = NJW 1953, 1825; *Kilger/Karsten Schmidt* § 43 KO Anm. 12). Hat der Verwalter des VN den Anspruch schon eingezogen, gilt § 48 S. 2 (BGHZ 10, 376 [384] = NJW 1953, 1825), ist der Betrag nicht mehr unterscheidbar, steht dem Versicherten nur eine Insolvenzforderung zu. Bei der Versicherung von Sicherungseigentum kann der versicherte Sicherungsnehmer nur Absonderung und ggf. Ersatzabsonderung verlangen, und zwar nur in Höhe der gesicherten Forderung (Jaeger/*Henckel* Rn. 157), weil auch das Sicherungseigentum nur als Absonderungsrecht geschützt ist.

75 Bei einer **Arbeiterversorgung durch Abschluss einer (Direkt-)Versicherung** kann der Arbeitnehmer in der Insolvenz des Arbeitgebers aussondern, wenn seine Bezugsberechtigung unwiderruflich ist, nicht aber bei widerruflicher Ausgestaltung (BAG NZA 1991, 60; 1991, 845; ZIP 2010, 1915 Rn. 21 = NZI 2011, 30; ZIP 2012, 2269 Rn. 14 ff.; BGH NJW 1991, 717; 1996, 2731 [2732]; NJW-RR 2014, 543 Rn. 11; ZIP 2014, 2251 Rn. 14; LG Göttingen ZIP 2014, 1187; AG Göttingen NZI 2012, 419 [420]; anders *Kießling* NZI 2008, 469 mit Parallele zur Treuhand). Bei Widerruflichkeit kann der Verwalter nach Kündigung oder bloßer Erfüllungsablehnung den Rückkaufswert zur Masse ziehen (BGH NJW 1993, 1994; NZI 2002, 604; vgl. BAG NZI 2000, 341 ff.). Ein durch Vorbehalte „eingeschränkt unwiderrufliches Bezugsrecht" berechtigt zur Aussonderung, wenn die Vorbehalte nicht erfüllt sind (BGH NJW 1996, 2731 [2732]; NZI 2006, 527; NZA-RR 2008, 32; NJW-RR 2014, 543 Rn. 11; ZIP 2014, 2251 Rn. 17 ff.; BAG ZIP 2010, 1915 Rn. 23 = NZI 2011, 30; Uhlenbruck/*Brinkmann* Rn. 114). Die Rspr. legt **Vorbehalte eng** aus: Dem Interesse des Arbeitgebers entspreche es, sich den Zugriff auf die Versicherungsleistungen zu erhalten, sollte der Arbeitnehmer aus eigenem Antrieb aus dem Betrieb ausscheiden oder sonst eine personen- oder verhaltensbedingte Kündigung veranlassen. Dagegen rechtfertigten die Interessen eines redlichen, vertragstreuen Arbeitgebers es nicht, im Falle seiner Insolvenz dem versicherten Arbeitnehmer sein Bezugsrecht allein deshalb zu entziehen, um die Zugriffsmöglichkeiten der Insolvenzgläubiger erweitern zu können (BGH NZI 2005, 555 [557]; BAG NZA 1991, 60 [61]; näher zu den Auslegungsmaßstäben BGH NJW-RR 2014, 543 Rn. 12 ff.; zu Vereinbarungen auf den Insolvenzfall vgl. → § 119 Rn. 11; BAG ZIP 2010, 1915 Rn. 33 = NZI 2011, 30), also sind insolvenzbedingte Vorbehalte ggf. unbeachtlich (näher zu Detailunterschieden in der Rspr. des BGH und des BAG *Priebe* ZInsO 2010, 2307 [2310 ff.]).

76 **f) Leasing.** Bei Leasing ist zwischen **Operating-Leasing** und **Finanzierungsleasing** zu unterscheiden. Ersteres steht einer Miete gleich und löst vergleichbare Rechtsfolgen aus (→ Rn. 62). Beim typischen Finanzierungsleasing über bewegliche Sachen oder Rechte greift § 103 und die Kündigungssperre des § 112. Lehnt der Verwalter in der **Insolvenz des Leasing*nehmers*** die Erfüllung ab, kann der Leasinggeber vom Insolvenzverwalter Herausgabe verlangen und damit aussondern (MüKoInsO/*Ganter* Rn. 223); bei Erfüllungswahl bleibt der Leasingnehmer zum Besitz berechtigt und zur Zahlung der Raten verpflichtet. Nach aA soll es an der Aussonderungskraft fehlen, weil das Leasinggut wegen der in den Leasingraten enthaltenen Substanzwertabgeltung dem Leasingnehmer haftungsrechtlich zugeordnet werde (*Häsemeyer* Rn. 11.11). Für die **Insolvenz des Leasing*gebers*** ist umstr., ob der Leasingnehmer aussondern kann (dagegen Kübler/Prütting/Bork/*Prütting* Rn. 53; vgl. auch BGHZ 94, 44 [49] = NJW 1985, 1535: „Zuordnung zum Vermögen des Leasinggebers"; dafür *Canaris* Bankvertragsrecht Rn. 1786). Indessen bleibt der Leasinggeber Volleigentümer; einen Anspruch auf die Sache selbst wegen treuhänderischer Zweckbindung ergibt sich nicht (Jaeger/*Henckel* Rn. 67). § 108 kennzeichnet Leasingverträge als mietvertragsähnlich. Bei Sicherungsübertragung des Leasingguts an einen Dritten, steht dem Dritten ein

Absonderungsrecht nach § 51 Nr. 1 zu, wenn der Leasingvertrag beendet wird. Davon profitiert mittelbar auch der Leasingnehmer. Beim **Leasing von Immobilien** tritt das Kündigungsrecht des § 109 an die Stelle des § 103 (näher → § 108 Rn. 8).

g) Factoring. Das **echte Factoring** entspricht einem Forderungskauf durch den sog Factor, der das Ausfallrisiko beim Drittschuldner übernimmt. Für die Übertragung der Forderung, die ggf. auch im Voraus erfolgt (BGHZ 69, 254 [257 f.] = NJW 1977, 2207; *Kilger/Karsten Schmidt* § 43 KO Anm. 11c) schreibt der Factor dem Zedent (Anschlusskunden) einen Gegenwert gut. Da der Factor Vollrechtsinhaber wird und es am Sicherungscharakter fehlt, kann er in der Insolvenz des Zedenten die Forderung aussondern (*Beck* KTS 2008, 121 [125 f.] mwN). In der Insolvenz des Factors kann der Anschlusskunde regelmäßig nicht aussondern, weil und soweit der Factor bereits Forderungsinhaber geworden ist. Daran kann es bei aufschiebender Bedingung fehlen (Uhlenbruck/*Brinkmann* Rn. 54; *Sinz* Kölner Schrift InsO Kap. 14 Rn. 123). 77

Beim unechten Factoring handelt es sich um ein Darlehensgeschäft. Der Zedent trägt das Ausfallrisiko. Der Factor zahlt einen Vorschuss auf den Forderungsbetrag und darf die Forderung bei Uneinbringlichkeit wieder zurückgeben. Wird der Zedent insolvent, kann der Factor nur aus der noch nicht eingezogenen Forderung absondern, entsprechend § 51 Abs. 1 Nr. 1 (Jaeger/*Henckel* Rn. 127; HK-InsO/*Lohmann* Rn. 15). Bei Insolvenz des Factors kann der Zedent die Forderung aussondern, wenn er den Vorschuss zurückzahlt (MüKoInsO/*Ganter* Rn. 277; HK-InsO/*Lohmann* Rn. 15, zw.; anders *Sinz* Kölner Schrift InsO Kap. 14 Rn. 169: je nach Fallgestaltung ggf. auflösend bedingtes Aussonderungsrecht). 78

Bei **Kollision von Factoring-Globalzession und verlängertem Eigentumsvorbehalt** gilt beim echten Factoring zugunsten des Factors das Prioritätsprinzip, so dass der Factor wirksam Forderungsinhaber wird; die zu § 138 BGB entwickelte Vertragsbruchtheorie greift nicht (BGHZ 69, 254 [257 f.] = NJW 1977, 2207; BGHZ 72, 15 [21 f.] = NJW 1978, 1972; ausf. *Beck* KTS 2008, 121 [127]); nur ausnahmsweise kann die Berufung des Factors auf seine Priorität rechtsmissbräuchlich sein (BGHZ 100, 353 [360 f.] = NJW 1987, 1878). Beim unechten Factoring ist die Frage nicht verbindlich geklärt. Der BGH will offenbar die Vertragsbruchtheorie anwenden und damit dem verlängerten Eigentumsvorbehalt Vorrang vor einer zeitlich vorangehenden Globalzession geben, die sodann nach § 138 BGB sittenwidrig sei (BGHZ 82, 50 [60 f.] (PVC-Fall) = NJW 1982, 164; aA *Blaurock* NJW 1978, 1974 [1975]; *Roth/Fitz* JuS 1985, 188 [191 f.]). Das ist im Lichte des rechtsökonomisch sinnvollen Prioritätsprinzips fragwürdig; die Kritik berührt aber va die grundsätzliche Konstruktion der Sittenwidrigkeitslösung. 79

h) Treuhand. Die Treuhand ist ein Beispiel für die Vermischung dinglicher und persönlicher Rechte. Zu unterscheiden ist zwischen der Verwaltungstreuhand (uneigennützige Treuhand) und der Sicherungstreuhand (eigennützige Treuhand). IErg geht es um die Kombination von schuldrechtlicher Abrede und einem dinglichen Element. Die **Terminologie** ist teils **nicht gesichert** (vgl. auch BGH NJW 1998, 2213). Speziell zur **Doppeltreuhand** vgl. *Jacoby* FS Kübler, 2015, 309; *Thole* KTS 2014, 45 ff. 80

Bei einer uneigennützigen Verwaltungstreuhand, dh der Übertragung eines Vermögensgegenstands an einen Treuhänder zum Zwecke der Verwaltung, hat der Treugeber ein Aussonderungsrecht, wenn er Eigentümer der Sache oder Inhaber des Rechts geblieben ist (Gottwald InsR-HdB/*Adolphsen* § 40 Rn. 34), doch dann kann man eigentlich schon gar nicht von Treuhand sprechen. Auch iÜ, bei formalem, dinglichem Erwerb des Gegenstands durch den Treuhänder, 81 bleibt das Treugut **dem Treugeber haftungsrechtlich zugeordnet,** so dass er aussondern kann (RGZ 94, 305 [307]; BGHZ 156, 356 [360] = NJW 2004, 214; BGH NJW 1959, 1223 [1224] („Gewohnheitsrecht"); ZIP 1993, 213 [214]; NJW 1998, 2213 [2214]). Das wird mit Blick auf die par condicio kritisiert (*Fridgen* ZInsO 2004, 530 [536 ff., 537]), ist aber wegen der einschränkenden Voraussetzungen (→ Rn. 82 ff.) tragbar. Fälle dieser Art sind die **Inkassozession** (MüKo-InsO/*Ganter* Rn. 361), die Übertragung von Sicherungseigentum an eine Treuhandgesellschaft durch den Sicherungsnehmer oder eine Erwerbstreuhand, wenn der Treuhänder Gegenstände zu eigenem Recht erwerben soll (mit Recht krit. Gottwald InsR-HdB/*Adolphsen* § 40 Rn. 37).

82 Bei der uneigennützigen Verwaltungstreuhand und Kontenführung ist eine **Publizität** des Treuhandkontos wie bei einem Anderkonto nicht zwingend erforderlich (BGH NZI 2005, 625 [626]; BGHZ 61, 72 [79] = NJW 1973, 1754; BGH NJW 1993, 2622; 1996, 1543 [1544]; *Karsten Schmidt* FS Wiegand, 2005, 933 [954 ff.]); darauf kommt es nur für die Entstehung des Pfandrechts der Bank an (BGH NJW 1993, 2622). Notwendig für die Aussonderung ist lediglich, dass das Konto offen ausgewiesen oder sonst **nachweisbar** ausschließlich zur Aufnahme von treuhänderisch gebundenen Fremdgeldern bestimmt ist (BGHZ 61, 72 [79] = NJW 1973, 1754; BGH NJW-RR 2003, 1375 [1376]). In diesem Fall erstreckt sich das Treuhandverhältnis auch auf von dritter Seite eingegangene Zahlungen, sofern die ihnen zu Grunde liegenden Forderungen nicht in der Person des Treuhänders, sondern unmittelbar in der Person des Treugebers entstanden sind (BGHZ 188, 317 Rn. 13 = NJW-RR 2011, 779; BGHZ 155, 227 [231] = NJW 2003, 3414; BGH NJW 1959, 1223 [1225]; NJW-RR 1993, 301; NJW 1993, 2622).

83 Der BGH hat **das Offenkundigkeitserfordernis** demnach **gelockert.** Der vom BGH bisher nicht aufgegebene **Unmittelbarkeitsgrundsatz** bei Treuhandverhältnissen (vgl. BGHZ 155, 227 [231] = NJW 2003, 3414) ist aber weiter vorausgesetzt (BGH NZI 2005, 425 [426]), obwohl er vage (Gottwald InsR-HdB/*Adolphsen* § 40 Rn. 33) und gar unbrauchbar ist (*Karsten Schmidt* FS Wiegand, 2005, 933 [944 ff.]; umfassend *Bitter,* Rechtsträgerschaft für fremde Rechnung, 51 ff., 107). Danach muss der Gegenstand unmittelbar aus dem Vermögen des Treugebers in das Vermögen des Treuhänders übertragen werden (RGZ 84, 214 [217 f.]; BGH aaO; BGHZ 155, 227 [231] = NJW 2003, 3414); die schuldrechtliche Vereinbarung, dass der bisherige Volleigentümer jetzt für den Treugeber verwaltet, verschafft diesem kein Aussonderungsrecht. Bei **Anderkonten** ist eine Ausnahme anerkannt (BGH NJW 1954, 190 [191]; NJW-RR 1993, 301). Der Deutschen Post AG steht mangels Treuhandabrede kein Aussonderungsrecht an Bargeldbeständen der insolventen Partnerfilialen zu (OLG Düsseldorf ZIP 2011, 489 [490]).

84 Daneben wird das **Bestimmtheitsprinzip** betont; daher keine Aussonderung an **vermischten Mietkautionskonto** (BGH NJW 2008, 1152; NJW-RR 2003, 1375 [1376]; NZI 2013, 158 Rn. 11; ZIP 2013, 2421 Ls.; Uhlenbruck/*Brinkmann* Rn. 98; Jaeger/*Henckel* Rn. 72) oder bei sonstiger Vermischung von Fremd- und Eigenmitteln (BGH NZI 2003, 549 [550]; OLG Frankfurt a. M. ZIP 2012, 1922 [1923]). Ein Aussonderungsbefugnis an Kontoguthaben kann nur entstehen, wenn es sich um ein ausschließlich zur Aufnahme von Fremdgeldern bestimmtes Konto handelt (BGH NJW 1971, 559 [560]; NZI 2005, 625; NJW 2008, 1152). Kein Aussonderungsrecht besteht regelmäßig bei Einzahlungen von Anlegern in **Schneeballsystemen** (LG Frankfurt a. M. BeckRS 2009, 27033). Es ist konkret zu prüfen, ob Einlage oder Treugut gewollt ist (LG Frankfurt a. M. ZIP 2010, 2109 [2110] – Lehman Insolvenz). Eine Einlage, die der Refinanzierung einer Bank dient, kann nicht zugleich Treugut sein (LG Frankfurt aaO). Die Aussonderungsbefugnis des Treugebers hängt davon ab, dass der Treuhänder die **Treuhandbindung beachtet** (BGH NZI 2011, 371 Rn. 16 = ZInsO 2011, 784

– Phoenix), daher kein Aussonderungsrecht bei Zahlungen auf Brokerkonten, wenn der Treuhänder das Fremdgeld als eigenes Vermögen behandelt (BGH aaO; anders Vorinstanz OLG Frankfurt a. M. ZIP 2010, 437; zur Folge für die Entschädigung nach EAEG KG ZIP 2011, 415 und zu deren Fälligkeit KG ZIP 2011, 1605). Zur irrtümlichen Leistung auf das Treuhandkonto BGH NZI 2005, 625 [626].

In der **Insolvenz des Treugebers** hat der Treuhänder als lediglich formal Berechtigter kein Aussonderungsrecht, sondern der Insolvenzverwalter kann vielmehr Herausgabe der Sache verlangen (RGZ 145, 253 [256]; *Kilger/Karsten Schmidt* § 43 KO Anm. 9). 85

Bei der eigennützigen Treuhand handelt es sich idR um eine Sicherungsübereignung oder Sicherungszession oder um eine Nutzungstreuhand. Auch insoweit bleibt trotz dinglicher Zuordnung des Gegenstands zum Treuhänder die Sache haftungsrechtlich dem Treugeber zugeordnet. In der **Insolvenz des Sicherungsnehmers** bzw. Treuhänders hat der Treugeber ein **Aussonderungsrecht** (BGHZ 11, 37 [40] = NJW 1954, 190 [§ 771 ZPO]; *v. Rom* WM 2008, 813 [815] mwN); naturgemäß erst nach Entfallen des Sicherungszwecks. Von der Konstruktion – auflösende Bedingung oder schuldrechtlicher Rückübertragungsanspruch – hängt das Recht nicht ab. In der **Insolvenz des Treugebers** hat der nur formal berechtigte Treuhänder nur ein **Absonderungsrecht** (RGZ 118, 209 f.; BGHZ 11, 37 [42] = NJW 1954, 190; BGH NJW 1962, 46; BAG NZA 2013, 1440 = ZIP 2013, 2025 Rn. 24; stRspr; Kübler/Prütting/Bork/*Prütting* Rn. 27; Uhlenbruck/*Brinkmann* Rn. 83; anders *v. Rom* WM 2008, 813 [819]), das jetzt in den meisten Fällen schon aus § 51 Abs. 1 Nr. 1, sonst aus allgemeinen Grundsätzen folgt. 86

Bei Strohmanngeschäften, bei denen der Treuhänder ein Unternehmen für Rechnung eines Hintermanns gründet und führt, kann der Hintermann nicht aussondern (vgl. BGHZ 31, 258 [264] = NJW 1960, 285). Bei Konten können verdeckte Treuhandkonten mangels Offenkundigkeit keine Aussonderung rechtfertigen (BGH ZIP 1993, 213 [214]); anders bei Anderkonten in der Insolvenz des Treuhänders (BGH NJW 1993, 2622, zu § 771 ZPO; NZI 2005, 625 [626]) und bei Agenturkonten (MüKoInsO/*Ganter* Rn. 400). Zur Mietkaution → Rn. 84 und → § 50 Rn. 14. Entscheidend ist die tatsächliche treuhänderische Anlage. Schadensersatzansprüche wegen Verletzung treuhänderischer Pflicht sind Insolvenzforderungen. 87

Bei **Sonderkonten** oder **Konten mit Sperrvermerk oder Mitwirkungsbefugnis** wird man idR keine Aussonderung bejahen können, solange der durch den Sperrvermerk Begünstigte nicht eindeutig als Dritter einen eigenen Auszahlungsanspruch erwirbt (MüKoInsO/*Ganter* Rn. 403; Gottwald InsR-HdB/*Adolphsen* § 40 Rn. 42). Ist das Guthaben verpfändet oder zur Sicherheit zediert, kommt eine Absonderung in Betracht. 88

Gelder, die auf **Arbeitszeitkonten** zur Abgeltung von Arbeitzeitguthaben bereitstehen, waren nicht wie bei Treuhandkonten aussonderungsfähig (BAG NZI 2005, 122 [123]), mit Recht, weil Vorleistungen immer das Risiko des Arbeitnehmers bleiben müssen. Jetzt gilt aber § 7e Abs. 2 SGB IV mit Verpflichtung zur insolvenzfesten Absicherung. Werden die Gelder nicht beim Arbeitsgeber ausgegliedert, fehlt es an einem Aussonderungsrecht (LAG Hamm ZIP 2013, 1294 = ZInsO 2013, 1272 zur insolvenzfesten **Sicherung des Wertguthabens aus Altersteilzeit** durch Doppeltreuhand bei § 8a AltTZG). Es besteht dann aber ein Absonderungsrecht (BAG ZIP 2013, 2015 = NZA 2013, 1440 Rn. 24 f.) 89

i) Internationaler Warenkauf. Im internationalen Warenkauf gilt das Stoppungs- und Anhalterecht des § 71 Abs. 2 CISG (früher § 73 EKG). Danach kann der Verkäufer die Auslieferung der Ware an den Käufer nach Absendung noch 90 verhindern; der Käufer muss das dulden. Der Verkäufer hat aber keinen Anspruch auf Wiederverschaffung des Besitzes (aA MüKoInsO/*Ganter* Rn. 349). Das **Anhalterecht** hat nach hM grds. Aussonderungskraft (Jaeger/*Henckel* Rn. 170; MüKoInsO/*Ganter* Rn. 349). Es ist aber streitig, ob es Aussonderungskraft genießt, wenn der Käufer (wohl nur ausnahmsweise denkbar) schon zuvor Eigentum erworben hat (dafür Gottwald InsR-HdB/*Adolphsen* § 40 Rn. 94; aA Jaeger/*Henckel* Rn. 170; Uhlenbruck/*Brinkmann* Rn. 64). Richtigerweise dürfte *insgesamt* eine Aussonderungskraft des **§ 71 CISG** zu verneinen sein, da das Anhalterecht nur eine Verlängerung des Zurückbehaltungsrechts aus § 71 Abs. 1 CISG ist (vgl. Schlechtriem/Schwenzer UN-KaufR *Hornung/Fountoulakis* Art. 71 Rn. 37) und dieses nur ein **Absonderungsrecht** begründen kann (§ 51 Nr. 2); ein Aussonderungsrecht kann allenfalls aus fortbestehendem Eigentum folgen.

91 **j) Pensions- und Unterstützungsfonds.** Soweit ein Unternehmen Fonds zur Versorgung seiner Arbeitnehmer bildet, fallen diese Gelder grds. in die Masse (Gottwald InsR-HdB/*Adolphsen* § 40 Rn. 66; zur **Direktversicherung** aber → Rn. 75). Die Pensionsansprüche und -zusagen sind Insolvenzforderungen. Anders ist es bei Bildung und Beteiligung von rechtlich selbständigen Kassen (Gottwald InsR-HdB/*Adolphsen* § 40 Rn. 67). Sofern die Arbeitnehmer Gesamthandsvermögen in Gestalt eines nicht-rechtsfähigen Vereins bilden, fällt dieses nicht in die Insolvenzmasse (MüKoInsO/*Ganter* Rn. 428). Kein Aussonderungsrecht aufgrund von **Bilanzrückstellungen** (BAG DB 1972, 2116 [2118]).

IV. Unabdingbarkeit

92 Die gesetzlichen Voraussetzungen des § 47 stehen **nicht zur vertraglichen Disposition** (RGZ 41, 1 [2]). Bei entsprechender Vertragsgestaltung sind jedoch auch ohne ausdrückliche Vereinbarung eines Aussonderungsrechts ähnliche Ergebnisse erzielbar (zur Treuhand zB → Rn. 80 ff.) (Jaeger/*Henckel* Rn. 28). Während des Verfahrens ist die Anerkennung eines nicht bestehenden Aussonderungsrechts durch den Insolvenzverwalter unwirksam (OLG Düsseldorf ZIP 1995, 1100 [1101]). Das wird man aber allenfalls in eindeutigen Fällen bejahen können, in anderen kann an einem **Vergleich** bzw. Anerkenntnis ein streitbereinigendes Interesse bestehen. Die Herausgabe einer Sache durch den Insolvenzverwalter in Erfüllung eines vermeintlichen Aussonderungsrechts führt nicht zu einer Umgestaltung der dinglichen Rechtslage und ist mangels rechtsgeschäftlichen Willens keine Eigentumsübertragung.

V. Durchsetzung des Aussonderungsrechts

93 **1. Amtspflichten des Verwalters.** Es gehört zu den Amtspflichten des Verwalters, die Soll-Masse herzustellen und fremde Rechte zu respektieren und ggf. zu sichern. Er muss iRd Masseverwaltung prüfen, ob anderweitige Berechtigungen bestehen. Das ist eine originäre Verwalterpflicht (Uhlenbruck/*Brinkmann* Rn. 127), die nicht delegierbar ist. Die fahrlässige Inanspruchnahme von nicht massezugehörigen Rechten und Sachen kann die Haftung nach § 60 auslösen (BGH ZIP 1996, 1181 [1183]; OLG Hamm NJW 1985, 865 [867]; ausf. *Barnert* KTS 2005, 431 [436 f.]). Erforderlich ist, dass der Aussonderungsberechtigte konkret auf seine Rechtsposition hinweist (BGH aaO); unsubstantiierte Herausgabeverlangen lösen keine Prüfungspflichten aus. Im Einzelnen dürfen die **Nachforschungspflichten nicht überspannt** werden (→ § 60 Rn. 28); ggf. muss der Insolvenzverwalter aber mit einem üblichen Eigentumsvorbehalt rechnen (OLG Stuttgart ZIP 1990, 1091; eher zurückhaltend *Barnert* KTS 2005, 431 [438 ff.]) und nach deutlichen Hinweisen weitere Informationen anfordern (OLG Jena ZInsO 2005, 44 [46]).

2. Geltendmachung (Satz 2) und Pflichtenumfang. Gem. Satz 2 bestimmt sich der Aussonderungsanspruch nach den Gesetzen, die außerhalb des Insolvenzverfahrens gelten, dh je nach Anspruchsziel aus §§ 985, 894, 1004 BGB etc (→ Rn. 18 f.). Ob der Insolvenzverwalter verpflichtet ist, den Aussonderungsgegenstand an den Berechtigten zu verschicken oder ihm tatsächlich anzubieten oder ob er ihn nur bereitstellen muss, richtet sich nach dem jeweiligen Aussonderungsrecht. Bei § 985 BGB wird zwischen gutgläubigem, bösgläubigen und deliktischem Besitzer unterschieden (Palandt/*Bassenge* BGB § 985 Rn. 10; anders Kübler/Prütting/Bork/*Prütting* Rn. 81: stets nur Bereitstellungspflicht). Daraus folgt zugleich, dass der Aussonderungsberechtigte seinen Anspruch **nicht im Wege der Selbsthilfe** erfüllen darf. 94

Der Insolvenzverwalter ist nach Eingang eines konkreten Aussonderungsbegehrens über den Verbleib und Zustand der Aussonderungsgegenstände zur **Auskunft** verpflichtet (Gottwald InsR-HdB/*Adolphsen* § 40 Rn. 124); es handele sich um eine insolvenzrechtliche, nicht gesetzlich geregelte Nebenpflicht (Kübler/Prütting/Bork/*Prütting* Rn. 83), doch richtiger erscheint es, die Auskunftspflicht – wie auch sonst – aus § 242 BGB herzuleiten (allg. BGHZ 10, 385 [387] = NJW 1954, 70; BGHZ 95, 285 [288] = NJW 1986, 1247; wohl für § 666 BGB *Gerhardt* ZIP 1980, 941 f.); in einigen Fällen helfen auch §§ 687 Abs. 2, 681 S. 2, 666 BGB (*Andersen/Freihalter* Aus- und Absonderungsrechte Rn. 221). Ggf. kann der Verwalter auf die Einsicht in die Unterlagen verweisen (LG Baden ZIP 1989, 1003 [1004]). § 260 BGB ist keine Anspruchsgrundlage (aA wohl Gottwald InsR-HdB/*Adolphsen* § 40 Rn. 124); wohl aber Maßstab für den Inhalt (tendenziell BGHZ 98, 160 [164] = NJW 1986, 2948 [2949]). Mitwirkungspflicht des Insolvenzschuldners nach § 97. 95

Die Frage der **Kostentragung** für Kosten, die im Zuge der Erfüllung des Aussonderungsrechts anfallen, ist str. (vgl. BGHZ 104, 304 [308] = NJW 1988, 3264). Aus §§ 170, 171 wird man keine gesetzliche Wertung gegen einen Kostenersatz bei Aussonderungsrechten erkennen können (so aber Uhlenbruck/*Brinkmann,* 13. Aufl. 2010, Rn. 106; wie hier jetzt Uhlenbruck/*Brinkmann* Rn. 137) da Aussonderungsrechte massefremd sind und die Sachlage daher strukturell anders ist. Teilw. wird aus §§ 677, 683 S. 1, 670 BGB ein Anspruch des Verwalters gegen den Aussonderungsberechtigten hergeleitet (*Häsemeyer* Rn. 11.27). Richtigerweise ist die Frage **differenziert zu betrachten:** 96

Da die Prüfung, Feststellung, Bereitstellung und Auskunftspflichten der Masseverwaltung zugehören, fallen die Kosten zunächst nach allgemeinen insolvenzrechtlichen Regeln der Masse zur Last (BGH ZIP 1983, 839 [840]: kein Fall von § 679 BGB; BGHZ 104, 304 [308] =NJW 1988, 3264: eigenes Geschäft, BGHZ 127, 156 [166] = NJW 1994, 3232; Uhlenbruck/*Brinkmann* Rn. 106). Ob die Masse einen Erstattungsanspruch gegen den Aussonderungsberechtigten hat, richtet sich ausschließlich nach dem materiellen Recht, wie es „gewissermaßen reziprok" der Wertung des § 47 S. 2 entspricht. 97

Eine Kostenerstattungspflicht kann sich ergeben aus einer Vereinbarung mit dem Aussonderungsberechtigten (*Lüke* KTS 1988, 421 [431 f.], der GoA regelmäßig verneint; Kübler/Prütting/Bork/*Prütting* Rn. 85), die man aber nicht schon ohne weiteres darin sehen kann, dass der Aussonderungsberechtigte entsprechende Zahlungen leistet (so aber Kübler/Prütting/Bork/*Prütting* aaO: keine Rückforderung), denn ggf. handelt der Aussonderungsberechtigte in irriger Annahme einer Verpflichtung. Für die Erfüllung des Aussonderungsanspruchs besteht regelmäßig **keine Kostenerstattungspflicht,** denn es handelt sich um Kosten der eigenen Mühewaltung, ggf. ist der Anspruch nach § 985 BGB schon seinem Inhalt nach auf Rückgabe an den Eigentümer an den Ort gerichtet, an dem sich die Sache bei Eintritt der Bösgläubigkeit befand (BGH NJW 1981, 752 [753] zum bösgläubigen Besitzer). Denkbar ist, dass der Verwalter im Einzelfall zusätzliche, 98 nicht mit der Masseverwaltung verbundene Pflichten übernimmt, die er sich dann für die Masse auch vergüten lassen kann (BGHZ 104, 304 [308] = NJW 1988, 3264; ZIP 1988, 853 [854]; OLG Koblenz NZI 2004, 498 f.). Eine allgemeine Verpflichtung der Masse, **Abholungskosten** für das Aussonderungsgut zu tragen, besteht nicht (BGH NZI 2012, 841 Rn. 19 zum Leasing).

99 Ein Anspruch kann aber bestehen hinsichtlich **Erhaltungs- und Sicherungskosten;** er wird in den Fällen des § 985 BGB aus §§ 994 Abs. 1, 2, 996 BGB folgen und kann insoweit auch dem Herausgabeverlangen entgegengesetzt werden, § 1000 BGB, § 273 Abs. 2 BGB mit der Folge der Zug-um-Zug-Verurteilung (zum Ganzen *Smid* NZI 2014, 633 f.). § 994 Abs. 1 S. 2 BGB schließt allerdings einen Ersatz gewöhnlicher Erhaltungskosten aus, soweit dem Besitzer die Nutzungen verbleiben, das ist zumindest in den Fällen des § 107 Abs. 2 S. 1 zu bejahen.

100 Der Verwalter kann den Anspruch insgesamt durch echte **Freigabe** vereiteln; ggf. auch durch Dereliktion und Verzichtserklärung (zur Altlastenproblematik → § 55 Rn. 25 ff.). Dann richtet sich der „Aussonderungsanspruch" gegen den Schuldner selbst.

VI. Rechtsstreit über Aussonderung

101 Aus **Satz 2** folgt, dass das Aussonderungsrecht vor den ordentlichen Gerichten nach allgemeinen Regeln geltend zu machen ist, nicht vor dem Insolvenzgericht. Die Klage richtet sich gegen den Verwalter, nach Freigabe gegen den Schuldner, wenn dieser das Recht für sich beansprucht (Gottwald InsR-HdB/*Adolphsen* § 40 Rn. 109). Um einen Aussonderungsrechtsstreit handelt es sich aber auch, wenn der Insolvenzverwalter auf Feststellung klagt oder die vermeintlich zur Masse gehörenden Gegenstände einklagt und sich der Gegner dagegen mit seinem Aussonderungsrecht verteidigt. Mit der **Feststellungsklage** kann der Insolvenzverwalter auch das Nichtbestehen feststellen lassen (BAG NJW 2011, 701 Rn. 13). Diesen Vorgaben und dem konkreten Aussonderungsziel (→ Rn. 18 f.) folgt auch der Klageantrag. Die sachliche **Zuständigkeit:** §§ 23, 71 GVG iVm § 6 ZPO. Die örtliche Zuständigkeit folgt § 19a InsO bei Klagen gegen den Insolvenzverwalter und ggf. §§ 24, 27, 29 ZPO; klagt der Verwalter, gelten die allgemeinen Regeln, §§ 12 ff. ZPO. Gerichtsstandsvereinbarungen mit dem Verwalter sind zulässig, soweit kein ausschließlicher (dinglicher) Gerichtsstand greift. An Gerichtsstandsvereinbarungen des Schuldners war der Verwalter nach bisher hM grds. gebunden, auch an Schiedsvereinbarungen (BGHZ 179, 304 Rn. 11 = NJW 2009, 1747; BGH ZInsO 2004, 88; SchiedsVZ 2008, 148 [150] = NJW-RR 2008, 558; *Wagner* KTS 2010, 39 [45]). Der BGH hat aber das Wahlrecht nach § 103 auf Schiedsvereinbarungen erstreckt (BeckRS 2011, 18678 = NZI 2011, 634); jedenfalls bei Aussonderungsstreitigkeiten und wegen der Wertung des § 47 S. 2 passt das nicht recht. Die internationale Zuständigkeit richtet sich im Bereich des Europäischen Verfahrensrechts nach der EuGVVO (bzw. LugÜ), nicht nach der EuInsVO (EuGH IPRax 2010, 355 – German Graphics mit Anm. *Brinkmann* IPRax 2010, 324; allg. *Thole* ZEuP 2010, 904). Für das anwendbare Recht ist Art. 5 EuInsVO zu beachten. Im Bereich des autonomen Rechts gelten die Vorschriften der ZPO über die örtliche Zuständigkeit doppelfunktionell auch für die internationale Zuständigkeit.

102 Erkennt der Verwalter den Klageantrag an, kommt eine **Kostenumkehr nach § 93 ZPO** in Betracht. Der Verwalter hat aber Anlass zur Klage gegeben, wenn er auf konkrete Hinweise des Aussonderungsberechtigten hin untätig bleibt oder das Recht bestreitet. **Einstweilige Verfügung zwecks Sicherung** ist möglich; auch schon gegenüber dem vorläufigen Verwalter trotz eines etwaigen Vollstreckungsverbots in § 21 Abs. 2 Nr. 5, das seinem Zweck nach Aussonderungsberechtigte nicht erfassen kann (Gottwald InsR-HdB/*Adolphsen* § 40 Rn. 126).

Für die **Darlegungs- und Beweislast** ist ggf. § 1006 BGB zugunsten des besitzenden Insolvenzverwalters zu berücksichtigen. Der Aussonderungsberechtigte muss die Vermutung ggf. widerlegen, eine Erschütterung reicht nicht, § 292 ZPO. Bei Grundbuchrechten gilt der Inhalt des Grundbuchs als richtig, § 891 BGB; der Aussonderungsberechtigte muss den Beweis des Gegenteils bzw. seiner Berechtigung führen. Besonderheiten gelten bei **Ehegatten.** Zwischen Ehegatten gilt idR nicht die Vermutung des § 1006 BGB wegen bestehenden Mitbesitzes. Der aussonderungsberechtigte Ehegatte kann sich in der Insolvenz des anderen darauf also nicht berufen. Vielmehr wird zugunsten der Gläubiger des insolventen Ehegatten vermutet, dass dieser Ehegatte Eigentümer in Allein- oder Mitbesitz stehenden Gegenständen ist, § 1362 BGB mit Ausnahmen in Absatz 1 Satz 2 und Absatz 2 BGB. Bei Gesamtgut im Falle der Gütergemeinschaft gilt für die Insolvenz eines einzelnen Ehegatten § 37 Abs. 2; bei Alleinverwaltung greift § 37 Abs. 1 S. 1 (s. Erl. dort). 103

Ersatzaussonderung

48 **[1] Ist ein Gegenstand, dessen Aussonderung hätte verlangt werden können, vor der Eröffnung des Insolvenzverfahrens vom Schuldner oder nach der Eröffnung vom Insolvenzverwalter unberechtigt veräußert worden, so kann der Aussonderungsberechtigte die Abtretung des Rechts auf die Gegenleistung verlangen, soweit diese noch aussteht. [2] Er kann die Gegenleistung aus der Insolvenzmasse verlangen, soweit sie in der Masse unterscheidbar vorhanden ist.**

Schrifttum: Vgl. auch Schrifttum zu § 47. *Andersen/Freihalter* (Hrsg.), Aus- und Absonderungsrechte in der Insolvenz, 1999; *Behr,* Wertverfolgung, 1986; *Berger,* Zur Aussonderung auf Grund obligatorischer Herausgabeansprüche, FS Kreft, 2004, 191; *Berner,* Sicherheitenpools der Lieferanten und Banken im Insolvenzverfahren, 2006; *Dieckmann,* Zur Reform des Ersatzaussonderungsrechts, FS Henckel, 1995, 95; *Eckardt,* Anfechtung und Aussonderung – Zur Haftungspriorität des Insolvenzanfechtungsanspruchs im Verhältnis zu den Eigengläubigern des Anfechtungsgegners, KTS 2005, 15; *Eismann,* Der Bereicherungsanspruch im Insolvenzverfahren, 2005; *Franke,* Eigentumsvorbehalt und Ersatzaussonderung, KTS 1957, 139; *Ganter,* Zweifelsfragen bei der Ersatzaussonderung und Ersatzabsonderung, NZI 2005, 1; *ders.,* Aktuelle Probleme des Kreditsicherungsrechts, WM 2006, 1081; *ders.,* Der Surrogationsgedanke bei der Aus- und Absonderung, NZI 2008, 583; *Ganter/Bitter,* Rechtsfolgen berechtigter und unberechtigter Verwertung von Gegenständen mit Absonderungsrechten durch den Insolvenzverwalter – Eine Analyse des Verhältnisses von § 48 zu § 170 InsO, ZIP 2005, 93; *Gerhardt,* Der Surrogationsgedanke im Konkursrecht – dargestellt an der Ersatzaussonderung, KTS 1990, 1; *ders.,* Zur Verwertung von Sicherungsgut im Insolvenzverfahren, GS Arens, 1993, 127; *ders.,* Neue Erfahrungen mit der Aussonderung, Absonderung und Aufrechnung, in: Aktuelle Probleme des neuen Insolvenzrechts, 2000, 127; *Gundlach,* Der Ersatzaussonderungsberechtigte, 1994; *ders.,* Zur „Gegenleistung" im Sinne des § 46 KO, ZIP 1995, 1789; *ders.,* Die „Veräußerung" im Sinne des § 46 KO, KTS 1996, 505; *ders.,* Der maßgebliche Zeitpunkt für die Aussonderungsfähigkeit des veräußerten Gegenstands bei der Ersatzaussonderung, KTS 1997, 55; *ders.,* Notwendigkeit einer wirksamen Veräußerung für die Ersatzaussonderung, KTS 1997, 211; *ders.,* Die sogenannte „Zweite Ersatzaussonderung", KTS 1997, 453; *ders.,* Die Ersatzabsonderung, KTS 1997, 553; *ders.,* Die „Unterscheidbarkeit" im Aussonderungsrecht, DZWIR 1998, 12; *ders.,* Das Ersatzaussonderungsrecht im Bereich der Gesamtvollstreckungsordnung, KTS 1999, 175; *Gundlach/Frenzel/Schirrmeister,* Nochmals – die sogenannte zweite Ersatzaussonderung, KTS 2003, 69; *Gundlach/Frenzel/Schmidt,* Die Rechtsstellung des obligatorisch Aussonderungsberechtigten, DZWIR 2001, 95; *dies.,* Die Anwendbarkeit des § 48 InsO auf Veräußerungen durch den Insolvenzschuldner, DZWIR 2001, 441; *dies.,* Der Umfang der Ersatzaussonderung, InVo 2002, 81; *dies.,* Die Zulässigkeit des Sicherheiten-Poolvertrages im Insolvenzverfahren, NZI 2003, 142; *Harder,*

Ersatzabsonderung und dingliche Surrogation, KTS 2001, 97; *ders.*, Insolvenzrechtliche Surrogation, 2002; *Hellwig,* Erweiterung des Eigentumsschutzes durch persönliche Ansprüche, mit besonderer Beziehung auf § 38 (jetzt § 46) KO, AcP 68 (1895), 217; *Henckel,* Grenzen der Vermögenshaftung, JuS 1985, 836; *Hochmuth,* Die Ersatzaussonderung, 1931; *Jauernig,* Zwangspool von Sicherungsgläubigern im Konkurs, ZIP 1980, 318; *Kilger,* Probleme der Sequestration im Konkurseröffnungsverfahren, FS 100 Jahre Konkursordnung, 1977, 189; *Krull,* Ersatzaussonderung und Kontokorrent, ZInsO 2000, 304; *Liesecke,* Das Bankguthaben in Gesetzgebung und Rechtsprechung, WM 1975, 214; *Lukosch,* Ansprüche der Bank aus verlängerter Sicherungsübereignung im Konkurs ihres Kreditnehmers trotz Abtretungsverbots?, ZIP 1985, 84; *Marotzke,* Die dinglichen Sicherheiten im neuen Insolvenzrecht, ZZP 109 (1996), 429; *ders.*, Insolvenzrechtliche Probleme bei Untermietverträgen über Immobilien, ZInsO 2007, 1; *Meyer-Giesow,* Zur Frage der Unterscheidbarkeit bei der Anwendung des § 46 Abs. 2 KO, KTS 1967, 29; *Obermüller,* Sicherheiten-Poolverträge in der Krise?, FS Luer, 2008, 415; *Oetker,* Konkursrechtliche Probleme, ZZP 25 (1899), 1; *v. Olshausen,* Konkursrechtliche Probleme um den neuen § 354a HGB, ZIP 1995, 1950; *Reinecke/Tiedtke,* Die Bedeutung von Poolvereinbarungen im Konkursverfahren, WM 1979, 186; *Scherer,* Zulässigkeit einer „zweiten" Ersatzaussonderung?, KTS 2002, 197; *Serick,* Die Profilierung der Mobiliarsicherheiten von heute im Konkursrecht von gestern, FS 100 Jahre Konkursordnung, 1977, 271; *ders.*, Verarbeitungsklauseln im Wirkungskreis des Konkursverfahrens, ZIP 1982, 507; *Steinwachs,* Die Insolvenzfestigkeit des Sicherheitenpoolvertrags, NJW 2008, 2231; *Stürner,* Aktuelle Probleme des Konkursrechts, ZZP 94 (1981), 263.

Übersicht

I. Normzweck und Grundlagen

1 Wird der aussonderungsfähige Gegenstand aus der Masse ausgeschieden, ist aber eine Gegenleistung oder ein Anspruch auf Gegenleistung zurückgeflossen, so hat der nach materiellem Recht begründete Anspruch auf die Gegenleistung idR nur einen schuldrechtlichen Verschaffungscharakter und begründet daher als solcher kein Aussonderungsrecht nach § 47. Die auf **§ 46 KO und § 26 Abs. 1 VglO** zurückgehende und bei ihrer Einführung heftig diskutierte Vorschrift ergänzt die Aussonderung nach § 47. In ihr kommt der **Surrogationsgedanke** zum Ausdruck (*Gerhardt* KTS 1990, 1), allerdings in seiner haftungsrechtlichen Ausprägung (näher und teils krit. Jaeger/*Henckel* Rn. 7 f.). Die Ersatzaussonderung verstärkt

schuldrechtliche (Ersatz- und Verschaffungs-)Ansprüche, die *als solche* möglicherweise und typischerweise gerade keine Aussonderungskraft iSd § 47 haben (vgl. auch *Ganter* NZI 2005, 1 [2]). § 48 verstärkt den sonst nur schuldrechtlichen Anspruch auf Verschaffung der Gegenleistung zu einem im Verfahren durchsetzbaren Anspruch (vgl. Jaeger/*Henckel* Rn. 3). Freilich schafft § 48 keine Ansprüche auf die Gegenleistung, sondern setzt diese voraus (RGZ 115, 262 [264]; *Häsemeyer* Rn. 11.20). Die Befugnis zur Ersatzaussonderung beruht daher wie bei der Aussonderung iSd § 47 nicht auf § 48 selbst, sondern auf dem materiellen Recht. Ist allerdings im Wege **dinglicher Surrogation** ein Gegenstand an die Stelle des ursprünglichen Gegenstands getreten (§§ 1048 Abs. 1 S. 2, 1247, 1287, 1370, 1473, 1646, 2019 BGB), so handelt es sich insoweit um echte Aussonderung, nicht um Ersatzaussonderung (zu § 2018 → § 47 Rn. 44). Eine Erweiterung dieser dinglichen Surrogation praeter legem ist ausgeschlossen.

Der Aussonderungsberechtigte soll zu seinem Schutz statt auf den unberechtigt 2
veräußerten Gegenstand, der der Aussonderung unterlegen wäre, wenigstens auf die erlangte oder noch zu erlangende Gegenleistung zugreifen können, weil diese **Gegenleistung** haftungsrechtlich dem Aussonderungsberechtigten zugeordnet bleibt. Die Masse soll nicht von unberechtigten Verfügungen profitieren, indem sie die vom Dritten erbrachte Gegenleistung vereinnahmt.

§ 48 schließt **nach materiellem Recht begründete Ansprüche,** die über 3
das nach Satz 1 und Satz 2 normierte Anspruchsziel hinausgehen, nicht aus. Hat der Verwalter den aussonderungsfähigen Gegenstand veräußert, kommen Ansprüche nach §§ 990, 989 BGB, § 992 BGB iVm § 823 Abs. 1 BGB, § 687 Abs. 2 iVm §§ 681 S. 2, 667 BGB und § 678 BGB in Betracht sowie ggf. Bereicherungsansprüche. Diese Ansprüche sind im Fall einer Veräußerung durch den Verwalter Masseschulden, § 55 Abs. 1 Nr. 1 und 3 (HK-InsO/*Lohmann* Rn. 3). Bei einer Veräußerung durch den vorläufigen Verwalter mit Verfügungsbefugnis gilt Vergleichbares, § 55 Abs. 2 S. 1.

II. Voraussetzungen

1. Allgemeines. Da § 48 an § 47 anknüpft, müssen die dort genannten 4
Voraussetzungen vorliegen bzw. vorgelegen haben. Auch bei den persönlichen Rechten des § 47 kommt eine Ersatzaussonderung in Betracht (*Ganter* NZI 2005, 1 [3]; MüKoInsO/*Ganter* Rn. 8; Gottwald InsR-HdB/*Adolphsen* § 41 Rn. 9; Uhlenbruck/*Brinkmann* Rn. 5; aA wegen der Rechtsfolgen Jaeger/*Henckel* Rn. 14; *Berger* FS Kreft, 2004, 191 [205]); das entspricht der wohl hM zur KO (*Kilger/Karsten Schmidt* § 46 KO Anm. 3; *Oetker* ZZP 25 (1899), 1, 76); näher → Rn. 13.

Wie schon früher die hM zu § 46 KO (RGZ 115, 262 [264]; BGHZ 68, 199 5
[201] = NJW 1977, 901; BGHZ 27, 306 [307 f.] = NJW 1958, 1281; BGH NJW 1953, 217 [218]) unterscheidet § 48 nicht danach, ob die **Veräußerung vor oder nach Verfahrenseröffnung** erfolgte; in allen Fällen kommt es nach Satz 2 in Bezug auf die Ersatzaussonderung der Gegenleistung aber darauf an, ob sie noch unterscheidbar in der Masse vorhanden ist und ob die Veräußerung unberechtigt war. Daher ist nicht maßgeblich, ob der Schuldner, der vorläufige Verwalter oder der Insolvenzverwalter die Veräußerung vornimmt.

2. Gegenstand. Die Ersatzaussonderung kommt nur bei Gegenständen, dh 6
Sachen und Rechten, in Betracht, die individuell bestimmt sind (wie bei → § 47 Rn. 8). Es geht daher bei § 48 InsO nicht um eine Erstattung des Wertes der Gegenleistung, sondern um die **Aussonderung der konkreten Gegenleistung.** Das Recht zur Ersatzaussonderung kann aber mit Wertersatzansprüchen konkurrieren (→ Rn. 3). Der Unterschied zu § 816 Abs. 1 S. 1 BGB liegt ua darin, dass

die Ersatzaussonderung das noch gegenständliche Vorhandensein der Gegenleistung verlangt und § 818 Abs. 3 BGB nicht anwendbar ist.

7 Denkbar ist die Zulässigkeit einer **zweiten Ersatzaussonderung,** wenn die Gegenleistung ebenfalls veräußert worden ist, dazu näher → Rn. 24. Zahlt der Schuldner erhaltenes Bargeld auf ein eigenes Kontokorrentkonto ein, so kann der Aussonderungsberechtigte bei Identifizierbarkeit der Einzahlungsbuchung den Betrag ersatzaussondern, und zwar bis zur Höhe des in der Zeit danach eingetretenen niedrigsten Tagessaldos, auch wenn zwischenzeitlich Rechnungsabschlüsse mit Saldoanerkennung stattgefunden haben (BGHZ 141, 116 [119 f.] = NJW 1999, 1709).

8 **3. Fallgestaltungen. a) Veräußerung.** Veräußerung meint va, aber nicht ausschließlich eine rechtsgeschäftliche Einigung zwischen dem Insolvenzschuldner/Insolvenzverwalter und einem Dritten über die Übertragung des aussonderungsfähigen Gegenstands. Dies kann auch in Form einer Verpfändung oder Sicherungszession und -abtretung geschehen (MüKoInsO/*Ganter* Rn. 18, 38 ff.). Auch eine Übertragung durch Hoheitsakt, insbes. Zwangsvollstreckung, steht dem gleich (RGZ 94, 20 [25]; Gottwald InsR-HdB/*Adolphsen* § 41 Rn. 10), weil das Ersatzaussonderungsrecht sonst leicht auszuschalten wäre. Soweit sich **innerhalb eines Leistungsverhältnisses** der Eigentumserwerb des Dritten kraft Gesetzes nach den §§ 946 f. vollzieht, steht dies einer rechtsgeschäftlichen Veräußerung gleich (BGHZ 30, 176 [180 f.] = NJW 1959, 1681; *Dieckmann* FS Henckel, 1995, 95 [118]; näher *Gundlach* KTS 1996, 505).

9 **b) Einziehung der Gegenleistung und Verfügung durch den Schuldner.** Das Ersatzaussonderungsrecht besteht auch, wenn der Schuldner die Gegenleistung vor Verfahrenseröffnung oder im Eröffnungsverfahren eingezogen hat (BGH ZIP 1998, 793 [797]; 2006, 959 [961]); es gilt aber § 48 S. 2, wenn und soweit der Anspruch auf die Gegenleistung durch Erfüllung erlischt; beachte → § 82 Rn. 5. Hier zeigt sich die rechtspolitisch fragwürdige Verstärkungskraft des § 48 InsO: Vor Verfahrenseröffnung stand (der Anspruch auf) die Gegenleistung dem Zugriff aller Gläubiger des Schuldners offen; nunmehr kann der Ersatzaussonderungsberechtigte allein auf sie zugreifen, obwohl er eigentlich einfacher Insolvenzgläubiger sein müsste (krit. *Häsemeyer* Rn. 11.19; Gottwald InsR-HdB/*Adolphsen* § 41 Rn. 3, MüKoInsO/*Ganter* Rn. 1 f.; *Dieckmann* FS Henckel, 1995, 95 [114]). Verfügt der Schuldner nach Verfahrenseröffnung über den massefremden Gegenstand, der der Aussonderung unterliegt, gilt § 48 entsprechend (MüKoInsO/*Ganter* Rn. 13); allerdings ist fraglich, ob die Veräußerung wirksam ist (→ Rn. 20).

10 **c) Verfügungen des vorläufigen Insolvenzverwalters.** Sie führen zur Ersatzaussonderung, wenn der vorläufige Verwalter nach § 22 Abs. 1 Nr. 1 verfügungsbefugt ist. Ist er es nicht, so wird seine Veräußerung schon deshalb (unabhängig von der etwaigen dinglichen Berechtigung des Aussonderungsberechtigten) ohnedies nicht wirksam sein. Sie kann daher eigentlich keine Ersatzaussonderung begründen (→ Rn. 20). Bei unberechtigter Einziehung einer Forderung durch den nicht einziehungsbefugten vorläufigen Verwalter kann der Berechtigte gegen diesen nach § 816 Abs. 2 BGB vorgehen (BGH NZI 2007, 338 [339]); auch in diesen Fällen wendet die hM § 48 an (vgl. zur KO BGHZ 23, 307 [317] = NJW 1957, 750; zum Wahlrecht → Rn. 20).

11 **d) Verfügungen des Verwalters.** Sie sind der klassische Fall des § 48 und daher vom Wortlaut und Zweck der Norm unmittelbar erfasst.

12 **4. Aussonderungsfähigkeit im Zeitpunkt der Veräußerung. a) Zeitpunkt.** Eine Ersatzaussonderung kommt nur in Betracht, wenn der Gegenstand im Zeitpunkt der Veräußerung hätte ausgesondert werden können. Auf einen

früheren oder späteren Zeitpunkt kommt es nicht an. Der frühere Streit ist obsolet (dazu *Gundlach* KTS 1997, 55).

b) Schuldrechtliche Herausgabeansprüche. Auch bei schuldrechtlichen Herausgabeansprüchen, die eine Aussonderung nach § 47 begründet hätten, kommt eine Ersatzaussonderung in Betracht. Damit wird nicht ein Schadensersatzanspruch unnötigerweise in einen Anspruch auf Herausgabe des Erlöses verwandelt (so aber Jaeger/*Henckel* Rn. 12), denn idR würde über **§ 285 BGB** auch ein Anspruch auf Herausgabe des Erlöses bestehen, so dass eine Verlängerung des haftungsrechtlichen Schutzes nicht unangemessen, sondern im Gegenteil durch § 48 geboten erscheint. Bei schuldrechtlichen Ansprüchen lässt sich ohnedies schlecht unterscheiden zwischen dem Aussonderungsrecht und Aussonderungsanspruch (aA Jaeger/*Henckel* Rn. 15; wohl wie hier *Ganter* NZI 2005, 1 [3]). Der damit entstehende Konflikt zwischen dem dinglich Berechtigten und dem schuldrechtlichen Berechtigten (Eigentümer und nicht identischer Vermieter in der Insolvenz des Mieters) lässt sich durch ein Ersatzaussonderungsrecht in der Insolvenz des schuldrechtlichen Berechtigten lösen (*Ganter* NZI 2005, 1 [3]; Uhlenbruck/*Brinkmann* Rn. 5), so dass der Eigentümer nicht das Risiko einer Uneinbringlichkeit eines etwaigen Anspruchs auf Auskehr des vom schuldrechtlichen Berechtigten Erlangten trägt. In der Sache handelt es sich dann um eine vertragsrechtliche Frage im Innenverhältnis, ob beide Berechtigte den vollen Erlös beanspruchen können. Im Außenverhältnis gegenüber der Masse ließe sich freilich auch an eine analoge Anwendung des § 1281 BGB denken. Zum Anfechtungsanspruch → § 47 Rn. 67. 13

Es ist auch missverständlich, die **Ersatzaussonderungsfähigkeit bei Ansprüchen aus § 285 BGB** generell zu verneinen (so aber *Scherer* KTS 2002, 197 [204]; für §§ 280, 281 BGB Gottwald InsR-HdB/*Adolphsen* § 41 Rn. 3); entscheidend ist vielmehr, ob der persönliche Anspruch, dessen Erfüllung unmöglich geworden ist, Aussonderungskraft hatte; dann berechtigt auch der Anspruch aus § 285 BGB (soweit praktisch relevant, dazu *Ganter* NZI 2005, 1 [5]) zur Ersatzaussonderung (in diese Richtung auch *Ganter* aaO). § 285 BGB als solcher berechtigt nicht zur Aussonderung nach § 47. 14

5. Entgeltlichkeit. Eine entgeltliche Verfügung liegt vor, wenn für die Leistung eine Gegenleistung verlangt werden kann. Volle Wertäquivalenz ist nicht erforderlich. Auch **teilw. unentgeltliche** Leistungen fallen unter § 48; dann aber nur mit Blick auf den entgeltlichen Teil des Gegenleistungsanspruchs (keine Wertauffüllung). Gleiches gilt bei Bildung eines Gesamtpreises und bei Veräußerung im Paket mit anderen nicht aussonderungsfähigen Gegenständen (Jaeger/*Henckel* Rn. 56). Eine **verschleierte Schenkung** ist entgeltlich, soweit in Wahrheit ein Entgelt geschuldet ist. Es gelten die Abgrenzungskriterien wie bei § 816 Abs. 1 S. 2 BGB, § 822 BGB (vgl. BGHZ 30, 120 [122 f.] = NJW 1959, 1363; BGH WM 1964, 614 [616]; MüKoBGB/*M. Schwab* § 816 Rn. 63 ff.). Bei Unentgeltlichkeit der Veräußerung ist eine Ersatzaussonderung nicht gestattet, der Berechtigte auf die Inanspruchnahme des Drittempfängers verwiesen. 15

6. Unberechtigt. Die Veräußerung muss unberechtigt gewesen sein. Das Merkmal ist richtigerweise haftungsrechtlich zu deuten (Uhlenbruck/*Brinkmann* Rn. 20), allerdings ist das haftungsrechtliche Verständnis mit dem bürgerlichenrechtlichen weitgehend identisch; entscheidend ist zunächst die Verfügungsbefugnis (BGH ZIP 2006, 959 [961]). Zu Abweichungen kommt es in den Fällen von → Rn. 24. Es kommt darauf an, ob die Veräußerung mit Einwilligung des Aussonderungsberechtigten erfolgte, so dass der Veräußerer iSd § 185 BGB berechtigt ist. Im Falle der **Genehmigung** wird die Veräußerung nicht iSd § 48 zu einer berechtigten; die Frage betrifft die Wirksamkeit, → Rn. 20. Der Verstoß gegen 16 schuldrechtliche (Neben-)Pflichten genügt als solcher nicht (vgl. aber zur Anfechtung → Rn. 19). Bei einer berechtigten Verfügung durch den (vorläufigen) Verwalter können Masseverbindlichkeiten entstehen (§ 55 Abs. 2 iVm Abs. 1 Nr. 1); sowohl bei unberechtigter als auch bei berechtigter Veräußerung auch Ansprüche gegen den Verwalter nach §§ 21 Abs. 2 Nr. 1, 60.

17 Bei der **Einziehung einer fremden Forderung** durch den Schuldner (→ Rn. 9) kommt es demnach auf eine **Einziehungsermächtigung** des Schuldners oder Insolvenzverwalters an. Die Ermächtigung erlischt bei Verfahrenseröffnung, nicht aber schon durch Eintritt in das Eröffnungsverfahren (BGHZ 144, 192 [200] = NJW 2000, 1950; BGH NJW-RR 2003, 1376 [1377]; strenger Gottwald InsR-HdB/*Adolphsen* § 41 Rn. 18: generell nicht bei Fortführung auch in der Insolvenz). Str. ist, ob schon der Eintritt des Schuldners in eine finanzielle Krise die Einziehungsermächtigung erlöschen lässt. Der BGH lehnt dies, (erst recht) vorbehaltlich eines expliziten Widerrufs ab (BGHZ 144, 192 [200] = NJW 2000, 1950; offen BGH NJW 2007, 2324 Rn. 13 = NZI 2007, 337; NZI 2010, 339 Rn. 20 wegen § 21 Abs. 2 Nr. 5). Maßgebend muss der **Einzelfall** sein. Eine **vorläufige Insolvenzverwaltung** gefährdet den Sicherungszweck nicht zwingend, wenn der Verwalter den Erlös vom übrigen Vermögen separieren muss (MüKoInsO/*Ganter* § 47 Rn. 145; Jaeger/*Henckel* Rn. 34), wohl aber problematisch ist es, wenn der Schuldner selbst in dem Stadium der finanziellen Krise vor Anordnung der vorläufigen Verwaltung noch einzieht. Soweit er dies tut, ist dies ggf. nicht im ordnungsgemäßen Geschäftsgang erfolgt; freilich sollte man hier großzügig sein und normale Umsatzgeschäfte mit wirksamer Vorausabtretung nicht generell unterbinden (MüKoInsO/*Ganter* § 47 Rn. 126). Eine ausdrückliche Vereinbarung des Erlöschens bzw. ein Widerruf ist stets zulässig. Denkbar ist auch eine Pflicht des Insolvenzverwalters zur abgesonderten Befriedigung des Sicherungsnehmers aus dem Erlös analog § 170 Abs. 1 S. 2, wenn der vorläufige Insolvenzverwalter auf Grund richterlicher Ermächtigung eine zur Sicherheit abgetretene Forderung eingezogen hat; aber keine Ersatzabsonderung in diesem Fall (BGH NZI 2010, 339 Rn. 23 ff.; → Rn. 25).

18 Hat ein Drittschuldner erfüllungshalber mit der Wirkung des **§ 407 Abs. 1 BGB** an den Insolvenzschuldner geleistet, muss der Zessionar dies gegen sich gelten lassen, so dass die Einlösung des Schecks keine unberechtigte Verfügung durch den Insolvenzverwalter ist (BGH NJW 1991, 427 [428]; Gottwald InsR-HdB/*Adolphsen* § 41 Rn. 22); der Anspruch auf Auszahlung gegen die Bank ist keine Gegenleistung im Hinblick auf die Forderungen aus Warenlieferungen. Der verlängerte EV mit Weiterveräußerungsermächtigung im ordnungsgemäßen Geschäftsgang und Vorausabtretung der Kaufpreisforderung gegen den Abnehmer begründet in der Insolvenz des Käufers wegen der Forderung gegen den Abnehmer nur ein Absonderungsrecht (→ § 51 Rn. 17 ff.). Was den ursprünglich gelieferten Gegenstand angeht, so war unter der KO streitig, ob die Ermächtigung nach Zahlungseinstellung erlischt (so BGH NJW 1953, 217 [218] für das eröffnete Verfahren; für die InsO auch MüKoInsO/*Ganter* § 47 Rn. 145), das Problem entspricht der Frage bei der Einziehungsermächtigung (→ Rn. 17). Ein automatisches Erlöschen erscheint nach neuem Recht wegen der möglichen Fortführung des Unternehmens auch im Eröffnungsverfahren aber kaum vertretbar (Uhlenbruck/*Brinkmann* Rn. 21). Entscheidend muss jeweils anhand von objektiven Kriterien sein, ob die **Sicherung des Eigentumsvorbehaltsverkäufers gefährdet** ist (vgl. auch BGHZ 68, 199 [201] = NJW 1977, 901). Das ist der Fall bei einem Abtretungsverbot zwischen Käufer und Abnehmer, im Zweifel aber nicht in Fällen des § 354a HGB trotz der Möglichkeit befreiender Leistung an den Käufer nach § 354a S. 2 HGB (denn der Käufer ist meist ohnedies einziehungsbefugt und der Verkäufer wäre sonst durch § 48 und das Absonderungsrecht an der Abnehmerforderung doppelt gesichert). Die Abtretung scheitert umgekehrt wegen des Sicherungsinteresses des Verkäufers nicht am Fehlen der Einziehungsermächtigung (Jaeger/*Henckel* Rn. 56). Allerdings ist es von der Ermächtigung gedeckt, wenn der Insolvenzschuldner im Massengeschäft Lieferungen an Abnehmer über ein Kontokorrent abrechnet, so dass die Kontokorrentforderung nicht Gegenstand der Vorausabtretungsklausel sein kann (BGHZ 73, 259 [263] = NJW 1979, 1206 [1207]).

Unberechtigt ist die Veräußerung bei **Verkauf im Sale-and-Lease-back-Verfahren** (Kübler/Prütting/Bork/*Prütting* Rn. 15) und bei einer Veräußerung trotz (drohender) Masseunzulänglichkeit, so dass die Kaufpreiszahlung gefährdet ist. Nach erfolgter Erfüllungsablehnung darf der Verwalter nicht mehr den Gegenstand verwerten; auch ein Anwartschaftsrecht an der Sache erlischt. Bei der Vereitelung des anfechtungsrechtlichen Rückgewähranspruchs wird teilw. die Ersatzaussonderung im Hinblick auf Verfügungen des Insolvenzverwalters über das Vermögen des Anfechtungsgegners verneint, da der Insolvenzverwalter schuld- und sachenrechtlich als Berechtigter verfüge und das **Anfechtungsrecht** keinen Anspruch auf den Veräußerungserlös begründe (*Eckardt* KTS 2005, 15 [43 ff.]; näher und krit. *Thole,* Gläubigerschutz durch Insolvenzrecht, 2010, 540, 542 ff.). Wäre das richtig, so könnten schuldrechtliche Herausgabeansprüche kaum je eine Ersatzaussonderung begründen. Wertungsmäßig gehört der veräußerte Gegenstand jedenfalls in Fällen der §§ 133, 134 in die Insolvenz des für die Vermögensverschiebung verantwortlichen Insolvenzschuldners (näher *Thole* aaO, 543). Bei Veräußerungen durch den Anfechtungsgegner vor Verfahrenseröffnung kann keine Ersatzaussonderung in Betracht kommen, da nach der Rspr. der Anfechtungsanspruch überhaupt erst nach Verfahrenseröffnung entsteht (→ § 143 Rn. 1). 19

7. Wirksamkeit der Verfügung. Die Veräußerung an den Dritten muss nach hM nicht wirksam sein, sonst könne der Verwalter die erhaltene Gegenleistung für die Masse behalten und den Berechtigten auf den Dritten verweisen (BGH WM 1977, 483 [484]; Gottwald InsR-HdB/*Adolphsen* § 41 Rn. 16; Kübler/Prütting/Bork/*Prütting* Rn. 12). Der schon unter der KO geführte Meinungsstreit entschärft sich dadurch, dass nach hM die Wirksamkeit durch nachträgliche Genehmigung herbeigeführt werden kann. Der Berechtigte habe ein **Wahlrecht,** ob er sein Recht gegenüber dem (gescheiterten) Erwerber durchsetzen will oder nach Genehmigung Ersatzaussonderung beansprucht (*Henckel* JuS 1985, 836 [840]; *Dieckmann* FS Henckel, 1995, 95 [115]; Gottwald InsR-HdB/*Adolphsen* § 41 Rn. 17; aA HK-InsO/*Lohmann* Rn. 7). Im letzteren Fall ist der Zugriff auf den aussonderungsfähigen Gegenstand nicht mehr möglich. Auch bei einer unwirksamen Einziehung einer fremden Forderung kann der Berechtigte nochmals Zahlung verlangen statt den Weg der Ersatzaussonderung zu gehen (Gottwald InsR-HdB/*Adolphsen* § 41 Rn. 16). Wer ein Wahlrecht anerkennt, sollte sich dazu bekennen, dass die Verfügung wirksam sein muss. War die Verfügung aus anderen Gründen als der fehlenden Berechtigung des Veräußerers und/oder des fehlenden guten Glaubens des Erwerbers unwirksam, so kann eine Genehmigung durch den Gläubiger darüber allerdings nicht hinweghelfen. Die Genehmigung hilft nur über die fehlende Berechtigung des Veräußerers oder den fehlenden guten Glauben des Erwerbers hinweg und ist dann zugleich die Genehmigung nach § 185 Abs. 2 BGB; allerdings wird man in diesen Fällen dann nicht von einer berechtigten Veräußerung ausgehen können (so wohl auch Uhlenbruck/*Brinkmann* Rn. 22). 20

Das Wahlrecht wird teilw. wegen **§ 91 InsO** auf vor Verfahrenseröffnung erfolgte Veräußerungen beschränkt (*Ganter* NZI 2005, 1 [6] [aber § 91 gilt nur für Massebestandteile]; diff. Jaeger/*Henckel* Rn. 42 f.; gänzlich ablehnend *Häsemeyer* Rn. 11.22). 21

III. Rechtsfolgen

22 **1. Abtretung des Gegenleistungsanspruchs, Satz 1.** Nach Satz 1 kann der Berechtigte die Abtretung des Anspruchs auf die Gegenleistung verlangen, soweit diese noch aussteht, dh nicht iSd § 362 BGB erfüllt ist. Bei **erfüllungshalber erbrachten Gegenleistungen** (§ 364 BGB) besteht der Anspruch auf die Gegenleistung fort und kann abgetreten werden, allerdings ist der Anspruch wegen der Leistung erfüllungshalber (vorerst) nicht durchsetzbar; es bleibt aber ein Anspruch nach Satz 2 denkbar, zB auf Herausgabe des zur Schuldtilgung begebenen Schecks (BGH ZIP 2006, 959 [961]). Der Anspruch auf die Gegenleistung ist bei Verkäufen auf den **Bruttokaufpreis** gerichtet (BGH NZI 2008, 426); in Fällen des Satz 2 kommt es auch darauf an, ob die Steuer schon abgeführt ist (BGH aaO). Der Anspruch muss sich aber gegen den Erwerber selbst richten, also liegt kein Fall des Satz 1 vor bei Leistungen eines Factors oder im Hinblick auf den Anspruch gegen die Post auf Auszahlung aus einem Postscheckkonto (BGH NJW 1991, 427 [428]; Gottwald InsR-HdB/*Adolphsen* § 41 Rn. 25; *Dieckmann* FS Henckel, 1995, 95 [120]) Die Gegenleistung umfasst das, was der Masse als Vermögenszuwachs infolge der Verfügung entstanden ist (MüKoInsO/*Ganter* Rn. 32; HK-InsO/*Lohmann* Rn. 11); dies sind nicht zwingend nur die im Gegenseitigkeitsverhältnis stehenden Leistungen, sondern zB auch der Rückzahlungsanspruch bei einer vom Insolvenzschuldner mit fremdem Geld erfolgten Darlehensgewährung (*Gundlach* ZIP 1995, 1789 [1790]) sowie Nebenrechte (*Kilger/Karsten Schmidt* § 46 Anm. 8). Bei der **Einziehung einer fremden Forderung** ist Gegenleistung das erhaltene Bargeld oder der Scheck (BGH ZIP 2006, 959 Rn. 24). Dabei ist, ähnlich wie bei § 816 Abs. 1 BGB, unerheblich, dass der Anspruch auf die Gegenleistung nicht der Veräußerung, sondern dem schuldrechtlichen Kausalgeschäft entspringt. Auch ist eine Begrenzung auf den Wert des Gegenstands nicht angezeigt (zum Streit bei § 816 Abs. 1 BGB MüKoBGB/*M. Schwab* BGB § 816 Rn. 37 ff. mN), wegen des Bereicherungsverbots ist auch der durch Verhandlungsgeschick erzielte Verhandlungsgewinn (lucrum ex negotiatione cum re) von der Ersatzaussonderung erfasst. Ein **Anfechtungsanspruch** ist kein Recht auf eine Gegenleistung; daher **keine Ersatzabsonderung eines Globalzessionars,** wenn der Schuldner die abgetretene Forderung erneut an einen Dritten abtritt und der Forderungsschuldner gutgläubig iSd §§ 408 Abs. 1, 407 Abs. 1 an den Dritten zahlt, diese Zahlung aber vom Verwalter angefochten wird (OLG Brandenburg ZIP 2014, 1543 [1544]).

23 **2. Herausgabe der Gegenleistung, Satz 2.** Nach Satz 2 kann der Berechtigte alternativ die Gegenleistung selbst aus der Masse herausverlangen, wenn sie dort noch unterscheidbar vorhanden ist, zB bei Hinterlegung oder Leistung auf ein Anderkonto (OLG Hamm ZIP 1985, 1905 [1907]). Ist die Unterscheidbarkeit nicht gegeben, bleibt es aber bei einer Masseverbindlichkeit nach § 55 Abs. 1 Nr. 3, wenn und weil sich der Zufluss noch in der Masse befindet. Auf den Zeitpunkt der Erlangung der Gegenleistung kommt es nicht mehr an. Die **Unterscheidbarkeit** richtet sich nach **äußeren Kriterien;** der innere Wille des Verwalters, das auf sein allgemeines Konto eingezahlte Geld dort für den Aussonderungsberechtigten zu belassen, reicht noch nicht, wenn die Unterscheidbarkeit äußerlich nicht gegeben ist (BGHZ 141, 116 [122] = NJW 1999, 1709). Die vollständige Separierung vom sonstigen Vermögen in Gestalt eines Anderkontos ist aber nicht verlangt (Kübler/Prütting/Bork/*Prütting* Rn. 21); bei erfolgter Einzahlung auf ein solches Konto ist Unterscheidbarkeit gegeben, wenn der **Buchungsvorgang identifizierbar** ist (BGH ZIP 2006, 959 [961]; strenger Kübler/Prütting/Bork/*Prütting* Rn. 22); bei Zahlung auf debitorische Konten

fehlt es daran (BGHZ 141, 116 [120 ff.] = NJW 1999, 1709; BGHZ 150, 327 [328] = NJW-RR 2002, 1417; ZIP 2006, 959 Rn. 18), dh der Eingang muss durch Buchungsbelege belegbar sein und der positive Kontensaldobedarf nicht unter den Betrag der beanspruchten Leistung abgesunken sein. Bei Vermischung von Bargeld in einer Kasse fehlt es an der Unterscheidbarkeit (Gottwald InsR-HdB/*Adolphsen* § 41 Rn. 28). Die Frage, ob wegen des Erwerbs von Miteigentum eine Ersatzaussonderung möglich ist, darf man dabei nicht mit dem Begriff der Unterscheidbarkeit vermengen (schon → § 47 Rn. 25); iÜ ist § 947 Abs. 2 BGB zu beachten und ein Eigentumserwerb des Gläubigers am Bargeld schon praktisch kaum vorstellbar (HK-InsO/*Lohmann* Rn. 12). Bei täglicher Einzahlung auf ein Konto ist kaum von Unterscheidbarkeit auszugehen. Anders ist es nur, wenn die Kasse einen **Bodensatz** bis zur Geltendmachung der Ersatzaussonderung aufweist, der den Betrag der Gegenleistung abdeckt (BGHZ 141, 116 [119] = NJW 1999, 1709). Ist also der Buchungsvorgang identifizierbar, kommt eine Ersatzaussonderung bis zur Höhe des niedrigsten Tagessaldos (Bodensatz) in Betracht (BGH aaO; Jaeger/*Henckel* Rn. 81); auch nach zwischenzeitlich erfolgter Rechnungslegung. Bei Unterschreitung des Bodensatzes scheidet § 48 aus (BGHZ 141, 116 [120, 123] = NJW 1999, 1709). Bei mehreren Ersatzaussonderungsberechtigten, die Anspruch auf das Guthaben erheben und damit erschöpfen, ist anteilig zu kürzen (OLG Köln ZIP 2002, 947; offen BGHZ 141, 116 [123] = NJW 1999, 1709).

IV. Zweite Ersatzaussonderung

Ist der Gegenleistung, die hätte herausverlangt werden können, seinerseits veräußert worden, kommt eine zweite Ersatzaussonderung in Betracht. Das gilt jedenfalls bei Veräußerungen des (vorläufigen) Verwalters. Gegen die Ersatzaussonderung wird geltend gemacht, es fehle hier an einem schuldrechtlichen Anspruch, der verstärkt werden könne, da der Insolvenzverwalter als Berechtigter verfüge (*Scherer* KTS 2002, 197 [200 ff.]). Dies ist abzulehnen. Haftungsrechtlich gesehen gebührt der Gegenstand dem Aussonderungsberechtigten; eine entsprechende Haftungserweiterung gegenüber dem Rechtsnachfolger kennt zB auch § 145. Man muss den Verwalter aber deshalb nicht zwingend iSd § 816 Abs. 1 BGB als Nichtberechtigten ansehen (so aber *Ganter* NZI 2005, 1 [7]). „Verlängert" wird vielmehr das ursprüngliche, durch die Erstveräußerung unberechtigterweise vereitelte Aussonderungsrecht unter Umgehungsgesichtspunkten, denn die Ersatzaussonderung soll ja gerade eine echte Aussonderung sein (idS BGHZ 58, 257 [261] = NJW 1972, 872). Ob die zweite Ersatzaussonderung auch **für Verfügungen des Schuldners** gilt, ist umstr. (dafür Gottwald InsR-HdB/*Adolphsen* § 41 Rn. 37; aA Jaeger/*Henckel* Rn. 10; Uhlenbruck/*Brinkmann* Rn. 39): Dagegen spricht, dass der Insolvenzschuldner möglicherweise als dinglich Berechtigter verfügt und jedenfalls die vereinnahmte Gegenleistung nur dann der Ersatzaussonderung unterliegt, wenn sie zum späteren Zeitpunkt der Eröffnung unterscheidbar in der Masse vorliegt; das kann dann aber von Zufällen abhängen. Wenn man § 48 auf Veräußerungen vor Verfahrenseröffnung anwendet, wäre die Zulassung einer zweiten Ersatzaussonderung allerdings konsequent (insofern richtig Gottwald InsR-HdB/*Adolphsen* § 41 Rn. 37). Dagegen spricht allerdings, dass man bei Verfügungen des Schuldners ggf. auch über das Anfechtungsrecht zu sachgerechten Lösungen kommen könnte. **24**

V. Ersatzabsonderung

§ 48 ist analog anzuwenden auf die **Vereitelung eines Absonderungsrechts** **25**
(BGH ZIP 2001, 2183 [2184]; 2004, 326 [328]; 1998, 793 [797]; NJW 2009,

2600 Rn. 31; NJW 2015, 1756 Rn. 13; *Jauernig/Berger* § 46 Rn. 32), etwa bei unberechtigter Veräußerung von Sicherungseigentum oder dem **unbefugten** Einzug von sicherungszedierten Forderungen. Praktische Relevanz hat die Veräußerung absonderungsrechtsbelasteter Gegenstände bzw. **Einziehung von Forderungen** durch den starken vorläufigen Insolvenzverwalter, soweit unberechtigt (BGH ZIP 2007, 924 [925]). Die Ersatzabsonderung erfasst dann die Abtretung des Gegenleistungsanspruchs aus der Weiterveräußerung, allerdings beschränkt durch den Wert der gesicherten Forderung. Keine Ersatzabsonderung für Sicherungszessionen, wenn Insolvenzverwalter des Zedenten die nach §§ 408, 407 BGB wirksame Zahlung des Forderungsschuldners an den zweiten Zessionar anficht (OLG Brandenburg NZI 2014, 861). Auch eine **zweite Ersatzabsonderung** ist denkbar (Uhlenbruck/*Brinkmann* Rn. 42). Hat der vorläufige Insolvenzverwalter auf Grund richterlicher Ermächtigung eine zur Sicherheit abgetretene Forderung eingezogen, ist der Insolvenzverwalter zur abgesonderten Befriedigung des Sicherungsnehmers aus dem Erlös verpflichtet, analog § 170 Abs. 1 S. 2 (BGH NZI 2010, 339 Rn. 30 ff. mit Abgrenzung zu § 48). Hat der Verwalter kein Verwertungsrecht (§ 173), ist seine Veräußerung unberechtigt; anders ist es, wenn der Gläubiger den jeweiligen Gegenstand dem Verwalter überlässt (OLG Köln ZIP 1989, 523). Problematisch ist das **Verhältnis von § 48 zu § 170** und die Frage, ob der Absonderungsberechtigte nach § 170 Abs. 2 S. 2 oder nach § 48 analog Auskehr des Erlöses verlangen kann, auch soweit er sich jetzt ununterscheidbar in der Masse befindet. Es wird vertreten, § 170 Abs. 2 S. 2 sei trotz grundsätzlicher Berechtigung des Verwalters nach §§ 165 f. ein Sonderfall der Ersatzabsonderung und lex specialis zu § 48 analog (*Ganter/Bitter* ZIP 2005, 93 [98], mit weiteren Differenzierungen). Ein Anspruch sei daher wie bei § 48 S. 2 nur dann zu bejahen, wenn der Erlös separiert ist (so *Ganter/Bitter* aaO; vgl. → § 170 Rn. 22).

VI. Prozessuales

26 Für die Klage gegen den Verwalter gelten die Regeln des **§ 47 S. 2.** § 19a ZPO greift als allgemeiner **Gerichtsstand** des Verwalters ein; bea. bei unterbrochenen Prozessen § 86 Abs. 1. In Fällen des Satz 1 läuft die Vollstreckung über § 894 ZPO. Die Darlegungs- und Beweislast für die rechtsbegründenden Tatsachen trägt nach allgemeinen Regeln der Aussonderungsberechtigte. Der Verwalter muss aber darlegen und beweisen, dass die Veräußerung wegen Bösgläubigkeit des Erwerbers oder § 935 BGB nicht wirksam ist; auch das folgt allgemeinen Regeln, siehe § 932 BGB (Jaeger/*Henckel* Rn. 41; HK-InsO/*Lohmann* Rn. 15).

Abgesonderte Befriedigung aus unbeweglichen Gegenständen

49 Gläubiger, denen ein Recht auf Befriedigung aus Gegenständen zusteht, die der Zwangsvollstreckung in das unbewegliche Vermögen unterliegen (unbewegliche Gegenstände), sind nach Maßgabe des Gesetzes über die Zwangsversteigerung und die Zwangsverwaltung zur abgesonderten Befriedigung berechtigt.

Schrifttum (auch allg. zur Absonderung): *Adams,* Ökonomische Analyse der Sicherungsrechte, 1980; *Adolphsen,* Die Rechtsstellung dinglich gesicherter Gläubiger in der Insolvenzordnung, Kölner Schrift, 3. Aufl. 2009, 1326; *d'Avoine,* Verkauf von Immobilien in der Insolvenz an einen Grundpfandrechtsgläubiger, NZI 2008, 17; *Becker,* Fremde Forderungen und Sicherungsgut in der Gesamtvollstreckung, ZIP 1991, 783; *Becker-Eberhard,* Die Forderungsgebundenheit der Sicherungsrechte, 1993; *Benckendorff,* Freigabe von Kreditsicherheiten in der Insolvenz, Kölner Schrift, 3. Aufl. 2009, 1389; *Berger,* Absonderungsrecht an urheberrechtlichen Nutzungsrechten in der Insolvenz des Leasingnehmers, FS H.-P. Kirch-

hof, 2003, 1; *ders.*, Die Verwertung von Absonderungsgut, KTS 2007, 433; *Bette*, Vertraglicher Abtretungsausschluss im deutschen und grenzüberschreitenden Geschäftsverkehr, WM 1994, 1909; *Bloß/Zugelder*, Auswirkungen des insolvenzrechtlichen Nachrangs auf Sicherheiten, NZG 2011, 332; *Bork*, Die Verbindung, Vermischung und Verarbeitung von Sicherungsgut durch den Insolvenzverwalter, FS Gaul, 1997, 71; *ders.*, Gläubigersicherung im vorläufigen Insolvenzverfahren, ZIP 2003, 1421; *ders.*, Die Veräußerung von Sicherungsgut durch den Insolvenzverwalter, FS Leipold, 2009, 361; *Bornhorst*, Die einstweilige Verfügung zur Sicherung von Herausgabeansprüchen, WM 1998, 1668; *A. Bruns*, Grundpfandrechte im Insolvenzplanverfahren, KTS 2004, 1; *Bülow*, Anwendbarkeit von Pfandrechtsbestimmungen auf die Sicherungstreuhand, WM 1985, 373, 405; *ders.*, Mehrfachübertragung von Kreditsicherheiten – Konvaleszenz und Insolvenz, WM 1998, 845; *ders.*, Recht der Kreditsicherheiten, 7. Aufl. 2007; *Burgard/Tetzlaff*, Bevorzugung einzelner Sicherungsgläubiger durch den Insolvenzverwalter zulässig!, ZInsO 2011, 617; *Burger/Schellberg*, Kreditsicherheiten im neuen Insolvenzrecht, AG 1995, 57; *M. Dahl*, Die Behandlung der Kostenbeiträge nach §§ 170, 171 InsO bei Übersicherung des Sicherungsgläubigers, NZI 2004, 615; *Dorndorf/Frank*, Reform des Rechts der Mobiliarsicherheiten – unter besonderer Berücksichtigung der ökonomischen Analyse der Sicherungsrechte, ZIP 1985, 65; *Drukarczyk*, Mobiliargesicherte Gläubiger, Verfahrensbeitrag im Insolvenzverfahren und Kreditkonditionen, WM 1992, 1136; *Eckardt*, Vorausverfügung und Sequestration, ZIP 1997, 957; *ders.*, Die Ausübung von Mobiliarsicherheiten in der Unternehmenskrise, ZIP 1999, 1734; *Ehricke*, Zum Entstehen eines Vermieterpfandrechts in der Insolvenz des Mieters, FS Gerhardt, 2004, 191; *Eickmann*, Absonderungsrecht der Bundesanstalt für Arbeit im Konkurs, ZIP 1980, 1063; *Eidenmüller*, Obstruktionsverbot, Vorrangregel und Absonderungsrechte, FS Drukarczyk, 2003, 188; *Elfring*, Die Verwertung verpfändeter und abgetretener Lebensversicherungsansprüche in der Insolvenz des Versicherungsnehmers, NJW 2005, 2192; *T. Empting*, Immaterialgüterrechte in der Insolvenz, 2003; *Frege/Keller*, „Schornsteinhypothek" und Lästigkeitsprämie bei Verwertung von Immobiliarvermögen in der Insolvenz, NZI 2009, 1; *Ganter*, Die nachträgliche Übersicherung eines Kredites, ZIP 1994, 257; *ders.*, Aktuelle Probleme der Kreditsicherheiten in der Rechtsprechung des Bundesgerichtshofes, WM 1996, 1705; *ders.*, Rechtsprechung des BGH zum Kreditsicherungsrecht, WM 1998, 2045, 2081; *ders.*, Die ursprüngliche Übersicherung, WM 2001, 1; *ders.*, Die Verwertung von Gegenständen mit Absonderungsrechten im Lichte der Rechtsprechung des IX. Zivilsenats, ZInsO 2007, 841; *Ganter/Bitter*, Rechtsfolgen berechtigter und unberechtigter Verwertung von Gegenständen mit Absonderungsrechten durch den Insolvenzverwalter, ZIP 2005, 93; *Gaul*, Lex Commissoria und Sicherungsübereignung, AcP 168 (1968), 351; *Gerhardt*, Die Wirkung der Anrechnungsvereinbarung bei Sicherungsgrundschulden im Konkurs, ZIP 1980, 165; *ders.*, Die Verfahrenseröffnung nach der Insolvenzordnung und ihre Wirkung, ZZP 109 (1996), 415; *ders.*, Verfügungsbeschränkungen in der Eröffnungsphase und nach Verfahrenseröffnung, Kölner Schrift, 2. Aufl., 2000, S. 193; *Gerhardt/Kreft*, Aktuelle Probleme der Insolvenzanfechtung, 9. Aufl. 2005; *Gottwald*, Die Rechtsstellung dinglich gesicherter Gläubiger, in: *Leipold* (Hrsg.) Insolvenzrecht im Umbruch, 1990, 197; *ders.*, Der verlängerte Eigentumsvorbehalt in der Käuferinsolvenz, FS Fischer, 2008, 183; *Grub*, Der neue § 354a HGB – ein Vorgriff auf die Insolvenzrechtsreform, ZIP 1994, 1649; *Grunsky*, Sicherungsübereignung, Sicherungsabtretung und Eigentumsvorbehalt in der Zwangsvollstreckung und im Konkurs des Schuldners, JuS 1984, 497; *Gundlach*, Die Ersatzabsonderung, KTS 1997, 553; *Gundlach/Frenzel/Schmidt*, Die Fälligkeit von Absonderungsrechten mit Insolvenzeröffnung, DZWIR 2002, 367; *Häsemeyer*, Die Gleichbehandlung der Konkursgläubiger, KTS 1982, 507; *Hanisch*, Zur Reformbedürftigkeit des Konkurs- und Vergleichsrechts, ZZP 90 (1977), 1; *Heidbrink*, Zum Wiederaufleben von Sicherheiten nach Insolvenzanfechtung, NZI 2005, 363; *Henckel*, Die letzten Vorrechte im Insolvenzverfahren, FS Uhlenbruck, 2000, 19; *Hinkel/Flitsch*, Absonderungsrecht des Versicherten an dem Leistungsanspruch aus einer Lebensversicherung im Rahmen der Insolvenz des Arbeitgebers, InVo 2005, 1; *Hirte/Knof*, Das Pfandrecht an globalverbrieften Aktien in der Insolvenz, WM 2008, 7, 49; *Holzer*, Unwirksamkeit der Zwangssicherungshypothek durch Gesamtvollstreckungseröffnung, ZIP 1996, 180; *Jaeger*, Aus der Praxis des Konkurs- und Vergleichsverfahrens, KuT 1933, 161; *Jauernig*, Zur Akzessorietät bei der Sicherungsübertragung, NJW 1982, 268; *Jungmann*, Grundpfandgläubiger und Unternehmensinsolvenz, 2004; *Junker*, Die Entwicklung des Computerrechts in den Jahren 1991 und 1992, NJW 1993, 824; *Kilger*, Der Konkurs des Konkurses, KTS 1975, 142; *Kirchhof*, Das Verbraucherinsolvenzverfahren aus Gläubigersicht, ZInsO 1998, 54; *Klasmeyer/Elsner*, Zur Behandlung von Ausfallforderungen im Konkurs, FS Merz, 1992, 303; *Knobbe-Keuk*, Konkurs und Umsatzsteuer, BB 1977, 757; *Kohte*, Altlasten in der Insolvenz, ZfIR 2004, 1; *Koller*,

Sittenwidrigkeit der Gläubigergefährdung und Gläubigerbenachteiligung, JZ 1985, 1013; *Kollhosser,* Auflösung des Anwartschaftsrechts trotz Zubehörhaftung? Zugleich zu BGH, Urteil v 10.10.1984 – VIII ZR 244/83, JZ 1985, 370; *Kuhn,* Die Rechtsprechung des BGH zum Insolvenzrecht, WM 1976, 230; *Lauer,* Scheinbestandteile als Kreditsicherheit, MDR 1986, 889; *Lent,* Vergleiche des Konkursverwalters über Aussonderungs- und Absonderungsrechte, KTS 1957, 27; *Lwowski/Groeschke,* Die Konzernhaftung der §§ 302, 303 AktG als atypische Sicherheit, WM 1994, 613; *Lwowski/Heyn,* Die Rechtssstellung des absonderungsberechtigten Gläubigers nach der Insolvenzordnung, WM 1998, 473; *Marotzke,* Die Aufhebung grundpfandrechtsbelasteter Eigentumsanwartschaften, AcP 186 (1986), 490; *ders.,* Die dinglichen Sicherheiten im neuen Insolvenzrecht, ZZP 109 (1996), 429; *ders.,* Das neue Insolvenzrecht – dargestellt am Beispiel der Mobiliarsicherheiten, 1999; *ders.,* Unabhängiger Insolvenzverwalter, Gläubigerautonomie, Großgläubigerhypertrophie, ZIP 2001, 173; *Medicus,* Kreditsicherung durch Verfügung über künftiges Recht, JuS 1967, 385; *Meyer-Cording,* Umdenken nötig bei den Mobiliarsicherheiten!, NJW 1979, 2126; *Mönning/Zimmermann,* Die Einstellungsanträge des Insolvenzverwalters gem. §§ 30d I, 153b I ZVG im eröffneten Insolvenzverfahren, NZI 2008, 134; *Müller-Hengstenberg,* Computersoftware ist keine Sache, NJW 1994, 3128; *Nielsen,* Die Stellung der Bank im Konkurs des Kreditnehmers bei der Import- und Exportfinanzierung, ZIP 1983, 13; *ders.,* Sicherungsverträge der Import- und Exportfinanzierung im Lichte der aktuellen Rechtsprechung zur Deckungsgrenze und zur Sicherheitenfreigabe, WM 1994, 2221, 2261; *Niering,* Non Performing Loans – Herausforderung für den Insolvenzverwalter, NZI 2008, 146; *Niesert/Kairies,* Aus- und Absonderung von Internet-Domains in der Insolvenz, ZInsO 2002, 510; *Obermüller,* Bestellung von Kreditsicherheiten an einen Treuhänder, DB 1973, 1833; *ders.,* Auswirkungen der Insolvenzrechtsreform auf Kreditgeschäft und Kreditsicherheiten, WM 1994, 1829, 1869; *ders.,* Eingriffe in die Kreditsicherheiten durch Insolvenzplan und Verbraucherinsolvenzverfahren, WM 1998, 483; *Pape,* Die Immobilie in der Krise, ZInsO 2008, 465; *Reinicke,* Der Kampf um das Zubehör zwischen Sicherungseigentümer und Grundpfandgläubiger – BGHZ 92, 280, JuS 1986, 957; *Reinhardt/Erlinghagen,* Die rechtsgeschäftliche Treuhand – ein Problem der Rechtsfortbildung, JuS 1962, 41; *Reinicke/Tiedtke,* Geheißerwerb von Briefgrundschulden, NJW 1994, 345; *Reuter,* Wie insolvenzfest sind Sicherheiten bei konsortialen (Projekt-) Finanzierungen und deren Refinanzierung?, NZI 2010, 167; *Rellermeyer,* Objektive Bezugsgrößen für die Bewertung von Kreditsicherheiten, WM 1994, 1009, 1053; *Reuter,* Kreditgewährung und Kreditsicherheiten in Gesellschafts- und Zivilrecht: Der Stand der Rechtsprechung und die Folgen für Holding-, Akquisitions-, leveraged loan- und Projektfinanzierung, NZI 2001, 393; *Reuter/Buschmann,* Sanierungsverhandlungen mit Krediterwerbern: Strategien „alternativer Investoren" auf dem rechtlichen Prüfstand, ZIP 2008, 1003; *Riggert,* Die Raumsicherungsübereignung: Bestellung und Realisierung unter den Bedingungen der Insolvenzordnung, NZI 2000, 241; *Rutenfranz,* Die Befriedigung absonderungsberechtigter Gläubiger durch den Konkursverwalter, KTS 1966, 165; *Karsten Schmidt/Bitter,* Doppelberücksichtigung, Ausfallprinzip und Gesellschafterhaftung in der Insolvenz, ZIP 2000, 1077; *Schreiber,* Das Sicherungseigentum und seine Verwertung, JR 1984, 485; *Sinz/Hiebert,* § 10 Abs. 1 Nr. 2 ZVG – Absonderungsrecht der Wohnungseigentümer-Gemeinschaft ohne Beschlagnahme?, ZInsO 2012, 205; *Smid,* Thesen zu Kreditsicherheiten in Insolvenz, übertragender Sanierung und Reorganisation, WM 2002, 1033; *ders.,* Behauptungs- und Beweislast im Prozess des Gläubigers auf abgesonderte Befriedigung gegen den Insolvenzverwalter, ZInsO 2010, 1829; *Städtler,* Grundpfandrechte in der Insolvenz, 1998; *Stürner,* Die Rechtsnatur des „Vorzugsrechts" der Pfandbriefgläubiger im Konkurs der Hypothekenbank, FS Gaul, 1997, 739; *Thole,* Zivilprozessuale Probleme des Absonderungsrechts aus § 110 VVG n. F. in der Insolvenz des Versicherungsnehmers, NZI 2011, 41; *Trinkner,* Verwertung sicherungsübereigneter Gegenstände, BB 1962, 80; *Uhlenbruck,* Zur Krise des Insolvenzrechts, NJW 1975, 897; *A. Weber,* Insolvenzrechtsreform und Mobiliarsicherheiten, WM 1992, 1133; *Wenzel,* Die Rechtsstellung des Grundpfandrechtsgläubigers im Insolvenzverfahren, NZI 1999, 101; *Widhalm-Budak,* Überblick über die Rechte der Absonderungsberechtigten nach der Österreichischen Insolvenzordnung unter besonderer Berücksichtigung der Neuerungen durch das Insolvenzrechtsänderungsgesetz 2010, ZInsO 2011, 562; *Wittig,* Insolvenzordnung und Konsumentenkredit, WM 1998, 169, 209; *Wolf,* Inhaltskontrolle von Sicherungsgeschäften, FS Baur, 1981, 147; *Zahn,* Das Sicherungseigentum der Bank in der Insolvenz der Leasinggesellschaft, ZIP 2007, 365; *Zeuner,* Durchsetzung von Gläubigerinteressen im Insolvenzverfahren, NJW 2007, 2952; *Zimmermann,* Rechtsposition, Handlungsalternativen und Kostenbeiträge der absonderungsberechtigten Bank im Rahmen der InsO, NZI 1998, 57.

Übersicht

I. Normzweck und Grundlagen

1. Allgemeines zur Absonderung. Die Absonderung ermöglicht es dem Absonderungsberechtigten, sich für seine Forderung aus dem Erlös der Verwertung vorzugsweise zu befriedigen. §§ 49–52 setzen ein nach materiellem Recht begründetes Absonderungsrecht voraus und schaffen dieses nicht. Der Verwalter kann auch nicht durch **Anerkennung eines nicht bestehenden Rechts** ein Absonderungsrecht begründen (RGZ 137, 109 [111]; BGH KTS 1968, 91 [99]). Daher scheidet eine vertragliche Erweiterung der Absonderungsrechte insgesamt aus (Gottwald InsR-HdB/*Adolphsen* § 42 Rn. 2); ist das Bestehen des an sich tauglichen Rechts streitig, kann sich der Verwalter aber darüber vergleichen (vgl. *Lent* KTS 1957, 27 [28]). Es geht idR um vorinsolvenzliche Rechte, weil Rechte an Massegegenständen nach Verfahrenseröffnung grds. nicht mehr wirksam vom Schuldner erworben werden können (§§ 81 Abs. 1, 91 Abs. 1) (näher → Rn. 6). An der Bestellung von insolvenzfesten Absonderungsrechten ist der Schuldner in seiner Rechtsmacht trotz einer mit einem Gläubiger getroffenen schuldrechtlichen **Negativklausel** oder einer schuldrechtlichen Kontensperre nicht gehindert (vgl. BGH NJW-RR 1986, 848 [849]: aber Anfechtung denkbar). Absonderungsrechte müssen im Insolvenzverfahren geschützt werden, weil nur der Vorrang vorinsolvenzlich erworbener Sicherungsrechte die Kreditfinanzierungsfähigkeit des Schuldners sicherstellt. Ein **Insolvenzplan** berührt Absonderungsrechte nur, wenn dies ausdrücklich bestimmt wird, § 223 Abs. 2. 1

Von der Aussonderung **unterscheidet** sich die abgesonderte Befriedigung insbes. dadurch, dass der Gegenstand des Absonderungsrechts **massezugehörig** ist. In den Fällen des §§ 165 f. InsO muss sich der Absonderungsberechtigte zudem auf die Verwertung gerade durch den Insolvenzverwalter verweisen lassen mit der Kostenfolge nach §§ 170, 171. Absonderungsberechtigte Gläubiger sind in der Gläubigerversammlung teilnahmeberechtigt (§ 74 Abs. 1, 76 Abs. 2). Zum **Verzicht** → § 52 Rn. 10. 2

2. Systematik. Prototyp der Rechte, die zur abgesonderten Befriedigung berechtigen, ist das Pfandrecht (§ 50); bei den unbeweglichen Gegenständen iSd § 49 ist das Grundpfandrecht der häufigste Fall. § 51 regelt sonstige Absonderungsrechte (Einzelerläuterungen dort), insbes. das Sicherungseigentum und die Inhaberschaft an sicherungszedierten Forderungen. § 52 hat die Konkurrenz von persönlicher Haftung des Schuldners und der Absonderungsberechtigung zum 3

Gegenstand. Daneben gibt es **spezialgesetzliche** Anordnungen, zB § 110 VVG (*Thole* NZI 2011, 41); dazu → § 51 Rn. 36.

4 Die **Differenzierung zwischen Absonderungsrechten an beweglichen und unbeweglichen Gegenständen** war schon in der KO angelegt. Sie entspricht der Unterscheidung in der Einzelzwangsvollstreckung. § 49 geht auf § 47 KO und § 27 Abs. 1 VglO zurück.

5 **3. Unabhängigkeit von persönlicher Haftung.** Für die Absonderung ist es ohne Bedeutung, ob der Schuldner dem Gläubiger auch persönlich haftet. Die Konkurrenzsituation ist in § 52 geregelt. Der Absonderungsberechtigte ist zugleich Insolvenzgläubiger, wenn der Schuldner ihm auch **persönlich** haftet, was bei Sicherheiten der Regelfall ist (anders ggf. bei Drittsicherheiten). Näher → § 52 Rn. 5. Problematisch kann sein, ob bei einer **Sicherungsgrundschuld** auf die Grundschuld oder die persönliche Schuld geleistet wird. Der Insolvenzverwalter des Grundstückseigentümers leistet auf die Grundschuld (BGH NJW 1994, 2692), so dass eine Eigentümergrundschuld entsteht. An eine abweichende Vereinbarung zwischen Schuldner und Gläubiger ist er nicht gebunden. Der **Nachrang** der gesicherten persönlichen Forderung nach § 39 berührt nicht den Vorrang des Absonderungsrechts (zuletzt *Bloß/Zugelder* NZG 2011, 332 mwN.). Für **Massegläubiger** gilt § 49 nicht (so BGH NJW 2011, 3098 = ZIP 2011, 1723 Rn. 8; aA *Becker* ZIP 2013, 1554), beachte aber sogleich → Rn. 6.

6 **4. Entstehungszeitpunkt.** Das Absonderungsrecht muss wegen § 91 Abs. 1 InsO grds. bei Verfahrenseröffnung wirksam begründet sein (näher Uhlenbruck/*Brinkmann* Rn. 5); für die Rangfolge gilt → Rn. 8. Allerdings kann theoretisch auch der **Verwalter an Massegegenständen Pfandrechte** bestellen, denkbar ist auch der Erwerb eines Pfändungspfandrechts durch eine zulässige und nicht an §§ 88 f. scheiternde Zwangsvollstreckung. Außerdem greifen die Ausnahmen in § 81 Abs. 2 und § 91 Abs. 2 ein (→ § 81 Rn. 32; → § 91 Rn. 31, 42 ff.). Ist ein Recht vor Eröffnung unbedingt übertragen, entsteht der Sicherungsfall aber erst danach, schadet das der Absonderungsberechtigung nicht (BGH NJW-RR 2008, 1007 Rn. 9). **Nebenforderungen,** die nach Verfahrenseröffnung auflaufen, können vom Haftungsverband umfasst sein (→ Rn. 22).

7 Im Falle eines Rechtsinhaberwechsels gelten die allgemeinen Regeln. Mit der gesicherten Forderung geht auch die dafür bestellten Sicherheit über **(§§ 401, 412, 774, 1153 BGB).** Bei nicht-akzessorischen Sicherheiten wie zB Sicherungsübereignung mit schuldrechtlicher Sicherungsabrede erlangt der Zessionar der gesicherten Forderung erst nach Vollzug der analog § 401 BGB geschuldeten Übertragung des Eigentums das Absonderungsrecht (RGZ 91, 277 [280]; BGHZ 42, 53 [56 f.] = NJW 1964, 1788).

8 **5. Rangfolge.** Die Rangfolge der Absonderungsrechte folgt dem Prioritätsgrundsatz (vgl. § 804 Abs. 3 ZPO). Eine Vorrangstellung ergibt sich für Absonderungsrechte des Fiskus bei § 51 Nr. 4. Zu § 49 näher → Rn. 16 ff.

9 **6. Freigabe.** Wird ein Grundstück aus der Masse freigegeben (→ § 35 Rn. 39), so ist keine abgesonderte Befriedigung mehr möglich. Der Gläubiger kann nach allgemeinen Regeln (§§ 865 ff. ZPO) die Vollstreckung in das Grundstück betreiben. Auch bei der Freigabe beweglicher Sachen bleibt das nach materiellem Recht begründete Pfandrecht, Sicherungseigentum etc nach der Freigabe bestehen.

II. Absonderung gemäß § 49

10 § 49 enthält **zwei Verweisungen.** Was unbewegliche Gegenstände sind, wird durch Verweisung auf §§ 864, 865 ZPO und damit auf das Recht der Einzelzwangsvollstreckung bestimmt. Die zweite Verweisung betrifft die Art der Ver-

wertung in Gestalt einer Verweisung auf das ZVG und insbes. auf die Rangverhältnisse nach § 10 ZVG.

Realisiert wird das Absonderungsrecht idR durch **Zwangsversteigerung oder Zwangsverwaltung;** zur „kalten Zwangsverwaltung" → Rn. 26 aE. Zur Absonderung berechtigen Rechte am Immobiliarvermögen. Aus §§ 10–14 ZVG ergibt sich, wer absonderungsberechtigt ist und mit welchem Rang er das Recht geltend machen kann. Das Recht entsteht nach Maßgabe des materiellen Rechts. Die Verweisung auf die §§ 864 f. ZPO zeigt dagegen, an welchen Gegenständen das Recht bestehen kann. 11

1. Haftungsobjekt. a) Unbewegliche Gegenstände. Zu den unbeweglichen Gegenständen gehören zunächst Rechte an Grundstücke und grundstücksgleiche Rechte (§ 870 BGB). Das sind Erbbaurechte (§ 11 ErbbauVO); Wohnungs- und Teileigentum, Bergwerkseigentum nach BBergG, landesrechtliche Fischereirechte (Art. 59 EGBGB), Realgemeinderechte (Art. 164 EGBGB) und sonstige landesrechtliche Rechte. 12

Bruchteile eines Grundstücks sind nach § 864 Abs. 2 ZPO Gegenstand der Zwangsvollstreckung, ebenso nach § 864 Abs. 1 ZPO die im Schiffsregister eingetragenen Schiffe und die Schiffsbauwerke, die im Schiffsbauregister eingetragen sind oder in dieses Register eingetragen werden können, vgl. auch § 870a ZPO, § 162 ZVG. Erfasst sind Luftfahrzeuge nach §§ 171a, c ZVG. 13

b) Haftungsverband von Grundstücken. Die Immobiliarvollstreckung erfasst alle Gegenstände, die im Haftungsverband der Hypothek erfasst wären. Maßgebend sind § 865 ZPO, §§ 1120 ff., 1192 BGB. Miet- Pacht und Versicherungsforderungen sind Haftungsgegenstand; mit dem Grundpfandrecht entsteht daher auch ein Absonderungsrecht an diesen Gegenständen, §§ 1123, 1127 BGB (BGH NZI 2007, 98 Rn. 11). Eine Beschlagnahme ist nicht erforderlich, weil diese lediglich Einleitung der Befriedigung ist. Auch **Anwartschaftsrechte** sind analog § 1120 BGB erfasst (BGHZ 35, 85 [90 ff.] = NJW 1985, 376 [379]). **Zubehör** eines Unternehmens gilt als Grundstückszubehör, wenn das Betriebsgrundstück gegenüber dem Inventar die Hauptsache bildet (BGHZ 85, 234 [237 f.] = NJW 1983, 746); nicht beim Fuhrpark eines Spediteurs (BGHZ aaO). 14

Bei Zubehör, Bestandteilen und Erzeugnissen kommt eine Enthaftung nach §§ 1121, 1122 BGB in Betracht; ggf. bleibt dann Ersatzabsonderung (→ § 48 Rn. 25) möglich. Maßgeblich ist die zeitliche Reihenfolge. Erfolgt die Beschlagnahme vor Veräußerung und Entfernung, wird der Gegenstand enthaftet (§ 1121 Abs. 1 BGB); nicht bei Entfernung nach Beschlagnahme (1121 Abs. 2 BGB), sofern nicht der Erwerber bei der Entfernung in Bezug auf die Beschlagnahme gutgläubig ist. Guter Glaube ist aber wegen § 23 Abs. 2 S. 2 ZVG mit Eintragung des ZV-Vermerks ausgeschlossen. Bei der Reihenfolge Entfernung-Beschlagnahme-Veräußerung kann die Haftung nur bei gutgläubigem Erwerb iSd der §§ 135 Abs. 2, 136, 932 ff. BGB in Betracht kommen; daneben ist Enthaftung nach § 1122 BGB denkbar. Betriebsstilllegung ist aber nie ordnungsgemäße Wirtschaft (BGH NJW 1996, 835 [836]), wohl aber sonstige Entwidmung der Sache und damit Verlust der Zweckbestimmung iSd § 97 BGB. Eine Veräußerung nach Stilllegung kann daher zur Ersatzpflicht des Verwalters gegenüber den Grundpfandgläubigern führen (§§ 823 Abs. 1, Abs. 2, 1134, 1135 BGB; vgl. a. BGHZ 60, 267 [274] = NJW 1973, 1611: Masseschuld). Dann ist auch Verwalterhaftung nach § 60 denkbar, weil Absonderungsberechtigte auch Beteiligte im Sinne dieser Vorschrift sind (BGH NJW-RR 2006, 990 Rn. 9; → § 60 Rn. 5, 30). Wie auch sonst kann die Vereitelung des Absonderungsrechts durch rechtsgeschäftliche Verfügung zur Ersatzabsonderung führen. Bei einvernehmlicher Aufhebung eines Anwartschaftsrechts tritt zu Lasten des Grundpfandgläubigers Enthaftung ein (BGHZ 92, 280 [290 ff.] = NJW 1985, 376 [378 ff.]); die Gegenmeinung verlangt 15 mit guten Gründen dessen Zustimmung nach § 1276 BGB analog (*Marotzke* AcP 186 (1986), 491 [494 ff.]; *Reinicke* JuS 1986, 957 [960]; krit. auch *Kohlhosser* JZ 1985, 370 [375]).

16 **2. Recht auf Befriedigung nach § 49 und Rangfolge.** An den unter → Rn. 12 ff. genannten Haftungsobjekten muss der Gläubiger ein Recht zur Befriedigung haben. Das verweist auf § 10 ZVG, der zugleich die Rangfolge festlegt (näher *Stöber* § 10 Anm. 1.1, 1.4 f.). Verteilungsfähig ist der Erlös aus der Verwertung abzüglich der Kosten (§ 109 Abs. 1 ZVG).

17 **Rangklasse 1** erfasst gem. § 10 Abs. 1 Nr. 1 Ansprüche der die Zwangsverwaltung betreibenden Gläubiger auf Ersatz von Zwangsverwaltungsvorschüssen, die zur Erhaltung oder Verbesserung des Grundstücks dienen (näher BGHZ 154, 387 [389 f.] = NJW 2003, 2162). Eine dauernde Bereicherung und Wertverbesserung wird nicht verlangt; Nr. 1 ist aber die einzige Anknüpfung für ein Absonderungsrecht bei Verwendungen auf Grundstücke iSd §§ 1000, 1003 BGB (BGH NZI 2003, 605). Bei einer Zwangsversteigerung gilt die Einschränkung in § 10 Abs. 1 Hs. 2 ZVG; die Zwangsverwaltung muss bis zum Zuschlag fortdauern (§ 90 ZVG; Gottwald InsR-HdB/*Adolphsen* § 42 Rn. 16). Mangels automatischer Unterbrechung und wegen der Notwendigkeit eines Aufhebungsbeschlusses, der idR auf den Zeitpunkt des Zuschlags rückbezogen wird, ist das aber stets der Fall. Außerdem dürfen die Vorschüsse nicht schon aus den Nutzungen erstattet werden können, § 101 Nr. 1 ZVG; Letzteres ist aus dem Teilungsplan ersichtlich, § 155 ZVG.

18 **Rangklasse 1a** betrifft die zur Insolvenzmasse gehörenden Ansprüche auf Ersatz der Feststellungskosten in Bezug auf die Gegenstände, auf die sich die Zwangsversteigerung (nicht bei Zwangsverwaltung) erstreckt; pauschaler Wertansatz mit 4 % des nach § 74a Abs. 5 S. 2 ZVG festgesetzten Grundstückswertes. Die Vorrangstellung entspricht den Wertungen der §§ 170, 171 InsO.

19 **Rangklasse 2** (§ 10 Abs. 1 Nr. 2 ZVG) privilegiert bei Vollstreckung in Wohnungseigentum die daraus fälligen Ansprüche auf Zahlung der Beiträge zu den Lasten und Kosten des gemeinschaftlichen Eigentums oder des Sondereigentums (**Hausgeldansprüche**). Das Vorrecht, das kein dingliches Recht ist (BGH NJW 2013, 3515 Rn. 7 ff.) entsteht mit Verfahrenseröffnung (BGH NZI 2011, 731 Rn. 16 ff.; NJW 2013, 3515 Rn. 7 ff.); das Absonderungsrecht setzt keine Beschlagnahme voraus (BGH NZI 2011, 731 Rn. 16 ff.; zu den Folgen *Sinz/Hiebert* ZInsO 2012, 205).

20 In **Rangklasse 3** sind öffentliche Grundstückslasten (zB Erschließungskosten, §§ 127 ff. BauGB, uam) wegen rückständiger Beträge zu befriedigen; das gilt auch, soweit die Last erst im Verfahren entsteht (OVG Münster KTS 1999, 137 [139]; Jaeger/*Henckel* § 49 Rn. 8). Die öffentliche Hand ist auf das Verwertungsverfahren verwiesen und kann die Ansprüche nicht per Verwaltungsakt festsetzen (Uhlenbruck/*Brinkmann* § 49 Rn. 60; aA OVG Magdeburg WM 2007, 1622), weil § 49 auf das ZVG verweist; anders bei Masseschuld (OVG Münster aaO).

21 Die klassischen Absonderungsrechte sind die in **Rangklasse 4** genannten dinglichen Rechte; erfasst sind va **Grundpfandrechte** (auch Eigentümergrundschulden, dann aber ggf. mit einem vor Eröffnung und damit insolvenzfest entstandenen Löschungsanspruch nach § 1179a BGB (BGH NJW 2006, 2408 Rn. 14 ff.; ZIP 2012, 1140 Rn. 12 ff. [auch nachinsolvenzlich]); Reallasten, Überbau- und Notwegrente und Dienstbarkeiten (§§ 1018 ff. BGB), Nießbrauch (§ 1030 BGB) (näher *Stöber* § 10 ZVG Anm. 8.1). Auch Sicherungsgrundschulden (§ 1192 Abs. 1a BGB) sind erfasst, gewähren aber ein Absonderungsrecht nicht schon als solche, sondern nur bei Bestehen der gesicherten Forderung (so Jaeger/*Henckel* Rn. 10). Innerhalb der Rangklasse besteht die Reihenfolge nach § 11 ZVG iVm § 879 BGB.

Die **Hauptansprüche** werden ohne Einschränkung, die Nebenansprüche auf Zinsen und wiederkehrende Leistungen nach § 10 Abs. 1 Nr. 4 Hs. 2 ZVG nur wegen der laufenden und bis zu zwei Jahren rückständigen Beträge erfasst. Das Recht eines Grundpfandgläubigers auf abgesonderte Befriedigung umfasst auch die nach Eröffnung entstandenen **Zinsen und Kosten** (BGH NJW 1997, 522 [523]; ZIP 2008, 2276; NJW 2008, 3064 Rn. 17), s. § 10 Abs. 1 Nr. 4 ZVG. Das gilt auch bei § 50 und der Haftung beweglichen Vermögens (BGH NJW 2008, 3064 Rn. 17). 22

In **Rangklasse 5** fallen die Ansprüche der beitreibenden Gläubiger, soweit sie nicht in die Rangklassen 1–4 fallen. Damit erfasst sind insbes. die Rechte eines Grundpfandgläubigers als persönlicher Forderungsgläubiger, so dass er als beitreibender Gläubiger wählen kann, wie er das Verfahren betreibt (Gottwald InsR-HdB/*Adolphsen* § 42 Rn. 27). Der beitreibende Gläubiger kann aber nur dann die Zwangsvollstreckung als persönlicher Gläubiger betreiben, wenn ihm durch die Beschlagnahme ein Befriedigungsrecht nach § 10 Abs. 1 Nr. 5 ZVG zuteil wird. Das ist der Fall, wenn durch seinen Antrag die Zwangsversteigerung (§ 15 ZVG) oder die Zwangsverwaltung angeordnet wird oder wenn er einem bereits laufenden Verfahren beitritt (§ 27 ZVG), so dass Beschlagnahme eintritt (§§ 20 Abs. 1, 146 Abs. 1 ZVG) und wenn diese Beschlagnahme vor Verfahrenseröffnung wirksam geworden ist, denn andernfalls ist der persönliche Gläubiger als Insolvenzgläubiger an der Vollstreckung gehindert, § 87. Beachte auch § 88, §§ 129 ff. Nach Eröffnung des Insolvenzverfahrens über das Vermögen des Schuldners ist die **Pfändung mithaftender Mieten oder Pachten** durch absonderungsberechtigte Grundpfandgläubiger nicht mehr zulässig (BGH NJW 2013, 3520 Rn. 7). Das gilt auch dann, wenn diese Erträge zuvor von einem Zwangsverwalter eingezogen worden sind, **infolge Aufhebung der Zwangsverwaltung** nunmehr uneingeschränkt der Insolvenzmasse zustehen und in diesen Herausgabeanspruch der Insolvenzverwalterin vollstreckt werden soll (BGH aaO). 23

Massegläubiger können, obwohl die Beschlagnahme für sie naturgemäß nicht vor Verfahrenseröffnung erfolgen kann, nach Erlangung eines Titels gegen den Insolvenzverwalter die Vollstreckung betreiben und insoweit unter den **Einschränkungen des § 90** auf das Grundstück zugreifen. Auch insofern besteht eine Absonderungsberechtigung. 24

Die **Rangklassen 6–8** enthalten die relativ unwirksamen dinglichen Rechte (vgl. § 23 ZVG) sowie bestimmte Rückstände. In Fällen des § 37 Nr. 4 ZVG wird der Rechtsinhaber nachrangig befriedigt. Besonderheiten gelten für die Zwangsversteigerung von Schiffen, Schiffsbauwerken und Luftfahrzeugen, §§ 162 ff. ZVG, § 754 HGB, §§ 102 ff. BinnSchG. 25

3. Verfahrenseinleitung. Die Verwertung der Immobilien und die damit verbundene Realisierung des Absonderungsrechts erfolgen nach dem ZVG weitgehend unabhängig von dem Insolvenzverfahren; die Insolvenzeröffnung lässt die Wirkungen der Beschlagnahme unberührt (§ 80 Abs. 2 S. 2). Das Verfahren wird durch einen Antrag des dinglichen Gläubigers (§ 10 Abs. 1 Nr. 1–4) in Gang gesetzt, durch einen Antrag des Verwalters, § 165 InsO, oder durch einen Antrag des persönlichen Gläubigers (§ 10 Abs. 1 Nr. 5 ZVG), der sein insolvenzfeste Recht auf Befriedigung durch Beschlagnahme erlangt, oder eines Massegläubigers (näher → § 165 Rn. 4 ff.). Denkbar ist auch eine **freihändige Verwertung** des Grundstücks durch den Verwalter (nicht durch die beitreibenden Gläubiger) (BGH NJW 1967, 1370 [1371]; ZIP 1987, 764 [768]; *Zeuner* NJW 2007, 2952 [2956]) im Einvernehmen mit den Gläubigern (*Pape* ZInsO 2008, 465 [469]). Der Verwalter darf sich auch ohne Durchführung einer Zwangsverwaltung vertraglich verpflichten, Nutzungen des Grundstücks an den Absonderungsberechtigten in Erfüllung des Absonderungsrechts gegen Belassung eines Anteils für die Masse abzuführen, 26

kalte Zwangsverwaltung (OLG München ZIP 1993, 135 [137]; BGH ZIP 2008, 514 [515] [auch zum Vergütungszuschlag]; *Pape* ZInsO 2008, 465 [469]).

27 **4. Einstellung des Verfahrens.** Eine automatische Einstellung des Verfahrens, soweit vor Eröffnung in Gang gesetzt, kennt das Gesetz nicht (soeben → Rn. 26), § 240 ZPO findet keine Anwendung (KG NJW-RR 2000, 1075 f.). In Betracht kommt eine einstweilige Einstellung des Verfahrens nach

– § 30d Abs. 4 ZVG auf Antrag des starken vorläufigen Verwalters zur Vermeidung nachteiliger Veränderungen der Vermögenslage des Insolvenzschuldners. Die Voraussetzungen liegen häufig vor (Uhlenbruck/*Brinkmann* Rn. 79; enger *Wenzel* NZI 1999, 101 [102]: kein Nachteil, wenn im Verfahren gesicherter Gläubiger Beeinträchtigung nicht zu dulden hätte).
– § 30d Abs. 1 ZVG im eröffneten Verfahren unter den dort genannten kumulativen Voraussetzungen: Der Berichtstermin muss noch bevorstehen, das Grundstück für die Fortführung oder Veräußerung benötigt werden und die Durchführung eines Insolvenzplans durch die Versteigerung gefährdet oder die angemessene Verwertung wesentlich erschwert werden.
– § 765a ZPO (Gottwald InsR-HdB/*Adolphsen* § 42 Rn. 98).
– § 153b ZVG in der Zwangsverwaltung.

28 Der Antrag nach § 30d Abs. 1 ist abzulehnen, wenn die einstweilige Einstellung den Gläubigern nicht zumutbar ist. Das setzt eine Interessenabwägung voraus. Nach §§ 30e, 153b Abs. 2 ZVG ist ggf. ein Ausgleich für Zinsanteile und Wertverlust zu leisten. Aufhebung der einstweiligen Einstellung nach §§ 30f, 153c ZVG.

29 **5. Prozessuales.** Will der Absonderungsberechtigte gegen den Verwalter vorgehen und die Vollstreckung einleiten, so benötigt er einen Vollstreckungstitel, § 16 ZVG. Im Insolvenzfall taugt nicht der persönliche Schuldtitel wegen § 89 (zu § 10 Abs. 1 Nr. 5 ZVG → Rn. 23), sondern nur ein Titel auf Duldung der Zwangsvollstreckung aus dem Absonderungsrecht in den unbeweglichen Gegenstand, sog Pfandklage, oder auf Feststellung (BGH WM 1971, 71 [72 f.]). Die persönliche Schuldklage (mit Zugriff auf das gesamte Schuldnervermögen) scheidet wegen §§ 87, 89 InsO aus (anders allg. bei § 16 ZVG). Hat der Gläubiger allerdings vor Eröffnung aus dem Schuldtitel das Verfahren eingeleitet, bleibt die Beschlagnahme unberührt, § 80 Abs. 2 S. 2, und der Gläubiger kann als Gläubiger nach § 10 Abs. 1 Nr. 5 ZVG das Verfahren weiter betreiben. An eine **Schiedsklausel** in Bezug auf die Feststellung des das Absonderungsrecht begründenden Rechts ist der Verwalter gebunden (RGZ 137, 109 [111]; vgl. allg. zur Bindung des Verwalters BGH NJW 1956, 1920; 1957, 791; ZInsO 2004, 88; SchiedsVZ 2008, 148 [150]), aber es gilt ggf. § 103 (NJW 2011, 2977; BeckRS 2011, 18678), dazu → § 47 Rn. 101. An **verwertungsbeschränkende Abreden** zwischen Schuldner und Gläubiger ist der Verwalter nicht gebunden (BGH NZI 2011, 138 Rn. 12 ff. betreffend Grundpfandrecht). Im Bereich der EuInsVO sind die Art. 5 und 8 zu beachten (s. Erläuterungen dort). Zur Behauptungs- und Beweislast im Absonderungsstreit *Smid* ZInsO 2010, 1829.

Abgesonderte Befriedigung der Pfandgläubiger[1]

50 (1) **Gläubiger, die an einem Gegenstand der Insolvenzmasse ein rechtsgeschäftliches Pfandrecht, ein durch Pfändung erlangtes Pfandrecht oder ein gesetzliches Pfandrecht haben, sind nach Maßgabe der §§ 166 bis 173 für Hauptforderung, Zinsen und Kosten zur abgesonderten Befriedigung aus dem Pfandgegenstand berechtigt.**

[1] § 50 Abs. 2 S. 1 und 2 geänd. mWv 1.9.2001 durch G v. 19.6.2001 (BGBl. I S. 1149).

(2) [1]**Das gesetzliche Pfandrecht des Vermieters oder Verpächters kann im Insolvenzverfahren wegen der Miete oder Pacht für eine frühere Zeit als die letzten zwölf Monate vor der Eröffnung des Verfahrens sowie wegen der Entschädigung, die infolge einer Kündigung des Insolvenzverwalters zu zahlen ist, nicht geltend gemacht werden.** [2]**Das Pfandrecht des Verpächters eines landwirtschaftlichen Grundstücks unterliegt wegen der Pacht nicht dieser Beschränkung.**

Schrifttum: Vgl. Schrifttum zu § 49, §§ 51–52. *Eckert,* Das Vermieterpfandrecht im Konkurs des Mieters, ZIP 1984, 663; *Ehricke,* Das Erlöschen des Vermieterpfandrechts bei Gewerberaummietverhältnissen im Eröffnungsverfahren, insbesondere durch einen Räumungsverkauf, KTS 2004, 321; *ders.,* Zum Entstehen eines Vermieterpfandrechts in der Insolvenz des Mieters, FS Gerhardt, 2004, 191; *Elz,* Verarbeitungsklauseln in der Insolvenz des Vorbehaltskäufers – Aussonderung oder Absonderung?, ZInsO 2000, 478; *Gaul,* Verwertungsbefugnis des Insolvenzverwalters bei Mobilien trotz Sicherungsübereignung und Eigentumsvorbehalt, ZInsO 2000, 256; *Görg,* Zur Berechnung des Ausfalls nach den §§ 50 Abs. 1 und 52 InsO, KTS 2006, 151; *Hirte/Knof,* Das Pfandrecht an globalverbrieften Aktien in der Insolvenz, Teil 1, WM 2008, 7; *Langer,* Die Mietkaution als Pfandrecht im Sinne des § 50 InsO, ZInsO 2012, 1093; *Lütcke,* Leistungsbestimmungsrecht des Insolvenzverwalters nach Verwertung des Vermieterpfandrechts, NZI 2012, 262; *Götz,* Zur Berechnung des Ausfalls nach den §§ 50 Abs. 1 und 52 InsO, KTS 2006, 151; *Mitlehner,* Verwertung sicherungszedierter Forderungen durch den Insolvenzverwalter, ZIP 2001, 677; *ders.,* Anfechtungsanspruch bei Absonderungsrechten an Mietforderungen und wegen Mietforderungen, Zugleich Besprechung BGH v. 9.11.2006 – IX ZR 133/05 und 14.12.2006 – IX ZR 102/03, ZIP 2007, 804; *ders.,* Wirkung der Eröffnung des Insolvenzverfahrens auf Kreditsicherungsrechte an Immobilien, Sachen, Rechten und Forderungen, ZIP 2015, 60; *Neuenhahn,* Anmerkung BGH, 14.12.2006 – IX ZR 102/03, Vermieterpfandrecht in der Insolvenz des Mieters, NZI 2007, 158; *Smid,* Behauptungs- und Beweislast im Prozess des Gläubigers auf abgesonderte Befriedigung gegen den Insolvenzverwalter, ZInsO 2010, 1829.

Übersicht

I. Normzweck und Grundlagen

§ 50 ist die Grundnorm über Absonderungsrechte an beweglichem Vermögen. 1
Bewegliches Vermögen wird anders als bei § 49 nicht nach Maßgabe des ZVG verwertet. Das Absonderungsrecht wird vielmehr nach den §§ 166–173 durch den Gläubiger oder den Verwalter realisiert (näher → § 166 Rn. 1). Das Absonderungsrecht erfasst gegenständlich auch **Zinsen und Kosten,** nicht allein die dem Pfandrecht zugrundeliegende Hauptforderung, obwohl Zinsen und Kosten eigentlich als nachrangige Insolvenzforderungen nach § 39 Abs. 1 Nr. 1 und 2 anzumelden wären; dem entspricht die Regelung bei § 10 Abs. 1 Nr. 1 ZVG (→ § 49 Rn. 17; BGH NJW 2008, 3064 Rn. 16). Zur Tilgungsreihenfolge → Rn. 24. Absatz 2 enthält Einschränkungen hinsichtlich der Geltendmachung eines Vermieter- oder Verpächterpfandrechts und geht über die Beschränkung in § 562 Abs. 2 BGB hinaus.

II. Pfandrecht

2 **1. Entstehungszeitpunkt.** Das Pfandrecht muss – wie auch bei sonstigen Absonderungsrechten – grds. **vor Eröffnung des Verfahrens** bestehen und erworben worden sein, daher wegen **§ 91 Abs. 1** kein Pfandrecht an künftigen Forderungen des Schuldners gegen Dritte, wenn die Forderung erst nach Verfahrenseröffnung entsteht (BGH NJW-RR 2010, 924 Rn. 18 ff. mwN; → § 49 Rn. 6). § 91 gilt aber nicht im Eröffnungsverfahren (BGH NZI 2007, 158 Rn. 8). Anders ist es bei einem gutgläubigen Erwerb nach § 91 Abs. 2; zur Vormerkung bei § 106 dort → § 106 Rn. 10; zum Erwerb durch Zwangsvollstreckung auch nach Eröffnung → Rn. 19. Außerdem tritt das Erwerbsverbot des § 91 ausnahmsweise zurück, wenn der Gläubiger bereits vor der Verfahrenseröffnung eine **gesicherte Rechtsposition** an der abgetretenen oder verpfändeten Forderung erlangt hat (BGH NJW-RR 2010, 924 Rn. 20; NZI 2009, 599 Rn. 9 [Kontokorrent]). Davon zu unterscheiden ist die Bestellung eines Pfandrechts zur Sicherung künftiger Forderungen (§ 1204 Abs. 2 BGB), dazu → Rn. 6. Der Verwalter kann Pfandrechte bestellen.

3 **2. Haftungsobjekt.** Gegenstand des Pfandrechts können Forderungen und bewegliche Sachen aus der Insolvenzmasse sein. Erzeugnisse, die von der Pfandsache getrennt werden, sind nach § 1212 BGB vom Pfandrecht erfasst, ebenso Zubehörstücke (§ 97 BGB). Zu beachten ist aber die negative Abgrenzung zu Fällen des § 49. Soweit bewegliche Sachen zum Haftungsverband der Hypothek gehören bzw. gehören würden, sind sie als Gegenstand der Immobiliarvollstreckung über § 49 zu realisieren. Es besteht daher ein **Vorrang der Immobiliarvollstreckung** (näher zur Abgrenzung → § 49 Rn. 12 ff., 14). Daher kann Zubehör, das im Eigentum des Grundstückseigentümers steht, nur bei Enthaftung vor Beschlagnahme (§§ 1121, 1122 BGB) über § 50 verwertet werden. Im Einzelnen ist hinsichtlich des Haftungsumfangs nach den verschiedenen Arten von Pfandrechten zu unterscheiden.

4 **3. Vertragliche Pfandrechte.** Die Bestellung des rechtsgeschäftlichen Pfandrechts richtet sich nach §§ 1204 ff., 1273 ff. BGB. Pfandrechte können an beweglichen Sachen und Rechten (§ 1273 BGB) bestellt werden. Die Bestellung des Pfandrechts erfolgt zwar unabhängig von der **Unpfändbarkeit** nach § 811 ZPO. Da unpfändbare Gegenstände gem. § 36 aber grds. nicht zur Masse gehören, kommen Absonderungsrechte nach § 50 insoweit idR nicht in Betracht; der Gläubiger kann dann ggf. wegen seiner persönlichen Forderung die volle Quote verlangen, vgl. § 52.

5 Zur **Entstehung eines Pfandrechts** an Sachen ist regelmäßig erforderlich die (dingliche) Einigung von Eigentümer und Gläubiger sowie die Übergabe der Pfandsache unter Verlust jeden Besitzes des Verpfänders, vgl. § 1205 Abs. 1 BGB. Übergabe eines Schlüssels zum Zwecke des Zugangs zur Sache kann genügen, wenn der Eigentümer damit seinen Besitz aufgibt (vgl. RGZ 66, 258 [262]; 67, 421 [422]). Nach § 1205 Abs. 2 BGB genügt aber auch die Übertragung des mittelbaren Besitzes (§ 870 BGB) auf den Pfandgläubiger und die Verpfändungsanzeige an den unmittelbaren Besitzer. IErg ist daher der vollständige Besitzverlust des Eigentümers erforderlich. Daher genügt die Abtretung des Herausgabeanspruchs iSv § 931 BGB gleichermaßen nur, wenn der Eigentümer seinen mittelbaren Besitz auf den Gläubiger überträgt und die Verpfändung dem unmittelbaren Besitzer angezeigt wird, § 1205 Abs. 2 BGB (vgl. RGZ 53, 218 [220]; Uhlenbruck/*Brinkmann* Rn. 9). Eine Bestellung mit Besitzkonstitut ist wegen der Notwendigkeit vollständiger Besitzaufgabe des Verpfänders nicht möglich (RGZ 53, 218 [220 f.]); der Verpfänder darf keine vom Gläubiger unabhängige Nut-

zungsmöglichkeit erhalten. Denkbar ist Einräumung von Mitbesitz nach § 1206 BGB. Ggf. erfolgt die Bestellung des Pfandrechts durch Übergabe von Traditionspapieren, so bei §§ 363 Abs. 2, 448, 475g, 650 HGB: Versicherungspolice, Konnossement, Lagerschein. Das Recht aus dem Papier folgt dem Recht am Papier.

Das Pfandrecht ist in Entstehung und Bestand **akzessorisch** zur gesicherten 6
Forderung. Bestimmbarkeit reicht nicht; auch Bestellung an Sachgesamtheiten ist als solche nicht möglich (Prinzip der Spezialität), wohl aber die sog Raumsicherung. Ersatzansprüche bei Zerstörung der Sache sind nur in den Grenzen des § 562 Abs. 2 BGB Gegenstand des Pfandrechts, also bei Verwirklichung des Tatbestands im Zeitpunkt der Geltendmachung (Jaeger/*Henckel* Rn. 61). Zudem muss die Zerstörung und damit Entstehung des Anspruchs vor Eröffnung erfolgt sein (→ Rn. 2); anders in den Fällen der §§ 1219 Abs. 2, 1247 BGB. Bei der **Sicherung künftiger Forderungen** (§ 1204 Abs. 2 BGB) entsteht das Pfandrecht zwar an sich sofort, da § 1204 Abs. 2 BGB das Akzessorietätsprinzip lockert; es wird aber erst mit Entstehung der Forderung durchsetzbar und werthaltig, so dass man iErg doch nur von einer Erwerbsaussicht sprechen kann (MüKoBGB/*Damrau* BGB § 1204 Rn. 22; vgl. BGHZ 170, 196 Rn. 16 ff. mN = NZI 2007, 158 [159]); daher spricht einiges dafür, wegen **§ 91** einen Erwerb bei Entstehen der gesicherten Forderung nach Eröffnung abzulehnen (zum Problem → § 51 Rn. 12; → § 91 Rn. 11 f.; anders für das Vermieterpfandrecht wegen Ähnlichkeit zum aufschiebend befristeten Recht BGH NZI 2007, 158 Rn. 18). Davon zu unterscheiden ist der Pfandrechtserwerb an künftigen Forderungen des Schuldners, der wegen § 91 Abs. 1 in der Regel ausgeschlossen ist (BGH NJW-RR 2010, 924 Rn. 18 mwN; → Rn. 2). Außerdem ist ein insolvenzfester Erwerb eines Absonderungsrechts möglich, wenn vor Eröffnung bereits ein Anwartschaftsrecht bestand (Gottwald InsR-HdB/*Adolphsen* § 42 Rn. 37). Der Verwalter kann aber nach **Verfahrenseröffnung** für die dann entstehenden Ansprüche Pfandrechte bestellen, obwohl die gesicherten Forderungen dann ohnedies bereits Masseforderungen sind (HK-InsO/*Lohmann* Rn. 24). Außerdem können **Massegläubiger** durch zulässige Vollstreckung (vgl. §§ 89, 90) Pfändungspfandrechte erwerben.

Ein **gutgläubiger Erwerb** eines vertraglichen Pfandrechts an nicht dem Ver- 7
pfänder gehörenden Sachen ist nach § 1207 BGB und § 366 Abs. 1 HGB möglich (anders bei gesetzlichen Pfandrechten, → Rn. 16). Zum rechtsgeschäftlichen vertraglichen Pfandrechtserwerb durch AGB außerhalb von § 647 BGB vgl. BGHZ 68, 323 [326 ff.] = NJW 1977, 1240. Außerdem ist ein gutgläubiger Erwerb denkbar bei § 2366 BGB, wenn der Schuldner als Erbscheinserbe aufgetreten ist.

Das rechtsgeschäftliche **Pfandrecht an Rechten** wird bestellt nach den Vor- 8
schriften, die für die Übertragung des Rechts gelten, § 1274 BGB. Daher kann ein Pfandrecht nur bestellt werden, soweit das Recht übertragbar ist, bea. §§ 399, 400 BGB (Ausnahmen: BGHZ 4, 153 [156] = NJW 1952, 337; BGHZ 13, 360 [367 ff.] = NJW 1954, 1153 [Unfallrente]; BGHZ 59, 109 [115] = NJW 1972, 1703 [Urlaubsentgelt]; zu weiteren Fällen teleologischer Reduktion Palandt/*Grüneberg* BGB § 400 Rn. 3) und für das Pfändungspfandrecht § 851 ZPO (und → Rn. 21). Die Verpfändung ist dem Drittschuldner anzuzeigen, § 1280 BGB (konstitutive Bedeutung); wegen § 91 muss das bei einer Bestellung durch den Schuldner vor Eröffnung geschehen. Zur Verpfändung eines Wechsels s. § 1292 BGB. Das Pfandrecht an einer Forderung auf Leistung setzt sich an dem Geleisteten fort, § 1287 BGB. Zur Verpfändung einer Forderung ist die Übergabe eines (qualifizierten) Legitimationspapiers (zB Sparbuch, Versicherungsschein, § 4 VVG, § 808 BGB) nicht erforderlich, anders bei Inhaber- und Orderpapieren, §§ 1292 f. BGB; umgekehrt wegen § 952 BGB kein Absonderungsrecht am Hypothekenbrief ohne Verpfändung der Hypothekenforderung (Jaeger/*Henckel* Rn. 28).

9 Besondere Fragen wirft das **Vertragspfandrecht der Banken,** Nr. 14 AGB-Banken, Nr. 21 AGB-Sparkassen, auf. Danach werden dem Kreditinstitut die in ihrem (auch mittelbaren) Besitz befindlichen Sachen sowie Rechte zur Sicherung der Ansprüche gegen den Kunden verpfändet.

10 Erfasst sind insbes. auch **Wertpapiere,** auch soweit sie in einer Sammelstelle verwahrt werden, sowie die Ansprüche des Kunden gegen die Bank aus der bankmäßigen Geschäftsverbindung, dh Pfandrecht an eigener Schuld. Das Pfandrecht entsteht mit der Vereinbarung unabhängig von der Fälligkeit der gesicherten Ansprüche (BGH NJW-RR 2007, 982 Rn. 14; vgl. schon BGH NJW 1981, 756); es sichert auch Ansprüche, die der Bank gegen die Gesellschafter der Schuldnerin nach § 128 HGB zustehen (BGH aaO). In den AGB vorgesehen ist in Nr. 15 auch eine antizipierte Sicherungszession/-übereignung bei Einzugspapieren und Wechseln (vgl. dazu → § 51 Rn. 14; BGHZ 174, 297 [304] = NJW 2008, 430). Nicht erfasst sind wegen ihrer besonderen Zweckbestimmung die der Bank zum Einzug bei Dritten übergebenen Scheck und Wechsel (BGH NJW-RR 1990, 366 f.). Soweit Forderungen abgetreten werden, die in der Suspektsperiode entstehen, kann der Erwerb der Forderung aber anfechtbar sein: Der BGH (BGHZ aaO) wendet nach einigem Zögern auf die Globalzession § 130 InsO an (vgl. zuvor BGHZ 33, 389 [393 f.] = NJW 1961, 408 zu Nr. 19 AGB-Banken aF [inkongruent]; BGHZ 150, 122 [126], = NJW 2002, 1722 [Pfandrecht nach Nr. 14 AGB-Banken an Ansprüchen, die in der Suspektsperiode entstehen, inkongruent]).

11 In der **Insolvenz eines Akkreditivauftraggebers** steht der Bank nach Nr. 14 AGB-Banken an den für das Akkreditiv erhaltenen Sicherheiten sowie etwaigen Dokumenten ein Pfandrecht und damit ein Absonderungsrecht zu (*Canaris,* Bankvertragsrecht, 3. Aufl. 1988, Rn. 1079; Gottwald InsR-HdB/*Adolphsen* § 42 Rn. 44). Beim Dokumenteninkasso wird die Forderung an die Einreicherbank sicherungshalber abgetreten; die Einreicherbank hat dann Anspruch auf abgesonderte Befriedigung in der Insolvenz des Auftraggebers. Ein Pfandrecht der Bank an dem gegen sie selbst gerichteten Anspruch des Kunden auf Herausgabe des Erlöses aus dem Dokumenteninkasso entsteht erst mit buchmäßiger Deckung der Einreicherbank; erfolgt dies nach Verfahrenseröffnung, kann sie daher kein Pfandrecht erwerben (BGHZ 95, 149 [154] = NJW 1985, 2649).

12 Hat die Bank ein **Pfandrecht an den angenommenen Dokumenten** oder den für das Akkreditiv erhaltenen Sicherheiten, erfolgt daher abgesonderte Befriedigung wegen ihres Aufwendungsersatzanspruchs; wenn AGB nicht vereinbart sind, besteht ein gesetzliches kaufmännisches Zurückbehaltungsrecht als Absonderungsrecht nach §§ 51 Nr. 3 iVm §§ 369, 371 HGB und/oder ein gesetzliches Pfandrecht nach §§ 397 ff. HGB. Im Rahmen eines Wertpapiergeschäfts kann die Bank wegen der in ihren Besitz gelangten Vermögenswerte ein Absonderungsrecht wegen eines Pfandrechts nach Nr. 14 AGB-Banken geltend machen (Uhlenbruck/*Brinkmann* Rn. 14); das gilt nicht für das Eigengeschäft der Bank, dann besteht ggf. nur Abnahmeanspruch gegen Kunden aus Kaufrecht.

13 **Bei sammelverwahrten Wertpapieren** erfolgt die Verpfändung durch Abtretung der Herausgabeansprüche (§§ 7 f. DepotG) gegen die Sammelstelle und Anzeige an diese nach § 1205 Abs. 2 BGB (Gottwald InsR-HdB/*Adolphsen* § 42 Rn. 41; krit. *Hirte/Knof* WM 2008, 7 [13]). Die Verwahrstelle kann wegen seiner Forderungen aus der Anschaffung nach §§ 30 Abs. 2, 31, 4 Abs. 1 S. 1 DepotG ein gesetzliches Pfandrecht und damit Absonderungsrecht in der Insolvenz des Auftraggebers haben (Gottwald InsR-HdB/*Adolphsen* § 42 Rn. 46).

14 **4. Gesetzliche Pfandrechte.** Zu den gesetzlichen Pfandrechten zählen Besitzpfandrechte ebenso wie besitzlose Pfandrechte. Nach § 1257 BGB finden auf ein kraft Gesetzes entstandenes Pfandrechte die für rechtsgeschäftliche Pfandrechte

geltenden Vorschriften entsprechende Anwendung. Dazu gehören im BGB insbes. das **Vermieter- und Verpächterpfandrecht** an eingebrachten Sachen des Mieters/Pächters (§§ 562, 581 Abs. 2, 592 BGB), auch des Pächters hinsichtlich des mitverpachteten Inventars, § 583 BGB. Das Vermieterpfandrecht entsteht an Sachen des Mieters, auch an dessen Anwartschaftsrechten (BGHZ 35, 85 [90 ff.] = NJW 1961, 1349 [Grundpfandrecht]; NJW 1965, 1475 [Vermieterpfandrecht]); es setzt sich dann nach § 1287 BGB am Vollrecht fort (zu Kollisionsfällen → § 51 Rn. 22). Es kommt auf die formale Eigentumslage an, daher kein Pfandrecht an bereits vor Einbringung sicherungsübereigneten Sachen. Die Sachen müssen eingebracht sein, was eine wissentliche und willentliche Verbringung in die Mieträume voraussetzt. Sie muss nicht notwendigerweise dauerhaft sein (zB KfZ in Garage), genügend ist es, wenn Waren oder sonstige Sachen sich *bestimmungsgemäß* nur vorübergehend in den Mieträumen befinden (Palandt/*Weidenkaff* BGB § 562 Rn. 6; krit. *Eckert* ZIP 1984, 663 [664]). Mit Einbringung entsteht das Pfandrecht; auch wegen zukünftiger Forderungen. Das Pfandrecht sichert sämtliche Ansprüche aus dem Mietverhältnis einschließlich von Vertragsstrafen (beachte § 555 BGB), mit Recht auch Zuschussverpflichtungen des Mieters bei Umbauten oÄ, jedenfalls wenn der Umbau den Bedürfnissen des Mieters dient (BGHZ 60, 22 [25] = NJW 1973, 238 mwN [aber nicht Darlehensforderungen in diesem Zusammenhang]; str. aA *Eckert* ZIP 1984, 663 [665]), Schadensersatzansprüche wegen Beschädigung der Mietsache und Ansprüche nach § 546a BGB (nicht aber in vollem Umfang künftige Entschädigungsforderungen, § 562 Abs. 2 BGB). Nicht erfasst sind sonstige vom Mietverhältnis unabhängige (Vertrags-)Ansprüche. Allerdings müssen die Gegenstände **vor Verfahrenseröffnung eingebracht** sein, weil andernfalls § 91 greift. Mit der auch vorübergehenden Entfernung vom Mietgrundstück erlischt das Pfandrecht (§ 562a BGB; OLG Hamm ZIP 1981, 165 [166]). Veräußert der Verwalter im ordnungsgemäßen Geschäftsgang, wird die Sache enthaftet, § 562a S. 2 BGB (*Ehricke* KTS 2004, 321 [327 ff.] [auch zum vorläufigen Verwalter]; zur Ersatzabsonderung *Ehricke* FS Gerhardt, 2004, 191 [207 ff.]). Der Vermieter kann daher der Entfernung zum Zwecke der Verwertung nicht nach § 562b Abs. 1 widersprechen (BGH NZI 2001, 548 [549]), ebenso wenig wie der Schuldner selbst (*Ehricke* KTS 2004, 321 [325]). **Nach Verwertung** erlischt das Pfandrecht an der Sache und setzt sich am Erlös fort (BGH NJW 1995, 2783 [2787]; NZI 2001, 548 [549]). Die Klagefrist des § 562b Abs. 2 S. 2 gilt in der Insolvenz nicht (zur KO BGH NZI 2001, 548 [549]). Der Insolvenzverwalter hat bei Auskehr des Erlöses aus der Verwertung kein **Tilgungsbestimmungsrecht** dergestalt, dass die Zahlung zuerst auf Mietforderungen aus der Zeit nach Verfahrenseröffnung erfolgt (BGH NJW 2015, 162 Rn. 16 ff.). Die Vereinbarung einer **Mietkaution** kann zugunsten des Vermieters ein vertragliches Pfandrecht nach § 50 oder ein Recht nach § 51 Abs. 1 Nr. 1 begründen (näher *Langer* ZInsO 2012, 1093).

Zu beachten ist die **Einschränkung in § 50 Abs. 2.** Grds. erfasst das Pfandrecht auch Ansprüche aus dem Zeitraum von Antragstellung bis Eröffnung (vorbehaltlich Anfechtung). Die Absonderungsberechtigung ist aber auf die Rückstände im letzten Jahre vor der Eröffnung beschränkt. Auch der Entschädigungsanspruch nach § 109 Abs. 1 S. 3 InsO kann nicht zum Absonderungsrecht gezogen werden, weil andernfalls die vom Gesetzgeber gewollte Verweisung des Vermieters auf die Quote konterkariert würde. 15

Anders ist es bei **Einbringung durch den Insolvenzverwalter** und fortbestehendem Mietverhältnis, dann sichert das Pfandrecht die Masseschulden nach §§ 108, 109 (HK-InsO/*Lohmann* § 50 Rn. 24; Jaeger/*Henckel* § 50 Rn. 39). § 50 Abs. 2 hat nur eine verfahrensrechtliche Bedeutung. Es beschränkt das Pfandrecht nicht inhaltlich in Bezug auf ältere Rückstände. Demnach kann der Vermieter auch gegenüber einem Pfändungspfandgläubiger das Vermieterpfandrecht geltend 16 machen. Wird dann das Verfahren eröffnet, ist der Vermieter an einer Befriedigung nicht gehindert, soweit die Masse dadurch nicht beeinträchtigt wird (BGH NJW 1959, 2251). Ein gutgläubiger Erwerb des Vermieterpfandrechts ist mangels Besitzübertragung und arg. § 1257 BGB („*entstandenes* Pfandrecht") nicht möglich (vgl. BGH ZIP 2004, 326 [327]). Das **Vermieterpfandrecht** kann der **Anfechtung** unterliegen; Rechtshandlung ist das Einbringen der Sachen (BGHZ 170, 196 Rn. 18 = NZI 2007, 158 [159] mAnm *Neuenhahn*). Maßgeblicher Zeitpunkt ist nach § 140 Abs. 1 die Einbringung. Fraglich war, ob das Vermieterpfandrecht als (richtigerweise) kongruente Deckung anfechtbar ist, wenn Gegenstände zu einem unverdächtigen Zeitpunkt eingebracht werden, aber eine Forderung gesichert wird, die erst in der Suspektsperiode entsteht Der BGH (NZI 2007, 158 Rn. 18) verneint die Maßgeblichkeit des späteren Zeitpunkts mit Hinweis auf den Rechtsgedanken des § 140 Abs. 3 und dem Charakter der Mietzahlung als befristete Verbindlichkeit, die Besicherung könne aber nicht in weiterem Umfang angefochten werden als die Zahlung. Daran geht fehl, dass auch bei der Zahlung unabhängig von § 140 Abs. 3 auf den Zeitpunkt der Zahlung selbst abzustellen wäre; jedenfalls ist die Rechtshandlung als solche nicht befristet. Näher liegt die Verneinung der Anfechtung unter Hinweis auf das Bargeschäftsprivileg des § 142 InsO (krit. zur Begr. auch Uhlenbruck/*Brinkmann* Rn. 36; *Mitlehner* ZIP 2007, 804 [806]).

17 Das **Werkunternehmerpfandrecht** entsteht als gesetzliches Besitzpfandrecht des Werkunternehmers nach § 647 BGB an Sachen des Bestellers, wenn sie dem Unternehmer bei der Herstellung oder zum Zwecke der Ausbesserung in Besitz gelangt sind. Ist die Sache sicherungsübereignet, liegt darin keine Ermächtigung an den Besteller analog § 185 BGB, zugunsten des Werkunternehmers ein Pfandrecht nach § 647 BGB zu begründen. Gutgläubiger Erwerb des Rechts nach § 647 BGB wird von der hM mit Recht abgelehnt (BGHZ 119, 75 [89] = NJW 1992, 2570; BGHZ 34, 122 [124, 127] = NJW 1961, 499), die Fälle des § 366 Abs. 3 HGB, in denen bestimmte Pfandrechte auch gutgläubig (in Bezug auf Verfügungsbefugnis) erworben werden können, sind nicht verallgemeinerungsfähig.

18 Als gesetzliche Pfandrechte kommen ferner in Betracht das Pfandrecht des Beherbergungsgastwirts **(§ 704 BGB),** das Pfandrecht des Hinterlegungsberechtigten an der hinterlegten Sicherheit **(§ 233 BGB),** ebenso bei Hinterlegung nach **§§ 176, 379 StPO,** das Pfandrecht des Kommissionärs nach **§ 397 HGB,** das Spediteurspfandrecht aus **§§ 464, 441 Abs. 2** und das Pfandrecht des Frachtführers, § 441 BGB, das Pfandrecht des Lagerhalters (§ 475b Abs. 1 S. 1 HGB), Pfandrechte nach Seehandelsrecht (§§ 623, 627 Abs. 2 S. 2, 674, 726, 752, 755 HGB, §§ 89 Abs. 2, 97 BinSchG) unddas Pfandrecht des Lieferantens von Düngemitteln und Saatgut nach Düngemittelsicherungsgesetz am der Ernte, sog Früchtepfandrecht (BGBl. III 403-11), (dazu Jaeger/*Henckel* Rn. 75). Wie beim Vermieterpfandrecht kann der Früchtepfandrechtsgläubiger der Verwertung nicht widersprechen (BGH NZI 2001, 548 [549]). Der Fiskus hat ein pfandrechtsähnliches Vorrecht nach § 51 Nr. 4 iVm § 76 AO (→ § 51 Rn. 34).

19 **5. Pfändungspfandrecht.** Die Rechtsnatur und Voraussetzungen des Pfändungspfandrechts sind im Einzelnen umstr. Die herrschende Meinung macht die Entstehung des Pfandrechts (wie grds.) beim vertraglichen Pfandrecht von der Zugehörigkeit der Sache zum Vermögen des Schuldners und dem Bestehen der Forderung abhängig (BGHZ 119, 75 [83, 87 ff.] mN = NJW 1992, 2570).

20 Im Einzelnen ist erforderlich, dass die Verstrickung wirksam, dh ohne wesentliche Verfahrensfehler, zB bei Fehlen eines Titels (BGHZ 121, 98 [101] = NJW 1993, 735), erfolgt ist. Ferner muss der gepfändete Gegenstand bei der Sachpfändung im Eigentum des Schuldners stehen und dem Gläubiger die titulierte

Forderung zustehen, von letzterem wird aber bis zur Aufhebung des Titels ausgegangen. Kein gutgläubiger Erwerb möglich. Das Pfändungspfandrecht ist unwirksam, wenn die Rückschlagsperre nach § 88 eingreift.

Auch ein Pfändungspfandrecht an Forderungen des Schuldners ist denkbar, ebenso die Pfändung anderer Rechte bei § 857 ZPO, soweit nicht das Recht unveräußerlich ist (§ 851 ZPO); dann kommt aber Pfändung nach § 857 Abs. 3 ZPO in Betracht. Die Vorpfändung (§ 845 ZPO) und die **Hilfspfändung** (zB Sparbuch vor Pfändung des Sparguthaben) begründen noch kein Absonderungsrecht; die Wirkungen treten erst mit der Hauptpfändung ein. Demgegenüber reicht eine Arrestpfändung nach § 930 Abs. 1 S. 1 ZPO aus (vgl. HK-InsO/*Lohmann* § 50 Rn. 16). Auch das **strafprozessuale Arrestpfandrecht nach § 111d Abs. 2 StPO** begründet ein Absonderungsrecht (OLG Nürnberg NZI 2013, 554 f. mwN; NZI 2014, 89 [91]). Bei unzulässiger **Überpfändung** kann das Pfändungspfandrecht nur teilunwirksam sein (BGH NZI 2011, 365). 21

III. Verfahrensfragen und Verwertung

Erkennt der Verwalter die Absonderungsberechtigung nicht an, so kann der Gläubiger auf Feststellung des Absonderungsrechts oder auf Duldung der Zwangsvollstreckung in den Pfandgegenstand klagen. Zur **Behauptungs- und Beweislast** im Absonderungsstreit *Smid* ZInsO 2010, 1829. Für unterbrochene Rechtsstreitigkeiten gilt, in Bezug auf die sog **Pfandklage,** § 86 Abs. 1 Nr. 2 mit Aufnahmemöglichkeit für Verwalter und Gläubiger. **Umschreibung** eines vor Eröffnung erwirkten **Titels** wegen der Absonderungsklage gegen den Verwalter ist analog § 727 ZPO möglich (BGH NJW 2008, 918; 1997, 1445; Prütting/Gehrlein/*Kroppenberg* ZPO, 7. Aufl. 2015, § 727 Rn. 2). Für die Verwertung gelten die §§ 166–173, s. Erläuterungen dort. 22

Der Insolvenzverwalter ist zur **Auskunft** gegenüber dem Absonderungsberechtigten nach gleichen Maßstäben wie gegenüber Aussonderungsberechtigten verpflichtet (BGH ZIP 2004, 326 f.); das kann man als Nebenrecht aus § 50 InsO ableiten (in diese Richtung auch BGH aaO). Eine spezielle Auskunftspflicht über den Zustand der Sache trifft den Verwalter nach § 167 sowie eine Mitteilungspflicht nach § 168. 23

Nach Verfahrenseröffnung entstehende **Zins- und Kostenansprüche** werden ebenfalls vom Absonderungsrecht erfasst (BGH NJW 2008, 3064). Fraglich ist allein, ob § 50 auch eine von § 367 BGB (Kosten, Zinsen, Hauptforderung) und von § 497 Abs. 3 BGB (Kosten, Hauptforderung, Zinsen,) abweichende Tilgungsreihenfolge verlangt. Nimmt man den Wortlaut als Ausdruck einer **Tilgungsreihenfolge,** so erfolgt die Anrechnung des (ggf. durch Feststellungs- und Verwertungskosten geminderten) Erlöses auf Hauptforderung, dann auf Zinsen und Kosten. Das müsste dann, da § 50 nicht unterscheidet, auch bei einer Verwertung durch den Gläubiger gelten (aA nach Uhlenbruck/*Brinkmann* 13. Aufl. 2010, § 50 Rn. 48; anders jetzt § 50 Rn. 62). Die von § 367 BGB abweichende und für den Pfandgläubiger günstige Tilgungsreihenfolge ließe sich erklären aus dem Umstand, dass andernfalls die Zins- und Kostenansprüche, die eigentlich nachrangige Forderungen nach § 39 Nr. 1 sind, aufgewertet würden. Der BGH hatte die Frage für die InsO zunächst offengelassen (BGH aaO Rn. 14; zu § 48 KO BGH ZIP 1997, 120 [121]: § 367 BGB), sich aber nunmehr zur **Anwendung des § 367 BGB** bekannt (BGH NZI 2011, 247 = ZIP 2011, 579; ZIP 2014, 2248 Rn. 19; vgl. auch → Rn. 25). Im Schrifttum ist die Frage umstr. (dagegen Jaeger/*Henckel* § 50 Rn. 16 unter Hinweis auf den Bericht des Rechtsausschusses zu § 57 InsO-E; Kübler/Prütting/Bork/*Prütting* § 50 Rn. 18; dafür *Häsemeyer* Rn. 18.78; diff. *Görg* KTS 2006, 151 [154 f.] unter Anlehnung an die Grundsätze zu § 41). IErg ist die Anwendung der allgemeinen Regeln des § 367 24

BGB konsequent, wenn man Zins- und Kostenansprüche generell trotz § 39 Nr. 1 berücksichtigt. Ein Sachgrund, der aus spezifisch insolvenzrechtlichen Gründen einen Eingriff in die nach bürgerlichem Recht vorherrschende Tilgungsreihenfolge gebietet, ist bisher nicht dargetan. Auch das Pfandrecht selbst entsteht ja nach materiellem Recht und trägt gewissermaßen auf Verwertungsseite die bürgerlich-rechtliche Tilgungsreihenfolge in sich. Daher spricht mehr für die Anwendung des § 367 BGB.

25 Bei **Fortsetzung eines Mietverhältnisses** nach § 108 in der Insolvenz des Mieters wird das Recht des Vermieters, zu bestimmen, ob eine vorinsolvenzlich kraft Sicherungsabrede erhaltene Mietsicherheit zur Tilgung von Mietschulden und für welche eingesetzt wird, nicht eingeschränkt (so OLG Hamburg ZMR 2008, 714 [715]). Der Insolvenzverwalter kann nicht kraft **Tilgungsbestimmung** den Erlös aus einem **Vermieterpfandrecht** vorrangig auf die Masseverbindlichkeiten (Mietforderungen nach Eröffnung) gegenüber dem Vermieter und erst sodann auf die Insolvenzforderungen des Vermieters (Mietforderungen vor Eröffnung) verrechnen (BGH ZIP 2014, 2248 Rn. 13 ff.).

Sonstige Absonderungsberechtigte

51 Den in § 50 genannten Gläubigern stehen gleich:

1. **Gläubiger, denen der Schuldner zur Sicherung eines Anspruchs eine bewegliche Sache übereignet oder ein Recht übertragen hat;**
2. **Gläubiger, denen ein Zurückbehaltungsrecht an einer Sache zusteht, weil sie etwas zum Nutzen der Sache verwendet haben, soweit ihre Forderung aus der Verwendung den noch vorhandenen Vorteil nicht übersteigt;**
3. **Gläubiger, denen nach dem Handelsgesetzbuch ein Zurückbehaltungsrecht zusteht;**
4. **Bund, Länder, Gemeinden und Gemeindeverbände, soweit ihnen zoll- und steuerpflichtige Sachen nach gesetzlichen Vorschriften als Sicherheit für öffentliche Abgaben dienen.**

Schrifttum: Vgl. zunächst Schrifttum zu §§ 49–50, § 52. *Berner,* Die Krise des Sicherheitenpools – Treuhandabrede, Umsatzsteuerhaftung und Interessenkollision – zugleich Besprechung von BGH, U. v. 2.6.2005 – IX ZR 181/03, KTS 2006, 359; *Dahl,* Die Behandlung der Kostenbeiträge nach §§ 170, 171 InsO bei Übersicherung des Sicherungsgläubigers unter besonderer Berücksichtigung des Sicherheitenpools, NZI 2004, 615; *Eickmann,* Immobiliarvollstreckung und Insolvenz, 1998; *Elz,* Verarbeitungsklauseln in der Insolvenz des Vorbehaltskäufers – Aussonderung oder Absonderung?, ZInsO 2000, 478; *Fischer,* Klärende Aussagen des BGH zur Finanzierung aus einer Hand und zum Sicherheitenpoolvertrag (Treuhandsicherheiten), Anmerkung zum Urteil des BGH v. 21.2.2008 – IX ZR 255/06, ZInsO 2008, 477; *Gerhardt,* Der Raumsicherungsvertrag, FS Fischer, 2008, 149; *Henckel,* Die letzten Vorrechte im Insolvenzverfahren, FS Uhlenbruck, 2000, 19; *Keller,* Grundstücke in Vollstreckung und Insolvenz, 1998; *Klasmeyer/Elsner/Ringstmeier,* Ausgewählte Probleme bei der Verwertung von Mobiliarsicherheiten, Kölner Schriften, 1997, 837; *Niesert,* Das Recht der Aus- und Absonderung nach der neuen Insolvenzordnung, InVo 1998, 85, 141; *Prütting,* Deckungsgrenze und Freigabeklauseln im Kreditsicherungsrecht, FS Gaul, 1997, 525; *Reinicke/Tiedtke,* Kreditsicherung, 3. Aufl. 1994; *Karsten Schmidt/Bitter,* Doppelberücksichtigung, Ausfallprinzip und Gesellschafterhaftung in der Insolvenz, ZIP 2000, 1077; *Serick,* Verarbeitungsklauseln im Wirkungskreis des Konkursverfahrens, ZIP 1982, 507; *ders.,* Probleme des Sicherheitenpools der Gläubiger in der Insolvenz des Schuldners, KTS 1989, 743; *Thole,* Zivilprozessuale Probleme des Absonderungsrechts aus § 110 VVG n. F. in der Insolvenz des Versicherungsnehmers, NZI 2011, 41; *ders.,* Das Absonderungsrecht aus § 110 VVG – sprachliche Verwirrungen und offene Fragen, NZI 2013, 665; *Vortmann,* Raumsicherungsübereignung und Vermieterpfandrecht, ZIP 1988, 626.

Übersicht

I. Normzweck und Grundlagen

§ 51 beschreibt über § 50 hinaus weitere Absonderungsrechte an beweglichem Vermögen; in der praktischen Bedeutung dominiert § 51 Nr. 1. § 51 Nr. 2–4 entsprechen § 49 KO. Die Zuweisung von Sicherungsübereignung und Sicherungszession zu den Absonderungsrechten war schon unter der KO weitgehend konsentiert (*Kilger/Karsten Schmidt* § 43 KO Anm. 9 mN) und hat im Interesse von Rechtssicherheit und -klarheit das gesetzgeberische Plazet gefunden. Die Beschränkung auf bewegliche Gegenstände ergibt sich aus Wortlaut und Systematik der jeweils in Bezug genommenen Vorschriften, bei Nr. 2 verweist § 1003 BGB in Bezug auf Verwendungen auf Grundstücken auf das ZVG und damit auf § 49 (näher Jaeger/*Henckel* § 51 Rn. 56). Für die Verwertung gelten die über § 50 in Bezug genommenen §§ 166–173, zu Einzelfragen vgl. auch *Ganter* ZInsO 2007, 841; zur freihändigen Veräußerung BGH NZI 2011, 602; → § 60 Rn. 10 ff.; zur Mitwirkungspflicht des Gläubigers OLG Stuttgart ZIP 2012, 1519. 1

II. Sicherungseigentum und Sicherungszession, § 51 Nr. 1

1. Grundlagen. Sicherungsübereignung und Sicherungszession begründen nur ein Absonderungsrecht, obwohl der Inhaber des Sicherungsrechts Vollrechtsinhaber wird und werden muss, um dem sachenrechtlichen Typenzwang gerecht zu werden. Damit wird anerkannt, dass der Sicherungsgeber weiterhin „wirtschaftlicher Eigentümer" der Sache bleibt und der Gegenstand daher haftungsrechtlich „seiner" Masse zugeordnet ist. 2

Die **Übertragung** des Eigentums bzw. die Abtretung der Forderung erfolgen idR unbedingt, aber verbunden mit einer schuldrechtlichen Sicherungsabrede, kraft derer der Sicherungsnehmer das Vollrecht nur zu Sicherungszwecken hält, es im Sicherungsfall realisieren kann und zur Rückübertragung nach Fortfall des Sicherungszwecks verpflichtet ist. Durch die Sicherungsabrede wird das Sicherungsmittel einer bestimmten Forderung zugeordnet. Das kann auch durch eine weite Zweckbestimmungserklärung erfolgen (Sicherung aller Verbindlichkeiten aus der Geschäftsverbindung), wie in der Bankpraxis üblich (MüKoInsO/*Ganter* Rn. 33; zur Zulässigkeit nach AGB-Recht BGHZ 106, 19 [24] = NJW 1989, 831; BGHZ 109, 197 [201] = NJW 1990, 576; BGHZ 126, 174 [177] = NJW 3

1994, 2145). Das Schicksal des Sicherungsrechts ist aber nicht mit dem Bestand der gesicherten Forderung verknüpft. Insoweit wird das Sicherungsrecht in Nr. 1 einem nicht akzessorischen Pfandrecht gleichgestellt (vgl. auch MüKoInsO/*Ganter* Rn. 7). Das ist konsequent, weil sich Sicherungseigentum und die Sicherungszession gerade aufgrund des Umstands entwickelt haben, dass das Pfandrecht idR die vollständige Besitzaufgabe durch den Sicherungsgeber und ggf.die Anzeige an den Drittschuldner erforderlich macht (§ 1280 BGB). Die Sicherungsübertragung dient idR der Kreditsicherung.

4 In der **Einzelzwangsvollstreckung** ist der Sicherungsnehmer zur Drittwiderspruchsklage berechtigt, § 771 ZPO (RGZ 124, 73 f.; BGHZ 72, 141 [146] = NJW 1978, 1859 f. [auch zum Sicherungsgeber]; MüKoZPO/*Karsten Schmidt* ZPO § 771 Rn. 28). Er ist daher nicht – wie zB der Vermieter in Bezug auf das Vermieterpfandrecht – auf die Vorzugsklage nach § 805 ZPO verwiesen.

5 Ist die Besicherung oder die Begründung der gesicherten Verbindlichkeit (zB nach § 135) anfechtbar, kann dies auch einem **Krediterwerber,** im letzteren Fall auch im Hinblick auf die Sicherheit, entgegengehalten werden (vgl. *Reuter/Buschmann* ZIP 2008, 1003 [1009]).

6 **2. Sicherungseigentum.** Die Bestellung von Sicherungseigentum ist gewohnheitsrechtlich anerkannt (RGZ 24, 45 [46 ff.]; 26, 180 [182]). Sie wird idR nach §§ 929, 930 BGB vollzogen. Als Besitzmittlungsverhältnis genügt auch die bloße Sicherungsabrede, obwohl der Herausgabeanspruch des Sicherungsnehmers erst im Sicherungsfalle entsteht (BGH NJW-RR 2005, 280 [281]). Die Bezeichnung „Übereignung zur Sicherheit" reicht aus (BGHZ 73, 253 [254] = NJW 1979, 976; BGH aaO; vgl. BGH NJW 1979, 2308 f.). Allerdings muss sich das Besitzkonstitut auf individualisierbare Gegenstände beziehen, was aber beim Raumsicherungsvertrag oder Markierungsvertrag idR gewahrt ist (BGH ZIP 2000, 1895 f. mwN; OLG Düsseldorf ZIP 2012, 992 [993]; *Häsemeyer* Rn. 18.27c). Antizipierte Einigung und antizipiertes Besitzkonstitut sind demnach möglich (zB bei Warenlager mit wechselndem Bestand, BGHZ 117, 374 [377] = NJW 1992, 1626; BGH NJW 1991, 2144 [2145]; 1996, 253 [255]). Das Spezialitätsprinzip wird iErg abgeschwächt.

7 Aus der schuldrechtlichen **Sicherungsabrede** ergibt sich die **treuhänderische Bindung** des Sicherungsnehmers im Innenverhältnis zum Sicherungsgeber. Die **Sicherungstreuhand** wird daher auch dem Sicherungseigentum gleichgestellt (BAG NZA 2013, 1440 = ZIP 2013, 2015 Rn. 24; allg. zur Treuhand → § 47 Rn. 80 ff.). Die Nichtigkeit der Sicherungsabrede berührt nicht die Wirksamkeit der Übereignung (vgl. BGHZ 137, 212 [221] = NJW 1998, 671 [675]), führt aber zur Kondizierbarkeit des Eigentumserwerbs; ebenso, wenn das Grundgeschäft, zB das Darlehen, nichtig ist. Ist die gesicherte Forderung noch nicht valutiert, kann der Sicherungsgeber die Einrede der Nichtvalutierung erheben; Verlust der Einrede fällt in den von § 91 geschützten Bereich (BGH ZIP 2008, 703 [705] = NJW-RR 2008, 780). Ob daraus folgt, dass die gesicherte Forderung bereits vor Eröffnung wegen **§ 91** zumindest bedingt (also nicht bloß als künftige Forderung) entstanden sein muss (so HK-InsO/*Lohmann* § 51 Rn. 19; *Häsemeyer* Rn. 10.28 mit Hinweis auf die Einrede der Nichtvalutierung; tendenziell, aber anders für das Vermieterpfandrecht BGH NZI 2007, 157 Rn. 16 f. mwN), ist str., aber zu bejahen.

8 Zulässig ist auch die **Vereinbarung einer auflösenden Bedingung** mit der Folge des Rückfalls des Eigentums an den Sicherungsgeber nach Fortfall des Sicherungszwecks bzw. Tilgung der Schuld; ein solcher automatischer Verlust der Sicherheit entspricht aber idR nicht dem Interesse des Sicherungsnehmers (BGH NJW-RR 2005, 280 [281]; vgl. auch BGH ZIP 1984, 420 [421]).

Wird ein Gegenstand übereignet, der unter **Eigentumsvorbehalt** erworben worden war, so scheitert ein gutgläubiger Erwerb des Erwerbers möglicherweise an der fehlenden Verschaffung unmittelbaren Besitzes bzw. dem Fehlen vollständiger Besitzaufgabe beim Veräußerer nach § 933 BGB. Dann ist die Einigung in der Regel als **Übertragung des Anwartschaftsrechts** auszulegen und insoweit aufrechtzuerhalten (BGHZ 20, 88 [99] = NJW 1956, 665). Die Sicherungsübereignung, dh das Verfügungsgeschäft und nicht lediglich nur die Sicherungsabrede, kann wegen Sittenwidrigkeit nach § 138 Abs. 1 BGB unwirksam sein. Anerkannt ist dies heute aber nur noch für die anfängliche **Übersicherung.** Davon ist auszugehen, wenn bei Vertragsschluss bereits absehbar ist und feststeht, dass im Verwertungsfall zwischen dem realisierbaren Wert der Sicherheit und der zu deckenden Schuld ein auffälliges, krasses Missverhältnis bestehen wird (BGH NJW-RR 2003, 1490 [1492]; zur Auswirkung auf die Kostenbeiträge nach §§ 170, 171 *Dahl* NZI 2004, 615). Darüber hinaus nimmt die Rspr. aber eine Gesamtbetrachtung nach Inhalt, Beweggrund und Zweck vor (BGH NJW 1998, 2047; BGHZ 125, 206 [209] = NJW 1994, 1278). 9

Tritt die **Übersicherung** erst **nachträglich** auf, so besteht das Problem darin, dass die Sicherheit nicht dem Zugriff anderer Gläubiger offensteht, solange sich der Sicherungsnehmer nicht befriedigt hat. Daher operiert die Rspr. schon lange mit einer Deckungsgrenze und der Pflicht des Sicherungsnehmers zur Freigabe von Sicherheiten (zum Auswahlermessen BGH NJW-RR 2003, 45 [46]). Dabei ist eine Einschränkung, nach der der Sicherungsnehmer nach seinem Ermessen Sicherheiten freigeben darf, bei Vereinbarung in AGB nach § 307 BGB unwirksam. Allerdings führt eine Ermessensklausel nicht zur Nichtigkeit der Übereignung, sondern nach Maßgabe eines Beschlusses des Großen Senats v. 27.11.1997 (BGHZ 137, 212 [221] = NJW 1998, 671 [675]) tritt an ihre Stelle (oder bei anfänglichem Fehlen einer Vereinbarung, vgl. BGHZ 124, 380 [384 ff.] = NJW 1994, 864) eine Freigabepflicht bei Überschreitung einer Deckungsgrenze des realisierbaren Wertes von 110 % der gesicherten Forderung, wobei der 10 % Aufschlag der Abdeckung der Kosten nach §§ 170, 171 InsO dient. Der realisierbare Wert wird entsprechend § 237 BGB pauschal mit 2/3 des Schätzwertes angesetzt, so dass sich der Sicherungsnehmer also grds. mit 150 % der Höhe der gesicherten Forderung einschließlich Aufschlag absichern darf (zur Entwicklung *Prütting* FS Gaul, 1997, 525 ff.). Für das Insolvenzverfahren spielt das keine Rolle. Die Absonderungsberechtigung ist stets auf die Höhe der gesicherten Forderung beschränkt. Zu dieser können aber auch die Kosten nach den §§ 170, 171 InsO zählen; darin liegt keine Gesetzesumgehung. 10

3. Sicherungsabtretung. Die Sicherungsabtretung erfolgt nach § 398 BGB, verbunden mit der schuldrechtlichen Sicherungsabrede. Abtretung von sonstiger Rechten nach §§ 413, 398 BGB. Eine sorgfältige Auslegung der Abtretung hinsichtlich des Umfangs ist erforderlich (BGH NZI 2012, 1510 Rn. 10 ff. zu einer vermeintlichen Kollision von Pfandrecht und Sicherungsabtretung). Bestimmtheitsgebot ist bei der **Globalzession** aller Forderungen gegen den Schuldner gewahrt (Palandt/*Grüneberg* BGB § 398 Rn. 15 mN). Stets ist nur Absonderung durch Sicherungsnehmer möglich (Gottwald InsR-HdB/*Adolphsen* § 43 Rn. 101; vgl. zur KO BGH KTS 1982, 467 [470]). Ein Abtretungsverbot kann zur Nichtigkeit der Abtretung führen, soweit nicht zB § 354a HGB greift. Gutgläubiger Erwerb ist nur bei §§ 405 BGB, §§ 16 Abs. 2 WG, 19 ScheckG möglich. Auch Abtretung künftigen Arbeitseinkommens ist, soweit nicht unpfändbar, zulässig. 11

Bei Abtretung einer **künftigen Forderung** kann bei Entstehung der Forderung nach Eröffnung wegen § 91 kein Absonderungsrecht entstehen (BGHZ 167, 363 Rn. 6 = ZIP 2006, 1254; OLG Celle NZI 2010, 769: Keine Insolvenzfestig- 12 keit der Abtretung des Rückgewähranspruchs an vorrangigen Grundschulden bei weiter Sicherungszweckerklärung; aber aufgehoben durch BGH NJW 2012, 229). Die Sicherungszession des Rückgewähranspruchs bei einer Grundschuld begründet dann ein Recht iSd § 51 Nr. 1, wenn eine Revalutierung der Grundschuld ohne Zustimmung des Zessionars nicht mehr in Betracht kommt (BGH NJW 2012, 229 Rn. 12), also Sicherungszweck fortgefallen ist. Bei Mietansprüchen, die nach BGH aufschiebend befristet erst zum Anfangstermin der Nutzungsüberlassung entstehen (BGHZ 170, 196 Rn. 12 mwN = NJW 2007, 1588), verdrängt § 110 den § 91.

13 Werden aus einer kapitalbildenden **Lebensversicherung** nur die Ansprüche auf den Todesfall zur Sicherheit abgetreten, gibt es für die Frage, ob damit zugleich der Anspruch auf den Rückkaufswert (nach Kündigung) abgetreten ist, keinen generellen Vorrang für dessen Zuordnung zu den abgetretenen Ansprüchen auf den Todesfall: Auslegungsfrage (BGH NJW 2007, 2320 [2321]; 2003, 2679 [2680]). Als Sicherungsabtretung zur Absonderung nach § 51 Abs. 1 Nr. 1 berechtigt auch das unechte Factoring (→ § 47 Rn. 78). Die Forderung des Schuldners gegen den Drittschuldners wird wegen der Möglichkeit einer Rückbelastung nur sicherungshalber übertragen; daher gilt auch für die Kollision mit einem verlängerten Eigentumsvorbehalt (→ § 47 Rn. 38) gleichfalls die Vertragsbruchtheorie (BGHZ 82, 50 [64 f.] = NJW 1982, 164).

14 Eine **Sicherungszession** wird meist mit einem verlängerten Eigentumsvorbehalt verknüpft (dazu → Rn. 17 f.). Eine Sicherungszession ist enthalten in Nr. 14 AGB-Banken, Nr. 21 AGB-Sparkassen (näher → § 50 Rn. 11). Ein Forderungserwerb kann nach der allgemeinen Verkehrsanschauung auch dann der bankmäßigen Geschäftsverbindung zugerechnet werden, wenn eine Bank Ansprüche gegen einen Kunden durch Abtretung erwirbt (BGH NJW-RR 2009, 630 Rn. 15; 2005, 985 [986]; 2007, 982 Rn. 16 mwN). Dies gilt insbes., wenn ein Unternehmen, das für eine Bank Leasinggeschäfte betreibt, die von der Bank refinanziert werden, dieser die Ansprüche gegen die Leasingnehmer abtritt (BGH NJW 1981, 756). Dokumenteninkasso nach Nr. 15 AGB-Banken (Nr. 21 Abs. 1 AGB-Sparkassen) begründet Sicherungseigentum an den Dokumenten, zugleich wird die Kausalforderung sicherungshalber abgetreten (BGHZ 95, 149 [151]; Uhlenbruck/*Brinkmann* Rn. 50); Sicherungseigentum an Wechseln und Schecks und sonstigen kaufmännischen Handelspapieren wird begründet nach Nr. 15 Abs. 1 AGB-Banken/Nr. 25 AGB-Sparkassen.

15 Das **Verwertungsrecht** liegt im Falle des § 166 Abs. 2 beim Verwalter (näher → § 166 Rn. 19; *Ganter* ZInsO 2007, 841 [zur Rspr.]), Abtretung erfüllungshalber genügt nicht (BGH BeckRS 2009, 12972). Hat der **vorläufige Insolvenzverwalter** auf Grund richterlicher Ermächtigung eine zur Sicherheit abgetretene Forderung eingezogen, ist der Insolvenzverwalter zur abgesonderten Befriedigung des Sicherungsnehmers aus dem Erlös verpflichtet (BGH NJW 2010, 2585 Rn. 30 ff.); zur **Ersatzabsonderung** → § 48 Rn. 25; *Ganter* ZInsO 2007, 841 [842].

16 **4. Insolvenz des Sicherungsgebers.** In der Insolvenz des Sicherungs*nehmers* gilt nicht § 51 Nr. 1. Vielmehr hat der Sicherungsgeber ein Aussonderungsrecht, wenn er die Sicherheit zurückverlangen kann, dh die Forderung tilgt (→ § 47 Rn. 27; RGZ 133, 84 [86]; BGHZ 11, 37 [42 ff.] = NJW 1954, 190). Ist das Sicherungsgut im Besitz einer dritten Person, die insolvent wird, so können sowohl Sicherungsnehmer als auch Sicherungsgeber das Sicherungsgut aussondern, weil es nicht der Verwertung der Masse in diesem Verfahren zugeordnet ist (Kübler/Prütting/Bork/*Prütting* Rn. 11). Die mit der treuhänderischen Bindung verknüpfte pfandrechtsähnliche Position kommt dann nicht zum Tragen.

5. Besondere Erscheinungsformen. a) Verlängerter Eigentumsvorbehalt. Beim verlängerten Eigentumsvorbehalt mit Vorausabtretung der sich aus dem Weiterverkauf ergebenden Forderungen ist zu unterscheiden. Ist die Sache noch beim Käufer vorhanden und nicht weiterveräußert, kann der Verkäufer in der Insolvenz des Käufers aussondern. Die Vorausabtretung ist demgegenüber eine Sicherungszession und berechtigt nach Nr. 1 nur zur Absonderung (→ § 47 Rn. 39). Scheitert die Vorausabtretung, weil beim Weiterverkauf ein dinglich wirkendes Abtretungsverbot (beachte aber § 354a HGB) vereinbart ist, soll nur gutgläubiger Erwerb durch den Erwerber möglich sein, weil die Verfügungsermächtigung des Vorbehaltskäufers idR an den Erwerb der Forderung durch den Vorbehaltsverkäufer gekoppelt ist (BGHZ 77, 274 [278] = NJW 1980, 2245; BGH JZ 1988, 720 [724]; NJW 1999, 425 [426]; ZIP 2003, 2211 f.); das Abtretungsverbot soll dann aber zugleich bösen Glauben signalisieren (BGH NJW 1999, 425 [426]). 17

Beim verlängerten **Eigentumsvorbehalt mit Verarbeitungsklausel** ist der Erwerber berechtigt, die Sache weiterzuverarbeiten. An die Stelle der Sache tritt Eigentumserwerb nach § 950 BGB. Herstellerklauseln zugunsten des Verkäufers wird dingliche Wirkung zugebilligt (BGHZ 20, 159 [163 f.] = NJW 1956, 788; offen OLG Dresden ZInsO 2008, 564 [565]); nach aA liegt antiziperte Übereignung durch den Verarbeitenden vor. Als Eigentümer der neu hergestellten Sache kann der Verkäufer nach beiden Lesarten aber nur absondern, da die Herstellerklausel Sicherungsfunktion hat (*Elz* ZInsO 2000, 478 [480]; *Serick* ZIP 1982, 507 f.). Anders ist es, solange die ursprüngliche Sache noch vorhanden ist, dann Aussonderung wie beim einfachen Eigentumsvorbehalt. Verarbeitungsbefugnis erlischt mit der Eröffnung. Bei einer unbefugten Verarbeitung kommt Ersatzabsonderung aber nicht in Betracht, da es an einer rechtsgeschäftlichen Veräußerung fehlt (*Serick* ZIP 1982, 507 [516] mwN; Gottwald InsR-HdB/*Adolphsen* § 43 Rn. 39). Zum unechten Factoring → § 47 Rn. 77. Beim echten **Factoring** gilt das Prioritätsprinzip (krit. aber *Häsemeyer* Rn. 18.54). Die Frage ist nur, ob die Einziehungsermächtigung zugunsten des Vorbehaltskäufers auch eine Abtretung deckt, das ist unproblematisch, wenn Schuldner der volle (abgezinste) Gegenwert der Forderung gutgeschrieben wird, sonst nur, wenn das Sicherungsbedürfnis nicht beeinträchtigt ist (BGHZ 75, 391 [397 ff.] = NJW 1980, 772; BGHZ 82, 283 [289 f.] = NJW 1982, 571). 18

b) Erweiterter Eigentumsvorbehalt und sonstige Fälle des Eigentumsvorbehalts. Beim erweiterten Eigentumsvorbehalt kann der Verkäufer nur aussondern, soweit die Anlassforderung, dh die Kaufpreisforderung, offen ist, iÜ ist er nur zur Absonderung berechtigt. Er wird zwar nicht Sicherungseigentümer, aber § 51 Nr. 1 kann zumindest entsprechend angewendet werden (zum Streit Jaeger/*Henckel* Rn. 28). Das gilt auch beim Kontokorrentvorbehalt (→ § 47 Rn. 34). Zum weitergeleiteten und nachgeschaltenen Eigentumsvorbehalt → § 47 Rn. 42 f. 19

Nur ein Absonderungsrecht ist begründet, wenn der Vorbehaltsverkäufer zu Sicherungszwecken gewissermaßen den **Eigentumsvorbehalt abtritt** (so wörtlich BGHZ 176, 86 = NJW 2008, 1803 = ZIP 2008, 842 Rn. 31), dh das mit dem Vorbehalt und Anwartschaftsrecht des Käufers belastete Eigentum überträgt. Das gilt für die Übertragung an einen Geldkreditgeber, nicht aber bei Übertragung im Rahmen eines echten **Factoringsvertrags** (dann weiter Aussonderung, BGH NJW 2014, 2358 Rn. 15 ff.) oder wenn sonst weiterhin der Warenkredit gesichert wird (OLG München ZInsO 2014, 2504 [2505]). Zur Verwandlung von **Aussonderungsrecht** in das **Absonderungsrecht** → § 47 Rn. 33. 20

c) Kollisionsfälle. Nach allgemeinen sachenrechtlichen Grundsätzen gilt für die Wirksamkeit der Verfügungen das Prioritätsprinzip. Wird eine Sache zur 21

Sicherheit übereignet, die der Sicherungsgeber unter Eigentumsvorbehalt erworben hat, so fehlt es an der Berechtigung des Sicherungsgebers, gutgläubiger Erwerb idR mangels Besitzverschafffung ausgeschlossen, § 933 BGB. Demnach bleiben der Eigentumsvorbehalt und das Aussonderungsrecht des Verkäufers unangetastet. Begleicht der Verwalter des Käufers aber den Restkaufpreis, so erwirbt der Sicherungsnehmer Sicherungseigentum wegen § 185 Abs. 2 Alt. 1 BGB (BGH LM § 931 BGB Nr. 2 = NJW 1959, 1536; BGHZ 20, 88 [95] = NJW 1956, 665).

22 Werden **Vermieterpfandrecht und antizipierte Sicherungsübereignung** durch Einbringen in die Mieträume gleichzeitig aktuell, so hat laut BGH das Vermieterpfandrecht Vorrang; das Sicherungseigentum entsteht nur belastet. Das dient dazu, Aushöhlung des Pfandrechts zu vermeiden (BGHZ 117, 200 [204, 207] = NJW 1992, 1156 mit zust. Anm. *Gerhardt* FS Fischer, 2008, 149 [151 f.] mwN; MüKoBGB/*Oechsler* Anh. §§ 929–936 BGB Rn. 23). IÜ gilt das Prioritätsprinzip. Bei Übereignung nach Einbringen ist lastenfreier Erwerb des mit Vermieterpfandrecht belasteten Gegenstands nur nach § 936 BGB möglich; guter Glaube ist aber regelmäßig fraglich (*Vortmann* ZIP 1988, 626 [627]).

23 Bei **Kollision von Globalzession und verlängertem Eigentumsvorbehalt** gilt die Vertragsbruchtheorie, so dass die Globalzession nach § 138 Abs. 1 BGB nichtig ist, soweit (nicht in vollem Umfang, Gottwald InsR-HdB/*Adolphsen* § 43 Rn. 89 f.; aA wohl BGH NJW 1999, 940; 1999, 2588 [2589]) sie auch Forderungen umfasst, die der Schuldner wegen des verlängerten Eigentumsvorbehalts mit Vorausabtretungsklausel an den Warenkreditgeber abzutreten hat (BGHZ 30, 149 [152 ff.] = NJW 1959, 1533; BGH ZIP 1999, 101 [102]; 1999, 2588 [2589]; 2005, 1192 [1193]; stRspr); daher Vorrang des Warenkreditgebers und entsprechendes Absonderungsrecht des Vorbehaltsverkäufers. Die Sittenwidrigkeit kann durch eine dingliche Teilverzichtsklausel bereinigt sein. Dann hat der Globalzessionar für die der Abtretung unterliegenden Forderungen ein Absonderungsrecht in der Insolvenz des Käufers (BGHZ 98, 303 [314] = NJW 1987, 487; BGH ZIP 1999, 101 [102]). Insgesamt ist das Instrument der Sittenwidrigkeit für die Kollisionsfälle ein recht krudes Instrument. Fehlt es der Bank an der verwerflichen Gesinnung, soll die Globalzession doch wirksam sein (BGHZ 32, 361 [366] = NJW 1960, 1716; BGHZ 55, 34 [35] = NJW 1971, 1129).

24 **d) Sicherheiten-Pool.** Sicherungsnehmer können ihre Sicherheiten anerkanntermaßen in sog Sicherheitenpools zusammenfassen (näher BGH ZIP 1993, 276 [277] [auch zur Anfechtung]; BGH NJW 1991, 2629; NJW-RR 2005, 1636 [1637]; → § 47 Rn. 50; Schrifttum zu § 50). Diese Pools, die häufig in der Rechtsform einer GbR oder als Verwaltungsgemeinschaft mit Treuhänder und bevollmächtigtem Poolverwalter bestehen (*Häsemeyer* Rn. 18.65), dienen ua dazu, die Sicherungsrechte zu vergemeinschaften und die Rechtsdurchsetzung zu kollektivieren (*Serick* KTS 1989, 743 [744 f.]).

25 Ein Poolvertrag, nach dem die einbezogenen **Sicherheiten** jeweils auch für die anderen am Pool beteiligten Gläubiger zu halten sind, begründet aber in der Insolvenz des Sicherungsgebers auch dann kein Recht dieser weiteren Gläubiger auf abgesonderte Befriedigung, wenn der Sicherungsgeber dem Vertrag zugestimmt hat (BGH NJW-RR 2005, 1636 [1637]). Rein schuldrechtliche Vereinbarungen vermögen die für eine Sicherungszession notwendige Übertragung eines dinglichen Rechts nicht zu ersetzen (BGHZ 155, 227 [234 f.] = NJW 2003, 3414; BGH NJW-RR 2005, 1636 [1637]).

26 Im Kern ist daher eine wesentliche Verbesserung der **Rechtsstellung der Sicherungsnehmer** mit der Poolbildung nicht verbunden. Streitig ist nur, ob der Pool sich **Beweisschwierigkeiten** erspart, weil nicht für jede einzelne Sicherheit bewiesen werden muss, welchen Anteil am Erlös der Berechtigte hat, sondern dies

dem Innenverhältnis überlassen werden kann (Gottwald InsR-HdB/*Adolphsen* § 44 Rn. 21; generell ablehnend *Häsemeyer* Rn. 18.66). Allerdings gilt die **maßgebliche Einschränkung**: Es muss feststehen, dass der Insolvenzschuldner und Dritte keine eigene Rechte am Sicherungsgegenstand halten. Dann kann der Pool den Erlös aus der Verwertung verlangen; insofern gilt ein Ausschlussprinzip. Darüber hinaus berührt der Pool nicht die Verwertungsbefugnis des Verwalters (§ 166). Der Pool kann aber die Eigenverwertung vorschlagen; der Verwalter muss darauf ggf. eingehen (§ 168 Abs. 3 S. 1; Uhlenbruck/*Brinkmann* § 49 Rn. 28).

Die **Anfechtung** kann verhindern, dass Sicherheiten in der kritischen Phase 27 „verschoben" werden (BGH NJW-RR 2005, 1636 [1637]); auch die Einbeziehung von Forderungen Dritter durch nachträgliche Erweiterungen des Sicherungszwecks nach § 131 InsO; anders für Grundpfandrechte BGH NJW-RR 2008, 780 Rn. 18 ff. = ZIP 2008, 703; dazu und zu Folgen für die konsortiale Projektbesicherung *Reuter* NZI 2010, 167 [171]. Zur Anfechtung des Sicherheitenpoolvertrags selbst BGH NJW 1998, 2592. Das treuhänderische Halten von Sicherheiten ist aber nicht per se anfechtbar (BGH NJW-RR 2008, 780 Rn. 20; *P. Fischer* ZInsO 2008, 477 [479]; *Berner* KTS 2006, 359 [366]). Die Sittenwidrigkeit begründet noch nicht in dem Bestreben, Beweisschwierigkeiten zu vermeiden, wohl aber darin, eine für einzelne Mitglieder fehlende Bestimmtheit ihres Sicherungsrechts zu umgehen (Nerlich/Römermann/*Andres* § 47 Rn. 10).

III. Zurückbehaltungsrechte, § 51 Nr. 2

Nach Nr. 2 begründen bestimmte Zurückbehaltungsrechte an (beweglichen, 28 → Rn. 1; BGH NZI 2003, 605; daher kein Absonderungsrecht in der Insolvenz des Grundstückserstehers MüKoInsO/*Ganter* Rn. 221) Sachen der Masse ein Absonderungsrecht. Gemeint sind **Zurückbehaltungsrechte wegen nützlicher Verwendungen.** Sie führen zu einer Vorzugsbefriedigung aus dem Erlös. Erfasst sind daher insbes. die Fälle des § 1000 iVm § 994 BGB (Verwendungen des unrechtmäßiger Besitzers), §§ 102, 292 Abs. 2, 304 BGB (Verwendungen bei Gläubigerverzug), 347 S. 2 BGB (Rücktritt); 459, 536a, 539 BGB (Verwendungen des Mieters), 591, 601 Abs. 2, 670 BGB (Auftrag), 675, 683, 693, 850, 972, 1049, 1057, 1216, 2022 BGB iVm § 273 Abs. 2 BGB (Erbschaftsbesitzer). Zudem ist insbes. § 273 Abs. 2 BGB erfasst, nicht aber § 273 Abs. 1 BGB, da es ein persönliches Recht sei (RGZ 51, 83 [86 ff.]; 77, 436 [439]; BGH NJW 1995, 1484 [1485]; NZI 2002, 380 [382]; *Kilger/Karsten Schmidt* § 49 KO Anm. 8; Uhlenbruck/*Brinkmann* Rn. 51). Das ist (nur) in der Begründung schief. Der bloße Umstand, dass es sich um ein persönliches Recht handelt, hindert die Absonderungsberechtigung nicht, da andernfalls auch die eben genannten Verwendungsersatzansprüche keine Absonderungsrechte begründen könnten. Allerdings fehlt es eben an der speziellen Sachbezogenheit sowie häufig an nützlichen Verwendungen bzw. ohnedies greift dann schon § 273 Abs. 2 BGB ein. Eine **Insolvenzforderung** rechtfertigt **kein insolvenzfestes Zurückbehaltungsrecht** bis zur Auszahlung der Quote (RGZ 20, 133 [136]; vgl. auch BGH NZI 2002, 380 [382]; Jaeger/*Henckel* Rn. 52); nach hM gibt es außerhalb des Anwendungsbereichs des § 103 und damit des **§ 320 BGB** auch kein insolvenzfestes Zurückbehaltungsrecht an nicht zur Masse gehörenden Gegenständen, die der Verwalter (über einen bloßen Verschaffungsanspruch) herausverlangt (Jaeger/*Henckel* Rn. 53 mwN; aA *Marotzke* Rn. 2.50 ff.). Vertraglich vereinbarte Zurückbehaltungsrechte sind nicht absonderungsfähig (Jaeger/*Henckel* Rn. 53; vgl. RGZ 77, 436 [439]).

Davon abzugrenzen ist die Frage nach einem **Verwertungsrecht** des Zurück- 29 behaltungsberechtigten. Es besteht insolvenzrechtlich nur, wenn der Gläubiger selbst im Besitz der Sache ist (§ 166 iVm § 173 InsO; nicht ganz klar *Kilger/*

Karsten Schmidt § 49 KO Anm. 6, der meint, Absonderungsrechte bestünden insoweit generell nur bei noch bestehendem Besitz des Gläubigers; dann wäre Verwalter nie verwertungsbefugt; zum Problem jetzt auch Gottwald InsR-HdB/*Adolphsen* § 42 Rn. 62) und materiell-rechtlich, wenn das Zurückbehaltungsrecht mit einem Verwertungsrecht einhergeht (vgl. zu diesem doppelten Erfordernis → § 173 Rn. 3). Das ist nur bei dem Zurückbehaltungsrecht des § 1000 iVm § 1003 BGB, ggf. über die Verweisung in § 292 Abs. 2, §§ 2022f. BGB, der Fall (vgl. Jaeger/*Henckel* Rn. 50).

30 Die **Verwendung,** deretwegen das Zurückbehaltungsrecht begründet ist, muss den Wert der Sachen erhöht haben. Die Verwendung muss **vor Eröffnung** gemacht worden sein (MüKoInsO/*Ganter* Rn. 218). Es muss aber keine notwendige Verwendung sein; auch Luxusverwendungen sind denkbar, soweit sie ein Zurückbehaltungsrecht begründen. Der Vorteil muss im Zeitpunkt der Geltendmachung des Absonderungsrechts (*Kilger/Karsten Schmidt* § 49 KO Anm. 6); nicht notwendigerweise schon bei Verfahrenseröffnung noch vorhanden sein.

31 **Sonstige Zurückbehaltungsrechte** begründen auch nicht analog Nr. 2 ein Absonderungsrecht; Nr. 2 und Nr. 3 (→ Rn. 32) sind insoweit abschließend (*Kilger/Karsten Schmidt* § 49 KO Anm. 8; anders für § 821 BGB BGH NJW 1995, 1484 [1485]). Der Verwalter muss daher die jeweiligen Gegenstände zur Masse ziehen (BGH WM 1965, 408 [410]), auch ggf. durch einstweilige Verfügung (OLG Düsseldorf ZIP 1982, 471). Der Steuerberater muss einwilligen, dass dem Verwalter die bei DATEV gespeicherten Stammdaten übertragen werden (LG Duisburg ZIP 1982, 603 [604]; LG Essen ZIP 1996, 1878; vgl. zu anderen Fallkonstellationen BGH ZIP 1988, 1474). Wegen Masseforderungen kann sich der Massegläubiger auf Zurückbehaltungsrechte berufen; Einschränkungen bei Masseunzulänglichkeit (Jaeger/*Henckel* Rn. 55).

IV. Zurückbehaltungsrechte nach HGB, § 51 Nr. 3

32 Von Nr. 3 erfasst ist **das kaufmännische Zurückbehaltungsrecht,** insbes. nach **§§ 369–372 HGB** (BGH NZI 2011, 602 Rn. 10; dort auch zu den Pflichten des Verwalters bei der Verwertung). Letzteres gewährt nicht nur ein Zurückbehaltungs-, sondern auch ein – pfandrechtsähnliches – Befriedigungsrecht nach § 371 HGB, so dass der Inhaber nach § 173 selbst zur Verwertung befugt ist. Die Verwertung erfolgt durch Vollstreckungsbefriedigung (§ 371 Abs. 3 S. 1 HGB) oder durch Verkaufsbefriedigung (§ 371 Abs. 2–4 HGB; näher MüKoInsO/*Ganter* Rn. 231); Titel gegen den Verwalter erforderlich. Forderung muss aus einem beiderseitigen Handelsgeschäft stammen (vgl. § 343 HGB). Gegenstand des Zurückbehaltungsrechts sind die im Besitz des Gläubigers (mittelbarer Besitz reicht bei Drittbesitz aus, Baumbach/*Hopt* HGB § 369 Rn. 9) befindlichen bewegliche Sachen einschließlich von Wertpapieren, soweit sie selbst rechtsträgerfähig sind, nicht aber von Forderungen und Legitimationspapieren.

33 Ebenfalls von Nr. 3 erfasst sind die seeversicherungsrechtlichen Zurückbehaltungsrechte nach **§§ 888, 889 HGB aF** (bea. Art. 63 EGHGB). Der Versicherungsnehmer hatte danach an der Versicherungspolice ein in der Insolvenz des Versicherten geschütztes Zurückbehaltungs- und zudem ein Absonderungsrecht in Bezug auf den Anspruch auf Erstattung überbezahlter Prämien. Bei Versicherungen für fremde Rechnung wird (nunmehr allein) durch § 46 VVG nF ein Zurückbehaltungs- und Befriedigungsrecht für den VN gegenüber dem Versicherten begründet. Der VN kann daher in der Insolvenz des Versicherten wegen seiner Ansprüche absondern und den Versicherungsschein zurückbehalten. Sind Leistungen der Versicherung bereits an den Versicherten geflossen, kommt eine Ersatzabsonderung des VN in Betracht (MüKoInsO/*Ganter* Rn. 233; zur Ersatzabsonderung → § 48 Rn. 25). Zum Absonderungsrecht nach § 110 VVG nF → Rn. 36.

V. Öffentliche Abgaben, § 51 Nr. 4

Nach § 51 Nr. 4 können gesetzliche Sicherheiten, die Bund, Länder, Gemeinden und Gemeindeverbände für öffentliche Abgaben erhalten, zur Absonderung in Bezug auf Sachen berechtigen, auf denen öffentliche Abgaben ruhen. Abgaben idS meint Zölle, Steuern und Gebühren. Auf diese Begrifflichkeit kommt es aber wegen Zusammenhangs mit § 76 AO nicht an. § 51 Nr. 4 steht im Zusammenhang mit §§ 76, 327 AO. Ist danach eine Sachhaftung für Verbrauchssteuern und Zölle begründet, führt dies zum Absonderungsrecht, das zudem **Vorrang vor Rechten Dritter** hat; die Privilegierung gilt nicht gegenüber Rechten der Schiffspfandsgläubiger (§ 761 S. 2 HGB). Verbrauchssteuern sind nicht Umsatz- und Mehrwertsteuern. Es ist nicht erforderlich, dass die Sache vor Eröffnung beschlagnahmt worden ist (Gottwald InsR-HdB/*Adolphsen* § 42 Rn. 72; Uhlenbruck/*Brinkmann* Rn. 58; HK-InsO/*Lohmann* Rn. 52). 34

Nach **§ 375 Abs. 2 AO** wegen Steuerhinterziehung eingezogene Sachen gehen in das Eigentum des Staates über – Aussonderungsrecht. Beschlagnahme nach § 111c StPO hat nicht die Wirkung eines Pfändungspfandrechts iSd § 50 und führt auch nicht zur Absonderung nach § 51 Nr. 4. Für öffentliche Lasten an Grundstücken → § 49 Rn. 20. Die Hinterlegung nach §§ 241, 242 AO verschafft der begünstigten Körperschaft ein Pfandrecht iSd § 50 an den hinterlegten Gegenständen (FK-InsO/*Joneleit/Imberger* Rn. 36). Kein Absonderungsrecht nach § 19 Abs. 4 DepV wegen Vorrangs von § 51 InsO (BVerwG NVwZ 2008, 1122 Rn. 19). Zum Absonderungsrecht nach Kommualabgabenrecht BGH BeckRS 2009, 19292. 35

VI. Sonstige Absonderungsrechte

1. Versicherungsrecht (§ 110 VVG). Zum Absonderungsrecht bei Versicherung für fremde Rechnung nach § 46 VVG → § 47 Rn. 74 ff. Mit der Reform des Versicherungsvertragsrechts 2008 hat der Gesetzgeber das früher in § 157 VVG aF verankerte Recht des Geschädigten auf abgesonderte Befriedigung am Freistellungsanspruch des haftpflichtversicherten Schädigers gegenüber der Versicherung inhaltlich unverändert in § 110 VVG nF übernommen (*Thole* NZI 2011, 41; *ders.* NZI 2013, 665). Das Absonderungsrecht und Einziehungsrecht für den Gläubiger (§ 173) entsteht mit Verfahrenseröffnung (BGH NZI 2014, 998 Rn. 8). Das Trennungsprinzip, nach dem das Haftungsverhältnis und Deckungsverhältnis zu trennen sind, bleibt aber grds. intakt (Prölss/Martin VVG *Lücke*/VVG § 110 Rn. 3). Das Recht auf abgesonderte Befriedigung verpflichtet den **Haftpflichtversicherer** nicht eher zur Zahlung, bevor nicht der Streit über das Bestehen der Haftpflichtforderung entschieden ist, § 106 VVG (BGH VersR 1954, 578 [579]; vgl. schon RGZ 93, 209 [212]). Eine solche Feststellung kann auf einem (auch konkludenten, auch durch **Nicht-Bestreiten**) **Anerkenntnis** der Schadensersatzforderung durch den gerade zur Prüfung der Forderung verpflichteten Verwalter beruhen (vgl. BGH VersR 2004, 634) oder erst dann (insoweit mit Rechtskraftwirkung) Feststellung der Haftpflichtforderung zur Tabelle (OLG Celle VersR 2002, 602). § 106 VVG ist lediglich Fälligkeitsvoraussetzung für den Deckungsanspruch. Im Insolvenzverfahren muss der Gläubiger zunächst seine Forderung zur Tabelle anmelden; darüber hinaus gibt ihm die stRspr die Möglichkeit, weiter gegen den Verwalter auf Zahlung, aber wegen der Begrenzung des Absonderungsrechts beschränkt auf die Zahlung aus der Versicherungssumme, vorzugehen (BGH VersR 1964, 966; NZI 2013, 887 Rn. 10; LG Köln VersR 2004, 1128 [1129]; LG Arnsberg ZInsO 2011, 290; näher *Thole* aaO; krit. *Mitlehner* ZIP 2012, 2003 [2004]); auch dadurch kann die Feststellung 36 der Haftpflichtforderung erreicht werden; sie ist folglich umfassend zu prüfen. Bei Aufnahme eines unterbrochenen Rechtsstreits ist § 86 Abs. 1 Nr. 2 InsO anwendbar (BGH NZI 2013, 887 Rn. 11). Bei Widerspruch des Insolvenzverwalters zur Feststellung der Forderung zur Tabelle bleibt also Verwalter passivlegitimiert. Nur ausnahmsweise kommt vor Klärung der Haftpflichtfrage eine Feststellungsklage des Gläubigers gegen den Versicherer in Betracht, wenn die Gefahr besteht, dass dem Gläubiger der Deckungsanspruch als Befriedigungsobjekt verloren geht (BGH VersR 2001, 90 [91]), zB wenn weder der Versicherungsnehmer noch der Insolvenzverwalter den Deckungsschutzanspruch gegen den Versicherer gerichtlich geltend machen (KG VersR 2007, 349 [350]).

37 Nach **Feststellung der Forderung** kann der Gläubiger selbst den Deckungsanspruch auf Zahlung einklagen. Der Anspruchsteller muss also grds. zunächst gegen den Schuldner eine Feststellung der Haftpflichtforderung oder ein Anerkenntnis erreichen, um die Fälligkeit des Zahlungsanspruchs gegen die Versicherung zu bewirken; die eigentliche Prozessführungsbefugnis besteht auch schon vor Feststellung. Sodann kann er kraft seines Absonderungsrechts den Deckungsanspruch gegen den Haftpflichtversicherer einziehen (BGH VersR 1964, 966; NJW-RR 2009, 964; anders *Mitlehner* ZIP 2012, 2003 ff.); Dies wird mit einer Analogie zu § 1282 BGB bei der Pfandverwertung begründet (Prölss/Martin VVG/*Lücke* VVG § 110 Rn. 5). *Prozessrechtlich* ergibt sich das Einziehungsrecht indes aus § 173 InsO (*Thole* NZI 2011, 41 [44]; dort auch zu weiteren Zweifelsfragen); es entsteht mit Verfahrenseröffnung. Für eine zusätzliche Pfändung des Freistellungsanspruchs aufgrund der persönlichen Haftpflichtforderung ist weder Raum noch Bedürfnis (BGH NZI 2014, 998 Rn. 10). Zieht der Gläubiger die Deckungsforderung vor Feststellung ein, ist die Klage auf Leistung „derzeit unbegründet".

38 **2. Wertpapiere.** Ein Recht auf Vorzugsbefriedigung besteht nach Verfahrenseröffnung nach §§ 32, 33 DepotG für den Hinterleger, Verpfänder oder Kommittenten von Wertpapieren. Ggf. kommt hier aber auch Aussonderung am Lieferungsanspruch in Betracht (§ 392 Abs. 2 HGB), aber nicht bei Selbsteintritt der Bank (Gottwald InsR-HdB/*Adolphsen* § 40 Rn. 90 mwN); wird der Kommittent nicht Eigentümer und ist der Lieferungsanspruch nicht aussonderungsfähig, verschafft ihm § 32 DepotG aber bevorrechtigte Befriedigung aus der Sondermasse vorhandener Wertpapiere. Der Begünstigte muss aber selbst nach § 32 Abs. 1 Nr. 3 DepotG mindestens 90 % seiner Leistung erbracht haben (dazu MüKoInsO/*Ganter* § 47 Rn. 304; *Henckel* FS Uhlenbruck, 2000, 19 [24 f.]). Das frühere Absonderungsrecht der Pfand- und Schuldverschreibungsgläubiger nach §§ 35, 40 f. HypothekenbankG, § 9 ÖPG ist jetzt durch PfandBG v. 22.2.2005 in ein Aussonderungsrecht nach § 30 PfandBG übergeleitet worden. Für Absonderungsansprüche in Gemeinschaften oder Gesellschaften gilt § 84 Abs. 1 S. 2 (s. Erläuterungen dort).

Ausfall der Absonderungsberechtigten

52 [1] **Gläubiger, die abgesonderte Befriedigung beanspruchen können, sind Insolvenzgläubiger, soweit ihnen der Schuldner auch persönlich haftet.** [2] **Sie sind zur anteilsmäßigen Befriedigung aus der Insolvenzmasse jedoch nur berechtigt, soweit sie auf eine abgesonderte Befriedigung verzichten oder bei ihr ausgefallen sind.**

Schrifttum: Vgl. zunächst Schrifttum bei §§ 49–51. *Klemmer,* Zur Erteilung vollstreckbarer Ausfertigungen im Konkurs – und Vergleichsverfahren, KTS 1960, 73; *Mandlik,* Feststellungsvermerk bei Ausfallforderungen im Konkurs, Rpfleger 1980, 143; *Karsten Schmidt/Bitter,* Doppelberücksichtigung, Ausfallprinzip und Gesellschafterhaftung in der Insolvenz, Eine Analyse der §§ 43, 52, 93 InsO und § 32a Abs 2 GmbHG, ZIP 2000, 1077.

Übersicht

I. Normzweck und Grundlagen

§ 52 InsO (früher § 64 KO, § 27 Abs. 1 S. 1 VglO) ist zwingend (Braun/*Bäuerle* Rn. 5; MüKoInsO/*Ganter* Rn. 3). § 52 ist bei Doppelinsolvenz des Nachlasses und des Erben über § 331 Abs. 1 anwendbar (BGH ZIP 2006, 1258 Rn. 35). Sie dient der Auflösung der Konkurrenz von persönlicher Haftung des Schuldners und Sachhaftung. Satz 1 erklärt Absonderungsberechtigte zu Insolvenzgläubigern (wichtig wegen Mitwirkungsrechten; Jaeger/*Henckel* Rn. 1), soweit ihnen der Schuldner auch persönlich haftet. § 52 ist daher nur beachtsam, wenn die dingliche Haftung von Massegegenständen und die persönliche Haftung des Insolvenzschuldners zusammenkommen. Satz 2 gibt insoweit der Sachhaftung den Vorrang. Der Absonderungsberechtigte muss sich im Grundsatz zunächst aus dem Gegenstand seines Absonderungsrechts befriedigen. Satz 2 **beschränkt** nicht das Recht zur Anmeldung der gesamten Forderung, sondern nur den **Anspruch auf Zuteilung der Quote** bei der Verteilung. Auch die Feststellung der Forderung erfolgt in vollem Umfang (BGH WM 1957, 1225 [1226]; *Kilger/Karsten Schmidt* § 64 KO Anm. 3; *Klemmer* KTS 1960, 73). 1

II. Kumulation von Absonderungsrecht und Insolvenzforderung

Die dingliche Haftung, die mit der persönlichen Haftung des Schuldners zusammentrifft, muss sich auf einen Gegenstand der für das jeweilige Verfahren relevanten Masse beziehen, andernfalls fehlt es schon an einer Absonderungsberechtigung. Auf welchem Rechtsgrund das Absonderungsrecht beruht (Rechtsgeschäft, Gesetz), ist unerheblich. Das Haftungsobjekt muss zum maßgeblichen Zeitpunkt – Eröffnung des Insolvenzverfahrens – **zur Masse** gehören (*Kilger/Karsten Schmidt* § 64 KO Anm. 1; MüKoInsO/*Ganter* Rn. 9). Werden ausnahmsweise durch den Verwalter Absonderungsrechte begründet (zB Pfandrechtsbestellung, → § 50 Rn. 2), so kann § 52 ebenfalls eingreifen; meist ist dann ohnehin eine Masseverbindlichkeit begründet. Die **Freigabe** des Absonderungsgegenstands berührt § 52 S. 2 nicht (BGH NJW-RR 2009, 964 Rn. 9 = ZIP 2009, 874). Der Gläubiger muss sich dann bei Zugriff auf den Gegenstand den erzielten Erlös auf die Insolvenzforderung anrechnen lassen. 2

Der **Nachrang** der gesicherten persönlichen **Forderung** nach § 39 berührt nicht den **Vorrang des Absonderungsrechts** (so wohl BGH NJW 2008, 3064 [3065]; zuletzt *Bloß/Zugelder* NZG 2011, 332 mwN); fraglich ist nur der Umfang der Sicherung (dazu → Rn. 12; diff. *Spliedt* ZIP 2009, 149 [153]). 3

Erwirbt der Verwalter den belasteten Gegenstand erst während des Verfahrens für die Masse oder erwirbt der Schuldner, so dass der Gegenstand als **Neuerwerb** in die Masse fällt, ist § 52 **nach hM nicht anwendbar,** weil andernfalls nachträgliche Vereinbarungen das Recht des Gläubigers zur Geltendmachung seines Rechts beschränken könnten (Jaeger/*Henckel* Rn. 10; Uhlenbruck/*Brinkmann* Rn. 10). Das ist in der Begründung fraglich, weil es im Interesse der Gläubiger- 4 gleichbehandlung auch insoweit Sinn haben kann, den Gläubiger vorrangig auf das Absonderungsrecht zu verweisen.

5 **Drittsicherheiten,** auch Personalsicherheiten, werden von § 52 **nicht erfasst.** In diesem Fall darf der persönliche Gläubiger trotz seiner Sicherheit die Forderung in vollem Umfang geltend machen und die volle Quote verlangen, auch wenn der Verwalter Kenntnis von der Sicherheit hat (*Mandlik* Rpfleger 1980, 143 [144] aE). Das ergibt sich aus § 43, bei rein **dinglicher Haftung des Dritten** zumindest **analog § 43** (Uhlenbruck/*Brinkmann* Rn. 8; Jaeger/*Henckel* Rn. 11). Das gilt selbst dann, wenn über das Vermögen des Drittsicherungsgebers selbst ein Insolvenzverfahren anhängig ist. Ob der Gläubiger, soweit er die volle Forderung gegen den persönlichen Schuldner geltend macht, wegen des Ausfalls auch auf eine *Dritt*sicherheit in vollem Umfang zugreifen kann, ist eine Frage des materiellen Rechts. Gegen einen **selbstschuldnerischen Bürgen** kann der Gläubiger grds. nicht nur bis zur Höhe des zu erwartenden Ausfalls vorgehen; erst recht gilt dies bei Gesamtschuldnern (Schuldbeitritt). Soweit die Forderung aber durch Befriedigung aus dem Absonderungsrecht bereits getilgt ist, haftet der **Bürge** nur noch für den Rest (§ 767 Abs. 1 S. 1 BGB). Verfährt der Insolvenzverwalter nach § 168 Abs. 3, so braucht sich der Gläubiger, der den Gegenstand zur Eigenverwertung übernimmt, einen Erlös, der den Wert übersteigt, aus dem er vereinbarungsgemäß an den Insolvenzverwalter **Feststellungs- und Verwertungspauschale** abzuführen hat, nicht auf die Forderung gegen den Schuldner anrechnen zu lassen (BGHZ 165, 28 [33] = NZI 2006, 32 Rn. 9 mwN). Wegen § 767 Abs. 1 S. 3 BGB kann sich der Gläubiger aber gegenüber dem Bürgen nicht auf diese Wirkungen der Vereinbarung berufen; dh der Bürge haftet *iErg* nur bis zur Höhe des Ausfalls, obwohl die gesicherte Forderung im Insolvenzverfahren zum vollen Nennwert anzusetzen ist. Vgl. auch § 776 BGB.

6 Besteht eine **gemeinsame Rechtszuständigkeit** von Schuldner und Dritten für das Absonderungsgut (zB Miteigentum), so gilt für die Berechnung des Ausfalls nur der Teil des Verwertungserlöses als beachtlich, der auf den Anteil des Insolvenzschuldners am Gegenstand entfällt; der Drittanteil bleibt also ebenso wie bei vollständiger Drittsicherheit außer Betracht (Jaeger/*Henckel* Rn. 12). Zum Gesamtgut → § 37 Rn. 2. Bei Alleinverwaltung und im Fall des § 333 ist § 52 anwendbar.

7 Liegt eine **Kumulation von dinglicher Haftung** der Masse **und Insolvenzforderung,** dh ein Fall von § 52 vor, darf der Gläubiger nicht die Forderungsquote in voller Höhe beanspruchen und sich dann wegen des Ausfalls aus der dinglichen Sicherheit befriedigen (Kübler/Prütting/Bork/*Prütting* Rn. 4). Die Befriedigung aus dem Absonderungsrecht geht vor; ggf. muss der Gläubiger verzichten. Umgekehrt darf der Gläubiger nur das Absonderungsrecht geltend machen; er ist nicht zur Anmeldung der persönlichen Forderung verpflichtet. Allerdings soll er dann **nach dem Verfahren** seinen Ausfall bei Zugriff auf den Gegenstand nicht mehr geltend machen können (MüKoInsO/*Ganter* Rn. 16); das widerspricht aber dem freien Nachforderungsrecht (vgl. a. BGH NJW 1996, 2035 f.; → § 201 Rn. 2). Gesperrt ist die Nachforderung nur, wenn der Gläubiger erklärt, seine Forderung sei durch Verwertung des Absonderungsguts gedeckt und er sich insoweit für befriedigt erklärt (so OLG München HRR 1938, 1229 [1231]).

III. Insolvenzgläubiger (Satz 1)

8 Der Absonderungsberechtigte nimmt wegen seiner persönlichen **Forderung** als Insolvenzgläubiger am Verfahren teil (BGH ZIP 2006, 1009 Rn. 13). Rechtshandlungen, die die gesicherten Forderungen erfüllen, betreffen den Gläubiger allein als Insolvenzgläubiger (BGH aaO). Er hat die vollen Mitwirkungsrechte, dh

seine Stimme ist bei Wahl und Abwahl des Verwalters (§ 57) und zugleich bei allen Beschlüssen der Gläubigerversammlung (§ 76 Abs. 2) zu berücksichtigen. Die Anmeldung kann in vollem Umfang erfolgen und muss nicht wiederholt werden, wenn das Absonderungsrecht entfällt oder doch nicht besteht. Die **Feststellung zur Tabelle** erfolgt in vollem Umfang, so dass sich die Rechtskraft nach § 178 Abs. 3 nicht nur auf den Ausfall erstreckt (Gottwald InsR-HdB/*Adolphsen* § 42 Rn. 79). Zusätze wie „als Ausfallforderung" oÄ ändern nichts (RGZ 139, 83 [86]; BGH WM 1957, 1225 [1226]; *Häsemeyer* Rn. 18.76). Ist die persönliche Forderung nur als **nachrangige Insolvenzforderung** einzuordnen, bleibt es auch unter § 52 beim Nachrang, zur Berechnung des Ausfalls in diesem Fall aber → Rn. 12; zur Verteilung vgl. §§ 189, 190.

Ist die persönliche Forderung, wegen der das Absonderungsrecht besteht, betagt, bedingt, oder ungewiss, so ist die Forderung wegen **§§ 41 f., 45 f.** gleichwohl als Insolvenzforderung zu berücksichtigen (BGHZ 31, 337 [340 ff.] = NJW 1960, 675 zu § 65 KO; *Kilger/Karsten Schmidt* § 64 KO Anm. 3; Jaeger/*Henckel* § 41 Rn. 10 ff.). Das ist nur konsequent, setzt aber für den Nachweis des Ausfalls frühzeitige Verwertung des Absonderungsguts voraus. Zu Fragen der **Doppelberücksichtigung bei Gesellschafterhaftung** *Karsten Schmidt/Bitter* ZIP 2000, 1077; → § 43 Rn. 8. 9

IV. Ausfallhaftung nach Satz 2

1. Verzicht. Verzicht iSd Satz 2 ist die bindende, auch konkludente, Erklärung, die erlangte Rechtsposition aufzugeben, so dass der Absonderungsgegenstand für die Masse frei wird. Die hM verweist auf die allgemeinen Vorschriften (Kübler/Prütting/Bork/*Prütting* Rn. 5; Uhlenbruck/*Brinkmann* Rn. 22 ff.); im BGB ist der Verzicht auf Rechtspositionen grds. möglich (beachte §§ 397, 875 Abs. 1 S. 2, 1168 Abs. 2, 1255, 1257, 1258, 1293 BGB). Ein Konsens wie bei § 397 BGB wird für Satz2 aber nicht vorausgesetzt. Der Verzicht iSd Satz 2 bewirkt das Erlöschen des Rechts. Eine Vereinbarung, in der sich der Gläubiger verpflichtet, das Absonderungsrecht nicht geltend zu machen, soll dem nach teilw. vertretener Auffassung nicht gleichstehen (Kübler/Prütting/Bork/*Prütting* Rn. 5; MüKo-InsO/*Ganter* Rn. 39). Das ist konsequent, wenn man verlangt, dass der Verzicht nach dem Verfahren bindend bleibt. Bei unwiderruflicher Bindung an die Abrede über das Verfahren hinaus kann man dies aber dem Verzicht gleichstellen (*Kilger/Karsten Schmidt* § 64 KO Anm. 5), in diesem Sinne jetzt auch der BGH: Verfügt ein Insolvenzgläubiger zur Sicherung seiner Forderung über eine Gesamtgrundschuld, für die massefremde Grundstücke mithaften und die zugleich auch Forderungen gegen Dritte sichert, so genügt für einen Verzicht auf das Absonderungsrecht, dass er im Umfang der Anmeldung als Insolvenzforderung auf den schuldrechtlichen Sicherungsanspruch aus einer Zweckvereinbarung mit den Sicherungsgebern verzichtet (BGH ZIP 2011, 180 Rn. 10 = ZInsO 2011, 91), dinglicher Verzicht nicht erforderlich. Als Verzicht auf das Absonderungsrecht genügt auch sonst jede Erklärung, die verhindert, dass das Absonderungsgut verwertet und die gesicherte Insolvenzforderung trotzdem in voller Höhe bei der Verteilung der Masse berücksichtigt wird. Zu diesem Zweck muss nicht notwendig über das zur abgesonderten Befriedigung berechtigende Grundpfandrecht verfügt werden. Nur wenn dies geschieht, bedarf die Erklärung des Insolvenzgläubigers der **grundbuchmäßigen Form** (BGH ZIP 2011, 180 Rn. 10 und Ls. 2), Teilverzicht ist möglich (Jaeger/*Henckel* Rn. 24; MüKoInsO/*Ganter* Rn. 40); das ist aber nicht die Freigabe einzelner Haftungsobjekte aus dem Haftungsverband der Sicherheit. 10

11 **2. Ausfall.** Bei der **Verteilung der Quote auf die Insolvenzforderung** wird der Gläubiger nur in Höhe des Ausfalls berücksichtigt. Ausfall ist der verbleibende Rest der Forderung nach Verwertung. Bei Eigenverwertung (§ 173) gilt § 190 Abs. 1 S. 1. Der Gläubiger muss den Nachweis des Ausfalls führen, andernfalls Nichtberücksichtigung nach § 190 Abs. 1 S. 2. Bei **Abschlagsverteilungen** gilt § 190 Abs. 2, ggf. iVm § 192. Zurückbehaltene Beträge werden zur Schlussverteilung frei, wenn der Nachweis nicht rechtzeitig geführt wird (§§ 189 Abs. 3, 190 Abs. 1 S. 2 InsO). Der Nachweis des Ausfalls setzt Verwertung(versuch) oder Untergang der Sache (Gottwald InsR-HdB/*Adolphsen* § 42 Rn. 89) voraus; andernfalls kann der Gläubiger nur **den Ausfall schätzen** und insoweit verzichten (MüKoInsO/*Ganter* Rn. 23; → § 190 Rn. 3). Bei Verwertung durch den Verwalter gilt § 190 Abs. 3. Es findet grds. **keine Vorteilsanrechnung** statt, wenn der Absonderungsberechtigte den Gegenstand selbst übernimmt (BGHZ 165, 28 [32] = NZI 2006, 32); anders bei § 114a ZVG, § 14 BinnSchG.

12 Die **Berechnung des Ausfalls** hängt davon ab, ob man – wie unter § 48 KO (BGH ZIP 1997, 120 [121]) – an der Maßgeblichkeit des § 367 BGB für die Tilgungsreihenfolge festhält, oder wegen des Wortlauts von § 50 und Einbeziehung der Absonderung in das Verfahren die dort genannte Reihenfolge heranzieht (→ § 50 Rn. 24). Der BGH hat sich jetzt für § 367 BGB ausgesprochen (BGH NZI 2011, 247 = ZIP 2011, 579). Die bisher hM lässt dagegen die nach Eröffnung anfallenden Zinsen und Kosten wegen § 39 Nr. 1 bei der Berechnung des Ausfalls unberücksichtigt, solange die Absonderungsverwertung diese nicht abdeckt. Bsp. (MüKoInsO/*Ganter* Rn. 30; Verwertungserlös 10.000 EUR, Hauptforderung 12.000 EUR, vorinsolvenzliche Kosten 50 EUR und vorinsolvenzliche Zinsen 950 EUR, nachinsolvenzliche Kosten 30 EUR und Zinsen 170 EUR, dann Ausfall 3.000 EUR (12.000 ./. 50 ./. 950 ./. 9.000) ohne Rücksicht auf die 200 EUR. Dem dürfte iErg nicht zu folgen sein; es ist widersprüchlich, dem Absonderungsberechtigten bei ausreichendem Erlös den ersten Zugriff auch wegen Zinsen und Kosten seit Eröffnung zu ermöglichen, bei zu geringem Erlös aber auf den Nachrang gegenüber gewöhnlichen Insolvenzgläubigern zu pochen. Die vorrangige Frage für das Verfahren nach §§ 174 ff. ist vielmehr, welche Forderung angemeldet ist, ob die Anmeldung die Hauptforderung einschließlich bis zur Eröffnung aufgelaufener Zinsen einerseits umfasst und andererseits als nachrangige Forderung die Zinsen und Kosten seit Eröffnung. Das hat aber mit der Tilgung bei Verwertung gerade des Absonderungsrechts nichts zu tun, Einbindung ins Verfahren ändert nichts. Der Nachrang wird insofern nicht unterlaufen, weil die Begünstigung des Gläubigers auf seiner Sicherheit beruht und nicht auf einem ungerechtfertigten Vorteil gegenüber anderen ungesicherten Insolvenzgläubigern. Vielmehr gilt für das Beispiel § 367 BGB. Die 10.000 EUR werden verrechnet auf Kosten von 80 EUR, dann Zinsen 1.120 EUR, dann 8800 EUR auf Hauptforderung. Ausfall Hauptforderung: 12.000 ./. 8.800 = 3.200. Ausfall Nebenforderungen: 0. Anders ist der Fall, wenn das Absonderungsrecht gegenständlich nur die Hauptforderung sichert, dann bleibt Nachrang unberührt.

Massegläubiger

53 **Aus der Insolvenzmasse sind die Kosten des Insolvenzverfahrens und die sonstigen Masseverbindlichkeiten vorweg zu berichtigen.**

Schrifttum: *Adam,* Die gleichmäßige Befriedigung der Massegläubiger, DZWIR 2009, 181; *Beck,* Ertragssteuerliches Fiskusprivileg im vorläufigen Insolvenzverfahren – mögliche Auswirkungen des neuen § 55 Abs. 4 InsO, ZIP 2011, 551; *Berkowsky,* Vorfinanzierung von Insolvenzgeld – Mittel zur Sanierung insolventer Unternehmen?, NZI 2000, 253; *ders.,* Insolvenz- und Betriebsübergang, NZI 2007, 204 und NZI 2008, 532; *ders.,* Aktuelle arbeits-

rechtliche Fragen in Krise und Insolvenz, NZI 2009, 33; *Bien,* Die Insolvenzfestigkeit von Leasingverträgen nach § 108 Abs. 1 Satz 2 InsO, ZIP 1998, 1014; *Bork,* Der zu allen Rechtshandlungen ermächtigte „schwache" vorläufige Insolvenzverwalter: ein „starker" vorläufiger Insolvenzverwalter, ZIP 2001, 1521; *ders.,* Gläubigersicherung im vorläufigen Insolvenzverfahren, ZIP 2003, 1421; *Dobler,* Masseverbindlichkeit aus Forderungseinzug, ZInsO 2012, 208; *Eckert,* Konkursforderungen und Masseschulden bei Erfüllung und Abwicklung von Mietverhältnis, ZIP 1983, 770; *ders.,* Miete, Pacht und Leasing im neuen Insolvenzrecht, ZIP 1996, 897; *ders.,* Umwelthaftung im Insolvenzverfahren, AbfallR 2008, 197; *Farr,* Belastung der Masse mit Kraftfahrzeugsteuer, NZI 2008, 78; *Franz,* Insolvenzrechtliche Probleme der Altlastenhaftung nach dem BBodSchG, NZI 2000, 10; *Frotscher,* Zur Bewertung einer Steuerforderung als Konkursforderung/Zum Verhältnis von Konkursverfahren und Absonderungsrechten, EWiR 1986, 389; *Gehrlein,* Aktuelle Rechtsprechung des BGH zur Unternehmensinsolvenz: Insolvenzmasse, Forderungsanmeldung und Insolvenzanfechtung, NZI 2009, 497; *Gerke/Sietz,* Reichweite des Auslagenbegriffs gem. § 54 InsO und steuerrechtliche Pflichten des Verwalters in massearmen Verfahren, NZI 2005, 373; EWiR 2004, 27 oder EWiR 2003, 127? *Gundlach/Frenzel,* OLG Stuttgart Urt. v. 2.5.2002 – 2 U 203/01, EWiR 2003, 127, § 17 KO 1/03, 127; *Gundlach/Rautmann,* Änderungen der Insolvenzordnung durch das Haushaltsbegleitgesetz 2011, DStR 2011, 82; *Häsemeyer,* Die Regelungen der Masseverbindlichkeiten, der Masseunzulänglichkeit und des Verfahrenskostenvorschusses, in: *Leipold* (Hrsg.), Insolvenzrecht im Umbruch, 1991, 101; *ders.,* Die Altlasten – Ein Prüfstand für wechselseitige Abstimmungen zwischen dem Insolvenzrecht und dem Verwaltungsrecht, FS Uhlenbruck, 2000, 97 f.; *ders.,* Die Aufrechnung nach der Insolvenzordnung, Kölner Schrift, 2. Aufl. 2000, 489; *ders.,* Das Rätsel Umsatzsteuer im Insolvenzverfahren, FS Stürner, 2013, 769; *Heidrich/Prager,* Keine Begründung von Masseverbindlichkeiten durch vorläufigen schwachen Verwalter, NZI 2002, 653; *Heinze,* Umsatzsteuern aus schwacher vorläufiger Verwaltung als Masseverbindlichkeiten nach § 55 Abs. 4 InsO, ZInsO 2011, 603; *Henckel,* Zur Einordnung von Forderungen für Teilleistungen für eine Erfüllungswahl durch den Verwalter im Konkurs oder in der Gesamtvollstreckung, JZ 1998, 155; *Henkel,* Anmerkung BFH 29.8.2007 – IX R 4/07: Kraftfahrzeugsteuer als Masseverbindlichkeit, NZI 2008, 59; *Hinrichs/Tholuck,* Die Abwicklung von Altersteilzeitarbeitsverhältnissen in der Insolvenz, ZInsO 2011, 1961; *Hofmann,* Einsatz von Mitarbeitern durch den gerichtlich bestellten Insolvenzsachverständigen, ZIP 2006, 1080; *Jungclaus/Keller,* Die Änderungen der InsO durch das Haushaltsbegleitgesetz 2011, NZI 2010, 808; *Kahlert,* „Wiedereinführung" des Fiskusvorrechts im Insolvenzverfahren? – Die Fiskusvorrechte sind schon lange da!, ZIP 2010, 1274; *ders.,* Die Neugeburt eines Fiskusprivilegs im Insolvenzverfahren nach Art. 3 Nr. 2 und 3 des HBeglG-E 2011, ZIP 2010, 1887; *ders.,* Fiktive Masseverbindlichkeiten im Insolvenzverfahren: Wie funktioniert § 55 Abs. 4 InsO?, ZIP 2011, 401; *ders.,* Der V. Senat des BFH als Schöpfer von Fiskusvorrechten im Umsatzsteuerrecht, Zugleich Besprechung des Urteils des V. Senats des BFH vom 9.12.2010, V R 22/10, DStR 2011, 921; *ders.,* Ein neuer Schöpfungsakt des V. BFH-Senats zur Umsatzsteuer im Insolvenzverfahren und seine Entschlüsselung, ZIP 2015, 11; *Kebekus,* Altlasten in der Insolvenz – aus Verwaltersicht, NZI 2001, 63; *Keller,* Gibt es einen Zusammenhang zwischen Masselosigkeit, Restschuldbefreiung und der Vergütung des Insolvenzverwalters?, ZIP 2000, 688; *ders.,* Der Unterhaltsanspruch als Insolvenzforderung und die Stellung des Unterhaltsgläubigers im Insolvenzverfahren, NZI 2007, 143; *ders.,* Die Gewährung von Unterhalt im Insolvenzverfahren, in Verbraucherinsolvenz und Restschuldbefreiung, NZI 2007, 316; *ders.,* Befriedigung von Masseverbindlichkeiten nach Anzeige der Masseunzulänglichkeit in Insolvenzverfahren, Rpfleger 2008, 1; *C. Keller,* Kommentar zu BFH, Urteil vom 5.3.2008 – X R 60/04, BB 2008, 2783; *Kirchhof,* Rechtsprobleme bei der vorläufigen Insolvenzverwaltung, ZInsO 1999, 365; *ders.,* Anfechtbarkeit von Rechtshandlungen vorläufiger Insolvenzverwalter, ZInsO 2000, 297; *Klüter,* Die kollektive Vorfinanzierung von Arbeitsentgeltansprüchen in der Insolvenz des Arbeitgebers (Insolvenzvorfinanzierung), WM 2010, 1483; *Kranenberg,* Kraftfahrzeugsteuer in der Insolvenz – neuere Entwicklungen in der Rechtsprechung, NZI 2008, 81; *Krause,* Europarechtliche Vorgaben für das Konkursausfallgeld, ZIP 1998, 56; *Kraut,* Europarechtliche Vorgaben für das Konkursausfallgeld, ZIP 1998, 62; *Laroche,* Einzelermächtigung zur Begründung von Masseverbindlichkeiten durch den „schwachen" vorläufigen Insolvenzverwalter, NZI 2010, 965; *Looff,* Kraftfahrzeugsteuerschuld nach neuester BFH-Rechtsprechung, ZInsO 2008, 75; *Lüke,* Umweltrecht und Insolvenz, Kölner Schrift, 2. Aufl. 2000, 859; *Lwowski/Tetzlaff,* Altlasten in der Insolvenz – Einzelne Probleme aus der Sicht der Kreditgeber des insolventen Unternehmens, NZI 2000, 393; *dies.,* Altlasten in der Insolvenz – Die insolvenzrechtliche Qualifikation der Ersatzvornahmekosten für die Beseitigung der Umweltlasten, NZI 2001, 57; *Mankowski,* Bestimmung

der Insolvenzmasse und Pfändungsschutz unter der EuInsVO, NZI 2009, 785; *Marotzke,* Antizipierte Begründung privilegierter Neumasseverbindlichkeiten – das Ende des Treuhandkontenmodells?, ZInsO 2005, 561; *ders.,* Sinn und Unsinn einer insolvenzrechtlichen Privilegierung des Fiskus, Zugleich eine Stellungnahme zu Art. 3 des Haushaltsbegleitgesetzes 2011 i. d. F. des Gesetzesbeschlusses des Deutschen Bundestages v. 28.10.2010, ZInsO 2010, 2163; *Nawroth,* Der neue § 55 Abs. 4 InsO – die Gedanken sind frei …, ZInsO 2011, 107; *Obermüller,* Verwertung von Kreditsicherheiten nach der InsO, InVo 1996, 143; *Onusseit,* Die Freigabe aus dem Insolvenzbeschlag – eine umsatzsteuerliche Unmöglichkeit? Zugleich eine Besprechung von BFH, Urt vom 16.8.2001 – V R 59/99, ZIP 2002, 230; *ders.,* Die Freigabe aus dem Insolvenzbeschlag: eine umsatzsteuerliche Unmöglichkeit?, ZIP 2002, 1344; *ders.,* Umsatzsteuerliche Behandlung der Insolvenzverwalterleistung, ZInsO 2008, 1337; *ders.,* Zur Neuregelung des § 55 Abs. 4 InsO, ZInsO 2011, 641; *Pape,* Die Altlastenproblematik im Konkurs, KTS 1993, 551; *ders.,* Unzulässigkeit der Vollstreckung des Finanzamts bei Masseinsuffizienz, KTS 1997, 49; *ders.,* Absolute Freistellung öffentlich-rechtlicher Ordnungspflichten von insolvenzrechtlichen Zwängen, ZInsO 1998, 154; *ders.,* Folgen der aktuellen Rechtsprechung des BGH für die Behandlung von Altlasten im Insolvenzverfahren, ZInsO 2002, 453; *ders.,* Altlastenbeseitigungsansprüche und Ersatzvornahmekosten im Insolvenzverfahren – Masseschuldansprüche oder Insolvenzforderungen, FS Kreft, 2004, 445; *ders.,* Änderungen im eröffneten Verfahren durch das Gesetz zur Vereinfachung des Insolvenzverfahrens, NZI 2007, 481; *Prütting/Stickelbrock,* Befugnisse des vorläufigen Insolvenzverwalters – aktuelle Entwicklungen in der Rechtsprechung, ZIP 2002, 1608; *Ries,* Kraftfahrzeugsteuer als Masseverbindlichkeit auch bei Freigabeerklärung, NZI 2010, 498; *Ringstmeier/Homann,* Masseverbindlichkeiten als Prüfstein des internationalen Insolvenzrechts, NZI 2004, 354; *Roth,* BFH zur Kraftfahrzeugsteuer: Masseverbindlichkeiten trotz Freigabe und fehlender Nutzung!, ZInsO 2008, 304; *ders.,* Anfechtbarkeit von Umsatzsteuerforderungen § 55 Abs. 4 InsO, ZInsO 2011, 1779; *Runkel/Schnurbusch,* Rechtsfolgen der Masseunzulänglichkeit, NZI 2000, 49; *Karsten Schmidt,* Der Konkursverwalter als Gesellschaftsorgan und als Repräsentant des Gemeinschuldners, KTS 1984, 345; *ders.,* Altlasten, Ordnungspflicht und Beseitigungskosten im Konkurs, NJW 1993, 2833; *ders.,* Ordnungsrechtliche Haftung der Insolvenzmasse für die Altlastenbeseitigung, ZIP 1997, 1441; *ders.,* Altlasten in der Insolvenz – Unendliche Geschichte oder ausgeschriebenes Drama!, ZIP 2000, 1913; *ders.,* Persönliche Gesellschafterhaftung in der Insolvenz, ZHR 174 (2010), 163; *Karsten Schmidt/Bitter,* Doppelberücksichtigung, Ausfallprinzip und Gesellschafterhaftung in der Insolvenz, ZIP 2000, 1077; *Schmittmann,* Umsatzsteuer aus Einzug von Altforderungen nach Insolvenzeröffnung, Zugleich Besprechung BFH v. 9.12.2010 – V R 22/10, ZIP 2011, 1125; *Stamm,* Die Entmystifizierung des Insolvenzverwalterwahlrechts, KTS 2011, 421; *Schütte/Horstkotte/Hünemörder,* Qualität von Forderungen als Masse- oder Insolvenzforderung bei abgabenrechtlichen Zeitintervallen, LKV 2008, 544; *Schwartmann,* Zur Befreiung des Insolvenzverwalters aus der ordnungsrechtlichen Verantwortlichkeit durch Freigabe, NZI 2001, 69; *Stoll,* Altlasten im Konkurs, ZIP 1992, 1437; *Tetzlaff,* Altlasten in der Insolvenz, ZIP 2001, 10; *Tintelnot,* Die gegenseitigen Verträge im Insolvenzverfahren, ZIP 1995, 616; *Thole,* Vertragsgestaltung im Schatten des Insolvenzrechts – Prolegomena zu einer Systematik der insolvenzbezogenen Verträge, KTS 2010, 383; *Uhlenbruck,* Die Vergütung von Hilfskräften des Konkursverwalters, KTS 1976, 35; *ders.,* Die Rechtstellung des vorläufigen Insolvenzverwalters, Kölner Schrift, 2. Aufl. 2000, 239; *ders.,* Die verfahrens- und kostenmäßige Behandlung mehrerer Konkursanträge gegen den gleichen Schuldner, KTS 1987, 561; *Vallender,* Wohnungseigentum in der Insolvenz, NZI 2004, 401; *Viertelhausen,* Das Finanzamt als Gläubiger im Insolvenzverfahren, InVo 2002, 45; *Wäger,* Insolvenzforderung und Masseverbindlichkeit bei der Umsatzbesteuerung im Insolvenzfall, ZInsO 2012, 520; *Wellensiek,* Die Aufgaben des Insolvenzverwalters nach der Insolvenzordnung, Kölner Schrift, 2. Aufl. 2000, S. 297; *Welte/Friedrich-Vache,* Masseverbindlichkeit bei Entgeltvereinahmung für vorinsolvenzlich ausgeführte Leistungen: Chancen und Risiken der geänderten Rechtsprechung des BFH, ZIP 2011, 1595; *Wiester,* Die Fortführungspflicht des vorläufigen Insolvenzverwalters und ihre Auswirkung auf die Vorfinanzierung des Insolvenzgeldes, ZInsO 1998, 99; *v. Wilmowsky,* Altlasten in der Insolvenz: Verwaltungsakt – Vollstreckung – Freigabe, ZIP 1997, 389; *ders.,* Die Verantwortlichkeit für Altlasten im Konkursrecht, ZIP 1997, 1445; *Windel,* Die Verteilung der Befugnisse zur Entscheidung über Vermögenserwerb zwischen (Gemein-)Schuldner und Konkurs-(Insolvenz-)verwalter bzw. Vollstreckungsgläubiger nach geltendem und künftigem Haftungsrecht, KTS 1995, 367; *ders.,* Modelle der Unternehmensfortführung im Insolvenzeröffnungsverfahren, ZIP 2009, 101; *Wischemeyer,* Neumasseverbindlichkeiten trotz Freigabe der gewerblich genutzten Mietsache?, ZInsO 2008, 197; *Wölber/Ebeling,* Haftung der Insolvenzmasse für Umsatzsteuerforderungen

wegen Überwachungsverschuldens des Insolvenzverwalters?, ZInsO 2011, 264; *Zeeck,* Die Umsatzsteuer in der Insolvenz, KTS 2006, 407; *Zimmer,* Keine Haftung der Gesellschafter für Masseverbindlichkeiten in der Insolvenz der Personengesellschaft einschließlich § 55 Abs. 4 InsO? Zugleich Besprechung von BGH, Teilurt. v. 24.9.2009 – IX ZR 234/07, und BFH, Urt. v. 9.12.2010 – V R 22/10, ZInsO 2011, 1081; *ders.,* Haushaltsbegleitgesetz 2011 (§ 55 Abs. 4 InsO n. F.) – erste Anwendungsprobleme, ZInsO 2011, 2299.

Übersicht

I. Normzweck und Grundlagen

1 In § 53 ist das für Masseverbindlichkeiten charakteristische **Prinzip der Vorwegbefriedigung** normiert. Die Vorschriften über Masseverbindlichkeiten sind zwingendes Recht. Der Rspr. ist es verwehrt, rechtsfortbildend über die gesetzlich geregelten Fälle hinaus weitere Masseverbindlichkeiten zu definieren (Kübler/Prütting/Bork/*Pape* Rn. 13; zu § 55 Abs. 2 vgl. → § 55 Rn. 39); Masseverbindlichkeiten werden allerdings auch in anderen Vorschriften als in §§ 53–55 begründet (→ § 55 Rn. 48). Auch Gläubiger und Verwalter oder Schuldner können nicht durch Vereinbarung eine Insolvenzforderung zu einer Masseverbindlichkeit erheben (HK-InsO/*Lohmann* Rn. 4). Zur Haftung vgl. § 61. Bei Masseunzulänglichkeit gilt § 208.

2 Die in **§§ 54 f.** und in weiteren Vorschriften begründeten Masseverbindlichkeiten werden bei der Abwicklung im jeweiligen Insolvenzverfahren privilegiert. Die Massegläubiger müssen daher nicht ihre Forderungen zur Tabelle anmelden und sie werden unabhängig vom Verteilungsverfahren befriedigt. Die Zielrichtung des § 53 ist allein eine insolvenzrechtliche; über die Behandlung im materiellen Recht und in anderen oder nachfolgenden Verfahren sagt § 53 nichts aus (*Kilger/Karsten Schmidt* § 58 KO Anm. 1; zur Gesellschafterinsolvenz RGZ 135, 62 [63]; BGHZ 34, 293 [295 f.] = NJW 1961, 90). Es ist also jeweils eine getrennte Betrachtung bezogen auf das jeweilige Verfahren anzustellen (RGZ 135, 62 [63]; BAG ZIP 1991, 381 [382]; anders BAG ZIP 1993, 1558 [1559]). Eine Forderung, die in der Insolvenz einer Gesellschaft Masseforderung ist, weil der Verwalter gehandelt hat, muss als Forderung nach **§ 128 HGB wegen Gesellschafterhaftung** in einem nachfolgenden, aber auch in einem parallel eröffneten Insolvenzverfahren des Gesellschafters nicht Masseforderung sein (MüKoInsO/*Hefermehl* Rn. 44), Entsprechendes gilt bei Doppelinsolvenz von **Nachlass und Erben** (Uhlenbruck/*Sinz* Rn. 2). Zu den steuerrechtlichen Problemen BFH BB 2008, 2781 mit Anm. *Keller* BB 2008, 2783.

3 Eine einheitliche **Interessen- und Motivationslage** liegt der Aufwertung zu Masseverbindlichkeiten nicht zugrunde (vgl. Einzelerläuterungen zu §§ 54, 55). Bei den besonders häufigen Fällen des § 55 Nr. 1 (Handlungen des Verwalters) dient die Bevorzugung eines Vertragspartners des Verwalters der Förderung der für die Masse wichtigen Vertragsabschlussbereitschaft des anderen Teils. § 53 geht auf § 57 KO zurück; das Gesetz spricht jetzt von Kosten des Insolvenzverfahrens (Massekosten) und sonstigen Masseverbindlichkeiten (Masseschulden). Die alten Begriffe sind noch verwendbar, allerdings eingedenk des inhaltlichen Neuzuschnitts (→ § 54 Rn. 1; → § 55 Rn. 1). Der Gesetzgeber hat eine Erhöhung der Verteilungsgerechtigkeit angestrebt (BT-Drs. 12/2443, 71 ff.) und deshalb das

Vorrecht für Arbeitnehmeransprüche in § 59 Abs. 1 Nr. 3 KO gestrichen; hier bleibt es bei der Absicherung durch das Insolvenzgeld nach § 165 SGB III (vgl. näher § 55 Abs. 3 und dort § 55 Rn. 43 ff.). Unechte Masseverbindlichkeiten, dh die Privilegierung von den bereits vom Schuldner begründeten Insolvenzforderungen, finden sich nur noch in § 123. Ansprüche aus **Sozialplänen** stufen Arbeitnehmerforderungen zu Masseforderungen herauf.

4 Die Massekosten sind für die Entscheidung über die Abweisung des Eröffnungsantrags mangels Masse relevant **(§ 26).** Bei **Massearmut und Masseunzulänglichkeit** gelten §§ 207 ff. In anderen Vorschriften wird auf Masseverbindlichkeiten Bezug genommen oder es werden solche definiert, zB § 81 Abs. 1 S. 3, 100, 101 Abs. 1 S. 3, 144 Abs. 2 S. 2, 183 Abs. 3, § 16 Abs. 1 S. 2 AnfG, § 30e ZVG. Für die Nachlassinsolvenz gilt § 324 (s. Erl. dort). Der Vorrang der Massegläubiger ist durch die Insolvenzverwalterhaftung nach § 61 InsO zusätzlich auch haftungsrechtlich abgesichert (siehe Erl. dort).

II. Definition und Merkmale von Masseverbindlichkeiten

5 Eine Masseverbindlichkeit begründet in einem Anspruch, der aus Mitteln der Masse, aber außerhalb des Insolvenzverfahrens (vgl. BGH NJW 1996, 3008; s. aber §§ 208, 209) zu befriedigen ist. Der Anspruch muss nicht auf Geld gerichtet sein; § 45 ist nicht anwendbar. Das Gesetz unterscheidet zwischen den Kosten für das Insolvenzverfahren nach § 54 und sonstigen Masseverbindlichkeiten in § 55, s. jeweils Einzelerläuterungen zu diesen Vorschriften. Die Unterscheidung ist von Bedeutung für § 26 und die Unterscheidung zwischen Massearmut und bloßer Masseunzulänglichkeit bei §§ 207, 208. Zur fehlenden Dispositivität → Rn. 1. Auch eine **fehlerhafte Behandlung** der Forderung im Verfahren ändert ihren rechtlichen Status nicht. Erlangt ein Insolvenzgläubiger volle Befriedigung, weil irrtümlich von einer Masseschuld ausgegangen wird, ist der Gläubiger nach § 812 Abs. 1 S. 1 BGB zur **Erstattung** verpflichtet (RGZ 60, 419 [420]); die Insolvenzforderung ist hinsichtlich des Rechtsgrunds also nicht zum Nennwert, sondern mit der Quote anzusetzen (OLG Brandenburg NZI 2002, 107; MüKoInsO/*Füchsl/Weishäupl* § 187 Rn. 18; Kübler/Prütting/Bork/*Holzer* § 187 Rn. 18; vgl. BAG NJW 1980, 141 [143]). Umgekehrt verliert der Massegläubiger seinen Status nicht, wenn er die Forderung (versehentlich oder vorsorglich) als Insolvenzforderung anmeldet. Auch eine rechtskräftige Feststellung ändert daran nichts (BGH NZI 2006, 520 Rn. 15, 17; OLG München ZIP 1981, 887 [888]); sie hat aber auch keine Wirkungen zugunsten des Gläubigers bei der späteren Rechtsverfolgung als Massegläubiger. Der Verwalter soll von sich aus zum **Hinweis auf die Qualität der Forderung** als Masseverbindlichkeit verpflichtet sein (OLG München ZIP 1981, 887 [888]), dem ist nicht zu folgen, da die Risikosphäre des Anspruchstellers betroffen ist (→ § 60 Rn. 46). Allerdings muss der Verwalter die Feststellung der Masseschuld als Insolvenzforderung abwehren. Massegläubiger, deren Ansprüche dem Verwalter erst **verspätet iSd § 206** bekanntgeworden sind, sind auf die Befriedigung aus dem verbliebenden Massevermögen beschränkt (→ § 206 Rn. 2).

6 Dogmatisch besteht ein **Unterschied zwischen gewillkürten sowie oktroyierten, aufgezwungenen Masseverbindlichkeiten.** Zur ersteren Gruppe gehören die vom Verwalter oder nach § 55 Abs. 2 vom vorläufigen Verwalter begründeten Masseschulden aus der Verwaltung, Verwertung und Verteilung der Masse. Als der Masse aufgezwungen kann man Masseverbindlichkeiten bezeichnen, deren Entstehung der Verwalter nicht verhindern kann (*Häsemeyer* Rn. 14.04; Uhlenbruck/*Sinz* Rn. 1), insbes. Verbindlichkeiten aus fortbestehenden Dauerschuldverhältnissen (§§ 108, 109) bis zum Ablauf der Kündigungsfrist. Die Unterscheidung hat iW aber nur heuristischen Wert. Bei der Haftung nach

§ 61 kommen indes nur gewillkürte Verbindlichkeiten in Betracht. Nach Anzeige der Masseunzulänglichkeit haben die nach Anzeige begründeten Neumasseverbindlichkeiten Vorrang vor den davor begründeten Altmasseverbindlichkeiten, § 209 Abs. 1 Nr. 2, 3. Bei § 209 ist auch erneut zwischen den Kosten des Insolvenzverfahrens und den sonstigen Masseverbindlichkeiten zu unterscheiden.

III. Vorwegbefriedigung

7 Die in § 53 angeordnete Vorwegbefriedigung besteht darin, dass die Massegläubiger insbes. **vor den Insolvenzgläubiger zu befriedigen** sind. Streng genommen statuiert § 53 keine eigene Rangklasse. Massegläubiger sind vielmehr Gläubiger sui generis (vgl. MüKoInsO/*Hefermehl* Rn. 12). Ihre Rechtsverfolgung ist nicht durch das Kollektivverfahren beschränkt; Ausnahme in § 90 für bestimmte Masseverbindlichkeiten und nach Einstellung mangels Masse oder Anzeige der Masseunzulänglichkeit, § 210. Im Planverfahren bleiben die Masseverbindlichkeiten unberührt (§ 217); zur Berichtigung unstreitiger Masseansprüche vor Aufhebung nach § 258 nF siehe Erläuterungen dort; zum Plan bei Masseunzulänglichkeit § 210a nF.

8 Die **Vorwegbefriedigung** erfolgt **aus der** um Aussonderungsgegenstände, zur Absonderung stehende Gegenstände und etwaige Aufrechnungen **bereinigten Masse** ist (BGH NZI 2004, 435 [437]). Das schließt Ersatzaussonderung und Ersatzabsonderung ein (Jaeger/*Henckel* Rn. 11). Die zur Aussonderung fähigen Gegenstände gehören nicht zur Masse und damit nicht zu dem Vermögen, aus dem die Befriedigung zu erfolgen hat. Auch Gegenstände, an denen Absonderungsrechte bestehen, sind allein für die Absonderungsberechtigten zu verwerten, nur der Erlösüberschuss wird Massebestandteil (Jaeger/*Henckel* Rn. 31). **Absonderungsrechte** können während des Verfahrens, etwa wegen drohender Masseunzulänglichkeit, aber auch **zur Sicherung von Masseverbindlichkeitn** begründet werden, zB bei besicherter Darlehensaufnahme durch den Verwalter (zu einem solchen Fall → § 50 Rn. 6). In diesem Fall gilt § 52 nicht. Ebenso wenig sollen in einem solchen Fall die §§ 166–172 gelten, wohl aber § 173 Abs. 2 (so Jaeger/*Henckel* Rn. 26; aA MüKoInsO/*Hefermehl* Rn. 15: §§ 166 ff. gelten generell). Der Gegenauffassung dürfte zu folgen sein, weil §§ 166 ff., 170 f. zumindest reflexiv auch die Insolvenzgläubiger schützen. Bei den Fällen des § 54 Nr. 2 ist die Vorwegbefriedigung für Vergütungen des vorläufigen Verwalters auch bei Aufhebung der Sicherungsmaßnahmen vorzunehmen (HambK-InsO/*Jarchow* § 54 Rn. 2; idS BGH ZInsO 2007, 34 Rn. 14 = NJW-RR 2007, 400).

9 Der Insolvenzverwalter hat die Masseverbindlichkeiten zu begleichen, sobald **Fälligkeit** eingetreten ist (BGH NZI 2004, 435 [437]; MüKoInsO/*Hefermehl* Rn. 51). Er hat vor jeder Verteilung der Masse zu kontrollieren, ob die anderen Masseverbindlichkeiten rechtzeitig und vollständig aus der verbleibenden Insolvenzmasse bezahlt werden können. Sind mehrere Masseschulden fällig und einredefrei, ist der Insolvenzverwalter angesichts des **Gleichrangs der Massegläubiger** verpflichtet, sie nur **anteilig zu befriedigen,** sofern er momentan zur vollständigen Bezahlung nicht in der Lage ist (BGH NZI 2004, 435 [437]).

10 Massegläubiger sind **nicht an** die Aufrechnungsbeschränkungen nach den **§§ 95, 96 gebunden** (→ § 94 Rn. 5; Uhlenbruck/*Sinz* Rn. 6); nach Anzeige der Masseunzulänglichkeit (§ 208) gelten aber die §§ 94–96 ff. wegen des mittelbar bezweckten Schutzes der Insolvenzgläubiger entsprechend (Uhlenbruck/*Sinz* Rn. 6; vgl. BGH ZIP 2001, 1641 [1643] re. Sp.). Ein Insolvenzgläubiger kann im Fall des § 94 die Aufrechnung unbeschadet von bestehenden Masseverbindlichkeiten erklären und sich auf die Weise befriedigen (Sicherungsfunktion der Aufrechnungslage).

11 Will der Gläubiger sowohl die Masseverbindlichkeit geltend machen als auch für den Fall, dass die Unzulänglichkeit der Masse eingewandt wird, den Insolvenzverwalter auf Schadensersatz in Anspruch nehmen, muss er zwei Parteien verklagen. **Prozessgegner** hinsichtlich der Masseverbindlichkeit ist der Insolvenzverwalter als Partei kraft Amtes, hinsichtlich des **Schadensersatzanspruchs** aus § 61 der Insolvenzverwalter persönlich (BGH ZIP 2007, 94 Rn. 7 = NZI 2008, 63). Für eine Schadensersatzklage gegen den Insolvenzverwalter wegen der Begründung einer **arbeitsrechtlichen Masseverbindlichkeit,** die nicht aus der Masse erfüllt werden kann, ist der Rechtsweg zu den Arbeitsgerichten gegeben (BGH aaO; zweifelhaft, dazu → § 61 Rn. 13).

IV. Haftungssubjekt

12 Auch wenn Masseverbindlichkeiten vom Verwalter rechtsgeschäftlich begründet werden, wird der **Insolvenzschuldner** zum Schuldner der Verbindlichkeit (RGZ 52, 330 [332]; Uhlenbruck/*Sinz* Rn. 10; MüKoInsO/*Hefermehl* Rn. 30). Der Insolvenzschuldner wird (in Fällen einer Begründung der Forderung während des Verfahrens) kraft der Verwaltungsbefugnis des Verwalters verpflichtet, allerdings nur hinsichtlich des massebefangenen Vermögens. Daher kann der Massegläubiger während des Verfahrens nicht auf das (ohnedies iaR nicht pfändbare und bei fehlender Freigabe kaum vorhandene) insolvenzfreie Vermögen des Schuldners zugreifen. Problematisch ist die Frage der **Nachhaftung des Schuldners** nach Verfahrensbeendigung. Der Insolvenzschuldner hat an der Begründung der Verbindlichkeit nicht mitgewirkt. Daher bejaht die hM eine nur gegenständlich beschränkte Haftung, beschränkt auf die **nach Abschluss des Verfahrens** noch vorhandene **Restmasse** (BGH NJW 1955, 339; WM 1964, 1125; Uhlenbruck/*Sinz* Rn. 34; HK-InsO/*Lohmann* Rn. 9; krit. *Runkel/Schnurbusch* NZI 2000, 49 [56]; *Häsemeyer* Rn. 25.30; zum Ganzen *Windel* KTS 2011, 25). Das überzeugt im Lichte der umfassenden Handlungsbefugnis des Verwalters, die zudem auch im Interesse des Schuldners durch § 60 haftungsrechtlich eingegrenzt wird, nicht. Bei Masseverbindlichkeiten wegen **Erfüllungswahl des Verwalters** nach § 55 Abs. 1 Nr. 2 wird ohnehin eine unbeschränkte Haftung bejaht (BGH NZI 2007, 670 Rn. 14; HambK-InsO/*Jarchow* § 52 Rn. 27; aA Jaeger/*Henckel* Rn. 17); ebenso wie bei den vor Eröffnung bereits vorhandenen Verbindlichkeiten (*Häsemeyer* Rn. 25.29). Auch eine **Haftungsprivilegierung bei Dauerschuldverhältnissen,** die ex nunc für Forderungen aus der Zeit nach Verstreichenlassen des ersten Kündigungszeitraums durch den Verwalter einsetzt, ist unnötig (aA MüKoInsO/*Hefermehl* Rn. 34; Uhlenbruck/*Sinz* Rn. 11; HambK-InsO/*Jarchow* Rn. 27). Zur Einbeziehung von Masseverbindlichkeiten in die Restschuldbefreiung → § 301 Rn. 5.

V. Geltendmachung der Masseverbindlichkeiten

13 Die Masseverbindlichkeiten werden **außerhalb des förmlichen Insolvenzverfahrens** befriedigt (BGH WM 1958, 903; MüKoInsO/*Hefermehl* Rn. 50); zur Aufrechnung → Rn. 10, zum Planverfahren → Rn. 7. Die Beteiligung des Insolvenzgerichts oder der Gläubigerorgane ist nicht erforderlich. Eine Anmeldung ist nicht erforderlich, auch dann nicht, wenn der Verwalter zur Geltendmachung der Forderung auffordert. Frühzeitige Geltendmachung empfiehlt sich nur im eigenen Interesse wegen der drohenden Masseinsuffizienz. Umgekehrt kann die hilfsweise Anmeldung der Forderung zur Tabelle als Insolvenzforderung den Anspruch auf Vorwegbefriedigung nicht schmälern. **Öffentlich-rechtliche Forderungen,** die eine Masseschuld begründen, können ggf. durch Verwaltungsakt gegen den Verwalter geltend gemacht werden (Kübler/Prütting/Bork/*Pape* Rn. 22; VGH München NVwZ-RR 2006, 550 [Ärzteversorgung]; nicht nach Masseinsuffizienz wegen (jetzt) § 210 *Runkel/Schnurbusch* NZI 2000, 49 [52]; *Pape* KTS 1997, 49 [50] [zur KO]); vgl. zur Altlastenproblematik aber → § 55 Rn. 25 ff. Zu den Kosten des Insolvenzverfahrens → § 54 Rn. 3 ff. Zur Qualität von Forderungen als Masse- oder Insolvenzforderung bei abgabenrechtlichen Zeitintervallen *Schütte/Horstkotte/Hünemörder* LKV 2008, 544. Zur Berichtigung von im Inland begründeten Masseverbindlichkeiten bei Einstellung nach Art. 102 § 4 EGInsO dort → Art. 102 § 4 Rn. 7.

Die Massegläubiger können ihre Forderungen durch **Leistungs-** oder (aber nur) bei rechtlichem Interesse iSd § 256 Abs. 1 ZPO auch durch **Feststellungsklage** einklagen (zum rechtlichen Interesse bei Sozialplanansprüchen bejahend BAG NZA 2006, 220 [221]). Passivlegitimiert ist der Verwalter (Partei kraft Amtes). Ist zur Zeit der Eröffnung ein Rechtsstreit über die Masseforderung anhängig, so wird der Rechtsstreit unterbrochen (§ 240 ZPO) und kann bei Passivprozessen nach § 86 Abs. 1 Nr. 3 vom Verwalter oder Gegner aufgenommen werden. 14

Die **Vollstreckung** verläuft nach allgemeinen Regeln. Ein bereits erlassener Titel berechtigt aber nicht ohne weiteres zur Vollstreckung als Masseforderung, wenn der Verwalter die Qualität als Masseverbindlichkeit bestreitet (Kübler/Prütting/Bork/*Pape* Rn. 30; wohl auch HambK-InsO/*Jarchow* Rn. 19), Titelumschreibung analog § 727 ZPO bei den Fällen des § 55 Abs. 1 Nr. 2 ist aber denkbar; im Klauselerteilungsverfahren ist dann Qualität als Masseschuld zu prüfen (vgl. auch LAG Düsseldorf Rpfleger 1997, 119). Der Verwalter muss ggf. die eidesstattliche Versicherung abgeben (§§ 807, 883 ZPO); zum Wegfall des Rechtsschutzbedürfnisses nach Masseunzulänglichkeit *Kilger/Karsten Schmidt* § 57 KO Anm. 4. In das Schuldnerverzeichnis gehört aber als Haftungsschuldner allenfalls der Insolvenzschuldner bzw. der Verwalter (nur) mit Funktionsbezeichnung (MüKoInsO/*Hefermehl* Rn. 62). Bei Vollzug der Vollstreckung in diesem Fall hat der Verwalter die Möglichkeit der Erinnerung nach § 766 ZPO, bei Vollstreckung entgegen § 210 auch der Klage nach § 767 ZPO (BAG NJW 1980, 141 [143]; OLG Hamm ZIP 1993, 523; HambK-InsO/*Jarchow* Rn. 21; zw.); der Gläubiger muss dann erneut klagen. Ein Vollstreckungsverbot findet sich in § 90. §§ 87, 88 gelten nicht. Das Recht zur Vollstreckung (§ 209 Abs. 1 Nr. 3) erlischt mit Anzeige der Masseinsuffizienz nach § 208 Abs. 2 (→ § 210 Rn. 9). Auch Sozialplanforderungen als unechte Masseverbindlichkeiten können nicht gegen die Masse vollstreckt werden (§ 123 Abs. 3 S. 2). 15

Kosten des Insolvenzverfahrens

54 **Kosten des Insolvenzverfahrens sind:**

1. die Gerichtskosten für das Insolvenzverfahren;

2. die Vergütungen und die Auslagen des vorläufigen Insolvenzverwalters, des Insolvenzverwalters und der Mitglieder des Gläubigerausschusses.

Schrifttum: S. hierzu § 53.

Übersicht

I. Normzweck und Grundlagen

1 Die Vorschrift definiert die früher **sog Massekosten** (§ 58 KO). Der Zuschnitt dieser Positionen wurde aber geändert. Zu den Massekosten gehörten auch die aus der Verwaltung, Verwertung und Verteilung der Masse entstandenen Verbindlichkeiten; diese sind in der InsO sonstige Masseverbindlichkeiten iSd § 55 Nr. 1. Dagegen wurden die in Nr. 2 genannten Vergütungen und Auslagen einbezogen. § 54 steht im Zusammenhang mit § 26 und §§ 207 f. Das Verfahren wird nicht eröffnet (beachte aber die Stundung nach § 4a), wenn die Kosten für das Insolvenzverfahren nicht gedeckt sind; bei späterer Massearmut ist das Verfahren einzustellen. Sind nur die sonstigen Masseverbindlichkeiten und damit insbes. die jetzt in § 55 Abs. 1 Nr. 1 genannten Verbindlichkeiten nicht gedeckt, wird das Verfahren eröffnet, bei später auftretender Masseunzulänglichkeit greift nur § 208 (vgl. BGH ZIP 2008, 944 Rn. 7 zur PKH in diesem Fall; siehe Erläuterungen dort). Mit der inhaltlichen Neuabgrenzung der Massekosten in § 54 hat der Gesetzgeber bezweckt, die Zahl der Verfahrenseröffnungen zu erhöhen bzw. die Zahl der nachträglichen Einstellungen nach § 207 zu vermindern (vgl. Begr. RegE, BT-Drs. 12/2443, 90, 126). Entsprechendes gilt für die Unterhaltsforderungen des Schuldners und seiner Familienangehörigen, die jetzt nicht mehr als vorrangige Masseverbindlichkeiten anzusehen sind (näher §§ 100, 101 Abs. 1 S. 3, 209 Abs. 1 Nr. 3; vgl. → § 101 Rn. 18); insoweit werden die übrigen Massegläubiger vor einer Schmälerung ihrer Befriedigungschancen geschützt (Kübler/Prütting/Bork/*Pape* Rn. 5).

2 Die in § 54 definierten Masseverbindlichkeiten erhalten auf diese Weise eine **absolute Priorität** vor den sonstigen Masseverbindlichkeiten, dies zeigt sich auch bei Masseunzulänglichkeit nach § 209 und in Bezug auf die nach Eintritt der Insuffizienz begründeten Kosten (BGH NJW 2006, 2997 Rn. 24). Dahinter steht der Gedanke, dass das staatliche Verfahren nicht aus hoheitlicher Fürsorge erfolgt, sondern als Vollstreckungsverfahren im Gläubigerinteresse, das vom Staat nicht „umsonst" anzubieten ist. Wäre darüber hinaus die Befriedigung der Verwalterkosten gefährdet, so wäre kaum ein qualifizierter Verwalter bereit, die Tätigkeit zu übernehmen.

II. Gerichtskosten für das Insolvenzverfahren (Nr. 1)

3 **1. Allgemeines.** Gerichtskosten meint **Gebühren und Auslagen** (§ 1 GKG). Nicht erfasst sind außergerichtliche Beratungs- und Vertretungskosten, etwa des Schuldners (MüKoInsO/*Hefermehl* Rn. 34). Gerichtskosten werden gem. § 3 Abs. 2 GKG **nach Maßgabe des Kostenverzeichnisses** (KV) der Anlage 1 zum GKG erhoben. Die Kostenschuldnerschaft gegenüber der Staatskasse sagt noch nichts darüber aus, ob es sich um eine Masseverbindlichkeit iSd Nr. 1 handelt, dazu sogleich → Rn. 6. Erfasst sind nur die Gerichtskosten „für das Insolvenzverfahren". Gemeint sind damit diejenigen Kosten, die den Schuldner als Rechtsträger der Insolvenzmasse treffen (Uhlenbruck/*Sinz* Rn. 2; MüKoInsO/*Hefermehl* Rn. 6) und daher aus der Insolvenzmasse zu begleichen sind. Daher sind die dem Gläubiger oder dem Schuldner persönlich auferlegten Kosten keine Kosten iSd Nr. 1. Beim Gläubigerantrag kann aber der Erstattungsanspruch des zur Kostentragung gegenüber der Staatskasse verpflichteten Antragstellers gegen die Masse

unter § 54 Nr. 1 fallen (HK-InsO/*Lohmann* Rn. 5; Jaeger/*Henckel* Rn. 9; Uhlenbruck/*Sinz* Rn. 5). Der Insolvenzverwalter wird wegen der Ansprüche des Justizfiskus nicht ad personam zum Kostenschuldner (→ § 53 Rn. 14), sondern vielmehr „die Masse", und dh der Schuldner als dessen Rechtsträger; der Verwalter haftet nur mit der Masse. Der Verwalter kann den Gebührenansatz mit Erinnerung angreifen, § 66 GKG.

Die Gesellschafter einer **offenen Handelsgesellschaft** haften nicht persönlich 4
für die Kosten des Insolvenzverfahrens über das Vermögen der Gesellschaft und die von dem Verwalter in diesem Verfahren begründeten Masseverbindlichkeiten, da dies ua mit der Stellung des Verwalters nicht vereinbar ist (BGH NJW 2010, 69 Rn. 14, 21; zust. *Karsten Schmidt* ZHR 174 (2010), 163 [176]). Das ist in der Begründung zweifelhaft, weil es nicht darum geht, ob der Verwalter die Gesellschafter verpflichten darf, deren Haftung sich schon aus § 128 HGB ergibt, ist iErg aber wegen der Zweckrichtung des § 128 HGB richtig (ähnlich *Karsten Schmidt* ZHR 174 (2010), 163 [177]).

Die **Höhe der Gebühren** ist im Einzelnen abhängig vom Gegenstandswert. 5
Dabei ist gem. § 58 Abs. 1 S. 1 GKG der Zeitpunkt der Beendigung des Verfahrens maßgebend. Demnach kommt es auf den Wert der Insolvenzmasse zu diesem Zeitpunkt an, was den in die Masse fallenden **Neuerwerb** einschließt. Die an die Insolvenzgläubiger ausgeschütteten Beträge sind (selbstverständlich) nicht abzuziehen, wohl aber die mit Rechten Dritter behafteten Vermögenswerte. Daher sind aussonderungsfähige Gegenstände schon von vornherein nicht, **absonderungsfähige Gegenstände** nur mit der „**freien Spitze**", dh dem Erlösüberschuss (HK-InsO/*Lohmann* Rn. 3) zu berücksichtigen, § 58 Abs. 1 S. 2 GKG. Hat ein Gläubiger die Eröffnung beantragt, ist der Betrag seiner Forderung oder ein geringerer Wert der Insolvenzmasse maßgeblich, § 58 Abs. 2 GKG. Bei **Betriebsfortführung** ist auf den Wert des Geschäfts und nicht nur auf den Einnahmenüberschuss abzustellen (OLG Düsseldorf NZI 2011, 861).

2. Tatbestände. Gerichtskosten nach KV sind im Einzelnen: 6

- Auslagen nach KV Nr. 9000 ff. Dazu gehört nicht die Vergütung des vorläufigen Insolvenzverwalters bei Ablehnung der Eröffnung (BGH NZI 2009, 53 = ZInsO 2008, 1201; LG Frankfurt a. M. Rpfleger 1986, 496 [Sequester]; → Rn. 13)
- Gebühren für den **Eröffnungsantrag** nach Nr. 2310 f. KV. Der Antrag auf Eröffnung löst eine 0,5 Gebühr aus (KV Nr. 2310), bei einem Gläubigerantrag mindestens 150 EUR (KV Nr. 2311). Fälligkeit nach § 6 Abs. 1 Nr. 3 GKG mit dem Eingang des Antrags. Zum Gegenstandwert eben → Rn. 5. Die Gebühr deckt die Eröffnungsentscheidung einschließlich der dazu erforderlichen Ermittlungstätigkeit des Gerichts, nicht aber die Durchführung des Verfahrens (dazu KV Nr. 2320). Auslagen für den vom Gericht bestellten Sachverständigen sind nach § 9 Abs. 2 JVEG erstattungsfähig und sind daher von Nr. 1 erfasst (MüKoInsO/*Hefermehl* Rn. 9). Beim Schuldnerantrag schuldet der Schuldner die Eröffnungsgebühr nach § 23 Abs. 1 GKG, der Anspruch des Fiskus ist dann Masseverbindlichkeit. Hat der Gläubiger den Antrag gestellt, ist er neben dem Insolvenzschuldner Schuldner des Gebührenanspruchs, §§ 23 Abs. 1, 3, 31 Abs. 1 GKG. Hat er bereits bezahlt, kann er Erstattung aus der Masse nach § 54 Nr. 1 verlangen (Jaeger/*Henckel* Rn. 9); diese Einbeziehung des Erstattungsanspruchs in die Kosten des Verfahrens ist nur konsequent, weil die Masse vom Justizfiskus auch direkt hätte in Anspruch genommen werden können. Bei mehreren gleichzeitigen Eröffnungsanträgen von Schuldner und Gläubiger entstehen an sich jeweils gesonderte Gebührenforderungen (vgl. LG Gießen JurBüro 1996, 486 [487]; *Uhlenbruck* KTS 1987, 561 [565 ff.]). Ob in diesem Fall der Fiskus beide Gebühren vereinnahmen und behalten darf, ist fraglich (verneinend

und für Erstattung an Gläubiger durch die Staatskasse wohl Kübler/Prütting/Bork/*Pape* Rn. 9). Die verneinende Auffassung überzeugt nicht, weil nach Vorb. 2.3.3. zu KV Nr. 2330 die Gebühr für die Durchführung des Verfahrens bei Gläubigerantrag wegfällt, wenn gleichzeitig Schuldnerantrag gestellt war; ein entsprechender Hinweis fehlt gerade für die Eröffnungsgebühr. Daher ist es allenfalls die Frage, ob auch in diesem Fall der Gläubiger einen Erstattungsanspruch gegen die Masse nach Nr. 1 hat. Das wird man bejahen müssen, auch wenn die vom Gläubiger geschuldeten Gebühren eigenständig begründet sind und die Masse dann iErg über 3,0 Gebühren hinaus (KV Nr. 2310 und 2320) belastet wird. Maßgebend ist, dass die vom Gläubiger geleisteten Gebührenzahlungen nun einmal „Kosten für das Insolvenzverfahren" betrafen, die InsO eine doppelte Antragstellung zulässt und der Gläubiger mit seinem Antrag iErg Erfolg hat und daher nicht auf den Kosten sitzen bleiben sollte.

7 Zur **Kostenlast bei Rücknahme oder Abweisung des Antrags** vgl. Erl. → § 26 Rn. 45; die den Antragsteller in diesem Fall treffende Kostenlast beinhaltet nicht die Vergütung des vorläufigen Verwalters (BGH NZI 2006, 239 Rn. 4; Uhlenbruck/*Sinz* Rn. 6). Die insoweit entstehenden Kostenlasten haben mangels eröffneten Verfahrens mit Vorwegbefriedigung nach §§ 53, 54 Nr. 1 nichts zu tun. Streng genommen keinen Fall des § 54 Nr. 1 betrifft der Erstattungsanspruch wegen eines nach § 26 Abs. 1 S. 2 geleisteten **Verfahrenskostenvorschusses,** der sodann dem Verwalter treuhänderisch und zweckgebunden überlassen wird; aus der Treuhandstellung und dem Vorschusscharakter ergibt sich zunächst eine der Aussonderung ähnliche Rechtsposition (richtig iE HambK-InsO/*Jarchow* Rn. 14; aA hM OLG Frankfurt a. M. ZIP 1986, 931 [933] aE; Jaeger/*Schilken* § 26 Rn. 61; MüKoInsO/*Hefermehl* Rn. 31; zur Treuhand → § 47 Rn. 80); ein Einrücken in die Position des Massegläubigers kennt das materielle Recht insoweit nicht (für ein solches Einrücken MüKoInsO/*Hefermehl* Rn. 3). Umgekehrt schließt dies freilich nicht aus, den Erstattungsanspruch insolvenzrechtlich in den Rang der Masseverbindlichkeit zu erheben. Für eine Lösung unter § 54 Nr. 1 und damit iSd hM spricht im Erg. die Parallele zum Erstattungsanspruch des Gläubigers bei Fremd- und Eigenantrag (→ Rn. 6). Die Frage ist bedeutsam für § 209 Abs. 1 Nr. 1. Die hM will den Erstattungsanspruch hierunter einordnen, allerdings insoweit innerhalb der Rangklasse Nachrang nach anderen Kostengläubigern bejahen (MüKoInsO/*Hefermehl* aaO). Jedenfalls kein Fall von Nr. 1 ist es, wenn ein Dritter dem Schuldner einen Betrag überlässt, mit dem der Schuldner dann die Verfahrenskosten begleicht (Kübler/Prütting/Bork/*Pape* Rn. 18: Insolvenzforderung).

– Gebühren für die **Durchführung des Insolvenzverfahrens** nach KV Nr. 2320 f. Es entsteht eine 2,5 Gebühr beim Schulderantrag, auch dann, wenn gleichzeitig ein Gläubigerantrag vorlag (Vorb. 2.3.2); beim Gläubigerantrag eine Gebühr von 2,5, die aber nicht erhoben wird, wenn gleichzeitig ein Schuldnerantrag vorlag (KV Nr. 2330 f., Vorb. 2.3.3). Das Gesetz ermäßigt die Gebühr bei vorzeitiger Einstellung nach KV Nr. 2321, 2322, 2331, 2332; gänzlicher Wegfall bei Aufhebung des Eröffnungsbeschlusses auf Beschwerde. Die Gebühr deckt das Verfahren bis zu seiner Beendigung ab. Für das Insolvenzplanverfahren und das Restschuldbefreiungsverfahren fallen keine zusätzlichen Gebühren iSd § 54 Nr. 1 an. Die Gebühr bei Versagung oder Widerruf der Restschuldbefreiung nach KV Nr. 2350 im Restschuldbefreiungsverfahren ist keine Gebühr iSd § 54 Nr. 1, auch nicht die Gebühr für einen nachträglichen Prüfungstermin nach § 177 iSd KV Nr. 2340, sie trifft allein den Anmeldenden (HambK-InsO/*Jarchow* Rn. 8). Massekosten können aber die Kosten der Planerfüllung nach § 269 sein. Eintragungen für Insolvenzvermerke sind gebührenfrei, vgl. auch §§ 38, 84 GBO.

– Kosten des Beschwerdeverfahrens. Ggf. kann die Masse mit Kosten eines Beschwerdeverfahrens belastet werden, so bei erfolgreicher Beschwerde des Gläubigers gegen die Nichteröffnung (KV Nr. 2360) oder bei erfolgloser Beschwerde, die der Verwalter für die Masse und nicht allein wegen seiner Vergütung einlegt (KV Nr. 2361).

III. Vergütungen und Auslagen des (vorläufigen) Insolvenzverwalters und des Gläubigerausschusses nach Nr. 2

Zu den vorweg zu befriedigenden Kosten für das Insolvenzverfahren gehören auch die Vergütungen des vorläufigen (§ 21 Abs. 2 Nr. 1) und des endgültigen Verwalters. Die Befriedigung dieser Ansprüche muss im Interesse der Funktionsfähigkeit des Verfahrens sichergestellt sein. Gleichgestellt sind der **Sonderinsolvenzverwalter** (BGH ZInsO 2008, 733 Rn. 8 = NJW-RR 2008, 1580 [1581]) und die Sachwaltervergütung (§ 274 Abs. 1) sowie die Vergütung des Treuhänders (§ 313 Abs. 1 S. 3). Die Vergütung wird nach §§ 63, 64 durch Beschluss festgesetzt, ggf. ist die Festsetzung auch noch nach Aufhebung des Verfahrens möglich, arg. § 6 Abs. 1 S. 1 InsVV (bei Nachtragsverteilung), aA zu Unrecht HambK-InsO/*Büttner* § 64 Rn. 17; Stephan/*Riedel* InsVV § 8 Rn. 24. Näheres regelt die InsVV. Die Vorwegbefriedigung erfolgt mittels Entnahme durch den Verwalter nach Festsetzung. Einzelheiten sind in dieser Kommentierung bei → § 63 Rn. 15 dargestellt. Vgl. iÜ das Schrifttum zu § 53. 8

1. Insolvenzverwalter. Von § 54 Nr. 1 ist zunächst die gewöhnliche Vergütung des Insolvenzverwalters gerade in dieser Funktion erfasst. Sondervergütungen wegen besonderer Befähigung und Sachkunde nach § 5 InsVV wurden früher als Massekosten nach § 58 Nr. 2 KO angesehen (BGH NJW 1971, 381: RA-Gebühren des Verwalters) und sollen dementsprechend jetzt nur ein Fall von § 55 Abs. 1 S. 1 sein (Uhlenbruck/*Sinz* Rn. 21; HambK-InsO/*Jarchow* Rn. 22; Stephan/*Riedel* InsVV § 5 Rn. 1; aA AG Essen ZInsO 2003, 388 = BeckRS 2003, 13610: § 54 Nr. 2). Das ist zweifelhaft, soweit und weil mit der Mehrvergütung gerade erreicht wird, einen besonders qualifizierten Verwalter zu engagieren, dessen Tätigkeit annahmegemäß den Wert der Masse steigert. Die Vergütung wird insoweit status- und nicht bezogen auf einzelne Tätigkeiten gewährt. 9

Nicht zu § 54 Nr. 1 und damit nicht zu § 209 Abs. 1 Nr. 1 gehören Ansprüche, die dritten **Dienstleistern** wie Steuerberatern, Anwälten und Wirtschaftsprüfer nach Beauftragung durch den Verwalter erwachsen (§ 55 Abs. 1 Nr. 1). Gleiches gilt für die nach § 4 InsVV zulässigerweise eingegangenen Dienst- und Werkverträge und die daraus gegen die Masse entstehenden Ansprüche des Vertragspartners (vgl. BGH NJW-RR 2007, 622 Rn. 13). Fraglich ist allein, ob die insoweit dem Verwalter entstehenden Erstattungsansprüche Auslagen sein können. Zu beachten ist insoweit, dass Auslagen für die Verwaltung, Verwertung und Verteilung der Masse auch unter § 55 Abs. 1 Nr. 1 fallen können. Daher ist eine Grenzziehung erforderlich. Die **Vergütung des gemeinsamen Vertreters nach § 7 Abs. 6 SchVG** ist auch im Insolvenzverfahren (§ 19 SchVG) keine Masseverbindlichkeit nach § 54 (*Thole* ZIP 2014, 293 [297]), auch wenn das den Vorteil hätte, dass das Insolvenzgericht die Vergütung für die Zeit des Verfahrens festlegen könnte. Vgl. aber → § 55 Rn. 18. 10

Sicher von § 54 Nr. 2 als **Auslagen** erfasst sind eigene Auslagen wie zB Reisekosten, Telekommunikation, Porto etc einschließlich Haftpflichtversicherungsprämien. Kosten für das eigene Büropersonal und Hilfskräfte sind nicht erfasst (BGH aaO für Zustellungsdienste), dies wird von der Vergütung abgedeckt; allerdings hat der BGH es für möglich gehalten, dass bei Eigenverpflichtung des Verwalters Aufwendungen für Hilfskräfte bei aufwendigen Verfahren Auslagen darstellen 11

(BGHZ 113, 262 [266] = NJW 1991, 982); die genaue Abgrenzung ist ungeklärt (sogleich → Rn. 12). Nicht erfasst sind auch Ansprüche (zB Geschäftsführung ohne Auftrag) wegen der Tilgung von Masseverbindlichkeiten aus eigenen Mitteln des Verwalters (Jaeger/*Henckel* Rn. 16: nur § 55 Abs. 1 Nr. 1, 3).

12 Problematisch sind **„unvermeidbare Verwaltungskosten".** Der BGH hat ausgesprochen, dass Steuerberaterkosten in einem masselosen Verfahren mit Kostenstundung als Auslagen anzuerkennen sind, wenn der Insolvenzverwalter von der Finanzverwaltung die Aufforderung erhalten hat, umfangreiche steuerliche Tätigkeiten zu erbringen (BGHZ 160, 176 [183] = NZI 2004, 577 [578]). Das ist vor dem Hintergrund des Schutzzwecks, den Verwalter zur Übernahme der Tätigkeit anzureizen, verständlich. Im Schrifttum wird aber mit Recht betont, dass Auslagen für die Masseverwaltung iÜ nur nach § 55 Abs. 1 Nr. 1 zu beurteilen seien und die Entscheidung im Lichte von § 4a und § 26 nicht verallgemeinbar sei, weil ansonsten eine Erhöhung der Zahl der Eröffnungen nicht erreicht werde (Jaeger/*Henckel* Rn. 17; HambK-InsO/*Jarchow* Rn. 24; Uhlenbruck/*Sinz* Rn. 23), nur in Ausnahmefällen können Kosten bei Erfüllung hoheitlicher Pflichten, die vom Verwalter bei Strafandrohung verlangt werden kann, unter Nr. 2 subsumiert werden (HambK-InsO/*Jarchow* Rn. 24); nach gegenwärtigem Stand könnte man die Fälle zB der §§ 325 Abs. 1 HGB, §§ 57, 58 SGB II, 312, 314 SGB III, 198 SGB V, 147 AO und § 157 Abs. 2 HGB, 74 Abs. 2 GmbHG unter den restriktiven Voraussetzungen des BGH gleichstellen. Der BGH hat die Frage bisher offengelassen (BGH NZI 2010, 188 Rn. 27); im Schrifttum werden „unausweichliche Verwaltungskosten" teilw. einbezogen (HK-InsO/*Landfermann* § 207 Rn. 5 ff.; HambK-InsO/*Weitzmann* § 207 Rn. 5 f., § 209 Rn. 3; näher → § 209 Rn. 8). Verneint hat der BGH mit Recht die Subsumtion unter § 54 von Umsatzsteuerverbindlichkeiten bei Veräußerung von Massegegenständen durch den Verwalter (BGH NZI 2011, 60 Rn. 11 ff.; vgl. auch zur Umsatzsteuer umfassend *Zeeck* KTS 2006, 407 [430 ff.]).

13 **2. Vorläufiger Verwalter.** Die Vergütung als vorläufiger und als endgültiger Verwalter wird nicht gegeneinander angerechnet, vgl. auch § 11 Abs. 1 S. 1 InsVV. Für die Festsetzung gelten §§ 63, 64 über § 21 Abs. 2 Nr. 1. In Anwendung eines allgemeinen Rechtsgedankens, der bspw. auch in § 8 Abs. 2 S. 1 RVG zum Ausdruck kommt, ist die Verjährung des Vergütungsanspruchs für die vorläufige Verwaltung bis zum Abschluss des eröffneten Insolvenzverfahrens gehemmt (BGH ZIP 2010, 2160). Die Vergütung des vorläufigen Verwalters ist aber nur dann Masseschuld nach § 54 Nr. 1, wenn es zur Eröffnung kommt; auch dann keine Anwendung des § 54 Nr. 1, wenn das Verfahren später aufgrund eines anderen Antrags eröffnet wird (BGH ZInsO 2008, 1201 Rn. 7 ff. = NZI 2009, 53; NJW 2008, 583 Rn. 11 mwN; vgl. a. BGHZ 59, 356 [358 ff.] = NJW 1973, 51 [52]; BGHZ 109, 321 [323] = NJW 1990, 1240 [1241]); auch keine Ausfallhaftung des Fiskus (vgl. BGH NZI 2006, 239). Die allerdings durch das **Verbot der Doppelvergütung** begrenzte Vergütung eines Sachverständigen nach §§ 144, 402 ff. ZPO iVm § 4 und JVEG wird als Auslage des Insolvenzgerichts vom Schuldner nach § 54 Nr. 1 beigetrieben, auch und gerade wenn der vorläufige Verwalter und Sachverständiger personenidentisch sind (aA Jaeger/*Henckel* Rn. 19: § 54 Nr. 2), denn in der Sachverständigenposition hat der vorläufige Verwalter einen rechtlich ganz unterschiedlichen Status.

14 **3. Gläubigerausschussmitglieder.** Die Vergütung der Gläubigerausschussmitglieder wird nach §§ 73 Abs. 2, 64 nach Maßgabe von § 65 iVm § 17 InsVV, orientiert am Zeitaufwand, festgesetzt (→ § 73 Rn. 6 ff.). IÜ gelten entsprechende Maßstäbe wie beim Verwalter.

Sonstige Masseverbindlichkeiten[1]

55 (1) **Masseverbindlichkeiten sind weiter die Verbindlichkeiten:**

1. die durch Handlungen des Insolvenzverwalters oder in anderer Weise durch die Verwaltung, Verwertung und Verteilung der Insolvenzmasse begründet werden, ohne zu den Kosten des Insolvenzverfahrens zu gehören;

2. aus gegenseitigen Verträgen, soweit deren Erfüllung zur Insolvenzmasse verlangt wird oder für die Zeit nach der Eröffnung des Insolvenzverfahrens erfolgen muß

3. aus einer ungerechtfertigten Bereicherung der Masse.

(2) [1] **Verbindlichkeiten, die von einem vorläufigen Insolvenzverwalter begründet worden sind, auf den die Verfügungsbefugnis über das Vermögen des Schuldners übergegangen ist, gelten nach der Eröffnung des Verfahrens als Masseverbindlichkeiten.** [2] **Gleiches gilt für Verbindlichkeiten aus einem Dauerschuldverhältnis, soweit der vorläufige Insolvenzverwalter für das von ihm verwaltete Vermögen die Gegenleistung in Anspruch genommen hat.**

(3) [1] **Gehen nach Absatz 2 begründete Ansprüche auf Arbeitsentgelt nach § 169 des Dritten Buches Sozialgesetzbuch auf die Bundesagentur für Arbeit über, so kann die Bundesagentur diese nur als Insolvenzgläubiger geltend machen.** [2] **Satz 1 gilt entsprechend für die in § 175 Absatz 1 des Dritten Buches Sozialgesetzbuch bezeichneten Ansprüche, soweit diese gegenüber dem Schuldner bestehen bleiben.**

(4) **Verbindlichkeiten des Insolvenzschuldners aus dem Steuerschuldverhältnis, die von einem vorläufigen Insolvenzverwalter oder vom Schuldner mit Zustimmung eines vorläufigen Insolvenzverwalters begründet worden sind, gelten nach Eröffnung des Insolvenzverfahrens als Masseverbindlichkeit.**

Schrifttum: S. hierzu § 53.

Übersicht

[1] § 55 Abs. 3 angef. mWv 1.12.2001 durch G v. 26.10.2001 (BGBl. I S. 2710); Abs. 3 Satz 1 geänd. mWv 1.1.2004 durch G v. 23.12.2003 (BGBl. I S. 2848); Abs. 4 angef. mWv 1.1.2011 durch G v. 9.12.2010 (BGBl. I S. 1885); Abs. 3 Sätze 1 und 2 geänd. mWv 1.4.2012 durch G v. 20.12.2011 (BGBl. I S. 2854).

I. Normzweck und Grundlagen

1 § 55 definiert die **sonstigen Masseverbindlichkeiten** (früher **sog Masseschulden**), die bei vorhandener Masse nach § 53 vorweg und damit vor den Insolvenzgläubigern zu befriedigen sind. Neben § 55 gibt es auch Masseverbindlichkeiten kraft spezieller gesetzlicher Anordnung (→ Rn. 48). Der Kreis der Masseverbindlichkeiten in § 55 ist gegenüber den Regeln der KO (§§ 58, 59 KO) neu zugeschnitten und im Interesse der Gläubigergleichbehandlung stärker eingegrenzt worden, ua um eine Aushöhlung der Masse zu vermeiden und die Betriebsfortführung zu erleichtern; das systemwidrige Arbeitnehmerprivileg in § 59 Nr. 3 KO wurde gestrichen (näher → § 53 Rn. 1). Die Masseschulden nach § 59 KO sind nicht identisch mit denen nach § 55 Abs. 1 Nr. 1. Ausgaben für die Verwaltung, Verwertung und Verteilung der Masse sind jetzt aus dem Kreis der Massekosten (jetzt § 54) herausgenommen und in § 55 Abs. 1 Nr. 1 überführt worden. Zur Bedeutung der Unterscheidung zwischen § 54 und § 55 insbes. mit Blick auf §§ 207–209 → § 54 Rn. 1. Durch das HBeglG 2011 ist § 55 Abs. 4 angefügt worden (→ Rn. 44).

2 Ein **einheitlicher Schutzgedanke** liegt § 55 **nicht zugrunde.** Der neue Absatz 4 soll insbes. der Finanzverwaltung zum Vorteil gereichen. IÜ wird das Bestreben deutlich, die Bereitschaft zu fördern, mit dem Insolvenzverwalter Geschäfte abzuschließen und dem Verwalter dazu die Erfüllung der Verträge zu ermöglichen (Jaeger/*Henckel* Rn. 5; Kübler/Prütting/Bork/*Pape/Schaltke* Rn. 12), insbes. bei Absatz 1 Nr. 1, der allerdings nicht auf rechtsgeschäftlich begründete Verbindlichkeiten beschränkt ist. § 55 Abs. 2 will aus dem gleichen Grund von einem starken vorläufigen Verwalter begründete Verbindlichkeiten privilegieren (→ Rn. 39). § 55 Abs. 1 Nr. 3 liegt das auch im bürgerlichen Recht geltende Bereicherungsverbot zugrunde; die Insolvenzgläubiger sollen keinen Vorteil aus einem ungerechtfertigten Zufluss von Vermögenswerten erzielen können. § 55 Abs. 3 reagiert auf die besonderen Probleme der Insolvenzgeldvorfinanzierung (näher → Rn. 43).

3 Zu **§§ 60, 61** besteht Anspruchskonkurrenz. Bei § 60 kommt es indes auf die Verletzung insolvenzspezifischer Pflichten an; bei § 61 werden nur bestimmte Masseverbindlichkeiten erfasst. Zur **Eigenverwaltung bei §§ 270a, b** vgl. auch → § 270a Rn. 6.

II. Verbindlichkeiten durch Handlungen des Verwalters (Absatz 1 Nr. 1 Alt. 1)

4 **1. Allgemeines.** § 55 Abs. 1 Nr. 1 Alt. 1 erfasst die durch Handlungen des Verwalters begründeten Verbindlichkeiten. Zur **Eigenverwaltung** als Fall des § 55 Abs. 1 Nr. 1 vgl. → § 270a Rn. 6 und AG Köln ZIP 2012, 788; verfehlt AG

Hamburg ZIP 2012, 787. Der Gesetzgeber wollte in Abgrenzung zu § 59 Abs. 1 Nr. 2 KO verdeutlichen, dass es auf die „Begründung" der Verbindlichkeit und nicht auf ihre möglicherweise später liegende „Entstehung" ankommt (Begr. RegE, BT-Drs. 12/2443, 126). Nur dann, wenn der Verwalter durch seine Handlung die Grundlage der Verbindlichkeit schafft, begründet er eine Masseverbindlichkeit nach dieser Vorschrift (BAG ZIP 2006, 1962 [1963]). Der **Rechtsboden der Forderung** muss gerade vom Verwalter und daher nach Eröffnung gelegt werden.

Der Handlungsbegriff umfasst sowohl **positives Tun** als auch das **Unterlassen** 5
(*Kilger/Karsten Schmidt* § 59 KO Anm. 1c), letzteres aber nur dann, wenn eine Rechtspflicht zum Handeln bestand, zB bei Verstoß gegen Handlungsverbote; zur Altlastenfrage → Rn. 25. Allerdings kann die **Nichterfüllung einer Insolvenzforderung keine Masseverbindlichkeit** begründen. Ebenso wenig führt die Ablehnung der Erfüllungswahl zu einer Masseverbindlichkeit. Die ausdrückliche Anordnung in § 103 Abs. 2 steht entgegen (vgl. auch OLG Stuttgart EWiR § 17 KO 1/03, 127 mAnm *Gundlach/Frenzel*); entsprechend bei § 113 Abs. 1 S. 3 und § 109 Abs. 1 S. 3. IÜ führen die durch Unterlassung des Verwalters begründeten Ersatzansprüche aber zu Masseverbindlichkeiten, bspw. bei Verstoß gegen die Hinweispflicht in § 167 oder bei Verletzung fremder Immaterialgüterrechte (Jaeger/*Henckel* Rn. 19). Gemeint ist nicht nur rechtsgeschäftliches Handeln, sondern auch **rein tatsächliches** Handeln. Das Handeln ist Grundvoraussetzung, daher keine Masseverbindlichkeit bei Kosten der **Rechtsverfolgung im Zwangsversteigerungsverfahren** (OLG Hamburg ZIP 2013, 789 [790] = ZInsO 2013, 83 [84]).

2. Rechtsgeschäftliches Handeln. Rechtsgeschäftliches Handeln betrifft die 6
Begründung von Verbindlichkeiten durch entsprechende Willenserklärungen, dh wenn der Verwalter für die Masse Verträge eingeht wie Kaufverträge, Darlehen, Telekommunikationsverträge, Schuldübernahme (RG JW 51 (1911), 114) etc. Erfasst sind die Neugeschäfte (MüKoInsO/*Hefermehl* Rn. 24), dh die vom Verwalter eingegangenen und nicht lediglich (rück)abgewickelten Rechtsgeschäfte. Der Provisionsanspruch eines schon vom Schuldner beauftragten Handelsvertreters wird nicht deshalb zur Masseverbindlichkeit, weil der Verwalter Erfüllung wählt und sodann der Vertreter das provisionspflichtige Geschäft zu Gunsten der Masse ausführt (BGH ZIP 1990, 318 [319]; Uhlenbruck/*Sinz* Rn. 12). Absatz 1 Nr. 2 ist für schwebende gegenseitige Verträge **lex specialis.** Der Verwalter schuldet die Erfüllung der von ihm eingegangenen Verpflichtungen nach den allgemeinen Regeln, wie sie außerhalb des Verfahrens gelten. Die Nichteinholung der Zustimmung der Gläubigerversammlung berührt die Wirksamkeit des Vertrags nicht, §§ 160, 164. **Insolvenzzweckwidrige,** dh außerhalb des gesetzlichen Wirkungskreises vorgenommene **Handlungen** des Verwalters können die Masse nicht iSd Absatz 1 Nr. 1 verpflichten, wenn der Missbrauch der Vertretungsmacht evident ist (allg. BGH ZIP 2002, 1093 [1095] mwN; → § 80 Rn. 53); Schenkungen des Verwalters sind zwar nicht per se unwirksam (so aber HambK-InsO/*Jarchow* Rn. 5), können aber den Verwalter haftbar machen. Duldungs- und Anscheinsvollmachten bei Einschaltung Dritter durch den Verwalter werden nur in seltenen Fällen begründet. An die Annahme eines **Rechtsscheins** und Schutzwürdigkeit des Gegners sind recht hohe Anforderungen zu stellen (OLG Köln ZIP 2001, 1709 [1711 f.]; HambK-InsO/*Jarchow* Rn. 4b; zur Haftung des Verwalters wegen mangelnder Überwachung OLG Hamm ZInsO 2007, 216 [217]).

Über den Inhalt und die Notwendigkeit der von ihm eingegangenen Ver- 7
pflichtungen kann der Verwalter nach **pflichtgemäßem Ermessen** entscheiden (*Häsemeyer* Rn. 14.08). Auch die mit der Vertragsbindung einhergehenden vertraglichen Schadensersatz- und Gewährleistungsansprüche sind erfasst, weil sie aus

dem Rechtsgeschäft erwachsen (Jaeger/*Henckel* Rn. 8), sofern keine Ausnahme (→ Rn. 6) greift. **Vertragsverletzungen** des Verwalters werden entsprechend § 31 BGB der Masse (dh dem Schuldner als Rechtsträger) zugerechnet (für deliktisches Handeln BGH NZI 2006, 592 Rn. 2); dazu auch → § 60 Rn. 47.

8 Im Einzelfall kann die **Abgrenzung zu Insolvenzforderungen** schwierig sein. Es muss verhindert werden, dass sich eine Insolvenzforderung durch bloße Beteiligung des Verwalters zur Masseverbindlichkeit umwandelt. Daher begründet das Anerkenntnis einer Insolvenzforderung durch den Verwalter keine Masseverbindlichkeit (BGH ZIP 1994, 720 [722]; Uhlenbruck/*Sinz* Rn. 10); das ist wegen der bloß ergänzenden Wirkung selbstverständlich für das deklaratorische, gilt aber auch für ein abstraktes **Schuldanerkenntnis** oder -versprechen, das in Bezug auf einen Streit über eine Insolvenzforderung abgegeben wird. Auch ein **Vergleich über eine Insolvenzforderung** wertet diese nicht zur Masseschuld auf; allerdings können bei einem Prozessvergleich die Gerichtskosten Masseverbindlichkeitsqualität haben (HambK-InsO/*Jarchow* Rn. 56). Ebenso wenig wird die Qualität der Kundenforderung verändert, wenn der Verwalter einen vor Eröffnung vom Schuldner vereinbarten Abrechnungsmodus fortführt und mit der Abrechnungsstelle den nach § 116 erloschenen Vertrag neu abschließt (BGH ZIP 1985, 553 [554]; Jaeger/*Henckel* Rn. 9).

9 Die **vom Verwalter erteilte Genehmigung** einer vor Eröffnung zugunsten des Schuldners erbrachten unberechtigten **Geschäftsführung ohne Auftrag** bringt zwar den Anspruch aus §§ 683, 670 BGB zur Entstehung (§ 684 S. 2 BGB); dadurch ändert sich aber nicht die Qualität der Forderung als Insolvenzforderung, weil die Forderung insoweit schon vor der Eröffnung begründet war. Bei einer nach Eröffnung erfolgten GoA führt die Genehmigung zur Begründung einer Masseverbindlichkeit nach Absatz 1 Nr. 1. Auch ohne Genehmigung führt der **Aufwendungsersatzanspruch** bei Vorliegen der Voraussetzungen des § 683 BGB zu einem Fall von § 55 Abs. 1 Nr. 1, wenn die Geschäftsführung nach Eröffnung erfolgte (BGH NJW 1971, 1564; Jaeger/*Henckel* Rn. 9), weil die Geschäftsführung dann quasi einem Handeln des Verwalters gleichsteht, zu Altlasten speziell → Rn. 25.

10 Der Insolvenzverwalter darf grds. **Hilfspersonen** einschalten. Es gelten entsprechend die Grundsätze, die zB bei gerichtlichen Sachverständigen gelten (dazu § 407a Abs. 2 ZPO; vgl. auch BGHZ 113, 262 [265] = NJW 1991, 982; *Hofmann* ZIP 2006, 1080). Eine **Delegation des Kerngeschäfts** ist ebenso unzulässig wie der Verzicht auf entsprechende Überwachung. Stellt der Verwalter eigenes Personal ein oder bedient sich dieser Personen, ist dies grds. durch die Verwaltervergütung abgedeckt; anders bei der Erledigung gesonderter Aufgaben (§ 4 Abs. 1 S. 3 InsVV), hier ist zu § 54 Nr. 2 abzugrenzen (→ § 54 Rn. 12). Schuldner des Honoraranspruchs ist dann der Verwalter als Person. Die Masse wird nicht direkt verpflichtet, daher kein Fall von § 55 Abs. 1 Nr. 1. Anders ist es, wenn der Verwalter in seiner Eigenschaft als Inhaber der Verwaltungs- und Verfügungsbefugnis über das Schuldnervermögen etwa zum Zwecke der **Betriebsfortführung** Personal eingestellt hat. Die daraus entstehenden Entgeltansprüche sind Verbindlichkeiten iSd § 55 Abs. 1 Nr. 1 (BAG ZIP 1996, 554 [555]; BGHZ 113, 262 [265] = NJW 1991, 982; nicht Ansprüche auf Vorruhestandsgeld, BAG ZIP 1993, 1480 [1481]; *Kilger/Karsten Schmidt* § 59 KO Anm. 1a; abgrenzend für **Arbeitsleistungen** nach dem Zeitpunkt der Arbeitserbringung BAG ZIP 2005, 457 [458]).

11 Auch iÜ können die Kosten und Aufwendungen bei Verwaltung Masseverbindlichkeiten nach Nr. 1 begründen, soweit sie nicht unter § 54 Nr. 2 fallen, zB **Kosten von Versicherungen** zur Absicherung von Gegenständen der Masse (Kübler/Prütting/Bork/*Pape/Schaltke* Rn. 30) oder Verwertungsverbindlichkeiten wie zB die durch den Kostenbeitrag des Absonderungsberechtigten nicht gedeck-

ten Ausgaben bei Verwertung durch den Verwalter (Jaeger/*Henckel* Rn. 40). Ob Kosten von Aussonderungsberechtigten beim Ausbau als Masseverbindlichkeit gelten können (Unterlassen des Verwalters eines Ausbaus), richtet sich nach den Grundsätzen → § 47 Rn. 96 ff.; dazu auch *Hage/Lind* ZInsO 2011, 2264.

3. Prozesshandlungen des Verwalters. Prozesshandlungen des Verwalters sind ebenfalls grds. erfasst (zum Prozessvergleich vgl. → Rn. 8). Nimmt der Verwalter nach Eröffnung einen Prozess auf oder wird ein unterbrochener Passivprozess vom Gegner aufgenommen, so ist nach **dem Grundsatz der Einheitlichkeit der Kostenentscheidung** vom Gericht einheitlich über die Kosten zu entscheiden (§ 91 ZPO). Verliert der Verwalter, so will die hL dennoch mit Hinweis auf (den nicht unmittelbar anwendbaren) § 105 sowie §§ 86 Abs. 2, 182 unterscheiden, ob die Gebühr durch **Handlungen vor oder nach Eröffnung** ausgelöst wurde (Uhlenbruck/*Sinz* Rn. 18; Kübler/Prütting/Bork/*Lüke* § 85 Rn. 59; HambK-InsO/*Jarchow* Rn. 55; diff. OLG Schleswig BeckRS 2010, 07214: jedenfalls keine Massehaftung für Kosten der Vorinstanz); dafür spreche auch die Gefahr eines Missbrauchs durch den Gläubiger, der im Falle des § 180 Abs. 2 ein Bestreiten durch Verwalter provozieren könne. Dem ist nicht zu folgen (BGH ZIP 2006, 576 Rn. 15 für § 180; BGH NZI 2007, 104 Rn. 13; 2008, 565 Rn. 29; BFH NZI 2014, 381 Rn. 8 ff.). Die Gebühren können **nicht aufgespalten** werden. Dieser zivilprozessuale Grundsatz muss zwar nicht zwingend insolvenzrechtlich beachtlich sein; entscheidend ist aber, dass der Verwalter in die Verantwortlichkeit des Schuldners als Prozesspartei einrückt (Jaeger/*Henckel* Rn. 21) und insbes. das Prozessrisiko bewusst übernimmt, sozusagen den **Prozess massebefangen** macht. Gleiches gilt dann konsequenterweise für die vom Schuldner verursachten und nicht unter die Kosteneinheit fallenden Kostenpositionen (zB §§ 96, 344 ZPO). Zweifeln könnte man an der Qualität der Masseschuld nur mit dem Argument, dass der mit Kostengrundentscheidung festgestellte prozessuale Kostenerstattungsanspruch bereits mit Rechtshängigkeit entsteht und gerade nicht nach Verfahrenseröffnung, doch dann müsste man die Qualität als Masseschuld stets verneinen, was zB § 86 Abs. 2 widerspricht. Die Aufnahme der Prozessführung ist vielmehr insolvenzrechtlich wie ein **neuer Prozess** zu werten, zumal wegen Parteiwechsels ein eigenständiges Prozessverhältnis begründet wird, auch wenn der Verwalter an die Prozesslage gebunden ist. Wird der Rechtsstreit gegen den Schuldner geführt und gegen diesen Kosten festgesetzt, ist die eine **Neugläubigerforderung** (BGH NJW-RR 2014, 1079 Rn. 10 ff.). 12

Der Verwalter hat zur **Vermeidung der Massehaftung** in Fällen des § 86 Abs. 1 die Möglichkeit eines **sofortigen Anerkenntnisses** nach § 86 Abs. 2. Da § 86 Abs. 2 eine ausdrückliche Anordnung enthält, ist dann konsequenterweise bei Prüfung der **Veranlassung iSd § 93 ZPO** nur auf das Verhalten des Verwalters abzustellen, denn sonst liefe § 86 Abs. 2 leer. Bei § 180 Abs. 2 gilt § 86 Abs. 2 nicht, so dass insoweit das Verhalten des Schuldners zu berücksichtigen ist (verfehlte Quotelung bei OLG Hamm ZIP 1994, 1547 entgegen den zivilprozessualen Grundsätzen bei Parteiwechsel und Klageänderung mit Bindung des Rechtsnachfolgers), der Verwalter kann aber durch Rücknahme des Widerspruchs eine Kostenentscheidung nach § 91a zu seinen Gunsten herbeiführen (vgl. Jaeger/*Henckel* Rn. 24). Andernfalls ist die Kostenlast eine Masseschuld, auch wenn über eine Insolvenzforderung prozessiert wird. 13

Nicht unterbrochene Prozesse lösen nur Insolvenzforderungen aus (BayOblG ZInsO 2002, 829 [830]: Spruchverfahren, § 304 AktG). Nachlässige Prozessführung des Verwalters mit der Folge eines **Versäumnisurteils** (vgl. § 344 ZPO) fällt stets der Masse zur Last; Haftung nach § 60 denkbar. Der vom Insolvenzverwalter beauftragte Rechtsanwalt kann sein Honorar aus der Masse beanspruchen (HambK-InsO/*Jarchow* Rn. 57; → § 54 Rn. 10). Die dem Betriebs- 14 rat entstandenen und vom Arbeitsgeber zu tragenden RA-Kosten des Betriebsrats im fortgeführten arbeitsgerichtlichen Beschlussverfahren sind Masseverbindlichkeiten in der Insolvenz des Arbeitgebers (BAG ZIP 2006, 144 [145 f.]; NJW 2010, 2154 Rn. 23). Hat der **Betriebsrat** vor der Eröffnung des Insolvenzverfahrens über das Vermögen des Arbeitgebers nach § 111 Abs. 1 S. 2 BetrVG oder nach § 80 Abs. 3 einen Rechtsanwalt als Berater oder Sachverständigen hinzugezogen und dauerte dessen Tätigkeit bis nach der Insolvenzeröffnung an, sind die Honoraransprüche für die bis zur Insolvenzeröffnung erbrachten Beratungsleistungen keine Masseverbindlichkeiten, sondern Insolvenzforderungen (BAG NJW 2010, 2154 Rn. 21). Zur Rechtsverfolgung im Zwangsversteigerungsverfahren → Rn. 5.

15 **4. Tatsächliches Handeln.** Tatsächliche Handlungen können ebenfalls einen nach materiellem Recht begründeten Anspruch auslösen, der dann die Qualität als Masseschuld iSd § 55 Abs. 1 Nr. 1 hat. Das gilt va für unerlaubte Handlungen. Erforderlich ist, dass der Insolvenzverwalter die **Rechtsverletzung innerhalb seiner Amtsführung** und nicht bei deren Gelegenheit begeht; insoweit gilt der Vorbehalt der Insolvenzzweckwidrigkeit gewissermaßen auch hier (vgl. *Karsten Schmidt* KTS 1984, 345 [387 ff.]). Denkbar ist zB ein Anspruch nach §§ 989, 990 BGB bei Vereitelung einer Aussonderung (BGH NJW-RR 1990, 411 re. Sp.; näher Kübler/Prütting/Bork/*Pape/Schaltke* Rn. 112) oder auch § 717 Abs. 2 ZPO. Für deliktische Handlungen haftet die Masse auch dann, wenn sie nicht mit einer Vertragsverletzung einhergehen. Voraussetzung ist, dass die Handlung des Verwalters der Masse zugerechnet werden kann (andernfalls nur Haftung in persönlicher Eigenschaft). Dafür steht als **Zurechnungsnorm** richtigerweise § 31 BGB analog zur Verfügung (BGH ZIP 2006, 592 f. Rn. 2), die Norm wird auch sonst bei Organen und Repräsentanten außerhalb der Vereine angewendet (Palandt/*Ellenberger* BGB § 31 Rn. 8 ff. mN). Dabei sollte der Streit um Amts-, Vertreter- und Organtheorie nicht maßgeblich sein. Selbst wenn man der Masse mit Recht die Rechtsfähigkeit abspricht, so ist doch die Masse ein Sondervermögen, so dass gegen analoge Anwendung von § 31 keine Bedenken bestehen. Verpflichtet wird dann wie auch sonst der Schuldner als Rechtsträger der Insolvenzmasse (Jaeger/*Henckel* Rn. 14; zur Haftungsbeschränkung bei Nachhaftung → § 53 Rn. 12; *Jacoby,* Das private Amt, 2007, 302); zu den Fragen der persönlichen Haftung des Verwalters → § 60 Rn. 47. Bei § 7 StVG, § 704 BGB, § 833 BGB, § 1 HaftpflG ua wird der Insolvenzverwalter im Zweifel die jeweils verlangte Eigenschaft als Halter, Gastwirt, Tierhalter, Betriebsunternehmer etc erworben haben, so dass § 55 Abs. 1 Nr. 1 direkt einschlägig ist, zum BBodSchG → Rn. 26.

III. In anderer Weise begründete Masseverbindlichkeiten (Absatz 1 Nr. 1 Alt. 2)

16 **1. Allgemeines.** Die 2. Alternative erfasst Verbindlichkeiten, die nicht durch Handlungen des Verwalters entstehen; sie müssen aber durch die Verwaltung ausgelöst sein; scharfe Unterscheidung zu Alt. 1 entbehrlich und nicht möglich. Erfasst sind insbes. Verbindlichkeiten, die **kraft Gesetzes** oder durch Organbeschluss iRd Verwaltung, Verwertung oder Verteilung ausgelöst werden. Hier ist insbes. zu Auslagen und Gerichtskosten nach § 54 abzugrenzen. Zum Betriebsrat → Rn. 14. Handlungen des Schuldners nach **Negativerklärung iSd § 35 Abs. 2** durch den Verwalter, insbes. Aufnahme einer selbständigen Tätigkeit, können keine Masseverbindlichkeiten nach Alt. 2 begründen (BGH NZI 2006, 263; näher → § 35 Rn. 54). Problematisch sind Fälle, in denen der Verwalter die Erklärung nach § 35 Abs. 2 nicht abgibt; hier kann man in der Duldung der Tätigkeit durch

den Verwalter eine Handlung iSd Alt. 1 erkennen, sofern er von der Tätigkeit weiß (*Pape* NZI 2007, 481 [482]).

Erfasst von Alt. 2 sind Ansprüche einer **Wohnungseigentümergemeinschaft** auf Wohngeld(vorschüsse) in der Insolvenz eines Wohnungseigentümers, soweit nach Eröffnung begründet, dh nicht die vor Eröffnung fällig gewordenen Vorschüsse (KG ZIP 2000, 2029 [2030]; BayObLG ZIP 1998, 2099 [2100]; näher und zusf. BGH NZI 2011, 731 Rn. 7 mwN). Eine nach Eröffnung beschlossene Sonderumlage für den vom Schuldner verursachten Fehlbedarf ist Masseverbindlichkeit (BGHZ 108, 44 [49] = NJW 1989, 3018; BGH ZIP 1989, 930 [932]; 1994, 721 [722]; vgl. AG Neukölln ZMR 2008, 659; dazu allg. *Vallender* NZI 2004, 401 [406]), das ist zw. im Hinblick auf Altforderungen (krit. HambK-InsO/*Jarchow* Rn. 38; Kübler/Prütting/Bork/*Pape/Schaltke* Rn. 77; zurückhaltend BGH ZIP 2002, 1043 [1045] re. Sp. = NZI 2002, 425); ebenso Masseverbindlichkeit bei einer Umlage für Instandhaltungsarbeiten (BGH ZIP 1989, 930 [932]; vgl. zur Auslegung der Abrechnung OLG Düsseldorf ZMR 2005, 642), doch ist fraglich, ob das für Arbeiten wegen bei Eröffnung bereits vorhandener Mängel gelten kann (vgl. auch BGHZ 150, 305 [311] = BGH ZIP 2002, 1043 [1045] = NZI 2002, 425 [427] zur Beseitigung nach SachenRBerG). Ebenfalls Masseschuldcharakter haben **Vereinsbeiträge** in der Insolvenz des Vereinsmitglieds, soweit sie nicht Rückstände betreffen (Jaeger/*Henckel* Rn. 31; HK-InsO/*Lohmann* Rn. 8; zur Genossenschaft LG Kassel DZWIR 2002, 520 f.). Ist die Schuldnerin Gesellschafterin einer Gesellschaft hängt die Qualität von im Gesellschaftsvertrag bestimmten Pflichten davon ab, ob der Anspruch bereits vor Eröffnung begründet wurde (dann § 38) oder nicht (dann § 55 Abs. 1 Nr. 1 Alt. 2) (zu pauschal jeweils Lutter/*Bayer,* GmbHG, 18. Aufl. 2013, § 3 Rn. 63 [Masseverbindlichkeit]; Baumbach/Hueck/*Fastrich,* GmbHG § 3 Rn. 52; MK-GmbHG/*Wicke,* GmbHG, § 3 Rn. 97 [Insolvenzforderung]). 17

Die vom Schuldner zu tragende **Vergütung des gemeinsamen Vertreters nach §§ 7 Abs. 6, 8 Abs. 4 SchVG** ist Masseverbindlichkeit nach Abs. 1 Nr. 1 Alt. 2, wenn man von Vertrag mit den Gläubiger ausgeht (*Horn* BKR 2014, 449 [452 f.]), sonst ein Fall von Absatz 1 Nr. 2 (*Thole* ZIP 2014, 293 [297]). Allerdings muss sich die Höhe der Vergütung für das Insolvenzverfahren an dem RVG VV 3320 oder an § 6 Abs. 2 SpruchG iVm RVG orientieren; ggf. mit Erhöhungsbeträgen ähnlich wie bei Nr. 1008 VV RVG. Nur bei besonderer Sachlage erscheint eine Erhöhung über die so ermittelten Referenzwerte angemessen iSd § 7 Abs. 6 SchVG. 18

2. Steuern und öffentliche Lasten. Steuern sind Hauptanwendungsfälle von Nr. 1 Alt. 2, soweit die Steuerschuld an die Masse anknüpft und als gesetzliche Folge aus der Verwaltung, Verwertung oder Verteilung der Masse herrührt, zB Einkommensteuer, Kirchensteuer, Kapitalertragssteuer, Körperschaftssteuer, Gewerbesteuer, Grundsteuer, KfZ-Steuer. Zur Durchsetzung genügt Steuerbescheid mit Vollstreckung nach §§ 249 ff. AO, begrenzt durch § 90. Wegen der Einzelheiten muss auf die Spezialliteratur [Schrifttum zu § 53] verwiesen werden sowie → § 38 Rn. 21 ff. und **Anh. Steuerrecht.** Entscheidend ist, dass die Forderungen insolvenzrechtlich (§ 251 Abs. 2 S. 1 AO lässt InsO unberührt) nach Verfahrenseröffnung begründet sind, andernfalls bleiben sie reine Insolvenzforderungen (BGH ZIP 2006, 340 [341]; MüKoInsO/*Hefermehl* Rn. 71; näher → § 38 Rn. 22). Auf die steuerliche Entstehung und Fälligkeit kommt es bei § 55 Abs. 1 Nr. 1 nicht allein an (BFH ZIP 2010, 1612 [1613]), maßgebend ist anders als bei → § 38 Rn. 22 richtigerweise, wann die zivilrechtlichen Grundlagen für die Entstehung des materiell-rechtlichen Steueranspruchs gelegt sind (BFH, VII. Senat, ZIP 1999, 714 [715]; anders aber BFH, V. Senat, ZIP 2007, 2081 [2082]: Entstehen der Steuer nach Steuerrecht; NJW 2011, 1998 Rn. 18). Im Einzelnen ist 19 die **Abgrenzung str.;** der BFH unterscheidet teilw. nach Art der Steuer (→ Rn. 19 ff.). Als Leitlinie muss gelten, dass die Forderung iSd § 38 vor Eröffnung begründet ist, wenn der zur Entstehung der Steuerschuld begründende Sachverhalt vor Eröffnung liegt, also der Tatbestand bereits abgeschlossen und damit der Rechtsgrund gelegt ist (BFH ZIP 2007, 1166 [1167]). Auch bei § 96 Abs. 1 Nr. 1 dürfen entgegen der Rspr. des VII. Senats des BFH keine anderen Maßstäbe gelten als bei § 38 (→ § 96 Rn. 5). Bei der Anfechtung und § 96 Abs. 1 Nr. 3 will jetzt auch der VII. Senat des BFH die vorinsolvenzliche Leistungserbringung mit Recht als maßgebliche Rechtshandlung ansehen (ZIP 2011, 181 = NZI 2011, 553 Rn. 25 ff.). Der Zeitpunkt der Entstehung im steuerlichen Sinne kann nach Begründung im insolvenzrechtlichen Sinne liegen (vgl. *Häsemeyer* Rn. 23.41). Demnach ist ggf. eine Aufteilung der Steuerschuld erforderlich, um die Gläubigergleichbehandlung zu wahren und kein verdecktes Fiskusvorrecht einzuführen. Im Einzelnen ist in der BFH-Rspr. die Neigung zu erkennen, Masseverbindlichkeiten recht großzügig anzuerkennen (*Kahlert* ZIP 2010, 1274 [1276 ff.]). Zu den Folgen für die Forderungsanmeldung BFH ZIP 2011, 2481.

20 **Umsatzsteuer** ist Masseverbindlichkeit, soweit der Umsatz erst nach Eröffnung erwirtschaftet wird (*Kilger/Karsten Schmidt* § 59 KO Anm. 3f), speziell zur Verwertung von Absonderungsgut vgl. § 166. Der Umsatz muss aber gerade durch den Verwalter generiert werden. Näher → Anh. Steuerrecht Rn. 194 ff. Die unternehmerische Tätigkeit des Schuldners führt nur dann zu § 55 Abs. 1 Nr. 1, wenn der Schuldner den Betrieb im Auftrag der Gläubigerversammlung oder des Insolvenzverwalters auf Rechnung der Insolvenzmasse fortführt bzw. Massegegenstände ertragbringend nutzt (BFH ZIP 2010, 2211 [2212]). Eine echte Freigabe führt dazu, dass die Umsatzsteuer nicht die Masse belastet (Braun/*Bäuerle* Rn. 24; aA BFH ZIP 2002, 230 [231] mit krit. Anm. *Onusseit* ZIP 2002, 1344 ff.). Umsatzsteuer ist keine Masseverbindlichkeit iSd Absatz 1 Satz 1 wenn der Umsatz mit **unpfändbaren Gegenständen** generiert wurde (BFHE 210, 156 [157] = BStBl. II 2005, 848 = ZIP 2005, 1376; für Kfz-Steuer BFH ZIP 2012, 42). Umsatzsteuer, die durch Leistungen des Insolvenzverwalters unter Verwendung von Massegegenständen ausgelöst wird, stellt richtigerweise keine Masseverbindlichkeit dar, wenn die Verwendung der Massegegenstände gegen oder ohne den Willen des Insolvenzverwalters erfolgt ist und der Masse kein Ertrag zufließt (*Wölber* ZInsO 2011, 264 [266]; aA NdsFG BeckRS 2009, 26030467). Der BFH hatte zunächst entschieden, bei der **Ist-Besteuerung** komme es auf den Zeitpunkt der Vereinnahmung des Entgelts und nicht, wie es richtig wäre, auf die Leistungserbringung an (BFH NZI 2009, 447 = ZIP 2009, 977). In der mit Recht viel kritisierten E. v. 9.12.2010 (NJW 2011, 1998 Rn. 22 ff.; zuletzt BFH ZIP 2014, 2451 Rn. 20 auch für das Eröffnungsverfahren und Absatz 4, dazu → Rn. 48) hat der BFH dies auch auf die **Soll-Besteuerung** erstreckt mit dem Kunstgriff, die Insolvenz führe zur **Uneinbringlichkeit** im „vorinsolvenzrechtlichen Unternehmensteil" und zur Berichtigungspflicht nach § 17 Abs. 2 S. 1 UStG und sodann führe die Vereinnahmung durch den Verwalter zur erneuten Berichtigung nach § 17 Abs. 2 UStG (zu den Folgen *Schmittmann* ZIP 2011, 1125; *Kahlert* DStR 2011, 921; *Welte/Friedrich-Vache* ZIP 2011, 1595; *Dobler* ZInsO 2012, 208). Das FG Bln-Bbg folgt dem nicht (EFG 2014, 1427; NZI 2013, 603 [604] = ZIP 2013, 1184; Revision beim BFH unter XI R 21/14). Der VII. Senat des BFH hat sich zu § 96 I Nr. 1 nunmehr auf den V. Senat zubewegt (BFH NZI 2012, 1022 Rn. 16 f.: Keine **Aufrechnung** mit Insolvenzforderungen, wenn erst nach Verfahrenseröffnung Tatbestand der Berichtigung eintritt). **Weitere Einzelheiten** → § 38 Rn. 23 f. und → **Anh. Steuerrecht** D. Rn. 194 ff.

21 Bei **Einkommenssteuer** und Lohnsteuer sowie **Körperschaftssteuer** liegen Masseverbindlichkeiten vor, wenn die Steuer auf der Tätigkeit des Verwalters nach Eröffnung beruht (BFH ZIP 1994, 1286 f.), entsprechend für die Kirchensteuer

(für Arbeitnehmerinsolvenz und Lohnsteuer aA *Viertelhausen* InVo 2002, 45 ff. [48]; Braun/*Bäuerle* Rn. 27: Zeitpunkt Zahlung). Näher → Anh. Steuerrecht Rn. 120 ff. **Zwangsverwaltung** steht der Entstehung der Masseverbindlichkeit aber nicht entgegen (FG Münster ZIP 2014, 589 [591]). Einkünfte aus der **Verwertung der Masse** sind Masseverbindlichkeiten (so BFH ZIP 2014, 1481 Rn. 22). Andere Grundsätze gelten in der Insolvenz des Arbeitgebers (BFHE 116, 20 [23] [noch zur KO]; Kübler/Prütting/Bork/*Pape/Schaltke* Rn. 44; Nerlich/Römermann/*Andres* Rn. 42 [zum Haftungsanspruch des Finanzamts]). Soweit die Steuer auf den unpfändbaren Einkommensanteil des Schuldners entfällt, ist diese aus dem insolvenzfreien Vermögen vom Schuldner selbst zu begleichen (BFH ZIP 2008, 1643 Rn. 13; Kübler/Prütting/Bork/*Pape/Schaltke* Rn. 32). Bei Veräußerung von Vermögenswerten des Schuldners im Verfahren und der damit verbundenen Realisierung von **stillen Gewinnen** muss nach zutreffender Lit. entgegen BFH (ZIP 2010, 1612 Rn. 40; 2014, 1481 Rn. 25; FG Düsseldorf ZIP 2011, 2070 [2071]) die stille Reserve, dh Wertsteigerung, nach Eröffnung entstanden sein (Braun/*Bäuerle* Rn. 26), nach Eröffnung wird sie lediglich aufgedeckt (dazu → § 38 Rn. 27).

Gewerbesteuer wird für das gesamte Kalenderjahr einheitlich veranlagt. Nach 22
§ 18 GewStG entsteht die Steuerpflicht erst nach Ablauf des Erhebungszeitraums. Daher soll bei Eintritt der Eröffnung in diesem Zeitraum eine Aufteilung nach Maßgabe der Einnahmen vor und nach Eröffnung vorzunehmen sein (Braun/*Bäuerle* Rn. 28; Kübler/Prütting/Bork/*Pape/Schaltke* Rn. 48; *Häsemeyer* Rn. 23.52); zum Ende der Steuerpflicht bei Betriebseinstellung *Häsemeyer* aaO.

Auch die **Grundsteuer** soll, obwohl Jahressteuer mit Stichtagsprinzip, aufzutei- 23
len sein, wenn die Eröffnung in das abgedeckte Kalenderjahr fällt (*Häsemeyer* Rn. 23.53; aA mit Recht OVG Berlin-Brandenburg KKZ 2009, 42 [43 ff.]; *Kilger/Karsten Schmidt* § 58 KO Anm. 3g). Anders als bei Gewerbesteuer wird hier aber an das ruhende Grundstück angeknüpft. Daher kommt es erst im Folgejahr zu einer Masseverbindlichkeit, sofern nicht Zwangsverwaltung besteht (VG Düsseldorf mAnm *Frotscher* EWiR 1986, 389) oder Freigabe erfolgt ist.

Bei der **Kfz-Steuer** ist zwischen dem Zeitraum vor und nach Eröffnung 24
aufzuteilen (BFH ZInsO 2005, 495 mwN = ZIP 2005, 264 ff. [265] mwN; BFH ZInsO 2011, 2188 Rn. 13; ZIP 2012, 2306 Rn. 16; 2014, 979 Rn. 5; NZI 2015, 41 Rn. 6). Bei Freigabe entfällt die Steuerpflicht des Verwalters ex nunc, zumindest wenn und weil damit die Haltereigenschaft entfällt, mag auch Steuerpflicht als solche erst mit Abmeldung entfallen, pflichtig wird dann der Schuldner (verfehlt BFH ZIP 2008, 283 Rn. 6; NZI 2008, 120; 2008, 59 ff. [60] mAnm *Henkel;* NZI 2010, 497 [498] mAnm *Ries;* FG München ZIP 2006, 1881 f.; dazu *D. Roth* ZInsO 2008, 304; *Kranenberg* NZI 2008, 81; vgl. auch BGH ZIP 2010, 380 [381]), in praxi empfiehlt sich Mitteilung an Zulassungsbehörde und Finanzamt (Kübler/Prütting/Bork/*Pape/Schaltke* Rn. 54); erst recht keine Masseschuld bei unpfändbarem Kfz (zur Umsatzsteuer BFHE 210, 156 [157] = BFH BStBl. II 2005, 848 = ZIP 2005, 1376 [1377]; → Rn. 19). Bei unpfändbarem Kfz kann auch keine Masseverbindlichkeit entstehen (FG Saarl NZI 2011, 912 [913]; FG Bln-Bbg NZI 2013, 912; vgl. aber BFH ZIP 2012, 42). Gegen einen **Erstattungsanspruch** bezogen auf die Zeit nach Eröffnung scheitert die Aufrechnung mit Insolvenzforderungen nicht an § 96 Abs. 1 Nr. 1 (BFH ZIP 2014, 979 Rn. 17).

Neben Steuern können auch **öffentliche Lasten** wie zB Erschließungskosten 25
Masseverbindlichkeiten nach Absatz 1 Nr. 1 Alt. 2 sein, soweit die Forderung nach Eröffnung begründet wird (OVG Weimar ZIP 2007, 880 [881]; MüKoInsO/*Hefermehl* Rn. 74); durch Freigabe kann dies abgewendet werden (zur Umsatzsteuer → Rn. 19). Gebühren für die **Notierung von Wertpapieren** an einer Börse sind Masseverbindlichkeiten, wenn die Erfüllung des Gebührentatbestandes

nach der Eröffnung des Insolvenzverfahrens erfolgt (BVerwG NJW 2010, 2152 Rn. 12 ff.); ebenso nach Eröffnung zu erfüllende Umlageforderungen der **BaFin** (VGH Kassel ZIP 2010, 1507) und sich auf die Zeit nach Verfahrenseröffnung beziehende Kosten der **Enforcement-Prüfung** (OLG Frankfurt a. M. ZIP 2013, 420 [421]). Zur **Zollschuld** HessFG BeckRS 2010, 26030317. Der Rechtsboden für die Forderung auf **Rückzahlung einer Subvention** ist idR schon vor Eröffnung gelegt (OVG Frankfurt (Oder) ZInsO 2014, 1162 = ZIP 2014, 1846).

26 **3. Altlasten.** Auch ordnungsrechtlich begründete Pflichten können auf den Verwalter übergehen (näher → § 80 Rn. 68 f.). Die **hM** (statt vieler *Lüke* Kölner Schrift InsO Kap. 22) unterscheidet im Ausgangspunkt zwischen der **Ordnungspflicht,** deren **Einordnung als Insolvenzforderung oder Masseverbindlichkeit** und der **Pflichtigkeit gerade des Verwalters.** Anders *Karsten Schmidt* (zuletzt NJW 2010, 1489; 2012, 3344 und 2012, 3344 m. Nachw.): Die Pflichtigkeit könne mangels Anspruchsqualität nicht als Insolvenzforderung oder Masseverbindlichkeit eingeordnet werden; ordnungspflichtig sei stets die Gesellschaft. Fraglich ist freilich, ob die Natur der Pflichtigkeit wirklich einer Einordnung in § 38 oder § 55 entgegensteht; immerhin hängen von dieser Zuordnung auch weitere wichtige Folgen zB für den Vollstreckungsschutz ab.

27 Die Rspr. der Verwaltungsgerichte fragt auf der Grundlage ihrer Prämissen danach, ob gerade der Verwalter **Zustands- oder Handlungsstörer** sei. Die Ordnungspflicht kann sich ergeben aus einer Zustandsverantwortlichkeit als Inhaber der tatsächlichen Gewalt aus § 4 Abs. 3 S. 1 BBodSchG, aus Betreiberstellung einer Anlage (§ 5, 22 BImschG) oder aus einschlägigem Ordnungsrecht der Länder. Die Handlungsverantwortlichkeit des Schuldners kann nicht ohne weiteres auf den Verwalter übergehen oder jedenfalls nur eine Insolvenzforderung begründen (BVerwG NZI 2005, 51 [52]); nur eine Neubegründung durch Verwalter sei denkbar. Für die Zustandsverantwortlichkeit ist fraglich, ob der **bloße Besitz des Verwalters** ausreicht. Das richtet sich – insoweit mit Recht BVerwG aaO – wie auch sonst nach dem Sachrecht. Da § 4 Abs. 3 S. 1 BBodSchG, §§ 11 Abs. 1, 3 Abs. 6 KrwG/AbfG allein an **tatsächliche Sachherrschaft** anknüpft, kann Besitzergreifung durch Verwalter ausreichen (BVerwG ZIP 2004, 1766 [1767]; NZI 2005, 51). Anders ist es, wenn das einschlägige Recht an das Betreiben einer Anlage anknüpft, dann reicht Sachherrschaft nicht aus (BVerwG NVwZ 2008, 583 = ZInsO 2008, 560 (BBergG); NZI 2005, 51 f.; 1999, 37 [38]), ebenso wenig bloß sicherstellende Arbeiten.

28 Ist die Störereigenschaft festgestellt, so folgt nach BVerwG aus der Ordnungspflicht des Verwalters als Zustandsstörer stets auch die **Qualität der Ordnungspflicht als Masseverbindlichkeit** nach § 55 Abs. 1 Nr. 1, auch soweit die Grundstücke bereits vor Eröffnung belastet waren (BVerwG ZIP 1984, 722 [723]; 2004, 1766; NZI 2005, 51; dazu *Eckardt* AbfallR 2008, 197 [200 ff.]). Die eigentliche Streitfrage bildet dann regelmäßig die **Einordnung von Ersatzvornahmekosten.** Das BVerwG und Teile der Lehre folgern aus der Ordnungspflicht gerade des Verwalters auch den Masseschuldcharakter der Ausgleichsforderung (BVerwG aaO; ZIP 1999, 538 [549]; MüKoInsO/*Hefermehl* Rn. 97; HambK-InsO/*Jarchow* Rn. 73). Der BGH lehnt eine generelle Beurteilung als Masseverbindlichkeit ab, entscheidend sei insolvenzrechtlich die **Nutzung der Sachen durch den Verwalter für die Masse** nach Eröffnung (BGHZ 150, 305 [311] = NZI 2002, 425 [426 f.] = ZIP 2002, 1043; ZIP 2001, 1469 [1471 f.]; vgl. *Pape* FS Kreft, 2004, 445 [457 ff.]; idS Jaeger/*Henckel* § 38 Rn. 26: Kosten der Ersatzvornahme haftungsrechtlich neutral).

29 Was zunächst die Pflichtigkeit selbst angeht, so ist richtigerweise – wie bei Steuerschulden – auf eine **insolvenzrechtliche Betrachtung** abzustellen. Nach Absatz 1 Nr. 1 ist entscheidend, dass die Verbindlichkeit gerade „aus der Ver-

waltung und Verwertung" herrührt. Insoweit lässt sich durchaus unterscheiden: bloße sicherstellende tatsächliche Sachherrschaft mag zwar eine Ordnungspflicht (der vom Verwalter nur repräsentierten Gesellschaft) begründen, aber stellt noch keine Verwaltung iSd Insolvenzrechts dar (ähnlich für **Massebefangenheit** bei → § 47 Rn. 7). Denkbar wäre eine **vermittelnde Ansicht:** Keine Haftung der Masse für eine bereits existente Ordnungspflicht, wenn der Verwalter das Grundstück nicht durch Verwaltungstätigkeit über die reine Besitznahme hinaus „massebefangen" macht. Dann muss sich die Behörde mit dem Schuldner selbst auseinandersetzen. Umgekehrt Haftung der Masse auch für ein bereits bei Eröffnung kontaminiertes Grundstück, wenn der Verwalter (aber Gefahr der Haftung nach § 60) das Grundstück sozusagen „massebefangen" macht; ähnlich oben für Prozesshandlungen → Rn. 12.

Bei Steuerschulden wird unterschieden nach der Zäsur der Eröffnung 30 (→ Rn. 18; darauf hinweisend auch *Lüke* Kölner Schrift InsO Kap. 22 Rn. 45). Für die bloße Pflichtigkeit ist dieser Umstand kaum tauglich, da es sich im Falle von Altlasten eben anders als bei konkreten Steuerforderungen gewissermaßen um einen Dauerzustand der fortwährenden Beeinträchtigung und Gefährdung der Allgemeinheit handelt, so dass die **Verwaltung des Grundstücks** stets wie eine **Neubegründung der Pflichtigkeit** wirkt.

Dem Eröffnungszeitpunkt könnte aber bei der **konkreten Ausgleichsforderung** wegen einer von der Behörde vorgenommenen Ersatzvornahme Rechnung 31 getragen werden (idS Jaeger/*Henckel* § 38 Rn. 25). Diese Kosten resultieren letztlich aus der Realisierung der Pflichtigkeit. Die Realisierung der Geldforderung soll nicht von einer Vollstreckung aufgrund der Pflichtigkeit vor oder nach Eröffnung abhängig sein. Insoweit ließe sich in Anlehnung an Steuerforderungen danach unterscheiden, ob bei Eröffnung bereits eine Ordnungspflicht begründet war oder nicht; und „begründet" iSd Insolvenzrechts ist die Ausgleichsforderung unabhängig davon, ob die Ersatzvornahme tatsächlich erst nach Eröffnung vorgenommen wird (vgl. → § 38 Rn. 22). Ein denkbares Gegenargument gegen diese Unterscheidung wäre freilich, dass die Masse auch die Nachteile tragen soll, wenn sie durch Nutzung aus dem Grundstück Vorteile zieht.

Besonders str. ist im Gefolge der Konzeption der Rspr., ob der Verwalter die 32 nach BVerwG begründete Haftung der Masse für die Kosten der Ersatzvornahme durch **Freigabe** des Grundstücks (nicht nur Freigabe der Abfälle oder Schadenstoffe, BVerwG NZI 1999, 37 [38] = ZInsO 1999, 50 [51]: unbeachtlich) abwenden kann (generell ablehnend *Karsten Schmidt* ZIP 2000, 1913 [1919]; NJW 2010, 1489 [1492 f.]). Das wird verneint bei **Inanspruchnahme als Verhaltensstörer** (BVerwG NZI 2005, 51 [52]; 1999, 37 [38 f.]), nicht aber bei Zustandsverantwortlichkeit (→ § 35 Rn. 43; BVerwG ZIP 2004, 1766 [1767]; NZI 2005, 51; ZIP 1984, 722 [723]; VGH Kassel NJW 2010, 1545 [1546]; OVG Lüneburg NJW 2010, 1546); im letzteren Fall trifft dann wieder den Schuldner die Haftung.

IV. Verbindlichkeiten aus gegenseitigen Verträgen (Absatz 1 Nr. 2 Alt. 1)

Dieser Fall ist spezieller gegenüber Absatz 1 Nr. 1. Gegenseitige Verträge, deren 33 Erfüllung zur Insolvenzmasse verlangt wird, meint die Fälle des § 103, in denen der Verwalter bei nicht vollständig erfüllten Verträgen die Erfüllungsoption wählt. Das Wahlrecht ist schon in § 55 mitangelegt (so *Stamm* KTS 2011, 421 [430], der § 103 für deklaratorisch hält – das vermengt allerdings Wahloption und die Rangfrage). Der Vertragspartner, der zur Leistung an die Masse verpflichtet ist, soll seinerseits volle Befriedigung für seine Gegenleistung beanspruchen dürfen (BGH NJW 1979, 310). Der Begriff des gegenseitigen Vertrags ist wie bei § 103 zu verstehen. Damit sind Verträge gemeint, aus denen jeder Teil dem anderen Teil eine Leistung schuldet und bei denen jede Leistung deshalb geschuldet wird, weil die andere geschuldet wird (BGH NZI 2009, 235 Rn. 15). Soweit Verträge kraft gesetzlicher Anordnung erlöschen (§§ 115, 116, 118), kommt die Vorschrift nicht in Betracht (zur insolvenzbezogenen Vertragsgestaltung vgl. auch *Thole* KTS 2010, 383). Fortbestehende Dauerschuldverhältnisse ohne Erfüllungswahl sind in Absatz 1 Nr. 2 Alt. 2 geregelt. § 55 findet auch bei Erfüllungswahl eines **Rückgewährschuldverhältnisses** Anwendung (HK-InsO/*Lohmann* Rn. 16; OLG Celle BeckRS 2011, 02376; str. offen BGH NZI 2009, 235 Rn. 9 mN). Tritt der durch eine **Vormerkung** gesicherte Käufer nach Zahlung des Kaufpreises wegen eines Rechtsmangels von dem Grundstückskaufvertrag zurück und wird danach ein Insolvenzverfahren über das Vermögen des Verkäufers eröffnet, kann der Insolvenzverwalter von dem Käufer aber Bewilligung der Löschung der Vormerkung verlangen, ohne an ihn den Kaufpreis aus der Masse erstatten zu müssen, keine Verknüpfung über ein Zurückbehaltungsrecht (BGH NZI 2009, 235 Rn. 9). Bei Ablehnung der Erfüllung hat der andere Teil nur eine Insolvenzforderung, § 103 Abs. 2 S. 2.

34 Inhaltlich umfasst § 55 Abs. 1 Nr. 2 nicht nur den eigentlichen Erfüllungsanspruch einschließlich des zugehörigen **Nacherfüllungsanspruchs** (BGH NZI 2006, 575 Rn. 12); sondern auch vertragliche **Sekundäransprüche,** soweit die tatbestandsbegründende Pflichtverletzung nach Eröffnung liegt (weiter wohl MüKoInsO/*Hefermehl* Rn. 111 und die hM; Nachweise bei → § 103 Rn. 42). Fraglich und eher zu verneinen ist die Masseschuldqualität bei vollständiger Begründung der Forderung vor Eröffnung (aA HambK-InsO/*Jarchow* Rn. 11), das gilt insbes. bei Verzugsschaden, Schadensersatz neben der Leistung oder bereits verwirkter **Vertragsstrafe** (diff. auch Uhlenbruck/*Wegener* § 103 Rn. 142) sowie bei **Entschädigungsansprüchen** nach **§ 546a BGB** (OLG Koblenz ZInsO 2013, 1746). Zugegebenermaßen ist insoweit das Äquivalenzprinzip argumentativ aber nicht tauglich, da man es auch als dessen Ausdruck ansehen könnte, den Vertrag so zu erfüllen, wie er steht und liegt. Die Frage ist in diesem Kommentar bei → § 103 Rn. 42 näher zu entfalten. Zum Mietverhältnis → Rn. 34. Bei **Teilbarkeit der geschuldeten Leistungen** greift § 105, so dass der andere Teil wegen des der bereits erbrachten Teilleistung entsprechenden Betrags nur Insolvenzgläubiger ist (BGHZ 150, 353 [359] = NJW 2002, 2783; ZIP 1997, 688 [689]; im Einzelnen → § 105 Rn. 9 ff.).

V. Verbindlichkeiten bei Erfüllungszwang (Absatz 1 Nr. 2 Alt. 2)

35 Erfasst ist der Anspruch auf Übereignung im **Fall des § 107 Abs. 1,** wenn der Eigentumsvorbehaltskäufer vom insolventen Verkäufer Erfüllung verlangen kann, so dass sein **Anwartschaftsrecht** insolvenzfest ist (→ § 107 Rn. 13). § 55 erfasst darüber hinaus insbes. den Fall des **§ 108** bei Miet- und Pachtverträgen über Immobilien (vgl. zu Mobilien BGH NZI 2008, 295 Rn. 9, 15), und Dienstverträge nach § 113. Bei **Mietverträgen** ist umfasst der Anspruch auf Zahlung von Miete oder Pacht, da er erst aufschiebend befristet zum Anfangstermin der jeweiligen Nutzungsüberlassung entsteht (BGH NZI 2007, 158 Rn. 12). Schadensersatzansprüche bei Kündigung durch Verwalter sind Insolvenzforderungen **(§ 109 Abs. 1 S. 2);** Ansprüche des Vermieters nach §§ 546a, 584b wegen verspäteter Rückgabe sind Masseverbindlichkeit bei Anfall nach Nutzung durch Verwalter (BGH NJW 1984, 1527 [1528]). Keine Masseverbindlichkeiten entstehen, wenn das Mietverhältnis **vor Eröffnung beendet** war (BGH NJW 1994, 516 [517]; NZI 2007, 287 Rn. 11; BeckRS 2008, 08450; *Kilger/Karsten Schmidt* § 59 KO Anm. 4a). Schadensersatzansprüche und Erstattungsansprüche wegen Instandsetzung und **Schönheitsreparaturen** sind gleichermaßen keine Masseschulden (OLG Hamburg KTS 1978, 258 [259]), allerdings nur insoweit nicht, wie es die

Tatbestandsverwirklichung vor Eröffnung betrifft (idS BGH NZI 2002, 425; aA wohl *Kilger/Karsten Schmidt* § 59 KO Anm. 4a). Entscheidend ist daher, ob die Schönheitsreparatur schon erforderlich war (OLG Celle ZIP 1992, 714 [715]) bzw. nicht erforderlich war – Beweislast richtigerweise beim Vermieter, aber sekundäre Darlegungslast des Insolvenzverwalters. War die Reparatur bei Eröffnung geschuldet, kann eine weitere Verschlechterung durch kurzfristige Nutzung des Verwalters die Forderung nicht zur Masseverbindlichkeit aufwerten (ähnlich Uhlenbruck/*Sinz* Rn. 58). Gleiches gilt für einen **Wiederherstellungsanspruch** (BGH NZI 2001, 531 [532]; Uhlenbruck/*Sinz* Rn. 59). Der **Räumungsanspruch** ist also nur bei Nutzung der Sache durch den Verwalter Masseverbindlichkeit (vgl. BGHZ 150, 305 [311 f.] = NJW-RR 2002, 1198; OLG Hamm ZIP 2014, 186 [189]); zur Aussonderung → § 47 Rn. 7. Bei Verstoß gegen die **Kautionssonderungspflicht** (§ 551 Abs. 3 S. 3 BGB) nur Insolvenzforderung (BGH NJW 2008, 1152 Rn. 8). Die von der Eröffnung bis zur Kündigung der **Leasingverträge** fälligen Leasingraten sind in der Insolvenz des Leasingnehmers Masseforderungen (OLG Düsseldorf ZIP 2010, 2212).

Bei **Dienst- und Arbeitsverträgen** iSd **§ 113** ist der Entgeltanspruch am 36
bedeutsamsten. Abgrenzungskriterium für die Einordnung ist, wann die Arbeitsleistung zugunsten der Masse erbracht wurde. Die Fälligkeit des **Lohnzahlungsanspruchs** und damit eine etwaige Stundung sind unerheblich (BAG NZA 2005, 408 [409] = ZIP 2005, 457; → § 108 Rn. 14 f.); ebenso keine Masseverbindlichkeiten sind wegen ihres Nachteilsausgleichszwecks Vereinbarungen über **Abfindungen** zwischen Arbeitnehmer und Schuldner, auch wenn der Anspruch erst durch Beendigung des Arbeitsverhältnisses nach Eröffnung entsteht (BAG ZIP 2008, 374 [376]; 1981, 1021 [1022]), dem ist wegen der sonst drohenden Missbrauchsgefahr zu folgen. Ebenso liegt nach hM nur eine Insolvenzforderung vor, wenn der Abfindungsanspruch auf einem **Sozialplan** oder Vergleich vor Eröffnung beruht (BAG NZI 1999, 334 [335]; OLG Frankfurt a. M. NZI 2004, 667; Uhlenbruck/*Sinz* Rn. 77). Die Masse haftet nicht für Vergütungsansprüche aus vom Schuldner geschlossenen Arbeitsverträgen nach Freigabe von Betriebsmitteln durch den Insolvenzverwalter (BAG NZI 2008, 762 Rn. 17 ff.). § 55 Abs. 1 Nr. 2 Alt. 2 deckt Nebenleistungsansprüche wie Fahrtkosten, vermögenswirksame Leistungen, Umlagen (HambK-InsO/*Jarchow* Rn. 40), Gratifikationen ab, ferner den Urlaubs- und der **Urlaubsabgeltungsanspruch,** auch bei „Rüberziehen" nicht genutzter Tage aus dem Vorjahr (Kübler/Prütting/Bork/*Pape/Schaltke* Rn. 170; BAG ZInsO 2004, 1325 [1327] = ZIP 2003, 1802 [1803] = NZI 2004, 102 f.; ZIP 2007, 834 Rn. 11 [aber nicht umfassende Neumasseverbindlichkeit, Rn. 22]; zw.) und auch dann, wenn die Zeit nach Eröffnung bis zur Beendigung des Arbeitsverhältnisses nicht ausgereicht hätte, den Abgeltungsanspruch zu erfüllen (BAG ZInsO 2004, 1325 [1327] mwN); sowie den Zuschuss nach § 3 Abs. 2 MuSchG. Eine **Halteprämie,** die stichtagsbezogen die Betriebstreue honoriert, ist keine Masseverbindlichkeit, wenn der Stichtag vor Insolvenzeröffnung lag und umgekehrt (BAG NZI 2014, 38 Rn. 38 ff.; ZIP 2014, 37 Rn. 43; 2014, 139 Rn. 31, letzteres zw.); Entsprechendes gilt bei einem **Incentive-Bonus;** sie sind dem Zeitraum zuzuordnen, für den sie als Gegenleistung geschuldet sind (BAG NZI 2013, 360 Rn. 19). Der **Lohnanspruch** bleibt Masseverbindlichkeit auch bei Nichterbringung der Arbeitsleistung wegen § 615 BGB, aber Anrechnungspflicht nach § 615 S. 2 BGB (LAG Kiel NZA-RR 1997, 286). **Entgeltfortzahlung** berührt den Charakter der Forderung nicht (Jaeger/*Henckel* Rn. 70). Auch eine Freistellung beseitigt den Masseschuldcharakter nicht, anders bei vorinsolvenzlich vereinbarter Freistellung (BAG ZInsO 2002, 947 Ls.: kein § 615; vgl. a. LAG Köln NZI 2011, 299 = ZIP 2011, 970). Durch Vereinbarung mit **Betriebsrat** können Insolvenzforderungen nicht umgewandelt werden (vgl. Uhlenbruck/*Sinz* Rn. 65). Bei Freistellung ohne Bezahlung kann der Anspruch auf Arbeits-

lohn nach §§ 143 Abs. 3 SGB III, 115 SGB X auf BfA übergehen und dann als Masseschuld rangieren. Ansprüche nach § 113 Abs. 3 BetrVG sind Masseverbindlichkeit bei Tatbestandsverwirklichung durch den Verwalter, aber nicht, wenn schon der Schuldner die Betriebsänderung ohne den Betriebsrat in Gang gesetzt hatte (BAG NZI 2003, 271; ZIP 1989, 1205 [1206]). Der Anspruch auf Karenzentschädigung **des Handelsvertreters** aus mit Schuldner abgeschlossener vertraglicher **Wettbewerbsabrede** ist ohne weitere Erklärungen kein Anspruch nach Alt. 1 (BGH NZI 2009, 894 Rn. 2 f.; aA HambK-InsO/*Jarchow* Rn. 44). Zur **Altersteilzeit** und zur betrieblichen Altersversorgung und *Hinrichs/Tholuck* ZInsO 2011, 1961. Wegen Details vgl. die Spezialliteratur nach Schrifttum zu § 53.

VI. Verbindlichkeiten wegen Bereicherung (Absatz 1 Nr. 3)

37 Die Vorschrift trägt dem **Bereicherungsverbot** Rechnung. Bereichert sein muss die Masse, nicht der Schuldner in Person und mit dem insolvenzfreien Vermögen. Eine Bereicherung des Schuldners und ein daraus entstehender Anspruch nach §§ 812 ff. BGB begründen lediglich eine Insolvenzforderung (BGH ZInsO 2007, 1228 Rn. 9 = NJW-RR 2008, 295; NZI 2009, 235 Rn. 20). Die Masse muss **nach Insolvenzeröffnung** etwas ohne Rechtsgrund erlangt haben. Insoweit ist § 55 Abs. 1 Nr. 3 eine Einschränkung zur Einbeziehung von Neuerwerb in § 35 (Jaeger/*Henckel* Rn. 80); der Bereicherungsgläubiger darf den Gegenstand wieder aus der Masse abziehen. Es besteht aber Gleichrang mit Verbindlichkeiten nach Absatz 1 Nr. 1 und 2. Entscheidend ist in zeitlicher Hinsicht der **Zufluss des Vorteils nach Eröffnung;** ob der Rechtsgrund erst nach oder mit Eröffnung wegfällt, ist dann unerheblich (BGHZ 155, 199 [206] = NJW 2003, 3345 [3347]; NZI 2009, 475 Rn. 12; 2011, 143 Rn. 9; NJW 2015, 1171 Rn. 16 [Rückbuchung Lastschrift]). Wird nach Eröffnung auf ein **Pfändungsschutzkonto** ohne Rechtsgrund gezahlt, handelt es sich im Lichte des § 35 und des § 80 im Ganzen um eine Bereicherung der Masse, auch wenn die Erhöhung des Guthabens dem Schuldner durch Auszahlung als unpfändbarer Betrag zugutekommt (und dem Verwalter durch Erhöhung des pfändbaren Teils); die durch die Bank vermittelte Auszahlung an den Schuldner beruht letztlich auf Leistung des Verwalters, der die Soll-Masse herstellt (tendenziell BGH ZVI 2007, 78; anders tendenziell wohl *Busch* VIA 2010, 57 [58]: Konto als Ganzes insolvenzfest; zur Teilung der Verfügungsbefugnis *Büchel* ZInsO 2010, 20 [27]).

38 § 55 Abs. 1 Nr. 3 gilt nach hM nicht für Bereicherungsansprüche gegen einen **starken vorläufigen Verwalter** (MüKoInsO/*Hefermehl* Rn. 206; Uhlenbruck/*Sinz* Rn. 85; HambK-InsO/*Jarchow* Rn. 19; aA Jaeger/*Henckel* Rn. 92). Der Wortlaut des Absatz 2 spricht aber nicht zwingend gegen eine solche Erweiterung. Das gilt jedenfalls für Fälle der Leistungskondiktion. Es kann von Zufällen geprägt sein, ob der vom starken vorläufigen Verwalter eingegangene Vertrag wirksam ist oder nicht. Bei Wirksamkeit gälte § 55 Abs. 2 S. 1, bei Unwirksamkeit wäre der Gläubiger auf eine Insolvenzforderung beschränkt. Wenn man Deliktsforderungen in Absatz 2 Satz 1, Absatz 1 Nr. 1 einbezieht, kann man Bereicherungsansprüche eigentlich kaum anders behandeln; jedenfalls wenn sie bei vertraglichem Kontakt entstanden sind. Freilich hat der Gesetzgeber mit § 55 Abs. 4 für einzelne „Zwangsgläubiger" eine Regelung getroffen.

39 Ein Anspruch aus Rückgriffskondiktion gegen die Masse wegen **Tilgung einer Insolvenzforderung** soll keine Masseverbindlichkeit sein (BGH NJW 1962, 1200 [1202]), erforderlich für Absatz 1 Nr. 3 ist also **unmittelbare Bereicherung** (zur Nutzung eines Mietobjekts OLG Hamburg ZInsO 2009, 333 [334]). Zu Spezialfällen des § 55 Abs. 1 Nr. 3 → Rn. 48.

VII. Vorläufiger Verwalter (Absatz 2)

1. Allgemeines. Absatz 2 trägt der umfangreichen Handlungsbefugnis eines starken vorläufigen Verwalters (§ 22 Abs. 1 iVm § 21 Abs. 2 Nr. 2 Alt. 1) Rechnung. Er soll ebenso wie der endgültige Verwalter Verträge schließen und erfüllen können, um die Befriedigung des Gegenleistungsanspruchs sicherzustellen und damit die Betriebsfortführung gewährleisten zu können. Damit sind Treuhandlösungen insoweit nicht erforderlich (zur Treuhand und zur Gläubigersicherung *Windel* ZIP 2009, 101; *Bork* ZIP 2003, 1421 [1423 f.]). Allerdings ist der Zweck der Norm nicht auf rechtsgeschäftliches Handeln begrenzt (→ Rn. 5 aE). Die Frage, ob der **vorläufig eigenverwaltende Schuldner** Masseverbindlichkeiten begründen kann, ist bei § 270a behandelt (dort → § 270a Rn. 6). Der **Wertersatzanspruch nach § 21 Abs. 2 S. 1 Nr. 5 S. 1 Teils. 3** ist ein Fall des § 55 Abs. 2 (BGH NZI 2012, 369 Rn. 25 = ZIP 2012, 779), ebenso der **Nutzungsausfallanspruch** (BGHZ 183, 269 = NZI 2010, 95 Rn. 40). 40

2. Begründung von Masseverbindlichkeiten durch starken vorläufigen Verwalter (Absatz 2 Satz 1). Absatz 2 ist nur auf einen starken vorläufigen Verwalter, auf den die Verwaltungs- und Verfügungsbefugnis übergegangen ist, anwendbar. Die Vorschrift gilt **nicht analog für einen schwachen vorläufigen Verwalter,** auf den die Verfügungsbefugnis nicht übergegangen ist (BGHZ 151, 353 [358] = BGH NJW 2002, 3326 [3327]; ZIP 2003, 810; NZI 2008, 39 Rn. 9; 2011, 143 Rn. 9; Jaeger/*Henckel* Rn. 88 mwN); auch **nicht bei Zustimmungsvorbehalt.** Es ist allerdings anerkannt, dass das Insolvenzgericht den schwachen vorläufigen Verwalter im Wege einer **Einzelermächtigung** ermächtigen darf, zu Lasten der späteren Masse einzelne Masseverbindlichkeiten zu begründen (BGH NJW 2015, 1171 Rn. 18; offen allerdings OLG Frankfurt a. M. ZIP 2013, 1634 [1636]); pauschale Ermächtigung und sog Vorrang-Ermächtigung (dafür AG Hamburg ZInsO 2004, 1270; mit Recht krit. *Marotzke* ZInsO 2005, 561) genügen nicht (OLG Saarbücken 22.5.2014 – 4 U 99/13, ZIP 2014, 1791 = NZI 2014, 804 für Übertragung der Arbeitgeberbefugnisse; näher *Laroche* NZI 2010, 965 [968 ff.]). Absatz 2 verweist auf die Fälle des Absatz 1. Absatz 1 Nr. 2 kommt allerdings nicht in Betracht, da das Erfüllungswahlrecht ausschließlich beim endgültigen Verwalter liegt. Daher gilt § 55 Abs. 2 **nicht für Altverträge.** Praktisch relevant sind in erster Linie rechtsgeschäftliche Verbindlichkeiten, aber auch deliktische Handlungen des vorläufigen Verwalters sollen ebenso erfasst sein wie **Umsatzsteuerforderungen** (Begr. RegE, BT-Drs. 12/2443, 126), was mit dem Zweck des Vertragspartnerschutzes allerdings nur bedingt zu erklären ist (vgl. *Marotzke* ZInsO 2010, 2163 [2171 f.]). Zu Bereicherungsansprüchen iSd Absatz 1 Nr. 3 soeben → Rn. 37. Zur **Anfechtung von Handlungen des vorläufigen Verwalters** → § 129 Rn. 38. 41

3. Verbindlichkeiten aus Dauerschuldverhältnissen (Absatz 2 Satz 2). Satz 2 erfordert ebenfalls einen starken vorläufigen Verwalter; keine analoge Anwendung auf einen schwachen vorläufigen Verwalter (BGHZ 151, 353 [358 ff.] = NJW 2002, 3326). Erfasst sind die bereits bestehenden Dauerschuldverhältnisse. Vom Verwalter neu begründete Verhältnisse fallen unter Satz 1, sind also unabhängig von Vereinnahmung der Gegenleistung Masseverbindlichkeiten. Gemeint sind nicht nur die nach § 108 die Eröffnung überdauernden Verträge (aA HK-InsO/*Lohmann* Rn. 32), sondern zumindest auch die Fälle des § 113 InsO (Jaeger/*Henckel* Rn. 93). Ob darüber hinaus alle Dauerschuldverhältnisse einschließlich Sukzessivlieferungsverträge, **Energielieferungsverträge** etc erfasst sind (so Uhlenbruck/*Sinz* Rn. 96; HambK-InsO/*Jarchow* Rn. 26) ist fraglich, weil mit der Eröffnung das Erfüllungswahlrecht des § 103 greift; immerhin kann es Sinn 42 haben, im „unsicheren" Stadium der Eröffnung die Gegenpartei zu schützen und dadurch eine einstweilige Betriebsfortführung zu stützen. § 55 Abs. 2 geht § 108 Abs. 2 vor (BGH ZIP 2002, 1625 [1626] = ZInsO 2002, 819; BAG ZInsO 2001, 1174 [1175]).

43 Der vorläufige Verwalter muss die Gegenleistung entgegengenommen haben. Das setzt eine **aktive Inanspruchnahme** voraus bzw. umgekehrt zur Abwehr der Masseverbindlichkeit Freistellung der Arbeitnehmer oder Angebot der Rückgabe der Mietsache (Kübler/Prütting/Bork/*Pape/Schaltke* Rn. 221).

VIII. Rückstufung der BfA-Ansprüche (Absatz 3)

44 Absatz 3 knüpft an das Insolvenzgeld nach §§ 165 ff. SGB III an. Hat ein Arbeitnehmer Insolvenzgeld beantragt, so geht der Anspruch auf Arbeitslohn schon mit dem Antrag auf die BfA nach § 169 SGB III über. Dieser Anspruch hätte nach Absatz 2 Satz 2 in der Insolvenz den Charakter als Masseverbindlichkeit, wenn und weil ein starker vorläufiger Verwalter die Arbeitsleistung in Anspruch nimmt. Diese Qualität würde sich ohne Absatz 3 durch die cessio legis nicht ändern (für Rückstufung praeter legem daher schon bisher BAG NZI 2002, 118 [119]). Aus diesem Grund sahen sich manche Gerichte vor Einführung von Absatz 3 durch InsOÄndG vom 26.10.2001 gezwungen, von der Bestellung eines starken vorläufigen Verwalters abzusehen oder bestimmte Treuhandmodelle zu entwickeln (Jaeger/*Henckel* Rn. 84), um insbes. die Insolvenzgeldvorfinanzierung (dazu *Klüter* WM 2010, 1483) nicht zu gefährden. Nunmehr stuft Absatz 3 die auf die BfA übergegangen Forderungen zu Insolvenzforderungen herab (teils krit. Jaeger/*Henckel* Rn. 87). § 55 Abs. 3 S. 2 erstreckt die Rückstufung auch auf die nach § 175 Abs. 1 SGB III nicht auf die BfA übergehenden Ansprüche auf Abführung der Sozialversicherungsbeiträge, die weiterhin von den Einzugsstellen eingezogen werden und gegenüber dem Schuldner bestehen bleiben. Damit wird auf § 175 Abs. 2 SGB III angespielt, der seinerseits greift, wenn auf Antrag der Einzugsstelle der Schuldbeitritt der BfA nach § 175 Abs. 1 SGB III „aktiviert" wurde, also die Agentur für Arbeit die Beiträge gezahlt hat. Hat der Schuldner selbst an die Einzugsstelle gezahlt, gelten für den Anspruch der Einzugsstellen allgemeine Regeln.

IX. Masseverbindlichkeiten aus Steuerschuldverhältnis (Absatz 4)

45 Die Einführung des Absatz 4 geht auf mehrere gescheiterte Versuche zurück, zu einem Konkursvorrecht nach dem Vorbild des § 61 KO in modifizierter Form zurückzufinden, um den Ausfall öffentlicher Gläubiger, insbes. des Fiskus zu bremsen. Mehrere gesetzgeberische Anläufe sind zunächst nicht weiter verfolgt worden (dazu umfassend *Marotzke* ZInsO 2010, 2163 [2170 ff.]; zur Anfechtung → § 133 Rn. 19). Hintergrund ist der Versuch, die Forderungen öffentlicher Gläubiger auch dann zu privilegieren, wenn Absatz 2 mangels Einsetzung eines starken vorläufigen Verwalters nicht eingreift, ohne allerdings die Betriebsfortführung zum Scheitern zu verurteilen (zur Umsatzsteuer → Rn. 19). Begründet wird die jetzt in Absatz 4 vorgenommen Aufwertung der Steuerforderung ua mit der Position des Fiskus als Zwangsgläubiger (Begr. RegE, BT-Drs. 17/3030, 43). **Rechtspolitisch** ist die Regelung **fragwürdig,** weil der Fiskus gerade keine Leistung in das Massevermögen erbringt. Soweit man bereits über § 55 Abs. 1 zu einer Masseverbindlichkeit kommt (wie BFH NJW 2011, 1998 [1999], zw.; → Rn. 18), bedarf es des Rückgriffs auf Absatz 4 praktisch nicht.

46 Absatz 9 enthält **kein umfassendes Fiskusvorrecht.** Eine analoge Anwendung auf andere öffentlich-rechtliche Forderungen und Gläubiger verbietet sich (zum Sozialversicherungsträger vgl. § 28e Abs. 1 S. 2 SGB V; § 133). Erfasst sind nach dem gesetzgeberischen Willen va Ansprüche aus Umsatzsteuer, wenn mithin während des Eröffnungsverfahrens Vermögengegenstände umsatzsteuerpflichtig veräußert werden (Begr. RegE, BT-Drs. 17/3030, 43; vgl. *Nawroth* ZInsO 2011, 107; *Gundlach/Rautmann* DStR 2011, 82 [84]). Daher sollte man voraussetzen, dass die jeweilige Steuer an die Umsatz- und Erwerbstätigkeit anknüpft (für Begrenzung auf Umsatzsteuer auch *Nawroth* ZInsO 2011, 107). Ob sich § 55 Abs. 4 trotz der Weite des Wortlauts tatsächlich in einem solchen engen Sinne auslegen lässt, ist allerdings fraglich, weil mit dem Begriff der „Verbindlichkeiten aus dem Steuerschuldverhältnis" auf die **Ansprüche aus dem Steuerschuldverhältnis iSd § 37 Abs. 1 AO** verwiesen wird (*Kahlert* ZIP 2010, 1887 f.; *ders.* ZIP 2011, 401; vgl. auch *Heinze* ZInsO 2011, 603 [606]; HambK-InsO/*Jarchow* Rn. 83), so dass sich eine Einschränkung der Vorschrift allenfalls historisch-teleologisch begründen ließe. Die Finanzverwaltung will – wenig überraschend – § 55 Abs. 4 auf alle Steuerarten erfasst sehen (BMF-Schreiben ZIP 2012, 245 Rn. 8; BMF-Schreiben DStR 2015, 1247 Rn. 6, dort auch zu weiteren Fragen der **praktischen Handhabung** durch die Finanzverwaltung; vgl. zur **Durchsetzung des Anspruchs** auch Graf-Schlicker/*Paul* Rn. 76 ff.).

Die Regelung erfasst sowohl den starken als auch den **schwachen vorläufigen** 47 **Verwalter** bei Anordnung eines Zustimmungsvorbehaltes. Auf die **vorläufige Eigenverwaltung** nach **§ 270a** ist Absatz 4 nicht analog anwendbar (*Hobelsberger* DStR 2013, 2546 [2547]; vgl. a. BT-Drs. 17/5712, 111 f.). Man kann aber auch den **ganz schwachen Verwalter ohne Vorbehalt** erfassen, da § 21 Abs. 2 Nr. 2 ohnedies nur für Verfügungsgeschäfte gilt (so jedenfalls *Onusseit* ZInsO 2011, 641 [650]; ferner BMF-Schreiben DStR 2015, 1247 Rn. 2); dann ist „Zustimmung" untechnisch als Billigung zu verstehen (so jetzt auch OLG Köln NZI 2014, 332 [333]). Beim starken vorläufigen Verwalter kann schon § 55 Abs. 2 greifen (vgl. a. BMF-Schreiben ZIP 2012, 245 Rn. 5). Teilw. wird mit Blick auf § 55 Abs. 4 von der Bestellung eines Verwalters mit Zustimmungsvorbehalt idS ganz abgesehen (AG Düsseldorf BeckRS 2011, 03289 = ZIP 2011, 443), was fraglich ist, wenn auch der ganz schwache Verwalter erfasst ist. Eine originäre Steuerschuld des schwachen Verwalters folgt daraus nicht, Steuerschuldner bleibt insoweit der Insolvenzschuldner (*Naworth* ZInsO 2011, 107 [108]; → Anhang Steuerrecht Rn. 211 sowie → Rn. 8 ff.). Obwohl das Gesetz von einer **Fiktion** ausgeht („gelten"), müssen für die Durchsetzung des Anspruchs und die Pflichten des Verwalters die **allgemeinen Regeln für Masseverbindlichkeiten** gelten (→ § 53 Rn. 7) (offen *Kahlert* ZIP 2010, 1887 [1888]), zur **Anfechtung** und **Aufrechnung** aber sogleich → Rn. 47. Eine Haftung von Gesellschaftern bleibt nach allgemeinen Regeln von § 55 Abs. 4 unberührt (dazu *Zimmer* ZInsO 2011, 603 [605]). Zu möglichen Auswirkungen auf **Bilanzierungspflichten** *Beck* ZIP 2011, 551.

Steuerforderungen aus dem **Eröffnungsverfahren** werden nach Eröffnung 48 zur Masseverbindlichkeit, auch wenn kein Fall des Absatz 2 vorlag (zum Verhältnis *Onusseit* ZInso 2011, 641 [644 f.]). Für das Merkmal der Begründung ist auf die Maßstäbe → Rn. 18 abzustellen; es sollte auf die auch sonst bei § 38 und § 96 Abs. 1 Nr. 1 InsO relevanten und richtigerweise einheitlichen Maßgaben für die Begründetheit zurückgegriffen werden (*Kahlert* ZIP 2011, 401 [402]); die steuerfreundliche Rspr. des V. Senats des BFH ist überdenkenswert (→ Rn. 18 ff.); der Zeitpunkt des Umsatzes ist entscheidend. § 55 Abs. 4 kann nicht dazu dienen, die bereits vor dem Eröffnungsverfahren begründeten Steuerschulden zur Masseverbindlichkeit aufzuwerten, auch dann nicht, wenn die Steuer erst im Eröffnungsverfahren steuerrechtlich entsteht oder fällig wird. Ist der Tatbestand vor Antragstellung verwirklicht, so sind Ansprüche auf Steuerrückstände Insolvenzforderungen. Eine Begründung iSd Abs. 4 liegt also in solchen Fällen nicht schon darin, dass der vorläufige Verwalter den Betrieb fortführt. Unklar ist, ob die **BFH-Rspr.**

zur Dreiteilung der Insolvenzmasse und zur Berichtigung bei der **Soll-Besteuerung** nach § 17 UStG (→ Rn. 19) bei § 55 Abs. 4 zu beachten ist. Richtigerweise hat § 55 Abs. 4 **Vorrang,** so dass die im vorläufigen Insolvenzverfahren begründeten Umsatzsteuerverbindlichkeiten nicht **nach § 17 UStG zu berichtigen** sind (vgl. BFH ZInsO 2014, 1100 = ZIP 2014, 1237 Rn. 11). Bei der **Soll-Besteuerung** führt die Vereinnahmung von Entgelten aus Umsätzen vor dem Eröffnungsverfahren nicht zu einer rückwirkenden Aufwertung nach § 55 Abs. 4 (BMF-Schreiben ZIP 2012, 245 Rn. 18; *Hobelsberger* DStR 2013, 2545 [2547]; Graf-Schlicker/*Paul* Rn. 72; aA *Sterzinger* NZI 2012, 63 [65]; wohl auch FK-InsO/*Bornemann* Rn. 56 f.). Der **BFH** geht jetzt aber davon aus, dass auch die **Vereinnahmung durch den vorläufigen Verwalter** auch bezogen auf Leistungen, die der Schuldner vor Antragstellung erbracht hat, zur 2. Berichtigung mit der Folge ihrer Aufwertung zur Masseverbindlichkeit (BFH ZIP 2014, 2451 = DStR 2014, 2452 Rn. 21 ff.). Danach führen schon das Eröffnungsverfahren zur 1. Berichtigung wegen Uneinbringlichkeit und sodann die Vereinahmung zur zweiten. Das ist, wie schon die Grundprämisse des BFH, **verfehlt** und missachtet die Tatbestandsvoraussetzungen des Absatz 4 (*Kahlert* ZIP 2015, 11 [14]; vgl. a. *Häsemeyer* FS Stürner, 2013, 769 [774]). Zudem führt die Behandlung als fiktive Masseverbindlichkeit nicht notwendigerweise dazu, dass die für Insolvenzgläubiger geltenden **Aufrechnungsverbote,** insbes. auch § 96 Abs. 1 Nr. 3 (so *Kahlert* ZIP 2011, 401 [404]; anders *Onusseit* ZInsO 2011, 641 [649]; Graf-Schlicker/*Paul* Rn. 74) oder die **Deckungsanfechtung** (zu den Folgen des § 55 Abs. 4 für die Anfechtung *Roth* ZInsO 2011, 1779, der aber die relevanten Rechtshandlungen nicht klar definiert) gesperrt wären; eine **Haftung nach § 61** ist nicht begründet (→ § 61 Rn. 5). Die Rückzahlung anfechtbar geleisteter Zahlungen kann von FA nicht wegen Rechtsmissbräuchlichkeit verweigert werden (aA BMF-Schreiben DStR 2015, 1247 Rn. 53).

X. Spezielle gesetzliche Anordnungen für Masseschulden jenseits von § 55

49 § 55 ist an sich abschließend, so dass er grds. keine Schaffung von Masseverbindlichkeiten oder eine Erweiterung durch privatautonome Vereinbarung oder Analogiebildung erlaubt. Neben § 55 gibt es aber weitere Normen, nach denen bestimmte Forderungen vorrangig aus der Masse zu bedienen sind; auch dabei handelt es sich um Masseverbindlichkeiten iSd InsO (arg. e. § 209 Abs. 1 Nr. 3). Folgende Fälle sind erfasst (vgl. auch Uhlenbruck/*Sinz* Rn. 2); siehe dazu jeweils Einzelerläuterungen: **Ersatzaussonderung oder -absonderung,** § 48 S. 2 (analog) (teilw. schon Fall des § 55 Abs. 1 Nr. 3) (dazu → § 48 Rn. 24 f.); Bereicherungsanspruch bei Verfügungen des Schuldners, § 81 Abs. 1 S. 3 (Fall des § 55 Abs. 1 Nr. 3); Unterhaltsansprüche des Schuldners nach §§ 100, 101 Abs. 1 S. 3 (vgl. § 209 Abs. 1 Nr. 3); Ersatzansprüche des Beauftragten, Geschäftsbesorgers, Notgeschäftsführers, §§ 115 Abs. 2 S. 3, 116 S. 1, 118 S. 1; **Sozialplanansprüche** nach § 123 Abs. 2 S. 1 (unechte Masseverbindlichkeit); Rückgewähransprüche des **Anfechtungsgegners,** § 144 Abs. 2 S. 2 (Wertung des § 55 Abs. 1 Nr. 3; → § 144 Rn. 11) und Kostenerstattungsansprüche des Anfechtungsgläubigers, § 16 Abs. 1 S. 2 AnfG; Erstattungsanspruch bei Betriebsveräußerung, § 163 Abs. 2; Zins- und Wertausgleichsansprüche des Absonderungsberechtigten, §§ 169 S. 1, 172 Abs. 1 S. 1 und der **Grundpfandgläubiger** bei einstweiliger Einstellung der ZV nach § 30e ZVG; Kostenerstattungsansprüche bei Widerspruch, § 183 Abs. 3; **Nachlassinsolvenz,** §§ 324, 329 f.; fortgesetzte Gütergemeinschaft, § 332 Abs. 1. Zu Masseverbindlichkeiten im internationalen Insolvenzrecht und bei Konkurrenz von Haupt- und Sekundärinsolvenzverfahren *Ringstmeier/Homann* NZI 2004, 354 und → EuInsVO Art. 27 Rn. 18.

Dritter Abschnitt. Insolvenzverwalter. Organe der Gläubiger

Bestellung des Insolvenzverwalters[1]

56 (1) [1] **Zum Insolvenzverwalter ist eine für den jeweiligen Einzelfall geeignete, insbesondere geschäftskundige und von den Gläubigern und dem Schuldner unabhängige natürliche Person zu bestellen, die aus dem Kreis aller zur Übernahme von Insolvenzverwaltungen bereiten Personen auszuwählen ist.** [2] **Die Bereitschaft zur Übernahme von Insolvenzverwaltungen kann auf bestimmte Verfahren beschränkt werden.** [3] **Die erforderliche Unabhängigkeit wird nicht schon dadurch ausgeschlossen, dass die Person**

1. vom Schuldner oder von einem Gläubiger vorgeschlagen worden ist,
2. den Schuldner vor dem Eröffnungsantrag in allgemeiner Form über den Ablauf eines Insolvenzverfahrens und dessen Folgen beraten hat.

(2) **Der Verwalter erhält eine Urkunde über seine Bestellung. Bei Beendigung seines Amtes hat er die Urkunde dem Insolvenzgericht zurückzugeben.**

Schrifttum: *Andres,* Messbarkeit der Qualität der Verwaltertätigkeit aus der Sicht eines Insolvenzverwalters, NZI 2008, 522; *Bluhm,* Der Ausschluss juristischer Personen vom Insolvenzverwalteramt: Ein Verstoß gegen Verfassungs- und Europarecht, ZIP 2014, 555; *Bork,* Die Unabhängigkeit des Insolvenzverwalters – ein hohes Gut, ZIP 2006, 58; *ders.,* Die Unabhängigkeit des Insolvenzverwalters ist nicht disponibel, ZIP 2013, 145; *Braun,* Unabhängigkeit und Interessenvertretung, NZI Heft 1/2002, V; *ders.,* Zur Unabhängigkeit des Verwalters, ZInsO 2002, 964; *Busch,* Die Bestellung des Insolvenzverwalters nach dem „Detmolder Modell" – Vorauswahlverfahren und Auswahlverfahren als Einheit – ein Kooperations- und Konsensmodell, DZWIR 2004, 353; *Dahl,* Die Bestellung eines Sonderinsolvenzverwalters nach der InsO, ZInsO 2004, 1014; *Deckenbrock,* Tätigkeitsverbote bei nichtanwaltlicher Vorbefassung, AnwBl 2009, 16; Frege, Der Sonderinsolvenzverwalter, 2008; *ders.,* Abgrenzungsfragen im Recht zur Sonderinsolvenzverwaltung, ZInsO 2008, 1130; *Frind,* Die Insolvenzverwalterauswahl zwischen richterlicher Haftung und Kontrolle, DRiZ 2006, 199; *ders.,* 25 Fragen und Antworten zur Frage der Verwalter-Vorauswahl, ZInsO 2008, 655; *ders.,* Kann Verwaltererfolg gemessen werden?, NZI 2008, 518; *ders.,* Insolvenzverwaltung als private Dienstleistung? – Die möglichen Folgen eines unnötigen Diskurses, ZInsO 2008, 1248; *ders.,* Zulassungsordnung für Verwalter – cui bono?, ZInsO 2009, 1997; *ders.,* Immer gelistet, nie bestellt? – Was tun?, ZInsO 2010, 986; *ders.,* Fortgeschriebene Verfahrenskennzahlenauswertung – was Insolvenzverwalter leisten können, ZInsO 2011, 169; *ders.,* Wann ist (ein Ratschlag zur) Eigenverwaltung gerechtfertigt?, DB 2014, 165; *ders.,* Die Unabhängigkeit des (vorläufigen) Insolvenzverwalters/Sachwalters nach Inkrafttreten des „ESUG", ZInsO 2014, 119; *ders.,* Gefahren und Probleme bei der insolvenzgesetzlichen Regelung der Insolvenz der „Unternehmensgruppe", ZInsO 2014, 927; *ders./Schmidt,* Insolvenzverwalterbestellung: Auswahlkriterien und Grenzen der Justitiabilität in der Praxis, NZI 2004, 533; *Gaier,* Verfassungsrechtliche Aspekte der Auswahl und der Abwahl des Insolvenzverwalters, ZInsO 2006, 1177; *Graeber,* Die Unabhängigkeit des Insolvenzverwalters gegenüber Gläubigern und Schuldner, NZI 2002, 345; *ders.,* Die Aufgaben des Insolvenzverwalters im Spannungsfeld zwischen Delegationsbedürfnis und Höchstpersönlichkeit, NZI 2003, 569; *ders.,* Auswahl und Bestellung des Insolvenzverwalters, DZWIR 2005, 177; *ders.,* Kein Konkurrentenschutz für Insolvenzverwalter, NZI 2006, 499; *A. Graeber/T. Graeber,* Möglichkeiten und Grenzen der Beauftragung von Dienstleistern durch den Insolvenzverwalter, ZInsO 2013, 1056; *Graf-Schlicker,* Die Entscheidung des Bundesverfassungsgerichts vom 3.8.2004 zur Auswahl des

[1] § 56 Abs. 1 Satz 2 angef., bish. Wortlaut wird Satz 1 und zweiter HS angef. mWv 1.7.2007 durch G v. 13.4.2007 (BGBl. I S. 509); Abs. 1 Satz 3 angef. mWv 1.3.2012 durch G v. 7.12.2011 (BGBl. I S. 2582); Abs. 1 Satz 3 Nr. 1 geänd. mWv 19.7.2013 durch G v. 15.7.2013 (BGBl. I S. 2379).

Insolvenzverwalters – Konsequenzen für die gerichtliche Praxis und die Gesetzgebung, FS Greiner, 2005, 71; Gerhardt/Haarmeyer/Kreft/*dies.*, Gefährdet die Eigenverwaltung die Unabhängigkeit des Insolvenzverwalters?, Insolvenzrecht im Wandel der Zeit, 2003, 135; *dies.*, Die Auswahl des Insolvenzverwalters im Lichte der Dienstleistungsrichtlinie, Kölner Schrift zur Insolvenzordnung, 3. Aufl. 2009, 235; *Haarmeyer,* Der „Erfolg" der Insolvenzabwicklung als Maßstab für Auswahl und Bestellung des Unternehmensinsolvenzverwalters, ZInsO 2005, 337; *ders.,* Die „gute" Insolvenzverwaltung – Leistungsmerkmale und Leistungskriterien für Vorauswahl, Auswahl und Zertifizierung von Insolvenzverwaltern, ZInsO 2007, 169; *ders.,* Musterantrag zur Bestellung eines vorläufigen Gläubigerausschusses nach § 22a Abs. 2 InsO (Antragsausschuss), ZInsO 2012, 370; *Hess,* Die Insolvenzverwalterbestellung – Grundrechtsrelevanz, Grundrechtsdefizite und Rechtsschutz, FS Uhlenbruck, 2000, 453; *ders./Ruppe,* Auswahl und Einsetzung des Insolvenzverwalters und die Justitiabilität des Nichtzugangs zu Insolvenzverwaltertätigkeiten, NZI 2004, 641; *Heyer,* Zwischenruf: Stärkung des Gläubigereinflusses versus Qualitätsdiskussion – wohin führt das ESUG?, ZIP 2011, 557; *Höfling,* Insolvenzverwalterbestellung – Rechtsschutz durch Konkurrentenklage?, NJW 2005, 2341; *ders.,* Freiheit und Regulierung der Insolvenzverwaltertätigkeit aus verfassungsrechtlicher Perspektive, JZ 2009, 339; *Hölzle,* Eigenverwaltung im Insolvenzverfahren nach ESUG – Herausforderungen für die Praxis, ZIP 2012, 158; ders., Praxisleitfaden ESUG, 2. Aufl. 2014; Holzer/Kleine-Cosack/Prütting, Die Bestellung des Insolvenzverwalters: Dogmatische Grundlagen, verfassungsrechtliche Defizite und rechtspolitische Vorschläge, 2001; *Kesseler,* Das Grundrecht auf Bestellung zum Insolvenzverwalter, ZInsO 2002, 201; *ders.,* Rechtsschutz des „übergangenen" Insolvenzverwalters, ZIP 2000, 1565; *Klaas,* Qualität – die unbekannte Größe, ZInsO 2010, 706; *Kleine-Cosack,* Der Anspruch auf Bestellung zum Insolvenzverwalter: Vom „closed shop" zur Chancengleichheit?, Tagungsband RWS-Forum 2000, 1; *ders.,* Europarechts- und verfassungswidriger Ausschluss juristischer Personen von der Insolvenzrechtsverwaltung, NZI 2011, 791; *ders.,* Zur Anwendbarkeit anwaltlichen Berufsrechts auf den als Insolvenzverwalter tätigen Rechtsanwalt, EWiR 2014, 361; *Köhler-Ma,* Verwalterauswahl und Qualitätskriterien im internationalen Vergleich, DZWIR 2006, 228; *Koenig/Hentschel,* Die Auswahl des Insolvenzverwalters – nationale und EG-vergaberechtliche Vorgaben, ZIP 2005, 1937; *Köster,* Freier Zugang zur Tätigkeit des Insolvenzverwalters ?, NZI 2004, 538; ders., Die Bestellung des Insolvenzverwalters – eine vergleichende Untersuchung des deutschen und englischen Rechts, 2005; *Kruth,* Die Auswahl und Bestellung des Insolvenzverwalters, 2006; *Laws,* Insolvenzverwalterauswahl – gerichtliche Überprüfung der Nichtbestellung im Eröffnungsbeschluss?, MDR 2005, 541; *Lambrecht,* „Sie können nicht einmal Bilanzen lesen" – Zur Bestellung von Juristen als Insolvenzverwalter, DZWIR 2010, 22; Laukemann, Die Unabhängigkeit des Insolvenzverwalters, 2010; *Laws,* Insolvenzverwaltervorauswahl – Neue Maßstäbe für das Verfahren nach den §§ 23 ff. EGGVG?, NZI 2008, 279; *Linse/Glaubitz,* „Insolvenzverwalter-Listing" – Chancen für den Steuerberater oder „Closed Shop"?, DStR 2010, 1497; *Lüke,* Verwalterbestellung im grundrechtsfreien Raum?, ZIP 2000, 1574; *ders.,* Unabhängigkeit oder „Kernunabhängigkeit" des Insolvenzverwalters ? – Zu Gehalt und Feststellung einer wesentlichen Verwalterqualifikation, ZIP 2003, 557; *Marotzke,* Die Rechtsstellung des Insolvenzverwalters, ZInsO 2009, 1929; *Messner,* Das Ende der Qual bei der Verwalterauswahl?, DRiZ 2006, 329; *Mock,* Europarechtliche Implikationen der Beschränkung des Insolvenzverwalteramtes auf natürliche Personen, GPR 2014, 155; *Obermüller,* Der Gläubigerausschuss nach dem „ESUG", ZInsO 2012, 18; *Pape,* Verwalterstellung wie gehabt – nichts verändert sich, ZInsO 2004, 1126; *ders.,* Die Qual der Insolvenzverwalterauswahl: Viel Lärm um wenig, NZI 2006, 665; *ders.*, Entwicklungstendenzen bei der Eigenverwaltung, ZIP 2013, 2285; *Paulus,* Insolvenzverwalter und Gläubigerorgane, NZI 2008, 705; *Paulus,* Zur Frage der Verfassungsmäßigkeit der Beschränkung des Amtes des Insolvenzverwalters auf natürliche Personen – Anm. zum Beschluss des BGH vom 19.9.2013 – IX AR(VZ) 1/12, JZ 2014, 628; *Preuß,* Die Verwalterauswahl als Problem des Justizverfassungsrechts, KTS 2005, 155; *dies.,* Reform der Insolvenzverwalterauswahl – verfassungs- und europarechtliche Rahmenbedingungen und justizorganisatorische Regelungsziele, ZIP 2011, 933; *Prütting,* Die Unabhängigkeit des Insolvenzverwalters, ZIP 2002, 1965; *ders.,* Die Bestellung des Insolvenzverwalters und die geplante Änderung des § 56 InsO, ZIP 2005, 1097; *Ries,* Die Tätigkeit des „Insolvenzrichters" im Niemandsland staatlicher Gewaltenteilung?, Betrifft JUSTIZ 2006, 406; *ders.,* „Zertifizierung" von Insolvenzverwaltern – erreicht die Botschaft ihre eigentlichen Adressaten?, NZI Heft 4/2008, IV; *ders.,* Der „vorläufige Insolvenzverwalter" nach § 21 Abs. 2 Nr. 2 2. Alt. InsO – jeder kennt ihn, aber kaum einer weiß, in welcher Funktion und für welche Gläubiger er tätig ist, ZInsO 2013, 1612; *Riggert,* Die Auswahl des Insolvenzverwalters – Gläubigerbeteiligung des Referentenentwurfs zur

InsO (RefE-ESUG) aus Lieferantensicht, NZI 2011, 121; *Römermann,* Die Bestellung des Insolvenzverwalters, NJW 2002, 3729; *ders.,* Anfechtbarkeit der Verwalterbestellung, NZI 2003, 134; *ders.,* Die Zukunft der Insolvenzverwalterbestellung, ZInsO 2004, 937; *ders.,* Bestellung von Insolvenzverwaltern: Die verpasste Chance des BVerfG, ZIP 2006, 1332; *ders.,* Die „Unabhängigkeit" des Insolvenzverwalters: Endlich Schluss mit der uferlosen Auslegung, ZInsO 2013, 218; *ders.,* Zulässigkeit der Insolvenzverwalter-GmbH: Gute Argumente, schlechte Argumente, GmbHR 2013, 1249; *Runkel,* Die Entscheidung des BVerfG vom 3.8.2004 und die Insolvenzverwalterkammer – eine folgenrichtige Entwicklung?, NZI Heft 13/2009, V; *ders./Wältermann,* Zur verfassungsgemäßen Auswahl und Ernennung eines Insolvenzverwalters, ZIP 2005, 1347; *Sabel/Wimmer,* Die Auswirkungen der europäischen Dienstleistungsrichtlinie auf Auswahl und Bestellung des Insolvenzverwalters, ZIP 2008, 2097; Schäfer, Der Sonderinsolvenzverwalter, 2009; *A. Schmidt,* Ordnungsfunktion des Insolvenzverfahrens und Auswahl des Insolvenzverwalters – eine überfällige Verknüpfung, ZInsO 2008, 291; *ders./Hölze,* Der Verzicht auf die Unabhängigkeit des Insolvenzverwalters, ZIP 2012, 2238; *N. Schmidt,* Die Bestellung des Insolvenzverwalters und die Ortsnähe, ZInsO 2015, 672; *Schumann,* Die Unabhängigkeit des Insolvenzverwalters – Sicherung der Integrität des Insolvenzverfahrens, FS Geimer, 2002, 1043; *Siemon,* Die Verwalterbestellung 2010 – Der falsche Weg, ZInsO 2010, 401; *ders.,* Ein Verlust der richterlichen Entscheidungsfreiheit des Insolvenzrichters und der Unabhängigkeit des Insolvenzverwalters verstößt gegen Art. 14 GG, ZInsO 2011, 381; *ders.,* § 56 InsO ist keine Ermessensvorschrift, ZInsO 2012, 364; *ders.,* Fragebogen zur Unabhängigkeit des Insolvenzverwalters, ZInsO 2014, 938; *Smid,* „Rechtsschutz" gegen Insolvenzrichter – Art. 19 Abs. 4 GG im Spiegel der jüngsten Judikatur des BVerfG und des IX. Zivilsenats des BGH, DZWIR 2004, 359; *ders.,* Das Detmolder Modell – beweisrechtlich betrachtet, ZInsO 2010, 2047; *Steinwachs,* Die Wahl des vorläufigen Insolvenzverwalters durch den (vorläufigen) vorläufigen Gläubigerausschuss nach dem „ESUG", ZInsO 2011, 410; *Uhlenbruck,* Zur Vorauswahl und Bestellung des Insolvenzverwalters, NZI 2006, 489; *Vallender,* Steine statt Brot, NJW 2004, 3614 f.; *ders.,* Wie viele Verwalter braucht das Land?, NZI 2005, 473; *ders.,* Der gerichtlich bestellte Sachverständige im Insolvenzeröffnungsverfahren, ZInsO 2010, 1457; *ders.,* Zugang ausländischer Insolvenzverwalter zur Vorauswahlliste deutscher Insolvenzgerichte nach Art. 102a EGInsO, ZIP 2011, 454; *ders.,* Der Sonderinsolvenzverwalter im Spiegel der Rechtsprechung zum Insolvenz- und Konkursrecht, FS Görg, 2010, 527; *ders./Heukamp,* Regelungstendenzen zur Verwalterbestellung im französischen, österreichischen und deutschen Insolvenzrecht, NZI 2002, 513; *Vallender/Zipperer,* Der vorbefasste Insolvenzverwalter – ein Zukunftsmodell?, ZIP 2013, 149; *Voigt-Salus/Sietz,* Bestimmt der wesentliche Gläubiger den besten Verwalter oder ist eine Lanze für den unabhängigen Verwalter zu brechen?, ZInsO 2010, 2050; *Wieland,* Verfassungsrechtliche Fragen der Auswahl des Insolvenzverwalters, ZIP 2005, 233; *ders.,* Die Bestellung des Insolvenzverwalters – Das Grundrecht auf ermessensfehlerfreie Auswahl des Insolvenzverwalters und sein effektiver Schutz, ZIP 2007, 462.

Übersicht

I. Allgemeines

1 Die sachgerechte Auswahl und Bestellung des Insolvenzverwalters gilt, angelehnt an eine Bemerkung von *Ernst Jäger* (KO 6./7. A. 1939, § 78 Anm. 7), als **„Schicksalsfrage des Insolvenzverfahrens"**. Nach der Grundkonzeption der InsO liegt die erstmalige Auswahl zur Verfahrenseröffnung allein in der Zuständigkeit der Insolvenzgerichte (zu den neuerdings geltenden Ausnahmen nachfolgend → Rn. 2 f.). Wegen der besonderen Bedeutung bleibt die Entscheidung gem. §§ 18 Abs. 1 Nr. 1 RPflG, 27 InsO dem Insolvenz*richter* vorbehalten. Er muss nach Maßgabe geeigneter, sachgerechter Kriterien richterliches Auswahlermessen betätigen. Mit der Insolvenzverwalterbestellung gestaltet er zugleich selbst ein Rechtsverhältnis (BVerfG NZI 2006, 453 Rn. 23 ff.). Beides – Auswahl und Bestellung – zählt materiell nicht zum eigentlichen Kernbereich der Rspr., sondern stellt sich funktional als eine weisungsfreie „Ausübung vollziehender Gewalt in richterlicher Unabhängigkeit" dar (vgl. BVerfG NZI 2004, 574 [zu III 1. a) aa)]; NZI 2006, 453 Rn. 23 iVm Rn. 42). § 56 findet Anwendung sowohl auf die Bestellung des Insolvenzverwalters im Regelverfahren (Registerzeichen „IN") als auch in der sog Verbraucherinsolvenz (Registerzeichen „IK") sowie ferner auf die Bestellung des Sachwalters nach § 274 Abs. 1. Durch die Verweisung in § 21 Abs. 2 S. 1 Nr. 1 InsO gilt § 56 zudem schon im Vorverfahren bei der **Auswahl und Bestellung des vorläufigen Insolvenzverwalters** bzw. durch die Verweisungsbrücken der §§ 270a Abs. 1 S. 2, 270b Abs. 2 S. 1, 274 Abs. 1 (hierdurch jeweils noch ergänzt um weitere spezialgesetzliche Modifikationen) auch beim vorläufigen Sachwalter. Die Norm galt vormals auch bei der Bestellung des Treuhänders im (seit 1.7.2014 abgeschafften) „vereinfachten Insolvenzverfahren" gem. § 313 Abs. 1 S. 3 aF.

2 Am 1.3.2012 trat das **ESUG** in Kraft (zur amtlichen Begr. s. BT-Drs. 17/5712; noch modifiziert in 2. u. 3. Lesung des Bundestages durch die Beschlüsse des Rechtsausschusses, BT-Drs. 17/7511). Demnach verbleibt der eigentliche Legitimationsakt der **förmlichen Bestellung** des (vorläufigen) Insolvenzverwalters weiterhin in alleiniger Zuständigkeit der Insolvenzgerichte. Das ESUG privatisiert allerdings in Teilen die vorgelagerte, das Verfahren schicksalhaft prägende Auswahlentscheidung. Die bisherige *Allein*zuständigkeit für die **Ausübung von Auswahlermessen** geht dem Insolvenzrichter verloren, soweit im Eröffnungsverfahren vorab ein vorläufiger Gläubigerausschuss eingesetzt ist. Letzteres *hat* zu geschehen, sobald zwei der drei Schwellenwerte von § 22a Abs. 1 überschritten sind (dh die Größenordnung der mittelgroßen oder großen Kapitalgesellschaft iSv § 267 Abs. 1 HGB betroffen ist, unabhängig davon, ob Schuldner eine natürliche oder juristische Person ist); iÜ *soll* die Einsetzung eines vorläufigen Gläubigerausschusses

stattfinden, soweit dies qualifiziert iSv § 22a Abs. 2 beantragt wurde und kein Ausnahmetatbestand nach § 22a Abs. 3 einschlägig ist. Damit weist das Gesetz für die genannten Fallgruppen den Gläubigern, institutionalisiert durch den vorläufigen Ausschuss, neuerdings von Anbeginn des Eröffnungsverfahrens bei der eigentlich wichtigen Ermessensentscheidung, nämlich der Auswahl des vorläufigen Verwalters, deutlich stärkere **Anhörungs- und Mitwirkungsrechte** zu, insbes. durch die neu geschaffenen §§ 56a, 270 Abs. 3 S. 1 und deren sachliche Inbezugnahme von §§ 21 Abs. 2 S. 1 Nr. 1a, 22a. Hiermit verbunden ist die Chance für die Gläubiger, über den vorläufigen Gläubigerausschuss im Regelverfahren vorab auswahlprägende **Anforderungsprofile** zu definieren (§ 56a Abs. 1) und das Gericht bei *einstimmigem* Vorschlag eines fachlich geeigneten Kandidaten sogar in seiner Auswahlentscheidung zu binden (§ 56a Abs. 2). Dieser Autonomieansatz wird vervollständigt durch die Option, im Anschluss an ein zunächst wegen besonderer Dringlichkeit bestehendes alleiniges Erstauswahlrecht des Richters (§ 56a Abs. 1 letzter Hs.) schon unmittelbar danach eine **einstimmig bindende Neuwahl** zu treffen (§ 56a Abs. 3). Ähnlich spricht § 270 Abs. 3 S. 1 den Gläubigern schon im Eröffnungsverfahren bei einer vom Schuldner angestrebten **Eigenverwaltung** eine sehr viel prägendere Einflussmöglichkeit zu, und sogar der Schuldner bekommt bei beantragter Eigenverwaltung im sog Schutzschirmverfahren ein gewisses Mitspracherecht (§ 270b Abs. 2).

Mit diesen Änderungen reagierte der Gesetzgeber auf eine jahrelange **Kritik von Gläubigern,** es sei viel zu spät, wenn man sie erstmals im sog Berichtstermin des eröffneten Verfahrens zur Beibehaltung des richterlich bestellten Insolvenzverwalters befrage (§ 57). Zu diesem Zeitpunkt habe der zunächst bestellte Verwalter auf Druck der Märkte, einzelner einflussreicher Sonderrechtsgläubiger und der Belegschaften längst alle strategisch grundlegenden Entscheidungen getroffen. Im Berichtstermin könne man die bisher eingeleiteten Maßnahmen nur noch nachzeichnen und – wenn überhaupt – allenfalls in kleineren Teilen gegensteuern. Zudem sei das Bestellungsverhalten der Gerichte oftmals im Voraus unkalkulierbar; das mache den **„Insolvenzstandort Deutschland"** unsicher und führe zur Abwanderung von Unternehmen ins Ausland, um dort einen Insolvenzeigenantrag zu stellen (vgl. BT-Drs. 17/5712, 17). Der Gesetzgeber nahm sich dieser Einwände zu Recht an, hat aber zugleich die bisherige **Systematik enorm verändert.** War das bisherige Verfahren weitestgehend durch eine ausschließlich gerichtliche Vorauswahl des Verwalters geprägt, verbleibt es dabei künftig nur noch in kleinen und mittelkleinen Verfahren ohne vorläufigen Gläubigerausschuss. Demgegenüber unterliegt die **Mitwirkung eines vorläufigen Gläubigerausschusses** als **„Beteiligung Privater"** einer spürbar geringeren Grundrechtsbindung – die Stärkung des Autonomiegedankens bewirkt eine deutlich schwächere Rechtskontrolle von gläubigerinternen Entscheidungsprozessen. Die Gläubiger schulden dem Kreis der möglichen Insolvenzverwalter bei ihren Auswahlüberlegungen weder Rücksichtnahme auf Gleichbehandlung in der Bestellungspraxis (Art. 3 GG) noch einen gerechten Zugang zum Beruf (Art. 12 GG). Die nachstehend ab → Rn. 32 ff. besprochenen BVerfG-Entscheidungen zur Grundrechtsbindung in der gerichtlichen Vorauswahl und Bestellung gelten insofern nicht. 3

Das konkretisiert den **eigentlichen Regelungsgehalt** des § 56 Abs. 1 zutr. auf die verfahrensmäßig abzusichernden Interessen der Gläubiger und des Schuldners, dem **individuellen Fall einen geeigneten Verwalter zuzuordnen.** Hierbei steht jeweils das einzelne „Insolvenzverfahren" im Brennpunkt, dh die Verknüpfung zwischen Bestellungsakt und verfahrensspezifischer Verwirklichung optimaler Gläubigerbefriedigung (vgl. BVerfG NZI 2006, 453 Rn. 30; ZIP 2006, 1954; *Ries* BJ 2006, 406 [408]). § 56 beinhaltet keine **Berufszugangsregulierung;** die Norm befasst sich weder mit der berufsmäßigen Versorgung (iSv gleichmäßiger Beauftragung) einzelner Verwalter noch mit vorbeugenden Maßnahmen gegen 4

Diskriminierung oder einer aus sonstigen Gründen zu geringen Beauftragung (s. BVerfGE 116, 1 = NZI 2006, 453 Rn. 30; BVerfG ZIP 2006, 1954 Rn. 10).

5 Allerdings droht angesichts zu vieler Bewerber eine **Insolvenzverwalterschwemme** und damit einhergehend ein Qualitätsverlust in der Verfahrensabwicklung. Letztere ist Bestandteil der „Rechtspflege" (vgl. *Preuß* ZIP 2011, 933 [935] u. *dies.* KTS 2005, 155 [162]: Funktionseinheit „Gericht und Verwalter"; *Höfling* JZ 2009, 339 [341]; *Ries* BJ 2006, 406 [407]). Deshalb wird mit guten Gründen gefordert, der Gesetzgeber müsse iRd – bisher – rein staatlichen Auftragsvergabe Normen schaffen, die den **Berufszugang** kontingentieren (vgl. Ergebnisbericht Ziff. IV 1. der von *Uhlenbruck* geleiteten Kommission zur Erarbeitung von Qualitätskriterien, NZI Heft 12/2006, XV; *Preuß* KTS 2005, 155 [167 f.]; *Frind* ZInsO 2007, 515; *Messner* DRiZ 2006, 329 [330]); auch müsse er klare Berufsausübungsregelungen statuieren und dazu eine **Berufsordnung** erlassen (*Prütting* FS Vallender, 2015, 455; *Runkel* NZI Heft 13/2009, V, VI; *Vallender* WPg-Sonderheft 1/2011, 31; abw. *Zypries* während des 4. Dt. Insolvenzrechtstages, s. INDAT-Report Heft 2/2007, 24: nur eine Frage der Selbstregulierung durch die Verbände). Die Tätigkeit des Insolvenzverwalters hat sich, weitgehend unbestritten, als **eigenständiges Berufsbild** verfestigt (BVerfG NZI 2004, 574; Uhlenbruck/*Zipperer* Rn. 4 mwN). Nach hier vertretener Ansicht besteht ein „Parlamentsvorbehalt", dh eine verfassungsrechtlich begründete Pflicht des bundesstaatlichen Gesetzgebers, derart substantiell bedeutsame berufsrechtliche Fragen zu regeln (*Prütting* FS Vallender, 2015, 455; *Höfling* JZ 2009, 339 [346 ff.]; ähnlich *Preuß* ZIP 2011, 933: **„Pflicht zur sachgerechten Justizorganisation"**). Die Tätigkeit der Insolvenzverwalter ist ein wichtiger Baustein des zu gemeinschaftlicher Befriedigung führenden Rechts der Zwangsvollstreckung. Ihre volkswirtschaftliche Bedeutung ist enorm; die treuhänderisch für die Gläubiger in Verwahrung genommenen Gelder machen sehr große Summen aus. Es geht letztlich um die bereichsspezifische **Funktionstauglichkeit der Rechtspflege** und damit um ein hohes schützenswertes Rechtsgut. Dem vergleichbar sind die genau deshalb statuierten Zulassungs- und Qualitätsanforderungen an die Notare (dazu BVerfGE 17, 371 = NJW 1964, 1516; BVerfG NJW 2008, 1212; NJW-RR 2005, 1431) oder an die Rechtsanwälte beim BGH (dazu BVerfG NJW 2008, 1293); für deren Betätigungen gibt es längst berufsregulierende Normen – auch mit objektiven Zugangsschranken.

6 Für den Beruf des Insolvenzverwalters weicht der Gesetzgeber dieser **Regulierungsverantwortung** aus. Indem das ESUG den Gedanken der Gläubigerautonomie stärker in den Vordergrund rückt und auf die reinigende Kraft des Marktes vertraut, passt sich sein – zumindest in wichtigen Teilen privatisiertes – Regelungskonzept zugleich der **europäischen Dienstleistungsrichtlinie** (RL 2006/123/EG v. 12.12.2006, ABl. L 376, S. 36) an. Die Richtlinie findet nach hM bei der „Insolvenzverwaltung" Anwendung. Es gehe nur um eine „Dienstleistung"; sie falle insbes. nicht unter die Ausnahmeregelungen in Art. 2 Abs. 2 lit. i bzw. lit. l der Richtlinie iVm Art. 45 des EU-Vertrages, welche nur Tätigkeiten ausklammern, die ganz oder zeitweise mit der Ausübung öffentlicher Gewalt verbunden sind (stellvertr. *Sabel/Wimmer* ZIP 2008, 2097; *Graf-Schlicker* Kölner Schrift InsO S. 235; demgegenüber ablehnend *Frind* ZInsO 2008, 1248; *Marotzke* ZInsO 2009, 1929; *Slopek* ZInsO 2008, 1243; *Smid* ZInsO 2009, 113). Letzteres treffe auf die privatrechtlich ausgestaltete Tätigkeit des Insolvenzverwalters nicht zu; er sei kein **„Beliehener"** und übe auch sonst keine obrigkeitliche Verrichtung aus, insbes. keine staatliche Zwangsgewalt (*Graf-Schlicker* Kölner Schrift InsO S. 235, 239). Diesem Betrachtungswinkel folgt der *Verf.* nicht (*Ries* ZInsO 2013, 1612 [1617 f.]). Der Insolvenzverwalter ist ausführendes Rechtspflegeorgan „im gerichtlichen Prozess der Gesamtvollstreckung" (*Frind* ZInsO 2008, 1248 [1252]; *Preuß* KTS 2005, 155 [162]) und damit Träger eines öffentlichen Amtes (OLG Hamburg

ZInsO 2012, 175). Mit der ihm übertragenen und zugleich dem Schuldner genommenen **„Verfügungsmacht"** übt er in dessen Schutzsphäre sehr weitreichende Gestaltungs- und Verpflichtungsbefugnisse aus, die der Schuldner – iSd Wortes – zwangsläufig hinnehmen und gegen sich wirken lassen muss, die also seine **Grundrechtsentfaltung** – etwa gem. Art. 2, 12, 14 GG – massiv und permanent beschneiden. Solche Eingriffe darf ohne fortdauernde staatliche Ermächtigung kein anderer Privater vornehmen. Zu Lasten des Schuldners sind die hiermit verknüpften freiheitsbeschneidenden Wirkungen sehr viel unmittelbarer als beispw. rein notarielle Tätigkeiten zur Errichtung von Urkunden (Letztere sind gem. EuGH NJW 2011, 2941 Rn. 84 ff. keine Ausübung öffentlicher Gewalt) oder vereinzelt bleibende Zwangsvollstreckungsbemühungen eines Gerichtsvollziehers (zu dessen „Beleihung" vgl. *Ries* ZInsO 2013, 1612 [1617] Fn. 56). Nach *Smid* (ZInsO 2009, 113) tritt die DL-RL zudem subsidiär hinter das Postulat der EuInsVO zurück, den nationalen Gesetzgebern die Ausgestaltung ihres Insolvenzverfahrensrechtes autonom zu belassen.

Soweit die europäische Dienstleistungsrichtlinie (RL 2006/123/EG v. 7
12.12.2006, ABl. L 376, S. 36) grenzüberschreitende Sachverhalte regelt und dies die **Zulassung ausländischer Insolvenzverwalter** ohne regionale inländische Beschränkungen erfordert, hat der Gesetzgeber inzw. durch Richtlinienumsetzung Art. 102a EGInsO neu eingeführt. Demnach können Angehörige eines anderen Mitgliedstaates der EU oder Vertragsstaates des Abkommens über den EWR sowie Personen, die in einem dieser Staaten ihre berufliche Niederlassung haben, das Verfahren zur Aufnahme in die von den Insolvenzgerichten geführte Vorauswahlliste über eine sog „einheitliche Stelle" nach den Vorschriften des VwVfG abwickeln. Über Anträge auf Aufnahme in eine Vorauswahlliste ist in diesen Fällen innerhalb einer Frist von drei Monaten zu entscheiden. § 42a Abs. 2 S. 2–4 des VwVfG gilt entsprechend. IÜ dürfen Mitgliedstaaten – wenn keine der vorgesehenen Ausnahmen greift – die Erbringung von Dienstleistungen durch in anderen Mitgliedstaaten niedergelassene Dienstleister nicht vom Vorliegen einer Genehmigung abhängig machen.

Das geltende Recht ist auf die Bewältigung der **Insolvenz einzelner Rechts-** 8
träger zugeschnitten. Geraten in einem **Konzern** bzw. einer **Unternehmensgruppe** mehrere Unternehmen in die Krise, muss für jeden Unternehmensträger ein eigenes Insolvenzverfahren eröffnet und eigens ein Insolvenzverwalter bestellt werden, der das Vermögen speziell zugunsten der Gläubiger dieses Rechtsträgers verwertet. Soweit die zu einem Konzern bzw. zu einer Gruppe zusammengeschlossenen Unternehmen eine wirtschaftliche Einheit bilden, besteht idR ein gewichtiges Interesse an **übergreifender Gesamtkoordination.** Das gilt insbes., wenn die einzelnen betriebs- und finanzwirtschaftlichen Unternehmensteile sich letztlich als nur gemeinsam lebensfähiges **Funktions- und Interessenbündel** darbieten. Dann bedarf es einer Zuständigkeitskonzentration im Gerichtsstand sowie klarer Definitionsvorgaben zur Vereinheitlichung von Leitungsmacht (ggf. mehrere Verfahren in der Hand eines Verwalters, auch wenn die Vermögensmassen als solche getrennt bleiben). Zur Auflösung von Interessenkollisionen kommt zusätzlich die Bestellung von Sonderinsolvenzverwaltern in Betracht (nachfolgend → Rn. 65 ff.). Falls mehrere Verwalter bestellt wurden, müssen sie verpflichtet sein, effektiv zu kooperieren. Zur Regelung dieser und weiterer Anschlussfragen gibt es auf Gesetzgebungsebene seit der 17. Legislaturperiode intensive Vorberatungen und Sachverständigenanhörungen, derzeit im Rechts- und Verbraucherschutzausschuss des Bundestages (sog **3. Stufe der Insolvenzrechtsreform**). Der derzeit vorliegende RegE zur erleichterten Bewältigung v. Konzerninsolvenzen – KIG – (ZIP-Beil. Heft 37/2013) sieht ua in § 3a einen **einheitlichen Gerichtsstand für Unternehmensgruppen** (inkl. einheitlicher Richterzuständigkeit), in § 13a erweiterte Antragsformalia für den Eigenantrag

des Schuldners, in §§ 269a ff. die Zusammenarbeit von Insolvenzverwaltern, Gerichten und Gläubigerausschüssen sowie in § 269e die Möglichkeit der **Einsetzung eines sog Koordinationsverwalters** vor. Dieser gehört nicht zum Kreis der in der Gruppe operativ tätigen Verwalter, sondern wirkt nur moderierend auf deren Handeln ein; zudem kann er einen sog **Koordinationsplan** erstellen (s. § 269f Abs. 1 S. 2 ReGE). Nach § 56b RegE sollen sich die Gerichte indes möglichst schon auf einen operativ tätigen Verwalter für alle Insolvenzverfahren der Gruppe einigen (ähnlich zuvor schon der DiskE des BMJV, ZIP-Beil. Heft 2/2013; zu alledem *Beck* DZWiR 2014, 381; *Bilgery* ZInsO 2014, 1694; *Eidenmüller/Frobenius,* ZIP-Beil. Heft 22/2013; *Frind* ZInsO 2014, 927; *ders./Siemon* NZI 2013, 1; *Leutheusser-Schnarrenberger* ZIP 2013, 97; *Madaus* ZRP 2014, 192; *Siemon* NZI 2014, 55; *Thole* KTS 2014, 351; *Verhoeven* ZInsO 2014, 217). Angesichts der Vielschichtigkeit denkbarer Lebenssachverhalte bleibt zu wünschen, dass den Gerichten letztlich ausreichende Ermessensspielräume verbleiben und der Gesetzgeber die Dinge nicht zu engmaschig (über)reguliert. Allzu komplizierte Abläufe kosten zu viel Zeit; das schadet alsdann der Sache.

9 Zur zwischenzeitlichen **Harmonisierung auf europäischer Ebene** s. für Verfahren, die ab dem 26.6.2017 eröffnet werden, die reformierte EUInsVO Nr. 848/2015 (ABl. L 141/19; dazu *Vallender* ZIP 2015, 1513). Voraus gingen die Empfehlungen des Europäischen Parlamentes vom 15.11.2011 an die Kommission im Verfahren 2011/2006 (INI) – P7_TA(2011)0484 sowie die Vorschläge des Rates der Europäischen Union zur Änderung der EuInsVO vom 12.12.2012 (Anfügung eines neuen Abschnittes mit Art. 42a–42d; dazu BR-Drs. 777/12) bzw. vom 20.11.2014 (Einfügung eines neuen Kap. V mit Art. 56–77; s. Abdruck ZInsO 2015, 78). Zu diesen Vorschlägen *Kindler* (KTS 2014, 25 [38]); *Pannen* (ZInsO 2014, 222); *Thole* KTS 2014, 351 [370 ff.]; *Vallender* (ZInsO 2015, 57).

II. Persönliche Eignung des Verwalters (Absatz 1)

10 **1. Natürliche Person.** Nach dem Wortlaut des Gesetzes ist ausschließlich eine natürliche, nicht hingegen eine juristische Person (zB GmbH, AG) oder Gesellschaft ohne Rechtspersönlichkeit (zB GbR, oHG, KG, Partnerschaftsgesellschaft etc) zum Insolvenzverwalter bestellbar (dazu ausf. *Höfling* ZIP 2015, 1568). Ursprünglich fasste der erste RegE-InsO auch die Bestellung einer Steuerberatungs-, Wirtschaftsprüfungs- oder Buchprüfungsgesellschaft ins Auge (BT-Drs. 12/2443, 127 zu § 65 RegE); dem trat der Rechtsausschuss des Bundestages mit Verweis auf dann bestehende Haftungs- und Aufsichtsprobleme bei jeweils austauschbaren Personen sowie im Hinblick auf verstärkt zu befürchtende Interessenkonflikte entgegen (BT-Drs. 12/7302, 61). Verfassungsgemäßheit und Europarechtskonformität dieser Beschränkung sind neuerdings hochgradig umstr. Art. 12 GG gebietet nach Ansicht des BGH (BGHZ 198, 225 = NZI 2013, 1022; vgl. zuvor schon BGH NJW 2011, 3036 Rn. 14) **keine Zulassung juristischer Personen oder Gesellschaften ohne Rechtspersönlichkeit** zur Übernahme des Insolvenzverwalteramtes; auch werde der Gleichheitsgrundsatz des Art. 3 GG nicht verletzt (ebenso der Bundesjustizminister während des 11. Dt. Insolvenzrechtstages 2015; *Höfling* ZIP 2015, 1568; aA dagegen *Bluhm* ZIP 2014, 555; *Mock* GPR 2014, 155; *Paulus* JZ 2014, 628; *Piekenbrock* LMK 2013, 353032; *Römermann* GmbHR 2013, 1249 [dort allerdings fallbezogenen mit Bedenken wg. § 59c BRAO] sowie früher schon Braun/*Kind* Rn. 2). Die Frage liegt aktuell dem BVerfG (1 BvR 3102/13) zur Entscheidung vor.

11 Unklar scheint bereits die Lage nach übergeordnetem **europäischen Recht** (zur möglichen Geltung der DL-RL → Rn. 6 f.). Gem. Art. 4 Nr. 2 DL-RL (RL 2006/123/EG v. 12.12.2006, ABl. L 376, S. 36) sind juristische Personen mögliche **Dienstleistungserbringer,** soweit sie in der EU niedergelassen sind. Nach

Art. 15 Abs. 2 lit. b DL-RL bedürfen Einschränkungen bei der **Rechtsformwahl** einer besonderen Legitimation (s. *Sabel/Wimmer* ZIP 2008, 2097 [2106]; *Graf-Schlicker* Kölner Schrift InsO S. 235, 242 f.). Andererseits ist, worauf *Hirte* zutr. hinweist (ZInsO 2010, 1297 [1304]), im Kapitalgesellschaftsrecht anerkanntermaßen die Bestellung juristischer Personen zum „Geschäftsführer" nicht möglich bzw. bei den europäischen Gesellschaftsformen von den entsprechenden Optionen kein Gebrauch gemacht worden. Die Harmonisierungsbemühungen des europäischen Gesetzgebers im Gesellschaftsrecht haben – entgegen ursprünglichen Plänen und vom Sonderfall der Bankeninsolvenz abgesehen – va die „Liquidation", sowohl im Zwang (dh insolvenzmäßig) wie auch freiwillig, ausgeklammert (*Hirte* ZInsO 2010, 1297 [1298]). Das spricht hinsichtlich der Insolvenzverwaltertätigkeit für einen Gleichlauf in der Bewertung und gegen eine abweichende Beurteilung nur für diese spätere Abwicklungsphase. Nach Art. 17 Nr. 6 DL-RL können, ggf. in Verbindung mit der **Richtlinie über die Anerkennung von Berufsqualifikationen** (RL 2005/36/EG v. 7.9.2005, ABl. L 255, S. 229), besondere berufsrechtliche Vorbehalte gültig bleiben (vgl. *Sabel/Wimmer* ZIP 2008, 2097 [2103]). Nach Ansicht des *Verf.* will das europäische Recht keineswegs die mit der InsO innerhalb eines justizförmigen Verfahrens spezialgesetzlich geregelte, allein dem Gericht und den Gläubigern zugebilligte Auswahl- und Bestellungskompetenz unterwandern, indem erzwungenermaßen privatrechtliche Veränderungen hingenommen werden müssen, welche ausschließlich intern in der Organisationseinheit des Verwalter stattfinden (wenn dort zB für die Bestellung maßgeblich gewesene „Berufsträger" ausscheiden). Das würde die zuvor justizförmig getroffenen Entscheidungen konterkarieren. Der enge, auf natürliche Personen beschränkte Wortlaut des § 56 InsO erscheint demnach europarechtskonform, weil er auf gewichtigen sachlichen Bedürfnissen einer funktionstauglichen Rechtspflege basiert (vgl. *Preuß* ZIP 2008, 933 [934, 938]; ebenso *Prütting* während der VID-Tagung 30.10.2009, Vortragsmanuskript S. 8 – nv; jetzt auch *Höfling* ZIP 2015, 1568 [1572]: Beteiligung an der Zivilrechtspflege ist ein legitimer Gemeinwohlzweck von überragender Bedeutung; aA *Sabel/Wimmer* ZIP 2008, 2097 [2106]; *Graf-Schlicker* Kölner Schrift InsO S. 235, 242 f.; ebenfalls skeptisch *Kämmerer* Gutachten H zum 68. DJT, 2010, S. 68 f.). Anders als im Falle des eigenen Staatsangehörigkeitsvorbehaltes (s. EuGH NJW 2011, 2941) liegt in dieser gemeinsam für alle geltenden Betrachtung jedenfalls keine Ausländerdiskriminierung iSv Art. 49 AEUV (ex-Art. 43 EGV). Zur europäischen Anerkennung des Verwalterbegriffs nach der deutschen InsO s. Art. 2 lit. b EuInsVO mit Querverweis auf Anhang C (Deutschland). Zur künftig erstrebenswerten weiteren Harmonisierung der Anforderungen an die Qualifikation und die Tätigkeit des Verwalters s. ferner die Empfehlungen des Europäischen Parlamentes vom 15.11.2011 an die Kommission (im Verfahren 2011/2006 (INI) – P7_TA(2011)0484).

2. Bezug zum Einzelfall. Bereits nach dem klaren Normwortlaut ist die 12
Eignung der ausgewählten Verwalterpersönlichkeit **für den jeweiligen Einzelfall** zu prüfen, also eine rein schematische Auswahl – etwa nach reinen Strichlisten – unstatthaft (Rechtsausschuss, BT-Drs. 12/7302, 61). Der Ausgewählte muss die Problemstellungen des jeweiligen Insolvenzverfahrens (Unternehmensgröße, Branche, Marktpositionierung, Optimierung von Verwertungschancen uÄm.) nach Überzeugung des bestellenden Gerichtes sicher beherrschen (MüKoInsO/*Graeber* Rn. 21 f.; HambK-InsO/*Frind* Rn. 13 u. 15 f.; Uhlenbruck/*Zipperer* Rn. 40); die treuhänderisch zu verwaltende Vermögensmasse der Gläubiger ist kein Feld für praktische Experimente (nicht „Learning by Doing", sondern „to do, what you know").

Die Betätigung von Auswahlermessen setzt voraus, dass der bestellende Richter 13
und die ggf. beteiligten Gläubiger vorab **Kenntnis von den wichtigsten Eck-**

daten des betreffenden Falles haben. Für die Gerichte gilt der **Amtsermittlungsgrundsatz;** den Richter treffen (zur Vermeidung des Vorwurfes von **Ermessensnicht- bzw. -fehlgebrauch**) eigene Erkundigungspflichten. In der Praxis laufen – ohne echtes Präjudiz, aber doch mit einem gewissen Automatismus – die **Bestellung eines Sachverständigen nach § 5 oder** eines **vorläufigen Insolvenzverwalters nach § 21 Abs. 2 S. 1 Nr. 1,** wenn diese sich erst einmal tiefergehend in den Fall einarbeitet haben, i. a. R. auf eine spätere Verwalterbestellung hinaus. Der Insolvenzrichter muss also schon vor der Auswahl des Sachverständigen oder vorläufigen Insolvenzverwalters eine eigene Vorstellung davon haben, welche Anforderungen und Probleme im betreffenden Fall voraussichtlich zu bewältigen sind. Nicht erst der ausgewählte Sachverständige soll dem Richter den Fall, sondern der Fall soll dem Richter die Ermessenskriterien zur Auswahl aufzeigen. Dazu muss der Richter die wichtigsten Grundparameter zumindest in groben Umrissen erfragen – falls der schriftliche Antrag zu dünn ist, zB durch telefonische Rückfrage beim Schuldner –, insbes.:

– Laufender oder stillgelegter Geschäftsbetrieb
– Branchenschwerpunkt
– Anzahl und Orte von Niederlassungen
– internationale Bezüge
– Anzahl der Mitarbeiter/Datum der letzten Lohnzahlung
– Bilanzkennzahlen
– vermutliche Insolvenzursache
– Sanierung gewünscht/Konzept vorhanden/Wunsch nach einem Insolvenzplan
– Gefahr unzulänglich werdender Insolvenzmasse
– spezifische Fallbesonderheiten mit Erfordernis von Sonderkenntnissen
– zuletzt tätige Berater
– vorausgegangene Insolvenzanträge/-verfahren.

Die richtige, sachgerechte Ermessensbetätigung im Vorfeld der Bestellung ist dem Gesetzgeber des ESUG ein wichtiges Anliegen. Er hat deshalb § 13 umfangreich textlich ergänzt; §§ 22a, 56a weisen ergänzend auf weitere, auch zur Bestellung eines vorläufigen Gläubigerausschusses abzuklärende Parameter hin. Eine **kursorische Prüfung** des Tatsachenstoffes genügt (vgl. auch § 294 ZPO); wir bewegen uns in einem Eilverfahren (s. *Smid* ZInsO 2010, 2047 [2048 f.] zum Stichwort „Detmolder Modell"). Andererseits gilt für dieses exekutive Sonderverfahren **kein Spruchrichterprivileg** iSv § 839 Abs. 2 S. 1 BGB; eine sorgfaltslose, unsachgemäße Auswahlentscheidung, die vorhersehbar den Gläubigerinteressen schadet, wirkt haftungsbegründend.

14 Gem. § 56a Abs. 1 u. 2 kann der **vorläufige Gläubigerausschuss** im besonderen Kontext des Einzelfalls dem Richter künftig per Mehrheitsbeschluss ein **Anforderungsprofil** vorgeben und sogar **namentliche Personalvorschläge** unterbreiten. Das setzt voraus, dass auch die Ausschussmitglieder die Problemlagen und Handlungsoptionen des konkreten Falles genau kennen (→ Rn. 13). Die gesetzgeberische Intention autonom mitwirkender Gläubiger lässt sich sachgerecht nur bei ausreichender Tatsachenkenntnis verwirklichen. Das Gericht muss deshalb den Ausschussmitgliedern auf deren Anfordern den bisherigen Akteninhalt zur Kenntnis bringen und seine weiteren fallbezogenen Erkenntnisse offenlegen. In umgekehrter Richtung gilt dasselbe. Will der Ausschuss ein Anforderungsprofil vorgeben, muss er die besonderen Eigenschaften, Befähigungen und Merkmale ausformulieren, die der künftige Verwalter mitbringen soll; diese müssen stets auch den Eignungskriterien von § 56 Abs. 1 genügen (*Haarmeyer* ZInsO 2011, 2316 [2317 f.]; abw. *Trams* NJW-Spezial 2012, 149 [150], der aber die Materialien unpräzise zitiert, da auch der Gesetzgeber die Möglichkeit richterlicher Bestellung eines Planverfassers unter § 56 Abs. 1 subsumiert). Hierbei sind – sinnvoll geglie-

dert – tatsächlich greifbare **Attribute** zu benennen, die auf diesen Einzelfall passen und exemplarisch folgende Themenbereiche berühren können (aber nicht müssen):

- Charaktereigenschaften, zB durchsetzungsfähig, ausdauernd. feinfühlig, verhandlungsstark, streiterprobt, anfechtungs- und prozesserfahren, soziale Kompetenz, kulturelle Umgebung
- Lebensaltersspanne
- bisheriger Erfahrungsschatz, insbes. …
  - Größenordnung bisheriger Verfahren
  - frühere Bearbeitung grenzüberschreitender oder konzernrelevanter Sachverhalte
  - spezielle Branchenkenntnisse und besondere Abwicklungserfahrung (Produktion, Handel, Dienstleistung börsennotierte Unternehmen usw)
  - besondere Personalkompetenz (ggf. unterteilt in Kollektiv- oder Individualarbeitsrecht), Vertrauensstellung gegenüber Arbeitnehmern, Gewerkschaften, Beherrschung von Sanierungsthemen (Transfergesellschaften, § 613a BGB) usw.
  - Kooperationsbereitschaft und -fähigkeit als Sachwalter bei der Eigenverwaltung
  - Gestaltung und saubere Abwicklung von Insolvenzplänen
  - eigenverantwortliche Leitung und Steuerung aller wichtigen unternehmerischen Abläufe (ggf. auch ohne früheren Geschäftsführer oder Vorstand)
  - Handhabung besonderer Aus- und Absonderungsszenarien mit ggf. schwierigen Anfechtungs- oder Rangfragen zur Erlösauskehr
  - bisheriges Fortführungs- oder Verwertungsgeschick bei ähnlichen Sachverhalten
  - bisheriger Umgang mit werthaltigen Beteiligungen, speziellen Finanzanlagen, ideellen Werten
  - Immobilienverwaltung (auch sog kalte Zwangsverwaltung), -instandhaltung, -vermarktung, -veräußerung inkl. ranggerechter Erlösauskehr
- Vor-, Aus- und Weiterbildung mit speziellen Sonderkenntnissen (Fremdsprachen; internationales oder sonst bereichsspezifisches Recht; Betriebswirtschaft; Absatzmärkte; früherer anderer Beruf)
- Infrastruktur der Kanzlei (Standorte im In- und Ausland; Personalstruktur mit speziellen Schwerpunkten im juristischen, steuerrechtlichen, betriebswirtschaftlichen oder sonst sachbearbeitenden Bereich; EDV-Ausstattung und sonstiges Equipment)
- Kooperationspartner, Vernetzung und besserer Kontaktzugang in abwicklungsrelevante Bereiche
- zeitliche Verfüg- und Erreichbarkeit
- Ortsnähe und/oder Mobilität
- andere Kosten-/Nutzengesichtspunkte, va solche mit spürbarer Quotenrelevanz.

Die vorgenannten unbestimmten Rechtsbegriffe sind durch den Ausschuss inhaltlich so mit Leben zu erfüllen, dass der Richter – va wegen der Eilbedürftigkeit – unmittelbar darauf eine passende Entscheidung treffen kann (s. *Obermüller* ZInsO 2012, 18 [25]; *Haarmeyer* ZInsO 2011, 2316 [2317 f.]; *Frind* ZInsO 2011, 1913 [1920 f.], der aber die Betrachtung zu sehr auf bisher schon gerichtsnotorisch erhobene „Kennzahlen" verengt). Hilfreich, wenn auch gesetzlich nicht zwingend vorgeschrieben, ist eine schriftliche Dokumentation und ggf. Glaubhaftmachung der Angaben (analog zu § 294 ZPO). Bei Einstimmigkeit in der Beschlussfassung genießt im Zweifel die Gläubigerautonomie den Vorrang. Umstr. scheint, ob auch ein einstimmig unterbreiteter **namentlicher Personalvorschlag ohne beglei-**

tendes Anforderungsprofil iSv § 56a Abs. 2 S. 1 Verbindlichkeit erzeugt; das wird vom *Verf.* bejaht (s. Komm. zu → § 56a Rn. 19), unterdessen aber von *Frind* (ZInsO 2011, 2249 [2257]) aufgrund fehlenden Einzelfallbezuges verneint. Anstehende Fragen der Unabhängigkeit und unterbliebener Vorbefassung muss der Richter – wie bisher auch – mit den jeweiligen Kandidaten besprechen.

15 **3. Geschäftskundigkeit.** Sie ist ein wichtiger Teilaspekt der Geeignetheit und bezieht sich durch die Wortlautverknüpfung „insbes." auf den jeweiligen **Einzelfall.** Das übersieht eine vielfach zu abstrakt geführte öffentliche Diskussion um Fragen berufsmäßiger Gleichbehandlung von Verwaltern iVm Art. 3, 12 GG. Es genügt nicht, dass der Auszuwählende nur ganz allg. zur Wahrnehmung von Aufgaben eines Insolvenzverwalters fähig ist. Für den konkreten Fallbezug muss er zugleich über nötiges Sonderwissen verfügen; seine Befähigung muss so ausgeprägt sein, dass gerade er die speziellen Geschäfte und Problemlagen des Verfahrensschuldners nach Art und Umfang souverän und erfolgreich lösen kann. Die Verfahrensbeteiligten haben Anspruch darauf, dass das bestmögliche Verfahrensergebnis tatsächlich erwirtschaftet werden kann. Darin steckt deutlich mehr als nur ein allgemeines – abstrahierendes – Attribut.

16 Häufig werden **Rechtsanwälte, Steuerberater, Wirtschaftsprüfer oder vereidigte Buchprüfer** zu Insolvenzverwaltern bestellt. Das Gesetz sieht keinerlei eigene Bindung an bestimmte Berufsgruppen vor. Die sog **Uhlenbruck-Kommission,** die sich mit Vorauswahl und Bestellung von Insolvenzverwaltern sowie Transparenz, Aufsicht und Kontrolle im Insolvenzverfahren befasste (NZI 2007, 507), hielt für Regelinsolvenzverfahren den Abschluss einer rechtswissenschaftlichen, wirtschaftswissenschaftlichen oder anderen Hochschulausbildung mit wirtschaftswissenschaftlicher Ausrichtung für erforderlich.

17 Dem folgend muss ein Bewerber grds. über **ausgeprägte insolvenzrechtliche und betriebswirtschaftliche Kenntnisse** zumindest in folgenden Bereichen verfügen: Im **materiellen Insolvenzrecht** zu den Insolvenzgründen und Wirkungen des Insolvenzantrags, den Wirkungen der Verfahrenseröffnung, zur Abgrenzung der Masse- und Insolvenzgläubiger, zu Aussonderung, Absonderung und Aufrechnung im Insolvenzverfahren, Abwicklung von Vertragsverhältnissen, zur Insolvenzanfechtung, im Arbeits- und Sozialrecht, im (Insolvenz)Steuerrecht, Gesellschaftsrecht, Insolvenzstrafrecht und zumindest den Grundzügen des internationalen Insolvenzrechts. Im **Insolvenzverfahrensrecht** muss sicher beherrscht werden die Amtsfunktion des vorläufigen und endgültigen Insolvenzverwalters mit allen wesentlichen Aufgabenstellungen zur Sicherung und Verwaltung der Masse; hierzu gehören alle weiteren Regularien des Insolvenzeröffnungsverfahrens, des Regelinsolvenz-, Plan- und Verbraucherinsolvenzverfahrens sowie das Restschuldbefreiungsverfahren. Je nach Fallkonstellation sind Spezialkenntnisse bei Sonderinsolvenzen zu fordern. An **betriebswirtschaftlichen Grundlagen** sind sichere Buchführung, Bilanzierung und Bilanzanalyse, Rechnungslegung in der Insolvenz, Beherrschung betriebswirtschaftlicher Fragen des Insolvenzplans (Sanierung), der übertragenden Sanierung und der Liquidation vonnöten. Der gute Insolvenzverwalter ist typischerweise ein „Allrounder"; er vereinigt als Analytiker, Entscheider und „Macher" vielfältige theoretische und praktische Befähigungen in einer Person.

18 Die **Gläubigerschutzvereinigung (GSV)** ergänzt die Auswahlkriterien um weitere Parameter (ZInsO 2009, 1246). Sie fordert ua eine mindestens 5-jährige Berufspraxis, eine leistungsfähige Infrastruktur (eigenes eingerichtetes und mit rechts- und betriebswirtschaftlichem Fachpersonal voll ausgestattetes Büro), Sicherstellung der höchstpersönlichen Verfahrensabwicklung des bestellten Verwalters bzw. Verwalterbüros, das Vorhandensein eines internen Controlling-Systems zur Fehleraufdeckung und Leistungsverbesserung (zB TQM), den Nachweis, dass

der Verwalter ein EDV-Buchhaltungsprogramm nutzt, welches den Grundsätzen ordnungsgemäßer Buchhaltung entspricht, und weitere Nachweise bisher schon erfolgreicher Betätigung, zB den Nachweis der erfolgreichen Sanierung von mindestens 5 Unternehmen mithilfe eines Insolvenzplans.

Das BVerfG (stellvertr. NZI 2004, 574 u. 2006, 636) wollte die Tür auch für **Berufsneulinge** offen halten. Zwar erwirbt nicht schon derjenige, der sich für die Ausübung des Berufsbildes des Insolvenzverwalters entscheidet, damit einen automatischen Anspruch auf Teilhabe an den zu vergebenden Insolvenzfällen (iSv ausreichender Beschäftigung durch die Gerichte; vgl. Uhlenbruck/*Zipperer* Rn. 4; *Gaier* ZInsO 2006, 1177 [1180 f.]). Ebensowenig ersetzen allein überdurchschnittliche Examensnoten (OLG Hamburg NZI 2008, 744) oder die Bezeichnung **„Fachanwalt für Insolvenzrecht"** (Uhlenbruck/*Zipperer* Rn. 18) bzw. sonstige theoretische Kenntnisse die grundsätzliche **Nachweispflicht praktischer Befähigung.** Sind die theoretischen Grundkenntnisse nachgewiesen, ist ein **gerichtlich abgestuftes System** entscheidend, das Neulingen zunächst die gefahrlose Einarbeitung anhand leichter Einstiegsfälle (etwa IK-Verbraucherinsolvenzen) ermöglicht. Diese Einstiegsfälle vermitteln dem Gericht Erfahrungswerte und weitere Entwicklungspotenziale des Bewerbers. In dieser Stufensystematik bleibt zu beachten, dass Verfahren natürlicher Personen, die als Unternehmer beruflich selbstständig sind, oft ganz besondere Abgrenzungs- und Problemlagen mit sich bringen, die Berufsanfänger nicht überblicken und beherrschen können (*Ries* ZVI 2004, 221). Das Gericht muss folglich im Aufstieg von Kandidaten, die sich zunächst bei IK-Sachen bewährt haben, in der Heranziehung zu IN-Sachen ein feinsinniges Gespür für die Fallbesonderheiten entwickeln. Am ehesten wird sich ein geschlossener Geschäftsbetrieb einer juristischen Person ohne schwierige Arbeitnehmerfragen anbieten. 19

Bewerbungen sog **Schattenverwalter,** die angeben, als Mitarbeiter eines erfahrenen Insolvenzverwalters bereits praktische Erfahrungen gesammelt zu haben, sind in ihrem Aussagegehalt nicht immer leicht zu verifizieren, va, wenn der Bewerber bis dato nur bürointern eingesetzt wurde und bei Gericht nicht – etwa als Verhinderungsvertreter – in Erscheinung trat. Deshalb sind auch mit solchen Bewerbern **gerichtliche Auswahlgespräche** zu führen. Das können mehrere Richter einer Insolvenzabteilung gemeinsam organisieren und durchführen; jeder Richter muss aber anschließend seine Ermessensentscheidung zur Bestellung jeweils selbst treffen und eine eigene Liste führen (→ Rn. 48); demgegenüber ist eine Zulassungs- oder Ablehnungsentscheidung („Listung" oder „Non-Listing") der Gesamtabteilung ebenso wie ein gemeinsames Delisting bisher beauftragter Verwalter rechtlich unbeachtlich und nicht zur rechtsmittelbeschneidenden Bestandskraft fähig. 20

Diskutiert wurde die Notwendigkeit einer **Zulassungs- oder Berufsordnung** (→ Rn. 5; ähnlich *Kämmerer* Gutachten H zum 68. DJT, 2010, S. 106 f.); ferner einer – ggf. auf staatlicher Ermächtigung beruhenden – **Insolvenzverwalterkammer** (pro: *Runkel* NZI Heft 13/2009, V; *Zimmer* DZWiR 2011, 98; contra: *Römermann* NZI Heft 9/2010, V). Damit wollte die Verwalterseite neue einheitliche Standards für die Berufsausbildung setzen und die **Qualität in der Verfahrensbearbeitung** weiter steigern. Daneben schuf der VID für seine Mitglieder 2002 erstmals einen Verhaltenskodex und 2006 die sog „Berufsgrundsätze"; diese sind 2011 durch die Grundsätze ordnungsgemäßer Insolvenzverwaltung (GOI) präzisiert und erweitert worden (alles abzurufen unter www.vid.de). Die Mitglieder des Gravenbrucher Kreises legten sich zur Gewährleistung höchster Qualitätsmaßstäbe weitergehende Selbstverpflichtungen auf, ua das Zertifikat „InsO Excellence" mit 222 Prüfungspunkten. Solche verbandsinternen, letztlich abstrakt bleibenden Berufszugangs- und ausübungsregelungen erzeugen für die Insolvenzgerichte keinerlei Präjudiz; sie treten nie „an die Stelle" der – ggf. unter Gläubi- 21 gerbeteiligung – nach § 56 Abs. 1 richterlich frei zu treffenden Bestellungsentscheidung und einer hierzu fallbezogen abzufragenden Geschäftskunde. Gläubigerausschuss und Richter können durchaus Verwalter bestellen, die die gesetzlichen Eignungskriterien erfüllen, aber keinem dieser Verbände angehören und keiner der genannten Selbstverpflichtungen unterliegen.

22 Einige **Insolvenzgerichte** erheben zur leistungsbezogenen Messung von Qualität und Sachkunde in der Verwalterarbeit (idR jährlich) sog **Verfahrenskennzahlen** (s. *Frind* NZI 2008, 518; *ders.* ZInsO 2011, 169; *Schmidt* ZInsO 2008, 291). Diese Zahlen gewinnen sie aus abgegebenen Auswertungen der Verwalter in IN-Verfahren, bei denen der Geschäftsbetrieb zum Zeitpunkt der Antragsstellung noch lief. Gefragt wird zB nach der Anzahl aller im Berichtszeitraum schlussgerechneten, aber auch nach den in dieser Zeit erfolgten Neubestellungen in eröffneten Verfahren. Durchweg wird unterteilt in Größenklassen der Teilungsmassen (zB bis 25 TEUR, bis 100 TEUR und über 100 TEUR hinaus). Neben der Nennung von Verfahrenseinstellungen gem. § 207 und Anzeigen der Masseunzulänglichkeit nach § 208 geht es beispw. um Durchschnittswerte der Verfahrensdauer bis zur Schlussrechnung, um die Quote für ungesicherte Gläubiger, um die Beteiligung von Absonderungsgläubigern und Streitigmachung diesbetreffender Sonderrechte, generell um die Geltendmachung von Anfechtungsansprüchen und Aufrechnungsverboten, um die Gesamtkosten der Abwicklung inkl. der Kosten für externe Helfer (zB auch der Verwerter), um Fortführungs- und Sanierungserfolge (ua mit Arbeitsplatzerhalt) sowie um die Einreichung von Insolvenzplänen. Bisher nicht sicher erkennbar sind daraus für die Praxis abzuleitende Schlussfolgerungen. Die Befragten werden ggf. von mehreren Insolvenzgerichten in jeweils unterschiedlichen Fallkategorien beauftragt. Ob es zu Einstellungen nach § 207 kommt oder Masseunzulänglichkeit nach § 208 angezeigt werden muss, ob kritische Absonderungsrechte bestehen, mit welchen (ggf. überalterten) Produkten das Unternehmen im Markt steht u. dgl. mehr, hängt oftmals an der Qualität der übertragenen Verfahren und nicht an der Leistungsfähigkeit des Verwalters. Eine abstrakt mitgeteilte Quote ist keine sichere Basis für konkret geleistete Wertschöpfung. Die Ergebnisse wirken bestenfalls als ein Indikator von mehreren; man darf ihren Erkenntniswert nicht überhöhen (vgl. *Neubert* ZInsO 2010, 73; zur teils abw. gläubigerspezifischen Sicht *Seide/Brosa* ZInsO 2008, 769 [771]). Der *Verf.* hat ua in → Rn. 14 vielfältige **„Soft Skills"** angesprochen; auf die zwingende Einbeziehung solcher weichen Faktoren weist *Andres* (NZI 2008, 522 [523 f.]) zu Recht hin. Das gilt ebenso für Absprachen zur **Vereinheitlichung der Kontenrahmen bei der Schlussrechnung** (zur Einigung v. ZEFIS, VID u. Gravenbrucher Kreis s. ZIP Heft 1/2012 A2 Nr. 8; zum Inhalt *Haarmeyer/Basinski/Hillebrand/Weber* ZInsO 2011, 1874); nackte Buchhaltungsergebnisse bilden kein aussagekräftiges Leistungsprofil ab. Derzeit ist intransparent, welche der Werte und Ergebnisse sich die Richter letztlich zu jedem einzelnen Kandidaten in ihre Vorauswahlliste in welcher Form konkret eintragen (zu nötigen Vermerken *Graeber* NZI 2006, 499 [501]; zur Listenführung allg. → Rn. 48 ff.), und auf welche Weise sie diese Daten später bei einer Neubestellung wirklich fallbezogen berücksichtigen? Ohnedies können Gläubigerausschüsse dem Richter auch ortsfremde Kandidaten vorschlagen, zu denen ihm solche Werte oftmals gar nicht verfügbar sind (s. Komm. zu → § 56a Rn. 21).

23 **4. Unabhängigkeit.** Die besondere Funktion des Insolvenzverfahrens, die bestmögliche gemeinschaftliche Befriedigung *aller* Gläubiger eines Schuldners herbeizuführen (s. BVerfG ZInsO 2005, 368 [369]), verpflichtet den Verwalter zur **Neutralität** in sämtliche Richtungen; er darf weder Interessenvertreter des Schuldners noch einzelner Gläubiger sein (*Prütting* ZIP 2002, 1965; *Graeber* NZI 2002, 345; *Bork* ZIP 2013, 145; *Vallender/Zipperer* ZIP 2013, 149; vgl. auch *Ries*

EWiR 2015, 545 [546]; weitergehend *Schmidt/Hölzle* ZIP 2012, 2238: Die „Unabhängigkeit" ist für die Gläubiger disponibel. Gegen ein ausuferndes Wortlautverständnis auch Römermann ZInsO 2013, 218). Insoweit kann auf die allgemeinen Grundwertungen der §§ 41, 42, 406 ZPO wenigstens in Teilen zurückgegriffen werden, allerdings nicht auf dazu vorgesehene Rechtsbehelfe; insoweit stehen die spezielleren Regelungen in §§ 56–59 InsO weitgehend für sich (BGH NZI 2007, 284; Uhlenbruck/*Pape* § 4 Rn. 14). Das gilt nach ESUG umso mehr, als § 56 Abs. 1 S. 3 Nr. 1 klarstellt, dass rein sachlich begründete **Personenvorschläge** – auch wenn sie der Schuldner oder einzelne Gläubiger unterbreiten – keineswegs schon die Vertrauensbasis zur Person des Vorgeschlagenen zerstören. Gem. § 56 Abs. 1 S. 3 Nr. 2 (vgl. demgegenüb. noch Streitgespräch *Braun/Frind* NZI 2003, 252; HambK-InsO/*Frind* § 56 Rn. 17) ist nun eine gewisse **Vorbefassung** denkbar, immer vorausgesetzt, dass der künftige Verwalter bisher nur beratend allgemeine Hinweise zum Gang und den Möglichkeiten eines Insolvenzverfahrens gegeben bzw. die Statusverhältnisse festgestellt, jedoch darüber hinaus noch in keiner Form – gestaltend oder sonst nach außen reagierend, erst recht nicht potenziell anfechtungsrelevant – in die Geschehensabläufe eingegriffen hat (s. BReg. in BT-Drs. 17/5712, 26 u. 68; Bedenken hingegen im BR, aaO, S. 52). Vorheriger *„Kontakt"* ist also möglich, vorherige *„Vertretung"* nicht. Dem hat der Insolvenzrichter ggf. amtswegig und unvoreingenommen nachzugehen, dh im Eilverfahren zumindest durch summarische Prüfung und kursorische Befragung von Beteiligten. Die nötige Prüfung schließt etwaige Kooperations- und Sozietätsverträge mit dort etwa einschlägigen Mandatsbeziehungen ein (s. Beschlussempfehlung Rechtsausschuss BT-Drs. 17/7511, 48 li. ob.). Im Laufe des Gesetzgebungsprozesses wurde allerdings fallen gelassen § 56 Abs. 1 S. 3 Nr. 3 ReGE; die Regelung sah zunächst vor, dass mit Schuldnern und Gläubigern abgestimmte außergerichtliche Sanierungsbemühungen mit dem Ziel der Anfertigung eines Insolvenzplanes die Unabhängigkeit nicht generell gefährden. Dagegen wurden ua standesrechtliche Bedenken vorgebracht, zB in der Stellungnahme des VID v. 4.3.2011 (etwa gem. § 45 Abs. 2 BRAO). Der Rechtsausschuss (s. Beschlussempfehlung, aaO, S. 47) sah weitergehende potenzielle Interessenkonflikte.

Fasst man die Entwicklung zusammen, lässt sich die verbreitete Ansicht nicht **24**
länger aufrechterhalten, allg. **wiederkehrende Mandatsbeziehungen** zu Banken, Kreditversicherern, Sozialversicherungsträgern, Groß-Vermietern oder anderen Poolbeteiligten seien per se unabhängigkeitsschädlich (s. *Braun* Editorial NZI Heft 1/2002, V; *Riggert* NZI 2002, 352; *Schmidt/Hölzle* ZIP 2012, 2238; für die Gegenansicht *Prütting* ZIP 2002, 1965; *Graeber* NZI 2002, 345; *Frind* ZInsO 2002, 745 u. ZInsO 2010, 1966; stärker in diese Richtung zudem *Bork* ZIP 2013, 145; *Vallender/Zipperer* ZIP 2013, 149 und nun wohl auch Graf-Schlicker/*Graf-Schlicker* §§ 56, 56a Rn. 72 f.). Entscheidend bleibt eine Gesamtwürdigung aller maßgeblichen Umstände unter Berücksichtigung der Intensität der Beziehung und des bisher integren Verhaltens der Verwalterpersönlichkeit. Es geht um die Beurteilung ihrer „Souveränität" im besten Sinne des Wortes: Ist die Person weiterhin in ihren Entscheidungen völlig autonom, oder steht sie bereits in einer gewissen Abhängigkeitsbeziehung? Wegen der gleichzeitigen Verknüpfung zum Einzelfall (→ Rn. 12) will der Gesetzgeber jeweils für diese Gläubigergemeinschaft und deren optimalen Vollstreckungserfolg eine eher individuell-konkrete denn nur eine generell-abstrakte Bewertung der Verwalterpersönlichkeit. Wer zB zwingend **Massekredit** braucht, muss ihn auch tatsächlich bekommen können. Umgekehrt darf die Bank aber nicht apodiktisch die Gewährung eines Massedarlehns von der Bestellung eines bestimmten Verwalters abhängig machen (zu den insoweit abzulehnenden „Change-of-Control"-Klauseln *Ganter* ZIP 2013, 597 [599]). Wo der Mandant im konkreten Verfahren keine oder nur eine ganz untergeordnete Rolle spielt, stellen sich Unabhängigkeitsfragen idR anders als gegenüber einem

bedeutenden Hauptgläubiger. Insoweit ist *Graeber* (NZI 2002, 345 [347, 351]) ieS beim Wort zu nehmen, wenn er formuliert, es entscheide der Blickwinkel eines „ruhig und gerecht denkenden" Betrachters.

25 Insgesamt gilt der **Grundsatz der Verhältnismäßigkeit.** Wo sich mögliche Interessenkonflikte klar und eindeutig auf begrenzte Teilsegmente beschränken, kann – wenn der Gläubigergemeinschaft dadurch keine unzumutbaren Mehrkosten drohen und eine solche Handhabung ihrem mutmaßlichen Interesse entspricht – durch zusätzliche Bestellung eines **Sonderinsolvenzverwalters** abgeholfen werden (vgl. § 77 RegEInsO, BT-Drs. 12/2443, 20, 131; nach Meinung des Rechtsausschusses BT-Drs. 12/7302, 162 eine Selbstverständlichkeit). Dies betrifft insbes. die häufigen Fälle der **Doppelinsolvenz** von persönlich haftendem Gesellschafter und seiner Gesellschaft. Hier kann, falls keine anderen Gründe entgegenstehen, in beiden Verfahren ein personenidentischer Verwalter bestellt werden; die Tabellenanmeldung des Verwalters der Gesellschaft zu den Ansprüchen der Haftungsgläubiger (§ 93 InsO, § 128 HGB) sollte im Verfahren des persönlich haftenden Gesellschafters ein Sonderverwalter prüfen (Braun/*Kind* 4. Aufl. 2010, Rn. 11a).

26 **5. Übernahmebereitschaft.** Abweichend von anderen gesetzlichen Regelungen, die eine staatsbürgerliche Pflicht zur Amtsübernahme vorsehen (vgl. etwa §§ 31 ff. GVG für Schöffen; §§ 1785 ff. BGB bei der Vormundschaft), ist nur eine Person zum Insolvenzverwalter zu bestellen, die dazu **von vornherein bereitsteht** (vgl. ähnlich § 1898 Abs. 2 BGB für Betreuer). Der Gesetzgeber unterstellt, dass die Bewerber sich entweder in Listen eintragen lassen oder zumindest vor der in Aussicht genommenen Bestellung einwilligen. Eine dahingehende Klarstellung nahm er mit dem InsVereinfG 2007 in den Wortlaut von § 56 Abs. 1 auf, zugleich verbunden mit einem eigenen Plädoyer gegen „geschlossene Listen" (BT-Drs. 16/3227, 10). Mit der parallel eingeführten Regelung des § 56 Abs. 1 S. 2 löste sich der Gesetzgeber von dem bis dahin in der Praxis vorherrschenden Bild des Insolvenzverwalters als „Alleskönner". Nunmehr ist sinnvollerweise eine **Katalogisierung der Verfahrensarten** nach einem Grobraster vorzunehmen, dessen Eckpfeiler – angelehnt an das neue ESUG – beispw. wie folgt aussehen:

- Unternehmensinsolvenzen mittelgroßer und großer Kapitalgesellschaften (§ 267 Abs. 2 u. 3 HGB) sowie Insolvenzen natürlicher Personen, deren Einzelfirma in diese Größenordnung fällt (Beispiel: Schlecker)
- Unternehmensinsolvenzen kleiner Kapitalgesellschaften (§ 267 Abs. 1 HGB) und Insolvenzen natürlicher Personen, deren Einzelfirma noch betrieben wird und in diese Größenordnung fällt
- Regelinsolvenzen natürlicher Personen und Nachlässe ehemals Selbstständiger sowie Verbraucherinsolvenzen mit schwieriger Masseabwicklung
- einfache Verbraucherinsolvenzen, deren Hauptzweck in der Restschuldbefreiung liegt und die (wie idR bei Verfahrenskostenstundung gem. §§ 4a ff.) keine und nur eine geringe Verteilungsmasse (§§ 187 ff.) erwirtschaften werden
- gegenständlich beschränkte Sonderinsolvenzverwaltung (ggf. mit Angabe besonderer Themenschwerpunkte).

Letztgenannte Gruppe wird va bei Gerichten in Frage kommen, vor denen des Öfteren Konzerninsolvenzen anhängig sind (vgl. → Rn. 8 u. 68). Der Bewerber muss seine **Wünsche äußern,** in welcher dieser Gruppen er tätig werden möchte, wobei unterstellt werden kann, dass er bei richterlicher Einstufung in einer höheren Gruppe zugleich in der Lage ist, auch einfacher gelagerte Fälle der Gruppen darunter abzuarbeiten. Es geht an dieser Stelle in der Wortlautdefinition des Gesetzes nicht um das „Können" (dazu → Rn. 15 ff.), sondern um das **„Wollen".** Eine Antwort auf die Frage des „Könnens" folgt erst im zweiten Schritt nach, und bei entsprechender Befähigung des Bewerbers sodann seine Aufnahme in die betreffende Gruppe der Vorauswahlliste (dazu → Rn. 48 ff.). Individuelle Zusatzqualifikationen, Interessenschwerpunkte etc des Bewerbers (zB Erfahrung in der Abwicklung internationaler Sachverhalte, in großen Konzernstrukturen, ggf. mit Insolvenzplanabwicklung, besondere Branchenkenntnisse etc) wird der Richter in seiner Liste bei jedem einzelnen Bewerber hinzunotieren (→ Rn. 42, 48 f.).

Abweichend hierzu gruppierte die Insolvenzrichterin im Fall BVerfG NZI 2009, 641 ihre Ausschreibung wie folgt: 27
- Unternehmensinsolvenzen
- Regelinsolvenzverfahren natürlicher Personen
- Verbraucherinsolvenzverfahren
- spezielle Fallgestaltungen, die besondere Fachkunde erforderlich machen.

Dieses Raster erscheint hinsichtlich der ersten drei Spiegelstriche zu undifferenziert, was den klassischen **Kern der jeweiligen Anforderungsprofile** angeht (auch natürliche Personen können zB Inhaber großer Betriebe sein, was Personal- und Fortführungskompetenz nötig macht), und führt im vierten Spiegelstrich zu einer **Zersplitterung in viele Sonderthemen** (internationale Bezüge; Aufklärung von Kriminalsachverhalten; Branchenspezifika; Unternehmenstypen – Produktion oder Handel; Insolvenzplaneignung; obstruierende Gesellschafter u. v. Ä. m.), die klassischerweise nie für sich isoliert dastehen, sondern sich stets in variierender Durchmischung präsentieren mit jeweils ganz unterschiedlichen Schwerpunkten. Die Vielschichtigkeit des wirklichen Lebens kann man nicht in wenige kleine Schubladen pressen, und dort zusätzlich auch noch Personenprofile hineinlegen. Zu Großfällen wie Arcandor, Bremer Vulkan Werft, Maxhütte, Kirch-Media, aber auch zu manch mittelständischer Abwicklung (Ihr Platz, Sinn-Leffers, Honsel, Auto Becker) ergibt sich der Handlungsbedarf aus der konkreten Lage bei Antragsstellung. Dazu muss sich der Richter in diesem Moment und im ersten Schritt – aus dem Fall hergeleitet (→ Rn. 13) – ein Anforderungsprofil erstellen, und in seiner Kandidatenliste filtern, wer dem am Nächsten kommt. Dabei geht es nicht nur um die Summe einzelner persönlicher Merkmale, sondern – wie anderweitig in der Ermessensausübung auch – letztlich um eine **Gesamtwürdigung der Verwalterpersönlichkeit.**

6. Höchstpersönlichkeit der Amtsführung. Von ihr ist viel die Rede (s. stellvertr. Uhlenbruck/*Zipperer* Rn. 20; *Graeber* NZI 2003, 569); dieses Merkmal steht aber nicht im Gesetz. Es ist auch fraglich, ob nicht im Einzelfall eine herausragend **gute Organisation der Kanzlei** mit hochkompetenten Nachwuchskräften im richtig verstandenen Sinn des § 56 Abs. 1 ein gewichtigeres Qualitätsmerkmal ist, weil es ggf. den Verfahrensbeteiligten in concreto deutlich mehr bietet als ein höchstpersönlich überlasteter Einzelverwalter (*Pluta* INDAT-Report Heft 08/2011, 31). Selbermachen ist kein Qualitätskriterium an sich. Zu daran anknüpfenden Fragen etwa der **Ortsnähe der Kanzlei** und zu laufender **Präsenz des Verwalters** → Rn. 38 u. 41 f. (weitere Details zu diesen Merkmalen bei HambK-InsO/*Frind* Rn. 14). S. zu den Wertungskriterien, die der **VID** in diesem Kontext benennt, die Grundsätze ordnungsgemäßer Insolvenzverwaltung **(GOI)** zu II 1 u. 2, dort zugleich mit einem exemplarischen Katalog delegationsfähiger Themen. 28

Hess (Rn. 188 ff.) beschreibt zutr. unter Bezugnahme auf *Graeber* (NZI 2003, 569; *ders.* Insbüro 2004, 326; s. ferner Uhlenbruck/*Zipperer* Rn. 22 ff.), was die **originären Kernaufgaben** sind, die der Verwalter persönlich erledigen und dirigieren muss bzw. welche nachgeordneten, delegationsfähigen Aufgaben davon zu unterscheiden sind, die auch seine Mitarbeiter für ihn erledigen können. Die Abläufe im Insolvenzverfahren sind überaus **vielschichtig** und weisen im Alltag **größtdenkbare Sachverhaltsvarianten** auf. Losgelöst von jeder Kasuistik ent- 29 scheidet damit, wie grundlegend bedeutsam die jeweilige Problemstellung für die erfolgreiche Einzelfallbearbeitung ist. Dazu gehören – hier nur exemplarisch ohne Anspruch auf Vollständigkeit benannt – **Entscheidungen des Verwalters**

– über die Betriebsfortführung oder -schließung
– über einschneidende Personalmaßnahmen
– ob ein Insolvenzplan angefertigt oder nach § 35 Abs. 2 ein Geschäftsbetrieb aus der Masse freigegeben werden soll
– zu weiteren Sanierungsschritten mit den klassischen strategischen Unternehmerentscheidungen
– zur künftigen Positionierung des Unternehmens im Markt (Preiserhöhungen, Kostensenkungen, Verbesserungen der Vertriebsstrukturen etc)
– über eine Betriebsveräußerung
– zu sonstigen bedeutsamen Rechtshandlungen iSv § 160, zB Aufnahme von Massedarlehn oder riskanter Prozessführung
– ob und wann Masseunzulänglichkeit anzuzeigen (§ 208) oder das Verfahren mangels Masse einzustellen ist (§ 207)

u. dgl. mehr. Ferner obliegt ihm die persönliche Wahrnehmung aller gerichtlichen Termine zur **Berichterstattung** des Verwalters (vgl. insbes. §§ 79, 156 ff.).

30 Die darüber hinausgehende Aufzählung von *Graeber* und *Hess* (s. o.) ist in manchen Punkten zu kleinteilig. Der Verwalter muss etwa die Inbesitz- und Inverwahrungnahme von Massegegenständen nicht höchstpersönlich vollziehen, sondern allenfalls **wichtige Zweifelsfragen** beurteilen oder **Freigabeentscheidungen** treffen. Er muss zB im Kontext von § 103 nicht über jede kleinere Bestellung von Radiergummis oder Bleistiften höchstpersönlich befinden und auch nicht höchstpersönlich Überweisungsträger zur Verteilung an Masse- oder Insolvenzgläubiger ausfüllen, Rechnungsbelege verbuchen oder Voranmeldungen zur Umsatzsteuer tätigen bzw. Sozialversicherungsbeitragsnachweise erstellen. Andererseits bedarf es aber genau dafür einer leistungsfähigen, funktionierenden Praxisstruktur, wovon sich die Gerichte vorab überzeugen müssen. Entscheidend ist die Perspektive des jeweiligen Insolvenzverfahrens mit seinen Proportionen, insbes. in sachgerechter **Kosten-/Nutzen-/Risikoanalyse** mit Blick auf die letztlich zu generierende Verteilungsmasse iSv §§ 187 ff. (vgl. Kreft/*Ries* § 160 Rn. 2). *Uffmann* (Interim Management, 2015, S. 43, 101 ff., 381 ff., 435 f.) beschreibt ausf. die insolvenzspezifischen Parameter im Spannungsfeld zwischen höchstpersönlicher Aufgabenwahrnehmung und sinnvoller externer Delegation; dort auch zur Frage der Zulässigkeit von **Generalvollmachten** und einer evt. Geltung der „Business Judgement Rule". Ggf. sei nicht die Bevollmächtigung als solche unzulässig, sondern nur das Handeln des Vertreters im Bereich notwendigen Eigenhandelns des Verwalters (aaO S. 382). Rechtsgeschäftlich eingeräumte Vertretungsmacht reiche nie weiter als derjenige Bereich, in dem eine Vertretung überhaupt statthaft ist.

III. Vorbereitung gerichtlicher Entscheidungen

31 **1. Richtvorgaben des BVerfG.** Infolge permanenter Nichtberücksichtigung bei der Verfahrensvergabe fühlten sich betroffene **Insolvenzverwalter diskriminiert.** Sie erhoben nach Erschöpfung des Rechtsweges Verfassungsbeschwerden zum BVerfG. Das BVerfG entwickelte wichtige Vorgaben zur sachgerechten Ausübung richterlichen Ermessens, zog sich aber nach und nach auf den Standpunkt zurück, hier gehe es nur um Fragen geringerer verfassungsrechtlicher Kontrolldichte. Die Bestellung sei als Eilentscheidung begründungsfrei; zur nachvollziehbaren Transparenz bedürfe es auf Seiten der Richter nur einer – beispw. durch Listenvermerke – **verplausibilierten Vorauswahl.** Insofern sei es vorrangig

Aufgabe der Fachgerichte, geeignete und im jeweiligen Einzelfall schnell verifizierbare Auswahlkritierien zu entwickeln.

a) BVerfG-Beschluss 3.8.2004. Dieser erste Beschluss der 2. Kammer des Ersten Senates (NZI 2004, 574) klärt zur Auswahl und Bestellung von Insolvenzverwaltern vorab die Frage des Rechtsschutzes, insbes. bei negativer Vorauswahl (dh bei genereller Nichtberücksichtigung). Entscheidungen der „Rechtsprechung" ieS von Art. 92 GG unterliegen ihrerseits nicht Art. 19 Abs. 4 GG (Stichwort: kein Rechtsschutz von Gerichten gegenüber Gerichten). Nach zutr. Ansicht des BVerfG sind die Gerichte aber funktional der vollziehend öffentlichen Gewalt iSv **Art. 19 Abs. 4 GG** gleichgestellt, wenn sie zwar aufgrund eines ausdrücklich normierten Richtervorbehalts, jedoch letztlich außerhalb ihrer spruchrichterlichen Betätigung tätig werden, dh außerhalb ihres Kernbereiches der „Rechtsprechung" agieren (dazu auch *Ries* BJ 2006, 406). Entscheidend ist die konkret sachliche Tätigkeit des Richters und ihr materieller Sinngehalt. Demnach ist die dem Richter gem. § 18 Abs. 1 Nr. 1 RPflG vorbehaltene Bestellung eines Insolvenzverwalters keine Ausübung rechtsprechender Gewalt. Es geht – so das BVerfG zutr. – bei der Insolvenzverwalterauswahl und -bestellung um weisungsfreie **„Ausübung vollziehender Gewalt in richterlicher Unabhängigkeit".** In Rede steht kein gerichtsförmiges Verfahren hoheitlicher Streitbeilegung mit einer letztverbindlichen, der Rechtskraft fähigen Feststellung und des Ausspruchs dessen, was im konkreten Fall rechtens ist, sondern die **aktive Gestaltung eines (Insolvenz-)Rechtsverhältnisses** mittels Übertragung von Verfügungsmacht iSd § 80. 32

Während sich spätere BVerfG-Entscheidungen auf das Diskriminierungsverbot von Art. 3 GG konzentrieren (vgl. BVerfGE 116, 1 = NZI 2006, 453 nebst Erläuterung des Berichterstatters *Gaier* ZInsO 2006, 1177 [1180]), rekurriert der Beschluss vom 3.8.2004 besonders auf die **Berufsfreiheit in Art. 12 Abs. 1 GG.** Der Begriff des Berufs ist weit auszulegen; er erfasst nicht nur Tätigkeiten, die sich in bestimmten, traditionellen oder sogar rechtlich fixierten „Berufsbildern" darbieten, sondern auch frei gewählte untypische Betätigungen, aus denen sich wiederum neue, feste Berufsbilder ergeben können. Das BVerfG grenzt den selbstständigen Beruf von Tätigkeiten ab, die nur als Bestandteil eines umfassenderen oder als Erweiterung eines anderen Berufs ausgeübt werden und deren Regelung die eigentliche Berufstätigkeit als Grundlage der Lebensführung unberührt lässt (vgl. noch feiner diff. BVerfG NJW 2008, 1293 Rn. 32 für Rechtsanwälte am BGH: „Obwohl der Eingriff danach eine Berufsausübungsregelung darstellt, wirkt die Zulassungskontingentierung nach § 168 Abs. 2 BRAO wie eine objektive Zugangssperre und weist damit Elemente auf, die einer Beschränkung der Berufswahl nahe kommen"). Das BVerfG im Beschluss 3.8.2004 weiter: „Die **Vorprüfung mit dem Ergebnis der grundsätzlichen Eignung** bestimmter Bewerber eröffnet diesen eine Chance, im Zuge künftiger Anträge auf Eröffnung von Insolvenzverfahren zu Sachverständigen, Treuhändern, Sachwaltern oder Insolvenzverwaltern bestellt zu werden. Die Vorauswahl hat einen nicht unerheblichen Einfluss auf die beruflichen Betätigungsmöglichkeiten der Interessenten. Auch wenn der Insolvenzrichter von Rechts wegen an eine abschlägige Vorauswahlentscheidung bei der späteren Auswahl von Sachverständigen oder Insolvenzverwaltern nicht gebunden ist, wird der abgelehnte Interessent hierdurch in seinen Rechten aus Art. 12 Abs. 1 GG berührt." Bei der Bewerbung um eine Tätigkeit im Rahmen von Insolvenzverfahren, die nur von hoheitlich tätigen Richtern vergeben wird, muss jeder Bewerber eine faire Chance erhalten, entsprechend seiner in § 56 Abs. 1 vorausgesetzten Eignung berücksichtigt zu werden. 33

b) BVerfG-Beschluss 23.5.2006. Diese Entscheidung traf der Erste Senat in voller Besetzung (BVerfGE 116, 1 = NZI 2006, 453). Sie bestätigt den Kammer- 34 beschluss vom 3.8.2004. In dessen weiterer Ausformung orientiert sie sich allerdings schwerpunktmäßig am **Diskriminierungsverbot des Art. 3 GG.** Der mit dem konkreten Fall befasste Richter dürfe seine Entscheidung nicht nach freiem Belieben treffen; er müsse vielmehr pflichtgemäß ein Auswahlermessen betätigen. Jeder Bewerber habe einen **Teilhabeanspruch auf eine faire Chance,** entsprechend seiner in § 56 Abs. 1 vorausgesetzten Eignung berücksichtigt zu werden. Insofern verfüge er über ein subjektiv klagbares Recht. Das erfordere eine zur Sicherung des chancengleichen Zugangs angemessene Verfahrensgestaltung. Ein diesen Bedürfnissen angemessenes **Vorauswahlverfahren** dürfe sich nicht nur auf das Erstellen einer Liste mit Namen und Anschriften interessierter Bewerber beschränken. Es müsse vielmehr auch die **Erhebung, Verifizierung und Strukturierung von Daten** gewährleisten, die bei der Auswahl geeigneter Bewerber nach der Einschätzung des jeweiligen Insolvenzrichters eine fallbezogen sachgerechte Ermessensausübung ermöglichen.

35 Zur grundrechtlichen **Gewährleistung des „Eigentums" (Art. 14 Abs. 1 GG)** zählt die verfahrensrechtliche Durchsetzbarkeit von „Forderungen" der Gläubiger gegen ihre Schuldner (s. bereits BVerfGE 51, 150 [156] = Rpfl. 1979, 296 = KTS 1979, 275 u. BVerfG NZI 2004, 222 [zu 2b aa]). Dementsprechend ist das Insolvenzantragsverfahren durchweg eilig und auf schnellen, effektiven Schutz dieser Gläubigeransprüche auszurichten (BVerfGE 116, 1 = NZI 2006, 453 Rn. 50 ff.). Die Gläubiger besitzen ein berechtigtes Interesse, dass weitere Verzögerungen, Kosten und Komplikationen im Ablauf des Insolvenzverfahrens durch gerichtliche Auseinandersetzungen um die Person des Insolvenzverwalters unterbleiben. Damit sind sowohl **Konkurrentenschutzklagen** zwischen Insolvenzverwalterprätendenten als auch ein **einstweiliger Rechtsschutz, der die Bestellung blockiert,** nicht vereinbar. Das subjektiv klagbare Recht auf eine ermessensfehlerfreie Auswahlentscheidung beschränkt sich in den Rechtsfolgen auf Schadenersatzansprüche des zu Unrecht übergangenen Bewerbers, insbes. aus dem Gesichtspunkt der **Amtshaftung (Art. 34 GG, § 839 BGB),** und auf die **Möglichkeit nachträglicher Feststellung der Rechtswidrigkeit** der Auswahlentscheidung, sofern – als Zulässigkeitsvoraussetzung der Klage – ein dahingehendes Feststellungsinteresse weiterhin fortbesteht (vgl. BVerfG aaO, Rn. 57 sowie das Fallbeisp. OLG Hamm BeckRS 2013, 09503; ebenso HambK-InsO/*Frind* Rn. 8b m. z. N.).

36 **c) BVerfG-Beschlüsse 12.7.2006.** In der Verbescheidung abgelehnter Bewerber gelang es den Insolvenzgerichten kaum, hierfür maßgebliche Eignungskriterien griffig und in nachvollziehbaren Rastern zu definieren, weshalb darüber immer wieder im Rechtsweg gem. §§ 23 ff. EGGVG und anschließend vor dem BVerfG gestritten wurde (zu den jeweiligen Problemlagen ausf. *Höfling* in seinem Rechtsgutachten 15.9.2010 f. d. VID, S. 17 ff. – nv – und zuvor bereits JZ 2009, 339).

37 Im Fall BVerfG ZIP 2006, 1956 (BeckRS 2006, 27311) sprach die Insolvenzrichterin dem Kandidaten dessen generelle Eignung ab und strich ihn aus ihrer Vorauswahlliste heraus. Die Richterin bezweifelte seine **„Unabhängigkeit"** (ua wegen Darlehensvergabe an den Ehemann einer Geschäftsführerin und Annahme eines von der Geschäftsführerin erteilten Anwaltsmandates); hinzu kamen weitere fachliche Beanstandungen. Das BVerfG hielt diese Ablehnung nicht für **diskriminierend willkürlich;** das Insolvenzgericht behalte einen **weiten Ermessensspielraum.** und habe diesen vorliegend sachgerecht ausgefüllt. Es gebe **keine *allgemeine,*** in dieser Hinsicht titulierbare **richterliche „Verpflichtung zu angemessener Berücksichtigung** bei der Vergabe von Insolvenzverwaltungen"; letztlich entscheide die Eigenart des jeweiligen Falles und die hierzu passende *spezielle* Eignung des Kandidaten. Das sei – so das BVerfG im parallel gefassten

Beschluss ZIP 2006, 1954 Rn. 11 f. – stets eine Frage individueller Zuordnung, nicht aber eine solche von proportionaler Regel- oder Gleichmäßigkeit bei der Beauftragung.

Im Fall BVerfG ZIP 2006, 1954 (BeckRS 2006, 27312) ging es schwerpunktmäßig um die fehlende **„Ortsnähe“** der Verwalterkanzlei zum Insolvenzgericht (s. zu diesem Merkmal auch OLG Celle ZInsO 2015, 634; KG ZIP 2010, 2461; OLG Düsseldorf NZI 2009, 248; OLG Hamm NZI 2008, 493) und die mangelnde **„Präsenz“** des Kandidaten vor Ort. Das BVerfG bekräftigt, es sei nicht seine Aufgabe, sondern Sache der **Fachgerichte, eigene Kriterien** für die sachgerechte Ausübung von Auswahlermessen zu entwickeln. Merkmale wie „Ortsnähe“ der Kanzlei und „Präsenz“ des Verwalters seien durchaus von Gewicht (zur späteren Abschwächung dieser Kriterien s. BVerfG NZI 2009, 641: jedenfalls nicht allein entscheidend). Deren Anwendung dürfe allerdings **nicht rein schematisch** und ohne Ansehung des Einzelfalles vonstatten gehen. 38

d) BVerfG-Beschluss 19.7.2006. Hier spielte das Merkmal beruflicher **„Erfahrung“** eine Rolle (NZI 2006, 636). In einfach gelagerten Fällen (etwa **Verbraucherinsolvenzen**) benötige ein Bewerber keine Vorerfahrung; zur Bestellung zum Treuhänder bzw. Insolvenzverwalter genüge ggf. ausreichendes theoretisches Wissen. Für **anspruchsvollere Regelinsolvenzen** sei allerdings das Erfordernis praktischer Vorerfahrung ein durchaus sachgerechtes Beurteilungskriterium. 39

e) BVerfG-Beschluss 27.11.2008. Diese Entscheidung (NZI 2009, 371) gibt – wenn auch verdeckt – mögliche Fingerzeige zur neuen Rechtslage nach ESUG (→ Rn. 3). Die erste Gläubigerversammlung hatte nach Verfahrenseröffnung den zunächst bestellten Verwalter abberufen (§ 57 S. 1), jedoch – nach Meinung des Rechtspflegers – durch einen in den praktischen Themenstellungen zu unerfahrenen Kandidaten ersetzt. Das Gericht *darf* die Bestellung des von den Gläubigern Gewählten mangels Eignung versagen (vgl. den Wortlaut des § 57 S. 3: „kann“, jetzt auch neu gem. ESUG § 56a Abs. 2: „darf“), *muss* dies aber nicht o. W. tun. Nach Ansicht des BVerfG sind die „Eignungsmerkmale“ der §§ 56, 57 untereinander deckungsgleich. Der von den Gläubigern Gewählte war zuvor noch nie eigenverantwortlich als Insolvenzverwalter tätig gewesen. Das **Vorliegen praktischer Erfahrung** ist ein Eignungskriterium von großem Gewicht; entsprechende Erfahrungen erwirbt man am ehesten „auf dem **Weg der Begleitung und des Lernens von einem erfahrenen Verwalter**“, unter dessen Aufsicht man dann erste selbstständige Schritte geht (so bereits Haarmeyer/Wutzke/Förster, InsO/EGInsO-HdB, 475 f. mwN). Die Möglichkeit eines begleiteten Lernens besteht nicht nur für Personen, die bei einem Insolvenzverwalter angestellt sind; es gibt auch andere Möglichkeiten enger Zusammenarbeit mit einem Insolvenzverwalter, sogar aus einer eigenen Kanzlei heraus (BVerfG aaO Rn. 11). 40

f) BVerfG-Beschluss 3.8.2009. In dieser Entscheidung (NZI 2009, 641; dazu *Kind/Ries* Editorial zu FD-InsR 18/2009) relativiert das BVerfG frühere Aussagen zur **„Ortsnähe“** der Kanzlei und **„Präsenz“** des Verwalters. Immer müsse das Insolvenzgericht, auch im Hinblick auf die Berufsfreiheit (Art. 12 Abs. 1 GG), die Komplementärfunktion des Verfahrens für die Durchsetzung der materiellen Rechte beachten (Rn. 10 der Gründe). Das BVerfG hält einerseits das Eignungskriterium der „Ortsnähe“, so absolut wie es das Insolvenzgericht in seiner „Ausschreibung“ und ablehnenden Entscheidung anwandte, in verfassungsrechtlicher Hinsicht für zweifelhaft; insbes. mit der ergänzenden Forderung der Insolvenzrichterin, unabhängig von aktuell bearbeiteten Verfahren und den sich hieraus ergebenden Anforderungen sei pauschal eine persönliche Anwesenheit des Insolvenzverwalters im Büro vor Ort an mindestens zwei Tagen pro Woche vonnöten 41

(Rn. 16 f. der Gründe). Zu dem weiteren Kriterium der **„höchstpersönlichen Aufgabenwahrnehmung"** spreche die besondere Erwähnung der „natürlichen Person" in § 56 Abs. 1 InsO für eine enge persönliche Anbindung (vgl. Rn. 23 der Gründe). Demnach seien **bloße Akquisitionsverwalter** mit vollständiger Delegation aller Aufgaben an nachgeordnete Mitarbeiter, sozusagen in „fabrikmäßiger" Abarbeitung nach einem Subunternehmerprinzip, jedenfalls in mittleren und größeren Insolvenzen regelmäßig gesetzlich unerwünscht. Es sei Aufgabe der Fachgerichte, jeweils für sich festzustellen, welches Maß der Aufgabenübertragung zwischen vollständiger Delegation einerseits und praktisch unverzichtbarer Mitarbeiterunterstützung andererseits akzeptabel ist.

42 Das **Vorauswahlverfahren per Liste ist weithin *üblich*** (Ergänzung des *Verf.*: in dieser Form aber nicht *zwingend;* sa *Gaier* ZInsO 2006, 1177 bei Fn. 91: Es sei denn, der Insolvenzrichter findet eine andere Möglichkeit notwendiger Informationsbeschaffung). Die Liste gibt nach Ansicht des BVerfG gerade wegen der Eilbedürftigkeit der jeweiligen Bestellungsentscheidung dem Richter eine hinreichende Tatsachengrundlage für den maßgeblichen Entscheidungsrahmen (NZI 2009, 641 Rn. 10). Damit ist die Vorauswahlliste **keine Zulassungsschranke** ieS, sondern nur die **vorgezogene Datensammlung** später nicht mehr gesondert schriftlich darzulegender Gründe für die **konkrete Bestellungsentscheidung;** sozusagen der antizipierte Beleg ermessensgerechten Handelns mit dem Nachweis, dass der Richter sich in seiner Bestellungspraxis ständig sachgerechte Gedanken macht. Dazu muss er alle Bewerber in die Vorauswahlliste aufnehmen, die – losgelöst von der Typizität des einzelnen Insolvenzverfahrens – die grds. zu stellenden Anforderungen an eine **generelle Eignung für das Insolvenzverwalteramt** erfüllen. Das BVerfG nimmt zwar einerseits Fahrt auf, den verfassungsrechtlichen Rahmen abzustecken (Stichworte: Transparenz der Bestellungspraxis und Diskriminierungsverbot), bremst jedoch andererseits sogleich abrupt ab, um unter der Flagge eines „weisungsfreien Verwaltungshandelns in richterlicher Unabhängigkeit" (dazu bereits *Ries* BJ 2006, 407 [411]) das **Einzelfallermessen eines jeden individuellen „Entscheiders"** deutlich zu stärken. Eine starre Geltung von Einzelmerkmalen ist nicht erwünscht. Damit fehlt es an klaren, greifbaren Konturen und Koordinaten. In Zeiten zunehmender Globalisierung und technischen Fortschritts entfalten Kriterien wie „Ortsnähe" oder „höchstpersönliche Aufgabenwahrnehmung" allenfalls **Indizcharakter** im Kontext einer sehr viel umfassender nötigen Gesamtbeurteilung.

43 **2. Qualitätsanforderungen an Richter und Rechtspfleger.** Zugunsten der Gläubiger wirkt die Justizgewährleistungspflicht des Staates (Art. 19 Abs. 4 GG; vgl. ua schon → Rn. 5 u. 35; dort auch in Verbindung mit BVerfGE 116, 1 = NZI 2006, 453 Rn. 50 ff.). Nach zwischenzeitlichen Diskussionen um den **„Insolvenzstandort Deutschland"** (→ Rn. 3) war die BReg. bemüht, die Effektivität dieses – rechts*gestaltend,* nicht nur rechtsbeurteilend – wirkenden besonderen Vollstreckungsverfahrens durch eine noch stärkere **räumliche Konzentration der Insolvenzgerichte** zu verbessern (dazu BT-Drs. 17/5712, 2, 17, 19, 22: Eingrenzung der bisherigen in § 2 Abs. 2 S. 1 enthaltenen VO-Ermächtigung auf die Regelung, auch ein anderes AG zum zentralen Insolvenzgericht für den LG-Bezirk zu bestimmen bzw. die Zuständigkeit eines Insolvenzgerichtes über den LG-Bezirk hinaus zu erstrecken; s. zuvor schon *Frind* ZInsO 2009, 952). Außerdem hielt die BReg. über die existierenden Sperren der §§ 22 Abs. 6 S. 1 GVG, 18 Abs. 4 S. 1 RPflG hinaus (kein Einsatz von Proberichtern und Rechtspflegern auf Probe im ersten Dienstjahr) eine **verstärkte Aus- und Fortbildung/Qualifizierung von Insolvenzrichtern und -rechtspflegern** für nötig. Neben der klassischen Materie des Insolvenzrechts seien insbes. **Kenntnisse in den wichtigen angrenzenden Rechtsgebieten** des Arbeits-, Sozial- und Steuerrechts

sowie des Rechnungswesens erforderlich. Für Richter erwähnte sie zusätzlich als besondere Schwerpunkte das Handels- und Gesellschaftsrecht (zur Begründung ebendort S. 22, 44; s. nun künftig §§ 22 Abs. 6 S. 2 u. 3 GVG, 18 Abs. 4 S. 2 u. 3 RPflG). Die BReg. stellte in ihren Begründungsansätzen neben das in § 1 gesetzlich verankerte Ziel optimaler, gleichförmiger Gläubigerbefriedigung weitere, ihr wichtige Zusatzgesichtspunkte (BT-Drs. 17, 5712 S. 2 u. passim), etwa die **Verbesserung von Sanierungschancen** für Unternehmen (s. zur Verselbstständigung des Sanierungszwecks *Thole* JZ 2011, 765 [771]), die Erlangung einer größeren **Planungssicherheit** durch Einbeziehung von Schuldnern und Gläubigern in die Auswahl der maßgeblichen Akteure im Verfahren, die **Stärkung der Eigenverwaltung** und die **Beseitigung von Blockadepotenzialen im Insolvenzplanverfahren.** Dazu übertrug sie mit ihrem ReGE in § 18 Abs. 1 Nr. 2 RPflG nF das Insolvenzplanverfahren, soweit es die §§ 217–256, §§ 258–269 regeln, in die funktionale Zuständigkeit der Richter. Alles das setzt jedoch voraus, dass Richter wie Rechtspfleger den Stoff tatsächlich vollauf beherrschen oder sich jedenfalls kurzfristig aneignen. Nicht nur unter Verwaltern, sondern auch **gerichtsintern** ist **„Erfahrung"** und **fachlicher Austausch unter den Kollegen** vonnöten. Eine Stärkung des Sanierungsgedankens bzw. eine qualifizierte Durchführung von Liquidationen zur bestmöglichen Gläubigerbefriedigung setzt auch auf Seiten des Gerichts das Tätigsein von Personen mit den erforderlichen Kenntnissen der relevanten Rechtsgebiete voraus (BT-Drs. 17/5712, 44).

Über den BR verteidigten hingegen einige Landesregierungen die **tradierten Gerichtsstandorte** und rechtfertigten den – in Wahrheit erheblich verbesserungsbedürftigen – „status quo" (stellvertr. BR-Drs. 127/1/11). Am Ende fiel dieser föderal kleinstaatlichen Betrachtung ein wichtiger Baustein des gesamten „Insolvenzstandortes Deutschland", nämlich die bundesstaatlich halbwegs vereinheitlichte **räumliche Konzentration der Insolvenzgerichte,** zum Opfer. Der BR (s. dessen Stellungnahme BT-Drs. 17/5712, 50) wollte nicht einmal eine VO-Ermächtigung akzeptieren, die Spielraum für weiteres Handeln ließ; die moderaten und in jeder Hinsicht sachangemessenen Änderungsvorschläge der BReg. zu § 2 entfielen ersatzlos. In Flächenländern wie Baden-Württemberg, Bayern, Hessen, Niedersachsen, Rheinland-Pfalz und Schleswig-Holstein, aber auch in Bremen gibt es nach wie vor LG-Bezirke mit mehreren Insolvenzgerichten. Rein exemplarisch: im LG-Bezirk Koblenz sieben, im LG-Bezirk Oldenburg sechs, im LG-Bezirk Osnabrück immerhin fünf Insolvenzgerichte. 44

Auch um die **Fachkompetenz der Insolvenzrichter- und -rechtspfleger** (zu deren Notwendigkeit ausf. Uhlenbruck/*Zipperer* § 56 Rn. 1) wurde auf Länderebene gestritten. Die Empfehlung des Rechtsausschusses im BR vom 14.11.2011 (BR-Drs. 679/1/11, 3 f.) lehnte die seit dem 1.1.2013 geltenden Regelungen **§ 22 Abs. 6 S. 2 u. 3 GVG** bzw. **§ 18 Abs. 4 S. 2 u. 3 RPflG** vollständig ab. Eines Nachweises besonderer Fachkenntnisse bedürfe es insoweit nicht; die generalistische Ausbildung der Justiz genüge vollauf. Bemerkenswert an den Ausführungen des BR-Rechtsausschusses sind ua die Hinweise auf **Tagungen und Fortbildungsangebote** *außerhalb* der Justiz, die in der Tat äußerst wichtig sind (dazu *Ries* BJ 2006, 406 [411 re. Sp.]), an denen aber geradezu klassisch kaum Angehörige der Justiz teilnehmen und zu deren Besuch die Länderjustizverwaltungen bisher nicht einmal anregen; von staatlich geförderter Kostentragung ganz abgesehen. Erst das BR-Plenum vom 25.11.2011 beendete diese auf falsche Gleise geratene Diskussion und stimmte in denkbar knapper Mehrheit mit den Stimmen Sachsen-Anhalts für die Neuregelung. Man könnte auch sagen: Vielerorts wurde der verfassungsrechtliche Auftrag zur Justizgewährung an die Gläubiger (mittels wirklich effektiver Zwangsvollstreckung, → Rn. 5, 35 u. 43) nicht zutr. gewürdigt: „Qualität" bei anderen Dienstleistern ja; bei sich selbst aber nein. Angesichts der bei Unternehmensinsolvenzen regelmäßig hohen Gegenstandswerte mit au- 45 ßergewöhnlich hohen Gerichtskosteneinnahmen (immerhin greift die Kappungsgrenze des § 39 Abs. 2 GKG erst ab einem Wert v. 30 Mio. EUR; das entspricht bis zu max. 274.368 EUR Gerichtskosten pro Fall; s. OLG Frankfurt ZInsO 2014, 959 mAnm *Grub* ZInsO 2014, 961) gab es keine fiskalischen Gegenargumente, eine überschaubare Aus- und Fortbildung mit ausgewogener Stellenbesetzung zu behindern (völlig zutr. die Mahnung von *Jaffé* ZGR 2010, 248 [262 f.]); von den weitergehenden Synergien jeweils konzentriert verbesserter Arbeitsplattformen einmal ganz abgesehen.

46 Nach Art. 4 ESUG traten **§ 22 Abs. 6 S. 2 u. 3 GVG** und **§ 18 Abs. 4 S. 2 u. 3 RPflG** erst mit dem **1.1.2013 in Kraft.** Es handelt sich um internes Gerichtsorganisationsrecht, das für Außenstehende – zB Schuldner, Gläubiger und Insolvenzverwalter – **keine drittschützende Wirkung** entfaltet; etwaige diesbetreffende Rechtsverletzungen bleiben in Verfahren nach §§ 23 ff. EGGVG unberücksichtigt. Das Gesetz sagt nicht, wie Richter und Rechtspfleger – bei Letzteren mit entsprechend abgesenktem Anforderungsprofil – ihre Kenntnisse konkret belegen müssen. Eine besondere „Prüfung" ist nicht vorgesehen. Denkbar ist, dass einschlägige Kenntnisse bereits im Studium im Rahmen von Wahlfächern, Schwerpunktbereichen oder Nebenstudiengängen erworben wurden bzw. durch eine systematisch berufsbegleitende oder sonstige Fortbildung (s. BT-Drs. 17/5712, 44). Die Frage, ob aufgrund derartiger Anhaltspunkte von einer **Erfüllung der Qualifikationsanforderungen** ausgegangen werden kann, ist Gegenstand einer **wertenden Entscheidung des Präsidiums** (s. BT-Drs. ebendort). Die jeweiligen Normbestimmungen sind als „Soll"-Vorschriften ausgeprägt; im Sinne einer „Alte Hasen-Regelung" können sich in der Erstellung von Geschäftsverteilungsplänen bei langjährig beanstandungsfrei tätigen Insolvenzrichtern und -rechtspflegern besondere Vorbildungsnachweise teilw. erübrigen; was allerdings für die Zukunft nicht von adäquater Fort- und Weiterbildung entbindet. Um die Funktionstauglichkeit der Justiz bei nötigen Geschäftsverteilungsänderungen nicht übermäßig zu beeinträchtigen, ermöglicht das Gesetz auch Stellenbesetzungen mit anderen Bediensteten, von denen der nötige Kenntniserwerb jedenfalls „alsbald" zu erwarten ist. Dafür sind seitens der Justizverwaltung angemessene Aus- und Fortbildungsangebote anzubieten. Zur besonderen Bedeutung eigener Fachkompetenz und beruflicher Erfahrung gerade zu Beginn des Insolvenzantragsverfahrens → Rn. 13.

47 Das wichtigste **Betätigungsfeld des Insolvenzverwalters** liegt i. a. R. in der **praktischen Fallbearbeitung vor Ort im Betrieb** des Schuldners sowie im außergerichtlichen Umgang mit den unterschiedlichen Verfahrensbeteiligten. Das spielt sich nahezu vollständig außerhalb des Justizapparates ab. Anschließende Gutachten und Berichte zeichnen dieses Geschehen allenfalls schriftlich wie mündlich nach. Ihr ggf. „blendender" Inhalt darf nicht über evt. praktisches Fehlversagen des Verwalters draußen bei der eigentlichen Arbeit hinwegtäuschen. Die Justiz gestaltet alles das durch die Anordnung von Sicherungsmaßnahmen und die Verwalterbestellung mit; sie hat es auch nach § 58 zu beaufsichtigen. Sie muss sich somit gedanklich lösen von einer tradierten retrospektiven Spruchkörpersicht. Sie wird hier – zuvorderst in exekutiver Funktion (→ Rn. 32) – **Bestandteil dynamischer Wirtschafts- und Abwicklungsprozesse.** Blick und Urteilsvermögen von Richtern und Rechtspflegern müssen – auch zeitlich nach vorn gerichtet – über den Inhalt der Gerichtsakte weit hinausreichen; mit einem sicheren Empfinden für unternehmerische Geschehnisse, die sich oftmals in sehr komplexen, heterogenen Strukturen künftig ereignen werden. Richter und Rechtspfleger müssen sich – mit dahingehend eigenem Erfahrungsschatz – gedanklich hineinversetzen in das, was sich – oftmals über Monate oder Jahre hinweg – im Unternehmen und unter den Beteiligten sukzessive abspielt (vgl. *Ries/Doebert* ZInsO 2009, 2367 [2369 re. Sp.]). Man darf nicht undifferenziert unterstellen, der

Verwalter benötige ganz allg. zur Beherrschung großer Insolvenzabwicklungen ein eigenes großes Abwicklungsbüro; oftmals ist das Gegenteil richtig. In kleineren Unternehmen fehlt häufig eine interne Buchhaltung und personelle Infrastruktur; hier liegt die Abwicklung bei den Insolvenzsachbearbeitern des Verwalters; in den büromäßig funktionierenden Großkonzern geht man mit Anwälten und Wirtschaftsprüfern. Letztlich entscheidet immer das richterliche Wissen und Grundverständnis, über welchen Fall gerade zu befinden ist (→ Rn. 12 f.).

3. Vorauswahlliste. Nach Meinung des BVerfG (→ Rn. 31 ff., insbes. **48**
→ Rn. 33 u. 42) geht es bei der Erstellung einer Vorauswahlliste *nicht* um ein generell-abstraktes Vorschaltverfahren allgemeiner „Berufszulassung". Die Liste erweist sich vielmehr als ein zwar antizipiert erstellter, aber **integraler Bestandteil der jeweiligen richterlichen Bestellungsentscheidung.** Jeder Insolvenzrichter soll sich jeweils einzeln in übersichtlicher schriftlicher Kurzform eine Stärken-/Schwächenanalyse potenzieller Kandidaten aufnotieren, sozusagen eine „Bewertungsskala" mit nachvollziehbar gerechten Beurteilungskriterien. Diese geben ihm eine wichtige Orientierung, da – wie vom Gesetz vorgezeichnet – bei Neueingang eines Insolvenzantrages in kürzester Zeitspanne dem Fall eine optimal geeignete Verwalterpersönlichkeit zuzuordnen ist. Die Vorauswahlliste ist somit kein allgemeiner gerichtlicher Organisationsakt. Der **Insolvenzrichter** darf die ihm amtsbezogen **höchstpersönlich übertragene Aufgabe** der (Vor-)Auswahl und Bestellung nicht delegieren, weder auf den Behördenleiter noch auf ein – im Gesetz nirgendwo institutionalisiertes – gemeinsames Entscheidungsorgan „Insolvenzabteilung". Mehrere Richter einer Insolvenzabteilung dürfen sich natürlich miteinander besprechen; sie führen aber keine „gemeinsame Liste". Jeder Richter muss letztlich seine Ermessensentscheidung zur Bestellung jeweils selbst treffen und – sofern er eine Liste führt (vgl. dazu unbedingt den Hinweis von *Gaier* ZInsO 2006, 1177 bei Fn. 91: Alternativ zur Liste sind andere vergleichbar geeignete Stoffsammlungsmethoden denkbar) – seine eigenen Datensätze pflegen. Die Vorauswahlliste ist von daher **kein Mittel der Bedarfssteuerung oder** gar **Kontingentierung** (→ Rn. 5 f. zum Stichwort „Parlamentsvorbehalt"). Richterliche Bemühungen, einzelne Bewerber ohne Rücksicht auf ihre subjektiven Befähigungen schon im Vorfeld anhand objektiver Steuerungsmerkmale auszusieben, wie dies etwa bei der Zulassung von Notaren (dazu BVerfGE 17, 371 = NJW 1964, 1516; BVerfG NJW 2008, 1212; NJW-RR 2005, 1431) oder BGH-Anwälten (BVerfG NJW 2008, 1293) geschieht, sind ohne dahingehende gesetzliche Grundlage (verfassungs)rechtlich nicht legitimiert (so auch *Prütting* FS Vallender, 2015, 455 [460 ff.]). Die generell-abstrakte Zulassung gehört nicht in das überkommene, eher fallbezogene individuell-konkrete einzelrichterliche Betätigungsfeld (*Ries* BJ 2006, 406 [410]). Dementsprechend darf es **keine „geschlossenen Listen"** geben. Allenfalls darf die Eintragung von Personen unterbleiben, die in dem Zuständigkeitsbereich des ablehnenden Richters nach Maßgabe seines ermessengerechten Anforderungsprofils unter keinem erdenklichen Gesichtspunkt in Betracht kommen (BVerfG NZI 2006, 636 Rn. 8 f.; 2009, 641 Rn. 11).

Die Liste ist **Ausprägung des Transparenzgrundsatzes.** Bei der Auswahl **49**
und Bestellung von Insolvenzverwaltern ist dem „weisungsfreien Verwaltungshandeln in richterlicher Unabhängigkeit" (→ Rn. 1 u. 32) zwar keine schriftliche Begründung beizufügen; die Entscheidung geschieht aber keineswegs völlig begründungslos (vgl. *Ries* BJ 2006, 406 [411 li. Sp.]). Der jeweilige Abwägungs- und Entscheidungsprozess wird über die Vorauswahlliste verplausibilisiert und vorab nachvollziehbar dokumentiert. Nach einem Hinweis des seinerzeit zuständigen Berichterstatters am BVerfG *Gaier* (ZInsO 2006, 1177 bei Fn. 91) sind alternativ zur Liste andere vergleichbar geeignete Stoffsammlungsmethoden denkbar. Insolvenzrichter müssen sich immer an ihren eigenen Kriterien messen lassen. Insofern

konsequent ein Beschluss des OLG Brandenburg (NZI 2009, 647), der die Insolvenzrichter des AG Potsdam wegen Widerspruchs gegen eigene Kriterien zur Neuverbescheidung verpflichtete. Die Richter hatten einen viel beschäftigten, von anderen Gerichten häufig bestellten Kandidaten nur deshalb abgelehnt, obwohl sie zuvor auch solche Bewerber schon zugelassen hatten. Dem Abgelehnten müsse man zumindest die Gelegenheit einräumen, seine Belastungsfähigkeit real unter Beweis zu stellen. Dabei sei – auf der Zeitachse – auch auf tatsächliche Auslastungsschwankungen und die jeweils konkrete Belastungssituation, angemessen Rücksicht zu nehmen.

50 Entgegen verbreiteter Meinung (vgl. die Nachw. bei HambK-InsO/*Frind* Rn. 9, dort auch zum Stichwort verbotener „Scheinlisten") folgt allein aus einem Anspruch auf diskrimierungsfreie Aufnahme in die Vorauswahlliste noch **kein** durchsetzbarer **Individualanspruch auf tatsächliche Bestellung.** In dem Diskurs um Einzelmerkmale wie Ortsnähe, Unabhängigkeit oder Belastbarkeit des Verwalters wird vielfach übersehen, dass die Liste nur eine allgemeine Auswahl- und Entscheidungsgrundlage darstellt. „Ortsnähe" kann beispw. ein Vorteil sein, wo in der Provinz schnell an Ort und Stelle gehandelt werden muss (dazu *N. Schmidt* ZInsO 2015, 672), aber genau dort auch ein Nachteil, wo die maßgeblichen Stellschrauben außerhalb der Firmenzentrale verhandlungstechnisch an ganz anderer Stelle, etwa den großen Metropolen der Welt, verkehrsgünstig bzw. über Niederlassungspartner bewegt werden müssen. „Unabhängigkeit" ist wichtig – aber allzu große Unkenntnis der lokalen Gegebenheiten und Empfindsamkeiten kann im Einzelfall geradezu schädlich sein. „Erfahrung" kann im Laufe innovativer Zeitströme verblassen. Es ergibt also durchaus Sinn, dass sich ein Richter in seiner Liste **Stärken und Schwächen** auch solcher Verwalterpersönlichkeiten notiert, deren Bestellung nur für **seltene Ausnahme- und Spezialfälle** in Frage kommt, von denen man nicht einmal sicher weiß, ob sie sich in diesem Gerichtsbezirk in nächster Zeit überhaupt je ereignen werden. Der Richter sollte für alle ernstlich in Betracht kommenden Fallkonstellationen zumindest gewappnet sein. Darum geht es umso mehr nach den **neuen Bestimmungen des ESUG,** etwa gem. § 56 Abs. 2 S. 1, aber auch bisher schon gem. § 57 S. 3. Hier formuliert das Gesetz die **Ablehnung wegen Ungeeignetheit** als besondere Ausnahme von der Regel. Damit genügen bloße Zweifel an der Geeignetheit nicht; die Ungeeignetheit muss vielmehr positiv feststehen. Das dürfte i. a. R. nur dort rechtssicher begründbar sein, wo man Stärken und Schwächen des Bewerbers tatsächlich kennt; zu Beginn eines Falles anzustellende langwierige Ermittlungen vertragen sich mit der Eilbedürftigkeit der Entscheidung regelmäßig nicht. Die Aufnahme in die Liste bietet also in erster Linie dem Richter (Begründungs)Vorteile; dem Bewerber signalisiert sie allenfalls, dass man ihn bei der Erstellung einer Bewertungsskala nicht diskriminierend gänzlich übersieht.

51 Nach den Vorbemerkungen zum Kriterium der „Übernahmebereitschaft" des Bewerbers (→ Rn. 26) und vorbehaltlich der Überlegungen, welche Bedeutung die – gesetzlich nirgendwo vorgeschriebene (→ Rn. 49 mit Verweis auf *Gaier* ZInsO 2006, 1177 bei Fn. 91) – **Vorauswahlliste bei verstärkter Gläubigerbeteiligung** nach den Regelungen des ESUG künftig noch behält (vgl. BT-Drs. 17/5712, 26 [re. Sp.: Der vom Ausschuss Vorgeschlagene muss nicht gelistet sein]), bietet sich nach Meinung des *Verf.* eine **Zweiteilung** der Listenführung an. Einerseits werden in das **Grobraster der Verfahrensarten** (→ Rn. 26) in jeder Gruppe die Namen der hierfür grds. geeigneten Kandidaten vermerkt, ggf. in einem Ranking schon leicht abgestuft. Alsdann wird gesondert zu den Kandidaten selbst eine **alphabetische Liste** mit ihren persönlichen Stärken und Schwächen geführt. Wichtig ist, dass der Richter mit seiner Liste die Personenprofile stets aktuell hält und dynamisch fortentwickelt. Nach der vorstehend abgebildeten Rspr. des BVerfG muss jedem Kandidaten, wenn er gute Arbeit leistet, auch eine faire

Chance auf beruflichen Aufstieg zugebilligt werden. Das geschieht sinnvollerweise elektronisch mit geeigneter **Verschlagwortung** der Listeneinträge, die dem Richter hilft, in besonderen Fallkonstellationen seine Daten schnell zu filtern. Damit ergibt sich allerdings eine große **Datenmenge,** die bei sorgsamer Marktbeobachtung nicht nur archiviert, sondern va verifiziert oder zumindest sachgerecht – von einem jeden Richter für sich – bewertet werden muss. Der Spannungsbogen zwischen Eigendarstellung der Kandidaten und realer Leistung ist oftmals groß; nicht jedes – ggf. die Existenz gefährdende – Gerücht ist wahr. Man wird also – im richtig verstandenen Sinn des BVerfG, das an dieser Stelle von einem **„weiten Ermessensspielraum"** spricht (s. BVerfGE 116, 1 = NZI 2006, 453 Rn. 22 iVm Rn. 32; NZI 2009, 641 Rn. 14) – in der Frage der **„Kontrolldichte"** keine übermäßig strengen Maßstäbe anlegen dürfen. Unter mehreren gleich gut Geeigneten verlangt § 56 Abs. 1 keinen minutiösen Streit um den wirklich „Besten" von allen (*Ries* BJ 2006, 406 [411 mittl. Sp.]). Gerade deshalb wies das BVerfG auf die Bedeutung richterlicher Unabhängigkeit besonders hin. Man muss sich – bei allem Verständnis für ausgeprägte Rechtsstaatlichkeit – auf praktikable Lösungen beschränken, die – in gewisser Weise **pauschalierend und katalogisierend** – zumindest die wichtigsten Kerneigenschaften erfassen und zu gut vertretbaren Ergebnissen führen. Mehr kann man von einer eher schwerfälligen Justiz mit nur beschränktem Informationszugang nicht erwarten. Eines aber ist sicher: Wer als Richter die Szene nicht kennt, besitzt kein ausreichendes Beurteilungsvermögen. „Erfahrung" ist unverzichtbar. Die Länderjustizverwaltungen und Gerichtspräsidien haben den verfassungsrechtlichen Auftrag, diesen besonderen Anforderungen, die sich von einem retrospektiv streitschlichtenden Justizgeschehen spürbar abheben, organisatorisch (Aus- und Weiterbildung; Informationszugang; kontinuierliche Stellenbesetzungen; Erfahrungsaustausch mit Insolvenzpraktikern; Zugang der Antragsteller über Geschäftsverteilung nach Alphabet etc) wirklich zu entsprechen.

Eine **Nichtlistung (Non-Listing)** oder eine spätere **Streichung aus der** 52
Vorauswahlliste (Delisting) kommt nach allem Vorgesagten nur dann in Frage, wenn der Bewerber – jedenfalls derzeit – unter gar keinen Umständen bestellt werden kann (BVerfG NZI 2006, 636 Rn. 8 f.; 2009, 641 Rn. 11). Das kann etwa bei völliger charakterlicher oder fachlicher Ungeeignetheit, ferner bei einschlägigen Vorstrafen der Fall sein. Im Regelfall ist allein das **Alter eines Bewerbers** kein absoluter Delistinggrund, wenn der Betreffende nach seiner glaubhaften Lebensplanung weiterhin berufstätig sein will und dies auch gesundheitlich kann (zutr. gegen eine generelle Altersgrenze von 65 Jahren OLG Hamburg ZInsO 2012, 175; neuerdings für die Altersgrenze 70 Jahre aber *Prütting* FS Vallender, 2015, 455 [461]). Der Insolvenzrichter muss stattdessen sein Bestellungsverhalten flexibel anpassen und darf dem älteren Bewerber nur solche überschaubaren Fälle übertragen, die jener nach objektiv vernünftiger Prognose auf der Zeitachse tatsächlich bis zu Ende abwickeln kann.

4. Gläubigerbeteiligung nach ESUG. Als spürbares Kommunikationshemm- 53
nis erwies sich in der Vergangenheit die verbreitete richterliche Angst vor möglicher **Ablehnung wegen Befangenheit** aufgrund einseitiger Vorbefassung, etwa gem. §§ 4 InsO, 45 Abs. 2 ZPO (zur Geltung der §§ 41 ff. ZPO Jaeger/*Gerhardt* § 4 Rn. 9 ff.; Uhlenbruck/*Pape* § 4 Rn. 5; Leonhardt/Smid/Zeuner/*Smid/Leonhardt* § 2 Rn. 16, § 4 Rn. 8). Manche Richter schotteten sich ab; Gespräche im Vor- oder Umfeld von Insolvenzverfahren fanden entweder gar nicht statt oder gelangen nur wenigen Insidern. Hier zwingt das ESUG zu radikalem Umdenken. Das weitere **Unternehmensschicksal** im Verfahren hängt oftmals an den **ersten 24 Stunden des Geschehens.** Erforderlich ist die sofortige Präsenz des vorläufigen Verwalters im Unternehmen. Er muss schnellstmöglich die Kommunikation

mit den wichtigsten Verfahrensbeteiligten aufnehmen, va mit Lieferanten und Dienstleistern in Schlüsselfunktionen (zB Energieversorgern; Lizenzgebern), ferner mit Kunden, Banken, Arbeitnehmervertretern, Aussonderungsberechtigten und vielen anderen. A priori extrem bedeutsam ist heutzutage öffentliche Pressearbeit. Jede Stunde, die ein angeschlagenes Unternehmen **nach Bekanntwerden des Insolvenzantrages** noch führungslos im Haifischbecken konkurrierender Wettbewerbsanbieter trudelt, vermindert seine Sanierungschancen existenziell.

54 Die Normenkette der §§ 21 Abs. 2 S. 1 Nr. 1, § 56a des **ESUG** zwingt nunmehr den **Insolvenzrichter,** jedenfalls in den **Fallkonstellationen des § 22a** schon *vor* der Auswahl des Verwalters (also *ohne* dessen Hilfe) einen **vorläufigen Gläubigerausschuss** einzusetzen. Da binnen weniger Stunden gehandelt werden muss, bedarf das entsprechender gerichtlicher Vorbereitung. Die Justiz muss sich trotz der Antragsbedürftigkeit nach §§ 13 ff. lösen vom tradierten Denken eines „Nemo iudex sine petitum" bzw. „No proceedings before the application". Potenzielle Antragsteller müssen ihre Wünsche und Vorstellungen vorab (nach Ansicht des *Verf.* in einem Zeitfenster bis zu max. drei Wochen) **ankündigen** dürfen. Das Gericht muss bereit sein, schon in dieser Vorphase die voraussichtlichen Antragsteller **„anzuhören"** und dafür eine geeignete Plattform (zB durch berechenbare Geschäftsverteilung nach „Alphabet") zur Verfügung zu stellen. Ein unvoreingenommenes reines „Zuhören" vor der formellen Antragsstellung ist weder Parteinahme noch sonst Grund zur späteren Ablehnung. Die bloße **Gelegenheit zur Äußerung** muss allerdings genügen; es bedarf keines weitergehend moderierten Gesamtablaufes. Zum Befangenheitsproblem wird allenfalls das diskriminierende Nichtzuhören. Das Gericht darf nicht a priori die Entgegennahme von potenziell verfahrensrelevanten Informationen nur gegenüber bestimmten Personen ablehnen oder diesen den Gerichtszugang gleichheitswidrig erschweren; anderenfalls würde deren Vorschlagsrecht gem. § 56 Abs. 1 S. 3 Nr. 1 unzulässig unterlaufen. Zielvorgabe muss sein, im Moment des förmlichen Antragseinganges – unvoreingenommen – **sofort operativ handeln,** insbes. den Antragsinhalt schnell verstehen und bewerten zu können. Es geht um ein Eilverfahren mit Bedarf nach besonders hoher richterlicher Präsenz. Zuständige **Richter** müssen **zeitlich relativ frei verfügbar** und dürfen nicht häufig und lange anderweitig (beispw. durch längere Sitzungen in kontradiktorischen Streitverfahren) unabkömmlich sein. Falls Präsidien richterliche Mischdezernate bilden, sollten diese auf die **freiwillige Gerichtsbarkeit** (zB Registersachen) beschränkt bleiben.

55 Der Gesetzgeber hat va zu Verfahrensbeginn den Einfluss und die **Mitbestimmungsmöglichkeiten der Gläubiger** in Gestalt des vorläufigen Gläubigerausschusses institutionalisiert. Wo ein solcher nach § 22a **obligatorisch** eingesetzt werden muss, geschieht dies – wie sich aus der Verknüpfung in §§ 21 Abs. 2 S. 1 Nr. 1, 56a erschließt – noch „vor der Bestellung des Verwalters" unverzüglich nach Eingang des Insolvenzantrages. Gleiches fordert das Gesetz für den nur **optional** möglichen Gläubigerausschuss nicht (s. § 21 Abs. 2 S. 1 Nr. 1a – „kann"); hier erscheint die tradierte Vorgehensweise (→ Rn. 56: erst Bestellung eines [vorläufigen] Verwalters, danach Konstituierung des Ausschusses) weiterhin statthaft. Va die obligatorische Einrichtung eines Gläubigerausschusses zu Verfahrensbeginn stellt die Insolvenzrichter vor ungewohnt neue Probleme: Zur sachgerechten Ermessensausübung bei der Auswahl von Ausschussmitgliedern müssen sie zumindest in groben Umrissen die wichtigsten Parameter des Falles kennen und notfalls selbst erfragen; insoweit sind die **Erkundigungspflichten** sogar (gegenüber der parallelen Fragestellung bei der eigenständigen Verwalterauswahl; → Rn. 13) strenger zu sehen, weil nur **Gläubiger ausgesucht** und im Ausschuss beteiligt werden dürfen, bei denen tatsächlich ein konkreter Fallbezug

anzunehmen ist. Zur Feststellung dessen dient ua die Tatbestandserweiterung von § 13; nunmehr muss der Schuldner bei einem Eigenantrag stets ein **Verzeichnis der Gläubiger und ihrer Forderungen** beibringen. Darüber hinaus „soll" der Schuldnerantrag zusätzlich **wichtige Grundlageninformationen** beinhalten. Der ursprüngliche Regierungsentwurf sah vor, dass der Antrag bei weiterhin laufendem Geschäftsbetrieb die in § 13 Abs. 1 S. 4 RefE-BReg angesprochenen Angaben stets enthalten *muss* (BT-Drs. 17/5712, 7 [„ist"; „sind"; „hat"] iVm S. 23 [„verpflichtend"]). Die **anfängliche Unzulässigkeit eines unvollständigen Insolvenzantrages** hätte aber deutliche Verzögerungen gerade in der so überaus wichtigen Startphase zur Folge. Das würde ggf. die Sanierungsaussichten beträchtlich gefährden und somit die eigentlichen Absichten des Gesetzgebers konterkarieren. Oftmals haben Geschäftsleiter und Anteilseigner im Vorfeld bereits erhebliches Privatvermögen verloren, so dass etwaige **Schadenersatzansprüche** im Zweifel nur von geringem kompensatorischen Wert sind. Zum „nicht richtig" gestellten Antrag s. **§ 15a Abs. 4 InsO.** Die Norm ist Schutzgesetz iSv § 823 Abs. 2 BGB (vgl. BGH NZI 2011, 452; MüKoHGB/*Karsten Schmidt* § 130a Rn. 16; HambK-InsO/*A. Schmidt* Anhang zu § 35 Rn. 38). Rein finanzielle Ersatzansprüche könnten verlorene Arbeitsplätze und die Infrastruktur nicht mehr ersetzen. Auch drängt oftmals die Zeit. Zwar hat es bis zur Entschließung, einen Insolvenzantrag zu stellen, i. a. R. schon viel zulange gedauert. Dann aber wird es – in der gesamten Kommunikation, dass nun jedenfalls Insolvenzantrag gestellt ist – nach innen und außen existenziell dringlich (→ Rn. 53 f.). Deshalb darf man die Anforderungen an die Zulässigkeit des Antrages nicht überspannen. Im Laufe des Gesetzgebungsprozesses hat sich insbes. für die kleineren Fortführungsfälle eine abgemilderte „Soll-Bestimmung" herausgebildet; sie hält zwar an der **zwingenden Beibringung des Gläubigerverzeichnisses** fest, macht aber deutlich, dass berechtigte Schuldner- und Gläubigerinteressen, schnell in das gerichtliche Verfahren einzusteigen und für eine klare Bestellungslage zu sorgen, im Zweifel immer Vorrang genießen (vgl. Empfehlung des Rechtsausschusses BT-Drs. 17/7511, 45). Nur bei vom Schuldner beantragter **Eigenverwaltung** oder bei **Einschlägigkeit aller Größenmerkmale des § 22a Abs. 1** bzw. qualifiziertem Antrag auf Einsetzung eines vorläufigen Gläubigerausschusses nach § 22a Abs. 2 sind für das vorangegangene Geschäftsjahr **weitere Angaben** zur Bilanzsumme, zu den Umsatzerlösen und zur Zahl der Arbeitnehmer „verpflichtend" (§ 13 Abs. 1 S. 5). Das entbindet bei verbliebenen Unklarheiten nach hier vertretener Ansicht das Gericht aber nicht von amtswegiger, beschleunigter Nachfrage – ggf. auch telefonisch. Das ESUG will Sanierung erleichtern und rechtssicher machen, nicht umgekehrt den gerichtlichen Zugang beschränken. Es geht allenfalls um Ordnung und Disziplin in der Stoffbeibringung.

In der Vergangenheit regte der gerichtlich bestellte (vorläufige) Insolvenzverwalter häufig von sich aus die **Konstituierung eines vorläufigen Gläubigerausschusses** an und unterstützte das regelmäßig auch organisatorisch (s. *Kind* FS Braun, 2007, 31 [47 nach Fn. 109]; Borchardt/Frind/*Kühne,* Betriebsfortführung im Insolvenzverfahren, 1. Aufl. 2010, Rn. 1615 f.; stellvertr. zum Meinungsstreit, ob vor Geltung des ESUG schon im Vorverfahren ein vorläufiger Ausschuss eingesetzt werden durfte, auch Uhlenbruck/*Knof* § 67 Rn. 5, alle mwN). Nun muss das Gericht, wenn das ESUG (und sei es auf ein entsprechend qualifiziertes Petitum nach § 22a Abs. 2) die sofortige Einsetzung eines vorläufigen Gläubigerausschusses verlangt, diesen bereits unmittelbar nach Eingang des Insolvenzantrages *eigenständig* besetzen. Erst kommt die Konstituierung des Ausschusses, dann erst die – mit dem Ausschuss abgestimmte – Bestellung eines (vorläufigen) Verwalters. Daran hängt für die **Gerichte** erheblicher **organisatorischer und logistischer Mehraufwand,** der nicht nur stete Richterpräsenz, sondern aus Praktikabilitätsgründen auch eine geordnete Erfassung schneller **Erreichbarkeitsdaten** 56

potenzieller Ausschussmitglieder (Mobilfunknummern etc) erfordert. Bereits den Antragsstellern sei empfohlen, nicht nur mögliche Ausschussmitglieder vorzuschlagen (s. § 22a Abs. 2), sondern auch deren schnelle Erreichbarkeitsdaten beizugeben. Die Justizgewährleistungspflicht des Art. 19 Abs. 4 GG (→ Rn. 5, 35 u. 43) macht die Ermessensentscheidung insbes. in der jeweils letzten Alternative der §§ 22a Abs. 3, 56a Abs. 1, nach der keine schädigende unangemessene Verzögerung in der Vorgehensweise eintreten darf, nicht zur Frage der richterlichen Bequemlich- oder gar allgemeiner Beliebigkeit. Diese Ausnahmeregelung greift nur dann, wenn es aus objektiver Sicht unter größtmöglicher **Inanspruchnahme aller greifbaren Ressourcen** nicht im gesetzlichen Regelablauf schadlos anders geht. Die (Insolvenz-)Justiz muss sich letztlich vorab mit großen Verbänden – zB der IHK – und anderen in Insolvenzverfahren regelmäßig wiederkehrenden Beteiligten so vernetzen, dass sie ihrerseits prompt voll handlungs- und einsatzfähig ist. Diesen neuen, besonderen Anforderungen werden insbes. die bisherigen Stellungnahmen des Bundesrates (BT-Drs. 127/11; Beschluss 15.4.2011 zu § 2 RefE-BReg) nicht wirklich gerecht. Zu den weiteren Abläufen in der anschließenden Beteiligung des vorläufigen Gläubigerausschusses bei der Verwalterbestellung siehe Komm. zu § 56a.

IV. Wirkungen der Bestellung zum Insolvenzverwalter

57 **1. Rechtsstellung im Verfahren.** Auf die richterliche Bestellung des Insolvenzverwalters (zur funktionalen Zuständigkeit s. §§ 3 Nr. 2e, 18 Abs. 1 Nr. 1 RPflG sowie → Rn. 66) folgt zunächst – ausdrücklich oder stillschweigend – dessen **Annahme des übertragenen Amtes** (Uhlenbruck/*Zipperer* Rn. 63, Nerlich/Römermann/*Delhaes* Rn. 24; zur Freiwilligkeit der Übernahme → Rn. 26). Hierdurch erlangt der Insolvenzverwalter nach § 80 die **Verwaltungs- und Verfügungsbefugnis** über das schuldnerische Vermögen, soweit es gem. §§ 35, 36 gepfändet werden darf und insolvenzbefangen ist. Der Schuldner bleibt zwar der maßgebliche „Rechtsträger" für die in der Insolvenzmasse vereinigten Vermögenswerte; ihm fehlt aber jetzt die Verwaltungskompetenz. Über die dinglichen Grundlagen seines insolvenzbefangenen Vermögens kann allein der Insolvenzverwalter verfügen. Dessen Handlungen entfalten auch dann rechtliche Verbindlichkeit für und gegen die Insolvenzmasse, wenn vorgeschriebene Beteiligungsrechte der Gläubigerversammlung oder des Gläubigerausschusses übergangen wurden (vgl. § 164). Die Bestellung erfolgt stets konkret einzelfall-, dh **akten- und verfahrensbezogen** (*Holzer* NZI 2007, 432 [435 f.]; vgl. auch BGH NZI 2009, 53 u. 2009, 841 Rn. 12). Kompetenz- und/oder Vermögensvermischungen, etwa bei Parallelinsolvenzen im Konzernverbund, gibt es nach geltendem Recht somit nicht. An dieser Trennung der Vermögensmassen hält auch der aktuelle RegE zur erleichterten Bewältigung v. Konzerninsolvenzen [KIG] (ZIP-Beil. Heft 37/2013; nähere Details → Rn. 8) ausdrücklich fest. Ebensowenig dürfen – mit Ausnahme der Sonderfälle von Abschn. V – innerhalb ein- und desselben Verfahrens, etwa für einzelne Geschäftsfelder oder Niederlassungen, **mehrere Insolvenzverwalter** parallel bestellt werden (Uhlenbruck/*Zipperer* Rn. 56). Im Grundsatz bleibt das gesamte Verfahren in einer Hand.

58 Wie die **Rechtsstellung des Insolvenzverwalters dogmatisch** sauber zu fassen ist, wird ganz unterschiedlich beurteilt. Seit Inkrafttreten der KO im Jahr 1879 wird in einem **Theorienwettstreit** va um die materiell- und prozessrechtlichen Folgen gerungen. Vorherrschend ist die sog **Amtstheorie.** Danach handelt der Insolvenzverwalter materiell- und prozessrechtlich im eigenen Namen und kraft eigener Befugnis, jedoch in Erfüllung der ihm gesetzlich übertragenen Aufgaben mit Wirkung für und gegen die Masse. Dem folgt der *Verf.* (FS Runkel, 2009, 93 [98 f.]; ZInsO 2013, 1612 [1618]) mit der zusätzlichen Ergänzung, dass

der Verwalter hierdurch zugleich **Organ der Rechtspflege** wird (auch → Rn. 5 f.). Nach der – stattdessen am Zivilrecht orientierten – sog **Organtheorie** handelt der Insolvenzverwalter dagegen als Vertretungsorgan (§ 31 BGB) einer rechtlich verselbständigten Insolvenzmasse. Nach der **Vertretertheorie** wird der Insolvenzverwalter zum Organ des Rechtsträgers (Schuldners) selbst. Näheres zu allen Theorien und ihren vielfältigen Modifikationen siehe in der Komm. zu → § 80 Rn. 17 ff. sowie jeweils im Überblick bei HK-InsO/*Kayser* § 80 Rn. 13 ff.; HambK-InsO/*Kuleisa* § 80 Rn. 4 ff.). Die **Vergütung** der Insolvenzverwaltertätigkeit erfolgt nach eigenständigen Regelungen der vom BMJV erlassenen InsVV (s. § 65 InsO).

Nach erfolgter Annahme des Amtes bleibt der Insolvenzverwalter zu weiterem aktiven Tätigsein verpflichtet; eine Möglichkeit zum einseitigen **Rücktritt oder zur Amtsniederlegung** besteht in dieser Phase nicht (Nerlich/Römermann/*Delhaes* Rn. 24; HambK-InsO/*Frind* Rn. 39). Gibt es einen wichtigen Grund iSv § 59 Abs. 1 S. 1, kann er gem. § 59 Abs. 1 S. 2 bei Gericht seine Entlassung beantragen. Das Amt endet ferner infolge Abwahl (§ 57) sowie bei regulärer Aufhebung (§ 200) bzw. vorzeitiger Beendigung/Einstellung des Insolvenzverfahrens (§ 207 Abs. 1, §§ 211–214, 258). 59

2. Verhältnis zu anderen berufsrechtlichen Sonderregeln. Der Insolvenzverwalter wird nicht an Stelle des Schuldners zum „Berufsträger" in dessen freiberuflicher Praxis. Hier überlagert das berufliche Sonderrecht die allgemeinen insolvenzrechtlichen Regelungen; die Zuständigkeit zur **Bestellung eines Praxisabwicklers** liegt nicht beim Insolvenzgericht, sondern verbleibt den jeweiligen berufsrechtlichen Körperschaften. Insofern müssen sich der amtlich bestellte Vertreter, der zur beruflichen Sondersphäre des Schuldners bestellt wurde, und der Insolvenzverwalter bei der Gesamtabwicklung der Vermögensverhältnisse kooperativ ergänzen; je nach Sach- und Rechtslage ist der bisherige Geschäftsbetrieb nicht fortführbar (*Ries* ZVI 2004, 221; *Schmittmann* NJW 2002, 182; sa BGH ZInsO 2005, 929; OLG Köln NZI 2009, 851). 60

Schwieriger beantwortet sich die Frage, ob ein **Insolvenzverwalter, der selbst auch anderweitig als „Berufsträger" tätig** ist (etwa als Rechtsanwalt, Steuerberater oder Wirtschaftsprüfer), dem entsprechenden beruflichen Sonderrecht im Zuge seiner Insolvenzverfahrensabwicklung untersteht (s. Braun/*Kind* 4. Aufl. 2010, Rn. 23 ff.; *Laukemann,* Die Unabhängigkeit des Insolvenzverwalters, 46 ff.). Vielfach wird gesagt, bei mehrfach qualifizierten Berufsträgern gelte, soweit die jeweiligen Berufsordnungen dasselbe Thema unterschiedlich behandeln, die letztlich strengste Regelung als verbindlich (vgl. BGH NJW 2005, 1057). Andere unterstellen in der Ausübung von Insolvenzverwaltung einen daneben zugrundeliegenden Quellberuf (etwa als Rechtsanwalt), dessen Regularien sodann Platz greifen (*Römermann/Praß* ZInsO 2011, 1576). Bei Rechtsanwälten stehen zB in Rede das Verbot der Vertretung widerstreitender Interessen (§ 43a Abs. 4 BRAO; § 3 Abs. 1 BORA), die Verschwiegenheitspflicht (§ 43a Abs. 2 BRAO, § 2 BORA) und die Tätigkeitsverbote des § 45 BRAO (sa *Römermann/Funke Gavilá* ZInsO 2011, 1202). Ähnliche Regelungen finden sich für andere Freiberufler (s. etwa § 57 Abs. 1 StBerG, §§ 6 Abs. 1, 9 BOStB; §§ 53 Abs. 1, 49 WPO, §§ 3 Abs. 1, 20 S. 2 BS WP/vBP; § 18 BNotO). Ohne Zweifel binden die betreffenden Maßgaben und Verbote den Berufsträger in seiner speziellen Eigenschaft als Angehöriger dieses Berufes (etwa als Rechtsanwalt) und aus Anlass dortigen konkreten Fallbezuges. Die **Insolvenzverwaltung** ist demgegenüber jedoch ein **eigenständiger Beruf** (→ Rn. 5 u. 33); im Berufsrecht der Insolvenzverwalter *für dieses spezielle Tätigsein* etwa vorhandene Lücken sind nicht subsidiär durch fremdes Berufsrecht zu schließen, *Römermann* ZIP 2014, 833; *ders.* GmbHR 2015, R 273; *Ries* EWiR 2015, 545 [546]). Der Insolvenzverwalter handelt in 61 besonderer Eigenschaft eines beliehenen Amtsträgers nach Maßgabe der InsO, dh zwar für fremde Rechnung, aber letztlich im eigenen Namen (→ Rn. 6). Das bedeutet ein **„aliud“** zur ansonsten maßgeblichen Fremdvertretung von Mandanten als Rechtsanwalt, Steuerberater oder Wirtschaftsprüfer. In purer Ausübung eigener „Amtspflichten“ als Insolvenzverwalter ist er somit an Verhaltensregelungen wie etwa § 12 BORA (Verbot der Umgehung des Gegenanwaltes) nicht gebunden (*Plathner/Sajogo* ZInsO 2011, 326; **aA** speziell beim Forderungseinzug BGH ZInsO 2015, 1609). Die Effektivität insolvenzzweckgemäßer Aufgabenerledigung darf nicht normativ fremdbestimmt sein. Der gesamte Themenkreis ist jedoch – ebenso wie die Anwendbarkeit strafprozessualer Schutznormen – in den jeweiligen Details sehr **umstr.** (grds. wie hier, da ganz unterschiedl. Berufsbilder angesprochen sind, etwa LG Saarbrücken ZIP 2010, 1767; *Weyand* ZInsO 2008, 24 [jeweils zur StPO]; *Deckenbrock/Fleckner* ZIP 2005, 2290 [2300] [Verschwiegenheitspflicht nach Berufsrecht u. § 203 StGB]; **aA,** dh für übergreifenden Vorrang des strengeren Rechts, etwa BGH NJW 2005, 1057 [zu §§ 38 Nr. 3, 47 WPO]; BGH ZInsO 2015, 1609 spez. f. d. Forderungseinzug [zu § 43 BRAO, § 12 BORA]; weitere Nachw. bei HambK-InsO/*Frind* Rn. 5). Zum Ganzen ferner § 4 Abs. 2 u. § 8 der VID-Berufsgrundsätze iVm Abschn. III Ziff. 1 VID-GOI.

62 **3. Eigene steuerliche Veranlagung. a) EStG.** Die Tätigkeit des Insolvenzverwalters unterfällt nicht dem Katalog der in § 18 Abs. 1 Nr. 1 S. 2 EStG abschließend angesprochenen freien Berufe. Die Entwicklung zu einem eigenständigen Berufsbild (→ Rn. 5 u. 33; aufgegriffen v. BFHE 232, 162 = NZI 2011, 301 Rn. 18) führt stattdessen zu einer Subsumtion unter die **vermögensverwaltenden Tätigkeiten des § 18 Abs. 1 Nr. 3 EStG.** Das wiederum kann gem. § 15 Abs. 2 S. 1 EStG in eine Veranlagung des Verwalters bzw. seiner Kanzlei zur **Gewerbesteuer** einmünden, wenn die Betätigung nach dem Gesamtbild der Verhältnisse nicht mehr unter das traditionelle Verständnis höchstpersönlicher Wertschöpfung des Berufsträgers mit daraus generierten „Einkünften aus selbständiger Arbeit“ zu fassen ist. Hier war der BFH zunächst überaus streng. 1994 verwies er auf die vom RFH entwickelte **Vervielfältigungstheorie** (BFHE 175, 284 = ZIP 1994, 1877). Danach sei „Gewerblichkeit“ schon dann gegeben, wenn mehrere Angestellte bzw. Subunternehmer hinzugezogen werden, die nicht nur untergeordnete, insbes. vorbereitende oder mechanische Tätigkeiten wahrnehmen. Ende des Jahres 2001 vertiefte der BFH seine strenge Sichtweise (BFH NZI 2002, 224), was eine Vielzahl an Betriebsprüfungen und gewerbesteuerlichen Nachveranlagungen bei Verwaltern zur Folge hatte. Seit Dezember 2010 rückt der BFH allerdings in Teilen hiervon wieder ab; insbes. wendet er die Vervielfältigungstheorie jetzt nicht mehr an (BFHE 232, 162 = NZI 2011, 301; bestätigt durch BFHE 232, 453 = NZI 2011, 418). Der Einsatz vorgebildeter Mitarbeiter bleibt unschädlich, solange der Verwalter weiterhin selbst leitend und eigenverantwortlich tätig ist. Nach heutigem Verständnis besteht wertungsmäßig ein Gleichklang zu den im Wortlaut offeneren, bei Freiberuflern geltenden Schranken des § 18 Abs. 1 Nr. 1 S. 3 u. 4 EStG. Die Betätigung des Berufsträgers muss über bloße Grundzüge der Organisation und der dienstlichen Aufsicht hinausreichen; sie muss fallbezogen die Planung, Überwachung und (Letzt-)Entscheidung grundlegender Zweifelsfragen umfassen. Der Berufsträger muss spürbar an der praktischen Tagesarbeit teilhaben. Insoweit gibt auch das Normengefüge der InsO und der InsVV vor, was zu seinen höchstpersönlichen Kernaufgaben zählt (s. Katalogaufzählung bei FG RhPf ZInsO 2007, 892 [893]) und wie stark er sich hierbei jeweils einbringen muss. Entscheidend ist die tatrichterlich anzustellende Gesamtwürdigung, ob Organisation und Abwicklung des Insolvenzverfahrens insgesamt den „Stempel der Persönlichkeit“ des bestellten Insolvenzverwalters tragen; dann kommt es auf die Anzahl zuarbeitender Mitarbeiter bei der weiteren kaufmän-

nisch-technischen Umsetzung nicht an (BFHE 232, 162 = NZI 2011, 301 Rn. 48 f.).

Fälle, in denen die Gerichte nicht einzelne Sozien, sondern **angestellte Mitarbeiter (Anwälte, StB, WP usw) einer Sozietät** zum Verwalter bestellen, sind aber nach wie vor problematisch. Dazu der BFH (ZIP 2015, 486): Eine Freiberufler-GbR ist gewerblich tätig, soweit sie einem angestellten Rechtsanwalt die eigenverantwortliche Durchführung von Insolvenzverfahren überträgt. Überschreiten dessen Nettoumsatzerlöse aus der Verwaltung jedoch nicht den Rahmen v. 3 % der Gesamtnettoumsätze der GbR und auch nicht den Betrag von 24.500 EUR, werden dadurch nicht alle Gesamtnettoumsätze der GbR insgesamt zu solchen aus Gewerbebetrieb umqualifiziert; insofern schließt der Grundsatz der Verhältnismäßigkeit die Abfärbewirkung des § 15 Abs. 3 Nr. 1 EStG ausnahmsweise aus. 63

b) UStG. Lange Zeit war umstr., wie **Insolvenzverwalter, die in einer Kanzlei angestellt oder dort als Gesellschafter beteiligt sind,** ihre Vergütungen in die Masse abzurechnen haben. Dazu gab es zunächst die verbreitete Praxis, wonach der Verwalter (da nur er gem. § 56 als natürliche Person Amtsträger sein kann) auf eigenem Briefbogen an die Masse liquidiert, während ihm seine Kanzlei parallel für Sach- und Personalaufwendungen eine Gegenrechnung aufmacht (sog lange Abrechnungskette). Das mündete in schwierige Folgefragen; sie betrafen va die Vorsteuerabzugsberechtigung des Verwalters bzgl. der an ihn gestellten Rechnung seiner Kanzlei (Innenverhältnis) sowie andererseits die Abzugsberechtigung seiner Kanzlei gegenüber den von ihr bezahlten Lieferungen und Leistungen (Außenverhältnis). Nach Anhörung des VID und ausgiebiger Erörterung auf allen Ebenen verfasste das BMF am 28.7.2009 ein Rundschreiben (BStBl. I 2009, 864 = DStR 2009, 1646) dahingehend, dass ab dem 1.1.2010 die Kanzlei kraft wirtschaftlicher Zurechnung die Vergütungsansprüche direkt auf ihrem Gesamtbriefbogen gem. § 14 Abs. 4 UStG an die Insolvenzmasse zu ihrer eigenen Steuernummer berechnet (sog kurze Abrechnungskette). Intern gibt es damit keinen umsatzsteuerbaren Leistungsaustausch zwischen dem Insolvenzverwalter und seiner Kanzlei. 64

V. Bestellung eines Sonderinsolvenzverwalters

Mögliche Kollisionslagen, die den Insolvenzverwalter partiell an eigener Amtsführung hindern, wurden bereits in → Rn. 23 f. erwähnt. Auch kann aus tatsächlichen Gründen, etwa temporärer Verhinderung des Verwalters wegen Krankheit, eine Behelfslösung vonnöten sein. Der Gesetzesentwurf der BReg. v. 15.4.1992 sah in § 77 RegEInsO ausdrücklich die **Bestellung eines Sonderinsolvenzverwalters** vor (BT-Drs. 12/2443, 20, 131). Sie komme auch dann in Betracht, wenn im Verfahren eine Sondermasse zu konstituieren und getrennt zu verwalten sei (etwa gem. § 32 Abs. 3 DepotG). Diese Regelung hielt der Rechtsausschuss (BT-Drs. 12/7302, 162), auch mit Blick auf die vorausgegangenen positiven Praxiserfahrungen unter der KO, für dermaßen selbstverständlich, dass er sie als entbehrlich strich. Der Sonderinsolvenzverwalter führt in dem ihm zugewiesenen Bereich sein Amt selbstständig, ist also insoweit – mit eigener Haftungsverantwortung gem. §§ 60, 61 – **Repräsentant der Interessen der Masse** und nicht nur „Vertreter" des Insolvenzverwalters (Uhlenbruck/*Zipperer* Rn. 58; MüKoInsO/*Graeber* Rn. 157). Im Gegenteil kann er bei Gesamtschäden iSv § 92 S. 2, die der Insolvenzverwalter zu vertreten hat, sogar dessen Kontrahent werden. 65

Fragen der **Bestellung und Abberufung** regeln sich analog zu §§ 56–59. Dabei richtet sich die funktionelle Zuständigkeit gem. §§ 3 Nr. 2e, 18 Abs. 1 Nr. 1 RPflG grds. nach dem jeweiligen Verfahrensstadium, dh bei Bestellung mit 66

Verfahrenseröffnungsbeschluss ist zuständig der „Richter“, später der „Rechtspfleger“ (BGH NZI 2010, 977 Rn. 25: „sämtliche Entscheidungen ungeachtet ihres Gegenstandes“; ebenso *Graeber/Pape* ZIP 2007, 991 [996]; Frege/Keller/Riedel InsR Rn. 207a; Jaeger/*Gerhardt* Rn. 80; nunmehr auch Uhlenbruck/*Zipperer* Rn. 59; aA *Lüke* ZIP 2004, 1693 [1698], *Foltis* ZInsO 2010, 545 [556]; HambK-InsO/*Frind* Rn. 42b). Einzelne Beteiligte können die Bestellung eines Sonderinsolvenzverwalters zwar „anregen“, besitzen aber kein förmliches, nach § 6 rechtsmittelfähiges „Antragsrecht“, weder gegen die Entscheidung des Insolvenzgerichts, keinen Sonderinsolvenzverwalter einzusetzen, noch gegen eine etwa getroffene Personenwahl (BGH NZI 2006, 474; 2009, 238; ZInsO 2011, 131; ZIP 2015, 1645 Rn. 16). Zu entsprechenden „Anregungen“ korrespondiert im Zweifel – etwa im Kontext des § 92 S. 2 InsO oder bei sonst begründetem Anfangsverdacht masseschädigender Pflichtverletzungen des Verwalters – eine Justizgewährleistungspflicht des Gerichtes zum Tätigwerden von Amts wegen, rechtsfolgenbewehrt über einen möglichen Amtshaftungsanspruch (Art. 34 GG, § 839 BGB). Von einem „Antragsrecht“ der Gläubigerversammlung spricht allerdings *Frege* (Der Sonderinsolvenzverwalter Rn. 196 ff.; vgl. auch *ders.* ZInsO 2008, 1130 sowie nunmehr BGH ZIP 2015, 1645 Rn. 16 mwN); insoweit erscheint immerhin nach BGH (NZI 2010, 940) analog §§ 57 S. 4, § 59 Abs. 2 S. 2 zur Durchsetzung einer Entscheidung der Gläubigerversammlung ein Beschwerderecht einzelner Gläubiger denkbar.

67 Zur Geltendmachung von Haftungsansprüchen gegen den Verwalter genügt als Maßstab eine naheliegende **Befürchtung;** volle Überzeugung des Insolvenzgerichts, dass solche Ansprüche tatsächlich bestehen, ist nicht notwendig (AG Charlottenburg ZInsO 2015, 582). Es ist vielmehr Aufgabe des Sonderverwalters, solche Ansprüche zu prüfen und ggf. gerichtlich durchzusetzen. Die jeweilige thematische **Begrenzung des Aufgabenbereiches** des Sonderinsolvenzverwalters ist in dem Bestellungsbeschluss präzise zu umschreiben (*Dahl* ZInsO 2004, 1014; HambK-InsO/*Frind* Rn. 42; sa *Frege* ZInsO 2008, 1130 [1132] mit Beispielen aus dem Themenfeld „gerichtlicher Aufsicht“). Zur Geltendmachung von Schadenersatzansprüchen gegen den Insolvenzverwalter und zum insoweit maßgeblichen Verjährungsbeginn s. BGH (NZI 2014, 973). In Ansehung der Bestellung an sich steht dem hierdurch beschränkten **Insolvenzverwalter keine sofortige Beschwerde** (BGH NZI 2007, 237) und gegenüber der als Sonderverwalter bestellten Person stehen ihm auch **keine Befangenheitseinwände** nach Maßgabe etwa von § 4 InsO, §§ 41 ff., § 406 ZPO zu (BGH NZI 2007, 284 u. NZI 2010, 301; s. dagegen zu Rechtsschutzfragen bei möglicher Befangenheit des bestellenden Richters BGH NZI 2011, 486). Auch ist der Insolvenzverwalter nicht berechtigt, über § 78 Abs. 1 die Aufhebung eines Einsetzungsbeschlusses der Gläubigerversammlung zu beantragen (BGH NZI 2014, 307). Ihm steht nicht einmal ein Antragsrecht zur Einberufung einer Gläubigerversammlung zu (BGH ZInsO 2015, 1100 Rn. 13 zur GesO). Ebensowenig beschwerdebefugt ist der **Schuldner** (LG Stendal ZIP 2013, 1389). Die **Vergütung** des Sonderinsolvenzverwalters ist in entsprechender Anwendung der Vorschriften über die Insolvenzverwaltervergütung festzusetzen. Dem verminderten Umfang seiner Tätigkeit ist durch Festlegung einer angemessenen Quote auf die Regelvergütung und/oder durch einen Abschlag Rechnung zu tragen (BGH NZI 2008, 485). Hat der Sonderinsolvenzverwalter lediglich Aufgaben, die mit der Stellung eines vollwertigen Insolvenzverwalters kaum mehr vergleichbar sind (zB nur zur Tabellenanmeldung oder -prüfung; Durchsetzung einzelner Ansprüche etc), kann die Vergütung jedenfalls nicht höher festgesetzt werden, als sie nach § 5 InsVV für eine Tätigkeit als Rechtsanwalt, Steuerberater oder Wirtschaftsprüfer zu vergüten gewesen wäre; dann ist ggf. insoweit die sachnähere Vergütungsregelung, etwa das RVG, heranzuziehen (BGH NZI 2010, 13; 2015, 730). Zur Beschwerdeberechtigung des

Insolvenzverwalters bei Festsetzung der Vergütung des Sonderinsolvenzverwalters s. BGH (NZI 2012, 886) u. LG Braunschweig (ZInsO 2012, 506); zum umgekehrten Fall der Beschwerdeberechtigung des Sonderinsolvenzverwalters bei Festsetzung der Vergütung des Insolvenzverwalters s. BGH (NZI 2015, 46 Rn. 4).

Werden Gesellschaften insolvent, die einem gemeinsamen **Konzern- oder** 68
vergleichbar **mehrgliedrigen Unternehmensverbund** angehören (im Personengesellschaftsrecht zB eine GmbH & Co KG), wird sich schon *de lege lata* vielfach aufdrängen, zur weiteren, strategisch einheitlichen Verfolgung der Unternehmensziele für alle diese Verfahren denselben Insolvenzverwalter auszuwählen, jedoch zugleich die möglichen Kollisionslagen auszuleuchten und insoweit jeweils Sonderinsolvenzverwalter zu bestellen (vgl. *Jaffé/Friedrich* ZIP 2008, 1849; *Hirte* ZIP 2008, 444; *Paulus* DB 2008, 2523; *Uhlenbruck* NZI 2008, 201 [205 f.]; *Vallender/Deyda* NZI 2009, 825; HambK-InsO/*Frind* Rn. 41a; skeptisch bis abl. dagegen MüKoInsO/*Graeber* Rn. 44 ff.). Klassische Fallkonstellation ist die Prüfung von Tabellenanmeldungen aus dem einen in das andere Verfahren hinein (*Rennert-Bergenthal* ZInsO 2008, 1316 [1319]). Anders aber, wenn sich die Themen sachlich und in ihrer Gewichtung für den Verfahrensgang nicht vernünftig ab- und eingrenzen lassen; dann ist eine getrennte Verwalterbestellung vorzuziehen. Eine Rolle spielt auch die ggf. zusätzliche Kostenbelastung; in einer Gesamtwürdigung darf die erstrebte Effizienz den Gläubigern nicht am Ende doch wirtschaftlich zum Nachteil gereichen. Bis dato fehlt ein einheitlicher **Konzerngerichtsstand;** bei unterschiedlicher örtlicher Zuständigkeit müssen sich die jeweiligen gerichtlichen Entscheider miteinander abstimmen. Freiwillige Kooperation ohne Normbefehl gelingt vielen Entscheidern oftmals nicht. Zu den daraus zu ziehenden Schlussfolgerungen *de lege ferenda* s. bereits ausf. → Rn. 8).

VI. Bestellungsurkunde (Absatz 2)

Die Bestellung des Insolvenzverwalters wird in einer besonderen **öffentlichen** 69
Urkunde niedergelegt. Darin wird er namentlich benannt. Zur Sicherheit des Rechtsverkehrs existiert hiervon nur ein einzelnes Exemplar, welches das Gericht mit Beendigung des Amtes bei dem Verwalter wieder einziehen und zur Gerichtsakte nehmen muss. Diese **Rückgabepflicht** ist durchsetzbar nach § 58 Abs. 2 u. 3. Geht die Urkunde verloren und macht der Verwalter ihren dauerhaften Verlust glaubhaft, kann ihm das Gericht ein Ersatzdokument ausstellen. Eines zusätzlichen Aufgebotsverfahrens bedarf es in diesen Fällen nicht, da die Urkunde an die Person geknüpft ist und keinen weitergehenden Gutglaubensschutz bewirkt (MüKoInsO/*Graeber* Rn. 161; FK-InsO/*Jahntz* Rn. 34). Nicht der Eröffnungsbeschluss, sondern nur dieses offizielle Legitimationspapier entspricht der grundbuchmäßigen Form des § 29 GBO; es ist insbes. im Notariatsverkehr vom Verwalter regelmäßig vorzulegen.

VII. Rechtsschutz

1. Kein Rechtsmittel gegen die Bestellung. Die gerichtliche Bestellung 70
zum Insolvenzverwalter ist nicht isoliert anfechtbar, weder durch andere Bewerber für das Amt (→ Rn. 35 u. 71) noch durch den Schuldner oder einzelne Gläubiger. Sie ist Bestandteil des Eröffnungsbeschlusses (§ 27 Abs. 2 Nr. 2). Dieser unterliegt in seiner Gesamtheit allerdings der möglichen Beschwerde des Schuldners (Näheres s. § 34 Abs. 2), die jedoch nicht mit dem alleinigen Ziel eines Austausches des Verwalters geführt werden darf (LG Halle ZInsO 2005, 663; FK-InsO/*Jahntz* Rn. 37; Kreft/*Riedel* Rn. 26). Die Gläubiger können ihrerseits nur den Weg zur Wahl eines anderen Verwalters beschreiten, entweder nach Maßgabe von § 56a Abs. 3 im vorläufigen Gläubigerausschuss oder nach § 57 in der ersten Gläubiger-

versammlung. Zudem können weder Schuldner noch Gläubiger einen nach § 5 gerichtlich bestellten Sachverständigen wegen Befangenheit ablehnen (LG Frankfurt/O. ZInsO 2006, 107; AG Göttingen ZInsO 2007, 720; *Vallender* ZInsO 2010, 1457 [1461]). Zutr. erscheint der Hinweis von HambK-InsO/*Frind* (Rn. 45), es sei in Fällen erfolgreicher Beschwerde gegen einen Nichteröffnungsbeschluss (s. § 34 Abs. 1) sachgerecht, den Vorgang insgesamt zur Eröffnung nebst Verwalterbestellung an das Amtsgericht zurückzuverweisen (§ 572 Abs. 3 ZPO). Wo der Amtsrichter zur Person des Verwalters noch gar kein Bestellungsermessen ausübte, fehlt dem Beschwerdegericht die Ersetzungskompetenz (MüKoInsO/*Graeber* Rn. 176).

71 **2. Gerichtliche Entscheidung wegen Nichtberücksichtigung gem. §§ 23 ff. EGGVG.** Einen sehr guten Überblick zum Rechtsschutzsystem für Bewerberprätendenten gibt RiBVerfG *Gaier* (ZInsO 2006, 1177). Der förmliche Akt der Verwalterbestellung gem. §§ 56 Abs. 1, 27 Abs. 1 ist für Mitbewerber nicht gerichtlich angreifbar (BVerfGE 116, 1 = NZI 2006, 453 Rn. 50 ff.). Insoweit sind weder **Konkurrentenschutzklagen** von Insolvenzverwalterprätendenten statthaft noch gibt es einen einstweiligen Rechtsschutz, der die Bestellung blockiert. Das subjektiv klagbare Recht auf eine ermessensfehlerfreie Auswahlentscheidung beschränkt sich auf **Schadenersatzansprüche** des zu Unrecht übergangenen Bewerbers und die Möglichkeit der **Fortsetzungsfeststellungsklage** bei Wiederholungsgefahr (Näheres s. o. bei → Rn. 35).

72 Die Mitteilung von Insolvenzrichtern über eine generelle Nichtberücksichtigung **(Non-Listing)** oder über die Streichung **(Delisting)** aus der Vorauswahlliste ergeht in richterlicher Unabhängigkeit, erweist sich aber als **Justizverwaltungsakt** (vgl. → Rn. 1 u. 32), der gem. §§ 23 ff. EGGVG justiziabel ist (BVerfG NZI 2004, 574; BVerfGE 116, 1 = NZI 2006, 453; BGH NZI 2008, 161 u. 2012, 768 [769]; OLG Hamburg ZInsO 2012, 175). Der Betroffene kann binnen Monatsfrist seit Zugang der schriftlichen Mitteilung **Antrag auf gerichtliche Entscheidung** bei dem für diesen Gerichtsbezirk zuständigen OLG oder irgendeinem AG stellen (§ 26 Abs. 1 EGGVG); eine nur mündliche Bekanntgabe der Non- bzw. Delistingentscheidung setzt die Frist allerdings nicht in Gang (Prütting/Gehrlein/*Schmidt,* ZPO Kommentar, 7. Aufl. 2015, EGGVG § 26 Rn. 1). Über die notwendige Darlegung einer Rechtsverletzung (§ 24 Abs. 1 EGGVG) ergibt sich ein **Begründungszwang.** Die Entscheidung trifft ein Zivilsenat des örtlich zuständigen OLG (§ 25 EGGVG). Im Erfolgsfall ist der Antragsteller regelmäßig durch den Insolvenzrichter neu zu verbescheiden (§ 28 Abs. 2 S. 2 EGGVG); wegen der Vielfalt entscheidungsrelevanter Faktoren kommt eine Ermessensreduktion auf Null und somit ein direkter Verpflichtungsausspruch zur Aufnahme in die Liste (s. § 28 Abs. 2 S. 1 EGGVG) kaum je in Frage.

73 Schwierigkeiten bereitet die **Frage des richtigen Antragsgegners.** Nicht tragfähig erscheint die Ansicht des BGH (NZI 2008, 161 Rn. 14 u. zuvor ZInsO 2007, 711; sa OLG Frankfurt a. M. ZInsO 2009, 242 [244]), im Regelfall sei richtiger **Antragsgegner** der Träger der Landesjustizverwaltung. § 29 Abs. 3 EGGVG ordne zwar – so der BGH – im Wortlaut nur die entsprechende Anwendung des FamFG an. Richtschnur seien gleichwohl die Regularien im Verwaltungsprozess, aus dem die Justizverwaltungsakte ausgegliedert sind. Hier komme einzelnen Behörden neben natürlichen und juristischen Personen nur dann die Fähigkeit zu, am Verfahren beteiligt zu sein, wenn das Landesrecht dies bestimme (§ 61 Nr. 1, 3 VwGO, § 78 Abs. 1 Nr. 2 VwGO). Gebe es eine solche landesrechtliche Regelung nicht, sei gegen den **Rechtsträger** zu klagen, dessen Behörde den angefochtenen Verwaltungsakt erlassen hat. Hier übersieht der BGH die besondere Ausnahmestellung, die die jeweiligen **Insolvenzrichter** mit ihrem individuell „weisungsfreien Verwaltungshandeln in richterlicher Unabhängigkeit"

innehaben (→ Rn. 1 u. 32; dazu *Ries* BJ 2006, 406 [411]). Aufgrund dessen dürfen sich weder der Träger der Landesjustizverwaltung noch die Behördenleitung (Direktor oder Präsident des AG) noch andere Gremien der Selbstverwaltung (zB Präsidien) oder sonstige organisatorische Einheiten („Insolvenzabteilung") in die Listenführung des einzelnen Richters einmischen. Ein solches Spezialphänomen kennt das allgemeine Verwaltungsrecht nicht. Auch wenn sich die Richter einer Insolvenzabteilung bei Gericht gemeinsam miteinander abstimmen und – bei Einstimmigkeit in der Bewertung (bloßer Mehrheitsbeschluss wäre unstatthaft) – Bewerber ggf. auch einheitlich verbescheiden, bleibt doch jeder Richter letztlich im Bestellungsakt **Alleinentscheider.** „Sein" etwaiges Fehlverhalten steht zur Überprüfung an, kein Verhalten der Justizverwaltung an sich. Von daher lassen sich, was das Petitum der Neuverbescheidung zur Vorauswahlliste anbetrifft (§ 28 Abs. 2 S. 2 EGGVG), formelle und materielle Beteiligung am Verfahren nicht trennen (aA HambK-InsO/*Frind* Rn. 7 mwN). Die formelle Verurteilung eines „einflusslosen" Antragsgegners liefe leer und würde die Garantie effektiven Rechtsschutzes – Art. 19 Abs. 4 GG – unterminieren. Deshalb kann richtiger „Antragsgegner" nur der jeweils einzelne, seine persönliche Liste führende Insolvenzrichter sein und im Verfahren nach §§ 23 ff. EGGVG wegen rechtswidrigen Handelns – in sehr restriktiv zu beachtenden Grenzen – durch das OLG zu neuer Verbescheidung angewiesen werden (zutr. OLG Düsseldorf ZInsO 2011, 1010; NZI 2010, 818 jeweils mwN [unter Aufgabe der ursprgl. falschen Sicht auf die Behördenleitung, s. NZI 2007, 48], OLG Hamm NZI 2007, 659 [mit Verweis auf damals noch gültigen § 5 AGVwGO NW]; OLG Hamm BeckRS 2013, 09503 [mit Verweis auf § 8 Nr. 3 FamFG]; OLG Köln NZI 2007, 105; OLG Brandenburg NZI 2009, 647 [648]; *Wieland* ZIP 2007, 462 [465]). Abw. zu OLG Hamburg (NZI 2012, 193, 2011, 762 [764] u. 2008, 744) kommt eine gemeinsame **Beteiligung des Trägers der Landesjustizverwaltung** wie auch des betreffenden Richters nur bei Antragshäufung in Betracht, wenn zB neben der Neuverbescheidung auch das Land zur Amtshaftung gem. Art. 34 GG, § 839 BGB herangezogen wird (vgl. zu dieser Möglichkeit → Rn. 35). Falsch erscheinen KG (Rpfleger 2011, 290 [291]) und OLG Nürnberg (NZI 2008, 616): Die von richterlicher Unabhängigkeit geprägte Verbescheidung ist nicht „in Absprache mit den Insolvenzrichtern" auf die Behördenleitung delegierbar (→ Rn. 48). Jene wird dann zwar Antragsgegner; wegen ihrer funktionalen Unzuständigkeit ist die abschlägige Mitteilung nebst dadurch falsch gesetztem Rechtsschein jedoch sofort aufzuheben. Ein Anspruch auf Neuverbescheidung kann gegen die Behördenleitung schlechterdings nicht bestehen (s. o.). Schon gar nicht liegt umgekehrt eine Delegation von der Behördenleitung auf den Richter vor (daher falsch KG NZI 2008, 187).

Eine versehentlich **ungenaue Antragsgegnerbezeichnung** im Antrag schadet 74
solange nicht, wie ausreichend erkennbar ist, welcher konkrete Justizverwaltungsakt angegriffen wird. Der Antrag ist dann entsprechend umdeutbar (OLG Hamm NZI 2008, 493 [494]). Wurde die **abschlägige Mitteilung von mehreren Abteilungsrichtern** gemeinsam verfasst, sind zwar alle Absender potenziell „Antragsgegner", aber nicht in Gemeinschaft, sondern **ein jeder für sich** (aA OLG Celle ZInsO 2015, 634: Antragsgegner sei allein das AG Hannover [Insolvenzgericht]; dementsprechend seien „die Insolvenzrichter" verfahrensbeteiligt). Deshalb muss jeder Beteiligte im Überprüfungsverfahren vor dem OLG seine eigene Stellungnahme abgeben, zumindest aber deutlich machen, dass und inwieweit er Stellungnahmen anderer inhaltlich mit trägt. Die Entscheidung des OLG kann dementsprechend unterschiedlich ausfallen. Einzelne, dem Bewerber positive richterliche Meinungsänderungen können insoweit individuell das Rechtsschutzbedürfnis beseitigen, wie überhaupt das Gebot effektiven Rechtsschutzes nicht ausschließt, je nach Art der zu prüfenden Maßnahme wegen der Einräumung von

Gestaltungs-, Ermessens- und Beurteilungsspielräumen eine unterschiedliche **Kontrolldichte** anzunehmen. Scheidet ein Antragsgegner dauerhaft als Richter aus seinem Insolvenzdezernat aus, hat sich insoweit die Hauptsache erledigt; denkbar sind aber Ausnahmefälle eines Parteiwechsels im Verfahren.

Gläubigerbeteiligung bei der Verwalterbestellung[1]

56a (1) **Vor der Bestellung des Verwalters ist dem vorläufigen Gläubigerausschuss Gelegenheit zu geben, sich zu den Anforderungen, die an den Verwalter zu stellen sind, und zur Person des Verwalters zu äußern, soweit dies nicht offensichtlich zu einer nachteiligen Veränderung der Vermögenslage des Schuldners führt.**

(2) [1] **Das Gericht darf von einem einstimmigen Vorschlag des vorläufigen Gläubigerausschusses zur Person des Verwalters nur abweichen, wenn die vorgeschlagene Person für die Übernahme des Amtes nicht geeignet ist.** [2] **Das Gericht hat bei der Auswahl des Verwalters die vom vorläufigen Gläubigerausschuss beschlossenen Anforderungen an die Person des Verwalters zugrunde zu legen.**

(3) **Hat das Gericht mit Rücksicht auf eine nachteilige Veränderung der Vermögenslage des Schuldners von einer Anhörung nach Absatz 1 abgesehen, so kann der vorläufige Gläubigerausschuss in seiner ersten Sitzung einstimmig eine andere Person als die bestellte zum Insolvenzverwalter wählen.**

Schrifttum: *Busch,* Hat das ESUG die Praxis und die Kriterien der Insolvenzgerichte bei der Auswahl von Insolvenzverwaltern geändert?, ZInsO 2012, 1389; *Frind,* Die Gläubigermitbestimmung bei der Verwalterauswahl und das „Zeitkorridor-Problem", ZInsO 2011, 757; *ders.,* Die Praxis fragt – „ESUG" antwortet nicht, ZInsO 2011, 2249; *ders.,* Vorschläge für Musterbeschlüsse des Insolvenzgerichtes in regelhaft gemäß InsO-ESUG vorkommenden Verfahrenssituationen, ZInsO 2012, 386; *ders.,* Das „Anforderungsprofil" gem. § 56a InsO – Bedeutung und praktische Umsetzung, NZI 2012, 650; *ders.,* Probleme bei Bildung und Kompetenz des vorläufigen Gläubigerausschusses, BB 2013, 265; *Gruber,* Die neue Korrumpierungsgefahr bei der Insolvenzverwalterbestellung, NJW 2013, 584; *Landfermann,* Das neue Unternehmenssanierungsgesetz (ESUG), WM 2012, 821 (Teil 1) u. 869 (Teil 2); *Laroche/Pruskowski/Schöttler/Siebert/Vallender,* 30 Monate ESUG – eine Zwischenbilanz aus insolvenzrichterlicher Sicht, ZIP 2014, 2153 [2157 ff.]; *Marotzke,* Das deutsche Insolvenzverfahren: ein Hort institutionalisierter Unverantwortlichkeiten?, KTS 2014, 113; *Obermüller,* Der Gläubigerausschuss nach dem „ESUG", ZInsO 2012, 18; *Neubert,* Das neue Insolvenzeröffnungsverfahren nach dem ESUG, GmbHR 2012, 439; *Pape,* Gesetz zur weiteren Erleichterung der Sanierung von Unternehmen, ZAP Fach 2014, 629; *Riggert,* Die Auswahl des Insolvenzverwalters – Gläubigerbeteiligung des Referentenentwurfs zur InsO (RefE-ESUG) aus Lieferantensicht, NZI 2011, 121; *Römermann/Praß,* Rechtsschutz bei Ablehnung eines vorläufigen Gläubigerausschusses, ZInsO 2012, 1923; *Steinwachs,* Die Wahl des vorläufigen Insolvenzverwalters durch den (vorläufigen) vorläufigen Gläubigerausschuss nach dem „ESUG", ZInsO 2011, 410; *Vallender,* Gesetz zur weiteren Erleichterung der Sanierung von Unternehmen (ESUG) – Änderungen des Insolvenzeröffnungsverfahrens, MDR 2012, 61.

Übersicht

[1] § 56a eingef. mWv 1.3.2012 durch G v. 7.12.2011 (BGBl. I S. 2582).

I. Allgemeines

Die Regelung besaß keine Vorläufer; sie trat mit dem **ESUG** zum 1.3.2012 neu in Kraft und findet auf alle Insolvenzverfahren Anwendung, die seither beantragt werden. Sie hat die Beteiligungsrechte der Gläubiger bei der Insolvenzverwalterbestellung deutlich gestärkt. Der erste RegE hatte urspüngl. die Einfügung zwei weiterer Absätze in § 56 vorgeschlagen (BT-Drs. 17/5712, 25 f.). Der Rechtsausschuss im Dt. Bundestag empfahl stattdessen am 26.10.2011 (BT-Drs. 17/7511, 47), die **Beteiligungsrechte der Gläubiger** aus systematischen Erwägungen in einer eigenständigen Norm zusammenzufassen. Sachlich besteht eine enge Verknüpfung zur Neuregelung des § 22a. Diese sieht unter näher genannten Prämissen (in den Fällen von Absatz 1 *obligatorisch;* nach Maßgabe von Absatz 2 *fakultativ*) die Einsetzung eines vorläufigen Gläubigerausschusses bereits unmittelbar zu **Beginn des Eröffnungsverfahrens** vor. Kraft der Verweisung in § 21 Abs. 2 S. 1 Nr. 1 gilt § 56a schon in diesem frühen Verfahrensstadium; das schließt über die Verweisungsbrücke der §§ 270b Abs. 2 S. 3, 270a Abs. 1 S. 2, 274 Abs. 1 die Auswahl eines (vorläufigen) Sachwalters bei beabsichtigter **Eigenverwaltung** sowie im sog **Schutzschirmverfahren** ein. 1

Eine stärkere, zeitlich unmittelbar an den Verfahrensbeginn gesetzte Gläubigerbeteiligung hat für den **„Insolvenzstandort Deutschland"** erhebliche Bedeutung, va, weil sie nun bereits die Erstauswahl des (vorläufigen) Insolvenzverwalters mit umfasst. Das wurde schon in der Kommentierung zu → § 56 Rn. 3 besprochen. In diese Richtung ging zudem ein Vorschlag des DIHK (ZInsO 2009, 2288; s. ferner *Leithaus* NZI Heft 7/2010, V, VI). Damit verschob der Gesetzgeber die Parameter stärker hin zu einer **Selbstverwaltungsautonomie der Gläubiger** und weichte das gerichtliche Erstauswahlmonopol spürbar auf. Zugleich reduzierte er insoweit die nachlaufende **gerichtliche Kontrolldichte,** da private Gläubiger – anders als die Justiz (s. Komm. → § 56 Rn. 31 ff.) – in der gemeinschaftlichen Verwirklichung eigener Angelegenheiten keiner unmittelbaren Bindung an verfassungsmäßige Grundrechte unterliegen (BVerfGE 73, 261 = NJW 1987, 827; Maunz/Dürig/*Herdegen,* GG-Kommentar, 72. Erglfg. 2014, Art. 1 Rn. 99 ff.). Auf Entscheidungen, die der vorläufige Gläubigerausschuss trifft, sind **Art. 3 und Art. 12 GG** also nicht direkt anzuwenden. Angesichts der Vorrangfunktion, die der Gesetzgeber dem Selbstverwaltungsgedanken beigemessen hat, sind die demgegenüber verbliebenen Schranken, nach denen das Gericht – etwa gem. § 56a Abs. 2 – ausnahmsweise abweichend von dem artikulierten Gläubigerwillen entscheiden darf, restriktiv auszulegen. Dadurch muss sich auch das bisherige Selbstverständnis der Gerichte ändern und zugunsten der Bedürfnisse aller verfahrensbeteiligten Gläubiger öffnen (s. Komm. zu → § 56 Rn. 53). Das gilt besonders für die Ausnahme des § 56a Abs. 1 letzter Hs.: Die Justizgewährleistungspflicht erfordert ausreichende personelle und organisatorische Vorkehrungen auf Seiten der Gerichte (s. Komm. zu → § 56 Rn. 56). Der Ausnahmefall einer Nichtbeteiligung der Gläubiger ist keine Frage von Bequemlich- oder gar allgemeiner Beliebigkeit; gefragt sind im Gegenteil höchste Schnelligkeit und Intensität der Bearbeitung. 2

Der Gesetzgeber misst dem Merkmal der **Unabhängigkeit des Verwalters** (s. Komm. → § 56 Rn. 23 ff. mit zahlr. Nachw. aktueller Streitthemen) weiterhin 3 eine herausragende Bedeutung zu. Das zeigte sich insbes. in der Diskussion um die ursprüngl. Fassung von § 56 Abs. 2 u. 3 ReGE, die bei Nichtbestellung eines vorläufigen Gläubigerausschusses anstelle dessen nur den „wesentlichen" – dh nicht allen – Gläubigern Beteiligungsrechte zugestand (zu den unterschiedlichen Textfassungen von DiskE- und RefE-BMJV nebst ihrer jeweiligen Begründung s. Synopse in ZIP-Beil. Heft 6/2011, 1); ferner im Kontext von § 56 Abs. 1 S. 3 Nr. 3 RegE, wonach die vorbereitende Anfertigung eines Insolvenzplanes vermeintlich die Neutralität des Planverfassers und seine Geeignetheit für die spätere Übernahme des Insolvenzverwalteramtes nicht beeinflusse (BT-Drs. 17/5712, 26). Beide Regelungsvorschläge wurden in der Literatur stark kritisiert (etwa *Frind* ZInsO 2010, 1473 [1474 f.]; *Pape* ZInsO 2010, 1582 [1587]; *Voigt-Salus/Sietz* ZInsO 2010, 2050) und letztlich im Gesetzgebungsprozess fallen gelassen. Der Rechtsausschuss des Dt. Bundestages verknüpfte stattdessen seine Empfehlungen mit dem grundsätzlichen Hinweis, bei einem Vorschlag des vorläufigen Gläubigerausschusses sei die Unabhängigkeit des benannten Verwalters „besonders eingehend" zu prüfen (BT-Drs. 17/7511, 48; hierzu auch *Siemon* ZInsO 2012, 364, *Frind* ZInsO 2014, 119).

4 Die textliche Einordnung von § 56a im Dritten Abschnitt des Zweiten Teiles erscheint insofern unsystematisch, als der Wortlaut der Norm nur den **„vorläufigen Gläubigerausschuss"** anspricht, den es im Sprachgebrauch des Gesetzgebers allein **im Eröffnungsverfahren** gibt, nicht hingegen im eröffneten Hauptverfahren (HambK-InsO/*Frind* Rn. 11). Die kollektive Organfunktion jenes vorläufigen Gläubigerausschusses endet mit dem Beschluss über die Insolvenzeröffnung (*Frind* ZInsO 2011, 2249 [2251]; *Obermüller* ZInsO 2012, 18 [21]); zu diesem Zeitpunkt sind alle maßgeblichen Entscheidungen zur (erstmaligen) Bestellung eines Insolvenzverwalters bzw. Sachwalters schon getroffen (vgl. § 27 Abs. 2 Nr. 2). Nachfolgend kann ein vorläufiger Gläubigerausschuss iSv §§ 21 Abs. 2 S. 1 Nr. 1a, 22a nicht mehr installiert werden (Kreft/*Riedel* Rn. 26; HambK-InsO/*Frind* § 67 Rn. 2). Damit verbleibt für § 56a kein weiteres Anwendungsfeld (beachte allerdings den denkbaren Ausnahmefall nachstehend in → Rn. 27). Neben dem vorläufigen Gläubigerausschuss des Eröffnungsverfahrens (§§ 21 Abs. 2 S. 1 Nr. 1a, 22a) kennt das Gesetz zwar ferner denjenigen für die **Interims-Periode ab Insolvenzeröffnung bis zur ersten Gläubigerversammlung (§ 67)** sowie den **endgültigen Ausschuss, den die Gläubigerversammlung wählt** (**§ 68;** näher zu allem *Frind* ZInsO 2011, 2249 [2250]; *Obermüller* ZInsO 2012, 18 [19 ff.]). Insoweit handelt es sich nach tradiertem – de facto unstreitigem – Sprachgebrauch bei dem Interims-Ausschuss des § 67 ebenfalls um einen „vorläufigen Gläubigerausschuss" (stellvertr. Uhlenbruck/*Knof* 67 InsO Rn. 7; FK-InsO/*Schmitt* § 67 Rn. 20). Gleichwohl wird Letzterer von § 56a nicht angesprochen. Das zeigt insbes. die Begründung des ReGE zum ursprünglichen Regelungsvorschlag zweier neu in § 56 einzufügender Absätze (BT-Drs. 17/5712, 26); die jeweiligen Querverweise beziehen sich ausschließlich auf die Konstellationen der §§ 21 Abs. 2 S. 1 Nr. 1a, 22a. Dem schloss sich der Rechtsausschuss an (BT-Drs. 17/7511, 47).

II. Verfahrensrechtliche Einordnung

5 § 56a verknüpft verfahrensrechtlich miteinander die Regelungen in §§ 21 Abs. 2 S. 1 Nr. 1 u. Nr. 1a, 22a, 56 zur **Konstituierung eines vorläufigen Gläubigerausschusses und** zur **Bestellung des (vorläufigen) Insolvenzverwalters.** „Muss" gem. § 22a Abs. 1 bzw. „soll" gem. § 22a Abs. 2 ein vorläufiger Gläubigerausschuss eingesetzt werden, hat dies unmittelbar nach einem zulässig gestellten Insolvenzantrag vorab im ersten Schritt stattzufinden; sodann ist im zweiten Schritt der Ausschuss nach näherer Maßgabe des § 56a bei der Verwalter-

auswahl zu beteiligen. Soweit die Voraussetzungen des § 22a bei Eingang des zulässigen Insolvenzantrages nicht vorliegen, sei es aufgrund niedriger Schwellenwerte (Absatz 1) bzw. dahingehend fehlender Anträge (Absatz 2) oder Vorliegens weiterer Ausnahmetatbestände (Absatz 3 Alt. 1 u. 2), „kann" das Gericht gleichwohl nach Maßgabe von § 21 Abs. 2 S. 1 Nr. 1a kraft allgemeiner **Ermessensbetätigung** schon jetzt einen Ausschuss installieren. Nach Sinn und Zweck der ESUG-Reform hat das Gericht in diesen Fällen § 56a immer dann anzuwenden und zu beachten, wenn zum Zeitpunkt seiner ausschusskonstituierenden Ermessensbetätigung noch kein (vorläufiger) Insolvenzverwalter bestellt war. Ist dagegen Letzteres schon geschehen, bevor die allgemeine Ermessensbetätigung iSv § 21 Abs. 2 S. 1 Nr. 1a stattfindet, oder gehen erst nachträglich Anträge iSv § 22a Abs. 2 bei Gericht ein, kann es durchaus zu **strukturell durchmischten Abläufen** kommen, indem das Gericht zB den vorläufigen Insolvenzverwalter zunächst allein auswählt und bestellt, erst später im Vorverfahren ein vorläufiger Gläubigerausschuss hinzutritt (s. hierzu den Wortlaut des § 22a Abs. 4: Mitwirkungspflicht eines ggf. schon vorab bestellten vorläufigen Verwalters) und zur Verfahrenseröffnung iSv § 27 Abs. 2 Nr. 2 der Ausschuss bei der Auswahl des Verwalters für das Hauptverfahren mitwirkt.

Leider schuf der Gesetzgeber des ESUG kein wirklich homogenes, in sich konsistentes Regelungswerk. Er statuierte beispw. zu den in → Rn. 4 dargestellten Grundregeln weitere **Ausnahmen;** diese bündelte er, obwohl ganz unterschiedlicher Genese, unsystematisch in **§ 22a Abs. 3.** Die vorinsolvenzliche **Einstellung des Geschäftsbetriebes** (Alt. 1) schließt eine allgemeine Ermessensregelung nach § 21 Abs. 2 S. 1 Nr. 1a keineswegs aus, wenn das Gericht zu einem solchen Liquidationsfall wegen besonderer Bedeutung oder Schwierigkeiten die frühzeitige Implementierung eines vorläufigen Gläubigerausschusses für sinnvoll hält. Demgegenüber wird regelmäßig, wo schon die **Kosten-/Nutzenrelation einer Ausschussimplementierung** wirtschaftlich unverhältnismäßig erscheint (Alt. 2), auch der allgemeine Ermessensspielraum iSv § 21 Abs. 2 S. 1 Nr. 1a gegen Null reduziert sein. Sehr viel differenzierter liegen die Dinge, wenn das Gericht befürchtet, aus der Gläubigerbeteiligung erwachse offensichtlich eine **Verzögerung, die die Massekonsistenz nachteilig beeinflusst** (Alt. 3). Denn diesen Fall hat der Gesetzgeber noch an anderer Stelle, nämlich in § 56a Abs. 1 letzter Hs. iVm Abs. 3 zum Gegenstand zusätzlicher Handlungsanweisungen gemacht. Wenn zwar die übrigen Voraussetzungen zur Einrichtung eines Gläubigerausschusses nach § 22a Abs. 1 bzw. Abs. 2 bei Einreichung des Insolvenzantrages zu bejahen sind, das Gericht allerdings wegen seiner Befürchtung, es komme vorauss. zu einer die Massekonsistenz nachteilig beeinflussenden Verzögerung, 6

- anfänglich noch keinen vorläufigen Gläubigerausschuss einsetzt (§ 22a Abs. 3 letzte Alt.), dies jedoch alsbald pflichtgemäß nachholt, bzw.
- den vorläufigen Gläubigerausschuss zwar von Anbeginn installiert, aber nicht vorab bei der Auswahlentscheidung mitwirken lässt,

erfasst nach Sinn und Zweck § 56a Abs. 3 beide Fallkonstellationen. Hier kann der vorläufige Gläubigerausschuss ausnahmsweise (aber auch *nur*) in seiner ersten Sitzung durch einstimmigen Beschluss eine andere Person zum (vorläufigen) Insolvenzverwalter wählen als diejenige, die der Insolvenzrichter zunächst bestellt hat, also ggf. bereits **im Vorverfahren gegensteuern** und nicht erst – wie ansonsten – zur Eröffnung mitwirken (vgl. einerseits → Rn. 4 aE sowie andererseits BT-Drs. 17/7511, 47). Ungeachtet dessen bleiben die nachfolgenden Beteiligungsrechte zur Verfahrenseröffnung weiter bestehen, ebenso wie die Ausschussbeteiligung zur Eröffnung das spätere Abwahlrecht der Gläubigerversammlung gem. § 57 nicht beseitigt (BT-Drs. 17/7511, 47).

7 Der Gesetzgeber des ESUG unterstellt einen gewissen **Automatismus,** wonach die Bestellung eines Sachverständigen gem. § 5 oder eines vorläufigen Insolvenzverwalters gem. § 21 Abs. 2 S. 1 Nr. 1 in der Praxis regelmäßig auf dessen spätere **Verwalterbestellung im eröffneten Verfahren** hinausläuft (sa Komm. → § 56 Rn. 13). Ähnlich wird unterstellt, dass der vorläufige Gläubigerausschuss im weiteren Verfahrensgang bei seiner ursprünglichen Auswahlentscheidung zu Beginn des Eröffnungsverfahrens verbleibt (BT-Drs. 17/5712, 26 re. Sp.). Von daher muss das Gericht bei der Auswahlentscheidung für das Hauptverfahren im Kontext von § 27 Abs. 2 Nr. 2 in der Regel amtswegig **keine erneute Beteiligung des vorläufigen Gläubigerausschusses** durchführen (*Landfermann* WM 2012, 821 [825]), es sei denn, dass die anfängliche Beteiligung zur Auswahl des Sachverständigen und/oder vorläufigen Insolvenzverwalters …

- noch teilw. unvollständig war, sich beispw. der Ausschuss zunächst nur zum Anforderungsprofil (s. Komm. → § 56 Rn. 14) und nicht zur Person des Verwalters äußerte (dazu *Frind* ZInsO 2011, 2249 [2256])
- das Gericht zunächst von einstimmigen Personalvorschlägen des vorläufigen Gläubigerausschusses abwich, dh eine ganz andere Person auswählte, mit der der vorläufige Gläubigerausschuss seither zusammenarbeiten musste, was allen Beteiligten neue Beurteilungsgrundlagen verschafft
- dem Gericht bereits konkrete Anhaltspunkte für eine zwischenzeitliche Meinungsänderung im Gläubigerausschuss erkennbar sind.

S. zu alledem ferner MüKoInsO/*Graeber* (Rn. 19 ff.). Der **vorläufige Gläubigerausschuss** steht seinerseits – nicht zuletzt kraft eigener Sachkunde – mit dem vorläufigen Insolvenzverwalter eng in Verbindung (vgl. §§ 21 Abs. 2 S. 1 Nr. 1a, 69). Er kennt also das voraussichtliche Datum der Verfahrenseröffnung und kann sich **kraft eigenen Wissens** ohne Beeinträchtigung eigener Beteiligungschancen zur Sache jederzeit neu und rechtzeitig gegenüber dem Gericht äußern. Erfolgen derart neue Äußerungen, hat sie das Gericht nach Maßgabe von § 56a bei seiner Entscheidungsfindung auch für die Bestellung im Hauptverfahren zu berücksichtigen. Damit ist ausreichende Möglichkeit zu rechtlichem und tatsächlichem Gehör geschaffen.

III. Bereits konstituierter vorläufiger Gläubigerausschuss

8 § 56a Abs. 1 rekurriert auf einen bestehenden „vorläufigen Gläubigerausschuss“, dh auf eine bereits **institutionell hergestellte organschaftliche Struktur.** Der Ausschuss muss im Grundsatz **arbeits- und beschlussfähig** sein, mag auch die Geschäftsordnung (s. Uhlenbruck/*Knof* § 67 Rn. 28 sowie die Muster von *Ingelmann/Ide/Steinwachs* ZInsO 2011, 1059; *Haarmeyer* ZInsO 2012, 372) erst noch erstellt werden müssen. Entscheidend ist, dass die Mitglieder des Ausschusses in ihr Amt gesetzt sind (AG München ZIP 2012, 1308 mit zust. Anm. *Vallender* EWiR 2012, 495), wozu neben der richterlichen Bestellung insbes. ihre Erklärung der **Amtsannahme** zählt (Uhlenbruck/*Knof* § 67 Rn. 21; Kreft/*Riedel* § 67 Rn. 11). Die Annahmeerklärung muss von dem Mitglied selbst stammen; sie wird durch die Zustimmung einer nur hinter ihm stehenden (aber ihrerseits nicht bestellten) juristischen Person nicht ersetzt (HambK-InsO/*Frind* § 67 Rn. 8). Soweit in den Fällen des § 22a Abs. 2 von Gesetzes wegen vorab **Einverständniserklärungen potenzieller Kandidaten** beizubringen sind, soll das nicht nur die Seriosität des Antrages auf Einsetzung eines vorläufigen Gläubigerausschusses unterstreichen und dem Gericht die Befürwortung einer Ausschusslösung nebst Auswahl von Kandidaten erleichtern, sondern auch prompte Rechtssicherheit schaffen. Jedenfalls in Konstellationen, in denen ein solchermaßen einverstandenes Gläubigerausschussmitglied nach richterlicher Bestellung seine **Amtsführung**

faktisch aufnimmt und niemand das Fehlen einer nochmalig ausdrücklichen Annahmeerklärung gegenüber dem Insolvenzrichter bemerkt, bestehen dagegen – infolge eindeutigen konkludenten Verhaltens – keine Wirksamkeitsbedenken. Das bedeutet jedoch – abw. zur Voraufl. – nicht, dass generell eine dem Antragssteller verbindlich und bedingungslos mit auf den Weg gegebene Einverständniserklärung schon antizipiert die Annahme einer nachfolgenden Amtsübertragung beinhaltet und die nochmalige Bestätigung entbehrlich macht; im Grundsatz bleibt es bei der Reihenfolge „zunächst kommt die Bestellung, dann erst die Annahme" (so jetzt auch HambK-InsO/*Frind* § 56a Rn. 12 u. § 67 Rn. 8; anders noch 4. Aufl. aaO.). Das Gericht kann – wegen der Dringlichkeit – die Erklärung zur Annahme des Amtes **binnen Tagesfrist** einfordern. Eine besondere Form der Annahmeerklärung ist nicht vorgeschrieben; ein (fern)mündliches Einvernehmen zwischen Richter und Mitglied genügt. Das gilt gleichermaßen für die gerichtliche Mitteilung zur erfolgten **Amtseinsetzung.** Es erscheint angesichts des gerichtsnotorischen Verfahrensablaufes und der Dringlichkeit der Insolvenzverwalterauswahl (s. Komm. zu → § 56 Rn. 53 f.) nicht notwendig, dass für die Mitglieder bereits *schriftliche* Bestellungsnachweise ausgefertigt und übergeben sind (aA HambK-InsO/*Frind* Rn. 12) – dem käme ohnehin nur deklaratorische Bedeutung zu, da Sicherungsbeschlüsse iSv § 21 und Eröffnungsbeschlüsse nach § 27 bereits mit Erlass und Herausgabe in den Geschäftsgang wirken ohne Rücksicht auf spätere Zustellung (s. Kreft/*Kirchhof* § 21 Rn. 59).

Weiteres stillschweigendes Einsetzungskriterium ist die **zeitliche Verfügbarkeit** des zum Mitglied Vorgeschlagenen. Wer zur Mitarbeit im Ausschuss nicht kurzfristig erreich- und verfügbar ist, scheidet von vornherein als geeignetes Mitglied aus (zum Zeitkorridor gleich zu Verfahrensbeginn → Rn. 11; zur Unzulässigkeit der Fremdvertretung Uhlenbruck/*Knof* § 67 Rn. 13 f.). Erst recht genügt es den Anforderungen von § 56a nicht, wenn der Richter lediglich vorab **einzelne potenzielle Ausschussmitglieder** zum Anforderungsprofil (vgl. Komm. → § 56 Rn. 14) oder der Person eines Verwalters individuell befragt. Rechtlich bleibt dies unbeachtlich. Die Frage, ob das vorgeschlagene Ausschussmitglied sein Amt antritt, ist nicht zu verquicken mit weiteren, die eigentliche Ausschussarbeit vorwegnehmenden Antworten zur Sache. Erst recht gibt es keine wirksame Anhörung vor der Amtseinsetzung (HambK-InsO/*Frind* § 56a Rn. 12). 9

Die **korrekte Beteiligung des Ausschusses** erfolgt allein durch **gültigen Beschluss iSd §§ 72, 21 Abs. 2 S. 1 Nr. 1a** (ebenso BT-Drs. 17/5712, 26 re. Sp.). An den Beratungen des Ausschusses nimmt das Gericht nicht teil (HambK-InsO/*Frind* Rn. 14), es sei denn, der Ausschuss hat dies freiwillig gestattet (vgl. Uhlenbruck/*Knof* § 72 Rn. 6; FK-InsO/*Schmitt* § 69 Rn. 5 iVm § 72 Rn. 5). Der Beschluss kann in einer Präsenzsitzung, einer Telefonkonferenz oder im schriftlichen Umlaufverfahren gefasst werden; er muss zumindest in Gestalt eines **Ergebnisprotokolles** zur Gerichtsakte gelangen (vgl. *Obermüller* ZInsO 2012, 18 [24] u. Muster eines gerichtlichen Hinweisbeschlusses bei *Frind* ZInsO 2012, 386 [388]). Zwar ist richtig, dass allg. ein Gläubigerausschuss, der gem. § 69 lediglich den Insolvenzverwalter unterstützen und überwachen soll, nicht der unmittelbaren Aufsicht des Insolvenzgerichtes und insoweit auch keinem Rechtfertigungszwang unterliegt (Kübler/Prütting/Bork/*Kübler* § 72 Rn. 13; Uhlenbruck/*Knof* § 72 Rn. 17; zu weitgehend dagegen Kreft/*Riedel* § 72 Rn. 4; Graf-Schlicker/*Pöhlmann/Kubusch* § 72 Rn. 8: das Gericht habe stets Anspruch auf Vorlage aller Protokolle). Nach dem ESUG ist speziell bei der Verwalterauswahl gem. § 56a die Funktionalität des vorläufigen Gläubigerausschusses aber eine besondere. Er unterstützt hier das Insolvenzgericht aktiv bei einer „Rechtsgestaltung" (zu diesem Begriff s. Komm. zu → § 56 Rn. 1, → Rn. 32 aE u. → Rn. 43); das Gericht hat die diesbetreffende Beschlussfassung des Ausschusses aufzugreifen, rechtlich zu würdigen und **dokumentiert bei den Akten** zu führen (ebenso 10

Obermüller ZInsO 2012, 18 [24]; HambK-InsO/*Frind* § 72 Rn. 7; ähnliche Dokumentationsüberlegungen stellen sich auf der anderen Seite im Vorauswahlverfahren, wo aus dem Transparenzgebot eine Pflicht zu *schriftlicher* Verbescheidung durch den Richter hergeleitet wird; s. Komm. zu → § 56 Rn. 49 u. → Rn. 72).

IV. Äußerung des vorläufigen Gläubigerausschusses zu Anforderungsprofil oder Person des Verwalters (Absatz 1)

11 Absatz 1 verschafft dem vorläufigen Gläubigerausschuss die **Gelegenheit rechtlichen und tatsächlichen Gehörs;** er muss die ausreichende Möglichkeit besitzen, sich organisiert zur Auswahl des (vorläufigen) Insolvenzverwalters zu äußern. Ob und inwieweit er von diesem Äußerungsrecht tatsächlich Gebrauch macht, bleibt ihm überlassen. Auf die besondere **Eilbedürftigkeit und Dringlichkeit** der Bestellung eines vorläufigen Insolvenzverwalters nach Insolvenzantragsstellung wurde schon verwiesen (s. Komm. zu → § 56 Rn. 53 f.). Andererseits lässt sich die gesetzgeberische Intention autonom mitwirkender Gläubiger nur bei deren ausreichender Tatsachenkenntnis sachgerecht verwirklichen (dazu ausf. Komm. zu → § 56 Rn. 14). Beides muss zueinander in ein ausgewogenes Verhältnis gebracht werden. So darf das Gericht einerseits dem vorläufigen Gläubigerausschuss eine sehr kurze **Stellungnahmefrist** setzen, muss aber andererseits alle ihm verfügbaren Informationen (insbes. den Insolvenzantrag, dessen Anlagen, den Registerauszug, Hinweise des Gerichtsvollziehers auf Zwangsvollstreckungen usw) bereitstellen sowie die konkrete Länge der Frist maßgeblich an der greifbaren **Informationsdichte** ausrichten, also ggf. auch daran, über wie viele eigene Vorinformationen die Ausschussmitglieder bereits verfügen. Wir bewegen uns im Regelfall – auf normale Arbeitstage gesehen – in einem **Zeitkorridor** von mind. 12 bis max. etwa 60 Stunden, die dem Gläubigerausschuss zur Entscheidungsfindung verbleiben dürfen. Letzteres stellt schon die absolute Ausnahme dar. Zu weiteren Fragen gerichtsintern optimierter Organisation und Vorbereitung s. Komm. zu → § 56 Rn. 56.

12 Nach § 56a Abs. 1 betrifft die **Anhörung des vorläufigen Gläubigerausschusses** schwerpunktmäßig zwei Themenstellungen: Zum einen geht es um die Frage, welches **Anforderungsprofil** nach dem konkreten Einzelfall an die Person eines künftigen Verwalters zu stellen ist (vgl. dazu mit Darstellung entsprechender Parameter und weiterer Nachw. die Komm. bei → § 56 Rn. 14 u. → Rn. 26 f.). Zum anderen kann der Ausschuss eine oder mehrere ihm geeignet erscheinende **Verwalterpersönlichkeiten namentlich benennen** Beides kann er miteinander verbinden, muss das aber nicht tun (*Obermüller* ZInsO 2012, 18 [23]; *A. Schmidt* INDAT-Report 1/2012, 24 [26 f.]). Demgegenüber meint *Frind* (ZInsO 2011, 2249 [2257] u. HambK-InsO/*Frind* Rn. 13), das gesetzliche Bindewort „und" wirke ausschließlich kumulativ. Letzteres ist weder semantisch zwingend noch systematisch naheliegend. § 56a Abs. 2 S. 2 macht eigenständig überhaupt nur Sinn, wenn ihm ggü. Satz 1 ein überschießender Charakter verbleibt Dazu korrespondiert, dass nach Ansicht des Gesetzgebers zum „Anforderungsprofil" ein Mehrheitsbeschluss genügt (nachstehend → Rn. 15), unterdessen Bindungswirkung zum „Personenvorschlag" nur bei „Einstimmigkeit" eintritt. Auf einem ganz anderen Blatt mag stehen, dass die namentliche Benennung ohne begleitendes Profil oftmals wie ein Muster von geringem Wert erscheint (ähnlich *Obermüller* ZInsO 2012, 18 [23]: ggf. Zweifel an der Ernsthaftigkeit der Gedanken über die Eignung). Jedenfalls hat der Gesetzgeber durch die Neuregelung in § 56 Abs. 1 S. 3 Nr. 1 klargestellt, dass rein sachlich begründete Personenvorschläge – auch wenn sie der Schuldner oder einzelne Gläubiger unterbreiten – schon für sich genommen keineswegs die Vertrauensbasis in die Neutralität und Unabhängigkeit des Benannten beeinträchtigen (s. zu dieser Streitfrage auch nachstehend → Rn. 19).

Der Gesetzgeber misst, wie unter → Rn. 2 näher dargelegt, der **Gläubigerautonomie** einen sehr hohen Stellenwert bei. Die Gerichte müssen sich von ihrem tradierten Entscheidungsmonopol lösen und mit den Verfahrensbeteiligten in einen Diskurs gehen; sie müssen die Wünsche der Gläubiger anhören und sachgerecht würdigen (Gebot der Rücksichtnahme). Dieses Ziel verfolgt **Absatz 1 (iVm dem Rechtsgedanken von § 56 Abs. S. 3 Nr. 1)** ganz allg. Beisp.: Ein Anforderungsprofil (vgl. Komm. → § 56 Rn. 14 u. 27), das fünf passende und vier nicht zum Fall passende Merkmale enthält, ist nicht insgesamt unbrauchbar, sondern allenfalls richterlich ergänzungsbedürftig. Personenvorschläge können auf wichtige Eigenschaften und Charaktermerkmale deuten, über die der Verwalter allemal verfügen soll, mag auch ein anderer Einzelaspekt zur Ungeeignetheit des zunächst Benannten führen. Insoweit dürfen sich die Gerichte nicht insgesamt über durchaus **verwertbare und rechtlich nicht zu beanstandende Teile eines Gläubigervorschlages** hinwegsetzen. Mehrheitsbeschlüssen des vorläufigen Gläubigerausschusses können zugleich **Minderheitsvoten** beigefügt werden, damit das Gericht umfassend Gelegenheit erhält, den Sachverhalt wirklich vollständig auszuschöpfen. Demgegenüber verfolgt **Absatz 2** ein ganz anderes Ziel, nämlich die Gerichte an ein bestimmtes Vorgehen rechtlich – prioritär – zu binden. Dazu genügen fragmentarische (Erkenntnis-)Elemente nicht; hier bedarf es vollständiger, in sich abgerundeter Vorschläge. 13

Die Fallkonstellation, dass offensichtlich zu befürchten steht, aus der Gläubigerbeteiligung könne eine zeitliche **Verzögerung** erwachsen, **die die Massekonsistenz nachteilig beeinflusst,** ist vom Gesetzgeber mit vorrangiger Priorität in § 22a Abs. 3 letzter Hs. behandelt. Dazu BT-Drs. 17/5712, 26 (zur damaligen Fassung von § 56 Abs. 2 letzter Hs. RegE, jetzt vergleichbar § 56a Abs. 1 letzter Hs.): „Die … Ausnahme für den Fall einer nachteiligen Verzögerung wird kaum praktische Bedeutung erlangen, da die *Konsultation* eines bereits gebildeten vorläufigen Gläubigerausschusses nur einen geringen Zeitaufwand verursacht. Eine mit der *Einsetzung* des Ausschusses verbundene Verzögerung wird bereits iRd § 22a berücksichtigt". Von daher wird Bezug genommen auf vorstehende Ausführungen in → Rn. 2 u. → Rn. 9 sowie auf die Komm. zu → § 56 Rn. 56. Die **Justizgewährleistungspflicht** erfordert ausreichende personelle und organisatorische Vorkehrungen auf Seiten der Gerichte und bei den Bewerbern um das Amt als Gläubigerausschussmitglied. Es muss also regelmäßig um andere **unaufschiebbare Themen** gehen, die den in → Rn. 11 aE besprochenen Zeitkorridor betreffen, etwa das Ziel, einer unmittelbar bevorstehenden, die spätere Abwicklung hemmenden Zwangsvollstreckung in das Vermögen des Schuldners zuvorzukommen oder drohenden Liefersperren im Warenbezug bzw. Abwanderungsgelüsten wichtiger Schlüsselkunden vorzubeugen, gefährliche Unruhelagen beim Personal zu bereinigen, Abholaktionen von Sicherungsgläubigern zu verhindern, sofort notwendigen Massekredit zu bekommen u. dgl. mehr. 14

V. Mehrheitsbeschluss des vorläufigen Gläubigerausschusses zum Anforderungsprofil (Absatz 2 Satz 2)

Zu den in → Rn. 12 besprochenen Themenkreisen gewährt das Gesetz dem vorläufigen Gläubigerausschuss nicht nur rechtliches und tatsächliches Gehör, sondern verleiht seinen **Beschlüssen** über den Anhörungsrahmen des Absatz 1 hinaus eine gewisse **Verbindlichkeit mit Vorrang** gegenüber einer ggf. abweichenden Meinung des Insolvenzrichters. Dazu reicht in der Frage des maßgeblichen Anforderungsprofiles bereits ein normales **Mehrheitsquorum,** wie sich aus Absatz 2 Satz 2 in der Gegenüberstellung zu Satz 1 ergibt; das verdeutlicht 15 zugleich die amtliche Begründung (BT-Drs. 17/5712, 26 re. Sp. zur damaligen Fassung § 56 Abs. 3 RegE, jetzt vergleichbar § 56a Abs. 2 S. 2), wenn es dort heißt: „Dabei darf das beschlossene Anforderungsprofil jedoch selbstverständlich nur solche Anforderungen enthalten, die mit dem Gesetz übereinstimmen bzw. von der Rspr. nicht als unzulässig verworfen worden sind. Dies soll auch dann gelten, wenn die Vorschläge nicht einstimmig beschlossen worden sind, sondern mit der für Beschlüsse des Ausschusses maßgeblichen Kopfmehrheit" (s. §§ 72, 21 Abs. 2 S. 1 Nr. 1a).

16 Welche einzelnen Elemente – aus dem speziellen Fall heraus, aber zugleich hinsichtlich persönlicher Eigenschaften – zu einem vollständigen **Anforderungsprofil** sinnvoll zu bündeln sind und wie konkret – objektiv nachprüfbar und ggf. iSv § 294 ZPO verplausibilisiert – die begründete Darstellung ausfallen soll, wurde bereits in der Komm. zu → § 56 Rn. 14 u. 26 f. besprochen.

VI. Einstimmiger Beschluss des vorläufigen Gläubigerausschusses zur Person des Verwalters (Absatz 2 Satz 1)

17 Es sind anstelle einer einzelnen Verwalterperson auch **mehrere Personen in einer fest vorgegebenen Rangfolge vorschlagbar** (ebenso HambK-InsO/*Frind* Rn. 22; *Hölzle* Praxisleitfaden ESUG §§ 56, 56a Rn. 49; aA Ahrens/Gehrlein/Ringstmeier/*Lind* Rn. 8; FK-InsO/*Jahntz* Rn. 6; Kreft/*Riedel* Rn. 21; vgl. ferner Graf-Schlicker/*Graf-Schlicker* §§ 56, 56a Rn. 55: Werden mehrere Personen ohne spezielles Ranking vorgeschlagen, determiniert das verbindlich den Kreis der zur richterlichen Auswahl Stehenden). Der Wortlaut des Gesetzes ist offen; er spricht – abstrakt – von einem **Vorschlag „zur Person"** (statt Benennung einer einzigen Person). Im Sinne eines klar abgestuften Rankings sind damit mehrere Personen benennbar, etwa: an erster Stelle RA X; ersatzweise an zweiter Stelle WP Y; ersatzweise an dritter Stelle StB Z. Wir bewegen uns innerhalb eines einheitlichen Insolvenzverfahrens; der im ersten Rang genannte Vorschlag erfolgt bedingungslos privilegiert und auch sonst bestehen nach Maßgabe bisheriger Rspr. keine durchgreifenden verfahrensrechtlichen Bedenken (vgl. BGH NZI 2010, 441 Rn. 7). Das Gericht bestellt sodann den Erstgeeigneten. Das besondere Eilverfahren nach dem Insolvenzantrag lässt keine Spielräume für längere investigative Auswahlverfahren. Im Rahmen von § 56a Abs. 1 muss das Gericht die weiteren Vorschläge allemal würdigen; auch herkömmlich musste es bei eigenen Überlegungen stets Ersatzlösungen in Betracht ziehen. Verhinderungsgründe bei einzelnen Kandidaten sind für Außenstehende oftmals nur schwer erkennbar; es befördert auf allen Seiten – auch bei den Ausschussmitgliedern – Neutralität und Unabhängigkeit, wenn nicht bereits im Vorfeld ein allzu enger Kontakt ausschließlich zu einem einzigen Kandidaten stattfindet.

18 Angelehnt an die Systematik von § 72 genügt zum **„Einstimmigkeitserfordernis"** des § 56a Abs. 2 S. 1 bereits, dass

- der **Ausschuss beschlussfähig** ist (s. § 72 Alt. 1), dh die Mehrheit aller gerichtlich bestellten Mitglieder an einer ordnungsgemäß durchgeführten Abstimmung mit Stimmrecht aktiv teilnimmt (vgl. Uhlenbruck/*Knof* § 72 Rn. 7)
- und **alle** so **während der Abstimmung präsenten Mitglieder,** dh stimmberechtigt Anwesenden dem gefassten Beschluss uneingeschränkt zustimmen; enthält sich jemand von ihnen der Stimme, kommt kein bindender Beschluss iSv § 56a Abs. 2 S. 2 zustande.

§ 72 ist ohnehin zum „Anforderungsprofil" im Kontext von § 56a Abs. 2 S. 2 tatbestandlich subsidiär durchzuprüfen – darauf weist der Gesetzgeber ausdrücklich hin (→ Rn. 15 aE). Die Norm stellt zum Mehrheitserfordernis auf die **„abgegebenen Stimmen"** ab. Dass dies ausgerechnet zur Feststellung von Einstimmigkeit anders sein sollte, sagt die InsO an keiner Stelle. Ähnlich wird etwa zu § 244 InsO (wo Zustimmung aller Gruppen, dh insoweit Einstimmigkeit nötig ist) passives Abstimmungsverhalten bewusst ausgeblendet (s. Braun/*Frank* § 244 Rn. 4; Kreft/*Haas* § 244 Rn. 3 jeweils mit Verweis auf BT-Drs. 12/2443, 208, damals zu § 289 RegE). Abw. zu Uhlenbruck/*Zipperer* Rn. 7 wird man nach der ratio legis aber „Stimmenthaltungen" präsenter Ausschussmitglieder als einstimmigkeitsverhindernd bewerten müssen (ebenso MüKoInsO/*Graeber* Rn. 25; Kreft/*Riedel* Rn. 21; *Hölzle* Praxisleitfaden ESUG §§ 56, 56a Rn. 45, 93; FK-InsO/*Jahntz* Rn. 29, die jedoch zu streng eine Zustimmung aller Ausschussmitglieder schlechthin fordern, was bei kurzfristiger Erkrankung oder Verhinderung wiederum zu erheblichen Verfahrensbeeinträchtigungen führen kann; wie hier *Obermüller* ZInsO 2012, 18 [24] aE).

Ob ein einstimmig unterbreiteter **namentlicher Personalvorschlag ohne begleitendes Anforderungsprofil** iSv § 56a Abs. 2 S. 1 Verbindlichkeit erzeugt, ist derzeit umstr. Die Frage wird von *Frind* (ZInsO 2011, 2249 [2257] u. HambK-InsO/*Frind* Rn. 13) verneint, da anderenfalls kein Sachbezug zwischen Einzelfall und Personalvorschlag mehr deutlich werde. Das Gesetz fordere hier eine **Doppelprüfung;** demnach müsse das Gericht auch klären, ob das Anforderungsprofil zur vorgeschlagenen Person passe. Diese Ansicht der Zwangskombination beider Aspekte findet aber weder im Wortlaut noch im Gesetzgebungsprozess irgendeine Stütze (→ Rn. 12; wie hier – „kann", aber „muss nicht" – *Hölzle* Praxisleitfaden ESUG §§ 56, 56a Rn. 47; MüKoInsO/*Graeber* Rn. 25; FK-InsO/*Jahntz* Rn. 28; Ahrens/Gehrlein/Ringstmeier/*Lind* Rn. 8); sie überdehnt zugleich die gerichtliche Kontrolldichte (→ Rn. 20). Verfassungsrechtlichen Bindungen und Transparenzpflichten unterliegen die privaten Gläubiger – anders als die Justiz (→ Rn. 2) – insoweit nicht. Damit erübrigt sich für sie eine weitergehende sachliche Rechtfertigung. Es geht gem. § 56a Abs. 2 S. 1 (iVm § 56 Abs. 1) ausschließlich darum, ob die vorgeschlagene Person *zum vorgesehenen Amt „passt"*. Ist das zu bejahen, gibt es zu etwaigen konzeptionellen **Begründungsdefiziten** bei der Ausschussarbeit nichts mehr zu sagen; nach erfolgter Bestellung werden Anforderungsprofile zur Makulatur. Der Gesetzgeber will schnell umsetzbare pragmatische Lösungen ohne Begründungspedanterie. 19

Nach § 56a Abs. 2 S. 1 „darf" das Gericht von einem einstimmigen Ausschussvorschlag nur abweichen, wenn der Vorgeschlagene **„für die Übernahme des Amtes nicht geeignet"** ist. Im Wortlaut steht weder „muss" noch „soll". Das entlastet die Gerichte angesichts der Notwendigkeiten des Eilverfahrens von einer allzu peniblen und komplexen Sachverhaltsaufklärung (vgl. Komm. zu → § 56 Rn. 13 aE u. → Rn. 23). Zweifeln, die sich vernünftigerweise aufdrängen, müssen sie jedoch allemal nachgehen. Die Frage der Geeignetheit beantwortet sich nicht allein danach, wie der Gesetzgeber ausdrücklich klarstellt (BT-Drs. 17/5712, 26 re. Sp.; ebenso *Hölzle* Praxisleitfaden ESUG §§ 56, 56a Rn. 47), ob der Vorgeschlagene auf der richterlichen **Vorauswahlliste** steht; diese Listen werden bei Insolvenzen mittlerer und großer Unternehmen zunehmend an Bedeutung verlieren (*Landfermann* WM 2012, 821 [825]). Schwerpunktmäßig stehen – immer mit Direktbezug zum konkreten Fall – die vorhandene **Geschäftskunde** des Kandidaten (dazu ausf. Komm. → § 56 Rn. 15 ff.) und seine persönliche **Unabhängigkeit** (dazu vorstehend → Rn. 3 u. ausf. Komm. → § 56 Rn. 23 ff.) in Rede. Auszugehen ist jeweils vom Minimalstandard, denn mangels verfassungsrechtlicher Bindung privater Gläubiger kann insoweit – anders als für die Justiz – **kein Primat der „Bestenauslese"** gelten (s. zu diesem Stichwort BGHZ 170, 137 = NJW 2007, 1136; HambK-InsO/*Frind* § 56 Rn. 9a u. 15a). Der Gesetzgeber nimmt zur Sicherung und Berechenbarkeit des Insolvenzstandortes Deutschland – in dem aufgezeigten Generalrahmen – auch reine Sympathiewertungen der Gläubiger in Kauf (vgl. *Hölzle* Praxisleitfaden ESUG §§ 56, 56a 20

Rn. 47: Gläubiger dürfen in gewissen Grenzen „unvernünftig" sein). Insoweit ist es den Gerichten untersagt, ihr eigene – vermeintlich bessere – Wertung an die Stelle immerhin (wenn auch vielleicht nur knapp) geeigneter einstimmiger Gläubigerbeschlüsse zu setzen. Darin liegt keineswegs schon eine „disfunction of court" (so aber HambK-InsO/*Frind* Rn. 18 aE); Gläubigerautonomie bedeutet immer, über die jeweilige **Zweckmäßigkeit** letztlich selbst zu befinden. Sonstige Begleitfragen wie die spürbare, aus dem Verwalterwechsel hervorgehende Erhöhung von **Verfahrenskosten,** den Verlust von Zeit und bisherigen Synergien durch neue Einarbeitungsphasen u. dgl. mehr hat der Gesetzgeber bewusst ausgeblendet; sie sind für die gerichtliche Kontrolle nicht entscheidungsrelevant.

21 Damit ist aber keineswegs eine schlichte Gleichung „Ungeeignetheit im konkreten Fall = **Non- bzw. Delistingfall**" hergestellt. Allenfalls gilt umgekehrt: Wer generell mangels hinlänglicher Eignung niemals in eine Vorauswahlliste eingetragen werden kann (dazu Komm. → § 56 Rn. 52), scheidet auch im vorliegenden Einzelfall aus. Ansonsten bleiben die **konkreten Fallparameter** maßgeblich, dh es ist ein Mindestmaß an Übereinstimmung (Symbiose) zwischen dem Anforderungsprofil des Falles und den Fähigkeiten des Vorgeschlagenen zu gewährleisten (dazu Komm. → § 56 Rn. 13). Wer für andere, leichtere Fälle (noch) geeignet sein mag, ist dies vielleicht vorliegend schon nicht mehr. Schwierigkeiten bereitet, dass – mangels Maßgeblichkeit der Vorauswahlliste (→ Rn. 20) – zunehmend **ortsfremde Verwalter** vorgeschlagen werden können, die der Richter bis dato nicht kennt. Nach der Systematik des § 56a Abs. 2 ist allerdings nicht – wie oftmals fälschlich zu lesen – deren Eignung positiv festzustellen, sondern – in der gesetzlichen Formulierung als Ausnahmetatbestand – **nur die Nichteignung** als Abweichungsgrund heranzuziehen. Besteht ein „non liquet", dh die fehlende Eignung ist nicht ausreichend begründbar, geht weiterhin der Wunsch der Gläubiger auf Bestellung des Vorgeschlagenen vor. Gerade deshalb sind die Hinweise in der Komm. zu → § 56 Rn. 43 ff. von großer Bedeutung, was Qualität und Vernetzung der Justiz anbetrifft. Im Eilverfahren gibt es typischerweise keine Erhebung von Vollbeweisen; es muss nach Sinn und Zweck der Regelung bei den erleichterten **Maßstäben rein kursorischer, summarischer Kontrolle** verbleiben (vgl. Komm. zu → § 56 Rn. 13 aE u. → Rn. 23; in Teilen schon zu weitgehend daher HambK-InsO/*Frind* Rn. 25 f. zur Reichweite der Amtsermittlungspflicht; ähnlich Kreft/*Riedel* Rn. 23: „in vollem Umfang zu überprüfen"). Nach Meinung des Gesetzgebers soll va die Frage der Unabhängigkeit des Vorgeschlagenen im Vordergrund stehen (→ Rn. 3 aE; dazu *Bork* ZIP 2013, 145; *Vallender/Zipperer* ZIP 2013, 149 gegen *Schmidt/Hölzle* ZIP 2012, 2238, die meinten, die Unabhängigkeit sei für Gläubiger disponibel). Zur Abgrenzung des weiter gefassten Oberbegriffs der „Ungeeignetheit" von dem engeren Verständnis von „Abhängigkeit" s. *Römermann* (ZInsO 2013, 218). Sorgsam agierende Gläubigerausschüsse werden jedenfalls von sich aus ausführliche Referenzangaben zur Person des Verwalters beibringen, falls dieser – nach Maßgabe der öffentlichen Bekanntmachungen – bei dem betreffenden Richter zuvor noch nie bestellt wurde.

22 Hält das Gericht den einstimmig Vorgeschlagenen für ungeeignet, ist es nicht verpflichtet, den Gläubigerausschuss darüber gesondert zu unterrichten und ihm Gelegenheit zur **Nachbesserung des Personalvorschlages** zu geben (*Obermüller* ZInsO 2012, 18 [24]). Das Gericht muss aber das Anforderungsprofil berücksichtigen, sofern ihm der Ausschuss ein solches mehrheitlich und nach Maßgabe der gesetzlichen Rahmenbedingungen unterbreitet hat (§ 56a Abs. 2 S. 2). Das Gericht muss bei Abweichung von einem einstimmigen Personalvorschlag wegen Ungeeignetheit des Kandidaten außerdem seine Entscheidung nach Maßgabe von § 27 Abs. 2 Nr. 5 **im Eröffnungsbeschluss** – ohne Namensnennung des Abgelehnten – **näher begründen.** Nach der ratio legis gilt diese, der Transparenz dienende Begründungspflicht auch, soweit das Gericht von den mehrheitlich beschlossenen, eigentlich bindenden Parametern eines Anforderungsprofils abweicht (*Hölzle* Praxisleitfaden ESUG §§ 56, 56a Rn. 54; aA FK-InsO/*Jahntz* Rn. 45). Da § 27 für das Vorverfahren noch nicht gilt, wird zT gesagt, diese Begründungspflicht bestehe für die praktisch idR bedeutsamere und das Verfahren prägende **Auswahl des vorläufigen Verwalters** noch nicht (s. *Obermüller* ZInsO 2012, 18 [24]). Nach Ansicht des Verf. ist demgegenüber eine planwidrige Lücke durch Analogie zu schließen, da der Gesetzgeber die verfahrensprägend wirkende Bestellung des vorläufigen Verwalters als ganz wichtigen Grundfall seiner Reform sah (BT-Drs. 17/5712, 25 re. u.), über den Begründungszwang die Abweichung vom Gläubigerwillen zur seltenen Ausnahme zurückdrängen wollte und die denkbare Lösung, eine frühere – im Kontext von § 21 Abs. 2 S. 1 Nr. 1 getroffene – Entscheidung erst später zur Eröffnung des Hauptverfahrens zu begründen (dahingehend wohl *Frind* ZInsO 2011, 2249 [2258]), bereits an (gerichts)verfassungsrechtlichen Gründen scheitert. Eine zuvor längst gefällte, aber nicht dokumentierte Präsenzentscheidung mit schwierig auszufüllenden Beurteilungsspielräumen kann bei richterlichem Dezernatswechsel oder sonstiger Verhinderung nicht Wochen und Monate später ein vorher unbeteiligter Vertreter begründen. Zur anderweitig bei § 27 Abs. 2 Nr. 3 u. Abs. 3 schon bejahten analogen Heranziehbarkeit s. Kreft/*Kirchhof* (§ 21 Rn. 59).

Trifft der vorläufige Gläubigerausschuss zum Personalvorschlag keinen einstimmigen Beschluss, sondern zu beidem – Anforderungsprofil wie Personalvorschlag – nur eine **Mehrheitsentscheidung,** muss das Gericht zwar wegen des geringeren gesetzlichen Quorums in § 56 Abs. 2 S. 2 das Anforderungsprofil berücksichtigen (→ Rn. 15), ist an den Personalvorschlag aber nicht fix gebunden. Letzteren nimmt es iSv §§ 56a Abs. 1, 56 Abs. 1 S. 3 Nr. 1 zur Kenntnis und würdigt ihn sach- und ermessensgerecht. 23

VII. Nachträgliche Beteiligung des vorläufigen Gläubigerausschusses mit Abwahlmöglichkeit (Absatz 3)

§ 56a Abs. 3 betrifft die Konstellation, dass das Gericht über die Verwalterbestellung zunächst allein entscheidet, weil es befürchtet, aus der Gläubigerbeteiligung erwachse offensichtlich eine **Verzögerung, die die Massekonsistenz nachteilig beeinflusst.** Eine ähnliche Regelung findet sich bereits in § 22a Abs. 3 letzte Alt., wonach bei dementsprechenden Ausnahmelagen die Einsetzung eines vorläufigen Gläubigerausschusses vorerst unterbleiben darf. Zur daraus hervortretenden Normenkonkurrenz und den sehr restriktiv zu bejahenden Umständen, die ausnahmsweise keinen weiteren Aufschub dulden, sei vorstehend auf → Rn. 6 u. → Rn. 14 verwiesen. 24

Der Rechtsausschuss des Dt. Bundestages hat mit § 56a Abs. 3 ganz bewusst die in § 57 vorgesehenen Befugnisse der Gläubigerversammlung in modifizierter Form auf den vorläufigen **Gläubigerausschuss** übertragen und diesem das Recht zugestanden, in seiner **ersten Sitzung** nach der richterlichen Bestellung des (vorläufigen) Verwalters eine andere Person zu wählen (zuvor angeregt von *Steinwachs* ZInsO 2011, 410 [412]; *Frind* ZInsO 2011, 757 [762 f.]). Das geschah ausdrücklich in dem Bemühen, hierdurch standardisierte richterliche Vorwände zurückzudrängen, dass die Sache keinen Aufschub dulde (BT-Drs. 17/7511, 479). Um das Gericht zu binden, muss der **Beschluss zu Ab- und Neuwahl** allerdings **einstimmig** ergehen (dazu → Rn. 18). Und auch insoweit gilt die zu → Rn. 20 f. besprochene Notwendigkeit ausreichender Eignung des Neugewählten. Der Wortlaut von Absatz 3 **(„eine andere Person")** und dessen Normfunktion (Austausch eines schon Bestellten durch konkreten Ersatz) sind anders gelagert als bei den Absatz 1 u. 2, wo ein Kandidat überhaupt erst noch gefunden werden soll. 25

Deshalb sind in der Versammlung mehrere Personen vorschlagbar; abweichend zu → Rn. 17 kann aber ausschließlich eine „gewählt" und dem Gericht zur Bestellung benannt werden.

26 **„Auswahl"** ist noch nicht gleichzusetzen mit **„Bestellung"** (s. Komm. → § 56 Rn. 2). Nach hier vertretener Ansicht (teilw. anders HambK-InsO/*Frind* Rn. 31 f.) bedarf die Auswahlentscheidung des Ausschusses zur Wirksamkeit nach außen erst noch der **justizförmigen Bestätigung,** insbes. – vergleichbar zu § 57 – der umgehenden Neubestellung des Gewählten (vgl. zur funktionellen Zuständigkeit von Richter oder Rechtspfleger Komm. zu → § 56 Rn. 66). Insofern ist § 56a Abs. 2 S. 1 analog anzuwenden; die neu gewählte Person darf nicht „ungeeignet" sein.

27 Nach Ansicht des *Verf.* gilt Absatz 3 auch dann, wenn wegen drohender Verzögerungsschäden unmittelbar vor der **Eröffnung des Hauptverfahrens** eine erstmals (bzw. erneut; → Rn. 7) **nötige Anhörung** des vorläufigen Gläubigerausschusses unterblieben ist, das Gericht aber den nachfolgend gem. § 67 Abs. 1 einzurichtenden **Interims-Ausschuss personenidentisch** besetzt. Systematisch hat der Gesetzgeber § 56a dem dritten Abschnitt des Zweiten Teiles zugeordnet und nur über eine Verweisungsnorm (§ 21 Abs. 2 S. 1 Nr. 1) zugleich mit dem ersten Abschnitt verknüpft. Somit sprechen Sinn und Zweck der gesetzgeberisch beabsichtigen Gläubigerbeteiligung gerade zur Insolvenzverfahrenseröffnung für eine Anwendung von § 56a Abs. 3 speziell in dieser Phase (davon geht etwa das Fallbeisp. bei Kübler/Prütting/Bork/*Lüke* § 56a Rn. 21 Fn. 52 aus; wie hier FK-InsO/*Jahntz* Rn. 49; demgegenüb. aA *Pape* ZAP Fach 2014, 629 [635]; HambK-InsO/*Frind* Rn. 30; Graf-Schlicker/*Graf-Schlicker* §§ 56, 56a Rn. 57: Geltung nur für Bestellung des vorläufigen Insolvenzverwalters; zu alledem ferner MüKoInsO/*Graeber* Rn. 76 ff.). Durch § 56a Abs. 3 wird jedenfalls der konkurrierenden Regelung des § 57 nach Meinung des Gesetzgebers nicht vorgegriffen (→ Rn. 6 aE; s. näher zum Thema *Hölzle* Praxisleitfaden ESUG §§ 56, 56a Rn. 106 ff.). Nach Ansicht des *Verf.* muss allerdings der Grundsatz der **Diskontinuität der Amtsdauer** (wonach das Tätigsein des ursprünglich bestellten vorläufigen Gläubigerausschuss mit Verfahrenseröffnung endet; → Rn. 4) zumindest dort Vorrang behalten, wo das Gericht den Interims-Ausschuss gem. § 67 Abs. 1 nicht personenidentisch bestellt, dieser also vielleicht ganz andere Vorstellungen als der Vorgängerausschuss besitzt. Ein „neu" konfigurierter Ausschuss kann die vorher versäumte Entscheidungsbeteiligung des „alten" nicht identitätsgleich nachholen.

VIII. Gerichtliche Regelungs- und Kontrolldichte; Rechtsmittel

28 Die vom vorläufigen Gläubigerausschuss unterbreiteten **Vorschläge** mögen **„ungeeignet", „unzulänglich"** sowie iErg **„ohne Bindungskraft"** iSv § 56a Abs. 3 S. 2 sein; sie unterliegen nach Sinn und Zweck des Absatz 1 aber weder dem Verdikt einer völligen Unzulässig- noch demjenigen einer völligen Unbeachtlichkeit. Insoweit dürfen sich die Gerichte bei allg. gebotener sachgerechter Ermessenbetätigung nicht insgesamt über durchaus verwertbare und rechtlich nicht zu beanstandende Teile eines Gläubigervorschlages völlig hinwegsetzen (Näheres → Rn. 13).

29 Geht es um eine **Überprüfung der Bindungswirkung** von nach § 56a Abs. 2 gefassten Beschlüssen, muss man berücksichtigen, dass der vorläufige Gläubigerausschuss – anders als beispw. im Gesellschaftsrecht – über keine vom Gesetz klar vorgegebenen Organisationsstrukturen verfügt, insbes. keine so eindeutig vorgeregelte Vertretungsrepräsentanz besitzt, dass man bereits – wie etwa zum Handelsregister – **Meldungen des Ausschussvorsitzenden/-sprechers** über gefasste Beschlüsse für sich allein genügen lassen könnte. Deshalb ist mit HambK-InsO/*Frind* (Rn. 20 ff.) zu bejahen, dass der Insolvenzrichter die **formellen**

Merkmale ordnungsgemäßer Beschlussfassung im vorläufigen Gläubigerausschuss vollständig nachprüft, wenn auch nach den für Eilverfahren erleichterten Maßstäben rein kursorischer Kontrolle (vgl. Komm. zu → § 56 Rn. 13 aE u. → Rn. 23).

In materieller Hinsicht ist das Insolvenzgericht auf eine **schlichte Rechtmäßigkeitskontrolle** beschränkt, insbes. zu den wichtigen Fragen unzureichender **Geschäftskunde** oder fehlender **Unabhängigkeit** des vom Gläubigerausschuss Vorgeschlagenen (→ Rn. 20 f.). Es übt insoweit weder eine Fachaufsicht über die Gläubiger aus noch tätigt es anderweitige Zweckmäßigkeitserwägungen (ebenso LG Stendal ZInsO 2012, 2208 [2209]). Äußerst fragwürdig erscheint deshalb der Vorschlag von *Frind*, die Gerichte sollten dem Gläubigerausschuss unaufgefordert eigene Vorschläge unterbreiten (HambK-InsO/*Frind* Rn. 27). Die Dinge liegen im gedanklichen Ausgangspunkt ähnlich zum Blickwinkel eines OLG auf insolvenzgerichtliche Justizverwaltungsakte nach § 28 Abs. 3 EGGVG. Insoweit darf der Insolvenzrichter vertretbare Beschlusslagen des vorläufigen Gläubigerausschusses nicht beiseite drängen und durch eigene, vermeintlich bessere Lösungen ersetzen. 30

Die Beschlüsse zur Anordnung von Sicherungsmaßnahmen bzw. Eröffnung sind allein in ihrer Gesamtheit durch die dazu ausdrücklich Beschwerdeberechtigten anfechtbar (§ 21 Abs. 1 S. 2, § 34; vgl. BGH NZI 2007, 240 Rn. 10). Gegen richterliche Entscheidungen, die lediglich in Nebenpunkten abweichen, zB von § 56a Abs. 2, gibt es nach dem Gesetz (vgl. § 6) **kein Rechtsmittel der Beschwerde** (Kübler/Prütting/Bork/*Lüke* Rn. 14 u. 16; HambK-InsO/*Frind* Rn. 35; Ahrens/Gehrlein/Ringstmeier/*Lind* Rn. 13). Insofern bleibt nur die **Abwahlmöglichkeit der Gläubigerversammlung gem. § 57** (BT-Drs. 17/5712, 26). Eine fehlende oder fehlerhafte Berücksichtigung etwa des Anforderungsprofils gem. Absatz 2 S. 2 kann indes Schadenersatzansprüche aus Amtspflichtverletzung begründen. Das fügt sich in die bisherige verfassungsgerichtliche Rspr. ein (BVerfGE 116, 1 = NZI 2006, 453; ausf. dazu Komm. → § 56 Rn. 35). 31

Wahl eines anderen Insolvenzverwalters[1]

57 **[1] In der ersten Gläubigerversammlung, die auf die Bestellung des Insolvenzverwalters folgt, können die Gläubiger an dessen Stelle eine andere Person wählen. [2] Die andere Person ist gewählt, wenn neben der in § 76 Abs. 2 genannten Mehrheit auch die Mehrheit der abstimmenden Gläubiger für sie gestimmt hat. [3] Das Gericht kann die Bestellung des Gewählten nur versagen, wenn dieser für die Übernahme des Amtes nicht geeignet ist. [4] Gegen die Versagung steht jedem Insolvenzgläubiger die sofortige Beschwerde zu.**

Schrifttum: *Becker,* Umfassendes Recht der Gläubigerversammlung zur Wahl des Insolvenzverwalters – Ein Plädoyer für mehr Gläubigerautonomie, NZI 2011, 961; *Braun,* Die Abwahl des zunächst bestellten Insolvenzverwalters in der InsO, FS Uhlenbruck 2000, 463; *Graeber,* Die Wahl des Insolvenzverwalters durch die Gläubigerversammlung nach § 57 InsO – die Macht der Großgläubiger im Verhältnis zur Aufsicht des Insolvenzgerichts, ZIP 2000, 1465; *Kesseler,* Der Verstoß gegen das gemeinsame Gläubigerinteresse durch Wahl eines neuen Insolvenzverwalters durch die Gläubigerversammlung, DZWiR 2002, 133; *Marotzke,* Unabhängiger Insolvenzverwalter, Gläubigerautonomie, Großgläubigerhypertrophie, ZIP 2001, 173; *Muscheler/Bloch,* Abwahl des vom Gericht bestellten Insolvenzverwalters, ZIP 2000, 1474; *Pape,* Aufhebung von Beschlüssen der Gläubigerversammlung, Beurteilung des gemeinsamen Interesses nach § 78 InsO, ZInsO 2000, 469; *Prütting,* Die Abwahl des Insolvenzverwalters: Von der Gläubigerautonomie zur Groß-Gläubigerautonomie, Tagungsband RWS-

[1] § 57 Satz 2 eingef., bish. Sätze 2 und 3 werden Sätze 3 und 4 mWv 1.12.2001 durch G v. 26.10.2001 (BGBl. I S. 2710).

Forum 2000, 29; *Smid/Wehdeking,* Anmerkung zum Verhältnis der §§ 57 und 78 Abs. 1 InsO, InVO 2001, 81; *Voigt-Salus/Sietz,* Bestimmt der wesentliche Gläubiger den besten Verwalter oder ist eine Lanze für den unabhängigen Verwalter zu brechen?, ZInsO 2010, 2050; *Zimmer,* Die Haftung des eingewechselten Insolvenzverwalters, 2008.

Übersicht

I. Allgemeines

1 Die Norm bewegt sich inmitten des Zielkonfliktes zwischen **autonomer Gläubigerselbstverwaltung** und justizförmig effektiv zu gewährleistender Gesamtvollstreckung (dazu BVerfG ZIP 2005, 537 bei II 1a). Sie ist durch das ESUG neuerdings in eine veränderte Grundsystematik eingebettet, die für Insolvenzverfahren, die nach dem 1.3.2012 beantragt werden, die Gläubigerbeteiligung deutlich stärkt und zeitlich spürbar nach vorne an den Beginn des Antragsverfahrens rückt. § 57 bildet somit nicht mehr die erste und einzige Chance, dass Repräsentanten der Gläubiger die Auswahl des Insolvenzverwalters mitbestimmen bzw. letztverbindlich regeln, sondern – auf der Zeitachse – die vorerst letzte von mehreren vorausgegangenen Einflussnahmemöglichkeiten. Die gewichtigen Hintergründe dieser Axialverschiebung mit ihrer besonderen Bedeutung für den Insolvenzstandort Deutschland beschreiben die Komm. zu → § 56 Rn. 3 u. → Rn. 53 ff. sowie bei → § 56a Rn. 2.

2 § 57 stellt demgegenüber die **Auswahlentscheidung** auf eine **breitere Legitimationsbasis.** Während in der hektischen Startphase des Antragsverfahrens zwangsläufig nur organisatorisch überschaubare Lösungen möglich und Forderungen der Gläubiger bis dahin nicht einmal gerichtlich zur Tabelle erfasst sind, also nur die Behelfslösung vorläufiger Repräsentanz durch den Gläubigerausschuss in Frage kommt, entscheidet im ersten Berichtstermin des eröffneten Verfahrens (s. § 29 Abs. 1 Nr. 1) die **Gläubigerversammlung** als eigentliche Herrin des Verfahrens (vgl. Gottwald InsR-HdB/*Klopp/Kluth/Pechartscheck* § 21 Rn. 2). Dazu ist seit dem InsOÄndG 2001 in Satz 2 eine (gegenüber § 76 Abs. 2) besonders qualifizierte Abstimmungsmehrheit vorgesehen; neben der üblichen Mehrheit der Forderungssummen bedarf es zusätzlich der Kopfmehrheit. Der Sache nach steht ein **konstruktives Misstrauensvotum** in Rede, dh entscheidend ist die positiv ausfallende Wahl eines Nachfolgers. Die Abberufung des Vorgängers ist deren gleichzeitiger Reflex; sie ist kein isoliert möglicher Abstimmungsvorgang.

3 Ein weitergehendes **Rechtsschutzbedürfnis** müssen die Insolvenzgläubiger zu ihrer Abstimmungsberechtigung nicht dartun. Das Gericht hat eine ordnungsgemäß beantragte Gläubigerversammlung zwingend einzuberufen; ihm steht insoweit kein Ermessen zu (LG Stendal ZInsO 2012, 2208 [2209]). Auch bei dauerhafter **Masseunzulänglichkeit** ohne Befriedigungsaussicht im Rang des § 38 InsO steht den Insolvenzgläubigern das Abwahl- und Neubestimmungsrecht des § 57 zu (BGH NZI 2005, 32). Verfassungsmäßige Rechte des abgewählten Insolvenzverwalters werden hierdurch nicht verletzt (BVerfG ZIP 2005, 537); dessen Amt – so das BVerfG – ist von Anbeginn mit der Einschränkung verbunden, in der ersten Gläubigerversammlung abberufen werden zu können. Es ist

mithin Bestandteil eines Berufsbildes, wonach der Insolvenzverwalter eine gesicherte Stellung erst nach der ersten Gläubigerversammlung erlangt.

Kraft entsprechender Verweisung findet § 57 auf den **Sachwalter** bei der Eigenverwaltung (§ 274 Abs. 1) entsprechende Anwendung. Die Norm galt vormals auch gegenüber dem **Treuhänder** im – seit 1.7.2014 abgeschafften – „vereinfachten Insolvenzverfahren" (§ 313 Abs. 1 S. 3 aF). Auf den Treuhänder in der Wohlverhaltensperiode war sie dagegen nie anzuwenden; die Verweisung in § 292 Abs. 3 S. 2 klammert § 57 weiterhin ausdrücklich aus. Ebenso wenig gilt sie, weil in § 21 Abs. 2 S. 1 Nr. 1 bewusst nicht aufgenommen, im Vorverfahren zur vorläufigen Insolvenzverwaltung (FK-InsO/*Jahntz* Rn. 6). 4

II. Das Wahlrecht der Gläubigerversammlung (Satz 1)

Das Gesetz gibt zunächst ein wichtiges **Zeitelement** vor: Das Wahlrecht der Gläubigerversammlung besteht nur einmalig im **ersten Versammlungstermin,** der auf die Verwalterbestellung im eröffneten Verfahren folgt. Da vor Erlass des Eröffnungsbeschlusses im Vorverfahren noch kein Insolvenzverwalter zum Hauptverfahren bestellt werden kann, bleiben frühere Auswahlhandlungen zur Person des vorläufigen Verwalters für die Zeitvorgabe des § 57 unbeachtlich. Frühestens mit dem Eröffnungsbeschluss läuft die Uhr. Geht es um die richterliche Bestellung genau mit diesem Eröffnungsbeschluss (§ 27 Abs. 2 Nr. 2), muss das Wahlrecht im Regelfall im ersten Berichtstermin (§ 29 Abs. 1 Nr. 1) ausgeübt werden. Das ist aber nicht zwingend, da auf besonderen Antrag in der kurzen Frist des § 75 Abs. 2 sogar eine noch frühere erste Gläubigerversammlung stattfinden kann (LG Stendal ZInsO 2012, 2208; Graf-Schlicker/*Graf-Schlicker* Rn. 4; Uhlenbruck/*Vallender* § 57 Rn. 14; Kreft/*Ries* § 156 Rn. 4; *Kesseler* KTS 2000, 491). Nach Meinung des ESUG-Gesetzgebers hat die **Beteiligung des vorläufigen Gläubigerausschusses** auf das Abwahlrecht der Gläubigerversammlung gem. § 57 keinen beschränkenden Einfluss (BT-Drs. 17/7511, 47); auch eine denkbare Neuwahl nach Insolvenzeröffnung durch den Gläubigerausschuss könnte folglich, ausgehend vom Moment ihrer gerichtlichen Bestätigung, erstmals die Uhr in Gang setzen (zur betreffenden Problemlage s. Komm. zu → § 56a Rn. 27). 5

Scheidet ein Verwalter vorzeitig aus seinem Amt aus, etwa durch Tod oder Entlassung (§ 59), kommt zur Auswahl eines Nachfolgers im eröffneten Verfahren eine Gläubigerbeteiligung durch den vorläufigen Gläubigerausschuss nicht in Betracht (s. Komm. → § 56a Rn. 4). Nach einhelliger Ansicht kommt aber § 57 zur Geltung, nunmehr für den ersten Versammlungsfolgetermin ab dem Moment der Neubestellung des Nachfolgers gerechnet (*Graeber* ZIP 2000, 1465 [1466]; sa Braun/*Blümle* Rn. 2; Uhlenbruck/*Vallender* Rn. 4 u. 14; Graf-Schlicker/*Graf-Schlicker* Rn. 6; Kreft/*Riedel* Rn. 3). 6

Mit der **Neuwahl eines anderen Verwalters** ist zwangsläufig die **Abwahl des bisherigen** verknüpft (Uhlenbruck/*Vallender* Rn. 7). Beides findet nur statt, wenn in der Gläubigerversammlung tatsächlich ein solcher Beschluss gefasst wird. Dieser muss aber nicht näher begründet werden (Braun/*Blümle* Rn. 10; FK-InsO/*Jahntz* Rn. 7). Unterbleibt bereits ein dahingehender Antrag bzw. kommt es aus anderen Gründen zu keinem entsprechenden **Wahlakt,** bleibt der bisherige Verwalter weiter im Amt (Jaeger/*Gerhardt* Rn. 6). Das gilt ebenso für die sog Vertagungsfälle, bei denen sich der Folgetermin immer noch als einheitlicher Bestandteil der fortgesetzten ersten Gläubigerversammlung erweist, es sei denn, die Vertagung erfolgt aus einem ganz anderen Grund und der TOP „Beschluss der Gläubiger über die Person des Insolvenzverwalters" wurde bereits abschließend erledigt (vgl. Uhlenbruck/*Vallender* Rn. 16). Ein Beschlussantrag auf Neuwahl ist iÜ nicht in einen solchen auf Entlassung aus wichtigem Grund nach § 59 7 umdeutbar (BGH NZI 2006, 529; Braun/*Blümle* Rn. 10; FK-InsO/*Jahntz* Rn. 7).

8 Der Wortlaut von Satz 1 (**„eine andere Person"**) und dessen Normfunktion (Austausch eines schon Bestellten durch konkreten Ersatz) sind anders gelagert als bei § 56a Abs. 1 u. 2, wo ein Kandidat überhaupt erst noch gefunden werden soll. Deshalb können hier – wie auch bei § 56a Abs. 3 – zwar in der Versammlung selbst mehrere Personen vorgeschlagen werden, aber es ist ausschließlich eine wählbar (s. Komm. zu → § 56a Rn. 25; zum Verfahren außerdem Uhlenbruck/*Vallender* Rn. 13). Das Wahlrecht besteht zudem nur **einmalig ohne Nachbesserungsmöglichkeit** für den Fall, dass das Gericht die Bestellung des Gewählten versagt (LG Freiburg ZIP 1987, 1597; Uhlenbruck/*Vallender* Rn. 17; Kreft/*Riedel* Rn. 4; aA *Kesseler* KTS 2000, 491 [497 f.]; MüKoInsO/*Graeber* Rn. 18). Ebenso unzulässig ist eine wiederholte Abstimmung über ein und dieselbe Person (LG Neubrandenburg ZInsO 1999, 300; *Görg* DZWiR 2000, 364 [367]; BK-InsO/*Blersch* Rn. 7).

III. Erfordernis der qualifizierten Mehrheit (Satz 2)

9 Durch das InsÄndG 2001 wurde über Satz 2 ein **doppeltes Mehrheitserfordernis** eingeführt. Neben der in § 76 Abs. 2 genannten **Summenmehrheit** ist zur Beschlussfassung nach § 57 auch die Mehrheit der abstimmenden Gläubiger **(Kopfmehrheit)** notwendig. Bezugspunkt ist jeweils die Zahl aller berechtigt abstimmenden Personen (Stimmenthaltungen bleiben dabei unberücksichtigt) und die Summe der von ihnen innegehaltenen Forderungen. Anders als beim Gläubigerausschuss (vgl. § 72) sind keine weiteren Anforderungen an die Beschlussfähigkeit der Versammlung gestellt; demnach genügt schon die Anwesenheit nur eines einzelnen stimmberechtigten Gläubigers (BGH NZI 2007, 732 Rn. 11; Kreft/*Riedel* § 76 Rn. 5).

10 Der Gesetzeswortlaut spricht von einem Wahlvorgang **„in der Gläubigerversammlung"**, also nach dem Grundsatz der **Mündlichkeit.** Das erlaubt zwar eine Vertretung durch Stimmrechtsvollmacht im Termin, nicht aber parallele Beschlussfassungen im schriftlichen Umlaufverfahren oder mittels sonstiger, nur schriftlich zur Akte gegebener Erklärungen von nicht anwesenden Gläubigern (Kübler/Prütting/Bork/*Kübler* § 76 Rn. 21; HambK-InsO/*Frind* Rn. 2a; Kreft/*Riedel* Rn. 5; Uhlenbruck/*Vallender* Rn. 11; insoweit offen geblieben in BGH NZI 2013, 644 Rn. 16). Nach Ansicht des BGH (aaO Rn. 9 f. u. 18) liegen die Dinge anders, wenn bereits für das Verfahren an sich **„Schriftlichkeit" gem. § 5 Abs. 2** angeordnet und ein dem Berichtstermin entsprechender Zeitpunkt bestimmte wurde. Dann sei mit den Vereinfachungs- und Beschleunigungszielen des Gesetzgebers auf rechtzeitigen, an kein Quorum gebunden Gläubigerantrag sogar die Wahl eines neuen Insolvenzverwalters schriftlich durchzuführen. Der BGH gibt leider keine konkreten organisatorischen Hinweise für Postumlauf und weitere Zeitschiene. „Termin" (vgl. § 29) beschreibt eher einen „Zeitpunkt" als einen „Zeitraum"; es geht um „Unmittelbarkeit". Nach Ansicht des *Verf.* können die Gläubiger im schriftlichen Verfahren gem. § 5 Abs. 2 zwar Stellungnahmen und individuelle Anträge bzw. Widersprüche einreichen, aber keine dem Vorbehalt einer Versammlung unterliegenden „Beschlüsse" fassen (vgl. auch BGH NZI 2007, 732 Rn. 15). Hier muss das Gericht auf Neuwahlantrag einzelner Gläubiger schon von Amts wegen – ermessensreduziert – eine Gläubigerversammlung anberaumen (Kreft/*Ries* § 160 Rn. 16); notfalls kann es dazu analog § 57 S. 4 (vgl. BGH NZI 2013, 644 Rn. 16) bzw. § 75 Abs. 3 zweitinstanzlich verpflichtet werden.

IV. Gerichtliche Bestellungsentscheidung (Satz 3)

11 Bereits der Wortlaut macht deutlich, dass es nach der „Wahl" in der Gläubigerversammlung noch eines nachfolgenden, konstitutiv wirkenden **gerichtlichen Legitimationsaktes** bedarf (vgl. Komm. → § 56 Rn. 2). Dieser liegt in der gerichtlichen Beschlussfassung zur **Abberufung** des bisherigen Verwalters **und Neubestellung** des von der Versammlung gewählten Kandidaten. Das Gericht „kann" die Abberufung und Neubestellung nur dann versagen, wenn der neue Kandidat **„für die Übernahme des Amtes nicht geeignet"** ist. An dieser Stelle gelten die Ausführungen zur Komm. von → § 56a Rn. 20 entsprechend. Im Wortlaut steht weder „muss" noch „soll". Das entlastet die Gerichte angesichts der Notwendigkeit, gefasste Beschlüsse zur Verwirklichung des Gläubigerwillens unverzüglich umzusetzen, von einer allzu peniblen und komplexen Sachverhaltsaufklärung bzw. Rechtsprüfung. **Zweifeln an der Eignung,** die sich vernünftigerweise aufdrängen, müssen sie aber stets nachgehen. Das Gericht kann insbes. von Amts wegen den Gewählten, weitere Gläubiger und auch den Schuldner befragen (HambK-InsO/*Frind* Rn. 8; Kreft/*Riedel* Rn. 8). Der zur Neuwahl Vorgeschlagene sollte tunlichst zur Versammlung anreisen, um sich dort vorstellen und Fragen der Anwesenden sogleich beantworten zu können (Uhlenbruck/*Vallender* Rn. 10; HambK-InsO/*Frind* Rn. 4; zur Gegenstrategie der Mobilisierung von Gläubigern durch den bisherigen Verwalter FK-InsO/*Jahntz* Rn. 11).

12 Wie zu → § 56a Rn. 20 besprochen, hat die gerichtliche **Vorauswahlliste** an dieser Stelle keine exklusive Bedeutung. Schwerpunktmäßig stehen – immer mit Direktbezug zum konkreten Fall – die vorhandene **Geschäftskunde** des Kandidaten (dazu ausf. Komm. → § 56 Rn. 15 ff.) und seine persönliche **Unabhängigkeit** (dazu vorstehend → Rn. 3 u. ausf. Komm. → § 56 Rn. 23 ff.) in Rede. Zur Frage der Unabhängigkeit gibt schließlich der BGH (NZI 2004, 448) einen ersten Fingerzeig: Ein fachlich geeigneter Kandidat, dessen Sozietät binnen 5 Jahren 28 Mandate eines Großgläubigers (hier: einer regional wichtigen, auch im Verfahren maßgeblichen Bank) vertreten hat, von denen 7 noch andauern, kann wegen fehlender Unabhängigkeit nach § 57 S. 3 abgelehnt werden. Insoweit reicht nach Ansicht des *Verf.* die mildere Möglichkeit der Anordnung einer **Sonderverwaltung** nicht aus (s. dazu Komm. → § 56 Rn. 24 u. 65 f.). In der Frage der charakterlichen und fachlichen Geeignetheit ist jeweils auszugehen vom Minimalstandard, denn mangels verfassungsrechtlicher Bindung privater Gläubiger kann insoweit – anders als für die Justiz – **kein Primat der „Bestenauslese"** gelten. Der Gesetzgeber nimmt zur Sicherung und Berechenbarkeit des Insolvenzstandortes Deutschland – in dem aufgezeigten Generalrahmen – auch reine Sympathiewertungen der Gläubiger in Kauf. Insoweit ist es den Gerichten untersagt, ihre eigene – vermeintlich bessere – Wertung an die Stelle immerhin (wenn auch vielleicht nur knapp) geeigneter einstimmiger Gläubigerbeschlüsse zu setzen. Sonstige Begleitfragen wie die spürbare, aus dem Verwalterwechsel hervorgehende Erhöhung von **Verfahrenskosten,** den Verlust von Zeit und bisherigen Synergien durch neue Einarbeitungsphasen des Nachfolgers u. dgl. mehr hat der Gesetzgeber bewusst ausgeblendet; sie sind für die gerichtliche Kontrolle nicht entscheidungsrelevant (HambK-InsO/*Frind* Rn. 10; Kreft/*Riedel* Rn. 6).

13 Soweit das Gericht die **Eignung verneint,** tritt im Regelfall eine Ermessensbindung auf „Null" ein, dh die Abberufung des bisherigen und die Bestellung des neu gewählten Verwalters werden per Beschluss versagt. Der **Beschluss** kann in seinem Tenor schon in der Gläubigerversammlung zu Protokoll verkündet bzw. alternativ später – dann aber bereits vollständig abgefasst – den Beteiligten zugestellt werden. Zum Kreis der **Zustellungsempfänger** existieren verschiedene Ansichten (FK-InsO/*Jahntz* Rn. 16: nur Zustellung an die für Neuwahl Stim-

menden; demgegenüber Uhlenbruck/*Vallender* Rn. 28: Zustellung an alle Gläubiger). Der Beschluss ist auf jeden Fall zur weiteren Überprüfung im Rechtsmittelzug – vgl. S. 4 – zu begründen (Uhlenbruck/*Vallender* Rn. 28; *Hess* Rn. 26; HambK-InsO/*Frind* Rn. 13; Kreft/*Riedel* Rn. 10); wegen der personenbezogenen Angaben sollte nach § 9 Abs. 3 allenfalls der ablehnende Tenor und nicht die konkrete Begründung **öffentlich bekanntgemacht** werden (ähnlich Kreft/*Riedel* Rn. 9; HambK-InsO/*Frind* Rn. 13). Die eigentliche Problematik richtiger Entscheidungsfindung liegt darin, dass – mangels Maßgeblichkeit der Vorauswahlliste (dazu auch → § 56a Rn. 20) – **ortsfremde Verwalter** vorgeschlagen werden können, die der gerichtliche Entscheidungsträge (→ Rn. 14) bis dato nicht kennt. Dazu muss man sehen, dass § 57 S. 3 systematisch als Ausnahmetatbestand formuliert ist, also nicht – wie oftmals fälschlich zu lesen – positiv die Eignung des Gewählten festzustellen, sondern nur präklusiv seine **Nichteignung** als ein Versagungsgrund heranzuziehen ist. Verbleibt am Ende ein „non liquet", dh das Gericht kann eine fehlende Eignung des Gewählten nicht ausreichend begründen, geht letztlich der Wunsch der Gläubiger auf Abberufung des bisherigen Verwalters und Bestellung des neu Gewählten vor. Davon strikt zu trennen ist die ganz andere, auch aus dem Arbeitsrecht zur sog „Verdachtskündigung" bekannte Fragestellung, ob – was der *Verf.* bejaht – bereits für sich genommen starke, auf objektive Tatsachen gegründete **Verdachtsmomente** die „Ungeeignetheit" ausreichend begründen können, soweit diese geeignet sind, das erforderliche Vertrauen nachhaltig zu zerstören. Nur nach Maßgabe dieser Einschränkung folgt der *Verf.* den weitergehenden Ausführungen von HambK-InsO/*Frind* (Rn. 9 m. zahlr. Nachw.).

14 **Funktionell zuständig** ist gem. §§ 3 Nr. 2e, 18 Abs. 1 Nr. 1 RPflG der **Rechtspfleger,** sofern für das spezielle Verfahren kein Richtervorbehalt nach § 18 Abs. 2 RpflG vorliegt und auch die Bereichsausnahme für das Insolvenzplanverfahren nach § 18 Abs. 1 Nr. 2 RpflG – gültig seit 1.1.2013 – nicht Platz greift. § 5 Abs. 1 Nr. 2 RPflG gilt hier nicht (vgl. BGH NZI 2010, 977 Rn. 25: „sämtliche Entscheidungen ungeachtet ihres Gegenstandes"; ebenso *Graeber* ZIP 2000, 1465 [1467]; Uhlenbruck/*Vallender* Rn. 19 u. 29; Graf-Schlicker/*Graf-Schlicker* Rn. 12; Kreft/*Riedel* Rn. 12; FK-InsO/*Jahntz* Rn. 15; aA LG Hechingen ZIP 2001, 1970; AG Göttingen NZI 2003, 267; AG Hamburg Rpfleger 2015, 301; *Muscheler/Bloch* ZIP 2000, 1474 [1477]; Kübler/Prütting/Bork/*Lüke* Rn. 9; HambK-InsO/*Frind* Rn. 7).

V. Rechtsmittel der sofortigen Beschwerde (Satz 4)

15 Gegen die **wirksame Abberufung** des bisherigen Verwalters **und Neubestellung** des gewählten Kandidaten gibt es kein Rechtsmittel. Das folgt als Umkehrschluss zum Wortlaut des § 57 S. 4 iVm § 6. Diese Regelung präkludiert sowohl betroffene Gläubiger (BGH NZI 2009, 246) als auch – im Vorrang der Gläubigerautonomie gegenüber der Berufsfreiheit – den abgewählten Insolvenzverwalter in verfassungsgemäß nicht zu beanstandender Weise (BVerfG ZIP 2005, 537 und → Rn. 3; aA *Lüke* ZIP 2005, 539). Sie ist zudem lex specialis gegenüber dem hierdurch ausgeschlossenen Aufhebungsverfahren gem. § 78 Abs. 1, egal ob sich ein Gläubiger oder der bisherige Verwalter gegen die Beschlussfassung wendet (BGH NZI 2003, 607; 2005, 32). Mangels eines subjektiven Rechtes auf fortdauernde Amtsausübung und somit mangels eigener Beschwer hilft dem Abgewählten auch die Rechtspflegererinnerung gem. § 11 Abs. 2 RpflG nicht (Kreft/*Eickmann,* 6. Aufl. 2011, Rn. 13; vgl. hierzu Graf-Schlicker/*Graf-Schlicker* Rn. 13). Allerdings kann – auch auf Antrag des Abgewählten – eine fehlerhafte Feststellung von Stimmrechten nach § 77 vom Richter korrigiert und eine Wiederholung der Abstimmung angeordnet werden (§ 18 Abs. 3 RPflG). Der

Antrag muss bereits während der Versammlung gestellt sein; gegen die Stimmrechtsentscheidung des Richters existiert kein weiteres Rechtsmittel (dazu näher BGH NZI 2005, 32; LG Hamburg NZI 2015, 28 [30] mAnm *Ruhe-Schweigel*).

Gegen die **insolvenzgerichtliche Versagung** der (als Einheit zu sehenden; → Rn. 2) Abberufung des bisherigen Verwalters und Neubestellung des gewählten Kandidaten können nur Insolvenzgläubiger binnen der zweiwöchigen Notfrist von §§ 4 InsO, 569 Abs. 1 ZPO **sofortige Beschwerde** erheben; kein Beschwerderecht haben dagegen der Schuldner, der gewählte (dann aber nicht gerichtlich bestellte) Verwalterkandidat, Massegläubiger oder Absonderungsberechtigte ohne gleichzeitige Insolvenzforderung (HambK-InsO/*Frind* Rn. 13; FK-InsO/*Jahntz* Rn. 19; Kreft/*Riedel* Rn. 14). Nach richtiger, aber umstrittener Ansicht bietet das Gesetz keinen Anhalt dafür, dass nur **Insolvenzgläubiger** beschwerdeberechtigt sind, die in der Versammlung **anwesend** waren und für den abgelehnten Kandidaten gestimmt haben (für diese Einschränkung jedoch AG Göttingen ZIP 2003, 592; *Graeber* ZIP 2000, 1465 [1472]; Uhlenbruck/*Vallender* Rn. 37; Nerlich/Römermann/*Delhaes* Rn. 12; wie hier dagegen Jaeger/*Gerhardt* Rn. 18; HambK-InsO/*Frind* Rn. 18; *Lüke* EWiR 2003, 1039 [1040]). 16

VI. Sonstige Abwicklungsfragen

Der neu gewählte Insolvenzverwalter erhält eine **Bestellungurkunde** iSv § 56 Abs. 2; der Abgewählte muss seine bisherige – zur Not durchsetzbar per Zwangsgeldandrohung iSv § 58 Abs. 2 u. 3 – zur Gerichtsakte zurückgeben. **Herauszugeben** sind neben der verwalteten Insolvenzmasse alle in Besitz genommenen Schuldnerakten sowie alle maßgeblichen Verfahrensakten des Verwalters; zur Durchsetzung bleibt, falls insoweit eine gerichtliche Zwangsgeldandrohung gegenüber dem ausgeschiedenen Verwalter nicht wirkt, für den Nachfolger schwerpunktmäßig nur der Klageweg (Näheres zu alledem bei Uhlenbruck/*Vallender* § 58 Rn. 42; HambK-InsO/*Frind* § 58 Rn. 11 u. nachfolgende Komm. zu → § 58 Rn. 22). Indes besteht die Pflicht zur **Rechnungslegung** gem. § 66 Abs. 1 nur gegenüber der Gläubigerversammlung. Insoweit kann das Insolvenzgericht zwar Zwangsgeld androhen, aber der Nachfolger nicht direkt gegen den Vorgänger auf Rechnungslegung klagen (BGH NZI 2010, 984). Anderweitig laufende **Prozessmaßnahmen** gegen Dritte sind analog § 241 ZPO zunächst unterbrochen. 17

Aufsicht des Insolvenzgerichts[1]

58 (1) [1]**Der Insolvenzverwalter steht unter der Aufsicht des Insolvenzgerichts.** [2]**Das Gericht kann jederzeit einzelne Auskünfte oder einen Bericht über den Sachstand und die Geschäftsführung von ihm verlangen.**

(2) [1]**Erfüllt der Verwalter seine Pflichten nicht, so kann das Gericht nach vorheriger Androhung Zwangsgeld gegen ihn festsetzen.** [2]**Das einzelne Zwangsgeld darf den Betrag von fünfundzwanzigtausend Euro nicht übersteigen.** [3]**Gegen den Beschluß steht dem Verwalter die sofortige Beschwerde zu.**

(3) **Absatz 2 gilt entsprechend für die Durchsetzung der Herausgabepflichten eines entlassenen Verwalters.**

Schrifttum: *Berger/Frege/Nicht,* Unternehmerische Ermessensentscheidung im Insolvenzverfahren – Entscheidungsfindung, Kontrolle und persönliche Haftung, NZI 2010, 321;

[1] § 58 Abs. 2 Satz 2 geänd. mWv 1.1.2002 durch G v. 13.12.2001 (BGBl. I S. 3574).

berichten sein, wie sein Amtsantritt verlief und ob bereits ausreichende Sicherungsmaßnahmen angeordnet sind.

6 Das **Gericht** kann die Auskunft nach **pflichtgemäß zu betätigendem Ermessen** von dem Insolvenzverwalter **in allen Formen** begehren, die sachdienlich erscheinen; dazu kann auch die Anberaumung eines mündlichen Anhörungstermines in Frage kommen (BGH NZI 2010, 147). Es kann dem Insolvenzverwalter eine eidesstattliche Versicherung über die Richtigkeit und Vollständigkeit seiner Angaben abverlangen; diese ist in erster Linie Auskunfts- und kein Zwangsmittel (BGH NZI 2010, 159 Rn. 7). Das wesentliche Ziel der Auskunftserlangung liegt in einer umfassenden, gebündelten Unterrichtung der Gläubiger zur Ermöglichung autonomer Selbstverwaltung (Kreft/*Ries* § 156 Rn. 1 u. 5). Daneben informieren sich die Gläubiger wesentlich über die Gläubigerversammlung (§ 79) oder durch Akteneinsicht, während der Insolvenzverwalter ihnen im Regelfall keine direkten Einzelauskünfte schuldet (vgl. *Heeseler* ZInsO 2001, 873 [877]).

7 Die Auskunftsanforderungen können sich auf **alle erdenklichen, sachlich zum Fall zählenden Fragestellungen** beziehen, beschränken sich also nicht allein auf Rechtsthemen (Uhlenbruck/*Vallender* Rn. 32). Das „Informationsrecht" ist insoweit umfassender und von dem nachfolgenden, auf die Rechtsaufsicht beschränkten Entscheidungsprozess etwaiger „Beanstandung" zu trennen. Erst das Gericht und die Gläubiger haben die Informationen zu filtern, nicht der auskunftspflichtige Verwalter vorab.

8 **2. Beanstandung von Rechtsfehlern.** Das Gericht muss **von Amts wegen** kontinuierlich tätig sein. Außerdem muss es Sachverhalte nachfragend aufgreifen, die ihm der Schuldner und andere Verfahrensbeteiligte aus berechtigt erscheinendem Anlass – dh nicht ersichtlich querulatorisch (vgl. Uhlenbruck/*Vallender* Rn. 20) – zutragen. Einzelnen Betroffenen steht **kein förmlicher Anspruch** auf gerichtliches Einschreiten, dh kein dahingehendes Antragsrecht zu (BGH ZVI 2007, 80 Rn. 4; Uhlenbruck/*Vallender* Rn. 18; MüKoInsO/*Graeber* Rn. 59).

9 Das Gericht hat im Zuge seiner Rechtsaufsicht (→ Rn. 3) hauptsächlich zu prüfen, ob der **Insolvenzverwalter** das **Verfahren insolvenzzweckgerecht abwickelt** (*Schmidberger* NZI 2011, 928; Haarmeyer/Wutzke/Förster/*Ries/Rook* § 80 Rn. 23). Maßstab der Beurteilung sind va die insolvenzspezifischen Vermögensbetreuungspflichten des Verwalters gegenüber den Gläubigern. Seine einzelnen Handlungen oder Unterlassungen sind, solange sie sich in den gesetzlichen Grenzen ihm zuzubilligender Beurteilungs- und Ermessensspielräume bewegen, nicht auf ihre **Zweckmäßigkeit** an sich zu hinterfragen (aA und weitergehend MüKoInsO/*Graeber* Rn. 20: auch Zweckmäßigkeitsgesichtspunkte). In der Literatur verschwimmt zT die gebotene Abgrenzung des unzweckmäßigen vom „insolvenzzweckwidrigen" Verwalterhandeln(s); beide Fragestellungen sind grundlegend verschieden. Letzteres ist stets grob rechtsfehlerhaft, deshalb in aller Regel nichtig (Haarmeyer/Wutzke/Förster/*Ries/Rook* § 80 Rn. 23) und geradezu klassischer Beanstandungsgrund.

10 **Beurteilungsspielräume** des Insolvenzverwalters ergeben sich va bei tatbestandlich offen formulierten Einzelmerkmalen. Das greift häufig in der **Bewertung besonders komplexer und situationsabhängiger Geschehnisse,** va, wenn der Verwalter dabei auf ständig wechselnde Gegebenheiten trifft. Dann muss er fast immer rasch und effektiv reagieren. Solche Abläufe sind in späterer gerichtlicher Kontrolle vielfach gar nicht mehr lebensnah nachzuzeichnen und rekonstruierbar. Va bei Unternehmensfortführungen stehen schwierige, schnell zu treffende **Prognoseentscheidungen und Risikobeurteilungen** an, beispw. zur künftigen Leistungsfähigkeit des Schuldners nach Art, Güte und Chancen im Markt, zu seiner wirtschaftlichen Ertragskraft, zur späteren Zahlungsbereitschaft und -fähigkeit der Kunden, zur Übernahmebereitschaft durch Unternehmens-

erwerber. Das Insolvenzgericht darf bezüglich solcher Einzelmerkmale lediglich prüfen, ob die Entscheidung des Verwalters sich innerhalb der Grenzen hält, die die Insolvenzgesetze zugunsten der par condicio creditorum abgesteckt haben, ob also insoweit alle relevanten **Verfahrensvorschriften** eingehalten wurden, die gesetzlichen **Verteilungsregeln und Rangfolgeanordnungen** eingehalten sind, nötige schriftliche Dokumentationen vorliegen, der Verwalter in Kenntnis des Sachverhaltes insolvenzrechtlich anerkannte Bewertungsmaßstäbe angewandt, insbes. die Masse nicht vorwerfbar geschmälert und frei von sachfremden Erwägungen nach dem Maßstab der Unabhängigkeit iSv § 56 Abs. 1 entschieden hat.

Ermessensspielräume des Insolvenzverwalters gibt es dort, wo er – über die 11
bloße Beurteilung einzelner Tatbestandsmerkmale hinaus – in zutreffender Kenntnis des Sachverhaltes mehreren rechtlich denkbaren Folgeentscheidungen gegenübersteht, zwischen denen er abwägen muss. Das kann beispw. bei Beschlüssen über die Fortführung oder Schließung des Unternehmens der Fall sein. Strukturell liegt im „Ermessen" der Gegenbegriff zur gebundenen Entscheidung. **Gesetzlich bindende Anordnungen** haben stets Vorrang; ihnen liegen idR Formulierungen wie „ist" oder „muss" zugrunde. Wo die Ausübung von Ermessen erlaubt ist (etwa durch Formulierungen wie „kann", „darf", „soll", „ist berechtigt oder befugt"), darf der Verwalter aber den allg. gesetzlich vorgegebenen Rahmen nicht überschreiten. Insgesamt hat er bei der Ermessensausübung alle maßgeblich betroffenen, ggf. miteinander konkurrierenden Belange sach- und insolvenzzweckgerecht zu gewichten. Das Gericht prüft an dieser Stelle nur, ob die Ermessensbetätigung des Verwalters sich in den insolvenzgesetzlich vorgegebenen Grenzen bewegt, den Beschlussvorgaben von Gläubigerausschuss und Gläubigerversammlung entspricht und auch ansonsten den insolvenzrechtlichen Grundregeln und Zielsetzungen genügt. Im Zuge reiner Rechtmäßigkeitskontrolle hat das **Gericht keine eigene Ersetzungsbefugnis;** es darf an die Stelle rechtmäßigen, ihm jedoch unzweckmäßig erscheinenden Verhaltens des Verwalters keine eigene Ermessensbetätigung setzen oder sonstige Beanstandungen zur Zweckmäßigkeit anbringen (*Schmidberger* NZI 2011, 928 [930]; zur Frage der Sinnhaftigkeit einer Beauftragung externer Dienstleister *Graeber/Graeber* ZInsO 2013, 1284 [1286]; zu Meinungsverschiedenheiten in der Auslegung von Beschlüssen der Gläubigerversammlung s. LG Traunstein NZI 2009, 654 mit Anm. *Keller,* NZI 2009, 633: im Zweifel Folgeversammlung notwendig).

Die **Beanstandung** vollzieht sich intern ohne Bindung an eine besondere Form. 12
Sie kann mündlich geschehen, in einem Anschreiben an den Insolvenzverwalter oder durch Prüfvermerke zur Akte, die den Gläubigern – etwa anlässlich der Rechnungslegung des Verwalters – zugänglich gemacht werden. Weitere Fingerzeige gibt die Anordnung über Mitteilungen in Zivilsachen (MiZi), zB in den Abschnitten XXIII, XXIV. Bei begründetem Verdacht von Straftaten sind ggf. die Ermittlungsbehörden zu unterrichten. Dagegen wirkt das Gericht grds. nicht im **Außenrechtskreis** an der materiellen Konstituierung der Insolvenzmasse rechtsgestaltend mit. Auch sonst beschränkt sich die eigene aktive Rechtsgestaltung des Gerichtes auf wenige, ausdrücklich gesetzlich statuierte Ausnahmen, hier va auf

- die Anordnung von Sicherungsmaßnahmen gem. § 21;
- die Bestellung eines vorläufigen oder eines endgültigen Insolvenzverwalters mit der Übertragung von Verfügungsmacht gem. §§ 56, 80 (zur darin liegenden „Rechtsgestaltung" s. Komm. → § 56 Rn. 1 u. → Rn. 32; zum Vorrang der Gläubigerautonomie → § 56a Rn. 15 ff.);
- die Bestellung eines vorläufigen oder endgültigen Sachwalters gem. §§ 270a Abs. 1 S. 2, 274 Abs. 1;
- die etwaige spätere Abberufung des Insolvenzverwalters bzw. Sachwalters gem. § 59;

– die Bestellung eines Sonderinsolvenzverwalters (s. Komm. → § 56 Rn. 66);
– die Herausnahme unpfändbarer Gegenstände in Verfahren natürlicher Personen aus dem Beschlagnahmevolumen gem. § 36 Abs. 4 bzw. die Gewährung von Vollstreckungsschutz gem. §§ 766 ZPO, 148 Abs. 2 S. 2 InsO.

Das Gericht ist somit **kein „Schattenverwalter"** und führt auch sonst in der Abwicklung des Insolvenzverfahrens nicht aktiv handelnd Regie (zutr. Uhlenbruck/*Vallender* Rn. 2). In der materiellen Konstituierung der Insolvenzmasse liegt die klassische **Kernkompetenz des Insolvenzverwalters und der Gläubigervertreter** (vgl. dazu schon die Komm. zu → § 56 Rn. 29; außerdem BGH NZI 2008, 244 mit Verweis auf die vorgehende **Zuständigkeit des Prozessgerichtes** bei Meinungsverschiedenheiten, bestätigt von BGH NZI 2008, 753 u. BeckRS 2008, 22463; Jaeger/*Henckel* § 35 Rn. 129; HambK-InsO/*Lüdtke* § 35 Rn. 272; Kreft/*Ries* § 35 Rn. 83). Schon im Ausgangspunkt problematisch ist daher die in die materielle Verfahrensabwicklung eingreifende Einzelermächtigungstheorie des BGH zur Begründung von Masseverbindlichkeiten durch den schwachen vorläufigen Verwalter (BGHZ 151, 353 = NZI 2002, 543; ihr folgend ua HambK-InsO/*Frind* Rn. 4c mwN; demgegenüber abl. *Ries* ZInsO 2013, 1612 [1619 ff.]).

13 Eine eigene **Mitwirkungs- und Anordnungskompetenz des Gerichtes** bedarf auch im Binnenrechtskreis stets der besonderen gesetzlichen Ermächtigung. Insofern regelt das Gesetz – zT anknüpfend an qualifizierte Anträge- und Beschlusslagen bei den weiteren Beteiligten – enumerativ bestimmte **Sonderfälle** wie beispw.

– die Zustimmung zur Betriebsstilllegung gem. „§ 22 Abs. 1 Nr. 2;
– die Bestimmung der Hinterlegungsstelle gem. § 149 Abs. 1 S. 2;
– den Verzicht auf ein Masseverzeichnis gem. § 151 Abs. 3;
– die vorläufige Untersagung der Betriebsstilllegung oder -veräußerung gem. § 158 Abs. 2 S. 2;
– die vorläufige Untersagung bedeutender Rechtshandlungen gem. § 161 S. 2;
– die Ankoppelung der Betriebsveräußerung an die Zustimmung der Gläubigerversammlung gem. § 163 Abs. 1;
– die Zustimmung zur Schlussverteilung gem. § 196 Abs. 2.

In diesem eng vorgegebenen Rahmen eigener Befugnisse entscheidet das Insolvenzgericht über die **Zweckmäßigkeit** seines Handelns autark (insoweit ausgenommen jedoch die ggf. inzident mit zu prüfenden Handlungen des Verwalters). Entscheidet im Falle der Erinnerung und Nichtabhilfe anschließend der Richter gem. § 11 Abs. 2 S. 3 u. 4 RPflG, ist er an die vorausgegangenen Zweckmäßigkeitserwägungen des Rechtspflegers nicht gebunden, sondern muss selbst ermessensgerecht befinden (vgl. BGH NZI 2012, 619 Rn. 16; BeckRS 2008, 23423).

14 Im Wesentlichen konzentriert sich die **Beanstandungsbefugnis des Insolvenzgerichtes** (im Zuge reiner Rechtsaufsicht; → Rn. 3 u. → Rn. 9) auf das Amtsverhältnis des Insolvenzverwalters mit seinen daraus hervorgehenden **insolvenzspezifischen Rechte- und Pflichtenbeziehungen** (Beispiele bei *Schmidberger* NZI 2011, 928). Dazu gehört neben der Frage einer fortdauernden **Unabhängigkeit** und Zuverlässigkeit des Verwalters (hierzu insbes. BGH NJW-RR 2012, 953 Rn. 17 in Fortführung von BGHZ 113, 262 = NJW 1991, 982; dazu Haarmeyer ZInsO 2011, 1147) auch diejenige seines ausreichenden **Haftpflichtversicherungsschutzes** (vgl. HambK-InsO/*Frind* § 56 Rn. 15b u. § 58 Rn. 3a). Klassische Aufsichtsanordnung bei intransparentem Verfahrensstand ist die Aufforderung zur Zwischenrechnungslegung (BGH BeckRS 2010, 25707). Teilw. zu weit geht der Kontrollkatalog bei MüKoInsO/*Graeber* (Rn. 31 f.), soweit er zB allg. **Kündigungen und Prozessführung** – also materielle Fragen der Massekonstituierung und ihres Erhaltes (dazu vorstehend → Rn. 12) – einbezieht. Über

die jeweilige Tatsache an sich mag zu berichten und die späteren Ergebnisse mögen gerichtlich für die Gläubiger zu dokumentieren sein (zB auffällig hohe Misserfolgsquote); aber inhaltlich darf sich das Insolvenzgericht insoweit in das aktive Handeln an sich nicht einmischen (LG Köln ZVI 2007, 80). Ebenfalls zu weit geht deshalb HambK-InsO/*Frind* (Rn. 3b), wenn dort auch die Einhaltung allgemeiner – nicht insolvenzspezifischer – Gesetze etwa des HGB, des Steuerrechts und des Datenschutzes kontrollunterworfen werden. Die hier vertretene Ansicht sieht den Normzweck enger; er spiegelt sich weitgehend im besonderen, speziellen Haftungsstatut von §§ 60, 61 wider (Näheres in der Komm. dort). In welchem Maße und bzgl. welcher Aufgaben der Verwalter **externe Dienstleister beauftragt,** unterliegt i. a. R. nicht der Aufsicht durch das Insolvenzgericht (*Graeber/Graeber* ZInsO 2013, 1284 [1286]); davon zu trennen ist die ganz andere Frage, ob und wie sich das im Einzelfall leistungsmindernd auf die Verwaltervergütung auswirkt. Wegen § 47 S. 2 liegt grenzwertig der Anspruch auf **Aussonderung;** blickt man auf die insolvenzspezifischen Haftungserwägungen des BGH (NZI 2007, 286), erscheint das Thema nicht a priori insolvenzgerichtlicher Aufsichtsbetrachtung verschlossen (aA Uhlenbruck/*Vallender* Rn. 18; BK-InsO/*Blersch* Rn. 5). **Absonderungsgegenstände** sind dagegen eindeutig Bestandteil der Insolvenzmasse (vgl. § 50 Abs. 1 S. 1) und insofern insolvenzgerichtlicher Kontrolle unterworfen (Uhlenbruck/*Vallender* Rn. 19).

Das Insolvenzgericht hat sich nicht mit sonstigen **berufsständischen Regeln** aus der Sonderzuständigkeit von Berufskammern zu befassen (etwa der Rechtsanwälte, Steuerberater und Wirtschaftsprüfer; s. zur Frage bereichsspezifischer Überhänge aus der WPO BGH ZIP 2005, 176 [178] sowie solcher aus der BORA BGH ZInsO 2015, 1609), da es insofern um ganz andere Fragestellungen geht (s. Komm. → § 56 Rn. 61), wie auch umgekehrt die berufsständische Kontrolle eine eigenständige insolvenzgerichtliche Aufsicht nicht entbehrlich macht. Zu verbandspolitischen Zulassungs- und Qualitätsgrundsätzen s. Komm. → § 58 Rn. 21. Außerhalb des besonderen Berufsrechtes trifft man häufig – etwa im allgemeinen Handels- und Gesellschaftsrecht – auf Überschneidungen im Bereich der **Rechnungslegung gem. § 155.** Hier geht im Zweifel die insolvenzspezifische Kontrolle nach dem lex-specialis-Gedanken vor und macht damit andere allgemeine Publikations- und Transparenz(kontroll)regelungen teilw. entbehrlich (s. LG Bonn NZI 2009, 194; *Stollenwerk/Kurpat* BB 2009, 150 [153] u. *Ries* ZInsO 2008, 536: keine Pflicht des Insolvenzverwalters zur Veröffentlichung von Handelsbilanzen nach EHUG; s. BGH NZI 2011, 742; OLG Jena NZI 2010, 541: ggf. keine Pflichtprüfung von Genossenschaften nach § 53 GenG). 15

Die **Kontrolldichte** muss in Häufigkeit und Intensität unter Berücksichtigung der Erfahrung des Verwalters, seiner bisherigen Zuverlässigkeit und nach Schwierigkeit bzw. Bedeutung des Falles in sachgerechtem Ermessen bestimmt werden. Ob das **Vorhandensein eines Gläubigerausschusses** wirklich das Anforderungsprofil an die gerichtliche Kontrolle spürbar herabsenkt (so Kreft/*Eickmann,* 6. Aufl. 2011, Rn. 6; zudem für das Eröffnungsverfahren nach ESUG HambK-InsO/*Frind* Rn. 3d), lässt sich nicht pauschal beantworten; nach hier vertretener Ansicht bleiben die **unterschiedlichen Informations(zugangs)quellen** und Zielausrichtungen im Zweifel bedeutsam (s. zum Meinungsstand Uhlenbruck/*Vallender* Rn. 6 f. mwN). Zum **Turnus der Berichterstattung** vorstehend → Rn. 5. Eine permanente Online-Kontrolle aller Sonderkonten des Verwalters können die Gerichte weder leisten noch ist dies zumutbar (ähnlich Jaeger/*Gerhardt* Rn. 8: keine permanente Rechnungskontrolle). Stichproben muss man regelmäßig ziehen (Uhlenbruck/*Vallender* Rn. 17; zu lasch OLG Stuttgart ZIP 2007, 1822 m. krit. Anm. *Brenner*). Der Anforderungsmaßstab an die Effizienz insolvenzgerichtlicher Kontrolle sollte zumindest der **kursorischen Prüfung in einem summarischen Verfahren** entsprechen. Unklare Abläufe sind vom Ver- 16

walter plausibel und glaubhaft zu machen. Der **Verwertungsfortschritt** ist von Zeit zu Zeit konkret gegenstandsbezogen abzufragen; an der Entwicklung entsprechender Abfragestandards wurde zwischenzeitlich gearbeitet, beispw. im JM Düsseldorf von der Arbeitsgruppe „Fortgeschriebene Rechnungslegung" (vgl. *Langer/Bausch* ZInsO 2011, 1287). Auf **Strafverfahren** gegen den Verwalter oder dessen schwerwiegende Erkrankung ist zu achten; Gerüchte sind zunächst zu verifizieren (unverständlich die Zurückhaltung von BGH NZI 2008, 241; zu Recht bereits krit. zur Vorinstanz *Brenner* ZIP 2007, 1826; zu weiteren Negativbeisp. unkontrollierter Missbrauchsfälle HambK-InsO/*Frind* Rn. 3a mit zahlr. Nachw.). Die Aufsichtsführung ist eine **Kernaufgabe des Gerichtes** (→ Rn. 1), weshalb die zunehmende **Praxis rein pauschaler Delegation von Prüfungsaufgaben** auf Wirtschaftsprüfer und private Sachverständige bedenklich erscheint, mag das auch ausnahmsweise im konkreten Einzelfall einmal angemessen sein (vgl. zum Diskussionsstand HambK-InsO/*Frind* Rn. 5a mwN). Die Justizgewährleistungspflicht des Art. 19 Abs. 4 GG verbietet zugleich entschuldigende Generalhinweise auf zu niedrigen Personal- bzw. Ausbildungsstand der Justiz (s. Komm. → § 56 Rn. 43).

17 **3. Aufhebung bzw. Rückgängigmachung rechtsverletzender Beschlüsse und Maßnahmen.** Nach stark vertretener Ansicht soll das Gericht in der eigentlichen Abwicklung des Insolvenzverfahrens den Verwalter anweisen, dh von ihm die **Vornahme bestimmter Handlungen** fordern oder ihm bestimmte Handlungen untersagen dürfen (s. etwa Nerlich/Römermann/*Delhaes* Rn. 10 ff.; Ahrens/Gehrlein/Ringstmeier/*Lind* Rn. 9; HambK-InsO/*Frind* Rn. 4: „Verfahrensabwicklungsanweisungen" u. *ders.* Rn. 4c aE bzw. Rn. 9: Untersagung von Vertragsschlüssen bzw. von sinnlosen Betriebsfortführungen; Anweisung zu gebotenen Anfechtungsprozessen u. dgl. mehr; demggüb. sehr viel zurückhaltender Kreft/*Riedel* Rn. 4 u. 6). Dazu sollen auch sog Rückzahlungsanordnungen in die Masse bzgl. entnommener oder falsch ausgezahlter Beträge zählen (zum Für und Wider Uhlenbruck/*Vallender* Rn. 11 mwN; zu Recht abl. LG Mönchengladbach ZInsO 2009, 1074 [1075]). Dem ist in dieser Allgemeinheit – über die in → Rn. 13 ausdrücklich angesprochenen gerichtlichen Sonderbefugnisse hinaus – nicht zu folgen (ähnlich Jaeger/*Gerhardt* Rn. 16 f.). Bedeutung hat an dieser Stelle va, dass

- dem Insolvenzgericht keine eigene Ersetzungsbefugnis zusteht (→ Rn. 11; ferner Kreft/*Ries* § 157 Rn. 8);
- das Gesetz in § 58 Abs. 2, Abs. 3 und § 59 die zur gerichtlichen Aufsichtsführung möglichen Rechtsfolgeanordnungen enumerativ aufzählt;
- nach § 66 die Schlussrechnungslegung „gegenüber der Gläubigerversammlung" erfolgt; das Insolvenzgericht prüft sie lediglich vor und versieht sie mit weiterführenden Anmerkungen;
- nach § 197 Abs. 1 Nr. die Schlussrechnung sodann im Schlusstermin unter den Gläubigern zu erörtern ist;
- wie überhaupt das Insolvenzverfahren in erster Linie von dem Gedanken der Autonomie der Gläubiger geprägt und deren maßgebliche Beschlussfassung abzuwarten ist, also die vornehmste Aufgabe des Gerichtes darin besteht, den Gläubigern die Informationsgrundlagen mit den maßgeblichen Tatsachenerkenntnissen zu liefern;
- die Durchsetzung von gemeinschaftlichen Rückgriffs- und Schadenersatzansprüchen nach der Gesetzessystematik in die Zuständigkeit eines Sonderinsolvenzverwalters fällt, den das Gericht nötigenfalls bestellen muss (vgl. § 92 S. 2);
- zu diesbetreffenden Streitigkeiten vorrangig der allgemeine Prozessweg eröffnet ist (→ Rn. 12).

In erster Linie befinden somit die **Gläubiger** darüber, ob und wie sie etwaige Rechtsverstöße des Insolvenzverwalters ahnden möchten bzw. ob sie – als Gemeinschaft – die Bestellung eines Sonderinsolvenzverwalters anregen wollen (vgl. BGH NZI 2010, 940 Rn. 5; zum insoweit fehlenden Antragsrecht vereinzelter Gläubiger BGH NZI 2009, 238). Das Insolvenzgericht kann der ggf. erforderlichen, schon amtswegig möglichen **Bestellung eines Sonderinsolvenzverwalters** nicht dadurch aus dem Wege gehen, dass es stattdessen zur Sachregulierung eigene Erwägungen und „Anweisungen" tätigt (ähnlich wie hier Uhlenbruck/*Vallender* Rn. 12). Auf etwaige Fehler „hinweisen" kann es die Beteiligten aber stets. Letztlich wirkt also die Rechtsaufsicht überwiegend informatorisch und vorbereitend für eine etwaige Rechtsverfolgung anderer Beteiligter; nur selten wirkt sie in aller Unmittelbarkeit repressiv (vgl. → Rn. 13 u. *Leithaus* NZI 2001, 124 [127] zu V.; FK-InsO/*Jahntz* Rn. 8; Braun/*Blümle* Rn. 7). Gegen den BGH (NZI 2014, 24) ist von daher abzulehnen die direkte Vergütungskürzung durch den Rechtspfleger wegen seines Erachtens zu Unrecht erfolgter Massezahlungen an Dritte, etwa den Steuerberater (dazu näher *Ries* EWiR 2014, 87 sub. 3.3).

IV. Androhung und Festsetzung von Zwangsgeld (Absatz 2)

18 Das Gesetz sieht auf der ersten Stufe zur Durchsetzung der Verwalterpflichten nur den mittelbaren Druck des Insolvenzgerichtes über die **Zwangsgeldfestsetzung** vor. Nicht möglich ist dagegen die **zwangsweise Vorführung** des Verwalters oder die Anordnung von **Erzwingungshaft;** der Rechtsausschuss strich seinerzeit die in § 69 RegE (hierzu BT-Drs. 12/2443, 128) enthaltene Regelung ersatzlos. Auch § 98 ist insoweit nicht analog heranziehbar (BGH NZI 2010, 146 Rn. 6). Daneben hat ein bestellter **Sonderinsolvenzverwalter,** sofern ihm entsprechende materielle Ansprüche zur Seite stehen, die Möglichkeit der Rechtsverfolgung im **ordentlichen Klageweg,** sei es auf Auskunftserteilung, Herausgabe von Unterlagen oder Zahlung von Geld (vgl. insoweit aber BGH NZI 2010, 984: Anspruch auf Auskunft: Ja; Anspruch auf Rechnungslegung: Nein, da § 66 nicht ihn legitimiere).

19 Die **Verhängung eines Zwangsgeldes** setzt ein Verschulden des Verwalters in der Nichterfüllung seiner **Auskunfts- und Mitwirkungspflichten** voraus. Deren korrekte Erfüllung muss ihm objektiv möglich und zumutbar sein. Unter Beachtung der Ausführungen zu → Rn. 9, → Rn. 14, → Rn. 17 konzentriert sich der Zwang auf die Durchsetzung verfahrensspezifischer Informationspflichten als Grundlage der Rechtsaufsicht (Auskunft, Berichterstattung, Rechnungs- und Rechenschaftslegung; s. BGH NZI 2005, 391 zur Erzwingung der Teilschlussrechnung des ausgeschiedenen Verwalters). Die gerichtliche Erzwingung weitergehender Handlungen und Unterlassungen, über deren Opportunität die Gläubiger autonom befinden bzw. zu deren Durchsetzung im Streitfall allein ein Sonderinsolvenzverwalter berufen ist, scheidet aus.

20 Das Festsetzungsverfahren verläuft dreistufig. Zunächst ergeht allg. eine **Aufforderung zur Pflichterfüllung** mit präziser Detailangabe dessen, was das Gericht dem Verwalter abverlangt. Dies spricht das Gesetz nicht ausdrücklich an, ist aber selbstverständlich (Kreft/*Riedel* Rn. 8). Sodann folgt im zweiten Schritt bei Aktenwiedervorlage nach Verstreichen angemessener Zeit die **Androhung des Zwangsgeldes** (vgl. allgem. zur Hinweispflicht auf die Folgen bei Pflichtverstoß § 35 Abs. 2 FamFG; zur Anlehnung an § 84 Abs. 2 S. 1 KO s. BT-Drs. 12/7302, 161 re. Sp.). Die Androhung ist nach hM nicht an eine bestimmte Form gebunden (LG Göttingen NZI 2009, 61), aber mit einer **Fristsetzung** und auch **Betragsangabe** zu verknüpfen (Uhlenbruck/*Vallender* Rn. 32; Kreft/*Riedel* Rn. 8; abw. MüKoInsO/*Graeber* Rn. 50: sinnvoll, aber nicht zwingend). Verstreicht die gesetzte Frist ungenutzt bzw. erfüllt der Verwalter seine Pflicht nur unzureichend, erfolgt im

dritten Schritt – sofern der Verwalter die Pflichtverletzung nicht ausreichend entschuldigt – eine **Zwangsgeldfestsetzung** durch zuzustellenden Gerichtsbeschluss. Dieser ist amtswegig vollstreckbar (vgl. § 794 Nr. 3 ZPO, §§ 2 ff. JustBeitrO). Allerdings besteht bei Nichtzahlung keine Möglichkeit zur Festsetzung von Ersatzzwangshaft; § 888 Abs. 1 S. 1 ZPO gilt insoweit nicht (→ Rn. 18).

21 Die **Höhe des** einzelnen **Zwangsgeldes** beträgt max. 25.000 EUR und muss in vernünftiger Relation zur Schwere der Pflichtverletzung stehen. Nach vergeblicher Festsetzung und Beitreibung eines ersten Zwangsgeldes kann auch ein zweites festgesetzt werden. Mehrere, für dieselbe Pflichtverletzung verhängte Zwangsgelder können zusammengerechnet den Betrag von 25.000 EUR überschreiten (zu alledem BGH NZI 2005, 391 [392]: wegen unterbliebener Teilschlussrechnung im besonderen Einzelfall erstes Zwangsgeld von 15.000 EUR und zweites von 20.000 EUR in Ordnung). Das Zwangsgeld ist nur gegenwärtiges Mittel zur Verwirklichung seines künftigen Zwecks. Es ist keine Strafe und **nach Erledigung der Pflicht** nicht mehr festsetzbar (MüKoInsO/*Graeber* Rn. 52; FK-InsO/*Jahntz* Rn. 12). Ein bereits gefällter, aber noch nicht rechtskräftiger Beschluss ist nach Erledigung aufzuheben (BGH WM 2012, 50 Rn. 4; ZInsO 2013, 1635; FK-InsO/*Jahntz* Rn. 16); eine angelaufene Vollstreckung ist einzustellen (Kreft/*Riedel* Rn. 11). **Nach rechtskräftiger Festsetzung** besteht zwar letztlich keine Aufhebungspflicht (aA *Frege/Keller/Riedel* HRP Rn. 812; Kreft/*Riedel* Rn. 11; diff. MüKoInsO/*Graeber* Rn. 61: Das Gericht kann, muss aber nicht aufheben), jedoch mit der hM ein **Vollstreckungsverbot** (BGH NZI 2015, 366). Das Insolvenzgericht hat gem. §§ 794 Abs. 1 Nr. 3, 795, 767 ZPO, § 4 InsO im Beschlussweg über den Befriedigungseinwand zu befinden; hiergegen sofortige Beschwerde nach § 793 ZPO möglich (ebenso Jaeger/*Gerhardt* Rn. 28; abw. BK-InsO/*Blersch* Rn. 17; FK-InsO/*Jahntz* Rn. 16: gegen Beitreibung Erinnerung analog § 766 ZPO; aA Uhlenbruck/*Vallender* Rn. 33 u. HambK-InsO/*Frind* Rn. 12: Der rechtskräftige Beschluss bleibt weiterhin durchsetzbar).

V. Herausgabepflichten des ausgeschiedenen Verwalters (Absatz 3)

22 Wählt die Gläubigerversammlung einen anderen (vorläufigen) Insolvenzverwalter (§§ 56a Abs. 3, 57) oder beruft das Insolvenzgericht den bisherigen Verwalter aus wichtigem Grund ab (§ 59), sind von ihm die verwaltete Insolvenzmasse und alle nötigen Dokumente dem Amtsnachfolger herauszugeben. Die Bestellungsurkunde ist an das Insolvenzgericht auszuhändigen (§ 56 Abs. 2; s. dort Komm. → Rn. 69). Insoweit unterliegt auch der ausgeschiedene Verwalter bis zur abschließenden Erledigung aller Amtspflichten weiterhin gerichtlicher Aufsicht und hat persönlich Rechnung zu legen (→ Rn. 3 u. BGH NZI 2005, 391). §§ 883, 887, 888 ZPO sind allerdings nicht anwendbar (BGH NZI 2010, 146); § 148 Abs. 2 gilt nur gegenüber dem Schuldner, nicht aber gegen den ausgeschiedenen Verwalter. Zur Klagemöglichkeit des Sonderinsolvenzverwalters → Rn. 18.

23 Aufsichts- und Zwangsmaßnahmen des § 58 sind immer nur gegen den Amtsträger selbst zu richten; nur er ist der insolvenzgerichtlichen Hoheitsgewalt unterworfen, nicht seine Erben oder andere Dritte. Insoweit bleibt dem Amtsnachfolger bei Streit mit Erben oder sonstigen Dritten nur der Zivilprozess (Kreft/*Riedel* Rn. 15).

VI. Rechtsmittel der sofortigen Beschwerde (Absatz 2 Satz 3)

24 Zu **Aufsichtsanordnungen des Insolvenzgerichts** gem. § 58 Abs. 1 InsO enthält das Gesetz keine Bestimmung iSv § 6 Abs. 1 S. 1, nach der die sofortige Beschwerde eröffnet ist. Deshalb steht den Betroffenen **(Schuldner wie Gläubigern)** gegen die Ablehnung einer begehrten Aufsichtsmaßnahme ebenso wenig

ein Rechtsmittel zu (BGH NZI 2006, 593; vgl. auch BGH NZI 2006, 529 zu § 59) wie dem **Insolvenzverwalter** gegen deren Anordnung; ihm bleibt nur die **befristete Erinnerung** gegen die ihn belastende Entscheidung des Rechtspflegers nach § 11 Abs. 2 RpflG (vgl. BGH NZI 2003, 31; 2009, 106 Rn. 8 ff.; BeckRS 2011, 04944; Kübler/Prütting/Bork/*Lüke* Rn. 13b; MüKoInsO/*Graeber* Rn. 60; Uhlenbruck/*Vallender* Rn. 37). **Bei richterlichen Anordnungen** gibt es mithin (nach BVerfG NZI 2010, 57 verfassungsrechtlich unbedenklich) überhaupt kein Rechtsmittel. Ist – wie hier – die sofortige Beschwerde unstatthaft, also die Ausgangsentscheidung unanfechtbar, kommt selbst dann, wenn sie das Beschwerdegericht dennoch sachlich verbeschieden hat, eine Rechtsbeschwerde nicht in Betracht (s. BGH NZI 2009, 553 mit Anm. *Ganter*). Bewirken falsche oder unzureichende Aufsichtsmaßnahmen wirtschaftliche Schäden, verbleibt dem Betroffenen allein der **Amtshaftungsanspruch** nach Art. 34 GG, § 839 BGB (dazu ausführl. BGH NZI 2015, 24 [der Fall betraf die Nichtbewilligung eines Vergütungsvorschusses]; Uhlenbruck/*Vallender* Rn. 38 f.; sa FK-InsO/*Jahntz* Rn. 20). Zur vergleichbaren Konstellation bei gerichtlichem Auswahlverschulden in der Verwalterbestellung s. Komm. → § 56 Rn. 35 u. 71. Entscheidungen des Insolvenzrichters oder Rechtspflegers begründen Amtshaftungsansprüche nur bei „objektiv unvertretbarem" Vorgehen. Gem. § 9 RPflG ist der Rechtspfleger bei seiner Amtsausübung in gleicher Weise sachlich unabhängig wie der Richter (BGH NZI 2015, 24 Rn. 19 f.).

Die **sofortige Beschwerde des Verwalters** gem. Absatz 2 Satz 3 ist nur gegen 25
die **Zwangsgeldfestsetzung,** nicht schon gegen dessen -androhung statthaft (BGH NZI 2011, 442; LG Göttingen NZI 2013, 444; FK-InsO/*Jahntz* Rn. 19). Sie hat keine aufschiebende Wirkung (Jaeger/*Gerhardt* Rn. 27). Mit ihr angreifbar ist wegen → Rn. 24 allein die Festsetzung an sich, nicht – auch nicht inzident – die Zulässigkeit der vorausgegangenen Aufsichtsanordnung (BGH NZI 2011, 442). Die Kostenentscheidung im Zwangsgeldfestsetzungsverfahren ist nicht isoliert anfechtbar (OLG Zweibrücken ZInsO 2001, 87).

Entlassung des Insolvenzverwalters

59 (1) [1]**Das Insolvenzgericht kann den Insolvenzverwalter aus wichtigem Grund aus dem Amt entlassen.** [2]**Die Entlassung kann von Amts wegen oder auf Antrag des Verwalters, des Gläubigerausschusses oder der Gläubigerversammlung erfolgen.** [3]**Vor der Entscheidung des Gerichts ist der Verwalter zu hören.**

(2) [1]**Gegen die Entlassung steht dem Verwalter die sofortige Beschwerde zu.** [2]**Gegen die Ablehnung des Antrags steht dem Verwalter, dem Gläubigerausschuss oder, wenn die Gläubigerversammlung den Antrag gestellt hat, jedem Insolvenzgläubiger die sofortige Beschwerde zu.**

Schrifttum: *App,* Zum Antrag auf Entlassung eines ungeeigneten Insolvenzverwalters durch das Insolvenzgericht, KKZ 2006, 33; *Frind,* Der Einfluss von Selbstregularien der Insolvenzverwalter-Zusammenschlüsse bei der Auswahl, Aufsicht und der Entlassung von Insolvenzverwaltern, NZI 2011, 785; *Gehrlein,* Abberufung und Haftung von Insolvenzverwaltern, ZInsO 2011, 1713; *Graeber,* Zu den Voraussetzungen und zum Verfahren der Entlassung und Neubestellung von Insolvenzverwaltern, RPfleger 2003, 529; *Pape,* Zu den Problemen der Abberufung des Insolvenzverwalters aus wichtigem Grund gem. § 8 III 2 GesO, DtZ 1995, 40; *Rechel,* Die Nachfolge in der Insolvenzverwaltung, ZInsO 2012, 1641; *Smid,* Zur Entlassung des Insolvenzverwalters aus wichtigem Grund, DZWiR 2002, 83; *Schmittmann,* Rechtsprechungsübersicht zur Entlassung des (vorläufigen) Insolvenzverwalters von Amts wegen, NZI 2004, 239; *Zimmer,* Herausgabepflichten eines ausgeschiedenen Verwalters – Stellungnahme zu § 59 InsO (GAVI), ZVI 2007, 277; *ders.,* Schlussrechnung des ausgeschiedenen Verwalters, ZInsO 2010, 2203.

Übersicht

I. Allgemeines

1 Die gerichtliche **Entlassung** des Insolvenzverwalters aus seinem Amt ist „ultima ratio" für Fälle, in denen mildere Aufsichtsmittel iSv § 58 nicht fruchten und von der Insolvenzmasse potenziell schwere Nachteile abzuwenden sind. Die Entlassung von Amts wegen kann völlig losgelöst von dem **Abwahlrecht der Gläubigerversammlung** gem. § 57 ausgesprochen werden (MüKoInsO/*Graeber* Rn. 6); sie ist abweichend zu § 84 Abs. 1 S. 2 KO insoweit auch nicht antragsgebunden. Nach § 59 Abs. 1 S. 2 sind Anträge statthaft, aber nicht zwingend; das Gericht kann auch amtswegig tätig werden. Zur möglichen Ablehnung von Gerichtspersonen wegen **Befangenheit** s. stellvertr. die Nachw. bei HambK-InsO/*Frind* Rn. 2b aE; bloße **Meinungsunterschiede zwischen Gericht und Verwalter** begründen für Letzteren noch kein Ablehnungsrecht (vgl. einerseits Uhlenbruck/*Vallender* Rn. 14 u. andererseits nachfolgende Komm. zu → Rn. 8 aE).

2 Die gerichtliche Entlassung ist ferner die einzige Möglichkeit, dass der Verwalter sein Amt **auf eigenen Wunsch** aufgeben kann; denn nach erfolgter Annahme des Amtes gibt es ansonsten keine Möglichkeit zum einseitigen Rücktritt oder zur Amtsniederlegung (s. Komm. zu → § 56 Rn. 59). Auch insoweit ist also ein wichtiger Grund vonnöten (zB schwere Erkrankung, privater Ortswechsel, hohes Lebensalter oder sonstiger bedeutsamer Verhinderungsaspekt).

3 Über die **Verweisungsbrücken in §§ 21 Abs. 1 Nr. 1, 270a Abs. 1 S. 2, 270b Abs. 2 S. 1, 274 Abs. 1 und 292 Abs. 3 S. 2** gilt die Norm auch **gegenüber dem vorläufigen Insolvenzverwalter,** dem (vorläufigen oder endgültigen) **Sachwalter** sowie – etwas modifiziert (ein Antrag eines einzelnen Gläubigers genügt) – gegenüber dem Treuhänder in der sog Wohlverhaltensphase. § 59 findet gem. § 313 Abs. 1 S. 3 aF zudem noch Anwendung in IK-Sachen auf den **Treuhänder** im „vereinfachten Insolvenzverfahren" (Altfälle mit Eröffnung vor dem 1.7.2014; dazu nachfolgend → Rn. 7 beachten). Die Entlassung eines Sonderinsolvenzverwalters hat der Gesetzgeber nicht ausdrücklich geregelt; hier gilt jedoch § 59 analog (s. Komm. → § 56 Rn. 66).

II. Wichtiger Entlassungsgrund (Absatz 1 Satz 1)

4 **1. Entlassung gegen den Willen des Verwalters.** Der Wortlaut des Absatz 1 Satz 1 ist eindeutig; die Entlassung bedarf eines wichtigen Grundes. Es muss – objektiv nachvollziehbar – eine **schwerwiegende Pflichtverletzung** des Verwalters zugrunde liegen; ein nur subjektiv fehlendes Vertrauen des Gerichtes in seine Amtsführung genügt nicht (BGH ZInsO 2012, 551; BeckRS 2012, 10922 Rn. 5; NZI 2015, 20 Rn. 7). Prognostisch müssen die negativen Auswirkungen

einer Beibehaltung des Verwaltersamtes auf den Verfahrensablauf so erheblich sein, dass es in Anbetracht der berechtigten Belange der Beteiligten sachlich nicht mehr vertretbar erscheint, den Verwalter in seinem Amt zu belassen (BGH NZI 2011, 282; 2012, 619 Rn. 21; 2015, 20). Die Beurteilung, ob diese Voraussetzungen vorliegen, hat der insolvenzgerichtliche Entscheider und im Rechtsmittelfall der Tatrichter unter Berücksichtigung aller Umstände des Einzelfalls zu treffen – in gleichzeitiger Beachtung des Verfassungsgrundsatzes der **Verhältnismäßigkeit** (BGH NZI 2006, 158 Rn. 8). Dabei muss er vom Vorliegen der maßgeblichen Tatsachen **vollständig überzeugt** sein. Nur ausnahmsweise genügt bereits das Vorliegen konkreter Anhaltspunkte, wenn der dringende **Verdacht einer Verletzung besonders bedeutsamer Verwalterpflichten** im Rahmen zumutbarer Amtsermittlung gem. § 5 Abs. 1 InsO nicht ausgeräumt werden kann und der Masse deshalb ernstlich größere Schäden drohen (BGH NZI 2006, 158; 2011, 282; sa BAG NZA 2008, 219 Ls. 6 u. Rn. 41 ff. zum vergleichbaren Problemfeld der arbeitsrechtlichen „Verdachtskündigung"). Insoweit treten der Schutz der Berufsausübungsfreiheit (Art. 12 GG) und die Unschuldsvermutung (Art. 6 Abs. 2 EMRK) zurück, weil der Insolvenzverwalter zugleich im öffentlichen Interesse tätig wird und Grundrechte der Gläubiger (Art. 14 Abs. 1 S. 1 GG) gefährdet sind. Im Konfliktfall geht das Interesse der Gläubiger an der gleichmäßigen und bestmöglichen Befriedigung ihrer Forderungen dem Interesse des Insolvenzverwalters an der Beibehaltung seines Amtes vor (vgl. BVerfG ZIP 2005, 537 [538]). Auf jeden Fall muss, sofern keine unmittelbare Gefahr im Verzug abzuwenden ist, eine vorherige **Anhörung des Verwalters** stattfinden; ggf. ist dessen Urlaubsrückkehr abzuwarten (BGH NZI 2009, 604 [605]; 2011, 282; nach BGH NZI 2010, 998 darf auch im Beschwerdeverfahren nicht vor Ablauf von zwei Wochen entschieden werden).

Zum persönlichen Anforderungsprofil an den Insolvenzverwalter (vgl. Komm. → § 56 Rn. 14) gehört neben seiner fachlichen Qualifikation die **persönliche Integrität,** insbes. seine Ehrlichkeit (BGHZ 159, 122 [129] = NZI 2004, 440 [442]). Darum können strafbare Handlungen eines Verwalters, va wenn sie sich bereits in anderen Verfahren zum Nachteil der Masse zugetragen haben, seine Entlassung rechtfertigen (BGH, ebendort; MüKoInsO/*Graeber* Rn. 22; FK-InsO/*Jahntz* Rn. 8). Bereits eine einmalige, in der Begehung einer Straftat zum Ausdruck kommende Pflichtverletzung kann die Entlassung eines Verwalters gebieten (Uhlenbruck/*Vallender* Rn. 9). 5

Der Verwalter hat dem Insolvenzgericht von sich aus Sachverhalte rechtzeitig **anzuzeigen,** aus denen die ernstliche Besorgnis herzuleiten ist, dass er **wegen eigener „Befangenheit"** sein Amt nicht neutral und unabhängig ausübt. Diese Anzeigepflicht besteht insbes. dann, wenn er einem Unternehmen, an dem er rechtlich oder wirtschaftlich beteiligt ist, einen entgeltlichen Auftrag der Insolvenzmasse erteilen will (s. BGH NJW-RR 2012, 953 Rn. 17 in Fortführung von BGHZ 113, 262 = NJW 1991, 982; dazu Haarmeyer ZInsO 2011, 1147). Ein bewusster Verstoß gegen diese Offenlegungspflicht ist schwerwiegend und rechtfertigt je nach Bedeutung im Einzelfall – ggf. auch in Kombination mit weiteren Pflichtverstößen – die Entlassung (BGH, ebendort). Dasselbe gibt, wenn der Verwalter bewusst die ausschließliche Vergütungsfestsetzungskompetenz des Insolvenzgerichtes unterläuft und eigenmächtig **Vergütungs- oder Auslagenbeträge** in ersichtlich überteuerter Höhe aus der Masse abzieht (BGH ZInsO 2012, 928 u. BGH NJW-RR 2012, 953: an Drittunternehmen unter maßgeblicher Beteiligung der Ehefrau werden pro Erstzustellung gem. § 8 Abs. 3 jeweils 30 EUR bzw. pro Folgezustellung 20 EUR bezahlt). Zur potenziellen **Wiederholungsgefahr** genügt, dass der Verwalter vergleichbare Pflichtverletzungen bereits in der Ausübung anderer Fälle beging (BGH NZI 2011, 282 Rn. 21; 2012, 619 Rn. 25 aE). 6

7 Die **Bestellung eines vorläufigen Insolvenzverwalters** gem. 21 Abs. 2 Nr. 1 endet automatisch mit der Insolvenzeröffnung; das Gericht, respektive die in der Auswahl zu beteiligenden Gläubiger, sind bzgl. der Bestellung des Verwalters im Hauptverfahren völlig frei (vgl. zur ggf. nötigen Gläubigerbeteiligung Komm. → § 56a Rn. 7 u. 27). Hingegen umfasste in den **Altfällen des** – zum 1.7.2014 abgeschafften – **„vereinfachten Insolvenzverfahrens"** die vorbehaltlose Bestellung zum Treuhänder bei Verfahrensbeginn auch schon die spätere Restschuldbefreiungsphase (§ 313 Abs. 1 S. 1 aF; näher BGH ZInsO 2003, 750; ZVI 2004, 544; NZI 2008, 114). Von daher verdrängte die Sonderregelung des § 313 Abs. 1 S. 2 den damals für IN-Sachen geltenden Grundsatz des § 291 Abs. 2 aF (Bestellung des Treuhänders erst im Beschluss über die Ankündigung der Restschuldbefreiung). Soweit solche IK-Altverfahren derzeit noch fortdauern, gilt also die **Bestellung eines neuen/anderen Treuhänders für die Wohlverhaltensperiode** als Fall der (konkludent erklärten) Entlassung, die einen wichtigen Grund voraussetzt (BGH NZI 2012, 619 Rn. 18). Infolge ersatzlosen Wegfalls des § 313 gilt demgegenüber für **Verfahren, die seit dem 1.7.2014 eröffnet** wurden, allein die neue Grundregel des § 288 S. 2: Das Amt des Insolvenzverwalters endet mit dem Aufhebungs- bzw. Einstellungsbeschluss; zugleich wird darin erstmalig ein Treuhänder bestellt (zutr. HambK-InsO/*Streck* § 288 Rn. 3: abw. zu früher kein gleichzeitiger Entlassungsvorgang).

8 Nach Vorgesagtem entscheidet die BGH-Rspr. zur Entlassung des Verwalters eher zurückhaltend streng. Andererseits wird von der Literatur der **„ultima-ratio-Grundsatz"** teilw. überdehnt (vgl. die Beisp. bei HambK-InsO/*Frind* § 59 Rn. 6). Nach hier vertretener Ansicht ist wie folgt zu differenzieren:

- Die allgemeine **Angabe mangelnder Erreichbarkeit des Verwalters** ist zunächst eine inhaltsleere Worthülse (vgl. Komm. → § 56 Rn. 28, 38, 41 f. zu „Höchstpersönlichkeit" und „Ortsnähe" mit dem zutreffenden Hinweis von Pluta, „Selbermachen" sei kein Qualitätsmerkmal an sich). Der BGH ließ Zweifel durchblicken, dass allein der Umstand einer nicht persönlichen Amtsführung die Entlassung des Treuhänders rechtfertigt (BGH NZI 2012, 619 Rn. 22). Entscheidend ist eine Gesamtbetrachtung aller konkret die Fallbearbeitung beeinträchtigenden Merkmale am Maßstab des besonderen Schweregrades von vorstehend → Rn. 4.
- **Täuschung über die eigene Eignung** (im Fall BGHZ 159, 122 = NZI 2004, 440 mit falschem Diplomtitel unter Vorspiegelung nicht vorhandener Qualifikation; im Zwangsverwalterfall BGH NZI 2009, 820 unter Vortäuschung einer Promotion; in beiden Fällen Vorstrafen wegen Titelmissbrauchs) rechtfertigt i. a. R. die Entlassung und schließt sogar eine Vergütungsberechtigung gem. § 63 Abs. 1 S. 1 aus (BGH NZI 2011, 760).
- Zur **unterlassenen Anzeige einer bestehenden Interessenkollision** zunächst → Rn. 6. Entscheidendes Gewicht hat letztlich, ob sich – wie dort – ein Geschehensablauf verwirklicht, der jegliche Vertrauensbasis zerstört, oder ob es nur um einen kleinen Verfahrens(teil)ausschnitt mit einem unbedeutenden, abtrennbaren Randsachverhalt geht, den man angemessen mit dem milderen Mittel partieller Sonderverwaltung lösen kann (s. Komm. → § 56 Rn. 23 f. u. 65; ähnlich *Graeber/Pape* ZIP 2007, 991 [993]). Keineswegs nur Randsachverhalt ist aber das Fallbeisp. bei *Haarmeyer* (ZInsO 2011, 1722). Ebenso wenig darf zu einem laufenden Insolvenzfall ein Sozius des Verwalters ein kollidierendes Mandat eines Beteiligten annehmen (AG Hamburg ZInsO 2004, 1324; *Pape* DtZ 1995, 40 [41]). Zur allgemeinen Mandatstätigkeit für Gläubiger in ganz anderen Angelegenheiten s. Komm. → § 56 Rn. 24; deutlich restriktiver jedoch der BGH (NZI 2004, 448 [449]). Nach LG Hamburg (NZI 2007, 415; hierzu *Frind* NZI 2007, 374 [376]) ist keine gültige Stimmrechtsvollmacht von Gläubi-

gern zum Insolvenzplan an Sozietätskollegen oder Mitarbeiter des Verwalters erteilbar. Zu weiteren Inhabilitätslagen s. *Hill* (ZInsO 2005, 1289). Zum Sonderfall der Konzerninsolvenz s. Komm. → § 56 Rn. 68; zur Neuregelung des § 56 Abs. 1 S. 3 (Vorschläge des Schuldners und/oder Beratung nur zu allgemeinen Abläufen) → § 56 Rn. 21.

- Zum **Verdacht von Straftaten** gelten die Ausführungen in → Rn. 4 (dazu insbes. BGH NZI 2011, 282).
- Eine permanente **Arbeitsüberlastung** des Verwalters bzw. ein **schuldhaftes Nichtbetreiben des Verfahrens** kann für die Sonderrechts-, Masse- und Insolvenzgläubiger erhebliche wirtschaftliche Nachteile zeitigen und ihr Grundrecht auf effektive Zwangsvollstreckung stark beeinträchtigen (Art. 19 Abs. 4, 14 Abs. 1 S. 1 GG; vgl. Komm. → § 56 Rn. 35). Ungebührliche Verzögerungen wirken zudem häufig masseschädigend (s. etwa § 169 Abs. 1 S. 1; zur denkbaren Verzögerunghaftung gem. § 60 s. BGH NZI 2004, 435 [437 re. Sp.]). Bei schwerwiegenden Nachteilen iSv → Rn. 4 muss deren Reichweite geklärt sein. Ist die gesamte Verfahrensbearbeitung betroffen, liegt ggf. die „Entlassung" nahe (s. Beispielfall BGH NZI 2010, 998 Rn. 6 ff.); geht es nur isoliert um abgrenzbare Spezialthemen (Anfechtungsprozess, Abverkauf eines einzelnen Massegegenstandes etc), ist als milderes Mittel die „Einsetzung eines Sonderinsolvenzverwalters" gegen anteilige Vergütungskürzung des bisher Tätigen zu erwägen.
- Die **Nichtbeachtung insolvenzgesetzlicher Rangfolgen** (Aus- und Absonderung vor Masseverpflichtungen und Insolvenzforderungen; Reihenfolge des § 209 Abs. 1 bei Masseunzulänglichkeit; insolvenzzweckwidrige Bezahlung von Insolvenzforderungen nach Eröffnung etc) ist in einer Gesamtschau zu gewichten. Ganz vereinzelte Fehler mögen auf der Haftungsebene der §§ 60, 61 korrigierbar sein; **systematische Falschbearbeitung** beschädigt die Integrität der Abläufe und das Vertrauen der Bürger in einen korrekten Verfahrensgang, was besonders schwer wiegt. Hat das Gericht zu einem bestimmten Thema einen rechtlichen Standpunkt geäußert, zu dem der Verwalter seinerseits einen durchaus **vertretbaren Gegenstandpunkt** einnimmt, rechtfertigt das aber keineswegs seine Entlassung (vgl. Komm. → § 58 Rn. 10 ff., 17: bei Streit ist in der Sache selbst der Rechts(behelfs)weg auszuschöpfen oder ein Sonderinsolvenzverwalter zu bestellen). Kein Entlassungsgrund daher eindeutig im Fall des LG Braunschweig NZI 2008, 620 (nach den speziell abgehandelten Beschwerdegründen war Zurückverweisung falsch; zu weiteren hinzutretenden Aspekten sodann aber AG Braunschweig ZInsO 2009, 97).
- Eine länger anhaltende **Betriebsfortführung unter hohen Verlusten** ist jedenfalls dann Entlassungsgrund, wenn sie Ausdruck offensichtlicher Ungeeignetheit des Verwalters ist und die Masse quasi verbrennt. Damit bewegt sie sich bereits außerhalb der Beurteilungs- und Ermessensspielräume von Komm. → § 58 Rn. 10 f. Dasselbe gilt, wenn sie erkennbar gegen die Beschlusslage der Gläubigerorgane verstößt und diese die Entlassung auch betreiben (insges. richtig entschieden AG Bonn ZInsO 2002, 641). Ansonsten hat sich das Insolvenzgericht in betriebswirtschaftlichen und juristischen Einzelfragen bei der Massekonstituierung und -verwaltung eher zurückzuhalten (s. Komm. → § 58 Rn. 9 ff., 17; letztlich richtig gesehen von LG Göttingen NZI 2003, 499; grenzwertig, aber wohl richtig in der Gesamtschau aller Aspekte, die aufaddiert schwer wiegen, AG Braunschweig ZInsO 2009, 97).
- Die **Nichtbeachtung eines Beschlusses der Gläubigerversammlung** rechtfertigt nicht o. W. die Entlassung (offen gelassen von BGH BeckRS 2011, 00115 Rn. 5), va, wenn gar kein Schaden entstanden ist (vgl. *Pape* NZI 2006, 65 [71]) oder der Verwalter sogar zur Vermeidung der eigenen Haftung gehalten war, den Beschluss so nicht auszuführen (Kreft/*Ries* § 157 Rn. 8: keine Pflicht zur

Masseschädigung sehenden Auges; ähnlich *Pape* NZI 2006, 65 [69]). Zu Meinungsverschiedenheiten in der Auslegung von Beschlüssen der Gläubigerversammlung s. LG Traunstein (NZI 2009, 654 mAnm *Keller* NZI 2009, 633): im Zweifel ist eine Folgeversammlung notwendig.

– Die **unterlassene Einholung nötiger Zustimmungen,** etwa des Gerichtes nach § 22 Abs. 1 Nr. 2 oder der Gläubiger nach § 160, mag das Vertrauens- und Respektverhältnis stören, ist aber ohne zusätzlich verschärfende Begleitmomente – isoliert betrachtet – kein Entlassungsgrund (s. wie vor zur Nichtbeachtung von Beschlüssen der Gläubigerversammlung).

– Entgegen HambK-InsO/*Frind* § 58 Rn. 5 sind **gerichtliche (Bearbeitungs) Anweisungen zur materiellen Massekonstituierung und -verwaltung,** beispw. zum Widerruf von Lastschriften, zum Einbehalt von Mietkautionen, zur Anfechtung von Zahlungen, zur Inanspruchnahme von Geschäftsführern etc, regelmäßig unstatthaft (s. Komm. → § 58 Rn. 13 f. u. 17), dh in dieser Form für den Verwalter nicht bindend.

– Besonders strenge Maßstäbe sind zur **Kontenführung und sauberen Trennung der Vermögensmassen** anzuwenden. Jede Art eines vermischenden „cash-pools" oder unsauberen/unklaren Geldverkehrs im Verwalterbüro beschädigt nachhaltig das öffentliche Vertrauen in die Funktionstauglichkeit der (Zwangsvollstreckungs)Rechtspflege. Bei ernstlicher Gefahr im Verzug kann eine sofortige Entlassung ohne vorherige Anwendung milderer Aufsichtsmittel iSv § 58 anstehen. Zur Unzulässigkeit von Masse-an-Masse Darlehn *Förster* (ZInsO 2005, 302) und *Hill* (ZInsO 2005, 1289 [1291 f.]; dort auch zur Problematik der persönlichen Verbürgung von Masseverpflichtungen).

– Bei der **Nichterfüllung von Auskunfts- und Berichtspflichten** ist zu hinterfragen, ob daraus – ggf. verknüpft mit Hinweisen auf andere Pflichtverletzungen – weitergehende Schlussfolgerungen zu ziehen sind, die eine hochgradige **Ungewissheit über die wahren Abläufe und zur Vermögenslage** bewirken. Die richtige Antwort folgt zT aus der Komm. zu → § 56 Rn. 47: Wer anerkanntermaßen zwar schleppend berichtet, aber hervorragende Arbeit vor Ort leistet, unterliegt im Zweifel großzügigeren Maßstäben. Wo dagegen unzureichende Auskünfte und Berichte eine Verschleierung fehlerhafter Abläufe und große Vermögenverluste befürchten lassen, muss – va, wenn bereits Aufsichtsmaßnahmen nach § 58 Abs. 2 fruchtlos blieben – in der Orientierung am einfachen Verschuldensmaßstab der Art. 34 GG, § 839 BGB gerichtlich konsequent durchgegriffen werden.

– **Gehäufte Schlechtbearbeitung und Inregressnahmen des Verwalters** können seine generelle Eignung in Frage stellen. Dies richtet sich aber nie allein nach der Anzahl von Beschwerden einzelner Beteiligter oder gar nach dem Hörensagen, sondern nach der tatsächlichen Substanz der Vorwürfe und deren objektiver Berechtigung; dazu muss ein Beweisgrad der „vollen Überzeugung" erreicht (→ Rn. 4) und inhaltlich ein denkbarer Fallbezug gegeben sein (s. Komm. → § 56 Rn. 12–15).

– Offenkundig **„insolvenzzweckwidriges Handeln"** im engeren Sinne des Begriffs (s. Komm. → § 58 Rn. 19 aE) ist nahezu stets ein grober Pflichtverstoß und bei Wiederholungsgefahr Entlassungsgrund.

– Bei nur **vorübergehender persönlicher Verhinderung** des Verwalters, etwa wegen eines längeren Klinikaufenthaltes, muss der Bedarf an ggf. unverzichtbarer höchstpersönlicher Präsenz und Entscheidungsgewalt (vgl. Komm. → § 56 Rn. 28 ff.) schnell geklärt werden, insbes. in der Akutphase zu Insolvenzverfahrensbeginn. IÜ erlangt hier die Leistungsfähigkeit und Vertretungskompetenz der Gesamtkanzlei spürbares Gewicht. Zeiträume von bis zu 8 Wochen mögen sich so ggf. schadlos überbrücken lassen; gegen Ende eines langen Verfahrens sind angesichts des Wissensvorsprungs des Amtsinhabers evt. sogar weitergehende Fehlzeiten verkraftbar.

- Ein nur subjektiv empfundener **Vertrauensverlust des Gerichtes** genügt für sich allein nicht (→ Rn. 4), und zwar selbst dann nicht, wenn ein gedeihliches Zusammenwirken nicht mehr möglich erscheint. Ein Eingriff in das verfassungsrechtlich geschützte Recht auf freie Berufsausübung des Verwalters (Art. 12 GG) wäre allein aufgrund subjektiver Empfindungen oder persönlicher Meinungsverschiedenheiten unverhältnismäßig (BGH NJW-RR 2012, 952; ZInsO 2012, 928 Rn. 9; NZI 2015, 20 Rn. 7; ähnlich restriktiv Uhlenbruck/*Vallender* Rn. 14; FK-InsO/*Jahntz* Rn. 7 u. 10; Kreft/*Riedel* Rn. 3; weitergehend Kübler/Prütting/Bork/*Lüke* Rn. 4; HambK-InsO/*Frind* Rn. 6).
- Zur Entlassung ausreichen können je nach Einzelfall **ehrenrührige Behauptungen über den Schuldner** ohne Tatsachengrundlage, va, wenn sie mit beleidigenden Kommentaren verbunden werden (BGH NZI 2009, 604 Rn. 8 f.).
- Wenn das Insolvenzgericht eine **Vielzahl von minderschweren Pflichtverletzungen** feststellt, die für sich allein die Entlassung des Insolvenzverwalters nicht rechtfertigen, ist es eine Frage der notwendigen Gesamtschau im Einzelfall, ob sie in ihrer Summe doch so schwer wiegen, dass ein wichtiger Entlassungsgrund zu bejahen ist (BGH NZI 2015, 20).

2. Entlassung auf eigenen Wunsch des Verwalters. Nach Annahme des 9
Amtes kann sich der Insolvenzverwalter hiervon nicht einseitig lösen (→ Rn. 2 u. Komm. zu → § 56 Rn. 59). Selbst bei eigenem Entlassungswunsch bedarf es nach dem Gesetz eines **wichtigen Grundes.** Das Gericht täte aber nicht gut daran, einen erkennbar amtsmüden oder -unwilligen Verwalter an der Bestellung festzuhalten (Ahrens/Gehrlein/Ringstmeier/*Lind* Rn. 3). Deshalb ist zur Sicherung des optimalen Verfahrensfortgangs keinesfalls eine kleinliche Betrachtung angezeigt. Häufiger Praxisfall ist die erst nachträglich bemerkte (potenzielle) Interessenkollision, zB wegen anderer Bestandsmandate der Kanzlei. Es kann aber auch um neu auftauchende Sonderaspekte (Auslands- oder spezielle Konzernsachverhalte, besondere Prozessfragen usw) gehen, denen sich der bestellte Verwalter nicht gewachsen sieht. Gründe längerfristiger oder dauerhafter Verhinderung sind beispw. schwere Krankheit, drohende oder bereits eingetretene Geschäftsunfähigkeit (§ 104 Nr. 2 BGB), Anordnung der Betreuung (§ 1896 BGB), finanzielle oder schwerwiegende familiäre Probleme (Ahrens/Gehrlein/Ringstmeier/*Lind* Rn. 6). Hierhin zählt auch das fortgeschrittene Lebensalter und die generell (negative) Berufswahlentscheidung, nunmehr in Ruhestand zu gehen.

III. Entlassungsverfahren (Absatz 1 Satz 2 u. 3)

Nach der Insolvenzverfahrenseröffnung liegt gem. §§ 3 Nr. 2e, 18 Abs. 1 Nr. 1 10
RPflG die **(Regel-)Zuständigkeit** zur Entlassungsentscheidung beim **Rechtspfleger** (s. Komm. → § 56 Rn. 66; falsch die Annahme des LG Braunschweig NZI 2008, 620, § 18 Abs. 2 S. 1 RPflG beinhalte einen automatischen Generalvorbehalt; insges. aA HambK-InsO/*Frind* Rn. 7 mwN: wegen grundsätzlicher Bedeutung stets der Richter). Mit der **Neubestellung eines anderen Verwalters** im noch laufenden Verfahren ist zwangsläufig die umgehende **Entlassung des bisherigen Insolvenzverwalters** oder Treuhänders verknüpft; dabei muss die Entlassung nicht ausdrücklich erklärt werden (BGH NZI 2015, 390 Rn. 6 u. BeckRS 2007, 19966; vgl. ferner Uhlenbruck/*Vallender* Rn. 22; FK-InsO/*Jahntz* Rn. 16 sowie BGH NZI 2008, 114 u. ZInsO 2010, 2093); insofern ist die funktionelle Zuständigkeit dieselbe (BGH NZI 2010, 977 Rn. 25 unmissverständlich: „sämtliche Entscheidungen ungeachtet ihres Gegenstandes"; ebenso Uhlenbruck/*Vallender* Rn. 22; aA für die Neubestellung Nerlich/Römermann/*Delhaes* Rn. 11;

HambK-InsO/*Frind* Rn. 7). Stets bleibt dem Richter nach § 18 Abs. 2 S. 1 u. 3 RPflG aber die Möglichkeit eines frühzeitigen (Teil)Vorbehaltes bzw. das Ansichziehen des Verfahrens (vgl. die Beschlüsse in Sachen Karstadt AG Essen v. 30.11.2011, zB 160 IN 148/09).

11 **Amtswegig** muss das Gericht nach pflichtgemäß zu betätigendem **Ermessen** auf bekanntgewordene Tatsachen reagieren, die einen wichtigen Entlassungsgrund darstellen können (Kreft/*Riedel* Rn. 7). Dabei hat es **Anregungen einzelner Beteiligter** nachzugehen, wenn diese berechtigterweise – dh nicht nur rein querulatorisch – zu einem Einschreiten drängen; zur amtshaftungsbewehrten Justizgewährleistungspflicht vgl. Komm. → § 56 Rn. 66. Berücksichtigung muss jeweils finden, dass der Insolvenzverwalter naturgemäß sowohl gegenüber dem Schuldner als auch den Gläubigern grundrechtsrelevante Eingriffe tätigt (ua Art. 2, 12, 14 GG; vgl. Komm. → § 56 Rn. 6 u. näher im Detail *Ries* ZInsO 2013, 1612 [1616 ff.]), womit schon ganz regulär persönliche Spannungsfelder einhergehen (Kreft/*Eickmann,* 6. Aufl. 2011, Rn. 7).

12 Das Gesetz billigt außerdem dem **Insolvenzverwalter,** dem **Gläubigerausschuss** und der **Gläubigerversammlung** in Absatz 1 Satz 2 ein **förmliches Antragsrecht** zu, welches Absatz 2 in unterschiedlicher Weise durch Beschwerdebefugnisse unterlegt. In einer Abstimmung der Gläubigerversammlung über die Wahl eines anderen Insolvenzverwalters gem. § 57 liegt indes noch kein Antrag auf Entlassung des Verwalters gem. § 59 (BGH NZI 2006, 529). Kein förmliches Antragsrecht besitzt der **Schuldner;** er kann allenfalls Anregungen geben (BGH NZI 2006, 474).

13 Die **Entlassung oder deren Ablehnung** geschieht **durch Beschluss.** Er ist im Hinblick auf die Beschwerdemöglichkeit zu begründen und dem betroffenen Verwalter sowie etwaigen anderen Antragstellern – bei Antragstellung durch die Gläubigerversammlung allen zur Tabelle erfassten Insolvenzgläubigern – **zuzustellen** (BK-InsO/*Blersch* Rn. 11; FK-InsO/*Jahntz* 18; Uhlenbruck/*Vallender* Rn. 23). Außerdem ist der Tenor gem. § 9 öffentlich bekannt zu machen (Kreft/*Riedel* Rn. 9; Jaeger/*Gerhardt* Rn. 20). Besteht keine unabwendbare Gefahr im Verzug, ist gem. § 59 Abs. 1 S. 3 der **Verwalter** vor der Entscheidung **anzuhören,** und sei es auch binnen relativ kurzer Frist und/oder wenigstens mündlich (→ Rn. 4 aE; nach BGH NZI 2009, 604 [605] u. NZI 2011, 282 ist die zunächst fehlende Anhörung auch während des Abhilfe- bzw. Beschwerdeverfahrens nachholbar; s. ferner Uhlenbruck/*Vallender* Rn. 20; HambK-InsO/*Frind* Rn. 8). Wo die sachgerechte Auswahl des Insolvenzverwalters als Schicksalsfrage des Verfahrens gilt (s. Komm. → § 56 Rn. 1), verbieten sich – über die zeitlichen Grenzen vorübergehender Verhinderung hinaus (s. zu diesem Stichwort → Rn. 8) – regelmäßig andere provisorische Zwischenlösungen, etwa der zeitweiligen Bestellung eines Ersatzverwalters bis zur Klärung aller offenen Fragen. Abw. halten eine **nur vorläufige Amtsenthebung** bzw. die einstweilen Enthebung aus allen Befugnissen für möglich MüKoInsO/*Graeber* (Rn. 57); Jaeger/*Gerhardt* (Rn. 9); Kreft/*Riedel* (Rn. 8); Kübler/Prütting/Bork/*Lüke* (Rn. 7); Nerlich/Römermann/*Delhaes* (Rn. 5); Uhlenbruck/*Vallender* (Rn. 16 aE); sodann wäre aber für die Überbrückungszeit ein Sonderinsolvenzverwalter zu bestellen.

IV. Rechtsmittel der sofortigen Beschwerde (Absatz 2)

14 **1. Beschwerde des entlassenen Verwalters.** Die Entlassung wirkt unmittelbar per Herausgabe des unterzeichneten Beschlusses aus dem inneren **Geschäftsgang des Gerichtes** (vgl. BGH NZI 2012, 721 Rn. 8 u. Zöller/*Vollkommer* ZPO § 329 Rn. 18; aA Uhlenbruck/*Vallender* Rn. 26: Ausscheiden erst mit Rechtskraft). Die sofortige Beschwerde des Verwalters hat **keine aufschiebende Wirkung** (BGH NZI 2005, 391 [392] mit Verweis auf § 570 Abs. 1 ZPO; Kübler/

Prütting/Bork/*Lüke* Rn. 11; MüKoInsO/*Graeber* Rn. 64; Uhlenbruck/*Vallender* Rn. 24). Sowohl das Insolvenz- wie auch das Beschwerdegericht können jedoch auf das Rechtsmittel hin gem. § 570 Abs. 2 u. 3 ZPO die sofortige Vollziehung aussetzen. Erfolgt die von Gläubigerausschuss bzw. -versammlung beim Insolvenzgericht beantragte Entlassung des bisherigen Verwalters erst in der **Beschwerdeinstanz,** kann dieser hiergegen Rechtsbeschwerde erheben (BGH ZInsO 2010, 2093). Soweit in der Entlassung des bisherigen zugleich die Bestellung eines neuen Verwalters liegt (zur **Doppelwirkung** → Rn. 10), soll nach hM über dessen Amtsfortdauer wiederum entsprechend § 57 die nächstfolgende Gläubigerversammlung beschließen können (s. Komm. → § 57 Rn. 6; ferner MüKoInsO/*Graeber* Rn. 64).

Hat der **bisherige Amtsinhaber** selbst seine Entlassung beantragt (→ Rn. 9), 15
wird er durch sie nicht beschwert; eine eigene sofortige Beschwerde wäre unzulässig (FK-InsO/*Jahntz* Rn. 19; zum ausnahmsweisen Fortsetzungsfeststellungsbedürfnis bei nachteiliger Entlassung aus anderem Grund Uhlenbruck/*Vallender* Rn. 24 u. Jaeger/*Gerhardt* Rn. 16; vgl. zudem Komm. → § 56 Rn. 35 aE). Bei einer **Entlassung wider Willen** (→ Rn. 4 ff.) steht allein dem betroffenen Verwalter, nicht aber anderen Beteiligten nach § 59 Abs. 2 S. 1 das Beschwerderecht zu. Sein Beschwerderecht kann er nur im eigenen Namen, nicht für die Masse ausüben (BGH ZInsO 2010, 2093). Von alledem ausdrücklich auszunehmen ist der Spezialfall der **Bestellung eines Sonderinsolvenzverwalters.** Hier erfolgt keine vollständige Amtsenthebung, sondern nur eine partielle Weiterübertragung von Verfügungsmacht iSd § 80 InsO, ggf. allein zur Anspruchsverfolgung im Regressweg gem. § 92 S. 2 (vgl. Komm. → § 56 Rn. 66 u. BGH NZI 2007, 237; 2007, 284 Rn. 26 ff.; 2010, 301: dem Verwalter steht weder Befangenheitsablehnung noch Beschwerde gegen die Einsetzung und Kompetenzzuweisung an den Sonderverwalter zu).

Unabhängig davon, wer das Rechtsmittel eingelegt hat, sind die **Insolvenz-** 16
gläubiger und der **Schuldner** im Beschwerdeverfahren **zu beteiligen** (HambK-InsO/*Frind* Rn. 11; MüKoInsO/*Graeber* Rn. 66). Nach BGH (NZI 2009, 604 [605]; 2011, 282) sind im Beschwerdeverfahren – zweite Tatsacheninstanz – alle maßgeblichen Ermessenserwägungen voll überprüfbar und ggf. neu anzustellen.

2. Beschwerde anderer Beteiligter gegen die Ablehnung der Entlassung. 17
Nach Absatz 1 Satz 2 besitzen auch der Gläubigerausschuss und die Gläubigerversammlung ein eigenes Antragsrecht auf Entlassung des Verwalters. Der **Gläubigerausschuss** kann sich zur Entscheidung, ob sofortige Beschwerde eingelegt wird, zeitnah – ggf. auch per Umlaufbeschluss (vgl. Komm. → § 56a Rn. 10) – intern abstimmen; insofern ist er nur als Gesamtgremium auf der Basis eines Mehrheitsbeschlusses beschwerdebefugt. Der **Gläubigerversammlung** mit ihrem weitaus größeren Radius wäre das kaum möglich; deshalb darf an ihrer Stelle **jeder Insolvenzgläubiger,** der in der antragstellenden Gläubigerversammlung Stimmrecht besaß oder besessen hätte, Beschwerde gegen die Ablehnung erheben (NZI 2010, 980 Rn. 4; BT-Drs. 12/2443, 128 zu § 70 RegE mit Verweis auf S. 127 zu § 66 S. 3 RegE). Der beschwerdeführende Insolvenzgläubiger muss weder an der Gläubigerversammlung, in der der Entlassungsantrag beschlossen wurde, selbst teilgenommen haben noch ist sein etwaiges Abstimmungsverhalten maßgeblich (**str.;** vgl. Komm. → § 57 Rn. 16; wie hier Uhlenbruck/*Vallender* Rn. 24; Kreft/*Riedel* Rn. 11; Jaeger/*Gerhardt* Rn. 17; Braun/*Blümle* Rn. 16; aA *Hess* Rn. 49; KS-InsO/*Heidland,* 2. Aufl. 2000, S. 730 ff. Rn. 42 aE; zweifelnd auch BK-InsO/*Blersch* Rn. 14, soweit der Beschwerdeführer – in der Versammlung anwesend – explizit gegen die Entlassung stimmte). Die zur Abstimmung und somit auch zur Beschwerde berechtigende Insolvenzforderung hat das Beschwerdegericht ggf. summarisch zu prüfen (BK-InsO/*Blersch* Rn. 14).

18 Dem **Schuldner,** der schon kein Antragsrecht besitzt (→ Rn. 12 aE), steht auch keine Beschwerdebefugnis zu. Die Abberufung des Verwalters kann er ebenso wenig über ein Verfahren nach §§ 23 ff. EGGVG erzwingen (OLG Frankfurt a. M. ZInsO 2009, 242; sa Komm. → § 56 Rn. 71).

19 **3. Auswirkungen einer abändernden Beschwerdeentscheidung.** Hat die Beschwerde des entlassenen Verwalters Erfolg, bewirkt die **Aufhebung der insolvenzgerichtlichen Entlassung** des ersten Verwalters **zugleich** die **Aufhebung der Bestellung seines Amtsnachfolgers;** gegen diese Entscheidung ist der nunmehr entlassene Amtsnachfolger analog § 59 Abs. 2 S. 1 InsO seinerseits beschwerdebefugt (BGH ZInsO 2010, 2093 unter Verweis auf NZI 2008, 114). Die Entscheidung der Beschwerdeinstanz wirkt „ex nunc", entfaltet also keine rückwirkende Kraft (Jaeger/*Gerhardt* Rn. 20). Streitig ist, ob insoweit das Insolvenzgericht eine erneute „Bestellung" des zwischenzeitlich amtsenthobenen Verwalters und deren Bekanntmachung vornehmen (dafür wohl HambK-InsO/*Frind* Rn. 11) oder ob es umgekehrt die gesonderte Entlassung des zunächst bestellten Amtsnachfolgers aussprechen muss (dafür Jaeger/*Gerhardt* Rn. 20; Braun/*Blümle* Rn. 17; HambK-InsO/*Frind* Rn. 11 aE). Nach hier vertretener Ansicht erreicht das bereits die Beschwerdeentscheidung unmittelbar, in dem sie konstitutiv die **Doppelwirkungen** (→ Rn. 10) der insolvenzgerichtlichen Entlassungs-/Neubestellungsentscheidung umkehrt (ähnlich schon LG Halle ZIP 1993, 1739 [1743] sub. III).

V. Rechtsfolgen wirksamer Entlassung

20 Zum Wirksamwerden durch **Sofortvollzug des Entlassungsbeschlusses** → Rn. 14. Die vor der Entlassung im Hinblick auf die Insolvenzmasse vorgenommenen **Rechtshandlungen und Verfügungen** des abberufenen Verwalters bleiben wirksam, soweit nicht der besondere Ausnahmefall der Unwirksamkeit wegen Insolvenzzweckwidrigkeit greift (Uhlenbruck/*Vallender* Rn. 26; Haarmeyer/Wutzke/Förster InsO-HdB/*Ries*/*Rook* § 80 Rn. 23). Dasselbe gilt für die zwischenzeitliche Tätigkeit eines Amtsnachfolgers, falls in den Instanzen die insolvenzgerichtliche Ausgangsentscheidung wieder abgeändert wird. Zu den **Herausgabepflichten des entlassenen Verwalters** → § 58 Rn. 22. Zur Durchsetzung der Pflicht des entlassenen Verwalters, **Teilschlussrechnung** zu legen, s. BGH (NZI 2005, 391); insoweit kein eigener klagbarer Anspruch des Amtsnachfolgers (→ § 58 Rn. 18 aE u. HambK-InsO/*Frind* Rn. 12a aE). **Vergütungsrechtlich** steht dem bisherigen Verwalter auch im Falle der Entlassung ein bis dahin verdientes Honorar zu (LG Deggendorf NZI 2013, 1028; nach ob. → Rn. 8 u. BGH NZI 2011, 760 ausdrücklich ausgenommen aber Fälle der Täuschung über die persönliche Eignung bzw. des Vorliegens besonders schwerwiegender, insbes. strafrechtlich relevanter Pflichtverstöße). Nach Ansicht des *Verf.* (vgl. → § 58 Rn. 17 aE sowie EWiR 2014, 87 sub. 3.3; ebenso BK-InsO/*Blersch* § 59 Rn. 13; zT abw. BGH und hM) hat allerdings der Rechtspfleger keine Aufrechnungs- bzw. Kürzungskompetenz wegen außervergütungsrechtlicher Themen; Gegenrechte der Masse hat allein der neue Insolvenzverwalter zu klären und durchzusetzen (dazu auch BGH ZIP 1995, 290 sub III: § 767 Abs. 2 ZPO hindert grds. nicht, der Vollstreckung aus einem Vergütungsfestsetzungsbeschluss im Wege der Vollstreckungsabwehrklage die Aufrechnung mit einem bereits vor der Festsetzung entstandenen Schadensersatzanspruch gegen den Insolvenzverwalter entgegenzuhalten). Das anteilige Honorar bemisst sich nach dem proportionalen Verhältnis der bisherigen Tätigkeit des Verwalters zum voraussichtlichen Gesamtaufwand (Kübler/Prütting/Bork/*Lüke* Rn. 10; ausführlicher zu diesem Thema BGH NZI 2005, 161 u. NZI 2006, 165, dort insbes. zur Honorarbemessungsgrundlage u.

Herabsetzung des Regelsatzes; hierzu auch HambK-InsO/*Frind* Rn. 12b u. Uhlenbruck/*Vallender* Rn. 27). Nach BGH (NZI 2012, 886) hat der neu bestellte **Amtsnachfolger** ein **Beschwerderecht** gegenüber dem Vergütungsantrag seines Vorgängers.

Haftung des Insolvenzverwalters

60 (1) [1] **Der Insolvenzverwalter ist allen Beteiligten zum Schadenersatz verpflichtet, wenn er schuldhaft die Pflichten verletzt, die ihm nach diesem Gesetz obliegen.** [2] **Er hat für die Sorgfalt eines ordentlichen und gewissenhaften Insolvenzverwalters einzustehen.**

(2) **Soweit er zur Erfüllung der ihm als Verwalter obliegenden Pflichten Angestellte des Schuldners im Rahmen ihrer bisherigen Tätigkeit einsetzen muß und diese Angestellten nicht offensichtlich ungeeignet sind, hat der Verwalter ein Verschulden dieser Personen nicht gemäß § 278 des Bürgerlichen Gesetzbuchs zu vertreten, sondern ist nur für deren Überwachung und für Entscheidungen von besonderer Bedeutung verantwortlich.**

Schrifttum: *Adam,* Die Haftung des Insolvenzverwalters aus § 61 InsO, DZWIR 2008, 14; *Antoni,* Die Haftung des Insolvenzverwalters für unterlassene Sanierungsmaßnahmen und gescheiterte Sanierungspläne, NZI 2013, 236; *Bachmann,* Organhaftung in der Eigenverwaltung, ZIP 2015, 101; *Berger,* Die persönliche Haftung des Insolvenzverwalters gegenüber dem Prozessgegner bei erfolgloser Prozessführung für die Masse, KTS 2004, 185; *Berger/Frege,* Business Judgment Rule bei Unternehmensfortführung in der Insolvenz – Haftungsprivileg für den Verwalter?, ZIP 2008, 204; *Bork,* Verfolgungspflichten – Muss der Insolvenzverwalter alle Forderungen einziehen?, ZIP 2005, 1120; *Bork/Jacoby,* Auskunftsansprüche des Schuldners und des persönlich haftenden Gesellschafters gegen den Insolvenzverwalter, ZInsO 2002, 398; *Deimel,* Schadensersatzpflicht des Insolvenzverwalters gegenüber Massegläubigern, Zugleich Anmerkung zu BGH; Urt. v. 6.5.2004 – IX ZR 48/03, ZInsO 2004, 783; *Eckardt,* Zur Aufrechnungsbefugnis des Konkursverwalters, ZIP 1995, 257; *ders.,* Deliktische Haftpflicht im Konkurs, KTS 1997, 411; *Ehlers,* Haftungsgefahren des zukünftigen Insolvenzverwalters, ZInsO 1998, 356; *Ehricke,* Verfahrenskoordination bei grenzüberschreitenden Unternehmensinsolvenzen, FS 75 Jahre MPI für Privatrecht, 2001, 337; *Erker,* Die Business Judgment Rule im Haftungsstatut des Insolvenzverwalters, ZInsO 2012, 199; *Ferslev,* Zur persönlichen Haftung des Insolvenzverwalters, EWiR 2007, 437; *Fischer,* Die Haftung des Insolvenzverwalters nach neuem Recht, WM 2004, 2185; *Gehrlein,* Abberufung und Haftung von Insolvenzverwaltern, ZInsO 2011, 1713; *Gerhardt,* Die Haftung des Konkursverwalters, ZIP 1987, 760; *ders.,* Anmerkung zu BGH Urt. v. 29.9.1988 – IX ZR 39/88, JZ 1989, 400; *ders.,* Neue Probleme der Insolvenzverwalterhaftung, ZInsO 2000, 574; *Graeber,* Die Aufgaben des Insolvenzverwalters im Spannungsfeld zwischen Delegationsbedürfnis und Höchstpersönlichkeit, NZI 2003, 569; *Gundlach/Frenzel/Jahn,* Die Haftungsfreistellung des Insolvenzverwalters durch eine Beschlussfassung des Gläubigerausschusses, ZInsO 2007, 363; *Gundlach/Frenzel/Schmidt,* Die Haftung des Insolvenzverwalters gegenüber Aus- und Absonderungsberechtigten, NZI 2001, 350; *Hanau,* Harmonisierung von Arbeits- und Insolvenzrecht, ZIP 1989, 422; *Haug,* Fälle der Konkursverwalterhaftung, ZIP 1984, 773; *Hees,* Haftung des Insolvenzverwalters aus § 61 InsO auch bei Sekundäransprüchen?, ZIP 2011, 502; *Jacoby,* Die Haftung des Sanierungsgeschäftsführers in der Eigenverwaltung, FS Vallender, 2015, 261; *Jungmann,* Die Business Judgment Rule im Gesellschaftsinsolvenzrecht, Wider eine Haftungsprivilegierung im Regelinsolvenzverfahren und in der Eigenverwaltung, NZI 2009, 80; *Kaufmann,* Anmerkung zu BGH, Urt. v. 6.5.2004 – IX ZR 48/03, NZI 2004, 439; *Kemper,* Die Verordnung (EG) Nr. 1346/2000 über Insolvenzverfahren, Ein Schritt zu einem europäischen Insolvenzrecht, ZIP 2001, 1609; *Kilger,* Anmerkung zu BGH, Urt. v. 29.5.1979 – VI ZR 104/78, ZIP 1980, 26; *Kirchhof,* Rechtsprobleme bei der vorläufigen Insolvenzverwaltung, Zur Haftung des vorläufigen Insolvenzverwalters bei Unternehmensfortführung und zu Fragen der Masseschulden und Masseunzulänglichkeit, ZInsO 1999, 365; *König,* Die Haftung bei der Eigenverwaltung, 2015; *J. Laws,* Haftung des Insolvenzverwalters – Aktuelle Rechtsprechung zu Risiken bei der Begründung von Masseverbindlichkeiten, MDR 2004, 1149; *dies.,* Keine

Haftung des Insolvenzverwalters aus § 61 InsO für ungerechtfertigte Bereicherungen der Masse und USt-Masseverbindlichkeiten, ZInsO 2009, 996; *R. Laws,* Die Haftung des Insolvenzverwalters im Zusammenhang mit – gescheiterten – Anträgen auf Gewährung von Insolvenzgeld, Zugleich Anmerkung zu OLG Hamm, Urt. v. 12.2.2008 – 27 U 122/07, ZInsO 2009, 57; *Looff,* Die Haftung des Treuhänders im Restschuldbefreiungsverfahren, ZVI 2009, 9; *Lüke,* Anmerkung zu BGH, Urt. 17.1.1985 – IX ZR 59/84, NJW 1985, 1164; *ders.,* Zur Haftung des Sequesters bei unterlassener Feuerversicherung, Zugleich eine Besprechung des BGH-Urteils vom 29.9.1988 – IX ZR 39/88, ZIP 1989, 1; *ders.,* Aufgaben und Haftung des Insolvenzverwalters, Bd. III, FS 50 Jahre BGH, 2000, 701; *ders.,* Über die Haftung von (vermeintlichen) Propheten oder: Aktuelle Probleme der Insolvenzverwalterhaftung gegenüber Neumassegläubigern, FS Gerhardt, 2004, 599; *ders.,* Haftungsrecht überdacht – Überlegungen zur Systematik der Insolvenzverwalterhaftung, ZIP 2005, 1113; *Merz,* Die Haftung des Konkursverwalters, des Vergleichsverwalters und des Sequesters aus der Sicht des BGH, KTS 1989, 277; *Meyer-Löwy/Poertzgen,* Schranken und Beschränkbarkeit der Insolvenzverwalterhaftung aus §§ 60, 61 InsO, ZInsO 2004, 363; *Nobbe/Ellenberger,* Unberechtigte Widersprüche des Schuldners im Lastschriftverkehr, „sittliche Läuterung" durch den vorläufigen Insolvenzverwalter?, WM 2006, 1885; *Oldiges,* Die Haftung des Insolvenzverwalters unter der Business Judgment Rule, 2011; *v. Olshausen,* Die Haftung des Insolvenzverwalters für die Nichterfüllung von Masseverbindlichkeiten und das Gesetz zur Modernisierung des Schuldrechts (§ 311a Abs 2 BGB nF), ZIP 2002, 237; *Onusseit,* Steuererklärungspflichten in der Insolvenz, Zugleich eine Besprechung des Urteils des Bundesfinanzhofs vom 23. August 1994, ZIP 1995, 1798; *Pape,* Die Haftung des Insolvenzverwalters für den Kostenerstattungsanspruch des Prozeßgegners, ZIP 2001, 1701; *ders.,* Das Risiko der persönlichen Haftung des Insolvenzverwalters aus § 61 InsO, ZInsO 2003, 1013; *ders.,* Zur Haftung des vorläufigen und des endgültigen Insolvenzverwalters aus § 61 InsO, FS Kirchhof, 2003, 391; *ders.,* Rechtsprechungsüberblick zum Regelinsolvenzverfahren für die Jahre 2004–2006, Teil 3.1, ZInsO 2007, 293; *ders.,* Haftungsrechtliche Folgen der Nichtinanspruchnahme von Gesellschaftsorganen und Geschäftsführern, ZInsO 2007, 1080; *Poelzig/Thole,* Kollidierende Geschäftsleiterpflichten, ZGR 2010, 836; *Richter/Völksen,* Persönliche Haftung des Insolvenzverwalters wegen unterbliebener Freistellung von Arbeitnehmern bei späterer Anzeige der Masseunzulänglichkeit, ZIP 2011, 1800; *Karsten Schmidt,* „Amtshaftung" und „interne Verantwortlichkeit" des Konkursverwalters – Eine Analyse des § 82 KO, KTS 1976, 191; *ders.,* Die Konkursverwalterhaftung aus unzulässiger Unternehmensfortführung und ihre Grenzen, Bemerkungen zum Urteil des BGH vom 4.12.1986, NJW 1987, 812; *Schmittmann,* Überlegungen zur Haftung des Sanierungsberaters, ZInsO 2011, 545; *Schoppmeyer,* Die Haftung des Insolvenzverwalters nach § 61 InsO – Kontinuität oder Bruch mit der bisherigen Rechtsprechung?, FS Kreft, 2004, 525; *Schultz,* Die Haftung des Insolvenzverwalters, ZInsO 2015, 529; *Take,* Haftung des Insolvenzverwalters für die Umsatzsteuer/Vorsteuerberichtigungsanspruch des FA, ZInsO 2001, 404; *Thole,* Managerhaftung für Gesetzesverstöße – Die Legalitätspflicht des Vorstands gegenüber seiner Aktiengesellschaft, ZHR 173 (2009), 504; *ders.,* Vis attractiva concursus europaei? Die internationale Zuständigkeit für insolvenzbezogene Annexverfahren zwischen EuInsVO, EuGVVO und autonomem Recht, Entscheidung des EuGH vom 12.2.2009, Rs. C-339/07 (Rechtsanwalt Christopher Seagon als Insolvenzverwalter über das Vermögen der Frick Teppichboden Supermärkte GmbH ./. Deko Marty Belgium NV), ZEuP 2010, 904; *ders.,* Gläubigerschutz durch Insolvenzrecht – Anfechtung und verwandte Regelungsinstrumente in der Unternehmensinsolvenz, 2010; *ders.,* Gläubigerinformation im Insolvenzverfahren, ZIP 2012, 1533; *Thole/Brünkmans,* Die Haftung des Eigenverwalters und seiner Organe, ZIP 2013, 1097; *Timme,* Schadensersatzansprüche gegen den Insolvenzverwalter wegen Nichterfüllung von Masseverbindlichkeiten im Prozess, MDR 2006, 1381; *Uhlenbruck,* Die Massekostendeckung als Problem der Konkursverwalterhaftung, KTS 1976, 212; *ders.,* Corporate Governance, Compliance and Insolvency Judgement Rule als Problem der Insolvenzverwalterhaftung, FS Karsten Schmidt, 2009, 1603; *Vallender,* Die Rechtsprechung des Bundesgerichtshofs zur Konkursverwalterhaftung, ZIP 1997, 345; *ders.,* Anmerkung zu BGH, Urt. v. 2.12.2004 – IX ZR 142/03, NZI 2005, 155; *v. Olshausen,* Die Haftung des Insolvenzverwalters für die Nichterfüllung von Masseverbindlichkeiten und das Gesetz zur Modernisierung des Schuldrechts (§ 311a Abs 2 BGB nF), ZIP 2002, 237; *Wallner/Neuenhahn,* Ein Zwischenbericht zur Haftung des (vorläufigen) Insolvenzverwalters – Gratwanderung zwischen Fortführungs- und Einstandspflicht, NZI 2004, 63; *Webel,* Haftung des Insolvenzverwalters aus § 61 InsO für ungerechtfertigte Bereicherungen der Masse und USt- Masseverbindlichkeiten, ZInsO 2009, 363; *Weber,* Zur persönlichen Verantwortlichkeit des Konkursverwalters, FS Lent, 1957, 301; *Weisemann/Nisters,* Die Haftungsrisiken der

Insolvenzverwalter und die Möglichkeiten einer versicherungsmäßigen Lösung, DZWIR 1999, 138; *Wiester,* Die Fortführungspflicht des vorläufigen Insolvenzverwalters und ihre Auswirkung auf die Vorfinanzierung des Insolvenzgeldes, ZInsO 1998, 99; *Wilhelm,* Die Haftung des Sachverständigen im Insolvenzeröffnungsverfahren, DZWIR 2007, 361; *Zipperer,* Das Insolvenzspezifische – auf den Spuren eines Begriffs, KTS 2008, 167.

Übersicht

I. Normzweck und Grundlagen

1 Die Haftung (früher **§ 82 KO**) ist vor dem Hintergrund einer strukturell bedingt defizitären Aufsicht durch das Insolvenzgericht (§ 58) notwendiges Korrelat der mit der Amtsübernahme und der Übernahme der Verwaltungs- und Verfügungsbefugnis (§ 80) verbundenen Pflichtenbindung des Verwalters. Die Haftung schützt die Beteiligten (zum Begriff → Rn. 5), auch vor Individualschäden und gerade auch vor Vermögensschäden (zum Haftungsumfang → Rn. 39 ff.). Die Haftung ist **Verschuldenshaftung;** das trägt dem Umstand Rechnung, dass der Verwalter mehrseitige Interessen in Ausgleich bringen muss und seine Tätigkeit von Unwägbarkeiten geprägt ist (Jaeger/*Gerhardt* Rn. 10). Inhaltlich beschränkt sich § 60 zudem in Fortführung der vom BGH für § 82 KO entwickelten restriktiven Tendenz (BGHZ 99, 151 [154] = NJW 1987, 844 [845]; NJW 1994, 323 [326 f.]) auf die Verletzung der nach der InsO bestehenden, dh insolvenzspezifischen Pflichten; näher zur **Betriebsfortführung** → Rn. 11; zu weiteren Anspruchsgrundlagen → Rn. 43. Zur Verjährung vgl. nunmehr die gesetzliche Regelung in § 62 (früher § 852 BGB analog, so BGHZ 93, 278 [281] = NJW 1985, 1161 [1162]).

2 Unter § 82 KO wurde vertreten, der Anspruch folge aus der Verletzung eines gesetzlichen Schuldverhältnisses, das zwischen dem Insolvenzverwalter und den Beteiligten entstehe und damit eine „rechtsgeschäftsähnliche" Beziehung herstelle (BGHZ 93, 278 [281] = NJW 1985, 1161 [1162]). Freilich wurde auch vom BGH trotz der betonten Parallele zur Haftung bei Rechtsgeschäften eine **deliktsähnliche** und amtshaftungsähnliche Natur erkannt (BGHZ 93, 278 [281] = NJW

1985, 1161 [1162]). Andere erkennen nur einen deliktischen Charakter der Haftung (Braun/*Kind* Rn. 3), oder nur einen gesetzlich geprägten Charakter (*Gerhardt* ZInsO 2000, 574 [576]; Kübler/Prütting/Bork/*Lüke* Rn. 11). Die deliktsähnliche Natur soll den Gerichtsstand des § 32 ZPO eröffnen (dazu → Rn. 52). Bei *Kilger/Karsten Schmidt* ist von *Karsten Schmidt* (§ 82 KO Anm. 1 sowie KTS 1976, 191 ff.) zur KO eine Differenzierung nach Innenhaftung gegenüber dem Schuldner und den Konkursgläubigern und Außenhaftung gegenüber den sonstigen Beteiligten vertreten worden („interne Verantwortlichkeit" und „Amtshaftung"). Die **Innenhaftung** folge aus einer rechtlichen Sonderbeziehung, der Anspruch auf Ersatz des Individualschadens von Beteiligten bei der **Außenhaftung** habe eine Amtshaftungs- und damit Deliktsnatur; § 278 BGB sei hier tendenziell nicht anwendbar (ebd. § 82 KO Anm. 3c). Das Konzept setzt sich zwar dem **Einwand** aus, von der Rechtsfolge auf den Normgrund zu schließen. Zudem ist der Gesetzgeber der InsO offenbar nicht von dieser Zweiteilung ausgegangen (vgl. auch MüKoInsO/*Brandes/Schoppmeyer* Rn. 6; HK-InsO/*Lohmann* Rn. 7). Richtig ist allerdings, dass § 60 disparate Fallgestaltungen unter einem Dach vereint. Für Deliktseinordnung spricht die Parallele zu § 839 BGB und insbes. zu § 839a BGB. In der Sache liegt aber die Begründung als **gesetzliches Schuldverhältnis** nahe; die Sachfragen sind gesetzlich ohnedies vorgeprägt. Jedenfalls spricht Absatz 2 für Anwendbarkeit des § 278 BGB (→ Rn. 48). Aus § 62 folgt aber deliktsähnliche Verjährungsvorschrift.

II. Haftungsadressat

3 Haftungsadressat ist allein der **Insolvenzverwalter,** auch der **Sonderinsolvenzverwalter,** der **vorläufige Verwalter** (§ 21 Abs. 2 Nr. 1), der **Treuhänder** im vereinfachten Insolvenzverfahren (§ 313 Abs. 1 S. 3) und der **Sachwalter.** Dessen Pflichten beschränken sich auf einzelne Überwachungs- und Anzeigepflichten, siehe §§ 274 Abs. 2, 284 Abs. 2, 275, 277, 279, 281, 283 Abs. 2 S. 2. Zeichnet der Sachwalter einen Vertrag oder die Eingehung einer Verbindlichkeit mit ab und leistet seine **Unterschrift** unter das Dokument, ist dies weder per se eine Pflichtverletzung noch umgekehrt zwangsläufig eine **freiwillige Haftungsübernahme.** Dies hängt von den Umständen ab. Im Zweifel will der Sachwalter insoweit keine Gewähr für die dauernde Erfüllbarkeit der Verbindlichkeit übernehmen. Ist der vorläufige Verwalter im Eröffnungsverfahren auch als gerichtlicher Sachverständiger bestellt, haftet er allein nach § 839a BGB (*Thole,* Die Haftung des gerichtlichen Sachverständigen nach § 839a BGB, 2004, 75; aA unter krudem Hinweis auf den Wortlaut des § 22 Abs. 1 Nr. 3 *B. Wilhelm* DZWIR 2007, 361 [362]), soweit es diese davon erfassten Gutachter- und Aussagepflichten betrifft; bei (sachverständigen) Zeugen ist § 839a richtigerweise analog anzuwenden (*Thole* aaO S. 207 ff.). Mittelbare Auswirkungen der Sachverständigentätigkeit sind freilich denkbar, wenn iRd Sachverständigentätigkeit Umstände bekannt werden (zB Notwendigkeit von Sicherungsmaßnahmen), die auch auf den Pflichtenkreis als Verwalter überschwappen (Uhlenbruck/*Sinz* Rn. 4).

4 Ob § 60 analog auf den **eigenverwaltenden Schuldner** und/oder **die Organe des Schuldners** anzuwenden ist, ist bisher ungeklärt (zur Diskussion *Thole/Brünkmans* ZIP 2013, 1297; *Bachmann* ZIP 2015, 101). Beim in **Eigenverwaltung** befindlichen Schuldner könnte eine Haftung nach § 60 nur insoweit Sinn haben, als der damit begründete Haftungsschaden im Innenverhältnis auf das Organ abgewälzt werden könnte (Transmissionsriemen). **Hinsichtlich der Organe** spricht iErg mehr für eine Innenhaftung auf gesellschaftsrechtlicher Grundlage (§§ 43, 64 GmbHG), die sodann die insolvenzspezifischen Pflichten des Eigenverwalters über die Legalitätspflicht des Organs spiegelt, statt für eine Außenhaftung des Organs (*Thole/Brünkmans* ZIP 2013, 1097 [1100 ff.]; *Bachmann*

ZIP 2015, 101 [108]; für § 280 BGB aber *Jacoby,* FS Vallender 2015, 261 [266 f.]). Zum **Sachwalter** → Rn. 3.

Beim **Treuhänder** im Restschuldbefreiungsverfahren ist str., ob § 60 eingreift, **5**
weil § 292 Abs. 3 S. 2 nur auf §§ 58, 59 verweist (für analoge Anwendung *Häsemeyer* Rn. 26.32; *Looff* ZVI 2009, 9 f.; aA OLG Celle NZI 2008, 52; AG Köln ZInsO 2013, 1275 [1276]; Uhlenbruck/*Sinz* Rn. 7; offenlassend BGH NZI 2008, 607 Rn. 20). Für die Analogie spricht die amtswegige Bestellung des Treuhänders, für Haftung nach allgemeinen Grundsätzen und damit ggf. nach § 280 BGB aber die Parallele zu sonstigen Fällen treuhänderischer Bindung. Da § 280 BGB nicht auf eigentliche Vertragsverhältnisse beschränkt ist, würde man wohl mit dieser Haftungsnorm auskommen können; dann fällt auch Zurechnung nach § 278 BGB leicht (dazu bei → § 60 Rn. 48). Doch wäre es fragwürdig, im vereinfachten Insolvenzverfahren § 60 anzuwenden, im Restschuldbefreiungsverfahren, das de facto dem Insolvenzverfahren zugehört, aber nicht. Daher ist eine **Analogie** zu befürworten. Ein **Sanierungsberater** nach § 3 KredReorG ist nicht erfasst (allg. zum Sanierungsberater *Schmittmann* ZInsO 2011, 545), auch nicht der **Reorganisationsberater** (§§ 7 ff. KredReorG).

III. Beteiligtenbegriff

§ 60 verzichtet auf einen gesetzlich geregelten Beteiligtenbegriff wie zB § 9 **6**
ZVG. § 60 liegt wie § 82 KO ein **materiell-rechtlicher Beteiligtenbegriff** zugrunde (BGH NJW 1973, 1043; BGHZ 99, 151 [154] = NJW 1987, 844 [845]; Jaeger/*Gerhardt* Rn. 22; Uhlenbruck/*Sinz* Rn. 9; Kübler/Prütting/Bork/*Lüke* Rn. 13). Beteiligter ist derjenige, demgegenüber der Verwalter seine Amtspflichten zu erfüllen hat (so schon RGZ 144, 179 [181]; BGH KTS 1958, 142 [143]; ZIP 2006, 859 [860]; im Erg. BGH DStR 2010, 2364 [2365]), weil dessen Interessen unmittelbar beeinträchtigt werden können (Jaeger/*Gerhardt* Rn. 22), namentlich va Insolvenzgläubiger, Massegläubiger, Aus- und Absonderungsberechtigte. Darüber hinaus kommen je nach Art der Pflicht in Betracht ein Kreditinstitut als Hinterlegungsstelle (BGH NJW 1962, 839); Staat und Justizfiskus, auch wegen Verfahrenskosten (aber nicht bei § 61, dort → § 61 Rn. 2, 6); Mitglieder der Gläubigerorgane uam. Verneint wurde die Beteiligtenstellung beim nicht teilnehmenden **Bürgen** in der Insolvenz des Hauptschuldners (BGH NJW 1985, 1159 [1160]; MüKoInsO/*Brandes/Schoppmeyer* Rn. 70) und beim **Geschäftsführer** der insolventen GmbH, soweit er der Masse nach § 64 GmbHG ersatzpflichtig ist (BGHZ 131, 325 [329] = NJW 1996, 850; vgl. auch BGH NJW 2001, 1280 [1282 f.]). Wohl aber können persönlich haftende **Gesellschafter** in der Insolvenz der Gesellschaft beteiligt sein (BGH ZIP 1985, 423 [425]; nicht bei der GmbH: OLG Karlsruhe WM 2013, 1276 [1277 f.] = ZIP 2013, 1237). Der Begriff hat daher **keine haftungsbegrenzende Funktion.** Stets ist entscheidend, eine **insolvenzspezifische,** kraft Amtsführung dem Verwalter obliegende **Pflicht** und den Pflichtbegünstigten zu identifizieren. Daran fehlt es in Bezug auf Vergütungsansprüche des **Zwangsverwalters** (BGH NJW 2010, 680 Rn. 9).

IV. Verletzung insolvenzspezifischer Pflichten

1. Allgemeines. Erfasst werden allein insolvenzspezifische, dh die nach diesem **7**
Gesetz und dem Insolvenzrecht dem Verwalter obliegenden Pflichten. Damit sind aber nicht nur die in der InsO konkret normierten Pflichten erfasst, sondern entscheidend ist, dass die jeweilige Pflicht aus der mit dem Amt des Verwalters und dessen Übernahme verbundenen **Funktion als Amtsträger** resultiert (Jaeger/*Gerhardt* Rn. 15; Kübler/Prütting/Bork/*Lüke* Rn. 12). Sie kann in der InsO gesetzlich normiert sein oder als ungeschriebene Amtspflicht entwickelt werden.

In letzterem Fall ist darauf zu achten, dass die Pflichtenbestimmung nicht aus der ex post-Betrachtung und mit dem vorhandenen überlegenen Wissen erfolgt (Gefahr des sog hindsight bias). Aus **Nebenpflichten,** die außerhalb der InsO und gar in allgemeinen Verkehrsgesetzen normiert sind, ergeben sich insolvenzspezifische Pflichten nur, wenn der Verwalter nicht als Jedermann bzw. als gewöhnlicher Vertreter fremder Interessen (vgl. HK-InsO/*Lohmann* Rn. 6) oder in seiner schlichten Position als Vertragspartner angesprochen wird. Die **Verletzung von Vertragspflichten** kann aber haftungsbegründend sein, wenn dadurch die Erfüllung insolvenzspezifisch anderer Pflichten gefährdet oder unmöglich wird (BGH NZI 2007, 335 = ZIP 2007, 539 f.; zu diesem „Durchwirken" anderer Pflichten *Zipperer* KTS 2008, 167 [177]). Zu Pflichten nach der **EuInsVO** → Rn. 14. Die Abgrenzung ist schwierig, aber nicht unmöglich. Sie ist durch Fallgruppenbildung und Kasuistik vorzunehmen. Maßgeblich muss sein, welche Anforderungen an eine ordnungsgemäße Amtsführung zu stellen ist. Wie auch sonst werden diese Anforderungen durch den Verfahrenszweck determiniert und sie richten sich ggf. auch danach, wie weit der Pflichtenkreis und der Kreis der Eigenverantwortlichkeit anderer Verfahrensbeteiligter gezogen ist. Der Verwalter darf **nicht zum Versicherer jeglicher fremder Interessen** gemacht werden; allerdings können sich wie auch sonst gemeinsame und überschneidende Verantwortlichkeiten ergeben. Die Pflichtenbindung anderer Organe schließt jene des Verwalters nicht notwendig aus.

8 Dogmatisch kann man zwischen objektiver **Pflichtverletzung** und **Verschulden** unterscheiden, insbes. bei den gesetzlich einzeln normierten Pflichten. Der objektive Verstoß gegen die Pflicht ist dann die Pflichtverletzung. Bei der Prüfung des Verschuldens ist danach zu fragen, warum die Pflicht verletzt wurde, wobei allerdings ein objektiver Sorgfaltsmaßstab gilt. Geht es darum, nicht ausdrücklich gesetzlich niedergelegte insolvenzspezifische Pflichten aus dem Amtsverständnis abzuleiten, so laufen Pflichtverletzung und Verschulden ineinander über, weil mit der Bestimmung dessen, was einem ordentlichen und gewissenhaften Verwalter abverlangt werden kann, zugleich der Sorgfaltsmaßstab beschrieben ist, insofern gilt die **Handlungsunrechtslehre.**

9 **2. Insolvenzspezifische Grundpflichten. a) Obhut.** Zu den Grundpflichten gehört es nach § 148 Abs. 1, das massezugehörige Vermögen in Besitz und Verwaltung zu nehmen (BGH ZIP 2007, 2273 [2278]; *Vallender* ZIP 1997, 345 [347]; → § 148 Rn. 2 ff.). Diese Pflicht ist Ausdruck der allgemeinen Massesicherungspflicht. Dazu gehören auch tatsächliche Maßnahmen zum **Schutz der Massegegenstände** gegen Verfall und Beschädigung; Abschluss von Versicherungen (BGHZ 105, 230 [237 ff.] = NJW 1989, 1034). Verwalter darf aber Gegenstände ggf. freigeben (→ § 35 Rn. 37) und muss das, auch in der Gesellschaftsinsolvenz (→ § 35 Rn. 38), tun, wenn der Gegenstand die Masse belastet. Umgekehrt kann die **Freigabe** eines noch für die Masse werthaltigen Gegenstands eine Pflichtverletzung sein (Uhlenbruck/*Sinz* Rn. 14), doch sollte man dann mit dem Verschulden moderat umgehen. Keine Pflicht zur Freigabe gegenüber Dritten (Kübler/Prütting/Bork/*Lüke* Rn. 31a). Eine zeitliche Verzögerung bei der Abgabe der Erklärung nach § 35 Abs. 2 kann haftungsrelevant sein (HK-InsO/*Lohmann* Rn. 12), aber nur, wenn damit erkennbar Nachteile für die Masse verbunden sind.

10 Zu der Obhutspflicht gehört auch die **Erstellung der Verzeichnisse nach §§ 151 ff.** und die Erfüllung der sich ergebenden handels- und steuerrechtlichen Pflichten des Schuldners (§ 155 Abs. 1) (näher → § 155 Rn. 63 ff.); die Erstellung der Vermögensübersicht nach § 153 InsO reicht dazu nicht (Gottwald InsR-HdB/*Frotscher* § 22 Rn. 81). Eine Pflichtverletzung zum Nachteil der Insolvenzgläubiger liegt vor, wenn der Verwalter keine Abschlüsse aufstellt, um den Über-

schuss aus Fortführung und seine Vergütung nicht durch die anfallenden Kosten zu mindern (BGH NZI 2007, 342 Ls. 3; HK-InsO/*Lohmann* Rn. 13). Der BFH (BStBl. II 1995, 194 [196]; BFH/NV 2008, 334) betont, der Verwalter könne sich von steuerlichen Erklärungspflichten nicht mit dem Argument entziehen, die Kosten seien von Masse nicht gedeckt (zw.; krit. Gottwald InsR-HdB/*Frotscher* § 22 Rn. 90 Fn. 80). Auch kann Masseverkürzung entstehen, wenn wegen mangelhafter Buchführung Steuererstattungen nicht in Anspruch genommen werden. Ob die **Erstellung der Buchführung** auch gegenüber dem Schuldner geschuldet ist, bleibt zweifelhaft, solange die Masse davon nicht profitiert (krit. *Kilger* ZIP 1980, 26 zu BGHZ 74, 316 = ZIP 1980, 25 f. = NJW 1979, 2212). Wegen potentieller Auswirkungen zu Lasten des Schuldners nach **Verfahrensbeendigung** dürfte die Haftung gegenüber dem Schuldner aber in Betracht kommen.

b) Bestmögliche Abwicklung und Verwertung. Der Verwalter muss die 11
Masse bestmöglich und zügig (BGHZ 70, 87 [91] = NJW 1978, 538) abwickeln; eine übereilte Abwicklung kann zur Masseverkürzung führen (RGZ 152, 125 [127]; BGH ZIP 1985, 423 [425]; OLG München NZI 1998, 84 [86]) ebenso wie Verkauf unter Wert (OLG Rostock NZI 2011, 488 f.: nur Verpachtung bis zum Votum der Gläubigerversammlung), freilich ist umgekehrt die schnelle Entscheidungssituation, die kurze Einarbeitungszeit und das mögliche Auflaufen von Masseverbindlichkeiten zu bedenken. Der Verwalter kann ungeachtet § 149 gegenüber den Insolvenzgläubigern und dem Schuldner **zur zinsgünstigen Anlage** von bis zur Verteilung nicht benötigten Geldern verpflichtet sein (BGH NZI 2014, 757 Rn. 15 ff. mit weiteren Hinweisen zur Ausgestaltung der Pflicht; vgl. a. *Thole* BB 2014, 2066). Das **Ausschlagen eines Kaufangebots** kann zur Masseverkürzung führen (*Kilger/Karsten Schmidt* § 82 KO Anm. 3a) ebenso wie schon das Unterlassen, in Verhandlungen einzutreten, auch wenn die Gegenseite noch kein konkretes Angebot vorgelegt hat (OLG München NZI 1998, 84 [86]). Zudem haftet der Verwalter ggf. für eine **Vergrößerung der Passivmasse,** zB durch **Anerkenntnis** von Forderungen (zum Verlust des **Verlustvortrags** BGHZ 74, 316 = ZIP 1980, 25). Beim Verstoß gegen das **Gebot der bestmöglichen Verwertung** können sowohl **Gesamt- als auch Einzelschäden** entstehen (vgl. BGH ZIP 1985, 423 [425]; OLG München NZI 1998, 84 [86]; ZIP 1995, 292 [293]), letztere auch zum Nachteil des Schuldners, wenn ein über die Insolvenzforderungen hinausgehender Mehrerlös realisierbar war. Es besteht keine insolvenzspezifische Pflicht, **Arbeitnehmer** zu einem bestimmten Zeitpunkt freizustellen (BAG BeckRS 2013, 66362) Zur Haftung gegenüber dem Absonderungsberechtigten → Rn. 30.

Ein grundsätzliches Haftungsrisiko ergibt sich aus dem Widerstreit zwischen 12
Betriebsfortführung und Stillegung, gerade beim vorläufigen Verwalter. Der Verwalter darf vor dem ersten Berichtstermin grds. **keine Fakten schaffen** (Uhlenbruck/*Sinz* Rn. 15), da die Bestimmung über Liquidation und Sanierung der Gläubigerversammlung vorbehalten ist; nur in den Schranken von § 158 ist Verwertung möglich. Betriebsfortführung ist zunächst erforderlich. Der Verwalter muss aber darauf achten, dass die Erfüllung der neu entstehenden Masseverbindlichkeiten gewährleistet ist (Kübler/Prütting/Bork/*Lüke* Rn. 31c; *Vallender* ZIP 1997, 345 [348]; näher auch *Ehlers* ZInsO 1998, 356); das ist aber eine Frage des insoweit vorrangigen § 61 (*Lüke* FS BGH, 2000, 701 [708 ff.]). Gleichwohl muss und darf der Verwalter einige Weichen stellen. Ist ein Bereich defizitär, hat er ggf. die **Stillegung zu veranlassen** und die Zustimmung nach § 158 einzuholen. Bei Gefahr der Masseunzulänglichkeit ist die Fortführung demnach auszusetzen (Pflichtenkollision (*Lüke* FS BGH, 2000, 701 [719])). Umgekehrt ist die Stillegung uU auch dann keine Pflichtverletzung, wenn bei ex post-Betrachtung ein Verwertungserlös realisierbar gewesen wäre (Jaeger/*Gerhardt* Rn. 41). Es folgt zu-

gleich die **Pflicht zur Informationen und Überwachung der Kostendeckung** (*Lüke* FS BGH, 2000, 701 [711]; *Kilger/Karsten Schmidt* § 82 KO Anm. 3b). Eine falsche Darstellung der Verhältnisse in der Gläubigerversammlung (§ 156) kann zur Haftung führen, wenn sich die Gläubiger bei zutreffender Information für eine günstigere Verwertungsoption entschieden hätten (Uhlenbruck/*Sinz* Rn. 17), zB bei unvorteilhafter Ablehnung eines Insolvenzplans auf Betreiben des Verwalters (MüKoInsO/*Brandes/Schoppmeyer* Rn. 65a), zur Kausalität → Rn. 39. Bei der Verwertung muss der Verwalter die Zustimmungen nach §§ 160–163 einholen. Der Verwalter muss einen Insolvenzplan dem Gericht rechtzeitig vorlegen (§ 218). Zur **eigeninitiativen Erstellung eines Plans** ist er **außerhalb § 218 Abs. 2 iVm § 157** nur verpflichtet, wenn das Verfahrensziel dies erfordert (Jaeger/*Gerhardt* Rn. 90), maW Planvorlage kann **zur allgemeinen Pflicht zur Ergreifung von Sanierungschancen** gehören, aber Beurteilungsspielraum (so wohl auch *Antoni* NZI 2013, 236).

13 Stets muss Verwalter die **Sorgfalt eines ordentlichen und gewissenhaften Geschäftsleiters** anwenden, Absatz 1 Satz 2 (vgl. a. BGHZ 99, 151 [154] = NJW 1987, 844 [845]). Der Verwalter darf einen Sachverständigen hinzuziehen (§ 151 Abs. 2 S. 1) und muss dies auch tun, wenn es im Interesse einer optimalen und raschen Bewertung von Vermögen und dessen Verwertung liegt (vgl. HambK-InsO/*Weitzmann* Rn. 14). Er muss auch unabhängig vom Schuldner eine sachverständige Fortführungsprognose anstellen (BGH ZIP 2005, 311 [312]; *Häsemeyer* Rn. 6.40).

14 Führt der Verwalter das Unternehmen fort, so hat er die Pflichten und die Sorgfalt eines ordentlichen und gewissenhaften Geschäftsleiters auch bei unternehmerischen Entscheidungen an den Tag zu legen. Das ist eine insolvenzspezifische Pflicht. Die Maßstäbe können *im Ansatz* der **business judgment rule** des § 93 Abs. 1 S. 2 AktG entnommen werden (*Berger/Frege* ZIP 2008, 204 [206 ff.]; *Oldiges* S. 110 ff.; *Uhlenbruck* FS Karsten Schmidt, 2009, 1603 [1616 ff.]). Die BJR begrenzt schon den Pflichteninhalt, nicht erst das Verschulden (zur Anwendung auf Rechtsfragen *Thole* ZHR 2009, 504 ff.). Auf die Pflicht zu rechtstreuem Verhalten ist sie nicht anwendbar **(Legalitätspflicht).** Wenngleich eine analoge Anwendung der BJR wegen der Fremdbestimmtheit des Handeln des Verwalters nicht ohne weiteres in Betracht kommt (so *Jungmann* NZI 2009, 80 [84], der daher die Anwendung der BJR ablehnt) und wegen der Begrenzung des Verfahrenszwecks auf die Verwertung das unternehmerische Risiko geringer ist (BGH ZIP 1980, 851 [853]), ist doch richtig, dass der Verwalter oft – auch und gerade bei einem Sanierungsversuch – (Ermessens-)Entscheidungen von prognostischem Charakter zu treffen hat, deren Ausgang ungewiss ist. Insbes. sind die für die BJR geltenden Voraussetzungen allesamt auch für das Verwalterhandeln beachtlich. Eine **Pflichtverletzung ist zu verneinen,** wenn der Verwalter **auf der Grundlage angemessener Informationen** und in bestem Gewissen eine unternehmerische Entscheidung zum Wohle der Insolvenzmasse trifft, auch soweit sich *ex post* zeigt, dass es bessere Optionen gegeben hätte. Es ist zudem zu beachten, dass der Verwalter nicht für die vorgefundenen strukturellen Schwächen des Unternehmens haftbar gemacht werden kann (Begr. RegE, BT-Drs. 12/2443, 129; HambK-InsO/*Weitzmann* Rn. 30); Sanierung ist stets eine Gratwanderung (*Thole,* Gläubigerschutz durch Insolvenzrecht, 2010, 507); verlangt werden muss „nur" ein schlüssiges und tragfähiges Konzept (zu § 61 vgl. dort → § 61 Rn. 10).

15 **Pflichten aus der EuInsVO** sind insolvenzspezifische Pflichten (zB auch für Kooperationspflichten aus Art. 31 EuInsVO bejahend *Ehricke* FS 75 Jahre MPI für Privatrecht, 2001, 337 ff. [349]; Gebauer/Wiedmann/*Haubold,* Zivilrecht unter europäischem Einfluss, 2. Aufl. 2010, Kap. 30, Rn. 232; *Kemper* ZIP 2001, 1609 [1618]; MüKoInsO/*Reinhart* EuInsVO Art. 31 Rn. 37; ablehnend unter Berufung auf Wortlaut Haß/Huber/Gruber/Heiderhoff/*Heiderhoff* EU-Insolvenzverord-

nung Art. 31 Rn. 9). Der Verwalter muss sich diesen Anforderungen bei grenzüberschreitenden Insolvenzen stellen, zumal im Einzelfall bei der Verwalterauswahl die Erfahrung mit internationalen Insolvenzen eine Rolle gespielt haben mag; iÜ gilt das Verordnungsrecht unmittelbar.

c) Herbeiführung der Soll-Masse. Zu den spezifischen Grundpflichten gehört es, die Soll-Masse herbeizuführen. **Aussonderungsrechte** sind zu beachten; **Absonderungsgegenstände** zu verwerten, §§ 159, 166 ff., 170 (→ Rn. 30). Es besteht die Grundpflicht, Ansprüche der Masse zu ermitteln (etwa gegenüber FA, OLG Koblenz ZIP 1993, 52 [53]: in casu aber verneinend bei erkennbar höheren Nachforderungsansprüchen des Fiskus; LG Düsseldorf NZI 2011, 190 = ZIP 2011, 441 [442]), zu realisieren und unberechtigte Ansprüche abzuwehren. **Forderungen** muss der Verwalter geltend machen, wenn **hinreichende Erfolgsaussicht** besteht (BGH ZIP 1993, 1886 [1887]). Das Versäumnis kann auch Individualschaden einzelner Gläubiger begründen (BGH ZIP 1993, 1886 [1891 f.]). Eine Pflicht zur **Wahrung der Interessen des Prozessgegners** im Hinblick auf dessen Kostenerstattungsanspruch bei Einleitung oder Aufnahme eines Prozesses oder auch bei Vollstreckung (dazu OLG Düsseldorf ZIP 1993, 1805 [1806]) ist damit nicht verbunden (BGHZ 148, 175 [178 f.] = NJW 2001, 3187; NZI 2005, 155); insofern kommt eine Haftung nur in Betracht, wenn der Verwalter die Befriedigung des bestehenden Kostenerstattungsanspruch des Gegners zB durch Befriedigung anderer Gläubiger gefährdet (BGH NJW-RR 1988, 1487 [1488]; MüKoInsO/*Brandes/Schoppmeyer* Rn. 39), zur Haftung nach § 826 BGB (BGHZ 148, 175 [183] = NJW 2001, 3187; NZI 2005, 155 [156] mwN). IÜ folgt aus § 60 aber keine persönliche Haftung für den Kostenerstattungsanspruch als solchem (BGH NZI 2005, 155 f.; OLG München, 9.9.2014, 5 U 3864/11), ebenso wenig wie bei einem **Akteneinsichtsrecht** nach § 51a GmbHG (OLG Köln ZIP 2008, 1131). Der Verwalter muss auch **Anfechtungsansprüche** prüfen und durchsetzen (BGHZ 131, 325 [328] = ZIP 1996, 421; LG Krefeld ZInsO 2014, 848 [849 f.] näher zu den Grenzen der Einziehungspflicht *Bork* ZIP 2005, 1120 [1121]), soweit ihre Realisierung nicht ungewiss ist (Beurteilungsspielraum); einen mathematisch-schematischen Maßstab anhand des Prozessrisikos darf man dabei nicht anlegen (so aber tendenziell OLG Hamm ZIP 1995, 1436 [1437] re. Sp.). Auf einen Prozess mit mangelnder Erfolgsaussicht darf sich der Verwalter grds. nicht einlassen (LG Krefeld NZI 2014, 410 [411]). Der Verwalter darf sich über Ansprüche auch **vergleichen,** wenn das wirtschaftlich sinnvoll erscheint (OLG Karlsruhe NZI 2014, 121 [122]; für Beendigung eines Spruchverfahrens OLG München ZInsO 2010, 1399). Entsprechendes gilt für Kapitalschutzansprüche gegen Gesellschafter (BGH ZIP 2009, 2012 [2013]), ebenso wie für die jetzt als Innenhaftung ausgestaltete Existenzvernichtungshaftung (vgl. BGHZ 173, 246 = NZI 2007, 603 – Trihotel). Geschäftsführer sind ggf. in Anspruch zu nehmen (*Bork* ZIP 2005, 1120 [1121]; *Pape* ZInsO 2007, 1080 [1083]). Die Anerkennung von Passivforderungen und das **Verjährenlassen** von (Masse-)Ansprüchen ist haftungsrelevant (BGH ZIP 2015, 1645 Rn. 8; Haarmeyer/Wutzke/Förster PräsenzKoInsO/*Frind* Rn. 15), auch der unterlassene Widerspruch nach § 178; zum **Lastschriftwiderspruch** → Rn. 24. Auch eine **Rechtsverfolgung im Ausland** muss der Verwalter prüfen (näher Art. 18 EuInsVO); seit Art. 3 EuInsVO eine weitreichende Zuständigkeit auch für Annexverfahren begründet (EuGH Slg. 2009, I-767 = NJW 2009, 2189 – Deko Marty mit Anm. *Thole* ZEuP 2010, 904) ist häufig ohnedies ein Gerichtsstand im Inland gegeben (dazu → EuInsVO Art. 3 Rn. 33 ff.). 16

Gleiche Maßstäbe gelten bei bereits im Zeitpunkt der Eröffnung anhängigen Verfahren. Der Verwalter muss prüfen, ob es Sinn hat, den **unterbrochenen Prozess** aufzunehmen (vgl. BGHZ 163, 32 [36] = NJW 2005, 2015; vgl. § 85 17

Abs. 2) dabei hat er ein Ermessen (OLG Celle ZInsO 2005, 441 [442]), dessen Ausübung sich an den **Prozessaussichten** orientieren muss. Allerdings ist nicht jede Aufnahme und Fortführung eines Rechtsstreits mit ungewissem Ausgang eine Pflichtverletzung; nur wenn die Bedenken überwiegen, ist von der Fortführung abzusehen. Ein Schaden durch mangelhafte Prozessführung in Bezug auf ein ergangenes Gerichtsurteil erleidet ein Beteiligter nur, wenn die Entscheidung aus Sicht des über die Schadensersatzklage entscheidenden Gerichts materiellrechtlich richtig und anders ausgefallen wäre; keine Berufung darauf, das Gericht hätte hypothetisch anders, wenngleich falsch zugunsten des Schadensersatzgläubigers entschieden (BGH ZIP 1985, 693 [694]; *Kilger/Karsten Schmidt* § 82 KO Anm. 3b).

18 **d) Verteilung.** Eine weitere Grundpflicht ist die Abwicklung bei der Verteilung. Nach Bereinigung der Ist-Masse gemäß den Pflichten in §§ 159, 166, 170 muss der Verwalter die Verteilung ordnungsgemäß durchführen und zuvor das Anmeldeverfahren **sachgerecht organisieren** (näher → Rn. 20 ff.).

19 **e) Auskunft.** Den Verwalter trifft **keine allgemeine Informationspflicht** gegenüber den Insolvenzgläubigern (zum Gericht § 58 Abs. 1 S. 2) (*Bork/Jacoby* ZInsO 2002, 398 [399 f.]; *Thole* ZIP 2012, 1533); der Verwalter muss Sachstandsanfragen von Gläubigern nicht beantworten (HambK-InsO/*Weitzmann* Rn. 17). Auch besteht keine Pflicht gegenüber Arbeitnehmern zur Auskunftserteilung wegen Insolvenzgeldanträgen oder zur Weiterleitung solcher Anträge (OLG Hamm ZInsO 2008, 673 [674]). Wenn er Auskunft erteilt, muss sie aber richtig sein (vgl. für öffentliche Arbeitgeber BAGE 47, 169 [172]). Das entspricht allgemeinen Grundsätzen bei der Amtshaftung (Palandt/*Sprau* § 839 Rn. 41). Die Pflicht zur zutreffenden Auskunft gilt richtigerweise nicht für Rechtsauskünfte, da insoweit das Vertrauen der Beteiligten nicht im Sinne einer insolvenzspezifischen Pflicht schutzwürdig ist (Kübler/Prütting/Bork/*Lüke* Rn. 23b); die Rspr. hat aber in vergleichbaren Fällen großzügig von § 826 BGB und der Annahme eines ggf. drittschützenden Beratungsvertrags Gebrauch gemacht (dazu Palandt/*Sprau* § 826 Rn. 27; Palandt/*Grüneberg* § 328 Rn. 34). Der Verwalter muss eine **mögliche Besorgnis der Befangenheit und Interessenkollisionen** offenlegen (BGH ZIP 1991, 324 [328]). Zum Informationsrecht des GmbH-Gesellschafters OLG Hamm ZInsO 2002, 77 [79]. Mitwirkungshandlungen bei Bekanntmachungspflichten (vgl. § 9 Abs. 3) sind ordnungsgemäß zu erfüllen, zB iFd § 188 S. 3. Zu Hinweispflichten bei der Anmeldung → Rn. 20. Der Insolvenzverwalter muss auch **Belange des Datenschutzes** (BDSG usw) wahren. Man wird dies als allgemeine Unterpflicht seiner Pflicht zur Ausübung der Sorgfalt eines ordentlichen Geschäftsleiters ansehen können, doch muss man aufpassen, dass man den Verwalter nicht persönlich mit zu umfassenden **Pflichten zur IT-Compliance** belastet.

V. Einzelheiten

20 Im Einzelnen bietet es sich an, nach dem Pflichtenbegünstigten zu unterscheiden.

21 **1. Pflichten iSd § 60 gegenüber Insolvenzgläubigern.** Eine Haftung gegenüber Insolvenzgläubigern wird häufig in der **Form eines Gesamtschadens** relevant sein, wenn die zur Verteilung bereitstehende Masse verringert wird, etwa auch durch Verjährenlassen einer zur Masse gehörenden Forderung (BGH ZIP 2015, 1645 Rn. 8). Zu den Pflichten im Einzelnen gehört die ordnungsgemäße Durchführung des Anmelde- und Feststellungsverfahrens. Der Verwalter muss die **angemeldeten Forderungen prüfen;** der Gläubiger muss den der Forderung

zugrundeliegenden Sachverhalt schlüssig darlegen (BGH ZIP 2009, 483). Eine Pflicht, auf Mängel der Anmeldung hinzuweisen, besteht richtigerweise grds. nicht (OLG Stuttgart ZIP 2008, 1781 [1783] = ZInsO 2008, 627; gleichfalls beschränkt auf Evidenz Uhlenbruck/*Sinz* Rn. 19; aA KG ZIP 1987, 1199); auf Nachfrage des Gläubigers darf der Verwalter aber trotz Fehlens einer allgemeinen Auskunftspflicht keine unrichtigen Auskünfte erteilen (HambK-InsO/*Weitzmann* Rn. 17; → Rn. 18). Der Verwalter muss sich nicht selbst die notwendigen Unterlagen beschaffen (BGH ZIP 2009, 483 [484]), bei offensichtlichen **formellen Mängeln** ist der Verwalter auch ungefragt zum Hinweis verpflichtet; nicht aber bei materiellen Begründungsmängeln in Bezug auf das Bestehen der Forderung (OLG Stuttgart ZIP 2008, 1781 [1783]); zur Berücksichtigung verspätet angemeldeter Forderungen → § 177 Rn. 8.

Die **fälschliche Nichtberücksichtigung einer Forderung** ist eine Pflicht- 22
verletzung. Erforderlich ist auch eine Eintragung der Qualität der Insolvenzforderung als Forderung aus vorsätzlich unerlaubter Handlung, auch nach bereits erfolgter Feststellung (BGH ZIP 2008, 566 [567]). **Vorläufiges Bestreiten einer Forderung** trotz Möglichkeit abschließender Beurteilung kann grds. keine Pflichtverletzung sein (aA Uhlenbruck/*Sinz* Rn. 20); allerdings soll bei nachträglicher Anerkennung der Forderung und vorherigem Bestreiten ohne Sachprüfung eine Haftung denkbar sein (LG Osnabrück ZIP 1984, 91); das passt nicht zur bisherigen Rspr. beim Lastschriftwiderruf (→ Rn. 24). Pflichtverletzung ist dann aber nicht das Bestreiten, sondern allenfalls die unterlassene Prüfung der Existenz der Forderung und der Umstände im eigenen Verantwortungsbereich; es lässt sich ggf. Parallele zur Haftung bei unberechtigter Rechtsverfolgung ziehen (BGH NJW 2008, 1147; 2009, 1262). Einen **Bereicherungsanspruch** wegen evident überhöhter Fehlüberweisung auf ein Schuldnerkonto muss der vorläufige Verwalter ohne weiteres Zuwarten erfüllen (LG Essen NZI 2011, 543).

Der Verwalter haftet für die ordnungsgemäße und inhaltliche **Richtigkeit des** 23
Verzeichnisses nach §§ 178, 183, 188. Eine unterlassene Eintragung in das Schlussverzeichnis macht den Verwalter haftbar (BGH NJW 1994, 2286), aber Mitverschulden bei fehlenden Einwendungen (BGH aaO, 2287; OLG Hamm ZIP 1983, 341 [342]). Eine **fälschliche Aufnahme der Forderung** führt zu einem Gesamtschaden (HambK-InsO/*Weitzmann* Rn. 15) Der Verwalter muss die Verwaltung ordnungsgemäß und so zügig wie den Umständen nach möglich (§§ 196, 197) durchführen (BGHZ 106, 134 [139] = ZIP 1989, 50 [52]; näher *Vallender* ZIP 1997, 345 [348]). Der Verwalter darf Forderungen außerhalb der Tabelle nicht erfüllen (BGH NJW-RR 1990, 45 [47] = ZIP 1989, 407) und muss alle festgestellten Forderungen berücksichtigen. Eine **Verzögerung der Ausschüttung** kommt nur in Betracht, wenn ein Massezuwachs noch unmittelbar zu erwarten ist (Uhlenbruck/*Sinz* Rn. 22). In den Fällen des §§ 198, 203 besteht die Pflicht zur Hinterlegung und Zurückhaltung von Beträgen und ggf. Nachtragsverteilung. Der Verwalter muss die Quoten richtig ermitteln und den Gleichbehandlungsgrundsatz wahren; zum Bereicherungsausgleich bei Überzahlung BGH ZIP 1990, 45 [48] und → § 189 Rn. 14. **Abschlagszahlungen** stehen im Ermessen des Verwalters (→ § 187 Rn. 3); bei dessen pflichtgemäßer Ausübung liegt keine Pflichtverletzung vor.

Gegenüber öffentlich-rechtlichen Gläubigern wie dem **Fiskus** kommt ggf. eine 24
Haftung nach Sondergesetzen in Betracht wie insbes. § 69 AO (→ Rn. 47). Eine Verletzung insolvenzspezifischer Pflichten iSd § 60 liegt nur vor, wenn der Fiskus in seiner ganz gewöhnlichen Position als Insolvenzgläubiger betroffen ist (BGHZ 106, 134 [136] = ZIP 1989, 50 [51]; Kübler/Prütting/Bork/*Lüke* Rn. 52).

Der (vorläufige) Insolvenzverwalter durfte Lastschriften im Einzugsermächti- 25
gungsverfahren widersprechen; die Lastschrift ist ohne weiteres nicht insolvenzfest. Für einen berechtigten **Lastschriftwiderruf** kommt keine Haftung nach § 60 in

Betracht (OLG Celle ZInsO 2013, 348 [350]). Der IX. Zivilsenat hatte auch bei pauschalen Widerrufen die Annahme einer Pflichtwidrigkeit abgelehnt (BGHZ 161, 49 [52 ff.] = NJW 2005, 675; BGHZ 174, 84 [87] = NJW 2008, 63 Rn. 11 ff.; BGH NJW-RR 2007, 118 Rn. 8 f.; NZI 2009, 475 Rn. 13). Der XI. Senat (BGHZ 186, 292 = NJW 2010, 3510 Rn. 11) hatte diese Rspr. nicht grds. in Abrede gestellt (näher zum Ganzen → § 21 Rn. 61). Der IX. Senat konturiert die Pflichten des Verwalters aber stärker (NJW 2010, 3517 Rn. 23 ff.); danach ist durch den Insolvenzzweck ein **pauschaler Widerspruch** nicht geboten und **nicht mehr zulässig** (anders auch für Treuhänder noch AG Hamburg NZI 2007, 598). Der Insolvenzverwalter muss vielmehr prüfen, ob das pfändungsfreie „Schonvermögen" des Schuldners betroffen ist. Widersprechen bzw. die Genehmigung der Zahlung verweigern darf und muss der Verwalter, wenn die Genehmigung der Zahlung später anfechtbar wäre (BGH NJW 2010, 3517 Rn. 23 ff.; so auch *Nobbe/Ellenberger* WM 2006, 1885 [1890]). Nach dem **seit 2014 geltenden SEPA-Verfahren** autorisiert bereits der Schuldner (insolvenzfest) mit dem Auftrag, so dass sich das Problem weitgehend erübrigt hat (Braun/*Böhm* § 22 Rn. 24), soweit nicht die Anfechtung greift. In diesem Fall kommt uU Erstattungsanspruch nach § 675x Abs. 1, 2 S. 2 BGB in Betracht.

26 Führt der Verwalter einen bindenden, wirksam und einwandfrei zustande gekommenen **Beschluss der Gläubigerorgane** in den Fällen zB §§ 100 Abs. 1, 157, 197 Abs. 1 Nr. 3 lediglich aus, weil das Gläubigerorgan zuständig ist, entfällt schon die Pflichtwidrigkeit (HK-InsO/*Lohmann* Rn. 36; für § 82 KO BGH ZIP 1987, 115 [118]). Eine Pflichtverletzung kann hier nur in der **Art und Weise der Ausführung** liegen und in dem Versäumnis, die Aufhebung des Beschlusses zu beantragen, § 78 (Kübler/Prütting/Bork/*Lüke* Rn. 43). IÜ, bei Verbleib eigener Entscheidungskompetenz, kann sich der Verwalter auf die (gesetzlich nicht vorgesehenen) Beschlüsse des Gläubigerausschusses nicht haftungsbefreiend berufen, insbes. nicht gegenüber Einzelschäden einzelner Beteiligter. Eine **Bindungswirkung** entsteht nicht durch die nach der InsO geforderten Zustimmungsbeschlüsse wie bei § 160 (*Kilger/Karsten Schmidt* § 82 KO Anm. 7; BGH ZIP 1985, 423 [425]), doch kann ein Handeln gegen die auf diese Weise dokumentierten Interessen der Gläubigerorgane seinerseits pflichtwidrig sein (arg. § 161).

27 **2. Pflichten iSd § 60 gegenüber Massegläubigern.** Die Vorabbefriedigung von Massegläubiger ist eine insolvenzspezifische Pflicht iSd § 60 gegenüber Massegläubigern (BGHZ 159, 104 [111] = NZI 2004, 435 [436]; Uhlenbruck/*Sinz* Rn. 26; Kübler/Prütting/Bork/*Lüke* Rn. 22; *Lüke* FS Gerhardt, 2001, 599 [616]; vgl. auch BGHZ 85, 75 [77 f.] = WM 1982, 1352 f.). Er darf **Masseforderungen nicht als Insolvenzforderungen** behandeln (OLG München ZIP 1981, 887 [888] [auch zum Mitverschulden]; Jaeger/*Gerhardt* Rn. 67); in diesem Fall wird man eine Hinweispflicht bei einem irrtümlich als Insolvenzgläubiger anmeldenden Massegläubiger bejahen können (so OLG München aaO). Der Verwalter muss vor einer Verminderung der Masse, auch durch Erhöhung der Passiva, Sorge tragen (BGHZ 159, 104 [121] = NZI 2004, 435 [439]). § 61 regelt nur die Haftung für die sorgfaltswidrige Begründung von Masseverbindlichkeiten (BGHZ 159, 104 [109] = NZI 2004, 435 = NJW 2004, 3334; *Häsemeyer* Rn. 6.40) und geht § 60 vor; für die Behandlung und Abwicklung von Masseverbindlichkeiten iÜ bleibt es bei § 60. Der Verwalter muss die Masseverbindlichkeiten im Interesse einer rechtzeitigen Tilgung **ordentlich dokumentieren** oder dokumentieren lassen (BGHZ 159, 104 [121] = NZI 2004, 435 [439]). Die Masseunzulänglichkeit ist anzuzeigen, § 208. Den Insolvenzverwalter trifft aber keine insolvenzspezifische Pflicht im Interesse einzelner Gläubiger, Masseunzulänglichkeit zu dem Zweck rechtzeitig anzuzeigen, dass nachfolgende **Wohngeldansprüche** einer Wohnungseigentümergemeinschaft als Neumasseschuld bevorzugt zu befriedigen sind

(BGH BeckRS 2010, 28749 Rn. 10). Nach Anzeige muss der Verwalter zwischen Alt- und Neugläubigern gemäß der **Rangfolge in § 209** unterscheiden; gleichrangige Forderungen sind nach dem Gleichbehandlungsgrundsatz zu erfüllen ohne Unterscheidung nach Art der Forderung (anders für Fälle der **Betriebsfortführung** LAG LSA ZInsO 2007, 1007 [1008]), ggf. sind sie anteilig zu tilgen (BAG ZIP 2007, 1169 [1171]; in diese Richtung *Lüke* FS Gerhardt, 2004, 599 [618]). Droht erst **Masseunzulänglichkeit,** gilt jetzt ebenfalls die Anzeigepflicht nach § 208 Abs. 1 S. 2; unter der KO hatte die Rspr. die Beachtung der Rangfolge auch schon auf dieses Stadium erstreckt (BGH ZIP 1988, 1068 [1069]; vgl. *Kilger/Karsten Schmidt* § 82 KO Anm. 3b). Die Pflichtverletzung liegt daher in der versäumten Anzeige und damit verbunden der Missachtung der Rangfolge. Der Verwalter darf nicht Masseverbindlichkeiten ohne Rücksicht auf die Rangfolge erfüllen (BGH ZIP 1988, 1068 [1069]), ggf. hat der Verwalter jedenfalls Rückstellungen zu bilden (Kübler/Prütting/Bork/*Lüke* Rn. 22e; BAG ZIP 2007, 1169 [1171]), aber nicht gegenüber dem Prozessgegner (Kübler/Prütting/Bork/*Lüke* Rn. 27; BGH ZIP 2006, 194 Rn. 20). In jedem Fall bestehen Pflichten sowohl gegenüber Alt- als auch Neumassegläubigern nach Einstellung nach §§ 211, 209 (BGHZ 159, 104 [115] = NZI 2004, 435 = NJW 2004, 3334; HambK-InsO/*Weitzmann* Rn. 17). Bei der Begründung von **Neumasseverbindlichkeiten** iSd § 209 Abs. 1 Nr. 2 muss der Verwalter besonders auf die Erfüllbarkeit achten, sonst greift § 61 für die Verletzung der Pflichten bei der Begründung (ArbG Kiel ZInsO 2002, 893 [895]; wohl auch, ohne Nennung von § 61 Kübler/Prütting/Bork/*Lüke* Rn. 22c). Die zu späte Anzeige der Masseunzulänglichkeit und der damit verbundenen Verlust der Rangstellung als Neumassegläubiger bzw. die Rückstufung als Altmassegläubiger ist ebenso haftungsrelevant wie die zu frühe Anzeige zum Nachteil der Altmassegläubiger (MüKoInsO/*Brandes/Schoppmeyer* Rn. 46); hier ist indes nicht nur das Verschulden ein Korrektiv, sondern die Anzeigepflicht und damit ist schon diese Pflicht selbst von der Erkennbarkeit abhängig (vgl. Uhlenbruck/*Ries* § 208 Rn. 10); außerdem besteht keine insolvenzspezifische Pflicht gegenüber dem Arbeitnehmer zur Abführung von auf das Arbeitsamt übergegangenen Vergütungsansprüchen vor Masseunzulänglichkeit (HessLAG ZInsO 2008, 1159 Ls.). Bei **Überzahlung an einen Massegläubiger** unter Verstoß gegen § 209 hat der Verwalter die Leistungskondiktion (→ § 189 Rn. 14; MüKoInsO/*Füchsl/Weishäupl* § 187 Rn. 18; Kübler/Prütting/Bork/*Holzer* § 187 Rn. 18) geltend zu machen, um die Ausschüttung wieder zur Masse zu ziehen, und dann erneut zu verteilen. Der vorläufige Verwalter mit Zustimmungsvorbehalt ist nicht iSd § 60 verpflichtet, der **Weiterleitung von Mietzahlungen,** die der Schuldner als Zwischenvermieter erhält, an den Hauptvermieter zuzustimmen (BGH NJW 2008, 1442 Rn. 13 = ZIP 2008, 608 [609]).

Der Verwalter haftet auch, soweit er die **Erfüllung der von ihm bestrittenen,** aber iErg bestehenden **Ansprüche** nicht sicherstellt, aber hier kann es am Verschulden fehlen (Jaeger/*Gerhardt* Rn. 71). Die fahrlässige Unkenntnis für die Präklusionsvorschrift in § 206 kann den Verwalter haftbar machen (*Häsemeyer* Rn. 7.61; Jaeger/*Gerhardt* Rn. 72). Auch **Gläubigern aufschiebend bedingter Masseverbindlichkeiten** kann der Verwalter haftbar sein (*Weber* FS Lent, 1957, 301 [319]). Grds. besteht aber keine Pflicht des Verwalters, eine als aussichtsreich erkannte Prozessführung zu unterlassen, um den **Kostenerstattungsanspruch,** soweit Masseverbindlichkeit (dazu → § 55 Rn. 12 ff.), zu gewährleisten (→ Rn. 15); die Pflichtverletzung kann allenfalls in der Verkürzung oder bedenkenlosen Verteilung der Masse ohne Rücksicht auf den Kostenerstattungsanspruch liegen. 28

3. Pflichten iSd § 60 gegenüber Aussonderungsberechtigten. Auch der Aussonderungsberechtigte ist trotz der Regelung des § 47 S. 2 Adressat insolvenz- 29 spezifischer Pflichten (BGH NZI 2006, 350). Der Verwalter muss Aussonderungsrechte beachten, ohne Verzögerung erfüllen (zu Mietsachen BGH NZI 2007, 286) und derart belastete Gegenstände von der Verwertung ausklammern (BGH KTS 1958, 142 [143]; ZIP 1998, 298 [299]; 1998, 655 [658]); Verwertung des fremden Rechts ist, da objektiv rechtswidrig, eine Pflichtverletzung. Bewirkt der Verwalter zB durch Vermischung einen **Verlust der Aussonderungsfähigkeit,** so haftet der Verwalter neben der Masse (BGH WM 1989, 1815 [1816]; Uhlenbruck/*Sinz* Rn. 35). Allerdings muss er nicht bei jedem Gegenstand eigene **Nachforschungen** anstellen; solange keine Anhaltspunkte für das Aussonderungsrecht vorliegen oder der Berechtigte auf sein Recht hingewiesen hat (BGH NJW 1996, 2233 [2235]; OLG Jena ZInsO 2005, 44; Jaeger/*Gerhardt* Rn. 45, der dann Verschulden verneint; BGH ZIP 1992, 1646 [1650 f.]; zu einem Scheckfall die Haftung bejahend OLG Celle ZIP 1981, 1003); bei der Feststellung des Rechts ist der Verwalter **zur Mitwirkung** verpflichtet (OLG Düsseldorf ZInsO 2003, 997 [998]; OLG Köln ZIP 1987, 653 [654]). Auf deutliche Hinweise muss er aber sein Verhalten entsprechend einrichten (BGH NJW 1996, 2233 [2235]; OLG Jena ZInsO 2005, 44). Zu der Pflicht zur Inbesitznahme nach § 148 soll die Inbesitznahme und Verwahrung der gesamten sog Ist-Masse, dh auch des Aussonderungsguts, gehören (Uhlenbruck/*Sinz* Rn. 29 f.; zur KO OLG Köln ZIP 1987, 653 [654]). Das gilt freilich nur, solange das Recht Dritter nicht abschließend geprüft ist (vgl. BGH NZI 2001, 191 [192 f.]), denn andernfalls darf der Verwalter mangels Verwaltungsbefugnis keinen Besitz ergreifen (*Gerhardt* ZInsO 2000, 574 [579]), sofern man hier nicht eine **vorläufige Sicherungspflicht** bejahen will (*Häsemeyer* Rn. 13.02). Steht fest, dass es sich um eine nicht massezugehörige Sache handelt, hat der Verwalter aber keine *allgemeine* Obhutspflicht zur Vermeidung von Verlust und Beschädigung, sondern nur die Pflicht, die Verwertung zu unterlassen (*Gerhardt* ZInsO 2000, 574 [580]; Jaeger/*Gerhardt* Rn. 51; eher eng auch OLG Köln ZIP 1982, 977; wohl aA aber diff. OLG Düsseldorf KTS 1977, 119 [120]; *Lüke* ZIP 2005, 1113 [1118 f.] [aber wohl nur für Absonderungsrechte]; diff. danach, ob anderweitiger Schutz zu erwarten ist *Häsemeyer* Rn. 11.27, 13.02; HambK-InsO/*Weitzmann* Rn. 19); anders bei Absonderung → Rn. 32. Richtigerweise tritt der Verwalter in diesen Fällen nur in die Fußstapfen des Schuldners; hat dieser eine zB vertragliche Pflicht zur Obhut (als Mieter), wird diese durch den Übergang der Verwaltungsbefugnis nicht zu einer iSd § 60, denn sonst würde der Verwalter zum Versicherer der Schuldnerpflichten. Richtig ist nur, dass der Verwalter alles unterlassen muss, was die **Erfüllung des Herausgabeanspruchs nach § 47** vereitelt oder verzögert; das ist insolvenzspezifischer Natur (MüKoInsO/*Brandes*/*Schoppmeyer* Rn. 54a; Uhlenbruck/*Sinz* Rn. 31). Davon erfasst ist zB die Pflicht, eine aussonderungsfähige Mietsache nicht unterzuvermieten (vgl. BGH NZI 2007, 335 [336] = ZIP 2007, 539; BGHZ 130, 38 [44] = ZIP 1995, 1204). Man wird daher nach den Erwartungshaltungen der Beteiligten **unterscheiden** müssen: Eine insolvenzspezifische Pflicht zur Sorgfalt (Schutz vor Beschädigung, etc) ergibt sich erst, wenn der Aussonderungsberechtigte sein Herausgabeverlangen (ggf. auch außergerichtlich) geltend gemacht hat; dann ist die gewissermaßen treuhänderische Bindung des Verwalters offensichtlich und der Verwalter zu besonderer Sorgfalt angehalten (vgl. auch OLG Hamm ZInsO 2001, 178 [180]); vgl. auch die Parallele zur Haftung des Vollstreckungsgläubigers bei Versteigerung schuldnerfremder Sachen (BGHZ 58, 207 [212] = NJW 1972, 1048; BGHZ 74, 9 [11] = NJW 1979, 1351). **Keine Haftung für Beschädigung** besteht demgegenüber, solange der Gegenstand noch unerkannt als massefremder Gegenstand vorliegt; dann Haftung der Masse zB nach vertraglichen Grundsätzen, aber nicht des Verwalters persönlich nach § 60. Anders liegt es nur, wenn sich die Beschädigung als Verletzung der Pflicht zur vorläufigen Inbesitznahme ungeprüfter Gegenstände darstellen lässt

(→ Rn. 8). Der vorläufige Verwalter darf nicht Guthabenbeträge auf **Treuhandkonten** zweckentfremdend weiterleiten und vermischen und damit das Aussonderungsrecht des Treugebers verletzen (BGH ZIP 1998, 658; HK-InsO/*Lohmann* Rn. 26).

In allen Fällen ist ein **Schaden** des Berechtigten **zu verneinen,** wenn sein (sich ggf. auch aus allgemeinen Regeln ergebender) Anspruch gegen die Masse auch als Masseverbindlichkeit nach § 55 Abs. 1 Nr. 1 befriedigt wird. Die Haftung wegen **öffentlich-rechtlicher Ordnungspflichten** trifft ggf. die Masse oder begründet Insolvenzforderungen (näher → § 55 Rn. 25 ff.), führt aber nicht ohne weiteres zu einer persönlichen Haftung. 30

4. Pflichten iSd § 60 gegenüber Absonderungsberechtigten. Bei Absonderungsgut ist die Massezugehörigkeit des belasteten Gegenstands zweifelsfrei. Den Verwalter treffen die insolvenzspezifischen Pflichten nach den §§ 166 ff. wie Auskunft (§ 167) und Mitteilung vor Veräußerung nach § 168 bzw. Einsichtgabe in Bücher (vgl. BGH NJW 2000, 3777 [3778] = ZIP 2000, 1061; NZI 2013, 596 Rn. 21), Erlösabführungspflicht nach § 170 Abs. 1 (Kübler/Prütting/Bork/*Lüke* Rn. 18), derer er sich durch Freigabe entledigen kann. Er muss die Gegenstände, die seiner Verwertungsbefugnis unterliegen, in Besitz nehmen, § 166. Er muss bei der Verwertung und Verteilung den Vorrang des Absonderungsberechtigten beachten, sonst Verstoß gegen § 170 Abs. 1 S. 2 (OLG Hamm NJW-RR 1987, 1014 [1015]; 1992, 540 [541]). 31

Ist bei einem freihändigen Verkauf ein **höherer Erlös** als bei einer Versteigerung zu erwarten, muss der (mitbestimmende vorläufige) Verwalter gegenüber dem Absonderungsberechtigten dieser Art von Verkauf zustimmen und ggf. auf Einzelanordnungen des Gerichts hinwirken (BGH ZIP 2011, 1419 Rn. 29 ff., 37, 54). Bei Vereitelung eines Ersatzabsonderungsrechts oder Missachtung des Erlöschen einer **Verarbeitungsklausel** kommt eine Haftung in Betracht (MüKo-InsO/*Brandes/Schoppmeyer* Rn. 22; Uhlenbruck/*Sinz* Rn. 62; vgl. BGH NZI 2006, 350). Verstöße gegen besondere Vereinbarungen über die Verwertung mit einem **Sicherheitenpool** begründen regelmäßig keine Haftung nach § 60 (Kübler/Prütting/Bork/*Lüke* Rn. 21; Uhlenbruck/*Sinz* Rn. 45); anders, wenn schon die Vereinbarung (soweit dann noch bindend) nach ihrem Inhalt ein Verstoß gegen die §§ 166 ff. oder den Insolvenzzweck darstellt. Bei Verwertung zugunsten des **erstrangigen Sicherungsnehmers** darf der Verwalter den einfachsten Weg beschreiten, ohne die Interessen der nachrangigen Sicherungsnehmer wahren zu müssen (BGH ZInsO 2010, 2234 mAnm *Burgard/Tetzlaff* ZInsO 2011, 617). Hat der Verwalter den Absonderungsberechtigten wegen einer möglichen Veräußerung an einen Dritten informiert und bekundet der Berechtigte die Übernahmebereitschaft, muss der Verwalter ihn nicht erneut auf ein verbessertes Angebot des Dritten hinweisen (BGH NZI 2010, 525 Rn. 3). 32

Ein Verstoß gegen die **Regeln der ordnungsgemäßen Wirtschaft** und ein Unterlassen von Sicherungsmaßnahmen nach §§ 1134, 1135 BGB begründet nicht schon als solcher eine insolvenzspezifische Pflichtverletzung, wohl aber Ansprüche nach § 823 Abs. 2 BGB (Uhlenbruck/*Sinz* Rn. 42; Jaeger/*Gerhardt* Rn. 58 ff.; *Lüke* ZIP 1989, 1 [3 f.]; missverständlich für Sequester und Versicherungsschutz BGHZ 105, 230 [237 f.] = NJW 1989, 1034; wohl auch MüKoInsO/*Brandes/Schoppmeyer* Rn. 60, 63); der Verwalter kann aber unabhängig von §§ 1134 f. BGB wegen unterlassener Bewahrung der mit einem **Grundpfandrecht** belasteten Sache oder fehlender Wahrung des Vorrangs haften (vgl. BGHZ 60, 267 [273] = NJW 1973, 1611). Ob allerdings gegenüber Absonderungsberechtigten allg. eine Haftung wegen unterlassener Obhut in Betracht kommt, ist str. (bejahend *Kilger/Karsten Schmidt* § 82 KO Anm. 3a; MüKoInsO/*Brandes/Schoppmeyer* Rn. 60; aA Jaeger/*Gerhardt* Rn. 60). Anders als bei Aussonderungs- 33 berechtigten wird man hier einen strengeren Maßstab anlegen können; daher ist sorgfältiger Umgang mit der Sache geschuldet (HambK-InsO/*Weitzmann* Rn. 21), auch Schutz vor **Wertverlust** (BGH ZIP 2006, 859 [861]: vermeidbarer Rechtsmangel durch Nichtkündigung eines Mietverhältnisses), da die Massezugehörigkeit des belasteten Gegenstands unbestritten ist, auch wenn dann Pflichten der Masse und des Verwalters dupliziert werden (krit. Jaeger/*Gerhardt* Rn. 60).

34 Bei der **Verwendung und Nutzung beweglicher Sachen** ist aber vorrangig § 172 zu beachten. Die Ausgleichspflicht nach § 172 Abs. 1 S. 2 ist Masseverbindlichkeit. Es besteht keine konkurrierende persönliche Haftung des Verwalters. Eine Haftung kommt nur mit dem Vorwurf in Betracht, der Verwalter habe die drohende Masseunzulänglichkeit und damit Ausfall des Gläubigers mit dem Ausgleichsanspruch nicht erkannt.

35 **5. Pflichten iSd § 60 gegenüber dem Insolvenzschuldner.** Eine Haftung kommt auch gegenüber dem Schuldner in Betracht (Fall der „internen Verantwortlichkeit" nach *Kilger/Karsten Schmidt* § 82 KO Anm. 3a). Der Schuldner ist durch die gegenüber den Insolvenzgläubigern bestehenden Pflichten gleichfalls geschützt (arg. § 201), dh Pflicht zur ordnungsgemäßen und gewissenhaften Abwicklung und **Durchsetzung von Ansprüchen** (BGH ZIP 2015, 1645 Rn. 8 [Verjährenlassen]; *Vallender* ZIP 1997, 345 [347]; *Pape* ZInsO 2007, 293 [301] [zur Rspr.]; NJW 1994, 323 [324]) und Erhaltung der Massegegenstände (MüKoInsO/*Brandes/Schoppmeyer* Rn. 15). Die Eingehung von Masseverbindlichkeiten kann auch den Schuldner belasten, wenn er persönlich **dafür nach Verfahrensende** haftet (dazu ausf. *Windel* KTS 2011, 25; → § 53 Rn. 12). Eine Haftung kommt in Betracht, wenn der Verwalter einen dem Schuldner verbleibenden Überschuss bei der Verwertung hätte erzielen können, oder (wegen § 201) mehr Schulden hätten bedient werden können (BGH ZIP 1985, 423 [425]).

36 Auch **Steuerschäden** können haftungsrelevant sein ((Verlust des Verlustvortrags), so BGHZ 74, 316 = ZIP 1980, 25; → Rn. 9). Die Erfüllung der handels- und steuerrechtlichen Pflichten zur Buchführung soll auch dem Schuldner gegenüber geschuldet sein (BGHZ 74, 316 [319 f.] = ZIP 1980, 25 [26]; Kübler/Prütting/Bork/*Lüke* Rn. 24; Uhlenbruck/*Sinz* Rn. 63 näher; Jaeger/*Gerhardt* Rn. 85 mit Ausnahmen), nicht aber ohne weiteres gegenüber Gesellschaftern, denen der Verwalter keine **Steuervorteile** verschaffen muss (Uhlenbruck/*Sinz* Rn. 49; *Onusseit* ZIP 1995, 1798 [1800] in Bespr. von BFH ZIP 1994, 1969; tendenziell jetzt weiter BGH DStR 2010, 2364 [2365]). Davon unberührt bleibt, dass die **Gesellschafter** von dem Verwalter über das Vermögen einer Personenhandelsgesellschaft die Vorlage steuerlicher Jahresabschlüsse für die Insolvenzmasse gegen Erstattung der Kosten verlangen können (BGH DStR 2010, 2364 [2365]). Handlungspflichten ergeben sich aber nicht mit Blick auf das massefreie Vermögen (BGH ZIP 2008, 1685), im Gegenteil muss der Verwalter das massefremde, unpfändbare Vermögen berücksichtigen. Auch bei der **Erstellung eines Insolvenzplans** kann Hinwirken auf einen Plan, der sich als auch für den Schuldner nachteilig erweist, oder auf Ablehnung eines günstigen Plans, haftungsrelevant sein, wie bei allen Fragen der Sanierung aber nur, wenn es an einem tragfähigen Konzept fehlte (vgl. auch MüKoInsO/*Brandes/Schoppmeyer* Rn. 65a); zur ermessensabhängigen Pflicht, überhaupt einen Plan zu erstellen, → Rn. 11 aE. Zur Geltendmachung → Rn. 51.

VI. Verschulden

37 Das **Verschulden** bezieht sich nicht auf den Schaden, nur auf die Pflichtverletzung. Gemeint ist Vorsatz oder Fahrlässigkeit. Der Maßstab ist derjenige eines

ordentlichen und gewissenhaften Insolvenzverwalters **(Absatz 1 Satz 2).** Wegen des **objektiven Maßstabs** kann sich der Verwalter grds. nicht auf mangelnde **Ausbildung und Qualifikation** berufen, wenn ein ordentlicher Verwalter die entsprechende Befähigung gehabt hätte. Umgekehrt muss der Verwalter allerdings auch sein etwaiges Sonderwissen einsetzen, weil er ja möglicherweise gerade deshalb berufen worden ist. Allerdings ist die Sorgfalt eines Insolvenzverwalters nicht ohne weiteres mit den Anforderungen an eine Unternehmensleitung gleichzusetzen, da die besondere Eilbedürftigkeit und die häufig schwierigeren Anfangs- und Rahmenbedingungen zu beachten sind (→ Rn. 10). Gegenüber der Pflichtverletzung bleibt für das gleichfalls nach objektivem Maßstab bestimmte Verschulden ggf. nur wenig Raum (→ Rn. 7). Soweit es sich um **ungeschriebene insolvenzspezifische Pflichten** handelt, die sich aus den Anforderungen an das Amt ergeben, ist mit Annahme einer Pflichtverletzung das Verschulden im Grunde bereits determiniert, weil ein ordentlicher Verwalter die Pflicht eben beachtet hätte. Denkbar ist eine Entlastung dann im Wesentlichen nur bei besonderen Umständen oder einem unvermeidbaren Rechtsirrtum. Grds. muss ein Verwalter aber die für ihn relevanten Vorschriften kennen; die Rspr. stellt teilw. aber geringere Anforderungen an **Rechtsirrtümer** als sonst (OLG Köln ZIP 1991, 1606 [1607] für Frage der Vorwerfbarkeit wegen Irrtums über ein Aussonderungsrecht). Rechtsunkenntnis verpflichtet zur Einholung von Rechtsrat zB durch Einholung eines Expertengutachtens; sorgfältige Prüfung der Rechtslage ist stets erforderlich. Der Verwalter muss sich an der herrschenden Rspr. orientieren (BGH NJW 1994, 2286 [2287]; OLG Köln NJW 1991, 2570 [2571]). Bei ungewisser Rechtslage darf der Verwalter aber nach sorgfältiger Prüfung der Sach- und Rechtslage einen wohl begründeten Rechtsstandpunkt einnehmen; zur Prozessführung → Rn. 15. Die Anforderungen an die Amtsführung sind **im Zeitablauf änderbar;** in der Einarbeitungsphase sind die Anforderungen sind die Anforderungen zunächst geringer (Uhlenbruck/*Sinz* Rn. 92). Bei tatsächlichen oder vermeintlichen **Pflichtenkollisionen** ist ggf. schon die Pflichtverletzung zu verneinen, ansonsten ist das aus Sicht der Masse höherrangige Interesse zu wahren, insbes. auch gesetzliche Pflichten (vgl. *Poelzig/Thole* ZGR 2010, 836 [859 ff.] für das Aktienrecht).

Dem Anspruch kann nach § 254 BGB und allgemeinen Regeln ein **Mitverschulden** des Anspruchstellers entgegengehalten werden (LG Bielefeld NZI 2004, 321 [322]; MüKoInsO/*Brandes/Schoppmeyer* Rn. 95; zum Mitverschulden des Justizfiskus OLG Schleswig ZIP 1984, 619 [620]). Allerdings kann sich Verwalter gegenüber dem Anspruchsteller nicht mit Hinweis auf ein mitwirkendes, kumulativ vorliegendes Verschulden eines anderen Beteiligten berufen (Uhlenbruck/*Sinz* Rn. 106), zB bei unterlassener Prüfung der **Schlussrechnung** durch den Gläubigerausschuss. Zu berücksichtigen ist demnach nur das Mitverschulden des Anspruchstellers selbst. Ein Mitverschulden wegen unterlassenden Einschreitens liegt nicht vor, solange der Anspruchsteller keine Anhaltspunkte für Fehlverhalten des Verwalters hatte (BGH ZIP 1994, 1118 [1120]), insoweit gilt gleichsam der Vertrauensgrundsatz. Ein Mitverschulden kann bspw. liegen in der versäumten Aussonderungsklage (NJW 1993, 522 [524]) oder dem **Nichterheben von Einwendungen** gegen das Schlussverzeichnis (BGH ZIP 1985, 693 [695]; OLG Hamm ZIP 1983, 341 [342]). 38

Ein **Haftungsausschluss** des Insolvenzverwalters soll nicht möglich sein (HambK-InsO/*Weitzmann* Rn. 49; *Laws* MDR 2004, 1149 [1153 f.] [diff.]; *Meyer-Löwy/Neuenhahn/Poertzgen* ZInsO 2004, 363 [368]; *Wallner/Neuenahr* NZI 2004, 63 [67]). Richtigerweise ist näher zu unterscheiden: Individualvertragliche Haftungsausschlüsse sind denkbar. Nicht zulässig ist eine pauschale und nicht individualkonsensuale Freizeichnung durch **Haftungsausschlussklauseln;** auch nicht, soweit im Einklang mit § 309 Nr. 7, 8 AGB, da dies mit der Amtsstellung 39 des Verwalters nicht konform liefe (§ 307 BGB); ähnlich iÜ bei gerichtlichen Sachverständigen. Für die Abdingbarkeit der Haftung für nichtinsolvenzspezifische Pflichten gibt es aber kein entgegenstehendes gesetzliches Leitbild. Zur Einschaltung von **Gehilfen** → Rn. 48 ff.

VII. Kausalität und Schaden

40 Die Kausalität der Pflichtverletzung für den Schaden muss gegeben sein; maßgebend sind **allgemeine Grundsätze** (Uhlenbruck/*Sinz* Rn. 88), allerdings entgegen der eben zitierten Literaturstelle nicht die nur für den Zusammenhang zwischen Verhalten und Pflichtverletzung geltenden Grundsätze zur haftungsbegründenden Kausalität, denn der Zusammenhang zwischen Pflichtverletzung und Schaden berührt mangels Aufbau des § 60 als Erfolgsdelikt im Kern schon die Haftungsausfüllung; Ähnliches gilt iÜ dann auch für die Abgrenzung zwischen Feststellungsurteil und späterer Leistungsklage (zum Kirch-Fall BGH NJW 2006, 830 Rn. 29 f.). Man könnte unterscheiden zwischen dem Zusammenhang von Handlung und Eintritt einer ersten Interessenprimärverletzung als Teil der Haftungsbegründung und dem Zusammenhang zwischen dieser Interessenverletzung und dem Schaden als Teil der Haftungsausfüllung. Der Nutzen dieser Unterscheidung ist begrenzt, aber die Unterscheidung kann für die Abgrenzung von § 286 und § 287 ZPO dienlich gemacht werden, da der Bereich des **§ 287 ZPO** nicht zu weit ausgedehnt werden darf (*Gehrlein* ZInsO 2011, 1713 [1719] mN).

41 Die Kausalität setzt nicht nur naturwissenschaftliche Kausalität voraus, sondern auch **normative Zurechnung.** Mitwirkendes Verschulden eines anderen Beteiligten beseitigt den Zurechnungszusammenhang wie auch allg. grds. nicht; ggf. sind beide Beteiligte dann als Gesamtschuldner haftbar (BAG NZI 2007, 535 Rn. 19 mwN). Der Schaden muss vom **Schutzzweck der verletzten Pflicht** gedeckt sein. Daran fehlt es, wenn der Schaden auch bei rechtmäßigem Verhalten eingetreten wäre (BGH ZIP 2011, 1419 Rn. 47). Die Berufung auf **rechtmäßiges Alternativverhalten** ist also beachtlich. Die Berufung auf eine sog hypothetische Kausalität (hypothetischer Eintritt des Schadens aufgrund eines anderen, aber hypothetisch gebliebenen Ereignisses, Reserveursache) ist nach allg. Regeln bei Objektschäden (zB Beschädigung des Aussonderungsgegenstands) nicht möglich, wohl aber bei Vermögensfolgeschäden (*Medicus/Petersen,* Bürgerliches Recht, 24. Aufl. 2013, Rn. 850 mwN).

42 Der Beteiligte ist so zu stellen, wie wenn der Verwalter die Pflichtverletzung nicht begangen hätte (BGHZ 159, 104 [121] = NZI 2004, 435 [438] zu § 61; Uhlenbruck/*Sinz* Rn. 125). Das schließt (bei § 60) Ersatz entgangenen Gewinns ein, aber ohne Umsatzsteuer (BGH NZI 2006, 99); zur Prüfung, wenn es auf den hypothetischen Ausgang eines Gerichtsverfahrens ankommt, → Rn. 40. **Vorteilsausgleichung,** ggf. entsprechend § 255 BGB ist denkbar (BGHZ 159, 104 [121] = NZI 2004, 435 [439]; *Kilger/Karsten Schmidt* § 82 KO Anm. 6). Ein Insolvenzgläubiger wird wegen einer Masseverkürzung idR nur einen Quotenschaden erleiden (BGH NZI 2004, 496). Ein Schaden eines Massegläubigers liegt schon dann vor, wenn die volle Befriedigung voraussichtlich nicht erhalten wird. Auf vermeintliche oder mögliche Außenstände der Masse muss er sich nicht verweisen lassen (BGHZ 159, 104 [108] = NZI 2004, 435 f.; Uhlenbruck/*Sinz* Rn. 126). Der Schaden kann **Gesamt- oder Einzelschaden** sein. Gesamtschaden entsteht durch Masseverkürzung; jeder Insolvenzgläubiger ist durch Quotenschaden beteiligt (NZI 2004, 496); der Einzelschaden ist die individuelle Einbuße im Vermögen; bei Verletzung eines Aussonderungsrechts, zB bei Untergang fremden Eigentums, kann der **Verkehrswert** beansprucht werden (näher BGH ZInsO 2013, 671 Rn. 14). Letztlich ist immer entscheidend, ob Masse in der Gesamtheit

betroffen ist; die Frage hat Auswirkungen auf die **Prozessführungsbefugnis,** dazu → Rn. 51.

43 Für den Insolvenzverwalter empfiehlt sich **Haftpflichtversicherung** in ausreichendem Umfang. Eine Pflicht dazu besteht an sich nicht (→ § 56 Rn. 8 ff.; zum Kostenersatz → § 64 Rn. 5).

VIII. Haftung für die Verletzung nicht insolvenzspezifischer Pflichten

44 § 60 schließt **Haftung nach anderen Vorschriften** nicht aus (BGHZ 100, 346 [351] = NJW 1987, 3133; krit. *Häsemeyer* Rn. 6.44), etwa wenn keine insolvenzspezifische Pflicht vorliegt oder der Schutzzweck der Pflicht nicht den Anspruchsteller und dessen Schaden umfasst. Ggf. entsteht eine Gesamtschuld, wenn neben dem Verwalter auch noch andere Personen haften. Ist zugleich eine Masseschuld nach § 55 gegeben, darf Verwalter keine Einrede einer Vorwegbefriedigung aus der Masse erheben.

45 Keine insolvenzspezifischen Pflichten liegen vor, wenn um die Pflichten des Verwalters als **Verhandlungs- und Vertragspartner** eines Dritten geht (BGH ZIP 1987, 1586 [1587]; KTS 1958, 142 [143]).

46 Für eine **Eigenhaftung des Verwalters** aus einem für die Masse abgeschlossenen Vertrag, etwa bei Vertragsverletzungen, wenn die Masseforderung (§ 55 Abs. 1 Nr. 1) nicht gedeckt werden kann (dafür offenbar, aber möglicherweise nur missverständlich Uhlenbruck/*Sinz* Rn. 54) besteht ungeachtet aller Theorien kein Grund. Die Massebezogenheit des Handelns des Verwalters ist offenbar. Insoweit handelt er wie ein Vertreter; die Haftung kann sich nur aus allgemeinen Regeln ergeben. Bei Anfechtung eines vom Verwalter geschlossenen Vertrags nach § 123 BGB ist eine Täuschung durch den Schuldner dem Verwalter nicht ohne weiteres zurechenbar; der Schuldner ist Dritter iSd § 123 Abs. 2 BGB (LG Göttingen NZI 2011, 655).

47 Eine **Haftung aus culpa in contrahendo** (§§ 311 Abs. 2, 280, 241 Abs. 2) kommt grds. wegen **§ 311 Abs. 3** nur unter besonderen Umständen in Betracht (BGH NZI 2005, 500 f.), wenn der Verwalter besonderes Vertrauen in Anspruch nimmt (BGH ZIP 1989, 1584 [1587]; NZI 2005, 500 f.). Das kann aber nur bei der Übernahme ausdrücklicher eigener Pflichten der Fall sein, oder wenn der Verwalter die Bezahlung garantiert (OLG Rostock ZIP 2005, 220 [221]) oder besondere Abreden bestehen (BGH ZIP 1988, 1136 [1137 f.]; 1987, 1586 [1588]), weil iÜ der Bezug des Handelns für die Masse und kraft Amts offensichtlich ist (vgl. auch HambK-InsO/*Weitzmann* Rn. 24; Uhlenbruck/*Sinz* Rn. 55). IÜ muss man ebenso wie im allgemeinen Zivilrecht vorsichtig sein mit der Auslegung von Erklärungen als Haftungsübernahme (BAG NZA 2009, 1273 Rn. 17 f.; für Schuldbeitritt/Garantie sehr weit OLG Celle NZI 2004, 89 [90]). Eine **Aufklärungspflicht** über die mit der Insolvenz möglicherweise verbundenen Risiken trifft den Verwalter grds. nicht. Haftung aus § 179 ist konsequent bei insolvenzzweckwidrigen Erklärungen, doch dann ergibt sich auch Haftung aus § 60.

48 Soweit eine **deliktische Handlung** zugleich eine insolvenzspezifische Pflicht verletzt, zB Eigentumsbeeinträchtigung bei Aussonderungsberechtigten, besteht Anspruchskonkurrenz zu § 60 (implizit BGH NJW 1996, 2233 [2234]; MüKo-InsO/*Brandes/Schoppmeyer* Rn. 75). Die allgemeinen Verkehrssicherungspflichten sind aber nicht insolvenzspezifisch und lösen nur deliktische Ansprüche aus. Dabei will die hM das **Delikt** des Verwalters über **§ 31** der Masse zurechnen (BGH NZI 2006, 592 Rn. 3 f. mwN); die Gegenmeinung (*Eckardt* KTS 1997, 411 ff.; Jaeger/*Gerhardt* Rn. 78; *Gerhardt* ZInsO 2000, 574 [578]; Kübler/Prütting/Bork/*Lüke* Rn. 50; diff. MüKoInsO/*Brandes/Schoppmeyer* Rn. 78) will sich von § 31 lösen und erkennt die Masse, dh den Schuldner als dessen Rechtsträger, als primäres

Zuordnungsobjekt an, so dass idR eine persönliche Haftung des Verwalters ausscheidet, soweit nicht ausnahmsweise die Verkehrspflicht der Masse Außenwirkung auf das persönliche Verhältnis des Verwalters hat; die Frage hat eine Parallele in der Außenhaftung von Organen juristischer Personen (Jaeger/*Gerhardt* Rn. 153; dazu allg. MüKoBGB/*Wagner* § 823 Rn. 391 ff.); die Rspr. kommt aber auch dort ggf. zur Außenhaftung (BGHZ 100, 19 [25] = NJW 1987, 2433 [2434 f.] (Baustoff I); BGHZ 109, 297 [303] = NJW 1990, 976 [977 f.] (Baustoff II); vgl. auch BGHZ 110, 323 [334] = NJW 1990, 2877 [2879 f.] und zurückhaltend BGH ZIP 2012, 1552 Rn. 24 ff.). Für **eigene deliktische Pflichten,** zB Unterlassung ehrverletzender Äußerungen, haftet der Verwalter auch deliktisch persönlich. Patentverletzungen sollen Ansprüche nach § 139 PatG unabhängig von § 60 eröffnen (BGH NJW 1975, 1969 f.; Kübler/Prütting/Bork/*Lüke* Rn. 50; ebenso § 24 Abs. 2 GebrMG; § 14 MarkenG, § 9 UWG). **Wettbewerbswidrige Handlungen** des Schuldners begründen aber in der Person des Verwalters keine Wiederholungsgefahr (BGH NZI 2010, 811 Rn. 40). Auch die **arbeits- und sozialrechtlichen Pflichten** sind nicht als insolvenzspezifische geschuldet (*Laws* ZInsO 2009, 57 [65]), zB **Abführungspflichten zur Sozialversicherung,** die ggf. nach § 823 Abs. 2 BGB haftungsbewehrt sind; oder **Auskunftspflichten** nach AFG mit Ersatzanspruch nach § 321 SGB III. Auch keine Pflicht aus dem Insolvenzrecht besteht gegenüber dem PSV nach BetrAVG (Jaeger/*Gerhardt* Rn. 103; AG Stuttgart DB 1987, 692). Insolvenzspezifische Pflichten entstehen nicht schon dadurch, dass der Verwalter die **Arbeitgeberstellung** übernimmt. Insolvenzspezifisch können aber Verstöße gegen die Vorschriften in §§ 113 Abs. 1, 120, 125 sein (vgl. LAG Hmb ZIP 2004, 869 [873]). Die steuer- und abgabenrechtliche Haftung trifft den Verwalter; hier kann **§ 69 AO** bedeutsam sein, wenn und solange die steuerlichen Pflichten betroffen sind, was bei deren Fortbestehen als Masseverbindlichkeit der Fall sein kann (BGHZ 106, 134 [136] = ZIP 1989, 50 f.); umgekehrt kann dem Fiskus als gewöhnlichen Gläubiger auch insolvenzrechtlich Sorgfalt geschuldet sein (dann aber keine Durchsetzung durch Haftungsbescheid) mit der Haftungsfolge nach § 60 (→ Rn. 20 ff.); verspätete Zahlung einer zur Tabelle festgestellten Insolvenzforderung ist danach allein eine insolvenzspezifische Pflichtverletzung. Zu den nach BGH (BGHZ 74, 316 = ZIP 1980, 25) auch gegenüber dem Schuldner geschuldeten Buchführungspflichten → Rn. 9. Für die Erfüllung öffentlich-rechtlicher Ordnungspflichten haftet der Verwalter nicht persönlich nach § 60, sondern allenfalls als Handlungsstörer nach allgemeinen Regeln (dazu → § 55 Rn. 25 ff.). Eine eigene Haftung kann auch nach **§ 826 BGB** begründet sein, zB bei sittenwidrigem Prozessverhalten (→ Rn. 15 und BGH NJW 2010, 680 Rn. 9: gegenüber Zwangsverwalter).

IX. Haftung für Erfüllungsgehilfen (Absatz 2)

49 Absatz 2 regelt nur den Fall der **Einschaltung von Angestellten des Schuldners.** Davon zu unterscheiden ist der Einsatz eigenen Hilfspersonals. Nach hM soll wegen der Zuordnung von § 60 zur Haftung aus gesetzlichem Schuldverhältnis § 278 BGB greifen (BGH NJW 2001, 3190 [3191] zu § 82 KO; diff. *Kilger/Karsten Schmidt* § 82 KO Anm. 3c). Dafür spricht immerhin der Hinweis in Absatz 2. § 278 BGB rechnet schon die Pflichtverletzung zu, Exkulpation nicht möglich. In Fällen, in denen der Verwalter besondere Fachleute heranzieht, zB für betriebswirtschaftliche Bewertungsfragen (Fall des § 4 Abs. 1 S. 2 InsVV), greift § 278 BGB nicht (MüKoInsO/*Brandes/Schoppmeyer* Rn. 94); mit der zulässigen Delegation haftet der Verwalter nur noch für Auswahl und Anleitung und Überwachung (BGHZ 74, 316 [321] = NJW 1979, 2212; *Gerhardt* ZIP 1987, 760

[762]; *Häsemeyer* Rn. 6.43). Die Hilfsperson kann nur nach allgemeinen Regeln haften.

Absatz 2 ist eine **Einschränkung von § 278 BGB.** Verwalter soll nicht für Versäumnisse der Schuldnerangestellten einstehen müssen. „Einsetzen müssen" ist tendenziell weit zu verstehen und liegt vor, wenn die Betriebsabläufe oder wirtschaftliche Gründe dies erfordern (ähnlich Jaeger/*Gerhardt* Rn. 122; Kübler/Prütting/Bork/*Lüke* Rn. 40); freilich darf sich der Verwalter nicht eigener Pflichten entledigen. 50

Im Bereich der deliktischen Haftung kommt **§ 831** (als eigene Anspruchsgrundlage) in Betracht; § 831 BGB gilt aber nicht als Zurechnungsnorm für § 60, auch soweit Deliktshaftung und § 60 konkurrieren (→ Rn. 47; missverständlich HambK-InsO/*Weitzmann* Rn. 42). 51

X. Prozessuales

Bei der Geltendmachung ist hinsichtlich der **Prozessführungsbefugnis** zu unterscheiden **nach Einzel- und Gesamtschaden.** Einzelschäden betreffen den Geschädigten individuell und sind nicht nur Anteil eines gleichförmigen Quotenschadens; sie sind außerhalb des Insolvenzverfahrens geltend zu machen (BGH NJW 1994, 323 [324]: keine Aufteilung in Einzelansprüche; dann liegt schon kein Einzelschaden im hiesigen Sinne vor). Ein Gesamtschaden gründet in der Verkürzung der Insolvenzmasse (auch Mehrung Passivmasse), trifft die Insolvenzgläubiger gleichermaßen als Quotenschaden, und darf nach § 92 S. 2 während des Verfahrens nur von einem neuen Insolvenzverwalter bzw. Sonderinsolvenzverwalter geltend gemacht werden (→ § 92 Rn. 23; zur KO BGH NJW 1973, 1198). Gewillkürte Prozesstandschaft durch Gläubiger ist aber möglich sowie Geltendmachung von Teilen des Gesamtschadens nach Beendigung des Verfahrens (BGH NJW 1973, 1198 [1199]; aA *Kilger/Karsten Schmidt* § 82 KO Anm. 4). 52

Die **Beweislast** für die Tatbestandsvoraussetzungen liegt, auch im Hinblick auf das Verschulden, beim Anspruchsteller. § 280 Abs. 1 S. 2 BGB ist insofern nicht analog anwendbar; den Verwalter trifft aber eine sekundäre Darlegungslast. Zuständig sind die ordentlichen Gerichte; § 19a ZPO gilt nicht; wohl aber soll § 32 ZPO greifen (OLG Celle WM 1988, 131 [133]; Haarmeyer/Wutzke/Förster PräsenzKoInsO/*Frind* Rn. 6; Zöller/*Vollkommer* ZPO § 32 Rn. 11a; aA *Gerhardt* ZInsO 2000, 574 [576]). Im europäischen Rechtsverkehr fällt die insolvenzspezifische Haftung des Verwalters unter **Art. 4 Abs. 1 EuInsVO** und damit die lex fori concursus. Art. 3 EuInsVO (analog) greift im Lichte des Deko Marty-Urteils des EuGH (EuGH Slg. 2009, I-767 = NJW 2009, 2189) wohl ein; zweifelhaft ist das aber bei den Einzelansprüchen und abzulehnen erst recht bei Ansprüchen auf allgemeiner Grundlage (eng zur vis attractiva concursus auch *Thole* ZEuP 2010, 498); es bleibt dann nur Art. 4 EuGVVO und nach den Präjudizien des EuGH auch Art. 7 Nr. 2 EuGVVO. Näher zu Art. 3 EuInsVO analog dort → Art. 3 EuInsVO Rn. 33 ff. 53

Die **Klage** richtet sich **gegen Verwalter** ohne Einschränkung als Partei kraft Amtes bzw. den Zusatz „als Insolvenzverwalter über das Vermögen des …" (HK-InsO/*Lohmann* Rn. 53); Korrektur eines versehentlichen Zusatzes ist bloße **Rubrumsberichtigung.** Die Geltendmachung von Ansprüchen gegen die Masse und nach § 60 sind zwei Streitgegenstände ohne wechselseitige Rechtskrafterstreckung und ohne Subsidiaritätsverhältnis (BGH ZIP 2006, 194 Rn. 16); ebenso im Verhältnis von § 60 und § 61 (vgl. BGHZ 159, 104 [122] = NZI 2004, 435). Möglich ist eine Tatbestandswirkung des Urteils gegen die Masse im Schadensersatzprozess (BGH ZIP 2006, 194 Rn. 9). **Klagenhäufung** denkbar, aber nicht als Alternativklage (unzulässig mangels Bestimmtheit, vgl. § 253 Abs. 2 Nr. 2 ZPO). 54

Nichterfüllung von Masseverbindlichkeiten

61 **[1] Kann eine Masseverbindlichkeit, die durch eine Rechtshandlung des Insolvenzverwalters begründet worden ist, aus der Insolvenzmasse nicht voll erfüllt werden, so ist der Verwalter dem Massegläubiger zum Schadenersatz verpflichtet. [2] Dies gilt nicht, wenn der Verwalter bei der Begründung der Verbindlichkeit nicht erkennen konnte, daß die Masse voraussichtlich zur Erfüllung nicht ausreichen würde.**

Schrifttum: S. hierzu § 60.

Übersicht

I. Normzweck und Grundlagen

1 Die Vorschrift ist eine **spezielle Haftungsnorm zu Gunsten von Massegläubigern,** die mit ihrer Forderung gegen die Masse ausfallen. Gegenüber dem auf diese Fälle mangels insolvenzspezifischer Pflicht nicht anwendbaren § 82 KO bedeutet § 61 eine Haftungsverschärfung, die allerdings durch das Erfordernis eines Sorgfaltsverstoßes und den tatbestandlich vorausgesetzten Ausfall der Massehaftung in moderate Bahnen gelenkt wird. Inhaltlich soll die Gewährung von Ersatzansprüchen die Kontrahierungsbereitschaft von Vertragspartnern der Masse stärken (vgl. Begr. RegE, BT-Drs. 12/2443, 129 f., BGH NZI 2005, 155), aber dem Massegläubiger das wirtschaftliche Risiko des Vertragsschlusses nicht vollständig abnehmen (vgl. *Fischer* WM 2004, 2185 [2189]; *Schoppmeyer* FS Kreft, 2004, 525 [533]). Der **Schutzzweck** begrenzt den Tatbestand und die Aktivlegitimation (→ Rn. 2). Maßgeblicher Haftungsvorwurf ist die Pflichtverletzung in Gestalt der Begründung der Verbindlichkeit trotz mangelnder Aussicht auf deren Erfüllbarkeit (BGHZ 159, 104 [109] = NZI 2004, 435 [436]). Nur insoweit ist § 61 gegenüber § 60 **lex specialis.** IÜ, insbes. für die Zeit nach Begründung (*Gerhardt* ZInsO 2000, 574 [582]) und bei der Befriedigung einzelner Massegläubiger (→ § 60 Rn. 26), bleibt es bei § 60. § 61 gewährt **Individualansprüche,** die nicht in die Verwaltungsbefugnis eines neuen Verwalters fallen (BGH NZI 2006, 580 Rn. 8; → Rn. 13).

II. Persönlicher Anwendungsbereich

2 **1. Aktivlegitimation.** Aktivlegitimiert sind ausschließlich Massegläubiger. Allerdings ist **nicht jeder Massegläubiger** vom Schutzzweck (→ Rn. 1) erfasst. Die Masseverbindlichkeit muss durch eine **Rechtshandlung des Verwalters** begründet worden sein. Allg. erfasst § 61 nur Massegläubiger, die aufgrund einer Unternehmensfortführung mit der Masse in Kontakt gekommen sind und deren Ver-

mögen gemehrt oder ihr einen sonstigen Vorteil verschafft haben (BGHZ 161, 236 [239] = NZI 2005, 155 = ZIP 2005, 131; *Webel* ZInsO 2009, 363 [364]; *Laws* ZInsO 2009, 997 [998 f.]); nicht notwendigerweise ist eine echte Gegenleistung vorausgesetzt (so Uhlenbruck/*Sinz* Rn. 5); tw. wird auch ganz auf die rechtsgeschäftliche Begründung verengt (*Berger* KTS 2004, 185 [191]). Auch die Begründung von Neumasseverbindlichkeiten nach Anzeige iSd § 208 ist erfasst (BGH ZIP 2005, 311 [312]) ebenso wie die Fälle des § 55 Abs. 1 Nr. 2 (→ Rn. 6). Ansprüche des Justizfiskus wegen der Verfahrenskosten nach § 53 zählen ebenso wenig dazu wie idR sonstige **oktroyierte Verbindlichkeiten** (→ § 55 Rn. 16; BGH ZIP 2008, 2126 Rn. 4; BAG ZIP 2006, 1830 [1832]; Jaeger/*Gerhardt* Rn. 10; HK-InsO/*Lohmann* Rn. 4; Uhlenbruck/*Sinz* Rn. 6; Kübler/Prütting/Bork/*Lüke* Rn. 4 f.), auch dann nicht, wenn der Verwalter über solche Verbindlichkeiten einen Vergleich schließt (BAG ZIP 2006, 1830 [1832]), zur Erfüllungswahl → Rn. 6. Das folgt aus dem Schutzzweck und nicht aus dem Begriff der Rechtshandlung, zumal Rechtshandlung im Anfechtungsrecht weit zu verstehen ist (→ § 129 Rn. 26) (richtig *Berger* KTS 2004, 185 [191]; *Lüke* ZIP 2005, 1113 [1117]; Kübler/Prütting/Bork/*Lüke* Rn. 4d). Daher gehören **Steuerverbindlichkeiten** ebenso wenig dazu wie Verbindlichkeiten iRd Prozessführung (BGHZ 161, 236 [239] = NZI 2005, 155 = ZIP 2005, 131; *Fischer* WM 2004, 2185 [2189]; zu Bereicherungsansprüchen → Rn. 6). Zudem ist der Massegläubiger nur geschützt, wenn er einen **Individualschaden** geltend macht (BGHZ 159, 104 [107] = NZI 2004, 435). Soweit der Massegläubiger in Fällen der §§ 208 f. eine Kürzung seiner Quote hinzunehmen hat, ist dieser Anteil an einem Gesamtschaden nur über § 60 realisierbar (Jaeger/*Gerhardt* Rn. 13; Kübler/Prütting/Bork/*Lüke* Rn. 3 f.).

2. Passivlegitimation. a) Verwalter, Treuhänder, Sachwalter. Haftungssubjekt ist der **Verwalter persönlich** (→ § 60 Rn. 3). Die Vorschrift ist auch auf den Treuhänder im vereinfachten Insolvenzverfahren anwendbar (§ 313 Abs. 1). Beim **Sachwalter** greift nur § 60 (→ § 60 Rn. 3); auch in den Fällen des § 277 Abs. 1 S. 3 ist § 61 wegen der bloßen Zustimmung des Sachwalters nicht einschlägig (aA HambK-InsO/*Weitzmann* Rn. 5). 3

b) Vorläufiger Verwalter. Der vorläufige Verwalter kann über § 21 Abs. 2 Nr. 1 ebenfalls haftbar sein. Die entsprechende Anwendung hängt davon ab, ob der vorläufige Verwalter in der Lage ist, Masseverbindlichkeiten zu begründen (§ 55 Abs. 2). Der **starke vorläufige Verwalter** mit Verfügungsbefugnis iSd § 22 Abs. 1 S. 1 ist daher nach § 61 haftbar (HambK-InsO/*Weitzmann* Rn. 4; Kübler/Prütting/Bork/*Lüke* Rn. 13; HK-InsO/*Lohmann* Rn. 2; vgl. BGHZ 151, 353 [361 ff.], = ZIP 2002, 1629). Nicht erfasst ist der schwache vorläufige Verwalter bei bloßer Anordnung eines Zustimmungsvorbehalts (vgl. auch BGH NJW 2008, 1442 Rn. 11 = ZIP 2008, 608 = ZInsO 2008, 321), es sei denn, der Verwalter ist vom Gericht zur Begründung von Masseverbindlichkeiten **ermächtigt** worden (→ § 55 Rn. 40; Uhlenbruck/*Sinz* Rn. 18; HambK-InsO/*Weitzmann* Rn. 4). Soweit § 61 auf den vorläufigen Verwalter anwendbar ist, ist bei der Prüfung der Pflichtverletzung auf die besonderen zeitlichen Umstände Rücksicht zu nehmen. Der vorläufige Verwalter kann meist die wirtschaftliche Lage noch nicht hinreichend überblicken. Es ist kein Widerspruch, § 61 entsprechend anzuwenden und dann über den Sorgfaltsmaßstab „einzuschränken" (so die Kritik bei HambK-InsO/*Weitzmann* Rn. 4), denn es geht schlicht – wie auch sonst – um die sachgerechte Bestimmung des in der jeweiligen Situation geschuldeten Sorgfaltsmaßstabs. Fraglich ist allein, ob § 61 auch anwendbar ist, soweit der vorläufige Verwalter nach § 22 Abs. 1 Nr. 2 die **Betriebsfortführung** vornehmen muss (entsprechend für den endgültigen Verwalter nach Beschluss der Gläubigerversammlung, Jaeger/*Gerhardt* Rn. 20). Teilw. wird diese Pflicht als Rechtfertigungs- 4 grund zu § 61 verstanden (*Kirchhof* ZInsO 1999, 365 [366] für das Eröffnungsverfahren). Das geht indessen zu weit und würde § 61 entleeren (Jaeger/*Gerhardt* Rn. 20; Kübler/Prütting/Bork/*Lüke* Rn. 8a; MüKoInsO/*Schoppmeyer* § 61 Rn. 36). Eine echte Pflichtenkollision läge nur vor, wenn beide Pflichten gleichrangig wären und die eine nicht ohne Verstoß gegen die andere zu erfüllen wäre. Ist jedoch die Massearmut zu befürchten, geht der Schutz der Neugläubiger vor und der Verwalter muss die Zustimmung zur Betriebsstillegung einholen oder auf eigene Gefahr den Betrieb einstellen (*Lüke* FS BGH, 200, 710 [719 f.]).

5 Soweit der vorläufige Verwalter **Masseverbindlichkeiten iSd § 55 Abs. 4** begründet, so handelt es sich richtigerweise nicht um einen Fall des § 61, weil die gesetzliche Steuerschuld entsprechend den Prozesskosten (→ Rn. 2) zu behandeln ist (vgl. auch *Kahlert* ZIP 2011, 401 [406]). Das gilt unabhängig davon, ob ein schwacher oder starker Verwalter bestellt wird. Ein Fall von § 61 ist es auch, wenn der zunächst vorläufige Verwalter nach Eröffnung eine Vereinbarung einer Verbindlichkeit als Masseverbindlichkeit ausdrücklich genehmigt und Erfüllung gem. § 103 wählt (OLG Koblenz ZInsO 2012, 1525 f. Ls.).

III. Begründung einer Masseverbindlichkeit

6 Die **Pflichtverletzung** liegt in der Begründung der Masseverbindlichkeit trotz Erkennbarkeit der späteren Masseunzulänglichkeit. Erfasst sind nach Maßgabe → Rn. 2 im Wesentlichen nur rechtsgeschäftlich begründete Masseverbindlichkeiten. Erfasst ist va der Fall des § 55 Abs. 1 Nr. 1 (→ § 55 Rn. 6). Aber es muss sich nicht streng genommen um einen vertraglichen Anspruch handeln (*Lüke* ZIP 2005, 1113 [1117]). So sind **Bereicherungsansprüche** nach § 55 Abs. 1 Nr. 3 dann erfasst, wenn die Rechtshandlung des Verwalters den Anspruch herbeigeführt hat (zB bei Leistungskondiktion), maW der abgeschlossene Vertrag sich als nichtig erweist (vgl. HK-InsO/*Lohmann* Rn. 3; in diese Richtung *Weber* ZInsO 2009, 363 ff.: erfasst, wenn Rechtshandlung des Verwalters; ablehnend *Laws* ZInsO 2009, 996 [998 f.]). **Deliktische** Ansprüche genügen nach dem Zweck des § 61 nicht, auch soweit sie mit vertraglichen Ansprüchen konkurrieren (vgl. *Schoppmeyer* FS Kreft, 2004, 525 [538 f.]; Kübler/Prütting/Bork/*Lüke* Rn. 4g). Oktroyierte, dem Verwalter **aufgezwungene Masseverbindlichkeiten** sind dann erfasst, wenn der Verwalter Erfüllung wählt und eine erste Kündigungsmöglichkeit bzw. Verhinderungsmöglichkeit ohne Vertragsbruch verstreichen lässt (BAG ZInsO 2003, 1054 [1056]; BGHZ 161, 236 = NZI 2005, 155 = ZIP 2005, 132; BGH NZI 2007, 124 Rn. 17 [Anerkennung eines Vergleichs]; BGHZ 159, 104 [116] = NZI 2004, 435; BGHZ 154, 358 [364] = NJW 2003, 2454 = ZInsO 2003, 465 [467]; ebenso bei der unterbliebenen **Freistellung von Arbeitnehmern** (BAG NZI 2013, 284 Rn. 36 ff. mAnm *Baumert* AP § 61 InsO Nr. 4; vgl. *Richter/Völksen* ZIP 2011, 1800). Nach hM greift § 61 daher auch in den Fällen des § 55 Abs. 1 Nr. 2, wenn der Verwalter die Erfüllung des Vertrags wählt (ferner Jaeger/*Gerhardt* Rn. 15; HK-InsO/*Lohmann* Rn. 3; BAG ZInsO 2005, 50 [53]; NZI 2008, 63 [64]), unabhängig davon, ob darin eine *Neu*begründung der Verbindlichkeit im eigentlichen Sinne zu sehen ist (zu dieser von der Dogmatik abhängigen Frage → § 103 Rn. 7, 40) und obwohl der Schutzzweck, zum Vertragsschluss zu bewegen, dann nur partiell berührt ist. **Prozesshandlungen** sind nicht erfasst (BGHZ 161, 236 [239] = NZI 2005, 155 = ZIP 2005, 131), auch nicht der Vergleichsschluss über Masseforderungen. Die unterlassene Freigabe bei **Wohngeldansprüchen** steht dem Fall des § 55 Abs. 1 Nr. 2 nicht gleich und ist nicht erfasst (LG Stuttgart NZI 2008, 442; aA OLG Düsseldorf NZI 2007, 50 [51]), ebenso wenig wie die **unterlassene Kündigung einer Nutzungsvereinbarung** (OLG Celle NZI 2013, 442). Nicht ausreichend ist die bloße Inbesitznahme einer Sache (vgl. → § 55 Rn. 25 ff.); allerdings soll § 61 eingreifen, wenn durch Besitzaufgabe das

Entstehen einer Masseverbindlichkeit wegen **Altlasten** abgewendet werden könne (Uhlenbruck/*Sinz* Rn. 9; vgl. BVerwG NZI 2005, 51; 2005, 55; → § 55 Rn. 26); das ist aber zweifelhaft, weil von der Behörde keine Gegenleistung erbracht wird und es an rechtsgeschäftlichem oder ähnlichem Handeln fehlt.

Sekundäransprüche wegen Vertragsverletzungen sind **nach hM nicht von § 61 erfasst** (BGH ZIP 2008, 2126 Rn. 5; *Gehrlein* ZInsO 2011, 1713 [1719]; Kübler/Prütting/Bork/*Lüke* Rn. 4d, aber teilw. krit. in Fn. 21; nicht ganz klar Uhlenbruck/*Sinz* Rn. 24); die Frage wird, soweit ersichtlich, bisher kaum diskutiert, obwohl Sekundäransprüche durchaus Masseverbindlichkeiten sein können (so zB KBP/*Tintelnot* § 103 Rn. 76; Uhlenbruck/*Wegener* § 103 Rn. 140 mN [aber zweifelnd]; → § 55 Rn. 7). Der Auffassung des BGH ist zumindest insoweit zu folgen, als es zu weit gehen würde, wenn der Verwalter auch eine Pflicht hätte, etwaige, bei Vertragsschluss rein potenzielle Schadensersatzansprüche der Gegner mit einzukalkulieren, die in der Höhe ja auch auf deren eigenen Vermögensdispositionen beruhen. § 61 schützt nicht vor Risiken, die auch bei einem Vertragsschluss mit einem wirtschaftlich gesunden Vertragspartner bestehen (BGH ZIP 2008, 2126 Rn. 5; 1987, 650 [652]; 1989, 1584 [1586]). Es kann indes nicht sein, dass sich der Verwalter durch Vertragsbruch der Haftung nach § 61 wegen des Primäranspruchs problemlos entledigen könnte (*Hees* ZIP 2011, 502 [504]). Auf dieser Grundlage dürfte eine Differenzierung teleologisch angebracht sein: Eine **Haftung nach § 61 bei Sekundäransprüchen** kommt ohnedies nur bis zum Wert der Leistung des Verwalters ohne Berücksichtigung eines entgangenen Gewinns oder weiterer Schäden in Betracht; das negative Interesse wird hier gleichsam durch das positive begrenzt (näher → Rn. 11), zumal materiell-rechtlich der Sekundäranspruch ggf. an die Stelle des Primäranspruchs tritt. Weiter vorausgesetzt ist dann wie auch sonst, dass der Verwalter schon bei Vertragsschluss das Eingreifen der Mängelhaftung erkennen konnte. Daran wird es regelmäßig fehlen. 7

IV. Nichterfüllung

Die Nichterfüllung muss auf der Masseinsuffizienz beruhen. Andere Fälle wie zB Unmöglichkeit sind nicht erfasst (*von Ohlshausen* ZIP 2002, 237 [238 ff.]; *Schoppmeyer* FS Kreft, 2004, 525 [532]). Die Ersatzpflicht greift in den Fällen des § 55 Abs. 2 (erst recht) auch, wenn das Verfahren gar nicht erst eröffnet wird (aA *Kirchhof* ZInsO 1999, 365 [366]). 8

V. Pflichtverletzung und Verschulden (Satz 2)

Die Regelung in Satz 2 betrifft nicht nur das **Verschulden,** sondern schon die objektive **Pflichtwidrigkeit.** Die hM folgert aus dem prozessual verstandenen Satz 2, dass es in § 61 ein ungeschriebenes Tatbestandsmerkmal des Verschuldens gebe (Uhlenbruck/*Sinz* Rn. 19; HambK-InsO/*Weitzmann* Rn. 12): tatsächlich betrifft Satz 2 schon die Pflichtwidrigkeit, das Verschulden hat daneben keine praktische Bedeutung (ähnlich wie → § 60 Rn. 7). Satz 2 meint demnach die Prüfung des Verhaltensunrechts insgesamt. Die in § 61 allein normierte Pflicht besteht darin, bei Begründung der Verbindlichkeit zu prüfen, ob die Masse zu ihrer Erfüllung voraussichtlich ausreichen wird. Der Verwalter hat zu beweisen, dass entweder objektiv auf der Grundlage eines Liquiditätsplans von einer zur Erfüllung der Verbindlichkeit ausreichenden Masse auszugehen war oder er die Unzulänglichkeit nicht erkennen konnte (BGH NZI 2005, 222 f.; MüKoInsO/*Schoppmeyer* Rn. 44). Generell ist im Schadensersatzprozess die ex ante-Betrachtung strikt einzuhalten (vgl. BGHZ 159, 104 [116 f.] = NZI 2004, 435; BGH ZIP 2005, 311 [312]) sonst besteht bei späterer Schadensersatzklage Gefahr des hindsight biases. Daher schadet es nicht, wenn sich die Prognose im Nachhinein als 9 falsch erweist (MüKoInsO/*Schoppmeyer* Rn. 22), insbes. folgt daraus keine Beweislastumkehr für die Abweichungen von der **Liquiditätsplanung** (BGH NZI 2005, 222 [223]). Nach Anzeige der Masseunzulänglichkeit erstreckt sich die Prüfung auf die Befriedigung der Neumassegläubiger § 209 Abs. 1 Nr. 2 (BGH NZI 2005, 222). Maßgebend ist der **Zeitpunkt,** in dem der materiell-rechtliche Tatbestand abgeschlossen ist, im Einzelfall bei entsprechenden Vertragsabsprachen auch ein späterer Zeitpunkt (BGHZ 159, 104 [117] = NZI 2004, 435 [438]).

10 **Ziel der Prüfung** ist die voraussichtliche Erfüllbarkeit der Forderung. Nach hM muss die Wahrscheinlichkeit einer Erfüllung größer sein als die drohende Unmöglichkeit der Nichterfüllung (Jaeger/*Gerhardt* Rn. 18; HambK-InsO/*Weitzmann* Rn. 12; Uhlenbruck/*Sinz* Rn. 20; enger Kübler/Prütting/Bork/*Lüke* Rn. 4g, der eine „gewisse Sicherheit" verlangt). Eine Pflichtverletzung liegt vor, wenn der Verwalter überhaupt keine Prognose macht, dazu falsche Parameter heranzieht oder sonst nur unzureichende Erwägungen anstellt. Der Verwalter muss eine **Liquiditätsprognose** anstellen, in die alle offenen Forderungen und künftige Entwicklungen einzustellen sind (BGHZ 159, 104 [115] = NZI 2004, 435; MüKoInsO/*Schoppmeyer* Rn. 22); der Plan ist laufend zu aktualisieren. Einzustellen sind also der **Zahlungsmittelbestand und die zu erwartenden künftigen Zahlungsströme** (*Pape* FS Kirchhof, 2003, 391 [405]). Dabei sind noch völlig in der Schwebe liegende potentielle Einzahlungen und solche, an deren Realisierbarkeit ernsthafte Zweifel bestehen, nicht zu berücksichtigen (BGHZ 159, 104 [116] = NZI 2004, 435). Es muss sich um eine plausible, schlüssige Planung handeln; der Verwalter muss die vollständige Berücksichtigung der Masseverbindlichkeiten organisatorisch sicherstellen. Die Prüfung darf der Verwalter zwar teilw. delegieren, nicht aber seine eigene Prüfung auf Tatsachentreue und Plausibilität (Kübler/Prütting/Bork/*Lüke* Rn. 4h). Der Verwalter kann nicht haftbar gemacht werden, wenn er in der Zeit, die zwischen dem Eintritt der Masseunzulänglichkeit und deren Erkennbarkeit wegen des mit der Erfassung und Buchung verbundenen Zeitablaufs notwendigerweise auftritt, Verbindlichkeiten begründet (HambK-InsO/*Weitzmann* Rn. 14). Das überzeugt, solange das Erfassungssystem auf hinreichende Zügigkeit angelegt ist. Darüber hinaus soll dem Verwalter analog § 92 Abs. 2 S. 1 AktG, § 64 Abs. 2 S. 1 GmbHG (gemeint wohl § 15a) eine **Karenzfrist** zur Einleitung von Maßnahmen zugebilligt werden, so dass er in dieser Zeit nicht hafte (so Uhlenbruck/*Sinz* Rn. 27; HambK-InsO/*Weitzmann* Rn. 14). Das überzeugt kaum, weil dann die voraussichtliche Masseunzulänglichkeit bereits bekannt ist, § 61 vor dem Vertragsschluss bewahren soll und nicht etwa analog zum Insolvenzantrag zur Anzeige der Masseunzulänglichkeit anreizen soll (dazu → § 60 Rn. 26). Die Anforderungen an die Prüfung variieren auch im **Zeitablauf der Tätigkeit.** Insoweit gelten für den Verwalter in etwa die Anforderungen, die an einen **ordentlichen Geschäftsleiter** zu stellen wären. Bei den einzelnen Wertansätzen muss er sich den kaufmännischen Bewertungsgrundsätzen unterwerfen; der Beurteilungsspielraum des § 239 Abs. 2 HGB soll auch hier gelten (Uhlenbruck/*Sinz* Rn. 27). Rechtsirrtümer können ggf. entlasten (LG Stuttgart NZI 2008, 442 [444]; und wie bei → § 60 Rn. 36). Zur Betriebsfortführung → Rn. 4. Vertreten wird darüber hinaus eine **teleologische Reduktion des § 61** für den Fall, dass zwar die Prognose negativ ausfällt, der Verwalter aber den Geschäftspartner darauf hinweist und der Geschäftspartner das Risiko eingeht (Jaeger/*Gerhardt* Rn. 21). Das ist zutr., wenngleich passender bei der Unterbrechung des Zurechnungszusammenhangs angeknüpft (gewissermaßen „eigenverantwortliche Selbstgefährdung"); noch anders OLG Düsseldorf NJOZ 2004, 3596 [3601] = ZIP 2004, 1375 Ls.: jedenfalls § 242 iVm § 254 BGB.

VI. Schaden

Der Verwalter haftet für jeden Schaden, der sich kausal und zurechenbar aus der Pflichtverletzung ergibt. Allgemeine Regeln gelten, §§ 249 ff. BGB (vgl. auch → § 60 Rn. 41). Ersatzfähig ist nach dem Schutzzweck des § 61 nur das **negative Interesse** (BGHZ 159, 104 [117 ff.] = NZI 2004, 435; BGH NZI 2005, 222 [223], NZI 2014, 400 Rn. 17; BAG NZI 2006, 719). Der Vertragspartner ist so zu stellen, wie wenn der Verwalter die Pflichtverletzung nicht begangen hätte (so BGHZ 159, 104 [118] = NZI 2004, 435, BAG NZI 2007, 535 Rn. 36; Jaeger/*Gerhardt* Rn. 25). Gemeint ist, dass der Vertragspartner so zu stellen ist, als wenn die Masseverbindlichkeit nicht begründet worden wäre. Der Massegläubiger hat also keinen Anspruch darauf so gestellt zu werden, wie er stünde, wenn der Vertrag ordnungsgemäß erfüllt worden wäre. Ggf. kann aber das negative Interesse das positive Interesse übersteigen, insoweit erfolgt keine Deckelung wie zB bei § 122 BGB (zu Sekundäransprüchen → Rn. 7). Bei **Dauerschuldverhältnissen** und den Fällen des § 55 Abs. 1 Nr. 2 Alt. 2 ist ggf. zeitanteilig nach dem Zeitpunkt des Verstreichenlassens der Kündigungsmöglichkeit zu unterscheiden (vgl. OLG Celle ZInsO 2004, 1030 [1031]). Die Prüfung des Schadens kann hypothetische Erwägungen erforderlich machen, zB, ob ein Arbeitnehmer seine Arbeitskraft anderweitig eingesetzt hätte (Uhlenbruck/*Sinz* Rn. 16); die Beweislast dafür liegt beim Anspruchssteller. Der Schadensersatzanspruch umfasst **keine Umsatzsteuer** (→ § 60 Rn. 41; BGH NZI 2006, 99 Rn. 17 ff.), weil der Schadensersatzanspruch keine Gegenleistung für die Leistungen des Vertragspartners darstellt. 11

Ein **Schaden** ist jedenfalls dann eingetreten, wenn Masseunzulänglichkeit angezeigt ist und eine Deckung der fälligen Forderung nicht mehr in absehbarer Zeit zu erwarten ist, selbst wenn noch Außenstände der Masse bestehen (BGHZ 159, 104 [108] = NZI 2004, 435; ZIP 2005, 311 [312]; NZI 2014, 400 Rn. 16). Streitig ist, ob ein Schaden auch dann vorliegt, wenn zwar eine sofortige Erfüllbarkeit nicht in Betracht kommt, aber **Außenstände** bestehen, die vom Verwalter ohne weiteres realisierbar sind (bejahend OLG Hamm NZI 2003, 263 [264] [Haftung bei bloßer Nichterfüllung trotz Fälligkeit]; *Pape* ZInsO 2003, 1013 [1020 f.]; verneinend BGH WM 1977, 847 [848] [ernste Zweifel an Realisierbarkeit]; *Deimel* ZInsO 2004, 783 [786]; *Schoppmeyer* FS Kreft, 2004, 525 [533 f.]; HambK-InsO/*Weitzmann* Rn. 8). Verneinte man dies, so reichte also bloßer Verzug mit der Masseschuld nicht aus. Verweigert der Verwalter die Begleichung der Masseschuld nach Fälligkeit (ob wegen der Masseunzulänglichkeit oder aus anderen Gründen) und macht der Verwalter keine erkennbaren Schritte zur Durchsetzung der Außenstände, ist indessen richtigerweise von einem Schaden auszugehen. **Spätere Begleichung der Masseschuld** führt dann wie auch sonst zum Wegfall des Schadens; der Verwalter hat aber iSd § 93 ZPO Anlass zur Schadensersatzklage gegeben. 12

VII. Prozessuales

Der **Individualanspruch** ist vom Massegläubiger (nicht von einem nachfolgenden Verwalter, BGH NZI 2006, 580 f.) gegen den Verwalter persönlich (dazu → § 60 Rn. 3) geltend zu machen, auch schon während des Verfahrens (BGHZ 159, 104 [107 f.] = NZI 2004, 435), § 210 und § 93 gelten nicht. Für die **Zuständigkeit** gelten allgemeine Regeln. BAG und BGH wollen bei einer Schadensersatzklage wegen Begründung einer arbeitsrechtlichen Masseverbindlichkeit den Rechtsweg zu den **Arbeitsgerichten** eröffnen (BAG ZIP 2003, 1617 [1618]; 2007, 94 Rn. 7). Das ist zweifelhaft, weil es bei § 61 um eine spezifische insolvenzrechtliche Pflichtwidrigkeit geht. 13

14 Die **Darlegungs- und Beweislast** für die anspruchsbegründenden Tatsachen liegt eigentlich beim Anspruchsteller, aber über Satz 2 wird dem Verwalter die Entlastung für die fehlende Pflichtwidrigkeit und fehlendes Verschulden aufgebürdet. Daher muss Anspruchsteller nur die Begründung einer Masseverbindlichkeit, deren wegen Massearmut nicht erfolgte Erfüllung und den eingetretenen Schaden darlegen und beweisen.

15 Eine **Eventualklage** gegen den Verwalter persönlich im Eventualverhältnis zur Klage wegen der Masseschuld gegen den Verwalter als Partei kraft Amtes kommt nicht in Betracht (BGH ZIP 2007, 2279 Rn. 13). Näher zu prozessualen Fragen (ua PKH) *Timme* MDR 2006, 1381.

VIII. Andere Anspruchsgrundlagen

16 Wegen Verletzungen von Pflichten als Vertragspartner bei der Begründung der Masseverbindlichkeit schließt § 61 eine Haftung nach **culpa in contrahendo** in Gestalt der Sachwalterhaftung nicht schon grds. aus (→ § 60 Rn. 46). Der Anwendungsbereich ist aber äußerst schmal, da der Verwalter grds. keine Pflicht zur Aufklärung über die Risiken des Geschäfts hat (BGH ZIP 1989, 1584 [1586 f.] und → § 60 Rn. 46).

Verjährung[1]

62 **[1] Die Verjährung des Anspruchs auf Ersatz des Schadens, der aus einer Pflichtverletzung des Insolvenzverwalters entstanden ist, richtet sich nach den Regelungen über die regelmäßige Verjährung nach dem Bürgerlichen Gesetzbuch. [2] Der Anspruch verjährt spätestens in drei Jahren von der Aufhebung oder der Rechtskraft der Einstellung des Insolvenzverfahrens an. [3] Für Pflichtverletzungen, die im Rahmen einer Nachtragsverteilung (§ 203) oder einer Überwachung der Planerfüllung (§ 260) begangen worden sind, gilt Satz 2 mit der Maßgabe, daß an die Stelle der Aufhebung des Insolvenzverfahrens der Vollzug der Nachtragsverteilung oder die Beendigung der Überwachung tritt.**

Schrifttum: S. hierzu § 60.

I. Normzweck und Grundlagen

1 Die Einführung der Vorschrift hatte eine Streitfrage gelöst, die aus der umstrittenen systematischen Einordnung der Verwalterhaftung herrührt (→ § 60 Rn. 2). Für Zwecke der Verjährung (Leistungsverweigerungsrecht nach § 214 BGB) wurden die Ersatzansprüche gegen den Verwalter in § 62 aF den deliktischen Ansprüchen angenähert. § 62 aF war der deliktischen Verjährungsregel des § 852 BGB aF nachgebaut; wenngleich über Satz 2 zeitlich engere Grenzen als in § 852 BGB eingezogen wurden. Schon unter § 62 aF war eine absolute Höchstgrenze von drei Jahren nach Aufhebung oder Einstellung vorgesehen. Die **Parallele zum Deliktsrecht** ging auf die Rspr. des BGH zurück (BGHZ 93, 278 [280 f.] = NJW 1985, 1161). Die insgesamt moderate Verjährung trägt auch dem Umstand Rechnung, dass die Anerkennung der Schlussrechnung im Schlusstermin keine entlastende Wirkung mehr hat (Uhlenbruck/*Sinz* § 61 Rn. 1; Jaeger/*Gerhardt* § 61 Rn. 1). Nachdem mit der Schuldrechtsreform die deliktische Verjährung den allgemeinen Verjährungsfristen (§§ 195, 199 BGB) zugeschlagen worden war, ist Satz 1 mit Gesetz vom 9.12.2004 (BGBl. I S. 3214) angepasst worden. § 62 verweist jetzt auf die allgemeinen Vorschriften des BGB mit den

[1] § 62 S. 1 neu gef. mWv 15.12.2004 durch G v. 9.12.2004 (BGBl. I S. 3214).

bisherigen ergänzenden Regelungen in Satz 2 und 3. Zum Übergangsrecht vgl. Art. 229 § 12 Abs. 1 Nr. 4 iVm Art. 6 Abs. 1 EGBGB. Nach § 62 aF verjährte Ansprüche bleiben verjährt (näher Jaeger/*Gerhardt* § 61 Rn. 12 f.). Art. 229 § 12 Abs. 2 greift für § 62 aF nicht. Über § 71 S. 2 gilt § 62 auch für die Haftung der Mitglieder des Gläubigerausschusses.

II. Verjährung nach §§ 195, 199 BGB

Satz 1 verweist für alle Ersatzansprüche gegen den Verwalter auf §§ 195, 199 BGB. Die dreijährige Regelverjährung betrifft **alle Ansprüche aus §§ 60 und 61,** auch in Fällen, in denen §§ 60, 61 entsprechend gelten, zB beim vorläufigen Verwalter (→ § 60 Rn. 3, → § 61 Rn. 4). Einer analogen Anwendung des § 62 auf andere deliktische und deliktsähnliche Ansprüche nach dem Vorbild der früheren Rspr. zu § 852 BGB aF (BGHZ 93, 278 [280] = NJW 1985, 1457) bedarf es mE nicht mehr (aA Uhlenbruck/*Sinz* § 61 Rn. 13), da für solche Ansprüche ohnedies die allgemeinen Verjährungsregeln gelten dürften und auch kein Grund besteht, den Verwalter bei Verletzung nicht-insolvenzspezifischer Pflichten über die Grenzen nach Satz 2 und Satz 3 zu schonen bzw. den Deliktsgläubiger nur deshalb zu benachteiligen, weil sein Schaden von einem Verwalter verursacht wurde. 2

Die Verjährung betrifft nach dem **Grundsatz der Schadenseinheit** grds. den Schadensersatzanspruch im Ganzen, dh auch Folgeschäden und Nebenforderungen (BGH NZI 2005, 500 [501] = ZIP 2005, 1327); eine Nachforderung ist aber denkbar bei Schäden, mit deren Eintritt nicht zu rechnen war (BGH aaO). 3

Die **Frist** beginnt mit dem Schluss des Jahres, in dem der Anspruch entstanden ist und der Gläubiger von den den Anspruch begründenden Umständen und der Person des Schuldners Kenntnis erlangt oder ohne grobe Fahrlässigkeit erlangen müsste, § 199 Abs. 1 BGB. Die Verjährung beginnt daher immer mit dem 31.12. (Ereignisfrist nach § 187 Abs. 1 BGB). **Entstanden** ist der Ersatzanspruch mit Verwirklichung der Tatbestandsvoraussetzungen und wenn daher der Anspruch klageweise geltend gemacht werden kann (Nachweise bei Palandt/*Ellenberger* BGB § 199 Rn. 3). Für die Kenntnis oder grobfahrlässige Unkenntnis ist zwischen Einzelschäden (wie stets bei § 61, dort → § 61 Rn. 11) und Gesamtschäden zu unterscheiden. Bei einem **Einzelschaden** kommt es naturgemäß allein auf Kenntnis des Geschädigten an, der aber den Schaden und den Schadensumfang nicht in allen Details kennen muss; es genügt eine solche Kenntnis, die es ihm ermöglicht, eine aussichtsreiche Feststellungsklage zu erheben (BGH NJW 1994, 3092 [3093] stRspr mwN; Uhlenbruck/*Sinz* Rn. 5). Rechtskenntnis und zutreffende rechtliche Würdigung sind unerheblich (BGH NZI 2005, 500 [501]; OLG Frankfurt a. M. BeckRS 2010, 09069). Die Abgrenzung zwischen Kenntnis und grob fahrlässiger Unkenntnis kann bei einem „Verschließen der Augen" offenbleiben (vgl. dazu BGH NJW 1985, 2022 [2023]). Beim **Gesamtschaden** (→ § 60 Rn. 41) ist idR auf die (Un-)Kenntnis des neu bestellten oder des Sonderinsolvenzverwalters (§ 92 S. 2) erforderlich (BGH NZI 2008, 491 Rn. 13; Uhlenbruck/*Sinz* § 61 Rn. 6; MüKoInsO/*Brandes/Schoppmeyer* Rn. 3; Jaeger/*Gerhardt* Rn. 8); daher beginnt die Verjährung nicht schon mit dessen Bestellung. Auch wenn der Sonderverwalter zunächst nur mit der Prüfung und nicht der Durchsetzung von Schadensersatzansprüchen gegen den amtierenden Verwalter beauftragt ist, **beginnt die Frist,** innerhalb derer Schadensersatzansprüche gegen den amtierenden Verwalter verjähren, schon mit dem Schluss des Jahres zu laufen, in welchem der Sonderverwalter Kenntnis der anspruchsbegründenden Umstände erlangt (BGH NJW-RR 2014, 1457 Rn. 13 ff.). Verliert der **Sonderverwalter** die Prozessführungsbefugnis, weil das Insolvenzverfahren aufgehoben oder eingestellt wird, fällt diese Befugnis auf den einzelnen mit einem Quotenschaden 4 belasteten Gläubiger zurück. In diesem Fall ist wieder auf dessen Kenntnis abzustellen, die aber nicht vor Rechtskraft des Beschlusses zu laufen beginnt (MüKo-InsO/*Brandes/Schoppmeyer* Rn. 4). Haben allerdings sämtliche Gläubiger schon vor dem Beschluss Kenntnis und beantragt keiner von ihnen die Einsetzung eines neuen Verwalters bzw. Sonderverwalters, läuft die Frist in Bezug auf den Gesamtschaden (tendenziell, aber offenlassend BGHZ 159, 25 [28] = NZI 2004, 496 [497]).

5 Die genannten Grundsätze gelten auch für **Ansprüche gegen Mitglieder des Gläubigerausschusses** wegen unzureichender Aufsicht. Es ist auf die Kenntnis des neuen Verwalters abzustellen (BGH NZI 2008, 491 Rn. 13 ff.; anders noch OLG Rostock ZIP 2007, 735 [736]).

III. Hemmung oder Unterbrechung des Fristablaufs

6 Für Hemmung (§ 209 BGB) und Unterbrechung (§ 210) des Fristablaufs gelten die allgemeinen Vorschriften des BGB, insbes. § 203 und § 204 BGB sind zu beachten. Der Verwalter darf Verjährungsvereinbarungen iSd § 202 individualvertraglich schließen.

IV. Absolute Verjährungsgrenze

7 Zum Zwecke der Rechtssicherheit ziehen **Satz 2 und Satz 3** der subjektiven Anknüpfung nach S. 1 Schranken. Die Verjährung tritt spätestens drei Jahre nach der Aufhebung (§§ 200, 258) oder der Rechtskraft der Einstellung des Verfahrens (§§ 207, 211, 212, 213) ein. Insoweit ist nicht auf den **Schluss des Jahres** abzustellen. Bei Aufhebung tritt Rechtskraft und Wirksamkeit des Beschlusses wegen dessen Unanfechtbarkeit (§ 6) schon mit Verkündung bzw. öffentlicher Bekanntmachung des Beschlusses iSd § 200 Abs. 2 iVm § 9 Abs. 1 S. 2 ein; der Beschluss wird nach Ablauf von zwei weiteren Tagen wirksam (Bsp. Veröffentlichung 2.3., Ablauf 4.3., 24 Uhr, Wirksamkeit ab 5.3., 0.00 Uhr, Verjährungseintritt dann drei Jahre später am 4.3. um 24 Uhr, §§ 187 Abs. 2, 188 Abs. 2 Hs. 2 BGB). Zur Konkurrenz bei erfolgter besonderer **Zustellung** → § 9 Rn. 3. Bei der **Verfahrenseinstellung** sind gem. § 216 Rechtsmittel möglich; entscheidend ist dann Rechtskraft des Einstellungsbeschlusses. Nach Satz 3 gilt die absolute Grenze auch für Pflichtverletzungen im Rahmen einer Nachtragsverteilung nach § 203 oder bei Überwachung der Planerfüllung nach § 260. Entscheidend ist der Vollzug der Nachtragsverteilung, die erst mit Rechnungslegung endet (§ 205, dort → § 205 Rn. 3). Bei der **Planüberwachung** ist der Zeitpunkt der öffentlichen Bekanntmachung des Aufhebungsbeschlusses nach § 268 Abs. 2 maßgeblich.

Vergütung des Insolvenzverwalters[1]

63 (1) [1]**Der Insolvenzverwalter hat Anspruch auf Vergütung für seine Geschäftsführung und auf Erstattung angemessener Auslagen.** [2]**Der Regelsatz der Vergütung wird nach dem Wert der Insolvenzmasse zur Zeit der Beendigung des Insolvenzverfahrens berechnet.** [3]**Dem Umfang und der Schwierigkeit der Geschäftsführung des Verwalters wird durch Abweichungen vom Regelsatz Rechnung getragen.**

[1] § 63 bish. Wortlaut wird Abs. 1, Abs. 2 angef. mWv 1.12.2001 durch G v. 26.10.2001 (BGBl. I S. 2710), Abs. 3 angef. mWv 19.7.2013 durch G v. 15.7.2013 (BGBl. I S. 2379).

(2) **Sind die Kosten des Verfahrens nach § 4a gestundet, steht dem Insolvenzverwalter für seine Vergütung und seine Auslagen ein Anspruch gegen die Staatskasse zu, soweit die Insolvenzmasse dafür nicht ausreicht.**

(3) [1]**Die Tätigkeit des vorläufigen Insolvenzverwalters wird gesondert vergütet.** [2]**Er erhält in der Regel 25 Prozent der Vergütung des Insolvenzverwalters bezogen auf das Vermögen, auf das sich seine Tätigkeit während des Eröffnungsverfahrens erstreckt.** [3]**Maßgebend für die Wertermittlung ist der Zeitpunkt der Beendigung der vorläufigen Verwaltung oder der Zeitpunkt, ab dem der Gegenstand nicht mehr der vorläufigen Verwaltung unterliegt.** [4]**Beträgt die Differenz des tatsächlichen Werts der Berechnungsgrundlage der Vergütung zu dem der Vergütung zugrunde gelegten Wert mehr als 20 Prozent, so kann das Gericht den Beschluss über die Vergütung des vorläufigen Insolvenzverwalters bis zur Rechtskraft der Entscheidung über die Vergütung des Insolvenzverwalters ändern.**

Schrifttum: *Amery/Kästner,* Die Vergütung des vorläufigen Insolvenzverwalters als Streitfrage – eine Betrachtung aus systematischer und verfassungsrechtlicher Perspektive, ZIP 2013, 2041; *T. Graeber,* Zum Umgang mit Aus- und Absonderungsgegenständen in der Berechnungsgrundlage des vorläufigen Insolvenzverwalters in Verfahren vor dem 19.7.13, NZI 2013, 836; *A. Graeber/T. Graeber,* Die Behandlung verjährter Vergütungsansprüche des vorläufigen Insolvenzverwalters im gerichtlichen Festsetzungsverfahren, ZInsO 2010, 465; *Haarmeyer,* Rechtsmittel im Rahmen der Vorschussentnahme nach § 9 InsVV, ZInsO 2001, 938; *Huep/Webel,* Zur Kostenrisikoverteilung in massearmen Verfahren bei Kostenstundung, NZI 2011, 389; *Keller,* Vorschussentnahme auf die Vergütung des Insolvenzverwalters, DZWIR 2003, 101; *ders.,* Verjährung des Vergütungsanspruchs des Insolvenzverwalters, NZI 2007, 378; *ders.,* Anmerkung zu LG Gießen, Beschl. v. 23.6.09 – 7 T 34/09, EWiR 2009, 783; *ders.,* Die Vergütung des vorläufigen Insolvenzverwalters in den vor dem 19.7.13 beantragten Insolvenzeröffnungsverfahren, NZI 2014, 833; *Nicht/Schildt,* Der Vorschussanspruch des Insolvenzverwalters – Rechtsgrundlage, Festsetzung und Rechtsmittel des Insolvenzverwalters, NZI 2010, 466; *Ries,* Materielle Verfahrenseinheit – die Kosten eines nicht eröffneten Erstverfahrens als Bestandteil der Gesamtkosten eines später eröffneten Folgeverfahrens, ZInsO 2005, 414; *ders.,* Ist der vorläufige Verwalter wegen früherer Vergütungsansprüche aus anderen Verfahren Insolvenzgläubiger i. S. v. § 38 InsO?, ZInsO 2007, 1102; *Pape,* Aufhebung der Stundung der Verfahrenskosten im eröffneten Verfahren, ZInsO 2008, 143; *Rüffert,* Verjährung der Vergütung des vorläufigen Verwalters, ZInsO 2009, 757; *Rüffert/Neumerkel,* Vergütungsanspruch gegen die Staatskasse in massearmen Stundungsverfahren?, ZInsO 2012, 116; *Schulz,* Zur verfahrensökonomischen Behandlung von Anträgen der Insolvenzverwalter auf Zustimmung zur Entnahme eines Vorschusses auf die Vergütung, NZI 2006, 446; *Smid,* Berechnungsgrundlage zur Ermittlung der Vergütung des vorläufigen Insolvenzverwalters, ZInsO 2013, 321; *Stapper/Häußner,* Reform der Mindestvergütung des vorläufigen Insolvenzverwalters?, ZInsO 2014, 2349; *Uhlenbruck,* Ablehnung einer Entscheidung über die Kosten des vorläufigen Insolvenzverwalters – ein Fall der Rechtsschutzverweigerung?, NZI 2010, 161; *Wehner,* die Vergütung von Sachverständigen und vorläufigen Verwaltern nach den jüngsten Gesetzesänderungen, DZWIR 2013, 558; *Zimmer,* Verjährung der nicht festgesetzten Vergütung des (vorläufigen) Insolvenzverwalters nach der Schuldrechtsreform, ZVI 2004, 662.

Übersicht

I. Grundlagen

1 **1. Gegenstand der Regelung.** Die Bestimmung statuiert zunächst einen **Anspruch des Insolvenzverwalters auf Vergütung und Erstattung angemessener Auslagen (Absatz 1 Satz 1).** Weiter enthält sie eine **Regelung über die gesonderte Vergütung des vorläufigen Insolvenzverwalters (Absatz 3 Satz 1).** Der Staat ist im Hinblick auf **Art. 12 Abs. 1 GG** verfassungsrechtlich gehalten, dem (vorläufigen) Insolvenzverwalter eine angemessene Entschädigung für seine Tätigkeit zu gewähren (vgl. BVerfGE 54, 251 [271] = NJW 1980, 2179 zur Übertragung von Vormundschaften und Pflegschaften; BGHZ 157, 282 = NJW 2004, 941; *Haarmeyer/Mock* InsVV Vorb. Rn. 48 ff.). Hätte der Gesetzgeber den Anspruch nicht ausdrücklich in § 63 Abs. 1 S. 1, Abs. 3 S. 1 geregelt, ergäbe sich ein solcher analog den **§§ 1835, 1836, 1915, 1987, 2221 BGB** und müsste vor den Zivilgerichten geltend gemacht werden (vgl. BGHZ 175, 48 = NJW 2008, 583).

2 Darüber hinaus enthält § 63 Einzelheiten über **die Höhe der Vergütung des Insolvenzverwalters (Absatz 1 Satz 2 und 3) und des vorläufigen Insolvenzverwalters (Absatz 3).** Insoweit regelt die Bestimmung **Inhalt, Zweck und Ausmaß** der sich aus § 65 ergebenden Verordnungsermächtigung, auf deren Grundlage das Bundesministerium der Justiz die zum 1.1.1999 in Kraft getretene Insolvenzrechtliche Vergütungsverordnung (InsVV) v. 19.8.1998 erlassen hat (BGBl. I S. 2205); Einzelheiten hierzu → § 65 Rn. 1, 3. Die vom Gesetzgeber vorgegebene **einheitliche Vergütungsstruktur** soll verhindern, dass der Verwalter zur Erreichung einer höheren Vergütung ein bestimmtes Verfahrensziel verfolgt (vgl. Begr. zu § 74 RegE, BR-Drs. 1/92, 130; Nerlich/Römermann/*Delhaes* Rn. 4; krit. im Hinblick auf die in der insolvenzrechtlichen Praxis herausgebildeten indirekten Vergütungselemente *Haarmeyer/Mock* InsVV Vorb. Rn. 4 ff., § 11 Rn. 8 ff.).

3 Schließlich begründet § 63 einen **Erstattungsanspruch des Verwalters gegen die Staatskasse (Absatz 2).** Schuldner des Vergütungsanspruchs ist der Insolvenzschuldner (→ Rn. 11). Fällt der Verwalter mit seinem Anspruch aus, weil die Masse nicht ausreicht, besteht für ihn grds. weder die Möglichkeit, sich seinen Vergütungsanspruch durch eine Kostengrundentscheidung gegen den antragstellenden Gläubiger festsetzen zu lassen, noch hat er einen Anspruch gegen die Staatskasse (Einzelheiten → Rn. 13). Im Fall einer **Stundung der Kosten des Verfahrens gem. § 4a** sieht das Gesetz in Abweichung hierzu vor, dass der Verwalter seinen Anspruch auf Vergütung und Auslagen gegen die Staatskasse geltend machen kann. Die Regelung ist vor dem Hintergrund zu sehen, dass der Gesetzgeber durch die Einführung der Verfahrenskostenstundung dem Schuldner

die Durchführung eines masselosen Verfahrens ermöglicht hat und auch ermöglichen wollte. Ohne einen Erstattungsanspruch gegen die Staatskasse würde der Verwalter in solchen Verfahren regelmäßig leer ausgehen, was faktisch eine verfassungsrechtlich nicht hinnehmbare Unentgeltlichkeit seiner Tätigkeit zur Folge hätte (Uhlenbruck/*Mock* Rn. 89).

2. Entstehungsgeschichte und Normzweck. § 63 Abs. 1 S. 1 entspricht **§ 85 Abs. 1 S. 1 KO** und **§ 43 Abs. 1 S. 1 VerglO.** In Absatz 1 Satz 2 und 3 enthält die Vorschrift konkretisierende Vorgaben zur Höhe der Vergütung, die im Hinblick auf die Anforderungen des Art. 80 Abs. 1 S. 2 GG zwingend erforderlich sind. Absatz 2 ist durch **das Gesetz zur Änderung der Insolvenzordnung (InsOÄndG)** v. 26.10.2001 neu eingeführt worden (BGBl. I S. 2711) zusammen mit dem neuen Auslagentatbestand in Nr. 9017 KostVerz der Anlage I zum GKG. Absatz 3 ist durch das **Gesetz zur Verkürzung des Restschuldbefreiungsverfahrens und zur Stärkung der Gläubigerrechte** v. 15.7.2013 (BGBl. I S. 2379) neu eingeführt worden, die Regelung entspricht dem § 11 Abs. 1 S. 1–3, Abs. 2 S. 2 InsVV aF. Die Neuregelung soll für **Rechtssicherheit und Rechtsklarheit** sorgen, insbes. weil in Zweifel gezogen worden ist, ob § 65 aF eine ausreichende Ermächtigungsgrundlage für die in § 11 Abs. 2 S. 2 InsVV aF geregelte Abänderungsbefugnis darstellt (BT-Drs. 17/11268, 22, 36 f.). Nachdem der BGH während des Gesetzgebungsverfahrens die Auffassung vertreten hat, § 11 Abs. 1 S. 4 InsVV aF sei von der Ermächtigungsgrundlage (§§ 63 Abs. 1, 65 aF) nicht gedeckt und deshalb unwirksam (BGHZ 195, 322 = NJW 2013, 532; BGHZ 195, 336 = NJW 2013, 536; BGH NZI 2013, 393), hat der Gesetzgeber aus Gründen der Rechtssicherheit das Inkrafttreten des § 63 Abs. 3 bereits mit Verkündung vorgesehen. Nach Ansicht des Rechtsausschusses entspricht die Auffassung des BGH nicht der gesetzlichen Konzeption und der auf ihr beruhenden Verordnungsregelungen. Die bisher geltende Konzeption soll durch § 63 Abs. 3 lediglich klargestellt werden (BT-Drs. 17/13535, 31; *Keller* NZI 2014, 833 [834]; → Rn. 40 f.). Zum zeitlichen Anwendungsbereich der Neuregelung → Rn. 36. 4

3. Anwendungsbereich. § 63 gilt unmittelbar für die Vergütungsfestsetzung des Insolvenzverwalters. Darüber hinaus findet er **entsprechende Anwendung** auf den vorläufigen Insolvenzverwalter gem. § 21 Abs. 2 S. 1 Nr. 1 für vor dem 19.7.2013 beantragte Verfahren (Kübler/Prütting/Bork/*Prasser/Stoffler* Rn. 4), auf den Sachwalter im Verfahren der Eigenverwaltung (§ 274 Abs. 1), den Treuhänder im Verbraucherinsolvenzverfahren (§ 313 Abs. 1 S. 3 aF) sowie auf einen vom Gericht eingesetzten Sonderinsolvenzverwalter (BGH NZI 2008, 485 ff.; LG Frankfurt a. M. KTS 2009, 232 ff.; zu dessen Vergütung s. BGH ZInsO 2010, 399 f.; 2015, 1031 f.). Zum Nachlassinsolvenzverwalter s. Uhlenbruck/*Mock* Rn. 20. 5

Eigenständige Regelungen über den Vergütungsanspruch enthält das Gesetz für den Treuhänder im Restschuldbefreiungsverfahren (§ 293 Abs. 1), für die Mitglieder des Gläubigerausschusses (§ 73 Abs. 1) sowie für die Mitglieder des vorläufigen Gläubigerausschusses (§§ 21 Abs. 2 S. 1 Nr. 1a, 73 Abs. 1). 6

II. Der Vergütungsanspruch (Absatz 1)

1. Entstehung. Der Vergütungsanspruch des Verwalters entsteht mit dem **Tätigwerden,** also der Übernahme der Geschäftsführung, und entwickelt sich entsprechend dem Umfang der geleisteten Tätigkeiten fort (Nerlich/Römermann/*Delhaes* Rn. 5). Auch eine lediglich geringfügig entfaltete Tätigkeit begründet einen Vergütungsanspruch, Art und Umfang der Tätigkeit sind bei der Festsetzung der Höhe der Vergütung zu berücksichtigen. Durch **die gerichtliche** 7

Festsetzung der Vergütung und Auslagen gem. § 64 Abs. 1 wird der Anspruch lediglich der Höhe nach konkretisiert (BGHZ 116, 233 = NJW 1992, 692; BGH NZI 2015, 362 [365] Rn. 31; BFH ZIP 1993, 1892 [1894]; KG NZI 2001, 307; Uhlenbruck/*Mock* Rn. 49), und der Verwalter ist zur **Entnahme der Vergütung aus der Masse** berechtigt (→ Rn. 15).

8 **Die gesetzliche Vergütung ist** tätigkeits- und nicht erfolgsbezogen. Eine **mangelhafte Erfüllung** der Tätigkeiten durch den Verwalter ist für die Höhe der Vergütung unerheblich (LG Potsdam ZVI 2005, 648 f.; Nerlich/Römermann/*Delhaes* Rn. 4; Uhlenbruck/*Mock* Rn. 22 f., 46). Handelt der Verwalter pflichtwidrig, kann dies **Schadensersatzansprüche** zur Folge haben, die iRd Vergütungsfestsetzung dem Vergütungsanspruch jedoch nicht entgegengehalten werden können (→ § 64 Rn. 18). Nur bei gewichtigen, vorsätzlichen oder zumindest leichtfertigen Pflichtverstößen kommt eine **Verwirkung des Vergütungsanspruchs** analog § 654 BGB in Betracht (BGH NZI 2011, 760; LG Deggendorf NZI 2013, 1028; LG Schwerin NZI 2008, 692 [693 f.]; Uhlenbruck/*Mock* Rn. 48; demgegenüber auf § 242 BGB abstellend LG München ZVI 2003, 486 ff.; LG Potsdam NZI 2004, 321). Entsprechendes gilt für den Fall, dass der Verwalter seine Bestellung durch Verschweigen verfahrenswesentlicher Umstände „erschlichen" hat (AG Göttingen NZI 2011, 716 f.).

9 Werden **mehrere Verwalter** tätig, entsteht für jeden gesondert ein Vergütungsanspruch. Dies gilt insbes. für einen **Sonderinsolvenzverwalter** (zu diesem s. BGH NZI 2008, 485 ff.; ZInsO 2010, 399 f.; Uhlenbruck/*Mock* Rn. 12–14). Hinsichtlich der Höhe der Vergütung sind die Regelungen in § 3 Abs. 2a und b InsVV zu beachten.

10 Eine von § 63 **abweichende Vereinbarung über die Vergütung** ist gem. § 134 BGB nichtig (vgl. BGH WM 1977, 256; NJW 1982, 185 ff.; *Haarmeyer/Wutzke/Förster* InsVV § 8 Rn. 49; MüKoInsO/*Stephan* Rn. 48 ff.; aA *Haarmeyer/Mock* InsVV Vorb. Rn. 83; Uhlenbruck/*Mock* Rn. 70). Auch im **Insolvenzplanverfahren** nach §§ 217 ff. kann eine Vergütung nicht wirksam vereinbart werden (HambK-InsO/*Büttner* § 64 Rn. 18; *Ganter* ZIP 2014, 2323 [2333]; *Keller* ZIP 2014, 2014 [2017 f.]; HK-InsO/*Keller* § 64 Rn. 38 ff.; *Madaus/Heßel* ZIP 2013, 2088 [2089 ff.]; *Schöttler* NZI 2014, 852 ff.; aA LG München I NZI 2013, 972 f.; LG Heilbronn ZInsO 2015, 910 f.; *T. Graeber* ZIP 2013, 916 [917 ff.]; *Haarmeyer* ZInsO 2013, 1967; *Hingerl* ZIP 2015, 159 [160 ff.]; *Mock* KTS 2012, 59 [92 ff.]; Kübler/Prütting/Bork/*Prasser/Stoffler* Rn. 16; MüKoInsO/*Stephan* Rn. 52). Zulässig sind Vergütungsvereinbarungen hingegen, wenn sich die Tätigkeit auf einen freigegebenen Gegenstand bezieht oder die Tätigkeit über den Pflichtenkreis des Verwalters hinausgeht (Uhlenbruck/*Mock* Rn. 71a; MüKoInsO/*Stephan* Rn. 51; Jaeger/*Schilken* Rn. 19). Solche Vergütungsansprüche sind im Verfahren als sonstige Masseverbindlichkeiten gem. § 55 Abs. 1 Nr. 1 zu behandeln (Uhlenbruck/*Mock* Rn. 63).

11 **2. Schuldner.** Schuldner des sich aus § 63 Abs. 1 S. 1 ergebenden Vergütungsanspruchs ist der **Insolvenzschuldner** (BGHZ 175, 48 = NJW 2008, 583; BGHZ 157, 370 [377] = NJW 2004, 1957; OLG Celle NZI 2000, 226 [227 f.]; LG Stuttgart NZI 2004, 630 f.). Wie der Vergütungs- und Auslagenerstattungsanspruch des Verwalters im Verfahren zu behandeln ist, hängt vom weiteren Gang des Insolvenzverfahrens ab:

12 Bei einer **Eröffnung des Insolvenzverfahrens** werden Vergütung und Auslagen des (vorläufigen) Verwalters gem. §§ 53, 54 Nr. 2, 209 Abs. 1 Nr. 1 **Masseverbindlichkeiten** (Uhlenbruck/*Mock* Rn. 61). Wird ein Erstantrag abgelehnt und das Verfahren sodann infolge eines Zweitantrags eröffnet, sollen nach einer verbreiteten Auffassung Vergütung und Auslagen des vorläufigen Verwalters aus dem Erstverfahren in dem Zweitverfahren nicht als Insolvenzforderung, sondern

als Masseverbindlichkeit zu behandeln sein, wenn eine **materielle Verfahrenseinheit** vorliegt, wovon etwa dann auszugehen sein soll, wenn zwischen den Anträgen ein nicht erheblicher Zeitraum vergangen ist, der Schuldner in dieser Zeit am Geschäftsverkehr nicht oder nur kaum teilgenommen und sich damit der Bestand an Gläubigern nicht verändert hat (AG Neubrandenburg ZInsO 2006, 931; *Ries* ZInsO 2005, 414 ff.; *ders.* ZInsO 2007, 1102 ff.; *Haarmeyer/Wutzke/Förster* InsVV § 1 Rn. 82; Uhlenbruck/*Mock* Rn. 62) oder der Erstantrag mangels örtlicher Zuständigkeit abgelehnt und das Verfahren dann aufgrund eines neuen Antrags vor dem örtlich zuständigen Gericht eröffnet wird (LG Hamburg ZIP 1991, 116; AG Hamburg-Altona ZIP 1989, 458 [459]). Dem kann nicht gefolgt werden, weil auch bei Bestehen einer „materiellen Verfahrenseinheit" eine gesetzliche Grundlage für die Behandlung als Masseverbindlichkeiten im Zweitverfahren fehlt. Der vorläufige Verwalter ist mit seinem Anspruch auf Erstattung von Vergütung und Auslagen in dem Zweitverfahren Insolvenzgläubiger und muss sich wegen seines drohenden Ausfalls durch die Anforderung eines Vorschusses absichern (s. zum Ganzen überzeugend BGH NZI 2009, 53).

Bei einer **Nichteröffnung des Insolvenzverfahrens** bleibt Schuldner des Vergütungs- und Auslagenerstattungsanspruchs des vorläufigen Insolvenzverwalters der Insolvenzschuldner. Insbes. in masselosen Verfahren führt dies zu einem Forderungsausfall für den vorläufigen Verwalter. Ein **Erstattungsanspruch gegen die Staatskasse** besteht gem. § 63 Abs. 2 nur, wenn dem Schuldner die Kosten des Verfahrens gestundet worden sind. In den übrigen Fällen besteht ein solcher Anspruch nicht (hierzu → § 26a Rn. 8). **Der antragstellende Gläubiger** schuldet die Zahlung der Vergütung nur unter den engen Voraussetzungen des § 26a Abs. 2 S. 2 (zu den Einzelheiten → § 26a Rn. 9 ff.). Nimmt er den Antrag zurück, erklärt er ihn für erledigt oder wird der Antrag abgelehnt, kann dies zwar dazu führen, dass der antragstellende Gläubiger die **Verfahrenskosten** zu tragen hat (§ 4 InsO, §§ 91 ff., 269 Abs. 3 S. 2 ZPO). Jedoch gehören Vergütung und Auslagen des vorläufigen Insolvenzverwalters nicht zu den Kosten des Eröffnungsverfahrens. Die §§ 53, 54 Nr. 2 gelten lediglich im eröffneten Verfahren, für das Eröffnungsverfahren fehlt eine vergleichbare Regelung (BGHZ 157, 370 = NJW 2004, 1957; BGH NJW-RR 2006, 1204 f.; MüKoInsO/*Hefermehl* § 54 Rn. 14). Dem antragstellenden Gläubiger können Vergütung und Auslagen des vorläufigen Verwalters außerhalb des § 26a Abs. 2 S. 2 auch nicht im Wege einer **Kostengrundentscheidung** auferlegt werden, denn bei dem durch die Zustellung des Eröffnungsantrags an den Schuldner in Gang gesetzten Eröffnungsverfahren stehen sich – anders als im eröffneten Verfahren – nur der antragstellende Gläubiger und der Schuldner ähnlich wie Parteien in einem Zivilprozess gegenüber, der vorläufige Insolvenzverwalter ist hingegen nicht „Partei" des Eröffnungsverfahrens (BGHZ 175, 48 [50] = NJW 2008, 583; BGH NZI 2010, 98 f.; *Wimmer* ESUG-Reform S. 32; aA AG Hamburg ZInsO 2007, 1167 f.; 2001, 1121; *Frind* ZInsO 2011, 2249 f.; MüKoInsO/*Schmahl,* 2. Aufl. 2007, § 13 Rn. 171; FK-InsO/*Schmitt* Rn. 8; *Smid* ZIP 2014, 1714 [1717]; *Uhlenbruck* NZI 2010, 161 [162 ff.]). 13

3. Fälligkeit. Der Vergütungsanspruch wird mit der Erledigung der vergütungspflichtigen Tätigkeit fällig (BGH NZI 2006, 165; LG Göttingen NZI 2001, 219 [220]; Nerlich/Römermann/*Delhaes* Rn. 5). Das ist der Fall, wenn das Verfahren beendet oder eine gesondert zu vergütende Tätigkeit erledigt worden ist (LG Hannover NZI 2009, 688; Nerlich/Römermann/*Delhaes* Rn. 5; Uhlenbruck/*Mock* Rn. 50; MüKoInsO/*Stephan* Rn. 18). Für einen vorläufigen Insolvenzverwalter tritt Fälligkeit in der Regel mit der Ablehnung der Eröffnung des Verfahrens, der Erledigung bzw. Rücknahme des Eröffnungsantrags oder der Eröffnung des Verfahrens ein (vgl. hierzu LG Göttingen NZI 2001, 219 [220]; Braun/*Blümle* § 64 Rn. 6). 14

15 **Die Festsetzung der Vergütung durch das Insolvenzgericht** gem. § 64 Abs. 1 berechtigt den Verwalter, die festgesetzte Vergütung aus der Insolvenzmasse zu entnehmen (BGHZ 165, 96 = NJW 2006, 443; Uhlenbruck/*Mock* Rn. 65). Wird der Beschluss über die Vergütungsfestsetzung später aufgehoben, hat der Verwalter die Vergütung zurückzuzahlen, ferner findet § 717 Abs. 2 ZPO Anwendung (→ § 64 Rn. 19).

16 **Die Aufrechnung** mit seinem Vergütungsanspruch kann der Verwalter nur wirksam erklären, wenn die Vergütung durch das Insolvenzgericht rechtskräftig festgesetzt worden ist (BGHZ 165, 96 = NZI 2006, 94 [96 f.]; *Haarmeyer/Mock* InsVV § 8 Rn. 51; FK-InsO/*Schmitt* § 64 Rn. 13). Sofern der Verwalter jedoch bereits einen Festsetzungsantrag gestellt oder das Insolvenzgericht die Vergütung – wenn auch nicht rechtskräftig – festgesetzt hat, hat das Zivilgericht zu prüfen, ob eine **Aussetzung des Verfahrens** bis zu einer rechtskräftigen Entscheidung über die Vergütung **gem. § 148 ZPO** zu erfolgen hat (vgl. BGHZ 16, 124 = NJW 1955, 497; BGH NJW-RR 2004, 1000 f.; WM 1959, 691 ff.). Hat der Verwalter nach der Beendigung des Verfahrens noch Gegenstände in seinem Besitz, steht ihm gegenüber dem ehemaligen Insolvenzschuldner ein **Zurückbehaltungsrecht** wegen seines Vergütungs- und Auslagenerstattungsanspruchs zu (*Haarmeyer/Mock* InsVV Vorb. Rn. 92, § 8 Rn. 50; MüKoInsO/*Stephan* Rn. 33; Uhlenbruck/*Mock* Rn. 67).

17 **4. Verjährung.** Der Vergütungsanspruch des Verwalters verjährt **gem. § 195 BGB** in drei Jahren. Für den **Verjährungsbeginn** gilt § 199 BGB (BGH NZI 2007, 397; MüKoInsO/*Stephan* Rn. 19), wobei der Anspruch mit der Fälligkeit (→ Rn. 14) entsteht iS des § 199 Abs. 1 Nr. 1 BGB. Darüber hinaus müssen die subjektiven Voraussetzungen des § 199 Abs. 1 Nr. 2 BGB vorliegen, was insbes. bei einem vorzeitigen Ausscheiden des Verwalters relevant werden kann. Die Verjährungsfrist beginnt dann erst mit dem Schluss des Jahres zu laufen, in dem der Verwalter einen ordnungsgemäßen Vergütungsfestsetzungsantrag einreichen kann (*Haarmeyer/Mock* InsVV Vorb. Rn. 93; unklar insoweit noch die Voraufl.). Rechtskräftig festgesetzte Ansprüche auf Vergütung und Auslagenersatz verjähren **gem. § 197 Abs. 1 Nr. 3 BGB** in 30 Jahren (*Haarmeyer/Mock* InsVV § 8 Rn. 52).

18 Durch die Einreichung des Vergütungsfestsetzungsantrags tritt eine **Hemmung der Verjährung analog § 204 Abs. 1 Nr. 1 BGB** ein (BGH NZI 2007, 397 f.; LG Stade ZInsO 2005, 367 [368]; *Keller* NZI 2007, 378 ff.; *Zimmer* ZVI 2004, 662 [664]; Jaeger/*Schilken* Rn. 26; Uhlenbruck/*Mock* Rn. 52). Die Verjährung des Vergütungsanspruchs des vorläufigen Insolvenzverwalters ist **analog § 8 Abs. 2 S. 1 RVG bis zum Abschluss des eröffneten Insolvenzverfahrens gehemmt** (BGH NZI 2010, 977 = ZInsO 2010, 2103; BGH ZInsO 2011, 1566 f.; LG Heilbronn ZInsO 2009, 2356 f.; *Haarmeyer/Mock* InsVV Vorb. Rn. 95; aA LG Gießen ZIP 2009, 2398; LG Hannover NZI 2009, 688; LG Karlsruhe ZInsO 2009, 2358 ff.; *A. Graeber/T. Graeber* ZInsO 2010, 465 [466 f.]). Damit hat sich die **praktische Relevanz** einer Verjährung des Vergütungsanspruchs des vorläufigen Insolvenzverwalters weitgehend erledigt.

19 **Die Verjährungseinrede** steht dem **Insolvenzschuldner** zu. Nach hM sollen auch die **Insolvenzgläubiger** zur Erhebung der Verjährungseinrede berechtigt sein (LG Karlsruhe ZInsO 2009, 2358; Uhlenbruck/*Mock* Rn. 53; Ahrens/Gehrlein/Ringstmeier/*Nies* Rn. 23; MüKoInsO/*Stephan* Rn. 20). Dies überzeugt nicht, weil Schuldner der Vergütung ausschließlich der Insolvenzschuldner ist (→ Rn. 11) und nur dieser gem. § 214 Abs. 1 BGB durch die Erhebung der Einrede zur Leistungsverweigerung berechtigt ist (*Haarmeyer/Mock* InsVV Vorb. Rn. 96). Auch **der (vorläufige) Gläubigerausschuss** kann daher die Einrede der Verjährung nicht erheben (*Haarmeyer/Mock* InsVV Vorb. Rn. 96; Uhlenbruck/*Mock* Rn. 53; MüKoInsO/*Stephan* Rn. 20). Setzt das Gericht zur Prüfung

der Verjährung des Vergütungsanspruchs einen **Sonderinsolvenzverwalter** ein (→ Rn. 20), ist dieser zur Erhebung der Verjährungseinrede ebenfalls nicht berechtigt (*Haarmeyer/Mock* InsVV Vorb. Rn. 96; Uhlenbruck/*Mock* Rn. 53; aA LG Hamburg NZI 2010, 486 f.), weil er nicht den Insolvenzschuldner vertritt, sondern anstelle des „eigentlichen" Insolvenzverwalters zu prüfen hat, ob dessen Anspruch verjährt ist. Der Insolvenzverwalter selbst könnte nicht die Einrede der Verjährung erheben, sondern lediglich seinen Vergütungsantrag zurück nehmen bzw. eine bereits der Masse entnommene Vergütung an diese zurückzahlen. Zu den Befugnissen des Sonderinsolvenzverwalters iÜ → Rn. 20.

Eine andere Frage ist, ob das Gericht die Verjährung unabhängig von der Erhebung der Einrede prüfen darf bzw. hierzu sogar verpflichtet ist. Zum Teil wird die Auffassung vertreten, dass eine **Berücksichtigung der Verjährung des Vergütungsanspruchs durch das Insolvenzgericht von Amts wegen** zu erfolgen hat (LG Hannover NZI 2009, 688; LG Hamburg NZI 2010, 486 f.; Nerlich/Römermann/*Delhaes* Rn. 5; *Haarmeyer/Wutzke/Förster* InsVV § 8 Rn. 45). Da es sich bei der Verjährung um eine Einrede handelt, kann dem nicht gefolgt werden (LG Gießen NZI 2009, 728 f. = EWiR 2009, 783 f. *(Keller)*; LG Karlsruhe ZInsO 2009, 2358; AG Göttingen ZInsO 2010, 111; *Haarmeyer/Mock* InsVV Vorb. Rn. 96; Uhlenbruck/*Mock* Rn. 53; Ahrens/Gehrlein/Ringstmeier/*Nies* Rn. 23; MüKoInsO/*Stephan* Rn. 20). Zwar findet der **Amtsermittlungsgrundsatz** gem. § 5 Abs. 1 Anwendung, sobald der Verwalter einen Vergütungsantrag stellt (BGH NZI 2009, 57 ff.). Die Pflicht des Gerichts zur Amtsermittlung bezieht sich jedoch **ausschließlich** auf die Ermittlung von **Tatsachen** und nicht die Geltendmachung von Rechten (*Keller* EWiR 2009, 783 f.; *Haarmeyer/Mock* InsVV Vorb. Rn. 96). Liegen Anhaltspunkte für eine Verjährung des Vergütungsanspruchs vor, kann das Insolvenzgericht weder die Festsetzung der Vergütung verweigern noch dem Verwalter die Rückzahlung der Vergütung aufgeben. Vielmehr hat das Insolvenzgericht – ggf. auch auf Anregung eines anderen Verfahrensbeteiligten – zu prüfen, ob es einen **Sonderinsolvenzverwalter** zur Klärung des Verjährungseintritts bestellt (vgl. LG Hamburg NZI 2010, 486 f.). Dieser ist zwar zur Erhebung der Verjährungseinrede nicht berechtigt (→ Rn. 19), jedoch handelt ein Verwalter, der einen verjährten Vergütungsanspruch festsetzen lässt, pflichtwidrig und macht sich entsprechend schadensersatzpflichtig (LG Hannover NZI 2009, 688; *Haarmeyer/Wutzke/Förster* InsVV § 8 Rn. 52; *Haarmeyer/Mock* InsVV Vorb. Rn. 96). Der Sonderinsolvenzverwalter kann den sich hieraus ergebenden **Schadensersatzanspruch zugunsten der Masse** (ggf. klagweise) gegen den (vorläufigen) Insolvenzverwalter geltend machen. 20

5. Vorschussanspruch. Der Insolvenzverwalter ist gem. § 9 S. 1 InsVV befugt, mit **Zustimmung des Insolvenzgerichts** der Insolvenzmasse einen Vorschuss auf die Vergütung und Auslagen zu entnehmen. § 9 S. 2 InsVV bestimmt, wann eine Zustimmung durch das Gericht erteilt werden „soll". Sind die Verfahrenskosten gem. § 4a gestundet, „hat" das Gericht einen Vorschuss zu bewilligen, wenn die Voraussetzungen des S. 2 gegeben sind (§ 9 S. 3 InsVV). Zu den Einzelheiten über die **Berechnung des Vorschusses** s. *Nicht/Schildt* NZI 2010, 466 [467 f.]. 21

Das Gericht hat **die Prüfung einer Zustimmungserteilung** nach pflichtgemäßem Ermessen vorzunehmen (BGH ZInsO 2004, 268; NZI 2003, 31; *Schulz* NZI 2006, 446 ff.). Zu einem Vorschussfestsetzungsantrag sind der Schuldner und die Gläubiger anzuhören (*Haarmeyer/Mock* InsVV § 8 Rn. 23). Die Entscheidung des Insolvenzgerichts, der Entnahme nicht zuzustimmen, stellt dann eine **schuldhafte Amtspflichtverletzung** iS des § 839 Abs. 1 BGB dar, wenn sie objektiv unvertretbar ist; der Verwalter kann dann die **Erstattung seines Verzögerungsschadens** verlangen, allerdings erst nach der endgültigen Festsetzung seiner Ver- 22 gütung und der Feststellung des Ausfalls (BGH NZI 2015, 14 ff.). Gegen die Verweigerung der Zustimmung durch den Rechtpfleger steht dem Verwalter nicht die Beschwerde, sondern die befristete **Erinnerung gem. § 11 Abs. 2 RPflG** zu (BGH NZI 2003, 31 [32]; ZInsO 2011, 777; *Haarmeyer/Mock* InsVV § 8 Rn. 28; *Nicht/Schildt* NZI 2011, 466 [469]; Uhlenbruck/*Mock* Rn. 57; MüKoInsO/*Stephan* InsVV § 9 Rn. 29; aA *Haarmeyer* ZInsO 2001, 938 ff.; *Keller* DZWIR 2003, 101 ff.). § 64 Abs. 3 ist nicht einschlägig, da es sich nicht um einen Beschluss über die Festsetzung der Vergütung handelt (→ § 64 Rn. 22). Erteilt das Insolvenzgericht die Zustimmung, steht den übrigen Beteiligten, insbes. dem **Insolvenzschuldner,** kein Rechtsmittel hiergegen zu, es besteht lediglich die Möglichkeit einer **Gegenvorstellung** (LG Göttingen NZI 2001, 665 f.; AG Göttingen ZInsO 2001, 903 f.; *Haarmeyer/Mock* InsVV § 8 Rn. 27; → § 64 Rn. 30). Zu den Einzelheiten über den **Ablauf des Erinnerungsverfahren** s. *Nicht/Schildt* NZI 2011, 466 [469 ff.]. Gegen die Entscheidung des Richters ist kein Rechtsmittel gegeben (BGH NZI 2003, 31; MüKoInsO/*Stephan* InsVV § 9 Rn. 30 f.; Uhlenbruck/*Mock* Rn. 57; aA OLG Zweibrücken NZI 2002, 43; LG Stuttgart NZI 2000, 547 [548]; unerörtert geblieben ist die Statthaftigkeit der von dem Verwalter gegen die Verweigerung eines Vorschusses eingelegte Beschwerde bei BGH NZI 2006, 586 f.).

23 **6. Höhe der Vergütung.** Das Gesetz regelt in § 63 Abs. 1 S. 2 und 3 die **grundlegende Struktur der Verwaltervergütung.** Es geht zunächst davon aus, dass ein Regelsatz der Vergütung zu bestimmen (Satz 2) und dem Umfang und der Schwierigkeit der Geschäftsführung durch Abweichungen vom Regelsatz Rechnung zu tragen ist (Satz 3). Zur Bestimmung des Regelsatzes trifft Satz 2 eine Regelung über den **Zeitpunkt der Wertberechnung** (Beendigung des Insolvenzverfahrens) und über die **Berechnungsgrundlage** (Wert der Insolvenzmasse). Diese Vorgaben hat das Bundesministerium der Justiz durch die zum 1.1.1999 in Kraft getretene Insolvenzrechtliche Vergütungsverordnung (InsVV) v. 19.8.1998 umgesetzt (BGBl. I S. 2205). Mit der Vergütung sollen sämtliche Tätigkeiten des Verwalters abgedeckt werden. Ist der Verwalter **Rechtsanwalt,** kann er **zusätzliche Gebühren nach dem RVG** geltend machen, wenn er im Rahmen seiner Tätigkeit als Verwalter Aufgaben wahrgenommen hat, die besonderer rechtlicher Fähigkeiten bedürfen (BGH NJW 2005, 903 f.; LG Lübeck NZI 2009, 559 f.; → Rn. 31).

24 **Die Vorgaben zur Regelvergütung** hat der Verordnungsgeber in § 2 InsVV für den Insolvenzverwalter, in § 12 InsVV für den Sachwalter, in § 13 InsVV für den Treuhänder im vereinfachten Insolvenzverfahren, in §§ 14–16 InsVV für den Treuhänder im Restschuldbefreiungsverfahren und für die Mitglieder des (vorläufigen) Gläubigerausschusses in §§ 17–18 InsVV umgesetzt. Zur Vergütung des Sonderinsolvenzverwalters s. BGH ZInsO 2010, 399 f. Für den vorläufigen Insolvenzverwalter enthält § 63 Abs. 3 S. 2 eine eigenständige Regelung (→ Rn. 4).

25 Die **Mindestvergütung** ergibt sich aus § 2 Abs. 2 InsVV (zur Verfassungsmäßigkeit der Regelung s. BGH NZI 2008, 361 ff.; zur Verfassungswidrigkeit der Mindestvergütung gem. § 2 Abs. 2 InsVV aF vgl. BGHZ 157, 282 = NJW 2004, 941; BGH NJW-RR 2004, 424 f.). Für die Berechnung der Mindestvergütung nach § 2 Abs. 2 InsVV kommt es nicht auf die Zahl der Forderungen, sondern auf die **Kopfzahl der Gläubiger** an (BGH ZInsO 2011, 200).

26 **Die Vorgaben zur Berechnungsgrundlage** hat der Verordnungsgeber in §§ 1 Abs. 2, 11 Abs. 2 InsVV sowie zum **Zeitpunkt der Wertberechnung** in § 1 Abs. 1 InsVV umgesetzt. Vom Wertermittlungszeitpunkt zu unterscheiden sind die die Bewertung des Schuldnervermögens tragenden **Erkenntnisquellen,** die bis zum letzten tatrichterlichen Entscheidungszeitpunkt, an dem der Vergütungsanspruch zu berücksichtigen ist, zu nutzen sind (BGH ZIP 2010, 1504;

ZInsO 2011, 1128; 2011, 2055 f.). Zur Berücksichtigung einer zu erwartenden Umsatzsteuererstattung an die Insolvenzmasse s. BGH NZI 2015, 388 f.

In § 3 InsVV hat der Verordnungsgeber **die Einzelheiten über Zuschläge (Absatz 1) und Abschläge (Absatz 2)** geregelt. Die Bemessung der Zu- und Abschläge ist **Aufgabe des Tatrichters,** dessen Bemessungsentscheidung im Rechtsbeschwerdeverfahren nur eingeschränkt überprüfbar ist (BGH ZInsO 2008, 1264 f.; ZIP 2003, 1260). Aufgabe des Tatrichters ist, eine den Besonderheiten des Einzelfalls Rechnung tragende angemessene Vergütung festzusetzen (→ § 65 Rn. 4). Zu den Auswirkungen der **Tätigkeit eines vorinsolvenzlichen Sanierungsberaters** auf die Vergütung des Verwalters s. *Mock* ZIP 2014, 445 [447 ff.]. 27

Durch die Neuregelung über die **Umsatzsteuer** in § 7 InsVV ist die Streitfrage über die Erstattung der Umsatzsteuer beendet worden. Hinsichtlich der **Erstattung der Auslagen** gilt § 8 Abs. 3 InsVV (zur Behandlung der Zustellungskosten s. MüKoInsO/*Riedel* InsVV § 4 Rn. 5 f.). Hinsichtlich der **Kosten einer besonderen Haftpflichtversicherung** als Auslagen gilt die Regelung des § 4 Abs. 3 InsVV entsprechend (MüKoInsO/*Nowak,* 2. Aufl. 2007, InsVV § 11 Rn. 25), so dass auch der vorläufige Insolvenzverwalter einen Anspruch auf Erstattung der Haftpflichtprämien hat, wenn die Risiken des Eröffnungsverfahrens diejenigen eines Durchschnittverfahrens nicht unerheblich übersteigen. Zum Anspruch auf Auslagenerstattung auch → Rn. 31. 28

Dem Verwalter steht wegen seiner Vergütung **kein Zinsanspruch** zu. Die Bestimmung des § 104 Abs. 1 S. 2 ZPO findet keine Anwendung (BGH ZInsO 2004, 268 f.; NZI 2004, 249 [250]; OLG Zweibrücken NZI 2002, 434 f.; HK-InsO/*Keller* § 64 Rn. 21; für einen Anspruch aus § 812 BGB bei einer Bereicherung der Masse *Haarmeyer/Mock* InsVV § 8 Rn. 33; Uhlenbruck/*Mock* Rn. 59). Ebenso sind die §§ 286, 288, 291 BGB nicht einschlägig, da der vom Schuldner zu zahlende Betrag bis zu seiner Festsetzung noch nicht feststeht (BGH ZInsO 2004, 268 f.). Kommt es zu einer **Verzögerung der Festsetzung durch das Insolvenzgericht,** hat dies keine Verzinsung des Anspruchs zur Folge, allenfalls bestehen **Amtshaftungsansprüche** (→ § 64 Rn. 1), wobei die Möglichkeit, vom Gericht die Zustimmung eines Vorschusses zu beantragen, zu einem anspruchsausschließenden Mitverschulden des Verwalters führen kann (BGH ZInsO 2004, 268 [269]; NZI 2004, 249 [251]; Uhlenbruck/*Mock* Rn. 59). Eine Verzögerung bei der Bearbeitung des Festsetzungsantrags durch das Insolvenzgericht kann auch nicht iRd **§§ 3, 4 InsVV** berücksichtigt werden (BGH ZInsO 2004, 268 [269]; NZI 2004, 249 [250 f.]; AG Leipzig ZInsO 2012, 2165 ff.). Selbst nach einer Festsetzung kann der Verwalter Zinsen aus der Masse nicht entnehmen. Setzt der Verwalter den Insolvenzschuldner durch eine **Mahnung gem. § 286 Abs. 1 BGB** in Verzug, handelt es sich bei dem dann nach § 288 Abs. 1 BGB zu zahlenden Zins nicht um einen Teil der Vergütung iS des § 54 Nr. 2, sondern um einen gesonderten Schaden, für den der Schuldner bis zu einer Aufhebung des Verfahrens nur mit seinem insolvenzfreien Vermögen haftet. Den **Verzugsschaden** kann der Verwalter daher auch nicht gem. § 64 Abs. 1 festsetzen lassen, sondern muss diesen ggf. vor den Zivilgerichten klagweise geltend machen. 29

7. Auslagen und Umsatzsteuer. § 63 Abs. 1 S. 1 gewährt dem Verwalter weiter einen Anspruch auf **Erstattung angemessener Auslagen.** Die Einzelheiten sind in §§ 4, 8 Abs. 3 InsVV vom Verordnungsgeber geregelt worden (krit. zum Auslagenersatz als Vergütungsergänzung *Haarmeyer/Mock* InsVV Vorb. Rn. 16, § 8 Rn. 20 ff.). Gem. § 7 InsVV wird zusätzlich zur Vergütung und zur Erstattung von Auslagen ein Betrag in Höhe der vom Verwalter zu zahlenden **Umsatzsteuer** festgesetzt. 30

Mit der Vergütung des Verwalters sind **die allgemeinen Geschäftskosten,** insbes. die Bürokosten und die Gehälter der Angestellten des Verwalters abge- 31 golten (§ 4 Abs. 1 S. 1 und 2 InsVV). Dies gilt auch, wenn der Verwalter zur Erfüllung einer besonderen Aufgabe sein Büropersonal einsetzt (BGH NZI 2006, 586 f.). Schließt der Verwalter zur **Erledigung besonderer Aufgaben** mit Dritten Dienst- oder Werkverträge für die Masse ab (eingehend hierzu Uhlenbruck/*Mock* Rn. 80 ff.), kann er die angemessene Vergütung aus der Masse zahlen (§ 4 Abs. 1 S. 3 InsVV; krit. *Haarmeyer/Mock* InsVV Vorb. Rn. 9 f., § 4 Rn. 13, 23 ff.: „Dienstleistungskartelle"). Ob und in wie weit der Verwalter Aufgaben selbst ausführt oder durch Dritte ausführen lässt, steht in seinem pflichtgemäßen Ermessen (BGH NJW 2005, 903 f.; Nerlich/Römermann/*Delhaes* Rn. 29; zur Beauftragung eines Steuerberaters s. BGH ZVI 2005, 143; NZI 2014, 399 f.). Beauftragt er im Rahmen einer Unternehmensfortführung einen Dritten, etwa einen **Interimsmanager,** kann dies dazu führen, dass dem Verwalter ein sonst vorzunehmender Zuschlag zu kürzen oder zu versagen ist (BGH ZInsO 2010, 730 f.; zur Beauftragung eines gewerblichen Verwerters s. BGH NZI 2008, 38 f.). Gesondert zu vergüten sind darüber hinaus tatsächlich angefallene **besondere Geschäftskosten** (§ 4 Abs. 2 InsVV). Die Kosten einer **Haftpflichtversicherung** sind grds. nicht zu erstatten (§ 4 Abs. 3 S. 1 InsVV). Ausnahmsweise sind die Kosten einer zusätzlichen Versicherung zu erstatten, wenn die Verwaltung mit einem besonderen Haftungsrisiko verbunden ist (§ 4 Abs. 3 S. 2 InsVV). Solche besonderen Risiken können insbes. bei einer **Unternehmensfortführung** bestehen (s. hierzu Uhlenbruck/*Mock* Rn. 88). Lagen der Beauftragung keine besonderen Aufgaben zugrunde, kann das Insolvenzgericht die Vergütung des Verwalters um die zu Unrecht aus der Masse entnommenen Beträge kürzen (BGH NZI 2015, 141 [142 f.] für die Beauftragung eines externen Rechtsanwalts mit der Beantragung eines Mahn- und Vollstreckungsbescheids sowie einfach gelagerter Maßnahmen der Zwangsvollstreckung).

III. Erstattungsanspruch gegen die Staatskasse (Absatz 2)

32 **1. Norminhalt.** Der (vorläufige) Verwalter hat einen Anspruch auf Erstattung seiner Vergütung und Auslagen gegen den Insolvenzschuldner, grds. jedoch nicht gegen die Staatskasse (→ Rn. 13). **Das Ausfallrisiko für den Verwalter** wird insbes. dann virulent, wenn das Verfahren nicht eröffnet wird und seine Vergütung und Auslagen nicht gem. § 54 Nr. 2 zu Masseverbindlichkeiten werden.

33 Abweichend von diesem Grundsatz regelt Absatz 2, dass dem Verwalter für seine Vergütung und seine Auslagen ein **Anspruch gegen die Staatskasse** zusteht. Voraussetzung ist, dass dem Schuldner die Kosten des Verfahrens gem. § 4a für den jeweiligen Verfahrensabschnitt tatsächlich gestundet worden sind (BGH NZI 2013, 305 f.; LG Darmstadt ZInsO 2014, 307 f.; Uhlenbruck/*Mock* Rn. 90). Darüber hinaus besteht nur insoweit ein Anspruch, als die Insolvenzmasse nicht ausreicht, um den Verwalter zu befriedigen. Entnimmt der Verwalter der Masse Beträge zur Begleichung vermeintlicher Masseverbindlichkeiten, sind die zu Unrecht entnommenen Beträge der Masse hinzuzurechnen und die festzusetzende Vergütung entsprechend zu kürzen (BGH NZI 2011, 60 f.; *Huep/Webel* NZI 2011, 389 [390]). Bei einer **Aufhebung der Verfahrenskostenstundung im eröffneten Verfahren** kommt es darauf an, ob eine solche Aufhebung überhaupt zulässig ist (s. *Pape* ZInsO 2008, 143 ff.), ob die Aufhebung zurückwirkt und ob § 63 Abs. 2 eine im Zeitpunkt der Festsetzung noch bestehende Verfahrenskostenstundung voraussetzt. Der BGH hat diese Fragen letztlich unerörtert bzw. offen gelassen, weil § 63 Abs. 2 jedenfalls analog anwendbar sei (BGH ZInsO 2008, 111 f.; NZI 2013, 351 [352]; 2013, 305 [306]). Allerdings besteht die Subsidiärhaftung der Staatskasse nur bis zur **Kenntniserlangung von der Aufhebung** durch den Verwalter fort (BGH NZI 2014, 707 f.; Uhlenbruck/*Mock*

Rn. 91; weitergehend AG Lichtenberg Beschl. v. 17.2.2015 – 39 IK 270/08, BeckRS 2015, 02819).

2. Verfahrensfragen. „Staatskasse" iS des Absatz 2 **ist die Landeskasse des Insolvenzgerichts,** das den Insolvenzverwalter bestellt hat (Andres/Leithaus/*Andres* Rn. 21; MüKoInsO/*Stephan* Rn. 63). Hinsichtlich der **Höhe der Vergütung** hat der Verwalter Anspruch auf eine seiner Tätigkeit angemessene Vergütung sowie auf Erstattung von Auslagen (BGHZ 160, 176 = NJW 2004, 1877; AG Dresden ZIP 2006, 1686 ff.). In der Sache handelt es sich bei § 63 Abs. 2 um eine **Ausfallhaftung** für den gegenüber dem Insolvenzschuldner bestehenden Vergütungs- und Auslagenerstattungsanspruch. Auf Gerichtskosten und die festgesetzte Vergütung ist bei unzulänglicher Masse dieselbe Quote zu zahlen (BGH NZI 2013, 350). Für den Fall der Masselosigkeit bzw. Massearmut ist der Verwalter auf einen Anspruch in Höhe der **Mindestvergütung** gem. § 2 Abs. 2 InsVV beschränkt (BGH NZI 2013, 351 [352 f.] *(Keller);* LG Braunschweig NZI 2010, 529 f.; *Haarmeyer/Mock* InsVV § 2 Rn. 57; Uhlenbruck/*Mock* Rn. 92; aA LG Aurich ZInsO 2012, 802 f.; LG Bückeburg ZInsO 2012, 1283 ff.; LG Erfurt ZInsO 2012, 947 f.; LG Gera ZIP 2012, 2076 f.; HK-InsO/*Keller* Rn. 61; Kübler/Prütting/Bork/*Prasser/Stoffler* Rn. 28 ff.; *Rüffert/Neumerkel* ZInsO 2012, 116 f.; FK-InsO/*Schmitt* Rn. 48; MüKoInsO/*Stephan* Rn. 62). Ferner steht dem Verwalter ein Vorschussanspruch (→ Rn. 21) zu (zum Treuhänder s. LG Köln NZI 2004, 597). Verweigert das Insolvenzgericht einen Vorschuss, steht auch im Anwendungsbereich des § 63 Abs. 2 dem Verwalter lediglich die **Erinnerung gem. § 11 Abs. 2 RPflG** offen (→ Rn. 22). 34

Vor der Festsetzung der Vergütung hat eine **Anhörung der Staatskasse (Bezirksrevisor)** zu dem Vergütungsfestsetzungsantrag des Verwalters zu erfolgen (HK-InsO/*Keller* Rn. 59; MüKoInsO/*Nowak,* 2. Aufl. 2007, Rn. 15; *Vuia* ZInsO 2014, 1038 [1041, 1046]; zur Gewährung rechtlichen Gehörs → § 64 Rn. 11 ff.). Der Staatskasse steht zwar kein Beschwerderecht zu, jedoch kann gegen die Vergütungsfestsetzung eine Erinnerung nach § 11 Abs. 2 RPflG eingelegt werden (→ § 64 Rn. 23). Darüber hinaus kann das Gericht den Bezirksrevisor als Vertreter der Landeskasse iRd Beschwerdeverfahrens eines beschwerdeberechtigten Verfahrensbeteiligten anhören. Rechtlich geboten ist die Anhörung, sofern das Gericht der Beschwerde abhelfen und eine (höhere) Vergütung festsetzen möchte. 35

IV. Vergütung des vorläufigen Insolvenzverwalters (Absatz 3)

1. Norminhalt und zeitlicher Anwendungsbereich. Für die Vergütung des vorläufigen Insolvenzverwalters fand vor Inkrafttreten des Absatz 3 durch das **Gesetz zur Verkürzung des Restschuldbefreiungsverfahrens und zur Stärkung der Gläubigerrechte** vom 15.7.2013 (BGBl. I S. 2379) über § 21 Abs. 2 S. 1 Nr. 1 die Bestimmung des § 63 Abs. 1 S. 1 Anwendung (BGHZ 146, 165 = NZI 2001, 191 [193]; unklar Braun/*Blümle* Rn. 27). Nunmehr ist der Vergütungsanspruch des vorläufigen Insolvenzverwalters in Absatz 3 Satz 1 direkt geregelt (Kübler/Prütting/Bork/*Prasser/Stoffler* Rn. 4). Die Regelung entspricht dem § 11 Abs. 1 S. 1–3, Abs. 2 S. 2 InsVV aF. Zum Normzweck → Rn. 4. Unklar ist **der zeitliche Anwendungsbereich** der Neuregelung. Zwar ordnet Art. 103h S. 3 EGInsO das Inkrafttreten ab dem 19.7.2013 an. Die durch Art. 6 Nr. 2 des Gesetzes vorgenommene Änderung des EGInsO ist ihrerseits gem. Art. 9 jedoch erst am 1.7.2014 in Kraft getreten. Bezogen auf § 11 InsVV ordnet Art. 9 S. 2 des Gesetzes zwar das Inkrafttreten am 19.7.2013 an, der nach Art. 9 S. 1 am 1.7.2014 in Kraft getretene § 19 Abs. 4 InsVV ordnet dann jedoch für vor dem 1.7.2014 beantragte Verfahren die Geltung des § 11 InsVV aF an (*Graeber* NZI 2013, 836 [837]). Im Hinblick auf den eindeutigen Willen des Gesetzgebers, 36 die Neuregelung bereits mit Verkündung des Gesetzes in Kraft treten zu lassen (→ Rn. 4), handelt es sich bei der Nichterwähnung des Art. 6 Nr. 2 in Art. 9 S. 2 des Gesetzes sowie der entgegenstehenden Formulierung des § 19 Abs. 4 InsVV um ein **offensichtliches Redaktionsversehen,** weshalb § 63 Abs. 3 InsO und § 11 InsVV nF für **sämtliche ab dem 19.7.2013 beantragte Verfahren** gelten (HK-InsO/*Keller* Rn. 66; Ahrens/Gehrlein/Ringstmeier/*Nies* Rn. 9; Kübler/Prütting/Bork/*Prasser/Stoffler* Rn. 78). Zur Behandlung von Ab- und Aussonderungsrechten nach dem bis zum 18.7.2013 geltenden Recht → Rn. 42.

37 **2. Regelvergütung.** Nach **Absatz 3 Satz 2** erhält der vorläufige Insolvenzverwalter in der Regel **25 vom Hundert** der Vergütung nach § 2 Abs. 1 InsVV bezogen auf das Vermögen, auf das sich seine Tätigkeit während des Eröffnungsverfahrens erstreckt. Die Regelung entspricht § 11 Abs. 1 S. 2 InsVV aF. Durch die Regelvergütung wird die Tätigkeit des vorläufigen Verwalters in einem abstrakten Normalverfahren abgegolten (s. hierzu Kübler/Prütting/Bork/*Prasser/Stoffler* Rn. 50 ff. mwN; krit. zum Maßstab des „Normalverfahrens" *Ganter* ZIP 2014, 2323 [2327 f.]; *Haarmeyer/Mock* InsVV Vorb. Rn. 28 ff., 59, § 11 Rn. 59 ff.). Derzeit kann auch unter **Berücksichtigung inflationsbedingter Geldentwertung** seit dem Jahr 1999 nicht festgestellt werden, dass die dem Verwalter nach Maßgabe der Regelsätze des § 2 Abs. 1 InsVV zustehende Vergütung insgesamt nicht einen seiner Qualifikation und seiner Tätigkeit angemessenen Umfang erreicht (BGH NZI 2015, 141 [142]; zu § 3 Abs. 1 InsVV s. BGH InsbürO 2015, 368; aA *Graeber* NZI 2015, 143 f.).

38 **3. Mindestvergütung.** Die **Mindestvergütung** des vorläufigen Verwalters ergibt sich aus §§ 10, 2 Abs. 2 InsVV (BGHZ 168, 321 = NJW 2006, 2992 Rn. 40 ff.; BGH ZInsO 2007, 88 f.; HambK-InsO/*Büttner* Rn. 110; *Haarmeyer/Mock* InsVV § 11 Rn. 143). Die in § 63 Abs. 3 S. 2 vorgesehene **Reduzierung auf 25 %** greift hinsichtlich der Mindestvergütung nicht (*Stapper/Häußner* ZInsO 2014, 2349 [2350 ff.]; sa BGH ZInsO 2007, 88 f.). Eine Gebietskörperschaft, die durch verschiedene Behörden mehrere Forderungen aus unterschiedlichen Rechtsverhältnissen geltend macht, gilt als eine Gläubigerin (BGH NZI 2011, 542). Für die Höhe der Mindestvergütung des vorläufigen Verwalters kommt es auf die Anzahl der Gläubiger an, denen nach den Unterlagen des Schuldners oder den Angaben im Antrag gem. § 13 Abs. 1 S. 3 Forderungen gegen diesen zustehen, soweit mit einer Forderungsanmeldung im Insolvenzverfahren zu rechnen ist; es kommt nicht darauf an, ob sich der vorläufige Verwalter mit den Forderungen konkret befasst hat (BGH NZI 2010, 256 f.). **In masselosen Verfahren** wird häufig nur Raum für die Festsetzung einer Mindestvergütung nach § 2 Abs. 2 InsVV sein.

39 **4. Berechnungsgrundlage.** Berechnungsgrundlage für die Vergütung des vorläufigen Verwalters ist das Vermögen, auf das sich die Tätigkeit des Verwalters während des Eröffnungsverfahrens erstreckt hat (BGHZ 146, 165 = NZI 2001, 191 [193]: Ist-Masse). Zugrunde zu legen ist der **Verkehrswert.** Sind **Fortführungswert und Zerschlagungswert** unterschiedlich hoch, kommt es darauf an, welche Werte sich voraussichtlich verwirklichen lassen (BGH NZI 2004, 626 [627]; Kübler/Prütting/Bork/*Prasser/Stoffler* Rn. 44). Zur Berücksichtigung und Bewertung von Ansprüchen aus § 64 Abs. 2 GmbHG aF, § 64 S. 1 und 2 GmbHG s. BGH NZI 2011, 73 f.; *Haarmeyer/Mock* InsVV § 11 Rn. 83. Gem. Absatz 3 Satz 3 ist für die **Wertermittlung** der Zeitpunkt der Beendigung der vorläufigen Verwaltung oder der Zeitpunkt, ab dem der Gegenstand nicht mehr der vorläufigen Verwaltung unterliegt, maßgebend. Die Regelung entspricht § 11 Abs. 1 S. 3 InsVV aF. Lässt sich das Schuldnervermögen nicht exakt beurteilen oder scheidet eine amtswegige Ermittlung der Istmasse nach Erledigung des

Insolvenzantrags wegen Rücknahme oder Erledigung aus, hat auf Grund überprüfbarer Anhaltspunkte eine Schätzung stattzufinden (BGH NZI 2004, 626 [627]; 2005, 558; LG Göttingen ZInsO 2003, 26; LG Heilbronn ZIP 2005, 1928; FK-InsO/*Schmitt* Rn. 38). Ua können Angaben zugrunde zu legen sein, die der Schuldner im Rahmen seines Antrags nach § 13 Abs. 1 S. 3–5 gemacht hat. Von der Frage des Wertermittlungszeitpunkts zu unterscheiden sind die die Bewertung des Schuldnervermögens tragenden **Erkenntnisquellen** (→ Rn. 26). Zur Vergütung eines vorläufigen Insolvenzverwalters in einem Sekundärinsolvenzverfahren sowie dem anwendbaren Recht s. LG Aachen NZI 2014, 830 f.

Gem. **§ 11 Abs. 1 S. 2 InsVV** sind Vermögensgegenstände, an denen bei der Verfahrenseröffnung **Aus- oder Absonderungsrechte** bestehen bzw. – für den Fall der Nichteröffnung – bestehen würden, dem Vermögen nach § 11 Abs. 1 S. 1 InsVV hinzuzurechnen, sofern sich der vorläufige Insolvenzverwalter in erheblichem Umfang mit ihnen befasst. Eine Berücksichtigung erfolgt gem. § 11 Abs. 1 S. 3 InsVV nicht, wenn der Schuldner die Gegenstände lediglich auf Grund eines Besitzüberlassungsvertrags in Besitz hat. Die Regelung entspricht § 11 Abs. 1 S. 4 InsVV aF. Zu dieser Regelung hat der BGH mit überzeugender Begründung die Auffassung vertreten, sie sei von der Ermächtigungsgrundlage (§§ 63 Abs. 1 S. 2, 65 aF) nicht gedeckt und deshalb nichtig (BGHZ 195, 322 = NJW 2013, 532; BGHZ 195, 336 = NJW 2013, 536; BGH NZI 2013, 393). Gegenstände, an denen ein **Aussonderungsrecht** bestehe, gehörten nicht zur Insolvenzmasse nach § 35 Abs. 1 und damit auch nicht zur Berechnungsgrundlage des endgültigen Insolvenzverwalters. Für den vorläufigen Verwalter könne nichts anderes gelten, weil dies zu einem von § 63 Abs. 1 S. 3 abweichenden Wechsel im Berechnungssystem führe (BGHZ 195, 322 = NJW 2013, 532 [533 f.]). Gegenstände, an denen ein **Absonderungsrecht** bestehe, gehörten zwar zur Insolvenzmasse, weshalb sie unabhängig davon zur Berechnungsgrundlage zählten, ob der vorläufige Verwalter sich mit ihnen befasst habe. Jedoch folge aus § 1 Abs. 2 Nr. 1 S. 3 InsVV, der auf dem aus § 63 Abs. 1 S. 2 abzuleitenden **Überschussprinzip** beruhe, dass dingliche Belastungen eines Massegegenstands von dem Wert des unbelasteten Gegenstands abzuziehen seien. Sei ein Gegenstand mit Absonderungsrechten nicht wertausschöpfend belastet, sei er in Höhe des Überschusses bei der Berechnungsgrundlage zu berücksichtigen. Umgekehrt sei ein wertausschöpfend belasteter Gegenstand nicht zu berücksichtigen. Der Umfang der Tätigkeit des vorläufigen Verwalters könne allerdings einen Zuschlag nach § 3 Abs. 2 lit. a) InsVV rechtfertigen (BGHZ 195, 336 = NJW 2013, 536 [537 f.]; BGH NZI 2013, 393 f.). 40

Im Schrifttum wird überwiegend davon ausgegangen, dass § 11 Abs. 1 S. 2 InsVV nF im Hinblick auf die Neuregelung des § 63 Abs. 3 von der Ermächtigungsgrundlage gedeckt ist (*Amery/Kästner* ZIP 2013, 2041 [2047 ff.]; Braun/*Blümle* Rn. 33, 35; HambK-InsO/*Büttner* § 65 Rn. 14; *Graeber* NZI 2013, 836 [837]; *Haarmeyer/Mock* InsVV § 11 Rn. 50, 67 f.; Kübler/Prütting/Bork/*Prasser/Stoffler* Rn. 8; *Rechberger/Thurner* ZInsO 2013, 808 ff.; FK-InsO/*Schmitt* Rn. 30; *Smid* ZInsO 2013, 321 [329]; Kübler/Prütting/Bork/*Stoffler* § 65 Rn. 16, 22 f.; *Wehner* DZWIR 2013, 558 [562]). Jedoch stellt auch § 63 Abs. 3 S. 2 auf das „Vermögen" ab, dessen Inhalt sich wiederum aus dem vom BGH herangezogenen § 35 Abs. 1 ergibt. Die Verwendung des Begriffs „Vermögen" statt „Insolvenzmasse" beruht alleine darauf, dass im Eröffnungsverfahren noch keine „Insolvenzmasse" existiert, gleichwohl bezieht sich der **Vermögensbegriff** des § 63 Abs. 3 S. 2 nur auf Gegenstände, die auch im eröffneten Verfahren Teil der Insolvenzmasse werden können (vgl. BGHZ 195, 322 = NJW 2013, 532 Rn. 30; *Amery/Kästner* ZIP 2013, 2041 [2047]). Nach wie vor stellt § 63 Abs. 3 S. 2 daher keine Grundlage für die Berücksichtigung von Gegenständen, an denen ein **Aussonderungsrecht** besteht, iRd Berechnungsgrundlage dar, was zur **Nichtigkeit des § 11** 41

Abs. 1 S. 2 InsVV nF führt. Dass der Gesetzgeber die Bestimmung unmittelbar durch ein formelles Gesetz geändert hat, ändert nichts daran, dass der Neuregelung lediglich der Rang einer Verordnung zukommt (*Amery/Kästner* ZIP 2013, 2041 [2046 f.]). Entsprechendes gilt für **mit Absonderungsrechten belastete Gegenstände.** Die Neuregelung des § 63 Abs. 3 S. 2 besagt nichts über die Wertermittlung selbst, sondern bestimmt lediglich, dass Grundlage für die Berechnung der Vergütung beim vorläufigen Verwalter der Wert des verwalteten „Vermögens" ist (vgl. BGHZ 195, 336 = NJW 2013, 536 Rn. 38). Die insoweit vom BGH postulierte **Strukturgleichheit der Vergütung des endgültigen sowie des vorläufigen Verwalters** bezogen auf die Bemessung der Berechnungsgrundlage besteht auch nach der Neuregelung fort (aA *Amery/Kästner* ZIP 2013, 2041 [2045]; *Wehner* DZWIR 2013, 558 [562]), da sich gem. § 63 Abs. 3 S. 2 die Regelvergütung des vorläufigen Verwalters nach wie vor an der Vergütung des (endgültigen) Verwalters orientiert (vgl. BGHZ 195, 336 = NJW 2013, 536 Rn. 39 f.). Der Wille des Rechtsausschusses, durch § 63 Abs. 3 eine ausreichende Ermächtigungsgrundlage für § 11 Abs. 1 S. 2 InsVV nF zu schaffen (BT-Drs. 17/13535, 31), hat im Gesetzeswortlaut keinen Ausdruck gefunden. Ursprünglich bezweckte die Neuregelung lediglich, für Rechtssicherheit im Hinblick auf § 11 Abs. 2 S. 2 InsVV zu sorgen (→ Rn. 4). Soweit die Neuregelung darüber hinaus die „bisher geltende Konzeption" klarstellen soll, bleibt es dabei, dass der BGH deren Inhalt anders beurteilt als der Rechtsausschuss. Eine **verbindliche Klarstellung** hätte der Gesetzgeber vorbehaltlich etwaiger verfassungsrechtlicher Bedenken nur durch eine entsprechende Regelung in § 63 Abs. 3 selbst herbeiführen können (vgl. BGHZ 195, 336 = NJW 2013, 536 Rn. 43; aA *Amery/Kästner* ZIP 2013, 2041 [2045, 2048]; *Keller* NZI 2014, 833 [840]). Dass dem vorläufigen Insolvenzverwalter auch hinsichtlich der Gegenstände, an denen Aus- bzw. Absonderungsrechte bestehen eine **werterhaltende Sicherungsfunktion** zukommt (so *Wehner* DZWIR 2013, 558 [562]; *Haarmeyer/Mock* InsVV § 11 Rn. 74; *Smid* ZInsO 2013, 321 [326 f.]) führt lediglich dazu, dass je nach dem Umfang der Befassung des Verwalters ein Zuschlag nach §§ 10, 3 Abs. 1 lit. a) InsVV in Betracht kommt (vgl. BGHZ 195, 336 = NJW 2013, 536 Rn. 46). Da § 11 Abs. 1 S. 2 InsVV nF auch unter Geltung des neuen Rechts nichtig ist, kommt es nicht darauf an, ob die Neuregelung auch auf vor dem 19.7.2013 beantragte Verfahren Anwendung findet (so mit unterschiedlicher Begründung *Graeber* NZI 2013, 836 [837 f.]; *Keller* NZI 2014, 833 ff.; FK-InsO/*Schmitt* Rn. 30; Kübler/Prütting/Bork/*Stoffler* § 65 Rn. 29 ff.; Uhlenbruck/*Vallender* § 22 Rn. 328; *Wehner* DZWIR 2013, 558 [562 f.]; aA LG Frankfurt a. M. NZI 2014, 882; Andres/Leithaus/*Andres* Rn. 10). Bereits rechtskräftig abweichend von der vorgenannten Rechtslage festgesetzte Vergütungen bleiben hiervon allerdings unberührt und können nicht nachträglich geändert werden (Kübler/Prütting/Bork/*Stoffler* § 65 Rn. 15).

42 **5. Zu- und Abschläge.** Je nach Art, Dauer und Umfang der Tätigkeit des vorläufigen Insolvenzverwalters (§ 11 Abs. 3 InsVV) sind auf die Regelvergütung **Zu- oder Abschläge** zu machen (§ 3 InsVV). Da gem. § 65 der Verordnungsgeber die Vergütung des vorläufigen Verwalters regeln darf, fehlt es § 11 Abs. 3 InsVV nicht an der notwendigen Ermächtigungsgrundlage (aA *Haarmeyer/Mock* InsVV Vorb. Rn. 4 aE, § 11 Rn. 22, 43). Nach Auffassung des BGH ist das **System der Vergütungsfestsetzung** zweistufig angelegt. Zum einen gilt die ungekürzte Berechnungsgrundlage, wenn der Verwalter auch nur eine „nennenswerte Verwaltungstätigkeit" entfaltet hat. Zum andern erfolgt eine Korrektur im Wege der Kürzung des Regelbruchteils von 25 %, wenn die Tätigkeit zwar „nennenswert", aber „nicht erheblich" war. Belasten erschwerende Umstände den vorläufigen Verwalter in gleicher Weise wie einen endgültigen Insolvenzverwalter, sind die Zuschläge zum Regelsatz grds. für beide mit dem gleichen Hundertsatz zu

bemessen (BGH ZIP 2004, 2448). Ein Grundsatz, dass die Vergütung des **„starken" vorläufigen Insolvenzverwalters** 50% der Verwaltervergütung beträgt, besteht indes nicht (BGH ZIP 2003, 1759; OLG Celle ZInsO 2001, 948). Richtig ist lediglich, dass bei der Vergütung des „starken" vorläufigen Verwalters ein Ausgangswert von 25% der Verwaltervergütung zugrunde gelegt werden kann (BGH ZIP 2003, 1759). Hat das Insolvenzgericht angeordnet, dass Verfügungen des Schuldners nur mit Zustimmung des vorläufigen Insolvenzverwalters wirksam sind, rechtfertigt dies allein bei der gesonderten Festsetzung der Vergütung des vorläufigen Verwalters keinen generellen Zuschlag von 10% auf den Regelsatz von 25% der Vergütung eines endgültigen Verwalters, vielmehr ist auch hier auf die konkrete Dauer, Art und Umfang der Tätigkeit abzustellen (BGH ZIP 2003, 1612; aA OLG Dresden ZIP 2002, 1365; LG Potsdam ZInsO 2005, 588; AG Dresden ZIP 2005, 88). So kann das Insolvenzgericht bei einer sehr kurzen Dauer des Eröffnungsverfahrens von wenigen Tagen den Prozentsatz von 25% auf 15% reduzieren (OLG Celle NZI 2001, 650). Handelt es sich nur um eine kurzfristige vorläufige Verwaltung oder um eine vorläufige Verwaltung ohne Verfügungsbefugnisse des Verwalters, ist es im Einzelfall gerechtfertigt, auch bei umfangreicher Haftungsmasse nur eine geringe Vergütung festzusetzen (OLG Brandenburg ZInsO 2001, 1148; LG Bamberg ZIP 2005, 671; LG Wuppertal ZIP 1998, 1692).

Ein **Zuschlag auf die Vergütung wegen ungeordneter Verhältnisse** beim 43
Schuldner ist nicht gerechtfertigt, wenn der vorläufige Verwalter sich die notwendigen Kenntnisse schon als Sachverständiger beschafft und dafür eine Vergütung erhalten hat (BGH NZI 2004, 448; MüKoInsO/*Stephan* InsVV § 11 Rn. 65). Zuschläge kommen va in Betracht bei einer **Unternehmensfortführung** (zu Einzelheiten s. BGH NZI 2011, 630 ff.; ZInsO 2011, 1519 f.; 2010, 2409 f.; 2010, 730 f.; OLG Köln ZInsO 2002, 873; LG Potsdam ZInsO 2005, 588; LG Göttingen NZI 2001, 665; LG Wuppertal ZInsO 1998, 286; MüKoInsO/*Stephan* InsVV § 11 Rn. 65; zur Wiederaufnahme eines stillgelegten Betriebs vgl. LG Bielefeld DZWIR 2004, 477). Zuschläge sind ferner gerechtfertigt, wenn es sich um **schwierige gesellschaftsrechtliche Strukturen** handelt oder **komplizierte Rechtsfragen** zu bewältigen sind (OLG Celle ZInsO 2001, 952; MüKoInsO/*Stephan* InsVV § 11 Rn. 65). Auch eine erhebliche Mehrarbeit auf Grund einer Postsperre oder die **Übertragung der Zustellungen** auf den vorläufigen Insolvenzverwalter können Zuschläge rechtfertigen (BGH ZIP 2015, 1401 f.; LG München I ZInsO 2002, 275; AG Bonn ZIP 1999, 2167). Fallen im Einzelfall mehrere Zuschläge an, dürfen diese nicht einfach zusammengerechnet werden (so aber LG Braunschweig ZInsO 2001, 555; AG Siegen ZIP 2002, 2055; AG Chemnitz ZIP 2001, 1473). Maßgeblich bleibt vielmehr „eine wertende Gesamtbetrachtung im Vergleich mit einem fiktiven Normalverfahren" (BGH NZI 2011, 714 f.; ZInsO 2011, 1128; NZI 2008, 391 [392]). Die Bestimmung des § 3 Abs. 1 InsVV stellt keine geeignete Grundlage für einen **Inflationsausgleich** dar. Die Bestimmung ermöglicht lediglich Zuschläge für tätigkeitsbezogene Erschwernisse im konkreten Verfahren (BGH InsbürO 2015, 368; LG Heilbronn ZInsO 2013, 1810 [1811]; *Haarmeyer/Mock* InsVV § 3 Rn. 78; aA *Keller* ZIP 2014, 2014 [2020]; offenlassend BGH NZI 2015, 141 [142]).

6. Änderung der Vergütungsfestsetzung. Nach **Absatz 3 Satz 4** kann das 44
Insolvenzgericht den Vergütungsfestsetzungsbeschluss bis zur Rechtskraft der Entscheidung über die Vergütung des (endgültigen) Insolvenzverwalters ändern, wenn die Differenz des tatsächlichen Werts der Berechnungsgrundlage der Vergütung zu dem der Vergütung zugrunde gelegten Wert mehr als 20% beträgt. Die Regelung entspricht § 11 Abs. 2 S. 2 InsVV aF. Sie bezweckt, eine ursprünglich unrichtige Bewertung bezogen auf den Zeitpunkt der Beendigung der vorläufigen Verwaltung korrigieren zu können (HK-InsO/*Keller* Rn. 68). Ist die Vergütung des

vorläufigen Verwalters bereits rechtskräftig festgesetzt worden, ermöglicht Absatz 3 Satz 4 eine dem § 107 ZPO vergleichbare **Rechtskraftdurchbrechung,** soweit sich der Berechnungswert ändert (Kübler/Prütting/Bork/*Prasser/Stoffler* Rn. 68, 76). Bei Vorliegen einer entsprechenden Wertdifferenz ist sowohl eine Reduzierung als auch eine Erhöhung der Vergütung möglich (HK-InsO/*Keller* Rn. 68; Kübler/Prütting/Bork/*Prasser/Stoffler* Rn. 73, 75; Uhlenbruck/*Mock* Rn. 99). Aus § 11 Abs. 2 InsVV nF ergibt sich weiterhin eine **Anzeigeobliegenheit** des vorläufigen Insolvenzverwalters (zu den Einzelheiten s. Kübler/Prütting/Bork/*Prasser/Stoffler* InsVV § 11 Rn. 116 f.; *Haarmeyer/Mock* InsVV § 11 Rn. 89 f.). Liegen die Voraussetzungen des Absatz 3 Satz 4 vor, *hat* das Insolvenzgericht das Anpassungsverfahren durchzuführen. Das Wort „kann" räumt dem Gericht **kein Ermessen ein,** sondern ist als Ermächtigung zu verstehen (Kübler/Prütting/Bork/*Prasser/Stoffler* Rn. 72; aA Braun/*Blümle* Rn. 30; HambK-InsO/*Büttner* Rn. 98; *Haarmeyer/Mock* InsVV § 11 Rn. 91).

45 **7. Entsprechende Anwendung.** Ein **im Verbraucherinsolvenzverfahren eingesetzter vorläufiger Treuhänder** enthält eine Vergütung analog §§ 313 Abs. 1 S. 3, 63 Abs. 3. Die **Höhe der Vergütung** ergibt sich aus einem Teil der dem Treuhänder im vereinfachten Insolvenzverfahren zustehenden Vergütung gem. § 13 InsVV (LG Kaiserlautern Rpfleger 2005, 106; LG Heilbronn Rpfleger 2005, 106). Nach der Gegenauffassung soll der vorläufige Treuhänder in Höhe eines Bruchteils der Vergütung des vorläufigen Insolvenzverwalters (§§ 11 Abs. 1 S. 2, 2 Abs. 1 InsVV) zu vergüten sein (AG Köln NZI 2000, 143 f.; AG Rosenheim ZInsO 2001, 218; *Haarmeyer/Mock* InsVV § 13 Rn. 21; Uhlenbruck/*Mock* Rn. 19; Braun/*Lang* § 293 Rn. 12). Der BGH hat diese Frage bislang offen lassen können (BGH VuR 2007, 470 f.; ebenso LG Berlin ZVI 2011, 192 f.). Zur Vergütung des Treuhänders im Restschuldbefreiungsverfahren s. Uhlenbruck/*Mock* Rn. 17 f.

46 Auf **einen vom Insolvenzgericht eingesetzten vorläufigen Sachwalter** findet § 63 Abs. 3 ebenfalls entsprechende Anwendung (§§ 270a Abs. 1 S. 2, 274 Abs. 1). Die **Höhe der Vergütung** beläuft sich analog § 11 InsVV auf 25 % der Vergütung, die ein Sachwalter gem. § 12 InsVV erhalten würde, nämlich 60 % der für den Insolvenzverwalter bestimmten Vergütung, also auf **15 % der Vergütung nach § 2 Abs. 1 InsVV** (LG Bonn ZIP 2014, 694 [695]; LG Dessau-Roßlau NZI 2015, 570 [571]; AG Essen ZInsO 2014, 464; 2014, 2398; 2015, 973 ff.; AG Köln NZI 2013, 97; AG Wuppertal ZIP 2015, 541 f.; AG Ludwigshafen ZInsO 2015, 1639 ff.; *Haarmeyer/Mock* InsVV § 12 Rn. 21; *Mock* ZInsO 2014, 67). Als **Berechnungsgrundlage** dient das Vermögen, auf das sich die Tätigkeit des vorläufigen Sachwalters während des Eröffnungsverfahrens erstreckt hat (AG Hamburg ZIP 2014, 237 [239]; AG Köln ZInsO 2013, 741; zu Einzelheiten s. *Haarmeyer/Mock* InsVV § 12 Rn. 21). Nach der Gegenauffassung soll der vorläufige Sachwalter analog § 12 InsVV zu vergüten sein, also in Höhe von **60 % der für den Insolvenzverwalter bestimmten Vergütung,** wobei den Unterschieden zwischen Eröffnungsverfahren und eröffnetem Verfahren durch Gewährung von Zu- und Abschlägen Rechnung zu tragen sein soll (AG Göttingen ZIP 2013, 36; ZInsO 2012, 2413; AG Hamburg ZIP 2014, 237 [238 f.]; AG Potsdam NZI 2015, 247 f.; *Budnik* NZI 2014, 247 ff.). Weiter wird vertreten, der vorläufige Sachwalter solle analog § 11 InsVV wie der vorläufige Insolvenzverwalter **25 % der Vergütung des Insolvenzverwalters** erhalten (s. die Kommentierung zu → § 270a Rn. 4; *Schur* ZIP 2014, 757 [758 ff.]; *Zimmer* ZInsO 2012, 1658 [1661 f.]). Vereinzelt wird die Auffassung vertreten, dass sich eine generelle Betrachtung verbiete und das Gericht eine **Einzelfallentscheidung durch Festlegung eines Stundensatzhonorars** zu treffen habe (HambK-InsO/*Büttner* InsVV § 12 Rn. 21 ff.).

Festsetzung durch das Gericht

64 (1) **Das Insolvenzgericht setzt die Vergütung und die zu erstattenden Auslagen des Insolvenzverwalters durch Beschluß fest.**

(2) [1] **Der Beschluß ist öffentlich bekanntzumachen und dem Verwalter, dem Schuldner und, wenn ein Gläubigerausschuß bestellt ist, den Mitgliedern des Ausschusses besonders zuzustellen.** [2] **Die festgesetzten Beträge sind nicht zu veröffentlichen; in der öffentlichen Bekanntmachung ist darauf hinzuweisen, daß der vollständige Beschluß in der Geschäftsstelle eingesehen werden kann.**

(3) [1] **Gegen den Beschluß steht dem Verwalter, dem Schuldner und jedem Insolvenzgläubiger die sofortige Beschwerde zu.** [2] **§ 567 Abs. 2 der Zivilprozeßordnung gilt entsprechend.**

Schrifttum: *Buchholz,* § 7 InsO vor der Aufhebung, NZI 2011, 584; *Franke/Burger,* Richter und Rechtspfleger im Insolvenzverfahren – Zur Zuständigkeitsabgrenzung, insbesondere bei der Vergütungsfestsetzung, NZI 2001, 403; *Frind,* Zur Kostenlast durch das Insolvenzgericht im Fall der Nichteröffnung des Insolvenzverfahrens, ZInsO 2010, 108; *Graeber,* Der neue § 1 InsVV: Seine Auswirkungen auf vorläufige Insolvenzverwalter, Insolvenzverwalter und Insolvenzgerichte, ZInsO 2007, 133; *Johlke/Schröder,* Anmerkung zu LG Erfurt, Beschl. v. 17.9.03 – 1 T 424/03, EWiR 2004, 561; *Keller,* Anmerkung zu AG Göttingen, Beschl v. 5.5.10 – 74 IN 281/09, EWiR 2010, 461; *ders.,* Anmerkung zu BGH, Beschl. v. 6.11.2014 – IX ZB 90/12, NZI 2015, 48; *Looff,* Vergütung des vorläufigen Verwalters bei Nichteröffnung des Insolvenzverfahrens, KTS 2008, 445; *Mitlehner,* Anmerkung zu BGH, Beschl. v. 3.12.09 – IX ZB 280/08, EWiR 2010, 195; *Riewe,* Festsetzung der Vergütung des vorläufigen Insolvenzverwalters bei fehlender Eröffnung des Insolvenzverfahrens, NZI 2010, 131; *Sämisch,* Festsetzung der Vergütung des vorläufigen Insolvenzverwalters im streitigen Zivilprozess, ZInsO 2011, 996; *Seehaus,* Den BGH richtig verstehen: Die Festsetzung der Vergütung des vorläufigen Insolvenzverwalters bei nicht eröffneten Insolvenzverfahren, ZInsO 2011, 1783; *Smid,* Anmerkung zu BGH, Beschl. v. 3.12.09 – IX ZB 280/08, juris PR-InsR 3/2010 Anm. 3; *ders.,* Titulierung des Vergütungsanspruchs des Insolvenzverwalters und des vorläufigen Verwalters, ZIP 2014, 1714; *Stoffler,* Anmerkung zu BGH, Beschl. v. 19.12.2013 – IX ZB 9/12, NZI 2014, 239; *Uhlenbruck,* Ablehnung einer Entscheidung über die Kosten des vorläufigen Insolvenzverwalters – ein Fall der Rechtsschutzverweigerung?, NZI 2010, 161; *Vorwerk,* Gläubigereinbeziehung in das Festsetzungsverfahren der Verwaltervergütung – Verfassungsmäßigkeit des § 64 II InsO, NZI 2011, 7; *Vuia,* Der Anspruch auf Gewährung rechtlichen Gehörs zu dem Vergütungsfestsetzungsantrag des (vorläufigen) Insolvenzverwalters nach §§ 26a, 63, 64 InsO, § 8 InsVV, ZInsO 2014, 1038; *Zimmer,* Gesetz zur Änderung des § 522 ZPO (und des § 7 InsO!) – Das neue Beschwerderecht in Insolvenzsachen, ZInsO 2011, 1689.

Übersicht

I. Grundlagen

1 **1. Inhalt der Norm.** § 64 regelt **verfahrensrechtliche Fragen** des sich aus § 63 ergebenden Vergütungsanspruchs. Die Einzelheiten über die Ausgestaltung des Festsetzungsverfahrens ergeben sich aus § 8 InsVV. Der Vergütungsanspruch kann von dem Verwalter bei dem mit dem Insolvenzverfahren bereits befassten Insolvenzgericht geltend gemacht werden. Eine **Klage vor den Zivilgerichten** wäre mangels Rechtsschutzbedürfnis unzulässig (HK-InsO/*Kirchhof* § 26a Rn. 2). Ein bei Gericht eingegangener Vergütungsantrag muss unter Berücksichtigung des vom Gericht hierbei einzuhaltenden Verfahrens (→ Rn. 11–16) unverzüglich beschieden werden, andernfalls kann ein **Staatshaftungsanspruch** bestehen (BGH ZInsO 2004, 268 [269]; Braun/*Blümle* Rn. 2; *Haarmeyer/Mock* InsVV § 8 Rn. 32; HambK-InsO/*Büttner* Rn. 19; Kübler/Prütting/Bork/*Prasser/Stoffler* Rn. 42; Uhlenbruck/*Mock* Rn. 13: idR ist ein Zeitraum von sechs Wochen angemessen). Allerdings kann der Verwalter das Risiko einer verzögerten Festsetzung durch **Vorschüsse auf seine Vergütung** gem. §§ 9 f. InsVV vermindern (BGH NZI 2004, 249 [251]). Zu den Folgen einer verzögerten Bearbeitung des Festsetzungsantrags ferner → § 63 Rn. 29.

2 **2. Entstehungsgeschichte.** In **§ 85 Abs. 1 S. 2 KO** und **§ 6 VergVO** waren die Regelungen über die Vergütung und Auslagen sowie deren Festsetzung nur knapp geregelt. § 64 ergänzt diese Bestimmungen insbes. hinsichtlich der öffentlichen Bekanntmachung und Zustellung des Beschlusses (Absatz 2). Die Ergänzung geht auf eine Beschlussempfehlung des Rechtsausschusses zurück (BT-Drs. 12/7302, 162). Eine Änderung der bisherigen Rechtslage ist vom Gesetzgeber nicht bezweckt gewesen (BR-Drs. 1/92, 130).

3 **3. Anwendungsbereich.** § 64 gilt unmittelbar für **die Vergütungsfestsetzung des Insolvenzverwalters.** Über verschiedene Verweisungsvorschriften findet er **entsprechende Anwendung** auf den **Sachwalter** im Verfahren der Eigenverwaltung (§ 274 Abs. 1), auf den **Treuhänder** im Verbraucherinsolvenzverfahren (§ 313 Abs. 1 S. 3), auf den Treuhänder im Restschuldbefreiungsverfahren (§ 293 Abs. 2), auf die **Mitglieder des Gläubigerausschusses** (§ 73 Abs. 2) sowie auf die **Mitglieder des vorläufigen Gläubigerausschusses** (§§ 21 Abs. 2 S. 1 Nr. 1a, 73 Abs. 2). Ebenso gilt die Norm für einen vom Gericht eingesetzten **Sonderinsolvenzverwalter** (BGH NZI 2008, 485 ff.; zu dessen Vergütung s. BGH ZInsO 2010, 399 f.; FK-InsO/*Schmitt* Rn. 42).

4 **Der vorläufige Insolvenzverwalter** kann seine Vergütung und Auslagen über § 21 Abs. 2 S. 1 Nr. 1 gem. § 64 festsetzen lassen. Im eröffneten Verfahren sind sie gem. § 54 Nr. 2 Kosten des Insolvenzverfahrens. Problematisch sind die Fälle der **Nichteröffnung** des Verfahrens (→ § 26a Rn. 3; → § 63 Rn. 13). Hier hat der IX. Zivilsenat den vorläufigen Verwalter mit seinem Vergütungsanspruch gegen den Schuldner auf den **Zivilrechtsweg** verwiesen (BGHZ 175, 48 = NJW 2008, 583; BGH NJW-RR 2010, 560; NZI 2012, 317; ebenso LG Lüneburg ZInsO 2011, 590 ff.; LG Gießen ZInsO 2011, 304; LG Duisburg NZI 2010, 651 f.; eing. zum Ganzen *Loof* KTS 2008, 445; sa *Sämisch* ZInsO 2011, 996 ff.). Die von Teilen der instanzgerichtlichen Rspr. und des Schrifttums vertretene **Gegenauffassung** meint, der vorläufige Verwalter könne seine Vergütung über die Verweisungsnorm des § 21 Abs. 2 S. 1 Nr. 1 gem. § 64 durch das Insolvenzgericht festsetzen lassen (LG Koblenz ZInsO 2011, 1805 ff.; AG Düsseldorf ZInsO 2010, 1807 f.; AG Göttingen NZI 2010, 652 f.; AG Duisburg NZI 2010, 487 ff.; *Keller* EWiR 2010, 461 f.; *ders.*, Vergütung und Kosten im Insolvenzverfahren, Rn. 66 ff.; *Mitlehner* EWiR 2010, 195 f.; Kübler/Prütting/Bork/*Prasser* § 26a Rn. 2; FK-InsO/*Schmitt* Rn. 8; *Uhlenbruck* NZI 2010, 161 [162 ff.]).

Für Insolvenzverfahren, die ab dem 1.3.2012 beantragt worden sind, findet der durch das Gesetz zur weiteren Erleichterung der Sanierung von Unternehmen vom 7.12.2011 (BGBl. I S. 2582) neu eingeführte **§ 26a** Anwendung (zu Einzelheiten s. die Kommentierung bei § 26a). Für sämtliche vor dem 1.3.2012 beantragte Verfahren bleibt der **Meinungsstreit** relevant, ob das Insolvenzgericht für den Fall der Nichteröffnung des Verfahrens die Vergütung gem. §§ 21 Abs. 2 S. 1 Nr. 1, 64 festsetzen darf. Hiervon ist entgegen der Auffassung des IX. Zivilsenats auszugehen. Die Rspr. des BGH verstößt zwar nicht gegen die verfassungsrechtlich geschützte Berufsfreiheit des Verwalters (vgl. BGH NZI 2012, 317 Rn. 4; aA *Uhlenbruck* NZI 2010, 161 [164 f.]). Jedoch ergibt sich die Befugnis des Insolvenzgerichts zur Vergütungsfestsetzung aus der **Verweisungsnorm des § 21 Abs. 2 S. 1 Nr. 1,** die auch für den Fall der Nichteröffnung des Verfahrens gilt. Der Gegenauffassung liegt die nicht näher begründete Annahme zugrunde, dass es sich bei der nach §§ 63, 64 festzusetzenden Vergütung um eine Massekostenforderung iS des § 54 Nr. 2 handeln müsse (so LG Gießen ZInsO 2011, 304; *Smid* jurisPR-InsR 3/2010 Anm. 3). Dies ergibt sich jedoch weder aus dem **Wortlaut der Norm** (*Riewe* NZI 2010, 131 [133]), noch spricht die **Systematik des Gesetzes** hierfür. Aus § 54 Nr. 2 folgt lediglich, dass nach der Verfahrenseröffnung die Vergütung und Auslagen des vorläufigen Verwalters Kosten des Insolvenzverfahrens sind, anders als im Eröffnungsverfahren (→ § 26a Rn. 8). Es wird also lediglich geregelt, wie der dem Grunde nach bereits mit der Aufnahme der Tätigkeit entstandene Vergütungsanspruch des vorläufigen Verwalters nach der Verfahrenseröffnung zu behandeln ist. Zu weiteren Argumenten s. die Voraufl. IÜ wendet der auch der BGH den § 21 Abs. 2 S. 1 Nr. 1 an, wenn das Verfahren nicht eröffnet worden ist (für die Verweisung auf § 64 Abs. 3 vgl. BGH NZI 2012, 317 Rn. 1; Beschl. v. 9.2.2012 – IX ZB 210/10, BeckRS 2012, 04952 Rn. 1). 5

Im **Verbraucherinsolvenzverfahren** konnte das Insolvenzgericht bis zum 30.6.2014 analog §§ 21, 22 einen vorläufigen Treuhänder bestellen (BGH VuR 2007, 470 f.). Für die Festsetzung der Vergütung des vorläufigen Treuhänders findet § 64 entsprechende Anwendung. Zur analogen Anwendung des § 26a auf die Vergütung des vorläufigen Treuhänders bei einer Nichteröffnung des Verfahrens → § 26a Rn. 4. Zur Höhe der Vergütung → § 63 Rn. 45. 6

II. Vergütungsfestsetzung durch das Insolvenzgericht (Absatz 1)

Das Insolvenzgericht prüft nicht, ob der (vorläufige) Verwalter seine Vergütung angemessen bestimmt hat (vgl. etwa § 14 Abs. 1 RVG), vielmehr setzt das Gericht deren Höhe auf Antrag des Verwalters selbstständig fest. 7

1. Zuständigkeit. Zuständig für die Festsetzung ist das Insolvenzgericht. **Funktionell zuständig** ist gem. § 18 Abs. 1 Nr. 1 RPflG der **Richter.** Soweit vereinzelt die Auffassung vertreten wird, dass generell der Rechtspfleger zuständig sei, weil die Vergütungsfestsetzung nicht ausdrücklich dem Richter vorbehalten sei (so AG Düsseldorf NZI 2000, 37; ZInsO 2010, 1807 f.), kann dem nicht gefolgt werden. § 18 Abs. 1 Nr. 1 RPflG weist sämtliche im Eröffnungsverfahren zu treffenden Entscheidungen ungeachtet ihres Gegenstands, also auch die Vergütungsfestsetzung, dem Richter zu (BGH NZI 2010, 977 [979]). 8

Die Bestimmung des § 18 Abs. 1 Nr. 1 RPflG trifft dabei eine **zeitliche Abgrenzung** in den Sinne, dass ab Eröffnung des Insolvenzverfahrens der Rechtspfleger zuständig ist (BGH NZI 2010, 977 [978 f.] = DZWIR 2011, 36 *(Keller);* OLG Zweibrücken NZI 2000, 314; OLG Köln ZIP 2000, 1993 [1995] = NJW-RR 2001, 559 f.; OLG Naumburg ZIP 2000, 1587; OLG Stuttgart ZInsO 2001, 898; LG Frankfurt a. M. InVo 1999, 276; LG Düsseldorf NZI 2000, 182; LG Göttingen ZIP 2001, 625; LG Baden-Baden NZI 1999, 159; LG Halle ZIP 9

1995, 486 [487]; *Franke/Burger* NZI 2001, 403 ff.; *Vorwerk* NZI 2011, 7 f.; Kübler/Prütting/Bork/*Prasser/Stoffler* § 63 Rn. 60; Andres/Leithaus/*Andres* Rn. 3; *Haarmeyer/Mock* InsVV § 8 Rn. 29 ff.; Braun/*Blümle* Rn. 4; Uhlenbruck/*Mock* Rn. 9; Jaeger/*Schilken* Rn. 8). Für die Gegenmeinung, die von ausgeht, dass eine **sachliche Abgrenzung** vorzunehmen sei, weshalb der **Richter** für sämtliche das Eröffnungsverfahren betreffenden Entscheidungen zuständig wäre und dies auch nach der Verfahrenseröffnung bliebe (LG Köln Rpfleger 1997, 273; LG Koblenz Rpfleger 1997, 427; LG Rostock ZInsO 2001, 96; AG Köln NZI 2000, 143 f.; AG Göttingen NZI 1999, 469; Jaeger/*Gerhardt* § 22 Rn. 239; HK-InsO/*Keller* Rn. 12; MüKoInsO/*Nowak,* 2. Aufl. 2007, Rn. 7; Graf-Schlicker/*Kalkmann* Rn. 2), spricht, dass der Richter mit dem Eröffnungsverfahren bereits befasst gewesen ist und häufig die für die Festsetzung der Vergütung maßgeblichen Faktoren effizienter erfassen kann. Ferner dürfte es durch das (vorübergehende) **Nebeneinander von Richter und Rechtspfleger** zu keinen nennenswerten „Reibungsverlusten" kommen, ist dieses Nebeneinander doch in zahlreichen anderen Rechtsgebieten (Nachlass, Betreuung etc) Gang und Gäbe. Jedoch ist unter Zugrundelegung von **Wortlaut und Systematik des Gesetzes** davon auszugehen, dass der Gesetzgeber eine zeitliche Abgrenzung treffen wollte (zutr. *Haarmeyer/Mock* InsVV § 8 Rn. 29 f.), weshalb ab der Verfahrenseröffnung ausschließlich der Rechtspfleger zuständig ist, soweit der Richter nicht einen entsprechenden Vorbehalt nach § 18 Abs. 2 RPflG erklärt hat (vgl. Uhlenbruck/*Mock* Rn. 9).

10 **2. Antrag.** Der **Vergütungsfestsetzungsantrag** (§ 8 Abs. 1 S. 1 InsVV) ist schriftlich zu stellen. Er setzt die Fälligkeit der Vergütung voraus (→ § 63 Rn. 14) und soll dem Gericht mit der Schlussrechnung übersendet werden (§ 8 Abs. 1 S. 3 InsVV). In dem Antrag hat der Verwalter, damit das Gericht die Berechnung der Vergütung nachvollziehen kann, zu der maßgeblichen Berechnungsgrundlage detaillierte Angaben zu machen, einen konkreten Betrag zu nennen und insbes. Zuschläge zur Regelvergütung besonders zu begründen (BGH ZInsO 2006, 143 ff.; 2007, 259 f.; *Graeber* ZInsO 2007, 133 [136]; *Haarmeyer/Mock* InsVV § 8 Rn. 9 ff.; MüKoInsO/*Nowak,* 2. Aufl. 2007, Rn. 4). Erst wenn der Vergütungsantrag die erforderlichen tatsächlichen Grundlagen enthält, ist das Gericht zur **Amtsermittlung** verpflichtet (BGH ZInsO 2007, 259 f.). Hinsichtlich der Höhe der festzusetzenden Vergütung ist das Gericht gem. § 4 InsO, § 308 Abs. 1 ZPO an den Antrag gebunden **(ne ultra petita)** und darf daher keine höhere Vergütung festsetzen (BGH NZI 2007, 45 [46]; AG Leipzig ZInsO 2012, 2165 ff.; *Haarmeyer/Mock* InsVV § 8 Rn. 5).

11 **3. Rechtliches Gehör.** Der aus **Art. 103 Abs. 1 GG** bzw. **Art. 2 Abs. 1, 20 Abs. 3 GG** folgende Anspruch auf rechtliches Gehör kommt grds. auch im Verfahren über die Festsetzung der Vergütung zur Anwendung. Träger des Anspruchs ist jeder Beteiligte, der durch die bevorstehende Entscheidung *unmittelbar betroffen* ist, weil durch die Festsetzungsentscheidung des Insolvenzgerichts eine *verfahrensbezogene Rechtsposition* verkürzt werden kann (zu Einzelheiten s. *Vuia* ZInsO 2014, 1038 f.). Allerdings erfährt der Anspruch auf rechtliches Gehör dort eine Grenze, wo durch die Anhörung eine **unzumutbare Verfahrensverzögerung und/oder Kostenbelastung** droht (vgl. LG Gießen NZI 2009, 728 f.; *Vorwerk* NZI 2011, 7 [10]; *Vuia* ZInsO 2014, 1038 [1044 f.]). Vor diesem Hintergrund kann weder davon ausgegangen werden, dass allen Verfahrensbeteiligten vor einer Entscheidung stets rechtliches Gehör zu gewähren ist (so LG Karlsruhe ZInsO 2009, 2358 [2359 f.]; Andres/Leithaus/*Andres* Rn. 4; HambK-InsO/*Büttner* Rn. 15; MüKoInsO/*Nowak,* 2. Aufl. 2007, Rn. 5 f.; Beck/Depré/*Graeber* § 51 Rn. 71; *Haarmeyer/Mock* InsVV § 8 Rn. 25 f.; Uhlenbruck/*Mock* Rn. 8; Jaeger/*Schilken* Rn. 10), noch kann davon ausgegangen werden, dass die Anhörung der

Verfahrensbeteiligten stets unterbleiben kann (so AG Göttingen ZInsO 2010, 111; Nerlich/Römermann/*Delhaes* Rn. 5; *Haarmeyer/Wutzke/Förster* InsVV § 8 Rn. 18; Gottwald InsR-HdB/*Last/Keller* § 128 Rn. 44; Ahrens/Gehrlein/Ringstmeier/*Nies* § 63 Rn. 23; *Frege/Keller/Riedel* Rn. 2508; Kübler/Prütting/Bork/*Prasser/Stoffler* Rn. 6; MüKoInsO/*Riedel* Rn. 5). Vielmehr ist eine **Differenzierung** nach den unterschiedlichen Verfahrensbeteiligten vorzunehmen:

a) Verfahrensbeteiligte. Dem **Schuldner** ist grds. rechtliches Gehör zu gewähren (BGH NZI 2010, 276 f.; ZInsO 2012, 1640; FK-InsO/*Schmitt* Rn. 6), weil eine nennenswerte Verfahrensverzögerung hiermit regelmäßig nicht einhergeht. Dass die Vergütung gesetzlich geregelt ist und der Verwalter einen Anspruch auf Festsetzung der Vergütung hat (so noch Uhlenbruck/*Mock,* 13. Aufl. 2010, Rn. 7) heißt nicht, dass es gerechtfertigt erscheint, dem Schuldner die Möglichkeit zu nehmen, durch die Gewährung rechtlichen Gehörs frühzeitig Einfluss auf die vom Gericht zu treffende Entscheidung zu nehmen. Von einer Anhörung des Schuldners kann allenfalls dann analog § 10 Abs. 1 S. 1 abgesehen werden, wenn der Aufenthaltsort des Schuldners allg. unbekannt ist oder eine Anhörung aus sonstigen Gründen zu einer unangemessenen Verzögerung der Entscheidung über den Antrag führen würde (*Vuia* ZInsO 2014, 1038 [1045 f.]). 12

Die **Mitglieder des (vorläufigen) Gläubigerausschusses** sind, sofern ein solcher vom Gericht bestellt worden ist, ebenfalls grds. anzuhören (*Haarmeyer/Mock* InsVV § 8 Rn. 27; *Vorwerk* NZI 2011, 7 [10]; *Vuia* ZInsO 2014, 1038 [1046]; aA Uhlenbruck/*Mock* Rn. 8, der dies lediglich für sinnvoll hält). Auch hierdurch wird es zu einer nennenswerten Verfahrensverzögerung regelmäßig nicht kommen. Gem. §§ 69, 21 Abs. 2 S. 1 Nr. 1a hat der (vorläufige) Gläubigerausschuss ua die Aufgabe, den Insolvenzverwalter zu überwachen. Die Gewährung rechtlichen Gehörs ist hier deshalb besonders wichtig, weil der (vorläufige) Gläubigerausschuss selbst nicht beschwerdebefugt ist (vgl. Absatz 3 Satz 1), er also nur im Rahmen einer Anhörung vor der Festsetzung der Vergütung auf den Inhalt der Entscheidung Einfluss nehmen kann (*Vuia* ZInsO 2014, 1038 [1041]). Etwas anderes gilt auch hier, wenn und soweit eine Anhörung der Mitglieder des (vorläufigen) Gläubigerausschusses aus sonstigen Gründen zu einer unangemessenen Verzögerung der Entscheidung über den Antrag führen würde. Zu einer **Unterrichtung der übrigen Gläubiger** bei Bedenken gegen die Festsetzung ist der (vorläufige) Gläubigerausschuss allerdings nicht gehalten (MüKoInsO/*Schmid-Burgk* § 69 Rn. 26 mwN). 13

Die übrigen **Insolvenzgläubiger** haben als Beschwerdeberichtigte im Grundsatz ebenfalls einen Anspruch auf rechtliches Gehör (BGH NZI 2010, 276 f.; FK-InsO/*Schmitt* Rn. 6). Die Auffassung, es werde durch eine Anhörung ein „Podium" für unzufriedene Gläubiger geschaffen, ihrer „subjektiven Unzufriedenheit mit der Tätigkeit des Verwalters Ausdruck zu verleihen" (so *Haarmeyer/Wutzke/Förster* InsVV § 8 Rn. 18), kann nicht überzeugen. Die Gefahr, dass das Anhörungsrecht von einzelnen Gläubigern in dieser Weise missbraucht wird, rechtfertigt einen generellen Ausschluss des Anspruchs auf rechtliches Gehör nicht. Allerdings wird wegen der häufig großen Zahl an Gläubigern regelmäßig die Gefahr unzumutbarer Verfahrensverzögerungen und/oder Kostenbelastungen bestehen (*Haarmeyer/Wutzke/Förster* InsVV § 8 Rn. 18; aA MüKoInsO/*Nowak,* 2. Aufl. 2007, Rn. 5 f.; *Haarmeyer/Mock* InsVV § 8 Rn. 26). Da bei Eingang des Vergütungsfestsetzungsantrags regelmäßig für das Gericht nicht erkennbar sein wird, ob und in welchem Umfang es iRd Anhörung der Insolvenzgläubiger zu Verzögerungen insbes. im Zusammenhang mit der Zustellung kommt, bietet es sich an, das Bestehen einer Anhörungspflicht von der **Anzahl der Insolvenzgläubiger** abhängig zu machen. Allerdings verbieten sich auch insoweit generelle Aussagen. Einen ersten Anhaltspunkt bietet § 304 Abs. 2, weshalb von einer Anhö- 14 rung abgesehen werden *kann,* wenn **20 oder mehr Insolvenzgläubiger** am Verfahren beteiligt sind (weitergehend noch die Voraufl.: ab 10 Gläubigern). Allerdings besteht eine Anhörungspflicht auch bei einer größeren Anzahl von Insolvenzgläubigern, wenn bei der Mehrzahl der Gläubiger mit Verfahrensverzögerungen wegen unbekannter Anschriften und erheblicher Kostenbelastungen nicht zu rechnen ist, etwa bei öffentlich-rechtlichen Gläubigern oder Großgläubigern wie Banken und Unternehmen. Andererseits kann eine Anhörung auch bei einer geringeren Anzahl von Gläubigern unterbleiben, wenn es sich mehrheitlich um Klein- oder Privatgläubiger handelt. Ist das Gericht zu einer Anhörung sämtlicher Insolvenzgläubiger verpflichtet, kann es von der Anhörung einzelner Gläubiger nur unter den Voraussetzungen des § 10 Abs. 1 S. 1 analog absehen. Besteht keine Pflicht zur Einzelanhörung sämtlicher Insolvenzgläubiger, hat die Anhörung der Gläubiger durch eine **öffentliche Bekanntmachung des Festsetzungsantrags** zu erfolgen (*Vuia* ZInsO 2014, 1038 [1044 f., 1046]). Darüber hinaus kann das Gericht von einer Anhörung der Insolvenzgläubiger absehen, wenn der Vergütungsantrag des Verwalters bereits im **Schlusstermin** vorgelegen hat (vgl. *Haarmeyer/Wutzke/Förster* InsVV § 8 Rn. 18). Die vorstehenden Ausführungen gelten entsprechend für **Massegläubiger und sonstige Beteiligte,** auf die Abs. 3 analog anzuwenden ist (→ Rn. 23; *Vuia* ZInsO 2014, 1038 [1041, 1046]). Soweit eine Anhörung zum Teil deshalb für erforderlich erachtet wird, um den Gläubigern die Prüfung einer Verjährung sowie ggf. die Erhebung der Verjährungseinrede zu ermöglichen (LG Karlsruhe ZInsO 2009, 2358), kann dem schon deshalb nicht gefolgt werden, weil die Gläubiger zur Erhebung der Einrede nicht berechtigt sind (→ § 63 Rn. 19). Im **Anwendungsbereich des § 63 Abs. 2** ist der **Staatskasse** rechtliches Gehör zu gewähren (→ § 63 Rn. 35; *Vuia* ZInsO 2014, 1038 [1041, 1046]).

15 Weiter hat das Insolvenzgericht den **Insolvenzverwalter** bei Bedenken gegen den Antrag gem. § 4 InsO, § 139 ZPO auf diese hinzuweisen und ihm vor einer ablehnenden Entscheidung rechtliches Gehör zu gewähren sowie Gelegenheit zur Nachbesserung des Antrags zu geben (*Haarmeyer/Mock* InsVV § 8 Rn. 14; MüKoInsO/*Nowak,* 2. Aufl. 2007, Rn. 6; FK-InsO/*Schmitt* Rn. 6).

16 **b) Verfahrensfragen.** Sieht das Insolvenzgericht von der Anhörung eines oder mehrerer Verfahrensbeteiligter ab, hat es dies zumindest kurz zu begründen. **Die Begründung** kann entweder in dem Festsetzungsbeschluss selbst oder in Form eines Aktenvermerks erfolgen. Gewährt das Gericht rechtliches Gehör, hat es eine **Frist zu setzen,** innerhalb derer dem Anzuhörenden die Gelegenheit zur Stellungnahme zu geben ist. **Regelmäßig** dürfte eine Frist von **zwei Wochen** genügen, bei einer komplizierten oder umfangreichen Sach- und/oder Rechtslage kann **ausnahmsweise** eine Frist von **drei** oder **vier Wochen** erforderlich sein (aA MüKoInsO/*Nowak,* 2. Aufl. 2007, Rn. 6: ein bis zwei Monate). Zu den Folgen einer unterbliebenen notwendigen Anhörung für den **Beginn der Rechtsmittelfrist** → Rn. 20, 21. Unterlässt das Insolvenzgericht eine rechtlich gebotene Anhörung, führt dies zur Anfechtbarkeit des Festsetzungsbeschlusses. Eine **Nachholung der unterbliebenen Anhörung im Beschwerdeverfahren** ist nicht ohne weiteres möglich (s. hierzu noch Uhlenbruck/*I. Pape,* 13. Aufl. 2010, § 10 Rn. 10 mwN; aA BVerfGE 5, 9 [10] = NJW 1956, 985; BVerfGE 5, 22 [24] = NJW 1956, 1026; BVerfGE 22, 282 [286 f.]; 107, 395 [410 f.] = NJW 2003, 1924 [1926 f.]; BVerfG NZI 2002, 30; BGH ZVI 2004, 24 f.; NZI 2009, 604; 2011, 282; 2012, 619; ebenso nunmehr Uhlenbruck/*I. Pape* § 10 Rn. 10). Wird rechtliches Gehör durch das Beschwerdegericht gewährt, mag zwar Art. 103 Abs. 1 GG Genüge getan sein. Allerdings erscheint eine Nachholung der Gehörsgewährung durch das Beschwerdegericht im Hinblick auf den Anspruch des Verfahrensbeteiligten auf den gesetzlichen Richter gemäß Art. 101 Abs. 1 S. 2 GG

bedenklich (s. hierzu *Vuia* ZInsO 2014, 1038 [1047]). Für **nicht beschwerdeberechtigte Verfahrensbeteiligte** besteht bei einer Gehörsverletzung lediglich die Möglichkeit der **Gehörsrüge gem. § 4 InsO, § 321a ZPO.**

4. Einwendungen. Gegen den Vergütungsfestsetzungsantrag können sämtliche Einwendungen geltend gemacht werden, die sich auf die **Höhe der Vergütung,** insbes. die Berechnungsgrundlage sowie die beantragten Zuschläge, beziehen. Darüber hinaus hat das Insolvenzgericht auf eine entsprechende Erhebung der Einrede durch den Insolvenzschuldner hin zu prüfen, ob eine **Verjährung des Vergütungsanspruchs** eingetreten ist. Zu einer Berücksichtigung der Verjahrung von Amts wegen ist das Insolvenzgericht dagegen weder verpflichtet noch berechtigt. Zu den Einzelheiten → § 63 Rn. 20. 17

Etwaige **Schadensersatzansprüche** gegen den Verwalter sind iRd Festsetzungsverfahrens nicht zu prüfen und demnach auch nicht zu berücksichtigen, diese müssen vielmehr im Klagewege geltend gemacht werden (BGH ZIP 1995, 290: § 767 ZPO; Andres/Leithaus/*Andres* Rn. 7; Uhlenbruck/*Mock* § 63 Rn. 67); zur Möglichkeit, einen **Sonderinsolvenzverwalter** zur Prüfung und gerichtlichen Geltendmachung von Schadensersatzansprüchen einzusetzen → Rn. 19; → § 63 Rn. 20. Entsprechendes gilt für ein zugunsten der Masse geltend gemachtes, auf einen streitigen Gegenanspruch gestütztes **Zurückbehaltungsrecht** (BGH NZI 2015, 46 [47] *(Keller); Mock* EWiR 2015, 51 f.). 18

5. Beschluss. Die Entscheidung hat das Gericht durch **Beschluss** zu treffen, der unter Berücksichtigung der konkreten Umstände des zugrunde liegenden Verfahrens zu begründen ist (Einzelheiten bei MüKoInsO/*Nowak,* 2. Aufl. 2007, Rn. 8). **Die Begründung** hat in dem Beschluss selbst zu erfolgen. Die Niederlegung der Gründe in einem **Aktenvermerk reicht nicht aus** (Uhlenbruck/*Mock* Rn. 10; Kübler/Prütting/Bork/*Prasser*/*Stoffler* Rn. 14 ff.). Bei **Unrichtigkeiten und Unvollständigkeiten** finden über § 4 InsO die §§ 319, 321 ZPO Anwendung. Der Vergütungsfestsetzungsbeschluss ist ein **vorläufig vollstreckbarer Titel** gem. § 794 Abs. 1 Nr. 3 ZPO. Der (vorläufige) Verwalter ist zur **Entnahme** der festgesetzten Beträge **aus der Masse** befugt (→ § 63 Rn. 15). Tut er dies vor einer Rechtskraft des Beschlusses und wird dieser später aufgehoben, hat er die Vergütung zurückzuzahlen und Schadensersatz zu leisten, ferner gilt **§ 717 Abs. 2 ZPO analog** (BGHZ 165, 96 = NJW 2006, 443; HK-InsO/*Keller* Rn. 37; MüKoInsO/*Nowak,* 2. Aufl. 2007, Rn. 17; aA *Smid* ZIP 2014, 1714 [1719 f.]). Zur Geltendmachung von Rückzahlungsansprüchen gegen den Verwalter kann das Insolvenzgericht einen **Sonderinsolvenzverwalter** bestellen (vgl. BGHZ 165, 96 = NZI 2006, 94). Darüber hinaus kann das Insolvenzgericht bei der noch festzusetzenden Vergütung entsprechende Abzüge vornehmen (Uhlenbruck/*Mock* § 63 Rn. 69). Der Schadensersatzanspruch der Insolvenzmasse auf Rückzahlung der vom Insolvenzverwalter vor Aufhebung des Vergütungsfestsetzungsbeschlusses entnommenen Vergütung ist **ab dem Zeitpunkt der Entnahme zu verzinsen** (BGH NJW-RR 2014, 1268 = NZI 2014, 709; HambK-InsO/*Büttner* Rn. 62; s. hierzu auch *T. Graeber* NZI 2014, 147 ff.). Ab dem 1.1.2014 muss der Beschluss eine **Rechtsbehelfsbelehrung** enthalten, andernfalls kann gem. § 4 InsO, §§ 232, 233 ZPO Wiedereinsetzung in den vorigen Stand beantragt werden (HambK-InsO/*Büttner* Rn. 21 ff.; HK-InsO/*Keller* Rn. 23). Zur öffentlichen Bekanntmachung → § 9 Rn. 5. 19

Gem. Absatz 2 Satz 1 hat die **öffentliche Bekanntmachung** des Vergütungsbeschlusses zu erfolgen (s. BGH NZI 2011, 978; ZInsO 2012, 51 f.). Diese richtet sich nach § 9. Gem. § 64 Abs. 2 S. 2 sind die festgesetzten Beträge nicht zu veröffentlichen (Hs. 1), allerdings ist in der öffentlichen Bekanntmachung darauf hinzuweisen, dass der vollständige Beschluss in der Geschäftsstelle eingesehen werden kann (Hs. 2). Auf die Veröffentlichung der Gründe kann gem. § 9 Abs. 1 20

S. 1 verzichtet werden. Auf sie ist zu verzichten, wenn sich aus ihnen die festgesetzten Beträge ergeben (MüKoInsO/*Nowak,* 2. Aufl. 2007, Rn. 10). Gem. § 9 Abs. 1 S. 3 beginnt die Rechtsmittelfrist am dritten Tag nach der Veröffentlichung zu laufen. Auch wenn durch Absatz 2 **das Beschwerderecht der Insolvenzgläubiger** in zweifacher Hinsicht eingeschränkt wird (vgl. BVerfGE 77, 275 = ZIP 1988, 379 [381 f.]; BVerfG NJW 1988, 2361), weil ihnen der Beschluss nicht besonders zuzustellen ist und die festgesetzten Beträge nicht öffentlich bekannt zu geben sind, ist von einer **Verfassungsmäßigkeit der Regelung** auszugehen, insbes. verletzt sie nicht den Anspruch der Gläubiger auf effektiven Rechtsschutz (aA für den Fall, dass die Gläubiger nicht in das Verfahren zur Festsetzung der Vergütung einbezogen werden *Vorwerk* NZI 2011, 7 ff.; offen lassend BGH NZI 2011, 974 [975 f.]; ZInsO 2012, 800 ff.). Die Beschränkung des Beschwerderechts der Gläubiger findet ihre Rechtfertigung hinsichtlich der Nichtzustellung des Beschlusses darin, dass die Zustellung an jeden Insolvenzgläubiger kaum praktikabel wäre sowie zu hohen Kosten führen würde (vgl. → Rn. 14) und hinsichtlich der festgesetzten Beträge darin, dass durch deren Nichtveröffentlichung die berechtigten Belange des (vorläufigen) Verwalters geschützt werden sollen (Nerlich/Römermann/*Delhaes* Rn. 8; aA Braun/*Blümle* Rn. 9, der für „offensive Klarheit" plädiert). Die Interessen der Gläubiger sind dadurch hinreichend gewahrt, dass sie den vollständigen Beschluss auf der **Geschäftsstelle** einsehen können (vgl. BGH NZI 2010, 159 f.). Ergeben sich hiernach begründete Zweifel an der Festsetzung, können die Gläubiger fristwahrend Beschwerde einlegen und zu einem späteren Zeitpunkt **eine Begründung der Beschwerde** ankündigen, die das Insolvenzgericht vor der Abhilfeentscheidung abwarten muss (→ Rn. 26). Ist eine **notwendige Anhörung der Insolvenzgläubiger zu dem Festsetzungsantrag unterblieben** (hierzu → Rn. 11, 14) und musste der Insolvenzgläubiger auch nicht mit der Festsetzung der Vergütung rechnen (vgl. hierzu → Rn. 21), ist § 64 Abs. 2 S. 1 iVm § 9 wegen des Anspruchs auf rechtliches Gehör verfassungskonform so auszulegen, dass die Rechtsmittelfrist durch die öffentliche Bekanntmachung des Festsetzungsbeschlusses nicht in Lauf gesetzt wird. Gebietet dagegen das **Gebot der Verfahrensbeschleunigung** (→ Rn. 11) das Absehen von einer vorherigen Anhörung des Insolvenzgläubigers, wird der Anspruch des Insolvenzgläubigers auf rechtliches Gehör nicht verletzt.

21 **Der vollständige Beschluss** ist dem (vorläufigen) Verwalter, dem Schuldner und, wenn ein solcher bestellt ist, den Mitgliedern des (vorläufigen) Gläubigerausschlusses **besonders zuzustellen (§ 64 Abs. 2 S. 1).** Wird der Antrag des (vorläufigen) Insolvenzverwalters abgelehnt, ist der Beschluss ausschließlich diesem zuzustellen. Wird dem Antrag, sei es auch teilw., entsprochen, ist der Beschluss sowohl dem (vorläufigen) Verwalter als auch dem Schuldner und ggf. den Mitgliedern des Gläubigerausschusses zuzustellen (MüKoInsO/*Nowak,* 2. Aufl. 2007, Rn. 11). Die Zustellung erfolgt nach § 8 und kann auch durch **Aufgabe zur Post** bewirkt werden. Mit der Zustellung beginnt die Rechtsmittelfrist zu laufen. Für den **Beginn der Frist** ist die früher erfolgte Zustellung maßgeblich (BGH NZI 2010, 159 f.; ZInsO 2012, 1640; eing. zum Fristbeginn Kübler/Prütting/Bork/*Prasser/Stoffler* Rn. 23 ff.). **Unterbleibt die gesetzlich vorgeschriebene Einzelzustellung,** beginnt gem. § 9 Abs. 3 die Rechtsmittelfrist gem. § 9 Abs. 1 S. 3 mit dem dritten Tag nach der Veröffentlichung, sofern der Beteiligte zuvor zu dem Antrag angehört worden ist (BGH NZI 2004, 277 f.; BayObLG NZI 2002, 155 f.). Zudem muss die öffentliche Bekanntmachung selbst zutreffend sein (BGH NJW-RR 2014, 369 = NZI 2014, 77). Für die Fristberechnung gelten die §§ 187, 188 BGB (BGH NJW-RR 2014, 162 = NZI 2014, 22). **Unterbleibt eine notwendige Anhörung** (hierzu → Rn. 11–13, 15), wird die Rechtsmittelfrist nur dann durch die öffentliche Bekanntmachung des Festsetzungsbeschlusses in Lauf gesetzt, wenn der Verfahrensbeteiligte trotz der unterbliebenen Anhörung

mit einer Festsetzung der Vergütung rechnen musste, was etwa der Fall ist, wenn der Schuldner seinen Insolvenzantrag zurücknimmt, das Gericht hieraufhin die Bestellung des vorläufigen Insolvenzverwalters aufgehoben und die Kosten des Verfahrens dem Schuldner auferlegt hatte (BGH ZInsO 2012, 1640; offen lassend BGH NZI 2010, 276 f.; 2004, 277 f.). Ist die notwendige Anhörung unterblieben und musste der Verfahrensbeteiligte nicht mit einer Festsetzung der Vergütung rechnen, folgt aus dem **Gebot effektiven Rechtsschutzes** und dem **Anspruch auf rechtliches Gehör,** dass die Rechtsmittelfrist durch die öffentliche Bekanntmachung nicht zu laufen beginnt.

III. Rechtsmittel (Absatz 3)

1. Sofortige Beschwerde; Rechtsbeschwerde; Gegenvorstellung. Die in Absatz 3 Satz 1 genannten Beteiligten können gegen den **Vergütungsfestsetzungsbeschluss** (→ Rn. 19) sofortige Beschwerde einlegen. Beschlüsse, in denen das Insolvenzgericht über einen **Vorschuss gem. § 9 S. 1 InsVV** entscheidet, sind von § 64 Abs. 3 nicht erfasst, weil es sich nicht um eine Vergütungs- und/oder Auslagenfestsetzung handelt (BGH NZI 2003, 31 [32]; Braun/*Blümle* Rn. 18; Uhlenbruck/*Mock* Rn. 17). Zu den Rechtsmitteln gegen Beschlüsse über Vorschüsse → § 63 Rn. 22. Entsprechendes gilt, wenn das Insolvenzgericht ohne Antrag des Verwalters eine **Entnahme aus der Masse** genehmigt (LG Göttingen ZInsO 2011, 50 f.; AG Göttingen ZInsO 2011, 147: Erinnerung gem. § 11 Abs. 2 RPflG zulässig). Dagegen ist die Beschwerde statthaft, soweit das Gericht anordnet, dass die Vergütung nicht aus der Masse entnommen werden darf, da eine solche Anordnung den Beschluss über die Festsetzung der Vergütung einschränkt (BGH NZI 2010, 977 ff.; ZInsO 2011, 1566 f.; Uhlenbruck/*Mock* Rn. 17). Gem. § 64 Abs. 3 S. 2 findet § 567 Abs. 2 ZPO entsprechende Anwendung, weshalb die Beschwerde nur statthaft ist, wenn der **Wert des Beschwerdegegenstands** 200 EUR übersteigt. Abzustellen ist auf die Differenz zwischen der tatsächlichen Festsetzung und der angestrebten Festsetzung (BGH NZI 2012, 619). Ein erst in der Beschwerdeinstanz erweitertes Festsetzungsbegehren bleibt dabei unberücksichtigt (BGH NZI 2012, 619). Ist der Beschwerdewert nicht erreicht, ist die Erinnerung nach § 11 Abs. 2 RPflG statthaft, sofern die Festsetzung durch den Rechtspfleger erfolgt ist (AG Leipzig ZInsO 2012, 2165 ff.). 22

Die Beschwerdeberechtigung steht den in Absatz 3 Satz 1 genannten Beteiligten zu, dem vorläufigen Insolvenzverwalter über § 21 Abs. 2 S. 1 Nr. 1. **Der neu gewählte oder neu bestellte Verwalter** hat gegen einen Beschluss über die Festsetzung des abgewählten oder früheren (vorläufigen) Verwalters ein Beschwerderecht (BGH ZIP 2012, 2081; NZI 2013, 1014; aA AG Göttingen ZInsO 2009, 688). Da gem. §§ 54 Nr. 2, 53 mit der Verfahrenseröffnung die Vergütung und Auslagen des (vorläufigen) Insolvenzverwalters Massekostenforderungen sind, wird durch die Festsetzung der Vergütung die Masse geschmälert. Da der neu gewählte Verwalter gem. § 80 Abs. 1 S. 1 die Vermögensfürsorge für die Masse wahrzunehmen hat, muss ihm die Befugnis zustehen, unberechtigte Vergütungsforderungen des vorläufigen Insolvenzverwalters, früherer abgewählter oder entlassener Verwalter (§§ 57, 59) oder eines Sonderinsolvenzverwalters abzuwehren und die Interessen der Masse gegebenenfalls durch die Einlegung von Rechtsmitteln zu wahren (BGH ZIP 2012, 2081). Nicht im Gesetz genannt sind die **Massegläubiger.** Da sie durch eine Vergütungsfestsetzung indes wie die übrigen Verfahrensbeteiligten betroffenen sein können, ist Absatz 3 Satz 1 auf diese **analog** anzuwenden (Nerlich/Römermann/*Delhaes* Rn. 9; MüKoInsO/*Riedel* Rn. 14; aA Beck/Depré/*Graeber* § 51 Rn. 75); zur Beschwer → Rn. 24. Dasselbe gilt für **sonstige Beteiligte,** die durch die Vergütungsfestsetzung in ihren Rechten unmittelbar beeinträchtigt werden (BGH ZIP 2013, 226; HambK-InsO/*Büttner* 23

Rn. 37; aA *Blersch* EWiR 2013, 245; HK-InsO/*Keller* Rn. 30). **Gesellschafter des Insolvenzschuldners** sind analog § 64 Abs. 3 S. 1 beschwerdeberechigt, wenn die Höhe der Festsetzung ihr Recht auf eine Teilhabe an einem Überschuss beeinträchtigen kann (BGH NJW-RR 2014, 561 = NZI 2014, 383 (*Mock*); HambK-InsO/*Büttner* Rn. 38; *Haarmeyer/Mock* InsVV § 8 Rn. 46; FK-InsO/*Schmitt* Rn. 17). **Der (vorläufige) Gläubigerausschuss** ist im Gesetz nicht genannt und daher nicht beschwerdeberechtigt (Uhlenbruck/*Mock* Rn. 21). Da jedem Insolvenzgläubiger das Beschwerderecht zusteht, besteht keine Notwendigkeit für eine analoge Anwendung (Nerlich/Römermann/*Delhaes* Rn. 9). Dasselbe gilt für die **Staatskasse,** der jedoch gegen die Vergütungsfestsetzung, sofern sie durch den Rechtspfleger erfolgt ist, **die Erinnerung gem. § 11 Abs. 2 RPflG** zusteht, über die bei Nichtabhilfe der Amtsrichter zu entscheiden hat (LG Wuppertal ZInsO 2002, 486; aA AG Dresden ZInsO 2003, 628; AG Nürnberg ZVI 2004, 314 ff.).

24 Über die Beschwerdeberechtigung hinaus ist eine **Beschwer** erforderlich, also ein rechtlicher Nachteil für den Beschwerdeführer, andernfalls ist die Beschwerde als unzulässig zu verwerfen (BGH NZI 2007, 241 f.; *Haarmeyer/Mock* InsVV § 8 Rn. 46). Der **(vorläufige) Verwalter** ist beschwert, wenn und soweit das Gericht seinem Antrag nicht entsprochen hat. Der **Insolvenzschuldner** ist beschwert, wenn und soweit das Gericht dem Antrag des (vorläufigen) Verwalters entsprochen hat oder über diesen hinausgegangen ist (→ Rn. 10). Dasselbe gilt für die **Insolvenzgläubiger.** Beschwert ist jeder Insolvenzgläubiger, der im eröffneten Verfahren eine Forderung zur Tabelle angemeldet hat. Ob die Forderung tatsächlich besteht, ist unerheblich (BGH NZI 2007, 241 [242]). Bei einer **Einstellung wegen Masselosigkeit** sind die Insolvenzgläubiger ebenfalls beschwert, sofern die Massearmut durch die festgesetzte Vergütung erst herbeigeführt worden ist (Andres/Leithaus/*Andres* Rn. 10; Uhlenbruck/*Mock* Rn. 21; MüKoInsO/*Riedel* Rn. 14) oder der Schuldner gem. §§ 287 Abs. 2, 292 Abs. 1 seine pfändbaren Bezüge an den Treuhänder abgetreten hat (BGH NZI 2006, 250 f.). Insolvenzgläubiger, die am Verfahren nicht teilgenommen haben, sind dagegen nicht beschwert (Uhlenbruck/*Mock* Rn. 21). **Massegläubiger** sind durch die Entscheidung über die Vergütungsfestsetzung wegen §§ 209 Abs. 1 Nr. 1, 54 Nr. 2 beschwert, wenn sie infolge der festgesetzten Vergütung nicht oder nur in einem geringeren Umfang befriedigt werden (Nerlich/Römermann/*Delhaes* Rn. 9, 10; *Haarmeyer/Mock* InsVV § 8 Rn. 47).

25 Trotz vorhandener Beschwer kann eine sofortige Beschwerde unzulässig sein, wenn ein **Rechtsschutzbedürfnis** fehlt. Dies ist bei einem Insolvenzgläubiger der Fall, wenn mit Sicherheit feststeht, dass er keine auch nur teilw. Befriedigung seiner Forderung erwarten kann (BGH NZI 2006, 250 f.; LG Frankfurt a. M. ZIP 1991, 1442). Dasselbe gilt, wenn sicher feststeht, dass der absonderungsberechtigte Insolvenzgläubiger vollständig befriedigt werden wird (OLG Brandenburg ZInsO 2001, 257 f.; *Haarmeyer/Mock* InsVV § 8 Rn. 46).

26 Gem. § 6 Abs. 1 S. 2 kann die Beschwerde in Abweichung zu § 569 Abs. 1 S. 1 ZPO nicht auch beim **Beschwerdegericht (Landgericht)** eingelegt werden, vielmehr ist sie beim Insolvenzgericht einzureichen. Zum Gang des Beschwerdeverfahrens s. die Kommentierung bei → § 6 Rn. 16 ff. Sofern das Beschwerdevorbringen einen neuen Tatsachenvortrag oder Rechtsmeinungen enthält, ist hierauf in der Begründung der **Nichtabhilfeentscheidung** einzugehen. Wird in der ohne Begründung eingelegten Beschwerdeschrift eine Begründung angekündigt, hat das Insolvenzgericht deren Eingang abzuwarten bzw. dem Beschwerdeführer eine Frist zur Beschwerdebegründung zu setzen, bevor es eine Nichtabhilfeentscheidung trifft (LG Erfurt ZIP 2003, 1955 f.; LG Potsdam ZIP 2006, 780; HambK-InsO/*Büttner* Rn. 51; *Johlke/Schröder* EWiR 2004, 561 f.; *Haarmeyer/Mock* InsVV § 8 Rn. 42). Trifft das Insolvenzgericht eine Nichtabhilfeentscheidung, ohne die Begründung abzuwarten, hat das Beschwerdegericht den Nichtabhilfebeschluss aufzuheben und das Verfahren an das Insolvenzgericht zurückzuverweisen, um eine Entscheidung des Erstgerichts unter Berücksichtigung des Beschwerdevorbringens herbeizuführen (LG Erfurt ZIP 2003, 1955 f.; LG Potsdam ZIP 2006, 780; *Haarmeyer/Mock* InsVV § 8 Rn. 42). Eine **Sachentscheidung des Beschwerdegerichts** ist in diesem Fall nicht zulässig (*Haarmeyer/Mock* InsVV § 8 Rn. 42; aA *Johlke/Schröder* EWiR 2004, 561 f.), weil die Entscheidung des Erstgerichts an einem schwerwiegenden Verfahrensfehler leidet (Art. 103 Abs. 1 GG) und dem Beschwerdeführer die Möglichkeit gegeben werden muss, eine verfahrensfehlerfreie, nämlich unter Berücksichtigung seines Vorbringens zu treffende Entscheidung des für das Abhilfeverfahren zuständigen Insolvenzgerichts herbeizuführen (Art. 101 Abs. 1 S. 2 GG).

Vor dem Landgericht besteht **kein Anwaltszwang** gem. § 78 Abs. 1 ZPO (MüKoInsO/*Nowak,* 2. Aufl. 2007, Rn. 13). Die Beschwerdeinstanz ist eine **zweite Tatsacheninstanz** (BGH ZInsO 2007, 86 [88]; Andres/Leithaus/*Andres* Rn. 12). Im Beschwerdeverfahren ist die Sach- und Rechtslage im Zeitpunkt der Beschwerdeentscheidung maßgeblich (vgl. BGH NZI 2008, 391; *Haarmeyer/Mock* InsVV § 8 Rn. 41 aE). 27

Im Beschwerdeverfahren gilt das **Verschlechterungsverbot** (Verbot der reformatio in peius). Dieses kommt auch dann zur Anwendung, wenn das Rechtsmittelgericht die Entscheidung des Erstgerichts aufhebt und zur erneuten Entscheidung an dieses zurückverweist (BGHZ 159, 122 = NJW-RR 2004, 1422). Es hindert das Beschwerdegericht allerdings nicht, bei Feststellung der angemessenen Vergütung im Einzelfall Zu- und Abschläge zum Nachteil des Beschwerdeführers anders zu bemessen als das Erstgericht, soweit es den Vergütungssatz insgesamt nicht zu seinem Nachteil ändert (BGH NZI 2007, 45 f.; 2005, 559 f.; 2005, 627 f.; *Haarmeyer/Mock* InsVV § 8 Rn. 43). 28

Gegen die Entscheidung über die sofortige Beschwerde findet die **Rechtsbeschwerde** statt, wenn das Beschwerdegericht sie in seinem Beschluss zulässt (§ 574 Abs. 1 S. 1 Nr. 2 ZPO). Die Entscheidung über die Zulassung der Rechtsbeschwerde kann nicht vom Rechtsbeschwerdegericht nachgeholt werden (BGH ZInsO 2012, 1085 ff.; 2012, 218). Die noch in § 7 aF geregelte Statthaftigkeit der Rechtsbeschwerde ist durch das Gesetz zur Änderung des § 522 der Zivilprozessordnung v. 21.10.2011 (BGBl. I S. 2082) abgeschafft worden (krit. hierzu *Buchholz* NZI 2011, 584; *Zimmer* ZInsO 2011, 1689 ff.; zum zeitlichen Anwendungsbereich s. BGH ZInsO 2012, 1085 ff.; 2012, 218). Zuständig für die Entscheidung über die Rechtsbeschwerde ist der BGH. Vor diesem müssen sich die Parteien gem. **§ 78 Abs. 1 S. 3 ZPO** durch einen bei dem Bundesgerichtshof zugelassenen Rechtsanwalt vertreten lassen, andernfalls ist die Rechtsbeschwerde unzulässig (BGH Beschl. v. 12.8.2011 – IX ZB 202/11, BeckRS 2011, 22224 Rn. 1; BGH Beschl. v. 6.4.2011 – IX ZB 92/11; ferner → § 6 Rn. 39). Zu den Zulässigkeitsvoraussetzungen der Rechtsbeschwerde s. BGH NZI 2008, 391 f.; Uhlenbruck/*Mock* Rn. 23. 29

Ist für einen durch die Festsetzung der Vergütung betroffenen Verfahrensbeteiligten die Beschwerde nicht zulässig, bleibt ihm die Möglichkeit einer **Gegenvorstellung.** Solange die Entscheidung noch abänderbar ist, kann das Gericht sie abändern, bei Beschlüssen über die Festsetzung der Vergütung also bis zu deren formeller Rechtskraft. Die Gegenvorstellung zielt darauf, eine solche Abänderung herbeizuführen (vgl. hierzu BVerfGE 122, 190 = NJW 2009, 829; BGH Beschl. v. 29.6.2011 – XII ZB 113/11, BeckRS 2011, 09759 Rn. 1; BGH Beschl. v. 21.7.2011 – I ZR 138/10; BGH VersR 1982, 598; BFHE 225, 310 = NJW 2009, 3053). Ändert das Gericht auf die Gegenvorstellung hin den Beschluss ab, kann dem durch die Abänderung betroffenen Beteiligten hiergegen wiederum die sofortige Beschwerde zustehen. 30

31 **2. Rechtskraft.** Die Festsetzung der Verwaltervergütung entfaltet zwischen Verwalter und Schuldner **materielle Rechtskraft** für den Vergütungsanspruch als solchen und seinen Umfang; die Berechnungsgrundlage und der Vergütungssatz einschließlich der hierbei bejahten oder verneinten Zu- oder Abschläge nehmen als Vorfragen an der Rechtskraft nicht teil. Ein Zweitverfahren über die Festsetzung der Verwaltervergütung kann nicht auf Umstände gestützt werden, die bereits im Erstverfahren geltend gemacht worden sind oder hätten geltend gemacht werden können (BGHZ 185, 353 = NJW-RR 2010, 1430 mwN zum Streitstand), wobei im Anwendungsbereich des § 63 Abs. 3 S. 4 das Gericht eine Änderung des Festsetzungsbeschlusses bis zur Rechtskraft der Entscheidung über die Vergütung vornehmen kann. Bei einem **Massezufluss nach Aufhebung des Verfahrens** kann eine zusätzliche Vergütung nur bei einer Nachtragsverteilung festgesetzt werden (BGH NZI 2011, 906 f.; *Haarmeyer/Mock* InsVV § 8 Rn. 8, § 6 Rn. 4 ff.). Bei einem **Massezufluss zwischen dem Schlusstermin und dem Vollzug der Schlussverteilung,** der bei der vorangegangenen Festsetzung nicht sicher zu erwarten war, kann die Vergütung nachträglich ergänzt werden (BGH NZI 2014, 238 f. *(Stoffler)*).

Verordnungsermächtigung[1]

65 Das Bundesministerium der Justiz wird ermächtigt, die Vergütung und die Erstattung der Auslagen des vorläufigen Insolvenzverwalters und des Insolvenzverwalters sowie das hierfür maßgebliche Verfahren durch Rechtsverordnung[2] zu regeln.

Schrifttum: *Blersch,* Die Änderung der Insolvenzrechtlichen Vergütungsverordnung, ZIP 2004, 2311; *Bork/Muthorst,* Zur Vergütung des vorläufigen Insolvenzverwalters – Ist die Neufassung des § 11 InsVV verfassungskonform?, ZIP 2011, 1627; *Keller,* Die Neuregelungen der InsVV zur Mindestvergütung in masselosen Insolvenzverfahren, ZVI 2004, 569; *ders.,* Berechnungsformeln zur Vergütung des Insolvenzverwalters, NZI 2005, 23; *Weyand,* Anmerkung zu LG Aurich, Beschl. v. 13.5.2013 – 15 KLs 1000 JS 55939/12 (2/13), ZInsO 2014, 359; *Wimmer,* Die Neuregelung der Mindestvergütung in masselosen Verfahren, ZInsO 2004, 1006.

I. Regelungsgehalt und Anwendungsbereich

1 Die Bestimmung enthält – wie § 85 Abs. 2 KO – eine **Verordnungsermächtigung** iSd Art. 80 Abs. 1 S. 1 GG. Sie soll das Gesetzgebungsverfahren entlasten und eine erleichterte Anpassung von Vergütungsregelungen an den aktuellen Bedarf ermöglichen (MüKoInsO/*Stephan* Rn. 1). **Inhalt, Zweck und Ausmaß der Ermächtigung** folgen aus den §§ 63, 64. Bis zum Inkrafttreten des **Gesetzes zur Verkürzung des Restschuldbefreiungsverfahrens und zur Stärkung der Gläubigerrechte** vom 15.7.2013 (BGBl. I S. 2379) war der Umfang der Ermächtigung in den §§ 63, 64 nur rudimentär geregelt. Gleichwohl genügt das bis zum 19.7.2013 geltende Recht den Anforderungen des Art. 80 Abs. 1 S. 2 GG (BGHZ 195, 322 = NJW 2013, 532 [533]; BGHZ 195, 336 = NJW 2013, 536; BGH NZI 2013, 393; *Bork/Muthorst* ZIP 2010, 1627 [1630 f.]). Dies gilt im Hinblick auf §§ 21 Abs. 2 S. 1 Nr. 1, 63 Abs. 1 aF auch, soweit die InsVV Regelungen über die Vergütung des vorläufigen Insolvenzverwalters enthält (Kübler/Prütting/Bork/*Stoffler* Rn. 4). Die Vorgaben an den Verordnungsgeber folgen nicht nur aus dem Wortlaut der Ermächtigungsnorm, sondern aus dem gegebenenfalls mit Hilfe allgemeiner Auslegungsgrundsätze zu erschließenden Inhalt der

[1] § 65 neu gef. mWv 1.7.2014 durch G v. 15.7.2013 (BGBl. I S. 2379); geänd. mWv 8.9.2015 durch VO v. 31.8.2015 (BGBl. I S. 1474).

[2] Siehe die Insolvenzrechtliche Vergütungsverordnung (InsVV).

gesetzlichen Regelung insgesamt (BVerfGE 19, 17 [30] = MDR 1965, 544; BVerfGE 58, 257 [277] = NJW 1982, 921; BVerfGE 80, 1 [20 f.] = NVwZ 1989, 850; BGHZ 157, 282 = NJW 2004, 941; MüKoInsO/*Stephan,* 2. Aufl. 2007, Rn. 6 f.; zweifelnd dagegen MüKoInsO/*Nowak,* 2. Aufl. 2007, Rn. 2). Neben **Regelungen über die Vergütung** konnten auch nach dem bis zum 19.7.2013 geltenden Recht im Verordnungswege **Regelungen zum Festsetzungsverfahren** getroffen werden (Braun/*Blümle* Rn. 1; Nerlich/Römermann/*Delhaes* Rn. 1). Durch das **Gesetz zur Verkürzung des Restschuldbefreiungsverfahrens und zur Stärkung der Gläubigerrechte** ist § 65 dahingehend ergänzt worden, dass die Ermächtigung auch die Vergütung und die Erstattung der Auslagen des vorläufigen Insolvenzverwalters sowie „das hierfür maßgebliche Verfahren" umfassen soll. Damit sollen die bestehenden Zweifel am Umfang der Verordnungsermächtigung beseitigt und Rechtssicherheit hergestellt werden (BT-Drs. 17/11268, 28, 46). Die Neuregelung ist am 19.7.2013 in Kraft getreten (Art. 103h S. 3 EGInsO). Soweit Art. 1 Nr. 13 in Art. 9 S. 2 des Gesetzes nicht genannt ist und die durch Art. 6 Nr. 2 des Gesetzes vorgenommene Änderung des EGInsO gem. Art. 9 S. 1 des Gesetzes erst am 1.7.2014 in Kraft treten sollte, ist im Hinblick auf den eindeutigen Willen des Gesetzgebers, die Neuregelung bereits mit Verkündung des Gesetzes in Kraft treten zu lassen (→ § 63 Rn. 4), davon auszugehen, dass es sich hierbei um ein **offensichtliches Redaktionsversehen** handelt (→ § 63 Rn. 36; Kübler/Prütting/Bork/*Stoffler* Rn. 25 ff.; HK-InsO/*Keller* Rn. 7; aA *Amery/Kästner* ZIP 2013, 2041 [2047]; HambK-InsO/*Büttner* Rn. 9). Für sämtliche vor dem 19.7.2013 beantragte Insolvenzverfahren ist das bis dahin geltende Recht anzuwenden (Art. 103h S. 3 EGInsO).

Aufgrund verschiedener Verweisungsvorschriften durfte der Verord- 2
nungsgeber auch nach dem bis zum 19.7.2013 geltenden Recht Regelungen zur Vergütung des vorläufigen Insolvenzverwalters im Insolvenzantragsverfahren (§ 21 Abs. 2 S. 1 Nr. 1), des Sachwalters im Verfahren der Eigenverwaltung (§ 274 Abs. 1), des Treuhänders im Verbraucherinsolvenzverfahren (§ 313 Abs. 1 S. 3), des Treuhänders im Restschuldbefreiungsverfahren (§ 293 Abs. 2) und der Mitglieder des (vorläufigen) Gläubigerausschusses (§ 73 Abs. 2; § 21 Abs. 2 S. 1 Nr. 1a) treffen (Nerlich/Römermann/*Delhaes* Rn. 1; HK-InsO/*Keller* Rn. 2). Durch das **Gesetz zur Verkürzung des Restschuldbefreiungsverfahrens und zur Stärkung der Gläubigerrechte** ist in § 65 nunmehr ausdrücklich die Kompetenz des Verordnungsgebers zur Regelung der Vergütung des vorläufigen Insolvenzverwalters aufgenommen worden. **Regelungen über die** der Vergütung zugrundeliegende **Wertberechnung** gelten ausschließlich für den Anwendungsbereich der Verordnung, wenn nicht der Gesetzgeber zu erkennen gegeben hat, dass Regelungen des Verordnungsgebers für die Auslegung anderer Gesetze maßgeblich sein sollen (vgl. OLG Düsseldorf NZI 2010, 861 f. zur Auslegung des § 58 Abs. 1 GKG im Hinblick auf § 1 Abs. 2 Nr. 4b InsVV).

II. Die Insolvenzrechtliche Vergütungsverordnung (InsVV)

Auf der Grundlage des § 65 hat das Bundesministerium der Justiz die zum 3
1.1.1999 in Kraft getretene Insolvenzrechtliche Vergütungsverordnung (InsVV) v. 19.8.1998 erlassen (BGBl. I S. 2205). Seitdem ist sie die Verordnung mehrfach geändert worden (s. hierzu die Übersicht bei HK-InsO/*Keller* Rn. 8), zuletzt durch das Gesetz zur Verkürzung des Restschuldbefreiungsverfahrens und zur Stärkung der Gläubigerrechte v. 15.7.2013 (BGBl. I S. 2379). Zur Entstehungsgeschichte der InsVV s. Nerlich/Römermann/*Delhaes* Rn. 2; zur Neuregelung über die Mindestvergütung durch die Verordnung zur Änderung der InsVV vom 4.10.2004 s. *Keller* NZI 2005, 23 ff.; *Wimmer* ZInsO 2004, 1006 ff. **Die Zustimmung des Bundesrats** ist für den Erlass der Verordnung **nicht erforderlich,**

weil die Voraussetzungen des Art. 80 Abs. 2 GG iVm Art. 74 Abs. 2 GG nicht vorliegen (zweifelnd dagegen *Keller* ZVI 2004, 569 [571]; *ders.* NZI 2005, 23 [28 f.]; HK-InsO/*Keller* Rn. 3; MüKoInsO/*Stephan* Rn. 5).

4 **Die Bestimmung der angemessenen Höhe der Vergütung** ist von erheblicher praktischer Bedeutung. Da die zugunsten des Verwalters festgesetzte Vergütung einerseits die Masse weiter belastet, andererseits das Anliegen des Verwalters, eine seiner Tätigkeit und Qualifikation angemessene Vergütung zu erhalten, berechtigt ist, bewegen sich Regelungen und Änderungen im Zusammenhang mit der Vergütung und der Auslagen des (vorläufigen) Insolvenzverwalters in einem Spannungsfeld unterschiedlicher Interessen der an einem Insolvenzverfahren beteiligten Personen. **Aufgabe des Verordnungsgebers** ist, durch Schaffung entsprechender Vergütungstatbestände einen angemessenen Interessenausgleich herbeizuführen (→ Rn. 5), insbes. in massearmen Verfahren. **Aufgabe der Gerichte** ist, die Vergütungs- und Auslagentatbestände, insbes. § 3 InsVV, unter Berücksichtigung der konkreten Umstände des Einzelfalls interessengerecht anzuwenden und auszulegen (krit. *Haarmeyer/Mock* InsVV Vorb. Rn. 34: weitgehende betriebs- und volkswirtschaftliche Unkenntnis der Insolvenzgerichte über Kosten und Kalkulationsstrukturen von Insolvenzverwaltern). Führen die Regelungen der InsVV zu interessen- oder gar verfassungswidrigen Ergebnissen, können die Gerichte diese nicht durch eine richterliche Rechtsfortbildung abändern, wenn der Wortlaut der Regelung und der Wille des Verordnungsgebers entgegenstehen (BGHZ 157, 282 = NJW 2004, 941; demgegenüber haben zahlreiche Insolvenzgerichte unter Geltung des § 2 Abs. 2 InsVV aF mit unterschiedlicher Begründung abweichend vom Wortlaut der Regelung eine höhere Vergütung festgesetzt, s. hierzu AG Hamburg ZVI 2003, 238 ff.; AG Göttingen NZI 2003, 445 ff. mwN). Zur Strafbarkeit des Rechtspflegers wegen Rechtsbeugung aufgrund einer fehlerhaften Vergütungsfestsetzung s. LG Aurich ZInsO 2014, 343 ff. *(Weyand)*).

5 Aus dem Wortlaut des § 63 Abs. 1 S. 1 folgt, dass der Verwalter einen Anspruch auf Vergütung für seine Geschäftsführung sowie auf Erstattung angemessener Auslagen hat (→ § 63 Rn. 1). Da gesetzliche Gebührenregelungen am Maßstab des **Art. 12 Abs. 1 GG** zu messen sind, ist die Bestimmung verfassungskonform dahin auszulegen, dass die dem Verwalter zustehende Vergütung insgesamt einen seiner **Qualifikation** und **Tätigkeit angemessenen Umfang** erreichen muss (BGHZ 157, 282 = NJW 2004, 941; BGH NJW-RR 2004, 551 f. = NZI 2004, 224; BGH NZI 2008, 361 ff.; HK-InsO/*Keller* Rn. 16 ff.). Dabei steht dem Verordnungsgeber ein weiter Einschätzungs- und Prognosespielraum zu, wobei er gehalten ist, die weitere Entwicklung und insbes. die Auswirkungen von gesetzlichen Neuregelungen zu beobachten und hierauf erforderlichenfalls zu reagieren. Erst wenn der Verordnungsgeber trotz Handlungsbedarf untätig bleibt, ist die Vergütungsregelung verfassungswidrig (BVerfG NJW 2005, 3132 f.; BGHZ 157, 282 = NJW 2004, 941). Es ist allerdings verfassungsrechtlich nicht geboten, die Tätigkeit eines Insolvenzverwalters in jedem konkreten Einzelfall kostendeckend und angemessen zu vergüten. Bei der verfassungsrechtlichen Bewertung der für Insolvenzverwalter geltenden Vergütungsregelungen ist im Grundsatz auch die Möglichkeit einer Querfinanzierung zu berücksichtigen, weil die gesetzlich vorgesehene Berechnung nach der Insolvenzmasse (§ 63 Abs. 1 S. 2 InsO, § 2 Abs. 1 InsVV) keine exakt nach dem konkreten Tätigkeitsaufwand berechnete Vergütung gewährleistet, sondern systembedingt auf einen gewissen Gesamtausgleich gerichtet ist (BGHZ 157, 282 = NJW 2004, 941; *Haarmeyer/Mock* InsVV Vorb. Rn. 2, 7; krit. *Blersch* ZIP 2004, 2311 ff.; HK-InsO/*Keller* § 63 Rn. 21 ff.).

Rechnungslegung[1]

66 (1) [1]**Der Insolvenzverwalter hat bei der Beendigung seines Amtes einer Gläubigerversammlung Rechnung zu legen.** [2]**Der Insolvenzplan kann eine abweichende Regelung treffen.**

(2) [1]**Vor der Gläubigerversammlung prüft das Insolvenzgericht die Schlußrechnung des Verwalters.** [2]**Es legt die Schlußrechnung mit den Belegen, mit einem Vermerk über die Prüfung und, wenn ein Gläubigerausschuß bestellt ist, mit dessen Bemerkungen zur Einsicht der Beteiligten aus; es kann dem Gläubigerausschuß für dessen Stellungnahme eine Frist setzen.** [3]**Der Zeitraum zwischen der Auslegung der Unterlagen und dem Termin der Gläubigerversammlung soll mindestens eine Woche betragen.**

(3) [1]**Die Gläubigerversammlung kann dem Verwalter aufgeben, zu bestimmten Zeitpunkten während des Verfahrens Zwischenrechnung zu legen.** [2]**Die Absätze 1 und 2 gelten entsprechend.**

Schrifttum: *Heyrath,* Die Prüfung der Schlussrechnung, ZInsO 2005, 1092; *Langer/Bausch,* Die fortschreibende Rechnungslegung im Rahmen standardisierter Gutachten und Zwischenberichte, ZInsO 2011, 1287; Pelka/Niemann, Praxis der Rechnungslegung im Insolvenzverfahren, 2000; *Uhlenbruck,* Die Prüfung der Rechnungslegung des Konkursverwalters, ZIP 1982, 125; *Vierhaus,* Zur Verfassungswidrigkeit der Übertragung von Rechtspflegeraufgaben auf Private, ZInsO 2008, 521.

Übersicht

I. Normzweck und Verhältnis zu anderen Bestimmungen

Nach der Regierungsbegründung ist es „in einem von der Autonomie der Gläubiger geprägten Verfahren angemessen, dass der Insolvenzverwalter bei Beendigung seines Amtes einer Gläubigerversammlung Rechnung legt" (Begr. RegE, 1

[1] § 66 Abs. 1 S. 2 angef. mWv 1.3.2012 durch G v. 7.12.2011 (BGBl. I S. 2582).

BT-Drs. 12/2443, 131). Die Pflicht zur Rechnungslegung ist bei der Verwaltung fremden Vermögens eine Selbstverständlichkeit und dient einerseits der **Transparenz und Überwachung des Verwalters** und andererseits seiner **Entlastung** (FK-InsO/*Schmitt* Rn. 1; aA zum Entlastungszweck MüKoInsO/*Riedel* Rn. 6). Die obligatorische Prüfung durch das Insolvenzgericht gem. Absatz 2 Satz 1 spiegelt die Aufsichtsfunktion des Gerichts wieder.

2 § 66 steht selbständig neben den weiteren Pflichten des Insolvenzverwalters zur Rechnungslegung und Auskunft, zB neben den allgemeinen handelsrechtlichen und steuerrechtlichen Buchführungspflichten (vgl. → § 155 Rn. 1 ff.) und neben den Berichtspflichten des Verwalters (§§ 156, 58 Abs. 1 S. 2, 69 S. 2, 79 S. 1). Die allgemeinen handels- und steuerrechtlichen Pflichten (sog **externe Rechnungslegung**) und die Pflichten aus § 66 und den übrigen vorstehend genannten Vorschriften der Insolvenzordnung (sog **interne Rechnungslegung**) zielen auf unterschiedliche Adressaten ab und dienen unterschiedlichen Zwecken. Daher ist das heranzuziehende Datenmaterial und dessen Auswertung zwar im Grundsatz in beiden Fällen das gleiche; es kann aufgrund der unterschiedlichen Zielrichtung aber zu inhaltlichen Abweichungen und va zu verschiedenen Darstellungen/Auswertungen kommen. Ergänzt wird § 66 durch die Verpflichtung des Verwalters zur Erstellung eines Verzeichnisses der Massegegenstände (§ 151), zur Aufstellung eines Gläubigerverzeichnisses (§ 151) und einer Vermögensübersicht (§ 153) und schließlich durch die Verpflichtung, diese Verzeichnisse vor dem Berichtstermin an Gerichtsstelle niederzulegen. Die interne Rechnungslegung wird dabei auf den Verzeichnissen aufbauen, um erkennbar werden zu lassen, welche Vermögensgegenstände nicht verwertet wurden.

II. Adressaten der Rechnungslegungspflicht

3 Die Pflicht aus § 66 trifft neben dem endgültigen Verwalter aufgrund Verweises in § 21 Abs. 2 Nr. 1 auch den **vorläufigen Insolvenzverwalter** – unabhängig davon, ob er verfügungsbefugt war (Jaeger/*Eckardt* Rn. 10). Die Rechnungslegungspflicht des vorläufigen Verwalters betrifft in zeitlicher und sachlicher Hinsicht naturgemäß nur seine Amtsausübung, die von der endgültigen Verwaltung nach Verfahrenseröffnung auch dann zu unterscheiden ist, wenn der vorläufige und endgültige Verwalter personenidentisch sind. Eine Verbindung der Rechnungslegungen für den vorläufigen und den endgültigen Verwalter sind jedenfalls insoweit nicht zulässig, als dadurch eine Zuordnung zu den verschiedenen Bereichen nicht möglich ist (Jaeger/*Eckardt* Rn. 11; relativierend FK-InsO/*Schmerbach* § 21 Rn. 4; Uhlenbruck/*Mock* Rn. 23).

4 Im Fall der **Eigenverwaltung** trifft die Rechnungslegungspflicht den Schuldner als Eigenverwalter (FK-InsO/*Schmitt* Rn. 28), und zwar auch dann, wenn der Sachwalter nach § 275 Abs. 2 die Kassenführung an sich gezogen hat (aA Uhlenbruck/*Mock* Rn. 13). Sind **mehrere Insolvenzverwalter** bestellt, hat jeder für seinen Bereich Rechnung zu legen; entsprechendes gilt für den **Sonderinsolvenzverwalter** (HambK-InsO/*Weitzmann* Rn. 19). Der **mit der Nachtragsverteilung Beauftragte** hat Rechenschaft über die Nachtragsverteilung zu legen.

III. Zeitpunkt der Rechnungslegung

5 § 66 schreibt eine selbständige Pflicht zur Rechnungslegung gegenüber der Gläubigerversammlung fest, die der Verwalter grds. **bei Beendigung seines Amtes** zu erfüllen hat. Im Regelfall ist dies die Beendigung des Insolvenzverfahrens; die Pflicht zur abschließenden Rechnungslegung gilt aber auch in den Fällen vorzeitiger Beendigung des Verwalteramtes, zB aufgrund Abwahl, Entlassung (FK-InsO/*Schmitt* Rn. 2) oder Tod des Verwalters (dazu näher → Rn. 37).

Im Verfahrensablauf geht, anders als es der Wortlaut des Absatz 1 vorgibt, die Fertigung und Einreichung der Schlussrechnung der tatsächlichen Beendigung des Verfahrens voraus, da die Schlussrechnung eine Verfahrensbeendigung überhaupt erst möglich macht (Jaeger/*Eckardt* Rn. 20). Nachträge zur Schlussrechnung können daher bis zur Beendigung des Verfahrens notwendig werden, um einen vollständigen Überblick zu bieten.

IV. Rechnungslegungspflicht bei Masselosigkeit

Da es sich bei der Rechnungslegungspflicht um eine originäre Verwalterpflicht handelt, ist diese auch dann zu erfüllen, wenn in dem Insolvenzverfahren die Masse unzulänglich ist (vgl. auch § 211 Abs. 2 und → Rn. 16). Die **Erfüllung der Pflicht ist mit der Verwaltervergütung abgegolten;** Kosten für etwaige Hilfskräfte muss der Verwalter selbst tragen (Nerlich/Römermann/*Delhaes* Rn. 6). Auch beim Einsatz von Hilfskräften hat sich der Verwalter mit dem Rechenwerk persönlich auseinander zu setzen und dafür die Verantwortung zu übernehmen (Jaeger/*Eckardt* Rn. 18). 6

V. Inhalt der Rechnungslegung

1. Grundsätzliches. Entsprechend ihrem Zweck (→ Rn. 1) muss die Rechnungslegung des Verwalters ein vollständiges und richtiges Bild seiner Geschäftsführung vermitteln (vgl. HK-InsO/*Metoja* Rn. 15; *Hess/Weis* NZI 1999, 260). Erforderlich ist dafür ein Tätigkeitsbericht, der die wesentlichen Vorfälle der Verfahrensabwicklung darstellt (beschreibender Teil), und eine Einnahmen-/Ausgabenrechnung, aus der sich alle Zahlungsein- und -ausgänge erkennen lassen (rechnerischer Teil). Der Umfang und Detaillierungsgrad der Rechnungslegung kann nicht allg. bestimmt werden, sondern hängt von den Umständen des jeweiligen Einzelfalles ab (Jaeger/*Eckardt* Rn. 17). Der Streit, ob es sich um einen Tätigkeitsbericht oder einen Rechenschaftsbericht handelt (Überblick über den Streitstand bei Uhlenbruck/*Mock* Rn. 21), ist daher eher akademischer Natur (vgl. Jaeger/*Eckardt* Rn. 33). 7

Teil der Rechnungslegung ist auch eine **Schlussbilanz,** damit neben den Zahlungsein- und –ausgängen die (noch) nicht verwerteten Vermögensgegenstände offenbart werden. Das kann im Einzelfall entbehrlich sein, wenn bereits aus dem darstellenden und rechnerischen Teil der gesamte Verlauf der Verfahrensabwicklung erkennbar wird, und insbes. eine Brücke zu allen Positionen der Eröffnungsbilanz geschlagen werden kann (Jaeger/*Eckardt* Rn. 31). 8

Zur Rechnungslegung gehört schließlich auch das **Schlussverzeichnis** (Nerlich/Römermann/*Delhaes* Rn. 7). Bei Zwischenrechnungen ist ein Verteilungsverzeichnis nur beizufügen, wenn die Zwischenrechnung iRd Durchführung einer Abschlagsverteilung erstellt wird. 9

2. Der beschreibende Teil. Der beschreibende Teil muss ein vollständiges Bild über die Tätigkeit des Verwalters gewähren. Dazu gehört ausgehend von dem Inventar und der Eröffnungsbilanz, dass sich für alle dort erfassten Gegenstände erkennen lässt, was der Verwalter damit gemacht hat, zB ob er sie ausgesondert, verwertet, zur Verwertung überlassen, vernichtet oder freigegeben hat oder ob sie bei Verfahrensabschluss noch vorhanden sind. Neu aufgefundene Vermögenswerte müssen ebenfalls abgebildet werden. 10

3. Der rechnerische Teil. Der rechnerische Teil ergibt sich aus der internen Buchhaltung des Insolvenzverwalters und muss eine geordnete Aufstellung aller Zahlungsein- und -ausgänge beinhalten. Auch bei der internen Rechnungslegung gelten die allgemeinen **Grundsätze ordnungsgemäßer Buchführung,** wie 11 insbes. Richtigkeit, Klarheit, Vollständigkeit und Stetigkeit, so dass ein sachkundiger Dritter die Geschäftsvorfälle anhand der Unterlagen nachvollziehen kann (HambK-InsO/*Weitzmann* Rn. 4; Pelka/Niemann Praxis der Rechnungslegung im Insolvenzverfahren Rn. 473 ff.). Die Buchungsvorgänge müssen chronologisch erfasst sein. Belege müssen für die Zahlungsein- und -ausgänge selbst vorhanden sein (Kontoauszüge, Kassenbuch – rechnerischer Beleg) und für deren Grundlage (zB Verträge, Rechnungen, Urteile – sachlicher Beleg). Der rechnerische Teil muss so ausgestaltet sein, dass es Gläubigern mit einer entsprechenden Sachkunde möglich ist, diesen eigenständig nachzuvollziehen (Braun/*Blümle* Rn. 12). Die Organisation der Einnahmen- und Ausgabenrechnung kann in jeder anerkannten Form von Buchführung für den Geldverkehr ausgestaltet sein; soweit eine doppelte Buchführung im Verfahren geführt wird, kann die Rechnung allerdings daraus abgeleitet werden (Jaeger/*Eckardt* Rn. 29).

12 **4. Sonderkonstellationen.** Die Rechnungslegungspflicht umfasst auch die Zahlungsein- und -ausgänge auf etwa vom Verwalter genutzten **Treuhandkonten,** auch wenn er nicht selbst als Treuhänder Kontoinhaber ist (HambK-InsO/*Weitzmann* Rn. 4), sowie etwaige Schuldnerkonten, die nach Insolvenzeröffnung aufrechterhalten werden.

13 Bei **Anzeige der Masseunzulänglichkeit** kommt die gesonderte Rechnungslegung nach § 211 Abs. 2 für die Zeit nach der Anzeige hinzu. Zum einen muss die Rechnungslegung für die Zeiträume vor und nach der Anzeige der Masseunzulänglichkeit unterschieden werden können. Zum anderen wird nach der Anzeige der Masseunzulänglichkeit die **Führung einer Massetabelle** erforderlich, um die Altmasseverbindlichkeiten zu erfassen. Bei wiederholter Masseunzulänglichkeit werden mehrere Massetabellen erforderlich, in denen die verschiedenen Altgläubigergruppen verzeichnet werden (HambK-InsO/*Weitzmann* Rn. 4).

14 Geben der Gläubigerausschuss oder die Gläubigerversammlung dem Verwalter auf, **Zwischenrechnungen** zu erteilen (Absatz 3), richten sich diese im Bezug auf die inhaltlichen Anforderungen grds. nach den vorstehend formulierten Anforderungen, freilich beschränkt auf die relevanten Zeiträume. Auch wird grds. mit den Zwischenberichten kein Verteilungsverzeichnis gefertigt, wenn nicht eine Abschlagsverteilung stattgefunden hat. Es gibt in der Praxis vielfältige Bemühungen, die inhaltlichen Anforderungen an die Rechnungslegung zu standardisieren (vgl. beispielhaft *Langer/Bausch* ZInsO 2011, 1287 sowie den vom Gravenbrucher Kreis entwickelten Standardkontenrahmen SKR04-InsO).

15 **5. Erweiterung durch die Gläubigerversammlung.** Die **Gläubigerversammlung** kann die Rechnungslegungspflicht **ausweiten** und dem Verwalter weitere Zeitpunkte oder Zeitabschnitte im Laufe des Verfahrens aufgeben, zu denen er eine Zwischenrechnung zu legen hat (Absatz 3). Die Gläubigerversammlung kann nicht wirksam durch Beschluss auf die Rechnungslegung **verzichten** (Jaeger/*Eckardt* Rn. 8).

VI. Die Prüfung der Rechnungslegung

16 Primärer **Adressat der Rechnungslegung** durch den Verwalter ist die Gläubigerversammlung; die Gläubiger können die Rechnungslegung daher auch überprüfen. Absatz 2 Satz 1 regelt die Pflicht des Insolvenzgerichts, eine Prüfung der Rechnungslegung vorzunehmen. Diese Pflicht ist eine Ausprägung der allgemeinen Aufsichtspflicht des Gerichts. Ist ein **Gläubigerausschuss** eingesetzt, hat dieser eine aus § 69 S. 2 folgende eigene Prüfungspflicht und ein Prüfungsrecht; bei Beendigung des Verfahrens ist ihm die Schlussrechnung vor der Auslegung zur Stellungnahme zuzuleiten. Auch **Zwischenrechnungen** unterfallen der Prüfungspflicht des Gläubigerausschusses und des Gerichts.

Erfüllt der Verwalter seine Rechnungslegungsfrist nicht, kann ihn das Insolvenzgericht als Aufsichtsorgan durch **Zwangsmaßnahmen** nach § 58 Abs. 2 dazu anhalten (BGH NZI 2005, 391; ZIP 2011, 1123). Zwar ist hinsichtlich der Rechnungslegung eine Ersatzvornahme grds. nicht möglich, da es sich um eine höchstpersönliche Pflicht des Verwalters handelt (Uhlenbruck/*Mock* Rn. 16; Nerlich/Römermann/*Delhaes* Rn. 6). Allerdings kann das Insolvenzgericht den Verwalter entlassen (BGH WM 2012, 280) und dem neu bestellten Verwalter die Erfüllung der Rechnungslegung aufgeben (Jaeger/*Eckardt* Rn. 21). 17

1. Prüfung durch das Gericht. a) Funktionelle Zuständigkeit. Funktionell zuständig ist grds. der Rechtspfleger (§§ 3 Nr. 2e, 18 Abs. 1 RPflG); ausnahmsweise der Richter, wenn er sich das Verfahren vorbehalten hat (§ 18 Abs. 2 RPflG). 18

b) Prüfungsumfang. Die Prüfung durch das Gericht umfasst inhaltlich die **Einhaltung der formellen Voraussetzungen** der Rechnungslegung, insbes. die vollständige und geordnete Erfassung aller Geschäftsvorfälle, die rechnerische Richtigkeit und die Übereinstimmung der Buchungsvorgänge mit den beigefügten Belegen. In materieller Hinsicht prüft das Gericht weiter, ob sich aus den Darstellungen ein vollständiges Bild ergibt, die Handlungen des Insolvenzverwalters nachvollzogen werden können und ob die Handlungen rechtmäßig waren (vgl. AG Duisburg ZIP 2005, 2335; *Bähner* KTS 1991, 347 [353]; HambK-InsO/*Weitzmann* Rn. 12; FK-InsO/*Schmitt* Rn. 16). 19

Das Gericht überprüft nicht, ob die dargestellten Handlungen des Verwalters inhaltlich richtig, insbes. zweckmäßig waren. Für eine **Zweckmäßigkeitsprüfung** hat das Gericht keine Kompetenz; dies ist Sache der Gläubiger, die zum Zweck weitergehender Ermittlungen für die Einsetzung eines Sonderinsolvenzverwalters sorgen können (HambK-InsO/*Weitzmann* Rn. 12; Uhlenbruck/*Mock* Rn. 82; FK-InsO/*Schmitt* Rn. 17; *Pape* ZVI 2008, 89 [95]). 20

Für die **Prüfungsintensität** genügt es im Regelfall, wenn das Gericht Stichproben nimmt; eine vollumfängliche Prüfung ist nicht erforderlich. Ergeben die Stichproben Ungereimtheiten, muss die Prüfung weiter in die Tiefe gehen. Das Gericht kann allerdings auch ohne Vorliegen konkreter Verdachtsmomente unangemeldete Zwischenprüfungen vornehmen (Uhlenbruck/*Mock* Rn. 95). 21

c) Sachverständige. In der Praxis ist es weit verbreitet, dass das Gericht die Prüfung der Rechnungslegung nicht selbst vornimmt, sondern einen **Auftrag an einen Sachverständigen** vergibt. Die dadurch entstehenden Kosten sind **Verfahrenskosten iS des § 54** (LG Heilbronn ZInsO 2009, 667; MüKoInsO/*Riedel* Rn. 34; FK-InsO/*Schmitt* Rn. 18), keine sonstigen Masseverbindlichkeiten iS des § 55. 22

Diese Praxis ist nicht unproblematisch, da im Grundsatz das Gericht einen Sachverständigen nur dann bestellen darf, wenn es selbst nicht sachkundig ist (BGH NJW 1993, 2382; BGHZ 156, 250 = NJW 2004, 1163; OLG Hamm ZIP 1986, 724; *Heyrath* ZInsO 2005, 1092 [1096]). Aufgabe des Staates ist es, die Insolvenzgerichte personell so auszustatten, dass diese die für die Erfüllung ihrer Aufgaben erforderlichen Fähigkeiten bereithalten (HambK-InsO/*Weitzmann* Rn. 13). Diese Pflicht kann nicht generell auf die Insolvenzmasse, die den Sachverständigen bezahlen muss, abgewälzt werden (vgl. zur Diskussion *Vierhaus* ZInsO 2008, 521 mwN). 23

Gegen die Beauftragung eines Sachverständigen durch das Gericht gibt es **kein selbständiges Rechtsmittel** (Uhlenbruck/*Mock* Rn. 93); allerdings kann der Sachverständige vom Insolvenzverwalter wegen der Besorgnis der Befangenheit nach § 406 ZPO abgelehnt werden, zB wenn es sich um einen im gleichen Bezirk bestellten Insolvenzverwalter handelt und die Befangenheit daher wegen des Kon- 24 kurrenzverhältnisses zu befürchten ist (OLG Köln ZIP 1990, 58 [59]; Kübler/Prütting/Bork/*Onusseit* Rn. 23; HambK-InsO/*Weitzmann* Rn. 13).

25 Nach einer in der Literatur vertretenen Meinung darf das Gericht keinen eigenen Sachverständigen einsetzen, wenn ein **Gläubigerausschuss** bestellt ist, da gem. § 69 S. 2 eine dauerhafte Kontrolle der Ein- und Ausgaben und des Geldbestandes zu den Aufgaben des Gläubigerausschusses gehört (FK-InsO/*Schmitt* Rn. 18). Das stößt auf Bedenken, weil das Insolvenzgericht eine eigene Überwachungspflicht hat und selbstbestimmen können muss, wie und mit welcher Intensität es dieser Pflicht genügen will. Unproblematisch ist es, wenn der Gläubigerausschuss seinerseits die Einsetzung eines Sachverständigen beschließt (*Ganter* FS Fischer, 2008, 121 [124]; HambK-InsO/*Weitzmann* Rn. 13).

26 **d) Prüfungsvermerk.** Nach Absatz 2 Satz 2 hat das Gericht einen **Vermerk über seine Prüfung** anzufertigen und diesen mit der Schlussrechnung auszulegen. Über den Inhalt des Vermerks gibt es keine weiteren gesetzlichen Regelungen; dieser ergibt sich aus dem Zweck der Vorschrift: Der Vermerk muss die Gläubiger über die vom Gericht vorgenommenen Prüfungshandlungen und die dabei gewonnenen Erkenntnisse informieren. Aufzuführen ist also der Umfang der Prüfungshandlungen und die getroffenen Feststellungen, insbes. sind Beanstandungen aufzuführen, die bis zur Auslegung nicht beseitigt wurden.

27 Stellt das Gericht bei der Prüfung **Mängel der Rechnungslegung** fest, soll es dem Verwalter zunächst aufgeben, diese nachzubessern (Kübler/Prütting/Bork/*Onusseit* Rn. 19; HambK-InsO/*Weitzmann* Rn. 11). Beseitigt der Insolvenzverwalter die Mängel oder Fehler nicht, kann das Gericht die erforderlichen Maßnahmen mit Aufsichtsmitteln durchsetzen und muss uU die Genehmigung für die Durchführung einer Schluss- oder Zwischenausschüttung oder die Durchführung des Schlusstermins verweigern (*Uhlenbruck* ZIP 1982, 125 [135]; HambK-InsO/*Weitzmann* Rn. 14; MüKoInsO/*Riedel* Rn. 37 f.).

28 **2. Prüfung durch den Gläubigerausschuss.** Die **Prüfungskompetenz des Gläubigerausschusses reicht inhaltlich weiter** als die des Gerichts, weil sie kein Ausfluss der Rechtsaufsicht durch das Gericht ist, sondern der Gläubigerautonomie im Verfahren (Uhlenbruck/*Mock* Rn. 100; Kübler/Prütting/Bork/*Onusseit* Rn. 25). Der Gläubigerausschuss kann also neben den formellen und materiellen Voraussetzungen einer ordnungsgemäßen Rechnungslegung auch prüfen, ob die dargestellten Handlungen des Verwalters zweckmäßig waren und kann daran die Überlegung anschließen, den Verwalter zu bestimmten Handlungen/Unterlassungen anzuweisen oder die Bestellung eines Sonderinsolvenzverwalters zur Verfolgung von Schadensersatzansprüchen beantragen.

29 Dem Gläubigerausschuss wird die Rechnungslegung des Verwalters durch das Gericht zur Stellungnahme zugeleitet. Der **Gläubigerausschuss hat eine Stellungnahme abzugeben,** in der seine Prüfung und deren Ergebnisse schriftlich zu dokumentieren sind; diese ist dem Gericht zur Verfügung zu stellen. Das Gericht kann dem Gläubigerausschuss eine Frist zur Stellungnahme setzen und die Schlussrechnung nach Ablauf der Frist auch ohne die Stellungnahme des Gläubigerausschusses auslegen, wenn diese bis dahin nicht eingereicht wurde (vgl. Stellungnahme des Bundesrates zum RegE, bei *Balz/Landfermann* S. 147).

VII. Auslegung (Absatz 2 Satz 2, 3)

30 Nach Absatz 2 Satz 2 und 3 hat das Gericht die Schlussrechnung vollständig unter Beifügung sämtlicher Belege, der Stellungnahme des Gläubigerausschusses und der eigene Stellungnahme zur **Einsicht durch die Beteiligten** auszulegen. Im Regelfall geschieht die Auslegung auf der Geschäftsstelle des Amtsgerichts; vorgeschrieben ist dies aber bewusst nicht, da in Großverfahren eine andere

Handhabung angezeigt sein kann. Die **Frist zur Auslegung** muss mindestens eine Woche betragen; sollte aber bei Bedarf im Einzelfall länger sein (FK-InsO/*Schmitt* Rn. 25).

Beteiligte iSd Vorschrift sind der Schuldner selbst, ein etwaiger Nachfolger im Amt des Insolvenzverwalters, Absonderungsgläubiger und Insolvenzgläubiger, wozu auch nachrangige Insolvenzgläubiger zählen, selbst wenn sie keine Quotenzahlung zu erwarten haben. **Nicht beteiligt sind Gläubiger von Masseverbindlichkeiten** (Kübler/Prütting/Bork/*Onusseit* Rn. 29; aA Jaeger/*Eckardt* Rn. 50; HambK-InsO/*Weitzmann* Rn. 18; Uhlenbruck/*Mock* Rn. 106). Die Gläubiger von Masseverbindlichkeiten können nicht an der Gläubigerversammlung teilnehmen. Zwar haben auch sie schutzwürdige Interessen, denen aber an anderer Stelle Rechnung getragen werden muss. Dass die Forderungen von Massegläubigern uU später als Insolvenzforderungen erkannt werden können (so Jaeger/*Eckardtt* Rn. 50), rechtfertigt eine Teilnahme jedenfalls nicht. 31

VIII. Sonderfälle

1. Beendigung durch Insolvenzplan. Nach dem mit dem ESUG neu eingeführten Absatz 1 Satz 2 kann im Insolvenzplan eine von der allgemeinen Rechnungslegungspflicht des Verwalters abweichende Regelung getroffen werden. Es kann der Umfang der Rechnungslegungspflichten reduziert, diese gänzlich suspendiert oder ein für die Rechnungslegung abweichender Zeitpunkt bestimmt werden. Auf diese Weise kann der Zeitraum zwischen Annahme des Insolvenzplanes durch die Gläubiger und Aufhebung des Verfahrens erheblich verkürzt werden. Solche Abweichungen vom gesetzlichen Leitbild sind konsequent, da die gläubigerschützende Rechnungslegungspflicht für diese auch disponibel sein muss. Der Minderheitenschutz des § 251 Abs. 1 Nr. 2 wird dem regelmäßig nicht entgegen stehen, da eine Schlechterstellung durch die fehlende Rechnungslegung normalerweise nicht gegeben sein wird. 32

2. Tod des Verwalters/Verwalterwechsel. Der Tod des Insolvenzverwalters hat den **Übergang der Rechnungslegungspflicht auf die Erben** zur Folge (HK-InsO/*Eickmann* Rn. 73). Allerdings werden diese mangels entsprechender Fachkenntnisse regelmäßig nicht in der Lage sein, eine ordnungsgemäße Schlussrechnung zu legen, so dass man es genügen lassen muss, dass die Erben aus den ihnen zugänglichen Unterlagen eine Teil-Schlussrechnung erstellen, die im Umfang geringer ist und von den im Einzelfall tatsächlichen Möglichkeiten abhängt (Jaeger/*Eckardt* Rn. 36; 13 ff.). Jedenfalls sind die Erben dazu verpflichtet, der Rechenschaft sämtliche ihnen zugänglichen relevanten Unterlagen beizufügen. 33

Das Vorstehende gilt auch im Falle eines Verwalterwechsels für dessen Rechnungslegung bezgl. der Zeit des Vorverwalters. Auch hier sind im Einzelfall die Anforderungen an den Inhalt der Rechenschaft unter Abwägung der Interessen der Gläubiger an einer umfassenden Information und den tatsächlichen Erkenntnismöglichkeiten des Verwalters zu bestimmen (Jaeger/*Eckert* Rn. 36). 34

IX. Eidesstattliche Versicherung

Soweit Grund zu der Annahme besteht, dass die in der Rechnungslegung enthaltenen Angaben über die Einnahmen nicht mit der erforderlichen Sorgfalt gemacht worden sind, kann jeder einwendungsberechtigte Gläubiger gem. § 259 Abs. 2 BGB von dem Verwalter die Abgabe einer eidesstattlichen Versicherung dahingehend verlangen, dass er die Einnahmen nach bestem Wissen so vollständig angegeben hat, als er dazu imstande war (Nerlich/Römermann/*Delhaes* Rn. 27). Unterschiedlich beurteilt wird die **Frage, welches Gericht zur Abnahme der eidesstattlichen Versicherung zuständig** ist, das Prozessgericht (MüKoInsO/ 35

Riedel Rn. 15; HK-InsO/*Metoja* Rn. 18) oder das Insolvenzgericht (Nerlich/Römermann/*Delhaes* Rn. 27), wobei letzterer Auffassung wegen der größeren Sachnähe und der ohnehin bestehenden Prüfungskompetenz der Vorzug zu geben ist.

Einsetzung des Gläubigerausschusses[1]

67 (1) **Vor der ersten Gläubigerversammlung kann das Insolvenzgericht einen Gläubigerausschuß einsetzen.**

(2) [1]**Im Gläubigerausschuß sollen die absonderungsberechtigten Gläubiger, die Insolvenzgläubiger mit den höchsten Forderungen und die Kleingläubiger vertreten sein.** [2]**Dem Ausschuß soll ein Vertreter der Arbeitnehmer angehören.**

(3) **Zu Mitgliedern des Gläubigerausschusses können auch Personen bestellt werden, die keine Gläubiger sind.**

Schrifttum: *Ehlers,* Teilnahme und Nutzen einer Mitgliedschaft im Gläubigerausschuss, BB 2013, 259; *Frege,* Die Rechtsstellung des Gläubigerausschusses nach der Insolvenzordnung (InsO), NZG 1999, 478; *Frege/Nicht,* Informationserteilung und Informationsverwendung im Insolvenzverfahren, InsVZ 2010, 407; *Frind,* Nach- und Umbesetzungen des (vorläufigen) Gläubigerausschusses, ZIP 2013, 2244; *ders.,* Probleme bei der Bildung und Kompetenz des vorläufigen Gläubigerausschusses, BB 2013, 265; *Graeber,* Gläubigerausschuss und Insolvenzverwalterbüro – Zur angemessenen Distanz und Zusammenarbeit aus richterlicher Sicht, InsbürO 2014, 101; *Gundlach/Frenzel/Jahn,* Die Auflösung des Gläubigerausschusses im laufenden Insolvenzverfahren, ZInsO 2011, 708; *Gundlach/Frenzel/Schmidt,* Die GmbH als Gläubigerausschussmitglied, ZInsO 2007, 531; *dies.,* Die Verschwiegenheitspflicht des Gläubigerausschussmitglieds, ZInsO 2006, 69; *Gundlach/Frenzel/Strandmann,* Die Rechtsaufsicht des Insolvenzgerichts als Mittel der Begrenzung der Gläubigerautonomie, NZI 2008, 461; *Haenecke,* Zur Stellung eines Gläubigerausschußmitgliedes im Konkursverfahren, KTS 1983, 533; *Heeseler/Neu,* Plädoyer für die Professionalisierung des Gläubigerausschusses, NZI 2012, 440; *Hegmanns,* Der Gläubigerausschuß – Eine Untersuchung zum Selbstverwaltungsrecht der Gläubiger im Konkurs, 1986; *Heidland,* Die Rechtsstellung und Aufgaben des Gläubigerausschusses als Organ der Gläubigerselbstverwaltung in der Insolvenzordnung, in Kölner Schrift zur Insolvenzordnung, 2. Aufl. 2000, S. 711; *Hess/Weis,* Die Stellung des Gläubigerausschusses in der Insolvenzordnung, InVo 1997, 1; *Kautzsch,* Vertretung der Gläubiger im Konkursverfahren durch Ausschüsse bei den Handels- und Gewerbekammern, KuT 1933, 117; *Kübler,* Ausgewählte Probleme zu Gläubigerversammlung und Gläubigerausschuss, FS Kreft, 2004, 369; *Lissner,* Die Bestellung eines Gläubigerausschusses gegen die Gläubigerinteressen, DZWIR 2013, 323; *Marotzke,* Das deutsche Insolvenzverfahren: ein Hort institutionalisierter Unverantwortlichkeit? – Disharmonien zwischen Risikobeteiligung, Herrschaft und Haftung der maßgeblichen Akteure, KTS 2014, 113; *ders.,* Gläubigerautonomie – ein modernes Missverständnis, ZInsO 2003, 726; *Mohrbutter,* Der Betriebsratsvorsitzende im Gläubigerausschuß und Gläubigerbeirat, KTS 1955, 57; *Obermüller,* Der Gläubigerausschuß im Konkurs und Vergleich, FS Möhring, 1975, 101; *ders.,* Der Gläubigerausschuss nach dem „ESUG", ZInsO 2012, 18; *Oelrichs,* Gläubigermitwirkung und Stimmverbote im neuen Insolvenzverfahren, 1999; *Ohr,* Der Beamte im Gläubigerausschuß – Nebentätigkeit oder Haupttätigkeit?, KTS 1992, 343; *Pape,* Die Gläubigerautonomie in der Insolvenzordnung, ZInsO 1999, 305; *ders.,* Die Gläubigerbeteiligung im Insolvenzverfahren unter besonderer Berücksichtigung der Interessen der Kreditwirtschaft, WM 2003, 313 und 2003, 361; *ders.,* Gläubigerbeteiligung im Insolvenzverfahren, 2000; *ders.,* Rechtliche Stellung, Aufgaben und Befugnisse des Gläubigerausschusses im Insolvenzverfahren, ZInsO 1999, 675; *Pape/Schmidt,* Kreditvergaben und Gläubigerausschuss, ZInsO 2004, 955; *Paulus,* Insolvenzverwalter und Gläubigerorgane, NZI 2008, 705; *Runkel,* Der Gläubigerausschuss und der Insolvenzverwalter – Konfliktlagen, Konfliktlösungen und Haftungsfragen, FS Görg, 2010, 393; *Uhlenbruck,* Ausgewählte Pflichten und Befugnisse des Gläubigerausschusses in der Insolvenz, ZIP 2002, 1373; *ders.,* Grenzen der Mitwirkung von Gläubigerausschuß und Gläubigerbeirat im Insolvenzverfahren, BB 1976, 1198; *Vallender,* Interessenkollisionen und ihre Auflösung bei Aus-

[1] § 67 Abs. 2 Satz 2 geänd. mWv 1.3.2012 durch G v. 7.12.2011 (BGBl. I S. 2582).

übung des Amtes als Gläubigerausschussmitglied, FS Ganter, 2010, 391; *ders.*, Rechtsstellung und Aufgaben des Gläubigerausschusses, WM 2002, 2040; *Vogl,* Rechtsprobleme im Zusammenhang mit der Bestellung des Gläubigerausschusses durch die Gläubigerversammlung, InVo 2001, 389; *Wroblewski,* Arbeitnehmervertreter im (vorläufigen) Gläubigerausschuss, ZInsO 2014, 115.

Übersicht

I. Stellung des Gläubigerausschusses und seiner Mitglieder im Insolvenzverfahren

Der Gläubigerausschuss ist ein **selbständiges gesetzliches Organ** im Insolvenzverfahren (BGHZ 202, 324 [330] = NJW 2015, 64 [65] = NZI 2015, 166 [167]; BGH NZI 2008, 306 [307]; vgl. auch schon RG JW 1893, 487), das unabhängig vom Insolvenzgericht, vom Insolvenzverwalter und auch von der Gläubigerversammlung ist (vgl. Nerlich/Römermann/*Delhaes* § 67 Rn. 1 und § 68 Rn. 1). Im Gläubigerausschuss kommt – ähnlich wie in der Gläubigerversammlung – die **Gläubigerautonomie** im Insolvenzverfahren zum Ausdruck (vgl. *Marotzke* KTS 2014, 113 ff. [insbes. 120 ff.]). Der Gläubigerausschuss dient den Interessen der Gläubiger, indem er deren ständigen Einfluss auf das Insolvenzverfahren sicherstellt (BGHZ 202, 324 [330] = NJW 2015, 64 [65] = NZI 2015, 166 [167]). 1

Es gibt **nur einen** („den") **Gläubigerausschuss.** Er kann **keine Unterausschüsse im förmlichen Sinne** bilden (aA wohl Jaeger/*Gerhardt* § 67 Rn. 16); möglich ist jedoch ein arbeitsteiliges Wirken etwa zur Vorbereitung von Gläubigerausschusssitzungen auf informeller Basis (vgl. auch *Heidland* Kölner Schrift InsO S. 711 Rn. 25; vgl. ferner → § 69 Rn. 12) und die Beauftragung eines Mitglieds des Gläubigerausschusses, Informationen (zB nach Maßgabe von § 97 Abs. 1 S. 1) einzuholen. 2

Die Insolvenzordnung kennt neben dem Gläubigerausschuss **keinen Gläubigerbeirat** (heute allgM; vgl. nur HK-InsO/*Riedel* § 67 Rn. 4; *Heidland* Kölner Schrift InsO S. 711 Rn. 11; *Graeber* FS Runkel, 2009, 63 [65]; vgl. zum Gläubigerbeirat iÜ *Oelrichs,* Gläubigermitwirkung und Stimmverbote, 46 ff.), auch nicht 3 im Insolvenzplanverfahren (insofern aA mit Blick auf § 218 Abs. 3 Leonhardt/Smid/Zeuner/*Smid* § 67 Rn. 10). Ein „Beirat" als formloses und nicht mit Rechten ausgestattetes Informationsforum für den Insolvenzverwalter ist allerdings nicht per se unzulässig (Jaeger/*Gerhardt* § 67 Rn. 36 ff.; vgl. auch BT-Drs. 12/2443, 99; aA wohl *Hess* § 67 Rn. 13). Doch dürfen die Verschwiegenheitspflicht (vgl. → § 69 Rn. 8) und die Pflicht zur Gleichbehandlung der Insolvenzgläubiger nicht verletzt werden.

4 Der Gläubigerausschuss hat **eigenständige Rechte und Pflichten.** Eine **Überwachung des Ausschusses** durch das Insolvenzgericht **findet nicht statt** (BGH WM 1965, 1158 [1159] = KTS 1966, 17 [19]; *Hess* § 67 Rn. 11; vgl. Nerlich/Römermann/*Delhaes* § 69 Rn. 10). Zwischen Insolvenzgericht und Gläubigerausschuss besteht auch kein Stufenverhältnis; die Beziehung sollte vielmehr eine auf Kooperation angelegte sein (vgl. *Paulus* NZI 2008, 705 [710]).

5 Der Gläubigerausschuss ist **gegenüber der Gläubigerversammlung selbständig** und steht auch zu ihr in keinem Rang- oder Auftragsverhältnis (vgl. Jaeger/*Gerhardt* § 67 Rn. 6; *Hess* § 67 Rn. 10). Zwischen Gläubigerausschuss und den einzelnen Insolvenzgläubigern existiert ebenfalls weder ein Auftrags- noch ein Vertretungsverhältnis (vgl. RGZ 20, 108 [109]; BGHZ 124, 86 [93] = NJW 1994, 453 [454]; BGH NZI 2007, 346 [347]; LG Gießen ZIP 1986, 1210; Kübler/Prütting/Bork/*Kübler* § 69 Rn. 4; *Hess* § 67 Rn. 10). Auch Mitglieder des Gläubigerausschusses, die nicht selbst Insolvenzgläubiger sind, vertreten nicht einzelne Insolvenzgläubiger (zutr. *Haenecke* KTS 1983, 533 gegen BGH ZIP 1981, 1001; wie hier auch Kübler/Prütting/Bork/*Kübler* § 69 Rn. 11 und 17; Uhlenbruck/*Knof* § 69 Rn. 34).

6 Die **Mitgliedschaft** im Gläubigerausschuss ist ein **höchstpersönliches Amt;** eine Vertretung ist nicht statthaft (Jaeger/*Gerhardt* § 67 Rn. 13; *Uhlenbruck* ZIP 2002, 1373 [1381]; aA *Cranshaw/Portisch/Knöpnadel* ZInsO 2015, 1 [4 ff.]; vgl. noch → Rn. 17 zur Vertretung einer juristischen Person als Ausschussmitglied); allerdings kann sich ein Gläubigerausschussmitglied etwa in Steuer-, Rechnungslegungs- und Rechtsangelegenheiten, aber auch bei Strategiefragen, externer Hilfspersonen bedienen. Die Mitglieder haben das **Gesamtinteresse der Gläubigergemeinschaft** – nicht ihre eigenen oder die des Insolvenzgläubigers, für den sie, wie zB ein Arbeitnehmervertreter, in den Ausschuss entsandt worden sind – zu wahren (vgl. BGH ZIP 1985, 423; NZI 2008, 306; *Pape* WM 2006, 19 [20 f.]; vgl. *Oelrichs,* Gläubigermitwirkung und Stimmverbote, S. 93 ff.). Sie sind nicht an Weisungen gebunden.

7 Die **Aufgaben und Mitwirkungsbefugnisse des** (vorläufigen) **Gläubigerausschusses** im Eröffnungsverfahren und im eröffneten Verfahren ergeben sich abschließend aus §§ 35, 56a, 59, 64 Abs. 2, 66 Abs. 2, 69, 70, 73, 74, 75 Abs. 1 Nr. 2, 97, 100 Abs. 2, 149, 151 Abs. 3 S. 2, 156 Abs. 2 S. 1, 158, 160, 187 Abs. 3, 195, 214 Abs. 2, 215 Abs. 2, 218 Abs. 3, 231 Abs. 2, 232, 233, 248 Abs. 2, 248a, 258 Abs. 3, 261 Abs. 2, 262, 270 Abs. 3, 270b Abs. 4, 274 Abs. 3, 276 (vgl. ferner → § 69 Rn. 13 ff. sowie die tabellarische Darstellung bei *Cranshaw/Portisch/Knöpnadel* ZInsO 2015, 1 [6 f.]). Die **Verantwortlichkeit** der Mitglieder des Gläubigerausschusses richtet sich nach § 71, der **Auslagen- und Vergütungsanspruch** nach § 73.

II. Einsetzung des vorläufigen Gläubigerausschusses durch das Insolvenzgericht

8 Die **Einsetzung** eines Gläubigerausschusses ist stets **Ermessenssache** (Jaeger/*Gerhardt* § 67 Rn. 14; vgl. schon *Becher* LZ 1914, 246 [249]: fakultatives Organ des Insolvenzverfahrens). Der endgültige Gläubigerausschuss wird – ohne Einflussnahmemöglichkeit des Insolvenzgerichts – von der Gläubigerversammlung bestellt

(§ 68), der vorläufige Gläubigerausschuss wird vom Insolvenzgericht durch Beschluss eingesetzt. Eine **Begründung dieses Beschlusses** ist **nicht erforderlich** (BK-InsO/*Blersch* § 67 Rn. 6), insbes. bei Abweichungen von den Soll-Vorgaben des Absatz 2 (vgl. 31 f.) aber im Interesse eines kooperativen Zusammenarbeitens von Insolvenzgericht und Insolvenzgläubigern angezeigt. – Zu Rechtsbehelfen vgl. → Rn. 34.

1. Einsetzung eines vorläufigen Gläubigerausschusses im eröffneten Verfahren. Das Insolvenzgericht kann **vor der ersten Gläubigerversammlung** einen vorläufigen Gläubigerausschuss (teilweise „Interimausschuss" genannt, vgl. → § 22a Rn. 5) einsetzen (Absatz 1). Geschieht dies nicht und beschließt auch die erste Gläubigerversammlung nicht die Einsetzung eines Gläubigerausschusses, so hat das Insolvenzgericht keine Möglichkeit mehr, einen Gläubigerausschuss einzusetzen (*Vallender* WM 2002, 2040 [2043]; wohl auch Kübler/Prütting/Bork/*Kübler* § 67 Rn. 30). 9

Die Einsetzung eines vorläufigen Gläubigerausschusses im eröffneten Verfahren steht im Ermessen des Gerichts (*Graeber* FS Runkel, 2009, 63 [64]); es handelt sich um eine reine Zweckmäßigkeitsentscheidung. Anders als noch nach § 78 Abs. 1 des RegE sieht das Gesetz die **Einsetzung nicht als Regel** vor (zur Notwendigkeit eines vorläufigen Gläubigerausschusses vgl. *Haberhauer/Meeh* DStR 1995, 2005 [2007]). 10

Wenn nicht schon im Insolvenzeröffnungsverfahren ein vorläufiger Gläubigerausschuss eingesetzt worden ist (vgl. → Rn. 13), wird der Faktor Zeit regelmäßig nicht mehr eine so große Rolle spielen, dass die Entscheidung der Gläubigerversammlung – diese wird meistens im Berichtstermin (§ 157) gefällt – nicht abgewartet werden kann. Nur in Fällen mit besonderem Umfang bzw. Schwierigkeiten und in solchen, in denen die **schnelle und effektive Mitwirkung der Gläubiger** in einem kleinen Gremium im Frühstadium des eröffneten Verfahrens angezeigt ist – dafür aber im Eröffnungsverfahren noch keine Notwendigkeit gesehen wurde –, ist ein vorläufiger Gläubigerausschuss nach § 67 sinnvoll (ähnlich wie hier: Kübler/Prütting/Bork/*Kübler* § 67 Rn. 9 f.; Uhlenbruck/*Knof* § 67 Rn. 8; andere Tendenz bei: Nerlich/Römermann/*Delhaes* § 67 Rn. 3; Leonhardt/Smid/Zeuner/*Smid* § 67 Rn. 2; vgl. auch Braun/*Hirte* § 67 Rn. 3 f.). 11

Angezeigt ist die Bestellung eines vorläufigen Gläubigerausschusses ferner in Fällen, in denen der Insolvenzverwalter dem Gericht gegen Ende des Insolvenzeröffnungsverfahrens oder zeitnah nach Eröffnung des Verfahrens seine Absicht mitteilt, besonders **bedeutsame Rechtshandlungen** iSd § 160 – sofern überhaupt zulässig – schon vor dem Berichtstermin vornehmen oder das Unternehmen des Schuldners stilllegen oder veräußern (§ 158) zu wollen. Die individuelle Abstimmung zwischen Insolvenzverwalter und einzelnen Großgläubigern – häufig praxisgerecht und auch mitunter effektiver als die Zusammenarbeit mit dem Gläubigerausschuss – wirkt für den Insolvenzverwalter nicht haftungsbefreiend (vgl. auch → § 160 Rn. 17 f.). Bei Anordnung der **Eigenverwaltung** sollte die Einsetzung eines vorläufigen Gläubigerausschusses der Regelfall sein (*Pape* ZInsO 1999, 675 [676]; Uhlenbruck/*Knof* § 67 Rn. 8; Braun/*Hirte* § 67 Rn. 5; MüKoInsO/*Schmid-Burgk* § 69 Rn. 25; vgl. auch *Vallender* WM 2002, 2040 [2048]). 12

2. Einsetzung eines vorläufigen („vor-vorläufigen") Gläubigerausschusses im Insolvenzeröffnungsverfahren. Seit dem **Inkrafttreten des ESUG** (Gesetz v. 7.12.2011, BGBl. I S. 2582) am 1.3.2012 kann bzw. soll das Insolvenzgericht auch schon im Insolvenzeröffnungsverfahren einen vorläufigen Gläubigerausschuss (besser noch immer: „vor-vorläufiger Gläubigerausschuss") einsetzen (§ 21 Abs. 2 Nr. 1a bzw. § 22a Abs. 2); bei Vorliegen der Voraussetzungen des § 22a Abs. 1 ist es dazu sogar verpflichtet. Die Zulässigkeit eines solchen Vor- 13 gehens war vor diesem gesetzgeberischen Schritt umstr. Einzelheiten bei → § 22a Rn. 6 ff.

III. Mitglieder des Gläubigerausschusses

14 **1. Bestimmung durch das Insolvenzgericht.** Die Mitglieder des Gläubigerausschusses werden vom **Insolvenzgericht** bestimmt. Dieses ist **nicht an Vorschläge gebunden,** auch nicht hinsichtlich des Arbeitnehmervertreters (vgl. *Warrikoff* BB 1994, 2338 [2345 f.]; BK-InsO/*Blersch* § 67 Rn. 6). Hinsichtlich der Besetzung des (vor-)vorläufigen Gläubigerausschusses im Insolvenzeröffnungsverfahren (vgl. → Rn. 13) kann die Benennung gem. § 22a Abs. 2 bzw. Abs. 4 jedoch Leitbildfunktion haben. Die Kontaktaufnahme zum (ggf. vorläufigen) Insolvenzverwalter ist in jedem Fall geboten (vgl. auch HK-InsO/*Riedel* § 67 Rn. 8).

15 **2. Taugliche Mitglieder und Inkompatibilitäten.** Taugliche Mitglieder des vorläufigen Gläubigerausschusses sind **Insolvenzgläubiger, Gläubigervertreter** sowie gem. Absatz 3 **Dritte.** Über Dritte als Mitglieder kann insbes. **externer Sachverstand** (zB durch Sanierungsexperten, Wirtschaftsprüfer, Rechtsanwälte oder Personen mit länderspezifischer Erfahrung in grenzüberschreitenden Verfahren, ggf. auch durch ehemalige „Insider" des schuldnerischen Unternehmens) in den Gläubigerausschuss geholt werden (vgl. auch *Ehlers* BB 2013, 259 [260]).

16 **Dritte** und insbes. **Gläubigervertreter** können durch die Aufnahme in den Gläubigerausschuss in einen **Loyalitätskonflikt** geraten (ausf. hierzu *Vallender* FS Ganter, 2010, 391 ff.), weil sie auch einem oder mehreren Gläubigern verantwortlich sein mögen. Ihre höherrangige Loyalitätspflicht besteht aber gegenüber dem Gläubigerausschuss. Ist bspw. ein Rechtsanwalt Mitglied des Gläubigerausschusses, darf er in dieser Eigenschaft gewonnene Informationen nicht zum einseitigen Vorteil seines zu den Gläubigern gehörenden Mandanten ausnutzen (BGH NZI 2008, 306; vgl. dazu *Bruckhoff* NZI 2008, 229 f.).

17 **Juristische Personen** können Gläubigerausschussmitglieder sein (hM: BGHZ 124, 86 = NJW 1994, 453; OLG Köln ZIP 1988, 992; Kübler/Prütting/Bork/*Kübler* § 67 Rn. 21 ff. mwN; aA *Hegmanns,* Der Gläubigerausschuss, 110 ff.; *Gundlach/Frenzel/Schmidt* ZInsO 2007, 531 ff.). Die Gegenansicht läuft der klaren Intention des Gesetzgebers (BT-Drs. 12/2443, 131) zuwider; auch praktische Bedenken (vgl. *Gundlach/Frenzel/Schmidt* ZInsO 2007, 531 [532 f.]) schlagen nicht durch: Juristische Personen als Gläubigerausschussmitglieder werden von ihren Organen vertreten, sind jedoch nicht gehindert, auch andere (natürliche) Personen als Vertreter in den Gläubigerausschuss zu entsenden (BGHZ 124, 86 = NJW 1994, 453; vgl. auch *Cranshaw/Portisch/Knöpnadel* ZInsO 2015, 1 [4]). In der Praxis kann eine Fluktuationsgefahr eingedämmt und eine adäquate Amtswahrnehmung erreicht werden, wenn von der juristischen Person die Angabe verlangt wird, wer im Normalfall das Ausschussamt wahrnimmt (vgl. AG Hamburg ZInsO 2013, 1804 [1805]; vgl. ferner *Frind* BB 2013, 265 [269 f.]). – Für juristische Personen des öffentlichen Rechts, Anstalten oder Körperschaften des öffentlichen Rechts gilt nichts anderes (Uhlenbruck/*Knof* § 67 Rn. 15).

18 **Nicht taugliche Mitglieder** des Gläubigerausschusses sind hingegen **Behörden** (vgl. BGHZ 124, 86 = NJW 1994, 453; *Hess* § 67 Rn. 28; BK-InsO/*Blersch* § 67 Rn. 11). Statt einer Behörde kann jedoch ein Mitarbeiter dieser Behörde, zB des Finanzamtes, gewählt werden (LG Lübeck Rpfleger 1994, 474; sa OLG Köln ZIP 1988, 992; *Pape* ZInsO 1999, 675 [677]; zur persönlichen Verantwortlichkeit nach § 71 vgl. *Ohr* KTS 1992, 343 ff.).

19 Gleichfalls nicht taugliche Mitglieder sind der **Schuldner** und der **Insolvenzverwalter** (Nerlich/Römermann/*Delhaes* § 68 Rn. 5; *Vallender* FS Ganter, 2010,

391 [392]) sowie die **Richter** und Rechtspfleger des zuständigen Insolvenzgerichts (Kübler/Prütting/Bork/*Kübler* § 67 Rn. 26; BK-InsO/*Blersch* § 67 Rn. 11; *Gundlach/Frenzel/Schmidt* ZInsO 2005, 974). Gleiches gilt in der Gesellschaftsinsolvenz für die **Mitglieder des Vertretungs-** (insofern allgM; vgl. nur *Pape* ZInsO 1999, 675 [677]; Uhlenbruck/*Knof* § 67 Rn. 16 mwN) **und Aufsichtsorgans** (insofern wie hier Kübler/Prütting/Bork/*Kübler* § 67 Rn. 24; Jaeger/*Gerhardt* § 67 Rn. 29; Braun/*Hirte* § 67 Rn. 11; Uhlenbruck/*Knof* § 67 Rn. 16; HambK-InsO/*Frind* § 67 Rn. 7; aA AG Hamburg ZIP 1987, 386; *Hess* § 67 Rn. 38). **Ehemalige Mitglieder** dieser Organe können hingegen in Betracht kommen (vgl. *Gundlach/Frenzel/Schmidt* ZInsO 2005, 974 für ausgeschiedene Aufsichtsratsmitglieder) und können kraft ihrer Kenntnisse über Unternehmensinterna als ehemalige „Insider" sogar sehr hilfreich für die Arbeit des Gläubigerausschusses sein; möglich ist ihre Bestellung aber nur, wenn keine Interessenkollision zu erwarten ist, insbes. ihr vorheriges Wirken in keinem engen Zusammenhang zur Insolvenz der Gesellschaft steht.

Nicht taugliche Mitglieder des Gläubigerausschusses sind schließlich **Gesellschafter** (einschließlich **Kommanditisten**) einer Gesellschaft ohne Rechtspersönlichkeit iSv § 11 Abs. 2 Nr. 1 (Uhlenbruck/*Knof* § 67 Rn. 16; MüKoInsO/*Schmid-Burgk* § 67 Rn. 23; Kübler/Prütting/Bork/*Kübler* § 67 Rn. 25), und zwar auch dann nicht, wenn sie von der Geschäftsführung und/oder Vertretung ausgeschlossen sind. Selbst wenn in einem Insolvenzplanverfahren Anteils- oder Mitgliedschaftsrechte durch den Insolvenzplan modifiziert werden sollen (vgl. § 225a), können Anteilsinhaber/Mitglieder nicht Mitglied des Gläubigerausschusses werden. Anderes gilt hingegen im Regelfall für die Gesellschafter einer insolventen juristischen Person (Jaeger/*Gerhardt* § 67 Rn. 29; Kübler/Prütting/Bork/*Kübler* § 67 Rn. 25; aA (aber ohne Differenzierung zwischen Gesellschaften ohne Rechtspersönlichkeit und juristischen Personen) Nerlich/Römermann/*Delhaes* § 67 Rn. 6; *Obermüller* FS Möhring, 1975, 101 [103]), nicht jedoch für den Alleingesellschafter. **20**

Eine so genannte **Überkreuzbestellung** – der Insolvenzverwalter des Verfahrens 1 wird Mitglied im Gläubigerausschuss des Verfahrens 2 und umgekehrt – ist wegen der Gefahr der Interessenkollision analog § 100 Abs. 2 Nr. 3 AktG **unzulässig** (Jaeger/*Gerhardt* § 67 Rn. 30; Nerlich/Römermann/*Delhaes* § 67 Rn. 8; Uhlenbruck/*Knof* § 67 Rn. 17; *Hegmanns,* Der Gläubigerausschuss, S. 117); dies gilt auch und gerade in der Konzerninsolvenz (*Uhlenbruck* ZIP 2002, 1373 [1381]; aA Braun/*Hirte* § 68 Rn. 10). **21**

Kein Hindernis, Mitglied des Gläubigerausschusses zu werden, ist die abstrakt bestehende Gefahr der **Erlangung von Vorteilen durch „Insiderwissen"** (LG Tübingen ZIP 1983, 1357). Die pflichtwidrige Nutzung und/oder Verbreitung von Insiderwissen kann zur Entlassung nach § 70, mangels Innehabung eines Amtes im strafrechtlichen Sinne aber nicht zur Strafbarkeit nach § 203 Abs. 1 Nr. 3 StGB führen (insofern aA Nerlich/Römermann/*Delhaes* § 67 Rn. 9; Uhlenbruck/*Knof* § 71 Rn. 21; *Vallender* FS Ganter, 2010, 391 [404]; wie hier *Brand/Sperling* KTS 2009, 355 [373 f.]). **22**

Die vorstehenden **Grundsätze** gelten nach § 21 Abs. 2 S. 1 Nr. 1a Hs. 1 **auch für den (vor-)vorläufigen Gläubigerausschuss im Insolvenzeröffnungsverfahren** (vgl. → Rn. 13). Aufgrund der fehlenden Verweisung auch auf Absatz 3 kann in einem solchen Gremium allerdings nicht jeder Dritte Mitglied werden (*Marotzke* KTS 2014, 113 [122 (in Fn. 37) u. 132 f.]), sondern gem. § 21 Abs. 2 S. 1 Nr. 1a Hs. 2 nur diejenigen Personen, „die erst mit Eröffnung des Insolvenzverfahrens Insolvenzgläubiger werden". Hierdurch soll verhindert werden, dass Nicht-Gläubiger Einfluss auf weitreichende Entscheidungen im Insolvenzeröffnungsverfahren nehmen können (BT-Drs. 17/7511, 45). Gleichzeitig soll aber va dem Pensions-Sicherungs-Verein Versicherungsverein auf Gegenseitigkeit (PSVaG), **23** jedoch auch Kredit- oder Kautionsversicherern ermöglicht werden, bereits im Eröffnungsverfahren Mitglied im vorläufigen Gläubigerausschuss zu werden (vgl. BT-Drs. 17/5712, 24; BT-Drs. 17/7511, 45 f.; speziell zur Mitgliedschaft von Arbeitnehmervertretern/Gewerkschaften im vorläufigen Gläubigerausschuss *Wroblewski* ZInsO 2014, 115 [118 f.]).

24 **3. Beginn und Ende des Amtes.** Die **Mitgliedschaft** im (vorläufigen) Gläubigerausschuss **beginnt mit** der **Annahme des Amtes** (LG Duisburg ZIP 2004, 729); die Annahme kann förmlich – zB durch Erklärung zu Protokoll des Insolvenzgerichts (vgl. HambK-InsO/*Frind* § 67 Rn. 8) –, aber auch konkludent – zB durch Beginn von Prüfhandlungen – geschehen (*Ganter* FS Fischer, 2008, 121 [127]). Das Insolvenzgericht kann eine Frist setzen, innerhalb derer die Annahme erklärt werden muss (HambK-InsO/*Frind* § 67 Rn. 8). Eine Pflicht zur Annahme des Amtes als Mitglied des (vorläufigen) Gläubigerausschusses besteht nicht (MüKoInsO/*Schmid-Burgk* § 68 Rn. 12; BK-InsO/*Blersch* § 67 Rn. 12; *Vallender* WM 2002, 2040 [2042]).

25 **Das Amt endet** mit dem Tod des Bestellten, bei Beendigung des Insolvenzverfahrens (§§ 200, 207, 211, 212, 213 sowie § 34); ggf. auch nach § 258, vgl. aber § 261 Abs. 1 S. 2), durch Entlassung (§ 70), wenn die Gläubigerversammlung nach § 68 den vorläufigen Gläubigerausschuss durch einen endgültigen Gläubigerausschuss ablöst oder wenn sie beschließt, keinen Gläubigerausschuss zu bestellen, nicht jedoch, wenn die erste Gläubigerversammlung gar keinen Beschluss über die Einsetzung eines Gläubigerausschusses fasst (vgl. *Pape* WM 2003, 361 [365]). – Die Mitgliedschaft im (vor-)vorläufigen Gläubigerausschuss im Insolvenzeröffnungsverfahren endet automatisch mit Eröffnung des Insolvenzverfahrens (*Frind* ZIP 2013, 2244 [2248]; *Ehlers* BB 2013, 259 [260]; Kübler/Prütting/Bork/*Kübler* § 67 Rn. 14; FK-InsO/*Schmitt* § 67 Rn. 20) sowie bei Abweisung des Antrags auf Eröffnung des Insolvenzverfahrens.

26 **Unzulässig** ist die **Niederlegung des Amts** durch einseitige Erklärung (AG Duisburg NZI 2003, 659 mAnm *Gundlach/Schirrmeister; Ehlers* BB 2013, 259 [261]; aA HambK-InsO/*Frind* § 68 Rn. 3: zulässig bei wichtigem Grund). Auch eine **Kündigung** – etwa in entsprechender Anwendung der §§ 626 f., 671 BGB – ist, da es sich um ein Amt und nicht um ein Schuldverhältnis handelt, **unzulässig;** dies wird anhand von § 70 deutlich (vgl. auch *Gundlach/Frenzel/Schmidt* InVo 2003, 49 f.). Bei Vorliegen eines wichtigen Grundes ist allenfalls die Entlassung des Ausschussmitglieds durch das Insolvenzgericht auf eigenen Antrag hin (§ 70 S. 2) möglich (vgl. dazu → § 70 Rn. 16 f.). Insofern wird es im Regelfall ausreichend sein, wenn das Ausschussmitglied, ohne dass sachfremde Motive offenkundig sind, in nachvollziehbarer Weise erklärt, sein Verbleiben im Amt sei nicht mehr zumutbar (AG Duisburg NZI 2003, 659).

27 **4. Wirksamkeit der Bestellung zum Mitglied und Überprüfbarkeit.** Nichtigkeit der Bestellung kommt etwa bei Bestellung von Behörden, des Schuldners oder des Insolvenzverwalters zu Mitgliedern des Gläubigerausschusses oder bei einer Überkreuzbestellung in Betracht (vgl. → Rn. 18 ff.). Bei **Streit über die Zugehörigkeit einer Person zum Gläubigerausschuss** sind auch unter Geltung der Insolvenzordnung die **ordentlichen Gerichte** zuständig (vgl. BGHZ 124, 86 = NJW 1994, 453 (zur Konkursordnung); LG Stade MDR 1972, 790; vgl. hingegen LG Stuttgart MDR 1960, 321; vgl. zur stets möglichen „Inzidentprüfung" der Zugehörigkeit zum Gläubigerausschuss bei anderen Entscheidungen → Rn. 34). Eine Zuständigkeit des Insolvenzgerichts (so Kübler/Prütting/Bork/*Kübler* § 68 Rn. 24; Uhlenbruck/*Knof* § 68 Rn. 19; *Hess* § 68 Rn. 9) ergibt sich auch nicht aufgrund von § 70 und der sich damit von der Konkursordnung unterscheidenden Rechtslage, da § 70 ein anderer Regelungsgehalt als das Feststellen einer Zugehörigkeit zukommt. – Ist die Bestellung einer Person zum

Mitglied des Gläubigerausschusses aus Gründen, die nur in seiner Person liegen, nichtig, so bleibt die Bestellung der übrigen Mitglieder wirksam (vgl. BGHZ 124, 86 = NJW 1994, 453; Jaeger/*Gerhardt* § 67 Rn. 12; *Pape* WM 2003, 361 [364]).

5. Die Zusammensetzung des vorläufigen Gläubigerausschusses. 28
a) Grundsatz. Das Insolvenzgericht hat im Grundsatz einen **Ermessensspielraum bei der Festlegung der Größe und der Zusammensetzung** des vorläufigen Gläubigerausschusses. Allerdings muss auch der vorläufige Gläubigerausschuss – wobei mit Blick auf die Abstimmungsmodalitäten (§ 72) eine ungerade Mitgliederzahl zweckmäßig ist (*Hess* § 67 Rn. 29; Kübler/Prütting/Bork/*Kübler* § 67 Rn. 20) – aus mehreren Personen bestehen (BGH NZI 2009, 386; LG Neuruppin ZIP 1997, 2130), aber zwei Mitglieder können genügen (BGHZ 124, 86 [91] = NJW 1994, 453 [454]); dies gilt auch in Verbraucherinsolvenzverfahren (AG Augsburg NZI 2003, 509). Jedenfalls in größeren Verfahren ist es (auch wegen Absatz 2) im Regelfall sinnvoll, wenn der Gläubigerausschuss **fünf Mitglieder** hat (vgl. auch HambK-InsO/*Frind* § 67 Rn. 4; AG Ludwigshafen NZI 2012, 850 (für den Fall der Betriebsfortführung)). – Bis zur ersten Gläubigerversammlung hat das Insolvenzgericht auch die Möglichkeit, nachträglich eine zusätzliche Person zum Mitglied des vorläufigen Gläubigerausschusses zu bestellen (AG Kaiserslautern NZI 2004, 676; Uhlenbruck/*Knof* § 67 Rn. 9; Graf-Schlicker/*Pöhlmann/Kubusch* § 67 Rn. 7).

b) Bedeutung von Absatz 2. Der vorstehende Grundsatz wird durch **Absatz 2** relativiert, auch wenn die sich daraus ergebenden Einschränkungen nicht bedeuten, dass dem vorläufigen Gläubigerausschuss mindestens 3 Mitglieder angehören müssen (ganz hM; *Heidland* Kölner Schrift InsO, 2. Aufl. 2000, S. 711 Rn. 12; MüKoInsO/*Schmid-Burgk* § 67 Rn. 11; Jaeger/*Gerhardt* § 67 Rn. 21; Nerlich/Römermann/*Delhaes* § 67 Rn. 5; vgl. auch *Pape* ZInsO 1999, 675 [677]; iE auch HambK-InsO/*Frind* § 67 Rn. 4). 29

Nach Absatz 2 sollen die **absonderungsberechtigten Gläubiger,** die **Insolvenzgläubiger mit den höchsten Forderungen** und die **Kleingläubiger** (vgl. zu den beiden letzten Begriffen *Heidland* Kölner Schrift InsO, 2. Aufl. 2000, S. 711 Rn. 12) vertreten sein. Welcher Gläubiger als Repräsentant dieser drei Gläubigergruppen Mitglied des vorläufigen Gläubigerausschusses wird, steht im Ermessen des Gerichts. Bei der Auswahl kann zB die Höhe der Forderung, die Erreichbarkeit und die Branchenkenntnis des Gläubigers oder die Art der Geschäftsbeziehung zum Schuldner eine Rolle spielen. Darüber hinaus soll ein **Vertreter der Arbeitnehmer** zum Mitglied des vorläufigen Gläubigerausschusses bestellt werden (ausf. *Wroblewski* ZInsO 2014, 115 ff.). Der bis Ende Februar 2012 geltende Zusatz, dass dies nur der Fall sein soll, wenn die Arbeitnehmer als Insolvenzgläubiger mit nicht unerheblichen Forderungen am Verfahren beteiligt sind (vgl. dazu noch Jaeger/*Gerhardt* § 67 Rn. 22), wurde durch das ESUG (Gesetz v. 7.12.2011, BGBl. I S. 2582) gestrichen. Seit der Streichung des Zusatzes kommt es, wie sich aus der Gesetzesbegründung (BT-Drs. 17/5712, 23) ergibt, überhaupt nicht mehr darauf an, dass Arbeitnehmer Insolvenzgläubiger sind (*Wroblewski* ZInsO 2014, 115 [116]; vgl. aber noch sogleich → Rn. 31). 30

Diese **Soll-Vorschriften schränken das Ermessen** des Insolvenzgerichts **ein** (vgl. BT-Drs. 12/7302, 163). Im Regelfall hat es sich bei seiner Entscheidung an diesen Leitlinien zu orientieren; für Abweichungen müssen objektive Gründe bestehen. Trotzdem bleibt bei Vorliegen entsprechender Umstände **Raum für andere Entscheidungen** (vgl. auch Kübler/Prütting/Bork/*Kübler* § 67 Rn. 15 ff.). Dies gilt zB insbes. dann, wenn Arbeitnehmer nicht die Stellung als Insolvenzgläubiger haben. Keinesfalls leitet sich aus Absatz 2 ein Anspruch auf Mitgliedschaft der dort genannten Gläubiger ab (so auch *Frege* NZG 1999, 478 [480]). 31

32 Das Gericht muss bei seiner Entscheidung die **Interessen aller Beteiligten** angemessen berücksichtigen (vgl. BT-Drs. 12/7302, 163; vgl. auch Jaeger/*Gerhardt* § 67 Rn. 21). Es soll – jedenfalls im Regelfall – gleichsam die Annäherung an ein „Spiegelbild der Gläubigerschaft" erreicht werden, auch wenn dies nur schwerlich möglich ist: Angesichts des Erfordernisses, den vorläufigen Gläubigerausschuss besonders flexibel arbeiten zu lassen, und angesichts seiner regelmäßig nur kurzen Tätigkeitszeit, muss die Zahl seiner Mitglieder gering gehalten werden (vgl. auch MüKoInsO/*Schmid-Burgk* § 67 Rn. 11: „Sollstärke" drei bis vier Mitglieder). Deshalb kann es auch nicht als Regel gelten, dass im vorläufigen Gläubigerausschuss neben einem Mitglied der Gläubigerbanken ein Konsortialführer als Mitglied zu bestellen ist (so aber AG Kaiserslautern NZI 2004, 676).

33 Kraft der Verweisung in § 21 Abs. 2 S. 1 Nr. 1a Hs. 1 gelten die **Soll-Vorgaben des Absatz 2 auch für** den **(vor-)vorläufigen Gläubigerausschuss im Insolvenzeröffnungsverfahren** (vgl. → Rn. 13). Die Insolvenzordnung schreibt auch für diesen vorläufigen Gläubigerausschuss keine bestimmte Zusammensetzung oder Mindestgröße fest vor. Daher hängt die Zulässigkeit eines Antrags nach § 22a Abs. 2 auch nicht davon ab, dass darin mindestens vier Personen benannt werden (so aber AG Hamburg ZInsO 2013, 1804 [1806]; zu Recht krit. dagegen *Martini* ZInsO 2013, 1782 [1784]). Angesichts des besonderen Zuschnitts des (vor-)vorläufigen Gläubigerausschusses im Insolvenzeröffnungsverfahren auf die Unternehmensreorganisation ist aber eine Repräsentanz der Gläubigerbanken, der Lieferantengläubiger, der Arbeitnehmer und ggf. der institutionellen und der sonstigen gesicherten Gläubiger angezeigt.

34 **c) Rechtsbehelf gegen die Einsetzungsentscheidung des Insolvenzgerichts.** Gegen die Einsetzung eines vorläufigen Gläubigerausschusses gibt es bei Entscheidung durch den Richter **kein** – auch kein auf die Benennung der Mitglieder beschränktes – **Rechtsmittel** (vgl. *Heidland* Kölner Schrift InsO, 2. Aufl. 2000, S. 711 Rn. 12; BK-InsO/*Blersch* § 67 Rn. 6); für eine nach § 11 Abs. 2 RPflG mögliche Rechtspflegererinnerung bei Entscheidung durch den Rechtspfleger wird regelmäßig die Beschwer fehlen (Jaeger/*Gerhardt* § 67 Rn. 35; HK-InsO/*Riedel* § 67 Rn. 4; Braun/*Hirte* § 67 Rn. 18 f.). Ferner ist auch eine Anrufung des Insolvenzgerichts zur Entscheidung über die Zugehörigkeit eines Mitglieds nicht statthaft (vgl. auch → Rn. 27). Hiervon zu unterscheiden ist die bloße Inzidentprüfung des Insolvenzgerichts – etwa bei der Vergütungsfestsetzung –, ob eine Person zum Gläubigerausschuss gehört: Diese nicht mit Feststellungswirkung verbundene Prüfung ist dem Insolvenzgericht unbenommen (vgl. dazu LG Stuttgart MDR 1960, 321). – Gegen die Entscheidung über die Einsetzung eines (vor-)vorläufigen Gläubigerausschusses im Insolvenzeröffnungsverfahren steht dem Schuldner nach § 21 Abs. 1 S. 2 die sofortige Beschwerde zu; dieses Recht erfasst aber nur das Ob der Bestellung, nicht auch die Frage der Auswahl der Gläubigerausschussmitglieder (LG Kleve NZI 2013, 599; in Bezug auf Verfahrensfehler bei der (Nach-)Bestellung aA *Haarmeyer* ZInsO 2013, 1039).

IV. Ende der Tätigkeit des vorläufigen Gläubigerausschusses

35 Die Tätigkeit des vorläufigen Ausschusses endet, wenn die **Gläubigerversammlung** die **Nichtbestellung eines Ausschusses** beschließt, anderenfalls mit der Wahl eines anderen – auch eines identisch besetzten – Ausschusses durch die Gläubigerversammlung nach § 68 (aA und mit Hinweis auf § 70 für Organkontinuität *Oelrichs,* Gläubigermitwirkung und Stimmverbote, 41). Trifft die Gläubigerversammlung keine Entscheidung, bleibt der vorläufige Gläubigerausschuss – ggf. bis zur Verfahrensbeendigung – im Amt (hM: vgl. nur Kübler/Prütting/

Bork/*Kübler* § 67 Rn. 32 mwN; *Pape* ZInsO 1999, 675 [677]; aA MüKoInsO/*Schmid-Burgk* § 67 Rn. 28; enger auch Jaeger/*Gerhardt* § 67 Rn. 33).

Wahl anderer Mitglieder

68 (1) [1] **Die Gläubigerversammlung beschließt, ob ein Gläubigerausschuß eingesetzt werden soll.** [2] **Hat das Insolvenzgericht bereits einen Gläubigerausschuß eingesetzt, so beschließt sie, ob dieser beibehalten werden soll.**

(2) **Sie kann vom Insolvenzgericht bestellte Mitglieder abwählen und andere oder zusätzliche Mitglieder des Gläubigerausschusses wählen.**

Schrifttum: S. hierzu bei § 67.

Übersicht

I. Entscheidung über die Einsetzung eines (endgültigen) Gläubigerausschusses

1 Absatz 1 weist der Gläubigerversammlung die Zuständigkeit für die Einsetzung eines Gläubigerausschusses (Satz 1) bzw. für die Beibehaltung eines nach § 67 eingesetzten vorläufigen Gläubigerausschusses (Satz 2) zu. Im Fall der Beibehaltung entscheidet die Gläubigerversammlung auch, wer die Mitglieder des endgültigen Gläubigerausschusses sein sollen (Absatz 2). Bei diesen Entscheidungen handelt es sich um nicht überprüfbare Ermessensentscheidungen (vgl. *Pape* WM 2003, 361 [364]; vgl. aber noch → Rn. 18 f. zur Anwendbarkeit von § 78).

2 Die Gläubigerversammlung kann auch – gleichsam als Minus zur Kompetenz, überhaupt einen Gläubigerausschuss einzusetzen – beschließen, dass der Gläubigerausschuss bestimmte Entscheidungen nur mit Zustimmung der Gläubigerversammlung trifft. Ein solcher **Zustimmungsvorbehalt** kann sich zB auf Entscheidungen nach § 160 beziehen (vgl. auch → § 160 Rn. 11).

3 Die in § 68 vorgesehenen **Entscheidungen** müssen **nicht zwangsläufig in der ersten Gläubigerversammlung** getroffen werden (Nerlich/Römermann/*Delhaes* § 68 Rn. 3; MüKoInsO/*Schmid-Burgk* § 68 Rn. 6; *Frege* NZG 1999, 478 [481]; aA wohl *Hess* § 68 Rn. 3; missverständlich BGH NZI 2007, 346 [347]). Für jeden Beschluss ist gem. § 76 Abs. 2 die absolute Mehrheit notwendig.

4 Wird in der ersten Gläubigerversammlung der Antrag auf Einsetzung eines Gläubigerausschusses gestellt, so ist darüber unabhängig von der Zahl der erschienenen stimmberechtigten Gläubiger abzustimmen (vgl. LG Köln ZIP 1997,

2053). Da in der Einsetzung eines Gläubigerausschusses die Gläubigerautonomie im Insolvenzverfahren in besonderem Maße deutlich wird, kann eine fehlende Entscheidung der Gläubigerversammlung nicht durch eine solche des Insolvenzgerichts ersetzt werden (vgl. zu diesem Problemkreis allg. → § 76 Rn. 25 ff.); § 78 ist in dieser Konstellation (vgl. hingegen noch → Rn. 18 f.) nicht anwendbar – und zwar auch nicht entsprechend –, weil gerade keine Entscheidung der Gläubigerversammlung vorliegt.

5 Die **Gerichtszuständigkeit für die Bestellung des Gläubigerausschusses** nach § 67 **endet mit der ersten Gläubigerversammlung** (vgl. dagegen zur Abberufung § 70). Dies gilt unabhängig davon, ob die Gläubigerversammlung keine Entscheidung über die Einsetzung eines Gläubigerausschuss getroffen hat oder sich explizit gegen die Einsetzung eines solchen bzw. gegen die Beibehaltung des vorläufigen Gläubigerausschusses ausgesprochen hat.

II. Entscheidung über die Besetzung des (endgültigen) Gläubigerausschusses

6 Gleichzeitig (nach *Lissner* DZWIR 2013, 323 handelt es sich um zwei getrennte Entscheidungen der Gläubigerversammlung) mit der Einsetzung oder Beibehaltung des Gläubigerausschusses entscheidet die Gläubigerversammlung über dessen **personelle Zusammensetzung.** Dabei unterliegen die zur Wahl stehenden Personen keinem Stimmverbot; eine Selbstwahl ist möglich (*Lissner* DZWIR 2013, 323 [324]). Zur Frage, wer taugliches Mitglied des Gläubigerausschusses sein kann, vgl. ausf. → § 67 Rn. 15 ff. Es besteht insoweit – anders als noch nach der Konkursordnung – kein Unterschied zwischen dem vorläufigen und dem endgültigen Gläubigerausschuss.

7 Die **Gläubigerversammlung entscheidet unabhängig,** ohne Bindung an Wahlvorschläge. Für die Beschlussfähigkeit der Gläubigerversammlung gelten die allgemeinen Grundsätze (vgl. → § 76 Rn. 22 ff.). Die Gläubigerversammlung ist auch **nicht** dazu **gehalten,** die verschiedenen **Gläubigergruppen angemessen zu berücksichtigen** (AG Köln NZI 2003, 657 [658]; Kübler/Prütting/Bork/*Kübler* § 68 Rn. 10; MüKoInsO/Schmid-Burgk § 68 Rn. 7; BK-InsO/*Blersch* § 68 Rn. 5; Graf-Schlicker/*Pöhlmann/Kubusch* § 68 Rn. 6; *Heidland* Kölner Schrift InsO, 2. Aufl. 2000, S. 711 Rn. 18; vgl. auch Nerlich/Römermann/*Delhaes* § 68 Rn. 1; offengelassen in BGH NZI 2009, 386).

8 Die Gegenauffassung (AG Duisburg NZI 2003, 659; HambK-InsO/*Frind* § 68 Rn. 2; Uhlenbruck/*Knof* § 68 Rn. 15; *Pape,* Gläubigerbeteiligung im Insolvenzverfahren, 131; krit. auch *Frege* NZG 1999, 478 [481 f.]; *Vogl* InVo 2001, 389 f.) wird dem Willen des Gesetzgebers nicht gerecht: Die Regelung des Regierungsentwurfes (§ 79 Abs. 2 S. 2), wonach das Insolvenzgericht die Entscheidung der Gläubigerversammlung über die Mitgliedschaft einer speziellen Person im Gläubigerausschuss aus besonderen Gründen hätte ablehnen können, ist bewusst nicht in die Insolvenzordnung aufgenommen worden (vgl. BT-Drs. 12/7302, 163). Die Leitlinien des § 67 Abs. 2 gelten nicht für die Gläubigerversammlung.

9 Zu **Beginn und Ende des Amtes** als Gläubigerausschussmitglied vgl. → § 67 Rn. 24 f. Im Insolvenzplanverfahren kann das Amt nach Maßgabe von § 261 Abs. 1 S. 2 während der Phase der Planüberwachung fortbestehen.

III. Nachträgliche Änderungen

10 **1. Grundsatz der Endgültigkeit.** Die Entscheidung der Gläubigerversammlung nach Absatz 1 hat grds. endgültigen Charakter und gilt im Prinzip für die gesamte Dauer des Insolvenzverfahrens. Das gilt für die Einrichtung des Gläubigerausschusses (aA *Gundlach/Frenzel/Jahn* ZInsO 2011, 708 [709 ff.]: Auflösungs-

recht der Gläubigerversammlung in „Ausnahmefällen") und vorbehaltlich des Absatz 2 für dessen Zusammensetzung. Dasselbe gilt grds. für dessen Aufgaben und (vorbehaltlich bei Einsetzung unter Geltung bestimmter Zustimmungsvorbehalte, vgl. → Rn. 2) hinsichtlich dessen Kompetenzen (Prinzip der Independenz des Organs Gläubigerausschuss; vgl. noch → § 69 Rn. 1).

Absatz 2 ist wörtlich zu verstehen und **eng auszulegen** (aA Jaeger/*Gerhardt* § 68 Rn. 9; BK-InsO/*Blersch* § 68 Rn. 2), denn die Gläubigerversammlung ist nicht das im Vergleich zum Gläubigerausschuss ranghöhere Organ (so aber BK-InsO/*Blersch* § 72 Rn. 6 mit folgenreichen Fehlschlüssen). Vielmehr macht § 68 das Organ Gläubigerausschuss unabhängig von der Gläubigerversammlung. Damit unterscheidet sich der endgültige Gläubigerausschuss vom vorläufigen Gläubigerausschuss nach § 67. Dies hat unmittelbare Auswirkungen auf die Möglichkeiten der Ab-, Ergänzungs- und Ersatzwahl von Gläubigerausschussmitgliedern. 11

2. Abwahl. Die Befugnis der Gläubigerversammlung, Mitglieder des Gläubigerausschusses abzuwählen, bezieht sich nur auf den nach § 67 vom Insolvenzgericht bestellten Gläubigerausschuss. Hat die Gläubigerversammlung den Gläubigerausschuss nach Absatz 1 Satz 1 eingesetzt oder nach Absatz 1 Satz 2 dessen Beibehaltung beschlossen, so können dessen **Mitglieder nicht** nach Absatz 2 **abgewählt** werden (BGH NZI 2007, 346 [347]; *Frege* NZG 1999, 478 [482]; *Pape* ZInsO 1999, 675 [677]; Nerlich/Römermann/*Delhaes* § 68 Rn. 3; Braun/*Hirte* § 68 Rn. 3; Kübler/Prütting/Bork/*Kübler* § 68 Rn. 14; FK-InsO/*Schmitt* § 68 Rn. 3; *Vogl* InVo 2011, 389 [390]). Einzig gangbarer Weg ist dann der über die Entlassung nach § 70 (zur unzulässigen Entlassung vgl. *Vogl* InVo 2001, 389 [390]). Ein Abwahlbeschluss ist nichtig (*Vogl* InVo 2011, 389 [390]). 12

Die gegenteilige Ansicht (BK-InsO/*Blersch* § 68 Rn. 2 und § 72 Rn. 6; *Heidland* Kölner Schrift InsO, 2. Aufl. 2000, S. 711 Rn. 17; wohl auch *Lissner* DZWIR 2013, 323 [325 f.]) lässt sich mit dem Gesetz ebensowenig vereinbaren wie die Auffassung, die Gläubigerversammlung könne den ganzen Gläubigerausschuss absetzen (so Jaeger/*Gerhardt* § 68 Rn. 9; Leonhardt/Smid/Zeuner/*Smid* § 68 Rn. 2): Erstens ist die Entlassung nach § 70 nur aus wichtigem Grund möglich, und zweitens kann sie nur auf Antrag der Gläubigerversammlung vorgenommen werden. Welchen Sinn diese Voraussetzungen haben sollen, wenn die Gläubigerversammlung von sich aus – noch dazu ohne wichtigen Grund – Mitglieder abwählen können sollte, kann die Gegenmeinung nicht erklären (vgl. auch *Frege* NZG 1999, 478 [482]). Außerdem würde bei einer Abwahlkompetenz der Gläubigerversammlung die durch § 70 S. 3 gegebene Rechtsschutzmöglichkeit unterlaufen (vgl. BGH NZI 2007, 346 [347]). 13

3. Ergänzungswahl. Gleichfalls ist es in späteren Gläubigerversammlungen **nicht möglich, nachträglich zusätzliche Mitglieder zu wählen** (aA Kübler/Prütting/Bork/*Kübler* § 68 Rn. 14; wohl auch Graf-Schlicker/*Pöhlmann/Kubusch* § 68 Rn. 9). Das Wort „zusätzliche" in Absatz 2 ist im Kontext der in diesem Absatz zum Ausdruck kommenden Grundentscheidung zu verstehen. Hätte die Gläubigerversammlung das Recht zur Ergänzungswahl, könnte sie durch die Erweiterung des Gläubigerausschusses in einer Weise Einfluss auf die Fortsetzung der Ausschussarbeit und daher auch Einfluss auf die einzelnen Mitglieder nehmen, die in der Insolvenzordnung nicht vorgesehen ist, die mit dem Prinzip der Independenz des Organs Gläubigerausschuss (vgl. → § 69 Rn. 1) unvereinbar ist und die va faktisch einer gerade nicht gegebenen Abwahlkompetenz gleichkäme. 14

4. Ersatzwahl. Von einer (unzulässigen) Ergänzungswahl zu unterscheiden ist eine Ersatz- bzw. Nachwahl, wenn ein Mitglied des Gläubigerausschusses aus diesem ausgeschieden ist. Solange die Zahl der Mitglieder nicht unter zwei sinkt, muss zwar kein Nachfolger bestellt werden (Kübler/Prütting/Bork/*Kübler* § 68 15

Rn. 14a), aber eine Nachfolgerbestellung ist möglich. Die **Auswahl des Nachfolgers** obliegt ausschließlich der Gläubigerversammlung; das Insolvenzgericht hat auch insoweit keine Einflussnahmemöglichkeit (BK-InsO/*Blersch* § 68 Rn. 5; MüKoInsO/*Schmid-Burgk* § 70 Rn. 19; vgl. auch AG Göttingen ZInsO 2007, 47; aA AG Duisburg NZI 2003, 659).

16 Zulässig und zweckmäßig ist auch die **vorsorgliche Wahl von Ersatzmitgliedern** (*Obermüller* FS Möhring, 1975, 101 [103]; Uhlenbruck/*Knof* § 68 Rn. 8; Nerlich/Römermann/*Delhaes* § 68 Rn. 6); die Wahlentscheidung wird nicht durch Zeitablauf verwirkt (vgl. AG Göttingen ZInsO 2007, 47: Nachrücken 11 Jahre nach Bestellung zum Ersatzmitglied). Nach herrschender, aber zweifelhafter Meinung kann die Gläubigerversammlung dem Gläubigerausschuss auch ein **Kooptationsrecht** zubilligen, also die Befugnis, selbständig Ersatzmitglieder zu bestimmen (vgl. etwa Uhlenbruck/*Knof* § 68 Rn. 8; Jaeger/*Gerhardt* § 68 Rn. 19; MüKoInsO/*Schmid-Burgk* § 68 Rn. 10; Kübler/Prütting/Bork/*Kübler* § 68 Rn. 14a mwN; wohl auch AG Duisburg NZI 2003, 659). Dies war zum überkommenen Konkursrecht allg. anerkannt, ist aber unter Geltung der Insolvenzordnung anzuzweifeln: Ein solches Recht beschränkt die mit der Insolvenzrechtsreform beabsichtigte Stärkung der Gläubigerautonomie und minimiert die Möglichkeiten der Einflussnahme durch Kleingläubiger zusehends.

IV. Wirkung und Angreifbarkeit der Wahl

17 **1. Unmittelbare Wirkung.** Die **Wahl wirkt** unmittelbar, **ohne Mitwirkung oder Bestätigung** des Insolvenzgerichts (*Heidland* Kölner Schrift InsO, 2. Aufl. 2000, S. 711 Rn. 19; FK-InsO/*Schmitt* § 68 Rn. 7; BK-InsO/*Blersch* § 68 Rn. 9; aA *Hess* § 68 Rn. 9). Zum technischen Ablauf der Wahl vgl. Kübler/Prütting/Bork/*Kübler* § 68 Rn. 9.

18 **2. Unanfechtbarkeit.** Die Wahl ist **nicht mit Rechtsbehelfen angreifbar** (vgl. Uhlenbruck/*Knof* § 68 Rn. 17; *Pape* WM 2003, 361 [364]). Unberührt bleibt nach herrschender Meinung die Möglichkeit, den Beschluss nach § 78 aufzuheben (ausf. Uhlenbruck/*Knof* § 68 Rn. 9 ff.; *Runkel* FS Görg, 393 [394]; vgl. *Heidland* Kölner Schrift InsO, 2. Aufl. 2000, S. 711 Rn. 19; Kübler/Prütting/Bork/*Kübler* § 68 Rn. 6 f.; *Vallender* WM 2002, 2040 [2043]; *Lissner* DZWIR 2013, 323 [325]; aA MüKoInsO/*Schmid-Burgk* § 68 Rn. 9; wohl auch AG Köln NZI 2003, 657). Diese Befugnis des Insolvenzgerichts besteht nach teilw. vertretener Auffassung grds. sogar hinsichtlich von Beschlüssen mit Bezug auf die Wahl einer bestimmten Person als Ausschussmitglied (LG Tübingen ZIP 1983, 1357).

19 Dem kann nur mit Zurückhaltung zugestimmt werden: Die Entscheidung über die Einsetzung des Gläubigerausschusses und dessen Zusammensetzung ist an sich kaum unmittelbar insolvenzgläubigerbenachteiligend; gläubigerbenachteiligend sind eher die vom Gläubigerausschuss gefassten Beschlüsse. Deshalb müssen solche Eingriffe des Insolvenzgerichts die absolute Ausnahme bleiben (ähnlich wie hier BK-InsO/*Blersch* § 68 Rn. 4; für häufigeres Eingreifen des Insolvenzgerichts hingegen wohl Leonhardt/Smid/Zeuner/*Smid* § 68 Rn. 6). Jedenfalls widerspricht die Wahl eines Großgläubigers, über dessen Forderung noch nicht rechtskräftig entschieden ist, in den Gläubigerausschuss nicht dem gemeinsamen Interesse der Gläubiger (LG Augsburg KTS 1971, 119).

Aufgaben des Gläubigerausschusses

69 [1]**Die Mitglieder des Gläubigerausschusses haben den Insolvenzverwalter bei seiner Geschäftsführung zu unterstützen und zu überwachen.** [2]**Sie haben sich über den Gang der Geschäfte zu unterrichten sowie die Bücher und Geschäftspapiere einsehen und den Geldverkehr und -bestand prüfen zu lassen.**

Schrifttum: *Ampferl/Kilper,* Die Pflicht des Gläubigerausschusses zur Prüfung von Geldverkehr und -bestand, ZIP 2015, 553; *Eicke,* Informationspflichten der Mitglieder des Gläubigerausschusses, ZInsO 2006, 798; *Gundlach/Frenzel/Jahn,* Die Ausweitung des Aufgaben- und Haftungsbereichs des Gläubigerausschusses durch Beschluss der Gläubigerversammlung, DZWIR 2008, 441; *dies.,* Die Kassenprüfung durch die Gläubigerausschussmitglieder, ZInsO 2009, 902; *dies.,* Macht und Ohnmacht des Gläubigerausschusses – dargestellt am Beispiel des § 160 InsO, ZInsO 2007, 1028; *Kübler,* Ausgewählte Probleme zu Gläubigerversammlung und Gläubigerausschuss, FS Kreft, 2004, 369; *Pape/Schultz,* Die Pflichten der Mitglieder des Gläubigerausschusses im eröffneten Verfahren, ZIP 2015, 1662; *Schirmer,* Kosten für einen externen Kassenprüfer im Insolvenzverfahren – Auslagen oder Masseverbindlichkeiten nach § 55 InsO?, DStR 2012, 733; *Thole,* Gläubigerinformation im Insolvenzverfahren – Akteneinsicht und Auskunftsrecht, ZIP 2012, 1533; *Trams,* Rechte und Pflichten des Gläubigerausschussmitglieds, NJW-Spezial 2009, 181. Weiteres Schrifttum bei § 67.

Übersicht

I. Funktion des Organs Gläubigerausschuss

1 Aufgabe des Organs Gläubigerausschuss ist die **Überwachung und Unterstützung des Insolvenzverwalters durch die Gläubiger** (vgl. RG HRR 1935, Nr. 809 = DJ 1935, 1464 mAnm *Vogels;* vgl. auch OLG Koblenz KTS 1956, 159). Jedenfalls für den von der Gläubigerversammlung eingesetzten Gläubigerausschuss gilt dabei das **Prinzip der Independenz des Organs Gläubigerausschuss:** Er ist in seinen Entscheidungen und in seiner Arbeitsweise unabhängig von der Gläubigerversammlung, aber auch vom Insolvenzverwalter und dem Insolvenzgericht (vgl. hierzu auch Uhlenbruck/*Knof* § 69 Rn. 6 ff.). Von der Möglichkeit, ein Mitglied nach § 70 zu entlassen, abgesehen, haben weder Gläubigerversammlung noch Insolvenzgericht die Möglichkeit, den Gläubigerausschuss abzusetzen oder seine personelle Zusammensetzung abzuändern (vgl. auch → § 71 Rn. 1).

2 Nach diesem Prinzip hat aber der Gläubigerausschuss als Organ und haben aber die Gläubigerausschussmitglieder (vgl. hierzu noch → Rn. 9 ff.) spezielle Rechte, die mit besonderen Pflichten korrelieren: Insofern war der InsO-Gesetzgeber darauf bedacht, eine schnelle und flexible Einflussnahme auf den Verwalter zu ermöglichen, gleichzeitig aber die Mitglieder des Gläubigerausschusses zur Wahrnehmung ihrer Aufgaben (mit der Gefahr, nach § 71 zu haften) zu verpflichten (BT-Drs. 12/7302, 163).

3 Bei seiner Tätigkeit hat der Gläubigerausschuss nicht nur die **Interessen** der Insolvenzgläubiger (so aber *Hegmanns,* Der Gläubigerausschuss, 85 ff.; zu eng auch

BGH NZI 2008, 306 [307]: „Gesamtinteresse der Gläubigerschaft"), sondern die Interessen **aller Verfahrensbeteiligten** zu wahren (BGHZ 124, 86 [93] = NJW 1994, 453 [454]; Kübler/Prütting/Bork/*Kübler* § 69 Rn. 4 ff.; außerhalb des haftungsrechtlichen Kontexts missverständlich BT-Drs. 12/2443, 132). Auch die sich aus dem Amt als Gläubigerausschussmitglied ergebende Vermögensbetreuungspflicht im strafrechtlichen Sinne (vgl. dazu ausf. *Brand/Sperling* KTS 2009, 355 [361 f.]) besteht nicht nur gegenüber den Insolvenzgläubigern, sondern zumindest auch gegenüber dem Schuldner. Zu beachten ist allerdings, dass die Haftung nach § 71 nur gegenüber Insolvenzgläubigern und absonderungsberechtigten Gläubigern besteht (vgl. → § 71 Rn. 9 f.; vgl. dazu auch *Heidland* Kölner Schrift InsO, 2. Aufl. 2000, S. 711 Rn. 26 ff.). Deshalb lässt sich von einer **primären und einer sekundären Interessenswahrungspflicht** – primär gegenüber den Insolvenzgläubigern und absonderungsberechtigten Gläubigern, sekundär gegenüber den anderen Verfahrensbeteiligten – sprechen.

4 Die Entscheidungen des Gläubigerausschusses sollen sich – gemäß dem in § 1 festgelegten Verfahrensziel – an der bestmöglichen Befriedigung der Gläubiger orientieren. Damit rückt der **Schutz der Masse gegen unzulässige oder schädliche Verfügungen des Insolvenzverwalters** in den Vordergrund (vgl. schon RG HRR 1935, Nr. 809 = DJ 1935, 1464 mAnm *Vogels*). Aus diesem Grund steht die Überwachungsfunktion des Gläubigerausschusses über seiner Unterstützungsfunktion und muss der Gläubigerausschuss stets ausreichend selbständig und unabhängig vom Insolvenzverwalter bleiben (zutr. *Graeber* InsBürO 2014, 101 [102 f.]). Die Insolvenzordnung verlangt gerade keine vertrauensvolle Zusammenarbeit zwischen den Mitgliedern des Gläubigerausschusses und dem Insolvenzverwalter, sondern betont die Kontrollaufgaben des Gläubigerausschusses. Ausfluss dieses Verständnisses des Organs Gläubigerausschuss ist, dass Meinungsunterschiede zwischen den Gläubigerausschussmitgliedern und dem Insolvenzverwalter dem Verfahren immanent sind (vgl. BGH NZI 2007, 346 [347]; vgl. auch LG Magdeburg ZInsO 2002, 88).

5 Die Rechte und Pflichten des Gläubigerausschusses beschränken sich auf die **verfahrensinterne Unterstützung und Überwachung** (vgl. deshalb die kritischen Bewertungen der Stellung des Gläubigerausschusses im Insolvenzverfahren von *Graeber* FS Runkel, 2009, 63 [82 ff.] und *Gundlach/Frenzel/Jahn* ZInsO 2007, 1028 ff.): Weisungen können dem Insolvenzverwalter nicht erteilt werden (vgl. dazu auch *Runkel* FS Görg, 2010, 393 [397 f.]; vgl. auch *Graeber* InsBürO 2014, 101). Weder der Ausschuss als solcher noch ein Ausschussmitglied kann dem Verwalter im Prozess als Nebenintervenient beitreten (RGZ 36, 367 [368]). Aufgabe des Gläubigerausschusses ist es auch nicht, Entscheidungen des Insolvenzgerichts zu beanstanden (vgl. *Frege* NZG 1999, 478 [481]); insbes. kann er keinen Befangenheitsantrag gegen einen Insolvenzrichter stellen (OLG Koblenz KTS 1971, 220). Rechtshandlungen, die unter Verstoß gegen die Kompetenzen des Gläubigerausschusses – etwa unter Missachtung seiner Zustimmungsbefugnisse – vorgenommen werden, sind im Allgemeinen im Außenverhältnis wirksam (vgl. § 164).

6 Der Gläubigerausschuss hat seine **Aufgabe selbständig wahrzunehmen;** es gibt keine Unterordnung unter das Insolvenzgericht (vgl. BGH WM 1965, 1158 [1159] = KTS 1966, 17 [19]; *Obermüller* FS Möhring, 1975, 101 [105]). So wenig wie es den Mitgliedern des Gläubigerausschusses erlaubt ist, sich vertreten zu lassen (Höchstpersönlichkeit des Amtes Gläubigerausschussmitglied, vgl. → § 67 Rn. 6), so wenig kann der Gläubigerausschuss seine Aufgaben auf andere Institutionen delegieren (vgl. → Rn. 11 f. zur Delegation von Aufgaben auf einzelne Gläubigerausschussmitglieder und zur Arbeitsteilung im Gläubigerausschuss). Eine Übertragung von Kompetenzen an den Insolvenzverwalter stünde zur Hauptaufgabe des Gläubigerausschusses, den Insolvenzverwalter zu überwachen (vgl. → Rn. 1

und 4), im krassen Widerspruch. Auch eine Übertragung von Aufgaben an das Insolvenzgericht ist nicht zulässig. Davon abzugrenzen ist die im Grundsatz erlaubte, aber besonders haftungsträchtige generelle Zustimmungserteilung, etwa zu besonders bedeutsamen Rechtshandlungen (vgl. dazu → § 160 Rn. 15; ausf. auch *Kübler* FS Kreft, 2004, 369 [383 ff.] (allerdings missverständlich durch die Wahl der Bezeichnung „Generalermächtigung")).

Zur Erfüllung ihrer Aufgabe ist unter den Mitgliedern des Gläubigerausschusses ein vertrauensvoller Austausch der Informationen erforderlich, die die Mitglieder in Ausübung ihres Amtes erlangt haben (vgl. Nerlich/Römermann/*Delhaes* § 69 Rn. 28; *Eicke* ZInsO 2006, 798 [799]). IÜ sind die Gläubigerausschussmitglieder zur **strikten und umfassenden Verschwiegenheit** und damit zu einem vertraulichen Umgang mit diesen Informationen verpflichtet (vgl. zur Verschwiegenheitspflicht *Gundlach/Frenzel/Schmidt* ZInsO 2006, 69 ff.; *Vallender* FS Ganter, 2010, 391 [395 f.]; *Frege/Nicht* InsVZ 2010, 407 [414 f.]; *Frege* NZG 1999, 478 [483]; *Pape/Schultz* ZIP 2015, 1662 [1669 f.]; *Uhlenbruck* ZIP 2002, 1373 [1378]; zur strafrechtlichen Bedeutung der Schweigepflicht vgl. *Brand/Sperling* KTS 2009, 355 [364 ff.]), insbes. auch gegenüber denjenigen Gläubigern, die sie in den Ausschuss „entsandt" haben (vgl. BGH NZI 2008, 306; *Bruckhoff* NZI 2008, 229 f.; *Gundlach/Schmidt* ZInsO 2008, 604 ff.; *Thole* ZIP 2012, 1533 [1535]; vgl. auch schon → § 67 Rn. 16). Der Auffassung des Bundesgerichtshofs, es bestehe mangels einer § 116 S. 2 AktG entsprechenden Regelung in der Insolvenzordnung nur eine eingeschränkte Pflicht zur Verschwiegenheit (BGH NZI 2008, 306 [307 f.]), kann nicht gefolgt werden (vgl. auch *Frege/Nicht* InsVZ 2010, 407 [412 f.]). Stellt der Gläubigerausschuss schwerwiegende Fehler des Insolvenzverwalters fest, kann er allerdings trotz seiner weitreichenden Verschwiegenheitspflicht (formlos) das Insolvenzgericht bzw. – nach Stellung des Antrags auf Einberufung der Gläubigerversammlung (vgl. § 75 Abs. 1 Nr. 2) – die Gläubigerschaft informieren. Im Einzelfall können diese Grundsätze auch auf Informationen anzuwenden sein, die ein Gläubigerausschussmitglied außerhalb des Verfahrens erlangt hat (ausf. dazu *Eicke* ZInsO 2006, 798 [799 ff.]). 7

Die **Entscheidungen** des Gläubigerausschusses werden **durch Beschluss** gefasst (§ 72). – Zum **Stimmrecht** und zum **Stimmrechtsausschluss** bei Interessenkollision vgl. LG Tübingen ZIP 1983, 1357; BGH ZIP 1985, 423 = WM 1985, 422; Einzelheiten (auch zur Beschlussfassung allg. und zur Maßgeblichkeit einer Geschäftsordnung) bei → § 72 Rn. 9 ff. 8

II. Mitglieder als Träger von Rechten und Pflichten

Die Insolvenzordnung unterscheidet – anders als noch die Konkursordnung in § 88 KO – nicht explizit zwischen den Aufgaben des Gläubigerausschusses als Organ und denen der einzelnen Mitglieder. Stattdessen wird ausschließlich auf die **Mitglieder als Inhaber von Rechten und Pflichten** abgestellt (BGH NZI 2007, 346 [348]; 2008, 181 [182]). Auch wenn § 69 Pflichten für die einzelnen Mitglieder des Gläubigerausschusses regelt (BGHZ 202, 324 [330] = NJW 2015, 64 [65] = NZI 2015, 166 [167]), gilt zumindest die allgemeine Unterstützungs- und Überwachungspflicht – dies wird schon an der Überschrift des § 69 deutlich – daneben aber auch für den Gläubigerausschuss als solchen (vgl. *Heidland* Kölner Schrift InsO, 2. Aufl. 2000, S. 711 Rn. 22; Kübler/Prütting/Bork/*Kübler* § 69 Rn. 16; Uhlenbruck/*Knof* § 69 Rn. 20; aA BK-InsO/*Blersch* § 69 Rn. 1; tendenziell anders auch BGH NZI 2007, 346 [347]); die praktischen Unterschiede sind marginal (vgl. zur Haftung nach § 71 noch → § 71 Rn. 5 f.). 9

Dass die Insolvenzordnung Rechte und Pflichte dem einzelnen Gläubigerausschussmitglied auferlegt, heißt nicht, dass die einzelnen Mitglieder aus eigenem Recht befugt sind, alle Rechte „des Gläubigerausschusses" wahrzunehmen. Das 10 sich aus § 75 Abs. 1 Nr. 2 ergebende Recht, eine Gläubigerversammlung einzuberufen, oder der Vorbehalt der Zustimmung zu besonders bedeutsamen Rechtshandlungen des Insolvenzverwalters nach § 160 stehen bspw. nur dem Ausschuss als Organ zu (BGH NZI 2007, 346 [348]; vgl. auch Jaeger/*Gerhardt* § 69 Rn. 4).

11 Ausfluss des Prinzips der Independenz des Organs Gläubigerausschuss (vgl. → Rn. 1) ist es, dass die Gläubigerversammlung ein Mitglied des Gläubigerausschusses nicht von seiner Pflicht, den Insolvenzverwalter zu unterstützen und zu überwachen, entbinden kann (RGZ 150, 286 [287]; BGHZ 49, 121 [123] = NJW 1968, 701 [702]). Ein Gläubigerausschussmitglied kann seine Pflicht auch **nicht durch einen Vertreter** ausüben lassen (hM: vgl. nur AG Gelsenkirchen KTS 1967, 192; *Obermüller* FS Möhring, 1975, 101 [105]; Uhlenbruck/*Knof* § 69 Rn. 2; *Hess* § 69 Rn. 4; *Vallender* WM 2002, 2040 [2045]; aA HK-InsO/*Riedel* § 67 Rn. 5; für den Einzelfall auch MüKoInsO/*Schmid-Burgk* § 69 Rn. 26). Die Haftung für einen dennoch bestellten Vertreter richtet sich nach § 278 BGB (RGZ 152, 125 [128]; vgl. hierzu und zur Haftung bei Arbeitsteilung auch → § 71 Rn. 8).

12 Die vollständige **Delegation von Aufgaben** an einzelne Mitglieder des Gläubigerausschusses oder an Unterausschüsse (vgl. → § 67 Rn. 2) ist nicht statthaft. **Arbeitsteilung** ist dagegen zulässig und kann sogar in einer Geschäftsordnung geregelt werden (vgl. *Heidland* Kölner Schrift InsO, 2. Aufl. 2000, S. 711 Rn. 25; MüKoInsO/*Schmid-Burgk* § 69 Rn. 8). ZB kann die Aufgabe, Informationen einzuholen, auf einzelne Mitglieder übertragen werden (vgl. etwa → § 97 Rn. 17 zur Geltendmachung von Ankunftsansprüchen gegenüber dem Schuldner). Jedoch entbindet die Arbeitsteilung die übrigen Ausschussmitglieder nicht von ihren Pflichten (RGZ 150, 286 [287]; BGHZ 71, 253 [256 f.] = NJW 1978, 1527 [1528] zur Kassenprüfung; OLG Rostock ZInsO 2004, 814).

III. Aufgaben und Befugnisse nach § 69 im Einzelnen

13 **1. Kein abschließender Katalog.** § 69 nennt die Aufgaben und Befugnisse des Gläubigerausschusses nicht abschließend, sondern beschreibt in Satz 1 dessen Tätigkeit im Rahmen seiner Überwachungs- und Unterstützungsaufgabe im Grundsatz. Neben der Grundsatzbeschreibung der Kompetenzen des Gläubigerausschusses in Satz 1 hebt das Gesetz in Satz 2 sodann drei besondere Befugnisse gesondert hervor. – Zu den Aufgaben des (vor-)vorläufigen Gläubigerausschusses im Insolvenzeröffnungsverfahren vgl. *Ehlers* BB 2013, 259 [261 ff.]

14 Zu den Grundsatzkompetenzen des Gläubigerausschusses gehören Antragsrechte, Einflussnahme auf Entscheidungen des Insolvenzverwalters durch Zustimmungsbefugnisse, spezielle Informationsansprüche sowie einzelfallspezifische Überwachungs- und ggf. auch Mitwirkungsmöglichkeiten. Die entsprechenden **Vorschriften der Insolvenzordnung** (zur Auflistung der Aufgaben und Befugnisse im Einzelnen vgl. → § 67 Rn. 7 sowie BK-InsO/*Blersch* § 69 Rn. 7; ausf. hierzu etwa MüKoInsO/*Schmid-Burgk* § 69 Rn. 14 ff.; *Heidland,* Kölner Schrift InsO, 2. Aufl. 2000, S. 711 Rn. 35 ff.) legen den **Aufgaben- und Pflichtenkanon** des Gläubigerausschusses abschließend fest. Dieser kann weder von der Gläubigerversammlung noch vom Insolvenzgericht oder gar vom Insolvenzverwalter verändert werden (*Gundlach/Frenzel/Jahn* DZWIR 2008, 441 [443]; vgl. *Runkel* FS Görg, 2010, 393 [401 f.]); lediglich ein Zustimmungsvorbehalt der Gläubigerversammlung ist möglich (vgl. → § 68 Rn. 2).

15 Zuständigkeiten des Gläubigerausschusses können neben die **Zuständigkeiten der Gläubigerversammlung** treten. Grundlagenentscheidungen der Gläubigerversammlung – etwa über die Unternehmensfortführung nach § 157 – entbinden den Gläubigerausschuss nicht von seiner Aufgabe, die Umsetzung dieser Grund-

lagenentscheidung durch den Insolvenzverwalter zu überwachen (*Gundlach/Frenzel/Jahn* DZWIR 2008, 441 [442]). – Zur Reichweite der für den vorläufigen Gläubigerausschuss bestehenden Einsichts- und Auskunftsrechte vgl. *Thole* ZIP 2012, 1533 (1535).

2. Unterrichtung über den Geschäftsgang. Die Pflicht des Gläubigerausschusses und seiner Mitglieder, sich über sich den Geschäftsgang zu unterrichten, steht im Mittelpunkt der Aufgaben des Gläubigerausschusses. Diese Aufgabe beschränkt sich nicht auf eine nachträgliche Kontrolle, sondern hat verfahrensbegleitenden und vorausschauenden Charakter (nach *Pape/Schultz* ZIP 2015, 1662 [1668] steht im Vordergrund eine Unterstützungsfunktion). Die **Kontrollbefugnis** umfasst sowohl die **Rechtmäßigkeit** als auch die **Zweckmäßigkeit und Wirtschaftlichkeit** des Handelns des Insolvenzverwalters (OLG Celle NZI 2010, 609; *Ganter* FS Fischer, 2008, 121 [124]; vgl. auch OLG Rostock ZInsO 2004, 814 [815]; *Pape/Schmidt* ZInsO 2004, 955 [958 f.]). **16**

Anders als nach § 88 Abs. 1 KO und anders als nach dem Regierungsentwurf beschreibt § 69 S. 2 es als Pflicht, sich über den „Gang der Geschäfte zu unterrichten". Jedoch hat der InsO-Gesetzgeber nicht die im Regierungsentwurf noch vorgesehene Regelung übernommen, wonach der Gläubigerausschuss vom Insolvenzverwalter einzelne Auskünfte oder einen Bericht über den Sachstand und die Geschäftsführung verlangen konnte. Damit wurde in der Insolvenzordnung ein **Mittelweg** gewählt: Der Insolvenzverwalter soll sich auf seine Hauptaufgaben konzentrieren können; er muss deshalb im Regelfall gerade nicht umfassende Berichte erstellen (aA Uhlenbruck/*Knof* § 69 Rn. 25; wohl auch Kübler/Prütting/Bork/*Kübler* § 69 Rn. 24; Jaeger/*Gerhardt* § 69 Rn. 15). Gleichzeitig wird über die für die Mitglieder des Ausschusses bestehende **Pflicht, sich zu unterrichten,** und der im Unterlassungsfalle möglichen Haftung nach § 71 das notwendige Maß an Kontrolle geschaffen und der Einfluss der Gläubigerschaft betont. Bei Vorliegen besonderer Umstände kann das allgemeine Recht auf Unterrichtung allerdings auch zum **Recht auf Berichterstattung** erstarken (vgl. LG Frankfurt a. M. KTS 1977, 193). Diese Unterschiede sollten in der Praxis keine zu große Bedeutung erlangen, weil Kommunikation mit den Verfahrensbeteiligten zu den Kernkompetenzen eines Insolvenzverwalters gehören muss (*Undritz* InsVZ 2010, 361 [362]) und es schon per se ein Anzeichen für unprofessionelles Verwalterhandeln ist, wenn Berichtsanforderungen durch den Gläubigerausschuss notwendig werden. **17**

Das Recht auf Unterrichtung bezieht sich bspw. auf den Stand von Prozessen, die Fortführungsmöglichkeit von Unternehmen, mögliche Anfechtungsrechte, Vorhaben des Insolvenzverwalters zur Freigabe von Massegegenständen, bevorstehende einzelne (bedeutsame) Rechtsgeschäfte etc. **Grenzen** ergeben sich für das Recht auf Unterrichtung, wenn die Gefahr besteht, dass die Mitglieder des Gläubigerausschusses ihr Wissen für eigene Zwecke nutzen, oder wenn durch die Auskunftserteilung dem Fortgang des Verfahrens in anderer Weise schwer geschadet werden könnte (vgl. Nerlich/Römermann/*Delhaes* § 69 Rn. 25 ff.; allg. *Uhlenbruck* BB 1976, 1198 ff.). Eine solche Gefahr muss allerdings konkret belegbar sein. **18**

3. Einsichtnahme in Bücher und Geschäftspapiere. Das Recht auf Einsichtnahme in Bücher und Geschäftspapiere macht die Bedeutung der Gläubigerautonomie im Insolvenzverfahren deutlich. Denn nur so ist eine sinnvolle Überwachung des Insolvenzverwalters möglich. Gegenstand des Einsichtnahmerechts sind nicht nur die Unterlagen des Insolvenzverwalters (einschließlich von Gutachten oÄ, die der Insolvenzverwalter in Auftrag gegeben hat; vgl. *Frege/Nicht* InsVZ 2011, 407 [410]), sondern auch die des Schuldners (Kübler/Prütting/Bork/*Kübler* § 69 Rn. 25; BK-InsO/*Blersch* § 69 Rn. 5; aA MüKoInsO/*Schmid-* **19**

Burgk § 69 Rn. 18; vgl. zu direkt gegen den Schuldner gerichteten Auskunftsrechten des Gläubigerausschusses § 97 Abs. 1 S. 1). Grds. nicht vom Recht auf Einsichtnahme erfasst ist eine Herausgabe oder Übersendung der Unterlagen. Vielmehr ist das Gläubigerausschussmitglied im Regelfall nur berechtigt, diese dort einzusehen, wo sie sich befinden; Ausnahmen sind nur unter besonderen Umständen denkbar (BGH NZI 2008, 181 [182]).

20 Der Gläubigerausschuss ist hinsichtlich der Bücher und Geschäftspapiere nicht zu einer Prüfung im engeren Sinne verpflichtet; dies ist Aufgabe des Verwalters. Das **Recht auf Einsichtnahme** ist **umfassend,** Grenzen ergeben sich erst dort, wo Unterlagen nach allgemeinen Regeln der **Geheimhaltung** bedürfen (vgl. *Uhlenbruck* BB 1976, 1198 [1200]). Es kann auf sachkundige Personen (vgl. → Rn. 25) übertragen werden (*Pape/Schultz* ZIP 2015, 1662 [1667]).

21 **4. Prüfung des Geldverkehrs und Geldbestandes.** Der Ausschuss ist verpflichtet, den Geldverkehr und den Geldbestand zu prüfen, dh Kassen- und Kontenprüfungen und Prüfungen der insofern maßgeblichen Belege vorzunehmen (BGH NZI 2008, 181 [182]; OLG Celle NZI 2010, 609 [611]; vgl. auch schon RG HRR 1935, Nr. 809 = DJ 1935, 1464 mAnm *Vogels;* OLG Hamm WM 1965, 1158 = KTS 1966, 17 [19]). Die Gläubigerausschussmitglieder haben bspw. zu kontrollieren, ob fortlaufende Kontoauszüge vorhanden sind, ob die Kontoauszüge mit der internen Buchführung übereinstimmen und ob der Geldverkehr hinreichend übersichtlich dokumentiert ist (vgl. *Gundlach/Frenzel/Jahn* ZInsO 2009, 902 [904]).

22 Ähnlich wie die Einsichtnahme in sonstige Unterlagen (vgl. → Rn. 19) hat auch die Kassenprüfung grds. **am Verwahrungsort** der zu prüfenden Dokumente zu erfolgen. Nur wenn im Einzelfall dargelegt und glaubhaft gemacht werden kann, dass eine Kassenprüfung dort nicht möglich ist, besteht ein Anspruch auf Aushändigung der für eine Kassenprüfung erforderlichen Unterlagen (BGH NZI 2008, 181 [182]).

23 Die Insolvenzordnung sieht **keine Pflicht zur periodischen Kassenprüfung** vor (BT-Drs. 12/7302, 162; vgl. aber noch LG Frankfurt a. M. KTS 1977, 193 zum Zwischenkassenabschluss aus besonderen Gründen); dies ermöglicht eine auf den Einzelfall abgestimmte Vorgehensweise (vgl. BGHZ 202, 324 [334 f.] = NJW 2015, 64 [66] = NZI 2015, 166 [168 f.]; vgl. dazu die Praxisvorschläge bei *Ampferl/Kilper* ZIP 2015, 553 [557 f.]). Die **Prüfungen stehen** also **im Ermessen des Gläubigerausschusses** (OLG Celle NZI 2010, 609 [610]); Prüfungsintensität und -frequenz hängen auch vom konkreten Grad der Massegefährdung (*Pape/Schultz* ZIP 2015, 1662 [1666]) und vom Stand des Insolvenzverfahrens ab (vgl. *Ganter* FS Fischer, 2008, 121 [125] mit dem Hinweis auf größere Prüfabstände in der Endphase des Verfahrens). Die Pflicht zur Prüfung entsteht jedoch unmittelbar nach Einsetzung des Gläubigerausschusses (BGHZ 202, 324 [335] = NJW 2015, 64 [66] = NZI 2015, 166 [168 f.]; BGHZ 71, 253 [256] = NJW 1978, 1527 [1528]; OLG Celle ZIP 2009, 933 [934]) und trifft die Mitglieder des Gläubigerausschusses ohne Einarbeitungsphase und unabhängig vom Ruf oder Erfahrung des jeweiligen Insolvenzverwalters (OLG Celle NZI 2010, 609). Unterbliebene oder oberflächliche Kassen- und Kontenprüfungen können die Haftung nach § 71 nach sich ziehen (vgl. Nerlich/Römermann/*Delhaes* § 69 Rn. 23).

24 Die Prüfung von Geldverkehr und Geldbestand darf sich – wie schon am Wortlaut deutlich wird – nicht nur auf die Barbestände beschränken, sondern muss sich auch auf die **Konten und Belege** erstrecken (BGH NZI 2008, 181 [182]; OLG Celle NZI 2010, 609; ZIP 2009, 933 [934]; *Gundlach/Frenzel/Jahn* ZInsO 2009, 902 [904]; vgl. zur Konkursordnung schon BGHZ 49, 121 = NJW 1968, 701). Sie muss darauf ausgerichtet sein, dass Geldverkehr und -bestand so geprüft werden können, dass eine zuverlässige Beurteilung des Handelns des

Insolvenzverwalters möglich ist (vgl. BGHZ 202, 324 [335] = NJW 2015, 64 [66] = NZI 2015, 166 [169] mit detaillierten Vorgaben zur erforderlichen Prüfungsintensität).

Die **Übertragung** der Überprüfung von Geldverkehr und Geldbestand **auf eine sachkundige Person** ist zulässig (BGHZ 202, 324 [333] = NJW 2015, 64 [65] = NZI 2015, 166 [167]), häufig zweckmäßig (vgl. *Cranshaw/Portisch/Knöpnadel* ZInsO 2015, 1 [8]) und in der Praxis üblich (vgl. *Gundlach/Frenzel/Jahn* ZInsO 2009, 902 [905]). Diese Person muss nicht selbst Mitglied des Gläubigerausschusses sein. Vielmehr kann es sich bei dieser Person zB auch um einen externen Wirtschaftsprüfer handeln. Die dadurch begründeten Kosten sind Massekosten iSd § 55 Abs. 1 Nr. 1 (vgl. BT-Drs. 12/2442, 132; vgl. zu umsatzsteuerlichen Problemen bei Einschaltung eines externen Kassenprüfers *Kahlert* DZWIR 2011, 2439 ff.; *Schirmer* DStR 2012, 733 ff.). Die Haftung der Mitglieder des Gläubigerausschusses erlischt durch die Einschaltung externer Prüfer nicht. Nach zutreffender Ansicht reduziert sich auch nicht der Haftungsmaßstab auf ein Auswahl- und Überwachungsverschulden (aA BGHZ 202, 324 [334] = NJW 2015, 64 [65 f.] = NZI 2015, 166 [167 f.]; vgl. hierzu → § 71 Rn. 16). – Ist kein Gläubigerausschuss eingesetzt, so kann die **Gläubigerversammlung** die Pflicht zur Prüfung von Geldverkehr und Geldbestand wahrnehmen (§ 79 S. 2); sie ist hierzu nicht verpflichtet (vgl. → § 79 Rn. 19). 25

Entlassung

70 **[1] Das Insolvenzgericht kann ein Mitglied des Gläubigerausschusses aus wichtigem Grund aus dem Amt entlassen. [2] Die Entlassung kann von Amts wegen, auf Antrag des Mitglieds des Gläubigerausschusses oder auf Antrag der Gläubigerversammlung erfolgen. [3] Vor der Entscheidung des Gerichts ist das Mitglied des Gläubigerausschusses zu hören; gegen die Entscheidung steht ihm die sofortige Beschwerde zu.**

Schrifttum: *Bruckhoff,* Entlassung eines Rechtsanwalts als Gläubigerausschussmitglied, NZI 2008, 229; *Gundlach/Frenzel/Jahn,* Die Auflösung des Gläubigerausschusses im laufenden Insolvenzverfahren, ZInsO 2011, 708; *Gundlach/Frenzel/Schmidt,* Die Entlassung des Gläubigerausschussmitglieds auf eigenen Wunsch, InVo 2003, 49; *Gundlach/Schmidt,* Die Entlassung eines „beauftragten" Rechtsanwalts aus dem Gläubigerausschuss, ZInsO 2008, 604; *Vallender,* Die Entlassung eines Gläubigerausschussmitglieds aus wichtigem Grund, FS Kirchhof, 2003, 507. Weiteres Schrifttum bei § 67, § 69 und § 71.

Übersicht

I. Alleinzuständigkeit des Insolvenzgerichts

1 **§ 70** stellt die **einzige Möglichkeit** dar, ein Mitglied des (endgültigen) Gläubigerausschusses von seinen Aufgaben zu entbinden. Kündigung oder bloße Amtsniederlegung durch das Mitglied (vgl. → Rn. 16 f.; vgl. auch schon → § 67 Rn. 26) sind ebenso wenig möglich wie eine Entlassung durch die Gläubigerversammlung (BGH NZI 2007, 346 [347]; vgl. schon → § 68 Rn. 12 f.; *Vallender* FS Kirchhof, 2003, 507 [511]; aA *Gundlach/Frenzel/Jahn* ZInsO 2011, 708 [709 ff.] (für „Ausnahmefälle"); unzutreffend BK-InsO/*Blersch* § 70 Rn. 1). In jedem Fall ist daher eine Entscheidung des Insolvenzgerichts erforderlich. Die Vorschrift gilt für den (vor-)vorläufigen Gläubigerausschuss im Insolvenzeröffnungsverfahren (*Frind* ZIP 2013, 2244 [2248]), für den vom Insolvenzgericht eingesetzten vorläufigen Gläubigerausschuss (§ 67) und für den von der Gläubigerversammlung eingesetzten endgültigen Gläubigerausschuss (§ 68 Abs. 1).

2 Gleichzeitig ist § 70 die einzige Möglichkeit für das Insolvenzgericht, Einfluss auf den Gläubigerausschuss zu nehmen (aA für „Ausnahmefälle" auch insofern *Gundlach/Frenzel/Jahn* ZInsO 2011, 708 [709 ff.]; tendenziell anders aber *Gundlach/Frenzel/Strandmann* NZI 2008, 461 [464]). Neben dieser begrenzten, aber weitreichenden Eingriffsbefugnis fehlt es bspw. an einer § 78 entsprechenden Regelung, lediglich einzelne Beschlüsse des Gläubigerausschusses aufzuheben (vgl. *Pape* ZInsO 1999, 305 [306]; *Vallender* WM 2002, 2040 [2047]; *Graeber* FS Runkel, 2009, 63 [73 f.]; *Runkel* FS Görg, 2010, 393 [399 ff.]; aA HambK-InsO/*Frind* § 70 Rn. 2).

3 Die **Entscheidung des Insolvenzgerichts ist endgültig,** eine „vorübergehende Amtsenthebung" ist gesetzlich nicht geregelt und deshalb nicht möglich (LG Nürnberg-Fürth Rpfleger 1971, 435; aA Nerlich/Römermann/*Delhaes* § 70 Rn. 3). Ebensowenig möglich ist die Auferlegung eines Stimmverbots durch das Insolvenzgericht (aA LG Deggendorf ZInsO 2013, 2282; Uhlenbruck/*Knof* § 70 Rn. 1) oder gar einer Ordnungsstrafe (*Vallender* WM 2002, 2040 [2047]).

4 Die Kompetenz zu solchen Maßnahmen des Insolvenzgerichts (vgl. zur Abmahnung noch → Rn. 27) kann auch nicht mit einem Schluss a maiore ad minus begründet werden, denn erstens sind wegen der wichtigen Position eines Gläubigerausschussmitgliedes klare Entscheidungen notwendig, zweitens kann die Gegenauffassung nicht erklären, warum angesichts der Rechtsschutzmöglichkeiten für das betroffene Mitglied (Satz 3 Hs. 2) noch „vorläufige" oder weniger einschneidende Entscheidungen möglich sein sollen, und drittens würde hinsichtlich der in der Zwischenzeit getroffenen Entscheidungen des Gläubigerausschusses eine bedenkliche Rechtsunsicherheit entstehen.

II. Das Erfordernis „wichtiger Grund"

5 Anders als nach der Konkursordnung ist die Entlassung eines Gläubigerausschussmitglieds nur möglich, wenn ein wichtiger Grund vorliegt. Insofern hat der Gesetzgeber eine **Parallele zur Entlassung des Insolvenzverwalters** (§ 59) geschaffen (vgl. BT-Drs. 12/2443, 132). Deshalb sind die zur Haftung des Insolvenzverwalters entwickelten Grundsätze und Maßstäbe auch auf § 70 zu übertragen (BGH NZI 2007, 346).

6 **1. Der Begriff „wichtiger Grund".** Weder definiert die Insolvenzordnung, was ein wichtiger Grund ist, noch nennt sie Regelbeispiele. **„Wichtiger Grund" ist ein unbestimmter Rechtsbegriff;** das Gericht hat zu prüfen, ob die objektiven Umstände den Tatbestand erfüllen. Sofern ein wichtiger Grund vorliegt, ist die **Entlassung** des Ausschussmitgliedes **zwingend.** Auf der Rechtsfolgenseite hat das Gericht insoweit trotz des scheinbar auf das gegenteilige Ergebnis hindeu-

tenden Wortlauts **kein Ermessen** (AG Wolfratshausen ZInsO 2003, 96 [97]; Kübler/Prütting/Bork/*Kübler* § 70 Rn. 12; Jaeger/*Gerhardt* § 70 Rn. 13; MüKoInsO/*Schmid-Burgk* § 70 Rn. 12; *Vallender* FS Kirchhof, 2003, 507 [512]; *Runkel* FS Görg, 2010, 393 [402]; aA Nerlich/Römermann/*Delhaes* § 70 Rn. 4). Der in einem Antrag des Ausschussmitgliedes oder der Gläubigerversammlung zum Ausdruck kommenden autonomen Entscheidung muss Priorität eingeräumt werden; sie enthält die höher zu wertende Ermessensentscheidung der Antragstellenden. Der Schutz des Ausschussmitgliedes ist durch das Erfordernis des wichtigen Grundes ausreichend gewährleistet.

Das Erfordernis des wichtigen Grundes zwingt zu einer **behutsamen Anwendung** der Entlassungsmöglichkeit (vgl. Braun/*Hirte* § 70 Rn. 7; FK-InsO/*Schmitt* § 70 Rn. 7; *Pape* ZInsO 1999, 675 [678]; *ders.* ZInsO 2002, 1017 [1019]; *Vallender* FS Kirchhof, 2010, 507 [510]; *Runkel* FS Görg, 2003, 393 [403]; ähnlich, aber zu weitgehend („ultima ratio") LG Deggendorf ZInsO 2013, 2282; vgl. aber auch Kübler/Prütting/Bork/*Kübler* § 70 Rn. 5; HambK-InsO/*Frind* § 70 Rn. 2; aA LG Kassel ZInsO 2002, 839; offen gelassen in BGH NZI 2003, 436). Das Ausschussmitglied soll sich bei seinen Entscheidungen nicht wegen einer vorzeitigen Entlassung sorgen müssen; der Verfahrenskontinuität wurde in der Insolvenzordnung ein hoher Stellenwert eingeräumt. 7

Zur **Konkretisierung des Begriffes „wichtiger Grund"** lassen sich Parallelen zu allgemeinen Rechtsgrundsätzen ziehen, die zur vorzeitigen Abberufung von Organträgern in Kapitalgesellschaften und zum außerordentlichen Ausschluss von Mitgliedern aus Vereinen etc entwickelt worden sind (vgl. LG Kassel ZInsO 2002, 839 [840]; BGH NZI 2007, 346 [347]). Danach ergibt sich ein wichtiger Grund in Situationen, in denen die weitere Mitarbeit des zu entlassenden Mitglieds die Erfüllung der Aufgaben des Gläubigerausschusses nachhaltig erschwert oder unmöglich macht und die Erreichung der Verfahrensziele objektiv nachhaltig gefährdet ist (BGH NZI 2008, 306 [307]; vgl. auch schon BGH NZI 2007, 346; noch enger, weil allein auf die Verletzung von Gläubigerinteressen abstellend *Vallender* FS Kirchhof, 2003, 507 [510]). 8

2. Beispiele für einen wichtigen Grund. Ein wichtiger Grund, der zur Entlassung eines Gläubigerausschussmitglieds berechtigt, kann auf wertneutralen Umständen beruhen oder sich aus schuldhaften Pflichtwidrigkeiten des Mitglieds ergeben (BGH NZI 2008, 306 [307]; vgl. auch MüKoInsO/*Schmid-Burgk* § 70 Rn. 6 f.; Nerlich/Römermann/*Delhaes* § 70 Rn. 7). Die Maßstäbe der Prüfung des Vorliegens eines wichtigen Grundes sind bei allen Mitgliedern des Gläubigerausschusses identisch (*Gundlach/Schmidt* ZInsO 2008, 604 [607]). 9

Beispiele für wertneutrale Umstände sind Krankheit, längere Abwesenheit oder Umzug, Haft/Untersuchungshaft, Zeitknappheit infolge beruflicher Belastung, Bestellung eines Betreuers gem. § 1896 BGB (vgl. Kübler/Prütting/Bork/*Kübler* § 70 Rn. 7a), unter Umständen auch unzureichende fachliche Eignung, wobei aber grds. derjenige, der das Amt übernimmt, zur Erfüllung der sich aus dem Amt ergebenden Pflichten in der Lage sein muss (vgl. Uhlenbruck/*Knof* § 71 Rn. 8; Kübler/Prütting/Bork/*Kübler* § 71 Rn. 14). 10

Beispiele für schwere Pflichtverletzungen, die unmittelbar zur Entlassung berechtigen, sind Fälle, in denen das Mitglied seinen Pflichten nicht oder nur äußerst unzureichend nachkommt, in denen es unwahre Äußerungen über den Insolvenzverwalter tätigt, die geeignet sind, dessen Ansehen in der Öffentlichkeit herabzusetzen (AG Wolfratshausen ZInsO 2003, 96), in denen das Gläubigerausschussmitglied durch seine Mitgliedschaft erworbene Kenntnisse zu persönlichen Vorteilen nutzt (vgl. insofern auch LG Deggendorf ZInsO 2013, 2282), in denen es vertrauliche Informationen an die Presse weitergibt oder in denen das Mitglied seine Entscheidungen nachhaltig nicht am Interesse aller Verfahrensbetei- 11 ligten, sondern an seinem eigenen oder an dem einzelner Gläubiger (vgl. BGH NZI 2003, 436; 2008, 306 [307]; vgl. dazu *Bruckhoff* NZI 2008, 229 f.; vgl. auch *Vallender* FS Ganter, 2010, 391 [402 ff.]) oder an dem bestimmter Gläubigergruppen orientiert. – Zum Vorliegen eines wichtigen Grundes bei strafrechtlicher Verurteilung vgl. Kübler/Prütting/Bork/*Kübler* § 70 Rn. 7a.

12 Häufen sich **weniger gravierende Pflichtverletzungen** kann auch aus einer Gesamtschau dieser leichteren oder mittelschweren Pflichtverletzungen heraus eine Mitgliedschaft nicht länger tragbar sein und sich so unter dem Gesichtspunkt des Vertrauensverlusts ein wichtiger Grund für eine Entlassung ergeben.

13 Ähnliches kann für **Pflichtverletzungen** eines Gläubigerausschussmitglieds **in anderen Insolvenzverfahren** gelten, sofern diese geeignet sind, auf das in Frage stehende Verfahren auszustrahlen. Dies ist etwa der Fall, wenn über das Vermögen zweier Konzernunternehmen das Insolvenzverfahren mit weitgehend personenidentisch besetzten Gläubigerausschüssen eröffnet wird und ein Gläubigerausschussmitglied im Parallelverfahren eine Pflichtverletzung begeht, welche seine Entlassung aus dem Gläubigerausschuss des Parallelverfahrens rechtfertigt (BGH NZI 2008, 308).

14 **3. Gegenbeispiele.** Die **abstrakte Gefahr eines Interessenwiderspruchs** zu anderen Gläubigern rechtfertigt noch keine Entlassung (BGH NZI 2007, 346 [348]; LG Deggendorf ZInsO 2013, 2282). Deshalb ist Mitgliedern des Gläubigerausschusses auch die aktive Geltendmachung eigener Forderungen – etwa durch Feststellungsklage – nicht prinzipiell untersagt (zu pauschal AG Göttingen NZI 2006, 709), denn die Mitgliedschaft im Gläubigerausschuss lässt die verfahrensmäßigen Rechte als Insolvenzgläubiger unberührt. Die Mitgliedschaft im Gläubigerausschuss darf nur nicht zur Durchsetzung dieser Rechte missbraucht werden (vgl. *Uhlenbruck* ZIP 2002, 1373 [1376]: Mitgliedschaft nur bei „absoluter Inkompatibilität" nicht möglich).

15 Ferner rechtfertigt eine **Störung des Vertrauensverhältnisses** zu anderen Verfahrensbeteiligten eine Entlassung aus dem Gläubigerausschuss nicht. Etwas anderes gilt erst dann, wenn ein objektiv pflichtwidriges Verhalten des Gläubigerausschussmitglieds für eine nachhaltige Störung des Vertrauensverhältnisses kausal ist (vgl. BGH NZI 2007, 346; vgl. auch LG Magdeburg ZInsO 2002, 88). Auch die Tatsache allein, dass ein Ausschussmitglied in seiner Eigenschaft als Betriebsratsmitglied die Interessen anderer Arbeitnehmer, die auch Insolvenzgläubiger sind, vertritt, stellt keinen zur Entlassung berechtigenden wichtigen Grund dar (AG Göttingen NZI 2006, 709). Ebenso verhält es sich, wenn der Insolvenzverwalter lediglich außergerichtlich ankündigt, einen Schadensersatzanspruch gegen ein Mitglied des Gläubigerausschusses geltend zu machen (LG Deggendorf ZInsO 2013, 2282).

16 **4. Wichtiger Grund bei Antrag des Gläubigerausschussmitglieds.** Ein Gläubigerausschussmitglied kann sein Amt nicht selbst niederlegen; eine Kündigung des Amtes ist nicht möglich (hM; vgl. auch schon → § 67 Rn. 26; vgl. ferner Uhlenbruck/*Knof* § 70 Rn. 6; FK-InsO/*Schmitt* § 70 Rn. 5; MüKoInsO/*Schmid-Burgk* § 70 Rn. 16 mwN; Kübler/Prütting/Bork/*Kübler* § 70 Rn. 17; aA *Hess* § 70 Rn. 2). Auch wenn das Mitglied den Antrag auf Entlassung selbst stellt, kann das Insolvenzgericht diesem Antrag nur bei Vorliegen eines wichtigen Grundes stattgeben (vgl. BT-Drs. 12/2443, 132; BGH ZIP 2012, 876; LG Göttingen NZI 2011, 857; AG Duisburg NZI 2003, 659; *Gundlach/Frenzel/Schmidt* InVo 2003, 49 f.). Allerdings können bei einem Eigenantrag auch andere Gründe „wichtige Gründe" im Sinne dieser Vorschrift sein: etwa Krankheit oder Verhinderung aus wichtigen persönlichen Gründen sowie die hinreichend dargelegte Auffassung des Ausschussmitglieds, ein Verbleiben im Amt sei ihm unzumutbar (vgl. BGH ZIP 2012, 876; LG Göttingen NZI 2011, 857: Entfall des Versicherungsschutzes, weil

die Haftpflichtversicherungsprämien nicht mehr gezahlt werden können). Werden die – im Grundsatz der Übernahme des Amtes als Gläubigerausschussmitglied stets immanenten – Interessenkonflikte zu groß, kann auch dies eine Entlassung aufgrund eines Eigenantrags rechtfertigen (vgl. *Vallender* FS Ganter, 2010, 391 [399 f.]).

Zweifelhaft ist, ob ein solcher Fall schon vorliegt, wenn ein Ausschussmitglied jede Beziehung zum Insolvenzverfahren verliert, etwa weil sein Arbeitsverhältnis mit dem beteiligten Gläubiger beendet wurde (bejahend AG Norderstedt ZInsO 2007, 1008; aA Nerlich/Römermann/*Delhaes* § 70 Rn. 8). Jedenfalls genügt der Vortrag des Gläubigerausschussmitglieds, es habe die Haftungsrisiken einer Mitgliedschaft unterschätzt, nicht (Uhlenbruck/*Knof* § 70 Rn. 8). 17

III. Die Einleitung des gerichtlichen Ausschlussverfahrens

Bei allen Entscheidungen nach § 70 gilt der **Amtsermittlungsgrundsatz** (BK-InsO/*Blersch* § 70 Rn. 2; *Vallender* FS Kirchhof, 2003, 507 [515]). Das Insolvenzgericht kann die Entlassung von Amts wegen oder auf Antrag aussprechen. Beide Möglichkeiten bestehen gleichberechtigt nebeneinander. 18

1. Entscheidung von Amts wegen. Das Gericht kann das Verfahren nach § 70 ohne Antrag einleiten, wenn es Kenntnis von schwerwiegenden Pflichtverletzungen eines Mitglieds des Gläubigerausschusses erlangt. Zwar wird ein solcher Umstand regelmäßig einen Antrag der Gläubigerversammlung auf Ausschluss aus dem Gläubigerausschuss nach sich ziehen, doch ist dies nicht zwingend: Wenn die Pflichtverletzung darin besteht, einen Großgläubiger, der die Abstimmungen in der Gläubigerversammlung beherrscht, zu bevorzugen, ist ein Einschreiten des Insolvenzgerichts notwendig; Gleiches gilt, wenn – wie in der Praxis nicht selten – Gläubigerversammlungen nicht oder kaum stattfinden bzw. besucht werden. 19

Ob die Befugnis, ein Mitglied von Amts wegen zu entlassen, für das Insolvenzgericht das Recht auf **Teilnahme an den Sitzungen des Gläubigerausschusses** nach sich zieht (so Leonhardt/Smid/Zeuner/*Smid* § 9; ebenso Braun/*Hirte* § 70 Rn. 4; FK-InsO/*Schmitt* § 70 Rn. 4; ähnlich auch MüKoInsO/*Schmid-Burgk* § 69 Rn. 12), erscheint zweifelhaft (vgl. auch *Vallender* WM 2002, 2040 [2047]). Wenn ein kollusives Zusammenwirken des gesamten Gläubigerausschusses zur Verfolgung von Einzelinteressen tatsächlich vorliegen sollte, würde dies ohnehin nach außen erkennbar. 20

2. Entscheidung auf Antrag und Antragsberechtigung. Berechtigt, beim Insolvenzgericht einen Antrag auf Entlassung zu stellen, sind die Gläubigerversammlung als Organ und – hinsichtlich seiner eigenen Person – das einzelne Mitglied des Gläubigerausschusses. Nicht berechtigt, einen Antrag zu stellen, sind der Insolvenzverwalter (HambK-InsO/*Frind* § 70 Rn. 2), der Gläubigerausschuss als Organ, andere Mitglieder des Gläubigerausschusses (Nerlich/Römermann/*Delhaes* § 70 Rn. 6; Leonhardt/Smid/Zeuner/*Smid* § 70 Rn. 2) oder einzelne Insolvenzgläubiger (*Vallender* FS Kirchhof, 2003, 507 [514]) sowie Aussonderungsberechtigte und Massegläubiger. Sollte beim Insolvenzgericht ein solcher Antrag eingehen, kann dieser – gleichsam als Anregung gewertet – Anlass für eine Entscheidung von Amts wegen sein (vgl. auch Jaeger/*Gerhardt* § 70 Rn. 10; Kübler/Prütting/Bork/*Kübler* § 70 Rn. 10); ihm kommt aber nur informatorische Bedeutung zu. 21

Bis zur Rechtskraft der Entlassungsentscheidung ist die **Rücknahme des Antrags** durch den Antragsteller zwar möglich. Aufgrund der Möglichkeit der Entlassung von Amts wegen und aufgrund des Amtsermittlungsgrundsatzes beendet eine solche Rücknahme aber nicht automatisch das Entlassungsverfahren (*Vallender* FS Kirchhof, 2003, 507 [515]). 22

23 Ein **Antrag der Gläubigerversammlung** enthebt das Insolvenzgericht nicht der Pflicht, die Voraussetzungen für eine Entlassung in eigener Verantwortung zu prüfen (vgl. Nerlich/Römermann/*Delhaes* § 70 Rn. 4; MüKoInsO/*Schmid-Burgk* § 70 Rn. 15). Ein Beschluss der Gläubigerversammlung sollte – auch wenn der Amtsermittlungsgrundsatz gilt (vgl. BK-InsO/*Blersch* § 70 Rn. 2) – begründet werden; diese Begründung wird in die Entscheidungsfindung des Gerichts einfließen.

24 Ähnliches gilt beim **Eigenantrag des Gläubigerausschussmitglieds.** Dessen persönliche Gründe sind zwar durchaus beachtlich (vgl. schon → Rn. 16 f.). Aus der bloßen Stellung des Eigenantrags lässt sich – ohne Hinzutreten weiterer Umstände – allerdings nicht ableiten, dass – etwa wegen Amtsmüdigkeit – ein wichtiger Grund vorliegt, denn sonst würde jeder gestellte Antrag automatisch die Entlassung zur Folge haben.

IV. Der weitere Ablauf des gerichtlichen Ausschlussverfahrens

25 Das **Gericht entscheidet durch begründeten Beschluss** (*Hess* § 70 Rn. 24); eine förmliche Zustellung dieses Beschlusses ist nicht erforderlich (Uhlenbruck/*Knof* § 70 Rn. 12). Vor Rechtskraft dieser Entscheidung besteht das Amt des Gläubigerausschussmitglieds unter Einschluss all seiner Rechte (auch seiner Stimmrechte) fort.

26 **1. Anhörungsrecht.** Nach Satz 3 Hs. 1 ist das betroffene Mitglied vor der Entscheidung des Gerichts zu hören. Dies kann schriftlich oder mündlich erfolgen (*Vallender* FS Kirchhof, 2003, 507 [517]). Die Anhörung ist **zwingend vorgeschrieben,** und kann auch in Ausnahmefällen nicht unterbleiben (Jaeger/*Gerhardt* § 70 Rn. 12; wohl auch BK-InsO/*Blersch* § 70 Rn. 5; *Hess* § 70 Rn. 24; Graf-Schlicker/*Pöhlmann/Kubusch* § 70 Rn. 8; aA Nerlich/Römermann/*Delhaes* § 70 Rn. 10; MüKoInsO/*Schmid-Burgk* § 70 Rn. 17; Braun/*Hirte* § 70 Rn. 8; *Vallender* FS Kirchhof, 2003, 507 [517]). Eine Anhörung findet auch dann statt, wenn ein Mitglied einen Eigenantrag gestellt hat, denn in der Anhörung können weitere Gründe vorgetragen werden. Der Insolvenzverwalter hat kein Anhörungsrecht (BGH ZInsO 2003, 751).

27 Eine **vorherige Abmahnung** des Mitglieds sieht das Gesetz nicht vor (vgl. aber LG Deggendorf ZInsO 2013, 2282; HambK-InsO/*Frind* § 70 Rn. 2; MüKoInsO/*Schmid-Burgk* § 70 Rn. 18; Uhlenbruck/*Knof* § 70 Rn. 7). Sie ist jedenfalls keine Voraussetzung für eine Entlassung (Nerlich/Römermann/*Delhaes* § 70 Rn. 9) und kommt überhaupt auch nur bei einer Entscheidung von Amts wegen in Betracht, weil nach Stellung eines Antrags die Entlassung bei Vorliegen eines wichtigen Grundes zwingende Folge ist (vgl. zum Fehlen eines Ermessensspielraums → Rn. 6; vgl. auch *Vallender* FS Kirchhof, 2003, 507 [512]).

28 **2. Rechtsmittel.** Wenn das Insolvenzgericht die Entlassung eines Ausschussmitglieds beschließt, ist für das betroffene Mitglied Rechtsschutz in Form der **sofortigen Beschwerde** gegeben (vgl. § 11 Abs. 1 RPflG bei Entscheidung durch den Rechtspfleger). Gleiches gilt, wenn das Mitglied selbst den Antrag auf Entlassung gestellt hatte, das Gericht diesem jedoch nicht entsprochen hat (*Heidland* Kölner Schrift InsO, 2. Aufl. 2000, S. 711 Rn. 21; Jaeger/*Gerhardt* § 70 Rn. 16; Kübler/Prütting/Bork/*Kübler* § 70 Rn. 13; iE auch FK-InsO/*Schmitt* § 70 Rn. 10). Der Insolvenzverwalter hat (wie auch einzelne Insolvenzgläubiger) kein Beschwerderecht; im Beschwerdeverfahren ist er weder materiell noch formell Beteiligter (BGH ZInsO 2003, 751). Auch gegen die ablehnende Entscheidung des Insolvenzgerichts im Fall eines Antrags der Gläubigerversammlung ist kein Rechtsbehelf gegeben (Leonhardt/Smid/Zeuner/*Smid* § 70 Rn. 13; Jaeger/*Gerhardt* § 70 Rn. 17).

Die **zweiwöchige Beschwerdefrist** (§ 4 iVm § 569 Abs. 1 ZPO) beginnt mit Verkündung bzw. mit Zustellung des Beschlusses des Insolvenzgerichts (Uhlenbruck/*Knof* § 70 Rn. 12; HK-InsO/*Riedel* § 71 Rn. 8). 29

V. Folgen der Entlassung

Der (rechtskräftige) Beschluss des Insolvenzgerichts hat die **Beendigung des Amtes** als Gläubigerausschussmitglied zur Folge. Die sofortige Wirkung der Entlassung kann vom Insolvenzgericht nicht angeordnet werden (aA HambK-InsO/*Frind* § 70 Rn. 4). Die Entlassung wirkt nur für die Zukunft, deshalb bleiben zuvor gefasste Beschlüsse des Gläubigerausschusses wirksam (Nerlich/Römermann/*Delhaes* § 70 Rn. 12; *Vallender* FS Kirchhof, 2003, 507 [518]). Die Entlassung hat grds. keinen Einfluss auf die bis zu diesem Zeitpunkt entstandenen **Vergütungsansprüche.** 30

Das Gesetz gibt dem Insolvenzgericht hinsichtlich des von der Gläubigerversammlung eingesetzten endgültigen Gläubigerausschusses nicht die Kompetenz, selbst ein **neues Mitglied** zu bestellen (Uhlenbruck/*Knof* § 70 Rn. 13; MüKoInsO/*Schmid-Burgk* § 70 Rn. 19; *Vallender* FS Kirchhof, 2003, 507 [518]; aA AG Duisburg NZI 2003, 659; Nerlich/Römermann/*Delhaes* § 70 Rn. 12; *Hess* § 70 Rn. 13). Sofern die Gläubigerversammlung nicht vorsorglich Ersatzmitglieder benannt hatte (dazu → § 68 Rn. 16), verringert sich die Zahl der Mitglieder des Gläubigerausschusses. Die Gläubigerversammlung hat die Kompetenz zur Wahl eines nachrückenden Mitglieds (Ersatzwahl, vgl. → § 68 Rn. 15); auch der Gläubigerausschuss kann nach herrschender, aber zweifelhafter Auffassung so verfahren, wenn ihm bei Einsetzung durch die Gläubigerversammlung das entsprechende **Kooptationsrecht** (vgl. → § 68 Rn. 16) eingeräumt wurde. – Hinsichtlich des vorläufigen Gläubigerausschusses (im eröffneten Insolvenzverfahren wie im Insolvenzeröffnungsverfahren) hat das Insolvenzgericht hingegen die Kompetenz zur nachträglichen Benennung eines Ersatzmitglieds; hierbei ist § 67 Abs. 2 zu beachten. 31

Haftung der Mitglieder des Gläubigerausschusses

71 **[1] Die Mitglieder des Gläubigerausschusses sind den absonderungsberechtigten Gläubigern und den Insolvenzgläubigern zum Schadenersatz verpflichtet, wenn sie schuldhaft die Pflichten verletzen, die ihnen nach diesem Gesetz obliegen. [2] § 62 gilt entsprechend.**

Schrifttum: *Becher,* Gesetzwidrige Beschlüsse des Gläubigerausschusses und Aufsicht des Konkursgerichts, LZ 1914, 246; *Brand/Sperling,* Strafbarkeitsrisiken im Gläubigerausschuss, KTS 2009, 355; *Cranshaw,* Haftung, Versicherung und Haftungsbeschränkung des (vorläufigen) Gläubigerausschusses?, ZInsO 2012, 1151; *Cranshaw/Portisch/Knöpnadel,* Aspekte der Haftung, der Versicherung und des Risikomanagements des Gläubigerausschusses, ZInsO 2015, 1 (Teil 1) und ZInsO 2015, 63 (Teil 2); *Ehlers,* Besondere Haftungsrisiken für Juristen in der Insolvenzverwaltung – insbesondere die Notwendigkeit der Nutzung betriebswirtschaftlicher Techniken, ZInsO 2005, 902; *Gadow,* Die Haftung der Mitglieder des Gläubigerausschusses, ZZP 60 (1936), 263; *Ganter,* Die Haftung der Mitglieder des Gläubigerausschusses nach § 71 InsO, FS Fischer, 2008, 121; *Grell/Klockenbrink,* Verbesserung der Gläubigermitbestimmung in Insolvenzverfahren – Chancen und Risiken eines Engagements im vorläufigen Gläubigerausschuss, DB 2013, 1038; *Gundlach/Frenzel/Jahn,* Die Haftung der Gläubigerausschussmitglieder wegen Verletzung ihrer Überwachungspflicht, ZInsO 2009, 1095; *Hirte,* ESUG: Brauchen die Mitglieder des vorläufigen Gläubigerausschusses überhaupt eine Versicherung?, ZInsO 2012, 820; *Kirchhof,* Zum Verjährungsbeginn für Schadensersatzansprüche gegen Mitglieder von Gläubigerausschüssen, ZInsO 2007, 1122; *Lehmann/Rettig,* Die Auswahl der Gläubigerausschussversicherung – von der Haftpflicht in die Haftung?, NZI 2015, 790; *Pape,* Schwierigkeiten und Risiken der Mitwirkung im Gläubigerausschuss, WM 2006, 19; *Skrotzki,* Zur

Regreßhaftung des Konkursverwalters und des Gläubigerausschusses, KTS 1967, 142; *Stein,* Die Haftung der Mitglieder des Gläubigerausschusses im Konkursverfahren und des Gläubigerbeirats im Vergleichsverfahren, KTS 1957, 109; *Vortmann,* Die Haftung von Mitgliedern des Gläubigerausschusses, ZInsO 2006, 310; *Zimmermann,* Haftung und Versicherung im Insolvenzverfahren, NZI 2006, 386. Weiteres Schrifttum bei § 67, § 69 und § 70.

Übersicht

I. Haftungsbeschränkung auf den Pflichtenkreis des Gläubigerausschusses

1 Schon durch die Aufsicht des Insolvenzgerichts (§ 58), aber auch durch den haftungsbewehrten Pflichten- und Aufgabenkreis des Insolvenzverwalters (vgl. § 60) werden die am Insolvenzverfahren Beteiligten geschützt. Diese Schutzmechanismen greifen wegen des Prinzips der Independenz des Organs Gläubigerausschuss (vgl. → § 69 Rn. 1) und wegen der Reduzierung der Einwirkungsmöglichkeiten auf die Entlassung eines Ausschussmitglieds unter den Voraussetzungen von § 70 bei pflichtwidrigem Handeln der Gläubigerausschussmitglieder zu kurz. Deswegen tritt für Insolvenzgläubiger und absonderungsberechtigte Gläubiger mit § 71 ein weiterer Schutzmechanismus hinzu: Diese Norm begründet ein gesetzliches Schuldverhältnis zwischen diesen beiden Gläubigergruppen einerseits und den Mitgliedern des Gläubigerausschusses andererseits (vgl. BGHZ 202, 324 [329 f.] = NJW 2015, 64 [65] = NZI 2015, 166 [167]). Die sich aus § 71 ergebende Schadensersatzpflicht beruht auf der aus dem Amt des Gläubigerausschussmitglieds abgeleiteten besonderen persönlichen Verantwortlichkeit der Mitglieder diesen Gläubigern gegenüber (vgl. BGHZ 124, 86 [96 f.] = NJW 1994, 453 [455]). Sie kann neben eine deliktische Haftung treten (BGHZ 202, 324 [330] = NJW 2015, 64 [65] = NZI 2015, 166 [167]; vgl. aber *Cranshaw/Portisch/Knöpnadel* ZInsO 2015, 1 [2 f.]). § 71 gilt auch für den vorläufigen Gläubigerausschuss (*Marotzke* KTS 2014, 113 [125]; vgl. speziell dazu auch *Grell/Klockenbrink* DB 2013, 1038 [1040 f.])

2 Die besondere persönliche Verantwortlichkeit erklärt auch, warum weder das Insolvenzgericht noch die Gläubigerversammlung den Pflichtenkanon der Mitglieder des Gläubigerausschusses haftungsbeschränkend oder haftungsbefreiend modifizieren können (vgl. MüKoInsO/*Schmid-Burgk* § 71 Rn. 6). Auch unzureichende Rechtsaufsicht des Insolvenzgerichts hat keinen Einfluss auf die Haftung nach § 71 (Braun/*Hirte* § 71 Rn. 3). Anderes kann – wegen Fehlen des Kausalzusammenhangs – im Einzelfall gelten, wenn sich nachweisen lässt, dass der Insolvenzverwalter masseschädigende Handlungen trotz Intervention des Gläubigerausschusses vorgenommen hätte (Jaeger/*Gerhardt* § 71 Rn. 11).

3 Die Verantwortlichkeit der Mitglieder des Gläubigerausschusses entspricht weitgehend der des Insolvenzverwalters nach § 60. Wie diese ist sie auf die Verletzung **insolvenzspezifischer Pflichten** ausgerichtet (vgl. Nerlich/Römermann/*Delhaes* § 71 Rn. 7 f. mwN). Sie ist aber auf den sich aus § 69 ergebenden Aufgaben-

bereich der Ausschussmitglieder begrenzt (vgl. *Skrotzki* KTS 1967, 142 [147 f.]; *Gundlach/Frenzel/Jahn* DZWIR 2008, 441 [443]). Innerhalb dieses Pflichtenkreises hat das Mitglied des Gläubigerausschusses die **Sorgfalt eines ordentlichen und gewissenhaften Gläubigerausschussmitgliedes** zu wahren (Einzelheiten unter → Rn. 11 ff.). Bei der Mitwirkung an unternehmerischen Entscheidungen des Insolvenzverwalters (etwa durch eine Zustimmung nach § 160) haben die Gläubigerausschussmitglieder zwar einen **Ermessensspielraum;** ihnen kommen aber nicht die spezifischen Privilegierungen der Business Judgment Rule zugute (aA *Berger/Frege/Nicht* NZI 2010, 321 [328 f.]; *Grell/Klockenbrink* DB 2013, 1038 [1040 f.]; *Cranshaw/Portisch/Knöpnadel* ZInsO 2015, 1 [9]). Eine strafrechtliche Verantwortlichkeit aufgrund Zustimmung zu einer Rechtshandlung des Insolvenzverwalters ist kaum denkbar (vgl. *Brand/Sperling* KTS 2009, 355 [368 f.]). – Zur **Haftpflichtversicherung** der Mitglieder des Gläubigerausschusses vgl. auch → § 73 Rn. 11 (vgl. iÜ *Vallender* WM 2002, 2040 [2049]; *Zimmermann* NZI 2006, 386 ff.; *Grell/Klockenbrink* DB 2013, 1038 [1044 f.]; *Cranshaw/Portisch/Knöpnadel* ZInsO 2015, 1 [12 ff. u. 63 ff.] *Lehmann/Rettig* NZI 2015, 790 ff.).

§ 71 ist unmittelbar **Anspruchsgrundlage** (*Ganter* FS Fischer, 2008, 121 [122]; *Cranshaw/Portisch/Knöpnadel* ZInsO 2015, 1 [2]). Die Norm ist aber **kein Schutzgesetz iSd § 823 Abs. 2 BGB** (OLG Nürnberg KTS 1966, 109; Nerlich/Römermann/*Delhaes* § 71 Rn. 18; Uhlenbruck/*Knof* § 71 Rn. 21; wohl auch OLG Rostock ZInsO 2004, 814). Das bedeutet va, dass nicht schon jede Verletzung interner Organpflichten auch Ersatzansprüche geschädigter Dritter auslöst. Zu einer solchen Haftung kann es lediglich kommen, wenn durch gesonderte Pflichtenübernahme ein besonderer Vertrauenstatbestand geschaffen wurde (*Ganter* FS Fischer, 2008, 121 [122]). – Zur Gewährung von Prozesskostenhilfe bei der Geltendmachung eines Anspruchs aus § 71 vgl. OLG Celle ZIP 2009, 933; 2009, 936 (Ls.). 4

II. Individualpflichtverletzung und Gesamtverantwortung

In systematischer Hinsicht ist – wie bei der Haftung des Insolvenzverwalters – zwischen der internen **Haftung gegenüber der Masse** (und damit zugleich für „Gemeinschaftsschäden" der Gläubiger) und der **„Amtshaftung"** durch Verletzung von Organpflichten gegenüber einzelnen Insolvenzgläubigern bzw. absonderungsberechtigten Gläubigern zu unterscheiden (dazu sinngemäß → § 60 Rn. 2; vgl. auch Uhlenbruck/*Knof* § 71 Rn. 2; *Pape/Schultz* ZIP 2015, 1662 [1663]). Diese Unterscheidung ist va hinsichtlich der Frage der Anspruchsberechtigung und der Zulässigkeit der Geltendmachung des Schadens von Bedeutung (vgl. dazu → Rn. 21). 5

Da die Aufgaben des Gläubigerausschusses in der Insolvenzordnung ausschließlich als Aufgaben der Mitglieder ausgestaltet sind (vgl. → § 69 Rn. 9), besteht die Pflichtwidrigkeit regelmäßig in der Verletzung der dem Einzelmitglied obliegenden Pflicht. Die **Pflichten** ergeben sich allg. aus § 69 sowie aus den einzelnen Aufgabenzuweisungen kraft anderer Normen der Insolvenzordnung (vgl. dazu → § 67 Rn. 7). In Betracht kommt bspw. eine Haftung der Mitglieder des Gläubigerausschusses, wenn vom Gläubigerausschuss auf der Grundlage von § 149 bestimmt wurde, „zu welchen Bedingungen" Geld angelegt werden soll, und diese Anlage nicht zinsgünstig ist (*Jungmann* EWiR 2014, 563 [564]; vgl. BGH NJW-RR 2014, 1516 = NZI 2014, 757 in Bezug auf die Haftung des Insolvenzverwalters nach § 60). Pflichtwidrig handelt der Gläubigerausschuss ferner, wenn er die Führung eines Poolkontos nicht unterbindet, obwohl dadurch die Guthaben der Masse dem eingerichteten Hinterlegungskonto (§ 149) entzogen werden (BGH ZInsO 2013, 986 = ZIP 2013, 1235). Für die Haftung des einzelnen Gläubigerausschussmitglieds nach § 71 ist es ohne Bedeutung, ob im Einzelfall die 6

Verletzung einer Individualpflicht oder (auch) einer Pflicht des Organs Gläubigerausschuss in Rede steht (Uhlenbruck/*Knof* § 71 Rn. 4; Jaeger/*Gerhardt* § 71 Rn. 14; Nerlich/Römermann/*Delhaes* § 71 Rn. 8).

7 Die Ausschussmitglieder können sich auch durch **Stimmabgabe** bei masseschädigenden Beschlüssen (zB § 160) schadensersatzpflichtig machen (vgl. BGH ZIP 1985, 423 [427] = WM 1985, 422 [425]; Nerlich/Römermann/*Delhaes* § 71 Rn. 8). Hierbei ist freilich die Kausalität der Stimmabgabe des einzelnen Mitglieds zu prüfen. Danach gilt: Mitglieder, die gegen masseschädigende Beschlüsse gestimmt haben, haften nicht (aA *Ganter* FS Fischer, 2008, 121 [123]), und zwar auch dann nicht, wenn sie nicht anstrengen, nach § 70 aus dem Amt entlassen zu werden (Jaeger/*Gerhardt* § 71 Rn. 10). Zustimmende Mitglieder haften hingegen unabhängig vom Abstimmungsverhalten der anderen Ausschussmitglieder (MüKoInsO/*Schmid-Burgk* § 71 Rn. 10). Richtigerweise trifft die Haftung nach § 71 auch diejenigen, die sich der Stimme enthalten haben, weil sie zumindest hätten versuchen müssen, den masseschädigenden Beschluss zu verhindern, indem sie mit ihrer Gegenstimme ein Zeichen setzen. Vgl. zu gesetzeswidrigen Beschlüssen auch *Becher* LZ 1914, 246.

8 Es besteht **Gesamtverantwortung** aller Mitglieder des Gläubigerausschusses. Eine Arbeitsteilung lässt die Haftung nicht entfallen (FK-InsO/*Schmitt* § 71 Rn. 5). Bspw. entbindet die Bestellung eines Mitglieds zur Prüfung von Geldverkehr und Geldbestand (§ 69 S. 2) die übrigen Mitglieder nicht von der Pflicht, sich um die Durchführung und um das Ergebnis der Prüfung zu kümmern (RGZ 150, 287 [288]; BGHZ 71, 253 [256 f.] = NJW 1978, 1527 [1528]; OLG Rostock ZInsO 2004, 814; OLG Celle ZIP 2009, 933 [934]), denn bei einer **Beauftragung eines Mitglieds des Ausschusses** mit einer solchen Überprüfung müssen sich die übrigen Mitglieder in jedem Fall vergewissern, dass das beauftragte Mitglied den an die Kontrollaufgabe zu stellenden Anforderungen entspricht (vgl. auch *Grell/Klockenbrink* DB 2013, 1038 [1042 f.]). Auch die **Vergabe eines Sachverständigengutachtens,** die nicht selten gerade zur Vermeidung der Haftung erfolgt, rechtfertigt nicht jede ungeprüfte Übernahme der Ergebnisse. Zum Verschuldensmaßstab und zu Zurechnungsnormen vgl. → Rn. 11 ff.

III. Anspruchsberechtigte

9 Anders als nach der Konkursordnung (vgl. insofern noch BGHZ 124, 86 [93] = NJW 1994, 453 [454]) und anders als bei der Haftung des Insolvenzverwalters ist der Kreis der Schadensersatzberechtigten auf **Insolvenzgläubiger** – auch auf nachrangige – (§§ 38, 39) und **absonderungsberechtigte Gläubiger** (§§ 49 ff.) beschränkt. Aufgrund des klaren Wortlauts der Norm und des Willens des Gesetzgebers, nur diese Gläubiger zu schützen (BT-Drs. 12/2443, 132), kann die Pflicht zum Schadensersatz nicht derart ausgedehnt werden (vgl. grundlegend BGHZ 202, 324 [342] = NJW 2015, 64 [69] = NZI 2015, 166 [171]), dass auch andere Verfahrensbeteiligte (Kübler/Prütting/Bork/*Kübler* § 71 Rn. 5 ff.; Nerlich/Römermann/*Delhaes* § 71 Rn. 2; *Gundlach/Frenzel/Jahn* ZInsO 2009, 1095 [1098]; *Ampferl/Kilper* ZIP 2015, 553 [561] speziell zu Massegläubigern; krit. *Heidland* Kölner Schrift InsO, 2. Aufl. 2000, S. 711 Rn. 29 ff.; *Marotzke* KTS 2014, 113 [125 ff.]; *Hess* § 71 Rn. 3) oder gar Personen profitieren, die – wie diejenigen, die sich gegenüber einem Insolvenzgläubiger für eine Verbindlichkeit des Schuldners verbürgt haben, oder andere Drittsicherungsgeber – keine Verfahrensbeteiligten sind (MüKoInsO/*Schmid-Burgk* § 71 Rn. 12; vgl. schon BGH NJW 1985, 1159 [1160] zur Konkursordnung).

10 **Andere Verfahrensbeteiligte** – insbes. auch Aussonderungsberechtigte, Massegläubiger und der Schuldner sowie am Schuldner beteiligte Personen – sind allein durch die Möglichkeit, den Insolvenzverwalter in Anspruch zu nehmen

(§ 60), und durch die Aufsicht des Insolvenzgerichts (§ 58) geschützt (BT-Drs. 12/2443, 132; an der Stärke dieses Schutzes zweifelnd *Heidland* Kölner Schrift InsO, 2. Aufl. 2000, S. 711 Rn. 27 ff.; krit. auch *Marotzke* KTS 2014, 113 [125 ff.]).

IV. Verschulden

1. Haftung des Gläubigerausschussmitglieds. Die Haftung nach § 71 tritt nur bei Verschulden (**Vorsatz und** jede Form von **Fahrlässigkeit**) der Mitglieder des Gläubigerausschusses ein (überzeugend gegen Versuche, Haftungsbegrenzungen in Form von „20 %-Verursachungsgrenzen" oÄ zu konstruieren, *Grell/Klockenbrink* DB 2013, 1038 [1041 f.]). Die Gläubigerausschussmitglieder müssen sich über ihre gesetzlichen Pflichten unterrichten (BGHZ 49, 121 [124] = NJW 1968, 701 [702]; *Pape/Schmidt* ZInsO 2004, 955 [957]; *Pape* WM 2006, 19 [21]). Sie handeln fahrlässig, wenn sie das nicht tun (RGZ 150, 286 [288]; vgl. OLG Hamm BB 1955, 296 [297]; vgl. ferner *Stein* KTS 1957, 109 [110 f.]) Zweckdienlich ist es, wenn das Insolvenzgericht die Gläubigerausschussmitglieder auf ihre Pflichten hinweist, zB durch **Aushändigung eines Merkblatts** (*Vogels* DJ 1935, 1464; Uhlenbruck/*Knof* § 71 Rn. 8). Unterbleibt dies, so zieht das in der Regel aber keine Haftung des Richters bzw. Rechtspflegers nach sich. 11

Der **allgemeine Haftungsmaßstab** ergibt sich aus der **Sorgfalt,** die von einem **ordentlichen und gewissenhaften Gläubigerausschussmitglied** erwartet werden kann (Uhlenbruck/*Knof* § 71 Rn. 8; vgl. BGHZ 71, 253 = NJW 1978, 1527; BGH ZIP 1984, 1506; 1989, 403; OLG Celle NZI 2010, 609 [612]; vgl. auch schon → Rn. 3). Er ist **situationsspezifisch:** So besteht eine erhöhte Überwachungspflicht bei Kenntnis von Verfehlungen des Insolvenzverwalters (RG HRR 1937, Nr. 1252) und bei besonders risikobehafteten Entscheidungen des Insolvenzverwalters (vgl. Leonhardt/Smid/Zeuner/*Smid* § 71 Rn. 10; vgl. spezifisch zur situationsspezifischen Prüfungsintensität in Bezug auf die Beleg- und Kassenführung *Ampferl/Kilper* ZIP 2015, 553 [556]). Freilich streitet grds. ein **Anscheinsbeweis** dafür, dass es ein Insolvenzverwalter bei sorgfältiger Überwachung nicht wagt, sich durch strafbare Handlungen an den ihm anvertrauten Werten zu vergreifen (BGHZ 202, 324 = NJW 2015, 64 = NZI 2015, 166; BGH ZInsO 2015, 1563). 12

Beim **konkreten Haftungsmaßstab** sind Kenntnisse, Fertigkeiten und Erfahrung des jeweiligen Mitglieds zu berücksichtigen (MüKoInsO/*Schmid-Burgk* § 71 Rn. 7; *Ganter* FS Fischer, 2008, 121 [128]). Diese Konkretisierung führt aber nicht zu einer Enthaftung des völlig unerfahrenen Gläubigerausschussmitglieds, weil in einem solchen Fall schon die Übernahme des Amtes, das zwangsläufig wirtschaftliche und rechtliche Kenntnisse verlangt, pflichtwidrig war (*Obermüller* FS Möhring, 1975, 101 [106]; *Pape* WM 2006, 19 [21]; *Hess* § 71 Rn. 7; Kübler/Prütting/Bork/*Kübler* § 71 Rn. 13; Braun/*Hirte* § 71 Rn. 3; tendenziell anders *Gundlach/Frenzel/Jahn* ZInsO 2009, 1095 [1099 f.]). Da selbst eine unfreiwillige oder entschuldbare längere Abwesenheit nicht haftungsbefreiend wirkt (vgl. Uhlenbruck/*Knof* § 71 Rn. 9), muss ein Gläubigerausschussmitglied, bei dem objektiv nachvollziehbare Gründe dafür sprechen, dass es seinen Aufgaben aus solchen Gründen nicht ordnungsgemäß nachkommen kann, zur Haftungsvermeidung den Antrag auf Entlassung nach § 70 stellen (vgl. → § 70 Rn. 16). 13

Die Höhe der **Vergütung** der Mitglieder des Gläubigerausschusses (vgl. § 73) hat keinen Einfluss auf die Haftung nach § 71; diese besteht sogar bei unentgeltlicher Mitgliedschaft im Gläubigerausschuss (vgl. Leonhardt/Smid/Zeuner/*Smid* § 71 Rn. 8; *Ehlers* BB 2013, 259 [263]; vgl. auch → § 73 Rn. 2). Ferner führt der Umstand, dass die Gläubigerversammlung im Rahmen ihrer Zuständigkeit eine parallel gelagerte oder sogar eine dieselbe beabsichtigte Rechtshandlung betreffen- 14 de Entscheidung gefällt hat, nicht automatisch zum Ausschluss der Haftung nach § 71 (*Gundlach/Frenzel/Jahn* DZWIR 2008, 441 [443]). – Zu besonders gelagerten Fällen, die ein Verschulden entfallen lassen können, vgl. Jaeger/*Gerhardt* § 71 Rn. 9.

15 **2. Haftung für andere Personen.** Der Bundesgerichtshof hat in BGHZ 202, 324 = NJW 2015, 64 = NZI 2015, 166 die **Haftung für Erfüllungsgehilfen** grundlegend neu definiert (vgl. auch BGH ZInsO 2015, 1563). Erfüllungsgehilfe eines Ausschussmitglieds ist nur eine Person, derer sich das Ausschussmitglied zur Erfüllung eigener Pflichten bedient, was bei Steuer-, Rechnungslegungs- und Rechtsfragen, aber auch bei Strategieentscheidungen möglich ist und ggf. auch angezeigt sein kann (vgl. auch schon → § 67 Rn. 6). Nach der neuen BGH-Rspr. kommt eine Zurechnung fremden Verschuldens nach **§ 278 BGB** nicht in Betracht (anders noch RGZ 152, 125 [128]); dies ist unrichtig (zutr. *Cranshaw/Portisch/Knöpnadel* ZInsO 2015, 1 [10]; vgl. auch *Hess* § 71 Rn. 4; HK-InsO/*Riedel* § 69 Rn. 5; *Grell/Klockenbrink* DB 2013, 1038 [1043]; vgl. ferner *Pape/Schultz* ZIP 2015, 1662 [1664 einerseits und 1666 andererseits]).

16 Nach richtiger, aber für die Insolvenzpraxis wohl nicht mehr maßgeblicher Auffassung ist auch die **Haftung für das Verschulden sonstiger Gehilfen** nicht auf eine Haftung für eigenes Verschulden bei Auswahl, Beaufsichtigung und Prüfung anderer – etwa der nach § 69 S. 2 zur Kassenprüfung eingeschalteten Wirtschaftsprüfer – beschränkt (so zur Konkursordnung noch BGHZ 71, 253 [256 f.] = NJW 1978, 1527 [1528]; wie hier MüKoInsO/*Schmid-Burgk* § 69 Rn. 18 und § 71 Rn. 17; HK-InsO/*Riedel* § 69 Rn. 5; *Ganter* FS Fischer, 2008, 121 [133 f.]; in Bezug auf vom Ausschussmitglied selbst vorzunehmende Tätigkeiten auch Kübler/Prütting/Bork/*Kübler* § 71 Rn. 16). Denn auch die gesetzlich vorgesehene, zulässige Einschaltung externen Sachverstands modifiziert den Haftungsmaßstab des Gläubigerausschusses und seiner Mitglieder nicht. Diesem Konzept hat der Bundesgerichtshof insbes. unter Hinweis auf die „sachgerechte Begrenzung des Haftungsrisikos" der Mitglieder des Gläubigerausschusses eine Absage erteilt (BGHZ 202, 324, 331 ff. = NJW 2015, 64 [65 f.] = NZI 2015, 166 [167 f.]; zustimmend etwa *Ampferl/Kilper* ZIP 2015, 553 ff.; vgl. auch schon *Pape* WM 2003, 361 [365 f.]; *Vallender* WM 2002, 2040 [2048]; *Gundlach/Frenzel/Jahn* ZInsO 2009, 1095 [1100]; HambK-InsO/*Frind* § 71 Rn. 4; wohl auch Braun/*Hirte* § 71 Rn. 6; FK-InsO/*Schmitt* § 71 Rn. 6; einschränkend auch Jaeger/*Gerhardt* § 71 Rn. 15).

17 **3. Haftung Mehrerer.** Bei gleichzeitiger **Haftung mehrerer Ausschussmitglieder** liegt eine **Gesamtschuld** (§§ 421, 426 BGB) vor (hM; Nerlich/Römermann/*Delhaes* § 71 Rn. 14; Jaeger/*Gerhardt* § 71 Rn. 14 mwN; *Vallender* WM 2002, 2040 [2048]; vgl. auch *Cranshaw/Portisch/Knöpnadel* ZInsO 2015, 1 [8]). Wie sich aus dem Prinzip der Gesamtverantwortung (vgl. → Rn. 8) ergibt, berührt eine interne Aufgabenverteilung – auch wenn sie auf Regelungen der Geschäftsordnung des Gläubigerausschusses beruht – nicht die gesamtschuldnerische Verantwortlichkeit der Gläubigerausschussmitglieder im Außenverhältnis (MüKoInsO/*Schmid-Burgk* § 71 Rn. 16); sie kann aber für den sich nach § 426 BGB bestimmenden Innenausgleich von Bedeutung sein.

18 Gesamtschuldnerschaft besteht auch beim **Zusammentreffen von Haftung von Gläubigerausschussmitgliedern und Haftung des Insolvenzverwalters** nach § 60 (Kübler/Prütting/Bork/*Kübler* § 71 Rn. 22; BK-InsO/*Blersch* § 71 Rn. 10; *Runkel* FS Görg, 2010, 393 [409]; anders nur OLG Koblenz KTS 1956, 159 [160]: wegen der Verschiedenheit des Rechtsgrundes nur unechte Gesamtschuld, die keine Ausgleichspflicht nach § 426 BGB erzeugt). Allerdings haftet ein Gläubigerausschussmitglied nicht für die Erfüllung einer unter seiner Mitwirkung vom Insolvenzverwalter begründeten Masseschuld, wenn diese wegen Masseun-

zulänglichkeit (§§ 208 ff.) nicht beglichen wird; anderes gilt, wenn dies unter Verletzung einer nach § 69 bestehenden Pflicht des Gläubigerausschussmitglieds geschah (BGH ZIP 1981, 1001 = KTS 1982, 111; OLG Frankfurt a. M. NJW 1990, 583).

Zum **Zusammentreffen der Haftung von Mitgliedern des Gläubigerausschusses und einer als Hinterlegungsstelle bestellten Bank** (§ 149) vgl. RGZ 149, 182 [186 f.]; RG HRR 1935, Nr. 809 = DJ 1935, 1463 mAnm *Vogels;* RG KuT 1935, 69; BGH KTS 1962, 106; Kübler/Prütting/Bork/*Kübler* § 71 Rn. 23 f. Diese Thematik ergab sich insbes. aufgrund von § 149 Abs. 2 aF, wonach der Insolvenzverwalter nur berechtigt war, hinterlegte Gegenstände wieder in Empfang zu nehmen, wenn ein Mitglied des Gläubigerausschusses die Quittung mitunterzeichnete. Sie hat einen Großteil ihrer praktischen Bedeutung durch die mit Wirkung zum 1.7.2007 erfolgte Streichung dieses wenig praxistauglichen Erfordernisses durch das Gesetz zur Vereinfachung des Insolvenzverfahrens v. 12.4.2007 (BGBl. I S. 509) verloren. 19

V. Schaden

Dafür, dass ein **ersatzfähiger Schaden** eingetreten ist (Frage des Einzelfalls), liegt die **Beweislast** beim Anspruchsteller (vgl. *Ganter* FS Fischer, 2008, 121 [129]). Es muss bei wertender Betrachtungsweise ein innerer Zusammenhang mit der Pflichtverletzung bestehen; eine lediglich äußerliche Verbindung eines entstandenen Vermögensnachteils zum pflichtwidrigen Verhalten des Gläubigerausschussmitglieds genügt nicht (BGHZ 124, 86 [96] = NJW 1994, 453 [455]). 20

Zu unterscheiden ist zwischen dem Einzelschaden und dem Gesamtschaden (vgl. Jaeger/*Gerhardt* § 71 Rn. 4): Der nicht die Insolvenzmasse insgesamt beeinträchtigende **Einzelschaden** kann vom Geschädigten selbst und im laufenden Insolvenzverfahren geltend gemacht werden (Nerlich/Römermann/*Delhaes* § 71 Rn. 4). Schadensersatzansprüche gegen die Gläubigerausschussmitglieder, die die Insolvenzmasse insgesamt betreffen, können als **Gesamtschaden** nach **§ 92** im laufenden Insolvenzverfahren nur vom Insolvenzverwalter geltend gemacht werden (BGH NZI 2008, 491 [492]; *Pape/Schultz* ZIP 2015, 1662 [1664]; MüKo-InsO/*Schmid-Burgk* § 71 Rn. 13 mwN). Zur Geltendmachung dieses Anspruchs ist der Insolvenzverwalter verpflichtet (Nerlich/Römermann/*Delhaes* § 71 Rn. 4); er bedarf hierzu keiner Zustimmung des Gläubigerausschusses nach § 160 Abs. 2 Nr. 3 (RG JW 1935, 1781; vgl. auch → § 160 Rn. 30). Besteht die Pflichtverletzung der Gläubigerausschussmitglieder gerade darin, masseschädigende Handlungen des Insolvenzverwalters nicht erkannt und aufgedeckt zu haben, ist der Gesamtschaden – dem Rechtsgedanken von § 92 S. 2 folgend – von einem neu gewählten Insolvenzverwalter oder Sonderinsolvenzverwalter (zur Zulässigkeit der Bestellung eines Sonderinsolvenzverwalters vgl. nur BGH NZI 2009, 238; 2006, 474; vgl. ferner → § 56 Rn. 62 ff.) geltend zu machen (vgl. auch *Kirchhof* ZInsO 2007, 1122 [1123 f.]; *Runkel* FS Görg, 2010, 393 [409 f.]). 21

In Bezug auf den **Umfang des Schadens** gelten folgende Grundsätze: Nach § 71 ist nur die Masseminderung ersatzfähig, die sich in einer verminderten Befriedigung der nach dieser Vorschrift Anspruchsberechtigten (→ Rn. 9) niedergeschlagen hat; das bedeutet, dass der Schaden in der Differenz zwischen der ohne die schädigenden Handlungen anzunehmenden (Soll-)Quote und der aufgrund der noch vorhandenen Masse zu erwartenden (Ist-)Quote besteht (BGHZ 202, 324 [342f.] = NJW 2015, 64 [69] = NZI 2015, 166 [171]; vgl. auch BGH ZInsO 2015, 1563). 22

VI. Verjährung

23 Das vor Inkrafttreten der Insolvenzordnung nicht hinreichend geklärte Problem der Verjährung (vgl. BGH NZI 2008, 491 zur Gesamtvollstreckungsordnung) ist durch die **Verweisung** in Satz 2 **auf § 62** gelöst. Danach richtet sich die Verjährung des Schadensersatzanspruchs gegen die Mitglieder des Gläubigerausschusses nach den Regelungen über die regelmäßige Verjährung nach dem Bürgerlichen Gesetzbuch (§§ 194 ff. BGB). Der Anspruch verjährt spätestens in drei Jahren von der Aufhebung oder der Rechtskraft der Einstellung des Insolvenzverfahrens an.

24 Für den Verjährungsbeginn maßgeblich ist gem. **§ 199 Abs. 1 BGB** regelmäßig das Ende des Jahres, in dem der Anspruchsberechtigte von den anspruchsbegründenden Umständen und der Person des ersatzpflichtigen Gläubigerausschussmitglieds Kenntnis erlangt hatte oder nur infolge grober Fahrlässigkeit keine Kenntnis erlangt hatte. Im Fall der Geltendmachung des Gesamtschadens (vgl. → Rn. 21) ist auf die Kenntnis des Insolvenzverwalters abzustellen, im Sonderfall des Vorwurfs an die Gläubigerausschussmitglieder, masseschädigende Handlungen des Insolvenzverwalters nicht verhindert zu haben, auf die Kenntnis des neu gewählten Insolvenzverwalters bzw. des Sonderinsolvenzverwalters (BGH NZI 2008, 491; Kübler/Prütting/Bork/*Kübler* § 71 Rn. 19; vgl. schon *Kirchhof* ZInsO 2007, 1122 [1123 f.]).

Beschlüsse des Gläubigerausschusses

72 Ein Beschluß des Gläubigerausschusses ist gültig, wenn die Mehrheit der Mitglieder an der Beschlußfassung teilgenommen hat und der Beschluß mit der Mehrheit der abgegebenen Stimmen gefaßt worden ist.

Schrifttum: *Grell/Klockenbrink,* Stimmverbote in Gläubigerversammlung und Gläubigerausschuss – Grenzen der Gläubigermitbestimmung in Insolvenzverfahren?, DB 2014, 2514; *Gundlach/Frenzel/Schmidt,* Das befangene Gläubigerausschussmitglied, ZInsO 2005, 974; *dies.,* Die Einladung zur Sitzung des Gläubigerausschusses – zugleich ein Beitrag zu § 72, NZI 2005, 304; *Oelrichs,* Gläubigermitwirkung und Stimmverbote im neuen Insolvenzverfahren, 1999. – Weiteres Schrifttum bei § 67 und § 69.

Übersicht

I. Beschlussfassungsvoraussetzungen

1 § 72 bestimmt zwingend, dass – soweit es sich um die gesetzliche Tätigkeit des Gläubigerausschusses handelt – zur Gültigkeit eines Beschlusses die **Teilnahme der Mehrheit der Mitglieder** an der Beschlussfassung und eine **Beschlussfassung mit der Mehrheit der abgegebenen Stimmen** erforderlich sind (vgl. *Marotzke* ZInsO 2003, 726 [727] und *ders.* KTS 2014, 113 [133]: Kopfmehrheitsprinzip kraft „Natur der Sache"). **Jedes Mitglied hat eine** – und nur eine – **Stimme.** Bei Stimmengleichheit ist der Antrag abgelehnt; weder gibt die Stimme des Vorsitzenden noch ein Stichentscheid der Gläubigerversammlung den Ausschlag.

2 Ein aus drei Mitgliedern bestehender Gläubigerausschuss ist **beschlussfähig,** wenn mindestens zwei stimmberechtigte Mitglieder an der Beschlussfassung teilnehmen (OLG Koblenz KTS 1962, 123 [124]). Ist von zwei erschienenen Mitgliedern eines wegen Interessenkollision vom Stimmrecht ausgeschlossen, ist keine Beschlussfassung möglich; bei einem aus zwei Mitgliedern bestehenden Gläubigerausschuss ist immer Einstimmigkeit erforderlich (Kübler/Prütting/Bork/*Kübler* § 72 Rn. 5; MüKoInsO/*Schmid-Burgk* § 72 Rn. 20; *Heidland* Kölner Schrift InsO, 2. Aufl. 2000, S. 711 Rn. 22; vgl. OLG Düsseldorf LZ 1913, 570 [572]).

3 Aufgrund des Prinzips der Independenz des Organs Gläubigerausschuss (vgl. → § 69 Rn. 1) kann die **Gläubigerversammlung,** wenn der Gläubigerausschuss keinen Beschluss fasst, den fehlenden Beschluss nicht durch einen eigenen ersetzen (*Frege* NZG 1999, 478 [482]). Erst recht kann die Gläubigerversammlung keine Beschlüsse des Gläubigerausschusses abändern oder aufheben (Jaeger/*Gerhardt* § 72 Rn. 14; *Vallender* WM 2002, 2040 [2047]; *Marotzke* KTS 2014, 113 [134]; aA HK-InsO/*Riedel* § 72 Rn. 7; vgl. auch noch → § 160 Rn. 5 ff.).

II. Teilnahme- und Stimmrechtsausschluss

4 **1. Ausschluss des Stimmrechts von Gläubigerausschussmitgliedern.** Der Stimmrechtsausschluss (ausf. *Oelrichs,* Gläubigermitwirkung und Stimmverbote, S. 93 ff.) folgt dem in §§ 34 BGB, 47 Abs. 4 GmbHG, 43 Abs. 6 GenG zum Ausdruck kommenden Rechtsgedanken (BGH NJW 1959, 192 [193]; ZIP 1985, 423 [425]; aA in dogmatischer Hinsicht *Grell/Klockenbrink* DB 2014, 2514 [2518]: Ableitung von Stimmverboten aus dem Pflichtenkreis der Mitglieder des Gläubigerausschusses). Danach hat ein Ausschussmitglied gemäß dem **Verbot des Insich-Geschäfts** kein Stimmrecht bei der Abstimmung über ein mit ihm selbst zu schließendes Rechtsgeschäft oder bei einer Abstimmung mit Bezug auf einen ihn betreffenden Rechtsstreit (BGH ZIP 1985, 423 [425]).

5 Hinzu kommt das **Verbot, Richter in eigener Sache** zu sein (iErg wohl auch *Grell/Klockenbrink* DB 2014, 2514 [2518]; vgl. noch → § 76 Rn. 15 ff. zum Stimmverbot in der Gläubigerversammlung). Vorsichtig auszudehnen ist dieser Stimmrechtsausschluss auf Rechtsgeschäfte und Prozesse mit nahen Angehörigen und auf mittelbares Betroffensein des Ausschussmitglieds zB wegen gesellschaftsrechtlicher Verflechtung. Für **Rechtsanwälte** kann sich aus § 45 BRAO die Pflicht zur Stimmenthaltung ergeben (Kübler/Prütting/Bork/*Kübler* § 72 Rn. 10; vgl. zum Ganzen auch *Pape* ZInsO 1999, 675 [678]).

6 Über **Zweifel bezüglich eines Stimmrechtsausschlusses** entscheidet der Gläubigerausschuss (*Uhlenbruck* ZIP 2002, 1373 [1376 f.]; *Vallender* WM 2002, 2040 [2046]). Das Insolvenzgericht ist nicht zur Entscheidung über diese Frage befugt (aA Nerlich/Römermann/*Delhaes* § 72 Rn. 4; *Gundlach/Frenzel/Schmidt* ZInsO 2005, 974 [976]). Aber eine rechtsverbindliche Prüfung und Entscheidung im Zivilprozess ist möglich (vgl. → Rn. 18 ff.).

7 **2. Ausschluss von der Teilnahme an Sitzungen des Gläubigerausschusses.** Ein Stimmrechtsverbot bedeutet im Regelfall noch keinen Ausschluss von der Teilnahme an Ausschusssitzungen. Anderes gilt dann, wenn eine unlautere Einflussnahme auf den Gang der Sitzung und die Entscheidung über das Stimmrechtsverbot zu befürchten ist (allg. gegen ein Teilnahmeverbot MüKoInsO/*Schmid-Burgk* § 72 Rn. 14). Auch in diesen Fällen kann aber lediglich ein bloßes Beratungsverbot oder ein nur zeitweiser Ausschluss angezeigt sein (Uhlenbruck/*Knof* § 72 Rn. 10 mwN; ausf. *Gundlach/Frenzel/Schmidt* ZInsO 2005, 974 [975 f.]).

8 Die Entscheidung, ob ein Mitglied von der Teilnahme an Ausschusssitzungen ausgeschlossen ist, trifft der Gläubigerausschuss (*Uhlenbruck* ZIP 2002, 1373 [1377]; *Vallender* WM 2002, 2040 [2046]). Eine Entscheidungszuständigkeit des Insolvenzgerichts (für eine neben die Zuständigkeit des Ausschusses tretende Zuständigkeit des Gerichts Uhlenbruck/*Knof* § 72 Rn. 14) besteht nicht; sie würde gegen das Prinzip der Independenz des Organs Gläubigerausschuss (vgl. → § 69 Rn. 1) verstoßen.

III. Regeln zur Einberufung und zur Beschlussfassung

9 Das Verfahren bei Einberufung und Beschlussfassung ist in § 72 nicht geregelt (ausf. *Oelrichs,* Gläubigermitwirkung und Stimmverbote, S. 88 ff.). Dies ist, auch wenn die Praxis sich mit diesem Umstand arrangiert hat, ein gesetzgeberisches Manko; eine Reform des § 72 sollte abdingbare Regelungen zur Einberufung (Form, Frist, Zuständigkeit) und zur Form der Beschlussfassung mit sich bringen. Vgl. zur konstituierenden Sitzung → Rn. 17.

10 **1. Maßgeblichkeit einer Geschäftsordnung.** Der Gläubigerausschuss kann sich eine **Geschäftsordnung** geben. Er sollte von dieser Möglichkeit Gebrauch machen, weil eine sorgsam ausgearbeitete Geschäftsordnung verhindert, dass der Gläubigerausschuss, sollten im Laufe des Verfahrens Konflikte unter seinen Mitgliedern entstehen, sich in Streitigkeiten über Formalia verliert und handlungsunfähig wird. In der Geschäftsordnung sollten Regelungen zur Einberufung (insbes. Form, Frist und Einberufungsrechte betreffend; ausf. hierzu *Gundlach/Frenzel/Schmidt* NZI 2005, 304 ff.; *Hess* § 67 Rn. 42) und zur Mitteilung der Tagesordnung (*Uhlenbruck* ZIP 2002, 1373 [1375]; vgl. auch Kübler/Prütting/Bork/*Kübler* § 72 Rn. 2 f.) geregelt sein. Im Fall der Verletzung von Einberufungsvorschriften gilt § 51 Abs. 3 GmbHG entsprechend.

11 Die Geschäftsordnung kann (und sollte) auch Vorschriften über die **Protokollierung** der Sitzungen, über die **Wahl eines Vorsitzenden** und über die Folgen des Bestehens eines Stimmverbots im Hinblick auf das Recht zur Teilnahme an Ausschusssitzungen enthalten. Ferner ist es möglich, die Sitzungsform (Präsenzsitzung, Telefon-/Videokonferenz), das Recht zur Teilnahme des Insolvenzverwalters, von Beratern der Ausschussmitglieder und von Gästen sowie die Form der Beschlussfassung (zB im Wege des Umlaufverfahrens) in der Geschäftsordnung zu regeln (vgl. *Ehlers* BB 2013, 259 [263]).

12 **2. Maßgebliche Regeln ohne Geschäftsordnung.** In Ermangelung von Geschäftsordnungsregelungen gilt: Zur **Einberufung** befugt ist **jedes Gläubigerausschussmitglied** einzeln, entgegen der teilw. geübten Praxis und wohl auch herrschenden Meinung **nicht** aber auch der **Insolvenzverwalter** (wie hier *Gundlach/Frenzel/Schmidt* NZI 2005, 304 [306 f.]; *Uhlenbruck* ZIP 2002, 1373 [1375]; aA MüKoInsO/*Schmid-Burgk* § 72 Rn. 11; Jaeger/*Gerhardt* § 72 Rn. 3; vgl. aber noch → Rn. 17). Der Insolvenzverwalter kann die Einberufung lediglich formlos beim Ausschussvorsitzenden oder bei einem Ausschussmitglied anregen (weitergehend *Pape* WM 2003, 361 [367]: Berechtigung des Insolvenzverwalters, Anträge

zu stellen, über die der Gläubigerausschuss entscheiden soll). Für die Einberufung ist **keine besondere Form** vorgesehen. Es ist eine **angemessene Einberufungsfrist** zu wahren (vgl. Kübler/Prütting/Bork/*Kübler* § 72 Rn. 2: Frist von ein bis zwei Wochen). Nur in der Sitzung physisch anwesende Gläubigerausschussmitglieder können ihre Stimmen abgeben (insofern großzügiger die wohl hM: Leonhardt/Smid/Zeuner/*Smid* § 72 Rn. 3; *Hess* § 72 Rn. 3; Braun/*Hirte* § 72 Rn. 8 f.). Auch die Beschlussfassung ist zu jedem Tagesordnungspunkt formlos möglich (bspw. auch hinsichtlich der Zustimmung zu Rechtsgeschäften, für die Formvorschriften bestehen (MüKoInsO/*Schmid-Burgk* § 72 Rn. 13)).

13 **Dritte** haben – auch nicht als Rechtsberater von Ausschussmitgliedern – **kein Teilnahmerecht** (HambK-InsO/*Frind* § 69 Rn. 2; aA wohl LG Kassel ZInsO 2002, 839 [841]). Auch der Insolvenzverwalter hat kein Teilnahmerecht (*Uhlenbruck* ZIP 2002, 1373 [1378]; *Pape* WM 2003, 361 [367]); regelmäßig ist seine Teilnahme aber sinnvoll. Er kann auch nicht schriftliche Abstimmung verlangen (so aber MüKoInsO/*Schmid-Burgk* § 72 Rn. 4), zumal regelmäßig Protokolle über die Sitzungen des Gläubigerausschusses erstellt werden (vgl. → Rn. 15 f.).

14 **3. Unabdingbarkeit der Stimmrechtsvorschriften.** Die gesetzlichen Bestimmungen zum Stimmrecht sind zwingend (vgl. Nerlich/Römermann/*Delhaes* § 72 Rn. 1). Qualifizierte Mehrheiten, Mehrheiten nach Forderungsbeträgen, Mehrstimmrechte (etwa des Vorsitzenden), Stichentscheide der Gläubigerversammlung oÄ können nicht wirksam vereinbart werden (*Uhlenbruck* ZIP 2002, 1373 [1375]; Kübler/Prütting/Bork/*Kübler* § 72 Rn. 6; vgl. auch Jaeger/*Gerhardt* § 72 Rn. 11). Anderes kann unter Umständen gelten, wenn es sich um Beschlüsse zu nicht gesetzlich umschriebenen Entscheidungen handelt (vgl. auch RG JW 1893, 487). Aber auch dann darf das Grundanliegen des Abstimmungsverfahrens nach § 72, eine Majorisierung der Kleingläubiger und ggf. der Arbeitnehmervertreter zu verhindern (vgl. *Hess* § 72 Rn. 1; Uhlenbruck/*Knof* § 72 Rn. 1 mwN), nicht konterkariert werden.

IV. Sitzungsprotokolle

15 Zweckmäßig ist die **Anfertigung von Protokollen über Ausschusssitzungen** (für eine Protokollierungspflicht wohl Leonhardt/Smid/Zeuner/*Smid* § 72 Rn. 3; vgl. auch HambK-InsO/*Frind* § 72 Rn. 7 für Protokolle in Bezug auf die Gläubigerbeteiligung bei der Verwalterbestellung gem. § 56a). Denkbar sind Ergebnis-, Diskussions- und sogar Wortprotokolle. Wenn zur Teilnahme zugelassen, wird typischerweise der Insolvenzverwalter das Protokoll führen; zwingend ist das nicht (gegen eine Protokollführung durch den Insolvenzverwalter sogar HambK-InsO/*Frind* § 72 Rn. 7). Zusätzlich zum offiziellen Protokoll, das auf der nächsten Sitzung des Gläubigerausschusses genehmigt werden muss (vgl. MüKoInsO/*Schmid-Burgk* § 72 Rn. 7; Kübler/Prütting/Bork/*Kübler* § 72 Rn. 12), kann jedes Mitglied des Gläubigerausschusses Mitschriften/Terminsberichte (auch stenografische) fertigen. Ton- und Bildaufzeichnungen sind nur mit Zustimmung aller Gläubigerausschussmitglieder statthaft.

16 **Genehmigte Protokolle** sollten zu den Insolvenzakten gereicht werden (*Hess* § 72 Rn. 8). Sie sind aber nicht automatisch deren Bestandteil (anders wohl Nerlich/Römermann/*Delhaes* § 72 Rn. 8; vgl. auch LG Darmstadt ZIP 1990, 1424); ein Einsichtsrecht nach § 299 ZPO iVm § 4 besteht nicht (MüKoInsO/*Schmid-Burgk* § 72 Rn. 8; LG Landshut ZInsO 2015, 2144).

V. Konstituierende Sitzung

17 Das Fehlen von Vorschriften für die Einberufung etc zur Sitzung des Gläubigerausschusses (vgl. → Rn. 9) ist hinsichtlich dessen konstituierender Sitzung beson-

ders misslich. In jedem Fall ist der (vorläufige) Insolvenzverwalter hinsichtlich der konstituierenden Sitzung einberufungsbefugt (vgl. insofern auch *Gundlach/Frenzel/Schmidt* NZI 2005, 304 [305]). Richtigerweise kann zur konstituierenden Sitzung eines vorläufigen Gläubigerausschusses (§ 67) – auch des vor-vorläufigen Gläubigerausschusses im Insolvenzeröffnungsverfahren – auch das Insolvenzgericht, zur konstituierenden Sitzung des endgültigen Gläubigerausschusses (§ 68) auch die Gläubigerversammlung einberufen; die Einberufung sollte zweckmäßigerweise schon im Einsetzungsbeschluss enthalten sein. Die Einladung zur konstituierenden Sitzung sollte schriftlich und mit einer 2-Wochen-Frist ergehen.

VI. Fehlerhafte Beschlüsse des Gläubigerausschusses

18 Zu fehlerhaften Ausschussbeschlüssen (Grundsatzüberlegungen schon bei *Hegmanns,* Der Gläubigerausschuss, S. 127 ff.) gibt es auch unter Geltung der Insolvenzordnung noch keine gesicherte Gerichtspraxis. Mängel der Beschlüsse werden inzident vom Prozessgericht (zB in einem Schadensersatzprozess) geprüft.

19 Rechtspolitisch wird ein Anfechtungsrecht analog dem Aktiengesetz angeregt (vgl. Braun/*Hirte* § 72 Rn. 14 ff.). Zurzeit gibt es eine insolvenzverfahrensspezifische Form der Entscheidung über die Wirksamkeit von Beschlüssen allerdings nicht: Das Insolvenzgericht ist nicht befugt, über die Wirksamkeit von Beschlüssen des Gläubigerausschusses zu entscheiden (Jaeger/*Gerhardt* § 72 Rn. 12; Braun/*Hirte* § 72 Rn. 18; *Hess* § 72 Rn. 9; aA für nichtige Beschlüsse HambK-InsO/*Frind* § 72 Rn. 5), und hat auch nicht die Befugnis, analog § 78 Beschlüsse des Gläubigerausschusses aufzuheben (BK-InsO/*Blersch* § 78 Rn. 9; aA *Marotzke* KTS 2014, 113 [134]). Dazu fehlt auch der Gläubigerversammlung die Kompetenz (aA BK-InsO/*Blersch* § 78 Rn. 6 und 8).

Vergütung der Mitglieder des Gläubigerausschusses[1]

73 (1) [1]**Die Mitglieder des Gläubigerausschusses haben Anspruch auf Vergütung für ihre Tätigkeit und auf Erstattung angemessener Auslagen.** [2]**Dabei ist dem Zeitaufwand und dem Umfang der Tätigkeit Rechnung zu tragen.**

(2) **§ 63 Abs. 2 sowie die §§ 64 und 65 gelten entsprechend.**

Schrifttum: *Cranshaw,* Haftung, Versicherung und Haftungsbeschränkung des (vorläufigen) Gläubigerausschusses?, ZInsO 2012, 1151; *Deppe,* Vergütung der Gläubigerausschussmitglieder, InsbürO 2005, 164; *Gundlach/Schirrmeister,* Der Vergütungsanspruch des beamteten Gläubigerausschussmitglieds, ZInsO 2008, 896; *Keller,* Vergütung und Kosten im Insolvenzverfahren, 3. Aufl. 2010; *Saage,* Die Vergütung des Konkurs- und Vergleichsverwalters sowie der Mitglieder des Gläubigerausschusses und Gläubigerbeirats, DB 1960, 835; *Skrotzki,* Einzelfragen aus der Praxis des Konkurs- und Vergleichsrichters, KTS 1958, 105; *Uhlenbruck,* Die insolvenzrechtliche Behandlung von Prämien für die Vermögensschaden-Haftpflichtversicherung von Verwaltern und Mitgliedern der gesetzlichen Gläubigervertretungen, VersR 1973, 499; *Undritz,* Die Stärkung der Gläubigerrechte im Insolvenzverfahren – notwendige Reform oder neue Probleme?, InsVZ 2010, 361; *Wilhelm V/Oppermann,* Gläubigerausschuss/Insolvenzverwalter ohne sichere Vergütung – oder: Der unnütze Vorschuss, ZInsO 2013, 528; *Zimmer,* Die Vergütung der Mitglieder des Gläubigerausschusses, ZIP 2013, 1309; *Zimmermann,* Haftung und Versicherung im Insolvenzverfahren, NZI 2006, 386. Weiteres Schrifttum bei § 67, § 69 und § 71.

---

[1] § 73 Abs. 2 neu gef. mWv 1.12.2001 durch G v. 26.10.2001 (BGBl. I S. 2510).

Übersicht

I. Normzweck

1 Die Norm regelt zusammen mit §§ 63 Abs. 2, 64, 65 die **Vergütung** der Mitglieder des Gläubigerausschusses und die **Auslagenerstattung.** Sowohl Vergütung als auch Auslagen zählen nach § 54 Nr. 2 zu den Kosten des Verfahrens und sind daher vorweg aus der Insolvenzmasse zu zahlen (§ 53). Im Falle des masselosen Stundungsverfahrens steht den Mitgliedern des Gläubigerausschusses ein Sekundäranspruch gegen die Staatskasse zu (Abs. 2 iVm § 63 Abs. 2; vgl. auch → § 63 Rn. 32 ff.). Das Bundesjustizministerium hat von der ihm nach §§ 73 Abs. 2, 65 eröffneten Möglichkeit, Einzelheiten der Vergütung und Auslagenerstattung durch Rechtsverordnung zu regeln, durch die **Insolvenzrechtliche Vergütungsverordnung (InsVV)** v. 19.8.1998 (BGBl. I S. 2205), zuletzt geändert durch Art. 5 des Gesetzes v. 15.7.2013 (BGBl. I S. 2379), Gebrauch gemacht. Maßgeblich sind die §§ 17, 18 InsVV.

2 **§ 73** ist **nicht zwingend** (vgl. Jaeger/*Gerhardt* § 73 Rn. 3; Uhlenbruck/*Knof* § 73 Rn. 1); eine **unentgeltliche Amtsführung** ist **zulässig.** Weder schließt die unentgeltliche Tätigkeit einer einzelnen Person die Eigenschaft, Mitglied des Gläubigerausschusses zu sein, aus (RG JW 1936, 2927), noch bedeutet die unentgeltliche Tätigkeit aller Mitglieder eines Gremiums, dass dieses nicht Gläubigerausschuss iSd §§ 67 ff. (mit allen sich daraus ergebenden Rechten und Pflichten, auch der Haftung nach § 71) ist.

II. Anspruchsberechtigte

3 Anspruchsberechtigter ist grds. das **Ausschussmitglied selbst.** Im Falle der Mitgliedschaft einer juristischen Person ist nicht der in den Ausschuss entsandte Vertreter (vgl. → § 67 Rn. 17) anspruchsberechtigt (vgl. MüKoInsO/*Stephan*/*Riedel* § 73 Rn. 7; Jaeger/*Gerhardt* § 73 Rn. 6). Soweit Beamte und Angestellte des öffentlichen Dienstes, die in Ausübung ihrer Dienstpflicht für ihre Behörde, welche selbst nicht Mitglied des Gläubigerausschusses sein kann (vgl. → § 67 Rn. 18), Ausschussmitglieder sind, steht der Vergütungsanspruch dem Beamten bzw. Angestellten selbst zu, zumal dieser auch persönlich haftet (vgl. Uhlenbruck/*Knof* § 73 Rn. 8; *Gundlach/Schirmeister* ZInsO 2008, 896 ff.; vgl. zum alten Recht AG Elmshorn ZIP 1982, 981; *Ohr* KTS 1992, 343 [346]; *Skrotzki* KTS 1958, 105; aA Nerlich/Römermann/*Delhaes* § 73 Rn. 4; Kübler/Prütting/Bork/*Prasser* § 73 Rn. 16; MüKoInsO/*Stephan Riedel* § 73 Rn. 7).

4 Zweifelhaft ist die **Anspruchsberechtigung institutioneller Gremienmitglieder** (Pensions-Sicherungs-Verein Versicherungsverein auf Gegenseitigkeit,

Gewerkschaften), da sie gemäß ihrer ureigenen Aufgabe spezifische Interessen im Verfahren vertreten (zur Wahrung der Arbeitnehmerbelange durch Gewerkschaften vgl. *Wroblewski* ZInsO 2014, 115 [117]). IErg treffen jene aber die gleichen Rechte und Pflichten wie alle anderen Ausschussmitglieder, sodass ihnen ein Anspruch nach § 73 zusteht (vgl. Jaeger/*Gerhardt* § 73 Rn. 1; Uhlenbruck/*Knof* § 73 Rn. 8; FK-InsO/*Schmitt* § 73 Rn. 11; Kübler/Prütting/Bork/*Prasser* § 73 Rn. 17; aA *Hess* InsVV § 17 Rn. 31).

5 Bisher hat die Rspr. § 73 entsprechend auf die **Mitglieder eines vorläufigen Gläubigerausschusses** nach § 67 angewendet (LG Duisburg NZI 2005, 116; AG Duisburg NZI 2003, 502) dies gilt auch weiterhin. – Um eine unverhältnismäßige Belastung der Masse zu verhindern, begrenzt der durch das ESUG (Gesetz v. 7.12.2011, BGBl. I S. 2582) eingefügte § 17 Abs. 2 S. 1 InsVV die **Vergütung** jedes Mitglieds **des vor-vorläufigen Gläubigerausschusses** im Insolvenzeröffnungsverfahren im Regelfall auf einmalig 300 EUR (krit. HK-InsO/*Keller* InsVV § 17 Rn. 13). Diese Vergütung ist mit Ausübung des Anhörungsrechts bei den Entscheidungen über die Auswahl des vorläufigen Insolvenzverwalters (§ 56a Abs. 1; die Verweisung auf § 56 Abs. 2 ist ein redaktioneller Fehler) und des vorläufigen Sachwalters (§ 274 Abs. 1 iVm § 56a Abs. 1) sowie über die Anordnung der Eigenverwaltung (§ 270 Abs. 3) verdient (vgl. BT-Drs. 17/5712, 43). Darüber hinausgehende Tätigkeiten, insbes. solche nach Bestellung des vorläufigen Insolvenzverwalters, sind jedoch wie bisher nach den allgemeinen Grundsätzen zu vergüten (§ 17 Abs. 2 S. 2 InsVV). Sie ist getrennt von der Vergütung für die Tätigkeit im späteren (vorläufigen) Gläubigerausschuss abzurechnen (AG Konstanz ZIP 2015, 1841).

III. Berechnung der Vergütung

6 **1. Berechnung nach Zeitaufwand.** Abweichend von der Regelung für den Insolvenzverwalter (§ 63, §§ 1 ff. InsVV) richtet sich die Vergütung der Mitglieder des Gläubigerausschusses primär nach **Zeitaufwand** (§ 73, § 17 Abs. 1 InsVV). Aus diesem Grund sind Honorarvereinbarungen mit dem Insolvenzverwalter nichtig (AG Duisburg NZI 2004, 325 [327]). Bei der Bemessung des Zeitaufwands sind alle Tätigkeiten zu berücksichtigen, die unmittelbar mit der Ausschusstätigkeit zusammenhängen, also neben der Teilnahme an Ausschusssitzungen auch vor- und nachbereitende Tätigkeiten wie Aktenstudium und Recherche (vgl. HK-InsO/*Riedel* § 73 Rn. 2; HambK-InsO/*Frind* § 73 Rn. 2). Nicht vergütungsfähig ist jedoch die Zeit, die das Ausschussmitglied für das Einlegen einer unzulässigen Beschwerde aufwendet (LG Göttingen ZInsO 2005, 143). „Regelmäßig" liegt der **Stundensatz** zwischen **35 EUR und 95 EUR** (§ 17 Abs. 1 S. 1 InsVV). In einem – in jeder Hinsicht durchschnittlichen – Normalverfahren (§ 2 InsVV) ist ein Mittelwert von 65 EUR zugrunde zu legen (vgl. AG Braunschweig ZInsO 2005, 870; AG Konstanz ZIP 2015, 1841; HK-InsO/*Keller* InsVV § 17 Rn. 6; FK-InsO/*Lorenz* InsVV § 17 Rn. 7; krit. *Zimmer* ZIP 2013, 1309 [1311 ff.] mit dem Plädoyer für eine Regelvergütung iHv 200 EUR).

7 Um dem **Umfang der Tätigkeit** im Einzelfall gerecht zu werden, sind im Ausnahmefall (vgl. LG Köln NZI 2015, 573) Abweichungen von diesen Grundsätzen möglich (vgl. Begr. des BMJ ZIP 1998, 1460 [1468]). Als Kriterien für eine höhere Vergütung sind dabei va die Komplexität des Verfahrens, eine besondere Qualifikation oder ein überdurchschnittlicher Einsatz des Ausschussmitglieds zu nennen (eing. AG Detmold NZI 2008, 505 f.; vgl. auch LG Köln NZI 2015, 573 [574]; *Haarmeyer/Wutzke/Förster* InsVV § 17 Rn. 21). Insbes. in Großverfahren kann auch die obere Bemessungsgrenze von 95 EUR überschritten werden, um hinreichend qualifizierte und sachkundige Personen für die Mitarbeit im Ausschuss zu gewinnen (Kübler/Prütting/Bork/*Prasser* InsVV § 17 Rn. 6 ff.; Braun/*Hirte*

§ 73 Rn. 7; *Haarmeyer* ZInsO 2003, 940; aA AG Duisburg NZI 2004, 325). In diesem Zusammenhang hat die Rspr. selbst Stundensätze von 200 EUR (AG Braunschweig ZInsO 2005, 870) bzw. 300 EUR (AG Detmold NZI 2008, 505) für zulässig erachtet (zustimmend *Undritz* InsVZ 2010, 361 [362]; *Zimmer* ZIP 2013, 1309 [1314 f.]; vgl. auch *Wilhelm V/Oppermann* ZInso 2013, 528 [530]: bis zu 400 EUR) . Als Kriterien für eine geringere Vergütung kommen eine fortgeschrittene Masseverwertung sowie die geringe Aktivität des Ausschussmitglieds in Betracht (vgl. dazu MüKoInsO/*Stephan* InsVV § 17 Rn. 20; *Haarmeyer/Wutzke/Förster* InsVV § 17 Rn. 23).

2. Berechnung nach anderen Methoden. In Ausnahmefällen, in denen die besonderen Schwierigkeiten des Verfahrens und die damit verbundene erhöhte Verantwortlichkeit des Ausschussmitglieds nicht durch einen erhöhten Stundensatz zu kompensieren sind, kann die **Vergütungsberechnung** ausweislich des Wortlauts des § 73 auch **unabhängig vom Zeitaufwand** erfolgen (vgl. AG Duisburg ZInsO 2003, 940; Uhlenbruck/*Knof* § 73 Rn. 13; Kübler/Prütting/Bork/*Lüke* § 73 Rn. 11 ff.; MüKoInsO/*Stephan/Riedel* § 73 Rn. 17; *Zimmer* ZIP 2013, 1309 [1315 ff.]; vgl. zum Konkursrecht noch AG Gummersbach ZIP 1986, 659; AG Karlsruhe ZIP 1987, 124). Jedenfalls in masselosen Insolvenzverfahren, in denen eine Vergütung nach Stundensätzen die Staatskasse unverhältnismäßig belasten würde, kommt eine **Pauschalfestsetzung** in Betracht (BGH NZI 2009, 845; dazu *Ferslev* EWiR 2010, 255). Da die Tätigkeit des Gläubigerausschusses auch die Überwachung und Unterstützung des Insolvenzverwalters umfasst (§ 69), mag es auch sonst in besonders gelagerten Einzelfällen sachgerecht sein, die Vergütung prozentual (1 % bis 5 %) nach der Vergütung des Insolvenzverwalters zu bemessen (vgl. Kübler/Prütting/Bork/*Prasser* § 73 Rn. 11; HK-InsO/*Riedel* § 73 Rn. 3; BK-InsO/*Blersch* § 73 Rn. 6; Jaeger/*Gerhardt* § 73 Rn. 10; *Vallender* ZInsO 2002, 2040 [2049]; aA AG Duisburg NZI 2003, 502 [503]; Uhlenbruck/*Knof* § 73 Rn. 16; HambK-InsO/*Frind* § 73 Rn. 4; HK-InsO/*Keller* InsVV § 17 Rn. 11). Ein angemessenes Verhältnis zum typischen Zeitaufwand muss aber auch bei einer Pauschalfestsetzung gesichert sein (vgl. zu den Anforderungen auch LG Aurich ZInsO 2013, 631 = ZIP 2013, 1342; deutlich großzügiger *Zimmer* ZIP 2013, 1309 [1315 ff.]). 8

Die **Vergütungsfestsetzung bei personenidentischen Ausschüssen in zusammenhängenden Insolvenzverfahren** wirft die Frage auf, ob die Vergütung zunächst nach einer Gesamtsumme zu berechnen und anschließend auf die einzelnen Insolvenzverfahren aufzuteilen ist (so AG Duisburg NZI 2003, 502 [503]). Dem Normzweck, eine strikte Einzelaufwandsvergütung zu erreichen, kann jedoch letztlich nur durch eine individuelle Berechnung in jedem Verfahren Genüge getan werden (vgl. Uhlenbruck/*Knof* § 73 Rn. 13; HambK-InsO/*Frind* § 73 Rn. 5 f.; *Haarmeyer* ZInsO 2003, 940). 9

IV. Auslagen

Auslagen der Ausschussmitglieder sind zu erstatten. Sie sind nach § 18 Abs. 1 InsVV **einzeln aufzuführen und zu belegen.** Aufgrund der völlig unterschiedlichen Beanspruchung der Gläubigerausschussmitglieder ist eine **Pauschalierung unzulässig** (vgl. dagegen § 8 Abs. 3 InsVV für den Insolvenzverwalter). **„Angemessene Auslagen"** (Absatz 1 Satz 1) sind alle anlässlich der Tätigkeit des Gläubigerausschussmitglieds tatsächlich angefallenen Ausgaben wie zB Fahrt-, Telefon- oder Recherchekosten, die es ex ante für **erforderlich** halten durfte (vgl. Uhlenbruck/*Knof* § 73 Rn. 20; Nerlich/Römermann/*Delhaes* § 73 Rn. 9). Gefahrene Kilometer sind nach den steuerrechtlichen Sätzen abzurechnen (LG Göttingen NZI 2005, 340). Allgemeine Geschäftskosten können dagegen nicht erstattet werden (vgl. § 4 Abs. 1 S. 1 InsVV für den Verwalter; Uhlenbruck/*Knof* § 73 Rn. 20). 10

11 **1. Prämien einer Haftpflichtversicherung.** Nach wohl herrschender Auffassung können die Prämien für eine **Haftpflichtversicherung** (dazu ausf. *Cranshaw/Portisch/Knöpnadel* ZInsO 2015, 1 [12 ff. u. 63 ff.]; *Lehmann/Rettig* NZI 2015, 790 ff.) grds. als Auslagen (§ 18 InsVV) erstattet werden (vgl. Jaeger/*Gerhardt* § 73 Rn. 16; Uhlenbruck/*Knof* § 73 Rn. 21; Kübler/Prütting/Bork/*Prasser* § 73 Rn. 19; MüKoInsO/*Stephan* InsVV § 18 Rn. 7; *Vortmann* ZInsO 2006, 310 [314]). Um einer fortschreitenden Masseschmälerung vorzubeugen, bedarf es aber der **Zustimmung des Gerichts** (vgl. Jaeger/*Gerhardt* § 73 Rn. 16; Leonhardt/Smid/Zeuner/*Smid* § 73 Rn. 1; HambK-InsO/*Frind* § 73 Rn. 7). Bei seiner Entscheidung sollte sich das Gericht an der (unmittelbar allerdings nur für den Insolvenzverwalter geltenden) Bestimmung des § 4 Abs. 3 S. 2 InsVV orientieren. Bringt die Tätigkeit als Ausschussmitglied demnach erwartungsgemäß keine größeren Haftungsrisiken mit sich, so ist auch nicht einzusehen, warum sich die Mitglieder zu Lasten der Masse von der persönlichen Verantwortung „freizeichnen" können sollten (ähnlich MüKoInsO/*Stephan* InsVV § 18 Rn. 7; vgl. zu diesem Gedanken auch *Hirte* ZInsO 2012, 820 f.; großzügiger Kübler/Prütting/Bork/*Prasser* § 73 Rn. 21 f.; Nerlich/Römermann/*Delhaes* § 73 Rn. 9). In der Praxis empfiehlt es sich daher, die **Erstattungsfähigkeit** der Versicherungsprämien **im Vorfeld** mit dem Insolvenzgericht **abzuklären** (so auch Jaeger/*Gerhardt* § 73 Rn. 16).

12 **2. Umsatzsteuer.** Soweit die Mitglieder des Gläubigerausschusses der Pflicht unterliegen, für die erhaltene Vergütung Umsatzsteuer abzuführen, wird diese zusätzlich erstattet (§ 18 Abs. 2, § 7 InsVV). Die **Umsatzsteuerpflicht** ist im Regelfall vom Gläubigerausschussmitglied **nachzuweisen** (vgl. MüKoInsO/*Nowak* InsVV § 18 Rn. 9).

V. Festsetzungsverfahren und Rechtsmittel

13 **1. Entstehung, Fälligkeit und Verjährung.** Der Anspruch auf Vergütung entsteht mit Erbringung der Arbeitsleistung, der Anspruch auf Auslagenerstattung mit Vornahme der entsprechenden Handlung (vgl. Jaeger/*Gerhardt* § 73 Rn. 7; Uhlenbruck/*Knof* § 73 Rn. 4); die gerichtliche Festsetzung dient lediglich der Konkretisierung der Höhe nach. Fällig werden die Ansprüche mit Ende der Tätigkeit als Ausschussmitglied, also mit Ausscheiden nach § 70 oder mit Beendigung der Arbeit des Gläubigerausschusses (vgl. dazu → § 67 Rn. 24 ff.), beim vorläufigen Gläubigerausschuss zusätzlich mit einer Entscheidung der Gläubigerversammlung nach § 68, soweit diese zu einer Beendigung der Tätigkeit des Gläubigerausschusses insgesamt oder zu einer Beendigung der Mitgliedschaft des einzelnen Mitglieds führt. Vor ihrer Festsetzung unterliegen die Ansprüche der regelmäßigen Verjährungsfrist (§ 195 BGB), nach der Festsetzung der 30-jährigen Verjährungsfrist (§ 197 Abs. 1 Nr. 3 BGB).

14 **2. Festsetzungsverfahren.** Die Festsetzung der Höhe der Vergütung und des Auslagenersatzes erfolgt **durch das Insolvenzgericht** (Absatz 2; § 64 Abs. 1), und zwar zweckmäßigerweise im Schlusstermin (vgl. OLG Stuttgart ZZP 79 (68), 305 ff.). Eine vorherige Anhörung der Gläubigerversammlung ist entbehrlich, da der Gesetzgeber in der Insolvenzordnung auf eine § 91 Abs. 1 S. 2 KO entsprechende Regelung verzichtet hat (vgl. Uhlenbruck/*Knof* § 73 Rn. 30; Nerlich/Römermann/*Delhaes* § 73 Rn. 12; *Hess* § 73 Rn. 2; aA LG Göttingen NZI 2005, 340; Kübler/Prütting/Bork/*Prasser* § 73 Rn. 26). Jedes Mitglied des Gläubigerausschusses muss individuell einen **schriftlichen Antrag auf Festsetzung der Vergütung** einreichen (vgl. MüKoInsO/*Stephan/Riedel* § 73 Rn. 24; Jaeger/*Gerhardt* § 73 Rn. 18; HambK-InsO/*Büttner* InsVV § 17 Rn. 3 ff.; *Zimmer* ZIP 2013, 1309 [1310]).

Der **Festsetzungsantrag** setzt die Fälligkeit des Anspruchs (vgl. → Rn. 13) voraus und muss einen konkreten Vergütungsbetrag auf Basis der aufgezeichneten Stunden enthalten (vgl. Jaeger/*Gerhardt* § 73 Rn. 18; HambK-InsO/*Frind* § 73 Rn. 8; Kübler/Prütting/Bork/*Prasser* § 73 Rn. 25; aA Uhlenbruck/*Knof* § 73 Rn. 29: Antrag auf „angemessene" Vergütung ausreichend; offen gelassen in LG Aurich ZInsO 2013, 631 = ZIP 2013, 1342). Ist die Stundenaufzeichnung unterblieben oder im Einzelfall unzumutbar, hat das Gericht den Zeitaufwand zu schätzen (vgl. AG Duisburg NZI 2004, 325; MüKoInsO/*Stephan/Riedel* § 73 Rn. 25; FK-InsO/*Lorenz* InsVV § 17 Rn. 25). Der Beschluss ist nach den in § 64 Abs. 2 enthaltenen Regelungen **öffentlich bekannt zu machen** und **zuzustellen.** 15

3. Vorschuss. In der InsVV ist für die Mitglieder des Gläubigerausschusses nicht geregelt, dass sie **Anspruch auf** einen **Vorschuss von Vergütung und Auslagenersatz** haben (anders § 9 InsVV für den Insolvenzverwalter). Bei längeren Verfahren ist die Gewährung eines Vorschusses – der als Teilvergütung die voraussichtliche Endvergütung nicht übersteigen sollte (*Wilhelm V/Oppermann* ZInsO 2013, 528) – dennoch sachgerecht, da die Ausschussmitglieder keine Verpflichtung zu einer langzeitigen Vorleistung trifft (vgl. Uhlenbruck/*Knof* § 73 Rn. 23; Jaeger/*Gerhardt* § 73 Rn. 17; Kübler/Prütting/Bork/*Prasser* § 73 Rn. 19; HambK-InsO/*Frind* § 73 Rn. 6; vgl. auch → § 70 Rn. 16 zum Vorliegen eines wichtigen Grundes für die Entlassung aus dem Amt als Gläubigerausschussmitglied, wenn ein Vorschuss bei sehr hohen Haftpflichtversicherungsprämien nicht gezahlt wird). Bei der Gewährung des Vorschusses muss sich das Insolvenzgericht noch nicht auf einen bestimmten Stundensatz oder die Festsetzung eines pauschalen Betrags festlegen (vgl. LG Aachen ZIP 1993, 137 [139]; MüKoInsO/*Stephan/Riedel* § 73 Rn. 22; Uhlenbruck/*Knof* § 73 Rn. 26). Vgl. zu Fragen betreffend die Rückerstattung eines Vorschusses *Wilhelm V/Oppermann* ZInsO 2013, 528 ff. 16

4. Rechtsmittel. Jedem Mitglied des Gläubigerausschusses, dem Schuldner und jedem Insolvenzgläubiger steht als Rechtsmittel gegen die Vergütungs- und Auslagenersatzfestsetzung die **sofortige Beschwerde** zu (§ 73 Abs. 2, § 64 Abs. 3, § 6; vgl. § 11 Abs. 1 RPflG bei Entscheidung durch den Rechtspfleger). Aufgrund des eindeutigen Wortlauts in § 64 Abs. 3 und der Verwalteraufgabe, die Masse zusammenzuhalten, ist auch die Beschwerdebefugnis des Insolvenzverwalters zu bejahen (vgl. AG Göttingen ZInsO 2011, 147; Nerlich/Römermann/*Delhaes* § 73 Rn. 13; FK-InsO/*Schmitt* § 73 Rn. 20 f.; HambK-InsO/*Büttner* InsVV § 17 Rn. 34; aA FK-InsO/*Lorenz* InsVV § 17 Rn. 30; BK-InsO/*Blersch* § 73 Rn. 18); Zulässigkeitsgrenze ist ein Wert von 200 EUR (§ 64 Abs. 3 S. 2 iVm § 567 Abs. 2 ZPO). 17

Einberufung der Gläubigerversammlung[1]

74 (1) [1] **Die Gläubigerversammlung wird vom Insolvenzgericht einberufen.** [2] **Zur Teilnahme an der Versammlung sind alle absonderungsberechtigten Gläubiger, alle Insolvenzgläubiger, der Insolvenzverwalter, die Mitglieder des Gläubigerausschusses und der Schuldner berechtigt.**

(2) [1] **Die Zeit, der Ort und die Tagesordnung der Gläubigerversammlung sind öffentlich bekanntzumachen.** [2] **Die öffentliche Bekanntmachung kann unterbleiben, wenn in einer Gläubigerversammlung die Verhandlung vertagt wird.**

---

[1] § 74 Abs. 1 Satz 2 geänd. durch G v. 19.12.1998 (BGBl. I S. 3836).

Schrifttum: *Bielau,* Ordnungsgemäße Bekanntmachung der Tagesordnung einer Gläubigerversammlung, InsBürO 2010, 24; *Gundlach/Frenzel/Jahn,* Die Ausweitung des Aufgaben- und Haftungsbereichs des Gläubigerausschusses durch Beschluss der Gläubigerversammlung, DZWIR 2008, 441; *Gundlach/Frenzel/Schmidt,* Der Antrag eines Gläubigers auf Einberufung einer Gläubigerversammlung, ZInsO 2002, 1128; *Kayser/Heck,* Die Gläubigerversammlung nach Anzeige der Masseunzulänglichkeit, NZI 2005, 65; *Kübler,* Ausgewählte Probleme zu Gläubigerversammlung und Gläubigerausschuss, FS Kreft, 2004, 369; *Kuder/Obermüller,* Insolvenzrechtliche Aspekte des neuen Schuldverschreibungsgesetzes, ZInsO 2009, 2025; *Marotzke,* Das deutsche Insolvenzverfahren: ein Hort institutionalisierter Unverantwortlichkeit? – Disharmonien zwischen Risikobeteiligung, Herrschaft und Haftung der maßgeblichen Akteure, KTS 2014, 113; *Möhlen,* Organisation von (Groß)Gläubigerversammlungen nach der Insolvenzordnung – Verfahren mit überdurchschnittlichem Umfang, Rpfleger 2005, 355; *Nadelmann,* Zur Unterbringung von Riesen-Gläubigerversammlungen, KuT 1932, 37; *Pape,* Die Gläubigerbeteiligung im Insolvenzverfahren unter besonderer Berücksichtigung der Interessen der Kreditwirtschaft, WM 2003, 313 und WM 2003, 361; *ders.,* Gläubigerbeteiligung im Insolvenzverfahren, 2000; *ders.,* Ungeschriebene Kompetenzen der Gläubigerversammlung versus Verantwortlichkeit des Insolvenzverwalters, NZI 2006, 65; *Penzlin/Klerx,* Das Schuldverschreibungsgesetz – Insolvenzrechtliche Sonderregeln für Anleihegläubiger, ZInsO 2004, 311; *Siegelmann,* Das Stimmrecht im Konkursverfahren, KTS 1960, 136; *Thole,* Die Restrukturierung von Schuldverschreibungen im Insolvenzverfahren, ZIP 2014, 293; *Trams,* Die Gläubigerversammlung: Einberufung und Beschlussfassung, NJW-Spezial 2010, 469; *ders.,* Die Gläubigerversammlung: Rechtsstellung, Teilnahme und Kompetenzen, NJW-Spezial 2010, 405; *Vogl,* Rechtsprobleme im Zusammenhang mit der Bestellung des Gläubigerausschusses durch die Gläubigerversammlung, InVo 2001, 389.

Übersicht

I. Bedeutung des Organs Gläubigerversammlung im Insolvenzverfahren

1 Die Gläubigerversammlung ist **das zentrale Organ der insolvenzrechtlichen Selbstverwaltung;** in der Gläubigerversammlung bestimmen die Gläubiger über die zentralen Fragen des Fortgangs des Insolvenzverfahrens (vgl. *Smid* InVo 2007, 3: „Schicksalsfragen der Abwicklung des Insolvenzverfahrens"). In der Gläubigerversammlung kommt die **Gläubigerautonomie** innerhalb des Insolvenzverfahrens besonders deutlich zum Ausdruck (vgl. etwa *Pape* ZInsO 1999, 305 [306 ff.]; *Marotzke* KTS 2014, 113 ff. [insbes. 120 ff.]). Die Gläubigerversammlung wird teilw. auch als das „Hauptorgan im Insolvenzverfahren" (*Gundlach/Frenzel/Jahn* DZWIR 2008, 441) und „Basisorgan der Gläubigermitwirkung" (Kübler/Prütting/Bork/*Kübler* § 74 Rn. 3) bezeichnet. Sie ist aber weder Rechtspflegeorgan (Jaeger/*Gerhardt* § 74 Rn. 2; aA noch RGZ 143, 263 [266]) noch

Vertretungsorgan der Gläubigerschaft (vgl. Kübler/Prütting/Bork/*Kübler* § 74 Rn. 4).

Die Gläubigerversammlung steht zum **Gläubigerausschuss** in keinem Rangverhältnis und kann diesem keine Aufträge erteilen (vgl. auch → § 67 Rn. 5). Ihre Bezeichnung als „oberstes Selbstverwaltungsorgan der Gläubiger" (so etwa *Trams* NJW-Spezial 2010, 405 [406]) oder „oberstes Entscheidungsorgan" (so AG Hamburg NZI 2000, 138 [139]) besagt insofern nur, dass die Gläubigerversammlung die Entscheidungshoheit darüber hat, ob ein Gläubigerausschuss überhaupt eingesetzt wird. Es liegt daher im Willen der Gesamtheit der Gläubiger, alle Kompetenzen in der Hand zu behalten oder teilw. auf den Gläubigerausschuss zu übertragen. 2

II. Aufgabenkreis

Die Gläubigerversammlung ist zur Koordinierung und Wahrung der Interessen der Insolvenzgläubiger und der Absonderungsberechtigten – anders als der Gläubigerausschuss (vgl. → § 69 Rn. 3) nicht auch anderer Verfahrensbeteiligter – zuständig. Die **Rechte und Pflichten** der Gläubigerversammlung **ergeben sich erschöpfend aus folgenden Vorschriften:** §§ 35 Abs. 2, 57 S. 1, 59, 66, 68, 70 S. 2, 79, 97 Abs. 1 S. 1, 100 Abs. 1, 149 Abs. 3, 156, 157, 159–163, 176–178, 197, 207 Abs. 2, 233 S. 2, 235–238, 241, 244–246, 271–272, 277, 281 Abs. 2, 284 Abs. 1, 292 Abs. 2, 313 Abs. 2 (vgl. auch die Übersichten bei BK-InsO/*Blersch* § 74 Rn. 2, *Hess* § 74 Rn. 23 f. und Kübler/Prütting/Bork/*Kübler* § 74 Rn. 5 sowie *Siegelmann* KTS 1960, 136 zum Konkursrecht). 3

Es gibt daneben **keine „ungeschriebenen" Kompetenzen** der Gläubigerversammlung (vgl. *Pape* NZI 2006, 65 [67 ff.]; *Kübler* FS Kreft, 2004, 369 [381 ff.]), und selbst nach Anzeige der Masseunzulänglichkeit (§ 208) bleibt der Aufgabenkreis der Gläubigerversammlung unverändert, auch wenn Insolvenzgläubiger deutlich weniger Anreize haben, sich gestaltend in das Verfahren einzubringen (ausf. *Kayser/Heck* NZI 2005, 65 ff.). 4

Die Gläubigerversammlung kann dem **Insolvenzverwalter** allerdings auch außerhalb ihres gesetzlichen Wirkungskreises Vorschläge machen, deren Beachtung dessen pflichtgemäßem Ermessen obliegt (MüKoInsO/*Ehricke* § 74 Rn. 14; *Pape* NZI 2006, 65 [70 f.]; vgl. auch schon *Schumann* DJ 1935, 1210 [1213]; *Waldmann* DJ 1943, 517 [518]), deren Nichtbeachtung als solche jedoch keine Ersatzpflicht des Verwalters nach sich zieht (Jaeger/*Gerhardt* § 74 Rn. 11). Hingegen sind Beschlüsse, die die gesetzlichen Kompetenzen der Gläubigerversammlung überschreiten, wegen Gesetzesverstoßes nichtig (AG Duisburg NZI 2010, 303). 5

Zur schnelleren und effektiveren Wahrnehmung ihrer Rechte kann die Gläubigerversammlung Aufgaben in größerem Umfang als der Gläubigerausschuss auf **andere Personen und Institutionen** übertragen. Wenn die Gläubigerversammlung selbst ihre Aufgaben nicht wahrnimmt, können notwendige Beschlüsse in engen Grenzen durch das Insolvenzgericht ersetzt werden (str., Einzelheiten bei → § 76 Rn. 26 ff.). 6

III. Die Einberufung der Gläubigerversammlung durch das Insolvenzgericht (Absatz 1)

Jede **vom Insolvenzgericht einberufene und geleitete Zusammenkunft** der Insolvenzgläubiger zur Ausübung ihrer Selbstverwaltungsbefugnisse ist eine Gläubigerversammlung (BGH NZI 2007, 732; Uhlenbruck/*Knof* § 74 Rn. 15; Kübler/Prütting/Bork/*Kübler* § 74 Rn. 7). Eine spontan oder durch private Anregung ohne Mitwirkung des Gerichts – etwa durch Aufruf des Insolvenzverwalters – zusammengetretene Versammlung von Gläubigern ist keine Gläubigerver- 7 sammlung iSd Insolvenzordnung und hat nicht deren Rechte (BGH NZI 2007, 732; Nerlich/Römermann/*Delhaes* § 74 Rn. 1; Leonhardt/Smid/Zeuner/*Smid* § 74 Rn. 2).

8 Die **Einberufung** der Gläubigerversammlung erfolgt **ausschließlich durch das Insolvenzgericht** (Absatz 1 Satz 1). Als Gläubigerversammlung gelten auch der Berichtstermin (§§ 29 Abs. 1 Nr. 1, 156 ff.), der Prüfungstermin (§§ 29 Abs. 1 Nr. 2, 176 ff.) und der Schlusstermin (§ 197) sowie im Insolvenzplanverfahren der Erörterungs- und Abstimmungstermin. Die Einberufung zu diesen Terminen ist **zwingend** (vgl. aber die Besonderheiten nach § 312). Zudem muss sie in den Fällen des § 66 (Rechnungslegung) und der §§ 160, 161 (Zustimmung zu besonders bedeutsamen Rechtshandlungen des Insolvenzverwalters) erfolgen. Schließlich hat das Insolvenzgericht unter den Voraussetzungen des § 75 Abs. 1 Nr. 1–4 die Gläubigerversammlung **auf Antrag** einzuberufen. Vgl. noch § 19 Abs. 2 S. 2 SchVG (dazu → Rn. 30).

9 **In allen übrigen Fällen** (zB §§ 163, 241) steht eine Einberufung von Amts wegen im sich am Interesse der Insolvenzgläubiger (vgl. § 78) orientierenden **Ermessen** des Gerichts (MüKoInsO/*Ehricke* § 74 Rn. 22; Kübler/Prütting/Bork/*Kübler* § 74 Rn. 8; HK-InsO/*Riedel* § 74 Rn. 3; LG Stuttgart ZIP 1989, 1595 [1596]).

10 Die **funktionelle Zuständigkeit** zur Einberufung liegt hinsichtlich der im Eröffnungsbeschluss bestimmten Gläubigerversammlung beim Richter (vgl. *Hess* § 74 Rn. 5), sonst beim Rechtspfleger (Leonhardt/Smid/Zeuner/*Smid* § 74 Rn. 3). Die durch die Durchführung einer Gläubigerversammlung entstehenden **Kosten** sind Massekosten nach § 54 (Jaeger/*Gerhardt* § 74 Rn. 21; vgl. auch MüKoInsO/*Ehricke* § 76 Rn. 22).

11 **Gegen die Einberufung** der Gläubigerversammlung ist (anders als noch nach Konkursrecht) **kein Rechtsmittel** gegeben (vgl. aber § 11 Abs. 2 RPflG bei Entscheidung des Rechtspflegers). Zu Rechtsmitteln bei Ablehnung des Antrags auf Einberufung und bei Vertagung der Gläubigerversammlung vgl. → § 75 Rn. 13 ff.

IV. Bedeutung der Teilnahmeberechtigung, Kreis der Teilnahmeberechtigten und Teilnahmepflicht

12 Die Teilnahmeberechtigung setzt als bloßes **Zutritts- und Anwesenheitsrecht** nicht notwendigerweise ein Stimmrecht voraus (vgl. nur *Trams* NJW-Spezial 2010, 405). Alle Teilnahmeberechtigten sind zu jeder Gläubigerversammlung zuzulassen. Auch in Großverfahren (vgl. zur Organisation von Gläubigerversammlungen in Großverfahren ausf. *Möhlen* Rpfleger 2010, 355 ff.; vgl. auch schon *Nadelmann* KuT 1932, 37) sind „Rumpfversammlungen" (wie „Großgläubigerversammlungen", „Arbeitnehmerversammlungen", „Lieferantenversammlungen" oÄ) nicht zulässig (vgl. Jaeger/*Gerhardt* § 76 Rn. 8).

13 **1. Teilnahmeberechtigte.** Zur Teilnahme an der Gläubigerversammlung sind der **Insolvenzverwalter** – ebenso der Sachwalter (Braun/*Herzig* § 74 Rn. 11), ggf. auch ein Sonderinsolvenzverwalter und der ausländische Verwalter eines Sekundärinsolvenzverfahrens, § 357 Abs. 2 –, **alle Insolvenzgläubiger** (auch die nachrangigen, diese allerdings ohne Stimmrecht § 77 Abs. 1 S. 2; ausf. und krit. zum Stimmrechtsausschluss *Schröder* ZInsO 2014, 2069 [2071]; hingegen krit. in Bezug auf die Teilnahmemöglichkeit der nachrangigen Insolvenzgläubiger *Pape,* Gläubigerbeteiligung im Insolvenzverfahren, S. 73; zum Sonderfall der Teilnahmeberechtigung von Insolvenzgläubigern, die vollständig befriedigt wurden, vgl. *Lissner* ZInsO 2013, 976 ff.), **alle absonderungsberechtigten Gläubiger, die Mitglieder des** (vorläufigen) **Gläubigerausschusses** – was für diejenigen Aus-

schussmitglieder, die nicht auch Insolvenzgläubiger sind, wichtig ist – sowie **der Schuldner** berechtigt (Absatz 1 Satz 2). – Im Nachlassinsolvenzverfahren sind die Gläubiger nachrangiger Verbindlichkeiten iSd § 327 zur Teilnahme an der Gläubigerversammlung befugt.

Handelt es sich beim Schuldner um eine **juristische Personen,** sind nur deren organschaftlichen Vertreter ohne Weiteres teilnahmeberechtigt. Bis zum Inkrafttreten des ESUG (Gesetz v. 7.12.2011, BGBl. I S. 2582) am 1.3.2012 gab es kein Teilnahmerecht der **Gesellschafter** (im Ausgangspunkt ähnlich HambK-InsO/*Preß* § 74 Rn. 11; aA BK-InsO/*Blersch* § 74 Rn. 8). Dies gilt im Grundsatz auch heute, muss aber abweichend in Verfahren gehandhabt werden, in denen durch einen Insolvenzplan in die Rechte der Anteilsinhaber eingegriffen werden kann (vgl. § 225a). In solchen Fällen sind Anteilsinhaber ggf. sogar zu laden (vgl. § 235 Abs. 3 zu Voraussetzungen und Einschränkungen) und können nach § 238a ein Stimmrecht haben. Bei Gesellschaften ohne Rechtspersönlichkeit iSv § 11 Abs. 2 Nr. 1 waren und sind alle persönlich haftenden Gesellschafter und die Kommanditisten stets teilnahmeberechtigt. 14

Insolvenzgläubiger, deren **Forderungen** angemeldet, aber **bestritten** sind, verlieren durch das Bestreiten grds. nicht ihr Teilnahmerecht (vgl. Nerlich/Römermann/*Delhaes* § 74 Rn. 12; MüKoInsO/*Ehricke* § 74 Rn. 27). Dies wird schon an § 77 Abs. 2 deutlich, der lediglich eine Aussage über das Stimmrecht trifft. Der vollständige Ausschluss von der Gläubigerversammlung vor einer gerichtlichen Entscheidung über den Bestand der Forderung hätte zu weit reichende Konsequenzen und ist iÜ auch nicht erforderlich, um die Rechte der anderen Verfahrensbeteiligten ausreichend zu schützen. 15

Die **Anmeldung einer Forderung** ist keine Voraussetzung für die Teilnahme an der Gläubigerversammlung (AG Aurich ZInsO 2006, 782 [783]); dies ist insbes. für Gläubigerversammlungen relevant, die vor dem Prüfungstermin stattfinden (vgl. zur Parallelproblematik des Stimmrechts in solchen Fällen → § 77 Rn. 2). Für die Teilnahme ist in solchen Fällen auch nicht eine Glaubhaftmachung der Forderung erforderlich (aA AG Aurich ZInsO 2006, 782). Ausreichend ist, dass die Forderung bereits in das Gläubigerverzeichnis (§ 152) eingetragen ist (vgl. *Hanken* ZInsO 2006, 783 [784]) oder dass der Gläubiger diejenigen Angaben macht, die auch für eine Anmeldung der Forderung erforderlich sind (Jaeger/*Gerhardt* § 74 Rn. 16; Braun/*Herzig* § 74 Rn. 13; Kübler/Prütting/Bork/*Kübler* § 74 Rn. 9); gemeint sind damit schriftliche Angabe von Grund und Betrag der Forderung. Abweichend von § 174 Abs. 1 können diese Angaben – ausschließlich für Zwecke der Teilnahmeberechtigung – auch gegenüber dem Insolvenzgericht gemacht werden. 16

Über den Gesetzeswortlaut hinaus ist auch Massegläubigern die Teilnahme zu gestatten (wie hier Leonhardt/Smid/Zeuner/*Smid* § 74 Rn. 5; anders die hM: BK-InsO/*Blersch* § 74 Rn. 11; HambK-InsO/*Preß* § 74 Rn. 13; MüKoInsO/*Ehricke* § 74 Rn. 30; Braun/*Herzig* § 74 Rn. 11; *Pape* ZInsO 1999, 305 [308]). Auch für **Massegläubiger** ist trotz ihrer grds. gesicherten Rechtsposition die Gläubigerversammlung eine entscheidende Informationsquelle. Deshalb ist gerade im Hinblick auf die Gefahr der Masseunzulänglichkeitsanzeige (§ 208) mit den einschneidenden Konsequenzen hinsichtlich des Teilnahmerechts – nicht auch hinsichtlich des Stimmrechts (vgl. → § 77 Rn. 3) – eine Gleichstellung mit den (bloß) absonderungsberechtigten Gläubigern stets angemessen (vgl. auch noch § 323 des Regierungsentwurfs für die Zeit nach Feststellung der Masseunzulänglichkeit sowie HK-InsO/*Landfermann* § 208 Rn. 25 ff. und – wenn auch iErg ablehnend – *Kayser/Heck* NZI 2005, 65 [66 ff.]). Immerhin ist dies heute für das Insolvenzplanverfahren seit dem Inkrafttreten des ESUG (Gesetz v. 7.12.2011, BGBl. I S. 2582) am 1.3.2012 und der damit einhergehenden Einfügung des § 210a anerkannt (vgl. insofern noch → § 210a Rn. 4 ff.). 17

18 Soweit persönliche Anwesenheit nicht zwingend vorgeschrieben ist (vgl. → Rn. 20), sind auch **Bevollmächtigte** teilnahmeberechtigt (Kübler/Prütting/Bork/*Kübler* § 74 Rn. 9b; Jaeger/*Gerhardt* § 74 Rn. 18; vgl. dazu auch AG Itzehoe NZI 2014, 1006); sie müssen ihre Vertretungsbefugnis dem Insolvenzgericht gegenüber nachweisen können (HambK-InsO/*Preß* § 74 Rn. 11; BK-InsO/*Blersch* § 74 Rn. 6; ausf. und mit praktischen Hinweisen Uhlenbruck/*Knof* § 74 Rn. 8). – Wie sich über § 4 aus § 90 ZPO ergibt, ist jeder Teilnahmeberechtigte befugt, an der Gläubigerversammlung mit einem **Beistand** – etwa mit einem Rechtsanwalt – teilzunehmen (Jaeger/*Gerhardt* § 74 Rn. 18; Uhlenbruck/*Knof* § 74 Rn. 6).

19 **Aussonderungsberechtigte** sind **nicht teilnahmeberechtigt** (*Pape* ZIP 1991, 837 [838]; MüKoInsO/*Ehricke* § 74 Rn. 30; für ein Teilnahmerecht de lege ferenda Leonhardt/Smid/Zeuner/*Smid* § 74 Rn. 5). – Zum Teilnahmerecht anderer Personen an der nicht öffentlichen Gläubigerversammlung (vgl. nur *Hess* § 74 Rn. 16 mwN) vgl. → § 76 Rn. 5.

20 **2. Teilnahmeverpflichtete.** Zur Teilnahme verpflichtet sind der **Schuldner** (Uhlenbruck/*Knof* § 74 Rn. 7) und der **Insolvenzverwalter** (Kübler/Prütting/Bork/*Kübler* § 74 Rn. 9c; *Graeber* NZI 2003, 569 [575]; ausf. in Bezug auf den Prüfungstermin → § 176 Rn. 9) sowie ggf. der **Sonderinsolvenzverwalter.** Die Teilnahmepflicht ist **höchstpersönlich.** Entgegen der Praxis einiger Insolvenzgerichte ist eine Vertretung des Insolvenzverwalters in Gläubigerversammlungen insgesamt unzulässig (ähnlich Jaeger/*Gerhardt* § 74 Rn. 18; BK-InsO/*Blersch* § 74 Rn. 7; aA Kübler/Prütting/Bork/*Kübler* § 74 Rn. 9d; großzügiger auch Uhlenbruck/*Knof* § 74 Rn. 7). Bei Krankheit des Insolvenzverwalters oder Abwesenheit aus einem anderen wichtigen Grund ist die Gläubigerversammlung zu vertagen. Bei unentschuldigtem Fernbleiben des Insolvenzverwalters hat dieser die durch die Vertagung entstandenen Kosten zu ersetzen.

V. Öffentliche Bekanntmachung

21 **1. Grundsatz.** Die Einberufung zur Gläubigerversammlung ist öffentlich bekannt zu machen. Diese Bekanntmachung muss **Zeit** – dh Datum und Uhrzeit des Versammlungsbeginns (AG Duisburg NZI 2010, 303) –, **Ort und** die **Tagesordnung** enthalten (Absatz 2 Satz 1; Einzelheiten bei § 9; vgl. auch Nerlich/Römermann/*Delhaes* § 74 Rn. 3 ff.; *Bielau* InsBürO 2010, 24 ff.). Über § 4 sind die §§ 217, 219, 222 ZPO für die zu wahrende **Ladungsfrist** entsprechend anwendbar (vgl. auch BK-InsO/*Blersch* § 74 Rn. 16).

22 Ein öffentlich bekannt gemachter Termin kann in der Verhandlung **vertagt** werden (dazu AG Rastatt ZIP 1980, 754; krit. und einschränkend BK-InsO/*Blersch* § 74 Rn. 15). Eine erneute öffentliche Bekanntmachung kann dann unterbleiben (Absatz 2 Satz 2). Unzulässig ist bei Vertagung der Gläubigerversammlung aber eine **Erweiterung der Tagesordnung** (aA Jaeger/*Gerhardt* § 74 Rn. 19; iErg auch BK-InsO/*Blersch* § 74 Rn. 15; hingegen wie hier wohl *Hess* § 74 Rn. 6).

23 Die **Bestimmungen des Absatz 2 Satz 1** sind **zwingend.** Ein Beschluss über einen Gegenstand, der nicht Bestandteil der öffentlichen Bekanntmachung – gemeint ist damit Gegenstand des Einberufungsbeschlusses oder einer ergänzenden Bekanntmachung – war, ist ipso iure nichtig (AG Duisburg NZI 2010, 303; LG Cottbus 16.3.2007 – 7 T 484/06, BeckRS 2008, 14038; vgl. schon LG Köln LZ 1910, 798; OLG Königsberg JW 1931, 2588; LG Freiburg ZIP 1983, 1098 [1099]; Kübler/Prütting/Bork/*Kübler* § 74 Rn. 13 ff.; MüKoInsO/*Ehricke* § 74 Rn. 45; Braun/*Herzig* § 74 Rn. 7).

24 **2. Tagesordnung und Bestimmtheitsgrundsatz.** Hinsichtlich der an die Mitteilung der Tagesordnung zu stellenden Anforderungen hat Absatz 2 Satz 1

ebenfalls zwingenden Charakter. Nach den vorstehenden Grundsätzen ist eine Beschlussfassung in einer Gläubigerversammlung nur zulässig, wenn der Beschlussgegenstand in einer eindeutigen Weise veröffentlicht war. Das gilt auch für Gegenstände, welche kraft Gesetzes auf die Tagesordnung (vgl. zB §§ 68, 100 Abs. 1) gehören (RGZ 143, 263 [265]). Wird nach § 75 ein Antrag auf Einberufung einer Gläubigerversammlung gestellt, muss das Insolvenzgericht ggf. auf Ergänzung des Antrags bestehen, wenn trotz Auslegung des Antrags keine hinreichend konkrete Tagesordnung zu formulieren ist (vgl. OLG Celle NZI 2002, 314).

Durch die Tagesordnung sollen die Teilnahmeberechtigten in die Lage versetzt werden, sich auf die Gläubigerversammlung vorzubereiten und zu entscheiden, ob ihr Erscheinen erforderlich oder zumindest sinnvoll ist (vgl. BGHZ 99, 119 = NJW 1987, 1811 (zu § 32 BGB)). Für die **Tagesordnung** gilt der Bestimmtheitsgrundsatz: Sie muss **umfassend, klar und** aus sich heraus **verständlich** sein und darf nicht aus bloßen Allgemeinheiten bestehen (LG Saarbrücken ZInsO 2007, 824; vgl. auch LG Konstanz ZInsO 2013, 2318 [2319]). Die Verweisung auf bestimmte Paragrafen der Insolvenzordnung genügt nicht (BGH NZI 2008, 430; vgl. LG Cottbus 16.3.2007 – 7 T 484/06, BeckRS 2008, 14038), und zwar selbst dann nicht, wenn nur kurze Schlagworte hinzugefügt werden (großzügiger LG Saarbrücken ZInsO 2007, 824; BGH NZI 2011, 713; 2008, 430; vgl. aber noch die zutreffenden Hinweise von *Gundlach/Frenzel* NZI 2008, 430 f.). 25

Dennoch ist die **Tagesordnung der Auslegung fähig** (vgl. schon LG Köln LZ 1910, 798 [799]). Sie muss nicht derart präzise sein, dass sich die Beschlussfassung auf ein bloßes Ja oder Nein zu den in der Tagesordnung aufgeführten Punkten reduziert (vgl. LG Freiburg ZIP 1983, 1098 [1099]); auch ist eine Beratung/Diskussion (ohne Beschlussfassung) von nicht in der Tagesordnung aufgeführten Themen ohne Weiteres zulässig (vgl. Jaeger/*Gerhardt* § 74 Rn. 22). Zur Erweiterung der Tagesordnung bei Vertagung der Gläubigerversammlung vgl. → Rn. 22. 26

Dem zB in § 51 Abs. 3 GmbHG zum Ausdruck kommenden Rechtsgedanken entsprechend ist eine **Heilung von Einberufungsmängeln** möglich. Beschlüsse der Gläubigerversammlung sind danach trotz solcher Formfehler wirksam, wenn alle Teilnahmeberechtigten anwesend waren und keiner der Beschlussfassung widersprochen oder Einladungsmängel gerügt hat (LG Saarbrücken ZInsO 2007, 824 [827]; OLG Königsberg JW 1931, 2588; *Pape* WM 2003, 313 [318]). Dies wird angesichts der Vielzahl der Teilnahmeberechtigten und der typischerweise geringen Präsenz in Gläubigerversammlungen einen theoretischen Ausnahmefall darstellen. 27

VI. Besonderheiten nach dem Schuldverschreibungsgesetz

1. Verhältnis zur Insolvenzordnung. Seit dem Inkrafttreten des Gesetzes über Schuldverschreibungen aus Gesamtemissionen (Gesetz v. 31.7.2009, BGBl. I S. 2512) am 5.8.2009 sind die für Ansprüche aus Schuldverschreibungen geltenden Regeln im Insolvenzverfahren der Schuldverschreibungsemittentin in einer einzigen Vorschrift des Schuldverschreibungsgesetzes, § 19 SchVG, zusammengefasst. § 19 Abs. 1 SchVG bestimmt, dass die Beschlüsse der Gläubiger (ausf. zur Durchführung einer Gläubigerversammlung nach dem Schuldverschreibungsgesetz *Wasmann/Steber* ZIP 2014, 2005 ff.) grds. den Regeln der Insolvenzordnung unterliegen. Damit ist ein **Vorrang der Vorschriften der Insolvenzordnung insgesamt** gemeint (BT-Drs. 16/12814, 25; vgl. auch BK-InsO/*Scherber* SchVG § 19 Rn. 5; *Thole* ZIP 2014, 293 [295]; vgl. zum Verhältnis des Schuldverschreibungsgesetzes zur Insolvenzordnung noch *Kessler/Rühle* BB 2014, 907 [911 ff.]). 28

So sind die Bestimmungen der Insolvenzordnung hinsichtlich der Beschlussfähigkeit der Gläubigerversammlung (vgl. → § 76 Rn. 22 ff.), der Mehrheitserfordernisse (vgl. → § 76 Rn. 8 ff.) oder der Stimmrechte (vgl. → § 76 Rn. 12 ff. 29

sowie → § 77 Rn. 2 ff.) auch mit Blick auf die Inhaber von Schuldverschreibungen anzuwenden (vgl. BK-InsO/*Scherber* SchVG § 19 Rn. 7 ff.; Veranneman/*Fürmaier* SchVG § 19 Rn. 15 f.). Gleiches trifft auf die Beschlusskontrolle nach § 78 zu (zutr. BK-InsO/*Scherber* SchVG § 19 Rn. 31; *Thole* ZIP 2014, 293 [297] mwN (auch zur Gegenansicht); wohl auch LG Leipzig ZIP 2015, 285 (obiter dictum); zweifelnd Veranneman/*Fürmaier* SchVG § 19 Rn. 17).

30 **2. Gemeinsamer Vertreter.** Für Gläubigerversammlungen relevante **abweichende Bestimmungen** nach § 19 Abs. 2–3 SchVG greifen nur ein, wenn ein **gemeinsamer Vertreter** bestellt wird; weitere Voraussetzung ist, dass die Anleihegläubiger keine nachrangigen Insolvenzgläubiger (§ 39) sind (*Kessler/Rühle* BB 2014, 907 [911 f.] mwN; diff. *Thole* ZIP 2014, 293 [296 f.]). Ist über die Bestellung eines gemeinsamen Vertreters bei Eröffnung des Insolvenzverfahrens noch nicht entschieden, hat das Insolvenzgericht zu diesem Zweck eine Versammlung der Schuldverschreibungsgläubiger einzuberufen (§ 19 Abs. 2 S. 2 SchVG). Sinnvollerweise sollte diese Versammlung vor der ersten allgemeinen Gläubigerversammlung im Insolvenzverfahren liegen (Veranneman/*Fürmaier* SchVG § 19 Rn. 9); auch für diese Versammlung gelten bereits die Vorschriften der Insolvenzordnung (BK-InsO/*Scherber* SchVG § 19 Rn. 25). – Zum Verhältnis von § 19 Abs. 2 SchVG zur Einberufung einer Gläubigerversammlung nach § 9 SchVG vgl. OLG Zweibrücken ZInsO 2013, 2119.

31 Es gibt **keine Pflicht, einen gemeinsamen Vertreter zu bestellen** (*Kuder/Obermüller* ZInsO 2009, 2025 [2027]; Veranneman/*Fürmaier* SchVG § 19 Rn. 5). Verzichten die Schuldverschreibungsgläubiger darauf, nehmen sie ihre Rechte als Gläubiger im Insolvenzverfahren über das Vermögen der Schuldverschreibungsemittentin eigenständig – und ausschließlich nach Maßgabe der Vorschriften der Insolvenzordnung – wahr (vgl. BK-InsO/*Scherber* SchVG § 19 Rn. 24).

32 Die Bestellung eines gemeinsamen Vertreters bindet alle Schuldverschreibungsgläubiger (vgl. § 5 SchVG). Sie hat zur Folge, dass nur der gemeinsame Vertreter berechtigt (und verpflichtet) ist, die Rechte der Schuldverschreibungsgläubiger im Verfahren geltend zu machen. Die **Position des gemeinsamen Vertreters** ist insofern **privilegiert,** als er dazu die Schuldurkunde nicht vorzulegen braucht (§ 19 Abs. 3 SchVG); ferner ist es nicht erforderlich, die Identität der Schuldverschreibungsgläubiger offen zu legen (*Kuder/Obermüller* ZInsO 2009, 2025 [2028]). Diese Privilegierungen gelten sowohl hinsichtlich des Stimmrechts als auch hinsichtlich der Teilnahme an Verteilungen nach §§ 187 ff.

33 Bei **Abstimmungen in der Gläubigerversammlung** im Insolvenzverfahren sind ganz regelmäßig **Summenmehrheiten** entscheidend (vgl. → § 76 Rn. 8). Insofern errechnet sich die Höhe des Stimmrechts (§ 77) des gemeinsamen Vertreters aus dem Gesamtbetrag der von ihm vertretenen Forderungen, entspricht also dem Gesamtnennbetrag der Emission. Damit werden die sich aus den Forderungen der Schuldverschreibungsgläubiger ergebenden **Stimmrechte** in einer Stimme **gebündelt;** der gemeinsame Vertreter kann nur eine einheitliche Stimme für die Gesamtemission abgeben.

34 Auf **Kritik** stößt die Möglichkeit, dass ein gemeinsamer Vertreter auf diese Weise an Beschlüssen der Gläubigerversammlung mitwirken kann, für die sich keine Mehrheit ergeben hätte, wenn die Schuldverschreibungsgläubiger eigenständig abgestimmt hätten (aus diesem Grunde krit. *Kuder/Obermüller* ZInsO 2009, 2025 [2028]; vgl. auch Veranneman/*Fürmaier* SchVG § 19 Rn. 16: **„Verfälschung von Mehrheiten"**). Insbes. würden so Schuldverschreibungsgläubiger, die sich gänzlich passiv verhalten und ihre Forderungen nicht angemeldet hätten, mit Stimmgewicht in das Verfahren hineingezogen. Beides ist rechtspolitisch fragwürdig, va weil durch den strategischen Ankauf von Schuldverschreibungen im Vorfeld des Insolvenzverfahrens „Mehrheiten" organisiert werden können,

kraft derer im eröffneten Verfahren Einfluss auf Entscheidungen über eine Unternehmensveräußerung oder auf Insolvenzplanregelungen genommen werden kann. In der Praxis ist dieser Umstand zurzeit aber hinzunehmen.

Soweit im Ausnahmefall einmal (auch) **Kopfmehrheiten** zu zählen sind (vgl. § 57 S. 2 und § 244), bemisst sich das Stimmrecht des gemeinsamen Vertreters nach der Anzahl der von ihm vertretenen Schuldverschreibungsgläubiger (vgl. schon *Penzlin/Klerx* ZInsO 2004, 311 [313]); auch dann ist aber nur eine einheitliche Stimmabgabe möglich. – Zur **Vergütung des gemeinsamen Vertreters** vgl. *Thole* ZIP 2014, 293 [298 f.]. 35

Antrag auf Einberufung[1]

75 (1) **Die Gläubigerversammlung ist einzuberufen, wenn dies beantragt wird:**

1. **vom Insolvenzverwalter;**
2. **vom Gläubigerausschuß;**
3. **von mindestens fünf absonderungsberechtigten Gläubigern oder nicht nachrangigen Insolvenzgläubigern, deren Absonderungsrechte und Forderungen nach der Schätzung des Insolvenzgerichts zusammen ein Fünftel der Summe erreichen, die sich aus dem Wert aller Absonderungsrechte und den Forderungsbeträgen aller nicht nachrangigen Insolvenzgläubiger ergibt;**
4. **von einem oder mehreren absonderungsberechtigten Gläubigern oder nicht nachrangigen Insolvenzgläubigern, deren Absonderungsrechte und Forderungen nach der Schätzung des Gerichts zwei Fünftel der in Nummer 3 bezeichneten Summe erreichen.**

(2) **Der Zeitraum zwischen dem Eingang des Antrags und dem Termin der Gläubigerversammlung soll höchstens drei Wochen betragen.**

(3) **Wird die Einberufung abgelehnt, so steht dem Antragsteller die sofortige Beschwerde zu.**

Schrifttum: S. hierzu § 68.

Übersicht

I. Amtsprinzip und Antragsprinzip

1 Das Insolvenzgericht kann jederzeit **von Amts wegen** eine Gläubigerversammlung nach eigenem Ermessen einberufen. § 75 nennt diejenigen Fälle, in

[1] § 75 Abs. 2 geänd. durch G v. 19.12.1998 (BGBl. I S. 3836).

denen das Insolvenzgericht die Gläubigerversammlung auf Antrag einzuberufen hat (vgl. auch schon → § 74 Rn. 8 f.). Der Antrag ist schriftlich oder zu Protokoll der Geschäftsstelle des Insolvenzgerichts zu stellen und sollte den Grund für die Einberufung enthalten (vgl. noch → Rn. 4 zu Anträgen ohne oder ohne hinreichend konkreten Einberufungsgrund).

2 Bei ordnungsgemäßem Antrag muss das Insolvenzgericht die Gläubigerversammlung einberufen (OLG Celle NZI 2002, 314); es besteht **kein Ermessensspielraum** (BGH NZI 2005, 31 [32]; LG Traunstein NZI 2009, 654; LG Mönchengladbach ZInsO 2013, 1753; ganz hL: vgl. nur MüKoInsO/*Ehricke* § 75 Rn. 4; FK-InsO/*Schmitt* § 75 Rn. 10; *Gundlach/Frenzel/Schmidt* ZInsO 2002, 1128 [1129]). Die Prüfungskompetenz des Insolvenzgerichts bezieht sich lediglich auf die Frage der Antragsberechtigung iSd Absatz 1 und die Ordnungsmäßigkeit des Antrags in formeller Hinsicht sowie darauf, ob der Antrag die notwendigen Angaben speziell zur Tagesordnung enthält.

3 Das Insolvenzgericht trifft **keine Entscheidung über die Zweckmäßigkeit** oder die Interessengemäßheit der einzuberufenden Gläubigerversammlung (vgl. LG Stendal ZIP 2012, 2168; HK-InsO/*Riedel* § 75 Rn. 10; MüKoInsO/*Ehricke* § 75 Rn. 4; FK-InsO/*Schmitt* § 75 Rn. 10); auch eine Prüfung des Rechtsschutzbedürfnisses ist nicht statthaft (OLG Celle NZI 2002, 314; LG Mönchengladbach ZInsO 2013, 1753). Etwas anderes kann allenfalls bei offensichtlicher Willkür oder rechtsmissbräuchlicher Verfahrensverschleppung gelten (so auch LG Götttingen NZI 2013, 598; aA *Gundlach/Frenzel/Schmidt* ZInsO 2002, 1128 [1130]; LG Stendal ZIP 2012, 2168 [2170]), nach teilw. vertretener Auffassung auch dann, wenn der angestrebte Beschluss offenkundig rechtswidrig wäre (AG Duisburg NZI 2010, 910; LG Götttingen NZI 2013, 598; vgl. auch AG Dresden ZInsO 2000, 48), etwa weil er außerhalb der Beschlusskompetenzen der Gläubigerversammlung liegen würde (vgl. insofern LG Leipzig ZInsO 2013, 1154).

4 Aus dem Antrag muss sich der Zweck der Gläubigerversammlung (LG Stendal ZIP 2012, 2168 [2170]) und eine **hinreichend konkrete Tagesordnung** ergeben. Doch darf das Insolvenzgericht nicht zu formal vorgehen. Der erkennbare Wille des Antragstellers ist zu berücksichtigen und der Antrag entsprechend auszulegen. Bspw. kann der Antrag „Wahl eines Verwalters (alt oder neu)" unproblematisch in „Abstimmung über die Entlassung des Insolvenzverwalters" umgedeutet werden (OLG Celle NZI 2002, 314). Ist eine Auslegung des Antrags nicht zielführend, muss das Insolvenzgericht zunächst auf Ergänzung des Antrags entscheiden, bevor es den Antrag ablehnt (vgl. FK-InsO/*Schmitt* § 75 Rn. 9; Jaeger/*Gerhardt* § 75 Rn. 4; Braun/*Herzig* § 75 Rn. 9; vgl. auch schon → § 74 Rn. 24; zu eng hingegen *Gundlach/Frenzel/Schmidt* ZInsO 2002, 1128 [1130]; HK-InsO/*Riedel* § 75 Rn. 9).

II. Antragsberechtigung

5 **1. Das Antragsrecht im Überblick.** Berechtigt, einen Antrag auf Einberufung der Gläubigerversammlung zu stellen, sind der **Insolvenzverwalter** (zum Sonderfall, dass ein Sonderinsolvenzverwalter bestellt ist, vgl. LG Leipzig ZInsO 2013, 1154 sowie BGH NZI 2015, 651. In diesem Fall ist der Insolvenzverwalter nicht befugt, die Einberufung einer Gläubigerversammlung mit dem Ziel zu beantragen, über die Abberufung des Sonderinsolvenzverwalters nebst Aufhebung der Sonderverwaltung zu beschließen), der **Gläubigerausschuss** (als Organ; vgl. AG Stendal ZIP 2012, 2030) sowie unter den Einschränkungen von Absatz 1 Nr. 3 und Nr. 4 **absonderungsberechtigte Gläubiger** und (nicht nachrangige) **Insolvenzgläubiger.** Anträge von anderen als diesen abschließend aufgezählten Personen können nur als Anregung an das Insolvenzgericht verstanden werden, von Amts wegen eine Gläubigerversammlung einzuberufen (vgl. Jaeger/*Gerhardt*

§ 75 Rn. 3; vgl. aber noch → Rn. 12 für ein ausnahmsweise bestehendes Antragsrecht des Schuldners); ggf. ist ein Antrag auf Einberufung einer Gläubigerversammlung zwecks Abwahl des Insolvenzverwalters in einen Antrag umzudeuten, in der ersten Gläubigerversammlung, die auf die Bestellung des Insolvenzverwalters folgt, eine andere Person wählen (§ 57); ein solcher Antrag ist nicht an ein Quorum gebunden (BGH NZI 2013, 644). Gehen mehrere Anträge ein, hat das Insolvenzgericht daraus eine Gesamttagesordnung zu entwickeln. Bei einer Mehrzahl von Anträgen, die isoliert nicht die nach Absatz 1 Nr. 3 bzw. Nr. 4 erforderlichen Quoren erreichen, findet von Amts wegen eine Zusammenrechnung statt (vgl. noch → Rn. 9).

6 **2. Das Antragsrecht nach Absatz 1 Nr. 3 und Nr. 4.** Absatz 1 Nr. 3 und Absatz 1 Nr. 4 stärken den **Einfluss der Gläubiger** insgesamt (BT-Drs. 12/7302, 164; ausf. hierzu BK-InsO/*Blersch* § 75 Rn. 5 ff.). Vorteile bringt diese der Konkursordnung noch unbekannte Regelung in der Praxis allerdings nur für Großgläubiger, denn typischerweise sind sie es, die Absonderungsrechte innehaben und mit ihren Forderungen die in Absatz 1 Nr. 3 und Nr. 4 genannten Quoren erfüllen (vgl. Kübler/Prütting/Bork/*Kübler* § 75 Rn. 4 f.; *Pape* WM 2003, 313 [318]). Die **Prüfung** des Bestehens **der Antragsberechtigung** nach Absatz 1 Nr. 3 und Nr. 4 erfolgt, wie nachfolgend beschrieben, **in zwei Schritten** (ausf. (mit Beispielen) und zutr. BK-InsO/*Blersch* § 75 Rn. 5 ff.).

7 **a) Bestehen einer Insolvenzforderung bzw. eines Absonderungsrechts.** Hinsichtlich der Antragsrechte nach Absatz 1 Nr. 3 und Nr. 4 ist in einem ersten Schritt zu prüfen, ob der Antragsteller überhaupt Inhaber einer Insolvenzforderung bzw. eines Absonderungsrechts ist. Dies setzt grds. voraus, dass der Antragsteller seine Forderung angemeldet hat (insofern unstr.). Sofern die Forderungen schon festgestellt worden sind (§§ 178 ff.), steht die Antragsberechtigung im Grundsatz gänzlich außer Frage.

8 Auch **Gläubiger ungeprüfter oder bestrittener Forderungen** sind berechtigt, den Antrag auf Einberufung der Gläubigerversammlung zu stellen (*Pape* WM 2003, 313 [318]; insoweit zutr. BGH NZI 2005, 31; vgl. auch BGH NZI 2007, 723). Gleiches gilt in der sehr frühen Phase des Insolvenzverfahrens auch für Gläubiger, die ihre Forderungen noch nicht angemeldet haben (aA HambK-InsO/*Preß* § 75 Rn. 10; MüKoInsO/*Ehricke* § 75 Rn. 10). Nur wenn das Bestehen einer (nicht angemeldeten) Forderung noch nicht einmal glaubhaft gemacht wird oder wenn das Nichtbestehen einer Forderung bereits rechtskräftig festgestellt ist (vgl. § 183), bleibt sie außer Betracht.

9 **b) Summe der Insolvenzforderungen bzw. Absonderungsrechte.** In einem zweiten Schritt ist die Summe der Absonderungsrechte und der Forderungsbeträge der Antragsteller und die Summe aller Absonderungsrechte und der Forderungsbeträge der nicht nachrangigen Insolvenzgläubiger insgesamt zu berechnen und ins Verhältnis zu setzen (BGH NZI 2009, 604; vgl. Uhlenbruck/*Knof* § 75 Rn. 4 mwN): Nach Absatz 1 Nr. 3 und Nr. 4 müssen sich **entweder** mindestens fünf Gläubiger, deren Rechte bzw. Forderungen zusammen ein Fünftel dieser Summe ausmachen **(„5 + 20 Prozent"-Hürde), oder** einer oder mehrere (feinsinnig LG Essen 28.9.2010 – 7 T 470/09, BeckRS 2011, 00156 „bis zu vier") mit einem Quorum von zwei Fünfteln **(„1 + 40 Prozent"-Hürde)** zusammenfinden. Maßgeblich ist eine Gesamtbetrachtung; es ist unerheblich, ob jeder Gläubiger einen eigenen Antrag stellt oder die Gläubiger einen gemeinsamen Antrag einreichen (Uhlenbruck/*Knof* § 75 Rn. 4; BK-InsO/*Blersch* § 75 Rn. 5); das Insolvenzgericht hat von Amts wegen die Forderungen bzw. Absonderungsrechte zu addieren. Aus Gründen der Rechtssicherheit ist aber ein gemeinsamer Antrag zu empfehlen.

10 Für die **Höhe der Forderungsbeträge** gelten, wenn die Forderungen bereits festgestellt worden sind, die festgestellten Werte. Anderenfalls und ggf. auch hinsichtlich des Umfangs der Absonderungsrechte muss das Gericht die Beträge nach § 287 ZPO schätzen (ausf. und zutr. Kübler/Prütting/Bork/*Kübler* § 75 Rn. 5 ff.; vgl. auch BGH NZI 2007, 723; 2009, 604; missverständlich noch BGH NZI 2005, 31).

11 Das Ergebnis der **Schätzung der Forderungsbeträge** darf nicht „aus der Luft" gegriffen sein (BGH NZI 2009, 604). Aber der Feststellungsaufwand ist begrenzt. Im Regelfall ist es ausreichend, wenn das Insolvenzgericht das Gläubigerverzeichnis (§ 152), die Unterlagen zur Forderungsanmeldung (vgl. § 174) und die Insolvenztabelle (§ 175) auswertet und, sofern zweckdienlich, den Insolvenzverwalter zur Stellungnahme auffordert (BGH NZI 2009, 604; vgl. auch LG Essen 28.9.2010 – 7 T 470/09, BeckRS 2011, 00156). In der Insolvenzakte ist zu dokumentieren, auf welcher Grundlage die Schätzung beruht (vgl. HambK-InsO/*Preß* § 75 Rn. 9).

12 **3. Antragsrecht des Schuldners. Im Grundsatz** hat der Schuldner **kein Antragsrecht** (BGH NZI 2010, 577). Eine **Ausnahme** besteht, wenn der Schuldner in zulässiger Weise einen Antrag auf Gewährung von Unterhalt gem. § 100 gestellt hat (LG Schwerin ZInsO 2002, 1096; Uhlenbruck/*Zipperer* § 100 Rn. 4; FK-InsO/*Wimmer-Amend* § 100 Rn. 18; aA HambK-InsO/*Herchen* § 100 Rn. 9; Leonhardt/Smid/Zeuner/*Smid* § 74 Rn. 7); ohne eine solche Antragsberechtigung könnte § 100 leerlaufen (vgl. iÜ → § 100 Rn. 13).

III. Rechtsbehelfe (Absatz 3)

13 Gegen die **Ablehnung** des Antrags auf Einberufung der Gläubigerversammlung **durch den Richter** steht dem Antragsteller nach Abs. 3 die **sofortige Beschwerde** zu (vgl. → § 6 Rn. 5). Diese kann auch damit begründet werden, das Insolvenzgericht habe die Schätzung der Forderungshöhe bzw. des Absonderungsrechts (vgl. → Rn. 10 f.) falsch vorgenommen (BGH NZI 2007, 723; *Hess* § 75 Rn. 11; FK-InsO/*Schmitt* § 75 Rn. 14; aA MüKoInsO/*Ehricke* § 75 Rn. 15). – Absatz 3 ist nicht (auch nicht analog) bei Ablehnung eines Vertagungsantrags anzuwenden (BGH NZI 2006, 404; vgl. HambK-InsO/*Preß* § 75 Rn. 16).

14 **Zulässig** ist die sofortige Beschwerde auch dann, wenn das Insolvenzgericht einen oder mehrere im Antrag bezeichnete Beschlussgegenstände nicht auf die Tagesordnung gesetzt hat. – **Nicht statthaft** ist die sofortige Beschwerde gegen die Einberufung einer Gläubigerversammlung „an sich" (OLG Köln ZInsO 2001, 1112) oder gegen einen Vertagungsbeschluss (BGH 12.1.2012 – IX ZB 217/11, BeckRS 2012, 02999; LG Göttingen ZIP 2000, 1945 [1946]; Leonhardt/Smid/Zeuner/*Smid* § 75 Rn. 10).

15 Die **Beschwerdebefugnis** steht nur dem Antragsteller iSd Absatz 1 zu, also zB im Fall des Absatz 1 Nr. 3 nur den Gläubigern, die das Einberufungsquorum erfüllen, gemeinsam (BGH NZI 2011, 284; Nerlich/Römermann/*Delhaes* § 75 Rn. 6; MüKoInsO/*Ehricke* § 75 Rn. 14; Braun/*Herzig* § 75 Rn. 14). – Sofern der Schuldner ausnahmsweise antragsberechtigt ist (vgl. → Rn. 12), ist er auch beschwerdeberechtigt (*Hess* § 75 Rn. 6).

16 Gegen eine **Entscheidung des Rechtspflegers** über die Einberufung der Gläubigerversammlung (zur funktionellen Zuständigkeit vgl. bereits → § 74 Rn. 10) ist nach § 11 Abs. 2 RPflG die befristete Erinnerung möglich. Erinnerungsbefugt ist im Fall der Einberufung jeder Verfahrensbeteiligte (OLG Köln ZInsO 2001, 1112 [1113]), im Fall der Ablehnung nur der Antragsteller. Die darauf ergehende Entscheidung des Richters wiederum ist unangreifbar.

IV. Fristen (Absatz 2)

Absatz 2 bestimmt, dass zwischen dem Eingang des Antrags auf Einberufung der Gläubigerversammlung und dem Termin derselben **höchstens drei Wochen** liegen sollen. Weil die Ladungsfrist gem. § 4 iVm § 217 ZPO und die Bekanntmachungsfiktion des § 9 Abs. 1 S. 3 zu berücksichtigen sind, hat die Bekanntmachung der Einladung **mindestens sechs Tage** vor dem Versammlungstermin zu erfolgen (vgl. Uhlenbruck/*Knof* § 75 Rn. 8; HambK-InsO/*Preß* § 75 Rn. 11; BK-InsO/*Blersch* § 75 Rn. 12). Für die **Fristberechnung** gelten die §§ 221 f. ZPO, §§ 186 ff. BGB. 17

Eine **Überschreitung der 3-Wochen-Frist** führt grds. nicht zur Unwirksamkeit der Einberufung oder der von der Gläubigerversammlung gefassten Beschlüsse (vgl. Kübler/Prütting/Bork/*Kübler* § 75 Rn. 8), ggf. aber zur Amtshaftung des entscheidenden Richters oder Rechtspflegers (Braun/*Herzig* § 75 Rn. 13; Jaeger/*Gerhardt* § 75 Rn. 11; Uhlenbruck/*Knof* § 75 Rn. 8). 18

Beschlüsse der Gläubigerversammlung

76 (1) **Die Gläubigerversammlung wird vom Insolvenzgericht geleitet.**

(2) **Ein Beschluß der Gläubigerversammlung kommt zustande, wenn die Summe der Forderungsbeträge der zustimmenden Gläubiger mehr als die Hälfte der Summe der Forderungsbeträge der abstimmenden Gläubiger beträgt; bei absonderungsberechtigten Gläubigern, denen der Schuldner nicht persönlich haftet, tritt der Wert des Absonderungsrechts an die Stelle des Forderungsbetrags.**

Schrifttum: *Ehricke,* Beschlüsse einer Gläubigerversammlung bei mangelnder Teilnahme der Gläubiger, NZI 2000, 57; *Goebel,* Gläubigerobstruktion, Gläubigerstimmrecht und Beschlusskontrolle im Insolvenzverfahren über Unternehmen – eine Untersuchung zu insolvenzrechtlichen Stimmverboten und zur Inhaltskontrolle nach § 78 InsO, KTS 2002, 615; *Grell,* Stimmverbote im Insolvenzrecht, NZI 2006, 77; *Grell/Klockenbrink,* Stimmverbote in Gläubigerversammlung und Gläubigerausschuss – Grenzen der Gläubigermitbestimmung in Insolvenzverfahren?, DB 2014, 2514; *Heukamp,* Die gläubigerfreie Gläubigerversammlung, ZInsO 2007, 57; *Marotzke,* Gläubigerautonomie – ein modernes Missverständnis, ZInsO 2003, 726; *Oelrichs,* Gläubigermitwirkung und Stimmverbote im neuen Insolvenzrecht, 1999; *Pape,* Die ausgefallene Gläubigerversammlung, Rpfleger 1993, 430; *Pasquay,* Die Rechtsstellung der Gläubigerversammlung im Konkurse und ihre Befugnisse, ZHR 66 (1909), 34; *Robrecht,* Schweigepflichten der Organe der insolvenzrechtlichen Selbstverwaltung, KTS 1971, 139; *Voß,* Die Gläubigerversammlung als Organisation der Konkursgläubiger im Sinne des § 3 KO, AcP 97 (1905), 396. Weiteres Schrifttum bei § 74.

Übersicht

I. Verfahrensfragen

1 **1. Leitung der Gläubigerversammlung durch das Insolvenzgericht.** Die Leitung der Gläubigerversammlung obliegt dem Insolvenzgericht (Absatz 1). Es hat dabei als „Hüter der Rechtmäßigkeit des Verfahrens" (BT-Drs. 12/2443, 80) nach der vorherrschenden Terminologie eine neutrale Stellung. Treffender als der Begriff der Neutralität ist aber der Begriff der **Allparteilichkeit,** weil er den richtigen Blick für weichenstellende Entscheidungen öffnet: Denn zu den Aufgaben des Insolvenzgerichts gehört auch, bei widerstreitenden Interessen zwischen den Insolvenzgläubigern und dem Insolvenzverwalter zu vermitteln (OLG Rostock NZI 2006, 375; MüKoInsO/*Ehricke* § 76 Rn. 3). Hinzu kommt die Aufgabe, die Verfahrensbeteiligten – unter Wahrung der Pflicht zur Allparteilichkeit – über ihre Rechte und Pflichten aufzuklären (vgl. schon → § 71 Rn. 11 zur Aushändigung eines Merkblatts an die Mitglieder des Gläubigerausschusses) und entsprechend der sich aus §§ 139, 278 Abs. 3 ZPO ergebenden Leitlinien sachdienliche Hinweise zur Lenkung des Insolvenzverfahrens zu geben (vgl. auch BK-InsO/*Blersch* § 76 Rn. 6; Braun/*Herzig* § 76 Rn. 3).

2 **Nicht** Aufgabe des Insolvenzgerichts sind inhaltliche Empfehlungen, insbes. zu Wirtschaftlichkeits- oder Zweckmäßigkeitsfragen (Kübler/Prütting/Bork/*Kübler* § 76 Rn. 11; MüKoInsO/*Ehricke* § 76 Rn. 10; *Hess* § 76 Rn. 2; *Heukamp* ZInsO 2007, 57 [58]).

3 Die **Disziplinarbefugnis** des Verhandlungsleiters (Richter bzw. Rechtspfleger) bestimmt sich nach §§ 176 ff. GVG (beim Rechtspfleger mit den Einschränkungen des § 4 Abs. 2 RPflG); ferner sind die §§ 136–144, 156 ZPO anwendbar.

4 Die Protokollierung der Beschlüsse erfolgt in entsprechender Anwendung der §§ 159 ff. ZPO (ausf. hierzu MüKoInsO/*Ehricke* § 76 Rn. 12). Das **Protokoll** ist den Teilnehmern der Gläubigerversammlung zuzuleiten (BK-InsO/*Blersch* § 76 Rn. 4; MüKoInsO/*Ehricke* § 76 Rn. 12; aA Uhlenbruck/*Knof* § 76 Rn. 19: Abschrift nur an den Insolvenzverwalter und Schuldner sowie Berechtigung der übrigen Teilnehmer auf Zusendung einer Abschrift auf Antrag und gegen Kostenerstattung). Eine Protokollberichtigung ist gem. § 4 iVm § 164 ZPO möglich. Die Teilnehmer können einen formlosen Protokollberichtigungsantrag stellen; gegen die Zurückweisung eines solchen Antrags durch das Insolvenzgericht ist kein Rechtsmittel gegeben (vgl. LG Saarbrücken ZInsO 2007, 824 [826]).

5 **2. Grundsatz der nicht öffentlichen Sitzung.** Die **Gläubigerversammlung** tagt grds. **nicht öffentlich** (vgl. nur *Hess* § 74 Rn. 16 mwN). **Zutritts-**

berechtigt sind stets die Teilnahmeberechtigten (vgl. dazu → § 74 Rn. 13 ff.), darüber hinaus Rechtsreferendare am Insolvenzgericht (Leonhardt/Smid/Zeuner/*Smid* § 76 Rn. 3; BK-InsO/*Blersch* § 76 Rn. 3; *Trams* NJW-Spezial 2010, 405). **Andere Personen** (Sachverständige, Organe von Gläubigerschutzverbänden, Behördenvertreter etc) sind nicht ohne Weiteres teilnahmebefugt. Aber es steht im **Ermessen des Insolvenzgerichts,** im Einzelfall die Teilnahme zu gestatten (§ 175 Abs. 2 GVG). Das gilt im Grundsatz auch für **Pressevertreter.** Ihnen ist die Teilnahme regelmäßig nur zu gestatten, wenn es sich um ein für die gesamte deutsche Wirtschaft bedeutsames Verfahren handelt und Pressemitteilungen der Justizverwaltung nicht ausreichen (LG Frankfurt a. M. ZIP 1983, 344; vgl. auch die Hinweise bei *Möhlen* Rpfleger 2010, 355 [356 f.]; für großzügigere Handhabung: Kübler/Prütting/Bork/*Kübler* § 76 Rn. 13 f.; Leonhardt/Smid/Zeuner/*Smid* § 76 Rn. 3; für eine restriktivere Handhabung MüKoInsO/*Ehricke* § 76 Rn. 5).

Die Belange der Verfahrensbeteiligten und die Brisanz der in der Gläubiger- **6**
versammlung mitgeteilten Informationen (Ansprüche von Beteiligten, Ansprüche gegen Beteiligte, Geschäftsbeziehungen, Betriebsgeheimnisse etc) sprechen **im Zweifelsfall gegen** eine **Teilnahmemöglichkeit Dritter.** Dies gilt insbes., wenn ein Teilnahmeberechtigter der Teilnahme anderer Personen widerspricht oder wenn ein für die Durchführung des Verfahrens wesentlicher Sachverhalt erörtert werden soll, welcher in objektiv nachvollziehbarer Weise der Vertraulichkeit bedarf. – Zum Recht auf Teilnahme von Dolmetschern (für den Schuldner bzw. für andere Teilnahmeberechtigte) vgl. Uhlenbruck/*Knof* § 76 Rn. 17.

II. Abstimmungen

1. Grundsätzliches. Ein Stimmrecht (§ 77) haben nur erschienene oder ver- **7**
tretene Insolvenzgläubiger bzw. absonderungsberechtigte Gläubiger. Die Prüfung der Vertretungsbefugnis ist erforderlich (vgl. dazu §§ 80, 88 ZPO); sie sollte zusammen mit der Prüfung der Teilnahmeberechtigung (vgl. → § 74 Rn. 18) erfolgen. Eine Abstimmung im schriftlichen Verfahren ist nicht zulässig, auch nicht in Großverfahren (str.; wie hier Kübler/Prütting/Bork/*Kübler* § 76 Rn. 21; Uhlenbruck/*Knof* § 76 Rn. 25; FK-InsO/*Schmitt* § 76 Rn. 10; MüKoInsO/*Ehricke* § 76 Rn. 26; aA BK-InsO/*Blersch* § 76 Rn. 9; offen gelassen in BGH NZI 2013, 644 [646] mwN). Etwas anderes gilt nur in den Fällen, in denen das Gesetz das schriftliche Abstimmungsverfahren ausdrücklich ermöglicht (vgl. § 242 Abs. 1). – Vgl. zur Organisation von Abstimmungen, insbes. bei Beteiligung einer großen Anzahl von Gläubigern, *Möhlen* Rpfleger 2010, 355 [358 f.] – Zu Überlegungen, Gläubigerversammlungen im Wege von Videokonferenzen, Übertragungen im Internet etc abzuhalten, vgl. MüKoInsO/*Ehricke* § 76 Rn. 13.

2. Erforderliche Mehrheit. Die Gläubigerversammlung entscheidet nach Ab- **8**
satz 2 bei allen Entscheidungen mit der **absoluten Mehrheit der Stimmrechte („Summenmehrheit");** auf eine „Kopfmehrheit" kommt es – mit der Ausnahme von § 57 S. 2 (vgl. insofern noch BGH NZI 2013, 644) und § 244 – nicht an (Jaeger/*Gerhardt* § 76 Rn. 9; *Pape* ZInsO 1999, 305 [309]; krit. zum deshalb starken Einfluss von Großgläubigern und zur somit „rein kapitalistisch strukturierten" Gläubigerversammlung Kübler/Prütting/Bork/*Kübler* § 77 Rn. 3; ähnlich auch *Marotzke* ZInsO 2003, 726 [728]).

Hinsichtlich der Summenmehrheit ist auf die abstimmenden Gläubiger ab- **9**
zustellen – unabhängig davon, ob sie die Stimme selbst oder durch Vertreter abgeben. Gläubiger, die sich der Stimme enthalten, sind keine abstimmenden Gläubiger iSv Absatz 2 (HK-InsO/*Riedel* § 76 Rn. 8; Uhlenbruck/*Knof* § 76 Rn. 33; MüKoInsO/*Ehricke* § 76 Rn. 29). Ob die für das Zustandekommen eines

Beschlusses erforderliche absolute **Mehrheit** bei einer Abstimmung **erreicht** wurde, berechnet sich, indem der Gesamtwert der Stimmrechte der zustimmenden Gläubiger durch den Gesamtwert der Stimmrechte der abstimmenden Gläubiger geteilt wird: Bei einem **Wert des Quotienten von > 0,5** ist ein Beschluss angenommen, bei einem Wert des Quotienten von ≤ 0,5 abgelehnt.

10 Die vorstehenden Grundsätze gelten auch, wenn **mehr als zwei Entscheidungsmöglichkeiten** zur Abstimmung stehen. Werden nur relative Mehrheiten erreicht, empfiehlt sich eine erneute Abstimmung mit weniger Entscheidungsmöglichkeiten. Eine Interpretation des Abstimmungsverhaltens und damit des Abstimmungsergebnisses durch das Insolvenzgericht dergestalt, dass die für einen unterlegenen Beschlussvorschlag abgegebenen Stimmen einem anderen Beschlussvorschlag zugeschlagen werden können, ist unzulässig (aA Kübler/Prütting/Bork/*Kübler* § 76 Rn. 20; iE wohl auch Jaeger/*Gerhardt* § 76 Rn. 11; vgl. auch schon *Pasquay* ZHR 66 (1909), 34 [93]).

11 Beschlüsse, die unter **Verstoß gegen die** vorstehenden **Beschlussfassungsregeln** „gefasst" werden, sind nichtig. Dies gilt zB, wenn Stimmen falsch ausgezählt wurden (vgl. *Görg* DZWIR 2000, 364 [365]).

12 **3. Stimmrechte.** Stimmberechtigt sind **Insolvenzgläubiger und absonderungsberechtigte Gläubiger** (zum Sonderfall des Stimmrechts von Anteilsinhabern, in deren Rechte durch einen Insolvenzplan eingegriffen wird, vgl. § 238a). Sie sind bei Abstimmungen einander **gleichgestellt** (Absatz 2 Hs. 1); letztere sind damit nicht – wie noch nach der Konkursordnung – auf den Betrag des mutmaßlichen Ausfalls beschränkt (krit. *Kübler* FS Kreft, 2004, 369 [371 ff.]; vgl. ferner *Marotzke* ZInsO 2003, 726 [731 f.]: Verfassungswidrigkeit von Absatz 2). Sogar absonderungsberechtigte Gläubiger, denen der Schuldner überhaupt nicht persönlich haftet, haben ein Stimmrecht in Höhe des Wertes des Absonderungsrechts (Absatz 2 Hs. 2), also in Höhe des Betrags, der sich bei einer Verwertung der Sicherheit voraussichtlich realisieren lassen wird (vgl. HK-InsO/*Riedel* § 76 Rn. 9).

13 Absatz 2 ist unglücklich formuliert. IErg sollen auch die Fälle der teilweisen Forderungssicherung durch Absonderungsrechte und – allerdings nur sofern sich aus der Sicherungsabrede nichts anderes ergibt – der Fall der Übersicherung erfasst werden. Gemeint ist stets der höhere Betrag – Forderung oder Absonderungsrecht –, und zwar unabhängig davon, ob allein ein Absonderungsrecht in Rede steht, ob die Forderung ungesichert oder ob sie teilw. durch ein Absonderungsrecht gesichert ist (sehr krit. *Marotzke* KTS 2014, 113 [134 ff.]). Freilich ist bei allen zur abgesonderten Befriedigung berechtigenden Sicherheiten die Höhe der gesicherten Forderung die obere Grenze, wenn es eine entsprechende Sicherungsabrede gibt (aA MüKoInsO/*Ehricke* § 76 Rn. 25; HK-InsO/*Riedel* § 76 Rn. 9; zu pauschal auch noch die Vorauflage in Bezug auf nichtakzessorische Sicherheiten; dagegen zutr. *Marotzke* KTS 2014, 113 [135] (in Fn. 112)).

14 Sind **mehrere Personen Gläubiger einer Insolvenzforderung,** wird der Forderungsbetrag nur einmal gerechnet. Dies gilt für mehrere **Gesamtgläubiger,** für **Gesamthänder,** für **Nießbraucher und Insolvenzgläubiger** sowie für **Pfandgläubiger und Verpfänder** (vgl. dazu Kübler/Prütting/Bork/*Kübler* § 76 Rn. 16 f.; zur Ausübung des Stimmrechts in diesen Fällen vgl. → § 77 Rn. 4 f.). – Der gemeinsame Vertreter von Schuldverschreibungsgläubigern hat, soweit Summenmehrheiten maßgeblich sind, ein Stimmrecht in Höhe des Gesamtbetrags der von ihm vertretenen Forderungen (vgl. → § 74 Rn. 33 f.). – Vgl. zum Gesamtkomplex der das Stimmrecht betreffenden Fragen noch *Siegelmann* KTS 1960, 136 f. (wenn auch zum Konkursrecht).

15 **4. Stimmverbote. Stimmverbote** wegen Betroffenseins des einzelnen Gläubigers bestehen in der Gläubigerversammlung **nur unter engeren Voraussetz-**

zungen als im Gläubigerausschuss (vgl. *Goebel* KTS 2002, 615 [620 ff.]; aA wohl MüKoInsO/*Ehricke* § 77 Rn. 38; zu Stimmverboten im Gläubigerausschuss vgl. → § 72 Rn. 4 ff.). Erstens stimmt jeder Gläubiger naturgemäß in eigener Sache ab (insofern zutr. Leonhardt/Smid/Zeuner/*Smid* § 76 Rn. 10; *Grell* NZI 2006, 77 ff.; *Grell/Klockenbrink* DB 2014, 2514 [2515 f.]). Bei Entscheidungen, die – wie die Abstimmung über einen Insolvenzplan (§§ 235 ff.) – notwendigerweise auf die Wahrung von Eigeninteressen gerichtet sind, gilt dies in besonderem Maße (vgl. Uhlenbruck/*Knof* § 76 Rn. 32). Zweitens gibt es mit § 78 einen Mechanismus zur Korrektur von Entscheidungen der Gläubigerversammlung, der keine Entsprechung beim Gläubigerausschuss findet (auch insofern noch zutr. *Grell/Klockenbrink* DB 2014, 2514 [2515]).

Dennoch ergeben sich **Grenzen der Stimmrechtsausübung** (aA *Grell/Klockenbrink* DB 2014, 2514 ff.). Denn § 78 regelt nur die nachträgliche Korrektur von Beschlüssen, die – aus welchen Gründen auch immer – das gemeinsame Interesse der Insolvenzgläubiger verletzen, während Stimmverbote das ordnungsgemäße Zustandekommen von Beschlüssen sicherstellen und damit in ganz anderer Weise verfahrenslenkend wirken. Deshalb bestehen **Stimmverbote** auch in der Gläubigerversammlung, wenn ein Gläubiger durch den Abstimmungsgegenstand über das übliche Eigeninteresse hinaus tangiert wird (AG Kaiserslautern NZI 2006, 46; ähnlich LG Hamburg NZI 2015, 28). Dies ist der Fall, wenn die Gläubigerversammlung über ein Rechtsgeschäft mit dem Gläubiger (AG Göttingen ZInsO 2009, 1821; Nerlich/Römermann/*Delhaes* § 77 Rn. 9; Uhlenbruck/*Knof* § 76 Rn. 30; aA *Grell* NZI 2006, 77 [79]) oder über einen Prozess mit ihm bzw. über die Beilegung eines solchen Prozesses beschließt oder wenn der Insolvenzgläubiger sonst durch den Beschluss besonders belastet oder besonders bevorteilt wird (vgl. AG Kaiserslautern NZI 2006, 46; Kübler/Prütting/Bork/*Kübler* § 77 Rn. 21a). Damit ist das Bestehen von Stimmverboten insbes. in Konstellationen genau zu prüfen, in welchen gem. § 160 beschlossen werden soll, gegen einzelne Gläubiger keine Anfechtungsprozesse anzustrengen (zutr. *Wimmer* ZIP 2013, 2038 [2040]). 16

Die im Gesellschaftsrecht herausgearbeiteten Grundsätze über **Stimmverbote** sind cum grano salis (das heißt, unter Beachtung des grds. anzuerkennenden Rechts von Gläubigern, in Gläubigerversammlungen ihre eigenen Interessen zu wahren) auch auf die Gläubigerversammlung zu übertragen (in dogmatischer Hinsicht aA *Goebel* KTS 2002, 615 [625 ff.]: Stimmrechtsverbot nur bei unzulässigen Eingriffen „in die haftungsrechtliche Rechtszuweisung der Masse an die Gemeinschaft der Gläubiger"; vgl. auch *Grell/Klockenbrink* DB 2014, 2514 [2515 f.]; pragmatischer LG Hamburg NZI 2015, 28 [29]: „qualifiziertes Näheverhältnis" ausreichend). Deshalb ist einem Gläubiger die Mitwirkung da zu versagen, wo er „Richter in eigener Sache" wäre (AG Göttingen ZInsO 2009, 1821 [1822]; MüKoInsO/*Ehricke* § 77 Rn. 36 f.; Kübler/Prütting/Bork/*Kübler* § 77 Rn. 21a; deutlich einschränkender Leonhardt/Smid/Zeuner/*Smid* § 76 Rn. 10; zu Unrecht auf eine Analogie zu § 41 ZPO abstellend *Grell* NZI 2006, 77 [79]; gänzlich ablehnend *Grell/Klockenbrink* DB 2014, 2514 [2516 f.]). Nach diesen Grundsätzen ist zB auch der organschaftliche Vertreter des Schuldners, der zugleich Insolvenzgläubiger ist, wegen schwerwiegender Interessenkollision mit einem Stimmverbot belegt (AG Duisburg NZI 2007, 728). 17

Auch wenn für die Vertretung von Gläubigern in der Gläubigerversammlung weniger strenge Maßstäbe als bei der Vertretung in einer streitigen Zivilverhandlung anzulegen sind, gilt der allgemeine zivilprozessuale Grundsatz des Verbots, auf unterschiedlichen Seiten in derselben Sache tätig zu werden, auch im Insolvenzrecht (AG Itzehoe NZI 2014, 1006 mit krit. Anm. *Schulte*). Die **Stimmrechtsvollmacht** eines Rechtsanwalts, der im selben Insolvenzverfahren sowohl einen Drittschuldner oder einen Interessenten für die Übernahme von Teilen der 18

Insolvenzmasse als auch einen Insolvenzgläubiger vertritt, ist nach diesen Grundsätzen wegen Verstoßes gegen das Verbot der Vertretung widerstreitender Interessen nach § 43a Abs. 4 BRAO unwirksam (AG Duisburg NZI 2007, 728). Einen **Verstoß gegen § 43a Abs. 4 BRAO** stellt es auch dar, wenn ein Rechtsanwalt aus der Sozietät des Vertreters des Insolvenzschuldners mit der Wahrnehmung von Gläubigermandaten beauftragt wird (LG Hamburg NZI 2007, 415; krit. *Smid* InVo 2007, 3 [4]).

19 Bei **Stimmabgabe trotz Stimmverbots** ist die Stimmabgabe – bezogen auf den jeweiligen vom Stimmverbot betroffenen Beschlussgegenstand – nichtig (insofern noch zutr. LG Hamburg NZI 2015, 28 [29]). Hingegen ist der unter Verstoß gegen das Stimmverbot zustande gekommene Beschluss selbst wirksam (Uhlenbruck/*Knof* § 76 Rn. 31; insofern dann unrichtig LG Hamburg NZI 2015, 28 [29]). Ein anderes als das in der Versammlung bekannt gegebene Abstimmungsergebnis kann nach Beendigung der Gläubigerversammlung grds. nur im Wege einer zivilrechtlichen Klage festgestellt werden (vgl. Uhlenbruck/*Knof* § 77 Rn. 11; vgl. auch noch → Rn. 39). Möglich ist es aber auch, dass die Nichtigkeit einer Stimmabgabe als Vorfrage in einer späteren Entscheidung des Insolvenzgerichts geprüft und festgestellt wird (vgl. AG Duisburg NZI 2007, 728 [730] hinsichtlich der Entscheidung des Insolvenzgerichts über die Versagung der Bestellung eines neuen Insolvenzverwalters nach § 57 S. 3).

20 Das Stimmverbot nimmt dem Teilnehmer in der Gläubigerversammlung nicht seine sonstigen Verfahrensrechte (vgl. Uhlenbruck/*Knof* § 77 Rn. 9 zum Recht auf Antragsstellung und Information). Er kann nur unter noch engeren Voraussetzungen **von der Teilnahme an der Gläubigerversammlung ausgeschlossen** werden, als dies bei Mitgliedern des Gläubigerausschusses (vgl. dazu → § 72 Rn. 7 f.) der Fall ist, weil die Möglichkeiten, in einer Gläubigerversammlung ohne Stimmrecht Einfluss auf den Gang der Beratungen und das Ergebnis einer Abstimmung zu nehmen, noch geringer sind.

21 Die Problematik von Stimmverboten in der Gläubigerversammlung ist unter Geltung der Insolvenzordnung weniger bedeutsam als noch unter Geltung der Konkursordnung. Denn die Abberufung eines Mitglieds aus dem Gläubigerausschuss aus wichtigem Grund (§ 70) – dies war vormals die Konstellation, in der die Frage nach dem Bestehen eines Stimmverbots in der Praxis am häufigsten relevant wurde – fällt nicht mehr in die Kompetenz der Gläubigerversammlung, und bei Wahlen zum Gläubigerausschuss sowie bei der Abwahl von Mitgliedern des vorläufigen Gläubigerausschusses darf der Betreffende mitstimmen. – Vgl. zu praktischen Schwierigkeiten im Umgang mit Stimmverboten *Pape* ZInsO 2000, 469 [473].

III. Beschlussfähigkeit der Gläubigerversammlung und Delegation von Beschlussfassungskompetenzen

22 Die **Beschlussfähigkeit** der Gläubigerversammlung hängt nicht von einer qualifizierten Mindestzahl der erschienenen oder vertretenen Gläubiger ab (Nerlich/Römermann/*Delhaes* § 76 Rn. 3; *Hess* § 76 Rn. 21). Beschlussfähigkeit ist auch bei Teilnahme nur eines Gläubigers, der an der Versammlung teilnehmen und im Grundsatz auch von seinem Stimmrecht Gebrauch machen will, gegeben (BGH NZI 2007, 732 f.; vgl. auch schon LG Berlin KuT 1929, 47; LG Neuruppin ZIP 1997, 2130; LG Köln ZIP 1997, 2053; *Pape* ZIP 1991, 837 [840]; *Ehricke* NZI 2000, 57 [58]; HK-InsO/*Riedel* § 76 Rn. 5; Braun/*Herzig* § 76 Rn. 7).

23 **Beschlussunfähig** ist die Gläubigerversammlung, wenn trotz ordnungsgemäßer Einberufung **kein stimmberechtigter Gläubiger erschienen** ist (MüKoInsO/*Ehricke* § 76 Rn. 17). Darin ist grds. der Verzicht der Gläubiger auf die Wahrnehmung der Rechte der Gläubigerversammlung zu sehen (HambK-InsO/*Preß*

§ 76 Rn. 8; Braun/*Herzig* § 76 Rn. 8; *Hess* § 76 Rn. 25; Leonhardt/Smid/Zeuner/*Smid* § 76 Rn. 8; *Heukamp* ZInsO 2007, 57; vgl. auch LG Göttingen ZIP 1997, 1039 f.). Dieser Verzicht lässt sich allerdings nicht als genereller Verzicht verstehen, sondern beschränkt sich auf die Gegenstände, die in der Tagesordnung zur beschlussunfähigen Gläubigerversammlung angekündigt wurden (insofern zutr. *Heukamp* ZInsO 2007, 57).

Auch wenn **alle erschienenen Gläubiger vom Stimmrecht ausgeschlossen** sind, ist die Gläubigerversammlung beschlussunfähig (LG Frankenthal ZIP 1993, 378; BK-InsO/*Blersch* § 76 Rn. 7; vgl. *Pape* ZIP 1991, 837 [840] in Fn. 45). Gleiches gilt, wenn alle erschienenen Gläubiger deutlich zu erkennen geben, an der Gläubigerversammlung nicht teilnehmen zu wollen (*Ehricke* NZI 2000, 57 [60]; MüKoInsO/*Ehricke* § 76 Rn. 16); solche Situationen ergeben sich in der Praxis mitunter aufgrund der Befürchtung, für bestimmte Entscheidungen der Gläubigerversammlung verantwortlich gemacht werden zu können (vgl. *Kübler* FS Kreft, 2004, 369 [385 f.]). 24

1. Folgen fehlender Beschlüsse der Gläubigerversammlung aufgrund von Beschlussunfähigkeit. a) Neueinberufung der Gläubigerversammlung als Grundsatz. Die Insolvenzordnung regelt die sich aus der Beschlussunfähigkeit der Gläubigerversammlung ergebenden Konsequenzen (ausf. hierzu *Pape* Rpfleger 1993, 430 ff.; *Kübler* FS Kreft, 2004, 369 [388 ff.]; *Ehricke* NZI 2000, 57 ff.; *Heukamp* ZInsO 2007, 57 ff.) nicht allg. (vgl. aber noch → Rn. 30). Dies ist misslich, weil die Praxis zeigt, dass beschlussunfähige Gläubigerversammlungen alles andere als selten sind (vgl. *Undritz* InsVZ 2010, 361). Im Grundsatz sollte in solchen Fällen ungeachtet der damit verbundenen Kosten eine neue Gläubigerversammlung einberufen werden (vgl. BK-InsO/*Blersch* § 76 Rn. 7). 25

b) Ersetzungsbefugnis des Insolvenzgerichts als Ausnahmefall. Ist verlässlich absehbar, dass auch eine neu einberufene Gläubigerversammlung beschlussunfähig sein wird, bzw. stellt sich heraus, dass sie tatsächlich beschlussunfähig ist, kann das **Insolvenzgericht** entgegen der ganz hA ausnahmsweise **anstelle der Gläubigerversammlung Entscheidungen treffen** (aA *Pape* ZInsO 1999, 305 [306]; *ders.* Rpfleger 1993, 430 [431 f.]; *Heukamp* ZInsO 2007, 57 [58]; Jaeger/*Gerhardt* § 76 Rn. 6; FK-InsO/*Schmitt* § 76 Rn. 8; HK-InsO/*Riedel* § 76 Rn. 5; HambK-InsO/*Preß* § 76 Rn. 8; Nerlich/Römermann/*Delhaes* § 76 Rn. 3; Braun/*Herzig* § 77 Rn. 8; *Kübler* FS Kreft, 2004, 369 [387 f.]; *Frind* ZInsO 2011, 1726 [1727]; trotz Differenzierung iE auch Kübler/Prütting/Bork/*Kübler* § 76 Rn. 23; ausf. *Ehricke* NZI 2000, 57 [60 ff.]; MüKoInsO/*Ehricke* § 76 Rn. 20; vgl. auch OLG Koblenz ZIP 1989, 660 [661]; wie hier lediglich LG Frankenthal ZIP 1993, 378; *Hess* § 76 Rn. 27 (allerdings im Widerspruch zu Rn. 26)). Denn daraus, dass in der Nichtteilnahme ein Verzicht auf die Wahrnehmung von Rechten liegt (→ Rn. 23), kann nicht geschlossen werden, dass Nichtteilnahme auch Verweigerung der Zustimmung (aA *Heukamp* ZInsO 2007, 57 unter unzutreffendem Hinweis auf Nerlich/Römermann/*Delhaes* § 76 Rn. 3), und erst recht nicht, dass Nichtteilnahme Zustimmung zum Handeln des Verwalters (aA *Kübler* FS Kreft, 2004, 369 [388]) bedeute. Es fehlt gerade an einer Willensbekundung der Gläubiger. Die Möglichkeit der Zustimmungsersetzung durch das Insolvenzgericht besteht allerdings nur in Situationen, in denen eine Willensbekundung und damit eine solche Ersatzentscheidung durch das Gericht für den Fortgang des Verfahrens unumgänglich ist (vgl. auch noch → Rn. 29 ff.). 26

Nur diese Ansicht wird in sachgerechter Weise den Anforderungen von Insolvenzverfahren mit geringer **Beteiligung an den Gläubigerversammlungen** gerecht, wenn Entscheidungen (wie zB nach § 100) getroffen werden müssen. In solchen Fällen ist ein Vorwärtskommen im gemeinsamen Interesse der Insolvenz- 27 gläubiger (vgl. § 78) nur so möglich. Würde keine Entscheidung getroffen, wäre das Verfahren unzumutbar gelähmt.

28 Dies gilt insbes. für den **Zeitraum nach Anzeige der Masseunzulänglichkeit** (§ 208), in welchem das Interesse der Gläubiger an der Wahrnehmung ihrer Rechte in Gläubigerversammlungen regelmäßig gegen Null tendiert. In solchen Fällen das Insolvenzgericht Entscheidungen anstelle der beschlussunfähigen Gläubigerversammlung treffen zu lassen, ist die den Bedürfnissen der Praxis am besten gerecht werdende und damit vernünftigste Lösung des Problems „Gläubigerversammlung nach Anzeige der Masseunzulänglichkeit" (zum Für und Wider anderer Lösungsansätze vgl. *Kayser/Heck* NZI 2005, 65 [66 ff.]).

29 **c) Rückausnahmen und Zustimmungsfiktion des § 160 Abs. 1 S. 3.** Die ohnehin schon auf Ausnahmesituationen beschränkte Ersetzungsbefugnis des Insolvenzgerichts ist nicht in den Fällen gegeben, in denen das **Erfordernis der positiven Zustimmung** besteht, in denen also eine Zustimmung der Gläubigerversammlung zwingend der rechtmäßigen Vornahme einer Handlung vorgeschaltet ist (vgl. hierzu etwa → § 160 Rn. 9 f.).

30 Das Problem der beschlussunfähigen Gläubigerversammlung ist für den wohl wichtigsten Fall seit dem Inkrafttreten des Gesetzes zur Vereinfachung des Insolvenzverfahrens v. 12.4.2007 (BGBl. I S. 509) am 1.7.2007 gelöst: Nach **§ 160 Abs. 1 S. 3** gilt die Zustimmung zu besonders bedeutsamen Rechtshandlungen iSv § 160 als erteilt, wenn die Gläubiger bei der Einladung zur Gläubigerversammlung auf diese Zustimmungsfiktion hingewiesen wurden (vgl. auch → § 160 Rn. 9). Auch dort, wo eine Analogie zu dieser Bestimmung je nach Einzelfall möglich ist (vgl. etwa → § 157 Rn. 14 f.; → § 162 Rn. 9), bleibt kein Raum dafür, dass das Insolvenzgericht die fehlende Zustimmung der Gläubigerversammlung ersetzt.

31 Außer Betracht bleibt eine Zustimmungsersetzung durch das Insolvenzgericht ferner, wenn ein Beschluss der Gläubigerversammlung nicht im engeren Sinne erforderlich ist, weil – wie etwa bei der Entscheidung, ob ein Gläubigerausschuss nach § 68 einzusetzen ist – der Verfahrensverlauf von der Insolvenzordnung im Grundsatz vorgegeben und nur bei tatsächlicher Beschlussfassung der Gläubigerversammlung abzuändern ist (insoweit zutr. MüKoInsO/*Ehricke* § 76 Rn. 19; Kübler/Prütting/Bork/*Kübler* § 76 Rn. 23; Jaeger/*Gerhardt* § 76 Rn. 6).

32 **d) Keine Ersetzungsbefugnis des Insolvenzverwalters.** Eine von der Gläubigerversammlung nicht beschlossene Entscheidung kann keinesfalls stattdessen vom Insolvenzverwalter getroffen werden (so aber *Pape* ZInsO 1999, 305 [306]; *Pape,* Gläubigerbeteiligung im Insolvenzverfahren, S. 81; sympathisierend *Ehricke* NZI 2000, 57 [61]; wie hier *Heukamp* ZInsO 2007, 57 [58]). Ein solches Vorgehen würde insbes. dann, wenn die Gläubigerversammlung den Insolvenzverwalter überwachen soll (vgl. insofern zB § 66), zu nachgerade unsinnigen Konstellationen führen.

33 **2. Übertragung von Befugnissen der Gläubigerversammlung. a) Übertragung auf das Insolvenzgericht.** Möglich ist regelmäßig – Ausnahmen stellen die von §§ 100, 149 Abs. 2, 157 erfassten Fälle dar – die **widerrufliche Übertragung** der Beschlussfassungsbefugnis der Gläubigerversammlung auf das Insolvenzgericht, welches dann nach billigem Ermessen die Rechte der Gläubigerversammlung ausübt. Erforderlich ist dafür ein Beschluss der Gläubigerversammlung. In einem solchen Vorgehen liegt lediglich die – jedenfalls für Teilbereiche unproblematisch zulässige – Ermächtigung, die Rechte der Gläubigerversammlung durch eine andere Stelle wahrnehmen zu lassen (LG Göttingen ZIP 1997, 1039; MüKoInsO/*Ehricke* § 76 Rn. 21; Jaeger/*Gerhardt* § 76 Rn. 7; HK-InsO/*Riedel* § 76 Rn. 5; *Ehricke* NZI 2000, 57 [62]; *Heukamp* ZInsO 2007, 57 [58 f.];

Kübler FS Kreft, 2004, 369 [388 ff.]; aA Kübler/Prütting/Bork/*Kübler* § 76 Rn. 23; offen gelassen von OLG Celle Rpfleger 1994, 124; Leonhardt/Smid/Zeuner/*Smid* § 76 Rn. 9). So kann und sollte die Gläubigerversammlung zB die Befugnis zur Prüfung der Schlussrechnung des Insolvenzverwalters für den Fall, dass kein Schlusstermin abgehalten wird, auf das Insolvenzgericht übertragen (vgl. LG Göttingen ZIP 1997, 1039; vgl. ferner → § 211 Rn. 23).

b) Übertragung auf andere Personen und Institutionen. Ebenso können im selben Umfang die Befugnisse der Gläubigerversammlung im Grundsatz auch auf andere Personen und Institutionen widerruflich übertragen werden. Dies können ohne weiteres Dritte und – solange kein zu großer Interessenkonflikt besteht – auch Insolvenzgläubiger sein, nicht aber der Insolvenzverwalter (*Heukamp* ZInsO 2007, 57 [59]). Nicht möglich ist hingegen die Übertragung auf den Gläubigerausschuss als Organ oder auf einzelne Gläubigerausschussmitglieder (aA *Heukamp* ZInsO 2007, 57 [59]). Denn aufgrund der dem Amt immanenten besonderen persönlichen Verantwortlichkeit der Gläubigerausschussmitglieder den Insolvenzgläubigern und absonderungsberechtigten Gläubigern gegenüber, va aber aufgrund der Pflicht des Gläubigerausschusses zur Wahrung der Interessen aller Verfahrensbeteiligten (vgl. BGHZ 124, 86 [96 f.] = NJW 1994, 453 [455]) kann die Gläubigerversammlung den Pflichtenkanon des Gläubigerausschusses nicht modifizieren (vgl. → § 71 Rn. 2). 34

c) Aufschiebend bedingte Übertragung und Rückübertragung. Eine **unwiderrufliche Übertragung** von Befugnissen ist **nicht möglich.** Sinnvoll und praxisnah erscheint ein Beschluss der Gläubigerversammlung – zB in der ersten Gläubigerversammlung des Verfahrens oder bei erkennbar nachlassendem Gläubigerinteresse im fortgeschrittenen Verfahren –, die Befugnisse der Gläubigerversammlung unter der aufschiebenden Bedingung zu übertragen, dass eine spätere Gläubigerversammlung nicht beschlussfähig ist (vgl. *Kübler* FS Kreft, 2004, 369 [390]). 35

Die **Gläubigerversammlung** kann die Beschlussfassungskompetenz jederzeit wieder an sich ziehen und auch zwischenzeitlich durch das Insolvenzgericht oder durch eine andere Person oder Institution gefasste Beschlüsse (wie eigene Beschlüsse) wieder (mit Wirkung für die Zukunft) aufheben (vgl. noch → Rn. 40). 36

IV. Angreifbarkeit, Überprüfung und Aufhebung von Beschlüssen

Beschlüsse der Gläubigerversammlung sind keine Entscheidungen des Insolvenzgerichts (OLG Zweibrücken NZI 2001, 35; OLG Rostock OLGE 35, 254 [255]; LG Düsseldorf KTS 1970, 56; vgl. auch LG Neubrandenburg DtZ 1997, 365). Dessen Tätigkeit beschränkt sich auf eine Protokollierung des von den Gläubigern Beschlossenen (vgl. MüKoInsO/*Ehricke* § 76 Rn. 27). Das gilt selbst dann, wenn – wie nach hier vertretener Meinung möglich (vgl. → Rn. 26 ff.) – das Insolvenzgericht ausnahmsweise anstelle der Gläubigerversammlung handelt. Eine andere Qualität hat die gerichtliche Bestätigung eines Insolvenzplans nach § 248, wogegen dann folgerichtig auch ein Rechtsmittel gegeben ist (vgl. § 253). 37

Die **Aufhebung von (wirksamen) Beschlüssen** der Gläubigerversammlung durch das Insolvenzgericht wegen eines Verstoßes gegen das gemeinsame Interesse der Insolvenzgläubiger bestimmt sich nach § 78. Ein Anfechtungsverfahren nach gesellschaftsrechtlichem Vorbild gibt es nicht; Beschlüsse der Gläubigerversammlung sind daher nicht anfechtbar (LG Göttingen NZI 2000, 490; AG Hamburg NZI 2000, 138 [139]; BK-InsO/*Blersch* § 76 Rn. 12). 38

Die **Unwirksamkeit von Beschlüssen** – etwa wegen Verstoßes gegen Einberufungs-, Sitzungsleitungs- oder Abstimmungsregeln (vgl. insbes. auch → § 78 39

Rn. 9 ff.) – wird **in Rechtsstreitigkeiten inzident geprüft** und kann unter den Voraussetzungen des § 256 ZPO Gegenstand eines **Feststellungsprozesses** sein (vgl. BK-InsO/*Blersch* § 76 Rn. 13; MüKoInsO/*Ehricke* § 77 Rn. 33; vgl. auch noch AG Duisburg NZI 2007, 728 [730]: Entscheidung des Insolvenzgerichts über die Wirksamkeit eines Beschlusses als Vorfrage seiner Entscheidung über die Versagung der Bestellung eines neuen Insolvenzverwalters nach § 57 S. 3). Nach herrschender Meinung kann sich **jedermann jederzeit auf die Unwirksamkeit berufen** (BGH NZI 2011, 713 [714]; Kübler/Prütting/Bork/*Kübler* § 76 Rn. 24; MüKoInsO/*Ehricke* § 76 Rn. 35; vgl. auch → § 78 Rn. 10).

40 Die **Aufhebung eines Beschlusses** durch eine spätere Gläubigerversammlung ist **mit Wirkung ex nunc** möglich (Nerlich/Römermann/*Delhaes* § 76 Rn. 6; Uhlenbruck/*Knof* § 76 Rn. 34; MüKoInsO/*Ehricke* § 76 Rn. 32). Dies gilt auch, wenn (ausnahmsweise) das Insolvenzgericht anstelle der Gläubigerversammlung entschieden hat (*Heukamp* ZInsO 2007, 57 [58]).

Feststellung des Stimmrechts

77 (1) [1] **Ein Stimmrecht gewähren die Forderungen, die angemeldet und weder vom Insolvenzverwalter noch von einem stimmberechtigten Gläubiger bestritten worden sind.** [2] **Nachrangige Gläubiger sind nicht stimmberechtigt.**

(2) [1] **Die Gläubiger, deren Forderungen bestritten werden, sind stimmberechtigt, soweit sich in der Gläubigerversammlung der Verwalter und die erschienenen stimmberechtigten Gläubiger über das Stimmrecht geeinigt haben.** [2] **Kommt es nicht zu einer Einigung, so entscheidet das Insolvenzgericht.** [3] **Es kann seine Entscheidung auf den Antrag des Verwalters oder eines in der Gläubigerversammlung erschienenen Gläubigers ändern.**

(3) **Absatz 2 gilt entsprechend**
1. **für die Gläubiger aufschiebend bedingter Forderungen;**
2. **für die absonderungsberechtigten Gläubiger.**

Schrifttum: *Delhaes,* Die Abstimmungen in Konkurs- und Vergleichsverfahren, KTS 1955, 45; *Frind,* Auf „Null" gesetzt? – Zu Grenzen gerichtlicher Stimmrechtsbeschränkung bei unvollständig geprüften oder streitigen Forderungen, ZInsO 2011, 1726; *Goebel,* Gläubigerobstruktion, Gläubigerstimmrecht und Beschlusskontrolle im Insolvenzverfahren über Unternehmen – eine Untersuchung zu insolvenzrechtlichen Stimmverboten und zur Inhaltskontrolle nach § 78 InsO, KTS 2002, 615; *Pape,* Stimmrechtsfestsetzung im Anwendungsbereich der Gesamtvollstreckungsordnung, Rpfleger 1997, 147; *ders.,* Stimmrechtsfestsetzungen in der Gläubigerversammlung, KTS 1993, 31; *ders.,* Zur Problematik der Unanfechtbarkeit von Stimmrechtsfestsetzungen in der Gläubigerversammlung, ZIP 1991, 837; *Plathner/Sajogo,* Das Stimmrecht in der Gläubigerversammlung, ZInsO 2011, 1090; *Smid,* Rechtsmittel gegen Eingriffe in Teilnahmerechte Verfahrensbeteiligter durch das Insolvenzgericht – Eine Problembeschreibung am Beispiel der Stimmrechtsfestsetzung durch das Insolvenzgericht, KTS 1993, 1; *ders.,* Verfahrensteilnahme und Stimmrecht fehlerhaft im Insolvenzverfahren vertretener Gläubiger – Zugleich ein Beitrag zur Bedeutung zivilprozessualer Regelungen für die Tätigkeit des Insolvenzgerichts, InVo 2007, 3; *Weimar,* Die Ausübung des Stimmrechtes bei festgestellten Konkursforderungen im Falle der Verpfändung und Pfändung, LZ 1933, 1070; *Wenzel,* Die streitige Stimmrechtsfestsetzung in der Gläubigerversammlung durch das Insolvenzgericht, ZInsO 2007, 751. Weiteres Schrifttum bei § 74 und bei § 76.

Übersicht

I. Überblick

1 Die Vorschrift regelt die Voraussetzungen und das Verfahren für die Feststellung des Stimmrechts in der Gläubigerversammlung. Stimmberechtigt sind Insolvenzgläubiger und absonderungsberechtigte Gläubiger, letztere sogar dann, wenn ihnen der Schuldner nicht persönlich haftet (vgl. schon → § 76 Rn. 12 f.). Der Umfang des Stimmrechts bestimmt sich primär nach den Angaben der Gläubiger über ihre Forderung (Absatz 1). Ggf. ist eine Einigung des Insolvenzverwalters mit den Insolvenzgläubigern bzw. eine Entscheidung des Insolvenzgerichts erforderlich (Absatz 2 und 3); diese ist dann maßgeblich.

2 **1. Stimmrecht aufgrund Forderungsanmeldung.** In einer Gläubigerversammlung haben grds. nur **Gläubiger von** gem. §§ 174 ff. **angemeldeten Insolvenzforderungen** Stimmrecht. Für Gläubigerversammlungen, die vor dem Ende der Anmeldefrist nach § 28 Abs. 1 stattfinden, gilt eine Ausnahme: Die Anmeldung der Forderung ist in diesem Fall keine Voraussetzung für die Stimmberechtigung. Vielmehr genügt es, wenn der Gläubiger in der Gläubigerversammlung diejenigen Angaben macht, die auch für eine Forderungsanmeldung erforderlich wären (AG Frankfurt NZI 2009, 441; MüKoInsO/*Ehricke* § 77 Rn. 6; Braun/*Herzig* § 77 Rn. 3; Kübler/Prütting/Bork/*Kübler* § 77 Rn. 28 f.; HK-InsO/*Riedel* § 77 Rn. 3; *Plathner/Sajogo* ZInsO 2011, 1090; *Frind* ZInsO 2011, 1726 [1727]; vgl. auch schon AG Hamburg NZI 2000, 138; LG Göttingen NZI 2000, 490; aA *Smid* InVo 2007, 3 [7 f.]; BK-InsO/*Blersch* § 77 Rn. 3; Graf-Schlicker/*Castrup* § 77 Rn. 2; wenig praxisnah HambK-InsO/*Preß* § 77 Rn. 4: Stimmrechtsfeststellung erst nach Abhaltung des Prüfungstermins möglich). Hierfür muss der Gläubiger schlüssig einen Lebenssachverhalt darlegen, aus dem sich sein Anspruch sowohl hinsichtlich des Grundes und als auch hinsichtlich der Forderungshöhe ergibt (vgl. BGH NZI 2009, 242). Eine Glaubhaftmachung ist insofern ebenso wenig erforderlich wie für die bloße Teilnahme an der Gläubigerversammlung (vgl. schon → § 74 Rn. 16).

3 **2. Vom Stimmrecht ausgeschlossene Gläubiger.** Wegen des fehlenden wirtschaftlichen Wertes gewähren **nachrangige Insolvenzforderungen** kein Stimmrecht (Absatz 1 Satz 2; krit. *Schröder* ZInsO 2014, 2069 [2071]). Gleiches gilt für die – ohnehin nicht teilnahmeberechtigten – **aussonderungsberechtig-**

ten Gläubiger (*Pape* ZIP 1991, 837 [838]) und für die – nach der hier vertretenen Auffassung (vgl. → § 74 Rn. 17) teilnahmeberechtigten – **Massegläubiger** (Kübler/Prütting/Bork/*Kübler* § 77 Rn. 6; insofern aA für die Zeit nach Feststellung der Masseunzulänglichkeit HK-InsO/*Landfermann* § 208 Rn. 28). Bei aussonderungsberechtigten Gläubigern und Massegläubigern müsste ohnehin ein ganz anderes Verfahren zur Stimmrechtsfeststellung gewählt werden (zutr. *Kayser/Heck* NZI 2005, 65 [67 f.]).

4 **3. Gemeinschaftliche Forderungsinhaberschaft.** Ist die **Forderung** des Insolvenzgläubigers **verpfändet bzw. gepfändet,** so muss hinsichtlich der Frage, wer zur Ausübung des Stimmrechts befugt ist, differenziert werden: Wenn es um Abstimmungen geht, die sich auf den Bestand der Forderung auswirken können, muss der Pfandschuldner sein Stimmverhalten mit dem Pfandgläubiger koordinieren (vgl. Jaeger/*Gerhardt* § 76 Rn. 17 mit Differenzierung nach der Pfandreife). Bei rein verwaltungstechnischen Abstimmungen (zB Antrag auf Entlassung des Insolvenzverwalters) kann der Pfandschuldner grds. allein abstimmen (vgl. *Weimar* LZ 1933, 1070 f.).

5 **Forderungen,** die **gesamthänderisch** oder **von Gesamtgläubigern gehalten** werden, gewähren Stimmrecht einmalig in voller Höhe. Gesamtgläubiger müssen ihr Stimmrecht einheitlich ausüben, bei Gesamthändern hängt die Berechtigung zur Ausübung des Stimmrechts vom konkreten Gesamthandsverhältnis ab (vgl. Uhlenbruck/*Knof* § 76 Rn. 27; Jaeger/*Gerhardt* § 76 Rn. 15).

II. Stimmrecht bei unstreitigen Forderungen

6 **Festgestellte Forderungen,** also geprüfte und nicht bestrittene Forderungen sowie solche, bei denen der Widerspruch beseitigt wurde (Einzelheiten bei § 178), gewähren stets Stimmrecht (Absatz 1 Satz 1). Lediglich bei Vollstreckungsgegen- oder Restitutionsklagen ist eine vorläufige Ausschaltung des Stimmrechts durch eine einstweilige Verfügung möglich (*Voß* AcP 97 (1905), 396 [406]; *Delhaes* KTS 1955, 45 [46]; Kübler/Prütting/Bork/*Kübler* § 77 Rn. 12). Über den Wortlaut des Absatz 1 hinaus geben auch diejenigen **Forderungen** Stimmrecht, die zwar angemeldet, aber **noch ungeprüft** sind (vgl. die Intention des Gesetzgebers, insoweit keine Änderung im Vergleich zu § 95 Abs. 2 KO herbeizuführen, BT-Drs. 12/2443, 133; wie hier Kübler/Prütting/Bork/*Kübler* § 77 Rn. 9 ff.; MüKo-InsO/*Ehricke* § 77 Rn. 5; *Hess* § 77 Rn. 5; für den Berichtstermin LG Göttingen NZI 2000, 490; vgl. auch AG Hamburg NZI 2000, 138 [139]). Sie sind vorläufig zum vollen Betrag stimmberechtigt (näher *Pape* ZIP 1991, 837 [840 und 844] mit Hinweis auf LG Göttingen ZIP 1989, 1471 zum Sonderproblem vorläufig bestrittener Forderungen). – Vgl. zum verfahrenstechnischen Ablauf auch LG Düsseldorf ZIP 1985, 628.

III. Stimmrecht bei streitigen Forderungen (Absatz 2)

7 In Ansehung streitig gebliebener Forderungen (§ 179) ist im Prüfungstermin die Frage des Stimmrechts zu erörtern.

8 **1. Einigung über das Stimmrecht.** Primär ist die Einigung über die Gewährung des Stimmrechts in einer bestimmten Höhe in der Gläubigerversammlung zu suchen (Absatz 2 Satz 1). Damit ist – anders als noch nach Konkursrecht – nicht die Einigung zwischen Anmelder und Widersprechendem, sondern die **Einigung des Verwalters mit allen stimmberechtigten Gläubigern** gemeint, und zwar unter Einschluss des Gläubigers, dessen Stimmrecht streitig ist (*Plathner/Sajogo* ZInsO 2011, 1090; *Smid* InVo 2007, 3 [6 f.]; *Möhlen* Rpfleger 2010, 355 [357 f.]; *Frind* ZInsO 2011, 1726 [1727]; Jaeger/*Gerhardt* § 77 Rn. 10; Braun/*Herzig* § 77

Rn. 9; HK-InsO/*Riedel* § 77 Rn. 5; Uhlenbruck/*Knof* § 77 Rn. 19; Leonhardt/Smid/Zeuner/*Smid* § 77 Rn. 6 f.; FK-InsO/*Schmitt* § 77 Rn. 9; AG Hamburg ZInsO 2005, 1003; aA Kübler/Prütting/Bork/*Kübler* § 77 Rn. 16; wohl auch Nerlich/Römermann/*Delhaes* § 77 Rn. 4; vgl. ferner MüKoInsO/*Ehricke* § 77 Rn. 10 f.). Eine solche Einigung gilt auch als erzielt, wenn die Gläubigerversammlung die Stimmrechtsvorschläge des Insolvenzverwalters widerspruchslos hinnimmt (vgl. AG Duisburg NZI 2003, 447).

Wird eine **Einigung** erreicht, so ist sie **für die Zukunft bindend.** Eine solche Bindungswirkung tritt aber nur in Bezug auf das generelle Stimmrecht eines Gläubigers und dessen Höhe ein. Die Einigung sagt nichts darüber aus, ob der Gläubiger auch hinsichtlich eines bestimmten Beschlussthemas zur Stimmabgabe berechtigt ist (AG Duisburg NZI 2007, 728 [730]; vgl. auch MüKoInsO/*Ehricke* § 77 Rn. 35). Erfolgt die Einigung über das Stimmrecht in einem fehlerhaft anberaumten Prüfungstermin, so ist sie insgesamt gegenstandslos (LG Düsseldorf KTS 1986, 156). 9

2. Ersetzung der Einigung durch Entscheidung des Insolvenzgerichts. 10
Wird keine Einigung über das Stimmrecht erzielt, entscheidet nach Absatz 2 das Insolvenzgericht, ob und in welcher Höhe die streitige Forderung Stimmrecht gewährt. Die Tatsache, dass keine Einigung erreicht werden konnte, ist zu protokollieren (Uhlenbruck/*Knof* § 77 Rn. 19; Jaeger/*Gerhardt* § 77 Rn. 11; *Wenzel* ZInsO 2007, 751; *Frind* ZInsO 2011, 1726 [1728 f.]), denn ohne vorangegangenen Einigungsversuch ist das Insolvenzgericht nicht zur Stimmrechtsfestsetzung berufen. Es gilt das **Prinzip der subsidiären Zuständigkeit des Insolvenzgerichts** (vgl. Jaeger/*Gerhardt* § 77 Rn. 9 und 11; vgl. auch BGH NZI 2005, 31 [32]; AG Duisburg NZI 2003, 447; *Wenzel* ZInsO 2007, 751).

Nicht zwingend ist die Einschaltung des Insolvenzgerichts insbes. in einem isolierten Prüfungstermin: Weil im Prüfungstermin als solchem grds. nicht abgestimmt wird und eine Stimmrechtsfestsetzung durch das Gericht hinsichtlich der ungeprüften Forderungen nur vorläufigen Charakter hat (dazu → Rn. 18), bestehen keine Bedenken, im Prüfungstermin zunächst von einer Entscheidung über das Stimmrecht abzusehen und diese einer späteren Gläubigerversammlung vorzubehalten. 11

Die **gerichtliche Stimmrechtsfestsetzung steht im pflichtgemäßen Ermessen des Insolvenzgerichts** (OLG München Rpfleger 1970, 201; Kübler/Prütting/Bork/*Kübler* § 77 Rn. 18; MüKoInsO/*Ehricke* § 77 Rn. 15). Es hat dabei von dem Grad der Wahrscheinlichkeit auszugehen, nach dem die Forderung als Insolvenzforderung Bestand haben wird. Titulierten Forderungen kommt regelmäßig volles Stimmrecht zu (*Pape* ZIP 1991, 837 [844]; *Plathner/Sajogo* ZInsO 2011, 1090; *Frind* ZInsO 2011, 1726 [1729]); für durch Urkunden belegte Forderungen gilt Ähnliches. Ggf. muss das Insolvenzgericht den Bestand der Forderung **summarisch prüfen** (näher *Wenzel* ZInsO 2007, 751 ff.). Eine Differenzierung zwischen einer Stimmrechtsfestsetzung einerseits dem Grunde nach und andererseits in bestimmter Höhe (dafür *Wenzel* ZInsO 2007, 751 ff.; *Smid* InVo 2007, 6) kennt die Insolvenzordnung nicht. Sie könnte auch allein für eine Entscheidung nach § 57 S. 2 hilfreich sein; im Insolvenzplanverfahren gewährt insbes. § 251 einen hinreichenden Schutz. 12

Stimmrechtsfestsetzung nach pflichtgemäßem Ermessen setzt konkrete Prüfung voraus. Deshalb **verbieten sich pauschale Lösungen** wie zB die Gewährung von Stimmrecht in Höhe der Hälfte der behaupteten Forderungshöhe, Sicherheitsauf- oder -abschläge etc (aA *Plathner/Sajogo* ZInsO 2011, 1090 [1091]; HambK-InsO/*Preß* § 77 Rn. 8 f.; wohl auch *Frind* ZInsO 2011, 1726 [1728]). 13

Die summarische Prüfung der Forderungen zum Zweck der Stimmrechtsfestsetzung bedeutet nicht, dass derjenige, der behauptet, Inhaber einer Insolvenz- 14 forderung zu sein, auf präsente Beweismittel beschränkt ist (Kübler/Prütting/Bork/*Kübler* § 76 Rn. 20; MüKoInsO/*Ehricke* § 77 Rn. 15; aA BezG Leipzig ZIP 1992, 1507). **Im Zweifelsfalle sollte** ein **Stimmrecht zugesprochen** werden (Kübler/Prütting/Bork/*Kübler* § 77 Rn. 20; Braun/*Herzig* § 77 Rn. 11; *Frind* ZInsO 2011, 1726 [1728]; FK-InsO/*Schmitt* § 77 Rn. 13; aA HambK-InsO/*Preß* § 77 Rn. 8; krit. auch *Wenzel* ZInsO 2007, 751 ff.), insbes. weil dies deeskalierende Wirkung hat und so die Chancen auf frühzeitige Einigungen in Bezug auf den Fortgang des Verfahrens betreffende Fragen verbessert oder überhaupt erst eröffnet werden (vgl. *Möhlen* Rpfleger 2010, 355 [358]). Allerdings muss das Gericht bei seiner Entscheidung über die Stimmrechtsgewährung die Gefahr berücksichtigen, dass es durch eine zu großzügige Einräumung von Stimmrechten zu einer eventuell unzulässigen Majorisierung der Gläubigerversammlung kommen kann.

15 Die **Entscheidungsbegründung** muss erkennen lassen, dass das Insolvenzgericht die materiellen Anforderungen gewahrt hat, die an eine willkürfreie Entscheidung zu stellen sind (BVerfG ZInsO 2004, 1027). Unzureichend ist es, wenn sich die insofern erforderlichen tatsächlichen und rechtlichen Erwägungen erst bzw. nur aus Stellungnahmen des Insolvenzverwalters ergeben.

16 Die Feststellung des Stimmrechts hat **keine Auswirkungen auf das Ergebnis des Prüfungstermins** (vgl. Braun/*Herzig* § 77 Rn. 19; MüKoInsO/*Ehricke* § 77 Rn. 34; Nerlich/Römermann/*Delhaes* § 77 Rn. 8; FK-InsO/*Schmitt* § 77 Rn. 20; *Wenzel* ZInsO 2007, 751 [752]; *Smid* InVo 2007, 3 [6]); erst recht präjudiziert sie nicht einen Feststellungsprozess nach §§ 180 ff.

17 **3. Verbindlichkeit der Festsetzung des Stimmrechts.** Eine Einigung über das Stimmrecht oder die diese Einigung ersetzende Entscheidung des Insolvenzgerichts hat **Bestand für den Rest des Verfahrens** (vgl. OLG München Rpfleger 1970, 201; vgl. aber noch Jaeger/*Gerhardt* § 77 Rn. 13 und Braun/*Herzig* § 77 Rn. 16 mit der zutreffenden Einschränkung, dass dies nur gilt, wenn auch die Einigung noch Bestand hat). Erst bei rechtskräftiger Abweisung einer nach § 180 erhobenen Feststellungsklage entfällt das Stimmrecht (Kübler/Prütting/Bork/*Kübler* § 77 Rn. 26; MüKoInsO/*Ehricke* § 77 Rn. 32).

18 Das **Stimmrecht** aufgrund **von nicht geprüften Forderungen** („vorläufiges Stimmrecht“) besteht nur in den Gläubigerversammlungen, in denen es nicht bestritten wurde (LG Düsseldorf ZIP 1985, 628 [630]; MüKoInsO/*Ehricke* § 77 Rn. 33; vgl. auch HK-InsO/*Riedel* § 77 Rn. 3; *Pape* ZIP 1991, 837 [840]).

19 **4. (Un-)Angreifbarkeit der gerichtlichen Entscheidung. a) Grundsatz.** Es gilt der **Grundsatz der Unangreifbarkeit der Entscheidung über die Festsetzung des Stimmrechts** (vgl. dazu noch → Rn. 27 f.). Dieser Grundsatz ist sachgerecht, weil jede Möglichkeit, Stimmrechtsfestsetzungen anzufechten, Zweifel über die Bestandskraft von Entscheidungen der Gläubigerversammlung aufkommen lässt, die dem Insolvenzverfahren abträglich sind (vgl. *Pape* Rpfleger 1997, 147 [148 f.]). Ein aus diesem Grund unzulässiger Beschwerde- oder Erinnerungsantrag kann in einen für eine Überprüfung gemäß Absatz 2 Satz 3 erforderlichen Antrag umgedeutet werden (vgl. AG Göttingen ZInsO 2009, 1821 [1822]).

20 **b) Abänderungsantrag gemäß Absatz 2 Satz 3.** Absatz 2 Satz 3 regelt die Abänderung der Stimmrechtsfestsetzung. Die **Abänderung** setzt voraus, dass sich die Umstände geändert haben oder eine andere Entscheidung aus zwingenden Gründen nunmehr erforderlich ist. Für Abänderungsentscheidungen gilt der Grundsatz der Unangreifbarkeit im selben Umfang, dh auch mit denselben Einschränkungen, wie für die ursprüngliche Entscheidung.

Eine Abänderung nach Absatz 2 Satz 3 kann nur auf **Antrag des Verwalters oder eines** in der Gläubigerversammlung erschienenen **Gläubigers** erfolgen. Der Antrag ist formlos möglich; sinnvollerweise sollte er begründet werden (*Plathner/Sajogo* ZInsO 2011, 1090 [1092]). Das Verfahren nach Absatz 2 Satz 3 gilt gleichermaßen nach Stimmrechtsfestsetzung durch den Rechtspfleger und nach Stimmrechtsfestsetzung durch den Richter, und zwar auch im Fall der Neufestsetzung des Stimmrechts durch den Richter gem. § 18 Abs. 3 RPflG (vgl. MüKoInsO/*Ehricke* § 77 Rn. 21). 21

Der Antrag ist nach richtiger Auffassung nicht nur in der Versammlung zulässig, in der das Stimmrecht festgesetzt wurde (so aber Nerlich/Römermann/*Delhaes* § 77 Rn. 12; MüKoInsO/*Ehricke* § 77 Rn. 21; Kübler/Prütting/Bork/*Kübler* § 77 Rn. 24; Uhlenbruck/*Knof* § 77 Rn. 24; *Plathner/Sajogo* ZInsO 2011, 1090 [1092]), sondern **auch in jeder späteren Gläubigerversammlung** (Jaeger/*Gerhardt* § 77 Rn. 14; HK-InsO/*Riedel* § 77 Rn. 12; Andres/Leithaus/*Andres* §§ 76, 77 Rn. 7; HambK-InsO/*Preß* § 77 Rn. 17). Anderenfalls würde Absatz 2 Satz 3 nahezu leer laufen, weil es sehr unwahrscheinlich ist, dass sich die Umstände noch während der Gläubigerversammlung so ändern, dass eine Neufestsetzung erforderlich ist. Lediglich eine solche Entwicklung aber (und nicht wie bei § 18 Abs. 3 RPflG die Entscheidung durch eine andere Person) lässt eine andere Entscheidungsfindung des Gerichts erwarten. – Nur für bevorstehende Abstimmungen kann die Abänderung beantragt werden (Jaeger/*Gerhardt* § 77 Rn. 14; *Plathner/Sajogo* ZInsO 2011, 1090 [1092]). 22

c) Neufestsetzung durch den Richter gemäß § 18 Abs. 3 RPflG. Hat – wie regelmäßig (vgl. §§ 3 Nr. 2e), 18 RPflG) – der Rechtspfleger die Entscheidung getroffen und hat sich diese auf das Ergebnis einer Abstimmung ausgewirkt – wäre das Ergebnis bei anderer Stimmrechtsfestsetzung also anders ausgefallen (vgl. *Plathner/Sajogo* ZInsO 2011, 1090 [1093]) –, so kann der Richter auf den Antrag eines Gläubigers oder des Insolvenzverwalters das Stimmrecht neu festsetzen und die Wiederholung der Abstimmung anordnen (§ 18 Abs. 3 RPflG). Die Neufeststellung des Beschlussergebnisses unter Berücksichtigung des neu festgesetzten Stimmrechts ist dem Richter hingegen nicht möglich (AG Frankfurt NZI 2009, 441). Bei seiner Entscheidung übt der Richter rechtsprechende Gewalt iSv Art. 92 GG aus (BVerfG NZI 2010, 57 [58]). 23

Der Antrag muss **bis zum Schluss der Gläubigerversammlung** gestellt werden (§ 18 Abs. 3 Hs. 2 RPflG); er ist schriftlich oder zu Protokoll zu erklären (vgl. Braun/*Herzig* § 77 Rn. 23; FK-InsO/*Schmitt* § 77 Rn. 24). Eine spätere Nachholung im schriftlichen Verfahren ist nicht zulässig (vgl. OLG Celle NZI 2001, 317; AG Göttingen ZInsO 2009, 1821 [1822]; MüKoInsO/*Ehricke* § 77 Rn. 25), auch dann nicht, wenn die schriftliche Abstimmung nach § 242 zugelassen ist (AG Duisburg NZI 2003, 447). Der Antrag kann auch noch gestellt werden, wenn ein Antrag gem. Absatz 2 Satz 3 (vgl. → Rn. 20 ff.) erfolglos geblieben ist (OLG Celle NZI 2001, 317 [318]). Weitere **Zulässigkeitsvoraussetzung** ist eine Beschwer des Antragstellers durch die Stimmrechtsentscheidung des Rechtspflegers (vgl. AG Mönchengladbach NZI 2001, 48). 24

Aus Gründen der Verfahrensökonomie sollte eine Entscheidung des Richters möglichst noch in der Gläubigerversammlung herbeigeführt werden. Bis dahin sollte die Gläubigerversammlung kurz unterbrochen werden; ggf. muss sie auch vertagt werden (vgl. Braun/*Herzig* § 77 Rn. 26; MüKoInsO/*Ehricke* § 77 Rn. 25; vgl. *Frind* ZInsO 2011, 1726 [1730]: Vertagung als Regelfall). 25

Ein Antrag nach § 18 Abs. 3 RPflG gegen eine **Einigung der Gläubiger** nach Absatz 2 Satz 1 ist nicht statthaft. Ein solcher Antrag ist dahin auszulegen, dass mangels wirksamer Einigung die gerichtliche Festsetzung des Stimmrechts nach Absatz 2 Satz 2 begehrt wird (vgl. AG Hamburg ZInsO 2005, 1002). 26

27 **d) Fehlen von Rechtsmitteln gegen die gerichtliche Entscheidung.** Auch wenn Entscheidungen über die Gewährung eines Stimmrechts nach den vorstehend beschriebenen Grundsätzen abgeändert werden können, sind sie **nicht mit Rechtsmitteln anfechtbar** (vgl. BGH NZI 2007, 723 [724]; bestätigt durch BGH NZI 2009, 106 [107]; Jaeger/*Gerhardt* § 77 Rn. 18; MüKoInsO/*Ehricke* § 77 Rn. 28; HK-InsO/*Riedel* § 77 Rn. 13; HambK-InsO/*Preß* § 77 Rn. 18; Braun/*Herzig* § 77 Rn. 21; vgl. ferner AG Göttingen ZInsO 2000, 50): Die Beschwerde gegen eine **Festsetzung des Stimmrechts durch den Richter** ist – wie sich aus § 6 Abs. 1 ergibt – nicht statthaft, und zwar unabhängig davon, ob der Richter ausnahmsweise das Stimmrecht unmittelbar selbst festgesetzt (vgl. § 18 Abs. 2 RPflG) oder ob er auf Antrag gem. § 18 Abs. 3 RPflG nach Entscheidung des Rechtspflegers das Stimmrecht neu festgesetzt hat (vgl. hierzu MüKoInsO/*Ehricke* § 77 Rn. 25). Nach § 11 Abs. 3 S. 2 RPflG ist die Erinnerung gegen die **Festsetzung des Stimmrechts durch den Rechtspfleger** ausgeschlossen. Eine dennoch eingelegte Beschwerde oder Erinnerung ist jedoch möglicherweise als Anregung zu einer Änderung der Entscheidung durch das Gericht (Absatz 2 Satz 3) aufzufassen.

28 Das Fehlen eines Rechtsmittels gegen die Stimmrechtsfestsetzung durch den Rechtspfleger oder den Richter hat scharfe **Kritik,** auch **aus verfassungsrechtlichen Gründen,** erfahren (vgl. va *Pape* ZIP 1991, 837 [848 ff.]; *ders.* KTS 1993, 31 ff.; *Smid* KTS 1993, 1 ff.). Doch das **Bundesverfassungsgericht** hat aus verfassungsrechtlicher Perspektive die abschließende Zuständigkeit des Insolvenzgerichts für die Entscheidung über die Festsetzung des Stimmrechts gebilligt (BVerfG NZI 2010, 57). Damit ist – im Verein mit der Auffassung des Bundesgerichtshofs, über die gerichtliche Stimmrechtsentscheidung entscheide das Insolvenzgericht letztverbindlich (BGH NZI 2009, 106) – die **Diskussion für die Praxis erledigt** (vgl. auch LG Hamburg NZI 2015, 279 [281]).

IV. Bedingte Forderungen und Absonderungsrechte (Absatz 3)

29 Für die Gläubiger von aufschiebend bedingten Forderungen und für absonderungsberechtigte Gläubiger gelten nach Absatz 3 die Regelungen des Absatz 2 entsprechend. Erforderlich ist also auch insofern **primär eine Einigung, hilfsweise die Entscheidung des Gerichts.**

30 Hinsichtlich der **aufschiebend bedingten Forderungen** orientiert sich das vom Gericht ausgeübte Ermessen an Zeitpunkt und Wahrscheinlichkeit des Eintritts der Bedingung (vgl. auch MüKoInsO/*Ehricke* § 77 Rn. 40). **Auflösend bedingte Forderungen** sind nach § 42 wie unbedingte zu behandeln; Besonderheiten bei der Stimmrechtsfestsetzung bestehen nicht (vgl. Uhlenbruck/*Knof* § 77 Rn. 28). Bei Eintritt der Bedingung fällt das Stimmrecht fort (vgl. *Delhaes* KTS 1955, 45 [46]); vorherige Abstimmungen verlieren dadurch nicht ihre Gültigkeit.

31 **Absonderungsberechtigte Gläubiger** haben nicht nur in Höhe ihres mutmaßlichen Ausfalls ein Stimmrecht (unrichtig deshalb Leonhardt/Smid/Zeuner/*Smid* § 77 Rn. 12). Grds. bestimmt sich das Stimmrecht absonderungsberechtigter Gläubiger deswegen nach der Höhe der Forderungen und damit im Bestreitensfall unmittelbar nach Absatz 2 (vgl. Jaeger/*Gerhardt* § 77 Rn. 24). Nur wenn der Schuldner nicht auch persönlich haftet, ist für die gerichtliche Festsetzung des Stimmrechts des „Nur-Absonderungsberechtigten" Absatz 2 in Bezug auf das Absonderungsrecht erst aufgrund der Verweisung in Absatz 3 entsprechend anzuwenden (vgl. BK-InsO/*Blersch* § 77 Rn. 4).

Aufhebung eines Beschlusses der Gläubigerversammlung

78 (1) **Widerspricht ein Beschluß der Gläubigerversammlung dem gemeinsamen Interesse der Insolvenzgläubiger, so hat das Insolvenzgericht den Beschluß aufzuheben, wenn ein absonderungsberechtigter Gläubiger, ein nicht nachrangiger Insolvenzgläubiger oder der Insolvenzverwalter dies in der Gläubigerversammlung beantragt.**

(2) [1]**Die Aufhebung des Beschlusses ist öffentlich bekanntzumachen.** [2]**Gegen die Aufhebung steht jedem absonderungsberechtigten Gläubiger und jedem nicht nachrangigen Insolvenzgläubiger die sofortige Beschwerde zu.** [3]**Gegen die Ablehnung des Antrags auf Aufhebung steht dem Antragsteller die sofortige Beschwerde zu.**

Schrifttum: *Goebel,* Gläubigerobstruktion, Gläubigerstimmrecht und Beschlusskontrolle im Insolvenzverfahren über Unternehmen – eine Untersuchung zu insolvenzrechtlichen Stimmverboten und zur Inhaltskontrolle nach § 78 InsO, KTS 2002, 615; *Görg,* Gerichtliche Korrektur von Fehlentscheidungen der Gläubiger im Insolvenzverfahren, DZWIR 2000, 364; *Kesseler,* Der Verstoß gegen das gemeinsame Gläubigerinteresse durch Wahl eines neuen Insolvenzverwalters durch die Gläubigerversammlung, DZWIR 2002, 133; *Kirchhof,* Zur Anfechtbarkeit (möglicherweise) nichtiger Beschlüsse der Gläubigerversammlung, ZInsO 2007, 1196; *Kübler,* Ausgewählte Probleme zu Gläubigerversammlung und Gläubigerausschuss, FS Kreft, 2004, 369; *Lissner,* Verwaltungsbestellung und Evokationsrecht zwischen Zuständigkeit, Nichtigkeit und Fragwürdigkeit, Rpfleger 2015, 241; *Pape,* Aufhebung von Beschlüssen der Gläubigerversammlung und Beurteilung des gemeinsamen Interesses nach § 78 InsO, ZInsO 2000, 469; *ders.,* Nichtberücksichtigung „neuen" Vortrags bei der Entscheidung über die Aufhebung von Beschlüssen der Gläubigerversammlung nach § 78 InsO, ZInsO 2001, 691; *Smid/Wehdeking,* Anmerkungen zum Verhältnis der §§ 57 und 78 Abs. 1 InsO, InVo 2001, 81. Weiteres Schrifttum bei § 74 und bei § 77.

Übersicht

I. Normzweck

Die Gläubigerversammlung trifft Mehrheitsentscheidungen (vgl. → § 76 Rn. 8 ff.). Minderheiten werden in der Insolvenzordnung nur ausnahmsweise (vgl. § 251) explizit geschützt. Aber auch jenseits solcher Sondervorschriften hat die **legitimierende Wirkung von Mehrheitsentscheidungen** ihre Grenze dort, 1 wo Beschlüsse dem „gemeinsamen Interesse der Insolvenzgläubiger" (vgl. → Rn. 22 ff.) widersprechen. In diesen Fällen kann das Insolvenzgericht nach § 78 auf Antrag (vgl. → Rn. 15 ff.) einen Beschluss der Gläubigerversammlung aufheben. Damit soll verhindert werden, dass Entscheidungen der Gläubigerversammlung nur Einzelinteressen von (Groß-)Gläubigern dienen (krit. zum Umfang des Schutzes durch § 78 Abs. 1 *Pape* ZInsO 2000, 469 ff.); das ist dogmatisch etwas anderes als ein bloßer Minderheitenschutz (vgl. auch LG Hamburg ZInsO 2015, 209).

2 Für das Insolvenzverfahren wichtiger als Beschlussaufhebungen durch das Insolvenzgericht ist die **disziplinierende Wirkung des § 78.** Auch nach Auffassung des Gesetzgebers steht die vorbeugende Wirkung im Vordergrund: Allein die Möglichkeit einer Beschlussaufhebung führe dazu, dass von der Gläubigerversammlung von vorneherein keine Beschlüsse gefasst werden, die nicht im gemeinsamen Interesse der Insolvenzgläubiger liegen (BT-Drs. 12/2443, 134).

3 Der durch § 78 gewährte **Schutz** gegen Entscheidungen der Gläubigerversammlung ist **abschließend.** Insbes. stellen Beschlüsse der Gläubigerversammlung weder eine Entscheidung des Insolvenzgerichts (OLG Rostock OLGE 35, 254 [255]; LG Düsseldorf KTS 1970, 56; vgl. auch LG Neubrandenburg DtZ 1997, 365) noch eine sonstige gerichtliche Entscheidung (OLG Zweibrücken NZI 2001, 35) dar (vgl. auch → § 76 Rn. 37), sodass sich auch keine – wie auch immer begründeten – Beschwerderechte ergeben (OLG Saarbrücken NZI 2000, 179; OLG Zweibrücken NZI 2001, 35). Die Haftung des Insolvenzverwalters nach § 60 bleibt unberührt. Es ist nicht Sache des Insolvenzgerichts, die Inanspruchnahme des Insolvenzverwalters dadurch zu verhindern, dass es Beschlüsse der Gläubigerversammlung aufhebt (LG Saarbrücken ZInsO 2011, 437).

II. Systematik und Anwendungsbereich

4 **1. Fragmentarische Regelung der Beschlussmängelkontrolle.** Das Verfahren nach § 78 stellt nur ein rudimentäres, wenig systematisches Verfahren zur Überprüfung von Entscheidungen der Gläubigerversammlung dar. Die Insolvenzordnung kennt **kein differenziertes System der Beschlussmängelkontrolle** wie insbes. das Aktienrecht in Bezug auf Entscheidungen der Hauptversammlung. Der Gesetzgeber hielt die Problematik für nicht sonderlich bedeutsam (vgl. BT-Drs. 12/2443, 134).

5 Die hinter der **Entscheidung des Gesetzgebers,** kein Terrain für Verfahrensverzögerungen durch insolvenzrechtliche Beschlussmängelstreitigkeiten zu ebnen, ist im Ausgangspunkt zutr. Letztlich sind aber die Probleme im Insolvenzrecht ähnlich gelagert wie im Gesellschaftsrecht, weil hier wie dort eine unzulässige Majorisierung von Minderheiten verhindert und ein effektiver Schutz von Verfahrensrechten gewährleistet werden muss. Zudem zeigt auch die Unterscheidung zwischen ipso iure nichtigen (dem Anwendungsbereich des § 78 nach der Auffassung des Bundesgerichtshofs gänzlich entzogenen Beschlüssen (BGH NZI 2011, 713; vgl. → Rn. 9 ff.)) und zunächst wirksamen, aber nach § 78 anfechtbaren Beschlüssen (vgl. *Kübler* FS Kreft, 2004, 369 [376]) die strukturelle Ähnlichkeit. **Rechtspolitisch** ist eine **Reform des § 78** zu fordern, die insbes. einen insolvenzrechtlichen Rahmen für Nichtigkeitsfeststellungsklagen schafft.

6 **2. Beschlüsse im Sinne von § 78.** § 78 greift grds. für Beschlüsse jeden Inhalts (vgl. Jaeger/*Gerhardt* § 78 Rn. 13; LG Hamburg NZI 2015, 279 [280]; vgl. aber noch → Rn. 12): Zustimmungsbeschlüsse (auch Zustimmungsbeschlüsse nach § 160, und zwar auch dann, wenn über die Geltendmachung von Anfechtungsklagen entschieden wird (speziell dazu *Wimmer* ZIP 2013, 2038 [2039 f.])), Zustimmungsverweigerungsbeschlüsse, Unterlassungs-/Untersagungsbeschlüsse

und im Ausgangspunkt auch Wahlentscheidungen. Rechtlich unverbindliche Willensbekundungen der Gläubigerversammlung fallen mangels damit verbundener Folgen nicht unter den Begriff des Beschlusses iSv § 78 (vgl. HK-InsO/*Riedel* § 78 Rn. 7; FK-InsO/*Schmitt* § 78 Rn. 10; aA BK-InsO/*Blersch* § 78 Rn. 2).

Die Anwendbarkeit von § 78 auf **Wahlentscheidungen** hat wenig praktische Bedeutung: Eine Kontrolle des Beschlusses über die Abwahl des Insolvenzverwalters findet ohnehin nach Maßgabe von § 57 und nicht nach § 78 statt (vgl. → Rn. 12). Die Entscheidung über die **Einsetzung eines Gläubigerausschusses** und auch die Wahl seiner einzelnen Mitglieder unterliegt nach herrschender Auffassung zwar der Kontrolle nach § 78 (ausf. Uhlenbruck/*Knof* § 68 Rn. 9 ff.; vgl. iÜ → § 68 Rn. 18). Doch wird ein Eingriff des Insolvenzgerichts in Entscheidungen dieser Art die Ausnahme darstellen, weil die Entscheidung der Gläubigerversammlung über die Einsetzung des Gläubigerausschusses bzw. über dessen Zusammensetzung – im Gegensatz zu späteren Beschlüssen des Gläubigerausschusses selbst – das gemeinsame Interesse der Insolvenzgläubiger kaum einmal unmittelbar verletzen kann (vgl. dazu auch → § 68 Rn. 19). 7

3. Nicht nach § 78 aufhebbare Beschlüsse der Gläubigerversammlung. Eine Reihe von Beschlüssen der Gläubigerversammlung ist einer Überprüfung nach § 78 entzogen. Die **Rspr. des Bundesgerichtshofs** (vgl. BGH NZI 2003, 607; 2005, 32; 2008, 430; 2011, 713) ist von einem restriktiven Verständnis von § 78 geprägt, was zu einer **Einschränkung des Anwendungsbereichs** und einem suboptimalen Rechtsschutz führt (vgl. auch → Rn. 11). 8

a) Nichtige Beschlüsse. Beschlüsse, die außerhalb des gesetzlichen Wirkungskreises der Gläubigerversammlung (vgl. → § 74 Rn. 3) ergehen, sind ohne Weiteres unwirksam (AG Duisburg NZI 2010, 303). Gleiches gilt für Beschlüsse, die unter Verletzung der §§ 74–77 (Einberufung und Leitung der Gläubigerversammlung sowie Stimmrechtsausübung) zustande gekommen sind (vgl. schon → § 74 Rn. 23 und → § 76 Rn. 11; *Görg* DZWIR 2000, 364 f.). Beschlüsse dieser Art fallen nicht in den Anwendungsbereich des § 78 (vgl. LG Cottbus 16.3.2007 – 7 T 484/06, BeckRS 2008, 14038; LG Konstanz ZInsO 2013, 2318 [2319]). Dies gilt ferner für Beschlüsse, die gegen ein Verbotsgesetz (§ 134 BGB) oder gegen die guten Sitten (§ 138 BGB) verstoßen (AG Duisburg NZI 2010, 303; MüKoInsO/*Ehricke* § 78 Rn. 28; Kübler/Prütting/Bork/*Kübler* § 78 Rn. 5a; *Görg* DZWIR 2000, 364 [365]; vgl. auch schon LG Düsseldorf KTS 1957, 191 [192]). 9

Die **Nichtigkeit** von Beschlüssen der vorgenannten Art **kann von jedem jederzeit geltend gemacht werden** (BGH NZI 2011, 713 [714]; Jaeger/*Gerhardt* § 78 Rn. 3; vgl. schon → § 76 Rn. 37), allerdings nicht isoliert im Verfahren nach § 78: Der **Bundesgerichtshof verneint** eine **analoge Anwendung von § 78 auf nichtige Beschlüsse** der Gläubigerversammlung (BGH NZI 2011, 713; einschränkend gegenüber einer solchen Analogie auch schon BGH NZI 2008, 430) und begründet dies hauptsächlich mit der in § 6 zum Ausdruck kommenden Grundentscheidung der Insolvenzordnung für eine Verfahrensbeschleunigung. Dies ist ein für die Praxis maßgebliches (vgl. auch Braun/*Herzig* § 78 Rn. 10), in der Sache aber scharf zu kritisierendes Signal. 10

Aus Gründen eines effektiven Rechtsschutzes wäre es angezeigt, dass die Nichtigkeit von Beschlüssen im Verfahren analog § 78 festgestellt werden kann (vgl. insofern noch LG Saarbrücken ZInsO 2007, 824; AG Duisburg NZI 2010, 303) und dass ein Antrag auf Aufhebung eines Beschlusses nach § 78 – sofern das Insolvenzgericht auf Nichtigkeit des angegangenen Beschlusses entscheidet – als entsprechender Feststellungsantrag zu behandeln ist (vgl. dazu *Kübler* FS Kreft, 2004, 369 [376 ff.]; Jaeger/*Gerhardt* § 78 Rn. 3; vgl. auch schon *Görg* DZWIR 2000, 364 [365]; aA etwa *Kirchhof* ZInsO 2007, 1196). Nicht selten bestehen Schwierigkeiten, nichtige von lediglich aufhebbaren Beschlüssen abzugrenzen 11 (vgl. Uhlenbruck/*Knof* § 78 Rn. 8). Die vom Bundesgerichtshof befürchtete Gefahr einer Verzögerung des Verfahrensablaufs wäre minimiert, wenn eine Nichtigkeitsfeststellung analog § 78 davon abhinge, dass die formellen Voraussetzungen – insbes. in Bezug auf die rechtzeitige Stellung eines entsprechenden Antrags – von § 78 gewahrt werden (zu großzügig in der Tat *Kübler* FS Kreft, 2004, 369 [377 f.]). All dies wäre bei einer Reform des § 78 (vgl. → Rn. 5) zu berücksichtigen.

12 **b) Sonstige Beschlüsse.** § 78 ist nicht auf den Beschluss zur **Abwahl des Insolvenzverwalters** nach § 57 anzuwenden (BGH NZI 2003, 607; vgl. auch schon OLG Naumburg NZI 2000, 428; OLG Zweibrücken NZI 2001, 35; KG ZIP 2001, 2240; vgl. zum Meinungsbild vor der BGH-Entscheidung noch *Smid/Wehdeking* InVo 2001, 81 ff.; *Kesseler* DZWIR 2002, 133 ff.), und zwar auch dann nicht, wenn der Insolvenzverwalter zuvor die Masseunzulänglichkeit angezeigt hatte, und darüber hinaus unabhängig davon, wer die Beschlussaufhebung beantragt hatte (BGH NZI 2005, 32). Insofern ist § 57 S. 3 lex specialis; durch das Erfordernis der Kopfmehrheit nach § 57 S. 2 wird der Gefahr einer unzulässigen Einflussnahme von Großgläubigern auf die Auswahl des Insolvenzverwalters hinreichend und abschließend Rechnung getragen. Aus ähnlichen Gründen kann der Insolvenzverwalter nicht den Antrag nach § 78 stellen, wenn der Beschluss der Gläubigerversammlung aufgehoben werden soll, einen Sonderinsolvenzverwalter mit der Aufgabe einzusetzen, einen Anspruch der Gläubiger gegen den Insolvenzverwalter auf Ersatz eines Gesamtschadens (vgl. § 92) zu prüfen bzw. durchzusetzen (BGH NZI 2014, 307).

13 Ferner kann auch der Beschluss der Gläubigerversammlung, die **Aufhebung der Eigenverwaltung** zu beantragen (vgl. § 272 Abs. 1 Nr. 1), nicht nach § 78 angefochten werden (BGH NZI 2011, 760).

III. Aufhebung eines Beschlusses

14 Mit Ausnahme der nichtigen Beschlüsse (vgl. → Rn. 9 ff.) sind Beschlüsse der Gläubigerversammlung wirksam. Auch bezüglich von gegen das gemeinsame Interesse der Insolvenzgläubiger verstoßenden Beschlüssen gilt: Solange sie nicht vom Insolvenzgericht aufgehoben worden sind, bleiben sie mit Bindungswirkung rechtswirksam erhalten (vgl. RGZ 143, 263 [266]; MüKoInsO/*Ehricke* § 78 Rn. 30).

15 **1. Antragserfordernis.** Das Insolvenzgericht darf **nur auf Antrag,** nicht von Amts wegen nach § 78 entscheiden. Deswegen ist der mitunter verwendete Begriff des „Veto-Rechts" (vgl. etwa *Hess* § 78 Rn. 8) des Insolvenzgerichts zumindest nicht glücklich.

16 **a) Antragsberechtigung. Antragsberechtigt** sind der Insolvenzverwalter, die (nur) zur abgesonderten Befriedigung berechtigten Gläubiger sowie alle nicht nachrangigen Insolvenzgläubiger. Die Antragsberechtigung der Gläubiger besteht **unabhängig vom Stimmrecht** (Jaeger/*Gerhardt* § 78 Rn. 7; Braun/*Herzig* § 78 Rn. 11). Mit dieser Regelung wollte der Gesetzgeber einen Ausgleich für die fehlende Anfechtbarkeit der Stimmrechtsfestsetzung schaffen (BT-Drs. 12/2443, 134 f.).

17 Der **Insolvenzverwalter,** dessen Antragsrecht im Besonderen die Interessen der nicht in Gläubigerversammlungen erschienen Gläubiger wahren soll (vgl. BGH NZI 2014, 307 [308]; BT-Drs. 12/2443, 134), kann unter Umständen sogar zur Antragstellung verpflichtet sein, wenn das Unterlassen seinen Amtspflichten widersprechen würde (Nerlich/Römermann/*Delhaes* § 78 Rn. 2; Jaeger/*Gerhardt* § 78 Rn. 6; aA MüKoInsO/*Ehricke* § 78 Rn. 4). Denn der Insolvenzverwalter ist

zwar an Entscheidungen der Gläubigerversammlung und damit an Mehrheitsentscheidungen gebunden, hat aber Missbräuchen der Gläubigerautonomie entgegenzuwirken (vgl. auch Uhlenbruck/*Knof* § 78 Rn. 6). – Bei „Selbstbetroffenheit" kann das Antragsrecht des Insolvenzverwalters entfallen (vgl. BGH NZI 2014, 307 sowie → Rn. 12).

Voraussetzung ist eine **Beschwer.** Gläubiger, die für den angegriffenen Beschluss gestimmt haben, sind durch ihn nicht formell beschwert (Kübler/Prütting/Bork/*Kübler* § 78 Rn. 9a; MüKoInsO/*Ehricke* § 78 Rn. 7; HK-InsO/*Riedel* § 78 Rn. 5; aA Uhlenbruck/*Knof* § 78 Rn. 4a). Weitergehende **Einschränkungen des Antragsrechts** iSv ungeschriebenen Zusatzvoraussetzungen sind **nicht geboten** (aA MüKoInsO/*Ehricke* § 78 Rn. 22, 25, der durch das Zusatzerfordernis „Schutzinteresse des antragstellenden Gläubigers" dem Mehrheitsprinzip in § 76 Abs. 2 stärkere Bedeutung zumessen will). Denn die Kontrolle nach § 78 ist kein unerlaubter Eingriff in die Gläubigerautonomie. Vielmehr ist sie als Rechtskontrolle zu verstehen: Da § 78 ein ungeschriebenes Verbot der Verfolgung von Sondervorteilen zum Schaden des Gesamtinteresses der Insolvenzgläubiger zugrunde liegt (vgl. noch → Rn. 22) und ein dagegen verstoßender Beschluss rechtswidrig ist, unterfällt er auch ohne Weiteres einer gerichtlichen Kontrolle. 18

Nicht antragsberechtigt ist der Gläubigerausschuss (Kübler/Prütting/Bork/*Kübler* § 78 Rn. 10; Jaeger/*Gerhardt* § 78 Rn. 8), und zwar weder der Gläubigerausschuss als Organ noch seine Mitglieder als solche (Uhlenbruck/*Knof* § 78 Rn. 4a). Der Schuldner, Massegläubiger und nachrangige Insolvenzgläubiger sind ebenfalls nicht antragsberechtigt (BK-InsO/*Blersch* § 78 Rn. 5; vgl. auch *Hess* § 78 Rn. 13). Diese Verfahrensbeteiligten sind in ihren Möglichkeiten darauf beschränkt, dem Insolvenzverwalter einen etwaigen Verstoß gegen das gemeinsame Interesse der Insolvenzgläubiger anzuzeigen; dies kann unter Umständen eine Antragspflicht des Insolvenzverwalters (vgl. → Rn. 17) begründen. 19

b) Frist und Form. Der Antrag auf Aufhebung eines Beschlusses muss **noch in der Gläubigerversammlung** gestellt werden, in der der Beschluss gefasst wurde (OLG Celle NZI 2000, 317; LG Göttingen NZI 2000, 490; vgl. iÜ nur MüKoInsO/*Ehricke* § 78 Rn. 9; aA für Gläubiger, die aus nicht von ihnen zu vertretenen Gründen an der Teilnahme an der Gläubigerversammlung verhindert waren, *Kübler* FS Kreft, 2004, 369 [386]). Er kann nicht nachträglich im schriftlichen Verfahren gestellt oder auf sonstige Art nachgeholt werden (OLG Celle NZI 2000, 317). 20

Die Insolvenzordnung stellt an den Antrag nach § 78 keine Anforderungen in formeller Hinsicht (Uhlenbruck/*Knof* § 78 Rn. 7). Er kann schriftlich oder zu Protokoll der Geschäftsstelle des Insolvenzgerichts gestellt werden (BK-InsO/*Blersch* § 78 Rn. 6). Eine Begründung ist trotz Geltung des Amtsermittlungsgrundsatzes hilfreich (vgl. MüKoInsO/*Ehricke* § 78 Rn. 9). In jedem Fall muss der Antrag deutlich machen, weshalb der Beschluss aufzuheben ist, denn eine Beschlussaufhebung nach § 78 kann nur in Bezug auf den im Antrag bezeichneten Inhaltsmangel erfolgen (BGH NZI 2010, 648 [649]). 21

2. Verletzung des gemeinsamen Interesses der Insolvenzgläubiger. Der Begriff des „gemeinsamen Interesses" der Insolvenzgläubiger stimmt mit § 99 KO überein. Der Regierungsentwurf hatte noch auf „die unangemessene Benachteiligung eines Teils der Gläubiger" abgestellt (§ 89 RegE; vgl. BT-Drs. 12/2443, 134; vgl. zum Gesetzgebungsverfahren noch *Pape* ZInsO 2000, 469 [474 f.]). Die Analyse des Gangs der Gesetzgebung zeigt: Entscheidend ist das Gesamtinteresse der Insolvenzgläubiger, mithin das **Interesse an der bestmöglichen Gläubigerbefriedigung** (BT-Drs. 12/7302, 164; KG NZI 2001, 310 [311]; LG Konstanz ZInsO 2013, 2318 [2319]; Leonhardt/Smid/Zeuner/*Smid* § 78 Rn. 6). Gemeint 22 ist die Befriedigung aller Gläubiger, nicht nur der Mehrheit (BGH NZI 2008, 490), da mit § 78 gerade ein Mehrheitsmissbrauch verhindert werden soll: Es sollen also **Sondervorteile** einzelner Gläubiger und Interessengruppen **ausgeschlossen** werden (Braun/*Herzig* § 78 Rn. 3 f.; vgl. auch *Görg* DZWIR 2000, 364 [365]).

23 **a) Erheblichkeitsmoment und Prognoseentscheidungen.** § 78 ist eng auszulegen (LG Hamburg NZI 2015, 279; ZInsO 2015, 209). Nicht jede **Verletzung** des gemeinsamen Interesses der Insolvenzgläubiger, sondern nur eine solche, die **eindeutig** ist **und in einem erheblichen Ausmaß** besteht, rechtfertigt die Aufhebung eines Beschlusses der Gläubigerversammlung nach § 78 (KG NZI 2001, 310 [312]; LG Konstanz ZInsO 2013, 2318 [2320]; LG Berlin DZWIR 2000, 478 [479]; AG Bremen ZInsO 2010, 583 [584]; Jaeger/*Gerhardt* § 78 Rn. 14; Kübler/Prütting/Bork/*Kübler* § 78 Rn. 7 mwN).

24 Dies ist etwa bei einem Beschluss der Fall, durch den die Gläubigerversammlung den Insolvenzverwalter ermächtigt, einen Anspruch zu erfüllen, obwohl triftige Gründe dafür sprechen, dass dieser Anspruch anfechtbar ist (BGH NZI 2008, 490). Gleiches gilt, wenn durch einen Beschluss der Gläubigerversammlung die Möglichkeit vereitelt wird, dass es im Verlauf des Verfahrens jedenfalls mittelfristig zu einer nicht unerheblichen Vergrößerung der Masse kommt (vgl. AG Bremen ZInsO 2010, 583 [584]). Denkbar ist die Aufhebung eines Beschlusses der Gläubigerversammlung zur Anlage von Geldern gem. § 149 Abs. 2, wenn die Entscheidung für die Masse besonders ungünstig ist (*Jungmann* EWiR 2014, 563 [564]; vgl. insofern noch BGH NJW-RR 2014, 1516 = NZI 2014, 757 in Bezug auf die Haftung des Insolvenzverwalters nach § 60).

25 Wenn – bspw. durch die Mehrheit der absonderungsberechtigten Gläubiger – ein Beschluss (etwa über die Betriebsfortführung bzw. Stilllegung des schuldnerischen Unternehmens) herbeigeführt wird, kann das gemeinsame Interesse der Insolvenzgläubiger im Einzelfall verletzt sein, wenn dadurch nach einer durch das Insolvenzgericht zu treffenden wirtschaftlichen Prognose berechtigte Quotenerwartungen der Insolvenzgläubiger vereitelt werden. Die Verschlechterung der Quote muss aber wiederum erheblich sein (aA AG Neubrandenburg ZInsO 2000, 111).

26 **Bei „unternehmerischen Entscheidungen"** der Gläubigerversammlung ist im Umgang mit § 78 besondere Zurückhaltung geboten (vgl. auch *Kübler* FS Kreft, 2004, 369 [374 f.]). Denn dabei handelt es sich um Entscheidungen mit Prognosecharakter, die typischerweise unter nicht perfekter Informationslage und unter einem gewissen Zeitdruck zu treffen sind. Zudem ist in diesen Fällen stets eine Gesamtschau von möglichen Vor- und Nachteilen erforderlich. Aus diesen Gründen kann ein Beschluss, der für alle Gläubigergruppen ähnliche Chancen und Risiken enthält, kaum einmal über § 78 aufgehoben werden (vgl. BT-Drs. 12/2443, 134; vgl. ferner KG NZI 2001, 310 [312]). Insbes. bedeutet allein das Bestehen einer Alternative zur beabsichtigten Art der Unternehmensfortführung und eine möglicherweise gegebene wirtschaftliche Unzweckmäßigkeit der geplanten Entscheidung noch keine hinreichend massive wirtschaftliche Beeinträchtigung der Insolvenzgläubiger (AG Bremen ZInsO 2010, 583; LG Memmingen NZI 2014, 455 [456]).

27 Das Prinzip der bestmöglichen Gläubigerbefriedigung ist nicht verletzt, wenn ein Beschluss der Gläubigerversammlung die Rechtsposition der absonderungsberechtigten Gläubiger verschlechtern würde (Braun/*Herzig* § 78 Rn. 6; *Goebel* KTS 2002, 615 [628 f.]). Gleiches gilt, wenn der Beschluss lediglich einem einzelnen Gläubiger, dem Schuldner oder etwa Massegläubigern zum Nachteil gereicht (vgl. Nerlich/Römermann/*Delhaes* § 78 Rn. 6; vgl. auch schon OLG Köln LZ 1909, 406 [407]).

28 **b) Maßgeblicher Zeitpunkt für die Bewertung des gemeinsamen Interesses.** Hinsichtlich der Bewertung des gemeinsamen Interesses ist nach herrschender Auffassung auf den **Kenntnisstand** und den Blickwinkel der abstimmenden Gläubiger **in der Gläubigerversammlung** abzustellen (KG NZI 2001, 310; LG Berlin DZWIR 2000, 478 [480]; Nerlich/Römermann/*Delhaes* § 78 Rn. 6; FK-InsO/*Schmitt* § 78 Rn. 13). Dem kann nur teilw. gefolgt werden. Zwar soll § 78 nicht die nachträgliche Überprüfung der Interessenlage auf ggf. verbreiterter Informationsbasis ermöglichen (vgl. Jaeger/*Gerhardt* § 78 Rn. 12); erst recht geht es nicht um eine umfassende Kontrolle aus ex post-Perspektive (zustimmend LG Hamburg NZI 2015, 279). Aber jedenfalls im Einzelfall sollten auch neue Gesichtspunkte/Umstände Berücksichtigung finden, insbes. wenn sie die Auswirkungen des Beschlusses der Gläubigerversammlung in ein deutlich anderes Licht rücken (noch weitergehend *Pape* ZInsO 2001, 691 [693 f.]; *Kübler* FS Kreft, 2004, 369 [376]).

IV. Entscheidung über den Antrag

29 Es handelt sich um eine **gebundene Entscheidung** (vgl. Nerlich/Römermann/*Delhaes* § 78 Rn. 7). Das Insolvenzgericht – funktionell zuständig ist regelmäßig der Rechtspfleger – entscheidet durch begründeten (insofern einschränkend MüKoInsO/*Ehricke* § 78 Rn. 31) Beschluss. Dieser kann, wenn die Rechtslage es erlaubt, noch in der Gläubigerversammlung ergehen und verkündet werden (BK-InsO/*Blersch* § 78 Rn. 7). In jedem Fall ist eine Entscheidung sehr zeitnah zu treffen (Graf-Schlicker/*Castrup* § 78 Rn. 6).

30 Die Aufhebung eines Beschlusses der Gläubigerversammlung nach § 78 hat **ex tunc-Wirkung,** aber nur beseitigende Kraft; ggf. ist eine neue Gläubigerversammlung einzuberufen (FK-InsO/*Schmitt* § 78 Rn. 18; Kübler/Prütting/Bork/*Kübler* § 78 Rn. 12 mwN). Bis zur Entscheidung des Insolvenzgerichts entsteht ein Schwebezustand: Der angegriffene Beschluss entfaltet keine Rechtswirkungen (vgl. HK-InsO/*Riedel* § 78 Rn. 13; HambK-InsO/*Preß* § 78 Rn. 10; MüKoInsO/*Ehricke* § 78 Rn. 30).

V. Öffentliche Bekanntmachung und Rechtsbehelfe (Absatz 2)

31 Die Aufhebung des Beschlusses der Gläubigerversammlung ist öffentlich bekannt zu machen (Absatz 2 Satz 1; vgl. dazu § 9), und zwar auch dann, wenn der Beschluss noch in der Gläubigerversammlung verkündet wurde (BK-InsO/*Blersch* § 78 Rn. 7; vgl. zum Verhältnis zwischen öffentlicher Bekanntmachung und Zustellung noch → § 9 Rn. 3).

32 Gegen die **Aufhebung des Beschlusses** steht jedem absonderungsberechtigten und jedem nicht nachrangigen Insolvenzgläubiger die **sofortige Beschwerde** zu (Absatz 2 Satz 2). Anwesenheit in der Gläubigerversammlung ist keine Voraussetzung des Beschwerderechts (Kübler/Prütting/Bork/*Kübler* § 78 Rn. 16; *Hess* § 78 Rn. 20). Dem Insolvenzverwalter hat der Gesetzgeber fragwürdigerweise keinen Rechtsbehelf zugestanden (BT-Drs. 12/2443, 134).

33 Bei **Ablehnung des Beschlussaufhebungsantrags** steht nur dem Antragsteller (in dieser Rolle also auch dem Insolvenzverwalter) die **sofortige Beschwerde** zu (Absatz 2 Satz 3), und zwar unabhängig davon, ob sonstige Interessen des Antragstellers verletzt worden sind (vgl. LG Saarbrücken ZInsO 2007, 824 [826]). Verfahrensbeteiligte, die wissen, dass ein anderer einen Aufhebungsantrag nach § 78 gestellt hat, sollten diesen Antrag ebenfalls stellen, um im Fall der Ablehnung des Antrags einen eigenen Rechtsbehelf zu haben (vgl. Nerlich/Römermann/*Delhaes* § 78 Rn. 9; Braun/*Herzig* § 78 Rn. 25).

Unterrichtung der Gläubigerversammlung

79 **[1] Die Gläubigerversammlung ist berechtigt, vom Insolvenzverwalter einzelne Auskünfte und einen Bericht über den Sachstand und die Geschäftsführung zu verlangen. [2] Ist ein Gläubigerausschuß nicht bestellt, so kann die Gläubigerversammlung den Geldverkehr und -bestand des Verwalters prüfen lassen.**

Schrifttum: *Bernsen,* Probleme der Insolvenzrechtsreform aus der Sicht des Rechtspflegers, Kölner Schrift, S. 1843; *Bruder,* Auskunftsrecht und Auskunftspflicht des Insolvenzverwalters und seiner Mitarbeiter, ZVI 2004, 332; *Frege/Nicht,* Informationserteilung und Informationsverwendung im Insolvenzverfahren, InsVZ 2010, 407; *Haberstumpf,* Die Auskunftspflicht des Konkursverwalters gegenüber den Konkursgläubigern, LZ 1907, 213; *Heeseler,* Auskunfts-/Akteneinsichtsrechte und weitere Informationsmöglichkeiten des Gläubigers im Regelinsolvenzverfahren, ZInsO 2001, 873; *Lüke,* Der Informationsanspruch im Zivilrecht, JuS 1986, 2; *Sponagel,* Gläubigerinformation im Insolvenzverfahren – Informationspflichten des Insolvenzverwalters gegenüber dem Gläubiger, DZWIR 2011, 270; *ders.,* Informationsrechte des Gläubigers im Insolvenzverfahren – Unter besonderer Berücksichtigung der Informationspflichten des Insolvenzverwalters gegenüber dem Gläubiger, 2011; *Thole,* Gläubigerinformation im Insolvenzverfahren – Akteneinsicht und Auskunftsrecht, ZIP 2012, 1533. Weiteres Schrifttum bei § 74.

Übersicht

I. Informationsrecht der Gläubigerversammlung nach Absatz 1

1 Die Gläubigerversammlung kann ihre Aufgaben nur wahrnehmen, wenn sie über **Informationen** in hinreichendem Umfang verfügt (vgl. *Frege/Nicht* InsVZ 2010, 407). Diesem Umstand trägt § 79 Rechnung, wonach die Gläubigerversammlung vom Insolvenzverwalter einzelne Auskünfte sowie einen Bericht über den Sachstand und die Geschäftsführung verlangen kann. Neben die Transparenz- und Überwachungsfunktion des Unterrichtungsrechts der Gläubigerversammlung nach § 79 tritt die mit jeder Information von Gläubigern verbundene allgemeine Publizitätsfunktion (vgl. auch *Sponagel* DWZIR 2011, 270), nicht jedoch die Funktion, die individuelle Rechtsposition der Gläubiger zu stärken, weil § 79 kein individuelles, forderungsbezogenes Recht, sondern nur ein Informationsrecht des Organs Gläubigerversammlung gewährt (vgl. → Rn. 4).

2 Vor diesem Hintergrund erhellt sich auch, warum § 79 die **Rechenschaftspflicht des Insolvenzverwalters** im Sinne eines umfassenden Informationsrechtes der Gläubigerversammlung regelt und so die Rechenschaftspflicht über die gesetzlich vorgeschriebenen Fälle der §§ 66, 150–153, 155, 156, 188 hinaus erweitert (krit. dazu *Bernsen,* Kölner Schrift InsO S. 1843 Rn. 30). Eine regelmäßige, dem Stand des Insolvenzverfahrens angemessene freiwillige Berichterstattung des Insolvenzverwalters ist – auch jenseits der Pflicht zur Berichterstattung nach § 79 und jenseits der Spezialvorschriften – sinnvoll und sollte dem Selbstverständnis eines professionellen Insolvenzverwalters entsprechen.

Die Gläubigerversammlung kann nach § 79 S. 1 vom Insolvenzverwalter **sowohl bestimmte einzelne Auskünfte als auch einen Bericht** verlangen. Dieses Informationsrecht der Gläubigerversammlung besteht auch dann unverändert fort, wenn ein **Gläubigerausschuss eingesetzt** wurde (Jaeger/*Gerhardt* § 79 Rn. 10; HambK-InsO/*Preß* § 79 Rn. 1; MüKoInsO/*Ehricke* § 79 Rn. 3; krit. BK-InsO/*Blersch* § 79 Rn. 2). 3

1. Auskunftsberechtigung. a) Auskunftsberechtigung des Organs Gläubigerversammlung. Berechtigt ist die **Gläubigerversammlung** nur **als Organ;** einzelnen Gläubigern oder Gläubigergruppen steht kein solches Auskunftsrecht zu (Braun/*Herzig* § 79 Rn. 3; Nerlich/Römermann/*Delhaes* § 79 Rn. 2; *Hess* § 79 Rn. 3). Diesen Personen gegenüber muss der Insolvenzverwalter keine Fragen beantworten (BGHZ 62, 1 [3] = NJW 1974, 238 [239]; ArbG Magdeburg ZInsO 2001, 576). Deswegen ist die den Verfahrensbeteiligten in der Praxis von Insolvenzverwaltern häufig schon präventiv übermittelte Bitte, von Sachstandsanfragen, die ohnehin nicht beantwortet würden, abzusehen (vgl. dazu *Heeseler* ZInsO 2001, 873 [877]), im Grundsatz nicht zu beanstanden. 4

Während einer Gläubigerversammlung hat der Insolvenzverwalter aber auch **Fragen einzelner Teilnehmer** zu beantworten, solange die Gläubigerversammlung nicht als Organ zu erkennen gibt, damit nicht einverstanden zu sein (vgl. Uhlenbruck/*Knof* § 79 Rn. 4; *Thole* ZIP 2012, 1533 [1539 f.]; vgl. auch → § 155 Rn. 5). Außerhalb von Gläubigerversammlungen ist – neben allgemeinen Rundschreiben an alle Verfahrensbeteiligten (vgl. *Bruder* ZVI 2004, 332 [335]) – allenfalls zulässig, dass ohnehin schon vorgestellte Berichte auf Antrag und gegen Kostenerstattung an einzelne Gläubiger versendet werden (Uhlenbruck/*Knof* § 79 Rn. 5; vgl. auch Braun/*Herzig* § 79 Rn. 7 zur Möglichkeit, Berichte im Internet zugangscodegesichert verfügbar zu machen). Auch hierzu besteht keine Verpflichtung des Insolvenzverwalters (vgl. noch *Sponagel* DWZIR 2011, 270 [273]). 5

b) Individuelle Auskunftsansprüche und Einsichtsrechte. Vom Auskunftsverlangen nach § 79 zu trennen sind individuelle Auskunftsansprüche, die das rechtliche Schicksal von Hauptansprüchen teilen, welche ihrerseits gegen den Insolvenzverwalter zu richten sind (BGHZ 49, 11 [19] = NJW 1968, 300 [302]; vgl. auch *Heeseler* ZInsO 2001, 873 [877]; *Thole* ZIP 2012, 1533 [1540]). Deswegen können aussonderungsberechtigte Gläubiger, ggf. aber auch Inhaber gesellschaftsrechtlicher und vertraglicher Informationsansprüche, berechtigt sein, während des Insolvenzverfahrens Auskunft vom Insolvenzverwalter zu verlangen (vgl. Jaeger/*Gerhardt* § 79 Rn. 3; Uhlenbruck/*Knof* § 79 Rn. 6). Bspw. hat der persönlich haftende Gesellschafter einer Gesellschaft ohne Rechtspersönlichkeit iSv § 11 Abs. 2 Nr. 1 im Verfahren über das Vermögen dieser Gesellschaft einen Anspruch auf Auskunft und/oder Rechnungslegung gegen den Insolvenzverwalter, soweit dies für einen Überblick über das Bestehen von Gesellschaftsverbindlichkeiten, für die er persönlich haftet, erforderlich ist (OLG Karlsruhe NJW-RR 1996, 1058). Ein GmbH-Gesellschafter hat hingegen für die Zeit nach der Eröffnung des Insolvenzverfahrens regelmäßig keinen Auskunftsanspruch – auch nicht nach § 51a GmbHG – gegen den Insolvenzverwalter bezüglich der Insolvenzmasse (BayObLG NZI 2005, 631). 6

Über derartige Auskunftsansprüche hinaus gibt es über § 4 **das allgemeine Akteneinsichtsrecht aus § 299 ZPO,** das auch dem einzelnen Insolvenzgläubiger zusteht (Leonhardt/Smid/Zeuner/*Smid* § 79 Rn. 3; *Hess* § 79 Rn. 4; AG Potsdam NZI 2001, 269; ausf. *Heeseler* ZInsO 2001, 873 [882 ff.]; *Thole* ZIP 2012, 1533 [1535 ff.]; vgl. auch schon LG Darmstadt ZIP 1990, 1424), der sich so durch die Geschäftsstelle des Insolvenzgerichts Ausfertigungen, Auszüge und Abschriften erteilen lassen kann. 7

8 Das Einsichtsrecht besteht für die **Inhaber von angemeldeten und nicht bestrittenen Forderungen** ohne weiteres (vgl. § 299 Abs. 1 ZPO). **Inhaber von bestrittenen Forderungen** müssen hingegen – sofern für diese Forderungen nicht ein vollstreckbarer Titel oder ein Endurteil vorliegt oder der Nachweis geführt ist, dass Feststellungsklage nach § 179 Abs. 1 erhoben wurde (LG Karlsruhe NZI 2003, 327; LG Düsseldorf ZIP 2007, 1388) – ein besonderes rechtliches Interesse glaubhaft machen; dann kann ihnen nach § 299 Abs. 2 ZPO Akteneinsicht gewährt werden (vgl. *Frege/Nicht* InsVZ 2010, 407 [411]).

9 **Absonderungsberechtigte Gläubiger** können vom Insolvenzverwalter auch nach Maßgabe von § 167 Abs. 1 Auskunft verlangen und müssen vor Veräußerung eines mit einem Absonderungsrecht belasteten Gegenstands nach § 168 Abs. 1 informiert werden (vgl. auch *Heeseler* ZInsO 2001, 873 [879 f.]; *Bruder* ZVI 2004, 332 [334 f.]; *Sponagel* DWZIR 2011, 270 [274 f.]). – **Massegläubiger** sind mit ihren Auskunftsersuchen darauf beschränkt, dass ihnen als „dritte Personen" vom Insolvenzgericht Akteneinsicht nach § 299 Abs. 2 ZPO gewährt wird (OLG Frankfurt a. M. NZI 2010, 773 [774]; LG Düsseldorf ZIP 2007, 1388; vgl. auch OLG Köln OLGR 2008, 191; aA Jaeger/*Gerhardt* § 4 Rn. 21). – Vgl. § 93 AO zu den Auskunftspflichten gegenüber dem Finanzamt.

10 **2. Auskunftspflicht.** Zur Auskunft verpflichtet ist der **Insolvenzverwalter** (vgl. noch § 97 zum wenig praxisrelevanten Auskunftsrecht der Gläubigerversammlung gegen den Schuldner aufgrund eines entsprechenden Beschlusses des Insolvenzgerichts). Auch wenn für den Insolvenzverwalter nach richtiger Auffassung die Pflicht besteht, zu Gläubigerversammlungen persönlich zu erscheinen (vgl. → § 74 Rn. 20), muss er den sich aus § 79 ergebenden Informationsanspruch **nicht persönlich** erfüllen (MüKoInsO/*Ehricke* § 79 Rn. 4).

11 Die Auskunftspflicht hat zum Inhalt, dass der Insolvenzverwalter gegenüber der Gläubigerversammlung die verlangten Auskünfte zu bereits durchgeführten und va zu beabsichtigten Maßnahmen geben und die aktuelle Verfahrenssituation erläutern muss. Bei der Beantwortung der Fragen der Gläubigerversammlung wird dem Insolvenzverwalter eine detailliertere Auskunft als iRd allgemeinen Berichterstattung abverlangt (vgl. *Frege/Nicht* InsVZ 2010, 407 [411]). Damit erweist sich das **Informationsrecht der Gläubigerversammlung** als **weitreichend.** Es bleiben aber Unterschiede zum Informationsrecht des Gläubigerausschusses (vgl. → § 69 Rn. 14 ff.), das sich zu einem viel konkreteren Überwachungsrecht verdichtet (vgl. auch *Frege/Nicht* InsVZ 2010, 407 [410]).

12 Zusätzlich oder alternativ (vgl. BT-Drs. 12/7302, 164) kann die Gläubigerversammlung auch allg. **Berichte über den Sachstand und die Geschäftsführung** verlangen. Insofern ist auch ein einmaliger Beschluss der Gläubigerversammlung zulässig, mit welchem dem Insolvenzverwalter aufgegeben wird, in bestimmten Abständen (zB 3 oder 6 Monate) einen Bericht abzuliefern (vgl. *Sponagel* DWZIR 2011, 270 [271]). Nach § 79 kann auch eine Erläuterung dieser Berichte verlangt werden (MüKoInsO/*Ehricke* § 79 Rn. 8).

13 Schon aus § 66 Abs. 3 ergibt sich, dass der Insolvenzverwalter gegenüber der Gläubigerversammlung zur **(Zwischen-)Rechnungslegung** in bestimmten Abständen verpflichtet ist (vgl. → § 66 Rn. 15). Zu diesem Zweck hat er – zumindest, wenn dies von der Gläubigerversammlung angefordert wird, aus eigenem Interesse zur Abwehr möglicher Schadensersatzansprüche aber auch sonst – Insolvenzzwischenbilanzen und Ergebnisrechnungen aufzustellen (vgl. auch → § 153 Rn. 2). Die Gläubigerversammlung kann nach § 79 auch über den nach § 66 Abs. 3 festgelegten Turnus hinaus im Einzelfall Zwischenrechnungslegung verlangen (MüKoInsO/*Ehricke* § 79 Rn. 8).

14 **3. Grenzen der Auskunftspflicht.** Die Auskunftspflicht des Insolvenzverwalters ist nur in Ausnahmefällen eingeschränkt. Gerade weil das Insolvenzverfahren

primär im Interesse der Gläubiger stattfindet, besteht **grds.** – jedenfalls im eröffneten Insolvenzverfahren – gegenüber den Teilnehmern der Gläubigerversammlung **kein schützenswertes Interesse** des Schuldners oder anderer Verfahrensbeteiligter **an der Geheimhaltung** von Informationen über den Stand des Verfahrens und über Hintergründe des wirtschaftlichen Zusammenbruchs (vgl. OLG Frankfurt a. M. NZI 2010, 773 [774] mwN; *Thole* ZIP 2012, 1533 [1540]; zu eng deshalb HambK-InsO/*Preß* § 79 Rn. 8).

Nicht zur Auskunftsverweigerung berechtigt ist der Insolvenzverwalter, wenn er lediglich abstrakt befürchtet, dass Insolvenzgläubiger Informationen weitergeben. Insofern muss er die Gläubiger vielmehr auf ihre Pflicht zur Verschwiegenheit aufmerksam machen und ggf. sogar mit Verschwiegenheitserklärungen arbeiten (*Frege/Nicht* InsVZ 2010, 407 [417]). 15

Das Informationsrecht nach § 79 hat **Grenzen.** Insofern geht es um die einzelfallbezogene Abwägung von Zumutbarkeit der Auskunftserteilung und Interesse der Gläubigerversammlung an der Auskunft (vgl. BGHZ 70, 86 [91] = NJW 1978, 538 [539]; vgl. auch *Sponagel* DWZIR 2011, 270 [274] mwN), wobei das Auskunftsinteresse regelmäßig überwiegen wird (MüKoInsO/*Ehricke* § 79 Rn. 7; vgl. ferner Leonhardt/Smid/Zeuner/*Smid* § 79 Rn. 6 mit dem Hinweis auf die aufwands- und kostenreduzierende Nutzung moderner Technologie): Nur wenn der erfolgreiche Verlauf des Insolvenzverfahrens insgesamt gefährdet sein könnte, wenn schützenswerte Interessen einzelner Gläubiger in schwerwiegender Weise verletzt werden könnten, wenn durch die Informationserteilung einzelnen Gläubigern (zB in Rechtsstreitigkeiten) ungerechtfertigte Sondervorteile zukommen würden (vgl. Nerlich/Römermann/*Delhaes* § 79 Rn. 4) oder wenn der Insolvenzverwalter Kenntnis von Tatsachen erhalten hat, die der Geheimhaltung unterliegen, kann er die Auskunft verweigern. 16

Diese Einschränkungen des Rechts nach § 79 ergeben sich zwar nicht explizit aus der Insolvenzordnung, entsprechen aber dem **Verbot willkürlicher Rechtsdurchsetzung** und iÜ – in Anlehnung an § 120 Abs. 2 der Vergleichsordnung – dem allgemeinen Rechtsgrundsatz, Informationsrechte aus Geheimhaltungsgründen einschränken zu können, wenn und soweit die Interessen des antragstellenden Beteiligten dem nicht entscheidend entgegenstehen (vgl. auch LG Darmstadt ZIP 1990, 1424). 17

4. Durchsetzung des Auskunftsrechts. Der **Insolvenzverwalter** kann **nicht auf Auskunft** gegenüber der Gläubigerversammlung **verklagt werden** (*Lüke* JuS 1986, 2 [7]; *Hess* § 79 Rn. 6; Braun/*Herzig* § 79 Rn. 13). Auch § 58 Abs. 2 ist nicht direkt anwendbar (aA Uhlenbruck/*Knof* § 79 Rn. 9). Denkbar ist lediglich, dass das Insolvenzgericht sich – aus eigenem Antrieb oder auf Anregung der Gläubigerversammlung – das Informationsverlangen der Gläubigerversammlung zu eigen macht und vom Insolvenzverwalter Auskünfte bzw. Sachstandsberichte nach § 58 Abs. 1 S. 2 verlangt und erforderlichenfalls nach § 58 Abs. 2 durchsetzt (vgl. Jaeger/*Gerhardt* § 79 Rn. 11; Leonhardt/Smid/Zeuner/*Smid* § 79 Rn. 4). Verpflichtet ist das Insolvenzgericht hierzu nicht (aA Graf-Schlicker/*Castrup* § 79 Rn. 3). 18

II. Kassenprüfung

Ein Gläubigerausschuss ist zur Kassenprüfung verpflichtet (§ 69 S. 2). Nur in **Verfahren ohne Gläubigerausschuss** kann die Gläubigerversammlung nach § 79 S. 2 diese Aufgabe wahrnehmen. Eine Pflicht zur Kassenprüfung durch die Gläubigerversammlung besteht nicht (MüKoInsO/*Ehricke* § 79 Rn. 14). Ob Kassenprüfungen durchgeführt werden, stellt eine nicht überprüfbare Ermessensent- 19 scheidung der Gläubigerversammlung dar (BK-InsO/*Blersch* § 79 Rn. 8), an die sich keine Haftungsfolgen knüpfen können (Jaeger/*Gerhardt* § 79 Rn. 9).

20 Die Kompetenz zur Kassenprüfung kann von der Gläubigerversammlung auf andere Personen übertragen werden, auch auf einzelne Gläubiger (Jaeger/*Gerhardt* § 79 Rn. 9). Möglich – und sinnvoll – ist auch die **Beauftragung von Wirtschaftsprüfern oder Steuerberatern** mit der Kassenprüfung. Diese haben anschließend Bericht zu erstatten (vgl. BT-Drs. 12/2443, 132); ihre Honorare sind Massekosten (Leonhardt/Smid/Zeuner/*Smid* § 79 Rn. 5). IÜ gelten die gleichen Grundsätze wie zu § 69 (vgl. → § 69 Rn. 21 ff.).

Dritter Teil. Wirkungen der Eröffnung des Insolvenzverfahrens

Erster Abschnitt. Allgemeine Wirkungen

Übergang des Verwaltungs- und Verfügungsrechts

80 (1) **Durch die Eröffnung des Insolvenzverfahrens geht das Recht des Schuldners, das zur Insolvenzmasse gehörende Vermögen zu verwalten und über es zu verfügen, auf den Insolvenzverwalter über.**

(2) [1] **Ein gegen den Schuldner bestehendes Veräußerungsverbot, das nur den Schutz bestimmter Personen bezweckt (§§ 135, 136 des Bürgerlichen Gesetzbuchs), hat im Verfahren keine Wirkung.** [2] **Die Vorschriften über die Wirkungen einer Pfändung oder einer Beschlagnahme im Wege der Zwangsvollstreckung bleiben unberührt.**

Schrifttum: *Achter,* Zur Zulässigkeit einer gewillkürten Prozessstandschaft des Insolvenzschuldners für den Insolvenzverwalter im Finanzprozess, DStZ 2006, 194; *Adam,* Die Prozessführung des Insolvenzverwalters, DZWIR 2006, 321; *Berger,* Schiedsvereinbarung und Insolvenzverfahren, ZInsO 2009, 1033; *Bergmann,* Die Verwaltungsbefugnis des Insolvenzverwalters über einen zur Insolvenzmasse gehörenden GmbH-Geschäftsanteil, ZInsO 2004, 225; *Berscheid,* Stellung und Befugnis des vorläufigen Insolvenzverwalters aus arbeitsrechtlicher Sicht, ZInsO 1998, 9; *ders.,* Arbeitgeberstellung und -befugnis im Insolvenzeröffnungsverfahren und im eröffneten Insolvenzverfahren, FS Hanau, 1999, 701; *Blum,* Ordnungsrechtliche Verantwortlichkeit in der Insolvenz, 2001; *Bork/Jacoby,* Auskunftsansprüche des Schuldners und des persönlich haftenden Gesellschafters gegen den Insolvenzverwalter, ZInsO 2002, 398; *Bötticher,* Rezension von Jaeger, Konkursordnung mit Einführungsgesetzen, 8. Aufl. 1958, ZZP 71 (1958), 314; *ders.,* Die Konkursmasse als Rechtsträger und der Konkursverwalter als ihr Organ, ZZP 77 (1964), 55; *Deckenbrock/Fleckner,* Verschwiegenheitspflichten des Insolvenzverwalters?, ZIP 2005, 2290; *Erdmann,* Praktische Konsequenzen der Behandlung des Konkursverwalters als Organ der Konkursmasse, KTS 1967, 87; *Feuerborn,* Der Widerspruch gegen Lastschriften durch den (vorläufigen) Insolvenzverwalter, ZIP 2005, 604; *Fichtelmann,* Die Rechtsstellung des Geschäftsführers der GmbH in der Insolvenz der Gesellschaft, GmbHR 2008, 76; *Fischer-Böhnlein,* Rechnungslegung von Kapitalgesellschaften im Insolvenzverfahren, BB 2001, 191; *Fledermann,* Konsequenzen der Geltung der Amtstheorie für die Passivlegitimation im Kündigungsschutzprozess, ZInsO 2001, 359; *Flöther,* Schiedsverfahren und Schiedsabrede unter den Bedingungen der Insolvenz, DZWIR 2001, 89; *Franz,* Insolvenzrechtliche Probleme der Altlastenhaftung nach dem Bundes-Bodenschutzgesetz (BBodSchG), NZI 2000, 10; *Gelpcke,* Mathematische Klimmzüge um den Prozesskostenhilfeanspruch des Insolvenzverwalters, ZIP 2006, 1522; *Gerhardt,* Die Verfahrenseröffnung nach der Insolvenzordnung und ihre Wirkung, ZZP 109 (1996), 415; *Götze,* Die Auswirkungen eines Insolvenzverfahrens auf die Durchführung einer zuvor beschlossenen Kapitalerhöhung, ZIP 2002, 2204; *Grotheer,* Insolvenzrisiken bei Kaufverträgen über Gesellschaftsanteile und Gestaltungsmöglichkeiten zu ihrer Abmilderung, RNotZ 2012, 355; *Gundlach/Frenzel/N. Schmidt,* Die Gewährung von Prozesskostenhilfe an den Insolvenzverwalter, NJW 2003, 2412; *dies.,* Die Verfahrensunterbrechung durch Insolvenzeröffnung, NJW 2004, 3222; *dies.,* Die Kapitalerhöhung in der Insolvenz, NZI 2007, 692; *Häsemeyer,* Die Altlasten – Ein Prüfstein für wechselseitige Abstimmungen zwischen dem Insolvenzrecht und dem Verwaltungsrecht, FS Uhlenbruck, 2000, 97; *H. Heinze,* Die neue Freigabe des Unternehmens aus der Insolvenzmasse, ZVI 2007, 349; *M. Heinze,* Die betriebsverfassungsrechtlichen Aufgaben des Konkursverwalters, NJW 1980, 145; *Holzer,* Erklärungen des Insolvenzverwalters bei Ausübung einer selbständigen Erwerbstätigkeit des Schuldners, ZVI 2007, 289; *Höpfner,* Möglichkeiten des Insolvenzverwalters zur Rückgängigmachung oder wirtschaftlichen Kompensation der Freigabe, ZIP 2000, 1517; *Jungmann,* Grenzen des Widerspruchsrechts des Insolvenzverwalters beim Einzugsermächtigungsverfahren, NZI 2005, 84; *Kahlert,* Hat ein Ehegatte gegen seinen insolventen Ehegatten einen Anspruch auf Zusammenveranlagung, um dessen Verlustvortrag zu nutzen?, ZInsO 2006, 1314; *Kebekus,* Altlasten in der Insolvenz – aus Verwaltersicht, NZI 2001, 63; *Kesseler,* Nachweiserfordernisse bei der Umschreibung einer Vollstreckungsklausel gegen den Insolvenzverwalter, ZInsO 2005, 918; *Kley,* Die Rechtsprechung des Bundesverwaltungsgerichts zu Ordnungspflichten in der Insolvenz, DVBl 2005, 727; *Kling,* Rechtsmissbräuchlicher pauschaler Widerspruch des Insolvenzverwalters im Lastschrifteinzugsverfahren, DZWIR 2004, 54; *Kluth,* Die Rechtsstellung des Insolvenzverfahrens oder die „Insolvenz" der Verwaltertheorien, NZI 2001, 351; *Kögel/Loose,* Die Befreiung des Insolvenzverwalters von § 181 BGB, ZInsO 2006, 17; *Kothe,* Altlasten in der Insolvenz – massefreundliche versus massefeindliche Lösung, ZfIR 2004, 1; *Küpper/Heinze,* Prozesskostenhilfe für einen vom Insolvenzverwalter geführten Masseprozess unter der Geltung der InsO, ZInsO 2007, 680; *Lang,* Prozesskostenhilfe im Insolvenzverfahren unter Berücksichtigung neuer BGH-Rechtsprechung, NZI 2012, 746; *Leipold,* Insolvenz von Beteiligten während eines finanzgerichtlichen Verfahrens unter besonderer Berücksichtigung von Personengesellschaften, DStZ 2012, 103; *Lent,* Zur Lehre von der Partei kraft Amtes, ZZP 62 (1941), 129; *ders.,* Die Grenzen der Vertretungsmacht des Konkursverwalters, KTS 1956, 161; *Lissner,* Haftung und Verantwortlichkeit des Insolvenzverwalters, BB 2014, 1419; *Lwowski/Sonnen,* Strafbarkeit des Konkursverwalters wegen umweltgefährdender Abfallbeseitigung nach Betriebsstilllegung, NZI 2001, 182; *Lwowski/Tetzlaff,* Altlasten in der Insolvenz – Die insolvenzrechtliche Qualifikation der Ersatzvornahmekosten für die Beseitigung von Umweltaltlasten, NZI 2001, 57; *Maus,* Die steuerrechtliche Stellung des Insolvenzverwalters und des Treuhänders, ZInsO 1999, 683; *Meder,* Sonderstellung des Insolvenzverwalters im Einzugsermächtigungsverfahren, NJW 2005, 637; *Mitlehner,* Prozesskostenhilfe für den Insolvenzverwalter, NZI 2001, 617; *Nobbe,* Lastschriften in der Insolvenz des Schuldners – Vorhang zu, alle Fragen offen?, ZIP 2012, 1937; *ders.,* Die neuere Rechtsprechung des Bundesgerichtshofes zum Lastschriftverkehr, WM, Sonderbeil. 3/2012, 1; *Oepen/Rettmann,* Prozesskostenhilfe für den Insolvenzverwalter bei Teilnahme des Steuerfiskus am Insolvenzverfahren, Rpfleger 1998, 273; *Olbrich,* Steuerpflichten des Verwalters bei Neuerwerb des Schuldners?, ZInsO 2004, 1291; *Onusseit,* Die steuerrechtlichen Rechte und Pflichten des Insolvenzverwalters in den verschiedenen Verfahrensarten nach der InsO, ZInsO 2000, 363; *Petersen,* Ordnungsrechtliche Verantwortlichkeit und Insolvenz, NJW 1992, 1202; *Preuß,* „Missbrauch der Vertretungsmacht" des Insolvenzverwalters, NZI 2003, 625; *Rieger/Philipp,* Zur Zeugniserteilungspflicht des Insolvenzverwalters, NZI 2004, 190; *Ries,* Der Insolvenzverwalter – Arbeitgeber oder nur Organ der (Insolvenz-)Rechtspflege?, ZInsO 2007, 414; *Runckel,* Der Freiberufler in der Insolvenz, ZVI 2007, 45; *Sattler/Rickert,* Zur Rechtsstellung von Kanzleiabwickler und Insolvenzverwalter bei der Abwicklung einer Kanzlei, ZInsO 2006, 76; *Schäfer,* Zur Rechtssystematik der §§ 80–82 InsO und deren Anwendbarkeit bei Kontoeröffnungen des Insolvenzschuldners nach der Anordnung von Verfügungsbeschränkungen, ZInsO 2008, 16; *Karsten Schmidt,* Der Konkursverwalter als Gesellschaftsorgan und als Repräsentant des Gemeinschuldners – Versuch einer Konkursverwaltertheorie für heute und morgen, KTS 1984, 345; *ders.,* Anwendung von Handelsrecht auf Rechtshandlungen des Konkursverwalters, NJW 1987, 1905; *ders.,* Der Konkursverwalter – Streitgenossen seiner selbst? Zu den Absonderlichkeiten der Amtstheorie, KTS 1991, 211; *ders.,* Altlasten, Ordnungspflicht und Beseitigungskosten im Konkurs, NJW 1993, 2833; *ders.,* Klage und Rechtshängigkeit bei Konkurseröffnung vor Klagezustellung, Eine Bewährungsprobe für die Amtstheorie?, NJW 1995, 911; *ders.,* „Altlasten in der Insolvenz" – unendliche Geschichte oder ausgeschriebenes Drama?, ZIP 2000, 1913; *ders.,* Keine Ordnungspflicht des Insolvenzverwalters?, NJW 2010, 1489; *ders.,* Bestellung und Abberufung des Vorstandes in der Insolvenz einer Aktiengesellschaft, AG 2011, 1; *ders.,* Neues zur Ordnungspflicht in der Insolvenz einer Handelsgesellschaft?, NJW 2012, 3344; *Schmittmann/Lorenz,* Informationspflichten nach § 5 Abs. 1 Nr. 7 TMG für Insolvenzverwalter?, ZInsO 2007, 797; *Schröder,* Der sog. Lastschriftwiderspruch in der Insolvenz aus Verwaltersicht, ZInsO 2006, 1; *Schwartmann,* Zur Befreiung des Insolvenzverwalters aus der ordnungsrechtlichen Verantwortlichkeit durch Freigabe, NZI 2001, 69; *Sessig/Fischer,* Das Verwertungsrecht des Insolvenzverwalters bei beweglichem Sicherungsgut, ZInsO 2011, 618; *Skauradszun/Schmidt,* Detailfragen zur steuerlichen Haftung des Insolvenzverwalters, ZInsO 2014, 1784; *Stöber,* Die Kompetenzverteilung bei Kapitalerhöhungen im Insolvenzverfahren, ZInsO 2012, 1811; *Stritz,* Lastschriften im Insolvenz(eröffnungs)verfahren, DZWIR 2005, 18; *Stürner,* Aktuelle Probleme des Konkursrechts – Zur Neubearbeitung des Jaegerschen Kommentars, ZZP 94 (1981), 263; *ders.,* Umwelthaftung und Insolvenz, FS Merz, 1992, 563; *Uhlenbruck,* Die Rechtsstellung des Geschäftsführers in der GmbH-Insolvenz, GmbHR 2005,

817; *Vierhaus,* Umweltrechtliche Pflichten des Insolvenzverwalters, ZInsO 2005, 127, 1026; *Voigt/Gerke,* Die insolvenzfreie selbständige Arbeit, ZInsO 2002, 1054; *v. Wilmowsky,* Die Verantwortlichkeit für Altlasten im Konkursrecht, ZIP 1997, 1445.

Übersicht

I. Allgemeines

1. Normzweck. Absatz 1 greift die frühere Regelung in **§ 6 KO** auf. Die 1
Vorschrift dient der Sicherung des in § 1 geregelten Ziels des Insolvenzverfahrens, nämlich der gleichmäßigen und bestmöglichen Befriedigung aller Gläubiger. Der

Übergang des Verwaltungs- und Verfügungsrechts auf den Insolvenzverwalter und damit die Beschlagnahme des insolvenzbefangenen Vermögens soll ein masseschmälerndes Einwirken des Schuldners auf die Insolvenzmasse verhindern und damit die Insolvenzmasse als Haftungsobjekt sichern. Ergänzt wird Absatz 1 durch § 81 Abs. 1 S. 1, wonach gleichwohl vorgenommene Verfügungen des Schuldners absolut unwirksam sind. Der Übergang der Verwaltungs- und Verfügungsbefugnis auf den Insolvenzverwalter ist als eine aus Gründen des öffentlichen Interesses gerechtfertigte Inhalts- und Schrankenbestimmung des Eigentums verfassungsrechtlich unbedenklich (BVerfGE 51, 405 [408] = NJW 1979, 2510). Etwaigen Bedenken gegen diese Inhalts- und Schrankenbestimmungen iSv Art. 14 Abs. 1 S. 2 GG bei einer Eröffnungsentscheidung wegen einer drohenden Zahlungsunfähigkeit im Falle der beantragten Eigenverwaltung trägt die Regelung in § 270a Rechnung (Ahrens/Gehrlein/Ringstmeier/*Piekenbrock* § 80 Rn. 1). Durch **Absatz 2** wird der Gedanken des früheren § 13 KO für die Insolvenzordnung übernommen. Die Vorschrift will eine Bevorrechtigung einzelner Gläubiger verhindern und ist im Zusammenspiel mit §§ 81, 90, 91 zu sehen. **Absatz 2 Satz 1** soll den Grundsatz der Gleichbehandlung der persönlichen Insolvenzgläubiger gewährleisten (BGH NJW 2007, 3350 = NZI 2007, 450). Die Vorschrift führt zu einer Erweiterung des Handlungsspielraums des Insolvenzverwalters; ein gegen den Schuldner vor Eröffnung des Insolvenzverfahrens ergangenes relatives Veräußerungsverbot (§§ 135, 136 BGB) bindet den Insolvenzverwalter nicht. Klarstellend ordnet **Absatz 2 Satz 2** an, dass der Übergang des Verwaltungs- und Verfügungsrechts keine Auswirkungen auf die im Wege der Zwangsvollstreckung durch Pfändung oder Beschlagnahme begründeten Rechte hat; insoweit besteht die Möglichkeit einer abgesonderten Befriedigung (Begr. RegE, Kübler/Prütting, Bd. 1, S. 261).

2 **2. Anwendungsbereich. a) Zeitlicher Bereich.** Die Wirkungen der Verfahrenseröffnung treten mit der Unterzeichnung des **Eröffnungsbeschlusses** (§ 27) durch den Insolvenzrichter ein (vgl. dazu BGH NJW-RR 2004, 1047 = NZI 2004, 316; NZI 2005, 225); maßgeblich ist die Wirksamkeit des Beschusses nicht dessen Rechtmäßigkeit. Auf eine Bekanntmachung oder Zustellung des Beschlusses bzw. auf eine Kenntnis hiervon kommt es nicht an. Enthält der Eröffnungsbeschluss keine Angabe über den Eröffnungszeitpunkt, so ist maßgeblich die Mittagsstunde des Tages, an dem der Beschluss erlassen worden ist (§ 27 Abs. 3). Zu den Einzelheiten → § 27 Rn. 35. Die Wirkungen des § 80 werden auf das **Eröffnungsverfahren** vorverlagert, wenn ein vorläufiger Insolvenzverwalter bestellt (§ 22 Abs. 1 S. 1) und dem Schuldner ein allgemeines Verfügungsverbot (§ 21 Abs. 2 Nr. 2) auferlegt worden ist (vgl. HambK-InsO/*Schröder* § 22 Rn. 19); zu den Einzelheiten → § 22 Rn. 23 ff.

3 Die **Wirkungen der Verfahrenseröffnung enden** mit (1) der Verfahrensaufhebung (§ 200), (2) der Verfahrenseinstellung (§§ 207 ff.) oder (3) der Freigabe des Gegenstandes aus Insolvenzmasse durch den Insolvenzverwalter (dazu → Rn. 5 sowie → § 35 Rn. 37 ff.). Maßgeblich ist der Zeitpunkt der Beschlussfassung durch das Insolvenzgericht (BGH NJW-RR 2010, 1494 = NZI 2010, 741; aA Zeitpunkt der öffentlichen Bekanntmachung: MüKoInsO/*Ganter/Lohmann* § 4 Rn. 83; Uhlenbruck/*Wegener* § 200 Rn. 6); bei der Freigabe ist der Zugang der Freigabeerklärung beim Schuldner entscheidend (BGHZ 163, 32 = NZI 2005, 387; BGHZ 166, 74 = NZI 2006, 224; BGH NJW-RR 2007, 1205 = NZI 2007, 407). Der Übergang der Verwaltungs- und Verfügungsbefugnisse auf den Schuldner erfolgt automatisch; einer förmlichen Rückübertragung bedarf es nicht.

4 **b) Sachlicher Bereich.** Erfasst wird das gesamte **insolvenzbefangene Vermögen des Schuldners** einschließlich das im Ausland belegene Schuldnervermögen (BGHZ 118, 151 = NJW 1992, 2026; MüKoInsO/*Ott/Vuia* § 80 Rn. 11)

sowie der Neuerwerb; bei Auslandsvermögen indes unter Vorbehalt der Anerkennung durch die lex rei sitae, tw. bedarf es einer gesonderten Anerkennungsentscheidung (Ahrens/Gehrlein/Ringstmeier/*Piekenbrock* § 80 Rn. 7). § 80 gilt auch bei Eröffnung des Insolvenzverfahrens über das Vermögen eines Verbraucherschuldners. Mit der Streichung der §§ 312–314 durch das Gesetz zur Verkürzung des Restschuldbefreiungsverfahrens und zur Stärkung der Gläubigerrechte v. 15.7.2013 (BGBl. I S. 2379) entfallen auf die ab dem **1.7.2014** (vgl. Art. 103h EGInsO) beantragten Verbraucherinsolvenzverfahren weitgehend die Unterschiede zu dem Regelinsolvenzverfahren. Das frühere vereinfachte Verfahren mit der Bestellung eines Treuhänders findet nunmehr nicht mehr statt. Vielmehr sind mit der Eröffnung des Verbraucherinsolvenzverfahrens über das Vermögen des Schuldners die **Vorschriften über die Durchführung des Regelinsolvenzverfahrens** maßgebend, soweit die InsO keine Besonderheiten für das Verbraucherinsolvenzverfahren regelt (s. dazu Uhlenbruck/*Sternal* § 311 Rn. 36 ff.). Nicht erfasst von § 80 werden hingegen **das insolvenzfreie Vermögen** (dazu → Rn. 6 sowie → § 35 Rn. 36 ff.) sowie die nicht vermögensrechtlichen und höchstpersönlichen Rechte des Schuldners (→ Rn. 8). Im Falle der Anordnung der **Eigenverwaltung** (§§ 270 ff.) ist der Schuldner berechtigt, unter Aufsicht eines Sachwalters (BGH NZI 2007, 238) die Insolvenzmasse weiter selbst zu verwalten (zu den Einzelheiten vgl. → § 270 Rn. 16 ff.). **Im Außenverhältnis** sind die vom Schuldner vorgenommenen Verfügungen wirksam, selbst wenn die Zustimmung des Sachwalters fehlt, dieser ausdrücklich Widerspruch eingelegt hat (vgl. dazu → § 275 Rn. 5) bzw. die Zustimmung des Gläubigerausschusses (vgl. § 276 S. 1) nicht eingeholt worden ist (vgl. § 276 S. 2 iVm § 164). Das Insolvenzgericht kann aber nach § 277 anordnen, dass bestimmte Rechtsgeschäfte nur mit Zustimmung des Sachwalters wirksam geschlossen werden können (zu den Rechtsfolgen → § 277 Rn. 6 ff.).

Im Falle einer **Freigabe eines vom Insolvenzbeschlag betroffenen Vermögensgegenstandes** (dazu → § 35 Rn. 37 ff.) verliert der Insolvenzverwalter die Verwaltungs- und Verfügungsbefugnis über den freigegebenen Gegenstand. Der Schuldner kann über diesen wieder frei verfügen (BGH NJW 2010, 3779; NZI 2013, 641). Bei einer Gesellschaft erhalten ihre Organe die Verwaltungs- und Verfügungsbefugnis hinsichtlich des freigegebenen Gegenstandes zurück (HK-InsO/*Kayser* § 80 Rn. 10); der Insolvenzverwalter ist nicht gesetzlicher Vertreter (BGH ZInsO 2006, 260). Bei einem laufenden Prozess tritt nach der hier vertretenen Amtstheorie (vgl. → Rn. 19) ein Parteiwechsel ein (BGHZ 46, 249 = NJW 1967, 781; 123, 132 [136] = NJW 1993, 3072; Zöller/*Greger* § 265 Rn. 5a); nach aA ist § 265 Abs. 2 ZPO analog anzuwenden (OLG Nürnberg ZIP 1994, 144; Jaeger/*Windel* § 80 Rn. 211; MüKoInsO/*Ott*/*Vuia* § 80 Rn. 80; HambK-InsO/*Kuleisa* § 80 Rn. 44). Der Rechtsstreit wird ohne Unterbrechung fortgesetzt (BGHZ 163, 32 = NZI 2005, 387). Über einen vom Insolvenzverwalter aus der Insolvenzmasse freigegebenen Gegenstand kann ein weiteres (Zweit-)Insolvenzverfahren eröffnet werden (vgl. dazu → § 35 Rn. 45); in diesem Falle treten für diesen Gegenstand die Wirkungen der Verfahrenseröffnung nach § 80 erneut ein. Ein erneuter Restschuldbefreiungsantrag ist in diesem Verfahren indes solange unzulässig, als über den im Ausgangsverfahren gestellten Restschuldbefreiungsantrag noch nicht entschieden ist (BGH ZInsO 2015, 499). 5

II. Stellung des Schuldners

Der Schuldner verliert nach Absatz 1 mit der Eröffnung des Insolvenzverfahrens kraft gesetzlicher Regelung die Befugnis, das **vom Insolvenzbeschlag erfasste Vermögen** (→ § 35 Rn. 8 ff.) zu verwalten und darüber zu verfügen; eines Entziehungs- oder Übertragungsaktes bedarf es nicht. Bei § 80 Abs. 1 handelt es 6 sich jedoch nicht um ein Verfügungsverbot iSv § 135 BGB. Entsprechende Verfügungen sind nach § 81 unwirksam; Verpflichtungen bleiben wirksam, binden indes die Masse nicht (vgl. → § 81 Rn. 3). Zudem können gem. § 91 Rechte an den Gegenständen der Insolvenzmasse selbst dann nicht wirksam erworben werden, wenn keine Verfügung des Schuldners und keine Zwangsvollstreckung für einen Insolvenzgläubiger vorliegt. Zwangsvollstreckungen für einzelne Insolvenzgläubiger sind während der Dauer des Insolvenzverfahrens weder in die Insolvenzmasse noch in das sonstige Vermögen des Schuldners zulässig (vgl. § 89 und die dortigen Erläuterungen). Wegen Masseverbindlichkeiten darf nach näherer Maßgabe des § 90 für die Dauer von sechs Monaten seit der Eröffnung des Insolvenzverfahrens nicht vollstreckt werden. Die Möglichkeit einer Aufrechnung durch den Insolvenzgläubiger richtet sich nach den §§ 94 ff. Die Eröffnung des Insolvenzverfahrens führt zu dem Erlöschen der vom Schuldner erteilten Aufträge (§ 115) und Geschäftsbesorgungsverträgen (§ 116). Im Falle der Beendigung oder Einstellung des Verfahrens erlangt der Schuldner seine Verwaltungs- und Verfügungsbefugnis zurück (→ Rn. 3, 16).

7 Hinsichtlich der **insolvenzfreien Vermögensmasse** (→ § 35 Rn. 36 ff.) bleibt der Schuldner verwaltungs- und verfügungsbefugt. Die insoweit von dem Schuldner begründeten Verbindlichkeiten sind weder Insolvenzforderungen (§ 38) noch Masseverbindlichkeiten (§ 55); die Gläubiger können ihre Ansprüche nur aus dem insolvenzfreien Vermögen befriedigen. Entsprechendes gilt für das massefreie Vermögen einer juristischen Person; der Insolvenzverwalter ist insoweit nicht gesetzlicher Vertreter (BGH ZInsO 2006, 260). Ein **Streit darüber,** ob eine Vermögensmasse der **Verwaltungs- und Verfügungsbefugnis des Insolvenzverwalters** oder des Schuldners **unterliegt,** ist von den Zivilgerichten (BGHZ 92, 339 = NJW 1985, 976; BGH NZI 2008, 244) im Wege einer Leistungs-, Feststellungs- oder Unterlassungsklage zu entscheiden (auch → § 35 Rn. 47).

8 Der Übergang der Verwaltungs- und Verfügungsbefugnis gem. Absatz 1 lässt bei einem Schuldner, der eine natürliche Person ist, **die höchstpersönlichen Rechte und Pflichten** und die damit verbundenen Ansprüche (zB Auskunftsansprüche) unberührt; s. dazu ergänzend § 83. Die Verfahrenseröffnung berührt bspw. nicht die familienrechtliche Stellung des Schuldners einschließlich der elterlichen Sorge und der Vermögenssorge (vgl. § 1626 BGB; zur Möglichkeit gerichtlicher Maßnahmen bei einer Gefährdung des Kindesvermögens siehe Palandt/*Götz* § 1666 Rn. 22 ff.), die staatsbürgerliche Stellung einschließlich des aktiven oder passiven Wahlrechts, die Zugehörigkeit zu einer Religionsgemeinschaft, die Mitgliedschaft in einem Verein, die strafrechtliche Verantwortung, die Berechtigung einen Antrag auf Auszahlung der vorzeitigen Altersrente zu stellen (OVG Münster ZInsO 2012, 1473) oder die Annahme des Angebots des Arbeitgebers zur Absendung von Arbeitszeit und Arbeitsvergütung (LAG Düsseldorf GWR 2011, 579). Der Schuldner kann weiterhin persönlich das Amt als Testamentsvollstrecker ausüben (allerdings vorbehaltlich der Möglichkeit einer Entlassung nach § 2227 BGB). Die Pflicht zur Abgabe von Steuererklärungen stellt kein höchstpersönliches Recht dar (dazu → Rn. 72). Ebenso wenig ist das Wahlrecht der Ehegatten für eine Getrennt- oder Zusammenveranlagung zur Einkommensteuer (§ 26 Abs. 2 EStG) ein höchstpersönliches Rechts; dieses kann nach der Verfahrenseröffnung über das Vermögen eines Ehegatten vom Insolvenzverwalter wahrgenommen werden (BGH NJW 2007, 2556 = NZI 2007, 455; NZI 2011, 615; 2011, 647; einschränkend OLG Schleswig NZI 2014, 1021 für die Nutzung des Verlustvortrags des nicht insolventen Ehepartners).

9 Der Übergang der Verwaltungs- und Verfügungsbefugnis führt weder zu einem Verlust der **Rechtsfähigkeit** des Schuldners (BGH NJW-RR 2015, 735 = NZI 2015, 376) noch zu einer Änderung der Rechtspersönlichkeit bei juristischen Personen bzw. sonstigen Gesellschaften sowie deren gesellschaftsrechtlichen Struk-

turen (→ Rn. 66). Es tritt keine Änderung hinsichtlich der **Eigentumsverhältnisse** an insolvenzbefangenen Sachen ein; zur Besitzlage → Rn. 22. Der Schuldner bleibt als Eigentümer im Grundbuch eingetragen; gem. § 32 erfolgt zusätzlich die Eintragung eines Insolvenzvermerks. Dies gilt auch, wenn das Grundstück im Eigentum einer Erbengemeinschaft steht und das Insolvenzverfahren über das Vermögen eines Miterben eröffnet wird (BGH NJW-RR 2011, 1030 = NZI 2011, 650). Zu Gunsten des Schuldners gelten die das Eigentum schützenden strafrechtlichen und zivilrechtlichen Vorschriften fort (RGSt 39, 414; Kübler/Prütting/Bork/*Lüke* § 80 Rn. 6). Dagegen haftet der Insolvenzverwalter nach § 836 BGB für den Zustand des Grundbesitzes; er hat erforderlichenfalls entsprechende Sicherungsmaßnahmen zu ergreifen (HambK-InsO/*Kuleisa* § 80 Rn. 23). Für die damit verbundenen Kosten gelten die gleichen Grundsätze, wie für die Störungsbeseitigung aufgrund öffentlich-rechtlicher Pflichten (vgl. → Rn. 70). Der Schuldner ist weiterhin Inhaber der zur Insolvenzmasse gehörenden Rechte und Forderungen (RGZ 52, 333; 53, 9; 53, 253; 105, 314; Uhlenbruck/*Mock* § 80 Rn. 11).

Die Verfahrenseröffnung lässt die **Geschäftsfähigkeit** (BGH NJW-RR 2015, 735 = NZI 2015, 376) und die **Wechsel- und Scheckfähigkeit** (Jaeger/*Windel* § 80 Rn. 262; Kübler/Prütting/Bork/*Lüke* § 80 Rn. 12; Nerlich/Römermann/*Wittkowski/Kruth* § 80 Rn. 19; Uhlenbruck/*Mock* § 80 Rn. 14, 16) des Schuldners unberührt; ebenso seine **Kaufmannseigenschaft** (vgl. → Rn. 63). Der Schuldner kann wirksam Rechtsgeschäfte abschließen, insbes. neue Verpflichtungen eingehen. Verpflichtet werden kann indes nicht die Insolvenzmasse, sondern der Schuldner persönlich bzw. das insolvenzfreie Vermögen (→ § 81 Rn. 3). 10

Die Eröffnung des Insolvenzverfahrens hat keinen Einfluss auf die **Partei- und Prozessfähigkeit** (§§ 50 ff. ZPO) des Schuldners (vgl. BGH ZInsO 2006, 260; HK-InsO/*Kayser* § 80 Rn. 23; Jaeger/*Windel* § 80 Rn. 261; Uhlenbruck/*Mock* § 80 Rn. 18). Entsprechend kann an den Schuldner eine Zustellung bewirkt werden; § 170 Abs. 1 S. 2 ZPO findet keine Anwendung (BGH NJW-RR 2009, 566 = NZI 2009, 169). Hinsichtlich des insolvenzbefangenen Vermögens geht die **Prozessführungsbefugnis** auf den Insolvenzverwalter über. Dieser ist Partei des Prozesses (zu den Einzelheiten → Rn. 37); eine vom Schuldner trotzdem erhobene Klage ist unzulässig. Der Schuldner kann jedoch in einem Prozess weiterhin im eigenen Namen eine Verfahrensunterbrechung (§§ 240, 249 ZPO) oder ein Wegfall der Verwaltungs- und Verfügungsrecht geltend machen (BFH ZInsO 2012, 2303 für Klage des Schuldners gegen Haftungsbescheid). Zur Unterbrechung laufender die Insolvenzmasse betreffender Prozesse → § 85 Rn. 2 ff.; zur Fortführung eines unterbrochenen Verfahrens s. die Kommentierung zu §§ 85, 86, 180 Abs. 2. Hinsichtlich des **insolvenzfreien** bzw. des vom Insolvenzverwalter freigegebenen **Vermögens** (vgl. → § 35 Rn. 37 ff.) sowie der **höchstpersönlichen Rechte und Pflichten** (→ Rn. 8) bleibt der Schuldner prozessführungsbefugt. Der Prozessgegner kann etwaige Kostenerstattungsansprüche nicht gegen die Insolvenzmasse, sondern nur gegenüber dem insolvenzfreien schuldnerischen Vermögen geltend machen. Zur Möglichkeit der Ermächtigung des Schuldners durch den Insolvenzverwalter, massebezogene Prozesse im eigenen Namen zu führen, → Rn. 44. Die Eröffnung des Insolvenzverfahrens begründet gem. § 97 Abs. 2 eine Pflicht des Schuldners, den Insolvenzverwalter bei der Erfüllung von dessen Aufgaben zu unterstützen (zu den Einzelheiten → § 97 Rn. 19 ff.). 11

Der mit der Eröffnung des Insolvenzverfahrens verbundene Vermögensverfall hat Auswirkungen auf die **Ausübung bestimmter Berufe oder Ämter** durch den Schuldner; so bspw. auf die Bestellung oder Zulassung als Rechtsanwalt (§§ 7 Nr. 9, 14 Abs. 2 Nr. 7 BRAO; dies gilt auch bei der Anordnung der Eigenverwaltung, BGH ZInsO 2011, 2234), als Notar (§ 50 Abs. 1 Nr. 6 BNotO), als Patentanwalt (§§ 14 Abs. 1 Nr. 9, 21 Abs. 2 Nr. 8 PatAnwO), als Steuerberater 12

(§ 46 Abs. 2 Nr. 4 StBerG), als Wirtschaftsprüfer (§§ 16 Abs. 1 Nr. 7, 20 Abs. 2 Nr. 5 WiPrO) oder als vereidigter Buchprüfer (§ 130 Abs. 1 iVm §§ 16 Abs. 1 Nr. 7, 20 Abs. 2 Nr. 5 WiPrO). Die Wirkungen treten nicht automatisch ein, sondern es bedarf eines entsprechenden standesrechtlichen Verfahrens. Ebenfalls scheidet eine Tätigkeit in den jeweiligen Ehren- oder Disziplinargerichten aus (vgl. §§ 103 Abs. 4 Nr. 1, 104 Abs. 2 S. 1, 108 Abs. 2 BNotO; 94 Abs. 3, 95 Abs. 2, 108 Abs. 1, 109 Abs. 1 Nr. 1, 2 BRAO; 91 Abs. 2, 93 Abs. 1 PatAnwO; 100 Abs. 1, 101 Abs. 1 Nr. 1, 2 StBerG; 76 Abs. 1, 77 Abs. 1 Nr. 1, 2 WiPrO). Demgegenüber führt die Eröffnung des Insolvenzverfahrens bzw. ein Vermögensverfall noch nicht zu einer Rücknahme bzw. zu einem Widerruf einer Approbation; vielmehr muss zusätzlich eine Unwürdigkeit bzw. Unzuverlässigkeit hinzutreten (Uhlenbruck/*Mock* § 80 Rn. 46).

13 Im Falle eines Vermögensverfalls soll der Schuldner nicht als **ehrenamtlicher Richter** oder **Laienrichter** eingesetzt werden (§ 33 Nr. 5 GVG betr. Schöffen; § 109 Abs. 3 S. 2 iVm § 33 Nr. 5 GVG betr. Handelsrichter; §§ 4 Abs. 3, 7 LwVG iVm § 33 Nr. 5 GVG betr. Beisitzer in Landwirtschaftssachen; §§ 21 Abs. 2 S. 2, 37 Abs. 2, 43 Abs. 3 ArbGG betr. Beisitzer am Arbeitsgericht; § 18 Abs. 2 FGO betr. Beisitzer am Finanzgericht; §§ 17 Abs. 1 S. 2, 35 Abs. 1 S. 2, 47 S. 2 SGB betr. Beisitzer am Sozialgericht; § 21 Abs. 2 VwGO betr. Besitzer am Verwaltungsgericht). Außerdem kann im Einzelfall eine Bestellung des Schuldners als Vormund (§§ 1778 Abs. 1 Nr. 4, 1779 Abs. 1 S. 1 BGB), Betreuer (§§ 1897 Abs. 1, 1908b Abs. 1 BGB), Pfleger (§ 1915 Abs. 1 BGB), Nachlasspfleger oder Nachlassverwalter ausscheiden.

14 § 12 GewO schließt während des eröffneten Verfahrens eine **Gewerbeuntersagung** oder eine Rücknahme bzw. ein Widerruf der erteilten Gewerbeerlaubnis wegen ungeordneter Vermögensverhältnisse aus. Hierdurch soll die Möglichkeit einer Sanierung und Fortführung des Schuldnerunternehmens sicher gestellt werden. Nach § 117 erlöschen mit der Eröffnung des Insolvenzverfahrens die von dem Schuldner erteilten Vollmachten, die sich auf das zur Insolvenzmasse gehörende Vermögen beziehen, sofern nicht das zugrunde liegende Rechtsgeschäft fortbesteht (§ 117 Abs. 2). Dies gilt auch für Prozess- oder Handlungsvollmachten, einschließlich der handelsrechtlichen Vollmachten, wie die Prokura (Uhlenbruck/*Sinz* § 117 Rn. 3); zur Möglichkeit der Neuerteilung einer Prokura durch den Insolvenzverwalter → Rn. 63.

III. Stellung des Insolvenzverwalters

15 **1. Grundsatz.** Mit der Eröffnung des Insolvenzverfahrens (§ 27) erlangt der Insolvenzverwalter die **Verwaltungs- und Verfügungsbefugnis** über das zur Insolvenzmasse gehörende Vermögen (§§ 35, 36). Das Amt beginnt erst mit der Erklärung der Annahme durch den Insolvenzverwalter gegenüber dem Insolvenzgericht; die Folgen treten rückwirkend ein. Es besteht die Möglichkeit, die Bereitschaft zur Annahme bereits vor Verfahrenseröffnung zu erklären. Das Verwaltungs- und Verfügungsrecht berechtigen den Insolvenzverwalter zu allen Maßnahmen, welche dem Insolvenzweck dienen oder sich sonst auf die Insolvenzmasse beziehen. Mit der Eröffnung des Verfahrens gehen die dem Insolvenzschuldner gegenüber Dritten zustehenden Auskunftsansprüche auf den Insolvenzverwalter über (OLG Dresden NZI 2012, 458), soweit nicht höchstpersönliche Rechte des Schuldners betroffen sind (vgl. → Rn. 8). Entsprechendes gilt für das Recht auf Akteneinsicht (MüKoInsO/*Ott/Vuia* § 80 Rn. 43). Durch die Handlungen des Insolvenzverwalters wird die Insolvenzmasse, nicht der Schuldner persönlich verpflichtet. Der Insolvenzverwalter muss den ihm durch die Insolvenzordnung und die Gläubigerversammlung vorgegebenen Aufgaben nachkommen; insbes. das

Schuldnervermögen in Besitz nehmen und entsprechend den in § 1 formulierten Ziele verwerten.

Die Insolvenzordnung räumt dem Insolvenzverwalter teilw. Rechte ein, die dem Gläubiger bzw. Schuldner nicht zustanden. Bspw. kann er nach §§ 97 ff. gegenüber dem Schuldner Auskunfts- und Mitwirkungsrechte einfordern; §§ 103 ff. verschafft ihm hinsichtlich gegenseitiger noch nicht vollständig erfüllter Verträge ein Wahlrecht. Als Mieter oder Pächter sowie als Arbeitgeber besitzt er nach §§ 109, 113 vereinfachte Kündigungsmöglichkeiten. Weiterhin kann der Insolvenzverwalter Anfechtungsrechte nach §§ 129 ff. geltend machen. Zusätzlich erlangt er das Recht, bestimmte den Gläubigern zustehende Rechte wahrzunehmen, so die Verfolgung des Gesamtschadens (§ 92) bzw. die Geltendmachung der persönlichen Haftung der Gesellschafter (§ 93); zu den näheren Einzelheiten siehe die Kommentierung zu § 92 und § 93. Mit der Beendigung oder Einstellung des Verfahrens verliert der Insolvenzverwalter die Verwaltungs- und Verfügungsbefugnis (→ Rn. 3, 6). 16

2. Theorien der Rechtsstellung des Insolvenzverwalters. Hinsichtlich der rechtlichen Stellung des Konkursverwalters wurden seit dem Inkrafttreten der Konkursordnung von der Literatur und Rspr. verschiedene Theorien entwickelt (vgl. dazu näher: Jaeger/*Henckel* KO § 6 Rn. 4 ff., 165 ff.; Jaeger/*Windel* § 80 Rn. 13 ff.; *Karsten Schmidt* KTS 1984, 345 [360 ff.]; 1991, 211 ff.; 1994, 309 ff.; NJW 1995, 911 ff.; *Stürner* ZZP 94 (1981), 263 [286 ff.]). Diese lassen sich auf die Rechtstellung des Insolvenzverwalters übertragen, da die Insolvenzordnung sich nicht für eine bestimmte Theorie entschieden hat. Soweit das Gesetz an einigen Stellen (zB §§ 56 Abs. 2 S. 2, 56a Abs. 2 S. 1, 57 S. 3, 59 Abs. 1 S. 1, S. 2) und in der Gesetzesbegründung von dem „Amt des Insolvenzverwalters" spricht, erlaubt dies nicht den zwingenden Schluss auf eine Entscheidung des Gesetzgebers für die Amtstheorie. Bereits die VglO benutzte den Begriff des Amtes des Vergleichsverwalters (§§ 15 Abs. 2, 42 Abs. 2); dennoch wurde der Vergleichsverwalter als gesetzlicher Vertreter des Schuldners angesehen (BGH NJW-RR 1988, 1259). 17

Die ältere kaum noch vertretene **Vertretertheorie** sah unter Hinweis darauf, dass durch die Handlungen des Insolvenzverwalters ausschließlich die Insolvenzmasse berechtigt und verpflichtet werde, diesen als den zwangsweise eingesetzten gesetzlichen Vertreter des Schuldners hinsichtlich des zur Insolvenzmasse gehörenden Vermögens an. Partei eines Prozesses war weiterhin der Schuldner, indes vertreten durch den Insolvenzverwalter (zB *Hess* § 80 Rn. 196 ff.; *Ballerstedt* AcP 151 (1951), 501 [526 ff.]; *Bley* ZZP 62 (1941), 111 ff.; *Lent* ZZP 62 (1941), 129 ff.). Nach der **Organtheorie** ist der Insolvenzverwalter als Organ oder Repräsentant (§ 31 BGB) der Insolvenzmasse anzusehen; dieser wird insoweit eine eigene Rechtsfähigkeit oder zumindest eine Quasi-Rechtsfähigkeit zugesprochen (zB *Bötticher* ZZP 71 (1958), 314 [318 ff.]; 77 (1964), 55 ff.; *Erdmann* KTS 1967, 87; *Stürmer* ZZP 94 (1981), 263 [288]). Die **„neue" Vertretertheorie** stellt auf die neutrale, objektbezogene Stellung des Insolvenzverwalters ab. Dieser ist bei natürlichen Personen deren gesetzlicher Vertreter, beschränkt auf die Insolvenzmasse; bei juristischen Personen und sonstigen insolvenzfähigen Personenvereinigungen deren Organ als obligatorischer Fremdliquidator (*Karsten Schmidt* KTS 1984, 345 [360 ff.]; 1991, 211 ff.; 1994, 309 ff.; NJW 1995, 911 ff.; KTS 2001, 373 [374 ff.]; Handelsrecht § 4 Rn. 67 ff.; zustimmend Thomas/Putzo/*Hüßtege* § 51 Rn. 29). 18

Das RG (RGZ 29, 29; 35, 28 [31]; 52, 330) und auch der BGH (BGHZ 88, 331 [334] = NJW 1984, 739; 100, 346 [351] = NJW 1987, 3133; 127, 156 = NJW 1994, 3232; ZInsO 2006, 260; NZI 2008, 561) vertreten in stRspr die **Amtstheorie.** Der Insolvenzverwalter ist Amtsträger, der seine Legitimation 19 unmittelbar aufgrund gesetzlicher Regelung erhält. Er handelt in Erfüllung der ihm auferlegten gesetzlichen Verpflichtungen nicht hoheitlich, sondern materiellrechtlich wie prozessual im eigenen Namen, mit Wirkung für und gegen die Masse. Der Schuldner bleibt Träger der Rechte und Pflichten; er haftet für Verbindlichkeiten mit der Insolvenzmasse. Dieser Auffassung folgt die hM in der Literatur (zB Jaeger/*Windel* § 80 Rn. 15; HK-InsO/*Kayser* § 80 Rn. 14; Kübler/Prütting/Bork/*Lüke* § 80 Rn. 38; Zöller/*Vollkommer* Vor § 50 Rn. 21).

20 Bei dem **Theorienstreit** geht es im Wesentlichen darum, die Rechtsbeziehungen der handelnden und betroffenen Personen untereinander und zur Insolvenzmasse übersichtlich darzustellen und Einzelergebnisses in eine systematische Ordnung zu bringen (HambK-InsO/*Kuleisa* § 80 Rn. 4; MüKoInsO/*Ott/Vuia* § 80 Rn. 20 ff., 21 mwN in Fn. 70). Die praktische Relevanz des Theorienstreits, insbes. für die Bestimmung der Aufgaben und Pflichten des Insolvenzverwalters sowie für die Durchführung des Insolvenzverfahrens, ist als gering zu sehen (HambK-InsO/*Kuleisa* § 80 Rn. 4; HK-InsO/*Kayser* § 80 Rn. 13; MüKoInsO/*Ott/Vuia* § 80 Rn. 26; Gottwald InsR-HdB/*Klopp/Kluth/Pechartscheck* § 22 Rn. 20–25 sehen den Theorienstreit als „Spiegelfechterei" an und messen ihm keine Bedeutung zu; zur Relevanz des Theorienstreits für einzelne rechtliche Regelungsprobleme s. auch *Hess* § 80 Rn. 148 ff.; MüKoInsO/*Ott/Vuia* § 80 Rn. 36 ff.). Die von der ständigen obergerichtlichen Rechtssprechung vertretene **Amtstheorie** hat sich in der täglichen Praxis der Insolvenzverwaltung als brauchbar erwiesen (krit. hingegen *Karsten Schmidt* NJW 2010, 1489; 2012, 3344 [3345]), sodass kein Anlass besteht, von dieser Theorie abzuweichen, zumal auch die anderen Theorien kein besseres oder effektiveres System bieten (Jaeger/*Windel* § 80 Rn. 15).

21 **3. Rechtsverhältnis zum Schuldner.** Die Ernennung des Insolvenzverwalters begründet zwischen dem Verwalter und dem Schuldner ein **gesetzliches Schuldverhältnis,** welches einer Geschäftsbesorgung entspricht, aber kein Arbeitsverhältnis ist (BGHZ 113, 276 = NJW 1991, 982; HK-InsO/*Kayser* § 80 Rn. 29; Uhlenbruck/*Mock* § 80 Rn. 52). Der Insolvenzverwalter muss der ihm durch die Insolvenzordnung und die Gläubigerversammlung vorgegebenen Aufgaben nachkommen; insbes. das Schuldnervermögen in Besitz nehmen und entsprechend der in § 1 formulierten Ziele verwerten (→ Rn. 22 f.). Dem Schuldner steht gegenüber dem Insolvenzverwalter kein Weisungsrecht zu.

22 **4. Rechte und Pflichten des Insolvenzverwalters im Insolvenzverfahren. a) Sicherung und Verwertung der Insolvenzmasse.** Der Insolvenzverwalter hat nach der Eröffnung des Insolvenzverfahrens das gesamte zur Insolvenzmasse gehörende Vermögen sofort in Besitz und Verwaltung zu nehmen **(§ 148).** Zudem hat der Insolvenzverwalter die notwendigen Maßnahmen zur Sicherung der Insolvenzmasse zu ergreifen. Dazu gehören die Geltendmachung von Herausgabeansprüchen (§ 148 Abs. 2) sowie die Abwehr der Zugriffe Dritter auf die in Besitz und Verwaltung genommenen Vermögenswerte (zu den Einzelheiten → § 148 Rn. 2 ff., 13 ff.). Daneben hat der Insolvenzverwalter eine Vermögensübersicht **(§ 153)** zu erstellen. Hierfür kann er den Schuldner zur Auskunft bzw. Mitwirkung in Anspruch nehmen (vgl. §§ 97 ff., 153). Mit der Inbesitznahme wird der Insolvenzverwalter unmittelbarer Fremdbesitzer und der Schuldner mittelbarer Eigenbesitzer (hM Kübler/Prütting/Bork/*Lüke* § 80 Rn. 6; Uhlenbruck/*Mock* § 80 Rn. 13; krit. Jaeger/*Windel* § 80 Rn. 61; aA *Bötticher* ZZP 77 (1964), 55 [67], für die von ihm vertretene Organtheorie: die Masse ist Besitzer und der Insolvenzverwalter übt das Besitzrecht als Organ aus). Dem Schuldner stehen die Besitzschutzansprüche (§§ 861, 862, 858 BGB) bei unmittelbarem Besitz des Insolvenzverwalters nicht zu (Kübler/Prütting/Bork/*Lüke* § 80 Rn. 6; Uhlenbruck/*Mock* § 80 Rn. 13). Zudem hat der Insolenzverwalter die Insolvenzmasse mit dem Ziel einer gleichmäßigen oder bestmöglichen Befriedigung aller Gläubiger zu verwerten **(§ 159).**

Da in der Regel mit dem Erhalt des Unternehmens eine bessere Verwertungsmöglichkeit und damit eine bessere Befriedigung der Insolvenzgläubiger verbunden ist, trifft den Insolvenzverwalter die Verpflichtung, das schuldnerische Unternehmen – soweit möglich – fortzuführen und als Ganzes zu erhalten. Versprechen diese Möglichkeiten keinen Erfolg, so muss eine Liquidation erfolgen. Die **Art und Weise der Verwertung** liegt im pflichtgemäßen Ermessen des Insolvenzverwalters, wobei dieser der Kontrolle des Gläubigerausschusses bzw. der Gläubigerversammlung sowie des Gerichts unterliegt. Als Verwertung kommt eine Sanierung der schuldnerischen Unternehmens bzw. der Verkauf des Unternehmens als Ganzes (sog übertragende Sanierung; dazu → § 157 Rn. 2, → § 160 Rn. 23) bzw. eines (wesentlichen) Teils des Betriebs in Betracht (auch → § 1 Rn. 7 ff.). Wie die Verwertung im Einzelfall zu erfolgen hat, richtet sich nach dem jeweiligen Vermögensgegenstand, so können bspw. bewegliche und unbewegliche Gegenstände veräußert oder Forderungen des Schuldners eingezogen oder abgetreten werden. Zu bestimmten Geschäften bedarf es nach § 160 der Zustimmung des Gläubigerausschusses bzw. der Gläubigerversammlung, so bspw. nach § 160 Abs. 2 Nr. 1 bei der Veräußerung des Unternehmens, des Betriebes bzw. des Warenlagers im Ganzen, des unbeweglichen Vermögens aus freier Hand, der Beteiligungen des Schuldners an einen anderen Unternehmen, die eine dauerhafte Verbindung zu einem anderen Unternehmen begründen sollen, sowie der Rechte auf den Bezug wiederkehrender Einkünfte. Verletzt der Insolvenzverwalter iRd Verwertung schuldhaft seine Pflichten, so kann dies eine Haftung nach § 60 begründen. 23

b) Auskunfts-, Handlungs- und Rechnungslegungspflichten. Eine allgemeine **Auskunfts- und Rechnungslegungspflicht** regelt die InsO nicht. Den Insolvenzverwalter treffen jedoch Auskunfts- und Rechnungslegungspflichten gegenüber dem Insolvenzgericht (§ 58 Abs. 1 S. 2), der Gläubigerversammlung (§§ 66, 79, 156 Abs. 1) und dem Gläubigerausschuss (§ 69). Den Aus- und Absonderungsberechtigten ist er grds. nur zur Auskunft verpflichtet, soweit dies im Einzelfall zur Durchsetzung ihrer Ansprüche erforderlich und die Erfüllung dem Insolvenzverwalter zumutbar ist (BGH NJW 2000, 3777 = NZI 2000, 422; NJW-RR 2004, 594 = NZI 2004, 209); gem. § 167 Abs. 1 S. 1 hat der Insolvenzverwalter dem absonderungsberechtigten Gläubiger auf dessen Verlangen Auskunft über den Zustand der Sache zu erteilen. Bei der Einziehung von Forderungen ist der Insolvenzverwalter auf Verlangen der absonderungsberechtigten Gläubiger zur Auskunft verpflichtet (§ 167 Abs. 2 S. 1); er kann aber auch auf die Einsichtnahme in die Geschäftsbücher verweisen (§ 167 Abs. 2 S. 2); → § 167 Rn. 1 ff. **Gegenüber den Insolvenzgläubigern** besteht keine allgemeine Auskunftsverpflichtung; sie erhalten die gewünschten Informationen über die Gläubigerversammlung. Daneben können ausnahmsweise Auskunftspflichten aufgrund spezieller Vorschriften (zB §§ 260, 402, 403, 666, 2027 BGB) bzw. nach Treu und Glauben (§ 242 BGB) in Betracht kommen. 24

Die InsO sieht grds. keine Auskunftspflicht des Insolvenzverwalters **gegenüber dem Schuldner** vor. In Einzelfällen kann eine Auskunftspflicht bestehen, so bspw. im Restschuldbefreiungsverfahren über den Stand der Verbindlichkeiten bzw. des pfändungsfreien Einkommens (HambK-InsO/*Kuleisa* § 80 Rn. 19; Uhlenbruck/*Mock* § 80 Rn. 112). Zudem bestehen Unterrichtungspflichten des Insolvenzverwalters, zB nach § 158 Abs. 2 S. 1 im Falle der Stilllegung des Unternehmens, nach § 161 S. 1 vor der Beschlussfassung des Gläubigerausschusses bzw. der Gläubigerversammlung über bedeutsame Rechtshandlungen oder bei einer Betriebsveräußerung unter Wert (§ 163 Abs. 1). Die gesetzlichen Auskunfts- 25 ansprüche der organschaftlichen Vertreter, des Aktionärs bzw. der Gesellschafter (zB nach §§ 131 AktG, 716 Abs. 1 BGB, 51a GmbHG, 118 HGB) können während des eröffneten Insolvenzverfahrens grds. nicht gegenüber dem Insolvenzverwalter geltend gemacht werden (BayObLG NZI 2005, 631; OLG Hamm ZInsO 2008, 569; HambK-InsO/*Kuleisa* § 80 Rn. 19; Uhlenbruck/*Mock* § 80 Rn. 113); ausnahmsweise besteht indes ein Auskunftsanspruch bei Vorliegen eines besonderen Informationsbedürfnisses (OLG Hamm NJW-RR 2002, 152 = NZI 2002, 103; Uhlenbruck/*Mock* § 80 Rn. 113).

26 Die den **Schuldner obliegenden** vertraglich oder gesetzlich begründeten **Auskunfts-, Handlungs- und Rechnungslegungspflichten** treffen den Insolvenzverwalter, soweit diese nicht höchstpersönlicher Art sind und der Insolvenzverwalter nicht von dem Recht nach § 103 Gebrauch gemacht hat. Mit dieser Einschränkung hat der Insolvenzverwalter für den Schuldner die Handlungen wahrzunehmen, selbst wenn sie in den Anwendungsbereich des § 888 ZPO fallen. So muss der Insolvenzverwalter mit der Verfahrenseröffnung für den Schuldner etwaige Betriebs- und Nebenkostenabrechnungen erstellen. Er ist zur Abgabe von Steuererklärungen (vgl. dazu *Schmittmann* → Anhang Steuerrecht Rn. 30) oder zur Erstellung von Arbeitszeugnissen (vgl. → Rn. 67) verpflichtet.

27 **c) Sonstige Rechte und Pflichten.** Den Insolvenzverwalter treffen weitere Rechte und Pflichten; er hat die Geschäftsbücher in Verwahrung zu nehmen, ein Gläubigerverzeichnis in Form einer Insolvenztabelle (§ 175) anzulegen und zur Befriedigung der Gläubiger die Masse zu erhalten bzw. zu mehren, bspw. durch Aufnahme von Prozessen (§§ 85 f.), durch Fortführung oder Kündigung von Verträgen (§§ 103 ff.), durch Verfolgung von Ansprüche der Insolvenzmasse gegenüber Vertragspartnern bzw. den Gesellschaftern, durch Widerruf von unrechtmäßigen Kontoabbuchungen, durch Verfolgung von Anfechtungsansprüchen (§§ 129 ff.), durch Abwicklung der Absonderungs- und Aussonderungsansprüche, durch Erstellung eines Insolvenzplanes (§§ 217 ff.). Zu den näheren Einzelheiten siehe jeweils die Kommentierung zu den entsprechenden Vorschriften. Zu den arbeitsrechtlichen Rechten und Pflichten des Insolvenzverwalters → Rn. 67; zu den öffentlich-rechtlichen Rechten und Pflichten → Rn. 69 ff. und zu den steuerrechtlichen Rechten und Pflichten → Rn. 72). Zudem stehen dem Insolvenzverwalter nach der InsO Antragsrechte zu, zB gem. §§ 75, 99, 122, 126, 155 Abs. 2, 173, 203, 207.

28 **5. Handeln des Insolvenzverwalters im Außenverhältnis.** Faktisch tritt der Insolvenzverwalter hinsichtlich des insolvenzbefangenen Vermögens in die Rechte und Pflichten des Schuldners ein, wobei der Verwalter nur die Rechte ausüben kann, die der Schuldner bereits vor der Verfahrenseröffnung besaß (BGHZ 24, 18 = NJW 1957, 791; 1944, 1 [4]; 1956, 228 = NJW 1971, 1750). Entsprechend kann der Insolvenzverwalter bspw. ein übertragbares Angebot auf Aufschluss eines Abtretungsvertrages annehmen (BGH NJW-RR 2015, 735 = NZI 2015, 376) oder gegenüber Dritten die ursprünglich dem Schuldner zustehenden **Gestaltungsrechte** wahrnehmen, so eine Kündigung aussprechen (zB BGH NJW 2009, 1820 = NZI 2009, 374 zur Kündigung der Mitgliedschaft in einer Wohnungsgenossenschaft) oder eine Anfechtung gem. §§ 119 ff. BGB erklären. Lasten und Beschränkungen der Massegegenstände sind von ihm zu beachten. Daher ist der Erwerb eines mit einem dinglich Recht belasteten Massegegenstandes vom Insolvenzverwalter nur mit den vorhandenen Belastungen möglich (RGZ 157, 44), sofern nicht ausnahmsweise §§ 892, 932, 936 BGB greift. Die von dem Massegegenstände ausgehenden Störungen können Beseitigungspflichten auslösen, → Rn. 69 ff.

29 Den Gläubigern stehen gegenüber dem Insolvenzverwalter alle **Einwendungen und Einreden** zu, die bisher im Verhältnis zum Schuldner bestanden (BGH

NJW 1995, 1484 für die Bereicherungseinrede). Hat der Insolvenzschuldner bspw. einen Gegenstand rechtsgrundlos (§§ 812 ff. BGB) oder anfechtbar gem. §§ 1 ff. AnfG erworben, so ist die Insolvenzmasse und damit der Insolvenzverwalter diesem Anspruch ausgesetzt (BGHZ 121, 179 = NJW 1993, 663 zur Insolvenzanfechtung gegenüber dem Insolvenzverwalter). Wenn ein Bereicherungsanspruch des Schuldners an § 814 BGB scheitert, dann ist der Insolvenzverwalter hieran gebunden (BGHZ 113, 98 = NJW 1991, 560); entsprechendes gilt für den Einwand aus § 817 S. 2 BGB (BGHZ 106, 169 = NJW 1989, 580; Uhlenbruck/*Mock* § 80 Rn. 78).

Die vom Insolvenzverwalter innerhalb seiner Verwaltungstätigkeit bezüglich der Insolvenzmasse vorgenommenen **Rechtshandlungen** wirken unmittelbar für und gegen den Schuldner. Im Falle eines Neuerwerbs einer beweglichen oder unbeweglichen Sache erlangt der Schuldner das Eigentum (RG WarnRspr 12 Nr. 261; Kübler/Prütting/Bork/*Lüke* § 80 Rn. 8; Uhlenbruck/*Mock* § 80 Rn. 12). Dieser wird mit einem Sperrvermerk zugunsten der Insolvenzmasse ins Grundbuch als Rechtsinhaber eingetragen (HK-InsO/*Kayser* § 80 Rn. 19; Kübler/Prütting/Bork/*Lüke* § 80 Rn. 8; Nerlich/Römermann/*Wittkowski*/*Kruth* § 80 Rn. 14). Entsprechendes gilt für den Erwerb einer Hypothek oder Eigentümergrundschuld. Ist hingegen der Insolvenzverwalter Inhaber eines Vollstreckungstitels, so wird dieser und nicht der Schuldner als Gläubiger der Zwangssicherungshypothek (§ 867 ZPO) in das Grundbuch eingetragen. Denn als Gläubiger einer Zwangssicherungshypothek kann nur der durch Vollstreckungstitel bzw. -klausel ausgewiesenen Inhaber der titulierten Forderung eintragen werden (OLG München ZInsO 2010, 1339; LG Darmstadt Rpfleger 2007, 659; LG Stuttgart BWNotZ 2005, 148). Dies gilt auch in Fällen, in denen ein Prozessstandschafter die Eintragung erstrebt (BGHZ 148, 392 = NJW 2001, 3627), auch wenn er materiell-rechtlich nicht Inhaber der Forderung ist (OLG München ZIP 2010, 2371). Die Eintragung des Insolvenzverwalters ins Grundbuch erfolgt in diesen Fällen ohne Vertretungszusatz bzw. Hinweis auf die Verfahrensstandschaft (OLG München FGPrax 2012, 154). 30

Von dem Insolvenzverwalter eingegangene Verpflichtungen treffen den Schuldner (zB bei Abschluss eines längerfristigen Miet-, Pacht- oder Arbeitsvertrages). Soweit die von dem Insolvenzverwalter begründeten Dauerschuldverhältnisse über die Verfahrensbeendigung hinaus bestehen bleiben, wirken diese für und gegen den Schuldner, wenn sich der betreffende Gegenstand noch in seinem Vermögen befindet. Insoweit beschränkt sich die Haftung des Schuldners auch nach Verfahrensbeendigung gegenständlich auf die Insolvenzmasse (BGH NJW 1955, 339; WM 1964, 1125; HambK-InsO/*Kuleisa* § 80 Rn. 24; Kübler/Prütting/Bork/*Lüke* § 80 Rn. 39; MüKoInsO/*Ott*/*Vuia* § 80 Rn. 9; Nerlich/Römermann/*Wittkowski*/*Kruth* § 80 Rn. 13; aA gegenständlich unbegrenzte Haftung nach Verfahrensbeendigung: Jaeger/*Windel* § 80 Rn. 44–46; Uhlenbruck/*Mock* § 80 Rn. 27). Für Vertragspflichtverletzungen bzw. unerlaubte Handlungen des Insolvenzverwalters haftet ausschließlich die Insolvenzmasse und nicht der Insolvenzverwalter persönlich. 31

Hinsichtlich **Willensmängel, Kenntnis, Kennenmüssen** oder **Gutgläubigkeit** ist – nach der Amtstheorie (→ Rn. 19) – allein auf die Person des Insolvenzverwalters abzustellen. Der Schuldner steht nicht im Lager des Insolvenzverwalters, vielmehr ist er Dritter iSd § 123 Abs. 2 S. 1 BGB. Die Insolvenzmasse haftet in entsprechender Anwendung des **§ 31 BGB** für eine zum Schadensersatz verpflichtende Handlung des Insolvenzverwalters im Rahmen seiner Tätigkeit für die Masse (Jaeger/*Windel* § 80 Rn. 56; Kübler/Prütting/Bork/*Lüke* § 80 Rn. 27; Palandt/*Ellenberger* § 31 Rn. 3). Unerheblich ist, worauf die Ersatzpflicht im Einzelnen beruht; eines Rückgriffs auf § 278 BGB bedarf es nicht (vgl. auch Jaeger/*Windel* § 80 Rn. 56; für eine Anwendung des § 278 BGB: BGH NJW 32

1958, 670). Für Hilfspersonen, deren sich der Insolvenzverwalter gegenüber Dritten bedient, haftet die Insolvenzmasse nach § 278 BGB oder § 831 BGB. Keine Haftung der Masse tritt hinsichtlich der Gehilfen ein, deren sich der Insolvenzverwalter zur Erfüllung seiner Verwalterpflichten gegenüber der Masse bedient.

33 **Rechtsgeschäfte des Insolvenzverwalters** sind grds. **auch dann** im Außenverhältnis wirksam, **wenn** sie **unzweckmäßig** oder **unrichtig** sind (BGH NJW 1983, 2018; BGHZ 124, 27 = NJW 1994, 323; 150, 353 [360 f.] = NZI 2002, 375; BGH NJW-RR 2008, 1074 = NZI 2008, 365; ZIP 2013, 531); im Einzelfall kann eine persönliche Haftung des Insolvenzverwalters bestehen. Die Aufhebung des Eröffnungsbeschlusses im Rechtsmittelverfahren hat keine Auswirkungen auf die vom Insolvenzverwalter oder ihm gegenüber vorgenommenen Rechtshandlungen (§ 34 Abs. 3 S. 3). Dies gilt bspw. für Vertragsschlüsse, Kündigungen und Verfügungsgeschäfte (vgl. → § 34 Rn. 55). **§ 181 BGB** ist auf den Insolvenzverwalter zumindest entsprechend anwendbar (Jaeger/*Windel* § 80 Rn. 251; Kübler/Prütting/Bork/*Lüke* § 80 Rn. 26; Nerlich/Römermann/*Wittkowski/Kruth* § 80 Rn. 67; Uhlenbruck/*Mock* § 80 Rn. 65; Wimmer/*Wimmer-Amend* § 80 Rn. 37; aA HK-InsO/*Kayser* § 80 Rn. 34). Eine Genehmigung kann nur von einem Sonderinsolvenzverwalter erteilt werden; das Insolvenzgericht oder der Schuldner sind hierzu nicht berechtigt (Nerlich/Römermann/*Wittkowski/Kruth* § 80 Rn. 67).

34 **Ausnahmsweise** können Rechtsgeschäfte des Insolvenzverwalters **nichtig** sein. Nach der früher hM in Rspr. und Literatur war dies der Fall, wenn die Rechtshandlung offensichtlich dem Insolvenzzweck der gleichmäßigen Gläubigerbefriedigung zuwiderläuft (zB RGZ 57, 195 [199 f.]; 63, 203 [213]; 76, 244 [249 f.]; BGH NJW 1971, 701; 1983, 2018; 1994, 323 [326]; ZIP 2013, 531; Kübler/Prütting/Bork/*Lüke* § 80 Rn. 22, 28 ff.; Nerlich/Römermann/*Wittkowski/Kruth* § 80 Rn. 119; einschränkend wegen der fehlenden eindeutigen Grenzziehung HK-InsO/*Kayser* § 80 Rn. 35 f.). Teilw. werden in der Literatur (MüKoInsO/*Ott/Vuia* § 80 Rn. 60 ff.; *Spickhoff* KTS 2000, 15 ff.; vgl. auch Jaeger/*Windel* § 80 Rn. 252 ff.) die zum **Missbrauch der Vertretungsmacht** entwickelten Grundsätze herangezogen. Zur objektiven Evidenz der Insolvenzzweckwidrigkeit sei zusätzlich noch erforderlich, dass sich dem Geschäftspartner aufgrund der Umstände des Einzelfalls ohne Weiteres begründete Zweifel an der Vereinbarkeit der Handlung mit dem Zweck des Insolvenzverfahrens aufdrängen mussten. Dieser Auffassung hat sich der BGH mittlerweile angeschlossen (BGHZ 150, 353 [360 ff.] = NJW 2002, 2783; NZI 2013, 347), wobei der BGH in weiteren Entscheidungen darauf abstellt, dass dem Geschäftspartner zumindest grobe Fahrlässigkeit vorzuwerfen ist (NJW 2008, 63 = NZI 2008, 27; NJW-RR 2008, 1074 = NZI 2008, 365). In der Praxis führen die unterschiedlichen Auffassungen regelmäßig nicht zu unterschiedlichen Ergebnissen. Denn wenn der Verstoß unter allen in Betracht kommenden Gesichtspunkten für jeden verständigen Menschen offensichtlich ist, dann kann regelmäßig auch eine grobe Fahrlässigkeit des Geschäftsgegners bejaht werden.

35 Unwirksam kann bspw. sein die entgeltliche Ablösung einer offensichtlich wertlosen Grundschuld (BGH NJW-RR 2008, 1074 = NZI 2008, 365; anders, wenn die Zahlung der „Lästigkeitsprämie" ausschließlich zu Lasten eines damit einverstandenen Grundpfandgläubigers geht: BGH NZI 2014, 450; vgl. auch BGH NJW-RR 2015, 850 = NZI 2015, 550, zur fehlenden Verpflichtung des nachrangig gesicherten Gläubigers zur Erteilung einer Löschungsbewilligung) oder einer Sicherungshypothek (OLG Düsseldorf ZIP 1995, 1100), die Anerkennung nicht bestehender Aussonderungs- und Absonderungsrechte (RGZ 57, 199; BGH NJW 1958, 670) oder einer nicht bestehenden Aufrechnungslage (RGZ 40, 121 [125]), der Abschluss eines Vergleichs über Aus- oder Absonderungs-

rechte (OLG Düsseldorf ZIP 1995, 55), die fälschliche Anerkennung einer eindeutigen Insolvenzforderung als Masseschuld, die Durchführung von Börsenspekulationsgeschäften (OLG Celle ZIP 2006, 1364), die Vornahme von Schenkungen aus der Masse (RGZ 57, 195 [199]) oder die Abtretung einer zur Insolvenzmasse gehörenden Forderung (BGH LM § 6 KO Nr. 3; NJW 1983, 2018) nicht indes die Abtretung eines streitigen Rückgewähranspruchs, wenn die Masse hierfür eine Gegenleistung erhält (BGH NZI 2013, 347) oder die Freigabe einer Eigentumswohnung, um die Masse vor dem Wohngeld zu schonen (BGH ZVI 2014, 183). **Rechtsfolge der Nichtigkeit** ist die Nicht-Durchsetzbarkeit zugesagter bzw. die Verpflichtung zur Rückgewähr erbrachter Leistungen nach bereicherungsrechtlichen Grundsätzen; auf den Einwand der Entreicherung findet § 819 Abs. 1 BGB Anwendung (MüKoInsO/*Ott/Vuia* § 80 Rn. 63; krit. Jaeger/*Windel* § 80 Rn. 257).

IV. Insolvenzverwalter im Prozess

1. Unterbrechung des Verfahrens. Mit der Eröffnung des Insolvenzverfahrens werden rechthängige Verfahren, die die Insolvenzmasse betreffen, automatisch nach **§ 240 Abs. 1 S. 1 ZPO** unterbrochen. Die Unterbrechung endet mit (1) der Aufnahme eines Aktivprozesses nach § 85, eines Passivprozesses nach § 86 bzw. eines Prozess mit dem Ziel der Feststellung zur Tabelle (§ 180 Abs. 2), (2) der Aufhebung (§ 200) bzw. Einstellung (§§ 207 ff.) des Insolvenzverfahrens oder (3) der Freigabe des streitbefangenen Gegenstandes durch den Insolvenzverwalter (dazu → § 35 Rn. 37 ff.). Keine Unterbrechung tritt hinsichtlich Streitigkeiten über das vom Insolvenzbeschlag nicht erfasste Vermögen (vgl. dazu → § 35 Rn. 36 ff.) bzw. über persönliche Angelegenheiten des Schuldners ein (zu den näheren Einzelheiten → § 85 Rn. 21). 36

2. Partei kraft Amtes. a) Allgemeines. Der Insolvenzverwalter besitzt für alle die Insolvenzmasse betreffenden Rechtsstreitigkeiten unabhängig von der Verfahrensart eine **umfassende Prozessführungsbefugnis.** Massebezogene Aktivklagen kann nur noch der Insolvenzverwalter erheben (zur Aufnahme eines Aktivprozesses durch den Insolvenzverwalter → § 85 Rn. 40 ff.). Die die Insolvenzmasse betreffenden Passivklagen sind gegen ihn zu richten (zur Fortführung eines Passivprozesses → § 86 Rn. 10 ff.). Den Insolvenzverwalter treffen alle Rechte und Pflichten sowie Obliegenheiten einer Prozesspartei. Er kann ohne Rücksprache mit dem Schuldner sämtliche Prozesshandlungen vornehmen, bspw. den Anspruch anerkennen, ein Versäumnisurteil gegen sich ergehen lassen, die Klage zurücknehmen oder für erledigt erklären. Der Insolvenzverwalter ist nicht verpflichtet, im Rahmen seiner Prozessführung mögliche Kostenerstattungsansprüche des Prozessgegners sicher zu stellen (BGHZ 148, 175 = NZI 2001, 533; BGH NJW 2005, 901 = NZI 2005, 155). Wegen der Durchführung eines Prozesses haftet er ausnahmsweise nach § 826 BGB, wenn er diesen ohne jede Erfolgsaussicht geführt hat. 37

Nach der Amtstheorie (dazu → Rn. 19) führt der Insolvenzverwalter einen das insolvenzbefangene Vermögen des Schuldners betreffenden Rechtsstreit in eigenem Namen und eigener Verantwortung als Partei kraft Amtes. Diese Stellung ist in der Klageschrift sowie im Rubrum der in dem Verfahren ergehenden Entscheidungen so klar zu kennzeichnen, dass keine Zweifel über die Person und Stellung der Partei aufkommen (BGH WarnRspr. 1973, 302), bspw. durch die Formulierung **„in seiner Eigenschaft als Insolvenzverwalter über das Vermögen des Schuldners.“** Erhebt der Insolvenzverwalter eine Klage ohne entsprechende Kennzeichnung, so tritt die Rechtshängigkeit in eigener Person ein. Werden gegen den Insolvenzverwalter Ansprüche wegen einer persönlichen Haf- 38 tung (zB nach §§ 60, 61) geltend gemacht werden, ist dieser persönlich zu verklagen. Wird der Insolvenzverwalter sowohl als Partei kraft Amtes als auch persönlich verklagt, besteht wegen der verschiedenen Parteistellung eine **Streitgenossenschaft** (BGHZ 100, 346 = NJW 1987, 3133; BGH NJW-RR 1990, 318; vgl. auch ZIP 2012, 533; *Karsten Schmidt* KTS 1991, 211 ff.). Weist das erstinstanzliche Gericht eine ausschließlich gegen den Insolvenzverwalter als Partei kraft Amtes gerichtete Klage ab, ist eine ausschließlich gegen den Beklagten persönlich gerichtete Berufung mangels Beschwer unzulässig (BGH ZInsO 2015, 421).

39 **b) Gerichtsstand.** Der **allgemeine Gerichtsstand** eines Insolvenzverwalters für massebezogene Passivprozesse (zB Aussonderung, Absonderung), bestimmt sich nach dem Sitz des Insolvenzgerichts (§ 19a ZPO); dieser Gerichtsstand ist nicht ausschließlich (BayObLG NJW-RR 2003, 926 = NZI 2003, 230). § 19a ZPO begründet für seinen Anwendungsbereich auch die internationale Zuständigkeit deutscher Gerichte (BGH NJW 2003, 2916 = NZI 2003, 545). Für die vom Insolvenzverwalter erhobenen Klagen verbleibt es bei den allgemeinen Zuständigkeitsregeln (BGH NJW 2003, 2916 = NZI 2003, 545). Aus einer analogen Anwendung des § 19a ZPO iVm § 3 InsO, Art. 102 § 1 EGInsO ergibt sich die örtliche Zuständigkeit für grenzüberschreitende Insolvenzanfechtungsklage gegen einen Anfechtungsgegner, der seinen satzungsmäßigen Sitz in einem Mitgliedsstaat hat (BGH NJW 2009, 2215 = NZI 2009, 532; Zöller/*Vollkommer* § 19a Rn. 7). Die Gerichte des Mitgliedsstaats, in dessen Gebiet das Insolvenzverfahren eröffnet worden ist, sind auch für eine Insolvenzanfechtungsklage gegen einen Anfechtungsgegner zuständig, der seinen Sitz nicht im Gebiet eines Mitgliedsstaats hat (EuGH NJW 2014, 610 = NZI 2014, 134; BGH NJW-RR 2014, 1137 = NZI 2014, 672). Zur örtlichen Zuständigkeit für eine Feststellungsklage zur Tabelle → § 180 Rn. 5.

40 **c) Postulationsfähigkeit.** Die **Postulationsfähigkeit** des Insolvenzverwalters bestimmt sich nach dem jeweiligen Prozessrecht. Ist dieser selber Rechtsanwalt, so kann er sich in einem Anwaltsprozess selbst bei Gericht vertreten (§ 78 Abs. 4 ZPO; vgl. Zöller/*Vollkommer* § 78 Rn. 35). Entsprechendes gilt für Rechtsanwälte, mit denen der Insolvenzverwalter in einer Sozietät zusammen arbeitet. Die Tätigkeit als Prozessbevollmächtigter in eigener Sache wird nicht durch Insolvenzverwaltervergütung nach §§ 1 ff. InsVV erfasst. Vielmehr erhält der Insolvenzverwalter zusätzlich eine Vergütung nach den einschlägigen Gebührenordnungen; für diese haftet die Insolvenzmasse (zur Gewährung von Prozesskostenhilfe → Rn. 45 ff.).

41 **d) Zustellungen.** Zustellungen müssen, soweit die Insolvenzmasse betroffen ist, **ausschließlich an den Insolvenzverwalter** erfolgen (RGZ 56, 396 [398]; MüKoInsO/*Ott*/*Vuia* § 80 Rn. 77); die an den Schuldner persönlich erfolgten Zustellungen entfalten keine Wirkungen im Verhältnis zum Insolvenzverwalter. Eine nach Verfahrenseröffnung an den Schuldner bewirkte Klagezustellung führt zwar zur Rechtshängigkeit der gegen den Schuldner gerichteten Klage; diese ist indes unzulässig, soweit die Insolvenzmasse betroffen ist (KG MDR 1990, 831; vgl. auch → § 87 Rn. 10). Unzutreffend ist insoweit die vom LG Mainz (NZI 2011, 768) vertretene Ansicht, der Insolvenzverwalter werde in diesem Falle kraft Gesetzes Partei dieses Prozesses und die Klageerhebung sei bis zur Genehmigung durch den Insolvenzverwalter schwebend unwirksam. Diese Auffassung widerspricht dem zivilprozessualen Grundsatz der Bedingungsfeindlichkeit von Prozesshandlungen. Ein noch vor Eröffnung des Insolvenzverfahrens verkündetes Urteil muss dem Insolvenzverwalter zugestellt werden, falls es die Insolvenzmasse betrifft (Wimmer/*Wimmer-Amend* § 80 Rn. 48). Die Zustellung einer nicht die Insol-

venzmasse betreffenden Klage an den Insolvenzverwalter führt keine Rechtshängigkeit herbei (BGHZ 127, 156 [163] = NJW 1994, 323; MüKoInsO/*Ott/Vuia* § 80 Rn. 77; HambK-InsO/*Kuleisa* § 80 Rn. 26; aA unter Zugrundelegung der „neuen" Vertretertheorie *Karsten Schmidt* NJW 1995, 911). Zu der Bekanntgabe von Verwaltungsakten → Anhang Steuerrecht Rn. 43 ff.

e) Sonstige Wirkungen. Da der Schuldner mit dem Übergang der Verwaltungs- und Verfügungsmacht auf den Insolvenzverwalter seine Stellung als Partei verliert, kann er in einem die Insolvenzmasse betreffenden Verfahren als **Zeuge** vernommen werden (stRspr RGZ 29, 29; MüKoInsO/*Ott/Vuia* § 80 Rn. 79; Uhlenbruck/*Mock* § 80 Rn. 23); der Insolvenzverwalter hingegen ist als Partei zu vernehmen. Dem Schuldner bzw. seinen Angehörigen stehen Aussageverweigerungsrechte in entsprechender Anwendung des § 383 Abs. 1 Nr. 1–3 ZPO zu (MüKoInsO/*Ott/Vuia* § 80 Rn. 79; Nerlich/Römermann/*Wittkowski/Kruth* § 80 Rn. 32; Uhlenbruck/*Mock* § 80 Rn. 23). Zur Entbindung von der Verschwiegenheitspflicht (§ 385 Abs. 2 ZPO iVm § 383 Abs. 1 Nr. 4, Nr. 6 ZPO; § 29 Abs. 2 FamFG; § 53 Abs. 2 StPO) ist in einem die Insolvenzmasse betreffenden Rechtsstreit der Insolvenzverwalter berechtigt (RGZ 59, 85; BGHZ 109, 260 = NJW 1990, 510; OLG Düsseldorf NJW-RR 1994, 958; OLG Oldenburg NJW 2004, 2176), soweit sich die Befreiung zugunsten der Insolvenzmasse auswirken kann (OLG Schleswig ZIP 1983, 968; Uhlenbruck/*Mock* § 80 Rn. 132). Hinsichtlich der durch Art. 2 Abs. 1 GG geschützten rein persönlicher Tatsachen steht weiterhin dem Schuldner das Recht zur Entbindung von der Verschwiegenheitspflicht zu (OLG Frankfurt a. M. WM 1989, 1171; MüKoInsO/*Ott/Vuia* § 80 Rn. 44). 42

Der Schuldner kann dem Insolvenzverwalter als **Nebenintervenient** beitreten (aA Jaeger/*Windel* § 80 Rn. 201), sofern er ein Interventionsinteresse besitzt; dieses muss sich aus dem insolvenzfreien Vermögen ergeben (Kübler/Prütting/Bork/*Lüke* § 80 Rn. 57; MüKoInsO/*Ott/Vuia* § 80 Rn. 82; Wimmer/*Wimmer-Amend* § 80 Rn. 52). Es gelten insoweit dieselben Grundsätze wie für die Ermächtigung des Schuldners zur Prozessführung, → Rn. 44. Ein entsprechendes Interesse an einem Beitritt fehlt grds. bei einem Prozess auf Feststellung zur Insolvenztabelle. Insoweit wird nur die Insolvenzmasse betroffen; zudem werden die Interessen des Schuldners über §§ 178, 184 hinreichend geschützt. 43

f) Ermächtigung zur Prozessführung. Der Insolvenzverwalter kann den Schuldner im Wege der modifizierten Freigabe (→ § 35 Rn. 37 ff.) **mit der Führung eines massebezogenen Prozesses** im eigenem Namen **ermächtigen** (BGHZ 35, 180 [182] = NJW 1961, 1528; BGHZ 38, 291 = NJW 1963, 587; BGHZ 96, 151 = NJW 1986, 850; BGHZ 100, 218 = NJW 1987, 2018; HK-InsO/*Kayser* § 80 Rn. 41; Nerlich/Römermann/*Wittkowski/Kruth* § 80 Rn. 28; aA Jaeger/*Windel* § 80 Rn. 216 f. mit der Begründung, die Zulassung der gewillkürten Prozessstandschaft verstoße gegen die zwingenden Vorschriften des Insolvenzrechts). Ist der Schuldner keine natürliche Person, so wird der Prozess durch die jeweiligen Vertretungsorgane geführt. Voraussetzung für die gewillkürte Prozessstandschaft ist ein **eigenes schutzwürdiges Interesse des Schuldners** an der Prozessführung. Dieses kann bspw. bestehen, wenn Unsicherheit darüber besteht, ob der Prozessgegenstand zur Insolvenzmasse oder zum freien Vermögen des Schuldners gehört (BGH KTS 1963, 236; HK-InsO/*Kayser* § 80 Rn. 42; Kübler/Prütting/Bork/*Lüke* § 80 Rn. 58; aA Jaeger/*Windel* § 80 Rn. 219; Nerlich/Römermann/*Wittkowski/Kruth* § 80 Rn. 28). Ist der Schuldner eine natürliche Person, ist regelmäßig ein schutzwürdiges Eigeninteresse an der Rechtsverfolgung wegen der Möglichkeit einer Nachhaftung gem. § 201 zu bejahen (BGHZ 100, 217 [220] = NJW 1987, 2018; HK-InsO/*Kayser* § 80 Rn. 42; Nerlich/Römermann/*Wittkowski/Kruth* § 80 Rn. 28). Unzulässig ist hingegen eine Freigabe, die 44 ausschließlich dazu dient, das Prozessrisiko des Prozessgegners auf einen vermögenslosen Schuldner zu verlagern (BGHZ 96, 151 = NJW 1986, 850; Nerlich/Römermann/*Wittkowski/Kruth* § 80 Rn. 27).

45 **3. Prozesskostenhilfe für den Insolvenzverwalter. a) Grundsatz.** Dem Insolvenzverwalter kann als Partei kraft Amtes **Prozesskostenhilfe** bewilligt werden. Zu weitgehend ist die von Teilen der Literatur (MüKoInsO/*Ott/Vuia* § 80 Rn. 86; Nerlich/Römermann/*Wittkowski/Kruth* § 80 Rn. 58) sowie teilw. von Teilen der Rspr. (BGH NJW 1991, 40 [41]; BGHZ 119, 372 [376] = NJW 1993, 135; aA nunmehr BGHZ 138, 191 = NJW 1998, 1868; BGH NZI 2013, 82; ZInsO 2015, 898) aufgestellte Forderung, die Gewährung von Prozesskostenhilfe für den Insolvenzverwalter habe wegen des schutzwürdigen öffentlichen Interesses regelmäßig erfolgen, die Verweigerung solle die Ausnahme sein. Vielmehr ist auch für die Prozessführung des Insolvenzverwalters davon auszugehen, dass grds. jede Partei die Kosten einer Rechtsverfolgung selber zu tragen hat. Prozesskostenhilfe erhält der Insolvenzverwalter nur dann, wenn er die dafür vorgesehenen Voraussetzungen konkret darlegt und durch entsprechende aussagekräftige Unterlagen belegt (§ 117 Abs. 2 ZPO) sowie auf Verlangen des Gerichts (§ 118 Abs. 2 S. 1 ZPO) glaubhaft macht (BGHZ 138, 188 [191 f.] = NJW 1998, 1868; BGH NZI 2013, 82; OLG Celle ZIP 1994, 1973; OLG Köln NZI 2000, 540; OLG Naumburg ZInsO 2002, 541; HK-InsO/*Kayser* § 80 Rn. 46 f.; Kübler/Prütting/Bork/*Lüke* § 80 Rn. 63; Uhlenbruck/*Mock* § 80 Rn. 191; iE wohl auch Wimmer/*Wimmer-Amend* § 80 Rn. 58 f.). Denn das Gesetz unterscheidet für die Bewilligung nicht hinsichtlich des mit der Prozessführung verfolgten Interesses. Die Voraussetzungen einer **Beiordnung eines Rechtsanwalts** richtet sich nach § 121 ZPO. Der Insolvenzverwalter, der Rechtsanwalt ist, kann gem. § 78 Abs. 4 ZPO selbst beigeordnet werden (vgl. → Rn. 40).

46 Die Gewährung von Prozesskostenhilfe verlangt stets eine **einzelfallbezogene Prüfung** der gesetzlich vorgesehenen Voraussetzungen (BGHZ 138, 191 = NJW 1998, 1868; BGH NZI 2013, 82). Eine Bewilligung kommt nur dann in Betracht, wenn die Kosten der Prozessführung nicht aus der verwalteten Insolvenzmasse aufgebracht werden können und den am Gegenstand des Rechtsstreits wirtschaftlich Beteiligten eine Kostenaufbringung nicht zuzumuten ist (§ 116 S. 1 Nr. 1 ZPO). Zudem muss die beabsichtigte Rechtsverfolgung oder Rechtsverteidigung im konkreten Einzelfall hinreichende Aussicht auf Erfolg bieten und nicht mutwillig erscheinen (§ 116 S. 2 iVm § 114 Abs. 1 S. 1 letzter Hs. ZPO). Können die Kosten nur zum Teil oder in Teilbeträgen aufgebracht werden, sind entsprechende Beträge zu zahlen (§ 116 S. 3 ZPO). Der nach § 117 Abs. 2 iVm Abs. 4 ZPO eingeführte Vordruck ist nach § 1 Abs. 2 PKHFV nicht zu verwenden; insoweit findet § 117 Abs. 4 ZPO keine Anwendung. Der antragstellende Insolvenzverwalter hat aber stets formlos die vorhandene Insolvenzmasse und die Forderungen der Gläubiger nach Art und Höhe konkret aufzuzeigen, damit das Gericht die Zumutbarkeit der Kostenaufbringung prüfen kann (BGH NJW 1998, 3124; OLG Naumburg ZInsO 2002, 541).

47 Diese Grundsätze gelten entsprechend für den **vorläufigen „starken" Insolvenzverwalter** (Kübler/Prütting/Bork/*Prütting* § 4 Rn. 11). In Verfahren nach dem FamFG kann dem Insolvenzverwalter nach § 76 Abs. 2 FamFG **Verfahrenskostenhilfe** bewilligt werden (Keidel/*Zimmermann* FamFG § 76 Rn. 27). In diesen Verfahren richtet sich die Beiordnung eines Rechtsanwalts nach § 78 FamFG; sie kommt nur in Betracht, wenn wegen der Schwierigkeit der Sach- und Rechtslage eine Vertretung durch einen Rechtsanwalt erforderlich erscheint. Soweit eine Vertretung durch einen Rechtsanwalt gesetzlich nicht vorgeschrieben ist, ist eine anwaltliche Beiordnung regelmäßig nur möglich, wenn ein bemittelter Rechtssuchender in der Lage des Unbemittelten vernünftigerweise einen Rechts-

anwalt mit der Wahrnehmung seiner Interessen beauftragt hätte. Im Einzelfall kann sich für einen Beteiligten allein wegen einer schwierigen Sachlage oder allein wegen einer schwierigen Rechtslage so kompliziert darstellen, dass auch ein bemittelter Beteiligter einen Rechtsanwalt zuziehen würde (BGHZ 186, 70 = NJW 2010, 3029). Dagegen reicht allein der Grundsatz der Waffengleichheit nicht aus, da die Regelung in § 78 Abs. 2 FamFG nicht auf § 121 Abs. 2 Alt. 2 ZPO Bezug nimmt.

b) Fehlende Aufbringung der Verfahrenskosten aus der Insolvenzmasse. 48
Die verwaltete Vermögensmasse darf **nicht in der Lage sein,** die **Kosten der Prozessführung aufzubringen.** Im Falle der Anzeige der Masseunzulänglichkeit ist grds. davon auszugehen, dass die Kosten nicht aus der Insolvenzmasse aufgebracht werden können (BGH NZI 2008, 98; 2008, 368; 2008, 431). Demgegenüber kann keine Prozesskostenhilfe für einen Prozess gewährt werden, der nicht geeignet ist, eine bereits **eingetretene Massekostenarmut** zu beseitigen (BGH NJW-RR 2009, 1305 = NZI 2009, 602; BGH NZI 2013, 79; ZInsO 2013, 496; OLG Celle NZI 2010, 688; OLG Hamm ZInsO 2011, 1947; verkannt von OLG Celle ZIP 2010, 1464; → Rn. 58).

In den sonstigen Fällen bestimmt sich die Frage der Kostenaufbringung durch 49
die Insolvenzmasse danach, ob nach Abzug der Masseverbindlichkeiten noch hinreichend verfügbare Mittel für die Prozessführung vorhanden sind (Uhlenbruck/*Mock* § 80 Rn. 194). Zur Berechnung der voraussichtlichen Verfahrenskosten siehe Anlage 1 zu Nr. 1.3 DB-PKH, abgedruckt bei *Hartmann* VII. B. 5). Dem Insolvenzverwalter muss aber ausreichende Liquidität für seine wirtschaftliche Handlungsfähigkeit, insbes. für eine ordnungsgemäße Abwicklung des Insolvenzverfahrens übrig bleiben. Entsprechend sind bei der **Ermittlung des vorhandenen Barbestands** die bereits voraussehbaren Massekosten und Masseverbindlichkeiten abzuziehen (OLG Köln ZIP 1994, 724; OLG München ZIP 1998, 1197; OLG Stuttgart ZInsO 2004, 556; Uhlenbruck/*Mock* § 80 Rn. 194; Zöller/*Geimer* § 116 Rn. 4). Es gibt indes kein Schonvermögen des Insolvenzverwalters, das nicht für die Prozesskosten eingesetzt werden muss (OLG Stuttgart ZInsO 2004, 556). Nach Anzeige der Masseunzulänglichkeit sind bei der Ermittlung der Bedürftigkeit der Masse auch die Altmasseverbindlichkeiten zu berücksichtigen (BGH NZI 2008, 98).

Für **zu erwartende Mittel** kommt es auf den Grad der Wahrscheinlichkeit des 50
Zahlungseingangs und die Frage an, ob mit dem Rechtsstreit bis zur Realisierung der Forderung zugewartet werden kann. Grds. unberücksichtigt bleiben nicht titulierte Ansprüche aus Insolvenzanfechtung (OLG Köln ZIP 2007, 1030). Den Insolvenzverwalter trifft eine Pflicht zu einer wirtschaftlich sinnvollen Verwertung der kurzfristig liquidierbaren Insolvenzmasse einschließlich des Einzugs fälliger Forderungen (OLG Köln ZIP 2007, 1030; Uhlenbruck/*Mock* § 80 Rn. 197; Zöller/*Geimer* § 116 Rn. 4). Zudem muss in Ausnahmefällen ein Darlehen zur Finanzierung der Prozesskosten aufgenommen werden, sofern die Gewährung und Rückzahlung des Darlehens gesichert sind (Jaeger/*Windel* § 80 Rn. 170; MüKoInsO/*Ott*/*Vuia* § 80 Rn. 88; Uhlenbruck/*Mock* § 80 Rn. 197; Zöller/*Geimer* § 116 Rn. 4; aA Nerlich/Römermann/*Wittkowski*/*Kruth* § 80 Rn. 61a: eine Darlehensaufnahme ist stets unzumutbar).

c) Wirtschaftlich Beteiligte. Reicht die verwaltete Vermögensmasse nicht 51
zur Kostendeckung, so muss geprüft werden, ob es den wirtschaftlich Beteiligten zuzumuten ist, die Mittel für die Prozessführung ganz oder teilw. aufzubringen. **Wirtschaftlich beteiligt** sind diejenigen, die im Falle eines erfolgreichen Ausgangs des Rechtsstreits eine Verbesserung ihrer Befriedigungsaussichten erwarten können (BGH NJW 1991, 40; BGHZ 119, 372 [377] = NJW 1993, 135 [136]; BGH NJW 1997, 3318; NJW-RR 2005, 1640 = NZI 2005, 560; HK-InsO/

Kayser § 80 Rn. 48; Jaeger/*Windel* § 80 Rn. 171; Uhlenbruck/*Mock* § 80 Rn. 199). Eine geringfügige Verbesserung der Befriedigungsmöglichkeiten kann ausreichen, sofern die Zumutbarkeit der Kostenaufbringung gegeben ist (HK-InsO/*Kayser* § 80 Rn. 48). Auf jeden Fall kommt es auf den konkret beabsichtigten Prozess und nicht auf eine Gesamtschau aller vom Insolvenzverwalter möglichen prozessualen Maßnahmen an (BGHZ 119, 372 [377 f.] = NJW 1993, 135; HK-InsO/*Kayser* § 80 Rn. 48; Uhlenbruck/*Mock* § 80 Rn. 199). Zu den wirtschaftlichen Beteiligten gehören die **Insolvenzgläubiger** und die **Masse(kosten) gläubiger** (KG ZInsO 2005, 992; OLG Jena OLGR 2003, 429; OLG Köln NZI 2000, 540; OLG Rostock ZIP 1997, 1710 [1711]; BFH ZInsO 2005, 992; Jaeger/*Windel* § 80 Rn. 172; Kübler/Prütting/Bork/*Lüke* § 80 Rn. 66, MüKoInsO/*Ott/Vuia* § 80 Rn. 89; Uhlenbruck/*Mock* § 80 Rn. 201; Zöller/*Geimer* § 116 Rn. 6; aA OLG Düsseldorf ZIP 1993, 780; OLG Jena ZInsO 2001, 268; *Pape* ZIP 1990, 1529 [1531]; Zöller/*Geimer* § 116 Rn. 10b spricht sich insoweit für eine generelle Unzumutbarkeit aus). Wirtschaftlich Beteiligte sind grds. auch **öffentlich-rechtliche Gläubiger** (BVerwG ZIP 2006, 1542) sowie der Schuldner (BGH NJW 1991, 40; Jaeger/*Windel* § 80 Rn. 171; Uhlenbruck/*Mock* § 80 Rn. 204).

52 Wirtschaftlich **nicht** beteiligt ist der **Insolvenzverwalter,** auch wenn er mit seinem Vergütungsanspruch Massegläubiger ist. Der Insolvenzverwalter nimmt eine im öffentlichen Interesse liegende Aufgabe war. Hiermit ist es unvereinbar, wenn dem Insolvenzverwalter die Führung eines solchen Prozesses auf eigenes Kostenrisiko zugemutet werden würden; dies gilt auch, wenn der Prozesserfolg wirtschaftlich ausschließlich seiner Vergütung zugute kommt (BGH NJW 1998, 1229; NJW-RR 2004, 136 = NZI 2004, 26; OLG Düsseldorf NZI 1999, 455; OLG Jena ZIP 2001, 579; OLG Köln NZI 2000, 540; HK-InsO/*Kayser* § 80 Rn. 48; MüKoInsO/*Ott/Vuia* § 80 Rn. 89; MüKoZPO/*Motzer* § 116 Rn. 14; Nerlich/Römermann/*Wittkowski/Kruth* § 80 Rn. 61a; HambK-InsO/*Kuleisa* § 80 Rn. 51; Uhlenbruck/*Mock* § 80 Rn. 205; Zöller/*Philippi* § 116 Rn. 10a; aA insbes. die frühere obergerichtliche Rspr.: zB OLG Düsseldorf NZI 1999, 455; OLG Köln NZI 2000, 540; OLG Naumburg ZInsO 2002, 541; OLG Rostock ZIP 1997, 1710).

53 Keine wirtschaftlichen Beteiligten sind die **Aussonderungsberechtigten** sowie die Gläubiger, die auch ohne den erfolgreichen Ausgang des Rechtsstreits eine volle Befriedigung erlangen können (MüKoInsO/*Ott/Vuia* § 80 Rn. 89); so bspw. Massegläubiger im Falle einer vollständigen Befriedigung aus der Masse. Demgegenüber sind **Absonderungsgläubiger** wirtschaftlich Beteiligte, soweit sie mit einer Ausfallforderung bei Insolvenzquote zu berücksichtigen sind (BGH ZInsO 2012, 1941; OLG Hamm ZIP 2007, 147; HambK-InsO/*Kuleisa* § 80 Rn. 51). Diesen Ausfallgläubigern ist eine Beteiligung an den Kosten der Prozessführung zumutbar, solange der Insolvenzverwalter nicht dargetan hat, dass diese auch ohne die beabsichtigte Klage aufgrund ihres Absonderungsrechts mit einer weitgehenden Befriedigung ihrer Ansprüche rechnen können (BGH ZInsO 2012, 1941; OLG Koblenz OLGR 2006, 316; OLG München NZBau 2006, 518; aA OLG München ZIP 2011, 398). Auch **nachrangige Insolvenzgläubiger** (§ 39) gehören nicht zu den wirtschaftlich Beteiligten, solange sie auch bei einer erfolgreichen Prozessführung nicht mit einer Befriedigungsmöglichkeit rechnen können (HK-InsO/*Kayser* § 80 Rn. 48; Kübler/Prütting/Bork/*Lüke* § 80 Rn. 66; MüKoInsO/*Ott/Vuia* § 80 Rn. 89). Gleiches gilt für **Gläubiger bestrittener Forderungen,** da noch nicht feststeht, ob diese überhaupt am Insolvenzverfahren beteiligt sind (OLG München ZInsO 2010, 1648; OLG Naumburg ZIP 1994, 383; HK-InsO/*Kayser* § 80 Rn. 48; Jaeger/*Windel* § 80 Rn. 175; Uhlenbruck/*Mock* § 80 Rn. 203; diff.: OLG Celle NZI 2004, 268; OLG Dresden ZInsO 2004, 275; OLG Schleswig ZIP 2008, 384; dagegen stellen OLG Hamburg

ZInsO 2009, 1125; Stein/Jonas/*Bork* § 116 Rn. 10; Zöller/*Geimer* § 116 Rn. 7a auf das Merkmal der Zumutbarkeit ab).

d) Zumutbarkeit. Die **Zumutbarkeit der Kostenaufbringung** hängt von der wirtschaftlichen Leistungsfähigkeit des Beteiligten ab (OLG München ZInsO 2010, 1648). Eine Kostenaufbringung ist regelmäßig nur den Gläubigern zuzumuten, die hierzu unschwer in der Lage sind (BGH NJW 1991, 40; BGHZ 119, 372 = NJW 1993, 135; BGH NZI 2012, 192; HK-InsO/*Kayser* § 80 Rn. 49; Uhlenbruck/*Mock* § 80 Rn. 209). Die Leistungsfähigkeit der **öffentlichen Hand** kann grds. unterstellt werden (BGH NJW 1977, 2318; OLG Köln OLGR 1993, 339; Uhlenbruck/*Mock* § 80 Rn. 210). Den **Arbeitnehmern** des Schuldners kann wegen ihrer Forderungen aus dem Arbeitsverhältnis grds. die Kostenaufbringung nicht zugemutet werden, da diese im Allgemeinen wirtschaftlich nicht besonders stark sind. Dies gilt selbst, wenn sich durch den Prozess ihre Befriedigungsmöglichkeit verbessern würde (BGH NJW 1991, 40 [41]; BGHZ 119, 372 = NJW 1993, 135; HK-InsO/*Kreft* § 129 Rn. 104; MüKoInsO/*Ott/Vuia* § 80 Rn. 92; einschränkend: BAG ZIP 2003, 1947, „meist nicht zumutbar"). Diese Grundsätze gelten allg. für alle Arbeitnehmer mit geringen Einkünften. 54

IRd Prüfung der Zumutbarkeit ist ein **Vergleich zwischen dem Aufwand und dem Ertrag** vorzunehmen (BGHZ 119, 372 = NJW 1993, 135; OLG Köln ZIP 1991, 1603; Uhlenbruck/*Mock* § 80 Rn. 211). Hierfür gibt es kein festes Berechnungsverfahren; ebenso wenig existiert eine Mindestquote für die wirtschaftliche Verbesserung. Der für den Gläubiger bei einem Erfolg des Prozesses zu erwartende Nutzen muss bei das Eigeninteresse sowie das Prozessrisiko angemessen berücksichtigender Betrachtungsweise voraussichtlich deutlich höher sein, als die eingesetzten Kosten (BGH ZInsO 2006, 369; 2012, 1941; OLG München ZInsO 2010, 1648). Dabei ist stets eine wertende Abwägung aller Umstände des Einzelfalls vorzunehmen, wobei die zu erwartende Quotenverbesserung, das Prozess- und Vollstreckungsrisiko und die Gläubigerstruktur zu berücksichtigen sind (BGH NJW-RR 2006, 1064; NZI 2008, 98; ZIP 2011, 98; ZInsO 2012, 1941; OLG Karlsruhe NZI 2007, 593; OLG Köln ZIP 2007, 1030; OLG Nürnberg NZI 2007, 592). IRd vorzunehmenden Berechnung der zu erwartenden Befriedigungsquote sind Gläubiger mit ungeklärten Forderungen nicht zu berücksichtigen (OLG München ZInsO 2010, 1648). Es muss eine nennenswerte Verbesserung der Befriedigungsmöglichkeiten zu erwarten sein; eine nur geringfügige Quotenverbesserung reicht regelmäßig nicht (OLG Celle OLGR 2001, 141; 2007, 122; OLG Hamburg ZInsO 2009, 1125 für eine zu erwartenden Insolvenzquote von 5 %; OLG München ZInsO 2010, 1648 für Quotenverbesserung um 5,8 %). Unzumutbar ist zudem die Kostenaufbringung für **Gläubiger mit kleineren Forderungen** (BGH NJW 1991, 40; OLG Nürnberg ZInsO 2005, 102; OLG Schleswig NZI 2009, 522); das OLG Hamm (NZI 2006, 42; ZIP 2007, 147) nimmt insoweit eine Unzumutbarkeit bei Gläubigern an, die mit weniger als 5 % an der Gesamtsumme der Insolvenzforderung beteiligt sind. 55

Für die Bewertung der Zumutbarkeit kommt es indes nicht darauf an, ob die Kosten von mehreren oder sogar von einer **Vielzahl von Gläubiger** aufgebracht werden müssen (BGH ZIP 2011, 98; OLG Hamburg NZI 2010, 817; aA BGH ZIP 2006, 682 wegen des hohen Koordinierungsaufwandes bei fünf Gläubigern; so auch iErg MüKoInsO/*Ott/Vuia* § 80 Rn. 91, der sich dafür ausspricht, dass generell die Beteiligung der Gläubiger an der Aufbringung der Prozesskosten auf besondere Konstellationen, nämlich durch ein oder mehrere Großgläubiger beschränkt werden soll). Unerheblich ist die **Bereitschaft der Gläubiger zur Finanzierung** des Prozesses (BGHZ 138, 188 [193]; BGH ZInsO 2012, 2198; NZI 2013, 82; OLG Hamburg NJW-RR 2002, 1054 = NZI 2002, 662; NZI 2010, 817; OLG Köln InVo 2006, 346). Wenn diese nicht zur Mitwirkung bereit 56 sind, hat der Rechtsstreit zu unterbleiben (BGHZ 138, 188 [194]; ZInsO 2012, 2198). Unzumutbar ist eine Kostenaufbringung auf jeden Fall den Gläubigern, die in dem konkreten Rechtsstreit Prozessgegner sind.

57 Dem **Steuerfiskus** ist eine Kostenaufbringung generell zumutbar (BGH NJW 1998, 1715; BGHZ 138 = NJW 1998, 1868; NJW 1999, 1404 = NZI 1999, 450; DStR 2007, 2338; BVerwG ZIP 2006, 1542; OLG Celle ZIP 2009, 933; OLG Hamm OLGR 2001, 374; OLG Nürnberg ZInsO 2005, 102; aA MüKoInsO/*Ott/Vuia* § 80 Rn. 93 unter Hinweis darauf, dass es der öffentlichen Hand nicht zuzumuten sei, einen Rechtsstreit zu finanzieren, der nicht nur den eigenen, sondern vielmehr gleichrangig oder vorrangig auch der Durchsetzung fremder Vermögensinteressen dient); eine Ausnahme soll dann bestehen, wenn der Prozesserfolg in erster Linie der Quotenerhöhung Dritter dient (Uhlenbruck/*Mock* § 80 Rn. 216 unter Hinweis auf BGH NJW 1994, 3170; 1998, 1715). Nicht zumutbar ist die Kostenaufbringung wegen der Wahrnehmung öffentlicher Aufgaben und der zweckgebundenen öffentlichen Mitteln den **Sozialversicherungsträgern,** wie bspw. gesetzliche Krankenkassen oder Berufsgenossenschaften (BGHZ 119, 372 [378] = NJW 1993, 135; BGH NJW 1997, 3318; OLG Dresden ZIP 1995, 1830; OLG Düsseldorf NZI 1999, 455; OLG Köln NZI 1999, 80; OLG München NZI 2013, 608; aA für eine Heranziehung: KG NZI 2000, 221; Kübler/Prütting/Bork/*Lüke* § 80 Rn. 69; HambK-InsO/*Kuleisa* § 80 Rn. 54), der **Bundesagentur für Arbeit** und deren Untergliederungen, wie bspw. Arbeitsagenturen, Jobcentern etc (BGH NJW 1991, 40 [41]; BGHZ 119, 372 [378] = NJW 1993, 135; OLG Düsseldorf ZIP 1995, 1277; OLG Hamm ZIP 1995, 758; OLG Köln ZIP 1991, 1603; MüKoInsO/*Ott/Vuia* § 80 Rn. 93; aA für eine Heranziehung: KG NZI 2000, 221; Kübler/Prütting/Bork/*Lüke* § 80 Rn. 69). Dies gilt entsprechend für die Träger der Sozialverwaltung (OLG Hamburg ZInsO 2009, 1125) sowie für den PSVaG. Andere private oder öffentliche Organisationen sind unter Heranziehung der von der Rspr. für den Steuerfiskus aufgestellten Grundsätze nicht von der Prozesskostenvorschusspflicht freizustellen (aA OLG Frankfurt a. M. ZIP 1993, 1250 für IHK; OLG Frankfurt a. M. ZIP 1995, 1536 für Kreishandwerkerschaft und Innung).

58 **e) Erfolgsaussicht; Mutwilligkeit.** Die **Erfolgsaussicht** des Prozesses sowie die fehlende Mutwilligkeit der Prozessführung richten sich nach den allgemeinen für die Bewilligung von Prozesskostenhilfe maßgeblichen Grundsätzen (siehe dazu Thomas/Putzo/*Reichold* § 114 Rn. 3 ff.; Zöller/*Geimer* § 114 Rn. 18 ff.). **Mutwilligkeit** liegt nicht allein deshalb vor, weil Masseunzulänglichkeit angezeigt worden ist (BGH NZI 2008, 98; 2008, 368; 2008, 431; 2013, 79); der Prozess muss indes geeignet sein, eine bereits eingetretene Massekostenarmut (§ 207) zu beseitigen (BGH NJW-RR 2009, 1305 = NZI 2009, 602; NZI 2013, 79; OLG Celle NZI 2010, 688; ZVI 2012, 119; OLG Hamm ZInsO 2011, 1947); dabei ist die geltend gemachte Forderung nicht zu berücksichtigen, wenn erhebliche Prozess- und Vollstreckungsrisiken bestehen (OLG Celle ZVI 2012, 119; OLG Karlsruhe ZIP 2012, 494). Falls die Leistungsfähigkeit des Prozessgegners fraglich erscheint, ist nach Maßgabe der voraussichtlichen Beitreibbarkeit ein prozentualer Abschlag vorzunehmen (BGH NZI 2013, 79; ZInsO 2013, 496). Prozesskostenhilfe kann auch für eine Teilklage durch den Insolvenzverwalter bewilligt werden; ausnahmsweise ist eine entsprechende Klageerhebung mutwillig, wenn hierfür keine nachvollziehbaren Sachgründe ersichtlich sind (BGH NZI 2011, 104; OLG Celle ZIP 2008, 433; OLG Hamburg ZIP 2009, 1636; OLG Hamm ZIP 2003, 42; aA OLG Celle OLGR 2007, 202; OLG Köln InVo 2006, 356). Allein der ungewisse Erfolg einer Zwangsvollstreckung aus dem erstrebten Titel begründet noch nicht die Annahme der Mutwilligkeit (OLG Hamm ZIP 1997, 248; 2012, 494; OLG Schleswig OLGR 2006, 302); vielmehr ist darauf abzustellen, ob im konkreten Einzelfall eine verständige, nicht hilfebedürftige Partei ihre Rechte in gleicher Weise verfolgen würde (OLG Düsseldorf MDR 2008, 880; OLG Hamm NJW 2007, 1758; OLG Karlsruhe FamRZ 2004, 550; OLG Köln FamRZ 2005, 743; Zöller/*Geimer* § 114 Rn. 30 ff. mit weiteren Beispielen).

4. Sonstige Wirkungen. Zu dem Umfang des während des Insolvenzverfah- **59** rens bestehenden **Zwangsvollstreckungsverbots** s. §§ 89, 90, 210. Soweit eine Vollstreckung durch die Gläubiger während des eröffneten Verfahrens möglich ist, bedarf es in entsprechender Anwendung des § 727 ZPO einer Umschreibung eines vor Verfahrenseröffnung ergangenen Titels gegen den Insolvenzverwalter (Jaeger/*Windel* § 80 Rn. 193; Uhlenbruck/*Mock* § 80 Rn. 176; Zöller/*Stöber* § 727 Rn. 18). Zur Wirkung der Verfahrenseröffnung auf laufende Zwangsvollstreckungsmaßnahmen sowie auf eine bereits rechtshängige Vollstreckungsgegenklage (§ 767 ZPO) oder Drittwiderspruchsklage (§ 771 ZPO) → § 85 Rn. 9.

Will der Insolvenzverwalter aus einem vor Verfahrenseröffnung zugunsten des **60** Schuldners ergangenen Titels die Zwangsvollstreckung betreiben, muss er den Titel in entsprechender Anwendung des **§ 727 ZPO** auf sich umschreiben lassen (BGH NJW-RR 2005, 1716 = NZI 2005, 689; Jaeger/*Windel* § 80 Rn. 196; MüKoInsO/*Ott*/*Vuia* § 80 Rn. 96; Thomas/Putzo/*Seiler* § 727 Rn. 3a; Uhlenbruck/*Mock* § 80 Rn. 176; Zöller/*Stöber* § 727 Rn. 18). Dies gilt ebenfalls, wenn nach Einstellung (§§ 207 ff.) oder Aufhebung (§ 200) des Insolvenzverfahrens Gläubiger aus einem gegen den Insolvenzverwalter bzw. der Schuldner aus einem für den Insolvenzverwalter erlangten Titel vollstrecken wollen (Jaeger/*Windel* § 80 Rn. 195; Zöller/*Stöber* § 727 Rn. 18). Keine Titelumschreibung ist erforderlich bei einem **Wechsel der Person des Insolvenzverwalters** während des laufenden Verfahrens (LG Essen NJW-RR 1992, 576; Jaeger/*Windel* § 80 Rn. 197; MüKoInsO/*Ott*/*Vuia* § 80 Rn. 96; *Karsten Schmidt* JR 1991, 313 f.; aA Zöller/*Stöber* § 727 Rn. 18) oder im Falle der Freigabe eines in der Zwangsversteigerung befindlichen Grundstücks aus der Masse (BGH WM 2005, 1324).

Grds. steht nach Eröffnung des Insolvenzverfahrens dem Insolvenzverwalter in **61** einem einen Gegenstand der Insolvenzmasse betreffenden Zwangsvollstreckungsverfahren das Recht zu, **vollstreckungsrechtliche Rechtsbehelfe** zu ergreifen. Dieser kann Verstreckungsschutz beantragen, bspw. einen Antrag nach § 30d ZVG oder § 153b ZVG stellen (Uhlenbruck/*Mock* § 80 Rn. 236) oder gegen die Festsetzung von Zwangs- oder Ordnungsmittel ein Rechtsmittel einlegen (Jaeger/*Windel* § 80 Rn. 198). Im Falle einer Masseunzulänglichkeit ist der Insolvenzverwalter verpflichtet, unter den Voraussetzungen der §§ 836, 883 ZPO für die Insolvenzmasse die eidesstattliche Versicherung bzw. nach §§ 802c ff. ZPO eine Vermögensauskunft abzugeben (HK-ZV/*Sternal* § 802c Rn. 17; Uhlenbruck/*Mock* § 80 Rn. 237; Zöller/*Stöber* § 807 Rn. 11)

Demgegenüber ist der Schuldner nach Verfahrenseröffnung hinsichtlich des **62** insolvenzbefangenen Vermögens **nicht** mehr befugt, **Einstellungsanträge** zu stellen (zur Ausnahme s. § 30d Abs. 2 ZVG) oder Rechtsmittel einzulegen (BVerfGE 51, 405 [407 f.] = NJW 1979, 2510; BGH NJW-RR 2008, 360; NZI 2008, 613). Ausnahmsweise kann der Schuldner Vollstreckungsschutz nach **§ 765a ZPO** beantragen bzw. insoweit Rechtsmittel erheben, wenn er seinen Antrag auf eine Gefahr für Leben und körperliche Unversehrtheit (vgl. Art. 2 Abs. 2 S. 1 GG) stützt (BGH NJW 2009, 1283 = NZI 2009, 163; ZInsO 2009, 1029; MüKoZPO/*Heßler* § 765a Rn. 77; weitergehend OLG Celle ZIP 1981, 1005 für den Fall eine drohenden Verschleuderung des Vermögens; aA Jaeger/*Windel* § 80 Rn. 198).

V. Rechte und Pflichten des Insolvenzverwalters in Sonderrechtsverfahren

63 **1. Handels- und Gesellschaftsrecht.** Der Schuldner verliert mit der Eröffnung des Insolvenzverfahrens nicht seine **Kaufmannseigenschaft** (§§ 1 ff. HGB); diese bleibt bis zur Aufgabe oder Veräußerung des Unternehmens bestehen (ganz hM Jaeger/*Windel* § 80 Rn. 67; Kübler/Prütting/Bork/*Lüke* § 80 Rn. 13; Uhlenbruck/*Mock* § 80 Rn. 21; Wimmer/*Wimmer-Amend* § 80 Rn. 22), selbst wenn der Insolvenzverwalter das Geschäft fortführt. Handelsgesellschaften behalten trotz ihrer mit der Verfahrenseröffnung verbundenen Auflösung (vgl. §§ 262 Abs. 1 Nr. 3 AktG, 728 Abs. 1 BGB, 101 GenG, 60 Abs. 1 Nr. 4 GmbHG, 131 Abs. 1 Nr. 3 HGB) bis zur Beendigung ihrer handelsgewerblichen Tätigkeit (OHG, KG) bzw. zu ihrer Vollendigung weiter ihre Eigenschaft als Handelsgesellschaft (s. dazu im Einzelnen *Karsten Schmidt* BB 1989, 229 [230]; MüKoInsO/*Ott/Vuia* § 80 Rn. 99). Der Insolvenzverwalter wird auch bei einer Fortführung des Unternehmens nicht selbst Kaufmann (BGH NJW 1987, 1940 [1941]; Kübler/Prütting/Bork/*Lüke* § 80 Rn. 13). Er ist aber zur Erteilung einer **Prokura** (Baumbach/Hopt/*Hopt* § 48 Rn. 1; MüKoInsO/*Ott/Vuia* § 80 Rn. 104; Uhlenbruck/*Mock* § 80 Rn. 242; aA BGH WM 1958, 430 [431]; Jaeger/*Windel* § 80 Rn. 68; Kübler/Prütting/Bork/*Lüke* § 80 Rn. 13; Nerlich/Römermann/*Wittkowski/Kruth* § 80 Rn. 33), einer **Handlungsvollmacht** oder **sonstigen Vollmachten** berechtigt; denn die Erteilung ist nicht von dem Kaufmannsbegriff abhängig.

64 Bei der Teilnahme am Rechtsverkehr treffen den Insolvenzverwalter trotz fehlender Kaufmannseigenschaft bestimmte den kaufmännischen Geschäftsverkehr schützende **handelsrechtliche Grundsätze** (zB des kaufmännischen Bestätigungsschreibens). Voraussetzung ist, dass er am Rechtsverkehr wie ein Kaufmann teilgenommen hat, und dass der Geschäftspartner auf die Fortführung des Unternehmens in kaufmännischer Weise vertrauen durfte (BGHZ 11, 1 [3]; BGH NJW 1987, 1940 mit krit. Anm. *Karsten Schmidt* NJW 1987, 2015; Kübler/Prütting/Bork/*Lüke* § 80 Rn. 13; Uhlenbruck/*Mock* § 80 Rn. 243; iErg auch Jaeger/*Windel* § 80 Rn. 67); zu den weiteren Einzelheiten sa die Kommentierung zu § 155. Bei einer Teilnahme am Geschäftsverkehr sind der Insolvenzverwalter bzw. in den bis zum 1.7.2014 beantragten Verbraucherinsolvenzverfahren der Treuhänder **Unternehmer** iSd § 14 BGB (Kübler/Prütting/Bork/*Lüke* § 80 Rn. 13a; Palandt/*Ellenberger* § 14 Rn. 2; aA für den Treuhänder sowie für die Liquidationsphase Jaeger/*Windel* § 80 Rn. 75). Im Falle der Fortführung des Unternehmens hat der Insolvenzverwalter die Grundsätze des Wettbewerbsrechts zu beachten. Str. ist, ob im Falle der Durchführung von Sonderveranstaltungen bzw. Räumungsverkäufen wegen der Pflicht des Insolvenzverwalters zur schnellstmöglichen Masseverwertung ein Insolvenzprivileg gilt (bejahend OLG Düsseldorf NJW-RR 2000, 424 = NZI 1999, 364; OLG Hamburg GRUR-RR 2004, 113; OLG Koblenz ZInsO 2003, 569; OLG Stuttgart NJW-RR 1992, 663; verneinend OLG Jena NZI 2002, 53). Ein solches Privileg besteht aber auf jeden Fall nicht, wenn das Unternehmen mit dem Ziel der Sanierung fortgeführt wird (HambK-InsO/*Kuleisa* § 80 Rn. 13).

65 Die **Firma** ist Bestandteil der Insolvenzmasse und unterliegt damit der Verwaltungs- und Verwertungsbefugnis des Insolvenzverwalters (Baumbach/Hopt/*Hopt* § 17 Rn. 5, 47; Jaeger/*Windel* § 80 Rn. 71, 230). Der Insolvenzverwalter darf die Firma fortführen; ebenso ist er befugt, die Firma ohne satzungsändernden Beschluss zu ändern, sofern dies aus lizenz-, marken- oder wettbewerbsrechtlichen Gründen erforderlich ist, zB bei einer Kündigung eines Lizenzvertrags oder eines Autohändlervertriebsvertrags. Der Insolvenzverwalter würde sich ansonsten Scha-

densersatz- oder Unterlassungsansprüchen aussetzen (sa Jaeger/*Windel* § 80 Rn. 72). Str. ist, in welchem Umfang der Insolvenzverwalter mit dem Unternehmen auch den – insbes. personenbezogenen – Firmennamen veräußern darf (zu den Einzelheiten s. Jaeger/*Windel* § 80 Rn. 71 f., 230).

Die Eröffnung des Insolvenzverfahrens über das **Vermögen einer Gesellschaft** 66
führt zu deren Auflösung (§ 262 Abs. 1 Nr. 3 AktG, § 728 Abs. 1 BGB, § 101 GenG, § 60 Abs. 1 Nr. 4 GmbHG, § 131 Abs. 1 Nr. 3 HGB). Der Übergang der Verwaltungs- und Verfügungsbefugnis auf den Insolvenzverwalter hat keinen Einfluss auf die gesellschaftsrechtlichen Strukturen. Der Insolvenzverwalter erlangt nicht die Stellung eines Organs oder Gesellschafters der Gesellschaft. Diese bleiben im Amt und haben weiterhin verfahrensrechtlichen Befugnisse und Pflichten wahrzunehmen, zB Einberufung einer Gesellschafter- oder Hauptversammlung, Abberufung und Bestellung eines Geschäftsführers oder Vorstands (vgl. BayObLG NJW-RR 1988, 1119; OLG Nürnberg NJW-RR 1992, 230), Beschlussfassung über Satzungsänderungen oder Kapitalerhöhungen etc, (vgl. dazu näher Jaeger/*Windel* § 80 Rn. 76–106; *Stöber* ZInsO 2012, 1811). Dagegen erstrecken sich die Kompetenzen des Insolvenzverwalters auf alle das Vermögen der Gesellschaft betreffenden Angelegenheiten. Entsprechend sind Anfechtungs- und Nichtigkeitsklagen gegen Beschlüsse der Gesellschafterversammlung, die das zur Insolvenzmasse gehörende Vermögen betreffen, gegen den Insolvenzverwalter zu richten (OLG München ZInsO 2010, 2142). Den Insolvenzverwalter treffen die Registeranmeldepflichten hinsichtlich solcher Angelegenheiten, die im Zusammenhang mit der Ausübung der Verwaltungs- und Verwertungsrechte stehen (BGH NJW 1981, 822 zur Anmeldung des Ausscheidens eines Gesellschafters bei einer in Insolvenz befindlichen OHG; LG Essen ZIP 2009, 1583 zur Anmeldung einer Umfirmierung). Dagegen sind Anmeldungen, die die Insolvenzmasse nicht berühren, auch während des laufenden Insolvenzverfahrens von den Gesellschaftern bzw. den Organe vorzunehmen, so zB die Anmeldung der Abberufung oder der Bestellung eines Geschäftsführers (OLG Köln NJW-RR 2001, 1417 = NZI 2001, 470). Zur Prüfungspflicht des Genossenschaftsverbandes nach Eröffnung des Insolvenzverfahrens über das Vermögen einer Genossenschaft s. BGH NZG 2011, 742. Zu den Wirkungen der Eröffnung des Insolvenzverfahrens über das **Vermögen eines Gesellschafters** s. § 84.

2. Insolvenzverwalter als Arbeitgeber. Mit der Eröffnung des Insolvenzver- 67
fahrens übernimmt der Insolvenzverwalter aufgrund der auf ihn übergegangenen Verwaltungs- und Verfügungsbefugnis die Geschäftsleitung des Unternehmens. Grds. bleibt der Schuldner als Träger des Unternehmens auch nach Verfahrenseröffnung Arbeitgeber (hM zB Jaeger/*Windel* § 80 Rn. 108; HK-InsO/*Kayser* § 80 Rn. 53); er verliert aber mit dem Übergang der Verwaltungsbefugnis die **Arbeitgeberfunktionen.** Diese Funktion übt der Insolvenzverwalter aus. Dieser ist faktischer Arbeitgeber (GmS-OGB BGHZ 187, 105 = NJW 2011, 1211) und er hat sämtliche Rechte und Pflichten als Arbeitgeber. Hierbei ist er an die vor Verfahrenseröffnung bestehende arbeitsrechtliche Lage und die damit bestehenden Rechte und Pflichten gebunden (BGHZ 24, 15 = NJW 1957, 791; 44, 1 = NJW 1965, 1585; BAGE 26, 257 = NJW 1975, 182; BAG NJW 1975, 182; 1977, 2182; 1991, 1971; Uhlenbruck/*Mock* § 80 Rn. 141); Sonderregelungen bestehen nach den §§ 108, 113, 120–128. Allein die Eröffnung des Insolvenzverfahrens begründet keinen zusätzlichen Kündigungsgrund. Vielmehr bestehen die Arbeitsverhältnisse mit Wirkung für die Insolvenzmasse fort (§ 108 Abs. 1 S. 1); § 113 räumt aber ein vereinfachtes Kündigungsrecht ein.

Der Insolvenzverwalter ist zur **Erteilung von Arbeitszeugnissen** verpflichtet. 68
Diese Pflicht besteht umfasst auch die Tätigkeit des Arbeitnehmers vor Eröffnung des Insolvenzverfahrens; etwaige erforderliche Informationen müssen ggf. nach

§ 97 beim Schuldner eingeholt werden (BAGE 111, 135 = NJW 2005, 460). Im Falle der Beendigung des Arbeitsverhältnisses vor Eröffnung des Insolvenzverfahrens besteht ein entsprechender Anspruch des Arbeitnehmers, wenn der Insolvenzverwalter den Betrieb nach Verfahrenseröffnung fortführt (BAGE 67, 112 = NJW 1991, 1971; MüKoInsO/*Ott/Vuia* § 80 Rn. 122; *Karsten Schmidt* DB 1991, 1930; aA Gottwald InsR-HdB/*Bertram* § 104 Rn. 83, der Schuldner bleibt zur Ausstellung des Zeugnisses verpflichtet). Soweit der Insolvenzverwalter die Arbeitgeberfunktionen ausübt, treffen ihn die **Sozialversicherungspflichten, Melde- und Nachweispflichten** (§§ 28a SGB IV, 165 SGB VII); zudem hat er die Beiträge an den Sozialversicherungsträger sowie an die Berufsgenossenschaft abzuführen. Mit dem Zugang einer Freigabeerklärung bei dem Schuldner geht die Verwaltungs- und Verfügungsbefugnis ex nunc wieder auf den Schuldner über; gegen diesen ist dann auch eine Kündigungsschutzklage zu richten (BAG NJW 2014, 1839).

69 **3. Öffentlich-rechtliche Pflichten.** Die Eröffnung des Insolvenzverfahrens hat keinen Einfluss auf die öffentlich-rechtlichen Pflichten. Es existiert kein Insolvenzprivileg. Die öffentlich-rechtlichen Vorschriften gelten fort (BGHZ 148, 252 = NZI 2001, 531; 150, 305 [311] = NZI 2002, 425; BVerwGE 107, 299 = NJW 1999, 1416; 122, 75 = NZI 2005, 51; OVG Lüneburg NJW 1992, 1252; OVG Greifswald NJW 1998, 175), wobei die die Insolvenzmasse betreffenden öffentlich-rechtliche Pflichten auf den Insolvenzverwalter übergehen. Der Insolvenzverwalter ist Normadressat einer Zustands- oder Handlungsstörung, auch wenn die Störung bereits vor Verfahrenseröffnung eingetreten ist (BVerwG NJW 1999, 1416 = NZI 1999, 37; OVG Lüneburg NJW 1992, 1252; 1993, 1671; OVG Magdeburg NOJZ 2012, 1949; OVG Mannheim NZI 2012, 722; OVG Sachsen ZIP 1995, 852; 1995, 859; OVG Greifswald NJW 1998, 175; dazu krit. *Karsten Schmidt* NJW 2010, 1489; 2012, 3344). Er ist zur Beseitigung der Störung verpflichtet. Dies gilt auch für die mit dem Grund und Boden verbundenen Altlasten (zB BVerwG NJW 1984, 2427; OVG Lüneburg NJW 1992, 1252), wobei er nicht persönlich, sondern nur mit der verwalteten Masse haftet. Zur Frage, wer im Insolvenzfall **Betreiber** eines Unternehmens ist, vgl. OVG Magdeburg NJOZ 2012, 1949 (Insolvenzverwalter als Betreiber; dazu krit. *Karsten Schmidt* NJW 2012, 3344).

70 Umstr. ist die rechtliche Qualifizierung der mit der Beseitigung von Altlasten, insbes. von Bodenkontaminationen verbundenen Kosten als Masseverbindlichkeit oder Insolvenzforderung (dazu auch → § 55 Rn. 26 ff.):

(1) Ist die **Störung vor Verfahrenseröffnung** durch den Schuldner herbeigeführt und gegen diesen bereits eine entsprechende **Ordnungsverfügung erlassen** worden, dann stellen die mit der Ordnungspflicht verbundenen Kosten nur eine Insolvenzforderung dar (BGHZ 148, 252 = NJW 2001, 2966 = NZI 2001, 531; 150, 305 = NZI 2002, 425; HK-InsO/*Kayser* § 80 Rn. 58; HambK-InsO/*Kuleisa* § 80 Rn. 38).

(2) Wird der Insolvenzverwalter wegen einer **nach Verfahrenseröffnung** entstandenen Gefahr als **Störer** in Anspruch genommen, so besteht eine Masseverbindlichkeit (BGHZ 144, 252 [257 f.] = NZI 2001, 531; HK-InsO/*Kayser* § 80 Rn. 58; HambK-InsO/*Kuleisa* § 80 Rn. 38).

(3) Streitig ist die Einordnung, wenn der Zustand bereits **vor Verfahrenseröffnung** entstanden ist, indes die **Ordnungsverfügung erst danach** gegenüber dem Insolvenzverwalter ergeht.

(a) Der **BGH** stellt darauf ab, ob der Insolvenzverwalter den Gegenstand nutzt oder verwertet und damit endgültig in die Masse integriert; in diesem Falle stellt die Beseitigungspflicht eine Masseverbindlichkeit dar. Ergreift der Insolvenzverwalter hingegen nur zur Sicherstellung Besitz an der Sache, dann liegt noch keine Integration vor und die Beseitigungskosten stellen nur eine Insolvenzforderung dar. Dies gilt auch, wenn der Insolvenzverwalter, ohne den Gegenstand zu nutzen, dessen Verkaufsmöglichkeit prüft (BGHZ 150, 305 [311] = NZI 2002, 425).

(b) Demgegenüber entsteht nach der verwaltungsgerichtlichen Rspr., insbes. die des **BVerwG,** eine Masseverbindlichkeit, sobald der Insolvenzverwalter die tatsächliche Gewalt ausübt. Hierfür reiche die Inbesitznahme durch den Insolvenzverwalter aus; nur wenn die Sachherrschaft keinen Bezug zur Störereigenschaft hat, entfalle die Beseitigungspflicht des Insolvenzverwalters (BVerwGE 108, 269 = NZI 1999, 246; 122, 75 = NZI 2005, 51; so auch OVG Lüneburg NJW 1992, 1252; 1993, 1671; 1998, 398; OVG Greifswald NJW 1998, 175; OVG Sachsen ZIP 1995, 852). Gegen die Auffassung des BVerwG spricht, dass sie zu einer systemwidrigen Bevorzugung des öffentlich-rechtlichen Beseitigungsanspruchs führt (HK-InsO/*Kayser* § 80 Rn. 60; HambK-InsO/*Kuleisa* § 80 Rn. 38). Im Sinne einer Gleichbehandlung aller Gläubiger ist daher die Rspr. des BGH vorzugswürdig.

Durch eine **Freigabe der belasteten Grundstücke oder Gegenstände** 71 (BGHZ 163, 32 = NJW 2005, 2015 = NZI 2005, 387; ZInsO 2006, 260; NJW-RR 2006, 989 = NZI 2006, 293; NJW-RR 2007, 845 = NZI 2007, 173; dazu näher → § 35 Rn. 37 ff.) kann sich der Insolvenzverwalter von den öffentlich-rechtlichen Pflichten befreien (BVerwG NJW 1984, 2427; BVerwGE 122, 75 = NZI 2005, 51; ZInsO 2006, 495; VGH München ZInsO 2006, 496; VGH Kassel NJW 2010, 1545 = NZI 2010, 236; OVG Lüneburg NJW 2010, 1546 = NZI 2010, 235; OVG Magdeburg ZIP 1994, 1130; HK-InsO/*Kayser* § 80 Rn. 10, 61; Kübler/Prütting/Bork/*Lüke* § 80 Rn. 100 ff.; HambK-InsO/*Kuleisa* § 80 Rn. 39; aA *Karsten Schmidt* ZIP 2000, 1913 [1916 ff.]; NJW 2010, 1489); zu den Einzelheiten → § 55 Rn. 32. Umweltrechtliche Sondervorschriften (zB nach den landesrechtlichen Abfallgesetzen) können aber im Einzelfall einer Freigabe entgegenstehen (HambK-InsO/*Kuleisa* § 80 Rn. 39; Uhlenbruck/*Mock* § 80 Rn. 256; VGH Mannheim NZI 2012, 722 zur Weiterhaftung bei einer immissionsschutzrechtlicher Nachsorgepflicht gem. § 5 Abs. 3 BImSchG).

4. Steuerrechtliche Pflichten. Die Eröffnung des Insolvenzverfahrens lässt 72 nach hM die steuerliche Rechtsstellung des Schuldners unberührt (vgl. → Anhang Steuerrecht Rn. 13). Dieser bleibt für alle Steuerarten Steuersubjekt, Steuerschuldner (§ 43 AO) und Steuerpflichtiger iSd § 33 AO (Kübler/Prütting/Bork/*Lüke* § 80 Rn. 73). Unter steuerrechtlichen Gesichtspunkten folgt keine Trennung zwischen der Insolvenzmasse und dem insolvenzfreien Vermögen des Schuldners. Die steuerrechtlichen Pflichten des Schuldners obliegen mit dem Übergang der Verwaltungs- und Verfügungsbefugnis hinsichtlich des vom Insolvenzbeschlag erfassten Vermögens indes dem Insolvenzverwalter (vgl. § 34 Abs. 3 AO; § 155 InsO; näher → Anhang Steuerrecht Rn. 13, 30). Die Pflichten ergeben sich insbes. aus den §§ 90, 93 ff., 137 ff., 140 ff., 149 ff. AO (→ Anhang Steuerrecht Rn. 13). Der Insolvenzverwalter ist va ist zur Abgabe der Steuererklärungen verpflichtet (näher → Anhang Steuerrecht Rn. 30; HK-InsO/*Kayser* § 80 Rn. 29; MüKoInsO/*Ott/Vuia* § 80 Rn. 46). Dies gilt auch in masseunzulänglichen Verfahren (BFH ZIP 1994, 1971; 1996, 431; 2013, 83); bei Nichterfüllung der Pflicht kann gegen den Insolvenzverwalter ein Zwangsgeld festgesetzt werden (BFH ZIP 2013, 83; vgl. auch → Anhang Steuerrecht Rn. 78). Ebenso tritt den Insolvenzverwalter die Pflicht zur Zahlung der die Insolvenzmasse treffenden Steuern (BFHE 175, 309 = ZIP 1994, 1969; zu den Steuern als Insolvenzforderung näher → § 35 Rn. 21 ff. und als Masseverbindlichkeit näher → § 55 Rn. 19 ff.).

73 Daneben bestehen für den Insolvenzverwalter Buchführungs- und Aufzeichnungspflichten sowie Auskunfts-, Anzeige- und Nachweispflichten. Der Insolvenzverwalter kann seine Verpflichtung zur Buchführung und Erstellung von Steuererklärungen grds. nicht mit der Begründung der Massearmut ablehnen (BFH ZIP 1996, 430; BFH/NV 2008, 334). Die Pflicht endet erst mit der Beendigung des Insolvenzverfahrens (BFH/NV 2008, 187). Der Insolvenzverwalter hat einen Anspruch, dass das Finanzamt über einen Antrag auf Akteneinsicht bzw. auf Erteilung eines Kontoauszuges nach pflichtgemäßen Ermessen entscheidet (BFHE 240, 497 = NZI 2013, 706; näher → Anhang Steuerrecht Rn. 87 ff.). § 69 AO begründet eine Haftung des Insolvenzverwalters, sofern dieser gegen Verpflichtungen verstößt, die sich aus den Steuergesetzen ergeben. Daneben kann auch eine Haftung nach §§ 60, 61 InsO in Betracht kommen, wenn der Insolvenzverwalter Steuern begründet hat, obwohl er ihre Unerfüllbarkeit hätte vorhersehen können (*Maus* ZIP 1999, 683 [687]; auch → Anhang Steuerrecht Rn. 82 ff.). Adressat für Steuerbescheide wegen Steuerforderungen aus der Zeit nach Insolvenzeröffnung ist der Insolvenzverwalter (näher → Anhang Steuerrecht Rn. 43 ff.). Zum Erlass eines Bescheides wegen einer vor Verfahrenseröffnung entstandenen Steuerschuld → § 87 Rn. 11 f.; zur Möglichkeit einer sog „formlosen Steuerberechnung" bzw. einer „informellen Steuermitteilung" → Anhang Steuerrecht Rn. 35. Wegen der weiteren Einzelheiten der steuerrechtlichen Pflichten des Insolvenzverwalters s. Anhang Steuerrecht.

VI. Veräußerungsverbote (Absatz 2)

74 **1. Grundsatz (Absatz 2 Satz 1).** Mit Eröffnung des Insolvenzverfahrens verlieren die dem Schutz nur bestimmter Personen dienenden **relativen Veräußerungsverbote** (vgl. §§ 135, 136 BGB), zugunsten der Insolvenzmasse ihre Wirkung (Absatz 2 Satz 1). Für Dritte bleibt das Verfügungsverbot weiterhin wirksam. Mit der Beendigung der Wirkungen der Verfahrenseröffnung (dazu → Rn. 3) tritt die Wirkung wieder für den Schuldner ein (HK-InsO/*Kayser* § 80 Rn. 67; Kübler/Prütting/Bork/*Lüke* § 80 Rn. 114). Hauptanwendungsfall dieser Vorschrift sind die gerichtlichen bzw. behördlichen Veräußerungsverbote iSv § 136 BGB.

75 Auf **absolute** gegenüber jedermann geltende **Veräußerungsverbote** findet Absatz 2 Satz 1 keine Anwendung. Diese bleiben im Insolvenzverfahren weiterhin wirksam; ein Verstoß gegen ein solches Gebot führt zur Unwirksamkeit (BGHZ 19, 355 [359] = NJW 1956, 463; MüKoInsO/*Ott/Vuia* § 80 Rn. 154). Eine ähnliche Wirkung haben grds. gesetzlich geregelte **Verfügungsbeschränkungen** nach §§ 1365, 1369, 1423 ff., 1450, 1643 ff., 1812 ff. BGB (entgegen Ahrens/Gehrlein/Ringstmeier/*Piekenbrock* § 80 Rn. 38; HK-InsO/*Kayser* § 80 Rn. 64; Kübler/Prütting/Bork/*Lüke* § 80 Rn. 108; Uhlenbruck/*Mock* § 80 Rn. 260, ordnet § 1415 BGB kein Verfügungsverbot an, sondern trifft nur eine Verweisung auf die bei Gütergemeinschaft geltenden Vorschriften). Diese Beschränkungen der Ehegatten führen grds. mangels Rechtsmacht des Verfügenden zur absoluten Unwirksamkeit der Verfügung; indes entfalten sie in der Insolvenz des Ehegatten keine Wirkungen (HK-InsO/*Kayser* § 80 Rn. 64; Kübler/Prütting/Bork/*Lüke* § 80 Rn. 108; MüKoInsO/*Ott/Vuia* § 80 Rn. 154; Uhlenbruck/*Mock* § 80 Rn. 260). Beschränkungen des Vorerben gegenüber dem Nacherben (§ 2113 BGB) sind ebenfalls vom Insolvenzverwalter zu beachten (§ 83 Abs. 2). § 2211 BGB enthält eine Verfügungsbeschränkung des Erben im Falle der Anordnung der Testamentsvollstreckung. Da diese während des Insolvenzverfahrens über das Vermögen des Erben fortbesteht, gilt die mit der Testamentsvollstreckung verbundene Beschränkung auch für den Insolvenzverwalter (vgl. BGHZ 167, 352 = NJW

2006, 2698 = NZI 2006, 461; OLG Köln NZI 2005, 268; aA anscheinend HK-InsO/*Kayser* § 80 Rn. 63).

2. Gesetzliche relative Veräußerungsverbote. Gesetzliche relative Veräuße- 76
rungsverbote (§ 135 BGB) habe nahezu keine praktische Bedeutung. Entsprechende Verbote sind selten; anwendbar ist die Vorschrift auf die Wiederherstellungsklausel nach §§ 93, 94 VVG (vgl. RGZ 95, 208; HK-InsO/*Kayser* § 80 Rn. 63; Uhlenbruck/*Mock* § 80 Rn. 261; aA Jaeger/*Windel* § 80 Rn. 277). Kein relatives gesetzliches Veräußerungsverbot besteht nach **§ 719 BGB;** ein Verstoß gegen diese Vorschrift führt zur schwebenden Unwirksamkeit mit der Möglichkeit einer Heilung durch die Genehmigung der übrigen Gesellschafter (BGHZ 13, 179 [182]; Kübler/Prütting/Bork/*Lüke* § 80 Rn. 109; Uhlenbruck/*Mock* § 80 Rn. 261). Das in **§ 108 VVG** geregelte Verfügungsverbot über den Freistellungsanspruch bleibt ebenfalls bei Eröffnung des Insolvenzverfahrens wirksam; insoweit hat der geschädigte Dritte bei einer Insolvenz des Versicherungsnehmers nach § 110 VVG ein Absonderungsrecht (Ahrens/Gehrlein/Ringstmeier/*Piekenbrock* § 80 Rn. 38; Jaeger/*Windel* § 80 Rn. 277; HK-InsO/*Kayser* § 80 Rn. 63; Uhlenbruck/*Mock* § 80 Rn. 261).

3. Gerichtliche bzw. behördliche Veräußerungsverbote. Hauptanwen- 77
dungsfälle sind die richterlichen Anordnungen anlässlich einer **einstweiligen Verfügung** (§§ 935, 938. ZPO), einer Zahlungssperre im Aufgebotsverfahren nach § 480 FamFG (vgl. dazu Keidel/*Giers* § 480 Rn. 3). oder im Rahmen einer Beschlagnahme nach **§§ 111b, 111c Abs. 5 StPO** (BGH NJW 2007, 3350 = NZI 2007, 450; LG Düsseldorf NZI 2001, 488; LG Köln ZIP 2006, 1059; HambK-InsO/*Kuleisa* FamFG § 80 Rn. 62; HK-InsO/*Kayser* § 89 Rn. 65; Kübler/Prütting/Bork/*Lüke* § 80 Fn. 269; Uhlenbruck/*Mock* § 80 Rn. 267) bzw. des dinglichen Arrests nach § 111d StPO (OLG Oldenburg ZInsO 2012, 1271). Wirksam bleiben ausnahmsweise einstweilige Verfügungen, die gerade der Sicherung oder Durchsetzung eines Aus- oder Absonderungsrechts dienen (HK-InsO/*Kayser* § 80 Rn. 65). **Nicht erfasst** von § 80 Abs. 2 S. 1 werden die strafprozessualen Beschlagnahmevorschriften der **§§ 94 ff., 290 ff., 443 StPO** (HK-InsO/*Kayser* § 80 Rn. 66; Kübler/Prütting/Bork/*Lüke* § 80 Rn. 111; MüKoInsO/*Ott/Vuia* § 80 Rn. 154) sowie die Regelungen über den Verfall und Einziehung des Wertersatzes nach **§§ 73d Abs. 2, 74e Abs. 2 StGB** (KG NZI 2008, 691; Kübler/Prütting/Bork/*Lüke* § 80 Rn. 111).

4. Rechtsgeschäftliche Veräußerungsverbote. Rechtsgeschäftliche Ver- 78
äußerungsverbote begründen nur schuldrechtliche Verpflichtungen des Schuldners. Absatz 2 findet keine Anwendung (Kübler/Prütting/Bork/*Lüke* § 80 Rn. 112; MüKoInsO/*Ott/Vuia* § 80 Rn. 154); die Veräußerungsverbote entfalten für den Insolvenzverwalter keine Bindungswirkung. Dieser kann die Insolvenzmasse ohne deren Beachtung frei verwerten. Das Abtretungsverbot nach **§ 399 BGB** fällt nicht unter die relativen Veräußerungsverbote. Eine entsprechende Abrede wirkt absolut gegenüber jedermann und nicht nur relativ zugunsten bestimmter Personen (BGHZ 40, 156 [160] = WM 1963, 1297; 56, 228 = NJW 1971, 1750; 70, 299 [303] = NJW 1978, 813; 112, 387 [389] = NJW 1991, 559; BGH NJW-RR 1997, 919; Jaeger/*Windel* § 80 Rn. 283; Kübler/Prütting/Bork/*Lüke* § 80 Rn. 75); unerheblich ist es, ob **§ 354a HGB** zur Anwendung kommt (Uhlenbruck/*Mork* § 80 Rn. 264). Der Insolvenzverwalter ist indes zur Einziehung der Forderung befugt. Ebenso entfalten Zustimmungserfordernisse nach § 12 WEG iVm §§ 5 Abs. 4, 8 Abs. 2 WEG oder nach §§ 5 ff. ErbbauRG absolute Wirkungen, sodass Absatz 2 Satz 1 keine Anwendung findet (HK-InsO/*Kayser* § 80 Rn. 64; Kübler/Prütting/Bork/*Lüke* § 80 Rn. 113; MüKoInsO/*Ott/Vuia* § 80 Rn. 156; Uhlenbruck/*Mock* § 80 Rn. 263). Auf die Vereinbarung eines

aufgeführte Register vor, die öffentlichen Glauben genießen. Weiterhin trifft **Absatz 1 Satz 3** eine Regelung hinsichtlich der Erstattung der Gegenleistung. In **Absatz 2** hat der Gesetzgeber eine neue Bestimmung aufgenommen, die keine Vorgängervorschrift in der Konkursordnung besitzt. Diese trägt dem Umstand Rechnung, dass die Insolvenzmasse auch den Neuerwerb umfasst. Im Zusammenwirken mit § 89 Abs. 2 soll sicher gestellt werden, dass den Gläubigern nach Beendigung des Insolvenzverfahrens im Rahmen eines Restschuldbefreiungsverfahrens (§§ 286 ff.) oder eine Insolvenzplanverfahrens die künftigen Bezüge des Schuldners zur Verfügung stehen. **Absatz 3 Satz 1** stellt zum Schutz der Insolvenzmasse eine Beweisregel auf, die gem. **Absatz 3 Satz 2** für Finanzsicherheiten iSv § 17 KWG nicht gilt.

2 § 81 gilt über die Verweisung in § 24 Abs. 1 entsprechend im Falle der gerichtlichen Anordnung von Sicherungsmaßnahmen nach § 21 Abs. 2 Nr. 2 **im Eröffnungsverfahren.** Unanwendbar ist die Vorschrift hingegen im Falle einer **Eigenverwaltung** gem. §§ 270 ff. (Kübler/Prütting/Bork/*Lüke* § 80 Rn. 1; MüKoInsO/*Ott/Vuia* § 81 Rn. 7; Uhlenbruck/*Mock* § 81 Rn. 2). Verfügungen des Schuldners sind selbst dann wirksam, wenn die Zustimmung des Sachwalters fehlt, dieser ausdrücklich Widerspruch eingelegt hat (vgl. dazu → § 275 Rn. 6) bzw. die Zustimmung des Gläubigerausschusses (vgl. § 276 S. 1) nicht eingeholt worden ist (vgl. § 276 S. 2 iVm § 164); eine Ausnahme sieht § 277 Abs. 1 S. 2 für § 81 Abs. 1 S. 2 und S. 3 im Falle der gerichtlichen Anordnung der Zustimmungsbedürftigkeit vor (auch → § 80 Rn. 4). § 81 Abs. 1 ist **im Insolvenzplanverfahren** (§§ 217 ff.) entsprechend anwendbar, sofern der Insolvenzplan zur Sicherung der Planerfüllung einen Zustimmungsvorbehalt vorsieht (§ 263 S. 2). Zudem findet § 81 entsprechende Anwendung bei Anordnung der **Nachlassverwaltung** (§ 1984 Abs. 1 S. 2 BGB).

3 Die vom Schuldner **nach Verfahrenseröffnung eingegangenen Verpflichtungen** werden nicht von § 81 erfasst (BGHZ 149, 1 = NZI 2002, 30; BGH NJW-RR 2010, 558 = NZI 2010, 138; HambK-InsO/*Kuleisa* § 81 Rn. 5; HK-InsO/*Kayser* § 81 Rn. 6; Kübler/Prütting/Bork/*Lüke* § 81 Rn. 2; MüKoInsO/*Ott/Vuia* § 81 Rn. 5; Uhlenbruck/*Mock* § 81 Rn. 1). Der Schuldner kann weiterhin Verpflichtungen eingehen; diese sind wirksam. Indes folgt bereits aus § 38, wonach die Insolvenzmasse nur der Befriedigung der persönlichen Gläubiger dient, die bereits zum Eröffnungszeitpunkt einen begründeten Vermögensanspruch besitzen, dass kein gegen die Insolvenzmasse durchsetzbarer Anspruch begründet wird (Begr. RegE, Kübler/Prütting, Bd. 1, S. 261). Der Schuldner haftet für die Erfüllung der eingegangenen Verpflichtungen bzw. wegen eines Schadensersatzanspruchs (§§ 275, 280 ff. BGB) nur mit seinem insolvenzfreien Vermögen (HK-InsO/*Kayser* § 81 Rn. 6; Jaeger/*Windel* § 81 Rn. 7; MüKo-InsO/*Ott/Vuia* § 81 Rn. 5; Wimmer/*Wimmer-Amend* § 81 Rn. 4).

II. Verfügungen des Schuldners

4 **1. Grundsatz.** Absatz 1 Satz 1 erfasst **sämtliche Verfügungen** des Schuldners, die die Insolvenzmasse (§ 35) zumindest mittelbar betreffen; unerheblich ist, ob diese für die Insolvenzmasse nachteilig oder günstig sind. Wirksam bleiben hingegen Verfügungen des Schuldners über sein insolvenzfreies Vermögen (vgl. → § 35 Rn. 36 ff.) sowie über das Vermögen Dritter. Der Begriff Verfügungen iSv Abs. 1 S. 1 ist weit gefasst. Hierunter sind sämtliche Verfügungen im materiellrechtlichen Sinn zu verstehen (Kübler/Prütting/Bork/*Lüke* § 81 Rn. 4; MüKo-InsO/*Ott/Vuia* § 81 Rn. 4) und somit alle Rechtsgeschäfte, durch die der Verfügende auf ein Recht unmittelbar einwirkt, indem dieses auf einen Dritten übertragen, mit einem Recht belastet, aufgehoben oder sonstwie in seinem Inhalt verändert wird (BGHZ 1, 294 [304] = NJW 1951, 645; 75, 221 [226] = NJW

1980, 175; 101, 24 [26] = NJW 1987, 3177; BGH NZI 2010, 138 = NJW 2010, 558; Kübler/Prütting/Bork/*Lüke* § 81 Rn. 4; MüKoInsO/*Ott/Vuia* § 81 Rn. 4). Dazu gehören bspw. die Übereignung beweglicher oder unbeweglicher Gegenstände, die Abtretung, die Verpfändung, die Bestellung von Dienstbarkeiten oder Grundpfandrechten, die befreiende Schuldübernahme, der Verzicht oder Erlass (Kübler/Prütting/Bork/*Lüke* § 81 Rn. 4; MüKoInsO/*Ott/Vuia* § 81 Rn. 4; Uhlenbruck/*Mock* § 81 Rn. 4 für den Erlass einer Forderung durch den Gläubiger).

Ebenfalls hierunter fallen wegen der Nähe dieser Rechte zu den Verfügungen 5
(Kübler/Prütting/Bork/*Lüke* § 81 Rn. 5) die **Gestaltungsrechte,** wie Anfechtung, Aufrechnung, Kündigung, Rücktritt oder Widerruf. Problematisch ist, ob das Verfügungsverbot des § 81 auch **rechtsgeschäftsähnliche Handlungen** erfasst, die unmittelbar auf Bestand oder Inhalt des Rechts einwirken, wie bspw. Androhungen (§§ 384 Abs. 1, 1220 Abs. 1 S. 1 BGB), Aufforderungen (§§ 108 Abs. 2, 177 Abs. 2 BGB), Anzeigen (§§ 149, 409 BGB, § 377 HGB), Fristsetzungen (§§ 281 Abs. 1 S. 1, 323 Abs. 1 BGB), Mahnungen (§ 286 Abs. 1 S. 1 BGB), Mitteilungen (§§ 171, 415 Abs. 1 S. 2, 416 Abs. 1 S. 1, 475 Abs. 1 BGB), Weigerungen (§§ 179 Abs. 1, 295 S. 1 BGB) etc. Auf diese sind nach ihrem Wortlaut weder § 81 noch § 91 unmittelbar anwendbar. Der Gesetzgeber hat indes mit der jetzigen Regelung keine wesentlichen Änderungen gegenüber der frühere Rechtslage nach der KO erstrebt und § 7 KO erfasste auch rechtsgeschäftsähnliche Handlung. Daher ist eine entsprechende Anwendung des § 81 auf rechtsgeschäftsähnliche Handlungen geboten, um einen Schutz der Insolvenzmasse vor entsprechenden Eingriffen zu gewährleisten und die Handlungsfähigkeit des Insolvenzverwalters zu sichern (Braun/*Kroth* § 81 Rn. 3; HK-InsO/*Kayser* § 81 Rn. 8; Kübler/Prütting/Bork/*Lüke* § 81 Rn. 5; MüKoInsO/*Ott/Vuia* § 81 Rn. 5; Uhlenbruck/*Mock* § 81 Rn. 5; Wimmer/*Wimmer-Amend* § 81 Rn. 9). Auf die wirtschaftlichen Auswirkungen dieser Handlungen für die Insolvenzmasse kommt es nicht an, so dass auch die für die Insolvenzmasse vorteilhaften rechtsgeschäftsähnlichen Handlungen nicht auszuklammern sind (so aber HK-InsO/*Kayser* § 81 Rn. 8; MüKoInsO/*Ott/Vuia* § 81 Rn. 5 mwN für die gegenteilige Ansicht in Fn. 34), wie zB die Mängelanzeige gem. § 377 HGB.

§ 81 findet zudem Anwendung auf **Prozesshandlungen,** die verfügenden 6
Charakter haben wie Anerkenntnis, Verzicht, Geständnis, Vergleich, Klage- bzw. Rechtsmittelrücknahme (HK-InsO/*Kayser* § 81 Rn. 7; Kübler/Prütting/Bork/*Lüke* § 81 Rn. 7; MüKoInsO/*Ott/Vuia* § 81 Rn. 6) und auf **verfügungsähnliche Handlungen,** wie die Einlösung von Lastschriften (BGHZ 144, 349 = NJW 2000, 2667; 161, 49 = NZI 2005, 99; BGH NJW-RR 2007, 118 = NZI 2006, 687; NZI 2014, 156; HK-InsO/*Kayser* § 81 Rn. 8; Kübler/Prütting/Bork/*Lüke* § 81 Rn. 9), die Abwicklung eines Überweisungsauftrages (BGH NJW-RR 2006, 771 = NZI 2006, 175; HK-InsO/*Kayser* § 81 Rn. 8, 23; Kübler/Prütting/Bork/*Lüke* § 81 Rn. 9), die Genehmigung im Einzugsermächtigungsverfahren (BGHZ 174, 84 = NZI 2008, 27), die Leistungsbestimmung iSd § 267 Abs. S. 1 BGB (BGH NZI 2014, 607) oder die Ermächtigung eines Dritten, für den Schuldner eine Leistung entgegen zu nehmen (BGH NZI 2012, 803; 2012, 807; ZInsO 2014, 1662). **Nicht** vom Verfügungsverbot des § 81 **erfasst** werden **Realakte** (zB Verarbeitung, Verbindung, Vermischung); diese sind verfügungsähnlichen Handlungen nicht gleichzustellen (HambK-InsO/*Kuleisa* § 81 Rn. 6; HK-InsO/*Kayser* § 81 Rn. 9; Uhlenbruck/*Mock* § 81 Rn. 6).

2. Adressat des Verbots. Adressat des Verbots ist der **Schuldner** bzw. sein 7
gesetzlicher oder gewillkürter Vertreter; und zwar unabhängig davon, dass Geschäftsbesorgungsverträge bzw. Vollmachten mit der Eröffnung des Insolvenzverfahrens nach §§ 116, 117 erlöschen (Uhlenbruck/*Mock* § 81 Rn. 14). Verfügungen eines **Nichtberechtigten** im eigenen Namen haben keine Auswirkun-

gen auf die Insolvenzmasse; Absatz 1 Satz 1 schließt nach Verfahrenseröffnung eine wirksame Genehmigung durch den Schuldner (§ 177 Abs. 1 BGB) aus (MüKoInsO/*Ott/Vuia* § 81 Rn. 12). Im Falle der **Genehmigung durch den Insolvenzverwalter** tritt die Wirkung ex tunc für die Insolvenzmasse ein (→ Rn. 15). Hinsichtlich der von einem (durch Rechtsgeschäft bestellten) **Treuhänder** vorgenommenen Verfügungen ist differenzieren: Endet das Treuhandverhältnis nach §§ 116, 177 mit der Verfahrenseröffnung, gelten die Grundsätze der Verfügung eines Nichtberechtigten. Ist der Treuhänder hingegen Inhaber des Vollrechts, so findet § 81 keine Anwendung, auch wenn der Verfügungsgegenstand wirtschaftlich zur Masse gehört (BGH ZInsO 2012, 1419; HambK-InsO/*Kuleisa* § 81 Rn. 11; Kübler/Prütting/Bork/*Lüke* § 81 Rn. 9; MüKoInsO/*Ott/Vuia* § 81 Rn. 12); uU besteht ein Anspruch des Insolvenzverwalters aus § 816 Abs. 2 BGB (vgl. BGH NJW-RR 2012, 1129 = NZI 2012, 803).

8 **3. Maßgeblicher Zeitpunkt.** Die Wirkung des absoluten Verfügungsverbots tritt mit der **Eröffnung des Insolvenzverfahrens** bzw. über § 24 Abs. 1 im Eröffnungsverfahren mit der Anordnung von Sicherungsmaßnahmen nach § 21 Abs. 2 Nr. 2 ein. Nur die danach vorgenommenen Verfügungen des Schuldners über einen zur Insolvenzmasse gehörenden Gegenstand sind nach § 81 unwirksam. Verfügungen, die vor Verfahrenseröffnung wirksam vorgenommen worden sind, können indes der Insolvenzanfechtung nach §§ 129 ff. unterliegen. Maßgeblich ist der **Zeitpunkt des Erlasses** – nicht der Bekanntmachung – **des Eröffnungsbeschlusses** (§ 27 Abs. 2 Nr. 3, Abs. 3) bzw. des Anordnungsbeschlusses (vgl. auch → § 80 Rn. 9); für Verfügungen am Eröffnungstag enthält Absatz 3 Satz 1 eine Beweiserleichterung (→ Rn. 23).

9 Ob eine Verfügung des Schuldners vor oder nach der Verfahrenseröffnung erfolgt ist, richtet sich nach dem Zeitpunkt des Eintritts ihrer Wirksamkeit; unerheblich ist, wann der mit der Verfügung bezweckte Erfolg eintreten soll (→ Rn. 11 f.). Bei einer **einseitigen empfangsbedürftige Willenserklärung** des Schuldners (zB Aufrechung, Kündigung, Rücktritt) ist nach § 130 Abs. 1 S. 1 BGB entscheidend der Zeitpunkt des Zugangs beim Empfänger. Geschieht dies nach Verfahrenseröffnung, entfaltet die Willenserklärung keine Wirkung (BGHZ 27, 360 = NJW 1958, 1286); §§ 130 Abs. 2, 153 BGB sind nicht entsprechend heranzuziehen, da der Verlust der Verfügungsbefugnis nicht mit dem Verlust der Geschäftsfähigkeit oder mit dem Tod des Erklärenden gleich zu setzen ist (Jaeger/*Windel* § 80 Rn. 33; Kübler/Prütting/Bork/*Lüke* § 81 Rn. 11; MüKoInsO/*Ott/Vuia* § 81 Rn. 11; Uhlenbruck/*Mock* § 81 Rn. 19). In dem umgekehrten Fall des Insolvenzverfahrens über das Vermögens des Empfängers fehlt diesem ab der Verfahrenseröffnung die Empfangszuständigkeit; diese liegt nunmehr beim Insolvenzverwalter (Jaeger/*Windel* § 81 Rn. 34). Für den **Abschluss eines Vertrages** kommt es bei einem Vertragsangebot des Schuldners auf den Zeitpunkt der Annahme durch den Vertragspartner an; § 153 BGB findet keine entsprechende Anwendung (HK-InsO/*Kayser* § 81 Rn. 16; Uhlenbruck/*Mock* § 81 Rn. 19). Bei der Insolvenz des Antragsempfängers wird das Vertragsangebot unwirksam, wenn die Verfahrenseröffnung vor Annahme erfolgt ist (Uhlenbruck/*Mock* § 81 Rn. 19). Die Annahme eines solchen Angebots ist noch möglich, sofern sich der Antragende auch gegenüber der Insolvenzmasse binden will (HK-InsO/*Kayser* § 81 Rn. 16). Bei der **Übereignung beweglicher Sachen** muss zum Zeitpunkt der Verfahrenseröffnung die Übergabe der Sache oder das Besitzkonstitut erfolgt sein.

10 Bei mehraktigen **zeitlich gestreckten Verfügungen** muss für deren Wirksamkeit die Verfügungsbefugnis des Schuldners noch zum Zeitpunkt des Vorliegens sämtlicher Wirksamkeitselemente der Verfügung gegeben sein. Sind bei gestreckten Verfügungstatbeständen bereits vor der Verfahrenseröffnung alle Ver-

fügungsakte erfüllt, hängt indes die Wirksamkeit von weiteren erst nach Verfahrenseröffnung eingetretenen Voraussetzungen (zB Eintritt einer Bedingung; das Entstehen der Forderung) ab, dann ist nach hM § 81 Abs. 1 S. 1 nicht anwendbar. In diesen Fällen erfolgt nach Verfahrenseröffnung keine Verfügung des Schuldners im Sinne dieser Vorschrift mehr, da für eine Verfügung nur die Wirksamkeitselemente maßgeblich sind, die die Erklärungen und Handlungen des Schuldners bzw. des anderen Teils betreffen; der Erfolgseintritt ist hingegen unerheblich. Anwendung findet vielmehr § 91 (BGHZ 135, 140 = NJW 1997, 1857; 162, 187 = NZI 2005, 263; 167, 363 = NZI 2006, 457; HambK-InsO/*Kuleisa* § 81 Rn. 8). Nach aA (Kübler/Prütting/Bork/*Lüke* § 81 Rn. 12a; MüKoInsO/*Ott/Vuia* § 81 Rn. 9) ist hingegen § 81 anwendbar, da maßgeblich der Zeitpunkt der vollen Wirksamkeit einer Verfügung sei.

Konkret wirken sich die unterschiedlichen Auffassungen bei der **Abtretung einer künftigen Forderung** aus. Wird für die Wirksamkeit auf den Zeitpunkt der Entstehung der Forderung abgestellt und hatte der Schuldner zu diesem Zeitpunkt die Verfügungsbefugnis infolge Verfahrenseröffnung verloren, so soll dies zur Unwirksamkeit der Vorausverfügung gem. §§ 80, 81 Abs. 1 S. 1 führen (so Kübler/Prütting/Bork/*Lüke* § 80 Rn. 12a; MüKoInsO/*Ott/Vuia* § 81 Rn. 10). Demgegenüber ist nach der hM (BGHZ 135, 140 [144] = NJW 1997, 1857; BGH NZI 2009, 888; 2010, 138; OLG Köln NZI 2008, 373; JMBl.NW 2009, 8; Braun/*Kroth* § 81 Rn. 5; Jaeger/*Windel* § 81 Rn. 3, 43; HK-InsO/*Kayser* § 81 Rn. 18; Nerlich/Römermann/*Wittkowski/Kruth* § 81 Rn. 11a) für die Übertragung einer künftigen Forderung der Zeitpunkt der Vollendung der Forderungsabtretung maßgeblich. War zu diesem Zeitpunkt das Insolvenzverfahren noch nicht eröffnet, dann ist die Abtretung wirksam; auf die später entstandene Forderung findet § 91 Anwendung. Von Bedeutung ist der Streit für das **Insolvenzeröffnungsverfahren,** da § 24 nur auf § 81 und nicht auf § 91 verweist (s. dazu BGH NJW-RR 2010, 192 = NZI 2009, 888; OLG Köln NZI 2008, 373). 11

Eine **Verfügung unter einer Bedingung** ist insolvenzfest, wenn deren Gegenstand zum Zeitpunkt der Verfahrenseröffnung bereits besteht und die Verfügung nicht durch die Insolvenzeröffnung berührt wird. Zudem muss der Gegenstand aus dem Vermögen des Schuldners ausgeschieden sein und eine Zurückerlangung aufgrund einer einseitigen Willensentscheidung des Schuldners darf nicht in Betracht kommen (BGH NJW 2006, 229 = NZI 2006, 229; MüKoInsO/*Ott/Vuia* § 81 Rn. 10). Bei einer aufschiebend bedingten Übereignung einer beweglichen Sache mit Begründung eines Besitzkonstituts folgt aus § 161 Abs. 1 S. 2 BGB, dass weder § 81 noch § 91 den Rechtserwerb bei Bedingungseintritt nach Insolvenzeröffnung hindert (BGH NJW 2006, 915 = NZI 2006, 229 [230]; HambK-InsO/*Kuleisa* § 81 Rn. 9; HK-InsO/*Kayser* § 81 Rn. 18). Auf die Übertragung von **Rechten an Grundstücken oder grundstücksgleichen Rechten** findet vorrangig § 91 Abs. 2 Anwendung. Entsprechend reicht es für eine wirksame Veräußerung von Immobilien aus, wenn die dingliche Einigung (§§ 873, 925 BGB) vor Eröffnung des Insolvenzverfahrens erfolgt und der Eintragungsantrag vor diesem Zeitpunkt gestellt wird (vgl. auch HambK-InsO/*Kuleisa* § 81 Rn. 8; HK-InsO/*Kayser* § 81 Rn. 18; MüKoInsO/*Ott/Vuia* § 81 Rn. 10). In diesem Fall hindert auch eine Anordnung eines Zustimmungsvorbehalts nicht mehr den Eintritt des Verfügungserfolgs (BGH NZI 2012, 614 für den Erwerb einer Grundschuld). 12

4. Wirkungen (Absatz 1 Satz 1). a) Allgemeines. Eine nach Verfahrenseröffnung von dem Schuldner vorgenommene Verfügung ist kraft Gesetzes **absolut unwirksam** (Absatz 1 Satz 1). Dies gilt entsprechend für Prozesshandlungen des Schuldners in massebezogenen Prozessen, die Bewirkungshandlungen (zB 13

Geständnis, Klagerücknahme, Vergleich, Verzicht) sind. Dagegen sind Erwirkungshandlungen (zB Klageerhebung) wegen der fehlenden Prozessführungsbefugnis des Schuldners, die eine Sachentscheidungs- und keine Prozesshandlungsvoraussetzung darstellt, unzulässig (Jaeger/*Windel* § 81 Rn. 24; Kübler/Prütting/Bork/*Lüke* § 81 Rn. 16). Die absolute Unwirksamkeit kann von dem Insolvenzverwalter als rechtshindernde Einwendung geltend gemacht werden. Daher kann er bei einer unwirksame Verfügung ohne Einschränkung bspw. die Herausgabe des Gegenstandes nach § 985 BGB verlangen (Ahrens/Gehrlein/Ringstmeier/*Piekenbrock* § 81 Rn. 17; HK-InsO/*Kayser* § 81 Rn. 25; Kübler/Prütting/Bork/*Lüke* § 81 Rn. 14) oder eine abgetretene Forderung einziehen (vgl. BGH NJW-RR 2012, 1130 = NZI 2012, 807). Hat der Schuldner durch Überweisung rechtsgeschäftlich über den Anspruch gegen die kontoführende Bank auf Auszahlung des Guthabens bzw. des Kredites verfügt, greift § 81. Der Empfänger ist unabhängig von seiner Gut- oder Bösgläubigkeit gem. § 816 Abs. 2 BGB zur Rückzahlung des Erlangten an die Insolvenzmasse verpflichtet (HambK-InsO/*Kuleisa* § 81 Rn. 12; HK-InsO/*Kayser* § 81 Rn. 23; vgl. auch BGH NJW-RR 2012, 1129 = NZI 2012, 803 für die Anweisung eines Treuhänders durch den Schuldner).

14 Der Anwendungsbereich des Verfügungsverbots ist entgegen der teilw. in der Literatur vertretenen Auffassung (HambK-InsO/*Kuleisa* § 81 Rn. 15; Kübler/Prütting/Bork/*Lüke* § 81 Rn. 15; Nerlich/Römermann/*Wittkowski/Kruth* § 81 Rn. 14) **nicht** im Wege einer **„teleologischen Reduktion"** auf die Geschäfte zu beschränken, die den Bestand der Insolvenzmasse und damit die Befriedigung der Gläubigergemeinschaft gefährden. Dies würde zu erheblichen Unsicherheiten über die Wirksamkeit einer Verfügung des Schuldners führen. Während eines laufenden Insolvenzverfahrens lässt sich oft noch nicht zuverlässig abschätzen, welche Mittel zur vollständigen Befriedigung erforderlich sind; so kann bspw. eine nachträgliche Forderungsanmeldung nicht ausgeschossen werden. Eine entsprechende Beschränkung wäre zudem mit der Stellung des Insolvenzverwalters sowie den Kompetenzen des Gläubigerausschusses nicht vereinbar (HK-InsO/*Kayser* § 81 Rn. 29; MüKoInsO/*Ott/Vuia* § 81 Rn. 16). Zudem lassen sich im Einzelfall unbillige Ergebnisse im Wege einer Genehmigung (→ Rn. 15) durch den Insolvenzverwalter korrigieren.

15 **b) Genehmigung.** Grds. kann der Insolvenzverwalter eine unwirksame Verfügung des Schuldners in entsprechender Anwendung des **§ 185 Abs. 2 BGB** genehmigen (Jaeger/*Windel* § 81 Rn. 27; Wimmer/*Wimmer-Amend* § 81 Rn. 28); dies gilt auch für unwirksame Prozesshandlungen (Jaeger/*Windel* § 81 Rn. 29; sa KG FGPrax 2014, 171 für eine Registeranmeldung durch den Schuldner). Die Genehmigung liegt im Ermessen des Insolvenzverwalters; die Entscheidung hat sich daran zu orientieren, in welchem Umfang hierdurch die Masse gemehrt oder vermindert wird. Bei einseitigen Rechtsgeschäften scheidet die Möglichkeit einer Genehmigung nach allgemeinen Regeln aus, wie sich aus §§ 111 S. 1, 180 S. 1 BGB ergibt (Braun/*Kroth* § 81 Rn. 7; Jaeger/*Windel* § 81 Rn. 28; HK-InsO/*Kayser* § 81 Rn. 28; Kübler/Prütting/Bork/*Lüke* § 81 Rn. 19; Uhlenbruck/*Mock* § 81 Rn. 30). Die Genehmigung kann gegenüber dem Schuldner oder dem Geschäftsgegner erfolgen. Die **Wirkung der Genehmigung** tritt **ex tunc** ein (hM; Braun/*Kroth* § 81 Rn. 7; HK-InsO/*Kayser* § 81 Rn. 9; Kübler/Prütting/Bork/*Lüke* § 81 Rn. 18; MüKoInsO/*Ott/Vuia* § 81 Rn. 17; Nerlich/Römermann/*Wittkowski/Kruth* § 81 Rn. 15; Uhlenbruck/*Mock* § 81 Rn. 30; aA Gottwald InsR-HdB/*Eickmann* § 31 Rn. 9: ex nunc).

16 **c) Wegfall der Unwirksamkeit.** Die **Unwirksamkeit entfällt** mit der Freigabe des Verfügungsgegenstandes durch den Insolvenzverwalter (→ § 35 Rn. 37 ff.) bzw. mit der Aufhebung (§ 200) oder Einstellung des Insolvenzverfahrens (§§ 207 ff.). Die Wirkung tritt **ex nunc** ein (BGHZ 166, 80 = NZI 2006, 224; BGH NZI 2013, 641 für § 91; HK-InsO/*Kayser* § 81 Rn. 27; MüKoInsO/*Ott/Vuia* § 81 Rn. 18; Nerlich/Römermann/*Wittkowski/Kruth* § 81 Rn. 14). Zur Wirkung einer Aufhebung eines Verfahrens aufgrund eines Rechtsmittels siehe § 34 Abs. 3 S. 3. Eine Verfügung des Schuldners unter der Bedingung der Verfahrensbeendigung ist wirksam (MüKoInsO/*Ott/Vuia* § 81 Rn. 18); eine Ausnahme besteht nach Absatz 2 für künftige Bezüge aus einem Dienstverhältnis oder an deren Stelle tretende laufende Bezüge (→ Rn. 22).

III. Gutglaubensschutz (Absatz 1 Satz 2)

1. Grundsatz. Verfügungen des Schuldners nach Verfahrenseröffnung über **Grundstücke** oder **grundstücksähnliche Rechte** werden nach §§ 892, 893 BGB bzw. im Register eingetragene Schiffe, Schiffsbauwerbe nach §§ 16, 17 SchRegG sowie Luftfahrzeuge nach §§ 16, 17 LuftRegG geschützt. Insoweit ist ein gutgläubiger Erwerb möglich; erfasst vom Gutglaubensschutz werden auch Rechtsgeschäfte in Ansehung des eingetragenen Rechts oder Leistungen an den Schuldner aufgrund des eingetragenen Rechts. Die praktische Bedeutung des Absatz 1 Satz 2 ist wegen der Eintragung der Insolvenzeröffnung in die Register nur gering. Keine Anwendung findet Absatz 1 Satz 2 auf den Erwerb im Wege der Zwangsvollstreckung (BGHZ 64, 196 = NJW 1975, 1282; Braun/*Kroth* § 81 Rn. 8; MüKoInsO/*Ott/Vuia* § 81 Rn. 20; Nerlich/Römermann/*Wittkowski/Kruth* § 81 Rn. 16). Die Aufzählung in Absatz 1 Satz 2 ist abschließend. Somit besteht kein Gutglaubensschutz etwa bei dem Erwerb sonstiger Rechte und Gegenstände, zB beweglicher Sachen oder Pfandrechte (Braun/*Kroth* § 81 Rn. 8; Kübler/Prütting/Bork/*Lüke* § 81 Rn. 24; MüKoInsO/*Ott/Vuia* § 81 Rn. 19). 17

Der öffentlichen Glauben des Grundbuchs umfasst auch das Fehlen von nicht eingetragenen Verfügungsbeschränkungen über ein im Grundbuch eingetragenes Recht (BGH NJW-RR 2011, 1030 = NZI 2011, 650). **Schädlich** ist nur die **positive Kenntnis des Erwerbers** von der Verfügungsbeschränkung zum Zeitpunkt der Stellung des Eintragungsantrages bzw. der Vollendung des Rechtserwerbs oder die Eintragung einer entsprechenden Verfügungsbeschränkung nach §§ 32, 33 im Grundbuch bzw. Register. Grob fahrlässige Unkenntnis (MüKoInsO/*Ott/Vuia* § 81 Rn. 22), Zweifel, Möglichhalten oder billigenden Inkaufnahme genügen nicht (Palandt/*Bassenge* § 892 Rn. 21); ebenso wenig die positive Kenntnis von Insolvenzgründen (zB von einer Zahlungsunfähigkeit) oder von einem Eröffnungsantrag. 18

2. Maßgeblicher Zeitpunkt. Für die schädliche Kenntnis ist maßgeblich der Zeitpunkt der Vollendung des Rechtserwerbs (BGH NJW 2001, 359; MüKoBGB/*Kohler* § 892 Rn. 53; Palandt/*Bassenge* § 892 Rn. 25; Staudinger/*Gursky* § 892 Rn. 196), sofern dieser nicht nach § 892 Abs. 2 BGB oder aufgrund einer gutgläubig erworbenen Vormerkung zur Sicherung des Rechtserwerbs vorverlegt ist. § 147 S. 1 InsO sieht für die nach Eröffnung des Insolvenzverfahrens vorgenommene Rechtshandlungen, die sich auf Immobilien des Schuldners, auf Schiffe und auf Luftschiffe des Schuldners beziehen, die Möglichkeit einer Anfechtung nach §§ 129 ff. InsO vor (zu den Einzelheiten → § 147 Rn. 2 ff.). 19

3. Eintragung des Insolvenzvermerks. Die Eröffnung des Insolvenzverfahrens allein führt nach der zutreffenden hM in der Literatur auch bei Kenntnis des Grundbuchamtes bzw. des Registergerichts noch **nicht** zu einer **Grundbuch- oder Registersperre;** vielmehr bedarf es zusätzlich einer Eintragung des Insolvenzvermerks gem. §§ 32, 33 (HK-InsO/*Kayser* § 81 Rn. 40; Jaeger/*Windel* § 81 Rn. 19; MüKoBGB/*Kohler* § 892 Rn. 65; MüKoInsO/*Ott/Vuia* § 81 Rn. 23; Nerlich/Römermann/*Wittkowski/Kruth* § 81 Rn. 18; Uhlenbruck/*Mock* § 81 20

Rn. 35; Wimmer/*Wimmer-Amend* § 81 Rn. 37). Die von der Rspr. (RGZ 71, 38 [41]; BayObLG Rpfleger 2003, 573; OLG Dresden NotBZ 1999, 261; OLG Schleswig FGPrax 2004, 264) und teilw. der Literatur (*Demharter* § 13 Rn. 12; Palandt/*Bassenge* § 892 Rn. 1) unter Hinweis darauf, das Gericht dürfe bei Kenntnis von der Unrichtigkeit nicht sehenden Auges einen nur auf einen guten Glauben beruhenden Rechtserwerb herbeiführen, vertretene gegenteilige Auffassung überzeugt nicht. Nach dem Prioritätsprinzip muss das Grundbuchamt einem zeitlich früher eingegangenen Antrag stattgeben, wenn dessen Eintragungsvoraussetzungen vorliegen und noch kein Antrag auf Eintragung eines Eröffnungsvermerks vorliegt. Insoweit ist es nicht Aufgabe des Grundbuchamts, unter Verstoß gegen § 17 GBO einen gutgläubigen Erwerb durch Ablehnung oder Zurückstellung der Eintragung zu verhindern.

IV. Rückgewährpflicht (Absatz 1 Satz 3)

21 Im Falle der Unwirksamkeit der Verfügung hat der andere Teil hinsichtlich der erbrachten Gegenleistung grds. gegenüber der Insolvenzmasse einen **bereicherungsrechtlichen Rückgewähranspruch** (§§ 812ff. BGB). Insoweit besteht eine Masseverbindlichkeit gem. § 55 Abs. 1 Nr. 3 (Kübler/Prütting/Bork/*Lüke* § 81 Rn. 26; MüKoInsO/*Ott/Vuia* § 81 Rn. 25; Uhlenbruck/*Mock* § 81 Rn. 43). Der Umfang des Anspruchs richtet sich nach §§ 818, 819; im Falle einer Entreicherung besteht kein Anspruch (§ 818 Abs. 3 BGB). Bei der Rückgewähr einer gesicherten Forderung wird diese als fortbestehend fingert. Nur so bestehen auch die akzessorische Sicherungsrechte fort, die im Falle einer Wiederherstellung der Forderung nicht wieder aufleben würden. Für diese Konstruktion spricht, dass die Fortdauer der unwirksam erfüllten Schuld die Kehrseite der fortdauernden Massezugehörigkeit des Erfüllungsgegenstandes darstellt (Jaeger/*Windel* § 81 Rn. 55; MüKoInsO/*Ott/Vuia* § 81 Rn. 26; Nerlich/Römermann/*Wittkowski/Kruth* § 81 Rn. 24; Uhlenbruck/*Mork* § 81 Rn. 43).

V. Verfügungen über künftige Forderungen (Absatz 2)

22 Der Schuldner kann nach Eröffnung des Insolvenzverfahrens **keine wirksamen Verfügungen** mehr über künftige Bezüge aus einem Dienstverhältnis oder an deren Stelle tretende laufende Bezüge treffen (Absatz 2 Satz 1); entsprechende Verfügungen sind nach § 81 Abs. 1 S. 1 unwirksam. Verbotsadressat des Absatz 2 ist wegen dieser Beschränkung nur eine natürliche Person (Kübler/Prütting/Bork/*Lüke* § 81 Rn. 29; MüKoInsO/*Ott/Vuia* § 81 Rn. 27). Erfasst wird jede Art von Arbeitseinkommen iSd § 850 ZPO, insbes. auch Renten und die sonstigen laufenden Geldleistungen im Falle des Ruhestandes, der Erwerbsunfähigkeit oder der Arbeitslosigkeit (Begr. RegE, Kübler/Prütting, Bd. 1, S. 262). Eine Abtretung ist nur an den Treuhänder mit dem Ziel der gemeinschaftlichen Befriedigung der Insolvenzgläubiger möglich (Absatz 2 Satz 2). Angesichts der eindeutigen Fassung der Vorschrift besteht kein Raum für eine Beschränkung der Vorschrift im Wege einer teleologische Reduktion auf Fälle, in denen eine Restschuldbefreiung beantragt oder ein Insolvenzplan vorgelegt worden ist (Kübler/Prütting/Bork/*Lüke* § 81 Rn. 29; MüKoInsO/*Ott/Vuia* § 81 Rn. 28).

VI. Beweislast (Absatz 3 Satz 1)

23 Grds. trifft den Insolvenzverwalter nach allgemeinen Grundsätzen die Beweislast dafür, dass die Rechtshandlung nach Eröffnung des Insolvenzverfahrens vorgenommen worden ist (MüKoInsO/*Ott/Vuia* § 81 Rn. 14; Wimmer/*Wimmer-*

Amend § 81 Rn. 44). Für den Eröffnungstag stellt Absatz 3 Satz 1 eine **widerlegbare gesetzliche Vermutung** auf, dass der Schuldner nach dem Eröffnungszeitpunkt verfügt hat. Wer sich auf Rechte aus Verfügungen des Schuldners am Eröffnungstag beruft, muss den vollen Beweis führen, dass die Verfügung bereits vor Verfahrenseröffnung erfolgt ist. Demgegenüber trifft den Insolvenzverwalter die volle Darlegungs- und Beweislast dafür, dass die Verfügung tatsächlich an diesem Tag vorgenommen worden ist (Kübler/Prütting/Bork/*Lüke* § 81 Rn. 13; MüKoInsO/*Ott/Vuia* § 81 Rn. 14). Die Beweisregel in Absatz 3 Satz 1 gilt auch für sonstige Rechtshandlungen des Schuldners, die sich als Verfügungen im weiteren Sinne oder als verfügungsähnliche Rechtshandlungen darstellen. Die in der Konkursordnung bereits vorhandene Beweislastregel bezog sich auf alle Rechtshandlungen des Schuldners; diesen Grundsatz wollte der Gesetzgeber mit der jetzigen Regelung in der InsO nicht ändern (Kübler/Prütting/Bork/*Lüke* § 81 Rn. 13; MüKoInsO/*Ott/Vuia* § 81 Rn. 15; Nerlich/Römermann/*Wittkowski/Kruth* § 81 Rn. 27).

VII. Verfügungen über Finanzsicherheiten (Absatz 3 Satz 2)

24 Absatz 3 Satz 2 geht auf die sog Finanzsicherheitenrichtlinie (RL 2002/47/EG; ABl. 2002 L 168, S. 43) zurück. Die Vorschrift gilt für alle seit dem 9.4.2004 eröffneten Verfahren (Art. 103b EGInsO). Die Bedeutung dieser Regelung ist eher gering (MüKoInsO/*Ott/Vuia* § 82 Rn. 30), da Absatz 3 Satz 2 nur die vom Schuldner nach Eröffnung des Insolvenzverfahrens noch am Tag der Verfahrenseröffnung vorgenommenen Verfügungen über die in § 1 Abs. 17 KWG aufgeführten Finanzsicherheiten (Barguthaben, Wertpapiere, Geldmarktinstrumente, sonstige Schuldscheindarlehen sowie damit in Zusammenhang stehenden Rechte und Ansprüche; vgl. auch *Meyer/Rein* NZI 2004, 367 [368]) schützt. Nur diese **am Eröffnungstag** innerhalb weniger Stunden vorgenommenen Verfügungen sind wirksam, wenn der andere Teil nachweist, dass er die Eröffnung des Verfahrens weder kannte noch kennen musste (vgl. § 122 Abs. 2 BGB). Auf andere nicht in § 1 Abs. 17 KWG aufgeführten Sicherungsgeschäfte findet die Vorschrift keine entsprechende Anwendung (Kübler/Prütting/Bork/*Lüke* § 81 Rn. 13c). Ebenso wenig anwendbar ist Absatz 3 Satz 2 auf Fälle, in denen natürliche Personen beteiligt sind, sowie auf Sicherungsgeschäfte unter ausschließlicher Beteiligung der in Art. 1 Abs. 2 lit. e der Finanzsicherheitenrichtlinie genannten Personen oder Gesellschaften (MüKoInsO/*Ott/Vuia* § 81 Rn. 32).

25 **Voraussetzung** für eine Anwendbarkeit des Absatz 3 Satz 2 ist, dass bis zum Ablauf des Eröffnungstages **sämtliche Wirksamkeitsvoraussetzungen** erfüllt sind. Tritt der Erfolg erst danach ein, ist die Verfügung gem. Absatz 1 Satz 1 unwirksam. Die Darlegungs- und Beweislast dafür, dass die Verfügung nach Verfahrenseröffnung noch am Eröffnungstag erfolgte, trägt nach allgemeinen Grundsätzen der Gläubiger. Die Beweislast für die fehlende Kenntnis oder fahrlässige Unkenntnis von der Verfahrenseröffnung liegt beim Sicherungsnehmer (Absatz 3 Satz 2). Eine nach Absatz 3 Satz 2 wirksame Verfügung unterliegt der Anfechtung nach den §§ 129 ff.; vgl. aber §§ 130 Abs. 1 S. 2, 147 Abs. 1.

Leistungen an den Schuldner

82 **[1] Ist nach der Eröffnung des Insolvenzverfahrens zur Erfüllung einer Verbindlichkeit an den Schuldner geleistet worden, obwohl die Verbindlichkeit zur Insolvenzmasse zu erfüllen war, so wird der Leistende befreit, wenn er zur Zeit der Leistung die Eröffnung des Verfahrens nicht kannte. [2] Hat er vor der öffentlichen Bekanntmachung der Eröffnung geleistet, so wird vermutet, daß er die Eröffnung nicht kannte.**

Schrifttum: *Bork,* Die Rolle der Banken in der vorläufigen Insolvenz, ZBB 2001, 271; *ders.,* Zahlungsverkehr in der Insolvenz, 2001; *ders.,* Lastschriften in der Insolvenz des Lastschriftschuldners, FS Gerhardt, 2004, 69; *ders.,* Wissenszurechnung im Insolvenz(anfechtungs) recht, DB 2012, 33; *Fischer,* Widerspruch des Insolvenzverwalters im Lastschriftverkehr, FS Gerhardt, 2004, 223; *Ganter,* Die Rückabwicklung von Lastschriften auf Betreiben des vorläufigen Insolvenzverwalters – Bestandsaufnahme aus dem Urteil des BGH vom 4. November 2004 und Ausblick, WM 2005, 1557; *Gehrlein,* Verfügungsbeschränkungen vor und nach Insolvenzeröffnung, WM 2014, 485; *Heublein,* Gutschriften in der Krise – insolvenzfester Glücksfall oder anfechtbare Scheindeckung?, ZIP 2000, 161; *Hippel/Schneider,* Bankinterne Kenntniszurechnung hinsichtlich Insolvenzverfahrenseröffnung – Bekanntmachung im Amtsblatt, NZI 2006, 177; *Jungmann,* Grenzen des Widerspruchsrechts des Insolvenzverwalters beim Einzugsermächtigungsverfahren, NZI 2005, 84; *Leithaus/Riewe,* Insolvenzspezifische Risiken für Drittschuldner sicherungszedierter Forderungen, DStR 2010, 2194; *Lüke,* Die Auswirkungen der Eröffnung eines Insolvenzverfahrens auf den Vollzug eines Grundstückserwerbsvertrages, ZfIR 2013, 573; *Kling,* Rechtsmissbräuchlicher pauschaler Widerspruch des Insolvenzverwalters im Lastschrifteneinzugsverfahren, DZWIR 2004, 54; *Knees/Fischer,* Zum Widerspruchsrecht des (vorläufigen) Insolvenzverwalters bei Einzugsermächtigungs-Lastschriften, ZInsO 2004, 5; *Knees/Kröger,* Zum Umgang der Bank mit pauschalen Widersprüchen des (vorläufigen) Insolenz-Verwalters gegen Belastungen aufgrund Einzugsermächtigungslastschriften, ZInsO 2006, 393; *Meder,* Sonderstellung des Insolvenzverwalters im Einzugsermächtigungsverfahren?, NJW 2005, 637; *Nobbe,* Zahlungsverkehr und Insolvenz, KTS 2007, 397; *Nobbe/Ellenberger,* Unberechtigte Widersprüche des Schuldners im Lastschriftverkehr, sittliche Läuterung durch den vorläufigen Insolvenzverwalter?, WM 2006, 1885; *Peschke,* Die Insolvenz des Girokontoinhabers, Diss. Hamburg 2003; *Rattunde/Berner,* Widerruf von Banklastschrifteinzügen durch den Insolvenzverwalter, DZWIR 2003, 185; *Ringstmeier/Homann,* Der Widerspruch gegen Lastschriften durch den Insolvenzverwalter – auch durch Schweigen?, NZI 2005, 492; *Schröder,* Der sog. Lastschriftwiderspruch in der Insolvenz aus Verwaltersicht, ZInsO 2006, 1; *Spliedt,* Lastschriftwiderspruch: Masse und Insolvenzverwalterhaftung aus dem „Nichts“?, ZIP 2005, 1260; *ders.,* Neues zum Lastschriftwiderspruch des Insolvenzverwalters, NZI 2007, 72; *Stritz,* Lastschriften im Insolvenz(eröffnungs)verfahren, DZWIR 2005, 18; *Welsch,* Die Verpflichtung des vorläufigen Insolvenzverwalters zur Genehmigung von Lastschriften, DZWIR 2006, 221; *Wittmann/Kinzl,* Organisationsobliegenheiten bei Insolvenzbekanntmachungen, ZIP 2011, 2232.

Übersicht

I. Normzweck; Anwendungsbereich

1 § 82 übernimmt redaktionell verkürzt, inhaltlich jedoch unverändert die in **§ 8 KO** enthaltene Regelung. Die Bestimmung ergänzt und beschränkt die §§ 80, 81 Abs. 1 S. 1. Dem Geschäftspartner des Schuldners wird in einem beschränkten Umfange ein Gutglaubensschutz hinsichtlich des Fortbestandes der Verwaltungs- und Verfügungsbefugnis des Schuldners eingeräumt. Der gutgläubige Drittschuldner kann auch nach Eröffnung des Insolvenzverfahrens Leistungen mit Erfüllungswirkung an den Insolvenzschuldner erbringen.

2 § 82 gilt nach § 24 Abs. 1 entsprechend im **Eröffnungsverfahren,** wenn das Gericht iRd Sicherungsmaßnahmen ein allgemeines Verfügungsverbot (§ 21 Abs. 2 Nr. 2) gegenüber dem Schuldner verhängt hat (BGH NJW-RR 2006, 771 = NZI 2006, 175). Im **Insolvenzplanverfahren** (§§ 217 ff.) ist die Bestimmung

ebenfalls entsprechend anwendbar, sofern der Insolvenzplan zur Sicherung der Planerfüllung einen Zustimmungsvorbehalt vorsieht (§ 263 S. 2). Unabwendbar ist § 82 im Falle der Anordnung der **Eigenverwaltung,** da der Schuldner insoweit seine Verwaltungs- und Verfügungsbefugnis behält (HK-InsO/*Kayser* § 82 Rn. 5; Kübler/Prütting/Bork/*Lüke* § 82 Rn. 1; MüKoInsO/*Ott*/*Vuia* § 82 Rn. 9a); auch → § 81 Rn. 2. Eine Ausnahme besteht gem. § 277 Abs. 1 S. 2 bei Anordnung eines Zustimmungsvorbehalts (§ 277 Abs. 1 S. 1). § 82 findet zudem entsprechende Anwendung, wenn ein Drittschuldner **in Unkenntnis der Aufhebung des Insolvenzverfahrens** (BGHZ 186, 223 = NZI 2010, 741) oder **der Freigabe des Anspruchs** zur Erfüllung der Verbindlichkeit an den Insolvenzverwalter leistet (BGH NZI 2011, 104; LG München I NZI 2010, 821). Entsprechend anwendbar ist § 82 bei der Anordnung der **Nachlassverwaltung** (§ 1984 Abs. 1 S. 2 BGB).

II. Leistungen an den Schuldner

1. Allgemeines. Die Vorschrift erfasst **Leistungen eines Drittschuldners nach Verfahrenseröffnung** an den Schuldner zur Erfüllung einer gegenüber der Insolvenzmasse bestehenden Verbindlichkeit; dazu gehört auch der insolvenzbefangenen Neuerwerb (Jaeger/*Windel* § 82 Rn. 7; Uhlenbruck/*Mock* § 82 Rn. 8). Maßgeblicher Zeitpunkt ist der **Erlass des Eröffnungsbeschlusses** (dazu → § 80 Rn. 2). Unter Leistung ist wie in § 362 BGB die Herbeiführung des Leistungserfolges zu verstehen. Es muss eine bewusste Handlung des Leistenden zur Erfüllung einer persönlichen Schuld gegenüber dem Insolvenzschuldner vorliegen (MüKoInsO/*Ott*/*Vuia* § 82 Rn. 3; Uhlenbruck/*Mock* § 82 Rn. 3). § 82 betrifft nur Leistungen auf **schuldrechtliche Ansprüche.** Unanwendbar ist die Vorschrift bei Leistungen auf im Grundbuch eingetragene Rechte, wie sich aus dem Verweis in § 81 Abs. 1 S. 2 auf § 893 BGB ergibt (Braun/*Kroth* § 82 Rn. 2; HK-InsO/*Kayser* § 82 Rn. 4; Uhlenbruck/*Mock* § 82 Rn. 7); hierzu gehören Sach- (zB §§ 1094, 1105 BGB) oder Geldleistungen (zB §§ 1105, 1113, 1191, 1199 BGB) auf das dingliche Recht, auch in Form eines Erfüllungssurrogats zur Tilgung des dinglichen Anspruchs (Palandt/*Bassenge* § 893 Rn. 2). Anwendbar ist § 82 hingegen bei Leistungen des persönlichen Schuldners sowie auf Briefpfandrechten, sofern der Schuldner nicht im Besitz des Briefes ist (Uhlenbruck/*Mock* § 82 Rn. 7). 3

Die **Leistung muss zur Erfüllung einer Verbindlichkeit erfolgen,** auch eines dinglichen Anspruchs, zB eines Herausgabeanspruchs nach § 985 BGB. Die Art der Leistung ist unerheblich; in Betracht kommen bspw. Geldzahlungen, die Lieferung von Sachen, die Herausgabe einer dem Schuldner gehörenden Sache oder die Übergabe eines Schecks erfüllungshalber (vgl. BGHZ 182, 85 = NZI 2009, 680). Auch die **Wahlschuld** (§ 262 BGB) und die **Ersetzungsbefugnis** fallen in den Anwendungsbereich des § 82, soweit das Wahlrecht dem Drittschuldner zusteht. Darf der Schuldner entscheiden, bleibt die Ausübung dieses Rechts dem Insolvenzverwalter vorbehalten (Jaeger/*Windel* § 82 Rn. 9). 4

Keine Anwendung findet § 82 auf Ansprüche, die nicht zur Insolvenzmasse zu erfüllen sind; dazu gehören Ansprüche, die kraft Gesetzes (§§ 851 Abs. 1 ZPO, 399 Fall 1 BGB) nicht übertragbar sind (BGHZ 154, 64 [68 f.] = NJW 2003, 1858; MüKoInsO/*Ott*/*Vuia* § 82 Rn. 4), bzw. die sich auf das unpfändbare Vermögen (zB der unpfändbare Teil des Arbeitseinkommens, Ansprüche auf Sozialleistungen) oder auf höchstpersönliche Rechte (zB Betreuung, Pflege, Unterhalt) beziehen. Der Drittschuldner kann insoweit weiterhin ohne Einschränkungen an den Schuldner leisten. Die Annahme einer **Leistung an Erfüllungs Statt** (§ 364 Abs. 1 BGB) fällt nicht in den Anwendungsbereich des § 82 (HambK-InsO/*Kuleisa* § 82 Rn. 4; Jaeger/*Windel* § 82 Rn. 9; Uhlenbruck/*Mock* § 82 Rn. 4); 5

dem Schuldner fehlt nach § 80 Abs. 1 die Berechtigung, eine entsprechende Vereinbarung zu treffen. Eine Ausnahme besteht im Falle einer wirksamen Vereinbarung einer Ersetzungsbefugnis vor Eröffnung des Insolvenzverfahrens (MüKoInsO/*Ott/Vuia* § 82 Rn. 3a). Auf die **Erklärung einer Aufrechnung** gegenüber dem Schuldner ist § 82 nicht anwendbar, da hierdurch keine Leistung bewirkt wird; sie hat bei einer massebefangenen Passivforderung gegenüber dem Insolvenzverwalter zu erfolgen (Jaeger/*Windel* § 82 Rn. 9).

6 **2. Leistungen an Vertreter des Schuldners bzw. an Dritte.** § 82 erfasst ebenfalls **Leistungen** des Drittschuldners **an einen gesetzlichen** oder **gewillkürten Vertreter** des Schuldners (RGZ 31, 164 [166]) bzw. im Insolvenzverfahren über das Vermögen einer juristischen Person an den organschaftlichen Vertreter einer Gesellschaft (Jaeger/*Windel* § 82 Rn. 10; HK-InsO/*Kayser* § 82 Rn. 12). Gleiches gilt für die Leistung an den Überbringer einer Quittung (§ 370 BGB), wobei unerheblich ist, ob die Quittung vor oder nach Verfahrenseröffnung durch den Schuldner ausgestellt worden ist. Im Falle einer nach § 81 Abs. 1 S. 1 unwirksamen Forderungsabtretung durch den Schuldner kann dieser keinen nach § 409 Abs. 1 BGB zugunsten des Drittschuldners wirkenden Rechtsscheins setzen. Der Drittschuldner wird durch die Zahlung an den Scheinzessionar nicht von seiner Verbindlichkeit befreit (BGH NZI 2012, 807; Ahrens/Gehrlein/Ringstmeier/*Piekenbrock* § 82 Rn. 6; MüKoInsO/*Ott/Vuia* § 82 Rn. 3d). Der Insolvenzverwalter kann die unwirksame Leistung genehmigen und von dem Vertreter des Schuldners oder dem Dritte die Erstattung der empfangenen Leistung verlangen (BGH NZI 2012, 803; ZInsO 2014, 1662); → Rn. 11.

7 **3. Folgen einer Leistung an den Schuldner.** Im Falle einer Leistung an den Schuldner **in Kenntnis der Verfahrenseröffnung** wird der leistende Drittschuldner nicht von seiner Leistungspflicht frei. Seine Verbindlichkeit besteht fort und er muss erneut an die Insolvenzmasse leisten. Befreiungswirkung tritt indes ein, wenn die erbrachte Leistung anschließend an die Masse gelangt (BGH NJW 2009, 2304 = NZI 2009, 425), zB durch Weiterleitung des Empfangenen an den Insolvenzverwalter. Die wirksame Tilgung einer Masseverbindlichkeit gegenüber einem Dritten kann genügen, wenn dadurch die Leistung wirtschaftlich in die Masse gelangt ist (BGH NJW 1986, 3206). Der Drittschuldner kann nicht mehr mit befreiender Wirkung an den Sicherungszessionar leisten, wenn ihm die Eröffnung des Insolvenzverfahrens über das Vermögen seines ursprünglichen Gläubigers bekannt ist und er weiß, dass die Abtretung lediglich zu Sicherungszwecken erfolgt ist (BGH NJW 2009, 2304 = NZI 2009, 425). Mit der Verfahrenseröffnung erlischt die Befugnis des Auftraggebers gem. § 16 Nr. 6 VOB/B, unmittelbar befreiend an einen Gläubiger des in der Insolvenz befindlichen Auftragnehmers zu leisten (BGH NJW 1986, 2761; HambK-InsO/*Kuleisa* § 82 Rn. 4; MüKoInsO/*Ott/Vuia* § 82 Rn. 3b).

8 Grds. kann der Insolvenzverwalter den Drittschuldner auf **nochmalige Leistung** an die Insolvenzmasse in Anspruch nehmen. Er muss aber zuvor versuchen, die bereits an den Schuldner bewirkte Leistung zur Masse zu ziehen, wobei der Schuldner zur Herausgabe verpflichtet ist. Ansonsten kann der Drittschuldner dem Insolvenzverwalter die **Arglisteinrede entgegenhalten,** wenn die Einziehung zur Masse unproblematisch ist (Braun/*Kroth* § 82 Rn. 4; Jaeger/*Windel* § 82 Rn. 41; Uhlenbruck/*Mock* § 82 Rn. 20; einschränkend HK-InsO/*Kayser* § 82 Rn. 3, 59: in besonders gelagerten Einzelfällen; aA MüKoInsO/*Ott/Vuia* § 82 Rn. 10: Inanspruchnahme des Schuldners ist nicht erforderlich).

9 Dem Leistenden steht bei erneuter Leistung an die Insolvenzmasse gegenüber dem Schuldner ein **Bereicherungsanspruch** nach § 812 Abs. 1 S. 2 Alt. 2 BGB zu (Graf-Schlicker/*Scherer* § 82 Rn. 4; HK-InsO/*Kayser* § 82 Rn. 60; Jaeger/*Windel* § 82 Rn. 38; Kübler/Prütting/Bork/*Lüke* § 82 Rn. 12; aA MüKoInsO/

Ott/Vuia § 82 Rn. 11: Anspruch nach § 812 Abs. 1 S. 1 Alt. 1 BGB, da die Leistung den Leistungszweck nicht erreicht habe). § 814 BGB findet insoweit auf den Fall der Zweckverfehlungskondiktion keine Anwendung (Jaeger/*Windel* § 82 Rn. 38). Die Kenntnis des Leistenden von der Verfahrenseröffnung schließt den Rückforderungsanspruch ebenfalls nicht nach § 815 BGB aus, weil der Leistende in der Regel keine positive Kenntnis von der Unmöglichkeit der Erfolgseintritts der Leistung hat; es kann zu einer Weiterleitung der Leistung an die Masse kommen bzw. der Insolvenzverwalter kann die Leistungen genehmigen (vgl. HK-InsO/*Kayser* § 82 Rn. 60; Kübler/Prütting/Bork/*Lüke* § 82 Rn. 12; MüKo-InsO/*Ott/Vuia* § 82 Rn. 11). Der Bereicherungsanspruch des Drittschuldners richtet sich gegen den Schuldner persönlich, weil der Anspruch erst nach Eröffnung des Insolvenzverfahrens begründet wurde. Damit steht als Haftungsmasse nur das insolvenzfreie Vermögen des Schuldners zur Verfügung (Jaeger/*Windel* § 82 Rn. 38; Uhlenbruck/*Mock* § 82 Rn. 22).

Leistet der Drittschuldner **in Unkenntnis von der Verfahrenseröffnung** an 10
den Schuldner, dann wird er von seiner Verbindlichkeit befreit (§ 82 S. 1). Erfüllungswirkung kann ebenfalls in entsprechender Anwendung des § 185 Abs. 2 S. 1 Fall 2 BGB (1) bei einer Freigabe des Anspruchs aus der Insolvenzmasse durch den Insolvenzverwalter, (2) bei einer Aufhebung (§ 200) oder (3) bei einer Einstellung des Insolvenzverfahrens (§§ 207 ff.) eintreten; die Wirkung tritt jeweils **ex nunc** ein (HK-InsO/*Kayser* § 82 Rn. 11; aA ex tunc: MüKoInsO/*Ott/Vuia* § 82 Rn. 7; Nerlich/Römmermann/*Wittkowski/Kruth* § 82 Rn. 3).

Der Leistende wird bei einer **Genehmigung der Leistung** durch den Insol- 11
venzverwalter mit Wirkung **ex tunc** von seiner Leistungspflicht befreit (§§ 362 Abs. 1, 185 Abs. 2 BGB). Die Genehmigung kann ausdrücklich oder konkludent erklärt werden. Allein das Einfordern der empfangenen Leistung vom Schuldner stellt noch keine Genehmigung dar. Denn es kann nicht davon ausgegangen werden, dass der Insolvenzverwalter das Beitreibungsrisiko tragen will; dieses Risiko bleibt beim Leistenden (HK-InsO/*Kayser* § 82 Rn. 11; MüKoInsO/*Ott/Vuia* § 82 Rn. 6; Nerlich/Römermann/*Wittkowski/Kruth* § 82 Rn. 4). In der Klageerhebung liegt dagegen regelmäßig eine Genehmigung der Leistung an den Nichtberechtigten (BGH ZInsO 2014, 1662). Problematisch, ob in dem Herausgabeverlangen eine Genehmigung unter der aufschiebenden Bedingung gesehen werden kann, dass der Leistungsgegenstand tatsächlich in die Masse gelangt (so HK-InsO/*Kayser* § 82 Rn. 11; MüKoInsO/*Ott/Vuia* § 82 Rn. 6; Wimmer/*Wimmer-Amend* § 82 Rn. 8). Dies ist auf jeden Fall für die Annahme einer konkludenten Genehmigung abzulehnen (Jaeger/*Windel* § 82 Rn. 40; Kübler/Prütting/Bork/*Lüke* § 82 Rn. 6). Es besteht hierfür keine Notwendigkeit; außerdem kann die Auffassung zu einer Verkürzung der Insolvenzmasse führen. Die Erfüllungswirkung tritt bereits kraft der gesetzlichen Regelung in § 362 Abs. 1 BGB ex nunc ein, wenn der Insolvenzverwalter den Leistungsgegenstand erhält. In diesem Fall bleiben der Masse die Ansprüche auf Nebenrechte oder Sekundäransprüche erhalten, die bei einer rückwirkenden (konkludenten) Genehmigung indes entfallen würden (Jaeger/*Windel* § 82 Rn. 39).

III. Gutglaubensschutz

Nur positive Kenntnis von der Eröffnung des Insolvenzverfahrens **schadet** 12
und lässt die Erfüllungswirkung entfallen; positive Kenntnis von Insolvenzgründen, insbes. von der Zahlungsunfähigkeit, bzw. dem Vorliegen eines Eröffnungsantrages (MüKoInsO/*Ott/Vuia* § 82 Rn. 13; Wimmer/*Wimmer-Amend* § 82 Rn. 14), grob fahrlässige Unkenntnis (OLG Düsseldorf ZInsO 2008, 44) oder die fehlende Abrufung von Insolvenzbekanntmachungen im Internet (BGH NJW 2010, 1806 = NZI 2010, 480; NZI 2011, 18) genügen nicht. Eine einmal

bestehende Kenntnis dauert so lange fort, bis der Leistende zuverlässig von dem Abschluss des Insolvenzverfahrens Kenntnis erlangt (LG Dresden ZIP 2008, 935; LAG Düsseldorf NZI 2012, 821).

13 Leistet der **gesetzliche** oder **gewillkürte Vertreter** eines Drittschuldners, so kommt es auf dessen Kenntnis an (§ 166 Abs. 1 BGB); gleiches gilt bei juristischen Personen, Gesellschaften oder Behörden für sog **Wissensvertreter,** derer sich der Drittschuldner zur Erbringung der Leistung bedient (Jaeger/*Windel* § 82 Rn. 47; HK-InsO/*Kayser* § 82 Rn. 18; MüKoInsO/*Ott/Vuia* § 82 Rn. 14). Im Falle der Leistung auf Weisung des Vertretenen sind ausnahmsweise sowohl die Kenntnis des Vertreters als auch des Vertretenen maßgeblich (§ 166 Abs. 2 BGB); maßgebliche Zeitpunkt für den Vertreter: Zeit der Leistung; für den Vertretenen: Zeitpunkt der Widerrufsmöglichkeit der Weisung (Jaeger/*Windel* § 82 Rn. 46). Das Wissen eines **vertretungsberechtigten Organs** ist der juristischen Person zuzurechnen (BGH NJW-RR 2006, 771 = NZI 2006, 175). Er genügt bereits die Kenntnis eines Mitglieds des Organs, auch wenn dieses mit dem operativen Geschäft an der Basis nicht unmittelbar etwas zu tun hat (BGH NJW 1984, 1953 [1954]; NJW-RR 2006, 771 = NZI 2006, 175).

14 **Jede am Rechtsverkehr teilnehmende Organisation** (zB Behörden, Banken, Versicherungen) muss iRd ihr Zumutbaren sicherstellen, dass die ihr ordnungsgemäß zugehenden, rechtserheblichen Informationen unverzüglich an die entscheidenden Personen weitergeleitet und von diesen zur Kenntnis genommen wird (BGHZ 117, 104 [106 f.] = NJW 1992, 1099; 140, 54 [62] = NZI 1999, 23; BGH NJW-RR 2006, 771 = NZI 2006, 175; BGHZ 182, 85 = NZI 2009, 680; NJW 2010, 1806 = NZI 2010, 480; BAG NJW 2014, 1839). Insoweit müssen sich die Entscheidungsträger so behandeln lassen, als hätte sie das Wissen gehabt, wenn die Zeit verstrichen ist, die bei Bestehen eines effizienten internen Informationssystems benötigt worden wäre, um ihnen die Kenntnis zu verschaffen (BGH NJW-RR 2006, 771 = NZI 2006, 175; BGHZ 182, 85 = NZI 2009, 680). Diese Zeitspanne ist angesichts der modernen Büro- und Kommunikationstechnik als gering zu veranschlagen (BGHZ 182, 85 = NZI 2009, 680); es reichen 1 bis 2 Werktage. Es besteht trotz der Veröffentlichung im Internet (§ 9) indes keine Pflicht, sich durch organisatorische Maßnahmen **entsprechende Informationen über Insolvenzeröffnungen** selbst zu beschaffen (BGH NJW 2010, 1806 = NZI 2010, 480; so auch OLG Bremen NZI 2014, 403; HK-InsO/*Kayser* § 82 Rn. 15).

15 Maßgeblich für den Gutglaubensschutz des § 82 S. 1 ist der **Zeitpunkt,** bis zu dem der Leistende seine **Leistung noch zurückrufen** und ein treuwidriges Verhalten des Insolvenzschuldners verhindern kann (BGHZ 182, 85 = NZI 2009, 680; HK-InsO/*Kayser* § 82 Rn. 16; Jaeger/*Windel* § 82 Rn. 48; Kübler/Prütting/Bork/*Lüke* § 82 Rn. 8; Uhlenbruck/*Mock* § 82 Rn. 16; aA *Hess* § 82 Rn. 14: Zeitpunkt der Vollendung der Erfüllung). Soweit die Literatur teilw. unter Hinweis auf den mit § 407 BGB übereinstimmenden Schutzzweck auf die Zeit der Leistungshandlung des Schuldners abstellt (MüKoInsO/*Ott/Vuia* § 82 Rn. 13), wird nicht hinreichend der Unterschied zwischen den beiden Vorschriften berücksichtigt. Der Gutglaubensschutz des § 82 S. 1 gewährt im Gegensatz zu § 407 BGB kein Mindestmaß an Sicherheit; er stellt vielmehr für bestimmte Fälle für den Leistenden eine besondere Vergünstigung dar. Insoweit entspricht es dem öffentlichen Interesse an einem effektiven Insolvenzverfahren, dem Leistenden nach § 82 weitergehende Obliegenheiten als nach § 407 BGB aufzuerlegen.

16 Bei **Zahlung per Scheck** kommt es damit auf den Zeitpunkt an, zu dem die Einlösung des Schecks noch durch dessen Sperrung verhindert werden kann (BGHZ 182, 85 = NZI 2009, 680). Bei einer **Einzugsermächtigung** auf den Zeitpunkt der letzten Widerrufsmöglichkeit; bei einer **Überweisung** auf den Zeitpunkt, zu dem der Überweisende den erteilten Zahlungsauftrag noch wider-

rufen kann (Kübler/Prütting/Bork/*Lüke* § 82 Rn. 24; Uhlenbruck/*Mock* § 82 Rn. 16 ; weitergehend *Obermüller* Rn. 3.69: auf den Zeitpunkt, zu dem die Bank noch die technische oder rechtliche Möglichkeit hat, die Überweisung ohne Eingriff in den Zahlungsverkehr mit Dritten rückgängig zu machen).

IV. Darlegungs- und Beweislast

Hinsichtlich der **Leistung** richtet sich die Darlegungs- und Beweislast nach allgemeinen Grundsätzen. Damit obliegt dem leistenden Drittschuldner der Beweis einer erfüllungstauglichen Leistung (Jaeger/*Windel* § 82 Rn. 42; Kübler/Prütting/Bork/*Lüke* § 82 Rn. 10; MüKoInsO/*Ott*/*Vuia* § 82 Rn. 3). Ebenso trifft den Drittschuldner, der sich auf die für ihn günstige Vermutung des Satz 2 beruft, die Darlegungs- und Beweislast dafür, dass der Leistungserfolg **vor Eröffnung des Insolvenzverfahrens** eingetreten ist (HK-InsO/*Kayser* § 82 Rn. 22; Nerlich/Römermann/*Wittkowski*/*Kruth* § 82 Rn. 17; Uhlenbruck/*Mock* § 82 Rn. 26; Wimmer/*Wimmer-Amend* § 82 Rn. 21; unklar MüKoInsO/*Ott*/*Viua* § 82 Rn. 3 bzw. 15; aA Jaeger/*Windel* § 82 Rn. 49; Kübler/Prütting/Bork/*Lüke* § 82 Rn. 10: Insolvenzverwalter muss entsprechend der Grundsätze der Erwerbshindernisse der §§ 81 Abs. 1 S. 1, 91 Abs. 1 beweisen, dass der Erfolg nach Insolvenzeröffnung eingetreten ist). **17**

Hinsichtlich der **Kenntnis von der Eröffnung des Insolvenzverfahrens** ist zu differenzieren: **18**

- Bei Leistung **vor öffentlicher Bekanntmachung** der Verfahrenseröffnung (vgl. dazu § 9) hat der Insolvenzverwalter die Kenntnis des Leistenden zu beweisen. Es wird die Unkenntnis des Drittschuldners widerlegbar vermutet (§ 82 S. 2). Der Insolvenzverwalter muss hinsichtlich der Kenntnis den Vollbeweis führen. Im Gegensatz zu §§ 130 Abs. 1, 131 Abs. 2 genügt nicht der Beweis von Umständen, die auf eine Kenntnis schließen lassen (BGH NZI 2011, 18; HK-InsO/*Kayser* § 82 Rn. 16; Kübler/Prütting/Bork/*Lüke* § 82 Rn. 9).
- Bei Leistung **nach öffentlicher Bekanntmachung** der Insolvenzeröffnung obliegt dem Leistenden die volle Darlegungs- und Beweislast dafür, dass er die Eröffnung des Insolvenzverfahrens nicht gekannt hat (BGH NJW-RR 2006, 771 = NZI 2006, 175; BGHZ 182, 85 = NZI 2009, 680; NJW 2009, 2304 = NZI 2009, 425; NJW 2010, 1806 = NZI 2010, 480); er muss seine Unkenntnis beweisen.

Maßgeblich für den **Übergang der Beweislast** ist der Zeitpunkt, an dem die Bekanntmachung nach § 9 Abs. 1 S. 3 InsO als bewirkt gilt (BGHZ 182, 85 = NZI 2009, 680; HK-InsO/*Kayser* § 82 Rn. 21); also sobald zwei weitere Tage nach der Veröffentlichung im Internet auf der gemeinsamen Internetplattform der Bundeslänger unter www.insolvenzbekanntmachungen.de (vgl. § 9 Abs. 1 S. 1) verstrichen sind. Auf Veröffentlichungen in einem anderen Organ, zB in einem Amtsblatt oder in einer Tageszeitung, kommt es nicht mehr an (HK-InsO/*Kayser* § 82 Rn. 21; aA anscheinend MüKoInsO/*Ott*/*Vuia* § 82 Rn. 15 unter Bezugnahme auf die vor der Neuregelung des § 9 zum 1.7.2007 ergangene Rspr.). **19**

Erbschaft. Fortgesetzte Gütergemeinschaft

83 (1) [1] **Ist dem Schuldner vor der Eröffnung des Insolvenzverfahrens eine Erbschaft oder ein Vermächtnis angefallen oder geschieht dies während des Verfahrens, so steht die Annahme oder Ausschlagung nur dem Schuldner zu.** [2] **Gleiches gilt von der Ablehnung der fortgesetzten Gütergemeinschaft.**

(2) **Ist der Schuldner Vorerbe, so darf der Insolvenzverwalter über die Gegenstände der Erbschaft nicht verfügen, wenn die Verfügung im Falle des Eintritts der Nacherbfolge nach § 2115 des Bürgerlichen Gesetzbuchs dem Nacherben gegenüber unwirksam ist.**

Schrifttum: *Bartels,* Der erbrechtliche Erwerb des Insolvenzschuldners – Erbschafts- und Vermächtnisausschlagung sowie die Vernachlässigung von Vermächtnis- und Pflichtteilsansprüchen im Vorfeld und während des Insolvenzverfahrens sowie in der Wohlverhaltensperiode nach §§ 286 ff. InsO, KTS 2003, 41; *Bisle,* Testamentsgestaltung bei überschuldeten Erben, DStR 2011, 526; *Busch,* Schnittstellen zwischen Insolvenz- und Erbrecht, ZVI 2011, 77; *Floeth,* Zur Frage, ob der Verzicht auf die Geltendmachung eines Pflichtteilsanspruchs in der Wohlverhaltensphase eine Obliegenheitsverletzung des Schuldners darstellt, FamRZ 2010, 460; *Geitner,* Der Erbe in der Insolvenz, 2007; *Hartmann,* Verfügungen von Todes wegen zugunsten verschuldeter und insolventer Personen, ZNotP 2005, 82; *Hillmann-Stadtfeld/Jüchser,* Die insolvente GmbH als Erbe – zur Anwendbarkeit des § 83 Abs. 1 Satz 1 InsO auf juristische Personen, ZInsO 2014, 1597; *Ivo,* Der Verzicht auf erb- und familienrechtliche Positionen im Insolvenzrecht, ZErb 2003, 250; *Krieger,* Die Vorerbschaft in der Einzelzwangsvollstreckung und in der Insolvenz, Diss. Bonn 2002; *Kuleisa,* Der insolvente Nachlass – Die Haftung der Erben und die Befugnisse des Testamentsvollstreckers, ZVI 2013, 173; *Lehmann,* Erbrechtlicher Erwerb im Insolvenz- und Restschuldbefreiungsverfahren, 2006; *Leipold,* Erbrechtlicher Erwerb und Zugewinnausgleich im Insolvenzverfahren und bei der Restschuldbefreiung, FS Gaul, 1997, 367; *Limmer,* Testamentsgestaltung bei überschuldeten Erben im Hinblick auf die Auswirkungen des Verbraucherinsolvenz- und Restschuldbefreiungsverfahrens, ZEV 2004, 133; *Marotzke,* Das Erbenglück des insolventen Schuldners, ZVI 2003, 309; *ders.,* Die Stellung der Nachlassgläubiger in der Eigeninsolvenz des Erben, FS Otte, 2005, 223; *J. Mayer,* Testamentsgestaltung bei überschuldeten Erben (Teil I), MittBayNot 2011, 445; *ders.,* Testamentsgestaltung bei überschuldeten Erben (Teil II), MittBayNot 2012, 18; *Meier-Wehrsdorfer,* Krisenbewältigung im Erbrecht – Was tun bei Insolvenz und Hartz IV des Wunscherben, NotBZ 2012, 87; *Menzel,* Die negative Erbfreiheit, MittNotBay 2013, 289; *Messner,* Dissonanzen zwischen Insolvenz- und Erbrecht, ZVI 2004, 433; *Thora,* Die Obliegenheit der Erbschaftsannahme in der Wohlverhaltensperiode, ZInsO 2002, 176; *Vallender,* Doppelinsolvenz: Erben- und Nachlassinsolvenz, NZI 2005, 318; *Windel,* Die Verteilung der Befugnisse zur Entscheidung über Vermögenserwerb zwischen (Gemein-)Schuldner und Konkurs-(Insolvenz-)Verwalter bzw. Vollstreckungsgläubiger nach geltendem und künftigem Haftungsrecht, KTS 1995, 367.

Übersicht

I. Normzweck; Anwendungsbereich

1 **Absatz 1** entspricht der früheren Regelung in § 9 KO und erweitert die frühere Rechtslage zur KO auf den Anfall der Erbschaft bzw. des Vermächtnisses während des eröffneten Insolvenzverfahrens. Die Vorschrift ergänzt §§ 80, 81 und trägt dem Umstand Rechnung, dass mit der Eröffnung des Insolvenzverfahrens grds. das Recht des Schuldners, das zur Insolvenzmasse gehörende Vermögen zu

verwalten und über es zu verfügen, auf den Insolvenzverwalter übergeht. Hiervon hat der Gesetzgeber in **Absatz 1 Satz 1** eine Ausnahme gemacht. Da es sich bei der Annahme sowie Ausschlagung der Erbschaft bzw. eines Vermächtnisses um höchstpersönliche Rechte handelt, gehen diese Ausübungsrechte nicht auf den Insolvenzverwalter über; vielmehr steht dem Schuldner insoweit weiterhin eine partielle Verfügungsbefugnis zu (hierzu krit. *Marotzke* ZVI 2003, 309; *Windel* KTS 1995, 367 [378 ff., 405 ff.]). Hierdurch soll den konkurrierenden Interessen der Gläubiger des Schuldners sowie der Nachlassgläubiger Rechnung getragen werden. Gem. **Absatz 1 Satz 2** wird dieser Grundsatz auf die Entscheidung über die Fortsetzung der Gütergemeinschaft nach dem Tod des Ehegatten übertragen. **Absatz 2** übernimmt inhaltlich die Regelung des § 128 KO und schränkt im Hinblick auf § 2115 BGB die Verfügungsbefugnis des Insolvenzverwalters in Bezug auf die dem Schuldner als Vorerben zustehenden Nachlassgegenstände ein.

Wegen der vergleichbaren Interessenlage gilt Abs. 1 entsprechend für den **Erbverzicht** nach §§ 2346 ff. BGB (BGH NZI 2013, 137; HK-InsO/*Kayser* § 83 Rn. 6). § 83 enthält indes keine verallgemeinerungsfähige Grundregel. Vielmehr ist die Vorschrift nicht anwendbar auf einen **echten Vertrag zugunsten Dritter** bzw. auf ein **Schenkungsversprechen,** insoweit greift § 517 BGB (Uhlenbruck/*Mock* § 83 Rn. 27). Sofern bereits bei Eröffnung des Insolvenzverfahrens eine Anwartschaft oder ein Recht gem. §§ 328 Abs. 1, 331 BGB besteht, kann die Ausübung oder der Verzicht nur vom Insolvenzverwalter erklärt werden (§ 80 Abs. 1). Unanwendbar ist § 83 auch auf einen in Insolvenz befindlichen durch Vormerkung gesicherten Rückauflassungsgläubiger, selbst wenn die Grundstückübertragung mit Rücksicht auf eine familiäre Verbundenheit stattgefunden hat (OLG München NZI 2010, 79; 2010, 527). 2

II. Erbschaft und Vermächtnis (Absatz 1 Satz 1)

1. Grundsatz. Der **Erbschaftsanfall** tritt grds. durch den Tod des Erblassers ein (§ 1922 Abs. 1 BGB). Die Erbschaft umfasst alle vererbbaren Rechtspositionen des Erblassers unter Einbeziehung der Verbindlichkeiten (MüKoBGB/*Leipold* § 1922 Rn. 20); diese gehen im Wege der Gesamtrechtsnachfolge auf den Erben über (MüKoBGB/*Leipold* § 1942 Rn. 1). Gleichbedeutend mit dem Begriff Erbschaft spricht das BGB an mehreren Stellen auch von Nachlass. Beerbt werden kann nur eine natürliche Peson (MüKoBGB/*Leipold* § 1922 Rn. 6); die rechtlichen Folgen der Auflösung juristischer Personen ergeben sich aus dem Gesellschafts- und Vereinsrecht. **Erbe** ist nach § 1922 Abs. 1 BGB diejenige Person, auf die das Vermögen des Verstorbenen als Ganzes übergeht. Erben können sowohl natürliche als auch juristische Personen sein; ebenso Personengesellschaften, nicht rechtsfähige Vereine sowie eine GbR (Staudinger/*Otte* § 1923 Rn. 29 ff.; zur Erbfähigkeit künftiger juristischer Personen s. Staudinger/*Otte* § 1923 Rn. 33 f.). Wegen des gesetzlich vorgesehenen Möglichkeit der Erbausschlagung (§§ 1942 ff. BGB) erwirbt der Erbe die Erbschaft endgültig erst mit der Annahme der Erbschaft oder mit dem Ablauf der Ausschlagungsfrist. 3

2. Annahme der Erbschaft. Die Annahme einer Erbschaft ist die rechtsgeschäftliche Erklärung, das Erbe endgültig behalten zu wollen. Diese kann durch ausdrückliche Erklärung, durch schlüssiges Verhalten (BayObLG NJW-RR 2005, 232; OLG Hamm FamRZ 2005, 306; OLG Köln NJW-RR 2015, 79) oder gem. § 1943 BGB durch Verstreichenlassen der Ausschlagungsfrist erfolgen. Die **Annahmeerklärung** ist als einseitige nicht empfangsbedürftige Willenserklärung an keine Form gebunden (BayObLG NJW-RR 2005, 232). Sie kann sowohl mündlich als auch schriftlich abgegeben werden, frühestens mit dem Zeitpunkt des Erbanfalls (§ 1946 BGB); eine Annahme unter einer Bedingung bzw. Zeitbestim- 4 mung ist nicht möglich (§ 1947 BGB). Empfänger der Erklärung können zB die Miterben, die Pflichtteilsberechtigten, die Nachlassgläubiger, die Nachlassschuldner oder das Nachlassgericht sein.

5 Eine Annahme durch **schlüssiges Verhalten** (pro herede gestio) setzt eine nach außen erkennbare Handlung des Erben voraus, woraus der objektive Betrachter den Schluss ziehen kann, der Erbe wolle seine Erbschaft behalten; zB in dem Antrag auf Erteilung eines Erbscheins (BayObLG NJW-RR 1999, 590; OLG Karlsruhe ZEV 2007, 380), in dem Antrag auf Umschreibung eines zum Nachlass gehörenden Grundstücks (KG OLGE 38, 263), in der Verfügung über Nachlassgegenstände (BayObLGZ 1983, 153 = FamRZ 1983, 1061; FamRZ 1988, 213), in dem Abschluss einer Aufteilungsvereinbarung (OLG Köln NJW-RR 2015, 79), in dem Verkauf der Erbschaft (MüKoBGB/*Leipold* § 1943 Rn. 5), in der Aufnahme eines Prozesses (BGHZ 106, 359 = NJW 1989, 2885) oder in der Geltendmachung des Erbschaftsanspruchs gegen den Erbschaftsbesitzers (OLG Hamm FamRZ 2005, 306). Schwierig einzuordnen sind Handlungen, die zur Sicherung oder Erhaltung des Nachlasses bestimmt sind, wie zB die Kündigung der von dem Erblasser angemieteten Wohnung, die Räumung der Mietwohnung oder die Fortführung eines laufenden Handelsgeschäftes. Maßgeblich sind die Umstände des Einzelfalles, wobei die Bejahung einer Annahme durch schlüssiges Verhalten zurückhaltend anzunehmen ist (OLG Köln MDR 1980, 493).

6 Das **Verstreichenlassen der Ausschlagungsfrist** gem. § 1944 BGB begründet eine Fiktion der Annahme (§ 1943 Hs. 2 BGB); gleiches gilt im Falle der Anfechtung der Ausschlagung (§ 1957 Abs. 1 BGB).

7 **3. Ausschlagung der Erbschaft.** Das **Ausschlagungsrecht** gibt dem Erben die Möglichkeit, den Erbschaftsanfall durch Willenserklärung rückwirkend (§ 1953 Abs. 1 BGB) zu beseitigen. Die **Ausschlagungserklärung** ist eine einseitige, bedingungs- und befristungsfeindliche (§ 1947 BGB), empfangsbedürftige Willenserklärung. Sie ist gegenüber dem Nachlassgericht abzugeben ist (§ 1945 Abs. 1 BGB). Die Ausschlagung kann frühestens mit dem Erbfall erklärt werden (§ 1946 BGB). Die Ausschlagungsfrist beträgt sechs Wochen (§ 1944 Abs. 1 BGB). Die Frist verlängert sich auf sechs Monate, wenn der Erblasser beim Erbfall seinen letzten Wohnsitz nur im Ausland hatte oder der Erbe sich bei Beginn der Frist im Ausland aufhält. Die Ausschlagungsfrist beginnt mit Kenntnis des Erben von dem Anfall der Erbschaft und dem Grunde der Berufung (§ 1944 Abs. 2 BGB). Im Falle einer wirksamen Ausschlagung gilt der Anfall der Erbschaft an den Ausschlagenden als nicht erfolgt (§ 1953 Abs. 1 BGB); diese geht an den nächstberufenen gesetzlichen oder testamentarischen Erben (§ 1953 Abs. 2 BGB). Die Ausschlagung lässt einen **Pflichtteilsanspruch des Erben** (vgl. → Rn. 16) unberührt.

8 **4. Eröffnung des Insolvenzverfahrens.** Mit der Eröffnung des Insolvenzverfahrens über das Vermögen des Erben, fällt die Erbschaft in die Insolvenzmasse (BGHZ 167, 352 = NZI 2006, 461). Zugleich geht die Verwaltungs- und Verfügungsbefugnis über den Nachlass auf den Insolvenzverwalter über. Die Nachlassgläubiger werden Insolvenzgläubiger; die Befriedigung aller Gläubiger erfolgt nunmehr aus der um den Nachlass angereicherten Insolvenzmasse (MüKoInsO/*Schumann* § 83 Rn. 5). Die **Entscheidung über die Annahme oder Ausschlagung** der Erbschaft steht gem. Absatz 1 Satz 1 weiterhin ausschließlich dem Schuldner und nicht dem Insolvenzverwalter zu. Dies gilt unabhängig davon, ob die Erbschaft vor oder nach Verfahrenseröffnung angefallen ist. Absatz 1 (nicht indes Absatz 2, → Rn. 27) findet auch Anwendung bei der Eröffnung eines **Nachlassinsolvenzverfahrens** nach den §§ 315 ff. (HambK-InsO/*Kuleisa* § 83 Rn. 9; MüKoInsO/*Schumann* § 83 Rn. 10; Uhlenbruck/*Mock* § 83 Rn. 26). Der

Nachlassinsolvenzverwalter ist weder zur Annahme noch zur Ausschlagung der Erbschaft berechtigt.

Unanwendbar ist Absatz 1 Satz 1, **wenn der Erbe keine natürliche Person** ist. In diesem Fall bedarf es keines Schutzes höchstpersönlicher Rechte; vielmehr betreffen in diesem Fall die Ausschlagung und die Annahme der Erbschaft ausschließlich Vermögensinteressen des Schuldners. Die Wahrnehmung dieser Interessen obliegt originär dem Insolvenzverwalter. Absatz 1 Satz 1 ist daher teleologisch zu reduzieren. Zur Annahme und Ausschlagung der Erbschaft ist ausschließlich der Insolvenzverwalter, nicht das für die Schuldnerin handelnde Organ berechtigt. Eine dennoch von dem Organ vorgenommene Erklärung ist unwirksam und bindet die Insolvenzmasse nicht (*Hillmann-Stadtfeld/Jüchser* ZInsO 2014, 1597). 9

Die **Entscheidung über eine Annahme oder Ausschlagung steht im freien Ermessen des Erben** (RGZ 84, 342 [347]). Der Schuldner ist nicht gehalten, einen überschuldeten Nachlass im Interesse der Insolvenzmasse und der Insolvenzmasse auszuschlagen (Nerlich/Römermann/*Wittkowski/Kruth* § 83 Rn. 6; Uhlenbruck/*Mock* § 83 Rn. 4). Eine Ausschlagung rechtfertigt bei einer erstrebten Restschuldbefreiung keine Versagung nach § 290 Abs. 1. Der Insolvenzverwalter kann eine Annahme oder Ausschlagung durch den Schuldner nicht verhindern; ebenso wenig unterliegt wegen der Höchstpersönlichkeit des Rechts die Entscheidung des Schuldners einer Insolvenzanfechtung durch den Insolvenzverwalter (RGZ 84, 342 [348]; BGH NJW 1997, 2384; NZI 2013, 137; Jaeger/*Windel* § 83 Rn. 10; Kübler/Prütting/Bork/*Lüke* § 83 Rn. 10; MüKoInsO/*Schumann* § 83 Rn. 4; Uhlenbruck/*Mock* § 83 Rn. 9; Wimmer/*Wimmer-Amend* § 83 Rn. 6; aA *Bartels* KTS 2003, 41 [48 ff.]); dies gilt auch für die Mitwirkung des vertraglich eingesetzten Erben an der Aufhebung seiner Erbeinsetzung (BGH NZI 2013, 137). Mit der Annahme der Erbschaft erlangt der Insolvenzverwalter die volle Verwaltungs- und Verfügungsbefugnis über den Nachlass (§ 80). 10

Im Falle einer Ausschlagung gehört die Erbschaft nicht zur Insolvenzmasse des ausschlagenden Schuldners (vgl. § 1953 Abs. 1 BGB). Den nunmehr berufene Erbe (vgl. § 1953 Abs. 2 BGB) steht hinsichtlich des Nachlasses ein **Aussonderungsanspruch** zu, soweit der Insolvenzverwalter die Erbschaft zur Insolvenzmasse gezogen hat (HambK-InsO/*Kuleisa* § 83 Rn. 6; Kübler/Prütting/Bork/*Lüke* § 83 Rn. 9; MüKoInsO/*Schumann* § 83 Rn. 9; Wimmer/*Wimmer-Amend* § 83 Rn. 13). Im Falle der Anordnung der Nachlassverwaltung kann der Nachlassverwalter das Aussonderungsrecht geltend machen (HambK-InsO/*Kuleisa* § 83 Rn. 6). Der Insolvenzverwalter haftet dem Ersatzerben gegenüber nach den Grundsätzen der Geschäftsführung ohne Auftrag (§ 1959 Abs. 1 BGB); insoweit bestehen Ansprüche gegenüber der Masse nur dann, wenn sie bereits vor Verfahrenseröffnung begründet waren (Jaeger/*Windel* § 83 Rn. 9; Kübler/Prütting/Bork/*Lüke* § 83 Rn. 9; MüKoInsO/*Schumann* § 83 Rn. 9). 11

Der Insolvenzverwalter kann die vom Schuldner angenommene Erbschaft nicht mehr ausschlagen (Kübler/Prütting/Bork/*Lüke* § 83 Rn. 5) oder im Ganzen freigeben (Nerlich/Römermann/*Wittkowski/Kruth* § 83 Rn. 6; Uhlenbruck/*Mock* § 83 Rn. 6); eine Freigabe ist jedoch hinsichtlich einzelner Nachlassgegenstände bzw. -rechte möglich. Um den Nachlassgläubigern die Möglichkeit der Befriedigung ausschließlich aus dem Nachlass und den Gläubigern des Erben aus dem sonstigen Vermögen des Schuldners zu erhalten, besteht für den Insolvenzverwalter die Möglichkeit durch die Beantragung der Nachlassverwaltung (§§ 1975 ff. BGB) bzw. des Nachlassinsolvenzverfahrens (§§ 1975 Abs. 1, 1980 BGB, §§ 315 ff.) eine **Trennung der Vermögensmassen** zu erreichen (BGHZ 167, 352 = NZI 2006, 461; Ahrens/Gehrlein/Ringstmeier/*Piekenbrock* § 83 Rn. 4; HambK-InsO/*Kuleisa* § 83 Rn. 4). Dieses Recht haben auch die Nachlassgläubiger (MüKoInsO/*Schumann* § 83 Rn. 5; Uhlenbruck/*Mock* § 83 Rn. 10). Da- 12 gegen steht dem Schuldner wegen § 80 kein Antragsrecht zu (MüKoInsO/*Schumann* § 83 Rn. 5; Uhlenbruck/*Mock* § 83 Rn. 106; aA LG Aachen NJW 1960, 46 [48]; Palandt/*Weidlich* § 1981 Rn. 1).

13 Über einen der **Verwaltung eines Testamentsvollstreckers** unterliegenden Nachlassgegenstand kann der Erbe nicht verfügen. Diese Verfügungsbeschränkung bleibt bei einer Eröffnung des Insolvenzverfahrens bestehen und gilt auch für den Insolvenzverwalter. Nach § 2214 BGB haben die persönlichen Gläubiger, die nicht zugleich Nachlassgläubiger sind, auch nach Verfahrenseröffnung keinen Zugriff auf die der Verwaltung des Testamentsvollstreckers unterliegenden Nachlassgegenstände. Dies führt dazu, dass eine Verwertung des Nachlasses durch den Insolvenzverwalter bis zur Beendigung der Testamentsvollstreckung ausgeschlossen ist (BGHZ 167, 352 = NZI 2006, 461; OLG Köln NZI 2005, 268; *Limmer* ZEV 2004, 133 [137 f.]; MüKoInsO/*Schumann* § 83 Rn. 8). Der unter Testamentsvollstreckung stehende Nachlass bildet eine Sondermasse. Pflichtteils- und Pflichtteilsergänzungsansprüche sind nicht gegen den Schuldner als Erben, sondern gem. § 2213 Abs. 1 S. 3 BGB iVm § 80 InsO gegen den Insolvenzverwalter geltend zu machen (BGHZ 167, 352 = NZI 2006, 461; OLG Köln NZI 2005, 268). Der Testamentsvollstrecker ist auch nach Eröffnung des Insolvenzverfahrens berechtigt, iRd ihm eingeräumten Befugnisse den Nachlass zu verwalten und über ihn zu verfügen (zu dem Verhältnis zwischen Testamentsvollstreckung und Insolvenzverwaltung sa Kübler/Prütting/Bork/*Lüke* § 83 Rn. 7; Uhlenbruck/*Mock* § 83 Rn. 11).

14 **5. Vermächtnis (Absatz 1 Satz 1 Alt. 2).** Für ein Vermächtnis gelten im Prinzip ähnliche Grundsätze wie bei der Erbschaft. Der Vermächtnisanspruch entsteht vorbehaltlich der Regelungen in §§ 2177–2179 BGB mit dem Erbfall. Der Vermächtnisnehmer kann daVermächtnis **annehmen oder ausschlagen (§ 2180 BGB).** Die Erklärung, die bedingungs- und befristungsfeindlich ist (§ 2180 Abs. 2 S. 2 BGB), hat gegenüber dem Beschwerten zu erfolgen. Die Annahme kann konkludent durch Geltendmachung des Vermächtnisanspruchs erfolgen. Grds. sind die Erklärung von Annahme oder Ausschlagung unwiderruflich; es besteht indes die Möglichkeit einer Anfechtung nach allgemeinen Vorschriften (§§ 119 ff. BGB) bzw. nach § 2308 BGB. Hinsichtlich der Ausübung der Annahme oder Ausschlagung sieht das Gesetz keine Frist vor. Der Erblasser kann indes in einer letztwilligen Verfügung eine Annahmefrist anordnen; deren Ablauf stellt eine auflösende Bedingung des Vermächtnisses dar. Zudem besteht für den beschwerten Erbe die Möglichkeit, dem zugleich pflichtteilsberechtigten Vermächtnisnehmer eine Erklärungsfrist zu setzen (§ 2307 Abs. 2 BGB), mit deren Ablauf die Wirkung der Ausschlagung eintritt. Nach einer Annahme des Vermächtnisses scheidet eine Ausschlagung aus (§ 2180 Abs. 1 BGB).

15 Nach der Eröffnung des Insolvenzverfahrens fällt ein **Vermächtnisanspruch** in die Insolvenzmasse. Wirtschaftlich nutzbar ist das Vermächtnis indes erst mit der Annahme. Das Recht zur Annahme oder Ausschlagung eines Vermächtnisses steht ausschließlich dem Schuldner zu (Absatz 1 Satz 1). Die Entscheidung hierüber liegt im Ermessen des Schuldners als Vermächtnisnehmer und unterliegt nicht der Insolvenzanfechtung durch den Insolvenzverwalter (RGZ 67, 425 [430 f.] für die Gläubigeranfechtung; MüKoInsO/*Schumann* § 83 Rn. 12; aA *Bartels* KTS 2003, 41 [57 f.]). Ebenso wenig rechtfertigt eine Ausschlagung bei einer erstrebten Restschuldbefreiung eine Versagung nach § 290 Abs. 1.

16 **6. Pflichtteilsanspruch.** Das Pflichtteilsrecht sichert den in § 2303 BGB aufgeführten nächsten Angehörigen des Erblassers einen Anteil an seinem Nachlass. Der Pflichtteilsanspruch eines Ehegatten, Kindes oder Elternteil des Erblassers entsteht mit dem Erbfall (§ 2317 Abs. 1 BGB) und gehört ab diesem Zeitpunkt zum Vermögen des Pflichtteilsberechtigten (BGHZ 123, 183 [187] = NJW 1993,

2876; NJW 1997, 2384; NJW-RR 2009, 632 = NZI 2009, 191; NJW-RR 2010, 121 = NZI 2009, 563); damit unterliegt er auch dem Insolvenzbeschlag. Die **Verwertung eines Pflichtteilsanspruchs** zugunsten der Insolvenzgläubiger ist erst möglich, sobald dieser Anspruch gem. § 852 Abs. 1 ZPO durch Vertrag gegenüber dem Schuldner anerkannt oder rechtshängig gemacht worden ist (BGHZ 123, 183 = NJW 1993, 2876). Ab diesem Zeitpunkt kann der Insolvenzverwalter den Pflichtteilsanspruch zugunsten der Insolvenzgläubiger verwerten.

Auf die Entscheidung, ob der Pflichtteilsanspruch gegenüber dem Erben durchgesetzt werden soll, findet **Absatz 1 Satz 1 keine Anwendung.** Wegen der familiären Verbundenheit zwischen dem Erben und dem pflichtteilsberechtigten Schuldner bleibt indes die Entscheidung über die Geltendmachung des Anspruchs als höchstpersönliches Recht bei dem Schuldner und **geht nicht auf den Insolvenzverwalter über** (BGHZ 123, 183 = NJW 1993, 2876; MüKoInsO/*Schumann* § 83 Rn. 13). Ebenfalls besteht für den Insolvenzverwalter keine Möglichkeit der Insolvenzanfechtung (BGH NZI 2013, 137; Uhlenbruck/*Mock* § 80 Rn. 25; aA *Bartels* KTS 2003, 41 [58 ff.]). **17**

7. Anfall einer Erbschaft oder eines Vermächtnisses während der Wohlverhaltensperiode. Wenn die Erbschaft nach Aufhebung des Insolvenzverfahrens erst während der Wohlverhaltensperiode anfällt, dann ist der Schuldner, der die Restschuldbefreiung erstrebt, verpflichtet, das Vermögen, das er von Todes wegen oder mit Rücksicht auf ein künftiges Erbrecht erwirbt, **zur Hälfte des Wertes an den Treuhänder herauszugeben** (§ 295 Abs. 1 Nr. 2 InsO) bzw. § 295 Abs. 2 Nr. 1 idF des RegE eines Gesetzes zur Verkürzung des Restschuldbefreiungsverfahrens und zur Stärkung der Gläubigerrechte (BT-Drs. 17/11268). Die Herausgabe hat grds. durch Zahlung eines Geldbetrages zu erfolgen (BGH NZI 2013, 191; Uhlenbruck/*Sternal* § 295 Rn. 30 ff.). **18**

Umstr. ist die Frage, ob es zu den Obliegenheiten des Schuldners gehört, eine in der Wohlverhaltensperiode anfallende **Erbschaft nicht auszuschlagen** bzw. einen **Pflichtteilsanspruch geltend zu machen.** Eine Mindermeinung sieht in der Ausschlagung einer Erbschaft oder in dem Verzicht auf die Geltendmachung eines Pflichtteilsanspruchs eine Obliegenheitsverletzung iSd § 295 Abs. 1 Nr. 2 InsO; der Schuldners müsse zumindest einen Teil der Erbschaft seinen Gläubiger zugänglich machen (*Bartels* KTS 2003, 64 ff.; *Thora* ZInsO 2002, 176 [178 f.]). Nach der zutreffenden hM wird diese Frage unter Hinweis auf die Höchstpersönlichkeit der Entscheidung und der im eröffneten Verfahren nach § 83 Abs. 1 bestehende Entscheidungsfreiheit verneint (BGH NJW-RR 2010, 121 = NZI 2009, 563; HambK-InsO/*Streck* § 295 Rn. 10; HK-InsO/*Waltenberger* § 295 Rn. 18; MüKoInsO/*Ehricke* § 295 Rn. 64; Uhlenbruck/*Sternal* § 295 Rn. 25 f.; Wimmer/*Ahrens* § 295 Rn. 97). Auch der Gesetzgeber ging nicht von einer entsprechenden Obliegenheit des Schuldners aus. Ansonsten hätte es keines gesetzlichen Anreizes durch eine Halbteilung bedurft, die Erbschaft nicht auszuschlagen und keine Maßnahmen zu treffen, um Erwerb von Todes wegen in der Wohlverhaltensperiode nicht anfallen zu lassen (BGH NJW-RR 2010, 121 = NZI 2009, 563). **19**

III. Fortgesetzte Gütergemeinschaft (Absatz 1 Satz 2)

Die fortgesetzte Gütergemeinschaft **(§§ 1483 ff. BGB)** dient dem Erhalt des gemeinschaftlichen Familienvermögens (RGZ 125, 347 [351]). Ziel ist es, den überlebenden Ehegatten vor einer Auseinandersetzung des Gesamtgutes mit den Abkömmlingen zu bewahren. Das gemeinsame Vermögen soll bis zum Tod des überlebenden Ehegatten zum Nutzen der Fortsetzungsgemeinschaft zusammengehalten werden (Palandt/*Brudermüller* Vor §§ 1483 Rn. 1). Mit dem Ableben des anderen Ehegatten wird der überlebende Ehegatte nach § 1487 Abs. 1 Hs. 2 **20**

BGB zum Alleinverwalter des Gesamtgutes; den Abkömmlingen stehen nur geringe Mitwirkungsrechte zu. Voraussetzung für den Eintritt einer fortgesetzten Gütergemeinschaft ist eine entsprechende Vereinbarung in einem Ehevertrag (§ 1483 Abs. 1 BGB) sowie keine Ablehnung der Fortsetzung der Gütergemeinschaft durch den überlebenden Ehegatten (§ 1484 Abs. 1 BGB). Die Regelungen gelten nach §§ 6, 7 LPartG entsprechend für **eingetragene Lebenspartnerschaften,** die aufgrund einer Stiefkindadoption gemeinschaftliche Abkömmlinge haben (§ 9 Abs. 7 LPartG, § 1754 Abs. 1 BGB).

21 Nach Eröffnung des Insolvenzverfahrens über das Vermögen des überlebenden Ehegatten steht diesem gem. Absatz 1 Satz 2 weiterhin die **Entscheidung über die Ablehnung der Fortsetzung der Gütergemeinschaft** (§ 1484 Abs. 1 BGB) zu. Die Entscheidung steht in dem Ermessen des Schuldners und unterliegt nicht der Anfechtung durch den Insolvenzverwalter (HK-InsO/*Kayser* § 83 Rn. 12; MüKoInsO/*Schumann* § 83 Rn. 14). Im Falle einer Ablehnung gilt der Eintritt der fortgesetzten Gütergemeinschaft als nicht erfolgt; es gehört nur der Anteil des Schuldners an dem Gesamtgut zur Insolvenzmasse (§ 860 Abs. 2 ZPO, § 36 InsO). Die Gemeinschaft muss entsprechend § 84 auseinander gesetzt werden. Die Auseinandersetzung vollzieht sich außerhalb des Insolvenzverfahrens. Macht der überlebende Ehegatte von dem Ablehnungsrecht nach § 1484 Abs. 1 BGB keinen Gebrauch bzw. lässt er die nach § 1484 Abs. 2 iVm § 1943 BGB bestehende Ablehnungsfrist verstreichen, so wird die Gütergemeinschaft fortgesetzt. Das Gesamtgut fällt in die Insolvenzmasse (§ 37 Abs. 3, Abs. 1 S. 1) und die Abkömmlinge verlieren ihren Anteil am Gesamtgut.

IV. Vorerbschaft (Absatz 2)

22 Bei einer Anordnung der Vor- und Nacherbschaft führt der Tod des Erblassers zunächst zum Anfall der Erbschaft beim Vorerben. Dieser ist zunächst der Erbe des Erblassers und damit Inhaber der zum Nachlass gehörenden Rechte. Die Verfügungsbefugnis erstreckt sich auf den gesamten Nachlass; zu den Beschränkungen des Verfügungsrechts des Vorerben siehe §§ 2112–2115 BGB. Erst **mit dem Eintritt des** von dem Erblasser in der letztwilligen Verfügung bestimmten **Nacherbfalls** (zB Tod des Vorerben, Wiederverheiratung des Vorerben, Erreichen eines bestimmten Alters) geht die Erbschaft auf den Nacherben über. Der Vorerbe hat die Erbschaft in dem Zustand herauszugeben, der sich bei einer bis zur Herausgabe fortgesetzten ordnungsgemäßen Verwaltung ergibt (§ 2130 Abs. 1 S. 1 BGB). Vor Eintritt des Nacherbfalls steht dem Nacherben nur ein Anwartschaftsrecht zu.

23 In der **Insolvenz des Vorerben** fällt das Vorerbe in die Insolvenzmasse und unterliegt damit der Verwaltung des Insolvenzverwalters. Der Nacherbe wird indes durch § 83 Abs. 2 geschützt. Der Insolvenzverwalter darf im Falle der Anordnung einer Vorerbschaft nicht über die Gegenstände der Erbschaft verfügen, sofern im Falle des Eintritts der Nacherbfolge die Verfügung gegenüber dem Nacherben unwirksam ist (§ 2115 BGB). Daher kommt eine Verwertung der zur Vorerbschaft gehörenden Vermögenswerte nicht in Betracht. Eine Befriedigung der Insolvenzgläubiger kann nur aus den aus den Erbschaftsgegenständen **gezogenen Nutzungen des Stammvermögens** erfolgen (Jaeger/*Windel* § 83 Rn. 21; Kübler/Prütting/Bork/*Lüke* § 83 Rn. 15; MüKoBGB/*Grunsky* § 2100 Rn. 32; MüKoInsO/*Schumann* § 83 Rn. 20). Eine entgegen § 2115 BGB von dem Insolvenzverwalter vorgenommene Verfügung ist unwirksam; der Nacherbe kann sie indes nach § 185 Abs. 2 S. 1 BGB genehmigen (RGZ 110, 94 [95]). Wirksam sind jedoch Verfügungen Insolvenzverwalters, die der Befriedigung der Nachlassgläubiger dienen, wobei es unerheblich ist, ob die Verbindlichkeit vom Erblasser oder vom Vorerben iRd ordnungsgemäßen Verwaltung begründet worden ist (Jaeger/

Windel § 83 Rn. 22 ff.; Kübler/Prütting/Bork/*Lüke* § 83 Rn. 17; Uhlenbruck/*Mock* § 83 Rn. 33).

Die Beschränkungen nach Absatz 2 gelten auch im Falle der Eröffnung des Insolvenzverfahrens über das Vermögen eines **befreiten Vorerben,** denn § 2136 BGB verweist nicht auf § 2115 BGB (RGZ 80, 30 [32]; 133, 263 [265]; Jaeger/*Windel* § 83 Rn. 25; Kübler/Prütting/Bork/*Lüke* § 83 Rn. 18; MüKoInsO/*Schumann* § 83 Rn. 19; Uhlenbruck/*Mock* § 83 Rn. 37). **24**

Str. ist, ob ein **gutgläubiger Erwerb eines Erbschaftsgegenstandes** bei einer gegen § 83 Abs. 2 verstoßenden Verfügung des Insolvenzverwalters möglich ist. Dies wird teilw. unter Hinweis darauf verneint, dass § 2115 BGB – im Gegensatz zu §§ 161 Abs. 3, 2113 Abs. 3 BGB – nicht auf die Vorschriften über den gutgläubigen Erwerb beweglicher Sachen (§§ 932, 1244 BGB) oder den öffentlichen Glauben des Grundbuchs (§ 892 BGB) verweist; § 83 Abs. 2 sei keine eigenständige Verfügungsbeschränkung, die unter § 135 BGB falle (HK-InsO/*Kayser* § 83 Rn. 19; MüKoInsO/*Schumann* § 83 Rn. 24 gutgläubiger Erwerb nur, wenn Erwerber den Insolvenzverwalter gutgläubig für den Eigentümer hält; Palandt/*Weidlich* § 2115 Rn. 7). Die zutreffende hM bejaht die Möglichkeit eines gutgläubigen Erwerbs (Ahrens/Gehrlein/Ringstmeier/*Piekenbrock* § 83 Rn. 16; Kübler/Prütting/Bork/*Lüke* § 83 Rn. 16; Nerlich/Römermann/*Wittkowski/Kruth* § 83 Rn. 13; Uhlenbruck/*Mock* § 83 Rn. 32; Wimmer/*Wimmer-Amend* § 83 Rn. 23; ähnlich Jaeger/*Windel* § 83 Rn. 27 für eine entsprechende Anwendung des § 161 Abs. 3). Dafür spricht, dass § 83 Abs. 2 nur ein relatives Veräußerungsverbot darstellt, so sich eine entsprechende Anwendung der Gutglaubensvorschriften aus § 135 Abs. 2 BGB ergibt. Im Falle eines gutgläubigen Dritterwerbs steht dem **Nacherben ein Schadensersatzanspruch gegen die Masse** (§ 55 Abs. 1 Nr. 1) oder gff. bei Verschulden ein Schadensersatzanspruch gegen den Insolvenzverwalter (§ 60) zu (HambK-InsO/*Kuleisa* § 83 Rn. 16; Kübler/Prütting/Bork/*Lüke* § 83 Rn. 16; MüKoInsO/*Schumann* § 83 Rn. 25; Uhlenbruck/*Mock* § 83 Rn. 32). **25**

Mit dem **Eintritt des Nacherbfalls** fällt die Erbschaft dem Nacherben an (§ 2139 BGB). Dieser hat ein **Aussonderungsrecht** (§ 47); vor Eintritt des Nacherbfalls besteht dieses Recht nicht (MüKoBGB/*Grunsky* § 2115 Rn. 8; Staudinger/*Avenarius* § 2115 Rn. 21). **26**

Keine entsprechende Anwendung findet Absatz 2 im Falle der **Eröffnung eines Nachlassinsolvenzverfahrens** nach §§ 11 Abs. 2 Nr. 2, 315 ff. über den Nachlass (HK-InsO/*Kayser* § 83 Rn. 14; Kübler/Prütting/Bork/*Lüke* § 83 Rn. 12; MüKoInsO/*Schumann* § 83 Rn. 18). Insolvenzgläubiger im Nachlassinsolvenzverfahren sind nur Gläubiger von Nachlassverbindlichkeiten (§ 325). Diese sind ohne Beschränkung aus dem Nachlass zu befriedigen, § 2115 S. 2 BGB (RGZ 133, 263 [265]; Ahrens/Gehrlein/Ringstmeier/*Piekenbrock* § 83 Rn. 14; MüKoInsO/*Schumann* § 83 Rn. 18). **27**

Auseinandersetzung einer Gesellschaft oder Gemeinschaft

84 (1) [1]**Besteht zwischen dem Schuldner und Dritten eine Gemeinschaft nach Bruchteilen, eine andere Gemeinschaft oder eine Gesellschaft ohne Rechtspersönlichkeit, so erfolgt die Teilung oder sonstige Auseinandersetzung außerhalb des Insolvenzverfahrens.** [2]**Aus dem dabei ermittelten Anteil des Schuldners kann für Ansprüche aus dem Rechtsverhältnis abgesonderte Befriedigung verlangt werden.**

(2) [1]**Eine Vereinbarung, durch die bei einer Gemeinschaft nach Bruchteilen das Recht, die Aufhebung der Gemeinschaft zu verlangen, für immer oder auf Zeit ausgeschlossen oder eine Kündigungsfrist bestimmt**

worden ist, hat im Verfahren keine Wirkung. [2]Gleiches gilt für eine Anordnung dieses Inhalts, die ein Erblasser für die Gemeinschaft seiner Erben getroffen hat, und für eine entsprechende Vereinbarung der Miterben.

Schrifttum: *Armbruster,* Die Stellung des haftenden Gesellschafters in der Insolvenz der Personenhandelsgesellschaft nach geltendem und künftigem Recht, 1996; *Berthold,* Unternehmensverträge in der Insolvenz, 2004; *Bork,* Insolvenzfähigkeit der Bruchteilsgemeinschaft, ZIP 2001, 545; *Fehl/Streicher,* Neuere Entscheidungen zur insolvenzverfahrenskonformen Auslegung von § 84 InsO, DZWIR 2005, 320; *Gundlach/Frenzel/N. Schmidt,* Der Auseinandersetzungsanspruch des stillen Gesellschafters in der Insolvenz des Unternehmensträgers – zugleich ein Beitrag zu § 84 InsO, ZIP 2006, 501; *Häublein,* Insolvenzverfahren über das Vermögen der Wohungseigentümergemeinschaft?, ZWE 2006, 205; *Keller,* Insolvenzvermerk im Grundbuch bei der Gesellschaft bürgerlichen Rechts, Rpfleger 2000, 201; *Müller,* Der Verband in der Insolvenz, 2002; *Rostegge,* Konzerninsolvenz: Die verfahrensrechtliche Behandlung von verbundenen Unternehmen nach der Insolvenzordnung, 2007; *Karsten Schmidt,* Bestellung und Abberufung des Vorstands in der Insolvenz einer Aktiengesellschaft, AG 2011, 1; *Smid,* Zur Stellung des Insolvenzverwalters in der Auseinandersetzung der Gemeinschaft von Insolvenzschuldner und Drittem, InVo 2006, 45; *Stahlschmidt,* Die GbR in der Insolvenz, 2004; *Vallender,* Wohnungseigentum in der Insolvenz, NZI 2004, 401.

Übersicht

I. Normzweck

1 § 84 regelt Kollisionen zwischen dem Insolvenzrecht und dem Recht auf Auseinandersetzung einer Bruchteilsgemeinschaft, einer sonstigen Gemeinschaft oder einer Gesellschaft ohne Rechtspersönlichkeit, wobei **Absatz 1 Satz 1,** der sinngemäß § 16 Abs. 1 KO entspricht, nur klarstellende Bedeutung zukommt (BGHZ 170, 206 = NZI 2007, 222). Da die Insolvenzmasse ausschließlich das Vermögen des Schuldners einschließlich des Neuerwerbs umfasst, kann zugunsten der Insolvenzgläubiger nur der ideelle Teil des Schuldners an einer Gesellschaft oder Gemeinschaft bzw. der Abfindungsanspruch verwertet werden. Insoweit hat sich der Gesetzgeber für den **Vorrang des Gesellschafts- oder Gemeinschaftsrechts** entschieden. Der dem Insolvenzschuldner zustehende Wert wird außerhalb des Insolvenzverfahrens nach den jeweils geltenden gesellschafts-/gemeinschaftsrechtlichen Vorschriften für die Insolvenzmasse realisiert. **Absatz 1 Satz 2** übernimmt die Regelung aus § 51 KO. Durch die vorgesehene Möglichkeit der Absonderung soll sicher gestellt werden, dass die Vermögensverhältnisse der übrigen Mitglieder

des Gemeinschaftsverhältnisses weitgehend erhalten bleiben. Diese Vorschrift kommt ebenfalls nur noch klarstellende Funktion zu (→ Rn. 15). **Absatz 2 Satz 1,** der dem früheren § 16 Abs. 2 KO entspricht, übernimmt für das Insolvenzverfahren den im Zwangsvollstreckungsrecht geltenden Grundsatz, dass rechtsgeschäftlich geregelte **Auseinandersetzungsausschlüsse** sowie **Auseinandersetzungsbeschränkungen** keine Wirkungen entfalten. Nach **Absatz 2 Satz 2** muss auch eine zwischen den Miterben getroffene Vereinbarung über die Beschränkung des Rechts zur Aufhebung einer Erbengemeinschaft nicht beachtet werden.

II. Anwendungsfälle

1. Grundsatz. § 84 findet grds. Anwendung im Falle einer Insolvenz eines Schuldners, der Teilhaber eines Gemeinschaftsverhältnisses oder einer Gesellschaft ohne Rechtspersönlichkeit ist. Hierzu gehören die Bruchteilsgemeinschaft (→ Rn. 4), die Gesellschaft bürgerlichen Rechts (→ Rn. 11), die Erbengemeinschaft (→ Rn. 7), die OHG (→ Rn. 13), die KG (→ Rn. 13), die Stillen Gesellschaft (→ Rn. 14), die Partnerschaftsgesellschaft (→ Rn. 15) und die Europäische Wirtschaftliche Interessenvereinigung (→ Rn. 15). Die Vorschrift gilt auch im Falle der Anordnung der Eigenverwaltung. Unanwendbar ist § 84 bei einem nicht rechtsfähigen Verein. Dieser wird durch die Insolvenz eines Mitglieds nicht aufgelöst; dem Mitglied steht kein Auseinandersetzungsguthaben zu (RGZ 113, 125; 143, 212; MüKoInsO/*Bergmann/Gehrlein* § 84 Rn. 19; Wimmer/*Wimmer-Amend* § 84 Rn. 6). 2

Unanwendbar ist § 84 im Falle der Eröffnung des Insolvenzverfahrens über das **Vermögen der Gemeinschaft oder Gesellschaft ohne Rechtspersönlichkeit;** insoweit gelten die insolvenzrechtlichen Vorschriften (vgl. § 11 Abs. 2 Nr. 1). Gleiches gilt bei der **Insolvenz eines Mitglieds einer juristischen Person** (zB einer GmbH, AG, eingetragener Verein, eingetragenen Genossenschaft), da der Bestand juristischer Person unabhängig von der Insolvenz einzelner Mitglieder ist. Die juristische Person wird weder aufgelöst noch findet eine Auseinandersetzung statt. Das Anteilsrecht des Mitgliedes (Gesellschaftsanteil, Aktie) ist Bestandteil der Insolvenzmasse. Die Verwertung folgt nach den für das Recht maßgeblichen Grundsätzen, zB durch Veräußerung eines GmbH-Anteils oder einer Aktie. Bestehende satzungsmäßige Übertragungsbeschränkungen gelten nicht für den Insolvenzverwalter (BGHZ 32, 151 [155] = NJW 1960, 1053; 65, 22 [24] = WM 1975, 913; 144, 365 = NJW 2000, 2819; MüKoInsO/*Bergmann/Gehrlein* § 84 Rn. 19). Nicht anwendbar ist § 84 ebenfalls auf **Kapitalanlagegesellschaften,** da § 38 Abs. 5 InvG auch für den Insolvenzverwalter das Recht ausschließt, die Aufhebung der Gemeinschaft zu verlangen; der Anleger hat indes nach § 37 Abs. 1 InvG einen Zahlungsanspruch. Streitig ist, ob § 84 auch für die **Partenreederei** gilt (bejahend Jaeger/*Eckardt* § 84 Rn. 28; aA unter Hinweis darauf, dass der Bestand vom Wechsel der Mitgliedschaft unabhängig ist: Kübler/Prütting/Bork/*Lüke* § 84 Rn. 8a; Uhlenbruck/*Hirte* § 84 Rn. 8). 3

2. Gemeinschaften. a) Bruchteilsgemeinschaft (§§ 741 ff., 1008 ff. BGB). Eine Gemeinschaft iSd § 741 BGB ist die Innehabung eines Rechts durch mehrere Rechtsträger zu ideellen Bruchteilen (vgl. statt vieler MüKoBGB/*Karsten Schmidt* § 741 Rn. 1). Bruchteilsfähig können bspw. das Eigentum (§ 1008 BGB), das Wohnungseigentum, beschränkt dingliche Rechte, Erbteile, Anteile an Kapitalgesellschaften, Patente, Markenrechte oder Gemeinschaftskonten (dazu → Rn. 5) sein. Im Fälle der Insolvenz eines Teilhabers fällt dessen Anteil wegen der freien Verfügbarkeit (§ 747 S. 1 BGB) in die Insolvenzmasse. Dies gilt nicht für den gemeinschaftlichen Gegenstand, über den nur alle Teilhaber im Ganzen gemeinschaftlich verfügen können (§ 747 S. 2 BGB). Insoweit steht den Mit- 4 eigentümern ein Aussonderungsanspruch (§ 47) zu (BGH NZI 2012, 575; HK-InsO/*Kayser* § 84 Rn. 1; Jaeger/*Eckardt* § 84 Rn. 10). Dieser ist auf Feststellung des Miteigentums, Einräumung des Mitbesitzes oder Auseinandersetzung gerichtet (BGH WM 1962, 181; HambK-InsO/*Kuleisa* § 84 Rn. 5). Der Insolvenzverwalter kann zur Realisierung des Wertes den dem Teilhaber nach § 749 Abs. 1 BGB zustehenden **Aufhebungsanspruch** geltend machen und die Gemeinschaft nach §§ 752 ff. BGB auseinandersetzen, zB im Wege der Teilungsversteigerung gem. § 753 Abs. 1 BGB iVm §§ 180, 181 ZVG (BGH NZI 2012, 575). Dieses Recht besteht auch, wenn ein Anteil des Teilhabers zur Insolvenzmasse und ein anderer zu seinem Privatvermögen gehört (vgl. MüKoInsO/*Bergmann/Gehrlein* § 84 Rn. 4; Uhlenbruck/*Hirte* § 84 Rn. 3).

5 Soweit die Teilhaber nach **§ 747 S. 2 BGB** über das Recht nur gemeinschaftlich verfügen können, ist der Insolvenzverwalter nicht ohne die Zustimmung eines aussonderungsberechtigten Miteigentümers zu einer entsprechenden Verfügung befugt (BGH NJW 1958, 1534). Daher kann er aus seinem Verwertungsrecht nach § 165 an einem Miteigentumsanteil nicht die Zwangsversteigerung nach §§ 172 ff. ZVG betreiben (BGH NZI 2012, 575 [576]). Vertragliche Vereinbarungen, die eine Aufhebung der Bruchteilsgemeinschaft beschränken oder ausschließen, haben nach § 749 Abs. 2, Abs. 3 BGB keine Wirkungen. Die Eröffnung des Insolvenzverfahrens über das Vermögen eines Teilhabers stellt ein wichtiger Grund in Sinne dieser Vorschrift dar.

6 **b) Gemeinschaftskonten.** Eine Bruchteilsgemeinschaft kann nach hM auch an einem Gemeinschaftskonto bestehen, soweit nicht im Einzelfall ein Gesamthandsverhältnis vorliegt (Jaeger/*Eckardt* § 84 Rn. 19 mwN; Kübler/Prütting/Bork/*Lüke* § 84 Rn. 21, 28; zu den umstrittenen Einzelheiten s. *Hadding/Häuser* Bankrechts-HdB, 4. Aufl. 2011, § 35; MüKoBGB/*Karsten Schmidt* § 741 Rn. 54 f.; *Karsten Schmidt* FS Hadding, 2004, 1093 ff.; *ders.* FS Nobbe, 2009, 187 ff.). Sowohl bei einem **„Oder-Konto"** als auch einem **„Und-Konto"** wird das dem Konto zugrunde liegende Kontokorrentverhältnis nicht durch die Eröffnung des Insolvenzverfahrens über das Vermögen eines Mitinhabers beendet (BGHZ 95, 185 = NJW 1985, 2698; Uhlenbruck/*Sinz* §§ 115, 116 Rn. 20). Die dem Schuldner zustehende Verfügungsbefugnis über das Konto kann nunmehr der Insolvenzverwalter wahrnehmen. Bei einem „Und-Konto" können die Verfügungen über das Konto nur gemeinsam vom Insolvenzverwalter und den anderen Mitinhabers erfolgen (Uhlenbruck/*Sinz* §§ 115, 116 Rn. 21). Bei einem „Oderkonto" ist das Geldinstitut verpflichtet, an denjenigen Gesamtgläubiger zu leisten, der als Erster die Auszahlung des Guthabens verlangt. Die Bank kann nach Eröffnung des Insolvenzverfahrens Zahlungseingänge mit einem Schuldsaldo verrechnen (BGHZ 95, 185 [187 f.] = NJW 1985, 2698; MüKoInsO/*Bergmann/Gehrlein* § 84 Rn. 6; Uhlenbruck/*Hirte* § 84 Rn. 4). Der Insolvenzverwalter darf die Einzelverfügungsbefugnis widerrufen. Zu den Auswirkungen der Verfahrenseröffnung auf ein Gemeinschaftskonto s. ausf. *Obermüller* Rn. 2.124 ff. und zum Gemeinschaftsdepot *Obermüller* Rn. 2.222 ff.

7 **c) Erbengemeinschaft (§§ 2032 ff. BGB).** § 84 findet Anwendung. Der Anteil des Mitglieds einer Erbengemeinschaft am Nachlass fällt in die Insolvenzmasse. Die Auseinandersetzung der Erbengemeinschaft richtet sich nach den Vorschriften über deren Auseinandersetzung (§§ 2042 ff. BGB). Zudem besteht nach § 2033 BGB die Möglichkeit einer freihändigen Veräußerung des Erbanteils (BGH NJW 1963, 1610; OLG Köln Rpfleger 1974, 109).

8 **d) Wohnungseigentümergemeinschaft.** § 11 Abs. 1 WEG schließt das Recht des Insolvenzverwalters aus, im Falle der Insolvenz eines Wohnungseigentümers einseitig die Aufhebung der Wohnungseigentümergemeinschaft zu ver-

langen. Für eine Verwertung besteht für den Insolvenzverwalter nur die Möglichkeit der freihändigen Veräußerung oder der Zwangsversteigerung bzw. Zwangsverwaltung des einzelnen Wohnungs- oder Teileigentumsrechts (MüKoBGB/*Commichau* WEG § 11 Rn. 11).

e) Eheliche Gütergemeinschaft (§§ 1415 ff. BGB). Die eheliche Gütergemeinschaft wird durch die Eröffnung des Insolvenzverfahrens über das Vermögen eines oder beider Ehegatten nicht aufgelöst (§ 37); zu den Einzelheiten siehe die Kommentierung zu § 37 bzw. §§ 332 ff. Die Regelung in § 84 Abs. 1 findet nur Anwendung, wenn die Gütergemeinschaft vor Verfahrenseröffnung beendet, die Auseinandersetzung aber noch nicht durchgeführt war. Die Auseinandersetzung folgt nach den §§ 1471 ff., 1497 ff. BGB. 9

f) Nießbrauch. Besteht bei einer Miteigentümergemeinschaft an dem Anteil des Schuldners ein **Nießbrauch,** so kann der Insolvenzverwalter den Aufhebungsanspruch nur gemeinschaftlich mit dem Nießbraucher geltend machen (§ 1066 Abs. 2 BGB). Dieser ist im Innenverhältnis nur zur einer Mitwirkung verpflichtet, wenn die Aufhebung den Grundsätzen einer ordnungsgemäßen Wirtschaft entspricht (LG Saarbrücken NJW-RR 2010, 24; MüKoBGB/*Pohlmann* § 1066 Rn. 25; Palandt/*Bassenge* § 1066 Rn. 3). Hiervon kann im Falle der Aufhebung aus Anlass der Insolvenz des Miteigentümers regelmäßig nicht ausgegangen werden. 10

3. Gesellschaften ohne Rechtspersönlichkeit. a) Gesellschaft bürgerlichen Rechts (§§ 705 ff. BGB). Die Eröffnung des Insolvenzverfahrens über das Vermögen eines Gesellschafters einer GbR führt nach § 728 Abs. 2 S. 1 BGB zur **Auflösung der Gesellschaft.** Dies gilt nicht für die Eröffnung eines Nachlassinsolvenzverfahrens; insoweit kann der Erbe mit dem vom Insolvenzbeschlag nicht erfassten Eigenvermögen an der Mitgliedschaft in der Gesellschaft festhalten (BGHZ 91, 132 [137] = NJW 1984, 2104; MüKoBGB/*Schäfer* § 728 Rn. 35; Staudinger/*Habermeier* § 728 Rn. 20; aA MüKoHGB/*Karsten Schmidt* § 131 Rn. 73). Die Auseinandersetzung der GbR findet außerhalb des Insolvenzverfahrens statt (§ 84 Abs. 1) und richtet sich nach den §§ 730 ff. BGB. Der Insolvenzverwalter nimmt iRd Auseinandersetzung die Rechte des insolventen Gesellschafters wahr (OLG Zweibrücken NZI 2001, 431; Palandt/*Sprau* § 728 Rn. 2; Staudinger/*Habermeier* § 728 Rn. 21). Bis zur endgültigen Auseinandersetzung wird der Fortbestand der Gesellschaft fingiert (§ 728 Abs. 2 S. 2 iVm § 727 Abs. 2 S. 3 BGB), wobei dem Insolvenzverwalter selbst dann nicht die Befugnis zur Notgeschäftsführung (§ 727 Abs. 2 S. 2 BGB) zusteht, wenn dem Schuldner die Geschäftsführung übertragen war (MüKoBGB/*Schäfer* § 728 Rn. 39, Umkehrschluss aus § 728 Abs. 2 S. 2 iVm § 727 Abs. 2 S. 1 BGB; aA Soergel/*Hadding/Kießling* § 728 Rn. 15). Das auf den Schuldner entfallende **Auseinandersetzungsguthaben** gehört zur Insolvenzmasse. Zur Auseinandersetzung bei der Insolvenz des Mitgliedes einer ARGE s. BGHZ 170, 206 = NJW 2007, 1067; OLG Köln NZI 2006, 36. 11

Keine Auflösung der Gesellschaft erfolgt, wenn der Gesellschaftsvertrag eine **Fortsetzungsklausel** vorsieht. In diesem Fall scheidet der insolvente Gesellschafter mit dem Zeitpunkt der Eröffnung des Insolvenzverfahrens aus der Gesellschaft aus (vgl. § 736 Abs. 1 BGB); diese wird mit den übrigen Gesellschaftern fortgesetzt (BGHZ 170, 206 = NZI 2007, 222). Da es sich hierbei um eine gesetzliche Möglichkeit der Fortsetzung handelt, greift nicht § 84 Abs. 2. Auch ohne Fortsetzungsklausel kann die Gesellschaft unter Einbeziehung des insolventen Gesellschafters fortgesetzt werden, wenn der Insolvenzverwalter den Gesellschaftsanteil aus der Masse freigibt (MüKoBGB/*Schäfer* § 728 Rn. 44; Staudinger/*Habermeier* § 728 Rn. 25). Der **Abfindungsanspruch** (§ 738 Abs. 1 S. 2 BGB) steht der 12

Insolvenzmasse zu. Die Höhe des Anspruchs ist in der Regel anhand einer Abfindungsbilanz zu ermitteln. Zudem besteht die Möglichkeit, im Gesellschaftsvertrag für den Abfindungsanspruch abweichende Regelungen aufzunehmen; zur Wirksamkeit → Rn. 16.

13 **b) OHG (§§ 105 ff. HGB); KG (§§ 161 ff. HGB).** Die Eröffnung eines Insolvenzverfahrens über das Vermögen eines Gesellschafters führt zum Ausscheiden des Gesellschafters (vgl. § 131 Abs. 3 Nr. 2 HGB; § 161 Abs. 2 HGB), sofern keine anderweitige gesellschaftsvertragliche Regelung getroffen ist. Dies gilt auch bei einer GmbH & Co. KG, wenn zugleich über das Vermögen der KG ein Insolvenzverfahren eröffnet wird (BVerwG NZI 2011, 871; vgl. auch BGH NZI 2005, 287; aA *Karsten Schmidt* GmbHR 2003, 1404; ZIP 2010, 1621). Der Gesellschaftsanteil fällt in die Insolvenzmasse; die Auseinandersetzung bestimmt sich nach den §§ 145 ff. HGB. IÜ gelten für die OHG und die KG dieselben Grundsätze wie bei einer GbR mit Fortsetzungsklausel (→ Rn. 12). § 84 findet auch Anwendung auf eine **KGaG** (Kübler/Prütting/Bork/*Lüke* § 84 Rn. 11).

14 **c) Stille Gesellschaft (§§ 230 ff. HGB).** Streitig ist, inwieweit wegen des fehlenden Gesellschaftsvermögens § 84 auf eine Stille Gesellschaft anzuwenden ist. Der Streit hat keine praktische Bedeutung, da sich die Folgen der Insolvenz aus dem Gesetz ergeben (HK-InsO/*Kayser* § 84 Rn. 16; Jaeger/*Eckhardt* § 84 Rn. 39 mwN zum Meinungsstreit in Fn. 66; MüKoInsO/*Bergmann/Gehrlein* § 84 Rn. 12). Die Eröffnung des Insolvenzverfahrens sowohl über das Vermögen des Geschäftsinhabers als auch des stillen Gesellschafters führt nach § 728 BGB zur Auflösung der stillen Gesellschaft (BGHZ 51, 350 [352] = WM 1969, 1077; *Karsten Schmidt* KTS 1977, 1 [7 ff.]; MüKoInsO/*Bergmann/Gehrlein* § 84 Rn. 12). Nach § 235 Abs. 1 HGB hat sich nach Auflösung der Gesellschaft der Geschäftsinhaber mit dem stillen Gesellschafter auseinanderzusetzen. Hierbei ist eine Auseinandersetzungsrechnung aufzustellen (zu den Einzelheiten s. zB BGH NJW 1992, 2696 [2697]; Baumbach/Hopt/*Roth* § 235 Rn. 1). Das Ergebnis dieser Abrechnung stellt bei der **Insolvenz des Geschäftsinhabers** nach § 236 Abs. 1 HGB eine Insolvenzforderung des stillen Gesellschafters dar. Im Falle der **Insolvenz des stillen Gesellschafters** kann der Insolvenzverwalter das Ergebnis der Abrechnung zur Insolvenzmasse ziehen (HK-InsO/*Kayser* § 84 Rn. 16; Jaeger/*Eckardt* § 84 Rn. 41–45).

15 **d) Sonstige.** Die **Partnerschaftsgesellschaft** (§§ 1 ff. PartGG) stellt eine Sonderform der GbR dar. Auf sie finden nach § 1 Abs. 4 PartGG die Vorschriften über die BGB-Gesellschaft (§§ 705 ff. BGB) Anwendung, soweit nichts anderes bestimmt ist. Für das Ausscheiden eines Partners unter Fortbestand der Partnerschaft gelten gem. § 1 Abs. 4 PartGG die §§ 738–740 BGB. IÜ gelten für das Ausscheiden, die Auflösung der Partnerschaft und deren Liquidation nach §§ 9 Abs. 1, 10 Abs. 1 PartGG die Vorschriften über die OHG und damit §§ 131 ff. HGB. Auf die **Europäische wirtschaftliche Interessenvereinigung (EWIV)** finden nach § 1 EWIG-AG die §§ 105 ff. HGB Anwendung. Nach § 8 EWIG-AG scheidet ein Mitglied aus der Vereinigung aus, wenn über das Vermögen das Insolvenzverfahren eröffnet wird.

III. Abgesonderte Befriedigung (Absatz 1 Satz 2)

16 Nach Absatz 1 Satz 2 steht den übrigen Mitgliedern des Gemeinschafts-/Gesellschaftsverhältnisses wegen ihrer Ansprüche aus dem Rechtsverhältnis ein **Absonderungsrecht** zu. Dieses Recht besteht nicht gegenüber der gesamten Insolvenzmasse, sondern nur an dem nach Begleichung sämtlicher aus dem Rechtsverhältnis stammenden Verbindlichkeiten verbleibenden Nettoanteil des

Schuldners. Reicht dieser nicht aus, kann die Restforderung nur als Insolvenzforderung zur Tabelle verfolgt werden. Wegen der iRd Feststellung des Nettoanteils des Schuldners durchzuführenden Gesamtabrechnung, gibt es in der Praxis keine Ansprüche mehr, die Gegenstand des Absonderungsrechts sein können (BGHZ 170, 206 = NZI 2007, 222; HK-InsO/*Kayser* § 84 Rn. 21; MüKoInsO/*Bergmann/Gehrlein* § 84 Rn. 23). Die Anwendung dieser Vorschrift setzt die Existenz eines Gemeinschafts- oder Gesamthandsvermögens voraus, aus dem die Absonderungsansprüche befriedigt werden können. Deshalb scheidet die Anwendung des Absatz 1 Satz 2 bei reinen Innengesellschaften oder einer stillen Gesellschaft aus (RG JW 2004, 719). In Bezug auf einen im Besitz des Schuldners befindlichen beweglichen Gegenstand ist zudem das Verwertungsrecht des Insolvenzverwalters nach § 166 InsO zu beachten.

IV. Vertragliche Auseinandersetzungsbeschränkungen (Absatz 2)

Vertragliche **Auseinandersetzungsausschlüsse oder -beschränkungen** entfalten nach Absatz 2 in der Insolvenz keine Wirkungen. Das Recht des Insolvenzverwalters auf jederzeitige Auseinandersetzung geht auch der dinglichen Wirkung der eingetragenen Beschränkung im Grundbuch (§ 1010 BGB) vor. Geschützt wird nur die Insolvenzmasse, nicht etwa die übrigen Mitglieder der Gemeinschaft oder Gesellschaft (OLG Hamburg NJW 1961, 610 [612]; Kübler/Prütting/Bork/*Lüke* § 84 Rn. 30; MüKoInsO/*Bergmann/Gehrlein* § 84 Rn. 22). Unanwendbar ist Absatz 2 auf **gesellschaftsvertragliche Klauseln** über die Beschränkung oder den Ausschluss eines Abfindungs- bzw. Auseinandersetzungsguthabens des insolventen Gesellschafters (Jaeger/*Eckhardt* § 84 Rn. 60; HK-InsO/*Kayser* § 84 Rn. 24; Kübler/Prütting/Bork/*Lüke* § 84 Rn. 32; Uhlenbruck/*Hirte* § 84 Rn. 30). Deren Wirksamkeit richtet sich nach den Regeln des Gesellschaftsrechts; denkbar ist im Einzelfall eine Anfechtung der gesellschaftsvertraglichen Klausel nach §§ 129 ff. (vgl. HK-InsO/*Kayser* § 84 Rn. 24; Uhlenbruck/*Hirte* § 84 Rn. 30). Nach Absatz 2 Satz 2 ist der Insolvenzverwalter auch bei einer **Auseinandersetzung einer Erbengemeinschaft** nicht an vertragliche Auseinandersetzungsbeschränkungen oder Ausschlüsse gebunden, wobei es unerheblich ist, ob diese auf einer letztwilligen Verfügung Erblassers oder auf einer Vereinbarung der Erben beruht. 17

Unberührt von Absatz 2 bleiben **gesetzlich angeordnete Beschränkungen,** wie zB § 1066 Abs. 2 BGB betreffend die Aufhebung der Gemeinschaft beim Nießbrauch, § 1258 Abs. 2 BGB betreffend die Aufhebung der Gemeinschaft bei einem Pfandrecht am Anteil eines Miteigentümers, § 2043 BGB betreffend die Auseinandersetzung bei Unbestimmtheit der Erbteile, § 2045 BGB betreffend die Auseinandersetzung der Erbengemeinschaft; § 11 Abs. 2 WEG betreffend die Aufhebung einer Wohnungseigentümergemeinschaft (vgl. OLG Düsseldorf NJW 1970, 1137). Diese Beschränkungen gelten auch gegenüber der Insolvenzmasse. 18

Aufnahme von Aktivprozessen

85 (1) [1]**Rechtsstreitigkeiten über das zur Insolvenzmasse gehörende Vermögen, die zur Zeit der Eröffnung des Insolvenzverfahrens für den Schuldner anhängig sind, können in der Lage, in der sie sich befinden, vom Insolvenzverwalter aufgenommen werden.** [2]**Wird die Aufnahme verzögert, so gilt § 239 Abs. 2 bis 4 der Zivilprozeßordnung entsprechend.**

(2) **Lehnt der Verwalter die Aufnahme des Rechtsstreits ab, so können sowohl der Schuldner als auch der Gegner den Rechtsstreit aufnehmen.**

Schrifttum: *Buntenbroich,* Unterbrechung eines Rechtsstreits bei ausländischen Insolvenzverfahren nur bei Einfluss des Insolvenzverfahrens auf anhängige Rechtsstreitigkeiten nach dem Recht des Insolvenzeröffnungsstaats?, NZI 2012, 547; *Damerius,* Das Schicksal schwebender Verfahren des Insolvenzschuldners, 2007; *Gessner,* Die zivilprozessuale Verfahrensunterbrechung in der Insolvenz bei Auskunftsansprüchen nach § 51 GmbHG, NZI 2013, 677; *Gundlach/Frenzel/Schirrmeister,* Der Feststellungsbescheid in der Insolvenz, DZWIR 2005, 189; *Gundlach/Frenzel/N. Schmidt,* Die Verfahrensunterbrechung durch Insolvenzeröffnung, NJW 2004, 3222; *Heiderhoff,* Aufteilung des Kostenerstattungsanspruchs nach Prozessübernahme durch den Insolvenzverwalter, ZIP 2002, 1564; *Henckel,* Einwirkung des Insolvenzverfahrens auf schwebende Prozesse, FS Schumann, 2002, 211; *Kesseler,* Die verfahrensunterbrechende Wirkung des § 93 InsO, ZInsO 2003, 67; *Leipold,* Insolvenz von Beteiligten während eines finanzgerichtlichen Verfahrens unter besonderer Berücksichtigung von Personengesellschaften, DStZ 2012, 103; *G. Meyer,* Selbständige Beweisverfahren in der Insolvenz eines Verfahrensbeteiligten, NZI 2005, 9; *P. Meyer,* Die Auswirkungen der Insolvenz, Umwandlung und Vollbeendigung von Gesellschaften auf den anhängigen Zivilprozess, 2005; *ders.,* Verfahrensunterbrechung nach § 240 Satz 1 ZPO bei Anordnung der Eigenverwaltung?, ZInsO 2007, 807; *Paulus,* Vorsicht Falle – Wiederaufnahme eines durch ein Insolvenzverfahren unterbrochenen Prozesses, NJW 2010, 1633; *Karsten Schmidt,* Unterbrechung und Fortsetzung von Prozessen im Konkurs einer Handelsgesellschaft – Fragen und Thesen zu §§ 240 ZPO, 10 ff. KO (§§ 86 ff. InsO), KTS 1994, 309; *ders.,* Klage und Rechtshängigkeit bei Konkurseröffnung vor Klagezustellung, NJW 1995, 911; *ders.,* Prozessunterbrechung und Prozessaufnahme in der Gesellschaftsinsolvenz – Ungelöste Probleme im Umgang mit § 240 ZPO, §§ 85 ff. InsO, FS Kreft, 2004, 503; *Siegmann,* Fallen bei Unterbrechung, Aussetzung und Ruhen des Verfahrens, AnwBl 2011, 131; *Stiller,* Nach § 240 ZPO unterbrochene Klage und Widerklage im Insolvenzverfahren, ZInsO 2015, 15; *Uhlenbruck,* Kosten eines nach Unterbrechung wieder aufgenommenen Prozesses im Insolvenzverfahren, ZIP 2001, 1988.

Übersicht

I. Normzweck

§ 85 entspricht der früheren Regelung **in § 10 KO** und ergänzt § 240 ZPO, wonach ein Prozess bei Eröffnung des Insolvenzverfahrens bzw. bei Bestellung eines vorläufig „starken" Insolvenzverwalters unterbrochen ist, sofern das Verfahren die Insolvenzmasse betrifft. Nach § 80 InsO verliert der Schuldner mit der Verfahrenseröffnung bzw. der Bestellung eines vorläufigen „starken" Verwalters die Verwaltungs- und Verfügungsbefugnis über das zur Insolvenzmasse gehörende Vermögen und damit auch die **Prozessführungsbefugnis.** In Ergänzung hierzu regelt § 85 die Fortführung eines unterbrochenen Aktivprozesses. Dem (vorläufigen „starken") Insolvenzverwalter wird eine Überlegungs- sowie Prüfungsfrist eingeräumt; er kann jederzeit den unterbrochene Prozess aufzunehmen. Zudem gibt die Regelung dem Gegner des Schuldners die Möglichkeit, die Aufnahme des Verfahrens im Falle der Verzögerung der Aufnahme bzw. der Ablehnung der Aufnahme durch den Verwalter zu erreichen; dies kann ebenfalls der Schuldner bei einer Ablehnung der Verfahrensaufnahme. 1

II. Unterbrechung des Verfahrens (§ 240 ZPO)

1. Voraussetzung der Unterbrechung. a) Grundsatz. Um Störungen durch einen laufenden Prozess von einem Insolvenzverfahren fernzuhalten und dem Insolvenzverwalter ausreichend Überlegungs- und Prüfungszeit einzuräumen, über eine Fortführung des Verfahrens zu entscheiden, ordnet **§ 240 S. 1 ZPO** eine Unterbrechung der die Insolvenzmasse betreffenden Verfahren mit der Eröffnung des Insolvenzverfahrens an. Zudem wird jedes Einwirken des Schuldners auf bereits rechtshängige Prozesse verhindert. Da nach §§ 115 ff. InsO die Eröffnung des Insolvenzverfahrens zum Erlöschen einer vom Schuldner erteilten Prozessvollmacht für Verfahren führt, die die Insolvenzmasse betreffen (BGH NJW-RR 1989, 183; 2009, 566 = NZI 2009, 169; OLG Köln NJW-RR 2003, 264 = NZI 2003, 58; MüKoInsO/*Schumacher* Vor §§ 85–87 Rn. 2; Uhlenbruck/*Sinz* § 117 Rn. 4), steht § 246 ZPO der Regelung in § 240 ZPO nicht entgegen. Ergänzend sieht § 87 vor, dass die Insolvenzgläubiger während des eröffneten Verfahrens ihre Forderung nicht unmittelbar im Wege der Erhebung einer Klage, sondern nur nach den Vorschriften über das Insolvenzverfahren verfolgen können. Anwendbar ist § 240 ZPO auch bei der Eröffnung eines Nachlassinsolvenzverfahrens (OLG Köln NJW-RR 2003, 47; OLG München NJW-RR 1996, 228; Jaeger/*Windel* § 85 Rn. 24). Ebenso bei der Eröffnung eines Verbraucherinsolvenzverfahrens; nicht indes schon bei der Durchführung eines außergerichtlichen oder außergerichtlichen Schuldenbereinigungsplanverfahrens, es sei denn es ist als Sicherungsmaßnahme ein vorläufiger starker Insolvenzverwalter bestellt worden (§ 306 Abs. 2 S. 1 iVm § 21 Abs. 2 Nr. 2). 2

§ 240 ZPO findet ebenfalls Anwendung, wenn das Insolvenzgericht keinen Insolvenzverwalter bestellt, sondern die **Eigenverwaltung** durch den Schuldner (§§ 270 ff.) anordnet (BGH NJW-RR 2007, 629 = NZI 2007, 188; OLG München ZInsO 2003, 232; BFH ZInsO 2014, 1771; HambK-InsO/*Kuleisa* Vorbemerkung zu §§ 85–87 Rn. 2; Kübler/Prütting/Bork/*Lüke* § 85 Rn. 3a; MüKoInsO/*Schumacher* Vor §§ 85–87 Rn. 6; Uhlenbruck/*Mock* § 85 Rn. 18). In diesen Fällen besteht ein Bedürfnis, dem Schuldner, der weiterhin prozessführungsbefugt ist, im Hinblick auf die geänderte Interessenlage eine Überlegungs- und Prüfungszeit zu gewähren und damit Gelegenheit zu geben, sich auf die neue Verfahrenssituation einzustellen (aA *P. Meyer* ZInsO 2007, 807: es tritt keine Unterbrechung ein, da der Schutzweck des § 240 ZPO aufgrund der weiteren 3

Verwaltungs- und Verfügungsbefugnis des Schuldners entfällt; so auch MüKo-ZPO/*Gehrlein* § 240 Rn. 10).

4 Ein **im Ausland eröffnetes Insolvenzverfahren** kann einen im Inland geführten Rechtsstreit unterbrechen, der die Insolvenzmasse betrifft. Dies folgt aus § 352 InsO für Verfahren, die außerhalb der Europäischen Union eröffnet werden, sofern diese Verfahren nach den Grundsätzen des deutschen Insolvenzrechts anzuerkennen sind (vgl. § 343) und nach dem jeweiligen nationalen Recht unterbrechende Wirkung haben (vgl. BGH NZI 2009, 859; BAG NZI 2008, 122; jew. betr. ein Chapter 11-Verfahren; BGH NZI 2012, 572 für ein Verfahren der Nachlassstundung nach Schweizer Recht; OLG Celle ZInsO 2013, 1002; BFH/NV 2013, 1452; jew. für ein engliches bankruptcy-Verfahren) zu den Einzelheiten → § 352 Rn. 1 ff. Soweit die EuInsVO Anwendung findet, ergibt sich die Unterbrechungswirkung aus Art. 15 EuInsVO (vgl. OLG Brandenburg ZInsO 2011, 1563; OLG München ZVI 2012, 450); danach gilt für die Wirkungen des Insolvenzverfahrens auf einen anhängigen Rechtsstreit über einen Gegenstand oder ein Recht der Masse ausschließlich das Recht des Mitgliedstaats, in dem der Rechtsstreit anhängig ist; zu den Einzelheiten siehe die Erläuterungen bei → EuInsVO Art. 15 Rn. 9 ff.

5 Sofern ein **vorläufiger Insolvenzverwalter** bestellt und ein **allgemeines Verfügungsverbot** nach § 22 Abs. 1 S. 1 iVm § 21 Abs. 1 Nr. 1, 2 erlassen wird (§ 240 S. 2 ZPO), tritt die Unterbrechung bereits im Eröffnungsverfahren ein (BGH NJW 1999, 2822; MDR 2004, 1254). § 240 S. 2 ZPO setzt den Übergang Verwaltungs- und Verfügungsbefugnisse auf den Insolvenzverwalter voraus. Daher ist allein die Bestellung eines vorläufigen Insolvenzverwalters (BGH NJW-RR 2006, 1208; OLG Düsseldorf GmbHR 2011, 252) nicht ausreichend; ebenso wenig allein die Anordnung eines isolierten Verfügungsverbots (Zöller/*Greger* § 240 Rn. 5), die Anordnung eines Zustimmungsvorbehalt (BGH NJW 1999, 2822) oder der Erlass anderer Sicherungsmaßnahmen. Eine Unterbrechung tritt indes ein, wenn der vorläufig schwache Insolvenzverwalter ermächtigt wird, Aktiv- und Passivprozesse des Schuldners zu führen (BGH NZI 2013, 747).

6 **b) Anwendungsbereich. aa) Zivilgerichtliche Verfahren.** § 240 ZPO findet grds. auf alle **zivilgerichtlichen Erkenntnisverfahren** Anwendung, unabhängig davon, ob es hinsichtlich der Insolvenzmasse um einen Aktiv- oder Passivprozess (zu der Unterscheidung → Rn. 37 ff.) handelt. Zu einer Verfahrensunterbrechung komme es auch in einem Berufungs- oder Revisionsverfahren (BGH NZI 2013, 539; Kübler/Prütting/Bork/*Lüke* § 85 Rn. 11; MüKoInsO/*Schumacher* Vor §§ 85–87 Rn. 21; Uhlenbruck/*Mock* § 85 Rn. 66), in einem zivilgerichtlichen Beschwerdeverfahren (Jaeger/*Windel* § 85 Rn. 56; MüKoInsO/*Schumacher* Vor §§ 85–87 Rn. 44) bzw. in einem Nichtzulassungsbeschwerdeverfahren (BGH NJW-RR 2009, 279; NJW 2012, 3725; NZI 2013, 437). Die von *Mock* (in Uhlenbruck § 85 Rn. 66) vorgenommene Differenzierung nach Art des Beschwerdeverfahrens übersieht, dass es sich bei den Beschwerdeverfahren nach § 127 ff. GNotKG (= § 156 KostO aF) um Verfahren der freiwilligen Gerichtsbarkeit handelt (vgl. Keidel/*Sternal* FamFG § 1 Rn. 28, 35), auf die ohnehin § 240 ZPO keine Anwendung findet (vgl. → Rn. 13).

7 Verfahren iSd § 240 ZPO sind auch **Mahnverfahren** (LG Koblenz ZInsO 2003, 666), sofern der Mahnbescheid vor Eröffnung des Insolvenzverfahrens bereits zugestellt ist (Jaeger/*Windel* § 85 Rn. 57; MüKoInsO/*Schumacher* Vor §§ 85–87 Rn. 45; Uhlenbruck/*Mock* § 85 Rn. 67 ff.; zu den näheren Einzelheiten siehe Zöller/*Vollkommer* Vor § 688 Rn. 15 ff.), **Arrest- und einstweilige Verfügungsverfahren** (BGH NJW 1962, 591; OLG Naumburg OLG-NL 2001, 260; Jäger/*Windel* § 85 Rn. 70; MüKoInsO/*Schumacher* Vor §§ 85–87 Rn. 44) und **Kostenfestsetzungsverfahren** nach §§ 103 ff. ZPO, § 113 Abs. 1 S. 2

FamFG iVm §§ 103 ff. ZPO (OLG Köln FamRZ 2012, 1669 betr. eine Eckeverbundsache) bzw. § 11 RVG, dies gilt auch für den Fall einer zum Zeitpunkt der Insolvenzeröffnung bereits rechtskräftigen Kostengrundentscheidung (BGH NZI 2012, 625) sowie für die Kosten der Vorinstanz, wenn die Unterbrechung des Hauptsacheverfahrens in der Rechtsmittelinstanz eintritt (BGH NZI 2006, 128; OLG Brandenburg NJW-RR 2002, 265 = NZI 2001, 255; OLG München ZIP 2003, 2318; Uhlenbruck/*Mock* § 85 Rn. 55; aA OLG Hamburg MDR 1990, 349; OLG Koblenz Rpfleger 1991, 335). Unterbrochen wird das inländische Verfahren betreffend die **Vollstreckbarkeitserklärung ausländischer Titel** (zB §§ 722, 723 ZPO; Art. 38 EuGVVO), da auch diese Verfahren zweiseitig ausgestaltet und damit mit einem Erkenntnisverfahren vergleichbar sind (BGH NJW-RR 2009, 279 = NZI 2008, 681; OLG Köln ZIP 2007, 2287; OLG Zweibrücken NJW-RR 2001, 985 = NZI 2001, 148; aA OLG Bamberg ZIP 2006, 1066; OLG Dresden FamRZ 2006, 563 für ein ausländisches Kindesunterhaltsurteil; OLG Frankfurt ZInsO 2002, 33; MüKoInsO/*Schumacher* Vor §§ 85–87 Rn. 47).

Nicht anwendbar ist § 240 ZPO auf das **Prozesskostenhilfebewilligungs-** 8
verfahren (BGH NJW-RR 2006, 1208 = NZI 2006, 543; OLG Rostock ZInsO 2015, 763; OLG Saarbrücken ZVI 2008, 471; Uhlenbruck/*Mock* § 85 Rn. 62; krit.: MüKoInsO/*Schumacher* Vor §§ 85–87 Rn. 46; aA OLG Hamm OLGR 2006, 740; OLG Köln NJW-RR 2003, 264 = NZI 2003, 58; Kübler/Prütting/Bork/*Lüke* § 85 Rn. 32), auf das **Streitwertfestsetzungsverfahren** (OLG Hamm MDR 1971, 495; OLG Neustadt NJW 1965, 591; Uhlenbruck/*Mock* § 85 Rn. 57; krit.: Kübler/Prütting/Bork/*Lüke* § 85 Rn. 31; MüKoInsO/*Schumacher* Vor §§ 85–87 Rn. 46; MüKoZPO/*Gehrlein* § 240 Rn. 3) sowie auf das Verfahren der **Zuständigkeitsbestimmung** nach § 36 Abs. 1 ZPO (BGH NZI 2014, 15; BayObLGZ 1985, 314; OLG Celle OLGR 2002, 214; OLG Düsseldorf 24.11.2011 – 5 Sa 89/11, BeckRS 2011, 28681; Uhlenbruck/*Mock* § 85 Rn. 57). Keine Unterbrechung tritt bei einem **Adhäsionsverfahren** (§ 403 StPO) ein. Deshalb ist der Insolvenzverwalter nicht antragsberechtigt (LG Stuttgart NJW 1998, 322). Da auch der Schuldner den Antrag wegen § 80 Abs. 1 nicht weiter verfolgen darf, hat das Gericht durch Beschluss von einer Entscheidung abzusehen (Uhlenbruck/*Mock* § 85 Rn. 79).

Wegen des mit dem Verfahren verfolgten Zwecks findet § 240 ZPO keine 9
Anwendung auf das **selbstständige Beweissicherungsverfahren** (BGH NJW 2004, 1388 = NZI 2004, 165; OLG Frankfurt a. M. NJW-RR 2003, 50 = NZI 2003, 63; MüKoInsO/*Schumacher* Vor §§ 85–87 Rn. 46; Uhlenbruck/*Mock* § 85 Rn. 70; aA generell anwendbar: HK-InsO/*Kayser* § 85 Rn. 27; Musielak/*Stadler* § 240 Rn. 6; aA für ein bereits sachlich abgeschlossenes Insolvenzverfahren: BGH NJW 2011, 1679; diff. nach Antragsteller und Antragsgegner: OLG Hamm ZIP 2004, 431; Jaeger/*Windel* § 85 Rn. 71). Ebenso unanwendbar ist § 240 ZPO auf Maßnahmen der **Zwangsvollstreckung,** insoweit verdrängt § 89 die Regelung in § 240 ZPO (BGH NZI 2007, 543 betr. Pfändungsmaßnahmen; BGH NJW 2008, 918 = NZI 2008, 198 betr. die Erteilung einer Vollstreckungsklausel; BGH NZI 2012, 560; 2013, 539; jew. betr. Abnahme einer eV; OLG Stuttgart ZInsO 2011, 2292 betr. Verfahren nach § 887 ZPO; AG Göttingen NZI 2000, 95 betr. Zwangsversteigerungsverfahren). Dagegen tritt die Unterbrechungswirkung bei einer **Vollstreckungsgegenklage** (§ 767 ZPO) ein, da es sich um ein Erkenntnisverfahren handelt, in dem die Vollstreckbarkeit eines titulierten Anspruchs geprüft wird (BGH NJW-RR 2009, 60 = NZI 2008, 683).

bb) Sonstige Verfahren. § 240 ZPO ist entsprechend anwendbar in Verfahren 10
vor **Arbeitsgerichten** (§§ 46 Abs. 2 S. 1, 64 Abs. 6, 72 Abs. 5 ArbGG; vgl. BAG NZI 2007, 300; NJW 2009, 3529; LAG Bln-Bbg ZInsO 2012, 1733 betr. Beschlussverfahren über Mitbestimmungsrechte des Betriebsrates), nicht indes bei

Verfahren vor der Einigungsstelle (§ 76 BetrVG) nach § 112 BetrVG (Ahrens/Gehrlein/Ringstmeier/*Piekenbrock* § 85 Rn. 25; Uhlenbruck/*Mock* § 85 Rn. 104; aA Jaeger/*Windel* § 85 Rn. 79). **Finanzgerichten** (§ 155 FGO; BFH ZIP 2006, 968; 2011, 592), **Sozialgerichten** (§ 202 SGG; MüKoInsO/*Schumacher* vor §§ 85–87 Rn. 50; Uhlenbruck/*Mock* § 85 Rn. 95) und **Verwaltungsgerichten** (§ 173 VwGO; BVerwG NJW 1989, 314; NZI 2003, 339; VGH Kassel ZIP 2006, 923; BGHZ 152, 84 = NJW 2003, 748 betr. ein Kartellverwaltungsverfahren; BGH NZI 2015, 127 betr. ein energiewirtschaftsrechtliches Verfahren), eine Ausnahme besteht aufgrund der Regelung in § 3b Abs. 1 S. 1 VermG für verwaltungsgerichtliche Verfahren nach § 36 VermG (BVerwG NZI 2003, 339) sowie für gerichtliche Verfahren über eine Gewerbeuntersagung (BVerwG 15.4.2015 – 8 C 6.14, BeckRS 2015, 48135).

11 Grds. findet § 240 ZPO auf ein laufendes **Verwaltungs- bzw. Steuerverfahren** keine Anwendung (BPatG NZI 2012, 291 betr. ein patentamtliches Widerspruchsverfahren). Eine Verfahrensunterbrechung tritt indes in Anwendung des § 240 ZPO ein, soweit die öffentlichen Hand die Möglichkeit hat, Abgaben, Beiträge oder sonstige Forderungen, gegen den Schuldner durch Erlass von Bescheiden zu titulieren (BFH NJW 1998, 630 = NZI 1998, 135; BFHE 207, 10 = NZG 2005, 94; Uhlenbruck/*Mock* § 85 Rn. 95a). Entsprechende Bescheide dürfen nach Eröffnung des Insolvenzverfahrens nicht mehr erlassen werden; die Forderungen müssen gem. § 87 nach den Vorschriften über das Insolvenzverfahren verfolgt werden (BFH NJW 2003, 2335; BFH/NV 2011, 1202; VGH München BayVBl 2008, 244; OVG Thüringen ZIP 2007, 880). Dies gilt nicht nur für Leistungsbescheide, sondern auch für Feststellungsbescheide (einschränkend FG Brandenburg ZInsO 2006, 1339 für den Erlass eines Einheitswert- und Grundsteuermessbescheides; OVG Saarlouis NJW 2008, 250 für den Erlass eines Duldungsbescheides). Eine Ausnahme besteht für Bescheide, in denen ein negativer Betrag bzw. Erstattungsbetrag festgesetzt wird (BFHE 225, 278 = ZInsO 2009, 1604 betr. die Festsetzung negativer Umsatzsteuer).

12 Unanwendbar ist § 240 ZPO auf **Schiedsgerichtsverfahren** (BGH WM 1967, 56; OLG Köln SchiedsVZ 2008, 152; Jaeger/*Windel* § 85 Rn. 68; Kübler/Prütting/Bork/*Lüke* § 85 Rn. 33; Uhlenbruck/*Mock* § 85 Rn. 72). Der Insolvenzverwalter ist grds. an die vor Verfahrenseröffnung abgeschlossenen Schiedsverträge gebunden (BGH NZI 2011, 634; SchiedsVZ 2012, 281). Unterbrochen werden aber gerichtliche Verfahren, die durch ein schiedsrichterliches Verfahren veranlasst sind, wie zB Anfechtungs- und Aufhebungsprozesse (BGH WM 1967, 56; Kübler/Prütting/Bork/*Lüke* § 85 Rn. 40; Uhlenbruck/*Mock* § 85 Rn. 74a); gleiches gilt für Verfahren betr. die Vollstreckbarkeitserklärung eines Schiedsspruchs (Kübler/Prütting/Bork/*Lüke* § 85 Rn. 33; HambK-InsO/*Kuleisa* Vorb. §§ 85–87 Rn. 20; Uhlenbruck/*Mock* § 85 Rn. 73). Diese Grundsätze gelten entsprechend für ein **Mediationsverfahren** nach § 278a ZPO, § 36a FamFG, §§ 1 ff. MediatonsG.

13 In **Verfahren der freiwilligen Gerichtsbarkeit** ist § 240 ZPO grds. nicht anwendbar (BayObLG NZI 2001, 512 für eine Grundbuchsache; OLG Düsseldorf NZI 2013, 504 für ein Verfahren auf Ermächtigung zur Einberufung einer Hauptversammlung; OLG Frankfurt ZIP 2006, 203; OLG Schleswig ZIP 2008, 2326; jew. für Spruchverfahren; OLG Köln FGPrax 2001, 214 für eine Handelsregistersache; OLG Köln FGPrax 2002, 264 für eine Vereinsregistersache; OLG Naumburg NJW-RR 2004, 1349 = NZI 2004, 400 für eine Ehewohnungs- und Haushaltssache; Uhlenbruck/*Mock* § 85 Rn. 66 für das Beschwerdeverfahren nach §§ 127 ff. GNotKG (= § 156 KostO aF); vgl. auch Keidel/*Sternal* § 1 Rn. 39). Entsprechende Verfahren werden durch die Eröffnung des Insolvenzverfahrens nicht unterbrochen (Keidel/*Sternal* § 21 Rn. 37); der Schuldner verliert aber hinsichtlich eines insolvenzbefangenen Gegenstandes die Berechtigung, das Verfahren (weiter) zu betreiben (BGH BeckRS 2011, 08507). Soweit teilw. in der Literatur für die echten Streitsachen der freiwilligen Gerichtsbarkeit eine Unterbrechung angenommen wird (Braun/*Kroth* § 85 Rn. 9; MüKoInsO/*Schumacher* Vor §§ 85–87 Rn. 48; Zöller/*Greger* § 240 Rn. 2; *Gessner* NZI 2013, 677 für das Auskunftsverfahren nach § 51a GmbHG), dürfte diese Auffassung mit dem Inkrafttreten des FamFG nicht mehr zutreffen; der Gesetzgeber hat trotz der vergleichbaren Interessenlage mit einem Zivilprozess weder diese Verfahren aus dem Anwendungsbereich des FamFG herausgenommen noch insoweit die Anwendbarkeit des § 240 ZPO angeordnet.

c) Rechtshängigkeit. Unterbrochen werden die zum Zeitpunkt der Eröffnung des Insolvenzverfahrens bzw. der Bestellung eines vorläufigen „starken" Insolvenzverwalters bereits **rechtshängigen Verfahren** (§§ 253 Abs. 1, 261 Abs. 1 ZPO); eine Anhängigkeit genügt nicht (BGH NJW-RR 2009, 566 = NZI 2009, 169; HK-InsO/*Kayser* § 85 Rn. 11; Kübler/Prütting/Bork/*Lüke* § 85 Rn. 21; MüKoInsO/*Schumacher* Vor §§ 85–87 Rn. 42; MüKoZPO/*Gehrlein* § 240 Rn. 6; aA Jaeger/*Windel* § 85 Rn. 6 f.; *Karsten Schmidt* NJW 1995, 911 spricht sich für ein auf Vorwirkung des § 240 ZPO gestütztes Schutzkonzept aus). Erfolgt eine **Zustellung nach Verfahrenseröffnung an den Schuldner,** so ist die massebezogene Klage mangels passiver Prozessführungsbefugnis des Schuldners (vgl. § 87) als unzulässig zu verwerfen (OLG Hamm NZI 2012, 680). Der insoweit bestehende Kostenerstattungsanspruch des Schuldners unterliegt als Neuerwerb dem Insolvenzbeschlag (BGH NJW-RR 2009, 566 = NZI 2009, 169). Im Falle der **Zustellung an den Insolvenzverwalter** tritt keine Rechtshängigkeit ein, da dieser nicht die in der Klageschrift bezeichnete Partei ist (BGHZ 127, 156 = NJW 1994, 3232). Soweit eine vom Schuldner erhobene, die Insolvenzmasse betreffende Klage nach Übergang der Verwaltungs- und Verfügungsbefugnis an den Prozessgegner zugestellt wird, tritt keine Verfahrensunterbrechung ein; die Klage ist indes mangels aktiver Prozessführungsbefugnis unzulässig. 14

d) Insolvenzverfahren über das Vermögen der Partei. Erforderlich ist die Eröffnung des Insolvenzverfahrens über das **Vermögen einer Prozesspartei.** Ist der Schuldner nur gesetzlicher oder rechtsgeschäftlicher Vertreter, so führt dies nicht zu einer Unterbrechung (MüKoInsO/*Schumacher* Vor §§ 85–87 Rn. 9). Im Falle einer **Nachlassinsolvenz** werden alle Prozesse der Erben unterbrochen, die diese als solche führen (BGH NJW-RR 2009, 279 = NZI 2008, 681; OLG Köln NJW-RR 2003, 47 = NZI 2002, 686; OLG München NJW-RR 1996, 228). Die Eröffnung des Insolvenzverfahrens über das Vermögen eines Gesellschafters einer **(Außen-)GbR** bewirkt keine Unterbrechung des Rechtsstreits gegen einen anderen Gesellschafter, da die Gesellschafter nach neuerer Rspr. nicht als notwendige Streitgenossen verbunden sind. Ebenso wenig wird durch die Eröffnung des Insolvenzverfahrens über das Vermögen eines Gesellschafters der Rechtsstreit gegen eine rechtsfähige GbR unterbrochen; gleiches gilt für die **OHG** und **KG** (BGH NJW 2011, 683; MüKoZPO/*Gehrlein* § 240 Rn. 15). 15

Die Unterbrechung des Rechtsstreits tritt bei Eröffnung des Insolvenzverfahrens über das Vermögen der Hauptpartei auch ein, wenn dieser im Prozess durch einen Nebenintervenienten unterstützt wird (BGH ZInsO 2013, 1232). Dagegen führt die Eröffnung eines Insolvenzverfahrens über das **Vermögen eines einfachen Streitgenossen** (§ 61 ZPO) nicht zur Unterbrechung der Verfahren der übrigen Prozessbeteiligten (OLG Düsseldorf MDR 1985, 504; OLG Koblenz MDR 2010, 281); insoweit kann ein Teilurteil (§ 301 ZPO) ergehen (BGH NJW-RR 2003, 1002; NJW 2007, 156; OLG Köln ZInsO 2004, 1143) oder eine Verfahrenstrennung (§ 145 ZPO) erfolgen. Gleiches gilt bei einer **einfachen Nebenintervention** (BGH 27.1.2000 – I ZR 159/99, BeckRS 2000, 02086; OLG Düsseldorf VersR 1986, 232; Kübler/Prütting/Bork/*Lüke* § 85 Rn. 24; MüKoInsO/*Schuma-* 16 *cher* Vor §§ 85–87 Rn. 9; Thomas/Putzo/*Hüßtege* § 67 Rn. 3; Zöller/*Greger* § 240 Rn. 7). Ein Prozess, in dem der Schuldner als **notwendiger Streitgenosse** (§ 62 ZPO) oder als **streitgenössischer Nebeninterventient** (§ 69) beteiligt ist, wird nach hM insgesamt unterbrochen (BGH 27.1.2000 – I ZR 159/99, BeckRS 2000, 02086; OLG Frankfurt a. M. NJW-RR 2002, 1277; Wimmer/*Wimmer-Amend* § 85 Rn. 16; Thomas/Putzo/*Hüßtege* § 69 Rn. 2; Zöller/*Greger* § 240 Rn. 7). Nach aA wird differenziert: soweit Streitgenossen aus Gründen des materiellen Rechts nur gemeinsam klagen oder verklagt werden können, tritt vollständige Unterbrechungswirkung ein. Beruht die notwendige Streitgenossenschaft auf prozessualen Gründen, dann soll eine Unterbrechung nur hinsichtlich des insolventen Streitgenossen eintreten, es sei denn, die Rechtskraft des Urteils wirkt auch gegen die Masse (Jaeger/*Windel* § 85 Rn. 16; Kübler/Prütting/Bork/*Lüke* § 85 Rn. 23).

17 Wird das Insolvenzverfahrens über das persönlichen Vermögen einer **Partei kraft Amtes** (Insolvenzverwalter, Nachlassverwalter, Nießbrauchverwalter, Testamentsvollstrecker, Zwangsverwalter) eröffnet, führt dies nicht zur Unterbrechung eines Verfahrens über das von ihm verwaltete Vermögen (HK-InsO/*Kayser* § 85 Rn. 15; Uhlenbruck/*Mock* § 85 Rn. 11; Zöller/*Greger* § 240 Rn. 17). Dagegen tritt eine Unterbrechung bei einer **gesetzlichen Prozessstandschaft** (zB nach § 2039 BGB) ein (Jaeger/*Windel* § 85 Rn. 11).

18 Bei einer **gewillkürten Prozessstandschaft** hat die Eröffnung des Insolvenzverfahrens über das **Vermögen des Rechtsträger** keine Auswirkungen auf ein laufendes Verfahren (HK-InsO/*Kayser* § 85 Rn. 16; Kübler/Prütting/Bork/*Lüke* § 85 Rn. 26a; MüKoZPO/*Gehrlein* § 240 Rn. 15; Uhlenbruck/*Mock* § 85 Rn. 10), da nach dem maßgeblichen formellen Parteibegriff der Rechtsinhaber nicht am Verfahren beteiligt ist (aA Jaeger/*Windel* § 85 Rn. 12; MüKoInsO/*Schumacher* Vor §§ 85–87 Rn. 15; Musielak/*Stadler* § 240 Rn. 2). Das Erlöschen der Ermächtigung zur Prozessführung (§§ 115, 117) führt indes zu einem Wegfall des Prozessführungsrecht und damit zur Unzulässigkeit der Klage (BGH NJW 2000, 738 = NZI 2000, 125; HK-InsO/*Kayser* § 85 Rn. 16; Uhlenbruck/*Mock* § 85 Rn. 10). Bei der **Insolvenz des Prozessstandschafters** fehlt es in der Regel mangels Rechtsträgerschaft an der Massebezogenheit des Streitgegenstandes (MüKoZPO/*Gehrlein* § 240 Rn. 15; Uhlenbruck/*Mock* § 85 Rn. 10), so dass § 240 ZPO keine Anwendung findet. Eine Ausnahme besteht, wenn der Prozess den Bestand der Insolvenzmasse mindestens mittelbar berührt, so bspw. bei einer Sicherungszession (OLG Düsseldorf OLGR 1999, 106; Jaeger/*Windel* § 85 Rn. 12; Zöller/*Greger* § 240 Rn. 7).

19 Wenn der **Zedent,** der die Forderung nach Rechtshängigkeit abgetreten hat, den Rechtsstreit gem. § 265 Abs. 2 S. 1 ZPO weiter betreibt, unterbricht die Insolvenzeröffnung über das **Vermögen des Zessionars** nicht das Verfahren (BGH NJW 1998, 156; HK-ZPO/*Wöstmann* § 240 Rn. 6; MüKoZPO/*Gehrlein* § 240 Rn. 15; Zöller/*Greger* § 240 Rn. 7; aA mit der Möglichkeit der Verfahrensaufnahme durch den Insolvenzverwalter bzw. den Zedenten: Jaeger/*Windel* § 85 Rn. 13; MüKoInsO/*Schumacher* § 85 Rn. 15; Musielak/*Stadler* § 240 Rn. 4). Auf den umgekehrten Fall der Eröffnung des Insolvenzverfahrens über das **Vermögen des Zedenten,** hat das RG (RGZ 66, 181) uneingeschränkt § 240 ZPO mit der Begründung angewendet, eine Abtretung habe grds. auf die prozessuale Lage keinen Einfluss. In der Literatur wird als weitere Voraussetzung für eine Unterbrechung eine materiell-rechtliche Betroffenheit der Insolvenzmasse verlangt (Zöller/*Greger* § 240 Rn. 3). Der BGH (BGHZ 50, 397 = NJW 1969, 48; 16.12.2008 – IX ZR 47/07, BeckRS 2009, 04358) hat bisher offen gelassen, ob er der Rspr. des RG uneingeschränkt folgt; in den vom BGH bisher entschiedenen Fällen lag jeweils eine Massebezogenheit vor. So hat der BGH eine Unterbrechung angenommen, wenn die Klageforderung zur Erfüllung des Anspruchs des Zessionars im Zweifel erfüllungshalber abgetreten war (BGHZ 50, 397 [399] = NJW 1969, 48 [49]), wenn durch den Einzug der Klageforderung zugunsten des Rechtsnachfolgers die Insolvenzmasse entlastet wird (BGH NJW 1986, 3206) bzw. wenn die Forderungsabtretung nach insolvenzrechtlichen Vorschriften anfechtbar ist (BGH NJW-RR 2010, 1351 = NZI 2010, 298; OLG Rostock OLGR 2007, 661).

e) Verfahren betreffend die Insolvenzmasse. Der Gegenstand des Verfahrens muss rechtlich zur Insolvenzmasse (§§ 35, 36) gehören. Diese muss vom Ausgang des Rechtsstreits in der Hauptsache **unmittelbar** oder **mittelbar** (BGH LM Nr. 4 zu § 146 KO; BFH NJW 1998, 630; BGH NZI 2015, 173) betroffen sein. Der Streitgegenstand muss entweder Bestandteil der Insolvenzmasse oder aus ihr zu leisten sein. Eine nur wirtschaftliche Beziehung genügt nicht (vgl. BGH WM 2005, 345; MüKoZPO/*Gehrlein* § 240 Rn. 16). Daher begründet allein die Möglichkeit eines **Kostenerstattungsanspruchs** noch keinen Massebezug; eine Ausnahme besteht dann, wenn der Rechtsstreit zum Zeitpunkt der Eröffnung des Insolvenzverfahrens bzw. der Bestellung eines vorläufigen „starken" Insolvenzverwalters bereits durch Klagerücknahme oder durch übereinstimmende Erledigungserklärung in der Hauptsache erledigt war (MüKoInsO/*Schumacher* Vor §§ 85–87 Rn. 23). 20

Ein Rechtsstreit, der sich ausschließlich auf **das insolvenzfreie Vermögen** (dazu → § 35 Rn. 36 ff.) bezieht, wird nicht unterbrochen (OLG Köln NJW-RR 2003, 47 = NZI 2002, 686); dies gilt bspw. für höchstpersönliche oder nichtvermögensrechtliche Ansprüche. Zudem unterbricht die Eröffnung des Insolvenzverfahrens nur einen Rechtsstreit wegen der bis zur Verfahrenseröffnung fälligen **Unterhaltsansprüche** (§ 113 Abs. 1 S. 2 FamFG iVm § 240 ZPO); nicht unterbrochen werden Rechtstreitigkeiten über die danach entstehenden Unterhaltsansprüche (OLG Celle FamRZ 2003, 1116; OLG Jena ZInsO 2011, 1856; OLG Karlsruhe NZI 2004, 343; OLG Naumburg NJW-RR 2004, 7). Insoweit besteht die Möglichkeit, ein Teilurteil zu erlassen (OLG Hamm FamRZ 2005, 279). 21

Die Insolvenzmasse wird auch durch einen Rechtsstreit über **nachrangige Insolvenzforderungen** (§ 39) betroffen. Die Massebetroffenheit entfällt nicht, wenn nach einer einseitigen Erledigungserklärung nunmehr ein Feststellungsantrag verfolgt wird (BGH WM 2005, 345). Soweit sich der Anspruch sowohl gegen den Schuldner persönlich als auch gegen die Insolvenzmasse richtet, tritt eine Unterbrechung einheitlich auch hinsichtlich des insolvenzfreien Teils ein (BGH NJW 1966, 51; Jaeger/*Windel* § 85 Rn. 26; Kübler/Prütting/Bork/*Lüke* § 85 Rn. 15; MüKoInsO/*Schumacher* Vor §§ 85–87 Rn. 26). Betrifft **nur einer von mehreren** im Prozess zusammen **geltend gemachten Ansprüche** die Insolvenzmasse, so wird grds. (zunächst) einheitlich der gesamte Rechtsstreit unterbrochen (BGH NZI 2015, 173; aA Jaeger/*Windel* § 85 Rn. 26; MüKo-InsO/*Schumacher* Vor §§ 85–87 Rn. 26, nur teilw. Unterbrechung); hierdurch wird dem Insolvenzverwalter die Möglichkeit der Prüfung eingeräumt. Im Falle der Teilbarkeit des Streitgegenstandes bleibt – ggf. nach einer Abtrennung des Prozesses – nur der massebezogene Teil unterbrochen (so iErg auch Jaeger/*Windel* § 85 Rn. 26; Kübler/Prütting/Bork/*Lüke* § 85 Rn. 15; MüKoInsO/*Schumacher* Vor §§ 85–87 Rn. 26). 22

Die Insolvenzmasse kann auch betroffen sein, wenn mit der Klage ein Anspruch verfolgt wird, der im eröffneten Verfahren ein **Aussonderungsrecht** (HK-InsO/*Kayser* § 85 Rn. 23; MüKoInsO/*Schumacher* Vor §§ 85–87 Rn. 27; MüKoZPO/*Gehrlein* § 240 Rn. 16) oder **Absonderungsrecht** (BGH NJW-RR 2004, 48 = NZI 2003, 666; OLG München MDR 2000, 602; MüKoInsO/*Schumacher* Vor §§ 85–87 Rn. 27; MüKoZPO/*Gehrlein* § 240 Rn. 16) begründet. Hinsichtlich 23 eines den **Nachlass** betreffenden Rechtsstreits tritt im Falle der Anordnung einer Testamentsvollstreckung eine Unterbrechung ein, wenn über das Vermögen des Erben das Insolvenzverfahren eröffnet worden ist (BGHZ 167, 352 = NZI 2006, 461; OLG Köln NZI 2005, 268).

24 Bei einer **Freigabe eines Vermögensgegenstandes** (dazu → § 35 Rn. 37 ff.) aus dem Insolvenzbeschlag tritt im Falle einer anschließenden Klageerhebung keine Verfahrensunterbrechung ein; der Rechtsstreit wird außerhalb des Insolvenzverfahrens geführt. Zudem kann der Insolvenzverwalter einen bereits streitbefangenen Vermögensgegenstand durch Ablehnung der Aufnahme eines Rechtsstreits (→ Rn. 49 ff.) oder durch ausdrückliche Erklärung nach Aufnahme des Rechtsstreits freigeben (BGHZ 163, 32 = NZI 2005, 387). In diesem Falle endet die Unterbrechung des Prozesses mit der Aufnahme des Rechtsstreits durch den Schuldner oder den Prozessgegner (BGHZ 36, 258 = NJW 1962, 589; BGH NJW 1970, 1790; 1990, 1239; MüKoInsO/*Schumacher* Vor §§ 85–87 Rn. 86; Zöller/*Greger* § 240 Rn. 11). Die Freigabe ist nur bei einem **Aktivprozess** möglich; demgegenüber kann der Insolvenzverwalter nicht einen gem. § 240 ZPO unterbrochenen **Passivprozess** (zur Abgrenzung → Rn. 37 f.) über eine Insolvenzforderung zur Aufnahme durch den Schuldner freigeben (BGH NJW-RR 2004, 136 = NZI 2004, 54).

25 Eine Unterbrechung erfolgt unabhängig von der **Klageart,** sofern nur Massebezogenheit vorliegt; zB bei Leistungsklagen (zB OLG Celle ZInsO 2003, 948), bei Gestaltungsklagen, die einen Rechtsstreit über ein zur Masse gehörende Recht vorbereiten sollen (MüKoZPO/*Gehrlein* § 240 Rn. 19), bei Unterlassungsklagen, soweit diese nicht höchstpersönlicher Natur sind (zB BGHZ 185, 11 = NJW-RR 2010, 1053 = NZI 2010, 811; sa *Karsten Schmidt* FS Gerhardt, 2004, 903 [919 ff.] mwN; *ders.* FS Schilken, 2015, 791 ff.), bei Feststellungsklagen (BGH NJW 1995, 1750), bei Nichtigkeitsklagen (zB BGH NJW-RR 1995, 573; NZI 2009, 859) oder gesellschaftsrechtlichen Anfechtungs- bzw. Nichtigkeitsklagen, wenn diese nicht ausschließlich auf innere Angelegenheiten beschränkt sind, sondern auch zu einer Veränderung der Insolvenzmasse führen können (zB BGHZ 32, 114 = NJW 1960, 1006; BGH NJW-RR 2006, 471; NZI 2011, 809). Gleiches gilt für eine **Auskunfts- oder Rechnungslegungsklage,** sofern diese der Vorbereitung eines die Insolvenzmasse betreffenden Hauptanspruchs dient (MüKoInsO/*Schumacher* Vor §§ 85–87 Rn. 27, 29). Für den Anfechtungsprozess nach dem AnfG enthalten die §§ 16 ff. AnfG Sondervorschriften (s. dazu *Sternal* FS Vallender, 2015, 657 [658 ff.]; zur analogen Anwendung des § 17 AnfG → Rn. 26. Eine aktienrechtliche Beschlussmängelklage wird unterbrochen, wenn die Klage auf eine Verringerung der Insolvenzmasse zielt; nicht wenn sie keine Veränderung der Masse oder eine Vergrößerung der Insolvenzmasse erstrebt (BGH NZI 2011, 809; aA *Karsten Schmidt* FS Kreft, 2004, 503 [518 ff.]).

26 **f) Entsprechende Anwendung von § 17 Abs. 1 S. 1 AnfG.** Im Falle der **Eröffnung des Insolvenzverfahrens über das Vermögen einer Gesellschaft** ohne Rechtspersönlichkeit oder einer KGaA (MüKoInsO/*Schumacher* Vor §§ 85–87 Rn. 12) findet **§ 17 Abs. 1 S. 1 AnfG** entsprechende Anwendung auf einen Prozess gegen einen Gesellschafter wegen dessen persönlicher Haftung, zB nach §§ 160 Abs. 3, 128 HGB (BGH NJW 2003, 590 = NZI 2003, 94; NJW-RR 2009, 343 = NZI 2009, 108; OLG Stuttgart NZI 2002, 495; einschränkend: Musielak/*Stadler* § 240 Rn. 2). Dies gilt ebenfalls für einen Rechtsstreit, in dem ein Gesellschaftsgläubiger gegenüber einem beschränkt haftenden Kommanditisten einen Anspruch gem. **§ 171 Abs. 2 HGB** verfolgt (BGHZ 82, 209 = NJW 1982, 883; OLG Dresden ZInsO 2012, 1384; MüKoInsO/*Schumacher* Vor §§ 85–87 Rn. 11; Musielak/*Stadler* § 240 Rn. 2) bzw. für einen zwischen dem Gläubiger und einem Dritten geführten Rechtsstreit, der auf einen Anspruch auf

Ersatz des Gesamtschadens (§ 92) gerichtet ist, wobei die Begründung hierfür unterschiedlich ist (Kübler/Prütting/Bork/*Lüke* § 67 Rn. 67 für analoge Anwendung des § 240 ZPO; MüKoInsO/*Schumacher* Vor §§ 85–87 Rn. 13 für entsprechende Anwendung des § 17 Abs. 1 S. 1 AnfG). § 17 Abs. 1 S. 1 AnfG ist weiterhin entsprechend im Falle der Geltendmachung der persönlichen Haftung des Ehegatten nach **§ 334** anwendbar. Demgegenüber führt die Eröffnung des Insolvenzverfahrens über das **Privatvermögen eines Gesellschafters** nicht zur Unterbrechung eines Aktiv- oder Passivrechtsstreits der Gesellschaft (OLG Dresden NZG 2006, 622; OLG Frankfurt a. M. NJW-RR 2002, 1277; MüKoInsO/*Schumacher* Vor §§ 85–87 Rn. 12; Musielak/*Stadler* § 240 Rn. 2).

2. Beginn und Ende der Unterbrechung. Der Rechtstreit wird tritt kraft 27
Gesetzes mit der **Eröffnung des Insolvenzverfahrens** (§ 27 InsO) unterbrochen. Maßgeblich ist der **Eröffnungsbeschluss** (zu den Einzelheiten → § 27 Rn. 10 ff.) bzw. oder eine entsprechende Entscheidung des Rechtsmittelgerichts. Dies gilt auch, wenn der Eröffnungsbeschluss oder eine entsprechende Beschwerdeentscheidung mit einem Rechtsmittel angegriffen wird. Eine Unterbrechung ist von Amts wegen zu beachten. Unerheblich ist, ob das Gericht oder die Verfahrensparteien Kenntnis von dem Insolvenzverfahren haben (BGH NJW 1995, 2563); ebenso wenig kommt es auf die Einlegung eines Rechtsmittels gegen den Eröffnungsbeschluss bzw. die Rechtmäßigkeit des Eröffnungsbeschlusses an. Keine Unterbrechung tritt bei Nichtigkeit des Eröffnungsbeschluss ein; zB bei einem nicht unterzeichneten oder einen nicht verkündeten Beschluss (BGHZ 137, 49 = NJW 1998, 609; OLG Köln ZIP 1988, 1001). Im Falle der Bestellung eines **vorläufigen Insolvenzverwalters** und des Erlasses eines allgemeinen Verfügungsverbots nach § 22 Abs. 1 S. 1 iVm § 21 Abs. 1 Nr. 1, 2 tritt die Unterbrechungswirkung mit dem **Bestellungs-/Anordnungsbeschluss im Eröffnungsverfahren** ein.

Das Ende der Unterbrechung richtet sich nach den Vorschriften der Insolvenz- 28
ordnung; ein Verzicht auf die Teilnahme am Insolvenzverfahren führt nicht zu Beendigung (hierzu → § 87 Rn. 27). Die **Unterbrechung** endet im **eröffneten Verfahren**

- mit Rechtskraft der **Aufhebung des Eröffnungsbeschlusses** im Rechtsmittelverfahren (§§ 34 Abs. 3, 6 Abs. 3 S. 2), die Wirkung der Unterbrechung entfällt ex nunc (MüKoZPO/*Gehrlein* § 240 Rn. 9);
- mit der **Freigabe des streitbefangenen Gegenstandes** durch den Insolvenzverwalter sowie der Aufnahme des Rechtsstreits durch den Schuldner oder des Prozessgegners. Entfällt der Massebezug während des Insolvenzverfahrens ohne Freigabe durch den Insolvenzverwalter, bedarf es der Aufnahme des Rechtsstreits nach den für das Insolvenzverfahren geltenden Vorschriften (BGH NJW-RR 2010, 1351 = NZI 2010, 298);
- mit **Erledigung des unterbrochenen Rechtsstreits** durch Anerkenntnis im Insolvenzverfahren (BFH/NV 2008, 1691; HambK-InsO/*Kuleisa* Vorb. §§ 85–87 Rn. 36);
- mit der **Aufnahme des Rechtsstreits** nach den für das Insolvenzverfahren geltenden Vorschriften (§§ 85, 86, 87, 179, 180 Abs. 1, 184; vgl. BGH NJW-RR 2005, 241; NZI 2014, 749 für die Aufnahme eines unterbrochenen Rechtsstreits im Falle einer zur Tabelle angemeldeten und bestrittenen Forderung; BPatG ZInsO 2012, 1090 für die Aufnahme eines patentrechtlichen Verfahrens);
- mit der Bekanntgabe (§ 9) der **Aufhebung des Verfahrens** nach § 200 Abs. 1 bzw. § 258 Abs. 1; Rechtskraft der Aufhebungsentscheidung ist nicht erforderlich (BGHZ 64, 1 = NJW 1975, 692);

– mit der **Einstellung des Verfahrens** mangels Masse nach § 207 (OLG Karlsruhe ZInsO 2005, 823);
– mit der **Einstellung des Verfahrens** nach Anzeige der Masseunzulänglichkeit (§ 211), wegen Wegfalls des Eröffnungsgrundes (§ 212) oder bei Zustimmung der Gläubiger (§ 213);

und im **Eröffnungsverfahren**

– mit der Aufhebung der Bestellung des vorläufigen Insolvenzverwalters sowie des allgemeinen Verfügungsverbots (vgl. § 25).

29 Eine Beendigung des Insolvenzverfahrens in Bezug auf einzelne gegen den Schuldner gerichtete Forderungen sieht die InsO nicht vor. Die Feststellung einer Forderung zur Insolvenztabelle führt zwar zu einer Erledigung eines unterbrochenen Rechtsstreits in der Hauptsache (→ § 87 Rn. 14 mwN), nicht indes zur Beendigung der Unterbrechung des Rechtsstreits über diese Forderung (BFH ZInsO 2013, 1156). Nach Beendigung der Unterbrechung kann grds. jede der Prozessparteien den Rechtsstreit fortsetzen. Zur Einschränkung bei einer angekündigten Restschuldbefreiung → § 87 Rn. 8.

30 **3. Wirkung der Unterbrechung. a) Unterbrechung von Fristen.** Die Wirkungen der Verfahrensunterbrechung bestimmen sich nach § 249 ZPO. Sie führt zu einer **Beendigung des Laufs der Fristen** bzw. setzt den Lauf einer Frist nicht in Gang; diese beginnen nach der Beendigung der Unterbrechung neu bzw. erstmals in voller Länge zu laufen (§ 249 Abs. 1 ZPO). Dies gilt für alle **gesetzlichen und richterlichen Fristen,** zB die Einlassungs-, Ladungs-, Erklärungs-, Klageerwiderungs-, Rechtsbehelfs-, Rechtsmittel-, Rechtsmittelbegründungsfristen. Bei Datumsfristen bedarf es einer ausdrücklichen erneuten richterlichen Anordnung (vgl. BGHZ 64, 1 = NJW 1975, 692; MüKoZPO/*Gehrlein* § 249 Rn. 11; Musielak/*Stadler* § 249 Rn. 2; Zöller/*Greger* § 249 Rn. 2); auch wenn der Stillstand nicht über die festgesetzte Endfrist hinausgeht (Musielak/*Stadler* § 249 Rn. 2).

31 Keine Unterbrechung tritt hinsichtlich der sog **uneigentliche Fristen,** dh die im Gesetz vorgesehenen Zeiträume, innerhalb derer das Gericht Amtshandlungen vorzunehmen hat, zB §§ 251a Abs. 2, 310 Abs. 1, 315 Abs. 2, 816 Abs. 1 ZPO (Jaeger/*Windel* § 85 Rn. 94; Zöller/*Greger* Vor § 214 Rn. 6) bzw. der **materiellrechtliche Fristen,** zB Anfechtungs-, Widerrufs- oder Verjährungsfristen ein (BGH NJW 1963, 2019; MüKoInsO/*Schumacher* Vor §§ 85–87 Rn. 59). Analoge Anwendung finden §§ 240, 249 ZPO auf die Wiedereinsetzungsfrist (BGHZ 9, 308; Jaeger/*Windel* § 85 Rn. 95; Kübler/Prütting/Bork/*Lüke* § 85 Rn. 40) sowie auf den Lauf der in einem Prozessvergleich vereinbarten Widerrufsfrist (Jaeger/*Windel* § 85 Rn. 96; Kübler/Prütting/Bork/*Lüke* § 85 Rn. 40).

32 **b) Wirkungen auf Prozesshandlungen.** Die in Ansehung der Hauptsache **gegenüber dem Verfahrensgegner** vorgenommenen **Prozesshandlungen** (zB notwendige Parteizustellungen) sind während des unterbrochenen Verfahrens nach § 249 Abs. 2 ZPO unwirksam (BGHZ 50, 397 = WM 1968, 1330; BGH NJW 1997, 1445; NZI 2009, 783); eine Ausnahme besteht für Handlungen, die mit der Geltendmachung der Unterbrechung selbst oder mit der Aufnahme des Rechtsstreits zusammenhängen. Eine unwirksame Prozesshandlung kann durch **rügelose Verhandlung nach § 295 ZPO** oder **Genehmigung geheilt werden** (BGHZ 4, 314 = NJW 1952, 705; 49, 397 = NJW 1969, 49; 50, 397 [398] = WM 1968, 1330; MüKoInsO/*Schumacher* §§ 85–87 Rn. 68; Uhlenbruck/*Mock* § 85 Rn. 113).

33 Prozesshandlungen **gegenüber dem Gericht** (zB die Einlegung oder Rücknahme eines Rechtsmittels) werden von der Wirkung der Unterbrechung nicht erfasst; diese sind wirksam (BGHZ 50, 397 = WM 1968, 1330; BGH NJW 1997,

1445; NZI 2009, 783; 2013, 747; Kübler/Prütting/Bork/*Lüke* § 85 Rn. 41a; MüKoInsO/*Schumacher* Vor §§ 85–87 Rn. 66; Uhlenbruck/*Mock* § 85 Rn. 114; aA Musielak/*Stadler* § 249 Rn. 3). Daher kann eine Klage trotz Unterbrechung des Verfahrens zurückgenommen werden (OLG Celle ZIP 2011, 2137). Ebenso besteht die Möglichkeit einer Rechtsmitteleinlegung. Die Verfahrensunterbrechung erfasst nicht einen Antrag der Verfahrenspartei auf Akteneinsicht (BFH ZInsO 2009, 2394). Prozesshandlungen **gegenüber Dritten** (zB Klageerweiterung gegenüber einem Gesellschafter einer insolventen OHG) können wirksam vorgenommen werden (BGH NJW 1961, 1066; MüKoInsO/*Schumacher* Vor §§ 85–87 Rn. 67; Uhlenbruck/*Mock* § 85 Rn. 115).

c) Sonstige Wirkungen. Handlungen des Gerichts gegenüber den Parteien, zB Ladungen, Zustellungen, Fristsetzungen, Beweiserhebungen sind unwirksam (BGHZ 66, 59 = WM 1976, 408; 111, 104 = NJW 1990, 1854). Demgegenüber sind rein interne Handlungen weiterhin zulässig, wie bspw. das Anfertigen eines Votums oder die Durchführung einer Beratung. Ebenso hat das Gericht nach § 249 Abs. 3 ZPO eine Entscheidung zu verkünden, wenn die Unterbrechung nach Schluss der mündlichen Verhandlung ergangen ist. Dies gilt nicht, wenn die Unterbrechung nach dem Schluss einer mündlichen Verhandlung, aber vor Ende einer bewilligten Schriftsatzfrist eingetreten ist (BGH NJW 2012, 682 = NZI 2012, 199). 34

Das Gericht darf über die prozessualen Auswirkungen einer Verfahrensunterbrechung entscheiden (BAG NZA 2005, 1076). Bei einem **Streit zwischen den Prozessparteien** über den Eintritt und den Umfang der Unterbrechung kann ein Zwischenurteil ergehen (BGHZ 82, 209 = NJW 1982, 883; BGH NJW-RR 2010, 1351 = NZI 2010, 298); dieses ist wie ein Endurteil anfechtbar (BGH NJW 2004, 2983 = NZI 2005, 64; NJW 2005, 290 = NZI 2005, 63; NJW-RR 2006, 288 = NZI 2006, 123; NJW-RR 2006, 913 = NZI 2006, 421). **Streitigkeiten zwischen dem Insolvenzverwalter und dem Schuldner** über die Massebezogenheit eines Rechtsstreits und über die Voraussetzungen einer Verfahrensunterbrechung sind im Wege eines gesonderten Rechtsstreits zu klären (Jaeger/*Windel* § 85 Rn. 89 ff.; Kübler/Prütting/Bork/*Lüke* § 85 Rn. 47; MüKoInsO/*Schumacher* Vor §§ 85–87 Rn. 56); zudem kann der Schuldner im Falle der Verfahrensaufnahme durch den Insolvenzverwalter, gegen die Parteien des Rechtsstreits im Wege der Hauptintervention (§ 64 ZPO) vorgehen (Jaeger/*Windel* § 85 Rn. 90; Kübler/Prütting/Bork/*Lüke* § 85 Rn. 47; MüKoInsO/*Schumacher* Vor §§ 85–87 Rn. 56). 35

Eine trotz Unterbrechung **erlassene Entscheidung** ist nicht nichtig, sondern **anfechtbar** (BGHZ 66, 59 = WM 1976, 408; BGH NJW 1995, 2563; NZI 2004, 341; 2013, 747; Kübler/Prütting/Bork/*Lüke* § 85 Rn. 43; MüKoInsO/*Schumacher* Vor §§ 85–87 Rn. 74; Uhlenbruck/*Mock* § 85 Rn. 117). Dieses kann von dem Prozessgegner oder dem Insolvenzverwalter wegen eines Verstoßes gegen § 249 Abs. 2 ZPO (auch unter dem Vorbehalt der Aufnahme des Rechtsstreits, BGH NJW 1997, 1445) während der Verfahrensunterbrechung mit dem gegen die Entscheidung zulässigen Rechtsbehelf angegriffen werden (BGH NZI 2004, 341; 2009, 783). Soweit kein Rechtsmittel gegen die Entscheidung statthaft ist, hat es bei der Entscheidung zu bleiben (BGH NJW-RR 2012, 1465 für eine vom Revisionsgericht in Unkenntnis der Insolvenzeröffnung getroffene Kostengrundentscheidung). Für das Berufungsgericht besteht die Möglichkeit, das Verfahren in analoger Anwendung des § 538 Abs. 2 ZPO an das erstinstanzliche Gericht zurückzugeben (OLG Hamburg OLGR 2005, 765; OLG Hamm OLGR 2006, 740; OLG Oldenburg ZInsO 2005, 381). 36

III. Verfahrensfortgang

37 **1. Allgemeines.** § 85 betrifft nur **Aktivprozesse;** die Aufnahme von Passivprozessen richtet sich nach § 86 bzw. § 87. Für die Einordnung als Aktivprozess ist unerheblich, ob der Schuldner in dem Verfahren Kläger, Beklagter, Widerkläger oder Widerbeklagter ist (BGH NJW-RR 2004, 925 = NZI 2004, 318; BFH ZInsO 2009, 1365; Jaeger/*Windel* § 85 Rn. 113; HK-InsO/*Kayser* § 85 Rn. 48; Uhlenbruck/*Mock* § 85 Rn. 136). Entscheidend ist der materielle Inhalt des Begehrens (BGH NJW 1995, 1750). Ein Aktivprozess liegt vor, wenn ein im Falle des Obsiegens in die Insolvenzmasse fallendes Vermögensrecht geltend gemacht wird (sog **Teilungsmassestreit**), wenn also in dem Rechtsstreit über eine Pflicht zu einer Leistung gestritten wird, die in die Masse zu gelangen hat (BGH NJW-RR 2005, 989 = NZI 2005, 394). Für die Einordnung ist der **Zeitpunkt der Entscheidung** über die Aufnahme entscheidend (Jaeger/*Windel* § 85 Rn. 113; aA Zeitpunkt der Verfahrenseröffnung: MüKoInsO/*Schumacher* § 85 Rn. 9). Für die Frage der Anwendbarkeit des § 85 sind Klage und Widerklage jeweils getrennt zu prüfen (RGZ 122, 51 [53]; HK-InsO/*Kayser* § 85 Rn. 48; Uhlenbruck/*Mock* § 85 Rn. 139).

38 Ein **Aktivprozess** kann bspw. im Falle einer vor Eröffnung des Insolvenzverfahrens erfolgten Klagerücknahme oder Erledigungserklärung hinsichtlich des **Kostenerstattungsanspruchs** vorliegen (Jaeger/*Windel* § 85 Rn. 119; MüKoZPO/*Gehrlein* § 240 Rn. 20; MüKoInsO/*Schumacher* § 85 Rn. 8; Uhlenbruck/*Mock* § 85 Rn. 143). Gleiches gilt bei einer gegen den Schuldner gerichteten negativen Feststellungsklage (RGZ 73, 276 [278]; Jaeger/*Windel* § 85 Rn. 116; Uhlenbruck/*Mock* § 85 Rn. 138); kein Aktivprozess stellt hingegen die vom Schuldner erhobene **negative Feststellungsklage** dar (RGZ 70, 368; MüKoInsO/*Schumacher* § 85 Rn. 4). Ein Aktivprozess liegt vor, wenn im Rechtsmittelverfahren zumindest indirekt darüber entschieden wird, ob der Schuldner eine vor Verfahrensunterbrechung auf einen vorläufig vollstreckbaren Titel erbrachte Zahlung von dem Prozessgegner zurückverlangen kann (BGH NJW-RR 1986, 672; NJW 1995, 1750). Ebenso wenn der Schuldner nur Klageabweisung beantragt bzw. noch keinen Anspruch nach § 717 Abs. 2 ZPO geltend gemacht hat (BGHZ 36, 258 [264] = NJW 1962, 589; Jaeger/*Windel* § 85 Rn. 115) oder dieser nur eine Sicherheitsleistung erbracht hat (Jaeger/*Windel* § 85 Rn. 115; MüKoInsO/*Schumacher* § 85 Rn. 9; Uhlenbruck/*Mock* § 85 Rn. 141).

39 Ein **Umschlagen vom Aktivprozess zum Passivprozess** bzw. umgekehrt ist möglich, da es auf die Parteirollen nicht abkommt (BGH NJW-RR 1986, 672; NJW 1995, 1750). Daher liegt kein Aktivprozess vor, wenn der Prozessgegner gegen den Schuldner in einem gesonderten Prozess oder im Rechtsmittelverfahren (BGH NJW-RR 2004, 925) Ansprüche nach § 717 Abs. 2 ZPO geltend macht (BGH NJW-RR 2005, 989 = NZI 2005, 394). Ebenfalls ist kein Aktivprozess gegeben, wenn der Schuldner einen Anspruch im Wege der **Aufrechnung** oder einer **Einrede** verfolgt (OLG Hamburg ZInsO 2013, 2178; Jaeger/*Windel* § 85 Rn. 114; HK-InsO/*Kayser* § 85 Rn. 49; MüKoInsO/*Schumacher* § 85 Rn. 5; Uhlenbruck/*Mock* § 85 Rn. 139). Str. ist, ob es sich bei dem Rechtsstreit über einen **Unterlassungsanspruch** wegen Verletzung eines gewerblichen Schutzrechts oder wegen eines Wettbewerbsverstoßes um einen Aktiv- oder Passivprozess handelt, dazu → § 86 Rn. 5.

40 **2. Aufnahme des Verfahrens durch den Insolvenzverwalter (Absatz 1 Satz 1). a) Grundsatz.** Über die Aufnahme des unterbrochenen Verfahrens entscheidet der Insolvenzverwalter nach pflichtgemäßem Ermessen. Hierbei hat er eine Abwägung zwischen den Erfolgsaussichten des Verfahrens und der damit

verbundenen Massemehrung sowie dem Prozessrisiko vorzunehmen. Zudem muss er überprüfen, ob der Schuldner bzw. dessen bisheriger Prozessbevollmächtigter den Prozess richtig geführt hat. Für die Prüfung steht dem Insolvenzverwalter eine angemessene Frist zu (vgl. → Rn. 45). Bei Aufnahme eines Rechtsstreits mit erheblichem Streitwert bedarf es im Innenverhältnis der Zustimmung des Gläubigerausschusses bzw. der Gläubigerversammlung (§ 160 Abs. 2 Nr. 3); im Außenverhältnis ist das Fehlen der Zustimmung unerheblich (§ 164). Die Aufnahme kann in jedem Stadium des Rechtsstreits erklärt werden; möglich ist trotz der Gefahr widersprüchlicher Entscheidungen auch eine Teilaufnahme (BGH NJW-RR 1994, 1213; ZIP 2012, 2465; einschränkend BGH NZI 2013, 437).

Das Recht zur Aufnahme steht auch dem **vorläufigen „starken" Insolvenz-** 41
verwalter (§ 24 Abs. 2 iVm § 85 Abs. 1 S. 1) zu. Im Falle der Aufnahme des Rechtsstreits durch den vorläufigen Insolvenzverwalter tritt bei Eröffnung des Insolvenzverfahrens eine erneute Unterbrechung nach § 240 ZPO ein (HambK-InsO/*Kuleisa* § 86 Rn. 5; Kübler/Prütting/Bork/*Lüke* § 86 Rn. 6; Uhlenbruck/*Mock* § 85 Rn. 134; so auch OLG Schleswig KTS 1989, 925 für die Prozessführung durch einen Sequester; aA Jaeger/*Windel* § 85 Rn. 111; MüKoInsO/*Schumacher* Vor §§ 85–87 Rn. 19). Bei der Anordnung der **Eigenverwaltung** ist der Sachwalter nicht zur Aufnahme des Rechtsstreits berechtigt. Vielmehr obliegt die Entscheidung hierüber ausschließlich dem Schuldner (MüKoInsO/*Schumacher* § 85 Rn. 12). Lehnt dieser die Aufnahme ab, so ist der Prozessgegner berechtigt, den Rechtsstreit gegenüber der Insolvenzmasse aufnehmen (Kübler/Prütting/Bork/*Pape* § 283 Rn. 8; Bedenken äußert HambK-InsO/*Kuleisa* § 85 Rn. 25).

b) Form der Aufnahme. Die Aufnahme des Verfahrens erfolgt durch **Zu-** 42
stellung eines bei Gericht eingereichten Schriftsatzes (§§ 250, 270 ZPO). Mit dem Zeitpunkt der Zustellung ist die Unterbrechung beendet (BGH ZIP 1999, 75; OLG Celle ZIP 2011, 2127). Soweit für das Verfahren Anwaltszwang herrscht, muss auch dieser Schriftsatz von einem Rechtsanwalt verfasst sein. Eine förmliche Zustellung ist im Falle einer in Anwesenheit des Prozessgegners in der mündlichen Verhandlung erklärten Annahme entbehrlich (RGZ 78, 343 [344]; 109, 47 [48]; Jaeger/*Windel* § 85 Rn. 130; Kübler/Prütting/Bork/*Lüke* § 85 Rn. 55). Eine Verfahrensaufnahme kann auch stillschweigend (BGH ZIP 1983, 592) bzw. durch **schlüssiges Verhalten** erfolgen. Sie liegt zB in der Einreichung einer Rechtsmittel- oder Rechtsmittelbegründungsschrift (BGHZ 36, 258 = NJW 1962, 589; 111, 104 = NJW 1990, 1854; Jaeger/*Windel* § 85 Rn. 131; Kübler/Prütting/Bork/*Lüke* § 85 Rn. 56) oder in dem Zugestehen der entscheidenden Tatsachen und in der mündlichen Verhandlung zur Sache (RGZ 140, 348 [352]; Jaeger/*Windel* § 85 Rn. 130; Kübler/Prütting/Bork/*Lüke* § 85 Rn. 55a). Allein in der Klagerücknahme liegt noch keine konkludente Verfahrensaufnahme (OLG Celle ZIP 2011, 2127).

3. Wirkungen der Verfahrensaufnahme. a) Grundsätze. Mit der Verfah- 43
rensaufnahme endet die Unterbrechung. Der Insolvenzverwalter übernimmt den Prozess in dem Stadium, in dem sich dieser zum Zeitpunkt der Unterbrechung befand. Der Insolvenzverwalter kann aufgrund der auf ihn übergegangenen Verwaltungs- und Verfügungsbefugnis (§ 80) **über den Verfahrensgegenstand frei entscheiden,** so kann er bspw. ein Rechtsmittel einlegen oder die Klage für erledigt erklären bzw. zurücknehmen. Er ist indes an die bisherigen Prozesshandlungen des Schuldners gebunden. Entsprechend muss er ein Anerkenntnis, den Abschluss eines Vergleichs, die Abgabe eines Geständnisse oder Versäumnisse des Schuldners gegen sich gelten lassen, sofern diese nicht mit einem Rechtsbehelf bzw. Rechtsmittel beseitigt werden können bzw. die Voraussetzungen einer Anfechtung nach §§ 129 ff. InsO vorliegen. Ein vom Insolvenzverwalter erwirktes Urteil entfaltet Wirkungen für und gegen den Schuldner (Jaeger/*Windel* § 85

Rn. 85; MüKoInsO/*Schumacher* § 85 Rn. 17); eine Ausnahme besteht im Falle der Prozessführung des Insolvenzverwalters über einen massefremden Vermögensgegenstand (MüKoInsO/*Schumacher* § 85 Rn. 17; Uhlenbruck/*Mock* § 85 Rn. 154).

44 **b) Prozesskostenhilfe; Verfahrenskosten.** Die dem Schuldner bewilligte **Prozesskostenhilfe** wirkt bei einer Verfahrensaufnahme durch den Insolvenzverwalter nicht fort. Der Insolvenzverwalter muss für die (weitere) Prozessführung um Prozesskostenhilfe nachsuchen; dazu → § 80 Rn. 48 ff. Im Falle der Bewilligung von Prozesskostenhilfe kann dem Insolvenzverwalter ein neuer Rechtsanwalt beigeordnet werden (OLG Rostock ZIP 2007, 1288).

45 Bei einem **obsiegenden Urteil** ist der Insolvenzverwalter berechtigt, die für den gesamten Rechtsstreit anfallenden vom Gegner zu erstattenden Verfahrenskosten zur Masse zu ziehen. Der frühere Prozessbevollmächtigte des Schuldners ist hinsichtlich seiner Gebühren nur Insolvenzgläubiger. Streitig ist, ob im Falle des **Unterliegens des Insolvenzverwalters** die Kosten des gesamten Rechtsstreits einschließlich des Erstattungsanspruchs des Gegners sowie der vor der Aufnahme des Rechtsstreits entstandenen Kosten Masseverbindlichkeiten darstellen (§ 55 Abs. 1 Nr. 1). Dies wird von der zutreffenden hM unter Hinweis auf den **Grundsatz der Einheitlichkeit der Kostenentscheidung** sowie der Bindung der Kostenfestsetzungsorgane an die Kostengrundentscheidung bejaht (BGH NJW-RR 2007, 397 = NZI 2007, 104, jedenfalls für die Kosten der Instanz, in der die Unterbrechung eingetreten ist; OLG Koblenz ZIP 2009, 783; OLG Köln NZI 2004, 665; OLG Stuttgart ZInsO 2007, 43; HK-InsO/*Kayser* § 85 Rn. 59; Jaeger/*Windel* § 85 Rn. 139; Nerlich/Römermann/*Wittkowski/Kruth* § 85 Rn. 18). Eine andere Ansicht differenziert unter Heranziehung des in § 105 zum Ausdruck kommenden Rechtsgedankens nach dem Entstehungszeitpunkt des Gebührentatbestandes. Um eine Privilegierung der Kostengläubiger gegenüber den übrigen Insolvenzgläubigern zu vermeiden, sollen nur die nach Verfahrenseröffnung erstmals anfallenden Kosten Masseschulden sein; die übrigen Verfahrenskosten sollen nur einfache Insolvenzforderung sein (BFH ZIP 2002, 2225; OLG München NZI 1999, 498; OLG Rostock ZIP 2001, 2145; HambK-InsO/*Kuleisa* § 85 Rn. 13; Kübler/Prütting/Bork/*Lüke* § 85 Rn. 58 f.; MüKoInsO/*Schumacher* § 85 Rn. 20; Uhlenbruck/*Mock* § 85 Rn. 157; Wimmer/*Wimmer-Amend* § 85 Rn. 47).

46 **4. Verzögerung der Verfahrensaufnahme (Absatz 1 Satz 2). a) Grundsatz.** Grds. steht dem Insolvenzverwalter für die Entscheidung über die Verfahrensaufnahme eine **„angemessene Überlegensfrist"** zu. Diese richtet sich nach den Umständen des Einzelfalls. Hierbei sind die Dauer und Schwierigkeit des Prozesses sowie des Insolvenzverfahrens zu berücksichtigen; zudem die Dauer der Abstimmung im Gläubigerausschuss bzw. in der Gläubigerversammlung, sofern für die Aufnahme des Verfahrens deren Zustimmung erforderlich ist (§ 160 Abs. 2 Nr. 3). Die Prüfungsfrist beginnt mit der Kenntnis des Insolvenzverwalters von dem Rechtsstreit (OLG Zweibrücken NJW 1968, 1635).

47 **b) Verfahren nach § 239 Abs. 2–4 ZPO.** Verzögert der Insolvenzverwalter die Verfahrensaufnahme, indem er innerhalb einer angemessenen Frist ohne Entschuldigungsgrund (RG JW 1895, 164; Uhlenbruck/*Mock* § 85 Rn. 160) keine Entscheidung trifft, so kann er auf Antrag des Gegners durch das Gericht **zur Aufnahme des Rechtsstreits sowie zur Verhandlung der Hauptsache geladen** werden (§ 239 Abs. 2 ZPO); im Falle der Unterbrechung zwischen den Instanzen erfolgt lediglich eine Ladung zur Aufnahme des Rechtsstreits (MüKoInsO/*Schumacher* § 85 Rn. 41). Im Falle eines Streits zwischen den Prozessparteien über die Aufnahmeverpflichtung kann das Gericht hierüber vorab durch Zwi-

schenurteil (§ 280 ZPO) entscheiden: dieses Urteil ist mit den gegen das Endurteil möglichen Rechtsmitteln selbständig anfechtbar (BGH NJW 2004 = NZI 2005, 64; Jaeger/*Windel* § 85 Rn. 157; Kübler/Prütting/Bork/*Lüke* § 85 Rn. 61; Uhlenbruck/*Mock* § 85 Rn. 161); vgl. hierzu auch → Rn. 35.

Der **Antrag** ist beim Prozessgericht einzureichen. Im Falle der Unterbrechung des Rechtsstreits zwischen den Instanzen kann der Antrag nach § 239 Abs. 2 ZPO nur bei dem Ausgangsgericht gestellt werden, da eine Rechtsmitteleinlegung nach § 249 Abs. 2 ZPO unwirksam wäre (MüKoZPO/*Gehrlein* § 239 Rn. 45). Bei **Verfahrensunterbrechung nach Einlegung des Rechtsmittels** muss der Prozessgegner den Antrag beim Rechtsmittelgericht stellen. Die Terminsladung ist mit dem den Antrag enthaltenen Schriftsatz dem Insolvenzverwalter zuzustellen (§ 239 Abs. 3 ZPO); unzulässig ist eine Ladung des bisherigen Prozessbevollmächtigten, da dessen Prozessvollmacht nach §§ 115, 117 erloschen ist (BGH NJW-RR 1989, 183; 2009, 566 = NZI 2009, 169; OLG Köln NJW-RR 2003, 264 = NZI 2003, 58; Kübler/Prütting/Bork/*Lüke* § 85 Rn. 60; MüKoInsO/*Schumacher* § 85 Rn. 36). 48

Verhandeln die Parteien in dem **Termin,** so liegt hierin eine Verfahrensaufnahme. Lehnt der Insolvenzverwalter die Aufnahme des Rechtsstreits ab, so bleibt das Verfahren bis zur Aufnahme gem. Absatz 2 durch den Prozessgegner oder den Schuldner unterbrochen. Erscheint der **Insolvenzverwalter** trotz ordnungsgemäßer Ladung nicht zum Termin, so gilt seine Rechtsnachfolge als zugestanden (§ 239 Abs. 4 ZPO); es kann auf Antrag des Prozessgegners ein Versäumnisurteil erlassen werden (BGH NJW 1957, 1840) bzw. eine Entscheidung nach Lage der Akten (§ 331a ZPO) ergehen (Jaeger/*Windel* § 85 Rn. 156). Erscheint der **Prozessgegner** nicht zum Termin, so ergeht auf Antrag des Insolvenzverwalters ein Versäumnisurteil (MüKoInsO/*Schumacher* § 85 Rn. 40). Sofern **beide Parteien** im Termin nicht erscheinen, ruht das Verfahren; eine Entscheidung nach Lage der Akten (§ 251a ZPO) scheidet mangels Antrag aus. 49

5. Ablehnung der Aufnahme durch den Insolvenzverwalter (Absatz 2). 50
a) Ablehnungserklärung. Der Insolvenzverwalter kann jederzeit nach **pflichtgemäßer Prüfung** (vgl. dazu → Rn. 38) die Aufnahme des Prozesses ablehnen; zur etwaige Notwendigkeit der Zustimmung des Gläubigerausschusses bzw. der Gläubigerversammlung siehe § 160 Abs. 2 Nr. 3. Das Recht zur Ablehnung der Aufnahme besteht auch in einem **Nachlassinsolvenzverfahren** (Kübler/Prütting/Bork/*Lüke* § 85 Rn. 71) sowie bei Anordnung der **Eigenverwaltung** (Jaeger/*Windel* § 85 Rn. 152; Kübler/Prütting/Bork/*Lüke* § 85 Rn. 68a; ablehnend Kübler/Prütting/Bork/*Pape* § 283 Rn. 9; *Karsten Schmidt* FS Kreft, 2004, 503 [513 f.] für die Eigenverwaltung durch Gesellschaftsorgane). Demgegenüber steht im Eröffnungsverfahren dem **vorläufige „starken" Insolvenzverwalter** kein Ablehnungsrecht zu, da § 24 Abs. 2 nicht auf § 85 Abs. 2 verweist. Eine entsprechende Erklärung des vorläufigen Insolvenzverwalters entfaltet keine Wirkung; das Verfahren bleibt bis zur Eröffnung des Insolvenzverfahrens unterbrochen.

Die **Ablehnung** ist an keine bestimmte Form gebunden (BGH NJW 1966, 51; Jaeger/*Windel* § 85 Rn. 143; Kübler/Prütting/Bork/*Lüke* § 67) und kann gegenüber dem Schuldner, der Gegenpartei (BGH NJW-RR 2007, 845 = NZI 2007, 173) oder gegenüber dem Prozessgericht erklärt werden (MüKoZPO/*Gehrlein* § 240 Rn. 31); zB in dem nach Absatz 1 Satz 2 iVm § 239 Abs. 2 ZPO bestimmten Termin zur mündlichen Verhandlung. Die Ablehnung stellt eine materiellrechtliche Willenserklärung dar (HK-InsO/*Kayser* § 85 Rn. 61; Uhlenbruck/*Mock* § 85 Rn. 165; aA Jaeger/*Windel* § 85 Rn. 144 auch Prozesserklärung) und kann durch **schlüssiges Verhalten** erfolgen (BGH NJW-RR 2004, 48 = NZI 2003, 666; NJW-RR 2007, 845 = NZI 2007, 173; HK-InsO/*Kayser* § 85 51

Rn. 60; Uhlenbruck/*Mock* § 85 Rn. 165); zB durch eine Freigabe des streitbefangenen Gegenstandes an den Schuldner (BGH NJW-RR 2004, 48 = NZI 2003, 666). Will der Insolvenzverwalter eine Ablehnung durch schlüssiges Verhalten vermeiden, sollte er sich ausdrücklich die Entscheidung über eine Aufnahme vorbehalten. Die Ablehnungserklärung ist **bedingungsfeindlich** (RGZ 70, 368 [370]) und kann nicht unter dem Vorbehalt der Fortführung des Prozess durch den Schuldner für die Insolvenzmasse erklärt werden (BGH NJW 1973, 2065; Kübler/Prütting/Bork/*Lüke* § 85 Rn. 68; Uhlenbruck/*Mock* § 85 Rn. 166); ebenso wenig ist ein entsprechender geheimer Vorbehalt beachtlich (RGZ 122, 51 [57]; MüKoInsO/*Schumacher* § 85 Rn. 23; Uhlenbruck/*Mock* § 85 Rn. 165).

52 **b) Folgen der Ablehnung.** Die Ablehnung der Verfahrensaufnahme bedeutet zwingend zugleich die **Freigabe des Verfahrensgegenstandes** aus dem Insolvenzbeschlag (BGH NJW 2005, 2015 = NZI 2005, 387; NJW-RR 2007, 845 = NZI 2007, 173; HK-InsO/*Kayser* § 85 Rn. 62; Kübler/Prütting/Bork/*Lüke* § 85 Rn. 69; MüKoInsO/*Schumacher* § 85 Rn. 23; Uhlenbruck/*Mock* § 85 Rn. 166; demgegenüber differenziert Jaeger/*Windel* § 85 Rn. 144 f. zwischen Freigabe und Ablehnung der Prozessaufnahme); der Vermögensgegenstand gehört nunmehr zum insolvenzfreien Vermögen. Die Prozessführungsbefugnis geht auf den Schuldner über. Dieser und der Prozessgegner können frei über die Aufnahme des Rechtsstreits nach Absatz 2 entscheiden. Dagegen treten bei einer unwirksamen Ablehnung der Aufnahme eines Passivprozesses, der irrtümlich für einen Aktivprozess gehalten wurde, die Wirkungen des § 85 Abs. 2 nicht ein (BGH NJW-RR 2007, 845 = NZI 2007, 173).

53 Die Ablehnung der Verfahrensaufnahme durch den Insolvenzverwalter führt nicht automatisch zum Ende der Verfahrensunterbrechung; diese tritt erst mit der **Aufnahme des Prozesses durch den Schuldner oder Prozessgegner** ein (BGHZ 36, 258 = NJW 1962, 589; BFH/NV 2004, 349; OLG Stuttgart OLGR 2004, 89; HK-InsO/*Kayser* § 85 Rn. 65; Kübler/Prütting/Bork/*Lüke* § 85 Rn. 72; MüKoInsO/*Schumacher* § 85 Rn. 24; unklar BGHZ 163, 32 = NZI 2005, 387, wonach bereits eine Freigabe durch den Insolvenzverwalter zu dem Ende der Verfahrensunterbrechung führen soll). Der Schuldner trägt bei einer Aufnahme das eigene Kostenrisiko. Im Falle einer erfolgreichen Klage steht der Erlös dem Schuldner zu; der Prozessgegner kann seinen Kostenerstattungsanspruch ausschließlich gegen den Schuldner geltend machen. Bei einer **Eigenverwaltung** stellt die Ablehnung der Verfahrensaufnahme durch den Schuldner zugleich eine Klagerücknahme dar (Kübler/Prütting/Bork/*Lüke* § 85 Rn. 68; HambK-InsO/*Kuleisa* § 85 Rn. 25; aA Kübler/Prütting/Bork/*Pape* § 283 Rn. 9: Möglichkeit der Aufnahme des Rechtsstreits durch den Prozessgegner). Im Falle der **Ablehnung eines Nachlassinsolvenzverfahrens** kann der Rechtsstreit vom oder gegen den Erben aufgenommen werden (Uhlenbruck/*Mock* § 85 Rn. 97); der Erbe kann die ihm entstandenen notwendigen Aufwendungen als Masseverbindlichkeit verfolgen (§ 324 Abs. 1 Nr. 1 InsO iVm § 1978 Abs. 3 BGB).

54 Str. ist die Wirkung der Ablehnung der Prozessaufnahme bei einem Insolvenzverfahren über das **Vermögen einer juristischen Person** oder **Gesellschaft ohne Rechtspersönlichkeit.** Nach der zutreffenden hM (BGHZ 163, 34 = NZI 2005, 387; BGH ZInsO 2006, 260; NJW-RR 2006, 989 = NZI 2006, 293; NJW-RR 2007, 845 = NZI 2007, 173; HK-InsO/*Kayser* § 85 Rn. 63; Kübler/Prütting/Bork/*Lüke* § 85 Rn. 70 f.; MüKoInsO/*Schumacher* § 85 Rn. 26; HambK-InsO/*Kuleisa* § 85 Rn. 28; Wimmer/*Wimmer-Amend* § 85 Rn. 56; aA OLG Karlsruhe ZInsO 2003, 768) ist der Insolvenzverwalter auch insoweit zur Ablehnung der Verfahrensaufnahme berechtigt, um die Masse von dem mit einem aussichtslosen Prozess verbundenen Kostenrisiko zu entlasten. Die Ablehnung führt zu einer Freigabe des Prozessgegenstandes. Der Rechtsstreit kann durch die

verfassungsmäßige Organe der juristischen Person oder Gesellschaft ohne Rechtspersönlichkeit fortgesetzt werden. Bei einer erfolgreichen Klage fällt der Erlös nicht in die Insolvenzmasse (HK-InsO/*Kayser* § 85 Rn. 63).

Nach **anderer Ansicht** besteht diese Möglichkeit nicht (OLG Karlsruhe ZInsO 2003, 768). Ein Verband könne wegen der Vollliquidation kein insolvenzfreies Vermögen haben. Damit bestehe für den Insolvenzverwalter keine Möglichkeit der Ablehnung eines Aktivprozesses sowie der Freigabe. Vielmehr sei das Verfahren analog § 241 ZPO fortzusetzen, wenn der Insolvenzverwalter dem Gericht seine Bestellung anzeige oder der Prozessgegner die Absicht habe, den Rechtsstreit fortzusetzen. Zudem könne der Insolvenzverwalter die Klage zurücknehme oder ein Verzichtsurteil gegen sich ergehen lassen, mit der Folge, dass der Prozessgegner seine Kosten nur als Insolvenzforderung geltend machen könne (*Karsten Schmidt* KTS 1994, 309 [317 f.]). 55

c) Kosten des Verfahrens. Lehnt der Insolvenzverwalter die Verfahrensaufnahme ab, so können die Prozesskosten nicht als Masseverbindlichkeit geltend gemacht werden. Nimmt der Schuldner den Rechtsstreit auf, so haftet er nach der zutreffenden hM wegen des Grundsatzes der **Einheitlichkeit der Kostenentscheidung** für sämtliche Verfahrenskosten, einschließlich der vor Verfahrenseröffnung entstandenen Kosten, mit seinem insolvenzfreien Vermögen als sog Neuschuld (Jaeger/*Windel* § 85 Rn. 147; Kübler/Prütting/Bork/*Lüke* § 85 Rn. 72; Uhlenbruck/*Mock* § 85 Rn. 177). Die Gegenansicht (HambK-InsO/*Kuleisa* § 85 Rn. 29; MüKoInsO/*Schumacher* § 85 Rn. 30) differenziert nach dem Zeitpunkt der Entstehung der Kosten. Die vor der Eröffnung des Insolvenzverfahrens angefallenen Kosten sind Insolvenzforderungen. Für die danach begründeten Kosten haftet der Schuldner mit seinem insolvenzfreien Neuerwerb. 56

Aufnahme bestimmter Passivprozesse

86 (1) **Rechtsstreitigkeiten, die zur Zeit der Eröffnung des Insolvenzverfahrens gegen den Schuldner anhängig sind, können sowohl vom Insolvenzverwalter als auch vom Gegner aufgenommen werden, wenn sie betreffen:**

1. die Aussonderung eines Gegenstands aus der Insolvenzmasse,
2. die abgesonderte Befriedigung oder
3. eine Masseverbindlichkeit.

(2) **Erkennt der Verwalter den Anspruch sofort an, so kann der Gegner einen Anspruch auf Erstattung der Kosten des Rechtsstreits nur als Insolvenzgläubiger geltend machen.**

Schrifttum: *Ghassemi-Tabar/Delaveaux,* Kostenentscheidung bei Eröffnung des Insolvenzverfahrens über das Vermögen des beklagten Mieters zwischen An- und Rechtshängigkeit?, NZM 2011, 537; *Jäger,* Eröffnung eines Insolvenzverfahrens während eines Finanzgerichtsverfahrens, DStR 2008, 1272; *Leipold,* Insolvenz von Beteiligten während eines finanzgerichtlichen Verfahrens unter besonderer Berücksichtigung von Personengesellschaften, DStZ 2012, 103; *Paulus,* Vorsicht Falle – Wiederaufnahme eines durch ein Insolvenzverfahren unterbrochenen Prozesses, NJW 2010, 1633; *Ries,* Freigabe von Passivprozessen aus der Masse – zur Dispositivität der § 240 ZPO, § 87 InsO für den Insolvenzverwalter auch in Steuersachen, ZInsO 2013, 595; *Karsten Schmidt,* Unterlassungsprozesse in der Insolvenz: Debatte ohne Ende? – Nachlese zu BGHZ 185, 11 und zur Fortsetzung unterbrochener Rechtsstreitigkeiten, FS Schilken, 2015, 789; *Smid,* Zwangsvollstreckung und Passivprozess durch Sicherungsnehmer als Gläubiger und Kläger in der Insolvenz des Sicherungsnehmers, ZInsO 2001, 433; *Thole,* Zivilprozessuale Probleme des Absonderungsrechts aus § 110 VVG n. F. in der Insolvenz des Versicherungsnehmers, NZI 2011, 41.

Übersicht

I. Normzweck

1 § 86 entspricht mit sprachlichen Änderungen in Absatz 2 dem früheren § 11 KO und ergänzt § 85 hinsichtlich der Aufnahme bestimmter durch die Verfahrenseröffnung unterbrochener **Passivprozesse** durch den Insolvenzverwalter oder den Prozessgegner. Solche Verfahren können nach dem aus § 87 ersichtlichen allgemeinen Grundsatz während eines laufenden Insolvenzverfahrens grds. nicht fortgeführt werden. Daher beschränkt § 86 die Möglichkeit einer Verfahrensaufnahme auf die Fälle, in denen im Falle des Obsiegens ein Anspruch auf Aussonderung, Absonderung oder unmittelbar gegen die Masse besteht. Hierdurch soll im Interesse einer zügigen Durchführung des Insolvenzverfahrens eine schnelle Klärung dieser Ansprüche erreicht werden.

II. Anwendungsbereich

2 **1. Grundsatz.** § 86 betrifft die vor Verfahrenseröffnung eingeleiteten und nach § 240 ZPO **unterbrochenen** (dazu → § 85 Rn. 2 ff.) **Passivprozesse;** die Aufnahme eines Aktivprozesses richtet sich nach § 85. Entscheidend für Qualifikation eines Verfahrens als Passivprozess ist – wie bei § 85 – nicht die Parteirolle des Schuldners im Prozess (Kläger, Beklagter, Widerkläger oder Widerbeklagter), sondern ob die Insolvenzmasse auf der Grundlage des materiellen Rechts in Anspruch genommen wird (BGH NJW 1995, 1750; NJW-RR 2004, 925; ZIP 2005, 952). Maßgeblicher Zeitpunkt für die Einordnung ist die **Entscheidung über die Aufnahme** (vgl. → § 85 Rn. 37). Ein Passivprozess liegt bspw. vor, bei einer vor Eröffnung des Insolvenzverfahrens gegen ein Absonderungsrecht erhobenen Vollstreckungsgegenklage (BGH NJW 1973, 2065) oder bei einer vom Schuldner eingelegten negativen Feststellungsklage (Kübler/Prütting/Bork/*Lüke* § 86 Rn. 4; Uhlenbruck/*Mock* § 86 Rn. 3). Zur Abgrenzung zwischen Aktiv- und Passivprozess auch → § 85 Rn. 37 f.

3 § 86 erfasst nur einen **Teilungsmasse(gegen)streit,** wenn also bei einem Obsiegen des Klägers die Teilungsmasse unmittelbar gemindert wird (Kübler/Prütting/Bork/*Lüke* § 85 Rn. 2; MüKoInsO/*Schumacher* § 86 Rn. 1; Uhlenbruck/*Mock* § 86 Rn. 1). Gegenstand des Passivprozesses muss ein Aussonderungsrecht (dazu → Rn. 4 ff.), ein Absonderungsrecht (dazu → Rn. 7 f.) bzw. eine Masseverbindlichkeit (dazu → Rn. 9) sein. Dagegen richtet sich das weitere Vorgehen bei einer unterbrochenen **Schuldenmassestreitigkeit,** dies sind (sonstige) Streitigkeiten über die Passivseite des schuldnerischen Vermögens (Kübler/Prütting/Bork/*Lüke* § 86 Rn. 2), nach § 87. Besteht zwischen den Beteiligten Streit über die Massezugehörigkeit, ist die Auffassung des Gerichts maßgebend. Nimmt der Verwalter einen Prozess nach § 86 auf, welches nach Auffassung des Gerichts

das insolvenzfreie Vermögen betrifft, so ist die Aufnahme unzulässig (MüKoInsO/*Schumacher* § 86 Rn. 4).

2. Aussonderungsansprüche (Absatz 1 Nr. 1). Anwendung findet § 86 auf Verfahren, in denen ein Aussonderungsrecht verfolgt wird (Absatz 1 Nr. 1). Aussonderung (§§ 47, 48) ist die Geltendmachung der Nichtzugehörigkeit eines Gegenstandes zur Insolvenzmasse; sie ist Teil der Bereinigung der sog „Ist-Masse" zur sog „Sollmasse". Zum „Aussonderungsanspruch" siehe im Einzelnen die Erläuterungen zu → § 47 Rn. 11 ff. Eine Aufnahme eines Rechtsstreits nach Absatz 1 Nr. 1 kommt bspw. in Betracht bei Klagen des Eigentümers auf Herausgabe des Eigentums an beweglichen oder unbeweglichen Sachen (§ 985 BGB), sofern kein Sicherungseigentum geltend gemacht wird, bei Eigentumsfeststellungsklagen, bei Grundbuchberichtigungsklagen, bei Klagen auf Feststellung des Bestehens einer Dienstbarkeit, bei Klagen des Grundstückseigentümers auf Bewilligung der Löschung einer Hypothek (RGZ 86, 235 [240]), bei Klagen auf Feststellung eines persönlichen Herausgabe- bzw. Räumungsanspruchs, bei Klagen auf Feststellung der Inhaberschaft an einer Forderung, sofern diese sich nicht auf eine Sicherungsübereignung stützt, bei Klagen zwischen Kommissionär und Schuldner wegen Abtretung der Forderung aus dem ausgeführten Geschäft nach §§ 384, 392 HGB, bei Drittwiderspruchsklagen (§ 771 ZPO). 4

Streitig ist, inwieweit **wettbewerbsrechtliche Unterlassungsklagen** in den Anwendungsbereich des § 86 InsO fallen. Der BGH (NJW 1966, 51) hatte im Anschluss an die Rechtssprechung des RG (RGZ 134, 377 [379]) zunächst entschieden, dass es sich hierbei um einen Aktivprozess handele. Diese Rspr. hat der BGH für die gegen den Insolvenzverwalter gerichteten Unterlassungsklagen ausdrücklich aufgegeben (BGHZ 185, 11 = NZI 2010, 811) und sich der überwiegenden Meinung in der Literatur (Jaeger/*Windel* § 86 Rn. 13; MüKoInsO/*Schumacher* § 86 Rn. 15; *Karsten Schmidt* ZZP 90 (1977), 38 [45 ff.]; *Stürner* ZZP 94 (1984), 263, 306 ff.; Uhlenbruck/*Mock* § 86 Rn. 9) angeschlossen und einen gegen den Schuldner gerichteten wettbewerblichen Unterlassungsstreit als Passivprozess eingeordnet (s. dazu auch *Karsten Schmidt* FS Gerhardt, 2004, 903 [919 ff.]; *ders.* FS Schilken, 2015, 793 ff.). Unterschiedlich wird weiterhin in Rspr. und Literatur die Frage beantwortet, nach welcher Vorschrift die Verfahrensaufnahme erfolgt. Teilw. wird eine (entsprechende) Anwendung des **§ 86 Abs. 1 Nr. 1** bejaht (BGH NZI 2014, 690; OLG Köln ZIP 2008, 518; *Karsten Schmidt* ZZP 90 (1977), 38 [49 f.]; Ahrens/Gehrlein/Ringstmeier/*Piekenbrock* § 86 Rn. 5; MüKoInsO/*Schumacher* § 86 Rn. 7, 15 für die Verletzung gewerblicher Schutzrechte); teilw. wird die Aufnahme auf eine (entsprechende) Anwendung des **§ 86 Abs. 1 Nr. 3** gestützt (BGHZ 185, 11 = NZI 2010, 811; Jaeger/*Windel* § 86 Rn. 13; MüKoInsO/*Schumacher* § 86 Rn. 7, 15, soweit allgemeine Handlungspflichten betroffen sind; diff. *Karsten Schmidt* FS Schilken, 2015, 793 [800], nach der Rechtsqualität des Unterlassungsanspruchs bzw. der Belastung der Masse; sa *ders.* FS Köhler, 2014, 631 [641 ff.]). Ein **Patentnichtigkeitsverfahren** betrifft einen Aussonderungsanspruch iSv § 86 Abs. 1 Nr. 1 (BPatG ZInsO 2012, 1090; BGH NZI 2014, 690). 5

Umstr. ist ebenfalls, ob **insolvenzrechtliche Rückgewähransprüche** in den Anwendungsbereich des § 86 fallen. Nach der schuldrechtlichen Theorie (BGHZ 71, 296 [302] = NJW 1978, 1525; 101, 286 [288] = NJW 1987, 2821; NZI 2007, 42; 2007, 452) gewährt § 143 nur einen schuldrechtlichen Verschaffungsanspruch; entsprechend ging die frühere hM von der Anwendung des § 87 aus (BGHZ 22, 128 = WM 1956, 1538; 71, 16 = NJW 1978, 1326). Die in Literatur teilw. vertretene haftungsrechtliche Theorie (Graf-Schlicker/*Scherer* § 86 Rn. 3; Kübler/Prütting/Bork/*Lüke* § 86 Rn. 10; *Gerhardt* ZIP 2004, 1675 [1677 f.]), wendet § 86 auf den Rückgewähranspruch an. Der BGH bejaht nunmehr, unabhängig 6 von der Frage, ob der Anfechtungsanspruch als obligatorischen Anfechtungsanspruch zu verstehen ist, ebenfalls ein Aussonderungsrecht (BGHZ 156, 350 = NZI 2004, 78; 178, 171 = NZI 2009, 45; BGH NJW-RR 2009, 1563 = NZI 2009, 429; so auch HK-InsO/*Kayser* § 86 Rn. 9).

7 **3. Absonderungsansprüche (Absatz 1 Nr. 2).** § 86 findet nach Absatz 1 Nr. 2 Anwendung auf Verfahren, in denen eine abgesonderte Befriedigung geltend gemacht wird. Die Absonderung gewährt dem Inhaber ein Recht auf vorzugsweise Befriedigung aus einem zur Masse gehörigen Gegenstand. Die Absonderungsansprüche ergeben sich aus §§ 49 ff. Insoweit kommen Klagen auf Duldung der Zwangsvollstreckung in ein mit einem Grundpfandrecht belastetes Grundstück, Vorzugsklagen nach § 805 ZPO (BGH NZI 2013, 886 Rn. 12), Widerspruchsklagen gem. § 115 Abs. 3 ZVG, Vollstreckungsabwehrklagen (§ 767 ZPO) des Schuldners gegen einen Absonderungsanspruch (BGH NJW 1973, 2065) in Betracht. Möglich sind auch Herausgabeklagen hinsichtlich sicherungsübereigneter oder verpfändeter Sachen. Soweit dem Insolvenzverwalter ein Verwertungsrecht nach §§ 166 ff. InsO zusteht, scheidet eine Herausgabeklage aus; der Rechtsstreit ist in der Hauptsache für erledigt zu erklärt oder der Klageantrag ist auf Feststellung des Absonderungsrechts umzustellen (HK-InsO/*Kayser* § 86 Rn. 15; Kübler/Prütting/Bork/*Lüke* § 86 Rn. 11b; MüKoInsO/*Schumacher* § 86 Rn. 9; Uhlenbruck/*Mock* § 86 Rn. 14; aA *Smid* ZInsO 2001, 433 [440]: Umstellung auf Auskehrung des Erlöses; so auch HambK-InsO/*Kuleisa* § 86 Rn. 10 für den Fall, dass das Sicherungsgut bereits verwertet wurde).

8 **Entsprechende Anwendung** findet Absatz 1 Nr. 2 bei einer gegen den Erben gerichteten durch die Eröffnung des Insolvenzverfahrens unterbrochenen Klage auf Pflichtteilserfüllung, sofern Testamentsvollstreckung angeordnet ist. In diesem Fall handelt es sich letztlich um einen die Teilungsmasse betreffenden Passivprozess und es besteht eine vergleichbare Situation, wie bei einem Absonderungsrecht, da die Zahlungspflicht auf den vom Testamentsvollstrecker verwalteten Nachlass zu beschränken ist (BGHZ 167, 352 = NZI 2006, 461; OLG Köln NZI 2005, 601). Gleiches gilt für das **Absonderungsrecht des § 110 VVG** im Falle der Eröffnung des Insolvenzverfahrens über das Vermögen des Versicherungsnehmers (BGH NZI 2013, 886).

9 **4. Masseverbindlichkeiten (Absatz 1 Nr. 3).** Absatz 1 Nr. 3 erfasst Verfahren, die Masseverbindlichkeiten iSv §§ 53 ff. betreffen. Der Anwendungsbereich dieser Regelung ist eingeschränkt, da die bei Eröffnung des Insolvenzverfahrens anhängigen Rechtsstreitigkeiten nur in seltenen Fällen Masseverbindlichkeiten betreffen. Daher kommt keine Anwendung der Vorschrift auf die Verbindlichkeiten nach § 55 Abs. 1 Nr. 1 oder Nr. 3 in Betracht. Möglich sind Fälle des **§ 55 Abs. 2,** wenn der vorläufige „starke" Insolvenzverwalter entsprechende Verbindlichkeiten begründet. Insoweit tritt mit der Verfahrenseröffnung eine Unterbrechung des vom oder gegen den vorläufigen Insolvenzverwalter geführten Rechtsstreits ein (→ Rn. 10 sowie → § 85 Rn. 38; aA Jaeger/*Windel* § 86 Rn. 12; MüKoInsO/*Schumacher* § 86 Rn. 13). Anwendbar ist die Vorschrift auf Fälle des **§ 55 Abs. 4** hinsichtlich der Verbindlichkeiten des Insolvenzschuldners aus Steuerschuldverhältnissen, die von einem vorläufigen Insolvenzverwalter oder vom Schuldner mit Zustimmung des vorläufigen Insolvenzverwalters begründet worden sind. Gleiches gilt für **Ansprüche** gem. §§ 103 Abs. 1, 55 Abs. 1 Nr. 2 **aus gegenseitigen Verträgen,** sofern der Insolvenzverwalter die Erfüllung wählt (Kübler/Prütting/Bork/*Lüke* § 86 Rn. 13; MüKoInsO/*Schumacher* § 86 Rn. 11; Uhlenbruck/*Mock* § 86 Rn. 17). Im Falle einer teilbaren Leistung iSd § 105 Abs. 1, kann der Rechtsstreit nur hinsichtlich desjenigen Anspruchs aufgenommen werden, welcher durch das Erfüllungsverlangen Masseverbindlichkeit geworden ist; iÜ ist der Anspruch als Insolvenzforderung durch Anmeldung zur Tabelle

zu verfolgen (Kreft/*Kayser* § 86 Rn. 12; MüKoInsO/*Schumacher* § 86 Rn. 12). Masseverbindlichkeiten sind auch Ansprüche aus unvertretbaren Handlungen, die sich auf die Masse beziehen und vom Insolvenzverwalter zu erfüllen sind (MüKoInsO/*Schumacher* § 86 Rn. 16; Uhlenbruck/*Mock* § 86 Rn. 17). Absatz 1 Nr. 3 kann ebenfalls bei einer Feststellungsklage des Vermieters bzw. Arbeitnehmers auf Zahlung künftiger Mieten bzw. künftigen Arbeitsentgelts in Betracht kommen (LAG BW ZInsO 2003, 100).

III. Aufnahme des Verfahrens

Passivprozesse können sowohl vom **Insolvenzverwalter** als auch vom **Prozessgegner** ohne Einhaltung einer Frist aufgenommen werden; nicht indes vom Schuldner, da diesem die Prozessführungsbefugnis fehlt (Jaeger/*Windel* § 86 Rn. 21; MüKoInsO/*Schumacher* § 86 Rn. 19; Uhlenbruck/*Mock* § 86 Rn. 21). Im Eröffnungsverfahren ist der **vorläufige „starke" Insolvenzverwalter** zur Aufnahme berechtigt (§ 24 Abs. 2 iVm § 86). Ein insoweit aufgenommenes Verfahren wird mit Eröffnung des Insolvenzverfahrens **erneut unterbrochen** (vgl. auch → § 85 Rn. 38), da dem endgültigen Insolvenzverwalter insoweit ein eigenständiges Wahlrecht zusteht (HambK-InsO/*Kuleisa* § 86 Rn. 6; HK-InsO/*Kayser* § 86 Rn. 13; Kübler/Prütting/Bork/*Lüke* § 86 Rn. 6; Uhlenbruck/*Mock* § 86 Rn. 2; aA MüKoInsO/*Schumacher* § 86 Rn. 18, der eine Reduktion des Anwendungsbereichs des § 86 auf § 240 S. 1 ZPO annimmt; so auch Jaeger/*Windel* § 86 Rn. 12). § 240 S. 2 ZPO findet entsprechende Anwendung, soweit dem vorläufigen „schwachen" Insolvenzverwalter zur Begründung bestimmter Masseverbindlichkeiten iSv § 55 Abs. 2 ermächtigt worden ist (Jaeger/*Windel* § 86 Rn. 12; Uhlenbruck/*Mock* § 86 Rn. 2); iÜ ist § 240 S. 2 ZPO auf den vorläufigen schwachen Insolvenzverwalter unanwendbar (BGH NZI 1999, 363; 2006, 543). Im Falle der Anordnung der **Eigenverwaltung** sind der Schuldner sowie der Prozessgegner zur Aufnahme berechtigt, nicht hingegen der Sachwalter. 10

Im Fall einer **Freigabe des Streitgegenstandes** durch den Insolvenzverwalter (vgl. dazu → § 35 Rn. 37 ff.) **vor Aufnahme des Rechtsstreits** kann der (unterbrochene) Prozess zwischen den Schuldner und dem Prozessgegner fortgesetzt werden. Erforderlich ist eine Verfahrensaufnahme, hierzu ist auch der Schuldner berechtigt (BGH NJW 1973, 2065; Jaeger/*Windel* § 86 Rn. 22; Uhlenbruck/*Mock* § 86 Rn. 22). Allein eine treuhänderische Ermächtigung zur Prozessführung oder sonstige Prozessstandschaft des Schuldners soll nicht genügen (BGH NJW 1973, 2065; Uhlenbruck/*Mock* § 86 Rn. 22). Dagegen spricht, dass eine Ermächtigung zur Prozessführung im Falle eines schutzwürdigen Interesses des Schuldners an der Prozessführung möglich ist (vgl. → § 80 Rn. 44). Bei einer Freigabe des streitbefangenen Vermögensgegenstands **nach Aufnahme des Rechtsstreits** tritt nach der hier vertretenen Auffassung ein Parteiwechsel ein (→ § 80 Rn. 5). 11

Die Aufnahme durch den Insolvenzverwalter steht im **pflichtgemäßen Ermessen.** IRd Abwägung hat er die Risiken und Chancen der Prozessfortführung zu prüfen. Bei der Aufnahme eines Rechtsstreits mit erheblichem Streitwert hat er die Zustimmung des Gläubigerausschusses bzw. der Gläubigerversammlung einzuholen (§ 160 Abs. 1 iVm Abs. 2 Nr. 3). Die fehlende Einholung der Zustimmung hat indes im Außenverhältnis auf die Wirksamkeit der Aufnahme keine Auswirkungen (§ 164). Der Prozessgegner muss nicht die Entscheidung des Insolvenzverwalters abwarten, sondern kann jederzeit die Aufnahme erklären. Eine Aufnahme des Verfahrens, welches eine Masseverbindlichkeit nach § 55 Abs. 1 Nr. 2 Alt. 1 betrifft, ist erst im Falle der Erfüllungswahl durch den Insolvenzverwalter möglich (MüKoInsO/*Schumacher* § 86 Rn. 11); bei einer unter einfachen Eigentumsvorbehalt an den Schuldner veräußerten beweglichen Sache muss mit der Verfahrensaufnahme der Berichtstermin abgewartet werden, wenn 12 der Insolvenzverwalter nicht vorher sein Wahlrecht nach § 103 Abs. 2 S. 2 ausgeübt hat (vgl. § 107 Abs. 2 S. 1).

13 Die Aufnahme des Rechtsstreits erfolgt durch **Einreichung und Zustellung eines Schriftsatzes** an den jeweiligen Prozessgegner (§ 250 ZPO). Der Schriftsatz ist bei dem Gericht einzureichen, bei dem der Rechtsstreit unterbrochen worden ist; im Falle der Unterbrechung zwischen den Instanzen, kann eine Aufnahme mit der Einlegung des Rechtsmittels bei dem Rechtsmittelgericht erfolgen (BGHZ 36, 258 = NJW 1962, 589; 111, 104 = NJW 1990, 1854; Zöller/*Greger* § 250 Rn. 5). Die Zustellung der Aufnahmeerklärung des Gläubigers hat an den Insolvenzverwalter und nicht an den Schuldner bzw. dessen Prozessbevollmächtigten zu erfolgen, da die Prozessvollmacht gem. § 117 Abs. 1 erloschen ist (BGH NJW-RR 1989, 183; OLG Brandenburg NJW-RR 2002, 265). Zudem reicht eine Aufnahme durch schlüssiges Verhalten aus (vgl. → § 85 Rn. 42), bspw. durch eine mündliche Verhandlung zur Sache. Mit der Verfahrensaufnahme endet die Unterbrechung. Hinsichtlich der **weiteren Wirkungen** siehe die Erläuterungen zu → § 85 Rn. 43 ff.

IV. Kosten des Verfahrens

14 **1. Grundsatz.** Die Kostens des aufgenommenen Rechtsstreits hat die jeweils unterliegende Partei zu tragen (§§ 91 ff. ZPO). Obsiegt der Insolvenzverwalter, so steht der Kostenerstattungsanspruch der Insolvenzmasse zu. Im Falle seines Unterliegens stellen die Kosten des Verfahrens einschließlich des Kostenerstattungsanspruchs des Prozessgegners Masseverbindlichkeiten iSd § 55 Abs. 1 Nr. 1 InsO dar. Nach der zutreffenden hM wird hierbei nicht zwischen den vor und den nach Eröffnung des Insolvenzverfahrens entstandenen Kosten unterschieden (BGH NJW-RR 2007, 397 = NZI 2007, 101; OLG Koblenz ZIP 2009, 783; HK-InsO/*Kayser* § 86 Rn. 20); zu den weiteren Einzelheiten → § 85 Rn. 45. Erkennt der Insolvenzverwalter den Anspruch sofort an und befindet sich der Prozess zum Zeitpunkt der Aufnahme noch in einem Stadium, in dem noch ein **sofortiges Anerkenntnis nach § 93 ZPO** abgegeben werden kann, so hat der Prozessgegner die Kosten des Verfahrens zu tragen (BGH NJW-RR 2007, 397 = NZI 2007, 104; OLG Frankfurt NJW-RR 2006, 418; Jaeger/*Windel* § 86 Rn. 33; Kübler/Prütting/Bork/*Lüke* § 86 Rn. 20; MüKoInsO/*Schumacher* § 86 Rn. 22); insoweit liegt kein Fall des Absatz 2 vor. Zur Kostentragung bei Freigabe → § 85 Rn. 56).

15 **2. Sofortiges Anerkenntnis (Absatz 2).** Bestand zum Zeitpunkt der Unterbrechung nicht mehr die Möglichkeit eines sofortigen Anerkenntnisses iSd § 93 ZPO, dann kann der Insolvenzverwalter nach Absatz 2 durch ein **sofortiges Anerkenntnis nach Aufnahme des Rechtsstreits** erreichen, dass die Kosten des Prozessgegners nicht der Insolvenzmasse zur Last fallen. In diesem Falle besteht für den Gegner nur die Möglichkeit, seine Kosten als Insolvenzforderung (§ 38) geltend zu machen, wobei es sich nicht um eine nachrangige Forderung iSd § 39 Abs. 1 Nr. 2 handelt. Ob ein Anerkenntnis sofort iSd Absatz 2 erfolgt, richtet sich nach den für § 93 ZPO aufgestellten Grundsätzen. Läuft mit der Aufnahme des Verfahrens (erneut) eine Frist nach § 276 Abs. 1 S. 1 ZPO, so liegt ein sofortiges Anerkenntnis vor, wenn dieses innerhalb dieser Frist abgegeben wird (Jaeger/*Windel* § 86 Rn. 32); wird insoweit eine begründete Prozessrüge erhoben, reicht noch ein in der Hauptverhandlung erklärtes Anerkenntnis (RGZ 137, 71 [73]; Jaeger/*Windel* § 86 Rn. 32). Ansonsten muss der Insolvenzverwalter das Anerkenntnis spätestens in der nächsten mündlichen Verhandlung nach der Aufnahme des Verfahrens vor dem zuständigen Gericht erklären. Absatz 2 gilt nicht für Klagen, die erstmals nach Eröffnung des Insolvenzverfahrens erhoben werden (Uhlenbruck/*Mock* § 86 Rn. 36).

Forderungen der Insolvenzgläubiger

87 Die Insolvenzgläubiger können ihre Forderungen nur nach den Vorschriften über das Insolvenzverfahren verfolgen.

Schrifttum: *Birkenhauer,* Probleme der Nichtteilnahme am und im Insolvenzverfahren, 2002; *Pape,* Unzulässigkeit von Neugläubigerklagen gegen den Schuldner?, ZInsO 2002, 917; *Ries,* Freigabe von Passivprozessen aus der Masse – zur Dispositivität der § 240 ZPO, § 87 InsO für den Insolvenzverwalter auch in Steuersachen, ZInsO 2013, 595.

Übersicht

I. Normzweck

1 Die Vorschrift sichert im Zusammenhang mit den Regelungen in den §§ 81 f., 84 Abs. 2, 88 f., 91 ff., 96, 129 ff., 174 ff., 187 ff. das vorrangige Verfahrensziel der Insolvenzordnung, nämlich die **gemeinschaftliche sowie gleichmäßige Befriedigung** aller Gläubiger (§ 1). Daneben enthält die Regelung eine Art Moratorium, in dem die Rechtsverfolgung gegen den Schuldner während der Dauer des Insolvenzverfahrens auf das beschlagsfreie Vermögen beschränkt wird (Jaeger/*Windel* § 87 Rn. 1). Es wird sinngemäß die frühere Regelung in § 12 KO übernommen, wobei der Gesetzgeber die dort vorhandene Beschränkung auf „Sicherstellung oder Befriedigung" einer Forderung aus der Konkursmasse ausdrücklich aufgegeben hat (Begründung RegE, Kübler/Prütting, Bd. I, S. 265). Ab Eröffnung des Insolvenzverfahrens können die Insolvenzgläubiger ihre Insolvenzforderungen nur noch innerhalb des laufenden Insolvenzverfahrens mit den durch die Insolvenzordnung nach §§ 174 ff. vorgegebenen Möglichkeiten, nämlich durch Anmeldung der Forderung zur Insolvenztabelle bzw. durch Erhebung einer Feststellungsklage verfolgen; daneben scheidet ein gesondertes Klageverfahren zur Erlangung eines Titels aus (BGH NZI 2010, 223).

II. Geltungsbereich

2 **1. Gegenständlicher Anwendungsbereich.** Von § 87 erfasst werden **alle Insolvenzgläubiger** (§ 38) und zwar unabhängig davon, ob diese von der Verfahrenseröffnung überhaupt Kenntnis besitzen. Auch für Insolvenzgläubiger, die eine Forderung aus vorsätzlich begangener unerlaubter Handlung iSd § 302 Nr. 1 besitzen, gilt die Einschränkung des § 87. Diese müssen ihre Forderung ebenfalls unter Angaben der Tatsachen, aus denen sich nach ihrer Einschätzung die vorsätzlich begangene unerlaubte Handlung ergibt, entsprechend zur Tabelle anmelden (§ 174 Abs. 2). Soweit der Insolvenzgläubiger der Auffassung ist, die Tabelle sei hinsichtlich der Tatsachen, aus denen sich eine vorsätzlich begangene unerlaub-

te Handlung des Schuldners ergebe, lückenhaft, muss er diesen Rechtsgrund außerhalb des Insolvenzverfahrens gegen den Schuldner im Klagewege verfolgen (BGH NJW-RR 2008, 1072 = NZI 2008, 250). § 87 gilt auch für **nachrangige Insolvenzgläubiger** (Jaeger/*Windel* § 87 Rn. 3; HK-InsO/*Kayser* § 87 Rn. 3; MüKoInsO/*Breuer* § 87 Rn. 1, 9); ebenso im Falle der Anordnung der **Eigenverwaltung** (HambK-InsO/*Kuleisa* § 87 Rn. 1; Uhlenbruck/*Mock* § 87 Rn. 5). Die Durchsetzungssperre des § 87 erfasst nicht Ansprüche, die erst nach Eröffnung des Insolvenzverfahrens entstanden sind (BGH NJW-RR 2012, 1465; OLG Celle NZI 2003, 201; Jaeger/*Windel* § 87 Rn. 6; Uhlenbruck/*Mock* § 87 Rn. 8).

3 § 87 enthält eine abschließende Regelung und lässt die Geltendmachung einer Insolvenzforderung gegen die Insolvenzmasse **(Schuldenmassestreit)** nur nach den Vorschriften des Insolvenzrechts und damit im Wege der Forderungsanmeldung (§§ 174 ff.) zu. Erst nach Erhebung eines Widerspruchs im Prüfungstermin kann die Forderung im Wege eines neuen oder der Aufnahme eines unterbrochenen (§ 240 ZPO) Prozesses (vgl. dazu → Rn. 9 f.) bzw. Verwaltungsverfahrens (vgl. dazu → Rn. 11 ff.) verfolgt werden. Der Anwendungsbereich des § 87 umfasst alle Insolvenzforderungen, einschließlich der nachrangigen Insolvenzforderungen (§ 39). Erfasst werden auch Sicherstellungsansprüche (HK-InsO/*Kayser* § 87 Rn. 5; MüKoInsO/*Breuer* § 87 Rn. 11). Daher kann der Insolvenzverwalter die Bestellung einer geschuldeten Sicherheit verweigern, ohne arglistig zu handeln (HambK-InsO/*Kuleisa* § 87 Rn. 4; MüKoInsO/*Breuer* § 87 Rn. 11; Nerlich/Römermann/*Wittkowski/Kruth* § 87 Rn. 12; Uhlenbruck/*Mock* § 87 Rn. 6).

4 Die Vorschrift findet ebenfalls Anwendung auf Insolvenzgläubiger mit **öffentlich-rechtlichen Insolvenzforderungen** (Finanzämter, Verwaltungsbehörden etc). Diese dürfen während eines eröffneten Insolvenzverfahrens hinsichtlich der von § 87 erfassten Forderungen keine Leistungs-, Haftungs-, Feststellungs- oder Festsetzungsbescheide erlassen (zu den Einzelheiten → Rn. 11 ff.). Wird die **Grundlage einer Beitragspflicht** erst während eines laufenden Insolvenzverfahrens geschaffen, zB durch Erlass einer wirksamen Beitragssatzung, so liegt keine Insolvenzforderung sondern eine Masseverbindlichkeit vor; ein entsprechender Beitragsbescheid nach Verfahrenseröffnung erlassen werden kann (VGH München BayVBl 2008, 244 betr. eine kommunale Entwässerungsanlage; OVG Thüringen DZWIR 2007, 288 betr. die Geltendmachung eines Straßenausbaubeitrags).

5 **Unanwendbar ist § 87** auf die gerichtliche Geltendmachung von Masseverbindlichkeiten (vgl. § 86 Abs. 1 Nr. 3), auf Aussonderungsansprüche (BGH NJW-RR 2005, 241= NZI 2005, 108) sowie auf Rechtsstreitigkeiten von Neugläubigern (OLG Celle NZI 2003, 201; Jaeger/*Windel* § 87 Rn. 6; Uhlenbruck/*Mock* § 87 Rn. 8). Bei absonderungsberechtigten Gläubiger gilt § 87 nur für persönliche Forderungen, nicht für Ansprüche auf abgesonderte Befriedigung; es ist aber das gesetzliche Verwertungsrecht des Insolvenzverwalters (§§ 166 ff.) zu beachten. Soweit der Schuldner einem Aussonderungsberechtigten persönlich haftet, findet § 87 Anwendung (Jaeger/*Windel* § 87 Rn. 4). Unanwendbar ist diese Vorschrift bei Ansprüchen, die sich gegen den Schuldner **höchstpersönlich** richten und nicht massebezogen sind; zB Erteilung einer Auskunft durch den Schuldner persönlich oder persönliche Unterlassungsansprüche (Uhlenbruck/*Mock* § 87 Rn. 10).

6 § 87 schließt für einen Insolvenzgläubiger nicht die Möglichkeit aus, während eines laufenden Insolvenzverfahrens gegen **mithaftende Dritte** vorzugehen, die für die Verbindlichkeiten des Insolvenzschuldners persönlich oder dinglich haften. Daher kann wegen der dinglichen Haftung gegen den Erwerber eines Grundstücks wegen rückständiger Kommunalabgaben des Insolvenzschuldners ein Duldungsbescheid erlassen werden; unerheblich ist, dass die Insolvenzgläubigerin die Forderung im Insolvenzverfahren angemeldet hat (OVG Saarlouis NJW 2008, 250). Zudem darf der Schuldner auch während des eröffneten Insolvenzverfahrens

aus seinem insolvenzfreien Vermögen einzelne Insolvenzgläubiger befriedigen (BGH NZI 2010, 223).

2. Zeitlicher Anwendungsbereich. § 87 gilt nur für das **eröffnete Insolvenzverfahren;** mangels ausdrücklicher Verweisung in § 24 kommt eine Anwendung im Eröffnungsverfahren nicht in Betracht. Insoweit können die Insolvenzgläubiger ihre Ansprüche weiter verfolgen, sofern keine Einschränkungen aufgrund angeordneter Sicherungsmaßnahmen bestehen; bei der Anordnung eines allgemeinen Verfügungsverbots und Bestellung eines vorläufigen „starken" Insolvenzverwalters tritt eine Unterbrechung nach § 240 S. 2 ZPO ein. Etwaige Leistungen können nach Verfahrenseröffnung der Insolvenzanfechtung (§§ 129 ff.) unterliegen. Das Verbot der Geltendmachung von Forderungen außerhalb des Insolvenzverfahrens gilt bis zur Aufhebung des Verfahrens nach § 200 oder dessen Einstellung gem. §§ 207 ff. Ab diesem Zeitpunkt sind die Insolvenzgläubiger grds. berechtigt, ihre Forderungen gegen den Schuldner wieder ohne Beschränkungen geltend machen. 7

Eine Einschränkung besteht im Falle der **Restschuldbefreiung.** Insoweit dürfen die Insolvenzgläubiger nach Aufhebung des Insolvenzverfahrens **während der Wohlverhaltensperiode** nicht in das Vermögen des Schuldners vollstrecken (§ 294 Abs. 1). Zulässig sind indes Maßnahmen, die die Vollstreckung vorbereiten. Die Gläubiger können die Titulierung ihrer Forderungen klageweise verfolgen (OLG Brandenburg 12.12.2007 – 3 U 82/07; OLG Zweibrücken ZInsO 2015, 597; LG Arnsberg NZI 2004, 515; HambK-InsO/*Streck* § 294 Rn. 7). Ebenfalls kann die Erteilung einer vollstreckbaren Ausfertigung des Tabellenauszuges verlangt werden (LG Göttingen NZI 2005, 689; LG Leipzig NZI 2006, 603; Uhlenbruck/*Mock* § 87 Rn. 4; aA HambK-InsO/*Streck* § 294 Rn. 7); die Zwangsvollstreckung aus dem Tabellenauszug ist indes ausgeschlossen (§§ 201 Abs. 1, Abs. 3); § 87 ist nicht einschlägig. 8

III. Rechtsfolgen

1. Verfahren gegen die Insolvenzmasse. a) Zivilrechtliche Rechtsverfolgung. Die Vorschrift gilt für das **Erkenntnisverfahren** und nicht für das Zwangsvollstreckungsverfahren; insoweit enthält § 89 eine gesonderte Regelung (HK-InsO/*Kayser* § 87 Rn. 6). Unzulässig sind zB Mahnverfahren, Klageverfahren einschließlich der Erhebung der Widerklage, Schiedsgerichtsverfahren. Rechtsweg, Prozessart oder die Art der Klage sind unerheblich; so wird auch eine die Insolvenzmasse betreffende Feststellungsklage erfasst (BGH NJW-RR 2004, 1050 = NZI 2004, 214); ebenso ist das Verfahrensstadium ohne Bedeutung; ausgeschlossen sind verfahrenseinleitende Anträge und Prozessaufnahmen ohne Beachtung des § 86. Unerheblich ist, dass der Insolvenzgläubiger aufgrund eines vorläufig vollstreckbaren Titels zum Zwecke der Vollstreckungsabwehr bereits eine Zahlung erlangt hat (Kübler/Prütting/Bork/*Lüke* § 87 Rn. 10; Uhlenbruck/*Mock* § 87 Rn. 7). 9

Das Erfordernis des insolvenzrechtlichen Feststellungsverfahrens ist nicht abdingbar. Es handelt sich sowohl im Falle einer neu erhobenen Feststellungsklage (BGH NZI 2002, 37; NJW-RR 2004, 1050 = NZI 2004, 214; NJW-RR 2009, 772 = NZI 2009, 242; NJW-RR 2014, 1270 = NZI 2014, 749) als auch bei der Aufnahme eines unterbrochenen Rechtsstreits (BGH NJW 1962, 153; NJW-RR 2000, 1156 = NZI 2000, 259; NJW-RR 2014, 1270 = NZI 2014, 749) um eine zwingende Sachurteilsvoraussetzung. Daher kann der Gläubiger einen wegen einer Insolvenzforderung geführten und durch die Eröffnung des Insolvenzverfahrens unterbrochen Rechtsstreit erst aufnehmen, wenn die Forderung im Insolvenzverfahren angemeldet, geprüft und bestritten geblieben ist (BGH NJW-RR 10

2014, 1270 = NZI 2014, 749). Eine ohne vorhergehende Tabellenanmeldung unmittelbar gegen die Insolvenzmasse bzw. den Insolvenzverwalter erhobene (neue) Klage ist von Amts wegen **ohne Sachprüfung als unzulässig zu verwerfen;** Anmeldung und Prüfung der Forderung sind insoweit notwendige Prozessvoraussetzung. Der Erhebung einer neuen (weiteren) Klage steht die Rechtshängigkeit des unterbrochenen Prozesses entgegen (Jaeger/*Windel* § 87 Rn. 8). Auf die Einhaltung dieser Voraussetzungen können die Parteien nicht verzichten (BGH LM Nr. 1 zu § 146 KO). Die Aufnahme eines unterbrochenen Prozess ohne Beachtung der §§ 174 ff. ist unzulässig (BGH NJW-RR 2005, 241 = NZI 2005, 108).

11 **b) Öffentlich-rechtliche Insolvenzforderungen.** § 87 schließt für das eröffnete Insolvenzverfahren hinsichtlich einer **öffentlich-rechtlichen Insolvenzforderung** den Erlass eines Verwaltungsaktes oder eines Leistungs-, Haftungs-, Feststellungs- oder Festsetzungsbescheid gegen die Insolvenzmasse aus (zB BVerwG NJW 2003, 3576 betr. Leistungsbescheide; BFHE 201, 392 = NJW 2003, 2335; BFH ZInsO 2012, 785 betr. Steuerbescheide; BFHE 207, 10 = NZG 2005, 94; BFH/NV 2011, 1202 betr. Bescheid eines Hauptzollamts; VGH München BayVBl 2008, 244 betr. öffentlich-rechtliche Abgabenschulden). Die entsprechenden Verfahren werden analog § 240 ZPO unterbrochen (Kübler/Prütting/Bork/*Lüke* § 87 Rn. 14; Nerlich/Römermann/*Wittkowski/Kruth* § 87 Rn. 11; Uhlenbruck/*Mock* § 87 Rn. 28; vgl. auch die Erläuterungen zu → § 85 Rn. 11); zu der Möglichkeit des Erlasses einer Widerrufsentscheidung durch die Verwaltungsbehörde s. OVG Magdeburg ZInsO 2012, 1731.

12 Dies gilt nach hM auch für Steuermessbescheide, obwohl diese nur eine Steuerfestsetzung vorbereiten (BFHE 183, 365 = NJW 1998, 630; Kübler/Prütting/Bork/*Lüke* § 87 Rn. 14; Nerlich/Römermann/*Wittkowski/Kruth* § 87 Rn. 11). Zulässig ist indes der Erlass eines Bescheides, in dem eine negative Umsatzsteuer oder ein Steuererstattungsbetrag festgesetzt wird; in diesem Falle steht dem Finanzamt keine Insolvenzforderung zu (BFHE 225, 278 = ZIP 2009, 1631). Hinsichtlich Steuerverbindlichkeiten, die gem. § 55 Abs. 2 zu Masseverbindlichkeiten werden, kommt eine Steuerfestsetzung gegen den Insolvenzverwalter in Betracht, wenn zuvor keine Festsetzung gegen den Schuldner erfolgt ist. Insoweit stehen Umsatzsteuervoranmeldungen des Schuldners einer Festsetzung unter dem Vorbehalt der Nachprüfung gleich (FG Düsseldorf ZIP 2012, 688; Nerlich/Römermann/*Wittkowski/Kruth* § 87 Rn. 11a). Erlassen werden kann wegen der dinglichen Wirkung ein **Einheitswert- und Grundsteuermessbescheid,** da ansonsten gegenüber einem nicht am Insolvenzverfahren beteiligten Rechtsnachfolger, auf den der Gegenstand der Feststellung nach dem Feststellungszeitpunkt mit steuerlicher Wirkung übergeht, für die Dauer des Insolvenzverfahrens faktisch kein Bescheid ergehen kann (FG Brandenburg ZInsO 2006, 1339; aA Graf-Schlicker/*Breitenbücher* § 87 Rn. 8).

13 Entsprechende öffentlich-rechtliche Insolvenzforderungen sind zur Tabelle anzumelden. Ein entgegen § 87 erlassener **Bescheid ist nichtig** (BFHE 201, 392 = NJW 2003, 2335; 207, 10 = NZG 2005, 94). Nach Auffassung des BFH besteht die Möglichkeit einer klarstellenden Aufhebung des Bescheides im Wege des Einspruchsverfahrens bzw. eines gerichtlichen Verfahrens (BFH/NV 2011, 1202).

14 **c) Verfahren bei fehlendem Widerspruch gegen die Forderungsanmeldung.** Im Prüfungstermin werden die ordnungsgemäß angemeldeten Forderungen ihrem Betrag und ihrem Rang nach geprüft (§ 176). Wird im Prüfungstermin der Anmeldung **nicht widersprochen,** wird die Forderung endgültig zur Tabelle festgestellt. Es wird ein entsprechender Vermerk von dem Insolvenzgericht aufgenommen (§ 178 Abs. 2 S. 1 Alt. 1). Die Eintragung hat die Wirkung, dass die Forderung sowohl im Betrag als auch im Rang wie durch ein rechtskräftiges Urteil

gegenüber dem Insolvenzverwalter als auch allen Insolvenzgläubigern festgestellt gilt (§ 178 Abs. 3). Hierdurch tritt **Erledigung eines unterbrochenen Rechtsstreits in der Hauptsache** ein (BGH NJW 1961, 1066; ZInsO 2005, 372; Kübler/Prütting/Bork/*Lüke* § 87 Rn. 4; Uhlenbruck/*Mock* § 87 Rn. 19). Einer nach Feststellung der Forderung zur Tabelle **erhobene Klage** steht die Rechtskraftwirkung des § 178 Abs. 3 entgegen.

Das Verfahren ist wegen einer noch veranlassten Kostenentscheidung nicht weiter unterbrochen, da diese nur eine Nebenentscheidung darstellt, die eine Unterbrechung nach §§ 240, 249 Abs. 2 ZPO nicht begründen (BGH ZInsO 2005, 372). Eine Ausnahme besteht nur, wenn die Kosten des Verfahrens als einzig verbliebene Streitposition an die Stelle der früheren Hauptsache getreten sind (BGH ZInsO 2005, 372 mwN). Im Falle einer Erledigungserklärung muss das Gericht über die Kosten des Rechtsstreits entscheiden. Zur Möglichkeit der Anmeldung des mit Rechtshängigkeit aufschiebend bedingt entstandenen Kostenerstattungsanspruchs (Zöller/*Herget* vor § 91 Rn. 10) im Insolvenzverfahren sowie der Möglichkeit der Aufnahme eines Rechtsstreits mit dem Ziel der Erledigungserklärung bei einer Bestreitung des Kostenerstattungsanspruchs s. Kübler/Prütting/Bork/*Lüke* § 87 Rn. 4a. **15**

d) Verfahren bei bestrittenen Forderungen. Wird eine angemeldete Forderung von dem Insolvenzverwalter oder einem Insolvenzgläubiger im Prüfungstermin bzw. im schriftlichen Verfahren bestritten, so ist zu unterscheiden: **16**

- Liegt noch kein vollstreckbarer Titel vor und ist die Forderung auch **noch nicht anhängig,** muss der Insolvenzgläubiger die Feststellung der Forderung zur Tabelle im Wege der Klageerhebung (§§ 179 Abs. 1, 180 Abs. 1) verfolgen. Im Falle der Möglichkeit der Titulierung im Wege eines Verwaltungsaktes kann ein öffentlich-rechtlichen Bescheid, gerichtet auf die Feststellung zur Tabelle (BFHE 207, 10 = NZG 2005, 94) erlassen werden. Verfahrensgegner ist jeweils der Bestreitende; dies gilt auch bei der Geltendmachung einer öffentlich-rechtlichen Forderung (BFHE 207, 10 = NZG 2005, 94). Haben sowohl der Insolvenzverwalter als auch der Gläubiger der Anmeldung widersprochen, kann der Widerspruch nur durch die Erhebung einer Klage gegen alle Bestreitenden beseitigt werden. Unterliegt der Insolvenzgläubiger in einem Verfahren rechtskräftig, so wirkt dies nach § 183 Abs. 1 gegenüber dem Insolvenzverwalter und allen Insolvenzgläubigern (MüKoInsO/*Breuer* § 87 Rn. 21; Uhlenbruck/*Mock* § 87 Rn. 23). **17**
- War zum Zeitpunkt der Eröffnung des Insolvenzverfahrens ein **Rechtsstreit anhängig,** so kann der Insolvenzgläubiger die Aufnahme des nach § 240 ZPO unterbrochenen Verfahrens (vgl. BGH NZI 2014, 749) bzw. bei öffentlich-rechtlichen Forderungen des unterbrochenen Rechtsbehelfs- oder Rechtsmittelverfahrens (vgl. BFHE 207, 10 = NZG 2005, 94; 209, 23 = ZInsO 2005, 810) betreiben (§ 180 Abs. 2). Es sind der Klageantrag auf Feststellung der Klageforderung zur Tabelle sowie das Rubrum hinsichtlich der Person des Bestreitenden umzustellen; hierin liegt gem. § 264 Nr. 3 ZPO keine Klageänderung iSd § 263 ZPO (BGH NJW 1962, 153; OLG Hamm ZIP 1993, 444). Eine Aufnahme des Verfahrens und Umstellung der Anträge ist auch noch in der Revisionsinstanz möglich (BGH ZVI 2004, 530; BGHZ 195, 233 = NJW 2012, 3725; BGH ZIP 2015, 1500; Uhlenbruck/*Mock* § 87 Rn. 21). Ein nach Verfahrenseröffnung ergangene Verurteilung zur Leistung kann als Feststellung zur Tabelle ausgelegt werden, sofern feststeht, dass die geltend gemachte Forderung nur ein Recht auf insolvenzmäßige Befriedigung verschaffen sollte und es sich nicht um eine Masseforderung handelt (BGH MDR 1963, 746; NJW-RR 1994, 1251); dies gilt auch für einen auf eine Leistung gerichteten Schiedsspruch (BGHZ 179, 304 = NZI 2009, 309). **18**

19 – Liegt hinsichtlich der angemeldeten Forderung bereits ein **vollstreckbarer Titel** vor, so muss der Bestreitende seinen Widerspruch entweder in dem bisherigen Verfahren, sofern dieses noch nicht rechtskräftig abgeschlossen ist oder im Wege eines neuen Verfahrens (zB Vollstreckungsabwehrklage gem. § 767 ZPO; Nichtigkeits- bzw. Restitutionsklage nach §§ 579, 580 ZPO) verfolgen (zu den weiteren Einzelheiten s. die Erläuterungen zu § 179).

20 Dem Widerspruch gleichgestellt ist auch ein **vorläufiges Bestreiten** des Insolvenzverwalters; ein solches im Gesetz nicht vorgesehenes Vorgehen löst die vom Gesetz an das Bestreiten geknüpften Rechtsfolgen aus (BGH NZI 2006, 295; OLG München ZIP 2005, 2227). Im Falle der Anerkenntnis der Forderung nach Einleitung des Klageverfahrens oder Wiederaufnahme des unterbrochenen Rechtsstreits die Forderung bzw. bei einer Feststellung zur Tabelle, kann im Rahmen eines Anerkenntnisurteils oder einer übereinstimmenden Erledigungserklärung über die Kosten des Verfahrens unter Anwendung des § 93 ZPO entschieden werden (BGH NJW-RR 2006, 295 = NZI 2006, 773; NJW-RR 2007, 397 = NZI 2007, 104). Dem Insolvenzgläubiger sind die Kosten aufzuerlegen, sofern der Insolvenzverwalter keine Veranlassung zu dem Rechtsstreit gegeben hat; zB vor einer Aufnahme des Prozesses nicht nochmals beim Insolvenzverwalter nachgefragt hat (OLG Düsseldorf ZIP 1994, 638; OLG Karlsruhe ZIP 1989, 791).

21 **Nachrangige Insolvenzgläubiger** (§ 39) können ihren Anspruch nur nach Aufforderung zur Tabellenanmeldung (§ 174 Abs. 3) und anschließendem Bestreiten durch den Insolvenzverwalter oder einem anderen Gläubiger verfolgen. Besteht Streit über die Frage der Nachrangigkeit, so muss der Insolvenzgläubiger die vom Insolvenzverwalter in Frage gestellte Vollwertigkeit der Forderung oder bestrittene Anmeldefähigkeit im Wege der Feststellungsklage klären lassen (LG Waldshut-Tiengen NZI 2005, 396; HK-InsO/*Kayser* § 87 Rn. 8).

22 Eine Anmeldung zur Tabelle ist bei einem bei Verfahrenseröffnung **noch nicht vollständig erfüllten gegenseitigen Vertrag** hinsichtlich der Schadensersatzforderungen des Gläubigers wegen Nichterfüllung erforderlich, wenn der Insolvenzverwalter nach § 103 Abs. 2 S. 1 die Vertragserfüllung ablehnt. Im Falle eines Widerspruchs kann der Insolvenzgläubiger bei einem bereits eingeleiteten Prozess auf Erfüllung den Klageantrag mit dem Ziel der Feststellung des Schadensersatzanspruchs zur Tabelle nach § 264 Nr. 3 ZPO wirksam umstellen. Wegen der Verschiedenheit des Streitgegenstands kann alternativ eine neue Schadensersatzklage mit dem Ziel der Feststellung zur Tabelle erhoben werden (HambK-InsO/*Kuleisa* § 87 Rn. 7; Jaeger/*Windel* § 87 Rn. 8; Kübler/Prütting/Bork/*Lüke* § 87 Rn. 13; zweifelnd Uhlenbruck/*Mock* § 87 Rn. 25). Voraussetzung hierfür ist aber zunächst eine entsprechende neue ergänzende Anmeldung (vgl. BGH NJW-RR 2004, 1050 = NZI 2004, 214 für den Übergang von einem Anspruch auf Wandlung auf Schadensersatz wegen Nichterfüllung).

23 **2. Verfahren gegen den Schuldner.** Der **Widerspruch des Insolvenzschuldners** hindert zwar nach § 178 Abs. 1 S. 2 nicht die Feststellung der Forderung zur Tabelle, steht indes einer späteren Vollstreckung aus dem Tabellenauszug entgegen (vgl. § 201 Abs. 2 S. 1). Daher kann der Insolvenzgläubiger, wenn der Schuldner im Prüfungstermin oder im schriftlichen Verfahren der **angemeldeten Forderung umfänglich** oder **isoliert hinsichtlich des Schuldgrundes** der vorsätzlich begangenen unerlaubten Handlung widerspricht, noch während eines laufenden Insolvenzverfahrens gegen den Schuldner eine Feststellungsklage gem. § 184 Abs. 1 einleiten oder einen nach § 240 ZPO unterbrochenen Rechtsstreit wieder aufnehmen (BGH NJW-RR 2005, 241 = NZI 2005, 108; einschränkend MüKoInsO/*Schumacher* § 184 Rn. 6 f.). Zur notwendigen Änderung des Klageantrages sowie des Klagerubrums → Rn. 22.

24 Ein Widerspruch hinsichtlich des **Schuldgrundes der vorsätzlich begangenen unerlaubten Handlung** kann nur der Insolvenzschuldner und nicht der Insolvenzverwalter erheben, sofern der Bestand der Forderung nicht von dieser Einordnung abhängig ist (BGH NJW-RR 2008, 1072 =NZI 2008, 250). Ansonsten ist eine von dem Insolvenzgläubiger während des laufenden Insolvenzverfahrens **unmittelbar gegen den Schuldner** erhobene Klage auch bei Unkenntnis von der Verfahrenseröffnung unzulässig. Der Insolvenzschuldner ist nicht passiv legitimiert und dem Insolvenzgläubiger fehlt für das Klageverfahren das Rechtsschutzinteresse, da er seine Forderung nur noch durch Anmeldung im Insolvenzverfahren realisieren kann (BGH NJW-RR 2009, 566 = NZI 2009, 169).

25 Abweichend zur früheren Konkursordnung (vgl. BGHZ 25, 395 = NJW 1959, 1079; 72, 234 = NJW 1979, 162) kann ein Insolvenzgläubiger den Schuldner auch dann nicht persönlich in Anspruch nehmen, wenn er auf eine **Teilnahme am Insolvenzverfahren** und Befriedigung aus der Insolvenzmasse ausdrücklich **verzichtet** hat (BGH NJW-RR 2005, 241 = NZI 2005, 108).

Vollstreckung vor Verfahrenseröffnung[1]

88 (1) **Hat ein Insolvenzgläubiger im letzten Monat vor dem Antrag auf Eröffnung des Insolvenzverfahres oder nach diesem Antrag durch Zwangsvollstreckung eine Sicherung an dem zur Insolvenzmasse gehörenden Vermögen des Schuldners erlangt, so wird diese Sicherung mit der Eröffnung des Verfahrens unwirksam.**

(2) **Die in Absatz 1 genannte Frist beträgt drei Monate, wenn ein Verbraucherinsolvenzverfahren nach § 304 eröffnet wird.**

Schrifttum: *App,* Das Rechtsbehelfsverfahren gegen Vollstreckungsmaßnahmen nach Eröffnung des Insolvenzverfahrens, NZI 1999, 138; *Becker,* Die Zwangshypothek in der Insolvenz des Grundstückseigentümers, ZfIR 2015, 81; *Böttcher,* Vollstreckung; Rückschlagsperre; Zwangshypothek, NotBZ 2007, 86; *Keller,* Die Umsetzung der Rückschlagsperre des § 88 InsO im Grundbuchverfahren, ZIP 2000, 1324; *ders.,* Der Nachweis der Tatbestandsvoraussetzungen des § 88 InsO im Grundbuchverfahren, ZfIR 2006, 499; *ders.,* Die Wirkungen der Rückschlagsperre des § 88 InsO auf die Sicherungshypothek, ZIP 2006, 1174; *Kohler,* Rang konvaleszierender Sicherungshypotheken im Fall des § 88 InsO, ZIP 2015, 1471; *Kreft,* Insolvenzrechtliche Unwirksamkeit – Gedanken zu §§ 88, 96 Abs. 1 Nr. 3, § 103 Abs. 1 InsO, FS Fischer, 2008, 297; *Kuleisa,* Aufhebung des § 114 InsO – Was wird aus der Abtretung von Bezügen während und nach der Insolvenz?, ZVI 2015, 85; *Raebel,* Die Rückschlagsperre im System der Verfügungshindernisse und Verfügungsbeschränkungen, FS Kirchhof, 2003, 443; *Riedel,* Anfechtbarkeit der Pfändung künftiger Arbeitsentgeltansprüche, ZVI 2008, 420.

Übersicht

[1] § 88 Abs. 2 angef. mWv 1.7. 2014 durch G v. 15.7.2013 (BGBl. I S. 2379).

I. Entstehungsgeschichte und Normzweck

1 **1. Entstehungsgeschichte und Normänderungen.** § 88 ist den Regelungen zum früheren Vergleichsrecht in §§ 28, 87 und 104 VerglO nachgebildet (BT-Drs. 12/2443, 137). Von der zeitlich unbefristet wirkenden Regelung des § 7 Abs. 3 GesO grenzt sich der Gesetzgeber bewusst ab (BT-Drs. 12/2443, 137; allg. dazu *Hess/Binz/Wienberg* GesO § 7 Rn. 30 ff.). Das Konkursrecht kannte keine entsprechende Norm, Vollstreckungsmaßnahmen vor Konkursantrag und -eröffnung waren nur durch Anfechtung nach §§ 29 ff., 35 KO angreifbar (Jaeger/*Henckel* KO § 30 Rn. 231 ff.). Absatz 2 wurde durch das Gesetz zur Verkürzung des Restschuldbefreiungsverfahrens v. 15.7.2013 mWv 1.7.2014 (BGBl. I S. 2379) angefügt. Damit wird mit Aufhebung des vereinfachten Insolvenzverfahrens nach §§ 311 ff. die Regelung des früheren § 312 Abs. 1 S. 3 übernommen.

2 **2. Normzweck.** § 88 steht sich im Zusammenhang mit anderen, teils verstreuten Regelungen der Insolvenzordnung zur Unzulässigkeit der Zwangsvollstreckung im Insolvenzverfahren (→ Rn. 8). Er dient der **Gleichbehandlung der Insolvenzgläubiger,** die beeinträchtigt wäre, könnten einzelne Gläubiger nach Insolvenzeröffnung weiterhin unbeschränkt die Zwangsvollstreckung betreiben.

3 Systematisch gehört die Norm zur **Insolvenzanfechtung** (Jaeger/*Eckardt* § 88 Rn. 6; Uhlenbruck/*Mock* § 88 Rn. 1; HK-InsO/*Kayser* § 88 Rn. 5; *Bork* Rn. 128; *Häsemeyer* Rn. 21.14; zum Verhältnis Rückschlagsperre und Anfechtung Kübler/Prütting/Bork/*Lüke* § 88 Rn. 3; *Raebel* FS Kirchhof, 2003, 443). Ebenso wie bei der Insolvenzanfechtung werden durch die Wirkung des § 88 Rechtshandlungen nicht als solche rückgängig gemacht, sondern es werden die recht-

lichen Wirkungen beseitigt, die Vollstreckungsmaßnahmen als Rechtshandlungen begründet haben (BGHZ 41, 17 [19]; 128, 184 [191]; HK-InsO/*Kreft* § 143 Rn. 4; umfassend zur Anfechtung Jaeger/*Henckel* § 129 Rn. 3 ff., 36 ff.; zur haftungsrechtlich-dinglichen Unwirksamkeit des § 88 Jaeger/*Eckardt* § 88 Rn. 8, 54 ff.). Anders als nach § 143 tritt diese Wirkung aber kraft Gesetzes ein (→ Rn. 44). § 88 fußt wie § 131 Abs. 1 Nr. 1 auf der zutreffenden Annahme, daß der Schuldner im letzten Monats vor Insolvenzantrag zwingend zahlungsunfähig ist und dem Gläubiger, der in diesem Zeitraum die Zwangsvollstreckung betreibt, dies zwingend bekannt ist. § 88 ersetzt die Anfechtung nicht vollständig, weil lediglich die Sicherung des Gläubigers, nicht aber dessen inkongruente Befriedigung unwirksam wird (dazu → Rn. 56; HK-InsO/*Kreft* § 131 Rn. 15; allg. zu § 88 auch *Raebel* FS Kirchhof, 2003, 443; *Ries* FS Runkel, 2009, 93).

Rechtspolitische Kritik an § 88 wie auch an § 321 (→ Rn. 2; dazu insbes. HK- 4
InsO/*Marotzke* § 321 Rn. 1) ist iErg nicht berechtigt, da § 88 ebenso wie die Insolvenzanfechtung Rechtshandlungen angreift, die im Zeitpunkt unwiderleglich vermuteter Zahlungsunfähigkeit des Schuldners als sachlich ungerechtfertigt zu qualifizieren sind (BGHZ 136, 309). Darin liegt weder ein Verstoß gegen Art. 14 GG noch gegen Art. 3 Abs. 1 GG, noch werden Grundsätze des Vollstreckungsrechts als rechtsstaatliches Verfahren der Gläubigerbefriedigung verletzt. Kritikwürdig ist allein die Ausdehnung des Rückschlagsperrenzeitraums durch Absatz 2 (bis 1.7.2014: § 312 Abs. 1 S. 3) im Verbraucherinsolvenzverfahren, da hier der Gleichlauf mit § 131 Abs. 1 Nr. 1 gestört ist und die Sicherung durch Zwangsvollstreckung schlechter gestellt wird als eine rechtsgeschäftliche (eing. Jaeger/*Eckardt* § 88 Rn. 9 ff., 12).

3. Anwendungsbereich der Norm. Die Norm **gilt in allen Insolvenzver-** 5
fahren. Sie gilt auch im inländischen Hauptinsolvenzverfahren eines ausländischen Schuldners sowie im Sekundärinsolvenzverfahren, bezogen jeweils auf die im Inland erfolgten Vollstreckungsmaßnahmen betreffend im Inland belegenes Vermögen (BGH WM 1983, 858; Uhlenbruck/*Mock* § 88 Rn. 10; HK-InsO/*Kayser* § 88 Rn. 13; einschränkend nur den Fall einer Anfechtbarkeit nach Art. 13 EuInsVO und § 339 Jaeger/*Eckardt* § 88 Rn. 16).

Im **Nachlassinsolvenzverfahren** gilt zudem § 321, wonach Zwangsvollstre- 6
ckungen nach dem Erbfall kein Recht zur abgesonderten Befriedigung gewähren. Der für die Rückschlagsperre des § 88 maßgebliche Zeitraum wird damit auf den Zeitpunkt des Erbfalls ausgedehnt, wenn der Insolvenzantrag später als einen Monat nach demselben gestellt wird.

4. Praktische Bedeutung des § 88. Praktische Bedeutung hat die Norm va 7
bei der **Sicherungshypothek** nach §§ 866, 867 ZPO, weil hier der Gläubiger dem Zweck der Vollstreckungsmaßnahme entsprechend nur Sicherung erlangt. Die Mobiliarvollstreckung hat selbst nur noch sekundär Bedeutung, da Pfändungen körperlicher Gegenstände nurmehr selten erfolgen. Bei **Forderungspfändung** nach §§ 828 ff. ZPO hat § 88 Abs. 2 in der Verbraucherinsolvenz Bedeutung, im Übrigen ist der Monatszeitraum des § 88 Abs. 1 oft bereits abgelaufen, wenn Pfändung und Leistung des Drittschuldners erfolgt sind und später Insolvenzantrag gestellt wird. Die zeitliche Länge eines **Zwangsversteigerungsverfahrens** schließlich schließt auch die Anwendung der Norm oft aus, obwohl das Betreiben des sog persönlichen Gläubigers aus der Rangklasse § 10 Abs. 1 Nr. 5 ZVG ein Fall des § 88 sein kann.

5. Vollstreckungshindernde Regelungen im Überblick. Eine Erfassung 8
aller vollstreckungshindernden Regelungen der Insolvenzordnung ist am ehesten unter Beachtung der zeitlichen Abfolge des Verfahrens möglich:

- Eine vor dem Insolvenzantrag erfolgte Zwangsvollstreckung kann unter den Voraussetzungen des § 131 Abs. 1 der **Insolvenzanfechtung** unterliegen (§§ 129, 141 InsO; BGH WM 1959, 891; BGHZ 34, 254; 128, 196; 135, 140; 136, 309; allg. MüKoInsO/*Kirchhof* § 131 Rn. 26 ff., § 141 Rn. 8, 9; Jaeger/*Henckel* § 131 Rn. 49 ff.); § 88 Abs. 1 überschneidet sich mit § 131 Abs. 1 Nr. 1, so dass praktisch nur bei Zwangsvollstreckungsmaßnahmen innerhalb des zweiten oder dritten Monats vor dem Insolvenzantrag eine Anfechtung nach § 131 Abs. 1 Nr. 2 oder 3 in Betracht kommt.
- Als einstweilige Sicherungsmaßnahme **während des Insolvenzeröffnungsverfahrens** kann das Insolvenzgericht nach § 21 Abs. 2 Nr. 3 die Einzelzwangsvollstreckung untersagen und die Einstellung bereits laufender Vollstreckungsmaßnahmen anordnen (BT-Drs. 12/2443, 116).
- Mit Insolvenzeröffnung tritt gegen Zwangsvollstreckungsmaßnahmen aus der Zeit vor dem Insolvenzantrag kraft Gesetzes die **Rückschlagsperre** des § 88 ein.
- Für die **Pfändung des Arbeitseinkommens** galt bis 1.7.2014 zudem § 114 Abs. 3 (aufgehoben zum 1.7.2014; Übergangsrecht Art. 103h EGInsO), wonach die Pfändung nur für den bei Eröffnung des Insolvenzverfahrens laufenden Kalendermonat oder je nach Eröffnungszeitpunkt den Folgemonat Wirkung behält (dazu auch → § 89 Rn. 41 ff.). Mit der Geltung des § 91 Abs. 1 InsO verliert die Pfändung nunmehr unmittelbar mit dem Datum der Insolvenzeröffnung ihre Wirkung. Hier wäre die Beibehaltung des § 114 Abs. 3 allein wegen der Berechnungsregel sinnvoll gewesen (eing. zu den Folgen der Aufhebung der Vorschrift *Bigger/Peters-Lange* ZIP 2014, 2114; *Kuleisa* ZVI 2015, 85; *Riedel* ZVI 2015, 91).
- Für die Pfändung von **Miet- oder Pachtforderungen** enthält § 110 Abs. 1 mit Abs. 2 S. 2 die gleiche Regelung wie der frühere § 114 Abs. 3. § 88 ist durch § 110 Abs. 1 mit Abs. 2 S. 2 nicht ausgeschlossen (Jaeger/*Eckardt* § 88 Rn. 77, 78; Uhlenbruck/*Mock* § 88 Rn. 40; HK-InsO/*Kayser* § 88 Rn. 9; HambK-InsO/*Kuleisa* § 88 Rn. 18).
- Mit Eröffnung des Insolvenzverfahrens tritt das **allgemeine Vollstreckungsverbot** des § 89 Abs. 1 gegen Insolvenzgläubiger in Kraft. Die Zwangsvollstreckung von Massegläubigern wird zeitlich befristet durch § 90 untersagt, im übrigen durch § 210 bei Masseunzulänglichkeit.
- Nach Beendigung des Insolvenzverfahrens besteht grds. das Recht unbeschränkter **Nachforderung** (§ 201 Abs. 1; zur Rechtsgeschichte *Kuhn/Uhlenbruck* § 164 Rn. 1; *Häsemeyer* Rn. 25.11 ff.). Die Regelung hat kaum praktische Bedeutung. Die Erteilung einer vollstreckbaren Ausfertigung aus der Insolvenztabelle nach § 201 Abs. 2 dient zumeist nur zum Nachweis des Forderungsausfalls gegenüber einer Ausfallversicherung oder dem Fiskus.
- Im **Restschuldbefreiungsverfahren** wirkt das Vollstreckungsverbot des § 89 durch § 294 Abs. 1 InsO inhaltlich unverändert fort.

II. Die Tatbestandsvoraussetzungen der Rückschlagsperre

9 **1. Die betroffenen Gläubiger. a) Insolvenzgläubiger.** Die Rückschlagsperre trifft jeden Insolvenzgläubiger nach §§ 38, 39. Eine Teilnahme am Insolvenzverfahren durch Forderungsanmeldung ist nicht Voraussetzung (Uhlenbruck/*Mock* § 88 Rn. 5; HK-InsO/*Kayser* § 88 Rn. 10). Insolvenzforderung ist auch der Anspruch des Bauhandwerkers auf Bestellung einer Sicherungshypothek nach § 648 BGB. Seine Sicherung durch Eintragung einer Vormerkung in das Grundbuch im Wege einstweiliger Verfügung (§§ 935 ff. ZPO) ist ein Fall des § 88.

b) Absonderungsberechtigte Gläubiger. Ein Absonderungsberechtigter ist von § 88 betroffen, wenn er die **Zwangsvollstreckung wegen seiner Insolvenzforderung** in den Gegenstand seines Absonderungsrechts betreibt (Jaeger/*Eckardt* § 88 Rn. 15; HK-InsO/*Kayser* § 88 Rn. 11). Das ist etwa der Fall, wenn der Vermieter wegen des Anspruchs auf Mietzahlung aus dem Zahlungstitel Gegenstände pfänden lässt, die seinem Vermieterpfandrecht nach § 562 BGB unterliegen. Die Zwangsvollstreckung wegen des Pfandrechts müßte auf Herausgabe und Duldung des Pfandverkaufs gerichtet sein. Die Rückschlagsperre zerstört das durch die Pfändung wegen der Insolvenzforderung erlangte Pfändungspfandrecht, nicht ein aus anderem Rechtsgrund bestehendes Absonderungsrecht. § 88 gilt nicht, wenn der Gläubiger das Sicherungsgut in Ausübung bspw. seines vertraglichen Rechts selbständig in Besitz nimmt. Dem kann im Eröffnungsverfahren durch § 21 Abs. 1 Nr. 5 begegnet werden; geschieht die Inbesitznahme vor dem Insolvenzantrag, ist sie mangels Gläubigerbenachteiligung regelmäßig nicht anfechtbar, wenn nicht die Begründung des Absonderungsrechts selbst anfechtbar ist. 10

c) Aussonderungsberechtigte. Der Aussonderungsberechtigte nach § 47 ist von der Rückschlagsperre nicht betroffen. Hat er bereits vor Insolvenzeröffnung die Zwangsvollstreckung auf Herausgabe betrieben, kann er dies nach Insolvenzeröffnung ungehindert von § 88 oder auch § 89 weiter tun. 11

d) Nicht Massegläubiger. Massegläubiger können von der Rückschlagsperre nicht betroffen sein (eing. *Keller* ZIP 2000, 1324 [1326]). Einzig in den Fällen der § 55 Abs. 2 oder Abs. 4 könnte eine Masseforderung vor Insolvenzeröffnung entstehen und auch hieraus vollstreckt werden, dann aber im Eröffnungsverfahren, wo meist durch § 21 Abs. 1 Nr. 3 die Vollstreckung auch für Massegläubiger untersagt ist (keine Anwendung § 88 nach Jaeger/*Eckardt* § 88 Rn. 15; HK-InsO/*Kayser* § 88 Rn. 12). 12

Denkbar ist eine Vollstreckung vor dem Insolvenzantrag bei Massegläubigern aus § 55 Abs. 1 Nr. 2 erste Alternative wegen des **Anspruchs auf die Gegenleistung** aus einem **bei späterer Insolvenzeröffnung nichterfüllten Vertrag** bei Wahl der Erfüllung durch den Insolvenzverwalter (§ 103 Abs. 1). Da in diesem Fall die ursprüngliche Forderung des Vertragspartners wegen der konstitutiv wirkenden Erfüllungswahl einen „Qualitätssprung" zur Masseverbindlichkeit erlangt (MüKoInsO/*Kreft* § 103 Rn. 39, 40 mit Fn. 123), kann § 88 nicht gelten. Der Insolvenzverwalter kann nicht einerseits Erfüllung verlangen und andererseits mit Verweis auf § 88 die Erfüllung der Gegenleistung verweigern. Wenig denkbar ist eine Konfliktsituation im Kaufvertrag oder Werkvertrag, wenn nach Insolvenzeröffnung Sachmängel durch den Insolvenzverwalter geltend gemacht werden und er insoweit Mängelbeseitigung durch Erfüllungswahl verlangt. Der ursprüngliche Kaufpreis- oder Werklohnanspruch des Vertragspartners ist dann wegen § 105 S. 1 ohnehin keine Masseverbindlichkeit sondern Insolvenzforderung (dazu eing. *Keller* Rpfleger 1997, 45; ZIP 2000, 1324 [1326]; ihm folgend OLG Dresden Rpfleger 1999, 442; zur Vormerkung auf Bauhandwerkersicherungshypothek nach § 648 BGB BGH ZIP 2000, 931; zur Teilbarkeit MüKoInsO/*Huber* § 103 Rn. 143; MüKoInsO/*Kreft* § 105 Rn. 20). 13

e) Neugläubiger. Neugläubiger, deren Forderung nach Insolvenzeröffnung entstehen und durch den Schuldner selbst begründet werden (abweichender Neugläubigerbegriff bei → § 15a Rn. 34, → § 92 Rn. 4) können von § 88 schon deshalb nicht betroffen sein, weil ihre Forderungen nach Insolvenzeröffnung entstehen. 14

2. Die Sicherung durch Zwangsvollstreckung. a) Allgemeines. Der Gläubiger muß seine **Sicherung durch Zwangsvollstreckung** erlangt haben. 15

Rechtsgeschäftliche Handlungen des Schuldners unterliegen nur der Insolvenzanfechtung. Das gilt auch für Sicherungsgeschäfte, die seitens eines Gläubigers dem Schuldner abgenötigt werden, um Vollstreckungsmaßnahmen oder einen Insolvenzantrag zu vermeiden (Jaeger/*Eckardt* § 88 Rn. 20; Uhlenbruck/*Mock* § 88 Rn. 4, 26; HK-InsO/*Kayser* § 88 Rn. 17, 18; HambK-InsO/*Kuleisa* § 88 Rn. 7; zu § 104 VerglO BGHZ 55, 307; zu § 7 Abs. 3 GesO OLG Jena ZIP 1996, 1097; dazu *Hintzen* EWiR 1996, 799; OLG Dresden WM 1996, 1276; LG Gera ZIP 1996, 681; LG Leipzig WM 1996, 1279; LG Halle ZIP 1996, 1711; LG Cottbus ZIP 1997, 1889).

16 Der Zwangsvollstreckung nach dem Achten Buch der Zivilprozeßordnung steht die **Vollstreckung durch Verwaltungs- oder Finanzbehörden** gleich (MüKoInsO/*Breuer* § 88 Rn. 16; Uhlenbruck/*Mock* § 88 Rn. 14; FK-InsO/*App* § 88 Rn. 4; HK-InsO/*Kayser* § 88 Rn. 17).

17 Für die Frage, ob die konkrete Zwangsvollstreckungsmaßnahme unter § 88 fällt, ist allein der **Zeitpunkt des Wirksamwerdens der Sicherung** maßgebend; es kommt nicht darauf an, wann der Gläubiger dem Gerichtsvollzieher den Vollstreckungsauftrag erteilt oder beim Vollstreckungsgericht Antrag auf Erlaß des Pfändungsbeschlusses stellt. Ein Antrag wahrt im Vollstreckungsrecht keinen Vollzugsrang. Bei der Pfändung des Gerichtsvollziehers wird dies durch § 117 Abs. 1 S. 1 GVGA deutlich, wonach der Gerichtsvollzieher die Pfändung gleichzeitig für alle ihm vorliegenden Aufträge gegen den betreffenden Schuldner vorzunehmen hat und ausdrücklich der Eingang des Vollstreckungsauftrags für sich allein kein Vorzugsrecht begründet. Bei der Forderungspfändung ergibt sich dies bereits aus der Tatsache, dass die Zustellungen nach § 829 Abs. 2 ZPO im Parteibetrieb erfolgen, mithin der Gläubiger selbst bestimmt, wann die Pfändung wirksam wird. Antragstellung bei Gericht hat auch in der Zwangsversteigerung keine rangwahrende Wirkung. Der Antrag auf Eintragung einer Sicherungshypothek nach §§ 866, 867 ZPO in das Grundbuch begründet nur Vollzugsrang innerhalb des Grundbuchverfahrens (dazu → Rn. 26).

18 **b) Zwangsvollstreckung in das bewegliche Vermögen.** Bei Zwangsvollstreckung in das bewegliche Vermögen besteht die Sicherung im **Pfändungspfandrecht** nach § 804 ZPO. Bei Pfändung körperlicher Gegenstände entsteht es durch die Pfändung und Inbesitznahme des Gerichtsvollziehers (§ 808 ZPO).

19 Bei **Pfändung von Bargeld** ist der Zeitpunkt der Wegnahme durch den Gerichtsvollzieher maßgebend (Jaeger/*Eckardt* § 88 Rn. 32; HK-InsO/*Kayser* § 88 Rn. 23). Zahlt der Schuldner an den Gerichtsvollzieher zur Abwendung der Zwangsvollstreckung, liegt keine Zwangsvollstreckung vor. Die Zahlung ist allein nach Anfechtungsrecht angreifbar (eing. dazu BGHZ 157, 242; Jaeger/*Eckardt* § 88 Rn. 21; HambK-InsO/*Kuleisa* § 88 Rn. 7; für § 88 aber HK-InsO/*Kayser* § 88 Rn. 18).

20 Bei **Pfändung von Geldforderungen** und sonstigen Vermögensrechten entsteht das Pfandrecht durch Zustellung des Pfändungsbeschlusses an den Drittschuldner (§ 829 Abs. 3 ZPO) oder bei drittschuldnerlosen Rechten an den Schuldner (§ 857 Abs. 2 ZPO).

21 Bei **Pfändung von Grundpfandrechten** (Hypothekenforderung nach § 830 ZPO, Grundschuld nach § 857 Abs. 6 ZPO) ist zwischen Brief- und Buchrechten zu unterscheiden, bei ersteren ist die Briefübergabe an den Gläubiger (auch durch Wegnahme seitens des Gerichtsvollziehers) nach § 830 Abs. 1 ZPO entscheiden, bei letzteren ist die Grundbucheintragung konstitutiv für die Wirksamkeit der Pfändung (eing. *Keller* ZIP 2000, 1324 [1328]; auch Uhlenbruck/*Mock* § 88 Rn. 36).

22 Bei der **Pfändung einer aufschiebend bedingten Forderung** entsteht das Pfändungspfandrecht mit Zustellung des Pfändungsbeschlusses an den Drittschuldner (§ 829 Abs. 3 ZPO). Bei Pfändung einer lediglich **künftigen Forderung** entsteht das Pfändungspfandrecht erst mit Entstehen dieser gepfändeten Forderung (BFH ZIP 2005, 1182; zur Pfändung der offenen Kreditlinie BGHZ 147, 193; 157, 350; Uhlenbruck/*Mock* § 88 Rn. 31; HK-InsO/*Kayser* § 88 Rn. 20, 31). Dies soll auch bei der laufenden Pfändung des Arbeitseinkommens gelten, auch dessen Pfändung ist Pfändung einer künftigen Forderung (BGH NZI 2008, 563; dazu *Riedel* ZVI 2008, 420; OLG Nürnberg NZI 2014, 162 mAnm *Hasselblatt*). Die Regelung des § 832 ZPO findet hier keine Anwendung, sie beschreibt nicht das Entstehen eines Pfändungspfandrechts am künftigen Arbeitseinkommen, sondern nur die Rangfolge mehrerer Gläubiger untereinander, die gepfändet haben. Bei Pfändung des Arbeitseinkommens des Schuldners fällt damit immer der letzte Monat vor dem Insolvenzantrag – oder die letzten drei Monate bei § 88 Abs. 2 – in die Rückschlagsperre, gleichgültig wann der Pfändungsbeschluß dem Arbeitgeber als Drittschuldner zugestellt worden ist.

Wurde eine **Vorpfändung** nach § 845 ZPO ausgebracht, ist für das Entstehen des Pfändungspfandrechts nicht der Zeitpunkt des § 845 Abs. 2 ZPO maßgebend sondern derjenige der tatsächlich erfolgten Pfändung (BGHZ 167, 11; Jaeger/*Eckardt* § 88 Rn. 44, 45; Uhlenbruck/*Mock* § 88 Rn. 17; HK-InsO/*Kayser* § 88 Rn. 31; FK-InsO/*App* § 88 Rn. 3; krit. *Grothe* KTS 2001, 205 [225]). Erfolgt die eigentliche Pfändung innerhalb des maßgeblichen Zeitraums, gilt § 88. Die Regelung des § 845 Abs. 2 ZPO sieht der Bundesgerichtshof nur als solche, welche das Rangverhältnis mehrerer pfändender Gläubiger bestimmt, nicht aber das Entstehen des Pfändungspfandrechts selbst (anders noch RGZ 83, 332 [334]; 151, 265); mithin hätte die Vorpfändung keine Bedeutung, würde die eigentliche Pfändung gar nicht nachfolgen (BGHZ 167, 11 [17]). Erfolgt die Pfändung nach Insolvenzeröffnung, darf schon wegen § 89 Abs. 1 kein Pfändungspfandrecht mehr entstehen. 23

Bei der Mobiliarpfändung können die verschiedenen Theorien zum Entstehen eines Pfändungspfandrechts bei **Mängeln der Zwangsvollstreckung** für die Anwendung des § 88 InsO Bedeutung haben. Maßgebend ist stets, zu welchem Zeitpunkt für den Gläubiger das Pfändungspfandrecht entsteht. Nach der öffentlich-rechtlichen Theorie entscheidet allein die hoheitliche Verstrickung des gepfändeten Gegenstandes oder der gepfändeten Forderung über das Pfändungspfandrecht (Stein/Jonas/*Münzberg* ZPO § 804 Rn. 7, 16 ff.; Zöller/*Stöber* § 804 Rn. 2; *Gaul/Schilken/Becker-Eberhard* § 50 Rn. 45 ff.), nach der gemischt privatrechtlich-öffentlich-rechtlichen Theorie müssen weitere Voraussetzungen erfüllt sein, insbes. müssen die wesentlichen Verfahrensvorschriften des Zwangsvollstreckungsrechts eingehalten sein (BGHZ 20, 88; 56, 339 [351]; 119, 75; eing. MüKoZPO/*Schilken* § 804 Rn. 4 ff.; *Schuschke/Walker* Vor §§ 803, 804 Rn. 10 ff.). Die Heilung eines Mangels der Zwangsvollstreckung läßt das Pfändungspfandrecht für den Gläubiger nur ex nunc entstehen (*Brox/Walker* ZVR Rn. 389; *Keller,* HdBZwangsvollstreckungsrecht, Rn. 2.331 ff.). 24

c) Zwangsvollstreckung in das unbewegliche Vermögen. Die Zwangsvollstreckung in das unbewegliche Vermögen erfolgt nach § 866 ZPO durch Zwangsversteigerung, Zwangsverwaltung und Eintragung einer Sicherungshypothek. Sicherung durch Zwangsvollstreckung erlangt der Gläubiger bei Anordnung der **Zwangsversteigerung oder Zwangsverwaltung** des schuldnerischen Grundstücks mit **Wirksamwerden der Beschlagnahme** durch Zustellung des entsprechenden Anordnungsbeschlusses an den Schuldner oder Eingang des Ersuchen zum Eintragung des Versteigerungsvermerks beim Grundbuchamt nach § 22 Abs. 1 ZVG (allg. *Stöber* ZVG § 22 Rn. 2.1; *Böttcher* § 22 Rn. 2 ff.). Die Beschlagnahme durch Beitritt eines Gläubigers nach § 27 ZVG erfolgt allein durch Zustellung des Beitrittsbeschlusses an den Schuldner. Wichtig ist hier die 25

Beachtung der Rangklasse, in welcher der Gläubiger die Zwangsversteigerung oder Zwangsverwaltung betreibt. Allein der sog **persönlich betreibende Gläubiger** nach § 10 Abs. 1 Nr. 5 ZVG fällt als Insolvenzgläubiger unter die Rückschlagsperre. Der dinglich betreibende Gläubiger (§ 10 Abs. 1 Nr. 4 ZVG) ist mit seinem Grundpfandrecht Absonderungsberechtigter und als solcher von § 88 nicht betroffen (dazu MüKoInsO/*Ganter* § 49 Rn. 56 ff.; allg. zum dinglichen Anspruch Staudinger/*Wolfsteiner* BGB (2015) § 1147 Rn. 20 ff.); selbstverständlich könnte aber die Begründung des Absonderungsrechtes nach §§ 129 ff. InsO anfechtbar sein. Der **Gläubiger öffentlicher Last** (§ 10 Abs. 1 Nr. 3 ZVG) oder die **Wohnungseigentümergemeinschaft** in der Rangklasse des § 10 Abs. 1 Nr. 2 ZVG sind vollwertig Absonderungsberechtigte (BGH ZIP 2011, 1723; für öffentliche Last BGH NZI 2010, 399; 2010, 482).

26 Die **Sicherungshypothek** entsteht nach § 867 Abs. 1 S. 2 ZPO mit **Eintragung in das Grundbuch,** mit diesem Zeitpunkt erlangt der Gläubiger Sicherung seiner Forderung durch Zwangsvollstreckung iSd § 88 (BayObLG ZIP 2000, 1263; LG Nürnberg-Fürth Rpfleger 2001, 410; LG Berlin ZIP 2001, 2293; LG Bonn ZIP 2004, 1374; dazu *Gerhardt* EWiR 2004, 861; MüKoInsO/*Breuer* § 88 Rn. 24, 29, 31; Jaeger/*Eckardt* § 88 Rn. 41; Uhlenbruck/*Mock* § 88 Rn. 19, 20; HambK-InsO/*Kuleisa* § 88 Rn. 11; *Schöner/Stöber* Rn. 2223a). Die Antragstellung wahrt keinen Vollzugsrang und keine Fristwahrung für § 88, diesbezügliche Regelungen des bürgerlichen Rechts oder des Verfahrensrechts sind weder direkt noch analog anzuwenden (unzutreffend Kübler/Prütting/Bork/*Lüke* § 88 Rn. 17; Stein/Jonas/*Grunsky* § 932 Rn. 8): §§ 878 und 892 Abs. 2 BGB sowie § 140 Abs. 2 schützen nur den rechtsgeschäftlichen Erwerb eines Grundstücksrechts und sind niemals auf Zwangsvollstreckungsmaßnahmen anwendbar (statt aller Staudinger/*Gursky* BGB, § 892 Rn. 89 ff.; Palandt/*Bassenge* § 892 Rn. 2, 3; für § 878 BGB BGHZ 9, 250). Die Erledigungsreihenfolge des § 17 GBO soll den Rang mehrerer einzutragender Rechte im Hinblick auf § 45 GBO oder auch das Verhältnis existentiell konkurrierender Anträge regeln, § 17 GBO wahrt keinen abstrakten Vollzugsrang (Bauer/v. Oefele/*Wilke* GBO § 17 Rn. 2). Auch eine entsprechende Anwendung des § 932 Abs. 3 ZPO scheidet aus, da diese Vorschrift nur die Einhaltung der Vollziehungsfrist des § 929 Abs. 2 ZPO sichern soll, dem Gläubiger aber sonst keinen weitergehenden rangwahrenden Schutz gewährt (LG Nürnberg-Fürth Rpfleger 2001, 410; LG Berlin ZIP 2001, 2293; LG Bonn ZIP 2004, 1374; Zöller/*Vollkommer* § 932 Rn. 7; aA Stein/Jonas/*Münzberg* § 867 Rn. 9; Stein/Jonas/*Grunsky* § 932 Rn. 8; Kübler/Prütting/Bork/*Lüke* § 88 Rn. 17).

27 **d) Arrest und einstweilige Verfügung.** Die Vollziehung von Arrest und einstweiliger Verfügung nach § 928 ZPO ist Maßnahme der Zwangsvollstreckung. Bei der Arrestvollziehung in das bewegliche Vermögen ist der **Zeitpunkt des Entstehens des Arrestpfandrechts** nach § 930 ZPO maßgebend (Uhlenbruck/*Mock* § 88 Rn. 22).

28 Als Vollziehung einstweiliger Verfügung nach §§ 935 ff. ZPO kommt für § 88 regelmäßig die **Eintragung einer Vormerkung** in Betracht, bspw. zur Sicherung des Anspruchs aus § 648 BGB. Die Vormerkung entsteht erst mit Eintragung in das Grundbuch (§ 885 BGB), der Antrag an das Grundbuchamt wahrt keinen Vollzugsrang, § 932 Abs. 3 ZPO gewährt hierfür keinen Schutz (→ Rn. 26).

29 **3. Der Zeitraum der Rückschlagsperre. a) Die Monatsfrist im Regelinsolvenzverfahren.** Die Rückschlagsperre betrifft im Regelinsolvenzverfahren Vollstreckungsmaßnahmen, die innerhalb des letzten Monats vor dem Insolvenzantrag oder nach dem Antrag bis zur Insolvenzeröffnung vorgenommen worden sind. § 88 erfaßt den gesamten Zeitraum des Insolvenzeröffnungsverfahrens, unabhängig von seiner Dauer. Die Monatsfrist entspricht § 131 Abs. 1 Nr. 1

(BT-Drs. 12/2443, 158 rechte Spalte). Der Insolvenzantrag kann formal mangelhaft oder ein bei einem örtlich unzuständigen Gericht gestellt sein (BGH ZInsO 2011, 1413; BayObLG ZIP 2000, 1263; OLG Köln FGPrax 2010, 230).

Für die **Fristberechnung** gilt § 139 (dort → § 139 Rn. 4 ff.). Wurden gegen den Schuldner **mehrere Insolvenzanträge** gestellt, gilt nach § 139 Abs. 2 **der früheste Antrag.** Wurde ein früher gestellter Antrag zurückgewiesen, ist er für die Fristberechnung nur zu berücksichtigen, wenn die Zurückweisung nach § 26 InsO als Abweisung mangels Masse erfolgte (§ 139 Abs. 2 S. 2). Ein vom Gläubiger zurückgenommener oder für erledigt erklärter Antrag findet keine Berücksichtigung (BT-Drs. 12/2443, 163; BGHZ 149, 178 [180]; BGH NJW 2000, 212; MüKoInsO/*Kirchhof* § 139 Rn. 9; HK-InsO/*Kreft* § 139 Rn. 12). Wie auch bei der Insolvenzanfechtung gehört die Anwendung des § 139 Abs. 2 in die Entscheidungskompetenz der streitigen Gerichtsbarkeit. Das Insolvenzgericht kann nicht bestimmen oder bescheinigen, wann der für die Rückschlagsperre maßgebliche Insolvenzantrag gestellt worden ist (→ Rn. 53; dazu auch → § 27 Rn. 40). 30

b) Die Dreimonatsfrist im Verbraucherinsolvenzverfahren. Im Verbraucherinsolvenzverfahren gilt die Rückschlagsperre für einen **Zeitraum von drei Monaten** vor dem maßgeblichen Insolvenzantrag (§ 88 Abs. 2). Der Gesetzgeber will damit Störungen des außergerichtlichen Einigungsversuchs durch Zwangsvollstreckung einzelner Gläubiger verhindern (BT-Drs. 14/5680, 54). Bei der nicht seltenen Pfändung von Arbeitseinkommen führt zudem die Rspr. des Bundesgerichtshofs (→ Rn. 22) faktisch immer dazu, dass der pfändbare Teil des Arbeitseinkommens der letzten drei Monate vor dem Insolvenzantrag bis zur Insolvenzeröffnung der Insolvenzmasse gebührt. 31

III. Die Wirkungen der Rückschlagsperre

1. Zeitlich begrenzte absolute Unwirksamkeit. Im dogmatischer Hinsicht sind zwei Aspekte relevant (Jaeger/*Eckardt* § 88 Rn. 50, 54 ff.): Erstens ist fraglich, wie der Begriff der Unwirksamkeit sachlich zu verstehen ist. Zweitens ist fraglich, wie die Unwirksamkeit zeitlich über das Insolvenzverfahren hinaus wirkt. 32

Der Gesetzgeber wollte im Gegensatz zu den Regelungen der Konkursordnung (§ 7 KO) das Institut der relativen Unwirksamkeit ausdrücklich aufgeben (BT-Drs. 12/2443, 137). Praktische Bedeutung hat dies insoweit, als sich jedermann und nicht mehr nur der Insolvenzverwalter bei Beeinträchtigung eines eigenen Rechts auf die Unwirksamkeit berufen kann. Bei relativer Unwirksamkeit wäre dies nur dem Insolvenzverwalter möglich. Daher wird auch bei § 88 die Unwirksamkeit als eine absolute betrachtet (BGHZ 166, 74; Jaeger/*Eckardt* § 88 Rn. 54 ff.; Uhlenbruck/*Mock* § 88 Rn. 42; HK-InsO/*Kayser* § 88 Rn. 33). 33

Die absolute Unwirksamkeit soll nach der Rspr. des Bundesgerichtshofs **zeitlich auf das Insolvenzverfahren begrenzt** sein (für die Sicherungshypothek grundlegend BGHZ 166, 74; für Mobiliarvollstreckung BGH ZInsO 2011, 1413; zu dem inzw. aufgehobenen § 114 Abs. 3 BGH NZI 2011, 365 = ZIP 2011, 871; Uhlenbruck/*Mock* § 88 Rn. 44; HK-InsO/*Kayser* § 88 Rn. 3, 4; eing. *Kreft* FS Fischer, 2008, 297). Scheidet der betreffende Gegenstand ohne Verwertung aus der Insolvenzmasse aus, durch Freigabe seitens des Insolvenzverwalters oder endet der Insolvenzbeschlag vorzeitige durch Beendigung des Insolvenzverfahrens etwa nach § 207, soll die ursprüngliche Sicherung wieder aufleben. Ähnlich wie bei §§ 103 ff. sind damit die Wirkungen des § 88 auf das Insolvenzverfahren begrenzt, aber absolut, so dass bei Verwertung eines Grundstücks der Gläubiger der Sicherungshypothek gegen das Löschungsverlangen des Insolvenzverwalters nicht geltend machen kann, die Sicherungshypothek könne ja wieder aufleben. 34

35 Dieses dogmatische Verständnis ist **insolvenzrechtlich nicht zwingend.** Nicht jede rechtsgestaltende Folge des Insolvenzverfahrens wird nach dessen Beendigung rückgängig gemacht. So bleibt die Insolvenzforderung, die nicht auf Geld gerichtet war, nach ihrer Feststellung zur Insolvenztabelle Geldforderung nach §§ 38, 45. Auch die Wirkung der Titulierung nach § 178 Abs. 3 bleibt erhalten, soweit nicht auch der Schuldner widersprochen hat (§ 201 Abs. 2). Ein rechtsgeschäftlich bestelltes Absonderungsrecht oder auch ein Vorteil durch anfechtbare Rechtshandlung bleibt dem Gläubiger aber erhalten, wenn der Insolvenzverwalter den belasteten Gegenstand nicht verwertet oder die Anfechtung nicht geltend macht. Insoweit ist es konsequent, bei der Sicherung durch Zwangsvollstreckung gleiches zu folgern.

36 Verfahrensrechtlich bereitet das **Wiederaufleben eines Sicherungsrechts** erhebliche Schwierigkeiten. Hat bspw. das Versteigerungsgericht das Verfahren des persönlich betreibenden Gläubigers wegen § 88 nach § 28 ZVG aufgehoben, kann dies nicht mehr rückgängig gemacht werden, die ursprüngliche Beschlagnahme kann nicht wieder hergestellt werden. Daher darf das Versteigerungsgericht das Verfahren des persönlich betreibenden Gläubigers nicht aufheben sondern muß es einstellen, das Grundstück könnte ja wieder aus der Insolvenzmasse ausscheiden (dazu → Rn. 34). Kaum zu lösen ist aber die Frage, wie das Versteigerungsgericht eine im geringsten Gebot möglicherweise bestehenbleibende Sicherungshypothek beachten soll, wenn sie unter § 88 fällt oder wie auf sie bei Erlöschen durch Zwangsversteigerung Zuteilung erfolgen soll (eing. *Keller* ZIP 2006, 1174 [1180]).

37 **2. Wegfall des Pfändungspfandrechts bei Zwangsvollstreckung in das bewegliche Vermögen.** Die Rückschlagsperre führt zum **Erlöschen des** durch die Pfändung erlangten **Pfändungspfandrechts** (HK-InsO/*Kayser* § 88 Rn. 34; zu § 7 Abs. 3 GesO BGHZ 128, 365). Der von der Rückschlagsperre betroffene Gläubiger kann keine abgesonderte Befriedigung nach § 50 Abs. 1 InsO geltend machen, er ist allein Insolvenzgläubiger nach § 38 InsO. Wird das Insolvenzverfahren beendet, ohne dass der Gegenstand verwertet worden ist, lebt die Pfändung wieder auf. Es darf der Gerichtsvollzieher, der den gepfändeten Gegenstand an den Insolvenzverwalter herauszugeben hat (→ Rn. 46), das Pfandsiegel daher nicht entfernen (*Kreft* FS Fischer, 2008, 297 [308]). Dies erfolgt erst mit tatsächlicher Verwertung.

38 Probleme bereitet die Dogmatik von absolutem Erlöschen und Wiederaufleben bei der **Pfändung des Arbeitseinkommens** des Schuldners: Die Pfändung soll als Zwangsvollstreckung in künftige Forderungen seit dem letzten Monat vor dem Insolvenzantrag oder regelmäßig der letzten drei Monate (§ 88 Abs. 2) der Rückschlagsperre unterfallen (→ Rn. 22). Wird später das Insolvenzverfahren beendet und ist der Schuldner nach wie vor im selben Arbeitsverhältnis tätig, bei welchem das Arbeitseinkommen schon der Insolvenzeröffnung gepfändet war, lebt die Pfändung wieder auf und ist vom Arbeitgeber als Drittschuldner zu beachten (BGH NZI 2011, 365 = ZIP 2011, 871) Dies muss konsequent auch dann gelten, wenn dem Schuldner Restschuldbefreiung erteilt wird, da die Befriedigung des Insolvenzgläubigers aus Absonderungsrechten nicht von der Restschuldbefreiung erfasst wird (§ 302 Abs. 2 S. 1). Gerade bei der Pfändung von Arbeitseinkommen verliert dann aber die Restschuldbefreiung ihre praktischen Bedeutung.

39 **3. Die Unzulässigkeit von Zwangsversteigerung und Zwangsverwaltung.** Ein **persönlich betreibender Gläubiger** in der Rangklasse des § 10 Abs. 1 Nr. 5 ZVG erlangt sein Absonderungsrecht nach § 49 mit Wirksamwerden der Beschlagnahme nach §§ 22, 23 ZVG. Unterfallen für ihn Anordnung oder Beitritt der Zwangsversteigerung oder der Zwangsverwaltung der Rückschlagsperre, wird die Beschlagnahme unwirksam. Das **Versteigerungsgericht hat das**

Verfahren nach § 28 ZVG **einzustellen** und nicht aufzuheben, denn das Insolvenzverfahren könnte ohne Verwertung des Grundstücks beendet werden oder das Grundstück könnte noch freigegeben werden. Eine Aufhebung des Verfahrens erfolgt erst nach wirksamer Verwertung (insbes. Veräußerung) durch den Insolvenzverwalter, der insoweit nicht von § 23 ZVG betroffen ist. Hatte der persönlich betreibende Gläubiger seine Beschlagnahme rechtzeitig außerhalb der Rückschlagsperre und im übrigen unanfechtbar nach § 131 erlangt hat, ist er vollwertig Absonderungsberechtigter am Grundstück (§§ 49, 80 Abs. 2, § 165).

4. Die Unwirksamkeit der Sicherungshypothek. Umstr. ist die Frage, wie die **Unwirksamkeit der Sicherungshypothek** bei der Rückschlagsperre zu verstehen ist; die Frage war bereits bei § 7 Abs. 3 GesO höchst streitig (BGHZ 130, 347; OLG Dresden Rpfleger 1999, 442; ZIP 1998, 215; OLG Jena ZIP 1996, 467 = FGPrax 1996, 88 m. abl. Anm. *Keller;* KG ZIP 1996, 645; sehr krit. LG Schwerin Rpfleger 1996, 168; dazu *Holzer* ZIP 1996, 780; *Pape* KTS 1996, 231; *Keller* Rpfleger 1997, 45; *Bestelmeyer* DtZ 1997, 274; *Muth* KTS 1997, 347). 40

Das **BayObLG** nahm in analoger Anwendung zu § 868 ZPO das **Entstehen einer Eigentümergrundschuld** an (BayObLG ZIP 2000, 1263; ebenso OLG Düsseldorf NZI 2004, 93 = Rpfleger 2004, 39 mAnm *Deimann;* eing. *Becker* ZfIR 2015, 81 [83]). Dies ist systematisch richtig, weil die in § 868 ZPO genannten Tatbestände der Aufhebung des Vollstreckungstitels oder des Wegfalls der vorläufigen Vollstreckbarkeit vergleichbar sind mit der Unzulässigkeit der Zwangsvollstreckung aus § 88. Die Umwandlung der Sicherungshypothek in eine Eigentümergrundschuld folgt zudem dem im Bürgerlichen Gesetzbuch normierten Wechselspiel zwischen Hypothek für den Gläubiger und Grundschuld für den Eigentümer (s. nur §§ 1163, 1177 BGB). Unwirksam iSd § 88 wird nicht das Grundpfandrecht als solches sondern die für den Gläubiger erlangte Sicherung, das Grundpfandrecht bleibt als Eigentümergrundschuld bestehen und gehört als Vermögenswert zur Insolvenzmasse (umfassend *Keller* ZIP 2000, 1324). Nachrangige Rechte rücken nicht im Range auf. In der Zwangsversteigerung kann Zuteilung auf das Eigentümerrecht erfolgen, § 1179a BGB steht dem nicht entgegen (BGHZ 25, 382; 39, 242; umfassend *Stöber* ZVG § 114 Rn. 9; *Böttcher* § 114 Rn. 30 ff.; *Keller* RPflJB 1993, 213). Bei freihändiger Verwertung des Grundstücks kann der Insolvenzverwalter das Eigentümerrecht aufheben, bei Zwangsversteigerung hat er ein Recht auf Zuteilung. 41

Der **Bundesgerichtshof** nimmt dagegen ausdrücklich ein **Erlöschen der Sicherungshypothek** an (BGHZ 166, 74; OLG Brandenburg KKZ 2011, 69; Jaeger/*Eckardt* § 88 Rn. 63, 64; HK-InsO/*Kayser* § 88 Rn. 36). Die Unwirksamkeit wirkt nach seiner Ansicht absolut. Gleichzeitig begrenzt er die absolute Unwirksamkeit zeitlich auf das Insolvenzverfahren. Wird danach das Verfahren beendet, ohne dass das Grundstück verwertet worden ist, oder wird das Grundstück aus der Insolvenzmasse freigegeben, soll die Sicherungshypothek entsprechend § 185 Abs. 2 zweite Alternative BGB ex tunc wieder aufleben. Diese Ansicht hat zu Recht Kritik erfahren (MüKoInsO/*Breuer* § 88 Rn. 34; *Alff/Hintzen* ZInsO 2006, 481; *Bestelmeyer* Rpfleger 2006, 388; *Demharter* Rpfleger 2006, 256; *Keller* ZIP 2006, 1174; *Böttcher* NotBZ 2007, 86; zustimmend *Thietz-Bartram* ZInsO 2006, 527; *App* DZWIR 2006, 345): Das Erlöschen der Sicherungshypothek begünstigt nachrangige Gläubiger, die dadurch im Range des § 879 BGB aufrücken und – soweit sie für den Insolvenzverwalter nicht angreifbar sind – die Insolvenzmasse schmälern. Der Hinweis des Bundesgerichtshofs, dies sei durch § 1179a BGB nicht relevant, greift zu kurz, da sie nicht alle Fallkonstellationen des Zwangsversteigerungsrechts erfasst (Vorhandensein nicht anspruchsberechtigter Zwischenrechte BGHZ 39, 242; dazu *Böttcher* § 114 Rn. 35; krit. auch Uhlenbruck/*Mock* § 88 Rn. 54). Das Wiederaufleben ex nunc führt zu 42

Ungleichbehandlungen in der Rangfolge mehrerer Sicherungshypotheken, die dann Gleichrang erhielten. Im übrigen ist die Annahme des Wiederauflebens mit Wirkung ex nunc grundbuchverfahrensrechtlich kaum umsetzbar (Meikel/*Böttcher* GBO § 22 Rn. 31; *Becker* ZfIR 2015, 81 [85]), da mit dem Wiederaufleben eine Grundbuchunrichtigkeit hinsichtlich des „Wieder-Entstehens-Zeitpunkts" und damit des Ranges besteht. In einer vermittelnden Ansicht schlägt *Kreft* vor, das **Wiederaufleben des Rechts mit dem bisherigen Rang** auszugestalten (*Kreft* FS Fischer, 2008, 297 [304]). Überzeugend legt *Kohler* dar, dass eine Konvaleszens insbes. mehrerer Sicherungshypotheken in ihrem urspr. Rangverhältnis stattfindet (*Kohler* ZIP 2015, 1471).

43 **5. Die Unwirksamkeit bei Arrestvollziehung und einstweiliger Verfügung.** Ein **Arrestpfandrecht** an einem gepfändeten Gegenstand oder einer gepfändeten Forderung (§ 930 ZPO) **erlischt** durch die Rückschlagsperre des § 88. Eine nach § 932 ZPO eingetragene Arresthypothek erlischt in Anwendung der Rspr. des Bundesgerichtshofs ebenfalls.

44 Ein durch einstweilige Verfügung angeordnetes **Veräußerungsverbot** gegen den Schuldner (§ 938 Abs. 2 ZPO) verliert bereits nach § 80 Abs. 2 S. 1 seine Wirkung. Die auf Grund einstweiliger Verfügung in das Grundbuch eingetragene **Vormerkung wird** durch die Rückschlagsperre **unwirksam,** sie erlischt (zu § 7 Abs. 3 GesO zutr. BGHZ 142, 208).

IV. Die Geltendmachung der Unwirksamkeit

45 **1. Unwirksamkeit kraft Gesetzes.** Die Wirkung des § 88 tritt mit Insolvenzeröffnung kraft Gesetzes ein (BT-Drs. 12/2443, 137: „ipso iure"). Sie sind im Konfliktfall durch den Insolvenzverwalter gegen den betroffenen Gläubiger nach allgemeinen prozeßualen Regeln geltend zu machen. Insoweit besteht praktisch kein großer Unterschied zwischen der Geltendmachung der Rückschlagperre und der Insolvenzanfechtung, insbes. wenn der betroffene Gläubiger die Unwirksamkeit seiner Sicherung nicht anerkennt.

46 **2. Vollstreckungserinnerung nach § 766 ZPO.** Im allgemeinen Vollstreckungsverfahren ist die Rückschlagsperre durch Vollstreckungserinnerung nach § 766 ZPO geltend zu machen (OLG Köln NZI 2002, 554; MüKoInsO/*Breuer* § 88 Rn. 39; Uhlenbruck/*Mock* § 88 Rn. 60; HK-InsO/*Kayser* § 88 Rn. 45; MüKoZPO/*Karsten Schmidt* § 766 Rn. 30). Der Verfahrensverstoß liegt darin, daß der Gläubiger nach Insolvenzeröffnung weiterhin die Zwangsvollstreckung betreibt, obwohl diese für ihn wegen des Wegfalls des Pfändungspfandrechts nicht mehr möglich ist; er ist als Insolvenzgläubiger vom allgemeinen Vollstreckungsverbot des § 89 Abs. 1 erfaßt (ausf. *Vallender* ZIP 1997, 1993; *App* NZI 1999, 138). **Es entscheidet** in Anwendung des § 89 Abs. 3 **das Insolvenzgericht,** funktionell der Richter (§ 20 Nr. 17 RPflG; AG Hamburg NZI 2000, 96; *Frege/Keller/Riedel* Rn. 219; anders – Zuständigkeit des Rechtspflegers – AG Duisburg NZI 2000, 608; AG Halle/Saalkreis DZWIR 2002, 173; FK-InsO/*Schmerbach* § 2 Rn. 32; keine Anwendung § 89 Abs. 3 nach HambK-InsO/*Kuleisa* § 88 Rn. 14).

47 Bei **Pfändung körperlicher Gegenstände** durch den Gerichtsvollzieher wird die Rückschlagsperre durch Herausgabe des gepfändeten Gegenstandes an den Insolvenzverwalter beachtet (§ 51 Abs. 3 S. 3, § 91 Abs. 2 S. 3 GVGA).

48 Bei **Forderungspfändung** ist das vollstreckungsgerichtliche Verfahren mit Erlaß des Pfändungs- und Überweisungsbeschlusses beendet, die konkrete Vollstreckungsmaßnahme ist mit Zustellung des Beschlusses an den Drittschuldner im Parteibetrieb, also auf Betreiben des Gläubigers, abgeschlossen (§ 829 Abs. 2, 3 ZPO). Der Drittschuldner müßte hier unter Verweis auf die Rückschlagsperre gegenüber dem Gläubiger die Leistung verweigern, andererseits kann er auf § 836

Abs. 2 ZPO vertrauen. Daher ist der Pfändungs- und Überweisungsbeschluß deklaratorisch aufzuheben. Die **Aufhebung** erfolgt nicht von Amts wegen sondern stets nur auf Vollstreckungserinnerung (in diesem Sinne die Aussage der Gesetzesbegründung von den „ipso iure" eintretenden Wirkungen sämtlich mißverstehend Uhlenbruck/*Mock* § 88 Rn. 45; HK-InsO/*Kayser* § 88 Rn. 45; undeutlich auch BGH ZInsO 2011, 1413 Rn. 11; zutr. HambK-InsO/*Kuleisa* § 88 Rn. 14).

Zur Unwirksamkeit der **Pfändung des Arbeitseinkommens** nach dem bis 1.7.2014 geltenden **§ 114 Abs. 3** ließ der Bundesgerichtshof eine Pfändung nicht aufheben sondern nur einstweilen einstellen (BGH NZI 2011, 365 = ZIP 2011, 871). Das ist auch nach Aufhebung der Norm aber nur für den Fall der Pfändung des Arbeitseinkommens richtig, nur hier bezieht der Schuldner auch nach Verfahrensbeendigung diesen Vermögenswert (dazu → Rn. 37a). In anderen Fällen ist eine einstweilige Einstellung nicht angezeigt. Denn bei einer Mobiliarpfändung hat der Insolvenzverwalter bei der Verwertung nach §§ 166 ff. das möglicherweise bestehende Absonderungsrecht zu beachten. Beantragt er die deklaratorische Aufhebung der Pfändung, bringt er damit seine Verwertungsabsicht und die endgültige Unwirksamkeit der Pfändung zum Ausdruck. Bei einer Forderungspfändung steht ihm kein Verwertungsrecht nach § 166 Abs. 2 zu (dort → § 166 Rn. 23). Hier konkurrieren unmittelbar gegenüber dem Drittschuldner der Pfändungsgläubiger und der Insolvenzverwalter miteinander. Auch hier wird mit Einlegung der Vollstreckungserinnerung die konkrete Verwertung der Forderung durch den Insolvenzverwalter deutlich. Eine Einstellung der Zwangsvollstreckung unter Aufrechterhaltung der Pfändung ist in beiden Fällen nicht erforderlich. 49

3. Zwangsversteigerung und Zwangsverwaltung. Ein Zwangsversteigerungs- oder Zwangsverwaltungsverfahren, das unter die Rückschlagsperre fällt, ist seitens des Vollstreckungsgerichts in Anwendung des § 28 Abs. 2 ZVG nach Anhörung des betreffenden Gläubigers von Amts wegen einstweilen einzustellen (für Aufhebung *Stöber* ZVG § 15 Rn. 23.5 und § 28 Rn. 8.1; HK-InsO/*Kayser* § 88 Rn. 45). Hier besteht angesichts der langen Dauer eines Zwangsversteigerungsverfahrens durchaus die Möglichkeit, dass das Insolvenzverfahren ohne Verwertung des Grundstücks endet oder der Insolvenzverwalter dasselbe aus der Insolvenzmasse noch freigibt. 50

4. Sicherungshypothek nach §§ 866, 867 ZPO. Hinsichtlich einer in eine Eigentümergrundschuld umgewandelten oder einer erloschenen (→ Rn. 40, 41) Sicherungshypothek nach §§ 866, 867 ZPO erfolgt die **Grundbuchberichtigung nicht von Amts wegen** (§ 13 GBO). Auch die Eintragung eines Amtswiderspruchs nach § 53 Abs. 1 S. 1 GBO, eine Löschung wegen inhaltlicher Unzulässigkeit nach § 53 Abs. 1 S. 2 GBO oder wegen Gegenstandslosigkeit nach § 84 Abs. 2 lit. a GBO kommen nicht in Betracht (OLG Dresden Rpfleger 1999, 442; LG Schwerin Rpfleger 1996, 168; *Keller* Rpfleger 1997, 45; ZIP 2000, 1324; teilw. zu § 7 Abs. 3 GesO anders AG Meiningen ZIP 1995, 308; dazu *Pape* EWiR 1995, 257; unzutreffend im Hinblick auf § 53 GBO insbes. *Holzer* ZIP 1996, 780). Auch ist das Insolvenzgericht nicht befugt, das Grundbuchamt über § 38 GBO um Grundbuchberichtigung zu ersuchen; § 32 InsO findet weder direkt noch analog Anwendung. Dies alles ist schon deshalb nicht möglich, weil auch die Eintragung der Sicherungshypothek öffentlichen Glauben nach §§ 891, 892 BGB genießt: Der Gläubiger kann durch Abtretung der gesicherten Forderung die Hypothek an einen gutgläubigen Dritten abtreten. § 1185 Abs. 2 BGB, der die Anwendung des § 1138 BGB ausschließt, verhindert nur den sog forderungsentkleideten Erwerb der Sicherungshypothek (allg. Staudinger/*Wolfsteiner* BGB § 1185 Rn. 7 ff.). Die **Grundbuchberichtigung** erfolgt mit dem Anspruch aus § 894 BGB **allein nach zivilrechtlichen Regeln,** verfahrensrechtlich gilt § 22 51

GBO. Es ist die Pflicht des Insolvenzverwalters, die Grundbuchberichtigung zeitnah zu betreiben oder wenigstens die Eintragung eines Widerspruchs nach § 899 BGB zu veranlassen (durch Bewilligung des betroffenen Gläubigers oder einstweilige Verfügung).

52 Nimmt man bei der Sicherungshypothek die **Umwandlung in eine Eigentümergrundschuld** an, besteht die Grundbuchunrichtigkeit in der Bezeichnung des Gläubigers, mithin darin, dass noch die Sicherungshypothek für den Gläubiger eingetragen ist (eing. *Keller* ZIP 2000, 1324). Nimm man das Erlöschen an, besteht die Grundbuchberichtigung in der Löschung des Rechts im Grundbuch (eing. *Keller* ZIP 2006, 1174; *ders.* ZfIR 2006, 499).

53 Der Insolvenzverwalter hat dem Grundbuchamt **sämtliche Voraussetzungen** des § 88 in der Form des § 29 Abs. 1 S. 2 GBO **(öffentliche Urkunde)** nachzuweisen. Ist dies nicht möglich, kann er vom eingetragenen Hypothekengläubiger die Abgabe einer entsprechenden Berichtigungsbewilligung verlangen (§ 894 BGB). Der Insolvenzverwalter muß dem Grundbuchamt gegenüber keinen Nachweis führen, daß er das Grundstück konkret verwerten will.

54 Verfahrensrechtlich ist es im Einzelfall schwierig, die Tatbestandsvoraussetzungen des § 88 in der Form des § 29 Abs. 1 S. 2 GBO nachzuweisen, insbes. ist der **Zeitpunkt des maßgeblichen Insolvenzantrags** als entscheidende Tatbestandsvoraussetzung nicht nachweisbar, wenn sich aus den Daten der Eintragung der Hypothek und der Insolvenzeröffnung die maßgebliche Frist des § 88 sich nicht ergibt. Das Insolvenzgericht kann nicht bescheinigen, wann der Insolvenzantrag gestellt wurde (BGHZ 194, 60 = NZI 2012, 753 mAnm *Keller;* OLG München FGPrax 2011, 230 mAnm *Keller;* NZI 2014, 927 mAnm *Sternal;* OLG Hamm Rpfleger 2014, 158; dagegen für Nachweis durch dienstliche Stellungnahme des Insolvenzrichters OLG Köln FGPrax 2011, 230; eing. *Keller* ZfIR 2006, 499; zu den Zusammenhängen der Tatbestände bei GB-Eintragung OLG Köln NZI 2015, 486 = ZIP 2015, 1551). Erst recht gilt dies, wenn mehrere Insolvenzanträge vorliegen. Der Gesetzgeber hatte zu § 139 eine Regelung dahin, dass das Insolvenzgericht zur Bestimmung des maßgeblichen Insolvenzantrags befugt sei, ausdrücklich verworfen (BT-Drs. 12/2443, 34, 164 ff.; BT-Drs. 12/7302, 174). Kann der für die Rückschlagsperre maßgebliche Zeitraum nicht aus dem Zusammenhang von Grundbucheintragung und Insolvenzeröffnung ermittelt werden, hat der Insolvenzverwalter den Anspruch auf Abgabe einer Berichtigungsbewilligung nach § 894 BGB gegen den Gläubiger geltend zu machen, das Vorliegen der Voraussetzungen des § 88 ist dann wie bei der Insolvenzanfechtung im streitigen Verfahren zu klären. Nicht zu folgen ist jedoch dem OLG Stuttgart (ZIP 2011, 1876 = NotBZ 2011, 415 mAnm *Böttcher*), das generell eine Grundbuchberichtigung nach § 22 GBO für nicht möglich hält und stets eine Löschung nur auf Bewilligung des eingetragenen Hypothekengläubigers zulässt.

55 **5. Arrest und einstweilige Verfügung.** Für die Geltendmachung der **Unwirksamkeit eines Arrestpfandrechts** (§ 930 ZPO) an einem Gegenstand oder einer Forderung der Insolvenzmasse gelten die Erläuterungen zur allgemeinen Zwangsvollstreckung (→ Rn. 45).

56 Eine **unwirksam gewordene Vormerkung,** die auf Grund einstweiliger Verfügung eingetragen worden ist, ist im Wege der Grundbuchberichtigung unter Nachweis der Voraussetzungen des § 88 InsO oder auf Bewilligung des Vormerkungsberechtigten zu löschen (zu § 7 Abs. 3 GesO BGH ZIP 2000, 931; OLG Jena Rpfleger 1996, 211; LG Dresden Rpfleger 1997, 107 m. abl. Anm. *Keller*). Es gelten die Erläuterungen zur Sicherungshypothek (→ Rn. 50 ff.).

V. Die Befriedigung des Gläubigers während des maßgeblichen Zeitraums

Die Rückschlagsperre zerstört nicht eine bereits erfolgte Befriedigung auf Grund der Zwangsvollstreckung (MüKoInsO/*Breuer* § 88 Rn. 18). Es gelten folgende Fallgestaltungen: 57

1. Zwangsvollstreckung außerhalb § 88. Die Zwangsvollstreckungsmaßnahme liegt außerhalb des Zeitraums des § 88, nur die Befriedigung des Gläubigers fällt in diesen Zeitraum. Hier wird die Vollstreckungsmaßnahme von der Rückschlagsperre nicht erfaßt; der Gläubiger hat ein Absonderungsrecht nach § 50 Abs. 1. Eine Anfechtung der Befriedigung des Gläubigers unter den Voraussetzungen des § 131 Abs. 1 ist mangels Gläubigerbenachteiligung nicht möglich, da das Absonderungsrecht des Gläubigers nicht angegriffen werden kann. 58

2. Zwangsvollstreckung und Befriedigung innerhalb des § 88. Liegen sowohl die **Zwangsvollstreckungsmaßnahme** als auch die **Befriedigung** des Gläubigers **innerhalb des maßgeblichen Zeitraums,** erlischt das Pfändungspfandrecht und damit das Recht auf Befriedigung aus dem gepfändeten Gegenstand oder der Forderung als materielle Berechtigung des Gläubigers, den Verwertungserlös aus einem gepfändeten Gegenstand oder die Zahlung des Drittschuldners erhalten zu dürfen (*Schuschke/Walker* Vor §§ 803, 804 Rn. 15). Es liegt ein Fall der Wegfallskondiktion nach § 812 Abs. 1 S. 2 erste Alternative BGB vor (HK-InsO/*Kayser* § 88 Rn. 42; Kübler/Prütting/Bork/*Lüke* § 88 Rn. 19b; *Vallender* ZIP 1997, 1993; allg. zum Bereicherungsanspruch gegenüber unberechtigter Vollstreckung BGHZ 83, 278 [280]). Es kann auch eine Anfechtung nach § 131 Abs. 1 Nr. 1 erwogen werden. Im Verbraucherinsolvenzverfahren ist dies wegen der Diskrepanz der Zeiträume des § 88 Abs. 2 und § 131 Abs. 1 problematisch. IErg besteht zwischen beiden Wegen kein großer Unterschied, da auch der Rückgewähranspruch des § 143 Abs. 1 S. 1 InsO bereicherungsrechtlichen Grundsätzen folgt (BGHZ 15, 333 [337]; 41, 98 [103]; MüKoInsO/*Kirchhof* § 143 Rn. 10). 59

3. Befriedigung nach Insolvenzeröffnung. Lag die Zwangsvollstreckungsmaßnahme innerhalb des maßgeblichen Zeitraums, **wurde** aber der **Gläubiger** vor Insolvenzeröffnung **nicht befriedigt,** ist die Befriedigung des Gläubigers durch Zwangsvollstreckung nach Insolvenzeröffnung schon wegen § 89 Abs. 1 unzulässig. Der von § 88 betroffenen Gläubiger ist nur Insolvenzgläubiger und kann keine Zwangsvollstreckung mehr betreiben. Tut er dies dennoch, ist dem allg. durch Vollstreckungserinnerung (§ 766 ZPO) zu begegnen (→ Rn. 45). 60

Vollstreckungsverbot

89 (1) **Zwangsvollstreckungen für einzelne Insolvenzgläubiger sind während der Dauer des Insolvenzverfahrens weder in die Insolvenzmasse noch in das sonstige Vermögen des Schuldners zulässig.**

(2) 1 **Zwangsvollstreckungen in künftige Forderungen auf Bezüge aus einem Dienstverhältnis des Schuldners oder an deren Stelle tretende laufende Bezüge sind während der Dauer des Verfahrens auch für Gläubiger unzulässig, die keine Insolvenzgläubiger sind.** 2 **Dies gilt nicht für die Zwangsvollstreckung wegen eines Unterhaltsanspruchs oder einer Forderung aus einer vorsätzlichen unerlaubten Handlung in den Teil der Bezüge, der für andere Gläubiger nicht pfändbar ist.**

(3) [1] **Über Einwendungen, die auf Grund des Absatzes 1 oder 2 gegen die Zulässigkeit einer Zwangsvollstreckung erhoben werden, entscheidet das Insolvenzgericht.** [2] **Das Gericht kann vor der Entscheidung eine einstweilige Anordnung erlassen; es kann insbesondere anordnen, daß die Zwangsvollstreckung gegen oder ohne Sicherheitsleistung einstweilen einzustellen oder nur gegen Sicherheitsleistung fortzusetzen sei.**

Schrifttum: *App,* Anordnung der bußgeldrechtlichen Erzwingungshaft nach Eröffnung des Insolvenzverfahrens über das Vermögen des Schuldners, ZVI 2008, 197; *Althammer/Löhnig,* Das Insolvenzgericht in der Rolle des Vollstreckungsgerichts, KTS 2004, 525; *Dörndorfer,* Insolvenzverfahren und Lohnpfändung, NZI 2000, 292; *Eickmann,* Problematische Wechselwirkungen zwischen Immobilienvollstreckung und Insolvenz, ZfIR 1999, 81, *Hellwich,* Das Zusammentreffen von Lohnpfändung und Verbraucherinsolvenz, NZI 2000, 460; *Henckel,* Insolvenzgläubiger – Massegläubiger – Neugläubiger, FS 50 Jahre Kölner Arbeitskreis Jubiläumskongreß 1999, 2000, 97; *Hintzen,* Insolvenz und Immobilienvollstreckung, Rpfleger 1999, 256; *ders.,* Vollstreckung und Insolvenz – Ausgewählte Aspekte zur Vollstreckungsklausel, Pfändung von Arbeitseinkommen, Entscheidungszuständigkeiten, Zwangsversteigerung und Zwangsverwaltung, Kölner Schrift zur InsO (2009), Kap. 20; *Keller,* Strukturprobleme und Systembrüche des neuen Insolvenzrechts bei Einbeziehung des Arbeitseinkommens des Schuldners in die Insolvenzmasse, NZI 2001, 449; *ders.,* Grundstücksverwertung im Insolvenzverfahren, ZfIR 2002, 861; *ders.,* Der Unterhaltsanspruch als Insolvenzforderung und die Stellung des Unterhaltsgläubigers im Insolvenzverfahren, NZI 2007, 143; *Kuleisa,* Zwangsvollstreckung in der Insolvenz, ZVI 2014, 121; *Mönning/Zimmermann,* Die Einstellungsanträge des Insolvenzverwalters gem. §§ 30d Abs. 1, 153b Abs. 1 ZVG im eröffneten Insolvenzverfahren, NZI 2008, 134; *Muth,* Die Zwangsversteigerung auf Antrag des Insolvenzverwalters, ZIP 1999, 945; *Rönnau/Tachau,* Der Geldstrafenschuldner in der Insolvenz – zwischen Skylla und Charybdis, NZI 2007, 208; *Pape,* Vollstreckung von Geldstrafen und Ersatzfreiheitsstrafen während des Insolvenzverfahrens, InVo 2006, 454; *ders.,* Ersatzfreiheitsstrafe und Alternativen bei offenen Geldstrafen im Insolvenzverfahren, ZVI 2007, 7; *Karsten Schmidt,* Titelumschreibung nach Konkurseröffnung und nach Konkursbeendigung, JR 1991, 309; *ders.,* Gesetzliche, insbesondere wettbewerbsrechtliche Unterlassungsansprüche bei Umstrukturierungen, FS Köhler, 2014, 631; *Schur,* Vollstreckungsschutz nach § 765a ZPO im Insolvenzverfahren, KTS 2008, 471; *Steder,* Behandlung des Arbeitseinkommens und sonstiger laufender Bezüge im eröffneten Insolvenzverfahren, ZIP 1998, 1874; *Stöber,* Insolvenzverfahren und Vollstreckungs-Zwangsversteigerung, NZI 1998, 105; *ders.,* Aufhebung der auf Antrag des Insolvenzverwalters angeordneten Einstellung der Zwangsversteigerung, NZI 1999, 435; *Vallender/Elschenbroich,* Konflikte zwischen dem Straf- und Insolvenzrecht bei der Vollstreckung von Geldstrafen im Verbraucherinsolvenz- und Restschuldbefreiungsverfahren, NZI 2002, 130.

Übersicht

I. Entstehungsgeschichte und Normzweck

1. Entstehungsgeschichte und Normänderungen. Die Norm entspricht dem früheren § 14 KO (BT-Drs. 12/2443, 137). § 89 Abs. 2 enthält darüber hinaus eine Sonderregelung für Zwangsvollstreckung in Arbeitseinkommen seitens eines Gläubigers, dessen Forderung nach Insolvenzeröffnung entstanden ist (**Neugläubiger**). Absatz 3 enthält eine Zuständigkeitsregelung zu Gunsten des Insolvenzgerichts, weil dieses größere Sachnähe besitze als das zuständige Vollstreckungsgericht. § 89 wurde seit Inkrafttreten der Insolvenzordnung nicht geändert. 1

2. Normzweck. Wie auch § 88 dient die Vorschrift der gleichmäßigen Befriedigung der Insolvenzgläubiger, die durch die Möglichkeit der Einzelzwangsvollstreckung grundlegend beeinträchtigt wäre (Jaeger/*Eckardt* § 89 Rn. 4; HK-InsO/*Kayser* § 89 Rn. 1). 2

Durch den Vollstreckungsschutz betreffend das **insolvenzfreie Vermögen** sollte ursprünglich dem Schuldner der Aufbau einer neuen wirtschaftlichen Existenz nach Insolvenzeröffnung ermöglicht werden. Dies traf für das Konkursrecht zu, weil dort der Neuerwerb des Schuldners konkursfrei war (Jaeger/*Henckel* KO § 14 Rn. 2). Die Neuregelung des § 35 sowie § 36 Abs. 1 konterkarieren dagegen den Vollstreckungsschutz betreffend das insolvenzfreie Vermögen (→ Rn. 16) und benachteiligen die Neugläubiger des Schuldners (Jaeger/*Eckardt* § 89 Rn. 7; grundlegend *Henckel* FS 50 Jahre Kölner Arbeitskreis, 2000, 97). 3

3. Anwendungsbereich der Norm. Die Vorschrift **gilt in allen Insolvenzverfahren.** Sie gilt auch im inländischen Hauptinsolvenzverfahren eines ausländischen Schuldners sowie im Sekundärinsolvenzverfahren, soweit das ausländische Recht eine dem § 89 entsprechende Regelung enthält (Art. 4 Abs. 1 EuInsVO, § 335; Jaeger/*Eckardt* § 89 Rn. 36; MüKoInsO/*Breuer* § 89 Rn. 28, 29; Uhlenbruck/*Mock* § 89 Rn. 17). 4

II. Das Vollstreckungsverbot im eröffneten Insolvenzverfahren (Absatz 1)

1. Das Wirksamwerden mit Insolvenzeröffnung. Mit der Insolvenzeröffnung greift das Vollstreckungsverbot des Absatz 1 kraft Gesetzes und unabhängig von einer Kenntnis des betroffenen Gläubigers oder des Vollstreckungsorgans ein. 5

Soweit bereits ein Vollstreckungsverbot nach § 21 Abs. 2 Nr. 3 angeordnet war, geht dieses nahtlos in das Vollstreckungsverbot des Absatz 1 über.

6 Innerhalb der Voraussetzungen der **Zwangsvollstreckung** nach dem Achten Buch der Zivilprozeßordnung stellt § 89 Abs. 1 ein Vollstreckungshindernis eigener Art neben § 775 dar (Zöller/*Stöber* § 775 Rn. 5). Es ist vom Vollstreckungsorgan von Amts wegen zu beachten, wobei aber keine Amtsermittlungspflicht besteht (für Gerichtsvollzieher bei Zweifeln § 91 Nr. 4 GVGA). § 89 gilt auch für die Zwangsvollstreckung öffentlich-rechtlicher Forderungen nach §§ 259 ff., 281 ff. AO bzw. nach den Verwaltungsvollstreckungsgesetzen der Länder (Jaeger/*Eckardt* § 89 Rn. 48; MüKoInsO/*Breuer* § 89 Rn. 40; Uhlenbruck/*Mock* § 89 Rn. 16; zutr. in Abgrenzung zur Aufrechnung nach §§ 51, 52 SGB I SG München VuR 2014, 477 mAnm *Busch*).

7 **2. Anwendung auf einzelne Gläubiger. a) Insolvenzgläubiger.** Das Vollstreckungsverbot betrifft **alle Insolvenzgläubiger** nach § 38 und § 39 (BT-Drs. 12/2443, 137). Das Vollstreckungsverbot gilt auch für einen Gläubiger, der auf die **Teilnahme am Insolvenzverfahren verzichtet** (Jaeger/*Eckardt* § 89 Rn. 11; HK-InsO/*Kayser* § 89 Rn. 8; zu § 294 BGH NZI 2006, 602). Ein von ihm vorher erworbener Vollstreckungstitel hat zwar nach Beendigung des Insolvenzverfahrens weiter Gültigkeit (RGZ 28, 284; beachtlich aber Verjährung der Zinsen, § 197 Abs. 2 BGB). Ob er praktisch dann noch vollstrecken kann, hängt entscheidend davon ab, ob gegen den Schuldner noch vollstreckt werden kann. Eine juristische Person oder Gesellschaft ohne Rechtspersönlichkeit ist meist aufgelöst und erloschen. Eine natürliche Person kann Restschuldbefreiung erlangen, von der auch der Gläubiger betroffen ist, der am Verfahren nicht teilgenommen hat (§ 301 Abs. 1 S. 2).

8 **Handlungs-, Duldungs- oder Unterlassungsansprüche** gegen den Schuldner sind keine Insolvenzforderungen. Ihre Vollstreckung nach §§ 887, 888, 890 ff. ZPO ist auch nach Insolvenzeröffnung zulässig (KG NZI 2000, 228; LAG RhPf ZInsO 2013, 744; HK-InsO/*Kayser* § 89 Rn. 15). Eine Ausnahme kann beim Anspruch auf Vornahme einer vertretbaren Handlung gegeben sein (Jaeger/*Henckel* KO § 14 Rn. 6) oder beim unselbständigen Auskunftsanspruch zu einer Insolvenzforderung (Uhlenbruck/*Mock* § 89 Rn. 29). Ein bereits verhängtes Ordnungsgeld oder Zwangsgeld ist nachrangige Insolvenzforderung (§ 39 Abs. 1 Nr. 3), die dem Vollstreckungsverbot des § 89 Abs. 1 unterliegt (zur Verjährungshemmung § 34 Abs. 4 Nr. 1 OWiG). Ob Unterlassungspflichten des schuldnerischen Unternehmens, zB aus UWG, auch ggü. dem Insolvenzverwalter gelten, hängt davon ab, ob und inwieweit sie als vertraglich begründete Ansprüche gegen die Masse Gültigkeit haben (§§ 103 ff., § 55 Abs. 1 Nr. 2; dazu BGHZ 155, 371 = NZI 2003, 539 mAnm *Gundlach/Frenzel*). Gesetzliche Ansprüche gelten auch ggü. dem Insolvenzverwalter (eing. *Karsten Schmidt* FS Köhler, 2014, 631 [641]).

9 **b) Nicht absonderungsberechtigte Gläubiger.** Absonderungsberechtigte Gläubiger sind von § 89 betroffen, wenn sie nicht aus dem Absonderungsrecht sondern wegen der gesicherten Forderung Einzelzwangsvollstreckung betreiben (Vollstreckung wegen Schadensersatz statt Geltendmachung des Absonderungsrechts aus § 110 VVG BGH NZI 2014, 998 mAnm *Mitlehner* = ZIP 2014, 2090: dazu EWiR 2015, 17 *(Tillmann/Schaffer)*). Bezüglich bestehender Absonderungsrechte an beweglichen Gegenständen, Forderungen und sonstigen Vermögensrechten (§§ 50 ff.) besteht das Verwertungsrecht des Insolvenzverwalters aus §§ 166 ff. (krit. Jaeger/*Eckardt* § 89 Rn. 18, 19; zur Konkurrenz zwischen Forderungspfändung und Einziehung durch Insolvenzverwalter → § 88 Rn. 47, 48). Eine selbständige Verwertung des Gegenstandes ist dem Absonderungsberechtigten außer im Falle des § 173 verwehrt.

Der Absonderungsberechtigte nach § 49 InsO kann selbständig die Zwangsvollstreckung in das Grundstück oder grundstücksgleiche Recht durch Zwangsversteigerung oder Zwangsverwaltung betreiben, § 89 gilt nicht. Eine Verwirklichung des Absonderungsrechtes eines Grundpfandrechtsgläubiger liegt auch bei **Pfändung von Mietforderungen** (§ 1123 BGB) auf Grund des Duldungstitels aus § 1147 BGB vor (OLG Saarbrücken Rpfleger 1993, 80; Staudinger/*Wolfsteiner* (2015) BGB § 1123 Rn. 13, 18ff. mwN; MüKoBGB/*Eickmann* § 1123 Rn. 22; *Stöber* Forderungspfändung Rn. 233). Im Insolvenzverfahren ist dem Grundpfandrechtsgläubiger diese „dingliche Forderungspfändung" mit dem Wortlaut des § 49 verwehrt (BGHZ 168, 339 = NZI 2006, 577 mAnm *Stapper/Schädlich* = ZfIR 2007, 208 mAnm *Eckert;* Uhlenbruck/*Mock* § 89 Rn. 15). 10

c) Nicht Aussonderungsberechtigte. Aussonderungsberechtigte nach § 47 InsO sind **keine Insolvenzgläubiger,** er ist vom Vollstreckungsverbot nicht betroffen. Zur Zwangsvollstreckung aus einem vor Insolvenzeröffnung erworbenen Titel bedarf es der Titelumschreibung gegen den Insolvenzverwalter nach § 727 ZPO (Jaeger/*Eckardt* § 89 Rn. 17; HK-InsO/*Kayser* § 89 Rn. 12). 11

d) Die Massegläubiger. Die Massegläubiger des § 55 InsO unterliegen dem Vollstreckungsverbot des § 89 Abs. 1 nicht, sie können grds. in die Insolvenzmasse vollstrecken, Vollstreckungsschuldner ist der Insolvenzverwalter als Partei kraft Amtes. Gegen sog **oktroyierte Masseverbindlichkeiten** besteht nach § 90 Abs. 1 ein **zeitlich befristetes Vollstreckungsverbot** für die ersten sechs Monate nach Insolvenzeröffnung (eing. → § 90 Rn. 15). 12

Ein **Zugriff auf das insolvenzfreie,** etwa das freigegebene **Vermögen** des Schuldners, **ist den Massegläubigern verwehrt,** sie sind Vollstreckungsgläubiger des Insolvenzverwalters und nicht des Schuldners selbst (aA für § 55 Abs. 2 in Anlehnung an sog unechte Masseverbindlichkeiten des früheren Konkursrechts Braun/*Kroth* § 90 Rn. 19). Auch nach Beendigung des Insolvenzverfahrens haftet der Schuldner für nicht befriedigte Masseverbindlichkeiten (§§ 208ff.) nur mit der noch vorhandenen Insolvenzmasse, nicht mit einem nachinsolvenzlichen Neuerwerb. Dies ist va im Restschuldbefreiungsverfahren bedeutsam (dazu *Frege/Keller/Riedel* Rn. 2151; Uhlenbruck/*Vallender* § 292 Rn. 33). 13

e) Die Neugläubiger. Neugläubiger des Schuldners sind solche Gläubiger, deren Forderungen nach Insolvenzeröffnung entstehen. Sie können **nur in das insolvenzfreie Vermögen** des Schuldners vollstrecken (OLG Rostock NZI 1999, 240 = ZIP 1999, 294; Jaeger/*Henckel* KO § 14 Rn. 18, § 15 Rn. 11). Dies gilt auch für den ungewöhnlichen Fall der Vollstreckung eines nach Insolvenzeröffnung entstandenen prozessualen Kostenerstattungsanspruchs, auch wenn der Prozess wegen § 240 ZPO gar nicht hätte fortgeführt werden dürfen (BGH NZI 2014, 310 = ZIP 2014, 480; dazu EWiR 2014, 287 *(Breitenbücher);* zu allg. AG Augsburg DGVZ 2012, 82). Dass Neugläubiger im Wege der Zwangsvollstreckung nicht auf die Insolvenzmasse zugreifen dürfen, ist gesetzlich ausdrücklich nicht geregelt (für Anwendung § 89 Abs. 1 daher KG ZIP 2005, 2126; Uhlenbruck/*Mock* § 89 Rn. 12). Dies ergibt sich aber einerseits durch Rückschluss aus der Nichterwähnung dieses Gläubigers in der Insolvenzordnung. Andererseits ergibt es sich aus dem Zweck des Insolvenzverfahrens: Könnte ein Neugläubiger in die Insolvenzmasse vollstrecken, könnte der Schuldner durch spätere Begründung von Neuverbindlichkeiten das Insolvenzverfahren völlig konterkarieren. Schließlich ergibt sich das Vollstreckungsverbot aus der haftungsrechtlichen Zuordnung der Insolvenzmasse auf den Insolvenzverwalter und die Insolvenzgläubiger. Dies ist allgemeine Ansicht und wird nirgends in Zweifel gezogen (statt aller Jaeger/*Eckardt* § 89 Rn. 25). 14

15 Weil nach § 35 auch der Neuerwerb des Schuldners zur Insolvenzmasse gehört und nach § 36 Abs. 1 nur **unpfändbare Gegenstände** insolvenzfrei sind, ist der Vollstreckungszugriff des Neugläubigers auf das insolvenzfreie Vermögen des Schuldners oft wertlos (krit. daher *Henckel* FS 50 Jahre Arbeitskreis, 2000, 97 [113]; Jaeger/*Henckel* KO § 14 Rn. 2). Er ist möglich in vom Insolvenzverwalter freigegebene Vermögensgegenstände oder für den sog privilegierten Neugläubiger nach § 89 Abs. 2 (→ Rn. 49).

16 **3. Das geschützte Vermögen. a) Die Insolvenzmasse und insolvenzfreies Vermögen.** Das Vollstreckungsverbot des § 89 Abs. 1 schützt sowohl die Insolvenzmasse als auch das **insolvenzfreie Vermögen** des Schuldners (BGH WM 1971, 859; *Kuhn/Uhlenbruck* § 14 Rn. 1 am Ende). Durch die Einbindung des Neuerwerbs zur Insolvenzmasse nach § 35 wird die Unterscheidung von Insolvenzmasse und insolvenzfreiem Vermögen fast bedeutungslos, denn insolvenzfrei ist nach § 36 Abs. 1 das ohnehin der Zwangsvollstreckung nicht unterliegende Vermögen des Schuldners. Von § 89 wird auch das vom Insolvenzverwalter **freigegebene Vermögen** geschützt (BGH NZI 2009, 382 = ZIP 2009, 818; Uhlenbruck/*Mock* § 89 Rn. 6). Auf dieses können während des Insolvenzverfahrens nur Neugläubiger Zugriff nehmen.

17 In der Insolvenz der Gesellschaft ohne Rechtspersönlichkeit ist das Vermögen persönlich haftenden Gesellschafters über § 93 vor dem Zugriff der Gesellschaftsgläubiger geschützt. Der **Gesellschaftsgläubiger** ist daher wegen der Sperrwirkung des § 93 an der Zwangsvollstreckung gegen den Gesellschafter gehindert, auch und gerade wenn er einen Vollstreckungstitel gegen diesen hat (MüKoInsO/*Brandes* § 93 Rn. 13; Uhlenbruck/*Mock* § 89 Rn. 8).

18 § 89 verbietet dem Schuldner nicht, aus seinem insolvenzfreien Vermögen **freiwillig einzelne Insolvenzgläubiger zu befriedigen** (BGH NZI 2010, 223; Jaeger/*Henckel* KO § 14 Rn. 33; Jaeger/*Eckardt* § 89 Rn. 59; Uhlenbruck/*Mock* § 89 Rn. 37; *Keller* Insolvenzrecht Rn. 838); insolvenzfreie Forderungen können auch abgetreten werden (BGHZ 125, 116). Es liegt dann keine Zwangsvollstreckung vor und das Gleichbehandlungsgebot des § 1 wird nicht verletzt, weil es sich nur auf die gleichmäßige Befriedigung innerhalb des Insolvenzverfahrens bezieht. Der Schuldner begeht bei Befriedigung eines Insolvenzgläubigers aus seinem freien Vermögen auch keine Obliegenheitsverletzung iSd § 290.

19 **b) Im Ausland befindliches Vermögen.** Im Ausland befindliches Vermögen des Schuldners gehört zwar zur Insolvenzmasse nach § 35, vom Vollstreckungsverbot des § 89 ist es aber nicht betroffen, da diese Vorschrift nicht im ausländischen Vollstreckungsrecht angewendet werden kann (BGHZ 88, 147 [154]; Uhlenbruck/*Mock* § 89 Rn. 10; zum umgekehrten Fall der Inlandsvollstreckung bei ausländischem Insolvenzverfahren Uhlenbruck/*Mock* § 89 Rn. 17). Der Gläubiger muss aber das aus der Zwangsvollstreckung Erlangte an den Insolvenzverwalter nach den Regeln ungerechtfertigter Bereicherung herausgeben (BGHZ 88, 147; Jaeger/*Eckardt* § 89 Rn. 34, 35; Uhlenbruck/*Mock* § 89 Rn. 17 mwN; HK-InsO/*Kayser* § 89 Rn. 18; krit. *Hanisch* ZIP 1983, 1289; Nerlich/Römermann/*Mincke* EGInsO Art. 102 Rn. 141 ff.); dies ist ausdrücklich durch § 342 Abs. 1 geregelt (eine entsprechende Regelung war im Regierungsentwurf zur Insolvenzordnung vorgesehen, BT-Drs. 12/2443, 68, 240; HK-InsO/*Stephan* § 342 Rn. 9, 10).

20 **4. Die erfassten Vollstreckungsmaßnahmen. a) Erfasste Arten der Zwangsvollstreckung.** Die Norm unterbindet die **Zwangsvollstreckung nach dem Achten Buch der Zivilprozessordnung.** Ihr steht die **Vollstreckung durch Verwaltungs-** oder **Finanzbehörden** gleich (→ Rn. 6; Jaeger/

Eckardt § 89 Rn. 13, 48; Uhlenbruck/*Mock* § 89 Rn. 16; HK-InsO/*Kayser* § 89 Rn. 7).

Untersagt ist sowohl die **Einleitung einer neuen Zwangsvollstreckungsmaßnahme** als auch die **Fortsetzung einer** vor Insolvenzeröffnung **eingeleiteten Maßnahme** (Uhlenbruck/*Mock* § 89 Rn. 25), insbes. wenn diese unter § 88 fällt und das Pfändungspfandrecht und damit das Absonderungsrecht des Gläubigers weggefallen ist (→ § 88 Rn. 58). Bleibt dieses bestehen (§ 80 Abs. 2 S. 2), richtet sich die Verwertung des betroffenen Vermögenswertes nach §§ 166 ff. 21

Unter § 89 fällt auch die **Vollstreckung einer Geldstrafe** nach §§ 449 ff. StPO (§ 39 Abs. 1 Nr. 3). Der Schuldner kann die Geldstrafe aus seinem insolvenzfreien Vermögen zahlen. Die Vollstreckung einer Ersatzfreiheitsstrafe ist zulässig (BVerfG ZVI 2007, 23; OLG Frankfurt a. M. NZI 2006, 714; LG Leipzig ZIP 2010, 142; Uhlenbruck/*Mock* § 89 Rn. 29 mwN; *Vallender/Elschenbroich* NZI 2002, 130; *Pape* InVo 06, 454; *ders.* ZVI 2007, 7; aA *Rönnau/Tachau* NZI 2007, 208). Ob die Anordnung der Erzwingungshaft im Bußgeldverfahren Vollstreckung iSd § 89 ist, ist nicht geklärt (verneinend LG Potsdam ZVI 2007, 529; LG Deggendorf KKZ 2013, 111; *App* ZVI 2008, 197; bejahend LG Hechingen NZI 2009, 187; LG Dresden KKZ 2014, 112; AG Ahrensburg ZInsO 2011, 1257). Die Rechtslage ist unbefriedigend, da die Geldbuße zwar vom Vollstreckungsverbot des § 89 wie auch im Restschuldbefreiungsverfahren von § 294 Abs. 1 betroffen ist, aber nicht von der Restschuldbefreiung selbst erfasst wird (§ 302 Nr. 2); die Verjährungshemmung des § 34 Abs. 4 Nr. 1 OWIG hilft hierüber nur begrenzt hinweg. 22

Die **Arrestvollziehung** im **strafrechtlichen Ermittlungsverfahren** zur Sicherung von Verfall oder Einziehung nach §§ 111 ff. StPO fällt unter das Verbot des § 89 (KG NJW 2005, 3734). Eine Beschlagnahme nach § 111c StPO hat im Insolvenzverfahren keine Wirkung, sie ist nicht vom Schutz des § 80 Abs. 2 S. 2 erfaßt (BGH NZI 2007, 450; LG Düsseldorf NZI 2001, 488). Auch die sog **Zurückgewinnungshilfe** zu Gunsten eines aus der Straftat Geschädigten nach § 111g StPO genießt insolvenzrechtlich keine Sonderstellung (KG ZInsO 2005, 1047; OLG Nürnberg NZI 2013, 552; Uhlenbruck/*Mock* § 89 Rn. 20; abw. OLG Hamm ZIP 2014, 2485). 23

b) Zwangsvollstreckung in das bewegliche Vermögen. Der Gerichtsvollzieher kann nach der Insolvenzeröffnung körperliche Gegenstände beim Schuldner **nicht mehr pfänden.** Die Zwangsvollstreckung des Gerichtsvollziehers beginnt jedoch bereits mit dem Aufsuchen des Schuldners, der Aufforderung zur Leistung (§ 105 Nr. 2 GVGA) oder der **Einziehung von Ratenzahlungen** des Schuldners (zum Beginn der Zwangsvollstreckung OLG Köln JurBüro 1989, 870; KG DGVZ 1991, 170; LG Berlin DGVZ 1991, 9; Stein/Jonas/*Münzberg* Vor § 704 Rn. 110; *Brox/Walker* Rn. 1189; *Gaul/Schilken/Becker-Eberhard* § 44 Rn. 2 ff.). Auch diese Handlungen sind untersagt, der Gerichtsvollzieher darf einen Vollstreckungsauftrag eines von dem Vollstreckungsverbot des § 89 Abs. 1 betroffenen Gläubigers mit keiner Amtshandlung ausführen. 24

Auch das **Verfahren zur Abgabe der Vermögensauskunft** nach §§ 802c ff. und 807 ZPO nebst Erlass eines Haftbefehls nach § 802g ZPO ist vom Vollstreckungsverbot erfasst (BGH NZI 2012, 560; 13, 539 = ZIP 2013, 1045; Jaeger/*Eckardt* § 89 Rn. 41, 42; Uhlenbruck/*Mock* § 89 Rn. 24 mwN; HK-InsO/*Kayser* § 89 Rn. 25; eing. *Keller,* Hdb Zwangsvollstreckungsrecht, Rn. 2.81, 89 ff.). 25

Ein **Pfändungs- und Überweisungsbeschluss** nach §§ 828, 829 ff. ZPO kann nach Insolvenzeröffnung **nicht mehr wirksam erlassen** werden. Hat der Gläubiger bereits vor Insolvenzeröffnung wirksam die Pfändung einer Geldforderung oder eines sonstigen Vermögenswertes erwirkt, ist zwischen ihm und dem Insolvenzverwalter gegebenenfalls im Wege der Vollstreckungserinnerung nach 26

§ 766 ZPO zu klären, ob die Pfändung unter Berücksichtigung des § 88 InsO noch wirksam ist und der Gläubiger weiter die Vollstreckung durch Geltendmachung beim Drittschuldner betreiben darf (→ § 88 Rn. 47).

27 Ein vor Insolvenzeröffnung **fehlerhaft ausgebrachter Vollstreckungsakt** kann nach Insolvenzeröffnung **nicht mehr wirksam geheilt** werden (Uhlenbruck/*Mock* § 89 Rn. 27 mwN). Eine Heilung hat allg. Wirkung ex nunc, damit würde ein Gläubiger mit Heilung das Pfändungspfandrecht nach Insolvenzeröffnung erlangen. Im übrigen können wie auch bei § 88 die verschiedenen Theorien zum Entstehen eines Pfändungspfandrechts zu unterschiedlichen Ergebnissen führen (→ § 88 Rn. 24; Uhlenbruck/*Mock* § 89 Rn. 27).

28 **c) Die Zulässigkeit vorbereitender Handlungen.** Vorbereitende Handlungen zur Zwangsvollstreckung sind durch § 89 Abs. 1 nicht berührt. Das betrifft va die **Erteilung einer vollstreckbaren Ausfertigung** eines Titels nach §§ 724 ff. ZPO im Hinblick auf die nach Beendigung des Insolvenzverfahrens grds. wieder mögliche Zwangsvollstreckung (§ 201 Abs. 1; BGH NZI 2008, 198; Jaeger/*Eckardt* § 89 Rn. 55 ff.; HK-InsO/*Kayser* § 89 Rn. 20; MüKoZPO/*Wolfsteiner* § 724 Rn. 42, § 727 Rn. 26; *Karsten Schmidt* JR 1991, 309). Soweit ein Gläubiger aus der Insolvenztabelle als Vollstreckungstitel die Zwangsvollstreckung betreiben will, kann er die Erteilung einer vollstreckbaren Ausfertigung erst nach Aufhebung des Insolvenzverfahrens beantragen (§ 201 Abs. 2 S. 3). Befindet sich der Schuldner im Restschuldbefreiungsverfahren, hindert § 294 Abs. 1 die Erteilung einer vollstreckbaren Ausfertigung aus der Insolvenztabelle nicht (LG Arnsberg ZVI 2004, 699; Uhlenbruck/*Vallender* § 294 Rn. 10; HK-InsO/*Landfermann* § 294 Rn. 4). Die Erteilung einer vollstreckbaren Ausfertigung eines anderen Vollstreckungstitels – wenn der Gläubiger am Insolvenzverfahren nicht teilgenommen hat – ist zulässig (RGZ 29, 73 [76]; 35, 80 [81]; Uhlenbruck/*Mock* § 89 Rn. 35; HK-InsO/*Kayser* § 89 Rn. 20; diff. Jaeger/*Henckel* KO § 6 Rn. 96).

29 Zulässig ist die **Vollstreckbarkeitserklärung** ausländischer Titel nach §§ 722, 1060 ff. ZPO, § 244 FamFG (Uhlenbruck/*Mock* § 89 Rn. 35). Zulässig ist auch die **Zustellung eines Vollstreckungstitels** an den Schuldner § 750 Abs. 1 ZPO im Hinblick auf eine Zwangsvollstreckung nach Verfahrensbeendigung.

30 Die **Vorpfändung nach § 845 ZPO** ist zwar auch nur vorbereitende Maßnahme der Zwangsvollstreckung. Wegen § 845 Abs. 2 ZPO kann sie aber auf die Zeit während des Insolvenzverfahrens zurückwirken. Daher ist die Vorpfändung während des Insolvenzverfahrens unzulässig (Stein/Jonas/*Münzberg* § 845 Rn. 10; Jaeger/*Eckardt* § 89 Rn. 53; Uhlenbruck/*Mock* § 89 Rn. 26; HK-InsO/*Kayser* § 89 Rn. 21; *Behr* DGVZ 1977, 54).

31 **d) Zwangsvollstreckung in das unbewegliche Vermögen.** Unzulässig ist nach Insolvenzeröffnung die **Eintragung einer Sicherungshypothek** nach §§ 866, 867 ZPO in das Grundbuch. Unerheblich ist, wann der Gläubiger den Antrag auf Eintragung beim Grundbuchamt gestellt hat. Der Eintragungsantrag wahrt keinen Rang (eing. → § 88 Rn. 26; HK-InsO/*Kayser* § 89 Rn. 32; sehr diff. Jaeger/*Henckel* KO § 14 Rn. 38), § 878 BGB findet keine Anwendung (BGHZ 9, 250). Das Grundbuchamt hat das Vollstreckungsverbot von Amts wegen zu beachten, eine Amtsermittlungspflicht besteht nicht. Das Vollstreckungsverbot ist im Regelfall durch den Insolvenzvermerk nach § 32 Abs. 1 Nr. 1 bekannt. Umgekehrt ist aus dessen Löschung zu vermuten, dass das Grundstück nicht mehr zur Insolvenzmasse gehört (dazu → § 32 Rn. 47; zur Eintragung einer Sicherungshypothek für einen Neugläubiger OLG Hamm ZVI 2011, 379).

32 Die unter **Verstoß gegen § 89 Abs. 1** eingetragene Sicherungshypothek wird als unwirksam angesehen. Es ist weder eine Gläubigerhypothek noch eine Eigentümergrundschuld entstanden (Jaeger/*Henckel* KO § 14 Rn. 47; Jaeger/*Eckardt* § 89 Rn. 76). Allg. wird aber bei Verstoß gegen nicht zwingende Vollstreckungs-

voraussetzungen die Sicherungshypothek als auflösend bedingt wirksam mit der Geltendmachung des zulässigen Rechtsbehelfs oder des materiellrechtlichen Anspruchs betrachtet, die Eintragung ist nicht nichtig (*Stöber* ZVG Einl. Rn. 71.3). Der Insolvenzverwalter hat gegen den Gläubiger **Anspruch auf Grundbuchberichtigung nach § 894 BGB** mit dem Ziel der Aufhebung der Sicherungshypothek. In der insolvenzrechtlichen Literatur wird hier zumeist allg. von der Unwirksamkeit der Sicherungshypothek ausgegangen (beispielhaft zur Löschung nach § 22 GBO OLG Hamm FGPrax 2012, 54). Ein Amtswiderspruch nach § 53 Abs. 1 S. 1 GBO ist nur dann zulässig, wenn das Grundbuchamt trotz Kenntnis von dem Vollstreckungsverbot die Sicherungshypothek einträgt. Ist dem Grundbuchamt die Insolvenzeröffnung nicht bekannt, hat es keinen Gesetzesverstoß begangen, dieser ist wesentliche Voraussetzung für § 53 GBO (KG JW 1932, 1064; OLG Hamm Rpfleger 2005, 532 mAnm *Eickmann;* KEHE/*Schrandt* GBO § 53 Rn. 16 mwN; *Schöner/Stöber* Rn. 401 am Ende; *Keller* RpflStud 1992, 161; zu allg. insoweit Jaeger/*Eckardt* § 89 Rn. 76 mwN). Das Insolvenzgericht ist nicht befugt, die Eintragung eines Amtswiderspruchs anzuordnen oder hierauf nach § 38 GBO zu ersuchen (HK-InsO/*Kayser* § 89 Rn. 39; *Keller* Insolvenzrecht Rn. 1074; unzutreffend MüKoInsO/*Breuer* § 89 Rn. 67; Kübler/Prütting/Bork/*Lüke* § 89 Rn. 36; HambK-InsO/*Kuleisa* § 89 Rn. 20). Eine Grundbuchbeschwerde nach § 71 GBO kann, weil gutgläubiger Erwerb denkbar ist, nur mit dem Ziel der Eintragung des Amtswiderspruchs unter den Voraussetzungen des § 53 GBO eingelegt werden (allg. Uhlenbruck/*Mock* § 89 Rn. 57 ff.). Inhaltliche Unzulässigkeit iSd § 53 Abs. 1 S. 2 GBO liegt keinesfalls vor.

Eine Anordnung der **Zwangsversteigerung und Zwangsverwaltung** oder **33** Zulassung des Beitritts (§ 27 ZVG) zur Zwangsversteigerung oder Zwangsverwaltung nach Insolvenzeröffnung ist **nur für den persönlich betreibenden Gläubiger** (§ 10 Abs. 1 Nr. 5 ZVG) untersagt. Der dinglich betreibende Gläubiger (§ 10 Abs. 1 Nr. 4 ZVG) bedarf einer Vollstreckungsklausel analog § 727 ZPO gegen den Insolvenzverwalter (Zöller/*Stöber* § 727 Rn. 18; *Stöber* ZVG § 15 Rn. 23.9). Bei Verfahrensanordnung vor Insolvenzeröffnung ist eine Titelumschreibung nicht erforderlich (*Stöber* ZVG § 15 Rn. 23.11). Auch im umgekehrten Fall, wenn gegen den Insolvenzverwalter die Zwangsvollstreckung bereits betrieben wird und dieser den Vermögenswert aus der Insolvenzmasse freigibt, bedarf es keiner Titelumschreibung (BGH Rpfleger 2006, 423).

Die Anordnung der Versteigerung zum Zwecke der Aufhebung der Gemein- **34** schaft (Teilungsversteigerung nach §§ 180 ff. ZVG) ist keine Zwangsvollstreckung iSd § 89. Sie ist auch auf Antrag des Gläubigers zulässig, der den Anspruch eines Miteigentümers auf Aufhebung der Gemeinschaft gepfändet hat und sich zur Einziehung hat überweisen lassen, vorausgesetzt diese Pfändung gegen den insolventen Miteigentümer unterliegt selbst nicht der Rückschlagsperre (BGH NZI 2014, 565 = ZIP 2014, 796).

Der Insolvenzverwalter kann eine **einstweilige Einstellung** des Zwangsver- **35** steigerungsverfahrens unter den Voraussetzungen des **§ 30d ZVG** erreichen (BT-Drs. 12/2443, 176 rechte Spalte; eing. *Stöber* ZVG § 30d Rn. 2.3d; *Böttcher* § 30d Rn. 3 ff.; *Keller* InsR Rn. 1106 ff.). Er ist hierfür an keine Antragsfrist gebunden, er hat den Einstellungsgrund nach § 30d Abs. 1 Nr. 1–4 ZVG glaubhaft zu machen. Die Einstellung unterbleibt, wenn sie dem betreibenden Gläubiger unter Berücksichtigung seiner wirtschaftlichen Interessen nicht zuzumuten ist (*Stöber* NZI 1998, 105 [109]; dazu auch *Keller* ZfIR 2002, 861). Der Insolvenzverwalter kann den Einstellungsantrag auch als taktisches Mittel nutzen, um die Zustimmung zu freihändiger Veräußerung des Grundstücks zu erreichen.

Das einstweilen eingestellte **Zwangsversteigerungsverfahren** ist nach § 30f **36** ZVG auf Antrag des betreibenden Gläubigers fortzusetzen, wenn die Einstellungsvoraussetzungen weggefallen sind (*Stöber* NZI 1999, 439).

37 Nach § 30e ZVG hat der Insolvenzverwalter für die Dauer der Einstellung des Zwangsversteigerungsverfahrens dem betreibenden Gläubiger **die laufend geschuldeten Zinsen** zu zahlen (zur Berechnung der Zahlungspflicht *Stöber* ZVG § 30d Rn. 2.2 ff.). „Geschuldete Zinsen" im Wortlaut der Vorschrift sind bei dem persönlich betreibenden Gläubiger (§ 10 Abs. 1 Nr. 5 ZVG mit Anordnung oder Beitritt vor Eröffnung und ohne § 88) die im vollstreckbaren Schuldtitel genannten Zinsen der Forderung. Bei dem dinglich betreibend Gläubiger (§ 10 Abs. 1 Nr. 4 ZVG) sind „geschuldete Zinsen" diejenigen des **dinglichen Rechts,** aus welchem die Zwangsversteigerung betrieben wird (*Stöber* ZVG § 30e Rn. 2.2; *Böttcher* § 30e Rn. 4; *Eickmann* ZfIR 1999, 81; *Hintzen* Rpfleger 1999, 256; aA LG Göttingen Rpfleger 2000, 228 m. abl. Anm. *Alff;* MüKoInsO/*Tetzlaff* § 165 Rn. 104 ff.; Kübler/Prütting/Bork/*Kemper* § 165 Rn. 38; *Mönning/Zimmermann* NZI 2008, 134). Wenn der Berechtigte wegen seines Absonderungsrechts die Versteigerung betreiben kann, sind auch die Zinsen des Absonderungsrechts maßgebend (allg. zur Zwangsversteigerung BGH ZIP 1981, 487; 1982, 1051; 1995, 1973; *Stöber* ZVG § 114 Rn. 7.6d ff.); § 39 Abs. 1 Nr. 1 steht nicht entgegen (BGHZ 134, 195; BGH NZI 2008, 542).

38 Auch der **Insolvenzverwalter** kann **selbständig die Zwangsversteigerung** eines zur Insolvenzmasse gehörenden Grundbesitzes betreiben (§§ 172 ff. ZVG; allg. *Stöber* ZVG § 172 Rn. 3.1; *Frege/Keller/Riedel* Rn. 1510 ff.; *Keller* Insolvenzrecht Rn. 1114 ff.; eing. auch *Muth* ZIP 1999, 945). In diesem Verfahren sind alle am Grundstück Berechtigen nach § 10 Abs. 1 ZVG, auch ältere Ansprüche nach § 10 Abs. 1 Nr. 7 und 8 ZVG im geringsten Gebot zu berücksichtigen (*Stöber* ZVG § 174 Rn. 2.2; zu allg. Steiner/*Eickmann* ZVG § 174 Rn. 3, 4; MüKo-InsO/*Tetzlaff* § 165 Rn. 145). In der Insolvenz eines Miteigentümers kann der Insolvenzverwalter über § 172 ZVG aber nicht die Teilungsversteigerung betreiben (§ 180 ZVG; BGH NZI 2012, 575).

39 Nach **§ 174 ZVG** kann ein Grundpfandrechtgläubiger den Antrag stellen, das sein Anspruch der Bildung des geringsten Gebot zu zugrundegelegt wird (*Stöber* ZVG § 174 Rn. 3.2; Böttcher/*Keller* § 174 Rn. 2 ff.; Steiner/*Eickmann* ZVG § 174 Rn. 7). Der Insolvenzverwalter kann weitergehend nach § 174a ZVG beantragen, seinen Feststellungskostenanspruch aus § 10 Abs. 1 Nr. 1a ZVG bei mitversteigertem Zubehör dem geringsten Gebot zugrunde zu legen (*Stöber* ZVG § 174a Rn. 2.4; Böttcher/*Keller* § 174a Rn. 4 ff.; MüKoInsO/*Tetzlaff* § 165 Rn. 158). Durch das geringste Gebot sind dann nur die gerichtlichen Kosten der Zwangsversteigerung gedeckt, alle anderen Ansprüche und Rechte, insbes. sämtliche Grundpfandrechte erlöschen mit dem Zuschlag in der Zwangsversteigerung und werden aus dem Meistgebot befriedigt (krit. *Stöber* ZVG § 174a Rn. 2.6; *Eickmann* ZfIR 1999, 81; *Muth* ZIP 1999, 945).

40 Ein **Zwangsverwaltungsverfahren** kann der Insolvenzverwalter nach § 153b ZVG einstweilen einstellen lassen, wenn durch die Zwangsverwaltung eine wirtschaftlich sinnvolle Nutzung der Insolvenzmasse wesentlich erschwert wird (*Stöber* ZVG § 153b Rn. 2 ff.; allg. MüKoInsO/*Tetzlaff* § 165 Rn. 237 ff.; Kübler/Prütting/Bork/*Kemper* § 165 Rn. 55 ff.; *Depré/Mayer,* Die Praxis der Zwangsverwaltung, Rn. 873 ff.).

41 Wird ein während des Insolvenzverfahrens über das Vermögen des Eigentümers laufendes **Zwangsverwaltungsverfahren** nach Antragsrücknahme des betreibenden Gläubigers nach § 29 ZVG aufgehoben, kann weder dieser noch ein anderer Grundpfandrechtsgläubiger den Anspruch des Schuldners gegen den Zwangsverwalter auf Auskehr des verbliebenen Erlöses im Wege der Forderungspfändung pfänden (BGH NJW 2013, 3520 = NZI 2013, 1046 mAnm *Mitlehner* = ZIP 2013, 2331). Das Absonderungsrecht an Mieteinnahmen (§ 1123 BGB) kann nur im Wege der Zwangsverwaltung geltend gemacht werden (→ Rn. 10). Im übrigen unterliegt auch der Grundpfandrechtsgläubiger dem § 89 Abs. 1.

e) Die Vollziehung von Arrest und einstweiliger Verfügung. Für Anordnung und Vollziehung von Arrest und einstweiliger Verfügung gilt das Vollstreckungsverbot des § 89 Abs. 1; schon der **Erlaß eines Arrestbefehls** ist wegen § 240 ZPO unzulässig (MüKoInsO/*Breuer* § 89 Rn. 37; Uhlenbruck/*Mock* § 89 Rn. 31; Jaeger/*Eckardt* § 89 Rn. 44). Nach Insolvenzeröffnung darf **keine Arrestpfändung** nach § 930 ZPO erfolgen, es darf auch keine Arresthypothek nach § 932 ZPO in das Grundbuch eingetragen werden. § 932 Abs. 3 ZPO findet keine Anwendung, er wahrt nur die Vollziehungsfrist des § 929 Abs. 2 ZPO (BGHZ 146, 361; Zöller/*Stöber* § 932 Rn. 7). Die **Vollziehung einer einstweiligen Verfügung,** insbes. durch Eintragung einer Vormerkung oder eines Widerspruchs in das Grundbuch des Schuldners ist nach Insolvenzeröffnung unzulässig (Uhlenbruck/*Mock* § 89 Rn. 31). 42

III. Zwangsvollstreckung in das Arbeitseinkommen des Schuldners

1. Allgemeines. Die Zwangsvollstreckung in das Arbeitseinkommen des Schuldners hat in der Verbraucherinsolvenz große Bedeutung. Zu beachten sind neben §§ 88, 89 zunächst §§ 35, 36. Die schwer verständliche Regelung des § 89 Abs. 2 betrifft den Sonderfall der Pfändung des künftigen Arbeitseinkommens durch einen Neugläubiger bezogen auf die Zeit nach Beendigung des Insolvenzverfahrens, also während des Restschuldbefreiungsverfahrens (→ Rn. 49). 43

Das **Arbeitseinkommen** des Schuldners **während des Insolvenzverfahrens** gehört nach §§ 35, 36 Abs. 1 S. 2 in der nach § 850c ZPO pfändbaren Höhe zur **Insolvenzmasse** (→ § 36 Rn. 2, 3; eing. HK-InsO/*Keller* § 36 Rn. 51 ff.; *Steder* ZIP 1999, 1874; *Dörndorfer* NZI 2000, 292; *Hellwich* NZI 2000, 460; *Keller* NZI 2001, 449). Insolvenzfrei ist nur der unpfändbare Teil des Arbeitseinkommens des Schuldners, dem Vollstreckungszugriff der Insolvenzgläubiger ist das Arbeitseinkommen nach § 89 Abs. 1 entzogen. Ein Neugläubiger hätte dagegen nach früherem Konkursrecht das laufende Arbeitseinkommen pfänden können, das ist ihm wegen §§ 35, 36 verwehrt, nicht wegen § 89 Abs. 1 (→ Rn. 3). 44

Dem Arbeitseinkommen stehen Bezüge gleich, die wie Arbeitseinkommen gepfändet werden, insbes. laufende Sozialleistungen (§ 54 Abs. 4 SGB I), insbes. Altersrente nach §§ 35 ff. SGB VI oder Arbeitslosengeld nach §§ 116 ff. SGB III (umfassend Keller/*Steder,* Hdb Zwangsvollstreckungsrecht, Rn. 3.1037 ff.; *Stöber* Forderungspfändung Rn. 1301 ff.). 45

2. Zeitliche Einordnung der Pfändung des Arbeitseinkommens. Eine vor Insolvenzeröffnung erfolgte Pfändung und Überweisung des Arbeitseinkommens des Schuldners (§§ 828 ff., 850 ff. ZPO) behält grds. ihre Wirksamkeit, bis der Anspruch des Gläubigers vollständig befriedigt ist; solange ist das Arbeitseinkommen als künftige Forderung gepfändet (§ 832 ZPO). Wegen § 850c ZPO führt dies stets zu langen Laufzeiten der Pfändung von Arbeitseinkommen, insbes. wenn mehrere Gläubiger das Arbeitseinkommen gepfändet haben. In der zeitlichen Reihenfolge geltend folgende Grundsätze (→ § 88 Rn. 8): 46

- Vor Stellung des Insolvenzantrags besteht keine Beschränkung der Zwangsvollstreckung betreffend das Arbeitseinkommen des Schuldners. Der Arbeitgeber als Drittschuldner hat bei mehrfacher Pfändung die Reihenfolge der Pfändungspfandrechte zu beachten (§ 804 Abs. 3 ZPO).
- Nach Erlaß des **Vollstreckungsverbots nach § 21 Abs. 2 Nr. 3** darf der Arbeitgeber als Drittschuldner keine Zahlungen an den Vollstreckungsgläubiger leisten. Der pfändbare Teil des Arbeitseinkommens ist an den vorläufigen Insolvenzverwalter/Treuhänder abzuführen; gegebenenfalls ist der jeweils pfändbare Betrag zu hinterlegen (BGHZ 140, 253).

– Mit Insolvenzeröffnung greift die **Rückschlagsperre** des § 88. Sie betrifft unabhängig vom Zeitpunkt der Zustellung des Pfändungsbeschlusses an den Drittschuldner das während des maßgeblichen Zeitraums entstandene Arbeitseinkommen (eing. → § 88 Rn. 22). Der Gläubiger hat für diesen Zeitraum erlangte Zahlungen an den Insolvenzverwalter herauszugeben.
– Zusätzlich regelte § 114 Abs. 3 die **Unwirksamkeit einer Pfändung** des Arbeitseinkommens für die Zeit **nach dem** bei Eröffnung des Insolvenzverfahrens **laufenden Kalendermonat** (dazu BT-Drs. 12/2443, 151). Erfolgte die Eröffnung nach dem Fünfzehnten eines Monats, blieb die Pfändung auch für den folgenden Kalendermonats bestehen. § 114 ist insgesamt mWv 1.7.2014 aufgehoben. Die Unwirksamkeit der Pfändung bestimmt sich nunmehr allein nach § 91 Abs. 1 ohne die eigentlich sinnvolle Rechenanordnung für Kalendermonate.

47 Eine **Abtretung des Arbeitseinkommens** vor Insolvenzeröffnung (§§ 398, 400 BGB) behielt in Anwendung des § 114 Abs. 1 Wirksamkeit für die Dauer von zwei Jahren seit Insolvenzeröffnung. Auch hier gilt mit Aufhebung des § 114 mWv 1.7.2014 nur noch § 91 Abs. 1 (eing. *Bigger/Peters-Lange* ZIP 2014, 2114; *Kuleisa* ZVI 2015, 85; *Riedel* ZVI 2015, 91).

48 **3. Pfändung des Arbeitseinkommens durch einen Unterhaltsgläubiger.** Der Unterhaltsgläubiger (§§ 1360, 1601 ff., 1615l BGB, § 5 LPartG) ist mit dem bis zur Insolvenzeröffnung entstandenen Unterhaltsansprüchen **Insolvenzgläubiger** nach § 38. Als solcher unterliegt er uneingeschränkt dem Vollstreckungsverbot des § 89 Abs. 1 (BGH NZI 2008, 50; eing. *Keller* NZI 2007, 143).

49 Für **nach Insolvenzeröffnung entstehenden Ansprüche** ist der Unterhaltsgläubiger **Neugläubiger.** Als solcher kann er in das insolvenzfreie Vermögen des Schuldners die Zwangsvollstreckung betreiben (HK-InsO/*Kayser* § 89 Rn. 29). Insolvenzfrei ist der sog Vorrechtsbereich des § 850d ZPO (allg. Zöller/*Stöber* § 850d Rn. 6 ff.; *Stöber* Forderungspfändung Rn. 1075 ff.). In diesen kann der Unterhaltsneugläubiger unabhängig von § 89 Abs. 1 vollstrecken. Dies ergibt sich allein aus der Zuordnung des Arbeitseinkommens zur Insolvenzmasse und dem Vorrecht des § 850d ZPO, § 89 Abs. 2 muss nicht angewendet werden. Die Fallgestaltung entspricht derjenigen beim Zusammentreffen mehrfacher Pfändung des Arbeitseinkommens (dazu Zöller/*Stöber* § 850e Rn. 29; *Stöber* Forderungspfändung Rn. 1269 ff.):
– Der Schuldner erhält den nach § 850d Abs. 1 S. 2 ZPO **notwendigen Selbstbehalt** zur Deckung des notwendigen Lebensbedarfs; dieser bestimmt sich nach dem vergleichbaren Sozialhilfebedarf unter Einschluß der Mietkosten und Sonderaufwendungen (BGHZ 156, 30; dazu Zöller/*Stöber* § 850d Rn. 7).
– Zur **Insolvenzmasse** fließt der nach **§ 850c ZPO** unter Berücksichtigung der Zahl der Unterhaltsverpflichtungen des Schuldners pfändbare Betrag des Arbeitseinkommens.
– Der Unterhaltsneugläubiger erhält aus dem **Restbetrag des Arbeitseinkommens** seine laufende Unterhaltsforderung und Rückstände seit Insolvenzeröffnung; weitere Unterhaltsverpflichtungen sind in der Rangfolge des § 850d Abs. 2 ZPO mit § 1609 BGB zu berücksichtigen.

50 Dem Unterhaltsneugläubiger steht der **Neugläubiger** wegen einer Forderung aus **vorsätzlich begangener unerlaubter Handlung** des Schuldners (Deliktsneugläubiger oder „privilegierter Neugläubiger", BGH NZI 2006, 593; DZWIR 2008, 282; NZI 2008, 50; *Stöber* Forderungspfändung Rn. 972a) gleich (§ 850f Abs. 2 ZPO; dazu BGHZ 152, 166; BGH Rpfleger 2003, 91; dazu *Behr* Rpfleger 2003, 389). Der Deliktsgläubiger, dessen Forderung Insolvenzforderung nach § 38 ist, unterliegt dagegen dem Vollstreckungsverbot des § 89 Abs. 1 (Uhlenbruck/*Mock* § 89 Rn. 50).

4. Das Verbot der Zwangsvollstreckung nach § 89 Abs. 2. a) Regelungsgedanke der Norm. Nach § 89 Abs. 2 ist das künftige Arbeitseinkommen des Schuldners auch für einen Gläubiger nicht pfändbar, der nicht Insolvenzgläubiger ist. Der Anwendungsbereich der Vorschrift ist eng. **Künftiges Arbeitseinkommen** sind die Bezüge des Schuldners **für die Zeit nach Beendigung des Insolvenzverfahrens,** das laufende Arbeitseinkommen ist bereits durch § 89 Abs. 1 und §§ 35, 36 auch vor Neugläubigern geschützt. Das nach Beendigung des Insolvenzverfahrens künftig erzielte Arbeitseinkommen soll dem Restschuldbefreiungsverfahrens nach §§ 286 ff. zur Verfügung stehen und ist deshalb schon jetzt zu schützen (Uhlenbruck/*Mock* § 89 Rn. 46). Nicht maßgeblich ist, ob der Schuldner Antrag auf Restschuldbefreiung gestellt hat (Uhlenbruck/*Mock* § 89 Rn. 46). 51

b) Zwangsvollstreckung durch einen Unterhaltsgläubiger. Das Vollstreckungsverbot in künftiges Arbeitseinkommen gilt nicht für den **bevorrechtigten Unterhaltsneugläubiger** nach § 850d ZPO (§ 89 Abs. 2 S. 2). Er kann während des Insolvenzverfahrens in den Vorrechtsbereich nach § 850d Abs. 1 ZPO schon deshalb vollstrecken, weil dieser nicht zur Insolvenzmasse gehört (→ Rn. 47). Fortfahrend kann er auch während des Verfahrens schon das künftige Arbeitseinkommen (§ 832 ZPO) für die Zeit nach Beendigung des Verfahrens im Umfang des Vorrechtsbereichs pfänden; nur dies regelt § 89 Abs. 2 S. 2 (zutr. OVG Nordrhein-Westf. FamRZ 2015, 159). Das Vorrecht des § 89 Abs. 2 S. 2 InsO gilt wegen § 850f Abs. 2 ZPO auch für den Deliktsneugläubiger (→ Rn. 48). 52

IV. Der Rechtsbehelf gegen Vollstreckungsmaßnahmen (Absatz 3)

1. Die Vollstreckungserinnerung nach § 766 ZPO. Der gegen § 89 Abs. 1 vorgenommenen Vollstreckungsmaßnahme ist durch den Insolvenzverwalter mit **Vollstreckungserinnerung nach § 766 ZPO** zu begegnen (BGH NZI 2004, 447; Uhlenbruck/*Mock* § 89 Rn. 54). Die Vollstreckungsmaßnahme ist aufzuheben (*Vallender* ZIP 1997, 1993; *App* NZI 1999, 138). 53

2. Die Zuständigkeit des Insolvenzgerichts. Abweichend von §§ 766 und 764 Abs. 2 ZPO entscheidet nach **§ 89 Abs. 3 S. 1** für die Vollstreckungserinnerung das **Insolvenzgericht** (BT-Drs. 12/2443, 138; *Althammer/Löhnig* KTS 2004, 525); funktionell entscheidet der Richter (§ 20 Nr. 17 RPflG; AG Hamburg NZI 2000, 96; 2014, 888; *Frege/Keller/Riedel* Rn. 219; aA AG Duisburg NZI 2000, 608; FK-InsO/*Schmerbach* § 2 Rn. 32; zur Entscheidung durch Rechtspfleger auch BGH NZI 2005, 520). Die Entscheidung ist mit sofortiger Beschwerde nach § 793 ZPO anfechtbar (BGH NZI 2004, 278 = ZIP 2004, 732 = ZVI 2004, 441; dazu *Lüke/Ellke* EWiR 2004, 1231). 54

Entscheidet entgegen § 89 Abs. 3 das Vollstreckungsgericht, ist der Beschluß wegen § 571 Abs. 2 S. 2 ZPO nicht aus diesem Grunde mit Beschwerde angreifbar (BGH NZI 2008, 50; ZInsO 2011, 1413). Verweist ein Gericht unter Hinweis auf § 89 Abs. 2 einen Rechtsstreit an das Amtsgericht, ist diese Verweisung hinsichtlich des Rechtsweges, nicht aber hinsichtlich der Zuständigkeit des Insolvenzgerichts, bindend (BGH NZI 2011, 552). 55

Rechtsbeschwerde ist nach § 574 Abs. 1 ZPO nur bei Zulassung durch das Beschwerdegericht möglich. 56

In Anwendung des § 732 Abs. 2 ZPO (§ 89 Abs. 3 S. 2) kann bis zur endgültigen Entscheidung die Zwangsvollstreckung einstweilen eingestellt werden. 57

58 Der Gesetzgeber berücksichtigt mit § 89 Abs. 3 nicht die **Möglichkeit der Abhilfe** entsprechend § 572 Abs. 1 ZPO, die allg. bei Vollstreckungserinnerung gegen Forderungspfändung gegeben ist (Zöller/*Stöber* § 766 Rn. 24). Abzuhelfen hat das Gericht, dessen Entscheidung angefochten wird, das ist mithin der Rechtspfleger des Vollstreckungsgerichts, nicht des Insolvenzgerichts (Kölner Schrift InsO/*Hintzen* Kap. 20 Rn. 96). Unter Berücksichtigung der Zuständigkeitsregelung des § 2 Abs. 2 kann das zu erheblichen praktischen Problemen und Zeitverzögerungen führen.

59 § 89 Abs. 3 ist weitergehend auf Rechtsbehelfe oder einstweilige Entscheidungen anzuwenden, insbes. auf den **Vollstreckungsschutzantrag** des Schuldners nach § 765a ZPO (BGH NZI 2008, 93; *Schur* KTS 2008, 471) oder die einstweilige Einstellung nach § 769 Abs. 2 ZPO bei Rechtsbehelfen nach §§ 767, 771 oder 805 ZPO. Bei dem Vollstreckungshindernis des § 294 Abs. 1 ist § 89 Abs. 3 nicht entsprechend anzuwenden (LG Saarbrücken ZVI 2013, 75; auch → § 294 Rn. 5).

60 **3. Befriedigung des Gläubigers.** Hat der Gläubiger aus einer unzulässigen Zwangsvollstreckung bereits Befriedigung (nicht notwendig vollständig) erlangt, **fehlt** es wegen Beendigung der Vollstreckungsmaßnahme an einem **Rechtsschutzbedürfnis für § 766 ZPO.** Wegen der Fehlerhaftigkeit der Vollstreckung und mangels Pfändungspfandrechts hat er aber das Erlangte nach § 812 Abs. 1 S. 1 zweite Alternative BGB an den Insolvenzverwalter herauszugeben (Jaeger/*Eckardt* § 89 Rn. 75; MüKoInsO/*Breuer* § 89 Rn. 64; Kübler/Prütting/Bork/*Lüke* § 89 Rn. 22).

Vollstreckungsverbot bei Masseverbindlichkeiten

90 (1) **Zwangsvollstreckungen wegen Masseverbindlichkeiten, die nicht durch eine Rechtshandlung des Insolvenzverwalters begründet worden sind, sind für die Dauer von sechs Monaten seit der Eröffnung des Insolvenzverfahrens unzulässig.**

(2) **Nicht als derartige Masseverbindlichkeiten gelten die Verbindlichkeiten:**

1. **aus einem gegenseitigen Vertrag, dessen Erfüllung der Verwalter gewählt hat;**
2. **aus einem Dauerschuldverhältnis für die Zeit nach dem ersten Termin, zu dem der Verwalter kündigen konnte;**
3. **aus einem Dauerschuldverhältnis, soweit der Verwalter für die Insolvenzmasse die Gegenleistung in Anspruch nimmt.**

Übersicht

I. Entstehungsgeschichte und Anwendungsbereich

1. Entstehungsgeschichte und Normzweck. Die Vorschrift beruht auf der im Konkursrecht entwickelten Erwägung eines Vollstreckungsverbots für sog unechte Masseverbindlichkeiten des § 59 Abs. 1 Nr. 3 KO (BT-Drs. 12/2443, 138). Unechte Masseverbindlichkeiten wie im Konkursrecht kennte die Insolvenzordnung andeutungsweise in § 55 Abs. 2 und 4. Die Vorschrift wurde seit Inkrafttreten der Insolvenzordnung nicht geändert. 1

Zweck des Vollstreckungsverbots ist der **Schutz der Verwaltertätigkeit,** anders als bei §§ 88, 89 dient § 90 nicht der Gleichbehandlung der Insolvenzgläubiger. An der bevorrechtigten Befriedigung nach § 53 und §§ 208 ff. ändert dies nichts. § 90 ergänzt für das eröffnete Insolvenzverfahren auch das Vollstreckungsverbot des § 21 Abs. 2 Nr. 3, soweit es im seltenen Fall Masseverbindlichkeiten des § 55 Abs. 2 und 4 betrifft (HK-InsO/*Kayser* § 90 Rn. 2). § 90 gilt auch für die Zwangsvollstreckung öffentlich-rechtlicher Forderungen nach §§ 259 ff., 281 ff. AO bzw. nach den Verwaltungsvollstreckungsgesetzen der Länder (aA nahezu abwegig NdsFG ZIP 2014, 2144). 2

2. Anwendungsbereich. Die Vorschrift gilt für **alle Insolvenzverfahren,** auch für inländische Hauptinsolvenzverfahren eines im Ausland ansässigen Schuldners und für Sekundärinsolvenzverfahren. Der **praktische Anwendungsbereich** der Norm ist **gering,** weil das zeitlich befristete Vollstreckungsverbot von sechs Monaten in der Regel bereits abgelaufen ist, bevor ein Massegläubiger – auch bei Dauerschuldverhältnissen – überhaupt einen Vollstreckungstitel gegen den Insolvenzverwalter erwirken kann. Im Vollstreckungsverfahren kann es als Vollstreckungshindernis zudem kaum vom Vollstreckungsorgan beachtet werden, da es sich aus den Vollstreckungsunterlagen nicht ergibt und das Vollstreckungsorgan nicht ersehen kann, ob eine gewillkürte oder oktroyierte Masseverbindlichkeit insbes. im Falle des Absatz 2 vorliegt. Das Vollstreckungsverbot des § 90 kam dann nur über den Weg der Vollstreckungserinnerung geltend gemacht werden, wobei hier die mögliche Heilung durch Fristablauf zu berücksichtigen ist (→ Rn. 16). 3

II. Das Vollstreckungsverbot für oktroyierte Masseverbindlichkeiten

1. Oktroyierte und gewillkürte Masseverbindlichkeiten. Ebenso wie § 209 Abs. 1 und 2 unterscheidet § 90 zwischen Masseverbindlichkeiten, die der Verwalter durch eigenes Handeln begründet **(gewillkürte),** und **Masseverbindlichkeiten,** die er kraft Gesetzes als solche erfüllen muß **(erzwungene oder oktroyierte).** Letztere betreffen regelmäßig Masseverbindlichkeiten aus Dauerschuldverhältnissen, die nach §§ 108 ff. nicht erlöschen und durch den Insolvenzverwalter gekündigt werden müssen (Mietvertrag über unbewegliche Gegenstände, § 109; Dienstverhältnisse, § 113). Bei gegenseitigen Verträgen aus der Zeit vor Insolvenzordnung, für die § 103 gilt, wird ähnlich wie in § 55 Abs. 1 Nr. 2 erste Alternative danach unterschieden, ob der Insolvenzverwalter Vertragserfüllung wählt und insoweit eine gewillkürte Masseverbindlichkeit begründet. 4

Aus den durch Negationen wenig verständlichen Formulierungen in Absatz 1 und 2 ergibt sich als Grundsatz, daß der **Gläubiger einer gewillkürten Masseverbindlichkeit** keinerlei Vollstreckungsverbot unterliegt (BGH ZIP 2006, 2133; HK-InsO/*Kayser* § 90 Rn. 5). 5

2. Vollstreckungsverbot für oktroyierte Masseverbindlichkeiten (Absatz 1). Nach Absatz 1 betrifft das Vollstreckungsverbot Gläubiger wegen Masseverbindlichkeiten, die der Insolvenzverwalter als erzwungene oder oktroyierte erfüllen muss. Bezugnehmend auf §§ 103 und 108 ff. mit der Rechtsfolge des 6

§ 55 Abs. 1 Nr. 2 zweite Alternative sind dies **Ansprüche für die ersten drei Monate** seit Insolvenzeröffnung aus bestehenden Miet- und Pachtverträgen sowie aus Dienstverhältnissen.

7 Absatz 1 betrifft Ansprüche aus **Steuern und öffentlichen Abgaben** (Braun/*Kroth* § 90 Rn. 4; allg. Uhlenbruck/*Mock* § 90 Rn. 9). Das Entstehen eines Steueranspruchs ist gesetzliche Folge des Handelns des Insolvenzverwalters, nicht aber gewollte Rechtsfolge seiner Handlung iSd § 55 Abs. 1 Nr. 1. Abs. 1 betrifft auch Ansprüche aus § 55 Abs. 2 und 4 (Braun/*Kroth* § 90 Rn. 8; anders zu § 55 Abs. 2 Jaeger/*Eckardt* § 90 Rn. 8). **Ansprüche aus ungerechtfertigter Bereicherung** der Insolvenzmasse (§ 55 Abs. 1 Nr. 3) sind gleichfalls vom Vollstreckungsverbot betroffen.

8 Die Masseverbindlichkeiten des § 324 im **Nachlassinsolvenzverfahren** beruhen nicht auf einer Handlung des Insolvenzverwalters und sind daher von Abs. 1 erfaßt (Jaeger/*Eckardt* § 90 Rn. 11; MüKoInsO/*Breuer* § 90 Rn. 8; HK-InsO/*Kayser* § 90 Rn. 10).

9 **3. Vertragserfüllung und Dauerschuldverhältnisse (Absatz 2). a) Bezugnahme auf Grundsätze der Vertragserfüllung und -fortführung.** Absatz 2 unterscheidet bei Erfüllung gegenseitiger Verträge und bei Dauerschuldverhältnissen ebenso wie § 209 Abs. 2 danach, ob und in welchem Umfang der Insolvenzverwalter freiwillig handelt und insoweit die an sich oktroyierte Masseverbindlichkeit einer gewillkürten gleichkommt.

10 **b) Fallgruppen.** Für die Erfüllungswahl bei gegenseitigem Vertrag gilt Absatz 2 Nr. 1. Wählt der Insolvenzverwalter bei einem **gegenseitigen Vertrag** nach § 103 Abs. 1 die **Erfüllung,** wird die ihm obliegende vertragsgemäße Leistung zur Masseverbindlichkeit nach § 55 Abs. 1 Nr. 2 erste Alternative. Insoweit liegt auch eine **gewillkürte Masseverbindlichkeit** vor. Dies gilt nur in dem Umfang, als durch Vertragserfüllung der Anspruch des Vertragspartners zur Masseverbindlichkeit wird, Ansprüche aus der Zeit vor Insolvenzeröffnung bleiben bei Teilbarkeit der Leistung nach § 105 Insolvenzforderung (dazu → § 105 Rn. 2).

11 Für die Fortführung eines Dauerschuldverhältnisses gilt Absatz 2 Nr. 2. Miet-, Pachtverträge oder Dienstverträge kann der Insolvenzverwalter sofort nach Insolvenzeröffnung unter Einhaltung der dreimonatigen Kündigungsfrist kündigen (§§ 109, 113); bei Mietverhältnissen über Wohnraum des Schuldners gilt Gleiches für die so genannte Freigabe des Mietverhältnisses nach § 109 Abs. 1 S. 2. **Kündigt der Verwalter nicht zum frühestmöglichen Zeitpunkt,** führt er das Vertragsverhältnis freiwillig fort. Im Umfang dieser freiwilligen Fortführung sind die Ansprüche des Vertragspartners vom Vollstreckungsverbot nicht erfasst. Als **Zeitpunkt der frühestmöglichen Kündigung** ist auf den **Kenntnisstand** des Insolvenzverwalters betreffend die Tatsachen abzustellen, welche die Kündigungsmöglichkeit begründen (Jaeger/*Eckardt* § 90 Rn. 9; MüKoInsO/*Breuer* § 90 Rn. 18; HK-InsO/*Kayser* § 90 Rn. 8; Kübler/Prütting/Bork/*Lüke* § 90 Rn. 8). Es ist nicht zwingend unmittelbar vom Zeitpunkt der Insolvenzeröffnung auszugehen.

12 Hinsichtlich der Ansprüche des Vertragspartners erfolgt durch Absatz 2 Nr. 2 **eine zeitliche Aufteilung:**

– Ansprüche von Insolvenzeröffnung bis zum frühestmöglichen Kündigungstermin (mindestens drei Monate, abhängig von subjektiver Kenntnis des Insolvenzverwalters über das Vertragsverhältnis) unterliegen dem Vollstreckungsverbot des Absatz 1.
– Ansprüche vom frühestmöglichen Kündigungstermin bis Vertragsende oder Beendigung des Insolvenzverfahrens unterliegen dem Vollstreckungsverbot nicht, da der Insolvenzverwalter die Verbindlichkeit freiwillig eingeht.

Bei Inanspruchnahme der Gegenleistung gilt Absatz 2 Nr. 3. Ähnlich wie im Fall des § 55 Abs. 2 S. 2 oder bei § 209 Abs. 2 Nr. 3 hat die Vorschrift va bei **Dienstverhältnissen des Schuldners** Bedeutung, sie kann auch bei Mietverhältnissen gelten. Hier kommt es nicht auf den frühestmöglichen Zeitpunkt einer Kündigung oder den Lauf der Kündigungsfrist an, sondern darauf, ob der Insolvenzverwalter die **Gegenleistung des Vertragspartners** noch in Anspruch nimmt. Häufigster Anwendungsbereich ist die Kündigung eines Arbeitsverhältnisses seitens des Insolvenzverwalters mit Einforderung der Arbeitsleistung des Arbeitnehmers für die Dauer der einzuhaltenden Kündigungsfrist (Jaeger/*Eckardt* § 89 Rn. 10; HK-InsO/*Kayser* § 90 Rn. 9). Stellt dagegen der Insolvenzverwalter den Arbeitnehmer von der Arbeitsleistung sofort frei, gilt Absatz 2 Nr. 3 nicht und der Arbeitnehmer unterliegt dem Vollstreckungsverbot. Gleiches gilt bei einem Miet- oder Pachtverhältnis, wenn der Insolvenzverwalter dieses kündigt und die gemieteten Räume während der Dauer der Kündigungsfrist nicht mehr nutzt sondern sofort zurückgibt. 13

Bei **Überschneidung der Nr. 2 und 3** des Absatz 2 ist Nr. 2 vorrangig. Es kann der Insolvenzverwalter bspw. einem Arbeitnehmer erst einen Monat nach Insolvenzeröffnung kündigen, ihn aber gleichzeitig von der weiteren Arbeitsleistung freistellen. Die Lohnforderungen der ersten drei Monate seit Insolvenzeröffnung unterliegen dem Vollstreckungsverbot, der vierte Monat nach Insolvenzeröffnung, der gleichzeitig der letzte Monat der Kündigungsfrist ist, fällt nach Absatz 2 Nr. 2 nicht unter das Vollstreckungsverbot; ob der Arbeitnehmer in diesem Monat noch arbeitet oder nicht, ist nicht maßgebend. 14

4. Zeitliche Dauer des Vollstreckungsverbots. Das Vollstreckungsverbot des § 90 ist zeitlich auf die **Dauer von sechs Monaten** seit Insolvenzeröffnung befristet. Maßgebend ist der im Eröffnungsbeschluß angegebene Zeitpunkt (§ 27 Abs. 2 Nr. 3; HK-InsO/*Kayser* § 90 Rn. 12). Kenntnis des Insolvenzverwalters oder des Vollstreckungsgläubigers ist nicht maßgebend. 15

Eine Vollstreckungsmaßnahme verstößt gegen § 90, wenn sie **innerhalb des maßgeblichen Zeitraums** wirksam wird. Auf den Zeitpunkt der Stellung des Vollstreckungsantrags kommt es nicht an (Jaeger/*Eckardt* § 90 Rn. 13; MüKo-InsO/*Breuer* § 90 Rn. 14; HK-InsO/*Kayser* § 90 Rn. 13; Kübler/Prütting/Bork/*Lüke* § 90 Rn. 17). Das Vollstreckungsverbot ist ggf. mit Erinnerung nach § 766 ZPO, für die auch § 89 Abs. 3 gilt, geltend zu machen. Ist im Zeitpunkt der Entscheidung über die Erinnerung (arg. ex § 572 Abs. 2 S. 1 ZPO) die Sechsmonats-Frist abgelaufen, ist der Vollstreckungsmangel durch Zeitablauf geheilt. 16

Ausschluß sonstigen Rechtserwerbs[1]

91 (1) **Rechte an den Gegenständen der Insolvenzmasse können nach der Eröffnung des Insolvenzverfahrens nicht wirksam erworben werden, auch wenn keine Verfügung des Schuldners und keine Zwangsvollstreckung für einen Insolvenzgläubiger zugrunde liegt.**

(2) **Unberührt bleiben die §§ 878, 892, 893 des Bürgerlichen Gesetzbuchs, § 3 Abs. 3, §§ 16, 17 des Gesetzes über Rechte an eingetragenen Schiffen und Schiffsbauwerken, § 5 Abs. 3, §§ 16, 17 des Gesetzes über Rechte an Luftfahrzeugen und § 20 Abs. 3 der Schiffahrtsrechtlichen Verteilungsordnung.**

Schrifttum: *Adolphsen/Hohl,* Insolvenzfestigkeit der Zweitabtretung einer Forderung, die bereits einem Sicherungsnehmer übertragen war, NZI 2013, 278; *Ahrens,* Lohnabtretungen in

[1] § 91 Abs. 2 geänd. durch G v. 25.8.1998 (BGBl. I S. 2489).

der Insolvenz nach der Aufhebung von § 114 InsO, NZI 2014, 529; *Alff,* Der BGH und der gesetzliche Löschungsanspruch – Alles zurück auf Anfang, Rpfleger 2012, 417; *Bork/Voelker,* § 91 InsO und die Anti-Deprivation Rule – ein Rechtsvergleich, KTS 2013, 235; *Christiansen,* Die Abtretung aufschiebend bedingter Forderungen – insolvenzfest?, KTS 2003, 549; *Drischler,* Das Seerechtliche Verteilungsverfahren – Konkursrechtliche Grundsätze, KTS 1974, 71; *Eckardt,* Vorausverfügungen und Sequestration, ZIP 1997, 957; *Engert/Schmidl,* Verkaufte Darlehen in der Insolvenz des Darlehensgebers, WM 2005, 60; *Flöther/Bräuer,* Die Abtretung künftiger Lohnforderungen in der Insolvenz des Arbeitnehmers, NZI 2006, 136; *Ganter,* Die Insolvenzfestigkeit der Abtretung aufschiebend bedingter Forderungen, FS Vallender, 2015, 151; *Gattringer,* Verpfändung von Gewinnforderungen, ZInsO 2010, 802; *Gehrlein,* Erwerb von Rechten zu Lasten der Insolvenzmasse im Eröffnungsstadium, ZIP 2011, 5; *ders.,* Verfügungsbeschränkungen vor und nach Insolvenzeröffnung, WM 2014, 485; *Grotheer,* Insolvenzrisiken bei Kaufverträgen über Gesellschaftsanteile und Gestaltungsmöglichkeiten zu ihrer Abmilderung, RNotZ 2012, 355; *Hinkel/Laskos,* Das eingeschränkt unwiderrufliche Bezugsrecht in der Insolvenz des Arbeitgebers – Kollidiert die BGH-Rechtsprechung mit § 91 InsO?, ZInsO 2006, 1253; *Kesseler,* Einseitige Eintragungsanträge des späteren Insolvenzschuldners im Grundbuchverfahren – Verfahrensfestigkeit, Rücknahmerecht des Insolvenzverwalters oder Unwirksamkeit?, ZfIR 2006, 117; *ders.,* Rückgewähransprüche an Grundschulden in der Insolvenz, NJW 2012, 577; *ders.,* Die Insolvenzfestigkeit des gesetzlichen Löschungsanspruchs aus § 1179a BGB, NJW 2012, 2240; *ders.,* Die freien Teile von Grundschulden als Massebestandteil, ZIP 2014, 110; *Kuleisa,* Aufhebung des § 114 InsO – Was wird aus der Abtretung von Bezügen während und nach der Insolvenz?, ZVI 2015, 85; *Ludtke,* Werden Renten aus privaten Altersvorsorgeverträgen von § 114 InsO erfasst?, ZVI 2013, 46; *Obermüller,* Die „Insolvenzfestigkeit" des gesetzlichen Löschungsanspruchs und des abgetretenen Rückgewähranspruchs, ZIP 2013, 299; *Rein,* Der Löschungsanspruch eines nachrangigen Grundschuldgläubigers in der Insolvenz des Grundstückseigentümers, NJW 2006, 3470; *Schäfer,* Die neuere Rechtsprechung des Bundesgerichtshofes zur Wirksamkeit von Verfügungen über künftige Rechte in der Insolvenz der Verfügenden, ZInsO 2007, 18; *Simokat,* Vorausverfügungen über künftige Forderungen im vorläufigen Insolvenzverfahren, NZI 2012, 57; *v. Hall,* Aufrechnungsverträge in der Insolvenz, KTS 2011, 343; *v. Sivers,* Der Handel mit Not leidenden Forderungen, ZInsO 2005, 290; *Viertelhausen,* Anwendbarkeit des § 878 BGB auf die Immobiliarvollstreckung im Insolvenzverfahren, InVo 2000, 330; *Weiß,* Kein Zahlungsanspruch des Treuhänders trotz wirksamen Widerrufs eines verbundenen Vertrags?, ZInsO 2011, 903.

Übersicht

I. Normzweck

1 § 91 übernimmt in modifizierter Fassung die **Vorgängerregelung des § 15 KO.** Entfallen sind der überflüssige Hinweis auf die Vorzugs- und Zurückbehaltungsrechte und die Einschränkung der Unwirksamkeit „gegenüber den Konkursgläubigern"; zudem wird nunmehr statt an einer Rechtshandlung an einer Verfügung des Schuldners angeknüpft (dazu krit. Jaeger/*Windel* § 91 Rn. 3, 5). Die Vorschrift ergänzt die in § 81 bzw. §§ 89, 90 angeordneten Verfügungs- und Vollstreckungsverbote und will Lücken schließen, die diese Vorschriften offen lassen. **Absatz 1** bestimmt, dass nach Verfahrenseröffnung an insolvenzbefangenen Gegenständen **auch nicht auf andere Weise** als durch Rechtshandlungen des Schuldners oder durch Zwangsvollstreckungsmaßnahmen **Rechte zu Lasten der Masse erworben werden können** (BGH NZI 2010, 682); ein entsprechender Erwerb wird für unzulässig erklärt. Die Vorschrift ist als Auffangtatbestand zu verstehen und schützt die haftungsrechtliche Zuweisung der Insolvenzmasse an die Insolvenzgläubiger; diesen soll die Masse in dem Umfang zur Verfügung stehen, in dem sie bei Eröffnung des Insolvenzverfahrens vorhanden war (HK-InsO/*Kayser* § 91 Rn. 1; MüKoInsO/*Breuer* § 91 Rn. 3; Uhlenbruck/*Mock* § 91 Rn. 1). Hierzu ergänzend stellt **Absatz 2** klar, dass hiervon aus Gründen des Verkehrsschutzes die an Registereintragungen anknüpfenden Gutglaubensvorschriften unter Einbeziehung des § 878 BGB unberührt bleiben.

II. Rechte an Massegegenständen (Absatz 1)

2 **1. Erwerb von Rechten.** § 91 Abs. 1 verhindert den **Erwerb von Rechten.** Hierunter fallen der gesetzliche (vgl. → Rn. 11 ff.) und der rechtsgeschäftliche Erwerb (vgl. → Rn. 18 ff.) sowie der Rechtserwerb kraft Hoheitsakt (vgl. → Rn. 39 ff.). Erfasst werden die nicht unter § 81 fallenden Rechtshandlungen des Schuldners, Rechtshandlungen eines Dritten sowie sonstige Fälle des Rechtserwerbs, die die Insolvenzmasse schmälern. Die Vorschrift verhindert auch den Erwerb eines Pfändungspfandrechts an massezugehörigen Gegenständen bei **Zwangsvollstreckungen durch Neugläubiger** (Jaeger/*Windel* § 91 Rn. 6, 115; MüKoInsO/*Breuer* § 91 Rn. 7). Da insoweit nicht die Verstrickungs- und Beschlagnahmewirkung berührt wird, kann der Insolvenzverwalter die vollstreckungsrechtlichen Rechtsbehelfe (§§ 766, 793, 771 ZPO, bzw. 71 Abs. 1 GBO bei Eintragung einer Zwangssicherungshypothek) ergreifen (Jaeger/*Windel* § 91 Rn. 115; MüKoInsO/*Breuer* § 91 Rn. 76; Nerlich/Römermann/*Wittkowski*/*Kruth* § 91 Rn. 6). Anwendbar ist § 91 Abs. 1 ebenfalls auf **vertraglich begründete Drittzahlungspflichten;** gleiches gilt für **gesetzliche Drittleistungspflichten,** zB für die Bauabzugssteuer nach § 48 EStG (BFHE 201, 80 = NZI 2003, 169).

3 Maßnahmen der **Sicherung oder Erhaltung eines bereits bei Verfahrenseröffnung wirksam entstandenen Rechts** stellen hingegen keinen Rechts-

erwerb iSd Absatz 1 dar. Hierzu gehören bspw. die Eintragung eines bereits vor Verfahrenseröffnung voll erworbenen Rechts (MüKoInsO/*Breuer* § 91 Rn. 74), die Ausübung eines Rangvorbehalts (§ 881 BGB), die Befriedigung eines durch Vormerkung (§ 883 BGB) gesicherten Anspruchs, die Vornahme einer Grundbuchberichtigung nach § 894 BGB (Gottwald InsR-HdB/*Eickmann* § 31 Rn. 34), die Eintragung eines Widerspruchs nach §§ 894, 899 BGB (Jaeger/*Windel* § 91 Rn. 9), die Beschlagnahme von Gegenständen, auf welche sich eine Hypothek bezieht (§§ 1120 ff. BGB), die Vornahme einer Amtslöschung (§§ 73 Abs. 2, 53 GBO), die Eintragung eines Amtswiderspruchs (§§ 71 Abs. 2, 53 GBO), die Ausübung des Selbsthilferechts durch den Vermieter (§ 562b BGB) bzw. durch den Vertragspfandgläubiger (§§ 1227, 859, 861 BGB) oder die Einziehung einer wirksam gepfändeten Forderung (§§ 829, 835 ZPO). Gleiches gilt für Beglaubigungen oder Beurkundungen von Rechtsübertragungen, die nicht zum Erwerbstatbestand gehören, zB nach §§ 403, 1154 Abs. 1 S. 2 BGB (Jaeger/*Windel* § 91 Rn. 10).

4 Der von § 91 betroffene Rechtserwerb ist durch die **fehlende insolvenzrechtliche Legitimation gekennzeichnet.** Die Bestimmung erfasst nicht den insolvenzrechtlich legitimierten Erwerb; entsprechend sind **Verfügungen des Insolvenzverwalters** über die Insolvenzmasse nach § 80 Abs. 1 wirksam (RGZ 53, 350; OLG Düsseldorf ZIP 1992, 256; Jaeger/*Windel* § 91 Rn. 6; Kübler/Prütting/Bork/*Lüke* § 91 Rn. 5; MüKoInsO/*Breuer* § 91 Rn. 8). Gleiches gilt für die nach § 90 zulässige Zwangsvollstreckung für Massegläubiger. Das Erwerbsverbot nach Absatz 1 schließt grds. keinen Gläubigerwechsel aus, soweit hierdurch der Masse keine Rechte entzogen werden. So können nach Verfahrenseröffnung z. B.zB Forderungen gegen den Insolvenzschuldner (BGH NJW 2002, 1578 = NZI 2002, 276; Kübler/Prütting/Bork/*Lüke* § 91 Rn. 10; Uhlenbruck/*Mock* § 91 Rn. 83) oder auf dem schuldnerischen Grundstück eingetragene Grundschulden abgetreten werden (MüKoInsO/*Breuer* § 91 Rn. 11). Zur Unzulässigkeit einer nachträglichen Besicherung oder Änderung der Leistungsbestimmung → Rn. 35; die nachträgliche Schaffung einer Aufrechnungslage kann an § 96 Abs. 1 Nr. 1 bzw. Nr. 2 scheitern. § 91 Abs. schließt nicht den Rechtserwerb auf Grund von **Gesetzen aus, welche dem Wohle der Allgemeinheit dienen.** zB bei einer Enteignung oder einer strafrechtlichen Einziehung mit Sicherungscharakter (dazu → Rn. 40 f.).

5 **2. Gegenstände der Insolvenzmasse.** § 91 Abs. 1 schützt nur den **Rechtserwerb an Massegegenständen** (§§ 35, 36). Am **insolvenzfreien Vermögen des Schuldners** (vgl. → § 35 Rn. 36 ff.) können hingegen Rechte erworben werden; maßgeblich ist die haftungsrechtliche Zuordnung. Entsprechend können am treuhänderisch gebundenen schuldnerischen Vermögen Vorrechte bestehen, zB nach § 32 DepotG, § 30 PfandBG, § 77a VAG (Jaeger/*Windel* § 91 Rn. 12). Gehört nur das Recht zur Übereignung zur Masse, so steht Absatz 1 einer Belastung des in der Hand eines Dritten befindlichen Gegenstandes nicht im Wege. Hat der Schuldner im Rahmen eines Versicherungsvertrages einem Dritten ein widerrufliches Bezugsrecht eingeräumt, erwirbt der Bezugsberechtigte mit dem Tod des Schuldners den Anspruch auf die Versicherungssumme unmittelbar gegenüber der Versicherung, mangels Rechtsübergang von der Masse steht § 91 Abs. 1 nicht entgegen (BGH NZI 2010, 646). Als **Rechte an Massegegenstände** kommen **Vollrechte,** zB Eigentum an einer zur Insolvenzmasse gehörenden Sache (BGH KTS 1965, 169) bzw. Inhaberschaft einer Forderung oder eines sonstigen Rechts, und **beschränkte dingliche Rechte** in Betracht, zB Pfandrecht, Erbbaurecht, Hypothek, Grundschuld, Nießbrauch, Dienstbarkeit oder Reallast; ebenso **Zurückbehaltungsrechte,** soweit diese Absonderungsrechte nach § 51 Nr. 2, 3 begründen (dazu → Rn. 20).

Nicht unter § 91 Abs. 1 fallen die **Verwirklichung von Absonderungsansprüche** sowie der **Erwerb einer Forderung gegen die Insolvenzmasse gem. §§ 53 ff.;** hierdurch wird kein Recht an einem insolvenzbefangenen Gegenstand begründet (MüKoInsO/*Breuer* § 91 Rn. 17). Ebenso wenig hindert die Vorschrift die Annahme einer hinterlegten Sache durch den Gläubiger nach Verfahrenseröffnung gem. §§ 376 Abs. 2 Nr. 2, 377 BGB. Im Falle **einer dinglichen Surrogation** kraft gesetzlicher Regelung (zB bei §§ 1075, 1287 S. 2 BGB, §§ 847, 848 Abs. 1 ZPO) liegt nur eine Vermögensumschichtung vor, entsprechend wird die Insolvenzmasse nicht berührt (Jaeger/*Windel* § 91 Rn. 25; MüKoInsO/*Breuer* § 91 Rn. 66). 6

Vom Erwerbsverbot nach Abs. 1 wird auch die **Erweiterung bestehender Rechte zu Lasten der Insolvenzmasse** erfasst; bspw. die Vereinbarung oder die Eintragung einer Rangänderung nach Verfahrenseröffnung (Kübler/Prütting/Bork/*Lüke* § 91 Rn. 16; MüKoInsO/*Breuer* § 91 Rn. 37; Uhlenbruck/*Mock* § 91 Rn. 48; Wimmer/*Wimmer-Amend* § 91 Rn. 26). **Die Unwirksamkeitsfolge beschränkt sich auf die Rechtserweiterung** (BGH NJW-RR 2008, 780 = NZI 2008, 304; Kübler/Prütting/Bork/*Lüke* § 91 Rn. 7; MüKoInsO/*Breuer* § 91 Rn. 14), Die **Erweiterung der Zubehörhaftung** kann an § 91 Abs. 1 scheitern; § 81 Abs. 1 S. 1 greift ein, wenn das insolvenzbefangene Zubehör durch einen Dritten in die Hypothekenhaftung einbezogen wird, sofern sich der Insolvenzverwalter diese Zweckbestimmung nicht zurechnen lassen muss (Jaeger/*Windel* § 91 Rn. 43). Die Ausweitung der Haftung durch **nachträgliche Eintragung der Erhöhung der Nebenleistungen** bei einem Grundpfandrecht kann nach Verfahrenseröffnung nur mit Einwilligung des Insolvenzverwalters erfolgen (Jaeger/*Windel* § 91 Rn. 42; Kübler/Prütting/Bork/*Lüke* § 91 Rn. 7). Dagegen hindert § 91 Abs. 1 **nicht** eine **Haftung des Grundstücks für gesetzliche Nebenleistungen ohne Eintragung,** zB nach §§ 1118, 1192 BGB, § 867 Abs. 1 S. 3 ZPO, § 10 Abs. 2 ZVG (Jaeger/*Windel* § 91 Rn. 42). 7

3. Maßgeblicher Zeitpunkt des Rechtserwerbs. § 91 Abs. 1 erfasst den Rechtserwerb **ab Eröffnung des Insolvenzverfahrens** (BGHZ 181, 361 [365] = NZI 2009, 599; Jaeger/*Windel* § 91 Rn. 60; HK-InsO/*Kayser* § 91 Rn. 3). Der masseschützende Zweck der Vorschrift setzt das Wort „nach" des Gesetzestextes in Beziehung zu dem gesamten Verfahren, welches mit dem Eröffnungsbeschluss beginnt. Daher wäre es zweckwidrig, wenn aus diesem Zeitraum der Zeitpunkt der Eröffnung als juristische Sekunde ausgeschlossen bliebe (BGHZ 181, 361 = NZI 2009, 599). Unabwendbar ist die Vorschrift, wenn der rechtsbegründende Tatbestand, bei einem gestreckten Erwerb der letzte Teil, bereits vollständig vor Verfahrenseröffnung abgeschlossen war (BGHZ 170, 196 = NZI 2007, 158). Maßgeblich ist der nach § 27 Abs. 2 Nr. 3 **im Eröffnungsbeschluss genannte Zeitpunkt;** auf eine Bekanntgabe des Eröffnungsbeschlusses kommt es nicht an. Fehlt im Eröffnungsbeschluss eine Zeitangabe, gilt § 27 Abs. 3 (zu den Einzelheiten → § 27 Rn. 35). Wann der Rechtserwerb vollendet ist, bestimmt sich nach dem materiellen Recht (HambK-InsO/*Kuleisa* § 91 Rn. 4; Kübler/Prütting/Bork/*Lüke* § 91 Rn. 13 f.; Uhlenbruck/*Mock* § 91 Rn. 7). Die **Beweislast für den Rechtserwerb nach Verfahrenseröffnung** trägt nach allgemeinen Gründsätze derjenige, der hieraus Rechte herleitet (Jaeger/*Windel* § 91 Rn. 16). § 81 Abs. 3 S. 1 ist insoweit nicht entsprechend anwendbar (HambK-InsO/*Kuleisa* § 91 Rn. 4; Jaeger/*Windel* § 91 Rn. 16); zur entsprechenden Anwendbarkeit bei § 91 Abs. 2 → Rn. 43. 8

Angesichts des eindeutigen Wortlauts des § 24 Abs. 1 und der bewussten Entscheidung des Gesetzgebers berührt § 91 nicht die im **Insolvenzeröffnungsverfahren abgeschlossenen Erwerbsvorgänge,** unabhängig davon, ob ein „schwacher" oder „starker" vorläufiger Insolvenzverwalter bestellt worden ist (BGHZ 9

170, 196 = NZI 2007, 158; BGH NJW-RR 2010, 192 = NZI 2009, 888; NZI 2011, 602; 2012, 614; HK-InsO/*Kayser* § 91 Rn. 6; Kübler/Prütting/Bork/*Lüke* § 91 Rn. 15; HambK-InsO/*Kuleisa* § 91 Rn. 4; Uhlenbruck/*Mock* § 91 Rn. 7). Der Rechtserwerb kann indes der Insolvenzanfechtung (§§ 129 ff.) unterliegen (BGH NJW 2007, 1588 = NZI 2007, 158). Unanwendbar soll § 91 im Fall der **Anordnung der Eigenverwaltung** (§§ 270 ff.) sein (Wimmer/*Wimmer-Amend* § 91 Rn. 4).

10 **4. Rechtsfolgen.** Rechtsfolge des § 91 Abs. 1 ist **absolute Unwirksamkeit des Rechtserwerbs** (Jaeger/*Windel* § 91 Rn. 114; HK-InsO/*Kayser* § 91 Rn. 47; Kübler/Prütting/Bork/*Lüke* § 91 Rn. 72; MüKoInsO/*Breuer* § 91 Rn. 77; Uhlenbruck/*Mock* § 91 Rn. 87), **nicht Nichtigkeit.** Aus diesem Grunde kann die Unwirksamkeit durch KonvaleszenzKonvaleszenz geheilt werden (vgl. → Rn. 31). Die absolute Unwirksamkeit ist **von Amts wegen zu beachten.** Der Insolvenzverwalter ist berechtigt, gegen den Erwerber eine Leistungs- oder Feststellungsklage zu erheben (Jaeger/*Windel* § 91 Rn. 114; MüKoInsO/*Breuer* § 91 Rn. 77; Uhlenbruck/*Mock* § 91 Rn. 88) bzw. im Falle der Durchführung von Zwangsvollstreckungsmaßnahmen gegen den Schuldner vollstreckungsrechtliche Rechtsbehelfe nach §§ 766, 793 ZPO bzw. 71 Abs. 1 GBO bei Eintragung einer Zwangssicherungshypothek einzulegen (HK-InsO/*Kayser* § 91 Rn. 48; Uhlenbruck/*Mock* § 91 Rn. 88). Zudem besteht die Möglichkeit einer **Genehmigung des unwirksamen Rechtserwerbs** durch den Insolvenzverwalter gem. § 185 Abs. 2 S. 1 BGB (OLG Düsseldorf ZIP 1992, 256; Kübler/Prütting/Bork/*Lüke* § 91 Rn. 74; MüKoInsO/*Breuer* § 91 Rn. 77); in diesem Falle tritt die **Wirkung ex tunc** ein (§ 184 BGB).

III. Einzelne Erwerbstatbestände

11 **1. Gesetzlicher Erwerb von Rechten.** § 91 Abs. 1 verhindert einen **Eigentumserwerb im Wege der Ersitzung** (§ 937 Abs. 1 BGB), sofern die 10-jährige Ersitzungsfrist erst nach Verfahrenseröffnung abläuft und der Eigenbesitz vom Schuldner erlangt wurde (Jaeger/*Windel* § 91 Rn. 17; HK-InsO/*Kayser* § 91 Rn. 41; MüKoInsO/*Breuer* § 91 Rn. 55; aA Kübler/Prütting/Bork/*Lüke* § 91 Rn. 48 für den gutgläubiger Erwerb des Eigenbesitzes vom Schuldner). Im Falle des Besitzerwerbs von einem Dritten schränkt § 91 Abs. 1 den Rechtserwerb nicht ein; der Masse stehen in diesem Fall nur Bereicherungsansprüche nach § 816 BGB zu (Jaeger/*Windel* § 91 Rn. 18; MüKoInsO/*Breuer* § 91 Rn. 54).

12 Ein **Rechtserwerb durch Verbindung, Vermischung oder Verarbeitung** (§§ 946 ff. BGB) scheitert nicht an § 91 Abs. 1 (HK-InsO/*Kayser* § 91 Rn. 39; Jaeger/*Windel* § 91 Rn. 26 ff.). Nach Eröffnung des Insolvenzverfahrens kann Eigentum erworben werden; in diesem Fall hat die Insolvenzmasse einen Ausgleichsanspruch nach §§ 951, 812 BGB. Zu den Wirkungen einer **Verarbeitungs- oder Herstellungsklausel** s. näher HK-InsO/*Kayser* § 91 Rn. 40; Jaeger/*Windel* § 91 Rn. 28; Kübler/Prütting/Bork/*Lüke* § 91 Rn. 46 f.; Nerlich/Römermann/*Wittkowski/Kruth* § 91 Rn. 16 f.).

13 Einem **Fruchterwerb (§ 955 BGB)** steht das Erwerbsverbot nach § 91 Abs. 1 entgegen, wenn die Trennung der Erzeugnisse oder der sonstigen zu den Früchten der Sache gehörenden Bestandteile nach Verfahrenseröffnung erfolgt und bereits vor Insolvenzeröffnung der Eigenbesitz oder das Nutzungsrecht durch Leistung des Schuldners verschafft worden ist (Jaeger/*Windel* § 91 Rn. 20; Kübler/Prütting/Bork/*Lüke* § 91 Rn. 49; Wimmer/*Wimmer-Amend* § 91 Rn. 40); im Falle der **Besitzerlangung durch einen Dritten** ist hingegen Eigentumserwerb möglich (Jaeger/*Windel* § 91 Rn. 21; MüKoInsO/*Breuer* § 91 Rn. 59 f.; einschränkend Kübler/Prütting/Bork/*Lüke* § 91 Rn. 49; aA Gottwald InsR-HdB/*Eick-*

mann § 31 Rn. 26). Ein Fruchterwerb scheitert an § 81 Abs. 1 S. 1, wenn der Schuldner den Eigenbesitz bzw. das Nutzungsrecht erst nach Verfahrenseröffnung überträgt.

Bei einem dinglichen Fruchtziehungsrecht gem. § 954 BGB hindert das Erwerbsverbot bei einer Trennung nach Verfahrenseröffnung nicht den **Eigentumserwerb an den Früchten** durch den Berechtigten (Gottwald InsR-HdB/*Eickmann* § 31 Rn. 27; Jaeger/*Windel* § 91 Rn. 21; Kübler/Prütting/Bork/*Lüke* § 91 Rn. 49; MüKoInsO/*Breuer* § 91 Rn. 58; Uhlenbruck/*Mock* § 91 Rn. 36). Für die **Aneignungsgestattung gem. § 956 BGB** kommt es darauf an, ob dem Berechtigten bereits im Zeitpunkt der Verfahrenseröffnung der Besitz an der Muttersache überlassen worden war. Wenn nicht, so besteht kein insolvenzfestes Aneignungsrecht. War der Gestattungsempfänger bereits im Besitz, dann ist entscheidend, ob die Gestattung unwiderruflich erfolgte und der Insolvenzverwalter hieran gebunden ist; in diesem Fall erwirbt der Berechtigte Eigentum (s. dazu näher BGHZ 27, 360 = NJW 1958, 1286; Jaeger/*Windel* § 91 Rn. 22 f.). Der **Erwerb durch einen Nichtberechtigten (§ 957 BGB)** wird wie ein gutgläubiger Erwerb behandelt (MüKoInsO/*Breuer* § 91 Rn. 62). 14

§ 91 Abs. 1 hindert **nicht** den **Eigentumserwerb eines Finders** (§§ 973 f., 976 BGB) nach Verfahrenseröffnung; auf den Zeitpunkt des Fundes kommt es nicht an (Jaeger/*Windel* § 91 Rn. 19; HK-InsO/*Kayser* § 91 Rn. 42; Kübler/Prütting/Bork/*Lüke* § 91 Rn. 51). 15

Der **Entstehung eines gesetzlichen Pfandrechts** (Vermieterpfandrecht, § 562 BGB; Verpächterpfandrecht, § 592 BGB; Unternehmerpfandrecht, § 647 BGB) steht § 91 Abs. 1 entgegen, sofern bei Verfahrenseröffnung die Voraussetzungen des Tatbestandes noch nicht erfüllt sind, zB wenn der schuldnerische Gegenstand noch nicht eingebracht worden ist (BGHZ 170, 196 = NZI 2007, 158; Kübler/Prütting/Bork/*Lüke* § 91 Rn. 8; MüKoInsO/*Breuer* § 91 Rn. 63) oder der Gläubiger noch keinen Besitz begründet hat (Jaeger/*Windel* § 91 Rn. 34; Kübler/Prütting/Bork/*Lüke* § 91 Rn. 8). Dagegen kommt es nicht auf die Entstehung der besicherten Forderung an; ein gesetzliches Pfandrecht kann auch für künftige Forderungen entstehen (BGH NJW 1986, 2426; BGHZ 170, 196; NZI 2007, 158; MüKoInsO/*Ganter* Vor §§ 49–52 Rn. 35 f.). 16

Nach Verfahrenseröffnung kann ein Unternehmer- bzw. Vermieter-/Verpächterpfandrecht wegen Masseforderungen entstehen, wenn der **Insolvenzverwalter** den Vertrag auf der Besteller- oder Mieter/Pächterseite schließt (§ 55 Abs. 1 Nr. 1) oder bei einem nicht vollständig erfüllten Werkvertrag die Erfüllung wählt (§ 103), bzw. ein Mietverhältnis nach Verfahrenseröffnung fortbesteht (§ 108). Da das Einbringen der Sache eine Verfügung iSd § 81 Abs. 1 S. 1 darstellt (BGHZ 170, 196 = NZI 2007, 158; Jaeger/*Windel* § 91 Rn. 34; MüKoInsO/*Breuer* § 91 Rn. 63 f.), bedarf es der Zustimmung oder einer entsprechenden Handlung des Insolvenzverwalters. 17

2. Rechtsgeschäftlicher Erwerb von Rechten. a) Vertragspfandrechte. aa) Pfandrechte an beweglichen Sachen und Forderungen. § 91 Abs. 1 erfasst die **nach Verfahrenseröffnung erfolgte Valutierung eines Vertragspfandrechts,** welches vor Eröffnung des Insolvenzverfahrens für eine künftige Forderung bestellt worden ist. Gleiches gilt für die nach Verfahrenseröffnung erfolgte **Anzeige der Verpfändung** gem. § 1280 BGB an den Drittschuldner (Jaeger/*Windel* § 91 Rn. 32; MüKoInsO/*Breuer* § 91 Rn. 41) bzw. **Niederlegung des Verpfändungsvertrags** gem. § 2 Abs. 1 S. 1 PachtkredG beim Amtsgericht (Jaeger/*Windel* § 91 Rn. 33). Hingegen greift § 81 Abs. 1 S. 1, wenn erst eine **Rechtshandlung des Schuldners nach Verfahrenseröffnung** zur Entstehung des Pfandrechts oder zur dessen Valutierung führt (Jaeger/*Windel* § 91 Rn. 31; Kübler/Prütting/Bork/*Lüke* § 91 Rn. 42). Bei einem **für eine aufschie-** 18

bend bedingte Forderung bestellten Pfandrecht ist § 91 Abs. 1 anwendbar, sofern bei wirtschaftlicher Betrachtungsweise die Sache oder Forderung zum Zeitpunkt der Verfahrenseröffnung noch dem Vermögen des Schuldners zuzuordnen ist (BGHZ 170, 196 = NZI 2007, 158; Uhlenbruck/*Mock* § 91 Rn. 39; aA Kübler/Prütting/Bork/*Lüke* § 91 Rn. 42 das Pfandrecht wird mit Eintritt der Bedingung wirksam erworben).

19 **bb) Grundpfandrechte.** § 91 Abs. 1 verhindert den **Erwerb von Rechten an Grundstücken,** sofern die Einigung vor Eröffnung des Insolvenzverfahrens, indes die Eintragung (§ 873 BGB) oder die Briefübergabe (§§ 1117, 1154 BGB) erst danach erfolgt. Für bestimmte Fälle des Gutglaubensschutzes sieht Absatz 2 Ausnahmen vor (→ Rn. 44 ff.). Ist bei einem Briefpfandrecht die Aushändigungsvereinbarung (§§ 1117 Abs. 2, 1192 Abs. 1 BGB) bereits wirksam vor Eröffnung des Insolvenzverfahrens vereinbart worden, dann steht der späteren **Briefaushändigung durch das Grundbuchamt** § 91 Abs. 1 nicht entgegen (RGZ 77, 106 [107]; KG NJW 1975, 878; HK-InsO/*Kayser* § 91 Rn. 24; Jaeger/*Windel* § 91 Rn. 40; MüKoInsO/*Breuer* § 91 Rn. 31; Uhlenbruck/*Mock* § 91 Rn. 47). Erfolgt die Briefübergabe nach Verfahrenseröffnung an den Schuldner, so greift § 81 Abs. 1 S. 1. Wird bei einer Hypothek die gesicherte Forderung erst nach Verfahrenseröffnung gegenüber einem Dritte valutiert, ist § 91 Abs. 1 einschlägig. Die Entgegennahme der Valuta durch den Schuldner wird hingegen von § 81 Abs. 1 S. 1 erfasst; diese Bestimmung steht auch einer **Einigung nach Verfahrenseröffnung** entgegen. Für die Abtretung einer durch ein Grundpfandrecht gesicherten Forderung gelten die gleichen Grundsätze.

20 **b) Zurückbehaltungsrechte.** Zu den Rechten iSd § 91 Abs. 1 InsO zählen die **Zurückbehaltungsrechte, sofern diese Absonderungsrechte nach § 51 Nr. 2 oder Nr. 3** begründen (Kübler/Prütting/Bork/*Lüke* § 91 Rn. 17; MüKoInsO/*Breuer* § 91 Rn. 44, 65; Uhlenbruck/*Mock* § 91 Rn. 9). Dazu gehören bspw. das Zurückbehaltungsrecht wegen Verwendungen auf eine bewegliche Sache (BGH NZI 2003, 605), das kaufmännische Zurückbehaltungsrecht gem. §§ 369 ff. HGB (MüKoInsO/*Ganter* § 51 Rn. 223 ff.), die versicherungsrechtlichen Zurückbehaltungsrechte (s. dazu näher MüKoInsO/*Ganter* § 51 Rn. 232 ff.) und das bereicherungsrechtliche Zurückbehaltungsrecht (§ 821 BGB); nicht indes schuldrechtliche Zurückbehaltungsrechte, die nur Einreden gegen Forderungen begründen (BGH WM 1965, 408 [409]; BGHZ 150, 138 [145] = NZI 2002, 380; MüKoInsO/*Ganter* § 51 Rn. 242); zum Verhältnis Erfüllungswahl und Zurückbehaltungsrecht s. HK-InsO/*Marotzke* § 103 Rn. 104 ff.

21 Ein Absonderungsrecht besteht nur, wenn bereits **vor Eröffnung des Insolvenzverfahrens die gesetzlichen Entstehungsvoraussetzungen** für das Zurückbehaltungsrecht vorliegen (OLG Köln NJW-RR 1994, 544; Heymann/*Horn* § 369 Rn. 31; MüKoHGB/*Welter* § 369 Rn. 76; MüKoInsO/*Breuer* § 91 Rn. 44, 65; jeweils für das Recht nach §§ 369 ff. HGB). Nicht erforderlich ist eine Ausübung des Rechts oder eine Fälligkeit der gesicherten Forderung (§ 41 Abs. 1) vor Verfahrenseröffnung. Nach Eröffnung des Insolvenzverfahrens kann ein Zurückbehaltungsrecht an den insolvenzbefangenen Gegenständen nicht mehr mit Wirkung gegenüber den Insolvenzgläubigern begründet werden; insoweit findet § 91 Abs. 1 Anwendung (OLG Köln NJW-RR 1994, 544; Baumbach/Hopt/*Hopt* § 369 Rn. 12; Heymann/*Horn* § 369 Rn. 31; Kübler/Prütting/Bork/*Lüke* § 91 Rn. 17; MüKoHGB/*Welter* § 369 Rn. 77; Röhricht/v. Westphalen/*Wagner* § 369 Rn. 26; jeweils für das Zurückbehaltungsrecht nach § 369 HGB).

22 **c) Bedingter Rechtserwerb. aa) Bedingte Übertragung von Rechten.** Überträgt der Schuldner vor Verfahrenseröffnung eine Sache oder ein Recht unter

einer aufschiebenden Bedingung, so scheitert der **Rechtserwerb bei Bedingungseinstritt** nach Verfahrenseröffnung nicht an § 91 Abs. 1, sofern die Übertragung bereits vollständig vor Eröffnung des Insolvenzverfahrens stattfand und für den Schuldner keine Möglichkeit mehr besteht, das Recht durch eigene Entscheidung zurückzuerlangen. Die Insolvenzmasse wird durch den Bedingungseintritt nicht mehr berührt, da das Recht bereits aus dem insolvenzbefangenen Vermögen des Schuldners ausgeschieden ist und der bedingt Berechtigte ein nach § 161 Abs. 1 S. 2 BGB geschütztes Anwartschaftsrecht besitzt (BGHZ 135, 140 [145] = NJW 1997, 1857; BGHZ 155, 87 [92 f.] = NZI 2003, 491; BGH NJW 2006, 915 = NZI 2006, 229; NJW-RR 2008, 1007 = NZI 2008, 371; NJW 2012, 1519 = NZI 2012, 319 für den aufschiebend bedingten Anspruch auf den Rückkaufswert einer Lebensversicherung; HK-InsO/*Kayser* § 91 Rn. 8; Kübler/Prütting/Bork/*Lüke* § 91 Rn. 18 ff.; MüKoInsO/*Breuer* § 91 Rn. 19; Uhlenbruck/*Mock* § 91 Rn. 25). Dies gilt auch für den Erwerb bei einer aufschiebend bedingten **Verfügung über eine künftige Sache oder ein künftiges Recht;** Voraussetzung ist, dass der Gegenstand bis zur Verfahrenseröffnung entsteht und die Bedingung danach eintritt, ohne dass der Schuldner den Bedingungseintritt verhindern kann (BGH NJW 2006, 915 = NZI 2006, 229). Dagegen findet § 91 Abs. 1 im Falle derder Möglichkeit der **Verhinderung des Bedingungseintritts** Anwendung (BGH NJW-RR 2010, 558 = NZI 2010, 138 für den Abtretung künftiger Forderungen unter der Bedingung des Ankaufs).

Auflösend bedingte Rechte können unabhängig von § 91 Abs. 1 erworben 23 werden, wenn die auflösende Bedingung nach Verfahrenseröffnung eintritt. Das Recht fällt mit Bedingungseintritt entweder in die Insolvenzmasse oder es tritt der vor Verfahrenseröffnung angelegte Rechtsverlust für die Masse ein (OLG Düsseldorf NZI 2007, 289; HK-InsO/*Kayser* § 91 Rn. 8; Jaeger/*Windel* § 91 Rn. 59, 77; Kübler/Prütting/Bork/*Lüke* § 91 Rn. 22; MüKoInsO/*Breuer* § 91 Rn. 20).

Ein Rechtserwerb wird durch § 91 Abs. 1 verhindert, sofern der **Bedingungseintritt gerade an die Eröffnung des Insolvenzverfahrens geknüpft wird,** 24 um hierdurch eine Haftung zu vereiteln (Jaeger/*Windel* § 91 Rn. 72; MüKo-InsO/*Breuer* § 91 Rn. 21; Nerlich/Römermann/*Wittkowski/Kruth* § 91 Rn. 13). Dies gilt nicht, sofern sich die **vereinbarte Lösungsklausel an gesetzlichen Vorschriften orientiert** (zB BGH NJW-RR 2000, 1285 = NZI 2000, 308; BGHZ 170, 206 = NZI 2007, 222; jeweils für das Ausscheiden eines Gesellschafters bei Eröffnung des Insolvenzverfahrens über sein Vermögen; HK-InsO/*Kayser* § 91 Rn. 11). Str. ist, ob dies auch für das eingeschränkt (un-)widerrufliche Bezugsrecht bei einer Direktversicherung zur betrieblichen Altersversorgung gilt (ablehnend: BGH NJW-RR 2005, 1412 = NZI 2005, 555; ZIP 2005, 1836; NJW-RR 2006, 1258 = NZI 2006, 527; bejahend: OLG Frankfurt ZIP 2005, 1036; OLG Hamm NZI 2006, 406).

bb) Übertragung von bedingten Rechten. Die vorstehenden Grundsätze 25 (→ Rn. 24) gelten ebenfalls für die unbedingte Übertragung eines aufschiebend bedingten oder befristeten Rechts (BGH NJW 2006, 915 = NZI 2006, 229; NJW-RR 2008, 1007 = NZI 2008, 371 betr. einen Regressanspruch nach § 774 BGB; OLG Stuttgart ZIP 1994, 222 [224]; Kübler/Prütting/Bork/*Lüke* § 91 Rn. 23; BGH NZI 2012, 17 = NJW 2012, 229 für den Anspruch auf Rückgewähr einer Sicherungsgrundschuld; → Rn. 26; BGH NZI 2012, 883 zur Insolvenzfestigkeit einer Zweitabtretung; Jaeger/*Windel* § 91 Rn. 57 für den Fall, dass der Verfügungsgegenstand bis zur Verfahrenseröffnung nicht entstanden ist).

Ein **Anspruch auf Rückgewähr einer Sicherungsgrundschuld** scheitert 26 nur dann nicht an § 91 Abs. 1, wenn eine Revalutierung der Grundschuld ohne Zustimmung des Abtretungsempfängers nicht (mehr) in Betracht kommt. Solange der Sicherungsnehmer allein oder im Einvernehmen mit dem Insolvenzverwalter die Grundschuld revalutieren kann, ohne dadurch den Inhalt des Rückgewähranspruchs zu verändern, ist der Sicherungswert einer bestellten Grundschuld trotz Abtretung des Rückgewähranspruchs nicht aus der Insolvenzmasse endgültig ausgeschieden (BGH NZI 2012, 17 = NJW 2012, 229 in ausdrücklicher Abkehr von BGH NJW 1977, 247; Jaeger/*Windel* § 91 Rn. 58; aA Gottwald InsR-HdB/*Eickmann* § 31 Rn. 16; Kübler/Prütting/Bork/*Lüke* § 91 Rn. 26).

27 Bei der **Vereinbarung eines Eigentumsvorbehalts** erwirbt der Vorbehaltskäufer ein Anwartschaftsrecht. Mit der Zahlung der letzten Rate erlangt er das Eigentum, auch wenn zwischenzeitlich das **Insolvenzverfahren über das Vermögen des Vorbehaltsverkäufers eröffnet** worden ist (Jaeger/*Windel* § 91 Rn. 75; Kübler/Prütting/Bork/*Lüke* § 91 Rn. 21; MüKoInsO/*Breuer* § 91 Rn. 22). Der Käufer kann nach § 107 Abs. 1 die Erfüllung wählen und mit dem Bedingungseintritt die Aussonderung verlangen.

28 Im Falle der **Weiterveräußerung von Vorbehaltsware** erhält ein Dritter (Zweitkäufer), dem der Vorbehaltskäufer den aufschiebend bedingten Anspruch auf Eigentumsübergang vor Verfahrenseröffnung übertragen hat, im Wege des Direkterwerbs das Eigentum mit der Zahlung der letzten Rate an den Vorbehaltsverkäufer, auch wenn über das Vermögen des Vorbehaltskäufers das Insolvenzverfahren eröffnet worden ist. Die Vorbehaltsware gehörte niemals zur Insolvenzmasse (BGHZ 20, 88 [97 ff.] = NJW 1956, 665; Kübler/Prütting/Bork/*Lüke* § 91 Rn. 24; MüKoInsO/*Breuer* § 91 Rn. 23); auf die Zustimmung des Vorbehaltsverkäufers kommt es nicht an. Der Insolvenzverwalter hat wegen § 107 keine Möglichkeit, den Eintritt der Bedingung durch Ausübung des Wahlrechts nach § 103 zu verhindern. Dem Zweitkäufer steht ein Aussonderungsrecht bzw. im Falle der Sicherungsübereignung ein Absonderungsrecht zu.

29 **d) Erwerb betagter bzw. noch nicht fälliger Rechte.** Der Eintritt der **Fälligkeit nach Verfahrenseröffnung** hindert bei betagten (vgl. BGHZ 182, 264 = NZI 2010, 58) bzw. nicht fälligen Rechten nicht die Wirksamkeit des Rechtserwerbs einer bereits vor Insolvenzeröffnung erfolgten Übertragung. Der Rechtserwerb ist bereits vor Insolvenzeröffnung vollendet, § 91 Abs. 1 findet keine Anwendung. Dies gilt auch für die Abtretung einer betagten Forderung (BGH NJW-RR 2010, 924 = NZI 2010, 220; Kübler/Prütting/Bork/*Lüke* § 91 Rn. 31). Hierzu gehört die **Abtretung von Ansprüchen aus einem Finanzierungsleasingvertrag;** insoweit wird § 91 Abs. 1 durch 108 Abs. 1 S. 2 verdrängt (BGHZ 111, 84 = NJW 1990, 1785; Jaeger/*Windel* § 91 Rn. 55; HK-InsO/*Kayser* § 91 Rn. 14; Kübler/Prütting/Bork/*Lüke* § 91 Rn. 25, 31a; MüKoInsO/*Breuer* § 91 Rn. 25; auch → § 108 Rn. 35 ff.).

30 Bei **künftigen Miet- und Pachtzinsen betreffend unbeweglicher Sachen oder Räume** handelt es sich hingegen um befristete Ansprüche, da diese erst mit Beginn des jeweiligen Nutzungszeitraums entstehen (BGHZ 111, 84 [93] = NJW 1990, 1785; BGHZ 170, 196 [200] = NZI 2007, 158; NZI 2007, 164; 2007, 515; BGHZ 182, 264 = NZI 2010, 58; HK-InsO/*Kayser* § 91 Rn. 14). Insoweit verdrängt § 110 Abs. 1 in seinem Anwendungsbereich § 91 Abs. 1 (BGHZ 182, 264 = NZI 2010, 58; BGH NZI 2013, 42; NZI 2013, 588); nach Ablauf der Frist des § 110 Abs. 1 S. 1 beurteilt sich die Wirksamkeit der Vorausabtretung allein nach § 91 Abs. 1 (BGH NZI 2013, 588); zu den weiteren Einzelheiten → § 110 Rn. 10. Bei der **Vorausabtretung künftiger Lohn- und Gehaltsansprüche** verdrängt für die vor dem 1.7.2014 beantragten Verfahren (vgl. Art. 103h S. 1 EGInsO) § 114 Abs. 1 aF im Rahmen seines Anwendungsbereichs § 91 Abs. 1 (BGHZ 167, 363 = NZI 2006, 457; NZI 2007, 39; BGHZ 182, 264 = NZI 2010, 58; NZI 2013, 42; OLG Koblenz NZI 2012, 891; Jaeger/*Windel* § 91 Rn. 56; HK-InsO/*Kayser* § 91 Rn. 16; dazu auch → § 114 Rn. 12). Dies gilt auch für ein zum Zeitpunkt der Abtretung noch nicht bestehendes Arbeitsver-

hältnis, selbst wenn dieses erst nach Eröffnung des Insolvenzverfahrens begründet wird (BGH ZIP 2012, 2358; LG Trier ZInsO 2010, 1941; aA LG Mosbach ZInsO 2009, 198; Kübler/Prütting/Bork/*Bork* § 114 Rn. 21). **§ 114 Abs. 3** aF enthält für die vor dem 1.7.2014 beantragten Verfahren ebenfalls eine Sondervorschrift, die partiell § 91 Abs. 1 verdrängt (Jaeger/*Windel* § 91 Rn. 67).

e) Erwerb künftiger Rechte. Dem **Erwerb künftiger Rechte** steht § 91 Abs. 1 entgegen, wenn das Recht erst nach Verfahrenseröffnung entsteht (BGH NJW 1955, 544; BGHZ 106, 236 [241] = NJW 1989, 1282; 167, 363 = NZI 2006, 457; BGH NJW-RR 2009, 755 zum Anspruch eines Genossen aus Auszahlung eines Auseinandersetzungsguthabens; BGH NJW-RR 2010, 860 = NZI 2010, 343 zum Anspruch gegenüber einer kassenärztlichen Abrechnungsstelle; NJW-RR 2010, 924 = NZI 2010, 220 zur künftigen Gewinnforderung aus der Beteiligung an einer GbR; NZI 2010, 682; WM 2012, 549; Jaeger/*Windel* § 91 Rn. 62; Kübler/Prütting/Bork/*Lüke* § 91 Rn. 27; MüKoInsO/*Breuer* § 91 Rn. 26 ff.). Voraussetzung ist, dass der Erwerber vor Verfahrenseröffnung an dem Erwerbsgegenstand noch keine gesicherte Rechtsstellung erlangt hat (BGHZ 181, 361 = NZI 2009, 599; NJW-RR 2010, 924 = NZI 2010, 220; NZI 2012, 17 = NJW 2012, 229). Dies gilt auch für die **Abtretung künftiger Forderungen** (BGH NZI 2010, 682; WM 2012, 349), zB bei Vereinbarung einer Globalzession, eines verlängerten Eigentumsvorbehalts oder einer verlängerten Sicherungsübereignung (HK-InsO/*Kayser* § 91 Rn. 17 ff.; Jaeger/*Windel* § 91 Rn. 54); es findet § 91 Abs. 1 und nicht § 81 Abs. 1 S. 1 Anwendung (→ § 81 Rn. 10 f.). Zum **Erwerb von Rechten bei verlängertem Eigentumsvorbehalt,** insbes. bei einer Erfüllungswahl seitens des Insolvenzverwalters s. Jaeger/*Windel* § 91 Rn. 66; Kübler/Prütting/Bork/*Lüke* § 91 Rn. 32 ff. Im Falle der Freigabe einer selbstständigen Tätigkeit findet auf die im Voraus abgetretenen, nach Verfahrenseröffnung entstehenden Forderungen § 185 Abs. 2 S. 1 Fall 2 BGB entsprechende Anwendung; die Vorausabtretung erlangt infolge Konvaleszenz ex nunc ihre Wirksamkeit zurück (BGH NZI 2013, 641). 31

Die **Vorausabtretung kontokorrentgebundener Forderungen und des kausalen Schlusssaldos** aus dem Kontokorrent führt wegen § 91 Abs. 1 nicht zum Rechtserwerb des Abtretungsempfängers, wenn die Kontokorrentabrede erst mit Verfahrenseröffnung erlischt (BGHZ 181, 361 = NZI 2009, 599 unter Aufgabe von BGHZ 70, 86 = NJW 1978, 538; HK-InsO/*Kayser* § 91 Rn. 21; Wimmer/*Wimmer-Amend* § 91 Rn 23; aA mit unterschiedlicher Begründung HambK-InsO/*Kuleisa* § 91 Rn. 13; Jaeger/*Windel* § 91 Rn. 60; Kübler/Prütting/Bork/*Lüke* § 91 Rn. 35; MüKoInsO/*Breuer* § 91 Rn. 29). Entsprechendes dürfte für eine **abstrakte Schlusssaldoforderung** gelten (aA Jaeger/*Windel* § 91 Rn. 60; Kübler/Prütting/Bork/*Lüke* § 91 Rn. 36; MüKoInsO/*Breuer* § 91 Rn. 30). 32

f) Nachträgliche Besicherung; Änderung der Leistungsbestimmung. Lässt sich ein Insolvenzgläubiger (zB Bank) von einem anderen eine bis dahin ungesicherte Forderung gegen den Insolvenzschuldner abtreten, die nach der zwischen dem Insolvenzgläubiger (zB Bank) und dem Insolvenzschuldner bestehenden Sicherungsabrede in den Deckungsbereich der Sicherung fällt, so scheitert der **nachträgliche Erwerb des Absonderungsrechts** an § 91 Abs. 1. Zu den Konsequenzen eines Sicherheitenpools s. Jaeger/*Windel* § 91 Rn. 84 ff.; Uhlenbruck/*Mock* § 91 Rn. 64. Eine **nachträgliche Änderung der Leistungsbestimmung** ist nach § 91 Abs. 1 unwirksam, wenn hiermit ein Rechtsverlust für die Insolvenzmasse verbunden ist (Kübler/Prütting/Bork/*Lüke* § 91 Rn. 9; Uhlenbruck/*Mock* § 91 Rn. 26 26). 33

g) Dingliche Sicherheiten bzw. Vormerkungen für bedingte oder künftige Rechte. Bei einer bereits dinglich vollzogenen Begründung eines zur Ab- 34 sonderung berechtigenden dinglichen Rechts für eine bedingte oder künftige Forderung wird der Rechtserwerb nicht durch § 91 Abs. 1 verhindert. Dagegen wird die nachträgliche Valutierung einer Forderung durch den Schuldner von § 81 Abs. 1 S. 1 erfasst; § 91 Abs. 1 ist einschlägig, wenn die Valutierung dem Gläubiger zurechenbar ist. Eine **Höchstbetragshypothek** (§ 1190 BGB) kann nach Eröffnung des Insolvenzverfahrens über das Vermögen des Grundstückseigentümers **nicht weiter valutieren** (Jaeger/*Windel* § 91 Rn. 41; Uhlenbruck/*Mock* § 91 Rn. 47). Im Falle der Bestellung einer Sicherungsgrundschuld steht dem Schuldner bis zur Entstehung der zu sichernden Forderung die **Einrede der mangelnden Valutierung des Rechts aus dem Sicherungsvertrag entgegen** (BGH NJW-RR 2008, 780 = NZI 2008, 304). Diese nach Eröffnung des Insolvenzverfahrens der Masse zustehende Einrede wird durch §§ 81 Abs. 1 S. 1, 91 Abs. 1 geschützt (Jaeger/*Windel* § 91 Rn. 41; MüKoInsO/*Breuer* § 91 Rn. 33).

35 Der Gläubiger eines **durch Vormerkung gesicherten Anspruchs** kann vom Insolvenzverwalter die Befriedigung seiner Ansprüche verlangen; § 106 verdrängt § 91 Abs. 1 (Jaeger/*Windel* § 91 Rn. 68). Eine Vormerkung kann für künftige oder bedingte Ansprüche eingetragen werden (BGHZ 149, 1 = NZI 2002, 30; 166, 319 = NZI 2006, 395), wobei die Begründung für diese Möglichkeit unterschiedlich ist (s. dazu Jaeger/*Windel* § 91 Rn. 68). Voraussetzung für die Insolvenzfestigkeit ist, dass die Vormerkung vor Verfahrenseröffnung bewilligt sowie eingetragen und der gesicherte Anspruchs dem Grunde nach angelegt ist (BGHZ 166, 319 = NZI 2006, 395; BGH NJW-RR 2008, 1007 = NZI 2008, 371; HK-InsO/*Kayser* § 91 Rn. 31; Jaeger/*Windel* § 91 Rn. 68 f.; Uhlenbruck/*Mock* § 91 Rn. 57; aA MüKoInsO/*Breuer* § 91 Rn. 43 Bewilligung und Eintragung reichen); zB der Schuldner keinen Einfluss mehr auf die Entstehung des Anspruchs nehmen kann (BGHZ 149, 1 = NZI 2002, 30; BGHZ 166, 319 = NZI 2006, 395; HambK-InsO/*Kuleisa* § 91 Rn. 19; HK-InsO/*Kayser* § 91 Rn. 31; Jaeger/*Windel* § 91 Rn. 68). Ebenfalls greift der Vormerkungsschutz für den gesetzlichen **Löschungsanspruch aus § 1179a BGB,** wenn die Voraussetzungen des Löschungsanspruchs erst nach Verfahrenseröffnung eintreten (BGH NZI 2012, 756 unter ausdrücklicher Aufgabe der entgegenstehenden früheren Auffassung in BGHZ 166, 319 = NZI 2006, 395; OLG Köln ZIP 2005, 1038; Jaeger/*Windel* § 91 Rn. 70; Uhlenbruck/*Wegener* § 106 Rn. 21; Wimmer/*Wimmer-Amend* § 91 Rn. 27; *Rein* NJW 2006, 3470; NZI 2012, 758; aA OLG Celle NZI 2010, 769; OLG Hamm ZIP 2011, 188; HambK-InsO/*Kuleisa* § 91 Rn. 19a). Dies folgt aus dem Zweck des Vormerkungsschutzes des § 1179a Abs. 1 S. 3 BGB, durch den die Eintragung einer Löschungsvormerkung, die ihrerseits insolvenzfest ist, entbehrlich gemacht werden soll.

36 **h) Sonstige Fälle. aa) Genehmigung eines Dritten.** Hängt die Wirksamkeit einer vom Schuldner vor Verfahrenseröffnung vorgenommenen Verfügung über ein ihm gehörendes Recht von der **Genehmigung eines Dritten** ab (zB nach § 5 ErbbauRG oder § 12 WEG), hindert wegen der Rückwirkung der Genehmigung (§ 184 Abs. 1 BGB) § 91 Abs. 1 nicht den Rechtserwerbs (RGZ 134, 73 [78]; BGH NJW-RR 2009, 705 = NZI 2009, 244; Kübler/Prütting/Bork/*Lüke* § 91 Rn. 52; MüKoInsO/*Breuer* § 91 Rn. 45; einschränkend Jaeger/*Windel* § 91 Rn. 106, der auf den Umfang der Bindung des Schuldners abstellt); EEntsprechendes gilt für **eine behördlichen Genehmigung** (BGH WM 1958, 1417; Jaeger/*Windel* § 91 Rn. 107; MüKoInsO/*Breuer* § 91 Rn. 50). Hingegen findet wegen der Notwendigkeit der Mitteilung nach § 1829 Abs. 1 S. 2 BGB bei einer **familien- bzw. betreuungsgerichtlichen Genehmigung** § 81 Abs. 1 S. 1 Anwendung (Jaeger/*Windel* § 91 Rn. 107; Uhlenbruck/*Mock* § 91 Rn. 42).

37 **bb) Abtretungsverbot.** Bei einem vertraglich vereinbarten Abtretungsverbot (§ 399 Hs. 2 BGB) scheitert ein Rechtserwerb an § 91 Abs. 1, wenn die Geneh-

migung nach Verfahrenseröffnung erteilt wird (Kübler/Prütting/Bork/*Lüke* § 91 Rn. 56; MüKoInsO/*Breuer* § 91 Rn. 49; iErg auch Jaeger/*Windel* § 91 Rn. 112, der indes § 81 Abs. 1 S. 1 mit der Begründung anwendet, es handele sich um eine erneute Abtretungsvereinbarung); insoweit wirkt die Genehmigung nicht auf den Zeitpunkt der Abtretung zurück (BGHZ 70, 299 [303] = NJW 1978, 813; BGHZ 108, 172 [176] = NJW 1990, 109; NJW 1997, 3434; BGHZ 166, 125 = NZI 2006, 287). Eine Ausnahme besteht nach § 5 354a HGB für Kaufleute (Uhlenbruck/*Mock* § 91 Rn. 28). Die in Unkenntnis der Abtretung der Forderung an den Insolvenzschuldner oder Insolvenzverwalter erfolgte Leistung eines Drittschuldners an den Zedenten wird über § 407 BGB geschützt; § 91 Abs. 1 greift nicht (Jaeger/*Windel* § 91 Rn. 94). Der Masse steht ein Ausgleichsanspruch nach § 816 Abs. 1, Abs. 2 BGB zu (Jaeger/*Windel* § 91 Rn. 95).

cc) Verfügung eines Nichtberechtigten. § 91 Abs. 1 findet mangels Zu- 38
gehörigkeit des Verfügungsgegenstands zur Insolvenzmasse **keine Anwendung,** wenn der Schuldner als Nichtberechtigter über einen Gegenstand verfügt (HK-InsO/*Kayser* § 91 Rn. 37; Kübler/Prütting/Bork/*Lüke* § 91 Rn. 53). Die **Genehmigung einer Verfügung** eines nichtberechtigten Dritten über einen massezugehörigen Gegenstand **durch den Schuldner** scheitert an § 81 Abs. 1 S. 1. Es besteht aber die Möglichkeit eines gutgläubigen Erwerbs gem. §§ 932, 936, 1032, 1207, 1208, 1244, 2366 f. BGB, §§ 366 f. HGB (Jaeger/*Windel* § 91 Rn. 93; HK-InsO/*Kayser* § 91 Rn. 38; Kübler/Prütting/Bork/*Lüke* § 91 Rn. 55); der Masse steht in diesem Fall ein Ausgleichsanspruch nach § 816 Abs. 1, Abs. 2 BGB zu (Jaeger/*Windel* § 91 Rn. 95). Wird nach Eröffnung des Insolvenzverfahrens ein Gegenstand für die Insolvenzmasse erworben, über den der Schuldner bereits vor Verfahrenseröffnung als Nichtberechtigter verfügt hat, scheitert der **Erwerb durch Konvaleszenz nach § 185 Abs. 2 S. 1 Fall 2 BGB** an § 91 Abs. 1 (HK-InsO/*Kayser* § 91 Rn. 37; Jaeger/*Windel* § 91 Rn. 104; Kübler/Prütting/Bork/*Lüke* § 91 Rn. 54; MüKoInsO/*Breuer* § 91 Rn. 46).

3. Erwerb von Rechten kraft Hoheitsakt. a) Erwerb im Rahmen einer 39
Zwangsvollstreckung. § 89 schließt nicht die öffentlich-rechtliche Verstrickung aus. Daher kann der Erwerber im Rahmen eines Zwangsvollstreckungsverfahrens originäres Eigentum durch **Zuschlag** (§ 90 ZVG) oder **Übertragung durch den Gerichtsvollzieher** (§§ 814 ff. ZPO) **erwerben.** Entsprechendes gilt für die Eintragung einer Sicherungshypothek nach § 128 ZVG. Hat der Pfandrechtsgläubiger einer Forderung schon vor Eröffnung des Insolvenzverfahrens eine gesicherte Rechtsposition an dem Erwerbsgegenstand erlangt, ist die Pfändung insolvenzfest (BGHZ 191, 277 = NZI 2012, 17; BGH NJW 2012, 1510 = NZI 2012, 319; NJW 2013, 2429 = NZI 2013, 586; BGH NZI 2015, 178 betr. Auszahlung einer Direktversicherung nach § 1b Abs. 2 S. 1 BetrAVG). Der **Entstehung eines Pfändungspfandrechts** steht § 91 Abs. 1 entgegen, wenn der Gläubiger vor Eröffnung des Insolvenzverfahrens eine nach §§ 750, 751, 798 ZPO verfrühte Pfändung bewirkt hat, deren fehlende Voraussetzung erst nach Eröffnung des Insolvenzverfahrens geheilt wird (RGZ 125, 286; Wimmer/*Wimmer-Amend* § 91 Rn. 43). Zum Pfändungspfandrechts bei Pfändung fortlaufender Bezüge siehe BGH NJW-RR 2011, 1495 = NZI 2011, 365.

b) Sonstige Fälle. § 91 Abs. 1 schließt nicht den Rechtserwerb auf Grund 40
von Gesetzen aus, welche dem Wohle der Allgemeinheit dienen. Bspw. ist eine **Enteignung nach Verfahrenseröffnung** möglich; der Masse steht in diesem Fall der Entschädigungsanspruch zu (HK-InsO/*Kayser* § 91 Rn. 46; Jaeger/*Windel* § 91 Rn. 97; Kübler/Prütting/Bork/*Lüke* § 91 Rn. 12; MüKoInsO/*Breuer* § 91 Rn. 12, 73). Ebensowenig hindert § 91 eine Sachhaftung nach **§ 76 Abs. 1 AO** (Jaeger/*Windel* § 91 Rn. 101; MüKoInsO/*Breuer* § 91 Rn. 72). Einen von § 91

Abs. 1 nicht erfassten Hoheitsakt stellt nach Auffassung des OLG Frankfurt (NZI 2012, 808) auch der Beschluss des Familiengerichts dar, durch den im Wege des Versorgungsausgleichs **Rentenrechte auf einen Ehepartner übertragen** werden.

41 Eine **Einziehung mit Sicherungscharakter** nach § 74 Abs. 2 Nr. 2 StGB, zB von Gegenständen, die eine Gefahr für die Allgemeinheit darstellen, ist auch während eines laufenden Insolvenzverfahrens möglich. Entsprechendes gilt für die Einziehung von Schriften nach § 74d StGB (MüKoInsO/*Breuer* § 91 Rn. 70). Der Masse steht ein etwaiger Entschädigungsanspruch nach § 74f StGB zu. Demgegenüber schließt § 91 Abs. 1 die Möglichkeit einer **Einziehung mit Strafcharakter** nach § 74 Abs. 2 Nr. 1 StGB aus (HK-InsO/*Kayser* § 91 Rn. 44; Jaeger/*Windel* § 91 Rn. 98; MüKoInsO/*Breuer* § 91 Rn. 71; einschränkend Kübler/Prütting/Bork/*Lüke* § 91 Rn. 12). Entsprechendes gilt für eine **Einziehung des Wertersatzes** (§ 74c StGB) sowie für die **Anordnung des Verfalls** nach §§ 73, 73a StGB (LG Duisburg ZIP 2003, 1361).

IV. Ausnahmen (Absatz 2)

42 **1. Grundsatz.** Nach Absatz 2 findet das Erwerbsverbot nach Absatz 1 keine Anwendung im Fall des **gutgläubigen Erwerbs von Rechten an Immobilien und gleichgestellten Gegenständen** nach §§ 878, 892, 893 BGB, §§ 3 Abs. 2, 16, 17 SchiffsRG, §§ 5 Abs. 3, 16, 17 LuftzRG. Unberührt bleibt die Möglichkeit einer Anfechtung nach §§ 129 ff. (zu den Einzelheiten s. die Kommentierung zu § 140 Abs. 2 sowie § 147). Gleiches gilt für die Fälle der § 20 Abs. 3 der Seerechtlichen VerteilungsVO; zu den näheren Einzelheiten s. die Kommentierung bei Jaeger/*Windel* § 91 Rn. 125). **Unanwendbar ist Absatz 2 auf bewegliche Gegenstände, Pfandrechte oder Forderungen;** insoweit wird der gutgläubige Erwerb nicht geschützt (HK-InsO/*Kayser* § 91 Rn. 52; MüKoInsO/*Breuer* § 91 Rn. 80).

43 **2. Bindende Eintragungsbewilligung (§ 878 BGB, § 3 Abs. 3 SchiffsRG, § 5 Abs. 3 LuftfzRG). Einigen sich** der Schuldner und ein Dritten bereits **vor Verfahrenseröffnung** über eine im Grundbuch, Schiffsregister oder Register für Pfandrechte an Luftfahrzeugen einzutragende Rechtsänderung, dann ist ein Rechtserwerb trotz Eröffnung des Insolvenzverfahrens vor Vollzug der Eintragung möglich, sofern die **Einigungserklärung bindend** geworden ist (§§ 873 Abs. 2, 875 Abs. 2, 877 BGB, § 3 Abs. 2 SchiffsRG, § 5 Abs. 2 LuftfzRG) und der **Eintragungsantrag noch vor Verfahrenseröffnung** beim Grundbuch schriftlich gestellt oder zu Protokoll der Geschäftsstelle erklärt worden ist (OLG Naumburg FGPrax 2015, 61; vgl. §§ 13 Abs. 1, 30 GBO). Es wird der gute Glaube in die Verfügungsbefugnis zur Zeit der Stellung des Eintragungsantrages geschützt (BGHZ 28, 182 = NJW 1958, 2013); eine spätere Kenntnis schadet nicht. Sofern die Erklärung und der Antrag des Schuldners am **Tag der Verfahrenseröffnung** erfolgt, ist § 81 Abs. 3 S. 1 entsprechend heranzuziehen (Jaeger/*Windel* § 91 Rn. 118). Ist der Eintragungsantrag vor Verfahrenseröffnung gestellt, ist das Grundbuchamt auch im Falle der Kenntnis von der Eröffnung des Insolvenzverfahrens zur Eintragung verpflichtet (vgl. → § 81 Rn. 20).

44 Abweichend von § 140 Abs. 2 ist ein **Antrag des Erwerbers nicht zwingend erforderlich** (HK-InsO/*Kayser* § 91 Rn. 54; Jaeger/*Windel* § 91 Rn. 118; MüKoInsO/*Breuer* § 91 Rn. 84). Ein eigener Antrag schützt den Erwerber indes vor einer Antragsrücknahme, da der Insolvenzverwalter einen allein vom Schuldner als Eigentümer oder vom Notar für diesen gestellten Eintragungsantrag zurücknehmen kann (BGH NJW-RR 2008, 428 = NZI 2008, 177; Gottwald InsR-HdB/*Eickmann* § 31 Rn. 72; HK-InsO/*Kayser* § 91 Rn. 54; MüKoInsO/*Breuer*

§ 91 Rn. 84; MüKoBGB/*Kohler* § 91 Rn. 17; aA unter Hinweis auf den Schutzzweck des § 91 Abs. 2: Jaeger/*Windel* § 91 Rn. 118; unklar Uhlenbruck/*Mock* § 91 Rn. 48). Absatz 2 ist ebenfalls einschlägig, wenn die Einigungserklärung vor Verfahrenseröffnung durch **rechtskräftige Verurteilung des späteren Insolvenzschuldners** (§ 894 ZPO) bindend geworden und der Eintragungsantrag gestellt worden ist (Jaeger/*Windel* § 91 Rn. 118; Kübler/Prütting/Bork/*Lüke* § 91 Rn. 61; MüKoInsO/*Breuer* § 91 Rn. 86); ein Rechtserwerb im Wege der Zwangsvollstreckung genügt nicht (BGHZ 9, 251).

Es müssen nach hM **alle Voraussetzungen** des Rechtserwerbs **mit Ausnahme der Eintragung** vorliegen. Mangelt es noch an einer weiteren Voraussetzung, so kann das Recht nicht wirksam erworben werden (OLG Frankfurt ZInsO 2006, 269 für die Veräußerungszustimmung nach § 12 Abs. 3 WEG; Jaeger/*Windel* § 91 Rn. 120; MüKoInsO/*Breuer* § 91 Rn. 82; Nerlich/Römermann/*Wittkowski*/*Kruth* § 91 Rn. 34; Palandt/*Bassenge* § 878 Rn. 15); nach aA findet § 878 BGB Anwendung, wenn bei Antragstellung nur noch eine behördliche oder gerichtliche Genehmigung aussteht (OLG Köln NJW 1955, 80; MüKoBGB/*Kohler* § 878 Rn. 20). Liegen die **Einigung und/oder Bewilligung nach Verfahrenseröffnung,** so wird der **gute Glauben des Dritten** uU über § 81 Abs. 1 S. 2 geschützt. 45

Von Absatz 2 erfasst werden gem. § 878 BGB der Erwerb (§ 873 BGB), die Rechtsaufhebung (§ 875 BGB) sowie die Änderungen des Inhalts des eingetragenen Rechts (§ 877 BGB), so bspw. die Umwandlungen von Grundpfandrechten oder Änderungen des Zinssatzes. Zusätzlich findet kraft gesetzlicher Verweisung Absatz 2 Anwendung auf Rangänderungen (§ 880 Absatz 2 S. 1 BGB), auf die Bestimmung gem. § 1109 Abs. 2 BGB bei einer Reallast, auf den Briefausschluss (§ 1116 Abs. 2 S. 3 BGB), auf die Verteilung des Betrages der Forderung bei der Gesamthypothek (§ 1132 Abs. 2 BGB), auf die Forderungsabtretung bei einer Buchhypothek (§ 1154 Abs. 3 BGB), auf den Verzicht auf ein Grundpfandrecht (§ 1168 Abs. 2 S. 2 BGB), auf die Forderungsauswechslung (§ 1180 Abs. 1 S. 2 BGB), auf die Bestellung einer Eigentümergrundschuld (§ 1196 Abs. 2 BGB) sowie entsprechend auf die Bestellung und Aufhebung einer Vormerkung (BGHZ 28, 182 = NJW 1958, 2013; Palandt/*Bassenge* § 878 Rn. 4). **Unanwendbar ist die Bestimmung** auf die Zustimmung Dritter nach §§ 876, 880, 1183 BGB (Palandt/*Bassenge* § 878 Rn. 4). 46

3. Öffentlicher Glaube des Registers. a) Rechtserwerb nach § 892 BGB, § 16 Abs. 2 SchiffsRG, § 16 Abs. 3 LuftfzRG. Nach Absatz 2 iVm § 892 BGB ist ein Rechtserwerb nach Verfahrenseröffnung wirksam, wenn die **Einigung vor Verfahrenseröffnung** über die Begründung oder Abtretung des Rechts erfolgt **und** die **Eintragung bewilligt** wurde, indes der Erwerber nach Eröffnung des Insolvenzverfahrens den Eintragungsantrag stellt. Voraussetzung ist zusätzlich, dass der **Eintragungsantrag vor dem Antrag auf Eintragung des Insolvenzvermerks** (§§ 32 Abs. 2, 33) **beim Grundbuchamt bzw. Registergericht** eingeht (HK-InsO/*Kayser* § 91 Rn. 57; Jaeger/*Windel* § 91 Rn. 112; aA MüKoInsO/*Breuer* § 91 Rn. 88: es kommt auf die Eintragung des Insolvenzvermerks an). Zur fehlenden Verpflichtung des Grundbuchamtes bzw. des Registergerichts bei Kenntnis der Verfahrenseröffnung, die Eintragung zu verhindern, → § 81 Rn. 20. Der öffentliche Glaube schützt auch das Fehlen von nicht eingetragenen Verfügungsbeschränkungen, § 892 Abs. 1 S. 2 BGB (BGH NJW-RR 2011, 1030 = NZI 2011, 650). Kein gutgläubiger Erwerb kommt in Betracht, wenn der Erwerber die **Verfahrenseröffnung und die Insolvenzbefangenheit positiv kannte;** grob fahrlässige Unkenntnis oder Kenntnis von Umständen, die auf eine Zahlungsunfähigkeit oder Überschuldung hindeuten, genügen nicht (→ § 81 Rn. 18); die Beweislast trägt der Insolvenzverwalter. 47

48 **b) Rechtserwerb nach § 893 BGB, § 17 SchiffsRG, § 17 LuftfzRG.** Für die Anwendung dieser Vorschriften besteht wenig Raum (HK-InsO/*Kayser* § 91 Rn. 60; MüKoInsO/*Breuer* § 91 Rn. 90; Uhlenbruck/*Mock* § 91 Rn. 104). Bei einer Leistung des Schuldners nach Verfahrenseröffnung findet § 81 Anwendung; bei einer Leistung an den Schuldner kann § 82 in Betracht kommen. **Hauptanwendungsfall** ist der gutgläubige Erwerb einer **Vormerkung,** deren Entstehungsvoraussetzungen bis auf die Eintragung bereits vor Verfahrenseröffnung gegeben waren (Jaeger/*Windel* § 91 Rn. 124; Uhlenbruck/*Mock* § 91 Rn. 105).

Gesamtschaden

92 **[1] Ansprüche der Insolvenzgläubiger auf Ersatz eines Schadens, den diese Gläubiger gemeinschaftlich durch eine Verminderung des zur Insolvenzmasse gehörenden Vermögens vor oder nach der Eröffnung des Insolvenzverfahrens erlitten haben (Gesamtschaden), können während der Dauer des Insolvenzverfahrens nur vom Insolvenzverwalter geltend gemacht werden. [2] Richten sich die Ansprüche gegen den Verwalter, so können sie nur von einem neu bestellten Insolvenzverwalter geltend gemacht werden.**

Schrifttum (vgl. auch die Angaben bei § 15a): *Altmeppen/Wilhelm,* Quotenschaden, Individualschaden und Klagebefugnis, NJW 1999, 673; *Bayer/Lieder,* Abwicklung der Haftung wegen existenzvernichtenden Eingriffs in der Insolvenz, WM 2006, 999; *Bork,* Gesamt (Schadens-)liquidation im Insolvenzverfahren, Kölner Schrift, 3. Aufl. 2009, Kap. 31; *ders.,* Gesamtschadensliquidation und Arrestverfahren, ZInsO 2001, 835; *Brinkmann,* Die Bedeutung der §§ 92, 93 InsO für den Umfang der Insolvenz- und Sanierungsmasse, 2001; *Henssler/Dedek,* Gesamtschaden wegen verspäteter Insolvenzantragstellung, FS Uhlenbruck, 2000, 175; *Kiethe,* Gesellschaftsrechtlicher Reflexschaden und Insolvenz, ZIP 2005, 1535; *Krüger,* Die Vergleichsbefugnis des Insolvenzverwalters bei Ansprüchen nach §§ 92, 93 InsO, NZI 2002, 367; *Meyke,* Zivilprozessuale Aspekte der Haftung wegen Konkursverschleppung, ZIP 1998, 1179; *Oepen,* Massefremde Masse, 1999; *ders.,* Die Zuständigkeit des Insolvenzverwalters für Gesamtschadensersatzansprüche und Gesellschafterhaftung, ZInsO 2002, 162; *Smid,* Geltendmachung des „Gesamtschadens" durch den Insolvenzverwalter, DZWIR 1998, 342; *Karsten Schmidt,* Labyrinthus Creditorium, ZGR 1996, 209; *ders.,* Insolvenzordnung und Gesellschaftsrecht, ZGR 1998, 633; *ders.,* Haftungsrealisierung in der Gesellschaftsinsolvenz, KTS 2001, 373.

Übersicht

I. Grundlagen

1 **1. Entstehungsgeschichte.** Die Bestimmung ist **ohne Vorgänger in der Konkursordnung.** Es gab allerdings schon nach altem Konkursrecht auf Gesamtschadensliquidaton hinauslaufende Gerichtsentscheidungen (näher *Karsten Schmidt* 54. DJT Bd. I, S. D 46 f.), deren Einbeziehung in die Kodifikation vom *Verfasser* im **Juristentagsgutachen** empfohlen (ebd.), sodann von der Insolvenzrechtskommission (Erster Bericht Leitsätze S. 6 ff.) und schließlich in den InsO-Entwürfen aufgegriffen wurde (vgl. die Darstellung bei *Brinkmann* S. 4; MüKoInsO/*Brandes/Gehrlein* Rn. 2; *Karsten Schmidt* ZGR 1996, 209 [212, 216]). Rechtspolitisch und rechtstechnisch weist dieses Inkassomodell im eröffneten Verfahren erhebliche Vorteile auf, auch wenn seine rechtsdogmatische Einkleidung bisweilen kritisiert wird (*Brinkmann* S. 56 f.). Bedauerlicherweise ist der praktische Nutzen des § 92 durch eine zT normzweckwidrige rechtsdogmatische Diskussion unnötig eingeschränkt worden (vgl. insbes. → Rn. 12 ff., 17 ff.).

2 **2. Normzweck.** Die Bestimmung dehnt das Prinzip der **Gläubigergleichbehandlung** (→ § 1 Rn. 3) auf Schadensersatzleistungen aus, die sämtlichen Insolvenzgläubigern zugutekommen sollen (BGHZ 197, 75 [90 f.] = DStR 2013, 1040 mAnm *Fölsing* = NJW 2013, 1434 [1437] = ZIP 2013, 781 [785]; *Bork* Kölner Schrift Rn. 31/3; Kübler/Prütting/Bork/*Lüke* Rn. 8; Jaeger/*H.-Fr. Müller* Rn. 3). Der **Gesamtschadensersatz für Masseschmälerungen** soll, wie die Masse selbst, allen Insolvenzgläubigern zugutekommen **(Vermeidung eines Haftungswettlaufs).** Hiermit verbindet sich eine **Effektivierung der Schadensersatzhaftung,** gut erkennbar am Quotenschaden bei Insolvenzverschleppung, dessen Geltendmachung für einzelne Gläubiger unattraktiv ist (vgl. nur BGHZ 126, 181 [197 f.] = NJW 1994, 2220 [2224]), als Gesamtschadensliquidation aber schlagkräftig sein kann (Jaeger/*H.-Fr. Müller* Rn. 3). Als zusätzliche Effekte des § 92 werden genannt: die störungsfreie Abwicklung der Rechtsverhältnisse im Insolvenzverfahren und die Prozessökonomie (HK-InsO/*Kayser* Rn. 1; Kübler/Prütting/Bork/*Lüke* Rn. 10). Es versteht sich, dass die Einforderung durch den Verwalter auch die Sanierungsmasse erweitern kann (*Brinkmann* S. 45, 195). Ein eigenständiger Normzweck ergibt sich hieraus nicht. Auch handelt es sich nicht um eine eigenständige Anspruchsgrundlage. Die Vorschrift regelt nur die Geltendmachung von Schadensersatzansprüchen.

II. Voraussetzungen

3 **1. Tatbestand. a) Laufendes Insolvenzverfahren.** Nur „während des Insolvenzverfahrens" gilt § 92. Das **Verfahren** muss also **eröffnet und** darf **nicht aufgehoben oder eingestellt** sein (BGH NJW 1973, 1198 [1199]; *Brinkmann* S. 84; HK-InsO/*Kayser* Rn. 3; Jaeger/*H.-Fr. Müller* Rn. 22). Um welche Art Insolvenzverfahren es sich handelt, spielt keine Rolle. § 92 gilt also auch bei **Eigenverwaltung,** wobei der Sachwalter an die Stelle des Insolvenzverwalters tritt (vgl. § 280; HambK-InsO/*Pohlmann* Rn. 36; Uhlenbruck/*Hirte* Rn. 23). **Im Eröffnungsverfahren** findet § 92 **keine Anwendung** (HK-InsO/*Kayser* Rn. 4; Kübler/Prütting/Bork/*Lüke* Rn. 55). Viel spräche für eine analoge Anwendung im Fall des sog. starken vorläufigen Insolvenzverwalters mit einem dem Schuldner auferlegten Verfügungsverbot (Jaeger/*H.-Fr. Müller* Rn. 23). Aber die Maßnahmen nach § 21 Abs. 2 erfassen nicht die in § 92 angeordneten Haftungsansprüche (vgl. auch § 22 Abs. 2). Eine andere, zu bejahende Frage ist, ob der Verwalter im eröffneten Insolvenzverfahren auch Ansprüche auf Ersatz eines Gesamtschadens gegen den vorläufigen Verwalter nach § 92 durchsetzen kann (→ Rn. 22).

4 **b) Schadensersatzansprüche der Insolvenzgläubiger.** Das sind die Gläubiger nach §§ 38 ff., auch die nachrangigen (BGHZ 197, 75 [90] = DStR 2013, 1040 mAnm *Fölsing* = NJW 2013, 1434 [1437] = ZIP 2013, 781 [785]; HK-InsO/*Kayser* Rn. 18). Die Geltendmachung von Ansprüchen der Insolvenzgläubiger auf Schadensersatz durch den Insolvenzverwalter kann nicht auf § 80 gestützt werden, sondern nur auf § 92. Nur Ansprüche von Insolvenzgläubigern auf Schadensersatz kommen in Betracht (zur analogen Anwendung auf Massegläubiger bei Massearmut vgl. → Rn. 20 f.). Das bedeutet zunächst: Es muss sich um **Ansprüche Dritter, nicht des Schuldners selbst,** handeln. Eine Ausdehnung auf **Schädigungen nur der Gesellschafter** einer Schuldnergesellschaft wird gleichfalls **abgelehnt** (BGHZ 197, 75 [90] = DStR 2013, 1040 mAnm *Fölsing* = NJW 2013, 1434 [1437] = ZIP 2013, 781 [785]; vgl. auch → Rn. 5). Für **Ansprüche des Schuldners** (zB einer Handelsgesellschaft aus der Organhaftung nach § 93 AktG oder § 43 GmbHG) bedarf es einer Überleitung der Einziehungs- und Klagebefugnis nach § 92 **nicht** (Uhlenbruck/*Hirte* Rn. 1). Dasselbe gilt für die Haftung von Gesellschaftern (§§ 62 AktG, 31 GmbHG) oder Leitungsorganen (§ 93 Abs. 3 Nr. 6 AktG, § 64 GmbHG, 130a HGB) auf Erstattung verbotener Zahlungen (MüKoInsO/*Brandes/Gehrlein* Rn. 27; missverständlich Hess/*Hammes* Rn. 48 ff., 55 ff.). Auch die **Konzernhaftung** nach § 302 AktG bzw. § 317 AktG begründet Ansprüche der Gesellschaft. Ebenso begründen Ansprüche gegen Vorstände und Geschäftsführer wegen verbotener Zahlungen (§ 93 Abs. 3 Nr. 6 AktG, § 64 GmbHG, § 130a HGB) **Innenhaftungsansprüche** der Gesellschaft als Schuldnerin (→ § 15a Rn. 56), und nach wohl richtiger Auffassung begründet sogar die nach § 15a verbotene Insolvenzverschleppung Ersatzansprüche nicht nur der Gesellschaftsgläubiger (zu § 92 in diesem Fall → Rn. 15 ff.), sondern auch der Gesellschaft (vgl. ausdrücklich § 130a Abs. 2 HGB; str.; vgl. → § 15a Rn. 41). Die letzteren bedürfen keiner Überleitung nach § 92. Dasselbe gilt, soweit sich aus Pflichtverletzungen des Insolvenzverwalters Ansprüche des Schuldners ergeben (dazu → § 60 Rn. 34). Diese Ansprüche gehören zur Masse (§ 35). Die Zuständigkeit des Verwalters ergibt sich insoweit aus § 80. Auch Insolvenzanfechtungsansprüche (§ 143) werden vom Verwalter geltend gemacht, ohne dass es des § 92 bedürfte. Das Gleiche gilt nach der Rspr. für die Innenhaftung von Gesellschaftern wegen existenzgefährdenden Eingriffs (BGHZ 173, 246 = NJW 2007, 2689 „Trihotel"; BGHZ 176, 204 = NJW 2008, 2437 „Gamma"). Das Konzept einer an § 128 bloß angelehnten Durchgriffs-

Außenhaftung, das zur Anwendung des § 93 hätte führen müssen, ist aufgegeben (vgl. → § 93 Rn. 9). Auch Quotenansprüche der Gesellschaftsgläubiger, die zur Anwendung des § 92 führen könnten, kommen nach dieser Rechtsprechung nicht in Betracht (Braun/*Kroth* Rn. 5; HK-InsO/*Kayser* Rn. 12).

c) Ersatz eines Gesamtschadens. Dies ist der gemeinsame Nenner. Der **Gesetzeswortlaut** nennt nur den wichtigsten Fall, nämlich die **Verkürzung der Insolvenzmasse.** Erfasst ist aber jede zur Quotenverschlechterung führende Schädigung. **Standardbeispiele,** die auch der Gesetzgeber im Auge hatte (Begr. zu § 103 RegE InsO, sa *Bork* Kölner Schrift Rn. 31.9), sind: die **Quotenverschlechterung durch Insolvenzverschleppung** (→ Rn. 15 ff.) und die **Haftung des Insolvenzverwalters gegenüber den Insolvenzgläubigern** (→ Rn. 22 ff.). Die erste, wichtigste Fallgruppe ist allerdings durch das Urteil BGHZ 138, 211 = NJW 1998, 2667 entwertet worden. Seit diesem Urteil ist § 92 in seinem wichtigsten Anwendungsbereich totes Recht (zur Kritik vgl. → Rn. 19). Bei einer natürlichen Person kommen ausnahmsweise **Ansprüche gegen den Schuldner** in Betracht (BGH NZI 2014, 1046 = ZIP 2014, 2305: Versteigerung durch Schuldner). Es kommen aber auch **Ansprüche gegen Dritte** in Betracht, soweit sie auf Ersatz eines quotenmindernden Schadens gerichtet sind, zB die Verletzung von Pflichten des Insolvenzgerichts (Art. 34 GG iVm § 839 BGB und dazu etwa FK-InsO/*Wimmer-Amend* Rn. 13; MüKoInsO/*Brandes/Gehrlein* Rn. 7; Uhlenbruck/*Hirte* Rn. 11; Kübler/Prütting/Bork/*Lüke* Rn. 16), die Verletzung von Pflichten gem. §§ 69, 71 durch Mitglieder des Gläubigerausschusses (HK-InsO/*Kayser* Rn. 9; Uhlenbruck/*Hirte* Rn. 11; Kübler/Prütting/Bork/*Lüke* Rn. 16), die Gläubigerschädigung durch Vermögensverschiebungen (BGH NJW 2000, 1259 [1260] = ZIP 2000, 238 [240]; FK-InsO/*Wimmer-Amend* Rn. 14; HK-InsO/*Kayser* Rn. 2; MüKoInsO/*Brandes/Gehrlein* Rn. 9; Kübler/Prütting/Bork/*Lüke* Rn. 14) oder durch bankrechtliche Pflichtverletzungen, zB aus § 826 BGB bei verschleierter Aufrechterhaltung eines insolvenzrechtlichen Unternehmens (MüKoInsO/*Brandes/Gehrlein* Rn. 9 mit Verweis auf BGH WM 1970, 633 [635]; *Karsten Schmidt* ZIP 1988, 1497 [1501 f.]) oder wegen Ausplünderung des Schuldnervermögens (BGH NJW-RR 2003, 725 = ZIP 2003, 1097: Entwertung einer Patronatserklärung; dazu HambK-InsO/*Pohlmann* Rn. 6, 19) oder wegen zur Unzeit ausgesprochener Kündigung eines Kredits (Kübler/Prütting/Bork/*Lüke* Rn. 15). Die Verletzung eines Absonderungsrechts kann einen Gesamtschaden nur bewirken, soweit durch einen Verwertungsüberschuss oder durch die Kostenbeteiligung des Absonderungsgläubigers ein Mehr in der Masse hätte vorhanden sein können (HK-InsO/*Kayser* Rn. 19). **Abgelehnt** hat BGHZ 197, 75 = DStR 2013, 1040 mAnm *Fölsing* = NJW 2013, 1434 = ZIP 2013, 781 die **analoge Anwendung auf Ansprüche** des Gesamtschadens der Gesellschafter einer insolventen Anlagegesellschaft gegen einen Mittelverwendungskontrolleur (dazu *H.-Fr. Müller* EWiR 2013, 367 [368]). **Nicht** von § 92 erfasst sind **Individualschäden,** zB der vom Gesamtschadensersatz nicht gedeckte Vertrauensschaden eines Neugläubigers (insofern zutr. BGHZ 138, 311 = NJW 1998, 2667) oder durch Vereitelung eines Aus- oder Absonderungsrechts (missverständlich bezüglich des Absonderungsrechts HK-InsO/*Kayser* Rn. 19; MüKoInsO/*Brandes/Gehrlein* Rn. 12). Auch die Schäden von betrügerisch geschädigten Anlegern sind Individualschäden, nicht Gesamtschäden (OLG Köln ZInsO 2007, 218; OLG Nürnberg ZIP 2011, 1015), ebenso der Ersatz von Aufwendungen nach § 26 Abs. 3 (Uhlenbruck/*Hirte* Rn. 12). Ebenso hat der Bundesgerichtshof für Staatshaftungsansprüche von Versicherungsnehmern eines insolventen Versicherungsunternehmens wegen verspäteter Umsetzung einer EU-Richtlinie entschieden (BGH NJW-RR 2011, 1318 = ZIP 2011, 1575). Auch die Haftung des Geschäftsführers für Lohn- und Umsatzsteuer fällt nicht unter § 92

(SchlHFG EFG 2006, 321). Vgl. auch → Rn. 21 f. Treffen in einer Handlung und bei einem geschädigten Gläubiger ein Gesamtschaden (Quotenschaden) und ein Individualschaden zusammen (dies ist entgegen dem BGH typischerweise bei Neugläubigern in Insolvenzverschleppungsfällen der Fall, vgl. → Rn. 19), so gilt § 92 nur für den Gesamtschadensanteil (insofern wie hier HK-InsO/*Kayser* Rn. 20; Uhlenbruck/*Hirte* Rn. 15).

6 **2. Umfang des Gesamtschadens.** Der Gesamtschaden aller Gläubiger ist **deckungsgleich mit den aggregierten Quotenschäden** aller Insolvenzgläubiger (BGH NZI 2014, 1046 [1047] = ZIP 2014, 2305 [2306]; Scholz/*Karsten Schmidt* GmbHG § 64 Rn. 193; ähnlich MüKoInsO/*Brandes/Gehrlein* Rn. 18). Er besteht in der Differenz zwischen dem für die Erreichung der ohne das schädigende Ereignis anzunehmenden (Soll-)Quote erforderlichen (Soll-)Insolvenzmasse und der vorhandenen (Ist-)Masse. Dieser Gesamtschaden kann während des Insolvenzverfahrens in der Regel nur nach **§ 287 ZPO** geschätzt werden. Der Schadensbeweis bzw. die Schadensschätzung ist vergleichsweise einfach, wenn die Schädigung nur in einer Schmälerung der Masse besteht. Sie ist besonders schwierig, soweit es um die rechtswidrige Belastung der Masse mit (Masse-)Verbindlichkeiten (→ Rn. 22 ff.) bzw. um die Insolvenzverschleppung (→ Rn. 15 ff.) geht.

III. Rechtsfolgen

7 **1. Sperrwirkung und Ermächtigungswirkung.** Wie bei § 93 (vgl. → § 93 Rn. 23) hat sich auch bei § 92 die auf den Verfasser zurückgehende Unterscheidung zwischen der **Sperrfunktion** und der **Ermächtigungsfunktion** durchgesetzt (statt aller vgl. *Brinkmann* S. 46; *Bork* Kölner Schrift Rn. 31/13 f.; HK-InsO/*Kayser* Rn. 22; Terminologie nach *Karsten Schmidt* Einlage und Haftung, 1977, 126 f.): Obwohl die Ansprüche den Gläubigern zustehen, nimmt § 92 ihnen die Befugnis zur Geltendmachung der Ansprüche und zur Verfügung über diese Ansprüche **(Sperrwirkung)** und weist sie dem Insolvenzverwalter zu **(Ermächtigungswirkung).** Damit werden die Ansprüche nicht Bestandteile der Insolvenzmasse iSv § 35 (insofern wie hier *Bork* Kölner Schrift, Kap. 31 Rn. 15; **aM** iErg *Brinkmann* S. 57, 73), unterliegen aber wie Massebestandteile dem Einziehungs- und Verfügungsrecht des Insolvenzverwalters (str.; vgl. → Rn. 11 ff.).

8 **2. Die Sperrwirkung im Einzelnen. a) Grundsatz.** Der einzelne Gläubiger kann die Schadensersatzforderung **nicht mehr geltend machen.** Ob sich der Gläubiger durch Forderungsanmeldung am Verfahren beteiligt, ist für den Eintritt der Sperrwirkung ohne Belang (HK-InsO/*Kayser* Rn. 24; MüKoInsO/*Brandes/Gehrlein* Rn. 14). Eine auf Schadensersatz gerichtete **Klage** während des laufenden Insolvenzverfahrens ist praktisch unwahrscheinlich. Sie wäre, soweit der Gesamtschaden in Rede steht, mangels Prozessführungsbefugnis **abzuweisen** (nach hM als unzulässig; vgl. Jaeger/*H.-Fr. Müller* Rn. 36; Uhlenbruck/*Hirte* Rn. 27; s. aber OLG Stuttgart ZIP 2012, 2342: unbegründet). Auch ein Klage- oder Arrestantrag eines Gläubigers, gerichtet auf Zahlung an den Verwalter, wäre mangels Prozessführungsbefugnis unzulässig (**aM** Uhlenbruck/*Hirte* Rn. 27; Kübler/Prütting/Bork/*Lüke* Rn. 27a; *Bork* ZInsO 2001, 835). Der Insolvenzverwalter müsste den Gläubiger besonders hierzu ermächtigen (Jaeger/*H.-Fr. Müller* Rn. 32). Da der Gläubiger seinerseits nur anteilig an der eingeklagten Summe partizipiert, ist eine solche Einzelgläubigerklage überdies unwahrscheinlich, die Diskussion also theoretisch (vgl. auch zum Quotenschaden → § 15a Rn. 32). Ein **laufender Prozess** eines Einzelgläubigers würde unterbrochen, und zwar wegen der Ähnlichkeit der Rechtswirkungen mit § 80 richtigerweise analog § 240 ZPO (Braun/*Kroth* Rn. 8; FK-InsO/*Wimmer-Amend* Rn. 35; Kübler/Prütting/Bork/*Lüke* Rn. 67; MüKoInsO/*Brandes/Gehrlein* Rn. 24; für direkte Anwendung Uh-

lenbruck/*Hirte* Rn. 27), nach einer Gegenansicht analog § 17 AnfG (*Brinkmann* S. 81; HambK-InsO/*Pohlmann* Rn. 59). Der Regierungsentwurf hatte dies und die Aufnahme des Rechtsstreits noch besonders regeln wollen **(§ 104 RegE).** Was dort enthalten war, ist auch ohne diese Spezialbestimmung geltendes Recht: Der auf Ersatz des Quotenschadens gerichtete Rechtsstreit ist unterbrochen (Abs. 1 S. 1). Er kann vom Insolvenzverwalter aufgenommen werden (Absatz 1 Satz 2). Wird die Aufnahme verzögert, so gilt § 239 Abs. 2–4 der Zivilprozessordnung entsprechend (Absatz 1 Satz 3). Der Verwalter kann den Klageantrag nach Maßgabe des § 103 Abs. 1 umstellen und erweitern (Absatz 2 Satz 1). Aus dem Erstrittenen sind dem Gläubiger die Kosten des Rechtsstreits vorweg zu erstatten (Absatz 2 Satz 2). Lehnt der Verwalter die Aufnahme des Rechtsstreits ab, so kann dieser hinsichtlich der Kosten von jeder Partei aufgenommen werden (Absatz 3 Satz 1). Durch die Ablehnung der Aufnahme verliert der Verwalter nicht das Recht, eine eigene Klage auf Ersatz des Gesamtschadens zu erheben (Absatz 3 Satz 2). Liegt bereits ein **vollstreckbarer Titel** vor, so kann dieser analog § 727 ZPO auf den Verwalter umgeschrieben werden (OLG Jena NZG 2002, 172 [173]; OLG Stuttgart NZI 2002, 495 [496]; FK-InsO/*Wimmer-Amend* Rn. 35; Kübler/Prütting/Bork/*Lüke* Rn. 71; Uhlenbruck/*Hirte* Rn. 27).

b) Leistungen an einzelne Gläubiger. Leistungen an einzelne Gläubiger 9
wirken **analog § 82** befreiend im Fall der Gutgläubigkeit (statt aller Uhlenbruck/*Hirte* Rn. 26; § 103 Abs. 2 RegE hatte dies noch ausdrücklich bestimmen wollen). In diesem Fall ist es Aufgabe des Insolvenzverwalters, die Leistung nach § 816 Abs. 2 BGB vom Empfänger zurückzuverlangen (FK-InsO/*Wimmer-Amend* Rn. 42; HambK-InsO/*Pohlmann* Rn. 43; vgl. Kübler/Prütting/Bork/*Lüke* Rn. 29; Uhlenbruck/*Hirte* Rn. 26). Der Insolvenzverwalter kann auch, um die Herausgabe vom Gläubiger in die Wege zu leiten, die Zahlung an diesen genehmigen (FK-InsO/*Wimmer-Amend* Rn. 42).

c) Aufrechnung. Auch eine **Aufrechnung seitens des Schadensersatz-** 10
schuldners mit einer Forderung ist grds. ausgeschlossen: Steht ihm eine Forderung gegen die Gesellschaft zu, so fehlte es vor der Insolvenzverfahrenseröffnung an der Gegenseitigkeit. Mit einer Forderung gegen einen Gläubiger könnte er theoretisch unter den Voraussetzungen des § 94 aufrechnen (vgl. *Bork* Kölner Schrift Rn. 31.31; HK-InsO/*Kayser* Rn. 31 mwN). Aber ihm hat der Schadensersatzschuldner im Zweifel nur einen geringen Quotenschaden zu ersetzen (*Brinkmann* S. 79). Vorbehaltlich § 94 (insofern **aM** *Brinkmann* S. 79) ist aber auch **die Aufrechnung seitens des Gläubigers** ausgeschlossen (*Brinkmann* S. 78 f.; *Oepen* Rn. 116 ff.; *Bork* Kölner Schrift Rn. 31.30; HK-InsO/*Kayser* Rn. 30; Jaeger/*H.-Fr. Müller* Rn. 34; MüKoInsO/*Brandes*/*Gehrlein* Rn. 22; Kübler/Prütting/Bork/*Lüke* Rn. 57; s. auch Uhlenbruck/*Hirte* Rn. 28; ganz verneinend HK-InsO/*Pohlmann* Rn. 38). Der **Insolvenzverwalter** darf dagegen nach hM seine Einziehungsbefugnis zur Aufrechnung gegen eine Masseforderung – nicht Insolvenzforderung – des Ersatzschuldners verwenden (Kübler/Prütting/Bork/*Lüke* Rn. 52; Uhlenbruck/*Hirte* Rn. 28; **aM** wegen fehlender Gegenseitigkeit HambK-InsO/*Pohlmann* Rn. 40; HK-InsO/*Kayser* Rn. 32). So, wie der Verwalter die dem Ersatzschuldner zustehende Masseforderung aus einem gem. § 92 erstrittenen Titel pfänden und verwerten kann, kann er auch gegen diese aufrechnen, weil er die Schadensersatzforderung geltend macht, als gehöre sie zur Masse (→ Rn. 11). Er muss nur, wenn eine **Sondermasse** zu bilden sein sollte (→ Rn. 14), das in der Masse Ersparte dem geschützten Gläubigerkreis reservieren.

3. Die Ermächtigungswirkung im Einzelnen. a) Das Prinzip. Die Er- 11
mächtigung umfasst **nicht generell** die Befugnis zur **Verfügung über die Forderungen,** sondern **nur deren Geltendmachung.** Sie ist damit zu allererst eine

Einziehungs- und Prozessführungsbefugnis (BGHZ 159, 25 [28 f.] = NJW-RR 2004, 1425 [1426]; Braun/*Kroth* Rn. 8; Uhlenbruck/*Hirte* Rn. 20; HK-InsO/*Kayser* Rn. 24). Die Einziehungs- und Prozessführungsbefugnis schließt den **Vergleich über Grund und Höhe der Forderung** ein (so wohl auch für § 92 *Bork* Kölner Schrift Rn. 31.34; weitere Angaben bei HambK-InsO/*Pohlmann* Rn. 35). Der Insolvenzverwalter zieht die Forderung ein, als stünde sie dem Schuldner (im praktischen Anwendungsfall: der Gesellschaft) zu und wäre Bestandteil der Masse. Diese Einziehungsbefugnis schließt die **Aufrechnung** mit der Schadensersatzforderung gegen eine Masseforderung des Ersatzschuldners ein (str.; vgl. → Rn. 10).

12 **b) Verwertungsbefugnis.** Zweifelhaft ist dagegen die Befugnis des Insolvenzverwalters zu verwertenden Verfügungen über die (nicht zur Masse gehörende) Forderung, zB ein Verkauf dieser Forderung, etwa an eine Factor-Bank, zu Verwertungszwecken (bejahend *Brinkmann* S. 65; verneinend *Oepen* Rn. 179). Man wird die Zulässigkeit bejahen dürfen, soweit nicht dem Zweck des § 92 evident zuwidergehandelt wird. Es versteht sich, dass der Insolvenzverwalter seine treuhänderischen Pflichten gegenüber dem Gläubigern nicht verletzen darf und sich widrigenfalls nach § 62 schadensersatzpflichtig macht.

13 **c) Keine Freigabe.** Eine **Freigabe der Ansprüche ist unzulässig** (OLG Dresden ZIP 2005, 1680 [1682]; *Brinkmann* S. 65; Jaeger/*H.-Fr. Müller* Rn. 32; grds. auch *Bork* Kölner Schrift Rn. 31.16; HK-InsO/*Kayser* Rn. 28; Kübler/Prütting/Bork/*Lüke* Rn. 33; MüKoInsO/*Brandes/Gehrlein* Rn. 17; **aM** Uhlenbruck/*Hirte* Rn. 24). Mit der Freigabe iSv → § 35 Rn. 37 ff. hat dies ohnedies wenig zu tun, weil der „freigegebene" Anspruch der Gläubigergesamtheit und nicht dem Schuldner zugewiesen bleiben müsste. Zulässig, aber wohl eher theoretisch, ist die Ermächtigung eines einzelnen Gläubigers oder Gläubigerkonsortiums zur Geltendmachung eines unter § 92 fallenden Anspruchs zugunsten der Gläubiger (vgl. HambK-InsO/*Pohlmann* Rn. 35; in dieser Richtung wohl auch Kübler/Prütting/Bork/*Lüke* Rn. 33 aE). Aber das entspräche eher einer modifizierten als der klassischen Freigabe (zu dieser vgl. → § 35 Rn. 40).

14 **d) Treuhandfunktion.** Die Ermächtigungswirkung hat **Treuhandcharakter** (*Bork* Kölner Schrift Rn. 31.15; HK-InsO/*Kayser* Rn. 27; BK-InsO/*Blersch/v. Olshausen* Rn. 7; hM). Der Verwalter macht die Ansprüche geltend, wie wenn sie zur Masse gehörten. Es liegt keine Vollrechts-Verwaltungstreuhand vor, denn die Ansprüche verbleiben den Gläubigern. Was vorliegt, ist eine treuhänderische Einziehungs- und Klagebefugnis. Folgerichtig ist aus den nach § 92 eingezogenen Beträgen eine **Sondermasse** zu bilden (statt vieler HambK-InsO/*Pohlmann* Rn. 33 f.), nicht unbedingt dinglich, wohl aber rechnerisch. Die eingezogenen Beträge dürfen ausschließlich für die Gläubiger der unter § 92 fallenden Ansprüche verwendet werden (HK-InsO/*Kayser* Rn. 27; vgl. auch über „Teilgesamtschäden" BGHZ 197, 75 [91] = DStR 2013, 1040 mAnm *Fölsing* = NJW 2013, 1434 [1438] = ZIP 2013, 781 [785]).

IV. Anwendung auf die Insolvenzverschleppungshaftung

15 **1. Die herrschende Meinung. a) § 15a als Schutzgesetz.** Ein Verstoß gegen § 15a InsO begründet Schadensersatzansprüche aus **§ 823 Abs. 2 BGB** für die Insolvenzgläubiger (vgl. zu den Vorgängerbestimmungen BGHZ 29, 100 = NJW 1959, 623; BGHZ 100, 19 [21]; 126, 181 = NJW 1994, 2220; BGHZ 138, 211 [214] = NJW 1998, 2667; BGHZ 171, 46 [49 ff.] = NJW-RR 2007, 759; hM; Braun/*Kroth* Rn. 7; HK-InsO/*Kayser* Rn. 11; MüKoInsO/*Brandes/Gehrlein* Rn. 9; Scholz/*Karsten Schmidt* GmbHG § 64 Rn. 175 ff.; **aM** *Altmeppen* ZIP

2001, 2201 ff.; *Altmeppen/Wilhelm* NJW 1999, 673 ff.). **Nicht** durch § 823 Abs. 2 BGB **geschützt** sind allerdings Gläubiger, die ihre Ansprüche erst nach der Verfahrenseröffnung erwerben (BGHZ 110, 342 [361] = NJW 1990, 1725 [1730]; vgl. → § 15a Rn. 35), insbes. auch nicht die Massegläubiger (Scholz/*Karsten Schmidt* GmbHG, 10. Aufl., Anh. § 64 Rn. 46). Diese Gläubiger sind also von den Neugläubigern aus der Verschleppungsphase (→ Rn. 16) klar zu unterscheiden.

b) Altgläubiger und Neugläubiger. Bezüglich der **Anwendung des § 823 Abs. 2 zum Schutz von Insolvenzgläubigern** wird unterschieden (BGHZ 29, 100 [102 ff.] = NJW 1959, 623; BGHZ 126, 181 [192] = NJW 1994, 2220 [2222]; stRspr): **Altgläubiger** sind diejenigen, deren Forderungen bereits vor dem Beginn der Insolvenzantragspflicht begründet wurden. Diese Gläubiger, die einen Schaden nur durch Verschlechterung ihrer Befriedigungserwartung erlitten haben, haben Anspruch auf **Ersatz ihres sog Quotenschadens.** Dieser Quotenschadensersatz ist **von § 92 erfasst.** Die hiervon zu unterscheidenden **Neugläubiger,** deren Forderungen erst während der Verschleppungsphase begründet werden (aber vor der Verfahrenseröffnung; vgl. → Rn. 15), erleiden, soweit Vertragsgläubiger, durch die Verschleppung nicht bloß den Quotenschaden, sondern, weil sie bei Kenntnis der Lage nicht kontrahiert hätten, einen **Vertrauensschaden.** Sie können, anders als die Altgläubiger, Ersatz dieses Vertrauensschadens erlangen. Umstr. ist insoweit nur, ob dieser Schadensersatz der Neugläubiger ganz auf **§ 15a InsO, § 823 Abs. 2 BGB** gestützt werden kann (so der BGH und mit ihm die hM seit BGHZ 126, 181 = NJW 1994, 2220) oder ob der den Quotenschaden (insoweit § 823 Abs. 2 BGB) übersteigende Individualschaden eines Neugläubigers nur auf culpa in contrahendo gestützt werden kann (so → § 15a Rn. 39; ausf. Scholz/*Karsten Schmidt* GmbHG § 64 Rn. 183, 186, 188 und öfter). In Anbetracht des jedenfalls bei Vertragsgläubigern unstreitigen einheitlichen Schutzumfangs erscheint dies zunächst nur als ein Unterschied in der Begründung der Schadensersatzansprüche. 16

c) BGHZ 138, 211 als Schicksalsentscheidung. Seit dem Urteil BGHZ 138, 211 = NJW 1998, 2667 zeigt sich jedoch eine dramatische **Auswirkung der Rechtsprechung auf § 92.** Der BGH geht seit diesem Urteil davon aus, dass die Altgläubiger nur einen Quotenschaden (= Gesamtschaden) erleiden, die Neugläubiger dagegen überhaupt keinen Quotenschaden, sondern nur einen für jeden Gläubiger ungeteilten Individualschaden. Einen Quotenschaden der Neugläubiger, der (so der BGH) obendrein für jeden Neugläubiger, weil jeder in unterschiedlichem Maße an der laufenden Quotenverschlechterung teilhat, verschieden hoch sein müsse, gibt es nach der Ansicht des BGH nicht. Die vom BGH hieraus gezogene Folgerung lautet (BGHZ 138, 211 = NJW 1998, 2667): „Der Verwalter im Konkurs einer GmbH ist nicht berechtigt, einen Quoten- oder sonstigen Schaden der Neugläubiger wegen schuldhaft verspäteter Stellung des Konkursantrages gegen den Geschäftsführer der GmbH geltend zu machen (Ergänzung zu BGHZ 126, 181)." Neuere Entscheidungen sind dem gefolgt (zB OLG Karlsruhe NZG 2002, 917 = NZI 2002, 630 = ZIP 2002, 2001). 17

d) Stellungnahme. In der **Literatur** hat die Entscheidung und die daran anknüpfende Rspr. weithin **Zustimmung** gefunden (statt vieler BK-InsO/*Blersch/v. Olshausen* Rn. 5; Braun/*Kroth* Rn. 7; Hess/*Hammes* Rn. 43 f.; HK-InsO/*Kleindiek* § 15a Rn. 36; Kübler/Prütting/Bork/*Lüke* Rn. 47 ff.; iErg auch HambK-InsO/*Pohlmann* Rn. 47; MüKoInsO/*Brandes/Gehrlein* Rn. 11, 34: der Quotenschaden der Neugläubiger falle nicht unter § 92; modifizierend Uhlenbruck/*Hirte* Rn. 12 f.). Verdient hat sie diese Zustimmung nicht (eingehende **Kritik** bei Karsten Schmidt/Uhlenbruck/*Karsten Schmidt* Rn. 11.17 ff.; Scholz/*Karsten Schmidt* GmbHG § 64 Rn. 186 ff.; zuerst *ders.* NZI 1998, 13; zust. zB *Bork* 18

Kölner Schrift Rn. 39; Ulmer/*Casper* GroßkommGmbHG, 1. Aufl., § 64 Rn. 122 ff.; „beachtliche Gründe" konzediert HambK-InsO/*Pohlmann* Rn. 47). Die Rechtsprechung hat aus § 92 in seinem wichtigsten Anwendungsbereich totes Recht gemacht, denn die dem Insolvenzverwalter zugemutete Unterscheidung zwischen Altgläubigern, für die er klagen muss, und Neugläubigern, für die er nicht klagen darf, ist zuverlässig nicht durchführbar. Deshalb spielen Insolvenzverwalterklagen aus § 15a InsO, § 823 Abs. 2 BGB, § 92 InsO seit diesem Urteil in der Praxis keine Rolle mehr. Die Insolvenzverwalter haben sich stattdessen ein ganz neues Feld für die Inanspruchnahme von Vorständen, Geschäftsführern und Aufsichtsräten in Insolvenzverschleppungsfällen gesucht: die Haftung für verbotene Zahlungen (§ 93 Abs. 3 Nr. 6 AktG, § 64 GmbHG, § 130a HGB) mit ihrerseits problematischen Folgen (Kritik bei → § 15a Rn. 51; eing. *Karsten Schmidt* ZHR 168 (2004), 637; *ders.* ZHR 175 (2011), 433).

19 **2. Gegenstandpunkt.** Die **eigene Auffassung** (→ § 15a Rn. 42; ausf. Karsten Schmidt/Uhlenbruck/*Karsten Schmidt* Rn. 11.27 ff.; Scholz/*Karsten Schmidt* GmbHG § 64 Rn. 191 ff.; zust. bzw. ähnlich *Bork* Kölner Schrift Rn. 31.18 ff.; *Poertzgen,* Organhaftung wegen Insolvenzverschleppung, 2000, 276 ff., 308 ff., 327 ff.; Ulmer/*Casper* GroßkommGmbHG § 64 Rn. 121 ff.; *Fritsche/Lieder* DZWiR 2004, 93 ff.) wendet **§ 92 zugunsten aller geschädigten Insolvenzgläubiger** an. Im Vertrauensschaden der Neugläubiger ist – nicht als separater Schaden, wohl aber als dem § 92 unterfallende Rechnungsgröße – der für alle Insolvenzgläubiger gleiche Quotenschaden enthalten (unrichtig deshalb der hiergegen zB von MüKoInsO/*Brandes/Gehrlein* Rn. 34 vorgetragene Einwand, hier werde „ein Schaden fingiert, der so nicht entstanden ist"). Diese Rechnungsgröße ist ein rein normativer Schadensbestandteil und hat den einzigen Zweck, die mit § 92 beabsichtigte Gesamtschadensliquidation zu ermöglichen (genau gegensätzlich MüKoInsO/*Brandes/Gehrlein* Rn. 34, wonach „der Quotenschaden der Neugläubiger (!) nicht in die Gesamtschadensabwicklung einbezogen" wird). Die Feststellung, dass der BGH den ebenfalls liquidierbaren Quotenschaden „gleichsam in dem ersatzfähigen negativen Interesse des Neugläubigers aufgehen" lässt, ihn maW aus der Gesamtschadensliquidation herausnimmt (HambK-InsO/*Pohlmann* Rn. 47) macht die Verkennung des § 92 überdeutlich. **Richtig ist:** Der Insolvenzverwalter macht diesen Gesamtschaden nach § 92 für alle Insolvenzgläubiger (Neugläubiger wie Altgläubiger) geltend. Wer darlegen kann, dass er (1.) Neugläubiger ist und (2.) einen über den Quotenschaden hinausgehenden Individualschaden erlitten hat, muss diesen (aber auch nur diesen) Schadensteil individuell im Zivilprozess geltend machen.

20 **3. Ausdehnung auf Massegläubiger bei „Konkurs im Konkurs". a) Analoge Anwendung.** Schadensersatzansprüche von Massegläubigern sind in § 92 nicht genannt. Solange alle Masseverbindlichkeiten, wie im Gesetz vorgesehen, bedient werden können, nehmen Massegläubiger an dem in § 92 InsO vorausgesetzten Gläubiger-Gesamtschaden nicht teil. Die Schädigung eines Massegläubigers führt regelmäßig zu einem Individualschaden, nicht zu einem Gesamtschaden (HK-InsO/*Kayser* Rn. 21). Anders verhält es sich im Fall der Masseunzulänglichkeit (§§ 207 ff.) und der Haftung des Insolvenzverwalters nach § 61. Hier spricht viel für eine **analoge Anwendung des § 92** (dafür *Brinkmann* S. 73 ff.; *Oepen* Rn. 201; *Bork* Kölner Schrift Rn. 31.11; HambK-InsO/*Pohlmann* Rn. 12; Jaeger/*H.-Fr. Müller* Rn. 20; MüKoInsO/*Brandes/Gehrlein* Rn. 8; diff. Kübler/Prütting/Bork/*Lüke* Rn. 51 f.; *Dinstüler* ZIP 1998, 1697 [1706]; reserviert HK-InsO/*Kayser* Rn. 21).

21 **b) Rechtsprechung.** In BGHZ 159, 104 [112] = NJW 2004, 3334 [3335 f.] hat der BGH eine Anwendung des § 92 InsO für Schäden, die durch Schmäle-

rung der Insolvenzmasse nach Anzeige der Masseunzulänglichkeit eintreten, nicht ausgeschlossen. Bezogen auf Masseverkürzungen, die der Anzeige der Masseunzulänglichkeit vorausgegangen sind, hat er die Anwendung dagegen klar verneint. Den Vorzug verdiente, in Anlehnung an die Insolvenzverschleppungshaftung, eine Anwendung auch auf diesen Sachverhalt. Rechtsfolge wäre, dass der durch Auffüllung der insuffizienten Masse auszugleichende Gesamtschaden der Neugläubiger analog § 92 S. 2 vom Nachfolge-Insolvenzverwalter geltend gemacht würde und dass der einzelne Massegläubiger nur einen überschießenden, auf diese Weise nicht auszugleichenden Individualschaden geltend machen kann. Indes behandelt der BGH die Massegläubiger ähnlich wie Insolvenz-Neugläubiger (→ Rn. 16) und erkennt in ihrer Schädigung nur Individualschäden (BGHZ 159, 104 [111] = NJW 2004, 3334 [3335] = ZIP 2004, 1107 [1109]; BGH NZI 2006, 580 = ZIP 2006, 1683 [1684]). Demgemäß verneint der BGH eine Befugnis des Nachfolge-Insolvenzverwalters zur Geltendmachung der Haftung gem. § 61 gegenüber dem Vorgänger (BGH NZI 2006, 580 = ZIP 2006, 1683 [1684]; dazu auch → § 61 Rn. 13; HK-InsO/*Lohmann* § 61 Rn. 13). In Konsequenz der hier vertretenen Ansicht (→ Rn. 19) verdient, wie bei Neugläubigern im Allgemeinen (→ Rn. 16 ff.) die folgende Ansicht den Vorzug: Die Einforderung des Gesamtschadensersatzes nach § 92 kommt auch, und sogar mit Vorrang, den Massegläubigern zugute. Ansprüche auf Individualschadensersatz nach § 61 machen diese dagegen außerhalb des Verfahrens geltend (insofern überzeugend der BGH).

V. Schadensersatzansprüche gegen den Insolvenzverwalter

1. Anwendungsbereich. Besonders in § 92 genannt sind Schadensersatzansprüche gegen einen Insolvenzverwalter. Auch hier kommt § 92 nur in Betracht, wenn durch Schmälerung der Masse oder durch deren rechtswidrige Belastung mit Masseverbindlichkeiten ein **Gesamtschaden der Gläubiger** herbeigeführt worden ist (Hess/*Hammes* Rn. 150; HK-InsO/*Kayser* Rn. 40). Mit erfasst ist nach Verfahrenseröffnung (→ Rn. 3) neben dem Insolvenzverwalter auch der vorläufige Insolvenzverwalter (§ 21 Abs. 2 S. 1 Nr. 1) sowie der Sachwalter (§ 274 Abs. 1), jeweils iVm § 60 (HK-InsO/*Kayser* Rn. 41; Kübler/Prütting/Bork/*Lüke* Rn. 60; Uhlenbruck/*Hirte* Rn. 31). Kein Fall des § 92, sondern ein Fall eines Individualschadens (→ Rn. 5) liegt vor, wenn der Verwalter einen einzelnen Massegläubiger schädigt, auch wenn die Schädigungshandlung in einer Masseschmälerung liegt (→ Rn. 21 aE). 22

2. Rechtsfolgen. a) Prozessführung. Nach **Satz 2** können die gegen einen Insolvenzverwalter begründeten Ansprüche während des Verfahrens **nur von einem neu bestellten Verwalter geltend gemacht werden.** Gemeint ist für den Fall, dass der Insolvenzverwalter nach § 59 entlassen wird, der Nachfolger, sonst ein Sonderinsolvenzverwalter (BegrRegE zu § 103; eing. HK-InsO/*Kayser* Rn. 43 ff.). Dies entsprach schon unter der Konkursordnung geübtem Recht (BGHZ 165, 96 [99] = NJW 2006, 443 [444]). Normzweck ist die Vermeidung von Interessenkonflikten (vgl. statt vieler *Brinkmann* S. 26; HK-InsO/*Kayser* Rn. 40; Jaeger/*H.-Fr. Müller* Rn. 41). In aller Regel wird in Fällen des Satzes 2 der in Anspruch zu nehmende Insolvenzverwalter entlassen und durch den **Nachfolger** ersetzt. Es kann aber auch ein **Sonderinsolvenzverwalter** eingesetzt werden (dazu BGH NZI 2014, 307 = ZIP 2014, 627; HambK-InsO/*Pohlmann* Rn. 54 ff.; HK-InsO/*Kayser* Rn. 45 ff.), und zwar im Interesse der Gläubigergesamtheit, nicht einzelner Gläubiger (vgl. zur Beschwerdebefugnis BGH NJW-RR 2009, 770 = ZIP 2009, 529; BGH NZI 2010, 940 = ZInsO 2010, 2088). Schon die bloße Möglichkeit von Schadensersatzansprüchen rechtfertigt deshalb die Einsetzung eines Sonderinsolvenzverwalters (OLG München ZIP 1987, 656; 23

AG Göttingen ZInsO 2006, 50; Jaeger/*H.-Fr. Müller* Rn. 44; näher → § 56 Rn. 62). Aus Satz 2 ist allerdings nicht zu folgern, dass nicht bei einmaligen, durch bloße Ersatzleistung folgenlos zu bereinigenden Schadensersatzfällen, etwa im Fall einer Schädigung der Masse durch Fristversäumung bei der Geltendmachung einer massezugehörigen Forderung, ein nach § 60 zu ersetzender Schaden **durch den Insolvenzverwalter selbst** (praktisch: auf seine Veranlassung durch seine Haftpflichtversicherung) behoben werden kann. Im Lichte des § 88 Abs. 1 ist der Insolvenzverwalter in einem solchen Fall allerdings dem Insolvenzgericht und dem Gläubigerausschuss gegenüber offenbarungspflichtig.

24 **b) Verfügungen.** Die **Verfügungsbefugnis bezüglich des Schadensersatzanspruchs** (→ Rn. 11 ff.) steht allein dem neu bestellten Insolvenzverwalter zu. Das gilt nicht nur für die Geltendmachung des Anspruchs, sondern insbes. auch für den Vergleich über den Anspruch.

Persönliche Haftung der Gesellschafter

93 Ist das Insolvenzverfahren über das Vermögen einer Gesellschaft ohne Rechtspersönlichkeit oder einer Kommanditgesellschaft auf Aktien eröffnet, so kann die persönliche Haftung eines Gesellschafters für die Verbindlichkeiten der Gesellschaft während der Dauer des Insolvenzverfahrens nur vom Insolvenzverwalter geltend gemacht werden.

Schrifttum: *Armbruster,* Die Stellung des haftenden Gesellschafters in der Insolvenz der Personenhandelsgesellschaft nach geltendem und künftigem Recht, 1996; *Bitter,* Richterliche Korrektur der Funktionsumfänglichkeit des § 93 InsO?, ZInsO 2002, 557; *Bork,* Gesamt (Schadens)liquidation im Insolvenzverfahren, Kölner Schrift zur InsO, 3. Aufl. 2009, 1021; *ders.,* Die analoge Anwendung des § 93 InsO auf Parallelsicherheiten, NZI 2002, 362; *ders.,* Aktuelle Fragen zu § 93 InsO, in: *Breitenbücher/Ehricke* (Hrsg.), Insolvenzrecht 2003, 2003, S. 97; *ders.,* Die Wirkung des § 93 InsO auf Ansprüche aus § 303 AktG, ZIP 2012, 1001; *Brinkmann,* Die Bedeutung der §§ 92, 93 InsO für den Umfang der Insolvenz- und Sanierungsmasse, 2002; *ders.,* Funktion und Anwendungsbereich des § 93 InsO, ZGR 2003, 264; *Bunke,* Zur Anwendbarkeit des § 93 InsO auf konkurrierende Individualhaftungsansprüche gegen persönlich haftende Gesellschafter, KTS 2002, 472; *Fuchs,* Die persönliche Haftung des Gesellschafters gem. § 93 InsO, ZIP 2000, 1089; *Gerhardt,* Die Haftung des ausgeschiedenen Gesellschafters im Rahmen des § 93 InsO, ZIP 2000, 2181; *Göcke,* Wechselwirkungen bei der Insolvenz von Gesellschaft, Gesellschafter und Organwalter, 2009; *Haas/Müller,* Zur Reichweite des § 93 InsO, NZI 2002, 366; *Heiser,* Die persönliche Parallelbesicherung bei § 93 InsO, ZInsO 2003, 692; *Heitsch,* Verfahrenskostendeckung durch § 93 InsO, ZInsO 2008, 793; *Jeitner,* Doppelinsolvenz: Anfechtungsrecht bei Insolvenz einer Personengesellschaft und des persönlich haftenden Gesellschafters, NZI 2009, 673; *Kesseler,* Das Insolvenzverfahren über das Vermögen einer Partnergesellschaft, 2004; *ders.,* Persönliche Sicherheiten und § 93 InsO, ZInsO 2002, 549; *ders.,* Die Durchsetzung persönlicher Gesellschafterhaftung nach § 93 InsO, ZIP 2002, 1974; *ders.,* Keine Gesellschafterhaftung für Neuverbindlichkeiten einer oHG, NZI 2008, 42; *Klink,* Die Konkurrenz zwischen Gesellschaftsverbindlichkeiten und Gesellschafterbürgschaft im Hinblick auf § 93 InsO, NZI 2004, 651; *ders.,* Voraussetzungen und Folgen eines Prozessvergleichs im Einziehungsprozess nach § 93 InsO, NZI 2008, 349; *Kling,* Die Sperrwirkung des § 93 InsO bei umsatzsteuerlicher Betrachtung, ZIP 2002, 881; *Krüger,* Die Vergleichsbefugnis des Insolvenzverwalters bei Ansprüchen nach §§ 92, 93 InsO, NZI 2002, 367; *Marotzke,* Haften die Gesellschafter einer oHG für die Verfahrenskosten der Gesellschaftsinsolvenz?, ZInsO 2008, 57; *H. Müller,* Der Verband in der Insolvenz, 2002; *Oepen,* Massefremde Masse, 1999; *ders.,* Die Zuständigkeiten des Insolvenzverwalters für Gesamtschadensersatzansprüche und Gesellschafterhaftung – Aktuelles zu §§ 92, 93 InsO, ZInsO 2002, 162; *v. Olshausen,* Doppelberücksichtigung, Ausfallprinzip und Gesellschafterhaftung in der Insolvenz, ZIP 2003, 1321; *Pelz,* Die Gesellschaft bürgerlichen Rechts in der Insolvenz, Diss. Bonn 1999; *Runkel/Schmidt,* Die Haftungsabwicklung nach § 93 InsO, ZInsO 2007, 505, 578; *Karsten Schmidt,* Einlage und Haftung des Kommanditisten, 1976; *ders.,* Zur Haftung und Enthaftung der persönlich haftenden Gesellschafter bei Liquidation und Konkurs der Personengesellschaft, ZHR 152 (1988), 105; *ders.*, Wege zum Insolvenzrecht der Unternehmen, 1990; *ders.*, Labyrinthus creditorium, ZGR 1996, 209; *ders.*, Insolvenzordnung und Unternehmensrecht – Was bringt die Reform?, Kölner Schrift zur InsO, 2. Aufl. 2000, 1199; *ders.*, Haftungsrealisierung in der Gesellschaftsinsolvenz, KTS 2001, 373; *ders.*, Persönliche Gesellschafterhaftung in der Insolvenz, ZHR 174 (2010), 163; *ders.*, Unbeschränkte Außenhaftung/unbeschränkte Innenhaftung, FS Goette, 2011, 459; *ders.*, Konsolidierte Insolvenzabwicklung, KTS 2011, 161; *Karsten Schmidt/Bitter*, Doppelberücksichtigung, Ausfallprinzip und Gesellschafterhaftung in der Insolvenz, ZIP 2000, 1077; *Wegener*, Anfechtung in der Doppelinsolvenz – Sperrwirkung des § 93 InsO, NZI 2009, 43; *Wessel*, Die Inanspruchnahme des persönlich haftenden Gesellschafters in der Insolvenz der Gesellschaft nach § 93 InsO, DZWIR 2002, 53; *Wissmann*, Persönliche Mithaft in der Insolvenz, 2. Aufl. 1998; *Wochner*, Die Haftung des „aufrechtstehenden" Gesellschafters im Konkurse seiner oHG, BB 1983, 517.

Übersicht

I. Grundlagen

1 **1. Normzweck und Vorgeschichte.** Die Bestimmung beruht auf einer **Empfehlung im Juristentagsgutachten** von 1982 (*Karsten Schmidt* 54. DJT I, S. D 47). Diese Empfehlung wurde von der Insolvenzrechtskommission aufgegriffen (Erster Bericht S. 446) und in den Entwurf der InsO aufgenommen (§ 105 RegE). Der **Zweck der Bestimmung** besteht in einer **Innenabwicklung der persönlichen Außenhaftung von Gesellschaftern** (*Karsten Schmidt* ZGR 1996, 209 [224]). Diese wiederum führt zu einer **Erstreckung der Gläubigergleichbehandlung auf die persönliche Gesellschafterhaftung** (BGHZ 151, 245 [248] = NJW 2002, 2718 [2719] = ZIP 2002, 1492 [1494]; *Bork* Kölner Schrift Rn. 31.25). Die vielfach besonders genannte Überwindung der Massearmut (BegrRegE, BT-Drs. 12/2443, 39; Jaeger/*H.-Fr. Müller* Rn. 3; FK-InsO/*Kayser* Rn. 2; Kübler/Prütting/Bork/*Lüke* Rn. 4; Uhlenbruck/*Hirte* Rn. 3) ist nur ein Nebeneffekt dieser konsolidierten Haftungsabwicklung (**aM** *Brinkmann* S. 101; *ders.* ZGR 2003, 264: Schutz des Sanierungsvermögens als Hauptzweck; s. auch Uhlenbruck/*Hirte* Rn. 3). Die Einführung des § 93 InsO stellte **entwicklungsgeschichtlich** eine Ausdehnung des von der beschränkten Kommanditistenhaftung schon aus dem HGB bekannten Konzepts **(§ 171 Abs. 2 HGB)** auf die unbeschränkte Haftung dar (auch hierzu *Karsten Schmidt* 54. DJT I S. D 46; *ders.*, Wege zum Insolvenzrecht der Unternehmen, 81 f.). **Gesetzessystematisch** ist die separate Beibehaltung des § 171 Abs. 2 HGB ein Schönheitsfehler (vgl. *Armbruster* S. 149, 239: „systemwidrig"). Die für § 171 Abs. 2 anzuwendenden Regeln entsprechen im Wesentlichen denen des § 93 (Beispiel: OLG München ZIP 2015, 2137; ausf. MüKoHGB/*Karsten Schmidt* §§ 171, 172 Rn. 100 ff.).

2 **2. Verhältnis zu anderen Regelungen. a) Nur gesellschaftsrechtliche Haftung.** Nur für sie gilt § 93. Eine vergleichbare Regelung für die Haftung von Ehegatten in der Gesamtgutsinsolvenz enthält § 334; die Bestimmung war in der Entwurfsfassung (§ 105 Abs. 2) noch direkt mit § 93 verbunden. Zur Frage der persönlichen Haftung analog § 128 HGB bei einer Erbengemeinschaft vgl. → Rn. 12.

b) Nur Außenhaftung. Nur für sie gilt § 93 (über Anwendungsbeispiele vgl. → Rn. 16 f.). Innenhaftungsansprüche der Gesellschaft (zB auf Einlageleistung, auf Rückgewähr verbotener Ausschüttungen nach §§ 62 AktG, 31 GmbHG, auf Verlustausgleich nach § 302 AktG oder wegen existenzgefährdenden Eingriffs) gehören zur Insolvenzmasse (§ 35). Eine Anwendung des § 93 ist hier weder möglich noch auch nur notwendig (→ Rn. 19; zur Abgrenzung auch → § 92 Rn. 4). 3

II. Anwendungsbereich

1. Außenhaftung bei Personengesellschaften. Erfasst ist nach dem Wortlaut die Außenhaftung bei einer „Gesellschaft ohne Rechtspersönlichkeit" iSv § 11 Abs. 2 Nr. 1 (dazu → § 11 Rn. 15) sowie einer KGaA. Das bedeutet: 4

a) Standardfälle. Die Bestimmung gilt für die unbeschränkte persönliche Haftung der Gesellschafter einer **oHG, Außen-GbR** (OLG Jena NJW-RR 2002, 148 = NZI 2002, 156; OLG Hamm 7.5.2007 – 13 U 12/07), **Partnerschaftsgesellschaft, EWiV** und der Mitreeder einer noch bestehenden **Partenreederei** (MüKoHGB/*Karsten Schmidt* § 128 Rn. 83). Für den Partikularinsolvenzverwalter in einem inländischen Partikularinsolvenzverfahren nach Art. 3 Abs. 4 EuInsVO gilt § 93 nicht (KG NZI 2011, 729 = ZIP 2011, 1730). 5

b) Kommanditgesellschaft. Bei der KG gilt § 93 für die **Haftung des Komplementärs** bzw. der Komplementäre (BGH KTS 2002, 310 = Rpfleger 2002, 94). Das gilt va für die Kapitalgesellschaft, meist GmbH, bei der Kapitalgesellschaft & Co. KG (LAG Nds ZInsO 2003, 146). Für die **Kommanditistenhaftung** gilt § 93 nur im Fall der unbeschränkten Haftung nach § 176 HGB. Soweit es um die beschränkte Kommanditistenhaftung nach §§ 171 Abs. 1, 172 Abs. 4 HGB geht, hat **§ 171 Abs. 2 HGB** Vorrang. Die anzuwendenden Regeln sind im Grundsatz dieselben (→ Rn. 1). 6

2. Komplementärhaftung bei der KGaA. Im Fall der KGaA gilt § 93 für die persönliche Haftung des Komplementärs (der Komplementäre) gem. § 278 Abs. 2 AktG iVm §§ 128, 161 Abs. 2 HGB (näher Karsten Schmidt/Lutter/*Karsten Schmidt* AktG § 278 Rn. 6, 43). 7

3. Persönliche Nachhaftung nach Umwandlung und Universalsukzession. Dem Wortlaut nach setzt § 93 ein Insolvenzverfahren über das Vermögen einer Personengesellschaft oder KGaA voraus. In Fällen des Formwechsels der Gesellschaft (OLG Schleswig ZInsO 2004, 1086) oder des Vermögensanfalls der Personengesellschaft im Wege der Universalsukzession (OLG Hamm ZIP 2007, 1233 [1239]) gilt aber § 93 auch in der Insolvenz des umgewandelten Rechtsträgers bzw. des Gesamtrechtsnachfolgers der Gesellschaft, soweit eine **persönliche Nachhaftung** des Gesellschafters (der Gesellschaft) für Altverbindlichkeiten geltend gemacht wird (dazu auch → Rn. 17). Das ist für den Spezialfall des § 171 Abs. 2 HGB (→ Rn. 18) seit Längerem anerkannt (BGHZ 112, 31 [35 f.] = NJW 1990, 3145; zuerst *Karsten Schmidt* JR 1976, 278) und gilt auch für § 93 (KG ZIP 2014, 933; Jaeger/*H.-Fr. Müller* Rn. 18 f.). 8

4. Analoge Anwendung bei anderen Rechtsträgern? a) Kapitalgesellschaften und Vereine. Bei **Verein und Kapitalgesellschaft** gibt es **grds. keine Außenhaftung** der Mitglieder, also auch kein Bedürfnis nach einer Anwendung des § 93. Auch die Durchgriffshaftung wegen existenzvernichtenden Eingriffs ist nach heute hM eine reine Innenhaftung (BGHZ 173, 246 = NJW 2007, 2689 [Trihotel]; BGHZ 176, 204 = NJW 2008, 2437 [Gamma]), und für diese gilt § 93 nicht (→ Rn. 19). Deshalb war diese Durchgriffshaftung selbst bei Altfällen vor 9

Inkrafttreten des § 93 in der Insolvenz nur vom Verwalter geltend zu machen (BGHZ 164, 50 [62] = NJW 2005, 3137 [3140 f.]). Eine Haftungskonzentration nach § 93 wird hier nicht gebraucht. Soweit, was die hM abstreitet, Außenhaftung auf Ersatz von Gläubigerausfällen aufgrund von § 826 BGB besteht (vgl. *Wagner* FS Canaris, Bd. II, 2007, 473 [483]), kommt nicht § 93, sondern § 92 zum Zuge (vgl. → § 92 Rn. 4). Soweit, wie in der älteren Rspr. (zur Existenzvernichtungshaftung (BGHZ 151, 181 = NJW 2002, 3024 – KBV), noch angenommen und auch später für Fälle der Vermögensvermischung für möglich gehalten (BGHZ 165, 85 = NZI 2006, 365 = ZIP 2006, 467), eine **Durchgriffsaußenhaftung** entsteht, ist § 93 auf diese Haftung analog anzuwenden (vgl. BGHZ 164, 50 = NZI 2006, 58 = ZIP 2005, 1734; BGHZ 165, 85 = NZI 2006, 365 = ZIP 2006, 467; OLG Hamm GmbHR 2007, 310 = ZIP 2007, 227; LAG Hamm 31.8.2007 – 4 Sa 1832/06; Braun/*Kroth* Rn. 11; HambK-InsO/*Pohlmann* Rn. 6; HK-InsO/*Kayser* Rn. 10; Uhlenbruck/*Hirte* Rn. 8). Dasselbe gilt für die (seltenen) Fälle eines Außendurchgriffs beim Verein (BGH ZIP 2005, 1680). Umstr. ist die analoge Anwendung des § 93 auf den zugunsten aller Altgläubiger (vgl. sinngemäß → Rn. 17) bestehenden Pflicht des herrschenden Unternehmens zur Sicherheitenbestellung bei Beendigung eines Unternehmensvertrags nach **§ 303 AktG** (dafür zB Jaeger/*H.-Fr. Müller* Rn. 16; *Bork* ZIP 2012, 1001; zust. hier die 18. Aufl.). Da es sich um nicht-akzessorische individuelle Ansprüche der einzelnen Gläubiger handelt, sprechen wohl bessere Gründe für die ablehnende Ansicht (HambK-InsO/*Pohlmann* Rn. 6a; *Klöckner* ZIP 2012, 1001 ff.).

10 **b) Vorgesellschaft.** Die Vorgesellschaft (also die nicht eingetragene AG oder GmbH) ist im Gegensatz zur bloß schuldrechtlichen Vorgründungsgesellschaft rechts- und insolvenzrechtsfähig (vgl. → § 11 Rn. 12). Ob sie, weil Körperschaft, systematisch den juristischen Personen gleichzustellen (so die hier vertretene Auffassung) oder als Gesellschaft „ohne Rechtspersönlichkeit" anzusehen ist, ist umstr. (vgl. → § 11 Rn. 12), aber insolvenzrechtlich ohne Belang. Für § 93 von Bedeutung ist dagegen, ob es eine **unbeschränkte akzessorische Mitgliederhaftung** gibt. Soweit dies der Fall ist, ist **§ 93 analog** anzuwenden (vgl. zB MüKoHGB/*Karsten Schmidt* § 128 Rn. 83; GroßkommAktG/*Karsten Schmidt,* 4. Aufl., § 41 Rn. 125; Uhlenbruck/*Hirte* Rn. 8). Für die **Vorgesellschaft** ist die unbeschränkte Außenhaftung richtigerweise generell zu bejahen (vgl. Scholz/*Karsten Schmidt* GmbHG § 11 Rn. 82, 85 ff.; ausführlich *ders.* FS Goette, 2011, 459, 462 f.). Der BGH geht im Grundsatz von einer Innenhaftung aus (BGHZ 134, 333 = NJW 1997, 1507; BGH NJW 2001, 2092; stRspr; zust. zB Braun/*Kroth* Rn. 7; HambK-InsO/*Pohlmann* Rn. 3; HK-InsO/*Kayser* Rn. 6), bejaht aber eine unbeschränkte Außenhaftung bei gescheiterten Gründungen, wenn diese ohne Eintragungsmöglichkeit als „unechte Vorgesellschaft" fortgesetzt worden sind (BGHZ 152, 290 = NJW 2003, 429 = JZ 2003, 626 mAnm *Langenbucher;* BAGE 86, 34 [42] = NJW 1998, 628 [629]; BFHE 185, 356 [359] = NJW 1998, 2926 [2927]; HK-InsO/*Kayser* Rn. 6). So wird es sich in der Mehrzahl der Fälle verhalten. In diesen Fällen – nach dem hier favorisierten Außenhaftungsmodell sogar generell! – kommt § 93 zum Zuge (vgl. statt vieler Scholz/*Karsten Schmidt* GmbHG § 11 Rn. 91 f.; Uhlenbruck/*Hirte* Rn. 8; vgl. demgegenüber unter der GesO noch ablehnend OLG Dresden NZG 2001, 947 = ZInsO 2001, 801).

11 **c) Nicht eingetragener Verein.** Die **Mitglieder eines „nichtrechtsfähigen" Vereins** (zu seiner Rechtsfähigkeit vgl. → § 11 Rn. 11) haften grds. nicht für die Vereinsverbindlichkeiten (BGHZ 50, 325 [329] = NJW 1968, 1830; *Karsten Schmidt* GesR § 25 III 2 mwN). Ausnahmsweise kann es, wenn der Verein ein Wirtschaftsverein iSv § 22 BGB ist, wie bei der GbR eine persönliche Haftung geben (BGH NJW 2001, 748 [750]; MüKoBGB/*Reuter* § 54 Rn. 44 ff.; *Karsten Schmidt* GesR § 25 III 2 mwN). Dann kommt § 93 zum Zuge.

12 **d) Erbengemeinschaft.** Ob es bei einer (unternehmenstragenden) Erbengemeinschaft eine Miterbenhaftung analog § 128 HGB gibt, ist umstr. (dafür MüKoHGB/*Karsten Schmidt* § 105 Rn. 22; *ders.* NJW 1985, 2785 [2790 f.]; dem folgend: MüKoHGB/*Thiessen* § 27 Rn. 76 mwN; Sudhoff/*Hübner,* Unternehmensnachfolge, 5. Aufl. 2005, § 74 Rn. 9; Palandt/*Weidlich* § 2032 Rn. 6; Nieder/*Kössinger,* Handbuch der Testamentsgestaltung, 4. Aufl. 2011, § 22 Rn. 4). Die hM verneint dies (vgl. mwN *Ann,* Die Erbengemeinschaft, 2001, 343) lässt aber die Erben gem. §§ 427, 431 BGB unbeschränkt für Neuverbindlichkeiten haften (*M. Wolf* AcP 181 (1981), 480 [503 ff.]; so auch Baumbach/*Hopt* § 1 Rn. 37; MüKoBGB/*Gergen* § 2032 Rn. 44: Nachlasserbenschulden; zum Alleinerben RGZ 146, 343 [346]). Mit Bezug auf die nicht-erblichrechtliche Erbenhaftung für (Unternehmens-)Neuverbindlichkeiten der Erbengemeinschaft scheint eine analoge Anwendung des § 93 angezeigt. Der Nachlass-Insolvenzverwalter nimmt ungeachtet der erbrechtlichen Haftungstrennung die Miterben für diese persönlichen, nicht auf § 1967 BGB beruhenden Haftungsverbindlichkeiten persönlich in Anspruch.

13 **5. Verfahrenseröffnung. a) Grundsatz.** Die Anwendung des § 93 setzt ein **eröffnetes Insolvenzverfahren** voraus. Über **Eigenverwaltung** und **Insolvenzplan** vgl. → Rn. 44. § 93 kommt **nicht** zum Zuge, wenn die Eröffnung nach § 26 abgelehnt (Jaeger/*H.-Fr. Müller* Rn. 5). oder das Verfahren beendet worden ist (Jaeger/*H.-Fr. Müller* Rn. 7). Auch im **Eröffnungsverfahren** findet die Vorschrift keine, auch keine analoge Anwendung, und zwar auch nicht im Fall einer „starken" vorläufigen Insolvenzverwaltung mit Verfügungsverbot gem. § 21 Abs. 2 (so auch Uhlenbruck/*Hirte* Rn. 15; *Runkel/J. Schmidt* ZInsO 2007, 578 [579]; **aM** Jaeger/*H.-Fr. Müller* Rn. 6). Zwar spräche rechtspolitisch viel für eine solche Ausdehnung der Gläubigergleichbehandlung, aber die Anordnungen nach § 21 Abs. 2 treffen nicht die Haftungsansprüche einzelner Gläubiger gegen die vom Insolvenzeröffnungsantrag nicht betroffenen Gesellschafter. Zu der ganz anderen Frage, ob die Haftung der Gesellschafter bei der Prüfung hinreichender Masse oder bei der Überschuldungsprüfung aktiviert werden kann, vgl. → § 19 Rn. 29; → § 26 Rn. 14.

14 **b) Gesellschaft als Schuldnerin.** Es geht bei § 93 um die Haftung der Gesellschafter (materiellrechtlich also um sie als Schuldner der Haftungsansprüche) im Insolvenzverfahren der Gesellschaft (als Schuldnerin iS der InsO). Die **Insolvenzverfahrenseröffnung über das Gesellschaftsvermögen** wird vorausgesetzt. § 93 handelt also nicht von der Insolvenz des persönlich haftenden Gesellschafters (in diesem Fall können die Gesellschaftsgläubiger ihre Forderungen ohne weiteres in diesem Verfahren anmelden), sondern von der Gesellschaftsinsolvenz. Auch insofern ist die Bestimmung allerdings ungenau. Nicht die Gesellschaftsinsolvenz entscheidet, sondern die **Geltendmachung der persönlichen Gesellschafterhaftung in der Unternehmensinsolvenz.** Die Gesellschaftsinsolvenz ist hierfür der typische, aber nicht der einzige Fall. **Atypische Fälle des § 93** sind insbes.: die Insolvenz einer durch **Formwechsel** aus einer Personengesellschaft umgewandelten Kapitalgesellschaft (Nachhaftung nach § 224 UmwG), die Insolvenz einer Kapitalgesellschaft nach **Verschmelzung** einer Personengesellschaft auf diese Kapitalgesellschaft (Nachhaftung nach § 45 UmwG), die Insolvenz eines übernehmenden Rechtsträgers nach Ausgliederung mit persönlicher Nachhaftung (zur Abgrenzung → Rn. 17), oder die Insolvenz des letztverbleibenden Gesellschafters nach Ausscheiden des letzten Mitgesellschafters (Nachhaftung nach § 160 Abs. 1 S. 1 HGB). In allen diesen Fällen wird bezüglich der Nachhaftung gem. § 93 verfahren, ohne dass es darauf ankäme, ob ein Insolvenzverfahren über das Vermögen der Personengesellschaft eröffnet worden ist und überhaupt noch eröffnet werden kann (vgl. BGHZ 112, 31 [35 f.] = NJW 1990, 3145; KG ZIP

2014, 933; für § 171 Abs. 2 HGB bereits *Karsten Schmidt* JR 1976, 278 ff.; ausf. MüKoHGB/*Karsten Schmidt* §§ 171, 172 Rn. 103, 105).

III. Akzessorische Außenhaftung

15 **1. Grundlage. a) Modell des § 128 HGB.** § 93 gilt für die in § 128 HGB geregelte bzw. an diese Vorschrift angelehnte **unbeschränkte akzessorische Außenhaftung** für die Verbindlichkeiten der Gesellschaft (BGHZ 151, 245 = NJW 2002, 2718 = ZIP 2002, 1492; MüKoHGB/*Karsten Schmidt* § 128 Rn. 84; Staub/*Habersack* HGB § 128 Rn. 71 ff.). Es handelt sich um die gegenüber den Gesellschaftsgläubigern gesetzlich begründete Haftung. Auf die konkrete **Zahl der Gläubiger** kommt es nicht an. § 93 kommt selbst in dem eher theoretischen Fall zum Zuge, dass es sich nur um einen Gesellschaftsgläubiger handelt (Jaeger/*H.-Fr. Müller* Rn. 21). Zur Frage, ob § 93 analog auf die Anfechtung der von einem Gesellschafter geleiteten Zahlungen an Gesellschaftsgläubiger anzuwenden ist, Rn. 31, 47.

16 **b) Erfasste Gesellschaftsverbindlichkeiten.** Die unbeschränkte akzessorische Außenhaftung erfasst **alle Insolvenzverbindlichkeiten.** Auch ein nachträglich eingetretener Gesellschafter haftet nach § 130 HGB für die vor seinem Eintritt wie für die nach seinem Eintritt begründeten Verbindlichkeiten, und zwar auch im Fall einer GbR (BGHZ 154, 370 = NJW 2003, 1803; nur für Altfälle einschränkend BGH BB 2007, 64 = ZIP 2007, 79 [80]; missverständlich HK-InsO/*Kayser* Rn. 52). Ob die **Gesellschaftsschuld** auf Geld oder auf eine Sach- oder Dienstleistung geht, ist schon im Hinblick auf § 45 ohne Belang (→ Rn. 35; aM Uhlenbruck/*Hirte* Rn. 39). Die unbeschränkte Gesellschafterhaftung erfasst dagegen **grds. nicht** auch die **Masseverbindlichkeiten,** insbes. nicht Verfahrenskosten nach § 54 (BGH NJW 2010, 69 = ZIP 2009, 2202; Braun/*Kroth* Rn. 24; HK-InsO/*Kayser* Rn. 24; MüKoInsO/*Brandes* Rn. 10; MüKoHGB/*Karsten Schmidt* § 128 Rn. 81; **aM** InsO-Hdb/*Haas/Mock* § 94 Rn. 49; Jaeger/*H.-Fr. Müller* Rn. 43 ff.; ausf. HambK-InsO/*Pohlmann* Rn. 18 ff.) und die vom Insolvenzverwalter begründeten Masseverbindlichkeiten nach **§ 55 Nr. 1** (BGH NJW 2010, 69 = ZIP 2009, 2204; OLG Brandenburg ZIP 2007, 1756 ff.; MüKoInsO/*Brandes* Rn. 8; HK-InsO/*Kayser* Rn. 16; Jaeger/*H.-Fr. Müller* Rn. 32; ausf. *Armbruster* S. 154 ff.; *Brinkmann* S. 119 ff.; *Göcke* S. 126 ff.; *H.-Fr. Müller* S. 233 ff.; *Karsten Schmidt* ZHR 152 (1988), 114 ff.; *ders.* ZHR 174 [2010] 163 ff.; **aM** Kübler/Prütting/Bork/*Lüke* Rn. 26 ff.). Für Masseverbindlichkeiten gem. § 55 Abs. 1 Nr. 3 (ungerechtfertigte Bereicherung) gilt dasselbe (eing. *Brinkmann* S. 122, 124; Jaeger/*H.-Fr. Müller* Rn. 35; MüKoInsO/*Brandes* Rn. 9; diff. HK-InsO/*Kayser* Rn. 23; *Karsten Schmidt* ZHR 174 [2010], 163 [176 ff.] mit umfangreichen Nachweisen). Diese Einschränkungen der persönlichen Haftung sind **im materiellen Recht begründet,** nicht in § 93, auf den sie sich nur in der Rechtsfolge auswirken. **Forderungen aus gegenseitigen Verträgen** gem. § 103 (vgl. § 55 Abs. 1 Nr. 2) sind von der Haftung nicht ausgenommen (vgl. InsO.Hdb/*Gottwald/Haas* § 94 Rn. 75; BK-InsO/*Blersch/v. Olshausen* Rn. 8; HambK-InsO/*Pohlmann* Rn. 16; HK-InsO/*Kayser* Rn. 22; MüKoInsO/*Brandes* Rn. 78; MüKoHGB/*Karsten Schmidt* § 128 Rn. 78; Staub/*Habersack* HGB § 128 Rn. 72; ausf. *Karsten Schmidt* ZHR 174 (2010), 163 [178]).

17 **c) Modifikationen der akzessorischen Haftung. Modifikationen der akzessorischen Außenhaftung** hindern die Anwendung des § 93 nicht. § 93 setzt nicht voraus, dass alle Gesellschafter gleichermaßen haften. Das gilt zunächst für die Kommanditgesellschaft, wo § 93 nur für die Komplementäre gilt, nicht dagegen für die Kommanditisten (hier stattdessen § 171 Abs. 2 HGB je nach individueller Haftung [→ Rn. 18]). Im **Fall einer doppelstöckigen Personen-**

gesellschaft (Beispiel: Schuldner-oHG mit weiterer oHG als Gesellschafterin) gilt § 93 auch für die Haftung der nur mittelbaren Gesellschafter. § 93 gilt auch für **ausgeschiedene Gesellschafter,** obwohl diese nur für Altverbindlichkeiten haften (§ 160 Abs. 1 S. 1 HGB; BSG ZIP 2008, 1965; OLG Schleswig ZInsO 2004, 1086; OLG Hamm ZIP 2007, 1233 [1239]; OLG Rostock 1.4.2009 – 1 U 69/07; Jaeger/*H.-Fr. Müller* Rn. 20; MüKoHGB/*Karsten Schmidt* § 128 Rn. 84; *Runkel/Jens M. Schmidt* ZInsO 2007, 578 [581]; zweifelnd Uhlenbruck/*Hirte* Rn. 10). Wie ein ausgeschiedener Gesellschafter wird auch behandelt, wer – zB im Zuge einer Umwandlung einer OHG in eine GmbH & Co. KG – als vormals unbeschränkt haftender Gesellschafter in die Position eines Kommanditisten gewechselt ist (BGH NZG 2009, 102 = ZIP 2009, 47 mAnm *Piekenbrock* LMK 2009, 274742). Gleiches gilt für die Nachhaftung beim Formwechsel einer vormaligen Personengesellschaft nach **§ 224 UmwG.** Abgelehnt hat BGH NZI 2013, 747 = ZIP 2013, 1433 aber eine Anwendung auf die Forthaftung des übertragenden Rechtsträgers nach **§ 133 UmwG** bei einer Ausgliederung (zust. Uhlenbruck/*Hirte* Rn. 11; *Krings* GWR 2013, 365). Dem ist wegen der Ähnlichkeit mit der Nachhaftung ausgeschiedener Gesellschafter nicht zuzustimmen. In gleichem Sinne sollte auch die Nachhaftung nach **§ 26 HGB** für Altverbindlichkeiten bei Unternehmensübertragung von § 93 erfasst sein. § 93 gilt schließlich auch für Gesellschafter, die **Haftungsausschlüsse bzw. Haftungsbeschränkungen** mit einzelnen Gläubigern vereinbart haben, denn gegenüber der Gesamtgläubigerschaft bleiben diese Gesellschafter im Haftungsverbund (vgl. § 128 S. 2 HGB) oder denen die Haftungsbeschränkung gem. § 8 Abs. 2 PartGG zugutekommt (vgl. auch Jaeger/*H.-Fr. Müller* Rn. 11). Diese haftungsrechtlichen Einschränkungen behalten bei der Haftungsdurchsetzung nach § 93 ihre Wirksamkeit, reduzieren also die Haftung des begünstigten Gesellschafters. Sie hindern aber die Anwendung des § 93 nicht.

d) Verhältnis zu § 171 Abs. 2 HGB. Für die beschränkte Kommanditistenhaftung gilt **§ 171 Abs. 2 HGB als Spezialnorm** (→ Rn. 1)**.** Soweit Kommanditisten nach § 176 HGB unbeschränkt haften, bleibt es bei § 93 (→ Rn. 6). 18

2. Abgrenzung. a) Nicht: Innenhaftung. Innenhaftungsansprüche der Gesellschaft gehören zu deren Insolvenzmasse (§ 35). Es gilt § 80. Einer Anwendung des § 93 bedarf es nicht (vgl. zum Verhältnis von Außenhaftung und Innenhaftung *Karsten Schmidt* FS Goette, 2011, 459 ff.). Das gilt nicht nur für Kapitalgesellschaften (zB für Ansprüche aus §§ 62 AktG, 31 GmbHG, §§ 302, 317 AktG), sondern auch für Personengesellschaften. Insbes. **Einlageschulden** werden nach § 80, nicht nach § 93 geltend gemacht (vgl. besonders für § 171 Abs. 2 HGB MüKoHGB/*Karsten Schmidt* § 171 Rn. 98). Dasselbe gilt für Patronatserklärungen gegenüber der Gesellschaft (zu Patronatserklärungen mit Gläubigerberechtigung vgl. → Rn. 20). Zur **Durchgriffshaftung** vgl. → Rn. 9. 19

b) Nicht: Haftung für individuelle Verbindlichkeiten. Nicht unter § 93 fällt eine nur mit einem individuellen Gläubiger vereinbarte Haftung (BGHZ 151, 245 = NJW 2002, 2718). Dies wird va für die **Gesellschafterbürgschaft** diskutiert (statt vieler HK-InsO/*Kayser* Rn. 14). Dasselbe gilt für andere einzelnen Gläubigern versprochene Personalsicherheiten wie **Garantie** oder die **drittbegünstigende Patronatserklärung** (Kübler/Prütting/Bork/*Lüke* Rn. 18 ff.; HK-InsO/*Kayser* Rn. 13; MüKoHGB/*Karsten Schmidt* § 128 Rn. 84 mwN; Uhlenbruck/*Hirte* Rn. 18; *Fuchs* ZIP 2000, 1089 [1090]). Auch gesetzliche Haftungsansprüche gegen Gesellschafter, die nur zugunsten einzelner Gläubiger gelten, sind nicht erfasst. Das gilt namentlich für die steuerrechtliche Haftung aus **§§ 34, 69 AO** (BGHZ 151, 245 = NJW 2002, 2718; BFHE 197, 1 = NZI 2002, 173; BFH/NV 2008, 1291; Kübler/Prütting/Bork/*Lüke* Rn. 18b; Uhlenbruck/ 20

Hirte Rn. 9a; MüKoHGB/*Karsten Schmidt* § 128 Rn. 84; *Bitter* ZInsO 2002, 557 ff.; **aM** OLG Schleswig ZIP 2001, 1968; *Oepen* Rn. 272; *Pelz* S. 84 ff.; *Brinkmann* ZGR 2003, 624 ff.). Der Steuerfiskus kann also gegenüber Gesellschaftern, solange nicht auch über deren Vermögen das Insolvenzverfahren eröffnet ist, ungehindert aus der steuerrechtlichen Haftung vorgehen. Auch die Beitragshaftung gem. §§ 150 Abs. 4 SGB VII wird nicht von § 93 erfasst (BSG DStR 2008, 2229 = NZI 2008, 1390 = ZIP 2008, 1965).

21 **c) Nicht: Parallelsicherheiten.** Auch auf Personalsicherheiten, die mit der gesetzlichen Gesellschafterhaftung konkurrieren und nicht selten wegen des Vorzugs im Insolvenzplanverfahren in Anspruch genommen werden (§ 254 Abs. 2), ist § 93 nicht anwendbar (hM; vgl. nur HK-InsO/*Kayser* Rn. 14; Jaeger/*H.-Fr. Müller* Rn. 23 ff.; Uhlenbruck/*Hirte* Rn. 18; **aM** FK-InsO/*Wimmer-Amend* Rn. 21; HambK-InsO/*Pohlmann* Rn. 10; *Oepen* S. 147; *ders.* ZInsO 2002, 162 [163 ff.]). Der rechtspolitische Vorschlag, diese Sicherheiten einzubeziehen (*Karsten Schmidt* 54. DJT I, S. D 47 f.), hat nicht die Gefolgschaft des Gesetzgebers gefunden (näher *Karsten Schmidt* ZGR 1996, 209 [218 f.]). Es bleibt also bei der Nichtanwendung (diff. zwischen Sperr- und Ermächtigungswirkung *Brinkmann* S. 125 ff.; *ders.* ZGR 2003, 264 [275 ff.]).

22 **d) Nicht: Handelndenhaftung.** § 93 gilt nicht für die Haftung handelnder Organe nach § 41 Abs. 1 S. 2 AktG, § 11 Abs. 2 GmbHG, § 54 S. 2 BGB (statt vieler Uhlenbruck/*Hirte* Rn. 19). Diese Handelndenhaftung ist zwar Außenhaftung, aber sie ist keine gesetzliche Gesellschafterhaftung für alle Gesellschaftsverbindlichkeiten, sondern eine auf Rechtsgeschäfte vor der Eintragung gestützte Organhaftung (*Karsten Schmidt* ZGR 1996, 209 [217]).

IV. Rechtsfolgen

23 **1. Sperrfunktion und Ermächtigungsfunktion.** Einer Terminologie des Verfassers folgend (*Karsten Schmidt,* Einlage und Haftung des Kommanditisten, 1977, 124 ff.) hat sich die Unterscheidung der Sperrfunktion und der Ermächtigungsfunktion eingebürgert (BGHZ 178, 171 [173] = NJW 2009, 225 = ZIP 2008, 2644 Rn. 10; BAG NZI 2008, 387 [388] = NZA 2008, 645 [647]; vgl. statt vieler HambK-InsO/*Pohlmann* Rn. 26 ff.; Kübler/Prütting/Bork/*Lüke* Rn. 14 ff.; Jaeger/*H.-Fr. Müller* Rn. 47 ff.; MüKoInsO/*Brandes* Rn. 13 ff.; für § 171 Abs. 2 HGB OLG Karlsruhe NJOZ 2006, 4508): Die **Sperrfunktion** nimmt den Gläubigern die Befugnis, die Haftung geltend zu machen und über die Haftungsforderung zu verfügen. Die **Ermächtigungsfunktion** weist diese Befugnisse dem Insolvenzverwalter zu, und zwar treuhänderisch ohne gesetzlichen Forderungsübergang (BGHZ 178, 171 [174] = NJW 2009, 225 = ZIP 2008, 2224 Rn. 11).

24 **2. Die Sperrwirkung im Einzelnen. a) Grundsatz.** Die Sperrwirkung ähnelt derjenigen des § 80. Eine vom Gesellschaftsgläubiger gegen den Gesellschafter erhobene **Klage** müsste, nach **hM,** als **unzulässig** abgewiesen werden (BGH NJW-RR 2012, 1391 = ZIP 2012, 1683; HK-InsO/*Kayser* Rn. 50; Jaeger/*H.-Fr. Müller* Rn. 72). Sie wirkt nicht verjährungshemmend (OLG Rostock 1.4.2009 – 1 U 69/07). Unzulässig ist aus demselben Grund auch eine negative Feststellungsklage des Gesellschafters gegen den Gläubiger zur Feststellung seiner Nicht-Haftung (BGH NJW-RR 2012, 1391 = ZIP 2012, 1683). Ein **laufender Haftungsprozess** eines Gesellschaftsgläubigers gegen den Gesellschafter wird, obwohl kein Fall des § 240 ZPO vorliegt, unterbrochen (BGH NJW 2003, 590 = ZIP 2003, 39; BGH NZI 2009, 108 = ZIP 2009, 47; OLG Koblenz NZI 2010, 411 = ZIP 2010, 448; allgM). Die **hM** stützt dies auf eine Analogie zu § 17 AnfG

(BGH NJW 2008, 590 = ZIP 2003, 39; OLG Stuttgart NZI 2002, 495; HambK-InsO/*Pohlmann* Rn. 83; HK-InsO/*Kayser* Rn. 50; Jaeger/*H.-Fr. Müller* Rn. 72; sa zu § 171 Abs. 2 HGB BGHZ 82, 209 [216 ff.] = NJW 1982, 883; BGHZ 178, 171 = NJW 2009, 225). Näher liegt allerdings, wie bei § 92, eine analoge Anwendung der § 240 ZPO, § 85 InsO (OLG Koblenz NZI 2010, 411; LG Saarbrücken NZI 2010, 820; mit Bezugnahme auf § 17 AnfG Braun/*Kroth* Rn. 37; Kübler/Prütting/Bork/*Lüke* Rn. 36). Der Regierungsentwurf der InsO hatte dies noch besonders regeln und dem Verwalter die Umstellung des Antrags auf Zahlung an ihn gestatten wollen (§ 105 Abs. 3). Auch eine **Rechtsmitteleinlegung** des Insolvenzverwalters im fortgeführten Haftungsprozess gegen den persönlich haftenden Gesellschafter wird zugelassen (OLG Frankfurt a. M. ZInsO 2005, 150; *Runkel/J. Schmidt* ZInsO 2007, 505 [506]; zum hier vertretenen Ausfallhaftungsmodell vgl. → Rn. 35). Ein zugunsten eines Gläubigers gegen einen Gesellschafter gerichteter Zahlungstitel kann nach hM analog **§ 727 ZPO** auf den Verwalter umgeschrieben werden (OLG Dresden DZWiR 2001, 166 = ZInsO 2000, 607; HK-InsO/*Kayser* Rn. 51; *Runkel/J. Schmidt* ZInsO 2007, 505 [507]). Nach dem hier bei → Rn. 35 vertretenen Ausfallshaftungsmodell ist dies freilich zweifelhaft (→ Rn. 36). Vollstreckt der Gläubiger selbst aus diesem Titel auf Leistung an sich, so verstößt diese Vollstreckung gegen § 93 (OLG Stuttgart NZI 2002, 495). Doch kann dies nicht als Verfahrensverstoß nach § 766 ZPO mit der Erinnerung geltend gemacht werden (AG Bremen 11.7.2011 – 507 IN 12/11; MüKoZPO/*Karsten Schmidt/Brinkmann* § 766 Rn. 30; *Runkel/J. Schmidt* ZInsO 2007, 505 [506]; **aM** LG Bad Kreuznach Rpfleger 2004, 517 [sogar mit Erinnerungsbefugnis der Gesellschafter]; Braun/*Kroth* Rn. 16; HambK-InsO/*Pohlmann* Rn. 92; wohl auch OLG Köln NZI 2002, 156 [157]), sondern nur durch Klage nach **§ 767 ZPO** (AG Bremen 11.7.2011 – 507 IN 12/11; MüKoZPO/*Karsten Schmidt/Brinkmann* § 766 Rn. 30).

b) Leistungen des Gesellschafters an einzelne Gläubiger. Solche Leistungen wirken, sobald § 93 eingreift, grds. nur noch befreiend, wenn der Insolvenzverwalter mit dem Ziel, sie nach § 816 Abs. 2 BGB vom Empfänger zurückzufordern, genehmigt (HK-InsO/*Kayser* Rn. 28; Jaeger/*H.-Fr. Müller* Rn. 48; MüKoInsO/*Brandes* Rn. 13). Allerdings wird der Gesellschafter analog § 82 frei, wenn er in Unkenntnis der Verfahrenseröffnung an den Gläubiger leistet (HambK-InsO/*Pohlmann* Rn. 51; Jaeger/*H.-Fr. Müller* Rn. 49; Kübler/Prütting/Bork/*Lüke* Rn. 15; MüKoInsO/*Brandes* Rn. 30; MüKoHGB/*Karsten Schmidt* § 128 Rn. 85). Auch eine solche Zahlung begründet einen Regress gegen den Empfänger nach § 816 Abs. 2 BGB. 25

c) Aufrechnung. Die **Sperrwirkung hindert** auch die **Aufrechnung des Gesellschafters** gegen die Forderung eines Gesellschaftsgläubigers (vgl. *Bork* Kölner Schrift Rn. 31.31; HambK-InsO/*Pohlmann* Rn. 48; Uhlenbruck/*Hirte* Rn. 5; zu § 171 Abs. 2 HGB MüKoHGB/*Karsten Schmidt* §§ 171/172 Rn. 107). Die hM will dem Gesellschafter allerdings eine zuvor gegebene Aufrechnungslage teils analog § 94 (HK-InsO/*Kayser* Rn. 40/41; Jaeger/*H.-Fr. Müller* Rn. 63; MüKoInsO/*Brandes* Rn. 36; Uhlenbruck/*Hirte* Rn. 5), teils jedenfalls unter den Voraussetzungen der §§ 406, 412 BGB (*Armbrüster* S. 199 f.; Braun/*Kroth* Rn. 24; Kübler/Prütting/Bork/*Lüke* Rn. 35) erhalten. Das ist zweifelhaft. Da der Gesellschafter in der Insolvenz nicht mehr nur diesem Gläubiger gegenübersteht und nach der hier vertretenen Auffassung auch gar nicht aus der individuellen Forderung, sondern auf Ausgleich der haftungsbedingten Unterdeckung in Anspruch genommen wird (→ Rn. 35), ist für eine Aufrechnung gegen den Individualanspruch kein Raum (vgl. sinngemäß MüKoHGB/*Karsten Schmidt* §§ 171/172 Rn. 107). Das sollte auch für das Leistungsverweigerungsrecht aus einem aufrechenbaren **Gegenanspruch der Gesellschaft gegen den Gläubiger gelten** 26 (vgl. sinngemäß ebd.; nach **aM** kann der Rechtsgedanke des § 94 die Aufrechnung rechtfertigen). Dagegen wird man in den Grenzen des sinngemäß anzuwendenden § 94 eine **Aufrechnung des Gesellschafters mit** ihm etwa gegenüber der Gesellschaft zustehenden **Drittgläubigerforderungen** zulassen können (näher MüKoHGB/*Karsten Schmidt* §§ 171/172 Rn. 111; **aM** Jaeger/*H.-Fr. Müller* Rn. 64). Hiervon zu unterscheiden ist die Aufrechnungsbefugnis des Gläubigers gegenüber der Gesellschaft (dazu Jaeger/*H.-Fr. Müller* Rn. 61 f.). Sie ist in den Grenzen der sinngemäß anzuwendenden § 94 InsO, §§ 406, 412 BGB zuzulassen (so iErg BegrRegE, BT-Drs. 12/2443, 140; vgl. auch Braun/*Kroth* Rn. 24; Jaeger/*H.-Fr. Müller* Rn. 61; MüKoInsO/*Brandes* Rn. 32; **aM** Uhlenbruck/*Hirte* Rn. 5). Aber sie schmälert die Unterdeckung im Gesellschaftsvermögen und damit die Gesellschafterhaftung nicht.

27 **d) Verfügungen einzelner Gläubiger.** Verfügungen einzelner Gläubiger über die nach § 93 kollektiv geltend zu machenden Haftungsansprüche sind während des Insolvenzverfahrens nicht möglich (vgl. Kübler/Prütting/Bork/*Lüke* Rn. 16). Das ergibt sich nach der hier vertretenen Deutung der Einziehungsbefugnis schon daraus, dass diese gar nicht die Einzelforderungen zum Gegenstand hat (→ Rn. 35). Ebenso wenig kann ein Gläubiger oder können die Gläubiger einen Verzichts- oder Vergleichsvertrag über die nach § 93 geltend zu machende Gesamtforderung schließen (Jaeger/*H.-Fr. Müller* Rn. 53). Allerdings kann ein Gesellschaftsgläubiger seine individuell gegen die Gesellschaft gerichtete Forderung abtreten (BK-InsO/*Blersch/v. Olshausen* Rn. 6; Uhlenbruck/*Hirte* Rn. 6 mwN). Auf § 93 hat dies keinen Einfluss (nach → Rn. 35 macht der Verwalter ohnedies nicht die Einzelforderung geltend). Der Gläubiger kann auf seine Forderung auch ganz oder teilw. verzichten oder sich über diese vergleichen (HK-InsO/*Kayser* Rn. 33; Uhlenbruck/*Hirte* Rn. 6; MüKoInsO/*Brandes* Rn. 15; *Fuchs* ZIP 2000, 1089 [1093 f.]; missverständlich InsO-Hdb/*Haas/Mock* § 94 Rn. 67; Kübler/Prütting/Bork/*Lüke* Rn. 16). Dann nimmt die Forderung insoweit nicht an der Haftung nach § 93 teil und wird nicht bei der Feststellung der Unterdeckung (→ Rn. 35) berücksichtigt. Eine isolierte Verfügung nur über die Gesellschafterhaftung ist aber ausgeschlossen (→ Rn. 30; so auch *Runkel/J. Schmidt* ZInsO 2007, 578 [581]).

28 **3. Die Ermächtigungswirkung im Einzelnen. a) Hauptwirkungen.** Die Ermächtigungswirkung führt nicht zum Übergang der Haftungsforderung in das Gesellschaftsvermögen und damit in die Masse, begründet aber eine **treuhänderische Einziehungs-, Prozessführungs- und Klagebefugnis** (so der Sache nach die hM; vgl. BGH ZIP 2007, 79 = DStR 2007, 125; FK-InsO/*App* Rn. 1; Uhlenbruck/*Hirte* Rn. 3; Jaeger/*H.-Fr. Müller* Rn. 51; Kübler/Prütting/Bork/*Lüke* Rn. 16; krit. InsO-Hdb/*Haas/Mock* § 94 Rn. 56). **Rechtsweg und sachliche Zuständigkeit** bleiben nach hM unverändert, so dass auch Arbeitsgerichte (LAG Nds NZA-RR 2003, 133; Braun/*Kroth* Rn. 25; *Runkel/J. Schmidt* ZInsO 2007, 505), konsequenterweise auch die Sozialgerichte und Finanzgerichte im Rahmen ihrer Zuständigkeiten über Haftungsansprüche gegen Gesellschafter zu entscheiden haben. Das ist nach der hier vertretenen Ansicht zweifelhaft (vgl. → Rn. 36 aE). Der Haftungsanspruch steht der Gläubigergemeinschaft – genauer: jedem einzelnen Gläubiger – zu, und nur für sie, nicht für das Schuldnervermögen handelt in Wahrnehmung der Haftungsforderung(en) der Insolvenzverwalter. Die Einziehungs- und Prozessführungsbefugnis schließt die **Sicherung durch Arrest** ein (OLG Saarbrücken 29.7.2009 – 1 Ws 118/09). Eine **Aufrechnungsbefugnis des Gesellschafters** mit Ansprüchen gegen die Gesellschaft wird durch § 93 nicht eröffnet (→ Rn. 26; Jaeger/*H.-Fr. Müller* Rn. 64). Da auch die eingeforderte Leistung nicht in die Masse (§ 35) fällt, muss der Insolvenzverwalter grds. eine **Sondermasse** bilden (BGH NZI 2009, 108 [109] = ZIP 2009, 47 [48]; FK-

InsO/*Wimmer-Amend* Rn. 42; HambK-InsO/*Pohlmann* Rn. 20a; HK-InsO/*Kayser* Rn. 30; Jaeger/*H.-Fr. Müller* Rn. 56; Kübler/Prütting/Bork/*Lüke* Rn. 49; aM InsO-Hdb/*Haas/Mock* § 94 Rn. 56). Praktisch relevant ist die Bildung einer Sondermasse, wenn deren Verwendung nicht allen Insolvenzgläubigern zugutekommt (vgl. insoweit auch InsO-Hdb/*Haas/Mock* § 94 Rn. 56). So insbesondere, wenn es sich um die Haftung eines ausgeschiedenen Gesellschafters handelt, weil dieser nicht für alle Insolvenzforderungen haftet (vgl. Kübler/Prütting/Bork/*Lüke* Rn. 25; Uhlenbruck/*Hirte* Rn. 31; zur Anwendbarkeit des § 93 in diesem Fall vgl. → Rn. 17). Dasselbe gilt, wenn der Gesellschafter nach § 8 Abs. 2 PartGG nicht für alle Insolvenzverbindlichkeiten gleichermaßen haftet (Kübler/Prütting/Bork/*Lüke* Rn. 39). Aber auch in anderen Fällen ist regelmäßig die Bildung einer Sondermasse geboten, weil der Gesellschafter nicht auch für (alle) Masseverbindlichkeiten haftet (→ Rn. 17). Doch muss, sofern die getrennte Verwendung gewährleistet bleibt, die Separierung der Sondermasse keine dingliche sein (MüKoHGB/*Karsten Schmidt* § 128 Rn. 88).

b) Stellung des Verwalters. Der Verwalter ist nach § 93 nur **berechtigt,** aufgrund des § 60 **aber auch verpflichtet,** etwa bestehende **Haftungsansprüche geltend zu machen** (vgl. sinngemäß OLG Saarbrücken 29.7.2009 – 1 Ws 118/09; Kübler/Prütting/Bork/*Lüke* Rn. 16; krit. *Böckmann* ZIP 2005, 2186 f.). Auch Rechtsmittel gegen den persönlich haftenden Gesellschafter kann er einlegen (OLG Frankfurt MDR 2005, 895 = ZInsO 2005, 150). **Prozesse** von Einzelgläubigern gegen Gesellschafter werden analog § 240 ZPO **unterbrochen** (→ Rn. 24). Der Insolvenzverwalter kann auch, gestützt auf die Einziehungsbefugnis nach § 93 InsO, den **Gläubiger-Insolvenzantrag** nach §§ 13 Abs. 1 S. 2, 14 gegen einen Gesellschafter stellen (*Runkel/J. Schmidt* ZInsO 2007, 578 [581]). 29

c) Vergleich und Erlass. Die **Einziehungsbefugnis des Verwalters** umfasst auch den **Vergleich** mit einem Gesellschafter über die Höhe seiner Haftung (BAGE 125, 92 = NZI 2008, 387; LAG Bln Brandenburg ZIP 2007, 1420; *Bork* Kölner Schrift Rn. 31.34; HambK-InsO/*Pohlmann* Rn. 35 f.; HK-InsO/*Kayser* Rn. 32; BK-InsO/*Blersch/v. Olshausen* Rn. 6; Jaeger/*H-Fr. Müller* Rn. 52; **aM** sind Uhlenbruck/*Hirte* Rn. 6; *Fuchs* ZIP 2000, 1089 [1092 ff.]; *Klinck* NZI 2008, 349 ff.). Das gilt im Grundsatz auch für einen **Erlass.** Dabei ist zwischen der Gesellschaftsschuld und der Haftungsschuld des Gesellschafters zu unterscheiden: Außerhalb des Insolvenzverfahrens kann ein Gesellschaftsgläubiger der Gesellschaft mit Wirkung auch für den haftenden Gesellschafter (§ 129 HGB) seine Forderung erlassen (→ Rn. 27). Das kann auch der Insolvenzgläubiger mit Wirkung zugunsten der haftenden Gesellschafter (BAGE 125, 92 = NZI 2008, 387 = ZIP 2008, 846; aM *Klinck* NZI 2008, 349 ff. mwN). Die Wirkung dieses Erlasses kommt dem Gesellschafter nach hM in gleicher Weise zugute wie außerhalb der Insolvenz (vgl. BAGE 125, 92 = NZI 2008, 387). Nach der hier vertretenen Ansicht macht der Insolvenzverwalter nicht die konkrete Haftungsforderung geltend, sondern die Unterdeckung (→ Rn. 35). Dabei zählt die erlassene Insolvenzforderung nicht mit (→ Rn. 27). Insoweit wirkt sich der auf die Gesellschaftsschuld bezogene Erlass auch gegenüber der Haftung nach § 93 aus. 30

4. Anfechtung von Leistungen an einzelne Gläubiger. Die Sperr- und Ermächtigungswirkung **des § 93 wirkt** nur **ex nunc.** Nicht direkt erfasst sind also Leistungen an einzelne Gesellschaftsgläubiger, die vor dem Insolvenzverfahren bzw. während des Eröffnungsverfahrens erbracht worden sind (Jaeger/*H.-Fr. Müller* Rn. 50; allerdings mit einer Ausnahme bei Einsetzung eines „starken" Verwalters im Insolvenzeröffnungsverfahren). Auch die Rückschlagsperre des § 88 kommt nicht zum Zuge. Allerdings wendet BGHZ 178, 171 = NJW 2009, 225 = 31

ZIP 2008, 2224 die Regel des § 93 auf die Anfechtung einer das Haftungsvermögen verkürzenden Gesellschafterleistung analog an: Hat der persönlich haftende Gesellschafter vor Eröffnung des Insolvenzverfahrens über das Vermögen der Gesellschaft Leistungen an einen Gesellschaftsgläubiger erbracht, ist grds. der Insolvenzverwalter über das Vermögen der Gesellschaft zur **Anfechtung** berechtigt. Das ist hM (vgl. Braun/*Kroth* Rn. 37; MüKoInsO/*Brandes* Rn. 30; *Runkel/J. Schmidt* ZInsO 2007, 505 [509]; zum Verhältnis zwischen § 93 und Anfechtung auch BGH BeckRS 2014, 14711). Hat der Gesellschafter nach der Insolvenzverfahrenseröffnung gezahlt, so kommt eine Inanspruchnahme des Empfängers nach § 816 Abs. 2 BGB in Betracht (→ Rn. 25). Von einer ganz anderen Frage, nämlich von der Anfechtung in der späteren **Insolvenz des leistenden Gesellschafters,** handelt OLG Rostock ZInsO 2004, 555. Auch im Fall der Doppelinsolvenz von Gesellschaft und Gesellschafter gesteht BGHZ 178, 171 = NJW 2009, 225 = ZIP 2008, 2224 das Anfechtungsrecht dem Insolvenzverwalter über das Vermögen des Gesellschafters zu (dazu → Rn. 39).

32 **5. Freigabe. a) Grundsatz.** Nach **hM** ist eine **Freigabe der Haftungsansprüche aus der Sperr- und Ermächtigungswirkung** grds. unzulässig (OLG Dresden ZIP 2005, 1680, 1682 ff.; Jaeger/*H.-Fr. Müller* Rn. 55 mwN; Nerlich/Römermann/*Wittkowski* Rn. 7a; *Brinkmann* S. 135; *Oepen* Rn. 179 f.; HK-InsO/*Kayser* Rn. 32; *Böckmann* ZIP 2005, 2186 [2187 ff.]; *Bork* Kölner Schrift Rn. 16). Dieses grundsätzliche Freigabeverbot ist nur umso berechtigter, wenn man mit dem Verf. in der Gesellschaftsinsolvenz auch eine Freigabe von Massegegenständen für unzulässig hält (*Karsten Schmidt,* Wege zum Insolvenzrecht der Unternehmen, 73 ff.; anders hM). Die hM gestattet es dem Insolvenzverwalter dagegen, Haftungsforderungen mit der Rechtsfolge aus der Sperr- und Ermächtigungswirkung des § 93 freizugeben, dass der betreffende Insolvenzgläubiger daraus in die eigene Tasche vollstrecken kann (HambK-InsO/*Pohlmann* Rn. 37; eing. *Böckmann* ZIP 2005, 2186 ff.). Erlaubt sei eine Freigabe einer einzelnen Forderung dann, wenn das Prozessrisiko vom Insolvenzverwalter als unangemessen hoch angesehen wird und er den Anspruch nach pflichtgemäßem Ermessen nicht selbst geltend macht, um die Masse zu schonen oder wenn alle Gläubiger zustimmen (HK-InsO/*Kayser* Rn. 32; Kübler/Prütting/Bork/*Lüke* Rn. 33; Uhlenbruck/*Hirte* Rn. 6; MüKoInsO/*Brandes* Rn. 14; *Böckmann* ZIP 2005, 2186 [2187 ff.]; *Brinkmann* S. 135). Dies ist bedenklich und mit dem hier vertretenen Ausfallhaftungsmodell (→ Rn. 35) vollends unvereinbar. Insolvenzverbindlichkeiten müssen aus der Masse unter Hinzuziehung der Gesellschafterhaftung bedient werden.

33 **b) Modifizierte Freigabe.** Zulässig ist eine modifizierte Freigabe (vgl. zu dieser Institution → § 35 Rn. 40). Der Insolvenzverwalter kann einen Gläubiger ermächtigen, seinen Haftungsanspruch zugunsten aller Gläubiger geltend zu machen (Jaeger/*H.-Fr. Müller* Rn. 55; *Brinkmann* S. 135; *Bork* Kölner Schrift Rn. 31/16; *Oepen* Rn. 178; **aM** OLG Schleswig InsO 2004, 1086 [1087]). Diese Ermächtigung bezieht sich nach der konventionellen Deutung auf den Haftungsanspruch des jeweiligen Gesellschaftsgläubigers. Nach dem hier vertretenen Ausfallhaftungsmodell (→ Rn. 35) bezieht sich die Ermächtigung auf die Unterdeckungshaftung der Gesellschafter. Im Fall eines ausgeschiedenen Gesellschafters, der nur wenigen Altgläubigern haftet (§ 160 Abs. 1 S. 1 HGB), ist auch der Fall denkbar, dass diese Gläubiger (oder einzelne) zur Geltendmachung dergestalt ermächtigt werden, dass sie die Verteilung an diesen engen Gläubigerkreis selbst übernehmen. Um eine echte Freigabe handelt es sich hierbei nicht. Nicht möglich ist die einfache Fortführung eines analog § 240 ZPO unterbrochenen Haftungsprozesses durch den klagenden Gläubiger (OLG Schleswig ZInsO 2004, 1086;

MüKoHGB/*Karsten Schmidt* § 128 Rn. 85). Das versteht sich nach dem hier vertretenden Haftungsmodell (→ Rn. 35) wie von selbst.

V. Die Haftungsabwicklung

1. Herrschende Auffassung. Nach der herrschenden Auffassung ändert § 93 nichts am Konzept der unmittelbaren gesamtschuldnerischen Haftung des Gesellschafters für alle Insolvenzverbindlichkeiten (*Wissmann* Rn. 342 f.; HambK-InsO/*Pohlmann* Rn. 67 f.; Staub/*Habersack* HGB § 128 Rn. 20). Demgemäß macht der Insolvenzverwalter gem. § 93 InsO die **jeweils einzelne Haftungsverbindlichkeit** (eher: einen Katalog einzelner Haftungsverbindlichkeiten) des Gesellschafters für die **jeweils einzelne Gesellschaftsschuld** (eher: die Summe einzelner Gesellschaftsschuldner) geltend (HK-InsO/*Kayser* Rn. 31; Uhlenbruck/*Hirte* Rn. 12; *Theissen* ZIP 1998, 1628; *Bitter* ZIP 2000, 1083; *Runkel/J. Schmidt* ZInsO 2007, 578 [580]; s. a. Gottwald InsR-HdB/*Haas/Mock* § 94 Rn. 62). Wie von alleine ergibt sich für die hM, dass diese Haftung, wie schon vor der Insolvenz, eine gesamtschuldnerische ist (Kübler/Prütting/Bork/*Lüke* Rn. 20; Uhlenbruck/*Hirte* Rn. 20). Wie ein Gesellschaftsgläubiger gilt der Insolvenzverwalter hierbei als befugt zu entscheiden, gegen welchen von mehreren Gesellschaftern er in dieser Weise vorgeht (Uhlenbruck/*Hirte* Rn. 20). In der Konsequenz bedeutet dies, dass der Insolvenzverwalter wie ein Gesellschaftsgläubiger (nur) eine einzelne bzw. bestimmte einzelne Forderung(en) spezifizieren und dartun müsste (BGH DStR 2007, 125 = ZIP 2007, 79; HK-InsO/*Kayser* Rn. 52; Jaeger/*H.-Fr. Müller* Rn. 73). Dies hat der BGH im Fall DStR 2007, 125 = ZIP 2007, 79 sogar kategorisch verlangt und jede andere Sicht für „verfehlt" erklärt (zur Besonderheit dieses Falls vgl. allerdings → Rn. 35). Auch die Einwendungen des persönlich haftenden Gesellschafters (§ 129 HGB) würden sich stets auf die jeweils vom Verwalter geltend gemachte (zB eingeklagte) Haftungsforderung beziehen (ausf. HK-InsO/*Kayser* Rn. 35 ff.). Damit geht die schwierige Frage einher, ob der Gesellschafter auch dann auf Zahlung in Anspruch genommen werden kann, wenn es um die Haftung für eine Nicht-Geldschuld handelt (ausf., iErg bejahend Uhlenbruck/*Hirte* Rn. 39 f.). Va haftet nach hM auch bei der Geltendmachung nach § 93 jeder Gesellschafter auf die ganze Schuld, was iErg bedeutet: in Höhe der Summe aller Insolvenzverbindlichkeiten (vgl. statt vieler Staub/*Habersack* HGB § 128 Rn. 74 f.), soweit nicht § 242 BGB (Verbot der Massebereicherung) entgegensteht (statt vieler OLG Hamm ZIP 2007, 1233 [1240]; InsR-HdB/*Haas/Mock* § 94 Rn. 62; Braun/*Kroth* Rn. 18; FK-InsO/*Wimmer-Amend* Rn. 46 ff.). Nur „offensichtlich" überflüssige Beträge gelten deshalb als ausgenommen (InsR-HdB/*Haas/Mock* § 94 Rn. 62). Immerhin hat der III. BGH-Senat in BGHZ 165, 85 [96] = NJW 2006, 1344 [1347] ausgeführt, dass eine vorhandene Masse abzusetzen sei. 34

2. Gegenkonzept: Das Ausfallhaftungsmodell. a) Unterdeckungshaftung. Nach dem vom *Verfasser* entwickelten Normverständnis verändert die in § 93 angeordnete Innenabwicklung das Gesicht der Außenhaftung (durch die sie begründet und begrenzt ist): Aus der Außenhaftung wird rechtsähnlich § 735 BGB eine interne **Unterdeckungshaftung.** Der Insolvenzverwalter macht gem. § 93 nicht die Haftung des Gesellschafters oder der Gesellschafter für jeweils einzelne Gesellschaftsverbindlichkeiten geltend, sondern die **Unterdeckung** der Insolvenzverbindlichkeiten in der Masse (MüKoHGB/*Karsten Schmidt* § 128 Rn. 86 mwN; eing. zuerst bei *Karsten Schmidt/Bitter* ZIP 2000, 1077 [1085 f.]; zusf. *ders.* FS Goette, 2011, 459 [465 f.]; zust. MüKoInsO/*Brandes* Rn. 25; Braun/*Kroth* Rn. 22 f.; iErg ähnlich nach dem früher in § 212 KO angelegten Ausfallprinzip Uhlenbruck/*Hirte* Rn. 23; **abl.** *Brinkmann* S. 137 ff.; *Bork* Insolvenzrecht, 2003, S. 102 f.; *Bitter* ZInsO 2002, 561; *Runkel/J. Schmidt* ZInsO 2007, 578 [580]; Rechenbeispiele für die 35 unterschiedlichen Modelle bei *v. Olshausen* ZIP 2003, 1321; *Klinck* NZI 2004, 651.). Das hat eine Reihe von **Konsequenzen: Haftung und Haftungsklage** können nur **auf Zahlung** lauten (→ Rn. 16; aM Uhlenbruck/*Hirte* Rn. 39). Eine **schlüssige Klage aus § 128 HGB iVm § 93** auf Zahlung an den Insolvenzverwalter setzt deshalb die Darlegung einer bilanziellen Überschuldung der Netto-Masse in Höhe der Klagforderung voraus (MüKoHGB/*Karsten Schmidt* § 128 Rn. 86; *Karsten Schmidt/Bitter* ZIP 2000, 1077 [1085 f.]). Die Geltendmachung einer individuellen Gesellschaftsverbindlichkeit ist hierfür weder erforderlich noch, wenn sich nicht aus ihr auch die Unterdeckung schlüssig ergibt, ausreichend. Die Etablierung dieses Konzepts in der **Praxis** bleibt abzuwarten. Der **BGH** hat diese vom OLG damals gebilligte Methode im Urteil BGH DStR 2007, 125 = ZIP 2007, 79 [80] als „verfehlt" bezeichnet. Doch handelte es sich um einen Fall, bei dem der Gesellschafter nicht für alle Gesellschaftsschulden haftete. Diese Frage würde im zu entscheidenden Fall nicht mehr auftreten (Grundlage war die heute überholte Nichtanwendung des § 130 HGB auf die GbR), käme aber möglicherweise bei einem ausgeschiedenen Gesellschafter zum Tragen (→ Rn. 17). In einem solchen Ausnahmefall muss selbstverständlich das den vom Insolvenzverwalter verklagten Gesellschafter treffende Haftungsvolumen mit vorgetragen werden, das sich dann aus der Darlegung haftungsrelevanter Einzelverbindlichkeiten der Gesellschaft ergibt. Aber **maßgebend ist und bleibt die Unterdeckung.** Das schon bei → Rn. 34 angeführte Urteil BGHZ 165, 85 = NJW 2006, 1344 des II. Zivilsenats deutet vorsichtig in die hier gewiesene Richtung (nur „der Betrag, der zur Gläubigerbefriedigung erforderlich ist"). Noch mehr gilt das für das Urteil des IX. Senats in NJW 2010, 69 [72] = ZIP 2009, 1344 [1347] (dazu *Karsten Schmidt* FS Goette, 2011, 459 [466]). **Masseverbindlichkeiten,** auch wenn für sie nicht gehaftet wird (→ Rn. 16), werden, weil vorab aus der Masse zu bedienen, bei der Feststellung der Unterdeckung mit passiviert. Soweit Gesellschaftsverbindlichkeiten nach §§ 174 ff. festgestellt sind oder bereits gegenüber der Gesellschaft rechtskräftig festgestellt waren (vgl. zu § 129 HGB InsR-HdB/*Haas/Mock* § 94 Rn. 65; HK-InsO/*Kayser* Rn. 35 f.), kann auch der Gesellschafter sie nicht bestreiten (→ Rn. 38). Laufen durch Anmeldung weitere Insolvenzverbindlichkeiten auf und entsteht eine **vermehrte Unterdeckung,** so kann der Verwalter den geltend gemachten Haftungsumfang erweitern (*Karsten Schmidt/Bitter* ZIP 2000, 1077, 1086 f.; zust. Braun/*Kroth* Rn. 23). Prozessual ist er hieran weder durch Rechtshängigkeit noch durch Rechtskraft gehindert.

36 **b) Gesamtschuld.** Die **Haftung mehrerer Gesellschafter bleibt** nach § 128 **gesamtschuldnerisch** (Braun/*Kroth* Rn. 22). Anders als nach § 735 BGB werden aus den Gesamtschulden nicht, was durchaus vertretbar wäre, Teilschulden (*Karsten Schmidt* FS Goette, 2011, 459 [467]; noch nicht ausdiskutiert). Für das vorherrschende Verständnis der Ermächtigungswirkung (→ Rn. 28, 34) versteht sich dies von selbst. Für das hier favorisierte Ausfallhaftungsmodell (→ Rn. 35) lässt sich dies nicht ohne weiteres sagen (auch hierzu *Karsten Schmidt* FS Goette, 2001, 459 [467]). Aber § 93 soll den Insolvenzverwalter nicht vollends auf den Abwicklungsmodus des § 735 BGB beschränken. Unstreitig und ggf. ratsam ist jedenfalls, dass der Insolvenzverwalter die Haftenden statt als Gesamtschuldner durch Teilschuldklagen in Anspruch nehmen kann (Beispiel OLG Koblenz NZI 2014, 509). Zweifelhaft ist, ob es bei der hM hinsichtlich des Rechtswegs und der sachlichen Zuständigkeit (→ Rn. 28) sowie der Titelumschreibung hinsichtlich ausgeklagter Haftungsforderungen einzelner Gläubiger (→ Rn. 24) bleiben kann. Der von einem Gläubiger gegen einen Gesellschafter erwirkte Vollstreckungstitel betrifft nur die individuelle Forderung dieses Gläubigers, die lediglich in die Unterdeckung mit eingeht und mit der sich ergebenden Einzahlungsforderung nicht – auch nicht teilw. – identisch ist.

3. Der praktische Unterschied. Es gibt Rechenbeispiele für den **Unterschied zwischen der hier vertretenen und der herrschenden Auffassung,** zB bei der Geltendmachung besicherter Forderungen (*v. Olshausen* ZIP 2003, 1321; *Klinck* NZI 2004, 651; dazu auch Uhlenbruck/*Hirte* Rn. 28). Auch nach der hM kann der Gesellschafter einer Inanspruchnahme gemäß § 242 BGB entgegenhalten, der von ihm verlangte Betrag sei für die Gläubigerbefriedigung nicht erforderlich und müsse im Zuge der Schlussverteilung ohnedies zurückerstattet werden (BGHZ 165, 85 [97] = NJW 2006, 1344 [1347]; OLG Hamm ZIP 2007, 1233 [1240]; BK-InsO/*Blersch/v. Olshausen* Rn. 6.; Braun/*Kroth* Rn. 21; Kübler/Prütting/Bork/*Lüke* Rn. 22; Jaeger/*H.-Fr. Müller* Rn. 18 ff.; FK-InsO/*Wimmer-Amend* Rn. 46). Aber dieser Einwand kommt nach h.M nur zum Tragen, wenn die eingeklagten Gelder offensichtlich nicht für die Gläubigerbefriedigung entbehrlich sind (OLG Hamm ZIP 2007, 1233 [1240]; Kübler/Prütting/Bork/*Lüke* Rn. 22). 37

4. Der Umfang der Verbindlichkeiten. Soweit der in Anspruch genommene Gesellschafter haftet (der Umfang deckt sich idR mit der zur Deckung der Insolvenzverbindlichkeiten [vgl. → Rn. 16] erforderlichen Masse [vgl. → Rn. 35]), gilt der Grundsatz des **§ 129 Abs. 1 HGB:** Der Gesellschafter kann nur diejenigen Einwendungen erheben, die die Gesellschaft (noch) geltend machen kann (vgl. statt vieler InsR-HdB/*Haas/Mock* § 74 Rn. 65; Braun/*Kroth* Rn. 26; Uhlenbruck/*Hirte* Rn. 41). Die hM bezieht dies auf die je einzelne vom Verwalter geltend gemachte Haftungsforderung (→ Rn. 34). Nach der hier vertretenen Ansicht geht es um die sich aus der Summe der die persönliche Haftung begründenden Gesellschafterverbindlichkeiten ergebende Deckungslücke (→ Rn. 35). Es versteht sich, dass dieser Haftung nur die auch von der Schuldnerin selbst geltend zu machenden Einwendungen entgegengesetzt werden können. Der Insolvenzverwalter kann nach Lage des Falls verpflichtet sein, angemeldete Insolvenzforderungen zu bestreiten (§§ 178 ff.), um die Unterdeckung zu begrenzen. 38

5. Doppelinsolvenz (Gesellschafts- und Gesellschafterinsolvenz). a) Grundsatz. Wird auch über das Vermögen eines Gesellschafters (zB des Komplementärs einer KG) das Insolvenzverfahren eröffnet, so handelt es sich um zwei (oder mehr) getrennte Verfahren (statt vieler Kübler/Prütting/Bork/*Lüke* Rn. 50 f.). Die Sperrwirkung des § 93 hindert die Gesellschaftsgläubiger, mit Forderungsanmeldungen an die Verwalter im Gesellschaftsinsolvenzverfahren heranzutreten (vgl. Braun/*Kroth* Rn. 38). Dagegen ist aufgrund von § 93 der Verwalter im Gesellschaftsinsolvenzverfahren zur Stellung eines Gläubigerinsolvenzantrags bezüglich des Gesellschafters befugt (HK-InsO/*Kayser* Rn. 43). Der Gesellschafts-Insolvenzverwalter meldet gemäß dem bei → Rn. 35 dargestellten Abwicklungsmodell nur die Unterdeckung im Gesellschaftsvermögen im Insolvenzverfahren des Gesellschafters an (MüKoHGB/*Karsten Schmidt* § 128 Rn. 87; zust. Jaeger/*H.-Fr. Müller* Rn. 67; Braun/*Kroth* Rn. 31; **aM** *Brinkmann* S. 161 ff.; FK-InsO/*Wimmer-Amend* Rn. 50). Im Fall der Doppelinsolvenz plädieren auch Befürworter der hM für eine bloße Ausfallhaftung (→ Rn. 35) auf der Basis des § 93 (vgl. HK-InsO/*Kayser* Rn. 46; abl. aber HambK-InsO/*Pohlmann* Rn. 68). Ob in Fällen der Doppelinsolvenz im Interesse der Verzahnung derselbe oder zur Vermeidung kollusiver Effekte ein anderer Verwalter bestellt werden soll (für Letzteres HK-InsO/*Kayser* Rn. 45), ist eine Frage des Einzelfalls. Das Recht zur Anfechtung von Gesellschafterleistungen an Gesellschaftsgläubiger belässt BGHZ 178, 171 = NJW 2009, 225 = ZIP 2008, 2224, anders als im Fall der reinen Gesellschaftsinsolvenz (→ Rn. 31) beim Insolvenzverwalter des Gesellschafters: „Im Falle der Doppelinsolvenz von Gesellschaft und Gesellschafter steht das Recht zur Insolvenzanfechtung dem Insolvenzverwalter über das Vermögen des Gesellschafters zu, der von dem Gesellschaftsgläubiger in Anspruch genommen worden 39 ist. Der Anfechtungszeitraum errechnet sich in diesem Fall nach dem früher gestellten Insolvenzantrag" (vgl. dazu zust. *Jeitner* NZI 2008, 673; s. aber auch → Rn. 40 aE).

40 **b) Kapitalgesellschaft & Co. KG.** Im Fall der GmbH (Kapitalgesellschaft) & Co. KG kann bei einer Doppelinsolvenz der Kommanditgesellschaft und ihrer Komplementärin nach § 93 iVm §§ 128, 161 Abs. 2 HGB der KG-Insolvenzverwalter die Gesellschaftsverbindlichkeiten als Haftungsforderungen im Insolvenzverfahren der GmbH anmelden (*Karsten Schmidt* KTS 2011, 161 [171]). Hier ist eine **konsolidierte Haftungsabwicklung** anzustreben (ausf. MüKoHGB/*Karsten Schmidt* Anh. § 158 Rn. 66 ff.; *ders.* KTS 2011, 161 [171]; *ders.* ZIP 2008, 2337 [2344 ff.]; Staub/*Schäfer* HGB § 131 Rn. 92). § 131 Abs. 3 Nr. 2 HGB, wonach die Komplementär-GmbH durch Eröffnung ihres Insolvenzverfahrens ausscheiden müsste, ist im Fall der Doppelinsolvenz sowohl der KG als auch der Komplementärin entgegen der wohl noch hM (BGH ZIP 2004, 1047; *Bork/Jacoby* ZGR 2005, 611 [651]) nicht anzuwenden (*Karsten Schmidt* aaO; Staub/*Schäfer* HGB § 131 Rn. 92). Selbst wenn ihr Insolvenzverfahren mangels Masse abgelehnt wird, scheidet die Komplementärin erst mit ihrer Vollbeendigung aus der Kommanditgesellschaft aus (insofern wie hier OLG Hamm 30.3.2007 – 30 U 13/06). Auch die Frage einer Anfechtung etwaiger Leistungen der Komplementärin (→ Rn. 32 und 39) sollte hier anders als nach BGHZ 178, 171 = NJW 2009, 225 = ZIP 2008, 2224 entschieden werden: Anfechtungsbefugt ist im Zuge einer konsolidierten Haftungsabwicklung der Verwalter im Insolvenzverfahren der Kommanditgesellschaft (anders wohl die hM).

41 **6. Insolvenzplanverfahren.** § 93 lässt die Wirkungen des § 227 (vgl. dort) unberührt. Ein besonderes Insolvenzplanverfahren für den Gesellschafter gibt es nur im Fall der separaten Gesellschafterinsolvenz (→ Rn. 39), jedoch kann der Insolvenzplan im Insolvenzverfahren über das Gesellschaftsvermögen nach § 227 vor wie nach dem ESUG eine von dieser Regel abweichende Bestimmung treffen (Uhlenbruck/*Lüer/Streit* § 227 Rn. 12). Diese bedarf allerdings, wenn sie den (die) persönlich haftenden Gesellschafter nicht an den Wirkungen des Insolvenzplans teilhaben lässt, der besonderen Zustimmung der Betroffenen (anders noch für § 211 KO RGZ 150, 163 [173 f.]), weil eine akzessorische Gesellschafterhaftung ohne Primärhaftung der Gesellschaft dem Konzept des § 128 widerstrebt (MüKoHGB/*Karsten Schmidt* § 128 Rn. 89; Uhlenbruck/*Lüer/Streit* § 227 Rn. 9 im Anschluss an *Karsten Schmidt* GesR § 49 II 3).

VI. Sonderfragen

42 **1. § 93 und Masselosigkeit.** Umstr. ist, ob unter § 93 fallende Haftungsansprüche bei der Feststellung einer für die Verfahrenseröffnung ausreichenden Insolvenzmasse mitzurechnen sind (vgl. → § 26 Rn. 14). Die Frage wird mit verneinender Tendenz unentschieden gelassen bei BGH NJW 2010, 69 [71] = ZIP 2009, 2204 [2207]. Auch der Verfasser hat sie bisher verneint (MüKoHGB/*Karsten Schmidt* Anh. § 158 Rn. 39; weitere Angaben bei *Runkel/J. Schmidt* ZInsO 2007, 578 [579]). Viel spricht aber für die Annahme, dass § 93, obwohl die Haftungsansprüche nicht zum Gesellschaftsvermögen gehören, auch die Masselosigkeit abwenden kann (vgl. BGHZ 178, 171 [174] = NJW 2009, 225 = ZIP 2008, 2224 [2225]; AG Hamburg ZInsO 2007, 1283; HambK-InsO/*Pohlmann* Rn. 19, 19a; *Pohlmann* ZInsO 2008, 21 ff.; *Karsten Schmidt* KTS 2011, 161 [168]). Dasselbe gilt auch für die Verhinderung der Einstellung nach § 207 im Verfahren (*Heitsch* ZInsO 2008, 793 ff.). Zwar umfasst die persönliche Haftung grds. nicht die Masseschulden (→ Rn. 16). Sie kann aber dazu beitragen, dass die (Rest-)Masse für die Verfahrenskosten ausreicht. Die Frage ist nur, ob dies ohne Gläubi-

gervorschuss nach § 26 erreicht werden kann (womit die Frage zum Liquiditätsproblem wird).

43 **2. § 93 und Überschuldung.** Auch die Aktivierbarkeit der Haftungsansprüche im Überschuldungsstatus ist umstr. (vgl. → § 19 Rn. 33). Wegen des auf Rechtsträger ohne unbeschränkte Haftung begrenzten Anwendungsbereichs des § 19 hat die Frage nur geringe Bedeutung. Relevant werden kann sie zB bei der Nachhaftung in einer umgewandelten vormaligen Personengesellschaft. Die Schwierigkeit liegt darin, dass § 93 erst im eröffneten Insolvenzverfahren zum Zuge kommt. Richtigerweise wird die Aktivierungsfähigkeit abzulehnen sein, weil die Überschuldungsprüfung, anders als die Prüfung des § 26, in erster Linie nicht eine Eröffnungsprüfung, sondern eine Fortführungsprüfung ist (→ § 19 Rn. 18). Im insolvenzfrei fortgeführten Unternehmen scheidet eine Aktivierung aus (und müsste sonst durch Passivierung des Regressanspruchs nach § 110 HGB ausgeglichen werden). Wollen die persönlich haftenden Gesellschafter die Zahlungsunfähigkeit und Überschuldung abwenden, so müssen sie der Gesellschaft eine Liquiditätsgarantie geben und mit dem Regressanspruch (§ 110 HGB) im Rang zurücktreten (§ 39 Abs. 2).

44 **3. Eigenverwaltung, Insolvenzplan.** Im Verfahren der **Eigenverwaltung** ist nach § 280 der Sachwalter zuständig (konzeptionelle Kritik bei *Karsten Schmidt* FS Binz, 2014, 624 [632 ff.]). Ein im Insolvenzverfahren der Gesellschaft vorgelegter, beschlossener und bestätigter Insolvenzplan begrenzt, soweit die Gesellschaft auch von Verbindlichkeiten befreit wird, auch die persönliche Haftung (vgl. § 227 Abs. 2 und Erl. zu § 227).

45 **4. Einstellung des Verfahrens.** Wird das Insolvenzverfahren über das Vermögen der Gesellschaft nach §§ 207–216 eingestellt, so fällt die Einziehungsbefugnis bezüglich etwa noch bestehender Haftungsansprüche wieder den Gläubigern zu (HambK-InsO/*Pohlmann* Rn. 39, 95). Allerdings kann das Vorhandensein dieser Ansprüche den Eintritt der Masselosigkeit (§ 207) durch Mittelzufluss verhindern (vgl. → Rn. 42 aE).

46 **5. Rechtsweg.** Die **Rechtsnatur** der von § 93 erfassten Haftung ändert sich durch die Bestimmung nicht, führt also nicht zwingend in den ordentlichen Rechtsweg (OLG Frankfurt a. M. BeckRS 2014, 06770).

47 **6. Anfechtung.** BGHZ 178, 171 = NJW 2009, 225 = ZIP 2008, 2224 wendet § 93 analog auch auf den gegen einen von einem Gesellschafter befriedigten Gesellschaftsgläubiger gerichteten Anspruch aus § 143 an (→ Rn. 31). Zur Doppelinsolvenz von Gesellschaft und Gesellschafter vgl. → Rn. 39 f.

Erhaltung einer Aufrechnungslage

94 **Ist ein Insolvenzgläubiger zur Zeit der Eröffnung des Insolvenzverfahrens kraft Gesetzes oder auf Grund einer Vereinbarung zur Aufrechnung berechtigt, so wird dieses Recht durch das Verfahren nicht berührt.**

Schrifttum: *Adam,* Die Aufrechnung im Rahmen der Insolvenzordnung, WM 1998, 801; *Althammer,* (Keine) Insolvenzfestigkeit von Konzernverrechnungsklauseln, Der Konzern 6/2005, 1; *Becker,* Begünstigen und Zurückdrängen der Aufrechnung unter laufendem Insolvenzverfahren, DZWiR 2005, 221; *Bork,* Aufrechnung und Insolvenzanfechtung, FS Ishikawa, 2001, 31; *ders.,* Aufrechnung mit Vorsteuervergünstigungsansprüchen in der Insolvenz, ZInsO 2003, 686; *ders,* Kontokorrentverrechnung und Bargeschäft, FS Kirchhof, 2003, 57; *Braun,* Aufrechnung mit im Insolvenzplan erlassenen Forderungen, NZI 2009, 409; *Canaris,* Die Auswirkungen von Verfügungsverboten vor Konkurs- und Vergleichseröffnung im Girovertragsrecht, ZIP 1986, 1225; *Christiansen,* Noch nicht fällige Forderungen und die Anfechtbarkeit der Aufrechnungsanlage, InVo 2005, 125; *ders.,* Werkvertragliche Schadensersatzansprüche und § 95 Abs. 1 Satz 3 InsO – „Versuchsstrafbarkeit" beim Aufrechnungsverbot?, Zugleich Besprechung zu OLG Dresden, Urt. v. 3.11.2010 – 1 U 605/10, ZInsO 2011, 1177; *Dahl,* Aufrechnungsbefugnis trotz rechtskräftigem Insolvenzplan?, NJW-Spezial 2009, 309; *Dampf,* Die Rückführung von Kontokorrentkrediten in der Unternehmenskrise und ihre Behandlung nach KO und InsO, KTS 1998, 145; *de Bra,* Die Anfechtbarkeit der Verrechnung von Zahlungseingängen auf debitorischen Girokonten in dem letzten Monat vor dem Antrag auf Eröffnung des Insolvenzverfahrens, NZI 1999, 249; *De Weerth,* Anmerkung zu BFH Urt. v. 2.11.2010 – VII R 62/10, NZI 2011, 382; *Dellit/Hamann,* Forderungserlass und Insolvenzplan, ZIP 2015, 308; *Dieckmann,* Zur Aufrechnung, in Leipold/Dieckmann, Insolvenzrecht im Umbruch, 1991, 211; *Diepenbrock,* Die Verrechnung nach § 52 SGB I in der Insolvenz, ZInsO 2004, 950; *Ebenroth,* Zur Aufrechnung des Finanzamts mit Steuerforderungen im Konkurs der KG, JZ 1985, 322; *Eckardt,* Zur Aufrechnungsbefugnis des Konkursverwalters ZIP 1995, 257; *ders.,* Vorausverfügung und Sequestration, Eine Besprechung des Urteils des Bundesgerichtshofs vom 20. März 1997, ZIP 1997, 957; *Ehricke,* Finanztermingeschäfte im Insolvenzverfahren, ZIP 2003, 273; *ders.,* Die Umsetzung der Finanzsicherheitenrichtlinie (Richtlinie 2002/47/EG) im Rahmen des Diskussionsentwurfs zur Änderung der Insolvenzordnung, ZIP 2003, 1065; *Fischer,* Die Rechtsprechung des Bundesgerichtshofs zum Insolvenzrecht im Jahre 2000, NZI 2001, 281; *ders.,* Der maßgebliche Zeitpunkt der anfechtbaren Rechtshandlung, Das Verständnis von § 140 Abs 1 und 3 InsO in der höchstrichterlichen Rechtsprechung, ZIP 2004, 1679; *ders.,* Aufrechnung und Verrechnung in der Insolvenz, WM 2008, 1; *Flöther/Wehner,* Insolvenzplanbedingter Forderungserlass und Aufrechnungsbefugnis, ZInsO 2009, 503; *Fricke,* Unzulässigkeit der Aufrechnung gemäß § 55 Abs 1 Nr 2 KO nach Rückerwerb der vor Konkurseröffnung zur Sicherheit abgetretenen (Gegenforderung) Forderung?, NJW 1974, 2118; *Ganter,* Aufrechnungsverbote nach § 96 I Nr 2 und 3 InsO bei Sicherungsabtretungen, FS Kirchhof, 2003, 105; Gerhardt, Neue Erfahrungen mit der Aussonderung, Absonderung und Aufrechnung, in: Aktuelle Probleme des neuen Insolvenzrechts, 2000, 127; *ders.,* Zur Insolvenzanfechtung eines Vergleichs iS des § 779 BGB, KTS 2004, 195; *Grote,* Aufrechnung des Finanzamtes mit Einkommenssteuererstattungsansprüchen des Schuldners im Insolvenz- und Restschuldbefreiungsverfahren, ZInsO 2001, 452; *Häsemeyer,* Vertragsabwicklung, Aufrechnung und Anfechtung im Konkurs, JuS 1986, 851; *ders.,* Die Aufrechnung nach der Insolvenzordnung, Kölner Schrift InsO, 3. Aufl. 2009, 461; *ders.,* Die Anfechtung nach der Insolvenzordnung, Kölner Schrift InsO, 2. Aufl. 2000, 645; *Henckel,* Zur Aufrechnung mit Masseschuldansprüchen bei Masseunzulänglichkeit JZ 1996, 531; *ders.,* Aufrechnung in der Insolvenz, FS Lüke, 1997, 237; *ders.,* Konstruktion, Funktion, Interessen – zur modifizierten Erlöschenstheorie durch den Bundesgerichtshof, FS Kirchhof, 2003, 191; *Hess/Weiß,* Die Aufrechnung im Insolvenzverfahren nach der InsO, InVo 2002, 1; *Heublein,* Gutschriften in der Krise – insolvenzfester Glücksfall oder anfechtbare Scheindeckung?, ZIP 2000, 161; *Jacobi,* Die Aufrechnungsbefugnis des Rechtsanwalts in der Insolvenz des Mandanten, NZI 2007, 495; *ders.,* Sanierung durch Insolvenzplan versus unbegrenzte Aufrechnung, NZI 2009, 351; *Jatzke,* Einschränkung der Aufrechnungsbefugnis der Finanzbehörden in der Insolvenz des Steuerschuldners durch Änderung der BFH-Rechtsprechung, DStR 2011, 919; *Kahlert,* Der V. Senat des BFH als Schöpfer von Fiskusvorrechten im Umsatzsteuerrecht, DStR 2011, 921; *Kayser,* Wirksame und unwirksame Aufrechnungen und Verrechnungen in der Insolvenz (§§ 94 bis 96 InsO) I, WM 2008, 1477; II WM 2008, 1525; *Kesseler,* Sicherungszessionen und das Aufrechnungsverbot nach § 96 I Nr 2 InsO, ZInsO 2001, 148; *Klinck/Gärtner,* Versetzt das MoMiG dem Cash-Pooling den Todesstoß?, NZI 2008, 457; *Kollhosser,* Drittaufrechnung und Aufrechnung in Treuhandfällen, FS Lukes, 1989, 723; *Kornblum,* Schuldnerschutz bei der Forderungsabtretung, BB 1981, 1296; *Kranenberg,* Kraftfahrzeugsteuer in der Insolvenz – neuere Entwicklungen in der Rechtsprechung, NZI 2008, 81; *Kreft,* Insolvenzrechtliche Unwirksamkeit – Gedanken zu §§ 88, 96 Abs. 1 Nr. 3, § 103 Abs. 1 InsO, FS Fischer, 2008, 297; *Ladiges,* Aufrechnung gegen den Auszahlungsanspruch gem. § 37 Abs. 5 KStG, ZInsO 2011, 1001; *Landfermann,* Allgemeine Wirkungen der Insolvenzeröffnung, Kölner Schrift InsO, 2. Aufl. 2009, 159; *Lieder,* Zur (Un-) Wirksamkeit von Konzernverrechnungsklauseln in der Insolvenz, DZWIR 2007, 13; *Looff,* Zur Verrechnungsbefugnis von Sozialleistungsträgern, EWIR 2008, 537; *Lüke,* Zur Wirksamkeit eines in der Sequestration vereinbarten Aufrechnungsverbots, ZIP 1996, 1539; *Maier-Reimer,* Fremdwährungsverbindlichkeiten, NJW 1985, 2049; *Marchal/Nobereit,* Berichtigung von Rechnungen mit unrichtigem oder unberechtigtem Umsatzsteuerausweis durch den Insolvenzverwalter, ZInsO 2014, 2308; *Obermair,* Die Aufrechnung mit Steuerforderungen in der Insolvenz, BB 2004, 2610; *Obermüller,* Anglerlatein oder: Der Widerstand gegen die Umsetzung der Finanzsicherheitenrichtlinie, ZIP 2003, 2336; *v. Olshausen,* Konkursrechtliche Probleme um den neuen § 354a HGB, ZIP 1995, 1950; *ders.,* Die Aufrechnung mit dem Regressanspruch eines Bürgen oder Wechseleinlösers in der Insolvenz des Hauptschuldners oder des Akzeptanten nach der InsO, KTS 2000, 1; *ders.,* Die Insolvenzanfechtung einer Aufrechnungserklärung nach der InsO, KTS 2001, 45; *Onusseit,* Umsatzsteuerliche Zwangsverrechnung und Insolvenz, FS Gerhardt, 2004, 725; *ders.,* Aufrechnung des Finanzamts in der Insolvenz, ZInsO 2005, 638; *Paulus,* Zum Verhältnis von Aufrechnung und Insolvenzanfechtung, ZIP 1997, 569; *ders.,* Zur Insolvenzfestigkeit von Aufrechnungsvereinbarungen, 50 Jahre BGH, FG Wissenschaft, Bd III, 2000, 765; *Rafiqpoor/Wilmcs,* Wechselseitige Erfullung als insolvenzanfechtungsrechtliche Alternative zur Aufrechnung, NZI 2009, 91; *Rendels,* Ist die Aufrechnungsbefugnis kraft einer Konzern-Netting-Abrede insolvenzfest?, ZIP 2003, 1583; *Ries,* § 96 I Nr 3 InsO – ein Trojanisches Pferd?, ZInsO 2004, 1231; *ders.,* Insolvenz (anfechtungs)recht auf dem Rückzug? Am Beispiel des § 96 Abs. 1 Nr. 3 InsO und zugleich als Anmerkung zu BGH – IX ZB 235/04, ZInsO 2005, 848; *Rendels,* Ist die Aufrechnungsbefugnis kraft einer Konzern-Netting-Abrede insolvenzfest?, ZIP 2003, 1583; *Karsten Schmidt,* Übertragung, Pfändung und Verwertung von Einlageforderungen, ZHR 157 (1993), 291; *Karsten Schmidt,* Keine Insolvenzfestigkeit von Konzernverrechnungsklauseln, NZI 2005, 138 [291]; *ders.,* Gesellschafterdarlehen als Insolvenzproblem, ZIP 1981, 689; *T. Schmidt,* Pflicht zur Bezahlung einer mangelhaften Werkleistung bei späterer Insolvenz des Bauunternehmers wegen § 95 I 3 InsO?, NZI 2003, 186; *Schmitz,* Die Dreiteilung des im Insolvenz-(eröffnungs-)verfahren fortgeführten Bauvertrags, ZInsO 2004, 1051; *Schwahn,* Konzernverrechnungsklauseln in der Insolvenz, NJW 2005, 473; *Serick,* Aufrechnungsprobleme bei sicherungsrechtlichen Vorausabtretungen, BB 1982, 873; *Skrotzki,* Lastschriftverfahren und Insolvenz, KTS 1974, 136; *Steinhoff,* Die insolvenzrechtlichen Probleme im Überweisungsverkehr, ZIP 2000, 1141; *Thole,* Vertragsgestaltung im Schatten des Insolvenzrechts – Prolegomena zu einer Systematik der insolvenzbezogenen Verträge, KTS 2010, 383; *ders.,* Die Präklusionswirkung der Rechtskraft bei Gestaltungsrechten und ihr Verhältnis zu § 767 Abs. 2 ZPO, ZZP 124 (2011), 45; *ders.,* Privatautonomie und Insolvenzrecht – Eine Analyse zum Spannungsfeld von privatautonomer Gestaltung und insolvenzrechtlichen Strukturprinzipien am Beispiel der sog. Lösungsklauseln, in: Einheit des Privatrechts, komplexe Welt, Tagungsband der 19. Jahrestagung der Gesellschaft Junger Zivilrechtswissenschaftler 2008, 268; *ders.,* Grundfragen und aktuelle Problemstellungen der Anfechtung unentgeltlicher Leistungen, KTS 2011, 219; ders., Gläubigerschutz durch Insolvenzrecht, 2010; *Tintelnot,* Zur Aufrechnung mit einer Nichterfüllungsforderung nach § 103 II 1 InsO, KTS 2004, 339; *Verse,* Aufrechnung gegen Verlustausgleichsansprüche im Vertragskonzern, ZIP 2005, 1627; *Viertelhausen,* Aufrechnungen und Abtretungen im Insolvenzverfahren, InVo 2000, 77; *ders.,* Das Finanzamt als Gläubiger im Insolvenzverfahren, InVo 2002, 45; *Wegener,* Verrechnungsermächtigung der Sozialversicherungsträger insolvenzfest, NZI 2008, 477; *Weitekamp,* Die analoge Anwendung des § 55 KO nach Verhängung eines allgemeinen Veräußerungsverbots – Zugleich zur Rechtslage nach § 96 InsO, NZI 1998, 112; *Wenzel,* Die Verrechnung nach § 52 SGB I in der Insolvenz des Erstattungsgläubigers, ZInsO 2006, 169; *Wieser,* Erfüllungsverlangen des Insolvenzverwalters und Aufrechnung mit einer Insolvenzforderung, JZ 2003, 231; *v. Wilmowsky,* Aufrechnung in internationalen Insolvenzfällen – Das Kollisionsrecht der Insolvenzaufrechnung, KTS 1998, 343; *ders.,* Aufrechnung in der Insolvenz, NZG 1998, 481; *Windel,* Die Verteilung der Befugnisse zur Entscheidung über Vermögenserwerb zwischen (Gemein-)Schuldner und Konkurs-(Insolvenz-)verwalter bzw. Vollstreckungsgläubiger nach geltendem und künftigem Haftungsrecht, KTS 1995, 367; *ders.,* Die Aufrechnungslage als objektiv-vermögensrechtlicher Tatbestand, KTS 2000, 215; *ders.,* Die Unbeachtlichkeit von Konzernverrechnungsbefugnissen und wirkungsgleichen Drittaufrechnungsmöglichkeiten im Insolvenzverfahren, KTS 2004, 305; *Wittig,* Zur Verrechnung von Zahlungseingängen während der Sequestration im Gesamtvollstreckungsverfahren, WM 1995, 865; *Wunderer,* Auswirkungen des Europäischen Übereinkommens über Insolvenzverfahren auf Bankgeschäfte, WM 1998, 793; *Zenker,* Zur Frage der Rückwirkung des § 96 I Nr. 3 InsO, NZI 2006, 16.

Übersicht

I. Normzweck und Grundlagen

1 **§§ 94–96** beschreiben, welchen Einfluss das Insolvenzverfahren auf die Aufrechnungsmöglichkeiten von Insolvenzgläubigern nimmt; es geht mithin um Konstellationen, in denen der Insolvenzgläubiger zugleich Schuldner einer zur Masse gehörenden Forderung ist; nicht erfasst sind Aufrechnungen durch andere Beteiligte (→ Rn. 5 ff.). **§ 94** lässt grds. eine bereits bei Eröffnung bestehende **Aufrechnungslage** unberührt. Der Insolvenzgläubiger kann sich demnach durch Aufrechnung in voller Höhe für seine Insolvenzforderung befriedigen, indem er sich von seiner eigenen Schuld befreit. Dahinter steht der Gedanke, dass die erworbene Aufrechnungslage gewissermaßen eine Sicherheit darstellt, die der Insolvenzgläubiger durch **Selbstexekution** verwerten kann. § 89 findet aber keine Anwendung; §§ 94–96 sind insofern **abschließend.** Die Aufrechnung steht wirtschaftlich der Geltendmachung eines Absonderungsrechts gleich (Gottwald InsR-HdB/*Adolphsen* § 45 Rn. 3), allerdings **ohne Kürzung um Kostenbeiträge** (→ Rn. 32). Geschützt wird das Vertrauen in den Fortbestand der Aufrechnungslage (BGH NZI 2004, 583 [584]). Rechtsvergleichend ist die damit verbundene Vernachlässigung der Aufrechnungserklärung abgesichert, weil in manchen Rechtsordnungen die Aufrechnung gar kraft Gesetzes erfolgt.

2 **§ 95** erstreckt den Schutz des Insolvenzgläubigers unter bestimmten Voraussetzungen auf eine während des Verfahrens eintretende Aufrechnungslage. **§ 96** enthält ein Aufrechnungsverbot. Praktische Relevanz hat dort va § 96 Abs. 1 Nr. 3, wenn die Aufrechnungslage anfechtbar herbeigeführt wurde; die Vorschrift dient insbes. dem Schutz der Gläubigergleichbehandlung (Jaeger/*Windel* Rn. 1). IÜ berühren die §§ 94–96 nicht die **nach materiellem Recht erforderlichen Voraussetzungen der Aufrechnung.** Dafür gelten vollumfänglich namentlich die §§ 387 ff. BGB (weiter früher §§ 53, 54 S. 1 KO, § 7 Abs. 5 GesO). Bei der

Aufrechnung in fortgesetzten Dauerschuldverhältnissen ist § 110 Abs. 3 als **lex specialis** zu beachten (vgl. HambK-InsO/*Jacoby* § 95 Rn. 24 f.).

II. Aufrechnung durch Insolvenzgläubiger

1. Allgemeines. § 94 gilt für die Aufrechnung durch den Insolvenzgläubiger (zum Sonderfall des § 96 Abs. 1 Nr. 4 dort → § 96 Rn. 25). Gemeint ist die **materielle Stellung als Insolvenzgläubiger,** auf die Anmeldung oder Feststellung der Forderung und Teilnahme am Verfahren kommt es nicht an (HK-InsO/*Kayser* Rn. 6; Kübler/Prütting/Bork/*Lüke* Rn. 12; Uhlenbruck/*Sinz* Rn. 5); erst recht ist die **Anmeldung der Forderung** kein Verzicht auf das Aufrechnungsrecht. §§ 94–96 gelten grds. nicht, auch nicht analog, für die Aufrechnung durch **Massegläubiger** (BGH NJW-RR 2004, 50 [52], aber → Rn. 6 aE zu BGH NZI 2011, 936) oder den (vorläufigen) Verwalter. Auch **Absonderungsberechtigte** sind Insolvenzgläubiger wegen ihrer persönlichen Forderung, § 52. Mit dieser Forderung können sie aufrechnen, nicht mit der sich aus dem Absonderungsrecht ergebenden Forderung (zur Konkurrenz → § 52 Rn. 2). Die Aufrechnung ist nicht notwendig auf die **Ausfallforderung** beschränkt; erfolgt die Aufrechnung vor Befriedigung aus dem Absonderungsrecht, ist das Absonderungsrecht inhaltlich auf den noch offenen Betrag beschränkt, im umgekehrten Fall bleibt nur Aufrechnung mit der Ausfallforderung (aA Uhlenbruck/*Sinz* Rn. 3). 3

Zu den Insolvenzgläubigern iSd § 94 gehören **auch die nachrangigen Insolvenzgläubiger;** die geringe praktische Bedeutung ändert an diesem Grundsatz nichts (anders aber Jaeger/*Windel* Rn. 50 f.). Daher kann der Insolvenzgläubiger mit den nach Eröffnung auflaufenden **Zinsforderungen** aufrechnen, sofern man einen Fall von § 95 anerkennt (vorbehaltlich § 95 Abs. 1 S. 3 und § 96); § 389 BGB steht der Entstehung von Zinsansprüchen nur entgegen, wenn auch mit der Stammforderung aufgerechnet wird (nicht ganz klar HambK-InsO/*Jacoby* Vorb. §§ 94–96 Rn. 6). In den Fällen von § 39 Abs. 1 Nr. 4 und 5 greift häufig § 96 Abs. 1 Nr. 3. 4

2. Aufrechnung durch Massegläubiger. Massegläubiger können sich frei durch Aufrechnung befriedigen. Das gilt ebenso in Fällen des § 55 Abs. 2 (*Dieckmann,* Insolvenzrecht im Umbruch, 211, 217; Begr. RegE, BT-Drs. 12/2443, 141), aber ggf. nur mit Einschränkungen für die fingierten Massegläubiger nach § 55 Abs. 4 nF wegen § 96 Abs. 1 Nr. 3 (→ § 55 Rn. 47). Eine Ausnahme gilt nach **Anzeige der Masseunzulänglichkeit** iSd § 208 (vgl. BGH ZIP 2001, 1641 [1643]). Dann muss wegen der Knappheit der Masse auch eine Aufrechnung nach § 96 ggf. gesperrt sein; §§ 94–96 gelten entsprechend (BFH ZIP 2008, 886; HambK-InsO/*Jacoby* Vorb. §§ 94–96 Rn. 9; HK-InsO/*Kayser* Rn. 11; Kübler/Prütting/Bork/*Lüke* Rn. 18; für § 55 KO OLG Köln ZIP 1987, 928 [929]) mit dem maßgeblichen Zeitpunkt der Anzeige der Masseinsuffizienz (anders wohl Gottwald InsR-HdB/*Adolphsen* § 45 Rn. 112). Einzelheiten sind str. Teilw. wird vertreten, wegen des Vollstreckungsverbots in § 210 bestehe für Altmassegläubiger ein Aufrechnungsverbot entsprechend § 96 Abs. 1 Nr. 1, 2 und 4 InsO (Uhlenbruck/*Sinz* Rn. 72; Gottwald InsR-HdB/*Adolphsen* § 45 Rn. 112). Andererseits sollen **Altmassegläubiger** zumindest gegen Altansprüche der Masse aufrechnen können (so BFH ZIP 2008, 886 Rn. 9; Uhlenbruck/*Sinz* Rn. 73); das erscheint widersprüchlich. Wenn man die Aufrechnung als Selbstvollstreckung ansieht, läge die analoge Anwendung des § 210 nahe mit der Folge einer umfassenden Aufrechnungssperre für Altmassegläubiger. Wenn man demgegenüber wegen des Charakters als Sicherheit den Massegläubiger schützen will, sind §§ 94–96 konsequent anzuwenden und nach § 96 Abs. 1 Nr. 1 und 2 ist die Aufrechnung nur 5 gesperrt, wenn der Massegläubiger erst nach Anzeige Schuldner der Masse geworden ist oder er seine Forderung nach Anzeige erworben hat.

6 Auch **Neumasseforderungen** dürfen nach hM nicht zur Aufrechnung gestellt werden wegen des Vorrangs der Forderungen nach § 209 Nr. 1 (BFH ZIP 2008, 886 Rn. 9; Uhlenbruck/*Sinz* Rn. 73: aA Gottwald InsR-HdB/*Adolphsen* § 45 Rn. 112). Dieses Ergebnis eines Ausschlusses der Aufrechnung erreichte man auch durch einfache Subsumtion unter § 94, weil die Aufrechnungslage erst nach Anzeige entsteht. In der Sache sollte man sich dann insoweit dazu bekennen, die **analoge Anwendung der §§ 94–96 bei Neumassegläubigern** ganz abzulehnen, so dass es bei dem Grundsatz bleibt, dass Massegläubiger frei aufrechnen können (wie hier wohl auch HK-InsO/*Kayser* Rn. 11; MüKoInsO/*Brandes/Lohmann* Rn. 11).

7 Ob § 96 Abs. 1 Nr. 3 in Bezug auf **innerhalb des Verfahrens,** aber vor Anzeige **entstandene Aufrechnungslagen** ebenfalls analog anwendbar ist, ist str. (bejahend *Henckel* FS Lüke, 1997, 237 [263]; aA Kübler/Prütting/Bork/*Lüke* Rn. 26; HK-InsO/*Kayser* Rn. 12; Uhlenbruck/*Sinz* Rn. 72). Fraglich ist dann nur, ob man bei der „anfechtbaren Erlangung der Aufrechnungslage" **Kenntnis des Massegläubigers** von der Masseunzulänglichkeit verlangen muss. Dagegen und gegen Anwendung von § 96 Abs. 1 Nr. 3 im genannten Fall spricht, dass das Anfechtungsrecht selbst bei Masseunzulänglichkeit nicht anwendbar ist (→ § 208 Rn. 33; → § 210 Rn. 26) und daher auch nicht die „ipso iure"-Anfechtung bei § 96 Abs. 1 Nr. 3.

8 **3. Aufrechnung durch Verwalter.** Die §§ 94–96 gelten **nicht für eine Aufrechnung durch den Verwalter.** Daher ist auch die nach materiellem Recht mögliche Aufrechnung gegen eine Insolvenzforderung denkbar. Nach der bisherigen Rspr. (BGHZ 100, 222 [227 f.] = NJW 1987, 1691) sollte die Insolvenzforderung erst nach deren Feststellung **erfüllbar** sein, so dass erst dann die Aufrechnungslage eintrete; vollstreckt der Gläubiger nach Maßgabe des § 201 Abs. 2 S. 1 aus der Insolvenzforderung, sei der Verwalter mit dem Aufrechnungseinwand nicht präkludiert, da die Aufrechnungslage erst nach dem Prüfungstermin entstehe. Diese Rspr. war mit Blick auf das materielle Recht verfehlt (HambK-InsO/*Jacoby* Rn. 10; Jaeger/*Windel* Rn. 55 ff.; HK-InsO/*Kayser* Rn. 17; *Eckardt* ZIP 1995, 257 [260]; *Rost/Lind* ZInsO 2012, 2179 [2182 f.]); der BGH hat sie nunmehr tw. aufgegeben und erkannt, dass der Verwalter mit der Aufrechnung gegen die Nominalforderung **nach Feststellung** wegen **§ 767 Abs. 2 ZPO** iVm § 178 Abs. 3 InsO **präkludiert** ist, wenn die Aufrechnungslage schon zuvor bestand (BGHZ 201, 121 = NJW 2014, 2045 Rn. 16). Vor Feststellung kann der Verwalter gegen die Insolvenzforderung im Nennbetrag ohne weiteres aufrechnen; nur im Innenverhältnis unterliegt er Beschränkungen wie zB § 160 (vgl. HambK-InsO/*Jacoby* Rn. 10; Gottwald InsR-HdB/*Adolphsen* § 45 Rn. 107) und der Schadensersatzpflicht gegenüber anderen Gläubigern (Kübler/Prütting/Bork/*Lüke* Rn. 35). Nur bei evidenter **Insolvenzzweckwidrigkeit** kann die Aufrechnung unwirksam sein (vgl. BGHZ 161, 49 = NJW 2005, 675 = ZInsO 2007, 1216 Rn. 42; BGHZ 150, 353 [361] = ZInsO 2002, 577 = NJW 2002, 2783; BGHZ 201, 121 = NJW 2014, 2045 Rn. 13 f.). Unwirksam kann auch eine **Abtretung** durch den Verwalter sein, die einem Insolvenzgläubiger die Aufrechnung ermöglicht (BGH NJW 1983, 2018 [2019]), sofern dies dem Zessionar erkennbar ist (Gottwald InsR-HdB/*Adolphsen* § 45 Rn. 109).

9 Die **Aufrechnung durch den Verwalter** hat ggf. Sinn, ua wenn der Gegner selbst insolvent wird oder dieser aus dem Verfahren herausgehalten werden soll (näher Jaeger/*Windel* Rn. 57). Auch gegen den **Anspruch auf die Quote** kann aufgerechnet werden (BGH NJW 2014, 2045 Rn. 21), und zwar – vorbehaltlich Innenverhältnis – dann konsequenterweise auch schon vor Abschluss des Fest-

stellungsverfahrens, auch wenn die Quote noch nicht feststeht (aA Jaeger/*Windel* Rn. 56); darin liegt nämlich tatsächlich (Teil-)Aufrechnung gegen die Forderung als Ganzes (tendenziell *Häsemeyer* Kölner Schrift InsO Rn. 111; aA *Eckardt* ZIP 1995, 257 [261 f.]); eine Unterscheidung zwischen Insolvenzforderung und Quotenforderung scheint insoweit entbehrlich. Allerdings erreicht der Gläubiger dann ggf. volle Befriedigung und ist zur Herausgabe der Überleistung verpflichtet, § 812 BGB.

III. Voraussetzungen der Aufrechnungsbefugnis kraft Gesetzes

Die Aufrechnung setzt eine sog Aufrechnungslage nach **§ 387 BGB** voraus. 10
Maßgebender Zeitpunkt ist die **Verfahrenseröffnung;** eine Erweiterung findet sich nur in § 95 (dort → § 95 Rn. 1).

1. Wechselseitigkeit der Forderungen. a) Grundsatz. Der Schuldner der 11
Hauptforderung muss der Gläubiger der Gegenforderung sein und vice versa. Gegenseitigkeit im Sinne eines Synallagmas ist nicht erforderlich. Entscheidend ist, dass der Insolvenzgläubiger einen Anspruch gegen den Schuldner hat, der von der Verwaltungsbefugnis des Verwalters umfasst ist und sich nicht nur auf das freie Vermögen des Schuldners richtet (§ 96 Abs. 1 Nr. 4), und die Hauptforderung zur Masse gehört. Maßgeblicher Zeitpunkt ist anders als sonst nicht die Aufrechnungserklärung, sondern die **Eröffnung.** Hat demnach der Insolvenzgläubiger die Gegenforderung vor Eröffnung durch Sicherungszession abgetreten, muss er sie vor Eröffnung zurückübertragen erhalten haben (vgl. HambK-InsO/*Jacoby* Rn. 4); der **schuldrechtliche Rückübertragungsanspruch reicht nicht.** Zu § 96 Abs. 1 Nr. 3 in diesen Fällen *Ganter* FS Kirchhof, 2003, 105 [109]; → § 96 Rn. 12. Bei Abtretung durch den Insolvenzschuldner gilt Entsprechendes, ggf. kommt aber § 406 BGB (→ Rn. 13) in Betracht.

b) Einzelfälle. Eine Aufrechnung mit einer **Forderung des Dritten,** etwa 12
auch einer Gesellschaftsforderung bei Aufrechnung durch Gesellschafter, ist ohne Einverständnis des Dritten und des Verwalters nicht möglich. Hatte der Insolvenzschuldner zugestimmt, so ist das aber nach § 94 in den Schranken der §§ 95, 96 grds. hinzunehmen (BGHZ 94, 132 [135] = NJW 1985, 2409); zur Konzernverrechnungsklausel aber → Rn. 27. Der Dritte selbst darf nur in besonderen Fällen (§§ 268 Abs. 2, 1142 Abs. 2, 1150, 1224, 1249 S. 2 BGB, § 35 VVG) mit eigener Forderung aufrechnen und damit die Schuld des Insolvenzgläubigers tilgen; keine Aufrechnung durch einen Gesamtschuldner mit einer Forderung des anderen **Gesamtschuldners,** § 422 Abs. 2 BGB. Ist der Insolvenzschuldner Mitglied einer **Gesamthand** und steht dieser eine Forderung zu, kann deren Schuldner nicht mit einer Forderung gegen den Insolvenzschuldner aufrechnen (§§ 719 Abs. 2, 2040 Abs. 2 BGB). Wegen § 171 Abs. 2 HGB darf sich aber ein auf die Hafteinlage in Anspruch genommener **Kommanditist** in der Insolvenz der KG mit einer durch Abtretung oder sonst erworbenen (Dritt-)Forderung gegen die KG aufrechnen, obwohl die Hafteinlageansprüche den Gläubigern zustehen (Gottwald InsR-HdB/*Adolphsen* § 45 Rn. 10; MüKoInsO/*Brandes/Lohmann* Rn. 23). § 93 führt also nicht zu einer Beschränkung der Aufrechnungsmöglichkeit von **Gesellschaftsgläubigern** gegenüber der Gesellschaft (aA Kübler/Prütting/Bork/*Lüke* Rn. 42). Ein **Miterbe** darf nicht gegen den persönlichen Anspruch eines Gläubigers mit einer Nachlassforderung aufrechnen (MüKoInsO/*Brandes/Lohmann* Rn. 24); in der Nachlassinsolvenz nach §§ 315 ff. tritt eine Trennung der Vermögensmassen ein, was für die Wechselseitigkeit beachtlich ist; ebenso wenig darf der **Bürge** mit einer Forderung des Hauptschuldners aufrechnen (RGZ 122, 146 [147]); beachte allein § 768, 770 BGB, wohl aber mit eigener Forderung; dann § 774 Abs. 1 BGB. Keine Wechselseitigkeit besteht,

wenn bei Insolvenz des **Anderkontoinhabers** mit einer Eigenkontoforderung aufgerechnet werden soll (*Kilger/Karsten Schmidt* § 53 KO Anm. 5); auch nicht bei einer **Schuldübernahme,** wenn der Übernehmer mit Forderungen gegenüber dem Altschuldner aufrechnen will (§ 417 Abs. 1 S. 2 BGB).

13 **c) Ausnahmen.** Ausnahmen von der Wechselseitigkeit bestehen bei **§ 406 BGB.** Ist nach Entstehen der Aufrechnungslage die Hauptforderung (nicht Gegenforderung, missverständlich Gottwald InsR-HdB/*Adolphsen* § 45 Rn. 10) an die Masse abgetreten worden, so darf der Schuldner mit einer Forderung gegen den Zedenten gegenüber dem Zessionar/Verwalter aufrechnen. Bei der **Kommission** gilt nach § 392 Abs. 2 HGB die Forderung des Kommissionärs bereits mit der Ausführung des Geschäfts als auf den Kommittenten übergegangen. Gleichwohl darf der Schuldner des Ausführungsgeschäfts mit eigener Forderung gegen Kommissionär gegen die Forderung aufrechnen (BGH NJW 1969, 276; OLG Düsseldorf NJW 1998, 690 [691]), solange diese nicht an den Kommittenten abgetreten ist und dies dem Dritten angezeigt ist (krit. in Bezug auf inkonnexe Forderungen *Kilger/Karsten Schmidt* § 53 KO Anm. 5; MüKoInsO/*Brandes/Lohmann* Rn. 21). Der Regelung in § 406 BGB entspricht § 566d BGB bei Veräußerung vermieteter Grundstücke.

14 Bei cessio legis nach **§ 774 Abs. 1 BGB** kann der Bürge mit der übergegangenen Hauptforderung gegen Ansprüche des Hauptschuldners aufrechnen; umgekehrt kann der Hauptschuldner gegen einen eigenen Anspruch des Bürgen aus § 670 BGB nicht mit Ansprüchen gegen den Gläubiger aufrechnen (vgl. RGZ 59, 207), wohl aber kann ggf. die „voreilige" Befriedigung des Gläubigers durch den Bürgen Ersatzansprüche des Hauptschuldners gegen diesen auslösen.

15 Die **sozialrechtliche Verrechnung** nach §§ 28 Nr. 1 SGB IV, 52 SGB I wird als Form der Drittaufrechnung in der Insolvenz des Schuldners als wirksam und zulässig angesehen. Der Sozialversicherungsträger kann daher mit Forderungen anderer Leistungsträger aufrechnen. Die **Verrechnung** gilt als eine Aufrechnung iSd § 94 (BSG ZIP 2004, 1327 [1329 f.] mwN; iErg § 94 analog und § 114 Abs. 2 aF direkt BGH NJW 2008, 2705 Rn. 12 = NZI 2008, 479 mwN; aA BayObLG ZInsO 2001, 514 [516]; *Häsemeyer* Rn. 19.13; *Windel* KTS 2004, 305 [316 ff.], *Wegener* NZI 2008, 477 [478]; diff. *Wenzel* ZInsO 2006, 169 [175] [Verweis auf § 96 Abs. 1 Nr. 3] vgl. auch Karsten Schmidt/*Ahrens,* 18. Aufl. 2013, § 114 Rn. 16). Die Anwendung von § 96 Abs. 1 Nr. 3 ist aber denkbar. Die Verrechnung wird demnach anders behandelt als Konzernverrechnungsklauseln (dazu → Rn. 27), da sich die Verrechnungsbefugnis auf den ermächtigten Leistungsträger konkretisiere (BGH aaO; dies anerkennend auch *Windel* KTS 2004, 305 [317 f.]). Die stärkere Verflochtenheit der Sozialversicherungsträger taugt als Argument kaum (tendenziell HK-InsO/*Kayser* Rn. 28); bei Konzernen wird ebenfalls nicht nach dem Grad der Integration unterschieden. Der Vergleich mit Erwerb durch Abtretung (so Kübler/Prütting/Bork/*Lüke* Rn. 46) wäre nur tragfähig, wenn man dann auch § 96 Abs. 1 Nr. 2 analog auf die Ermächtigung anwendet.

16 Eine **Drittaufrechnungsmöglichkeit** ergibt sich aus **§ 226 Abs. 1 und 4 AO;** das Erfordernis der Kassenidentität nach § 395 BGB fällt, auch zugunsten des Steuerpflichtigen, weg (BFHE 157, 8 [10] = ZIP 1989, 1580 [1581]; BGH ZIP 2007, 1612 [1613]); aufrechnungsbefugt ist **sowohl der Träger der Verwaltungshoheit als auch der Ertragshoheit,** weil dann beide Gläubiger sind; ein sachlicher Grund, dies insolvenzrechtlich nicht zu akzeptieren, ist nicht ersichtlich (BGH ZIP 2007, 1612 [1613]; HambK-InsO/*Jacoby* Rn. 6; HK-InsO/*Kayser* Rn. 29; aA Jaeger/*Windel* Rn. 113); allenfalls ließe sich die Situation mit einer Gesamtgläubigerschaft vergleichen, so dass dann eine Aufrechnung mit dem Anteil

an der Forderung ausgeschlossen wäre (vgl. allg. MüKoBGB/*Schlüter* BGB § 387 Rn. 9).

2. Gleichartigkeit der Forderungen. Die wechselseitigen Forderungen müssen auf gleichartige Leistungen gerichtet sein. Maßgebend ist Verkehrsanschauung; die Gleichartigkeit muss insoweit *bei § 94* auch **schon im Zeitpunkt der Eröffnung** vorliegen (aA offenbar HK-InsO/*Kayser* Rn. 29; zu → § 95 Rn. 20). Nicht gegeben ist Gleichartigkeit bei einem Anspruch auf Freistellung und einem Zahlungsanspruch, vgl. § 95 Abs. 1 S. 2 und dort → § 95 Rn. 20. § 95 Abs. 2 erweitert die Gleichartigkeit bei Fremdwährungsschulden. Ein Geldzahlungsanspruch und ein Anspruch auf Herausgabe einer Geldsumme sind gleichartig, nicht aber schon bei bloßem Anspruch auf Gutschrift (BGH NJW 1978, 699 f.); Gleichheit des Anspruchsziels im engeren Sinne ist daher nicht erforderlich (vgl. auch BGH NJW 1995, 1425 [1426]). 17

3. Wirksamkeit und Durchsetzbarkeit der Gegenforderung. Die zur Aufrechnung gestellte Forderung muss vollwirksam, fällig und einredefrei sein (§ 390 BGB) sein. Die Fälligkeit bestimmt sich nach § 271 Abs. 1 BGB vorbehaltlich besonderer Vereinbarung oder Anordnung und muss bei § 94 vor Eröffnung oder durch Eröffnung eingetreten sein, bea. aber § 95 für die mögliche Aufrechnung mit zu diesem Zeitpunkt nicht fälligen Gegenforderungen. Keine Aufrechnung mit **nicht klagbaren Forderungen,** §§ 656, 762, 764 BGB; vgl. aber § 56 BörsG; zur Aufrechnung mit **prozessualen Kostenerstattungs- und Honoraransprüchen** vgl. MüKoInsO/*Brandes/Lohmann* Rn. 30. Zu bedingten und betagten Forderungen → § 95 Rn. 9. Die **Verjährungseinrede** kann nach § 215 BGB bei einmal eingetretener Aufrechnungslage unbeachtlich sein. Nach BGB anfechtbar begründete Gegenforderungen gelten als voll wirksam, solange nicht angefochten ist; nach Anfechtung fällt dann die Aufrechnung ex tunc mangels Forderung weg. **Restschuldbefreiung** steht der Aufrechnung nicht entgegen (FG Schleswig EFG 2014, 1028; OLG Oldenburg ZInsO 2014, 671 [672]). Bei Aufrechnung durch den Schuldner der Gegenforderung ist dann Bestätigung nach § 144 BGB denkbar. 18

4. Erfüllbarkeit der Hauptforderung. Die Hauptforderung muss nicht fällig, sondern lediglich erfüllbar sein, bei § 95 reicht Erfüllbarkeit nach Eröffnung aus. § 95 Abs. 1 S. 1 besagt allerdings, dass auch die Hauptforderung fällig sein müsse; das ist verfehlt und verlangt **teleologische Reduktion des Wortlauts** (Gottwald InsR-HdB/*Adolphsen* § 45 Rn. 17; MüKoInsO/*Brandes/Lohmann* Rn. 32; → § 95 Rn. 6). Die Bestimmung einer **Leistungszeit** (betagte Forderung) hindert die Erfüllbarkeit der Hauptforderung im Zweifel nicht, § 271 Abs. 2 BGB; anders bei aufschiebend bedingten (BGH ZInsO 2004, 852 [854] = NJW 2004, 3118) oder **befristeten und künftigen Forderungen** sowie § 40 Abs. 1 WG. **Mietzinsforderungen** sind aufschiebend befristet, dh sie entstehen abschnittsweise neu, und sind damit nicht vorzeitig erfüllbar (BGH ZInsO 2005, 884 = NJW-RR 2005, 1641); Ansprüche auf **Leasingraten** sind betagt (BGH WM 1997, 545 [546]); näher → § 95 Rn. 9 f. und *Kilger/Karsten Schmidt* § 54 KO Anm. 2. Zur Aufrechnung gegen die Quotenforderung → Rn. 9. 19

Vorzeitige Erfüllung durch den Gläubiger der Gegenforderung in Gestalt seiner Aufrechnung kann uU Vorfälligkeitszinsen auslösen (Gottwald InsR-HdB/*Adolphsen* § 45 Rn. 18). Auf die Gegenforderung aufgelaufene **Zinsansprüche** dürfen wegen der Rückwirkung in Bezug auf die Stammforderungen (§ 389 BGB) nur bis zum Eintritt der Aufrechnungslage mitaufgerechnet werden, wenn auch die Gegenforderung als solche aufgerechnet wird und damit Zinsansprüche rückwirkend wegfallen. 20

21 **5. Aufrechnungsverbote.** Aufrechnungsverbote können auf **Gesetz** oder **Vereinbarung** beruhen. In beiden Fällen sind die Verbote grds. auch in der Insolvenz beachtlich (OLG Naumburg ZIP 1999, 118 [119]). Beispiele für Aufrechnungsausschlüsse kraft Gesetzes: § 390 BGB (einredebehaftete Gegenforderung, → Rn. 18); § 393 (Hauptforderung aus unerlaubter Handlung, zur Reichweite der Vorschrift Palandt/*Grüneberg* BGB § 393 Rn. 2); § 394 (Hauptforderung unpfändbar, dann aber schon kein Massebestandteil); § 395 BGB (Hauptforderung öffentlich-rechtlicher Kassen); ferner § 31 Abs. 6 S. 1 InvG, das Aufrechnungsverbot gegen **Einlageforderungen** (§ 19 Abs. 2 GmbHG, §§ 66 Abs. 1 S. 2, 278 AktG; § 22 Abs. 5 GenG, §§ 26; 77 Abs. 2 S. 2 VAG; dazu aber eng für Aufrechnung des Rückversicherers in der Insolvenz des Erstversicherers BGH ZInsO 2011, 1840 Rn. 11) sa § 66 VAG, dazu OLG Köln NJOZ 2009, 3224), nicht kraft Gesetzes bei **stillen Gesellschafter** (§ 236 Abs. 1 HGB, *Kilger/Karsten Schmidt* § 53 KO Anm. 4 mit Hinweis auf BGH NJW 1983, 1729) und bei Personengesellschaften (MüKoInsO/*Brandes/Lohmann* Rn. 36), wenngleich der **Kommanditist** nur in Höhe des objektiven Werts der Gegenforderung befreit wird (BGHZ 95, 188 [195] = NJW 1986, 2947).

22 Aus § 30 GmbHG folgt ebenfalls ein Verbot der Aufrechnung mit dem Anspruch auf **Rückzahlung der Einlage,** solange Unterbilanz besteht (vgl. BGH NJW 1993, 1622 f.), ebenso bei § 172 Abs. 4 HGB. Mit dem **Anspruch auf Rückgewähr eines Gesellschafterdarlehens** kann der Gesellschafter grds. aufrechnen; das vor dem MoMiG aus dem **Eigenkapitalersatzrecht** folgende Zahlungs- und daraus folgende Aufrechnungsverbot, das sich aus § 30 GmbHG analog ergab, ist insoweit nicht fortzuführen (jetzt auch wie hier Gottwald InsR-HdB/*Adolphsen* § 45 Rn. 21), weil der Forderung an sich kein „Makel" anhaftet; § 96 Abs. 1 Nr. 3 kann streng genommen nur eingreifen, wenn das Darlehensgeschäft an sich schon anfechtbar ist (anders wohl HambK-InsO/*Jacoby* Vor Rn. 6), wohl aber folgt aus **§ 242 BGB iVm § 390 BGB** die Unzulässigkeit der Aufrechnung nach Eröffnung, weil der Gesellschafter das Erlangte bei Anfechtung nach § 135 InsO gleich wieder herausgeben müsste. Insbes. folgt aus § 96 ein Aufrechnungsverbot, daher wegen § 96 Abs. 1 Nr. 1 auch keine Aufrechnung mit Insolvenzforderung aus § 144 Abs. 1 gegen Anfechtungsanspruch nach § 143. Eine Aufrechnung gegen den Anspruch auf **Verlustausgleich** ist nicht generell unzulässig (idS OLG Jena NZG 2005, 716 [717]; mAnm *Verse* ZIP 2005, 1627), sondern von der Werthaltigkeit der Gegenforderung abhängig (BGH NJW 2006, 3279 Rn. 6 ff.). Aus § 242 BGB kann ein Aufrechnungsverbot folgen (OLG Hamm ZIP 1988, 253 [254]), so bei missbräuchlichen Zwecken (für Erwerb einer Forderung der Schwesterbank durch eine Bank zu dem Zweck, durch Aufrechnung der Schwesterbank auf das Vermögen des Insolvenzschuldners zu ermöglichen, BGH ZIP 1987, 974 [976 f.] = NJW 1987, 2997 [2998]; weitere Beispiele bei MüKoInsO/*Brandes/Lohmann* Rn. 42). Auch kann umgekehrt aufgrund Treu und Glauben die Berufung auf Fehlen der Aufrechnungsvoraussetzungen beachtlich sein, etwa bei Strohmanngeschäften im Hinblick auf Gegenseitigkeit der Forderungen (BGHZ 25, 360 [367] = NJW 1958, 18 [19 f.]; ebenso *Kollhosser* FS Lukes, 1989, 721 [738]; MüKoBGB/*Schlüter* BGB § 387 Rn. 15). Auch iÜ kann wegen der Natur der Rechtsbeziehungen oder des Zwecks der geschuldeten Leistung eine Aufrechnung ausgeschlossen sein, so beim Anspruch nach § 667 BGB auf Herausgabe gegen **Treuhänder** und Beauftragte **wegen inkonnexer Gegenforderungen;** insoweit handelt es sich idR um ein konkludent vereinbartes vertragliches Aufrechnungsverbot. Richtet ein Treuhänder ein **offenes Treuhandkonto** bei einer Bank ein, ist damit wegen des Zwecks der Beziehung ein Aufrechnungsausschluss für die Bank wegen anderer Forderungen gegen Treuhänder verbunden (BGHZ 61, 72 [77] = BGH WM 1973, 894 [895]; BGH NJW 1987, 3250 [3251]).

23 **Rechtsgeschäftliche Aufrechnungsverbote** bleiben grds. in der Insolvenz beachtlich; auch soweit sie vom (starken) vorläufigen Verwalter begründet werden (Jaeger/*Windel* Rn. 193; MüKoInsO/*Brandes/Lohmann* Rn. 40; eng OLG Jena ZIP 1996, 34), beachte bei AGB §§ 309 Nr. 3, 307 BGB. Ein Aufrechnungsausschuss kommt bei unbestrittenen und rechtskräftig festgestellten Forderungen nicht in Betracht. **Individualvertraglich** darf die Aufrechnung wegen § 242 BGB mit einer entscheidungsreifen Gegenforderung über die Hauptforderung nicht beschränkt werden (BGH WM 1978, 620 [621]; 78, 1042 [1043 f.] = NJW 1978, 2244). Es ist ggf. durch Auslegung zu ermitteln, ob das Verbot auch in der Insolvenz beachtlich sein kann, weil sich idR der Verwender bei Vermögensverfall des Schuldners nicht seiner Selbstexekutionsbefugnis begeben will (BGH NJW 1975, 442; 1984, 357 f.; 1986, 3206 [3209]; NJW-RR 1991, 971 [972] mwN); AGB-Klausel insoweit unwirksam (*Kilger/Karsten Schmidt* § 53 KO Anm. 9). Entsprechendes gilt für Aufrechnungsverzicht (RGZ 124, 8 [10]; *Kilger/Karsten Schmidt* § 53 KO Anm. 9); vgl. aber zum **Insolvenzplan,** dh Verzicht im laufenden Verfahren, → Rn. 30. Fortbestehend ist das Aufrechnungsverbot idR dann, wenn Drittinteressen, zB Interesse des Sicherungszessionars an Schutz der Sicherheit, betroffen sind (BGH NJW-RR 1989, 124 [125]; HambK-InsO/*Jacoby* Rn. 10). In der **Wohlverhaltensphase,** dh nach Aufhebung des Verfahrens, soll kein Aufrechnungsverbot zu Lasten des Finanzamts bestehen (FG BW 30.4.2010 – 2 K 4886/09, BeckRS 2011, 95428); → § 294 Rn. 10 mwN.

IV. Voraussetzungen der Aufrechnungsbefugnis kraft Vereinbarung

24 Nach **§ 94 Alt. 2** kann die Aufrechnungsbefugnis auch aus einer Vereinbarung folgen. Die Alternative wurde „zum Zwecke der Klarstellung" (Beg. RegE 12/2443, 165; *Fischer* WM 2008, 1 [2]) eingefügt; tatsächlich war die Gültigkeit von Aufrechnungsvereinbarungen unter der KO aber nicht zweifelsfrei (BGH ZIP 1996, 552; dazu auch *Paulus* FG BGH, 2000, 765 [770]; *Rendels* ZIP 2003, 1583 [1585]). Die rechtspolitische Kritik (Gottwald InsR-HdB/*Gottwald/Adolphsen* § 45 Rn. 26) ist insofern zweifelhaft, als die vereinbarte Aufrechnungsbefugnis einer Sicherheit gleich kommt und diese ggf. ebenfalls privatautonom begründet wird; freilich kommt entsprechend §§ 166 Abs. 2, 170 Abs. 1, 171 Kostenbeitragspflicht in Betracht (so mE zu Unrecht *Häsemeyer* Rn. 19.31), dazu genauer → Rn. 25 ff. Gemeint sind aber in der Tat schon nach Wortlaut **nur echte Aufrechnungen iSd §§ 387 ff. BGB,** bei denen die Vereinbarung die gesetzlichen Voraussetzungen modifiziert und damit die Aufrechnungsbefugnis erweitert; demnach ist einseitige Aufrechnungserklärung weiterhin erforderlich (BGHZ 170, 206 Rn. 10 = NJW 2007, 1067; ZIP 2006, 1740 Rn. 12; HK-InsO/*Kayser* Rn. 61; HambK-InsO/*Jacoby* Rn. 15; Jaeger/*Windel* Rn. 194; wohl weiter Gottwald InsR-HdB/*Adolphsen* § 45 Rn. 28). Ansatzpunkte sind die Erfüllbarkeit der Hauptforderung und die Fälligkeit der Gegenforderung (vgl. BGH NJW 1970, 41 [42]; *Schwahn* NJW 2005, 473; *Windel* KTS 2004, 305 [307]; HambK-InsO/*Jacoby* Rn. 15; aA wegen § 95 Abs. 1 S. 3 Rendels ZIP 2003, 1583 [1587 f.]), ebenso die Gleichartigkeit bei Festlegung eines Geldäquivalents für Sachleistungen (*Häsemeyer* Rn. 19.30). Das Gegenseitigkeitserfordernis ist nicht disponibel (→ Rn. 27).

25 **1. Aufrechnungsvollzugsvereinbarungen.** Eine Aufrechnungsvollzugsvereinbarung, dh eine vom Schuldner vorinsolvenzlich oder vom Verwalter (§ 80) abgeschlossene Vereinbarung, nach der ohne Ausübung eines Gestaltungsrechts die wechselseitigen Forderungen **unmittelbar erlöschen** (vgl. BGH ZInsO 2004, 1028 [1029] = NJW-RR 2005, 125) fällt nach hM nicht unter § 94 (MüKoInsO/*Brandes/Lohmann* Rn. 45; ebenso wenig **Vergleiche,** *Gerhardt* KTS 2004, 195 [199]; umfassend zur Typisierung *Windel* KTS 2004, 305). Das ist

insofern überdenkenswert, als die Aufrechnungserklärung rechtsvergleichend gesehen kein notwendiges Element der Aufrechnung ist, die Vereinbarung bereits einer antizipierten Ausübung gleichsteht und auch in der Vollzugsvereinbarung eine Erweiterung der Aufrechnung wegen des Verzichts auf eine eigene Erklärung liegt. Richtig ist nur, dass § 94 insoweit deklaratorisch ist. Die hM will auch § 96 Abs. 1 Nr. 3 analog anwenden; danach wird die Vereinbarung mit Eröffnung unwirksam, wenn die damit hergestellte Aufrechnung anfechtbar begründet wurde (Jaeger/*Windel* Rn. 199; MüKoInsO/*Brandes/Lohmann* Rn. 45): Für die Vereinbarung gelten die allgemeinen Schranken insolvenzbezogener Verträge (vgl. allg. *Thole* KTS 2010, 383 ff.).

26 Nach hM nicht erfasst sind **Verrechnungs- oder Clearingabreden,** die eine automatische Saldierung von Rechnungsposten bezwecken, zB bei Kontokorrentabrede oder Verrechnung im Gesellschaftsverhältnis (HambK-InsO/*Jacoby* Rn. 13; aA mit Recht *Häsemeyer* Rn. 19.29 mit Fn. 113); dann bleiben gesetzlich begründete Aufrechnungslagen nach § 94 Alt. 1 beachtlich. Tatsächlich fehlt es nur an der praktischen Bedeutung des § 94. Als Vorausverfügung über künftige Ansprüche für das laufende Verfahren sind **Verrechnungsabreden auch an § 91 zu messen** (vgl. *Bork* FS Kirchhof, 2003, 57 [60]). Vereinbarungen erlöschen daher mit **Insolvenzeröffnung** (BGHZ 74, 253 [255] = NJW 1979, 1658; OLG Köln ZInsO 2004, 683 [686]), nach hM nicht schon mit dem Verfügungsverbot im Eröffnungsverfahren (BGHZ 135, 140 [146 f.] = NJW 1997, 1857; OLG München ZIP 2002, 608 [611]; OLG Celle ZInsO 1998, 235 Ls.; aA *Häsemeyer* Kölner Schrift Kap. 15 Rn. 67; Gottwald InsR-HdB/*Adolphsen* § 45 Rn. 29; *Eckardt* ZIP 1997, 957 [964]). Daher hat § 94 nur insoweit Bedeutung, als Vollzug mit Eröffnung unberührt bleibt, wenn nicht § 96 Abs. 1 Nr. 3 greift, während er für eine Vereinbarung für laufende Verfahren und dann sich ergebende Verrechnungslagen keine Bedeutung mehr hat. Gleichwohl noch vorgenommene Verrechnungen sind nach § 96 Abs. 1 Nr. 1 unzulässig (BGH ZIP 2007, 1507 [1510]; HK-InsO/*Kayser* Rn. 59).

27 **2. Konzernverrechnungsklauseln.** Bei einer Konzernverrechnungsklausel wird dem Schuldner einer massezugehörigen Forderung die Möglichkeit eröffnet, mit einer Forderung eines anderen Insolvenzgläubigers, i. e. einer anderen Konzerngesellschaft, aufzurechnen. Unter der KO wurde die Verrechnung für unwirksam gehalten (BGHZ 81, 15 [18 f.] = NJW 1981, 2257; OLG Köln BB 1995, 1870); daran hat der BGH festgehalten (BGHZ 160, 107 [109] = NZI 2004, 585; ZIP 2006, 1740 Rn. 12; *Karsten Schmidt* NZI 2005, 138 [140 ff.]). Für diese unter der InsO fortgeltende Rspr. spricht der Rechtsgedanke des § 449 Abs. 3 BGB und der Umstand, dass dem Insolvenzgläubiger eine künstliche Befriedigungsmöglichkeit für fremde, und nicht für eigene Forderungen eingeräumt würde; erst mit Erklärung der Aufrechnung wird die Aufrechnungslage definiert (*Häsemeyer* Rn. 19.30). Technisch lässt sich das Ergebnis der Unwirksamkeit erzielen, indem man unter § 94 Alt. 2 Modifizierungen der Gegenseitigkeit nicht einordnet oder § 96 Abs. 1 Nr. 2 analog anwendet. Bei **wechselseitiger stiller Zession** im Konzern und Insolvenz des Geschäftspartners greift § 96 Abs. 1 Nr. 2 entsprechend (MüKoInsO/*Brandes/Lohmann* Rn. 47). Speziell zu den entsprechend zu behandelnden **Konzern-Netting** und **Clearing-Abreden** vgl. auch *Rendels* ZIP 2003, 1583.

V. Aufrechnungserklärung

28 Das Gestaltungsrecht muss durch Erklärung ausgeübt werden, und zwar durch unbedingte und unbefristete Erklärung, § 388 S. 1 und 2 BGB; zur Verrechnungsvereinbarung eben → Rn. 27. Die Erklärung ist gegenüber dem **Insolvenz-**

verwalter abzugeben (BGH NJW 1984, 357 [358]); eine vor Eröffnung gegenüber dem Schuldner erklärte, aber ins Leere gehende oder zunächst noch unzulässige Aufrechnung ist gegenüber dem Verwalter zu wiederholen (BGH NJW 1984, 357 [358]). Eine gegenüber dem Schuldner erklärte Aufrechnung kann nicht nach § 82 wirksam sein (aA HambK-InsO/*Jacoby* Rn. 16), weil § 82 nicht auf Erfüllungssurrogate anwendbar ist (s. Jaeger/*Windel* § 82 Rn. 9; → § 82 Rn. 5).

VI. Wirkungen

Nach § 389 BGB führt die Aufrechnung zum Erlöschen der wechselseitigen Forderungen, rückwirkend auf den Zeitpunkt des Entstehens der Aufrechnungslage; abhängige Nebenansprüche wie Verzugszinsen etc fallen ab diesem Zeitpunkt weg. Bei **mehreren Forderungen** gelten für die Reihenfolge §§ 396 BGB, 366 Abs. 2, 367 BGB; eine nachträgliche Änderung der **Tilgungsreihenfolge** ist nicht mehr möglich (OLG Koblenz BeckRS 2009, 07425). Die Aufrechnung ist aber **keine Einrede** nach § 813 BGB; daher wegen der Hauptforderung keine Rückforderung in Unkenntnis der Aufrechenbarkeit gezahlter Beträge. 29

VII. Besonderheiten

1. Planverfahren. Was die **Aufrechnung im Insolvenzplanverfahren** angeht, so sind zwei Fragen zu unterscheiden. Der aufrechnungsbefugte Gläubiger ist als Insolvenzgläubiger zu beteiligen, solange er nicht aufrechnet. Teilw. wird vertreten, er sei zugleich als Absonderungsberechtigter iSd § 222 Abs. 1 Nr. 2 einzubeziehen (tendenziell *Häsemeyer* Kölner Schrift InsO Kap. 15 Rn. 18 für § 94 Alt. 2; Kübler/Prütting/Bork/*Lüke* Rn. 103); zur Kostenbelastung → Rn. 32; das ist aber wohl nur de lege ferenda erzielbar (MüKoInsO/*Brandes*/*Lohmann* Rn. 6), da § 94 die Rechtsstellung des Absonderungsberechtigten gerade nicht berührt. Eine andere Frage ist, ob die Aufrechnungslage auch dann bestehen bleibt, wenn das Insolvenzverfahren durch einen **rechtskräftigen Insolvenzplan** beendet wird und ob der Insolvenzgläubiger weiterhin mit erlassenen Forderungen aufrechnen kann (dazu *Dahl* NJW-Spezial 2009, 309; *Jacobi* NZI 2009, 351). Der 14. Senat des OLG Celle hatte das angenommen (NZI 2009, 183 ff.); das ist wirtschaftlich wie rechtlich verfehlt (richtig iE OLG Celle 16. Senat NZI 2009, 59; *Dellit*/*Hamann* ZIP 2015, 308 [315]), weil der Insolvenzplan zwar die Aufrechnungsbefugnis als solche nicht berührt, wohl aber zulässigerweise das Substrat der Aufrechnung beseitigt; das gilt auch bei Aufrechnung mit Umsatzsteuerforderungen zu Lasten des Fiskus (so bei OLG Celle NZI 2009, 183 und NZI 2009, 59). Der BGH hat aber die **Aufrechnungsbefugnis** als **fortbestehend** anerkannt (BGH ZIP 2011, 1271 Rn. 14 f.); sie entfalle nur bei ausdrücklichem Verzichtswillen; vgl. auch § 254. 30

2. Steuern. Vgl. § 226 Abs. 1 AO, § 251 Abs. 2 AO und → Rn. 16 zur Doppelung nach § 226 Abs. 4 AO. IÜ ist auf die Gegenseitigkeit zu achten; der richtige Steuerpflichtige ist materiell zu bestimmen (Jaeger/*Windel* Rn. 112), auch bei Zusammenveranlagung (BFH 20.11.1984 – VII R 40/83, BeckRS 1984, 05023; näher Jaeger/*Windel* Rn. 112); Aufteilung nach §§ 268 ff. AO ist beachtlich. Für den Entstehungszeitpunkt ist Rechtsgrund des Entstehens nach zivilrechtlichen Maßstäben entscheidend (wie → § 55 Rn. 18; Kübler/Prütting/Bork/*Lüke* Rn. 117 mit Beispielen); ggf. ist § 95 Abs. 1 S. 3 beachtlich, so dass Steuergegenforderung vor Hauptforderung durchsetzbar sein muss. Die Aufrechnung durch die Finanzbehörde ist **privatrechtlicher Akt** auch bei Aufrechnung mit öffentlich-rechtlichen Forderungen (Kübler/Prütting/Bork/*Lüke* Rn. 101; → Anh. Steuerrecht Rn. 166 ff.); das ist auch für Rechtsweg maßgebend. Die 31

Verrechnung von Insolvenzforderungen des Finanzamts mit einem aus der Honorarzahlung an einen vorläufigen Insolvenzverwalter resultierenden **Vorsteuervergütungsanspruch** des Insolvenzschuldners ist, sofern bei Erbringung der Leistungen des vorläufigen Insolvenzverwalters die Voraussetzungen der §§ 130, 131 vorgelegen haben, unzulässig nach § 96 Abs. 1 Nr. 3 (BFH NZG 2011, 313 Rn. 20 ff.; vgl. auch BGH NZI 2010, 17 Rn. 16 ff. [Umsatzsteuer]; anders noch BFHE 208, 296 [300]; vgl. ferner Anh. Steuerrecht § 274 [ausf.]; Uhlenbruck/*Sinz* Rn. 81), dazu noch → § 95 Rn. 10; → § 96 Rn. 5.

32 **3. Kosten.** Den Aufrechnungsbefugten trifft trotz der Ähnlichkeit mit Absonderung insbes. bei vertraglicher Aufrechnungsbefugnis **keine Kostenlast analog §§ 170 Abs. 1, 171** wegen Feststellung der massezugehörigen Forderung (aA *Häsemeyer* Kölner Schrift InsO Kap. 15 Rn. 18; wie hier iErg Kübler/Prütting/Bork/*Lüke* Rn. 105); die Situation ist wegen der Selbstexekution mit dem Fall des § 173 vergleichbar ist; dort fallen aber keine Kosten an (→ § 173 Rn. 12).

VIII. Geltendmachung

33 Die **Darlegungs- und Beweislast** für die Aufrechnungsvoraussetzungen liegt grds. beim Insolvenzgläubiger; für Unzulässigkeit insbes. nach § 96 Abs. 1 Nr. 3 beim Verwalter (BGH NJW-RR 2004, 1493 = ZInsO 2004, 856 [857]). Trotz § 96 Abs. 1 Nr. 1 trägt der **Gläubiger** auch die Darlegungs- und Beweislast in Bezug auf das Bestehen der Aufrechnungslage bei Eröffnung (BGH NZI 2012, 711 Rn. 12), da dies zu den Voraussetzungen des § 94 gehört. Die Aufrechnung kann auch als **Prozess(eventual)aufrechnung** während eines Rechtsstreits erklärt werden. Dann müssen neben den materiellen auch die prozessualen Voraussetzungen gewahrt sein (Postulationsfähigkeit, keine Verspätung [beachte §§ 282, 296, 533 ZPO] etc); bei deren Fehlen kann die Aufrechnung ggf. **entsprechend § 139 BGB** als außergerichtliche aufrechterhalten werden, doch das entspricht idR nicht dem Willen des Beklagten. Ist die Hauptforderung der Masse rechtskräftig tituliert, so kann, soweit § 767 Abs. 2, ggf. iVm § 795 ZPO anwendbar ist, bei der **Vollstreckungsabwehrklage** der Aufrechnungseinwand wegen einer bereits vor mündlicher Verhandlung entstandenen Aufrechnungslage präkludiert sein (RGZ 64, 228 ff.; BGHZ 24, 97 [98] = NJW 1957, 986; BGHZ 100, 222 [224] = NJW 1987, 1691 mwN; dazu *Thole* ZZP 2011, 45). Im **Aufrechnungsstreit,** der **außerhalb des Verfahrens nach §§ 174 ff.** verfolgt wird (BFH ZIP 2004, 1423 [1424]), besteht die Möglichkeit der Verfahrenstrennung und eines **Vorbehaltsurteils** bei Aufrechnung mit rechtswegfremden Forderungen (vgl. HambK-InsO/*Jacoby* Rn. 21; allg. Prütting/Gehrlein/*Thole* ZPO § 302 Rn. 6). Hat der Insolvenzgläubiger die Gegenforderung angemeldet und ist sie zur **Tabelle festgestellt** und erfolgt dann die Aufrechnung, kann der Verwalter wegen §§ 178 Abs. 3, 183 Abs. 1 aber im Aufrechnungsstreit die Gegenforderung nicht mehr anzweifeln; die Rechtskraft erfasst nicht nur die Quote (aA *Häsemeyer* Rn. 19.34); nach Aufrechnung fällt die Gegenforderung aber aus der Tabelle heraus und muss gestrichen werden (HK-InsO/*Kayser* Rn. 66; HambK-InsO/*Jacoby* Rn. 24).

Eintritt der Aufrechnungslage im Verfahren

95 (1) [1] **Sind zur Zeit der Eröffnung des Insolvenzverfahrens die aufzurechnenden Forderungen oder eine von ihnen noch aufschiebend bedingt oder nicht fällig oder die Forderungen noch nicht auf gleichartige Leistungen gerichtet, so kann die Aufrechnung erst erfolgen, wenn ihre Voraussetzungen eingetreten sind.** [2] **Die §§ 41, 45 sind nicht anzuwenden.** [3] **Die Aufrechnung ist ausgeschlossen, wenn die Forderung,**

gegen die aufgerechnet werden soll, unbedingt und fällig wird, bevor die Aufrechnung erfolgen kann.

(2) [1]**Die Aufrechnung wird nicht dadurch ausgeschlossen, daß die Forderungen auf unterschiedliche Währungen oder Rechnungseinheiten lauten, wenn diese Währungen oder Rechnungseinheiten am Zahlungsort der Forderung, gegen die aufgerechnet wird, frei getauscht werden können.** [2]**Die Umrechnung erfolgt nach dem Kurswert, der für diesen Ort zur Zeit des Zugangs der Aufrechnungserklärung maßgeblich ist.**

Schrifttum: S. hierzu bei § 94.

Übersicht

I. Normzweck und Grundlagen

1 **Absatz 1** ist Ausdruck des **Vertrauensschutzes.** Wer auf das Entstehen einer Aufrechnungslage und damit auf die Selbstexekutionsbefugnis (→ § 94 Rn. 1) vertrauen durfte, soll darin auch geschützt werden, wenn die Aufrechnungsvoraussetzungen erst nach Eröffnung eintreten, vorbehaltlich des praktisch bedeutsamen Aufrechnungsverbots in Absatz 1 Satz 3; systematisch steht die Vorschrift § 96 Abs. 1 Nr. 1, 2 und 4 nahe, weil es dort jeweils darum geht, ob die Aufrechnungslage noch nach Eröffnung begründet werden kann. Soweit die Hauptforderung der Masse erst nach Eröffnung entsteht, greift § 96 Abs. 1 Nr. 1; ist sie bereits **im Kern angelegt,** aber wird sie erst nach Eröffnung erfüllbar, geht § 95 Abs. 1 S. 1 vor (BGHZ 160, 1 [3] = NJW-RR 2004, 1561 [1562]; ZIP 2013, 1180 Rn. 11). Allerdings enthält § 95 Abs. 1 **keine Erleichterung der nach §§ 387 ff. BGB erforderlichen Aufrechnungsvoraussetzungen** und ist damit enger als § 54 KO, sondern verlängert die Rechtsfolgen des § 94 nur in das Stadium nach Verfahrenseröffnung. Die Aufrechnungslage muss also noch eintreten, ohne dass die Fälligkeit und die Inhaltsregeln in §§ 41, 45 beachtlich wären (§ 95 Abs. 1 S. 2 BGB); zugleich muss die Aufrechnungslage schon vor Eröffnung angelegt gewesen sein.

2 **Absatz 2** gilt als ergänzende Regelung sowohl für Fälle des § 94 als auch des § 95. Danach erleichtert Absatz 2 die Aufrechnung bei **wechselseitigen Geldforderungen,** die in umrechenbaren Währungen valutieren.

II. Eintritt der Aufrechnungsvoraussetzungen im Verfahren

3 **1. Eintritt einer aufschiebenden Bedingung oder Fälligkeit. a) Allgemeines.** Nach § 95 Abs. 1 S. 1 kann die Aufrechnung (erst) erfolgen, wenn die wechselseitigen Forderungen oder eine von ihnen zur Zeit der Eröffnung noch aufschiebend bedingt oder nicht fällig waren und die Bedingung oder die Fälligkeit im Verfahren eintreten. Nach § 95 Abs. 1 S. 3 ist die Aufrechnung aber gesperrt, wenn die Hauptforderung der Masse vor der Gegenforderung des

Insolvenzgläubiger fällig wird, weil der Verwalter in diesem Fall die Hauptforderung vollstrecken könnte und der Insolvenzgläubiger insoweit keinen Schutz verdient (vgl. Gottwald InsR-HdB/*Adolphsen* § 45 Rn. 46).

4 Liegen die Aufrechnungsvoraussetzungen bei Eröffnung vor, greift schon § 94. Für den Anwendungsbereich des § 95 gelten iÜ die Vorgaben des § 94. Auf die Aufrechnung des Verwalters und von Massegläubigern findet § 95 daher grds. keine Anwendung (→ § 94 Rn. 5). Gemeint ist nur die Aufrechnung selbständiger Forderungen, nicht eine **gesellschaftsrechtlich gebotene Kontenangleichung** (BGHZ 170, 206 Rn. 9 = NJW 2007, 1067; HK-InsO/*Kayser* Rn. 3; MüKoInsO/*Brandes/Lohmann* Rn. 4; vgl. aber zur gesellschaftsrechtlichen Auseinandersetzung BGHZ 160, 1 [3 f.] = NJW-RR 2004, 1561) oder **sonstige Saldierung** (wie → § 94 Rn. 26 f.).

5 Der **Gläubiger der Gegenforderung** muss daher im Zeitpunkt der Verfahrenseröffnung schon Insolvenzgläubiger sein. Wegen § 96 Abs. 1 Nr. 1 muss auch die Hauptforderung in ihrem Kern bereits angelegt sein (MüKoInsO/*Brandes/Lohmann* Rn. 10; HambK-InsO/*Jacoby* Rn. 8). Dafür sind in Bezug auf beide Forderungen die Maßstäbe heranzuziehen, die bei § 38 für die „Begründung" gelten (→ § 38 Rn. 14 ff.). **Künftige Ansprüche** sind demnach im Verfahren nicht mehr aufrechenbar.

6 Die Regelung ist **teleologisch zu reduzieren** (iE Kübler/Prütting/Bork/*Lüke* Rn. 8). Auf die Fälligkeit der Hauptforderung kommt es nach materiellem Recht nicht an; entscheidend ist lediglich die Erfüllbarkeit (→ § 94 Rn. 19). Demnach ist auch für § 95 Abs. 1 nicht erforderlich, dass die Hauptforderung im Verfahren fällig wird; es reicht aus, dass sie dann **erfüllbar** wird. Wird aber die Hauptforderung der Masse vor der Gegenforderung des Insolvenzgläubigers fällig, greift § 95 Abs. 1 S. 3 (→ Rn. 21); das gilt auch bei vorinsolvenzlich erfolgter Abtretung an Dritten und Aufrechnungsbefugnis wegen § 354a S. 2 HGB (BGH NZI 2004, 23 [24] = NJW-RR 2004, 50 [52]). **Umgekehrt** geht § 95 Abs. 1 dem § 96 Abs. 1 Nr. 1 vor; ist die Hauptforderung der Masse erst nach Eröffnung erfüllbar und fällig geworden, ist § 95 vorrangig; § 96 Abs. 1 Nr. 1 greift also nur dann, wenn bei Eröffnung noch gar kein Substrat der Hauptforderung vorhanden war (→ § 96 Rn. 1). Andere Grundsätze gelten demgegenüber bei einer aufschiebenden Bedingung. Ist die Hauptforderung **aufschiebend bedingt,** so ist sie im Zweifel bis zum Eintritt der Bedingung nicht erfüllbar (BGHZ 17, 19 [29] = NJW 1955, 745; BGHZ 103, 362 [367] = NJW 1988, 2542); § 95 Abs. 1 einschließlich Satz 3 gilt nicht für den Fall, dass lediglich die Forderung der Masse bedingt war (BGHZ 160, 1 [6]; HK-InsO/*Kayser* Rn. 13).

7 **b) Aufschiebende Bedingung (Absatz 1 Satz 1 Alt. 1).** Da der Begriff der aufschiebenden Bedingung weit verstanden wird (BGHZ 160, 1 [5] = NJW-RR 2004, 1561; → Rn. 6, → 8 und → § 94 Rn. 19), kommt es zwar nicht auf die Entstehung des Gegenanspruchs und der Hauptforderung an, wohl aber müssen **die Forderungen dem Grunde nach und im Kern schon angelegt** sein (→ Rn. 1; MüKoInsO/*Brandes/Lohmann* Rn. 10; HambK-InsO/*Jacoby* Rn. 8). Insbes. muss demnach der Gläubiger der Gegenforderung bereits im Zeitpunkt der Verfahrenseröffnung Insolvenzgläubiger iSd § 38 sein.

8 Unter einer aufschiebenden Bedingung sind **rechtsgeschäftliche Bedingungen** iSd § 158 Abs. 1 BGB **und sonstige rechtliche Entstehungsvoraussetzungen** (Rechtsbedingungen) erfasst, zB Vornahme einer Abrechnung (RGZ 58, 11 f.; BGHZ 15, 333 [33] = NJW 1955, 259; BGHZ 160, 1 [4] = NJW-RR 2004, 1561 [1562] = ZIP 2004, 1609; MüKoInsO/*Brandes/Lohmann* Rn. 10; HambK-InsO/*Jacoby* Rn. 8; *Kilger/Karsten Schmidt* § 54 Anm. 4; krit. Jaeger/*Windel* Rn. 14). Die Rspr. versteht das weit (BGHZ 160, 1 [4] = NJW-RR 2004, 1561; ZIP 2006, 87 [89]; 2000, 757 [758]). Allerdings reicht nicht jede noch

vorzunehmende Handlung; so genügt es nicht, wenn nach Eröffnung noch eine **Kündigung** oder rechtsgeschäftliche Erklärung vorzunehmen ist (BGH NJW-RR 2004, 1561 [1562] = ZIP 2004, 1609; ZIP 2013, 1180 Rn. 11 [Vertragshändlervertrag]; *Becker* DZWIR 2005, 221 [227]; weit aber BGH ZIP 2006, 87 [89]) Eine tatsächliche Ungewissheit genügt nicht; ebenso wenig darf die Entstehung und der Bestand des Anspruchs völlig in der Schwebe bleiben (BGH ZIP 1994, 714 [715]: mögliche Werkmängel).

aa) Einzelfälle. Daher kann Absatz 1 Satz 1 vorbehaltlich des Absatz 1 Satz 3 9
(dazu → Rn. 21) in folgenden Fällen eingreifen, weil der Anspruch im Kern schon angelegt ist: Der **gesellschaftsrechtliche Abfindungsanspruch** ist iSd § 95 bedingt durch Ausscheiden des Gesellschafters, soweit nicht eine Kündigung erforderlich ist, sondern der Anspruch automatisch entsteht (BGHZ 160, 1 [4] = NZI 2004, 583). Ansprüche nach §§ 667, 675 BGB entstehen aufschiebend bedingt mit Übernahme der **Geschäftsbesorgung** und nicht erst mit Beendigung; der Auftraggeber kann gegen Forderungen des Geschäftsbesorgers aufrechnen und umgekehrt; allerdings soll dies wegen § 96 Abs. 1 Nr. 1 davon abhängig sein, dass der Auftrag bei Eingang des Erlangten noch bestand (vgl. §§ 116 S. 1, 115 Abs. 2), weil der Geschäftsbesorger sonst nur aus **ungerechtfertigter Bereicherung** etwas zur Masse schuldig werde (BGHZ 71, 380 [385] = NJW 1978, 1807; BGHZ 107, 88 [90] = NJW 1989, 1353; MüKoInsO/*Brandes/Lohmann* Rn. 12; Uhlenbruck/*Sinz* Rn. 12). Gleiches gilt ferner für **Ansprüche des Geschäftsführers** nach §§ 662, 675, 670 BGB und die Ansprüche des **Handelsvertreters** (BGH WM 1987, 21 [23]); den Anspruch auf Auszahlung auf Guthaben aus **Nebenkostenvorschuss** (BGH ZInsO 2005, 94 = NJW-RR 2005, 487); entsprechend bei **Honorarrückforderungsansprüchen** gegen die Kassenärztliche Vereinigung (SG Marburg ZInsO 2009, 785); den Anspruch auf **Wiedergutschrift** des Kunden bei Widerspruch gegen eine Lastschrift (OLG Bremen ZIP 1980, 358 [359]; aber idR Scheinproblem, siehe HambK-InsO/*Jacoby* Rn. 30). Der Anspruch auf Auskehrung des Übererlöses an die Masse bei Verwertung von Absonderungsgut durch den Gläubiger entsteht aufschiebend bedingt bei Sicherheitenbestellung (OLG Stuttgart NJW-RR 1989, 506 [507]; Gottwald InsR-HdB/*Adolphsen* § 45 Rn. 15); der Regressanspruch des **Bürgen** aus dem Innenverhältnis und nach § 774 BGB entsteht schon mit Bürgschaftsübernahme bedingt (BGH NJW 1990, 1301 [1302]; *Henckel* FS Lüke, 1997, 237 [259]); der prozessuale **Kostenerstattungsanspruch** mit Rechtshängigkeit (nicht Anhängigkeit) (BGH NJW 1975, 304 [305]; aA OLG Hamburg JZ 1957, 581: erst mit Kostengrundentscheidung) (zum Masseschuldcharakter → § 55 Rn. 12), der Regressanspruch des **Gesamtschuldners** nach § 426 Abs. 2 gegenüber dem Mitschuldner (aber § 44; Uhlenbruck/*Knof* § 43 Rn. 19) oder Rückgriffsanspruch des Eigentümers oder Verpfänders (§§ 1143 Abs. 1 S. 1, 1225 Abs. 1 BGB; Kübler/Prütting/Bork/*Lüke* Rn. 27) schon vor Zahlung. In den **Regressfällen** ist also die zeitliche Reihenfolge entscheidend. Bei Zahlung vor Eröffnung wird der Regressanspruch fällig: § 94; bei Zahlung nach Eröffnung, aber nach Fälligkeit der Hauptforderung: § 95 Abs. 1 S. 3. Ein **Vergleich** führt nicht zur Novation der Altforderungen (BGH NJW 1990, 1301 [1302]; 2010, 2652 Rn. 15; nur in Ausnahmefällen vgl. Palandt/*Sprau* BGB § 779 Rn. 11; HambK-InsO/*Jacoby* Rn. 33), so dass grds. auch bei § 95 Abs. 1 S. 3 auf die ursprüngliche Forderung abzustellen ist. Die Aufrechnung kann aber konkludent ausgeschlossen sein; weitere Einzelfälle bei Uhlenbruck/*Sinz* Rn. 53.

bb) Steuern. Bei Steuern stellt der Erstattungsanspruch in Bezug auf eine 10
Steuer, die vor Eröffnung eines Insolvenzverfahrens entstanden ist, eine vor Eröffnung des Verfahrens aufschiebend bedingt begründete Forderung dar, gegen welche die Finanzbehörde im Insolvenzverfahren aufrechnen kann, auch wenn

das die Erstattung oder Vergütung auslösende Ereignis selbst erst nach Eröffnung des Verfahrens eintritt (so BFH ZIP 2007, 1166 Rn. 12; Uhlenbruck/*Sinz* Rn. 23; *Onusseit* ZInsO 2005, 638 ff.; ebenso bei Berichtigung einer Umsatzsteuerfestsetzung nach Eröffnung FG Düsseldorf EFG 2014, 1362); auch bei vorinsolvenzlich geleisteten Vorauszahlungen soll der Erstattungsanspruch, auch soweit die Steuer erst nach Eröffnung entsteht, mit Vorauszahlungen aufschiebend bedingt sein, (BFH ZIP 2005, 628; BFH BStBl. II 1979, 639; das ist zweifelhaft). Näher → § 55 Rn. 18 ff. und Anh. Steuerrecht, insbes. → Anh. Steuerrecht Rn. 269 ff.; → § 96 Rn. 5.

11 **cc) Bei schwebenden gegenseitigen Verträgen.** Bei schwebenden gegenseitigen Verträgen iSd § 103 (zum Anwendungsbereich → § 103 Rn. 13) ist fraglich, ob der Ersatzanspruch nach § 103 Abs. 2 S. 1 bereits mit Eröffnung vollwertig besteht, so dass der Ablehnung nur noch deklaratorische Bedeutung zukommt und § 95 Abs. 1 S. 3 der Aufrechnung nicht entgegensteht (so MüKoInsO/*Brandes/Lohmann* Rn. 17; *Henckel* FS Kirchhof, 2013, 191 [207]; *Tintelnot* KTS 2004, 339 [347 f.]); die umstrittene dogmatische Konstruktion des § 103 fließt hier ein (→ § 103 Rn. 9). Der BGH verneint in diesem Fall (lediglich) die **Durchsetzbarkeit der wechselseitigen Primäransprüche** (BGHZ 150, 353 [359] = NJW 2002, 2783; → § 103 Rn. 9, 12). IErg gilt das mE auch für die **Sekundäransprüche;** jedenfalls könnte der Verwalter der Geltendmachung der Ersatzforderung entgegenhalten, er müsse vor Ausübung seines Wahlrechts keinen Schadensersatz leisten. Deshalb ist die Ersatzforderung zwar mit Eröffnung angelegt, aber eben noch nicht vollwirksam (anders bei positiver Erfüllungswahl → Rn. 13 ff.). Demnach kann der Insolvenzgläubiger mit der Ersatzforderung als Gegenforderung grds. aufrechnen, wenn sodann der Verwalter die Erfüllung ablehnt; mit Ablehnung wird die Gegenforderung durchsetzbar. Eine Aufrechnung gegen **Ansprüche des Verwalters aus demselben Vertragsverhältnis** (zB auf Rückforderung von Anzahlungen) ist freilich problematisch, weil idR die Hauptforderung des Verwalters vor der Gegenforderung, die dann erst mit Erfüllungsablehnung (nicht Geltendmachung, so aber HK-InsO/*Kayser* Rn. 26) fällig wird, erfüllbar ist, so dass Absatz 1 Satz 3 eingriffe (so auch AG Lingen 29.4.2013 – 12 C 913/12, BeckRS 2013, 13693; AG Unna 29.4.2013 – 15 C 791/12, BeckRS 2013, 16847; wohl Kübler/Prütting/Bork/*Lüke* Rn. 31a; zu Einschränkungen dieser Norm → Rn. 21). Das lässt sich teilw. lösen, weil nach allgemeinen Regeln des materiellen Rechts (im Erg. *Fischer* NZI 2001, 281 [283]) ohnedies und unabhängig von Absatz 1 Satz 3 als schadensmindernder Posten in die Schadensberechnung des Insolvenzgläubigers einfließen kann, welche Ansprüche die Masse noch gegen den Insolvenzgläubiger hat bzw. hätte. **§ 95 Absatz 1 Satz 3** kommt dann ggf. **nicht zum Tragen** (so jetzt auch BGHZ 196, 160 = NJW 2013, 1245 Rn. 12). Nach aA sollen synallagmatisch verbundene Forderungen von vornherein nicht §§ 94, 95 unterfallen (HK-InsO/*Kayser* Rn. 26; HambK-InsO/*Jacoby* Rn. 17, der deshalb Aufrechnung verlangt; vgl. aber dann → Rn. 31: Gesamtabrechnung). IE muss man **unterscheiden:** Der Ersatzanspruch des Insolvenzgläubigers besteht nur, wenn er unter Berücksichtigung der schadensmindernden Gegenansprüche der Masse überhaupt einen Schaden hat. Ergibt sich umgekehrt bei Abwicklung nach § 103 nach Erfüllungsablehnung **Saldo zugunsten der Masse,** dann ist wegen § 96 Abs. 1 Nr. 1 fraglich, ob gegen den Rückzahlungsanspruch der Masse mit **anderen Insolvenzforderungen** aufgerechnet werden kann. Das wird teilw. bejaht (HambK-InsO/*Jacoby* Rn. 31; krit. Gottwald InsR-HdB/*Adolphsen* § 45 Rn. 59), weil der Anspruch der Masse vor Eröffnung mit Vertragsschluss aufschiebend bedingt entstanden sei, so dass § 95 vor § 96 Abs. 1 Nr. 1 eingreife; ist freilich nicht unzweifelhaft, weil man mit gleicher Begründung jeden Vertragsanspruch als aufschiebend bedingt anerkennen

könnte und der Insolvenzgläubiger dann Deckung für ungesicherte Insolvenzforderung erhielte. Richtig ist wohl nur im Erg., den Anspruch der Masse als mit Eröffnung „begründet" anzusehen, weil dann die Unsicherheit der Erfüllungswahl als Rechtsbedingung hinzutritt; Zusammenfallen von Eröffnung mit Begründung reicht aber aus (für die Gegenforderungen → § 38 Rn. 16), so dass iE die Aufrechenbarkeit zu bejahen ist.

Daher gilt für die Erfüllungsablehnung: **12**

- Aufrechnung durch Insolvenzgläubiger gegen Ansprüche der Masse mit Anspruch nach § 103 Abs. 2 S. 1 bei Überschuss zu seinen Gunsten denkbar, dann aber grds. auch gegen Ansprüche der Masse aus demselben Vertragsverhältnis;
- auch Aufrechnung gegen den aus Erfüllungsablehnung folgenden Rückzahlungsanspruch der Masse mit anderen Insolvenzforderungen, soweit nicht § 95 Abs. 1 S. 3 greift; § 96 Abs. 1 Nr. 1 gilt nicht.

Bei **Erfüllungswahl** durch Verwalter kann demgegenüber nach der neuen dogmatischen Konstruktion zu § 103 mit den wechselseitigen Erfüllungsansprüchen weiter aufgerechnet werden, weil Erlöschenstheorie nicht mehr gilt; für die synallagmatischen Erfüllungsansprüche gilt zwar weiter § 320 BGB, aber nicht das Aufrechnungsverbot nach § 390 BGB, weil die Aufrechnung ja gerade Erfüllungssurrogat ist (MüKoBGB/*Schlüter* BGB § 390 Rn. 1). In diesem Fall richtet sich die Aufrechnung durch den anderen Teil aber nicht nach § 94, da sein Erfüllungsanspruch Masseverbindlichkeit wird, § 55 Abs. 1 Nr. 2, und damit § 94 nicht greift. Der BGH wendet aber ggf. § 96 Abs. 1 Nr. 1 an (BGH NZI 2011, 936). **13**

Gegen den Erfüllungsanspruch der Masse kann auch mit anderen Insolvenzforderungen aufgerechnet werden **14**

- nach § 94, soweit und weil Erfüllungsanspruch der Masse vor Eröffnung erfüllbar und Gegenanspruch durchsetzbar war. Während der Schwebezeit bis zur Ausübung der Erfüllungswahl kann aber gegen den Erfüllungsanspruch mangels Erfüllbarkeit nicht aufgerechnet werden. Tritt dann aber die Erfüllbarkeit wegen Erfüllungswahl wieder ein, bleibt es richtigerweise bei § 94 (anders zum Sekundäranspruch bei Ablehnung eben → Rn. 12) und es gilt nicht § 95 Abs. 1 S. 1.
- Sonst nach § 95 Abs. 1 S. 1, wenn die wechselseitigen Ansprüche auch unabhängig von der Erfüllungswahl erst nach Eröffnung erfüllbar bzw. der Gegenanspruch fällig und durchsetzbar werden.

In beiden Fällen greift § 96 Abs. 1 Nr. 1 nicht, weil der Erfüllungsanspruch der Masse nicht nach Eröffnung neu entsteht. In Fällen des § 108 wendet der BGH aber § 96 Abs. 1 Nr. 1 an (BGH NZI 2011, 936 Rn. 7), → § 96 Rn. 5. **15**

Bei teilbaren Leistungen iSd § 105 (zum großzügigen Maßstab des BGHZ 129, 336 [338] = ZIP 1995, 926; 135, 25 [27] = ZIP 1997, 688 [689]; 145, 245 [252] = ZIP 2000, 2207 [2209]; 147, 28 [31 ff.] = NJW 2001, 3704; → § 105 Rn. 8) ist **zu unterscheiden.** Der andere Teil kann mit der seiner Vorleistung entsprechenden Insolvenzforderung (§§ 105, 103 Abs. 2 S. 1) nach den Maßstäben → Rn. 9 aufrechnen, umgekehrt sind Forderungen des Insolvenzschuldners aus von ihm vor Eröffnung erbrachten Teilleistungen taugliche Altforderungen iSd § 95 Abs. 1 S. 1 oder § 94 und gegen sie kann aufgerechnet werden. Die durch **Fortsetzung des Vertrags** iÜ entstehenden Forderungen des anderen Teils sind Masseverbindlichkeiten und unterliegen daher von vornherein nicht §§ 94 ff.; umgekehrt kann gegen den Anspruch des Verwalters für von ihm *nach* Eröffnung erbrachte Leistungen bei Fortsetzung des übrigen Vertragsteils nicht aufgerechnet werden (BGHZ 147, 28 [32 f.] = NJW 2001, 3704; *Henckel* FS Kirchhof, 2013, 191 [207]); das ergibt sich streng genommen nicht aus § 96 Abs. 1 Nr. 1, weil Erfüllungsansprüche schon bei Eröffnung angelegt waren (so aber HambK-InsO/*Jacoby* Rn. 32), sondern aus dem Zweck der §§ 105, 103 (so wohl auch Gottwald InsR-HdB/*Adolphsen* § 45 Rn. 55 f.). Der **BGH** behandelt **16**

die sich an der Fortsetzung des Vertrags ergebenden Forderungen als Neuforderungen iSd § 96 Abs. 1 Nr. 1 (BGH NZI 2011, 936 Rn. 5 f.; dazu auch HambK-InsO/*Jacoby* Rn. 24, 24a).

17 Greift § 103 nicht, weil eine Partei schon voll geleistet hat, gelten keine Besonderheiten.

18 Für **auflösend bedingte Forderungen** gelten die allgemeinen Regeln und damit § 94 Jaeger/*Windel* Rn. 32). Auf § 42 kommt es nur in Bezug auf die Gegenforderung an; insoweit schon und erst recht vor Bedingungseintritt Aufrechnung von beiden Seiten möglich; mit Eintritt der Bedingung fällt Aufrechnung eo ipso weg (MüKoBGB/*Schlüter* BGB § 387 Rn. 36).

19 **c) Fälligkeit.** Nach § 95 Abs. 1 S. 1 schadet es auch nicht, wenn die Erfüllbarkeit der Hauptforderung (zur teleologischen Reduktion des zu weit geratenen Wortlauts in Bezug auf die Hauptforderung → Rn. 6) und/oder die Fälligkeit der Gegenforderung des Insolvenzgläubigers erst nach Eröffnung eintritt. Nach Eintritt dieser Voraussetzungen (aber erst dann) kann aufgerechnet werden. Maßgebend ist der Vertrag oder das Gesetz, das aber insolvenzrechtlichen Einflüssen unterliegen kann, zB bei § 728 HGB, § 115, 116 (Kübler/Prütting/Bork/*Lüke* Rn. 7; HambK-InsO/*Jacoby* Rn. 7; MüKoInsO/*Brandes/Lohmann* Rn. 7); auch dann, wenn Fälligkeitseintritt von Handlungen einer Partei abhängig ist, zB bei Widerruf einer Stundung oder im Fall einer zulässigen Kündigung (Kübler/Prütting/Bork/*Lüke* Rn. 7) oder Lösungsklausel (dazu *Thole* JbJZivRWiss 2008, 267). Insbes. ist das Aufrechnungsverbot des § 95 Abs. 1 S. 3 zu beachten; dort kommt es aber wie nach § 392 BGB tatsächlich auf Fälligkeit der Hauptforderung und nicht nur auf Erfüllbarkeit an. Daher sind folgende **wesentliche Situationen** zu unterscheiden:

1. Erfüllbarkeit der Hauptforderung und Fälligkeit der Gegenforderung bei Vorliegen sonstiger Aufrechnungsvoraussetzungen vor Eröffnung: § 94; auch dann, wenn Fälligkeit der Hauptforderung nach Eröffnung eintritt.
2. Erfüllbarkeit der noch nicht fälligen Hauptforderung vor Eröffnung und Fälligkeit der Gegenforderung nach Eröffnung, § 95 Abs. 1 S. 1; § 95 Abs. 1 S. 3 greift, wenn Hauptforderung vor der Gegenforderung fällig wird; entsprechend auch, wenn die Hauptforderung noch vor Eröffnung fällig wird.
3. Erfüllbarkeit und Fälligkeit der Hauptforderung und Fälligkeit der Gegenforderung nach Eröffnung: § 95 Abs. 1 S. 1; für § 95 Abs. 1 S. 3 entscheidet die zeitliche Reihenfolge (→ Rn. 21).
4. Zu § 95 Abs. 1 S. 3 bei nicht durchsetzbarer Hauptforderung → Rn. 21.

20 **d) Gleichartigkeit (Absatz 1 Satz 1 Hs. 2, Absatz 1 Satz 2).** § 95 Abs. 1 S. 1 ermöglicht auch dann die Aufrechnung, wenn die Gleichartigkeit der wechselseitigen Forderungen erst während des Verfahrens eintritt. Nach § 95 Abs. 1 S. 2 darf aber nicht die Umrechnung einer nicht monetären Forderung in eine Geldforderung fingiert werden; die Gleichartigkeit muss also **tatsächlich** eintreten. § 95 Abs. 1 S. 3 gilt, obwohl im Wortlaut nicht genannt, auch insoweit (Gottwald InsR-HdB/*Adolphsen* § 45 Rn. 72; MüKoInsO/*Brandes/Lohmann* Rn. 33; *Häsemeyer* Kölner Schrift InsO Kap. 15 Rn. 35; *ders.* Insolvenzrecht Rn. 19.25). Relevanz hat § 95 Abs. 1 S. 2 va bei der Umwandlung von Freistellungs- in Regressansprüche und von Ansprüchen auf Naturalleistungen in Geldforderungen (zB Schadensersatz; zur Fragwürdigkeit des Vertrauensargument im letzteren Fall Gottwald InsR-HdB/*Gottwald/Adolphsen* § 45 Rn. 73; *Häsemeyer* Rn. 19.25). Zu Fremdwährungsschulden s. Absatz 2 → Rn. 23.

21 **2. Aufrechnungsausschluss (Absatz 1 Satz 3).** Die Vorschrift enthält ein **Aufrechnungsverbot.** Die Vorschrift soll die übrigen Insolvenzgläubiger schützen, indem sie die unbillige **Bevorzugung eines Gläubigers** durch Erhaltung einer Aufrechnungsmöglichkeit verhindert (LG Potsdam NZI 2003, 209 [210]). Die Aufrechnung (und zugleich ein **Zurückbehaltungsrecht nach § 273 BGB,** AG Moers ZIP 2013, 1926 f.) ist ausgeschlossen, wenn und weil ein Gläubiger eine fällige und durchsetzbare Forderung nicht bezahlt, sondern die Erfüllung hinauszögert und es infolgedessen später zum Eintritt einer Aufrechnungslage kommt (vgl. Begr. RegE, BT-Drs. 12/2443, 141). Die Regel ist an § 392 BGB, § 406 Hs. 2 Alt. 2 BGB angelehnt. Das Vertrauen in das Entstehen der Aufrechnungslage wird nur geschützt, wenn die Gegenforderung vor oder zumindest gleichzeitig mit der Hauptforderung **durchsetzbar,** dh unbedingt und fällig wird. Ist der **Arbeitnehmerüberlassungsvertrag** wegen eines Mangels der Schriftform nichtig, kann der Entleiher **Sozialversicherungsbeiträge,** die er nach Eröffnung des Insolvenzverfahrens über das Vermögen des Verleihers zum Ausgleich der diesem obliegenden Zahlungspflicht an die Kasse geleistet hat, der Bereicherungsforderung der Masse nicht anspruchsmindernd entgegensetzen (BGHZ 161, 241 [247] = NJW 2005, 884 [888]). Das gilt aber nur für die Fälle des § 95 Abs. 1 S. 1. Ist die Aufrechnungslage vor oder mit Verfahrenseröffnung gegeben, kommt es nicht darauf an, welche der wechselseitigen Forderungen vorher vollwirksam wurde (vgl. BGHZ 160, 1 [6] = NJW-RR 2004, 1561 [1563] = ZInsO 2005, 90 [93]; tendenziell aA LG Potsdam NZI 2003, 209 [210]). Die Vorschrift sollte man auch dann anwenden, wenn erst nach Verfahrenseröffnung die Gleichartigkeit hergestellt wird. Kein Fall von § 95 Abs. 1 S. 3 ist es aber, wenn der Werkbesteller gegen den **Werklohnanspruch** des Insolvenzschuldners mit einem Schadensersatzanspruch wegen verweigerter **Mängelbeseitigung** aufrechnen will, denn der Werklohnanspruch ist wegen der Mängeleinrede nicht schon vorher durchsetzbar (vgl. *T. Schmidt* NZI 2003, 186 [187]; Gottwald InsR-HdB/*Adolphsen* § 45 Rn. 52), auch wenn bei Beschränkung auf Schadensersatz der Werklohnanspruch materiell-rechtlich auch ohne Abnahme fällig wird (BGH NJW 2003, 288; 2002, 3019 [3020]); in der Sache fehlt es aber bei einem Leistungsverweigerungsrecht nach § 320 BGB an der Fälligkeit, jedenfalls muss man aber § 95 Abs. 1 S. 3 über Wortlaut hinaus auch auf Durchsetzbarkeit anwenden. Daher schließt Absatz 1 Satz 3 die Aufrechnung des Insolvenzgläubigers mit einem während des Insolvenzverfahrens fällig gewordenen Schadensersatzanspruch auf Ersatz der Mängelbeseitigungskosten gegen den vorher fällig gewordenen Werklohnanspruch des Insolvenzschuldners nicht aus (BGHZ 164, 159 [164] = NJW 2005, 3574; zust. *Christiansen* ZInsO 2011, 1177 [1183], dort auch zu einem ähnlichem Fall des OLG Dresden BauR 2011, 703 mit aA). Der BGH führt dafür Sinn und Zweck an. Der Zweck zu verhindern, dass der Insolvenzgläubiger mit der Erfüllung seiner Schuld so lange zuwartet, bis er mit einer Gegenforderung aufrechnen kann, erfordert die Anwendung des Absatz 1 Satz 3 in diesem Fall nicht, wenn der Insolvenzschuldner seine Forderung nicht hätte durchsetzen können.

Der **BGH** hat es unter Hinweis auf den Wortlaut abgelehnt, § 95 Abs. 1 S. 3 ab Bedingungseintritt (erst dann Aufrechnung möglich nach materiellem Recht) auch in dem Fall anzuwenden, dass „zunächst lediglich" die Forderung der Masse (Hauptforderung) bedingt war (BGHZ 160, 1 [6] = NJW-RR 2004, 1561 [1563] = ZInsO 2004, 921 [922] unter Hinweis auf HK-InsO/*Eickmann,* Rn. 4; Kübler/Prütting/Bork/*Lüke* Rn. 15; wie der BGH HambK-InsO/*Jacoby* Rn. 37). Die Entscheidung ist missverständlich, denn die zitierte Literaturauffassung verweist nur allg. auf § 95 Abs. 1 S. 3 und hat nicht ausgesprochen, dass „unbedingt *und* fällig" als „unbedingt *oder* fällig" zu lesen sei. Demnach muss die Hauptforderung (außerhalb der Fälle des § 94) dem Wortlaut entsprechend unbedingt und fällig werden vor Eintritt der Durchsetzbarkeit der Gegenforderung, damit § 95 Abs. 1 S. 3 greift. 22

III. Unterschiedliche Währungen (Absatz 2)

23 Über **Absatz 2** wird die Gleichartigkeit hergestellt bei Forderungen, die auf unterschiedliche Währungen oder Rechnungseinheiten lauten, soweit die Währungen am Zahlungsort der Hauptforderung frei konvertibel sind. Ohne die Regel gälte allein § 244 Abs. 1 BGB, sodass nur der Gläubiger einer Euro-Forderung gegen eine Hauptforderung auf Fremdwährung aufrechnen könnte, aber umgekehrt der Gläubiger der Fremdwährungsforderung nicht gegen die Euroschuld; hier käme nur ein Zurückbehaltungsrecht (OLG Hamm NJW-RR 1999, 1736) in Betracht. Absatz 2 erweitert damit die Aufrechnung, **Zahlungsort** meint den **Erfüllungsort** (BGH IPRax 1994, 366; OLG Koblenz RIW 1993, 934 [936]; MüKoBGB/*Grundmann* § 244 Rn. 94; *Maier/Reimer* NJW 1985, 2049 [2050]), mangels anderweitiger Abreden oder Umstände also den durch §§ 269, 270 Abs. 4 BGB fixierten Ort, in der Regel der Wohnsitz des Schuldners (der Fremdwährungsschuld als Hauptforderung). Die Regel gilt auch für Fälle des § 94, ist aber wegen des Geldschuldkonzepts des BGB eigentlich nur in der Insolvenz anwendbar (aA MüKoInsO/*Brandes/Lohmann* Rn. 35; Kübler/Prütting/Bork/*Lüke* Rn. 42, Jaeger/*Windel* Rn. 51; wohl auch *Häsemeyer* Kölner Schrift InsO Kap. 15 Rn. 39), doch lässt sich an Erweiterungen denken (diff. allg. Staudinger/*Karsten Schmidt* BGB § 244 Rn. 47 ff.).

Unzulässigkeit der Aufrechnung[1]

96 (1) **Die Aufrechnung ist unzulässig,**

1. **wenn ein Insolvenzgläubiger erst nach der Eröffnung des Insolvenzverfahrens etwas zur Insolvenzmasse schuldig geworden ist,**
2. **wenn ein Insolvenzgläubiger seine Forderung erst nach der Eröffnung des Verfahrens von einem anderen Gläubiger erworben hat,**
3. **wenn ein Insolvenzgläubiger die Möglichkeit der Aufrechnung durch eine anfechtbare Rechtshandlung erlangt hat,**
4. **wenn ein Gläubiger, dessen Forderung aus dem freien Vermögen des Schuldners zu erfüllen ist, etwas zur Insolvenzmasse schuldet.**

(2) **Absatz 1 sowie § 95 Abs. 1 Satz 3 stehen nicht der Verfügung über Finanzsicherheiten im Sinne des § 1 Abs. 17 des Kreditwesengesetzes oder der Verrechnung von Ansprüchen und Leistungen aus Zahlungsaufträgen, Aufträgen zwischen Zahlungsdienstleistern oder zwischengeschalteten Stellen oder Aufträgen zur Übertragung von Wertpapieren entgegen, die in Systeme im Sinne des § 1 Abs. 16 des Kreditwesengesetzes eingebracht wurden, das der Ausführung solcher Verträge dient, sofern die Verrechnung spätestens am Tage der Eröffnung des Insolvenzverfahrens erfolgt; ist der andere Teil ein Systembetreiber oder Teilnehmer in dem System, bestimmt sich der Tag der Eröffnung nach dem Geschäftstag im Sinne des § 1 Absatz 16b des Kreditwesengesetzes.**

Schrifttum: S. bei § 94.

---

[1] § 96 Abs. 2 angef. durch G v. 8.12.1999 (BGBl. I S. 2384); Abs. 2 neu gef. mWv 9.4.2004 durch G v. 5.4.2004 (BGBl. I S. 502); Abs. 2 geänd. mWv 31.10.2009 durch G v. 29.7.2009 (BGBl. I S. 2355); Abs. 2 erster Halbs. geänd., zweiter Halbs. angef. mWv 30.6.2011 durch G v. 19. 11. 2010 (BGBl. I S. 1592).

Übersicht

I. Normzweck und Grundlagen

1 Das in dieser zwingenden (BGHZ 81, 15 [18] = NJW 1981, 2257 [2258] zu § 55 KO; diff. Jaeger/*Windel* Rn. 3) Vorschrift enthaltene Aufrechnungsverbot soll insbes. den nach Eröffnung **„künstlich" hergestellten Aufrechnungsmöglichkeiten** die Anerkennung versagen. Darauf zielen Absatz 1 Nr. 1, 2 und 4 ab. Für § 96 Abs. 1 Nr. 1 kommt es daher darauf an, dass die Hauptforderung tatsächlich erst nach Eröffnung entsteht; war sie bereits vorher angelegt und wird sie erst nach Eröffnung erfüllbar, lässt § 95 Abs. 1 die Aufrechnung zu. Absatz 1 Nr. 3 enthält einen **Sondertatbestand** einer ipso-iure-Insolvenzanfechtung. Absatz 2 ist eine aufgrund europarechtlicher Vorgaben (Finalitätsrichtlinie und Finanzsicherheitenrichtlinie, → Rn. 26) entwickelte Privilegierung von Zahlungsverkehrssystemen, vgl. auch §§ 21 Abs. 2, 81 Abs. 2, 130 Abs. 2, 147 Abs. 1 S. 2, 166 Abs. 2, 223 Abs. 1, 240 Abs. 3 (dazu *Binder* Bankeninsolvenzen S. 352 ff.).

2 Die **partielle Einführung eines Fiskusprivilegs** nach § 96 Abs. 3 InsO-E durch das HBlgG 2011 ist **nicht Gesetz geworden;** für die in § 55 Abs. 4 nF privilegierten Forderungen gilt § 96 aber eher nicht (→ § 55 Rn. 47, str.).

3 Die **Darlegungs- und Beweislast** richtet sich nach allgemeinen Regeln. Die Voraussetzungen für die Aufrechnungslage nach Maßgabe der §§ 94, 95 hat grds. der Insolvenzgläubiger darzulegen und zu beweisen; demnach trägt der Gläubiger trotz Absatz 1 Nr. 1 und 2 die Beweislast dafür, dass die Forderungen bereits bei Eröffnung im Kern angelegt waren und dann die Aufrechnungsvoraussetzungen eingetreten sind (bei § 95) bzw. dass die Aufrechnungslage bei Eröffnung bestand (bei § 94). Das Aufrechnungsverbot nach Absatz 1 Nr. 3 muss der Verwalter darlegen und beweisen (BGH ZIP 1997, 649 [651] = NJW 1997, 1991; Uhlenbruck/*Sinz* Rn. 71).

4 Für den **Rechtsweg** wird im Zweifel der Verwalter aus der vermeintlich nicht getilgten Hauptforderung vorgehen wollen, danach richtet sich auch der Rechtsweg (vgl. auch *v. Wilmowsky* KTS 1998, 343); zur Aufrechnung mit rechtswegfremden Forderungen → § 94 Rn. 33. Auch bei Absatz 1 Nr. 3 gilt nichts anderes; die Anfechtbarkeit ist, sofern sie als **Einwendung** gegen die Aufrechnung geltend gemacht wird, nicht rechtswegbestimmend (BGH ZInsO 2006, 1219 = NJW-RR 2007, 398; 2005, 707 [708] = NZI 2005, 499 [500]; HambK-InsO/*Jacoby* Rn. 24; zur Aufrechnung vor Eröffnung → Rn. 23). Allerdings bleibt es möglich, auf § 143 auszuweichen, soweit dies das der Aufrechnung zugrunde-

liegende Rechtsgeschäft betrifft (zur Konkurrenz → Rn. 12). Allerdings führt dies nicht notwendigerweise zur ordentlichen Gerichtsbarkeit (vgl. die verfehlte Entscheidung GmS-OGB NZI 2011, 15 Rn. 9 ff.).

II. Entstehen der Hauptforderung nach Eröffnung, Absatz 1 Nr. 1

5 Absatz 1 Nr. 1 meint nur den **Fall eines Entstehens der Hauptforderung,** gegen die der Insolvenzgläubiger aufrechnen will, **nach Eröffnung,** nicht den umgekehrten Fall des Entstehens der Gegenforderung, die dann Masseforderung wäre. Die Vorschrift ist für den Verwalter **bindend** (keine Umgehung durch **Verrechnungsabrede** OLG Jena ZInsO 2014, 842). Zur Masse schuldig geworden ist der Insolvenzgläubiger, wenn er zum Schuldner der Hauptforderung der Masse geworden ist. Das ist der Fall, wenn die Schuld entweder originär in der Person des Insolvenzgläubigers entsteht, durch vertragliche Begründung mit dem Verwalter (auch in Bezug auf Zinsschulden *Kilger/Karsten Schmidt* § 55 KO Anm. 3a; BGHZ 110, 47 [80] = NJW 1990, 982 [989]), als Schuldner einer Deliktsforderung oder eines gesetzlichen Schuldverhältnisses (Jaeger/*Windel* Rn. 17) oder, abgeleitet durch **Rechtsnachfolge,** im Falle der Schuldübernahme, auch soweit Forderung und Gegenforderung auf demselben Rechtsverhältnis beruhen (BGH WM 1957, 245 [247]; *Kilger/Karsten Schmidt* § 55 KO Anm. 3a), oder auf Gläubigerseite, wenn eine bestehende Forderung an den Verwalter für die Masse abgetreten wird, so dass der Insolvenzgläubiger jetzt Schuldner der massezugehörigen Forderung ist (BGH WM 1957, 245 [247]; *Kilger/Karsten Schmidt* § 55 KO Anm. 3a). Erfasst ist aber wegen § 35 als Neuerwerb auch die Begründung oder der Erwerb einer Forderung durch den Insolvenzschuldner selbst. IÜ deckt sich der **Anwendungsbereich mit §§ 94, 95,** dh grds. (Ausnahme → § 94 Rn. 5 ff.) keine Anwendung auf Massegläubiger; auch nicht, soweit deren nach Eröffnung erworbenen Forderungen teils vor, teils nach Eröffnung entstanden sind (BGHZ 30, 248 [250] = NJW 1959, 1874; *Kilger/Karsten Schmidt* § 55 KO Anm. 3d). Für die Frage der Begründetheit sind – auch bei Steuerforderungen – die **allgemeinen Maßstäbe** beachtlich (vgl. auch BGH NZI 2010, 17; → § 38 Rn. 14, → § 55 Rn. 18 ff.), der VII. Senat des BFH will indes bisher für Zwecke der Aufrechnung bei der Umsatzsteuer und der Frage, wann ein Steuererstattungsanspruch entsteht, auf den nach allgemeinen insolvenzrechtlichen Grundsätzen maßgebenden (vorinsolvenzlichen) Zeitpunkt der Leistungserbringung abstellen, um § 96 Abs. 1 Nr. 1 auszuschalten und dem Fiskus die Aufrechnung gegenüber diesen Erstattungsansprüchen zu ermöglichen (BFH NZI 2005, 276 [277]; DStRE 2007, 728 [729] = ZIP 2007, 829; zur Vorauszahlung FG Bln-Bbg ZIP 2010, 1708), während der Steueranspruch des Fiskus iÜ bei **nachinsolvenzlicher Vereinnahmung** Masseforderung sein soll (so der V. Senat) (BFH DStR 2009, 851 = ZInsO 2009, 920; NJW 2011, 1998 [1999]; dazu → § 55 Rn. 19); das ist eine unzulässige Rosinentheorie (dazu *Kahlert* DStR 2010, 921). Nach neuerer Rspr. des VII. Senats des BFH ist allerdings die Verrechnung von Insolvenzforderungen des Finanzamts mit einem aus der Honorarzahlung an einen vorläufigen Insolvenzverwalter resultierenden **Vorsteuervergütungsanspruch** des Insolvenzschuldners, sofern bei Erbringung der Leistungen des vorläufigen Insolvenzverwalters die Voraussetzungen der §§ 130, 131 InsO vorgelegen haben, unzulässig nach § 96 Abs. 1 Nr. 3 (BFH NZI 2011, 553 Rn. 23 ff. = ZIP 2011, 181; dazu *Jatzke* DStR 2011, 919) (dazu → § 96 Rn. 5). Der BFH hat aber zudem in Änderung der Rspr. entschieden, dass entscheidend ist, wann der materiell-rechtliche **Berichtigungstatbestand des § 17 Abs. 2 UStG** verwirklicht wird, nicht wann die zu berichtigende Steuerforderung begründet wurde (so jetzt BFH NZI 2012, 1022; ferner BFH ZIP 2013, 1680 Rn. 30). Diese **Rspr.** ist ebenso **verfehlt** wie jene zu § 55 (→ § 55 Rn. 18). Das Finanzamt kann nicht gegen den An-

spruch auf **Auszahlung des KSt-Guthabens** wegen dessen Abhängigkeit von einem Gewinnausschüttungsbeschluss aufrechnen (BFH NJW-Spezial 2011, 503; vgl. aber NdsFG ZInsO 2010, 1749: Bedingung iSd § 95). Wegen der Einzelheiten vgl. ua → **Anh. Steuerrecht Rn. 274 ff.** und Uhlenbruck/*Sinz* Rn. 18 ff. In allen Fällen kann aber **§ 96 Abs. 1 Nr. 3** greifen (BFH ZIP 2013, 379 Rn. 2). Das Aufrechnungsverbot gegen **Steuererstattungsansprüche** gilt fort, wenn diese Ansprüche bei Verfahrensaufhebung einer Nachtragsverteilung vorbehalten werden (FG Bln-Bbg ZIP 2011, 1580 f.). Ein sich durch Berichtigung nach Eröffnung ergebender **Umsatzsteuererstattungsanspruch** soll bereits vor Eröffnung begründet sein, so dass das FA mit Insolvenzforderungen aufrechnen könne (so FG Düsseldorf EFG 2014, 1362; zweifelhaft, Revision unter Az. VII R 29/14; aA FG Bln-Bbg EFG 2013, 1201; *Marchal/Nobereit* ZInsO 2014, 2308 [2310]). Zur KfZ-Steuer BFH ZIP 2014, 979.

Zur **Erfüllungswahl** Jaeger/*Windel* Rn. 20 ff.; → § 95 Rn. 11 ff. Erfüllt der Verwalter ein Dienstverhältnis des Schuldners weiter, so kann gegen die Entgeltforderung der Masse nicht aufgerechnet werden (BGH NZI 2011, 936). Was die Fälle des § 94 betrifft, so ist § 96 Abs. 1 Nr. 1 deklaratorisch, weil ohne die Schuldnerstellung des Insolvenzgläubigers keine Aufrechnungslage vorliegt. Hat der Insolvenzschuldner vor Eröffnung an einen Dritten abgetreten und wird die Forderung an die Masse **zurückabgetreten,** so bleibt die Aufrechnung trotz Absatz 1 Nr. 1 möglich, wenn der Schuldner der Insolvenzforderung nach §§ 404–406 BGB schon gegen den Dritten hätte aufrechnen können (BGHZ 56, 111 [114] = NJW 1971, 1270; MüKoInsO/*Brandes/Lohmann* Rn. 16; Kübler/Prütting/Bork/*Lüke* Rn. 10); dem ist wegen des Primats des materiellen Rechts für Fälle des § 94 zu folgen; zum umgekehrten Fall des Rückerwerbs durch den Insolvenzgläubiger s. Absatz 1 Nr. 2. Der vom Insolvenzschuldner Beauftragte kann gegen den Herausgabeanspruch nicht aufrechnen, wenn er – weil dann wegen Erlöschens des Auftrags bereicherungsrechtliche Haftung – erst nach Eröffnung etwas in Ausführung des Auftrags erlangt (BGHZ 107, 88 [89 ff.] = NJW 1989, 1353 [1354]); anders wenn nach §§ 115 Abs. 3, 116 das **Fortbestehen des Auftrags** fingiert wird, so dass §§ 675, 667 BGB greifen. 6

In Fällen des § 95 Abs. 1 kommt es darauf an, dass die Hauptforderung nicht schon vor Eröffnung **im Kern angelegt** gewesen sein darf (→ Rn. 1), nur dann greift Absatz 1 Nr. 1 ein. Demgemäß ist die Aufrechnung nach Absatz 1 Nr. 1 ausgeschlossen beim **gesellschaftsrechtlichen Abfindungsanspruch,** soweit er erst nach Eröffnung durch Kündigung entsteht (→ § 95 Rn. 9), bei Bereicherungsansprüchen der Masse (Kübler/Prütting/Bork/*Lüke* Rn. 11 m. w. Bsp.); bei **Überweisungen auf debitorische Konten** nach Eröffnung (*Dampf* KTS 1998, 145 [152]; Kübler/Prütting/Bork/*Lüke* Rn. 12); bei erst nach Eröffnung verwirklichtem Steuererstattungsanspruch (→ § 95 Rn. 10). Für gegenseitige Verträge und solche iSd § 108 Abs. 1 S. 1 vgl. → § 95 Rn. 11. Gegen den **anfechtungsrechtlichen Rückgewähranspruch** ist keine Aufrechnung möglich, weil er nach Auffassung der Rspr. (BGHZ 15, 333 [337] = NJW 1955, 259; BGH NJW-RR 2004, 1190) erst nach Eröffnung entsteht; tatsächlich entsteht er jedenfalls bei §§ 133, 134 schon vorher aufschiebend bedingt (*Thole,* Gläubigerschutz durch Insolvenzrecht, 528 ff.); doch aus dem besonderen Zweck des Anspruchs ergibt sich ein Aufrechnungsverbot (*Henckel* JZ 1996, 531 [532]; MüKoInsO/*Brandes/Lohmann* Rn. 10). § 814 BGB hat insoweit keine Bedeutung (BGH NJW 2009, 363 [364]; *Thole* KTS 2011, 219 [235 f.]; anders noch BGHZ 113, 98 [105] = NJW 1991, 560; MüKoInsO/*Brandes,* Rn. 10). 7

§ 110 Abs. 3 S. 1 ist eine Privilegierung gegenüber § 96 Abs. 1 Nr. 1 (BGH ZInsO 2005, 884 = NJW-RR 2005, 1641). 8

III. Erwerb der Gegenforderung nach Eröffnung, Absatz 1 Nr. 2

9 Nach Absatz 1 Nr. 2 ist die Aufrechnung ausgeschlossen, wenn der Insolvenzgläubiger seine Gegenforderung erst nach Eröffnung (nicht schon nach Antragstellung, dann aber ggf. Absatz 1 Nr. 3, *v. Wilmowsky* NZG 1998, 481 [487]) von einem anderen Gläubiger erwirbt. Anders als bei Absatz 1 Nr. 1 kommt es hier nicht auf Haupt-, sondern auf die Gegenforderung an, die Ausplünderung der Masse entgegen der Gläubigergleichbehandlung soll vermieden werden (HK-InsO/*Kayser* Rn. 25). Der Erwerb kann durch Einzel- oder Gesamtrechtsnachfolge erfolgen. Anders zu beurteilen ist der Fall der Gesamtrechtsnachfolge etwa beim Erbfall, wenn der Erbe in die Stellung des Insolvenzgläubigers eintritt und der Erblasser schon vor Eröffnung die Möglichkeit zur Aufrechnung hatte, dann kann Absatz 1 Nr. 2 seinem Zweck nach nicht greifen (so auch HambK-InsO/*Jacoby* Rn. 4). Auch bei Absatz 1 Nr. 2 greift das Aufrechnungsverbot nicht ein, wenn die Gegenforderung vor Eröffnung aufschiebend bedingt war und dann wegen Bedingungseintritts nach § 95 aufgerechnet werden kann (beachte § 95 Abs. 1 S. 3); ebenso, wenn die Gegenforderung ihrem Kern nach vorhanden und für den Zedenten aufrechenbar war bzw. gewesen wäre (MüKoInsO/*Brandes/Lohmann* Rn. 24; Uhlenbruck/*Sinz* Rn. 34; vgl. aber für Absatz 1 Nr. 3 BGH ZIP 2007, 1507 [1509]). Daher gelten die Maßgaben → § 95 Rn. 7 ff. auch hier.

10 Erwirbt der Insolvenzgläubiger die von ihm zuvor abgetretene Forderung nach Eröffnung zurück, so gilt ebenfalls Absatz 1 Nr. 2 (HambK-InsO/*Jacoby* Rn. 5), auch bei **Factoring** (Gottwald InsR-HdB/*Adolphsen* § 45 Rn. 92). Erfolgte der **Rückerwerb** vor Eröffnung, kann nach § 94 aufgerechnet werden und Absatz 1 Nr. 2 greift schon nach seinem Wortlaut nicht. War vor Eröffnung die Erstabtretung an den Dritten erfolgt, bestand schon bei Eröffnung keine Aufrechnungslage iSd § 94; § 95 greift nicht. Dann scheidet die Aufrechnung ohnedies richtigerweise aus (MüKoInsO/*Brandes/Lohmann* Rn. 21). Streitig ist nur die Behandlung des Rückerwerbs, wenn der Insolvenzgläubiger die Gegenforderung nur **sicherungshalber** zediert hatte und dann nach Eröffnung zurückerwirbt. Auch dann gilt nichts anderes, dh Absatz 1 Nr. 2 greift ein (HambK-InsO/*Jacoby* Rn. 5; HK-InsO/*Kayser* Rn. 28; *Häsemeyer* Rn. 19.13; Gottwald InsR-HdB/*Adolphsen* § 45 Rn. 94; *Ganter* FS Kirchhof, 2013, 105 [110 ff.]; aA *Fricke* NJW 1974, 2118 [2119]; *Kesseler* ZInsO 2001, 148 [151 ff.]), entscheidend ist eben stets die **dingliche Zuordnung der Forderung** (Gottwald InsR-HdB/*Adolphsen* § 45 Rn. 95, Uhlenbruck/*Sinz* Rn. 18). Mit § 406 BGB (relevant für Abs. 1 Nr. 1, → Rn. 6; nicht ganz klar HambK-InsO/*Jacoby* Rn. 5) hat dies nichts zu tun, da § 406 BGB nur die Aufrechnungsbefugnis des Schuldners der abgetretenen Forderung behandelt und gerade nicht den Fall der Aufrechnung durch den Zessionar. Dementsprechend ist stets nur die Aufrechnung möglich, wenn die Voraussetzungen des §§ 94, 95 in der Person des Insolvenzgläubigers vorliegen, zB bei Sicherungszession und Rückerwerb nach Eröffnung, weil und wenn dann die bei Eröffnung vorhandene Aufrechnungslage wieder hergestellt wird (RGZ 51, 394 [396]; *Ganter* FS Kirchhof, 2013, 105 [118]; Gottwald InsR-HdB/*Adolphsen* § 45 Rn. 96, aA Jaeger/*Windel* Rn. 39). Bei einer fremdnützigen **Treuhand** geht die hM von einer Aufrechnungsbefugnis des Rückerwerbers aus (Gottwald InsR-HdB/*Adolphsen* § 45 Rn. 97; HambK-InsO/*Jacoby* Rn. 5). Das ist im Ansatz richtig, hat aber mit dem Zweck der **Inkassozession** nichts zu tun; bei der fremdnützigen Treuhand mit bloßer **Einziehungsermächtigung** wird vielmehr von vornherein nicht abgetreten, so dass auch kein echter Rückerwerb erforderlich ist (vgl. auch Gottwald InsR-HdB/*Adolphsen* § 45 Rn. 97). Das betrifft lediglich den Fall einer Inkassozession mit echter Abtretung; hier bleibt es grds. bei der Regelung des § 96 Abs. 1 Nr. 2, wenn man nicht nach wirtschaftlicher

Zuordnung entscheiden will (widersprüchlich MüKoInsO/*Brandes/Lohmann* Rn. 21: dingliche Betrachtung und → Rn. 23: wirtschaftliche Zuordnung). Eine Ausnahme kann man hier nur anerkennen, wenn Treugeber (Zedent) und Treuhänder (Zessionar) ganz eng verflochten sind und damit gegenüber dem Schuldner als eine Person erschienen waren (in diesem Sinne auch recht eng BGHZ 110, 47 [81] = NJW 1990, 982 [990]; BGHZ 25, 360 [367] = WM 1957, 1593; weiter offenbar MüKoInsO/*Brandes/Lohmann* Rn. 23; HambK-InsO/*Jacoby* Rn. 5).

Absatz 1 Nr. 2 gilt entsprechend, wenn der Insolvenzgläubiger nicht die Forderung erwirbt, wohl aber kraft materiellen Rechts die Aufrechnungsbefugnis. 11
Daher ergibt sich aus dem Rechtsgedanken des Absatz 1 Nr. 2 die **Unzulässigkeit der Aufrechnung bei Konzernverrechnungsklauseln und wechselseitigen stillen Zessionen** (→ § 94 Rn. 27). Der Aufrechnungsmöglichkeit nach § 226 Abs. 4 AO, § 52 SGB I steht § 96 Abs. 1 Nr. 2 nicht entgegen (BGHZ 177, 1 = NJW 2008, 479 = ZInsO 2008, 742 Rn. 27; MüKoInsO/*Brandes/Lohmann* Rn. 25; aA *Häsemeyer* Kölner Schrift InsO Kap. 15 Rn. 48 f.; vgl. auch → § 94 Rn. 16, 31).

IV. Anfechtbare Herstellung der Aufrechnungslage, Absatz 1 Nr. 3

1. Allgemeines. Die Regelung geht über § 55 Nr. 3 KO hinaus, weil sie nicht 12
mehr nach der zeitlichen Reihenfolge der Entstehung von Haupt- und Gegenforderung unterscheidet. Die Vorschrift schränkt die durch § 94 InsO grds. unberührt bleibende „Selbstexekutionsbefugnis" des Aufrechnenden ein, indem sie ihm die Aufrechnung verwehrt, wenn die Aufrechnungslage in anfechtbarer Weise herbeigeführt worden ist. Diese Sonderregelung begründet eine **Gegeneinrede der Anfechtbarkeit bei der Geltendmachung der Hauptforderung der Masse** gegen einen Insolvenzgläubiger, der zugleich Schuldner des Insolvenzschuldners ist und sich auf die Erfüllungswirkung der Aufrechnung beruft. Absatz 1 Nr. 3 versagt über § 143 hinaus der Aufrechnung eo ipso die Anerkennung (BGHZ 159, 388 [393] = NJW 2004, 3118; BGH NZI 2004, 620; 2005, 499 [500]. Zur grundsätzlichen Selbständigkeit von Aufrechnung und Anfechtung BGHZ 58, 108 [113] = NJW 1972, 633; BGHZ 147, 233 [236 ff.] = NJW 2001, 1940. Die gläubigerbenachteiligenden Wirkungen können auch **selbständig angefochten** werden (BGH ZInsO 2010, 1378 Rn. 8). Auf **Verrechnungen** kann § 96 Abs. 1 Nr. 3 entsprechend angewendet werden (BGH ZIP 2015, 1398 Rn. 8 mwNachw; OLG Düsseldorf ZInsO 2013, 1195 [1196]).

Gemeint ist die **Anfechtbarkeit der Herstellung der Aufrechnungslage,** 13
nicht notwendigerweise des dem zugrundeliegenden Rechtsgeschäfts (BGH NZI 2004, 620 = NJW-RR 2005, 125 [127]); auch nicht gemeint ist eine etwaige Aufrechnungserklärung durch den Schuldner (ausf. *v. Olshausen* KTS 2001, 45 [46 ff.]).

Erfasst ist anders als bei Absatz 1 Nr. 1, 2 und 4 nur eine **vor Eröffnung** 14
hergestellte Aufrechnungslage. Maßgeblicher Zeitpunkt ist derjenige des § 140; entscheidend ist der Eintritt der Rechtswirkungen. In Fällen des § 95 kann § 140 Abs. 3 eingreifen, hinsichtlich der Anfechtbarkeitsprüfung ist auf den **Zeitpunkt** abzustellen, in dem die bedingte Aufrechnungsmöglichkeit geschaffen wird (BGH ZInsO 2004, 852 [854] = NJW 2004, 3118; *G. Fischer* ZIP 2004, 1679 [1683]); für **Befristungen** gilt das entsprechend (BGH ZIP 2007, 1507 [1509]; ZInsO 2005, 94 [95] = NJW-RR 2005, 487; HambK-InsO/*Jacoby* Rn. 14). Es gelten die Grundsätze bei → § 94 Rn. 19, → § 95 Rn. 7 ff.

Der **Insolvenzverwalter** erhält mittels der §§ 94, 96 Abs. 1 Nr. 3 InsO 15
Gelegenheit, die von ihm zu fordernde Leistung ungeachtet der Aufrechnung durchzusetzen, sofern er – was unabhängig davon möglich ist – nicht auch das die Aufrechnung ermöglichende Geschäft wirksam angefochten hat (BGHZ 145, 245

[255] = NJW 2001, 367; 147, 233 [235] = NJW 2001, 1940; BGH KTS 2005, 89 [90]). Tendenziell ist Absatz 1 Nr. 3 InsO **weit** auszulegen; in ihrer Gestalt als Gegeneinrede der Anfechtbarkeit erstreckt sich die Vorschrift insbes. auch auf die anfechtbare Begründung von Verrechnungsvereinbarungen (BGH ZIP 2004, 1912 [1913]; NZI 2007, 222 Rn. 12; OLG Dresden WM 2007, 31 [32]; *Gerhardt* KTS 2004, 195 [202]; anders offenbar BGH ZIP 2005, 1651). Die Rspr. will auf die Hauptforderung **§ 146 Abs. 1 analog** anwenden (BGHZ 169, 158 [165 f.] = BGH ZInsO 2006, 1215 [1216] mwN = BB 2006, 2654 [2656]; → Rn. 22).

16 **2. Voraussetzungen. a) Rechtshandlung.** Angeknüpft werden kann an jede **Rechtshandlung iSd § 129** (→ § 129 Rn. 26), die dazu führt, dass die Aufrechnungslage entsteht, sich also die wechselseitigen Forderung nach § 387 BGB iVm §§ 94, 95 aufrechenbar gegenüber stehen (BGH NZI 2010, 903 Rn. 9 mwN; zu den Voraussetzungen der Aufrechnung → § 94 Rn. 10 ff.); ebenso zum Entstehen der Umsatzsteuer (BGH NZI 2010, 17 Rn. 17 ff.). Ob eine Rechtshandlung des Schuldners erforderlich ist, entscheidet sich am Anfechtungstatbestand (BGH ZInsO 2010, 1378 Rn. 9; → Rn. 18). Gemeint ist bspw. der Erwerb oder die Begründung der Gegenforderung für den späteren Insolvenzgläubiger oder die Begründung einer Forderung des Insolvenzschuldners zu dem Zwecke, dem Gläubiger später die Aufrechnung zu ermöglichen; auch denkbar bei gesetzlichem Forderungsübergang (BGH NZI 2010, 903 Rn. 10). Absatz 1 Nr. 3 erfasst zudem trotz seiner unglücklichen Formulierung sowohl **die Herstellung einer Gläubigerstellung eines Schuldners der Masse als auch den umgekehrten Fall** der Herstellung einer Schuldnerstellung des Insolvenzgläubigers BGH NZI 2005, 553; *Häsemeyer* Kölner Schrift InsO S. 645, 648 Rn. 7; *Paulus* ZIP 1997, 569 [576]; zur KO BGH NJW 1972, 633 [634]). Gleichzusetzen ist die Herstellung der **wirtschaftlichen Werthaltigkeit der Forderungen.** Diese letztgenannte Situation kann eintreten, wenn zwar die Hauptforderung bereits besteht, aber erst infolge der Leistungen des Insolvenzschuldners an den Insolvenzgläubiger für diesen Anlass besteht nunmehr seinerseits die Aufrechnung zu erklären BGH ZIP 2001, 2055 (2056) = NJW-RR 2002, 262 (263); OLG München NZI 2010, 192; vgl. auch BGHZ 147, 28 (31) = NJW 2001, 3704; BGHZ 145, 245 (253) = ZIP 2000, 2207). Maßgeblicher Zeitpunkt § 140. Beim **Werthaltigwerden** ist die Erbringung der Leistung maßgeblich, nicht die Rechnungsstellung (BGH NZI 2013, 344 Rn. 12).

17 **b) Gläubigerbenachteiligung.** Auch die übrigen Voraussetzungen der Anfechtbarkeit müssen vorliegen. Das betrifft zunächst eine objektive, auch mittelbare Gläubigerbenachteiligung iSd § 129 InsO, die aus Herstellung der Aufrechnungslage und Aufrechnung folgt (HK-InsO/*Kayser* Rn. 34) und unabhängig vom Willen der Beteiligten eintreten kann (BGH ZIP 2013, 1180 Rn. 6). **Vorteilsausgleichung** findet nicht statt, auch wenn die Aufrechnungslage auf einem für die Masse günstigen Kaufvertrag beruht (HambK-InsO/*Jacoby* Rn. 15). An der Benachteiligung kann es bei einer Aufrechnung durch den **Absonderungsberechtigten** fehlen, sofern das Absonderungsrecht selbst anfechtungsfest erworben ist (BGH ZInsO 2008, 91 = NJW 2008, 430; ZInsO 2004, 856 [858] = NJW-RR 2004, 1493; ZInsO 2004, 1028 [1029 f.] = NJW-RR 2005, 125; HambK-InsO/*Jacoby* Rn. 17); die **Kostenpauschalen** nach §§ 170, 171 ändern daran nichts (BGH ZInsO 2004, 1028 [1029 f.]; 2003, 1101 [1103] = NJW-RR 2004, 846). Das vorinsolvenzliche **Ablösen von Sicherungseigentum bzw. die Verwertung der Sicherheit,** auch durch Selbstübernahme des Absonderungsberechtigten, ist bei wertausschöpfender Belastung nicht gläubigerbenachteiligend (vgl. BGH NJW 2012, 2517 Rn. 22 ff. = ZIP 2012, 1301), richtigerweise in diesen Fällen auch nicht wegen der (sonst fast immer zu bejahenden) Beeinträchtigung von (mehr oder weniger) konkreten **Fortführungsmöglichkeiten.**

IÜ ist bei Aufrechnung durch Insolvenzgläubiger gegen eine mit dem Absonderungsrecht eines Dritten belastete Forderung der Masse aber Gläubigerbenachteiligung gegeben (BGHZ 147, 233 [239] = NJW 2001, 1940; BGH NJW-RR 2006, 1062 [1063] mwN).

c) Anfechtungstatbestand. Ein Anfechtungstatbestand muss eingreifen. Die 18
Anfechtung nach § 133 und § 134 sowie § 135 wird hier zu Unrecht oft vernachlässigt; bei Verrechnung im Cash-Pool ist aber allenfalls § 135 Abs. 1 Nr. 2 anwendbar (*Thole* ZInsO 2011, 1433; *Hamann* NZI 2008, 667; verfehlt *Klinck/Gärtner* NZI 2008, 457 [459]: § 135 Abs. 1 Nr. 1). In der Regel wird die Deckungsanfechtung herangezogen, dabei geht es genau genommen um eine Gleichstellung der Herstellung der Aufrechnungslage mit einer Deckung. Die *Herstellung* der Aufrechnungslage wird bereits wie eine Erfüllung der Forderung behandelt (vgl. *Häsemeyer* Rn. 19.15; *ders.* Kölner Schrift InsO Kap. 15 Rn. 35, *Thole,* Gläubigerschutz durch Insolvenzrecht, S. 380). Die Diskussion verläuft zwischen einer ausschließlichen **Anwendung des § 130 und jener des § 131** (für § 130 BGHZ 58, 108 [110] = NJW 1972, 633; BGHZ 89, 189 [194 f.] = NJW 1984, 1557; *Häsemeyer* Kölner Schrift InsO S. 645, 656 Rn. 35; offen BGH ZIP 2001, 885 f.; für § 131 BGHZ 147, 233 [240] = NJW 2001, 1940; BGH NZI 2005, 553; auch unter Berücksichtigung des § 133 aber *Bork* Insolvenzrecht Rn. 266a). Die Gesetzgebungsgeschichte spricht für eine Parallele zur kongruenten Deckung (*Häsemeyer* Kölner Schrift InsO Kap. 15 Rn. 35; Kübler/Prütting/Bork/*Lüke* Rn. 47 unter Hinweis auf den nicht ganz klaren 1. Bericht der Kommission für Insolvenzrecht, Begr. zu Ls. 3.6.4., S. 338 f.; nicht abweichend Begründung RegE zu § 108 InsO-RegE, BT-Drs. 12/2443, 141). Der **BGH differenziert** mit Recht. Ob die Begründung der Aufrechnungslage zu einer kongruenten oder einer inkongruenten Deckung führt, richtet sich danach, ob der Aufrechnende einen **Anspruch auf Abschluss der Vereinbarung** hatte, welche die Aufrechnungslage entstehen ließ (BGHZ 147, 233 [240] = NJW 2001, 1940; BGH ZIP 2006, 818 [819] mwN; NZG 2009, 995; NZI 2010, 985 Rn. 27 mwN; NZI 2014, 114 Rn. 15 [dort zur Aufrechnung gegen § 64 GmbHG]; *G. Fischer* ZIP 2004, 1681 [1683]). Bei wörtlichem Verständnis wäre die Entscheidung davon abhängig zu machen, ob zB bereits ein Vorvertrag bestand, der die Parteien zum Abschluss eines späteren Schuldvertrags verpflichtete, der wiederum die Gegenforderung des Insolvenzgläubigers entstehen ließ. In der Tat vertritt der BGH in einer Entscheidung die Ansicht, die Herstellung einer Aufrechnungslage sei inkongruent, soweit die Aufrechnungsbefugnis sich nicht aus dem zwischen dem Schuldner und dem Gläubiger zuerst entstandenen Rechtsverhältnis ergebe (BGH ZIP 2006, 818 [819]).

Diese **Differenzierung** ist mit einer Ansicht im Schrifttum (*Bork* FS Ishikawa, 19
2001, 31 [42]; *Steinhoff* ZIP 2000, 1141 [1144]) zu **präzisieren**: Wenn mit der Aufrechnung des Gläubigers zu rechnen war, weil die Hauptforderung des Insolvenzschuldners bereits bestand, als die Gegenforderung des Gläubigers begründet wurde, so handelt es sich um eine kongruente Deckung und einen Anwendungsfall des § 130; dagegen hat der aufrechnende Insolvenzgläubiger keinen Anspruch auf Erwerb einer Aufrechnungslage, wenn erst das Rechtsgeschäft mit dem Insolvenzschuldner ihm die Aufrechnungsmöglichkeit für seine bereits zuvor bestehende Insolvenzforderung schafft, so dass die Zuordnung zur inkongruenten Deckung und damit zu § 131 näherliegt.

Ist also der Insolvenzgläubiger in einer „starken“ Position, da seine Forderung 20
bereits entstanden und fällig ist, so muss er bei dem Abschluss weiterer Rechtsgeschäfte innerhalb der Suspektsperiode auf die Interessen anderer Gläubiger Rücksicht nehmen: § 131 Abs. 1 gerechtfertigt. Ist demgegenüber der Insolvenzschuldner in der „starken“ Position, da nur er eine Forderung gegen den (späteren)

Insolvenzgläubiger hat, dann ist bei der Herstellung der Aufrechnungslage zugunsten des Insolvenzgläubigers der Zusammenhang mit der Deckung einer bereits ex ante bestehenden Forderung des Insolvenzgläubigers geringer und die Gleichstellung mit einer kongruenten Deckung geboten (*Thole,* Gläubigerschutz durch Insolvenzrecht, 380 f.).

21 **Hinsichtlich der subjektiven Erfordernisse** gelten die Regeln des jeweiligen Tatbestands. Bei Aufrechnung durch eine **Behörde** kann diese sich nicht auf Unkenntnis wegen einer unterbliebenen Mitteilung durch eine andere Behörde berufen, dh **Kenntniszurechnung** (BGH NJW 2011, 2791 = ZIP 2011, 1523); Entsprechendes gilt, wenn die aufrechnende Behörde diese Informationen erst im Laufe des Rechtsstreits zum Zwecke der Aufrechnung einholt (BGH ZIP 2014, 1497 Rn. 2).

22 **3. Rechtsfolgen.** Die Aufrechnung ist *insolvenzrechtlich* unwirksam; die übrigen Rechtsfolgen der Rechtshandlung bleiben grds. unberührt (BGH ZInsO 2004, 1028 [1029] = NJW-RR 2005, 125; HambK-InsO/*Jacoby* Rn. 24). Für die **Verjährung** der nicht getilgten und damit weiter vom Verwalter geltend zu machenden Hauptforderung und deren Geltendmachung durch den Verwalter soll nach BGH § 146 Abs. 1 gelten, unabhängig davon, ob dessen Frist kürzer oder länger als die materielle Verjährungsfrist ist (BGHZ 169, 158 [165 f.] = BGH ZInsO 2006, 1215 [1216] mwN = BB 2006, 2654 [2656]; BGH ZIP 2007, 1467 [1468] = ZInsO 2007, 813; BFH ZIP 2015, 1598 Rn. 11); bei **Fristversäumung** bleibt es bei Erlöschen der Hauptforderung (*Kreft* FS Fischer, 2008, 299 [301]).

23 **4. Aufrechnungen vor Eröffnung.** § 96 Abs. 1 Nr. 3 InsO ist auf **Aufrechnungen vor Verfahrenseröffnung** mit der Folge einer bei Verfahrenseröffnung eintretenden ex-tunc Unwirksamkeit zu erstrecken, ohne auf § 143 InsO angewiesen zu sein (BGH ZIP 2003, 2370 [2371]; BGHZ 165, 159 Rn. 11 = BB 2006, 2654 [2655 f.]; Bork InsR-HdB/*Jacoby* Kap. 16 Rn. 7). Diese von der hM vertretene Position ist allerdings in die Kritik geraten (aA *Gerhardt* KTS 2004, 195 [199 f.]; *Ries* ZInsO 2005, 848 [851 ff., 852]; *Zenker* NZI 2006, 16 [18 ff.]). Für die hM spricht aber die Parallele zu § 88 (*Thole,* Gläubigerschutz durch Insolvenzrecht, 380).

24 **5. Kontokorrentverrechnung.** Bei Kontokorrentkonto sind Verrechnungen, bei denen die Bank den Kunden über Guthaben wegen eingegangener Beträge (Anspruch des Kunden auf Gutschrift) wieder verfügen lässt, idR **Bargeschäfte** iSd § 142 (s. dort; BGHZ 150, 122 [130] = NJW 2002, 1722, BGH ZInsO 2004, 854 [855] = NZI 2004, 401; allg. zu Insolvenzfolgen bei Zahlungsverkehrssystemen *Obermüller,* Insolvenzrecht in der Bankpraxis, 8. Aufl. 2011, Rn. 3.100 ff.). Bei **nicht vertragsgemäßer Abwicklung** ist die Rückführung des Saldos durch die Bank bei positiver Differenz Eingänge/Ausgänge als inkongruente Deckung zu behandeln, soweit das KK-Verhältnis fortbesteht und sich die Rückführung im Kreditrahmen bewegt (HK-InsO/*Kayser* Rn. 48), also kongruente Deckung, wenn der ggf. stillschweigend durch Duldung erweiterte Kreditrahmen überschritten ist bzw. nach Kündigung des Kredits (BGHZ 150, 122 [127 ff.] = NJW 2002, 1722; HK-InsO/*Kayser* Rn. 46 mwN; vgl. auch BGH ZInsO 2010, 2399 = WM 2010, 2368); entscheidend ist, ob Anspruch der Bank auf Rückzahlung bestand (BGH NJW 2009, 2307 Rn. 13 = NZI 2009, 436). Solange der Kreditrahmen ungekündigt fortbesteht, darf die Bank eben noch keine Rückzahlung verlangen. Entscheidend ist der **Anfechtungszeitraum, nicht der höchste Sollstand** des Kontos (vgl. BGH ZIP 2008, 237 f.; HK-InsO/*Kayser* Rn. 44). Zu Verrechnungen bei Steuerforderungen → § 95 Rn. 16, 31 und → Anh. Steuerrecht Rn. 297.

V. Gegenforderung gegen das freie Vermögen des Schuldners, Absatz 1 Nr. 4

Die Regelung trägt der Trennung der Vermögensmassen und der haftungsrechtlichen Zuordnung Rechnung. Neu erworbene Forderungen des Insolvenzschuldners selbst zählen als Neuerwerb zur Masse. Gleichwohl kann der Schuldner des Insolvenzschuldners und Gläubiger einer Forderung, die aus dem insolvenzfreien Vermögen zu erfüllen ist, nicht gegen die Hauptforderung der Masse aufrechnen. Er muss sich aus dem insolvenzfreien Vermögen befriedigen; freilich nicht durch Aufrechnung gegen den Insolvenzschuldner, weil diese keine Forderungszuständigkeit mehr hat in Bezug auf die Hauptforderung. Der Gläubiger der Gegenforderung soll durch § 406 BGB, § 82 gegenüber dem Leistungsbegehren des Verwalters geschützt sein, wenn er bei Vertragsschluss nichts von der Eröffnung weiß (MüKoInsO/*Brandes/Lohmann* Rn. 40; HK-InsO/*Kayser* Rn. 59). Dabei wird übersehen, dass § 82 auf Erfüllungssurrogate nicht anwendbar ist (→ § 82 Rn. 5): Dementsprechend besteht der Schutz nur, wenn der Gläubiger die Hauptforderung tatsächlich erfüllt, § 406 BGB greift (nur) entsprechend. Bei **konnexen** Forderungen wird § 96 Abs. 1 Nr. 4 teleologisch reduziert (*Windel* KTS 1995, 367 [401 f.]; MüKoInsO/*Brandes/Lohmann* Rn. 40, HK-InsO/*Kayser* Rn. 59). 25

VI. Privilegierung von Verrechnungen und Finanzsicherheiten, Absatz 2

Die rechtspolitisch fragwürdige Vorschrift wurde ursprünglich durch Richtlinie 98/26/EG v. 19.5.1998 veranlasst. Sie dient dem **Schutz von Zahlungsverkehrs- und Abrechnungssystemen** va bei Bankeninsolvenz zur Vermeidung von Dominoeffekten. Durch Gesetz v. 19.11.2010 (zur Umsetzung der geänderten Bankenrichtlinie und der geänderten Kapitaladäquanzrichtlinie wurde Absatz 2 erster Hs. geändert, Absatz 2 zweiter Hs. angefügt mWv 30.6.2011 (RestruktG, BGBl. I S. 1592). 26

Die Vorschrift **schließt Absatz 1 und § 95 Abs. 1 S. 3** aus. Über Finanzsicherheiten iSd § 17 KWG darf noch verfügt werden; Verrechnungen (Aufrechnungen) innerhalb von Systemen des § 1 Abs. 16 KWG sind nach Eröffnung noch möglich, allerdings begrenzt auf einen Tag nach Eröffnung bzw. nach Absatz 2 Hs. 2 einen Geschäftstag (§ 1 Abs. 16b KWG) nach Eröffnung (vgl. allg. *Ehricke* ZIP 2003, 273 [277 f.]). 27

Auskunfts- und Mitwirkungspflichten des Schuldners

97 (1) [1]**Der Schuldner ist verpflichtet, dem Insolvenzgericht, dem Insolvenzverwalter, dem Gläubigerausschuß und auf Anordnung des Gerichts der Gläubigerversammlung über alle das Verfahren betreffenden Verhältnisse Auskunft zu geben.** [2]**Er hat auch Tatsachen zu offenbaren, die geeignet sind, eine Verfolgung wegen einer Straftat oder einer Ordnungswidrigkeit herbeizuführen.** [3]**Jedoch darf eine Auskunft, die der Schuldner gemäß seiner Verpflichtung nach Satz 1 erteilt, in einem Strafverfahren oder in einem Verfahren nach dem Gesetz über Ordnungswidrigkeiten gegen den Schuldner oder einen in § 52 Abs. 1 der Strafprozeßordnung bezeichneten Angehörigen des Schuldners nur mit Zustimmung des Schuldners verwendet werden.**

(2) **Der Schuldner hat den Verwalter bei der Erfüllung von dessen Aufgaben zu unterstützen.**

(3) [1]**Der Schuldner ist verpflichtet, sich auf Anordnung des Gerichts jederzeit zur Verfügung zu stellen, um seine Auskunfts- und Mitwirkungspflichten zu erfüllen.** [2]**Er hat alle Handlungen zu unterlassen, die der Erfüllung dieser Pflichten zuwiderlaufen.**

Schrifttum: *Bader,* Das Verwendungsverbot des § 97 Abs. 1 S. 3 InsO, NZI 2009, 416; *Bittmann/Rudolph,* Das Verwendungsverbot gemäß § 97 Abs. 1 Satz 3 InsO, wistra 2001, 81; *Böhm,* Strafrechtliche Verwertbarkeit der Auskünfte von Arbeitnehmern bei unternehmensinternen Untersuchungen, WM 2009, 1923; *Bous/Solveen,* Pflicht zur Verschwiegenheit gemäß § 18 BNotO im Insolvenzverfahren, DNotZ 2005, 261; *Bruder,* Auskunftsrecht und Auskunftspflicht des Insolvenzverwalters und seiner Mitarbeiter, ZVI 2004, 332; *Diversy,* Eigene Angaben des Insolvenzschuldners gegenüber dem Insolvenzgericht als Erkenntnisquelle der Staatsanwaltschaft?, ZInsO 2005, 180; *Gaiser,* Die Auskunfts- und Mitwirkungspflichten des Schuldners gem. § 97 InsO und die Frage nach alternativen Auskunftsquellen, ZInsO 2002, 472; *Grub,* Die Stellung des Insolvenzverwalters im Insolvenzverfahren, in: Kölner Schrift zur Insolvenzordnung, 3. Aufl. 2009, S. 491 ff.; *Hartwig,* Auskunfts- und Mitwirkungspflichten des Schuldners im Insolvenzverfahren, InsbürO 2014, 183; *Heeseler,* Auskunfts-/Akteneinsichtsrechte und weitere Informationsmöglichkeiten des Gläubigers im Regelinsolvenzverfahren, ZInsO 2001, 873; *Hefendehl,* Beweisermittlungs- und Beweisverwertungsverbote bei Auskunfts- und Mitwirkungspflichten, wistra 2003, 1; *Heutz/Behler/Dauernheim,* Der Auskunftsanspruch des Insolvenzverwalters gegen Sozialversicherungsträger zur Vorbereitung einer Anfechtung im Zeitalter des IFG – Alter Krieg mit neuen Waffen, ZIP 2008, 2296; *Hohnel,* Selbstbelastungsfreiheit in der Insolvenz, NZI 2005, 152; *Kemperdick,* Zum Verwendungsverbot des § 97 Abs. 1 Satz 3 InsO, ZInsO 2013, 1116; *Laroche,* Auskunftspflichten des Organvertreters in der Insolvenz der Gesellschaft, ZInsO 2015, 1469; *Nassall,* Auskunfts- und Akteneinsichtsrechte des Konkursverwalters gegenüber dem Rechtsanwalt des Gemeinschuldners?, KTS 1988, 633; *Priebe,* Die Entbindung des Wirtschaftsprüfers und des Steuerberaters von der Schweigepflicht durch den Insolvenzverwalter, ZIP 2011, 312; *Richter,* Auskunfts- und Mitteilungspflichten nach §§ 20, 97 Abs. 1 ff. InsO, wistra 2000, 1; *Schaake,* Informationsansprüche des Insolvenzverwalters gegenüber der Finanzverwaltung, 2014; *Stephan,* Das Bankgeheimnis im Insolvenzverfahren, WM 2009, 241; *Tetzlaff,* Unzugänglichmachung des Insolvenzeröffnungsgutachtens für die Staatsanwaltschaft?, NZI 2005, 316; *Uhlenbruck,* Auskunfts- und Mitwirkungspflichten des Schuldners und seiner organschaftlichen Vertreter nach der Konkursordnung, Vergleichsordnung, Gesamtvollstreckungsordnung sowie Insolvenzordnung, KTS 1997, 371; *ders.,* Auskunfts- und Mitwirkungspflichten des Schuldners und seiner organschaftlichen Vertreter im Insolvenzverfahren, NZI 2002, 401; *ders.,* Die Grenzen von Amtsermittlung und Offenbarungspflicht im Konkursverfahren, JR 1971, 445; *Vallender,* Bankgeheimnis und Auskunftspflicht der Kreditinstitute im Insolvenzeröffnungsverfahren, FS Uhlenbruck, 2000, S. 133 ff.; *ders.,* Die Auskunftspflicht der Organe juristischer Personen im Konkurseröffnungsverfahren, ZIP 1996, 529; *Weiß,* Selbstbezichtigungsrecht und vollstreckungsrechtliche Vermögensauskunft, NJW 2014, 503; *Weyand,* Zur „Verwendung" von Angaben des Schuldners für strafrechtliche Zwecke, ZInsO 2001, 108.

Übersicht

I. Allgemeines

1 § 97 regelt die **Auskunfts-, Mitwirkungs- und Bereitschaftspflichten** des Schuldners. Diese Pflichten entstehen mit Stellung eines zulässigen Antrags auf Eröffnung des Insolvenzverfahrens (§§ 20 S. 2, 22 Abs. 3 S. 3) und dauern bis zu dessen Beendigung oder bis zur Ablehnung des Eröffnungsantrags an. In der Eigenverwaltung gelten neben § 97 die §§ 275–277, 281 (Jaeger/*Schilken* § 97 Rn. 8 mwN). Im Verbraucherinsolvenzverfahren ist § 97 auch in der Ruhensphase nach § 306 anwendbar (zustimmend FK-InsO/*Wimmer-Amend* § 97 Rn. 9; aA HK-InsO/*Kayser* § 97 Rn. 5). § 101 erstreckt die Pflichten des § 97 auf organschaftliche Vertreter und Angestellte.

2 Die Auskunfts- und Mitwirkungspflicht nach § 97 (und § 101) betrifft allg. die für das Insolvenzverfahren bedeutsamen rechtlichen, wirtschaftlichen und sonstigen Verhältnisse des Schuldners (BGH ZInsO 2011, 396; vgl. noch → Rn. 8); sie ist auf Informationsansprüche der Verfahrensbeteiligten untereinander begrenzt. §§ 97, 101 regeln **nicht** den **Zugang zu amtlichen Informationen** gegenüber Bundes- oder Landesbehörden (vgl. VG Münster ZInsO 2014, 1957). Die beiden Vorschriften sind daher keine der in § 1 Abs. 3 Informationsfreiheitsgesetz angeführten „Regelungen in anderen Rechtsvorschriften", welche dem Informationsfreiheitsgesetz vorgehen (BVerwG NVwZ 2011, 235 = ZIP 2011, 41; vgl. ferner BVerwG ZIP 2013, 1252). Deshalb sperren sie bspw. nicht das Recht des Insolvenzverwalters, von der Finanzverwaltung Auskünfte über Jahreskontenauszüge des Schuldners zu verlangen (OVG Münster NZI 2011, 915 zu § 4 Abs. 1 Informationsfreiheitsgesetz NRW; vgl. auch noch *Heutz/Behler/Dauernheim* ZIP 2008, 2296 ff.; ausf. *Schaake,* Informationsansprüche des Insolvenzverwalters gegenüber der Finanzverwaltung, 2014, 40 ff.).

3 §§ 97 ff. enthalten keine Regelung für den Fall der **Verletzung der Auskunfts- und Mitwirkungspflichten;** nur für den Sonderfall, dass organschaftliche Vertreter und Angestellte des Schuldners ihren Auskunfts- und Mitwirkungspflichten nach § 101 nicht nachkommen, bestimmt § 101 Abs. 3, dass ihnen im Fall der Abweisung des Antrags auf Eröffnung des Insolvenzverfahrens die Kosten des Verfahrens auferlegt werden können (vgl. näher → § 101 Rn. 12 f.). Die **Durchsetzung** der Auskunfts- und Mitwirkungspflichten des Schuldners ist in § 98 abschließend geregelt; einer zivilrechtlichen Klage mit dem Ziel, die Pflichten des § 97 durchzusetzen, fehlt das Rechtsschutzbedürfnis (MüKoInsO/*Stephan* § 97 Rn. 13).

4 Im **Restschuldbefreiungsverfahren** werden die Auskunfts- und Mitwirkungspflichten wie eine Obliegenheit behandelt (MüKoInsO/*Stephan* § 97 Rn. 46; Graf-Schlicker/*Voß* § 98 Rn. 12; vgl. auch BGH ZInsO 2011, 396; LG Potsdam ZInsO 2009, 1415). Bei einer vorsätzlichen oder grob fahrlässigen Verletzung der in § 97 enthaltenen Pflichten kann dem Schuldner die Restschuldbefreiung versagt werden (§ 290 Abs. 1 Nr. 5; vgl. BGH 12.12.2013 – IX ZB 107/12, BeckRS 2014, 00398; LG Limburg JurBüro 2011, 107), und zwar unabhängig davon, ob die Pflichtverletzung im Eröffnungsverfahren oder im eröffneten Verfahren stattfand (LG Bielefeld NZI 2010, 824). Ausf. → § 290 Rn. 52 ff.; vgl. ferner noch → § 295 Rn. 26 ff.

5 Anordnungen des Insolvenzgerichts nach § 97 sind, sofern durch einen Richter getroffen, **nicht anfechtbar** (§ 6); vgl. § 11 Abs. 2 RPflG zur Erinnerung bei Anordnungen eines Rechtspflegers. Der Schuldner kann erst gegen die Anordnung eines Zwangsmittels (§ 98) zur Durchsetzung der Anordnungen nach § 97 sofortige Beschwerde erheben (vgl. LG Göttingen ZIP 2000, 2174).

II. Auskunftspflicht des Schuldners (Absatz 1)

6 Die Auskunftspflicht nach Absatz 1 Satz 1 ist **weitreichend.** So beschränkt sich die Auskunftspflicht des Schuldners nicht auf präsentes Wissen; vielmehr besteht die Pflicht, Vorarbeiten (zB Forschen nach vorhandenen Unterlagen, Zusammenstellung von Dokumenten etc) zu erbringen, wenn nur so eine sachdienliche Auskunft gegeben werden kann (BGH ZInsO 2006, 264; *Hartwig* InsbürO 2014, 183). Zudem ist der Schuldner nicht erst dann zur Auskunft verpflichtet, wenn entsprechende Fragen an ihn gerichtet werden, sondern muss die betroffenen Umstände von sich aus und **ohne besondere Aufforderung offen legen,** wenn sie für das Verfahren offensichtlich bedeutsam werden können und nicht offenkundig sind (BGH NZI 2015, 380 [381]; 2010, 264; ZInsO 2011, 396; 2013, 138).

7 Sofern sich während des Insolvenzverfahrens wesentliche Umstände ändern oder **Bedarf** entsteht, frühere **Auskünfte zu ergänzen oder richtigzustellen,** hat der Schuldner dies unverzüglich und aus eigener Initiative zu tun (LG Potsdam ZInsO 2009, 1415). Um Rückfragen zu ermöglichen, muss der Schuldner – auch ohne, dass eine Anordnung nach Absatz 3 ergangen ist – jederzeit ohne Schwierigkeiten tatsächlich und postalisch zweifelsfrei erreichbar sein (AG Duisburg 24.6.2008 – 62 IN 496/06, BeckRS 2008, 19911).

8 Die Auskunftspflicht erfasst **alle das Verfahren betreffenden** rechtlichen, wirtschaftlichen und sonstigen **Verhältnisse,** die in irgendeiner Weise von Bedeutung sein können (vgl. BGH NZI 2015, 380 [381]; ZInsO 2012, 751; 2013, 138; LG Dortmund NZI 2005, 459; vgl. schon → Rn. 2). Dies bezieht Auskünfte ua über den Grund des wirtschaftlichen Zusammenbruchs, über Geschäftsbeziehungen, über Patente, Warenzeichen, Lizenzen und Marken (vgl. LG Potsdam ZInsO 2009, 1415; einschränkend für nicht angemeldete Patente Braun/*Kroth* § 97 Rn. 10), über Organisationsstrukturen und Prozesse, über Mitarbeiter (auch soweit Informationen für ein vom Insolvenzverwalter zu erstellendes Arbeitszeugnis benötigt werden; vgl. BAG NJW 2005, 460; Graf-Schlicker/*Voß* § 97 Rn. 5), über Aktiva und Passiva im Einzelnen, über Aussonderungs- und Masseansprüche, über Ansprüche gegen einen früheren Geschäftsführer (BGH NZI 2015, 380; LG Münster ZInsO 2015, 411) und gegen Gesellschafter (BGH NZI 2015, 380) sowie über die Übernahme eines Geschäftsführeramtes oder den Erwerb von GmbH-Geschäftsanteilen nach Verfahrenseröffnung (BGH NZI 2010, 530) ein. Auch die Offenlegung der Organisation des schuldnerischen Unternehmens gehört dazu. Gleiches gilt für Einzelheiten im Hinblick auf künftige Anfechtungsprozesse – unabhängig davon, ob die Voraussetzungen einer Insolvenzanfechtung auch tatsächlich vorliegen; denn schon konkrete Anhaltspunkte, nach denen eine Anfechtungsmöglichkeit bestehen kann, begründen die Offenbarungspflicht (vgl. BGH NZI 2010, 264 [265]).

9 Soweit nicht für die Gewährung von Unterhalt (§ 100) relevant, muss der Schuldner keine **Informationen über insolvenzfreies Vermögen** geben (Kübler/Prütting/Bork/*Lüke* § 97 Rn. 3; *Hess* § 98 Rn. 11; Jaeger/*Schilken* § 97 Rn. 19; vgl. auch LG Dortmund NZI 2005, 459; aA FK-InsO/*Wimmer-Amend* § 97 Rn. 9; HK-InsO/*Kayser* § 97 Rn. 11; MüKoInsO/*Stephan* § 97 Rn. 14a). Anderes kann für Umstände gelten, die für die Abgrenzung der Insolvenzmasse von Bedeutung sein können (AG Duisburg NZI 2000, 415). Auch **Auslandsvermögen** unterliegt der Auskunftspflicht (BGHZ 68, 16 = NJW 1977, 900; BVerfG ZIP 1986, 1336; Nerlich/Römermann/*Wittkowski*/*Kruth* § 97 Rn. 6; ausf. bereits *Hanisch* ZIP 1980, 170 ff.; vgl. auch LG Köln EWiR 1998, 77 *(Pape);* vgl. schließlich die Praxishinweise zur Ermittlung von Auslandsvermögen in Frankreich, Italien, Spanien und der Türkei bei *Hartwig*/*Ullmann* InsbürO 2014, 13 ff.).

1. Art der Auskunftserteilung. Die Auskunft ist grds. **persönlich und mündlich** zu erteilen (Nerlich/Römermann/*Wittkowski*/*Kruth* § 97 Rn. 6; MüKoInsO/*Stephan* § 97 Rn. 22). Wenn der Schuldner längere Zeit über seine geschäftlichen Tätigkeiten nicht Buch geführt hat, kann ihm auch auferlegt werden, schriftliche Aufzeichnungen über den Umfang der laufenden Geschäfte anzufertigen und dem Verwalter zur Verfügung zu stellen (LG Duisburg NZI 2001, 384 = ZInsO 2001, 522; HK-InsO/*Kayser* § 97 Rn. 8). 10

Sofern die Auskunftsberechtigten (vgl. → Rn. 17 f.) sich damit einverstanden erklären, ist auch eine **andere Art der Auskunftserteilung** (Anfertigung von Vermerken, Informationsübermittlung per Telefon, E-Mail etc) sowie eine Vertretung des Schuldners bei der Auskunftserteilung im Einzelfall zulässig, insbes. wenn dadurch ein besserer Informationsfluss gewährleistet ist und der Schuldner für die Richtigkeit der Angaben geradesteht; die Verpflichtung zur Auskunft ist nicht „höchstpersönlich" (ähnlich wohl HK-InsO/*Kayser* § 97 Rn. 8; enger Kübler/Prütting/Bork/*Lüke* § 97 Rn. 6 in Fn. 41; FK-InsO/*Wimmer-Amend* § 97 Rn. 13, 22; *Uhlenbruck* KTS 1997, 371 [385]). Keinesfalls muss sich der Insolvenzverwalter allerdings damit abfinden, Informationen ausschließlich vom Rechtsanwalt des Schuldners zu bekommen (vgl. Nerlich/Römermann/*Wittkowski*/*Kruth* § 97 Rn. 12; vgl. auch Jaeger/*Schilken* § 97 Rn. 11 zum Vorrang von § 97 vor § 12 Abs. 1 BORA). – Zur Auskunftspflicht über nicht zum Patent angemeldete Erfindungen vgl. OLG Hamm JMBl. NRW 1951, 151. 11

2. Umfang der Auskunftserteilung. Der Schuldner hat **kein Aussageverweigerungsrecht.** Nach Absatz 1 Satz 2 muss der Schuldner auch dann die unter → Rn. 2 genannten Angaben machen, wenn er dadurch strafbare Handlungen offenbaren muss (krit. etwa *Hohnel* NZI 2005, 152 ff.; vgl. demgegenüber aber etwa *Weiß* NJW 2014, 503 ff.). Dies galt nach BVerfGE 56, 41 = ZIP 1981, 361 = NJW 1981, 1431 auch schon unter der Konkursordnung (vgl. auch BT-Drs. 12/2443, 142). Jedoch ist der Schuldner durch das **Beweisverwendungsverbot** nach Absatz 1 Satz 3 geschützt. Seine Aussagen dürfen in einem Straf- oder Ordnungswidrigkeitenverfahren nur mit seiner Zustimmung verwendet werden. Gleiches gilt für solche Informationen, zu denen die Auskünfte des Schuldners den Weg gewiesen haben (sog Fernwirkungsverbot; vgl. BT-Drs. 12/2443, 142; LG Stuttgart NZI 2001, 498). Sie dürfen auch nicht zum Anlass genommen werden, weitere Ermittlungen durchzuführen (BT-Drs. 12/7302, 166; vgl. *Uhlenbruck* NZI 2002, 401 [403 ff.]). 12

Den Verfolgungsbehörden **bereits bekannte Tatsachen** werden durch Auskünfte des Schuldners hingegen nicht unverwertbar (BT-Drs. 12/2443, 142; MüKoInsO/*Stephan* § 97 Rn. 17; vgl. auch LG Stuttgart NZI 2001, 498); gleiches gilt hinsichtlich von Informationen, die in schriftlichen Unterlagen enthalten sind, denn § 97 Abs. 1 S. 3 bezieht sich auf die Auskunftspflichten nach Absatz 1, nicht auch auf die Mitwirkungspflichten nach Absatz 2 (*Uhlenbruck* NZI 2002, 401 [405]). Es besteht auch dann kein Verwertungsverbot, wenn der Schuldner freiwillig und ggf. bereits in einem frühen Verfahrensstadium Aussagen macht, die strafbares Verhalten berühren und die den Strafverfolgungsbehörden bei Einleitung eigener Ermittlungen ohne Weiteres offenkundig gewesen wären (vgl. LG Stuttgart NZI 2000, 498; *Diversy* ZInsO 2005, 180 [184]; aA HambK-InsO/*Herchen* § 97 Rn. 14; *Schork* NJW 2007, 2057 [2058]). Dies gilt insbes. auch im Hinblick auf Auskünfte, die der Schuldner dem Gutachter nach Stellung des Insolvenzantrags gegeben hat und die später über Verlesung des Gutachtens in das Insolvenzverfahren eingeführt werden (OLG Jena NZI 2011, 382 (mit abl. Anm. *Lenger*); OLG Celle ZInsO 2013, 731 = ZIP 2013, 1040; FK-InsO/*Wimmer-Amend* § 97 Rn. 18; krit. *Kemperdick* ZInsO 2013, 1116; *Brand*/*Kanzler* wistra 2014, 334 [338]). Das **Privileg** des Absatz 1 Satz 3 kann **nur insoweit** bestehen, 13

als der Schuldner zur Auskunft verpflichtet wurde. Insofern ist es auch nicht „zufällig" (so aber *Brand/Kanzler* wistra 2014, 334 [338]), ob Auskünfte gegenüber einem vorläufigen Insolvenzverwalter oder gegenüber einem Gutachter gegeben werden.

14 Die **Grenzziehung** zwischen **Beweisverwendungsverbot und** davon nicht betroffener **Beweiserhebung** durch Strafverfolgungsbehörden durch Einsichtnahme in Akten etc ist oftmals schwierig (vgl. dazu MüKoInsO/*Stephan* § 97 Rn. 17 mwN). Diskutiert wird die Einstufung von § 97 Abs. 1 S. 3 als Offenbarungsverbot, als Beweiserhebungsverbot, als Beweisermittlungsverbot und als Beweisverwendungsverbot mit vollständiger oder eingeschränkter Fernwirkung (vgl. zu diesem Komplex etwa *Bader* NZI 2009, 416 ff.; *Bittmann/Rudolph* wistra 2001, 81 ff.; *Tetzlaff* NZI 2005, 316 ff.; *Richter* wistra 2000, 1 ff.; *Uhlenbruck* NZI 2002, 401 [403 ff.]; *Weyand* ZInsO 2001, 108 ff.). Das Interesse an Strafverfolgung sollte hinter dem gesamtvolkswirtschaftlichen Interesse an effektiver und zügiger Abwicklung von Insolvenzverfahren zurücktreten und § 97 Abs. 1 S. 3 als umfassendes Beweisverwendungsverbot mit vollständiger Fernwirkung gesehen werden. Deshalb ist § 97 Abs. 1 S. 3 im **Schutzschirmverfahren** auch teleologisch extensiv auszulegen, sodass Informationen, die zum Zwecke der Erstellung einer Sanierungsbescheinigung nach § 270b Abs. 1 S. 3 offenbart werden, unter das Verwendungsverbot fallen (iErg ebenso *Brand/Kanzler* wistra 2014, 334 ff.). Die Grenze ist freilich erreicht, wenn der Schuldner mit seiner Informationserteilung lediglich in den Genuss des § 97 Abs. 1 S. 3 gelangen und eine Bestrafung verhindern will.

15 **3. Kreis der Auskunftsverpflichteten.** Auskunftsverpflichtet sind der **Schuldner** bzw. sein **gesetzlicher Vertreter** (MüKoInsO/*Stephan* § 97 Rn. 25; aA Nerlich/Römermann/*Wittkowski/Kruth* § 97 Rn. 10 mit unzutreffendem Hinweis auf BGH NJW 1978, 1002; vgl. insgesamt auch → § 5 Rn. 21). Zur Auskunftsverpflichtung in den Fällen der §§ 315 ff., § 332 und §§ 333 f. vgl. Kübler/Prütting/Bork/*Lüke* § 97 Rn. 7. Die Auskunftspflicht von Mitgliedern des Vertretungs- oder Aufsichtsorgans bzw. der persönlich haftenden Gesellschafter im Insolvenzverfahren über das Vermögen von Schuldnern, die keine natürliche Personen sind, sowie der Angestellten (und subsidiär auch von anderen als persönlich haftenden Gesellschaftern) ist in **§ 101** geregelt.

16 **Nach § 97 nicht auskunftspflichtig** sind **Dritte,** zB Sicherheiteninhaber oder Anfechtungsgegner, auch nicht die Ehefrau des Schuldners (BGH NJW 1978, 1002; MüKoInsO/*Stephan* § 97 Rn. 29a; vgl. aber OLG Dresden NZI 2012, 458 zu Auskunftsansprüchen aus übergegangenem Recht). Insofern helfen nur die allgemeinen zivilprozessualen Möglichkeiten; im Ausnahmefall können sich Auskunftspflichten aus dem materiellen Recht ergeben (vgl. etwa BGH NZI 1999, 111). Grds. besteht für einen früher für den Schuldner tätigen **Rechtsanwalt** keine Verpflichtung zur Auskunft. Denn soweit die gewünschte Auskunft Tatsachen berührt, die das Persönlichkeitsrecht des Schuldners betreffen, kann nur der Schuldner selbst den Rechtsanwalt von der Verschwiegenheitspflicht entbinden (OLG Frankfurt a. M. WM 1989, 1171; vgl. aber auch BGH NJW 1990, 510; vgl. schließlich OLG Koblenz NJW 1986, 3093; 1985, 2038; NStZ 1985, 426; aA Nerlich/Römermann/*Wittkowski/Kruth* § 97 Rn. 10; ähnlich wohl auch Kübler/Prütting/Bork/*Lüke* § 97 Rn. 7a; ausf. *Nasall* KTS 1988, 633 ff.). Gleiches gilt grds. in Bezug auf einen **Notar,** der für den Schuldner vor Eröffnung des Insolvenzverfahrens Urkunden erstellt hatte; eine Auskunftspflicht kann ausnahmsweise (auf der Grundlage von § 242 BGB) dann bestehen, wenn vorher alle Möglichkeiten zur Durchsetzung des gegen den Insolvenzschuldner gerichteten Auskunftsanspruchs ausgeschöpft worden sind (OLG Schleswig ZIP 2013, 1633 = ZInsO 2013, 1644).

4. Kreis der Auskunftsberechtigten. Auskunftsberechtigt sind der **Insolvenzverwalter,** das **Insolvenzgericht,** der **Gläubigerausschuss** (der auch ein Mitglied mit der Einholung der Auskunft beauftragen kann) sowie auf Anordnung des Insolvenzgerichts auch die **Gläubigerversammlung.** Das Insolvenzgericht kann die Auskunftspflicht gegenüber dem Insolvenzverwalter durch Anordnung konkretisieren, dem Schuldner bspw. die Erstellung von wöchentlichen Berichten auferlegen (vgl. LG Duisburg NZI 2001, 384), oder den Schuldner selbst vernehmen. Die richterliche Vernehmung des Schuldners kann nicht nur durch das Insolvenzgericht erfolgen, sondern im Wege der Rechtshilfe – sofern nicht im Einzelfall untunlich – auch durch ein anderes Gericht (OLG Köln ZIP 1999, 1604 = NZI 1999, 459). Wurde im **Insolvenzeröffnungsverfahren** (vgl. noch → Rn. 20) ein vorläufiger Insolvenzverwalter bestellt (§ 21 Abs. 2 Nr. 1), so ist auch dieser auskunftsberechtigt, und zwar hinsichtlich aller von der Auskunftspflicht erfassten Fragen (vgl. dazu → Rn. 8), nicht nur hinsichtlich der zur Entscheidung über den Eröffnungsantrag erforderlichen (§ 22 Abs. 3 S. 3). Ebenfalls auskunftsberechtigt im Eröffnungsverfahren ist das Insolvenzgericht (§ 20 S. 2). 17

Der **Kreis der auskunftsberechtigten Personen** ist **abschließend;** der Schuldner ist also zB gegenüber einzelnen Gläubigern (OLG Brandenburg ZInsO 2001, 961) oder dem vom Insolvenzgericht nach Insolvenzantragstellung bestellten Gutachter (OLG Jena NZI 2011, 382; *Maus* NZI 2002, 401 [402]; Nerlich/Römermann/*Wittkowski/Kruth* § 97 Rn. 8) nicht zur Auskunft verpflichtet. Nur wenn der Insolvenzverwalter, das Insolvenzgericht etc eine bestimmte Person entsprechend beauftragen, kann sich eine Auskunftspflicht Dritten gegenüber ergeben (vgl. Kübler/Prütting/Bork/*Lüke* § 97 Rn. 8; ähnlich auch Jaeger/*Schilken* § 197 Rn. 15). – Zur Pflicht der Auskunftsberechtigten, über die nach § 97 erlangten Informationen Stillschweigen zu bewahren, vgl. *Bruder* ZVI 2004, 332 [333]. 18

III. Mitwirkungspflicht des Schuldners (Absatz 2)

Die allgemeine Mitwirkungspflicht des Schuldners nach **Absatz 2 ergänzt Spezialregelungen** wie in §§ 151 Abs. 1 S. 2, 153 Abs. 2, 281. Sie ist besonders im Hinblick auf rasche und effektive Sanierungsbemühungen des Insolvenzverwalters statuiert worden, soll aber auch der besseren Verwertung der Masse, zB bei Auslandsvermögen des Schuldners, dienen (BT-Drs. 12/2443, 142; vgl. BGH NZI 2004, 21). Gerade in der Zeit vor dem Zusammenbruch eines Unternehmens findet häufig keine gewissenhafte Buchführung mehr statt; ohne Mitwirkung des Schuldners, zu der Absatz 2 verpflichtet, ist es für den Insolvenzverwalter häufig nur schwer möglich, die Vermögensverhältnisse zu klären (vgl. allerdings auch Nerlich/Römermann/*Wittkowski/Kruth* § 97 Rn. 14 mit Zweifeln zur Sinnhaftigkeit der Einbindung des Schuldners). Das Beweisverwendungsverbot nach Absatz 1 Satz 3 erstreckt sich nicht auf die Mitwirkungspflicht nach Absatz 2 (OLG Celle ZInsO 2013, 731 = ZIP 2013, 1040; OLG Jena ZInsO 2011, 732) 19

Der Begriff der **„Mitwirkung“** ist tendenziell **eng auszulegen.** Sinn und Zweck dieser Regelung besteht darin, das Ziel des Insolvenzverfahrens (§ 1) zügig zu erreichen. Es geht hingegen nicht darum, den Schuldner zur Mitarbeit zu verpflichten (Kübler/Prütting/Bork/*Lüke* § 97 Rn. 11); insbes. schränkt § 97 Abs. 2 nicht die Dispositionsbefugnis des Schuldners bezüglich eines ihn betreffenden Arbeitsverhältnisses ein (BAG NJW 2014, 171 = NZI 2013, 942). Der Schuldner wird in gewissem Umfang dennoch zu einem Tätigwerden verpflichtet (zur schwierigen Grenzziehung vgl. auch Kübler/Prütting/Bork/*Lüke* § 97 Rn. 11), weil manche Mitwirkungshandlungen aufgrund besonderer Kenntnisse nur von ihm selbst erbracht werden können. Mitwirken ist mehr als ein Dulden, nämlich die Vornahme von Unterstützungshandlungen (Herausgabe von Schlüs- 20 seln, Erläuterung von spezifischen Praktiken, Kontaktherstellen zu Geschäftspartnern etc), ohne die der Insolvenzverwalter seinen Pflichten nicht oder nur mit erheblich größerem Zeit- und/oder Mittelaufwand nachkommen kann (vgl. auch MüKoInsO/*Stephan* § 97 Rn. 30 f.). Zur Mitwirkung gehört auch die Herausgabe von Passwörtern, Zugangscodes etc; bezogen auf Zugangsdaten zu E-Mail-Accounts gilt dies allerdings nur, sofern eine Postsperre (§ 99) angeordnet wurde (ebenso HambK-InsO/*Herchen* § 97 Rn. 22; vgl. auch noch → § 99 Rn. 16). Ferner hat der Schuldner nach Absatz 2 Unterlagen herauszugeben/zusammenzustellen, die der Insolvenzverwalter zur Abgabe von Steuererklärungen benötigt (HambK-InsO/*Herchen* § 97 Rn. 22).

21 Die Mitwirkungspflicht nach Absatz 2 besteht kraft der (heute eindeutigen) Verweisung in § 20 Abs. 1 S. 2 **auch im Insolvenzeröffnungsverfahren** im selben Umfang wie im eröffneten Verfahren (vgl. zu insofern vormals bestehenden Gegenauffassungen *Maus* NZI 2002, 401 mwN). Häufig kann nur so das Vermögen frühzeitig effektiv gesichert und eine zuverlässige Grundlage für die Verfahrenseröffnung geschaffen werden (vgl. BT-Drs. 16/3227, 15). Bei einem **Eigenantrag** des Schuldners, dem ohnehin mindestens ein Verzeichnis der Gläubiger und ihrer Forderung, ggf. auch noch weitere Unterlagen beizufügen sind (§ 13 Abs. 1 S. 3), kann im Einzelfall die Durchsetzung der in §§ 20, 97 enthaltenen Pflichten unverhältnismäßig und die Ablehnung des Eigenantrags das probatere Mittel sein, wenn der Schuldner seinen Auskunfts- und Mitwirkungspflichten nicht nachkommt (zu pauschal LG Potsdam NZI 2002, 555; vgl. auch BGHZ 153, 205 [207 f.] = NJW 2003, 1187 = NZI 2003, 147 [148]). Im Regelfall hat aber der im Eröffnungsverfahren geltende Amtsermittlungsgrundsatz (§ 5 Abs. 1) zur Folge, dass das Insolvenzgericht nicht allein mit Hinweis darauf, dass der Schuldner seiner Mitwirkungspflicht nicht nachkommt und deshalb das Vorliegen eines Insolvenzgrundes nicht festgestellt werden konnte, den Eröffnungsantrag ablehnen kann (LG Cottbus ZInsO 2010, 962 (ebenfalls zu einem Eigenantrag); ähnlich LG Arnsberg ZInsO 2002, 680 (zu einem Gläubigerantrag); vgl. auch schon Nerlich/Römermann/*Wittkowski*/*Kruth* § 97 Rn. 3).

22 Zur Mitwirkungspflicht des Schuldners gehört auch, Rechtsanwälte, Steuerberater, Wirtschaftsprüfer und Notare (bei denen § 18 Abs. 2 BNotO (Befreiung durch alle Beteiligten) zu beachten ist) **von** ihrer **Verschwiegenheitspflicht zu entbinden** (ausf. zur Entbindung allg. und durch den Insolvenzverwalter *Bous*/*Solveen* DNotZ 2005, 261 ff. (Notare) sowie *Priebe* ZIP 2011, 312 ff. (Wirtschaftsprüfer und Steuerberater); vgl. *Gaiser* ZInsO 2002, 472 [475] sowie MüKoInsO/*Stephan* § 97 Rn. 28: Übergang der Befugnis zur Entbindung von der Verschwiegenheitspflicht auf den Insolvenzverwalter bei privatrechtlichen Rechtsverhältnissen). Die Bank des Schuldners kann sich nach Verfahrenseröffnung nicht auf das **Bankgeheimnis** berufen (mit guten Argumenten deutlich zurückhaltender *Stephan* WM 2009, 241 [244 f.]); im Insolvenzeröffnungsverfahren kann der vorläufige Insolvenzverwalter vom Schuldner verlangen, dass dieser sein Kreditinstitut vom Bankgeheimnis befreit (ohne diese Differenzierung für eine Entbindung vom Bankgeheimnis kraft Gesetzes AG Duisburg NZI 2000, 606; MüKoInsO/*Stephan* § 97 Rn. 28; vgl. speziell zur Deutschen Bundesbank als Auskunftsquelle *Gaiser* ZInsO 2002, 472 [476 f.]). Ist der Schuldner Rechtsanwalt, Steuerberater, Wirtschaftsprüfer, Notar oder Arzt, hat er trotz seiner Verschwiegenheitspflicht zB diejenigen Auskünfte über seine Mandanten/Patienten zu geben, die für die Durchsetzung von Masseforderungen (insbes. Honorarforderungen) erforderlich sind (begrenzte Offenbarungspflicht, vgl. MüKoInsO/*Stephan* § 97 Rn. 15 mwN); andere Informationen können in Dokumenten unkenntlich gemacht werden (vgl. LG Köln ZInsO 2004, 756).

23 Ebenso umfasst § 97 die Pflicht zur **Befreiung vom Steuergeheimnis** (gegenüber dem Finanzamt, vgl. *Maus* NZI 2002, 401 [402]) und zur **Erteilung von**

Vollmachten an den Insolvenzverwalter in Fällen mit Auslandsbezug, wenn dessen Befugnisse im Ausland nicht ohne weiteres anerkannt werden (BGH NZI 2004, 21); insbes. um die Einsichtnahme in ausländische Register zu ermöglichen, sind, sofern sich nicht im Einzelfall hinreichende Befugnisse des Insolvenzverwalters aus Art. 18, 19 EuInsVO ergeben, Vollmachten zu erteilen (OLG Koblenz ZIP 1993, 844; OLG Köln ZIP 1986, 658; vgl. speziell zur Vollmachtserteilung LG Köln ZIP 1997, 989 = EWiR 1997, 745 (*Johlke/Schröder*) (Schadensersatz bei Nichterteilung) und LG Köln ZIP 1997, 2161 (Ersatz der Vollmachtserteilung durch Vollstreckung gem. § 894 ZPO; so auch schon *Uhlenbruck* KTS 1997, 371 [391])).

Eine **Vergütung** oder **Ersatz von Aufwendungen** kann der Schuldner für seine Tätigkeit im Regelfall nicht verlangen (vgl. Kübler/Prütting/Bork/*Lüke* § 97 Rn. 17; anders noch nach dem RegE, BT-Drs. 2443, 143 – die Nichtübernahme dieser Entwurfsregelung ist weiteres Indiz für ein auf Einzelfälle beschränktes Tätigwerden des Schuldners). Anderes kann im Einzelfall gelten, wenn die Mitwirkung des Schuldners (mit Einverständnis des Insolvenzverwalters) ein Maß annimmt, dass der Schuldner zum Unterstützungsorgan des Insolvenzverwalters bei der Verfahrensabwicklung wird (MüKoInsO/*Stephan* § 97 Rn. 33; Uhlenbruck/*Zipperer* § 97 Rn. 19; HambK-InsO/*Herchen* § 97 Rn. 5; Kübler/Prütting/Bork/*Lüke* § 97 Rn. 17). 24

IV. „Bereitschaftspflicht" des Schuldners (Absatz 3)

Der Schuldner ist verpflichtet, sich auf Anordnung des Insolvenzgerichts jederzeit zur Verfügung zu stellen. Damit will Absatz 3 sicherstellen, dass der Schuldner seine Pflichten nach Abs. 1 und 2 stets erfüllen kann. Diese Regelung greift nicht so stark in die Rechte des Schuldners ein wie die noch unter der Konkursordnung geltende (§ 101 Abs. 1 KO), verfassungsrechtlich umstrittene Residenzpflicht (BT-Drs. 12/2443, 142). Notwendig ist die **Anordnung** des Gerichts **im Einzelfall unter Berücksichtigung des Verhältnismäßigkeitsgrundsatzes.** Eine pauschale Anordnung, die einer Residenzpflicht gleichkäme, ist nicht möglich (FK-InsO/*Wimmer-Amend* § 97 Rn. 36; vgl. HK-InsO/*Kayser* § 97 Rn. 33). Vielmehr muss sie auf den Einzelfall eingehen und räumlich und zeitlich beschränkt sein (LG Göttingen ZIP 2000, 2174 [2175]; Jaeger/*Schilken* § 97 Rn. 34); statthaft kann es bspw. sein, die Reise ins Ausland zu untersagen und ggf. den Reisepass des Schuldners einzuziehen (vgl. Nerlich/Römermann/*Wittkowski*/*Kruth* § 97 Rn. 17; vgl. auch AG München NZI 2013, 1033 = ZIP 2013, 2074). – § 97 Abs. 3 gilt auch für die in § 101 Abs. 1 S. 1 bezeichneten Personen. 25

V. Das Zuwiderhandlungsverbot (Absatz 3 Satz 2)

Absatz 3 Satz 2 stellt – systematisch etwas unglücklich (vgl. auch BK-InsO/*Blersch/v. Olshausen* § 97 Rn. 13) – klar, dass der Schuldner alle Handlungen zu unterlassen hat, die der Erfüllung seiner Pflichten nach § 97 zuwiderlaufen. Das bedeutet zB, dass er Geschäftsunterlagen nicht vernichten oder geheimhalten und ihm ggf. gesetzte Fristen nicht verstreichen lassen darf (weitere Beispiele bei Jaeger/*Schilken* § 97 Rn. 37). 26

Durchsetzung der Pflichten des Schuldners[1]

98 (1) [1]**Wenn es zur Herbeiführung wahrheitsgemäßer Aussagen erforderlich erscheint, ordnet das Insolvenzgericht an, daß der Schuldner zu Protokoll an Eides Statt versichert, er habe die von ihm verlangte Auskunft nach bestem Wissen und Gewissen richtig und vollständig erteilt.** [2]**Die §§ 478 bis 480, 483 der Zivilprozeßordnung gelten entsprechend.**

(2) **Das Gericht kann den Schuldner zwangsweise vorführen und nach Anhörung in Haft nehmen lassen,**

1. **wenn der Schuldner eine Auskunft oder die eidesstattliche Versicherung oder die Mitwirkung bei der Erfüllung der Aufgaben des Insolvenzverwalters verweigert;**
2. **wenn der Schuldner sich der Erfüllung seiner Auskunfts- und Mitwirkungspflichten entziehen will, insbesondere Anstalten zur Flucht trifft, oder**
3. **wenn dies zur Vermeidung von Handlungen des Schuldners, die der Erfüllung seiner Auskunfts- und Mitwirkungspflichten zuwiderlaufen, insbesondere zur Sicherung der Insolvenzmasse, erforderlich ist.**

(3) [1]**Für die Anordnung von Haft gelten die § 802g Abs. 2, §§ 802h und 802j Abs. 1 der Zivilprozeßordnung entsprechend.** [2]**Der Haftbefehl ist von Amts wegen aufzuheben, sobald die Voraussetzungen für die Anordnung von Haft nicht mehr vorliegen.** [3]**Gegen die Anordnung der Haft und gegen die Abweisung eines Antrags auf Aufhebung des Haftbefehls wegen Wegfalls seiner Voraussetzungen findet die sofortige Beschwerde statt.**

Schrifttum: *Ahrens,* Haftbefehl ohne Folgen – Aufschiebende Wirkung der Beschwerde?, NZI 2005, 299; *Richter,* Abgabe einer falschen Versicherung an Eides Statt im Konkursverfahren, KTS 1985, 443; *Schmitz-Herscheidt,* Eidesstattliche Versicherung des Gemeinschuldners hinsichtlich aller zu erteilenden Auskünfte?, KTS 1996, 517; *Schmerbach,* Zuständigkeit des Insolvenzgerichts zur Abnahme von eidesstattlichen Versicherungen, NZI 2002, 538; *Viertelhausen,* Eidesstattliche Versicherung im Insolvenzverfahren, DGVZ 2001, 36. Weiteres Schrifttum bei § 97.

Übersicht

I. Überblick

1 Die Erfüllung der Pflichten des Schuldners nach § 97 kann durch **zwangsweise Vorführung und Haft** erzwungen werden. Keine Durchsetzung der

[1] § 98 Abs. 3 Satz 1 geänd. mWv 1.7.2007 durch G v. 13.4.2007 (BGBl. I S. 509); Abs. 3 Satz 1 geänd. mWv 1.1.2013 durch G v. 29.7.2009 (BGBl. I S. 2258).

Pflichten des Schuldners im engeren Sinne ist die **Abgabe einer eidesstattlichen Versicherung** (Absatz 1). Mit ihr soll lediglich in höherem Maße gewährleistet sein, dass die bereits erteilten Auskünfte richtig und vollständig sind (vgl. noch → Rn. 4). Echte Zwangsmittel sind hingegen zwangsweise Vorführung und Haft (Absatz 2). **Zuständig** für die Anordnung der Zwangsmaßnahmen nach § 98 ist das **Insolvenzgericht.** Der Erlass einer solchen Anordnung kann nicht einem ersuchten Richter übertragen werden (OLG Köln ZIP 1999, 1604 = NZI 1999, 459; vgl. noch *Schmerbach* NZI 2002, 538 [539] zur funktionellen Zuständigkeit). § 98 bezieht sich (sofern nicht an anderer Stelle – wie in § 101 (vgl. insofern auch *Laroche* ZInsO 2015, 1469 [1477]) – explizit auf § 98 verwiesen wird) nur auf die Pflichten des § 97. Die bspw. nach §§ 151 Abs. 1 S. 2, 281 bestehenden Pflichten können also nicht über § 98 durchgesetzt werden (HK-InsO/*Kayser* § 97 Rn. 29; Uhlenbruck/*Zipperer* § 97 Rn. 17).

Alle Zwangsmaßnahmen sind **auch im Insolvenzeröffnungsverfahren** zulässig (§§ 20 S. 2, 22 Abs. 3 S. 3), und zwar trotz des im Eröffnungsverfahren geltenden Amtsermittlungsgrundsatzes (vgl. LG Cottbus ZInsO 2010, 962) und auch bei einem Eigenantrag des Schuldners (MüKoInsO/*Stephan* § 98 Rn. 37), auch wenn insofern die Ablehnung des Eröffnungsantrags im Einzelfall das besser geeignete Mittel ist (vgl. LG Potsdam NZI 2002, 555; vgl. ferner → § 97 Rn. 20) und der Schuldner die wichtigsten Informationen ohnehin schon nach § 13 Abs. 1 dem Eröffnungsantrag beizufügen hat. § 98 gilt uneingeschränkt (selbst während der Ruhensphase nach § 306) auch im **Verbraucherinsolvenzverfahren.** 2

Mit Ausnahme der Anordnung der Haft sind die **Zwangsmaßnahmen des § 98 nicht beschwerdefähig** (§ 6; zur sofortigen Beschwerde bei Haft vgl. → Rn. 20; zur Rechtspflegererinnerung vgl. *Schmerbach* NZI 2002, 538 [539]). Sie können auch auf den durch § 101 Abs. 1 bestimmten Personenkreis angewendet werden. – Zum Vorrang der insolvenzrechtlichen Beschlagnahme gegenüber § 111b StPO vgl. noch LG Neubrandenburg ZInsO 2000, 676. 3

II. Die eidesstattliche Versicherung (Absatz 1)

Das Wissen um die mögliche Pflicht zur Abgabe einer eidesstattlichen Versicherung wird wesentlich zu einer sorgfältigen Vorbereitung und lückenlosen Auskunftserteilung seitens des Schuldners beitragen (vgl. schon *Weiß* BB 1952, 297 [298]). Die Anordnung der Abgabe einer eidesstattlichen Versicherung ist nicht mehr – wie noch nach Konkursordnung – auf die Aufstellung der Vermögensübersicht (§ 153 Abs. 2; vgl. insofern auch → § 153 Rn. 12) beschränkt, sondern umfassend. 4

1. Anordnung der eidesstattlichen Versicherung. Die Abgabe der eidesstattlichen Versicherung erfolgt **auf Anordnung des Insolvenzgerichts** (zur Durchsetzung dieser Anordnung vgl. → Rn. 9 ff.). Dies kann **von Amts wegen oder auf Antrag** geschehen. Berechtigt, einen solchen Antrag zu stellen, ist der Personenkreis, der auskunftsberechtigt iSd § 97 (vgl. → § 97 Rn. 17 f.) ist (Jaeger/*Schilken* § 98 Rn. 7; Kübler/Prütting/Bork/*Lüke* § 98 Rn. 3; enger FK-InsO/*Wimmer-Amend* § 98 Rn. 6). Alle anderen Verfahrensbeteiligten können, soweit sie ein Interesse an der Richtigkeit und Vollständigkeit der Auskünfte des Schuldners haben, bloß eine Anregung geben. Freilich muss bei jedem Antrag/jeder Anregung verhindert werden, dass nur einzelne Gläubiger einen nicht zu rechtfertigenden Informationsvorsprung haben. Über den Antrag entscheidet das Gericht unter sachgerechter Würdigung des Einzelfalls. 5

Nach § 98 erfolgt die Anordnung einer eidesstattlichen Versicherung im Hinblick auf die Erklärungen iSd § 97, wenn das Gericht dies **zur Herbeiführung** 6

einer wahrheitsgemäßen Aussage für **erforderlich** hält (zur eidesstattlichen Versicherung bei der Aufstellung der Vermögensübersicht vgl. → § 153 Rn. 9 ff.). Es soll also nicht in jedem Verfahren die Abgabe einer eidesstattlichen Versicherung verlangt werden. Durch diese Einschränkung sollen überflüssige eidesstattliche Versicherungen verhindert und eine zwecklose Schädigung gutwilliger Schuldner vermieden werden (vgl. bereits *Vogels* JW 1936, 1 [6] zu § 69 VglO). Das bedeutet aber nicht, dass von der Anordnung einer eidesstattlichen Versicherung nur in Ausnahmefällen Gebrauch gemacht werden dürfte (tendenziell zu großzügig HK-InsO/*Kayser* § 98 Rn. 5).

7 **Beispiele:** Eine eidesstattliche Versicherung kommt in Betracht, wenn begründeter Verdacht besteht, dass der Schuldner Vermögensstücke verheimlicht hat, wenn er sich bei seinen Angaben in Widersprüche verwickelt hat oder wenn die verlangte Auskunft zunächst unvollständig war (ähnlich Jaeger/*Schilken* § 98 Rn. 8; *Hess* § 98 Rn. 9; BK-InsO/*v. Olshausen* § 98 Rn. 3). In besonderen Fällen (zu pauschal daher MüKoInsO/*Stephan* § 98 Rn. 11; Braun/*Kroth* § 98 Rn. 2; HK-InsO/*Kayser* § 98 Rn. 5) kann schon die Art der Geschäftsführung des Schuldners die Anordnung der eidesstattlichen Versicherung rechtfertigen. Allein eine zögerliche Beantwortung der Fragen des Insolvenzverwalters nach den Einkommens- und Vermögensverhältnissen rechtfertigt jedoch noch nicht die Anordnung einer eidesstattlichen Versicherung; vielmehr bedarf es dafür begründeter Zweifel am Inhalt der erteilten Auskünfte (AG Wetzlar NZI 2009, 324).

8 **2. Inhalt der eidesstattlichen Versicherung.** Der Inhalt der eidesstattlichen Versicherung ergibt sich aus Absatz 1 Satz 1. Bezüglich der Richtigkeit und Vollständigkeit ist auf den Zeitpunkt der Abgabe der eidesstattlichen Versicherung abzustellen (vgl. RGStr JW 1934, 2412). Über den Umfang der vorher über § 97 begehrten Auskünfte kann die eidesstattliche Versicherung nicht hinausgehen (Jaeger/*Schilken* § 98 Rn. 10). Anders als nach der hA zu § 69 VglO (vgl. *Kilger/Karsten Schmidt* VglO § 69 Rn. 4) ist es möglich, die eidesstattliche Versicherung nach § 98 in ihrem **Umfang** auf einzelne Auskünfte (bestimmte Vermögensgegenstände, bestimmte Verbindlichkeiten) zu beschränken (Kübler/Prütting/Bork/*Lüke* § 98 Rn. 4; wohl auch FK-InsO/*Wimmer-Amend* § 98 Rn. 8). – Die Verweisung in Absatz 1 Satz 2 auf die §§ 478–480 und 483 ZPO (verfahrensrechtliche Einzelheiten bei HambK-InsO/*Herchen* § 98 Rn. 4 ff.) erfolgt nur aus Gründen der Klarheit; verankert wäre sie indes schon in § 4 gewesen. – **Strafrechtlich sanktioniert** ist die Abgabe einer falschen eidesstattlichen Versicherung über **§§ 156, 163 StGB** (vgl. zur Strafbarkeit *Richter* KTS 1985, 443 [446 ff.]).

III. Zwangsweise Vorführung und Haft (Absatz 2, 3)

9 Die zwangsweise Vorführung und Haft können **nur vom Richter** – nicht etwa vom Rechtspfleger – **angeordnet** werden (§ 4 Abs. 2 Nr. RPflG), und zwar nur durch das Insolvenzgericht, nicht durch ein im Wege der Rechtshilfe ersuchtes Gericht (vgl. schon → Rn. 1). Zur zwangsweisen Vorführung vgl. Baumbach/Lauterbach/Albers/Hartmann ZPO § 380 Rn. 14; Braun/*Kroth* § 98 Rn. 7 f.; für die Anordnung der Haft gelten nach Absatz 3 Satz 1 die §§ 802g Abs. 2, 802h, 802j Abs. 1 ZPO entsprechend (vgl. zum Verfahren auch *Hess* § 98 Rn. 36 ff.; BK-InsO/*v. Olshausen* § 98 Rn. 18 mit dem zutreffenden Hinweis, dass eine Verweisung auch auf § 802g Abs. 1 ZPO überzeugender gewesen). – Die durch Vorführung und Haft entstehenden Kosten sind Kosten des Insolvenzverfahrens iSd § 54 Nr. 1 (Kübler/Prütting/Bork/*Lüke* § 98 Rn. 9; Nerlich/Römermann/*Wittkowski/Kruth* § 98 Rn. 7).

10 Die **Maßnahmen** des Absatz 2 sind **nicht Strafen, sondern Zwangsmittel** (vgl. BGHZ 162, 187 [195] = NZI 2005, 263 [265]). Sie dienen dem Schutz der

Insolvenzgläubiger in ihrer Gesamtheit (LG Memmingen ZIP 1981, 204). Deshalb kommen sie nicht mehr in Betracht, wenn der Sicherungszweck entfallen ist. Der bloße Ungehorsam des Schuldners rechtfertigt die Anordnung der Maßnahmen nicht.

Zwischen **Vorführung und Haft** besteht ein **Stufenverhältnis** (LG Arnsberg ZInsO 2002, 680; FK-InsO/*Wimmer-Amend* § 98 Rn. 16; aA HambK-InsO/*Herchen* § 98 Rn. 11; HK-InsO/*Kayser* § 98 Rn. 22). Regelmäßig ist ein Haftbefehl zur Erzwingung einer Mitwirkungshandlung nur dann erforderlich, wenn die Vorführung des Schuldners nicht zum Erfolg geführt hat, der Schuldner also trotz Vorführung seine Mitwirkung verweigert hat (OLG Naumburg NZI 2000, 594) oder anhand objektiver Anhaltspunkte zu erwarten ist, dass er seine Mitwirkung verweigern wird. 11

Der **Haftbefehl** ist **zu begründen.** Im Haftbefehl muss das Insolvenzgericht die Mitwirkungspflichten des Schuldners so genau bezeichnen, dass dieser problemlos erkennen kann, durch welche Handlungen er seinen Mitwirkungspflichten (§ 97) genügt; eine bloße Bezugnahme auf Schreiben des Insolvenzverwalters ist nicht ausreichend (BGHZ 162, 187 [197] = NZI 2005, 263; Nerlich/Römermann/*Wittkowski/Kruth* § 98 Rn. 7). – Vgl. MüKoInsO/*Stephan* § 98 Rn. 27 zu den Anweisungen an die Haftanstalt, die der Haftbefehl zweckmäßigerweise enthalten sollte. 12

1. Die einzelnen Vorführungs- und Haftgründe nach Absatz 2 Nr. 1–3. 13
Die **Vorführungs- und Haftgründe** sind: Verweigerung der Auskünfte nach § 97 Abs. 1, der Mitwirkungspflichten nach § 97 Abs. 2 oder der eidesstattlichen Versicherung nach Abs. 1; drohende Gefahr, dass sich der Schuldner – namentlich durch Flucht – diesen Pflichten entziehen will; Vermeidung von die Erreichung des Verfahrensziels erschwerenden Handlungen des Schuldners. **Ziel der Anordnung** der Vorführung oder Haft ist also jeweils die **Gewährleistung der ordnungsgemäßen Durchführung des Insolvenzverfahrens** (vgl. Kübler/Prütting/Bork/*Lüke* § 98 Rn. 7). Vorausgegangen sein muss stets ein konkretes Auskunfts- und/oder Mitwirkungsverlangen, dem der Schuldner nicht gefolgt ist.

Beispiele für Anordnung der Vorführung oder Haft: Nichterfüllung der Auskunftspflicht nach § 97 über einen Zeitraum von sechs Monaten trotz Fristsetzung (LG Göttingen NZI 2003, 383), Nichterteilung einer notwendigen Auslandsvollmacht (LG Köln EWiR 1998, 77 *(Pape)*), Vernichtung von Unterlagen, Vornahme masseschädigender Handlungen (vgl. LG Memmingen ZIP 1983, 204; Nerlich/Römermann/*Wittkowski/Kruth* § 98 Rn. 5), Veräußerung von Vermögen (Kübler/Prütting/Bork/*Lüke* § 98 Rn. 7), Vorliegen konkreter Indizien für Fluchtvorbereitungen (MüKoInsO/*Stephan* § 98 Rn. 20). – Die Weigerung des Schuldners zur Mitwirkung aufgrund der Gefahr, sich der Strafverfolgung auszusetzen, hindert die Anordnung der Zwangsmaßnahmen nach Absatz 2 nicht (vgl. BVerfGE 56, 41 = ZIP 1981, 361 = NJW 1981, 1431). 14

2. Grundsatz der Verhältnismäßigkeit. Ein Haftbefehl nach § 98 kann grds. (Ausnahme nach § 10) nur nach vorheriger (ggf. schriftlicher) **Anhörung des Schuldners** ergehen (LG Duisburg NZI 2001, 384 [385]; HK-InsO/*Kayser* § 98 Rn. 19); die Anhörung muss sich konkret auf das Zwangsmittel Haftbefehl beziehen. Sie kann bereits in der Vorführungsanordnung enthalten sein (BGH NZI 2015, 380 [381]). 15

Bei Erlass des Haftbefehls ist in Anlehnung an § 116 StPO zu prüfen, ob die Haft auch vollzogen werden muss oder ob nicht **weniger einschneidende Mittel,** insbes. die Vorführung, ausreichen (LG Hamburg MDR 1971, 309 (Leitsatz)). Auch wenn die Entscheidung nach § 98 Abs. 2 eine rechtlich gebundene Entscheidung ist (BGH NZI 2004, 85) und auch wenn die Insolvenzordnung (anders noch der Regierungsentwurf) nicht explizit bestimmt, dass die Anordnung 16 der Haft und die damit für den Schuldner verbundenen Nachteile nicht außer Verhältnis zu den verfolgten Zielen stehen dürfen (vgl. HK-InsO/*Kayser* § 98 Rn. 20 ff.), ist bei Erlass eines Haftbefehls der **Grundsatz der Verhältnismäßigkeit** zu beachten (vgl. bereits LG Memmingen ZIP 1983, 204; vgl. ferner BT-Drs. 12/7302, 167).

17 Der Grundsatz der Verhältnismäßigkeit verlangt eine **fortdauernde Prüfung,** ob die Voraussetzungen eines Haftbefehls noch vorliegen, wenn der Schuldner Auskünfte (ggf. auch nur teilw.) erteilt hat, oder ob nicht inzwischen mildere Mittel ebenso geeignet sind. Mildere Mittel als die Haft kommen aber stets nur in Betracht, wenn diese zur Erreichung des mit § 98 bezweckten Ziels ausreichen (BGH NZI 2004, 85). Nicht zu legitimen milderen Mitteln gehört die Verhängung von Geldstrafen; das Erst-recht-Argument von *Henze* Rpfleger 1972, 163, ersetzt die für einen solchen Eingriff erforderliche, aber in § 98 fehlende Ermächtigung des Insolvenzgerichts nicht (vgl. auch Jaeger/*Schilken* § 98 Rn. 24).

18 Der **Verhältnismäßigkeitsgrundsatz** ist **nicht verletzt,** wenn sich der Schuldner bei seiner persönlichen Anhörung durch das Insolvenzgericht trotz Hinweises auf die Möglichkeit, dass Beugehaft angeordnet werden kann, geweigert hat, Auskünfte zu erteilen und wenn er auch iÜ (etwa durch schriftliche Stellungnahmen oder in Gesprächen mit dem (vorläufigen) Insolvenzverwalter) nicht bereit gewesen ist, vorbehaltlos und umfassend konkrete Auskünfte (etwa über Lage und Verbleib von Auslandsvermögen) zu erteilen (OLG Celle NZI 2001, 149). Hingegen soll Beugehaft unzulässig sein, wenn der Schuldner versucht, die dem Insolvenzverwalter erteilte Vollmacht zur Verwertung von Auslandsvermögen (vgl. schon → § 97 Rn. 9) zu widerrufen (LG Memmingen ZIP 1983, 204; zweifelhaft).

19 **3. Aufhebung des Haftbefehls – Rechtsmittel gegen Haftbefehle.** Wenn die **Voraussetzungen** für die Anordnung des Haftbefehls **entfallen,** ist dieser von Amts wegen aufzuheben **(Absatz 3 Satz 2).** Dies ist insbes. der Fall, wenn der Schuldner die verlangten Auskünfte vollständig erteilt hat. Erklärt der Schuldner, seinen Mitwirkungspflichten nachkommen zu wollen, ist ein Haftbefehl ggf. auszusetzen, wenn die Erfüllung der Mitwirkungspflichten nur so möglich ist (BGHZ 162, 187 [195] = NZI 2005, 263 [265]).

20 **Rechtsmittel** gegen die Anordnung eines Haftbefehls bzw. gegen die Ablehnung eines auf Aufhebung des Haftbefehls gerichteten Antrags ist die **sofortige Beschwerde** (Absatz 3 Satz 3). Die sofortige Beschwerde hat **keine aufschiebende Wirkung** (BGH 12.1.2015 – IX ZB 62/14, BeckRS 2015, 00874); § 570 Abs. 1 ZPO ist auch über § 4 nicht anzuwenden (LG Göttingen NZI 2005, 339; MüKoInsO/*Stephan* § 98 Rn. 33; ausf. *Ahrens* NZI 2005, 299 ff.; vgl. auch BK-InsO/*v. Olshausen* § 98 Rn. 21). Wird hingegen einem Antrag auf Aufhebung des Haftbefehls stattgegeben, ist dagegen kein Rechtsmittel gegeben (vgl. zur Aufhebung der Postsperre auch → § 99 Rn. 20).

Postsperre[1]

99 (1) [1] **Soweit dies erforderlich erscheint, um für die Gläubiger nachteilige Rechtshandlungen des Schuldners aufzuklären oder zu verhindern, ordnet das Insolvenzgericht auf Antrag des Insolvenzverwalters oder von Amts wegen durch begründeten Beschluß an, dass die in dem Beschluss bezeichneten Unternehmen bestimmte oder alle Postsendungen für den Schuldner dem Verwalter zuzuleiten haben.** [2] **Die Anordnung**

[1] § 99 Abs. 1 Satz 1 letzter Teilsatz neu gef. mWv 1.7.2007 durch G v. 13.4.2007 (BGBl. I S. 509).

ergeht nach Anhörung des Schuldners, sofern dadurch nicht wegen besonderer Umstände des Einzelfalls der Zweck der Anordnung gefährdet wird. [3]Unterbleibt die vorherige Anhörung des Schuldners, so ist dies in dem Beschluß gesondert zu begründen und die Anhörung unverzüglich nachzuholen.

(2) [1]**Der Verwalter ist berechtigt, die ihm zugeleiteten Sendungen zu öffnen. [2]Sendungen, deren Inhalt nicht die Insolvenzmasse betrifft, sind dem Schuldner unverzüglich zuzuleiten. [3]Die übrigen Sendungen kann der Schuldner einsehen.**

(3) **Gegen die Anordnung der Postsperre steht dem Schuldner die sofortige Beschwerde zu. Das Gericht hat die Anordnung nach Anhörung des Verwalters aufzuheben, soweit ihre Voraussetzungen fortfallen.**

Schrifttum: *Gundlach/Frenzel/Schmidt,* Zur Postsperre des § 99 InsO, ZInsO 2001, 979; *Landgrebe,* Die Postsperre im Konkurs (§ 121 KO), Rpfleger 1984, 7; *Münzel/Böhm,* Postsperre für eMail?, ZInsO 1998, 363; *Vallender,* Kostentragungspflicht bei Anordnung der Postsperre, NZI 2003, 244.

Übersicht

I. Verfassungsmäßigkeit und Zielsetzung der Postsperre

Die Postsperre nach § 99 **verletzt nicht Art. 10 Abs. 1 GG.** Das war schon zu § 121 KO anerkannt (BVerfG ZIP 1986, 1336 = EWiR 1986, 1125 (*Balz*); so auch LG Stuttgart ZIP 1986, 1591 = EWiR 1986, 1127 (*Balz*); OLG Naumburg ZIP 1993, 1573 [1575]; ausf. *Landgrebe* Rpfleger 1984, 7; *Pape* DtZ 1993, 199). Für die Insolvenzordnung gilt nichts anderes, zumal das Anhörungsrecht des Schuldners verbessert, der Begründungszwang für die Anordnung eingeführt und das Zitiergebot des Art. 19 Abs. 1 S. 2 GG durch § 102 beachtet wurde (Kübler/Prütting/Bork/*Lüke* § 99 Rn. 3; Nerlich/Römermann/*Wittkowski/Kruth* § 99 Rn. 13). 1

Von der Postsperre ist abzusehen, wenn Gründe ersichtlich sind, die dies rechtfertigen. Sinn und Zweck der Anordnung darf es lediglich sein, für die Gläubiger nachteilige Rechtshandlungen des Schuldners aufzuklären oder zu verhindern. Die **Postsperre** ist also **ausschließlich** ein **Mittel zur Erreichung des Verfahrensziels** (vgl. Kübler/Prütting/Bork/*Lüke* § 99 Rn. 2; Nerlich/Römermann/*Wittkowski/Kruth* § 99 Rn. 2). – Zur praktischen Bedeutung der Postsperre vgl. Braun/*Kroth* § 99 Rn. 20 ff. 2

II. Anwendungsbereich der Postsperre

3 **1. Regelinsolvenzverfahren.** § 99 gilt im **eröffneten Verfahren.** Im **Insolvenzeröffnungsverfahren** ist die Anordnung der Postsperre gem. § 21 Abs. 2 Nr. 4 möglich. Die materiellen Voraussetzungen von § 21 Abs. 2 Nr. 4 und § 99 Abs. 1 unterscheiden sich nicht (BGH NZI 2010, 260). In der Phase nach Antragsstellung ist die Gefahr der Vermögensverschiebung regelmäßig am größten (LG Göttingen DZWIR 1999, 471; vgl. aber auch Braun/*Kroth* § 99 Rn. 20). Die Anordnung der Postsperre in diesem Verfahrensstadium steht der Anordnung der Postsperre im eröffneten Verfahren gleich; der vorläufige Insolvenzverwalter ist nicht gehalten, die Post gemeinsam mit dem Schuldner zu öffnen (OLG Celle NZI 2001, 143).

4 **2. Besondere Insolvenzverfahren.** In Sonderinsolvenzverfahren iSd §§ 332 ff. können Anordnungen nach § 99 gegen alle Träger der Schuldnerrolle, im Nachlassinsolvenzverfahren (§§ 315 ff.) gegen alle Erben ergehen. – In Fällen der **Eigenverwaltung** müssen schon besondere Umstände vorliegen, die eine Postsperre und ein Einsichtsrecht des Sachwalters rechtfertigen (ähnlich („im Einzelfall") HK-InsO/*Kayser* § 99 Rn. 4). – Zum Insolvenzeröffnungsverfahren vgl. → Rn. 3.

5 **3. Beschränkung der Postsperre auf die Person des Schuldners.** Von der Postsperre ist nur die **an den Schuldner gerichtete Post** betroffen. Der Anwendungsbereich des § 99 kann nicht auf Sendungen ausgedehnt werden, die vom Schuldner selbst ausgehen oder an seine Familienmitglieder gerichtet sind (HK-InsO/*Kayser* § 99 Rn. 7). Wer Absender der an den Schuldner gerichteten Post ist, ist unerheblich. Erfasst wird bspw. auch die an einen inhaftierten Schuldner gerichtete Verteidigerpost (BVerfG NJW 2001, 745 = NZI 2001, 132).

6 Typischerweise besteht für die Anordnung einer Postsperre in **Insolvenzverfahren über das Vermögen einer Kapital- oder Personengesellschaft** insofern kein Bedarf, als der Insolvenzverwalter in die Position der Organwalter/Gesellschafter eintritt (vgl. MüKoInsO/*Stephan* § 99 Rn. 13). Richtigerweise kann die Postsperre im Insolvenzverfahren in solchen Verfahren auch die Organwalter bzw. die persönlich haftenden Gesellschafter treffen (vgl. § 101), letztlich jedoch selbstverständlich nur in Bezug auf Post an diese in ihrer speziellen Eigenschaft (vgl. auch Uhlenbruck/*Uhlenbruck* § 99 Rn. 9). Da die Abgrenzung schwierig ist, wird (zunächst) sämtliche Privatpost der Organwalter bzw. persönlich haftenden Gesellschafter von der Anordnung der Postsperre erfasst.

III. Anordnung der Postsperre

7 Bei der Anordnung, die durch das Insolvenzgericht erfolgt, ist der **Grundsatz der Verhältnismäßigkeit** der Mittel zu wahren (vgl. OLG Bremen NJW 1993, 798 zur Verhältnismäßigkeit im Insolvenzverfahren über das Vermögen eines Arztes; vgl. iÜ MüKoInsO/*Stephan* § 99 Rn. 13 mwN). Voraussetzung der Anordnung einer Postsperre ist, dass konkrete Anhaltspunkte dafür bestehen, dass durch das Verhalten des Schuldners wesentliche Belange der Masse gefährdet sind und diesen bei einer Abwägung der beiderseitigen Interessen der Vorrang vor dem Schutz des Briefgeheimnisses gebührt. Ob die entsprechenden Voraussetzungen gegeben sind, hat das Insolvenzgericht aufgrund einer Abwägung aller maßgeblichen Umstände des Einzelfalles zu entscheiden (BGH NJW-RR 2003, 1691 = NZI 2003, 647; OLG Celle ZIP 2002, 578; NZI 2000, 583).

8 Die **Postsperre** ist zB **zulässig,** wenn mit dem Vorhandensein weiterer Immobilien beim Schuldner zu rechnen ist, dieser darüber keine Auskunft gibt und

durch Anordnung der Postsperre dazu beigetragen werden kann, Immobilien zu ermitteln (LG Frankfurt a. M. InVo 1999, 346) oder wenn der Insolvenzverwalter durch hinhaltendes, taktisches Verhalten des Schuldners längere Zeit systematisch daran gehindert wird, notwendige Informationen zu erlangen, und dies Anlass zur Annahme einer Vermögensverschiebung gibt (LG Bonn ZInsO 2004, 818).

1. Begründungszwang und Anhörung. Die Anordnung ergeht durch **Beschluss des Insolvenzgerichts** auf Antrag des Insolvenzverwalters oder von Amts wegen. Der **formularmäßige Erlass** ist **unzulässig** (Jaeger/*Schilken* § 99 Rn. 14; vgl. auch Graf-Schlicker/*Voß* § 99 Rn. 2, 5; vgl. zur gegenteiligen Praxis nach altem Konkursrecht noch *Landgrebe* Rpfleger 1984, 7), denn Absatz 1 Satz 1 statuiert eine **Begründungspflicht.** Daher genügen bloße Leerformeln nicht; notwendig ist vielmehr die Berücksichtigung des Einzelfalles unter Beachtung des Grundsatzes der Verhältnismäßigkeit (vgl. HK-InsO/*Kayser* § 99 Rn. 22 ff.), insbes. eine Abwägung der Interessen von Schuldner und Gläubigern (OLG Celle NZI 2000, 583). Die **Begründung** kann **nicht** durch das mit einer sofortigen Beschwerde befasste Landgericht **nachgeholt** werden (LG Bonn NZI 2009, 652). 9

Vor Erlass des Beschlusses ist der **Schuldner** grds. **zu hören** (vgl. zu diesem Erfordernis schon *Landgrebe* Rpfleger 1984, 7). Nur wenn besondere Umstände des Einzelfalls (vgl. allerdings die allgemeinen Ausnahmen in § 10) den Zweck der Anordnung (→ Rn. 6) gefährden, kann die **Anhörung** ausnahmsweise (vgl. HambK-InsO/*Herchen* § 99 Rn. 5; großzügiger Braun/*Kroth* § 97 Rn. 10) **unterbleiben** (Absatz 1 Satz 2). Dies ist im Anordnungsbeschluss gesondert zu begründen (vgl. LG Bonn NZI 2009, 652); der Schuldner ist unverzüglich nachträglich anzuhören (vgl. LG Göttingen DZWIR 1999, 471; Kübler/Prütting/Bork/*Lüke* § 99 Rn. 9). 10

Seit dem 1.7.2007 muss der die Postsperre anordnende Beschluss die **Angabe** enthalten, **welche Unternehmen** (Postdienstleister) dadurch **verpflichtet** werden, die an den Schuldner gerichtete Post dem Insolvenzverwalter zuzuleiten. Die Deutsche Post AG/Deutsche Post DHL behandelt eine Postsperre wie einen (entgeltpflichtigen) Nachsendeauftrag (vgl. dazu *Vallender* NZI 2003, 244; MüKoInsO/*Stephan* § 99 Rn. 46); diese Vorgehensweise steht allen Postdienstleistern zu, weswegen es sich rechtfertigt, dass Postdienstleister gegen die Anordnung der Postsperre kein selbständiges Beschwerderecht haben (vgl. MüKoInsO/*Stephan* § 99 Rn. 12). Zur Bezeichnung des betroffenen Unternehmens bei E-Mails vgl. → Rn. 14. – Beim Zusammentreffen von Anordnungen nach § 99 und nach § 99 StPO ist **§ 100 StPO** zu beachten. 11

2. Zustellung. Der Beschluss ist dem Schuldner (Ausnahme: Verkündung im Beisein des Schuldners) und den betroffenen Postdienstleistungsunternehmen zuzustellen sowie dem Insolvenzverwalter bekanntzugeben. – Bei Wegfall der Voraussetzungen der Anordnung der Postsperre trifft das Insolvenzgericht die Pflicht, die Postsperre von Amts wegen aufzuheben oder zu beschränken; vorher ist der Insolvenzverwalter zu hören (Absatz 3 Satz 2; vgl. LG Coburg KTS 1972, 124 zu den vom Gericht bei der Beschlussfassung anzustellenden Erwägungen). Dieser Beschluss ist dem Schuldner sowie dem Insolvenzverwalter zuzustellen und den betroffenen Postdienstleistungsunternehmen bekanntzugeben. 12

IV. Umfang der Postsperre

Von der Postsperre werden nur Sendungen, Briefe und Pakete/Päckchen (noch immer auch Telegramme), grds. also **verkörperte Zusendungen und Mitteilungen,** erfasst, und zwar unabhängig von der Übermittlungsart (Postsendungen, Paketsendungen, Sendungen per Bote). Das Erfordernis der Verkörperung darf – gerade im Hinblick auf **Telefax und E-Mail** – indes nicht überinterpretiert 13 werden. Es dient lediglich der Abgrenzung zur Überwachung des Telefon- und Funkverkehrs; dieser ist von der Postsperre nicht erfasst (vgl. BT-Drs. 12/2443, 143), und gleiches gilt für Kurznachrichten via Mobiltelefon **(SMS).**

14 Geht indes ein **Telefax** oder eine **E-Mail** beim Schuldner ein, greift die Postsperre, und zwar ohne dass ein Ausdruck des Faxes oder der Download/das Öffnen einer E-Mail erforderlich wäre; vielmehr genügt der Eingang im Speicher eines Faxgerätes oder im Posteingang des E-Mail-Accounts (heute ganz hM; vgl. LG Deggendorf 14.7.2005 – 1 T 89/05, BeckRS 2011, 09785; ausf. MüKoInsO/*Stephan* § 99 Rn. 20 mwN; *Münzel/Böhm* ZInsO 1998, 363 ff.; restriktiver noch LG Hanau NJW 1999, 3647 (zu §§ 94, 99, 100a StPO)). Eine Klarstellung im die Postsperre anordnenden Beschluss, dass auch Telefaxe und E-Mails erfasst sind, kann nach den Umständen des Einzelfalls zweckmäßig sein, ist aber nicht erforderlich (vgl. auch Uhlenbruck/*Zipperer* § 99 Rn. 6); der genauen Bezeichnung von E-Mail-Adressen bedarf es wegen der Gefahr der allzu einfachen Umgehung nicht (aA HambK-InsO/*Herchen* § 99 Rn. 7). An eine tatsächliche Grenze wird die Anordnung der Postsperre bei **E-Mails** häufig stoßen, wenn es um die Bezeichnung der „Unternehmen" iSv Absatz 1 – also die Provider – geht, welche die E-Mails dem Insolvenzverwalter zuzuleiten haben.

15 Der Insolvenzverwalter kann bei Anordnung einer Postsperre indes vom Schuldner über **§ 97** verlangen, ihm die **Zugangsdaten für alle E-Mail-Accounts** mitzuteilen (vgl. bereits → § 97 Rn. 19). Diese Zugangsdaten kann der Insolvenzverwalter neu konfigurieren und so während des Insolvenzverfahrens permanent sicherstellen, von eingehenden E-Mails Kenntnis zu erhalten. Dass der Schuldner so (ohne Mitwirkung des Insolvenzverwalters) häufig nicht mehr in der Lage sein wird, E-Mails zu senden, ist erforderlichenfalls hinzunehmen. Beim **Telefax** ist ein Zuleiten iSv Absatz 1 nicht möglich, weil dieselbe Telefonleitung auch für Sprachanrufe genutzt werden könnte, auf die sich die Postsperre nicht erstreckt. Zum Lesen (und ggf. Abruf aus dem Gerätespeicher) eingehender Telefaxe ist der Insolvenzverwalter bei Anordnung einer Postsperre indes ermächtigt.

16 Ob die Überwachung von **Nachrichten,** die **auf sozialen Netzwerken** wie Facebook etc eingehen oder die über Dienste wie Twitter, Instagram etc empfangen werden, der Postsperre nach § 99 unterliegen, ist mehr als zweifelhaft. Schon aus faktischen/technischen Gründen wird der Insolvenzverwalter kaum in der Lage sein, diese Art der Kommunikation zu überwachen.

V. Folgen der Anordnung

17 Hat das Insolvenzgericht nach § 99 die Aushändigung der für den Schuldner eingehenden **Postsendungen** uä (vgl. → Rn. 13) angeordnet, so werden sie von der Postverwaltung **dem Insolvenzverwalter ausgehändigt;** dieser hat das **Recht zur Öffnung und Einsichtnahme** (Absatz 2 Satz 1). Dies gilt auch für Privatpost (Uhlenbruck/*Zipperer* § 99 Rn. 7; HambK-InsO/*Herchen* § 99 Rn. 8), sogar für offensichtliche Privatpost (Jaeger/*Schilken* § 99 Rn. 22). Die Einsichtnahme durch Hilfskräfte des Insolvenzverwalters ist möglichst zu vermeiden (nach *Eickmann* KTS 1986, 197 [204] sogar unzulässig) bzw. auf ein Mindestmaß zu beschränken, insbes. wenn der Schuldner Rechtsanwalt, Steuerberater, Wirtschaftsprüfer, Notar, Arzt etc ist (vgl. MüKoInsO/*Stephan* § 99 Rn. 18; großzügiger *Hess* § 99 Rn. 32); in Großverfahren wird dies aber aus tatsächlichen Gründen häufig nicht möglich sein (vgl. auch Braun/*Kroth* § 99 Rn. 14). Der Schuldner ist stets zur Einsichtnahme berechtigt und kann Herausgabe verlangen, wenn der Inhalt die Insolvenzmasse nicht betrifft (Absatz 2 Satz 2 und 3; zur Durchsetzung dieser Ansprüche vgl. Kübler/Prütting/Bork/*Lüke* § 99 Rn. 15; MüKoInsO/*Stephan* § 99 Rn. 34).

Schriftstücke zu Postzustellungsaufträgen, auf die sich die Postsperre bezieht, werden als unzustellbar behandelt. An den Schuldner gerichtete förmliche Zustellungen sind als unzustellbar an den Absender zurückzuleiten; wird eine solche Zustellung dem Insolvenzverwalter ausgehändigt, so wird dadurch die Zustellung nicht bewirkt (BFH/NV 2009, 212). Dies gilt jedoch nicht für Schriftstücke, die bei Bekanntgabe der Postsperre bereits nach den Bestimmungen der ZPO niedergelegt waren. 18

Hat das Insolvenzgericht angeordnet, dass **Sendungen bestimmter Absender** (etwa des Insolvenzgerichts, des Insolvenzverwalters, der Staatsanwaltschaft, des Strafverteidigers) der Postsperre nicht unterliegen (Absatz 1 Satz 1 aE), so werden diese dem Schuldner ausgehändigt. – Zu Anerkennung und Wirkung einer Postsperre nach § 99 im Vereinigten Königreich vgl. *Prager/Keller* NZI 2012, 829. 19

VI. Rechtsmittel

Gegen die Anordnung, Erneuerung und Ausdehnung der Postsperre steht dem Schuldner die **sofortige Beschwerde** zu (Absatz 3 Satz 1). Diese Beschwerde kann nicht mit Einwendungen gegen den Insolvenzeröffnungsbeschluss begründet werden (OLG Köln ZIP 2000, 1900). Eine sofortige weitere Beschwerde ist nicht zuzulassen, wenn nur Fragen der tatsächlichen Würdigung des Sachverhalts in Rede stehen (OLG Celle ZInsO 2000, 684). – Der Insolvenzverwalter hat gegen die Ablehnung der Anordnung einer Postsperre und gegen deren Aufhebung kein Rechtsmittel (vgl. BT-Drs. 12/7302, 166). 20

Unterhalt aus der Insolvenzmasse[1]

100 (1) **Die Gläubigerversammlung beschließt, ob und in welchem Umfang dem Schuldner und seiner Familie Unterhalt aus der Insolvenzmasse gewährt werden soll.**

(2) [1] **Bis zur Entscheidung der Gläubigerversammlung kann der Insolvenzverwalter mit Zustimmung des Gläubigerausschusses, wenn ein solcher bestellt ist, dem Schuldner den notwendigen Unterhalt gewähren.** [2] **In gleicher Weise kann den minderjährigen unverheirateten Kindern des Schuldners, seinem Ehegatten, seinem früheren Ehegatten, seinem Lebenspartner, seinem früheren Lebenspartner und dem anderen Elternteil seines Kindes hinsichtlich des Anspruchs nach den §§ 1615l, 1615n des Bürgerlichen Gesetzbuchs Unterhalt gewährt werden.**

Schrifttum: *Ehlers,* Der Insolvenzschuldner und seine Familie, ZInsO 2013, 1386; *Fischer/Hempler,* Keine Pflicht zur Unterhaltsgewährung an den Schuldner aus Mieteinnahmen der Masse, ZInsO 2006, 474; *Keller,* Die Gewährung von Unterhalt im Insolvenzverfahren, in Verbraucherinsolvenz und Restschuldbefreiung, NZI 2007, 316; *Kothe,* Die Behandlung von Unterhaltsansprüchen nach der Insolvenzordnung in: Kölner Schrift zur Insolvenzverordnung, 3. Aufl. 2009, S. 1161 ff.; *ders.,* Zum Schutz des Existenzminimums in der Insolvenz, DZWIR 2001, 34; *Rohleder,* Unterhaltsansprüche in der Insolvenz, 2005; *Wipperfürth,* Unterhalt des selbstständigen Schuldners in der Eigenverwaltung, ZInsO 2015, 1127; *Zipperer,* Probleme beim Zusammentreffen von Zwangsverwaltung und Insolvenzverwaltung, ZfIR 2011, 385.

---

[1] § 100 Abs. 2 Satz 2 geänd. durch G v. 16.12.1997 (BGBl. I S. 2942); Abs. 2 Satz 2 geänd. mWv 1.1.2005 durch G v. 15.12.2004 (BGBl. I S. 3396).

Übersicht

I. Normzweck und Bedeutung der Vorschrift

1 **1. Normzweck.** Die **Gewährung von Unterhalt** ist für den Schuldner und seine Familie unter dem Regime der Insolvenzordnung von größerer Bedeutung als im überkommenen Konkursrecht, weil der Neuerwerb in die Insolvenzmasse einbezogen ist (§ 35). Da dem Schuldner Einkünfte aus selbständiger oder unselbständiger Arbeit aber bis zur Höhe der Pfändungsfreigrenzen (§ 850c ZPO; vgl. dazu *Steder* ZIP 1999, 1874) verbleiben, darf die Notwendung von Unterzahlungszahlungen nach § 100 auch nicht überschätzt werden. § 100 gibt dem Insolvenzschuldner ohnehin keinen Anspruch auf die Gewährung von Unterhalt (OLG Celle 21.1.2010 – 5 U 90/09, BeckRS 2010, 17176; zu diesem Themenkreis ausf. *Rohleder* Unterhaltsansprüche in der Insolvenz Rn. 122 ff.). Der Gesetzgeber hat – entgegen seiner ursprünglich Planung (§ 114 des RegE) – bewusst darauf verzichtet, einen Anspruch auf die Gewährung von Unterhalt festzuschreiben (BT-Drs. 12/7302, 167). § 100 hat seine praktische **Hauptbedeutung in der Verbraucherinsolvenz** (*Keller* NZI 2007, 316); insbes. in solchen Verfahren kann die Unterhaltsgewährung nach § 100 auch durch die Zurverfügungstellung einer Wohnung erfolgen (vgl. noch → Rn. 8).

2 **2. Anwendungsbereich.** Über die Unterhaltszubilligung an den Schuldner beschließt **grds.** die **Gläubigerversammlung** (Absatz 1) nach ihrem Ermessen. Bis zu einer Entscheidung der Gläubigerversammlung kann der **Insolvenzverwalter** die Gewährung von Unterhalt bestimmen. Dabei ist er in seiner Entscheidung hinsichtlich des berechtigten Personenkreises und hinsichtlich der Höhe des Unterhalts beschränkt und zudem auf die Zustimmung eines ggf. eingesetzten Gläubigerausschusses angewiesen (Absatz 2; dazu → Rn. 5 ff.).

3 Im **Insolvenzeröffnungsverfahren** kann der vorläufige Insolvenzverwalter analog Absatz 2 Unterhalt gewähren (LG Bonn ZInsO 2013, 833; *Keller* NZI 2007, 316 [317]; Jaeger/*Schilken* § 100 Rn. 19; einschränkend (nur bei Bestellung eines „starken" vorläufigen Insolvenzverwalters) HK-InsO/*Kayser* § 100 Rn. 5; so wohl auch Uhlenbruck/*Zipperer* § 100 Rn. 9; FK-InsO/*Wimmer-Amend* § 100 Rn. 6). Ist ein **vorläufiger Gläubigerausschuss** (vgl. § 21 Abs. 2 Nr. 1, 22a) eingesetzt, so ist dessen Zustimmung erforderlich. Der „schwache" vorläufige Insolvenzverwalter stimmt dabei Entnahmen aus der Masse durch den späteren Schuldner zu.

4 Im **Nachlassinsolvenzverfahren** ist § 100 nicht anwendbar (Jaeger/*Schilken* § 100 Rn. 6). § 100 gilt nach § 101 Abs. 1 S. 3 im Fall der Eröffnung des **Insolvenzverfahrens über das Vermögen einer Personengesellschaft** entsprechend für den vertretungsberechtigten persönlich haftenden Gesellschafter. – Im Fall der **Eigenverwaltung** ist **§ 278** zu beachten; diese Vorschrift ist neben § 100 anwendbar (MüKoInsO/*Stephan* § 100 Rn. 30a; ausführlich *Wipperfürth*

ZInsO 2015, 1127 [1129 ff.]). – **Unterhaltsforderungen** des Schuldners sind (letztrangige) **Masseverbindlichkeiten** (vgl. § 209 Abs. 1 Nr. 3).

II. Gewährung von Unterhalt durch den Insolvenzverwalter (Absatz 2)

1. Grundsatz. Sofern die Gewährung von Unterhalt aus der Insolvenzmasse aufgrund der Bedürftigkeit des Schuldners angezeigt ist, wird die **erste Entscheidung** darüber **in der Regel der Insolvenzverwalter** oder sogar der vorläufige Insolvenzverwalter treffen, da bis zu einer Entscheidung der Gläubigerversammlung – die nicht notwendigerweise schon in der ersten Gläubigerversammlung (Berichtstermin) getroffen wird (LG Schwerin ZInsO 2002, 1096 [1097]) – eine gewisse Zeit vergehen kann. Vorher kann der Insolvenzverwalter die Gewährung von Unterhalt aus der Insolvenzmasse in jedem Stadium des Verfahrens bestimmen. Wenn ein **Gläubigerausschuss** (nach § 67 Abs. 1) eingesetzt worden ist, so ist zur Unterhaltsgewährung dessen **Zustimmung** erforderlich, sonst kann der Insolvenzverwalter allein entscheiden (*Rohleder* Unterhaltsansprüche in der Insolvenz Rn. 91 mwN). Weigert sich der Insolvenzverwalter, Unterhalt zu bewilligen, kann der Schuldner eine Entscheidung des Insolvenzgerichts herbeiführen, welches den Insolvenzverwalter so über § 58 anhalten kann, Unterhaltszahlungen zu veranlassen (LG Dortmund NZI 2000, 182). 5

2. Entscheidungsspielraum des Insolvenzverwalters. Ob und in welcher Höhe der Insolvenzverwalter Unterhalt bewilligt, steht im **Ermessen des Insolvenzverwalters.** Es sind aber **Einschränkungen** seines Entscheidungsspielraums zu beachten: Zum einen verlangt das **verfassungsrechtliche Gebot der Existenzsicherung** grds. die Gewährung von Unterhalt, wenn die Insolvenzmasse dazu ausreicht und der Schuldner nicht anders in der Lage ist, seinen Unterhalt zu bestreiten (vgl. Kübler/Prütting/Bork/*Lüke* § 100 Rn. 3). Zum anderen kann **höchstens der „notwendige Unterhalt"** gewährt werden. Dieser Begriff ist dem Recht der Sozialleistungen (vgl. „notwendiger Lebensunterhalt" in §§ 19, 27 SGB-XII) entlehnt (vgl. dazu *Wipperfürth* ZInsO 2015, 1127 [1128]). Gestattet ist also die Zahlung der zur Erhaltung eines menschenwürdigen Lebens erforderlichen Mittel. 6

Der berechtigte **Personenkreis** ist **eingegrenzt:** Unterhalt kann nur dem Schuldner, dessen minderjährigen (anders bei § 850c ZPO, vgl. LG Bückeburg ZInsO 2002, 78) unverheirateten Kindern, dessen gegenwärtigem oder früherem Ehegatten, seinem gegenwärtigen oder früheren Lebenspartner (Lebenspartner iSd Gesetzes über die Eingetragene Lebenspartnerschaft) und in den engen Grenzen der §§ 1615l, 1615n BGB dem anderen Elternteil eines nichtehelichen Kindes des Schuldners gewährt werden. Diese Aufzählung ist abschließend; insbes. ist die Gewährung von Unterhalt an einen nicht mit dem Schuldner verheirateten Partner (Nerlich/Römermann/*Wittkowski/Kruth* § 100 Rn. 8) bzw. an einen Partner, mit dem keine eingetragene Lebenspartnerschaft besteht (Jaeger/*Schilken* § 100 Rn. 22), ausgeschlossen (ausf. *Rohleder* Unterhaltsansprüche in der Insolvenz Rn. 95 ff.). 7

In Anlehnung an die Regelungen im Recht der Sozialleistungen ist die **Art des gewährten Unterhalts** nicht auf die Zahlung von Geld beschränkt. So kann dem Schuldner und seiner Familie auch die (eheliche) **Wohnung** – unter Umständen gegen ein geringes Entgelt – überlassen werden (vgl. BGH NJW 2013, 3518 [3519] = NZI 2013, 606 [607]; Nerlich/Römermann/*Wittkowski/Kruth* § 100 Rn. 14 f.; MüKoInsO/*Stephan* § 100 Rn. 28; *Ehlers* ZInsO 2013, 1386 [1395 f.]). Ein Recht des Schuldners, dass ihm ein zur Insolvenzmasse gehörendes Grundstück belassen wird, kann aus § 100 nicht hergeleitet werden (BGHZ 12, 380 8

[392]; vgl. zur Frage, ob dem Schuldner seine **Mietwohnung** belassen werden sollte, *Beyer* BB 1951, 546). Ist über die unentgeltliche Nutzung nicht nach Maßgabe des § 100 entschieden, steht der Insolvenzmasse eine **Nutzungsentschädigung** (§ 812 BGB) zu. Allerdings kann gegen den Ehegatten des Schuldners ein solcher Anspruch auf Zahlung einer Nutzungsentschädigung für die auf diesem Wege überlassene Wohnung, wenn der Insolvenzverwalter mit dem Ehegatten des Schuldners keine besondere Vereinbarung getroffen hat, nur insoweit bestehen, als der Schuldner selbst Ansprüche gegen seinen Ehegatten auf Unterhaltszahlung geltend machen kann (LG Oldenburg NJW 1967, 785; OLG Nürnberg NZI 2006, 44). Zahlt der Schuldner kein Nutzungsentgelt und handelt es sich um **zwangsverwaltete Wohnräume,** kann die Wohnungsräumung angeordnet werden; ein unentgeltliches Nutzungsrecht nach § 149 ZVG steht dem Schuldner in einem solchen Fall nicht zu (vgl. AG Heilbronn ZfIR 2010, 657; OLG München 16.6.2005 – 5 U 2553/05, BeckRS 2005, 33762; vgl. ferner *Zipperer* ZfIR 2011, 385 ff.). Zum Verhältnis von § 149 ZVG und § 100 vgl. auch noch BGH NJW 2013, 3518 = NZI 2013, 606.

III. Gewährung von Unterhalt durch die Gläubigerversammlung (Absatz 1)

9 Die Gläubigerversammlung hat, wenn auch nicht zwingend im ersten Termin (Berichtstermin; vgl. LG Schwerin ZInsO 2002, 1096 [1097]; Kübler/Prütting/Bork/*Lüke* § 100 Rn. 3), eine Entscheidung zu treffen. Sie entscheidet **durch Mehrheitsbeschluss** (§ 76 Abs. 2) hinsichtlich der Höhe und hinsichtlich des Personenkreises **nach freiem Ermessen** (vgl. zu bspw. maßgeblichen Kriterien MüKoInsO/*Stephan* § 100 Rn. 21); für eine Anwendung der §§ 850 ff. ZPO ist kein Raum. Grenze bildet jedoch der Wortlaut von § 100: **Nur** der **Familie** kann Unterhalt gewährt werden, nicht jedem außenstehenden Dritten (vgl. insofern auch noch OLG Celle ZIP 2011, 2311 (zu § 101)). Eine solche Entscheidung wäre der Masse nachteilig iSd § 78. Der **Begriff** der Familie ist indes nicht im familienrechtlichen Sinne zu verstehen, sondern **weit auszulegen** (zustimmend FK-InsO/*Wimmer-Amend* § 100 Rn. 26); nach den Umständen des Einzelfalls kann auch der nichteheliche/nicht eingetragene Lebenspartner dazu zählen (*Keller* NZI 2007, 316 [317]; Uhlenbruck/*Zipperer* § 100 Rn. 6 mwN).

10 Die Gläubigerversammlung entscheidet mit der Maßgabe, dass ihre Entscheidung eine evtl. vorangegangene Entscheidung des Insolvenzverwalters ersetzt und dass eine Zustimmung des Insolvenzgerichts zum Beschluss der Gläubigerversammlung nicht erforderlich ist.

11 Entscheidet die Gläubigerversammlung anders als der Insolvenzverwalter, dass weniger oder kein Unterhalt gewährt werden soll, sind der Schuldner und dessen Familie für den davorliegenden Zeitraum nicht zur Zurückzahlung verpflichtet; in krassen Fällen kann ein Schadensersatzanspruch gegen den Insolvenzverwalter bestehen. Eine Entscheidung der Gläubigerversammlung ist nicht unumstößlich; sie schafft keinen Vertrauenstatbestand. Vielmehr können in späteren Versammlungen frühere Entscheidungen jederzeit geändert werden (FK-InsO/*Wimmer-Amend* § 100 Rn. 23; Uhlenbruck/*Zipperer* § 100 Rn. 4; HambK-InsO/*Herchen* § 100 Rn. 9).

12 Die **Gläubigerversammlung kann** ihre **Entscheidungsbefugnis** über den dem Schuldner zu gewährenden Unterhalt **nicht** auf einen Dritten **delegieren** (OLG Celle 21.1.2010 – 5 U 90/09, BeckRS 2010, 17176; Zweifel bei HambK-InsO/*Herchen* § 100 Rn. 9b). Auch kann sie ihre Entscheidungskompetenz nicht auf den Gläubigerausschuss übertragen (wie hier Jaeger/*Schilken* § 100 Rn. 8; HK-InsO/*Kayser* § 100 Rn. 6; Nerlich/Römermann/*Wittkowski/Kruth* § 100 Rn. 10; Uhlenbruck/*Zipperer* § 100 Rn. 4). Möglich bleibt (wie allg., vgl. → § 76

Rn. 33) die Übertragung der Kompetenz zur Bewilligung von Unterhalt auf das Insolvenzgericht (ebenso MüKoInsO/*Stephan* § 100 Rn. 31; aA HK-InsO/*Kayser* § 100 Rn. 6).

Ein **Rechtsmittel** gegen die Entscheidung der Gläubigerversammlung über 13
die Gewährung von Unterhalt steht dem Schuldner **nicht** zu (LG Hamburg NZI 2000, 185). Das Insolvenzgericht kann nicht anstelle der Gläubigerversammlung einen Beschluss treffen (*Keller* NZI 2007, 316 [318]). Wenn der Schuldner aber in zulässiger Weise die Gewährung von Unterhalt (oder eine Erhöhung der Unterhaltszahlungen) nach § 100 beantragt, hat das Insolvenzgericht die Gläubigerversammlung (erneut) einzuberufen, weil der Schuldner insofern als berechtigt gilt, die Einberufung der Gläubigerversammlung zu verlangen (LG Schwerin ZInsO 2002, 1096 [1097]; Uhlenbruck/*Zipperer* § 100 Rn. 4; FK-InsO/*Wimmer-Amend* § 100 Rn. 18; aA HambK-InsO/*Herchen* § 100 Rn. 9); denn anderenfalls kann § 100 leerlaufen (vgl. auch → § 75 Rn. 12).

Organschaftliche Vertreter. Angestellte[1]

101 (1) [1]**Ist der Schuldner keine natürliche Person, so gelten die §§ 97 bis 99 entsprechend für die Mitglieder des Vertretungs- oder Aufsichtsorgans und die vertretungsberechtigten persönlich haftenden Gesellschafter des Schuldners.** [2]**§ 97 Abs. 1 und § 98 gelten außerdem entsprechend für Personen, die nicht früher als zwei Jahre vor dem Antrag auf Eröffnung des Insolvenzverfahrens aus einer in Satz 1 genannten Stellung ausgeschieden sind; verfügt der Schuldner über keinen Vertreter, gilt dies auch für die Personen, die an ihm beteiligt sind.** [3]**§ 100 gilt entsprechend für die vertretungsberechtigten persönlich haftenden Gesellschafter des Schuldners.**

(2) **§ 97 Abs. 1 Satz 1 gilt entsprechend für Angestellte und frühere Angestellte des Schuldners, sofern diese nicht früher als zwei Jahre vor dem Eröffnungsantrag ausgeschieden sind.**

(3) **Kommen die in den Absätzen 1 und 2 genannten Personen ihrer Auskunfts- und Mitwirkungspflicht nicht nach, können ihnen im Fall der Abweisung des Antrags auf Eröffnung des Insolvenzverfahrens die Kosten des Verfahrens auferlegt werden.**

Schrifttum: *Henssler,* Die verfahrensrechtlichen Pflichten des Geschäftsführers im Insolvenzverfahren über das Vermögen der GmbH und der GmbH & Co. KG, in: Kölner Schrift zur Insolvenzordnung, 3. Aufl. 2009, S. 990 ff.; *ders.*, Die Rechts- und Pflichtenstellung des GmbH-Geschäftsführers nach Einführung der Insolvenzordnung, ZInsO 1999, 121; *Uhlenbruck,* Auskunfts- und Mitwirkungspflichten des Schuldners und seiner organschaftlichen Vertreter nach der Konkursordnung, Vergleichsordnung, Gesamtvollstreckungsordnung sowie Insolvenzordnung, KTS 1997, 371; *ders.,* Die Auskunfts- und Mitwirkungspflichten des GmbH-Geschäftsführers im Insolvenzverfahren, GmbHR 2002, 491; *ders.,* Auskunfts- und Mitwirkungspflichten des Schuldners und seiner organschaftlichen Vertreter im Insolvenzverfahren, NZI 2002, 401; *Vallender,* Die Auskunftspflicht der Organe juristischer Personen im Konkurseröffnungsverfahren, ZIP 1996, 529. Weiteres Schrifttum bei § 97.

[1] § 101 Abs. Satz 2 geänd., Abs. 3 angef. mWv 1.11.2008 durch G v. 23.10.2008 (BGBl. I S. 2026).

Übersicht

I. Normzweck und Anwendungsbereich

1 § 101 regelt die Auskunfts- und Mitwirkungspflichten sowie deren zwangsweise Durchsetzung (vgl. §§ 97–99) in den Fällen, in denen der **Schuldner keine natürliche Person** ist. Mit dieser Norm wurde eine nach der Konkursordnung bestehende Regelungslücke geschlossen, auch wenn schon nach überkommenem Konkursrecht die Grundsätze, die heute in § 101 enthalten sind, weitgehend anerkannt waren (vgl. noch OLG Hamm ZIP 1980, 280; *Uhlenbruck* KTS 1997, 371 [378]). Wer nach § 101 auskunftspflichtig ist, hat kein Zeugnisverweigerungsrecht. – Nach § 153 Abs. 2 S. 2 kann der unter → Rn. 2 ff. dargestellte Personenkreis zur Abgabe einer eidesstattlichen Versicherung über die Richtigkeit und Vollständigkeit des nach § 153 zu errichtenden Vermögensverzeichnisses verpflichtet werden.

II. Verpflichtung von Mitgliedern der Vertretungs- und Aufsichtsorgane und von persönlich haftenden Gesellschaftern

2 **1. Grundsatz.** Der in § 101 enthaltene Grundsatz lautet, dass die §§ 97–99 im Fall der Insolvenz einer Kapitalgesellschaft entsprechend auf die **Mitglieder der Vertretungs- und** (zwingend zu bildenden oder fakultativen) **Aufsichtsorgane** und im Fall der Insolvenz einer Personengesellschaft entsprechend auf die **persönlich haftenden Gesellschafter** angewendet werden. Dabei beziehen sich die Auskunftspflichten aber nur auf das Gesellschaftsvermögen, nicht auch auf die eigenen Vermögensverhältnisse der nach § 101 auskunftsverpflichteten Personen oder auf die Realisierbarkeit von gegen sie gerichteten Ansprüchen (BGH NZI 2015, 380 mit kritischer Anm. *Kluth;* vgl. auch *Laroche* ZInsO 2015, 1469 [1472 ff.]). – Ebenfalls unter den Anwendungsbereich von § 101 fallen die **Abwickler** und **Liquidatoren** dieser Kapital- und Personengesellschaften (vgl. AG Köln ZInsO 2015, 1409 [1410]), ferner die **faktischen Organe** (HK-InsO/*Kayser* § 101 Rn. 7; Kübler/Prütting/Bork/*Lüke* § 101 Rn. 4). Wird über das Vermögen einer **Gesellschaft ausländischen Rechts** das Insolvenzverfahren nach der Insolvenzordnung eröffnet, ist § 101 sinngemäß anzuwenden (vgl. das Beispiel in → Rn. 5).

a) Betroffene Personen in Personengesellschaften. Betroffen sind demnach bei den Personengesellschaften die vertretungsberechtigten Gesellschafter einer **offenen Handelsgesellschaft** und einer **BGB-Gesellschaft,** die vertretungsberechtigten Komplementäre einer **Kommanditgesellschaft** und die vertretungsberechtigten Partner einer **Partnerschaftsgesellschaft** (weitere Auskunftspflichtige und Einzelheiten zu besonderen Gesellschaftsformen bei MüKoInsO/*Stephan* § 101 Rn. 14). Nicht vertretungsberechtigte Gesellschafter sind nicht auskunftspflichtig und können es auch nicht nach Absatz 1 Satz 2 Hs. 2 (vgl. dazu → Rn. 13 ff.) werden, weil eine Personengesellschaft aufgrund des Prinzip der Selbstorganschaft grds. (zu GmbH/AG/KGaA & Co. KGs vgl. → Rn. 8 und → Rn. 13) auch nicht führungslos werden kann. 3

b) Betroffene Personen in Kapitalgesellschaften. In Kapitalgesellschaften erstreckt sich die Auskunftspflicht auf die Mitglieder der **Vertretungs- und Aufsichtsorgane.** Ob das Aufsichtsorgan nach den Regeln des Gesellschaftsrechts oder etwa nach den Regeln des Mitbestimmungsrecht zu bilden war, ist unerheblich (zu fakultativen Aufsichtsorganen/Beiräten vgl. → Rn. 6). 4

Betroffen sind demnach bei Kapitalgesellschaften in erster Linie die Mitglieder des Vorstands und Aufsichtsrates einer **Aktiengesellschaft,** die Mitglieder des Leitungsorgans und des Aufsichtsorgans bzw. des Verwaltungsorgans einer **SE,** die Vorstandsmitglieder (und ggf. die Aufsichtsratsmitglieder) einer **Genossenschaft,** die Geschäftsführer (und ggf. die Aufsichtsratsmitglieder) einer **GmbH** und die Komplementäre und die Aufsichtsratsmitglieder einer **KGaA** (vgl. erneut MüKoInsO/*Stephan* § 101 Rn. 14 zu weiteren Auskunftspflichtigen und zu Einzelheiten bei besonderen Kapitalgesellschaften). Bei **Kapitalgesellschaften ausländischen Rechts** betrifft § 101 die Personen, die vergleichbare Positionen innehaben, bei Kapitalgesellschaften angelsächsischer Provenienz zB die Directors, Officers und Board Members (inkl. der Non-Executive Directors), nicht aber den Secretary of the Board. 5

Hat eine Gesellschaft ein **fakultatives Aufsichtsorgan,** so gilt § 101 auch für dessen Mitglieder, und zwar unabhängig davon, ob es sich um einen fakultativen Aufsichtsrat oder um einen Beirat oÄ handelt (wie hier Uhlenbruck/*Zipperer* § 101 Rn. 6 mwN; vgl. FK-InsO/*Wimmer-Amend* § 101 Rn. 10; aA Jaeger/*Schilken* § 101 Rn. 10). 6

Besteht (etwa bei der GmbH, aber auch bei der Genossenschaft) **kein Aufsichtsorgan,** so werden über § 101 (sofern nicht die Voraussetzungen von Absatz 1 Satz 2 Hs. 2 vorliegen, vgl. dazu → Rn. 13 ff.) GmbH-Gesellschafter oder Mitglieder der Genossenschaft auch dann nicht verpflichtet, wenn insoweit die Gesellschafterversammlung bzw. die Generalversammlung Aufgaben wahrnimmt, die sonst dem Aufsichtsorgan zufallen. Für eine analoge Anwendung von § 101 auf Gesellschafter ist kein Raum (vgl. AG Köln ZInsO 2015, 1409 [1410]). 7

c) Betroffene Personen in GmbH/AG/KGaA & Co. KGs und doppelstöckigen Gesellschaften. Bei GmbH/AG/KGaA & Co. KGs ist § 101 (auch) auf das Vertretungsorgan der Komplementärin (vgl. Jaeger/*Schilken* § 101 Rn. 11) sowie auf einen etwaigen Beirat/Aufsichtsrat anzuwenden, auch wenn dieser Beirat/Aufsichtsrat der KG ist. Entsprechend kann § 101 auch in anderen doppel- oder mehrstöckigen Gesellschaften jeweils bis auf die Untergesellschaft durchschlagen. 8

2. Pflichtenfortbestand trotz Ausscheidens aus der Gesellschaft. Es wäre ein leichtes, sich den nach § 101 bestehenden Pflichten zu entziehen, wenn die Niederlegung des Amtes bzw. das Ausscheiden aus der Gesellschaft nicht den Fortbestand der Pflichten zur Folge hätte (vgl. auch *Uhlenbruck* in Karsten Schmidt/Uhlenbruck, Die GmbH in Krise, Sanierung und Insolvenz, Rn. 1203). 9

Dem tritt das Gesetz mit Absatz 1 Satz 2 entgegen (BGH NZI 2015, 380 [381]), wobei der **Antrag auf Eröffnung des Insolvenzverfahrens** für den Pflichtenfortbestand der **maßgebliche Zeitpunkt** ist (vgl. auch die Systematisierung bei Uhlenbruck/*Zipperer* § 101 Rn. 13 ff.; vgl. ferner → § 5 Rn. 22).

10 **a) Ausscheiden nach Stellung des Eröffnungsantrags.** Scheiden Organe aus ihrer Position aus bzw. treten persönlich haftende Gesellschafter aus der Gesellschaft aus, nachdem der Eröffnungsantrag gestellt ist, gelten die unter → Rn. 2 ff. dargestellten Grundsätze ohne Einschränkung fort (OLG Düsseldorf NZI 2001, 97; *Uhlenbruck* GmbHR 2002, 941 [943]; Jaeger/*Schilken* § 101 Rn. 19; aA Kübler/Prütting/Bork/*Lüke* § 101 Rn. 5; BK-InsO/*Blersch/v. Ohlshausen* § 101 Rn. 10; wohl auch Kölner Schrift InsO/*Henssler* Rn. 46). Wenn ein nach Absatz 1 Satz 1 Verpflichteter im Ausnahmefall vor Antragstellung sein Amt in rechtsmissbräuchlicher Weise niedergelegt hat und die Amtsniederlegung deswegen unwirksam ist, gilt Absatz 1 Satz 1 ohnehin einschränkungslos.

11 **b) Ausscheiden vor Stellung des Eröffnungsantrags.** Bei einem Ausscheiden vor Stellung des Insolvenzantrags bestimmen sich die **Auskunftspflichten** im Regelfall **nach Absatz 1 Satz 2:** Nach Absatz 1 Satz 2 wird – mit der Maßgabe, dass nur § 97 Abs. 1 und § 98 entsprechend anwendbar sind – der Anwendungsbereich auf diejenigen in Absatz 1 Satz 1 genannten **organschaftlichen Vertreter/persönlich haftenden Gesellschafter,** die während der letzten zwei Jahre vor dem Antrag auf Eröffnung des Insolvenzverfahrens (missverständlich *Hess* § 101 Rn. 25 f.) aus ihrer Position ausgeschieden sind, ausgedehnt. Ob das Ausscheiden auf Amtsniederlegung oder Abberufung/Abwahl beruhte, ist unerheblich.

12 Diese ausgeschiedenen Personen sind **unabhängig von anderen Faktoren** – wie etwa dem Vorliegen eines Insolvenzgrundes während ihrer Amtszeit – zur Auskunft verpflichtet (vgl. zu Einschränkungen nach altem Recht noch LG Göttingen ZIP 1999, 1492 = NZI 1999, 367). Allerdings trifft sie weder die Mitwirkungspflicht des § 97 Abs. 2 noch die Bereitschaftspflicht des § 97 Abs. 3; auch kann gegen sie keine Postsperre (§ 99) angeordnet werden. Die nach Absatz 1 Satz 2 bestehenden Pflichten können aber mit den Mitteln des § 98 erwirkt werden. Diese Pflichten sind nicht subsidiär, bestehen also auch dann, wenn etwa aktuelle Mitglieder des Vertretungs- oder Aufsichtsorgan vorhanden sind (BGH NZI 2015, 380 [381]; aA Jaeger/*Schilken* § 101 Rn. 21).

III. Verpflichtung von nicht persönlich haftenden Gesellschaftern im Fall der Führungslosigkeit

13 Durch das MoMiG (Gesetz v. 23.10.2008, BGBl. I S. 2026) wurde mit Absatz 1 Satz 2 Hs. 2 für den Fall, dass die Gesellschaft über keinen Vertreter verfügt, also für den Fall der **Führungslosigkeit der Gesellschaft,** eine (doppelt subsidiäre) **Auskunftspflicht** geschaffen. Diese Pflicht betrifft trotz des weiter gefassten Wortlauts („Personen, die an diesen beteiligt sind") nur die Gesellschafter von Kapitalgesellschaften und Personengesellschaften, in denen keine natürliche Person persönlich haftender Gesellschafter ist (GmbH/AG/KGaA & Co. KGs). Für persönlich haftende Gesellschafter in anderen Personengesellschaften gilt Absatz 1 Satz 1 und Satz 2 Hs. 1 direkt, sofern sie zur Vertretung befugt sind; anderenfalls trifft sie niemals eine Auskunftspflicht nach § 101. Gemeint sind in Absatz 1 Satz 2 Hs. 2 **nur aktuelle Gesellschafter,** nicht auch ehemalige. Mit Ausscheiden aus der Gesellschaft – auch im eröffneten Verfahren – endet die Auskunftspflicht von nicht persönlich haftenden Gesellschaftern.

14 Eine Begründung für die Ausdehnung der § 97 Abs. 1 und § 98 auf Gesellschafter lässt sich den Gesetzgebungsmaterialien nicht entnehmen. Der gesetzgeberische Schritt leuchtet für die GmbH noch weitgehend ein, schießt insbes.

bei Aktiengesellschaften und Genossenschaften aber über das wohl intendierte Ziel hinaus (tendenziell für eine Eingrenzung des Anwendungsbereichs von Absatz 1 Satz 2 Hs. 2 auch BK-InsO/*Blersch/v. Olshausen* § 101 Rn. 14). Die neu geschaffene Auskunftspflicht muss als **doppelt subsidiäre Auskunftspflicht** verstanden werden (krit. FK-InsO/*Wimmer-Amend* § 101 Rn. 15).

Erstens ist die Auskunftspflicht nach Absatz 1 Satz 2 Hs. 2 subsidiär, weil sie nicht bereits dann eingreift, wenn die Gesellschaft über keinen aktuellen (also nach Absatz 1 Satz 1 verpflichten) Vertreter verfügt, sondern erst dann, wenn **auch von den ehemaligen** (also nach Absatz 1 Satz 2 verpflichten) **Vertretern keine Auskunft** erlangt werden kann (zutr. Uhlenbruck/*Zipperer* § 101 Rn. 15; aA BK-InsO/*Blersch/v. Olshausen* § 101 Rn. 14). 15

Zweitens ist die Auskunftspflicht nach Absatz 1 Satz 2 Hs. 2 subsidiär, weil sie die Gesellschaft nur dann trifft, wenn **kein gesellschaftsrechtliches Pflicht-Aufsichtsorgan** (Aufsichtsrat in der Aktiengesellschaft/nach den Regeln des Genossenschaftsgesetzes zu bildender Aufsichtsrat in der Genossenschaft) **besteht.** Dies ergibt sich aus den sonst im Fall der **Führungslosigkeit der Gesellschaft** geltenden Regeln. So bestimmt § 15a Abs. 3, wer anstelle des Vertretungsorgans zur Stellung des Insolvenzantrags verpflichtet ist; dies sind aber nur bei der GmbH die Gesellschafter, bei der Aktiengesellschaft und bei der Genossenschaft hingegen die Mitglieder des Aufsichtsrats. Auch nach § 35 Abs. 1 S. 2 GmbHG, § 78 Abs. 1 S. 2 AktG, § 24 Abs. 1 S. 2 GenG findet die passive Stellvertretung im Fall der Führungslosigkeit nur bei der GmbH durch die Gesellschafter statt, bei der Aktiengesellschaft und bei der Genossenschaft hingegen wiederum durch den Aufsichtsrat. Hinter dieser Differenzierung steht ein allgemeines Prinzip, welches zu dem hier vertretenen Verständnis von Absatz 1 Satz 2 Hs. 2 zwingt und eine Auskunftspflicht eines jeden Aktionärs bzw. Mitglieds der Genossenschaft im Normalfall ausschließt. Gibt es hingegen in der Aktiengesellschaft oder Genossenschaft keine Person, die Mitglied des Aufsichtsrats ist, bleibt es bei der gesetzlichen Regel, nach der die aktuellen Aktionäre bzw. Mitglieder der Genossenschaft (nach Maßgabe der hier erläuterten Subsidiarität) gem. Absatz 1 Satz 2 Hs. 2 auskunftspflichtig sind. Gleiches gilt für jeden GmbH-Gesellschafter, und zwar wegen der § 15a Abs. 3, § 35 Abs. 1 S. 2 GmbHG immanenten Systematik unabhängig davon, ob ein fakultativer Aufsichtsrat eingerichtet wurde oder ob ein Aufsichtsrat nach Mitbestimmungsgesetzen zu bilden war. 16

IV. Aktuelle und ehemalige Angestellte

Die Auskunftspflicht des § 97 Abs. 1 S. 1 (und damit nicht auch die Verpflichtung zur Abgabe sich selbst belastender Aussagen) trifft nach Absatz 2 auch aktuelle und ehemalige **Angestellte des Schuldners,** es sei denn, sie sind bereits mehr als zwei Jahre vor Stellung des Eröffnungsantrages ausgeschieden. Diese Pflicht kann nicht zwangsweise (über § 98) durchgesetzt werden. Sollen Angestellte des Schuldners als Zeugen vor dem Insolvenzgericht aussagen, gelten die allgemeinen Regeln der ZPO (vgl. §§ 380, 383–385 ZPO). 17

V. Unterhalt für vertretungsberechtigte persönlich haftende Gesellschafter

Absatz 1 Satz 3 bezieht – systematisch etwas überraschend, in der Sache aber gerechtfertigt – die vertretungsberechtigten persönlich haftenden Gesellschafter in den Kreis derjenigen ein, denen nach § 100 Unterhalt gewährt werden kann. Diese Regelung trägt dem Umstand Rechnung, dass die wirtschaftliche Lage eines persönlich haftenden Gesellschafters in der Insolvenz seiner Gesellschaft der eines insolventen Einzelkaufmanns gleicht (vgl. BT-Drs. 12/2443, 144). Ähnlich wie 18 bei § 100 (vgl. → § 100 Rn. 7) ist der Kreis der durch Absatz 1 Satz 3 begünstigten Personen abschließend. Bspw. kann weder dem Geschäftsführer einer GmbH (Jaeger/*Schilken* § 100 Rn. 5, 10) noch der Witwe eines Kommanditisten, der an einer insolventen GmbH & Co. KG umfänglich beteiligt und zugleich Geschäftsführer der Komplementär-GmbH gewesen ist (OLG Celle ZIP 2011, 2311), Unterhalt gewährt werden.

VI. Folgen der Verletzung der Auskunfts- und Mitwirkungspflichten

19 Systematisch fragwürdig, gesetzgebungstechnisch wenig glücklich und inhaltlich weitgehend verfehlt bestimmt der durch das MoMiG (Gesetz v. 23.10.2008, BGBl. I S. 2026) eingefügte Absatz 3, dass organschaftlichen Vertretern, Angestellten und sogar Gesellschaftern im Fall der Verletzung ihrer Auskunfts- und Mitwirkungspflichten die Kosten des Verfahrens – nach der gesetzgeberischen Zielsetzung geht es insbes. um Auslagenersatz (etwa für den bestellten Gutachter; vgl. BT-Drs. 16/6140, 57) – auferlegt werden können, wenn der Antrag auf Eröffnung des Insolvenzverfahrens abgelehnt wird. **Absatz 3** hätte aus systematischen Gründen in die Vorschriften über das Eröffnungsverfahren gehört. Da § 20 gar nicht auf Absatz 3 verweist, lässt sich nämlich daran zweifeln, ob Absatz 3 im Insolvenzeröffnungsverfahren überhaupt greift (zutr. BK-InsO/*Blersch/v. Olshausen* § 101 Rn. 20). Soll die Regelung nicht vollständig leer laufen – im eröffneten Verfahren erübrigt sich eine Kostentragungspflicht nach Absatz 3 –, wird man iErg aber wohl davon ausgehen müssen, dass **Absatz 3 im Eröffnungsverfahren** Anwendung findet (so dann auch BK-InsO/*Blersch/v. Olshausen* § 101 Rn. 20; ebenso FK-InsO/*Wimmer-Amend* § 101 Rn. 18; Uhlenbruck/*Zipperer* § 101 Rn. 26).

20 Absatz 3 räumt dem Insolvenzgericht einen **Ermessensspielraum** bei der Entscheidung ein, ob die in Absatz 1 und 2 genannten Personen die Kosten des Verfahrens (ganz oder teilw.) tragen sollen (vgl. FK-InsO/*Wimmer-Amend* § 101 Rn. 20; HambK-InsO/*Herchen* § 101 Rn. 5d f.). Rechtfertigen lässt sich die Kostentragungspflicht allenfalls dann, wenn die **Verletzung** der Auskunfts- und Mitwirkungspflichten für die Abweisung des Eröffnungsantrags **kausal** war (Kübler/Prütting/Bork/*Lüke* § 101 Rn. 12; aA HambK-InsO/*Herchen* § 101 Rn. 5b; vgl. auch Uhlenbruck/*Zipperer* § 101 Rn. 26). Das Gericht wird feststellen müssen, dass der zur Auskunft und/oder Mitwirkung Verpflichtete Kenntnis von Umständen hatte, die, wenn er sie mitgeteilt hätte, zur Eröffnung des Verfahrens geführt hätten. Dies wird nur schwierig zu beweisen sein (Vorschlag, von einem Anscheinsbeweis auszugehen, bei BK-InsO/*Blersch/v. Olshausen* § 101 Rn. 20) und sich bei Abweisung mangels Masse (§ 26) regelmäßig ganz verbieten. Die Kostentragungspflicht eines Gesellschafters (vgl. Absatz 1 Satz 2 Hs. 2) lässt sich wohl nur bei Alleingesellschaftern, die nicht auch Organwalter sind, vertreten; Angestellte müssten schon eine für die Frage der Verfahrenseröffnung zentrale Funktion im schuldnerischen Unternehmen innegehabt haben.

Einschränkung eines Grundrechts[1]

102 **Durch § 21 Abs. 2 Nr. 4 und die §§ 99, 101 Abs. 1 Satz 1 wird das Grundrecht des Briefgeheimnisses sowie des Post- und Fernmeldegeheimnisses (Artikel 10 Grundgesetz) eingeschränkt.**

§ 102 trägt dem Zitiergebot des Art. 19 Abs. 1 S. 2 GG im Hinblick auf die Grundrechtseinschränkung, die mit der Anordnung der Postsperre verbunden ist (zur Verfassungsmäßigkeit auch → § 99 Rn. 1), Rechnung.

---

[1] § 102 geänd. durch G v. 19.12.1998 (BGBl. I S. 3836).

Zweiter Abschnitt. Erfüllung der Rechtsgeschäfte. Mitwirkung des Betriebsrats

Wahlrecht des Insolvenzverwalters

103 (1) **Ist ein gegenseitiger Vertrag zur Zeit der Eröffnung des Insolvenzverfahrens vom Schuldner und vom anderen Teil nicht oder nicht vollständig erfüllt, so kann der Insolvenzverwalter anstelle des Schuldners den Vertrag erfüllen und die Erfüllung vom anderen Teil verlangen.**

(2) [1] **Lehnt der Verwalter die Erfüllung ab, so kann der andere Teil eine Forderung wegen der Nichterfüllung nur als Insolvenzgläubiger geltend machen.** [2] **Fordert der andere Teil den Verwalter zur Ausübung seines Wahlrechts auf, so hat der Verwalter unverzüglich zu erklären, ob er die Erfüllung verlangen will.** [3] **Unterläßt er dies, so kann er auf der Erfüllung nicht bestehen.**

Schrifttum: *Beiner/Luppe,* Insolvenzanfechtung bei Forderungserwerb aus Sicherungsglobalzession, NZI 2005, 15; *Gehrlein,* Die Rechtsprechung des BGH zu gegenseitigen Verträgen in der Insolvenz, NZI 2015, 97; *Graf/Wunsch,* Gegenseitige Verträge im Insolvenzverfahren, ZIP 2002, 2117; *Häsemeyer,* Das funktionelle Synallagma im Konkurs- und Vergleichsverfahren, KTS 1973, 2 [4 ff.]; *Heidland,* Der Bauvertrag in der Insolvenz, 2001; *Huber,* Rücktrittsrecht des Vorbehaltsverkäufers in der Insolvenz des Vorbehaltskäufers, NZI 2004, 57; *ders.,* Gegenseitige Verträge und Teilbarkeit von Leistungen in der Insolvenz, NZI 2002, 467; *Kayser,* Die Lebensversicherung im Spannungsfeld der Interessen von Insolvenzmasse, Bezugsberechtigten und Sicherungsnehmer – eine Zwischenbilanz, ZInsO 2004, 1321; *Kepplinger,* Das Synallagma in der Insolvenz, 2000; *Kögel,* Die Rechtsfolgen der Masseunzulänglichkeit auf beiderseitig nicht oder nicht vollständig erfüllte Verträge, Diss., 2007; *Marotzke,* BGH und InsO: zwei neue Leistungsstörungsrechte im Widerstreit, KTS 2002, 1 [21 ff.]; *ders.,* Gegenseitige Verträge im neuen Insolvenzrecht, 3. Aufl. 2001; *Mohrbutter/Mohrbutter,* Erfüllungsverlangen des Insolvenzverwalters und Teilbarkeit der Leistung, DZWIR 2003, 1; *Roth,* Die Fortsetzung des Synallagmas mit insolvenzrechtlichen Mitteln, FS Rolland, 1999, 305; *Karsten Schmidt,* Vertragliche Unterlassungsansprüche und Ansprüche auf unvertretbare Handlungen als Massegläubigerforderungen und als Insolvenzforderungen?, Nachdenken über §§ 38, 45 und 103 InsO, KTS 2004, 241; *Schmitz,* Die Bauinsolvenz, 2011.

Übersicht

I. Grundlagen

1 **1. Norminhalt.** § 103 befasst sich als **Nachfolgeregelung des § 17 KO** mit dem funktionellen Synallagma gegenseitiger Verträge in der Insolvenz. Haben beide Parteien eines gegenseitigen Vertrages im Zeitpunkt der Insolvenzeröffnung ihre Leistungspflichten noch nicht vollständig erfüllt, fällt der Anspruch des Schuldners zwar in die Insolvenzmasse, ist für dessen Insolvenzverwalter aber nicht durchsetzbar, weil dem Vertragspartner aufgrund der noch ausstehenden Gegenforderung die Einrede des nicht erfüllten Vertrags (§ 320 BGB, bei Vorleistungspflicht gem. § 321 BGB) zusteht (BGHZ 150, 353 = BGH ZIP 2002, 1093; *Marotzke* Gegenseitige Verträge im neuen Insolvenzrecht Rn. 2.8 ff.; MüKoInsO/*Kreft* Rn. 16 mwN). Der Vertrag würde damit, gäbe es keine Sonderregelung, dauerhaft suspendiert, da der Verwalter die Einrede des nicht erfüllten Vertrages nicht beseitigen könnte. Bei der Forderung des Vertragspartners handelt es sich schließlich um eine Insolvenzforderung, die der Verwalter gem. § 38 nicht aus der Masse befriedigen, sondern nur zur Tabelle feststellen darf. Zu einer Masseverbindlichkeit kann die Gegenforderung gem. § 55 Abs. 1 Nr. 1 nur werden, wenn sie nach der Verfahrenseröffnung neu begründet wird; dies allerdings kann der Verwalter nicht

allein, sondern nur im freiwilligen Zusammenwirken mit dem Vertragspartner erreichen. Die Abwicklung eines für die Masse vorteilhaften Vertrages könnte mithin nicht gegen den Willen des Vertragspartners durchgesetzt werden.

2. Die Lösung des Gesetzes. § 103 eröffnet dem Insolvenzverwalter iVm 2 § 55 Abs. 1 Nr. 2 die Möglichkeit, die noch nicht erfüllte Gegenforderung des Vertragspartners durch Erfüllungswahl in den **Rang einer Masseverbindlichkeit** zu erheben. Alsdann darf der Insolvenzverwalter den vorinsolvenzlich begründeten Vertragsanspruch des Vertragspartners aus der Insolvenzmasse erfüllen (bzw. nach der Erfüllungswahl: muss), womit die Einrede des nicht erfüllten Vertrages für den Vertragspartner entfällt. Deswegen kann der Insolvenzverwalter (Zug um Zug) die Erfüllung der Schuldnerforderung vom Vertragspartner verlangen und somit den Vertrag zur Durchführung bringen. In dogmatischer Hinsicht liegt die Lösung des Gesetzes also auf der Ebene des § 55 Abs. 1 Nr. 2, durch den der Rang als Masseverbindlichkeit für die zur Erfüllung genommene Forderung bestimmt wird (Mohrbutter/Ringstmeier/*Homann* Kap. 7 Rn. 6, dort Fn. 4). Anders ausgedrückt wirkt § 103 nur in der Weise, dass der Verwalter lediglich über den Rang des Anspruchs des Vertragspartners des Schuldners entscheidet; wählt der Verwalter die Erfüllung des Vertrages, wird der Anspruch des Vertragspartners in den Rang einer Masseverbindlichkeit erhoben, wählt der Verwalter die Nichterfüllung, verbleibt es bzgl. des Anspruchs des Vertragspartners beim Rang einer Insolvenzforderung. Selbst der in § 103 Abs. 2 S. 1 erwähnte Schadensersatzanspruch des Vertragspartners resultiert nicht aus der Erfüllungsablehnung, sondern aus der Konsequenz, die der Vertragspartner daraus zieht, dass seine Forderung Insolvenzforderung bleibt (dazu näher → Rn. 56).

3. Zweck der Vorschrift und systematische Einordnung. Die Normdient 3 ihrem Sinn und Zweck nach vorrangig dem **Schutz der Insolvenzmasse,** indem sie ihr die Durchführung vorteilhafter Verträge ermöglicht (vgl. BGHZ 103, 250 = BGH ZIP 1988, 322; BGH ZIP 1989, 171 = BGHZ 106, 236; BGH NZI 2002, 380; Uhlenbruck/*Wegener* Rn. 2). Für den Insolvenzverwalter schafft sie zudem Rechtssicherheit dahingehend, dass er nach seiner Erfüllungswahl Verbindlichkeiten aus schwebenden Verträgen auch erfüllen darf. Den Schutz des Vertragspartners des Schuldners bezweckt die Vorschrift entgegen der früheren Wahrnehmung (zB BGHZ 89, 189 = BGH ZIP 1984, 190; BGH ZIP 1986, 382) nicht und braucht dies auch nicht. Der Vertragspartner ist materiell ausreichend durch die Insolvenzfestigkeit des Zurückbehaltungsrechts geschützt, da auf diese Weise sichergestellt ist, dass er nicht zur Masse leisten muss, ohne die darauf entfallende Gegenleistung zu erhalten. Zu seinem Schutz wirkt nur Absatz 2 Satz 2, der sicherstellt, dass der Vertragspartner in angemessener Zeit Rechtssicherheit über seine eigene Leistungsverpflichtung herbeiführen kann. Der **Grundfall** des § 103 erfährt in den §§ 104–119 Modifikationen, Ergänzungen und Ausnahmen. Diese Spezialbestimmungen haben Vorrang (vgl. → Rn. 7).

4. Nicht regelungsbedürftige Rechtsgeschäfte. Die §§ 103 ff. beschäftigen 4 sich mit dem Themenbereich der „Erfüllung von Rechtsgeschäften“. Auch wenn alle denkbaren Arten von Vertragsverhältnissen in jeder Phase ihrer Abwicklung von der Insolvenz eines der Vertragspartner gestört werden können, bedarf hiervon nur ein kleiner Teil der möglichen Konstellationen einer besonderen Regelung in der InsO, nämlich die beiderseits nicht vollständig erfüllten gegenseitigen Verträge, die im Zeitpunkt der Insolvenzeröffnung bereits bestanden.

a) Unproblematische Verträge. Unproblematisch sind Vertragsbeziehungen, 5 die der Insolvenzverwalter selbst nach Verfahrenseröffnung eingegangen ist, oder die bei Insolvenzeröffnung bereits von einem der Vertragspartner vollständig erfüllt sind. Die Rechtsfolgen ergeben sich in diesen Fällen aus § 55 oder § 38.

Entsprechendes gilt für solche Vertragsverhältnisse, die von vorneherein nur einseitig verpflichtend sind. Bei ihnen treten keine grundsätzlichen insolvenzspezifischen Problemlagen auf, die einer Regelung in § 103 bedürften.

6 **b) Ausgeschlossene Verträge.** Vom Anwendungsbereich von vornherein ausgeschlossen sind solche gegenseitigen Verträge, bei denen der Schuldner eine **höchstpersönliche Leistung** zu erbringen hat (MüKoInsO/*Huber* Rn. 88; aA Nerlich/Römermann/*Balthasar* Rn. 11, der eine Anwendbarkeit des § 103 ausnahmsweise bejaht, wenn der Schuldner mit dem Insolvenzverwalter zusammen arbeitet). In diesen Fällen kommt eine Erfüllungswahl durch den Insolvenzverwalter schon deshalb nicht in Frage, weil die Insolvenzmasse zur Erbringung einer nur durch den Schuldner höchstpersönlich zu erbringenden Leistung selbst nicht in der Lage wäre. Ausnahmsweise ist dies bei der Eigenverwaltung von natürlichen Personen anders; da bei Eigenverwaltungsverfahren keine Trennung zwischen dem Schuldner und dem Insolvenzverwalter vorgenommen wird, sondern beides in einer Person vereinigt ist, können auch höchstpersönliche Leistungen nach der Insolvenzeröffnung noch erbracht werden, und zwar als Masseschuld. Folglich muss auch eine Wahlmöglichkeit für den eigenverwaltenden Schuldner möglich sein (MüKoInsO/*Huber* Rn. 88; *Karsten Schmidt* KTS 2004, 241 ff.).

II. Dogmatik des § 103

7 **1. Grundannahme: Fortbestehen der Vertragsverhältnisse.** In dogmatischer Hinsicht beruht § 103 auf der Grundannahme, dass **kein materiell-rechtlicher Einfluss der Insolvenzeröffnung auf den Vertrag** besteht. Die bloße Tatsache der Insolvenzeröffnung hat also keine unmittelbare Auswirkung auf das Vertragsverhältnis selbst (soweit die Parteien nicht wirksam etwas Abweichendes vereinbart haben oder das Gesetz selbst speziellere abweichende Regelungen trifft, wie zB in den §§ 104, 115–117). Diese Grundannahme findet insbes. eine Stütze im Wortlaut des § 103, weil hiernach ein Wahlrecht des Insolvenzverwalters besteht. Wenn der Insolvenzverwalter die Erfüllung soll wählen können, muss der Erfüllungsanspruch materiell-rechtlich noch bestehen. Und das wiederum erfordert einen noch bestehenden Vertrag. Im Falle der entgegen gesetzten Wahl, wenn also der Verwalter die Nichterfüllung des Vertrages wählt, kann dies nur dann einen Schadensersatzanspruch des Vertragspartners begründen, wenn der Vertrag nicht schon infolge der Verfahrenseröffnung erloschen ist, sondern trotz der Insolvenzeröffnung noch fortbesteht. In systematischer Hinsicht ist darauf hinzuweisen, dass es sich bei Insolvenzrecht um Gesamtvollstreckungsrecht, also um Verfahrensrecht handelt. Im Verfahrensrecht sind Eingriffe in das materielle Recht aber nur dort zu erwarten, wo sie unabdingbar und vom Gesetzgeber ausdrücklich angeordnet sind. Für die vorliegende Konstellation ist ein solcher Eingriff nicht zwingend. Immerhin wird auch bei einseitigen Vertragsverhältnissen und den von einer Seite vollständig erfüllten gegenseitigen Verträgen nicht angenommen, dass sich deren materieller Bestand durch die Verfahrenseröffnung verändert.

8 Das hat zur Folge, dass auch in der Insolvenz das **Synallagma** zwischen Leistung und Gegenleistung fortbesteht (vgl. *Häsemeyer* KTS 1973, 2 [4 ff.]; *Roth* FS Rolland, 1999, 305 [312 f.]; ausf. aus rechtsvergleichender Sicht: *Kepplinger,* Das Synallagma in der Insolvenz, 2000). Die Relevanz des Synallagma ist der einzige strukturelle Unterschied zwischen beiderseits nicht vollständig erfüllten Verträgen und bloß einseitig nicht erfüllten Verträgen. Nur durch das Fortbestehen des Synallagma ergibt sich ein Regelungsbedürfnis.

9 **2. Stand der Rechtsprechung.** Das vorstehend dargestellte System entspricht der aktuellen Rspr. des BGH. In seiner **Grundlagenentscheidung vom 25.4.2002** (BGHZ 150, 353; anschließend BGH ZIP 2003, 1208 [1211] =

BGHZ 155, 87) hat der BGH von seiner bis dahin geltenden Rspr. (zB BGHZ 135, 25; 129, 336; 103, 250 je mwN) des Erlöschens von Erfüllungsansprüchen durch die Verfahrenseröffnung (Erlöschenstheorie) Abstand genommen und der vorstehend geschilderten und für das System grundlegenden Annahme zugestimmt, dass beidseitig unerfüllte Verträge in ihrem materiellen Bestand unberührt bestehen bleiben und lediglich die Durchsetzbarkeit der Forderungen an der auch in der Insolvenz geltenden Einrede des § 320 BGB scheitert (dazu *Mohrbutter/Mohrbutter* DZWIR 2003, 1; *Huber* NZI 2002, 467; *Graf/Wunsch* ZIP 2002, 2117; *Kayser* ZInsO 2004, 1321). Zwischenzeitlich ist diese Konzeption auch in der Literatur und bei den Instanzgerichten **allg. akzeptiert** worden (Überblick bei Uhlenbruck/*Wegener* Rn. 9).

3. Rückblick. Die Rspr. zum Regelungsgehalt des § 103 bzw. der Vorgängernorm § 17 KO hat sich im Laufe der Zeit mehrfach gewandelt, was bei der Lektüre von älteren Kommentierungen und Stellungnahmen stets zu berücksichtigen ist. Das Reichsgericht und dem bis 1988 folgend der BGH waren über Jahrzehnte der Auffassung, dass die Verfahrenseröffnung den Vertrag in seinem materiellen Bestand unberührt lässt (RGZ 11, 49 [51]; BGHZ 48, 203 [205]). Allerdings sollte im Falle der Nichterfüllungswahl durch den Insolvenzverwalter das Vertragsverhältnis automatisch enden und für den Vertragspartner ggf. ein Schadensersatzanspruch im Rang einer Insolvenzforderung entstehen (BGHZ 89, 189; 96, 392). Für den Fall der Erfüllungswahl sollten die Vertragspflichten des Schuldners zu Masseverbindlichkeiten aufgewertet werden, allerdings jeweils bezogen auf sämtliche Vertragspflichten des Schuldners, insbes. auch auf solche, die sich auf Teilleistungen vor der Verfahrenseröffnung bezogen. Der Konkursverwalter, so hieß es, könne die Erfüllung des Vertrages nur als Ganzes verlangen und diesen nicht in selbständige Teile (einen Teil vor der Verfahrenseröffnung, einen Teil nach der Verfahrenseröffnung) auseinander reißen. Hieraus wurde konsequenterweise der Schluss gezogen, dass der Vertragspartner mit vorinsolvenzlichen Leistungen aufrechnen konnte und der Verwalter den Vertrag in genau dem Zustand zur Erfüllung nehmen musste, in dem er sich befand. Eine Teilbarkeit des Vertrages wurde abgelehnt (BGHZ 83, 359); eine dem § 105 InsO entsprechende Vorschrift gab es unter der KO noch nicht. Da nach damaligem Verständnis der vorinsolvenzliche Erfüllungsanspruch mit dem nach Verfahrenseröffnung bestehenden identisch war, ergab sich, dass Verfügungen des Schuldners über den Erfüllungsanspruch auch den Verwalter gebunden haben. Hatte also der Gemeinschuldner seinen Anspruch aus dem Vertrag zB an eine Bank abgetreten, so blieb diese Abtretung wirksam, so dass er nicht zur Masse gezogen werden konnte, obgleich die Masse infolge der Erfüllungswahl des Verwalters die Gegenleistung zu erbringen hatte. 10

Im Jahre **1988** änderte der BGH nicht zuletzt aus diesem Grund seine Rspr. (BGHZ 103, 250; 106, 236) und führte die **Erlöschenstheorie** ein. Danach sollten die beiderseitigen Erfüllungsansprüche aus dem noch nicht vollständig erfüllten Vertragsverhältnis mit der Eröffnung des Insolvenzverfahrens automatisch erlöschen und sich der Vertrag in ein Abwicklungsverhältnis umwandeln. Wählte der Verwalter sodann die Nichterfüllung, blieb es bei diesem Zustand, er verlor lediglich sein Wahlrecht. Wählte der Verwalter hingegen Erfüllung, so entstanden die Erfüllungsansprüche dadurch neu. Folge dieses Neuentstehens war zum einen, dass Vorausverfügungen des Schuldners über Ansprüche aus dem Vertrag die infolge der Erfüllungswahl nunmehr neu entstandenen Erfüllungsansprüche gem. § 15 KO bzw. § 91 nicht mehr erfassen konnten, und zum anderen, dass dem Vertragspartner eine Verrechnung mit Ansprüchen aus der Zeit vor Verfahrenseröffnung verwehrt blieb (BGHZ 116, 156). In der Folgezeit wurde dieses Konzept dahingehend fortentwickelt, dass der BGH auch eine Aufspaltung des Ver- 11 tragsverhältnisses bei bereits vor der Insolvenzeröffnung erbrachten Teilleistungen zuließ (BGHZ 129, 336; 135, 25 „Sachsenmilchentscheidung").

12 In seinem **Urteil vom 25.4.2002** (BGHZ 150, 353) gab der BGH sodann die Erlöschenstheorie auf und entwickelte die hier geschilderten Konstruktion. Diese wurde in der Folgezeit vielfach vom BGH bestätigt (zB BGHZ 155, 87; BGH ZIP 2006, 859; 2007, 778) und bestimmt seither die Praxis (→ Rn. 9).

III. Voraussetzungen

13 **1. Gegenseitige Verträge.** Mit gegenseitigen Verträgen iSd Vorschrift sind nur vollkommen zweiseitig verpflichtende Verträge gemeint (BGH ZIP 2009, 428; Uhlenbruck/*Wegener* Rn. 25). Da sich das Regelungsbedürfnis des § 103 aus den §§ 320 ff. BGB ableitet, werden von § 103 auch nur solche Verträge erfasst, auf die die §§ 320 ff. BGB anwendbar sind. Nur wenn die Einrede des nicht erfüllten Vertrages die weitere Vertragsabwicklung hindert, wird das in § 103 bereit gestellte Werkzeug benötigt. Gegenseitig ist also ein Vertrag, bei dem **Leistung und Gegenleistung** im Synallagma zueinander stehen – die Leistung also um der Gegenleistung Willen erbracht wird. Ob das im konkreten Fall von den Parteien gewollt war, richtet sich nach deren Willen bei Abschluss des Vertrages; das Wertverhältnis zwischen Leistung und Gegenleistung ist in diesem Zusammenhang unerheblich.

14 **a) Ausgenommene Verträge.** Keine Anwendung findet § 103 auf einseitig verpflichtende Verträge wie zB Bürgschaft, Schenkung und auf unvollkommen zweiseitige Verträge wie zB Auftrag, Leihe und Verwahrung (Uhlenbruck/*Wegener* Rn. 93; für eine analoge Anwendung, wenn dem Vertragspartner Gegenansprüche zustehen HK-InsO/*Marotzke* Rn. 22). Gesellschaftsverträge stellen nach überwiegender Meinung keine gegenseitigen Verträge iSd § 103 dar, da die dortigen Pflichten nicht in einem Austauschverhältnis zueinander stehen. Hiervon ging auch der Gesetzgeber aus, der in der Begründung zum Regierungsentwurf ausdrücklich formulierte: *„Gesellschaftsverträge sind keine „gegenseitigen Verträge" iSd Vorschrift"* (BT-Drs. 12/2443, 152 f.; vgl. auch HK-InsO/*Marotzke* Rn. 21). Schiedsklauseln in gegenseitigen Verträgen sind nach der Rspr. grds. insolvenzfest; das gilt aber dann nicht, wenn die Schiedsklausel das Wahlrecht des § 103 beeinträchtigt (BGH ZIP 2011, 1477).

15 **b) Rückgewährschuldverhältnisse.** Eine **analoge Anwendung** des § 103 findet auf Rückgewährschuldverhältnisse statt, wenn iRd Rückabwicklung die Hauptpflichten im Synallagma stehen, da sich dann eine zur Grundkonstellation identische Interessenlage findet (BGH ZIP 2003, 2379; HK-InsO/*Marotzke* Rn. 33; Nerlich/Römermann/*Balthasar* Rn. 15). Ebenfalls analog anwendbar ist § 103 auf ein Abwicklungsverhältnis, das nach Kündigung eines Bauvertrages entsteht (*Schmitz* Bauinsolvenz Rn. 180; Uhlenbruck/*Wegener* Rn. 95).

16 **2. Nicht vollständig erfüllt. a) Grundsätze.** Der Vertrag muss **von beiden Seiten nicht oder nicht vollständig erfüllt** sein, dh er darf nicht bereits auch nur von einer Vertragspartei vollständig erfüllt worden sein (BGH NZI 2000, 126). Auf den Umfang der ausstehenden Leistung kommt es ebenso wenig an (HK-InsO/*Marotzke* 70; MüKoInsO/*Huber* Rn. 123) wie auf den Grund der bisherigen Nichterfüllung (BGH NJW 1983, 1619; Uhlenbruck/*Wegener* Rn. 57). Für die Erfüllung in diesem Sinne kommt es auf den **Eintritt des Leistungserfolges** an, nicht auf die Leistungshandlung (BGHZ 87, 156 [162]; OLG Naumburg ZInsO 2002, 677). Entscheidend ist dabei der Zeitpunkt der Verfahrenseröffnung, da in diesem Moment das Wahlrecht des § 103 entsteht. Auch der spätere Eintritt des Leistungserfolgs, zB weil der Vertragspartner erst danach

seine Leistung vornimmt oder weil die Eröffnung zwischen Leistungshandlung und Leistungserfolg liegt, ändert nichts daran, dass § 103 Anwendung findet. Der Insolvenzverwalter entscheidet in diesen Fällen durch die Erfüllungswahl darüber, ob er einen Rechtsgrund zum Behalten der empfangenen Leistung schafft oder die Leistung nach Bereicherungsrecht wieder herausgeben muss. Wählt der Verwalter die Nichterfüllung des Vertrages, kann der Vertragspartner die von der Masse nach Eröffnung vereinnahmte Leistung nach Bereicherungsrecht gem. § 812 Abs. 1 S. 1 BGB wieder heraus verlangen, § 55 Abs. 1 Nr. 3, da der Vertragspartner auf eine Forderung geleistet hat, der dauerhaft eine Einrede entgegensteht (MüKoInsO/*Huber* Rn. 128; Mohrbutter/Ringstmeier/*Homann* Kap. 7 Rn. 23).

b) Einzelheiten. Nicht vollständig erfüllt ist ein **Kaufvertrag,** wenn der 17 Vertragsgegenstand zwar übereignet wurde, dieser aber mangelhaft war, da die **Mangelfreiheit** des Kaufgegenstandes zur vertraglichen Hauptpflicht zählt. Damit unterfällt der Vertrag grds. dem Anwendungsbereich des § 103. Gleiches gilt, wenn beim **Werkvertrag** das Werk mangelhaft erstellt wird. Hat der Verwalter nach Verfahrenseröffnung die Gegenleistung für eine mangelhafte Lieferung oder Leistung der Insolvenzmasse in Unkenntnis des Mangels eingezogen, lässt sich darin kein konkludenter Eintritt in den Vertrag erblicken, da dem Verwalter der Mangel und damit das Bestehen des Wahlrechts nach § 103 nicht bekannt war. Allerdings kann der Vertragspartner seine nachinsolvenzliche Leistung nach Bereicherungsrecht insoweit zurückverlangen, als er aufgrund des Mangels der Sache den Kaufpreis überzahlt hat. In diesem Umfang ist die Masse ungerechtfertigt bereichert, weil der Zahlung eine dauerhafte Einrede entgegen gestanden hätte.

Vollständig erfüllt ist der Vertrag nach der Rspr. nur dann, wenn neben den 18 Hauptpflichten sämtliche aus dem Vertrag folgenden **Nebenleistungspflichten** erfüllt sind, unabhängig davon, ob diese Nebenleistungspflichten auch im Synallagma stehen (BGHZ 58, 246 [251]). Unerheblich sind dabei nur völlig unbedeutende Nebenleistungspflichten, wie zB nachwirkenden Treue- oder Auskunftspflichten (BGH NJW 1983, 1619; BGHZ 58, 292 = BGH NJW 1972, 875; Uhlenbruck/*Wegener* Rn. 58 ff.; MüKoInsO/*Huber* Rn. 123; BK-InsO/*Goetsch* Rn. 63). Entscheidend ist nach der hier vertretenen Auffassung, dass wegen der nicht erfüllten Nebenleistungspflicht dem jeweils anderen Vertragspartner die Einrede des nicht erfüllten Vertrages gem. § 320 BGB zusteht. Ist diese Frage zu bejahen, muss § 103 anwendbar sein, anderenfalls der Insolvenzverwalter nicht imstande wäre, notfalls auch die Nebenleistungspflicht einfordern zu können. Ob dies im Einzelfall sinnvoll ist oder nicht, ob es etwa im Interesse der Masse liegt, dass die Insolvenzmasse die ihr obliegende Hauptleistungspflicht erfüllen muss, um die noch nicht erfüllte Nebenleistungspflicht des Vertragspartners einfordern zu können, ist eine Frage des Einzelfalles und vom Insolvenzverwalter richtig zu entscheiden; Fehler in der Bewertung führen zur Haftung des Verwalters nach § 60. Entscheidend ist allein, dass der Verwalter in der Lage sein muss, diese Entscheidung treffen zu können; die Interessen des Vertragspartners spielen dabei keine Rolle. Umgekehrt gilt gleiches: kann der Vertragspartner die Erfüllung der ihm obliegenden Hauptleistungspflicht deshalb unter Berufung auf § 320 BGB verweigern, weil noch eine Nebenleistungspflicht des Schuldners unerfüllt ist, muss der Verwalter in den Vertrag eintreten, wenn er den Anspruch der Masse ungeschmälert realisieren will. Ist die von der Masse zu erfüllende Nebenleistungspflicht nur geringwertig, aber hat der Vertragspartner seine Hauptleistungspflicht noch gar nicht erfüllt, wird der Verwalter auch auf den Eintritt in den Vertrag und auf die Qualifizierung der Nebenleistungspflicht als Masseschuld verzichten können. Stattdessen kann er die Nichterfüllung des Vertrages wählen, die vorinsolvenzlich ausgetauschten Leistungen berechnen und den in dieser Konstellation überschießenden Anspruch des Schuldners für die von diesem vor der Insolvenzeröffnung erbrachten Teilleistungen durchsetzen. **Unselbständige Nebenpflichten,** die selbst nicht einklagbar sind, bei deren Verletzung nur Schadensersatzansprüche geltend gemacht werden können, stehen hingegen nicht im Gegenseitigkeitsverhältnis und können folglich auch kein Zurückbehaltungsrecht des Vertragspartners gem. § 320 BGB begründen.

19 **3. Abgrenzung.** § 103 ist gegenüber den §§ 104 ff. die allgemeinere Regelung und tritt daher zurück, wenn und soweit eine der spezielleren Vorschriften eine abweichende Regelung anordnet (zB §§ 104, 106 Abs. 1, 107, 108 Abs. 1 u. 2, 115, 116, 117). **Bei gemischten Verträgen,** die ihrem Inhalt nach teilw. unter eine der spezielleren Regelungen und teilw. unter § 103 fallen, erfolgt die systematische Zuordnung im Regelfall nach dem **Schwerpunkt des Vertrages.** Entscheidend ist, welche Leistungspflicht nach dem maßgeblichen Willen der Parteien die Hauptleistung des Vertrages darstellt und dessen Wesen prägt (BGHZ 173, 116; Uhlenbruck/*Wegener* Rn. 26; Kübler/Prütting/Bork/*Tintelnot* Rn. 46). Nach dem Schwerpunkt des Vertrages richtet sich dann grds. auch die anwendbare Vorschrift, die dann für den ganzen Vertrag greift. Hier verbietet sich aber eine schematische Beurteilung; man wird im Einzelfall unterscheiden müssen, ob die Anwendbarkeit der für den Schwerpunkt maßgeblichen Vorschrift auch auf alle übrigen Leistungspflichten angemessen ist, oder ob der Vertrag inhaltlich zu spalten und nach verschiedenen, jeweils einschlägigen Normen zu behandeln ist (vgl. zu einzelnen Beispielen Uhlenbruck/*Wegener* Rn. 27 ff.). Abzugrenzen ist § 103 außerdem von **§ 135 Abs. 3,** der als speziellere Vorschrift Vorrang genießt (→ § 135 Rn. 29 ff.).

20 **4. Wahlrecht des Verwalters.** In der Rechtsfolge statuiert Absatz 1 ein **Wahlrecht des Insolvenzverwalters:** Er allein kann wählen, ob er die Ansprüche des Vertragspartners gem. § 55 Abs. 1 Nr. 2 in den Rang einer Masseverbindlichkeit erhebt und damit dessen Einrede des nicht erfüllten Vertrages begegnet, oder ob er es bei der mit einem Defekt behafteten Situation (Fortbestand der Einrede des nicht erfüllten Vertrages gem. § 320 BGB) belassen will. Inhaltliche Gestaltungswirkung hat damit zunächst nur die Erfüllungswahl, da sich der insolvenzrechtliche Rang der Gegenforderungen ändert; die Erfüllungsablehnung hat hingegen keine gestaltende Wirkung (Uhlenbruck/*Wegener* Rn. 96). Eine Nebenwirkung der Ausübung des Erfüllungswahlrechts ist freilich in beiden Fällen, dass der Verwalter sein Wahlrecht verliert.

IV. Ausübung des Wahlrechts

21 **1. Allgemeines. a) Berechtigte Personen.** Das Wahlrecht wird durch **einseitige empfangsbedürftige Willenserklärung** ausgeübt (Kübler/Prütting/Bork/*Tintelnot* Rn. 214). Berechtigt zur Ausübung des Wahlrechts ist allein der Insolvenzverwalter; im vereinfachten Insolvenzverfahren der Treuhänder (§ 313 Abs. 1 S. 1) und bei der Eigenverwaltung der Eigenverwalter (§ 279 InsO; Kübler/Prütting/Bork/*Tintelnot* Rn. 213). Der schwache und starke vorläufige Verwalter kann das Wahlrecht nicht ausüben, da es erst mit Verfahrenseröffnung entsteht. Bei der Ausübung des Wahlrechts handelt es sich um eine der insolvenzspezifischen Pflichten, die der Verwalter selbst erledigen muss. Die eigentliche Willensbildung über den Eintritt kann der Verwalter daher nicht auf Dritte übertragen (OLG Düsseldorf ZIP 1996, 337; HambK-InsO/*Ahrendt* Rn. 20; Kübler/Prütting/Bork/*Tintelnot* Rn. 209; Uhlenbruck/*Wegener* Rn. 98); freilich muss aufgrund der tatsächlichen praktischen Abläufe eine **Stellvertretung bei der Abgabe der Erklärung** und der Umsetzung der daraus resultierenden Folgen möglich sein (so auch HK-InsO/*Marotzke* Rn. 127; aA die hM).

b) Form. Die Ausübung des Wahlrechts geschieht durch eine **formfreie Willenserklärung,** kann also auch konkludent (→ Rn. 25) oder sogar durch Schweigen (→ Rn. 31) erfolgen (BGHZ 81, 90). Das gilt auch dann, wenn der zu genehmigende Vertrag seinerseits formbedürftig ist (MüKoInsO/*Huber* Rn. 154). Der Verwalter kann die Erklärung bei Vorliegen der §§ 119 ff. BGB anfechten. Um einen zur **Anfechtung** berechtigenden Inhaltsirrtum soll es sich dabei handeln, wenn der Verwalter sich bei der Erfüllungswahl über den Umfang der bereits vom Schuldner erbrachten Teilleistungen irrt, weil er sich damit auch um den Umfang der von ihm zur Erfüllung angenommenen Leistungspflicht irrt (MüKoInsO/*Huber* Rn. 208; Uhlenbruck/*Wegener* Rn. 125). 22

c) Zeitliche Grenzen. In zeitlicher Hinsicht ist die Ausübung des Wahlrechts **nicht begrenzt,** solange der Vertragspartner den Verwalter nicht zur Erklärung auffordert. Die Frage nach der Vertragsdurchführung bleibt dann bis auf Weiteres in der Schwebe. Grds. wird das Wahlrecht auch bei längerem Zeitablauf nicht verwirkt, da es der Vertragspartner durch die Möglichkeit zur Aufforderung an den Verwalter in der Hand hat, eine Klärung herbeizuführen (vgl. → Rn. 31; MüKoInsO/*Huber* Rn. 204). 23

d) Reichweite. Dass die Ausübung des Wahlrechts, insbes. die Erfüllungsablehnung mit den Grundsätzen von **Treu und Glauben** kollidiert, kann kaum der Fall sein (HK-InsO/*Marotzke* Rn. 146). Unbedenklich ist die Erfüllungsablehnung zB auch dann, wenn der Vertrag bereits fast vollständig erfüllt ist und nur geringe Restleistungen fehlen. Auch wenn der Verwalter die Vertragserfüllung ablehnt und so einen Drittsicherungsgeber in die Pflicht bringt (zB Vertragserfüllungsbürgschaft), sodann aber einen neuen Vertrag mit dem Vertragspartner abschließt, ist dies zulässig (*Obermüller* aaO Rn. 5.430; HK-InsO/*Marotzke* Rn. 147). Auch eine Widersprüchlichkeit zum Verhalten als vorläufiger Insolvenzverwalters ist unschädlich (BGHZ 97, 87 [89]; 103, 250 = BGH ZIP 1988, 322 [323]). 24

2. Konkludente Erfüllungswahl. a) Grundsatz. Die Erfüllungswahl unterliegt als Willenserklärung der **Auslegung** und kann auch durch schlüssiges Verhalten ausgeübt werden. Von einer konkludenten Erfüllungswahl ist auszugehen, wenn der Handlung des Verwalters aus Sicht des objektivierten Empfängers ein entsprechender **Wille des Verwalters** eindeutig entnommen werden kann, die Leistungspflichten aus dem Vertrag in den Rang von Masseverbindlichkeiten erheben zu wollen bzw. die Leistung des Vertragspartners zur Masse verlangen zu wollen. Dafür muss der Verwalter zunächst einmal wissen, dass der Vertrag beiderseits nicht vollständig erfüllt ist, da er ansonsten offensichtlich keinen Grund hat, eine entsprechende Wahlrechtserklärung abzugeben (Uhlenbruck/*Wegener* Rn. 115). Fahrlässige Unkenntnis ist dabei unerheblich, da auch bei fahrlässiger Unkenntnis nicht von einem Erklärungswillen ausgegangen werden kann. 25

b) Rechtsprechung. Die Rspr. stellt generell hohe Anforderungen an die Annahme eines konkludenten Erfüllungsverlangens des Verwalters (BGH NZI 2014, 400; OLG Brandenburg ZInsO 2009, 525; OLG Stuttgart ZIP 2005, 588), insbes. wenn der Vertragspartner den Verwalter noch nicht zur Erklärung aufgefordert hatte, da der Verwalter dann noch keinen Grund hatte, sich zu erklären (Uhlenbruck/*Wegener* Rn. 115). Ohne Hinzutreten besondere Umstände reicht es daher für die Annahme einer Erfüllungswahl nicht aus, dass der Verwalter gegenüber dem Vertragspartner einen Anspruch aus dem Vertrag geltend macht (OLG Brandenburg ZInsO 2009, 525; OLG Stuttgart ZIP 2005, 588; OLG Dresden ZIP 2002, 815, dazu *Tintelnot* EWiR 2002, 441). Zum einen erfolgt die Geltendmachung solcher Ansprüche regelmäßig auf der Grundlage der Ausgangsrechnung des Schuldners, so dass eine Willensbildung über die Durchführung 26 eines beiderseits noch nicht vollständig erfüllten Vertrages gar nicht stattgefunden hat. Zum anderen tauschen die Vertragspartner aber auch häufig bewusst Leistungen aus, ohne dass damit der Eintritt in den Vertrag verbunden sein soll.

27 **c) Dauerschuldverhältnisse.** Bei einem Dauerschuldverhältnis wird der Verwalter die Vertragserfüllung ablehnen müssen, wenn dadurch Masseschulden für eine Laufzeit begründet werden, die über die zu erwartende Nutzung durch die Insolvenzmasse hinausgeht. So sollte der Verwalter zB im Rahmen einer Betriebsfortführung regelmäßig nicht in bestehende Leasingverträge oder Versorgungs- oder Lieferverträge mit längeren Laufzeiten eintreten, da zu Beginn eines Insolvenzverfahrens meist nicht sicher feststeht, dass die Leistungen bis zum Ablauf des Vertrages tatsächlich benötigt werden. Da die Vertragspartner dies wissen, lassen sie sich gelegentlich auf eine nur vorübergehend weitere Leistung an die Insolvenzmasse gegen ebenfalls nur vorübergehender Zahlung der vertraglichen Entgelte ein, ohne dass damit ein Eintritt in das Schuldverhältnis vereinbart ist. Rechtlich kommt durch dieses Verhalten konkludent ein neuer Vertrag zustande, der im Zweifel bis auf die Laufzeit identisch ist mit dem bestehenden Vertragsverhältnis, der aber jederzeit ohne Einhaltung einer Frist beendbar ist (HambK-InsO/*Ahrendt* Rn. 19; MüKoInsO/*Huber* Rn. 161; vgl. auch BGHZ 169, 43). Um Auslegungsproblemen vorzubeugen, sollte der Verwalter vor dem Verlangen nach Leistung durch den Vertragspartner ausdrücklich erklären, dass er nicht den Eintritt in den Vertrag wählen möchte.

28 **d) Weitere Voraussetzungen.** Das Leistungsverlangen des Verwalters enthält nur dann eine konkludente Erfüllungswahl, wenn der Verwalter sein Wahlrecht kannte und aus seinem Verhalten klar und eindeutig hervorgeht, dass er mit dem Verlangen auch die Erfüllung des Vertrages wählen, also auch für seine Leistungspflichten mit der Masse einstehen will (OLG Dresden ZIP 2002, 815; OLG Hamm NJW 1977, 768; Uhlenbruck/*Wegener* Rn. 116). Die bloße **Entgegennahme der Leistung** allein ist ebenso wenig als konkludenter Eintritt zu verstehen, wie eine Kenntnisnahme der gegnerischen Leistungserbringung ohne Widerspruch bzw. die Duldung der Leistungserbringung (BGH ZIP 1982, 854). Umgekehrt ist regelmäßig von einer Erfüllungswahl ausgehen, wenn sich der Verwalter nach der Insolvenzeröffnung zur **Erbringung der Leistung** durch die Masse entschließt, da dies stets voraussetzt, dass es sich um eine Masseverbindlichkeit handelt und dieser Rang bei den entsprechenden Vertragstypen nur durch eine Erfüllungswahl herbeigeführt wird.

29 **3. Entscheidungsmaßstab. a) Pflichtgemäßes Ermessen.** Bei der Ausübung des Wahlrechts entscheidet der Verwalter nach pflichtgemäßem Ermessen darüber, was insgesamt aus der Sicht der Gläubigergesamtheit die günstigste Handlungsalternative ist (BGHZ 167, 363; Uhlenbruck/*Wegner* Rn. 97). Das wird im Regelfall davon abhängen, ob die Vertragsdurchführung als solche zu einer Massemehrung führt; einzubeziehen sind aber auch weitere Erwägungen, wie zB die Auslastung eines ohnehin fortlaufenden Geschäftsbetriebes oder die Vermeidung des Entstehens von Schadensersatzforderungen, wenn dadurch die Befriedigungsaussichten für die Gläubigergesamtheit insgesamt besser werden. Kein in die Entscheidung einzubeziehendes Kriterium ist die Interessenlage des Vertragspartners (OLG Düsseldorf OLGR 1993, 73).

30 **b) Unwirksamkeit der Erfüllungswahl.** Läuft die Erfüllungswahl des Verwalters ganz offenkundig den Interessen der Insolvenzmasse zuwider und muss dies der Vertragspartner erkennen, kann diese ausnahmsweise nach der Rspr. des BGH wegen **Insolvenzzweckwidrigkeit** unwirksam sein (vgl. BGH ZIP 2009, 428; Uhlenbruck/*Wegner* Rn. 97).

31 **4. Aufforderung zur Wahlrechtsausübung.** Gem. Absatz 2 Satz 3 gilt das Schweigen des Verwalters als endgültige Ablehnung, wenn der Vertragspartner ihn zu einer Erklärung über die Vertragserfüllung aufgefordert und der Verwalter daraufhin eine Erklärung nicht unverzüglich abgibt. Die Vorschrift ermöglicht es dem Vertragspartner des Schuldners, die **Beendigung des Schwebezustandes,** den die Verfahrenseröffnung hervorgerufen hat, herbeizuführen.

32 **a) Wirksamkeit der Aufforderung.** Die Aufforderung zur Erklärung über das Erfüllungswahlrecht ist eine **empfangsbedürftige Willenserklärung,** die mit dem Zugang beim Verwalter wirksam wird. Hat der Vertragspartner die Aufforderung gegenüber dem vorläufigen Insolvenzverwalter geäußert, bleibt dies ohne Wirkung. Die Frist läuft auch nicht nach der Verfahrenseröffnung automatisch an, selbst wenn der vorläufige mit dem endgültigen Verwalter personenidentisch ist und der Vertragspartner die Aufforderung unter der Bedingung der Verfahrenseröffnung erklärt hat (BGH ZInsO 2007, 1275).

33 Als Willenserklärung kann die Aufforderung auch durch **schlüssiges Handeln** erfolgen. Dem Verwalter muss aus dem Verhalten des Vertragspartners aber deutlich werden, dass dieser ihn zur Ausübung des Wahlrechts auffordert. Angenommen wird dies im Regelfall dann, wenn der Vertragspartner den Verwalter zur Erbringung der Leistung auffordert (BGH ZIP 1991, 945; Kübler/Prütting/Bork/*Tintelnot* Rn. 261). Meldet der Vertragspartner einen Nichterfüllungsschaden aus einem nicht vollständig erfüllten gegenseitigen Vertrag zur Tabelle an, ist dies regelmäßig nicht als konkludente Aufforderung zur Ausübung des Wahlrechts auszulegen, weil der Vertragspartner damit keine Entscheidung des Verwalters verlangt (BK-InsO/*Goetsch* Rn. 83; Kübler/Prütting/Bork/*Tintelnot* Rn. 261; aA MüKoInsO/*Huber* Rn. 171).

34 **b) Unverzüglichkeit der Wahlrechtsausübung.** Der Insolvenzverwalter muss sein Wahlrecht nach Aufforderung unverzüglich ausüben, also **ohne schuldhaftes Zögern** (Begr. zu § 121 RegE, BR-Drs. 1/97, 146). Wie lange eine angemessene Überlegensdauer ist, kann nur im Einzelfall unter Berücksichtigung aller Aspekte und der beiderseitigen Interessenlage ermittelt werden. Insbes. muss sich der Verwalter über die Bedeutung und die Folgen einer Erfüllungswahl oder -ablehnung für die Insolvenzmasse und den weiteren Verfahrensfortgang klar werden können (BK-InsO/*Goetsch* Rn. 86; Nerlich/Römermann/*Balthasar* Rn. 46). Dabei ist der angemessene Zeitraum umso länger, je größer die Bedeutung des Rechtsgeschäftes ist. Ein relevanter Umstand ist auch der Stand der Verfahrensabwicklung; unmittelbar nach der Eröffnung ist die Frist regelmäßig länger als zu einem späteren Zeitpunkt, da der Verwalter die Folgen seines Handelns am Anfang noch nicht so gut absehen kann.

35 Ganz überwiegend wird vertreten, dass der Verwalter bei **Geschäften von entscheidender Bedeutung,** zB für die Betriebsfortführung bis zum Berichtstermin warten darf, bevor er sich entscheiden muss, da es gem. § 157 S. 1 der Gläubigerversammlung obliegt zu entscheiden, ob der Betrieb fortgeführt oder eingestellt werden soll (OLG Köln ZIP 2003, 543; Uhlenbruck/*Wegener* Rn. 129; MüKoInsO/*Huber* Rn. 173; HK-InsO/*Marotzke* Rn. 159; Kübler/Prütting/Bork/*Tintelnot* Rn. 264; BK-InsO/*Goetsch* Rn. 89; HambK-InsO/*Ahrendt* Rn. 26). Dieses Verständnis ist aus der Sicht der Verfahrensabwicklung sinnvoll und erleichtert es dem Verwalter, den gesetzlichen Vorgaben Genüge zu tun. Dogmatisch ist das nicht befriedigend, da durch diese Annahme die Spezialregelung des § 107 Abs. 2 S. 1 faktisch zum Regelfall erklärt wird.

36 **Auch im Falle des § 160,** wenn also für die Entscheidung des Insolvenzverwalters eine Zustimmung der Gläubiger erforderlich ist, soll die Erklärung über den Vertragseintritt stets noch dann unverzüglich sein, wenn der Verwalter zunächst eine solche Gläubigerentscheidung herbeiführt (HK-InsO/*Marotzke*

Rn. 159; Nerlich/Römermann/*Balthasar* Rn. 46). IErg greifen diese pauschalen Aussagen aber zu kurz. Zwar sind der Termin der Gläubigerversammlung oder das Zustimmungserfordernis gem. § 160 für die Frage, wann der Verwalter noch ohne schuldhaftes Zögern entscheidet, ganz wesentliche Argumente. Aber auch in diesen Situationen können die Interessen des Vertragspartners nicht vollständig außer Betracht bleiben, es ansonsten zu dessen unverhältnismäßiger Belastung kommen könnte. Entscheidend sein muss also auch in diesen Fällen stets eine **Abwägung der Interessen** der Insolvenzmasse mit den Interessen des Vertragspartners), wobei im Regelfall ein Zuwarten bis zur Gläubigerversammlung bzw. bis zur Entscheidung der Gläubiger nach § 160 kein schuldhaftes Zögern darstellt. Führt die Interessenabwägung zum Bedürfnis einer schnelleren Entscheidung durch den Insolvenzverwalter, so dass dem Vertragspartner ein Zuwarten bis zur Gläubigerversammlung ausnahmsweise nicht zugemutet werden kann, sollte an die Einsetzung eines vorläufigen Gläubigerausschusses gedacht werden.

37 Für eine Abwägung auch der Interessen des Vertragspartners muss dieser, da es auf ein schuldhaftes Zögern des Verwalters ankommt, dem Insolvenzverwalter seine **Interessenlage offenlegen.** Tut er dies nicht, kann der Verwalter nicht schuldhaft zögern, wenn er die Interessen des Vertragspartners nicht kennt und daher bei der Interessenabwägung nicht ausreichend berücksichtigt (Uhlenbruck/*Wegener* Rn. 129).

38 Setzt der Vertragspartner dem Verwalter mit der Aufforderung zur Erfüllungswahl eine **Erklärungsfrist,** darf der Verwalter diese voll ausnutzen, selbst wenn sie nach den objektiven Umständen viel zu lang bemessen ist (OLG Köln ZIP 2003, 543 ff.; HK-InsO/*Marotzke* Rn. 158). Hat der Vertragspartner eine Frist gesetzt, die zu kurz bemessen ist, tritt die Genehmigungsfiktion nicht mit ihrem Ablauf ein; der Verwalter hat vielmehr die objektiv angemessene Zeit zu überlegen.

V. Rechtsfolgen

39 **1. Allgemeines – Rechtsfolgen der Erfüllungswahl.** Wählt der Insolvenzverwalter die Erfüllung des Vertrages, werden die Ansprüche des Vertragspartners dadurch zu **Masseverbindlichkeiten** mit der Folge, dass der Verwalter sie erfüllen darf (und dann auch muss), andererseits aber auch den der Masse aus dem Vertrag zustehenden Anspruch durchsetzen kann. Der Vertragspartner kann bei einer Nichtleistung des Insolvenzverwalters die Masse verklagen und aus dem Titel in die Masse vollstrecken (zu den Beschränkungen bei Masseunzulänglichkeit vgl. § 209). Kann der Verwalter die Masseverbindlichkeit wegen Masseunzulänglichkeit nicht erfüllen, haftet er unter den weiteren Voraussetzungen des § 61 so, als hätte er den Vertrag selbst geschlossen.

40 Durch die Erfüllungswahl tritt **keine Änderung der Gestalt des Vertrages** ein (→ Rn. 51). Insbes. richten sich die vertraglichen Ansprüche der Insolvenzmasse in Umfang und Gestalt nach der Situation ohne die Insolvenz; der Verwalter kann nicht mehr oder andere Rechte geltend machen, als es der Schuldner selbst gekonnt hätte (BGHZ 155, 87; MüKoInsO/*Huber* Rn. 164; für Unterlassungsansprüche: BGHZ 155, 371 = BGH ZIP 2003, 1550; *Karsten Schmidt* KTS 2004, 241 ff.). Entscheidend ist hierbei allerdings nicht die Vertragssituation bei Verfahrenseröffnung, sondern die aktuelle Situation im Zeitpunkt der Geltendmachung der Ansprüche – so laufen zB Zinsansprüche auch in der Zeit zwischen Verfahrenseröffnung und Erfüllungswahl weiter. Bestehen bleiben auch Vereinbarungen zur Vorleistungspflicht einer Partei; ist der Vertragspartner des Schuldners vorleistungspflichtig, kann dieser nach der Erfüllungswahl die Unsicherheitseinrede des § 321 BGB nur dann erheben, wenn die Anzeige der Masseunzulänglichkeit droht (Uhlenbruck/*Wegener* Rn. 136; Nerlich/Römermann/*Balthasar* Rn. 53).

Vorbehaltlich der Teilbarkeit der Leistung (vgl. → § 105 Rn. 8) wird durch die Erfüllungswahl nicht nur die **Hauptleistungspflicht** zur Masseverbindlichkeit, sondern auch jede vermögensrechtliche vertragliche **Nebenleistungspflicht,** die zur Gegenleistungspflicht im Synallagma steht; anders ist dies bei nichtvermögensrechtlichen Nebenpflichten, die nicht im Synallagma zur Gegenleistung stehen (vgl. dazu → Rn. 18; aA HK-InsO/*Marotzke* 51, 105; Uhlenbruck/*Wegener* Rn. 139; diff. Kübler/Prütting/Bork/*Tintelnot* Rn. 269 ff.). Der Verwalter kann vom Vertragspartner ebenfalls die Erfüllung sämtlicher Nebenpflichten verlangen bzw. bei deren Verletzung Schadensersatz geltend machen (Jaeger/*Henckel* § 55 Rn. 45; Nerlich/Römermann/*Balthasar* Rn. 52). 41

In Bezug auf **vertragliche Sekundäransprüche** ist zu differenzieren: Hat sich die Hauptleistungspflicht des Schuldners bereits vor der Verfahrenseröffnung in einen Schadensersatzanspruch statt der Leistung umgewandelt, geht die Erfüllungswahl ins Leere, da es schon an einem im Eröffnungszeitpunkt gegenseitig nicht vollständig erfüllten Vertragsverhältnis und damit an einer Anwendbarkeit des § 103 fehlt (Uhlenbruck/*Wegener* Rn. 141). Eine trotzdem vom Verwalter (versehentlich) erklärte Erfüllungswahl hat keine rechtlichen Wirkungen. Sind Schadensersatzansprüche neben der Hauptleistung des Vertragspartners gegen den Schuldner bereits vor Verfahrenseröffnung entstanden, zB wegen Pflichtverletzungen oder Verzug, werden diese nicht von der Erfüllungswahl erfasst, sondern bleiben im Rang von Insolvenzforderungen stehen (BK-InsO/*Goetsch* Rn. 98; HambK-InsO/*Ahrendt* Rn. 30; Kübler/Prütting/Bork/*Tintelnot* Rn. 269; aA Nerlich/Römermann/*Balthasar* Rn. 52). Dies ergibt sich aus § 105, da die Primärpflicht und ein daneben tretender Schadensersatzanspruch stets teilbar sind (anderer Begründungsansatz bei Uhlenbruck/*Wegener* Rn. 142). 42

Die Berücksichtigung von vor Verfahrenseröffnung erbrachten Teilleistungen richtet sich nach § 105 (dort → § 105 Rn. 16 und Uhlenbruck/*Wegener* Rn. 143 ff.). 43

Auf der insolvenzrechtlichen Ebene hat die Erklärung des Verwalters gestaltende Wirkung (Uhlenbruck/*Wegener* Rn. 96), daher ist die **Erfüllungs- oder Nichterfüllungswahl unwiderruflich.** Hatte der Schuldner den Anspruch gegen seinen Vertragspartner an einen Dritten abgetreten, bleibt der Insolvenzverwalter für die Ausübung des Wahlrechts gleichwohl zuständig; dieses geht nicht auf den Abtretungsempfänger über (BGHZ 155, 87; Uhlenbruck/*Wegener* Rn. 100). 44

2. Problemfälle: Sicherungsabtretung und Aufrechnung. a) Sicherungsabtretung. Ein wesentliches Folgeproblem aus dem heutigen Verständnis der Regelungswirkung des § 103 (→ Rn. 7) liegt darin, dass bei einem Fortbestehen der bereits bei Verfahrenseröffnung existierenden Ansprüche grds. auch bestehende Vorausverfügungen und Aufrechnungssituationen bestehen bleiben müssten. Hat der Schuldner nämlich vorinsolvenzlich seine Forderung aus dem gegenseitig nicht vollständig erfüllten Vertrag an einen Dritten zur Sicherung abgetreten oder verpfändet, müsste diese **dingliche Rechtsposition des Sicherungsnehmers** an dem unverändert fortbestehenden Anspruch ebenfalls fortbestehen. Damit müsste der Verwalter den Erlös aus der Forderung (nach Abzug der Kostenpauschalen) an den Zedenten/Pfandgläubiger auskehren, da dieser ein Absonderungsrecht an der gesamten Forderung hätte. Die Leistung der Masse käme damit nur einem Gläubiger zugute, nicht der Gläubigergesamtheit, womit faktisch ein Erfüllungsverlangen für den Verwalter ausgeschlossen wäre. 45

Dass dieses Ergebnis nicht gewollt sein kann, ist weitgehend unstreitig. Wenn der Verwalter mit Mitteln der Insolvenzmasse eine Forderung werthaltig macht, 46 dann muss der Masse auch der Gegenanspruch zufließen, eine **Vorausverfügung über die Forderung** muss daher **unwirksam** sein (BGHZ 109, 368 = BGH ZIP 1990, 180 dazu *Marotzke* JR 1990, 327; BGHZ 106, 23 = BGH ZIP 1989, 171; vgl. auch BGHZ 147, 28 = BGH ZIP 2001, 1380 [1381], dazu *Tintelnot* EWiR 2001, 1107; *Beiner/Luppe* NZI 2005, 15). Dieses Ergebnis entspricht auch der Wertung des § 91 Abs. 1 und vermeidet eine Gläubigerbevorzugung bzw. gewährleistet, dass eine Erfüllungswahl für die verwaltete Insolvenzmasse auch tatsächlich sinnvoll ist. Flankierend kann ein Wertzuwachs beim Zessionar oder Aufrechnungsberechtigten durch Leistungserbringungen in der Antragsphase oder uU für die Zeit davor durch eine Anfechtung erreicht werden.

47 Eine **dogmatisch befriedigende Begründung** wurde auf der konstruktiven Grundlage des heutigen Verständnisses von der Wirkungsweise des § 103 (→ Rn. 2) bislang nicht gefunden. Einen haltbaren Ansatz hatte die Erlöschenstheorie, da nach ihrem Verständnis infolge der Verfahrenseröffnung der aus einem gegenseitigen Vertrag resultierende Erfüllungsanspruch erlosch und damit die Zession gegenstandslos wurde. Durch die Erfüllungswahl kam es sodann zu einer Neuentstehung des Erfüllungsanspruchs und eine Vorausverfügung scheiterte unmittelbar an § 91. Diese Mechanik hat der BGH mit einem begrifflichen Kunstgriff auf das heutige Verständnis herüber zu retten versucht. Er formuliert etwas undogmatisch, dass die Forderung zwar bei Verfahrenseröffnung fortbestehe, sie aber durch die Erfüllungswahl des Verwalters in der Rangklasse einer Masseverbindlichkeit neu entstehe (BGHZ 150, 353 = BGH ZIP 2002, 1093; anschließend BGHZ 155, 87 = BGH ZIP 2003, 1208 [1211]; ausf. MüKoInsO/*Kreft* Rn. 41). Das ist, auch wenn dem die Überzeugungskraft fehlt, hingenommen worden, wohl weil die jedenfalls wirtschaftliche Richtigkeit des Ergebnisses allg. erkannt wurde. Die Insolvenzabwicklungspraxis hat sich ebenfalls damit arrangiert.

48 **b) Aufrechnung.** Das Problem der **Aufrechnungsmöglichkeit** des Vertragspartners löst sich entsprechend. Auch hier kann der Vertragspartner bei Erfüllungswahl des Insolvenzverwalters seine Verbindlichkeit gegenüber der Masse für Leistungen nach Verfahrenseröffnung nicht mit ihm zustehenden Insolvenzforderungen aufrechnen. Entgegenstehen soll der Aufrechnung § 96 Abs. 1 Nr. 1, da mit der Erfüllungswahl die Schuld gegenüber der Masse neu entstehe (BGHZ 147, 28 = BGH ZIP 2001, 1380 [1381]; BGHZ 103, 250 = BGH ZIP 1988, 322; Uhlenbruck/*Wegener* Rn. 152).

49 Eine dogmatische Alternative könnte in der von Henckel vorgeschlagenen **Anwendung der bereicherungsrechtlichen Grundsätze** liegen (*Henckel* FS Walter, 2004, 191 ff. [206 f.]). Die Eröffnung des Insolvenzverfahrens hat grds. keine materiell-rechtlichen Auswirkungen auf einen vom Schuldner mit einem Dritten abgeschlossenen Vertrag und die Erfüllungswahl des Insolvenzverwalters wirkt auch nicht materiell-rechtlich, sondern nur insolvenzrechtlich, indem sie Auswirkungen auf den Rang der Gegenforderung hat. Konsequenterweise müssen auch Sicherungsrechte Dritter, die der Schuldner vor seiner Insolvenz daran begründet hat und die der Insolvenzverwalter nicht durch Anfechtung beseitigen kann, fortbestehen. Freilich hat der Sicherungsgläubiger ein bevorzugtes Zugriffsrecht auf das Sicherungsgut nur in demjenigen Zustandin dem es sich bei Eröffnung des Insolvenzverfahrens befunden hat – die Möglichkeit einer Anfechtung des Wertzuwachses (BGH ZIP 2008, 1435) außer Acht lassend. Ist etwa die vom Schuldner abgetretene Forderung aus einem gegenseitigen Vertrag bei Insolvenzeröffnung zwar existent, aber wertlos, weil der Schuldner noch keinerlei Leistungen an den Vertragspartner erbracht hat, dann gebührt dem Absonderungsgläubiger auch nur ein Zugriff auf diese wertlose Forderung. Tritt der Verwalter in den Vertrag ein und erbringt er mit Mitteln der Masse die Leistung an den Vertrags-

partner, der aus diesem Grund die Einrede des nicht erfüllten Vertrages verliert, dann wird der abgetretenen Forderung ein Wert zuteil, auf den der Absonderungsgläubiger keinen Anspruch, zumindest keinen in der Insolvenz des Sicherungsgebers durchsetzbaren Anspruch hatte. Er ist folglich auf Kosten der Insolvenzmasse ungerechtfertigt bereichert. Auch die Aufrechnungsproblematik kann auf diese Weise befriedigend gelöst werden.

Realisiert der Insolvenzverwalter die abgetretene Forderung gem. § 166 Abs. 2, so muss er bei der Abrechnung des Absonderungsrechts gem. § 170 Abs. 1 S. 1 die **ungerechtfertigte Bereicherung** zugunsten der Insolvenzmasse absetzen; die Verfahrensbeiträge können sich nur auf den dem Absonderungsgläubiger entfallenden Anteil beziehen und diesen schmälern. Keine Rolle spielt es dabei, wer zum Einzug der Forderung beim Drittschuldner berechtigt ist. Sollte, etwa wegen einer vertraglichen Verpfändung der Forderung (siehe dazu BGH ZIP 2002, 1630) der Pfandgläubiger zum Einzug berechtigt sein, so würde dies bei ansonsten identischem Fall nicht zu einem anderen Ergebnis führen. Alsdann wäre der Pfandgläubiger zur Auskehr des Bereicherungsbetrages an die Insolvenzmasse verpflichtet. Diese müsste freilich das Insolvenzrisiko des Pfandgläubigers tragen, was aber kein dogmatisches Gegenargument ist. 50

3. Rechtsfolgen der Erfüllungsablehnung. a) Grundsätze. Wenn der Insolvenzverwalter die Nichterfüllung des Vertrages wählt, ändert sich an der vor der Ausübung des Wahlrechts bestehenden Rechtslage zunächst einmal nichts. Folge ist das unveränderte **Fortbestehen der gegenseitigen Ansprüche,** die aber wegen der Einrede des nicht erfüllten Vertrages nicht durchsetzbar sind. Mit der Ausübung des Wahlrechts erlischt dasselbe allerdings, so dass die rechtsgestaltende Wirkung der Erfüllungsablehnung zumindest darin besteht, dass das Wahlrecht untergeht (BGH ZIP 1987, 304; HK-InsO/*Marotzke* Rn. 91 ff.). Es handelt sich auch bei der Erfüllungsablehnung um eine einseitig empfangsbedürftige Willenserklärung, die nach ihrem Zugang aufgrund der gestaltenden Wirkung unwiderruflich ist (BGH ZIP 2007, 778; Uhlenbruck/*Wegener* Rn. 154). Die Erklärung kann ausdrücklich und konkludent abgegeben werden und wird durch Schweigen auf die Aufforderung des Vertragspartners zur Erklärung fingiert (→ Rn. 25 ff.). 51

b) Materiellrechtliche Wirkungen. Auf der Ebene des materiellen Rechts richtet sich das weitere Schicksal des Vertrages allein nach den allgemeinen zivilrechtlichen Regeln (Uhlenbruck/*Wegener* Rn. 157). Da der durch die Insolvenz eingetretene Defekt des Vertrages mit der Nichterfüllungswahl endgültig wird, und weil die Leistungsstörung auf Seiten des Schuldners lag, besteht für den Vertragspartner das **Recht auf Rücktritt und/oder Schadensersatz.** Einer ansonsten erforderlichen Nachfristsetzung bedarf es nicht mehr, da durch die Nichterfüllungswahl zum Ausdruck gekommen ist, dass der Verwalter die Leistung endgültig nicht erbringen wird. Eine Umgestaltung des Vertrages tritt also erst infolge der Ausübung eines Gestaltungsrechts durch eine der Vertragsparteien ein, nicht bereits durch die Erfüllungsablehnung des Verwalters (HK-InsO/*Marotzke* Rn. 89 mit umfangreicher Darstellung des Streitstandes; Mohrbutter/Ringstmeier/*Homann* Kap. 7 Rn. 27 ff.). Wichtig ist diese Unterscheidung va für den Zeitpunkt, in dem die Umgestaltung erfolgt und auf den sodann die Abwicklungspflichten zu ermitteln sind. 52

Die **Ausübung des Gestaltungsrechts ist nicht zwingend.** Die Vertragsparteien können auch das Vertragsverhältnis bis zum Abschluss des Insolvenzverfahrens in dem einredebehafteten Zustand belassen und nach Abschluss des Verfahrens wieder den ursprünglichen Erfüllungsanspruch geltend machen (MüKoInsO/*Kreft* Rn. 18; Graf-Schlicker/*Breitenbücher* Rn. 34). Sinn macht dies freilich nur dann, wenn noch mit einer Vertragserfüllung nach Verfahrensbeendigung zu rechnen ist, zB weil im Laufe des Verfahrens die Insolvenzgründe beseitigt werden 53 können. Dennoch wird dem Vertragspartner diese Möglichkeit nicht genommen; zumal es für eine abweichende Sichtweise an einer entsprechenden gesetzlichen Grundlage fehlen würde (Mohrbutter/Ringstmeier/*Homann* Kap. 7 Rn. 29).

54 Für die **Teilnahme am Insolvenzverfahren** muss der Vertragspartner allerdings ausdrücklich oder konkludent von dem Vertrag zurücktreten und/oder Schadensersatz verlangen, da der vertragliche Primäranspruch ansonsten nicht zur Tabelle festgestellt wird. Diesem Primäranspruch steht die Einrede des nicht erfüllten Vertrages entgegen, da auch der anmeldende Vertragspartner die von ihm geschuldete Leistung noch nicht erbracht hat. Auch hier greift die Einrede aus §§ 320 ff. BGB (Uhlenbruck/*Wegener* Rn. 158), da es ansonsten zu einer ungerechtfertigten Besserstellung des Vertragspartners kommt, wenn dieser zB den vollen Kaufpreis für eine Sache zur Tabelle festgestellt bekommt, für den er die Kaufsache nicht geleistet hat (Mohrbutter/Ringstmeier/*Homann* Kap. 7 Rn. 30). Zwar kann der Vertragspartner auch hier der Einrede des Verwalters begegnen, indem er Zug um Zug die Gegenleistung anbietet. Dies kommt aber nicht vor, weil er als Gegenleistung für den Vertragsgegenstand nur die Quote auf die Gegenleistung bekommt.

55 Soweit durch einen Rücktritt des Vertragspartners vom Vertrag ein Schadensersatzanspruch wegen Nichterfüllung ausgelöst wird, stellt dieser gem. Absatz 2 Satz 1 dem Rang nach eine **Insolvenzforderung** dar. Entsprechendes gilt gem. § 105 S. 2 für etwaige Rückgewähransprüche. Auch der Insolvenzverwalter kann vom Vertrag zurücktreten oder Schadensersatz verlangen, wenn dies nach den einschlägigen zivilrechtlichen Regelungen möglich ist. Aus der Sicht des Verwalters besteht aber im Regelfall dafür keine Notwendigkeit, da er der Feststellung des Primäranspruchs die Einrede entgegen halten kann und es dann nur im Interesse des Vertragspartners liegt, dieses Hindernis zu beseitigen.

56 **Der Anspruch des Vertragspartners auf Schadensersatz wegen Nichterfüllung** ergibt sich also **aus dem allgemeinen Zivilrecht;** die Regelung des Absatz 2 Satz 1 stellt keine Anspruchsgrundlage dar, sondern stellt lediglich deklaratorisch fest, dass ein solcher Schadensersatzanspruch den Rang einer Insolvenzforderung hat (Uhlenbruck/*Wegener* Rn. 167). Der **Anspruchsumfang** richtet sich nach den vertraglichen und einschlägigen gesetzlichen Regelungen für das betroffene Schuldverhältnis. Ergeben sich iRd Abwicklungsverhältnisses gegenseitige Ansprüche, können diese miteinander verrechnet werden, da es sich um Abrechnungspositionen in einem einheitlichen Schuldverhältnis handelt (BGHZ 164, 159; Uhlenbruck/*Wegener* Rn. 177 ff.). Hatte der Vertragspartner bereits Leistungen an den Schuldner erbracht, kann er diese grds. nicht herausverlangen; es sei denn, ihm steht ein dingliches Recht zur Seite, zB weil er einen Gegenstand zwar übergeben, aber noch nicht übereignet hat und diesen daher nach § 985 BGB aussondern kann (HK-InsO/*Marotzke* Rn. 99). Hatte umgekehrt der Schuldner bereits Leistungen erbracht, kann der Verwalter diese nur dann herausverlangen, soweit sie den Schadensersatzanspruch des Vertragspartners übersteigen (vgl. BGH 7.2.2013 – IX 218/11, BeckRS 2013, 03812; BGHZ 196, 160 = ZIP 2013, 526).

57 **4. Rücktrittsrecht des Vertragspartners. a) Auswirkungen des Wahlrechts.** Diskutiert wird, ob **die bloße Existenz** des Wahlrechts des Verwalters aus § 103 Auswirkungen auf zivilrechtliche Gestaltungsrechte des Vertragspartners hat, zB auf das Rücktrittsrecht gem. § 323 BGB (zB Uhlenbruck/*Wegener* Rn. 101 ff.; *Marotzke* KTS 2002, 1 [21 ff.]). Denn solche **zivilrechtlichen Gestaltungsrechte** könnten das Wahlrecht aus § 103 unterlaufen und dann hätte es der Verwalter eben nicht allein in der Hand, darüber zu entscheiden, ob der Vertrag zur Durchführung gebracht wird oder nicht. Im Ausgangspunkt lässt sich aus der geschilderten Regelungswirkung des § 103 (→ Rn. 7) ablesen, dass die Vorschrift auf

zivilrechtliche Gestaltungsrechte keinen Einfluss nehmen will, so dass es zu einem Normkonflikt nicht kommt. Stehen dem Vertragspartner Gestaltungsrechte zu, ändern weder die Insolvenzeröffnung noch § 103 daran etwas.

b) Mittelbare Beeinflussung. Allerdings kommt es mittelbar zu Beeinflussungen **durch das Wahlrecht und dessen Ausübung,** weil zB durch die Erfüllungswahl das Leistungshindernis der fehlenden Vertragserfüllung beseitigt wird. Problematisch ist dabei das Schicksal einer vom Vertragspartner gesetzten **Nachfrist,** mit der dieser sein Rücktrittsrecht auslösen will. Vertreten wird hierzu, dass der Lauf der Nachfrist mit Verfahrenseröffnung endet, weil die Forderung des Vertragspartners selbst ihre Durchsetzbarkeit verliert, da auch der Verwalter die Einrede des nichterfüllten Vertrages entgegensetzen kann (Uhlenbruck/*Wegener* Rn. 104; Kübler/Prütting/Bork/*Tintelnot* Rn. 16). Dem kann nicht gefolgt werden, da das Angebot des Vertragspartners auf Erbringung seiner Leistung fortbesteht, wenn auch nur unter der Einschränkung der Zug-um-Zug-Leistung. Aber ein Angebot unter dieser Einschränkung reicht aus, so dass das Leistungsverlangen des Vertragspartners berechtigt bleibt und damit auch die Nachfrist grds. weiterlaufen muss (HK-InsO/*Marotzke* Rn. 106; Nerlich/Römermann/*Balthasar* Rn. 52). Ein Wertungswiderspruch ergibt sich aber dann, wenn die Nachfrist erst nach der Verfahrenseröffnung zu einem Zeitpunkt abläuft, zu dem der Verwalter sich über sein Wahlrecht noch nicht erklären muss, zB weil er nicht aufgefordert wurde oder weil die angemessene Frist nach Aufforderung noch nicht abgelaufen ist. Daher wird man bei ablaufenden Nachfristen in der Insolvenz die Ausübung des Rücktrittsrechts solange als gesperrt ansehen müssen **(Ausübungssperre),** bis der Verwalter sich über sein Wahlrecht erklären musste und – soweit er die Erfüllung wählt – eine angemessene Gelegenheit hatte, die Leistung zu erbringen (MüKoInsO/*Huber* Rn. 139; *Huber* NZI 2004, 57 [62]; Uhlenbruck/*Wegener* Rn. 107; aA Kübler/Prütting/Bork/*Tintelnot* Rn. 17; *Heidland* Bauvertrag Rn. 1016a). Unberührt bleibt ein Rücktritt, der wirksam vor der Verfahrenseröffnung erklärt worden war. Auch kann der Vertragspartner eine erneute Nachfrist setzen und zurücktreten, wenn der Verwalter nach der Erfüllungswahl seiner Leistungspflicht nicht nachkommt. 58

VI. Das erneute Wahlrecht im Falle der Masseunzulänglichkeit

1. Fragestellung. Durch die Anzeige der Masseunzulänglichkeit des Verfahrens wird eine der des § 103 weitgehend entsprechende Problematik hervorgerufen (vgl. umfassend *Kögel,* Die Rechtsfolgen der Masseunzulänglichkeit auf beiderseitig nicht oder nicht vollständig erfüllte Verträge, Diss., 2007). Die Forderung des Vertragspartners aus einem vom Verwalter geschlossenen Vertrag oder aus einem Vertrag, dessen Erfüllung der Verwalter zuvor gewählt hatte, wird zu einer **Altmasseverbindlichkeit,** § 209 Abs. 1 Nr. 3. Dadurch kommt es im Vertragsverhältnis zu einem Defekt, der auch bei der Eröffnung des Insolvenzverfahrens eintritt. Der Verwalter kann die Forderung der Masse nicht mehr erfolgreich durchsetzen, weil ihr die Einrede des nicht erfüllten Vertrages entgegensteht, und er gehindert ist, die Gegenleistung zu erbringen, da es sich um eine Altmasseverbindlichkeit handelt. Das Gesetz hilft den Parteien hier nicht unmittelbar. Zwar kann auf § 209 Abs. 2 Nr. 1abgestellt werden, nach dem Forderungen aus gegenseitigen Verträgen in den Rang einer **Neumasseverbindlichkeit** aufsteigen, die aus einem gegenseitigen Vertrag resultieren, dessen Erfüllung der Verwalter nach Anzeige der Masseunzulänglichkeit wählt. Ein spezielles (neues) Wahlrecht für den Fall der Masseunzulänglichkeit findet sich im Gesetz aber nicht. 59

2. Lösungsansätze. a) Neues Wahlrecht. Teilw. wird § 209 Abs. 2 Nr. 1 dahingehend verstanden, dass in der Vorschrift nur die **erstmalige Erfüllungs-** 60

wahl nach § 103 gemeint ist. Danach kann der Verwalter nur dann Neumasseverbindlichkeiten begründen, wenn sein mit Verfahrenseröffnung entstandenes Wahlrecht aus § 103 noch besteht, es also nicht vor der Anzeige der Masseunzulänglichkeit bereits ausgeübt wurde (Kübler/Prütting/Bork/*Pape* § 209 Rn. 12). Die Konsequenz dieser Auffassung ist, dass der Verwalter den Defekt des Vertrages infolge der Anzeige der Masseunzulänglichkeit dann nicht beseitigen könnte, wenn er vor der Anzeige schon die Erfüllung nach § 103 gewählt hatte; in allen anderen Fällen, insbes. bei Verträgen, die er insgesamt erst nach der Verfahrenseröffnung abgeschlossen hat, könnte er dies allerdings schon. Das ist keinesfalls interessengerecht, so dass man dem Verwalter bei Anzeige der Masseunzulänglichkeit ein **neues Wahlrecht** analog § 103 InsO für alle gegenseitigen nicht vollständig erfüllten Verträge einräumen muss (Mohrbutter/Ringstmeier/*Homann* Kapitel 7 Rn. 19; Uhlenbruck/*Ries* § 209 Rn. 17). Analog deshalb, weil es an der Eröffnung des Insolvenzverfahrens als Tatbestandsmerkmal des § 103 im Falle der Masseunzulänglichkeit mangelt. Die analoge Anwendung der Vorschrift ist aber wegen der Gleichheit der Interessenlage der Parteien angezeigt und eine planwidrige Regelungslücke liegt auch vor; denn es kann nicht iSd Gesetzgebers gelegen haben, dass die zum Zeitpunkt der Anzeige der Masseunzulänglichkeit nicht vollständig erfüllten gegenseitigen Verträge, die der Verwalter im Interesse der Masse abgeschlossen hat oder deren Erfüllung er zur Masse verlangt hat, rechtlich undurchführbar werden. Siehe dazu ergänzend → § 209 Rn. 14 ff.

61 **b) Spezialvorschriften.** Neben dem § 103 muss die Anzeige der Masseunzulänglichkeit auch zur **Anwendung** anderer Spezialvorschriften führen, insbes. auch zur Anwendbarkeit des § 105, da die tragenden Erwägungen der Vorschrift identisch eingreifen (Mohrbutter/Ringstmeier/*Homann* Kap. 7 Rn. 19; *Kögel* aaO, vgl. Literaturverzeichnis zur Vorschrift, S. 102 ff.). Auch die §§ 106, 107 Abs. 1 greifen erneut ein, da die dort geschützten Rechtspositionen ansonsten nicht wirklich insolvenzfest wären (dazu → § 106 Rn. 40 und → § 107 Rn. 20). Nicht analogiefähig sind allerdings die Privilegierungen des § 108 InsO, da für eine Bevorzugung dieser Gläubigergruppen im Falle der Masseunzulänglichkeit kein Raum mehr bleibt (Mohrbutter/Ringstmeier/*Homann* Kap. 7 Rn. 19; zu den übrigen Vorschriften der §§ 103 ff. vgl. *Kögel* aaO, vgl. Literaturverzeichnis zur Vorschrift, S. 97 ff.).

Fixgeschäfte. Finanzleistungen[1]

104 (1) **War die Lieferung von Waren, die einen Markt- oder Börsenpreis haben, genau zu einer festbestimmten Zeit oder innerhalb einer festbestimmten Frist vereinbart und tritt die Zeit oder der Ablauf der Frist erst nach der Eröffnung des Insolvenzverfahrens ein, so kann nicht die Erfüllung verlangt, sondern nur eine Forderung wegen der Nichterfüllung geltend gemacht werden.**

(2) [1] **War für Finanzleistungen, die einen Markt- oder Börsenpreis haben, eine bestimmte Zeit oder eine bestimmte Frist vereinbart und tritt die Zeit oder der Ablauf der Frist erst nach der Eröffnung des Verfahrens ein, so kann nicht die Erfüllung verlangt, sondern nur eine Forderung wegen der Nichterfüllung geltend gemacht werden.** [2] **Als Finanzleistungen gelten insbesondere**

[1] § 104 Überschr., Abs. 2 Satz 2 Nr. 5 und Satz 3 geänd., Satz 2 Nr. 6 angef., Abs. 3 Satz 1 neu gef., Satz 2 eingef., bish. Satz 2 wird Satz 3 mWv 9.4.2004 durch G v. 5.4.2004 BGBl. I S. 502).

1. die Lieferung von Edelmetallen,
2. die Lieferung von Wertpapieren oder vergleichbaren Rechten, soweit nicht der Erwerb einer Beteiligung an einem Unternehmen zur Herstellung einer dauernden Verbindung zu diesem Unternehmen beabsichtigt ist,
3. Geldleistungen, die in ausländischer Währung oder in einer Rechnungseinheit zu erbringen sind,
4. Geldleistungen, deren Höhe unmittelbar oder mittelbar durch den Kurs einer ausländischen Währung oder einer Rechnungseinheit, durch den Zinssatz von Forderungen oder durch den Preis anderer Güter oder Leistungen bestimmt wird,
5. Optionen und andere Rechte auf Lieferungen oder Geldleistungen im Sinne der Nummern 1 bis 4,
6. Finanzsicherheiten im Sinne des § 1 Abs. 17 des Kreditwesengesetzes.

3 Sind Geschäfte über Finanzleistungen in einem Rahmenvertrag zusammengefaßt, für den vereinbart ist, daß er bei Vorliegen eines Insolvenzgrundes nur einheitlich beendet werden kann, so gilt die Gesamtheit dieser Geschäfte als ein gegenseitiger Vertrag im Sinne der §§ 103, 104.

(3) **1 Die Forderung wegen der Nichterfüllung richtet sich auf den Unterschied zwischen dem vereinbarten Preis und dem Markt- oder Börsenpreis, der zu einem von den Parteien vereinbarten Zeitpunkt, spätestens jedoch am fünften Werktag nach der Eröffnung des Verfahrens am Erfüllungsort für einen Vertrag mit der vereinbarten Erfüllungszeit maßgeblich ist. 2 Treffen die Parteien keine Vereinbarung, ist der zweite Werktag nach der Eröffnung des Verfahrens maßgebend. 3 Der andere Teil kann eine solche Forderung nur als Insolvenzgläubiger geltend machen.**

Schrifttum: *Benzler,* Das deutsche Nettinggesetz (§ 104 Abs. 2, 3 InsO), ZInsO 2000, 1; *Bosch,* Finanztermingeschäfte in der Insolvenz – zum „Netting" im Insolvenzverfahren, WM 1995, 367; *Ehricke,* Finanztermingeschäfte im Insolvenzverfahren, ZIP 2003, 273; *Wimmer,* Einführung über den Entwurf eines Gesetzes zur Umsetzung der Finanzsicherheitenrichtlinie, ZIP 2003, 1563 [1565]; *v. Wilmowsky,* Termingeschäft und Insolvenz: Plädoyer für ein neues Verständnis des § 104 InsO, WM 2002, 2264.

Übersicht

I. Allgemeines

1 **1. Normzweck.** § 104 enthält eine **Ausnahme zum Wahlrecht des Verwalters aus § 103,** indem eine Erfüllungswahl bei den dort erfassten Fixgeschäften und Finanzleistungen auf Termin ausgeschlossen ist. Die von Absatz 1 u. 2 erfassten Vertragsverhältnisse enden vielmehr automatisch mit der Verfahrenseröffnung und wandeln sich in Abwicklungsverhältnisse um. Wie die Abwicklung dann vorzunehmen ist, wird in Absatz 3 näher geregelt. Der Zweck dieser Abweichung von der Grundregel liegt im **Schutz des Vertragspartners** des Schuldners (*Ehricke* ZIP 2003, 273; *v. Wilmowsky* WM 2002, 2264; KS-InsO/*Bosch* II S. 1009). Gemeinsam ist den von § 104 erfassten Vertragsverhältnissen, dass es auf die Leistungserbringung zu einem genau bestimmten Zeitpunkt ankommt. Dabei ist es die Geschäftsgrundlage des Vertragsverhältnisses, dass beide Seiten das Risiko tragen, dass der im Voraus vereinbarte Preis für die zu erbringende Leistung im vereinbarten Zeitpunkt vorteil- oder nachteilhaft ist. Das Wahlrecht des Verwalters wäre in einer solchen Situation unangemessen, da der Verwalter mit der Wahlrechtsausübung zunächst warten und dabei beobachten könnte, wie sich der Markt entwickelt. Stellt sich das Spekulationsgeschäft dabei als günstig heraus, könnte er die Erfüllung wählen; wäre es ungünstig, würde er die Erfüllung nicht wählen und den Anspruch des Vertragspartners im Rang einer Insolvenzforderung belassen. Damit wäre das Verhältnis von Chance und Risiko zwischen den Vertragspartnern gestört (HK-InsO/*Marotzke* Rn. 1 ff.; *Bosch* WM 1995, 367). Zudem soll der Vertragspartner des Schuldners so schnell wie möglich in die Lage versetzt werden, Ersatzgeschäfte für das betroffene Termingeschäft abschließen zu können, um so seinen Schaden zu minimieren (FK-InsO/*Wegner* Rn. 2).

2 Für Fixgeschäfte existierte die Regelung auch schon in **§ 18 KO;** in der InsO wurde sie auf Finanztermingeschäfte erweitert mit der Begründung, dass dies für die Wettbewerbsfähigkeit der deutschen Finanzmärkte unverzichtbar sei (FK-InsO/*Wegener* Rn. 1; Kübler/Prütting/Bork/*Köndgen* Rn. 6; *Bosch* WM 1995, 365).

3 Die **Folgen der Vertragsbeendigung** werden in Absatz 3 näher geregelt, indem dort bestimmt wird, wie und auf welchen Zeitpunkt der Ausgleichsbetrag berechnet wird. Die Anknüpfung an einen Zeitpunkt nahe der Verfahrenseröffnung (regelmäßig zweiter, spätestens fünfter Werktag nach Verfahrenseröffnung) rechtfertigt sich daraus, dass sich ein Teil des Risikos durch die Entwicklungen zwischen Vertragsschluss und Verfahrenseröffnung schon entwickelt hat. Es wäre also nicht interessengerecht, den Vertrag so abzuwickeln, als wenn er gar nicht geschlossen oder ordnungsgemäß erfüllt worden wäre.

4 **2. Systematische Einordnung.** Die **Absatz 1 und 2** stellen **Ausnahmevorschriften zum Wahlrecht des Verwalters aus § 103** dar. Die Vorschriften wirken aber nicht nur insolvenzrechtlich, sondern greifen ausnahmsweise auf der materiell-rechtlichen Ebene in das Vertragsverhältnis selbst ein, indem sie es in ein Abwicklungsverhältnis umgestalten. Dem Wahlrecht des Verwalters ist damit die Grundlage entzogen, da der Vertrag als solcher zwingend ein Ende findet.

5 Die **Absatz 3 Satz 1 und 2** betreffen ebenfalls das materielle Recht, indem sie die **Grundsätze der Schadensberechnung** beschreiben und von den allgemeinen Regelungen teilw. abweichen, weil sie für alle Abwicklungsfälle gleichsam ein sog „Netting" vorschreibt (FK-InsO/*Wegener* Rn. 3). Der Absatz 3 Satz 3 regelt hingegen eine Frage der insolvenzrechtlichen Einordnung. Inhaltlich dürfte es sich bei Satz 3 nur um eine Klarstellung handeln.

II. Gemeinsame Voraussetzungen

§ 104 greift ein für **beidseitig nicht vollständig erfüllte Verträge,** die **Warenlieferungen oder Finanzleistungen** zum Gegenstand haben, wenn die Leistungen einerseits zu einem festbestimmten Termin oder einer festbestimmten Frist erbracht werden müssen und dieser Termin oder die Frist nach Eröffnung des Insolvenzverfahrens liegt und andererseits die Ware oder Finanzleistung einen Markt- oder Börsenpreis hat. 6

1. Gegenseitiger, von beiden Parteien nicht vollständig erfüllter Vertrag. Absatz 1 setzt, wie § 103, einen **gegenseitigen und beiderseits nicht vollständig erfüllten Vertrag voraus** (FK-InsO/*Wegener* Rn. 5; Uhlenbruck/*Lüer* Rn. 5, 19; HK-InsO/*Marotzke* Rn. 3; aA Kübler/Prütting/Bork/*Köndgen* Rn. 13). Dies ergibt sich nicht allein aus dem systematischen Zusammenhang zu § 103 (die §§ 115, 117, 118 zeigen, dass das systematische Argument bei den §§ 103 ff. nicht viel wert ist, vgl. → § 115 Rn. 4, → § 117 Rn. 2, → § 118 Rn. 3). Dies folgt vielmehr aus dem Zweck der Vorschrift, da es eines Schutzes des Vertragspartners nur dann bedarf, wenn für diesen durch die Insolvenz nicht mehr klar ist, ob der Schuldner seine Leistung wie vereinbart erbringen wird. Hat der Schuldner seine Leistung bereits erbracht, kommt es darauf nicht mehr an; hat der Vertragspartner seine Leistung bereits erbracht, ist er nicht mehr schutzwürdig. Sind bereits Teilleistungen erbracht, ist § 104 anwendbar; die Teilleistungen werden erst iRd Ermittlung des Abwicklungsbetrages relevant (→ Rn. 27). 7

Bei den Finanzleistungsverträgen des Absatz 2 gibt es eine Besonderheit für die Frage der vollständigen Erfüllung des Vertrages, wenn eine Mehrzahl von Verträgen durch einen Rahmenvertrag miteinander verbunden wurden, was praktisch häufig geschieht. Dann nämlich sind sämtliche betroffenen Verträge noch nicht vollständig erfüllt, wenn auch nur bei einem der Verträge noch Leistungen ausstehen. Dies lässt sich an der Sonderregelung des Absatz 2 Satz 3 festmachen, wonach der Verbindung mehrerer Verträge durch eine Rahmenabrede Insolvenzfestigkeit bescheinigt wird. Auf die Warentermingeschäfte des Abs. 1 ist dieser Gedanke nicht zu übertragen (FK-InsO/*Wegener* Rn. 13 ff.; aA *Bosch* WM 1995, 413 [425]). 8

2. Markt- oder Börsenpreis. Ein Markt- oder Börsenpreises (vgl. zur Definition § 24 Abs. 1 BörsG) existiert für Ware oder Finanzleistungen dann, wenn sie objektiv bewertbar ist. Das wiederum ist der Fall, wenn sie einerseits nicht wesentlich von den Umständen des Einzelfalls abhängt, und andererseits in einem solchen Umfang gehandelt wird, dass man von dem **Vorhandensein eines Marktes** sprechen kann. Nicht erforderlich ist es dabei, dass sich der Preis der Ware oder Dienstleistung streng rechnerisch aus feststehenden Faktoren ergibt; ausreichend ist es, dass der Preis durch einen Sachverständigen ermittelt werden kann. Nicht um einen Marktpreis handelt es sich dann, wenn der Preis im Wesentlichen durch die subjektiven Einschätzungen der Vertragspartner bestimmt wird (*Bosch* WM 1995, 413 [417]; FK-InsO/*Wegener* Rn. 8). Ist der Marktpreis auf den relevanten Stichtag nicht zu ermitteln, so muss die Feststellung auf einen anderen Stichtag erfolgen (BT-Drs. 12/7302, 168). 9

III. Warenfixgeschäfte (Absatz 1)

Waren sind vertretbare bewegliche Sachen, sowie Flüssigkeiten und Strom (FK-InsO/*Wegener* Rn. 7). Keine Waren in diesem Sinne sind Forderungen und Rechte oder unvertretbare Sachen wie Einzelstücke oder Grundstücke. 10

11 Die vertraglichen Leistungspflichten müssen ferner vertragswesentlich zu einem **bestimmten Zeitpunkt** oder innerhalb einer **bestimmten Frist** fällig werden (Fixgeschäft, § 323 Abs. 2 Nr. 2 BGB, § 376 HGB), der für beide Leistungspflichten nach der Verfahrenseröffnung liegt. Diese Zeitbestimmung muss nach dem Inhalt des Vertrages so wesentlich sein, dass mit der fristgerechten Leistungserbringung das Rechtsgeschäft steht und fällt (BGHZ 110, 88 [96]). Es reicht also nicht bereits aus, dass die Leistungszeit genau bestimmt ist; diese Bestimmung muss ferner für die vertragliche Erfüllungswirkung entscheidend sein. Erfasst werden dann aber von Abs. 1 nicht nur die relativen **Fixgeschäfte** des § 376 HGB (bei denen eine verspätete Leistungserbringung zwar keine vertragsgemäße Erfüllung mehr darstellt, die aber grds. noch möglich ist), sondern auch die in § 376 HGB nicht erfassten absoluten Fixgeschäfte, bei denen bereits die Leistungserbringung durch den Zeitablauf tatsächlich unmöglich wird. (so auch Kübler/Prütting/Bork/*Köndgen* Rn. 10; FK-InsO/*Wegener* Rn. 9; aA Uhlenbruck/*Lüer* Rn. 6; HambK-InsO/*Ahrendt* Rn. 3). Gerade bei den absoluten Fixgeschäften ist der Vertragspartner im Hinblick auf eine möglichst schnelle Klärung des Vertragsverhältnisses schutzwürdig, so dass es keinen Sinn machen würde, gerade diese Verträge auszuklammern, obwohl sich dafür in der Vorschrift kein Anhaltspunkt ergibt. Absatz 1 greift auch ein, wenn der Leistungszeitpunkt am Tag der Verfahrenseröffnung oder am Folgetag liegt, auch wenn die Abrechnung dann erst auf den dann folgenden Tag vorzunehmen ist (Uhlenbruck/*Lüer* Rn. 28; FK-InsO/*Wegener* Rn. 5).

IV. Finanzleistungen (Absatz 2)

12 **1. Begriff.** Es muss sich um **Verträge über Finanzleistungen** handeln. Bei der Schaffung der InsO war in Absatz 2 noch von Finanztermingeschäften die Rede. Der Begriff wurde aber mit der Umsetzung der **Finanzsicherheiten-Richtlinie** im Jahr 2004 durch den Begriff der Finanzleistungen ersetzt, womit der Anwendungsbereich der Norm im Bereich des Finanzwesens ausgeweitet werden sollte (*Wimmer* ZIP 2003, 1563 [1565]). Aufgrund dieser Ausweitung fällt eine umfassende Definition des Begriffes schwer, weshalb auch der Gesetzgeber in Absatz 2 Satz 2 mit Regelbeispielen arbeitet, um den Begriff fassbarer zu machen.

13 Jedenfalls umfasst der Begriff der Finanzleistungen **sämtliche Finanztermingeschäfte,** insbes. in den Ausprägungen des Festgeschäfts (mit der Unterform des Swap-Geschäfts) und des Optionsgeschäfts (vgl. *Obermüller* Insolvenzrecht in der Bankpraxis Rn. 8.15 ff.; FK-InsO/*Wegener* Rn. 12). Beim **Festgeschäft** wird ein Kaufgegenstand zu einem festen Preis gekauft, der erst zu einem späteren Zeitpunkt geliefert und bezahlt werden muss. Beim **Optionsgeschäft** hingegen erhält eine Partei verbindlich die Option, zu einem späteren Zeitpunkt einen Kaufgegenstand zu einem festen Preis zu kaufen. Der wesentliche Unterschied liegt darin, dass in dem Fall des Festgeschäftes der Kaufvertrag fest vereinbart ist, während es beim Optionsgeschäft die eine Partei in der Hand hat, den Kaufvertrag wirksam werden zu lassen. Im Gegenzug lässt sich die andere Partei die Einräumung dieser Option regelmäßig vergüten. Auf diese beiden Grundformen lassen sich sämtliche Finanzleistungsverträge zurückführen.

14 Was **Gegenstand des Vertrages** sein kann, ist nicht abschließend im Gesetz bestimmt. Nach den Regelbeispielen des Satz 2 kann Vertragsgegenstand die Lieferung von Edelmetallen, Wertpapiergeschäfte, Währungsgeschäfte und Finanzsicherheiten sein (→ Rn. 16 ff.). Daneben gibt es aber weitere Gegenstände, die für eine Finanzleistung in Betracht kommen (→ Rn. 22).

15 Die vertraglichen Leistungspflichten müssen ferner vertragswesentlich zu einem **bestimmten Zeitpunkt** oder innerhalb einer **bestimmten Frist** fällig werden, der für beide Leistungspflichten nach der Verfahrenseröffnung liegt. Bei den

Finanzleistungen muss es sich in Abweichung zu Absatz 1 allerdings nicht um ein Fixgeschäft handeln Wichtig ist das Element des Zeitpunktes bzw. der Frist nur zur Bestimmung des Termincharakters des Geschäfts (HK-InsO/*Marotzke* Rn. 5; FK-InsO/*Wegener* Rn. 16). Nicht erfasst sind deshalb Verträge, die entweder auf unbestimmte Zeit laufen oder sofort zu erfüllen sind. Ausreichend ist es allerdings auch, wenn der künftige Leistungszeitpunkt durch eine Fristsetzung des Vertragspartners bestimmt wird, sofern diese Fristsetzung vor der Verfahrenseröffnung erfolgt ist (vgl. Uhlenbruck/*Lüer* Rn. 18; *Obermüller* Rn. 8.386).

2. Regelbeispiele (Absatz 2 Satz 2). Die **Lieferung von Edelmetallen** 16
(Nr. 1) ist ein Finanzgeschäft. Mittelbar lässt sich dies auch § 340c HGB, einer Vorschrift aus der Rechnungslegung, entnehmen. Praktisch relevant sind insbes. Geschäfte mit Gold, Silber und Platin. Nicht hierzu gehören Lieferungen von anderen Rohstoffen (*Obermüller* Rn. 8.377; FK-InsO/*Wegener* Rn. 17).

Der **Handel mit Wertpapieren** oder vergleichbaren Rechten (Nr. 2) stellt 17
nur dann eine Finanzleistung dar, wenn sie nicht der dauerhaften Beteiligung an einem Unternehmen dienen, wenn die Wertpapiere oder vergleichbaren Rechte also als Handelsgut dienen. Wertpapiere iSd Vorschrift sind nur solche des Kapitalmarktes (Aktien, Staatsanleihen, Investmentzertifikate, Wandelschuldverschreibungen). Nicht hierzu gehören Wechsel, Schecks, Konnossemente und Legitimationspapiere, da diese keinen Markt- oder Börsenpreis haben (BK-InsO/*Goetsch* Rn. 18; FK-InsO/*Wegener* Rn. 18). Vergleichbare, nicht unter Absatz 2 fallende Rechte sind nicht verbriefte Schuldbuchforderungen oder Schuldscheine.

Bei den **Devisentermingeschäften** (Nr. 3) wird mit Währungen gehandelt, 18
für die zu einem fix bestimmten Termin ein fest vereinbarter Preis zu zahlen ist. Solche Geschäfte dienen der Spekulation und der Absicherung von Währungsrisiken im internationalen Handelsverkehr. Zu den Devisentermingeschäften gehören auch Währungs-Swap-Geschäfte (vgl. näher *Bosch* WM 1995, 371; *Obermüller* Rn. 8.247 ff.).

Indexabhängige Geldleistungen (Nr. 4) sind solche Geldleistungen, deren 19
Höhe an fremde Faktoren, wie zB Zinssätze, Wechselkurse, Marktpreise oder Wertpapierindices gebunden sind. Teilw. werden bei diesen Geschäften tatsächlich Währungen ausgetauscht, deren Preis von einem äußeren Faktor abhängt; teilw. werden die Geschäfte so abgeschlossen, dass nur die Differenz zwischen einer vereinbarten Größe und der zum Stichtag relevanten äußeren Größe zu zahlen ist (Differenzgeschäft). Auch **Warentermingeschäfte** fallen unter die Ziff. 4, wenn diese als Differenzgeschäft ausgestaltet sind (Uhlenbruck/*Lüer* Rn. 24; Kübler/Prütting/Bork/*Köndgen* Rn. 30); Warentermingeschäfte, die eine effektive Lieferung vorsehen, fallen allerdings nicht unter Ziff. 4 sondern ggf. unter Absatz 1. Mit solchen Geschäften lassen sich unternehmerische Risiken, die sich aus schwankenden Preisen zB für Zinsen, Waren oder Fremdwährungen ergeben, abfedern. Freilich dienen diese Geschäfte auch häufig der reinen Spekulation.

Optionsgeschäfte (Nr. 5) sind umfassende Finanzleistungen, wobei unter 20
§ 104 nur der Vertrag fällt, der zur Ausübung einer Option zu einem bestimmten Zeitpunkt berechtigt, nicht der Vertrag, der durch die Ausübung der Option zustande kommt (BT-Drs. 12/7302, 168). Bei Optionsverträgen räumt eine Partei der anderen die Option ein, durch einseitige Erklärung zu einem späteren Zeitpunkt ein Geschäft zu im Voraus genau festgelegten Konditionen zustande kommen zu lassen. Für die Optionseinräumung wird ein Entgelt in Form einer Prämie gezahlt. Hat der Optionskäufer dieses Entgelt bei Verfahrenseröffnung bereits gezahlt, hat er aus dem Optionsvertrag selbst keine weiteren Pflichten mehr, sondern nur noch Rechte, so dass kein beiderseits noch nicht vollständig erfüllter Vertrag vorliegt. Dennoch wird vertreten, dass der § 104 InsO auch auf diese Fälle anwendbar sein soll, da ansonsten die Ziff. 5 weitgehend leer laufen würde

(Uhlenbruck/*Lüer* Rn. 25; BK-InsO/*Goetsch* Rn. 23; *Bosch* WM 1995, 413 [416]; FK-InsO/*Wegener* Rn. 20). Dies halte ich nicht für richtig, da in diesen Fällen die einseitige Spekulationsmöglichkeit für den Verwalter, die § 104 verhindern will, nicht besteht. In der Insolvenz des Optionsberechtigten hat der Vertragspartner seine Prämie erhalten, es gibt keinen Grund, warum der Verwalter dann nicht auch die Möglichkeit haben soll, die Option zur Fälligkeit auszuüben, wenn dies günstig ist. In der Insolvenz des Optionsverpflichteten gilt die Überlegung entsprechend, zumal die Forderung aus dem Optionsgeschäft ohnehin nur Insolvenzforderung ist (iErg ebenso Kübler/Prütting/Bork/*Köndgen* Rn. 33; Nerlich/Römermann/*Balthasar* Rn. 31, 39).

21 Für den **Begriff der Finanzsicherheiten** (Nr. 6) verweist die Vorschrift auf § 1 Abs. 17 KWG. Dabei handelt es sich im Wesentlichen um Barguthaben, Wertpapiere, Schuldscheine und Geldmarktinstrumente, an denen der Sicherungsgeber dem Sicherungsnehmer eine dingliche Rechtsposition zur Sicherheit einräumt. Eingeschränkt wird diese weite Formulierung dadurch, dass als Sicherungsgeber nur bestimmte Personen in Betracht kommen, so dass die Vorschrift nur in der Insolvenz eines Finanzinstitutes relevant wird (vgl. im Einzelnen BFS-KWG/*Schäfer* § 1 Rn. 240).

22 **3. Weitere Beispiele.** Der Katalog der Finanzleistungen ist nicht abschließend, insbes. können neue, heute noch nicht gebräuchliche Formen von Finanzgeschäften unter die Vorschrift fallen (Ausschussbericht BT-Drs. 12/7302, 168). So sollen etwa an der Börse gehandelte **Derivate,** der **Wertpapierleihvertrag** und **Kassageschäfte** von der Sonderregelung betroffen sein, weil auch ihnen Risiken innewohnen, denen für den Fall der Insolvenz durch die Saldierungspflicht begrenzt werden soll (*Obermüller* Rn. 8.376; FK-InsO/*Wegener* Rn. 23).

V. Rechtsfolgen

23 **1. Umwandlung des Vertragsverhältnisses.** Die Rechtsfolge des § 104 ist, dass bei den betroffenen Verträgen die gegenseitigen Erfüllungsansprüche mit Verfahrenseröffnung erlöschen und der Vertrag damit automatisch in ein **Abwicklungsverhältnis** umgewandelt wird. Ein Wahlrecht hat der Verwalter im Gegensatz zu § 103 nicht. Die Umwandlung in ein Abwicklungsverhältnis ist endgültig; der Vertrag lebt auch dann nicht wieder auf, wenn das Verfahren beendet oder die Verfahrenseröffnung in der Rechtsmittelinstanz wieder aufgehoben wird. Ein Aufleben des Vertrages wäre mit dem Bedürfnis des Vertragspartners nach Rechtssicherheit nicht zu vereinbaren (Uhlenbruck/*Lüer* Rn. 10; Nerlich/Römermann/*Balthasar* Rn. 18). Unbenommen ist es den Parteien freilich, nach der Insolvenzeröffnung einvernehmlich eine abweichende Vereinbarung zu treffen und den Vertrag bspw. inhaltsgleich neu zu vereinbaren. Sinn macht dies häufig dann, wenn der Verwalter in der Betriebsfortführung die mit dem Vertrag bezweckte Absicherung ebenfalls benötigt und für den Vertragspartner seinerseits eine Abrechnung auf den vereinbarten Zeitpunkt günstiger ist, entweder weil er mit einer Verbesserung der Bedingungen rechnet oder aber häufig, weil er sich selbst auf den Zeitpunkt durch ein Rückdeckungsgeschäft abgesichert hat.

24 **2. Zusammenfassung mehrerer Verträge bei Finanzleistungen (Absatz 2 Satz 3).** Absatz 2 Satz 3 bestimmt, dass **verschiedene Verträge** über Finanzleistungen dann **wie ein Vertrag zusammen abgerechnet** werden, wenn sie durch einen Rahmenvertrag miteinander verbunden sind. Diese Vorschrift wird als eigentlicher Kernpunkt der Neuregelung der Finanzleistungen verstanden, da hierdurch die größte Sorge der Kreditwirtschaft beseitigt wurde (vgl. Uhlenbruck/*Lüer* Rn. 34). Durch eine **Gesamtsaldierung aller laufenden Verträge**

wird das Risiko zwischen den Vertragspartnern kalkulierbarer (BT-Drs. 12/7302, 168). Die Regelung war erforderlich, da ansonsten eine Verrechnung der verschiedenen Salden aus mehreren Finanzleistungsverträgen zwischen den gleichen Parteien nicht zulässig gewesen wäre. Es wurde indes als unbillig empfunden, dass der Vertragspartner die Salden zu seinen Lasten durch Zahlung ausgleichen muss, die Salden zu seinen Gunsten aber nur als Insolvenzforderung verfolgen kann. Dies hätte man rechtpolitisch freilich auch anders entscheiden können.

Voraussetzung ist die Zusammenfassung mehrerer Finanzleistungsgeschäfte iSd Absatz 2 durch einen **Rahmenvertrag.** Die erfassten Finanzleistungsgeschäfte müssen nicht gleichartig sein oder identische Fälligkeiten haben (Nerlich/Römermann/*Balthasar* Rn. 47). Allerdings müssen sie zwischen den gleichen Vertragspartnern bestehen; Finanzleistungsverträge zwischen verschiedenen Vertragspartnern können nicht gemeinsam abgerechnet werden (Kübler/Prütting/Bork/*Köndken* Rn. 45). Damit eine Abrede zwischen den Parteien einen Rahmenvertrag iSd Vorschrift darstellt, ist es erforderlich, dass in ihr vereinbart wurde, dass die verschiedenen Verträge im Falle der Insolvenz nur zusammen abgerechnet werden sollen (Uhlenbruck/*Lüer* Rn. 36); weitere Anforderungen sind aus dem Aspekt des Rahmenvertrages nicht abzuleiten. 25

Absatz 2 Satz 3 findet auf die **Warentermingeschäfte** des Absatz 1 auch dann keine entsprechende Anwendung, wenn diese durch einen Rahmenvertrag zusammengefasst waren. Der systematische Bezug als Ausnahmevorschrift für die speziellen Verträge des Absatz 2 ist eindeutig (FK-InsO/*Wegener* Rn. 10; HK-InsO/*Marotzke* Rn. 6, der eine Analogie für Warentermingeschäfte ins Spiel bringt). 26

3. Das sog „Netting" (Absatz 3). Absatz 3 regelt die **Abrechnung der gegenseitigen Ansprüche im Abwicklungsverhältnis** abweichend von den allgemeinen zivilrechtlichen Regeln. Abgerechnet werden die zur Verfahrenseröffnung bereits realisierten Verluste/Gewinne, allerdings erst auf einen näher bestimmten Tag nach der Verfahrenseröffnung (regelmäßig auf den zweiten Werktag, spätestens auf den fünften nach Eröffnung des Verfahrens), wobei diese zeitliche Verschiebung zur Verfahrenseröffnung dem Gedanken geschuldet ist, dass die Parteien Gelegenheit erhalten sollen, die für die Abwicklung relevanten Daten zu ermitteln. In Absatz 2 Satz 3 findet sich noch eine ergänzende Regelung, wenn mehrere Finanzleistungsverträge nach Absatz 2 in einem Rahmenvertrag zusammengefasst waren; diese werden nämlich auch gemeinschaftlich abgerechnet (→ Rn. 24). 27

Der Ausgleichsbetrag ist bei Vertragsbeendigung durch einen Vergleich des vereinbarten Preises mit dem Markt-/Börsenpreis zu einem näher bestimmten Zeitpunkt kurz nach Verfahrenseröffnung zu ermitteln. Nur die Differenz ist von dem einen Vertragspartner an den anderen auszugleichen. Geregelt wird hierdurch ein **sog Netting-Verfahren,** bei dem auch bei unterschiedlichen Leistungsgegenständen und unterschiedlichen Fälligkeiten eine Verrechnung der beiderseitigen Leistungspflichten vorgeschrieben wird, die ansonsten nach den allgemeinen Regelungen nicht möglich wäre (FK-InsO/*Wegener* Rn. 4). Der Vertrag wird also nicht tatsächlich zur Umsetzung auf den Abrechnungsstichtag gebracht, sondern durch einen Ausgleich der Wertdifferenz abgewickelt. Damit soll die Vertragsabwicklung vereinfacht und va Liquidität gespart werden (*Benzler* ZInsO 2000, 1). Die Vertragsparteien werden durch das Netting nicht unbillig belastet: Da es einen Marktpreis für die Leistungen gibt, kann jede der Parteien bei Bedarf ihre Leistung zu diesem Markpreis anderweitig veräußern und so den Zustand herbeiführen, der auch bei einem Austausch der Leistungen auf den Beendigungszeitpunkt bestanden hätte. 28

29 Die **Schadensberechnung** mittels des Netting-Verfahrens **ist abstrakt** (RGZ 15, 539 [541]; Uhlenbruck/*Lüer* Rn. 40). Es kommt also nicht darauf an, ob tatsächlich den Parteien ein höherer oder niedrigerer Schaden entstanden ist – sei es weil die Abrechnung auf den vertraglich vorgesehenen Stichtag ein anderes Ergebnis gehabt hätte, sei es weil die Parteien sich anderweitig auf den Stichtag abgesichert hatten und durch die vorzeitige Abrechnung des Vertrages uU einen doppelten Schaden erleiden. Ein etwaiger höherer Schaden kann auch nicht aufgrund anderweitiger Anspruchsgrundlagen geltend gemacht werden.

30 Der relevante Markt-/Börsenpreis ist der Preis an dem maßgeblichen Stichtag am vertraglich vereinbarten **Erfüllungsort** (HK-InsO/*Marotzke* Rn. 8; *Ehricke* ZIP 2003, 273 [281]). Soweit dieser nicht zu ermitteln ist, ist der Preis des Vortages entscheidend (BT-Drs. 12/7302, 168). Courtagen, Vertragskosten, Provisionen und bereits erbrachte Teilleistungen werden bei der Berechnung nicht berücksichtigt, weil der Wortlaut des Gesetzes dies beim Netting nicht vorsieht (FK-InsO/*Wegener* Rn. 25; Nerlich/Römermann/*Balthasar* Rn. 19; aA Uhlenbruck/*Lüer* Rn. 40).

31 Der **relevante Stichtag** ist grds. der zweite Werktag nach der Verfahrenseröffnung, Absatz 3 Satz 2. Welche Tage Werktage in diesem Sinne sind, bestimmt sich nach den Regelungen am vertraglich vereinbarten Erfüllungsort. Die Parteien können von dem Stichtag des Satz 2 durch Vereinbarung abweichen und einen anderen Stichtag bestimmen, der allerdings nicht später als der fünfte Werktag nach Verfahrenseröffnung sein darf, Absatz 2 Satz 1. Für die abweichende Vereinbarung gelten keine besonderen Anforderungen, sie kann insbes. mündlich, in AGB, in Rahmenverträgen oder sogar konkludent getroffen worden sein. Gemeint ist aber immer eine vorinsolvenzliche Vereinbarung zwischen den Parteien. Der Insolvenzverwalter kann mit dem Vertragspartner nach der Verfahrenseröffnung ohnehin eine abweichende Abwicklung des Vertrages vereinbaren (→ Rn. 23).

32 Ergibt sich aus der **Saldierung der Leistungspflichten** ein übersteigender Anspruch des Schuldners (zB weil bei einem Kauf, bei dem der Schuldner der Käufer ist, der Marktpreis am Stichtag niedriger liegt, als der vereinbarte Kaufpreis), kann dieser die Zahlung der Differenz vom Vertragspartner in die Masse verlangen. Ergibt sich andersherum ein Saldo zugunsten des Vertragspartners (weil der Marktpreis über dem vereinbarten Kaufpreis liegt), kann dieser einen entsprechenden Anspruch als Insolvenzforderung geltend machen, Absatz 3 Satz 3.

VI. Kündigung vor Verfahrenseröffnung

33 Da durch die Insolvenz eines Vertragspartners die von den Parteien gedachte Risikoverteilung in den von § 104 erfassten Geschäften in besonderem Maße gefährdet wird, finden sich in der Praxis regelmäßig **Lösungsklauseln** in den Verträgen und der Vertragspartner des Schuldners beendet den Vertrag häufig bereits dann, wenn die Krise oder die Insolvenzantragstellung seines Vertragspartners bekannt wird. Unterschiedlich beurteilt wird, ob sich ein Kündigungsrecht aus der Insolvenzantragstellung oder dem Eintritt der Krise bereits aus dem Gesetz ergibt, wenn dazu im Vertrag nichts geregelt ist. Der BGH mach die generelle Möglichkeit zur außerordentlichen Kündigung davon abhängig, ob dem Vertragspartner ein weiteres Zuwarten bis zur Fälligkeit der Leistungen zumutbar ist (BGH NJW-RR 1996, 949 [950]). Soweit sich im Vertrag eine Lösungsmöglichkeit für den Fall der Krise oder des Insolvenzantrages des Vertragspartners findet, ist diese nach allgemeiner Meinung wirksam und verstößt nicht gegen §§ 119, 104 (BGHZ 96, 34 [37]; Uhlenbruck/*Lüer* Rn. 46).

Teilbare Leistungen

105 **[1]Sind die geschuldeten Leistungen teilbar und hat der andere Teil die ihm obliegende Leistung zur Zeit der Eröffnung des Insolvenzverfahrens bereits teilweise erbracht, so ist er mit dem der Teilleistung entsprechenden Betrag seines Anspruchs auf die Gegenleistung Insolvenzgläubiger, auch wenn der Insolvenzverwalter wegen der noch ausstehenden Leistung Erfüllung verlangt. [2]Der andere Teil ist nicht berechtigt, wegen der Nichterfüllung seines Anspruchs auf die Gegenleistung die Rückgabe einer vor der Eröffnung des Verfahrens in das Vermögen des Schuldners übergegangenen Teilleistung aus der Insolvenzmasse zu verlangen.**

Schrifttum: *Heidland,* Der Bauvertrag in der Insolvenz, 2001; *Huber,* Vertragsspaltung in der Insolvenz des Auftragnehmers auch für mangelhafte Teilleistung vor Verfahrenseröffnung, ZInsO 2005, 449; *Kepplinger,* Das Synallagma in der Insolvenz, 2000; *Kessler,* § 105 InsO und die teilbaren Leistungen, ZIP 2005, 2046; *Kreft,* Teilbare Leistungen nach § 105 InsO (unter besonderer Berücksichtigung des Bauvertragsrechts, FS Uhlenbruck, 2000, 387; *Scheffler,* Teilleistungen und gegenseitige nicht vollständig erfüllte Verträge in der Insolvenz, ZIP 2001, 1182; *Scherer,* Teilweise Vorleistung in der Insolvenz, NZI 2004, 113; *Tintelnot* ZIP 1995, 616; *Zahn,* Leasingnehmer und refinanzierende Bank in der Insolvenz des Leasinggebers nach der Insolvenzordnung, DB 1995, 1597.

Übersicht

I. Grundlagen

1. Normzweck. Da der Verwalter nach § 103 nur die Erfüllung des ganzen Vertrages verlangen kann, werden alle aus dem Vertrag folgenden Leistungspflichten des Gemeinschuldners in den Rang einer Masseverbindlichkeit aufsteigen. Hat der Vertragspartner aber vorinsolvenzlich bereits Teilleistungen erbracht, für die die Gegenleistung des Schuldners noch aussteht, hätte dies eine nicht zu rechtfertigenden Besserstellung des Vertragspartners zur Folge. Durch die Erfüllungswahl für den gesamten Vertrag würden solche Ansprüche für bereits erbrachte 1

Teilleistungen wieder werthaltig, obwohl sich das Insolvenzrisiko hierfür schon realisiert hatte. An dieser Stelle hilft § 105. Vorrangiger **Zweck des § 105** ist daher, die Masse zu schützen, indem ihr die Ausnutzung von vorinsolvenzlich geschlossenen günstigen Verträgen auch in den Fällen von Teilleistungen möglich bleibt und eine ungerechtfertigte Besserstellung der vorleistenden Vertragspartner vor anderen Insolvenzgläubigern vermieden wird (vgl. *Tintelnot* ZIP 1995, 616).

2 **2. Materiellrechtliche Wirkung.** Über die bloße Modifikation des § 103 hinaus, kommt dem § 105 auch die materiell-rechtliche Bedeutung zu (vgl. hierzu Mohrbutter/Ringstmeier/*Homann* Kap. 7 Rn. 46), wonach die Einrede des nicht erfüllten Vertrages nur für den Teil des Vertrages wirkt, der durch die teilw. Erfüllungswahl zur Masseverbindlichkeit erhoben wird. Die Rechtsfolge ist daher eine **Spaltung des Vertrages** (HK-InsO/*Marotzke* Rn. 2 ff., insbes. → Rn. 5). Außerdem hat § 105 den **Ausschluss des Rücktritts- oder Kündigungsrechts** für den ganzen Vertrag wegen der teilweisen Nichtleistung zur Folge, denn die vor der Verfahrenseröffnung erbrachten Teilleistungen werden nicht mehr vertragsgerecht vollständig, sondern nur noch mit der Insolvenzquote befriedigt. Ohne diese inhaltliche Veränderung des zwischen den Parteien abgeschlossenen Vertrages liefe die Regelung des § 105 weitgehend leer, da sich der Vertragspartner immer unter Hinweis auf § 320 BGB oder durch eine Kündigung bzw. einen Rücktritt wegen teilweiser Nichtleistung vom Vertrag trennen könnte. Im Gesetz oder in den Gesetzesmaterialien findet sich bei § 105 kein Anhaltspunkt dafür, dass so weitgehende Eingriffe in das materielle Recht gewollt sind. Ein Hinweis findet sich nur für den Spezialfall der Miet- oder Pachtverhältnisse über unbewegliche Gegenstände und Räume, bei denen § 112 eine Kündigung wegen Zahlungsrückstandes aus der Zeit vor Insolvenzantragstellung und wegen Verschlechterung der Vermögensverhältnisse ausschließt. Es lässt sich also daran zweifeln, ob überhaupt eine planwidrige Regelungslücke besteht, die man im Wege der ergänzenden Auslegung der Vorschrift schließen kann (HK-InsO/*Marotzke* Rn. 5 ff. mwN). Die Rspr. und wohl überwiegende Meinung folgt diesem Einwand nicht und bejaht einen Ausschluss der Rücktritts- und Kündigungsrechte sowie des Zurückbehaltungsrechts für den nicht zur Masseverbindlichkeit erhobenen Teil des Vertrages (vgl. BGHZ 135, 25 ff., dazu *Marotzke* LM GesO Nr. 24; vgl. auch LG Rostock ZIP 2007, 2379; *Henckel* DZWIR 1998, 64; *Oetker* ZIP 1997, 688 [690]; BGHZ 129, 336 [342] dazu *Marotzke* LM Nr. 31 zu § 17 KO).

3 **3. Historie.** § 105 hat **in der Konkursordnung kein Vorbild,** so dass es vor 1999 zunächst allgemeiner Meinung entsprach, dass der Verwalter nur über den Vertrag als Ganzes entscheiden könne (sog Alles-oder-nichts-Prinzip, vgl. BGHZ 97, 87 = BGH ZIP 1986, 448). Von dieser Sichtweise hat sich der BGH dann aber noch vor dem Inkrafttreten der InsO in der sog Sachsenmilch-Entscheidung verabschiedet und hat durch eine ergänzende Auslegung des § 17 KO (dem Vorgänger des § 103) eine dem § 105 entsprechende Rechtslage herbeigeführt (BGHZ 135, 25 = BGH ZIP 1997, 688). In der Diskussion hat es allerdings auch Kritik an dem Regelungskonzept gegeben (vgl. zB HK-InsO/*Marotzke* Rn. 1 ff.), da dem Vertragspartner zugemutet wird, den Vertrag noch weiter erfüllen zu müssen, obwohl sicher ist, dass er einen Teil seiner Leistung nicht (bzw. nur als Quote) erhält. Dies ist uU dann ein Sonderopfer, wenn die Preiskalkulation auf der Gesamtleistung beruhte und der Vertragspartner die noch verbleibende Teilleistung isoliert zu den geltenden Bedingungen nicht angeboten hätte.

4 **4. Unabdingbarkeit.** § 105 kann nicht durch Parteivereinbarung abbedungen werden, § 119. Die Parteien können die Regelungssystematik nicht abweichend

vereinbaren oder insgesamt ausschließen und sie können ebenso wenig vereinbaren, dass eine Leistung nicht teilbar sein soll. Sie können nach richtiger Ansicht nicht einmal eine verbindliche Abrede über die Bewertung von Teilleistungen iRd § 105 treffen (FK-InsO/*Wegener* Rn. 26; MüKoInsO/*Kreft* Rn. 37). Gemeint ist damit allerdings nur eine Abrede, die auf eine **Umgehung des § 105** zielt; wenn die Parteien hingegen bestimmte Leistungsabschnitte mit festen Gegenleistungen versehen, so ist dies bei der Ermittlung des Wertes der Vorleistung bindend. Bei der Wertermittlung der Teilleistung kommt es nämlich nicht auf deren objektiven Wert an, sondern auf den bereits erbrachten Anteil an der Gegenleistung. Die Ermittlung setzt also immer den Umfang der Vorleistung in Beziehung zur Gesamtleistung und ermittelt so den darauf entfallenden Anteil an der vereinbarten Gegenleistung.

Aus Satz 2 soll nach überwiegender Auffassung folgen, dass eine **Auflösungsklausel** für den Fall der Insolvenz mit der Folge der Rückforderbarkeit bereits erbrachter Teilleistungen nicht möglich ist (MüKoInsO/*Kreft* Rn. 40; HambK-InsO/*Schmidt* Rn. 12; aA HK-InsO/*Marotzke* Rn. 24). Richtig ist daran, dass eine Auflösungsklausel für den Fall der Insolvenzeröffnung gegen § 103 verstößt und daher nach § 119 unzulässig ist (dazu näher → § 119 Rn. 11). Dies lässt sich aber nicht an S. 2 des § 105 festmachen, da der dortige Regelungsgehalt nur die Aussage umfasst, dass ein Rückforderungsanspruch nicht den Rang einer Masseverbindlichkeit bekleidet (vgl. näher → Rn. 31). 5

5. Systematik. Da § 105 die Wirkungsweise des **§ 103 modifiziert,** müssen zunächst dessen Voraussetzungen vorliegen, es muss sich also um einen gegenseitigen, nicht vollständig erfüllten Vertrag handeln. Zusätzlich müssen die von beiden Seiten geschuldeten Hauptleistungspflichten teilbar sein und der Vertragspartner muss von seiner Leistungspflicht vorinsolvenzlich bereits einen Teil erbracht haben. Ist die Leistungspflicht einer der Vertragsparteien nicht teilbar, bleibt es beim Alles-oder-Nichts-Prinzip des § 103. 6

§ 107 geht dem § 105 für den **Fall des Kaufes unter Eigentumsvorbehalt** nach überwiegender Auffassung vor, da sie spezieller ist (FK-InsO/*Wegener* Rn. 4). Nach der hier vertretenen Auffassung stellt eine Lieferung unter Eigentumsvorbehalt aber auch keine Teilleistung iS der Norm dar, da der gelieferte Gegenstand mangels Übereignung noch nicht ins Vermögen des Schuldners gelangt ist und die Besitzeinräumung allein noch nicht ausreicht (vgl. → Rn. 19). 7

II. Teilbarkeit

1. Begriff. Die von beiden Vertragsparteien geschuldeten Leistungen müssen teilbar sein. Was dies genau bedeutet, ist nicht ganz leicht zu beantworten. Eine erste Orientierung kann ein Rückgriff auf die Rspr zum Begriff der Teilleistung in § 266 BGB geben, wobei sich im Detail durchaus Abweichungen ergeben können, da § 105 von einer anderen Interessenlage geprägt ist (vgl. Uhlenbruck/*Wegener* Rn. 7). Um dem beschriebenen Normzweck zur bestmöglichen Wirkung zu verhelfen, wird der Begriff der Teilbarkeit durch die aktuelle Rspr. denkbar weit ausgelegt: **Eine Leistung ist regelmäßig dann teilbar, wenn sich die Teilleistungen vor und nach Verfahrenseröffnung feststellen und bewerten lassen** (BGHZ 150, 353 = BGH ZIP 2002, 1093; vgl. in anderem Kontext bereits BGHZ 67, 242 [249]; vgl. *Kreft* FS Uhlenbruck, 2000, 387 [396]; *Scherer* NZI 2004, 113). Bewertbar ist eine Teilleistung immer dann, wenn ihr ein Sachverständiger einen Wert zumessen kann (BGHZ 67, 242). Hieraus ergibt sich, dass grds. jede Leistung teilbar und nur ausnahmsweise eine Leistung unteilbar ist (MüKoInsO/*Kreft* Rn. 14 und 21; Uhlenbruck/*Wegener* Rn. 7). Die ältere res- 8 triktive Rspr. zu § 36 VerglO (zB BGHZ 67, 242 [249]) ist seit der Aufgabe der Erlöschenstheorie überholt (BGHZ 150, 353 = BGH ZIP 2002, 1093; FK-InsO/*Wegener* Rn. 7).

9 Nach der Rspr. des BGH wird sogar die Erstellung eines **Werkes** auch dann als teilbar angesehen, wenn der bei Verfahrenseröffnung bereits erbrachte Teil erst nach der Verfahrenseröffnung durch die Übereignung des gesamten Werkes in die Masse gelangt (BGHZ 147, 28 = BGH ZIP 2001, 1380 [1382]; vgl. auch BGHZ 129, 336 [343]; *Huber* ZInsO 2005, 449). Abgestellt wird hierbei also nicht auf den Leistungserfolg, der in dieser Konstellation erst mit der Übereignung des fertigen Werkes insgesamt eintritt, sondern auf die Vornahme von Handlungen, die zum Leistungserfolg führen (FK-InsO/*Wegener* Rn. 6). Deutlich wird daran auch, dass es nicht auf die Teilbarkeit der gesamten Werkleistung bzw. des fertigen Werkes ankommt; es genügt vielmehr, dass man den Werklohn bestimmten Leistungserbringungen zurechnen kann (BGHZ 147, 28 [34]). Dies ist bei Bauleistungen nach der aktuellen Rspr. immer der Fall (BGHZ 129, 336 [344]; FK-InsO/*Wegener* Rn. 7; krit. *Kessler* ZIP 2005, 2046).

10 Ob eine Leistung iSd § 105 teilbar ist, beurteilt sich nach den tatsächlich vorliegenden **objektiven Umständen,** zu denen freilich als zentrales Element die Parteiabreden zur Bestimmung der Leistungspflichten zählen. Nicht entscheidend ist allerdings, ob die Parteien die Leistung für teilbar iSd § 105 gehalten haben oder ob sie eine Unteilbarkeit vereinbart haben (zur Nichtabdingbarkeit der Regelung → Rn. 4).

11 Als Beispiel für die Unteilbarkeit einer Leistung wird die **höchstpersönliche Erstellung** eines Werkes, insbes. eines Kunstwerkes genannt, wenn die Leistung weder ganz noch in Teilen von Dritten erbracht werden kann (MüKoInsO/*Kreft* Rn. 22; FK-InsO/*Wegener* Rn. 9; vgl. dazu BGHZ 147, 28 = BGH ZIP 2001, 1380). Dies stellt *Wegener* mit beachtlichen Argumenten in Frage (Uhlenbruck/*Wegener* Rn. 11): Die Konstellation, dass der Schuldner höchstpersönlich eine Leistung schulde, falle schon gar nicht unter § 103 und bei der Konstellation, dass der Vertragspartner einen Teil eines höchstpersönlichen Werkes vor Insolvenzeröffnung erbracht hat, ist es nicht gerechtfertigt, dass man diesen von der Pflicht entbindet, den Rest nach Verfahrenseröffnung für die anteilige Vergütung fertigzustellen. Ob der Vertragspartner wie im Segelbootfall (BGHZ 147, 28) ein Boot baut oder ob er zB ein Buch schreibt, ist für seine Schutzwürdigkeit unerheblich und dürfte daher gleich zu behandeln sein. Entscheidend ist allein, ob die Teilleistungen im Einzelfall bewertet werden können. Unteilbar dürfte danach jedenfalls die Lieferung von **Unikaten** sein, die nur bei vollständiger Lieferung den Vertragszweck erfüllen, bspw. weil sie in einem Funktionszusammenhang stehen (vgl. MüKoInsO/*Kreft* Rn. 23; Runkel/*Dahl* § 7 Rn. 97).

12 **2. Vorleistung des Vertragspartners.** Voraussetzung des Satz 1 ist die **teilw. Leistung des Vertragspartners** des Schuldners. Unerheblich ist, ob der Vertragspartner mit einer Dienst- oder Sachleistung oder mit einer Geldleistung in Vorlage getreten ist; auch die Konstellation, dass der Insolvenzschuldner der Werkunternehmer oder Lieferant ist, wird von § 105 erfasst (Uhlenbruck/*Wegener* Rn. 13, Kübler/Prütting/Bork/*Tintelnot* Rn. 13; aA HK-InsO/*Marotzke* Rn. 17).

13 Die im Zusammenhang mit Werklieferungsverträgen ergangene **Rspr.** des BGH (vgl. grundlegend BGHZ 147, 28 – Segelbootfall) sagt hierzu, dass es bei der Leistung in diesem Sinne nicht auf die tatsächliche teilw. Erfüllung der Leistungspflicht im rechtlichen Sinne ankommt; entscheidend ist allein die Vornahme der Leistungshandlungen. Anders formuliert: es kommt darauf an, ob der Leistende durch seine Handlungen schon einen Wert geschaffen hat; nicht entscheidend ist, ob dieser Wert schon das Vermögen des Vertragspartners gemehrt hat (vgl. Uhlenbruck/*Wegener* Rn. 12).

14 Dieses Verständnis geht sehr weit und wirft **Folgefragen** auf: wenn zB der Vertragspartner dem Schuldner Waren verkauft hat, die er sodann erst selbst erstehen oder herstellen muss, würde diese Rspr. bedeuten, dass die relevante Teilleistung schon erbracht (und also nicht mehr als Masseverbindlichkeit zu vergüten) ist, wenn der Verkäufer seinerseits die Waren bekommen und bereit gestellt, aber noch nicht an den Schuldner ausgeliefert hat. Dies ist iErg aber sicher nicht richtig. Der entscheidende Umstand muss vielmehr der Zeitpunkt sein, in dem die (Teil-)Leistung in das Vermögen des Insolvenzschuldners gelangt. Erst in diesem Moment übernimmt der Vertragspartner das Insolvenzrisiko des Schuldners, weil er sich dem Gegenstand seiner Leistung (teilw.) begibt. Argumentieren lässt sich auch mit dem Wortlaut in Satz 2, da dort von einer in das Vermögen des Schuldners übergegangenen Teilleistung die Rede ist. Schlagend ist das Argument freilich nicht, da sich das Regelungsbedürfnis für die Rückgabe aus dem Schuldnervermögen nur in den Fällen stellt, in denen die Teilleistung tatsächlich schon in das Vermögen des Schuldners gelangt ist. Daraus kann noch nicht der Schluss gezogen werden, dass andere Leistungen des Vertragspartners, die noch nicht ins Schuldnervermögen gelangt sind, keine Teilleistungen iSd § 105 sein können. Da es bei § 105 um den Schutz der Insolvenzmasse geht, kommt es jedenfalls darauf an, dass eine Vermögensmehrung beim Schuldner eingetreten sein muss, um den § 105 anwenden zu können. Die Konsequenz dieser Auffassung ist, dass die bloße Herstellung eines Werkes vor der Übereignung an den Schuldner noch keine Teilleistung darstellt und dass zB auch die Besitzeinräumung an einem Gegenstand ohne gleichzeitige Übereignung auch noch nicht für die Anwendbarkeit des § 105 ausreicht (so iErg auch Uhlenbruck/*Wegener* Rn. 12; ähnlich MüKoInsO/*Kreft* Rn. 7).

15 Die Frage, ob es sich um eine Vorleistung iSd § 105 nur dann handelt, wenn die erfüllte Vertragspflicht im **Synallagma** steht (vgl. Uhlenbruck/*Wegener* Rn. 13), stellt sich mE nicht: auf solche nicht im Synallagma stehenden Vertragspflichten entfällt denknotwendig kein selbständiger Teil der Gegenleistung, so dass es für die Teilung der Gegenleistung in Masseverbindlichkeiten und Insolvenzforderungen unerheblich ist, ob solche nicht zu vergütenden Leistungen bereits erbracht wurden.

16 Für die Rechtsfolgen des § 105, insbes. die Aufspaltung des Vertrages, ist es auch nicht von Bedeutung, ob auch der **Insolvenzschuldner seinerseits für die erbrachte Teilleistung schon einen Teil seiner Gegenleistung erbracht** hat (vgl. zB Kübler/Prütting/Bork/*Tintelnot* Rn. 13; Nerlich/Römermann/*Balthasar* Rn. 9). Diese Leistung ist nicht für den Teil des Vertrages relevant, für den der Verwalter die Erfüllung wählt, sondern nur für den Teil, der im Rang einer Insolvenzforderung zurückbleibt. Hat der Vertragspartner vorinsolvenzlich bspw. etwa 50 % seiner Leistung erbracht und der Insolvenzschuldner hat 40 % seiner Zahlungen erbracht, so führt die Erfüllungswahl des Verwalters nach § 105 dazu, dass der Vertragspartner die fehlenden 50 % seiner Leistungspflicht erbringen und die Insolvenzmasse die darauf entfallenden 50 % ihrer Zahlpflicht leisten muss. Die vorinsolvenzlich gezahlten 40 % werden nur bei der Anmeldung der Insolvenzforderungen durch den Vertragspartner relevant, der diese dort freilich bei der Abrechnung der vorgeleisteten 50 % in Abzug bringen muss.

17 **3. Einzelfälle. a) Darlehensverträge.** Die gegenseitigen Leistungspflichten aus Darlehensverträgen sind **ohne weiteres teilbar** iSd § 105, da sich sowohl die Valuta bei Teilauszahlungen, als auch die Zinsen und sonstigen Entgelte problemlos auf Zeitabschnitte aufteilen lassen. Praktisch ist dies allerdings von untergeordneter Bedeutung, da der Darlehensgeber in der Insolvenz seines Darlehensnehmers selten bereit ist, etwa noch fehlende Valutierung nach der Erfüllungswahl durch den Verwalter an diesen vorzunehmen und ihm insoweit regelmäßig ein

Kündigungsrecht zustehen wird. Sollte es aber dennoch zu einer solchen Konstellation kommen (zB unkündbares Sanierungsdarlehen oder ausreichende Sicherung des Darlehensgebers), wird nur der Teil der Darlehensvaluta zur Masseverbindlichkeit, der nach der Verfahrenseröffnung aufgrund der Erfüllungswahl an die Masse ausgezahlt wird (vgl. Kübler/Prütting/Bork/*Tintelnot* Rn. 9; HambK-InsO/*Ahrendt* Rn. 5; aA *Obermüller* Insolvenzrecht in der Bankpraxis Rn. 5.275).

18 **b) Kaufverträge. Grds. teilbar** sind die gegenseitigen Pflichten beim Kaufvertrag, wenn eine Mehrzahl von Dingen oder Sachgesamtheiten verkauft werden. Werden Teile einer solchen Kaufsache vor Verfahrenseröffnung geliefert, ist im Regelfall eine Bewertung der Teilleistung und deren Zuordnung zum Kaufpreis möglich. Ausnahmen werden hierzu bei Sachgesamtheiten diskutiert, die nur in ihrer Gesamtheit einen wirtschaftlichen Wert haben und bei denen fehlende Teile nicht anderweitig zu ersetzen sind (zB historische Unikate vgl. → Rn. 11).

19 Beim **Kauf unter Eigentumsvorbehalt** greift in der Insolvenz des Vorbehaltsverkäufers die Sonderregelung des § 107 Abs. 1. Die Leistung nur des Besitzes mit gleichzeitiger aufschiebend bedingter Übereignung ist keine Teilleistung iSd § 105, der Verwalter muss vielmehr den gesamten Vertrag erfüllen und die Übereignung des Eigentumsvorbehaltsgutes mit dessen Bezahlung vornehmen. Im Falle der Insolvenz des Vorbehaltskäufers greift die Sonderregel des § 107 nicht und es gilt grds. der § 105 S. 1 unbeschränkt; allerdings ist auch hier die vorinsolvenzliche Besitzüberlassung des Vorbehaltsgutes noch keine Teilleistung iSd § 105 mit der Folge, dass bei Erfüllungswahl der Insolvenzverwalter des Vorbehaltskäufers den vollständigen Kaufpreis für die Sache zahlen muss (vgl. → Rn. 14).

20 Die Leistung einer **mangelhaften Kaufsache** ist immer nur eine Teilleistung, da der Verkäufer eine mangelfreie Sache als Hauptleistung schuldet. Die Leistung ist auch stets teilbar, da sich der Wert der mangelhaften Sache bestimmen und ins Verhältnis zum Kaufpreis für die mangelfreie Sache bringen lässt (MüKoInsO/*Kreft* Rn. 16; Uhlenbruck/*Wegener* Rn. 21; aA HK-InsO/*Marotzke* Rn. 16).

21 Heute nicht geklärt ist die Frage, inwieweit eine Teilbarkeit bei solchen Kaufverträgen angenommen werden kann, bei denen der Übereignung die Herstellung der Kaufsache durch den Verkäufer nach Vertragsabschluss erst noch für den konkreten Käufer erfolgen muss. Nach dem alten Schuldrecht handelte es sich hierbei um **Werklieferungsverträge** (§ 651 BGB aF), auf die der BGH seine Rspr. zur Teilbarkeit von Werkleistungen entsprechend angewandt hat (vgl. insbes. die grundlegende Entscheidung, BGHZ 147, 28 – Segelbootfall; vorangegangen BGHZ 129, 336). Das neue Schuldrecht sieht in diesen Verträgen aber reine Kaufverträge, so dass ein wesentliches Begründungselement des Segelbootfalles heute nicht mehr greift (vgl. Uhlenbruck/*Wegener* Rn. 20). Nach meiner Auffassung ist es in diesen Fällen nicht angemessen, von einer Vorleistung des Verkäufers schon dann auszugehen, wenn dieser die Kaufsache zunächst herstellt, da vor der Übereignung der Kaufsache noch kein Wert in das Vermögen des Schuldners gelangt. Zwar geht der Vertragspartner durch die der Übereignung vorhergehende Herstellung der Sache bereits in Vorleistung und trägt insoweit auch das Risiko, dass sein Vertragspartner insolvent wird. Andererseits ist es in dieser Fallkonstellation nicht gerechtfertigt, der Insolvenzmasse über § 105 etwas zukommen zu lassen, was sie bei Eröffnung des Insolvenzverfahrens noch nicht hatte. Schließlich ist zum Zeitpunkt der Verwalterentscheidung nichts im Vermögen der Masse gewesen, dessen sich der Vertragspartner bereits begeben hätte. Das volle Insolvenzrisiko trägt dieser jedenfalls nicht, weil er die erbrachten Vorleistungen ggf. auch an einen Dritten verkaufen könnte, was allemal sinnvoller sein kann, als den halbfertigen Wert gegen eine Quotenerwartung an die Masse liefern zu müssen. Die Änderung der systematischen Zuordnung von Werklieferungsverträ-

gen im BGB ist daher der passende Anlass, die Folgen der Schiffsbauentscheidung hinter sich zu lassen (vgl. dazu auch schon → Rn. 14).

c) Werkverträge. Die Hauptleistungen aus Werkverträgen sind **grds. teilbar,** 22
da der bis zur Eröffnung erbrachte Stand der Werkleistung ohne weiteres festgestellt und bewertet werden kann (BGHZ 150, 353; Uhlenbruck/*Wegener* Rn. 17; MüKoInsO/*Kreft* Rn. 15; FK-InsO/*Wegener* Rn. 10; aA *Heidland* Bauvertrag Rn. 714). Häufig muss die Bewertung eines Zwischenstandes bei Werkverträgen auch dann vorgenommen werden, wenn der Werkvertrag während der Erbringung der Werkleistung aus anderen Gründen beendet und dann abgerechnet wird (zB Kündigung aus wichtigem Grund). Auf die dort entwickelten Grundsätze kann auch iRd § 105 InsO zurück gegriffen werden (BGHZ 150, 353; Uhlenbruck/*Wegener* Rn. 17).

d) Dauerschuldverhältnisse (insbes. Miet- und Pachtverträge). Bei Dau- 23
erschuldverhältnissen steht regelmäßig eine auf Zeitabschnitte bezogene Leistung (zB Überlassung einer Sache oder Erbringung von Dienstleistungen) einer entsprechenden Vergütung gegenüber – hier sind die Leistungen stets bewert- und damit teilbar (für **Miete/Pacht** BGHZ 125, 270; Kübler/Prütting/Bork/*Tintelnot* Rn. 10; Nerlich/Römermann/*Balthasar* Rn. 8; für **Dienstverträge** Uhlenbruck/*Wegener* Rn. 22; für **Lizenzverträge** BGH NJW 1977, 50; HK-InsO/*Marotzke* Rn. 14; für **Leasingverträge** mit überwiegendem mietvertraglichen Element Kübler/Prütting/Bork/*Tintelnot* Rn. 10; Nerlich/Römermann/*Balthasar* Rn. 8; aA *Zahn* DB 1995, 1597 [1599]; der Urlaubsanspruch eines Arbeitnehmers ist hingegen nicht teilbar BAG ZIP 2007, 834). In technischer Hinsicht greift für Miet- und Pachtverträge über unbewegliche Sachen und Räume sowie für Dienstverträge freilich nicht die Reglung des § 105, sondern die speziellere Vorschrift des § 108 Abs. 3, die inhaltlich allerdings die identische Regelung trifft.

e) Rechtsstreitigkeiten. Bei den Kosten von Rechtsstreitigkeiten geht die 24
Rspr. von dem Grundsatz der **Einheitlichkeit der Kostengrundentscheidung** aus. Gesagt ist damit, dass eine den Rechtsstreit abschließende Entscheidung stets einheitlich festlegt, welche Partei welche Kosten zu tragen hat. Aus diesem Grundsatz wird vielfach abgeleitet, dass auch eine Aufteilung der Kosten auf die Zeit vor und nach Insolvenzeröffnung nicht möglich sei (Uhlenbruck/*Wegener* Rn. 25; BGH ZIP 2006, 2132; OLG Bremen ZInsO 2005, 1219; aA BFH ZIP 2002, 2225). Diese Argumentation halte ich aus zwei Gründen nicht für richtig: Zum einen zielt dieser Ansatz eindeutig auf den **Kostenerstattungsanspruch** der Parteien untereinander – das ist aber keine Frage der §§ 103 ff., da es bei der Aufnahme eines Prozesses nicht um einen gegenseitigen Vertrag geht. Zum anderen sagt die Entscheidung zu der Frage, welche Partei des Rechtsstreits welche Kosten bzw. welchen Anteil der Kosten zu tragen hat, nichts über den vollstreckungsrechtlichen Rang der Forderungen im Insolvenzverfahren aus. Wenn bspw. die Insolvenz exakt zwischen zwei Instanzen eintritt, dann ist es nicht zu rechtfertigen, dass der Erstattungsanspruch des Gegners für die erste Instanz nur deswegen zur Masseverbindlichkeit aufgewertet wird, weil die Parteien noch in die Berufung gehen.

Im Zusammenhang mit § 105 kann es um den **Vergütungsanspruch eines** 25
Rechtsanwalts, der den Schuldner vertreten hat, nicht gehen. Da es sich beim Anwaltsvertrag um einen entgeltlichen Geschäftsbesorgungsvertrag handelt, erlischt der Vertrag gem. §§ 115, 116 durch die Insolvenzeröffnung automatisch (vgl. → § 116 Rn. 31), so dass es an der Grundkonstellation des § 105 fehlt, dass nämlich der Insolvenzverwalter über den Eintritt in einen noch bestehenden Vertrag zu entscheiden hat. Wird der Prozess aus welchen Gründen auch immer

nach der Insolvenzeröffnung fortgeführt, bedarf es des Abschlusses eines neuen Anwaltsvertrages durch den Insolvenzverwalter.

26 **f) Sukzessivlieferungsverträge.** Die Sukzessivlieferungsverträge waren ausweislich der Gesetzesbegründung das Leitbild, das der Gesetzgeber bei der Schaffung des § 105 vor Augen hatte (Begr. zu § 119 des RegE – BR-Drs. 1/92, 145). Hierher gehören auch Dauerlieferungs- und Bezugsverträge, sowie Ratenlieferungsverträge. Alle diese Vertragstypen haben grds. teilbare Leistungen zum Gegenstand (BGHZ 135, 25; BGH ZIP 2001, 31).

27 **g) Tauschvertrag.** Da auch bei Tauschverträgen die gegenseitigen Pflichten zur Übereignung des Tauschgegenstandes im Synallagma stehen, fallen grds. auch Tauschverträge unter § 105. Hier wird freilich die Bewertung der bereits erbrachten Teilleistung und der darauf entfallenden Gegenleistung manchmal besondere Schwierigkeit bereiten.

28 **h) Versicherungsverträge.** Bei den Versicherungsverträgen stehen im Regelfall die Pflicht zur Prämienzahlung und die Pflicht der Versicherung zur Gewährung der Versicherungsleistung im Versicherungsfall im Synallagma. Die nicht gezahlten Prämien für in der Vergangenheit liegende Zeiträume fallen daher unter § 105 InsO (OLG Düsseldorf NJW-RR 2006, 494; FK-InsO/*Wegener* Rn. 14). Dieses Regelungsgefüge harmoniert nicht mit den speziellen versicherungsrechtlichen Regelungen zur qualifizierten Mahnung. Danach erlischt die Versicherungsleistung nämlich erst dann, wenn der Versicherer wegen rückständiger Prämien gemahnt und dabei darauf hingewiesen hat, dass im Falle eines fruchtlosen Fristablaufes der Versicherungsschutz endet. Für den Anwendungsbereich des § 105 wird man annehmen müssen, dass nach der Eröffnung des Insolvenzverfahrens und der Erfüllungswahl durch den Verwalter die rückständigen Prämien aus der Zeit vor der Verfahrenseröffnung nicht mehr zu einem Verlust des Versicherungsschutzes führen können und entsprechende Mahnungen für diese Beträge daher unbeachtlich sind (vgl. dazu näher *Homann/Neufeld* ZInsO 2005, 741).

III. Rechtsfolgen

29 Relevant werden die Rechtsfolgen **nur, wenn der Verwalter die (teilw.) Erfüllung wählt;** lehnt er die Erfüllung ab, bleibt der Vertragspartner mit seinen Ansprüchen insgesamt Insolvenzgläubiger und eine Aufspaltung des Vertrages findet nicht statt. Hier ist die Bewertung der erbrachten Vorleistung natürlich iRd Bemessung des Nichterfüllungsschadens relevant.

30 **1. Erfüllungswahl.** Wählt der Verwalter die Erfüllung des Vertrages, werden die auf die noch zu erbringenden Leistungen entfallenden **Gegenleistungen zu Masseverbindlichkeiten;** der auf die erbrachte Vorleistung entfallende Anspruch bleibt Insolvenzforderung. In materieller Hinsicht ist der Vertragspartner für die noch von ihm geschuldete Leistung mit der Einrede des § 320 BGB wegen seiner Altforderungen ausgeschlossen und er kann wegen der Nichterfüllung der Altforderungen den Vertrag nicht kündigen oder davon zurücktreten (vgl. → Rn. 2).

31 **2. Rückforderungsausschluss (Satz 2).** Satz 2 enthält die Regelung, dass der Vertragspartner die von ihm erbrachte Vorleistung nicht aus der Insolvenzmasse herausverlangen kann. Teilw. wird aus dieser Aussage der Schluss gezogen, die Vorschrift würde den Rücktritt vom Vertrag bzw. eines Teiles des Vertrages wegen der teilweisen Nichterfüllung ausschließen (vgl. MüKoInsO/*Kreft* Rn. 38; Kübler/Prütting/Bork/*Tintelnot* Rn. 18; FK-InsO/*Wegener* Rn. 19; diff. *Kepplinger,* Das Synallagma in der Insolvenz, 252 ff.). Diese Aussage lässt sich der Regelung allerdings nicht entnehmen, da ein Rücktritt von dem nicht zur Erfüllung genom-

menen Teil des Vertrages dem Regelungszweck nicht entgegensteht: wenn nämlich der Vertragspartner für den nicht erfüllten Vertragsteil einen Rücktritt erklären könnte, bliebe dies für den zur Erfüllung genommenen Teil des Vertrages ohne Folge und nur darum geht es bei der Regelung des § 105 (vgl. → Rn. 2). Folge des Rücktritts wäre dann, dass der Vertragspartner im Rahmen eines Rückgewährschuldverhältnisses seine Vorleistung zurück verlangen könnte – aber freilich nur im Rang einer Insolvenzforderung. Er würde den Gegenstand also nicht aus der Insolvenzmasse zurückbekommen, sondern müsste seinen Rückgabeanspruch ohnehin nach § 45 in Geld umwandeln und zur Tabelle anmelden. Dies kann wirtschaftlich günstiger sein, wenn der Wert der Teilleistung über der vereinbarten darauf entfallenden Gegenleistung liegt. Die Aussage des Satz 2 beschränkt sich daher nach meiner Einschätzung auf die Klarstellung, dass der aus einem Rücktritt vom nicht zur Erfüllung gewählten Teil des Vertrages folgende **Rückgewähranspruch nicht den Rang einer Masseverbindlichkeit** bekleidet (*Marotzke,* Gegenseitige Verträge im neuen Insolvenzrecht, Rn. 13.115 ff.; HK-InsO/*ders.* Rn. 19; Mohrbutter/Ringstmeier/*Homann* Kap. 7 Rn. 56). Dagegen lässt sich nicht einwenden, dass sich der Vertragspartner dann auch von dem zur Erfüllung genommenen Teil des Vertrages lösen könnte und damit der Sinn und Zweck des § 105 unterlaufen würde (so Uhlenbruck/*Wegener* Rn. 32). Wie oben bereits dargelegt muss man in die Regelung des Satz 1 den materiellen Ausschluss des **Kündigungs- oder Rücktrittsrechts** für den zur Erfüllung genommenen Teil hineinlesen.

Vormerkung

106 (1) [1]**Ist zur Sicherung eines Anspruchs auf Einräumung oder Aufhebung eines Rechts an einem Grundstück des Schuldners oder an einem für den Schuldner eingetragenen Recht oder zur Sicherung eines Anspruchs auf Änderung des Inhalts oder des Ranges eines solchen Rechts eine Vormerkung im Grundbuch eingetragen, so kann der Gläubiger für seinen Anspruch Befriedigung aus der Insolvenzmasse verlangen.** [2]**Dies gilt auch, wenn der Schuldner dem Gläubiger gegenüber weitere Verpflichtungen übernommen hat und diese nicht oder nicht vollständig erfüllt sind.**

(2) **Für eine Vormerkung, die im Schiffsregister, Schiffsbauregister oder Register für Pfandrechte an Luftfahrzeugen eingetragen ist, gilt Absatz 1 entsprechend.**

Schrifttum: *Kesseler,* Wertlosigkeit der Abtretung von Rückgewähransprüchen an vor- oder gleichrangigen Grundschulden im Fall der Insolvenz, NJW 2007, 3466; *Rein,* Der Löschungsanspruch eines nachrangigen Grundschuldgläubigers in der Insolvenz, NJW 2006, 3470; *Ringstmeier,* Abwicklung von Mietverhältnissen in masseunzulänglichen Insolvenzverfahren, ZInsO 2004, 169.

Übersicht

I. Grundlagen

1 **1. Normzweck.** § 106 statuiert die **Insolvenzfestigkeit des Anwartschaftsrechts** eines durch eine eingetragene Vormerkung gesicherten Gläubigers (Begr. zu § 120 RegE, BT-Drs. 12/2443, 146). Der dinglichen Rechtsposition des Vormerkungsberechtigten wird technisch zur Durchsetzung verholfen, indem der der Vormerkung zugrundeliegende schuldrechtliche Anspruch im Umfang der Vormerkung dem Wahlrecht des Verwalters entzogen und ohne Weiteres zur Masseverbindlichkeit erhoben wird. Damit soll die Position des Vormerkungsberechtigten insoweit dem Inhaber eines Aussonderungsberechtigten vergleichbar sein (HK-InsO/*Marotzke* Rn. 20; stärker in der Formulierung BGHZ 155, 227 [236]; FK-InsO/*Wegener* Rn. 1; Jaeger/*Henkel* § 47 Rn. 55). Diese Wirkungsweise wird problematisch bei Eintritt der Masseunzulänglichkeit (dazu sogleich → Rn. 40).

2 § 106 hat **erhebliche praktische Bedeutung** und trägt dem besonderen Sicherungsbedürfnis der Beteiligten bei Immobiliengeschäften Rechnung – wäre die Vormerkungswirkung nicht uneingeschränkt insolvenzfest, könnten Immobiliengeschäfte nur mit erheblichem Aufwand insolvenzsicher abgewickelt werden (zB Kaufpreiszahlung über einen Treuhänder).

3 **2. Systematische Einordnung.** § 106 regelt eine **Abweichung vom freien Wahlrecht** des Insolvenzverwalters nach § 103 und privilegiert damit die Gläubiger von Ansprüchen, die durch eine Vormerkung dinglich abgesichert sind. Es handelt sich damit im Anwendungsbereich des § 103 um einen speziellen Unterfall. Allerdings geht § 106 in seinem Regelungsbereich auch über den Anwendungsbereich des § 103 hinaus: geschützt wird nämlich der Vormerkungsberechtigte nicht nur bei gegenseitig noch nicht vollständig erfüllten Verträgen, sondern auch bei einseitig verpflichtenden Verträgen oder bei gegenseitigen Verträgen, bei denen der Vertragspartner das seinerseits Geschuldete schon vollständig geleistet hat (Uhlenbruck/*Wegener* Rn. 2). Geschützt wird damit umfassend das bereits entstandene Anwartschaftsrecht des Vertragspartners. Der Verwalter kann über die Erfüllung des dem Anwartschaftsrecht zugrundeliegenden Anspruchs nicht mehr entscheiden, sondern ist kraft Gesetztes verpflichtet, die gesicherte Forderung aus der Masse zu erfüllen.

II. Voraussetzungen

4 Die Vorschrift setzt einen durch eine dort näher bezeichnete **Vormerkung** gesicherten Anspruch voraus und ist gem. seinem Absatz 1 anwendbar auf die in § 883 BGB geregelten Vormerkungen, was sich aus dem beinahe identischen Wortlaut zu § 883 Abs. 1 S. 1 BGB ergibt. Absatz 2 erweitert den Anwendungsbereich sodann auf Vormerkungen in Schiffsregistern, Schiffsbauregistern (vgl. § 10 SchiffsRG) und Registern für Pfandrechte an Luftfahrzeugen (vgl. § 10 LuftfzRG). Die Vormerkung muss im Zeitpunkt der Verfahrenseröffnung wirksam entstanden sein.

1. Die Vormerkung des § 883 BGB. Das Entstehen einer Vormerkung iSd § 883 BGB setzt voraus, dass ein **schuldrechtlicher Anspruch** mit dem in § 883 Abs. 1 S. 1 BGB näher bezeichneten Inhalt besteht oder künftig zur Entstehung gelangt (vgl. § 883 Abs. 1 S. 2 BGB), dass ein Eintragungsgrund gem. § 885 BGB gegeben ist und eine Eintragung im Grundbuch vorgenommen wurde. Ferner muss die Vormerkung bis zu ihrer Durchsetzung wirksam bleiben, sie darf insbes. nicht der Rückschlagsperre gem. § 88 unterfallen oder nach Verfahrenseröffnung im Wege der Insolvenzanfechtung wieder beseitigt worden sein. Aufgrund ihrer Akzessorietät muss auch der gesicherte Anspruch bis zur Durchsetzung fortbestehen und darf insbes. nicht durch einen Rücktritt vom Vertrag untergegangen sein. 5

a) Erfasste Ansprüche. aa) Grundsatz. § 883 Abs. 1 S. 1 BGB zählt die möglichen schuldrechtlichen Ansprüche auf, die mit einer Vormerkung gesichert werden können: 6

- Der Anspruch auf **Einräumung oder Aufhebung eines Rechts an einem Grundstück:** hier geht es insbes. um die Eigentumsverschaffung an dem Grundstück oder der Bestellung oder Aufhebung eines Grundpfandrechts (Grundschuld, Hypothek) oder einer Dienstbarkeit.
- Der Anspruch auf **Einräumung oder Aufhebung eines Rechts an einem Recht:** darunter fällt bspw. die Verpfändung eines dinglichen Rechts.
- Der Anspruch auf die **Änderung des Inhalts oder des Rangs eines beschränkt dinglichen Rechts:** hierunter fällt zB der Rücktritt eines Grundpfandgläubigers im Rang zugunsten eines anderen Grundpfandgläubigers oder die Umgestaltung des Inhalts einer Reallast.

Gem. Absatz 2 sind die vorstehenden Ansprüche auch dann entsprechend vormerkungsfähig, wenn sie sich nicht auf Grundstücke, sondern auf im Schiffsregister geführten **Schiffe** und **Schiffsbauwerke,** sowie auf **Luftfahrzeuge** beziehen. 7

Gemein ist diesen Ansprüchen sämtlich, dass sie auf eine dingliche Rechtsänderung gerichtet sind. **Rein schuldrechtliche Überlassungsansprüche sind nicht vormerkungsfähig** wie zB Miete oder Pacht. Ebenso wenig Verfügungsverbote oder Verfügungsbeschränkungen, da es sich nicht um Ansprüche handelt, und schuldrechtliche Vorkaufsrechtsrechte, da diese nicht unmittelbar auf eine dingliche Rechtsänderung gerichtet sind, sondern auf den Abschluss eines schuldrechtlichen Vertrages. 8

Der **Rechtsgrund** des schuldrechtlichen Anspruchs ist allerdings unerheblich, neben gegenseitigen Verträgen können sich die Ansprüche auch aus einseitigen Rechtsgeschäften (zB Vermächtnis) oder aus dem Gesetz (zB Bereicherungsrecht) ergeben (Uhlenbruck/*Wegener* Rn. 4). Der praktisch wichtigste Anwendungsbereich der in § 883 BGB geregelten Vormerkung sind Ansprüche auf Übertragung oder Änderung von Rechten an Grundstücken, insbes. also Grundstückseigentum, Hypotheken/Grundschulden und Dienstbarkeiten. 9

bb) Künftige und bedingte Ansprüche. Der Wortlaut des Absatz 1 Satz 1 gibt nur die Regelung des § 883 Abs. 1 S. 1 BGB wieder. Kein ausdrücklicher Verweis findet sich hingegen auf den Satz 2 des § 883 Abs. 1 BGB, in dem geregelt ist, dass auch künftige und bedingte Ansprüche durch eine Vormerkung gesichert werden können. Allerdings entspricht es allgemeiner Meinung, dass auch künftige und bedingte Ansprüche unter die Schutzwirkung des § 106 fallen, weil es keinen Grund gibt, den einheitlichen zivilrechtlichen Schutz insolvenzrechtlich auseinander zu reißen (BGHZ 149, 1 = BGH ZIP 2001, 2008; BGHZ 166, 319; Uhlenbruck/*Wegener* Rn. 5). Allerdings sind künftige und bedingte Ansprüche nicht unbeschränkt, sondern nur unter weiteren Voraussetzungen vormerkbar. 10

11 Eine künftig erst entstehende Forderung ist nur dann durch eine Vormerkung sicherbar, wenn für ihr Entstehen bereits eine **feste Rechtsgrundlage** geschaffen ist; die bloß tatsächliche Möglichkeit des Entstehens der Forderung genügt also nicht (stete Rspr. BGHZ 12, 115; 151, 116). Von einer solchen festen Rechtsgrundlage kann man jedenfalls dann ausgehen, wenn der künftig Verpflichtete das Entstehen der Forderung nicht mehr einseitig verhindern kann und es nur noch der Berechtigte in der Hand hat, die Forderung zum Entstehen zu bringen (BGHZ 12, 115; 149, 1; 166, 319). Andersherum betrachtet ist ein künftiger Anspruch nicht vormerkungsfähig, bei dem es noch von einer Willensbetätigung des künftig Verpflichteten abhängt, ob der Anspruch entsteht oder nicht. In diesem Fall hat der künftig Berechtigte noch keinerlei (schützenswerte) Rechtsposition erlangt, so dass ihm auch eine dingliche Absicherung nicht zugutekommen kann (Uhlenbruck/*Wegener* Rn. 6 mwN). Allerdings soll es für eine feste Rechtsgrundlage ausreichen, wenn der künftig Verpflichtete zwar noch eine Willenserklärung abgeben muss, er dazu aber verpflichtet ist (BGHZ 54, 56). Diese zur Vormerkbarkeit von Ansprüchen erarbeiteten Grundsätze gelten uneingeschränkt auch im Anwendungsbereich des Absatz 1 InsO, insbes. bedarf es hier iRd § 106 keiner weitergehenden Voraussetzungen, da sich die zivilrechtliche Schutzwürdigkeit des künftig Berechtigten nur im gleichen Umfang in der Insolvenz fortsetzt (vgl. BGHZ 149, 1). Kein vormerkungsfähiger künftiger Anspruch folgt daher aus einem unwirksamen, aber heilbaren Vertrag, da sich hieraus vor der Heilung noch keine gesicherte Rechtsposition ergibt (BGHZ 54, 56 = BGH NJW 1970, 1541; Uhlenbruck/*Wegener* Rn. 5). In diesem Sinne vormerkungsfähig ist aber die künftige Änderung des Erbbauzinses (FK-InsO/*Wegener* Rn. 5).

12 Die gleichen Grundsätze gelten für bedingte Ansprüche: **Auflösend bedingte Ansprüche** sind ohne weiteres vormerkungsfähig, weil bis zum Eintritt der auflösenden Bedingung ein vollwertiger Anspruch besteht. Bei **aufschiebend bedingten Ansprüchen** ist regelmäßig der Rechtsgrund für den Anspruch schon so weit geschaffen, dass der bedingt Berechtigte eine schützenswerte Rechtsposition hat (BGHZ 134, 182; 151, 116). Das ist ausnahmsweise aber dann nicht der Fall, wenn es von einer Willensbetätigung des Verpflichteten abhängt, ob die aufschiebende Bedingung eintritt. Dann hat es wiederum der Verpflichtete in der Hand, den Anspruch entstehen zu lassen und dies genügt für eine schützenswerte Position des bedingt Berechtigten nicht aus (sog Wollensbedingung; vgl. Uhlenbruck/*Wegener* Rn. 8).

13 **b) Akzessorietät.** Die dingliche Rechtsposition aus der Vormerkung ist streng akzessorisch zu dem gesicherten Anspruch, sie steht und fällt also mit diesem (BGHZ 150, 138). Der gesicherte Anspruch muss zunächst wirksam entstanden sein und im Zeitpunkt der Geltendmachung auch noch wirksam bestehen (BGHZ 79, 103; BGH ZInsO 2005, 370; HambK-InsO/*Schmidt* Rn. 5). Dies ist bspw. nicht der Fall, wenn der zugrundeliegende Vertrag aufgrund eines Formmangels unwirksam ist (BGH ZInsO 2002, 487). In diesen Fällen bleibt die zu Unrecht eingetragene Vormerkung in vollem Umfang unwirksam und sichert nicht etwa den Anspruch des Vertragspartners aus dem Rückgewährschuldverhältnis, aus Bereicherungsrecht oder wegen Schadensersatz (BGHZ 150, 138; Uhlenbruck/*Wegener* Rn. 9). Aus der strengen Akzessorietät folgt auch, dass der Vormerkungsberechtigte immer auch gleichzeitig selbst der Inhaber der gesicherten Forderung sein muss; die Gläubigerstellung der Vormerkung und der Forderung kann nicht auseinanderfallen (das könnte im Fall BGH ZInsO 2005, 370 so gewesen sein). Die Vormerkbarkeit von künftigen oder aufschiebend bedingten Forderungen gem. **§ 883 Abs. 1 S. 2 BGB** stellt eine Ausnahme zum Grundsatz der strengen Akzessorietät dar, weil bereits zu einem Zeitpunkt ein Vormerkungsrecht entsteht,

in dem die gesicherte Hauptforderung rechtlich noch nicht existiert (sondern für diese nur ein gesicherter Rechtsboden geschaffen wurde, vgl. → Rn. 11).

IErg kommt es auf den **Untergang des** aus der Vormerkung folgenden **Rechts** mit der Hauptforderung allerdings nicht an, da der Vertragspartner nicht aus der Vormerkung etwas vom Insolvenzverwalter verlangen kann, sondern nur aus dem zugrundeliegenden Anspruch, der durch die Vormerkung lediglich gesichert ist. Dieses Verlangen geht freilich fehl, wenn bereits der Anspruch nicht wirksam entstanden oder zwischenzeitlich wieder untergegangen ist, auf das Bestehen der Vormerkung kommt es dabei gar nicht mehr an. 14

Ist der **durch Vormerkung gesicherte Anspruch fortdauernd einredebehaftet** und daher endgültig nicht mehr durchsetzbar, so erlischt die Vormerkung nicht automatisch, ist aber gem. § 886 BGB vom Rechtsinhaber zu beseitigen. In dieser Konstellation ist die Vormerkung nicht per se dem Anwendungsbereich des § 106 entzogen (aA Uhlenbruck/*Wegener* Rn. 9). Allerdings kann der Berechtigte seinen Anspruch schon wegen der Einrede nicht durchsetzen und der Insolvenzverwalter kann zur Beseitigung der Eintragung den Anspruch aus § 886 BGB geltend machen. 15

Ist eine **materiell nicht bestehende Vormerkung** im Grundbuch eingetragen, kann der Verwalter nach § 894 BGB Löschung von dem Begünstigten verlangen, ohne dass dieser wegen etwaiger Forderungen aus dem unwirksamen Vertrag ein Zurückbehaltungsrecht geltend machen könnte (BGHZ 150, 138 = BGH ZIP 2002, 858). 16

c) Eintragung. Erst mit der Eintragung im Register entsteht die Vormerkung als dingliches Recht. Das Gesetz kennt **drei Möglichkeiten,** wie eine Eintragung der Vormerkung im Register herbeigeführt werden kann, die für den Anwendungsbereich des § 106 alle gleichwertig sind: (1) Durch die Bewilligung des Schuldners als Verfügungsberechtigter über das Grundstück gem. § 885 Abs. 1 S. 1 Alt. 2 BGB, (2) durch die Gestattung der Eintragung als Tenor einer einstweiligen Verfügung gem. § 885 Abs. 1 S. 1 Alt. 1 BGB und (3) aufgrund eines auf die dingliche Rechtsänderung gerichteten vorläufig vollstreckbaren Urteils gem. §§ 894, 895 ZPO. 17

Bei einer Eintragung aufgrund rechtsgeschäftlicher Bewilligung muss die **Eintragung grds. vor der Eröffnung** des Insolvenzverfahrens vorgenommen worden sein, da bei einer späteren Eintragung zwischenzeitlich die Verfügungsbefugnis des bewilligenden Schuldners weggefallen und auf den Insolvenzverwalter übergegangen ist (BGHZ 149, 1; BGH ZIP 2005, 627). Hiervon gilt gem. § 878 BGB eine Ausnahme, wenn der Schuldner vor Verfahrenseröffnung (1) die Eintragung bewilligt und (2) der Berechtigte den Eintragungsantrag gestellt hatte (BGHZ 138, 179; ZIP 1998, 836; 2005, 627; MüKoInsO/*Breuer* § 91 Rn. 86). Mit diesem vorgezogenen Schutz wird dem Umstand Rechnung getragen, dass der Antragsteller keinen Einfluss auf die Bearbeitungsdauer beim Grundbuchamt hat. Das Vorstehende gilt entsprechend für die Antragsphase, wenn das Gericht ein allgemeines Verfügungsverbot angeordnet hat (BGH ZIP 2006, 859; Uhlenbruck/*Wegener* Rn. 15). 18

Bei der Eintragung aufgrund der **Vollstreckung einer einstweiligen Verfügung oder eines vorläufig vollstreckbaren Urteils** entsteht wirksam ein Vormerkungsrecht nur dann, wenn die Eintragung vor der Verfahrenseröffnung erfolgte, da eine spätere Eintragung gem. § 89 InsO unwirksam ist (MüKoInsO/*Ott-Vuia* Rn. 15; Uhlenbruck/*Wegener* Rn. 15). Ob eine analoge Anwendung des § 878 BGB auf den Fall der Zwangsvollstreckung angezeigt ist, ist umstr. (dagegen LG Frankfurt a. M. ZIP 1983, 351; Uhlenbruck/*Wegener* Rn. 16; Gottwald InsR-HdB/*Eckhardt* § 33 Rn. 16; StaudingerBGB/*Gursky* § 883 Rn. 318; dafür MüKoInsO/*Ott-Vuia* Rn. 15; Kübler/Prütting/Bork/*Tintelnot* Rn. 10). ME ist eine 19 analoge Anwendung des § 878 BGB nicht richtig: Zum einen ist bereits die planwidrige Regelungslücke fraglich, da der Gesetzgeber das Problem des zeitlichen Auseinanderfallens des Eintragungsantrages und der tatsächlichen Eintragung gesehen und mit § 878 BGB für den Fall der rechtsgeschäftlichen Rechtsänderung gelöst hat. Entscheidend dürfte aber sein, dass auch die Interessenlage nicht vergleichbar ist. Bei der rechtsgeschäftlichen Verfügung wird diese normalerweise dann wirksam, wenn die Parteien das wollen. Dies ist bei Eintragungen in ein Register nicht der Fall, da die Parteien nur den Zeitpunkt des Antrages bestimmen können – hier hilft der § 878 BGB. Bei der Betreibung der Zwangsvollstreckung ist dies strukturell anders, weil die betreibende Partei nur den Zeitpunkt bestimmen kann, in dem sie die Vollstreckung einleitet. Wann daraus dann einzelne Vollstreckungsmaßnahmen folgen, ist ihr aus der Hand genommen. Insoweit ist die Vollstreckungspartei nicht schutzwürdig. Und die Regelungen der §§ 88 und 89 InsO bestimmen wiederum, dass Vollstreckungsmaßnahmen nur dann insolvenzfest sind, wenn sie bis zu einem bestimmten Zeitpunkt zu einer Rechtsposition geführt haben.

20 **d) Bestehen im Zeitpunkt der Verfahrenseröffnung.** Das dingliche Recht der Vormerkung muss grds. im Zeitpunkt der Verfahrenseröffnung bereits bestehen und noch fortbestehen. Hierbei gibt es – neben der unmittelbar vorstehend geschilderten Ausnahme im Anwendungsbereich des § 878 BGB – noch folgende **Problemfälle:**

21 Umstr. ist die durch den Schuldner vorinsolvenzlich veranlasste **Bewilligung der Vormerkung an einem fremden Grundstück,** wenn das Eigentum an diesem Grundstück nach der Verfahrenseröffnung in die Insolvenzmasse gelangt. Der BGH hat diesen Fall offen gelassen (vgl. hierzu BGH ZIP 2005, 627). ME ist diese Konstellation nicht vom Schutz des Absatz 1 erfasst, da der Vormerkungsgläubiger vor dem Eigentumserwerb durch den Schuldner noch kein Anwartschaftsrecht erlangt hat, sondern lediglich eine Erwerbsaussicht. Nach dem Eigentumserwerb der Masse ist dann die Entstehung der Vormerkung zumindest wegen § 91 ausgeschlossen (aA Uhlenbruck/*Wegener* Rn. 2).

22 Unwirksam kann die Vormerkung mit Verfahrenseröffnung werden, wenn die Voraussetzungen des § 88 **(Rückschlagsperre)** erfüllt sind. Dies ist dann der Fall, wenn die Eintragung der Vormerkung im letzten Monat vor dem Insolvenzantrag (im vereinfachten Insolvenzverfahren auf Antrag des Schuldners drei Monate, § 312 Abs. 1 S. 3) im Wege der Zwangsvollstreckung aus einer einstweiligen Verfügung oder einem vorläufig vollstreckbaren Urteil erfolgte (vgl. § 885 Abs. 1 S. 1 BGB), da der Gläubiger dann eine Sicherung im Wege der Zwangsvollstreckung erlangt hat (BGHZ 142, 208). Rechtsfolge ist, dass die Vormerkung mit der Verfahrenseröffnung ohne weiteres unwirksam wird und damit das Grundbuch falsch. Der Verwalter kann also entweder die Zustimmung zur Berichtigung des Grundbuches vom Vormerkungsberechtigten gem. § 894 BGB verlangen (MüKoInsO/*Breuer* § 88 Rn. 22; Uhlenbruck/*Wegener* Rn. 17); oder direkt gegenüber dem Grundbuchamt den Nachweis der Unrichtigkeit des Grundbuches gem. § 22 GBO durch Vorlage einer Ausfertigung des Eröffnungsbeschlusses führen (LG Meiningen ZIP 2000, 416; Uhlenbruck/*Wegener* Rn. 17).

23 Eine besondere Beschränkung für die im Wege der Zwangsvollstreckung erlangte Vormerkung gilt zudem im **Nachlassinsolvenzverfahren:** wird die Vormerkung durch die Vollstreckung nämlich nach dem Erbfall erlangt, bestimmt § 321, dass daraus kein Absonderungsrecht folgt. Diese Regelung beruht darauf, dass das Nachlassinsolvenzverfahren so abgewickelt wird, als ob die Eröffnung des Nachlassinsolvenzverfahrens zum Zeitpunkt des Eintritts des Erbfalls erfolgt wäre und sie wird analog auf die aus einer Vormerkung folgende Rechtsposition angewandt (MüKoInsO/*Siegmann* § 321 Rn. 7).

Die Beseitigung der Vormerkung und/oder des der Vormerkung zugrundeliegenden Anspruchs im Wege der **Insolvenzanfechtung** wird durch § 106 nicht berührt (BGH ZIP 1988, 585; OLG Köln ZIP 2005, 1038; OLG Stuttgart ZIP 2005, 588). Bei einer Leistung auf einen durch die Vormerkung gesicherten Anspruch fehlt es aber an dessen Anfechtbarkeit, wenn der Verwalter sodann den Anfechtungsgegenstand wegen § 106 an den Gläubiger zurückgeben müsste. 24

2. Das dingliche Vorkaufsrecht. Das dingliche Vorkaufsrecht entfaltet nach der Regelung des § 1098 Abs. 2 BGB kraft Gesetzes die Wirkung einer Vormerkung. Damit ist **Absatz 1 Satz 1 InsO grds. anwendbar.** Allerdings greift der Insolvenzschutz nicht bereits mit Bestellung des dinglichen Vorkaufsrechts, sondern erst mit dem Eintritt des Vorkaufsfalles (BGHZ 166, 319; Uhlenbruck/*Wegener* Rn. 24). Damit ergeben sich die folgenden Konstellationen: 25

Ist der **Vorkaufsfall** vorinsolvenzlich durch eine Veräußerung des Schuldners eingetreten und hat der Vorkaufsberechtigte sein Vorkaufsrecht ausgeübt, so greift die Vormerkungswirkung des § 1098 Abs. 2 BGB verbunden mit dem Schutz des Absatz 1 Satz 1: der Vorkaufsberechtigte kann vom Verwalter die Erfüllung seines Anspruches aus dem Vorkaufsrecht verlangen (HambK-InsO/*Ahrend* Rn. 11; Nerlich/Römermann/*Balthasar* Rn. 6; Uhlenbruck/*Wegener* Rn. 23). Ist der Vorkaufsfall vorinsolvenzlich eingetreten, der Vorkaufsberechtigte hat sein Recht aber noch nicht ausgeübt, so ist seine Rechtsposition als dinglich Vorkaufsberechtigter grds. insolvenzfest. Dies gilt unstreitig in den Fällen, in denen der Insolvenzverwalter nach Verfahrenseröffnung die Erfüllung des zugrundeliegenden Kaufvertrages nach § 103 wählt oder wenn der Schuldner vorinsolvenzlich den ursprünglichen Kaufvertrag schon erfüllt hat, dann nämlich kann der Verwalter mangels Einschlägigkeit des § 103 über die Erfüllung des Vertrages nicht mehr entscheiden und der Vorkaufsberechtigte kann seine dingliche Rechtsposition gegen den Erstkäufer durchsetzen (HambK-InsO/*Ahrend* Rn. 11; Nerlich/Römermann/*Balthasar* Rn. 7; Uhlenbruck/*Wegener* Rn. 24). 26

Umstr. ist die Situation aber im Falle, eines **beidseitig nicht vollständig erfüllten Kaufvertrag**es, der dem Wahlrecht des Verwalters nach § 103 unterliegt. Hierzu wird vertreten, der Anspruch des Vorkaufsberechtigten würde erlöschen, wenn der Verwalter im Verhältnis zum ursprünglichen Käufer die Nichterfüllung des Kaufvertrages wählen würde, da es für die Durchsetzung des Vorkaufsrechts erforderlich sei, dass der ursprüngliche Käufer seinen Anspruch aus dem Kaufvertrag durchsetzen könne (Nerlich/Römermann/*Balthasar* Rn. 7; MüKo-InsO/*Ott-Vuia* Rn. 16c; Jaeger/*Henckel* KO § 24 Rn. 9). Das ist nicht überzeugend. Es gibt nämlich einen strukturellen Unterschied zwischen dem dinglichen Vorkaufsberechtigten und dem ursprünglichen Käufer (ohne Auflassungsvormerkung), nämlich den, dass der Vorkaufsberechtigte eine dingliche Rechtsposition hat, die nach § 1098 Abs. 1 BGB wie eine Vormerkung wirkt und damit insolvenzfest ist. Damit ist die Position des Vorkaufsberechtigten in dieser Konstellation ausnahmsweise einmal stärker als die des ursprünglichen Käufers. Wenn man dies anders beurteilen wollte, stünde dies zudem im Widerspruch zu der hM, nach welcher der Verwalter bei Ausübung des Vorkaufsrechts vor Insolvenzeröffnung an den Vorkaufsberechtigten übereignen muss – auch dort müsste man sich die – dann fiktive – Frage stellen, ob der Käufer eine insolvenzfeste Position gehabt hätte. Der Verkaufsberechtigte kann also auch in diesem Fall vom Insolvenzverwalter nach der Verfahrenseröffnung die Übereignung des Grundstücks durchsetzen (iErg ebenso, aber mit abweichender Argumentation Uhlenbruck/*Wegener* Rn. 23). 27

Tritt der Vorkaufsfall erstmalig durch eine **Verwertung des Insolvenzverwalters** nach der Verfahrenseröffnung ein, so kann der Vorkaufsberechtigte sein Vorkaufsrecht ausüben, wenn die Verwertung durch freihändige Veräußerung erfolgt, § 1098 Abs. 1 S. 2 BGB. 28

29 **Das schuldrechtliche Vorkaufsrecht ist nicht vormerkungsfähig,** da es nicht unmittelbar auf eine dingliche Rechtsänderung gerichtet ist. Es fällt damit nicht unter den Anwendungsbereich des § 106. IÜ hat das schuldrechtliche Vorkaufsrecht gem. § 471 BGB im Insolvenzverfahren keinen Bestand.

30 **3. Löschungsanspruch gem. § 1179a BGB.** Unter den Schutz des Absatz 1 Satz 1 fällt auch der Löschungsanspruch des Hypothekengläubigers aus § 1179a BGB. Danach kann der Hypothekengläubiger Löschung von vor- oder gleichrangigen Hypotheken vom Eigentümer des Grundstücks verlangen, wenn die Inhaberschaft an der Hypothek und das Eigentum an dem Grundstück zusammenfallen. Kraft Gesetzes genießt dieser Löschungsanspruch gem. § 1179a Abs. 1 S. 3 BGB den Schutz, als sei er durch eine Vormerkung gesichert. Dabei verschafft diese Regelung dem begünstigten Gläubiger in der Insolvenz des Eigentümers unabhängig davon, ob die Voraussetzungen des Löschungsanspruchs bereits vor der Eröffnung des Insolvenzverfahrens vorlagen oder ob sich das Eigentum erst zu einem späteren Zeitpunkt mit dem vorrangigen Grundpfandrecht in einer Person vereinigt ein Befriedigungsrecht nach § 106 Abs. 1 (BGHZ 193, 144 = BGH NJW 2012, 2274 unter Aufgabe der bisherigen Rspr., vgl. dazu BGHZ 166, 319; aA Uhlenbruck/*Wegener* Rn. 21). Dies liegt in der Entstehungsgeschichte der Vorschrift begründet. Nach dem zuvor geltenden § 1179 BGB aF konnte der vertraglich eingeräumte Anspruch auf Löschung durch Eintragung einer Vormerkung ins Grundbuch gesichert werden und erwies sich nach § 24 KO als konkursfest, wobei es nicht darauf ankam, ob die Voraussetzungen des Löschungsanspruchs bei der Eröffnung des Konkursverfahrens bereits gegeben waren. Dies führte zu einer erheblichen Belastung der Grundbuchämter, da es in der Praxis üblich war, bei Bestellung eines Grundpfandrechts zugleich eine Vormerkung zur Sicherung des Löschungsanspruches eintragen zu lassen. Dem sollte mit der Schaffung eines gesetzlichen Löschungsanspruchs entgegengetreten werden (vgl. BT-Drs. 8/89, 1 [10 f.]). Eine Änderung der bisherigen Rechtslage, was die Sicherung des Anspruches anbelangt, war damit nicht verbunden, so dass sich der Löschungsanspruch nach Einführung des § 1179a Abs. 1 BGB weiterhin unabhängig von dem Zeitpunkt, in dem die Voraussetzungen des Anspruches vorliegen, als insolvenzfest erweist. Eine entsprechende Anwendung der Vorschrift auf die Grundschuld gewährleistet § 1192 Abs. 1 BGB.

31 **4. Verfahrensvormerkungen.** Die Verfahrensvormerkungen nach § 18 Abs. 2 GBO, § 28 Abs. 2 SchiffsRegO und §§ 77, 86 Abs. 1 LuftfzRG fallen nicht unter § 106 Abs. 1 S. 1, da sie aus einem gänzlich anderen Kontext stammen und keinen schuldrechtlichen Anspruch absichern (Uhlenbruck/*Wegener* Rn. 19; MüKoBGB/*Kohler* § 883 Rn. 10 ff.).

III. Rechtsfolgen

32 **1. Umfang des Erfüllungsanspruchs.** Liegen die Voraussetzungen des Absatz 1 Satz 1 vor, ist das **Wahlrecht des Insolvenzverwalters nach § 103 ausgeschlossen,** mögen dessen Voraussetzungen auch vorliegen. Stattdessen ist der Verwalter verpflichtet, die vertraglichen Ansprüche des Vormerkungsberechtigten aus der Masse zu befriedigen, aber nur soweit diese durch die Vormerkung gesichert sind. Der schuldrechtliche Anspruch aus dem Vertrag wird genau in dem Umfang zur Masseverbindlichkeit gem. § 55 Abs. 1 Nr. 2 Alt. 2, wie er durch die Vormerkung gesichert ist. Das Vertragsverhältnis iÜ wird nicht in den Rang einer Masseverbindlichkeit erhoben, das gilt insbes. für weitere Leistungspflichten, Nebenpflichten oder Gewährleistungspflichten. Für das Vertragsverhältnis iÜ bleibt es bei der Grundregel des § 103. Die Vormerkung schützt hingegen **keine Verpflichtung zur Herbeiführung der Lastenfreiheit:** Auch wenn die Pflicht zur

lastenfreien Übertragung im Vertrag geregelt ist, muss der Verwalter nur das Eigentum so übertragen, wie er es vorgefunden hat, muss aber nicht die Lastenfreiheit herstellen (BGH ZIP 1994, 1705).

Dem gesicherten Anspruch kann der Insolvenzverwalter weiterhin sämtliche **Einwendungen** und **Einreden** entgegenhalten, insbes. die Einrede des nicht erfüllten Vertrages gem. § 320 BGB. Aufgrund der Akzessorietät kann die Schutzwirkung der Vormerkung nicht weiter reichen, als der Anspruch selbst geht. Der Verwalter muss die gesicherte Leistung grds. also nur Zug um Zug gegen die der Gegenleistung erbringen. 33

Enthält der Vertrag neben den gesicherten Leistungspflichten **weitere Leistungspflichten** und wählt der Verwalter die Nichterfüllung des Vertrages, spaltet sich der Vertrag auf in einen nach Absatz 1 zwingend zu erfüllenden Teil und einen Teil, der dauerhaft nicht mehr zur Umsetzung gelangt. Entsprechend dieser Spaltung wird auch die vom Vertragspartner zu erbringende Gegenleistung angepasst – die verschiedenen Vertragsteile müssen bewertet und sodann ins Verhältnis zum Gesamtkaufpreis gesetzt werden. Die Einrede des § 320 BGB folgt dieser Aufspaltung und kann nur noch für den Teil geltend gemacht werden, zu dessen Erfüllung der Verwalter verpflichtet ist. Die materielle Spaltung des Vertrages entspricht zwischenzeitlich wohl allgemeiner Auffassung (vgl. → § 105 Rn. 2); eine überzeugende dogmatische Herleitung ist bislang allerdings nicht ersichtlich. 34

Besondere Bedeutung hat die insolvenzfeste Vormerkung in der **Bauträgerinsolvenz** erlangt. Der Erwerber kann vom insolventen Bauträger jedenfalls den vormerkungsgesicherten Eigentumsverschaffungsanspruch hinsichtlich des Grundstücks durchsetzen (BGH NJW 1978, 1437; BGHZ 79, 103; 96, 275; *Ott-Vuia* Rn. 27). Hingegen wird der Insolvenzverwalter zumeist die Erfüllung der gleichzeitig geschuldeten Herstellung eines Bauwerks gem. § 103 ablehnen. Für diesen Teil des aufgespaltenen Vertrages wird der Vertragspartner auf eine bloße Insolvenzforderung verwiesen. Die Eigentumsübertragung hinsichtlich des Grundstücks kann verlangt werden, wobei freilich die vertraglichen Voraussetzungen iÜ vorliegen müssen; insbes. muss der auf den Erwerb des Grundstücks entfallende Kaufpreis entrichtet sein (OLG Koblenz ZfIR 2007, 730). Eine (teilw.) Anrechnung gezahlten Werklohns für die Herstellung des Bauwerks kann auf den Kaufpreis für das Grundstück wegen der Spaltung des Vertrages nicht erfolgen. Umgekehrt bewirkt die Spaltung des Vertrages auch, dass der Insolvenzverwalter die Auflassung des Grundstücks nicht mit dem Argument verweigern kann, der Vertragspartner habe noch nicht den auf die Teilerstellung entfallenden Werklohnteil entrichtet (FK-InsO/*Wegener* Rn. 17). 35

Soweit der Insolvenzverwalter wegen Absatz 1 kein Wahlrecht hat und kraft Gesetzes zur Erfüllung verpflichtet ist, ist auch der Vertragspartner ohne weiteres zur Erfüllung verpflichtet. Der Verwalter kann den Vertragspartner also in **Verzug** setzen und sich bei Nichterfüllung durch den Vertragspartner nach den allgemeinen zivilrechtlichen Regelungen von dem Vertrag lösen – die Regelung des § 106 steht dem nicht entgegen (vgl. OLG Hamm ZInsO 2006, 1276). 36

Der Verwalter muss den Erfüllungsanspruch in dem geschützten Umfang so erfüllen, wie der Schuldner es außerhalb der Insolvenz gemusst hätte. Geht es um die Übereignung eines Grundstücks, muss der Insolvenzverwalter also die **Auflassung** erklären. Hatte bereits der Schuldner die Auflassung erklärt, der Eigentumsübergang war aber im Zeitpunkt der Verfahrenseröffnung noch nicht vollendet, kann der Verwalter dies nicht genehmigen – er muss die Auflassung vielmehr erneut erklären. Die mit der Erfüllung der geschuldeten Pflicht entstehenden **Kosten** muss die Insolvenzmasse tragen (OLG Frankfurt a. M. ZInsO 2006, 269; Nerlich/Römermann/*Balthasar* Rn. 13; Uhlenbruck/*Wegener* Rn. 28). 37

In der Praxis bietet sich im Regelfall die **Ablehnung des Vertrages** über den durch die Vormerkung gesicherten Teil hinaus an, um die Masse von weiteren 38

Verpflichtungen wie Herstellung der Lastenfreiheit oder Übernahme von Gewährleistungsverpflichtungen (Sach-/Rechtsmängel, Garantien, Altlasten) frei zu halten. Hierzu ist eine ausdrückliche Erklärung insbes. dann empfehlenswert, wenn der Vertragspartner den gesicherten Anspruch geltend macht und der Verwalter im Gegenzug die ausstehende Gegenleistung verlangt. Durch eine ausdrückliche Positionierung zum Nichteintritt in den Vertrag iÜ verhindert man die Annahme einer konkludenten Genehmigung und gibt dem Vertragspartner die Gelegenheit zu prüfen, ob ein Teil der Gegenleistung wegen der Vertragsspaltung nicht geschuldet ist.

39 **2. Unwirksame Verfügungen des Insolvenzverwalters.** Eine zivilrechtliche Folge der wirksamen Vormerkung ist es, dass Verfügungen des Insolvenzverwalters, die dem durch die Vormerkung gesicherten Anspruch zuwiderlaufen, unwirksam sind, § 883 Abs. 2 S. 1 BGB. Der **Vormerkungsberechtigte** kann flankierend vom Dritten, der durch eine vormerkungswidrige Verfügung begünstigt wurde, die Zustimmung zur Herstellung des ursprünglichen Zustandes verlangen, § 888 BGB.

40 **3. Masseunzulänglichkeit.** Problematisch wird der Regelungsansatz des § 106 dann, wenn die Masseunzulänglichkeit im Verfahren angezeigt wird. Mit der Anzeige der Masseunzulänglichkeit werden aufoktroyierte Masseverbindlichkeiten zu Altmasseverbindlichkeiten, wenn der Verwalter sie nicht durch einen Willensakt zu **Neumasseverbindlichkeiten** macht (§ 209). Dies gilt nicht nur für Geldforderungen, sondern auch für alle anderen Forderungen gegen die Insolvenzmasse (*Ringstmeier* ZInsO 2004, 169 mwN). Um den von der Vorschrift angestrebten Zweck, das Anwartschaftsrecht des Vormerkungsberechtigten insolvenzfest zu machen, zu erreichen, muss § 106 also dahingehend verstanden werden, dass der Übertragungsanspruch im Rang auch stets eine Neumasseverbindlichkeit ist. Ansonsten würde die Vormerkung keinen hinreichenden Schutz bieten und wäre damit praktisch wertlos (iErg ebenso OLG Stuttgart ZInsO 2004, 1087; Uhlenbruck/*Wegener* Rn. 27, die aber weitergehend für den durch Absatz 1 geschützten Anspruch dogmatisch eine eigene Kategorie schaffen wollen, da es sich weder um eine Insolvenzforderung, noch um eine Masseverbindlichkeit handele; vgl. auch MüKoInsO/*Hefermehl* § 55 Rn. 141).

Eigentumsvorbehalt

107 (1) [1] **Hat vor der Eröffnung des Insolvenzverfahrens der Schuldner eine bewegliche Sache unter Eigentumsvorbehalt verkauft und dem Käufer den Besitz an der Sache übertragen, so kann der Käufer die Erfüllung des Kaufvertrages verlangen.** [2] **Dies gilt auch, wenn der Schuldner dem Käufer gegenüber weitere Verpflichtungen übernommen hat und diese nicht oder nicht vollständig erfüllt sind.**

(2) [1] **Hat vor der Eröffnung des Insolvenzverfahrens der Schuldner eine bewegliche Sache unter Eigentumsvorbehalt gekauft und vom Verkäufer den Besitz an der Sache erlangt, so braucht der Insolvenzverwalter, den der Verkäufer zur Ausübung des Wahlrechts aufgefordert hat, die Erklärung nach § 103 Abs. 2 Satz 2 erst unverzüglich nach dem Berichtstermin abzugeben.** [2] **Dies gilt nicht, wenn in der Zeit bis zum Berichtstermin eine erhebliche Verminderung des Wertes der Sache zu erwarten ist und der Gläubiger den Verwalter auf diesen Umstand hingewiesen hat.**

Übersicht

I. Verkäuferinsolvenz gem. Absatz 1

1. Normzweck. Absatz 1 ist geschaffen worden, um das **Anwartschaftsrecht des Eigentumsvorbehaltskäufers** in der Insolvenz des Verkäufers insolvenzfest werden zu lassen. Der Anwartschaftsberechtigte wird durch die Regelung geschützt und gegenüber anderen Gläubigern privilegiert. Die Regelung eines solchen Schutzes in der Insolvenz ist erforderlich, da die Rechtsposition des Eigentumsvorbehaltskäufers noch nicht so verdichtet ist, dass die Insolvenz den vollständigen Rechtserwerb nicht mehr verhindern würde. Mit der Eröffnung des Verfahrens wird der Eigentumsverschaffungsanspruch des Käufers zur bloßen Insolvenzforderung und die aufschiebend bedingte Übereignung führt auch bei einem späteren Bedingungseintritt nicht mehr zum Eigentumsübergang, da zum einen die Verfügungsbefugnis des Übereignenden zwischenzeitlich weggefallen und auf den Verwalter übergegangen ist und auch die Vorschrift des § 91 einem Rechtserwerb entgegenstünde. Es käme zu einer Pattsituation: der Vorbehaltskäufer kann den Eigentumserwerb nicht mehr herbeiführen und der insolvente Verkäufer kann den Gegenstand zunächst nicht heraus verlangen, da aus dem Kaufvertrag noch ein Recht zum Besitz folgt. Diese Situation ließe sich nur auflösen, indem eine der Parteien vom Kaufvertrag zurücktritt. Dann wäre iRd Rückabwicklungsverhältnisses der Vorbehaltskäufer zwar insoweit insolvenzfest geschützt, als er die Sache nur Zug um Zug gegen die Erstattung seiner Leistungen herausgeben müsste. Den Kaufgegenstand selbst bekäme er hingegen nicht, was mit dem Verständnis eines Anwartschaftsrechts nicht zu vereinbaren ist. 1

Nach allgemeiner Auffassung wird die Regelung außer auf Kaufverträge auf **andere Vertragstypen** angewandt, wenn sich aus der speziellen vertraglichen Regelung ergibt, dass ebenfalls als Zwischenstadium für den Vertragspartner ein Anwartschaftsrecht an einer beweglichen Sache entstehen soll, zB bei **Werklieferungsverträgen** oder bei **Leasingverträgen** (HK-InsO/*Marotzke* Rn. 2; MüKoInsO/*Ott/Vuia* Rn. 7). 2

Mit Absatz 1 hat der Gesetzgeber zudem eine unter der Konkursordnung bestehende **streitige Rechtsfrage** geklärt. Da unter der KO eine vergleichbare Regelung fehlte, war seinerzeit umstr., ob auf die Konstellation der Insolvenz des Eigentumsvorbehaltsverkäufers das Wahlrecht des Verwalters (damals § 17 KO) Anwendung finden sollte (so der BGHZ 98, 160 [170]) oder nicht. Die rechtliche Konstruktion, dass nämlich eine dingliche Rechtsposition dadurch Insolvenzfestigkeit erhalten soll, dass die Durchsetzung des schuldrechtlichen Anspruches insolvenzfest gestaltet wird, ist nicht unproblematisch. Das zeigt sich va bei Eintritt der Masseunzulänglichkeit (dazu → Rn. 20). 3

2. Systematische Einordnung. Absatz 1 schafft eine Ausnahme **vom freien Wahlrecht des Insolvenzverwalters nach § 103** und privilegiert damit den 4

Gläubiger, der vom Insolvenzschuldner eine bewegliche Sache unter Eigentumsvorbehalt gekauft hat. Geschützt wird damit das bereits entstandene Anwartschaftsrecht des Vertragspartners. Der Verwalter kann über die Erfüllung des dem Anwartschaftsrecht zugrundeliegenden Anspruchs nicht mehr entscheiden, sondern ist kraft Gesetzes verpflichtet, die durch das Anwartschaftsrecht abgesicherte Forderung aus der Masse zu erfüllen.

5 **3. Voraussetzungen.** Der Wortlaut der Vorschrift setzt einen **Verkauf unter Eigentumsvorbehalt** und die **Übertragung des Besitzes** auf den Käufer voraus. Diese Formulierung ist ungenau, denn der entscheidende Anknüpfungspunkt für den Schutz des Absatz 1 ist nämlich das Anwartschaftsrecht des Vorbehaltsverkäufers, was nicht schon durch den Kauf zustande kommt, sondern in dessen Umsetzung erst durch die **aufschiebend bedingte Übereignung** der Kaufsache, wobei die aufschiebende Bedingung in der vollständigen Zahlung des Kaufpreises liegt. Erst die Kombination aus dem schuldrechtlichen Verschaffungsanspruch, der dinglich bedingten Übereignung und der Besitzverschaffung lassen das Anwartschaftsrecht des Käufers entstehen, welches durch Absatz 1 in der Insolvenz geschützt wird (aA HK-InsO/*Marotzke* Rn. 6; Kübler/Prütting/Bork/*Tintelnot* Rn. 7, die auf das Element der Besitzverschaffung verzichten wollen; wie hier Uhlenbruck/*Wegener* Rn. 6; MüKoInsO/*Ott/Vuia* Rn. 11). Dabei ist es für das Entstehen des Anwartschaftsrechts nicht einmal entscheidend, ob in dem schuldrechtlichen Kaufvertrag ein Eigentumsvorbehalt vereinbart wurde oder nicht: Wurde dort keiner vereinbart, die Übereignung der Sache aber trotzdem eindeutig unter die aufschiebende Bedingung der Kaufpreiszahlung gestellt, entsteht für den Käufer ebenfalls ein Anwartschaftsrecht (Uhlenbruck/*Wegener* Rn. 3). Erforderlich ist also (trotz des abweichenden Wortlautes) nur der Abschluss eines Kaufvertrages über eine bewegliche Sache.

6 Dieser **Kaufvertrag** darf ferner **beiderseits noch nicht vollständig erfüllt** sein, damit der Anwendungsbereich des § 103 dem Grunde nach eröffnet ist. Dabei ist es denknotwendig, dass die aufschiebend bedingte Übereignung der Kaufsache noch keine vollständige Erfüllung seiner Pflicht darstellt. Der Käufer kann ebenfalls noch nicht vollständig erfüllt haben, da ansonsten die aufschiebende Bedingung eingetreten wäre.

7 Die Übereignung muss noch unter der **Bedingung der vollständigen Kaufpreiszahlung** (§§ 929, 158 Abs. 1 BGB) für den Kaufgegenstand stehen. Die Vereinbarung weiterer Bedingungen stehen entweder dem Entstehen eines Anwartschaftsrechts (zB bei einer zusätzlichen Bedingung, die vom Willen des Veräußerers abhängt) oder zumindest seines Schutzes durch Absatz 1 entgegen (da weitere Bedingungen nicht vom Regelungsgehalt des § 107 umfasst werden).

8 Deutlich wird die letztgenannte Einschränkung beim **erweiterten Eigentumsvorbehalt,** bei dem die aufschiebende Bedingung des Eigentumsübergangs erst dann eintritt, wenn der Käufer nicht nur den Kaufgegenstand vollständig bezahlt hat, sondern auch weitere Forderungen des Verkäufers aus anderen Rechtsverhältnissen. Hatte der Vertragspartner die Vereinbarung eines solchermaßen erweiterten Eigentumsvorbehaltes akzeptiert, tritt die aufschiebende Bedingung erst mit Bezahlung aller Ansprüche des Schuldners/der Masse gegen den Vorbehaltskäufer ein. Daran ändert auch die Verkäuferinsolvenz nichts. Es wäre auch nicht einzusehen, dass der Vorbehaltskäufer durch die Insolvenz seines Vertragspartners in der Weise begünstigt würde, dass er abweichend von den vertraglichen Vereinbarungen nur noch einen einfachen, aber nicht mehr den vereinbarten erweiterten Eigentumsvorbehalt zu beachten hätte. Hingegen wird teilw. (Uhlenbruck/*Wegener* Rn. 5) die Meinung vertreten, durch Bezahlung des Kaufpreises für den speziellen Gegenstand sei die Leistung des Käufers erbracht, so dass es an dem Erfordernis eines beidseitig nicht vollständig erfüllten Vertrages

fehle. Diese Meinung ignoriert indes, dass es dem Willen der Parteien entspricht, dass die vom Vorbehaltskäufer zu erbringende Leistung nicht nur in der Bezahlung des auf den Kaufgegenstand entfallenden Kaufpreises liegt, sondern auch in der Erfüllung weiterer Forderungen des Vorbehaltskäufers; und diese Leistung ist nicht vollständig erbracht. Richtig sollte vielmehr sein, den Vertragswillen zu akzeptieren. Der Vorbehaltskäufer kann den Bedingungseintritt auch in dieser Konstellation erreichen, wenn er alle Verpflichtungen gegenüber dem Vorbehaltsverkäufer erfüllt.

Der **verlängerte Eigentumsvorbehalt** hingegen ist kein Anwendungsfall des 9
Absatz 1, da es dort nicht mehr um den Kaufgegenstand geht, sondern um die aus dem Weiterverkauf erlangte Forderung. Der **weitergeleitete Eigentumsvorbehalt** kann hingegen unter Absatz 1 fallen, wenn nicht nur im Verhältnis insolventer Vorbehaltsverkäufer und Vorbehaltskäufer, sondern auch im Verhältnis des Letztgenannten zum Endkäufer die Bedingungen noch bestehen (Uhlenbruck/*Wegener* Rn. 5).

Streitig ist, ob Absatz 1 analog auf den Fall der **Übereignung unter einer** 10
auflösenden Bedingung anwendbar ist (dafür Kübler/Prütting/Bork/*Tintelnot* Rn. 5; Nerlich/Römermann/*Balthasar* Rn. 7). Dafür besteht allerdings kein Bedürfnis: solange die auflösende Bedingung nicht eingetreten ist, hat der Käufer kein Anwartschaftsrecht, sondern vollständiges Eigentum, so dass er auf den Schutz des Absatz 1 nicht angewiesen ist. Nach dem Eintritt der auflösenden Bedingung verliert er sein Eigentum, hat aber auch kein Anwartschaftsrecht mehr, dafür fehlt es an jeder Grundlage (so auch Uhlenbruck/*Wegener* Rn. 5; FK-InsO/*Wegener* Rn. 7).

Für die **Besitzübergabe** reicht jede Form aus, die zur Entstehung eines An- 11
wartschaftsrechts führt, also sowohl die Übergabe mit der Folge des unmittelbaren Besitzes, als auch die Übergabesurrogate nach §§ 930, 931 BGB, die nur zu mittelbarem Besitz des Käufers führen (Uhlenbruck/*Wegener* Rn. 6; MüKoInsO/*Ott/Vuia* Rn. 11). Erfasst sind auch die Fälle, in denen die Besitzerlangung durch die Übergabe von Traditionspapieren erfolgt (§§ 448, 475g und 650 HGB; Uhlenbruck/*Wegener* Rn. 6; MüKoInsO/*Ott/Vuia* Rn. 11).

Sämtliche Voraussetzungen müssen vor der Eröffnung des Insolvenz- 12
verfahrens vorgelegen haben, da nur das bereits entstandene Anwartschaftsrecht geschützt wird. Allerdings muss der Besitz des Käufers im Zeitpunkt der Verfahrenseröffnung nicht mehr gegeben sein, wenn er ihn nur vorher hatte. Entscheidend ist, dass das Anwartschaftsrecht vorinsolvenzlich entstanden und nicht wieder untergegangen ist und das geschieht durch einen Besitzverlust nicht (Uhlenbruck/*Wegener* Rn. 6).

4. Rechtsfolgen. Liegen die Voraussetzungen des Abs. 1 vor, ist der Verwalter 13
verpflichtet, die vertraglichen Ansprüche des Anwartschaftsberechtigten auf Übereignung des Kaufgegenstandes aus der Masse zu befriedigen. Der schuldrechtliche **Übereignungsanspruch aus dem Kaufvertrag wird zur Masseverbindlichkeit** gem. § 55 Abs. 1 Nr. 2 Alt. 2. Das Vertragsverhältnis iÜ wird nicht in den Rang einer Masseverbindlichkeit erhoben, das gilt insbes. für weitere Leistungspflichten, Nebenpflichten oder Gewährleistungspflichten. Für das Vertragsverhältnis iÜ bleibt es bei der Grundregel des § 103. Dem Übereignungsanspruch kann der Insolvenzverwalter weiterhin sämtliche Einwendungen und Einreden entgegenhalten, insbes. die Einrede des nicht erfüllten Vertrages gem. § 320 BGB.

In dogmatischer Hinsicht sind die Folgen der Regelungsmechanik **nicht** 14
ganz deutlich: Nach überwiegender Meinung muss der Verwalter für den Eigentumsübergang nichts weiter tun, als den Kaufpreis entgegenzunehmen und damit den Bedingungseintritt herbeizuführen (Uhlenbruck/*Wegener* Rn. 8 mwN). §§ 80 und 91 sollen dem Eigentumserwerb dann nicht entgegenstehen.

Dies ist zwar in der praktischen Handhabung, nicht aber in der rechtlichen Begründung überzeugend. Die aufschiebend bedingte Übereignung kann im Moment des Bedingungseintritts nicht mehr zum Eigentumsübergang führen, da der Übereignende seine Verfügungsbefugnis verloren hat. Wenn dies anders wäre, würde auch die Regelung keinen Sinn machen, dass der Verwalter schuldrechtlich im Rang einer Masseverbindlichkeit zur Übereignung verpflichtet bleibt. Tatsächlich wird der Verwalter die aufschiebend bedingte Übereignung rechtlich noch einmal vornehmen müssen; hierzu ist er aufgrund der Spezialregelung in Abs. 1 auch verpflichtet. Diese Willenserklärung kann freilich auch konkludent vorgenommen werden, so dass im Regelfall bei der Annahme des Kaufpreises in Kenntnis der Vertragsverhältnisse davon auszugehen ist, dass der Verwalter die Übereignung auch bestätigt. Verweigert der Verwalter allerdings die Übereignung, so kann der Käufer den Eigentumsübergang nicht allein durch die Kaufpreiszahlung herbeiführen; er muss im Zweifel seinen Übereignungsanspruch gegen die Insolvenzmasse durchsetzen. Zum Folgeproblem der Masseunzulänglichkeit sogleich unten (→ Rn. 20).

15 Enthält der Vertrag neben der Pflicht zur Übereignung der beweglichen Sache **weitere Leistungspflichten** und wählt der Verwalter iU die Nichterfüllung des Vertrages, spaltet sich der Vertrag auf in einen nach Absatz 1 zwingend zu erfüllenden Teil und einen Teil, der dauerhaft nicht mehr zur Umsetzung gelangt (Uhlenbruck/*Wegener* Rn. 9; BK-InsO/*Goetsch* Rn. 24). Entsprechend dieser Spaltung wird auch die vom Vertragspartner zu erbringende Gegenleistung angepasst – die verschiedenen Vertragsteile müssen bewertet und sodann ins Verhältnis zum Gesamtkaufpreis gesetzt werden. Die Einrede des § 320 BGB folgt dieser Aufspaltung und kann nur noch für den Teil geltend gemacht werden, zu dessen Erfüllung der Verwalter verpflichtet ist (Uhlenbruck/*Wegener* Rn. 9). Die materielle Spaltung des Vertrages entspricht zwischenzeitlich wohl allgemeiner Auffassung (Uhlenbruck/*Wegener* Rn. 9; BK-InsO/*Goetsch* Rn. 24); eine überzeugende dogmatische Herleitung ist bislang allerdings nicht ersichtlich.

16 Da der Verkauf einer beweglichen Sache unter Eigentumsvorbehalt in der Regel Neuwaren betrifft, muss der Verkäufer für die Mangelfreiheit Gewähr übernehmen. Da aber die Pflicht zur **Gewährleistung** nicht durch Absatz 1 in den Rang einer Masseverbindlichkeit erhoben wird, findet eine **Spaltung des Vertrages** immer dann statt, wenn die verkaufte Sache bei Gefahrübergang mangelhaft war. Wenn der Käufer dies im Zeitpunkt der Zahlung an den Insolvenzverwalter weiß, kann er den Kaufpreis entsprechend mindern: durch die nur teilw. Vertragserfüllung wird auch nur der entsprechende Teil des Kaufpreises geschuldet und nur dieser Teil kann den Bedingungseintritt aufgrund des gespaltenen Vertrages herbeiführen (Kübler/Prütting/Bork/*Tintelnot* Rn. 12; Nerlich/Römermann/*Balthasar* Rn. 10). Weiß der Käufer um die Mangelhaftigkeit des Kaufgegenstandes nicht, stellt sich die Frage, ob er prophylaktisch einen Anteil des Kaufpreises zurückhalten kann, weil die Kaufsache ohne Gewähr, die die Insolvenzmasse nicht übernimmt und auch nicht übernehmen muss, weniger wert ist, als mit Gewährleistung. Diese Frage würde ich verneinen. Sollte sich später ein Mangel zeigen, dann steht fest, dass der Käufer auf eine Teil des Kaufpreises an die Masse gezahlt hat, obwohl dem auf den Sachmangel entfallenden Kaufpreisanteil eine Einrede des nichterfüllten Vertrages entgegenstand. Damit muss der Verwalter diesen Teil des Kaufpreises als ungerechtfertigte Bereicherung wieder herausgeben. Das Risiko der zwischenzeitlich eingetretenen Masseunzulänglichkeit trägt dabei natürlich der Käufer.

17 Soweit der Insolvenzverwalter wegen Absatz 1 **kein Wahlrecht** hat und kraft Gesetzes zur Erfüllung verpflichtet ist, ist auch der Vertragspartner ohne Weiteres zur Erfüllung verpflichtet. Der Verwalter kann den Vertragspartner also in **Verzug** setzen und sich bei Nichterfüllung durch den Vertragspartner nach den allgemei-

nen zivilrechtlichen Regelungen von dem Vertrag lösen – Absatz 1 steht dem nicht entgegen (vgl. OLG Hamm ZInsO 2006, 1276).

5. Analoge Anwendung. Unterschiedlich beurteilt wird die Frage, ob die Vorschrift des Absatz 1 analog auf **kaufähnliche Geschäfte** über bewegliche Sachen und/oder **Kaufverträge über Rechte** anzuwenden ist (für eine analoge Anwendung HK-InsO/*Marotzke* Rn. 7; BK-InsO/*Goetsch* Rn. 14; Graf-Schlicker/*Breitenbücher* Rn. 3; dagegen MüKoInsO/*Ott*/*Vuia* Rn. 7; FK-InsO/*Wegener* Rn. 4; Uhlenbruck/*Wegener* Rn. 9; Kübler/Prütting/Bork/*Tintelnot* Rn. 8); obergerichtliche Rspr. hierzu gibt es nicht. Gegen eine Analogie spricht, dass der Gesetzgeber mit dem Absatz 1 nicht einen allgemeinen Schutz sämtlicher Anwartschaftsrechte aus Kaufverträgen etablieren wollte, sondern nur den Eigentumsvorbehaltskauf im Blick hatte (Uhlenbruck/*Wegener* Rn. 9). Das stärkere Argument spricht aber mE für eine analoge Anwendung: wenn sich zivilrechtlich die Rechtsposition aus einem Erwerbstatbestand soweit verdichtet hat, dass man dort von einem Anwartschaftsrecht spricht, dann hat dies für den Erwerbenden nur dann eine Bedeutung, wenn diese Rechtsposition im Insolvenzfall Bestand hat. Ohne Insolvenzfestigkeit ist ein Anwartschaftsrecht nichts wert. 18

Mit der Insolvenzfestigkeit des Anwartschaftsrechts werden Vorbehaltskäufer in den Kreis der dinglich gesicherten Gläubiger einbezogen, was nur gerechtfertigt ist, wenn die verfestige Rechtsposition auf dinglicher Ebene vorliegt. An einer solchen fehlt es aber idR bei kaufähnlichen Geschäften, wie bspw. im Fall des **Finanzierungsleasingvertrags mit Kaufoption** und zwar auch dann, wenn die Option bereits ausgeübt wurde. Dem Ausübenden wird dadurch lediglich die Möglichkeit eingeräumt, einen Kaufvertrag mit festgelegtem Inhalt zustande zu bringen (vgl. Palandt/*Weidenkaff* vor § 463 Rn. 17), ohne zugleich die Verfügungsebene zu gestalten. Anders ist demgegenüber die Rechtsposition des Erwerbers beim **Kaufvertrag über Rechte mit bedingter Zession** zu bewerten. Wenn man zudem bezüglich des ausdrücklich normierten Schutzes des Vorbehaltseigentums noch darauf abstellt, dass es dem durch § 161 Abs. 1 S. 2 BGB gewährten Schutz des Erwerbers widerspräche, wenn ihm der Verwalter seine Rechtsposition entziehen könnte, obwohl der Schuldner selbst nicht mehr in der Lage wäre, über die Vorbehaltsware zu disponieren (Kübler/Prütting/Bork/*Tintelnot* Rn. 1), so ist es nur konsequent, wenn der Zessionar, der im Fall einer bedingt abgetretenen Forderung ebenfalls von dem materiell-rechtlich gewährten Schutz des § 161 Abs. 1 BGB erfasst ist (vgl. MüKoBGB/*Westermann* § 161 Rn. 10), über eine analoge Anwendung des Absatz 1 Satz 1 gegenüber einem insolventen Zedenten abgesichert wird. 19

6. Masseunzulänglichkeit. Problematisch wird der Regelungsansatz des Absatz 1 bei Masseunzulänglichkeit: Um den von der Vorschrift angestrebten Zweck zu erreichen, das Anwartschaftsrecht insolvenzfest zu machen, muss die Regelung des Absatz 1 dahingehend verstanden werden, dass der Übertragungsanspruch im Rang auch stets eine **Neumasseverbindlichkeit** ist. Ansonsten würde das Anwartschaftsrecht des Vorbehaltskäufers keinen hinreichenden Schutz bieten und wäre damit praktisch wertlos. 20

II. Käuferinsolvenz gem. Absatz 2

1. Normzweck/Systematische Einordnung. In der Insolvenz des Käufers unter Eigentumsvorbehalt bleibt es bei der allgemeinen Regelung nach § 103, so dass der Insolvenzverwalter frei wählen kann, ob er den gekauften Gegenstand bezahlen und damit Eigentum erlangen will oder ob er die Nichterfüllung des Vertrages wählt, verbunden mit der Folge, dass er nach einer Beendigung des Vertrages das Eigentum des Verkäufers aus der Insolvenzmasse aussondern muss 21

(§ 47). Absatz 2 enthält in diesem Zusammenhang nur eine **Modifikation der Wahlrechtsausübung** nach § 103 Abs. 2 S. 2, indem normiert wird, dass der Verwalter sich erst unverzüglich nach dem Berichtstermin auf die Frage des Vertragspartners zur Erfüllungswahl erklären muss.

22 Nach der Begründung des Gesetzgebers ist es das Ziel der Regelung, die an mehreren Stellen in der InsO niedergelegte **Gläubigerautonomie** dadurch zu stärken, dass der Verwalter eine Entscheidung erst treffen muss, wenn er Gelegenheit hatte, die für das Verfahren wesentlichen Entscheidungen durch die Gläubiger treffen zu lassen. Die Lieferanten von Eigentumsvorbehaltsware sollen nicht schon vor der Gläubigerversammlung ihre Ware aus dem Unternehmen herausholen können, bevor über die Fortführung oder Stilllegung des Unternehmens entschieden wurde (BT-Drs. 12/2443, 146).

23 Der Ansatz ist zwar richtig. Aber einerseits ist dies freilich nur ein sehr kleiner Beitrag, die für eine Betriebsfortführung notwendigen Rahmenbedingungen zu schaffen, und andererseits geht die Regelung unnötig weit, da sie auch für solches Eigentumsvorbehaltsgut gilt, welches sicher nicht benötigt wird und weil sie auch dann greift, wenn der Geschäftsbetrieb schon früher zum Erliegen gekommen ist. Aufgrund der erstgenannten Kritik wird allerdings gemeinhin angenommen, dass die Norm eine verallgemeinerbare Aussage trifft und daher über den unmittelbaren Anwendungsbereich hinaus auf eine Vielzahl von **vergleichbaren Konstellationen analog** anzuwenden ist (HK-InsO/*Marotzke* Rn. 37–40; Nerlich/Römermann/*Balthasar* Rn. 11; aA MüKoInsO/*Ott*/*Vuia* Rn. 18).

24 **2. Voraussetzungen.** Der Tatbestand setzt voraus, dass es um den **Kauf einer beweglichen Sache unter Eigentumsvorbehalt** geht, das Insolvenzverfahren über das Vermögen des Käufers eröffnet wurde und der Käufer vorinsolvenzlich bereits **Besitz an der Kaufsache** erlangt hat. Obwohl der Wortlaut des Absatz 2 mit dem des Absatz 1 insoweit identisch ist, ergeben sich unterschiedliche Voraussetzungen, was in dem unterschiedlichen Schutzzweck begründet ist. Insbes. bedarf es bei Absatz 2 nicht der aufschiebend bedingten Übereignung und dem Entstehen eines Anwartschaftsrechts. Es reicht insoweit tatsächlich allein der Abschluss des schuldrechtlichen Vertrages (HambK-InsO/*Arendt* Rn. 11; HK-InsO/*Marotzke* Rn. 27). Auch müssen die **Voraussetzungen des § 103** gegeben sein. Es muss also ein von beiden Seiten nicht vollständig erfüllter gegenseitiger Vertrag vorliegen, da Absatz 2 nach seinem Regelungsgehalt nur eine Rechtsfolge des § 103 modifiziert. In zeitlicher Hinsicht müssen die Voraussetzungen sämtlich vor der Eröffnung des Insolvenzverfahrens vorliegen.

25 Strittig ist, ob für die **Besitzerlangung iSd Norm** nur der unmittelbare Besitz ausreichend ist (so MüKoInsO/*Ott*/*Vuia* Rn. 18; Nerlich/Römermann/*Balthasar* Rn. 8), oder ob auch der mittelbare Besitz ausreicht, solange nur der unmittelbare Besitz nicht beim Verkäufer selbst liegt, (so Uhlenbruck/*Wegener* Rn. 12; Kübler/Prütting/Bork/*Tintelnot* Rn. 18; FK-InsO/*Wegener* Rn. 19; BK-InsO/*Goetsch* Rn. 29). Den Gesetzesmaterialien ist zu dieser Frage nichts zu entnehmen, da dort allg. formuliert wird, dass „der Besitz" des Schuldners bis zum Berichtstermin zusammengehalten werden soll (BT-Drs. 12/2443, 146). Für die Einbeziehung auch des mittelbaren Besitzes spricht, dass sich damit der Gegenstand jedenfalls im Zugriffsbereich des Vorbehaltskäufers befindet und aus dem des Vorbehaltsverkäufers ausgeschieden ist. Ob der Vorbehaltskäufer den Gegenstand in unmittelbaren Besitz nimmt oder bei Dritten lagert, transportieren lässt oder ob der Gegenstand in Reparatur ist oder sonst verwendet wird, mit der jeweiligen Folge, dass nur mittelbarer Besitz vorliegt, ist eher vom Zufall abhängig und rechtfertigt keine unterschiedliche Bewertung des Schutzbedürfnisses. Auch findet sich kein valides Argument, dass gegen die Einbeziehung des mittelbaren Besitzes spricht.Insbes. hat der Verkäufer hier kein schutzwürdiges Interesse an einer schnelleren Ent-

scheidung als bei unmittelbarem Besitz. Nach meiner Auffassung genügt daher auch der mittelbare Besitz.

Die Sonderregelung greift nach Absatz 2 Satz 2 nicht ein, wenn eine **erhebliche Wertminderung** für den Kaufgegenstand durch das Zuwarten mit einer Entscheidung bis zum Berichtstermin zu erwarten ist und der Vertragspartner gegenüber dem Verwalter diesen Umstand zur Kenntnis bringt. Der Gesetzgeber hatte hier das Bild verderblicher Waren und Saisonwaren vor Augen. Die erhebliche Wertminderung ist daher nur in besonderen Ausnahmefällen anzunehmen; mögliche Wertminderungen durch die normalen Veränderungen des Marktwertes oder Wertveränderungen durch eine zwischenzeitliche Nutzung lösen den Ausnahmetatbestand nicht aus (Uhlenbruck/*Wegener* Rn. 14; Kübler/Prütting/Bork/*Tintelnot* Rn. 22). Anders wird man die Frage beurteilen müssen, wenn die Entwicklungen am Markt über normale Schwankungen hinausgehen und es absehbar ist, dass der Wert nicht unerheblich nachgibt (Nerlich/Römermann/*Balthasar* Rn. 17; MüKoInsO/*Ott*/*Vuia* Rn. 22). Wenn die Ausnahme des Absatz 2 Satz 2 greift, dann bleibt es bei der allgemeinen Rechtsfolge nach § 103 Abs. 2 S. 2, dass der Verwalter sich unverzüglich erklären muss, wenn er den Eintritt der Ablehnungsfiktion verhindern will. 26

3. Rechtsfolgen. Absatz 2 Satz 1 InsO verschiebt den Zeitpunkt, bei dem die Nichterklärung des Verwalters auf eine entsprechende Frage des Vertragspartner gem. § 103 Abs. 2 S. 2 zur Ablehnungsfiktion führt. Im Regelfall kann der Vertragspartner unmittelbar nach der Eröffnung des Insolvenzverfahrens eine Entscheidung über den Eintritt des Verwalters dadurch herbeiführen, dass er ihn zu einer Erklärung auffordert. Der Verwalter muss sich dann unverzüglich erklären, was im Regelfall in ein bis zwei Wochen möglich sein wird (vgl. → § 103 Rn. 34). Absatz 2 Satz 1 verschiebt diese Erklärungsfrist auf einen Zeitpunkt unverzüglich nach dem Berichtstermin. 27

Unverzüglich nach dem Berichtstermin heißt, dass der Verwalter nach den Entscheidungen des Berichtstermins noch eine den Umständen des Einzelfalls angemessene Überlegensfrist hat und sich sodann erklären muss; diese Überlegensfrist wird aber wegen des Vorlaufs bis zur Gläubigerversammlung und der Möglichkeit der Vorbereitung der Fragen regelmäßig nur sehr kurz (wenige Arbeitstage) sein. Fordert der Vertragspartner den Verwalter bis zum Berichtstermin nicht zu einer Erklärung auf, kommt die Vorschrift nicht zur Anwendung. 28

Absatz 2 begründet während der Zeit bis unverzüglich nach dem Berichtstermin **kein sonstiges Recht zum Besitz** iS des § 985 BGB (so aber HambK-InsO/*Ahrendt* Rn. 10; zutreffend Gottwald InsR-HdB/*Huber* § 36 Rn. 19). Das Recht zum Besitz ergibt sich vielmehr aus dem Vorbehaltskaufvertrag, der ja für die Anwendbarkeit des Absatz 2 im Zeitpunkt der Eröffnung noch bestehen muss und der in seinem Bestand durch die Verfahrenseröffnung unberührt bleibt (ausf. → § 103 Rn. 7). 29

Ungeschrieben ist dem Absatz 2 noch zu entnehmen, dass es in der Zeit bis zur Erklärungspflicht des Verwalters für den Vorbehaltsverkäufer ausgeschlossen sein muss, wegen eines Verzuges mit den nach Verfahrenseröffnung fälligen Kaufpreisraten **vom Kaufvertrag zurückzutreten.** Ansonsten könnte sich der Vorbehaltsverkäufer regelmäßig auf diesem Umweg während der Schwebezeit bis zum Berichtstermin vom Vertrag lösen und das Eintrittsrecht des Verwalters unterlaufen (so auch MüKoInsO/*Ott*/*Vuia* Rn. 17a; HK-InsO/*Marotzke* Rn. 32; aA Uhlenbruck/*Wegener* Rn. 16, 17). Mit Ablauf der Erklärungsfrist endet diese Rücktrittssperre. 30

Wählt der Verwalter den Eintritt in den Vertrag, muss er ihn erfüllen und die Masse erlangt das Eigentum am Kaufgegenstand. Wählt der Verwalter den Nichteintritt oder erklärt er sich nicht innerhalb der Frist, bleibt der Defekt des Ver- 31 trages endgültig bestehen und einer der beiden Parteien muss zunächst vom Vertrag zurücktreten. Ein solcher Rücktritt ist regelmäßig konkludent erklärt, wenn der Verkäufer die Kaufsache heraus verlangt (dies übersieht Uhlenbruck/*Wegener* Rn. 16 bei seiner ansonsten zutreffenden Schilderung der Folgen der Erfüllungsablehnung).

Fortbestehen bestimmter Schuldverhältnisse[1]

108 (1) [1] **Miet- und Pachtverhältnisse des Schuldners über unbewegliche Gegenstände oder Räume sowie Dienstverhältnisse des Schuldners bestehen mit Wirkung für die Insolvenzmasse fort.** [2] **Dies gilt auch für Miet- und Pachtverhältnisse, die der Schuldner als Vermieter oder Verpächter eingegangen war und die sonstige Gegenstände betreffen, die einem Dritten, der ihre Anschaffung oder Herstellung finanziert hat, zur Sicherheit übertragen wurden.**

(2) **Ein vom Schuldner als Darlehensgeber eingegangenes Darlehensverhältnis besteht mit Wirkung für die Masse fort, soweit dem Darlehensnehmer der geschuldete Gegenstand zur Verfügung gestellt wurde.**

(3) **Ansprüche für die Zeit vor der Eröffnung des Insolvenzverfahrens kann der andere Teil nur als Insolvenzgläubiger geltend machen.**

Schrifttum: *Derleder,* Die Rechtsstellung des Wohn- und Geschäftsraummieters in der Insolvenz des Vermieters, NZM 2004, 568; *Eckert,* Miete, Pacht und Leasing im neuen Insolvenzrecht, ZIP 1996, 897; *Freitag,* Der Darlehensvertrag in der Insolvenz, ZIP 2004, 2368; *Kuder,* Klartext: Neues Supervorrecht für Banken durch die Hintertür?, ZInsO 2004, 1180; *Marotzke,* Darlehen und Insolvenz, ZInsO 2004, 1273; *ders.,* Klartext: Neues Supervorrecht für Banken durch die Hintertür?, ZInsO 2004, 1063; *ders.,* Die dinglichen Sicherheiten im neuen Insolvenzrecht, ZZP 109 (1996), 429; *Michalski/Ruess,* Rechtsfolgen der Insolvenz des Leasinggebers bei im Wege des Factoring veräußerten Leasingforderungen, NZI 2000, 250; *Ringstmeier,* Abwicklung von Mietverhältnissen in masseunzulänglichen Insolvenzverfahren, ZInsO 2004, 169; *Schmid-Burgk/Ditz,* Die Refinanzierung beim Leasing nach der Insolvenzrechtsreform, ZIP 1996, 1123; *Seifert,* Refinanzierung von Leasingverträgen nach § 108 InsO, NZM 1998, 217 [218]; *Wegener,* § 108a InsO zur Insolvenzfestigkeit von Lizenzen – Zuviel des Guten?, ZInsO 2008, 352.

Übersicht

[1] § 108 Abs. 1 Satz 2 angef. durch G v. 19.7.1996 (BGBl. I S. 1013); Überschr. geänd., Abs. 2 eingef., bish. Abs. 2 wird Abs. 3 mWv 1.7.2007 durch G v. 13.4.2007 (BGBl. I S. 509).

I. Grundlagen

1. Normzweck/Systematische Einordnung. Absatz 1 ist eine **Privilegierung gegenüber dem Grundsatz des § 103** zugunsten der Vertragspartner des Schuldners bei einzelnen Vertragsverhältnissen, namentlich bei Dienstverhältnissen, Miet- oder Pachtverträgen über unbewegliche Gegenstände oder Räume und unter gewissen Voraussetzungen auch bei Leasingverträgen über bewegliche Gegenstände. Mit der Einführung des Absatz 2 wurde diese Privilegierung auch auf Darlehensverträge erstreckt, bei denen der Schuldner Darlehensgeber ist. Die von den Regelungen umfassten Verträge bestehen zulasten der Masse fort; das Wahlrecht des Verwalters ist für diese Verträge ausgeschlossen. Dies hat zur Folge, dass sämtliche aus den Verträgen für die Zeit nach der Verfahrenseröffnung entstehenden Pflichten kraft Gesetzes Masseverbindlichkeiten sind, § 55 Abs. 1 Nr. 2. Die Vertragspartner erhalten also für die Zeit nach Verfahrenseröffnung bis zur Beendigung des Vertragsverhältnisses ihre Leistungen aus der Insolvenzmasse – solange diese nicht unzulänglich ist – und stehen damit besser, als die übrigen Vertragspartner des Schuldners. Die Privilegierung reicht allerdings nur in die Zukunft, Forderungen aus der Zeit vor Eröffnung des Verfahrens bleiben im Rang auch bei den Schuldverhältnissen des § 108 Insolvenzforderungen, Absatz 2. 1

Systematisch sind Absatz 1 und 2 **leges speciales zu § 103** und verdrängen diese in ihrem Anwendungsbereich (BGHZ 173, 116 = BGH ZIP 2007, 2087). Die Regelung in Absatz 3 ist eine Klarstellung nach dem Vorbild des § 105. Zu beachten ist, dass § 135 Sonderregelungen für den Fall schafft, dass sich der Vermieter, Verpächter oder Darlehensgeber in einer für die Anwendbarkeit des § 135 maßgeblichen Gesellschafterrolle befindet; diese Sonderregelungen gehen auch den §§ 108, 109 vor (vgl. → § 135 Rn. 29 ff.). 2

In **wirtschaftlicher Hinsicht** ist die in Absatz 1 enthaltene Privilegierung der betroffenen Gläubigergruppen ganz erheblich: Bei einer Stilllegung des Betriebes verschlingen va die Lohn- und Gehaltsansprüche der Arbeitnehmer sowie die Ansprüche der Vermieter bis zum jeweiligen Wirksamwerden der Kündigung häufig erhebliche Teile der freien Insolvenzmasse. Als Reflex folgt hieraus allerdings die Begünstigung einer Betriebsfortführung zur Sanierung oder sanierenden Übertragung, da für weiterbeschäftigte bzw. auf den Erwerber übergehende Arbeitnehmer keine Kündigungslöhne und keine Sozialplankosten anfallen und häufig auch die Mietverhältnisse auf den Übernehmer übertragen werden. Je nach Sachverhalt kann es sich daher ergeben, dass eine Veräußerung von Vermögenswerten im Rahmen einer übertragenden Sanierung zu einem relativ geringen Kaufpreis aus Sicht der Gesamtgläubigerschaft dennoch eine vorzugswürdige Alternative ist, wenn der eingeräumte Preisnachlass geringer ist als das Einsparpotential, das sich durch den Wegfall der durch Absatz 1 aufoktroyierten Masseverbindlichkeiten ergibt. 3

Die sich aus der Privilegierung des § 108 InsO ergebenden Folgefragen, insbes. nach besonderen **Lösungsmöglichkeiten** des Insolvenzverwalters, sind in den §§ 109–112 für die Miet- und Pachtverhältnisse und in den §§ 113, 114 für die Dienstverhältnisse geregelt. 4

2. Lizenzverträge (zukünftiger § 108a). Der Gesetzgeber erwägt schon seit längerer Zeit, eine Regelung zu schaffen, nach der vom Schuldner abgeschlossene Lizenzverträge trotz Insolvenzeröffnung fortbestehen und insbes. nicht erlöschen oder dem Wahlrecht des Insolvenzverwalters unterstehen sollen. Damit soll ein angeblicher **Standortnachteil Deutschlands** beseitigt werden, da in den meisten anderen Industriestaaten der Welt die Insolvenzfestigkeit von Lizenzverträgen bereits kodifiziert ist. Richtig ist, dass die Erlangung einer Lizenz nicht selten zum 5

Aufbau einer kompletten Infrastruktur, etwa eines Produktionswerkes zur Herstellung des lizensierten Produktes führt. Und richtig ist auch, dass sich die in diesem Zusammenhang aufgewandten Kosten des Lizenznehmers als Fehlinvestition herausstellen, wenn der Lizenzgeber in die Insolvenz gerät und sein Insolvenzverwalter berechtigt ist, die Erfüllung des Lizenzvertrages als unter § 103 fallend abzulehnen. Der Insolvenzverwalter muss im Interesse der Gesamtgläubigerschaft sogar als verpflichtet angesehen werden, die vom Schuldner getätigte Erfindung durch Abschluss eines neuen Lizenzvertrages zu versilbern. Dem soll ein Riegel mit der Schaffung eines neuen § 108a (dazu *Wegener* ZInsO 2008, 352; HK-InsO/*Marotzke* § 108 Rn. 89 ff.) vorgeschoben werden.

6 Die **geplante Regelung ist allerdings noch nicht Gesetz geworden,** stand aber auf der Agenda des Bundesjustizministeriums der 17. Legislaturperiode. Eine entsprechende Regelung befand sich dann auch im ursprünglichen Referentenentwurf des Bundesjustizministeriums (Entwurf eines Gesetzes zur Verkürzung des Restschuldbefreiungsverfahrens, zur Stärkung der Gläubigerrechte und zur Insolvenzfestigkeit von Lizenzen), wurde aber im späteren Regierungsentwurf (RegE für ein Gesetz zur Verkürzung des Restschuldbefreiungsverfahrens und zur Stärkung der Gläubigerrechte, Bearbeitungsstand: 12.7.2012) wieder verworfen. Freilich ist die Einführung des geplanten § 108a nicht unumstritten. Beklagt wird va, dass durch die Begründung der Insolvenzfestigkeit von Lizenzen eine weitere Privilegierung geschaffen wird, wodurch der **Grundsatz der Gleichbehandlung aller Gläubiger** im Insolvenzverfahren weiter ausgehöhlt wird.

II. Miet- und Pachtverhältnisse über unbewegliche Gegenstände

7 Im Folgenden wird hier aus sprachlichen Gründen weitgehend nur von Mietverhältnissen gesprochen, die Ausführungen gelten aber **gleichermaßen für Pachtverhältnisse.**

8 **1. Anwendungsbereich.** Von Absatz 1 erfasst sind **Mietverhältnisse** über **unbewegliche Gegenstände** (Grundstücke, Schiffe, Schiffsbauwerke und Luftfahrzeuge) oder **Räume.** Für das automatische Fortbestehen zulasten der Insolvenzmasse ist dabei unerheblich, ob der Gemeinschuldner als Mieter/Pächter oder als Vermieter/Verpächter an dem Vertrag beteiligt ist; erst bei den Folgefragen ergeben sich daraus Unterschiede, vgl. §§ 109–112. Ebenso ist unerheblich, ob es sich um ein gewerbliches oder ein privates Miet- oder Pachtverhältnis handelt. Insbes. wird auch der Mietvertrag über die Privatwohnung des Schuldners von Absatz 1 erfasst. Neben den eigentlichen Miet- oder Pachtverträgen erfasst die Vorschrift auch **Leasingverträge** über **unbewegliche Gegenstände,** wenn das Leasing der Miete ähnliche Elemente aufweist, es sich inhaltlich also nicht um einen Ratenkauf handelt (HK-InsO/*Marotzke* Rn. 42 ff.; Uhlenbruck/*Sinz* Rn. 65 ff.; MüKoInsO/*Eckert* Rn. 28).

9 Mietverhältnisse über **bewegliche Gegenstände** fallen grds. nicht unter § 108, sondern unter die Grundregel des § 103 (HK-InsO/*Marotzke* Rn. 7). Absatz 1 Satz 2 macht hiervon allerdings für solche beweglichen Gegenstände eine Ausnahme, die von dem Gemeinschuldner vermietet oder verpachtet wurden und einem Dritten, der ihre Anschaffung oder Herstellung finanziert hat, zur Sicherheit übertragen wurden (vgl. → Rn. 35).

10 Das **Miet- oder Pachtverhältnis muss im Zeitpunkt der Verfahrenseröffnung noch fortbestehen.** Ist das Vertragsverhältnis bereits beendet, greift Absatz 1 nicht ein. Für das Rückgewährschuldverhältnis bleibt es bei dem Wahlrecht des Verwalters nach § 103, freilich flankiert durch etwaige Aussonderungsrechte des Vermieters (vgl. BGH ZIP 2007, 340; FK-InsO/*Wegener* Rn. 9). War die Miet- oder Pachtsache bei Insolvenzeröffnung über das Vermögen des Vermieters/Ver-

pächters dem Mieter oder Pächter noch nicht überlassen, greift die Regelung des § 108 nicht ein (BGHZ 173, 11 = BGH ZIP 2007, 2087), gleiches gilt, wenn das Miet- oder Pachtobjekt zwar überlassen war, der Mieter oder Pächter bei Insolvenzeröffnung den Besitz schon wieder aufgegeben hatte (BGH 15, 135). Stattdessen bleibt es in diesen Fällen beim Wahlrecht des Insolvenzverwalters gem. § 103 (BGHZ 173, 11 = BGH ZIP 2007, 2087). In der Insolvenz des Mieters kommt es auf die Frage des Überlassenseins nicht entscheidend an, weil beide Parteien in diesem Fall nach § 109 Abs. 2 vom Vertrag zurücktreten können.

Unerheblich für die Anwendbarkeit des Absatz 1 ist die **Eigentumslage** an der Miet- oder Pachtsache (HambK-InsO/*Ahrendt* Rn. 4; MüKoInsO/*Eckert* Rn. 54 aA HK-InsO/*Marotzke* Rn. 4). Ist der Gemeinschuldner im Fall der **Unter-/Weitervermietung/-verpachtung** bezüglich der gleichen Sache sowohl Mieter/Pächter als auch Vermieter/Verpächter, bestehen beide Vertragsverhältnisse zulasten der Masse fort (krit. HK-InsO/*Marotzke* Rn. 39, 41; zum Sonderfall der Masseunzulänglichkeit bei dieser Ausgangslage → Rn. 14). Das weitere Schicksal der Verträge ergibt sich sodann grds. unabhängig voneinander aus den jeweils einschlägigen Spezialnormen, wobei sich auf zivilrechtlicher Ebene freilich Wechselwirkungen ergeben können. 11

Sind Gegenstand eines **einheitlichen Miet-/Pachtvertrages** sowohl **Immobilien, als auch Mobilien** kollidiert die Regelung des § 103 mit der des § 108 Abs. 1. Da bei einheitlicher Vermietung eine Vertragsspaltung mit unterschiedlichen Schicksalen für Mobilien und Immobilien regelmäßig nicht dem Interesse bzw. Willen der Parteien entspricht, wird bei diesen Verträgen nach dem Schwerpunkt des Vertrages abgegrenzt: Gibt die Vermietung oder Verpachtung der Immobilie dem Vertrag sein typisches Gepräge, greift § 108 Abs. 1 für den gesamten Vertrag; der Verwalter bleibt auch zur Überlassung der beweglichen Gegenstände im Rang einer Masseverbindlichkeit verpflichtet (BGHZ 71, 189 [191]; OLG Karlsruhe ZIP 1989, 659; MüKoInsO/*Eckert* Rn. 19). Umgekehrt hat der Insolvenzverwalter auch ein Wahlrecht in Bezug auf den Miet- oder Pachtvertrag über das Grundstück bzw. die Räume nach § 103. 12

Für weitere mit dem Miet-/Pachtverhältnis **faktisch verbundene Vertragsverhältnisse,** wie bspw. Strom/Gas/Wasser/Wärme und Versicherungen, greift § 108 nicht ein; es verbleibt beim Wahlrecht des Verwalters. Ist nach dem Miet-/Pachtvertrag allerdings die Insolvenzmasse zur Gestellung solcher Nebenleistungen verpflichtet, muss der Verwalter durch Eintritt in diese objektbezogenen Verträge oder durch Neuabschluss für die Erbringung der geschuldeten Leistungen Sorge tragen. 13

2. Rechtsfolgen. a) Allgemeines. Aus den Verträgen nach der Eröffnung des Insolvenzverfahrens entstehende Verbindlichkeiten sind gem. §§ 55 Abs. 1 Nr. 2, 108 Abs. 1 **Masseschulden.** Die Formulierung des Gesetzes, dass die Verträge nach Verfahrenseröffnung fortbestehen, ist ungenau und lediglich einer überkommenen Dogmatik geschuldet. Wird im Insolvenzverfahren die **Masseunzulänglichkeit** angezeigt, so bleiben die Forderungen aus den in Absatz 1 genannten Schuldverhältnissen grds. Altmasseverbindlichkeiten, soweit sie nicht vom Verwalter zu Neumasseverbindlichkeiten gemacht werden (vgl. insbes. § 209). Die Privilegierung des § 108 verdrängt nicht auch noch die Verteilungsmechanismen der Masseunzulänglichkeit. Das Entstehen von Neumasseverbindlichkeiten verhindert der Verwalter bei Dienstverträgen, indem er die Leistungen des Dienstgebers/Arbeitnehmers nicht mehr abfragt (insbes. also von Arbeitsleistung freistellt) und bei Miet- sowie Pachtverträgen, indem er die Miet- oder Pachtsache zurückgibt. Unbeachtet bleibt in der Praxis häufig, dass diese Mechanik auch dann greift, wenn der Schuldner Vermieter eines Gegenstandes ist, denn auch dann kann er im Falle der Masseunzulänglichkeit dem Mieter die weitere Nutzung 14 vorenthalten – ihn auf die Massetabelle verweisen – und dementsprechend die Herausgabe der Mietsache verlangen (vgl. eing. *Ringstmeier* ZInsO 2004, 169).

15 Für die aus der Zeit vor der Verfahrenseröffnung noch **rückständigen Verbindlichkeiten** aus dem Miet- oder Pachtverhältnis trifft Absatz 3 die Klarstellung, dass es sich auch weiterhin um **Insolvenzforderungen** handelt. Der Regelungsgehalt des Absatz 3 entspricht dem des § 105 (vgl. im Einzelnen sogleich → Rn. 17) und führt über die Aufteilung der Ansprüche in Masseverbindlichkeiten und Insolvenzforderungen hinaus zu einer materiell-rechtlichen Modifikation zumindest der Zurückbehaltungsrechte.

16 Eine **Freigabe des Mietvertrages** ist ausgeschlossen, da nur Vermögensgegenstände freigegeben werden können. Eine Sonderregelung, die ähnlich einer Freigabe wirkt, findet sich für Wohnraum des Schuldners in § 109 Abs. 1 S. 2. Möglich bleibt freilich die Freigabe des Mietgegenstandes in der Insolvenz des Vermieters, dies nutzt dem Verwalter allerdings nichts, da er aus dem Mietvertrag weiterhin verpflichtet bleibt und durch die Freigabe lediglich die Masse außer Stand setzt, ihren vertraglichen Verpflichtungen nachzukommen (BGH ZIP 2006, 583). Soweit der Schuldner sodann das Miet- oder Pachtobjekt nicht weiter dem Mieter überlässt, schuldet die Insolvenzmasse Schadensersatz im Rang einer Masseverbindlichkeit.

17 **b) Vertragsfortführung in der Vermieter- bzw. Verpächterinsolvenz.** Die Insolvenzmasse trifft im Falle der Vermietung oder Verpachtung nicht nur die Pflicht zur Gebrauchsüberlassung im Rang einer Masseverbindlichkeit, sondern auch die Pflicht zum **Erhalt der Miet- oder Pachtsache in einem vertragsgerechten Zustand,** da es sich hierbei um eine Dauerverpflichtung handelt. Ist hierfür ein Mangel zu beseitigen, kommt es nicht darauf an, ob dieser vor oder nach der Eröffnung des Insolvenzverfahrens entstanden ist (OLG Celle ZIP 2003, 412; Uhlenbruck/*Wegener* Rn. 20).

18 Als Vermieter ist der Insolvenzverwalter auch zur **Abrechnung der Nebenkosten** verpflichtet (§ 556 Abs. 3 BGB). In der zeitlichen Abgrenzung knüpft man bei dieser Pflicht daran an, wann die Abrechnungsfrist des § 556 Abs. 3 S. 2 BGB abläuft. Ist diese Frist im Zeitpunkt der Verfahrenseröffnung schon abgelaufen, dann handelt es sich bei dem Abrechnungsanspruch nur noch um eine Insolvenzforderung. Der Mieter kann weitere Vorauszahlungen nicht wegen der fehlenden Abrechnung für die Vergangenheit zurückhalten (in Betracht käme insoweit nur § 273 BGB, der sich in der Insolvenz aber nicht durchsetzt). Ist absehbar, dass es zu einer Nachzahlungspflicht für den Mieter kommt, sollte der Verwalter freilich trotzdem die Abrechnung erteilen, soweit dies mit angemessenem Aufwand möglich ist. Ist die Frist bei Verfahrenseröffnung hingegen noch nicht abgelaufen, schuldet der Verwalter die Abrechnung im Rang einer Masseverbindlichkeit auch für die vor Verfahrenseröffnung liegenden Zeiträume, da auch die Pflicht zur Abrechnung eine Dauerverpflichtung ist, die stets neu entsteht (Uhlenbruck/*Wegener* Rn. 22; MüKoInsO/*Eckert* Rn. 69). Die Abrechnung ist dabei getrennt vorzunehmen für die Zeit vor der Verfahrenseröffnung und für die Zeit danach, da ein Erstattungsanspruch des Mieters aus der Zeit nach Verfahrenseröffnung Masseverbindlichkeit ist, für die Zeit davor allerdings Insolvenzforderung, § 108 Abs. 3 (BGH ZIP 2007, 239). Gegen eine solche Überzahlung aus der Zeit vor der Verfahrenseröffnung kann der Mieter auch nur mit rückständigen Mietzinsforderungen aus der Zeit vor Verfahrenseröffnung aufrechnen; gegenüber Masseverbindlichkeiten ist eine Aufrechnung ausgeschlossen (insoweit ist BGH ZIP 2007, 239 überholt). Der Verwalter muss also zum Stichtag der Verfahrenseröffnung bei den verbrauchsabhängigen Kosten Zwischenablesungen vornehmen oder fertigen lassen, damit er seiner nach Zeiträumen getrennten Abrechnungspflicht nachkommen kann. Soweit sich im Nachhinein Positionen nicht mehr

aufklären lassen, geht die Beweislast im Rahmen einer Auseinandersetzung zulasten des Verwalters, jedenfalls soweit es diesem möglich gewesen wäre, die Informationen zu erheben.

Ist eine vom Mieter vorinsolvenzlich geleistete **Mietkaution** noch unterscheidbar im Vermögen des Schuldners vorhanden, so bleibt die treuhänderische Bindung in der Insolvenz bestehen und auch der Verwalter muss die Kaution getrennt vom übrigen Vermögen verwahren und die Kaution uU nach Beendigung des Mietverhältnisses aufgrund des Aussonderungsrechts an den Mieter herausgeben (MüKoInsO/*Eckert* Rn. 81; Uhlenbruck/*Wegener* Rn. 24, 25; *Derleder* NZM 2004, 568 [578]). Hatte der Schuldner die Mietkaution nicht getrennt von seinem übrigen Vermögen aufbewahrt oder war für die Kaution gar keine treuhänderische Bindung verabredet, so kann der Mieter die Rückzahlung der Kaution nur im Rang als Insolvenzforderung verlangen (BGH ZIP 2008, 469). Mit diesem Rückzahlungsanspruch kann er gegenüber Masseverbindlichkeiten nicht die Aufrechnung erklären. Allerdings muss der Mieter die Kaution auch nicht gegenüber dem Insolvenzverwalter während des laufenden Mietvertrages noch einmal bezahlen (AG Frankfurt NJW-RR 1991, 1165; Uhlenbruck/*Wegener* Rn. 24, 25). Zu den Rechten des Mieters, wenn der Schuldner die Kaution nicht vom sonstigen Vermögen getrennt hatte und der Insolvenzverwalter das vermietete Objekt veräußert, → § 111 Rn. 15 ff. 19

c) Vertragsfortführung in der Mieter- oder Pächterinsolvenz. In der Mieter- oder Pächterinsolvenz fällt der **Anspruch auf Nutzung** der Miet- bzw. Pachtsache grds. in die Insolvenzmasse, obwohl dieser eigentlich nicht pfändbar ist. Dies gilt allerdings nicht für den Wohnraum des Schuldners, bei dem der Anspruch auf Nutzung nicht dem Insolvenzbeschlag unterfällt. In § 109 findet sich für den Insolvenzverwalter des Mieters ein Sonderkündigungsrecht, die Möglichkeit der Enthaftung bei Wohnraum und ein Rücktrittsrecht bei noch nicht überlassenen Mietgegenständen. 20

Die Pflichten des Mieters/Pächters zur **Zahlung des Miet- oder Pachtzinses** und zur **Nebenkostenvorauszahlung** sind für die Zeit nach der Verfahrenseröffnung Masseverbindlichkeiten, unabhängig davon, ob der Insolvenzverwalter die Mietsache nutzt oder nicht. Wird der Miet- oder Pachtgegenstand nach Beendigung des Vertrages weiter genutzt und ist deshalb Nutzungsentschädigung zu zahlen, so handelt es sich auch dabei um eine Masseschuld. War indes das Vertragsverhältnis schon vor der Insolvenzeröffnung beendet gewesen, kann eine Masseverbindlichkeit nur noch ausnahmsweise, nämlich dann entstehen, wenn der Verwalter das Miet- oder Pachtobjekt bewusst in Besitz genommen hat (BGHZ 130, 38 = ZIP 1995, 1204; BGH ZIP 2007, 340). Rückständige Miet- und Pachtzinsen aus der Zeit vor der Eröffnung des Insolvenzverfahrens sind Insolvenzforderungen, Absatz 3 InsO, auch solche, die in der Zeit zwischen dem Insolvenzantrag und der Insolvenzeröffnung rückständig geworden sind; ob ein vorläufiger Insolvenzverwalter mit oder ohne Verfügungsbeschränkungen des Schuldners bestellt war, ist ebenfalls unerheblich. 21

In der Mieter- oder Pächterinsolvenz hat eine **Abrechnung der Nebenkostenvorauszahlung** getrennt für die Zeit bis zur Verfahrenseröffnung und für die Zeit danach zu erfolgen. Reichen die nach Verfahrenseröffnung geleisteten Vorauszahlungen nicht für die nach Verfahrenseröffnung tatsächlich entstandenen Nebenkosten, ist der Nachzahlungsanspruch Masseverbindlichkeit. Ergibt sich eine zu geringe Zahlung für die Zeit vor der Verfahrenseröffnung handelt es sich um eine Insolvenzforderung. Ergibt sich eine Überzahlung, so kann der Insolvenzverwalter diese vom Vermieter/Verpächter verlangen; dieser kann aber mit Mietforderungen aus der Zeit nach Verfahrenseröffnung aufrechnen (BGH ZIP 2005, 181; Uhlenbruck/*Wegener* Rn. 31). 22

23 Hatte der Schuldner **vorinsolvenzlich eine Mietkaution** gestellt, fällt der Rückzahlungsanspruch zwar in die Insolvenzmasse, der Vermieter ist aber vor der Beendigung des Mietvertrages zzgl. einer angemessenen Überlegensfrist nicht zur Herausgabe verpflichtet. Das gilt auch für eine vom Schuldner an den Vermieter seiner privat genutzten Wohnung geleisteten Kaution. Wegen des Rückzahlungsanspruchs der Kaution → § 109 Rn. 26. Der Vermieter kann gegen den Rückzahlungsanspruch sämtliche Forderungen aus dem Mietvertrag verrechnen, unabhängig davon, wann diese entstanden sind; gibt es Insolvenz- und Masseforderungen, hat der Vermieter ein Wahlrecht, der Verwalter des Mieters kann dies nicht bestimmen (OLG Hamburg ZMR 2008, 714; MüKoInsO/*Eckert* Rn. 130). Ist die Kaution noch nicht geleistet, bekleidet der auf Zahlung gerichtete Anspruch des Vermieters nur eine Insolvenzforderung, § 108 Abs. 3.

24 Ist der Vermieter gleichzeitig **gesellschaftsrechtlich mit dem Schuldner verbunden,** kann die Pflicht zur Mietzahlung abweichend von den vertraglichen Regelungen auf den Betrag beschränkt sein, der tatsächlich im Durchschnitt im letzten Jahr vor Verfahrenseröffnung gezahlt worden ist, § 135 Abs. 3 – auf die dortige Kommentierung wird verwiesen.

III. Dienst- und Arbeitsverträge

25 Nach Absatz 1 bestehen auch Dienstverhältnisse, insbes. also Arbeitsverhältnisse für die Insolvenzmasse fort. Unerheblich für das Fortbestehen zulasten der Masse ist, ob der Gemeinschuldner als **Dienstberechtigter** oder **Dienstverpflichteter** auftritt. Auch diese Verträge sind dem Wahlrecht des Verwalters aus § 103 entzogen. Die für die Praxis wichtigen Folgefragen im Zusammenhang mit Dienst und Arbeitsverträgen werden in den §§ 113 und 114 geregelt, so dass auch auf die dortige Kommentierung verwiesen wird. Die Fortgeltung der Verträge hat freilich zur Folge, dass die aus den Verträgen herrührenden Verpflichtungen dann Masseschulden darstellen, wenn sie in der Zeit nach der Insolvenzeröffnung entstehen, anderenfalls sie Insolvenzforderungen sind.

26 **1. Schuldner als Dienstberechtigter.** Oftmals befindet sich der Schuldner in der **Arbeitgeberrolle** bzw. ist Dienstberechtigter. Alsdann besteht das Dienst- oder Arbeitsverhältnis des Schuldners zu seinen Arbeitnehmern bzw. zu den ihm durch Dienstvertrag Verpflichteten trotz der Eröffnung des Insolvenzverfahrens fort. Das bedeutet für den Insolvenzverwalter, dass er – wie bei Miet- und Pachtverhältnissen über unbewegliche Gegenstände oder Räume – aktiv werden muss, wenn er die Insolvenzmasse von fortlaufenden Belastungen befreien möchte. § 113 regelt dann im Einzelnen, welche Kündigungsfristen einzuhalten sind, wenn das Dienstverhältnis beendet werden soll.

27 Begrifflich erstreckt sich der Anwendungsbereich zunächst auf reguläre **Arbeitnehmer,** deren Arbeitsverhältnis bei Eröffnung des Insolvenzverfahrens bereits besteht. Dabei ist es nach dem Wortlaut des Absatz 1 unerheblich, ob das Arbeitsverhältnis bei Insolvenzeröffnung bereits angetreten war oder nicht (anders nach § 22 KO, der ein „angetretenes Dienstverhältnis" erfasste, FK-InsO/*Eisenbeis* § 113 Rn. 22). Zu den Dienstverträgen iSd § 108 Abs. 1 gehören auch Ausbildungsverträge (BAG ZIP 1993, 1316). Nicht hierher gehören aber Geschäftsbesorgungsverträge, die unter die Sonderreglung des § 116 fallen und mit der Eröffnung des Insolvenzverfahrens ohne Zutun des Verwalters automatisch erlöschen. Die Abgrenzung bei Handelsvertretern, va bei sog Einfirmenhandelsvertretern kann im Einzelfall schwierig sein (vgl. ausf. FK-InsO/*Wegener* Rn. 26).

28 Neben den Arbeitsverhältnissen findet Absatz 1 auch auf **Dienstverhältnisse von Vorstandsmitgliedern und Geschäftsführern** von Gesellschaften Anwendung. Alsdann ist zu unterscheiden zwischen dem Dienstverhältnis und dem sog

Organschaftsverhältnis, demzufolge eine natürliche Person zum Organ, also zB zum Vorstand einer AG oder zum Geschäftsführer einer GmbH bestellt wurde. § 108 regelt allein das Dienst-, nicht auch das Organschaftsverhältnis. Deshalb hat auch die Beendigung des Dienstvertrages etwa eines GmbH-Geschäftsführers keinen Einfluss darauf, dass er dennoch Geschäftsführer der Gesellschaft ist und bleibt. Umgekehrt gilt dasselbe, denn die Abberufung als Geschäftsführer hat nicht die Beendigung des daneben bestehenden Dienstvertrages zur Folge. Dies gilt nicht nur beim Fremdgeschäftsführer, sondern auch beim Gesellschafter-Geschäftsführer und sogar dann, wenn der Gesellschafter-Geschäftsführer gleichzeitig Alleingesellschafter ist (BGHZ 75, 209). Allerdings kann es Wechselwirkungen geben; so hat die Rspr. ein außerordentliches Kündigungsrecht des Geschäftsführers darin gesehen, dass dieser die Insolvenzantragsfrist überschritten hat (BGH ZInsO 2008, 164).

2. Schuldner als Dienstverpflichteter. Ist der Gemeinschuldner Dienstverpflichteter, besteht das Dienstverhältnis zulasten der Masse fort, wobei die geschuldete Dienstleistung häufig nur durch den **Schuldner persönlich** erbracht werden kann. Ein Sonderkündigungsrecht hält das Gesetz für diesen Fall nicht vor. Teilw. wird die Meinung vertreten, dass sich Absatz 1 nicht auf solche Dienstverhältnisse erstrecken könne, bei denen der Schuldner der Dienstverpflichtete ist, weil die Arbeitskraft nicht dem Insolvenzbeschlag unterfalle (MüKoInsO/*Löwisch*/*Caspers* § 113 Rn. 4; aA HK-InsO/*Marotzke* Rn. 4; Graf-Schlicker/*Breitenbücher* Rn. 10; Nerlich/Römermann/*Balthasar* Rn. 10). Dafür indes findet sich im Wortlaut des § 108 keine Stütze. In § 114 schließlich findet sich eine Spezialregelung, die Vorausverfügungen über Bezüge aus fortlaufenden Dienstverhältnissen in Ihrer Wirksamkeit zeitlich begrenzt. 29

IV. Darlehensverträge (Absatz 2)

Mit dem Gesetz zur Vereinfachung des Insolvenzverfahrens v. 13.7.2007 wurde der Absatz 2 eingeführt, der das **Fortbestehen bestimmter Darlehenskonstellationen** zulasten der Masse ausweitet. Der Gesetzgeber wollte mit der Vorschrift Rechtssicherheit für die seinerzeit diskutierte Frage schaffen, ob bei Darlehensverträgen des Schuldners als Darlehensgeber die Regelung des § 103 greift. Abgelehnt wurde dies teilw. mit dem Argument, dass es sich bei einem Darlehensvertrag nach Ausreichung des Darlehens nicht um einen beiderseits nicht vollständig erfüllten Vertrag handele, da der Darlehensgeber mit der Ausreichung der Darlehensvaluta bereits alles seinerseits erforderliche getan habe (vgl. *Marotzke* ZInsO 2004, 1273; *ders.* ZInsO 2004, 1063; *Kuder* ZInsO 2004, 1180; *Freitag* ZIP 2004, 2368). Die Rechtsunsicherheit sollte jedoch beseitigt werden, insbes. um etwa im Falle einer Bankeninsolvenz zu vermeiden, dass der Insolvenzverwalter in sämtlichen von der Bank abgeschlossenen Darlehensverträgen die Nichterfüllung wählt; für die Darlehensnehmer (private wie gewerbliche) wäre die für sie unvorhersehbare sofortige Rückzahlungsverpflichtung oftmals nicht erfüllbar. 30

Die Vorschrift setzt voraus, dass der Schuldner vor der Insolvenz einem Anderen ein **Darlehen gewährt** hat, die **Valuta** bereits **ausgereicht** ist und der **Darlehensvertrag noch besteht.** Auch wenn der Wortlaut der Vorschrift nicht zwischen Geld- und Sachdarlehen unterscheidet, ergibt sich aus dem Zweck der Vorschrift, dass sie nur für Gelddarlehen greifen soll (Uhlenbruck/*Wegener* Rn. 61; HK-InsO/*Marotzke* Rn. 83; Kübler/Prütting/Bork/*Tintelnot* Rn. 26c). Ebenfalls aus dem Zweck der Vorschrift und entsprechenden Ausführungen in der Gesetzesbegründung (BT-Drs. 16/3227, 19) schließt man, dass nur entgeltliche, also **verzinste Darlehen** erfasst sein sollen (Uhlenbruck/*Wegener* Rn. 62; HK-InsO/*Marotzke* Rn. 85). Unerheblich ist hingegen, ob es sich bei dem Darlehensgeber 31 um ein Kreditinstitut, eine Gesellschaft oder um eine Privatperson handelt; an dieser Stelle werden aus der Gesetzesbegründung keine Beschränkungen hergeleitet (MüKoInsO/*Eckert* Rn. 206; Uhlenbruck/*Wegener* Rn. 61).

32 Ungeklärt ist die Frage, ob die Regelung auch auf **Kontokorrentkredite** anzuwenden ist (dafür MüKoInsO/*Eckert* Rn. 205; Uhlenbruck/*Wegener* Rn. 61; dagegen HK-InsO/*Marotzke* Rn. 77; Graf-Schlicker/*Breitenbücher* Rn. 14). Dagegen spricht, dass der Gesetzgeber in der Begründung ausgeführt hat, der § 108 Abs. 2 lasse die Anwendbarkeit des § 116 auf Kontokorrentkredite unberührt (BT-Drs. 16/3227, 19); er ging also davon aus, dass Kontokorrentkredite ohnehin mit Verfahrenseröffnung enden. Dies ist freilich nicht so, da § 116 überhaupt nur in der Insolvenz des Darlehensnehmers greifen könnte und es hier um die Insolvenz des Darlehensgebers geht (Kübler/Prütting/Bork/*Tintelnot* Rn. 4c; Uhlenbruck/*Wegener* Rn. 61). Wenn man die Vorschrift aber trotz dessen auf Kontokorrentkredite anwenden will, dann geht dies jedenfalls nur in dem Umfang, in dem der Kontokorrent im Zeitpunkt der Verfahrenseröffnung valutiert; die Pflicht des Insolvenzverwalters zu einer weitergehenden Ausreichung lässt sich aus der Vorschrift nicht ableiten.

33 Die **Rechtsfolge** der Vorschrift ist die gleiche wie iRd Absatz 1: Die Vertragspflichten des Insolvenzschuldners werden automatisch **in den Rang einer Masseverbindlichkeit erhoben.** Der Verwalter muss die Darlehensvaluta also beim Darlehensnehmer belassen (Kübler/Prütting/Bork/*Tintelnot* Rn. 26a); er kann den Vertrag nur nach den vertraglich vorgesehenen bzw. subsidiär gesetzlichen Kündigungsfristen kündigen (Uhlenbruck/*Wegener* Rn. 63). War das Darlehen bei Verfahrenseröffnung nur teilw. ausgereicht, spaltet sich der Vertrag auf – in einen Teil, dessen Erfüllung nach Absatz 2 automatisch den Rang einer Masseverbindlichkeit bekleidet (keine Wahlmöglichkeit mit Beendigung und gleichzeitige Belassung der ausgereichten Valuta nach den vereinbarten Bedingungen) und einen Teil, der dem Wahlrecht des Verwalters unterfällt (bzgl. des nicht valutierten Teilbetrages).

34 Bislang nicht diskutiert ist die Folge der **Masseunzulänglichkeit** auf den Darlehensvertrag. Da nicht nur Geld, sondern auch alle anderen Forderungen gegen die Masse dem Einwand der Masseunzulänglichkeit unterfallen (vgl. eing. *Ringstmeier* ZInsO 2004, 169), wird auch der Belassungsanspruch des Darlehensnehmers zu einer Altmasseverbindlichkeit und verliert seine Durchsetzbarkeit. Damit muss der Verwalter die Darlehensvaluta zurückverlangen können, weil der Darlehensnehmer um die Nutzungsmöglichkeit ungerechtfertigt bereichert ist. Dies gilt unabhängig von einer Kündigung des Darlehensvertrages, die auch im Zustand der Masseunzulänglichkeit nicht in weiterem Umfang möglich ist. Angesichts des vom Gesetzgeber mit der Vorschrift verfolgten Zweck lässt sich mE auch vertreten, dass eine solche Rückforderung im Falle der Masseunzulänglichkeit ausgeschlossen sein soll, da der Zweck sonst regelmäßig verfehlt wird. Soweit absehbar ist, dass die Masseunzulänglichkeit im Laufe des Verfahrens überwunden wird, lässt sich die Einforderung des Darlehens uU auch mit Treu und Glauben abwenden, da dieses nach der Überwindung als Altmasseverbindlichkeit wieder vom Verwalter zu erfüllen wäre.

V. Leasingverträge über bewegliche Gegenstände (Absatz 1 Satz 2)

35 Der Anwendungsbereich des Absatz 1 Satz 2 ist speziell auf **die Insolvenz eines Leasinggebers** zugeschnitten: Der Leasinggeber vermietet oder verpachtet den Leasinggegenstand an den Leasingnehmer. Regelmäßig wird im Vorfeld hierzu der Erwerb des Leasinggutes durch den Leasinggeber von einer Bank finanziert, die zur Sicherung ihrer Forderungen gegen die Leasinggesellschaft den Gegenstand übereignet bekommt und der die vom Leasingnehmer zu entrichteten

Leasinggebühren abgetreten werden. Fällt nun der Leasinggeber in die Insolvenz, ist nach Absatz 1 Satz 2 das Wahlrecht des Verwalters für den Überlassungsvertrag an den Leasingnehmer ausgeschlossen, die Leasingverträge werden automatisch zulasten der Masse fortgeführt. Damit wird verhindert, dass der Insolvenzverwalter des Leasinggebers den Leasingvertrag mit dem Kunden beendet und so das Sicherungsgut der Refinanzierungsbank – die Leasingforderungen – abhandenkommen. Und würde der Vertrag unter § 103 bzw. § 105 fallen, könnte der Insolvenzverwalter auch Erfüllung des Vertrages wählen, so dass der Anspruch auf die Weiterentrichtung der Leasingraten „neu" und „originär" entstehen würde (vgl. BGHZ 150, 353; ZIP 2002, 1093), so dass das daran bestehende Sicherungsrecht der finanzierenden Bank daran nicht entstehen könnte.

Gegenstände des Mietvertrages können neben **beweglichen Sachen** auch **Rechte** sein, insbes. hatte der Gesetzgeber auch Verträge über **Software**leasing vor Augen (MüKoInsO/*Eckert* § 108 Rn. 9). Erfasst sind angesichts des eindeutigen Wortlautes der Vorschrift auch Mietverträge, die keine Leasingverträge darstellen, aber die weitere Voraussetzung einer Refinanzierung erfüllen. 36

Die Vorschrift wird in **rechtspolitischer Hinsicht** ganz überwiegend für fragwürdig gehalten, da sie die Interessen der Refinanzierungsbanken einseitig verfolgt und für den Leasingnehmer zu unverschuldeter Rechtsunsicherheit führt, weil dieser mangels Kenntnis von der Refinanzierung seines Leasinggebers gar nicht prüfen kann, ob die Voraussetzungen der Vorschrift erfüllt sind (vgl. MüKoInsO/*Eckert* Rn. 8; *Marotzke* ZZP 109 (1996), 429 (Fn. 66, 94); *Eckert* ZIP 1996, 897 [908]). 37

In **rechtstechnischer Hinsicht** führt der Regelungsgehalt nicht zu dem vom Gesetzgeber angestrebten Erfolg. Die Einordnung der Pflichten des Schuldners aus dem Leasingvertrag als Masseverbindlichkeiten führt zwar dazu, dass im Regelfall der Vertrag fortgesetzt wird und dem Leasingnehmer kein Kündigungsrecht erwächst. Dies hat aber nicht zur Folge, dass die Vorausverfügungen über die Leasingraten zugunsten des Refinanzierers insolvenzfest sind. Für die nach der Verfahrenseröffnung entstehenden Leasingraten gilt nach den allgemeinen Grundsätzen, dass die Vorausverfügung nach § 91 unwirksam ist. Nach dem Wortlaut der Vorschrift ist das Sicherungsrecht der Refinanzierungsbank an den Leasingforderungen also trotz § 108 Abs. 1 S. 2 wertlos. Angesichts des eindeutigen Zwecks, den der Gesetzgeber mit der Vorschrift verfolgt hat (BT-Drs. 13/4699, 6), wird freilich gemeinhin vertreten, man müsse in den Absatz 2 Satz 1 hineinlesen, dass dieser den § 91 verdrängt und Vorausverfügungen wirksam werden lässt (BGHZ 118, 282; MüKoInsO/*Eckert* § 110 Rn. 29; *Michalski/Ruess* NZI 2000, 250 [251]; *Schmid-Burgk/Ditz* ZIP 1996, 1123; *Seifert* NZM 1998, 217 [218]; KS-InsO/*Sinz* S. 593, 612 Rn. 46). Dies gilt jedenfalls, solange die Leasingraten nur die Gebrauchsgewährung entlohnen und nicht weitere Zusatzleistungen, die aus der Masse zu erbringen sind (vgl. dazu näher MüKoInsO/*Eckert* § 110 Rn. 29 ff.). 38

Schuldner als Mieter oder Pächter[1]

109 (1) [1] **Ein Miet- oder Pachtverhältnis über einen unbeweglichen Gegenstand oder über Räume, das der Schuldner als Mieter oder Pächter eingegangen war, kann der Insolvenzverwalter ohne Rücksicht auf die vereinbarte Vertragsdauer oder einen vereinbarten Ausschluss des Rechts zur ordentlichen Kündigung kündigen; die Kündigungsfrist beträgt drei Monate zum Monatsende, wenn nicht eine kürzere Frist maß-**

[1] § 109 Abs. 1 Satz 2 eingef., Abs. 1 bish. Satz 2 wird Satz 3 und neu gef. mWv 1.12.2001 durch G v. 26.10.2001 (BGBl. I S. 2710); Abs. 1 Satz 1 neu gef. mWv 1.7.2007 durch G v. 13.4.2007 (BGBl. I S. 509).

geblich ist. [2] Ist Gegenstand des Mietverhältnisses die Wohnung des Schuldners, so tritt an die Stelle der Kündigung das Recht des Insolvenzverwalters zu erklären, dass Ansprüche, die nach Ablauf der in Satz 1 genannten Frist fällig werden, nicht im Insolvenzverfahren geltend gemacht werden können. [3] Kündigt der Verwalter nach Satz 1 oder gibt er die Erklärung nach Satz 2 ab, so kann der andere Teil wegen der vorzeitigen Beendigung des Vertragsverhältnisses oder wegen der Folgen der Erklärung als Insolvenzgläubiger Schadenersatz verlangen.

(2) **[1] Waren dem Schuldner der unbewegliche Gegenstand oder die Räume zur Zeit der Eröffnung des Verfahrens noch nicht überlassen, so kann sowohl der Verwalter als auch der andere Teil vom Vertrag zurücktreten. [2] Tritt der Verwalter zurück, so kann der andere Teil wegen der vorzeitigen Beendigung des Vertragsverhältnisses als Insolvenzgläubiger Schadenersatz verlangen. [3] Jeder Teil hat dem anderen auf dessen Verlangen binnen zwei Wochen zu erklären, ob er vom Vertrag zurücktreten will; unterläßt er dies, so verliert er das Rücktrittsrecht.**

Schrifttum: *Dahl,* Im Überblick: Der Mieter in der Insolvenz, NZM 2008, 585; *Eckert,* Miete, Pacht und Leasing im neuen Insolvenzrecht, ZIP 1996, 897; *Emmert,* Kündigung und Einziehung des Genossenschaftsanteils durch den Insolvenzverwalter trotz § 109 Abs. 1 Satz 2 InsO?, ZInsO 2005, 852; *Hain,* Das Wohnraummietverhältnis des Insolvenzschuldners unter besonderer Berücksichtigung der Räumungs- und Herausgabeverpflichtung des Insolvenzverwalters/Treuhänders, ZInsO 2007, 192; *Marotzke,* Die Wohnraummiete in der Insolvenz des Mieters, KTS 1999, 269; *Pape,* Insolvenz im Mietrecht, NZM 2004, 401; *Tetzlaff,* Analoge Anwendung des § 109 Abs. 1 Satz 2 InsO auf Dauernutzungsverhältnisse des Schuldners bei Wohnungsgenossenschaften?, ZInsO 2007, 590; *ders.,* Rechte des Vermieters in der Insolvenz des Mieters, NZI 2006, 87; *Tintelnot,* Die gegenseitigen Verträge im neuen Insolvenzverfahren, ZIP 1995, 616; *Vallender/Dahl,* Das Mietverhältnis des Schuldners im Verbraucherinsolvenzverfahren, NZI 2000, 246; *Wegener,* Die Herstellungspflicht des Verwalters in der Vermieterinsolvenz nach § 108 InsO, ZInsO 2005, 1259.

Übersicht

I. Grundlagen

1 **1. Normzweck.** Der Insolvenzverwalter muss verhindern können, dass gem. § 108 Abs. 1 aufoktroyierte Masseverbindlichkeiten für ein Miet- und Pachtverhältnis für die Zukunft weiterhin entstehen, sofern die Masse die Miet- oder Pachtsache nicht angemessen nutzen kann und begründet deshalb ein **Sonder-**

kündigungsrecht für den Insolvenzverwalter. Weil er die Erfüllung nicht ablehnen kann, soll er nach § 109 Abs. 1 die Möglichkeit haben, ohne Rücksicht auf vertragliche Vereinbarungen mit den gesetzlichen Fristen zu kündigen, wenn der Gemeinschuldner Mieter/Pächter ist. Für Dienstverhältnisse, bei denen der Schuldner die Rolle des Arbeitgebers innehat gibt es eine vergleichbare Regelung in § 113. Ein Sonderkündigungsrecht des Insolvenzverwalters soll es hingegen für ein Darlehensverhältnis gerade nicht geben; bei diesen ist die Insolvenzmasse an die vertragliche Abrede gebunden und kann sich daraus auch nicht aufgrund der eigenen Insolvenz befreien (die vertraglichen bzw. gesetzlichen Beendigungsgründe streiten hingegen auch für die Insolvenzmasse).

An die Stelle des Sonderkündigungsrechts tritt bei Mietverträgen über den **Wohnraum des Schuldners** nach Absatz 1 Satz 2 die Möglichkeit zur Enthaftung der Insolvenzmasse, ohne eine Kündigung des Mietvertrages aussprechen zu müssen. Erreicht werden soll ein angemessener Ausgleich zwischen den Interessen der Insolvenzmasse, künftige Masseverbindlichkeiten zu vermeiden, und des Schuldners, seinen Wohnraum nicht zwangsläufig zu verlieren. Damit ist dem Insolvenzverwalter zugleich die Möglichkeit genommen worden, allein wegen des Wunsches, die vom Schuldner bei seinem Vermieter hinterlegte Kaution für die Insolvenzmasse einnehmen zu können. 2

Das Sonderkündigungsrecht und die Enthaftung gem. § 109 greifen **nur für den Insolvenzverwalter** sowie im vereinfachten Verfahren für den **Treuhänder** des Mieters/Pächters ein; der Vermieter kann aus dieser Vorschrift keine Rechte für sich ableiten. Abschließend stellt Absatz 1 Satz 3 für die Fälle der Sonderkündigung oder Enthaftung klar, dass ein aus dem Sonderkündigungsrecht resultierender Schadensersatzanspruch (sog **„Verfrühungsschaden"**) nur Insolvenzforderung ist. 3

Für Miet-/Pachtverträge, die im Zeitpunkt der Verfahrenseröffnung noch nicht durch **Überlassung der Mietsache** in Vollzug gesetzt worden waren, trifft Absatz 2 eine Sonderregel, indem der Insolvenzverwalter oder der Vermieter von dem Vertrag zurücktreten kann. Es soll verhindert werden, dass die Parteien einen Vertrag erst in Vollzug setzen müssen, von dem sie sich sodann sofort wieder lösen wollen. 4

2. Systematische Einordnung. Das **Sonderkündigungsrecht des Absatz 1 Satz 1** stellt eine materiell rechtliche Regelung dar, die den Fortbestand des Miet- oder Pachtverhältnisses gem. § 108 Abs. 1 zeitlich begrenzt. Das für den Wohnraum des Schuldners konzipierte Enthaftungsrecht des Absatz 1 Satz 2 hingegen greift nicht in das materielle Vertragsverhältnis ein, sondern enthält lediglich eine insolvenzspezifische Regelung zur Einordnung von Verbindlichkeiten in das System aus Insolvenzforderungen, Masseverbindlichkeiten und insolvenzfreien Verbindlichkeiten. Das hier verfolgte Konzept der „Freigabe" von Verbindlichkeiten aus der Insolvenzmasse ist in dogmatischer Hinsicht ein Novum, was sich an keiner anderen Stelle der InsO findet. Die Regelung des **Absatz 1 Satz 3** wiederum ist eine **bloße Klarstellung** der insolvenzrechtlichen Einordnung von Schadensersatzansprüchen, die den allgemeinen Grundgedanken der §§ 103, 105 und 108 Abs. 3 ergänzt. 5

Das **Rücktrittsrecht des Absatz 2** schließlich stellt eine Regelung des materiellen Rechts dar, die eine besondere Beendigungsmöglichkeit für das Vertragsverhältnis enthält. Systematisch etwas überraschend ist dabei, dass das Rücktrittsrecht auch für den Vermieter greift, dem ja das Sonderkündigungsrecht aus Abs. 1 gerade nicht zusteht und der im Gegenteil nach § 112 sogar in weitem Umfang an einer Kündigung des Vertrages wegen der Insolvenz gehindert ist (vgl. *Tintelnot* ZIP 1995, 616 [621]; *Eckert* ZIP 1996, 897 [900]). 6

II. Sonderkündigungsrecht (Absatz 1 Satz 1)

7 **1. Voraussetzungen.** Das **Sonderkündigungsrecht entsteht mit der Verfahrenseröffnung.** Die Kündigungsmöglichkeit nach gesetzlichen Fristen gem. Absatz 1 Satz 1 stellt eine Obergrenze für ordentliche Kündigungen durch den Insolvenzverwalter dar, verdrängt daher kürzere Beendigungsmöglichkeiten des Insolvenzverwalters nicht. Auch eine außerordentliche Kündigung aus wichtigem Grund oder eine einvernehmliche Vertragsaufhebung zwischen den Parteien bleiben selbstverständlich möglich. Ist bereits vorinsolvenzlich eine Kündigung von einer der Parteien ausgesprochen worden, ist eine nochmalige Kündigung durch den Insolvenzverwalter unter Berufung auf das Sonderkündigungsrecht des Absatz 1 Satz 1 nicht ausgeschlossen. Das Sonderkündigungsrecht steht nur dem Insolvenzverwalter zu, nicht auch dem Vermieter. Andere, also nicht ordentliche Kündigungsmöglichkeiten des Vermieters, die ihm trotz § 112 erhalten geblieben sind, bleiben unberührt und können ihrerseits sogar das Sonderkündigungsrecht des Verwalters „überholen" (KG ZMR 2007, 615). Negative Voraussetzung des Kündigungsrechts ist es, dass es sich nicht um Wohnraum des Schuldners handelt; hier ist die Enthaftungsmöglichkeit nach Absatz 1 Satz 2 der Vorschrift spezieller (Uhlenbruck/*Wegener* Rn. 2).

8 Der **Mietvertrag muss vor der Insolvenz vom Schuldner geschlossen worden sein;** uU auch mit Zustimmung des schwachen vorläufigen Verwalters. Verträge, die der starke vorläufige Verwalter oder der endgültige Verwalter nach Verfahrenseröffnung geschlossen hat, können nicht nach Absatz 1 gekündigt werden (HK-InsO/*Marotzke* Rn. 1; MüKoInsO/*Eckert* Rn. 9); für solche Miet- oder Pachtverhältnisse ist ein insolvenzbedingtes Sonderkündigungsrecht auch nicht erforderlich, denn es darf angenommen werden, dass der vorläufige Insolvenzverwalter, auf den die Verfügungsbefugnis übergegangen ist, ebenso wie der Insolvenzverwalter vor Abschluss des von ihm begründeten Miet- oder Pachtvertrages geprüft haben wird, ob der Vertragsabschluss mit den vereinbarten Beendigungsmöglichkeiten und -fristen dem Interesse der Insolvenzmasse entspricht. Außerdem ist der Vertragspartner, der mit dem starken vorläufigen oder dem endgültigen Insolvenzverwalter Verträge abschließt, schützenswert in seinem Vertrauen auf den Bestand der Verträge. Damit wäre ein Sonderkündigungsrecht nach Maßgabe des § 109 nicht vereinbar.

9 Das Sonderkündigungsrecht entsteht auch dann, wenn der **Miet- oder Pachtvertrag mit dem Schuldner und anderen Personen** abgeschlossen worden ist (OLG Celle NJW 1974, 2013; HambK-InsO/*Ahrendt* Rn. 19). Streitig ist in diesem Zusammenhang indes, ob die Kündigung des insolventen Mieters auch für und gegen die übrigen Mieter wirkt, wobei die wohl überwiegende Meinung von einer Gesamtwirkung der Kündigung ausgeht (OLG Düsseldorf NJW-RR 1987, 1369; Uhlenbruck/*Wegener* Rn. 3 mwN). ME lässt sich diese Frage nicht pauschal beantworten, sondern hängt im Einzelfall von einer ergänzenden Auslegung des Mietvertrages ab, nämlich von dem anzunehmenden Parteiwillen für den Fall des Ausscheidens des insolventen Mieters.

10 Das Sonderkündigungsrecht des Absatz 1 Satz 1 besteht grds. auch dann, wenn die **Mietsache noch nicht überlassen** wurde, tritt aber solange hinter dem Rücktrittsrecht des Absatz 2 zurück, wie dieses besteht. Nach Erlöschen des Rücktrittsrechts des Abs. 2 greift dann wieder die Kündigungsmöglichkeit nach Absatz 1 Satz 1, soweit die Voraussetzungen vorliegen (Uhlenbruck/*Wegener* Rn. 4; MüKoInsO/*Eckert* Rn. 75; aA HK-InsO/*Marotzke* Rn. 23).

11 Die besondere Kündigungsmöglichkeit des Absatz 1 unterliegt keiner Verfristung; der Verwalter kann die **Kündigung zu jedem Zeitpunkt innerhalb des laufenden Insolvenzverfahrens** aussprechen (*Eckert* ZIP 1996, 897 [901]; Küb-

ler/Prütting/Bork/*Tintelnot* Rn. 7). Der Vertragspartner kann den Verwalter auch nicht zu einer Erklärung über die Ausübung des Sonderkündigungsrechts zu einem bestimmten Zeitpunkt zwingen. Selbst eine jahrelange Fortsetzung des Miet- oder Pachtverhältnisses durch die Insolvenzmasse, etwa im Falle einer lang andauernden Betriebsfortführung, führt nicht zum Wegfall des Sonderkündigungsrechts; der Vertragspartner muss dies akzeptieren (vgl. HK-InsO/*Marotzke* Rn. 4).

Ausnahmsweise kann das Sonderkündigungs- oder Rücktrittsrecht nicht ausgeübt werden, wenn nicht nur der Schuldner insolvent ist, sondern auch eine Gesellschaft, an der der Schuldner beteiligt ist, wenn in der Gesellschaftsinsolvenz die **Voraussetzungen des § 135 in der Person des Schuldners vorliegen** (vgl. → § 135 Rn. 38). 12

2. Rechtsfolgen. Der Verwalter kann unabhängig von vertraglichen Kündigungsfristen oder -ausschlüssen und unabhängig von gesetzlichen Kündigungsfristen mit längstens einer **Sonderkündigungsfrist von drei Monaten zum Monatsende** kündigen. Längere vertragliche und gesetzliche Kündigungsfristen werden damit bedeutungslos, kürzere nicht. Ist vertraglich eine kürzere Frist vereinbart, kann der Verwalter unter Hinweis auf diese kürzere Frist auch zu einem früheren Zeitpunkt kündigen (allg. Meinung, Uhlenbruck/*Wegener* Rn. 5 mwN; aA nur *Smid* Rn. 4). Ist bereits vorinsolvenzlich eine Kündigung von einer der Parteien ausgesprochen worden, ist eine nochmalige Kündigung durch den Insolvenzverwalter unter Berufung auf das Sonderkündigungsrecht des Absatz 1 Satz 1 nicht ausgeschlossen. Eine nochmalige „überholende" Kündigung durch den Insolvenzverwalter macht dann Sinn, wenn er dadurch eine noch frühere Beendigung des Miet- oder Pachtverhältnisses erreichen kann. In **vor dem 1.7.2007 eröffneten Insolvenzverfahren** greift das Sonderkündigungsrecht des § 109 auch heute noch in der damaligen Fassung; eine Kündigung war danach unter Einhaltung der jeweils einschlägigen gesetzlichen Kündigungsfrist möglich. 13

Mit **Ablauf der Kündigungsfrist,** spätestens der des Absatz 1 Satz 1 endet das Miet- bzw. Pachtverhältnis. Das gilt selbst dann, wenn zwischenzeitlich das Insolvenzverfahren aufgehoben wurde (Uhlenbruck/*Wegener* Rn. 9). Die vor Ablauf der Kündigungsfrist eingestellte Nutzung durch die Insolvenzmasse, beendet das Mietverhältnis nicht früher. Sie kann aber im Falle einer angezeigten Masseunzulänglichkeit über die Qualifizierung des Miet- oder Pachtzinsen als Neu- oder Altmasseschuld nach Maßgabe des § 209 Abs. 2 Ziff. 3 Bedeutung haben. 14

Gem. Absatz 1 Satz 3 kann ein etwaiger **Schadensersatzanspruch wegen der vorzeitigen Beendigung des Vertrages** nur als Insolvenzforderung geltend gemacht werden. Die Vorschrift stellt keine Anspruchsgrundlage für einen Schadensersatzanspruch dar, sondern setzt einen solchen vielmehr voraus und regelt nur dessen insolvenzrechtliche Einordnung. Insoweit handelt es sich um eine unselbständige Klarstellung, die den Grundgedanken des § 105 und des § 108 Abs. 3 aufgreift. Gelegentlich macht die **Bezifferung des Schadensersatzanspruches** in der Praxis Schwierigkeiten, va, wenn es sich um ein Miet- oder Pachtverhältnis gehandelt hat, das ohne Sonderkündigungsrecht des Insolvenzverwalters noch längere Zeit bestanden hätte. Der Vermieter oder Verpächter ist im Interesse einer Schadensminderungspflicht gehalten, den sog „Verfrühungsschaden" nicht durch bloße Addition der ihm entgehenden Miet- oder Pachtzinsen für die Zeit zwischen Beendigung aufgrund der Sonderkündigung und dem Zeitpunkt, zu dem das Vertragsverhältnis aufgrund vertraglicher Vereinbarung richtigerweise hätte beendet werden können, zu errechnen. Vielmehr muss er Zwischenvermietungen oder -verpachtungen versuchen und wird dies auch im eigenen Interesse tun, denn eine adäquat hohe und va auch zeitnahe Quotenzahlung auf den Verfrühungsschaden ist in der Regel nicht zu erwarten. Erlöse aus 15

Zwischenvermietungen oder Zwischenverpachtungen sind auf den Verfrühungsschaden anzurechnen. Je nach Zeitdauer, die das Vertragsverhältnis vorzeitig beendet worden ist, wird eine Prognose zu den zu erwartenden Zwischenerlösen schwierig. In solchen Fällen sollte eine einvernehmliche Verständigung zwischen Vermieter/Verpächter und Insolvenzverwalter über die Höhe des Verfrühungsschadens versucht werden. Gelingt das nicht und bestreitet der Verwalter oder ein anderer Insolvenzgläubiger die vom Vermieter/Verpächter angemeldete Forderung, ist notfalls im Feststellungsrechtsstreit eine Schadensschätzung des Gerichts gem. § 287 ZPO vorzunehmen.

16 **3. Abwicklung des beendeten Miet- oder Pachtvertrages in der Mieter-/Pächterinsolvenz.** Nach dem Ende des Miet- oder Pachtvertrages kann der Vermieter/Verpächter die **Rückgabe der Miet-/Pachtsache** verlangen (Beachte die Sonderregel des § 135 Abs. 3, dort unter §§ 29 ff.). Der Anspruch ergibt sich zugunsten des Eigentümers aus § 985 BGB, in diesen und allen anderen Fällen eines beendeten Miet- oder Pachtvertrages auch aus dem vertraglichen Rückgabeanspruch gem. § 546 Abs. 1 bzw. § 596 Abs. 1 BGB. Der vertragliche Rückgabeanspruch umfasst anders als der dingliche gem. § 985 BGB nicht nur die Herausgabe der Mietsache in dem Zustand, in dem sie sich bei Beendigung des Vertrages befindet; vielmehr muss der Mieter die Sache in vertragsgemäßem Zustand zurückgeben, insbes. geräumt, uU renoviert und ggf. nach Beseitigung von baulichen Veränderungen (Rückbau). Diese Pflicht geht grds. auf die Insolvenzmasse über, teilt sich aber nach den allgemeinen insolvenzrechtlichen Grundsätzen (§ 105) auf in solche Pflichten, die ihren Grund in der Zeit vor der Verfahrenseröffnung haben und solche aus der Zeit danach.

17 Die bloße **Herausgabe der Mietsache** muss der Verwalter in jedem Falle als Masseverbindlichkeit bzw. als Aussonderungsrecht erfüllen. Erforderlich ist dafür, die Sache an den Vermieter zurückzugeben und den Besitz durch die Masse aufzugeben. Bringt der Verwalter eindeutig zum Ausdruck, dass er den Besitz nicht mehr ausüben will, ist der Vermieter in der Pflicht, den Besitz wieder an sich zu bringen (OLG Saarbrücken ZInsO 2006, 779; Uhlenbruck/*Wegener* § 108 Rn. 34). Die Kosten für die Erfüllung des Übergabeanspruchs hat grds. die Insolvenzmasse zu tragen (BGHZ 104, 304 = BGH ZIP 1988, 853). Hatte der Insolvenzverwalter den Mietgegenstand zu keinem Zeitpunkt in Besitz genommen, schuldet er freilich auch keine Besitzverschaffung (BGH ZIP 2008, 1736).

18 Problematisch ist regelmäßig die Frage nach der Einordnung der sonstigen Abwicklungspflichten **(Renovierung, Räumung** und **Rückbau)** virulent (vgl. dazu *Wegener* ZInsO 2005, 1259). Für die Räumung – damit ist die Entleerung von Mieträumen oder das Fortschaffen von Gegenständen auf dem gemieteten/gepachteten Grundstück –, für den Rückbau und die Renovierung gelten, dass dies von der Insolvenzmasse auf deren Kosten als Masseschuld nur insoweit zu erfüllen ist, als der Zustand in der Zeit nach Verfahrenseröffnung herbeigeführt worden ist (BGHZ 148, 252 = BGH ZIP 2001, 1469). Räumen muss der Insolvenzverwalter nur solche Gegenstände, die nach Verfahrenseröffnung in die Mietsache verbracht wurden und zurückbauen muss er nur solche Veränderungen, die nach der Verfahrenseröffnung vorgenommen wurde. Soweit der Bedarf für solche Arbeiten bereits vor der Eröffnung des Insolvenzverfahrens entstanden ist, ist der Vermieter/Verpächter darauf angewiesen, den vertragsgerechten Zustand selbstherzustellen und kann einen daraus erwachsenen Schadensersatzanspruch nur als Insolvenzforderung zu Insolvenztabelle anmelden (BGH ZIP 2007, 340; BGHZ 150, 305; Uhlenbruck/*Wegener* § 108 Rn. 36). Kommt es hierbei zum Streit darüber, in welchen Zeitraum welcher Bedarf entstanden ist, trifft den Vermieter nach den allgemeinen Regeln die Darlegungs- und Beweislast für das Entstehen nach Verfahrenseröffnung (BGHZ 148, 252 = BGH ZIP 2001, 1469).

Diesen Nachweis kann der Vermieter regelmäßig nur dann erbringen, wenn er den Zustand der Mietsache im Zeitpunkt der Verfahrenseröffnung dokumentiert hat.

III. Enthaftung bei Wohnraummiete (Absatz 1 Satz 2)

1. Hintergrund. An die Stelle des Sonderkündigungsrechts tritt bei Mietverträgen über den Wohnraum des Schuldners nach Absatz 1 Satz 2 die Möglichkeit zur **Enthaftung der Insolvenzmasse,** ohne eine Kündigung des Mietvertrages aussprechen zu müssen. Der Hintergrund für die Regelung liegt darin, dass auf der Grundlage des Sonderkündigungsrechts des Absatz 1 Satz 1 Insolvenzverwalter und Treuhänder das Mietverhältnis des Schuldners kündigen mussten, um zum einen die Masse von künftigen Lasten frei zu halten und zum anderen, um so an die häufig beim Vermieter hinterlegte Kaution zu gelangen (vgl. *Vallender/Dahl* NZI 2000, 246; Uhlenbruck/*Wegener* Rn. 14). Damit führte die Insolvenz häufig selbst dann zum Verlust der Wohnung für den Schuldner, wenn dieser bereit war, die künftigen Mieten aus seinem pfändungsfreien Vermögen zu zahlen. Wenn Insolvenzverwalter oder Treuhänder aus sozialen Überlegungen heraus von einer Kündigung absahen, brachte dies wiederum das Risiko einer persönlichen Haftung mit sich. Diese Situation sollte mit der Schaffung des Satz 2 entschärft werden. 19

2. Voraussetzungen. Wohnraum iSd Vorschrift ist nur solcher, **den der Schuldner selbst,** entweder alleine oder mit anderen **bewohnt** (HK-InsO/*Marotzke* Rn. 6). Nicht hierher gehört also bspw. Wohnraum, den der Schuldner für andere (zB Kinder oder getrennt lebende Ehegatten) oder zur Weitervermietung angemietet hat. Ebenso wenig fallen unter die Regelung Zweit- oder Ferienwohnungen (MüKoInsO/*Eckert* Rn. 49). Entscheidend für die Beurteilung ist dabei die Situation im Zeitpunkt der Verfahrenseröffnung; spätere Veränderungen durch den Schuldner werden nicht geschützt (Uhlenbruck/*Wegener* Rn. 15). 20

Die zum 19.7.2013 in Kraft getretene Neuregelung in § 66a GenG ermöglicht dem Insolvenzverwalter nunmehr ausdrücklich die Beteiligung des Schuldners an einer **Wohnungsgenossenschaft** zu kündigen (BGH ZIP 2014, 2142). Bereits zuvor war nach der Rspr. des BGH ein entsprechendes Kündigungsrecht gegeben (BGHZ 180, 185 = BGH ZIP 2009, 875). Die Kündigung unterliegt aber den besonderen Voraussetzungen des § 67c GenG; die Kündigung ist ausgeschlossen, wenn diese gleichzeitig den Verlust der Nutzungsberechtigung der Wohnung des Mitglieds bedeutet. Ebenso darf das Geschäftsguthaben des Mitglieds höchstens das Vierfache des auf einen Monat entfallenden Nutzungsentgelts ohne die als Pauschale oder Vorauszahlung ausgewiesenen Betriebskosten oder höchstens 2000 EUR betragen, § 67c Abs. 1 GenG. Übersteigt das Geschäftsguthaben des Mitglieds den Betrag nach Absatz 1 Nr. 2, ist die Kündigung der Mitgliedschaft nach Absatz 1 auch dann ausgeschlossen, wenn es durch Kündigung einzelner Geschäftsanteile nach § 67b GenG auf einen nach Absatz 1 Nr. 2 zulässigen Betrag vermindert werden kann. 21

Die **Enthaftungserklärung** ist wie eine Kündigung eine einseitig empfangsbedürftige Willenserklärung, die mit ihrem Zugang Gestaltungswirkung entfaltet. Die Enthaftungserklärung kann also nicht einseitig zurückgenommen werden; dafür unterliegt sie grds. der Irrtumsanfechtung. Soweit vereinzelt vertreten wird, die Enthaftungserklärung bedürfe wegen ihrer Nähe zum Mietrecht der Schriftform (so FK-InsO/*Wegener* Rn. 15), überzeugt mich dies nicht: Die Enthaftungserklärung wirkt ja anders als die Kündigung gerade nicht auf den Mietvertrag ein, sondern entfaltet Rechtsfolgen nur bei der insolvenzrechtlichen Einordnung. Für 22 solche Erklärungen, wie zB die Freigabe, ist aber keine Form vorgesehen (iErg ebenso Uhlenbruck/*Wegener* Rn. 18; MüKoInsO/*Eckert* Rn. 50).

23 **3. Rechtsfolgen.** Die Enthaftungserklärung hat zur Folge, dass die nach Ablauf der Frist zugunsten des Vermieters entstehenden Mietzinsen nur gegen den Schuldner selbst, nicht aber mehr gegen die Insolvenzmasse geltend gemacht werden können, und zwar weder als Masseverbindlichkeiten noch als Insolvenzforderungen (BGH NZI 2014, 614). Zivilrechtlich besteht der Mietvertrag also unverändert mit dem Schuldner fort, nur die Ansprüche des Vermieters richten sich nach Ablauf von drei Monaten nicht mehr gegen die Insolvenzmasse, sondern nur noch gegen den **Schuldner** selbst, der dafür nur **mit seinem pfändungsfreien Vermögen** haftet (HambK-InsO/*Ahrendt* Rn. 22; *Pape* NZM 2004, 401 [410]). Die Regelung greift für sämtliche laufenden Ansprüche des Vermieters aus der Zeit nach Ablauf der Frist, neben den Mietzinsen also auch für Nebenkosten, Schönheitsreparaturen usw (FK-InsO/*Wegener* Rn. 16). Nicht ganz stimmig ist der Umstand, dass in die Ermittlung des Pfändungsfreibetrages auch ein pauschaliertes Entgelt für die Anmietung von Wohnraum eingerechnet ist, der Schuldner aber bis zum Wirksamwerden der Enthaftungserklärung keinen Mietzins zahlen muss, für den indes die Insolvenzmasse einzustehen hat. Freilich wird der Schuldner, va bei dem in der Praxis häufig vorkommenden Fall der Masseunzulänglichkeit des Insolvenzverfahrens den Mietzins trotz der zu diesem Zeitpunkt noch bestehenden Einstandspflicht der Insolvenzmasse zahlen, um eine außerordentliche Kündigung durch den Vermieter zu verhindern. In diesem Fall ist der Schuldner nicht berechtigt, die vor dem Wirksamwerden der Enthaftungserklärung von ihm gezahlten Mietzinsen von der Insolvenzmasse zurückzuverlangen.

24 Die Regelung in Absatz 1 Satz 3 ordnet auch für den Fall der Enthaftungserklärung an, dass ein **Schadensersatz wegen vorzeitiger Beendigung** des Mietverhältnisses im Rang eine Insolvenzforderung darstellt. Nicht klar ist, welcher Schadensersatz aus der Enthaftungserklärung wegen vorzeitiger Beendigung des Vertragsverhältnisses folgen soll, da diese Erklärung das Verhältnis nicht beendet. Denkbar ist dann nur der Fall, dass der Schuldner nach der Enthaftung selbst die Miete nicht zahlt und so einen Grund zur außerordentlichen Kündigung schafft, der wiederum den Vertrag vorzeitig beendet (vgl. auch HK-InsO/*Marotzke* Rn. 28).

25 Diskutiert wurde, ob mit dem Übergang der Zuständigkeit für die Verbindlichkeiten auf den Schuldner auch die **Kündigungssperre des § 112 Nr. 1** ende, weil es dem Vermieter nicht zumutbar sei, ein zweites Mal das Auflaufen von für eine Kündigung ausreichender Rückstände abzuwarten (MüKoInsO/*Eckert* Rn. 59; Kübler/Prütting/Bork/*Tintelnot* Rn. 19; HK-InsO/*Marotzke* Rn. 17; *Tetzlaff* NZI 2006, 87 [91]). Dieser Ansatz überzeugt nicht, da es dafür keinerlei Anknüpfungspunkt im Gesetz gibt, diese Ansicht den Zweck des § 109 Abs. 1 S. 2 InsO erheblich konterkariert und diese Bürde dem Vermieter auch für den Fall auferlegt wurde, dass die Forderungszuständigkeit beim Insolvenzverwalter bliebe (so auch AG Hamburg NZI 2009, 331; Uhlenbruck/*Wegener* Rn. 20).

26 **4. Vertragszuständigkeit nach Ablauf der Frist.** Unklar ist die **Reichweite der Vorschrift,** ob damit insgesamt die Verfügungsbefugnis über das gesamte Vertragsverhältnis auf den Schuldner zurückfällt und der Insolvenzmasse entzogen wird (so zB BK-InsO/*Goetsch* Rn. 10; *Hain* ZInsO 2007, 192 [196]; *Tetzlaff* NZI 2006, 87 [91]; ähnlich Kübler/Prütting/Bork/*Tintelnot* Rn. 12; *Dahl* NZM 2008, 585 [587]; dagegen AG Lübeck SchlHA 2003, 167; MüKoInsO/*Eckert* Rn. 54; HambK-InsO/*Ahrendt* Rn. 22; Uhlenbruck/*Wegener* Rn. 23; offen BGH ZIP 2008, 1736). Der Wortlaut spricht zunächst dagegen. Auch kann es kaum zweifelhaft sein, dass Ansprüche des Schuldners aus dem Mietverhältnis gegen den Vermieter in der Masse verbleiben sollen; der Gesetzgeber wollte insoweit abgesehen

von dem Zugriff auf die Kaution – dies allerdings ausweislich der Begründung des Gesetzgebers nur durch den Schutz vor einer Kündigung des Mietverhältnisses (vgl. Uhlenbruck/*Wegener* Rn. 23) – die Insolvenzmasse nicht schmälern. Auch der Schadensersatz wegen der vorzeitigen Beendigung des Schuldverhältnisses bleibt gegen die Insolvenzmasse als Insolvenzforderung gerichtet. Soweit der Begriff der Freigabe in diesem Zusammenhang herangezogen wird, ist die Argumentation nicht stichhaltig, da es eine Freigabe von Verbindlichkeiten oder Schuldverhältnissen bislang nicht gegeben hat, so dass sich hieraus kein Argument ableiten lässt. Angesichts dieser Umstände und des eindeutigen Wortlautes der Vorschrift halte ich es daher für richtig, dass nicht die gesamte Vertragszuständigkeit auf den Schuldner übergeht, sondern nur die Masse aus der Haftung für künftige Verbindlichkeiten befreit wird. Eine Konsequenz dieser Position ist, dass der Vermieter seinerseits das Schuldverhältnis betreffende Erklärungen gegenüber dem Insolvenzverwalter abgeben muss (*Pape* NZM 2004, 401 [410]; aA HK-InsO/*Marotzke* Rn. 16 der allerdings insgesamt von einer abweichenden Konstruktion ausgeht) und andererseits die Kaution nach einer wirksamen Beendigung des Mietvertrages in die Masse fällt (HambK-InsO/*Ahrendt* Rn. 22; Kübler/Prütting/Bork/*Tintelnot* Rn. 20; Uhlenbruck/*Wegener* Rn. 24; MüKoInsO/*Eckert* Rn. 62; aA AG Göttingen NZM 2009, 617; FK-InsO/*Wegener* Rn. 16).

Die für die Praxis wichtigste Auswirkung der Streitfrage schlägt sich beim Kündigungsrecht des Verwalters nieder. Die Möglichkeit der Enthaftung nach Satz 2 verdrängt das **Sonderkündigungsrecht** aus Satz 1. Darüber hinaus entspricht es wohl überwiegender Meinung, dass auch das Recht zur ordentlichen Kündigung des Mietverhältnisses dem Insolvenzverwalter/Treuhänder entzogen ist (Uhlenbruck/*Wegener* Rn. 17; HambK-InsO/*Ahrendt* Rn. 20; Kübler/Prütting/Bork/*Tintelnot* Rn. 21; *Hain* ZInsO 2007, 192 [196]). Dies ergibt sich aus dem Zweck der Vorschrift, der ansonsten bei Zulassung der ordentlichen Kündigung nicht erreicht würde. Dann nämlich müsste auch weiterhin der Verwalter den Vertrag immer dann kündigen, wenn er dadurch eine Kaution zur Masse ziehen könnte, was aber ausweislich der Begründung des Gesetzgebers gerade vermieden werden sollte. Daneben hat die Masse kein schutzwürdiges Interesse an einer Kündigungsmöglichkeit, da sie durch das Fortbestehen des Vertrages nicht belastet wird. Allerdings wird man annehmen müssen, dass eine Kündigung des Mietvertrages dann möglich und geboten ist, wenn der Schuldner dies wünscht. Da die Vorschrift alleine dem Schutz des Schuldners dient, kann dieser sich des Schutzes auch begeben (vgl. auch MüKoInsO/*Eckert* Rn. 52). Dann greift wieder das Interesse des Verwalters, die Insolvenzmasse um die Kaution zu mehren. 27

IV. Rücktrittsrecht vor Überlassung (Absatz 2)

Für Miet-/Pachtverträge die im Zeitpunkt der Verfahrenseröffnung noch nicht durch Überlassung der Mietsache in Vollzug gesetzt worden sind, trifft Absatz 2 eine **Sonderregel,** indem der Insolvenzverwalter oder der Vermieter von dem Vertrag zurücktreten kann. Es soll verhindert werden, dass die Parteien einen Vertrag erst in Vollzug setzen müssen, von dem sie sich sodann sofort wieder lösen wollen. 28

1. Voraussetzungen. Die Vorschrift knüpft an die **Überlassung der Mietsache vor der Verfahrenseröffnung** an. Die Überlassung findet sich als Rechtsbegriff bereits in § 566 BGB und liegt vor, wenn die Mietsache übergeben wurde und der Mieter unmittelbaren Besitz erlangt hat (BGHZ 65, 137 [139]). Im Regelfall findet die Übergabe von Räumen mit der Übergabe der Schlüssel zu den Räumen statt, weil der Mieter damit regelmäßig über die Räume tatsächliche 29

Herrschaftsmacht erlangt und ausüben will (Sörgel/*Mühl* § 854 Rn. 17; FK-InsO/*Wegener* Rn. 25). Zwangsläufig ist das aber nicht, es hängt stets vom tatsächlichen Besitzwillen der Beteiligten im Einzelfall ab. Der Einzug des Schuldners in die Räume ist zwar ein gewichtiges Indiz für die Überlassung, aber keine notwendige Voraussetzung. Insbes. eine Besitzerlangung an den Räumen durch verbotene Eigenmacht des Schuldners führt nicht zu einer Überlassung, da der Besitz fehlerhaft ist.

30 Die **Rücktrittserklärung** ist eine empfangsbedürftige Willenserklärung, die mit ihrem Zugang Gestaltungswirkung entfaltet. Die Enthaftungserklärung kann also nicht einseitig zurück-genommen werden; sie unterliegt aber grds. der Irrtumsanfechtung. Eine Form ist für den Rücktritt nicht vorgesehen; auch *Wegener* fordert dies anders als bei der Enthaftungserklärung nach Absatz 1 Satz 2 nicht (FK-InsO/*Wegener* Rn. 28 ff.; vgl. auch → Rn. 22). Gibt es **neben dem Schuldner weitere Mieter,** so gelten für den Rücktritt die Ausführungen unter → Rn. 9 entsprechend.

31 Grds. kann die **Erklärung irgendwann im Verlaufe des Verfahrens** abgegeben werden und unterliegt keiner Verfristung. Diese Rechtsunsicherheit kann jeder der Vertragspartner dadurch beseitigen, dass er den anderen zur Erklärung über sein Rücktrittsrecht auffordert. Erklärt sich der Vertragspartner innerhalb von zwei Wochen nach Zugang der Aufforderung nicht, verliert dieser sein Rücktrittsrecht, Absatz 2 Satz 3. Unberührt bleibt nach dem Wortlaut der Vorschrift allerdings das Rücktrittsrecht desjenigen, der seinen Vertragspartner zur Erklärung aufgefordert hat. Hierzu wird vertreten, dass der Auffordernde grds. auch sein eigenes Rücktrittsrecht mit Ablauf der Frist verliert, da nach der Aufforderung ein eigener Rücktritt gegen Treu und Glauben verstoße (FK-InsO/*Wegener* Rn. 30). Das ist bedenklich. Der Auffordernde positioniert sich mit seiner Aufforderung nicht zu der Frage, ob er selbst an dem Vertrag festhalten will – es gibt auch andere Motive für die Aufforderung – so dass er sich nicht widersprüchlich verhält. Zudem ist der Vertragspartner nicht schutzwürdig, da er selbst durch eine Aufforderung Rechtssicherheit herbeiführen kann. Das schließt nicht aus, dass im Einzelfall ein Verstoß gegen Treu und Glauben vorliegt, wenn zu der bloßen Aufforderung weitere Umstände hinzutreten.

32 Das Rücktrittsrecht gilt **nicht bei Wohnraum des Schuldners** iSd Absatz 1 Satz 2; die Möglichkeit zur Enthaftungserklärung verdrängt somit auch das Widerrufsrecht (*Marotzke* KTS 1999, 269 [286]; Uhlenbruck/*Wegener* Rn. 29; aA FK-InsO/*Wegener* Rn. 29; *Vallender/Dahl* NZI 2000, 246). Das ergibt sich aus der Schutzbedürftigkeit des Schuldners in Bezug auf seine Wohnung etwa beim Wohnungswechsel. Regelmäßig beschafft man sich neue Wohnräume durch Abschluss eines Mietvertrages, der freilich erst in Gang gesetzt wird, wenn das vorherige Mietverhältnis für die alte Wohnung geendet hat; allenfalls eine möglichst kurze Überschneidung beider Mietverhältnisse für den Umzug wird hingenommen, um für einen möglichst nur kurzen Zeitraum doppelten Mietzins zahlen zu müssen. Könnte in dieser Phase eines zwar abgeschlossenen, aber noch nicht in Gang gesetzten Mietverhältnisses über den neuen Wohnraum des Schuldners der Insolvenzverwalter/Treuhänder einen Rücktritt erklären, stünde der Schuldner kurzfristig „auf der Straße", weil er die Beendigung seines vorherigen Mietverhältnisses nicht mehr verhindern kann. Genau diese Situation sollte durch die Einführung der Enthaftungserklärung anstatt des Sonderkündigungsrechts für Insolvenzverwalter/Treuhänder verhindert werden. Und die Masse steht nicht schlechter als wenn das alte Mietverhältnis fortbestünde oder das neue schon in Gang gesetzt worden wäre. Selbst wenn die Überschneidung in die Enthaftungsphase von drei Monaten fällt, ist die Masse nicht benachteiligt, weil „Wohnung" iSd § 109 nur das Mietverhältnis ist, in dem der Schuldner tatsächlich lebt.

2. Rechtsfolgen. Mit Ausübung des Rücktrittsrechts durch eine der Vertragsparteien wandelt sich der Vertrag in ein **Rückgewährschuldverhältnis** bzw. Abwicklungsverhältnis um. Es gelten die allgemeinen Regelungen des BGB für die Folgen eines Rücktritts (§§ 346 ff. BGB). Vorleistungen des Schuldners (zB Kaution, Anzahlung, Mietvorauszahlung) kann der Insolvenzverwalter vom Vermieter herausverlangen. Der Vermieter kann hingegen nach den allgemeinen Regeln einen Schadensersatzanspruch wegen vorzeitiger Beendigung des Mietverhältnisses haben. Der Schadensersatzanspruch ist wiederum nach Satz 3 der Vorschrift im Rang eine Insolvenzforderung. Allerdings kann der Vermieter diesen Schadensersatzanspruch mit Gegenforderungen des Insolvenzverwalters wegen vorinsolvenzlicher Leistungen des Schuldners verrechnen (BGHZ 15, 333 [336]; 68, 379 [382]; FK-InsO/*Wegener* Rn. 35). 33

Solange das Rücktrittsrecht nicht ausgeübt wird, läuft der Vertrag normal weiter. Das **Rücktrittsrecht erlischt,** wenn (1) der Berechtigte die Nichtausübung erklärt, (2) der andere Vertragsteil zur Erklärung aufgefordert hat und der Vertragspartner sich binnen zwei Wochen nicht erklärt und (3) mit Überlassung der Mietsache an den Insolvenzverwalter. Nach dem Erlöschen des Rücktrittsrechts aus Absatz 2 greift für den Insolvenzverwalter wieder die Kündigungsmöglichkeit nach Absatz 1 Satz 1, soweit die Voraussetzungen dafür vorliegen (Uhlenbruck/*Wegener* Rn. 4; MüKoInsO/*Eckert* Rn. 75; aA HK-InsO/*Marotzke* Rn. 23). 34

Abwicklung des beendeten Miet- oder Pachtvertrages in der Mieter-/Pächterinsolvenz. Nach dem Ende des Miet- oder Pachtvertrages kann der Vermieter/Verpächter die **Rückgabe der Miet-/Pachtsache** verlangen. Der Anspruch ergibt sich zugunsten des Eigentümers aus § 985 BGB, in diesen und allen anderen Fällen eines beendeten Miet- oder Pachtvertrages auch aus dem vertraglichen Rückgabeanspruch gem. § 546 Abs. 1 bzw. § 596 Abs. 1 BGB. Der vertragliche Rückgabeanspruch umfasst anders als der dingliche gem. § 985 BGB nicht nur die Herausgabe der Mietsache in dem Zustand, in dem sie sich bei Beendigung des Vertrages befindet; vielmehr muss der Mieter die Sache in vertragsgemäßem Zustand zurückgeben, insbes. geräumt, uU renoviert und ggf. nach Beseitigung von baulichen Veränderungen (Rückbau). Diese Pflicht geht grds. auf die Insolvenzmasse über, teilt sich aber nach den allgemeinen insolvenzrechtlichen Grundsätzen (§ 105) auf in solche Pflichten, die ihren Grund in der Zeit vor der Verfahrenseröffnung haben und solche aus der Zeit danach. 35

Die bloße **Herausgabe** der Mietsache muss der Verwalter in jedem Falle als Masseverbindlichkeit bzw. als Aussonderungsrecht erfüllen. Erforderlich ist dafür, die Sache an den Vermieter zurückzugeben und den Besitz durch die Masse aufzugeben. Bringt der Verwalter eindeutig zum Ausdruck, dass er den Besitz nicht mehr ausüben will, ist der Vermieter in der Pflicht, den Besitz wieder an sich zu bringen (OLG Saarbrücken ZInsO 2006, 779; Uhlenbruck/*Wegener* § 108 Rn. 34). Die **Kosten** für die Erfüllung des Übergabeanspruchs hat grds. die Insolvenzmasse zu tragen (BGHZ 104, 304 = BGH ZIP 1988, 853). Hatte der Insolvenzverwalter den Mietgegenstand zu keinem Zeitpunkt in Besitz genommen, schuldet er freilich auch keine Besitzverschaffung (BGH ZIP 2008, 1736). 36

Regelmäßig ist die Frage nach der Einordnung der sonstigen Abwicklungspflichten **(Renovierung, Räumung** und **Rückbau)** problematisch (vgl. dazu *Wegener* ZInsO 2005, 1259). Für die Räumung (also die Entleerung von Mieträumen oder das Fortschaffen von Gegenständen auf dem gemieteten/gepachteten Grundstück), für den Rückbau sowie die Renovierung gelten, dass dies von der Insolvenzmasse auf deren Kosten als Masseschuld nur insoweit zu erfüllen ist, als der Zustand in der Zeit nach Verfahrenseröffnung herbeigeführt worden ist (BGHZ 148, 252 = BGH ZIP 2001, 1469). Räumen muss der Insolvenzverwalter nur solche Gegenstände, die nach Verfahrenseröffnung in die Mietsache verbracht 37 wurden und zurückbauen muss er nur solche Veränderungen, die nach der Verfahrenseröffnung vorgenommen wurde. Soweit der Bedarf für solche Arbeiten bereits vor der Eröffnung des Insolvenzverfahrens entstanden ist, ist der Vermieter/Verpächter darauf angewiesen, den vertragsgerechten Zustand selbstherzustellen und kann einen daraus erwachsenen Schadensersatzanspruch nur als Insolvenzforderung zur Insolvenztabelle anmelden (BGH ZIP 2007, 340; BGHZ 150, 305; Uhlenbruck/*Wegener* § 108 Rn. 36). Kommt es hierbei zum Streit darüber, in welchem Zeitraum welcher Bedarf entstanden ist, trifft den Vermieter nach den allgemeinen Regeln die Darlegungs- und Beweislast für das Entstehen nach Verfahrenseröffnung (BGHZ 148, 252 = BGH ZIP 2001, 1469). Diesen Nachweis kann der Vermieter regelmäßig nur dann erbringen, wenn er den Zustand der Mietsache im Zeitpunkt der Verfahrenseröffnung dokumentiert hat.

Schuldner als Vermieter oder Verpächter[1]

110 (1) [1] **Hatte der Schuldner als Vermieter oder Verpächter eines unbeweglichen Gegenstands oder von Räumen vor der Eröffnung des Insolvenzverfahrens über die Miet- oder Pachtforderung für die spätere Zeit verfügt, so ist diese Verfügung nur wirksam, soweit sie sich auf die Miete oder Pacht für den zur Zeit der Eröffnung des Verfahrens laufenden Kalendermonat bezieht.** [2] **Ist die Eröffnung nach dem fünfzehnten Tag des Monats erfolgt, so ist die Verfügung auch für den folgenden Kalendermonat wirksam.**

(2) [1] **Eine Verfügung im Sinne des Absatzes 1 ist insbesondere die Einziehung der Miete oder Pacht.** [2] **Einer rechtsgeschäftlichen Verfügung steht eine Verfügung gleich, die im Wege der Zwangsvollstreckung erfolgt.**

(3) [1] **Der Mieter oder der Pächter kann gegen die Miet- oder Pachtforderung für den in Absatz 1 bezeichneten Zeitraum eine Forderung aufrechnen, die ihm gegen den Schuldner zusteht.** [2] **Die §§ 95 und 96 Nr. 2 bis 4 bleiben unberührt.**

Übersicht

I. Grundlagen

1 **1. Normzweck.** Absatz 1 und 2 regeln die Frage, inwieweit Verfügungen des Vermieters oder Verpächters über künftige Miet- oder Pachtforderungen nach der Eröffnung eines Insolvenzverfahrens über sein Vermögen Bestand haben. Bei der Schaffung der Norm hatte allerdings der Gesetzgeber ein falsches Bild vor Augen, so dass dieser einen anderen Zweck verfolgte, als denjenigen, der dann durch das Gesetz erreicht wurde. Der Gesetzgeber wollte mit der Vorschrift den **Schutz der**

[1] § 110 Abs. 1 Satz 1, Abs. 2 Satz 1, Abs. 3 Satz 1 geänd. mWv 1.9.2001 durch G v. 19.6.2001 (BGBl. I S. 1149).

Insolvenzmasse erreichen, indem ihr künftige Miet- und Pachtforderungen nicht auf unbestimmte Zeit durch Vorausverfügungen entzogen werden können und hat dafür die Wirksamkeit solcher Vorausabtretungen in zeitlicher Hinsicht beschränkt (vgl. BT-Drs. 12/2443, 147). Dieser Beschränkung hätte es aber nicht bedurft, da Miet- und Pachtforderungen nach der Rspr. für die vereinbarten Zeitabschnitte (regelmäßig monatlich) jeweils neu entstehen (BGH ZIP 2005, 181; BGHZ 170, 196 = BGH ZIP 2007, 191) und deswegen eine Vorausverfügung für die Zeit nach Insolvenzeröffnung bereits generell nach § 91 InsO unwirksam ist (BGH ZIP 2003, 808). Da die Regelung aber erklärt, dass die Vorausabtretung für den bei Eröffnung laufenden und uU den folgenden Monat wirksam ist, wird iErg ein **Schutz der Abtretungsgläubiger** erreicht (Uhlenbruck/*Wegener* Rn. 2; HambK-InsO/*Ahrendt* Rn. 1), da er etwas erhält, was er ohne die Reglung nicht erhalten hätte. Eine vergleichbare Regelung mit entsprechender Problematik findet sich für Arbeitslohn in § 114 Abs. 3 (vgl. dazu BGHZ 167, 363 = BGH ZIP 2006, 1254; BGH ZIP 2006, 2276 und die Kommentierung zu § 114, dort → § 114 Rn. 18 ff.).

Absatz 3 der Vorschrift dehnt die Privilegierung der vorangehenden Absätze auf den Mieter/Pächter aus, soweit dieser über **Gegenforderungen** – zB aus Voraus- oder Überzahlungen verfügt und damit eine Aufrechnungsposition erlangt. Das ist konsequent und gerecht, denn es wäre nicht einzusehen, dass sich der Mieter wegen eines gegen den Vermieter gerichteten Anspruchs einen Titel verschaffen müsste, um die gegen sich selbst gerichtete Mietzinsforderung zu pfänden. Das kann mit einer Aufrechnung schneller und effektiver erreicht werden. 2

2. Systematische Einordnung. Im Regelungsgegenstand bezieht sich die Vorschrift nicht auf nicht vollständig erfüllte gegenseitige Verträge iSd § 103, sondern auf Verfügungen und trifft dazu materiell-rechtlich wirkende Regelungen. Hierbei handelt es sich um eine **Ausnahme zu** der allgemeineren Regelung des **§ 91 Abs. 1** (BGHZ 170, 196 = BGH ZIP 2007, 191). Im Absatz 3 findet sich dann systematisch eine Ausnahme zu dem Aufrechnungsverbot des § 96 Nr. 1. Dass die Vorschrift den §§ 108 und 109 nachfolgt, erklärt sich aus ihrem Zusammenhang zu Miet- und Pachtverträgen. 3

II. Vorausverfügung über Miete oder Pacht (Absatz 1 und 2)

1. Voraussetzungen. Absatz 1 setzt voraus, dass ein Insolvenzverfahren über das Vermögen des Vermieters oder Verpächters unbeweglicher Gegenstände oder Räume eröffnet wurde. Erforderlich ist ein Miet- oder Pachtvertrag, der im Zeitpunkt der Verfahrenseröffnung wirksam besteht. Hierbei muss der Schuldner Vermieter oder Verpächter sein und Mietgegenstand müssen unbewegliche Sachen oder Räume sein – vgl. § 108 Abs. 1 S. 1. Auf Miet- oder Pachtverträge über bewegliche Sachen ist die Vorschrift nicht – auch nicht analog – anzuwenden (HambK-InsO/*Ahrendt* Rn. 3; Uhlenbruck/*Wegener* Rn. 4; vgl. zur Situation bei beweglichen Sachen MüKoInsO/*Eckert* Rn. 26 ff.). Nicht erforderlich ist, dass der Schuldner Eigentümer der Mietsache ist (Uhlenbruck/*Wegener* Rn. 4). 4

Die Vorschrift greift erst ab der Eröffnung des Verfahrens. Eine analoge Anwendung im Eröffnungsverfahren ist nicht angezeigt, auch nicht, wenn ein starker vorläufiger Verwalter bestellt wird. Es ist kein Grund ersichtlich, dass bei der Bestellung eines starken vorläufigen Verwalters der Sicherungsnehmer iErg einen geringeren Sicherungsumfang erhält, als bei der Bestellung eines schwachen vorläufigen Verwalters (HK-InsO/*Marotzke* Rn. 7; Uhlenbruck/*Wegener* Rn. 3; aA LG Erfurt NZI 2004, 599). 5

6 Ungeklärt ist, ob die Anwendbarkeit des Absatz 1 voraussetzt, dass im Zeitpunkt der Insolvenzeröffnung die **Mietsache dem Mieter oder Pächter bereits überlassen** war. Der Gesetzgeber hatte hierzu ausgeführt, dass eine Beschränkung der Vorausverfügung auch im Falle der noch nicht überlassenen Mietsache zum Schutze der Masse erforderlich sei (B-Drs. 12/2443, 147). Bislang entsprach es ganz herrschender Meinung, dass es auch zum Schutz des Abtretungsempfängers nicht davon abhängen soll, ob die Mietsache bereits überlassen ist (MüKoInsO/*Eckert* Rn. 1; FK-InsO/*Wegener* Rn. 4; Kübler/Prütting/Bork/*Tintelnot* Rn. 1). Diese Sichtweise hat *Wegener* mit beachtlichen Argumenten in Frage gestellt (Uhlenbruck/*Wegener* Rn. 5): Nachdem der BGH entschieden hat, dass auf Miet- und Pachtverträge bei denen der Vermieter/-pächter im Zeitpunkt der Eröffnung des Insolvenzverfahrens die Mietsache dem Mieter/Pächter noch nicht überlassen hatte, nicht die Regelung des § 108 Abs. 1 anzuwenden ist, sondern dem Verwalter das Wahlrecht des § 103 zusteht (BGHZ 173, 116 = ZIP 2007, 2087), ist fraglich geworden, ob Absatz 1 für diesen Fall greift. Dagegen spricht, dass der Absatz 1 als Sonderregelung an § 108 Abs. 1 anknüpft, und dass es nicht zum Wahlrecht aus § 103 passt, wenn der Verwalter dann aber uU die erste Miete/Pacht einbüßt. Dann ist es für ihn häufig günstiger, die Mietsache anderweitig zu vermieten oder einen neuen Vertrag mit dem Mieter abzuschließen, für den die Vorausabtretung nicht greift. Zuzugeben ist aber, dass diese Argumente beide nicht zwingend sind (unentschieden auch HK-InsO/*Marotzke* Rn. 2).

7 Der Schuldner muss ferner vorinsolvenzlich eine **Vorausverfügung über künftige Miet- oder Pachtforderungen** getroffen haben. Zu den Miet- oder Pachtforderungen zählen neben den geschuldeten Geldleistungen auch andere Leistungen des Mieters/Pächters, die materiell als Gegenleistung für die Gebrauchsüberlassung zu werten sind zB Einmalzahlungen oder Schönheitsreparaturen (MüKoInsO/*Eckert* Rn. 4). Solche Leistungen müssen dann freilich auf die periodischen Zeiträume des Mietvertrages herunter gerechnet werden, um zu ermitteln, welcher Anteil davon auf den nach § 110 relevanten Zeitraum fällt – dies dürfte im Regelfall aber nach den für § 105 entwickelten Grundsätzen möglich sein (aA Uhlenbruck/*Wegener* Rn. 7). Eine Vorausverfügung iSd Vorschrift ist eine vorinsolvenzliche Verfügung des Schuldners über noch nicht fällige Miet- oder Pachtforderungen. Verfügungen sind alle Rechtsgeschäfte, die die künftig fällig werdenden Miet-/Pachtforderungen unmittelbar übertragen, belasten, aufheben oder in ihrem Inhalt verändern (vgl. Uhlenbruck/*Wegener* Rn. 8), zB Abtretung (§ 398 BGB), Erlass (§ 397 BGB), Stundung oder sonstige Änderungen der Zahlungsmodalitäten, Einziehung (§ 362 BGB), Verpfändung (§ 1279 BGB), Belastung mit einem Nießbrauch (§ 1074 BGB) und die eigenkapitalersetzende Nutzungsüberlassung nach altem Recht (BGH ZIP 2008, 1176, wohl ohne Bedeutung für die Rechtslage nach MoMiG).

8 Die Regelung greift nur für **Verfügungen des Schuldners** – auch mit Zustimmung eines schwachen vorläufigen Verwalters –, nicht hingegen für Verfügungen des starken vorläufigen oder des endgültigen Insolvenzverwalters (FK-InsO/*Wegener* Rn. 14; MüKoInsO/*Eckert* Rn. 9). Die Vorschrift nennt die Einziehung der Forderung als Regelbeispiel für eine Vorausverfügung, Absatz 2 Satz 1. Die Einziehung ist eine Verfügung, da die Forderung dadurch erlischt (§ 362 BGB). Gemeint sind hier nur Vorauszahlungen des Mieters auf künftig entstehende Mieten.

9 In Absatz 2 Satz 2 wird die Überweisung und/oder Einziehung durch **Zwangsvollstreckung** den rechtsgeschäftlichen Vorausverfügungen gleich gestellt. Für die Wirksamkeit der Pfändung künftiger Mietforderungen gilt also die gleiche zeitliche Beschränkung auf den Monat nach Verfahrenseröffnung (Kübler/Prütting/Bork/*Tintelnot* Rn. 7). Die Rückschlagsperre des § 88 bleibt auch im zeitlichen Regelungsbereich des § 110 anwendbar, so dass Vollstreckungsmaßnah-

men aus dem letzten Monat vor Verfahrenseröffnung unwirksam sind; § 110 steht dem nicht entgegen. Systematisch ergibt sich dies aus einem Vergleich zu § 114 Abs. 3 S. 3, da dort anders als bei § 110 eine Nichtanwendbarkeit des § 88 ausdrücklich geregelt wurde (BK-InsO/*Goetsch* Rn. 11; Uhlenbruck/*Wegener* Rn. 11; MüKoInsO/*Eckert* Rn. 7; aA HK-InsO/*Marotzke* Rn. 12).

2. Rechtsfolgen. Auf der Rechtsfolgenseite führt Absatz 1 dazu, dass die von der Vorschrift umfassten Vorausverfügungen, die ohne die Regelung nach § 91 Abs. 1 unwirksam wären (BGH ZIP 2003, 808), ausnahmsweise Bestand haben. Geschützt wird also der **Zugriff des Abtretungsgläubigers** für einen Zeitraum nach Verfahrenseröffnung (Uhlenbruck/*Wegener* Rn. 2; HambK-InsO/*Ahrendt* Rn. 1). Dieses Ergebnis ist nicht unumstritten, da sich angesichts des einleitend geschilderten Fehlverständnisses des Gesetzgebers und des Wortlautes gut vertreten lässt, dass die Vorschrift nur die späteren Vorausverfügungen für unwirksam erklären will und die Regelung daher wegen des Eingreifens des § 91 Abs. 1 grds. leer läuft (Kübler/Prütting/Bork/*Tintelnot* Rn. 8; Nerlich/Römermann/*Balthasar* Rn. 11; HK-InsO/*Markotzke* Rn. 5; FK-InsO/*Wegener* Rn. 15). Die Konsequenz dieses Verständnisses wäre, dass Vorausverfügungen ab Verfahrenseröffnung stets nach § 91 unwirksam wären und blieben. Dem hat sich die Rspr. aber nicht angeschlossen, so dass nach dem BGH die erfassten Vorausverfügungen wirksam bleiben (BGHZ 170, 196 = BGH ZIP 2007, 191; so auch HambK-InsO/*Ahrendt* Rn. 7; MüKoInsO/*Eckert* Rn. 11). 10

Aufgrund der Wirksamkeit der Vorausverfügung für den laufenden Monat und bei einer Eröffnung nach dem 15. für den laufenden und den folgenden Monat erhält der Abtretungs-/Pfandgläubiger für die auf diese Zeiträume entfallenden Mieten/Pachten ein Absonderungsrecht. Wurden für diese Zeiträume bereits **Vorauszahlungen** an den Abtretungs-/Pfandgläubiger geleistet, behalten diese ihre befreiende Wirkung (Uhlenbruck/*Wegener* Rn. 16). Für Vorauszahlungen auf spätere Zeiträume entfällt durch die Regelung des § 91 Abs. 1 die Erfüllungswirkung, so dass der Mieter die Zahlungen erneut an die Masse leisten muss (Uhlenbruck/*Wegener* Rn. 16). Insoweit kann er die geleisteten Vorauszahlungen zwar als Bereicherung vom Schuldner zurückverlangen, freilich nur im Rang einer Insolvenzforderung. Die Verrechnung des Bereicherungsanspruchs mit später entstehenden Miet-/Pachtforderungen ist nicht zulässig (MüKoInsO/*Eckert* Rn. 21; Uhlenbruck/*Wegener* Rn. 17). 11

III. Aufrechnung gegen Miet- oder Pachtforderungen (Absatz 3)

Absatz 3 ergänzt die vorstehenden Absätze, indem sie Aufrechnungsmöglichkeiten für den Mieter für den erfassten Zeitraum erhält, wenn diese ansonsten nach § 96 Abs. 1 Nr. 1 unzulässig wäre (BGH ZIP 2007, 239; Uhlenbruck/*Wegener* Rn. 19). Erfasst ist damit die Verrechnung von Insolvenzforderungen des Mieters mit solchen Mietzinsansprüchen der Masse, die im laufenden Monat oder bei Verfahrenseröffnung nach dem 15. im laufenden und folgenden Monat entstehen. In Satz 2 ist dann klargestellt, dass die übrigen Aufrechnungsverbote in § 96 Nr. 2–4 weiterhin eingreifen und somit von der Privilegierung des Mieters nicht erfasst sind. 12

Veräußerung des Miet- oder Pachtobjekts[1]

111 [1]**Veräußert der Insolvenzverwalter einen unbeweglichen Gegenstand oder Räume, die der Schuldner vermietet oder verpachtet hatte, und tritt der Erwerber anstelle des Schuldners in das Miet- oder Pachtverhältnis ein, so kann der Erwerber das Miet- oder Pachtverhältnis unter Einhaltung der gesetzlichen Frist kündigen.** [2]**Die Kündigung kann nur für den ersten Termin erfolgen, für den sie zulässig ist.**

Schrifttum: *Derleder,* Die Rechtsstellung des Wohn- und Gewerberaummieters in der Insolvenz des Vermieters – Eine praktische Darstellung anhand von 20 Fallbeispielen, NZM 2004, 568; *Noltin,* Teleologische Reduktion des § 566a BGB in der Insolvenz des Vermieters, NZI 2007, 149.

Übersicht

I. Grundlagen

1 **1. Normzweck.** Die Vorschrift enthält ein unmittelbar dem § 57a ZVG nachgebildetes **Sonderkündigungsrecht des Erwerbers** einer unbeweglichen Sache oder von Räumen, bei denen er gem. § 566 BGB in die Rechtsstellung des Vermieters bzw. gem. §§ 581 Abs. 2, 566 in die Rechtsstellung des Verpächters eingetreten ist. Das **Sonderkündigungsrecht schützt die Insolvenzmasse,** indem es eine wirtschaftlich angemessene Verwertung vermieteter Immobilien ermöglicht. Häufig fehlt es an Kaufinteressenten, wenn mit dem Kauf eine langfristige Mietbindung übernommen werden muss, da ein Erwerb dann im Wesentlichen nur für Anleger interessant ist und nicht für Erwerber, die eine Immobilie zur Eigennutzung suchen. Auch kann die vereinbarte Miete zu niedrig sein, so dass nicht einmal Anleger ein Interesse an einem Erwerb haben. Ohne § 111 müssten Insolvenzverwalter oder Grundpfandgläubiger bei entsprechenden Konstellationen immer die Zwangsversteigerung betreiben, damit das dortige Sonderkündigungsrecht gem. § 57a ZVG greift; dieser Umweg wird durch § 111 vermieden. Das Sonderkündigungsrecht kann nicht im Vorfeld der Insolvenz durch Parteivereinbarung ausgeschlossen oder abbedungen werden (§ 119). Nach der Aufhebung des § 111 S. 3 zum 1.1.2007 stehen Baukostenvorschüsse, die der Mieter geleistet hat, dem Sonderkündigungsrecht des Erwerbers nicht mehr entgegen.

2 **2. Systematische Einordnung.** Systematisch handelt es sich um eine **Ergänzung des § 108 Abs. 1.** Die Vorschrift beschränkt die Privilegierung des Mieters von Räumen in der Insolvenz seines Vermieters: Während der Mieter zunächst gegen das Wahlrecht des Verwalters bei Verfahrenseröffnung durch § 108 Abs. 1

[1] § 111 Satz 3 aufgeh. mWv 31.12.2006 durch G v. 22.12.2006 (BGBl. I S. 3416).

und dann bei einer Veräußerung des Gegenstandes durch § 566 BGB geschützt wird, endet dieser Schutz gegenüber einer Kündigung des Erwerbers im Zwangsversteigerungsverfahren (§ 57a ZVG) oder bei der freihändigen Verwertung durch den Verwalter (§ 111).

II. Voraussetzungen

1. Miet- oder Pachtvertrag über unbewegliche Gegenstände oder Räume des Schuldners. Es muss ein wirksamer Miet- oder Pachtvertrag bestehen, bei dem der Schuldner Vermieter bzw. Verpächter ist und den er vor der Verfahrenseröffnung abgeschlossen hat. Räume iSd § 111 sind Wohn- und Geschäftsräume. Miet-/Pachtverträge über bewegliche Sachen fallen nicht unter § 111. Bei Leasingverträgen gilt die Vorschrift für Immobilienleasingverträge (Nerlich/Römermann/*Balthasar* Rn. 3; Uhlenbruck/*Wegener* Rn. 2; Braun/*Kroth* Rn. 4). 3

Unerheblich ist die **Überlassung der Mietsache** an den Vertragspartner (MüKoInsO/*Eckert* Rn. 1; Uhlenbruck/*Wegener* Rn. 7). Der vorläufige Verwalter soll nicht daran gehindert werden, einen bereits abgeschlossenen Vertrag zur Erfüllung zu bringen und dadurch die Möglichkeit des Sonderkündigungsrechts zu verlieren. Anders ist es, wenn der Mieter im Zeitpunkt der Verfahrenseröffnung die Mietsache noch nicht überlassen bekommen hatte: Dann greift nämlich die Privilegierung des § 108 Abs. 1 nicht ein (BGHZ 173, 116 = ZIP 2007, 2087), so dass der Mietvertrag nicht zulasten der Masse fortbesteht und sich die Frage nach einem Sonderkündigungsrecht nicht stellt (Uhlenbruck/*Wegener* Rn. 7; dies wurde vor der Entscheidung des BGH noch weitgehend anders beurteilt vgl. Nerlich/Römermann/*Balthasar* Rn. 7; FK-InsO/*Wegener* Rn. 7). 4

Nicht unter § 111 fallen Verträge, die der Insolvenzverwalter oder der vorläufige Verwalter mit Verfügungsbefugnis abgeschlossen hat (Uhlenbruck/*Wegener* Rn. 3; MüKoInsO/*Eckert* Rn. 4; Braun/*Kroth* Rn. 4). Begründen lässt sich dies mit dem eindeutigen Wortlaut der Vorschrift und dem schützenswerten Vertrauen des Mieters, der mit dem Insolvenzverwalter kontrahiert. Nicht einheitlich beurteilt wird die Frage, ob das Sonderkündigungsrecht des § 111 auch greift, wenn der Schuldner in der Antragsphase den Miet- oder Pachtvertrag noch selbst aber mit Zustimmung des vorläufigen Verwalters abgeschlossen hat (für das Eingreifen des § 111: Uhlenbruck/*Wegener* Rn. 3; MüKoInsO/*Eckert* Rn. 3; HK-InsO/*Marotzke* Rn. 4; dagegen: FK-InsO/*Wegener* Rn. 6; *Derleder* NZM 2004, 568 [576]). Begründet wird dies mit dem formellen Argument, dass in diesem Falle der Schuldner selbst den Vertrag abschließt und damit der Wortlaut der Vorschrift erfüllt ist (MüKoInsO/*Eckert* Rn. 3). ME überzeugt diese Sichtweise aber auch aus systematischen Gründen, da der vorläufige schwache Verwalter grds. keine Rechtsmacht hat, Positionen der späteren Insolvenzmasse zu gestalten. Die iRd Anfechtungsrechts entstandene Ausnahme bei Begründung besonderen Vertrauens beim Vertragspartner ist nicht auf jede Zustimmung des vorläufigen Verwalters verallgemeinerungsfähig. 5

Der vermietete Gegenstand muss im **Alleineigentum des Schuldners** stehen; ist er nur Miteigentümer, greift das Sonderkündigungsrecht nicht (Uhlenbruck/*Wegener* Rn. 4; Kübler/Prütting/Bork/*Tintelnot* Rn. 7; Nerlich/Römermann/*Balthasar* Rn. 5). Auch dies entspricht der Situation bei der Zwangsversteigerung (vgl. § 183 ZVG). 6

2. Übergang des Vertragsverhältnisses auf den Erwerber. Der **Miet- oder Pachtvertrag muss auf den Erwerber übergegangen** sein. Dies wird für Wohnraummietverträge in § 566 Abs. 1 BGB angeordnet. Allerdings gilt die Vorschrift kraft Verweisung auch für weitere Fälle, nämlich für Grundstücke allg. (§ 578 Abs. 1 BGB), für Geschäftsräume (§ 578 Abs. 2 BGB), für eingetragene 7

Schiffe und Luftfahrzeuge (§ 578a BGB), für Pachtverträge (§ 581 Abs. 2 BGB) und für Landpachtverträge (§ 593b BGB). Das Vertragsverhältnis muss im Zeitpunkt des Eigentumsübergangs noch bestehen, da er ansonsten nicht auf den Erwerber übergeht.

8 Der § 566 Abs. 1 BGB formuliert als Voraussetzungen für den Übergang ferner die **Veräußerung des vermieteten Gegenstandes** und die Überlassung des Mietgegenstandes an den Mieter vor der Veräußerung. Mit der Veräußerung ist hier nicht der Verkauf, sondern die Übereignung der Mietsache gemeint, da der bloß schuldrechtliche Verkauf noch keine Auswirkungen auf das Mietverhältnis haben kann. Entscheidend ist also die Vollendung des Eigentumserwerbs durch den Erwerber (Kübler/Prütting/Bork/*Tintelnot* Rn. 8; Uhlenbruck/*Wegener* Rn. 6). Mit der Überlassung ist gemeint, dass dem Mieter der unmittelbare Besitz eingeräumt worden ist, da der Mieter erst ab diesem Zeitpunkt besonders schutzwürdig in seinem Vertrauen auf den Fortbestand des Vertrages ist.

III. Rechtsfolgen

9 **1. Sonderkündigungsrecht.** Der Erwerber kann den übergegangenen Miet- oder Pachtvertrag einmalig mit der **gesetzlichen Kündigungsfrist zum ersten möglichen Kündigungszeitpunkt** kündigen, auch wenn die vertraglich vereinbarten Kündigungsfristen davon abweichen (zB länger sind oder eine ordentliche Kündigung gänzlich ausschließen). Die gesetzlichen Kündigungsfristen sind vom jeweiligen Vertragsverhältnis abhängig und finden sich in § 580a BGB (Mietverhältnis über Grundstücke/Räume), § 584 BGB (Pachtvertrag), §§ 594a/b BGB (Landpachtvertrag), § 575a Abs. 3 BGB (Zeitmietvertrag) und § 573d Abs. 2 BGB (Mietverhältnisse über Wohnraum).

10 Der **Zeitpunkt, zu dem die erste Kündigungsmöglichkeit iSd Satz 2** entsteht, hängt von der Vollendung des Eigentumserwerbs ab, im Regelfall also vom Zeitpunkt der Eintragung des Übergangs im Grundbuch. Erst in diesem Moment geht das Vertragsverhältnis auf den Erwerber über, so dass dieser erst ab diesem Zeitpunkt das Kündigungsrecht ausüben kann. Wenn, wie in der Praxis häufig, der wirtschaftliche Übergang zu einem früheren Zeitpunkt vereinbart ist, kann das Kündigungsrecht des Erwerbers mangels rechtlicher Möglichkeiten, eine Kündigung aussprechen zu können, nicht an diesen Zeitpunkt anknüpfen. Nutzt der Erwerber die erste für ihn bestehende Kündigungsmöglichkeit nicht, erlischt das Sonderkündigungsrecht. Der Wortlaut der Vorschrift deutet darauf hin, dass es auf die erste objektiv bestehende Kündigungsmöglichkeit ankommt; in der Literatur wird aber häufig angenommen, dass es auf die erste Kündigungsmöglichkeit ankommt, die der Erwerber bei der ihm zuzumutenden Sorgfalt auch tatsächlich nutzen kann (so zB Uhlenbruck/*Wegener* Rn. 10; Braun/*Kroth* Rn. 9). Dies überzeugt, da ansonsten das Sonderkündigungsrecht praktisch nichts nutzt, wenn man davon trotz aller Sorgfalt keine Kenntnis haben kann.

11 Auch im Anwendungsbereich des § 111 gelten etwaige **gesetzliche Beschränkungen des Kündigungsrechts** zum Schutze des Mieters, insbes. also §§ 573–574c, 575, 575a BGB (BT-Drs. 12/2443, 147; HK-InsO/*Marotzke* Rn. 11; Uhlenbruck/*Wegener* Rn. 10). Beim Wohnraummietvertrag muss der Erwerber also ein berechtigtes Interesse an der Kündigung haben (§ 573 BGB). Dies entspricht der Rechtslage bei der Zwangsversteigerung.

12 Das **Sonderkündigungsrecht** tritt zusätzlich neben etwaig bestehende andere Kündigungsrechte (zB vertragliche Kündigungsrechte). Es besteht keine Verpflichtung für den Insolvenzverwalter den Erwerber auf das Sonderkündigungsrecht des § 111 hinzuweisen.

2. Schadensersatz wegen vorzeitiger Vertragsbeendigung. Wird das Sonderkündigungsrecht des § 111 wirksam ausgeübt, führt dies regelmäßig zu einer früheren Beendigung des Vertrages, als dies nach den vertraglichen Absprachen der Fall gewesen wäre. Dadurch kann dem Mieter/Pächter ein **Verfrühungsschaden** entstehen. Für diesen Schaden haftet trotz des Vertragsübergangs auf den Erwerber die Insolvenzmasse (Uhlenbruck/*Wegener* Rn. 12; MüKoInsO/*Eckert* Rn. 29). Das ist berechtigt, weil die Ursache des Sonderkündigungsrechts in der Sphäre der Insolvenzmasse liegt, in deren Interesse das Sonderkündigungsrecht besteht. 13

Umstr. ist, ob dieser Schadensersatzanspruch dem Rang nach eine **Insolvenzforderung** (Gottwald InsR-HdB/*Huber* InsHdB § 37 Rn. 44; Kübler/Prütting/Bork/*Tintelnot* Rn. 14; Braun/*Korth* Rn. 11; HK-InsO/*Marotzke* Rn. 9; Nerlich/Römermann/*Balthasar* Rn. 15; HambK-InsO/*Schmidt* Rn. 5) oder eine **Masseverbindlichkeit** (Uhlenbruck/*Wegener* Rn. 13; MüKoInsO/*Eckert* Rn. 30; FK-InsO/*Wegener* Rn. 12) darstellt. Die Einordnung als Insolvenzforderung wird dabei zu Recht mit einer Analogie zu §§ 103 Abs. 2 S. 1, 108 Abs. 2 und 109 Abs. 1 S. 3 (Gottwald InsR-HdB/*Huber* InsHdB § 37 Rn. 44; Kübler/Prütting/Bork/*Tintelnot* Rn. 14; Braun/*Korth* Rn. 11) bzw. einem allgemeinen insolvenzrechtlichen Prinzip begründet (vgl. HK-InsO/*Marotzke* Rn. 9). Dagegen wird eingewandt, die genannten Vorschriften regelten keine vergleichbare Interessenlage, weil dort das Bestehen des Wahlrechts des Verwalters Grundlage für die insolvenzrechtliche Einordnung des Schadensersatzes sei. Im Anwendungsbereich des § 111 bestehe aber wegen § 108 Abs. 1 kein Wahlrecht für den Verwalter. Die Masse sei daher grds. mit der Pflicht zur Vertragserfüllung belastet und der Verwalter müsse die bessere Verwertungsmöglichkeit mit Sonderkündigungsrecht gegen den Schadensersatzanspruch des Mieters abwägen (vgl. insbes. MüKoInsO/*Eckert* Rn. 31, 32). Dieser Einwand überzeugt nicht, unterstellt er (ohne weitere Begründung) doch, dass die Privilegierung des § 108 Abs. 1 (Fortbestand des Mietverhältnisses trotz Insolvenzeröffnung) stärker sein soll als das Sonderkündigungsrecht des § 111. § 111 hätte bei diesem Begründungsansatz nur noch als Rechtsfolge, dass die geschützte Position des Mieters nicht mehr in natura, also durch Überlassung des Mietgegenstandes für den gesamten Vertragszeitraum gewährt wird, sondern nur auch in Geld – lediglich der geldwerte Umfang der Privilegierung würde also nicht eingeschränkt werden. § 111 soll aber den Grundpfandgläubiger davor bewahren, die Einzelzwangsvollstreckung betreiben zu müssen. Würde die Einzelzwangsvollstreckung durchgeführt werden, könnte der Ersteher das Sonderkündigungsrecht gem. § 57a ZVG ausüben. Der sodann ebenfalls entstehende Schadensersatzanspruch des Mieters kann keine Masseverbindlichkeit sein, da durch Handlungen Dritter (Grundpfandgläubiger, Ersteher) keine Masseverbindlichkeiten begründet werden können; auch würde die Einflussmöglichkeit des Insolvenzverwalters zum Schutz der Insolvenzmasse entfallen. Daher müsste der Schadensersatzanspruch des Mieters bei Ausübung des Sonderkündigungsrechts gem. § 57a ZVG eine Insolvenzforderung sein. Dies auch deshalb, weil die bereits vor der Insolvenzeröffnung begründete Erwartung des Mieters, das Objekt bis zum Ende der vertraglich vereinbarten Laufzeit nutzen zu können, enttäuscht wird. Systematisch ist § 111 daher so zu verstehen, dass er die durch § 108 Abs. 1 geschaffene Privilegierung des Mieters beschränkt; der Mietvertrag übersteht zwar die Verfahrenseröffnung, muss aber unter den Voraussetzungen des § 111 dem vorrangigen Interesse der Gesamtgläubigerschaft an einer angemessenen Verwertung weichen. Das weitere Gegenargument, es fehle bereits an einer planwidrigen Regelungslücke, da der Gesetzgeber die schon lange erkannte Lücke zwischenzeitlich nicht gefüllt habe, ist ebenso wenig überzeugend. Eine solche Willensbildung durch Nichthandeln lässt sich in der Realität nicht erkennen. 14

15 **3. Kautionsrückzahlungsanspruch des Mieters/Pächters.** Hatte der Gemeinschuldner eine vom Mieter/Pächter an ihn geleistete Kaution nicht vom sonstigen Vermögen, also nicht insolvenzfest angelegt, besteht zugunsten des Mieters/Pächters dennoch ein Rückzahlungsanspruch, der allerdings nur den Rang einer Insolvenzforderung hat. Veräußert der Insolvenzverwalter die Immobilie, so tritt der Erwerber in das Miet- oder Pachtverhältnis ein, § 566 BGB. Nach § 566a BGB ist der **Erwerber zur Rückzahlung einer Kaution an den Mieter/Pächter verpflichtet.** Diese Verpflichtung des Erwerbers besteht nach § 566a BGB auch dann, wenn der Erwerber die Kaution vom bisherigen Vermieter/Verpächter nicht ausgehändigt erhalten hat. Ob das auch in der Insolvenz des Vermieters/Verpächters gilt, ist umstr. (dafür: *Derleder* NZM 2004, 568 [578 ff.]; dagegen: LG Braunschweig BeckRS 2010, 11441; *Noltin* NZI 2007, 149).

16 Die Auffassung, der Erwerber müsse auch nach einem Erwerb vom Insolvenzverwalter die Kaution zurückzahlen, selbst wenn sie beim Gemeinschuldner untergegangen war (*Derleder* NZM 2004, 568 [579]), wird daraus abgeleitet, dass nach der Neuregelung aufgrund des Mietrechtsreformgesetzes vom 19.6.2001 der § 572 BGB aF durch den jetzt gültigen **§ 566a BGB** ersetzt worden ist. § 572 BGB aF sah als Tatbestandsmerkmal vor, dass der Erwerber die Kaution vom Vorvermieter übergeben worden war; nur dann war er dem Mieter gegenüber zur Rückzahlung der Kaution verpflichtet. Das Tatbestandsmerkmal der Übergabe der Kaution findet sich in § 566a BGB nicht mehr, womit die Mieterrechte ausdrücklich verbessert werden sollten.

17 Außerdem wird ein Vergleich zur Situation bei der Zwangsverwaltung hergestellt. Insoweit hatte der BGH (BGH NJW 2003, 3342) entschieden, dass ein Zwangsverwalter die vom Mieter an den Eigentümer geleistete Kaution gem. § 566a BGB herausgeben muss, selbst wenn ihm diese nicht vom Zwangsverwaltungsschuldner ausgehändigt worden war. Daraus wird der Schluss gezogen, dass die Situation beim Insolvenzverwalter des Vermieters nicht anders sein könne, insbes. müssten sachliche Unterschiede zwischen der Zwangsverwaltung und der Insolvenz möglichst vermieden werden. Diese Argumentation vernachlässigt, dass es erhebliche **strukturelle Unterschiede zwischen der Zwangsverwaltung und der Insolvenz** gibt. Während bei der Zwangsverwaltung alle die Zwangsverwaltungsmasse treffenden finanziellen Nachteile den betreibenden Grundpfandgläubiger treffen, werden im Falle der Insolvenz und einer daraus erfolgenden freihändigen Verwertung der Immobilie die Insolvenzgläubiger insgesamt benachteiligt. Denn selbstverständlich wird ein Erwerber bei der Kaufpreisbemessung den Umstand mindernd berücksichtigen, wenn er zur Rückzahlung der Kaution verpflichtet ist, ohne diese erhalten zu haben.

18 IÜ hatte das Mietrechtsreformgesetz 2001 eine Besserstellung des Mieters in Bezug auf das Verhältnis zwischen Veräußerer und Erwerber vor Augen, es sollte insbes. nicht mehr Sache des Mieters sein, sich an den früheren Vermieter wenden zu müssen, mit dem er nach der Veräußerung der Immobilie keinen Kontakt mehr hatte und außerdem kannte der Mieter in der Regel das Verhältnis zwischen altem und neuem Vermieter nicht, wusste also auch nicht, ob die Kaution übergeben wurde oder nicht. Daher wurde dieses Tatbestandsmerkmal fallen gelassen. Dass damit auch eine Besserstellung des Mieters in der Insolvenz gewollt war, lässt sich indes nicht erkennen. Unstreitig ist der Rückzahlungsanspruch des Mieters eine bloße Insolvenzforderung, wenn diese nur noch im nicht aussonderungsfähigen Zustand beim Schuldner vorhanden ist. Der Mieter würde eine insolvenzrechtliche Aufwertung seiner Rückzahlungsforderung bekommen, die insolvenzrechtlich nicht zu begründen und insbes. auch nicht geboten ist. Da wie schon dargelegt der Erwerber den Kaufpreis für die Immobilie mindern würde, wenn er die Rückzahlung der nicht mehr vorhandenen Kaution zu erfüllen hätte,

ginge die **Besserstellung des Mieters** mit einer Belastung der Gesamtgläubigerschaft (bzw. des Grundpfandgläubigers im Falle einer wertausschöpfenden Belastung der Immobilie) einher. Dass auch dieses Ziel mit der Neufassung des Kautionsrückzahlungsanspruches gewollt war, lässt sich nicht feststellen. Und auch der Vergleich mit dem Zwangsverwalter kann die abweichende Ansicht nicht begründen, denn aus der Sicht des Mieters sind Vermieter und Zwangsverwalter identisch. Und in der Tat wäre nicht einzusehen, dass der Mieter zwar an den Zwangsverwalter den Mietzins zu entrichten hätte, von ihm aber nicht die Kaution zurückerhielte, obgleich sein Kautionsrückzahlungsanspruch vollwertig ist, denn der Vermieter befindet sich schließlich nicht in der Insolvenz. Daher ist die Auffassung vorzugswürdig, dass der Erwerber die Kaution nicht an den Mieter herauszugeben hat, wenn die Kaution vom Insolvenzverwalter mangels Aussonderungsfähigkeit nicht an den Erwerber ausgehändigt werden kann.

Kündigungssperre[1]

112 **Ein Miet- oder Pachtverhältnis, das der Schuldner als Mieter oder Pächter eingegangen war, kann der andere Teil nach dem Antrag auf Eröffnung des Insolvenzverfahrens nicht kündigen:**

1. wegen eines Verzugs mit der Entrichtung der Miete oder Pacht, der in der Zeit vor dem Eröffnungsantrag eingetreten ist;

2. wegen einer Verschlechterung der Vermögensverhältnisse des Schuldners.

Schrifttum: *Börstinghaus,* Die Unterbrechung des Räumungsprozesses nach Eröffnung des Insolvenzverfahrens, NZM 2000, 326; *Cepl,* Lizenzen in der Insolvenz des Lizenznehmers, NZI 2000, 357; *Dahl,* Im Überblick: Der Mieter in der Insolvenz, NZM 2008, 585; *Eckert,* Mietforderungen im vorläufigen Insolvenzverfahren, NZM 2003, 41; *ders.,* Miete, Pacht und Leasing im neuen Insolvenzrecht, ZIP 1996, 897; *Eichner,* Wohnraummietverträge in der Verbraucherinsolvenz, WuM 1999, 260; *Grote,* Wohnraummiete und Arbeitseinkommen während des eröffneten Verbraucherinsolvenzverfahrens, NZI 2000, 66; *Marotzke,* Die Wohnraummiete in der Insolvenz des Mieters, KTS 1999, 269; *Obermüller/Livonius,* Auswirkungen der Insolvenzrechtsreform auf das Leasinggeschäft, DB 1995, 27; *Schläger,* Verbraucherinsolvenz, Restschuldbefreiung und Wohnraummiete, ZMR 1999, 522; *Vallender/Dahl,* Das Mietverhältnis des Schuldners im Verbraucherinsolvenzverfahren, NZI 2000, 246; *v. Wilmowsky,* Der Mieter in Insolvenz – Zur Kündigungssperre des § 112 InsO, ZInsO 2004, 882.

Übersicht

[1] § 112 Nr. 1 geänd. mWv 1.9.2001 durch G v. 19.6.2001 (BGBl. I S. 1149).

I. Grundlagen

1 **1. Normzweck.** § 112 **schützt die wirtschaftliche Einheit des Schuldnervermögens** vor einem frühzeitigen Auseinanderreißen (BT-Drs. 12/2443, 148). Dem (vorläufigen) Insolvenzverwalter sollen gemietete, geleaste und gepachtete Sachen zunächst auch weiterhin zur Verfügung stehen, um die wirtschaftliche Einheit des Schuldnervermögens zu bewahren und insbes. einen laufenden Geschäftsbetriebs aufrecht zu erhalten. Für die Praxis ist die Regelung von erheblicher Bedeutung, da der Verwalter in vielen Fällen, va solchen mit Betriebsfortführung tatsächlich auf die Nutzung von Mietgegenständen angewiesen ist und dies ohne den speziellen Kündigungsschutz des § 112 nicht gewährleistet wäre. Zwar könnte der Vertragspartner bei einer Kündigung des Vertrages in der Antragsphase seinen Räumungs- bzw. Herausgabeanspruch faktisch nicht durchsetzen; allerdings würde zum einen die der außerordentlichen Kündigung entgegenstehende Weiternutzung uU die Handelnden zum Schadensersatz verpflichten und zum anderen müsste der Verwalter jedenfalls unmittelbar nach der Verfahrenseröffnung dem Herausgabeverlangen nachkommen.

2 Eine **Betriebsfortführung ist nicht Voraussetzung** für das Eingreifen des Schutzes vor Kündigung wegen Zahlungsverzugs oder Vermögensverschlechterung, ebenso wenig dass der Schuldner das Mietverhältnis tatsächlich benötigt. In solchen Fällen sollte der Vermieter/Verpächter das Gespräch mit dem Schuldner und dem vorläufigen Insolvenzverwalter suchen, um die Möglichkeiten einer einvernehmlichen Aufhebung des Miet- oder Pachtverhältnisses zu suchen. Denn der Gesetzgeber hat sich für eine pauschalierte Lösung in § 112 entschieden, ohne die konkreten Bedürfnisse für den Einzelfall zu berücksichtigen.

3 **2. Systematische Einordnung.** Systematisch stellt § 112 keine Ergänzung der §§ 103 ff. dar; es handelt sich vielmehr um eine materiell-rechtliche **Modifikation der im allgemeinen Zivilrecht bestehenden außerordentlichen Kündigungsrechte.** Der Bezug zu §§ 103 ff. ist daher nur lose: Für bestimmte Konstellationen wird sichergestellt, dass der Vertrag im Eröffnungszeitpunkt noch ungekündigt fortbesteht und damit in den Regelungsbereich der §§ 103, 108 Abs. 1 gerät. Deutlich wird dieser Unterschied zu den umstehenden Vorschriften auch dadurch, dass die Norm in zeitlicher Hinsicht bereits ab Antragstellung, nicht erst ab Verfahrenseröffnung greift.

4 Problematisiert wird teilw. **das Verhältnis des § 112 zum Rücktrittsrecht des § 109 Abs. 2** für bei Verfahrenseröffnung noch nicht in Vollzug gesetzte Mietverhältnisse (vgl. zB HambK-InsO/*Ahrendt* Rn. 3 und Braun/*Kroth* Rn. 4). ME bleiben die beiden Vorschriften allerdings ohne unmittelbare Wirkung aufeinander bestehen; der Kündigungsausschluss des § 112 hindert jedenfalls nicht den Rücktritt nach § 109 Abs. 2.

II. Voraussetzungen

5 **1. Erfasste Vertragsverhältnisse.** Nach dem Wortlaut setzt § 112 **Miet- oder Pachtverhältnisse** voraus, bei denen der Schuldner Mieter oder Pächter ist. Dabei ist nicht die Klassifizierung als Miet- oder Pachtvertrag entscheidend, sondern der Umstand, dass die Gebrauchsüberlassung eines Gegenstandes an den Schuldner vereinbart wurde. Bei gemischten Verträgen, die neben der Gebrauchsüberlassung weitere Elemente haben (zB Dienstleistungen), wird man auf den Schwerpunkt der vertraglichen Leistung abstellen müssen und die Frage beantworten, ob der konkrete Vertragstyp unter die Zweckbestimmung des § 112 fällt (MüKoInsO/*Eckert* Rn. 5; HambK-InsO/*Ahrendt* Rn. 2).

6 Unerheblich ist, ob Mietgegenstand bewegliche Sachen, Immobilien, Räume oder Rechte sind. **Höchstrichterlich ungeklärt ist die Anwendung des § 112 auf den Wohnraummietvertrag des Schuldners;** verneint wird dies mit dem Schutzzweck der Vorschrift, die die wirtschaftliche Einheit der Insolvenzmasse schützen will (Gegen eine Anwendung: HK-InsO/*Marotzke* Rn. 4; *ders.* KTS 1999, 269 [283, 288]; *Grote* NZI 2000, 66 [68 f.] Für eine Anwendung: LG Karlsruhe ZIP 2003, 677; AG Hamburg NZI 2009, 331; MüKoInsO/*Eckert* Rn. 3; Uhlenbruck/*Wegener* Rn. 3; *Vallender/Dahl* NZI 2000, 246 [248]; *Börstinghaus* NZM 2000, 326; *Eichner* WuM 1999, 260; *Schläger* ZMR 1999, 522). Überzeugend wird gegen diese teleologische Reduktion eingewandt, dass § 112 dann für sämtliche Verträge nicht gelten dürfte, die für einen wirtschaftlichen Zusammenhalt des Schuldnervermögens nicht erforderlich sind. Wenn aber dieser tatsächliche Nutzen für die Insolvenzmasse hätte so entscheidend sein sollen, hätte dies im Gesetz seinen Niederschlag finden müssen. Eine Pauschalierung durch Einbeziehung aller Miet- und Pachtverträge ist auch sinnvoll, um Rechtssicherheit zu gewähren und praktische Folgefragen (Muss der wirtschaftliche Nutzen konkret oder nur abstrakt sein? Auf welchen Zeitpunkt kommt es an? Was ist, wenn sich der Befund im Laufe des Verfahrens ändert? Muss der Nutzen mit den Interessen des Vermieters abgewogen werden?) zu vermeiden.

7 Ob für die Anwendbarkeit des § 112 das vom Schuldner gemietete/gepachtete **Objekt bei Insolvenzantrag bereits überlassen sein muss, ist ebenfalls streitig** (so vertreten von HK-InsO/*Marotzke* Rn. 5; Nerlich/Römermann/*Balthasar* Rn. 11; Kübler/Prütting/Bork/*Tintelnot* Rn. 4; *Dahl* NZM 2008, 585 [591]). Auch hier wird mit dem konkreten Schutzzweck argumentiert, insbes. könne ein noch nicht überlassener Gegenstand nicht für die Verwertbarkeit des Schuldnervermögens oder eine Betriebsfortführung von entscheidender Bedeutung sein. Aber zum einen ist schon diese Annahme zweifelhaft, denke man etwa an den Fall, dass der Umzug des Schuldnerbetriebes in eine neue Betriebsimmobilie unmittelbar bevorsteht und der alte Mietvertrag bereits beendet ist; hier kann die Nutzung der neuen Immobilie entscheidend für die weitere Betriebsfortführung sein. Zum anderen ist auch hier eine konkrete Betrachtung nicht angezeigt, da das Gesetz die widerstreitenden Interessen pauschal zum Ausgleich bringt (iErg ebenso Uhlenbruck/*Wegener* Rn. 5; MüKoInsO/*Eckert* Rn. 11; Braun/*Kroth* Rn. 4; *Wilmowsky* ZInsO 2004, 882 [994]; *Börstinghaus* NZM 2000, 326; *Cepl* NZI 2000, 357 [359]).

8 **Lizenzverträge** stellen der Sache nach eine Rechtspacht dar und fallen daher unter § 112 (Uhlenbruck/*Wegener* Rn. 3; MüKoInsO/*Eckert* Rn. 7; *Cepl* NZI 2000, 357 [359]; vgl. auch BGH ZIP 2006, 87). Bei Softwarenutzungsverträgen dürfte entscheidend sein, ob das Element des Überlassens im Vordergrund steht (so insbes. bei Standardsoftware) oder ob weitergehende Elemente der Programmierung/Wartung den Schwerpunkt bilden (MüKoInsO/*Eckert* Rn. 8).

9 Ausweislich der Begründung hatte der Gesetzgeber auch die Anwendbarkeit auf **Leasingverträge** vor Augen (BT-Drs. 12/2443, 148; vgl. auch OLG Düsseldorf OLGR 2009, 265). Kontrovers diskutiert werden in diesem Zusammenhang allerdings solche Leasingverträge, die nicht im Schwerpunkt auf eine Gebrauchsüberlassung ausgerichtet sind, sondern bei denen es sich um verdeckte Kaufverträge handelt. Hier wird zum Teil eine Anwendbarkeit des § 112 abgelehnt (MüKoInsO/*Eckert* Rn. 5; *Obermüller/Livonius* DB 1995, 27 [29]); nach anderer Auffassung hingegen soll der § 112 nicht nur auf kaufähnliche Leasingverträge Anwendung finden, sondern sogar auf Eigentumsvorbehaltsverkäufe, da ansonsten § 107 Abs. 2 im Anwendungsbereich zu stark gefährdet sei (HambK-InsO/*Ahrendt* Rn. 5; *Marotzke.* JZ 1995, 803 [813]; Kübler/Prütting/Bork/*Tintelnot* Rn. 5; Braun/*Kroth* Rn. 14).

10 Auf **Kfz-Händlerverträge, Serviceverträge** und **Agenturverträge** soll § 112 nicht analog anwendbar sein (OLG Braunschweig ZInsO 2010, 856; HambK-InsO/*Ahrendt* Rn. 3). **Gekündigte Verträge** (wegen einer Kündigung aus den in § 112 genannten Gründen vor Insolvenzantrag oder wegen einer Kündigung aus anderen Kündigungsgründen) fallen ebenso wenig unter den Anwendungsbereich des § 112 wie daraus oder aus einem Rücktritt resultierende Rückgewährschuldverhältnisse (FK-InsO/*Wegener* Rn. 2).

11 **2. Insolvenzantrag.** Der **Kündigungsausschluss** greift **erst ab dem Zeitpunkt der Stellung des Insolvenzantrages.** Gestellt ist der Antrag mit Eingang beim Insolvenzgericht. Es kommt dabei nicht darauf an, ob der Insolvenzantrag zulässig oder begründet ist (Uhlenbruck/*Wegener* Rn. 6; *Börstinghaus* NZM 2000, 326), allerdings ist eine Anwendung des § 112 ausgeschlossen, wenn der Antrag offenkundig keine Aussicht auf Erfolg hat (HK-InsO/*Marotzke* Rn. 14; MüKoInsO/*Eckert* Rn. 2). Auf die Kenntnis der Beteiligten vom Insolvenzantrag kommt es nicht an (Uhlenbruck/*Wegener* Rn. 6).

12 **3. Zahlungsverzug in der Zeit vor der Insolvenzantragstellung (Ziff. 1).** § 112 schließt nicht jede außerordentliche, sondern nur auf bestimmte Gründe gestützte außerordentliche Kündigungen aus. Bei Ziffer 1 der Vorschrift handelt es sich um die **außerordentliche Kündigungsmöglichkeit wegen Zahlungsverzuges,** allerdings nur, soweit dieser vor dem Insolvenzantrag eingetreten ist. Ein gesetzliches Sonderkündigungsrecht wegen Verzuges findet sich zu Mietverträgen in § 569 Abs. 3 BGB und § 543 Abs. 2 Nr. 3 BGB, wonach der Vermieter kündigen kann, wenn der Mieter mit zwei Mietzinsraten oder mit Mietzinsanteilen für zwei aufeinanderfolgenden Monaten in Verzug ist, die insgesamt mehr als eine Monatsmiete ausmachen. Solche oder ähnliche Regelungen finden sich gelegentlich auch in vertraglichen Absprachen außerhalb des Anwendungsbereichs der §§ 543 Abs. 2 Nr. 3, 569 Abs. 3 BGB. Auch ein vertragliches Kündigungsrecht fällt unter den Anwendungsbereich der Nr. 1, wenn dieses materiell auch nur im weitesten Sinne an den Zahlungsrückstand aus der Zeit vor der Insolvenzantragstellung anknüpft; auf die Formulierung des Kündigungstatbestandes im Detail kommt es dabei nicht an (HambK-InsO/*Ahrendt* Rn. 8; MüKoInsO/*Eckert* Rn. 24).

13 Neben den Miet-/Pachtzinsen wird auch der **Rückstand mit allen weiteren Zahlungsverpflichtungen** aus dem Vertrag erfasst (Nebenkosten/Einmalzahlungen) und auch ein etwaiges Sonderkündigungsrecht wegen steter verspäteter Zahlung ist suspendiert (Uhlenbruck/*Wegener* Rn. 10, 11; MüKoInsO/*Eckert* Rn. 29). Ob eine vertragliche Regelung zur Kündigung neben dem gesetzlichen Kündigungsrecht besteht oder ob diese spezieller ist, ergibt sich durch Auslegung der entsprechenden Regelungen. Für § 112 ist es allerdings unerheblich, ob das Kündigungsrecht aus Vertrag oder aus dem Gesetz folgt.

14 Für **Pachtverträge** verweist § 594e BGB auf die mietrechtlichen Vorschriften der §§ 543 Abs. 2, 569 Abs. 3 BGB. Außerdem liegt abweichend von § 543 Abs. 2 Nr. 3 Buchstaben a und b ein wichtiger Kündigungsgrund insbes. vor, wenn der Pächter mit der Entrichtung der Pacht oder eines nicht unerheblichen Teils der Pacht länger als drei Monate in Verzug ist. Ist die Pacht nach Zeitabschnitten von weniger als einem Jahr bemessen, so ist die Kündigung erst zulässig, wenn der Pächter für zwei aufeinander folgende Termine mit der Entrichtung der Pacht oder eines nicht unerheblichen Teils der Pacht in Verzug ist. Auch dabei gilt natürlich, dass nur der Zahlungsverzug aus der Zeit vor der Insolvenzantragstellung zum Kündigungsverbot gem. § 112 führt.

15 Nicht von § 112 gesperrt ist eine Kündigung, wenn der **Zahlungsverzug in der Zeit nach Insolvenzantragstellung** eintritt. Für eine solche Kündigung dürfen allerdings nur solche Rückstände herangezogen werden, die nach dem

Insolvenzantrag fällig werden (BGHZ 151, 353 = ZIP 2002, 1625; BGH ZIP 2005, 1085; 2008, 608; *Eckert* NZM 2003, 41 [45]). Wenn also eine Monatsmiete aus der Zeit vor der Antragstellung bereits rückständig war, genügt es nicht, dass nach der Insolvenzantragstellung eine weitere Monatsmiete nicht bezahlt wird, um das Kündigungsrecht zB des § 543 Abs. 2 Nr. 3 BGB auszulösen (BGHZ 151, 353 = ZIP 2002, 1625). Man blendet die Zeit vor Insolvenzantragstellung bei der Prüfung eines hinreichenden Zahlungsverzuges also vollständig aus.

Entscheidender Anknüpfungspunkt ist dabei der **Eintritt der Fälligkeit** der Miet- oder Pachtzinsforderung; man nimmt also keine konkrete Zuordnung zum jeweiligen Zeitraum der Gegenleistung vor. Wenn bspw. bei einem Mietvertrag die monatliche Miete bis zum dritten Werktag eines Monats für den laufenden Monat zu zahlen ist und der Insolvenzantrag wird am 5. Tag des Monats gestellt, dann ist der Verzug mit der Miete für den betroffenen Monat vor der Antragstellung eingetreten und kann eine Kündigung nach dem Insolvenzantrag nicht mehr rechtfertigen, obwohl die mit der Miete abgegoltene Zeit zu wesentlichen Teilen in der Antragsphase liegt. Ist andersherum die Miete erst im Anschluss an eine Mietperiode zu zahlen, zB am 1. des Folgemonats und wird am letzten Tag des Vormonats der Insolvenzantrag gestellt, so tritt der Verzug erst nach Antragstellung ein, obwohl die korrespondierende Mietzeit vollständig vor dem Insolvenzantrag lag (vgl. dazu BT-Drs. 12/2443, 71, 148 und BGHZ 151, 353 = ZIP 2002, 1625; BGH ZIP 2005, 1085; MüKoInsO/*Eckert* Rn. 40 ff.). Der Grund hierfür findet sich neben dem eindeutigen Wortlaut der Vorschrift in ihrem Zweck. Es soll verhindert werden, dass der Vermieter den Insolvenzantrag zum Anlass nimmt, aus Gründen zu kündigen, die zu diesem Zeitpunkt bereits vorlagen. 16

Auch der Mietrückstand für Zeiträume vor der Insolvenzantragstellung, der erst nach Verfahrenseröffnung durch eine **Insolvenzanfechtung** geschaffen wird, kann also ein Kündigungsrecht des Vermieters auslösen, welches nicht an § 112 scheitert. Praktisch kommt dies allerdings selten vor, da zum einen die Anfechtung häufig wegen des Bargeschäftseinwandes nicht greift und zum anderen die Insolvenzanfechtung auch noch zu einem späteren Zeitpunkt geltend gemacht werden kann, zu dem das Mietverhältnis anderweitig beendet wurde. 17

4. Vermögensverschlechterung (Ziff. 2). Ausgeschlossen ist die Kündigung nach Ziffer 2 wegen einer nach dem Abschluss des Mietvertrages eingetretenen **Vermögensverschlechterung** des Schuldners. Ein ausdrückliches gesetzliches Sonderkündigungsrecht, das an die Vermögensverschlechterung anknüpft, existiert nicht. Allerdings findet sich eine solche Kündigungsmöglichkeit häufig in den vertraglichen Abreden und wenn nicht, wird man ein Sonderkündigungsrecht wegen Vermögensverschlechterung auch in geeigneten Einzelfällen im Wege der ergänzenden Vertragsauslegung oder wegen Treu und Glauben annehmen können. Der Begriff der Vermögensverschlechterung ist nicht im Gesetz definiert; gemeint ist eine Verschlechterung der wirtschaftlichen Leistungsfähigkeit des Vertragspartners, insbes. also eine Verschlechterung der Chancen, dass dieser den geschuldeten vertraglichen Verpflichtungen im Zeitpunkt ihrer jeweiligen Fälligkeit nachkommen kann. 18

Anders als beim Zahlungsverzug nach Ziffer 1 erfasst Ziffer 2 Vermögensverschlechterungen nicht nur bis zum Zeitpunkt der Antragstellung, sondern auch noch **Vermögensverschlechterungen aus der Zeit danach** (Uhlenbruck/*Wegener* Rn. 13; HambK-InsO/*Ahrendt* Rn. 12). Der Wegfall der Zeitschranke ist zum einen deswegen erforderlich, weil sich der genaue Zeitpunkt einer Vermögensverschlechterung in der Praxis nur schwer feststellen lässt. Zum anderen führt auch die Stellung des Insolvenzantrages selbst regelmäßig zu einer Vermögensverschlechterung, da bspw. Kreditgeber ihre Kreditlinien kündigen usw. 19

Der Zweck des § 112 würde bei einer Kündigungsmöglichkeit wegen Vermögensverschlechterung nach Antragstellung also regelmäßig unterlaufen.

20 Die Kündigungsmöglichkeit muss nicht an den Begriff der Vermögensverschlechterung anknüpfen; ausgeschlossen ist ein Kündigungsrecht auch wegen aller aus der materiellen **Vermögensverschlechterung folgenden Umstände,** zB die Unfähigkeit zur Vorleistung oder Sicherheitsleistung (Uhlenbruck/*Wegener* Rn. 13). Auch die Anknüpfung an den Insolvenzantrag selbst ist nach Nr. 2 unzulässig (Nerlich/Römermann/*Balthasar* Rn. 15), ebenso vereinbarte Rücktrittsrechte, Auflösungsklauseln, aufschiebende/auflösende Bedingungen (Uhlenbruck/*Wegener* Rn. 12; MüKoInsO/*Eckert* Rn. 16).

III. Rechtsfolgen

21 Soweit die beschriebenen Voraussetzungen erfüllt sind, ist die Ausübung des Sonderkündigungsrechts suspendiert; eine trotzdem nach Antragstellung aus den betroffenen Gründen ausgesprochene **Kündigung** ist **kraft Gesetzes unwirksam.** Diese Sperre endet mit der Abweisung des Insolvenzantrages (als unzulässig, unbegründet oder mangels Masse), der Erledigung des Insolvenzantrages oder der Aufhebung des Insolvenzverfahrens (HK-InsO/*Marotzke* Rn. 14; MüKoInsO/*Eckert* Rn. 31), was durch geeignete Regelungen im Insolvenzplan berücksichtigt werden muss.

22 Eine **Heilung** der wegen § 112 **unwirksam ausgesprochenen Kündigungen** tritt mit dem Wegfall der Sperre aber nicht ein; in diesen Fällen muss die Kündigung vielmehr nach dem Wegfall der Sperre des § 112 erneut ausgesprochen werden (OLG Düsseldorf ZMR 2009, 600). Hierbei darf natürlich materiell wieder auf den Verzug vor Insolvenzantragstellung oder auf die Vermögensverschlechterung zurückgegriffen werden (Uhlenbruck/*Wegener* Rn. 7; *Börstinghaus* NZM 2000, 326; aA Kübler/Prütting/Bork/*Tintelnot* Rn. 8). Die Kündigungssperre greift grds. auch zulasten der Insolvenzmasse, da die Kündigung im Zeitpunkt ihres Ausspruches nach § 112 unwirksam ist. Wenn dem vorläufigen oder endgültigen Insolvenzverwalter die Wirksamkeit einer entgegen § 112 ausgesprochenen Kündigung gelegen kommt, muss er sich mit dem Vermieter oder Verpächter über eine vorzeitige Vertragsbeendigung einigen, damit das Vertragsverhältnis wirksam endet.

23 Eine **Kündigung aus anderen Gründe bleibt unverändert möglich** (BGH ZIP 2005, 1085 [1087] mwN). Zulässig bleibt also insbes. eine Kündigung wegen Zahlungsverzuges mit Mieten/Pachten aus der Zeit nach Insolvenzantragstellung. Hieran ändert auch die Anzeige der Masseunzulänglichkeit nichts, denn das Kündigungsrecht entsteht auch bei Zahlungsverzug aufgrund von Masseunzulänglichkeit. Wenigstens hat der Insolvenzverwalter im Falle der Masseunzulänglichkeit die Möglichkeit, bei den von der Masse benötigten Miet- und Pachtverhältnissen den Miet- oder Pachtzins als Neumasseschuld begleichen zu können.

24 Eine **vor dem Insolvenzantrag ausgesprochene Kündigung** bleibt auch dann wirksam, wenn sie aus den in Nr. 1 und Nr. 2 des § 112 aufgeführten Gründen ausgesprochen wurde, selbst wenn der Zeitpunkt der Vertragsbeendigung erst nach Insolvenzantragstellung oder Verfahrenseröffnung liegt (*Eckert* ZIP 1996, 897; Uhlenbruck/*Wegener* Rn. 8).

25 Gibt es neben dem Schuldner **weitere Mieter oder Pächter,** ist auch diesen gegenüber die Kündigung ausgeschlossen, weil das Miet-/Pachtverhältnis grds. nur einheitlich gekündigt werden kann (OLG Düsseldorf OLGR 2009, 265; LG Neubrandenburg WuM 2001, 551; Uhlenbruck/*Wegener* Rn. 7).

Kündigung eines Dienstverhältnisses[1]

113 **[1] Ein Dienstverhältnis, bei dem der Schuldner der Dienstberechtigte ist, kann vom Insolvenzverwalter und vom anderen Teil ohne Rücksicht auf eine vereinbarte Vertragsdauer oder einen vereinbarten Ausschluss des Rechts zur ordentlichen Kündigung gekündigt werden. [2] Die Kündigungsfrist beträgt drei Monate zum Monatsende, wenn nicht eine kürzere Frist maßgeblich ist. [3] Kündigt der Verwalter, so kann der andere Teil wegen der vorzeitigen Beendigung des Dienstverhältnisses als Insolvenzgläubiger Schadenersatz verlangen.**

Schrifttum: *Arens/Brand,* Arbeits- und Sozialrecht in der Insolvenz, 3. Aufl. 2014; Gemeinschaftskommentar zum Betriebsverfassungsgesetz, 2 Bde., 10. Aufl. 2014; Gemeinschaftskommentar zum Kündigungsschutzgesetz und zu sonstigen kündigungsschutzrechtlichen Vorschriften, 10. Aufl. 2013; *Göpfert,* Handbuch Arbeitsrecht in Restrukturierung und Insolvenz, 2013; *Henssler/Willemsen/Kalb,* Arbeitsrecht Kommentar, 5. Aufl. 2012; *Kittner/Däubler/Zwanziger,* Kündigungsschutzrecht – Kommentar für die Praxis, 9. Aufl. 2014; *Lakies,* Das Arbeitsverhältnis in der Insolvenz, 2. Aufl. 2014; *Mückl,* Arbeitsrecht in Krise und Insolvenz, 2014; *Müller-Glöge/Preis/Schmidt,* Erfurter Kommentar zum Arbeitsrecht, 15. Aufl. 2015; *Rost,* Einige Probleme der Kündigung in der Insolvenz, FS Etzel, 2011, 329 ff.; Schaub, Arbeitsrechts-HdB, 15. Aufl. 2013;*Steindorf/Regh,* Arbeitsrecht in der Insolvenz, 2002; *Zwanziger,* Kommentar zum Arbeitsrecht der Insolvenzordnung, 5. Aufl. 2015.

Übersicht

[1] § 113 Abs. 2 aufgeh., bish Abs. 1 wird alleiniger Wortlaut mWv 1.1.2004 durch G v. 24.12.2003 (BGBl. I S. 3002).

I. Normzweck

1 Die Vorschrift erhöht die **kündigungsrechtliche Flexibilität** des Insolvenzverwalters. Als Ausnahme zu § 103 bestehen nach § 108 Abs. 1 S. 1 Dienstverhältnisse des Schuldners mit Wirkung für die Masse fort (BAG AP InsO § 55 Nr. 14 Rn. 18; FK-InsO/*Wegener* § 108 Rn. 1). Das Erfüllungswahlrecht des Insolvenzverwalters bei nicht oder nicht vollständig erfüllten Verträgen, das grds. auch Dauerschuldverhältnisse umfasst (Ahrens/Gehrlein/Ringstmeier/*Flöther/Wehner* § 103 Rn. 6), ist damit ausgeschlossen. Die Eröffnung des Insolvenzverfahrens hat deswegen prinzipiell keine Auswirkungen auf Bestand und Inhalt der Dienstverhältnisse. Haupt- und Nebenpflichten beider Vertragsparteien bestehen uneingeschränkt fort (HambK-InsO/*Ahrendt* § 113 Rn. 2; *Steindorf/Regh* § 3 Rn. 16). Da das Insolvenzverfahren häufig durch Personalabbaumaßnahmen begleitet werden muss, erleichtert § 113 Kündigungen. Um die Masse zu schützen, wird durch das Kündigungsrecht die Kostenbelastung aus den nach Verfahrenseröffnung weiter bestehenden Arbeitsverhältnissen zur Förderung von Unternehmenssanierungen begrenzt (BAG AP InsO § 55 Nr. 14 Rn. 20). Die Regelung beinhaltet zusammen mit den §§ 120–128 das Insolvenzarbeitsrecht. Eine Sondervorschrift enthält § 116 für Dienstverhältnisse, die auf eine Geschäftsbesorgung gerichtet sind.

2 Das **Kündigungsrecht** ermöglicht schnellere, sonst ausgeschlossene, nicht aber sachlich vereinfachte Beendigungen von Dienstverhältnissen (Jaeger/*Giesen* Rn. 5). Nach Satz 1 kann das Dienstverhältnis von beiden Seiten ohne Rücksicht auf eine vereinbarte Vertragsdauer oder einen vereinbarten Kündigungsausschluss ordentlich gekündigt werden. Damit ist dem Insolvenzverwalter die Befugnis eröffnet, jedes Dienstverhältnis zu beenden. Die Höchstdauer der Kündigungsfrist beträgt nach Satz 2 drei Monate zum Monatsende, falls nicht für das Arbeitsverhältnis außerhalb der Insolvenz eine kürzere Kündigungsfrist maßgebend ist (BAG NJW 2001, 317 f.; ZInsO 2007, 1117 Rn. 17). Ziel ist, im Insolvenzfall alle Arbeitsverhältnisse innerhalb eines überschaubaren Zeitraums beenden zu können (BAG NZA 2008, 112 Rn. 59).

3 § 113 normiert **keinen selbständigen Kündigungsgrund** (BAG NZA 2006, 270 [272]; 2006, 720 Rn. 22; AP InsO § 113 Nr. 23). Gesetzliche Regelungen, die eine ordentliche Kündigung beschränken, werden nicht verdrängt. Sowohl der allgemeine Kündigungsschutz mit den Anforderungen an eine soziale Rechtfertigung der Kündigung als auch der besondere Kündigungsschutz bleiben unberührt (Kübler/Prütting/Bork/*Moll* Rn. 41, 44; MüKoInsO/*Caspers* Rn. 19). Betriebsbedingte Kündigungen werden aber durch die §§ 125–128 erleichtert. Um die Folgen der insolvenzbedingten vorzeitigen Beendigung eines Arbeitsverhältnisses zu kompensieren, sieht § 113 S. 3 einen verschuldensunabhängigen Schadensersatzanspruch des Dienstverpflichteten vor (BAG ZInsO 2007, 1117 Rn. 18).

II. Anwendungsbereich

1. Zeitlicher Anwendungsbereich. a) Eröffnung des Insolvenzverfahrens. Der **Insolvenzverwalter** kann das Kündigungsrecht ausüben (BAG NZA 2006, 1352 [1353]), weil die besonderen Beendigungsmöglichkeiten für Dienstverhältnisse ab der Insolvenzeröffnung gelten. Es besteht auch bei ausländischen Insolvenzen, die nach den § 343 anzuerkennen sind (BGH NZI 2009, 859 Rn. 8; → § 335 Rn. 5 ff.), wie einem griechischen Sonderliquidationsverfahren (BAG NZA 2013, 669 Rn. 92 ff.) oder einer Sekundärinsolvenz infolge eines Verfahrens nach Chapter 11 US Bankruptcy Code (HessLAG NZI 2014, 917). Auf den vorläufigen Insolvenzverwalter ist die Vorschrift nach ihrer Wortwahl und systematischen Stellung nicht anwendbar. Auch eine direkte bzw. analoge Anwendung auf den sog **starken vorläufigen Insolvenzverwalter** mit Verwaltungs- und Verfügungsbefugnis iSd §§ 21 Abs. 2 Nr. 1, 22 Abs. 1 ist ausgeschlossen (BAG NZA 2006, 1352 [1353]; ErfK/*Müller-Glöge* Rn. 5; Kittner/Däubler/Zwanziger KSchR/*Däubler* Rn. 4; *Rost* FS Etzel, 2011, 329 [341]; aA FK-InsO/*Eisenbeis* Rn. 10). Die Kündigungserleichterungen gelten auch für den Schuldner in Eigenverwaltung, § 279 S. 1 (BAG NZA 2011, 1108 Rn. 11; → § 279 Rn. 1), sowie für den Dienstverpflichteten. Sonst ist der Schuldner nicht mehr kündigungsberechtigt (BAG NZA 2009, 1146 Rn. 16). Es besteht keine Ausübungsfrist für das Kündigungsrecht. Um auf die Entwicklung der Masse reagieren zu können, ist die Kündigung während des gesamten Insolvenzverfahrens möglich (Uhlenbruck/*Berscheid* Rn. 28; Zwanziger/*Zwanziger* Rn. 5; Jaeger/*Giesen* Rn. 110). Die Fortsetzung des Arbeitsverhältnisses über den frühestmöglichen Kündigungstermin hinaus begründet keinen Verzicht auf das Kündigungsrecht (Ahrens/Gehrlein/Ringstmeier/*Hergenröder* Rn. 14; HK-InsO/*Linck* Rn. 13). 4

Auch für den **Bestand des Dienstverhältnisses** ist auf die Insolvenzeröffnung abzustellen. Deswegen soll die Vorschrift auf Dienstverträge anzuwenden sein, die der vorläufige Insolvenzverwalter abgeschlossen hat (HambK-InsO/*Ahrendt* Rn. 24). Wie bei den von einem Insolvenzverwalter begründeten Dienstverhältnissen, ist auch bei den von einem vorläufigen starken Insolvenzverwalter abgeschlossenen Dienstverträgen eine Einschränkung erforderlich (*Kreft/Lambrecht* NZI 2015, 639 [640 f.]). Begründet der Insolvenzverwalter für den Schuldner Dienstverhältnisse, so ist eine **teleologische Reduktion** der Regelung erforderlich. Bei ihnen greift der Zweck der Vorschrift nicht ein, weil der Insolvenzverwalter bewusst die Masse belastet hat (Nerlich/Römermann/*Hamacher* Rn. 35a; Kübler/Prütting/Bork/*Moll* Rn. 90; Zwanziger/*Zwanziger* Rn. 6; Kittner/Däubler/Zwanziger KSchR/*Däubler* Rn. 13; *Lakies* Rn. 264; aA LAG Bln-Bbg ZIP 2007, 2002 [2003]; HK-InsO/*Linck* Rn. 10; *Arens/Brand* § 1 Rn. 241; Jaeger/*Giesen* Rn. 57). Zu denken ist etwa an befristete Arbeitsverhältnisse. Nach anderer Ansicht sollen nur Arbeitnehmer ausgenommen sein, die vom Verwalter eingestellt werden, um Hilfsaufgaben zu erledigen (Uhlenbruck/*Berscheid* Rn. 9; KR-KSchG/*Weigand* §§ 113, 120–124 Rn. 20). Dann ist aber regelmäßig der Insolvenzverwalter und nicht der Schuldner Dienstberechtigter. 5

b) Nachkündigung. Die **zweite Kündigung** eines bereits vor Eröffnung des Insolvenzverfahrens gekündigten Dienstverhältnisses mit den kürzeren Fristen aus S. 1 bzw. 2 ist wirksam (BAG NZA 2004, 1037 [1038]; 2008, 112 Rn. 58; Ahrens/Gehrlein/Ringstmeier/*Hergenröder* Rn. 16; Kübler/Prütting/Bork/*Moll* Rn. 127). Die „Vorkündigung" kann durch den Schuldner oder den vorläufigen Insolvenzverwalter erfolgt sein, falls dieser insoweit nach den §§ 21 Abs. 2 Nr. 1, 22 Abs. 2 S. 1 ermächtigt ist oder als sog starker vorläufiger Insolvenzverwalter handelt. Eine unzulässige Wiederholungskündigung liegt nicht vor, weil es sich 6 um einen anderen Kündigungssachverhalt handelt (BAG NJW 2003, 3364 f.). Außerdem entsteht sonst ein den Zielsetzungen von § 113 zuwiderlaufender Druck, notwendige Kündigungen möglichst bis zur Insolvenzeröffnung hinauszuzögern (BAG NZA 2004, 1037 [1038]; 2008, 112 Rn. 58).

7 Für die Nachkündigung gelten die allgemeinen **Wirksamkeitsvoraussetzungen** (Kübler/Prütting/Bork/*Moll* Rn. 129), etwa an Form, § 623 BGB, Betriebsratsanhörung gem. § 102 BetrVG (BAG NZA 2008, 112 Rn. 59) und Massenentlassungsanzeige nach § 17 KSchG. Die durch eine ordnungsgemäße Massenentlassungsanzeige gem. § 17 Abs. 1 KSchG eröffnete Kündigungsmöglichkeit ist mit der Erklärung der ersten Kündigung verbraucht. Bei einer Nachkündigung ist eine neue Massenentlassungsanzeige erforderlich (BAG NZA 2010, 1057 Rn. 14; → § 125 Rn. 38). Eine Nachkündigung ist auch dann möglich, wenn die erste Kündigung wegen der abgelaufenen Klagefrist nach den §§ 4, 7 KSchG rechtswirksam ist (Uhlenbruck/*Berscheid* Rn. 116; Ahrens/Gehrlein/Ringstmeier/*Hergenröder* Rn. 16). Da nach dem vom BAG vertretenen punktuellen Streitgegenstandsbegriff Gegenstand einer Kündigungsschutzklage mit einem Antrag nach § 4 S. 1 KSchG die Beendigung des Arbeitsverhältnisses durch eine konkrete, mit dieser Klage angegriffene Kündigung zu dem in ihr vorgesehenen Termin ist (BAG NJW 1998, 698), wird erneut das Klagerecht eröffnet.

8 **2. Persönlicher Anwendungsbereich. a) Dienstverhältnisse.** Gekündigt werden können nur Dienstverhältnisse mit dem **Schuldner als Dienstberechtigten.** Dienstverhältnisse iSd Vorschrift bezeichnen grds. alle Dienstverträge iSv § 611 BGB. Erfasst werden sowohl Arbeitsverhältnisse, bei denen ein besonderer Kündigungsschutz gilt, als auch freie Dienstverhältnisse, die ohne Bestandsschutz beendet werden können (BGH ZInsO 2007, 1117 Rn. 16). Das Dienstverhältnis muss auf eine fortgesetzte Dienstleistung gerichtet sein (ErfK/*Müller-Glöge* Rn. 3). Unerheblich ist, ob das Dienstverhältnis angetreten ist oder nicht. Die in § 22 Abs. 1 S. 1 KO normierte Voraussetzung eines angetretenen Dienstverhältnisses hat die InsO nicht übernommen (Uhlenbruck/*Berscheid* Rn. 6).

9 **Ausnahmen** stellen die in § 116 speziell geregelten Geschäftsbesorgungsverträge dar. Geschäftsbesorgung ist jede selbständige vermögensbezogene Tätigkeit in einer fremden wirtschaftlichen Interessensphäre (BGHZ 168, 276 Rn. 8; Ahrens/Gehrlein/Ringstmeier/*Flöther/Wehner* § 116 Rn. 2). Von Dienstverträgen sind sie danach abzugrenzen, ob die Geschäftsbesorgung die Hauptleistung bildet oder ob sie die unselbständige Auswirkung einer Pflicht aus dem Dienstverhältnis darstellt (KR-KSchG/*Weigand* InsO §§ 113, 120–124 Rn. 13). Geschäftsbesorgungsverträge erlöschen ebenso wie Aufträge nach § 115. Für Handelsvertreterverträge gilt § 116 (OLG Düsseldorf NZI 2010, 105 f.; MüKoInsO/*Ott/Vuia* § 116 Rn. 12). Unanwendbar ist das Kündigungsrecht auf Werkverträge. Während beim Dienstvertrag eine Tätigkeit als solche zu erbringen ist, wird beim Werkvertrag ein bestimmter Erfolg geschuldet (Schaub ArbR-HdB/*Vogelsang* § 9 Rn. 17).

10 **b) Dienstverträge.** Ein **freier Dienstvertrag** liegt vor, wenn die Dienste in persönlicher und wirtschaftlicher Unabhängigkeit erbracht werden. Kennzeichnend ist insbes. die Weisungsfreiheit hinsichtlich Durchführung, Zeit, Dauer und Ort der Tätigkeit (BAG NZA-RR 2007, 424 Rn. 13). Die Grundkündigungsfrist derartiger Dienstverträge ist allg. nach § 621 BGB zu bemessen.

11 Bei **Organmitgliedern** einer juristischen Person ist zwischen der Kündigung des Dienstverhältnisses und der Beendigung der Organstellung zu unterscheiden. Auf das Dienstverhältnis der Organe ist § 113 anwendbar (Uhlenbruck/*Hirte* § 11 Rn. 125; FK-InsO/*Eisenbeis* Rn. 13). Für das Vorstandsmitglied einer AG folgt dies unmittelbar aus § 87 Abs. 3 AktG. Das Kündigungsrecht besteht gegenüber dem Geschäftsführer einer GmbH (vgl. BGH NJW 1981, 1270 f.), dem Geschäfts-

führer einer GmbH & Co KG (vgl. BGH NJW 1980, 595; Uhlenbruck/*Berscheid* Rn. 4) sowie den Vorstandsmitgliedern von Genossenschaften und Vereinen (Nerlich/Römermann/*Hamacher* Rn. 40). Nach § 113 gekündigt werden kann auch dem Gesellschafter-Geschäftsführer in der Insolvenz der Gesellschaft (BGHZ 75, 209 [211]; BGH NJW 1981, 1270 f.; NZI 2005, 694 [696]). Auch der Dienstvertrag eines Kommanditisten einer KG unterliegt § 113 (KR-KSchG/*Weigand* §§ 113, 120–124 Rn. 15).

Ist der **Geschäftsführer** nicht beherrschender Gesellschafter, folgt die Grund- 12
kündigungsfrist des unbefristeten Geschäftsführervertrags aus § 622 BGB (BGHZ 91, 217 [220 f.]; Uhlenbruck/*Berscheid* Rn. 18). Offen ist, ob § 622 BGB auch für den Alleingesellschafter-Geschäftsführer gilt. Dies wird wegen des nicht geringeren Schutzbedürfnisses zu bejahen sein (LAG RhPf NZG 2009, 195 [196]; aA OLG Hamm NJW-RR 1993, 493; MüKoInsO/*Caspers* Rn. 83).

Die **Abberufung** aus der Organstellung obliegt auch in der Insolvenz den 13
zuständigen Gesellschaftsorganen, vgl. § 84 Abs. 3 AktG, § 46 Nr. 5 GmbHG, nicht dem Insolvenzverwalter (FK-InsO/*Eisenbeis* Rn. 15; KR-KSchG/*Weigand* InsO §§ 113, 120–124 Rn. 15). Auf geschäftsführende Gesellschafter von Personengesellschaften ist § 113 nicht anwendbar, soweit ihrer Tätigkeit der Gesellschaftsvertrag zugrunde liegt (Ahrens/Gehrlein/Ringstmeier/*Hergenröder* Rn. 7; Kübler/Prütting/Bork/*Moll* Rn. 82).

c) Arbeitsverträge. Arbeitnehmer ist, wer aufgrund eines privatrechtlichen 14
Vertrags im Dienste eines anderen zur Leistung weisungsgebundener, fremdbestimmter Arbeit in persönlicher Abhängigkeit verpflichtet ist (BAG NJW 2000, 1438 [1439]; NZA 2002, 787 [788]; NZA-RR 2007, 424 Rn. 13). Die vielfältigen Abgrenzungsfragen, va zu selbständig Tätigen (vgl. nur Schaub ArbR-HdB/*Vogelsang* § 8 Rn. 6 ff.; ErfK/*Preis* BGB § 611 Rn. 35 ff.), sind hier bedeutungslos, weil auch der freie Dienstvertrag dem Anwendungsbereich der Vorschrift unterliegt. Unerheblich ist der Leistungsumfang, also ob es sich um Vollzeit-, Teilzeit- oder geringfügig Beschäftigte, Aushilfen bzw. im Haushalt des Schuldners beschäftigte Personen handelt (HK-InsO/*Linck* Rn. 3). Bei einem Leiharbeitsverhältnis iSv § 1 Abs. 1 S. 1 AÜG kann in der Insolvenz des Verleihers nach § 113 gekündigt werden (Nerlich/Römermann/*Hamacher* Rn. 38). In der Insolvenz eines an einem Ligaspielbetrieb teilnehmenden Sportvereins gilt für die Arbeitsverhältnisse der Profisportler § 113 (BAG NJW 2001, 317 f.). Auf Auszubildende ist § 113 grds. unanwendbar (Kübler/Prütting/Bork/*Moll* Rn. 136; HK-InsO/*Linck* Rn. 8; KR-KSchG/*Weigand* InsO §§ 113, 120–124 Rn. 55; ErfK/*Müller-Glöge* Rn. 3; → Rn. 40; anders Jaeger/*Giesen* Rn. 23, 101), anders bei entgeltlichen Volontariaten und Praktika.

Auf **arbeitnehmerähnliche Personen** ist § 113 anzuwenden, soweit sie auf- 15
grund eines Dienstvertrags für den Schuldner tätig werden. Erbringen sie ihre Leistungen im Rahmen eines Werkvertrags, besteht das Erfüllungswahlrecht des Insolvenzverwalters nach § 103 (MüKoInsO/*Caspers* Rn. 8; Ahrens/Gehrlein/Ringstmeier/*Hergenröder* Rn. 8; aA Kittner/Däubler/Zwanziger KSchR/*Däubler* Rn. 11). Gelten für **Heimarbeiter** die verlängerten Kündigungsfristen aus § 29 Abs. 4 HAG, werden die Fristen durch § 113 reduziert (Uhlenbruck/*Berscheid* Rn. 87).

3. Sachlicher Anwendungsbereich. § 113 gilt für die **ordentliche Kündi-** 16
gung von Dienstverhältnissen, unabhängig davon, ob es sich um Beendigungs- oder Änderungskündigungen handelt (ErfK/*Müller-Glöge* Rn. 7; KR/*Weigand* InsO §§ 113, 120–124 Rn. 26; Kittner/Däubler/Zwanziger KSchR/*Däubler* Rn. 7; Zwanziger/*Zwanziger* Rn. 4). Für die außerordentliche Kündigung gelten die allgemeinen Regelungen (→ Rn. 47 ff.).

17 **4. Räumlicher Geltungsbereich.** Abweichend vom Grundsatz der lex fori concursus bestimmt Art. 10 EuInsVO die Anwendung des Insolvenzrechts desjenigen Staats, dem das **Arbeitsvertragsstatut** unterliegt (Ahrens/Gehrlein/Ringstmeier/*Bach* Anh. I EuInsVO Art. 10 Rn. 1). Bei den seit dem 17.12.2009 geschlossenen Arbeitsverträgen ist dies gem. Art. 8 Abs. 2 Rom I-VO das Recht des Staats, in dem der Arbeitnehmer gewöhnlich seine Arbeit verrichtet, es sei denn, das Recht ist durch Rechtswahl bestimmt. Für Altverträge gilt in Deutschland Art. 30 EGBGB (Ahrens/Gehrlein/Ringstmeier/*Bach* Anh. I EuInsVO Art. 10 Rn. 9). Auf den Kündigungsschutzprozess eines im Inland beschäftigten Arbeitnehmers ist in einem nach ausländischem Recht eröffneten Insolvenzverfahren über das Vermögen des Arbeitgebers deswegen deutsches Insolvenzarbeitsrecht anzuwenden (HessLAG NZI 2011, 203 [204]).

18 **5. Andere Beendigungsformen. Aufhebungs- und Abwicklungsverträge** sind auch in der Insolvenz zulässig (HambK-InsO/*Ahrendt* Rn. 26; *Steindorf/Regh* § 3 Rn. 386 ff.). Mit einem Aufhebungsvertrag wird das Arbeitsverhältnis durch vertragliche Vereinbarung beendet, für die das Schriftformerfordernis aus § 623 BGB besteht. Zu beachten ist aber die Sperrfrist aus § 148 Abs. 1 Nr. 4 SGB III bei Arbeitsaufgabe (Nerlich/Römermann/*Hamacher* Rn. 16). Bei einem Abwicklungsvertrag endet das Arbeitsverhältnis durch vorangegangene Arbeitgeberkündigung, während im Abwicklungsvertrag die Modalitäten der Vertragsbeendigung vereinbart werden (Schaub ArbR-HdB/*Linck* § 122 Rn. 1). Er unterliegt nicht dem Schriftformerfordernis aus § 623 BGB (BAG NZA 2007, 466 Rn. 19). Verzichtet der Arbeitnehmer darin auf einen gesetzlichen Sonderkündigungsschutz, droht ihm eine Sperrzeit (HambK-InsO/*Ahrendt* Rn. 28).

19 Die **Anfechtbarkeit** des Arbeitsvertrags nach den §§ 119, 123 BGB (dazu Schaub ArbR-HdB/*Linck* § 34 Rn. 23 ff.) ist nach der Insolvenzeröffnung durch den Insolvenzverwalter möglich (Uhlenbruck/*Berscheid* Rn. 26; Nerlich/Römermann/*Hamacher* Rn. 25; *Steindorf/Regh* § 3 Rn. 401) und bleibt von § 113 unberührt. Ein **befristetes Arbeitsverhältnis** kann auch in der Insolvenz nach § 60 Abs. 1 BGB durch Fristablauf enden, sofern es nicht vom Insolvenzverwalter nach § 113 S. 1 Alt. 1 gekündigt wird (→ Rn. 29 ff.).

III. Kündigungsrecht (Satz 1)

20 **1. Grundlagen.** Die **Kündigungsbefugnis** ist für den Insolvenzverwalter (BAG NZA 2006, 1352 [1353]; → Rn. 4) und für den Dienstverpflichteten eröffnet. Mit Eröffnung des Insolvenzverfahrens geht gem. § 80 das Verwaltungs- und Verfügungsrecht über die Insolvenzmasse auf den Insolvenzverwalter über. Ob der Insolvenzverwalter dabei in die Arbeitgeberstellung einrückt oder lediglich die Arbeitgeberfunktionen für den Schuldner wahrnimmt (Uhlenbruck/*Berscheid* Rn. 24 f.; Ahrens/Gehrlein/Ringstmeier/*Piekenbrock* § 80 Rn. 24), kann hier offenbleiben. Jedenfalls rückt der Insolvenzverwalter in den Pflichtenkreis und die Rechte als Arbeitgeber ein (BAG NJW 1979, 774 [775]). Das Kündigungsrecht aus § 113 kann, etwa bei einer formellen Unwirksamkeit der ersten Kündigung, sofern es sich also nicht um eine Wiederholungskündigung handelt, auch mehrfach genutzt werden (LAG RhPf BeckRS 2014, 73108; *Rost* FS Etzel, 2011, 329 [342]). Das Kündigungsrecht unterliegt nur der Rechtskontrolle und keiner Billigkeitskontrolle nach § 315 Abs. 3 BGB und wird durch sozialversicherungsrechtliche Nachteile für den Arbeitnehmer nicht beeinträchtigt (BAG NZI 2014, 467 Rn. 11 ff.).

21 Die Vorschrift normiert ein **zwingendes Kündigungsrecht** (ErfK/*Müller-Glöge* Rn. 6), dh das Recht ist nicht im Voraus abdingbar. Es kann nicht durch einzelvertragliche, tarifvertragliche oder sonstige kollektivrechtliche Vereinbarun-

gen ausgeschlossen werden (BAG NZA 2006, 661 Rn. 17, tarifvertraglicher Verzicht auf Kündigungen zur Arbeitsplatzsicherung; 07, 387 Rn. 18). Es ist nicht tarifdispositiv, denn es sollen auch lange tarifliche Kündigungsfristen abgekürzt werden können (MüKoInsO/*Caspers* Rn. 15; Ahrens/Gehrlein/Ringstmeier/*Hergenröder* Rn. 3). Unberührt bleiben tarifvertragliche Verfahrensregeln, etwa über eine Betriebsratsanhörung (BAG ZInsO 2001, 144 Ls.). Nach der klaren Aussage des § 119 sind lediglich im Voraus getroffene Vereinbarungen – auch über eine Vertragsstrafe (vgl. BAG NZA 2014, 777 Rn. 27) – unwirksam (Uhlenbruck/*Sinz* § 119 Rn. 2). Sobald das Insolvenzverfahren eröffnet und das Kündigungsrecht entstanden ist, können aber einzelvertragliche, betriebliche oder tarifliche Vereinbarungen über das Kündigungsrecht getroffen werden (Jaeger/*Giesen* Rn. 164; enger BAG NZA 2007, 387 Rn. 18; *Göpfert/Wilke* § 20 Rn. 41).

2. Allgemeine Wirksamkeitsvoraussetzungen der Kündigung. a) Kündigungserklärung. Die Kündigung muss wirksam sein, was eine hinreichende **Bestimmtheit** erfordert. Für die Auslegung ist nicht allein der Wortlaut, sondern es sind auch alle dem Erklärungsempfänger bekannten Begleitumstände zu berücksichtigen. Bei Zugang der Kündigung muss für ihn bestimmbar sein, ob eine ordentliche oder außerordentliche Kündigung gewollt ist und zu welchem Termin das Arbeitsverhältnis enden soll (BAG NZA 2013, 1137 Rn. 14). Bei einer ordentlichen Kündigung genügt regelmäßig die Angabe des Kündigungstermins oder der Kündigungsfrist, wofür ein Hinweis auf die maßgeblichen gesetzlichen oder tariflichen Regelungen ausreicht, wenn daraus der Endtermin unschwer zu erkennen ist. Auch eine Kündigung zum nächstzulässigen Termin kann zulässig sein, wenn etwa die Vorschriften angegeben werden, nach denen die Kündigungsfrist zu berechnen ist (BAG NZA 2013, 1137 Rn. 15, 18). Die Kündigungserklärung unterliegt gem. § 623 Hs. 1 BGB dem gesetzlichen **Schriftformerfordernis.** Die Kündigung muss nach § 126 Abs. 1 Alt. 1 BGB eigenhändig unterschrieben sein. Die elektronische Form des § 126a BGB, die eine qualifizierte elektronische Signatur verlangt, ist nach § 623 Hs. 2 BGB ausgeschlossen. Eine Kündigungserklärung in der Textform des § 126b BGB, etwa per E-Mail (Prütting/Wegen/Weinreich/*Ahrens* § 126b Rn. 1), ist nichtig. Erfasst werden alle auf Beendigung des Arbeitsverhältnisses gerichteten Kündigungsformen einschließlich der Änderungskündigung, bei der auch das Änderungsangebot in der Schriftform erfolgen muss (BAG NZA 2005, 635 f.). Dagegen besteht das Schriftformerfordernis nicht für die auf Ablösung einzelner Vertragsbestimmungen gerichtete Teilkündigung oder die Anfechtung (ErfK/*Müller-Glöge* BGB § 623 Rn. 3). 22

Der **Kündigungsgrund** muss in der Kündigungserklärung grds. nicht angegeben werden, denn sonst wäre § 626 Abs. 2 S. 3 BGB entbehrlich (Uhlenbruck/*Berscheid* Rn. 36). Soweit vereinzelt ein gesetzliches Begründungserfordernis aufgestellt wird, § 9 Abs. 3 S. 2 MuSchG, § 22 Abs. 3 BBiG, gilt dafür ebenfalls das Schriftformgebot (*Benecke/Hergenröder* BBiG § 22 Rn. 79). Es können aber auch tarifliche Begründungserfordernisse bestehen (Schaub ArbR-HdB/*Linck* § 123 Rn. 62). Anzugeben ist der **Beendigungszeitpunkt.** Wird die Wirksamkeit der Kündigung zum genannten Beendigungszeitpunkt mit einer Kündigungsschutzklage angegriffen, hängt es vom Einzelfall ab, ob eine Umdeutung möglich ist (BAG NJW 2010, 3740 Rn. 23 ff.). 23

Eine **Stellvertretung** des Insolvenzverwalters bei Abgabe der Kündigungserklärung ist möglich (BAG AP KSchG 1969 § 1 Soziale Auswahl Nr. 17). Die vom Schuldner einem Betriebs- oder Personalleiter erteilten Kündigungsvollmachten erlöschen nach § 117 Abs. 1 mit der Eröffnung des Insolvenzverfahrens, weil sie sich auf das zur Insolvenzmasse gehörende Vermögen beziehen (BAG NZA 2008, 1204 Rn. 14; NJW 2008, 3529 Rn. 16). Der Insolvenzverwalter kann aber den gleichen Personen Vollmacht erteilen (vgl. BAG NZA 1998, 699 24

[700]). Legt der vom Insolvenzverwalter Bevollmächtigte keine Vollmachtsurkunde im Original vor, ist die Kündigung gem. § 174 S. 1 BGB unwirksam, wenn der Arbeitnehmer sie aus diesem Grund unverzüglich zurückweist (Uhlenbruck/*Berscheid* Rn. 30). Eine Zurückweisung ist nach § 174 S. 2 BGB ausgeschlossen, wenn der Insolvenzverwalter den Betrieb fortführt und sich dabei in gleicher Weise wie zuvor der Gemeinschuldner des Personalleiters bedient (BAG NZA 1998, 699 [700]).

25 Die Kündigungserklärung wird als empfangsbedürftige Willenserklärung **mit Zugang wirksam,** § 130 Abs. 1 S. 1 BGB gegenüber Abwesenden. Eine später als 16.00 Uhr im Hausbriefkasten eingeworfene Kündigung geht am nächsten Tag zu (BAG NJW 1984, 1651 [1652]), ebenso ein Einwurfeinschreiben. Der Benachrichtigungsschein eines Übergabeeinschreibens sowie die Niederlegung des Einschreibens bei der Post begründen keinen Zugang (BAG NJW 1997, 146 [147]). Verweigert der Empfänger grundlos die Annahme, obwohl er mit einer Kündigungserklärung rechnen muss (BGH NJW 1983, 929 [930]), oder vereitelt er den Zugang (BAG NZA 2006, 204 Rn. 14 ff.), ist ein erneuter Zustellungsversuch nicht mehr sinnvoll. Nach dem Rechtsgedanken aus § 162 ist hier eine Zugangsfiktion zu begründen (Prütting/Wegen/Weinreich/*Ahrens* § 130 Rn. 30).

26 **b) Anhörung des Betriebsrats. Vor jeder Kündigung** eines Arbeitnehmers ist ein bestehender Betriebsrat anzuhören, § 102 Abs. 1 S. 1 BetrVG (BAG NZA 2008, 807 Rn. 26). Eine ohne Anhörung des Betriebsrats ausgesprochene Kündigung ist unwirksam, § 102 Abs. 1 S. 3 BetrVG. Die Anhörungspflicht besteht gleichermaßen bei einer Beendigungs- wie Änderungskündigung, einer ordentlichen sowie außerordentlichen Kündigung und der Beendigung innerhalb der Probezeit (BAG NZA 2006, 204 Rn. 23), also auch, wenn das KSchG unanwendbar ist (*Fitting* § 102 Rn. 6).

27 Die **Anhörungspflicht** besteht für den Insolvenzverwalter (BAG AP NZA 1994, 311 [312]; GK-BetrVG/*Raab* § 102 Rn. 32) bzw. Eigenverwalter (BAG NZA 2011, 1108 Rn. 11 ff.). Auch wenn eine Betriebsstilllegung erfolgen soll, entfällt nicht das Beteiligungsrecht des Betriebsrats (BAG NZA-RR 2008, 367 Rn. 49). Soll der Betrieb aufgrund eines durch den vorläufigen Insolvenzverwalter erstatteten Gutachtens stillgelegt werden, reicht es für die ordnungsgemäße Anhörung aus, wenn die Anhörung zu der für die Zeit nach der Insolvenzeröffnung vorgesehenen Kündigung schon durch den Geschäftsführer der Schuldnerin und den vorläufigen Insolvenzverwalter erfolgt, falls dieser auch zum endgültigen Insolvenzverwalter bestellt wird (BAG NZA 2006, 658 Rn. 34). Die Zustimmung zum Interessenausgleich mit Namensliste nach § 125 lässt das Mitbestimmungsrecht des Betriebsrats unberührt, doch kann die Anhörung mit den Verhandlungen über den Interessenausgleich verbunden werden (BAG AP BetrVG 1972 § 102 Nr. 134; AP § 125 InsO Nr. 4; → § 125 Rn. 39).

28 Erforderlich ist eine **ordnungsgemäße Unterrichtung** des Betriebsrats durch den Insolvenzverwalter. § 174 BGB ist nicht anzuwenden (BAG NZA 2013, 699 Rn. 71 ff.). Verlangt wird, die Kündigungsabsicht sowie die dafür maßgebenden Gründe mitzuteilen, § 102 Abs. 1 S. 2 BetrVG. Dabei sind die Gründe mitzuteilen, die aus Sicht des Insolvenzverwalters die Kündigung rechtfertigen und für seinen Kündigungsentschluss maßgebend sind. Diesen **Kündigungssachverhalt** muss er regelmäßig unter Angabe von Tatsachen beschreiben, aus denen der Kündigungsentschluss hergeleitet wird, damit der Betriebsrat ohne zusätzliche eigene Nachforschungen die Stichhaltigkeit der Kündigungsgründe prüfen kann (BAG NZA 2004, 1037 [1038 f.]). Bei einer betriebsbedingten Kündigung muss der Insolvenzverwalter die Gründe für die unternehmerische Entscheidung und die Auswahl gerade dieses Arbeitnehmers mitteilen (BAG NJW 1984, 2374 [2375 f.]). Anzugeben sind die Namen der in die Sozialauswahl einbezogenen

Personen und deren Sozialdaten (GK-BetrVG/*Raab* § 102 Rn. 76). Erfolgt keine Sozialauswahl, müssen auch keine Sozialdaten mitgeteilt werden, etwa bei einer vollständigen Betriebsstilllegung (BAG NZA 2000, 785 [789]). Grds. sind die Kündigungsfristen und ggf. auch der Kündigungstermin mitzuteilen (BAG NJW 1997, 2131; weitergehend Nerlich/Römermann/*Hamacher* Rn. 66).

3. Befristung und Bedingung (Satz 1 Alt. 1). Nach § 113 S. 1 Alt. 1 können **Dienstverhältnisse mit einer vereinbarten Vertragsdauer** gekündigt werden. In einem zeitlich befristeten Arbeitsverhältnis besteht das Kündigungsrecht des Insolvenzverwalters unabhängig davon, ob das ordentliche Kündigungsrecht vorbehalten wurde oder nicht (BAG NZA 2006, 270 [272]). Das Kündigungsrecht gilt ebenso für zweckbefristete wie auflösend bedingte Arbeitsverträge (Uhlenbruck/*Berscheid* Rn. 66; HK-InsO/*Linck* Rn. 9). § 113 S. 1 regelt dabei das Recht des Insolvenzverwalters, die Dienstverhältnisse zu kündigen, während § 113 S. 2 eine Regelung über die für eine derartige Kündigung maßgebliche Kündigungsfrist enthält (BAG NJW 2001, 317). 29

Für **befristete Arbeitsverhältnisse** bestimmt § 15 Abs. 3 TzBfG keinen gesetzlichen Ausschluss des Kündigungsrechts, sondern lediglich eine Auslegungsregel, die gegenüber § 113 zurücktritt (BAG NZA 2006, 270 [272]; ErfK/*Müller-Glöge* Rn. 6a). Bei einer unwirksamen Befristung kann nach § 16 S. 1 TzBfG das als auf unbefristete Zeit geschlossen geltende Arbeitsverhältnis frühestens zum vereinbarten Ende ordentlich gekündigt werden, sofern nicht nach § 15 Abs. 3 TzBfG eine frühere ordentliche Kündigung möglich ist. Es gelten insoweit übereinstimmende Grundsätze, weswegen auch § 16 S. 1 TzBfG gegenüber § 113 zurücktritt (ggf. Analogie *Steindorf/Regh* § 3 Rn. 119; HambK-InsO/*Ahrendt* Rn. 31a). 30

Altersteilzeitverträge sind befristete Arbeitsverträge (BAG NZA 2006, 270 [272]). Auch eine tariflich vereinbarte Befristung des Altersteilzeitvertrags ohne ordentliche Kündigungsmöglichkeit ist nicht insolvenzfest (BAG NZA 2006, 270 [271]). Bei einem Block-Altersteilzeitmodell kann die entfallende Beschäftigungsmöglichkeit während der Arbeitsphase die Kündigung sozial rechtfertigen, selbst wenn zwischen Kündigungstermin und Freistellungsphase nur ein Monat der Arbeitsphase liegt (BAG NZA 2006, 270 [271]; Ahrens/Gehrlein/Ringstmeier/*Hergenröder* Rn. 21; Jaeger/*Giesen* Rn. 27). In der Freistellungsphase stellt die Stilllegung des Betriebs kein dringendes betriebliches Erfordernis dar, das nach § 1 Abs. 2 KSchG die Kündigung sozial rechtfertigen kann (BAG NJW 2003, 2258; HambK-InsO/*Ahrendt* Rn. 49). Auch fehlende hinreichende finanzielle Mittel können den Schuldner grds. nicht entlasten (BAG NJW 2003, 2258). 31

Haben die Parteien ein **befristetes Probearbeitsverhältnis** von längstens sechs Monaten begründet, ist die ordentliche Kündigung in der Frist aus § 622 Abs. 3 BGB nur möglich, wenn die Kündbarkeit des befristeten Arbeitsverhältnisses vereinbart wurde (BAG NZA 2008, 403 Rn. 28; ErfK/*Müller-Glöge* BGB § 622 Rn. 15). Allerdings umfasst ein befristetes Probearbeitsverhältnis regelmäßig die konkludente Abrede, das befristete Arbeitsverhältnis während der Probezeit ordentlich kündigen zu können (BAG NZA 2002, 288 Ls.). Sonst ist eine Kündigung nach § 113 S. 1 Alt. 1 möglich (ErfK/*Müller-Glöge* Rn. 8a). 32

4. Vereinbarter Ausschluss des Kündigungsrechts (Satz 1 Alt. 2). Das **spezielle insolvenzrechtliche Kündigungsrecht** verdrängt einen vereinbarten Kündigungsausschluss unabhängig davon, ob die Vereinbarung einzelvertraglich, betrieblich (BAG NZA 2006, 658 Rn. 19) oder tariflich (BAG NJW 2000, 2692 f.; NZA 2006, 270 [271 f.]) begründet ist. Tarifvertragliche Regelungen, mit denen ab einem bestimmten Lebensalter und einer bestimmten Dauer der Betriebszugehörigkeit die ordentliche Kündigung solcher Arbeitnehmer ausgeschlossen oder beschränkt wird, sind deswegen nicht insolvenzfest (BAG NJW 2000, 33

2692; NZA 2007, 387 Rn. 18; Uhlenbruck/*Berscheid* Rn. 71 ff.). Dies gilt unabhängig davon, ob der Ausschluss der Kündigung mit einer Gegenleistung des Arbeitnehmers verbunden war (BAG NZA 2006, 661 Rn. 17). Auch ein vereinbarter Ausschluss des Kündigungsrechts in einer Standortsicherungsvereinbarung steht § 113 nicht entgegen (BAG NZA 2006, 661 [662]; Kübler/Prütting/Bork/*Moll* Rn. 102; *Rost* FS Etzel, 2011, 329 [340]). Dies gilt auch bei einer entsprechenden betrieblichen Vereinbarung (Nerlich/Römermann/*Hamacher* Rn. 51a).

34 Vom Kündigungsausschluss sind vereinbarte **Kündigungserschwerungen** zu unterscheiden. Sie werden von § 113 nicht berührt (ErfK/*Müller-Glöge* Rn. 6; HK-InsO/*Linck* Rn. 17; *Henssler/Willemsen/Kalb/Annuß* Rn. 2). Wirksam bleibt insbes. eine verfahrensmäßige Absicherung des individuellen Kündigungsschutzes auf kollektiver Ebene durch ein tariflich oder betrieblich vereinbartes Zustimmungserfordernis des Betriebsrats. Soweit dieses Erfordernis als zeitlich befristete Kündigungssperre wirken kann, handelt es sich lediglich um einen Reflex dieser Bestimmung. Mit ihr sind betriebsbedingte Kündigungen nicht von vornherein ausgeschlossen (BAG KTS 2001, 186 [187]). Muss in der Insolvenz allen Mitarbeiterinnen und Mitarbeitern wegen einer Betriebsstilllegung gekündigt werden, ist das tarifliche Zustimmungserfordernis einschränkend auszulegen. Dann ist eine Zustimmung des Betriebsrats zu diesen betriebsbedingten Kündigungen nicht erforderlich (BAG KTS 2001, 186 [188]; *Steindorf/Regh* § 3 Rn. 102). Auch ein Abfindungserfordernis wird durch § 113 S. 1 nicht verdrängt (Ahrens/Gehrlein/Ringstmeier/*Hergenröder* Rn. 23; aA LAG Hamm ZInsO 1999, 302 Ls.; 1999, 544 Ls.; Uhlenbruck/*Berscheid* Rn. 72).

35 **5. Allgemeiner Kündigungsschutz.** Da § 113 keinen selbständigen Kündigungsgrund der Insolvenz oder Sanierung eröffnet (→ Rn. 3), müssen die **Anforderungen des KSchG** beachtet werden, wenn es nach seinem persönlichen und betrieblichen Geltungsbereich anzuwenden ist (BAG NZA 2006, 720 Rn. 22; 2007, 387 Rn. 39; 2008, 112 Rn. 52). Nach § 1 Abs. 2 S. 1 KSchG muss die Kündigung sozial gerechtfertigt sein, dh aus personen-, verhaltens- oder betriebsbedingten Gründen erfolgen.

36 Erforderlich ist ein **dringendes betriebliches Erfordernis** für eine Kündigung iSv § 1 Abs. 2 S. 1 KSchG, das die Eröffnung des Insolvenzverfahrens selbst noch nicht begründet (BAG NJW 2003, 2258 [2259]; KR-KSchG/*Weigand* InsO §§ 113, 120–124 Rn. 70; *Rost* FS Etzel, 2011, 329). Es kann sich aber aus einem **innerbetrieblichen oder** aus einem **außerbetrieblichen Grund** ergeben. Aus innerbetrieblichen Gründen ist die Kündigung gerechtfertigt, wenn sich der Arbeitgeber zu einer organisatorischen Maßnahme entschließt, bei deren innerbetrieblicher Umsetzung das Bedürfnis für eine Weiterbeschäftigung eines oder mehrerer Arbeitnehmer entfällt (BAG NZA 2006, 266 Rn. 31). Aus außerbetrieblichen Umständen kann ein betriebsbedingter Kündigungsgrund resultieren, wenn der Arbeitgeber, wie bei einem Auftragsverlust, die Anzahl der benötigten Arbeitnehmer unmittelbar an die verbliebene bzw. vorhandene Arbeitsmenge anpassen will, die sich aus dem verringerten Auftragsbestand und dem daraus resultierenden verringerten Arbeitsvolumen ergibt (BAG 2002, 3795 [3796]; AP AÜG § 9 Nr. 7 Rn. 17). Bei einer Stilllegung steht § 323 Abs. 1 UmwG einer betriebsbedingten Kündigung nicht entgegen. Die Regelung gilt nur für Verschlechterungen, die aufgrund der Spaltung eingetreten sind. Nachfolgende Entwicklungen werden nicht erfasst (BAG NZA 2006, 658 Rn. 22). Die Kündigung ist nur dann sozial gerechtfertigt, wenn der Arbeitnehmer nicht im selben oder in einem anderen Betrieb weiterbeschäftigt werden kann (BAG AP KSchG 1969 § 1 Betriebsbedingte Kündigung Nr. 185 Rn. 20). IRd Sozialauswahl ist der auswahlrelevante Personenkreis zu bestimmen, die maßgebenden Sozialdaten sind fest-

zustellen und zu gewichten und ggf. die Arbeitnehmer nach § 1 Abs. 3 S. 2 KSchG aus der Auswahl auszunehmen (BAG NJW 1984, 78 [79]).

Hat der Insolvenzverwalter gem. § 125 Abs. 1 einen **Interessenausgleich mit Namensliste** vereinbart, werden die dringenden betrieblichen Erfordernisse vermutet. Außerdem gilt für die Sozialauswahl ein reduzierter Prüfungsmaßstab (→ § 125 Rn. 21 ff.). Hat das Arbeitsgericht in einem **Beschlussverfahren zum Kündigungsschutz** nach § 127 Abs. 1 S. 1 die soziale Rechtfertigung einer Kündigung aus dringenden betrieblichen Erfordernissen festgestellt, ist das Gericht in einem nachfolgenden individuellen Kündigungsschutzprozess gem. § 128 daran gebunden (→ § 126 Rn. 28). 37

Die **Anzeigepflicht bei Massenentlassungen** gem. § 17 KSchG besteht auch für den Insolvenzverwalter (BAG NZA 2011, 1108 Rn. 19; Uhlenbruck/*Berscheid* Rn. 118 ff.; Nerlich/Römermann/*Hamacher* Rn. 169; *Mückl* Rn. 501). Soweit Leiharbeitnehmer bei der Berechnung der Schwellenwerte nach § 23 KSchG zu berücksichtigen sind (BAG NZA 2013, 726 Rn. 20 ff.), werden sie auch bei der Anzeigepflicht für Massenentlassungen einzuberechnen sein (sa *Mückl* Rn. 535 ff.). Ein Interessenausgleich mit Namensliste ersetzt nach § 125 Abs. 2 die Stellungnahme des Betriebsrats (→ § 125 Rn. 38). Unterlässt der Insolvenzverwalter eine ordnungsgemäße Massenentlassungsanzeige, wird das Arbeitsverhältnis idR nicht aufgelöst. Einer Kündigungsschutzklage des Arbeitnehmers ist dann stattzugeben (BAG NZA 2010, 1057 Rn. 23). 38

6. Besonderer Kündigungsschutz. a) Abgeordnete. Die Kündigung eines Abgeordneten wegen der **Wahlbewerbung** oder **Mandatsausübung** ist unzulässig (KR-KSchG/*Weigand* ParlKsch Rn. 4). Für die Abgeordneten des Deutschen Bundestags folgt dies aus Art. 48 Abs. 2 S. 2 GG sowie § 2 Abs. 3 S. 1 AbgG. IÜ ist ihre Kündigung nur aus wichtigem Grund zulässig, § 2 Abs. 3 S. 2 AbgG. Auf landesrechtlicher Ebene existiert ein entsprechender Schutz für die Mitglieder der Landesparlamente sowie kommunale Abgeordnete (KR-KSchG/*Weigand* ParlKsch Rn. 54 ff.). 39

b) Auszubildende. Der weitgehende Kündigungsausschluss für Auszubildende aus § 22 Abs. 2 Nr. 1 BBiG wird nicht durch § 113 verdrängt (Nerlich/Römermann/*Hamacher* Rn. 45; HK-InsO/*Linck* Rn. 8; *Rost* FS Etzel, 2011, 329 [339]). § 10 Abs. 2 BBiG verweist zwar für das Berufsausbildungsverhältnis grds. auf die allgemeinen Regeln. Nach Ablauf der Probezeit kann aber das Ausbildungsverhältnis vom Ausbilder gem. § 22 Abs. 2 Nr. 1 BBiG nur aus wichtigem Grund gekündigt werden, für den besonders hohe Anforderungen gelten (*Benecke/Hergenröder* BBiG § 22 Rn. 16). Die Eröffnung des Insolvenzverfahrens stellt noch keinen wichtigen Grund dar. Wegen eines fortgefallenen Arbeitsplatzes kann nicht gekündigt werden, weil Auszubildende keinen festen Arbeitsplatz haben (*Benecke/Hergenröder* BBiG § 22 Rn. 53). Erst wenn der Ausbildungszweck, etwa wegen einer Betriebsstilllegung nicht mehr erreicht werden kann, besteht ein wichtiger Grund. Es kann dann mit der Auslauffrist des § 113 S. 2 Alt. 1 gekündigt werden (Uhlenbruck/*Berscheid* Rn. 55 f.; FK-InsO/*Eisenbeis* Rn. 20; KR-KSchR/*Weigand* InsO §§ 113, 120–124 Rn. 57; Kittner/Däubler/Zwanziger KSchG/*Däubler* Rn. 10). 40

c) Betriebsratsmitglieder. Auch in der Insolvenz des Arbeitgebers genießen nach § 15 KSchG **Mitglieder der Betriebsratsorgane,** also Betriebsratsmitglieder, die Mitglieder einer Jugend- und Auszubildendenvertretung, einer Bordvertretung oder eines Seebetriebsrats einen besonderen Kündigungsschutz (BAG NZA 2006, 370 Rn. 17). Ihnen kann nach § 15 Abs. 1 S. 1 KSchG nur fristlos aus wichtigem Grund mit Zustimmung des Betriebsrats gem. § 103 BetrVG gekündigt werden. In die Sozialauswahl sind sie nicht mit einzubeziehen (BAG 41

NJW 2006, 108 [109]). Eine ordentliche Kündigung ist bei einer Betriebsstilllegung nach § 15 Abs. 4, 5 KSchG möglich, wenn der Arbeitsplatz wegfällt und eine Weiterbeschäftigung in einem anderen Betrieb nicht möglich ist (BAG NZA 1993, 224 [225]; Uhlenbruck/*Berscheid* Rn. 51; Ahrens/Gehrlein/Ringstmeier/*Hergenröder* Rn. 33; FK-InsO/*Eisenbeis* Rn. 37). Nach Ende der Amtszeit besteht ein nachwirkender Kündigungsschutz, § 15 Abs. 1 S. 2 KSchG. Zeitweilig geschützt sind auch Initiatoren, Wahlbewerber und Wahlvorstand, § 15 Abs. 3 KSchG.

42 **d) Betriebsübergang.** Das **Kündigungsverbot** wegen eines Betriebsübergangs aus § 613a Abs. 4 BGB gilt auch in der Insolvenz (BAG NZA 2007, 387 Rn. 23), wie aus § 128 Abs. 2 abzuleiten ist. Eine Kündigung erfolgt wegen des Betriebsübergangs, wenn dieser den tragenden Grund und nicht allein den äußeren Anlass der Kündigung bildet. Das Kündigungsverbot ist unanwendbar, wenn es neben dem Betriebsübergang einen sachlichen Grund gibt, der aus sich heraus die Kündigung rechtfertigt (BAG NZA 1997, 148 [149]; 2007, 387 Rn. 28). Nur in sehr begrenztem Umfang wird dieses Kündigungsverbot durch § 128 Abs. 2 eingeschränkt (→ § 128 Rn. 18 ff.).

43 **e) Mutterschutz, Elternzeit, Pflegezeit.** Das Kündigungsverbot gegenüber **Schwangeren** und **Müttern** aus § 9 Abs. 1 MuSchG gilt auch in der Insolvenz (LAG Bln-Bbg DB 2011, 1587 [1588]; FK-InsO/*Eisenbeis* Rn. 66). Während der Schwangerschaft und bis zu vier Monate nach der Entbindung ist die Kündigung verboten, wenn dem Insolvenzverwalter zum Zeitpunkt der Kündigung die Schwangerschaft oder die Entbindung bekannt war oder er binnen zwei Wochen nach Zugang der Kündigung darüber informiert wird, § 9 Abs. 1 S. 1 MuSchG. Die zuständige Behörde kann die Kündigung ausnahmsweise für zulässig erklären, § 9 Abs. 3 MuSchG. Ein dafür erforderlicher besonderer Fall liegt vor, wenn der Betrieb stillgelegt wird, nicht aber wenn die Arbeitnehmerin umgesetzt werden kann (BVerwG AP MuSchG 1968 § 9 Nr. 5; VG Hannover NZA-RR 2002, 136 f.).

44 Ein Kündigungsverbot besteht gem. § 18 Abs. 1 S. 1 BEEG ab dem Zeitpunkt, von dem an **Elternzeit** verlangt worden ist, höchstens jedoch acht Wochen vor Beginn der Elternzeit, und während der Elternzeit. Ausnahmsweise kann die Kündigung durch die zuständige Behörde für zulässig erklärt werden, § 18 Abs. 1 S. 2 BEEG. Die Insolvenz allein ist dafür nicht ausreichend, wohl aber eine Betriebsstillegung (BVerwG NJW 2010, 2074 Rn. 13). Die beitragsfreie Weiterversicherung in der gesetzlichen Krankenversicherung bildet keinen ermessenserheblichen Gesichtspunkt, der ungeachtet der dauernden Betriebsstilllegung eine inhaltliche Einschränkung der Zulässigkeitserklärung rechtfertigt (BVerwG NJW 2010, 2074 Rn. 13). Der Arbeitgeber darf gem. § 5 Abs. 1 PflegeZG das Arbeitsverhältnis während der **Pflegezeit** gem. § 2 PflegeZG oder von der Ankündigung bis zur Beendigung der kurzzeitigen Arbeitsverhinderung nach § 2 PflegeZG nicht kündigen (Ahrens/Gehrlein/Ringstmeier/*Hergenröder* Rn. 39).

45 **f) Schwerbehinderte Menschen.** Die Kündigung des Arbeitsverhältnisses eines schwerbehinderten Menschen durch den Arbeitgeber bedarf nach § 85 SGB IX auch in der Insolvenz der vorherigen **Zustimmung des Integrationsamts** (BAG NZA 2002, 975 [976]; 2003, 1087 [1091]; NZI 2013, 407 Rn. 17 ff.). Eine Ausnahme gilt, wenn das Arbeitsverhältnis zum Zeitpunkt des Zugangs der Kündigungserklärung ohne Unterbrechung noch nicht länger als sechs Monate besteht, § 90 Abs. 1 Nr. 1 SBG IX. Das Zustimmungserfordernis entfällt außerdem nach § 90 Abs. 1 Nr. 3 lit. a SGB IX, wenn der Arbeitnehmer das 58. Lebensjahr vollendet hat und ein Anspruch auf eine Abfindung, Entschädigung oder ähnliche Leistung aufgrund eines Sozialplans besteht, sofern der

Arbeitgeber die Kündigungsabsicht rechtzeitig mitgeteilt hat und der beabsichtigten Kündigung bis zu deren Ausspruch nicht widersprochen wurde.

g) Sonstige Fälle. Nach § 2 Abs. 1 ArbPlSchG darf der Arbeitgeber von der Zustellung des Einberufungsbescheids bis zur Beendigung des **Grundwehrdiensts** sowie während einer Wehrübung das Arbeitsverhältnis nicht ordentlich kündigen. IÜ darf der Arbeitgeber das Arbeitsverhältnis nicht aus Anlass des Wehrdienstes kündigen, § 2 Abs. 2 S. 1 ArbPlSchG. Ist der **Immissionsschutzbeauftragte** Arbeitnehmer des zur Bestellung verpflichteten Betreibers, so ist die Kündigung des Arbeitsverhältnisses unzulässig, ausgenommen es liegen Tatsachen vor, die den Betreiber zur Kündigung aus wichtigem Grund ohne Einhaltung einer Kündigungsfrist berechtigen, § 58 Abs. 2 S. 1 BImSchG. Entsprechendes gilt nach § 55 Abs. 3 KrW-/AbfG für den **Abfallbeauftragten.** Der **Datenschutzbeauftragte** darf nach § 4f Abs. 3 S. 3 BDSG wegen der Erfüllung seiner Aufgaben nicht benachteiligt werden. Deswegen darf ihm wegen der Erfüllung seiner Aufgaben nicht gekündigt werden (Schaub ArbR-HdB/*Linck* § 145 Rn. 10). 46

7. Außerordentliche Kündigung. Die Eröffnung des Insolvenzverfahrens lässt das **Recht zur außerordentlichen Kündigung** eines Dienstverhältnisses aus wichtigem Grund gem. § 626 BGB unberührt (KR-KSchG/*Weigand* §§ 113, 120–124 Rn. 73). Die drohende Insolvenz (BAG NZA 2013, 959 Rn. 23) bzw. die Eröffnung des Insolvenzverfahrens selbst stellt noch keinen wichtigen Grund zur außerordentlichen Kündigung dar (BAG NJW 1969, 525; AP InsO § 113 Nr. 23 Rn. 50; BGHZ 75, 209 [212], spricht insoweit von einem allgemeinen Grundsatz; MüKoInsO/*Caspers* Rn. 36; Nerlich/Römermann/*Hamacher* Rn. 189; Kübler/Prütting/Bork/*Moll* Rn. 131; *Steindorf/Regh* § 3 Rn. 281). Sonst liefe § 113 InsO ins Leere, mit dem auf die wirtschaftliche Situation reagiert wird. Auch eine außerordentliche Änderungskündigung ist allein wegen einer Insolvenz nicht möglich (*Fischer* NZA 2002, 536 [537]). 47

Ob ein **wichtiger Grund** vorliegt, ist zweistufig zu bestimmen. Zunächst ist zu prüfen, ob der Sachverhalt ohne seine besonderen Umstände an sich, dh typischerweise als wichtiger Grund geeignet ist. Sodann ist festzustellen, ob dem Kündigenden die Fortsetzung des Arbeitsverhältnisses unter Berücksichtigung der konkreten Umstände des Falls und unter Abwägung der Interessen beider Vertragsteile, jedenfalls bis zum Ablauf der Kündigungsfrist, zumutbar ist (stRspr, BAG NZA 2000, 1332; 2010, 1227 Rn. 16). Die Kündigungsgründe können grds. anhand der Dreiteilung des § 1 Abs. 2 KSchG nach personen-, verhaltens- und betriebsbedingten Gründen systematisiert werden (KR/*Fischermeier* BGB § 626 Rn. 128). Es können aber weitere Präzisierungen, etwa durch das Prognoseprinzip (BAG NZA 2009, 1198 Rn. 32), geboten sein (ErfK/*Müller-Glöge* BGB § 626 Rn. 19). Bejaht wird ein wichtiger Grund für eine Arbeitnehmerkündigung, wenn aus der Masse nicht einmal die Masseverbindlichkeiten befriedigt werden können (KR-KSchG/*Weigand* §§ 113, 120–124 Rn. 81; sa LAG Hamm ZInsO 2007, 837 [838]). 48

Dringende betriebliche Erfordernisse rechtfertigen regelmäßig nur eine ordentliche Kündigung (BAG NZA 2013, 959 Rn. 22). Ausnahmsweise können aber Betriebsstilllegungen und andere Unternehmerentscheidungen, die zu einem Wegfall der Beschäftigungsmöglichkeit führen, einen wichtigen Grund darstellen (BAG NZA 1998, 771 [773]; KR/*Fischermeier* BGB § 626 Rn. 158). Dies trifft etwa zu, wenn ein sinnloses Arbeitsverhältnis allein durch Vergütungszahlungen bis zur Beendigung aus Altersgründen aufrechterhalten werden müsste (BAG NZA 2003, 44 [47]). In diesen Fällen kann eine Fortsetzung des Arbeitsverhältnisses etwa unzumutbar sein, falls eine ordentliche Kündigung ausgeschlossen und eine Versetzung nicht möglich ist (BAG AP BAT § 55 Nr. 4). In Fällen einer 49 tariflichen Unkündbarkeit ist die außerordentliche Kündigung mit einer Auslauffrist auszusprechen (BAG NZA 2003, 44 [47]; Zwanziger/*Zwanziger* Rn. 34; aA Uhlenbruck/*Berscheid* Rn. 70; *Steindorf/Regh* § 3 Rn. 281, ordentliche Kündigung), die nach Satz 2 Alt. 1 zu bemessen ist (BAG NZA 2013, 959 Rn. 23; Jaeger/*Giesen* Vor § 113 Rn. 200).

50 Auch gegenüber dem **Geschäftsführer** bildet allein die Eröffnung des Insolvenzverfahrens keinen Grund zur außerordentlichen Kündigung des Dienstverhältnisses (Nerlich/Römermann/*Hamacher* § 113 Rn. 199). Es ist aber nicht von vornherein ausgeschlossen, die Insolvenz mit in die Abwägung einfließen zu lassen, ob ein außerordentlicher Kündigungsgrund vorliegt (BGHZ 75, 209 [212 f.]). Zur fristlosen Kündigung eines Geschäftsführers aus wichtigem Grund kann der Insolvenzverwalter etwa wegen einer Insolvenzverschleppung berechtigt sein (BGH NZI 2005, 694 [695]).

51 Die Kündigung muss binnen einer **zweiwöchigen Ausschlussfrist** nach Kenntnis der für die Kündigung maßgebenden Tatsachen erfolgen, § 626 Abs. 2 S. 1, 2 BGB. Handelt es sich bei dem für die fristlose Kündigung maßgebenden Grund um ein Dauerverhalten, so beginnt die Zwei-Wochenfrist nicht vor dessen Beendigung (BGH NJW 1998, 2850 [2851]). Ein wichtiger Grund kann grds. auch noch im Rechtsstreit nachgeschoben werden, soweit er bei Ausspruch der Kündigung objektiv vorlag und dem Insolvenzverwalter nicht länger als zwei Wochen bekannt war (BGHZ 157, 151 [157]).

52 **8. Geltendmachung der Unwirksamkeit.** Will ein Arbeitnehmer die Unwirksamkeit der Kündigung geltend machen, muss er gem. den §§ 4, 7 KSchG binnen drei Wochen **Kündigungsschutzklage** erheben. Da § 113 keinen eigenen Kündigungsgrund schafft (→ Rn. 3), gelten die allgemeinen Regeln. In der Frist muss der Arbeitnehmer sowohl die fehlende soziale Rechtfertigung nach § 1 KSchG als auch alle anderen Unwirksamkeitsgründe, wie einen unzutreffenden Beendigungszeitpunkt (BAG NJW 2010, 3740 Rn. 20 ff.), geltend machen. Dies gilt auch, wenn der persönliche (BAG NZA 2006, 1207 Rn. 17) oder betriebliche Anwendungsbereich des KSchG nicht erfüllt ist oder die Unwirksamkeit einer außerordentlichen Kündigung geltend gemacht wird (KR-KSchG/*Rost* KSchG § 7 Rn. 3a, 15–18, zu den Ausnahmen Rn. 3b).

53 Die **Klage** ist **gegen den Insolvenzverwalter** als Partei kraft Amtes zu richten (BAG NZA 2003, 1391). Ist nach der Bezeichnung in der Klageschrift anstatt des Insolvenzverwalters die Schuldnerin verklagt, muss stets geprüft werden, ob der Fehler durch eine Rubrumsberichtigung beseitigt werden kann. Für die Parteistellung im Prozess ist nicht allein die formelle Bezeichnung der Partei in der Klageschrift maßgeblich. Ergibt sich in einem Kündigungsrechtsstreit, etwa aus dem der Klageschrift beigefügten Kündigungsschreiben, wer als beklagte Partei gemeint ist, so ist regelmäßig eine Berichtigung des Rubrums möglich (BAG NJW 2002, 459 [461]; NZA 2003, 1391; MüKoInsO/*Caspers* Rn. 68; Ahrens/Gehrlein/Ringstmeier/*Hergenröder* Rn. 67). Die Klagen sind keine Annexverfahren iSv Art. 3 EuInsVO (BAG NZI 2012, 1011).

IV. Kündigungsfrist (Satz 2)

54 Kündigt der Insolvenzverwalter gem. § 113 S. 1 ein Dienstverhältnis, bestimmt § 113 S. 2 Alt. 1 dafür eine **Maximalkündigungsfrist** von drei Monaten zum Monatsende (KR-KSchG/*Weigand* InsO §§ 113, 120–124 Rn. 32; Gottwald InsR-HdB/*Bertram* § 105 Rn. 67). Bei einer solchen Kündigung gilt nach Satz 2 Alt. 2 grds. die für eine ordentliche Kündigung maßgebende Frist, soweit sie drei Monate zum Monatsende nicht übersteigt. Bei längeren ordentlichen Kündigungsfristen oder dem Ausschluss einer ordentlichen Kündigung ist auf die

Höchstkündigungsfrist abzustellen (BAG ZInsO 2007, 1117 Rn. 17). Sie gilt auch bei einer vereinbarten Vertragsdauer, die im Zeitpunkt der Kündigung noch mindestens drei Monate beträgt (BAG NZI 2000, 611). Die Kündigungsfrist beginnt mit Zugang der Kündigungserklärung. Dies gilt auch dann, wenn zu diesem Zeitpunkt die Dienste noch nicht angetreten sind (*Henssler/Willemsen/Kalb/Annuß* InsO Rn. 5). Der Verwalter kann auch mit einer längeren Frist kündigen, wenn der Arbeitnehmer für Abwicklungsarbeiten benötigt wird oder kein Schadensersatzanspruch nach § 113 S. 3 droht (BAG NZI 2014, 467 Rn. 16; Jaeger/*Giesen* Rn. 76). Selbst wenn eine Weiterbeschäftigungsmöglichkeit entfällt, ist dem Insolvenzverwalter die Einhaltung der Frist zumutbar (BAG NZA 2013, 959 Rn. 22; 2014, 895 Rn. 16).

Der **Geltungsbereich** der Maximalfrist umfasst alle Gestaltungen, in denen eine ordentliche Kündigung ausgeschlossen ist (BAG NJW 2000, 2692; aA MüKoInsO/*Caspers* Rn. 27). Ist tariflich oder vertraglich eine ordentliche Kündigung ausgeschlossen, kann außerordentlich mit einer der Maximaldauer entsprechenden Auslauffrist gekündigt werden (aA Uhlenbruck/*Berscheid* Rn. 70, ordentliche Kündigung). Ist allerdings die Kündbarkeit aus Altersgründen ausgeschlossen, wird auf die erdiente Kündigungsfrist abgestellt (Uhlenbruck/*Berscheid* Rn. 106; a. A. *Bertram* NZI 2001, 625 [630], § 113 S. 2). Auch ein befristetes Arbeitsverhältnis mit einer noch ausstehenden Vertragsdauer von mehr als drei Monaten zum Monatsende kann nach § 113 gekündigt werden, selbst wenn kein ordentliches Kündigungsrecht vereinbart ist. Da eine kürzere gesetzliche Kündigungsfrist in dem befristeten Arbeitsverhältnis zu keinem Zeitpunkt anwendbar, also für dieses Arbeitsverhältnis nie maßgeblich war, wird die Höchstfrist nicht verdrängt (BAG NJW 2001, 317; KR-KSchG/*Weigand* InsO §§ 113, 120–124 Rn. 44). Eine befristete Probezeitvereinbarung ist dagegen regelmäßig ordentlich kündbar (→ Rn. 32). 55

In allen anderen Konstellationen ist eine **Differenzberechnung** zwischen den für das Dienstverhältnis geltenden Fristen und der Maximalfrist durchzuführen. Übersteigt die für das Dienstverhältnis im konkreten Fall maßgebliche Frist nicht die Dauer von drei Monaten zum Monatsende, bleibt es nach Satz 2 Alt. 2 bei dieser Frist. Sonst verdrängt Satz 2 Alt. 1 als lex specialis längere Fristen unabhängig davon, ob sie aus Gesetz, Tarifvertrag oder Arbeitsvertrag resultieren (LAG SchlH NZI 2004, 638; Zwanziger/*Zwanziger* Rn. 8; Jaeger/*Giesen* Rn. 74 ff.; Nerlich/Römermann/*Hamacher* Rn. 90 ff.). Gesetzliche Fristen sind insbes. in den §§ 621, 622 BGB, § 29 HAG und § 63 HAG normiert. Verfassungsrechtliche Bedenken gegen den Eingriff in die tariflichen Regelungen greifen nicht durch (BAG NJW 2000, 972 [973]; Ahrens/Gehrlein/Ringstmeier/*Hergenröder* Rn. 50; aA Kittner/Däubler/Zwanziger KSchR/*Däubler* Rn. 29 ff.). Ist arbeitsvertraglich eine längere Kündigungsfrist als die gesetzliche Frist vereinbart, so ist bis zur Höchstfrist des § 113 S. 2 Alt. 1 diese längere vertragliche Frist maßgeblich (BAG NJW 1999, 1571 [1572]; Gottwald InsR-HdB/*Bertram* § 105 Rn. 68; *Steindorf/Regh* § 3 Rn. 125; aA Kübler/Prütting/Bork/*Moll* Rn. 94 ff.). 56

V. Rechtsfolgen der Kündigung

1. Schadensersatz (Satz 3). a) Voraussetzungen. Als Ausgleich für die insolvenzbedingte vorzeitige Beendigung des Arbeitsverhältnisses mittels Kündigung durch den Insolvenzverwalter steht dem Dienstverpflichteten nach Satz 3 ein **verschuldensunabhängiger Schadensersatzanspruch** zu (BAG AP InsO § 113 Nr. 23 Rn. 17). Dazu muss entweder das Dienstverhältnis vor Ablauf der vereinbarten Vertragsdauer, trotz eines vereinbarten Ausschlusses des Rechts zur ordentlichen Kündigung oder mit einer kürzeren, als der sonst maßgeblichen Frist 57 gekündigt worden sein. Diese objektiven Voraussetzungen lösen den verschuldensunabhängigen Ersatzanspruch aus (BAG ZInsO 2007, 1117 Rn. 18).

58 **Unanwendbar** ist der Ersatzanspruch bei einer außerordentlichen Kündigung aus wichtigem Grund. Auf einen Aufhebungsvertrag – ggf. anders bei einem Abwicklungsvertrag (Kübler/Prütting/Bork/*Moll* Rn. 140) – ist § 113 S. 3 weder unmittelbar noch analog anwendbar (BAG AP InsO § 113 Nr. 23 Rn. 26 ff.). Gleiches gilt für eine Eigenkündigung (aA FK-InsO/*Eisenbeis* Rn. 91). Obwohl das Kündigungsrecht für beide Vertragsparteien eröffnet ist, entsteht bei einer vorzeitigen Kündigung durch den Dienstverpflichteten für keine Seite ein Schadensersatzanspruch (Ahrens/Gehrlein/Ringstmeier/*Hergenröder* Rn. 55; Kübler/Prütting/Bork/*Moll* Rn. 139; Zwanziger/*Zwanziger* Rn. 36; *Steindorf/Regh* § 3 Rn. 377; sa KR-KSchG/*Weigand* §§ 113, 120–124 Rn. 91).

59 **b) Schadensumfang.** Zu ersetzen ist der durch die vorzeitige Beendigung des Dienstverhältnisses entstandene **Verfrühungsschaden.** Der von einer vorzeitigen Kündigung gem. Satz 1 und 2 InsO betroffene Dienstverpflichtete soll so gestellt werden, wie er bei Anwendung der für ihn ohne das Insolvenzverfahren maßgeblichen Regelungen stehen würde (BAG AP InsO § 113 Nr. 23 Rn. 17; FK-InsO/*Eisenbeis* Rn. 83).

60 Für die **Bemessung** des Ersatzanspruchs ist nach den verschiedenen Fallgruppen zu unterscheiden. Tritt die Maximalfrist von drei Monaten zum Monatsende an die Stelle einer maßgeblichen längeren Kündigungsfrist, ist der Ersatzanspruch nach der Differenz zwischen diesen beiden Fristen zu bemessen (HK-InsO/*Linck* Rn. 29). Ist das Dienstverhältnis befristet, begrenzt jedenfalls das Befristungsende den Schadensersatzanspruch (BAG ZInsO 2007, 1117 Rn. 21). Kündigt der Insolvenzverwalter den Vertrag mit dem Vorstandsmitglied einer AG, ist der Schadensersatzanspruch gem. § 87 Abs. 3 AktG auf den Zeitraum von zwei Jahren nach dem Ende des Dienstverhältnisses begrenzt (Nerlich/Römermann/*Hamacher* Rn. 254). Bei einer vereinbarten Unkündbarkeit ist der Schadensersatzanspruch nach der Rspr. des BAG als Verfrühungsschaden auf die ohne die vereinbarte Unkündbarkeit maßgebliche längste Kündigungsfrist zu beschränken (BAG ZInsO 2007, 1117 Rn. 27; aA Kübler/Prütting/Bork/*Moll* Rn. 146; Kittner/Däubler/Zwanziger KSchR/*Däubler* Rn. 27), denn es soll keinen Ersatz für den Verlust des Arbeitsplatzes als solchen geben (BAG ZInsO 2007, 1117 Rn. 24). Dadurch soll ein Endlosschaden ausgeschlossen werden.

61 Auf den Schadensersatzanspruch ist der **Einwand des Mitverschuldens** aus § 254 BGB anwendbar (BAG ZInsO 2007, 1117 Rn. 31; *Steindorf/Regh* § 3 Rn. 383). Den Dienstverpflichteten trifft demnach die Schadensminderungspflicht aus § 254 Abs. 2 S. 1 BGB, doch ist sie bei einer unterbliebenen Dienstleistung nach dem Maßstab aus § 615 S. 2 BGB auf das begrenzt, was er zu erwerben böswillig unterlässt (Nerlich/Römermann/*Hamacher* Rn. 255; weitergehend *Henssler/Willemsen/Kalb/Annuß* Rn. 9; HK-InsO/*Linck* Rn. 32; ErfK/*Müller-Glöge* Rn. 15). Verletzt der Geschäftsführer einer GmbH seine Sorgfaltspflichten aus § 43 Abs. 1 GmbHG, kann diese Pflichtverletzung einem Schadensersatzanspruch aus § 113 S. 3 wegen der unterschiedlichen Schutzzwecke nicht entgegengehalten werden (BAG ZInsO 2007, 1117 Rn. 32; Ahrens/Gehrlein/Ringstmeier/*Hergenröder* Rn. 62; aA HK-InsO/*Linck* Rn. 30).

62 Für die **Schadensberechnung** ist der gesamte Verdienstausfall des Arbeitnehmers einschließlich seiner Leistungsbezüge, Urlaubsgeld (HessLAG NZI 2013, 363 [364]) und etwaiger Naturalleistungen zugrunde zu legen (KR-KSchG/*Weigand* §§ 113, 120–124 Rn. 89; FK-InsO/InsO/*Eisenbeis* Rn. 86; *Steindorf/Regh* § 3 Rn. 382). Zeitanteilig einzubeziehen sind auch Sonderzahlungen. Der Schaden kann auch daraus resultieren, dass Anwartschaften in der betrieblichen Altersversorgung nicht mehr unverfallbar werden (Uhlenbruck/*Berscheid* Rn. 157, wenn Anwartschaft zwischen Ablauf der Frist aus § 113 S. 2 und der sonstigen Frist unverfallbar geworden wäre; Kittner/Däubler/Zwanziger KSchR/*Däubler* Rn. 27; Zwanziger/*Zwanziger* Rn. 39). Im Wege des Vorteilsausgleichs sind ersparte Aufwendungen sowie anderweitiger Erwerb, etwa aus Sozialleistungen, anzurechnen (Ahrens/Gehrlein/Ringstmeier/*Hergenröder* Rn. 62). Der Schaden kann auch bei zeit- oder entgeltabhängigen Sozialleistungsansprüchen eintreten, wie einem früher endenden Bezugszeitraum für das ALG I (Jaeger/*Giesen* Rn. 133; aA HessLAG NZI 2013, 363 [365]). Mittelbare Schäden, wie veränderte Chancen am Arbeitsmarkt, fehlgeschlagene Vergütungserwartungen oder verpasste Beförderungschancen, sind nicht auszugleichen (HessLAG NZI 2013, 363 [365]; *Mückl* Rn. 359).

c) Geltendmachung. Nach der ausdrücklichen gesetzlichen Regelung ist der Schadensersatzanspruch nicht als Masseverbindlichkeit gem. § 55 Abs. 1 Nr. 1, sondern als **Insolvenzforderung** nach § 38 geltend zu machen. Der Ersatzanspruch ist deswegen vom Dienstverpflichteten zur Tabelle anzumelden (Jaeger/*Giesen* Rn. 114). Durch diese von der insolvenzrechtlichen Systematik abweichende Einordnung wird der Schadensersatzanspruch weithin entwertet. In einem Insolvenzplan soll für die Geltendmachung angemeldeter Ersatzforderungen eine Ausschlussfrist von einem Monat zulässig sein (LAG Düsseldorf NZI 2014, 913 [915]; ZInsO 2014, 2378 [2381]; allg. BGH NZI 2010, 734 Rn. 8 ff.). Der Ersatzanspruch kann nach § 116 SGB X auf den Sozialleistungsträger übergehen (Jaeger/*Giesen* Rn. 150 ff.). 63

2. Schadensersatz gem. § 628 Abs. 2 BGB. Kein Vorrang besteht gegenüber dem Schadensersatzanspruch aus § 628 Abs. 2 BGB (BAG AP InsO § 113 Nr. 23 Rn. 33; Uhlenbruck/*Berscheid* Rn. 165; *Lakies* Rn. 268). Dieser Schadensersatzanspruch steht beiden Teilen des Dienstverhältnisses zu, wenn eine Kündigung aus wichtigem Grund durch vertragswidriges Verhalten des anderen Teils veranlasst wird. Dabei muss das für den Schadensersatz erforderliche Auflösungsverschulden des Vertragspartners das Gewicht eines wichtigen Grunds iSv § 626 BGB haben (BAG NJW 2002, 1593 [1594]; sa FK-InsO/*Eisenbeis* Rn. 94). Wenn das Verschulden des einen Teils einen Umfang erreicht, der den anderen zur Kündigung aus wichtigem Grund berechtigt, kann dieser nach § 628 Abs. 2 BGB vorgehen (BAG AP InsO § 113 Nr. 23 Rn. 33). 64

3. Wettbewerbsverbote. Die **Wirksamkeit** nachvertraglicher Wettbewerbsverbote bleibt von der Eröffnung des Insolvenzverfahrens grds. unberührt (FK-InsO/*Eisenbeis* Rn. 99). Da das BAG derartige Wettbewerbsverbote als gegenseitige Verträge ansieht (BAG NJW 1982, 903; NZA 1986, 134), steht dem Insolvenzverwalter gegenüber einem bei Insolvenzeröffnung bereits ausgeschiedenen Dienstverpflichteten das Erfüllungswahlrecht aus § 103 zu (vgl. BAG NZI 2009, 894 Rn. 1; KR-KSchG/*Weigand* §§ 113, 120–124 Rn. 112; FK-InsO/*Eisenbeis* Rn. 101; Kittner/Däubler/Zwanziger KSchR/*Däubler* Rn. 46a). Die ab Eröffnung des Insolvenzverfahrens entstehende Karenzentschädigung ist als Masseverbindlichkeit geltend zu machen. Für einen nach Eröffnung des Insolvenzverfahrens ausscheidenden Arbeitnehmer gelten die gleichen Grundsätze. Die Kündigung eines Dienstverhältnisses nach § 113 schließt eine Erfüllungswahl des Insolvenzverwalters für das dadurch ausgelöste Wettbewerbsverbot nicht aus (BAG NZI 2009, 894 Rn. 1). 65

4. Wiedereinstellungsanspruch. Bei einer **Veränderung der maßgebenden Umstände** für eine betriebsbedingte Kündigung nach Zugang der Erklärung kann dem Arbeitnehmer ein Wiedereinstellungsanspruch gegen den Arbeitgeber zustehen (BAG NJW 1997, 2257 [2258]; *Menke* BB 2011, 1461 [1465]). Dies gilt auch in der Insolvenz (LAG Nds NZA-RR 2004, 567 [568]; MüKoInsO/*Caspers* 66

§ 125 Rn. 107; sa FK-InsO/*Eisenbeis* Rn. 117 ff.; einschränkend Nerlich/Römermann/*Hamacher* Rn. 303; offengelassen von BAG NZA 2003, 93 [100]; aA BAG NZA 1999, 422 [425], nach Aufhebungsvertrag; HambK-InsO/*Ahrendt* Rn. 54; KR-KSchG/*Weigand* InsO §§ 113, 120–124 Rn. 71a, nach Betriebsübergang). Ein solcher Anspruch ist möglich, wenn es trotz einer ursprünglich vorgesehenen Stilllegung des Betriebs oder eines Wegfalls der Beschäftigungsmöglichkeit aus anderen Gründen und einer infolgedessen wirksam ausgesprochenen Kündigung aus betriebsbedingten Gründen nachträglich zu einem Betriebsübergang kommt und damit der Betrieb fortgeführt wird oder eine andere Weiterbeschäftigungsmöglichkeit für den Arbeitnehmer besteht (BAG ZInsO 2004, 876 [877]). Die zeitliche Grenze für den Anspruch bildet der Ablauf der für den jeweiligen Arbeitnehmer geltenden Kündigungsfrist (BAG NZA 1998, 254 [255]).

Bezüge aus einem Dienstverhältnis[1]

114 (1) **Hat der Schuldner vor der Eröffnung des Insolvenzverfahrens eine Forderung für die spätere Zeit auf Bezüge aus einem Dienstverhältnis oder an deren Stelle tretende laufende Bezüge abgetreten oder verpfändet, so ist diese Verfügung nur wirksam, soweit sie sich auf die Bezüge für die Zeit vor Ablauf von zwei Jahren nach dem Ende des zur Zeit der Eröffnung des Verfahrens laufenden Kalendermonats bezieht.**

(2) [1] **Gegen die Forderung auf die Bezüge für den in Absatz 1 bezeichneten Zeitraum kann der Verpflichtete eine Forderung aufrechnen, die ihm gegen den Schuldner zusteht.** [2] **Die §§ 95 und 96 Nr. 2 bis 4 bleiben unberührt.**

(3) [1] **Ist vor der Eröffnung des Verfahrens im Wege der Zwangsvollstreckung über die Bezüge für die spätere Zeit verfügt worden, so ist diese Verfügung nur wirksam, soweit sie sich auf die Bezüge für den zur Zeit der Eröffnung des Verfahrens laufenden Kalendermonat bezieht.** [2] **Ist die Eröffnung nach dem fünfzehnten Tag des Monats erfolgt, so ist die Verfügung auch für den folgenden Kalendermonat wirksam.** [3] **§ 88 bleibt unberührt; § 89 Abs. 2 Satz 2 gilt entsprechend.**

Schrifttum: *Ahrens,* Lohnabtretungen in der Insolvenz nach der Aufhebung von § 114 InsO, NZI 2014, 529; *Baatz,* § 114 Abs. 1 InsO – Reichweite und Grenzen, ZInsO, 2012, 457; *Bigge/Peters-Lange,* Auswirkungen der Streichung des § 114 InsO für gesicherte Gläubiger und Auf-/Verrechnungsberechtigte durch das Gesetz zur Verkürzung des Restschuldbefreiungsverfahrens und Stärkung der Gläubigerrechte zum 1.7.2014, ZIP 2014, 2114; *Grote,* Festliche Gedanken zur unglücklichen Vorschrift des § 114 Abs. 1 InsO, ZInsO 2010, 1974, *Kuleisa,* Aufhebung des § 114 InsO – Was wird aus der Abtretung von Bezügen während und nach der Insolvenz?, ZVI 2015, 85; *Lüdtke,* Werden Renten aus privaten Altersvorsorgeverträgen von § 114 InsO erfasst?, ZVI 2013, 46.

Übersicht

[1] § 114 aufgeh. mWv 1.7.2014 durch G v. 15.7.2013 (BGBl. I S. 2379).

I. Normzweck

1 **§ 114 ist auslaufendes Recht.** Durch das Gesetz zur Verkürzung des Restschuldbefreiungsverfahrens und zur Stärkung der Gläubigerrechte v. 15.7.2013 (BGBl. I S. 2379) ist § 114 in allen ab dem 1.7.2014 beantragten Insolvenzverfahren aufgehoben (*Ahrens* NZI 2014, 529 [530]; zu den Konsequenzen → Rn. 23 f.). Für die bis zum 30.6.2014 beantragten Verfahren gilt die Vorschrift weiter (AG Köln NZI 2015, 182). Die Regelung in Abs. 1 begründet eine **Privilegierung der Vorausabtretungen** über Forderungen auf Bezüge aus einem Dienstverhältnis über einen Zeitraum von zwei Jahren nach Eröffnung des Insolvenzverfahrens. Als Ausnahmeregelung zu § 91 Abs. 1 beinhaltet die Bestimmung eine Gültigkeitsanordnung für Vorausabtretungen (BGHZ 167, 363 Rn. 9 ff.; BGH NZI 2007, 39 Rn. 9; 2010, 564 Rn. 15; 2013, 42 Rn. 15; NJW-RR 2013, 880 Rn. 24; BAG ZInsO 2013, 1214 Rn. 49). § 91 Abs. 1 schließt einen Rechtserwerb an Gegenständen der Insolvenzmasse nach Eröffnung des Insolvenzverfahrens aus. Deswegen wären Vorausabtretungen von Gehaltsforderungen, die erst mit der Erbringung der Gegenleistung durch den Dienstverpflichteten entstehen (BGH NZI 2008, 563 Rn. 13), ab Insolvenzeröffnung generell unwirksam. Nur weil und soweit § 114 Abs. 1 die Abtretung zulässt, bleiben die Vorausabtretungen wirksam (BGHZ 167, 363 Rn. 6 f.; Ahrens/Gehrlein/Ringstmeier/*Hergenröder* Rn. 2; FK-InsO/*Eisenbeis* Rn. 2; aA Uhlenbruck/*Berscheid/Ries,* 13. Aufl. 2010, Rn. 17 ff.; *Flöther/Bräuer* NZI 2006, 136 [140]; *Dobmeier* NZI 2006, 144 [148]).

2 Parallel zur Abtretungsregelung begründet **Absatz 2** eine **erweiterte Aufrechnungsbefugnis** des Dienstberechtigten gegen den Schuldner. Abweichend von den §§ 94, 96 Abs. 1 Nr. 1 ist die Aufrechnung für einen Zeitraum von zwei Jahren nach Eröffnung des Insolvenzverfahrens gestattet.

3 Im Vergleich zu Absatz 1 und 2 wird durch **Absatz 3** die **Wirksamkeit von Pfändungen** in Bezügeforderungen zunächst nur geringfügig über den Eröffnungszeitpunkt hinaus erweitert (vgl. BGH NZI 2011, 365 Rn. 12). Die Regelung begründet aber einen Wertungswiderspruch, weil Pfändungen vor Insolvenzeröffnung bis zu drei Monate vor Insolvenzeröffnung der Rückschlagsperre nach den §§ 88, 312 Abs. 1 S. 3 unterliegen bzw. nach § 131 Abs. 1 anfechtbar sind, frühere Pfändungen aber sogar noch nach Insolvenzeröffnung wirksam sein sollen (BGH NZI 2008, 563 Rn. 19 f.; ZVI 2008, 433 Rn. 8).

II. Abtretungen und Verpfändungen vor Verfahrenseröffnung (Absatz 1)

4 **1. Bezüge aus Dienstverhältnis. a) Dienstverhältnis.** Im Ausgangspunkt erfasst § 114 Abs. 1 Forderungen des Schuldners aus **allen Beschäftigungsformen** dienstvertraglicher Art iSv § 611 BGB. Unerheblich ist, ob es sich um eine selbständige oder nicht selbständige Tätigkeit handelt (BGHZ 167, 363 Rn. 16) oder ob das Dienstverhältnis erst während des Insolvenzverfahrens eingegangen wurde (BGH NZI 2013, 42 Rn. 16 ff.). Neben den Arbeitsverhältnissen auch leitender Angestellter sind Ausbildungs-, Praktikanten- und Heimarbeitsverhältnisse sowie arbeitnehmerähnliche Personen eingeschlossen. Die Regelung gilt

auch für die Forderungen aus den Dienstverhältnissen von Organmitgliedern (Uhlenbruck/*Berscheid/Ries,* 13. Aufl. 2010, Rn. 5; Kübler/Prütting/Bork/*Moll* Rn. 13). Nicht erfasst werden die va strafvollstreckungsrechtlich geprägten Rechtsverhältnisse eines Strafgefangenen (vgl. BGH NJW 2004, 3714 [3715]; *Ahrens* NJW-Spezial 2011, 725).

5 Im Anschluss an die Rspr. des BGH wird danach differenziert, ob die Bezüge allein aus der Verwertung der Arbeitskraft des Schuldners resultieren oder die **Begründung von Masseverbindlichkeiten** voraussetzen. Soweit die Erwerbstätigkeit von der Masse zu tragende Ausgaben erfordert, ist § 114 Abs. 1 unanwendbar (BGHZ 167, 363 Rn. 16; NZI 2010, 564 Rn. 12; BSG MedR 2012, 343 Rn. 21; Kübler/Prütting/Bork/*Moll* Rn. 19; HambK-InsO/*Ahrendt* Rn. 3; aA MüKoInsO/*Caspers* Rn. 4). Die Bestimmung erfasst nach dem Konzept der Rspr. typischerweise keine Einkünfte Selbständiger, abgesehen von seltenen Ausnahmefällen, in denen keine Masseverbindlichkeiten begründet werden. Die Abtretung von Ansprüchen eines Arztes gegen die Kassenärztliche Vereinigung ist nicht durch § 114 Abs. 1 privilegiert (BGHZ 167, 363 Rn. 13). Diese Einschränkung ist nachvollziehbar, aber nicht zwingend. Systematische Brüche bestehen, weil einerseits zwangsvollstreckungsrechtlich die Ansprüche eines Kassenarztes gegen die Kassenärztliche Vereinigung als Arbeitseinkommen iSv § 850 Abs. 2 ZPO eingeordnet (BGHZ 96, 324 [326]), andererseits die Einkünfte Selbständiger nicht nach § 287 Abs. 2 S. 1 abgetreten werden (BGH NZI 2010, 72, 2011, 16). In der Konsequenz der Rspr. ist das Abtretungsprivileg nach einer Negativerklärung gegenüber einem selbständigen Schuldner gem. § 35 Abs. 2 unanwendbar (BGH NZI 2010, 343 Rn. 2).

6 **b) Bezüge.** Privilegiert sind Vorausabtretungen über Forderungen auf Bezüge, also **Einkommen** aus einem Dienstverhältnis. Der Begriff verlangt keine einschränkende Auslegung (BGH NZI 2010, 564 Rn. 13) und umfasst sowohl fortlaufende als auch einmalige Bezügeforderungen (Ahrens/Gehrlein/Ringstmeier/*Hergenröder* Rn. 9; Graf-Schlicker/*Pöhlmann* Rn. 8; aA FK-InsO/*Eisenbeis* Rn. 5). Unerheblich ist, ob die Bezüge auf arbeitsvertraglicher oder tariflicher Grundlage beruhen bzw. durch Betriebsvereinbarungen begründet sind. Erfasst werden alle Einnahmen aus dem Dienstverhältnis, unabhängig von der Bezeichnung und der Berechnungsart, also Gratifikationen, Sonderzahlungen, Gewinnbeteiligungen und Urlaubsentgelt (BAG NJW 2001, 460 f.), Urlaubsgeld (HK-InsO/*Linck* Rn. 6), Honorare, Diäten, Wohngelder, Karenzzahlungen wegen Wettbewerbsverboten (Nerlich/Römermann/*Kießner* Rn. 23), Schadensersatzansprüche wegen verfallener Vergütungsansprüche (BAG NJW 2009, 2324, 2325; weiter HambK-InsO/*Ahrendt* Anh. § 311, § 114 Rn. 4; enger Kübler/Prütting/Bork/*Moll* Rn. 14a), Dienst- und Versorgungsbezüge der Beamten, Versorgungsbezüge von Notaren außer Dienst (BGH NJW-RR 2013, 880 Rn. 23), Wehrsold, Ruhegelder sowie einmalige Abfindungen wegen Auflösung eines Arbeitsverhältnisses (BGH NZI 2010, 564 Rn. 7). Eingeschlossen sind Leistungen der betrieblichen Altersversorgung (BGH NJW-RR 2013, 880 Rn. 23; MüKoInsO/*Caspers* Rn. 11) und Aufwandsentschädigungen, soweit sie nicht tatsächlich getätigte Ausgaben abdecken (HambK-InsO/*Ahrendt* Rn. 4).

7 **Unanwendbar** ist die Vorschrift auf Naturalleistungen (aA Uhlenbruck/*Berscheid/Ries,* 13. Aufl. 2010, Rn. 9), denn nach dem Regelungszweck werden allein auf Geld gerichtete Forderungen erfasst. Steuererstattungsansprüche begründen keine Bezügeforderungen (vgl. Prütting/Gehrlein/*Ahrens* § 850 Rn. 20). Vereinbaren die Arbeitsvertragsparteien vor der Abtretung eine Entgeltumwandlung, entstehen insoweit keine pfändbaren Bezüge (BAG NJW 2009, 167 Rn. 16).

8 Erfasst werden auch Forderungen auf an deren Stelle tretende laufende Bezüge, also **gleichgestellte Bezüge.** Eingeschlossen sind damit zunächst Entgeltersatz-

leistungen des Arbeitgebers, etwa bei persönlicher Arbeitsverhinderung gem. § 616 BGB, auf Entgeltfortzahlung an Feiertagen oder im Krankheitsfall nach den §§ 2, 3 EFZG bzw. bei Mutterschaft gem. §§ 11, 14 MuSchG. Anzuwenden ist Absatz 1 auch auf öffentlich-rechtliche Ersatzleistungen, also etwa Arbeitslosengeld, Übergangsgeld, Kurzarbeitergeld und Insolvenzgeld nach § 116 SGB III, Krankengeld gem. den §§ 44 ff. SGB V, Altersrente aus den §§ 35 ff. SGB VI (BGH NZI 2011, 365 Rn. 8) und Erwerbsunfähigkeitsrente nach den §§ 56 ff. SGB VII (vgl. Nerlich/Römermann/*Kießner* Rn. 25). Gesetzlich wird zwischen den Bezügen aus einem Dienstverhältnis einerseits und den an deren Stelle tretenden laufenden Bezügen andererseits unterschieden (BGH NZI 2010, 564 Rn. 7; MüKoInsO/*Caspers* Rn. 10). Die Regelung gilt deswegen nur für laufende Entgeltersatzleistungen, wohl weil einmalige Geldleistungen der Sozialversicherungsträger gem. § 54 Abs. 2 SGB I regelmäßig unpfändbar sind.

2. Abtretung oder Verpfändung. § 114 Abs. 1 erfasst rechtsgeschäftliche 9
Vorausverfügungen, sei es durch **Abtretung,** sei es durch Verpfändung. Für die Zession gelten die §§ 305 ff. BGB (BGH NJW 1992, 1234; *Baatz* ZInsO 2012, 457) sowie die allgemeinen Abtretungsregeln der §§ 398 ff. BGB, weswegen gegenüber Beamten und dem gleichgestellten Personenkreis § 411 BGB zu beachten ist, doch kann die öffentliche Beglaubigung nicht vom Treuhänder untersagt werden (OLG Koblenz NZI 2012, 891 [892]). Die Abtretung darf nicht durch vertragliche oder tarifliche Vereinbarung ausgeschlossen sein (HambK-InsO/*Ahrendt* Anh. § 311, § 114 Rn. 5; *Baatz* ZInsO 2012, 457 [460 ff.]). In Betracht kommt auch ein Abtretungsverbot durch Betriebsvereinbarung (Ahrens/Gehrlein/Ringstmeier/*Hergenröder* Rn. 14). Die Abtretung einer gepfändeten Forderung verstößt zwar gegen das Verfügungsverbot aus § 829 Abs. 1 ZPO und ist gegenüber dem Pfändungspfandgläubiger unwirksam. Eine gegen ein nur relativ wirkendes Verfügungsverbot verstoßende Verfügung wird jedoch in vollem Umfang wirksam, wenn das Verbot aufgehoben wird. Sobald das Pfändungspfandrecht gem. Absatz 3 unwirksam wird, entfällt das Pfändungspfandrecht. Die Abtretung bleibt demgegenüber im Zweijahreszeitraum aus Absatz 1 wirksam (BGH NZI 2007, 39 Rn. 6).

Unpfändbare Forderungen können nach § 400 BGB nicht abgetreten wer- 10
den. Pfändungsverbote enthalten die zwangsvollstreckungsrechtlichen Pfändungsschutzbestimmungen der §§ 850 ff. ZPO. Der Zessionar ist nicht gem. § 36 Abs. 4 berechtigt, einen Antrag auf Zusammenrechnung entsprechend § 850e ZPO zu stellen (*Vogt* NZI 2011, 749 [750]). Ansprüche auf laufende Sozialleistungen sind gem. § 54 Abs. 4 SGB I wie Arbeitseinkommen unpfändbar. Unpfändbar sind nach § 54 Abs. 3 SGB I Ansprüche auf Erziehungsgeld sowie Elterngeld bis zu der in § 10 BErzGG bestimmten Grenze, Mutterschaftsgeld in der dort bestimmten Höhe sowie Geldleistungen zum Ausgleich eines durch Körper- oder Gesundheitsschäden bedingten Mehraufwands. Der Anspruch auf Sozialhilfe stellt zwar ebenfalls eine Entgeltersatzleistung dar, ist aber nach § 17 Abs. 1 S. 2 SGB XII nicht übertragbar und unpfändbar. Forderungen auf Beamtenbezüge sind nur abtretbar und verpfändbar, soweit sie pfändbar sind, § 11 Abs. 1 BBesG.

Verpfändung bezeichnet die rechtsgeschäftliche Verfügung nach den 11
§§ 1273 ff. BGB (Kübler/Prütting/Bork/*Moll* Rn. 28). Als Wirksamkeitsvoraussetzung ist gem. § 1280 BGB eine Anzeige gegenüber dem Drittschuldner erforderlich (HK-InsO/*Linck* Rn. 8). Soweit eine Abtretung ausgeschlossen ist (→ Rn. 10), kann das Recht gem. § 1274 Abs. 2 BGB auch nicht verpfändet werden.

3. Zeitrahmen. Geschützt werden **Vorausverfügungen.** Verlangt wird ein 12
bestehendes, dh zumindest individualisierbares Rechtsverhältnis (BAG NJW 1993, 2699 [2700]). Eine Abtretung ist nach § 91 Abs. 1 nur dann insolvenzfest, wenn

der Zessionar vor Eröffnung des Insolvenzverfahrens eine gesicherte Position erlangt hat (Ahrens/Gehrlein/Ringstmeier/*Piekenbrock* § 81 Rn. 13 f.). Das Dienstverhältnis muss bei Eröffnung des Insolvenzverfahrens noch nicht begründet sein (BGH NZI 2013, 42 [44]). Der Abtretungsvorrang erweitert die Wirkung auch auf zedierte Forderungen, die erst mit der Inanspruchnahme der Gegenleistung entstehen, §§ 163, 158 Abs. 1 BGB. Eine Verfügung über rückständige Beträge wird nicht geschützt.

13 Vorausverfügungen des Schuldners sind gem. § 114 Abs. 1 nur wirksam, soweit sie sich auf Bezüge für die Zeit vor Ablauf von **zwei Jahren** nach dem Ende des zur Zeit der Insolvenzeröffnung laufenden Kalendermonats beziehen. Die Verfügung muss vor Eröffnung des Insolvenzverfahrens erfolgt sein. Erfolgt eine Verfügung am Eröffnungstag, gilt die Vermutung aus § 81 Abs. 3. Maßgebend ist, ob die Bezüge vor Ablauf der Zweijahresfrist entstehen. Unerheblich ist, wenn sie, wie etwa Jahressonderzahlungen, erst nach dieser Frist fällig werden (MüKoInsO/*Caspers* Rn. 24 f.). Läuft eine erste Vorausabtretung vor Fristende ab, ist eine nachrangige Abtretung für die verbleibende Zeit begünstigt, vorausgesetzt, sie ist vor Insolvenzeröffnung erfolgt (*Baatz* ZInsO 2012, 457 [464]; aA *Grote* ZInsO 2010, 1974 [1977 f.]). Nach Ablauf der zweijährigen Frist wird die Abtretung unwirksam. Dies gilt auch, wenn das Insolvenzverfahren aufgehoben und selbst dann, wenn die Restschuldbefreiung vorzeitig erteilt ist. Anders als ein Pfändungspfandrecht (→ Rn. 18) lebt eine Sicherungsabtretung nicht wieder auf (aA *Obermüller* ZVI 2012, 146 [147]).

III. Aufrechnung (Absatz 2)

14 Absatz 2 privilegiert **Aufrechnungen des Zahlungspflichtigen** gegen den Schuldner. Nach den allgemeinen Regeln muss entweder die Aufrechnungslage, § 94, bzw. die Hauptforderung, § 96 Abs. 1 Nr. 1, bei Eröffnung des Insolvenzverfahrens bestanden haben. Abweichend davon kann der Zahlungspflichtige gegen eine innerhalb der zweijährigen Frist des Absatz 1 entstandene Forderung auf Bezüge aufrechnen. Die Aufrechnung ist gem. § 388 BGB gegenüber dem Insolvenzverwalter zu erklären.

15 Bei der **Hauptforderung,** gegen die der Zahlungspflichtige aufrechnet, muss es sich um einen Anspruch auf Bezüge iSv Absatz 1 handeln. Es kann sich entweder um Forderungen auf Bezüge aus einem Dienstverhältnis oder um gleichgestellte Bezüge handeln, etwa gegen einen Sozialleistungsträger. Die Bezüge dürfen keine Begründung von Masseverbindlichkeiten erfordern (BSG MedR 2012, 343 Rn. 21). Das der Forderung zugrunde liegende Rechtsverhältnis muss bei der Insolvenzeröffnung bestanden haben (MüKoInsO/*Caspers* Rn. 29; Kübler/Prütting/Bork/*Moll* Rn. 39; Ahrens/Gehrlein/Ringstmeier/*Hergenröder* Rn. 20). Wechselt der Arbeitnehmer während der Zweijahresfrist das Arbeitsverhältnis oder wird er arbeitslos und erwirbt er einen Anspruch gegen einen Sozialleistungsträger, handelt es sich jeweils um einen anderen Anspruch, auf den Absatz 2 unanwendbar ist. Die Bezügeforderung muss vor Ablauf der zweijährigen Frist entstanden sein. Es kommt nicht darauf an, ob sie fällig ist.

16 Die **Gegenforderung,** mit der ein Zahlungspflichtiger aufrechnet, muss bei der Insolvenzeröffnung bereits entstanden sein (MüKoInsO/*Caspers* Rn. 33). Sie muss nach § 387 BGB wirksam und fällig sein. Ein Zusammenhang mit dem der Bezügeforderung zugrunde liegenden Rechtsverhältnis ist nicht erforderlich (HambK-InsO/*Ahrendt* Rn. 7). Nach den bürgerlichrechtlichen Aufrechnungsregeln müssen die Forderungen gleichartig, aber § 95 Abs. 2, und gegenseitig sein. Als Ausnahme vom Gegenseitigkeitserfordernis kann nach § 52 SGB I der Leistungsträger mit Ermächtigung eines anderen Leistungsträgers dessen Ansprüche gegen den Berechtigten mit der ihm obliegenden Geldleistung verrechnen, soweit

nach § 51 SGB I die Aufrechnung zulässig ist. Diese **Verrechnung** ist gem. § 114 Abs. 2 wirksam, soweit die Ermächtigung vor Eröffnung des Insolvenzverfahrens erteilt wurde (BGHZ 177, 1 Rn. 6, 10 ff.; BSG ZInsO 2004, 741 [742]).

Die gesetzlichen **Aufrechnungsverbote** aus dem bürgerlichen Recht gelten 17 auch in der Insolvenz, weswegen gem. § 394 BGB eine Aufrechnung gegen eine unpfändbare Forderung ausgeschlossen ist. Nach Absatz 1 Satz 2 bleiben auch die Ausschlussgründe der §§ 95, 96 Abs. 1 Nr. 2–4 unberührt. Ein in AGB enthaltenes Aufrechnungsverbot gilt regelmäßig nicht im Insolvenzfall (RGZ 124, 8 [10]; BGH NJW 1975, 442 [443]).

IV. Zwangsvollstreckung (Absatz 3)

Die Regelung begründet eine **Privilegierung** von Zwangsvollstreckungsmaß- 18 nahmen in Forderungen auf Bezüge iSd Absatz 1 (→ Rn. 6 f.). § 832 ZPO erstreckt die Pfändung von Gehaltsforderungen oder in ähnlicher Weise fortlaufenden Bezügen auch auf die nach der Pfändung fällig werdenden Beträge. Die sonst nach § 91 Abs. 1 zugunsten der Gläubigergleichbehandlung eintretende Durchbrechung der zukünftigen Verfügungswirkungen für laufende Bezüge aus Dienstverhältnissen ändert § 114 Abs. 3 ab (BGH NZI 2011, 365 Rn. 11; BAG NZA 2013, 1079 Rn. 40). Wegen der Zielsetzung des Insolvenz- und Restschuldbefreiungsverfahrens wird die Unwirksamkeit der Vorauspfändung lediglich sachlich beschränkt. Um den Rang zu wahren und den Gläubiger zu sichern, bleibt das Pfändungspfandrecht bestehen, doch wird die Forderung nach Ablauf der Frist aus Absatz 3 Satz 1 nicht weiter überwiesen (BGH NZI 2011, 365 Rn. 11). Die Unwirksamkeit der Pfändung ist durch Erinnerung gem. § 766 ZPO geltend zu machen (Graf-Schlicker/*Pöhlmann* Rn. 18). Nach Erteilung der Restschuldbefreiung kann der Schuldner etwa mit einer Titelherausgabeklage dagegen vorgehen.

Die Zwangsvollstreckungsmaßnahme muss vor Eintritt der **Rückschlagsperre** 19 wirksam geworden sein (Kübler/Prütting/Bork/*Moll* Rn. 53; HambK-InsO/*Ahrendt* Anh. § 311, § 114 Rn. 8; sa OLG Nürnberg NZI 2014, 162 [163]), denn nach Absatz 3 Satz 3 Hs. 1 bleibt § 88 unberührt. Der Gläubiger muss daher gem. § 88 die Sicherung vor dem letzten Monat bzw. nach § 312 Abs. 1 S. 3 im Verbraucherinsolvenzverfahren länger als drei Monate vor dem Eröffnungsantrag erlangt haben. Zu einem früheren Zeitpunkt durch Zwangsvollstreckungsmaßnahmen erfolgte Verfügungen bleiben grds. nur wirksam, soweit sie sich auf Bezüge für den zur Zeit der Eröffnung laufenden Kalendermonat beziehen. Bei einer Verfahrenseröffnung nach dem fünfzehnten Kalendertag eines Monats bleibt die Verfügung auch noch für den Folgemonat wirksam. Vereinzelt wird Absatz 3 analog auf den Zeitraum nach Anordnung von Sicherungsmaßnahmen angewandt (AG Mönchengladbach ZInsO 2002, 643), doch wird dadurch der Wertungswiderspruch (→ Rn. 3) noch vergrößert (sa Kübler/Prütting/Bork/*Moll* Rn. 57 ff.).

Der **sachliche Anwendungsbereich** ist umfassend und erstreckt sich auch auf 20 eine Vorpfändung nach § 845 ZPO. Die Regelung gilt für die Pfändung verschleierten Arbeitseinkommens und ist auf diejenige Vergütung anzuwenden, die nach § 850 Abs. 2 ZPO als lediglich dem Gläubiger gegenüber geschuldet gilt (LAG BW BeckRS 2011, 74934).

Abweichend von § 91 Abs. 1 und über den Zeitraum des Absatz 3 Satz 1 und 21 2 hinaus bleiben Vollstreckungsmaßnahmen von **Unterhalts- und Deliktsgläubigern** nach Maßgabe von Absatz 3 Satz 3 Hs. 2 iVm § 89 Abs. 2 S. 2 wirksam. Erforderlich ist eine Zwangsvollstreckung der privilegierten Gläubiger in den Vorrechtsbereich nach den §§ 850d, 850f Abs. 2 ZPO. Damit bestehen drei Einschränkungen für die bevorrechtigte Vollstreckung. Der Pfändungs- und Überweisungsbeschluss muss vor Eröffnung des Insolvenzverfahrens zugestellt sein

(BAG NZI 2010, 35 Rn. 16) und er darf nicht der Rückschlagsperre unterliegen. Außerdem behält ein vor Insolvenzeröffnung zugestellter Pfändungs- und Überweisungsbeschluss seine Wirkung nur, soweit er nach Insolvenzeröffnung entstandene Unterhaltsforderungen erfasst (BAG NZI 2010, 35 Rn. 16; OVG Münster ZInsO 2014, 1345 [1346]). Unterhaltsrückstände aus der Zeit vor Eröffnung des Insolvenzverfahrens sind Insolvenzforderungen und müssen nach den dafür geltenden Regeln durchgesetzt werden (BGHZ 162, 234 [240, 244 f.]). In den Vorrechtsbereich können die Unterhaltsgläubiger nur als Neugläubiger vollstrecken.

V. Insolvenzanfechtung

22 Es erfolgt **kein Ausschluss** der Insolvenzanfechtung durch die Abtretungsregelung in Absatz 1 (Ahrens/Gehrlein/Ringstmeier/*Hergenröder* Rn. 18; Jaeger/*Giesen* Rn. 32; *Grote* ZInsO 2010, 1974 [1976 f.]; *Baatz* ZInsO 2012, 457 [467]) bzw. den Vollstreckungsschutz nach Absatz 3. Das Vollstreckungsrecht lässt die Bestimmung über die Rückschlagsperre unberührt, doch erlaubt dies nicht den Gegenschluss, andere Regelungen über die Zeit vor Verfahrenseröffnung seien unanwendbar (BGH NZI 2008, 563 Rn. 17 ff.).

VI. Insolvenzantrag ab 1.7.2014

23 Mit der **Aufhebung von § 114** (→ Rn. 1) entfallen in den ab dem 1.7.2014 beantragten Insolvenzverfahren die Privilegierungen aus der Vorschrift, vgl. Art. 103h S. 1 EGInsO. Dies gilt unabhängig vom Zeitpunkt einer Sicherungsabtretung (*Ahrens* Das neue Privatinsolvenzrecht Rn. 297 f.; aA MüKoInsO/*Caspers* Rn. 33).

24 **Während des Insolvenzverfahrens** richtet sich das Unwirksamwerden von Vorausverfügungen nach § 91 Abs. 1. Schließt sich an das Insolvenzverfahren die Treuhandperiode eines Restschuldbefreiungsverfahrens an, sind Vorausverfügungen als unzulässige Sonderabkommen gem. § 294 Abs. 2 nichtig. Weitgehende Einigkeit besteht darüber, dass Sicherungsabtretungen **nach Erteilung der Restschuldbefreiung** trotz § 301 Abs. 2 S. 1 nicht mehr geltend gemacht werden können. Das teleologische Argument, nach dieser Vorschrift sollen die im Insolvenzverfahren bestehenden, nicht aber generell-abstrakt neu entstehende Sicherungen den Wirkungen der Restschuldbefreiung entzogen sein (*Schmerbach/Semmelbeck* NZI 2014, 547 [552]; *Kuleisa* ZVI 2015, 85 [89]; *Riedel* ZVI 2015, 91), überzeugt nicht, weil es nicht erklärt, warum die Sicherungsrechte nicht mehr geltend gemacht werden können. Dies folgt aus der Nichtigkeitsanordnung des § 294 Abs. 2 (*Ahrens* NZI 2014, 529 [533 f.]; Uhlenbruck/*Sternal* § 301 Rn. 33; aA *Bigge/Peters-Lange* ZIP 2014, 2114 [2115]). Bei einem **Insolvenzplan** folgt die Nichtigkeit aus § 226 Abs. 3 InsO (*Ahrens* Das neue Privatinsolvenzrecht Rn. 334 ff.).

Erlöschen von Aufträgen

115 (1) **Ein vom Schuldner erteilter Auftrag, der sich auf das zur Insolvenzmasse gehörende Vermögen bezieht, erlischt durch die Eröffnung des Insolvenzverfahrens.**

(2) [1] **Der Beauftragte hat, wenn mit dem Aufschub Gefahr verbunden ist, die Besorgung des übertragenen Geschäfts fortzusetzen, bis der Insolvenzverwalter anderweitig Fürsorge treffen kann.** [2] **Der Auftrag gilt insoweit als fortbestehend.** [3] **Mit seinen Ersatzansprüchen aus dieser Fortsetzung ist der Beauftragte Massegläubiger.**

(3) [1] **Solange der Beauftragte die Eröffnung des Verfahrens ohne Verschulden nicht kennt, gilt der Auftrag zu seinen Gunsten als fortbestehend.** [2] **Mit den Ersatzansprüchen aus dieser Fortsetzung ist der Beauftragte Insolvenzgläubiger.**

Schrifttum: Leipold/*Marotzke,* Die Behandlung der „schwebenden Rechtsgeschäfte", Insolvenzrecht im Umbruch, 1991, 183; *ders.,* Der Einfluss des Insolvenzverfahrens auf Auftrags- und Geschäftsbesorgungsverhältnisse, FS Henckel 1995, 579; *ders.,* Das Zurückbehaltungsrecht im Konkurs des Gegners, JA 1988, 117.

Übersicht

I. Allgemeines

Das Auftragsverhältnis erlischt und wandelt sich stattdessen ohne weiteres Zutun 1
in ein **Abwicklungsverhältnis** um. Eine entsprechende Regelung trifft **§ 116** für Geschäftsbesorgungsverträge; **§ 117** regelt als Ergänzung, dass auch die vom Schuldner erteilten Vollmachten kraft Gesetzes erlöschen.

1. Normzweck. Der Zweck des § 115 liegt in dem **Schutz der Verwaltungshoheit des Insolvenzverwalters** (BT-Drs. 12/2443, 151; MüKoInsO/*Ott/Vuia* Rn. 1; krit. Kübler/Prütting/Bork/*Tintelnot* Rn. 2). Es soll auf diese Weise gewährleistet werden, dass die Verwaltung der Insolvenzmasse ab der Verfahrenseröffnung alleine in den Händen des Insolvenzverwalters liegt; dazu gehört auch, dass nur der Verwalter Aufträge und Vollmachten erteilen kann. Ferner soll verhindert werden, dass Auftragnehmer nach der Verfahrenseröffnung die Insolvenzmasse noch mit der Begründung von (Insolvenz-)Forderungen belasten können (MüKoInsO/*Ott/Vuia* Rn. 1). Die praktische Bedeutung des § 115 ist aufgrund der Unentgeltlichkeit gering; allerdings gilt die Vorschrift für entgeltliche Geschäftsbesorgungsverträge kraft Verweises in § 116. 2

Für die Erreichung dieses Ziels ist § 115 allerdings **nicht erforderlich** (ebenso *Marotzke* FS Henckel, 1995, 579 [587 f.]). Die Begründung von Masseverbindlichkeiten oder wirksamen Verfügungen über Massegegenstände durch Dritte ohne einen entsprechenden Willen des Verwalters ist ohnehin nicht möglich, da nur der Verwalter verfügungsbefugt ist. Vom Schuldner erteilte Vollmachten erlöschen mit der Verfahrenseröffnung (§ 117, der allerdings seinerseits nur klarstellende Funktion hat, vgl. dort → § 117 Rn. 12). Auf der schuldrechtlicher Ebene können aus dem Auftrag nach der allgemeinen Systematik des § 103 also allenfalls Insolvenzforderungen folgen, wenn nicht der Verwalter die Erfüllung des Auftrages zur Masse wählt, was aber auch bei allen anderen Vertragstypen der Fall ist. **Das automatische Erlöschen schadet der Insolvenzmasse,** da dem Verwalter die Möglichkeit genommen wird, günstige Auftragsverhältnisse für die Masse aufrecht zu erhalten. 3

2. Systematische Einordnung. Systematisch stellt § 115 zunächst keine Modifizierung, sondern eine **Ergänzung des § 103** dar, weil es sich bei Aufträgen nicht um gegenseitige Verträge handelt, sondern um unvollkommen zwei- 4 seitige Verträge, die ohnehin nicht unter § 103 fallen (vgl. → § 103 Rn. 14; so auch Uhlenbruck/*Sinz* Rn. 1). Ein systematischer Zusammenhang wird allerdings im entsprechenden Anwendungsbereich des § 115 hergestellt, weil die Vorschrift nach § 116 auf entgeltliche Geschäftsbesorgungsverträge entsprechend anzuwenden ist. Daneben weicht § 115 in einem weiteren Punkt von der Systematik der §§ 103 ff. ab, da die Vorschrift nicht nur die insolvenzrechtliche Einordnung von vertraglichen Ansprüchen zum Gegenstand hat, sondern vielmehr materiell in das Vertragsverhältnis selbst eingreift. Durch die automatische Beendigung des Vertragsverhältnisses wird einem Wahlrecht nach § 103 bereits auf materieller Ebene die Grundlage entzogen. § 115 ist der Sache nach eine gesetzliche Lösungsklausel (vgl. → § 119 Rn. 5).

II. Voraussetzungen

5 **Auftrag iSv § 662 BGB** ist ein Vertrag, durch die sich jemand verpflichtet, ein ihm vom Auftraggeber übertragenes Geschäft unentgeltlich für diesen zu besorgen. Geschäftsführung in diesem Sinne ist jede Tätigkeit in fremdem Interesse, unabhängig davon, ob sie rechtlich oder tatsächlich, selbständig oder unselbständig sowie wirtschaftlich oder nichtwirtschaftlich ist (MüKoInsO/*Ott/Vuia* Rn. 5; Nerlich/Römermann/*Kießner* Rn. 6; FK-InsO/*Wegener* Rn. 3). Unentgeltlichkeit liegt dann vor, wenn der Auftraggeber keine Gegenleistung für die Ausführung des Auftrages schuldet. Abzugrenzen ist das Verhältnis deswegen vom bloßen Gefälligkeitsverhältnis, bei dem mangels Rechtsbindungswille kein Vertrag zustande kommt (MüKoInsO/*Ott/Vuia* Rn. 6; Nerlich/Römermann/*Kießner* Rn. 6). Für **Geschäftsbesorgungsverträge** gilt § 115 entsprechend (§ 116, vgl. dort).

6 Ein (vorinsolvenzlicher) **Auftrag des Schuldners** muss vorliegen. Im umgekehrten Fall ist § 115 nicht anwendbar; die Rechtsfolgen der Insolvenz des Auftragnehmers finden sich im Auftragsrecht des BGB (§§ 662 ff. BGB; HK-InsO/*Marotzke* Rn. 10; MüKoInsO/*Ott/Vuia* Rn. 9; Nerlich/Römermann/*Kießner* Rn. 4). Der erforderliche Bezug zur Insolvenzmasse fehlt bei Auftragsverhältnissen ausnahmsweise dann, wenn es sich um Tätigkeiten ideeller Art oder höchstpersönlich auf die Person des Schuldners bezogene handelt (zB Betreuung, Pflege, Seelsorge; vgl. MüKoInsO/*Ott/Vuia* Rn. 9).

7 **Keine Voraussetzung** ist, dass der Vertrag noch **nicht von beiden Parteien vollständig erfüllt wurde,** da Aufträge keine gegenseitigen Verträge sind (→ Rn. 4). Resultieren etwa aus einem Auftrag noch Pflichten, zB die des Auftragnehmers auf Herausgabe des durch den Auftrag Erlangten, ist der Auftrag aber ansonsten vollständig erfüllt, so greift § 115 nicht ein, weil das Auftragsverhältnis erledigt ist und nichts mehr existiert, was gem. § 115 erlöschen könnte. Denn mit oder ohne § 115 ist die Herausgabe des Erlangten iRd auf das Erlöschen bzw. infolge der Beendigung des Auftrages folgenden Abwicklungsverhältnisses geschuldet.

III. Rechtsfolgen des Erlöschens (Absatz 1)

8 Mit der Verfahrenseröffnung **endet der Auftrag** und das Auftragsverhältnis **wandelt sich automatisch in ein Abwicklungsverhältnis um.** Entgegen dem Wortlaut der Vorschrift erlischt nicht der Vertrag als solcher, sondern nur die aus dem Vertrag folgenden **Hauptleistungspflichten** des Auftragnehmers zur Ausführung des Auftrages (HK-InsO/*Marotzke* Rn. 4; Mohrbutter/Ringstmeier/*Homann* Kap. 7 Rn. 122). Der Auftragnehmer ist aus dem Vertrag nicht weiter verpflichtet, für den Auftraggeber tätig zu werden und kann seinerseits keine Ansprüche (zB Erstattung von Aufwendungen) im Rang einer Masseverbindlich-

keit erlangen (zur Ausnahme im Fall der Notgeschäftsführung sogleich → Rn. 12).

Die **Rechtsfolgen treten mit Wirkung ex nunc ein;** auf eine Kenntnis des Beauftragten von der Verfahrenseröffnung kommt es nicht an. Sollte der Eröffnungsbeschluss später aufgehoben werden, so soll die Auflösung des Auftrages rückwirkend wieder entfallen (FK-InsO/*Wegener* Rn. 9; MüKoInsO/*Ott*/*Vuia* Rn. 11). An dieser Annahme bestehen Zweifel, weil der Wortlaut der Vorschrift solches nicht erkennen lässt. Es müsste eine Art „schwebendes Erlöschen" angenommen werden, wofür kein Anlass besteht. Auch bestehen aus rein praktischen Gründen Zweifel, weil der Auftragnehmer eines durch Insolvenzeröffnung beendeten Auftragsverhältnisses von dem angeblichen Wiederaufleben seines Auftrages kaum Kenntnis wird erlangen können, da er regelmäßig nicht Partei des kontradiktorischen Verfahrens ist, in dessen Verlauf der Insolvenzeröffnungsbeschluss aufgehoben wird und man müsste ihn für verpflichtet halten, die Veröffentlichungen zu beachten, um eine die Insolvenzeröffnung kassierende Entscheidung zur Kenntnis zu nehmen. Schließlich gebietet das auch der Schutz des Auftragnehmers; seine unzutreffende Einschätzung führt im Falle einer fehlenden Kenntnis von der Insolvenzeröffnung „nur" dazu, dass er den (unentgeltlichen) Auftrag weiterführt und hinnehmen muss, dass seine Aufwendungsersatzansprüche schlimmstenfalls Insolvenzforderungen sind. Würde aber der Auftrag ohne weiteres Zutun infolge einer Aufhebung des Insolvenzeröffnungsbeschlusses automatisch wieder aufleben, so würde die in dieser Hinsicht fehlerhafte Einschätzung des Auftragnehmers dazu führen, dass er nichts täte, was uU zu Schäden am Schuldnervermögen führen könnte, wofür der Auftragnehmer einzustehen hätte. 9

Die vorinsolvenzlich entstandenen Ansprüche sind nach den allgemeinen Regelungen zu behandeln, dh der Verwalter kann von dem Auftragnehmer iRd Vertragsabwicklung die **Herausgabe des aus der Geschäftsführung Erlangen** (§§ 667, 675 BGB) sowie **Auskunft** und **Rechenschaft** (§ 666 BGB) verlangen. Der Auftragnehmer kann seine rückständigen Ansprüche im Rang als Insolvenzforderungen geltend machen. In diesem Zusammenhang kann er gegenüber den Ansprüchen der Insolvenzmasse grds. kein Zurückbehaltungsrecht wegen seiner Insolvenzforderungen geltend machen (RGZ 105, 125 [128]; OLG Düsseldorf ZIP 1982, 471 [472]; OLG Hamm ZIP 1987, 1330 [1331]). Ein Schadensersatzanspruch des Auftragnehmers wegen der vorzeitigen Beendigung ist ausgeschlossen, weil dieser den Auftrag einerseits ohnehin unentgeltlich betreibt und andererseits der Auftraggeber den Auftrag auch ohne Insolvenz jederzeit gem. § 671 BGB widerrufen könnte (MüKoInsO/*Ott*/*Vuia* Rn. 11). 10

Eine vom Insolvenzverwalter gewünschte **Fortsetzung des Auftrags,** weil dieser für die Masse günstig ist, kann nur durch den Neuabschluss eines Vertrages mit dem Auftragnehmer erreicht werden. Zwar wird eine analoge Anwendung des § 103 diskutiert, um den Vertragspartner auch gegen seinen Willen an dem Vertrag festhalten zu können; angesichts der klaren Konzeption des Gesetzes lässt sich eine solche Rechtsfolge durch Umkehr der vorhandenen Regelung im Wege der Analogie nicht annehmen (MüKoInsO/*Ott*/*Vuia* Rn. 14 mwN; aA *Marotzke* JA 1988, 117 [119]; Leipold/*ders.*, Insolvenzrecht im Umbruch, 183, 194). Der Neuabschluss des Auftrages kann auch konkludent erfolgen, so dass ein stillschweigendes Fortfahren mit dem Auftrag im beiderseitigen Einvernehmen regelmäßig als konkludenter Neuabschluss ausgelegt werden kann. 11

IV. Notgeschäftsführung (Absatz 2)

Um **Gefahren für die Insolvenzmasse** entgegenzuwirken, verpflichtet Absatz 2 den Auftragnehmer zur Fortführung des Auftrages bei einer ansonsten drohenden Gefahr für die Insolvenzmasse. Eine Gefahr liegt dann vor, wenn ein 12

Nachteil für die Befriedigungsaussichten der Insolvenzgläubiger durch den Zeitverzug droht, der dadurch entsteht, dass der Auftragnehmer zunächst mit dem Insolvenzverwalter Kontakt aufnehmen müsste und der Insolvenzverwalter dann erst seinerseits tätig werden kann. Dieser Zeitraum wird regelmäßig nur kurz sein, da einerseits der Verfahrenseröffnung eine Antragsphase vorausgeht und andererseits die Information des Verwalters schnell zu bewirken ist (vier Monate sind jedenfalls zu lang; BayObLG ZInsO 2003, 1143; Uhlenbruck/*Sinz* Rn. 13). Umgekehrt sind die **Ansprüche des Auftragnehmers Masseschulden,** soweit sie aus der Notgeschäftsführung resultieren. Flankierend gilt in den Fällen der berechtigten Notgeschäftsführung auch eine Vollmacht zulasten der Masse fort, so dass der Auftragnehmer mit den iRd Notgeschäftsführung erforderlichen Maßnahmen auch die Insolvenzmasse binden kann (§ 117 Abs. 2 InsO; MüKoInsO/*Ott/Vuia* Rn. 16; Kübler/Prütting/Bork/*Tintelnot* Rn. 12). Ob eine **berechtigte Notgeschäftsführung** vorliegt, richtet sich nach den objektiven Umständen. Nimmt der Auftragnehmer die Voraussetzungen einer berechtigten Notgeschäftsführung irrtümlich an, greifen die Rechtsfolgen des § 115 Abs. 2 InsO nicht. Den Auftragnehmer trifft also das Risiko, dass er die Situation objektiv richtig einschätzt.

V. Gutglaubensschutz (Absatz 3)

13 Absatz 3 **schützt den gutgläubigen Auftragnehmer,** der von der Eröffnung des Verfahrens und damit von dem Erlöschen des Auftrages nichts weiß. Solange der Auftragnehmer in dieser Hinsicht gutgläubig handelt, wird im Verhältnis zwischen ihm und der Insolvenzmasse fingiert, dass das Vertragsverhältnis fortbesteht, so dass er weiterhin nach den Regelungen des Auftragsrechts Aufwendungsersatzansprüche erlangt. Allerdings bleiben diese Ansprüche im Gegensatz zur berechtigten Notgeschäftsführung im Rang lediglich normale Insolvenzforderungen, Absatz 3 Satz 2. Von Dritten kann der Handelnde nicht als Vertreter ohne Vertretungsmacht in Anspruch genommen werden, wenn er schuldlos die Verfahrenseröffnung nicht kannte, § 117 Abs. 3.

14 **Gutgläubig iSd Norm** ist der Auftragnehmer nur dann, wenn er ohne jedes Verschulden die Verfahrenseröffnung nicht kennt; hierbei schadet ihm bereits fahrlässige Unkenntnis (Uhlenbruck/*Sinz* Rn. 14; HambK-InsO/*Ahrendt* Rn. 11). Wer von einem Insolvenzantrag Kenntnis hat, muss damit rechnen, dass ein Verfahren eröffnet wird, muss die Veröffentlichungen beobachten und muss vor weiterem Tätigwerden jeweils nachfragen, ob der Auftrag noch fortbesteht. Unterlässt er dieses, kann er sich wegen fahrlässiger Unkenntnis nicht auf den Gutglaubensschutz der Vorschrift berufen (Gottwald InsO-HdB/*Huber* § 36 Rn. 45; Uhlenbruck/*Sinz* Rn. 14). Die **Beweislast für die Kenntnis oder fahrlässige Unkenntnis** trifft nach **hM** den Insolvenzverwalter (Kübler/Prütting/Bork/*Tintelnot* Rn. 13d; Uhlenbruck/*Sinz* Rn. 14; MüKoInsO/*Ott/Vuia* Rn. 17; Andres/Leithaus/*Andres* Rn. 9). Hiergegen bestehen Bedenken: Nach der Konzeption der Vorschrift ist das Erlöschen des Auftrages die Regel und das Fingieren des Fortbestehens bei Gutgläubigkeit die Ausnahme. Diese muss nach den allgemeinen Grundsätzen derjenige beweisen, der sich darauf beruft, also der Auftragnehmer. Es finden sich keine Anhaltspunkte dafür, dass von dieser Beweislastverteilung ausgerechnet bei Absatz 3 eine Ausnahme zu machen ist.

15 **Wenn Absatz 3 nicht eingreift** (der Auftragnehmer führt seine Tätigkeit nicht gutgläubig fort oder muss sich behandeln lassen, als ob er nicht gutgläubig ist), ergeben sich die gegenseitigen Ansprüche aus dem allgemeinen Auftragsrecht gem. §§ 677–686 BGB.

Erlöschen von Geschäftsbesorgungsverträgen[1]

116 **[1] Hat sich jemand durch einen Dienst- oder Werkvertrag mit dem Schuldner verpflichtet, ein Geschäft für diesen zu besorgen, so gilt § 115 entsprechend. [2] Dabei gelten die Vorschriften für die Ersatzansprüche aus der Fortsetzung der Geschäftsbesorgung auch für die Vergütungsansprüche. [3] Satz 1 findet keine Anwendung auf Zahlungsaufträge sowie auf Aufträge zwischen Zahlungsdienstleistern oder zwischengeschalteten Stellen und Aufträge zur Übertragung von Wertpapieren; diese bestehen mit Wirkung für die Masse fort.**

Schrifttum: *Canaris,* Bankvertragsrecht, 3. Aufl. 1988; *Emde/Kelm,* Der Handelsvertretervertrag in der Insolvenz des Unternehmers, ZIP 2005, 58; *Feuerborn,* Die Geltendmachung von Gewährleistungsansprüchen im Bauträgerkonkurs, ZIP 1994, 14; *Heidland,* Die Vollmacht der Architekten, Ingenieure und Sonderfachleute in der Insolvenz des Bauherrn, BauR 2009, 159; Leipold/*Marotzke,* Die Behandlung der „schwebenden Rechtsgeschäfte", Insolvenzrecht im Umbruch, 1991, 183; *ders.,* Der Einfluss des Insolvenzverfahrens auf Auftrags- und Geschäftsbesorgungsverhältnisse, FS Henckel, 1995, 579; *ders.,* Das Zurückbehaltungsrecht im Konkurs des Gegners, JA 1988, 117; *Obermüller,* Insolvenzrechtliche Wirkungen des Überweisungsgesetzes, ZInsO 1999, 690; *ders.,* Auswirkungen der Insolvenz des Bankkunden auf die Kontobeziehung und den Zahlungsverkehr, ZInsO 1998, 252.

Übersicht

I. Allgemeines

1 Die Norm vereint in einem Absatz **zwei unterschiedliche Regelungsbereiche:** Während Satz 1 den § 115 – insbes. das automatische Erlöschen der Vertragspflichten – auf Geschäftsbesorgungsverträge ausdehnt und der Satz 2 eine dazugehörige Folgefrage regelt, enthält Satz 3 InsO eine Privilegierung für Überweisungs-, Zahlungs- und Übertragungsverträge. Die praktische Bedeutung des § 116 InsO ist erheblich, da eine Vielzahl von Verträgen durch die Regelung erfasst wird.

2 **1. Normzweck.** Der Zweck des Satz 1 ist der **Schutz der Verwaltungshoheit des Insolvenzverwalters** (BT-Drs. 12/2443, 151; MüKoInsO/*Ott/Vuia* Rn. 1; krit. Kübler/Prütting/Bork/*Tintelnot* Rn. 2). Es soll gewährleistet werden, dass die Verwaltung der Insolvenzmasse ab der Verfahrenseröffnung alleine in den Händen des Insolvenzverwalters liegt; dazu gehört auch, dass nur der Verwalter Geschäftsbesorgungsverträge abschließen kann. Ferner soll verhindert werden, dass Geschäftsbesorger nach Verfahrenseröffnung die Masse noch mit der Begründung

[1] § 116 Satz 3 angef. durch G v. 21.7.1999 (BGBl. I S. 1642); Satz 3 geänd. mWv 31.10.2009 durch G v. 29.7.2009 (BGBl. I S. 2355).

von (Insolvenz-)Forderungen belasten können (MüKoInsO/*Ott/Vuia* § 115 Rn. 1). Für die **Erreichung dieses Ziels ist Satz 1 allerdings nicht erforderlich** (ebenso *Marotzke* FS Henckel, 1995, 579 [587 f.]). Die Begründung von Masseverbindlichkeiten oder wirksamen Verfügungen über Massegegenstände durch Dritte ohne einen entsprechenden Willen des Verwalters ist ohnehin nicht möglich, da nur der Verwalter verfügungsbefugt ist. Vom Schuldner erteilte Vollmachten erlöschen mit der Verfahrenseröffnung (§ 117, der allerdings seinerseits nur klarstellende Funktion hat, vgl. dort → § 117 Rn. 12). Auf schuldrechtlicher Ebene können aus Geschäftsbesorgungsverträgen nach der allgemeinen Systematik des § 103 also allenfalls Insolvenzforderungen folgen, wenn nicht der Verwalter die Erfüllung des Vertrages zur Masse wählt, was aber auch bei allen anderen Vertragstypen der Fall ist. Das automatische Erlöschen schadet hingegen der Insolvenzmasse, da dem Verwalter die Möglichkeit genommen wird, günstige Geschäftsbesorgungsverträge für die Masse aufrecht zu erhalten.

3 Satz 3 ist mit dem ausdrücklich genannten Ziel der **Sicherung eines funktionierenden Zahlungssystems** zum 14.8.1999 (Art. 2 Abs. 3 Überweisungsgesetz) eingeführt worden. Geldinstitute müssen die von der Vorschrift erfassten Zahlungsaufträge trotz der Insolvenz des Auftraggebers noch ausführen und erlangen dafür im Gegenzug einen Aufwendungsersatzanspruch im Rang einer Masseverbindlichkeit (vgl. BGH NZI 2009, 307; Uhlenbruck/*Sinz* Rn. 1). Damit dient die Vorschrift dem **Schutz der Geldinstitute** und mittelbar der Abwicklung bereits geschlossener Überweisungsverträge (MüKoInsO/*Ott/Vuia* Rn. 3). Zum 1.10.2009 wurde der Wortlaut des Satz 3 geändert, indem die Wörter „Überweisungsverträge sowie auf Zahlungs- und Übertragungsverträge" ersetzt wurden durch „Zahlungsaufträge sowie auf Aufträge zwischen Zahlungsdienstleistern oder zwischengeschalteten Stellen und Aufträge zur Übertragung von Wertpapieren" (BGBl. 2009 I 49 S. 2387). Damit wurde die Vorschrift nur an die geänderte Terminologie des Gesetzes angepasst; eine inhaltliche Änderung sollte damit nicht verbunden sein.

4 **2. Systematische Einordnung.** Satz 1 stellt iErg eine **Ausnahme im Verhältnis zur Grundregel des § 103** dar, weil dem Verwalter faktisch das Wahlrecht genommen wird. Tatsächlich geht der Regelungsgehalt des Satz 1 aber weiter als der des § 103, da die Vorschrift nicht nur die insolvenzrechtliche Einordnung von vertraglichen Ansprüchen zum Gegenstand hat, sondern vielmehr materiell in das Vertragsverhältnis selbst eingreift. Durch die automatische Beendigung des Vertragsverhältnisses wird einem Wahlrecht nach § 103 die Grundlage entzogen. Satz 1 ist der Sache nach eine gesetzliche Lösungsklausel (vgl. → § 119 Rn. 5). Gegenüber dem Kündigungsrecht des § 113 ist § 116 spezieller: da der Vertrag gem. § 116 automatisch erlischt, bedarf es keiner Kündigung mehr (Uhlenbruck/*Sinz* Rn. 11).

5 Satz 3 stellt hingegen eine Ausnahme zu § 103 dar, weil sie das Wahlrecht des Verwalters beschränkt und das Fortbestehen von Zahlungs- und Überweisungsverträgen zulasten der Insolvenzmasse anordnet. Systematisch handelt es sich um eine **Privilegierung des Vertragspartners** wie sie sich auch zB in § 108 Abs. 1 findet.

II. Voraussetzungen

6 **1. Allgemeines.** Der Dienst- oder Werkvertrag muss eine **Geschäftsbesorgung** zum Gegenstand haben. Der Begriff des Geschäftsbesorgungsvertrages findet sich in § 675 BGB und liegt vor bei einer selbständigen wirtschaftlichen Tätigkeit in fremden Interesse (BGHZ 45, 223 [228] = NJW 1966, 1452; BGH NJW-RR 1992, 560; Andres/Leithaus/*Andres* Rn. 2). Das Tätigwerden in frem-

dem Interesse bedeutet dabei, dass die Tätigkeit ursprünglich dem Pflichtenkreis eines anderen (des Geschäftsherren) zuzuordnen ist und dieser die Tätigkeit auf den Geschäftsbesorger überträgt (BGHZ 45, 223 [228]; RGZ 97, 61; 109, 299). Der mögliche Gegenstand von Geschäftsbesorgungsverträgen ist gegenüber dem Auftrag enger, da beim Auftrag Gegenstand jede denkbare Tätigkeit sein kann und bei der Geschäftsbesorgung einerseits eine selbständige Tätigkeit und andererseits eine Tätigkeit in wirtschaftlichen Interessen gefordert wird (MüKoInsO/*Ott/Vuia* Rn. 7 f.; aA BAG NJW 1962, 411 [414]) worauf es im Detail wegen der Verweisung auf § 115 letztlich nicht ankommt.

Werkverträge, die keine Geschäftsbesorgung zum Gegenstand haben fallen 7
unter § 103 und unterliegen dem Wahlrecht des Insolvenzverwalters, nachdem das Insolvenzverfahren eröffnet worden ist. **Dienstverträge** ohne Geschäftsbesorgungscharakter fallen unter § 113 und müssen vom Verwalter gekündigt werden, will er die Insolvenzmasse aus der Vertragsverpflichtung befreien; hierbei handelt es sich insbes. um Arbeitsverträge, bei denen es an der Selbständigkeit des Geschäftsbesorgers fehlt.

Der **Schuldner** muss **Geschäftsherr** sein. Im umgekehrten Fall, nämlich der 8
Insolvenz des Geschäftsbesorgers, ist § 116 nicht anwendbar, auch nicht analog. In der Insolvenz des Geschäftsbesorgers greift vielmehr die Grundregel des § 103. Allerdings kann die Insolvenz des Geschäftsbesorgers häufig einen außerordentlichen Kündigungsgrund für den Geschäftsherrn darstellen (MüKoInsO/*Ott/Vuia* Rn. 4). Der erforderliche **Bezug zur Insolvenzmasse** ist bei entgeltlichen Geschäftsbesorgungsverträgen grds. gegeben; Ausnahmen sind nur ausnahmsweise bei höchstpersönlichen Geschäften denkbar (zB Ehe- und Familiensachen, vgl. FK-InsO/*Wegener* Rn. 25; MüKoInsO/*Ott/Vuia* Rn. 5).

2. Einzelfälle. Der **Bauträgervertrag** ist kein Geschäftsbesorgungsvertrag iSd 9
§ 116, da der Schwerpunkt der Leistung in der Erstellung und Übereignung des Werkes liegt, nicht in der Besorgung eines Geschäfts für den Bauherrn. Die Geschäftsbesorgungselemente des Vertrages sind von untergeordneter Bedeutung und rechtfertigen nicht die Anwendung des § 116; daher fällt der Bauträgervertrag insgesamt unter § 103 (BGHZ 92, 123 = BGH NJW 1984, 2573; *Feuerborn* ZIP 1994, 14 [16]; MüKoInsO/*Ott/Vuia* Rn. 10; Uhlenbruck/*Sinz* Rn. 3). Beim **Baubetreuungsvertrag** nimmt der Baubetreuer im Namen und auf Rechnung des Bauherren dessen Pflichten war, so dass es sich um einen Geschäftsbesorgungsvertrag handelt (BGHZ 70, 187 = NJW 1978, 1165; MüKoInsO/*Ott/Vuia* Rn. 10). Das gilt im Grundsatz auch für **Projektsteuerungsverträge,** unabhängig davon wie diese konkret ausgestaltet sind (vgl. näher MüKoInsO/*Ott/Vuia* Rn. 11). Der **Architektenvertrag** ist kein Geschäftsbesorgungsvertrag (*Heidland* BauR 2009, 159; Uhlenbruck/*Sinz* Rn. 3).

Aus dem Bereich der besonderen Handelsgeschäfte fällt der **Handelsvertreter** 10
unter § 116 (*Emde/Kelm* ZIP 2005, 58; Mohrbutter/Ringstmeier/*Ringstmeier* Kapitel 42 Rn. 8), weiterhin der **Spediteur,** die **Ein- und Verkaufskommission** und die **Absatzmittlerverträge,** nicht aber der **Frachtführer** und **Lagerhalter** (Uhlenbruck/*Sinz* Rn. 3; MüKoInsO/*Ott/Vuia* Rn. 12).

Die Verträge der **Rechtsanwälte, Patentanwälte, Steuerberater** und **Wirt-** 11
schaftsprüfer fallen alle in den Anwendungsbereich des § 116; ebenso **Maklerverträge** (Uhlenbruck/*Sinz* Rn. 3; FK-InsO/*Wegener* Rn. 5 ff.). Beim **Treuhandvertrag** kommt es darauf an, ob er auf die Besorgung eines fremden oder eigenen Geschäftes gerichtet ist; handelt es sich um eine fremdnützige oder Doppeltreuhand, greift der § 116 ein, nicht hingegen bei einer eigennützigen Treuhand/Sicherungstreuhand (*Häsemeyer* InsR Rn. 20.79; MüKoInsO/*Ott/Vuia* Rn. 21 ff.).

12 **3. Die Bankverträge des Schuldners.** Ein **Auftrag** an die Bank **zur Eröffnung eines Akkreditivs** erlischt gem. § 116 mit der Eröffnung des Insolvenzverfahrens. War das Akkreditiv bei Insolvenzeröffnung bereits eröffnet, kommt es darauf an, ob es sich um ein widerrufliches oder ein unwiderrufliches Akkreditiv handelt. Ein unwiderrufliches Akkreditiv hat die Zahlungsverpflichtung der Bank im Außenverhältnis unverrückbar begründet und muss erfüllt werden. Der Aufwendungsersatzanspruch der Bank ist nach allgemeinen Regeln zu behandeln. Ist das Akkreditiv widerruflich ist die Bank berechtigt und verpflichtet, das Akkreditiv zu widerrufen (*Obermüller* InsR in der Bankpraxis Rn. 4.41).

13 Ein **Anderkonto** können nur Angehörige bestimmter Berufsgruppen, denen die Verwaltung fremder Gelder obliegt, eröffnen, nämlich Rechtsanwälten, Patentanwälten sowie Angehörigen der steuer- und wirtschaftberatenden Berufe. Fällt der Kontoinhaber in Insolvenz, fällt das Kontoguthaben nicht in dessen Insolvenzmasse (BFH NJW 1965, 1046). Stattdessen geht das Konto nach Nr. 11, 13 der Bedingungen für Anderkonten auf einen Abwickler über (Uhlenbruck/*Sinz* Rn. 24a). Als Unterform des offenen Treuhandkontos (BGHZ 109, 47 = BGH WM 1989, 1779) fällt der Vertrag über die Führung des Anderkontos unter § 116.

14 Der Vertrag über **Anlageberatung** ist Geschäftsbesorgungsvertrag (Uhlenbruck/*Sinz* Rn. 3).

15 Ein **Avalkreditvertrag** ist Geschäftsbesorgung (BGHZ 168, 276 = BGH NZI 2006, 637) und fällt daher in den Regelungsbereich des § 116. Bei ihm bleiben die übernommenen Bürgschaften zugunsten der Begünstigten auch nach der Insolvenzeröffnung bestehen, ohne dass Bürgschaftsgeber deshalb das vereinbarte Entgelt für die Zeit nach der Insolvenzeröffnung als Masseschuld verlangen kann (BGH NZI 2010, 859; aA OLG Koblenz ZIP 2010, 440). Soweit vom Schuldner Vorleistungen auf die Avalgebühren geleistet wurden, die den Zeitraum nach der Insolvenzeröffnung betreffen, besteht ein Erstattungsanspruch zugunsten der Insolvenzmasse.

16 Der **Bankfachmietvertrag** fällt nicht unter § 116 (FK-InsO/*Wegener* Rn. 49; *Obermüller* ZInsO 1998, 252). Es handelt sich um einen Mietvertrag, wobei das Bankfach keine bewegliche Sache ist, sondern ein unbeweglicher Gegenstand. Der Vertrag besteht deshalb gem. § 108 Abs. 1 S. 1 zugunsten und zulasten der Insolvenzmasse fort. Der Insolvenzverwalter kann sich durch Kündigung gem. § 109 Abs. 1 S. 1 vom Vertrag für die Zukunft lösen.

17 **Darlehensverträge** fallen grds. nicht unter die Regelung des § 116. Soweit es sich um Verträge handelt, bei denen der Schuldner der Darlehensgeber ist, fallen sie unter die Sondervorschrift des § 108 Abs. 2. Ist der Schuldner umgekehrt in der Rolle des Darlehensnehmers, fällt der Vertrag unter § 103, gegebenenfalls auch unter § 105, sofern es sich tatsächlich um gegenseitige Verträge handelt. Das ist bei zinslosen Darlehen indes grds. nicht der Fall. Zu beachten ist freilich, dass die Insolvenz des Kunden ein außerordentliches Kündigungsrecht der Bank begründet.

18 Der **Depotvertrag** ist ein gemischter Vertrag, der sowohl Elemente der Verwahrung als auch der Verwaltung enthält. Eine Aufteilung des Vertrages in einen dem § 103 unterfallenden Teil und einen nach § 116 erlöschenden Teil (so *Canaris* Bankvertragsrecht Rn. 2203) ist nicht angemessen, weil der Vertrag sinnvollerweise nur als einheitlicher behandelt werden kann. Er fällt unter § 116 und erlischt mit Eröffnung des Insolvenzverfahrens (Uhlenbruck/*Sinz* Rn. 25 f.; HambK-InsO/*Ahrend* Rn. 16). Freilich werden oftmals die Regelungen über Notgeschäftsführung gem. § 116 iVm § 115 Abs. 2 eingreifen (FK-InsO/*Wegener* Rn. 50).

19 Ein **Diskontgeschäft** ist regelmäßig ein Kauf eines Wechsels oder Schecks und fällt damit grds. nicht unter § 116, sondern im Falle einer beidseitig nicht voll-

ständigen Erfüllung unter § 103. Ausnahmsweise kann es sich um eine Geschäftsbesorgung iSd § 116 handeln, wenn das Geldinstitut den Wechsel für Rechnung des Kunden akzeptiert und der Kunde sodann den Wechsel bei einem anderen Institut diskontiert (BGHZ 19, 282 = BGH NJW 1956, 586).

Das **Effektengeschäft** fällt unter § 116 und erlischt ohne weiteres Zutun mit der Eröffnung des Insolvenzverfahrens. Es handelt sich um eine Form der Einkaufs- bzw. Verkaufskommission. Kommt es zur Eröffnung des Insolvenzverfahrens über das Vermögen des Kunden, darf die Bank die Einkaufs- bzw. Verkaufsweisungen nicht mehr ausführen (Uhlenbruck/*Sinz* Rn. 25g). 20

Fremdwährungskonten müssen mit der Eröffnung des Insolvenzverfahrens über das Vermögen des Bankkunden abgerechnet und aufgelöst werden FK-InsO/*Wegener* Rn. 39). Für die Anmeldung einer Forderung der Bank zur Insolvenztabelle ist auf § 45 S. 2 hinzuweisen, wonach die Umrechnung zum Zeitpunkt Insolvenzeröffnung stattzufinden hat. Für Bürgen bleibt es bei der Haftung auf die Fremdwährung (KG WM 1988, 1385). 21

Beim **Factoring** kommt die Anwendung des § 116 nur für den (Rahmen-) Factoring Vertrag als solchen in Betracht; die einzelnen Forderungskaufverträge sind keine Geschäftsbesorgungsverträge. Für den Rahmenvertrag hängt die Einordnung freilich an der Ausgestaltung der gegenseitigen Pflichten im Einzelfall; grds. wird man aber beim typischen Rahmenvertrag von der Anwendbarkeit des § 116 ausgehen können (näher MüKoInsO/*Ott/Vuia* Rn. 13 ff.; Uhlenbruck/*Sinz* Rn. 37 ff.). 22

Bei **Gemeinschaftskonten** ist zu unterscheiden, ob es sich um ein „Und-Konto" (gemeinschaftliche Verfügungsbefugnis der Kontoinhaber) oder um ein „Oder-Konto" (Gemeinschaftskonto mit Einzelverfügungsberechtigung) handelt. Zwar bleibt in beiden Fällen bei Eröffnung des Insolvenzverfahrens über das Vermögen des einen Kontoinhabers das Kontokorrentverhältnis zur Bank nach Maßgabe des § 84 bestehen und erlischt insbes. nicht gem. § 116 (Einzelheiten bei Uhlenbruck/*Sinz* Rn. 20 f.). Unterschiedlich allerdings ist die Handhabung. Beim „Und-Konto" geht die Verfügungsbefugnis vom insolventen Kontoinhaber auf den Insolvenzverwalter über, der mit dem anderen Kontoinhaber nunmehr gemeinsam verfügungsberechtigt ist (OLG Koblenz WM 1990, 1532). Beim „Oder-Konto" ist jeder Inhaber einzeln verfügungsbefugt, wobei an die Stelle des Schuldners dessen Insolvenzverwalter tritt. Wegen der Verfügung über ein Guthaben siehe Uhlenbruck/*Sinz* Rn. 21). 23

Der **Girovertrag** ist in § 676f BGB geregelt. Durch ihn wird die Bank verpflichtet, für den Kunden ein Konto einzurichten, eingehende Zahlungen auf dem Konto gutzuschreiben und abgeschlossene Überweisungsverträge zu Lasten dieses Kontos abzuwickeln. Der Girovertrag ist ein Geschäftsbesorgungsvertrag, fällt somit unter die Regelung des § 116 und erlischt folglich mit Eröffnung des Insolvenzverfahrens über das Vermögen des Bankkunden (FK-InsO/*Wegener* Rn. 38 ff.; Uhlenbruck/*Sinz* Rn. 16 ff.). Allerdings bleibt die Bank verpflichtet, danach eingehende Zahlungen dem Konto des Schuldners gutzuschreiben (BGH ZIP 1995, 659), ohne diese mit einem Debet verrechnet zu dürfen, § 96 Abs. 1 Nr. 1. Ein **Überweisungsauftrag,** der im Zeitpunkt der Insolvenzeröffnung noch nicht ausgeführt ist, besteht nach Maßgabe des Satz 3 fort und ist vom Kreditinstitut auszuführen (→ Rn. 37). 24

Ein **Kautionsversicherungsvertrag** ist ein Geschäftsbesorgungsvertrag iSd § 116 (BGH ZIP 2011, 282; NZI 2007, 234; BGHZ 168, 276 = NZI 2006, 637). Wie beim Avalkreditvertrag bleiben die übernommenen Bürgschaften zugunsten der Begünstigten auch nach der Insolvenzeröffnung bestehen, ohne dass der Kautionsversicherer dafür das vereinbarte Entgelt für die Zeit nach der Insolvenzeröffnung als Masseschuld verlangen kann (vgl. → Rn. 15; BGH NZI 2010, 859; aA OLG Koblenz ZIP 2010, 440). 25

26 In der **Kontokorrentabrede** vereinbaren die Parteien, dass die in das Kontokorrent einzustellenden beiderseitigen Forderungen verrechnet werden (vgl. Wortlaut § 355 HGB). Basis dieser Vereinbarung ist regelmäßig ein Girovertrag (vorstehend → Rn. 24), mit dessen Erlöschen zugleich auch die in der Kontokorrentabrede enthaltene antizipierte Verrechnung der gegeneinander gerichteten und in das Kontokorrent einzustellenden Beträge erlischt (Ausnahmen beim Gemeinschaftskonten; siehe dazu bei Uhlenbruck/*Sinz* Rn. 20 f.). Per Insolvenzeröffnung ist ein außerordentlicher Saldenabschluss durchzuführen (BGH NJW 1991, 1286). Ergibt sich daraus eine Forderung des Kreditinstituts, handelt es sich dabei um eine Insolvenzforderung. Ergibt sich umgekehrt eine Forderung des Schuldners, kann der Insolvenzverwalter das Guthaben zur Masse ziehen. Nach der Insolvenzeröffnung eingehende Beträge kann die Bank nicht mehr verrechnen, § 98 Abs. 1 Nr. 1.

27 Bereits erteilte **Lastschriftaufträge** erlöschen mit der Eröffnung des Insolvenzverfahrens, § 116. Eine Belastung des Schuldnerkontos nach der Insolvenzeröffnung ist zu stornieren; der dem Lastschriftgläubiger gutgeschriebenen Betrag kann die Schuldnerbank nur bei der ersten Inkassostelle kondizieren (*Obermüller* InsR in der Bankpraxis Rn. 3.469 ff.). Ein vom Schuldner erteilter **Einziehungsauftrag** erlischt mit der Insolvenzeröffnung über das Vermögen des Lastschriftgläubigers.

28 Der Vertrag über ein **Pfändungsschutzkonto,** das durch den am 1.7.2010 geänderten § 850k ZPO eingeführt wurde, fällt nicht unter § 116, weil es sich beim Guthaben auf dem sog P-Konto nicht um insolvenzbefangenes Schuldnervermögen handelt. Die Einrichtung eines P-Kontos kann seit Inkrafttreten von der kontoführenden Bank verlangt werden, was aber nicht für Gemeinschaftskonten möglich ist. Ein Pfändungsschutzkonto wird nur auf Guthabenbasis geführt und schützt das Guthaben in Höhe des Pfändungsfreibetrages vor Pfändung und auch vor dem Insolvenzbeschlag. Verbraucht der Schuldner sein pfändungsfreies Guthaben in einem Monat nicht, erhöht sich das geschützte Guthaben im Folgemonat um den nicht verbrauchten Teil des Vormonats.

29 Der **Scheckvertrag** ist Bestandteil des Girovertrages und beinhaltet eine Geschäftsbesorgung für den Bankkunden. Der Scheckvertrag erlischt somit durch die Eröffnung des Insolvenzverfahrens über das Vermögen des Bankkunden. Vom Gemeinschuldner ausgestellte Schecks dürfen deshalb nicht mehr eingelöst werden. Ist der Schuldner umgekehrt Inhaber eines von einem Dritten ausgestellten Schecks, geht die Einreichungs- und Einziehungsbefugnis auf den Insolvenzverwalter über.

30 Ein **Verwahrungsvertrag** ist keine Geschäftsbesorgung, § 116 findet deshalb keine Anwendung. Stattdessen ist der Anwendungsbereich des § 103 eröffnet, der Insolvenzverwalter kann also wählen (FK-InsO/*Wegener* Rn. 49; Uhlenbruck/*Sinz* Rn. 36). Aus den AGB der Banken und Sparkassen ergeben sich indes Sonderkündigungsrechte für den Fall der Insolvenz des Kunden.

III. Rechtsfolgen des Erlöschens (§ 116 S. 1, 2 iVm § 115 Abs. 1)

31 Auf der Rechtsfolgenseite verweist Satz 1 auf § 115 InsO. Mit der Verfahrenseröffnung endet mithin der Geschäftsbesorgungsvertrag und wandelt sich automatisch in ein **Abwicklungsverhältnis** um. Entgegen dem Wortlaut des § 115 erlischt nicht der Vertrag als solcher, sondern es erlöschen nur die aus dem Vertrag folgenden Hauptleistungspflichten (HK-InsO/*Marotzke* § 115 Rn. 4; Mohrbutter/Ringstmeier/*Homann* Kap. 7 Rn. 122). Der Geschäftsbesorger ist aus dem Vertrag nicht weiter zur Vornahme der Geschäftsführung für den Geschäftsherrn verpflichtet und kann seinerseits keine Ansprüche (zB Vergütung, Erstattung von Aufwendungen) im Rang einer Masseverbindlichkeit erlangen (zur Ausnahme im Fall der Notgeschäftsführung sogleich → Rn. 35). Die Folgen der §§ 116, 115

treten mit **Wirkung ex nunc** ein; auf eine Kenntnis des Geschäftsbesorgers von der Verfahrenseröffnung kommt es nicht an. Sollte der Eröffnungsbeschluss später aufgehoben werden, so bleibt es bei der einmal eingetretenen Auflösung des Vertrages (vgl. → § 115 Rn. 9; aA FK-InsO/*Wegener* § 115 Rn. 9; MüKoInsO/*Ott/Vuia* § 115 Rn. 11).

Die vorinsolvenzlich entstandenen **Ansprüche aus dem Geschäftsbesorgungsvertrag** sind nach den allgemeinen Regelungen im BGB zu behandeln: Der Verwalter kann von dem Geschäftsbesorger iRd Vertragsabwicklung die Herausgabe des aus der Geschäftsführung Erlangen (§§ 667, 675 BGB) sowie Auskunft und Rechenschaft (§ 666 BGB) verlangen. Der Geschäftsbesorger kann seine rückständigen Ansprüche im Rang als Insolvenzforderungen geltend machen. Der Auftragnehmer kann gegenüber den Ansprüchen der Insolvenzmasse grds. kein Zurückbehaltungsrecht wegen seiner Insolvenzforderungen geltend machen (RGZ 105, 125 [128]; OLG Düsseldorf ZIP 1982, 471 [472]; OLG Hamm ZIP 1987, 1330 [1331]). Insbes. dürfen **Steuerberater und Rechtsanwälte** die Herausgabe der iRd Geschäftsbesorgung erlangten und die von ihnen früher erstellten und auch bezahlten Unterlagen nicht von der Bezahlung offener Honoraransprüche abhängig machen (BGHZ 109, 260 = BGH NJW 1990, 510; LG Düsseldorf ZIP 1997, 1657; LG Essen ZIP 1996, 1878; MüKoInsO/*Ott/Vuia* Rn. 49; Kübler/Prütting/Bork/*Tintelnot* Rn. 18); nicht herausgeben müssen sie allerdings die noch nicht bezahlten eigenen Arbeitsergebnisse (BGH ZIP 2004, 1267; Uhlenbruck/*Sinz* Rn. 9). Nach der Verfahrenseröffnung erlangte Zahlungen Dritter, die für den Geschäftsherrn bestimmt sind, muss der Geschäftsbesorger ebenfalls herausgeben; eine Aufrechnung mit eigenen Insolvenzforderungen aus der Geschäftsbesorgung ist ausgeschlossen (BGHZ 107, 88 = BGH ZIP 1989, 453). 32

Ein **Schadensersatzanspruch des Geschäftsbesorgers** wegen der vorzeitigen Beendigung des Vertrages ist im Regelfall ausgeschlossen, weil der Geschäftsherr den Auftrag auch ohne Insolvenz gem. § 671 BGB widerrufen kann (BGH NZI 2007, 234; BGHZ 168, 276 = BGH NZI 2006, 637; Uhlenbruck/*Sinz* Rn. 12). 33

Will der Insolvenzverwalter den **Geschäftsbesorgungsvertrag nach Insolvenzeröffnung fortsetzen,** weil dieser für die Masse günstig ist, so kann er dies nur durch den Neuabschluss eines Vertrages mit dem Geschäftsbesorger erreichen (BGHZ 168, 276 = BGH NZI 2006, 637; OLG Koblenz WM 1988, 1355 [1357]; Kübler/Prütting/Bork/*Tintelnot* Rn. 10). Zwar wird eine analoge Anwendung der Vorschrift des § 103 diskutiert, um den Vertragspartner auch gegen seinen Willen zum Neuabschluss an dem Vertrag festhalten zu können; angesichts der klaren Konzeption des Gesetzes kann man eine solche Umkehr der vorhandenen Regelung durch eine Analogie aber nicht annehmen (vgl. → § 115 Rn. 11; MüKoInsO/*Ott/Vuia* § 115 Rn. 14 mwN; aA *Marotzke* JA 1988, 117 [119]; Leipold/*ders.,* Insolvenzrecht im Umbruch, 183, 194). Der Neuabschluss des Geschäftsbesorgungsvertrages kann allerdings auch konkludent erfolgen, so dass ein stillschweigendes Fortfahren mit dem Auftrag im beiderseitigen Einvernehmen regelmäßig als konkludenter Neuabschluss ausgelegt werden kann. 34

IV. Notgeschäftsführung (§ 116 S. 1, 2 iVm § 115 Abs. 2)

Zur Abwendung von **Gefahren für die Insolvenzmasse** kommt eine Notgeschäftsführung in Betracht. Wegen der Voraussetzungen einer berechtigten Notgeschäftsführung, wegen deren Rechtsfolgen sowie der Folgen einer nur irrtümlich angenommenen Notgeschäftsführung wird auf die Kommentierung zu § 115 verwiesen (vgl. → § 115 Rn. 12). 35

V. Gutglaubensschutz (§ 115 Abs. 3)

36 § 115 Abs. 3 schützt den gutgläubigen Geschäftsbesorger, der von der Eröffnung des Verfahrens und damit von dem Erlöschen des Auftrages nichts weiß. Wegen der Einzelheiten dazu kann auf die Kommentierung zu § 115 verwiesen werden, die auch iRd § 116 gelten (vgl. → § 115 Rn. 13 ff.).

VI. Zahlungsaufträge und Übertragung von Wertpapieren (Satz 3)

37 Durch Satz 3 erlöschen noch **nicht ausgeführte Überweisungsverträge** (vgl. §§ 676a–676c BGB) sowie Zahlungs- und Übertragungsverträge (§§ 676d ff. BGB) nicht, sondern bestehen im Gegenteil zulasten der Masse fort (vgl. zum Zweck der Regelung bereits → Rn. 3). Der Verwalter hat auch kein Wahlrecht nach § 103, sondern das Gesetz erhebt die Ansprüche aus den erfassten Verträgen automatisch in den Rang von Masseverbindlichkeiten (HK-InsO/*Marotzke* Rn. 6). Die Regelung reagiert rechtstechnisch auf die Einführung der §§ 676a ff. BGB: hat die Bank einen Überweisungsauftrag des Schuldners vor der Verfahrenseröffnung angenommen und damit den Überweisungsvertrag begründet, darf sie diesen Vertrag auch nach der Verfahrenseröffnung noch zu Lasten der Masse ausführen (BGH ZIP 2009, 673; FK-InsO/*Wegener* Rn. 57). Zu den verschiedenen Konstellationen, wenn zugunsten des Schuldners ein Guthabensaldo besteht oder nicht, vgl. *Obermüller* ZInsO 1999, 690 ff.

Erlöschen von Vollmachten

117 (1) **Eine vom Schuldner erteilte Vollmacht, die sich auf das zur Insolvenzmasse gehörende Vermögen bezieht, erlischt durch die Eröffnung des Insolvenzverfahrens.**

(2) **Soweit ein Auftrag oder ein Geschäftsbesorgungsvertrag nach § 115 Abs. 2 fortbesteht, gilt auch die Vollmacht als fortbestehend.**

(3) **Solange der Bevollmächtigte die Eröffnung des Verfahrens ohne Verschulden nicht kennt, haftet er nicht nach § 179 des Bürgerlichen Gesetzbuchs.**

Übersicht

I. Allgemeines

1. Normzweck. Durch das **Erlöschen von Vollmachten** soll verhindert werden, dass die Verwaltungs- und Verfügungsbefugnis des Insolvenzverwalters beeinträchtigt wird (BR-Drs. 1/92, 151). Inhaltlich hat die Vorschrift weitgehende nur klarstellende Funktion. Da ein Bevollmächtigter seine Verfügungsbefugnis von dem Vollmachtgeber ableitet, endet diese auch ohne ausdrückliche Regelung mit dem Verlust der Verfügungsbefugnis des Vollmachtgebers, § 168 S. 1 BGB. So wurde die Rechtslage auch unter der KO beurteilt, wo eine dem Absatz 1 entsprechende Regelung noch fehlte (Uhlenbruck/*Sinz* Rn. 1). Vertreten lässt sich, dass die Vorschrift jedenfalls für den Fall der Eigenverwaltung eine Bedeutung erlangt, da dort der Vollmachtgeber die Verfügungsbefugnis auch in der Insolvenz behält oder zumindest zurückerhält (vgl. MüKoInsO/*Ott/Vuia* Rn. 1; Kübler/Prütting/Bork/*Tintelnot* Rn. 5). 1

2. Systematische Einordnung. Systematisch stellt Absatz 1 **keine Modifizierung des § 103** dar, weil es sich bei Vollmachten nicht um gegenseitige Verträge handelt. Allerdings steht die Vorschrift inhaltlich in engem Zusammenhang mit §§ 115 und 116, die durch § 117 ergänzt werden. Daneben weicht § 117 in einem weiteren Punkt von der Systematik der §§ 103 ff. ab, da die Vorschrift nicht bloß die insolvenzrechtliche Einordnung von vertraglichen Ansprüchen zum Gegenstand hat, sondern materiell in das Vollmachtsverhältnis selbst eingreift. Damit wirkt § 117 auch über das Insolvenzverfahren hinaus, weil die erloschenen Vollmachten auch nach Beendigung des Verfahrens nicht wieder aufleben (OLG Karlsruhe NZI 2005, 39; Uhlenbruck/*Sinz* Rn. 2). 2

II. Voraussetzungen

1. Erfasste Vollmachten. § 117 bezieht sich grds. auf alle vom Schuldner erteilten **Vollmachten, die sich auf Massegegenstände beziehen,** und zwar unabhängig davon, welches schuldrechtliche Verhältnis der Vollmachtserteilung zugrunde liegt und ob dieses ebenfalls endet oder nicht. Dabei spielt es keine Rolle, ob die Vollmacht im Interesse des Vollmachtgebers oder dem des Vollmachtnehmers erteilt wurde (MüKoInsO/*Ott/Vuia* Rn. 7). Aufgrund der in § 119 postulierten Unabdingbarkeit des § 117 erstreckt sich die Vorschrift auch auf unwiderrufliche Vollmachten (Kübler/Prütting/Bork/*Tintelnot* Rn. 13; FK-InsO/*Wegener* Rn. 2). Damit ist die unwiderrufliche Verkaufsvollmacht kein geeignetes Sicherungsmittel, weil sie dem Bevollmächtigten keine insolvenzfeste Position verschafft. 3

Die Regelung gilt neben den **Spezialvollmachten** auch für **Generalvollmachten** oder typisierte Vollmachten wie **Prokura** oder **Handlungsvollmacht** (Uhlenbruck/*Sinz* Rn. 3). Zwar hatte der erste Gesetzentwurf noch vorgesehen, dass Prokura und Handlungsvollmachten nicht erlöschen, sondern nur ruhen sollten, diese Besonderheit ist aber im weiteren Verfahren gestrichen worden, so dass § 117 auch für diese Vollmachten gilt (näher MüKoInsO/*Ott/Vuia* Rn. 3 und 7). 4

Gesetzliche, insbes. organschaftliche **Vertretungsberechtigungen** sind von § 117 hingegen nicht erfasst und richten sich nach den für das gesetzliche Vertretungsverhältnis geltenden Vorschriften. Organschaftliche Vertreter bleiben also trotz Insolvenzeröffnung über das Vermögen der Gesellschaft regelmäßig im Amt oder werden aufgrund gesellschaftsrechtlicher Regelungen durch die Liquidatoren ersetzt. Allerdings reduziert sich der Zuständigkeitsbereich der Organe auf nichtvermögensrechtliche Angelegenheiten und auf die Wahrnehmung der Ver- 5 fahrensrechte des Schuldners (vgl. Mohrbutter/Ringstmeier/*Homann* Kapitel 26 Rn. 28 ff.).

6 **Verfügungs-** oder **Einziehungsermächtigungen** erlöschen ebenfalls mit der Verfahrenseröffnung. Da es sich insoweit nicht um Vollmachten handelt, findet zwar Absatz 1 keine direkte Anwendung. Aber entweder leitet man das Erlöschen solcher Ermächtigungen aus einer analogen Anwendung des § 117 her oder begründet dies ohne Rückgriff auf Abs. 1 damit, dass sich die Ermächtigung von einer Person ableitet, die selbst durch die Verfahrenseröffnung ihre Verfügungsbefugnis verloren hat (vgl. BGH ZIP 2000, 149; HK-InsO/*Marotzke* Rn. 8, 9; HambK-InsO/*Ahrendt* Rn. 5).

7 **2. Massebezug.** Erforderlich ist ausweislich des Wortlautes, dass die Vollmacht einen Massebezug aufweist. Dieser fehlt ausnahmsweise bei Vollmachten für **nichtvermögensrechtliche Angelegenheiten** oder für solche Angelegenheiten, die sich auf unpfändbare Vermögensgegenstände beziehen. Greift eine Vollmacht nicht nur für Geschäfte mit Massebezug, sondern auch für andere Geschäfte ohne Massebezug (zB eine persönliche Generalvollmacht), erlischt dennoch die gesamte Vollmacht – sie bleibt nicht für die Geschäfte ohne Massebezug bestehen (OVG Lüneburg NdsRpfl 08, 53 Rn. 4; Uhlenbruck/*Sinz* Rn. 3).

8 Hatte der Schuldner einen **Rechtsanwalt mit seiner Begleitung im Insolvenzverfahren beauftragt,** erlischt diese Vollmacht nicht, da sie sich nach der Verfahrenseröffnung auf die Vertretung des Schuldners bei der Wahrnehmung seiner eigenen Verfahrensrechte bezieht (OLG Dresden ZIP 2002, 2000; Uhlenbruck/*Sinz* Rn. 8).

9 **3. Verfahrenseröffnung.** Die Anwendung des § 117 setzt voraus, dass das Insolvenzverfahren eröffnet ist. Im **Insolvenzantragsverfahren gilt § 117 nicht,** auch dann nicht, wenn die Verwaltungs- und Verfügungsbefugnis auf einen vorläufigen Insolvenzverwalter (sog starker vorläufiger Insolvenzverwalter) übergeht (OLG Bamberg InVo 2006, 184; Uhlenbruck/*Sinz* Rn. 20; HambK-InsO/*Ahrendt* Rn. 7). Trotzdem kann in diesen Fällen der Bevollmächtigte den Schuldner nicht mehr wirksam vertreten, weil die Verfügungsbefugnis seines Vollmachtgebers auf den vorläufigen Insolvenzverwalter übergegangen ist. Es fehlt mithin an der Grundlage für die abgeleitete Rechtsmacht des Vertreters (HK-InsO/*Marotzke* Rn. 11; Uhlenbruck/*Sinz* Rn. 20; vgl. → Rn. 1). Zur Klarstellung kann der starke vorläufige Verwalter die Vollmacht freilich auch widerrufen (vgl. MüKo-InsO/*Ott*/*Vuia* Rn. 12; FK-InsO/*Wegener* Rn. 4, 5).

10 Im Falle einer **Anordnung einer Eigenverwaltung** greift Absatz 1 ebenfalls ein, das Gesetz macht insoweit keine Einschränkung. Auch eine teleologische Reduktion der Vorschrift ist nicht angezeigt. Zwar verliert der Schuldner im Falle der Eigenverwaltung nicht seine Verfügungsbefugnis, allerdings verändert sich die Zielrichtung des Handelns des Schuldners, der nicht mehr seine eigenen Interessen verfolgt, sondern zur Wahrung der Gläubigerinteressen eingesetzt wird. Damit ist seine Situation mit der des Insolvenzverwalters vergleichbar, so dass der Schutzweck des § 117 auch für ihn greift (Uhlenbruck/*Sinz* Rn. 11; HK-InsO/*Marotzke* Rn. 2).

11 **4. Einzelfälle.** Die dem Notar bzw. seinen Mitarbeitern erteilten **Vollzugsvollmachten** zur Abwicklung des Kaufvertrages erlöschen (BayObLG NZI 2004, 499; Uhlenbruck/*Sinz* Rn. 3). **Prozessvollmachten** erlöschen ebenfalls; § 86 ZPO greift im Falle der Insolvenzeröffnung nicht (BGH ZIP 1988, 1584; BAG NJW 2006, 461). Damit entfällt auch die **Zustellungsvollmacht** des vormaligen Prozessbevollmächtigten, wenn der Gegner den Prozess nach der Verfahrenseröffnung wieder aufnimmt (BGH ZIP 1999, 75). Das BAG hat allerdings insoweit eine Ausnahme zugelassen, als dass der vormalige Anwalt berechtigt sein soll, nach

der Verfahrenseröffnung ein Rechtsmittel gegen ein Urteil einzulegen, das unter Verstoß gegen § 240 ZPO erlassen wurde (BAG BB 2008, 1897 Rn. 16 – mE sehr zweifelhaft). Der **gewillkürten Prozessstandschaft** liegt im Regelfall die Ermächtigung zur Einziehung zugrunde; diese Ermächtigung erlischt auch analog Absatz 1 (BGH ZIP 2000, 149; → Rn. 6; Uhlenbruck/*Sinz* Rn. 3).

III. Rechtsfolgen

1. Erlöschen der Vollmacht. Rechtsfolge der Norm ist, dass die von ihr erfassten Vollmachten mit der Verfahrenseröffnung **automatisch erlöschen.** Das Erlöschen der Vollmacht tritt unabhängig von dem der Vollmachtserteilung zugrunde liegenden Rechtsverhältnisses ein, insbes. also auch dann, wenn der Vertrag selbst nicht erlischt. Die Vollmacht erlischt also bspw. auch bei einem Arbeitnehmer, dessen Arbeitsverhältnis mit dem Schuldner nach § 108 Abs. 1 fortbesteht (Gottwald InsR-HdB/InsRHdB/*Huber* § 36 Rn. 54; Uhlenbruck/*Sinz* Rn. 3). Der Regelungsgehalt des Absatz 1 kann nicht durch die Rechtsscheintatbestände gem. §§ 170–173 BGB oder die Grundsätze der Anscheins- oder Duldungsvollmacht ausgehebelt werden; insoweit werden diese Regelungen durch Absatz 1 verdrängt (FK-InsO/*Wegener* Rn. 8). Das Erlöschen der Vollmacht ist endgültig. Die Vollmacht lebt nicht nach der Beendigung des Verfahrens wieder auf (OLG Karlsruhe NZI 2005, 39; Uhlenbruck/*Sinz* Rn. 2). Vom Bevollmächtigten erteilte **Untervollmachten erlöschen ebenfalls,** da sich diese aus der Hauptvollmacht ableiten (FK-InsO/*Wegener* Rn. 10). 12

Aufgrund der zwingenden Rechtsfolge des Absatz 1 ist bei Prokura eine **Eintragung im Handelsregister** nicht erforderlich, da schon die Insolvenzeröffnung dort eingetragen wird und sich damit das Erlöschen der Prokura ohne Weiteres ergibt (LG Leipzig ZIP 2007, 1381; LG Halle ZIP 2004, 2294). 13

2. Das Vertretergeschäft. Das vom Vertreter ohne Vertretungsmacht abgeschlossene Rechtsgeschäft entfaltet – abgesehen von der berechtigten Notgeschäftsführung nach Absatz 2 – **keine Wirkungen für oder gegen die Insolvenzmasse.** Der Insolvenzverwalter kann das **Geschäft nachträglich genehmigen** und damit für die Insolvenzmasse zur Geltung bringen, § 177 BGB. Der Vertragspartner wiederum kann das Geschäft bis zur Genehmigung durch den Verwalter widerrufen, wenn er nicht bei Abschluss des Vertrages seinerseits Kenntnis vom Fehlen der Vertretungsmacht hatte, § 178 BGB. Das Vertretergeschäft wirkt nicht gegen den Schuldner persönlich (MüKoInsO/*Ott/Vuia* Rn. 18; Uhlenbruck/*Sinz* Rn. 18; Kübler/Prütting/Bork/*Tintelnot* Rn. 24). 14

3. Notgeschäftsführung (Absatz 2). Für die Fälle der berechtigten Notgeschäftsführung des § 115 Abs. 2 ergänzt die Vorschrift die Regelungen zum Fortbestehen des Auftrages mit dem **Fortbestehen der Vollmacht.** Rechtstechnisch handelt es sich um eine Rechtsgrundverweisung: wenn die Voraussetzungen des Absatz 2 vorliegen, dann greift die Rechtsfolge des Absatz 2 als Ausnahme zur Grundregel des Absatz 1 ein. Als Rechtsfolge ordnet Absatz 2 für diesen Fall aber an, dass die Vollmacht nur in dem Umfang fortbesteht, in dem sie zur Ausführung der berechtigten Notgeschäftsführung erforderlich ist („soweit"). Damit kann der Vertreter die Insolvenzmasse nach der Verfahrenseröffnung wirksam vertreten und so auch Masseverbindlichkeiten begründen (HK-InsO/*Marotzke* Rn. 6; Kübler/Prütting/Bork/*Tintelnot* Rn. 23; MüKoInsO/*Ott/Vuia* Rn. 16). 15

4. Gutglaubensschutz (Absatz 3). Wenn der Bevollmächtigte gutgläubig nichts von dem Erlöschen der Vollmacht weiß, ändert dies nichts daran, dass die Vollmacht dennoch erloschen ist und der Bevollmächtigte den Schuldner und die Insolvenzmasse nicht mehr wirksam vertreten kann. Dies würde nach den all- 16 gemeinen Regeln des BGB (§ 179 BGB) zu einer persönlichen Haftung des Vertreters gegenüber dem Vertragspartner führen. Diese **Haftung wird ausgeschlossen** für den Fall der Gutgläubigkeit des Vertreters. Es entfällt damit nicht nur die Haftung auf das positive Interesse, sondern auch die Haftung auf das negative Interesse sowie die Haftung aus anderen Rechtsgründen wie insbes. einer vorvertraglichen Pflichtverletzung (§ 311 Abs. 3 BGB), soweit die Pflichtverletzung darin liegt, dass die Vertretungsmacht weggefallen ist (MüKoInsO/*Ott/Vuia* Rn. 18 und 21). Absatz 3 greift also ebenfalls in das materielle Zivilrecht ein.

17 Hat der Vertreter das Erlöschen seiner Vertretungsmacht **schuldhaft nicht gekannt,** kommt ihm die Haftungsprivilegierung des § 178 Abs. 2 BGB zugute, wonach er nur für denjenigen Schaden einzustehen hat, den der Vertragspartner dadurch erleidet, dass er auf die Vertretungsmacht vertraut hat. Für den Fall des Erlöschens der Vollmacht durch Absatz 1 ist die Haftung jedenfalls auf das negative Interesse begrenzt, weil insbes. das Vertrauen des Vertragspartners auf die Erfüllung des Vertrages nicht geschützt ist (Uhlenbruck/*Sinz* Rn. 18; Kübler/Prütting/Bork/*Tintelnot* Rn. 24, 27; HK-InsO/*Wegener* Rn. 9; Nerlich/Römermann/*Kießner* Rn. 14 ff.). Teilw. wird weitergehend vertreten, dass eine Haftung auch auf das negative Interesse grds. ausgeschlossen ist, weil es insgesamt an der Kausalität zwischen enttäuschtem Vertrauen in die Vertretungsmacht und Schaden fehle – schließlich habe der Vertreter objektiv nie den Vertrag schließen können (so MüKoInsO/*Ott/Vuia* Rn. 19).

18 Für den Fall, dass ein **Prozessbevollmächtigter** ein aufgrund der erloschenen Vollmacht unzulässiges **Rechtsmittel** einlegt, hilft Absatz 3 nicht, vielmehr muss er die Kosten nach dem sog Veranlasserprinzip tragen (BAG ZInsO 2008, 760; BGH NJW-RR 1998, 63; MüKoInsO/*Ott/Vuia* Rn. 19; Uhlenbruck/*Sinz* Rn. 19).

IV. Neuerteilung von Vollmachten

19 § 117 verhindert nicht, dass der Insolvenzverwalter nach der Verfahrenseröffnung Vollmachten neu erteilt. Dies ist **in der Praxis unerlässlich** und beeinträchtigt auch die Verfügungsbefugnis des Verwalters nicht. Der Verwalter kann dabei auch typisierte Vollmachten erteilen, insbes. also auch Prokura, soweit er auch nach der Verfahrenseröffnung noch ein Handelsgewerbe betreibt (Uhlenbruck/*Sinz* Rn. 14; FK-InsO/*Wegener* Rn. 11; HK-InsO/*Marotzke* Rn. 5; BAG ZIP 1989, 57 zur KO; überholt BGH WM 1958, 430 [431]).

20 Zwar greifen, wie oben dargelegt, die Grundsätze der **Duldungs- oder Anscheinsvollmacht** nicht, soweit diese dem Regelungszweck des Absatz 1 zuwiderlaufen (→ Rn. 12). Relevant ist dies nur für die im Zeitpunkt der Verfahrenseröffnung bestehenden Vollmachten und deren weitere Nutzung. Für solche Umstände, die der Insolvenzverwalter selbst nach Verfahrenseröffnung geschaffen hat und die den Tatbestand der Duldungs- oder Anscheinsvollmacht auslösen, finden diese Institute uneingeschränkt Anwendung. Dies ist insbes. im Rahmen einer Betriebsfortführung häufig der Fall, wenn der Verwalter den Mitarbeiter des Betriebes aufgibt, ihre normale Tätigkeit fortzusetzen und diese mit einer Vertretung des Unternehmens einhergeht. In diesen Fällen muss der Verwalter den Eintritt eines entsprechenden Rechtsscheins uU aktiv verhindern.

21 Vertreten wird, dass der Verwalter für **insolvenzspezifische Aufgaben und Rechtshandlungen** wie insbes. der Ausübung eines Anfechtungsrechts oder des Wahlrechts nach § 103 eine Vollmacht nicht erteilen darf, da er diese Entscheidungen höchstpersönlich zu treffen habe (LAG Kiel ZIP 1988, 250; OLG Düsseldorf ZIP 1988, 855; Uhlenbruck/*Sinz* Rn. 16). Diese Einschränkung überzeugt, weil es dafür weder einen Anhaltspunkt im Gesetz gibt und auch ein dringendes Bedürfnis solches nicht fordert.

Auflösung von Gesellschaften

118 **[1] Wird eine Gesellschaft ohne Rechtspersönlichkeit oder eine Kommanditgesellschaft auf Aktien durch die Eröffnung des Insolvenzverfahrens über das Vermögen eines Gesellschafters aufgelöst, so ist der geschäftsführende Gesellschafter mit den Ansprüchen, die ihm aus der einstweiligen Fortführung eilbedürftiger Geschäfte zustehen, Massegläubiger. [2] Mit den Ansprüchen aus der Fortführung der Geschäfte während der Zeit, in der er die Eröffnung des Insolvenzverfahrens ohne sein Verschulden nicht kannte, ist er Insolvenzgläubiger; § 84 Abs. 1 bleibt unberührt.**

Übersicht

I. Allgemeines

1. Normzweck. Die Norm bezweckt den **Schutz eines geschäftsführenden Gesellschafters** einer Gesellschaft, die durch die Insolvenz eines ihrer Gesellschafter aufgelöst wird, indem sie die Fragen regelt, in welchem Rang Ansprüche des geschäftsführenden Gesellschafters gegen den insolventen Mitgesellschafter geltend gemacht werden können. Hierfür trifft sie zwei Regelungen: Zum einen erhebt sie die aus einer Notgeschäftsführung resultierenden Ansprüche in den Rang einer Masseverbindlichkeit im Insolvenzverfahren des Gesellschafters; insoweit dient die Vorschrift zugleich dem **Schutz des Schuldnervermögens,** indem der Wert der Gesellschaftsbeteiligung möglichst durch die Notgeschäftsführung erhalten bleibt. Zum anderen regelt § 118 den Rang von Ansprüchen, die aus einer Geschäftsführung nach Auflösung der Gesellschaft stammen und bei deren Vornahme der Geschäftsführer die Insolvenzeröffnung noch nicht kannte (gutgläubige Geschäftsführung); diese können nur als Insolvenzforderungen geltend gemacht werden. 1

Die **praktische Bedeutung** der Regelung ist aus zwei Gründen sehr **gering:** Zum einen richten sich die Ansprüche des geschäftsführenden Gesellschafters grds. zunächst gegen die Gesellschaft selbst, so dass es auf einen Anspruch gegen den Mitgesellschafter nur dann ankommt, wenn die Gesellschaft nicht mehr über ausreichende Mittel verfügt (dazu → Rn. 12). Zum anderen setzt die Vorschrift das Erlöschen der Gesellschaft durch die Insolvenz eines Gesellschafters voraus, was nach dem gesetzlichen Leitbild heute nur noch bei der GbR der Fall ist und auch dort häufig im Gesellschaftsvertrag abbedungen wird (dazu → Rn. 6). 2

2. Systematische Einordnung. Systematisch ist die Vorschrift in den §§ 103 ff. **fehl am Platze.** Sie regelt den insolvenzrechtlichen Rang von aus dem gesellschaftsrechtlichen Verhältnis zwischen Geschäftsführer und Mitgesellschafter folgenden Ansprüchen. Nach allgemeiner Meinung stellt der Gesellschaftsvertrag keinen gegenseitigen Vertrag iSd § 103 dar (vgl. → § 103 Rn. 14). Einzuordnen 3 ist die Vorschrift also eher als Annex zur Sonderregelung des § 84. Strukturell weist sie allerdings erhebliche Ähnlichkeit mit dem Regelungsgefüge der §§ 115, 116 auf, bei denen es jeweils auch um das Erlöschen von Rechtsverhältnissen geht und wie sich dies auf eine Notgeschäftsführung auswirken soll und was geschehen soll, wenn der jeweils Handelnde keine Kenntnis vom Erlöschensgrund der Insolvenzeröffnung hat (HK-InsO/*Marotzke* Rn. 1; Uhlenbruck/*Hirte* Rn. 1).

II. Anwendungsbereich

4 **§ 118 setzt voraus,** dass eine Gesellschaft ohne Rechtspersönlichkeit oder eine Kommanditgesellschaft auf Aktien durch die Insolvenz eines ihrer Gesellschafter aufgelöst wurde und dass ein geschäftsführender Gesellschafter weiterhin Geschäftsführungsmaßnahmen vorgenommen hat und ihm daraus Ansprüche gegen den insolventen Mitgesellschafter erwachsen sind.

5 **1. Erfasste Gesellschaften.** Gesellschaften ohne Rechtspersönlichkeit sind in **§ 11 Abs. 2 Nr. 1** legaldefiniert (vgl. dazu → § 11 Rn. 15). Nicht darunter fallen der nichtrechtsfähige Verein (→ § 11 Rn. 11) und die KGaA (→ § 11 Rn. 11). Auf Gesellschaften mit Rechtspersönlichkeit (zB GmbH, AG, rechtsfähiger Verein) findet die Vorschrift ebenso wenig Anwendung wie auf Bruchteilsgemeinschaften (§§ 741 ff. BGB) – auch keine analoge (FK-InsO/*Wegener* Rn. 2; Uhlenbruck/*Hirte* Rn. 3; MüKoInsO/*Ott*/*Vuia* Rn. 3).

6 **2. Auflösung durch Insolvenz des Gesellschafters.** Ob eine Gesellschaft durch die Insolvenz eines ihrer Gesellschafter aufgelöst wird, hängt von den **gesetzlich geregelten Konsequenzen** ab, die die Insolvenzeröffnung eines ihrer Gesellschafter hat, iÜ von den Regelungen des Gesellschaftsvertrages der betroffenen Gesellschaft. Die Auflösung der Gesellschaft wegen Insolvenz eines ihrer Gesellschafter kann für jede der betroffenen Gesellschaftsformen wirksam im Gesellschaftsvertrag geregelt werden; insoweit steht kein zwingendes Gesellschaftsrecht entgegen. In der Praxis ist eine solche Regelung aber sehr selten; im Gegenteil wird regelmäßig der Fortbestand der Gesellschaft unter Ausschluss oder der Ausschlussmöglichkeit des insolventen Gesellschafters vereinbart.

7 Nur wenn sich im Gesellschaftsvertrag keine Regelung findet, greifen subsidiär die **Regelungen im Gesellschaftsrecht,** die ihrerseits für die verschiedenen Gesellschaftstypen unterschiedlich sind. Dabei ist eine automatische Auflösung der Gesellschaft im Gesetz nur noch für die GbR vorgesehen, § 728 Abs. 2 S. 1 BGB. Bei der OHG regelt § 131 Abs. 3 Nr. 2 HGB, dass der insolvente Gesellschafter aus der Gesellschaft ausscheidet und die Gesellschaft ansonsten fortbesteht; entsprechendes gilt für die KG kraft Verweisung in § 161 Abs. 2 HGB; für die KGaA gem. § 289 Abs. 1 AktG, für die Partnerschaft gem. §§ 9 Abs. 1, 10 Abs. 1 PartGG und für die EWIV gem. § 1 EWIVG. Sonderbestimmungen gelten indes immer für eine zweigliedrige Gesellschaft, weil bei ihnen das Ausscheiden eines Gesellschafters zwangsläufig zum Erlöschen der Gesellschaft ohne Rechtspersönlichkeit führt.

8 Wird eine zunächst aufgelöste Gesellschaft aufgrund eines entsprechenden **Gesellschafterbeschlusses als werbende Gesellschaft fortgesetzt,** entfällt die Anwendung des § 118 mit Wirkung ex nunc (Uhlenbruck/*Hirte* Rn. 7). Hingegen hat die Beschwerde gegen den Eröffnungsbeschluss keinen Einfluss auf das Eingreifen des § 118 (FK-InsO/*Wegener* Rn. 3).

III. Rechtsfolgen

9 Auf der Rechtsfolgenseite regelt § 118, dass Ansprüche aus **Maßnahmen der Notgeschäftsführung** nach der Auflösung **Masseverbindlichkeiten** darstellen;

dass sonstige Geschäftsführungsmaßnahmen Insolvenzforderungen darstellen, solange der Geschäftsführer die Insolvenz nicht kannte und dass generell die Regelung des § 84 Abs. 1 unberührt bleibt.

1. Notgeschäftsführung. Mit der Auflösung der Gesellschaft ändern sich im Regelfall auch deren Vertretungsregelungen. Entweder finden sich entsprechende Regelungen im Gesellschaftsvertrag, ansonsten bestimmt das Gesetz in § 730 Abs. 2 S. 2 BGB für die GbR, in § 146 Abs. 1 HGB für die OHG und KG und in § 10 Abs. 1 PartGG für die Partnerschaftsgesellschaft, dass die Gesellschaft nach ihrer Auflösung durch alle Gesellschafter gemeinschaftlich vertreten wird. Flankierend trifft den oder treffen die bisherigen Vertreter der Gesellschaft auch eine **Notgeschäftsführungspflicht** (§§ 728, 727 Abs. 2 S. 2 BGB) für solche Geschäfte, die für den Erhalt des Gesellschaftsvermögens erforderlich sind. Die Notgeschäftsführungspflicht endet in zeitlicher Hinsicht, wenn die Übernahme der Geschäftsführung durch den oder die neuen Vertreter organisiert ist. 10

Aus diesen Maßnahmen der Notgeschäftsführung müssen für den Geschäftsführer Ansprüche entstehen. In Betracht kommen dabei insbes. Ansprüche auf Aufwendungsersatz (§§ 713, 670, 256 BGB) und auf Vergütung der Tätigkeit (HK-InsO/*Marotzke* Rn. 7; Uhlenbruck/*Hirte* Rn. 8). § 118 setzt das Bestehen solcher Ansprüche voraus und enthält selbst keine eigenständige Anspruchsgrundlage (MüKoInsO/*Ott/Vuia* Rn. 13). Solche aus der Notgeschäftsführung folgenden **Aufwendungsersatzansprüche** richten sich aber nach den allgemeinen Grundsätzen zwangsläufig unmittelbar nur gegen die Gesellschaft selbst. Die Mitgesellschafter haften dafür nicht unmittelbar persönlich, auch nicht während der Liquidationsphase der Gesellschaft (MüKoInsO/*Ott/Vuia* Rn. 14). Selbst wenn die Ansprüche aus der Notgeschäftsführung nicht durch das Gesellschaftsvermögen gedeckt sind und insoweit eine Nachschusspflicht der Mitgesellschafter entsteht, handelt es sich dabei um einen Anspruch der Gesellschaft gegen ihre Gesellschafter, nicht um einen Anspruch des notgeschäftsführenden Gesellschafters selbst. Diesen Anspruch kann der Berechtigte nur ausnahmsweise dann unmittelbar gegen seine Mitgesellschafter anteilig geltend machen, wenn die Endabrechnung der Gesellschaft bereits feststeht und damit der auf jeden Gesellschafter entfallende Verlustanteil offenkundig ist (MüKoInsO/*Ott/Vuia* Rn. 14). 11

Für **Vergütungsansprüche,** die auf einer vertraglichen Beziehung zwischen dem Geschäftsleiter und der Gesellschaft beruhen (zB einem Anstellungsvertrag), besteht zwar eine persönliche Haftung der Gesellschafter (§ 128 HGB); der Geschäftsleiter ist aber aufgrund gesellschaftsrechtlicher Treuepflicht zunächst gehindert, die Vergütungsansprüche gegen seine Mitgesellschafter geltend zu machen, solange er eine Befriedigung von der Gesellschaft selbst erlangen kann. Erst wenn dies ausgeschlossen ist, kann er Durchgriff unmittelbar bei seinen Mitgesellschaftern nehmen und dann auch nur in Höhe der jeweils auf den Mitgesellschafter entfallenden Anteils (MüKoInsO/*Ott/Vuia* Rn. 14). 12

Soweit sich solche Ansprüche aus berechtigter Notgeschäftsführung im Einzelfall einmal unmittelbar gegen den insolventen Mitgesellschafter richten, handelt es sich gem. § 118 um **Masseverbindlichkeiten.** Sämtliche anderen Ansprüche bleiben nach den allgemeinen Regeln Insolvenzforderungen, insbes. Ansprüche aus der (Not-)Geschäftsführung vor der Eröffnung des Insolvenzverfahrens. Ob der Anspruch der Gesellschaft gegen die Mitgesellschafter auf Nachschuss insoweit zur Masseverbindlichkeit wird, als dieser auf Aufwendungsersatzansprüchen des Geschäftsführers aus der berechtigten Notgeschäftsführung nach Auflösung beruht, ist nicht geklärt. Zu diesem Ergebnis käme man nur durch eine am Zweck des § 118 ausgerichtete ergänzende Auslegung bzw. analoge Anwendung. Tatsächlich ist dies geboten, um den Zweck des § 118 zu erreichen; ansonsten müsste der Notgeschäftsführer gerade um den privilegierten Aufwendungsersatz fürchten, 13 was zur Vermeidung von Verschlechterungen im Gesellschaftsvermögen vermieden werden soll. Die praktischen Fälle dürften freilich selten sein, da bei Vorhandensein eines schützenswerten Gesellschaftsvermögens im Regelfall auch die Aufwendungen gedeckt sein müssten.

14 **2. Ansprüche aus fortgesetzter Geschäftsführung.** Die Auflösung einer Gesellschaft ohne Rechtspersönlichkeit hat eine Änderung bei der Vertretungsbefugnis für die Gesellschaft zur Folge (vgl. → Rn. 10). Gleichwohl bestehen die bisherigen Vertretungsbefugnisse des oder der bisherigen Geschäftsführer fort, solange diese die Auflösung der Gesellschaft nicht kennen und nicht kennen müssen, § 729 BGB. Nach § 118 kann der solchermaßen gutgläubige Geschäftsführer seine Ansprüche nur im Rang einer **Insolvenzforderung** gegen den insolventen Mitgesellschafter geltend machen. Der zur Notgeschäftsführung dargestellte Befund, dass es solche Sachverhalte kaum geben kann, greift auch hier. Soweit es solche Ansprüche einmal doch gibt, hat die Regelung nur deklaratorischen Charakter, da die Rechtsfolge schon aus allgemeinen Grundsätzen entnommen werden kann.

15 **3. Anwendung des § 84 Abs. 1.** In wirtschaftlicher Hinsicht ist der Geschäftsführer flankierend noch durch § 84 Abs. 1 abgesichert, weil er für seine Ansprüche aus dem Gesellschaftsverhältnis kraft Gesetzes ein **Absonderungsrecht am Gesellschaftsanteil des insolventen Gesellschafters** hat. Auch dieses Absonderungsrecht schützt den Geschäftsführer freilich nur in dem Umfang, in dem er tatsächlich Ansprüche unmittelbar gegen seinen Mitgesellschafter geltend machen kann, nicht für Ansprüche gegen die Gesellschaft, für die der Mitgesellschafter nur gegenüber der Gesellschaft nachschusspflichtig ist (vgl. vorstehend → Rn. 11). Wenn es unmittelbare Ansprüche gibt, dann sichert das Absonderungsrecht freilich nicht nur die Ansprüche im Rang einer Insolvenzforderung, sondern auch die Masseverbindlichkeiten, was im Fall der Masseunzulänglichkeit bedeutend sein kann.

Unwirksamkeit abweichender Vereinbarungen

119 Vereinbarungen, durch die im voraus die Anwendung der §§ 103 bis 118 ausgeschlossen oder beschränkt wird, sind unwirksam.

Schrifttum: *Adam,* § 119 InsO und die Lösungsklauseln für den Fall der Insolvenz, DZWiR 2005, 1; *Baldringer,* Sonderkündigungsrechte auf den Insolvenzfall in der Warenkreditversicherung, ZInsO 2004, 1117; *Berger,* Der BGH auf dem Wege zur Anerkennung der Insolvenzfestigkeit von Softwarelizenzen, NZI 2006, 380; *Bruns,* Das Wahlrecht des Insolvenzverwalters und vertragliche Lösungsrechte, ZZP 110 (1997), 305; *Dahl,* (Un-)Zulässigkeit insolvenzbedingter Lösungsklauseln, NJW-Spezial 2008, 373; *Fritsche/Kilian,* Die Kontrolle der insolvenzbedingten Kündigung nach § 8 Nr. 2 VOB/B am Maßstab des allgemeinen Zivil- und des Insolvenzanfechtungsrechts, DZWiR 2008, 45; Heidland, Der Bauvertrag in der Insolvenz, 2002; *Huber/Riewe,* Erwerb eines Nutzungsrechts durch Kündigung in der Insolvenz des Lizenzgebers – Oder: Ein Fall zum Anfang vom Ende des Wahlrechts samt Diskussion um die insolvenzrechtliche Wirksamkeit einer Lösungsklausel?, ZInsO 2006, 290; *Kummer,* Zum Interessenausgleich zwischen Insolvenzverwalter und Lizenznehmern in der Insolvenz des Lizenzgebers, GRUR 2009, 293; *Mossler,* Rücktrittsrechte vor Fälligkeit bei insolvenzbedingten Zweifeln an der Leistungsfähigkeit des Schuldners, ZIP 2002, 1831; Schwörer, Lösungsklauseln für den Insolvenzfall, 2000; *Treffer,* Insolvenzbedingte Lösungsklauseln – Zulässigkeit nach § 119 InsO, MDR 2000, 1178; v. *Wilmowsky,* Lösungsklauseln für den Insolvenzfall – Wirksamkeit, Anfechtbarkeit, Reform, ZIP 2007, 553.

Übersicht

I. Allgemeines

1 **1. Normzweck.** Die Norm erklärt die §§ 103–118 zu zwingendem Recht und schützt damit beide Parteien eines gegenseitigen Vertrages, dass dieser Vertrag im Falle der Insolvenz einer der Vertragspartner nach dem in den §§ 103 ff. aufgestellten System abgewickelt wird. Primär dient dieser **Schutz** dem **Erhalt des Wahlrechts** des Insolvenzverwalters, damit dieser zugunsten der Gesamtgläubigerschaft die Vorteile günstiger Geschäfte auch in der Insolvenz nutzen kann. Zugleich sind die Gläubiger selbst schutzbedürftig, weil sie bei Verhandlung und Abschluss des Vertrages nicht beteiligt sind. Es ist zumeist nicht schwierig, eine Regelung zulasten aller Gläubiger eines späteren Insolvenzverfahrens, an welches die Vertragspartner meist ohnehin nicht glauben, zu verhandeln. Schließlich schützt § 119 sogar den Vertragspartner des Insolvenzschuldners, bspw. wenn es darum geht, das von Privilegierungen zu seinen Gunsten (zB §§ 108, 106) nicht durch Vereinbarung abgewichen werden kann.

2 **In der Praxis** ist die Vorschrift von erheblicher Bedeutung. Freilich finden sich in Verträgen selten Klauseln, die unmittelbar auf eine Modifikation der §§ 103 ff. abzielen. Zumeist hat man es stattdessen mit Klauseln zu tun, die für den Vertragspartner des Schuldners eines Lösungsmöglichkeit schaffen und dabei an die materielle Insolvenz des Schuldners, an die Stellung eines Insolvenzantrages oder an die Eröffnung eines Insolvenzverfahrens anknüpfen (was iErg zulässig ist, vgl. → Rn. 13).

3 **2. Systematische Einordnung.** Systematisch stellt § 119 eine **Ergänzung der §§ 103–118** dar, indem er die dortigen Regelungen zu zwingendem Gesetzesrecht erklärt. Die Regelung des § 119 ist ihrerseits zwingendes Recht, was zwanglos aus ihrem Regelungszweck folgt (MüKoInsO/*Huber* Rn. 16).

II. Anwendungsbereich

4 Die Vorschrift findet Anwendung auf **Vereinbarungen im Vorfeld der Insolvenz,** durch die die Anwendung der §§ 103–118 ausgeschlossen oder beschränkt

werden. Dabei sind die beiden erstgenannten Voraussetzungen unproblematisch. Die Frage nach einer unzulässigen Ausschließung oder Beschränkung lässt sich zwangsläufig nur im Zusammenhang mit den einzelnen Vorschriften beantworten, da diese völlig unterschiedliche Regelungen treffen. Dabei sind allerdings die meisten Vorschriften von geringer praktischer Bedeutung, bei anderen hingegen werden die Grenzen einer zulässigen Abweichung intensiv diskutiert (das gilt insbes. für den Bereich der Lösungsklauseln, vgl. → Rn. 11). Als Rechtsfolge ordnet § 119 an, dass die abweichende Vereinbarung ohne weiteres unwirksam ist.

5 **1. Vereinbarungen im Voraus.** Der **Begriff der Vereinbarung** ist denkbar **weit auszulegen;** es kommt nicht darauf an, wie die unzulässige Abweichung rechtstechnisch ausgestaltet wird. Typische Regelungen sind bspw. die automatische Vertragsbeendigung, ein besonderes Kündigungsrecht oder eine auflösende Bedingung. Es geht bei § 119 allerdings nur um die Zulässigkeit von vertraglichen Abweichungen. Gesetzliche Bestimmungen, die die Anwendung der §§ 103 ff. ausschließen oder beschränken, wie zB gesetzliche Lösungsklauseln, werden nach dem eindeutigen Wortlaut der Vorschrift nicht erfasst (HK-InsO/*Marotzke* Rn. 2 mwN; einschränkend *Mossler* ZIP 2002, 1831 [1835]).

6 In zeitlicher Hinsicht gilt die Regelung nur für Vereinbarungen der Parteien **im Vorfeld der Eröffnung eines Insolvenzverfahrens.** Die Parteien des Vertrages sollen nicht für einen späteren Insolvenzfall von dem Regelungsgefüge der §§ 103–118 abweichen können. Hingegen kann der Insolvenzverwalter ohne Weiteres im Einvernehmen mit dem Vertragspartner von den §§ 103 ff. abweichende Regelungen treffen und tut dies in der Praxis auch regelmäßig. Diese Konstellation ist vom Schutzzweck der Vorschrift nicht mehr umfasst, weil der Verwalter nicht vor sich selbst geschützt werden muss und weil die Gläubiger durch die haftungsbewehrten Handlungs- und Unterlassungspflichten des Insolvenzverwalters hinreichend geschützt sind.

7 **2. Beschränkung des § 103. a) Allgemeine Beschränkungen des § 103.** Unzulässig sind solche im Vorfeld getroffenen vertraglichen Regelungen, die die Voraussetzungen des § 103 zu modifizieren versuchen oder das Wahlrecht des Verwalters beschränken. Dabei ist die Abgrenzung des Zulässigen vom Unzulässigen häufig nicht leicht, da die Parteien durch ihre Vereinbarung den gegenseitigen Vertrag erst schaffen und inhaltlich ausgestalten.

8 Unzulässig ist die **Einwirkung auf das Wahlrecht** selbst, zB die Regelung, dass bei einem gegenseitigen Vertrag die Forderung eines Vertragspartners automatisch eine Masseverbindlichkeit darstellt, dass für den Verwalter die stete Erfüllung des Vertrages gewählt wird oder dass für das Wahlrecht des Verwalters eine andere als die gesetzliche Erklärungsfrist gelten soll (BAG EzA § 55 Nr. 7 Rn. 18 – für eine entsprechende Betriebsvereinbarung; Uhlenbruck/*Sinz* Rn. 3). Unzulässig sind auch Regelungen, die an eine Nichteintrittswahl des Verwalters ausdrücklich negative Rechtsfolgen knüpfen, wie bspw. Vertragsstrafen, die Pauschalierung von Schadensersatzansprüchen oder die Umwandlung der Leistungspflicht des Schuldners zur Vorkassezahlung (BGH NZI 2006, 229 Rn. 27; Kübler/Prütting/Bork/*Tintelnot* Rn. 12 f.; Uhlenbruck/*Sinz* Rn. 3; Nerlich/Römermann/*Balthasar* Rn. 9; durch § 119 überholt BGH ZIP 1988, 657).

9 Ferner soll es unzulässig sein, wenn die vollständige Erfüllung des Vertrages nicht erst mit dem Leistungserfolg, sondern bereits mit der **Vornahme der Leistungshandlung** eintreten soll (MüKoInsO/*Huber* Rn. 57 mwN). Dies ist richtig, wenn und soweit eine entsprechende Klausel darauf abzielt, die Tatbestandsvoraussetzungen des § 103 als gegeben oder nicht gegeben zu fingieren. Wenn aber die Vertragsklausel die tatsächlich geschuldete Leistung regelt oder modifiziert, liegt kein Verstoß vor, weil es der Vertragsfreiheit der Par-

teien obliegt zu bestimmen, was die nach dem Vertrag geschuldete Leistung ist.

Keine unzulässige Modifikation des § 103 stellt es dar, wenn die Vertragspartner **dingliche Sicherheiten** für den Nichterfüllungsschaden gem. § 103 Abs. 2 S. 1 im Falle einer Erfüllungsablehnung durch den Insolvenzverwalter vereinbaren (Uhlenbruck/*Sinz* Rn. 5; MüKoInsO/*Huber* Rn. 58). Diese Meinung lässt sich dann vertreten, wenn man die Entstehung des Schadensersatzanspruchs wegen Nichterfüllung nicht erst als nach der Insolvenzeröffnung entstanden, sondern als einen mit Abschluss des Vertrages angelegten Sekundäranspruch ansieht (zur Rechtsnatur des Schadensersatzanspruchs aus § 103 Abs. 2 S. 1, vgl. Uhlenbruck/*Wegener* § 103 Rn. 166). Die Vorausabtretung des Anspruchs wegen Nichterfüllung modifiziert den § 103 nicht und ist daher unbedenklich (BGHZ 155, 87 = BGH NZI 2003, 491; Uhlenbruck/*Sinz* Rn. 5). 10

b) Lösungsklauseln. Diskutiert wird bei der Bestimmung der zulässigen Abweichungen von § 103 insbes. **die Zulässigkeit von Lösungsklauseln** (vgl. insbes. BGH ZInsO 2004, 86; MüKoInsO/*Huber* Rn. 18 ff.; *v. Wilmowsky* ZIP 2007, 553; *Baldringer* ZInsO 2004, 1117; Schwörer, Lösungsklauseln für den Insolvenzfall, 2000; *Treffer* MDR 2000, 1178; *Bruns* ZZP 110 (1997), 305). Unter Lösungsklauseln versteht man solche Vereinbarungen, die eine Beendigung des Vertrages oder eine Änderung des Vertragsinhaltes für den Fall vorsehen oder ermöglichen, dass sich die wirtschaftlichen Verhältnisse des Vertragspartners erheblich verschlechtern. Unerheblich für die Beurteilung ist dabei, ob die Vereinbarung für ein solches Ereignis das automatische Erlöschen des Vertrages vorsieht oder ob es ein Rücktritts- oder Kündigungsrecht schafft (Mohrbutter/Ringstmeier/*Homann* Kap. 7 Rn. 136; MüKoInsO/*Huber* Rn. 18). Unproblematisch zulässig sind dabei Lösungsklauseln, die an solche Umstände anknüpfen, die ganz unabhängig von der Insolvenz eintreten, zB Leistungsverzug, Schlechtleistung oder sonstige Vertragsverletzungen (Mohrbutter/Ringstmeier/*Homann* Kap. 7 Rn. 137; Uhlenbruck/*Sinz* Rn. 12). Dies gilt freilich nur in den Grenzen des § 112 (HK-InsO/*Marotzke* Rn. 2) und eine weitere Beschränkung kann sich aus der Regelung des § 105 ergeben, wenn etwa die Lösungsklausel bei einer teilbaren Leistung an den Verzug oder die Nichtleistung aus der Zeit vor der Verfahrenseröffnung anknüpft. Ließe man in diesem Fall eine Lösung des Vertragspartners auch von dem abgespaltenen Vertragsteil zu, liefe der Regelungszweck des § 105 Abs. 1 ins Leere (vgl. ausf. → § 105 Rn. 4). 11

Umstr. sind Klauseln, die entweder formell an den **Insolvenzantrag** oder an die **Eröffnung des Insolvenzverfahrens** anknüpfen oder an den materiellen **Eintritt der Insolvenzreife,** die **Zahlungseinstellung** oder eine **erhebliche Vermögensverschlechterung.** Für die Unzulässigkeit solcher Klauseln spricht, dass die Anknüpfung des Tatbestands einer solchen Klausel an die formelle oder materielle Insolvenz des Vertragspartner generell geeignet ist, dass gegenseitige Verträge grds. dem Regelungsgefüge der §§ 103 ff. entzogen werden und deren Anwendungsbereich damit faktisch ausgehöhlt wird (BGHZ 195, 348 = BGH ZIP 2013, 274; HK-InsO/*Marotzke* Rn. 3 ff.; Kübler/Prütting/Bork/*Tintelnot* Rn. 15 ff.; Nerlich/Römermann/*Balthasar* Rn. 15; *Dahl* NJW-Spezial 2008, 373; *Schwörer* Lösungsklauseln für den Insolvenzfall Rn. 115 ff.; vgl. auch Uhlenbruck/*Sinz* Rn. 13). 12

Gegen die Unzulässigkeit spricht die Entstehungsgeschichte der Vorschrift (vgl. insbes. die genaue Darstellung der Entwicklung bei MüKoInsO/*Huber* Rn. 5 ff.; ferner FK-InsO/*Wegener* Rn. 3; HambK-InsO/*Ahrendt* Rn. 7; *v. Wilmowsky* ZIP 2007, 553 [554]; *Adam* DZWiR 2005, 1). Während des Gesetzgebungsverfahrens enthielt nämlich die dem § 119 entsprechende Norm bis un- 13 mittelbar vor der Verabschiedung einen eigenständigen Absatz mit folgendem Inhalt **(§ 137 Abs. 2 RegE):**

„Vereinbarungen, die für den Fall der Eröffnung des Insolvenzverfahrens die Auflösung eines gegenseitigen Vertrages vorsehen oder der anderen Partei das Recht geben, sich einseitig vom Vertrag zu lösen, sind unwirksam. Ist in einem gegenseitigen Vertrag vereinbart, dass bei einer Verschlechterung der Vermögensverhältnisse einer Vertragspartei die andere das Recht hat, sich einseitig vom Vertrag zu lösen, so kann dieses Recht nach der Eröffnung des Insolvenzverfahrens nicht mehr ausgeübt werden.“

Der **Rechtsausschuss des Bundestages** hat dann diesen Absatz gestrichen und dies wie folgt begründete (BT-Drs. 12/7302, 170):

„Absatz 2 des Regierungsentwurfs ist vom Ausschuss gestrichen worden. Die dort erfassten vertraglichen Vereinbarungen über die Auflösung eines gegenseitigen Vertrages im Falle der Eröffnung eines Insolvenzverfahrens oder der Verschlechterung der Vermögensverhältnisse einer Vertragspartei sollen durch die Insolvenzordnung nicht in ihrer Wirksamkeit eingeschränkt werden. Dass derartige Vereinbarungen mittelbar das Wahlrecht des Insolvenzverwalters einschränken, ist kein ausreichender Grund für einen schwerwiegenden Eingriff in die Vertragsfreiheit. Die Änderung wird dem in der Anhörung des Rechtsausschusses am 28. April 1993 nachdrücklich vertretenen Anliegen der Wirtschaftsverbände gerecht, die auf die sanierungsfeindliche Wirkung der Vorschrift des Regierungsentwurfes hingewiesen haben: Die Unwirksamkeit von Auflösungsklauseln für den Fall der Insolvenz erhöht die Insolvenzgefahr für Unternehmen, die in der kritischen Phase Sanierungsversuche unternehmen; denn potentielle Vertragspartner werden das Risiko der Bindung an den Vertragspartner im Falle der drohenden Insolvenz nicht eingehen. Auch im internationalen Geschäftsverkehr wird Wert darauf gelegt, dass bei Insolvenz des Vertragspartners die Vertragsauflösung möglich bleibt.“

So ist es dann Gesetz geworden. Damit ist der Wille des Gesetzgebers mE deutlich zum Ausdruck gebracht worden. Der **BGH** (BGHZ 195, 348 = ZIP 2013, 274; dazu *Huber* ZIP 2013, 493) hebt aber nur auf den Gesetzeswortlaut ab, in dem der zuvor beschriebene Wille des Gesetzgebers nicht zum Ausdruck gekommen ist. Er hält Lösungsklauseln in Verträgen über die fortlaufende Lieferung von Waren oder Energie für unwirksam, wenn sie an den Insolvenzantrag anknüpfen.

14 In einer früheren Entscheidung vom 17.11.2005 (BGHZ 166, 74 = NZI 2006, 224 [226]) hatte er ausgeführt, dass ein vereinbartes Kündigungsrecht nicht alleine deswegen gegen § 119 verstößt, weil damit faktisch das Wahlrecht des Verwalters unterlaufen wird; vielmehr setze eine Unwirksamkeit nach § 119 zusätzlich voraus, dass die Regelung „*auf dieses Ziel ausgerichtet*“ sei (dazu *Huber/Riewe* ZInsO 2006, 290; *Berger* NZI 2006, 380; *Kummer* GRUR 2009, 293). Daraus wird abgeleitet, dass eine Unwirksamkeit nur dann gegeben sein soll, wenn die Kündigungsmöglichkeit für den Vertragspartner in der Insolvenz anders ist, als außerhalb der Insolvenz, da dann eine spezielle Zielrichtung auf die §§ 103 ff. auszumachen sein soll (Uhlenbruck/*Sinz* Rn. 14). Dies deckt sich aber ebenfalls nicht mit der zuvor abgedruckten Erklärung des Rechtsausschusses, denn nach dessen Absicht sollte gerade das pönalisierte Ziel sanktioniert sein.

15 Für iRd § 119 zulässig hält die Rspr. das einseitige Lösungsrecht in **§ 8 Abs. 2 VOB/B,** das eine Kündigungsmöglichkeit des Auftraggebers vorsieht, wenn der Auftragnehmer seine Zahlungen einstellt, ein Insolvenzantrag gegen ihn gestellt wurde, wenn ein Insolvenzverfahren gegen ihn eröffnet oder mangels Masse abgelehnt wird (BGHZ 96, 34 = BGH ZIP 1985, 1509; OLG Düsseldorf BauR 2006,

1908; OLG Karlsruhe IBR 2006, 398; Uhlenbruck/*Sinz* Rn. 15; *Heidland* Der Bauvertrag in der Insolvenz Rn. 916, 1014; *Fritsche/Kilian* DZWiR 2008, 45; aA HK-InsO/*Marotzke* Rn. 7; Braun/*Kroth* Rn. 13; *Schwörer,* Lösungsklauseln für den Insolvenzfall, 74). Ein Argument hierfür ist, dass die Kündbarkeit ohnehin nach § 649 BGB gegeben sei, so dass die VOB/B nur eine gesetzliche Regelung konkretisiere (Uhlenbruck/*Sinz* Rn. 15).

Die Vereinbarung des **Heimfalls** eines **Erbbaurechts** im Falle der Insolvenz 16
des Erbbauberechtigten ist nicht gem. § 119 unwirksam (BGH ZIP 2007, 1120 [1123]; OLG Naumburg ZIP 2006, 716). Entsprechendes gilt für die Kündigungsmöglichkeit nach **Nr. 19 AGB-Banken/Nr. 26 AGB-Sparkassen** (MüKo-InsO/*Huber* Rn. 20).

Unwirksam sind Lösungsklauseln allerdings dann, wenn sie gegen die 17
Regelungen der §§ 108 und 112 verstoßen (HambK-InsO/*Ahrendt* Rn. 5; FK-InsO/*Wegener* Rn. 5; Uhlenbruck/*Sinz* Rn. 22), zB indem eine Beendigung des Arbeitsvertrages an die Eröffnung des Insolvenzverfahrens des Arbeitgebers anknüpft (Uhlenbruck/*Sinz* Rn. 19; MüKoInsO/*Huber* Rn. 69; aA *Schwörer* Lösungsklauseln für den Insolvenzfall Rn. 233) oder ein Sonderkündigungsrecht des Vermieters für den Fall der Insolvenzeröffnung geregelt ist (OLG Hamm NZI 2002, 162 [163]; vgl. auch → Rn. 26).

Vertreten wird, dass es gegen **Treu und Glauben** verstoße, wenn der Vertrags- 18
partner den Insolvenzverwalter erst zur Erklärung gem. § 103 auffordere und dann im Falle der Erfüllungswahl von einer Lösungsklausel Gebrauch mache (Uhlenbruck/*Sinz* Rn. 23; MüKoInsO/*Huber* Rn. 41; HambK-InsO/*Ahrendt* Rn. 11). Dies überzeugt in dieser Allgemeinheit nicht, da der Vertragspartner durch die Aufforderung an den Verwalter zur Erfüllungswahl noch nicht die Aussage trifft, er wolle seinerseits den Vertrag in jedem Falle erfüllen und dementsprechend begründet er auch kein schutzwürdiges Vertrauen. So kann für den Vertragspartner uU die Rechtsfolge bei einer Erfüllungsablehnung durch den Verwalter günstiger sein als die Konsequenzen, die sich ergeben, wenn auf die Lösungsklausel abgestellt wird. Andererseits ist richtig, dass nach der Eintrittserklärung des Insolvenzverwalter genau geprüft werden muss, ob die Lösungsklausel, wenn sich der Vertragspartner auf sie beruft, ihrem Zweck nach noch greift, nachdem die vertraglichen Ansprüche in den Rang einer Masseverbindlichkeit erhoben wurden (MüKoInsO/*Huber* Rn. 42; Uhlenbruck/*Sinz* Rn. 24).

Die **Wirksamkeit einer Lösungsklausel schützt grds. nicht gegen eine** 19
Anfechtung der Klausel oder der auf dieser Grundlage ausgesprochenen Kündigung nach den Regelungen der §§ 129 ff. in Betracht, wenn nämlich die Vereinbarung oder die Kündigung dem Gemeinschuldner Vermögensnachteile auferlegt, die über die gesetzlichen Folgen hinausgehen und nicht zur Erreichung des Vertragszwecks geboten sind (BGHZ 124, 76 [80 ff.] – Breitbandverteilanlage-Fall; MüKoInsO/*Huber* Rn. 53; HK-InsO/*Marotzke* Rn. 11). Dabei ist es nicht erforderlich, dass der Vertrag insgesamt unausgewogen ist; vielmehr knüpft eine Anfechtbarkeit nur der Lösungsklausel daran an, ob die Lösungsmöglichkeit als solche gerade für den Fall der Insolvenz aus der Sicht des insolventen Vertragspartners nicht unerhebliche nachteilige Folgen hat, die auch unter Berücksichtigung der Interessen des anderen Vertragspartners nicht geboten sind. Die **Rechtsfolge der Anfechtung** ist dann, dass die Lösungsklausel allein entfällt, der Vertrag iÜ aber wirksam bleibt. Der Vertragspartner ist dann grds. mit dem Einwand ausgeschlossen, er hätte den Vertrag ohne diese Klausel nicht geschlossen (MüKoInsO/*Huber* Rn. 53). Als Anfechtungsgrund kommt regelmäßig nur § 133 in Betracht. Für den iRd § 133 zu prüfenden Benachteiligungsvorsatz reicht es aus, wenn erkennbar ist, dass die Klausel zwangsläufig die Gläubiger in einem Insolvenzverfahren benachteiligt, auf die Kenntnis von einer bevorstehenden Krise kommt es indes nicht an (so aber MüKoInsO/*Huber* Rn. 56).

20 **3. Beschränkung des § 104.** Unzulässig sind Klauseln, die das automatische Erlöschen von **Fix- und Finanzleistungsgeschäften** nach § 104 ausschließen oder den Zeitpunkt hinausschieben wollen (HK-InsO/*Marotzke* § 104 Rn. 15; FK-InsO/*Wegener* § 104 Rn. 32 ff.). § 104 InsO stellt der Sache nach selbst eine gesetzliche Lösungsregelung dar. Klauseln, die eine Lösung von den in § 104 geregelten Vertragsverhältnissen vor der Insolvenzeröffnung vorsehen, müssen sich dennoch an den allgemeinen Regelungen für Lösungsklauseln messen lassen (vgl. dazu → Rn. 5 f.).

21 **4. Beschränkung des § 105.** Im Anwendungsbereich des § 105 ist es unzulässig, wenn die Vertragspartner den **Begriff der Teilbarkeit** iS der Norm durch entsprechende Abreden verändern oder ausschließen wollen, zB indem sie eine Unteilbarkeit verabreden (FK-InsO/*Wegener* Rn. 11; Uhlenbruck/*Sinz* Rn. 4; Kübler/Prütting/Bork/*Tintelnot* Rn. 10). Soweit darauf hingewiesen wird, auch eine Vereinbarung sei unwirksam, die auf die **Umgehung des Rückforderungsverbotes** des Satz 2 der Vorschrift abziele (zB Uhlenbruck/*Sinz* Rn. 4; Kübler/Prütting/Bork/*Tintelnot* § 105 Rn. 20), ist ein Anwendungsfall angesichts des nur klarstellenden Charakters der Regelung (vgl. → § 105 Rn. 4) kaum denkbar.

22 **5. Beschränkung des § 106.** Von der Regelung des § 106 abweichende Klauseln **kommen in der Praxis nicht vor,** da die Parteien damit das zumeist für die Vertragsabwicklung notwendige Anwartschaftsrecht entwerten würden und dies nicht in ihrem Interesse liegt. Davon unabhängig wäre eine Vereinbarung, die die automatische Erfüllungswahl ausschließen würde, nicht wirksam. Insoweit bezweckt der § 106 den Schutz des Anwartschaftsberechtigten, der nicht disponibel ist. Eine Klausel, die im Falle der Insolvenz den gesamten schuldrechtlichen Vertrag enden lässt, macht iRd § 106 keinen Sinn. Wenn nämlich die vertragliche Grundlage durch eine Lösungsklausel wirksam aufgehoben wird, entfällt auch der durch die Vormerkung gesicherte Anspruch und damit das Anwartschaftsrecht. Der Anwendungsbereich von § 106 ist dann nicht mehr betroffen (MüKoInsO/*Huber* Rn. 64).

23 **6. Beschränkung des § 107 Abs. 1.** Von der Regelung des § 107 Abs. 1 abweichende Klauseln **kommen in der Praxis nicht vor,** da die Parteien damit das Anwartschaftsrecht des Vorbehaltskäufers entwerten würden und dies nicht in ihrem Interesse liegt (MüKoInsO/*Huber* Rn. 65). § 107 Abs. 1 ist ohne Auswirkung auf die Diskussion um die generelle Zulässigkeit von Lösungsklauseln für den Fall des Insolvenzeintritts. Wenn nämlich die vertragliche Grundlage durch eine Lösungsklausel wirksam aufgehoben wird, entfällt auch der Anspruch des Vorbehaltskäufers auf Übereignung der Kaufsache. Der Anwendungsbereich des § 107 Abs. 1 ist dann wie bei § 106 nicht mehr betroffen (MüKoInsO/*Huber* Rn. 66).

24 **7. Beschränkung des § 107 Abs. 2.** Im Anwendungsbereich des § 107 Abs. 2 sind solche Abreden unwirksam, die auf die **Länge der Erklärungsfrist** für den Insolvenzverwalter über sein Erfüllungswahlrecht einwirken; insbes. kann nicht vereinbart werden, dass der Verwalter sich vor dem Berichtstermin erklären muss.

25 **8. Beschränkung des § 108.** Unwirksam sind Klauseln, die den **Anwendungsbereich des § 108 verändern** wollen, zB indem sie dort enthaltene Dauerschuldverhältnisse aus dem Anwendungsbereich der Norm herausnehmen wollen oder dort nicht enthaltene Dauerschuldverhältnisse der Regelung unterwerfen wollen. Unwirksam sind ferner Regelungen, die der Aufteilung von Verbindlichkeiten aus dem Schuldverhältnis in **Masseverbindlichkeiten und Insolvenzforderungen** entgegenlaufen.

Problematisch sind auch hier insbes. die Lösungsklauseln, die eine **Beendigung der erfassten Dauerschuldverhältnisse** ermöglichen. So soll es für die in § 108 betroffenen Dauerschuldverhältnisse jedenfalls unzulässig sein, eine Vertragsauflösung oder Möglichkeit zur Sonderkündigung an die Eröffnung des Insolvenzverfahrens zu knüpfen (OLG Hamm NZI 2002, 162 [163]; Uhlenbruck/*Sinz* Rn. 22; MüKoInsO/*Huber* Rn. 69). 26

9. Beschränkung des § 109. Unzulässig sind Vereinbarungen, die auf das Kündigungs- und Rücktrittsrecht des Insolvenzverwalters aus § 109 zu dessen Nachteil einwirken, bspw. durch einen **Ausschluss des Kündigungs- oder Rücktrittsrechts** oder durch eine **Verlängerung der Kündigungsfrist** (OLG Düsseldorf ZInsO 2007, 152; Uhlenbruck/*Sinz* Rn. 7; FK-InsO/*Wegener* § 109 Rn. 36; Nerlich/Römermann/*Balthasar* § 109 Rn. 3). Eine **Abkürzung der Kündigungsfrist** zugunsten des Insolvenzverwalters verstößt nicht gegen § 119; zwar wird damit von der Regelung selbst abgewichen, da die Einräumung der Kündigungsrechte aber nur dem Schutz der Insolvenzmasse dient, wird dieser Zweck durch eine Verkürzung nicht beeinträchtigt (Nerlich/Römermann/*Balthasar* Rn. 7). 27

10. Beschränkung der §§ 110, 111. Unwirksam sind Bestimmungen, die Vorausverfügungen für einen über den § 110 hinausgehenden Zeitraum für insolvenzfest erklären; hierüber haben die Parteien schon keine Verfügungsbefugnis. Das Sonderkündigungsrecht des § 111 ist ebenfalls der Verfügung der Parteien entzogen. Nicht geklärt ist, ob es den Parteien auch genommen ist, die **Anwendbarkeit des § 566 BGB** durch Vereinbarung auszuschließen (FK-InsO/*Wegener* § 111 Rn. 14; MüKoInsO/*Eckert* § 111 Rn. 34). Ein solcher Ausschluss lässt sich mE jedenfalls nicht an den §§ 111, 119 festmachen, da man aus dem Bestehen eines Sonderkündigungsrechts nicht zwangsläufig ableiten kann, dass der Vertrag nicht etwa auch anderweitig beendet werden kann. 28

11. Beschränkung des § 112. Unwirksam sind Klauseln, die die in § 112 geregelten Kündigungshemmnisse aushebeln oder umgehen wollen (vgl. näher → § 112 Rn. 20). 29

12. Beschränkung der §§ 113, 114. Für die unzulässigen Modifikationen der §§ 113, 114 wird auf die dortigen Anmerkungen (→ § 113 Rn. 21 und → § 114 Rn. 1 f.) verwiesen. 30

13. Beschränkung der §§ 115, 116, 117. Unzulässig sind Vereinbarung, wonach Geschäftsbesorgungsverträge oder Aufträge entgegen der Regelungen in §§ 115, 116 trotz der Eröffnung des Insolvenzverfahrens über das Vermögen des Geschäftsherrn fortbestehen; entsprechendes gilt für den Fall der Insolvenz auch bezogen auf unwiderruflich erteilte Vollmachten (Uhlenbruck/*Sinz* Rn. 9; Nerlich/Römermann/*Balthasar* Rn. 17; FK-InsO/*Wegener* Rn. 12). 31

14. Beschränkung des § 118. Unzulässig sind Regelungen, die die Qualität und den Rang der in § 118 erfassten Ansprüche modifizieren (Uhlenbruck/*Sinz* § Rn. 11). 32

15. Gesellschaftsverträge. Auf Gesellschaftsverträge findet § 119 keine Anwendung, da es sich bei Gesellschaftsverträgen schon **nicht um gegenseitige Verträge** iSd § 103 handelt (vgl. → § 103 Rn. 14). Vertragliche Regelungen über die Auflösung der Gesellschaft oder das Ausscheiden von Gesellschaftern im Falle ihrer Insolvenz müssen sich also nicht an § 119 InsO messen lassen (MüKoInsO/*Huber* Rn. 17; Uhlenbruck/*Sinz* Rn. 16). Das gilt entsprechend für Satzungen von Vereinen (HK-InsO/*Marotzke* Rn. 10). 33

Kündigung von Betriebsvereinbarungen

120 (1) [1] **Sind in Betriebsvereinbarungen Leistungen vorgesehen, welche die Insolvenzmasse belasten, so sollen Insolvenzverwalter und Betriebsrat über eine einvernehmliche Herabsetzung der Leistungen beraten.** [2] **Diese Betriebsvereinbarungen können auch dann mit einer Frist von drei Monaten gekündigt werden, wenn eine längere Frist vereinbart ist.**

(2) **Unberührt bleibt das Recht, eine Betriebsvereinbarung aus wichtigem Grund ohne Einhaltung einer Kündigungsfrist zu kündigen.**

Schrifttum zu §§ 120–128: *Ahrens,* Sozialpläne im Insolvenzverfahren, ZInsO 2003, 581; *Arens/Brand,* Arbeits- und Sozialrecht in der Insolvenz, 3. Aufl. 2014; *Backmeister/Trittin/Mayer,* Kündigungsschutzgesetz mit Nebengesetzen, 4. Aufl. 2009; DKKW, BetrVG, 14. Aufl. 2014; Fitting BetrVG, 26. Aufl. 2012; Gemeinschaftskommentar zum Betriebsverfassungsgesetz, 2 Bde., 10. Aufl. 2014; Gemeinschaftskommentar zum Kündigungsschutzgesetz und zu sonstigem kündigungsschutzrechtlichen Vorschriften, 11. Aufl. 2015; *Göpfert,* Handbuch Arbeitsrecht in Restrukturierung und Insolvenz, 2013; *Kittner/Däubler/Zwanziger,* KSchR, 9. Aufl. 2014; *Lakies,* Das Arbeitsverhältnis in der Insolvenz, 2. Aufl. 2014; *Mückl,* Arbeitsrecht in Krise und Insolvenz, 2014; *Müller-Glöge/Preis/Schmidt,* ErfR, 15. Aufl. 2015; *Richardi,* Betriebsverfassungsgesetz, 14. Aufl. 2014; Schaub ArbR-HdB, 15. Aufl. 2013; *Steindorf/Regh,* Arbeitsrecht in der Insolvenz, 2002; *Zwanziger,* Kommentar zum Arbeitsrecht der Insolvenzordnung, 5. Aufl. 2015.

Übersicht

I. Normzweck

1 Die Norm begründet ein unabdingbares ordentliches befristetes Kündigungsrecht gegenüber Betriebsvereinbarungen, die belastende Leistungen vorsehen. In erster Linie dient die Vorschrift einer **Kostenentlastung der Masse.** Zugleich begrenzt diese Aufgabe den Anwendungsbereich der Regelung, denn ohne ersparte finanzielle Aufwendungen ist eine Kündigung ausgeschlossen. Obwohl das Kündigungsrecht neutral formuliert ist und damit für alle Betriebsparteien gilt, eröffnet es va dem Insolvenzverwalter Handlungsoptionen. Dessen Gestaltungsrecht bleibt praktisch unbeschränkt, weil in Absatz 1 Satz 1 lediglich ein Beratungsgebot und keine Beratungspflicht aufgestellt wird.

2 Zweite Funktion des Kündigungsrechts ist die **Erleichterung der Betriebsveräußerung** (MüKoInsO/*Caspers* Rn. 2). Da der Erwerber eines Betriebs oder Betriebsteils nach § 613a Abs. 1 S. 1, 2 BGB gegenüber den Arbeitnehmern an die geltenden individual- und kollektivarbeitsrechtlichen Regelungen gebunden ist, werden regelmäßig mit den arbeitsrechtlichen Kompetenzen des Insolvenzverwalters die bestehenden Rechtsverhältnisse an ein Konzept des Erwerbers angepasst. Neben dem Personalabbau kommt veränderten kollektivarbeitsrecht-

lichen Regelungen und hier auch einem reduzierten Bestand an Betriebsvereinbarungen ein entscheidendes Gewicht zu.

Im Bereich der erzwingbaren Mitbestimmung wird der Erfolg einer Kündigung durch die **Nachwirkung aus § 77 Abs. 6 BetrVG** sachlich begrenzt (→ Rn. 21 f.). Erst wenn die weiter geltende Regelung ersetzt wird, ist die Kostenersparnis oder die Anpassung an das Erwerberkonzept zu erreichen. Dem Kündigungsrecht des Insolvenzverwalters kommt deswegen va im Bereich der freiwilligen Betriebsvereinbarungen bei mitbestimmungsfreien Angelegenheiten ein entscheidendes Gewicht zu. Bei freiwilligen Betriebsvereinbarungen ist gesetzlich keine Nachwirkung vorgesehen (BAG NZA 1995, 1010 [1012]; 2011, 598 Rn. 18), wenn sie auch vereinbart werden kann (BAG NZA 1998, 1348 [1350 f.]). 3

II. Anwendungsbereich

1. Insolvenzverfahren. Kündigungsberechtigt ist im eröffneten Insolvenzverfahren der **Insolvenzverwalter** sowie der Betriebsrat. Ob es vom vorläufigen Insolvenzverwalter ausgeübt werden kann, wird bestritten (Zwanziger/*Zwanziger* Rn. 1), ist aber für den sog vorläufigen starken Insolvenzverwalter und auch sonst zu bejahen, wenn dem vorläufigen Verwalter Arbeitgeberfunktionen übertragen sind. Eine Kündigung durch einen nicht berechtigten vorläufigen Verwalter ist nicht durch den Insolvenzverwalter genehmigungsfähig. Eine dennoch erfolgte Genehmigung kann nach § 140 BGB in eine eigene Kündigungserklärung umgedeutet werden. In der Eigenverwaltung übt der Schuldner das Kündigungsrecht aus, der aber gem. § 279 S. 3 nur mit Zustimmung des Sachwalters wirksam kündigen kann (FK-InsO/*Foltis* § 279 Rn. 15). Die Kündigung ist jederzeit zulässig, doch muss sie vor Beendigung des Insolvenzverfahrens erklärt werden. Unschädlich ist, wenn die Folgen erst danach eintreten. Bei Insolvenzverfahren mit internationalem Bezug unterliegen nach § 337 die Wirkungen des Verfahrens dem Recht, das nach dem EGBGB für das Arbeitsverhältnis maßgeblich ist. 4

2. Belastende Betriebsvereinbarungen. a) Betriebsvereinbarungen. Das Kündigungsrecht besteht gegenüber **Betriebsvereinbarungen jeder Art** iSd § 77 Abs. 2 BetrVG, also zwischen Arbeitgeber und Betriebsrat geschlossenen privatrechtlichen kollektiven Normenverträgen (BAG NZA 2004, 336 [339]; 2004, 941 [942]; 2007, 826 Rn. 37). Gekündigt werden können sowohl Betriebsvereinbarungen in Fällen der erzwingbaren Mitbestimmung, bei denen ein Spruch der Einigungsstelle die Einigung zwischen Arbeitgeber und Betriebsrat ersetzen kann (Überblick bei Fitting BetrVG/*Fitting* § 76 Rn. 68), als auch freiwillige Betriebsvereinbarungen nach § 88 BetrVG (Jaeger/*Giesen* Rn. 5). Das Kündigungsrecht besteht nach Absatz 1 Satz 2 auch in den Fällen, in denen die Parteien eine längere Kündigungsfrist als drei Monate vereinbart haben. Nach dem gesetzlichen Regelungszweck steht dem ein Ausschluss der ordentlichen Kündigung gleich (Kübler/Prütting/Bork/*Moll* Rn. 27; Uhlenbruck/*Zobel* Rn. 14). Das insolvenzrechtliche Kündigungsrecht ist außerdem vorrangig, wenn sonst die ordentliche Kündigung an bestimmte Gründe gebunden wäre (GK-BetrVG/*Kreutz* § 77 Rn. 389). Da nur wirksame Betriebsvereinbarungen binden und ggf. gekündigt werden müssen, wird der Insolvenzverwalter regelmäßig zu prüfen haben, ob die formellen Voraussetzungen einer Betriebsvereinbarung erfüllt sind. 5

Erfasst werden auch die auf Grundlage des § 50 Abs. 1 S. 1 BetrVG geschlossenen **Gesamtbetriebsvereinbarungen.** Ihnen kommt auch deswegen eine besondere Bedeutung zu, weil sie nach § 50 Abs. 1 S. 1 Hs. 2 BetrVG auch für betriebsratslose Betriebe gelten (DKKW/*Trittin* § 50 Rn. 211). Ebenso ist das Kündigungsrecht auf **Konzernbetriebsvereinbarungen** anzuwenden, die un- 6 abhängig von der Frage weiter gelten, ob das Konzernverhältnis durch die Insolvenz aufgelöst wird (Kübler/Prütting/Bork/*Moll* Rn. 12; Uhlenbruck/*Zobel* Rn. 4; aA MüKoInsO/*Caspers* Rn. 2). Jedenfalls ist dies angelehnt an das vom BAG vertretene Konzept zur normativen Fortgeltung von Gesamtbetriebsvereinbarungen (BAG NZA 2003, 670 [673 ff.]) anzunehmen (GK-BetrVG/*Kreutz*/*Franzen* § 58 Rn. 57).

7 Im klaren Kontrast zu den normativ geltenden, formbedürftigen Betriebsvereinbarungen stehen die **Regelungsabreden.** Diese umfassen alle verbindlichen Einigungen zwischen Arbeitgeber und Betriebsrat, die keine Betriebsvereinbarung darstellen, insbes. weil sie nicht in der nach § 77 Abs. 2 S. 1 BetrVG erforderlichen Schriftform geschlossen sind (GK-BetrVG/*Kreutz* § 77 Rn. 8). Im Unterschied zu Betriebsvereinbarungen wirken Regelungsabreden allein schuldrechtlich zwischen Arbeitgeber und Betriebsrat und müssen im Verhältnis zu den Arbeitnehmern umgesetzt werden. Sie entfalten also keine normative Wirkung (BAG NZA-RR 2009, 153 Rn. 43). Obwohl begrifflich nicht passend, ist § 120 auf Regelungsabreden zumindest entsprechend anzuwenden (Kübler/Prütting/Bork/*Moll* Rn. 15 f.; FK-InsO/*Eisenbeis* Rn. 6; Zwanziger/*Zwanziger* Rn. 17). Dafür ist allerdings nicht die vom BAG in mitbestimmungspflichtigen Angelegenheiten bejahte Nachwirkung der Regelungsabrede (BAG NZA 1992, 1098 [1099]; aA Fitting BetrVG/*Fitting* § 77 Rn. 226), sondern die nach einer Kündigung entfallende Verpflichtung ausschlaggebend, die Regelungsabrede in die Einzelarbeitsverhältnisse umzusetzen.

8 Obwohl **Sozialpläne** nach § 112 Abs. 1 S. 3 BetrVG Betriebsvereinbarungen darstellen (BAG NZA 1991, 482 [484]), ist § 120 lediglich begrenzt anwendbar. Bei den sog insolvenznahen Insolvenzplänen, die vor der Eröffnung des Insolvenzverfahrens, aber nicht früher als drei Monate vor dem Eröffnungsantrag aufgestellt wurden, wird das Kündigungsrecht durch die speziellere Regelung des § 124 verdrängt. Als freiwillige Betriebsvereinbarung ist ein vorsorglicher Sozialplan für eine noch nicht geplante, aber bereits in den groben Umrissen abschätzbare Betriebsänderung zulässig (BAG NZA 1998, 216 [217]). Solche außerhalb der Drei-Monats-Frist aus § 124 abgeschlossenen Sozialpläne sind nach § 120 kündbar, solange die Betriebsänderung noch nicht erfolgt ist (Uhlenbruck/*Zobel* Rn. 8; HK-InsO/*Linck* Rn. 3), unabhängig davon, ob der Sozialplan Dauerregelungen begründet oder nicht. Der Anspruch auf Abfindung aus einem vor Insolvenzeröffnung geschlossenen Sozialplan, ist auch dann nur eine Insolvenzforderung und keine Masseverbindlichkeit, wenn er erst nach Insolvenzeröffnung mit der Beendigung des Arbeitsverhältnisses entsteht (BAG NZA 1999, 719 [720]; 2009, 89 Rn. 21). Sowohl der Sozialplan als auch die Leistungen aus dem Sozialplan können anfechtbar sein (Ahrens/Gehrlein/Ringstmeier/*Gehrlein* § 129 Rn. 28). Auf einen Interessenausgleich ist § 120 InsO entsprechend anwendbar (Jaeger/*Giesen* Rn. 14 ff.).

9 Bei Betriebsvereinbarungen über eine **betriebliche Altersversorgung** ist zwischen der **Wirksamkeit der Kündigung** und ihren **Rechtsfolgen** zu unterscheiden (BAG NZA 1993, 234). Da Betriebsvereinbarungen über die Leistungen einer betrieblichen Altersversorgung bereits im Allgemeinen nach § 77 Abs. 5 BetrVG gekündigt werden können (BAG NZA 2000, 322 [323 f.]; 2002, 575 [577]; GK-BetrVG/*Kreutz* § 77 Rn. 386; DKKW/*Klebe* § 87 Rn. 325), gilt auch das spezielle insolvenzbedingte Kündigungsrecht aus § 120. Wegen des Insolvenzschutzes für unmittelbare Versorgungszusagen und unverfallbare Anwartschaften durch § 7 BetrAVG kann die Kündigung nur verfallbare Anwartschaften betreffen. Um einen angemessenen Schutz der auf einer Vorleistung des Arbeitnehmers beruhenden Versorgungsbesitzstände zu gewährleisten, muss die einschneidende Wirkung der Kündigung einer Betriebsvereinbarung über betriebliche Altersversorgung mit den Grundsätzen des Vertrauensschutzes und der **Verhältnismäßig-**

keit begrenzt werden (MüKoInsO/*Caspers* Rn. 5, 37; FK-InsO/*Eisenbeis* Rn. 5; HK-InsO/*Linck* Rn. 5; Kübler/Prütting/Bork/*Moll* Rn. 16a, 44; HambK-InsO/*Ahrendt* Rn. 9).

Die **Gründe** des kündigenden Arbeitgebers für diesen Eingriff in die betriebliche Altersversorgung müssen umso gewichtiger sein, je stärker durch die Kündigung einer Betriebsvereinbarung in Besitzstände eingegriffen werden soll. Der bereits erdiente und nach § 2 BetrAVG errechnete Teilbetrag kann nur aus wichtigem Grund, also allein in seltenen Ausnahmefällen entzogen werden. Zuwächse, die sich aus variablen Berechnungsfaktoren ergeben, können nur aus triftigem Grund geschmälert werden, soweit sie zeitanteilig erdient sind. Will die Kündigung nur in Zuwachsraten eingreifen, die noch nicht erdient worden sind, genügen danach sachlich-proportionale Gründe (BAG NZA 1990, 67 [68 f.]; 1997, 817 [819]; 2000, 322 [325]). Übertragen auf die Kündigung nach § 120 rechtfertigt es die Insolvenz, den Erwerb weiterer Anwartschaften zu beenden. Ob in variabel berechnete Zuwächse eingegriffen werden kann, ist im Einzelfall abzuwägen. **10**

Gegenstand der Kündigung sind allein **betriebsverfassungsrechtliche Regelungen.** Wegen des sachlich vergleichbaren Gehalts ist das Kündigungsrecht auch auf Vereinbarungen gem. § 28 SprAuG entsprechend anwendbar (Zwanziger/*Zwanziger* Rn. 2; aA MüKoInsO/*Caspers* Rn. 14). Dienstvereinbarungen des Personalvertretungsrechts können dagegen nicht nach § 120 gekündigt werden (Kübler/Prütting/Bork/*Moll* Rn. 16b). **Nicht erfasst** werden individualarbeitsrechtliche Regelungen mit betrieblicher Reichweite, wie Gesamtzusagen oder Einheitsregelungen. Firmentarifverträge unterliegen ebenfalls nicht dem auf betriebsverfassungsrechtliche Gegenstände beschränkten Kündigungsrecht (*Steindorf/Regh* § 3 Rn. 438). **11**

b) Belastende Leistungen. Da die Masse von Kosten entlastet werden soll, können nur Betriebsvereinbarungen gekündigt werden, die belastende Leistungen vorsehen. Mit den Erfordernissen der belastenden Leistungen werden zwei **kumulative Anforderungen** aufgestellt. Die Begriffe sind sowohl insolvenzrechtlich als auch betriebsverfassungsrechtlich zu verstehen. Durch die Leistung müssen der Masse finanzielle oder Sachmittel entzogen oder derartige Mittel gebunden werden (Uhlenbruck/*Zobel* Rn. 6; FK-InsO/*Eisenbeis* Rn. 10). Dennoch entspricht der Terminus der Leistung nicht dem aus § 82, der auf die Erfüllungswirkung abzielt. Die Leistung muss einen zulässigen Gegenstand einer Betriebsvereinbarung betreffen und für die Arbeitnehmer erbracht werden. Ohne Belastung besteht kein Schutzbedarf der Insolvenzgläubiger und damit der Masse. **12**

Das Kündigungsrecht gilt für **unmittelbare Leistungen,** wie Sondervergütungen, Gratifikationen, Prämien, Jubiläumsgelder, Sterbehilfen, Essenzuschüsse oder vermögensbildende Leistungen (*Steindorf/Regh* § 3 Rn. 441). § 120 stellt kein Unmittelbarkeitserfordernis auf, weswegen auch **mittelbare Leistungen** erfasst werden. Auch Sozialeinrichtungen können mittelbare Leistungen ermöglichen, etwa bei Kantinen, Automaten zum Bezug verbilligter Getränke, Kindergärten oder Sporteinrichtungen. Da die Kündigung freiwilliger Betriebsvereinbarungen über Sozialeinrichtungen wegen der fehlenden Nachwirkung zum Kernbereich von § 120 zählt, werden auch andere Betriebsvereinbarungen über mittelbare Leistungen nicht vom Kündigungsrecht ausgenommen (HK-InsO/*Linck* Rn. 4; HambK-InsO/*Ahrendt* Rn. 6). **13**

Ob **Entgelt- und Entlohnungsregeln** gem. § 87 Abs. 1 Nr. 10, 11 BetrVG unter den Anwendungsbereich von § 120 fallen, ist umstr. Dafür sprechen die dann möglichen Kostenentlastungen (Kübler/Prütting/Bork/*Moll* Rn. 18; Uhlenbruck/*Zobel* Rn. 9; Braun/*Wolf* Rn. 6). Diesen Leistungen steht aber eine kompensatorische Gegenleistung gegenüber, weswegen an einer belastenden Wir- **14** kung gezweifelt wird (*Oetker/Friese* DZWIR 2000, 397 [398]; Zwanziger/*Zwanziger* Rn. 2; Nerlich/Römermann/*Hamacher* Rn. 25). Derartige Betriebsvereinbarungen besitzen eine atypische Struktur, weil sie überhaupt erst das Gegenleistungsverhältnis fixieren. Insoweit ist das Kündigungsrecht teleologisch zu reduzieren.

15 Unzureichend ist eine vom Insolvenzverwalter als belastend empfundene Betriebsvereinbarung, die **keine Leistung** an die Arbeitnehmer vorsieht. In erster Linie betrifft dies reine Organisations- und Ordnungsvorschriften (MüKoInsO/*Caspers* Rn. 12; Jaeger/*Giesen* Rn. 22). Nicht gekündigt werden können deswegen zu starre Arbeitszeitregelungen ohne Wochenendarbeit oder zu freie Vertrauensarbeitszeiten, Urlaubsgrundsätze oder Vereinbarungen über die betriebliche Ordnung und das Verhalten. Ob eine Standortgarantie eine entsprechende Leistung begründet (Beck/Depré/*Zobel* § 28 Rn. 31), erscheint zweifelhaft. Der Wortlaut von § 120 lässt offen, ob die Leistung an die Arbeitnehmer erbracht sein muss. Die systematische Stellung der Norm und die gerade in der Krise bestehende Notwendigkeit eines arbeitsfähigen Kollektivorgans schließt Leistungen an den Betriebsrat vom Kündigungsrecht aus (Kübler/Prütting/Bork/*Moll* Rn. 19c; aA MüKoInsO/*Caspers* Rn. 11). Zur Teilkündigung → Rn. 21.

III. Beratungsgebot (Absatz 1 Satz 1)

16 Der **Grundsatz der vertrauensvollen Zusammenarbeit** aus den §§ 2 Abs. 1, 74 Abs. 1 BetrVG begründet insbes. Verhaltens- und Nebenpflichten (Fitting BetrVG/*Fitting* § 2 Rn. 23), die durch das Beratungsgebot aus Absatz 1 Satz 1 konkretisiert werden. Wie aus dem zweifelsfreien Wortlaut der Norm hervorgeht, ist damit allein eine **Soll-Vorschrift** aufgestellt (FK-InsO/*Eisenbeis* Rn. 7; Uhlenbruck/*Zobel* Rn. 12; Graf-Schlicker/*Pöhlmann* Rn. 5). Obwohl das Gebot in Absatz 1 und damit im Zusammenhang mit der ordentlichen Kündigung normiert ist, gilt es auch für die außerordentliche Kündigung aus wichtigem Grund.

17 Ein **Verstoß** gegen das Verhandlungsgebot bleibt nach der zutreffenden überwiegenden Ansicht regelmäßig folgenlos (Kübler/Prütting/Bork/*Moll* Rn. 22; HK-InsO/*Linck* Rn. 6; Nerlich/Römermann/*Hamacher* Rn. 28; *Steindorf/Regh* § 3 Rn. 445; HambK-InsO/*Ahrendt* Rn. 7; aA Zwanziger/*Zwanziger* Rn. 8). Dem kann auch nicht der Ultima-ratio-Grundsatz bei Kündigungen entgegengesetzt werden (so aber MüKoInsO/*Caspers* Rn. 21), weil Absatz 1 Satz 2 gerade ein freies Kündigungsrecht des Insolvenzverwalters normiert. Allenfalls kommen die Rechte aus § 23 Abs. 3 BetrVG in Betracht (Jaeger/*Giesen* Rn. 26). Dennoch ist eine vorherige Beratung regelmäßig sinnvoll, um eine Verständigung über eine Änderung nachwirkender Betriebsvereinbarungen zu erreichen. Zudem kann sonst regelmäßig nicht verlässlich eingeschätzt werden, ob eine außerordentliche Kündigung zulässig ist.

IV. Ordentliche Kündigung (Absatz 1 Satz 2)

18 **Kein sachlicher Grund** ist für die fristgebundene Kündigung nach Absatz 1 erforderlich der bereits nach den allgemeinen betriebsverfassungsrechtlichen Maßstäben entbehrlich ist (vgl. nur BAG NZA 1995, 1010 [1012]; GK-BetrVG/*Kreutz* § 77 Rn. 383). Folgerichtig besteht das Kündigungsrecht unabhängig davon, ob das Unternehmen stillgelegt, saniert und fortgeführt oder veräußert werden soll. Zulässig ist auch die Nachkündigung einer zuvor mit längerer Frist gekündigten Betriebsvereinbarung (Kübler/Prütting/Bork/*Moll* Rn. 30a).

19 § 120 Abs. 1 S. 2 bestimmt eine **Kündigungsfrist,** keinen Termin, weswegen die Betriebsvereinbarung drei Monate nach Zugang der Kündigung beendet wird.

Die Frist ist nach den §§ 187 Abs. 1, 188 Abs. 2, 193 BGB zu berechnen (Uhlenbruck/*Zobel* Rn. 14). Die Frist aus Absatz 1 atz 2 ist eine Höchstfrist, wenn die Betriebsparteien eine längere Frist vereinbart haben. Sonst gilt § 77 Abs. 5 BetrVG (Jaeger/*Giesen* Rn. 29). Haben die Betriebsparteien eine kürzere Frist vereinbart, bleibt es bei dieser (MüKoInsO/*Caspers* Rn. 25; Nerlich/Römermann/*Hamacher* Rn. 36).

Die **Kündigungserklärung** erfolgt gegenüber der anderen Partei, also seitens des Betriebsrats gegenüber dem Insolvenzverwalter bzw. seitens des Verwalters gegenüber dem Betriebsrat. Der Betriebsratsvorsitzende ist nach § 26 Abs. 2 S. 2 BetrVG zur Entgegennahme der Erklärung berechtigt. Die Kündigungserklärung bedarf keiner Form, es sei denn, die Parteien haben etwas anderes vereinbart. 20

Eine **Teilkündigung** ist bei einer teilbaren Regelung zulässig. Sie kommt zunächst dann in Betracht, wenn die Betriebsparteien ein solches Kündigungsrecht vereinbart haben. Außerdem, und dies ist die bedeutsamere Konstellation, ist nur eine Teilkündigung zulässig, wenn die belastende Leistung lediglich einen selbständigen Teil der Betriebsvereinbarung betrifft (Kübler/Prütting/Bork/*Moll* Rn. 36 f.; Jaeger/*Giesen* Rn. 22). Ist die Regelung dagegen nicht teilbar, betrifft die Kündigung die gesamte Betriebsvereinbarung. 21

Betriebsvereinbarungen in Angelegenheiten der erzwingbaren Mitbestimmung entfalten gem. § 77 Abs. 6 BetrVG eine **Nachwirkung.** Diese Betriebsvereinbarungen gelten nach einer Kündigung unmittelbar, aber nicht mehr zwingend weiter, bis und soweit sie durch einen Tarifvertrag, eine Betriebsvereinbarung oder einen Arbeitsvertrag ersetzt werden (BAG NZA 1998, 1348 [1350]). Freiwillige Betriebsvereinbarungen in mitbestimmungsfreien Angelegenheiten gelten dagegen nicht weiter (BAG NZA 1990, 814 [815]; GK-BetrVG/*Kreutz* § 77 Rn. 431). Die Betriebsparteien können aber eine Nachwirkung ausgeschlossen haben (BAG NZA 1984, 96; 2003, 1422 [1423]). Haben die Parteien allein eine solche Nachwirkung vereinbart, ist sie regelmäßig dahingehend ergänzend auszulegen, dass bei gescheiterten Verhandlungen über eine Neuregelung die Einigungsstelle einseitig angerufen werden und verbindlich entscheiden kann (BAG NZA 1998, 1348 [1351]). Dies gilt auch im Fall der Insolvenz, denn eine Lückenfüllung kann nur nach dem gemeinsamen hypothetischen Vertragswillen erfolgen. Auch gelten die betriebsverfassungsrechtlichen Grundsätze weiter. So modifiziert Absatz 1 Satz 2 allein das Kündigungsrecht und nicht die Kündigungsfolgen (Zwanziger/*Zwanziger* Rn. 10; aA Kübler/Prütting/Bork/*Moll* Rn. 41 ff.; Uhlenbruck/*Zobel* Rn. 18). 22

Betriebsvereinbarungen mit **teils erzwingbaren, teils freiwilligen Regelungen** wirken grds. nur hinsichtlich der Gegenstände nach, die der zwingenden Mitbestimmung unterfallen, vorausgesetzt die Betriebsvereinbarung lässt sich sinnvoll in einen nachwirkenden und einen nachwirkungslosen Teil aufspalten (BAG NZA 2008, 1426 Rn. 14). Betriebsvereinbarungen über finanzielle Leistungen des Arbeitgebers sind regelmäßig teilmitbestimmt. Während der Arbeitgeber den Dotierungsrahmen mitbestimmungsfrei vorgeben kann, benötigt er für die Ausgestaltung die Zustimmung des Betriebsrats. Will ein Arbeitgeber mit der Kündigung einer teilmitbestimmten Betriebsvereinbarung seine finanziellen Leistungen vollständig und ersatzlos einstellen, tritt keine Nachwirkung ein (BAG NZA 2008, 1426 Rn. 15 f.; 2011, 598 Rn. 19 f.). 23

V. Außerordentliche Kündigung (Absatz 2)

Absatz 2 bringt den allgemeinen Grundsatz der **fristlosen Kündbarkeit von Dauerschuldverhältnissen aus wichtigem Grund.** Wie jedes andere Dauerrechtsverhältnis kann auch eine Betriebsvereinbarung mit Dauerregelungen durch außerordentliche fristlose Kündigung beendet werden, wenn die Fortsetzung bis 24 zum vereinbarten Ende oder bis zum Ablauf der ordentlichen Kündigungsfrist einer Seite nicht zugemutet werden kann (BAG NZA 1993, 31 [35]).

25 Als **wichtiger Grund,** der eine außerordentliche Kündigung rechtfertigt, genügen unzureichende finanzielle Mittel noch nicht (BAG NZA 1995, 314 [317]). Auch eine Insolvenz ermöglicht noch keine außerordentliche Kündigung eines Dauerrechtsverhältnisses, wie aus der Systematik der §§ 103 ff. folgt. Etwas anderes kann freilich gelten, wenn nur bei einer außerordentlichen Kündigung der Betriebsvereinbarung eine Unternehmenssanierung möglich ist (Uhlenbruck/*Zobel* Rn. 20). Allein die Erklärung eines potenziellen Erwerbers genügt dafür noch nicht. Zu berücksichtigen ist auch, dass eine außerordentliche Kündigung die Nachwirkung nicht entfallen lässt (BAG NZA 1995, 314 [317]).

Betriebsänderungen und Vermittlungsverfahren[1]

121 Im Insolvenzverfahren über das Vermögen des Unternehmers gilt § 112 Abs. 2 Satz 1 des Betriebsverfassungsgesetzes mit der Maßgabe, daß dem Verfahren vor der Einigungsstelle nur dann ein Vermittlungsversuch vorangeht, wenn der Insolvenzverwalter und der Betriebsrat gemeinsam um eine solche Vermittlung ersuchen.

Schrifttum: Bei § 120.

Übersicht

I. Normzweck

1 § 121 bezweckt die **Vereinfachung und Beschleunigung von Verhandlungen** über einen Interessenausgleich im Insolvenzverfahren. Abweichend von § 112 Abs. 2 S. 1 BetrVG muss dem Verfahren vor der Einigungsstelle nur dann ein Vermittlungsversuch des Vorstands der Bundesagentur für Arbeit vorausgehen, wenn Insolvenzverwalter und Betriebsrat gemeinsam darum ersuchen. Jede Seite ist berechtigt, sofort die Einigungsstelle anzurufen (*Steindorf/Regh* § 3 Rn. 491; Zwanziger/*Zwanziger* Rn. 1). Eine schnelle Einigung über einen Interessenausgleich soll das Insolvenzverfahren beschleunigen (MüKoInsO/*Caspers* §§ 121, 122 Rn. 1; Ahrens/Gehrlein/Ringstmeier/*Hergenröder* Rn. 1; sa BAG NZA 2005, 405 [407]), um die Sanierungsaussichten bzw. die Verwertungschancen für das insolvente Unternehmen zu erhöhen. § 121 enthält damit eine verfahrensbezogene Vorschrift, die den Gegenstand des Interessenausgleichs unberührt lässt. Der Insolvenzverwalter kann auf diesem Weg einfacher einen Nachteilsausgleich vermeiden. Will er aber die besonderen Wirkungen des § 125 erreichen (→ § 125 Rn. 21), muss er sich mit dem Betriebsrat auf einen Interessenausgleich einigen.

---

[1] § 121 geänd. mWv 1.1.2004 durch G v. 23.12.2003 (BGBl. I S. 2848).

II. Systematik

Die §§ 121 ff. setzen die **Anwendbarkeit** der **§§ 111 ff. BetrVG** voraus (BAG NZA 2004, 93 [94]; 2004, 220 [221]). Die insolvenzrechtlichen Vorschriften verdrängen nicht die §§ 111–113 BetrVG, sondern bauen auf ihnen auf und modifizieren teilw. die betriebsverfassungsrechtlichen Regeln. Die Bestimmungen der §§ 111–113 BetrVG über Interessenausgleich, Sozialplan und Nachteilsausgleich bei Betriebsänderungen gelten daher auch in der Unternehmensinsolvenz (BAG NZA 2004, 220 [221]; Richardi/*Annuß* BetrVG § 111 Rn. 35). Der Versuch eines Interessenausgleichs ist selbst dann nicht entbehrlich, wenn die Betriebsänderung zwangsläufige Konsequenz einer wirtschaftlichen Zwangslage ist und es zu ihr keine sinnvolle Alternative gibt (BAG NZA 2004, 93 [94]). 2

III. Beteiligung des Betriebsrats an Betriebsänderungen

1. Grundlagen. Bei einer Betriebsänderung stehen dem Betriebsrat betriebsverfassungsrechtlich **Unterrichtungs- und Beratungsrechte** sowie Mitbestimmungsrechte zu. Gem. § 111 BetrVG ist der Betriebsrat (→ Rn. 5) in Unternehmen mit idR mehr als zwanzig wahlberechtigten Arbeitnehmern, § 7 BetrVG, über geplante Betriebsänderungen, § 111 BetrVG (dazu → § 122 Rn. 9 ff., 16 ff.), rechtzeitig und umfassend zu unterrichten. Außerdem sind die geplanten Betriebsänderungen mit dem Betriebsrat zu beraten. Sehr str. ist, ob dem Betriebsrat ein Anspruch auf Unterlassung einer geplanten Betriebsänderung zusteht bis das Interessenausgleichsverfahren abgeschlossen ist (GK-BetrVG/*Oetker* § 111 Rn. 269 ff., mwN). Bis die Informations- und Beratungsrechte aus den §§ 111, 112 BetrVG erfüllt sind, ist ein Unterlassungsanspruch zu bejahen (LAG SchlH ZInsO 2011, 1122 [1124]; HessLAG NZA-RR 2010, 187 [188]; Schaub ArbR-HdB/*Koch* § 244 Rn. 29a; aA etwa LAG München NZA-RR 2004, 536 f.; *Arens/Brand* § 2 Rn. 27). 3

2. Beteiligte. Der **Insolvenzverwalter** tritt bereits nach dem Wortlaut von § 121 mit Eröffnung des Insolvenzverfahrens in die Aufgaben des Unternehmers ein (*Fitting* § 111 Rn. 106). Die Pflichten treffen den sog vorläufigen starken Insolvenzverwalter (MüKoInsO/*Haarmeyer* § 22 Rn. 110; aA Zwanziger/*Zwanziger* Rn. 2). Ob dies auch für den sog vorläufigen schwachen Insolvenzverwalter gilt, ist str. (ja: Ahrens/Gehrlein/Ringstmeier/*Hergenröder* Rn. 2; nein: Gottwald InsR-HdB/*Bertram* § 108 Rn. 4; Uhlenbruck/*Ries/Zobel* § 22 Rn. 99; GK-BetrVG/*Oetker* § 111 Rn. 247), aber zu bejahen, soweit ihm Unternehmensleitungs- bzw. Arbeitgeberfunktionen übertragen sind. 4

Der **Betriebsrat** muss zuständig sein, § 50 BetrVG (→ § 122 Rn. 7), und zu dem Zeitpunkt bestehen, in dem mit der Durchführung der Betriebsänderung begonnen wird (BAG NZA 1993, 420 [421]). Unschädlich ist, wenn er erst nach Eröffnung des Insolvenzverfahrens gewählt wird (BAG NZA 2004, 220 [221]; HK-InsO/*Linck* § 122 Rn. 5). Wird der Betriebsrat erst gewählt, nachdem der Unternehmer mit der Durchführung der Betriebsänderung begonnen hat, ist die Arbeitnehmervertretung nicht zu beteiligen (BAG AP § 112 BetrVG 1972 Nr. 15; NZA 2004, 220 [221]). Die Eröffnung des Insolvenzverfahrens ist ohne Einfluss auf die Amtszeit des Betriebsrats und löst kein Restmandat aus (*Fitting* § 21b Rn. 9). Bei Teilstilllegungen bleibt der Betriebsrat im Amt, solange der Restbetrieb betriebsratsfähig ist (ErfK/*Koch* BetrVG § 21b Rn. 2). Bei vollständiger Stilllegung besteht das Restmandat nach § 22b BetrVG. 5

3. Instrumente. Vor der geplanten Betriebsänderung soll nach § 112 Abs. 1 S. 1 BetrVG zwischen Unternehmer und Betriebsrat ein **Interessenausgleich** 6 versucht werden (BAG NZA 2003, 1087 [1091]). Gegenstand des Interessenausgleichs ist, ob und wie eine Betriebsänderung durchgeführt wird (BAG NZA 2004, 93 [94]; BGH NJW 2001, 439 [440]). Dadurch sollen wirtschaftliche Nachteile für die Arbeitnehmer verhindert oder abgemildert werden (Richardi/*Annuß* BetrVG § 112 Rn. 51; ErfK/*Kania* BetrVG §§ 112, 112a Rn. 1). Der Interessenausgleich stellt eine **Kollektivvereinbarung besonderer Art** und keine Betriebsvereinbarung dar. Er entfaltet regelmäßig keine unmittelbaren und zwingenden, normativen Wirkungen für das einzelne Arbeitsverhältnis. Der einzelne Arbeitnehmer kann sich deswegen grds. nicht nach § 77 Abs. 4 BetrVG auf die Vereinbarungen in einem Interessenausgleich berufen (BAG NZA 2007, 339 Rn. 16; BGH NJW 2001, 439 [440]). Es genügt ein unter der aufschiebenden Bedingung einer Kreditbewilligung geschlossener Interessenausgleich (BAG NZA 2006, 162 [166]).

7 Für den Interessenausgleich gilt ein prinzipiell **dreistufiges Verfahren.** Zunächst muss der Insolvenzverwalter mit dem Betriebsrat über einen innerbetrieblichen Interessenausgleich verhandeln, § 112 Abs. 1 S. 1 BetrVG. Scheitert dies, kann jede Seite den Vorstand der Bundesagentur für Arbeit um Vermittlung ersuchen, § 112 Abs. 2 S. 1 BetrVG (Fitting BetrVG/*Fitting* §§ 112, 112a Rn. 27; dazu → Rn. 10). Unterbleibt ein Ersuchen oder bleibt die Vermittlung erfolglos, kann jede Seite die Einigungsstelle anrufen, § 112 Abs. 2 S. 2 BetrVG (dazu BAG NZA 2007, 1296 Rn. 33).

8 Durch einen **Sozialplan** sollen nach § 112 Abs. 1 S. 2 BetrVG die den Arbeitnehmern infolge einer Betriebsänderung entstehenden wirtschaftlichen Nachteile ausgeglichen bzw. gemildert werden. § 120 InsO ist auf Sozialpläne nur eingeschränkt anwendbar (→ § 120 Rn. 8). Es gelten die Sonderregeln der §§ 123, 124 zum Umfang und Widerruf eines Sozialplans. Ein vor Insolvenzeröffnung außerhalb oder während der Drei-Monats-Frist geschlossener Sozialplan kann angefochten werden. Die Anfechtung von Leistungen aus dem Sozialplan ist nicht durch § 124 Abs. 3 S. 1 ausgeschlossen (Ahrens/Gehrlein/Ringstmeier/*Gehrlein* § 129 Rn. 28; FK-InsO/*Eisenbeis* § 124 Rn. 15). Zu beachten sind aber die beschränkten Erkenntnismöglichkeiten von Arbeitnehmern (BGHZ 180, 63 Rn. 15 ff.).

9 Der Insolvenzverwalter hat einen **Nachteilsausgleich** unter den Voraussetzungen des § 113 Abs. 3 BetrVG zu leisten, wenn er eine geplante Betriebsänderung nach § 111 BetrVG beginnt, ohne einen Interessenausgleich versucht zu haben. Der Insolvenzverwalter muss den Betriebsrat vor der Betriebsänderung unterrichtet und mit ihm verhandelt haben. Die Unterrichtung ist verspätet, wenn der Insolvenzverwalter schon damit begonnen hat, die Maßnahmen durchzuführen (BGH NZA 2003, 1087 [1091]). Um die Effektivität des Nachteilsausgleichs zu sichern, werden die Voraussetzungen durch § 121 (→ Rn. 10 f.) und § 122 (→ Rn. 28 ff.) modifiziert (GK-BetrVG/*Oetker* § 113 Rn. 4). Ein vom Verwalter verursachter Anspruch auf Nachteilsausgleich stellt ein Masseverbindlichkeit gem. § 55 Abs. 1 Nr. 1 Alt. 1 dar.

IV. Vereinfachung durch § 121

10 Durch die **teilw. Entbehrlichkeit des Vermittlungsersuchens** an den Vorstand der Bundesagentur für Arbeit vereinfacht § 121 das Verfahren. Dem Verfahren vor der Einigungsstelle geht nur dann ein solcher Vermittlungsversuch voraus, wenn Insolvenzverwalter und Betriebsrat gemeinsam darum ersucht haben. Die Betriebsparteien müssen sich vor dem Ersuchen geeinigt haben. Eine nachträgliche Zustimmung genügt wegen der verfahrensrechtlichen Konsequenzen und der erforderlichen Rechtssicherheit nicht (Zwanziger/*Zwanziger* Rn. 3; aA Nerlich/Römermann/*Hamacher* Rn. 5). Einigen sich die Betriebsparteien auf die An-

rufung der Bundesagentur, sind sie verpflichtet, zunächst am Vermittlungsversuch teilzunehmen (Ahrens/Gehrlein/Ringstmeier/*Hergenröder* Rn. 7; Kübler/Prütting/Bork/*Moll* Rn. 10). Unterbleibt wie regelmäßig eine solche Absprache, kann der Insolvenzverwalter die Einigungsstelle anrufen, nachdem die Verhandlungen gem. § 112 Abs. 1 BetrVG gescheitert sind, ohne einen Nachteilsausgleich befürchten zu müssen (BAG NZA 2003, 1087 [1091]; *Steindorf/Regh* § 3 Rn. 491).

Im Verfahren vor der **Einigungsstelle** bleibt § 112 Abs. 2 S. 3 BetrVG unberührt. Wenn der Vorsitzende der Einigungsstelle darum ersucht, nimmt ein Vorstandsmitglied oder ein beauftragter Mitarbeiter der Bundesagentur für Arbeit an der Verhandlung teil (FK-InsO/*Eisenbeis* Rn. 2). Erst nachdem der Schlichtungsversuch vor der Einigungsstelle fehlgeschlagen ist, darf der Insolvenzverwalter die Betriebsänderung durchführen. Sonst entstehen grds. die Nachteilsausgleichsansprüche (BAG NZA 2002, 992 [993 f.]; 2005, 237 [238 f.]). Allerdings ermöglicht § 122 dem Insolvenzverwalter eine Betriebsänderung mit Zustimmung des Arbeitsgerichts, ohne die Einigungsstelle angerufen zu haben. 11

Gerichtliche Zustimmung zur Durchführung einer Betriebsänderung

122 (1) [1] **Ist eine Betriebsänderung geplant und kommt zwischen Insolvenzverwalter und Betriebsrat der Interessenausgleich nach § 112 des Betriebsverfassungsgesetzes nicht innerhalb von drei Wochen nach Verhandlungsbeginn oder schriftlicher Aufforderung zur Aufnahme von Verhandlungen zustande, obwohl der Verwalter den Betriebsrat rechtzeitig und umfassend unterrichtet hat, so kann der Verwalter die Zustimmung des Arbeitsgerichts dazu beantragen, daß die Betriebsänderung durchgeführt wird, ohne daß das Verfahren nach § 112 Abs. 2 des Betriebsverfassungsgesetzes vorangegangen ist.** [2] **§ 113 Abs. 3 des Betriebsverfassungsgesetzes ist insoweit nicht anzuwenden.** [3] **Unberührt bleibt das Recht des Verwalters, einen Interessenausgleich nach § 125 zustande zu bringen oder einen Feststellungsantrag nach § 126 zu stellen.**

(2) [1] **Das Gericht erteilt die Zustimmung, wenn die wirtschaftliche Lage des Unternehmens auch unter Berücksichtigung der sozialen Belange der Arbeitnehmer erfordert, daß die Betriebsänderung ohne vorheriges Verfahren nach § 112 Abs. 2 des Betriebsverfassungsgesetzes durchgeführt wird.** [2] **Die Vorschriften des Arbeitsgerichtsgesetzes über das Beschlußverfahren**[1] **gelten entsprechend; Beteiligte sind der Insolvenzverwalter und der Betriebsrat.** [3] **Der Antrag ist nach Maßgabe des § 61a Abs. 3 bis 6 des Arbeitsgerichtsgesetzes vorrangig zu erledigen.**

(3) [1] **Gegen den Beschluß des Gerichts findet die Beschwerde an das Landesarbeitsgericht nicht statt.** [2] **Die Rechtsbeschwerde an das Bundesarbeitsgericht findet statt, wenn sie in dem Beschluß des Arbeitsgerichts zugelassen wird; § 72 Abs. 2 und 3 des Arbeitsgerichtsgesetzes gilt entsprechend.** [3] **Die Rechtsbeschwerde ist innerhalb eines Monats nach Zustellung der in vollständiger Form abgefaßten Entscheidung des Arbeitsgerichts beim Bundesarbeitsgericht einzulegen und zu begründen.**

Schrifttum: Bei § 120.

[1] Vgl. §§ 80 bis 98 ArbGG.

Übersicht

I. Normzweck

1 Die Vorschrift ermöglicht die **beschleunigte Durchführung einer Betriebsänderung** in einem Insolvenzverfahren durch ein noch weiter vereinfachtes Verfahren über den Interessenausgleich. In einem ersten Schritt erklärt § 121 den Vermittlungsversuch durch den Vorstand der Bundesagentur für Arbeit für entbehrlich. Als zweiten Schritt beschneidet § 122 das Verfahren vor der Einigungsstelle. Um die Sanierungschancen für das Unternehmen zu erhöhen oder um Verluste zu reduzieren, wird tief in die betriebsverfassungsrechtlichen Strukturen für Betriebsänderungen eingegriffen. Einer einseitigen Ausrichtung an der wirtschaftlichen Lage des Unternehmens sind aber Grenzen gesetzt, weil auch die sozialen Belange der Arbeitnehmer abgewogen werden müssen.

2 Nach den grds. auch in der Insolvenz geltenden betriebsverfassungsrechtlichen Regeln der §§ 111, 112 BetrVG (→ § 121 Rn. 2) ist bei einer Betriebsänderung ein **zeitaufwendiges Verfahren** vorgesehen. Der in die Funktion des Unternehmers eintretende Insolvenzverwalter (→ § 121 Rn. 4) muss danach den Betriebsrat rechtzeitig und umfassend über die geplante Betriebsänderung unterrichten und mit diesem über einen Interessenausgleich verhandeln, § 111 Abs. 1 S. 1 BetrVG. Dem Insolvenzverwalter steht der eigenverwaltende Schuldner gleich (DKKW/*Däubler* Anhang zu §§ 111–113 InsO § 122 Rn. 3), der nach § 279 S. 3 mit Zustimmung des Sachwalters handelt. Scheitern die Verhandlungen, entlastet § 121 von dem nach § 112 Abs. 2 S. 1 BetrVG erforderlichen Vermittlungsersuchen an den Vorstand der Bundesagentur für Arbeit. Unberührt davon bleibt an sich das Verfahren vor der Einigungsstelle nach § 112 Abs. 2 S. 2 BetrVG. An dieser Schnittstelle setzt § 122 an und schafft eine mehrfache Vereinfachung.

3 **Drei Wochen nach Verhandlungsbeginn** oder drei Wochen nach einer ergebnislosen Verhandlungsaufforderung über den Interessenausgleich kann der Insolvenzverwalter die Betriebsänderung vorbehaltlich der arbeitsgerichtlichen Zustimmung ohne Einigungsstellenverfahren durchführen, Absatz 1 Satz 1. Die

Verhandlungen über einen Interessenausgleich stehen damit unter einem hohen Zeitdruck, weil der Insolvenzverwalter diese nach drei Wochen abbrechen kann. Ohne einen Nachteilsausgleich gem. § 113 Abs. 3 BetrVG befürchten zu müssen, kann der Insolvenzverwalter von einem Verfahren vor der Einigungsstelle absehen, Absatz 1 Satz 2 (*Arend* ZInsO 1999, 303).

Zur Missbrauchskontrolle ist die Betriebsänderung an die **Zustimmung des Arbeitsgerichts** geknüpft, die funktional das Einigungsstellenverfahren ersetzt. Die Zustimmung ist zu erteilen, wenn die wirtschaftliche Lage des Unternehmens unter Berücksichtigung der sozialen Belange der Arbeitnehmer eine Betriebsänderung ohne vorheriges Einigungsstellenverfahren erfordert, Absatz 1 Satz 1. Zusätzlich wird das arbeitsgerichtliche Verfahren beschleunigt, Absatz 2 Satz 3, und der Rechtsmittelzug zum BAG verkürzt, Absatz 3. 4

II. Antragsvoraussetzungen

1. Betriebsänderung gem. § 111 BetrVG. a) Allgemeine Voraussetzungen. Die **Anforderungen des § 111 BetrVG** für eine Betriebsänderung gelten auch für § 122, da die §§ 121 ff. insgesamt auf den betriebsverfassungsrechtlichen Bestimmungen der §§ 111 ff. BetrVG aufbauen (→ § 121 Rn. 2), weil beim Interessenausgleich nicht nur über das Ob, sondern auch das Wie der Betriebsänderung entschieden wird (BAG NZA 2004, 93 [94]). Plant der Insolvenzverwalter (→ § 121 Rn. 4; zum vorläufigen Insolvenzverwalter Jaeger/*Giesen* Rn. 5) in einem Unternehmen mit in der Regel mehr als zwanzig wahlberechtigten Arbeitnehmern eine Betriebsänderung nach § 111 BetrVG, muss er die Beteiligungsrechte des Betriebsrats wahren. 5

Vorausgesetzt wird die **Beschäftigung von zumindest 21 wahlberechtigten Arbeitnehmern,** § 7 BetrVG. Bei diesem Schwellenwert ist das Arbeitszeitvolumen unerheblich (BAG AP Nr. 1 zu § 7 BetrVG 1972, mAnm *Kohte;* GK-BetrVG/*Oetker* § 111 Rn. 23). Für die Beschäftigtenzahl ist der Zeitpunkt maßgebend, in dem die Beteiligungsrechte entstehen, weil etwa der Stilllegungsbeschluss gefasst worden ist. Abzustellen ist auf die normale, den Betrieb allg. kennzeichnende Personalstärke (BAG NZA 1987, 858 [860]). Dafür ist grds. sowohl ein Rückblick als auch eine Prognose der künftigen Entwicklung geboten (BAG NZA 1997, 733 [734]; ErfK/*Kania* BetrVG § 111 Rn. 5). Bei einer Betriebsstilllegung ist allerdings allein eine Retrospektive maßgebend. Wie weit in die Vergangenheit zurückgeblickt werden muss, ist einzelfallabhängig zu beurteilen. Bei einem der Betriebsstilllegung in kurz aufeinanderfolgenden Schritten unmittelbar vorangegangen kontinuierlichen Abbau der Belegschaft bleibt dieser unbeachtlich. Der Personalabbau stellt dann lediglich einen gleitenden Übergang von der normalen Arbeitnehmerzahl zur Stilllegung dar. Wird zur Rationalisierung die Belegschaft vermindert, um den Betrieb in vermindertem Umfang fortführen zu können, und stabilisiert sich der Personalbestand zunächst auf niedrigerem Niveau, so kennzeichnet diese Personalstärke den Betrieb (BAG NZA 1996, 166 [167]; 1997, 733 [734]; AP Nr. 58 zu § 111 BetrVG 1972). 6

Zu beteiligen ist ein **Betriebsrat,** der in dem von der Betriebsänderung betroffenen Betrieb besteht (→ § 121 Rn. 5). Der Gesamtbetriebsrat ist nach § 50 Abs. 1 BetrVG für Angelegenheiten zuständig, die das Gesamtunternehmen oder mehrere Betriebe betreffen und nicht durch die einzelnen Betriebsräte innerhalb ihrer Betriebe geregelt werden können. Dazu muss sich die Maßnahme auf alle oder mehrere Betriebe auswirken und deshalb eine einheitliche Regelung erfordern (BAG NZA 1996, 1107 [1108]; Uhlenbruck/*Zobel* §§ 121, 122 Rn. 66; Kübler/Prütting/Bork/*Moll* Rn. 18; Graf-Schlicker/*Pöhlmann* Rn. 7). Dann ist der Gesamtbetriebsrat auch für betriebratslose Betriebe zuständig, was iÜ abge- 7 lehnt wird (Richardi/*Annuß* BetrVG § 111 Rn. 29). Den Insolvenzverwalter trifft die Last, mit dem zuständigen Betriebsrat zu verhandeln, sonst droht ihm die Gefahr, einen Nachteilsausgleich leisten zu müssen. Auf ein Verschulden kommt es nicht an (BAG NZA 1996, 1107 [1109]; sa 2005, 237 [238]). Bei Zweifeln wird empfohlen, mit mehreren eventuell zuständigen Betriebsräten parallel zu verhandeln und diese aufzufordern, die Zuständigkeit zu klären (Ahrens/Gehrlein/Ringstmeier/*Hergenröder* Rn. 13).

8 Das Mitbestimmungsrecht besteht bei einer geplanten Betriebsänderung, die **wesentliche Nachteile** für die Belegschaft oder erhebliche Teile der Belegschaft bewirken kann. In den praktisch allein bedeutsamen Konstellationen von § 111 S. 3 BetrVG werden für die Annahme einer Betriebsänderung die wirtschaftlichen Nachteile fingiert. Ob dann tatsächlich solche Nachteile eingetreten sind, ist erst bei Aufstellung des Sozialplans zu prüfen (BAG NJW 1983, 1870 [1871]; NZA 1997, 898 [899]).

9 **b) Betriebsänderung.** Die **wichtigsten Fälle** einer Betriebsänderung sind in § 111 S. 3 BetrVG aufgeführt (Zwanziger/*Zwanziger* Rn. 8; DKKW/*Däubler* § 111 Rn. 45 f.; aA *Richardi/Annuß* BetrVG § 111 Rn. 41, abschließend). Ein rechtsgeschäftlicher Betriebsübergang nach § 613a BGB ohne Maßnahmen nach § 111 BetrVG erfüllt nicht die Voraussetzungen (BAG ZIP 1980, 282 [283]; NZA 2008, 642 Rn. 44). Eine geplante Maßnahme kann mehrere Tatbestände der Betriebsänderung betreffen und löst dann jeweils die Beteiligungsrechte des Betriebsrats aus (Fitting BetrVG/*Fitting* § 111 Rn. 44).

10 Als Betriebsänderung gilt nach § 111 S. 3 Nr. 1 BetrVG die **Einschränkung oder Stilllegung des ganzen Betriebs oder wesentlicher Betriebsteile.** Eine Betriebsstilllegung setzt den ernstlichen und endgültigen **Entschluss** des Unternehmers voraus, die wirtschaftliche Betätigung in der Absicht einzustellen, den bisherigen Betriebszweck dauernd oder für eine ihrer Dauer nach unbestimmte, wirtschaftlich nicht unerhebliche Zeitspanne nicht weiterzuverfolgen (BAG NZA 2002, 212 [213]). Eine unwiderrufliche Freistellung sämtlicher Arbeitnehmer stellt eine solche unumkehrbare Maßnahme dar (LAG Bln-Bbg ZInsO 2012, 893 [895]). Es fehlt an einem endgültigen Entschluss zur Betriebsstilllegung, wenn der Insolvenzverwalter bei der Ankündigung noch über eine Veräußerung des Betriebs verhandelt (BAG NZA 1997, 251 [252]; 2006, 720 [722]). Betriebsveräußerung und -stilllegung schließen sich nach Ansicht des BAG systematisch aus (BAG NZA-RR 2012, 465 Rn. 39). Bei einer Betriebseinschränkung wird die Leistungsfähigkeit des Betriebs herabgesetzt. Dazu können entweder die sachlichen Betriebsmittel verringert oder es kann die Anzahl der beschäftigten Arbeitnehmer und damit die personelle Leistungsfähigkeit eingeschränkt werden (BAG NZA 1993, 1142). Wesentlich ist ein Betriebsteil bei einer quantitativen Betrachtung, wenn in ihm ein erheblicher Teil der Gesamtbelegschaft beschäftigt wird, wofür auf die Zahlenwerte des § 17 Abs. 1 KSchG abzustellen ist (BAG NZA 2011, 466 Rn. 15).

11 Auch ein **Personalabbau,** der die sächlichen Betriebsmittel unberührt lässt, kann eine Betriebsänderung begründen (stRspr seit BAG NJW 1980, 83 [85]; zuletzt NZA 2007, 1307 Rn. 16), wie § 112a BetrVG bestätigt. Maßgebend dafür sind die Zahlen- und Prozentangaben aus § 17 Abs. 1 KSchG, doch müssen abweichend davon insbes. bei Großbetrieben mindestens 5 % der Belegschaft von dem Personalabbau betroffen sein (BAG NZA 1991, 113 [114]; 1997, 787 [788]; 2006, 932 Rn. 18). Bei einer Betriebsgröße von 21 bis 59 Arbeitnehmern muss der beabsichtigte Personalabbau mehr als 5 Arbeitnehmer betreffen, bei einer Größe von 60 bis 499 Arbeitnehmer müssen mehr als 25 Arbeitnehmer oder 10 % erfasst werden, bei 500 bis 600 Arbeitnehmern müssen mehr als 30 Arbeitnehmer und ab 601 Arbeitnehmern müssen 5 % betroffen sein. In Kleinbetrieben mit bis zu 20 Arbeitnehmern ist eine Betriebsänderung durch alleinigen Personalabbau nur dann anzunehmen, wenn hierdurch die Mindestzahl des § 112a Abs. 1 Nr. 1 BetrVG von sechs Arbeitnehmern erreicht wird (BAG NZA 2011, 466 Rn. 19). Unanwendbar ist die Frist von 30 Kalendertagen aus § 17 Abs. 1 S. 1 KSchG (BAG NJW 1980, 83 [85]), doch muss der Personalabbau auf einer einheitlichen unternehmerischen Planung beruhen. Es genügt eine stufenweise Durchführung, wofür ein enger zeitlicher Zusammenhang zwischen mehreren Entlassungswellen spricht. Eine weitere Entlassungswelle beruht auf einer erneuten Planung, wenn nach der ersten Entlassungswelle neue, vom Arbeitgeber ursprünglich nicht vorgesehene und eingeplante Umstände eingetreten sind (BAG NZA 2006, 932 Rn. 19). Betriebsbedingten Kündigungen gleichzustellen sind vom Insolvenzverwalter veranlasste Aufhebungsverträge und Eigenkündigungen (BAG NZA 1989, 31 [33]).

Nach § 111 S. 3 Nr. 2 BetrVG führt auch die **Verlegung des Betriebs** oder 12 von Betriebsteilen zu einer Betriebsänderung. Verlegung bezeichnet jede nicht nur geringfügige Veränderung der örtlichen Lage des Betriebs oder wesentlicher Betriebsteile (BAG NJW 1983, 1870 [1871]). Keine Betriebsänderungen stellen danach ein Umzug im Haus, ein Wechsel der Straßenseite oder die Verlegung in ein in der Nähe gelegenes Haus dar (DKKW/*Däubler* § 111 Rn. 87). Nicht mehr geringfügig ist eine Veränderung, wenn eine Abteilung in einer Großstadt um 4,3 km verlegt wird (BAG NJW 1983, 1870 [1871]; sa BAG NZA 2006, 1289 [1291], 3 km).

Der **Zusammenschluss** mit anderen Betrieben oder die **Spaltung von Be-** 13 **trieben** führt nach § 111 S. 3 Nr. 3 BetrVG zu einer Betriebsänderung. Zwei Betriebe können zusammengeschlossen werden, indem beide ihre bisherige Identität verlieren und einen neuen Betrieb bilden. Ein Zusammenschluss kann deswegen vorliegen, wenn ein Gemeinschaftsbetrieb gebildet wird (GK-BetrVG/*Oetker* § 111 Rn. 136 ff.). Alternativ kann aber auch ein Betrieb einen eingegliederten Betrieb aufnehmen (Schaub ArbR-HdB/*Koch* § 244 Rn. 18). Die Spaltung des Betriebs ist nicht mit der Spaltung des Unternehmens gleichzusetzen (BAG NZA 1997, 898 [899]). Eine Unternehmensspaltung nach dem UmwG begründet allein noch keine Betriebsänderung, doch kann sie zu einer Betriebsspaltung führen (Fitting BetrVG/*Fitting* § 111 Rn. 88). Ein Betrieb kann innerhalb des Unternehmens gespalten werden, aber auch eine nur von § 613a BGB erfasste Veräußerung eines Betriebsteils kann den Tatbestand erfüllen (BAG NZA 1997, 898 [899]; 2008, 957 Rn. 12).

Grundlegende **Änderungen der Betriebsorganisation, des Betriebs-** 14 **zwecks oder der Betriebsanlagen** begründen gem. § 111 S. 3 Nr. 4 BetrVG eine Betriebsänderung. Die **Betriebsorganisation** wird geändert, wenn der Betriebsaufbau, insbes. hinsichtlich Zuständigkeiten und Verantwortung, umgewandelt wird (BAG NZA 2004, 741 [742]; 2009, 679 Rn. 36). Es kommt entscheidend darauf an, ob die Änderung einschneidende Auswirkungen auf den Betriebsablauf, die Arbeitsweise oder die Arbeitsbedingungen der Arbeitnehmer hat und muss in ihrer Gesamtschau von erheblicher Bedeutung für den gesamten Betriebsablauf sein (BAG NZA 2008, 957 Rn. 22). **Betriebszweck** ist nicht das wirtschaftliche Ziel, sondern der verfolgte arbeitstechnische Zweck (BAG NZA 1986, 804; 1987, 671 [672]). Es genügt, wenn der bisherige Betriebszweck durch einen weiteren ergänzt (BAG NZA 1986, 804), durch einen anderen ersetzt oder einer von mehreren Zwecken nicht weiter verfolgt wird (BAG NZA 1987, 671 [672]). Als **Betriebsanlagen** ist die sächliche Einrichtung des Betriebs zu verstehen. Dazu werden alle Gegenstände gerechnet, die nicht zur Veräußerung bestimmt sind, sondern den arbeitstechnischen Produktions- und Leistungsprozess gestalten. Erfasst werden auch nicht ortsfeste Einrichtungen, wie Datensichtgeräte, und die Änderung einzelner Betriebsanlagen (BAG NJW 1983, 2838 [2839]).

15 Gem. § 111 S. 3 Nr. 5 BetrVG stellt auch die Einführung grundlegend neuer **Arbeitsmethoden** und **Fertigungsverfahren** eine Betriebsänderung dar. Die Tatbestände überschneiden sich erheblich mit § 111 S. 3 Nr. 4 BetrVG. Während es bei Nr. 5 va darum geht, wie die menschliche Arbeitskraft eingesetzt wird, betrifft Nr. 4 die Verwendung der sächlichen Arbeitsmittel (Fitting BetrVG/*Fitting* § 111 Rn. 97; DKKW/*Däubler* § 111 Rn. 112; ErfK/*Kania* BetrVG § 111 Rn. 20). Arbeitsmethoden erfassen den Einsatz und die organisatorische Gestaltung zur Erbringung der Arbeit (Richardi/*Annuß* § 111 Rn. 120). Fertigungsverfahren betreffen die technischen Verfahren, mit denen der arbeitstechnische Zweck verfolgt wird (GK-BetrVG/*Oetker* § 111 Rn. 169).

16 **2. Unterrichtung des Betriebsrats und Beratung mit dem Betriebsrat. a) Zeitpunkt der Unterrichtung.** Der – vorläufige (→ § 121 Rn. 4; *Kreuzer/Rößner* NZA 2012, 699 [700]) – Insolvenzverwalter muss den Betriebsrat (→ Rn. 7) über die geplante Betriebsänderung **rechtzeitig** und umfassend unterrichten. Diese bereits in § 111 S. 1 BetrVG formulierte Pflicht wird in § 122 Abs. 1 wiederholt und damit betont (Zwanziger/*Zwanziger* Rn. 21). Das Attribut der geplanten Betriebsänderung besitzt keine selbständige tatbestandliche Bedeutung, um den Arbeitgeber nicht bei unvorhergesehenen und unerwarteten Ereignissen von seinen gesetzlichen Pflichten zu entbinden. Es erfüllt eine rein zeitliche Aufgabe und soll eine möglichst frühzeitige Beteiligung des Betriebsrats gewährleisten (BAG NJW 1975, 182 [183]), weswegen es im Zusammenhang mit der rechtzeitigen Unterrichtung zu verstehen ist.

17 **Vorüberlegungen und Konzepte** lösen keine Beteiligungsrechte des Betriebsrats aus (LAG Hamm 8.8.2008 – 10 TaBV 21/08, BeckRS 2008, 57191; 6.3.2009 – 10 TaBV 143/08, BeckRS 2009, 62378; GK-BetrVG/*Oetker* § 111 Rn. 197 f.; HambK-InsO/*Ahrendt* Rn. 3). Die Planung muss sich über die Vorüberlegungen hinaus in einem gewissen Umfang verdichtet haben. Dies setzt eine hinreichend bestimmte, in Einzelheiten bereits absehbare Maßnahme voraus, deren Durchführung der Arbeitgeber konkret anstrebt (BAG NZA 2002, 992 [993]), ohne sich bereits endgültig darauf festgelegt zu haben (HK-InsO/*Linck* Rn. 7).

18 Hat der Unternehmer bereits mit der **Durchführung der Maßnahme begonnen,** ist eine Unterrichtung verspätet (BAG NZA 2003, 1087 [1091]). Der Insolvenzverwalter beginnt mit der Durchführung einer Betriebsänderung, wenn er unumkehrbare Maßnahmen ergreift und damit vollendete Tatsachen schafft, etwa indem er Arbeitsverhältnisse zum Zweck der Betriebsauflösung kündigt (BAG NZA 2006, 1122 Rn. 17; 2007, 1296 Rn. 29). Die bloße Einstellung der Produktion stellt noch keine unumkehrbare Maßnahme dar. Sie kann grds. jederzeit wieder rückgängig gemacht werden, solange die betriebliche Organisation erhalten bleibt (BAG NZA 2006, 1122 Rn. 20).

19 **b) Inhalt und Umfang der Unterrichtung.** Der Betriebsrat ist **umfassend** zu unterrichten, wofür der Umfang nach § 111 S. 1 BetrVG zu bestimmen ist. Die wirtschaftliche Zwangslage entlastet auch einen Insolvenzverwalter nicht davon, die Gründe der geplanten Betriebsänderung darzulegen. Außerdem muss er die Art und den Umfang der beabsichtigten Maßnahme und die Auswirkungen auf die Arbeitnehmer darstellen (BAG NZA 2004, 741 [742]; GK-BetrVG/*Oetker* § 111 Rn. 190; Uhlenbruck/*Zobel* §§ 121, 122 Rn. 68; HK-InsO/*Linck* Rn. 8; Graf-Schlicker/*Pöhlmann* Rn. 5). Der Insolvenzverwalter muss auch über die von ihm erwogenen Alternativen und die Gründe seiner Entscheidung informieren (Kübler/Prütting/Bork/*Moll* Rn. 20; Fitting BetrVG/*Fitting* § 111 Rn. 111), wobei der Gegenstand durch den anzustrebenden Interessenausgleich bzw. Sozialplan bestimmt wird. Eine unzureichende Unterrichtung muss nicht allg. (so aber HK-InsO/*Linck* Rn. 9; aA GK-BetrVG/*Oetker* §§ 112, 112a Rn. 340; HambK-InsO/

Ahrendt Rn. 4), sondern nur dann vom Betriebsrat gerügt werden, wenn nach seiner Ansicht die Unterrichtung unvollständig ist (Ahrens/Gehrlein/Ringstmeier/*Hergenröder* Rn. 15). Auf Verlangen müssen ihm die erforderlichen Unterlagen zur Verfügung gestellt werden, § 80 Abs. 2 S. 2 BetrVG (Fitting BetrVG/*Fitting* § 111 Rn. 113; Ahrens/Gehrlein/Ringstmeier/*Hergenröder* Rn. 15). Sind Massenentlassungen gem. § 17 Abs. 1 KSchG geplant, muss die Unterrichtung in der Form des § 17 Abs. 2 S. 1 KSchG, also schriftlich erfolgen (BAG NZA 2013, 32 Rn. 55 ff.; 2015, 281 Rn. 15; Uhlenbruck/*Zobel* §§ 121, 122 Rn. 67). Betriebs- und Geschäftsgeheimnisse schließen die Unterrichtungspflicht nicht aus (DKKW/*Däubler* § 111 Rn. 164). Soweit die Pflichten aus § 17 II 2 KSchG mit denen des § 111 S. 1 BetrVG übereinstimmen, können sie gleichzeitig erfüllt werden. Der Betriebsrat muss aber klar erkennen können, dass die stattfindenden Beratungen auch die Konsultationspflicht aus § 17 II 2 KSchG erfüllen sollen (BAG NZA 2015, 881 Rn. 17). Entsprechendes wird für die Pflicht aus § 122 I, zu gelten haben.

c) Beratungspflicht. Nach erfolgter Unterrichtung, wobei dem Betriebsrat eine Vorbereitungszeit zu lassen ist (MüKoInsO/*Caspers* §§ 121, 122 Rn. 34; Kübler/Prütting/Bork/*Moll* Rn. 26; Nerlich/Römermann/*Hamacher* Rn. 16), muss sich der Insolvenzverwalter mit dem Betriebsrat beraten. Der Verwalter hat den Betriebsrat also nicht nur anzuhören, sondern muss in eine Erörterung über die geplante Betriebsänderung eintreten (Kübler/Prütting/Bork/*Moll* Rn. 25; *Steindorf/Regh* § 3 Rn. 508; GK-BetrVG/*Oetker* § 111 Rn. 240). Die Beratungen müssen mit dem ernsthaften Willen zur Verständigung erfolgen, § 74 Abs. 1 S. 2 BetrVG. Gegen die Erörterungspflicht verstößt, wer sich nicht mit den Argumenten der Gegenseite auseinandersetzt (Richardi/*Richardi* BetrVG § 74 Rn. 12 f.; sa Uhlenbruck/*Zobel* §§ 121, 122 Rn. 63). Beraten werden muss über die geplanten Maßnahmen und etwaige Alternativen sowie die Auswirkungen auf die Arbeitnehmer (Richardi/*Annuß* BetrVG § 111 Rn. 155). Um eine sachgerechte Verhandlung zu ermöglichen, ist der Betriebsrat nach § 111 S. 3 BetrVG in Unternehmen mit mehr als 300 Mitarbeitern berechtigt, einen Berater hinzuzuziehen. Soweit spezielle Fachkenntnisse verlangt sind, können auch mehrere Berater hinzugezogen werden (Fitting BetrVG/*Fitting* § 111 Rn. 121; DKKW/*Däubler* § 111 Rn. 176; Richardi/*Annuß* § 111 Rn. 54; aA ErfK/*Kania* BetrVG § 111 Rn. 25). 20

3. Frist. Die Zustimmung des Arbeitsgerichts zu einer geplanten Betriebsänderung kann nach Absatz 1 Satz 1 erteilt werden, wenn nicht binnen **drei Wochen** nach Verhandlungsbeginn oder einer schriftlichen Aufforderung zur Aufnahme von Verhandlungen ein Interessenausgleich zustande kommt. Lehnt der umfassend informierte Betriebsrat die Beratung ab oder erklärt er sie vor Fristablauf für beendet, kann sofort der Zustimmungsantrag gestellt werden (Nerlich/Römermann/*Hamacher* Rn. 22; Graf-Schlicker/*Pöhlmann* Rn. 13). 21

Der **Fristbeginn** knüpft an den Verhandlungsbeginn bzw. die schriftliche Aufforderung zur Aufnahme der Verhandlungen an. Maßgebend ist der je frühere Termin (*Steindorf/Regh* § 3 Rn. 511; FK-InsO/*Eisenbeis* Rn. 14; *Lakies* Rn. 237; aA *Arend* ZInsO 1999, 303 [304]). Die Frist ist nach den §§ 187 ff. BGB zu berechnen. Die Frist beginnt erst, wenn der Betriebsrat zuvor mit hinreichender Vorbereitungsfrist (→ Rn. 20) umfassend über die geplante Betriebsänderung unterrichtet wurde (vgl. Zwanziger/*Zwanziger* Rn. 22). Allein die Unterrichtung begründet noch keine Verhandlungen (Ahrens/Gehrlein/Ringstmeier/*Hergenröder* Rn. 18). Wenn der Insolvenzverwalter zu einem Gesprächstermin lädt, beginnen idR erst damit die Verhandlungen. Um Beweisschwierigkeiten über einen Verhandlungsstart zu vermeiden, ist es zweckmäßig den Betriebsrat mit der Unterrichtung zugleich schriftlich zur Aufnahme von Verhandlungen aufzufordern. Vom Schuldner eingeleitete Verhandlungen genügen wegen der durch den Insol- 22 venzantrag grundlegend veränderten Situation nicht (Zwanziger/*Zwanziger* Rn. 24; DKKW/*Däubler* Anhang zu §§ 111–113 InsO § 122 Rn. 6; aA *Arens/Brand* § 2 Rn. 91; Kübler/Prütting/Bork/*Moll* Rn. 27; Braun/*Wolf* Rn. 4; ArbG Lingen ZInsO 1999, 656 [657]).

23 Die erforderliche **schriftliche Aufforderung** stellt wegen der Rechtswirkungen ein gesetzliches Formerfordernis iSd § 126 BGB dar und nicht nur eine deklaratorische Beweisvorschrift (Kübler/Prütting/Bork/*Moll* Rn. 8; HK-InsO/*Linck* Rn. 10; aA FK-InsO/*Eisenbeis* Rn. 13; Jaeger/*Giesen* Rn. 11). Die schriftliche Verhandlungsaufforderung erfolgt mit Zugang, § 130 BGB, der Erklärung beim Betriebsratsvorsitzenden oder dessen Stellvertreter, § 26 Abs. 2 S. 2 BetrVG. Konkrete Terminvorschläge sind in der Aufforderung nicht erforderlich (Jaeger/*Giesen* Rn. 10; Nerlich/Römermann/*Hamacher* Rn. 20 f.). Tritt der Insolvenzverwalter nicht in ernsthafte Beratungen ein, etwa weil er nicht auf Terminvorschläge eingeht oder Termine verlegt, wird die Frist nicht in Gang gesetzt (Kübler/Prütting/Bork/*Moll* Rn. 30). Wegen des hohen Zeitdrucks muss der Insolvenzverwalter die Verhandlungen idR binnen einer Woche aufnehmen.

III. Verfahren

24 **1. Verfahrensart und Verfahrensweise (Absatz 2 Satz 2 und 3).** Auf das Zustimmungsverfahren sind die Vorschriften der §§ 80 ff. ArbGG über das **arbeitsgerichtliche Beschlussverfahren** entsprechend anzuwenden, Absatz 2 Satz 2 Hs. 1. Beteiligte sind der Insolvenzverwalter und der Betriebsrat, Absatz 2 Satz 2 Hs. 2. Eingeleitet wird das Verfahren durch einen Antrag, § 81 Abs. 1 ArbGG. Das Gericht erforscht den Sachverhalt nach § 83 Abs. 1 S. 1 ArbGG von Amts wegen, womit der Untersuchungsgrundsatz gilt (Germelmann/Matthes/Prütting/*Müller-Glöge/Matthes* § 83 Rn. 82). Die Beteiligten müssen nach § 83 Abs. 1 S. 2 ArbGG an der Aufklärung des Sachverhalts mitwirken. Der Antragsteller muss die Tatsachen vortragen, damit der Tatrichter ersehen kann, worauf der Antrag gestützt wird (BAG AP Nr. 1 zu § 54 BetrVG 1972). Neben der Antragsfrist muss der Insolvenzverwalter Tatsachen zur wirtschaftlichen Lage des Unternehmens und den sozialen Belangen der Arbeitnehmer vortragen (Jaeger/*Giesen* Rn. 20). Ein zentrales Aufklärungsmittel stellt die an die Stelle der mündlichen Verhandlung tretende Anhörung vor der Kammer dar, § 83 Abs. 3 ArbGG.

25 Der Antrag ist nach Maßgabe § 61a Abs. 3–6 ArbGG **vorrangig** zu behandeln, Absatz 2 Satz 3. Es gilt nicht die zweiwöchige Frist für einen Gütetermin aus § 61a Abs. 2 ArbGG, denn das Gericht muss dem eilbedürftigen Charakter des Verfahrens besonders Rechnung tragen. Deswegen wird es nur ausnahmsweise einen Gütetermin anberaumen. Es gelten aber die Regeln über den Anhörungstermin, § 61a Abs. 3 ArbGG. Anschließend kommen die Schriftsatzfristen und Wirkungen aus § 61a Abs. 3–6 ArbGG in Betracht.

26 **2. Sonstige Sachentscheidungsvoraussetzungen.** Der Insolvenzverwalter muss den Antrag auf Zustimmung beim **zuständigen Arbeitsgericht** stellen. Örtlich zuständig ist nach § 82 S. 1 ArbGG das Arbeitsgericht, in dessen Bezirk der Betrieb liegt. Bei Angelegenheiten des Gesamtbetriebsrats ist das Arbeitsgericht am Sitz des Unternehmens zuständig, § 82 S. 2 ArbGG. Zu den besonderen Sachentscheidungsvoraussetzungen gehört auch, dass eine Betriebsänderung geplant ist.

27 Ein Zustimmungsantrag **vor Fristablauf** der dreiwöchigen Frist aus § 122 Abs. 1 S. 1 ist grds. unzulässig. Nach allgemeinen zivilverfahrensrechtlichen Maßstäben müssen die Sachentscheidungsvoraussetzungen erst im Zeitpunkt der letzten mündlichen Tatsachenverhandlung vorliegen. Es genügt deswegen, wenn im Zeitpunkt des Anhörungstermins des § 83 IV ArbGG die Frist abgelaufen ist

(Kübler/Prütting/Bork/*Moll* Rn. 35; *Steindorf/Regh* § 3 Rn. 512; Gottwald InsR-HdB/*Bertram* § 108 Rn. 55; GK-BetrVG/*Oetker* §§ 112, 112a Rn. 345). Es ist danach ausreichend, wenn im Zustimmungsverfahren die umfassende Unterrichtung des Betriebsrats nachgeholt (Ahrens/Gehrlein/Ringstmeier/*Hergenröder* Rn. 22; ErfK/*Kania* BetrVG §§ 112, 112a Rn. 10) und mit ihm beraten wird (ArbG Lingen ZInsO 1999, 656 [657]). Diese allgemeine Konsequenz gilt, obwohl die Verhandlungspflicht mit dem Betriebsrat beeinträchtigt werden kann (Zwanziger/*Zwanziger* Rn. 50) und eine Beschleunigung fraglich erscheint. Eine nachträgliche Zustimmung zu einer vom Insolvenzverwalter bereits eingeleiteten Betriebsänderung ist unzulässig (ArbG Berlin ZInsO 1999, 51 [52], Antrag unbegründet).

3. Begründetheit. a) Grundlagen. Das Arbeitsgericht hat im Rahmen einer **Interessenabwägung** eine Prognoseentscheidung zu treffen (FK-InsO/*Eisenbeis* Rn. 17; *Steindorf/Regh* § 3 Rn. 515). Es entscheidet, ob die wirtschaftliche Lage des Unternehmens auch unter Berücksichtigung der sozialen Belange der Arbeitnehmer eine Betriebsänderung ohne Verfahren vor der Einigungsstelle nach § 112 Abs. 2 BetrVG erfordert. Streitgegenstand ist nicht das Ob, sondern lediglich das Wann der Betriebsänderung (Uhlenbruck/*Zobel* §§ 121, 122 Rn. 71; Graf-Schlicker/*Pöhlmann* Rn. 18; Braun/*Wolf* Rn. 6). Den Entschluss über eine Betriebsänderung trifft der Insolvenzverwalter. Das Gericht entscheidet allein darüber, ob die Maßnahme so eilbedürftig ist, dass sie noch vor dem Einigungsstellenverfahren durchgeführt werden darf (Kübler/Prütting/Bork/*Moll* Rn. 40). Die Eilbedürftigkeit der Maßnahme ist allein bei der wirtschaftlichen Lage des Unternehmens zu prüfen (vgl. MüKoInsO/*Caspers* §§ 121, 122 Rn. 40; Fitting BetrVG/*Fitting* §§ 112, 112a Rn. 73; DKKW/*Däubler* Anhang zu §§ 111–113 InsO § 122 Rn. 7) und keine Sachentscheidungsvoraussetzung. 28

Es besteht ein **zweistufiges Prüfungsprogramm.** In einem ersten Schritt hat das Arbeitsgericht festzustellen, ob die wirtschaftliche Lage des Unternehmens eine schnelle Entscheidung über eine Betriebsänderung ohne Einigungsstellenverfahren erfordert. Erst wenn dies geklärt ist, muss es in einem zweiten Schritt abwägen, ob die sozialen Belange der Arbeitnehmer ein Verfahren vor der Einigungsstelle verlangen (HK-InsO/*Linck* Rn. 14 f.; *Arend* ZInsO 1999, 303 [304]). Bei der Prüfungsreihenfolge, nicht aber bei der Abwägung, kommt der wirtschaftlichen Lage des Unternehmens eine vorrangige Bedeutung zu. 29

b) Wirtschaftliche Lage des Unternehmens. Das Arbeitsgericht muss anhand der wirtschaftlichen Lage des Unternehmens die zu erwartende **Belastung der Masse** feststellen (MüKoInsO/*Caspers* §§ 121, 122 Rn. 41). Der Insolvenzverwalter muss dazu die vorhandene Masse und die sich bei einer Durchführung des Einigungsstellenverfahrens ergebenden Kosten darlegen (Kübler/Prütting/Bork/*Moll* Rn. 43). Er hat die Kosten der Einigungsstelle und va einer Betriebsfortführung für die zu erwartende Verfahrensdauer bis zum Spruch der Einigungsstelle zu beziffern. Diese Kosten muss er in Relation zur voraussichtlichen Ersparnis durch eine frühere Betriebsänderung setzen (Ahrens/Gehrlein/Ringstmeier/*Hergenröder* Rn. 26; *Kreuzer/Rößner* NZA 2012, 699 [702]). Maßgebend dafür ist die Ersparnis ab Erlass der arbeitsgerichtlichen Entscheidung. Allein eine Kostenunterdeckung genügt nicht (aA Braun/*Wolf* Rn. 7), da sie im Insolvenzverfahren typischerweise vorliegt. Entweder muss die Gläubigerbefriedigung oder die Unternehmenssanierung gravierend beeinträchtigt sein (nur Gläubigerbefriedigung MüKoInsO/*Caspers* §§ 121, 122 Rn. 41). 30

Die Verfahrensbeschleunigung verlangt eine **substanziierte Darlegung** der erforderlichen Angaben durch den Insolvenzverwalter. Neben den Angaben zur Ist-Masse, den Kosten des Einigungsstellenverfahrens und des Beraters nach § 111 S. 2 BetrVG muss er insbes. den zeitabschnittsweise entstehenden Aufwand einer 31 unveränderten Betriebsfortführung bestimmen (vgl. MüKoInsO/*Caspers* §§ 121, 122 Rn. 47). Fehlen Angaben oder stehen sie nach dem Verfahrensergebnis nicht zur Überzeugung des Arbeitsgerichts fest, muss das Gericht Beweis erheben. Scheiden andere Aufklärungsmittel aus, kann es sich eines Sachverständigen bedienen, denn das Verfahren ist eilbedürftig, aber trotz der zu treffenden Prognose nicht summarisch (aA wohl FK-InsO/*Eisenbeis* Rn. 17; HambK-InsO/*Ahrendt* Rn. 9; *Steindorf/Regh* § 3 Rn. 518).

32 **c) Soziale Belange der Arbeitnehmer.** Wenn die wirtschaftliche Lage des Unternehmens eine sofortige Betriebsänderung ohne Einigungsstellenverfahren erfordert, ist zu prüfen, ob dem die sozialen Belange der Arbeitnehmer **entgegenstehen.** Erfasst werden nur solche Umstände, die für eine Durchführung des Sozialplanverfahrens sprechen, weil dort sozialverträgliche Lösungen gefunden werden können (GK-BetrVG/*Oetker* §§ 112, 112a Rn. 354; Kübler/Prütting/Bork/*Moll* Rn. 47 f.). Die sozialen Belange entsprechen denen aus § 112 Abs. 5 BetrVG mit den durch § 123 bestimmten Modifikationen. Keine sozialen Belange stellen das Interesse an einem durch das Einigungsstellenverfahren bedingten späteren Kündigungstermin (ArbG Lingen ZInsO 1999, 656 [659]) und die Mitbestimmungsrechte des Betriebsrats dar (Nerlich/Römermann/*Hamacher* Rn. 58). Der Insolvenzverwalter muss darlegen, warum die sozialen Belange der Arbeitnehmer zurückzutreten haben.

33 **Abzuwägen** ist das Gewicht der Maßnahme gegen die Interessen der Arbeitnehmer. Je größer die erreichbaren Vorteile durch eine sofortige Betriebsänderung für die wirtschaftliche Lage des Unternehmens und je geringer die Nachteile für die sozialen Belange der Arbeitnehmer ausfallen, desto eher kommt eine Zustimmung in Betracht. Wegen der nachteiligen Auswirkungen einer Betriebsstilllegung auf die sozialen Belange der Arbeitnehmer, wird hier vielfach ein Einigungsstellenverfahren geboten sein (Zwanziger/*Zwanziger* Rn. 31).

34 **4. Entscheidung und Rechtsmittel.** Über den Antrag entscheidet das Arbeitsgericht nach seiner freien, aus dem gesamten Ergebnis des Verfahrens gewonnenen Überzeugung durch **Beschluss,** Abs. 2 S. 2 Hs. 1 iVm § 84 ArbGG. Die Wirkung der Zustimmung tritt mit Rechtskraft der Entscheidung ein (Uhlenbruck/*Zobel* §§ 121, 122 Rn. 88; Kübler/Prütting/Bork/*Moll* Rn. 54; Nerlich/Römermann/*Hamacher* Rn. 75; HK-InsO/*Linck* Rn. 16; Richardi/*Annuß* BetrVG Anhang zu § 113 Rn. 23).

35 Eine **Beschwerde** an das LAG gegen die Entscheidung ist nach Absatz 3 Satz 1 abweichend von § 87 Abs. 1 ArbGG nicht statthaft. Die **Rechtsbeschwerde** an das Bundesarbeitsgericht findet statt, wenn sie in dem Beschluss des Arbeitsgerichts zugelassen wird, Absatz 3 Satz 2 Hs. 1. Die Rechtsbeschwerde ist gem. Absatz 3 Satz 2 Hs. 2 iVm dem entsprechend anzuwendenden § 72 Abs. 2 ArbGG bei einer grundsätzlichen Bedeutung, einer Divergenz oder einem absoluten Revisionsgrund gem. § 547 Nr. 1–5 ZPO bzw. einer Gehörsverletzung zuzulassen. Erstinstanzliche Entscheidungen sind nicht divergenzfähig (Fitting BetrVG/*Fitting* §§ 112, 112a Rn. 75; diff. *Steindorf/Regh* § 3 Rn. 539; aA Uhlenbruck/*Zobel* §§ 121, 122 Rn. 84; DKKW/*Däubler* InsO Anhang zu §§ 111–113 Rn. 13). Das Rechtsbeschwerdegericht ist an die Zulassung gebunden, Absatz 3 Satz 2 Hs. 2 iVm § 72 Abs. 3 ArbGG. Die Rechtsbeschwerde gem. Absatz 3 S. 3 ist innerhalb eines Monats nach Zustellung der in vollständiger Form abgefassten Entscheidung des Arbeitsgerichts beim Bundesarbeitsgericht einzulegen und zu begründen. Eine Nichtzulassungsbeschwerde findet nicht statt, weil § 122 nicht auf § 92a ArbGG bzw. § 72a ArbGG verweist (BAG AP § 72a ArbGG 1979 Divergenz Nr. 44, zu § 126 Abs. 2 S. 2; FK-InsO/*Eisenbeis* Rn. 27; Graf-Schlicker/*Pöhlmann* Rn. 24).

5. Einstweiliger Rechtsschutz. Obwohl die Generalverweisung auf das Beschlussverfahren in Absatz 2 Satz 2 Hs. 1 auch die Regelung des § 85 Abs. 2 ArbGG über den einstweiligen Rechtsschutz einschließt, ist doch ein Antrag des Insolvenzverwalters auf Erlass einer einstweiligen Verfügung **regelmäßig unzulässig.** Durch die gestaltende Wirkung der Zustimmung könnte sonst die Hauptsache vorweggenommen werden (*Arend* ZInsO 1999, 303 [305]). Ausnahmsweise zulässig ist eine einstweilige Verfügung etwa, wenn sonst die Masse bei Durchführung des Hauptsacheverfahrens aufgezehrt wäre und das Insolvenzverfahren mangels Masse eingestellt werden müsste (GK-BetrVG/*Oetker* §§ 112, 112a Rn. 360; MüKoInsO/*Caspers* §§ 121, 122 Rn. 55 ff.; Ahrens/Gehrlein/Ringstmeier/*Hergenröder* Rn. 32; Jaeger/*Giesen* Rn. 33 ff., HK-InsO/*Linck* Rn. 20; *Steindorf/Regh* § 3 Rn. 536; Graf-Schlicker/*Pöhlmann* Rn. 26; insg. ablehnend DKKW/*Däubler* Anh. zu §§ 111–113 InsO § 122 Rn. 14; *Lakies* Rn. 240; allg. zulässig Uhlenbruck/*Zobel* §§ 121, 122 Rn. 92). Zum Unterlassungsanspruch des Betriebsrats → Rn. 39. 36

IV. Rechtsfolgen

1. Zustimmung. Das **Einigungsstellenverfahren entfällt,** der Insolvenzverwalter darf also die Betriebsänderung durchführen, **ohne** die **Einigungsstelle** anrufen zu müssen, wenn das Arbeitsgericht die Zustimmung erteilt. In diesem Fall entstehen gem. Absatz 1 Satz 2 auch keine Nachteilsausgleichansprüche aus § 113 Abs. 3 BetrVG. Wie aus § 123 folgt, entfällt bei einer gerichtlichen Zustimmung nicht die Pflicht zum Abschluss eines Sozialplans (Zwanziger/*Zwanziger* Rn. 35). Nicht von einer Zustimmung berührt werden die kündigungsschutzrechtlichen Bestimmungen einschließlich der erforderlichen Betriebsratsanhörungen nach § 102 BetrVG (HambK-InsO/*Ahrendt* Rn. 11). Unberührt bleibt nach Absatz 1 Satz 3 das Recht des Insolvenzverwalters einen Interessenausgleich mit Namensliste nach § 125 zu schließen oder einen Feststellungsantrag nach § 126 zum Kündigungsschutz zu stellen. Gibt das Gericht dem Antrag teilw. statt und verwirft es ihn teilw., gelten jeweils die betreffenden Konsequenzen (MüKoInsO/*Caspers* §§ 121, 122 Rn. 49; Nerlich/Römermann/*Hamacher* Rn. 63). 37

2. Zustimmungsverweigerung. Versagt das Gericht die Zustimmung, muss der Insolvenzverwalter das **Einigungsstellenverfahren** einleiten und einen Interessenausgleich versuchen (Fitting BetrVG/*Fitting* §§ 112, 112a Rn. 74). Das Einigungsstellenverfahren kann parallel zum Zustimmungsverfahren durchgeführt werden (*Arend* ZInsO 1999, 303 [306]). Sonst drohen dem Verwalter die Nachteilsausgleichsansprüche aus § 113 Abs. 3 BetrVG, die Neumasseverbindlichkeiten gem. § 55 Abs. 1 Nr. 1 bilden (BAG NZA 2006, 1122 Rn. 11; Kübler/Prütting/Bork/*Moll* Rn. 51). Ist der Zustimmungsantrag als unbegründet abgewiesen, steht einem erneuten Antrag regelmäßig die rechtskräftige Erstentscheidung entgegen. 38

Auf Antrag des Schuldners kann nach **§ 158 Abs. 2 S. 2** das Insolvenzgericht dem Insolvenzverwalter die Betriebsstilllegung untersagen (FK-InsO/*Eisenbeis* Rn. 9). Die Entscheidung des Insolvenzgerichts begründet jedoch nach § 164 keine Außenwirkung. Das Arbeitsgericht ist nicht an den Beschluss des Insolvenzgerichts gebunden (HK-InsO/*Linck* Rn. 17; ErfK/*Kania* BetrVG §§ 112, 112a Rn. 10; Kübler/Prütting/Bork/*Moll* Rn. 68; aA Uhlenbruck/*Zobel* §§ 121, 122 Rn. 77; Gottwald InsR-HdB/*Bertram* § 108 Rn. 60). Nach umstrittener Ansicht hat der Betriebsrat, solange der Interessenausgleich nicht zustande gekommen bzw. nicht endgültig gescheitert ist, einen Anspruch auf Unterlassung der Betriebsänderung (Ahrens/Gehrlein/Ringstmeier/*Hergenröder* Rn. 39; Zwanziger/*Zwanziger* Rn. 69; HambK-InsO/*Ahrendt* Rn. 21; → § 121 Rn. 3; aA FK-InsO/*Eisenbeis* Rn. 38). 39

Umfang des Sozialplans

123 (1) **In einem Sozialplan, der nach der Eröffnung des Insolvenzverfahrens aufgestellt wird, kann für den Ausgleich oder die Milderung der wirtschaftlichen Nachteile, die den Arbeitnehmern infolge der geplanten Betriebsänderung entstehen, ein Gesamtbetrag von bis zu zweieinhalb Monatsverdiensten (§ 10 Abs. 3 des Kündigungsschutzgesetzes) der von einer Entlassung betroffenen Arbeitnehmer vorgesehen werden.**

(2) [1] **Die Verbindlichkeiten aus einem solchen Sozialplan sind Masseverbindlichkeiten.** [2] **Jedoch darf, wenn nicht ein Insolvenzplan zustande kommt, für die Berichtigung von Sozialplanforderungen nicht mehr als ein Drittel der Masse verwendet werden, die ohne einen Sozialplan für die Verteilung an die Insolvenzgläubiger zur Verfügung stünde.** [3] **Übersteigt der Gesamtbetrag aller Sozialplanforderungen diese Grenze, so sind die einzelnen Forderungen anteilig zu kürzen.**

(3) [1] **Sooft hinreichende Barmittel in der Masse vorhanden sind, soll der Insolvenzverwalter mit Zustimmung des Insolvenzgerichts Abschlagszahlungen auf die Sozialplanforderungen leisten.** [2] **Eine Zwangsvollstreckung in die Masse wegen einer Sozialplanforderung ist unzulässig.**

Schrifttum: Bei § 120.

Übersicht

I. Normzweck

1 § 123 soll einen **angemessenen Ausgleich** zwischen den Interessen der Arbeitnehmer und anderer Gläubiger im Insolvenzverfahren bewirken (HK-InsO/*Linck* Rn. 1). Hohe Sozialplanverbindlichkeiten gefährden die Befriedigungsaus-

sichten der anderen Masse- sowie der Insolvenzgläubiger. Deswegen begrenzt § 123 den Leistungsumfang und die Realisierungsmöglichkeiten für Forderungen aus einem nach Eröffnung des Insolvenzverfahrens aufgestellten Sozialplan. In einem ersten Regelungskomplex formuliert § 123 eine aus den §§ 2, 4 S. 2 SozPlKonkG übernommene **doppelte Obergrenze** (Nerlich/Römermann/*Hamacher* Rn. 2; Uhlenbruck/*Zobel* §§ 123, 124 Rn. 15, 17), die in erheblichem Umfang die betriebsverfassungsrechtlichen Sozialplaninhalte beschneidet. Als absolute Obergrenze darf nach Absatz 1 in einem Insolvenzsozialplan nur ein Gesamtbetrag von zweieinhalb Monatsverdiensten der von einer Entlassung betroffenen Arbeitnehmer vorgesehen werden (→ Rn. 11 ff.). Zusätzlich beschränkt die relative Obergrenze aus Absatz 2 Satz 2 (→ Rn. 22 ff.) das Sozialplanvolumen auf ein Drittel der Teilungsmasse (MüKoInsO/*Caspers* Rn. 6). Beide Obergrenzen müssen nicht ausgeschöpft werden.

Obwohl Sozialplanforderungen nach Absatz 2 Satz 1 **Masseverbindlichkeiten** 2
(→ Rn. 25) begründen, werden Sozialplangläubiger gegenüber anderen Massegläubigern zurückgesetzt. Nach Absatz 2 Satz 2 dürfen Sozialplangläubiger grds. nur dann befriedigt werden, wenn die übrigen Masseverbindlichkeiten erfüllt sind, weswegen Sozialplanforderungen letztrangige Masseverbindlichkeiten begründen (BAG NZI 2010, 317 Rn. 12). Während diese Verteilungsregel den anderen Massegläubigern dient, schützen die Obergrenzen die Insolvenzgläubiger (aA HK-InsO/*Linck* Rn. 22, Massegläubiger). Zusätzlich begründet Absatz 3 Satz 2 ein spezielles Vollstreckungsverbot, das nach den allgemeinen Bestimmungen der §§ 89, 90 nicht bei Masseverbindlichkeiten besteht, die durch Rechtshandlungen des Verwalters begründet werden.

II. Anwendungsbereich

1. Sozialplan nach BetrVG. a) Grundlagen. Der **Anwendungsbereich** der 3
§§ 111–113 BetrVG über Interessenausgleich, Sozialplan und Nachteilsausgleich erstreckt sich auf die Unternehmensinsolvenz (→ § 121 Rn. 2; Uhlenbruck/*Zobel* §§ 123, 124 Rn. 4). Die §§ 121 ff. verdrängen nicht die betriebsverfassungsrechtlichen Regeln, sondern bauen auf ihnen auf und modifizieren diese (BAG NZA 2004, 93 [94]; 2004, 220 [221]). Während die verfahrensbezogenen Vorschriften der §§ 121, 122 den Interessenausgleich beschleunigen und die Betriebsänderung vereinfachen sollen, greift § 123 in den materiellen Gehalt eines nach Eröffnung des Insolvenzverfahrens aufgestellten Sozialplans ein. Nicht zuletzt wegen des dort bestimmten Dotierungsrahmens wirkt § 123 auf den Interessenausgleich zurück. § 124 begründet ein beiderseitiges Widerrufsrecht gegenüber einem zeitnah vor der Eröffnung des Insolvenzverfahrens aufgestellten Sozialplan.

Der **Zweck** eines Sozialplans nach § 112 Abs. 1 S. 2 BetrVG besteht darin, die 4
durch eine Betriebsänderung eintretenden wirtschaftlichen Nachteile auszugleichen und abzumildern. Nach der aktuellen Rspr. des BAG besitzen Sozialpläne eine zukunftsbezogene Ausgleichs- und Überbrückungsfunktion. Sie begründen kein zusätzliches Entgelt für die in der Vergangenheit erbrachten Dienste, sondern sollen die künftigen Nachteile ausgleichen, die den Arbeitnehmern durch die Betriebsänderung entstehen können (BAG NZA 2009, 210 Rn. 13; 2009, 849 Rn. 23; 2010, 774 Rn. 29). Soweit ein Betriebsrat besteht (vgl. → § 121 Rn. 5), kann dieser grds. bei jeder Betriebsänderung den Abschluss eines Sozialplans verlangen (ErfK/*Kania* BetrVG §§ 112, 112a Rn. 14). Dies gilt unabhängig davon, ob ein Interessenausgleich unterblieben, versucht, gescheitert oder abgeschlossen wurde (Schaub ArbR-HdB/*Koch* § 244 Rn. 44), Nachteilsausgleichsansprüche gem. § 113 BetrVG entstanden sind (ErfK/*Kania* BetrVG §§ 112, 112a Rn. 14) oder die Betriebsänderung bereits durchgeführt wurde (BAG AP Nr. 5 zu § 111 BetrVG 1972).

5 Die **Sozialplanpflicht** erfasst in Unternehmen mit zumindest 21 wahlberechtigten Arbeitnehmern (→ § 122 Rn. 6) prinzipiell alle Betriebsänderungen iSd § 111 BetrVG (→ § 122 Rn. 9 ff.). Auch ein reiner Personalabbau kann, wenn er bestimmte Größenordnungen erreicht, nach § 112a Abs. 1 BetrVG eine sozialplanpflichtige Betriebsänderung darstellen (→ § 122 Rn. 11). Ausgenommen von der Sozialplanpflicht sind nach § 112a Abs. 2 S. 1 BetrVG neugegründete Unternehmen in den ersten vier Jahren ihres Bestehens, unabhängig davon, auf welchem Grund bei ihnen die Sozialplanpflicht beruht. Maßgebend ist das Alter des Unternehmens, nicht des Betriebs (BAG NZA 2007, 106 Rn. 17 ff.).

6 **b) Aufstellung.** Der Sozialplan wird zwischen dem **Insolvenzverwalter und** dem **Betriebsrat** aufgestellt. Der Einigung muss eine **ordnungsgemäße Willensbildung** des Betriebsrats vorausgehen, die als Entscheidung eines Kollegialorgans durch Beschluss zu erfolgen hat (Fitting BetrVG/*Fitting* § 33 Rn. 9). Dazu müssen grds. alle Betriebsratsmitglieder zu einer Sitzung eingeladen werden und die Tagesordnung rechtzeitig mitgeteilt sein (DKKW/*Wedde* § 33 Rn. 15). Ausnahmsweise kann eine fehlerhafte Ladung geheilt werden, wenn der Betriebsrat beschlussfähig iSd § 33 Abs. 2 BetrVG ist und die Mitglieder einstimmig beschließen. Es müssen aber nicht sämtliche Betriebsratsmitglieder an der Sitzung teilgenommen haben (BAG NZA 2014, 551 Rn. 30 ff.). Erst der ordnungsgemäße Beschluss befugt den Betriebsratsvorsitzenden zum Abschluss des Sozialplans im Namen des Betriebsrats (vgl. DKKW/*Wedde* § 33 Rn. 3). Erfüllt sein muss das **Schriftformerfordernis.** Mit der wechselseitigen Unterzeichnung ist der Sozialplan aufgestellt (FK-InsO/*Eisenbeis* Rn. 9). Der Sozialplan ist entsprechend § 77 Abs. 2 S. 3 im Betrieb auszulegen, doch besitzt diese Anforderung als bloße Ordnungsvorschrift lediglich deklaratorische Bedeutung (GK-BetrVG/*Oetker* §§ 112, 112a Rn. 223; GK-BetrVG/*Kreutz* § 77 Rn. 53). Regelt der Sozialplan die Folgen einer geplanten Betriebsstilllegung, muss der Verwalter nach § 158 Abs. 2 dazu die Zustimmung des Gläubigerausschusses einholen, doch ist die Stilllegung auch ohne diese im Außenverhältnis nach § 164 wirksam (→ § 122 Rn. 39). Eine Zustimmungspflicht der Gläubigerorgane kann nicht notwendig aus § 160 Abs. 2 Nr. 1 abgeleitet werden (aA Richardi/*Annuß* BetrVG Anhang zu § 113 Rn. 2), weil ein rechtsgeschäftlicher Betriebsübergang nach § 613a BGB allein nicht sozialplanpflichtig ist (BAG ZIP 1980, 282 [283]; NZA 2008, 642 Rn. 44). Falls der Sozialplan für das Insolvenzverfahren von besonderer Bedeutung ist, muss der Insolvenzverwalter die Zustimmung nach § 160 Abs. 1 S. 1, 2 einholen.

7 Die Einigung zwischen Insolvenzverwalter (vgl. → § 121 Rn. 4) und Betriebsrat (vgl. → § 121 Rn. 5) kann durch den Spruch der **Einigungsstelle** ersetzt werden, § 112 Abs. 4 S. 2 BetrVG. Insolvenzverwalter und Betriebsrat können, Gläubigervertreter müssen nicht in der Einigungsstelle vertreten sein (BAG NZA 1986, 800 [801]). Bei einem Spruch der Einigungsstelle entfällt die Genehmigungspflicht der Gläubigerorgane nach § 160 (BAG GS NZA 1979, 774 [776]). Der Sozialplan ist mit seinem Zustandekommen aufgestellt, also mit schriftlicher Niederlegung der Einigung zwischen Arbeitgeber und Betriebsrat oder des Spruchs der Einigungsstelle (GK-BetrVG/*Oetker* §§ 112, 112a Rn. 403). Erfolgt die Einigung vor der Einigungsstelle, ist sie auch von deren Vorsitzenden zu unterschreiben, § 112 Abs. 3 S. 3 BetrVG, doch stellt seine Unterschrift kein Wirksamkeitserfordernis dar (Richardi/*Annuß* § 112 Rn. 78 f.; *Fitting* §§ 112, 112a Rn. 129; aA wohl Kübler/Prütting/Bork/*Moll* §§ 123, 124 Rn. 25; Jaeger/*Giesen* Rn. 5).

8 **2. Insolvenzsozialplan nach § 123. a) Zeitlicher Anwendungsbereich.** § 123 erfasst die **nach Eröffnung des Insolvenzverfahrens** aufgestellten, also wirksam vereinbarten Sozialpläne. Maßgebend ist der im Eröffnungsbeschluss

angegebene Zeitpunkt, § 27 Abs. 2 Nr. 3, sonst die Mittagsstunde des Tags, an dem der Eröffnungsbeschluss erlassen wurde, § 27 Abs. 3 (Kübler/Prütting/Bork/*Moll* §§ 123, 124 Rn. 28). § 187 BGB ist unanwendbar. Da die zuvor aufgestellten Sozialpläne unter den Voraussetzungen von § 124 widerrufen werden können, ist es zweckmäßig, mit dem Sozialplan die genaue Uhrzeit zu bestimmen, wann er niedergelegt wurde. Unerheblich für die Anwendung von § 123 ist, ob die Betriebsänderung bereits vor oder erst nach der Stellung des Insolvenzantrags bzw. der Insolvenzeröffnung geplant und eingeleitet wird (LAG Hamm ZInsO 2010, 1899 [1901]; MüKoInsO/*Caspers* Rn. 13; Ahrens/Gehrlein/Ringstmeier/*Hergenröder* Rn. 11). Auch muss die Betriebsänderung nicht vom Insolvenzverwalter geplant worden sein (LAG Hamm ZInsO 2010, 1899 [1902]).

b) Sachlicher Anwendungsbereich. Unmittelbar erfasst § 123 Sozialpläne 9
über die wirtschaftlichen Folgen von **Entlassungen.** Auf andere Sozialpläne in Fällen der erzwingbaren Mitbestimmung ist § 123 zwar nicht direkt, aber doch analog anzuwenden. Der Wortlaut von Absatz 1 ist nicht zweifelsfrei. Nach der umfassenden Gegenstandsbestimmung sollen die betroffenen Sozialpläne die wirtschaftlichen Nachteile einer Betriebsänderung ausgleichen oder mildern. Sodann wird aber der Dotierungsrahmen auf bis zu zweieinhalb Monatsverdienste der von der Entlassung betroffenen Arbeitnehmer begrenzt, ein nicht allg. passendes Merkmal. Wenn § 123 lediglich auf Entlassungssozialpläne, nicht aber auf andere Sozialpläne in Angelegenheiten der erzwingbaren Mitbestimmung anwendbar wäre, käme es zu einem Wertungswiderspruch. Beim Folgenausgleich einer Entlassung gäbe es eine Obergrenze, während das Leistungsvolumen bei weniger gravierenden Maßnahmen nicht beschränkt wäre und kein Zwangsvollstreckungsverbot bestünde. Insbes. bei einem Sozialplan, der sowohl Entlassungen als auch etwa Versetzungen etc betrifft, käme es zu kaum lösbaren Problemen (Zwanziger/*Zwanziger* Rn. 51 f.; HK-InsO/*Linck* Rn. 5; MüKoInsO/*Caspers* Rn. 27; Jaeger/*Giesen* Rn. 22 ff.; *Smid/Aghamiri* Rn. 1; Gottwald InsR-HdB/*Bertram* § 107 Rn. 50, § 108 Rn. 151; GK-BetrVG/*Oetker* §§ 112, 112a Rn. 401; *Fitting* §§ 112, 112a Rn. 308; aA Ahrens/Gehrlein/Ringstmeier/*Hergenröder* Rn. 9; Kübler/Prütting/Bork/*Moll* §§ 123, 124 Rn. 31 ff.; Graf-Schlicker/*Pöhlmann* Rn. 8; DKKW/*Däubler* Anh. zu §§ 111–113 InsO § 123 Rn. 23; *Steindorf/Regh* § 3 Rn. 577 f.). Folgerichtig muss dann aber auch das Entgeltvolumen der anderen Arbeitnehmer berücksichtigt, die Leistungsobergrenze also nach dem zweieinhalbfachen Monatseinkommen aller betroffenen Arbeitnehmer bestimmt werden.

Auf **freiwillige Sozialpläne** iSd § 88 BetrVG, die nicht durch den Spruch der 10
Einigungsstelle aufgestellt werden können, ist § 123 unanwendbar (Nerlich/Römermann/*Hamacher* Rn. 4a; HK-InsO/*Linck* Rn. 4; DKKW/*Däubler* Anhang zu §§ 111–113 InsO § 123 Rn. 27; aA Ahrens/Gehrlein/Ringstmeier/*Hergenröder* Rn. 10; Kübler/Prütting/Bork/*Moll* §§ 123, 124 Rn. 41 ff.; Jaeger/*Giesen* Rn. 11; *Steindorf/Regh* § 3 Rn. 570; GK-BetrVG/*Oetker* §§ 112, 112a Rn. 399). Dies gilt etwa in Unternehmen mit weniger als 21 wahlberechtigten Arbeitnehmern. Gleiches gilt auch für Vereinbarungen gem. § 28 SprAuG und Tarifsozialpläne (dazu BAG NZA 2007, 987 Rn. 77 ff.; MüKoInsO/*Caspers* Rn. 10; aA HK-InsO/*Linck* Rn. 4).

III. Gesamtvolumen

1. Absolute Obergrenze (Absatz 1). a) Einordnung. § 123 begrenzt den 11
Gesamtumfang der Sozialplanleistungen auf **zweieinhalb Monatsverdienste** iSd § 10 Abs. 3 KSchG der von einer Entlassung (vgl. → Rn. 9) betroffenen Arbeitnehmer. Dieser absolute Höchstbetrag ergänzt die Grundsätze zur Bemessung von

Sozialplanleistungen aus § 112 Abs. 5 BetrVG und die auch in der Insolvenz anwendbaren allgemeinen Rechtsgrundsätze, wie den betriebsverfassungsrechtlichen Gleichbehandlungsgrundsatz aus § 75 Abs. 1 BetrVG (BAG NZA 2006, 220 Rn. 27; NZA-RR 2008, 636 Rn. 17 ff.; Zwanziger/*Zwanziger* Rn. 12; diff. Kübler/Prütting/Bork/*Moll* §§ 123, 124 Rn. 51 f.). Weder muss der Sozialplan dieses Höchstvolumen ausschöpfen noch jeder Arbeitnehmer pauschal diesen Betrag erhalten. Im Rahmen ihres Ermessens und bei entsprechenden Kompensationen können einzelne Arbeitnehmer auch deutlich höhere Abfindungen erhalten (Ahrens/Gehrlein/Ringstmeier/*Hergenröder* Rn. 13 f.; FK-InsO/*Eisenbeis* Rn. 21; HK-InsO/*Linck* Rn. 12). Bei einer geringen Teilungsmasse können etwa Sozialplanleistungen nur für die am härtesten betroffenen Arbeitnehmer vorgesehen werden (*Göpfert/Helm/Huber* § 7 Rn. 41). Die absolute Obergrenze ist wegen der beschränkten Ausnahme des § 123 Abs. 2 S. 2 auch in einem Insolvenzplan einzuhalten (Kübler/Prütting/Bork/*Moll* §§ 123, 124 Rn. 88; GK-BetrVG/*Oetker* §§ 112, 112a Rn. 412; aA Zwanziger/*Zwanziger* Rn. 4). Im Konzern erscheint ihre Geltung als fraglich (*Roden* NZA 2009, 659; aA ArbG Düsseldorf 24.4.2006 – 2 BV 2/06, BeckRS 2006, 42098; *Schwarzburg* NZA 2009, 176).

12 **b) Von Entlassung betroffene Arbeitnehmer.** Die Obergrenze von zweieinhalb Monatsverdiensten iSd § 10 Abs. 3 KSchG ist am Lohnvolumen der von der Entlassung betroffenen **Arbeitnehmer** ausgerichtet. Abzustellen ist auf den betriebsverfassungsrechtlichen Arbeitnehmerbegriff gem. § 5 BetrVG (Fitting BetrVG/*Fitting* §§ 112, 112a Rn. 295). Erfasst werden damit Teilzeitbeschäftigte, Auszubildende und Heimarbeiter gem. § 5 Abs. 1 S. 2. Einbezogen werden müssen auch die Arbeitnehmer, die aufgrund der Betriebsänderung bereits ausgeschieden sind (DKKW/*Däubler* Anhang zu §§ 111–113 InsO § 123 Rn. 5). Leiharbeitnehmer sind im Entleiherbetrieb einzubeziehen, wenn die Betriebsänderung Auswirkungen auf ihre wirtschaftliche Situation hat (vgl. GK-BetrVG/*Raab* § 5 Rn. 104). Ein völliger Ausschluss von Arbeitnehmern, die einen Wechsel in eine Transfergesellschaft abgelehnt haben, ist nicht gerechtfertigt (LAG Hamm BeckRS 2014, 73773). Organmitglieder etc iSv § 5 Abs. 2 BetrVG und leitende Angestellte nach § 5 Abs. 3, 4 BetrVG sind nicht zu berücksichtigen (FK-InsO/*Eisenbeis* Rn. 10; Jaeger/*Giesen* Rn. 39; Gottwald InsR-HdB/*Bertram* § 107 Rn. 51).

13 Von einer **Entlassung** sind alle Arbeitnehmer betroffen, die ihren Arbeitsplatz infolge der Betriebsänderung verlieren (MüKoInsO/*Caspers* Rn. 60), unabhängig vom rechtlichen Beendigungstatbestand (FK-InsO/*Eisenbeis* Rn. 10). Die Beendigungsgründe sind grds. übereinstimmend mit § 17 Abs. 1 S. 2 KSchG und in § 112a Abs. 1 S. 2 BetrVG zu verstehen (*Steindorf/Regh* § 3 Rn. 575), ohne aber, wie § 17 KSchG (EuGH NZA 2005, 213 Rn. 30), richtlinienkonform ausgelegt werden zu müssen. In erster Linie erfasst werden betriebsbedingte Kündigungen des Insolvenzverwalters, aber auch Aufhebungsvereinbarungen (Jaeger/*Giesen* Rn. 40 f.). Die dreiseitige Vereinbarung beim Übergang in eine Transfergesellschaft beinhaltet ua eine Beendigung des Arbeitsverhältnisses mit dem bisherigen Arbeitgeber, weswegen diese Fälle zu berücksichtigen sind (vgl. *Niklas/Koehler* NZA 2010, 913 [914]). Einzuberechnen sind auch Änderungskündigungen, da sie zu einer Beendigung des Arbeitsverhältnisses führen können (vgl. KR-KSchR/*Weigand* KSchG § 17 Rn. 41; *Niklas/Koehler* NZA 2010, 913 f.), außerdem die früher entlassenen Arbeitnehmer, für die ein Sozialplan nach § 124 widerrufen wurde (Zwanziger/*Zwanziger* Rn. 22; Ahrens/Gehrlein/Ringstmeier/*Hergenröder* Rn. 20). Die Zahl der betroffenen Arbeitnehmer kann sich durch erfolgreiche Kündigungsschutzklagen verändern (vgl. dazu *Steindorf/Regh* § 3 Rn. 606).

14 Erfasst werden auch vom **Insolvenzverwalter veranlasste Eigenkündigungen der Arbeitnehmer** (*Niklas/Koehler* NZA 2010, 913; aA ErfK/*Kiel* KSchG § 17 Rn. 14) bzw. Aufhebungsverträge, vgl. § 17 Abs. 1 S. 2 KSchG (Uhlenbruck/*Zobel* §§ 123, 124 Rn. 20; HK-InsO/*Linck* Rn. 14; *Steindorf/Regh* § 3 Rn. 575; *Annuß* NZI 1999, 344 [349]). Vom Arbeitgeber ist eine Eigenkündigung veranlasst, wenn dieser beim Arbeitnehmer die berechtigte Annahme hervorgerufen hat, mit der eigenen Initiative zur Kündigung des Arbeitsverhältnisses einer sonst notwendig werdenden betriebsbedingten Kündigung des Arbeitgebers nur zuvorzukommen (BAG NZA 2007, 756 Rn. 14; 2009, 970 Rn. 32). Ausreichend ist, wenn der Arbeitgeber dem Arbeitnehmer mitgeteilt hat, er habe für ihn nach Durchführung der Betriebsänderung keine Beschäftigungsmöglichkeit mehr (BAG NZA 1991, 692 [693]; ZIP 2003, 1414 [1415]; HK-InsO/*Linck* Rn. 14; aA FK-InsO/*Eisenbeis* Rn. 10). Unzureichend ist dagegen idR ein bloßer Hinweis des Insolvenzverwalters auf eine unsichere Lage des Unternehmens, auf notwendig werdende Betriebsänderungen oder der Rat, sich eine neue Stelle zu suchen (BAG NZA 1995, 489 [490 f.]; 1996, 271 [273]), doch kann dem im Insolvenzverfahren eine weitergehende Bedeutung beizumessen sein. Der Sozialplan darf nicht zwischen einer Arbeitgeber- und einer vom Insolvenzverwalter veranlassten Eigenkündigung unterscheiden (BAG NZA-RR 2008, 636 Rn. 19 f.).

15 **Keine Entlassungen** in diesem Sinn stellen personen- und verhaltensbedingte Kündigungen des Insolvenzverwalters (abw. *Niklas/Koehler* NZA 2010, 913) und insbes. fristlose Kündigungen dar, § 17 Abs. 4 KSchG. Ausgenommen bleiben auch die durch Fristablauf oder Erreichen der Altersgrenze (MüKoInsO/*Caspers* Rn. 60) oder Anfechtung (KR-KSchG/*Weigand* KSchG § 17 Rn. 45) beendeten Arbeitsverhältnisse. Ein Übergang in eine Teilzeitbeschäftigung oder die Altersteilzeit kann im Einzelfall mit einer Entlassung gleichzustellen sein.

16 **c) Zweieinhalb Monatsverdienste.** Das **Sozialplanvolumen** ist auf zweieinhalb Monatsverdienste der betroffenen, also ausscheidenden Arbeitnehmer beschränkt. Der Monatsverdienst ist infolge der gesetzlichen Verweisung nach § 10 Abs. 3 KSchG zu bestimmen und umfasst, was dem konkreten Arbeitnehmer bei der für ihn maßgebenden regelmäßigen Arbeitszeit in dem Monat, in dem gem. § 9 Abs. 2 KSchG das Arbeitsverhältnis endet, an Geld- und Sachbezügen zusteht. Abzustellen ist auf den **Bruttoverdienst** ohne Abzug von Steuern und Sozialversicherungsbeiträgen (Nerlich/Römermann/*Hamacher* Rn. 20; ErfK/*Kiel* KSchG § 10 Rn. 3; *Göpfert/Gossak* § 10 Rn. 185). Nachzahlungen sind dem Monat zuzurechnen für den, nicht in dem sie gezahlt werden. Maßgebend ist die regelmäßig individuelle, nicht die betriebsübliche Arbeitszeit (*Kittner/Däubler/Zwanziger/Zwanziger* KSchG § 10 Rn. 18). Regelmäßige Überstunden sind zu berücksichtigen, nicht aber unregelmäßige Schwankungen durch Überstunden oder Kurzarbeit (KR-KSchG/*Spilger* KSchG § 10 Rn. 29; *Steindorf/Regh* § 3 Rn. 579). Verdienstmindernde Krankheiten oder Urlaub sind unbeachtlich (FK-InsO/*Eisenbeis* Rn. 11; KR-KSchG/*Spilger* § 10 Rn. 29; Fitting BetrVG/*Fitting* §§ 112, 112a Rn. 301; Kittner/Däubler/Zwanziger/*Zwanziger* KSchG § 10 Rn. 18).

17 **Geldbezüge** umfassen neben den Grundvergütungen, wie Gehalt, Fixum, alle anderen Zuwendungen mit Entgeltcharakter. Werden diese Entgeltleistungen für einen längeren Zeitraum gewährt, etwa als 13. Monatsgehalt, Umsatzbeteiligungen oder Tantiemen, sind diese zeitanteilig umzulegen (ErfK/*Kiel* KSchG § 10 Rn. 3; Backmeister/Trittin/Mayer/*Backmeister* KSchG § 10 Rn. 20; Ahrens/Gehrlein/Ringstmeier/*Hergenröder* Rn. 22). Einzubeziehen sind auch arbeitsvertraglich geschuldete Urlaubsgelder (KR-KSchR/*Spilger* KSchG § 10 Rn. 33; ErfK/*Kiel* KSchG § 10 Rn. 3). Auch Leistungsbezüge und Zulagen, wie Schicht-

zulagen, Nachtarbeitszuschläge oder Gefahrenzulagen, sind einzuberechnen, nicht aber aufwendungsersetzende Zuwendungen, also Spesen oder Schmutzzulagen (HK-InsO/*Linck* Rn. 15; Gottwald InsR-HdB/*Bertram* § 107 Rn. 56; KR-KSchR/*Spilger* KSchG § 10 Rn. 33). Erfasst werden im Allgemeinen Gratifikationen (MüKoInsO/*Caspers* Rn. 61), nicht aber Jubiläumszulagen und ggf. entsprechende Sonderzahlungen anlässlich von Einzelereignissen (Kübler/Prütting/Bork/*Moll* §§ 123, 124 Rn. 60; *Steindorf/Regh* § 3 Rn. 580).

18 **Sachbezüge** umfassen auf Naturalleistungen gerichtete Vergütungsbestandteile, wie die Überlassung einer Wohnung, eines auch privat nutzbaren Dienstwagens oder Mobiltelefons, freie Verpflegung bzw. den verbilligten Bezug von Sachleistungen. Unerheblich ist, ob der Arbeitnehmer etwa einen Dienstwagen auch privat nutzen darf (Backmeister/Trittin/Mayer/*Backmeister* KSchG § 10 Rn. 21a). Anzusetzen sind die Marktpreise (vgl. BAGE 10, 23 [28]), nicht die steuer- oder sozialversicherungsrechtlichen Sätze (Kittner/Däubler/Zwanziger/*Zwanziger* KSchG § 10 Rn. 19).

19 **Maßgebender Zeitraum,** nach dem der Monatsverdienst zu bestimmen ist, ist gem. den §§ 10 Abs. 3, 9 Abs. 2 KSchG der Monat, in dem das Arbeitsverhältnis des Arbeitnehmers endet. Bei Aufstellung des Sozialplans ist oft noch nicht vorhersehbar, wann die Arbeitsverhältnisse enden. Dennoch muss aufgrund der ausdrücklichen gesetzlichen Verweisung dieser Bezugspunkt gewählt werden (Zwanziger/*Zwanziger* Rn. 19; Ahrens/Gehrlein/Ringstmeier/*Hergenröder* Rn. 24; HK-InsO/*Linck* Rn. 16; HambK-InsO/*Ahrendt* Rn. 6; *Steindorf/Regh* § 3 Rn. 583; GK-BetrVG/*Oetker* §§ 112, 112a Rn. 408; DKKW/*Däubler* Anhang zu §§ 111–113 InsO § 123 Rn. 10; Richardi/*Annuß* Anh. zu § 113 Rn. 6; *Annuß* NZI 1999, 344 [349]). Wie die relative Obergrenze erweist, ist eine erst nach Aufstellung des Sozialplans zu erreichende Klärung unschädlich. Das Gesamtvolumen des Sozialplans kann etwa abstrakt bestimmt und ein Punktesystem über die Verteilungsrelation aufgestellt werden (Fitting BetrVG/*Fitting* §§ 112, 112a Rn. 298). Es kann nicht entscheidend sein, wann die Betriebsänderung durchgeführt und die Mehrzahl der betroffenen Arbeitnehmer entlassen wird (FK-InsO/*Eisenbeis* Rn. 11), zumal bei einer stufenweisen Stilllegung kaum geringere Schwierigkeiten auftreten. Auch die Aufstellung des Sozialplans passt nicht (Kübler/Prütting/Bork/*Moll* §§ 123, 124 Rn. 62; Gottwald InsR-HdB/*Bertram* § 107 Rn. 53), denn dann wird der geltende individuell-konkrete Referenzmaßstab aufgegeben.

20 **d) Überschreitung der absoluten Obergrenze.** Übersteigen die Sozialplanleistungen die in Absatz 1 bestimmte absolute Obergrenze, hat dies grds. die **Nichtigkeit des Sozialplans** gem. § 134 BGB zur Folge (Nerlich/Römermann/*Hamacher* Rn. 24; HK-InsO/*Linck* Rn. 18; *Steindorf/Regh* § 3 Rn. 588; aA Kübler/Prütting/Bork/*Moll* §§ 123, 124 Rn. 91 ff.; MüKoInsO/*Caspers* Rn. 64). Dies ist nach dem Grundsatz des § 226 BGB zu korrigieren, wenn der Mehrbetrag geringer als die durch eine Neuverhandlung entstehenden Kosten ist (Zwanziger/*Zwanziger* Rn. 38). Wird die Obergrenze um einen höheren Betrag überschritten, kann der Sozialplan ggf. nach § 140 BGB umgedeutet werden (Uhlenbruck/*Zobel* §§ 123, 124 Rn. 18). Dies kommt allerdings nur in Betracht, wenn der Sozialplan die Verteilungsmaßstäbe zweifelsfrei bestimmt und die Verteilungskriterien durch eine anteilige Kürzung nicht berührt werden (FK-InsO/*Eisenbeis* Rn. 12; *Steindorf/Regh* § 3 Rn. 589). Zu prüfen ist, ob im Sozialplan bei einem anderen Leistungsvolumen ein abweichender Verteilungsmaßstab gewählt würde (Ahrens/Gehrlein/Ringstmeier/*Hergenröder* Rn. 25). Zulässig ist eine Nachbesserungsklausel, die bei einer Überschreitung über die Kürzungsmethode bestimmt (HK-InsO/*Linck* Rn. 19; Fitting BetrVG/*Fitting* §§ 112, 112a Rn. 305; Richardi/*Annuß* Anh. zu § 113 Rn. 9). Ein Wegfall der Geschäftsgrundlage muss

wegen der vorrangigen Umdeutung systematisch ausscheiden (vgl. Kübler/Prütting/Bork/*Moll* §§ 123, 124 Rn. 92; *Smid/Aghamiri* Rn. 23; aA Nerlich/Römermann/*Hamacher* Rn. 35).

Sonstige Wirkungen sind aus der Nichtigkeit abzuleiten. Bei einem durch die Einigungsstelle aufgestellten Sozialplan ist die zweiwöchige Frist aus § 76 Abs. 5 S. 4 BetrVG unanwendbar, weil der Sozialplan gegen zwingendes Recht verstößt und nicht ermessensfehlerhaft ist (DKKW/*Däubler* Anhang zu §§ 111–113 InsO § 123 Rn. 15; Uhlenbruck/*Zobel* §§ 123, 124 Rn. 18; HK-InsO/*Linck* Rn. 18). Über einen anderen Sozialplan müssen die Beteiligten erneut verhandeln (FK-InsO/*Eisenbeis* Rn. 13; Fitting BetrVG/*Fitting* §§ 112, 112a Rn. 307). Haben Arbeitnehmer bereits höhere Leistungen erhalten, als ihnen nach dem neuen Sozialplan zusteht, sind sie zur Herausgabe nach § 812 Abs. 1 S. 1 Alt. 1 BGB verpflichtet, soweit sie sich nicht auf den Wegfall der Bereicherung gem. § 818 Abs. 3 BGB berufen können (Nerlich/Römermann/*Hamacher* Rn. 26; GK-BetrVG/*Oetker* §§ 112, 112a Rn. 417). Ggf. kann dann ein Schadensersatzanspruch auf Ersatz eines Gemeinschaftsschadens gegen den Insolvenzverwalter bestehen (vgl. BGH NJW-RR 1990, 45 [46]). 21

2. Relative Obergrenze (Absatz 2 Satz 2). a) Einordnung. Als zweite Grenze darf nach § 123 Abs. 2 S. 2 zur Berichtigung der Sozialplanforderungen **nicht mehr als ein Drittel der Masse** verwendet werden, die ohne einen Sozialplan für die Verteilung an die Insolvenzgläubiger zur Verfügung stünde. Anders als die absolute Obergrenze (→ Rn. 11) gilt diese relative Grenze nicht im Insolvenzplanverfahren, Absatz 2 Satz 2 (dazu Jaeger/*Giesen* Rn. 53 ff.). Sind im Unternehmen mehrere Sozialpläne aufgestellt, darf der Gesamtumfang der Sozialplanverbindlichkeiten diese relative Grenze nicht übersteigen. Ein Bemessungsdurchgriff wegen Existenzvernichtungshaftung (BAG NZA 2014, 1112 Rn. 28) ist möglich (*Löwisch* ZIP 2015, 209 [211]). 22

b) Teilungsmasse. Mit der für die Verteilung zur Verfügung stehenden Masse stellt das Gesetz auf die **Soll-Masse** (zum Begriff Ahrens/Gehrlein/Ringstmeier/*Ahrens* § 35 Rn. 10) ab. Die vom Insolvenzverwalter in Verwaltung genommene Ist-Masse ist in doppelter Hinsicht zu konkretisieren. Zunächst ist die Masse um Aussonderungen, §§ 47 f., Absonderungen, §§ 49 ff., Aufrechnungsbeträge, §§ 94 ff., Verfahrenskosten, § 54, und um andere Masseverbindlichkeiten, § 55, zu bereinigen. Sodann ist das vom Insolvenzverwalter ermittelte, aufgrund einer Anfechtung zurückgewährte oder sonstige zur Masse gezogene Vermögen hinzuzurechnen. Nur wenn danach eine zu verteilende Masse verbleibt, also nicht bei einer Masseunzulänglichkeit nach § 207 (LAG Düsseldorf NZI 2014, 183; Vorinstanz ArbG Duisburg NZI 2013, 752; Parallelverfahren LAG Düsseldorf ZIP 2014, 592, jeweils zur Feststellungsklage und Verjährung), dürfen Sozialplanleistungen erbracht werden. Damit steht regelmäßig erst bei der Schlussverteilung, § 196, die Höhe der Sozialplanleistungen fest. 23

c) Überschreitung der relativen Obergrenze (Absatz 2 Satz 3). Eine **anteilige Kürzung** aller Forderungen erfolgt, wenn die Gesamtsumme aller Sozialplanverbindlichkeiten die Grenze von einem Drittel der Teilungsmasse übersteigt, Absatz 2 Satz 3. Bei diesem gesetzlichen Kürzungsmechanismus handelt es sich um eine verfahrensrechtliche Verteilungssperre, die den Sozialplan wirksam bleiben lässt (Kübler/Prütting/Bork/*Moll* §§ 123, 124 Rn. 107; Gottwald InsR-HdB/*Bertram* § 107 Rn. 61). Folgerichtig bleiben auch die Forderungen der Arbeitnehmer unberührt, weswegen die nicht befriedigten Forderungsquoten nach Beendigung des Insolvenzverfahrens geltend gemacht werden können, §§ 201 Abs. 1, 215 Abs. 2 S. 2 (FK-InsO/*Eisenbeis* Rn. 16; Ahrens/Gehrlein/Ringstmeier/*Hergenröder* Rn. 30; Nerlich/Römermann/*Hamacher* Rn. 33). Ge- 24 setzlich nicht geregelt ist ein **Überschreiten der absoluten Obergrenze.** Dies soll ein Gesetzesverstoß iSv § 134 BGB darstellen, doch wird dann regelmäßig, gestützt auf § 140 BGB, eine anteilige Leistungskürzung erfolgen können (Jaeger/*Giesen* Rn. 61 ff.).

IV. Rang und Durchsetzung

25 **1. Masseverbindlichkeit (Absatz 2 Satz 1).** Nach Absatz 2 Satz 1 sind die Verbindlichkeiten aus einem Insolvenzsozialplan Masseverbindlichkeiten, wegen der Beschränkung auf ein Drittel der Teilungsmasse aber **letztrangige Masseverbindlichkeiten,** die bei einer Verteilung nach § 209 unbeachtlich bleiben (BAG NZI 2010, 317 Rn. 12; → Rn. 2). Sie sind damit lediglich gegenüber den Insolvenzforderungen vorrangig. Die Höherstufung der Sozialplanverbindlichkeiten gegenüber der früheren Rechtslage aus den §§ 2, 4 S. 1 SozPlKonkG iVm § 61 Abs. 1 Nr. 1 lit. a KO von einer bevorrechtigten Konkursforderung zu einer Masseverbindlichkeit hat die Rechtsstellung der Sozialplangläubiger lediglich formell verbessert. Von den Insolvenzforderungen unterscheiden sich die Sozialplanforderungen va, weil sie nicht zur Tabelle angemeldet und festgestellt werden müssen (BAG NZI 2010, 317 Rn. 12; MüKoInsO/*Caspers* Rn. 68 f.; FK-InsO/*Eisenbeis* Rn. 6, 18; Gottwald InsR-HdB/*Bertram* § 107 Rn. 49). Als Masseverbindlichkeiten bleiben die Sozialplanforderungen aber auch von einer Restschuldbefreiung (FK-InsO/*Ahrens* § 301 Rn. 15) oder einer Schuldbefreiung aufgrund eines Insolvenzplans unberührt.

26 Infolge der Erfüllungsbeschränkung auf ein Drittel der Teilungsmasse können Sozialplanforderungen **keine Masseunzulänglichkeit** iSd § 208 Abs. 1 begründen (Richardi/*Annuß* Anh. zu § 113 Rn. 8; *Annuß* NZI 1999, 344 [350]). Da die Sozialplanverbindlichkeiten im Rahmen von § 209 unberücksichtigt bleiben, werden sie bei einer Masseunzulänglichkeit niemals befriedigt (Ahrens/Gehrlein/Ringstmeier/*Hergenröder* Rn. 33; MüKoInsO/*Caspers* Rn. 68).

27 **2. Abschlagszahlungen (Absatz 3 Satz 1).** Es gilt eine **modifizierte Leistungspflicht.** Sooft hinreichende Barmittel in der Masse vorhanden sind, soll der Insolvenzverwalter nach Absatz 3 Satz 1 mit Zustimmung des Insolvenzgerichts Abschlagszahlungen auf die Sozialplanforderungen leisten. Auch diese Regelung weist die Rangrückstufung dieser Verbindlichkeiten aus, denn fällige Masseansprüche muss der Verwalter sonst vorbehaltlich § 209 befriedigen (Jaeger/*Henckel* § 53 Rn. 27). Systematisch ist die Regelung der Bestimmung des § 187 Abs. 2 S. 1 über die Befriedigung der Insolvenzgläubiger angenähert. Unterschiede bestehen, weil Sozialplanforderungen nicht in ein Verteilungsverzeichnis aufgenommen werden müssen (Jaeger/*Meller-Hannich* § 187 Rn. 6) und deswegen abweichend von § 187 Abs. 1 bereits vor dem allgemeinen Prüftermin, § 176, Abschlagszahlungen geleistet werden können.

28 Wann **hinreichende Barmittel** vorhanden sind, ist übereinstimmend mit § 187 Abs. 2 S. 1 auszulegen (vgl. dazu Ahrens/Gehrlein/Ringstmeier/*Wagner* § 187 Rn. 4; FK-InsO/*Kießner* § 187 Rn. 12). Für den Insolvenzverwalter ist jeweils die gleiche Vorsicht geboten, um eine Haftung nach § 60 Abs. 1 auszuschließen. Werden Abschlagsverteilungen an die Insolvenzgläubiger vorgenommen, sind auch Zahlungen an die Sozialplangläubiger zu leisten. Das sonst vorhandene Ermessen des Insolvenzverwalters (FK-InsO/*Kießner* § 187 Rn. 9) ist insoweit durch das aus der Einordnung als letztrangige Masseverbindlichkeiten resultierende Verbot einer Schlechterstellung auf Null reduziert. Wegen der Interessenkollision mit den Insolvenzgläubigern ist die Zahlung nicht wie nach § 187 Abs. 3 S. 2 an die Zustimmung eines Gläubigerausschusses, sondern an die des Insolvenzgerichts gebunden. Der auf ein Drittel der Teilungsmasse (→ Rn. 22 ff.)

beschränkte endgültige Leistungsumfang wird erst bei der Schlussverteilung feststehen (Ahrens/Gehrlein/Ringstmeier/*Hergenröder* Rn. 34). Bei einer Nachtragsverteilung gem. § 203 entfällt ein Drittel auf die noch nicht befriedigten Sozialplanforderungen. Mit diesen Terminen wird der Anspruch fällig, Ausnahme bei Masseunzulänglichkeit Rn. 23, und die geltende regelmäßige Verjährungsfrist des § 195 BGB beginnt zu laufen (LAG Düsseldorf NZI 2014, 183; ZIP 2014, 592; *Pott* NZI 2015, 539).

3. Vollstreckung und Verfahren. a) Zwangsvollstreckung. Gem. Absatz 3 Satz 2 ist eine Zwangsvollstreckung in die Masse wegen einer Sozialplanforderung **unzulässig.** Über die allgemeinen Vorschriften der §§ 89, 90 hinaus besteht ein Zwangsvollstreckungsverbot für diese durch Rechtshandlungen des Verwalters begründeten Masseverbindlichkeiten aus Sozialplänen. Dieses Vollstreckungsverbot ist erforderlich, um die relative Obergrenze für Sozialplanforderungen (→ Rn. 22 ff.) zu sichern. 29

b) Verfahren. Sozialplanansprüche sind bei einem Streit mit dem Insolvenzverwalter durch eine allgemeine **Feststellungsklage** geltend zu machen. Das erforderliche Feststellungsinteresse besteht, wenn der Insolvenzverwalter das Recht des Gläubigers ernstlich bestreitet und das Urteil geeignet ist, diese Gefahr zu beseitigen (BAG NZI 2010, 317 Rn. 16; LAG Hamm BeckRS 2014, 73773). Wegen des Zwangsvollstreckungsverbots aus Absatz 3 Satz 2 fehlt einer Leistungsklage grds. das erforderliche Rechtschutzbedürfnis, da ein entsprechender Leistungstitel dauerhaft keine Vollstreckungsgrundlage darstellt (BAG NJW 2003, 989 [990]; NZA 2006, 220 Rn. 14; ZInsO 2010, 2193 Rn. 8; HK-InsO/*Linck* Rn. 27). Dies gilt auch, wenn der Sozialplan erst nach Anzeige der Masseunzulänglichkeit vereinbart ist, denn § 209 Abs. 1 Nr. 2 enthält keine Spezialregelung, die Absatz 3 Satz 2 verdrängt (BAG NZI 2010, 317 Rn. 11; ZInsO 2010, 2193 Rn. 8). Ausnahmsweise soll eine Leistungsklage aber bei Streitigkeiten über eine gleichmäßige Befriedigung zwischen den Sozialplangläubigern zulässig sein (LAG Hamm BeckRS 2006, 42016; offengelassen von BAG NZI 2010, 317 Rn. 10; einschränkend Nerlich/Römermann/*Hamacher* Rn. 44). 30

Sozialplan vor Verfahrenseröffnung

124 (1) **Ein Sozialplan, der vor der Eröffnung des Insolvenzverfahrens, jedoch nicht früher als drei Monate vor dem Eröffnungsantrag aufgestellt worden ist, kann sowohl vom Insolvenzverwalter als auch vom Betriebsrat widerrufen werden.**

(2) **Wird der Sozialplan widerrufen, so können die Arbeitnehmer, denen Forderungen aus dem Sozialplan zustanden, bei der Aufstellung eines Sozialplans im Insolvenzverfahren berücksichtigt werden.**

(3) [1] **Leistungen, die ein Arbeitnehmer vor der Eröffnung des Verfahrens auf seine Forderung aus dem widerrufenen Sozialplan erhalten hat, können nicht wegen des Widerrufs zurückgefordert werden.** [2] **Bei der Aufstellung eines neuen Sozialplans sind derartige Leistungen an einen von einer Entlassung betroffenen Arbeitnehmer bei der Berechnung des Gesamtbetrags der Sozialplanforderungen nach § 123 Abs. 1 bis zur Höhe von zweieinhalb Monatsverdiensten abzusetzen.**

Schrifttum: Bei § 120.

Übersicht

I. Normzweck

1 **Insolvenznahe Sozialpläne,** die nicht früher als drei Monate vor dem Eröffnungsantrag aufgestellt werden, sollen die Arbeitnehmer grds. nicht besser als Sozialpläne in der Insolvenz stellen. In der kritischen Phase kurz vor der Eröffnung aufgestellte Insolvenzpläne dienen regelmäßig bereits dazu, solche Nachteile auszugleichen, die mit der Eröffnung des Insolvenzverfahrens im Zusammenhang stehen. Der Gesetzgeber hat es deswegen als interessengerecht angesehen, durch das Widerrufsrecht aus Abs. 1 die von solchen Sozialplänen begünstigten Arbeitnehmer weitgehend den Arbeitnehmern gleichzustellen, denen Forderungen aus einem im Insolvenzverfahren aufgestellten Sozialplan zustehen (BT-Drs. 12/2334, 155; LAG Nds ZInsO 2010, 780 [782]). Allerdings soll nicht allein eine Gleichbehandlung zwischen den Arbeitnehmern ermöglicht werden. Dann wäre das Widerrufsrecht entbehrlich, wenn alle Arbeitnehmer durch den vorinsolvenzlichen Sozialplan begünstigt werden. Vielmehr soll der in § 123 verankerter **Gleichbehandlungsgedanke zwischen Arbeitnehmern und anderen Insolvenzgläubigern** (→ § 123 Rn. 1) auf den kritischen Zeitraum vor der Insolvenz erstreckt werden.

2 Verhindert werden soll eine **Ungleichbehandlung** der von einem vorinsolvenzlichen Sozialplan betroffenen Arbeitnehmer. Damit wird eine Besserstellung verhindert, denn die absolute und relative Höchstgrenze der Sozialplanforderungen aus § 123 kann auf sie erstreckt werden. Es kommt aber auch zu keiner Schlechterstellung, denn diese Arbeitnehmer können ebenfalls Sozialplanforderungen als Masseverbindlichkeiten erwerben (LAG Nds ZInsO 2010, 780 [782]). Begrenzt wird der Gleichbehandlungsgedanke durch den Vertrauensschutz. Erbrachte Leistungen können aufgrund des Widerrufs nicht zurückgefordert werden, doch sind sie im Rahmen eines Insolvenzsozialplans zu berücksichtigen, Abatz. 3 Satz 1 u. 2. Die Regelungen eines **nicht insolvenznahen Sozialplans** sind nicht anzuwenden, soweit der Spruch der Einigungsstelle die Kompetenzgrenzen überschreitet und für das Unternehmen wirtschaftlich nicht vertretbar ist, § 112 Abs. 5 S. 1 BetrVG (GK-BetrVG/*Oetker* §§ 112, 112a Rn. 420 ff.). Die Grenzen der wirtschaftlichen Vertretbarkeit sind regelmäßig überschritten, wenn die Erfüllung der Sozialplanverbindlichkeiten zu einer Illiquidität, zur bilanziellen Überschuldung oder zu einer nicht mehr vertretbaren Schmälerung des Eigenkapitals führt (BAG NZA-RR 2013, 409 Rn. 18).

II. Anwendungsbereich

3 **1. Sachlicher Anwendungsbereich.** Wegen des übereinstimmenden Regelungsgedankens besteht beim sachlichen Anwendungsbereich **eine Parallele zu § 123** (MüKoInsO/*Caspers* Rn. 2; → § 123 Rn. 9 f.). Folgerichtig ist § 124 nicht nur auf Entlassungssozialpläne anwendbar (DKKW/*Däubler* Anhang zu §§ 111–113 InsO § 124 Rn. 1; aA Kübler/Prütting/Bork/*Moll* §§ 123, 124 Rn. 31 ff.; *Steindorf/Regh* § 3 Rn. 614), jedoch nicht auf freiwillige Sozialpläne

(aA Jaeger/*Giesen* Rn. 8). Der Sozialplan ist von den Betriebsparteien schriftlich niederzulegen und vom Unternehmer sowie Betriebsratsvorsitzenden zu unterschreiben, § 112 Abs. 1 S. 1, 2 iVm § 26 Abs. 2 BetrVG und muss den sonstigen Wirksamkeitsvoraussetzungen genügen (→ § 123 Rn. 6).

2. Zeitlicher Anwendungsbereich. Es gilt eine **Drei-Monats-Frist.** Erfasst werden die vor der Eröffnung des Insolvenzverfahrens, aber nicht früher als drei Monate vor Eröffnung des Insolvenzverfahrens aufgestellten Sozialpläne. Insoweit verdrängt § 124 als speziellere Regelung das Kündigungsrecht aus § 120 (Zwanziger/*Zwanziger* § 120 Rn. 5), das nur auf früher aufgestellte Sozialpläne anwendbar ist. Sehen Altsozialpläne wiederkehrende Leistungen vor, ist danach zu differenzieren, auf welchen Zeitraum sich die Leistungen beziehen (Ahrens/Gehrlein/Ringstmeier/*Hergenröder* Rn. 4). Die Frist kann nicht durch einen früher aufgestellten, aber durch die Insolvenz bedingten Sozialplan umgangen werden (LAG Nds ZInsO 2010, 780 [782]). Für die nach Eröffnung des Insolvenzverfahrens aufgestellten Sozialpläne gilt § 123. Wegen der gesetzlichen Zielsetzung und Systematik sowie aufgrund des zweifelsfreien Wortlauts ist § 124 auf die im Eröffnungsverfahren aufgestellten Sozialpläne anzuwenden (DKKW/*Däubler* Anh. zu §§ 111–113 InsO § 124 Rn. 8; *Steindorf/Regh* § 3 Rn. 608). Unerheblich ist, ob der Sozialplan mit dem Arbeitgeber oder dem vorläufigen Insolvenzverwalter vereinbart wurde (Nerlich/Römermann/*Hamacher* Rn. 7). 4

Die **Fristberechnung** erfolgt für die Rückwärtsfrist analog der §§ 187 ff. BGB (vgl. *Krause* NJW 1999, 1448). § 139 Abs. 1 ist entsprechend anwendbar (HK-InsO/*Linck* Rn. 2; Zwanziger/*Zwanziger* Rn. 4). Abzustellen ist auf die Frist zwischen dem Tag des Eröffnungsantrags und der Aufstellung des Sozialplans, nicht dem Eintritt seiner Wirkungen. Aufgestellt ist der Sozialplan, wenn er von beiden Parteien unterschrieben ist (*Göpfert/Gossak* § 10 Rn. 194). Bei mehreren Insolvenzanträgen ist der erste Antrag maßgebend (Ahrens/Gehrlein/Ringstmeier/*Hergenröder* Rn. 3; *Steindorf/Regh* § 3 Rn. 608). Unschädlich sind zunächst bestehende Zulässigkeitshindernisse, wenn diese geheilt werden. 5

III. Ausübung und Ausschluss des Widerrufsrechts

Widerrufsberechtigt sind nach § 124 Abs. 1 sowohl der Insolvenzverwalter als auch der Betriebsrat (*Ahrens* ZInsO 2003, 581 [585]). Grds. ist dies das betriebliche Vertretungsorgan, das den Sozialplan aufgestellt hat bzw. an der Einigungsstellenverhandlung beteiligt war. Wurde der Sozialplan durch den Gesamtbetriebsrat aufgestellt, ist dieser widerrufsbefugt (Nerlich/Römermann/*Hamacher* Rn. 9). Der Widerruf durch den Betriebsrat erfordert einen ordnungsgemäßen Betriebsratsbeschluss, § 33 BetrVG. Das Restmandat des Betriebsrats aus § 21b BetrVG erstreckt sich auch auf das Widerrufsrecht (Fitting BetrVG/*Fitting* §§ 112, 112a Rn. 322). Ein vorläufiger Insolvenzverwalter ist nicht widerrufsberechtigt (Zwanziger/*Zwanziger* Rn. 3), weil der Widerruf frühestens mit Eröffnung des Insolvenzverfahrens erklärt werden kann. 6

Für den Widerruf gilt **Form- sowie Fristfreiheit.** Auch ist **kein Grund** erforderlich (Uhlenbruck/*Zobel* §§ 123, 124 Rn. 32; Ahrens/Gehrlein/Ringstmeier/*Hergenröder* Rn. 7). Als empfangsbedürftige Willenserklärung muss der Widerruf der anderen Seite gem. § 130 BGB zugehen (Kübler/Prütting/Bork/*Moll* §§ 123, 124 Rn. 134; *Steindorf/Regh* § 3 Rn. 610). Der Sozialplan kann, muss aber nicht widerrufen werden. Der Insolvenzverwalter ist nicht verpflichtet, einen insolvenznahen Sozialplan zu widerrufen. Aus haftungsrechtlichen Gründen kommt auch kein pauschaler Widerruf in Betracht. Vielmehr muss der Verwalter abwägen, ob ein Widerruf günstig oder ungünstig für die Masse ist. Je höher das Volumen der noch nicht erfüllten Sozialplanforderungen ist, desto eher kommt 7 ein Widerruf in Betracht. Wenn der Verwalter den Insolvenzplan wegen eines niedrigen Dotierungsumfangs nicht widerruft, wird häufig der Betriebsrat widerrufen (HK-InsO/*Linck* Rn. 5).

8 **Ausgeschlossen** ist der Widerruf bei einem Verzicht auf das Recht (Nerlich/Römermann/*Hamacher* Rn. 9). Der Betriebsrat kann nach Eröffnung des Insolvenzverfahrens verzichten (vgl. LAG Köln NZI 2003, 335 [336]; Graf-Schlicker/*Pöhlmann* Rn. 2). An einen konkludenten Verzicht sind allerdings hohe Anforderungen zu stellen. Unzulässig ist ein Widerruf, wenn kein Betriebsrat und auch kein Restmandat mehr existiert. Der Widerruf eines insolvenznahen Sozialplans kommt nur dann in Betracht, wenn an seine Stelle ein Insolvenzsozialplan treten kann. Dies folgt bereits aus der gesetzlichen Systematik und dem Gleichbehandlungsziel, doch wird ergänzend auf den durch Art. 15 GG begründeten verfassungsrechtlichen Schutz der Sozialplanforderungen abgestellt (MüKoInsO/*Caspers* Rn. 13; HK-InsO/*Linck* Rn. 5; Ahrens/Gehrlein/Ringstmeier/*Hergenröder* Rn. 8; *Smid/Aghamiri* Rn. 4).

IV. Widerrufsfolgen

9 Der Widerruf beseitigt **rückwirkend** die Wirksamkeit des Sozialplans. Eine Nachwirkung, wie ihn § 77 Abs. 6 BetrVG bestimmt, tritt nicht ein (*Steindorf/Regh* § 3 Rn. 615). Abtretungen, Pfändungen und Verpfändungen der Sozialplanforderungen werden deswegen gegenstandslos (MüKoInsO/*Caspers* Rn. 16).

10 Eine **Rückforderung** wegen des Widerrufs der an die Arbeitnehmer erbrachten Leistungen **ist ausgeschlossen,** Absatz 3 Satz 1. Der Wortlaut der Regelung erfasst allein die vor Verfahrenseröffnung erbrachten Leistungen. Der damit begründete Vertrauensschutz gilt aber erst recht, wenn zunächst der Insolvenzverwalter leistet und anschließend den Sozialplan widerruft (*Steindorf/Regh* § 3 Rn. 616).

11 Die **Insolvenzanfechtung** eines vor Eröffnung des Insolvenzverfahrens aufgestellten Sozialplans ist zulässig. Angefochten werden kann ein vor der Drei-Monats-Frist aus Absatz 1 aufgestellter Sozialplan. Für einen insolvenznahen, in der dreimonatigen Frist aufgestellten Sozialplan besteht die Anfechtungsmöglichkeit neben dem Widerrufsrecht (Ahrens/Gehrlein/Ringstmeier/*Gehrlein* § 129 Rn. 28). Unabhängig vom Ausschluss des Rückforderungsrechts nach Absatz 3 Satz 1 können Leistungen auf Forderungen aus insolvenznahen Sozialplänen an Arbeitnehmer nach den §§ 130–132 angefochten werden. Der Sozialplan mag ein Krisenanzeichen sein, doch muss, wie bei der Lohnanfechtung (BGHZ 180, 63 Rn. 17; NZI 2009, 892 Rn. 10 ff.), dem geringeren Kenntnisstand der Arbeitnehmer Rechnung getragen werden.

12 Durch den Widerruf entsteht wieder das **Mitbestimmungsrecht des Betriebsrats,** der deswegen den Abschluss eines neuen Sozialplans verlangen kann (Nerlich/Römermann/*Hamacher* Rn. 13; Fitting BetrVG/*Fitting* §§ 112, 112a Rn. 324). Offen ist, ob dies auch bei der Insolvenzanfechtung eines Sozialplans gilt, doch wird dies zu bejahen sein. Für den neuen Sozialplan gelten die Maßstäbe des § 123. Im neuen Sozialplan können Arbeitnehmer berücksichtigt werden, denen Forderungen aus dem widerrufenen Sozialplan zustanden. Damit sind die Betriebsparteien nicht mehr an die früher festgelegten Leitlinien gebunden und können die Leistungen neu verteilen (Kübler/Prütting/Bork/*Moll* §§ 123, 124 Rn. 138; HK-InsO/*Linck* Rn. 8). Den Betriebsparteien steht aber nicht frei, diese Arbeitnehmer unberücksichtigt zu lassen, denn sie sind an den betriebsverfassungsrechtlichen Gleichbehandlungsgrundsatz gebunden, § 75 Abs. 1 BetrVG (Zwanziger/*Zwanziger* Rn. 11).

13 Bei Abschluss eines neuen Sozialplans besteht für die aufgrund des widerrufenen Sozialplans erbrachten Leistungen ein **Anrechnungsgebot.** Absatz 3 Satz 2

verlangt, dass derartige Leistungen an einen von der Entlassung betroffenen Arbeitnehmer bei der Berechnung des Sozialplanvolumens nach § 123 Abs. 1 bis zur Höhe von zweieinhalb Monatsverdiensten abzusetzen sind. Auch bei der Berechnung der individuellen Forderungen müssen derartige Leistungen berücksichtigt werden (MüKoInsO/*Caspers* Rn. 21).

V. Unterbliebener Widerruf

Sozialplanansprüche aus einem vor der Eröffnung des Insolvenzverfahrens aufgestellten, nicht widerrufenen Sozialplan begründen grds. **Insolvenzforderungen.** Der Verzicht auf einen Widerruf begründet keine Masseverbindlichkeit (BAG NJW 2003, 989 [990]; Uhlenbruck/*Zobel* §§ 123, 124 Rn. 34; FK-InsO/*Eisenbeis* Rn. 4). Ein Abfindungsanspruch begründet selbst dann keine Masseverbindlichkeit, wenn er erst nach Insolvenzeröffnung mit der Beendigung des Arbeitsverhältnisses entsteht (BAG NZA 1999, 719 [720]). Nur wenn der Sozialplan von einem vorläufigen Insolvenzverwalter mit Verwaltungs- und Verfügungsmacht gem. den §§ 22 Abs. 2 Nr. 1, 22 Abs. 1 vereinbart wurde, gelten die darin begründeten Ansprüche nach Eröffnung des Insolvenzverfahrens gem. § 55 Abs. 2 als Masseverbindlichkeiten (BAG NJW 2003, 989 [990]). 14

Interessenausgleich und Kündigungsschutz

125 (1) [1]**Ist eine Betriebsänderung (§ 111 des Betriebsverfassungsgesetzes) geplant und kommt zwischen Insolvenzverwalter und Betriebsrat ein Interessenausgleich zustande, in dem die Arbeitnehmer, denen gekündigt werden soll, namentlich bezeichnet sind, so ist § 1 des Kündigungsschutzgesetzes mit folgenden Maßgaben anzuwenden:**

1. **es wird vermutet, daß die Kündigung der Arbeitsverhältnisse der bezeichneten Arbeitnehmer durch dringende betriebliche Erfordernisse, die einer Weiterbeschäftigung in diesem Betrieb oder einer Weiterbeschäftigung zu unveränderten Arbeitsbedingungen entgegenstehen, bedingt ist;**
2. **die soziale Auswahl der Arbeitnehmer kann nur im Hinblick auf die Dauer der Betriebszugehörigkeit, das Lebensalter und die Unterhaltspflichten und auch insoweit nur auf grobe Fehlerhaftigkeit nachgeprüft werden; sie ist nicht als grob fehlerhaft anzusehen, wenn eine ausgewogene Personalstruktur erhalten oder geschaffen wird.**

[2]**Satz 1 gilt nicht, soweit sich die Sachlage nach Zustandekommen des Interessenausgleichs wesentlich geändert hat.**

(2) **Der Interessenausgleich nach Absatz 1 ersetzt die Stellungnahme des Betriebsrats nach § 17 Abs. 3 Satz 2 des Kündigungsschutzgesetzes.**

Schrifttum: Bei § 120.

Übersicht

I. Normzweck

1 Die Vorschrift führt zur **Erleichterung der Sanierung** von Unternehmen, indem wirtschaftliche Hindernisse für eine Betriebsänderung beseitigt werden. Eine Betriebsveräußerung in der Insolvenz setzt häufig Personalabbaumaßnahmen voraus. Eine auf verlässlichen Grundlagen beruhende schnelle Entscheidung über einen Betriebsübergang soll nicht durch langwierige und schwer kalkulierbare Kündigungsrechtsstreitigkeiten belastet werden (BAG NZA 2004, 432 [434]). § 125 privilegiert betriebsbedingte Kündigungen in der Insolvenz. Wenn Insolvenzverwalter und Betriebsrat einen Interessenausgleich vereinbaren, wird ein vereinfachtes Kündigungsverfahren ermöglicht, wodurch dem Insolvenzverwalter Anreize für eine Einigung gesetzt werden.

2 Das **Kündigungsschutzrecht** und insbes. das KSchG gelten auch in der Insolvenz des Arbeitgebers (Ahrens/Gehrlein/Ringstmeier/*Hergenröder* Rn. 1). Als lex specialis schränkt § 125 den allgemeinen Kündigungsschutz ein (KR-InsO/*Weigand* Rn. 2). Der individuelle Kündigungsschutz aus den §§ 1 und 2 KSchG wird zugunsten einer kollektivrechtlichen Regelungsbefugnis der Betriebsparteien modifiziert (zu § 1 Abs. 5 KSchG BAG NZA-RR 2012, 570 Rn. 33). Dem Sanierungsbedürfnis soll durch eine Kollektivierung des Kündigungsschutzes Rechnung getragen werden. Dabei ist die Regelung von der Vorstellung geprägt, der Betriebsrat werde nur unvermeidbaren Kündigungen zustimmen und auf eine ausreichende Berücksichtigung der gesetzlichen sozialen Auswahlkriterien achten (BAG NZA 2004, 432 [434]; HK-InsO/*Linck* Rn. 1). Eine gesetzliche Sicherung vor fehlgeschlagenen Erwartungen ist wegen der damit verbundenen Verzögerungen nicht installiert (zu dem daraus resultierenden Korrekturbedarf vgl. BAG NZA 2008, 633 Rn. 20, zu § 1 Abs. 5 S. 1 KSchG).

3 Die Vorschrift begründet eine **veränderte Darlegungslast und Sozialauswahl** im Rahmen eines Kündigungsschutzprozesses. Nach Absatz 1 Satz 1 Nr. 1 muss der Arbeitnehmer darlegen und beweisen, dass die Kündigung nicht durch dringende betriebliche Erfordernisse bedingt ist und eine Weiterbeschäftigungsmöglichkeit besteht. Außerdem wird die gerichtliche Kontrolle der Sozialauswahl auf die Betriebszugehörigkeit, das Lebensalter und die Unterhaltspflichten sowie eine grobe Fehlerhaftigkeit beschränkt, Absatz 1 Satz 1 Nr. 2. Wegen der reduzierten Erfolgsaussichten erscheint ein Kündigungsrechtsstreit für die Arbeitneh-

mer weniger attraktiv. Zudem wird das gerichtliche Verfahren deutlich beschleunigt.

II. Anwendungsbereich

Die Vorschrift modifiziert allein in einem **mitbestimmten Betrieb nach Eröffnung des Insolvenzverfahrens** die Kündigungsschutzvorschriften. Da der individuelle Kündigungsschutz zugunsten einer kollektiven Regelungsbefugnis eingeschränkt wird, muss ein Betriebsrat zumindest mit einem Restmandat gem. § 21b BetrVG bestehen. Nach Wortlaut, Systematik und Teleologie von § 125 muss der Interessenausgleich mit dem **Insolvenzverwalter,** auch Administrator (BAG NZI 2012, 1011), abgeschlossen werden, nicht mit dem vorläufigen Insolvenzverwalter (BAG NZA 2012, 1029 Rn. 25 ff.; KR-InsO/*Weigand* IRn. 9; ErfK/*Gallner* §§ 120–122, 125 Rn. 1; DKKW/*Däubler* Anh. zu §§ 111–113 InsO § 125 Rn. 2; *Lakies* Rn. 328), auch nicht mit einem vorläufigen Insolvenzverwalter mit Verwaltungs- und Verfügungsbefugnis gem. §§ 21 Abs. 2 Nr. 1, 22 Abs. 1 InsO, doch können dann die Wirkungen des § 1 Abs. 5 KSchG eintreten (BAG NZA 2012, 1029 Rn. 30). Der Interessenausgleich kann auch vom Unternehmer im Rahmen einer Eigenverwaltung geschlossen werden (Zwanziger/*Zwanziger* Rn. 3), der dafür keine Zustimmung des Sachwalters nach § 279 S. 3 benötigt. Geregelt werden können allein betriebsverfassungsrechtliche Gegenstände, also wegen § 5 Abs. 3 BetrVG nicht die Kündigung leitender Angestellter (MüKoInsO/*Caspers* Rn. 10; Zwanziger/*Zwanziger* Rn. 5). 4

Die Regelung setzt die **Anwendbarkeit des KSchG** voraus (MüKoInsO/*Caspers* Rn. 7; Nerlich/Römermann/*Hamacher* Rn. 4). Modifiziert werden nur die §§ 1 und 2 KSchG, dh § 125 schließt Beendigungs- und Änderungskündigungen nach den §§ 1 und 2 KSchG ein, wie aus dem Wortlaut einer Weiterbeschäftigung zu unveränderten Arbeitsbedingungen folgt (HK-InsO/*Linck* Rn. 2; *Arens/Brand* § 2 Rn. 97). § 125 erfasst nicht personen- und verhaltensbedingte Kündigungen, deren Wirksamkeit sich auch in der Insolvenz nach den allgemeinen Maßstäben des KSchG richtet (MüKoInsO/*Caspers* Rn. 72). Wie § 1 Abs. 5 KSchG (BAG NZA 2009, 954 Rn. 15) ist § 125 weder auf außerordentliche Beendigungs- noch Änderungskündigungen zu beziehen (ErfK/*Gallner* §§ 120–122, 125 Rn. 1). § 125 stellt keine Sonderregelung gegenüber § 15 KSchG dar. Betriebsratsmitglieder können deswegen nur nach § 15 Abs. 1 KSchG fristlos und nur nach § 15 Abs. 4 und 5 ordentlich gekündigt werden (BAG NZA 2006, 370 [371]). Bei Kleinbetrieben mit weniger als elf Arbeitnehmern inkl. Leiharbeitnehmer (BAG NZA 2013, 726) iSv § 23 Abs. 1 S. 2 und 3 KSchG ist zu beachten, ob es sich um einen unselbständigen Betriebsteil handelt (vgl. BAG AP KSchG 1969 § 23 Nr. 48). 5

III. Voraussetzungen

1. Betriebsänderung. Die kollektivrechtliche Beschränkung des Kündigungsschutzrechts setzt eine geplante **Betriebsänderung iSv § 111 BetrVG** voraus (KR-InsO/*Weigand* Rn. 6; *Lakies* Rn. 329). Verlangt wird eine den betriebsverfassungsrechtlichen Anforderungen aus § 111 BetrVG entsprechende Maßnahme (→ § 122 Rn. 9 ff.), wie aus der gesetzlichen Verweisung folgt. Deswegen müssen im Unternehmen zumindest 21 Arbeitnehmer beschäftigt sein. Eine Betriebsänderung kann auch durch bloßen Personalabbau erfolgen, wenn die Einschränkung eine relevante Zahl von Arbeitnehmern erfasst. Abzustellen ist auf die Zahlen- und Prozentangaben aus § 17 Abs. 1 KSchG, wobei in Großbetrieben mindestens 5 % der Belegschaft betroffen sein müssen (BAG NZA 2006, 932 Rn. 18). In Kleinbetrieben mit bis zu 20 Arbeitnehmern muss die Mindestzahl 6 des § 112a Abs. 1 Nr. 1 BetrVG von sechs Arbeitnehmern erreicht werden (BAG NZA 2011, 466 Rn. 19). Mitzuzählen sind Arbeitnehmer, bei denen im Zeitpunkt einer Massenentlassungsanzeige noch nicht feststeht, ob sie in eine Transfergesellschaft wechseln werden (BAG NZA 2012, 1029 Rn. 44).

7 Unschädlich ist nach § 128 Abs. 1 S. 1, wenn die Betriebsänderung erst nach einer **Betriebsveräußerung** durchgeführt werden soll. Geplante Kündigungen auf Basis eines Sanierungskonzepts des Insolvenzverwalters, auch im zeitlichen Zusammenhang mit einem Betriebsübergang, sind selbst dann zulässig, wenn der Betriebsveräußerer aufgrund eines Erwerberkonzepts Kündigungen aussprechen will (BAG NZA 2007, 387 [389]). Allein eine Betriebsveräußerung mit einem Betriebsübergang erfüllt nicht die Voraussetzungen (BAG AP InsO § 125 Nr. 5). Ein endgültiger Entschluss zur Betriebsstilllegung fehlt, wenn der Arbeitgeber im Zeitpunkt der Kündigung noch in Verhandlungen über eine Veräußerung des Betriebs steht und gleichwohl wegen Betriebsstilllegung kündigt (BAG NZA 2006, 720 [722]).

8 Außerhalb des Anwendungsbereichs von § 111 BetrVG ist § 125 **unanwendbar** (BAG AP InsO § 125 Nr. 4; Ahrens/Gehrlein/Ringstmeier/*Hergenröder* Rn. 7). Das Gesamtunternehmen muss deswegen regelmäßig zumindest 21 Arbeitnehmer beschäftigen, § 111 S. 1 BetrVG. Eine freiwillige Betriebsvereinbarung, die nicht die Anforderungen des § 111 BetrVG erfüllt, kann nicht die Wirkungen des § 125 begründen (FK-InsO/*Eisenbeis* Rn. 2; Uhlenbruck/*Zobel* Rn. 18; *Steindorf/Regh* § 3 Rn. 630). Allein ein Betriebsübergang nach § 613a BGB begründet noch keine Betriebsänderung (BAG NZA 2003, 93 [97]; AP InsO § 125 Nr. 4).

9 Abgestellt wird auf eine **geplante Betriebsänderung.** Damit wird eine mit § 111 S. 1 BetrVG und § 122 Abs. 1 S. 1 übereinstimmende Formulierung verwendet, deren Regelungsgehalt weitgehend übernommen wird (dazu → § 122 Rn. 16 ff.; Nerlich/Römermann/*Hamacher* Rn. 9; Braun/*Wolf* Rn. 2; KR-InsO/*Weigand* Rn. 8). In einem planerischen Vorstadium wird mangels hinreichend verdichteter Konzepte bereits die erforderliche Information über die geplante Betriebsänderung ausscheiden. Hat der Insolvenzverwalter bereits mit der **Durchführung** der Maßnahme begonnen, ist eine Unterrichtung nach § 111 S. 1 BetrVG und § 122 Abs. 1 S. 1 verspätet. Dies ist der Fall, wenn er unumkehrbare Maßnahmen ergriffen und damit vollendete Tatsachen geschaffen hat, etwa indem er Arbeitsverhältnisse zum Zweck der Betriebsauflösung kündigt (BAG NZA 2003, 1087 [1091]; aA Nerlich/Römermann/*Hamacher* Rn. 12; Zwanziger/*Zwanziger* Rn. 2). Dann kommt auch nicht mehr ein Interessenausgleich iSv § 125 in Betracht (*Steindorf/Regh* § 3 Rn. 631).

10 **2. Interessenausgleich.** Zwischen dem Insolvenzverwalter und dem zuständigen Betriebsrat muss ein wirksamer **Interessenausgleich gem. § 112 Abs. 1 BetrVG** vereinbart sein (dazu → § 121 Rn. 6). Ein wirksamer Interessenausgleich setzt nach § 111 S. 1 BetrVG eine rechtzeitige und umfassende Unterrichtung voraus (→ § 122 Rn. 16 ff.). Ist der Gesamtbetriebsrat für den Interessenausgleich zuständig, muss dieser auch die Namensliste vereinbaren, weil es sich um eine einheitliche Maßnahme handelt (KR-KSchG/*Griebeling* KSchG § 1 Rn. 703 f.). Obwohl in § 122 Abs. 1 sowohl § 112 BetrVG als auch § 125 aufgeführt sind, liegt kein Interessenausgleich eigener Art vor. Mit der zusätzlichen Erwähnung von § 125 werden lediglich die besonderen Inhalte und Rechtsfolgen aus § 125 bezeichnet (Uhlenbruck/*Zobel* Rn. 9; *Steindorf/Regh* § 3 Rn. 633; aA Zwanziger/*Zwanziger* Rn. 2; *Schrader* NZA 1997, 70 [73]; *Janzen* AuR 2013, 203). Der allgemeine Gegenstand eines Interessenausgleichs, ob und wie eine Betriebsänderung durchzuführen ist, wird durch die Namensliste der zu kündigenden Arbeitnehmer spezifiziert (BAG NZA 2004, 93 [94]; BGH NJW 2001, 439 [440]).

11 Es gilt **das vereinfachte Verfahren des § 121** (→ § 121 Rn. 7, 10f.), doch kann auch nach Ablauf der dreiwöchigen Frist ein Interessenausgleich vereinbart werden (DKKW/*Däubler* Anh. zu §§ 111–113 InsO § 125 Rn. 3), auch noch vor der Einigungsstelle (Nerlich/Römermann/*Hamacher* Rn. 19). Der Abschluss eines Interessenausgleichs ist freiwillig und kann nicht gegen den Willen einer Seite durch den Spruch der Einigungsstelle ersetzt werden (GK-BetrVG/*Oetker* §§ 112, 112a Rn. 39; Kübler/Prütting/Bork/*Moll* Rn. 21). Im Beschlussverfahren zum Kündigungsschutz nach § 126 kann der Insolvenzverwalter ähnliche Folgen erreichen. Wurde bereits ein Beschlussverfahren nach § 126 eingeleitet, ist ein Interessenausgleich nach § 125 ausgeschlossen (Zwanziger/*Zwanziger* Rn. 23; DKKW/*Däubler* Anh. zu §§ 111–113 InsO § 125 Rn. 4; aA FK-InsO/*Eisenbeis* Rn. 29). Scheitert die Einigung, kann sich der Insolvenzverwalter nicht auf § 125 stützen. Der Interessenausgleich ist von den Betriebsparteien schriftlich niederzulegen und vom Unternehmer sowie Betriebsratsvorsitzenden zu unterschreiben, § 112 Abs. 1 S. 1, 2 iVm § 26 Abs. 2 BetrVG. Die Wahrung der Schriftform ist Wirksamkeitsvoraussetzung, weswegen ein mündliches Einverständnis nicht genügt (BAG NZA 2005, 237 [238]).

12 Ein nur auf den Ausgleich oder die Milderung wirtschaftlicher Nachteile für die Arbeitnehmer abzielender **Sozialplan** durch Spruch der Einigungsstelle genügt nicht (BAG NZI 2013, 447 Rn. 60; *Steindorf/Regh* § 3 Rn. 635). Unschädlich ist aber, wenn ein Interessenausgleich zusammen mit einem Sozialplan vereinbart wird, solange der Interessenausgleich nicht auf einem Spruch der Einigungsstelle beruht (FK-InsO/*Eisenbeis* Rn. 4; Uhlenbruck/*Zobel* Rn. 28; DKKW/*Däubler* Anhang zu §§ 111–113 InsO § 125 Rn. 9).

13 Erforderlich ist ein **sachlicher und zeitlicher Zusammenhang** zwischen geplanter Betriebsänderung und Interessenausgleich, weswegen ein rein vorsorglicher Interessenausgleich nicht genügt (HK-InsO/*Linck* Rn. 7; ErfK/*Gallner* §§ 120–122, 125 Rn. 3). Der Interessenausgleich muss vor Ausspruch der Kündigungen zustande gekommen sein (LAG Hamm ZInsO 2003, 47 [51], mit der unzutreffenden weiteren Einschränkung einer zeitgleich mit dem Interessenausgleich vereinbarten Namensliste; Uhlenbruck/*Zobel* Rn. 11; Kübler/Prütting/Bork/*Moll* Rn. 40). Eine Kündigungspflicht des Arbeitgebers besteht nicht, doch darf ihm nicht die freie Auswahl über die zu kündigenden Arbeitnehmer überlassen bleiben (KR-InsO/*Weigand* Rn. 18). Zudem darf die Auswahl von der Liste nicht zu einer anderen Betriebsänderung führen.

14 **3. Namensliste. a) Grundsätze.** Um die Wirkungen des § 125 zu erzielen, müssen in dem Interessenausgleich die zu kündigenden Arbeitnehmer **namentlich bezeichnet** werden. Eine Verständigung über die Liste der zu kündigenden Personen ohne Einigung über die Betriebsänderung genügt nicht (Zwanziger/*Zwanziger* Rn. 16; aA FK-InsO/*Eisenbeis* Rn. 3; KR-InsO/*Weigand* Rn. 9). Sonst ist die Voraussetzung von § 112 Abs. 1 S. 1 BetrVG nicht erfüllt und die dem Arbeitnehmer nach Absatz 1 Satz 1 Nr. 1 obliegende Beweisführung über Gebühr erschwert. Die zu § 1 Abs. 5 KSchG entwickelten Grundsätze können insoweit herangezogen werden (HK-InsO/*Linck* Rn. 13; Jaeger/*Giesen* Rn. 8). Der Interessenausgleich muss vor der Kündigungserklärung vereinbart sein (KR/*Weigand* Rn. 10; DKKW/*Däubler* Anh. zu §§ 111–113 InsO § 125 Rn. 13), denn die Namensliste muss die Arbeitnehmer bezeichnen, denen gekündigt werden soll. Auswahlrichtlinien können, auch im Interessenausgleich, von den entsprechenden Betriebsparteien geändert werden (BAG NZA 2012, 1044 Rn. 45; 2014, 46 Rn. 42).

15 **b) Namentliche Bezeichnung.** Aufgeführt werden müssen **Vor- und Zunamen,** die im betrieblichen Personalwesen ohnehin bekannt sind. Bei Namensgleichheit sind zusätzliche Identifikationsmerkmale erforderlich, etwa das Geburts-

datum. Allein ein Spitzname genügt nicht. Weitere Sozialdaten sind nicht in die Namensliste aufzunehmen (FK-InsO/*Eisenbeis* Rn. 5), können aber im Interessenausgleich geboten sein. Unschädlich sind nachträgliche Änderungen der Namensliste, etwa aufgrund von Eigenkündigungen, wenn ersichtlich ist, wie derartige Fälle zu behandeln sind (Nerlich/Römermann/*Hamacher* Rn. 26).

16 **Unzulässig** ist eine auf die betriebliche Einheit, Personalnummern etc abstellende abstrakte oder generalisierende Bezeichnung (Ahrens/Gehrlein/Ringstmeier/*Hergenröder* Rn. 11; KR-InsO/*Weigand* Rn. 13; DKKW/*Däubler* Anh. zu §§ 111–113 InsO § 125 Rn. 10). Auch eine Negativliste, in der die nicht zu kündigenden Arbeitnehmer bezeichnet werden, genügt nicht (Uhlenbruck/*Zobel* Rn. 24; Zwanziger/*Zwanziger* Rn. 15; *Steindorf/Regh* § 3 Rn. 640; aA KR-KSchR/*Griebeling* § 1 Rn. 703i). Selbst wenn der Betrieb insgesamt stillgelegt werden soll, reicht nicht die Angabe, dass sämtliche Arbeitnehmer entlassen werden sollen (MüKoInsO/*Caspers* Rn. 75).

17 Eine **Teil-Namensliste** kann nur ausnahmsweise genügen (offengelassen von BAG NZA 2009, 1151 Rn. 34). Die Namensliste muss das mit der Betriebsänderung verfolgte unternehmerische Konzept vollständig erfassen und umsetzen. Eine Ausnahme ist nur dann anzuerkennen, wenn sich die „Teil-Namensliste" auf ein in sich geschlossenes unternehmerisches Konzept bezieht (Uhlenbruck/*Zobel* Rn. 12a; Ahrens/Gehrlein/Ringstmeier/*Hergenröder* Rn. 11; DKKW/*Däubler* Anh. zu §§ 111–113 InsO § 125 Rn. 8; aA MüKoInsO/*Caspers* Rn. 82). Dies gilt etwa bei einem zeitlich gestaffelten Personalabbau, wenn für die einzelne Welle eine vollständige Namensliste erstellt wird, bevor die weiteren Stufen feststehen (BAG AP BetrVG 1972 § 112 Namensliste Nr. 1).

18 **c) Schriftform.** Als Bestandteil des Interessenausgleichs unterliegt die Namensliste dem **Schriftformerfordernis** aus **§ 112 Abs. 1 S. 1 BetrVG.** Es gelten die §§ 125, 126 BGB (BAG AP InsO § 125 Nr. 4; AP InsO § 125 Nr. 5). Ist die Namensliste nicht unterschrieben, kann die Unterschrift unter dem Interessenausgleich die Namensliste decken, soweit die Grundsätze der Einheitlichkeit der Urkunde gewahrt sind. Dazu ist im Interessenausgleich auf die Namensliste als Anlage Bezug zu nehmen und beide müssen durch eine Heftmaschine körperlich zu einer einheitlichen Urkunde verbunden werden, die nur gewaltsam durch Lösen der Heftklammer getrennt werden kann (BAG NZA 2007, 266 [269]). Da die Schriftstücke im Augenblick der Unterzeichnung als einheitliche Urkunde äußerlich erkennbar sein müssen, genügt es nicht, wenn Interessenausgleich und Namensliste erst nach der Unterzeichnung fest verbunden werden (BAG NZA 2007, 266 [269]). Nach der **Auflockerungsrechtsprechung,** der sich das BAG angeschlossen hat (BAG NZA 1998, 1110 [1111]), genügt eine inhaltliche Verbindung aus der die Zusammengehörigkeit der Schriftstücke zweifelsfrei kenntlich wird. Dazu zählen die Paginierung, die Textfolge, die Paraphierung einzelner Blätter, eine fortlaufende Paragraphenzählung, eine geschlossene graphische Gestaltung, aber auch sonstige Merkmale (BGHZ 136, 357 [369]; BGH NJW 2008, 2178 Rn. 20; Prütting/Wegen/Weinreich/*Ahrens* § 126 Rn. 6; Ahrens/Gehrlein/Ringstmeier/*Hergenröder* Rn. 13; aA *Arens/Brand* § 2 Rn. 114).

19 Wird die Namensliste **getrennt** vom Interessenausgleich **erstellt,** genügt es, wenn sie von Insolvenzverwalter und Betriebsrat unterzeichnet ist und in ihr oder im Interessenausgleich auf sie Bezug genommen ist (BAG AP BetrVG 1972 § 112 Namensliste Nr. 1; NZA 2007, 266 [269]; aA *Janzen* AuR 2013, 203 [204 f.]). Eine ausreichende inhaltliche Verbindung besteht, wenn die Betriebsparteien auf die zuvor geführten Verhandlungen über den Interessenausgleich und Sozialplan verweisen und durch Nennung von § 125 deutlich machen, dass es ihnen um die Erstellung einer Namensliste zu dem getrennt verhandelten Interessenausgleich geht (BAG NZA 2009, 1151 Rn. 22).

d) Nachträgliche Namensliste. Eine **zeitliche Trennung** von Interessenausgleich und Namensliste ist unzulässig, falls der Interessenausgleich **zeitnah** um eine Namensliste ergänzt wird (BAG AP BetrVG 1972 § 112 Namensliste Nr. 1). Der zeitliche Rahmen kann nicht durch eine starre Regelfrist bestimmt werden. Maßgebend sind vielmehr die Umstände des Einzelfalls. Die Voraussetzung einer zeitnahen Ergänzung soll wie das Erfordernis einer inhaltlichen Bezugnahme sicherstellen, dass ein hinreichender Zusammenhang zwischen der Namensliste und dem Interessenausgleich besteht. Dieser Zusammenhang kann sich in zeitlicher Hinsicht bspw. aus fortdauernden Verhandlungen der Betriebsparteien über die Erstellung einer Namensliste ergeben. Die Grenze bildet der Ausspruch der Kündigung (BAG NZA 2009, 1151 Rn. 25). Im konkreten Fall hat das BAG eine Frist von sechs Wochen noch als zeitnah angesehen. Eine Klausel, nach der die Verhandlungen mit der Unterzeichnung abgeschlossen seien und das Verfahren zur Herbeiführung eines Interessenausgleichs beendet sei, steht einer nachträglichen Namensliste nicht entgegen (BAG NZA 2008, 103 Rn. 34). 20

IV. Rechtsfolgen

1. Vermutung dringender betrieblicher Erfordernisse, Absatz 1 Satz 1 Nr. 1. a) Grundlagen. Unter den Voraussetzungen von § 125 tritt als erste Folge die **widerlegbare gesetzliche Vermutung** des Absatz 1 Satz 1 Nr. 1 ein. Danach wird vermutet, dass die Kündigung der Arbeitsverhältnisse der bezeichneten Arbeitnehmer durch dringende betriebliche Erfordernisse bedingt ist, die einer Weiterbeschäftigung in diesem Betrieb oder einer Weiterbeschäftigung zu unveränderten Arbeitsbedingungen entgegenstehen. Die Kündigung muss auf der geplanten Betriebsänderung beruhen. Die Vermutungswirkung erfasst weder personen- noch verhaltensbedingte oder außerordentliche Kündigungen (→ Rn. 5). Bei einem Betriebsübergang wird die Vermutung durch § 128 Abs. 2 auch darauf erstreckt, dass die Kündigung der Arbeitsverhältnisse nicht wegen des Betriebsübergangs erfolgt (BAG NZA 2007, 387 [388]). 21

Nach der im allgemeinen Kündigungsschutzrecht geltenden **Beweislastregel** muss der Arbeitnehmer den Bestand des Arbeitsverhältnisses und die Anwendbarkeit des KSchG darlegen und beweisen. Dazu gehören die betrieblichen Voraussetzungen aus § 23 Abs. 1 S. 1 und 2 KSchG sowie die persönlichen Voraussetzungen nach § 1 Abs. 1 KSchG. Sodann hat der Arbeitgeber nach § 1 Abs. 2 S. 4 KSchG die Tatsachen zu beweisen, welche die Kündigung bedingen. Dazu muss er den innerbetrieblichen (BAG NZA 2011, 505 Rn. 13 ff.) bzw. außerbetrieblichen Grund (BAG NJW 1979, 1902 [1903]; Kittner/Däubler/Zwanziger KSchR/*Deinert* KSchG § 1 Rn. 433) beweisen. Bei einer Betriebsstilllegung muss er substantiiert darlegen, ob und zu welchem Zeitpunkt er die organisatorischen Maßnahmen geplant hat und dass auch die geplanten Maßnahmen im Kündigungszeitpunkt greifbare Formen angenommen haben (BAG AP KSchG 1969 Betriebsbedingte Kündigung Nr. 38). Für die fehlende Weiterbeschäftigungsmöglichkeit trifft den Arbeitgeber zunächst nur eine allgemeine Darlegungslast dafür, dass eine andere Beschäftigungsmöglichkeit nicht möglich oder zumutbar ist (BAG NJW 1991, 587 f.). 22

b) Beweislast des Insolvenzverwalters. Den Insolvenzverwalter trifft abweichend von den allgemeinen Anforderungen lediglich die **Darlegungs- und Beweislast für die Vermutungsbasis** des § 125 (BAG NZA 2013, 333 Rn. 16; 08, 1060 Rn. 21, zu § 1 Abs. 5 S. 1 KSchG; 2006, 661 Rn. 23). Ihm wird dadurch die Beweisführung wesentlich erleichtert, weil er die Betriebsbedingtheit einer Kündigung nicht mehr im Einzelnen beweisen muss. Zur Vermutungsbasis gehört die geplante Betriebsänderung iSv § 111 BetrVG, ein wirksamer Interes- 23 senausgleich mit einer Namensliste in welcher der Arbeitnehmer benannt ist sowie der Kausalzusammenhang zwischen der Betriebsänderung und der Kündigung (BAG AP InsO § 125 Nr. 5; NZA 2013, 333 Rn. 16; Ahrens/Gehrlein/Ringstmeier/*Hergenröder* Rn. 18; Uhlenbruck/*Zobel* Rn. 43; HK-InsO/*Linck* Rn. 18). Die Wiederaufnahme der Produktion durch einen Betriebserwerber begründet eine tatsächliche Vermutung gegen eine ernsthafte Absicht, den Betrieb stillzulegen (BAG NZA-RR 2012, 465 Rn. 45; aA *Siemon* ZInsO 2015, 119). Behauptet allerdings der Arbeitnehmer, der Betrieb sei vom bisherigen Arbeitgeber nicht stillgelegt, sondern an einen neuen Inhaber übertragen, weswegen dem Arbeitnehmer gekündigt worden sei, so hat der Arbeitgeber noch die Tatsachen zu beweisen, welche die Kündigung bedingen. Es ist dann seine Aufgabe vorzutragen und nachzuweisen, dass die Kündigung sozial gerechtfertigt ist. An der Verteilung dieser Darlegungs- und Beweislast ändert sich durch § 125 nichts (BAG AP InsO § 125 Nr. 4; AP InsO § 125 Nr. 5). Bei einer Altersgruppenbildung muss der Insolvenzverwalter vortragen, welche konkrete Altersstruktur geschaffen werden sollte und weswegen dies erforderlich war (BAG ZIP 2014, 536 Rn. 34; dazu *Göpfert/Stark* ZIP 2015, 155 [156 ff.]).

24 **c) Beweislast des Arbeitnehmers.** Steht die Vermutungsbasis fest, obliegt dem Arbeitnehmer nach § 46 Abs. 2 S. 1 ArbGG iVm § 292 ZPO der **Beweis des Gegenteils.** Der Arbeitnehmer trägt die Darlegungs- und Beweislast dafür, dass keine dringenden betrieblichen Erfordernisse vorliegen. Trägt er keine der Vermutung widersprechenden Tatsachen vor, so ist vom Vorliegen des betriebsbedingten Kündigungsgrunds ohne Weiteres auszugehen (BAG NZA 2007, 25 Rn. 29). Der Arbeitnehmer muss substantiiert darlegen und ggf. beweisen, dass der nach dem Interessenausgleich in Betracht kommende betriebliche Grund in Wirklichkeit nicht besteht (BAG NZA 2014, 46 Rn. 23; ZIP 2014, 536 Rn. 19), also wieso der Arbeitsplatz trotz der Betriebsänderung noch vorhanden ist oder wo er sonst im Betrieb oder Unternehmen weiterbeschäftigt werden kann. Einzubeziehen sind nur Arbeitsplätze, die sowohl frei, dh bei Zugang der Kündigung unbesetzt, als auch für ihn geeignet sind (BAG NZA 2013, 333 Rn. 35). § 125 Abs. 1 S. 1 Nr. 1 umfasst die Vermutung, dass eine Weiterbeschäftigung des Arbeitnehmers zu veränderten Bedingungen im Beschäftigungsbetrieb nicht möglich ist (BAG NZI 2012, 1011 Rn. 53). Die in einem **Interessenausgleich mit Namensliste** zugelassene Leiharbeitnehmerquote von 10% widerlegt idR noch nicht die Vermutungswirkung (BAG NZA-RR 2013, 68 Rn. 32). Nach der eindeutigen gesetzlichen Formulierung von § 125 Abs. 1 S. 1 Nr. 1 schließt die Vermutungswirkung auch Änderungskündigungen ein, also ob die Änderung vom Arbeitnehmer billigerweise hingenommen werden muss (HK-InsO/*Linck* Rn. 22). Vom Arbeitnehmer ist ein substantiierter Tatsachenvortrag erforderlich, der den gesetzlich vermuteten Umstand nicht nur in Zweifel zieht, sondern ausschließt. Es genügt nicht, wenn er das Vorbringen des Insolvenzverwalters nur erschüttert. Vielmehr muss der Arbeitnehmer einen Vollbeweis erbringen, wobei verbleibende Zweifel zu seinen Lasten gehen (BAG AP InsO § 125 Nr. 4; AP InsO § 125 Nr. 5).

25 Wie das BAG zur Parallelvorschrift des § 1 Abs. 5 S. 1 KSchG ausgeführt hat, kann dem Arbeitnehmer eine **Beweiserleichterung** nach den Grundsätzen über die sekundäre Beweislast zugutekommen. Bei Geschehen aus dem Bereich des Arbeitgebers ist die Darlegungslast des Arbeitnehmers durch die aus §§ 138 Abs. 1 und 2 ZPO resultierende Mitwirkungspflicht des Arbeitgebers gemindert (BAG NZA 2009, 1023 Rn. 23; HK-InsO/*Linck* Rn. 23).

26 Die Vermutungswirkung umfasst auch die **Weiterbeschäftigungsmöglichkeit** in einem anderen Betrieb des Unternehmens, falls sich die Betriebspartner bei den Verhandlungen über den Interessenausgleich mit Beschäftigungsmöglich-

keiten in anderen Betrieben befasst haben, wovon auch ohne ausdrückliche Erwähnung im Interessenausgleich regelmäßig auszugehen ist (BAG NZI 2012, 1011 Rn. 53; *Klocke* DZWIR 2013, 358 [361]). Wegen des engeren Wortlauts von Absatz 1 Satz 1 Nr. 1 ist zwar eine Übertragung der zu § 1 Abs. 5 KSchG vertretenen Erstreckung auf die Beschäftigungsmöglichkeit in einem anderen Betrieb des Unternehmens (dazu BAG NZA 2008, 633 Rn. 19 ff.) nicht selbstverständlich. Für eine Erstreckung sprechen aber die unternehmensbezogenen Insolvenzfolgen und die Teleologie einfacher und rechtssicherer einheitlicher Bewertungsmaßstäbe (MüKoInsO/*Caspers* Rn. 86; Uhlenbruck/*Zobel* Rn. 32; Kübler/Prütting/Bork/*Moll* Rn. 48; HK-InsO/*Linck* Rn. 20; ErfK/*Gallner* §§ 120–122, 125 Rn. 7; einschränkend Zwanziger/*Zwanziger* Rn. 47; aA FK-InsO/*Eisenbeis* Rn. 8; DKKW/*Däubler* Anh. zu §§ 111–113 InsO § 125 Rn. 15). Zudem gelten auch hier die Grundsätze der sekundären Beweislast (BAG NZA 2008, 633 Rn. 19).

2. Eingeschränkte Nachprüfung der Sozialauswahl (Absatz 1 Satz 1 Nr. 2). a) Grundlagen. Als weitere Rechtsfolge können allein die **drei Kriterien** der Betriebszugehörigkeit, des Lebensalters und der Unterhaltspflichten (→ Rn. 28) und dann auch nur auf eine **grobe Fehlerhaftigkeit** (→ Rn. 29 ff.) überprüft werden. Dabei ist die Sozialauswahl nicht als grob fehlerhaft anzusehen, wenn eine ausgewogene Personalstruktur erhalten oder geschaffen werden soll. Diese Regelung reduziert den Umfang der gerichtlichen Überprüfung und senkt zugleich den Prüfungsmaßstab. Dadurch wird der Beurteilungsspielraum des Arbeitgebers bei der sozialen Auswahl zugunsten einer vom Insolvenzverwalter und Betriebsrat vereinbarten betrieblichen Gesamtlösung erweitert (BAG NZA 2004, 432 [433]). Eine Sozialauswahl ist nur dann unwirksam, wenn ihr Ergebnis fehlerhaft ist (BAG NZI 2013, 52 Rn. 25). 27

b) Auswahlkriterien. Die gerichtliche Überprüfung ist auf die **Betriebszugehörigkeit,** das **Lebensalter** und die **Unterhaltspflichten** beschränkt. Jedes dieser Kriterien ist immer zu berücksichtigen (MüKoInsO/*Caspers* Rn. 92). Unterhaltspflichten gegenüber Kindern können auf diejenigen beschränkt werden, die sich aus der Lohnsteuerkarte ergeben, während die Unterhaltspflicht gegenüber dem mit dem Arbeitnehmer in ehelicher Lebensgemeinschaft lebenden Ehegatten gem. § 1360 BGB nicht gänzlich unbeachtet bleiben darf (BAG NZA 2012, 814 Rn. 46, 52). Abweichend von § 1 Abs. 3 S. 1 KSchG ist die Schwerbehinderung bei der gerichtlichen Nachprüfung nicht zu berücksichtigen (aA FK-InsO/*Eisenbeis* Rn. 10). Dies entbindet nicht vom Zustimmungsverfahren bei der Kündigung eines Schwerbehinderten nach den §§ 85 ff. SGB IX (Uhlenbruck/*Zobel* Rn. 73; *Göpfert/Gossak* § 10 Rn. 164). Von den Parteien des Interessenausgleichs können die **Schwerbehinderung** und andere Kriterien einbezogen werden (Kübler/Prütting/Bork/*Moll* Rn. 59; Jaeger/*Giesen* Rn. 18 f.), solange dadurch die Sozialauswahl nicht grob fehlerhaft wird. Trotz des Verbots der Altersdiskriminierung sowie der Ungleichbehandlung jüngerer und älterer Arbeitnehmer, darf auf das Lebensalter abgestellt werden (dazu BAG NJW 2010, 1395 Rn. 25; Ahrens/Gehrlein/Ringstmeier/*Hergenröder* Rn. 26). Wie die Kriterien untereinander zu gewichten sind, ist gesetzlich nicht vorgegeben. Keinem von ihnen kommt eine Priorität gegenüber den anderen zu (BAG NJW 2006, 315 [318]; 2010, 1395 Rn. 29). Einen Unterfall der Verkennung des auswahlrelevanten Personenkreises bildet die Verkennung des Betriebsbegriffs, der selbst grob verkannt sein muss (BAG NZI 2013, 52 Rn. 21). 28

c) Grobe Fehlerhaftigkeit. Da die Sozialauswahl lediglich auf grobe Fehlerhaftigkeit überprüft werden darf, gilt ein gegenüber § 1 Abs. 3 S. 1 KSchG **reduzierter Prüfungsmaßstab**. Den Betriebspartnern ist so ein weiter Spiel- 29 raum eröffnet, von dem der Gesetzgeber erwartet, dass er aufgrund ihrer gegensätzlichen Interessen angemessen und vernünftig genutzt wird. Nur wenn dieser Spielraum verlassen wird und nicht mehr von einer sozialen Auswahl die Rede sein kann, soll eine grobe Fehlerhaftigkeit angenommen werden (BAG NZA-RR 2008, 571 Rn. 20).

30 **Grob fehlerhaft** in diesem Sinn ist eine soziale Auswahl nur, wenn ein evidenter, ins Auge springender schwerer Fehler vorliegt und der Interessenausgleich jede Ausgewogenheit vermissen lässt (BAG NZA 2004, 432 [434]; 2007, 387 Rn. 47; 2014, 46 Rn. 26) bzw. tragende Gesichtspunkte nicht in die Bewertung einbezogen worden sind (BAG NZA 2006, 661 Rn. 30). Auch die Vergleichsgruppen sind nur auf grobe Fehler zu überprüfen (Ahrens/Gehrlein/Ringstmeier/*Hergenröder* Rn. 29; *Steindorf/Regh* § 3 Rn. 653; enger ErfK/*Gallner* §§ 120–122, 125 Rn. 10; sa Zwanziger/*Zwanziger* Rn. 64). Die Bewertung ist aber auch dann grob fehlerhaft, wenn bei der Bestimmung des Kreises vergleichbarer Arbeitnehmer die Austauschbarkeit offensichtlich verkannt worden ist und bei der Anwendung des Ausnahmetatbestands des § 1 Abs. 3 S. 2 KSchG die betrieblichen Interessen augenfällig überdehnt worden sind (BAG NZA 2006, 661 Rn. 30; 2007, 387 Rn. 47).

31 Der **Prüfungsmaßstab** erfasst die gesamte Sozialauswahl, also insbes. auch die Bildung der auswahlrelevanten Gruppen (BAG NZA 2004, 432 [434]; 2006, 661 Rn. 30; 2007, 387 Rn. 46; ZIP 2014, 536 Rn. 22). Die getroffene Auswahl muss sich gerade im Hinblick auf den klagenden Arbeitnehmer iErg als grob fehlerhaft erweisen (BAG NZA 2013, 333 Rn. 42). Bei der Gewichtung der Sozialdaten, Dauer der Betriebszugehörigkeit, Dienstalter und Unterhaltspflichten, besteht keine Rangfolge zugunsten eines dieser Kriterien. Der umfassende Wertungsspielraum gilt umso mehr, weil die Sozialauswahl nur auf grobe Fehlerhaftigkeit nachgeprüft werden kann (BAG NZA 2007, 387 Rn. 46). Offen ist, ob eine Leistungsträgerklausel dem reduzierten Prüfungsmaßstab unterliegt (BAG NZA 1998, 933 [936]; FK-InsO/*Eisenbeis* Rn. 15; bejahend KR-InsO/*Weigand* Rn. 22a; HambK-InsO/*Ahrendt* Rn. 19).

32 **d) Ziele und Instrumente.** Die Sozialauswahl ist nach Absatz 1 Satz 1 Nr. 2 Hs. 2 nicht als grob fehlerhaft anzusehen, wenn eine **ausgewogene Personalstruktur** erhalten oder geschaffen wird. Dadurch wird die Herausnahme von Arbeitnehmern aus einer Vergleichsgruppe ermöglicht (*Arens/Brand* § 2 Rn. 144). Anders als nach § 1 Abs. 3 S. 2 KSchG, der allein auf die Sicherung einer ausgewogenen Personalstruktur abstellt, wird damit nicht allein eine konservierende, sondern auch eine gestaltende Personalpolitik ermöglicht. Der Begriff der Personalstruktur ist nicht mit dem der Altersstruktur gleichzusetzen. Damit dem Schuldner oder dem Übernehmer ein funktions- und wettbewerbsfähiges Arbeitnehmerteam zur Verfügung steht, ist er in einem umfassenden Sinn zu verstehen. Als weitere Aspekte einer Personalstruktur kommen deshalb auch die Ausbildung und die Qualifikation der Arbeitnehmer und Arbeitnehmerinnen im Betrieb und damit die Bildung entsprechender Qualifikationsgruppen und -bereiche in Betracht (BAG NZA 2004, 432 [435]). Die Sicherung oder Schaffung einer ausgewogenen Personalstruktur ist vom Arbeitsgericht voll nachprüfbar (Nerlich/Römermann/*Hamacher* Rn. 56).

33 Eine **Altersgruppenregelung,** etwa in Zehn-Jahres-Schritten, iSv § 10 S. 1 und 2 AGG stellt grds. ein angemessenes und erforderliches Mittel dar, um das legitime Ziel der ausgewogenen Personalstruktur zu erreichen (BAG NZA 2009, 361 Rn. 50ff.; 2009, 1023 Rn. 36ff.; 2012, 814 Rn. 28; 2012, 1040 Rn. 29). In jedem Fall muss die sich ergebende Verteilung der bislang Beschäftigten auf die gebildeten Altersgruppen ihre prozentuale Entsprechung in der Anzahl der in der jeweiligen Altersgruppe zu kündigenden Arbeitsverhältnisse binden. Es müssen

innerhalb des zur Sozialauswahl anstehenden Personenkreises – dh. innerhalb der Vergleichsgruppe – nach sachlichen Kriterien Altersgruppen gebildet (Schritt 1), die prozentuale Verteilung der Belegschaft auf die Altersgruppen festgestellt (Schritt 2) und die Gesamtzahl der auszusprechenden Kündigungen diesem Pronorz entsprechend auf die einzelnen Altersgruppen verteilt werden (Schritt 3). Wird eine Altersgruppe stattdessen überproportional herangezogen, wird die bestehende Altersstruktur nicht „gesichert", sondern verändert. Damit ist die gesamte Sozialauswahl nach Altersgruppen hinfällig. Der entsprechende Fehler im Auswahlverfahren führt damit zwar nicht per se zur Unwirksamkeit der Kündigung. Jedoch erstreckt sich die Ergebniskontrolle nunmehr auf die gesamte Vergleichsgruppe, weil die Voraussetzungen der Ausnahmeregelung des § 1 Abs. 3 S. 2 KSchG nicht – allesamt – erfüllt sind (BAG BB 2015, 1341). Das BAG bejaht die **Europarechtskonformität** (BAG ZIP 2014, 536 Rn. 24 ff., 31 ff.; BB 2015, 1341; anders Ahrens/Gehrlein/Ringstmeier/*Herricher* Rn. 34; ErfK/*Sallner* §§ 120–122, 125 Rn. 6). Als rechtmäßige Ausnahmen vom Altersdiskriminierungsverbot des Art. 6 Abs. 1 der RL 2007/78/EG hat der EuGH nur sozialpolitische Ziele angesehen, wie die Beschäftigungspolitik, den Arbeitsmarkt oder die berufliche Bildung. Diese im Allgemeininteresse stehenden Ziele unterscheiden sich von den individuellen betriebswirtschaftlichen Beweggründen eines Arbeitgebers (EuGH NZA 2009, 305 Rn. 46).

e) Darlegungs- und Beweislast. Es gelten die Grundsätze über die **gestufte Darlegungs- und Beweislastlast** aus § 1 Abs. 3 S. 1 und 3 KSchG (BAG NZA 2007, 387 Rn. 48). Der Prüfungsmaßstab der groben Fehlerhaftigkeit ändert nichts an der Verteilung der Darlegungs- und Beweislast (BAG NZA 2006, 661 Rn. 29; 2007, 387 Rn. 48). Gem. § 1 Abs. 3 S. 3 KSchG liegt die Darlegungs- und Beweislast für Fehler bei der Sozialauswahl beim Arbeitnehmer, doch wird sie durch den Auskunftsanspruch des Arbeitnehmers abgestuft (BAG NZA 2010, 1059 Rn. 14; ArbG Stuttgart ZIP 2012, 2078 [2079]; Uhlenbruck/*Zobel* Rn. 57). Der Arbeitnehmer muss die fehlerhafte Sozialauswahl rügen und ihm bekannte Mängel vortragen. Kann er nicht substantiiert zur Sozialauswahl Stellung nehmen, muss er den Arbeitgeber zur Auskunft auffordern. Auch wenn ein Arbeitnehmer in eine Namensliste aufgenommen worden ist, ist der Arbeitgeber verpflichtet, dem Arbeitnehmer auf dessen Verlangen die Gründe mitzuteilen, die zu der getroffenen sozialen Auswahl geführt haben (BAG AP InsO § 113 Nr. 19). Erst nachdem die Auskunftspflicht erfüllt ist, trägt der Arbeitnehmer die volle Darlegungslast für eine fehlerhafte Sozialauswahl (BAG NZA 2006, 661 Rn. 29; 2007, 387 Rn. 48). Er muss dann vortragen, inwiefern die vom Arbeitgeber benannten Personen weniger schutzbedürftig sind (ErfK/*Oetker* KSchG § 1 Rn. 371; Kittner/Däubler/Zwanziger KSchR/*Deinert* KSchG § 1 Rn. 746). 34

Die Darlegungs- und Beweislast für die **Ausgewogenheit der Personalstruktur** trägt der Insolvenzverwalter (Nerlich/Römermann/*Hamacher* Rn. 58; Zwanziger/*Zwanziger* Rn. 81; *Steindorf/Regh* § 3 Rn. 657). Da nach Absatz 1 Satz 1 Nr. 2 die allgemeinen Beweislastregeln unberührt bleiben, muss der Insolvenzverwalter diese ihm günstige Ausnahme beweisen. 35

3. Wesentliche Änderung der Sachlage (Absatz 1 Satz 2). Eine Ausnahme ordnet § 125 Abs. 1 S. 1 an, wonach die Rechtsfolgen nicht eintreten, wenn sich die Sachlage nach einem Zustandekommen des Interessenausgleichs wesentlich geändert hat. Wie das BAG zur Parallelvorschrift des § 1 Abs. 5 KSchG ausgeführt hat, setzt dies einen **Wegfall der Geschäftsgrundlage** voraus (BAG AP BetrVG 1972 § 112 Namensliste Nr. 1; NZA 2009, 1023 Rn. 20). Wesentlich ist die Änderung, wenn nicht ernsthaft bezweifelt werden kann, dass beide Betriebspartner oder einer von ihnen den Interessenausgleich in Kenntnis der späteren Änderung nicht oder mit anderem Inhalt geschlossen hätten. Dies ist etwa der 36

Fall, wenn sich nachträglich ergibt, dass keine oder eine andere Betriebsänderung durchgeführt werden soll oder wenn sich die im Interessenausgleich vorgesehene Zahl der zur Kündigung vorgesehenen Arbeitnehmer erheblich verringert hat. Eine geringfügige Veränderung genügt nicht (BAG NZA 2009, 1023 Rn. 20; NZA-RR 2013, 68 Rn. 38).

37 Die Sachlage muss sich in der **Zeitspanne zwischen dem Abschluss des Interessenausgleichs und dem Kündigungszeitpunkt** geändert haben (BAG NZA 2009, 1023 Rn. 20; ErfK/*Gallner* §§ 120–122, 125 Rn. 18; *Steindorf/Regh* § 3 Rn. 661), also dem Zugang der Kündigung. Bei späteren Änderungen kommt lediglich ein Wiedereinstellungsanspruch in Betracht (FK-InsO/*Eisenbeis* Rn. 31 f.; Ahrens/Gehrlein/Ringstmeier/*Hergenröder* Rn. 40).

V. Ersetzung der Stellungnahme des Betriebsrats (Absatz 2)

38 Da die allgemeinen kündigungsschutzrechtlichen Vorschriften in der Insolvenz gelten, besteht auch für den Insolvenzverwalter die **Anzeigepflicht bei Massenentlassungen** aus § 17 KSchG (BAG NZA 2011, 1108 Rn. 19; 2013, 32 Rn. 24; sa BAG NZA 2013, 966). Ob für die schriftliche Anzeige das Schriftformerfordernis aus § 126 BGB besteht, hat das BAG offengelassen (BAG NZA 2013, 32 Rn. 55), wofür die Formzwecke sprechen. Zu der in § 17 Abs. 3 S. 1 KSchG bestimmten Pflicht, der Massenentlassungsanzeige eine Stellungnahme des ordnungsgemäß unterrichteten Betriebsrats (BAG NZI 2013, 447 Rn. 53; *Mückl* Rn. 517 ff.) beizufügen, normiert § 125 Abs. 2 eine Modifikation, denn der Interessenausgleich ersetzt die Betriebsratsstellungnahme, nicht aber die Anzeige (LAG Nds ZIP 2014, 696 [698]), unabhängig davon, ob der Interessenausgleich mit dem Betriebsrat oder dem Gesamtbetriebsrat (dazu *Mückl* Rn. 502 ff.) zustande gekommen ist (BAG NZA 2013, 32 Rn. 37). Erforderlich ist dann eine ausdrückliche abschließende Erklärung, die erkennen lässt, dass sich der Betriebsrat mit den angezeigten Kündigungen befasst hat (BAG NZA 2013, 845 Rn. 16). Die Kündigung darf erst nach der Massenentlassungsanzeige ausgesprochen werden (EuGH NJW 2005, 1099 Rn. 45). Unterlässt der Insolvenzverwalter eine ordnungsgemäße Massenentlassungsanzeige, wird das Arbeitsverhältnis idR nicht aufgelöst, weswegen einer Kündigungsschutzklage stattzugeben ist (BAG NZA 2010, 1057 Rn. 23).

VI. Sonstige Rechte des Betriebsrats

39 § 125 lässt das Mitbestimmungsrecht des Betriebsrats aus **§ 102 BetrVG** unberührt. Die Anhörung nach § 102 Abs. 1 BetrVG unterliegt auch keinen leichteren Anforderungen. Sie kann aber mit den Verhandlungen über den Interessenausgleich verbunden werden (BAG AP BetrVG 1972 § 102 Nr. 134; AP § 125 InsO Nr. 4; *Steindorf/Regh* § 3 Rn. 634).

Beschlußverfahren zum Kündigungsschutz

126 (1) [1] **Hat der Betrieb keinen Betriebsrat oder kommt aus anderen Gründen innerhalb von drei Wochen nach Verhandlungsbeginn oder schriftlicher Aufforderung zur Aufnahme von Verhandlungen ein Interessenausgleich nach § 125 Abs. 1 nicht zustande, obwohl der Verwalter den Betriebsrat rechtzeitig und umfassend unterrichtet hat, so kann der Insolvenzverwalter beim Arbeitsgericht beantragen festzustellen, daß die Kündigung der Arbeitsverhältnisse bestimmter, im Antrag bezeichneter Arbeitnehmer durch dringende betriebliche Erfordernisse bedingt und sozial gerechtfertigt ist.** [2] **Die soziale Auswahl der Arbeitneh-**

mer kann nur im Hinblick auf die Dauer der Betriebszugehörigkeit, das Lebensalter und die Unterhaltspflichten nachgeprüft werden.

(2) [1] **Die Vorschriften des Arbeitsgerichtsgesetzes über das Beschlußverfahren[1] gelten entsprechend; Beteiligte sind der Insolvenzverwalter, der Betriebsrat und die bezeichneten Arbeitnehmer, soweit sie nicht mit der Beendigung der Arbeitsverhältnisse oder mit den geänderten Arbeitsbedingungen einverstanden sind.** [2] **§ 122 Abs. 2 Satz 3, Abs. 3 gilt entsprechend.**

(3) [1] **Für die Kosten, die den Beteiligten im Verfahren des ersten Rechtszugs entstehen, gilt § 12a Abs. 1 Satz 1 und 2 des Arbeitsgerichtsgesetzes entsprechend.** [2] **Im Verfahren vor dem Bundesarbeitsgericht gelten die Vorschriften der Zivilprozeßordnung über die Erstattung der Kosten des Rechtsstreits[2] entsprechend.**

Schrifttum: Bei § 120.

Übersicht

I. Normzweck

§ 126 soll eine Unternehmenssanierung erleichtern, indem die Vorschrift eine **gemeinschaftliche Klärung** wesentlicher Wirksamkeitsvoraussetzungen für betriebsbedingte Kündigungen in der Insolvenz ermöglicht. Erforderliche Kündigungsschutzverfahren sollen gebündelt, vereinfacht und beschleunigt werden (MüKoInsO/*Caspers* Rn. 1). Dadurch soll das Verfahren beschleunigt und insbes. Rechtssicherheit für einen potenziellen Erwerber geschaffen werden. 1

Die Vorschrift stellt ein **Bindeglied zwischen den §§ 125, 128 und § 127** 2
dar. Erzielt der Insolvenzverwalter einen Interessenausgleich mit Namenslisten, werden die Vermutungswirkungen aus § 125 Abs. 1 S. 1 Nr. 1 und § 128 Abs. 2 und die Beschränkung des Prüfungsmaßstabs nach § 125 Abs. 1 S. 1 Nr. 2 gegenüber betriebsbedingten Kündigungen ausgelöst (Ahrens/Gehrlein/Ringstmeier/*Hergenröder* Rn. 1). Kann der Insolvenzverwalter keinen Interessenausgleich über

[1] Vgl. §§ 80 bis 98 ArbGG.
[2] Vgl. §§ 91 bis 107 ZPO.

die betriebsbedingten Kündigungen erreichen, eröffnet § 126 das Beschlussverfahren vor dem Arbeitsgericht, in dem der Verwalter die soziale Rechtfertigung der geplanten Kündigungen feststellen lassen kann (BT-Drs. 12/2334, 149). In einem späteren Kündigungsschutzprozess sind die Gerichte im Rahmen von § 127 an diese Entscheidung gebunden.

3 Ob das **Sammelverfahren** die gewünschte Effektivität erreicht, wird nicht selten bezweifelt (*Steindorf/Regh* § 3 Rn. 670; *Lakies* Rn. 348; *Heinze* NZA 1999, 57 [61]). Der im Verfahren geltende Untersuchungsgrundsatz und das allen betroffenen Arbeitnehmern zu gewährende rechtliche Gehör werden zu manchen Verzögerungen führen. Zudem ist die präjudizielle Wirkung der Entscheidung stark begrenzt (Kittner/Däubler/Zwanziger KSchR/*Däubler* KSchG Rn. 2). So beantragen die Insolvenzverwalter eher selten ein Beschlussverfahren nach § 126, wie auch die geringe Zahl gerichtlicher Entscheidungen belegt.

II. Voraussetzungen

4 **1. Anwendungsbereich. a) KSchG.** Das Beschlussverfahren ist allein für ordentliche **betriebsbedingte Kündigungen** eröffnet. Folgerichtig müssen die Arbeitsverhältnisse dem persönlichen, mit einer Ausnahme, soweit ein Fall von § 128 Abs. 2 vorliegt (vgl. Zwanziger/*Zwanziger* Rn. 3; *Smid/Aghamiri* Rn. 1), und betrieblichen Anwendungsbereich des KSchG unterliegen, §§ 1 Abs. 1, 23 Abs. 1 KSchG (ErfK/*Gallner* Rn. 1; DKKW/*Däubler* Anhang zu §§ 111–113 InsO § 126 Rn. 8; Jaeger/*Giesen* Rn. 3). Wie aus § 126 Abs. 2 Hs. 2 und dem systematischen Anschluss an § 125 Abs. 1 folgt, ist das Beschlussverfahren sowohl für Beendigungs- als auch für Änderungskündigungen eröffnet (Nerlich/Römermann/*Hamacher* Rn. 3; Kübler/Prütting/Bork/*Moll* Rn. 21). Für ordentliche verhaltens- oder personenbedingte Kündigungen bzw. für außerordentliche Kündigungen ist das Beschlussverfahren unzulässig (MüKoInsO/*Caspers* Rn. 3; aA LAG Hamm ZInsO 2003, 339 [340]). Das Beschlussverfahren kann auch für nur einen Arbeitnehmer durchgeführt werden (MüKoInsO/*Caspers* Rn. 9). Wegen des abweichenden Prüfungsprogramms fehlt dafür nicht das Rechtsschutzbedürfnis.

5 Das Beschlussverfahren kann sowohl **vor** (KR-InsO/*Weigand* Rn. 9; HambK-InsO/*Ahrendt* Rn. 8; aber Zwanziger/*Zwanziger* Rn. 4; Kittner/Däubler/Zwanziger/*Däubler* KSchG Rn. 32) als auch **nach der Kündigung** (BAG NZI 2000, 495 [496]; MüKoInsO/*Caspers* Rn. 8; FK-InsO/*Eisenbeis* Rn. 2) einzelner oder sämtlicher im Antrag bezeichneter Arbeitnehmer eingeleitet werden. Auch nach der Erhebung von Kündigungsschutzklagen ist das Beschlussverfahren grds. zulässig. Der Insolvenzverwalter kann deswegen abwarten, welche Arbeitnehmer eine Kündigungsschutzklage erheben und beschränkt auf diese das Beschlussverfahren einleiten (Ahrens/Gehrlein/Ringstmeier/*Hergenröder* Rn. 6). Der Kündigungsschutzprozess ist für erledigt zu erklären. Wegen des abweichenden Streitgegenstands steht einem späteren Beschlussverfahren auch nicht der Einwand der Rechtshängigkeit aus § 261 Abs. 3 Nr. 1 ZPO entgegen. Erst eine rechtskräftige Entscheidung in einem Kündigungsschutzprozess lässt insoweit das Rechtsschutzbedürfnis entfallen. Das Beschlussverfahren ist allein für den kündigungsberechtigten Insolvenzverwalter eröffnet (BAG NZI 2000, 495 [497]). Folgerichtig muss die Kündigung durch den Insolvenzverwalter erfolgen.

6 **b) Betriebsänderung.** Das Beschlussverfahren ist allein bei einer **Betriebsänderung iSv § 111 BetrVG** zulässig (Kübler/Prütting/Bork/*Moll* Rn. 11 f.; Uhlenbruck/*Zobel* §§ 126, 127 Rn. 6, 8; FK-InsO/*Eisenbeis* Rn. 3 f.; *Steindorf/Regh* § 3 Rn. 673; *Müller* NZA 1998, 1315 [1319]; offengelassen von BAG NZI 2000, 495 [498]). Bereits der sprachliche Bezug in Absatz 1 Satz 1 auf den Interessenausgleich nach § 125 legt dies nahe. Va aber die systematische Verbindung mit

§ 125 bestätigt diese Voraussetzung. Die Regelung soll § 125 bei einem fehlgeschlagenen oder nicht möglichen Interessenausgleich ergänzen, nicht aber das Kündigungsschutzverfahren umfassend substituieren. Sonst wären die differenzierten Anforderungen aus Absatz 1 Satz 1 entbehrlich. Im Unternehmen müssen deswegen zumindest 21 Arbeitnehmer beschäftigt sein (→ § 125 Rn. 6; Uhlenbruck/*Zobel* §§ 126, 127 Rn. 8; aA MüKoInsO/*Caspers* Rn. 6; KR-InsO/*Weigand* Rn. 3; Kittner/Däubler/Zwanziger KSchR/*Däubler* KSchG Rn. 7; *Steindorf/Regh* § 3 Rn. 676, 678; *Lakies* Rn. 349). Bei einer Betriebsänderung durch Personalabbau ist zusätzlich auf die Zahlen- und Prozentangaben aus § 17 Abs. 1 KSchG abzustellen, wobei in Großbetrieben mindestens 5 % der Belegschaft betroffen sein müssen (BAG NZA 2006, 932 Rn. 18). Unschädlich ist, wenn die Betriebsänderung erst nach einer Betriebsveräußerung durchgeführt werden soll, § 128 Abs. 1 S. 1.

Es gibt aber auch **Abweichungen von § 125.** Während § 125 auf eine 7
geplante Betriebsänderung abstellt (→ § 125 Rn. 9), ist es für das Beschlussverfahren unschädlich, wenn der Insolvenzverwalter bereits mit der Durchführung der Betriebsänderung begonnen und durch Kündigungen unumkehrbare Maßnahmen getroffen hat. In der Systematik von § 125 – und gleichermaßen von § 111 S. 1 BetrVG sowie von § 122 – wird auf eine künftige Betriebsänderung abgestellt, um den Interessenausgleich zu sichern. Da § 126 auf Fallgestaltungen ohne Interessenausgleich abstellt, fehlt ein entsprechendes Sicherungsbedürfnis.

2. Kein Interessenausgleich. a) Grundlagen. Ein vom Insolvenzverwalter 8
vereinbarter Interessenausgleich entfaltet eine **Sperrwirkung,** denn gesetzliche Voraussetzung ist ein fehlender Interessenausgleich. Wie aus dem eindeutigen Wortlaut von Absatz 1 Satz 1 folgt, ist dem Insolvenzverwalter der Weg in das Beschlussverfahren verschlossen, wenn er einen wirksamen Interessenausgleich mit Namensliste vereinbart hat. Es besteht auch kein Grund, ihm einen Verfahrenszugang zu eröffnen, denn der liefe va auf die einseitige Berechtigung hinaus, das im Interessenausgleich erzielte Ergebnis zu korrigieren bzw. zu ergänzen (Nerlich/Römermann/*Hamacher* Rn. 5; Zwanziger/*Zwanziger* Rn. 14; KR-KSchG/*Weigand* Rn. 5; DKKW/*Däubler* Anh. zu §§ 111–113 InsO § 126 Rn. 3). Haben die Betriebsparteien einen Interessenausgleich nach § 125 abgeschlossen, ist ein späteres Beschlussverfahren nach § 126 zulässig, wenn wegen einer weiteren Betriebsänderung ein Interessenausgleich nicht zustande kommt (BAG NZA 2001, 170 [172]; HK-InsO/*Linck* Rn. 4). Maßgebend dürfen nicht die von einer Kündigung betroffenen Arbeitnehmer sein, da sonst doch der Interessenausgleich bei falsch einbezogenen Arbeitnehmern korrigiert werden könnte.

Das Beschlussverfahren ist auch unzulässig, wenn ein **nachträglicher Interes-** 9
senausgleich zustande kommt (aA Kittner/Däubler/Zwanziger KSchR/*Däubler* Rn. 26). Unproblematisch gilt dies, wenn der Interessenausgleich nach Ablauf der dreiwöchigen Frist aus Absatz 1 Satz 1 vereinbart wird (HK-InsO/*Linck* Rn. 4). Es trifft aber ebenso zu, wenn Insolvenzverwalter und Betriebsrat nach Einleitung des Beschlussverfahrens einen Interessenausgleich vereinbaren (Nerlich/Römermann/*Hamacher* Rn. 25; *Lakies* Rn. 350; aA Zwanziger/*Zwanziger* Rn. 14). Darin liegt keine Beeinträchtigung schützenswerter Interessen, denn der Insolvenzverwalter vermag autonom darüber zu entscheiden, ob er einen Interessenausgleich schließen will.

b) Betriebsratslose Betriebe (Absatz 1 Satz 1 Alt. 1). Besteht in einem 10
Betrieb kein Betriebsrat, sind die **Beteiligungsrechte** aus den §§ 111 ff. BetrVG **ausgeschlossen.** Ein Interessenausgleich kann nicht vereinbart werden. Folgerichtig muss auch keine Frist abgewartet werden (Uhlenbruck/*Zobel* §§ 126, 127 Rn. 6; HambK-InsO/*Ahrendt* Rn. 5; ErfK/*Gallner* Rn. 2). Unerheblich ist, ob der Betrieb nicht die nach § 9 S. 1 BetrVG erforderliche Zahl wahlberechtigter

Arbeitnehmer hat, doch fehlt dann typischerweise auch die nach § 111 BetrVG erforderliche Arbeitnehmerzahl, oder ob aus anderen Gründen kein Betriebsrat gewählt worden ist. Es darf dann weder ein Restmandat eines Betriebsrats nach § 21b BetrVG bestehen noch der Gesamtbetriebsrat nach § 50 Abs. 1 S. 1 BetrVG zuständig sein (MüKoInsO/*Caspers* Rn. 5).

11 Als **maßgebender Zeitraum,** um das Bestehen eines Betriebsrats zu beurteilen, wird auf die Planung des Arbeitgebers abgestellt (HK-InsO/*Linck* Rn. 2). Genauer ist auf die Zeitspanne abzustellen, in dem eine rechtzeitige und umfassende Unterrichtung über die geplante Betriebsänderung nach § 111 S. 1 BetrVG erfolgen kann (→ § 122 Rn. 16 ff.). In einem Vorstadium erster unternehmerischer Erwägungen besteht keine Unterrichtungspflicht, weswegen zu diesem Zeitpunkt noch kein Betriebsrat bestehen muss. Beendet ist dieser Zeitraum, wenn der Arbeitgeber mit Durchführung der Betriebsänderung begonnen hat und vollendete Tatsachen schafft, etwa indem er Arbeitsverhältnisse zum Zweck der Betriebsauflösung kündigt (vgl. BAG NZA 2006, 1122 Rn. 17; 2007, 1296 Rn. 29).

12 **c) Betriebe mit Betriebsrat (Absatz 1 Satz 1 Alt. 1).** Existiert ein Betriebsrat, ist das Beschlussverfahren nach Absatz 1 Satz 1 Alt. 2 zulässig, wenn innerhalb einer **Drei-Wochen-Frist** nach Verhandlungsbeginn oder schriftlicher Aufforderung zur Aufnahme von Verhandlungen kein Interessenausgleich gem. § 125 Abs. 1 zustande gekommen ist, obwohl der Verwalter den Betriebsrat rechtzeitig und umfassend unterrichtet hat. Sachlich knüpft diese Regelung an § 122 Abs. 1 S. 1 an, weswegen die Fristbestimmung mit der dort normierten dreiwöchigen Frist korrespondiert. Ergänzend ist auf die dortigen Ausführungen zu verweisen (→ § 122 Rn. 21 ff.). Liegen die Voraussetzungen von § 122 Abs. 1 S. 1 vor (→ § 122 Rn. 5 ff.), kann der Insolvenzverwalter neben der Zustimmung zur Durchführung einer Betriebsänderung einen Beschluss nach § 126 beantragen.

13 Der **Fristbeginn** knüpft an den Verhandlungsbeginn bzw. die schriftliche Aufforderung zur Aufnahme der Verhandlungen an. Regelmäßig beginnen die Verhandlungen im ersten Gesprächstermin mit dem umfassend unterrichteten Betriebsrat. Für die schriftliche Verhandlungsaufforderung gilt § 126 BGB. Sie erfolgt mit Zugang, § 130 BGB, der Erklärung beim Betriebsratsvorsitzenden oder dessen Stellvertreter, § 26 Abs. 2 S. 2 BetrVG. Die Frist beginnt erst, wenn der Betriebsrat zuvor rechtzeitig, dh mit hinreichender Vorbereitungsfrist, und umfassend über die geplante Betriebsänderung unterrichtet wurde (*Steindorf/Regh* § 3 Rn. 679; → § 122 Rn. 20).

14 Der **Fristablauf** muss nicht abgewartet werden, wenn der umfassend informierte Betriebsrat die Beratung ablehnt oder vor Fristablauf für beendet erklärt. Ein vor Ablauf der dreiwöchigen Frist gestellter Antrag nach Absatz 1 Satz 1 ist zwar grds. unzulässig. Da die Sachentscheidungsvoraussetzungen erst im Zeitpunkt der letzten mündlichen Tatsachenverhandlung vorliegen müssen, genügt es, wenn in diesem Termin die Frist abgelaufen ist (Ahrens/Gehrlein/Ringstmeier/*Hergenröder* Rn. 19; aA wohl Nerlich/Römermann/*Hamacher* Rn. 11 ff.). Auch die Unterrichtung des Betriebsrats kann im Beschlussverfahren nachgeholt werden. Sie kann auch die selbständige Anhörung nach § 102 BetrVG ersetzen, soweit nicht bereits die Kündigung ausgesprochen ist.

III. Verfahren

15 **1. Antrag. Antragsberechtigt** ist allein der Insolvenzverwalter, nicht der vorläufige Insolvenzverwalter (BAG NZI 2000, 495 [497]; sa BAG NZA 2006, 1352 [1353]; *Steindorf/Regh* § 3 Rn. 600). Zulässig ist auch ein Antrag des Eigenverwalters, sofern der Sachwalter dem Antrag nach § 279 S. 3 zugestimmt hat (HK-

InsO/*Linck* Rn. 8). Die Zustimmung kann bis zum letzten Termin der mündlichen Verhandlung erster Instanz nachgeholt werden.

Das Beschlussverfahren wird durch **Feststellungsantrag** eingeleitet. Die Antragsformulierung kann etwa lauten, „es wird beantragt festzustellen, dass die Kündigung der Arbeitnehmer A bis Z sozial gerechtfertigt ist" (*Müller* NZA 1998, 1315 [1319]). Ebenso zulässig ist der dem Wortlaut der gesetzlichen Regelung entsprechende Antrag „festzustellen, dass die Kündigung der Arbeitnehmer durch dringende betriebliche Erfordernisse bedingt und sozial gerechtfertigt ist" (BAG NZI 2000, 495 [498]).

Für den Antrag gelten die Anforderungen aus den §§ 80 Abs. 2 S. 1, 46 Abs. 2 S. 1 ArbGG iVm § 125 ZPO und damit insbes. der **Bestimmtheitsgrundsatz** (Ahrens/Gehrlein/Ringstmeier/*Hergenröder* Rn. 23; Nerlich/Römermann/*Hamacher* Rn. 30). Die Arbeitnehmer sind namentlich zu bezeichnen (FK-InsO/*Eisenbeis* Rn. 8). Es muss auch erklärt werden, ob es sich um Beendigungs- oder um Änderungskündigungen handelt (HK-InsO/*Linck* Rn. 1). Eine Reihenfolge der zu kündigenden Arbeitnehmer festzulegen, erscheint wenig praktisch und ist wohl auch nicht zulässig. Sonst könnte der Insolvenzverwalter die Bindungswirkung des Verfahrens über den Gegenstand von § 126 hinaus erstrecken (MüKoInsO/*Caspers* Rn. 15 ff.; Zwanziger/*Zwanziger* Rn. 30; aA FK-InsO/*Eisenbeis* Rn. 8; Uhlenbruck/*Zobel* §§ 126, 127 Rn. 30; KR-KSchG/*Weigand* Rn. 5). 16

Ein **Hilfsantrag,** mit dem andere Arbeitnehmer benannt werden, falls das Gericht die Kündigung einzelner Arbeitsverhältnisse als nicht sozial gerechtfertigt ansieht, ist unzulässig. Ganz überwiegend werden derartige Hilfsanträge für zulässig gehalten und die darin genannten Arbeitnehmer seien sofort am Verfahren zu beteiligen (Nerlich/Römermann/*Hamacher* Rn. 34; Ahrens/Gehrlein/Ringstmeier/*Hergenröder* Rn. 23; Uhlenbruck/*Zobel* §§ 126, 127 Rn. 31; HK-InsO/*Linck* Rn. 11; Zwanziger/*Zwanziger* Rn. 31). Nach Absatz 2 Satz 1 Hs. 2 sind aber die im Antrag bezeichneten Arbeitnehmer Beteiligte. Folgerichtig müsste auch die Beteiligtenstellung in einem Eventualverhältnis stehen. Eine eventuelle subjektive Klagen(antrags)häufung, bei welcher der Antrag vom negativen Ausgang des Verfahrens gegen den vorrangig Bezeichneten abhängig gemacht wird, ist jedoch nicht zulässig (RGZ 58, 248 [249 f.]; BAG NJW 1994, 1084 [1086]; Prütting/Gehrlein/*Gehrlein* §§ 59, 60 Rn. 12). 17

2. Beschlussverfahren. Über den Antrag des Insolvenzverwalters wird nach § 126 Abs. 2 S. 1 Hs. 1 entsprechend den Vorschriften über das arbeitsgerichtliche Beschlussverfahren nach den **§§ 80 ff. ArbGG** verhandelt und entschieden, soweit nicht § 126 Abs. 2 und 3 Sonderregeln enthält. Der Antrag ist bei dem nach § 82 ArbGG örtlich zuständigen Arbeitsgericht zu stellen, also grds. bei dem Arbeitsgericht, in dessen Bezirk der Betrieb liegt. Der Antrag ist gem. Absatz 2 S. 2 iVm § 122 Abs. 2 S. 3 nach Maßgabe von § 61a Abs. 3–6 ArbGG vorrangig zu erledigen (dazu → § 122 Rn. 25). Es gilt nicht die zweiwöchige Frist für einen Gütetermin aus § 61a Abs. 2 ArbGG, denn das Gericht muss dem eilbedürftigen Charakter des Verfahrens besonders Rechnung tragen. Deswegen wird es nur ausnahmsweise einen Gütetermin anberaumen (*Steindorf/Regh* § 3 Rn. 692). Es gelten aber die Regeln über den Anhörungstermin, § 61a Abs. 3 ArbGG, wobei die Schriftsatzfristen erst anschließend gesetzt werden dürfen § 61a Abs. 3–6 ArbGG (vgl. *Lakies* Rn. 359). 18

3. Beteiligte. Beteiligte des Beschlussverfahrens sind nach § 126 Abs. 2 S. 1 Hs. 2 der **Insolvenzverwalter,** der zuständige **Betriebsrat** und die im Antrag bezeichneten **Arbeitnehmer.** Dies sind die nach materiellem Recht unmittelbar Betroffenen (BAG NZI 2000, 495 [496]). Ein Hilfsantrag ist unzulässig, die darin bezeichneten Arbeitnehmer können keine Beteiligten sein (→ Rn. 17; aA FK-InsO/*Eisenbeis* Rn. 8). Soll die Betriebsänderung erst nach einer Betriebsveräuße- 19 rung durchgeführt werden, ist nach § 128 Abs. 1 S. 2 ebenfalls der Erwerber am Beschlussverfahren zu beteiligen (→ § 128 Rn. 17). Ohne Beteiligtenstellung und das dadurch begründete rechtliche Gehör tritt nicht die Bindungswirkung des § 127 Abs. 1 ein (Ahrens/Gehrlein/Ringstmeier/*Hergenröder* Rn. 28).

20 **Keine Beteiligten** des Beschlussverfahrens sind Arbeitnehmer, die ihr Einverständnis mit der Beendigung des Arbeitsverhältnisses oder den geänderten Arbeitsbedingungen erklärt haben, Absatz 2 Satz 1 Hs. 2. Das Einverständnis kann durch einen Aufhebungs- oder Abwicklungsvertrag oder durch einen ausdrücklichen Klageverzicht erklärt werden (FK-InsO/*Eisenbeis* Rn. 7). Der Arbeitnehmer kann noch im Beschlussverfahren sein Einverständnis erklären (BAG NZI 2000, 495 [496]), doch begründet passives Verhalten im Verfahren allein noch kein Einverständnis (Nerlich/Römermann/*Hamacher* Rn. 21; *Steindorf/Regh* § 3 Rn. 696). Offen ist dann lediglich, ob er bereits dadurch (Nerlich/Römermann/*Hamacher* Rn. 23; Kittner/Däubler/Zwanziger KSchR/*Däubler* KSchG Rn. 11), durch ein prozessuales Anerkenntnis (MüKoInsO/*Caspers* Rn. 33; Kübler/Prütting/Bork/*Moll* Rn. 48), durch einen Prozessvergleich oder durch eine Erledigungserklärung seine verfahrensrechtliche Stellung verliert.

21 Ein **Klageverzicht** muss durch nachträgliche Individualerklärung erfolgen (BAG NJW 1979, 2267; NZA 2008, 29 Rn. 15; KR-KSchG/*Griebeling* KSchG § 1 Rn. 36). Ein vor Zugang der Kündigung erklärter Verzicht ist unwirksam. Der ohne Gegenleistung erklärte, formularmäßige Verzicht des Arbeitnehmers auf die Erhebung einer Kündigungsschutzklage ist als unangemessene Benachteiligung des Arbeitnehmers unwirksam (BAG NZA 2008, 29 Rn. 29). Ein Verzicht ist auch möglich, indem der Arbeitnehmer nicht oder nicht rechtzeitig nach den §§ 4–6 KSchG eine Kündigungsschutzklage erhebt (KR-KSchG/*Griebeling* KSchG § 1 Rn. 36).

22 **4. Untersuchungsgrundsatz.** Im Beschlussverfahren gilt ein **modifizierter Untersuchungsgrundsatz.** Das Gericht erforscht zwar den Sachverhalt von Amts wegen (*Germelmann/Matthes/Prütting/Müller-Glöge/Matthes* § 83 Rn. 82; *Smid/Aghamiri* Rn. 13). Die Beteiligten müssen aber nach § 83 Abs. 1 S. 2 ArbGG an der Aufklärung des Sachverhalts mitwirken. Der Antragsteller muss die Tatsachen vortragen, aus denen der Tatrichter ersehen kann, worauf der Antrag gestützt wird (BAG AP Nr. 1 zu § 54 BetrVG 1972). Die Darlegungslast des Verwalters wird nicht erleichtert, wie dies bei § 125 geschieht (KR-KSchG/*Weigand* Rn. 2). Der Insolvenzverwalter muss die dringenden betrieblichen Erfordernisse darlegen, die den Wegfall der Beschäftigungsmöglichkeit begründen und eine anderweitige Beschäftigung ausschließen. Vorzutragen sind alle Voraussetzungen des § 1 Abs. 2 KSchG (Uhlenbruck/*Zobel* §§ 126, 127 Rn. 19; MüKoInsO/*Caspers* Rn. 35; FK-InsO/*Eisenbeis* Rn. 9; ErfK/*Gallner* Rn. 4; sa *Steindorf/Regh* § 3 Rn. 689).

23 IRd zu überprüfenden **Sozialauswahl** sind gewisse Korrekturen von den sich aus § 1 Abs. 3 KSchG ergebenden Anforderungen geboten (Uhlenbruck/*Zobel* §§ 126, 127 Rn. 25; Zwanziger/*Zwanziger* Rn. 48; aA Kübler/Prütting/Bork/*Moll* Rn. 30 ff.). Der Arbeitnehmer muss grds. die Vergleichbarkeit und die Sozialdaten vortragen. Ist ein Betriebsrat beteiligt, muss dieser vom Insolvenzverwalter rechtzeitig und umfassend unterrichtet worden sein. Diese betriebsverfassungsrechtliche Anforderung wirkt auch in das Beschlussverfahren hinein. Rügt der Betriebsrat die Vollständigkeit, muss der Insolvenzverwalter entsprechend vortragen.

24 **5. Prüfungsumfang.** Das Gericht überprüft die soziale Rechtfertigung der Kündigung durch **dringende betriebliche Erfordernisse.** Es gelten die Maßstäbe aus § 1 KSchG ohne die Beweiserleichterungen aus § 125 Abs. 1 S. 1 Nr. 1, dh es besteht keine Vermutung für die Betriebsbedingtheit (MüKoInsO/

Caspers Rn. 23). Außerdem ist der Antrag nur begründet, wenn er vom kündigungsberechtigten Insolvenzverwalter gestellt wird. Wäre die Kündigung schon mangels Kündigungsberechtigung unheilbar unwirksam, bräuchte sie nicht mehr auf ihre soziale Rechtfertigung überprüft zu werden (BAG NZI 2000, 495 [497]).

Mit einer Ausnahme gelten für die **soziale Auswahl** keine Sonderregeln. So ist dann auch der auf eine grobe Fehlerhaftigkeit beschränkte Prüfungsmaßstab aus § 125 Abs. 1 S. 1 Nr. 2 unanwendbar (ErfK/*Gallner* Rn. 5). Der Kreis der zu vergleichenden Arbeitnehmer ist deswegen umfassend zu überprüfen (HK-InsO/*Linck* Rn. 14). Angelehnt an § 125 Abs. 1 S. 1 Nr. 2 kann die soziale Auswahl nach Abs. 1 S. 2 aber nur auf die Betriebszugehörigkeit, das Lebensalter und die Unterhaltspflichten überprüft werden. Umstr. ist die Berücksichtigung auch einer Schwerbehinderung (vgl. Jaeger/*Giesen* Rn. 28). Um den Gleichklang mit § 1 Abs. 3 S. 2 KSchG zu gewährleisten, darf eine Leistungsträgerklausel berücksichtigt werden. Auch können solche Personen herausgenommen werden, die zur Sicherung einer ausgewogenen Personalstruktur erforderlich sind (FK-InsO/*Eisenbeis* Rn. 10; ErfK/*Gallner* Rn. 5; Kittner/Däubler/Zwanziger KSchR/*Däubler* KSchG Rn. 21). Anders als nach § 125 Abs. 1 S. 1 Nr. 2 Hs. 2 kann aber nicht auf die Schaffung einer ausgewogenen Personalstruktur abgestellt werden (Ahrens/Gehrlein/Ringstmeier/*Hergenröder* Rn. 32). 25

Der besondere Kündigungsschutz, etwa nach § 9 MuSchG, § 18 BEEG, § 5 PflegeZG, § 85 SGB IX, § 15 KSchG, § 2 Abs. 3 AbgG, § 58 Abs. 2 BImSchG, § 55 Abs. 3 KrW-/AbfG, bleibt unberührt. Personen mit Sonderkündigungsschutz können im Antrag aufgeführt werden, doch betrifft die gerichtliche Entscheidung allein die Sozialwidrigkeit (ErfK/*Gallner* Rn. 6). In einem Kündigungsschutzprozess können deswegen Zustimmungserfordernisse und andere Gründe nach § 4 KSchG berücksichtigt werden (FK-InsO/*Eisenbeis* Rn. 10). Das Beschlussverfahren entfaltet insoweit keine Bindungswirkung nach § 127 Abs. 1 (HK-InsO/*Linck* Rn. 15; aA Zwanziger/*Zwanziger* Rn. 49). Auch auf die Unwirksamkeit einer Kündigung wegen **fehlender** oder unzureichender **Beteiligung des Betriebsrats** nach § 102 BetrVG ist die Wirkung von § 126 Abs. 1 nicht zu erstrecken (FK-InsO/*Eisenbeis* Rn. 10; aA Zwanziger/*Zwanziger* Rn. 49). 26

Maßgebender **Beurteilungszeitpunkt** ist grds. die letzte mündliche Verhandlung in der Tatsacheninstanz, also vor dem Arbeitsgericht (Ahrens/Gehrlein/Ringstmeier/*Hergenröder* Rn. 34; *Smid/Aghamiri* Rn. 15; *Steindorf/Regh* § 3 Rn. 685). Falls die Kündigung bereits vor der Einleitung des Beschlussverfahrens ausgesprochen wurde, ist für deren Wirksamkeit auf den Zugang der Kündigungserklärung abzustellen (BAG NZI 2000, 495 [496]; MüKoInsO/*Caspers* Rn. 22; Nerlich/Römermann/*Hamacher* Rn. 50; aA Zwanziger/*Zwanziger* Rn. 52). 27

6. Bindungswirkung der Entscheidung. Für das nachfolgende individuelle **Kündigungsschutzverfahren** ist das Gericht nach § 127 Abs. 1 S. 1 an die rechtskräftige Entscheidung aus dem Beschlussverfahren gebunden. Dies gilt gleichermaßen beim positiven wie negativen Ausgang des Beschlussverfahrens (Uhlenbruck/*Zobel* §§ 126, 127 Rn. 41 f.). Diese Bindungswirkung besteht iRd Streitgegenstands des Beschlussverfahrens. Erfasst werden daher allein Kündigungsschutzprozesse der vom Insolvenzverwalter in seinem Antrag bezeichneten Arbeitnehmer (HK-InsO/*Linck* Rn. 18). Dabei erstreckt sich die Bindungswirkung allein auf die soziale Rechtfertigung einer betriebsbedingten Kündigung. Bei einem Betriebsübergang umfasst nach § 128 Abs. 2 die Bindungswirkung auch die Feststellung, dass die Kündigung nicht wegen des Betriebsübergangs erfolgt. Andere Gründe für die Unwirksamkeit einer Kündigung, wie eine fehlende Anhörung des Betriebsrats nach § 102 BetrVG oder ein besonderer Kündigungsschutz, können uneingeschränkt geltend gemacht werden. 28

29 **7. Rechtsmittel.** Im Beschlussverfahren nach § 126 besteht ein **eingeschränkter Rechtsmittelzug.** Eine Beschwerde an das LAG findet abweichend von § 87 Abs. 1 ArbGG nach Abs. 2 S. 2 iVm § 122 Abs. 3 S. 1 nicht statt. Einziges Rechtsmittel gegen die Entscheidung des Arbeitsgerichts ist die Rechtsbeschwerde an das BAG, die stattfindet, wenn sie im Beschluss des Arbeitsgerichts zugelassen wird (BAG AP ArbGG 1979 § 72a Divergenz Nr. 44). Die Rechtsbeschwerde ist gem. Absatz 2 S. 2 iVm § 122 Abs. 3 S. 2 Hs. 2 und dem entsprechend anzuwendenden § 72 Abs. 2 ArbGG bei einer grundsätzlichen Bedeutung, bei einer Divergenz oder bei einem absoluten Revisionsgrund gem. § 547 Nr. 1–5 ZPO bzw. bei einer Gehörsverletzung zuzulassen. Eine Nichtzulassungsbeschwerde findet nicht statt, weil § 122 Abs. 3 nicht auf § 92a ArbGG bzw. § 72a ArbGG verweist (BAG AP ArbGG 1979 § 72a Divergenz Nr. 44; ErfK/*Gallner* Rn. 8; Kittner/Däubler/Zwanziger KSchR/*Däubler* KSchG Rn. 27).

30 Ist die Rechtsbeschwerde zugelassen, kann **jeder der Beteiligten selbständig Rechtsbeschwerde** einlegen. Legt ein beteiligter Arbeitnehmer keine Rechtsbeschwerde ein, erlangt der Beschluss des Arbeitsgerichts insoweit Rechtskraft. Die Wirksamkeit der Kündigung des Arbeitsverhältnisses eines bestimmten Arbeitnehmers betrifft einen abgrenzbaren, der Rechtskraft selbständig fähigen Teil des Beschlusses (BAG NZI 2000, 495 [496]). Die Rechtsbeschwerde ist innerhalb eines Monats nach Zustellung der in vollständiger Form abgefassten Entscheidung des Arbeitsgerichts beim Bundesarbeitsgericht einzulegen und zu begründen, Abs. 2 S. 2 iVm § 122 Abs. 3 S. 3.

31 **8. Kosten.** Die **Kostentragung** folgt gem. Absatz 3 den Kostenregeln über das **arbeitsgerichtliche Urteilsverfahren.** Gem. Absatz 3 S. 1 iVm § 12a Abs. 1 S. 1 und 2 ArbGG tragen die Parteien ihre außergerichtlichen Kosten selbst. Der prozessuale Ausschluss des Kostenerstattungsanspruchs lässt den materiellrechtlichen Freistellungsanspruch des Betriebsrats aus § 40 BetrVG unberührt (FK-InsO/*Eisenbeis* Rn. 15). Diese Kosten stellen eine Masseverbindlichkeit nach § 55 Abs. 1 dar (Nerlich/Römermann/*Hamacher* Rn. 57; Kübler/Prütting/Bork/*Moll* Rn. 52; Uhlenbruck/*Zobel* §§ 126, 127 Rn. 35). Gerichtsgebühren werden gem. § 2 GKG iVm KV Teil 8 nicht erhoben (Zwanziger/*Zwanziger* Rn. 36; Ahrens/Gehrlein/Ringstmeier/*Hergenröder* Rn. 37; KR-InsO/*Weigand* Rn. 22).

32 Im **Rechtsbeschwerdeverfahren** vor dem BAG gelten gem. § 126 Abs. 3 S. 2 die Vorschriften über die Kostenerstattung entsprechend. Kostenerstattungsansprüche des Betriebsrats oder der Arbeitnehmer aus dem Rechtsmittelzug stellen Masseverbindlichkeiten dar.

33 **9. Einstweilige Verfügung.** Trotz der Generalverweisung auf das Beschlussverfahren und damit auch auf § 85 Abs. 2 ArbGG ist eine einstweilige Verfügung **unzulässig** (FK-InsO/*Eisenbeis* Rn. 12; *Steindorf/Regh* § 3 Rn. 719; *Lakies* Rn. 363). Da der Insolvenzverwalter sowohl kündigen als auch einen Interessenausgleich vereinbaren kann, fehlt bereits ein Verfügungsgrund. Wegen der Bindungswirkung käme auch nur eine unzulässige Regelungsverfügung in Betracht.

Klage des Arbeitnehmers

127 (1) [1]**Kündigt der Insolvenzverwalter einem Arbeitnehmer, der in dem Antrag nach § 126 Abs. 1 bezeichnet ist, und erhebt der Arbeitnehmer Klage auf Feststellung, daß das Arbeitsverhältnis durch die Kündigung nicht aufgelöst oder die Änderung der Arbeitsbedingungen sozial ungerechtfertigt ist, so ist die rechtskräftige Entscheidung im Verfahren nach § 126 für die Parteien bindend.** [2]**Dies gilt nicht, soweit sich**

die Sachlage nach dem Schluß der letzten mündlichen Verhandlung wesentlich geändert hat.

(2) **Hat der Arbeitnehmer schon vor der Rechtskraft der Entscheidung im Verfahren nach § 126 Klage erhoben, so ist die Verhandlung über die Klage auf Antrag des Verwalters bis zu diesem Zeitpunkt auszusetzen.**

Schrifttum: Bei § 120.

Übersicht

I. Normzweck

Absatz 1 Satz 1 normiert die **Bindungswirkung** eines Beschlussverfahrens 1
zum Kündigungsschutz gem. § 126 für einen nachfolgenden individuellen Kündigungsschutzprozess. Die Vorschrift steht in einem sachlichen Zusammenhang mit den §§ 125, 126, aber auch mit § 128. Sie befestigt die Wirkungen des Beschlussverfahrens und schafft überhaupt erst einen Anlass ein solches Verfahren einzuleiten, denn sie verhindert abweichende Entscheidungen. Wegen der auf die Sozialwidrigkeit der betriebsbedingten Kündigungen beschränkten Reichweite der Bindungen sind diese Anreize durchaus begrenzt. Absatz 1 Satz 2 schränkt die Bindungswirkung bei einer wesentlich veränderten Sachlage ein.

Absatz 2 sichert den **Vorrang des Beschlussverfahrens,** da allein der Kündi- 2
gungsschutzprozess an die Entscheidung im kollektiven Beschlussverfahren gebunden ist und eine umgekehrte Bindung des Kollektivverfahrens an den Individualprozess ausscheidet. Erhebt ein Arbeitnehmer vor Rechtskraft der Entscheidung über das Beschlussverfahren eine Kündigungsschutzklage, ist das Verfahren trotz des allgemeinen Beschleunigungsbedürfnisses auszusetzen.

II. Voraussetzungen

1. Anwendungsbereich. Als Folgebestimmung zu § 126 wird der Anwen- 3
dungsbereich von § 127 durch den **Gegenstand des Beschlussverfahrens** geprägt. Dies gilt jedenfalls soweit es sich um die individuellen Voraussetzungen von § 126 handelt. Gebunden wird deswegen allein ein ordnungsgemäß im Beschlussverfahren beteiligter Arbeitnehmer (MüKoInsO/*Caspers* Rn. 5 f.; FK-InsO/*Eisenbeis* Rn. 3; HK-InsO/*Linck* Rn. 3). Da eine eventuelle subjektive Beteiligtenstellung nicht zulässig ist, kann ein Arbeitnehmer nicht durch einen Hilfsantrag in das Beschlussverfahren einbezogen (→ § 126 Rn. 17) und deswegen auch nicht gebunden werden.

2. Kündigungsschutzverfahren. Wegen der Ausrichtung an § 126 besteht 4
die Bindungswirkung allein in einem Kündigungsschutzprozess wegen der fehlenden sozialen Rechtfertigung einer **betriebsbedingten Kündigung.** Sie gilt gleichermaßen für Beendigungs- wie Änderungskündigungen (Braun/*Wolf* Rn. 2;

Kübler/Prütting/Bork/*Moll* Rn. 5), soweit diese Kündigungsart Gegenstand des Beschlussverfahrens war. Die Bindungswirkung setzt ein zulässiges Kündigungsschutzverfahren voraus. Außerdem darf die Kündigungsschutzklage nicht wegen der Versäumung der dreiwöchigen Klagefrist aus § 4 und mangels nachträglicher Zulassung nach § 5 als unbegründet (vgl. KR-KSchR/*Friedrich* KSchG § 4 Rn. 217) abgewiesen worden sein. Wird die Rechtsunwirksamkeit der Kündigung nicht rechtzeitig geltend gemacht, gilt sie gem. § 7 KSchG als von Anfang an rechtswirksam (Ahrens/Gehrlein/Ringstmeier/*Hergenröder* Rn. 5).

5 **3. Beschlussverfahren nach § 126.** Die Bindungswirkung begründet allein die formell **rechtskräftige Entscheidung** aus dem Beschlussverfahren. Die Rechtskraft ist gem. § 85 Abs. 1 S. 3 ArbGG entsprechend § 705 ZPO zu bestimmen. Die Entscheidung des Arbeitsgerichts wird grds. rechtskräftig, falls keine Rechtsbeschwerde zugelassen wurde (vgl. AP ArbGG 1979 § 72a Divergenz Nr. 44) oder bei einer zugelassenen Rechtsbeschwerde die Rechtsmittelfrist abgelaufen ist und kein Beteiligter Rechtsbeschwerde eingelegt hat. Aufgrund des Zusammenspiels zwischen § 126 und § 127 ist die Reichweite der gesetzlichen Aussage über die rechtskräftige Entscheidung zu reduzieren. Da das konkrete individualrechtliche Kündigungsschutzverfahren durch den Beschluss gebunden sein soll, fehlt die Bindung nicht schon dann, wenn irgendeine Rechtsbeschwerde gegen den Beschluss anhängig ist (so aber HK-InsO/*Linck* Rn. 2). Entscheidend ist vielmehr, ob der Beschluss für den die Kündigungsschutzklage erhebenden Arbeitnehmer rechtskräftig ist, weil dieser keine Rechtsbeschwerde eingelegt hat (*Steindorf/Regh* § 3 Rn. 717). Es kann ein Rechtskraftzeugnis entsprechend § 706 Abs. 1 ZPO bei der Geschäftsstelle des Arbeitsgerichts beantragt werden.

6 Vor Ablauf der **Rechtsmittelfrist** wird der Beschluss rechtskräftig, wenn alle Beteiligten bzw., nach der hier vertretenen Ansicht, der den Kündigungsschutzprozess führende Arbeitnehmer auf ein Rechtsmittel verzichtet haben/hat. Der nicht anfechtbare Beschluss des BAG wird mit der Verkündung rechtskräftig (Prütting/Gehrlein/*Kroppenberg* § 705 Rn. 2). Ein vor Eintritt der Rechtskraft über das Beschlussverfahren rechtshängiger Kündigungsschutzprozess ist nach Absatz 2 auszusetzen (→ Rn. 13 f.).

III. Bindungswirkung

7 **1. Gegenstand und Umfang (Absatz 1 Satz 1).** In einem individuellen Kündigungsschutzprozess ist das Arbeitsgericht an die **rechtskräftige Sachentscheidung** aus dem Beschlussverfahren gebunden, worüber die materielle Rechtskraftwirkung entscheidet (sa *Prütting* FS Uhlenbruck, 2000, 769 [777]). Auch eine Prozessentscheidung entfaltet zwar derartige Rechtskraftwirkungen, doch sind diese auf die entschiedene Verfahrensfrage beschränkt (RGZ 159, 173 [176]; MüKoZPO/*Gottwald* § 322 Rn. 26). Da keine weitergehende Wiederholungssperre existiert, kann der Insolvenzverwalter ein erneutes Beschlussverfahren einleiten, falls er den Verfahrensmangel beseitigt hat. Eine Prozessentscheidung bindet für den Kündigungsschutzrechtsstreit nicht (FK-InsO/*Eisenbeis* Rn. 4; Nerlich/Römermann/*Hamacher* Rn. 5; HK-InsO/*Linck* Rn. 4; Zwanziger/*Zwanziger* Rn. 2).

8 Die Entscheidung im Beschlussverfahren ist **für beide Seiten** bindend. Die Bindungswirkung besteht sowohl, wenn das Gericht im Beschlussverfahren dem Antrag des Insolvenzverwalter stattgegeben, als auch wenn es den Antrag als unbegründet abgewiesen hat. Eine asymmetrische einseitige Bindung allein an einen den Insolvenzverwalter begünstigenden Beschluss ist mit dem eindeutigen gesetzlichen Wortlaut unvereinbar, wonach die Entscheidung für beide Parteien bindend

ist. Zudem wird bei einer asymmetrischen Bindung eine schnelle Klärung der Streitfrage behindert (FK-InsO/*Eisenbeis* Rn. 4; Ahrens/Gehrlein/Ringstmeier/*Hergenröder* Rn. 10 f.; KR-InsO/*Weigand* Rn. 1; Uhlenbruck/*Zobel* §§ 126, 127 Rn. 42; aA Kübler/Prütting/Bork/*Moll* Rn. 22).

Die Bindung umfasst die soziale Rechtfertigung einer Kündigung aus **dringenden betrieblichen Erfordernissen.** Hat das Insolvenzgericht im Beschlussverfahren dem Antrag des Insolvenzverwalters stattgegeben, ist eine auf die fehlende soziale Rechtfertigung einer betriebsbedingten Kündigung gestützte Kündigungsschutzklage unbegründet. Nach der ausdrücklichen Geltungsanordnung des § 128 Abs. 2 erstreckt sich die Bindung auch auf die Feststellung, dass die Kündigung des Arbeitsverhältnisses bei einem Betriebsübergang nicht wegen des Betriebsübergangs erfolgt ist. Der Arbeitnehmer kann sich deswegen nicht auf das Kündigungsverbot aus § 613a Abs. 4 S. 1 BGB berufen (Uhlenbruck/*Zobel* §§ 126, 127 Rn. 44; HambK-InsO/*Ahrendt* Rn. 5). 9

Sonstige Unwirksamkeitsgründe, wie die fehlende soziale Rechtfertigung einer personen- oder verhaltensbedingten Kündigung, eine fehlende Anhörung des Betriebsrats nach § 102 BetrVG oder ein besonderer Kündigungsschutz, können im Prozess nach § 127 voll überprüft werden (MüKoInsO/*Caspers* Rn. 11; Ahrens/Gehrlein/Ringstmeier/*Hergenröder* Rn. 12 f.; DKKW/*Däubler* Anh. zu §§ 111–113 InsO § 127 Rn. 2 ff.; ErfK/*Gallner* Rn. 1). Wurde der Antrag des Insolvenzverwalters im Beschlussverfahren als unbegründet abgewiesen, kann er sich im Kündigungsschutzprozess nur nicht auf die soziale Rechtfertigung als betriebsbedingte Kündigung berufen. Andere Einwendungen bleiben ihm erhalten. 10

2. Wesentliche Änderungen (Absatz 1 Satz 2). Keine Bindung besteht, wenn sich die Sachlage nach dem Schluss der letzten mündlichen Verhandlung wesentlich geändert hat, Absatz 1 Satz 2. Erforderlich sind veränderte Tatsachen, nicht allein neue Beweismittel (HambK-InsO/*Ahrendt* Rn. 4). Wegen des Gleichklangs einerseits zwischen § 127 und § 126 sowie andererseits zwischen § 126 und § 125 ist das Kriterium der wesentlichen Änderungen angelehnt an die subjektive Orientierung in § 125 Abs. 1 S. 2 auszulegen (Kübler/Prütting/Bork/*Moll* Rn. 30; FK-InsO/*Eisenbeis* Rn. 6; aA Nerlich/Römermann/*Hamacher* Rn. 8). Eine wesentliche Änderung liegt vor, wenn die geplante Betriebsänderung entfällt. Dies kann etwa zutreffen, wenn anstelle der ursprünglich geplanten eine andere Betriebsänderung vorgenommen wird bzw. statt einer Betriebsstilllegung ein Betriebsübergang erfolgt (Zwanziger/*Zwanziger* Rn. 3). Es reicht aus, wenn erheblich weniger Arbeitnehmer gekündigt werden sollen, als zunächst geplant (HK-InsO/*Linck* Rn. 8; *Steindorf/Regh* § 3 Rn. 723). Eine anders zu beurteilende einzelne Kündigung genügt nicht (Uhlenbruck/*Zobel* §§ 126, 127 Rn. 46). 11

Als maßgebenden **Zeitpunkt** stellt Absatz 1 Satz 2 auf den Schluss der letzten mündlichen Verhandlung ab. Diese Bestimmung trifft nur unter einer doppelten Einschränkung zu. Es muss sich um die letzte mündliche Verhandlung in der Tatsacheninstanz vor dem Arbeitsgericht gehandelt haben. Außerdem betrifft die Regelung allein Kündigungen, die nach Durchführung des Beschlussverfahrens ausgesprochen wurden (FK-InsO/*Eisenbeis* Rn. 6; HK-InsO/*Linck* Rn. 7). Für eine frühere Kündigung bleibt es bei dem allgemeinen Grundsatz, wonach ihre Wirksamkeit beim Zugang der Kündigungserklärung zu beurteilen ist und spätere Änderungen unberücksichtigt bleiben (Nerlich/Römermann/*Hamacher* Rn. 11). Es kommt dann lediglich ein Wiedereinstellungsanspruch in Betracht (FK-InsO/*Eisenbeis* Rn. 6). 12

IV. Aussetzung des Verfahrens (Absatz 2)

13 Erhebt der Arbeitnehmer vor einer rechtskräftigen Entscheidung im Beschlussverfahren nach § 126 eine **Kündigungsschutzklage,** ist die Verhandlung über die Individualklage auf Antrag des Verwalters auszusetzen. Unerheblich ist, ob die Kündigungsschutzklage bereits vor Einleitung des Beschlussverfahrens oder erst danach erhoben wird (DKKW/*Däubler* Anhang zu §§ 111–113 InsO § 127 Rn. 7). Da der Arbeitnehmer die Klagefrist aus § 4 KSchG einhalten muss, um die fehlende soziale Rechtfertigung einer Kündigung geltend zu machen, sichert die Aussetzung den Vorrang des Beschlussverfahrens. Eine Aussetzung ist nur zulässig in einem Kündigungsschutzprozess über eine betriebsbedingte Kündigung, der dem Anwendungsbereich eines eingeleiteten Beschlussverfahrens nach § 126 unterliegt.

14 Die Aussetzung muss **auf Antrag** des Insolvenzverwalters erfolgen. Das Arbeitsgericht hat keinen Ermessensspielraum, wenn dieser Antrag gestellt ist. Stellt keine Partei oder allein der Arbeitnehmer einen Aussetzungsantrag, steht die Aussetzung entsprechend § 148 ZPO im gerichtlichen Ermessen, wobei die gem. § 61a ArbGG gebotene Beschleunigung zu berücksichtigen ist (MüKoInsO/*Caspers* Rn. 19; Braun/*Wolf* Rn. 12; Zwanziger/*Zwanziger* Rn. 8). Ergeht dennoch eine stattgebende Entscheidung, obwohl der Insolvenzverwalter im Beschlussverfahren auch gegen den Arbeitnehmer erfolgreich war, ist eine Restitutionsklage nach § 580 Nr. 6 ZPO ausgeschlossen (*Prütting* FS Uhlenbruck, 2000, 769 [778]; aA HK-InsO/*Linck* Rn. 1; ErfK/*Gallner* Rn. 5). Ein Restitutionsgrund liegt vor, wenn das angefochtene Urteil auf einer aufgehobenen Entscheidung beruht (BGH NJW-RR 1994, 894 [895]). Hier geht es indessen um den ganz anderen Fall, dass eine bindende Entscheidung noch nicht bestand, das Urteil also sachlich richtig ist. Es genügt das Rechtsmittelsystem.

Betriebsveräußerung

128 (1) [1] **Die Anwendung der §§ 125 bis 127 wird nicht dadurch ausgeschlossen, daß die Betriebsänderung, die dem Interessenausgleich oder dem Feststellungsantrag zugrundeliegt, erst nach einer Betriebsveräußerung durchgeführt werden soll.** [2] **An dem Verfahren nach § 126 ist der Erwerber des Betriebs beteiligt.**

(2) **Im Falle eines Betriebsübergangs erstreckt sich die Vermutung nach § 125 Abs. 1 Satz 1 Nr. 1 oder die gerichtliche Feststellung nach § 126 Abs. 1 Satz 1 auch darauf, daß die Kündigung der Arbeitsverhältnisse nicht wegen des Betriebsübergangs erfolgt.**

Schrifttum: Bei § 120.

Übersicht

I. Normzweck

1 Die Regelung des **§ 613a BGB** gilt prinzipiell auch für den Betriebsübergang in der Insolvenz. Mit § 128 InsO hat der Gesetzgeber diesen Grundsatz vorausgesetzt und damit zugleich befestigt, aber auch limitiert. Die erleichterten Kündigungsmöglichkeiten des Insolvenzverwalters nach den §§ 125–127 sind gem. Absatz 1 auch bei einem Betriebsübergang anzuwenden und werden durch Absatz 2 noch erweitert (MüKoInsO/*Caspers* Rn. 3). Eine weitere systemkonforme Begrenzung erfährt § 613a BGB durch die Rspr. des BAG. Danach haftet der Betriebserwerber bei einem Betriebsübergang in der Insolvenz nur eingeschränkt nach § 613a Abs. 1 S. 1 BGB für rückständige Forderungen der Arbeitnehmer. Soweit die Verteilungsgrundsätze des Insolvenzrechts greifen, gehen diese als Spezialregelungen vor (BAG NJW 1980, 1124 [1125 f.]; NZA 2005, 408 [409]; NJW 2010, 2154 Rn. 17).

2 Absatz 1 begründet eine zusätzliche **Privilegierung insolvenzbezogener betriebsbedingter Kündigungen** im Fall des Betriebsübergangs. Um Betriebsveräußerungen zu erleichtern, kann der Insolvenzverwalter unter dem Schirm der §§ 125–127 vereinfacht betriebsbedingte Kündigungen aussprechen, obwohl erst der Erwerber die Betriebsänderung durchführt (Ahrens/Gehrlein/Ringstmeier/*Hergenröder* Rn. 2). Zudem wird das Kündigungsverbot aus § 613a Abs. 4 S. 1 BGB eingeschränkt, weil nach Absatz 2 die Vermutungswirkung des § 125 Abs. 1 S. 1 Nr. 1 bzw. die gerichtliche Feststellung gem. § 126 Abs. 1 S. 1 auch darauf erstreckt wird, dass die Kündigung nicht wegen des Betriebsübergangs erfolgt.

2a Erleichtert wird damit eine **übertragende Sanierung** (grundlegend *Karsten Schmidt* ZIP 1980, 328 [336]), bei der zur Rettung von Unternehmen oder Unternehmensteilen das Unternehmen von Schulden des Insolvenzschuldners befreit sowie dem Erwerber Gelegenheit zu einem Neustart gegeben wird. Die insolvenzrechtlichen Regeln ermöglichen deswegen auch im Vorgriff auf ein Erwerberkonzept einen Personalabbau in der Insolvenz (BAG NZI 2013, 407 Rn. 27). Die Privilegierung erfolgt über die insolvenzrechtlichen Vorschriften, während § 613a BGB nach der höchstrichterlichen Judikatur nicht besonders „sanierungsfreundlich" auszulegen ist. Diese Vorschrift soll insbes. verhindern, dass eine Betriebsveräußerung zum Anlass genommen wird, die erworbenen Besitzstände der Arbeitnehmer abzubauen, nicht aber Sanierungen bei Betriebsübernahmen zu ermöglichen oder zu erleichtern (ausdrücklich BAG NZI 2013, 313 Rn. 43; sa NJW 2009, 3260 Rn. 26). Im Insolvenzplanverfahren bestehen keine arbeitsrechtlichen Besonderheiten. Zwingende arbeitsrechtliche Vorschriften, wie § 613a Abs. 4 S. 1 BGB, können nicht unterlaufen werden (*Göpfert/Hermann* § 14 Rn. 12 f.)

II. Betriebsübergang in der Insolvenz

3 **1. Grundzüge. a) Voraussetzungen.** § 613a BGB setzt voraus, dass ein **Betrieb** oder **Betriebsteil** rechtsgeschäftlich auf einen anderen Inhaber übergeht. Der Betrieb ist in diesem Zusammenhang als wirtschaftliche Einheit aus einer organisierten Gesamtheit von Personen und Sachen zur auf Dauer angelegten Ausübung einer wirtschaftlichen Tätigkeit mit eigener Zielsetzung zu verstehen (BAG NJW 1998, 2994 [2995]). Der neue Rechtsträger muss die wirtschaftliche

Einheit unter Wahrung der Identität fortführen. Abzustellen ist dafür insbes. auf die Art des betreffenden Betriebs, den Übergang der materiellen Betriebsmittel, wie Gebäude und bewegliche Güter sowie deren Wert und Bedeutung, die Übernahme der immateriellen Betriebsmittel und der vorhandenen Organisation, den Grad der Ähnlichkeit mit der Betriebstätigkeit des bisherigen Inhabers, die Weiterbeschäftigung der Hauptbelegschaft, den Übergang von Kundschaft und Lieferantenbeziehungen und die Dauer einer eventuellen Unterbrechung der Betriebstätigkeit (BAG NZA 2000, 1115 [1116 f.]; 2003, 315 [317]; 2006, 263 [264]; NZI 2008, 450 Rn. 28). Betriebsteile sind Teileinheiten des Betriebs, dh selbständige, abtrennbare organisatorische Einheiten, die innerhalb des betrieblichen Gesamtzwecks einen Teilzweck erfüllen (BAG NZA 2003, 315 [317]).

4 An die Stelle des bisherigen Inhabers muss ein **neuer Betriebsinhaber** treten, der den Betrieb im eigenen Namen tatsächlich weiterführt. Erforderlich ist ein Wechsel der Rechtspersönlichkeit des Betriebsinhabers (ErfK/*Preis* BGB § 613a Rn. 43). Dies ist die Person, die für den Betrieb als Inhaber verantwortlich ist, also den Betrieb im eigenen Namen führt und nach außen als Betriebsinhaber auftritt (BAG NZA 2006, 597 [600]; 2008, 825 Rn. 19). Der neue Betriebsinhaber muss den Betrieb tatsächlich für eine gewisse Dauer weiterführen (BAG NZA 1999, 310 [311]; 2006, 597 [600]; KR/*Treber* BGB § 613a Rn. 71b).

5 Der Betrieb oder der Betriebsteil muss durch ein **Rechtsgeschäft** auf den neuen Inhaber übergehen. Die Voraussetzung ist weit zu verstehen. Der Begriff des Rechtsgeschäfts erfasst alle Fälle einer Fortführung der wirtschaftlichen Einheit im Rahmen vertraglicher und sonstiger rechtsgeschäftlicher Beziehungen, ohne dass unmittelbare Vertragsbeziehungen zwischen dem bisherigen Inhaber und dem Erwerber bestehen müssen (BAG NZI 2008, 450 Rn. 30; Ahrens/Gehrlein/Ringstmeier/*Hergenröder* Rn. 15). Ein Betriebsübergang setzt auch nicht die Wirksamkeit des Rechtsgeschäfts voraus. Ausgeschlossen werden aber die Fälle der Gesamtrechtsnachfolge und der Übertragung aufgrund eines Hoheitsakts (BAG NZI 2008, 450 Rn. 30; bei Neuordnung der Verwaltung aber EuGH NZA 2011, 1077 Rn. 57).

6 **b) Rechtsfolgen.** Als Folge des Betriebsübergangs ordnet § 613a Abs. 1 S. 1 BGB einen **Übergang der Arbeitsverhältnisse** an, denn der Erwerber tritt in die Rechte und Pflichten aus den im Zeitpunkt des Übergangs bestehenden Arbeitsverhältnissen ein. Dabei handelt es sich um den Fall eines ohne Zustimmung des Arbeitnehmers vollzogenen gesetzlichen Vertragsübergangs (Vertragspartnerwechsels) (BAG NJW 2008, 1175 Rn. 18). Als Ausdruck der gesetzgeberischen Schutzpflicht, mit der die Wahl des Vertragspartners gesichert werden muss (BVerfG NZA 2011, 400 Rn. 73), steht dem ordnungsgemäß unterrichteten Arbeitnehmer ein Widerspruchsrecht zu, § 613a Abs. 5, 6 BGB. Der neue Betriebsinhaber wird Schuldner aller Ansprüche aus dem Arbeitsverhältnis, auch wenn sie vor dem Betriebsübergang entstanden sind (ErfK/*Preis* BGB § 613a Rn. 73; KR-KSchG/*Treber* BGB § 613a Rn. 100). Neben der Vergütung gehören dazu auch alle sonstigen Leistungen einschließlich der beim Veräußerer erworbenen Versorgungsanwartschaften (BAG NZA 1992, 1080).

7 Außerdem ordnet § 613a Abs. 1 S. 2 BGB eine individualrechtliche **Fortgeltung der kollektivrechtlichen Normen** an. Die Normen der beim bisherigen Betriebsinhaber angewendeten Tarifverträge und der dort bestehenden Betriebsvereinbarungen verlieren ihre kollektivrechtliche Geltung und werden Inhalt des Arbeitsvertrags (BAG NZA 2004, 803 [805]; ErfK/*Preis* BGB § 613a Rn. 112; KR-KSchG/*Treber* BGB § 613a Rn. 100). Ziel ist eine Besitzstandswahrung auf arbeitsvertraglicher Ebene (BAG NZA 1995, 740 [741]; 2002, 41 [43]). Die Kollektivnormen dürfen grds. nicht binnen Jahresfrist zum Nachteil der Arbeitnehmer verändert werden, § 613 Abs. 2 S. 2 BGB, mit den Ausnahmen in S. 4.

Geht ein Betrieb insgesamt über, bleibt ein bestehender **Betriebsrat** im Amt, denn ein Betriebsinhaberwechsel ist grds. kein Grund für die Auflösung und Neuwahl des Betriebsrats (BAG NZA 1991, 639 [641]; 2002, 41 [43]).

Schließlich sieht § 613a Abs. 4 S. 1 BGB ein **Kündigungsverbot** wegen des Betriebsübergangs vor. Mit dieser spezialgesetzlichen Regelung des allgemeinen Umgehungsverbots soll verhindert werden, dass der in § 613a Abs. 1 S. 1 BGB angeordnete Bestandsschutz durch eine Kündigung unterlaufen wird (BAG NJW 2003, 3506 [3507]). Eine Kündigung erfolgt wegen des Betriebsübergangs, wenn dieser den tragenden Grund und nicht allein den äußeren Anlass der Kündigung bildet. Das Kündigungsverbot ist unanwendbar, wenn es neben dem Betriebsübergang einen sachlichen Grund gibt, der aus sich heraus die Kündigung rechtfertigt (BAG NZA 1997, 148 [149]; 2007, 387 Rn. 28). § 613a BGB schützt nicht vor einer einvernehmlichen Beendigung des Arbeitsverhältnisses ohne sachlichen Grund. Für die Sanierung mittels einer Beschäftigungs- und Qualifizierungsgesellschaft (BQG) ist der Abschluss eines Aufhebungsvertrags mit einem Betriebsveräußerer und damit zusammenhängend der Abschluss eines Arbeitsvertrags mit einer BQG trotz eines anschließenden Betriebsübergangs grds. wirksam, wenn die Vereinbarung auf das endgültige Ausscheiden des Arbeitnehmers aus dem Betrieb gerichtet ist. § 613a BGB wird jedoch umgangen, falls der Aufhebungsvertrag die Kontinuität des Arbeitsverhältnisses beseitigen, gleichzeitig aber der Arbeitsplatz erhalten werden soll, weil zugleich ein neues Arbeitsverhältnis vereinbart oder zumindest verbindlich in Aussicht gestellt wurde (BAG NZA 2012, 152 Rn. 32 f.; NZI 2013, 313 Rn. 35). 8

2. Haftung des Erwerbers in der Insolvenz. Bei den Rechtsfolgen eines Betriebsübergangs in der Insolvenz nimmt das BAG eine **haftungsrechtliche Differenzierung** vor. § 613a BGB soll die bestehenden Arbeitsplätze schützen, die Kontinuität des amtierenden Betriebsrats gewährleisten sowie die kollektivrechtlich geregelten Arbeitsbedingungen aufrechterhalten sowie die Haftung des alten und des neuen Arbeitgebers aufeinander abstimmen (BAG NZA 2010, 568 Rn. 20). Soweit die ersten beiden Schutzzwecke betroffen sind, bleibt § 613a BGB auch in der Insolvenz anwendbar (BAG NJW 1980, 1124 [1125]; Ahrens/Gehrlein/Ringstmeier/*Hergenröder* Rn. 36). Dagegen ist § 613a BGB teleologisch zu reduzieren, wenn es um die Haftung des Erwerbers für die vor Eröffnung des Insolvenzverfahrens entstandenen Ansprüche geht (BAG NJW 1980, 1124 [1125 f.]; NZA 2005, 408 [409]; NJW 2010, 2154 Rn. 17; Jaeger/*Giesen* Vor § 113 Rn. 235 ff.). Dadurch wird die Haftung des Erwerbers erleichtert (→ Rn. 11 f.). 9

Bei einem **Betriebsübergang vor Insolvenzeröffnung** besteht für eine erleichterte Haftung des Erwerbers kein Grund (BAG NZA 1993, 20 [22]). Der Zeitpunkt ist danach zu bestimmen, wann der Betriebserwerber aufgrund rechtsgeschäftlicher Übereinkunft in die Lage versetzt worden ist, die Leitungsmacht im Betrieb mit dem Ziel der Betriebsfortführung auszuüben (BAG NJW 1992, 3188 [3189]). Unerheblich ist, ob die Betriebsleitungsmacht zu diesem Zeitpunkt bereits tatsächlich ausgeübt wurde. Der Abschluss aller für den Betriebsübergang erforderlichen Rechtsgeschäfte kann ein Indiz für die Übertragung der tatsächlichen Leitungsmacht sein (BAG NJW 1997, 1027 [1028]). 10

Auch für die haftungsrechtlichen Folgen eines Betriebsübergangs in der Insolvenz ist auf den **Zeitpunkt** der Insolvenzeröffnung abzustellen. Für die vor der Eröffnung des Insolvenzverfahrens entstandenen Insolvenzforderungen nach § 38 InsO (Ahrens/Gehrlein/Ringstmeier/*Ahrens* § 38 Rn. 35 ff.) bestehen besondere Verteilungsregelungen, die als Spezialregelungen § 613a BGB vorgehen. Für diese Insolvenzforderungen auch der Arbeitnehmer haftet der Schuldner. Dagegen haftet der Erwerber für die nach Verfahrenseröffnung entstandenen Ansprüche als 11

Masseverbindlichkeiten (BAG NJW 1987, 1966). Dies gilt gleichermaßen für die individualrechtlichen Forderungen der Arbeitnehmer wie die kollektivrechtlichen Ansprüche des Betriebsrats nach § 40 Abs. 1 BetrVG (BAG NJW 2010, 2154 Rn. 17). Die Privilegierung des Erwerbers greift auch dann ein, wenn das Insolvenzverfahren mangels Masse nach § 207 eingestellt wird (BAG NZA 1993, 20 [22]). Wird der Eröffnungsantrag mangels Masse abgewiesen, ist kein Raum für die Begünstigung und der Erwerber haftet nach dem allgemeinen Konzept des § 613a BGB (BAG NJW 1985, 1574 [1575], damit ist BAG NJW 1981, 187 f., überholt; Nerlich/Römermann/*Nerlich* Rn. 57; *Steindorf/Regh* § 3 Rn. 734).

12 Die **betriebliche Altersversorgung** wird durch die haftungsrechtliche Differenzierung betroffen und zwar unabhängig davon, ob es sich um verfallbare oder unverfallbare Anwartschaften handelt (BAG AP BetrAVG § 1 Betriebsveräußerung Nr. 4; NZA-RR 2006, 373 [376]). Der Betriebserwerber haftet nur für den Teil der Betriebsrentenansprüche, der nach Eröffnung des insolvenzrechtlichen Verfahrens erdient worden ist. Vor der Verfahrenseröffnung entstandene Betriebsrentenansprüche oder -anwartschaften nehmen an der Verteilung als Insolvenzforderungen teil. Soweit gesetzliche Unverfallbarkeit vorliegt, haftet der Pensions-Sicherungs-Verein (BAG NZA-RR 2006, 373 [377]). Die Differenzierung zwischen verfallbaren und unverfallbaren Anwartschaften ist deswegen lediglich für den Insolvenzschutz nach dem BetrAVG bedeutsam (ErfK/*Preis* BGB § 613a Rn. 148).

III. Regelungsinhalt

13 **1. Anwendungsbereich.** Die §§ 125–127 schaffen weitreichende **Privilegierungen betriebsbedingter Kündigungen** in der Insolvenz, die nach § 128 auch bei einem Betriebsübergang gelten. Sie ergänzen die haftungsrechtlichen Erleichterungen für den Erwerber (→ Rn. 9 ff.). Es genügt der Übergang eines Betriebsteils (Zwanziger/*Zwanziger* Rn. 6; *Steindorf/Regh* § 3 Rn. 737; aA Kittner/Däubler/Zwanziger KSchR/*Däubler* KSchG Rn. 6). Partei des Betriebsübergangs muss der Insolvenzverwalter oder ein Eigenverwalter sein, der im Fall des § 126 mit Zustimmung des Sachwalters gem. § 279 S. 3 handelt. Ein vorläufiger Insolvenzverwalter kann die Erleichterungen nicht begründen. Der Übergang des Verwaltungs- und Verfügungsrechts auf den Insolvenzverwalter nach § 80 InsO begründet keinen Betriebsübergang (KR/*Treber* BGB § 613a Rn. 93).

14 Bei einer Freigabe des Geschäftsbetriebs bzw. bei einer **Negativerklärung** des Insolvenzverwalters nach § 35 Abs. 2 S. 1 (Ahrens/Gehrlein/Ringstmeier/*Ahrens* § 35 Rn. 147 ff., 158, 160) soll nach Ansicht des BAG eine entsprechende Anwendung von § 613a BGB in Betracht kommen, wenn die selbständige Tätigkeit als Einheit iSd § 613a BGB organisiert und dieser Einheit ein Arbeitsverhältnis zugeordnet ist (BAG NZA 2008, 1127 Rn. 23; ArbG Herne ZInsO 2010, 2199 [2200]; *Stiller* ZInsO 2010, 1374; aA HK-InsO/*Eickmann* § 35 Rn. 59; KR/*Treber* BGB § 613a Rn. 93). Alternativ soll das Arbeitsverhältnis unmittelbar mit der Erklärung an den Schuldner zurückfallen (LAG Nds BeckRS 2012, 69845).

15 **2. Geltung der §§ 125–127 (Absatz 1).** Auch ein **Betriebserwerber** kann sich nach § 128 Abs. 1 S. 1 auf die Rechtsfolgen der §§ 125–127 berufen. Dadurch werden die erleichterten betriebsbedingten Kündigungen bei einer Betriebsänderung nach den §§ 125–127 mit einem Betriebsübergang kombiniert. Die Betriebsänderung kann sowohl vor als auch nach dem Betriebsübergang und die Kündigung durch den Insolvenzverwalter oder den Erwerber erfolgen (Ahrens/Gehrlein/Ringstmeier/*Hergenröder* Rn. 46 f.; *Steindorf/Regh* § 3 Rn. 739). Privilegiert sind Veräußererkündigungen wegen Rationalisierungen aufgrund ei-

nes Sanierungskonzepts des Erwerbers (vgl. BGH NJW 2003, 3506 [3507]; HK-InsO/*Linck* Rn. 2; sa *Schmädicke* NZA 2014, 515). Erleichtert wird aber auch eine Kündigung durch den Erwerber nach dem Betriebsübergang (MüKoInsO/*Caspers* Rn. 37). Eine Kündigungsschutzklage ist dann gegen den Erwerber zu richten (KR-InsO/*Weigand* Rn. 1). Kommt bei derartigen Betriebsänderungen ein Interessenausgleich mit Namensliste zustande, gelten die Vermutungswirkung und der reduzierte Prüfungsmaßstab aus § 125 Abs. 1 S. 1. Es gelten aber auch die Feststellungswirkungen durch ein Beschlussverfahren zum Kündigungsschutz nach § 126 sowie die Bindungswirkungen im Kündigungsschutzprozess gem. § 127.

Geregelt ist aber nur eine **Rechtsfolgenerstreckung.** Der Erwerber kann 16 nicht selbst einen Interessenausgleich mit Namensliste mit den Wirkungen des § 125 vereinbaren (HambK-InsO/*Ahrendt* Rn. 2; Zwanziger/*Zwanziger* Rn. 2; *Steindorf/Regh* § 3 Rn. 740; aA ErfK/*Gallner* Rn. 1; Kittner/Däubler/Zwanziger KSchR/*Däubler* KSchG Rn. 3 f.; *Tretow* ZInsO 2000, 309 [310]) oder ein Beschlussverfahren einleiten (MüKoInsO/*Caspers* Rn. 39). Systematisch ist dies folgerichtig, denn die §§ 125–127 InsO schaffen ein Sonderrecht für einen insolventen Unternehmensträger, an dessen Stelle durch den Betriebsübergang gerade ein anderer, nicht insolventer Rechtsträger tritt. Die Instrumente der §§ 125, 126 müssen deswegen durch den Insolvenzverwalter geschaffen werden. Sonst bleibt es bei den allgemeinen Bestimmungen.

Im Beschlussverfahren nach § 126 ist gem. Absatz 1 Satz 2 eine **Beteiligung** 17 **des Erwerbers** vorgeschrieben (→ § 126 Rn. 19). Der Erwerberbegriff ist verfahrensrechtlich und umfassender als der materiellrechtliche Begriff des Inhabers in § 613a BGB zu verstehen. Erwerber ist zunächst der neue Betriebsinhaber iSv § 613a Abs. 1 S. 1 BGB. Um den gebotenen verfahrensrechtlichen Schutz zu ermöglich, muss zudem die Beteiligung eines möglichen Erwerbers als des künftigen Inhabers zulässig sein (BAG NZA 2000, 1180 [1181]; MüKoInsO/*Caspers* Rn. 40; aA Kittner/Däubler/Zwanziger KSchR/*Däubler* KSchG Rn. 4). Dies gilt auch, wenn ein Betriebsübergang umstr. ist (Zwanziger/*Zwanziger* § 126 Rn. 25). Wegen der sonst möglicherweise unterschiedlichen Erwerberkonzepte kann aber stets nur ein künftiger Erwerber beteiligt werden, zumal § 128 Abs. 1 S. 2 im Singular formuliert ist (aA Kübler/Prütting/Bork/*Moll* Rn. 79). Erforderlich ist deswegen eine etwa durch einen Vorvertrag verfestigte Erwerbsaussicht (Nerlich/Römermann/*Nerlich* Rn. 72). Wird ein späterer Erwerber nicht beteiligt, ist er dennoch durch § 613a BGB gebunden.

3. Kündigung wegen des Betriebsübergangs (Absatz 2). a) Vermutung 18 **aus § 125 Abs. 1 S. 1 Nr. 1.** Erfolgt ein Betriebsübergang, erstreckt Absatz 2 die Vermutung aus § 125 Abs. 1 S. 1 Nr. 1 darauf, dass die **Kündigung nicht wegen des Betriebsübergangs** erfolgt. Bei Zustandekommen eines Interessenausgleichs mit Namensliste iSv § 125 Abs. 1 S. 1 Nr. 1 wird vermutet, dass die Kündigung der bezeichneten Arbeitnehmer durch dringende betriebliche Erfordernisse bedingt ist, die einer Weiterbeschäftigung in diesem Betrieb bzw. einem anderen Betrieb desselben Unternehmens entgegenstehen. Bei einem Betriebsübergang erstreckt sich diese Vermutung auch darauf, dass die Kündigung der Arbeitsverhältnisse nicht wegen des Betriebsübergangs erfolgt (BAG NZA 2007, 387 Rn. 25). Dabei handelt es sich um eine gem. § 292 ZPO widerlegbare gesetzliche Vermutung, die im Kündigungsschutzprozess zur Beweislastumkehr führt (BAG NZA 2006, 720 Rn. 27; LAG Hamm NZA-RR 2003, 293 [297]). Die Reichweite dieser Regelung ist allerdings sehr begrenzt (ErfK/*Gallner* Rn. 2; Zwanziger/*Zwanziger* Rn. 1).

In einem **Kündigungsschutzprozess** über eine im Zusammenhang mit ei- 19 nem Betriebsübergang ausgesprochene Kündigung muss der Arbeitgeber nach den allgemeinen Grundsätzen die sachliche Rechtfertigung beweisen (BAG NJW

1986, 2008 [2009]). Gelingt ihm dies nicht, ist die Kündigung nicht aus betriebsbedingten Gründen gerechtfertigt und für die Vermutung aus den §§ 125, 128 besteht kein Raum (BAG NZA 2006, 720 Rn. 27). Kann der Arbeitgeber die soziale Rechtfertigung beweisen, geht die Regelung ins Leere. Dann steht die Kündigung aus dringenden betrieblichen Erfordernissen und damit zugleich aus anderen Gründen als dem Betriebsübergang fest (MüKoInsO/*Caspers* Rn. 42; FK-InsO/*Eisenbeis* Rn. 6; Nerlich/Römermann/*Nerlich* Rn. 75; *Steindorf/Regh* § 3 Rn. 742).

20 Nur wenn sich der Arbeitnehmer allein auf das **Kündigungsverbot aus § 613a Abs. 4 S. 1 BGB** beruft, besitzt Absatz 2 ggf. eine eigenständige Bedeutung. Dies wird lediglich dann geschehen, wenn der Arbeitnehmer nicht dem Anwendungsbereich des KSchG unterliegt (Ahrens/Gehrlein/Ringstmeier/*Hergenröder* Rn. 50; HambK-InsO/*Ahrendt* Rn. 4; *Steindorf/Regh* § 3 Rn. 742). Hängt die Unwirksamkeit der Kündigung allein davon ab, ob das Kündigungsverbot aus § 613a Abs. 4 S. 1 BGB eingreift, muss der Arbeitnehmer die Voraussetzungen darlegen und beweisen (BAG NJW 1986, 2008 [2009]). Bei einem Interessenausgleich mit Namensliste muss der Arbeitnehmer ohnehin die Vermutung widerlegen, dass die Kündigung durch dringende betriebliche Erfordernisse gerechtfertigt ist. Die dadurch dem Arbeitnehmer obliegende Beweislast wird letztlich nochmals bestätigt.

21 **b) Feststellung nach § 126 Abs. 1 S. 1.** Stellt das Arbeitsgericht die soziale Rechtfertigung der Kündigung gem. § 126 Abs. 1 S. 1 fest, erstreckt § 128 Abs. 2 die Feststellung darauf, dass die **Kündigung nicht wegen des Betriebsübergangs** erfolgt. Erforderlich ist das nicht, weil dann die Kündigung aus dringenden betrieblichen Erfordernissen und nicht wegen des Betriebsübergangs erfolgt ist. Eine solche rechtskräftige Entscheidung ist nicht widerleglich (MüKoInsO/*Caspers* Rn. 44; HK-InsO/*Linck* Rn. 5; Kittner/Däubler/Zwanziger KSchR/*Däubler* KSchG Rn. 5). Umgekehrt bindet die Entscheidung auch, wenn der Antrag des Insolvenzverwalters abgewiesen wird (*Steindorf/Regh* § 3 Rn. 744). Es bleibt auch hier nur eine Restbedeutung bei einem fehlenden Kündigungsschutz (FK-InsO/*Eisenbeis* Rn. 8; vgl. → Rn. 20).

22 **c) Wesentliche Änderungen.** Ein **Ausschluss** der durch § 128 verlängerten **Vermutungswirkung** des § 125 Abs. 1 S. 1 Nr. 1 bzw. **Bindungswirkung** gem. § 126 Abs. 1 S. 1 erfolgt, wenn sich gem. § 127 Abs. 1 S. 2 die Sachlage nach Schluss der letzten mündlichen Verhandlung wesentlich geändert hat (Kübler/Prütting/Bork/*Moll* Rn. 92; → § 127 Rn. 30 f.).

Dritter Abschnitt. Insolvenzanfechtung

Grundsatz

129 (1) **Rechtshandlungen, die vor der Eröffnung des Insolvenzverfahrens vorgenommen worden sind und die Insolvenzgläubiger benachteiligen, kann der Insolvenzverwalter nach Maßgabe der §§ 130 bis 146 anfechten.**

(2) **Eine Unterlassung steht einer Rechtshandlung gleich.**

Schrifttum: *Achsnik/Opp,* Insolvenzanfechtung von Zahlungen aus geduldeter Kontoüberziehung, NZI 2010, 633; *Ahrend/Struck,* Kein Anfechtungsrecht des Verwalters bei Masseunzulänglichkeiten?, ZInsO 2000, 264; *Berges,* Die Anfechtung mittelbarer Zuwendungen im Konkurs, KTS 1961, 65; *Biehl,* Wesen und Wirkung der Insolvenzanfechtung nach neuem Recht, KTS 1999, 313; *Biehl/Bograkos,* Insolvenzanfechtung im masseunzulänglichen

Verfahren, DZWIR 2002, 139; *Bitter,* Insolvenzanfechtung bei Weggabe unpfändbarer Gegenstände, FS Karsten Schmidt, 2009, 123; Bork, Handbuch des Insolvenzanfechtungsrechts, 2006; *ders.,* Insolvenzanfechtung des „Stehenlassens", FS Uhlenbruck 2000, 279; *ders.,* Die Verbindung, Vermischung und Verarbeitung von Sicherungsgut durch den Insolvenzverwalter, FS Gaul, 1997, 71; *ders.,* Anfechtung als Kernstück der Gläubigergleichbehandlung, ZIP 2014, 797; *ders.,* Neues Insolvenzanfechtungsrecht, ZIP 2014, 1905; *Bork/Gehrlein,* Aktuelle Probleme der Insolvenzanfechtung, 2009; *Breutigam/Tanz,* Einzelprobleme des neuen Insolvenzanfechtungsrechts, ZIP 1998, 717; Burchard, Die Insolvenzanfechtung im Dreieck, 2009; *Commandeur/Römer,* Neue Entwicklungen im Insolvenzrecht im Konzernverbund – Drittschuldnerzahlungen, NZG 2014, 1414; *Eckardt,* Anfechtung und Aussonderung, KTS 2005, 15; *Emmert/Ludwig,* Gezielte Bevorzugung einzelner Gläubiger durch freiwillige Leistungen des Schuldners aus unpfändbaren Mitteln, ZInsO 2014, 2424; *Franke/Böhme,* Die Tilgung von Altforderungen durch den „schwachen" vorläufigen Verwalter, DZWIR 2003, 494; *Freudenberg/Girbig,* Das Anfechtungsrecht in der Insolvenz, NJ 2013, 397; *Fried,* Insolvenzanfechtung – unverzichtbarer Baustein zur gleichmäßigen Gläubigerbefriedigung …, ZInsO 2014, 1921; *Ganter,* Die Ausübung unzulässigen wirtschaftlichen Drucks auf den vorläufigen Insolvenzverwalter beim Abschluss zur Fortführung des Schuldner-Unternehmens notwendiger Geschäfte, FS Gerhardt, 2004, 237; *ders.,* Neues zum Merkmal der Gläubigerbenachteiligung bei der Insolvenzanfechtung, FS Görg, 2010, 169; *ders.,* Gläubigerbenachteiligung durch Drittzahlung, NZI 2011, 475; *Gaul,* Rangfolge und Rangsicherung unter Befriedigung suchenden konkurrierenden Anfechtungsgläubigern, FS Karsten Schmidt, 2009, 425; *Gehrlein,* Subjektive Merkmale der Insolvenzanfechtung, FS Ganter, 2010, 169; *ders.,* Anfechtungsrecht in der Insolvenz, NZI 2014, 481; *Geiger,* Die Drittzahlung im Recht der Anfechtung nach der InsO, NZI 2014, 585; *Gerhardt,* Gereimtes und Ungereimtes im Anfechtungsrecht der neuen Insolvenzordnung, FS Brandner, 1996, 605; *ders.,* Zur Insolvenzanfechtung eines Vergleichs i. S. des § 779 BGB, KTS 2004, 195; *ders.,* Der IX. Senat des BGH auf dem Weg zur haftungsrechtlichen Anfechtungstheorie oder „Wertungsfrage" statt Dogmatik?, ZIP 2004, 1675; *ders.,* Besondere prozessuale Zuständigkeitsprobleme für eine Anfechtungsklage wegen Gläubigerbenachteiligung, FS Karsten Schmidt, 2009, 457; *Gerhardt/Kreft,* Aktuelle Probleme der Insolvenzanfechtung, 10. Aufl. 2006; *Gundlach/Frenzel/Schmidt,* Die Insolvenzanfechtung nach Anzeige einer nicht kostendeckenden Masse durch den Insolvenzverwalter, NZI 2004, 184; *Häsemeyer,* Die Gleichbehandlung der Konkursgläubiger, KTS 1982, 507; *Hellwig,* Anfechtungsrecht und Anfechtungsanspruch nach der neuen Konkursordnung, ZZP 26 (1899), 474; *Henckel,* Insolvenzanfechtung, in: Leipold (Hrsg.), Insolvenzrecht im Umbruch, 1991, 239; *ders.,* Altes und Neues zur Gläubigeranfechtung im Konkurs, FS BGH III, 2000, 785; *Henkel,* Zahlungen durch Dritte sind stets gläubigerbenachteiligend, ZInsO 2012, 774; *ders.,* Der gläubigerbenachteiligende Charakter der Zahlungen des Schuldners von einem außerhalb der vereinbarten Kreditlinie geführten Konto, § 129 Abs. 1 InsO, ZInsO 2005, 468; *Henning,* Insolvenzanfechtung: Gläubigerbenachteiligung bei Zahlung aus einer bloß geduldeten Überziehung, NJW 2010, 1055; *Hess,* Die Rechtsnatur der Anfechtung nach der InsO und der EGInsO, FS Fuchs, 1996, 79; *Hirte,* Insolvenzanfechtung im Übergang, ZInsO 2001, 784; *Holzer,* Die Insolvenzanfechtung, WiB 1997, 729; *Keller/Tetzlaff,* Insolvenzanfechtung, fraudulöse Transaktionen und Gerechtigkeitserwägungen, ZInsO 2009, 2228; *Kirchhof,* Anfechtbarkeit von Rechtshandlungen vorläufiger Insolvenzverwalter, ZInsO 2000, 297; *Klinck,* Die insolvenzrechtliche Anfechtung von Lohnzahlungen in der aktuellen höchstrichterlichen Rechtsprechung, DB 2014, 2455; *Kreft,* Vergleich über Anfechtungsansprüche, FS Karsten Schmidt, 2009, 965; *ders.,* Fragen aus Anlass des Urteils des BGH vom 6.10.2009, FS Ganter, 2011, 247; *ders.,* Die Gläubigerbenachteiligung – Eine unterschätzte Anfechtungsvoraussetzung?, KTS 2012, 405; *Kühnemund,* Insolvenzanfechtung von zivilprozessualen Präklusionslagen, KTS 1999, 25; *Kummer/Schäfer/Wagner,* Insolvenzanfechtung, 2. Aufl. 2014; *Marotzke,* Dingliche Wirkungen der Gläubiger- und Konkursanfechtung, KTS 1987, 1; *ders.,* Vertrauensschutz contra Gesamtgläubigerinteresse, ZInsO 2014, 417; *Münch,* Die Überleitung des Anfechtungsrechts, FS Gerhardt, 2004, 621; *Nowack,* Rückschlagsperre und Anfechtbarkeit von Vollstreckungsakten – ein Beitrag zur Reform des Insolvenzrechts, KTS 1992, 161; *Onusseit,* Die Rechtshandlung im Gläubigeranfechtungsrecht, ZInsO 2010, 2022; *Pape,* Zulässigkeit der Insolvenzanfechtung nach Anzeige der Masseinsuffizienz, ZIP 2001, 901; *G. Paulus,* Sinn und Formen der Gläubigeranfechtung, AcP 155 (1956), 277; *Paulus,* Konzernrecht und Konkursanfechtung, ZIP 1996, 2141; *ders./Schröder,* Über die Verschärfungen des Rechts der Insolvenzanfechtung, WM 1999, 253; *Pfefferle,* Zur Reform der Konkursanfechtung und Rückschlagsperre, ZIP 1984, 147; *Schäfer,* Mittelbare Zuwendungen im Insolvenzanfechtungsrecht, DB 2014, 1965; *Karsten Schmidt,* Konkursanfechtung und Drittwiderspruchsklage – Zugleich eine Kritik zum BGH-Urteil vom 11.1.1990 –, JZ 1990, 619; *ders.*, Das Unternehmen als Gegenstand eines Konkursanfechtungsanspruchs, BB 1988, 5; *Spiekermann,* Zur Anfechtung von Drittzahlungen, NZI 2014, 1030; *Staufenbiel/Brill,* Anfechtung von Drittzahlungen, ZInsO 2013, 2040; *Steines,* Gläubigerbenachteiligung bei Veräußerung eines dem Schuldner gehörenden voll belasteten Gegenstandes?, KTS 1986, 21; *Thole,* Gläubigerschutz durch Insolvenzrecht, 2010; *Uhlenbruck,* Die Firma als Teil der Insolvenzmasse, ZIP 2000, 401; *Vendolsky,* Gläubigerbenachteiligung (§ 129 InsO), ZIP 2005, 786; *Zenker,* Der Zeitpunkt der Vornahme einer Sicherheitenbestellung an künftigen Gegenständen und für künftige Forderungen, ZVI 2006, 327; *M. Zeuner,* Die Anfechtung in der Insolvenz, 2. Aufl. 2007; *ders.*, Zur Insolvenzanfechtung von Zahlungen aus einer geduldeten Kontoüberziehung, DZWiR 2007, 250; *Zwanziger,* Die Rechtsprechung des BAG zur Insolvenzanfechtung, DB 2014, 2391.

Übersicht

I. Grundlagen

1. Normzweck und Entwicklung. a) Normzweck. Als Normzweck der Anfechtungsregeln wird in erster Linie der **Gläubigerschutz** hervorgehoben (umfassend *Thole* S. 279 ff.). Dieser Gläubigerschutz dient nach traditioneller Sichtweise ganz der **Gläubigergleichbehandlung** (vgl. nur Bork/*Bork* Rn. 1.1; Kübler/Prütting/Bork/*Ehricke* Rn. 1; Uhlenbruck/*Hirte*/*Ede* Rn. 1). Mindestens ebenso bedeutsam ist aber die allen Alt- und Neugläubigern zugutekommende **(Wieder-)Herstellung einer Haftungsmasse** (*Thole* S. 297 ff.: „schuldnerbezogenes Anfechtungsrecht"). **Hinsichtlich des Gläubigerschutzes** ist zu unterscheiden zwischen dem **Schutz aller Gläubiger** – auch der Massegläubiger – **gegen Schmälerung der Masse** und der **Korrektur verschobener Gläubiger-Rangordnung** (ausdifferenzierter noch *Häsemeyer* Rn. 21.01 ff.). Die Tatbestände der §§ 132–134 stellen den allgemeinen Schutz gegen Masseschmälerungen in den Vordergrund. Indessen reicht dies nicht aus. Die Schutzrichtung des Insolvenzanfechtungsrechts sollte (anders als die reine Gläubigeranfechtung nach dem Anfechtungsgesetz) **über den Gläubigerschutz hinaus** gehen (vgl. auch MüKoInsO/*Kirchhof* vor § 129 Rn. 3: „Verfahrenszweck insgesamt"). In einem auch auf Erhaltung des Unternehmens (§ 1 S. 1) und auf Restschuldbefreiung (§ 1 S. 2) zielenden Insolvenzrecht kann das Recht der Insolvenzanfechtung auch als **Instrument eines im Insolvenzverfahren eingreifenden Schuldnerschutzes** gegen Rechtshandlungen betrachtet werden, die die Ziele eines Insolvenzplans bzw. der Restschuldbefreiung gefährden (bemerkenswert § 259 Abs. 3). 1

Spätestens seit dem ESUG sind auch die Eigner des Schuldnerunternehmens vom Insolvenzplanverfahren betroffen (vgl. § 225a), folglich auch durch Wiederherstellung einer Sanierungsmasse mindestens reflexiv geschützt. Dieser neben dem reinen Gläubigerschutz im Lichte des § 1 mit intendierte Effekt tritt besonders – jedoch nicht ausschließlich – in den §§ 135, 136 hervor. Seine über die Anhebung der Insolvenzquote hinausgehenden Konsequenzen sind noch nicht ausdiskutiert (vgl. auch → Rn. 45, 46 aF).

2 **b) Das objektive Recht. Das objektive Anfechtungsrecht der InsO** wurde **im Vergleich zur Konkursordnung** nicht konzeptionell verändert, auch nicht durch den in § 1 herausgestellten Sanierungszweck (übereinst. *Thole* S. 305). Wohl aber wurde es nach unbefriedigenden Erfahrungen mit den §§ 29 ff. KO (*Henckel* ZIP 1982, 391 ff.) **erheblich verschärft,** insbes. durch die Einschränkung subjektiver Anfechtungsvoraussetzungen und durch Beweiserleichterungen (dazu eing. BegrRegE InsO, BT-Drs. 12/2443, 82, 156). Wesentliche **Änderungen der §§ 130 ff.** enthielt, va bezogen auf die §§ 135, 143 das **MoMiG** (dazu → Einl. Rn. 13). Durch das **Gesetz zur Verbesserung der Rechtssicherheit bei Anfechtungen nach der InsO und dem AnfG,** 2015/2016 (Regierungsentwurf 29.9.2015, ZIP-Beil. 2 Heft 40/2015; zuvor Referentenentwurf in ZIP-Beil. 1 Heft 12/2015) werden die §§ 131, 133, 142, 143 geändert (vgl. dazu → § 131 Rn. 106 ff., → § 133 Rn. 104 ff., → § 142 Rn. 54 ff.). Über **das internationale Recht der Insolvenzanfechtung** vgl. → Rn. 24.

3 **c) Das subjektive Recht.** Dieses subjektive Anfechtungsrecht entsteht nach hM mit der Verfahrenseröffnung als **Recht des Insolvenzverwalters** (BGHZ 15, 333 [337]; 113, 98 [105] = NJW 1991, 560 [562]; BGHZ 118, 374 [381] = ZIP 1992, 1005 [1008]; Kübler/Prütting/Bork/*Ehricke* Rn. 2 ff., 9; Uhlenbruck/*Hirte/Ede* § 143 Rn. 2; MüKoInsO/*Kirchhof* Rn. 186). Allerdings gehört der nach § 143 auszuübende **Anfechtungsanspruch als Bestandteil der Insolvenzmasse** zum Schuldnerverfahren (vgl. → § 143 Rn. 3; Kübler/Prütting/Bork/*Jacoby* § 143 Rn. 2; Jaeger/*Henckel* § 143 Rn. 97; vgl. MüKoInsO/*Kirchhof* § 143 Rn. 1). Er wächst, wenn die Voraussetzungen der §§ 123–142 gegeben sind, dem Schuldnervermögen (§ 35) mit der Verfahrenseröffnung kraft Gesetzes zu. Einer besonderen **Ausübung des Anfechtungsrechts** bedarf es nicht (vgl. → Rn. 5; BGHZ 135, 140 [149] = ZIP 1997, 737 [739]; Kilger/*Karsten Schmidt* § 37 KO Anm. 1a). Der Verwalter muss weder die Anfechtung erklären (ebd.) noch einen bestimmten Anfechtungstatbestand geltend machen (BGHZ 117, 374 [380 f.] = ZIP 1992, 629 [631]; BGHZ 123, 320 [322] = NJW 1993, 3267 = ZIP 1993, 1653; stRspr). Die **Anfechtungsbefugnis des Insolvenzverwalters** besteht nur in seiner ausschließlichen Kompetenz zur Geltendmachung der Anfechtung. Im **Fall der Eigenverwaltung** kann nur der **Sachwalter** die Anfechtungsrechte ausüben (§ 280), im vereinfachten **(Verbraucher- und Klein-)Verfahren** jeder Gläubiger für Rechnung der Gläubigergesamtheit (§ 313 Abs. 2 S. 1), sofern nicht die Gläubigerversammlung den Treuhänder mit der Ausübung beauftragt (§ 313 Abs. 2 S. 3). Zur Frage der **Abtretbarkeit des Anfechtungsanspruchs** vgl. → § 143 Rn. 17. Mit **Beendigung des Insolvenzverfahrens** (§§ 200, 207, 209, 212, 213) endet die Anwendbarkeit der §§ 129 ff. (Kübler/Prütting/Bork/*Ehricke* Rn. 34a), sofern nicht die Fortsetzung eines Anfechtungsprozesses im gestaltenden Teil eines Insolvenzplans vorgesehen ist (dazu vgl. § 259 Abs. 3). Möglich ist dann noch eine Gläubigeranfechtung nach dem AnfG (vgl. → Rn. 12).

4 **2. Gegenstand der Anfechtung. a) Rechtshandlung und Rechtsfolge.** Nach dem Wortlaut des § 129 sind **Rechtshandlungen** Gegenstand der Anfechtung (so zB auch Andres/Leithaus/*Leithaus* Rn. 3; s. auch BGHZ 124, 76 = NJW

1994, 449: Vertrag als Anfechtungsgegenstand). Das ist ungenau und wird dem Unterschied zwischen der Anfechtung nach §§ 129 ff. und nach §§ 119 ff., 142 BGB (→ Rn. 5) und damit dem Grundverständnis der Anfechtung nicht gerecht. Richtig ist, dass nach § 129 jede Anfechtung den Tatbestand einer Rechtshandlung voraussetzt (näher → Rn. 25 ff.). **Gegenstand der Insolvenzanfechtung** ist jedoch nicht diese Rechtshandlung selbst, sondern die unter den Voraussetzungen der §§ 130–142 durch Insolvenzanfechtung zu korrigierende **vermögensrechtliche Folge** der Rechtshandlung (BGHZ 147, 233 [236] = NZI 2001, 357; BGH NJW 1995, 1668 [1670]; NZI 1999, 152 [153]; 2010, 414 Rn. 10; Bork/*Ehricke* Rn. 3.1; HK-InsO/*Kreft* Rn. 6). Aber auch in dieser Hinsicht bedarf das Verständnis der §§ 129 ff. der Präzisierung. Die anfechtbare Rechtsfolge wird im Lichte des § 143 vielfach einzelgegenständlich in dem Sinne gedacht, dass eine **identifizierbare Verkürzung der Masse** vorliegen müsse (vgl. → Rn. 49, 51: einzelgegenständliche Betrachtungsweise). Hierin dürfte der Grund für die überholte Rspr. zu sehen sein, wonach bei Zahlungen aus debitorischem Girokonto eine Deckung mangels Gläubigerbenachteiligung nicht angefochten werden konnte, wenn ein Gläubiger mit Mitteln befriedigt wird, die der Schuldner aus einer lediglich geduldeten Kontoüberziehung schöpft (BGHZ 170, 276 [279] = NJW 2007, 1357 [1358]). Dementsprechend hatte der BGH in ZIP 2007, 601 [602] und ZIP 2008, 747 für die schlüssige Darlegung einer Gläubigerbenachteiligung bei Zahlungen über Bankkonten regelmäßig den Vortrag verlangt, dass diese Zahlungen aus einem Guthaben oder einer eingeräumten Kreditlinie erbracht worden sind (Kritik hieran ua bei *Bitter* FS Karsten Schmidt, 2009, 123 ff. mwN). **Die Schwäche dieser Rspr.** dürfte in der Grundvorstellung zu erblicken sein, der Schuldner müsse durch die gläubigerschädigende Rechtshandlung einen benennbaren Gegenstand, zB eine pfändbare Forderung gegen seine Geschäftsbank, weggegeben oder auf seinen Erwerb verzichtet haben. Die Rspr. ist überholt durch BGHZ 182, 317 = NJW 2009, 3362: „Schöpft der Schuldner neue Gelder aus einer lediglich geduldeten Kontoüberziehung und fließen sie infolge seiner Rechtshandlung einem Gläubiger direkt zu, so kommt die Anfechtung dieser mittelbaren Zuwendung durch den Insolvenzverwalter ohne Rücksicht darauf in Betracht, ob aus der Einräumung des Überziehungskredits für die Masse ein pfändbarer Anspruch gegen die Bank entsteht oder durch die Valutierung von Sicherheiten ein entsprechender Rückübertragungsanspruch verloren geht (Aufgabe von BGHZ 170, 276).“ Da das Urteil (BGHZ 182, 317 = NJW 2009, 3362 Rn. 14) in Anlehnung an *Bitter* die geduldete Zahlung aus dem überzogenen Konto als Verwendung eines „potenziellen“ Massebestandteils bezeichnet, wird es (im Einklang mit der Forderung *Bitters*) als Ausdehnung des Anfechtungsschutzes auf unpfändbare Gegenstände verstanden und kritisiert (Kummer/*Schäfer*/Wagner Rn. B 291; *Bork* EWiR 2009, 651 f.). Auch das vorliegende Werk nimmt unpfändbare Gegenstände vom Anfechtungsschutz der Masse aus (→ Rn. 52). Aber die Entscheidung sollte besser als eine **Abkehr von der einzelgegenständlichen Betrachtungsweise** gewürdigt und in diesem Sinne begrüßt werden (→ Rn. 49). Die Zahlung aus dem debitorischen Bankkonto ist als Vermehrung der Schuldenmasse durch Buchgeldtransfer anfechtbar, ohne dass gefragt werden müsste, ob der überweisende Schuldner bei der Bank einen Vermögensgegenstand verwahrte, den er dem Zahlungsempfänger gewissermaßen in die Hand gedrückt und dadurch (so der BGH) „verbraucht“ hat.

b) Ausübung des Anfechtungsrechts. Das Anfechtungsrecht ist **kein Gestaltungsrecht,** die Anfechtung **keine Gestaltungserklärung** (so schon Kilger/*Karsten Schmidt,* 17. Aufl. 1997, § 37 KO Anm. 1a). Mit Recht wird die Verschiedenartigkeit von Insolvenzanfechtung und Anfechtung nach §§ 119 ff., 142 BGB hervorgehoben (vgl. nur Jaeger/*Henckel* § 143 Rn. 3). Die sog Anfechtung 5 bedarf keiner besonderen „Ausübung" durch den Insolvenzverwalter, sondern stellt sich nur als Geltendmachung der gesetzlichen Anfechtungsfolgen dar (BGHZ 135, 140 = NJW 1997, 1857 = ZIP 1997, 737). Insofern sind Formulierungen wie „actio pauliana" oder „revocatory claim" sachnäher als der Begriff „Anfechtung". Über die Geltendmachung vgl. Erl. § 143.

6 **c) Teilanfechtung.** Eine Teilanfechtung gibt es nach hM nicht (vgl. nur FK-InsO/*Dauernheim* Rn. 35; HK-InsO/*Kreft* Rn. 80; MüKoInsO/*Kirchhof* § 143 Rn. 18; Uhlenbruck/*Hirte/Ede* Rn. 105 mwN). Ausnahmen werden aber bei teilbaren Rechtsgeschäften mit teilbarem gläubigerbenachteiligendem Erfolg anerkannt (BGHZ 124, 70 [76] = NJW 1994, 449; BGH ZIP 2001, 2055 [2057]; FK-InsO/*Dauernheim* Rn. 35; Uhlenbruck/*Hirte/Ede* Rn. 106). Nach dem bei → Rn. 4 Gesagten kann es indes nicht wie im Bürgerlichen Recht, um die teilw. Anfechtung einer Rechtshandlung gehen, sondern nur darum, ob die „anzufechtende", dh durch Ansprüche aus § 143 iVm §§ 130 ff. zu berücksichtigende Vermögensbewegung und die ihr innewohnende Gläubigerbenachteiligung teilbar ist (dazu → Rn. 42). Dies ist bei einer **Mehrheit von Rechtshandlungen** (dazu Gottwald InsR-HdB/*Huber* § 46 Rn. 19) oder **bei einem teilbaren Rechtsgeschäft** (Angaben bei Uhlenbruck/*Hirte/Ede* Rn. 106, 108) die entscheidende Frage. Eine nochmals ganz eigene Frage ist die nach der nur teilweisen Geltung eines nach § 143 einheitlichen Anfechtungsanspruchs. Es ist dies ein rein prozessualer, nach den Regeln der Teilklage zu beurteilender Fragenbereich.

7 **3. Rechtsdogmatische Einordnung. a) Fragestellung.** Die rechtsdogmatische Einordnung der Anfechtung in der Insolvenz ist seit jeher umstr. (ausf. Bork/*Bork* Rn. 1.5 ff.; FK-InsO/*Dauernheim* Rn. 4 ff.; Jaeger/*Henckel* § 143 Rn. 3 ff.; MüKoInsO/*Kirchhof* vor § 129 Rn. 12 ff.; Uhlenbruck/*Hirte/Ede* § 143 Rn. 4 ff.), jedoch durch **§ 143** weitgehend geklärt. Nach dieser Bestimmung muss, was durch die anfechtbare Rechtshandlung zu Lasten der Masse veräußert, weggeben oder aufgegeben worden ist, zur Insolvenzmasse zurückgewährt werden. Die „Anfechtungstheorien" spielen deshalb bei §§ 129 ff. eine geringere Rolle als bei der Gläubigeranfechtung nach §§ 9 ff. AnfG (*Karsten Schmidt* JZ 1990, 619 ff.). Ihre Bedeutung wird heute gering geschätzt (vgl. nur *Thole* S. 526 ff.).

8 **b) Anfechtungstheorien. Auszuscheiden** ist nach § 143 die **„Dinglichkeitstheorie",** die der Anfechtung ähnliche Wirkung beimisst wie der Beseitigung einer Verfügung nach §§ 119 ff., 142 BGB (dafür zB noch *Hellwig* ZZP 26 (1899), 474 ff.; für eine Dinglichkeitstheorie, jedoch nicht mit letzter Konsequenz, noch *Marotzke* KTS 1987, 1 ff.; *ders.* KTS 1987, 569, 577: relative Unwirksamkeit). **Vorherrschend** ist in Praxis und Literatur die in verschiedenen Varianten vertretene sog **schuldrechtliche Theorie** (RGZ 70, 112 [113 ff.]; stRspr; BGHZ 128, 184 [194] = NJW 1995, 659 [662]; BGH ZIP 2007, 1274; 2011, 1114; FK-InsO/*Dauernheim* Rn. 6, 9). In der Literatur verbreitet ist schließlich die von *Gotthard Paulus* (AcP 155 (1956), 277 [300 ff.]) für die Anfechtung außerhalb des Insolvenzverfahrens herausgearbeitete **haftungsrechtliche Theorie** (vgl. nur *Häsemeyer* Rn. 21.13 f.; *Braun/de Bra* Rn. 9; Jaeger/*Henckel* § 143 Rn. 10 ff.; Kübler/Prütting/Bork/*Jacoby* § 143 Rn. 16 ff.; Uhlenbruck/*Hirte/Ede* Rn. 8 f.; *Karsten Schmidt* JZ 1987, 889). Nach dieser Theorie sind anfechtbar in die Hand Dritter gelangte Gegenstände haftungsrechtlich der Masse zugewiesen. Das Interesse an den Theorien hat allerdings nachgelassen (vgl. *Thole* S. 526 ff.). Das überrascht nicht und dürfte ein Resultat der bei → Rn. 9 dargestellten Theoriensymbiose sein. Bspw. ist der Bundesgerichtshof unbeschadet seines Grundsatzbekenntnisses zur schuldrechtlichen Theorie im Urteil BGHZ 156, 350 = NJW 2004, 214 von dem zuvor vertretenen Standpunkt (BGH NJW 1990, 990 = ZIP 1990,

246; unentschieden BGH ZIP 1997, 1857 [1858]) abgerückt, der Anfechtungsanspruch (§ 143) berechtige nicht zur Drittwiderspruchsklage nach § 771 ZPO (vgl. → Rn. 12). Dies ist eine Konzession an die haftungsrechtliche Theorie.

c) Stellungnahme. Vorzugswürdig scheint eine **Symbiose zwischen der schuldrechtlichen und der haftungsrechtlichen Deutung** (so bereits Kilger/*Karsten Schmidt,* 17. Aufl. 1997, § 29 KO Anm. 2a; *ders.* JZ 1987, 889; 1990, 621; eing. jetzt MüKoInsO/*Kirchhof* vor § 129 Rn. 26 ff.). Der anfechtbare Erwerb ist „janusköpfig" (*Gerhardt*). § 143 besagt, dass für den „dinglichen" **Vollzug der Anfechtung** deren einseitige Geltendmachung nicht genügt. Es gibt keinen automatischen Heimfall anfechtbaren Erwerbs in die Masse (deshalb die Ablehnung der Dinglichkeitstheorie bei → Rn. 8). Vielmehr müssen dem Schuldnervermögen anfechtbar entzogene Gegenstände in die Masse (rück-)übertragen, anfechtbar erlangte beschränkte dingliche Rechte aufgehoben, anfechtbar begründete Forderungen erlassen und anfechtbar erlassene Verbindlichkeiten wieder begründet werden (näher Erl. § 143). Insoweit bildet die schuldrechtliche „Theorie" das geltende Recht zutr. ab (→ Rn. 10). Auch die **Anfechtungseinrede** (→ Rn. 11) ist im Grunde nur ein Anwendungsfall des „dolo-agit"-Einwands, gestützt auf die schuldrechtliche Theorie. Wo es dagegen auf die **haftungsrechtliche Zuordnung von Vermögensgegenständen** ankommt, kann die Anfechtungsfolge ohne weiteres aufgrund der bloßen Anfechtbarkeit ipso iure geltend gemacht werden (→ Rn. 12). Keine für ein argumentum e contrario taugende Ausnahme, sondern eine **beispielhafte Beschreibung der Folgen der Anfechtbarkeit** ist deshalb **§ 96 Abs. 1 Nr. 3:** Eine in anfechtbarer Weise erworbene Forderung ist zwar wirksam erworben (Ablehnung der Dinglichkeitstheorie), kann aber, weil haftungsrechtlich dem Erwerber nicht zugeordnet, nicht für die Aufrechnung in der Insolvenz verwendet werden (zur darüber noch hinausgehenden Rückwirkung der Bestimmung vgl. → Rn. 15). 9

d) Konsequenzen. aa) Dinglicher Vollzug. Weder die Anfechtbarkeit noch deren **Geltendmachung durch den Insolvenzverwalter** führt der Masse mit verfügender („dinglicher") Wirkung anfechtbar aufgegebene Güter wieder zu (vgl. → Rn. 8: **kein automatischer Heimfall**). Dies ist vielmehr die Aufgabe des nach § 143 InsO vom Anfechtungsgegner geschuldeten Vollzugsakts (→ Rn. 6; eing. Erl. § 143). Deshalb klagt der Verwalter in einem auf § 143 gestützten Prozess nicht einfach auf Herausgabe (§§ 883 ff. ZPO), sondern auf (Rück-) Übereignung, (Rück-)Abtretung, Wiederbegründung einer erlassenen Forderung etc (näher → § 143 Rn. 7 ff.). Das „sachenrechtliche" (richtig: verfügungsrechtliche) **Spezialitätsprinzip** gilt dann für den dinglichen Vollzug, nicht aber für den Anspruch selbst. Soweit dieser auf einer Rechtshandlung (→ Rn. 42) beruht, kann ein einheitlicher Rückforderungsanspruch, gerichtet auf viele Einzelverfügungen, gegeben sein (→ Rn. 49), zB bei der Rückabwicklung eines anfechtbaren **asset deal** (*Karsten Schmidt* BB 1988, 5 ff.; *Wessels* ZIP 2004, 1237 ff.; HK-InsO/*Kreft* Rn. 16; MüKoInsO/*Kayser* Rn. 94; wohl auch FK-InsO/*Dauernheim* Rn. 26). Zur Gläubigerbenachteiligung vgl. → Rn. 51. 10

bb) Anfechtungseinrede. Keine Ausnahme von der nur schuldrechtlichen Wirkung des § 143 ist die Geltendmachung der Einrede gegenüber einem Anspruch, der auf einer anfechtbaren Rechtshandlung beruht oder auf eine anfechtbare Leistung gerichtet ist (dazu statt vieler Kummer/*Schäfer*/Wagner Rn. 69 ff.; Kübler/Prütting/Bork/*Ehricke* Rn. 12). Diese Einrede ist durch § 146 Abs. 2 mittelbar anerkannt und auch nach der Verjährung des auf § 143 beruhenden Anspruchs zugelassen (vgl. dazu → § 146 Rn. 14 ff.). 11

cc) Haftungsrechtliche Direktwirkung. Direkt kann die Anfechtbarkeit geltend gemacht werden, wo um die haftungsrechtliche Zuweisung eines Wirt- 12 schaftsguts, maW um dessen Haftung für die Insolvenzverbindlichkeiten gestritten wird. Greift ein Gläubiger des Empfängers durch **Einzelvollstreckung** auf den anfechtbar erlangten Gegenstand zu, so begründet dies entgegen der noch bei BGH NJW 1990, 990 = ZIP 1990, 246 vertretenen Ansicht ein vom Insolvenzverwalter zugunsten der Masse auszuübendes **Drittwiderspruchsrecht nach § 771 ZPO** (vgl. Braun/*de Bra* Rn. 9; Kübler/Prütting/Bork/*Jacoby* Anh. § 143 Rn. 22 ff.; Jaeger/*Henckel* § 143 Rn. 88 ff.; eing. MüKoZPO/*Karsten Schmidt*/*Brinkmann* § 771 Rn. 43; *Karsten Schmidt* JZ 1987, 889 ff.; 1990, 619 ff.; einschränkend HK-InsO/*Kreft* Rn. 72; unentschieden noch BGH NJW 1997, 1857 [1858 f.] = ZIP 1997, 737 [739]). Die Zurechnung gegenüber dem pfändbaren Gläubiger kann in Anlehnung an § 145 Abs. 2 Nr. 3 begründet werden (zust. HK-InsO/*Kreft* Rn. 74 im Anschluss an *Karsten Schmidt* JZ 1990, 619 ff.). Ähnlich verhält es sich in der **Insolvenz des Anfechtungsgegners.** Hier kann die Anfechtbarkeit des Rechtserwerbs die **Aussonderung des anfechtbar erworbenen Gegenstands** begründen (→ § 47 Rn. 68; BGHZ 156, 350 = NJW 2004, 214; BGHZ 174, 228 [242] = NJW 2008, 655 [659]; BGHZ 178, 171 = NJW 2009, 214; BGHZ 181, 132 = NJW 2009, 2600; Braun/*de Bra* Rn. 8; HK-InsO/*Kreft* Rn. 75; Jaeger/*Henckel* § 47 Rn. 116; MüKoInsO/*Ganter* § 47 Rn. 346; Uhlenbruck/*Brinckmann* § 47 Rn. 65). Eine andere, umstrittene Frage ist, ob eine gegen einen Gläubiger des Insolvenzschuldners gerichtete Klage wegen anfechtbaren Pfändungszugriffs vor Insolvenzeröffnung als Leistungsklage nach § 143 zu erheben ist (so wohl die hM; vgl. → § 143 Rn. 15) oder als Drittwiderspruchsklage nach § 771 (dafür MüKoZPO/*Karsten Schmidt*/*Brinkmann* § 771 Rn. 43; vgl. auch → Rn. 21).

13 **4. Verhältnis zu anderen Rechtsinstrumenten. a) Anfechtungsgesetz.** Für die **Anfechtung außerhalb des Insolvenzverfahrens** gilt das Anfechtungsgesetz (vgl. statt vieler Bork/*Bork* Rn. 1.15; FK-InsO/*Dauernheim* Rn. 10). Über die Folgen der nachträglichen Eröffnung des Insolvenzverfahrens vgl. §§ 16 f. AnfG, über die Gläubigeranfechtung nach Beendigung des Insolvenzverfahrens vgl. §§ 16 f. AnfG, über die Gläubigeranfechtung nach Beendigung des Insolvenzverfahrens § 18 AnfG (Kommentierung bei *Huber,* AnfG, 10. Aufl. 2006).

14 **b) Rückschlagsperre.** Die *Rückschlagsperre nach* **§ 88** wirkt, bezogen auf Zwangsvollstreckungsakte, binnen Monatsfrist vor dem Antrag auf Insolvenzverfahrenseröffnung, **ipso iure** und damit wie eine automatische Anfechtung. Eine schuldrechtliche Geltendmachung nach § 143 und eine Vollzugshandlung ist in diesen Fällen nicht erforderlich. Gegen die durch § 88 nicht automatisch endende Verstrickung kann mit der Erinnerung nach § 766 ZPO vorgegangen werden (→ § 88 Rn. 45). Zur Frage, ob der Insolvenzverwalter hilfsweise auch nach § 771 ZPO bzw. nach § 143 vorgehen kann (Rechtsschutzinteresse?) vgl. → § 88 Rn. 58. Wenn die Anwendbarkeit des § 88 in tatsächlicher Hinsicht zweifelhaft, die Anfechtbarkeit nach § 131 dagegen gesichert scheint, liegt ein solches Vorgehen nahe.

15 **c) Aufrechnungssperre.** Gleichfalls automatisch wirkt die **Aufrechnungssperre nach § 96 Abs. 1 Nr. 3** (dazu → § 96 Rn. 22). Sie bewirkt nicht nur, dass dem Insolvenzgläubiger, der die Aufrechnungsmöglichkeit durch anfechtbare Rechtshandlung erlangt hat, die Aufrechnung ex nunc versagt ist (so der Gesetzeswortlaut). Vielmehr sind mit der Eröffnung des Insolvenzverfahrens auch bereits erklärte Aufrechnungen mit ex-nunc-Wirkung unwirksam (→ § 96 Rn. 23; BGHZ 169, 158 = ZIP 2006, 2178; Kummer/*Schäfer*/Wagner Rn. A 46; Uhlenbruck/*Hirte*/*Hirte* Rn. 58). Die Bestimmung bewirkt, dass die vor der Insolvenz wirksam aufgerechneten Ansprüche für die Dauer und iRd Zwecke des Insolvenzverfahrens fortbestehen (BGHZ 169, 158 = ZIP 2006, 2178).

d) Dingliche Rückgewähransprüche. Dingliche Ansprüche, **zB aus § 985** BGB, kommen in Betracht, wenn ein nach §§ 130 ff. anfechtbarer Rechtserwerb obendrein (und zwar bezüglich des Verfügungsgeschäfts!) nichtig (ein seltener Fall!) bzw. nach §§ 119 ff., 142 BGB wirksam angefochten worden ist (so wohl auch FK-InsO/*Dauernheim* Rn. 11). Dann könnte ein Anspruch aus § 143 nur auf Herausgabe gerichtet sein. Nahe liegt es allerdings, wie im Verhältnis zu § 88 (→ Rn. 14), auch hier in Zweifelsfällen eine Anfechtung nach § 143 zuzulassen (Fall der sog Doppelwirkungen im Recht; vgl. zu diesen auch → Rn. 27 aE). 16

e) Schuldrechtliche Rückgewähransprüche. Forderungen nach bürgerlichem Recht (zB § 346, § 812 BGB) können mit dem anfechtungsrechtlichen Anspruch aus § 143 einhergehen (BGHZ 41, 98 [103 f.]; BGH NZI 2001, 360 = ZIP 2001, 889; BGH NJW 2009, 363 = ZIP 2009, 186; BGHZ 204, 231 = NJW 2015, 1672 = ZIP 2015, 638 mAnm *Bitter/Heim;* Kummer/*Schäfer*/Wagner Rn. A 42; Bork/*Bork* Rn. 1.18 ff.; *Hess* vor § 129 Rn. 27 ff.; Uhlenbruck/*Hirte*/*Ede* Rn. 30). Allerdings sind die Anfechtungsbestimmungen keine zur Nichtigkeit von Verpflichtungsgeschäften führenden Verbotsgesetze iSv § 134 BGB (vgl. nur Uhlenbruck/*Hirte* Rn. 39 mwN). 17

f) Widerruf eines Sozialplans. Der Widerruf eines Sozialplans (§ 124 Abs. 1) macht eine Anfechtung, soweit die Sonderregelung des § 124 reicht, entbehrlich (FK-InsO/*Dauernheim* Rn. 14; HK-InsO/*Kreft* Rn. 18). Doch ist nach dem bei → Rn. 16 aE formulierten Rechtsgedanken eine Anfechtung bei hinreichendem Rechtsschutzinteresse nicht ausgeschlossen (vgl. → Rn. 27; so wohl auch HK-InsO/*Kreft* Rn. 18). 18

g) Gesellschaftsrechtliche Ansprüche. Haftungsrelevante Forderungen einer Gesellschaft als Schuldnerin, zB wegen verbotener Ausschüttungen (§ 62 AktG, § 31 GmbHG), können mit der Anfechtung konkurrieren (vgl. nur BGH NJW 1995, 659 [662] = ZIP 1995, 134 [137 f.]; Kummer/*Schäfer*/Wagner Rn. A 44; Uhlenbruck/*Hirte*/*Ede* Rn. 34). Der wichtigste **Anwendungsfall dieser Anspruchskonkurrenz,** nämlich das frühere Kapitalersatzrecht, ist allerdings **durch das MoMiG von 2008 beseitigt** worden. Nach § 57 Abs. 1 S. 3 AktG und § 30 Abs. 1 S. 3 GmbHG wird die Rückgewähr von Gesellschafterdarlehen und gleichgestellten Finanzierungsleistungen nicht mehr als Ausschüttung behandelt und löst deshalb keine Ansprüche aus § 62 AktG bzw. § 31 GmbHG mehr aus. Die zuvor vom BGH angenommene Anwendbarkeit dieser Bestimmungen neben **§ 135** (BGHZ 90, 370 = NJW 1984, 1891 [1892]; stRspr), die den § 135 praktisch hatte in den Hintergrund treten lassen, kommt deshalb nur noch für **Altfälle bis 2008** in Betracht (dazu → § 135 Rn. 3 ff.). 19

h) Schadensersatz. Massezugehörige **Schadensersatzforderungen des Schuldners** gegen den Anfechtungsgegner, zB nach § 823 BGB oder § 826 BGB, sind von dem Anspruch aus § 143 zu unterscheiden (Uhlenbruck/*Hirte*/*Ede* Rn. 34 ff.). Soweit sie gegeben sind, können sie mit dem Anspruch aus § 143 konkurrieren (vgl. Kummer/*Schäfer*/Wagner Rn. A 38 f.; ausf. dazu Uhlenbruck/*Hirte*/*Ede* Rn. 37). Das gilt auch für den Anspruch aus Existenzvernichtungshaftung (BGHZ 173, 246 = NJW 2007, 2689; BGHZ 179, 344 = NJW 2009, 2127), wenn die Gesellschafter durch anfechtbare Zugriffe auf das Gesellschaftsvermögen existentiell geschädigt haben. 20

i) Rechtsbehelfe gegen anfechtbare Vollstreckungsmaßnahmen. Auch sie können mit § 143 konkurrieren (FK-InsO/*Dauernheim* Rn. 15), jedoch fehlt dann uU das Rechtsschutzinteresse für eine auf § 143 gestützte Klage (ebd.). Auf die Anfechtungstatbestände als solche können vollstreckungsrechtliche Rechtsbehelfe allerdings nicht ohne weiteres gestützt werden. Insbes. berechtigt eine 21

Vollstreckungsmaßnahme, wenn sie sich nachträglich als eine nach §§ 130–132 anfechtbare Rechtshandlung erweist, nicht zur Erinnerung nach § 766 ZPO. Eine nur anfechtbare Vollstreckung steht einer gegen § 89 verstoßenden Vollstreckung nicht gleich. Ob **§ 143 oder § 771 ZPO** in diesem Fall den richtigen Rechtsschutz gewährt, ist str. (vgl. → Rn. 12 aE). Hiervon zu unterscheiden ist die ganz andere Frage, ob die Vollstreckung eines Dritten in einen auf anfechtbare Weise zum Nachteil der Masse erworbenen Gegenstand den Insolvenzverwalter zur Drittwiderspruchsklage nach § 771 ZPO berechtigt (dazu auch → Rn. 12).

22 **5. Anfechtungsfreie Vermögensbewegungen. a) Grundsatz.** Ein **privilegierter und damit anfechtungsfreier Rechtserwerb** ist grds. **nicht anzuerkennen.** Insbes. gibt es **kein allgemeines Fiskusprivileg.** Bspw. kann die Einziehung von **Steuern** und sonstigen **Abgaben** und **Gebühren** anfechtbar sein (BGH ZIP 2010, 90; BFH ZIP 2011, 181 [182]; Kummer/Schäfer/Wagner/*Schäfer* Rn. B 436 f.; Andres/Leithaus/*Leithaus* Rn. 3), ebenso die **Rückzahlung einer Beihilfe** (BGHZ 173, 129 = ZIP 2007, 1816), die Beitreibung von **Ersatzvornahmekosten** (vgl. zu deren Behandlung im Insolvenzverfahren → § 55 Rn. 15, 27 f.) oder einer **Geldstrafe** (BGH NZI 2011, 189 = ZIP 2010, 2358 = JuS 2011, 268 mAnm *Karsten Schmidt;* Kummer/Schäfer/Wagner/*Schäfer* Rn. B 438; Uhlenbruck/*Hirte/Ede* Rn. 425) sowie die mit dem Ziel einer Strafverfahrenseinstellung gezahlten **Geldauflagen** (BGH NJW 2008, 2506 = NZI 2008, 488 = NStZ 2009, 521 mAnm *Drees;* dazu *Karsten Schmidt* FS Samson, 2010, 161 ff.). Auch **gemeinnützige Zwecke,** zB bei Spenden, machen Vermögensbewegungen nicht anfechtungsfrei (OLG Celle ZIP 2009, 1531).

23 **b) Sonderfall.** Nicht auszuschließen ist aber eine **haftungsrechtlich endgültige Rechtszuweisung kraft Gesetzes.** Sonderfälle eines gesetzlichen Erwerbs oder einer Ersteigerung nach dem ZVG, von der hM auf das angebliche Fehlen einer Rechtshandlung gestützt (krit. zum Ansatz → Rn. 4), scheinen eher Fragen der kraft Gesetzes endgültigen und damit anfechtungsfreien Vermögensbewegung zu sein.

24 **6. Grenzüberschreitendes Anfechtungsrecht.** Zu verweisen ist auf die Kommentierung bei **§ 339** sowie → **EuInsVO Art. 4 Rn. 38 ff.** (zu Art. 4 Abs. 2 Buchst. m) und **Art. 13 EuInsVO.** Nach Art. 4 Abs. 2 Buchst. m EuInsVO regiert grds. die lex fori das Anfechtungsrecht. Uneingeschränkt gilt dies aber nur für die Formalien, während Art. 13 EuInsVO im materiellen Anfechtungsrecht den Gegenbeweis erlaubt, dass für die Rechtshandlung das Recht eines anderen Staats gilt und die Anfechtung ausschließt.

II. Rechtshandlung

25 **1. Grundsätzliches. a) Bedeutung. Sämtliche Anfechtungstatbestände** setzen eine Rechtshandlung voraus (Absatz 1). Dies ist zwar nicht Gegenstand der Anfechtung (→ Rn. 4), aber unerlässliche Voraussetzung der Anfechtbarkeit. Doch erweist sich der Begriff der Rechtshandlung als weit genug, um ein wirksames Anfechtungsrecht zu tragen (vgl. → Rn. 26 ff.; *Thole* S. 324 ff.). Die §§ 130 ff. unterscheiden auch streng zwischen Tatbeständen, die irgendeine Rechtshandlung oder eine Rechtshandlung des Schuldners voraussetzen (vgl. → Rn. 36 ff.). Eine nicht auf einer Rechtshandlung, sondern zB auf Naturereignissen basierende Vermögensverlagerung kann nicht anfechtbar sein (vgl. MüKoInsO/*Kirchhof* Rn. 7). Auch eine **kraft Gesetzes eintretende Vermögensverschiebung** wird nicht als auf einer Rechtshandlung beruhend angesehen (BGH ZInsO 2006, 1265 = ZIP 2006, 2225; BFH ZIP 2005, 628 [630]; Kummer/*Schäfer*/Wagner Rn. B 7, B 32; HK-InsO/*Kreft* Rn. 7). Das ist in dieser

Allgemeinheit zweifelhaft. Richtig ist zwar, dass der abstrakte Gesetzgebungsakt keine Rechtshandlung ist. Unrichtig scheint aber die Annahme, dass zB der Erwerb in der Zwangsversteigerung als gesetzlicher Erwerbstatbestand mangels Rechtshandlung ausscheidet (so BGH ZIP 1986, 926 [927]; Kummer/*Schäfer*/Wagner Rn. B 32; hM). Von der Grundbucheintragung wird dasselbe behauptet (Kummer/*Schäfer*/Wagner Rn. B 7), jedoch wird für diese Fälle zugleich hervorgehoben, dass ein zugrundeliegender Antrag oder das Gebot Rechtshandlung sein kann (Jaeger/*Henckel* Rn. 35). Richtigerweise geht es in diesen Fällen nur um die Fragen, ob erst der Staatsakt die Fristen in Lauf setzt (Jaeger/*Henckel* Rn. 35) und ob die Tatbestände der §§ 130 ff. erfüllt sind. Auch ist es möglich, dass der Erwerb gesetzlich privilegiert ist (→ Rn. 23).

b) Begriff der Rechtshandlung. Der Begrifff ist weit auszulegen (*Thole* S. 324 ff.; Kummer/*Schäfer*/Wagner Rn. B 4 ff.). Rechtshandlung ist **jedes von einem Wollen getragene Verhalten,** das in irgendeiner Weise Rechtswirkungen zur Folge haben kann (BGHZ 170, 196 [200] = ZIP 2007, 191 [192]; BGH NZI 2004, 374 = ZIP 2004, 917; Kübler/Prütting/Bork/*Ehricke* Rn. 38 ff.; Uhlenbruck/*Hirte*/*Ede* Rn. 86; MüKoInsO/*Kayser* Rn. 7). Der Begriff ist bezogen auf den Normzweck der Anfechtungsbestimmungen (→ Rn. 1 ff.) und damit **weit auszulegen** (Gottwald InsR-HdB/*Huber* § 46 Rn. 19; MüKoInsO/*Kayser* Rn. 7). Er umfasst aktive **Handlungen,** nämlich **Rechtsgeschäfte, geschäftsähnliche Handlungen** und Realakte (→ Rn. 28), aber ausweislich Absatz 2 auch **Unterlassungen** (→ Rn. 30 ff.). Eine zielgerichtete Herbeiführung der (anfechtbaren) Wirkung der Rechtshandlung ist nicht erforderlich (BGHZ NZI 2009, 103 Rn. 12; 2010, 17 Rn. 14 f.). Das **Willenselement** ist nicht iSv Freiwilligkeit zu verstehen. Auch Handlungen oder Unterlassungen, die unter Androhung eines Insolvenzantrags oder einer Leistungsverweigerung geschehen, sind Rechtshandlungen iSv Absatz 1 (BGHZ 157, 242 = NJW 2004, 1385; MüKoInsO/*Kayser* § 133 Rn. 9a; *Ganter* FS Gerhardt, 2004, 237 ff.). Zwar heißt es bei BGHZ 162, 143 = NJW 2005, 1121 = ZIP 2005, 494: „Hat der Schuldner nur noch die Wahl, die geforderte Zahlung sofort zu leisten oder die Vollstreckung zu dulden, ist also jede Möglichkeit eines selbstbestimmten Handelns ausgeschaltet, fehlt es an einer Rechtshandlung des Schuldners iSv § 133 Abs. 1 InsO." Aber dieser Leitsatz betrifft nur die Duldung der Pfändung durch den Schuldner (vgl. → § 133 Rn. 19), nicht anderes Schuldnerverhalten wie zB eine unter Vollstreckungsdruck erfolgende Zahlung oder Leistung an Zahlungs Statt. 26

2. Handlungen. a) Rechtsgeschäfte. Rechtsgeschäfte, die unmittelbar vermögenswirksam sind, sind ausnahmslos Rechtshandlungen iSv Absatz 1 (Kummer/*Schäfer*/Wagner Rn. B 8; Braun/*de Bra* Rn. 11; FK-InsO/*Dauernheim* Rn. 20; MüKoInsO/*Kayser* Rn. 11 ff.). Das gilt für **Verpflichtungsgeschäfte** wie für **Verfügungsgeschäfte** (Kummer/*Schäfer*/Wagner Rn. B 8 f.; Uhlenbruck/*Hirte*/*Ede* Rn. 103) und für **einseitige wie mehrseitige Rechtsgeschäfte** (Kummer/*Schäfer*/Wagner Rn. B 10; Uhlenbruck/*Hirte*/*Ede* Rn. 101). Insbes. gilt dies auch für Gestaltungsgeschäfte wie Aufrechnung, Kündigung, Rücktritt oder Anfechtung. Da nicht die Rechtshandlung, sondern deren Rechtsfolge Gegenstand der Anfechtung ist (→ Rn. 4), ist der Aufruf zu genauer Unterscheidung zwischen anfechtbaren Verpflichtungs- und Verfügungsgeschäften (Braun/*de Bra* Rn. 16; MüKoInsO/*Kayser* Rn. 57 ff.) missverständlich. **Nicht erforderlich** ist eine **Rechtswirksamkeit der Rechtshandlung** (MüKoInsO/*Kayser* Rn. 30 ff.). Nicht erforderlich ist deshalb zB die Geschäftsfähigkeit (ebd.). Auch **nichtige Rechtsgeschäfte** können der Anfechtung unterliegende Rechtsfolgen bewirken, wenn durch sie der Zugriff erschwert, durch die Anfechtung der Zugriff also erleichtert wird (BGHZ 141, 96 [105] = ZIP 1999, 628 [631]; Braun/*de Bra* Rn. 14; HK-InsO/*Kreft* Rn. 23; Uhlenbruck/*Hirte*/*Ede* Rn. 117). 27

Dies wird zT davon abhängig gemacht, dass die Rechtshandlung eine gläubigerbenachteiligende Wirkung tatsächlicher Art mit sich bringt (FK-InsO/*Dauernheim* Rn. 58 ff.). Entscheidend scheint eine Rechtswirkung die der Korrektur gemäß § 143 zugänglich ist. Man sollte darüber hinaus die Anfechtung unwirksamer Vermögensbewegungen (→ Rn. 4) als Fall der rechtlichen „Doppelwirkung" (*Kipp*) anerkennen. Missbräuchliche Anfechtungsklagen bei klarer Rechtslage können wegen fehlenden Rechtsschutzbedürfnisses abgewiesen werden.

28 **b) Rechtsgeschäftsähnliche Handlungen.** Rechtsgeschäftsähnliche Handlungen wie zB Fristsetzung, Mahnung oder Abtretungsanzeige stehen den Rechtsgeschäften gleich (Kummer/*Schäfer*/Wagner Rn. B 11 ff.; FK-InsO/*Dauernheim* Rn. 28; Kübler/Prütting/Bork/*Ehricke* Rn. 41; Nerlich/Römermann/*Nerlich* Rn. 34, 39), ebenso die Abnahme einer Werkleistung durch den Besteller (nur an letzterem fehlte es bei BGH NJW-RR 2001, 1337 [1338] = ZIP 2001, 1250 [1252]).

29 **c) Prozesshandlungen.** Auch **Prozesshandlungen,** insbes. sog **Prozessrechtsgeschäfte** wie zB Klagerücknahme, Anerkenntnis, Rechtsmittelverzicht oder Rechtsmittelrücknahme können Rechtshandlungen iSv Absatz 1 sein (Kummer/*Schäfer*/Wagner Rn. B 136; FK-InsO/*Dauernheim* Rn. 24; Kübler/Prütting/Bork/*Ehricke* Rn. 41; Jaeger/*Henckel* Rn. 28; Braun/*de Bra* Rn. 11). Die eingetretene Rechtskraft hindert dann die Anfechtung nicht (Jaeger/*Henckel* Rn. 29).

30 **d) Tathandlungen. Reine Tathandlungen (Realakte)** können gleichfalls Rechtshandlungen iSv Absatz 1 sein, wenn sie anfechtungsrelevante vermögensrechtliche Folgen auslösen (Uhlenbruck/*Hirte*/*Ede* Rn. 110). Hierher gehören bspw.: Verbindung, Vermischung oder Verarbeitung nach §§ 946 ff. BGB (Kummer/*Schäfer*/Wagner Rn. B 11 f.; MüKoInsO/*Kayser* Rn. 22), die Einbringung von Sachen mit der Folge des Entstehens eines gesetzlichen Pfandrechts (BGHZ 170, 196 = NJW 2007, 1588; Kummer/*Schäfer*/Wagner Rn. B 12), die Vornahme von Verwendungen auf eine Sache (BGH NJW 1980, 1580; Kummer/*Schäfer*/Wagner Rn. B 12; MüKoInsO/*Kayser* Rn. 22). Auch die bloße Besitzverschaffung kann eine Rechtshandlung sein, zB wenn sie Eigentum oder sonstige dingliche Rechte an einer Sache entstehen lässt wie etwa bei der Sicherungsübereignung von Warenlagern. Durch eine aufschiebende oder auflösende Bedingung kann der Rechtserwerb oder Rechtsverlust an eine Tathandlung geknüpft sein (sog Potestativbedingungen). Dann ist die Tathandlung ihrerseits eine Rechtshandlung iSv Absatz 1. Gesetzliche Steuerfolgen wie Umsatzsteuer oder Biersteuer können Tathandlungen wie das bloße Bierbrauen zu Rechtshandlungen des Schuldners machen (BGH NZI 2009, 644).

31 **Keine Rechtshandlungen** sind nach hM Tathandlungen, die keine Rechtsfolgen auslösen können wie zB **rein deklaratorische Buchungsvorgänge,** va Stornobuchungen (BGHZ 74, 129 = NJW 1979, 1461; Kummer/*Schäfer*/Wagner Rn. B 7; MüKoInsO/*Kayser* Rn. 7). Es liegt allerdings nahe, diese Frage auf der Ebene der Gläubigerbenachteiligung und nicht der Rechtshandlung anzusiedeln: Es handelt sich bei solcher Betrachtung um Rechtshandlungen ohne gläubigerbenachteiligende Wirkung.

32 **3. Unterlassungen (Absatz 2). a) Das Prinzip.** Absatz 2 stellt eine Unterlassung einer Rechtshandlung gleich. Die Formulierung ist ungenau (besser: auch eine Unterlassung kann Rechtshandlung sein, wenn sie deren Merkmale aufweist), aber der Sinn und Zweck der Gleichstellung erschließt sich unmittelbar. Das war der Sache nach schon unter der KO anerkannt (RGZ 6, 367 [369]; BGH LM Nr. 6 zu § 30 KO = WM 1959, 891; Jaeger/*Henckel* Rn. 12; Kilger/*Karsten Schmidt* § 29 KO Anm. 8c). Gegenstand der Anfechtung (→ Rn. 4) ist in Fällen des Abs. 2 typischerweise bezüglich der Schuldnerrechte ihr Verlust oder der

Eintritt der Nichtdurchsetzbarkeit, bezüglich der Schuldnerpflichten deren Entstehung bzw. Fortbestehen oder deren bessere Durchsetzbarkeit (BegrRegE Inso BT-Drs. 12/2443, 160; Kummer/*Schäfer*/Wagner Rn. B 216). Selbstverständlich setzt die Behandlung des Unterlassens als Rechtshandlung voraus, dass das Unterlassen auch die der Anfechtung zu unterwerfende Rechtsfolge auslöst. Ein Schweigen im Rechtsverkehr, das keine Vertrags- oder sonstige Rechtsfolgen auslöst, genügt nicht (ausf. Jaeger/*Henckel* Rn. 14). Auch ein Unterlassen, das zu keiner spezifizierbaren, nach § 143 korrigierbaren Vermögensfolge führt, fällt nicht unter Absatz 2. Die bloße Nichtwahrnehmung von Erwerbschancen zB ist keine Rechtshandlung (vgl. Bork/*Ehricke* Kap. 3 Rn. 17; HambK-InsO/*Rogge/Leptien* Rn. 16a; *Hess* Rn. 45; HK-InsO/*Kreft* Rn. 22; MüKoInsO/*Kayser* Rn. 26). Unterlässt es der Schuldner, dessen Konten durch seinen Gläubiger gepfändet sind, ein weiteres Konto zu eröffnen und Zahlungen seiner Schuldner auf dieses freie Konto zu leiten, steht auch dies einer Rechtshandlung nicht gleich (BGH NJW-RR 2014, 562 = ZIP 2014, 275).

b) Handlungsfähigkeit. Unterlassen als Rechtshandlung setzt die **Fähigkeit zu rechtsrelevantem Handeln** voraus. Deshalb ist die vom Gläubiger beantragte **Zwangsvollstreckung** grds. keine Rechtshandlung durch Unterlassen des Schuldners, auch wenn dieser sie hinnimmt (→ Rn. 36 aE). Gleichfalls keine Rechtshandlung liegt vor, wenn der Schuldner, dessen Konten gepfändet sind, kein weiteres Konto eröffnet und Zahlungen seiner Schuldner auf dieses freie Konto leitet (BGH NZI 2014, 218 mAnm *Böhme/Schädlich* = ZIP 2014, 275). **Kein besonderes Erfordernis** ist eine **Rechtspflicht zum Handeln** (HambK-InsO/*Rogge/Leptien* Rn. 15; missverständlich Jaeger/*Henckel* Rn. 12: „wenn das Gebotene nicht getan wurde"). Anfechtbar können nicht nur rechtswidrige Rechtshandlungen sein, sondern auch rechtlich neutrale Verhaltensweisen, sofern nur die Voraussetzungen der Gläubigerbenachteiligung sowie der §§ 131 ff. erfüllt sind. Das ist nicht anders als bei aktiven Rechtshandlungen. 33

c) Das angebliche Willensmoment. Nach **hM** setzt Absatz 2 ein **willentliches Unterlassen** voraus (BGHZ 162, 143 [154] = NJW 2005, 1121 [1124]; BGHZ 165, 343 [348] = NJW 2006, 908 [909 f.]; BGH ZIP 1996, 2080; 2009, 1080 [1081]; 2011, 531 [532]; Bork/*Ehricke* Kap. 3 Rn. 16; Kummer/*Schäfer*/Wagner Rn. B 212; HK-InsO/*Kreft* Rn. 24; Jaeger/*Henckel* Rn. 12; MüKoInsO/*Kayser* Rn. 24; Uhlenbruck/*Hirte/Ede* Rn. 119). Auch wird das Bewusstsein verlangt, dass das Nichthandeln Rechtsfolgen haben kann (BGHZ 165, 343 [348] = NJW 2006, 908 [909 f.]; MüKoInsO/*Kayser* Rn. 24). Diese hM basiert auf der aus dem Gesetzeswortlaut ersichtlichen Vorstellung, wonach die Anfechtungshandlung und nicht die bewirkte Masseschmälerung Gegenstand der Anfechtung ist (dazu krit. → Rn. 4). Sie ist aus diesem Grund rechtsdogmatisch fragwürdig und rechtspolitisch bedenklich (vgl. schon → Rn. 26). Bspw. müsste es, wenn ein Rechtsbehelf oder sonst eine Frist rechtsirrtümlich versäumt wurde, darauf ankommen, ob das Fristerfordernis wenigstens für möglich gehalten wurde (in dieser Richtung zB Uhlenbruck/*Hirte/Ede* Rn. 128). Dem Normzweck des § 129 entspricht diese enge Betrachtungsweise nicht. 34

d) Kasuistik. Beispiele für das rechtsrelevante Unterlassen sind: die zur Verfristung oder Verjährung führende Nichtausübung eines Rechts (MüKoInsO/*Kayser* Rn. 25), das Schweigen auf ein kaufmännisches Bestätigungsschreiben (ebd.), die Nichtrüge eines Mangels (ebd.), die Nichtausübung von Anfechtungs-, Rücktritts- oder Widerrufsrechten (FK-InsO/*Dauernheim* Rn. 26), die Versäumung von Verteidigungsmitteln oder Rechtsbehelfen im Prozess (RGZ 169, 161 [163]; BGHZ 162, 143 [154] = NJW 2005, 1121 [1124]; MüKoInsO/*Kayser* Rn. 27, § 133 Rn. 196), der Nichtwiderspruch im Lastschriftverfahren (Braun/*de* 35

Bra Rn. 21; MüKoInsO/*Kayser* Rn. 25), die Nichtausübung verbraucherrechtlicher Widerrufsrechte (vgl. zu §§ 355 ff. BGB Kummer/*Schäfer*/Wagner Rn. B 398 ff.). Auch das Gewährenlassen gegenüber einem durch rechtliche Schritte abwendbaren Vermögensentzug kann Rechtshandlung sein (vgl. zur Hinnahme von Durchsuchungs- und Pfändungsmaßnahmen [MüKoInsO/*Kayser* § 133 Rn. 9c]). **Nicht ausreichend** ist dagegen ein Unterlassen, das keine Vermögensverschiebung bewirkt wie etwa die **Versäumung eines Insolvenzantrags** (so iErg BGHZ 162, 143 [155] = NJW 2005, 1121 [1124]) oder die bloße Nicht-Eröffnung eines noch nicht gepfändeten Kontos (BGH NJW-RR 2014, 562 = NZG 2014, 588 = ZIP 2014, 275).

36 **4. Rechtshandlung wessen? a) Schuldner.** Auf **Rechtshandlungen des Schuldners** kommt es bei §§ 132, 133, 134, 135 Abs. 2, 137, 142 an. Die anderen Bestimmungen schließen Rechtshandlungen des Schuldners nicht aus, sind aber nicht auf diese begrenzt. Das Handeln des Schuldners kann auch ein **Handeln durch Organe oder Bevollmächtigte** sein (→ Rn. 40; zur Eigenverwaltung vgl. → Rn. 38 aE). Die erforderliche Selbstbestimmtheit des Schuldnerhandelns wird nicht dadurch ausgeschlossen, dass eine **Leistung zur Abwendung von Vollstreckungsmaßnahmen** vorliegt (BGHZ 136, 309 = NJW 1997, 3445 [3446]; Kummer/*Schäfer*/Wagner Rn. B 17; Uhlenbruck/*Hirte*/*Ede* § 133 Rn. 14 ff.) oder der Leistung eine Ratenzahlungsvereinbarung mit dem Gerichtsvollzieher vorausgegangen ist (BGH NJW 2010, 1671 = ZIP 2010, 191; Kummer/*Schäfer*/Wagner Rn. B 19). Insbes. Einwilligungen und Unterlassungen des Schuldners kommen in Betracht, zB die Zustimmung zu Vollstreckungsmaßnahmen (MüKoInsO/*Kayser* § 133 Rn. 9c), die Versäumung des Widerspruchs in Lastschriftverfahren (OLG Köln NZI 2009, 111 [112]) oder die Versäumung von Rechtsbehelfen (BGHZ 162, 143 [154] = NJW 2005, 1121). Rechtshandlungen eines (gesetzlichen) Vertreters sind dem Schuldner wie eigene Rechtshandlungen zuzurechnen (Uhlenbruck/*Hirte*/*Ede* Rn. 133), ebenso, wenn der Schuldner Erbe ist, die Rechtshandlung eines Testamentsvollstreckers (HambK-InsO/*Rogge*/*Leptien* Rn. 25). Die bloße **Duldung der Vollstreckung** ist dagegen noch keine Rechtshandlung des Schuldners (vgl. BGHZ 162, 143 = NJW 2005, 1121 = ZIP 2005, 494 und dazu → Rn. 33), wohl allerdings die Nichteinlegung aussichtsreicher Rechtsbehelfe. Über **Rechtshandlungen in Eigenverwaltung bzw. unter vorläufiger Insolvenzverwaltung** vgl. → Rn. 38.

37 **b) Rechtsvorgänger des Schuldners.** Sie stehen bezüglich anfechtbarer Rechtshandlungen dem Schuldner gleich, sofern eine Gesamtrechtsnachfolge vorliegt, zB nach § 20 UmwG (FK-InsO/*Dauernheim* Rn. 28; HK-InsO/*Kreft* Rn. 30; Kübler/Prütting/Bork/*Ehricke* Rn. 27). Entgegen hM sollte dasselbe im Fall der Unternehmensnachfolge nach §§ 25, 28 HGB gelten, da die Rechtsfolgen dieser Bestimmungen über die bloße Schuldnerhaftung hinausgehen (zu diesem Kontinuitätskonzept vgl. *Karsten Schmidt* HandelsR § 7 Rn. 7 ff.).

38 **c) (Vorläufiger) Insolvenzverwalter.** Rechtshandlungen eines (vorläufigen) Insolvenzverwalters stehen Rechtshandlungen des Schuldners grds. nicht gleich. Ein **endgültiger oder „starker“ vorläufiger Insolvenzverwalter** handelt, soweit die Rechtshandlung von seiner Rechtsmacht gedeckt ist, mit Wirkung für und gegen die Masse, also unanfechtbar (Kummer/*Schäfer*/Wagner Rn. B 28; Braun/*de Bra* Rn. 22; HambK-InsO/*Rogge*/*Leptien* Rn. 21 f.; *Hess* Rn. 78; HK-InsO/*Kreft* Rn. 32; Kübler/Prütting/Bork/*Ehricke* Rn. 23 f.; MüKoInsO/*Kayser* Rn. 44). Soweit auf diese Weise **Masseverbindlichkeiten** begründet, mit Wirkung gegen die Masse besichert oder getilgt worden sind, sind diese Rechtshandlungen, anders als Rechtshandlungen des Schuldners nicht anfechtbar (ausf. BGHZ 200, 210 Rn. 11 = NJW 2014, 1737 [1738] = NZI 2014, 321 [322] =

ZIP 2014, 584 [586]). Dasselbe gilt für Rechtshandlungen eines (eigentlich „schwachen“) vorläufigen Verwalters, der ohne Übertragung der allgemeinen Verfügungsbefugnis kraft **Einzelermächtigung** Masseverbindlichkeiten begründen kann (BGHZ 200, 210 Rn. 11 = NJW 2014, 1737 [1738] = NZI 2014, 321 [322] = ZIP 2014, 584 [586]; HambK-InsO/*Rogge/Leptien* Rn. 21; *Hess* Rn. 79 ff.). Diese Unanfechtbarkeit gilt aber nicht, soweit der vorläufige Insolvenzverwalter Forderungen tilgt oder besichert, die im späteren Insolvenzverfahren lediglich Insolvenzforderungen nach § 38 wären (BGHZ 200, 210 Rn. 12 = NJW 2014, 1737 [1738] = NZI 2014, 321 [322] = ZIP 2014, 584 [586] Rn. 12 mwN; so jetzt auch Gottwald InsR-HdB/*Huber* § 46 Rn. 32). Grds. können **Rechtshandlungen des „schwachen“ vorläufigen Insolvenzverwalters,** ähnlich wie vormals Rechtshandlungen eines Sequesters nach dem Recht der Konkursordnung (Kilger/*Karsten Schmidt* § 29 KO Anm. 11), im eröffneten Insolvenzverfahren nach §§ 129 ff. angefochten werden (BGHZ 200, 210 Rn. 11 = NJW 2014, 1737 [1738] = NZI 2014, 321 [322] = ZIP 2014, 584 [586]; BGH NZI 2010, 981), und zwar auch dann, wenn der anfechtende Verwalter mit dem vorläufigen Insolvenzverwalter identisch ist (BGH NZI 2010, 981; Kummer/*Schäfer*/Wagner Rn. 29; Braun/*de Bra* Rn. 21). Dies gilt auch für Rechtshandlungen des Schuldners unter einer vorläufigen Insolvenzverwaltung mit **Zustimmungsvorbehalt** (BGHZ 165, 283 [286] = NJW 2006, 1134; BGH DB 2013, 571 = NZI 2013, 298 = ZIP 2013, 528; FK-InsO/*Dauernheim* Rn. 33; HambK-InsO/*Rogge/Leptien* Rn. 20; HK-InsO/*Kreft* Rn. 31; MüKoInsO/*Kayser* Rn. 46). Eine **Ausnahme** gilt nur, wenn der vormals vorläufige Insolvenzverwalter durch eigenes Verhalten ein besonderes schutzwürdiges Vertrauen des Anfechtungsgegners begründet hat, die Rechtshandlung werde auch nach der Verfahrenseröffnung Bestand haben (BGHZ 154, 190 [199] = NJW 2003, 1865 [1866]; BGHZ 161, 315 = NJW 2005, 1118; BGHZ 165, 283 = NJW 2006, 1134; HK-InsO/*Kreft* Rn. 31; MüKoInsO/*Kayser* Rn. 46 ff.; Uhlenbruck/*Hirte/Ede* Rn. 142). Rechtshandlungen des Schuldners in der **Eigenverwaltung nach § 270** unterliegen nicht der Anfechtung nach §§ 129 ff. Die Anfechtungsbefugnis des Sachwalters (§ 280) gilt nicht für diese Rechtsbehandlungen (Uhlenbruck/*Hirte/Ede* Rn. 74). Auf Rechtshandlungen im Eröffnungsverfahren nach **§ 270a** und im sog Schutzschirmverfahren nach **§ 270b** sind dagegen die §§ 129 ff. anwendbar, soweit nicht Masseschulden nach § 270b Abs. 3 begründet werden (OLG München ZInsO 2013, 1527; OLG Dresden ZIP 2014, 1294; HambK-InsO/*Rogge/Leptien* Rn. 20a; Uhlenbruck/*Hirte/Ede* Rn. 138 ff.). Zur Insolvenzanfechtung bei Masseszulänglichkeit vgl. → § 208 Rn. 31.

d) Gläubiger. Rechtshandlungen eines Gläubigers. Klassische Rechtshandlung 39 ist **die Entgegennahme einer Leistung** (MüKoInsO/*Kayser* Rn. 35), ebenso Erfüllungssurrogate wie die **Aufrechnung** (*Hess* Rn. 33 ff., § 133 Rn. 7). Auch in einem **Vollstreckungsauftrag** ist eine Gläubiger-Rechtshandlung zu erblicken (FK-InsO/*Daunerheim* Rn. 30). In diesem Fall ist zudem der vom Gläubiger herbeigeführte **Vollstreckungsakt** selbst eine ihm zuzurechnende benachteiligende Rechtshandlung (MüKoInsO/*Kayser* Rn. 35; Nerlich/Römermann/*Nerlich* Rn. 42). Vorrang hat allerdings § 88 (→ Rn. 14).

e) Dritte. Rechtshandlungen Dritter können, soweit nicht durch die Einzel- 40 tatbestände der §§ 130 ff. ausgeschossen, gleichstehen (Kübler/Prütting/Bork/*Ehricke* Rn. 33; MüKoInsO/*Kayser* Rn. 35). Hiervon zu unterscheiden sind **Rechtshandlungen eines Vertretungsorgans oder eines Vertreters nach § 164 BGB** (→ Rn. 36). Sie werden dem Vertretenen zugerechnet (MüKoInsO/*Kayser* Rn. 37; FK-InsO/*Dauernheim* Rn. 34; Nerlich/Römermann/*Nerlich* Rn. 48; Uhlenbruck/*Hirte/Ede* Rn. 133), und zwar auch im Fall einer Personengesellschaft (MüKoInsO/*Kayser* Rn. 41; *Karsten Schmidt* ZGR 1986, 176 [186]).

Für Vertreter ohne Vertretungsmacht gilt dies grds. erst, wenn der Vertretene die Rechtshandlung genehmigt (Kummer/*Schäfer*/Wagner Rn. B 27; MüKoInsO/*Kayser* Rn. 38). Anderes muss gelten, wenn der Vertretene die Rechtshandlung nach Vertrauensschutzregeln (zB § 15 HGB, Anscheinsvollmacht) gegen sich gelten lassen muss. Sinngemäß Ähnliches gilt für die Verfügung eines Nichtberechtigten nach § 185 BGB (Kummer/*Schäfer*/Wagner Rn. B 27).

41 **f) Mittelbare Zuwendungen.** Mittelbare Zuwendungen, zB mittels eines Finanzdienstleisters als Leistungsmittler, reichen aus (ausf. Kummer/*Schäfer*/Wagner B 104 ff.; *Obermüller,* Insolvenzrecht in der Bankpraxis, Rn. 3.21 ff., 3.415 ff., 3.421 ff.; MüKoInsO/*Kayser* Rn. B 68 ff.; Uhlenbruck/*Hirte/Ede* Rn. 136). Beispiele sind (Kummer/*Schäfer*/Wagner Rn. B 104 ff.): Banküberweisung, Lastschriftverfahren (ebd. Rn. 84 ff.), Erfüllung durch Subunternehmer, Leistung auf fremde Schuld. Eine Anfechtbarkeit gegenüber dem Leistungsmittler kommt dann nur in Betracht, wenn und soweit dieser eigene Vorteile aus der Transaktion zieht (MüKoInsO/*Kayser* Rn. 70). Von der mittelbaren Zuwendung zu unterscheiden ist eine **Zuwendungskette,** bei der auch Anfechtungen nur in der jeweiligen Zuwendungsbeziehung möglich sind (ausf. Kummer/*Schäfer*/Wagner Rn. B 158B 175).

42 **5. Einheit und Mehrheit von Rechtshandlungen. a) Getrennte Rechtshandlungen.** Für eine **Mehrheit von Rechtshandlungen** gilt das **Trennungsprinzip** (Grundsatz der Einzelbehandlung): Jede Rechtshandlung ist für sich zu betrachten, kann also für sich die aus der Gläubigerbenachteiligung resultierende Anfechtung tragen (BGH NZI 2005, 553 [554]; 2007, 718 f.; ZIP 2010, 793; Kummer/*Schäfer*/Wagner Rn. B 45; MüKoInsO/*Kayser* Rn. 55 f.). Das gilt auch für das Verhältnis von Verpflichtungsgeschäft und Verfügungsgeschäft (BGH ZIP 2007, 1274; Kummer/*Schäfer*/Wagner Rn. B 46; Braun/*de Bra* Rn. 17; Jaeger/*Henckel* Rn. 109; MüKoInsO/*Kayser* Rn. 57; Uhlenbruck/*Hirte/Ede* Rn. 93). Weder die Gleichzeitigkeit noch der wirtschaftliche Zusammenhang mehrerer Rechtshandlungen beseitigt deren getrennte Beurteilung (BGH NZI 2002, 255 [256] = ZIP 2002, 489 [490]; NZI 2005, 553 [554] = ZIP 2005, 1521 [1523]; NZI 2006, 583 [584] = ZIP 2006, 1639 [1640 f.]). Allerdings werden Verrechnungen im Kontokorrentkreditverhältnis (→ Rn. 66) anders behandelt bei einer Mehrheit von Einzelkrediten (vgl. zu diesem Unterschied BGH NZI 2014, 309 = ZIP 2014, 785). Da richtigerweise nicht die Rechtshandlung, sondern die durch sie bewirkte Vermögensveränderung Anfechtungsgegenstand ist (→ Rn. 4), kommt es für eine **Teilanfechtung** auf die **Teilbarkeit** nicht der Rechtshandlung, sondern **der Vermögensbewegung** an (→ Rn. 5). Bezüglich jedes Anfechtungsgegenstands (→ Rn. 4) bedarf es zwar einer Rechtshandlung und gemäß → Rn. 53 ihrer Kausalität (vgl. MüKoInsO/*Kayser* Rn. 55). Ist aber beides gegeben, so spielt die **Individualisierung der Rechtshandlung** nur **für ihren Zeitpunkt** eine Rolle. Über die Bedeutung für das Merkmal der Gläubigerbenachteiligung vgl. → Rn. 60.

43 **b) Mehraktige Rechtshandlungen.** Rechtshandlungen, die nur im Zusammenwirken eine Rechtsfolge haben, können als Ganzes gesehen werden (zB Einigung und Übergabe nach § 929 BGB oder Eignung und Eintragung bei § 873 BGB). Für die Anfechtbarkeit kommt es dabei auf den letzten Teilakt an (BegrRegE InsO BT-Drs. 12/243, 166; BGHZ 170, 196 [201] = NJW 2007, 1588 [1590]; Gottwald InsR-HdB/*Huber* § 46 Rn. 35; Kummer/*Schäfer*/Wagner Rn. B 49). Für registrierungsbedürftige Rechtshandlungen ergibt sich aus § 140 Abs. 2, dass als Zeitpunkt der Rechtshandlung nicht erst die Eintragung gilt, sondern die irreversible Herbeiführung der Eintragungsvoraussetzungen (näher → § 140 Rn. 23 ff.; s. auch Gottwald InsR-HdB/*Huber* § 46 Rn. 36 f.). Das Vorgesagte gilt aber nur, soweit der zweite Teilakt konstitutive Wirkung hat, also nicht zB für die Eintragung

einer Aktienveräußerung ins Aktienregister nach § 67 AktG. Auch privat- oder öffentlich-rechtliche Genehmigungsbedürftigkeit eines Rechtsgeschäfts lässt dieses als ein mehraktiges, eine nachfolgende Genehmigung also als Rechtshandlung iSv Abs. 1 erscheinen (Kummer/*Schäfer*/Wagner Rn. B 50).

c) Gestreckte Rechtsgeschäfte. Von mehraktigen Rechtshandlungen sind gestreckte Geschäfte zu unterscheiden, darunter die Vorausabtretung und die Veräußerung unter Eigentumsvorbehalt. Eine **Vorausabtretung** wird mit Entstehen der abgetretenen Forderung wirksam, ist aber als Rechtshandlung mit Abschluss des Abtretungsvertrags abgeschlossen (BGHZ 135, 140 [144 f.] = NJW 1997, 1857; zu § 91 vgl. BGHZ 167, 363 [365] = NJW 2006, 2485; Kummer/*Schäfer*/Wagner Rn. B 58; Uhlenbruck/*Hirte/Ede* Rn. 97). Hier und beim **Eigentumsvorbehalt** gilt § 140 Abs. 3 (Kummer/*Schäfer*/Wagner Rn. B 52 ff.). Allerdings kann die Unterlegung der Vorausabtretung mit werthaltigen abtretbaren Forderungen ihrerseits eine anfechtbare Rechtshandlung sein (BGHZ 174, 297 Leitsatz 2 = NJW 2008, 430; eing. Kummer/*Schäfer*/Wagner Rn. B 62 ff.). Das OLG Koblenz ZIP 2012, 1522 = ZInsO 2012, 1172 sieht die Pfändung einer künftigen Forderung erst mit deren Entstehen als bewirkt an. 44

III. Gläubigerbenachteiligung

1. Grundsatz. a) Bedeutung. Zweite Grundvoraussetzung jedes Anfechtungstatbestands neben der Rechtshandlung ist die **Gläubigerbenachteiligung.** Praktisch bedeutet dies: Schmälerung der Masse oder (und) Vermehrung der aus der Masse zu bedienenden Verbindlichkeiten (BGHZ 174, 228 [233] = NJW 2008, 655 [656]; weitere Angaben bei Kummer/*Schäfer*/Wagner Rn. B 222, B 225). Das **Verständnis dieses Merkmals** machte in der Vergangenheit – va unter der Geltung der Konkursordnung – keine Schwierigkeiten, weil das Insolvenzverfahren als Gesamtvollstreckungsverfahren begriffen und die Konkursanfechtung deshalb nicht wesentlich anders als die Gläubigeranfechtung nach dem Anfechtungsgesetz verstanden wurde, nur mit dem einzigen Unterschied, dass auf die Gläubigergesamtheit geblickt wurde (Nachweise bei Gottwald InsR-HdB/*Huber* § 46 Rn. 66; Uhlenbruck/*Hirte/Ede* Rn. 161). Dazu passte die hier kritisierte einzelgegenständliche Betrachtung der Insolvenzanfechtung (dazu → Rn. 49). Die **Hinwendung** auch **zu einem schuldnerbezogenen Anfechtungsrecht** (→ Rn. 1), insbes. zur Anfechtung als einem Instrument auch der Unternehmenssanierung (auch dazu → Rn. 1) wird diese Sichtweise weiter verändern (vgl. auch → Rn. 46 aE). 45

b) Kollektive Gläubigerbenachteiligung. Auf eine **Benachteiligung der Gesamtgläubigerschaft** kommt es an (BGHZ 86, 349 [354] = NJW 1983, 1120 [1122]; stRspr; Braun/*de Bra* Rn. 28; FK-InsO/*Dauernheim* Rn. 41; HK-InsO/*Kreft* Rn. 37; Kübler/Prütting/Bork/*Ehricke* Rn. 67; MüKoInsO/*Kayser* Rn. 104). Die Benachteiligung nur eines einzelnen Gläubigers genügt nicht. Da sich die Insolvenzordnung aber auch jeder **Gruppe der nachrangigen Gläubiger** (§ 39) annimmt, genügt die Benachteiligung einer dieser Gruppen (Braun/*de Bra* Rn. 28; HK-InsO/*Kreft* Rn. 37; Jaeger/*Henckel* Rn. 144; einschränkend Kummer/*Schäfer*/Wagner Rn. B 220). Auch muss, wenn eine mittelbare Gläubigerbenachteiligung in Rede steht, die Gesamtgläubigerschaft nicht schon im Zeitpunkt der Rechtshandlung vorhanden gewesen sein (BGH NZI 2009, 768 = ZIP 2009, 1966 [1967]; Uhlenbruck/*Hirte/Ede* Rn. 164). Ob in einem schuldnerbezogenen Anfechtungsrecht (→ Rn. 1) auch die Masse als solche und damit das Sanierungsinteresse einer Handelsgesellschaft als Schuldnerin geschützt ist (vgl. soeben → Rn. 45), bedarf noch der Diskussion. Nach hM fehlt es an der Gläubigerbenachteiligung, wenn die vorhandene Masse im entscheidenden Zeitpunkt 46

(→ Rn. 59) zur **Befriedigung aller Gläubiger** ausreicht (BGH ZIP 1986, 787; DB 2013, 697 = NZI 2013, 399 = ZIP 2013, 637; Kummer/*Schäfer*/Wagner Rn. B 268; Braun/*de Bra* Rn. 30; HK-InsO/*Kreft* Rn. 62; MüKoInsO/*Kayser* Rn. 107; Uhlenbruck/*Hirte*/*Ede* Rn. 165 mwN), was allerdings zu beweisen ist und idR nicht bewiesen werden kann (ähnlich BGHZ 200, 210 = NJW 2014, 1737 = NZI 2014, 321 = ZIP 2014, 584: Anscheinsbeweis für Insuffizienz der Masse). Immerhin muss die hM bedenken, dass unter dieser Voraussetzung die Anfechtung – zB nach § 135 Abs. 1 Nr. 2 – nicht mit dem Ziel durchgeführt werden könnte, die Fortführung eines zahlungsunfähigen, jedoch nicht überschuldeten Unternehmens durch einen Insolvenzplan zu ermöglichen. Ob es hierbei bleiben kann, ist zweifelhaft (→ Rn. 1, 45), zumal § 259 Abs. 3 sogar eine Einbeziehung der Anfechtung in die Erfüllung des Insolvenzplans zulässt (dazu auch → Rn. 3 aE). **Masseunzulänglichkeit** hindert nicht die Annahme einer Gläubigerbenachteiligung (BGH NZI 2001, 585 = ZIP 2001, 1641).

47 **c) Benachteiligung und Schaden.** Gläubigerbenachteiligung ist **nicht dasselbe wie ein Gläubigerschaden.** Nach hM findet bei der Feststellung der Gläubigerbenachteiligung keine **Saldierung** der Gläubigerbenachteiligung und etwa **gleichzeitig oder zwischenzeitlich bewirkter Vorteile** statt (BGH NZI 2006, 583 [584] = ZIP 2006, 1639 [1640 f.]; NZI 2009, 644 [645] = ZIP 2009, 1674 [1675 f.]; MüKoInsO/*Kayser* Rn. 175). Eine Gläubigerbenachteiligung durch Rechtshandlungen eines vorläufigen Insolvenzverwalters wird nicht durch dessen etwaige Schadensersatzpflicht oder eine hypothetische Schadenskompensation ausgeglichen (BGHZ 118, 374 [381] = ZIP 1992, 1005 [1008]; BGH ZIP 2005, 1521 [1523]; Kummer/*Schäfer*/Wagner Rn. B 235; FK-InsO/*Dauernheim* Rn. 40; s. auch *Kreft* KTS 2012, 405 [408]). Beseitigt wird eine entstandene Gläubigerbenachteiligung nur durch effektive Wiederherstellung der durch die anfechtbare Rechtshandlung gestörten Vermögenssituation (vgl. → Rn. 53 sowie auch das Beispiel bei → Rn. 61).

48 **d) Verhältnis zu § 142.** Dieses ergibt sich aus → § 142 Rn. 3. Der Tatbestand des Bargeschäfts ist danach nicht deckungsgleich mit dem Fehlen der nach § 129 erforderlichen Gläubigerbenachteiligung (dazu auch Kummer/*Schäfer*/Wagner Rn. B O 8; MüKoInsO/*Kayser* Rn. 119). Auch dies ist ein Resultat des bei Rn. 47 festgestellten Ansatzes.

49 **e) Kritik der hM.** Ein **Defizit der hM** besteht darin, dass sie, wohl noch befangen in einem veralteten Gesamtvollstreckungsdenken, bei der Prüfung der Gläubigerbenachteiligung eine **einzelgegenständliche Betrachtung** vornimmt, statt auf die bloße Veränderung der Aktiv- und Passivmasse in ihrem Gesamtwert abzustellen (vgl. auch → Rn. 4, 51). Gegenstand von schulmäßigen Anfechtungsprozessen (§ 143) ist es, soweit es nicht einfach um Zahlungsausgleich geht, ein Einzelgegenstand bzw. eine Summe von Einzelgegenständen, die zur Masse zurückgewährt werden müssen (es wird ein vollstreckungsfähiges Anfechtungsurteil beantragt, und die Rückabwicklung unterliegt dem Spezialitätsprinzip; vgl. → Rn. 10). Im Gegensatz zu dem in diesem Kommentar vorgetragenen Verständnis der §§ 64 GmbHG, 130 HGB (Haftung der Geschäftsführer für „verbotene Zahlungen“ → § 25a Rn. 50 ff.) ist dieses einzelgegenständliche Konzept dem Recht der Insolvenzanfechtung immanent, obwohl die für den materiellrechtlichen Anfechtungsanspruch maßgebende Gläubigerbenachteiligung ist auf die durch die Rechtshandlung (→ Rn. 25 ff.) veränderte Gesamtvermögenslage bezogen sein sollte (→ Rn. 54 f.).

50 **2. Begriff der Gläubigerbenachteiligung. a) Grundbegriff.** Im Lichte des Normzwecks ist eine **weite Auslegung** des Merkmals der „Gläubigerbenachteiligung“ geboten (vgl. BGHZ 182, 317 [322] = NJW 2010, 3362 [3363]). Allg.

gesprochen geht das Merkmal der Gläubigerbenachteiligung von dem Erfordernis aus, dass die anfechtbare Rechtshandlung die Befriedigungsaussichten der Insolvenzgläubiger verschlechtert (*Kreft* KTS 2012, 405 [406]). Unter den Begriff der Gläubigerbenachteiligung fällt in erster Linie die Minderung der Aktiv- oder/und Mehrung der Passivmasse (RGZ 81, 144 [1445 f.]; BGHZ 174, 228 [233 f.] = NJW 2008, 655 [656]; BGHZ 182, 317 [322] = NJW 2010, 3362 = ZIP 2009, 2009; BGHZ 193, 129 [132] = ZIP 2012, 1038 [1039]; BGH NJW 1992, 624 [627]; ZIP 2002, 489; NJW-RR 2007, 1275 = NZI 2007, 452; BAGE 146, 323 Rn. 30 = ZIP 2014, 233 [236]; BAG ZIP 2015, 533 [536]; OLG Hamburg NZI 2011, 24; Kummer/*Schäfer*/Wagner Rn. B 222; MüKoInsO/*Kayser* Rn. 100; *Pape/Uhlenbruck/Voigt-Salus* Kap. 33 Rn. 25; HK-InsO/*Kreft* Rn. 37), aber auch eine Erschwerung oder Verzögerung des Zugriffs auf das Vermögen (BegrRegE InsO 12/2443, S. 157; BGH NJW 1996, 3147 [3148]; 99, 1549 [1552]; Kummer/*Schäfer*/Wagner Rn. B 223, B 227; *Thole* S. 325; MüKoInsO/*Kayser* Rn. 100 ff.). Dementsprechend genügt eine Erschwerung der Nutzung von Aktiven oder der Abwehr von Passiven (Kummer/*Schäfer*/Wagner Rn. B 223, B 227).

b) Massebezug. Massebezug der Gläubigerbenachteiligung ist erforderlich, dies allerdings unter Loslösung von der vormals herrschenden einzelgegenständlichen Betrachtungsweise (→ Rn. 49). Die **Masse als aktivierbares Gesamt-Aktiv/Passivvermögen** muss betroffen sein (vgl. gegen die einzelgegenständliche Betrachtung → Rn. 4, 49). Dazu gehören nicht nur einzelne verwertbare Gegenstände, sondern zB auch das **Unternehmen** im Ganzen einschließlich Firma, Goodwill und gewerbliche Schutzrechte (→ Rn. 10; Braun/*de Bra* Rn. 31; HK-InsO/*Kreft* Rn. 16; MüKoInsO/*Kayser* Rn. 94 ff.). Bezüglich einer freiberuflichen Praxis wird dies wegen deren Höchstpersönlichkeit bestritten (vgl. nur Braun/*de Bra* Rn. 32; MüKoInsO/*Kayser* Rn. 93), doch ist hier zu unterscheiden zwischen der echten Praxisübertragung (Praxis = Unternehmen als Erwerbsgegenstand, vgl. aber Braun/*de Bra* Rn. 32: keine Verwertbarkeit) und der bloßen Verschaffung der Praxiseinrichtung (dazu Braun/*de Bra* Rn. 32). **Absonderungsgegenstände** zählen bei der Gesamtvermögensbetrachtung mit, soweit sich durch Veränderungen der Werthaltigkeit und Valutierung die Vermögenslage verändert (vgl. Kummer/*Schäfer*/Wagner Rn. B 60, B 66, B 81, B 146; HambK-InsO/*Rogge/Leptien* Rn. 65). 51

c) Abgrenzung. Das Erfordernis des Massebezugs führt dazu, dass **massefremde Gegenstände** vom Schutz durch das Anfechtungsrecht ausgenommen sind, also die Nichtvermögensrechte (Bork/*Ehricke* Kap. 4 Rn. 15; Kummer/*Schäfer*/Wagner Rn. B 300; MüKoInsO/*Kayser* Rn. 88 ff.), nach § 36 **die unpfändbaren Gegenstände** (BGHZ 123, 183 [185] = NJW 1993, 2876 [aber zum AnfG!]; Bork/*Ehricke* Kap. 4 Rn. 10; Gottwald InsR-HdB/*Huber* § 46 Rn. 58; Kummer/*Schäfer*/Wagner Rn. B 271; MüKoInsO/*Kayser* Rn. 84; Uhlenbruck/*Hirte/Ede* Rn. 184; *Gehrlein* NZM 2015, 312 [315 f.]), **Aussonderungsgegenstände** (→ Rn. 54 sowie HK-InsO/*Kreft* Rn. 58 ff.; zur Abgrenzung BGH NZI 2010, 897) sowie nach hM vom Insolvenzverwalter **freigegebenes Vermögen** (RGZ 60, 107 [109]; Uhlenbruck/*Hirte/Ede* Rn. 171; MüKoInsO/*Kayser* Rn. 184; krit. Kilger/*Karsten Schmidt* KO § 29 Rn. 5). Gegenstände, die der Insolvenzverwaltung entzogen sind, können auch nicht durch Anfechtung zur Masse gezogen werden. Diese **hM** wird **hinsichtlich der unpfändbaren Gegenstände** mit beachtlichen Argumenten (potentielle Insolvenzmasse!) **bestritten** (*Bitter* FS Karsten Schmidt, 2009, 123 ff.). Doch ist das Bedürfnis nach Anfechtbarkeit in diesem Bereich gering. Bei Handelsgesellschaften und (sonstigen) juristischen Personen ist der Streit unbedeutend. Hier gibt es kein pfändungsfreies Vermögen (→ § 1 Rn. 14), und in der Insolvenz einer natürlichen Person besteht wenig Anreiz für eine Rückholung in das Schuldnervermögen 52 durch den Insolvenzverwalter. Auch in grundsätzlicher Hinsicht ist an der hM festzuhalten. Die teilw. auf BGHZ 182, 317 [324] = NJW 2009, 3362 = ZIP 2009, 2209 gestützte Annahme, der BGH habe sich der von der hM abweichenden Ansicht angeschlossen (so zB HK-InsO/*Kreft* Rn. 53), ist eine Missdeutung dieser Entscheidung (dazu → Rn. 4). Das durch sein *Bitter*-Zitat als Zustimmung zur Anfechtbarkeit der Verfügung über pfändungsfreies Vermögen gedeutete Urteil befasst sich mit einer vollständig anderen Frage, nämlich mit der Überweisung aus debitorischem Konto bei nur geduldeter Überziehung (insofern zust. → Rn. 4). Um die Verfügung über einen unpfändbaren Gegenstand handelte es sich dabei nicht.

53 **d) Kausalität.** Ein einfacher **ursächlicher Zusammenhang** zwischen der Rechtshandlung und der Gläubigerbenachteiligung wird verlangt (BGH NJW 2000, 1259 [1261] = ZIP 2000, 238 [240]; Braun/*de Bra* Rn. 41; FK-InsO/*Dauernheim* Rn. 46; HK-InsO/*Kreft* Rn. 66). Jede angefochtene Rechtsfolge muss auf einer Rechtshandlung beruhen (BGH NJW 2002, 1574 [1575]; NZI 2007, 718 mwN). Es geht um eine Kausalität der Vermögensverlagerung, nicht um eine schadensersatzrechtliche Kausalität. Der ursächliche Zusammenhang ist aufgrund eines realen Geschehens zu beurteilen (BGHZ 104, 355 [359 f.] = NJW 1988, 3265; BGHZ 121, 179 [187] = NJW 1963, 663 [665]; BGHZ 123, 183 [190 f.] = NJW 1993, 2876 [2878]; BGHZ 123, 320 [325 f.] = NJW 1993, 3267 [3268]; BGHZ 128, 184 [192] = NJW 1998, 659 [661]). Bloß hypothetische Abläufe genügen nicht (BGHZ 104, 355 [360]; BGH ZIP 1993, 1653 [1655]; s. auch BGH NZI 2007, 404 über Vertragsänderungen), vermögen aber auch nicht zu entlasten (HK-InsO/*Kreft* Rn. 66; MüKoInsO/*Kayser* Rn. 170; Nerlich/Römermann/*Nerlich* Rn. 70). Die bloße Auslassung einer Erwerbschance ist keine gläubigerbenachteiligende Rechtshandlung (→ Rn. 32). Direktzahlungen des Auftraggebers gem. § 16 Nr. 6 VOB/B an einen Nachunternehmer bleiben gläubigerbenachteiligend, auch wenn dem Nachunternehmer der Schuldnerin im Fall der Nichterfüllung seiner Werklohnforderung erhebliche Schadensersatzansprüche gegenüber der Schuldnerin zugestanden hätten (BGH NZI 2009, 55 = ZIP 2009, 2324 [2325]). Eine **Beseitigung der Gläubigerbenachteiligung** durch den Anfechtungsgegner ist möglich durch Herstellung einer dem Anfechtungsgrund entsprechenden Vermögenslage, zB durch Rückführung anfechtbar erworbener Wirtschaftsgüter oder durch finanzielle Kompensation (Kummer/*Schäfer*/Wagner Rn. B 466a; MüKoInsO/*Kayser* Rn. 175 ff.; *Kreft* KTS 2012, 405 [415 f.]).

54 **e) Fehlende Gläubigerbenachteiligung.** Zu verneinen ist eine Gläubigerbenachteiligung, wenn die Rechtsfolgen der **Rechtshandlung ohne Einfluss auf die Befriedigungsaussichten** der Gläubigergesamtheit sind (ausf. FK-InsO/*Dauernheim* Rn. 41 ff.; MüKoInsO/*Kayser* Rn. 108 ff.), so etwa: bei Erfüllung eines Aussonderungsanspruchs (RGZ 127, 345; 133, 87; BGHZ 11, 37; FK-InsO/*Dauernheim* Rn. 43; HK-InsO/*Kreft* Rn. 58 ff.); bei Befriedigung eines absonderungsberechtigten Gläubigers in der besicherten Höhe der Forderung (BGHZ 157, 350 [353]; 162, 143 [156]; 178, 171 [179]; BGH NZI 2004, 492 [494]; ZIP 2006, 1009 [1011]; ZIP 201, 1301 [1303]; ZIP 2012, 1422 [1424]; 2015, 1384), vorausgesetzt, die Sicherheit wird auch frei (BGH NJW 2015, 1756 = NZG 2015, 1036 = ZIP 2015, 585); beim bloßen Austausch von ausreichenden Sicherheiten (MüKoInsO/*Kayser* Rn. 108d, 150); bei der Erfüllung von Verbindlichkeiten, die im Insolvenzverfahren Masseforderungen begründeten (MüKoInsO/*Kayser* Rn. 110), vorausgesetzt, es liegt keine Masseunzulänglichkeit iSv §§ 208 ff. vor; bei der Aufrechnung einer nach § 94 auch im Insolvenzverfahren aufrechenbaren Forderung (BGH NJW-RR 2015, 178 Rn. 15 = ZIP 2014, 2351 [2352]). **Wirtschaftlich neutrale Rechtshandlungen** sind nicht gläubigerbenachteiligend (→ Rn. 70; Kummer/*Schäfer*/Wagner Rn. B 447 ff.; MüKoInsO/

Kayser Rn. 108 ff.). Bspw. kann die Umbuchung eines Guthabens von einem Konto des Schuldners auf ein anderes nach Lage des Einzelfalls eine neutrale Rechtshandlung sein (ebd.), doch wird es sich häufig anders verhalten (unterschiedliche Kreditinstitute, unterschiedliche Besicherung der Bank etc).

f) Wertlosigkeit. Bei **Veräußerungen und Belastungen,** va bei der Bestellung von Sicherheiten, entfällt eine Gläubigerbenachteiligung, wenn der belastete Gegenstand tatsächlich oder aufgrund vorrangiger Rechte keinen Verkehrswert hat (Bork/*Ehricke* Kap. 4 Rn. 8, 12; FK-InsO/*Dauernheim* Rn. 42; HK-InsO/*Kreft* Rn. 56; Kübler/Prütting/Bork/*Ehricke* Rn. 71; MüKoInsO/*Kayser* Rn. 108, 152a; Uhlenbruck/*Hirte/Ede* Rn. 199). Dasselbe gilt nach hM grundsätzlich auch für wertausschöpfend belastete Gegenstände (vgl. nur BGH NJW-RR 1986, 536 [538]; 2000, 1215; 2004, 1493 [1494]; OLG Koblenz BeckRS 2015, 09952; Kübler/Prütting/Bork/*Ehricke* Rn. 75 ff.; MüKoInsO/*Kayser* Rn. 109). Zweifelsfrei ist dies in Anbetracht des § 171 Abs. 2 nicht (vgl. dazu aber ausf. MüKoInsO/*Kayser* Rn. 109a). Aber der BGH verneint eine Gläubigerbenachteiligung, zB auch, wenn eine **Ablösungsvereinbarung** dazu führt, dass die Kostenbeiträge gem. §§ 170, 171 entfallen, weil die Kostenbeiträge lediglich die Mehrkosten ausgleichen sollen, die durch die Bearbeitung von Absonderungsrechten innerhalb des Insolvenzverfahrens anfallen (BGH ZIP 2012, 1301 [1304]; MüKoInsO/*Kayser* Rn. 109a). Der Fragenkreis ist noch nicht ausdiskutiert (eingehend Uhlenbruck/*Hirte/Ede* Rn. 201 f.). 55

3. Unmittelbare und mittelbare Gläubigerbenachteiligung. a) Unterscheidung generell. Das Gesetz unterscheidet zwischen unmittelbarer und mittelbarer Gläubigerbenachteiligung. Nur in § 132 Abs. 1 und § 133 Abs. 2 verlangt es unmittelbare Gläubigerbenachteiligung. Im Gegenschluss ergibt sich, dass überall sonst mittelbare Gläubigerbenachteiligung ausreicht. 56

b) Kasuistik. Um eine **unmittelbare Gläubigerbenachteiligung** (§ 132 und § 133 Abs. 2) handelt es sich, wenn sich die Benachteiligung ohne Hinzutreten weiterer Umstände aus der Rechtshandlung selbst ergibt wie etwa bei einer Veräußerung oder Belastung von Vermögensgegenständen, beim Verzicht auf eine Forderung oder bei der Verfristung von Schuldnerrechten (ausf. Kummer/*Schäfer*/Wagner Rn. B 239 ff.; FK-InsO/*Dauernheim* Rn. 44 f.; MüKoInsO/*Kayser* Rn. 113; Uhlenbruck/*Hirte/Ede* Rn. 235). Auch eine mittelbare Zuwendung (zB durch Geldüberweisung BGHZ 182, 317 = NJW 2009, 3362) kann eine unmittelbare Gläubigerbenachteiligung bewirken. Eine nur **mittelbare Gläubigerbenachteiligung** liegt vor, wenn die Rechtshandlung erst durch das Hinzutreten eines weiteren Umstands eine Gläubigerbenachteiligung begründet (Kummer/*Schäfer*/Wagner Rn. B 253 ff.; FK-InsO/*Dauernheim* Rn. 49; MüKoInsO/*Kayser* Rn. 121; Uhlenbruck/*Hirte/Ede* Rn. 236). Es genügt, wenn sich dieser hinzutretende Umstand nachträglich bis zur letzten mündlichen Verhandlung im Anfechtungsprozess ergibt (BGH NZI 2012, 562 [563] = ZIP 2012, 1183 [1184] „Arcandor"; dazu *Kreft* KTS 2012, 408 [410]). **Beispiele für mittelbare Benachteiligungen** sind: Verringerung des Vermögens einer Tochtergesellschaft (OLG Celle NZI 2011, 115), Überweisung zweckgebundener Beträge auf ein Treuhandkonto (BGH ZIP 2011, 824), Schaffung einer Aufrechnungslage durch (Sicherungs-)Abtretung (BGHZ 147, 233 = NZI 2001, 357), Begleichung einer dem Schuldner zustehenden Forderung durch Zahlung an einen Dritten (BGH ZIP 2011, 483), Befriedigung eines (späteren) Insolvenzgläubigers unter Inanspruchnahme von Darlehensmitteln aus einer nicht ausgeschöpften Kreditlinie (OLG Hamm NJOZ 2004, 3603). 57

c) Zusammentreffen. Eine und **dieselbe Rechtshandlung** kann unmittelbare und mittelbare Gläubigerbenachteiligungen mit sich bringen, so zB bei der 58

Veräußerung eines belasteten Grundstücks, wenn nach der Veräußerung auch die Grundstücksbelastungen entfallen (Kummer/*Schäfer*/Wagner Rn. B 257). Als weitere Fälle werden solche genannt, bei denen ein anfechtbar erworbener Gegenstand oder Kaufpreis dem Schuldner nachträglich abhandenkommt (Angaben bei Kummer/*Schäfer*/Wagner Rn. B 256, B 258).

59 **d) Zeitpunkt.** Maßgeblicher **Zeitpunkt** für die Feststellung **der Gläubigerbenachteiligung** ist bei der unmittelbaren Gläubigerbenachteiligung der Zeitpunkt der Rechtshandlung iSv § 140 Abs. 1 der Eintritt der Wirkungen als Vollendung der anfechtbaren Rechtshandlung (BGH ZIP 1995, 1021 [1023]; BGHZ 182, 264 [267] = ZIP 2010, 38 [39]; FK-InsO/*Dauernheim* Rn. 52; Nerlich/Römermann/*Nerlich* Rn. 83 ff.; Uhlenbruck/*Hirte/Ede* Rn. 254). Bei mittelbarer Benachteiligung entscheidet der Zeitpunkt der Prüfung der Anfechtbarkeit, im Zivilprozess also die letzte mündliche Verhandlung in der Tatsacheninstanz (RGZ 150, 42 [45]; BGH NJW-RR 1993, 235 = ZIP 1993, 271; Kummer/*Schäfer*/Wagner Rn. B 254; FK-InsO/*Dauernheim* Rn. 52; MüKoInsO/*Kayser* Rn. 125; Uhlenbruck/*Hirte/Ede* Rn. 256). Die Gläubigerbenachteiligung kann zu diesem Zeitpunkt nachträglich entfallen sein (BGHZ 198, 77 = NZI 2013, 804 = ZIP 2013, 1629; BGH NZI 2007, 718 Rn. 19; 2013, 397 = ZInsO 2013, 670; Uhlenbruck/*Hirte/Ede* Rn. 257). Hierfür genügt, auch ohne jede „Anfechtungsmaßnahme", die Erfüllung des sich sonst aus § 143 ergebenden Anspruchs, dh die Beseitigung der Vermögensverlagerung. Von dem Zeitpunkt der Gläubigerbenachteiligung ist auch hier der **Zeitpunkt der relevanten Rechtshandlung** zu unterscheiden. Dieses Merkmal wird bei den einzelnen Anfechtungstatbeständen kommentiert. Da eine mittelbare Gläubigerbenachteiligung auch noch nach diesem Zeitpunkt eintreten kann, muss zu diesem Zeitpunkt noch keine Gläubigerbenachteiligung vorhanden gewesen sind (BGH NZI 2009, 512 [513]).

60 **4. Unteilbare und teilbare Gläubigerbenachteiligungen.** Wie bei → Rn. 6 dargestellt, ist die geläufige Thematik der Anfechtung von unteilbaren oder teilbaren Rechtshandlungen richtigerweise eine Frage teilbarer Gläubigerbenachteiligung durch **teilbare Vermögensbewegungen.**

61 **5. Kasuistik. a) Beispiele für Gläubigerbenachteiligung.** Dingliche **Vermögensübertragung** (Nerlich/Römermann/*Nerlich* Rn. 64) oder **Vermögensbelastung** (BGH ZIP 2009, 828; NZI 2009, 379) wirkt gläubigerbenachteiligend, sofern es sich nicht um wertlose Gegenstände handelt (→ Rn. 55). Zur Verfügung über wertausschöpfend belastete Gegenstände vgl. ebd. Mittelbare wirtschaftliche Vorteile werden nicht kompensiert (→ Rn. 47). Entsteht zB an Bier, das der Schuldner braut, eine Sachhaftung zur Sicherung der Biersteuer, wird dadurch eine objektive Gläubigerbenachteiligung bewirkt, selbst wenn mit dem Brauvorgang eine übersteigende Wertschöpfung zugunsten des Schuldnervermögens erzielt wurde (BGH NZI 2009, 644 [645] = ZIP 2009, 1674 [1675 f.]; dazu auch *Kreft* KTS 2012, 405 [408]). Die **Eingehung von Verbindlichkeiten** ist Gläubigerbenachteiligung. Soweit es sich um nachrangige Verbindlichkeiten handelt, kann die Rechtshandlung allerdings nur etwa schon vorhandene gleichrangige oder nachrangige Gläubiger benachteiligen (vgl. → Rn. 46; Kummer/*Schäfer*/Wagner Rn. B 223; Jaeger/*Henckel* Rn. 77).

62 **Zahlungen an potentielle Insolvenzgläubiger** sind grundsätzlich gläubigerbenachteiligend (Kummer/Schäfer/Wagner/*Schäfer* Rn. B 411), ebenso Aufrechnungen, Verrechnungen oder Leistungen an Erfüllungs Statt (vgl. BGH 16.12.2008 – IX ZR 72/06, BeckRS 2009, 03916). Tritt der Schuldner zu diesem Zweck eine gegen einen Dritten gerichtete Forderung an den Gläubiger ab, die dieser nicht zu beanspruchen hatte, so ist dies selbst dann eine unmittelbare

Gläubigerbenachteiligung, wenn der Gläubiger sich stattdessen durch Aufrechnung gegenüber dieser Forderung des Schuldners hätte befriedigen können (BGH NZI 2007, 718 = ZIP 2007, 2084). Ohne weiteres gläubigerbenachteiligend sind auch **Zahlungen an Gesellschafter einer Schuldner-Gesellschaft** (Uhlenbruck/*Hirte*/*Ede* Rn. 383), vor allem im Kontext des § 135 Abs. 1 oder an einen vom Gesellschafter gesicherten Gläubiger im Kontext der §§ 135 Abs. 2, 143 Abs. 3 (BGHZ 200, 210 = NJW 2014, 1737 = ZIP 2014, 584).

Unbare Zahlungen vom Schuldnerkonto sind stets gläubigerbenachteiligend (eing. *Obermüller* Rn. 3.21 ff.). Das versteht sich von selbst, wenn das Konto kreditorisch geführt wird, gilt aber auch beim debitorischen Konto, und zwar nicht nur im Rahmen eines Kontokorrentkredits (dazu BGH ZIP 2002, 489 = NJW 2002, 1574). Auch unbare Zahlung aus geduldeter Kontoüberziehung wirkt entgegen der älteren Judikatur (vgl. noch BGHZ 170, 270 = NJW 2007, 1357) gläubigerbenachteiligend (BGHZ 182, 317 = NJW 2009, 3362 = ZIP 2009, 2009; BAG ZIP 2015, 533 [536]). Das Fehlen einer konkreten Zugriffsmasse hindert dies nicht (vgl. → Rn. 4: Ablehnung der einzelgegenständlichen Betrachtungsweise). Gläubigerbenachteiligend ist auch die **Verwendung von Kontobeträgen aus gepfändetem Konto** mit Zustimmung des Pfändungsgläubigers (BGHZ 162, 143 = NJW 2005, 1121; BGH NZI 2008, 180). 63

Gläubigerbenachteiligend ist die **Verwendung von Kreditmitteln des Schuldners.** Das gilt unabhängig davon, ob ein Insolvenzverwalter den Kredit hätte abrufen und verwenden können (BGH NJW 2008, 1535 = ZIP 2008, 747). Die **Aufwertung einer Insolvenzverbindlichkeit zu einer Masseverbindlichkeit** wirkt gläubigerbenachteiligend (BGH ZIP 2012, 1183 [1184]). Die **Auskehrung einer Versicherungssumme** an einen bezugsberechtigten Dritten stellt eine Gläubigerbenachteiligung dar (OLG Düsseldorf NZI 2008, 501). 64

Bei mittelbaren Zuwendungen durch Einschaltung eines Dritten ist zwischen der **Anweisung auf Schuld** und der **Anweisung auf Kredit** zu unterscheiden (BGH NZG 2012, 1156 = NZI 2012, 805 = ZIP 2012, 1468; OLG Frankfurt BeckRS 2015, 09134 Rn. 31 f. = ZInsO 2015, 1270; *Ganter* NZI 2011, 475 ff.). Im Fall einer **Anweisung auf Schuld** tilgt der vom Schuldner Angewiesene mit der Zahlung eine eigene Verbindlichkeit gegenüber dem Anweisenden. Die Zahlung führt zu einer Gläubigerbenachteiligung, weil der Schuldner mit der Zahlung an den Dritten seine Forderung gegen den Angewiesenen verliert (BGH NZG 2012, 1156 = NZI 2012, 805 = ZIP 2012, 1468; OLG Frankfurt BeckRS 2015, 09134 Rn. 31 f. = ZInsO 2015, 1270) und der Gegenwert für das, was an den Zuwendungsempfänger gelangt, aus dem Vermögen des Schuldners stammt (BGHZ 174, 229 Rn. 25; BGH NZI 2008, 733 Rn. 21). Zur Anweisung auf Kredit vgl. → Rn. 69. 65

Die **Verrechnung auf einem Girokonto eingehender Beträge** mit dem Debetsaldo des Schuldners stellt grds. eine gläubigerbenachteiligende Rechtshandlung dar (*Obermüller,* Insolvenzrecht in der Bankpraxis, Rn. 3.154; MüKoInsO/*Kayser* Rn. 148a). Nach BGH ZIP 2002, 2182 [2183] soll dies aber nicht gelten, wenn die Kontogutschrift auf der Begleichung einer Forderung beruht, die der Bank anfechtungsfrei abgetreten worden war (zust. *Obermüller,* Insolvenzrecht in der Bankpraxis, Rn. 3.154). Diese Einschränkung trifft allerdings auf Kritik (krit. Braun/*de Bra* Rn. 39; *Henckel* FS BGH III, 2000, 800 ff.). Nach BGH WM 2013, 708 Rn. 16 = ZIP 2014, 785 scheidet jedoch in einem echten Kontokorrent mit vereinbarter Kreditobergrenze eine Gläubigerbenachteiligung durch einzelne Kreditrückführungen aus, ohne die die Kreditmittel, die der Schuldner danach tatsächlich noch erhalten hat, ihm nicht mehr zugeflossen wären. Anfechtbar sind solche Kreditrückführungen daher nicht in ihrer Summe, sondern bis zu der eingeräumten Kreditobergrenze (zur Abgrenzung vgl. BGH NZI 2014, 309 = ZIP 2014, 785). 66

67 Die **Zahlung von Sozialversicherungsbeiträgen** durch den Arbeitgeber erfolgt nach § 28e Abs. 1 S. 2 SGB IV aus dem Arbeitnehmervermögen (eing. FK-InsO/*Dauernheim* Rn. 55 ff.; Uhlenbruck/*Hirte/Ede* Rn. 421). Der BGH hatte vor der Einführung dieser Bestimmung eine Anfechtung von Zahlungen in der Arbeitgeberinsolvenz auch insoweit bejaht (BGHZ 149, 100 = NJW 2002, 512). Die Relevanz der Änderung wird aber bestritten (Braun/*de Bra* Rn. 34; eing. Uhlenbruck/*Hirte/Ede* Rn. 421). Die **Zahlung des Gesamtsozialversicherungsbeitrags** durch den Arbeitgeber wird in dessen Insolvenz insgesamt als eine der Anfechtung zugängliche gläubigerbenachteiligende Rechtshandlung angesehen werden: zur Hälfte als unmittelbare Zuwendung, zur Hälfte als mittelbare Zuwendung (BGHZ 183, 86 = NJW 2010, 870 = ZIP 2009, 2301).

68 **b) Beispiele für fehlende Gläubigerbenachteiligung.** Das bloße **Auswechseln von Insolvenzgläubigern** durch Forderungsabtretung oder gesetzlichen Forderungsübergang bewirkt, anders als die Schuldübernahme bei Forderungen des Schuldners, grds. keine Gläubigerbenachteiligung (MüKoInsO/*Kayser* Rn. 101a; *Kreft* KTS 2012, 405 [414]). So erwirkt ein Bürge mit seiner Zahlung die gesicherte Forderung (§ 774 BGB). Selbst wenn von dem Schuldner bestellte Sicherungen mit der getilgten Forderung auf den Bürgen übergehen (§ 401 BGB), befindet er sich in derselben wirtschaftlichen Lage wie zuvor (BGH WM 2008, 1606 Rn. 2 = ZIP 2008, 1695).

69 Die **Begleichung von Verbindlichkeiten durch Dritte** führt nicht zur Gläubigerbenachteiligung, wenn eine **Anweisung auf Kredit** (und somit keine mittelbare Zuwendung des Schuldners vorliegt). Hier zahlt der Angewiesene an den Empfänger ohne eine Verpflichtung gegenüber dem Anweisenden, so dass nur ein Gläubigeraustauch (Regressanspruch des Zahlenden) zustande kommt. Die Belastung der Masse mit dem Rückgriffsanspruch des Angewiesenen wird durch die Befreiung von der Schuld des Zahlungsempfängers ausgeglichen (BGH NZG 2012, 1156 = NZI 2012, 805 = ZIP 2012, 1468). So verhält es sich zB, wenn nicht persönlich haftende Gesellschafter die Verbindlichkeit einer Gesellschaft auf deren Anweisung tilgen (BGH NZI 2009, 56). In gleichem Sinne wurde für einen Geschäftsführer der späteren Insolvenzschuldnerin entschieden, der – ohne dazu verpflichtet zu sein – deren Verbindlichkeiten aus eigenen Mitteln beglich (BGH NZG 2012, 1156 = NZI 2012, 805 = ZIP 2012, 1468).

70 **Masseneutrale Rechtsgeschäfte** benachteiligen die Gläubiger nicht, so zB die bloße Umbuchung zwischen zwei Konten (→ Rn. 54) oder die bloß deklaratorische Bankgutschrift eines Überweisungsbetrags auf einem Schuldnerkonto (OLG Karlsruhe ZInsO 2009, 1594) oder ein Grundstücksschenkungsvertrag, in dem für den Insolvenzfall ein vormerkungsgesicherter Rückübertragungsanspruch enthalten ist (BGH NZI 2008, 428). Die Übertragung eines wertausschöpfend belasteten Grundstücks durch den Schuldner ist nicht gläubigerbenachteiligend, wenn der in der Zwangsversteigerung erzielbare Erlös des Grundstücks die vorrangigen Belastungen und die Kosten des Zwangsversteigerungsverfahrens nicht überstiegen hätte (BGH NZI 2007, 457 Rn. 15 = ZIP 2007, 1326 [1327]; 2009, 512 Rn. 19 = ZIP 2009, 1285 [1286]). Sie ist jedoch gläubigerbenachteiligend, wenn die bei der Übertragung noch bestehenden Belastungen im Nachhinein vertragsgemäß von dem Schuldner beseitigt werden (BGH NZI 2009, 512 Rn. 25 = ZIP 2009, 1285 [1286]), es sei denn, der Schuldner verwendet zur Beseitigung der Lasten das Kaufgeld des Gegners. Der bloße Austausch von Sicherheiten oder die Besicherung einer schon vollwertig besicherten Forderung kann gleichfalls neutral sein, wenn keine Verschlechterung droht (BGH NZI 2004, 492 [494] = ZIP 2004, 1509 [1511]; zur Abgrenzung BGH NZI 2008, 302 = ZIP 2008, 650). **Bei einem verlängerten Eigentumsvorbehalt** stellt die Abtretung der Kaufpreisforderungen in Höhe des vom Vorbehaltskäufer für die jeweilige Ware an den

Vorbehaltsverkäufer zu zahlenden Kaufpreises ebenfalls einen masseneutralen Sicherheitentausch dar, soweit nicht die Vorausabtretung die vom Schuldner aus dem Weiterverkauf verdiente Marge betrifft. Wird Sicherungseigentum für Rechnung des Sicherungsnehmers verkauft, so liegt keine Gläubigerbenachteiligung vor, soweit die Kaufpreisansprüche den verkehrsüblichen Einkaufspreisen der Waren (Wiederbeschaffungskosten) entsprechen. Wird der Wert des Warenbestandes iRd Ablösungsvereinbarung niedriger angesetzt, muss sich der Sicherungseigentümer jedoch daran festhalten lassen (BGH ZIP 2012, 1301 Rn. 32).

Kein neutraler Vorgang ist aber zB gegeben, wenn durch die Rechtshand- 71
lung der Zugriff auf das Schuldnervermögen vereitelt, erschwert oder verzögert wird, etwa für einen aufgegebenen Vermögenswert ein anderer in das Schuldnervermögen gelangt, der weniger leicht oder rasch verwertbar ist (BGH NZI 2006, 155 [157] = ZIP 2006, 243 [246]). Kein masseneutraler Sicherheitentausch liegt vor, wenn eine anfechtbar gepfändete Mietforderung zugleich in den Haftungsverband einer Grundschuld fällt. Diese Haftung ist nur eine vorläufige, weil die Mietansprüche weder der Verfügung des Schuldners noch dem wirksamen Zugriff der Insolvenzgläubiger entzogen sind (BGHZ 182, 264 Rn. 16 f.). Ebenso wenig kann von einem masseneutralen Sicherheitentausch die Rede sein, wenn der Schuldner nach Aussetzung der Vollziehung einer Pfändungs- und Einziehungsverfügung der Finanzverwaltung über das gepfändete Konto im Wege einer Zession verfügt. Die Aussetzung der Vollziehung der Pfändungs- und Einziehungsverfügung (§ 361 Abs. 2 S. 1 Hs. 1 AO) bewirkt, dass der Schuldner – auch gegenüber dem Pfändungsgläubiger – wieder über das Kontoguthaben verfügen und jeder Gläubiger Zugriff auf das Konto nehmen kann (BGH NZI 2009, 105 = ZIP 2009, 83).

6. Darlegungs- und Beweislast. Die Darlegungs- und Beweislast hinsichtlich 72
der Gläubigerbenachteiligung liegt grds. beim Insolvenzverwalter (BGHZ 58, 20 [22]; stRspr; FK-InsO/*Dauernheim* Rn. 53). Bezüglich der Gläubigerbenachteiligung (→ Rn. 45 ff., 46) spricht ein Anscheinsbeweis dafür, dass in dem eröffneten Verfahren die Insolvenzmasse nicht ausreicht, um alle Gläubigeransprüche zu befriedigen (BGHZ 200, 210 = NJW 2014, 1737 = ZIP 2014, 584). Beruft sich der Insolvenzverwalter gegenüber dem Einwand eines Absonderungsrechts oder einer insolvenzfesten Aufrechenbarkeit (→ Rn. 54) auf nachträgliche Wertschöpfung, so muss er dies darlegen und beweisen (vgl. BGH NZI 2015, 765 = ZIP 2015, 1398). Im Rahmen einer sekundären Darlegungslast obliegt es dem Anfechtungsgegner, etwaige Gegenrecht geltend zu machen (BGH ZIP 2008, 1593 [1595]; 2012, 1422 [1424]).

Kongruente Deckung[1]

130 (1) [1] **Anfechtbar ist eine Rechtshandlung, die einem Insolvenzgläubiger eine Sicherung oder Befriedigung gewährt oder ermöglicht hat,**

1. **wenn sie in den letzten drei Monaten vor dem Antrag auf Eröffnung des Insolvenzverfahrens vorgenommen worden ist, wenn zur Zeit der Handlung der Schuldner zahlungsunfähig war und wenn der Gläubiger zu dieser Zeit die Zahlungsunfähigkeit kannte oder**
2. **wenn sie nach dem Eröffnungsantrag vorgenommen worden ist und wenn der Gläubiger zur Zeit der Handlung die Zahlungsunfähigkeit oder den Eröffnungsantrag kannte.**

---

[1] § 130 Abs. 1 Satz 2 angef., bish. Wortlaut wird Satz 1 mWv 9.4.2004 durch G v. 5.4.2004 (BGBl. I S.502).

[2] Dies gilt nicht, soweit die Rechtshandlung auf einer Sicherungsvereinbarung beruht, die die Verpflichtung enthält, eine Finanzsicherheit, eine andere oder eine zusätzliche Finanzsicherheit im Sinne des § 1 Abs. 17 des Kreditwesengesetzes zu bestellen, um das in der Sicherungsvereinbarung festgelegte Verhältnis zwischen dem Wert der gesicherten Verbindlichkeiten und dem Wert der geleisteten Sicherheiten wiederherzustellen (Margensicherheit).

(2) **Der Kenntnis der Zahlungsunfähigkeit oder des Eröffnungsantrags steht die Kenntnis von Umständen gleich, die zwingend auf die Zahlungsunfähigkeit oder den Eröffnungsantrag schließen lassen.**

(3) **Gegenüber einer Person, die dem Schuldner zur Zeit der Handlung nahestand (§ 138), wird vermutet, daß sie die Zahlungsunfähigkeit oder den Eröffnungsantrag kannte.**

Schrifttum: *Baumert,* Zahlungseinstellung bei Bugwelle, NZI 2013, 919; *Bork,* Die Zurechnung subjektiver Tatbestandsmerkmale in der Insolvenz, FS Karsten Schmidt, 2009, 143; *ders.,* Wissenszurechnung im Insolvenz(anfechtungs)recht, DB 2012, 33; *G. Fischer,* Bewirken Leistungen, die zur Erledigung des Insolvenzantrags führen, eine kongruente Deckung?, FS Kirchhof, 2003, 73; *Ganter,* Die Bedeutung der „Bugwelle" für die Feststellung der Zahlungsunfähigkeit, ZInsO 2011, 2297; *Gehrlein,* Subjektive Merkmale der Insolvenzanfechtung, FS Ganter, 2010, 169; *Häsemeyer,* Die Gleichbehandlung der Konkursgläubiger, KTS 1982, 507; *Hölzle,* Zahlungsunfähigkeit – Nachweis und Kenntnis im Anfechtungsprozess, ZIP 2006, 101 ff., 2007, 613; *Huber,* Indiztatsachen und ihre Beweiskraft im insolvenzrechtlichen Anfechtungsprozess, ZInsO 2012, 53; *Kayser,* Die Entkräftung der die Insolvenzanfechtung begründenden Vermutungen und Indizien, WM 2013, 293; *Kirchhof,* Die Anfechtung „ermöglichender" Deckungshandlungen nach §§ 130, 131 InsO, FS Uhlenbruck, 2000, 269; *Mock,* Die Vergütung des vorinsolvenzlichen Sanierungsberaters, ZIP 2014, 445; *Obermüller/Hartenfels,* Finanzsicherheiten, BKR 2004, 440; *Wagner,* Handlungsoptionen des Insolvenzverwalters als Reaktion auf die neue Rechtsprechung des BGH zum Einzugsermächtigungsverfahren, ZIP 2011, 846; *Wimmer,* Die Umsetzung der Finanzsicherheitenrichtlinie, ZInsO 2004, 1.

Übersicht

I. Grundlagen

Die Vorschriften der §§ 130–132 erfassen bestimmte Leistungen in der Krise des Schuldners und werden als **besondere Insolvenzanfechtung** bezeichnet, weil es für die Gläubigeranfechtung außerhalb eines Insolvenzverfahrens keine entsprechenden Regeln gibt (Uhlenbruck/*Ede/Hirte* Rn. 1). Der in den Gesetzesüberschriften zu §§ 130, 131 enthaltene Begriff der **„Deckung"** steht als Oberbegriff für die im Gesetzestext genannten Begriffe der Sicherung und der Befriedigung (dazu → Rn. 10). Die **„Kongruenz"** ist in § 130 selbst nicht definiert. Sie erschließt sich als Umkehrung zu der in § 131 geregelten „Inkongruenz". Kongruent ist danach eine Sicherung oder Befriedigung, die der Insolvenzgläubiger – auch in der Art und zu der Zeit – zu beanspruchen hatte (vgl. → § 131 Rn. 11). 1

§ 130 kann grds. **neben anderen Anfechtungstatbeständen** – außer dem subsidiären § 132 – anwendbar sein, doch ist bei Wechsel- und Scheckzahlungen vorrangig § 137 zu beachten. Die Regelung des § 130 erfasst auch inkongruente Deckungen (BGHZ 192, 221 Rn. 11 = BGH NZI 2012, 177 Rn. 11; HK-InsO/*Thole* Rn. 11; MüKoInsO/*Kayser* Rn. 6). Insofern ist § 130 **Auffangtatbestand,** wenn die Inkongruenz der Deckung nicht festzustellen ist. Andererseits gewährt § 131 Erleichterungen für die Anfechtung bei Vorliegen einer inkongruenten Deckung (Braun/*de Bra* Rn. 8). Im **Anfechtungsprozess** kann das Gericht somit offen lassen, ob eine kongruente Deckung gegeben ist, wenn jedenfalls die Voraussetzungen des § 131 vorliegen (Kilger/*Karsten Schmidt* § 30 KO Anm. 1). Auffangtatbestand ist § 130 auch im Verhältnis zu § 135, falls die Funktion der gesicherten oder erfüllten Forderung als „Risikokapital" unklar ist (G. *Fischer* FS Kirchhof, 2003, 73 [76 f.]; MüKoInsO/*Kayser* Rn. 5; HambK-InsO/*Rogge/Leptien* Rn. 54). § 132 Abs. 2 wird von den §§ 130, 131 verdrängt, soweit die Deckungshandlung der Sicherung oder Befriedigung eines Insolvenzgläubigers dient (BGH [XI. Zivilsenat] NZI 2012, 506 Rn. 40). Der Anfechtungsrechtsstreit ist spruchreif, wenn jedenfalls ein Tatbestand eingreift (Kilger/*Karsten Schmidt* § 30 KO Anm. 1). 2

3 Eine kongruente Deckung ist unanfechtbar, wenn es sich um ein **Bargeschäft** (§ 142) handelt (→ § 142 Rn. 8). Allerdings kann auch eine in unmittelbarem Zusammenhang mit einer Forderungsbegründung oder einer entsprechenden Gegenleistung gewährte kongruente Deckung zurückzugewähren sein, wenn das Kausalgeschäft nach § 132 anfechtbar ist (Kübler/Prütting/Bork/*Schoppmeyer* Rn. 16; auch → § 142 Rn. 6).

4 **1. Gesetzgebungsgeschichte.** In § 30 Nr. 1 Hs. 2 KO waren kongruente Deckungsgeschäfte geregelt. Dagegen unterschied § 10 Abs. 1 Nr. 4 GesO nicht zwischen kongruenten und inkongruenten Deckungen. Der Neuregelung in § 130 ging Leitsatz 5.2.1 des Ersten Berichts der Insolvenzrechtskommission voraus. Nach Leitsatz 5.2.6 Abs. 1 des Ersten Berichts und § 145 RegE sollte die grob fahrlässige Unkenntnis der Zahlungsunfähigkeit oder des Eröffnungsantrags genügen, außer für Rechtshandlungen, durch die ein Recht an einem Grundstück begründet wird, und für bestimmte andere gleichgestellte Rechtshandlungen (BT-Drs. 12/2443, 158). Die Gesetzesfassung des § 130, die positive Kenntnis der Zahlungsunfähigkeit oder des Eröffnungsantrags erfordert, beruht auf der Beschlussempfehlung des Rechtsausschusses zu § 145 RegE (BT-Drs. 12/7302, 54 f.).

5 Mit Art. 1 Nr. 5 des Gesetzes zur Umsetzung der Richtlinie 2002/47/EG v. 6.6.2002 über **Finanzsicherheiten** und zur Änderung des Hypothekenbankgesetzes und anderer Gesetze v. 5.4.2004 (BGBl. I S. 502) wurde für **ab dem 9.4.2004** eröffnete (Art. 103b EGInsO) Insolvenzverfahren **§ 130 Abs. 1 S. 2** eingefügt.

6 **2. Normzweck.** Die Tatbestände der besonderen Insolvenzanfechtung knüpfen inhaltlich an die Zahlungsunfähigkeit des Schuldners oder an den Eröffnungsantrag an (BGHZ 162, 143 [149] = NZI 2005, 215 [216]). Die Tatbestandsmerkmale der Zahlungsunfähigkeit (§ 130 Abs. 1 S. 1 Nr. 1) und des Eröffnungsantrags (Absatz 1 Satz 1 Nr. 2) haben selbstständige Bedeutung (Uhlenbuck/*Ede/Hirte* Rn. 3). Eine nach dem Eröffnungsantrag erfolgte Rechtshandlung ist auch dann anfechtbar, wenn die Zahlungsunfähigkeit erst später eingetreten ist oder überhaupt nicht gegeben war, sofern das Verfahren allein wegen Überschuldung eröffnet worden ist (RGZ 36, 73 f.; Uhlenbruck/*Ede/Hirte* Rn. 52). Im Allgemeinen darf der Gläubiger darauf vertrauen, eine zur rechten Zeit in der rechten Weise erbrachte Leistung behalten zu dürfen (HambK-InsO/*Rogge/Leptien* Rn. 1). Nach dem Grundgedanken der besonderen Insolvenzanfechtung gem. §§ 130 ff. ist vom **Offenbarwerden der Krise** (Zahlungsunfähigkeit, Insolvenzantrag) ab das Vermögen des Schuldners der Allgemeinheit seiner persönlichen Gläubiger verfangen. Der Zweck des Gesetzes ist, zu verhindern, dass einzelne Gläubiger sich nach diesem Zeitpunkt eine Sicherung oder Befriedigung (Oberbegriff: Deckung) verschaffen und dadurch das **Prinzip der gleichen Behandlung aller Insolvenzgläubiger** (par conditio creditorum) durchlöchert wird (BGHZ 58, 240 [242 f.] = NJW 1972, 870 [871], zu § 30 KO; *Häsemeyer* KTS 1982, 507 [526 f., 554 ff.]).

7 Das System der besonderen Insolvenzanfechtung führt zu einer **Vorverlagerung der materiellen Wirkungen der Insolvenz** und verdrängt in dem maßgeblichen Zeitraum vor Verfahrenseröffnung das die Einzelzwangsvollstreckung beherrschende Prioritätsprinzip, wenn für die Gesamtheit der Gläubiger nicht mehr die Aussicht besteht, aus dem Vermögen des Schuldners eine volle Deckung zu erhalten. Die Befugnis des Gläubigers zur zwangsweisen Durchsetzung seiner Ansprüche tritt hinter dem Schutz der Gläubigergesamtheit zurück, und den Gläubigern wird die Pflicht zu wechselseitiger Rücksichtnahme auferlegt (BGHZ 162, 143 [148 f.] = NZI 2005, 215 [216]; BAG NZI 2014, 372 Rn. 81).

II. Gemeinsame Voraussetzungen der Anfechtungstatbestände

8 **1. Rechtshandlung.** Die Anfechtung setzt eine **Rechtshandlung** (dazu → § 129 Rn. 25 ff.) oder eine ihr nach § 129 Abs. 2 gleichgestellte **Unterlassung** (dazu → § 129 Rn. 32 ff.) voraus. Die betreffende Rechtshandlung muss nicht unbedingt vom Schuldner vorgenommen werden und auch nicht von ihm veranlasst sein (BGHZ 70, 177 [181] = NJW 1978, 758).

9 **2. Gläubigerbenachteiligung.** Die Anfechtungstatbestände erfordern ferner das Vorliegen einer **Gläubigerbenachteiligung** (dazu → § 129 Rn. 45 ff.). Eine **mittelbare Benachteiligung** der Insolvenzgläubiger genügt (BGH NZI 2012, 135 Rn. 18). Wie bei allen Anfechtungstatbeständen ist es auch iRd § 130 erforderlich, dass gerade die angefochtene Rechtshandlung zu der Gläubigerbenachteiligung geführt hat (Kübler/Prütting/Bork/*Schoppmeyer* Rn. 11).

10 **3. Sicherung oder Befriedigung.** Ein Anspruch auf Befriedigung gibt noch kein Recht auf Sicherung. Die Sicherung stellt gegenüber der Befriedigung kein minus, sondern ein **aliud** dar (→ § 131 Rn. 58).

11 **a) Sicherung.** Eine **Sicherung** ist die Verschaffung einer Rechtsposition, mit deren Hilfe die Durchsetzung des (fortbestehenden) Anspruchs, für den sie eingeräumt wurde, erleichtert wird (HambK-InsO/*Rogge/Leptien* Rn. 7). Das Merkmal ist weit zu verstehen und umfasst vertragliche und gesetzliche Sicherungen (Ahrens/Gehrlein/Ringstmeier/*Gehrlein* Rn. 3).

12 Zu den **vertraglichen Sicherungen** gehören insbes. Sicherungsabtretung, Sicherungsübereignung, Pfandrechtsbestellung, Personalsicherheiten (Ahrens/Gehrlein/Ringstmeier/*Gehrlein* Rn. 3) und die Vormerkung gem. §§ 883 ff. BGB (MüKoInsO/*Kayser* Rn. 8). Zu den **gesetzlichen Sicherungen** gehören zB die gesetzlichen Pfandrechte gem. § 562 BGB (Ahrens/Gehrlein/Ringstmeier/*Gehrlein* Rn. 3), § 647 BGB und das Frachtführerpfandrecht gem. § 441 Abs. 1 HGB (BGHZ 150, 326 [330] = NZI 2002, 485). Auch das gesetzliche **Zurückbehaltungsrecht des § 369 Abs. 1 HGB** begründet eine kongruente Deckung, wenn der Gegenstand des Zurückbehaltungsrechts in einer im Blick auf die drohende Insolvenz unverdächtigen Weise mit Willen des Schuldners in den Besitz des Berechtigten gelangt ist (Uhlenbruck/*Ede/Hirte* § 131 Rn. 43).

13 Die **Herstellung einer Aufrechnungs- oder Verrechnungslage** stellt ebenfalls eine Sicherung dar (Ahrens/Gehrlein/Ringstmeier/*Gehrlein* Rn. 3; HambK-InsO/*Rogge/Leptien* Rn. 7). Ob diese kongruent oder inkongruent ist, hängt davon ab, ob der Gläubiger im Zeitpunkt der Entstehung der Aufrechnungslage einen Anspruch auf Abschluss der Vereinbarung hatte, welche die Aufrechnungslage entstehen ließ (BGHZ 159, 388 [395 f.] = NZI 2004, 580 [582]; BGH NZI 2006, 345 Rn. 14; Jaeger/*Henckel* Rn. 18; MüKoInsO/*Kayser* Rn. 16; HK-InsO/*Thole* Rn. 12; Ahrens/Gehrlein/Ringstmeier/*Gehrlein* Rn. 8). Kongruent ist die Aufrechnungslage, wenn der Gläubiger durch pflichtgemäßes Verhalten Schuldner geworden ist (BGHZ 147, 233 [241] = NZI 2001, 357); sie ist inkongruent, wenn die Aufrechnungsbefugnis sich nicht aus dem zwischen dem Schuldner und dem Gläubiger zuerst entstandenen Rechtsverhältnis ergibt (BGH NZI 2006, 345 Rn. 14), insbes. dann, wenn die Gegenforderung durch Abschluss eines Vertrages in kritischer Zeit begründet wird (BGH NZI 2004, 376 [377]). Eine kongruente Deckung liegt danach zB vor, wenn eine Bank einen aufrechenbaren fälligen Zahlungsanspruch gegen den Schuldner hatte, also entweder der Kontokorrentkreditvertrag durch Zeitablauf oder Kündigung beendet wurde, ein Kreditlimit nie eingeräumt oder überzogen worden war (HambK-InsO/*Rogge/Leptien*

Rn. 43). Die **Aufrechnungserklärung** selbst ist keine anfechtbare Rechtshandlung (Jaeger/*Henckel* Rn. 25).

14 **b) Befriedigung.** Eine **Befriedigung** liegt vor, wenn ein Anspruch vollständig oder teilw. erfüllt wird. Außer der **Erfüllung durch Leistung** gem. § 362 BGB genügt auch ein **Erfüllungssurrogat,** also zB Leistung an Erfüllungs statt (§ 364 BGB), schuldbefreiende Hinterlegung (§§ 372 ff. BGB) oder Erlass (§ 397 BGB). Die **Erklärung der Aufrechnung** (§ 387 ff. BGB) mit einer Forderung des Schuldners stellt bezogen auf den Zeitpunkt der Aufrechnungslage ebenfalls eine Befriedigung dar (Ahrens/Gehrlein/Ringstmeier/*Gehrlein* Rn. 3).

15 **c) Einzelfälle.** Die **Abgrenzung** zwischen Sicherung und Befriedigung ist für § 130 im Regelfall ohne Bedeutung (Kübler/Prütting/Bork/*Schoppmeyer* Rn. 14). Zum Begriff der Inkongruenz → § 131 Rn. 11 ff.

16 Nach ständiger Rspr. des BGH ist die **bankmäßige Verrechnung von Gutschriften beim ungekündigten Kontokorrentkredit (Dispositionskredit)** insoweit kongruent, als die Bank erneute Verfügungen des Schuldners über diese Deckungsmasse zugelassen und der Schuldner auch verfügt hat (BGH NZI 2009, 436 Rn. 9, 11). Das Kreditinstitut ist iRd Girovertrages einerseits berechtigt und verpflichtet, für den Kunden bestimmte Geldeingänge entgegenzunehmen und seinem Konto gutzuschreiben. Andererseits hat das Kreditinstitut Überweisungsaufträge des Kunden zu Lasten seines Girokontos auszuführen, sofern dieses eine ausreichende Deckung aufweist oder eine Kreditlinie nicht ausgeschöpft ist. Setzt das Kreditinstitut unter Beachtung dieser Absprachen den Giroverkehr fort, handelt es vertragsgemäß und damit kongruent (BGHZ 150, 122 [129] = NZI 2002, 311 [312]; BGH NZI 2004, 491). Die Kongruenzfrage kann hierbei innerhalb des Anfechtungszeitraums für den gleichen Betrag nur einheitlich beantwortet werden (BGHZ 150, 122 [133] = NZI 2002, 311 [312]; BGH NZI 2008, 184 Rn. 17). Demgegenüber führt die Verrechnung in kritischer Zeit eingehender Zahlungen, denen keine Belastungsbuchungen gegenüberstehen, bei ungekündigtem Überziehungskredit wegen der damit verbundenen Kredittilgung zu einer inkongruenten Deckung, weil die Erfüllung des Rückzahlungsanspruchs noch nicht verlangt werden kann (→ § 131 Rn. 46).

17 Eine Sicherheit ist nur dann **kongruent,** wenn der Sicherungsnehmer einen besonderen, der Art und der Höhe nach hinreichend konkreten Anspruch gerade auf die erlangte Sicherheit hatte (BGH NZI 1999, 70 [71]; 2000, 122; 2004, 623; 2010, 439 Rn. 16; Jaeger/*Henckel* Rn. 32; MüKoInsO/*Kayser* Rn. 20, 39 ff.; Uhlenbruck/*Ede/Hirte* § 131 Rn. 11; HK-InsO/*Thole* Rn. 13). Vgl. → § 131 Rn. 58 ff., 83 ff., 87 ff.

18 Bei der **Vorausabtretung** ist Kongruenz anzunehmen, wenn die gesicherte Forderung in dem für das Vorliegen der Anfechtungsvoraussetzungen maßgeblichen Zeitpunkt, nämlich dem Entstehen der abgetretenen Forderung (BGHZ 30, 238 [239 f.] = WM 1959, 944; *Gerhardt* FS Fischer, 2008, 149 [153]; HK-InsO/*Thole* § 140 Rn. 4), fällig und somit der Sicherungsfall eingetreten war. Vgl. → § 131 Rn. 69.

19 Der **Globalzessionsvertrag,** welcher an sich um einen Sonderfall einer Vorausabtretung darstellt, wird anfechtungsrechtlich privilegiert. Sowohl der Abschluss des Vertrages als auch die Einbeziehung der zukünftig entstehenden Forderungen ist grds. nur als kongruente Deckung anfechtbar. Nach Inhalt und Sinn des Sicherungsvertrages ist die Begründung der zukünftigen Forderungen – anders als bei Sicherheiten gemäß Nr. 13–15 AGB-Banken – dem freien Belieben des Schuldners entzogen. Vielmehr gehen die Vertragspartner davon aus, der Kreditnehmer werde den Geschäftsbetrieb im bisherigen Umfang – oder in einer dem Kreditgeber zuvor näher erläuterten Weise – fortsetzen und daher ständig neue Ansprüche gegen Kunden erwerben, die von der Sicherungsabtretung erfasst

werden. Wird bereits bei Abschluss des Globalabtretungsvertrages das dingliche Geschäft vollzogen und gleichzeitig die schuldrechtliche Seite in dem vertragsrechtlich möglichen Maße konkretisiert, ist kein einleuchtender Grund erkennbar, die Kongruenz der Sicherheit nur deshalb zu verneinen, weil die zukünftig entstehenden Sicherheiten nicht sogleich identifizierbar waren (BGHZ 174, 297 Rn. 17 ff. = NZI 2008, 89 [90]; BGH NZI 2008, 539 Rn. 17; ähnlich bereits Jaeger/*Henckel* Rn. 37; zust. HK-InsO/*Thole* Rn. 14; Kübler/Prütting/Bork/*Schoppmeyer* Rn. 97).

Das **Werthaltigmachen zukünftiger Forderungen** aus Globalzessionen ist – wie bei jeder Vorausabtretung (vgl. → Rn. 18) – als selbstständige Rechtshandlung anfechtbar, wenn es dem Vertragsschluss zeitlich nachfolgt; insoweit handelt es sich aber ebenfalls um eine kongruente Deckung, wenn dies für das Entstehen der Forderung zutrifft (BGHZ 174, 297 Rn. 35 ff. = NZI 2008, 89 [92]; BGH NZI 2008, 539 Rn. 17, 23; Uhlenbruck/*Ede/Hirte* § 131 Rn. 34; HK-InsO/*Thole* Rn. 14). 20

Erweiterte und verlängerte Eigentumsvorbehalte sind hinsichtlich der abgetretenen zukünftig entstehenden oder zukünftig werthaltig gemachten Forderungen – genauer: der vom Schuldner aufgeschlagenen Marge – grds. nur als kongruente Deckung anfechtbar (BGHZ 189, 1 Rn. 38 = NZI 2011, 366 Rn. 38; Jaeger/*Henckel* Rn. 35; MüKoInsO/*Kayser* Rn. 22). Vgl. ferner → § 131 Rn. 74. 21

Die **Direktzahlung** durch den Auftraggeber **an den Subunternehmer oder Lieferanten** seines Auftragnehmers stellt eine inkongruente Leistung dar (BGH NZI 2014, 762 Rn. 17; → § 131 Rn. 31). Trifft jedoch ein zahlungsunfähiger Schuldner mit seinem Auftraggeber (Bauherrn) und seinem Lieferanten vor Fälligkeit der nächsten Werklohnrate die Vereinbarung, dass der Kaufpreis für von dem Lieferanten zu liefernden Bauteile von dem Auftraggeber vor der Lieferung direkt gezahlt werde, kann in der vom Schuldner veranlassten Direktzahlung eine kongruente Deckung liegen (BGH NZI 2014, 762 Rn. 20 ff.; überdies kann der Schuldner trotz erkannter Zahlungsunfähigkeit ohne Benachteiligungsvorsatz handeln, BGH NZI 2014, 762 Rn. 29 f.). Ein solcher **Abänderungsvertrag** stellt allerdings dann keine wirksame Kongruenzvereinbarung für spätere Direktzahlungen dar, wenn er seinerseits anfechtbar ist (BGH NZI 2014, 762 Rn. 19). 22

Eine im Wege der **Zwangsvollstreckung** oder unter **Vollstreckungsdruck** erlangte Deckung ist als inkongruent anzusehen (vgl. → § 131 Rn. 36 ff.). 23

4. Insolvenzgläubiger. Die Anfechtungstatbestände setzen jeweils voraus, dass eine andere Person durch die Rechtshandlung eine Vermögenszuwendung erhalten hat (BGHZ 162, 143 [154] = NZI 2005, 215 [218]). Eine Unterlassung (§ 129 Abs. 2) muss ursächlich dafür geworden sein, dass der Empfänger die durch einseitige Rechtshandlung begründete, die Masse benachteiligende Vermögensmehrung behalten konnte (BGHZ 162, 143 [154] = NZI 2005, 215 [218]; vgl. ferner → § 129 Rn. 32). 24

a) Voraussetzungen. Anfechtungsgegner bei der Deckungsanfechtung gem. §§ 130, 131 kann nur ein **Insolvenzgläubiger** sein bzw. jemand, der ohne die anfechtbare Rechtshandlung ein solcher wäre (BGH NZI 2008, 733 Rn. 15; 2009, 381 Rn. 8; 2012, 135 Rn. 9). Zu den Insolvenzgläubigern zählt jeder, der in der Insolvenz eine Forderung iSd § 38 (dazu → § 38 Rn. 4 ff.) oder einen nachrangigen Anspruch gem. § 39 (dazu → § 39 Rn. 9 ff., 25 ff.) gehabt hätte. Die Erfüllung einer solchen Forderung ist geeignet, die Befriedigungsaussichten der Gläubigergesamtheit zu schmälern. Ob der Empfänger der Leistung des Schuldners tatsächlich an dem Verfahren teilnehmen würde, ist unerheblich (BGH NZI 2006, 581 Rn. 10; 2008, 733 Rn. 15). 25

26 Eine **Insolvenzforderung** liegt schon dann vor, wenn der anspruchsbegründende Tatbestand **vor Verfahrenseröffnung** abgeschlossen ist. Die schuldrechtliche Grundlage des Anspruchs muss schon vor Eröffnung des Insolvenzverfahrens entstanden sein (BGHZ 192, 221 Rn. 15 = BGH NZI 2012, 177 Rn. 15). Unerheblich ist dagegen, ob die Forderung selbst schon entstanden oder fällig war. Zu den Insolvenzgläubigern gehört jeder, der in der Insolvenz nur eine Forderung iSd § 38 InsO oder einen nachrangigen Anspruch gehabt hätte, weil dessen Erfüllung geeignet ist, die Befriedigungsaussichten der Gläubiger zu schmälern (BGHZ 192, 221 Rn. 15 = BGH NZI 2012, 177 Rn. 15; 2012, 415 Rn. 10).

27 Die Forderung des Insolvenzgläubigers muss außerdem **vor der Deckungshandlung** begründet gewesen sein. Dafür genügt es, dass das der Forderung zu Grunde liegende Rechtsverhältnis bestanden hat; es ist unschädlich, wenn die Forderung im Zeitpunkt der Rechtshandlung nicht durchsetzbar oder nichtig war (HambK-InsO/*Rogge/Leptien* Rn. 5; MüKoInsO/*Kayser* Rn. 21). Die Forderung kann sogar erst nach Eintritt der Zahlungsunfähigkeit des Schuldners entstehen (BGH WM 1955, 404 [406]; Ahrens/Gehrlein/Ringstmeier/*Gehrlein* Rn. 5; HambK-InsO/*Rogge/Leptien* Rn. 5). Da die Insolvenzforderungsbegründung der Rechtshandlung vorausgehen muss, betrifft die Deckungsanfechtung nicht Rechtshandlungen, mit denen sich ein Dritter erst zum Insolvenzgläubiger gemacht hat oder – bei Unterlassungen – gemacht haben würde. Deshalb kann der Insolvenzverwalter im Wege der Anfechtung einen Schuldner des Insolvenzschuldners, etwa einen Darlehensgeber, nicht dazu zwingen, Leistungen, die vor Eröffnung des Insolvenzverfahrens fällig waren, nach der Insolvenzeröffnung noch an die Masse zu erbringen, um ihn sodann wegen der Rückforderung auf die Quote zu verweisen (BGH NZI 2012, 415 Rn. 12).

28 Der **Empfänger einer rechtsgrundlosen Leistung** ist ebenfalls Insolvenzgläubiger. Der iRd Deckungsanfechtung verwendete Begriff des Insolvenzgläubigers setzt nach neuer Rspr. des BGH nicht voraus, dass dem Leistungsempfänger als Anfechtungsgegner eine rechtsbeständige Forderung gegen den Schuldner zusteht. Erbringt der Schuldner auf eine vermeintliche, tatsächlich aber nicht bestehende Forderung eine Zahlung, ist der Empfänger in Anwendung der §§ 130, 131 InsO als Insolvenzgläubiger zu betrachten, wenn die Leistung aus seiner Warte bei objektiver Betrachtung zur Tilgung der nicht bestehenden Forderung bestimmt ist (BGHZ 192, 221 Rn. 11 = BGH NZI 2012, 177 Rn. 11; 2012, 415 Rn. 10). Das kann dem Wortlaut des § 131 Abs. 1 entnommen werden, der Deckungen der Anfechtung unterwirft, die der Insolvenzgläubiger „nicht", „nicht in der Art" oder „nicht zu der Zeit" zu beanspruchen hatte. Diese Auslegung gilt ebenso für § 130, weil diese Vorschrift als Auffangtatbestand auch inkongruente Deckungen iSd § 131 erfasst (BGHZ 192, 221 Rn. 11 = BGH NZI 2012, 177 Rn. 11). Darüber hinaus wäre es nicht gerechtfertigt, einen Gläubiger, der eine rechtsgrundlose Leistung erlangt, im Vergleich zu einem Gläubiger, der einen rechtlich begründeten Anspruch hat, von der Deckungsanfechtung freizustellen (BGHZ 192, 221 Rn. 12 = NZI 2012, 177 Rn. 12).

29 Der **vorläufige Insolvenzverwalter** in einem nicht zur Eröffnung gelangten Verfahren wäre ohne die Befriedigung, die er durch Vereinnahmung seiner Vergütung mittels Überweisung vom für Zwecke des Eröffnungsverfahrens geführten Anderkonto auf sein eigenes Konto erhält, im eröffneten Verfahren Insolvenzgläubiger (BGH NZI 2012, 135 Rn. 9 ff.).

30 Liegt eine **mittelbare Zuwendung** vor, überträgt der Schuldner insbes. ein Bankguthaben durch Überweisung, Lastschrifteinzug oder Scheckzahlung auf einen Leistungsempfänger, so findet die **Deckungsanfechtung allein gegen den Leistungsempfänger** statt und nicht gegen den Leistungsmittler, der als solcher kein Gläubiger des Schuldners ist (BGH NZI 2013, 896 Rn. 21 zur Übertragung von Kontogutschriften im Rahmen einer Cashpool-Vereinbarung;

BGH ZInsO 2014, 2359 Rn. 8 f.). Für den Zahlungsverkehr mittels **Kreditkarte** gilt nichts Anderes, wenn deren Einsatz nur die Funktion des Bargeldersatzes hat und es zu keiner Kreditgewährung kommt (BGH ZInsO 2014, 2359 Rn. 10). Bei **Zahlung im Einzugsermächtigungsverfahren** ist Leistungsempfänger und damit **Anfechtungsgegner** im Lastschrifteinzugsverfahren der Gläubiger und nicht die Bank als Leistungsmittler, so dass die Deckungsanfechtung einer Lastschriftgenehmigung auf das Rechtsverhältnis zum Lastschriftgläubiger beschränkt ist (BGH [XI. Zivilsenat] NZI 2012, 506 Rn. 38; vgl. auch BGH NZI 2015, 32 Rn. 8 zur Zahlung mittels **Kreditkarte**). Erbringt ein Schuldner Zahlungen an die private Betreiberin des Systems zur Erhebung der Lkw-Maut im Guthabenabrechnungsverfahren (**„Toll Collect"**), ist diese nicht lediglich als **Zahlstelle,** sondern als Leistungsempfängerin und damit als Anfechtungsgegnerin iRd Deckungsanfechtung anzusehen (BGH NZI 2013, 1068 Rn. 26 zu § 131).

Hat ein Insolvenzgläubiger bereits vor der Eröffnung des Insolvenzverfahrens **31** auf Grund seines **Einzelanfechtungsanspruchs** Sicherung oder Befriedigung erlangt, so gilt § 130 gem. § 16 Abs. 2 AnfG entsprechend (Uhlenbruck/*Ede/Hirte* § 131 Rn. 44). Dadurch wird der Einzelanfechtungsberechtigte zum Insolvenzanfechtungsgegner.

Bei **Zahlung des Schuldners an einen Dritten,** der keinen Anspruch gegen **32** den Schuldner, sondern gegen einen Gläubiger des Schuldners hat, ist der Dritte nicht Insolvenzgläubiger (BGHZ 162, 276 [279] = NZI 2005, 323; BGH NZI 2004, 374; 2008, 556 Rn. 18; HK-InsO/*Thole* Rn. 10). Bei Zahlung oder Sicherheitsbestellung des Schuldners **für die Verbindlichkeit eines Dritten** ist der Gläubiger des Dritten nur dann Insolvenzgläubiger, wenn der Schuldner diesem Gläubiger gegenüber zur Deckung verpflichtet war (BGH NZI 2008, 733 Rn. 14 ff.; HambK-InsO/*Rogge/Leptien* Rn. 3).

Wenn der Schuldner eine **Verbindlichkeit tilgt, für die ein Dritter eine** **33** **Sicherung bestellt** hat, wird mit seiner Leistung zugleich der Anspruch des Dritten auf Befreiung von der Verbindlichkeit erfüllt. Dann ist der Sicherungsgeber ebenfalls Insolvenzgläubiger, und die Leistung kann auch ihm gegenüber angefochten werden (BGHZ 192, 221 Rn. 29 = NZI 2012, 177 Rn. 29; MüKoInsO/*Kayser* Rn. 17; Jaeger/*Henckel* Rn. 18; Kübler/Prütting/Bork/*Schoppmeyer* Rn. 51; HambK-InsO/*Rogge/Leptien* Rn. 3).

Bei **Doppelwirkung einer Leistung** hat der Insolvenzverwalter die Wahl, **34** welchen Leistungsempfänger er in Anspruch nimmt. Sofern die sonstigen Anfechtungsvoraussetzungen vorliegen, können beide in Anspruch genommen werden und haften gegebenenfalls als Gesamtschuldner (BGH NZI 2012, 177 Rn. 33).

b) (Ersatz-)Aussonderungsberechtigte und Massegläubiger. (Ersatz-) **35** **Aussonderungsberechtigte** iSd §§ 47, 48 und die **Massegläubiger** iSd §§ 54, 55 gehören nicht zu den Insolvenzgläubigern (BGH FamRZ 2006, 411; HambK-InsO/*Rogge/Leptien* Rn. 4).

c) (Ersatz-)Absonderungsberechtigte. (Ersatz-)Absonderungsberech- **36** **tigte** iSd § 52 S. 1 sind wegen ihrer gesamten Forderung zugleich Insolvenzgläubiger, soweit ihnen der Schuldner auch persönlich haftet (MüKoInsO/*Ganter* § 52 Rn. 14 f.). Das Sicherungsgut scheidet wirtschaftlich endgültig erst mit der Verwertung aus dem Vermögen des Schuldners bzw. der Masse aus (BGH NZI 2007, 394 Rn. 26; HK-InsO/*Thole* Rn. 10; aA Braun/*de Bra* Rn. 6: nur nach § 133 anfechtbar). Eine **Besitzergreifung des Absonderungsberechtigten an dem Sicherungsgut,** durch welche in der Krise des Schuldners dessen Vermögensverbund in gläubigerbenachteiligender Weise auseinander gerissen wird, unterliegt daher der Anfechtung gem. § 130 (BGH NZI 2007, 394 Rn. 25; HK-InsO/*Thole* Rn. 10).

37 Im Zweifel ist der Absonderungsberechtigte auch in seiner Eigenschaft als Insolvenzgläubiger betroffen, wenn eine Rechtshandlung die gesicherte Forderung verringert (HK-InsO/*Thole* Rn. 10). Der Absonderungsberechtigte ist nur dann nicht Insolvenzgläubiger, wenn er **ausschließlich als Inhaber des Absonderungsrechts** berührt ist, insbes. wenn sich die persönliche Forderung gegen einen Dritten richtet (BGH NZI 2007, 394 Rn. 24). Rechtshandlungen gegenüber absonderungsberechtigten Gläubigern, die nicht ausschließlich der Befriedigung (oder Sicherung) des Absonderungsrechts dienen, sondern die durch das Absonderungsrecht gesicherten Forderungen erfüllen (oder sichern), sind daher nach § 130 anfechtbar (BGH NZI 2006, 403 Rn. 13; 2007, 394 Rn. 25), in Bezug auf erweiterte und verlängerte Eigentumsvorbehalte → Rn. 21.

38 **5. Gewähren oder Ermöglichen. a) Begriffsbestimmungen.** Anfechtbar nach § 130 ist eine Rechtshandlung, die einem Insolvenzgläubiger eine Sicherung oder Befriedigung gewährt oder ermöglicht hat. **Gewähren** bedeutet Bewirken der Sicherung oder Befriedigung. Durch die Erweiterung des Tatbestands auf das **Ermöglichen** sollen vorbereitende Verhaltensweisen, die Insolvenzgläubiger in die Lage versetzen, sich eine Sicherung oder Befriedigung zu verschaffen, erfasst werden (HambK-InsO/*Rogge/Leptien* Rn. 9). Damit sollen auch solche Rechtshandlungen einbezogen werden, die selbst noch keine Deckung bewirken, aber zu einer solchen führen können, und die ohne eine solche Regelung nur wegen vorsätzlicher Benachteiligung unter den strengeren Voraussetzungen des § 133 anfechtbar wären (BT-Drs. 12/2443, 157 zu § 145 RegE). Eine Deckung (Sicherung oder Befriedigung) kann ermöglicht oder gewährt werden durch **aktives Tun** wie auch durch **bewusste** (zu den insoweit möglichen Bedenken → § 129 Rn. 34) **Unterlassungen des Schuldners** (MüKoInsO/*Kayser* Rn. 13a).

39 Im Schrifttum wird teilw. die Auffassung vertreten, die Anfechtbarkeit materiellrechtlicher und tatsächlicher Handlungen lasse sich auch ohne Rückgriff auf das Merkmal des Ermöglichens durch die Kategorien der mittelbaren Gläubigerbenachteiligung bzw. des Werthaltigmachens lösen (Jaeger/*Henckel* Rn. 15, 17). Als Anwendungsfälle für das **Ermöglichen** verbleibe insbes. die Untätigkeit des Schuldners, die einem Insolvenzgläubiger den Rechtserwerb ermögliche oder dessen Anfechtung erschwere, etwa wenn der Schuldner gegen den Ablauf der Ersitzungsfrist (§ 937 Abs. 1 BGB) keine Maßnahmen ergreife oder nichts unternehme, um die Verjährung einer Forderung zu hemmen (Jaeger/*Henckel* Rn. 16). Diese Kritik überzeugt nicht. Auch bei aktivem Tun ist die Anfechtbarkeit des Ermöglichens keineswegs überflüssig. Bei einem mehraktigen Vorgang ermöglicht bereits der erste Akt die Deckung (MüKoInsO/*Kayser* Rn. 13a) und ist daher schon in diesem Zeitpunkt die Anfechtbarkeit gegeben.

40 **b) Einzelfälle.** Ermöglicht wird eine Deckung insbes. durch ein **prozessuales Verhalten des Schuldners,** zB ein **Anerkenntnis** gem. § 307 ZPO (BT-Drs. 12/2443, 157), ein **gerichtliches Geständnis** nach § 288 ZPO (Uhlenbruck/*Ede/Hirte* Rn. 10), aber auch Unterlassungen iSv § 129 Abs. 2 wie das **Nichtvorbringen von (gegebenen) Angriffs- und Verteidigungsmittel** (insbes. das Nichtbestreiten unrichtiger Behauptungen und das Nichterheben von Einreden, vgl. BGHZ 162, 143 [154] = NZI 2005, 215 [218]) und die **Nichteinlegung von (Erfolg versprechenden) Rechtsbehelfen** wie Einspruch oder Berufung (HK-InsO/*Thole* Rn. 12; Kübler/Prütting/Bork/*Schoppmeyer* Rn. 37).

41 Außerdem erfasst sind **Schuldanerkenntnisse** oder **Schuldversprechen** in einer vollstreckbaren notariellen Urkunde gem. § 794 Abs. 1 Nr. 5 ZPO (HK-InsO/*Thole* Rn. 12). In Betracht kommen außerdem Fälle, in denen **Gläubiger oder Schuldner** den **Eintritt einer Bedingung** (§ 158 BGB) nicht verhindern oder die **Irrtumsanfechtung eines Verpflichtungsgeschäfts** (§§ 119, 123

BGB) unterlassen, so dass die vom Gläubiger erlangte Deckung kongruent wird (MüKoInsO/*Kayser* Rn. 15).

42 Darüber hinaus umfasst das Ermöglichen alle Konstruktionen, bei denen eine Rechtshandlung mit dem zumindest in Kauf genommenen Ziel vorgenommen wird, eine Deckung zu erreichen (Uhlenbruck/*Ede/Hirte* Rn. 10). Dementsprechend bildet die **Kündigung eines Darlehens,** die zur Aufrechenbarkeit führt, eine anfechtbare, die Befriedigung erst ermöglichende Rechtshandlung (BGHZ 181, 132 Rn. 14 = NZI 2009, 471 Rn. 14). Erbringt ein Werkunternehmer Leistungen, obwohl seine Werklohnforderung im Voraus an Gläubiger abgetreten ist, ermöglichen seine Leistungen deren Sicherung, indem sie die **abgetretene Forderung werthaltiger machen** (*Kirchhof* FS Uhlenbruck, 2000, 269 [277]; vgl. BGHZ 147, 28 [35] = NZI 2001, 537 [538]; vgl. auch → Rn. 20). Auch eine **Handlung des Gläubigers** kann seine Sicherung ermöglichen, etwa wenn er durch Inanspruchnahme der Geräte, der Baustoffe und des Personals seines insolvent gewordenen Partners einer Arge auf der Baustelle die Möglichkeit erhält, die Vergütungsforderungen mit seinen Ansprüchen aus der Auseinandersetzung der Gesellschaft zu verrechnen (OLG Frankfurt a. M. NZI 2006, 241 [242]; MüKoInsO/*Kayser* Rn. 14).

43 **c) Prozessuales.** Im Anfechtungsrechtsstreit wird die **Anfechtung des letzten, gewährenden Aktes** meist leichter sein, weil er eher in die kritische Zeit fällt als die Vorbereitungshandlung (MüKoInsO/*Kayser* Rn. 15). Im Einzelfall kann aber das Ermöglichen die einzige anfechtbare Rechtshandlung sein (MüKoInsO/*Kayser* Rn. 15). Ein Ermöglichen außerhalb des geschützten zeitlichen Bereichs kann dazu führen, dass die im kritischen Zeitraum erfolgte Deckung kongruent und damit nur unter erschwerten Voraussetzungen anfechtbar ist (HambK-InsO/*Rogge/Leptien* Rn. 10). Allerdings ist dann in Bezug auf das Ermöglichen eine Vorsatzanfechtung zu prüfen, je nachdem welche Rückschlüsse der Vorgang auf den Willen des Handelnden zulässt.

III. Anfechtung einer Deckung wegen Zahlungsunfähigkeit (§ 130 Abs. 1 S. 1 Nr. 1)

44 **1. Objektive Voraussetzungen. a) Zahlungsunfähigkeit des Schuldners.** Der Gesetzgeber hat nur den Insolvenzgrund der Zahlungsunfähigkeit als Anfechtungsgrund anerkannt, nicht denjenigen der **Überschuldung** (Jaeger/*Henckel* Rn. 111; MüKoInsO/*Kayser* Rn. 28c). Der Schuldner muss zur Zeit der Rechtshandlung (→ Rn. 52) zahlungsunfähig gewesen sein (BGH NZI 2007, 36 Rn. 11; 2007, 517 Rn. 23; 2011, 536 Rn. 13). Den – auch iRd Insolvenzanfechtungsrecht maßgeblichen (BGH NZI 2013, 932 Rn. 7) – **Begriff der Zahlungsunfähigkeit** beschreibt § 17 Abs. 2 (dazu → § 17 Rn. 4 ff.). Wie § 30 KO erfordert § 130 eine für die Verfahrenseröffnung **ursächliche** und bis zur Eröffnung **fortdauernde** Zahlungsunfähigkeit (HK-InsO/*Thole* Rn. 17; vgl. → § 17 Rn. 24 ff.). Drohende Zahlungsunfähigkeit stellt zwar beim Eigenantrag des Schuldners gem. § 18 einen Eröffnungsgrund dar, rechtfertigt aber ebenso wenig wie die Überschuldung (§ 19) die Anfechtung nach § 130 Abs. 1 S. 1 Nr. 1 (BGH NZI 2007, 517 Rn. 23; HK-InsO/*Thole* Rn. 18). Die aus der **Zahlungseinstellung** abzuleitende Vermutung des § 17 Abs. 2 S. 2 für Zahlungsunfähigkeit (→ § 17 Rn. 39) gilt auch iRd Insolvenzanfechtungsrechts (BGHZ 180, 63 Rn. 13 = NZI 2009, 228 Rn. 13). Deshalb ist im **Anfechtungsprozess** zur Feststellung der Zahlungsunfähigkeit zunächst die Zahlungseinstellung zu prüfen (BGH NZI 2007, 36 Rn. 12; 2007, 517 Rn. 27).

45 Eine **Zahlungseinstellung** kann aus einem einzelnen Anhaltspunkt von hinreichendem Aussagewert (BGH ZIP 2015, 1549 Rn. 9), aber auch aus einer

Gesamtschau mehrerer darauf hindeutender, in der Rspr. entwickelter **Beweisanzeichen** gefolgert werden (BGH NZI 2013, 932 Rn. 10). Sind derartige Indizien vorhanden, bedarf es einer darüber hinaus gehenden Darlegung und Feststellung der genauen Höhe der gegen den Schuldner bestehenden Verbindlichkeiten oder gar einer Unterdeckung von mindestens 10 % (→ Rn. 48) nicht. Es obliegt vielmehr dem Tatrichter, ausgehend von den festgestellten Indizien eine Gesamtabwägung vorzunehmen, ob eine Zahlungseinstellung gegeben ist (BGH NZI 2013, 932 Rn. 10). Dafür kann auch ein Vortrag ausreichend sein, der zwar in bestimmten Punkten lückenhaft ist, eine Ergänzung fehlender Tatsachen aber schon auf der Grundlage von Beweisanzeichen zulässt (BGH NZI 2011, 589 Rn. 13). Erhebliche Beweisanzeichen für eine Zahlungseinstellung können sein: die **jahrelange Nichtbegleichung von Sozialversicherungsbeiträgen** (BGH NZI 2011, 589 Rn. 15; NZI 2015, 717 Rn. 19 f.), die **Nichtzahlung** oder **schleppende Zahlung von Steuerforderungen** (BGH NZI 2011, 589 Rn. 16), das von anderen **betriebsnotwendigen fortlaufenden Verbindlichkeiten** wie Löhnen und Mieten (BGH ZIP 2015, 1549 Rn. 9) **ständige Vorsichherschieben eines Forderungsrückstandes** (BGH NZI 2013, 932 Rn. 13), mehrfache vergebliche **Vollstreckungsversuche** (BGH NZI 2011, 589 Rn. 16 f.), die **Nichteinlösung eines** vom Schuldner hingegebenen **Schecks** mangels Deckung (BGH NZI 2011, 589 Rn. 17), die **Rückgabe von Lastschriften** (BGH NZI 2013, 140 Rn. 44; weniger weitgehend BGH ZInsO 2010, 1598 Rn. 10), die **Erklärung des Schuldners,** eine fällige Verbindlichkeit nicht begleichen zu können (BGH NZI 2008, 231 Rn. 21), der **Abschluss einer Ratenzahlungsvereinbarung** des Schuldners mit dem Finanzamt, falls der Schuldner erkennbar zur pünktlichen Zahlung nicht in der Lage ist (BGH NZI 2011, 589 Rn. 17; 2014, 863 Rn. 28; 2015, 470 Rn. 3 mAnm *Ganter* NZI 2015, 471).

46 Falls sich eine Zahlungseinstellung nicht feststellen lässt, ist die **Zahlungsunfähigkeit** zu prüfen (BGH NZI 2007, 36 Rn. 27). Zur Feststellung der Zahlungsunfähigkeit sind im Rahmen einer **Liquiditätsbilanz** die im maßgeblichen Zeitpunkt (§ 140) verfügbaren und innerhalb von drei Wochen flüssig zu machenden Mittel in Beziehung zu setzen zu den fälligen und eingeforderten Verbindlichkeiten (BGHZ 163, 134 [138] = NZI 2005, 547; BGH NZI 2009, 471 Rn. 37 [insoweit in BGHZ 181, 132 nicht abgedruckt]). Ob auch die innerhalb dieser Frist fällig werdenden Verbindlichkeiten zu berücksichtigen sind oder ob der Schuldner insoweit eine „**Bugwelle**" vor sich her schieben kann, ist umstr. (vgl. *Ganter* ZInsO 2011, 2297 ff.; *Baumert* NZI 2013, 919 ff. und iÜ → § 17 Rn. 27 ff.).

47 Nach § 271 BGB fällige Forderungen müssen, um fällig iSv § 17 Abs. 2 S. 1 zu sein, in der Regel zusätzlich **ernsthaft eingefordert** sein (BGHZ 173, 286 Rn. 18 = NZI 2007, 579 Rn. 18; 181, 132 Rn. 22 = NZI 2009, 471 Rn. 22; → § 17 Rn. 12 f.). Dafür genügt eine Gläubigerhandlung, aus der sich im Allgemeinen der Wille ergibt, vom Schuldner Erfüllung zu verlangen, zB die Übersendung einer Rechnung (BGHZ 173, 286 Rn. 19 = NZI 2007, 579 Rn. 18; 181, 132 Rn. 22 = NZI 2009, 471 Rn. 22; BGH NZI 2013, 140 Rn. 26). Eine **kalendermäßige Fälligkeit** der Forderung macht ein weiteres Zahlungsverlangen entbehrlich (BGHZ 181, 132 Rn. 26 = NZI 2009, 471 Rn. 26). Einer Gläubigerhandlung bedarf es auch dann nicht, wenn der Schuldner eine Forderung durch Kündigung fällig stellt und dem Gläubiger alsbaldige Erfüllung zusagt und damit – ähnlich einer Selbstmahnung – eine Zahlungsaufforderung des Gläubigers vorwegnimmt (BGHZ 181, 132 Rn. 24 = NZI 2009, 471 Rn. 24; HK-InsO/*Thole* Rn. 16). Hingegen fehlt es an einem ernsthaften Einfordern, wenn der Gläubiger – über die Fälle der rechtlich bindenden Stundung hinaus – die Forderung rein tatsächlich zurückstellt (BGHZ 173, 286 Rn. 15 = NZI 2007, 579 Rn. 15; 181, 132 Rn. 22 = NZI 2009, 471 Rn. 22), zB wenn der Gläubiger

erklärt, er sei je nach den finanziellen Möglichkeiten des Schuldners auch mit einer nachrangigen Befriedigung einverstanden (BGHZ 173, 286 Rn. 20 = NZI 2007, 579 Rn. 20).

Aus welchen Quellen die Einnahmen des Schuldners stammen, ist ohne Bedeutung. Unerheblich ist, ob sich der Schuldner die Zahlungsmittel auf redliche oder unredliche Weise beschafft hat, weshalb selbst aus Straftaten herrührende **illegale Einkünfte** als liquide Mittel anzusehen sind (BGHZ 181, 132 Rn. 19 = NZI 2009, 471 Rn. 19). **48**

Auch die Zahlungsunfähigkeit kann an Hand von **Indizien** festgestellt werden (→ § 17 Rn. 47). Sie sind im Wesentlichen identisch mit denen für die Zahlungseinstellung (→ § 17 Rn. 46). Weiter werden genannt: die **Nichtzahlung von Sozialversicherungsbeiträgen** und **Löhnen** über einen Zeitraum von mehr als drei Wochen (BGH NZI 2007, 36 Rn. 24; 2008, 299 Rn. 20), die Nichtzahlung einer erheblichen **Steuerschuld** bis zur Eröffnung des Insolvenzverfahrens (BGH NZI 2007, 515 Rn. 22). Daran ändert eine gleichzeitig geäußerte Stundungsbitte nichts; dies kann vielmehr gerade auf die Nachhaltigkeit der Liquiditätskrise hindeuten (BGH NZI 2008, 231 Rn. 21). **49**

Die Zahlungsunfähigkeit muss von der bloßen **Zahlungsstockung** abgegrenzt werden (→ § 17 Rn. 24 ff.). Eine bloße Zahlungsstockung ist anzunehmen, wenn der Zeitraum nicht überschritten wird, den eine kreditwürdige Person benötigt, um sich die benötigten Mittel zu leihen. Dafür erscheinen drei Wochen erforderlich, aber auch ausreichend. Beträgt eine innerhalb von drei Wochen nicht zu beseitigende Liquiditätslücke des Schuldners weniger als 10 % seiner fälligen Gesamtverbindlichkeiten, ist regelmäßig von Zahlungsfähigkeit auszugehen, es sei denn, es ist bereits absehbar, daß die Lücke demnächst mehr als 10 % erreichen wird. Beträgt die Liquiditätslücke des Schuldners 10 % oder mehr, ist regelmäßig von Zahlungsunfähigkeit auszugehen, sofern nicht ausnahmsweise mit an Sicherheit grenzender Wahrscheinlichkeit zu erwarten ist, daß die Liquiditätslücke demnächst vollständig oder fast vollständig beseitigt werden wird und den Gläubigern ein Zuwarten nach den besonderen Umständen des Einzelfalls zuzumuten ist (BGHZ 163, 134 = NZI 2005, 547). **50**

Zur **Beseitigung einer einmal eingetretenen Zahlungseinstellung bzw. Zahlungsunfähigkeit** bedarf es der **Wiederaufnahme der Zahlungen,** und zwar der Zahlungen im Allgemeinen (→ § 17 Rn. 45), durch den Schuldner (zur Beweislast → Rn. 99). Die von der Muttergesellschaft dem Gläubiger ihrer Tochtergesellschaft erteilte konzernexterne harte **Patronatserklärung** verwandelt sich in der Insolvenz der Schuldnerin in eine Pflicht zur Direktzahlung an diesen, schafft aber keine eigenen Ansprüche der Tochtergesellschaft gegen die Muttergesellschaft (BGH NZI 2011, 536 Rn. 20). In einem solchen Fall kommt eine Beseitigung der Zahlungsunfähigkeit erst in Betracht, wenn die Muttergesellschaft ihre gegenüber dem Gläubiger eingegangenen Verpflichtungen durch eine Liquiditätsausstattung der Tochtergesellschaft tatsächlich erfüllt (BGH NZI 2011, 536 Rn. 22) und die Schuldnerin die Zahlungen allg. wieder aufnimmt. Mit Hilfe einer konzerninternen harten Patronatserklärung, durch die sich die Muttergesellschaft gegenüber ihrer Tochtergesellschaft verpflichtet, dieser die zur Erfüllung ihrer jeweils fälligen Forderungen benötigten Mittel zur Verfügung zu stellen, kann die Zahlungsunfähigkeit der Tochtergesellschaft beseitigt werden, falls der Tochtergesellschaft ein ungehinderter Zugriff auf die Mittel eröffnet wird. Andernfalls setzt der Wegfall der Zahlungsunfähigkeit voraus, dass die Muttergesellschaft ihrer Ausstattungsverpflichtung tatsächlich nachkommt (BGH NZI 2011, 536 Rn. 21). **51**

b) Zur Zeit der Handlung. Der Zeitpunkt der Vornahme der Handlung ist nach **§ 140** zu bestimmen (→ § 140 Rn. 2 ff.). Die Rechtshandlung muss in **52**

einem Zeitpunkt vorgenommen worden sein, in dem der Schuldner bereits zahlungsunfähig war (BGH NZI 2007, 36 Rn. 11; 2007, 517 Rn. 24–27).

53 **c) Drei-Monats-Frist.** Anfechtbar sind nach dem Wortlaut des § 130 Abs. 1 S. 1 Nr. 1 Rechtshandlungen, die in den letzten drei Monaten vor dem **Eröffnungsantrag** vorgenommen wurden. Das Gesetz knüpft – im Unterschied zu § 33 KO (HK-InsO/*Thole* Rn. 20) – aus Gründen der Rechtssicherheit allein an den Eröffnungsantrag und nicht an die Eröffnung an, weil andernfalls die Anfechtung bei sich lange hinziehenden Eröffnungsverfahren vereitelt werden könnte. Von einer weiteren Ausdehnung des geschützten Zeitraums war nach den Gesetzesmaterialien bewusst abgesehen worden, weil die Anknüpfung an den Eröffnungsantrag den Vorteil der einfacheren Feststellbarkeit bietet (BT-Drs. 12/2443, 157 f.).

54 Die zeitliche Beschränkung des Anwendungsbereichs der besonderen Insolvenzanfechtung ist aus Gründen der Rechtssicherheit erfolgt (BT-Drs. 12/2443, 157 f.). Außerhalb des geschützten Zeitraums gilt das **Prioritätsprinzip,** dh der einzelne Gläubiger unterliegt bei der Verfolgung seiner Rechte gegen den Schuldner grds. keinen vom Insolvenzanfechtungsrecht ausgehenden Beschränkungen (BGHZ 162, 143 [148 f.] = NZI 2005, 215 [216]; BAG NZI 2014, 372 Rn. 81). Das gilt selbst dann, wenn der Gläubiger ahnt oder weiß, dass das Vermögen des Schuldners nicht mehr ausreicht, alle Gläubiger zu befriedigen. Diese bewusste zeitliche Einschränkung des Vorrangs der Gläubigergleichbehandlung in den Tatbeständen der besonderen Insolvenzanfechtung hat der Rechtsanwender hinzunehmen (BGHZ 162, 143 [150] = NZI 2005, 215 [216]).

55 Die Frist wird nach **§ 139** berechnet (→ § 139 Rn. 4 ff.). Das gilt bei einheitlicher Insolvenz auch für § 139 Abs. 2 S. 2 (BGH NZI 2008, 184 Rn. 10 f.; 2008, 366 Rn. 8).

56 Eine **nach dem Eröffnungsantrag** vorgenommene Rechtshandlung ist ebenfalls nach § 130 Abs. 1 S. 1 Nr. 1 anfechtbar, wenn der Schuldner zur Zeit der Handlung zahlungsunfähig war (MüKoInsO/*Kayser* Rn. 59; HK-InsO/*Thole* Rn. 21). Dies ergibt sich, obgleich in der Vorschrift wörtlich nur Rechtshandlungen vor dem Antrag genannt sind, mittelbar aus § 130 Abs. 1 S. 1 Nr. 2, soweit dort auf die Kenntnis des Gläubigers von der Zahlungsunfähigkeit abgestellt wird (HK-InsO/*Thole* Rn. 21). Für die Anwendung auf solche nach dem Antrag vorgenommenen Rechtshandlungen spricht auch die Entstehungsgeschichte der Bestimmung (dazu HK-InsO/*Thole* Rn. 21).

57 **2. Subjektive Voraussetzungen.** Kongruente Deckungen innerhalb der kritischen Zeit sind gem. § 130 Abs. 1 nur anfechtbar, wenn **auf Seiten des Insolvenzgläubigers** bestimmte subjektive Voraussetzungen vorliegen. Bei einer innerhalb von drei Monaten vor Antragstellung vorgenommenen Rechtshandlung muss der Gläubiger die bestehende Zahlungsunfähigkeit des Schuldners gekannt haben (§ 130 Abs. 1 S. 1 Nr. 1, dazu sogleich). Bei einer Rechtshandlung nach Antragstellung muss die Kenntnis des Insolvenzgläubigers von der Zahlungsfähigkeit des Schuldners oder vom gegen diesen gestellten Eröffnungsantrag gegeben sein (§ 130 Abs. 1 S. 1 Nr. 2, → Rn. 79 ff.).

58 **a) Kenntnis von der Zahlungsunfähigkeit.** Kenntnis der Zahlungsunfähigkeit bedeutet positives, dh im Allgemeinen ein für sicher gehaltenes Wissen (BGHZ 180, 63 Rn. 13 = NZI 2009, 228 Rn. 13; NZI 2008, 366 Rn. 14; *Gehrlein* FS Ganter, 2010, 169 [171]) in Bezug auf eine **tatsächlich bereits eingetretene Zahlungsunfähigkeit;** die bloße Vermutung oder billigende Inkaufnahme einer (noch nicht eingetretenen) Zahlungsunfähigkeit genügt nicht (BGH NZI 2011, 536 Rn. 25). Jede Kenntnis kann sich nur auf ein bereits verwirklichtes Ereignis beziehen (*Gehrlein* WM 2012, 965 [968]). Die Kenntnis

muss im Zeitpunkt der Vornahme der Rechtshandlung (§ 140) vorhanden sein, eine spätere, dh der Rechtshandlung nachfolgende Kenntnis rechtfertigt die Anfechtung nicht (BGH NZI 2011, 536 Rn. 15).

Der Gläubiger kennt die Zahlungsunfähigkeit bzw. Zahlungseinstellung als **komplexe Rechtsbegriffe** nur, wenn er die Liquidität oder das Zahlungsverhalten des Schuldners wenigstens **laienhaft bewerten** kann (BGHZ 180, 63 Rn. 13 = NZI 2009, 228 Rn. 13). Vorausgesetzt wird demgemäß, dass der Insolvenzgläubiger die tatsächlichen Umstände kennt, aus denen bei zutreffender rechtlicher Bewertung die Zahlungsunfähigkeit zweifelsfrei folgt. Dann vermag er sich nicht mit Erfolg darauf zu berufen, dass er den an sich zwingenden Schluss von den Tatsachen auf den Rechtsbegriff selbst nicht gezogen habe (BGHZ 180, 63 Rn. 13 = NZI 2009, 228 Rn. 13; *Gehrlein* FS Ganter, 2010, 169 [175 f.]). Eine genaue Kenntnis der rechtlichen Zusammenhänge ist somit nicht erforderlich (HK-InsO/*Thole* Rn. 25). 59

Kenntnis von der Zahlungsunfähigkeit ist anzunehmen, wenn der Gläubiger aus den ihm bekannten Tatsachen und dem Verhalten des Schuldners bei **natürlicher Betrachtungsweise** den zutreffenden Schluss zieht, dass der Schuldner wesentliche Teile, dh grds. 10 % und mehr – seiner ernsthaft eingeforderten Verbindlichkeiten im Zeitraum der nächsten zwei bis drei Wochen nicht wird tilgen können (BGH NZI 2010, 985 Rn. 46). Kennt der Gläubiger die Tatsachen, aus denen sich die Zahlungseinstellung ergibt, kennt er damit auch die Zahlungsunfähigkeit (BGH NZI 2013, 932 Rn. 17). Kenntnis von der Zahlungseinstellung hat der Gläubiger insbes. dann, wenn er beim Leistungsempfang seine Ansprüche ernsthaft eingefordert hat, diese verhältnismäßig hoch sind und er weiß, dass der Schuldner nicht in der Lage ist, die Forderung zu erfüllen (BGH NJW 1998, 607 [608]; 1998, 1318 [1320] [insoweit in BGHZ 138, 40 [48] nicht abgedruckt]). Diese Rspr. ist für die Zahlungsunfähigkeit zu übernehmen (HK-InsO/*Thole* Rn. 25). Erforderlich ist auch im Blick auf die Kenntnis der auf Grund der Zahlungseinstellung vermuteten Zahlungsunfähigkeit eine Gesamtwürdigung sämtlicher Umstände, sofern aus ihnen ein zwingender Schluss auf die Kenntnis folgt (BGH NZI 2013, 932 Rn. 17). 60

b) Kenntnis von Umständen (§ 130 Abs. 2). Den Beweis der Kenntnis der Zahlungsunfähigkeit oder des Eröffnungsantrags soll § 130 Abs. 2 erleichtern, indem die Vorschrift die Kenntnis von Umständen ausreichen lässt, die zwingend auf die Zahlungsunfähigkeit oder den Eröffnungsantrag schließen lassen. Hierbei ist ein **strenger Maßstab** anzulegen, dh es muss sich um tatsächliche Umstände handeln, aus denen bei zutreffender rechtlicher Bewertung die Zahlungsunfähigkeit (oder der Eröffnungsantrag) zweifelsfrei folgt (BGHZ 149, 178 [185] = NZI 2002, 91 [93]). § 130 Abs. 2 begründet eine **unwiderlegliche Rechtsvermutung** (*Huber* ZInsO 2012, 53 [54]; HK-InsO/*Thole* Rn. 29). Für die Kenntnis von der Zahlungseinstellung/Zahlungsunfähigkeit stellen sich die bereits für das objektive Vorliegen herangezogenen Umstände (→ Rn. 45, 49) als **doppelt-relevante Indiztatsachen** dar (*Huber* ZInsO 2012, 53 [55]). 61

Als **(doppelt-relevante) Indiztatsachen** kommen insbes. in Betracht: Halbjährige Nichtabführung von Sozialversicherungsbeiträgen (BGHZ 149, 178 [187] = NZI 2002, 91 [93]); Beitragsrückstand von vier Monaten, wenn der Schuldner den Insolvenzgläubiger vor dem Insolvenzantrag mehrfach vertröstet hat, ohne die Rückstände auszugleichen und diese trotz zwischenzeitlich gestellten Insolvenzantrags weiter anwachsen (BGHZ 149, 178 [187] = NZI 2002, 91 [93 f.]). Die Kenntnis des **Sanierungsberaters,** der umfassend Einblick in die wirtschaftliche Situation des Schuldners erhält, ist anzunehmen, wenn das Scheitern der Sanierung und damit die Zahlungsunfähigkeit des Schuldners feststeht (BGH NZI 2002, 602 [603]; *Mock* ZIP 2014, 445 [450]). 62

63 Diese Rspr. des BGH betrifft allerdings nur **institutionelle Gläubiger** oder solche mit **„Insiderkenntnissen“.** Letztere sind bei einem Arbeitnehmer, der weder in der Finanzbuchhaltung des Unternehmens eingesetzt ist noch Leitungsaufgaben im kaufmännischen Bereich wahrzunehmen hat, in aller Regel begrenzt (BGHZ 180, 63 Rn. 17 = NZI 2009, 228 Rn. 17). Weiß ein **Arbeitnehmer,** dem der Arbeitgeber in der Krise noch Zahlungen auf rückständige Lohnforderungen erbringt, dass der Arbeitgeber außerdem noch anderen Arbeitnehmern Lohn schuldig ist, rechtfertigt allein diese Kenntnis nicht den Schluss auf die Zahlungsunfähigkeit oder Zahlungseinstellung des Arbeitgebers (BGHZ 180, 63 Rn. 18 = NZI 2009, 228 Rn. 18). Ist der Gläubiger ein Arbeitnehmer des Schuldners **ohne Einblick** in die Liquiditäts- oder Zahlungslage des Unternehmens, trifft ihn in der ihm bekannten Krise insoweit **keine Erkundigungspflicht** (BGHZ 180, 63 Rn. 22 = NZI 2009, 228 Rn. 22). Wer als außenstehender Gläubiger ohne Einblick in die Geschäftsunterlagen und das Zahlungsverhalten des Schuldners gegenüber anderen Gläubigern nur damit rechnen muss, dass auf Grund der gewerblichen Tätigkeit des Schuldners weitere Gläubiger mit offenen Forderungen vorhanden sind, hat noch keine Kenntnis von der Zahlungsunfähigkeit (BGH ZIP 2015, 1549 Rn. 11). Das bloße Ausbleiben der Tilgung einer Forderung begründet noch nicht die Kenntnis des Gläubigers von der Zahlungseinstellung bzw. Zahlungsunfähigkeit (BGH ZIP 2015, 1549 Rn. 10). Auch wenn der Schuldner eine geringfügige Verbindlichkeit (in casu rund 1200 EUR) erst nach mehreren Mahnungen begleicht, muss nicht auf die Kenntnis des Gläubigers von der Zahlungsunfähigkeit geschlossen werden (BGH ZIP 2015, 1549 Rn. 10). Die **Bitte des Schuldners auf Abschluss einer Ratenzahlungsvereinbarung** stellt als solche kein Inditz für eine Zahlungseinstellung oder Zahlungsunfähigkeit dar, wenn sie sich im Rahmen der Gepflogenheiten des Geschäftsverkehrs hält (BGH NZI 2015, 470 Rn. 3 mAnm Ganter NZI 2015, 471; ZIP 2015, 1549 Rn. 10).

64 **c) Wegfall der Kenntnis.** Eine bereits vor der angefochtenen Rechtshandlung gegebene Kenntnis des Anfechtungsgegners von der Zahlungsunfähigkeit des Schuldners entfällt, wenn er **auf Grund neuer, objektiv geeigneter Tatsachen** – nicht eines bloßen „Gesinnungswandels“ – zu der Ansicht gelangt, der Schuldner sei möglicherweise wieder zahlungsfähig (BGH NZI 2008, 366 Rn. 13; 2011, 536 Rn. 15).

65 Wird ein Erfolg versprechender **Sanierungsversuch** unternommen, der bereits zu umfangreichen Forderungsverzichten seitens der Gläubiger und zur Zurücknahme eines bereits gestellten Insolvenzantrags geführt hat, kann ein Wegfall der Kenntnis zu bejahen sein (BGH NZI 2008, 366 Rn. 21).

66 Falls zunächst Umstände vorlagen, auf Grund derer gem. § 130 Abs. 2 zwingend auf die Kenntnis von der Zahlungsunfähigkeit zu schließen war, dürfen **zunächst** diese Umstände nicht mehr gegeben sein; andernfalls kommt ein Wegfall der Kenntnis von vorneherein nicht in Betracht (BGH NZI 2008, 366 Rn. 17; 2010, 985 Rn. 48; 2011, 536 Rn. 15). Der Fortfall der die unwiderlegliche Vermutung nach § 130 Abs. 2 begründenden Umstände bewirkt jedoch nicht zwingend den Verlust der Kenntnis, weshalb **in einem zweiten Schritt** auf Grund aller von den Parteien vorgetragenen Umstände des Einzelfalls tatrichterlich zu würdigen ist (§ 286 ZPO), ob eine Kenntnis der Zahlungsunfähigkeit bei Vornahme der Rechtshandlung iSv § 140 nicht mehr bestanden hat (BGH NZI 2008, 366 Rn. 17; 2011, 536 Rn. 15).

67 Eine bloße (harte) **Patronatserklärung** eines Dritten, die dem begünstigten Schuldner keinen eigenen Anspruch gegen den Patron verschafft, beseitigt weder die Zahlungsunfähigkeit (→ Rn. 49) noch die Kenntnis von Umständen, die zwingend auf die Zahlungsunfähigkeit schließen lassen (BGH NZI 2011, 536 Rn. 16–23; vgl. auch NZI 2010, 985 Rn. 48).

68 **d) Zurechnungsfragen.** In Bezug auf die Kenntnis von der Zahlungsunfähigkeit (§ 130 Abs. 1 S. 1 Nr. 1) und des Insolvenzantrags (§ 130 Abs. 1 S. 1 Nr. 2) folgt die Wissenszurechnung den gleichen Grundsätzen (*Bork* DB 2012, 33 [39 f.]). Hinsichtlich des Gläubigerbenachteiligungsvorsatzes (vgl. → § 133 Rn. 70 ff.) oder der drohenden Zahlungsunfähigkeit (vgl. → § 133 Rn. 83) gilt dasselbe.

69 Der Kenntnis des Gläubigers steht gem. § 166 Abs. 1 BGB gleich die Kenntnis seines **Vertreters,** auch eines Empfangsbevollmächtigten als Wissensvertreters (BGH NZI 2009, 384 Rn. 3), der die Rechtshandlung vorgenommen hat. Das gilt auch für die Kenntnis eines **vollmachtlosen Vertreters,** wenn der Gläubiger dessen Handeln nachträglich genehmigt (HK-InsO/*Thole* Rn. 25). Das Wissen des **gesetzlichen Vertreters** ist einer nicht geschäftsfähigen bzw. beschränkt geschäftsfähigen natürlichen Person zuzurechnen (BGHZ 38, 65 [66 f.] = WM 1962, 1239). Bei **Gesamtvertretung** genügt die Kenntnis eines Vertreters (BGH NJW 1988, 1199 [1200]; HK-InsO/*Thole* Rn. 26). Ein vom Gläubiger mit der Durchsetzung einer Forderung gegen den späteren Insolvenzschuldner beauftragter **Rechtsanwalt** ist Wissensvertreter des Gläubigers, soweit er sein Wissen aus allg. zugänglichen Quellen erlangt oder es über seine Internetseite selbst verbreitet hat (BGH NZI 2013, 133 Rn. 26 f.). Das Wissen seines **Prozessbevollmächtigten** ist dem Gläubiger nur insoweit zuzurechnen, als es innerhalb des erteilten Auftrags erlangt wurde (BGH NJW 1991, 980 [981]; OLG Köln OLGR 2004, 317 [320]; ZInsO 2011, 1701 [1705]; HK-InsO/*Thole* Rn. 26).

70 Handelt es sich beim Gläubiger um eine **juristische Person,** so kommt es auf die Kenntnis des **Vertretungsorgans** oder eines seiner Mitglieder an, auch wenn dieses die Rechtshandlung nicht vorgenommen hat (BGH NJW-RR 1986, 848 [849]; HK-InsO/*Thole* Rn. 26). Darüber hinaus ist die Kenntnis sonstiger Vertreter zuzurechnen, zB eines **Filialdirektors** oder eines **Prokuristen** (BGH NJW 1984, 1953 [1954]), eines für die Abwicklung eines Kreditgeschäfts auch im Außenverhältnis zuständigen **Sachbearbeiters** (BGH NJW 1995, 2103 [2105]) und eines **Kassierers,** der von einem Vertreter unterbevollmächtigt ist, vom Schuldner Bargeld als Besitzdiener an sich zu nehmen und die zur Eigentumsübertragung erforderlichen Erklärungen abzugeben (BGH NJW 1984, 1953 [1954]).

71 Die Kenntnis des **Testamentsvollstreckers** ist dem Erben bzw. den Miterben zuzurechnen (HK-InsO/*Thole* Rn. 26). Hat ein **Insolvenzverwalter** etwas für das von ihm verwaltete Vermögen erlangt, ist für eine Anfechtbarkeit die Kenntnis des handelnden Verwalters maßgebend (HambK-InsO/*Rogge/Leptien* Rn. 37).

72 Der **Gerichtsvollzieher** als Organ der Rechtspflege ist bei der Vollstreckung weder Interessen- noch Wissensvertreter des Gläubigers (RGZ 90, 193 [195]; LG Hamburg ZInsO 2009, 1113; HK-InsO/*Thole* Rn. 26). Gleiches gilt für den **Vollziehungsbeamten** einer durch ihre eigenen Organe vollstreckenden Körperschaft des öffentlichen Rechts (LG Oldenburg MDR 1951, 683; OLG München NJW-RR 1993, 106); zuzurechnen ist jedoch die Kenntnis des jeweiligen **Vollstreckungssachbearbeiters** (OLG München NJW-RR 1993, 106 [107]; FK-InsO/*Dauernheim* Rn. 54; Jaeger/*Henckel* Rn. 139).

73 Der **Finanzbehörde** wird eine Tatsache bekannt, wenn der Vorsteher, der Sachgebietsleiter oder der Sachbearbeiter positive Kenntnis erlangt (BFHE 185, 370). Bekannt sind der zuständigen Dienststelle darüber hinaus – ohne dass es auf die individuelle Kenntnis ankommt – neben dem **Akteninhalt** sämtliche Informationen, die dem Sachbearbeiter von vorgesetzten Dienststellen über ein **elektronisches Informationssystem** zur Verfügung gestellt werden (BFHE 232, 5). Das Wissen eines Außenprüfers, der nicht selbst Steuern festsetzt, führt nicht zu eigenen Kenntnissen der Veranlagungsstelle (BFH/NV 1992, 221). Zwischen **Dienststellen derselben Behörde,** die organisatorisch, personell und nach ihren sachlichen Aufgaben getrennt arbeiten, sind aktenkundige Tatsachen nur dann zuzurechnen, wenn ein sachlich begründeter Anlass bestanden hat, diese Tatsachen

einander mitzuteilen (OLG Nürnberg WM 2012, 1922 [1923] [rechtskräftig]). Kenntnisse der Umsatz- und Einkommensteuerstelle eines Finanzamts sind einer organisatorisch, sachlich und personell getrennten Sondervollstreckungsstelle für Kraftfahrzeugsteuer desselben Finanzamts nicht zuzurechnen (OLG Nürnberg WM 2012, 1922 [1923]). Die **Einzugsstelle** für die Abführung der Versicherungsbeiträge von freiwilligen Mitgliedern der gesetzlichen Kranken- und Pflegeversicherung durch den Arbeitgeber muss sich nicht die Kenntnisse des Vollziehungsbeamten des Hauptzollamts entsprechend § 166 Abs. 1 BGB zurechnen lassen (BGH NZS 2012, 581).

74 Ein **Bundesland** muss sich nicht grds. das Wissen aller seiner Behörden zurechnen lassen. Im Grundsatz kommt es vielmehr auf das Wissen des jeweils zuständigen Bediensteten der zuständigen Behörde an (BGHZ 134, 343 [346] = NJW 1997, 1584; BGHZ 190, 201 Rn. 16 = NZI 2012, 684 Rn. 16). Im rechtsgeschäftlichen Verkehr darf sich eine organisationsbedingte „Wissensaufspaltung" zwar nicht zu Lasten des Geschäftspartners auswirken; dies gilt aber zunächst nur für die nach außen auftretende Organisationseinheit, also das Amt oder die Behörde; eine Wissenszurechnung zwischen **verschiedenen Behörden** ist danach von weiteren Voraussetzungen abhängig, auch wenn sie demselben Rechtsträger angehören (BGHZ 190, 201 Rn. 16 = NZI 2012, 684 Rn. 16). Nutzt eine Behörde bei ihrer Tätigkeit in Zusammenarbeit mit anderen Behörden gezielt deren Wissen zum Vorteil des gemeinsamen Rechtsträgers bei der Abwicklung eines konkreten Vertrags, besteht insoweit auch eine behördenübergreifende Pflicht, sich gegenseitig über alle hierfür relevanten Umstände zu informieren. Hinsichtlich der Abwicklung dieses Vertrags wird faktisch eine **aufgabenbezogene neue Handlungs- und Informationseinheit** gebildet; innerhalb dieser Einheit muss sichergestellt werden, dass alle bekannten oder zugehenden rechtserheblichen Informationen unverzüglich an die entscheidenden Personen der Handlungseinheit in den anderen Behörden weitergeleitet und von diesen zur Kenntnis genommen werden (BGHZ 190, 201 Rn. 19 = NZI 2012, 684 Rn. 19).

IV. Anfechtung einer Deckung nach Antragstellung (§ 130 Abs. 1 S. 1 Nr. 2)

75 **1. Objektive Voraussetzungen.** Im **Unterschied zu § 130 Abs. 1 S. 1 Nr. 1** braucht bei Nr. 2 im Zeitpunkt der Vornahme der Rechtshandlung keine Zahlungsunfähigkeit gegeben gewesen zu sein; denn die objektive Voraussetzung „wenn zur Zeit der Handlung der Schuldner zahlungsunfähig war" in Nr. 1 wiederholt das Gesetz in Nr. 2 nicht (HK-InsO/*Thole* Rn. 22). Die Warnfunktion des Insolvenzantrags rechtfertigt es, einen Gläubiger, der nach Antragstellung Deckung erlangt, mit einer Anfechtung zu belasten (Ahrens/Gehrlein/Ringstmeier/*Gehrlein* Rn. 28).

76 **a) Zeitpunkt des Antrags.** Maßgeblich für die Anwendbarkeit von § 130 Abs. 1 S. 1 Nr. 2 ist der **Zeitraum zwischen Eröffnungsantrag und Eröffnung des Insolvenzverfahrens** (BGH NZI 2011, 17 Rn. 7). Der objektive Tatbestand setzt eine in diesem Zeitraum vorgenommene (§ 140) Rechtshandlung voraus, die einem Insolvenzgläubiger (→ Rn. 24 ff.) eine Sicherung (→ Rn. 11 ff.) oder Befriedigung (→ Rn. 14) gewährt oder ermöglicht (→ Rn. 38 ff.).

77 Hat zB die Schuldnerin vor Insolvenzantragstellung eine **Belastungsbuchung genehmigt,** so kommt bei Vorliegen einer kongruenten Deckung keine Anfechtung nach § 130 Abs. 1 S. 1 Nr. 2, sondern nur eine solche nach § 130 Abs. 1 S. 1 Nr. 1 in Betracht (BGH NZI 2011, 17 Rn. 7). Allerdings greift § 130 Abs. 1 S. 1 Nr. 2 in den Fällen ein, in denen Rechtshandlungen des späteren Insolvenzschuldners angefochten werden, denen der **vorläufige Insolvenzverwalter** zugestimmt hat (BGH NZI 2011, 17 Rn. 11; vgl. aber BGH NZI 2013, 298 Rn. 19 ff.). IRd **Vorfinanzierung von Insolvenzgeld** vom vorläufigen Insolvenzverwalter an eine Rentenversicherungsanstalt gezahlte Sozialversicherungsbeiträge unterliegen auch dann der Insolvenzanfechtung nach dieser Vorschrift, wenn die Anfechtung bzw. die Rückforderung bei der Zahlung nicht ausdrücklich vorbehalten wurde (OLG Saarbrücken NZI 2014, 804 m. zust. Anm. *Seagon* NZI 2014, 796 ff.). Fallen Eröffnungsantrag und Eröffnung auf denselben Tag, muss die genaue Uhrzeit verglichen werden; eine **Wahlfeststellung** zwischen § 130 Abs. 1 S. 1 Nr. 1 und 2 ist zulässig, falls sich der exakte Zeitpunkt der Rechtshandlung nicht mehr aufklären lässt (MüKoInsO/*Kayser* Rn. 52).

b) Maßgeblicher Antrag. Maßgeblich ist der **erste zulässige und begründete Antrag** (zu dessen Erfordernissen vgl. → § 13 Rn. 2 ff., 20 ff., § 17), auch wenn er mangels Masse nicht zur Eröffnung des Verfahrens geführt, der Insolvenzgrund aber bis zu der auf einen späteren Antrag beruhenden Eröffnung fortbestanden hat (BGH NZI 2008, 184 f. Rn. 11; 2008, 366 Rn. 8). Liegt eine **einheitliche Insolvenz** vor, kommt es auch dann auf den ersten Insolvenzantrag an, wenn zwischen diesem und dem zur Verfahrenseröffnung führenden Antrag ein Zeitraum von mehreren Jahren vergangen ist (BGH NZI 2008, 363 Rn. 6: gut drei Jahre). Ist hingegen nach Abweisung eines Antrags mangels zureichender Masse (§ 26) der Insolvenzgrund behoben worden und später erneut eingetreten, kann der erste Antrag nicht mehr ausschlaggebend sein (BGH NZI 2008, 184 [185]). 78

2. Subjektive Voraussetzungen. a) Kenntnis von der Zahlungsunfähigkeit. Hinsichtlich der Kenntnis von der Zahlungsunfähigkeit wird auf die Anmerkungen zu § 130 Abs. 1 S. 1 Nr. 1 verwiesen (→ Rn. 58 ff.). 79

b) Kenntnis von dem Antrag. Bei Kenntnis vom Eröffungsantrag kommt es auf die Frage der Kenntnis von der Zahlungsunfähigkeit nicht an (Graf-Schlicker/*Huber* Rn. 21). Kenntnis von dem Antrag erfordert das für sicher gehaltene Wissen des Gläubigers, dass eine als Eröffnungsantrag gem. § 13 zu wertende Erklärung beim Insolvenzgericht eingegangen ist. Das Wissen, dass ein Antragsberechtigter zurzeit der Rechtshandlung einen Eröffnungsantrag zum Gericht bringt, genügt noch nicht (MüKoInsO/*Kayser* Rn. 54). Ist ein **einzelner Antrag** gestellt, braucht dieser in den Zeitpunkten der Antragstellung und der Rechtshandlung nicht zulässig und begründet gewesen zu sein; entscheidend ist, dass dieser Antrag später zur Eröffnung geführt hat (MüKoInsO/*Kayser* Rn. 54). Sind **mehrere Eröffnungsanträge** gestellt, reicht entsprechend § 139 Abs. 2 die Kenntnis eines einzigen, der die Eröffnungsvoraussetzungen erfüllt, auch wenn die Verfahrenseröffnung letztlich auf einen anderen Antrag gestützt wird (MüKoInsO/*Kayser* Rn. 54). 80

Der Gläubiger braucht die Zulässigkeit und Begründetheit des Antrags nicht zu kennen. Deshalb kommt es nicht darauf an, ob er den Antrag ernst genommen oder für unbegründet gehalten hat. Nimmt er – objektiv unbegründet – an, der Antrag sei inzwischen erledigt, hilft ihm dies regelmäßig nicht (MüKoInsO/*Kayser* Rn. 54; Ahrens/Gehrlein/Ringstmeier/*Gehrlein* Rn. 29). Der maßgebliche Antrag (→ Rn. 78) ist dem Gläubiger allerdings bekannt, wenn er ihn selbst gestellt hat (BGHZ NZI 2000, 19). IÜ kann sich in einem solchen Fall regelmäßig nicht auf eine Unkenntnis von der – tatsächlich gegebenen – Zahlungsunfähigkeit berufen werden (BGH NZI 2000, 19 [20]; Uhlenbruck/*Ede/Hirte* Rn. 64). Auf Grund dieser Rechtslage sind **Zahlungen des Schuldners an einen antragstellenden Gläubiger** ohne Weiteres anfechtbar, wenn das Verfahren später, und sei es auf Grund eines anderen Antrags, eröffnet wird und der Antrag des begünstigten Gläubigers nicht zurückgenommen, für erledigt erklärt oder zurückgewie- 81 sen wird oder sich sonst als ungerechtfertigt erweist (MüKoInsO/*Kayser* Rn. 55). Das gilt im Grundsatz auch für **Zahlungen des vorläufigen Insolvenzverwalters** auf Insolvenzforderungen (MüKoInsO/*Kayser* Rn. 55).

82 Allein aus der **öffentlichen Bekanntmachung** der Bestellung eines vorläufigen Insolvenzverwalters ergibt sich hingegen nicht die Kenntnis des Anfechtungsgegners vom Eröffnungsantrag gegen den Schuldner (BGH NZI 2011, 18 Rn. 21 ff.; 2011, 17 Rn. 14). Die Publizitätswirkung nach § 9 Abs. 1 S. 3, Abs. 3 beschränkt sich auf das Insolvenzverfahren; für eine nach materiellem (Insolvenzanfechtungs-)Recht verlangte Kenntnis stellt sich lediglich ein Indiz dar (BGH NZI 2011, 18 Rn. 22; MüKoInsO/*Ganter/Lohmann* § 9 Rn. 28a; *Bork* DB 2012, 33 [39]; a.A. LG Itzehoe ZInsO 2003, 809 [810]; *Wagner* ZIP 2011, 846 [849 g.]).

83 **c) Kenntnis von Umständen (§ 130 Abs. 2).** Der Kenntnis des Eröffnungsantrags steht nach § 130 Abs. 2 die Kenntnis von Umständen gleich, die zwingend auf einen solchen Antrag schließen lassen. Hat zB das Insolvenzgericht eine **Sicherungsmaßnahme iSv § 21** erlassen, ist zwingend der Schluss geboten, dass ein Eröffnungsantrag vorliegt (MüKoInsO/*Kayser* Rn. 56). Entsprechendes gilt, wenn Kenntnis von der Bestellung eines vorläufigen Insolvenzverwalters vorliegt (BGHZ 154, 190 [194] = NZI 2003, 315 [316] unter II 2b; Ahrens/Gehrlein/Ringstmeier/*Gehrlein* Rn. 30). Da sich allein aus der öffentlichen Bekanntmachung (§ 9 Abs. 1 S. 3, Abs. 3) einer solchen Bestellung nicht die Kenntnis des Anfechtungsgegners von dem gegen den Schuldner gerichteten Eröffnungsantrag ergibt (vgl. → Rn. 82); begründet die nicht abgerufene Bekanntmachung somit keine Kenntnis.

84 Als Kenntnis begründender Umstand reicht es nicht aus, wenn der Schuldner oder ein anderer Gläubiger angekündigt hat, die Stellung eines Insolvenzantrags stehe bevor, und der Anfechtungsgegner sich vor der Rechtshandlung nicht darüber vergewissert hat (MüKoInsO/*Kayser* Rn. 56; Kübler/Prütting/Bork/*Schoppmeyer* Rn. 126; FK-InsO/*Dauernheim* Rn. 47; aA HK-InsO/*Thole* Rn. 34). Eine dahin gehende Verpflichtung hat er nicht.

85 **d) Wegfall der Kenntnis.** Hinsichtlich des Wegfalls der Kenntnis gelten die Anmerkungen zu § 130 Abs. 1 S. 1 Nr. 1 entsprechend (→ Rn. 64 ff.).

V. Finanzsicherheiten (§ 130 Abs. 1 S. 2)

86 Abweichend von § 130 Abs. 1 S. 1 nimmt die für ab dem 9.4.2004 eröffnete Insolvenzverfahren eingefügte (→ Rn. 5) Regelung des Satz 2 bestimmte Rechtshandlungen im Zusammenhang mit **Finanzsicherheiten** von der Kongruenzanfechtung aus.

87 **1. Regelungszweck.** Die der Regelung zu Grunde liegende **Finanzsicherheitenrichtlinie** (Richtlinie 2002/47/EG des Europäischen Parlaments und des Rates v. 6.6.2002 über Finanzsicherheiten, ABl. 2002 L 168, 43) soll sicherzustellen, dass die Bestellung, der Austausch oder die Erweiterung von Finanzsicherheiten nicht allein deshalb anfechtbar ist, weil die besicherte Verbindlichkeit vor der Bestellung oder der Erweiterung der Finanzsicherheit entstanden ist. Die Richtlinie soll insbes. bankübliche Vereinbarungen schützen, wonach der Sicherungsgeber bei Wertschwankungen (der gestellten Sicherheiten oder der besicherten Verbindlichkeit) zur Nachbesicherung verpflichtet ist, um die unbesicherte Marge abzudecken (**Margensicherheit;** BT-Drs. 15/1853, 15). Wird eine solche Margensicherheit in der Krise des Sicherungsgebers geleistet, so wäre sie an sich (zumindest auch) als Fall der kongruenten Deckung gem. § 130 Abs. 1 S. 1 anfechtbar, weil infolge des zeitlichen Auseinanderfallens von Leistung und Gegenleistung – anders als in den von der Richtlinie ebenfalls erfassten Fällen des

Austauschs einer Sicherheit gegen eine gleichwertige andere Sicherheit – kein Bargeschäft iSd § 142 InsO vorliegt. In den Gesetzesmaterialien heißt es, in Übereinstimmung mit Art. 8 Abs. 3 der Richtlinie nehme § 130 Abs. 1 S. 2 die Bestellung einer Finanzsicherheit oder einer zusätzlichen Finanzsicherheit dann von der Anfechtbarkeit bei kongruenter Deckung aus, wenn die Bestellung vereinbarungsgemäß erfolge, um Änderungen im Wert der Finanzsicherheit oder im Betrag der gesicherten Verbindlichkeit Rechnung zu tragen. Gleiches gelte, wenn in Übereinstimmung mit der Sicherungsvereinbarung eine Sicherheit erstmals gestellt wird (BT-Drs. 15/1853, 16).

Insoweit hatte im Gesetzgebungsverfahren der Bundesrat kritisiert, die Richtlinie bewirke die **Privilegierung** einer bestimmten Gruppe von Sicherungsgebern – **der sicherungsgebenden Kreditwirtschaft** – gegenüber anderen Sicherungsgebern, was dem im Insolvenzrecht herrschenden Grundsatz der Gleichheit aller Sicherungsgeber fremd sei (BT-Drs. 15/1853, 26). Im Schrifttum wird die Vorschrift als Fremdkörper im System des Insolvenzanfechtungsrechts bezeichnet (Braun/*de Bra* Rn. 38). Sie hat bisher keine praktische Bedeutung erlangt (Ahrens/Gehrlein/Ringstmeier/*Gehrlein* Rn. 32). 88

2. Anwendungsbereich. In sachlicher Hinsicht erfasst die Regelung nur **Finanzsicherheiten.** Dies sind nach § 1 Abs. 17 KWG im Wesentlichen Barguthaben, Wertpapiere, Geldmarktinstrumente oder sonstige Schuldscheindarlehen, die als Sicherheit in Form eines beschränkt dinglichen Sicherungsrechts oder der Vollrechtsübertragung bestellt werden (MüKoInsO/*Kayser* Rn. 5b; zu weiteren Einzelheiten *Obermüller/Hartenfels* BKR 2004, 440 [442 f.]). Die Vorschrift betrifft nicht das normale **Bankkreditgeschäft** (*Wimmer* ZInsO 2004, 1 [3]; aA Uhlenbruck/*Ede/Hirte* Rn. 36). Nicht erfasst wird auch die Bestellung einer **Basissicherheit** zur Besicherung von Darlehensrückzahlungsansprüchen (Ahrens/Gehrlein/Ringstmeier/*Gehrlein* Rn. 32), also insbes. Sicherungseigentum und Globalzessionen von Lieferantenforderungen (MüKoInsO/*Kayser* Rn. 5b; aA Uhlenbruck/*Ede/Hirte* Rn. 36). Ist allerdings die – ohne jede Einschränkung der Insolvenzanfechtung unterliegende – Basissicherheit angefochten, fehlt der Margensicherheit die Grundlage (Braun/*de Bra* Rn. 41; HK-InsO/*Thole* Rn. 40; Jaeger/*Henckel* Rn. 152). 89

3. Voraussetzungen. Der Ausschluss von der Anfechtung nach § 130 setzt voraus, dass zwischen dem Schuldner als Sicherungsgeber und dem Sicherungsnehmer (Vertragspartnern iSd Art. 1 Abs. 2 lit. a–e der Finanzsicherheitenrichtlinie) eine **Sicherungsvereinbarung** getroffen und eine **Sicherheit als Basissicherheit** bestellt wurde (HK-InsO/*Thole* Rn. 40). Mindestens eine der Vertragsparteien muss eine Bank iSv Art. 1 Abs. 2 der Finanzsicherheitenrichtlinie und die andere Partei entweder Einzelkaufmann oder Personengesellschaft oder juristische Person im Sinn von Art. 1 Abs. 2 lit. e der Finanzsicherheitenrichtlinie sein (Braun/*de Bra* Rn. 42). Nicht privilegiert sind dagegen Geschäfte mit natürlichen Personen ohne Kaufmannseigenschaft und Geschäfte, an denen keine Bank im weitesten Sinne beteiligt ist (Ahrens/Gehrlein/Ringstmeier/*Gehrlein* Rn. 32). 90

4. Rechtsfolgen. Ausdrücklich ausgeschlossen ist nach Wortlaut und systematischer Stellung des § 130 Abs. 1 S. 2 als Rechtsfolge nur die Anfechtbarkeit nach § 130 Abs. 1 S. 1, andere Vorschriften bleiben unberührt (Ahrens/Gehrlein/Ringstmeier/*Gehrlein* Rn. 32). Als Ausnahme vom Grundsatz der Gläubigergleichbehandlung ist § 130 Abs. 1 S. 2 **restriktiv auszulegen** und **nicht analogiefähig** (HambK-InsO/*Rogge/Leptien* Rn. 51). Einigkeit besteht darüber, dass die Vorsatzanfechtung nach § 133 nicht ausgeschlossen wird (Braun/*de Bra* Rn. 43; MüKoInsO/*Kayser* Rn. 5 f.). 91

92 Nach den Gesetzesmaterialien soll allerdings § 131 bei **Anfechtung der Bestellung einer Finanzsicherheit als inkongruente Deckung** im Lichte des § 130 Abs. 1 S. 2 ausgelegt und sollen an die sich aus der Sicherungsvereinbarung ergebende **Bestimmbarkeit der Sicherheit** keine übertriebenen Anforderungen gestellt werden, um die mit § 130 Abs. 1 S. 2 angestrebte Umsetzung der Richtlinie nicht zu unterlaufen (BT-Drs. 15/1853, 16). Im Schrifttum wird mit Recht bezweifelt, ob diese Überlegung, die im Gesetz keinen Niederschlag gefunden hat, als Begründung für den Ausschluss der Anfechtung einer nicht näher spezifizierten „banküblichen Finanzsicherheit" wegen inkongruenter Deckung ausreicht (*Obermüller/Hartenfels* BKR 2004, 440 [445]; HK-InsO/*Thole* Rn. 40). Das gilt umso mehr, als bereits im Gesetzgebungsverfahren die Privilegierung der sicherungsgebenden Kreditwirtschaft auf Kritik stieß (→ Rn. 88).

93 Abweichend von den allgemeinen Maßstäben inkongruenter Besicherung wird zum Teil angenommen, in **richtlinienkonformer Auslegung** des Art. 8 Abs. 1 und 2 der Finanzsicherheitenrichtlinie dürften unter den Voraussetzungen des § 130 Abs. 1 S. 2 die rein objektiv auf die Insolvenznähe abstellenden § 131 Abs. 1 Nr. 1 und 2 **nicht die Finanzsysteme beeinträchtigen;** fraglich sei dies jedoch bei § 131 Abs. 1 Nr. 3, der zusätzlich die Kenntnis des Sicherungsnehmers von der Krise voraussetze (MüKoInsO/*Kayser* Rn. 5 f.). Nach anderer Auffassung soll die Anfechtung nach § 131 grds. unberührt bleiben, zur Erreichung richtlinienkonformer Ergebnisse aber im Regelfall von der Kongruenz der bestellten Sicherheit auszugehen sein (FK-InsO/*Dauernheim* Rn. 34).

94 Beide Ansätze vermögen nicht zu überzeugen. Die Voraussetzungen für eine richtlinienkonforme Interpretation, bei der das nationale Recht im Lichte des Wortlauts und des Zwecks einer Richtlinie auszulegen ist (EuGH NJW 1984, 2021 [2022]), sind nicht gegeben. Die Regelung des § 130 Abs. 1 S. 2 geht nämlich – wie der Bundesrat im Gesetzgebungsverfahren zutr. festgestellt hat (BT-Drs. 15/1853, 26) – über den durch die Richtlinie geforderten **Schutz der sicherungsgebenden Kreditwirtschaft** hinaus. Art. 8 Abs. 3 der Richtlinie ordnet lediglich an, dass die im Wege der kongruenten Deckung gewährte Sicherheit „nicht allein deswegen als unwirksam angesehen … werden kann, weil … sie … innerhalb eines bestimmten Zeitraumes vor der Eröffnung eines Liquidationsverfahrens … erfolgte …". § 130 InsO eröffnet aber keineswegs die Anfechtbarkeit allein deswegen, weil die Bestellung der Sicherheit innerhalb eines bestimmten Zeitraumes vor der Eröffnung eines Liquidationsverfahrens erfolgte. Vielmehr ist – zusätzliche – Voraussetzung für die Anfechtung nach § 130 InsO, dass der Gläubiger die Zahlungsunfähigkeit zurzeit der Sicherheitenbestellung (§ 130 Abs. 1 S. 1 Nr. 1) oder den Eröffnungsantrag kannte (§ 130 Abs. 1 S. 1 Nr. 2).

VI. Beweisfragen

95 **1. Beweislast.** Grds. trifft den **Insolvenzverwalter** die Darlegungs- und Beweislast für sämtliche objektiven und subjektiven Voraussetzungen der Anfechtung gem. § 130 einschließlich der Zahlungsunfähigkeit und des Eröffnungsantrags und der Kenntnis des Gläubigers davon (BT-Drs. 12/2443, 158 zu § 145 RegE; BGH NZI 2011, 18 Rn. 24).

96 Der Insolvenzverwalter hat grds. insbes. die Voraussetzungen der **Zahlungsunfähigkeit** darzulegen und zu beweisen (BGH NZI 2007, 722 Rn. 5). Ihm obliegt es, den Bestand und die Fälligkeit der Verbindlichkeiten des Schuldners vorzutragen und unter Beweis zu stellen (HK-InsO/*Thole* Rn. 16). An die **Substantiierungslast** dürfen keine zu hohen Anforderungen gestellt werden, weil dem Insolvenzverwalter häufig über die aufgefundenen Unterlagen hinaus nur geringe Erkenntnismöglichkeiten zur Verfügung stehen (HK-InsO/*Thole* Rn. 16).

Deshalb kann die **Vorlage von Listen** über die Verbindlichkeiten des Schuldners **mit ergänzenden Angaben** zu den Rechnungen der Gläubiger genügen, wenn sich daraus die notwendigen Informationen über den jeweiligen Anspruch und seine Fälligkeit hinreichend entnehmen lassen (BGH NZI 2007, 722 f. Rn. 5). Allerdings müssen die in Bezug genommenen Anlagen zumindest geordnet sein, die vorgetragenen Tatsachen müssen den Positionen in der Liste klar zugeordnet werden können und mit der Liste stimmig sein (BGH NZI 2007, 722 Rn. 8).

Auch bei einer **Auslandsinsolvenz** ist der Nachweis der Zahlungsunfähigkeit 97 im inländischen Anfechtungsrechtsstreit nicht entbehrlich. Das Schrifttum folgert aus den Vorschriften der Art. 27 S. 1 Hs. 4 EuInsVO, § 356 Abs. 3 zum Teil, die Zahlungsunfähigkeit sei unwiderleglich in dem Zeitpunkt als gegeben zu behandeln, in dem das ausländische Insolvenzverfahren eröffnet worden sei (FK-InsO/*Dauernheim* Rn. 46). Das trifft nicht zu. Die betreffenden Vorschriften erleichtern und vereinfachen ihrem Wortlaut nach nur die Eröffnung eines inländischen Zweitverfahrens. Sie besagen im Blick auf die Insolvenzanfechtung nichts über den Zeitpunkt des Eintritts der Zahlungsunfähigkeit vor der Eröffnung. Allerdings ist die Eröffnung des ausländischen Insolvenzverfahrens als Indiz – auch iRd § 130 Abs. 2 – zu berücksichtigen (MüKoInsO/*Kayser* Rn. 27; vgl. BGH NJW 1992, 624 f.).

Den **Anfechtungsgegner** trifft die Darlegungs- und Beweislast für die Mög- 98 lichkeit einer konkreten Kreditaufnahme (HambK-InsO/*Rogge*/*Leptien* Rn. 55). Erklärt der Schuldner, er sei zahlungsunfähig, so braucht seine denkbare weitere Kreditfähigkeit allenfalls dann ausgeräumt zu werden, wenn eine konkrete Kreditmöglichkeit aufgezeigt wird (BGH NJW 1998, 607 [608]).

Wer sich auf den nachträglichen **Wegfall der objektiven Zahlungsunfähig- 99 keit** beruft, muss dies beweisen (BGHZ 149, 100 [109] = NJW 2002, 512; 149, 178 [188] = NJW 2002, 515; BGH NZI 2008, 366 Rn. 23; 2013, 140 Rn. 33). Die Voraussetzungen der **Wiederaufnahme der Zahlungen** hat grds. derjenige zu beweisen, der sich auf den Wegfall der Zahlungseinstellung bzw. Zahlungsunfähigkeit beruft (BGHZ 149, 100 [109] = NZI 2002, 88 [90]; BGH NZI 2008, 231 Rn. 24; 2010, 985 Rn. 44).

In Bezug auf die **Kenntnis der Zahlungsunfähigkeit oder des Eröffnungs- 100 antrags** darf der Insolvenzverwalter auch nur **vermutete Tatsachen** – für die allerdings greifbare Anhaltspunkte bestehen müssen – behaupten, weil er über die Kenntnis des anderen Teils regelmäßig kein eigenes unmittelbares Wissen haben wird (MüKoInsO/*Kayser* Rn. 65). Diesen Beweis kann der Insolvenzverwalter notfalls durch Antrag auf Parteivernehmung des Anfechtungsgegners gem. §§ 445 ff. ZPO führen. Ausreichend ist auch der Beweis der Kenntnis des Insolvenzgläubigers von tatsächlichen Umständen, aus denen sich die Zahlungsunfähigkeit ergibt (MüKoInsO/*Kayser* Rn. 65). Der Zugang von Informationen beim Anfechtungsgegner ist ein Indiz für die Kenntnis (*Bork* DB 2012, 33 [40]).

Die Darlegungs- und Beweislast für den **Wegfall der Kenntnis von der** 101 **Zahlungsunfähigkeit** liegt beim Anfechtungsgegner (BGH NZI 2013, 140 Rn. 33; HK-InsO/*Thole* Rn. 31). Der Gläubiger hat demgemäß darzulegen und zu beweisen, warum er später davon ausging, der Schuldner habe seine Zahlungen möglicherweise allg. wieder aufgenommen. Der Insolvenzverwalter wäre regelmäßig überfordert, wenn er darlegen und beweisen müsste, dass in der Person des Gläubigers die objektiv veränderten Umstände keine Änderung der inneren Einstellung bewirkt haben (BGH NZI 2008, 366 Rn. 23). Leistet der Schuldner **Zahlungen an einen Insolvenzantrag stellenden Gläubiger,** darf dieser grds. nicht davon ausgehen, der Schuldner sei wieder zahlungsfähig und auch die anderen Gläubiger, die keinen Antrag gestellt haben, erhielten in vergleichbarer Weise Zahlungen (BGHZ 149, 100 [112] = NZI 2002, 88 [91]; Jaeger/*Henckel* Rn. 154).

102 **2. Beweiserleichterungen (§ 130 Abs. 3).** Nach § 130 Abs. 3 wird die Kenntnis von Zahlungsunfähigkeit oder Eröffnungsantrag **widerleglich vermutet,** wenn der Gläubiger dem Schuldner zur Zeit der Handlung iSv § 138 (dazu → § 138 Rn. 7 ff., 20 ff.) nahestand (BGH NZI 2007, 517 Rn. 40–42). Der innere Grund für die **Beweislastumkehr** liegt in dem in solchen Fällen typischen **Wissensvorsprung** des Anfechtungsgegners über die wirtschaftliche Lage des Schuldners, den sonst nur dieser selbst oder gegebenenfalls dessen leitende Angestellte haben. Den Vermutungstatbestand muss der Anfechtungskläger darlegen und nötigenfalls beweisen, der sich hierauf beruft (BGHZ 195, 358 Rn. 11 = NZI 2013, 39 Rn. 11). Ist unstreitig oder bewiesen, dass der Anfechtungsgegner jedenfalls zunächst zu einer dem Schuldner nahestehenden Person geworden war, gehört es zur Darlegungs- und Beweislast des Anfechtungsgegners, die Vermutung durch Verlust der Sonderstellung zu entkräften (BGHZ 195, 358 Rn. 12 = NZI 2013, 39 Rn. 12). Das kann auch dadurch geschehen, dass der Anfechtungsgegner zwar keine rechtliche Vertragsänderung behauptet, wohl aber nötigenfalls beweist, dass der **Informationsfluss,** der seinen typischen Wissensvorsprung begründete, ohne rechtliche Vertragsänderung tatsächlich **versiegt** oder auf längere Zeit **unterbrochen** worden ist (BGHZ 195, 358 Rn. 13 = NZI 2013, 39 Rn. 13). Bei einer der in § 138 Abs. 2 genannten Personen ist **drei Monate** nach Abreißen des Informationsflusses die Vermutung des § 130 Abs. 3 entkräftet, selbst wenn sich eine rechtliche Vertragsänderung nicht feststellen lässt. Der Insolvenzverwalter hat aber alle Möglichkeiten, die vorher nach § 130 Abs. 3 vermuteten Tatsachen nach allgemeinen Grundsätzen zu beweisen und kann sich hierbei auch auf die Indizwirkung von Tatsachen stützen, die der Anfechtungsgegner in der Zeit erlangt hat, als er dem Schuldner nach § 138 Abs. 2 Nr. 2 InsO noch nahestand (BGHZ 195, 358 Rn. 13 = NZI 2013, 39 Rn. 13). Vermag der Anfechtungsgegner den Vermutungstatbestand nicht zu entkräften, kommt für ihn noch die **Widerlegung der Vermutung** in Betracht (*Kayser* WM 2013, 293 [300]). Dauert zB das Nähe stiftende Dienstverhältnis ohne wesentliche Änderung bis zum Vornahmezeitpunkt der angefochtenen Rechtshandlung gem. § 140 InsO fort, obliegt dem Anfechtungsgegner der volle Beweis seiner Unkenntnis. So kann er behaupten und – wenn nötig – beweisen, dass ihm trotz seines allgemeinen Wissensvorsprungs infolge seiner Nähe zum Schuldner einzelne wesentliche Schlüsselinformationen unbekannt geblieben sind und ihm infolgedessen die in § 130 Abs. 2 bezeichneten Kenntnisse fehlten (BGHZ 195, 358 Rn. 14 = NZI 2013, 39 Rn. 14).

103 Von der Vermutung des § 130 Abs. 3 mit umfasst ist die **Kenntnis von Umständen,** die zwingend auf die Zahlungsunfähigkeit oder den Eröffnungsantrag schließen lassen (HK-InsO/*Thole* Rn. 38; MüKoInsO/*Kayser* Rn. 67). Gelingt der nahe stehenden Person der Beweis, dass sie die Zahlungsunfähigkeit bzw. den Eröffnungsantrag nicht kannte, muss sie darüber hinaus beweisen, dass sie keine Umstände kannte, die zwingend auf die Zahlungsunfähigkeit bzw. den Eröffnungsantrag schließen lassen (HK-InsO/*Thole* Rn. 36). Nach dem Wortlaut des § 130 Abs. 3 wird zwar nur die Kenntnis von der Zahlungsunfähigkeit oder dem Eröffnungsantrag vermutet. Dieser Kenntnis steht aber nach Absatz 2 der Vorschrift die Kenntnis der Umstände gleich (Braun/*de Bra* Rn. 45; Kübler/Prütting/Bork/*Schoppmeyer* Rn. 162; MüKoInsO/*Kayser* Rn. 67; in diesem Sinne auch BGHZ 195, 358 Rn. 14 = NZI 2013, 39 Rn. 14).

Inkongruente Deckung

131 (1) **Anfechtbar ist eine Rechtshandlung, die einem Insolvenzgläubiger eine Sicherung oder Befriedigung gewährt oder ermöglicht hat, die er nicht oder nicht in der Art oder nicht zu der Zeit zu beanspruchen hatte,**

1. wenn die Handlung im letzten Monat vor dem Antrag auf Eröffnung des Insolvenzverfahrens oder nach diesem Antrag vorgenommen worden ist,

2. wenn die Handlung innerhalb des zweiten oder dritten Monats vor dem Eröffnungsantrag vorgenommen worden ist und der Schuldner zur Zeit der Handlung zahlungsunfähig war oder

3. wenn die Handlung innerhalb des zweiten oder dritten Monats vor dem Eröffnungsantrag vorgenommen worden ist und dem Gläubiger zur Zeit der Handlung bekannt war, daß sie die Insolvenzgläubiger benachteiligte.

(2) [1] **Für die Anwendung des Absatzes 1 Nr. 3 steht der Kenntnis der Benachteiligung der Insolvenzgläubiger die Kenntnis von Umständen gleich, die zwingend auf die Benachteiligung schließen lassen.** [2] **Gegenüber einer Person, die dem Schuldner zur Zeit der Handlung nahestand (§ 138), wird vermutet, daß sie die Benachteiligung der Insolvenzgläubiger kannte.**

Schrifttum: *Bork,* Kontokorrentverrechnung und Bargeschäft, FS Kirchhof, 2003, 57; *ders.*, Die anfechtbare Kontokorrentverrechnung, FS Fischer, 2008, 7; *ders.*, Neues Insolvenzanfechtungsrecht: Verschärfung oder Entmachtung?, ZIP 2014, 1905; *Feuerborn,* Insolvenzanfechtung bei AGB-Pfandrecht und Sicherungszession, ZIP 2002, 290; *G. Fischer,* Bewirken Leistungen, die zur Erledigung des Insolvenzantrags führen, eine kongruente Deckung?, FS Kirchhof, 2003, 73; *Ganter,* Weiterentwicklung der Rechtsprechung zu § 133 InsO, WM 2014, 49; *ders.*, Der Referentenentwurf vom 11. März 2015 zur „Anfechtungsrechtsreform", WM 2015, 905; *ders.,* Der Regierungsentwurf vom 29. September 2015 zur „Anfechtungsreform" – Vom Regen in die Traufe, WM Heft 45/2015; *Gerhardt,* Inkongruenz von Leistungen zur Abwendung eines angedrohten Insolvenzantrages, FS Kreft, 2004, 267; *ders.,* Der Raumsicherungsvertrag, FS Fischer, 2008, 149; *Häger/Harig,* Subjektive Elemente bei § 131 InsO sowie § 133 InsO – Zur Frage der Kenntnis von Inkongruenz bzw. Rechtshandlung, ZInsO 2013, 1677; *Henckel,* Die Anfechtung der Tilgung fremder Schuld, ZIP 2004, 1671; *Jacoby,* Die Anfechtbarkeit von Deckungen durch Zwangsvollstreckung und auf Grund von Zwangsvollstreckungsdruck, KTS 2005, 371; *ders.*, Globalzession gerettet – Handlungsbedarf bleibt, ZIP 2008, 285; *Kayser,* Von mittelbaren Zuwendungen, Leistungsketten und Empfangsberechtigten, FS Ganter, 2010, 221; *ders.,* Die Entkräftung der die Insolvenzanfechtung begründenden Vermutungen und Indizien, WM 2013, 293; *Kirchhof,* Anfechtbarkeit von Sachsicherheiten insbesondere der Banken in der Insolvenz des Kunden, ZInsO 2004, 465; *ders.*, Anfechtung von Leistungen unter Vollstreckungsdruck, ZInsO 2004, 1168; *Kuder,* Das Ende der Globalzession, ZInsO 2006, 1065; *dies.*, Insolvenzfestigkeit revolvierender Kreditsicherheiten, ZIP 2008, 289; *Leithaus,* Zur Insolvenzanfechtung von Kontokorrentverrechnungen, NZI 2002, 188; *Lwowski/Wunderlich,* Neues zum Bargeschäft, FS Kirchhof, 2003, 304; *Marotzke,* Freiwillige Forderungserfüllung, Zwangsvollstreckung und Vollstreckungsdruck im Fokus des Insolvenzanfechtungsrechts, DZWIR 2007, 265; *Mitlehner,* Anfechtungsanspruch bei antizipierter Sicherungsübertragung, ZIP 2007, 1925; *Niesert,* Einzelzwangsvollstreckung als kongruentes Deckungsgeschäft, NZI 2014, 592; *Paulus/Allgayer,* Erwerb durch Zwangsvollstreckung als inkongruente Deckung?, ZInsO 2001, 241; *Piekenbrock,* Zum Wert der Globalzession in der Insolvenz, WM 2007, 141; *ders.*, Zur Anfechtung der Erfüllung von Freistellungsansprüchen, NZI 2007, 384; *Schoppmeyer,* Besondere und allgemeine Insolvenzanfechtung am Beispiel der Anfechtung von Zwangsvollstreckungen, NZI 2005, 185; *Thole,* Die tatbestandlichen Wertungen der Gläubigeranfechtung, ZZP 121 (2008), 67.

Übersicht

I. Grundlagen

1 **1. Gesetzgebungsgeschichte.** § 131 ist aus **§ 30 Nr. 2 KO** weiterentwickelt worden, der bereits die **Anfechtung inkongruenter Deckungen** betraf. Danach waren anfechtbar Rechtshandlungen, welche nach Zahlungseinstellung oder Konkursantrag oder in den letzten zehn Tagen vor Zahlungseinstellung oder Konkursantrag vorgenommen wurden, wenn dadurch einem Konkursgläubiger eine Befriedigung oder Sicherung gewährt wurde, auf die dieser keinen Anspruch hatte (die also „inkongruent" waren), und wenn ferner (wofür aber eine gesetzliche Vermutung sprach) zur Zeit der Handlung dem Gläubiger die Zahlungseinstellung oder der Konkursantrag oder eine Absicht des Gemeinschuldners, ihn vor den übrigen Gläubigern zu begünstigen, bekannt war. Die Anfechtung inkongruenter Deckungen nach § 30 Nr. 2 KO unterschied sich von der Anfechtung kongruenter Deckungen also nur insoweit, als die Beweislast hinsichtlich der subjektiven Anfechtungsvoraussetzungen umgekehrt war.

2 Demgegenüber sieht **§ 131 Abs. 1 Nr. 1 und 2** völlig von subjektiven Anfechtungsvoraussetzungen ab. Jedenfalls insofern wird der **Gläubigergleichbehandlungsgrundsatz** vorgezogen (MüKoInsO/*Kayser* Rn. 3). Für **Absatz 1 Nr. 3** – bei welchem die objektive Voraussetzung der Zahlungsunfähigkeit durch eine subjektive, die Kenntnis von der Gläubigerbenachteiligung, ersetzt wird – ist dies umstr., aber richtigerweise zu bejahen (ebenso MüKoInsO/*Kayser* Rn. 49; HK-InsO/*Thole* Rn. 2; aA Kübler/Prütting/Bork/*Schoppmeyer* Rn. 7). Während nach § 146 RegE noch die grob fahrlässige Unkenntnis genügen sollte, stammt die jetzige Fassung der Nr. 3 vom Bundestag, der zugleich den **Absatz 2 Satz 1** einführte, wonach der – für erforderlich gehaltenen – Kenntnis der Gläubigerbenachteiligung die Kenntnis von Umständen gleichsteht, die zwingend auf die Benachteiligung schließen lassen. **Absatz 2 Satz 2** geht über § 30 Nr. 2 KO

hinaus, indem die Beweislast zu Lasten solcher Personen umgekehrt wird, die dem Schuldner nahe stehen.

§ 131 erweitert – ebenso wie § 130 – den objektiven Tatbestand des § 30 Nr. 2 KO auf Rechtshandlungen, die eine Deckung nur **„ermöglichen“.** Dies ist konsequent, da eine mittelbare Gläubigerbenachteiligung ausreicht (→ Rn. 7). Des Weiteren wird der **Anfechtungszeitraum** für den Regelfall (vgl. demgegenüber § 33 KO) verlängert auf längstens drei Monate vor dem Insolvenzantrag und innerhalb dieses Zeitraums zwischen dem zweiten und dritten Monat vor dem Eröffnungsantrag einerseits **(Absatz 1 Nr. 2 und 3)** und dem letzten Monat andererseits **(Absatz 1 Nr. 1)** unterschieden. Ist die Deckungshandlung innerhalb dieses Monats, also in unmittelbarer zeitlicher Nähe zum Eröffnungsantrag, vorgenommen worden, wird die Anfechtung besonders erleichtert. 3

Die aktuelle Diskussion über eine Reform des Anfechtungsrechts lässt auch § 131 nicht unberührt. Im März 2015 hat das Bundesministerium der Justiz und für Verbraucherschutz einen **Referentenentwurf** für ein „Gesetz zur Verbesserung der Rechtssicherheit bei Anfechtungen nach der Insolvenzordnung und nach dem Anfechtungsgesetz“ vorgestellt. Am 29.9.2015 hat das Kabinett hierzu den **Regierungsentwurf** beschlossen. Näheres hierzu in den angehängten → Rn. 106 ff. 4

2. Normzweck. Im Vergleich zur Anfechtung kongruenter Deckungen (§ 130) erleichtert § 131 die Anfechtung inkongruenter Deckungen, weil ein Insolvenzgläubiger, dem eine ihm nicht zustehende Sicherung oder Befriedigung gewährt oder „ermöglicht“ wird, ähnlich wie ein vom Schuldner Beschenkter (§ 134) **weniger schutzwürdig** erscheint. Zudem wirkt die Inkongruenz **verdächtig,** weil sie nahelegt, dass der Gläubiger die angespannte wirtschaftliche Situation des Schuldners gekannt und ausgenutzt hat (BGHZ 174, 297 Rn. 31 = NZI 2008, 89 [91]; BGH NJW-RR 1999, 272; MüKoInsO/*Kayser* Rn. 1; HK-InsO/*Thole* Rn. 3; Ahrens/Gehrlein/Ringstmeier/*Gehrlein* Rn. 1). Außerhalb der Fristen des § 131 Abs. 1 kann eine verdächtige Rechtshandlung nach § 133 anfechtbar sein. Zum Verhältnis des Absatz 1 Nr. 3 zur Vorsatzanfechtung vgl. → Rn. 96. 5

3. Allgemeine Anfechtungsvoraussetzungen. a) Rechtshandlung. Der Begriff der **Rechtshandlung** ist der aus § 129 bekannte (vgl. → § 129 Rn. 25 ff.), wobei auch hier wieder Unterlassungen einem positiven Tun gleichstehen. Die Rechtshandlung muss einem **Insolvenzgläubiger** (dazu → § 130 Rn. 24 ff.) eine Sicherung oder Befriedigung gewähren oder ermöglichen (dazu → § 130 Rn. 38 ff.). Sie muss also zugunsten eines Insolvenzgläubigers (nicht von einem Insolvenzgläubiger) erfolgt sein. Die Tilgung einer fremden Verbindlichkeit durch den Schuldner kann gegenüber dem Zuwendungsempfänger nicht nach § 131 Abs. 1 angefochten werden, weil er kein Gläubiger des Schuldners ist (BGHZ 162, 276 [279] = NZI 2005, 323; 174, 314 Rn. 36 = NZI 2008, 167; BGH NZI 2004, 374 [375]; Ahrens/Gehrlein/Ringstmeier/*Gehrlein* Rn. 9). Bei einer Leistungskette ist nur der erste Gläubiger Insolvenzgläubiger und somit ein möglicher Gegner einer Deckungsanfechtung (*Kayser* FS Ganter, 2010, 221 [228]). 6

b) Gläubigerbenachteiligung. Für die Gläubigerbenachteiligung reicht, wie schon für § 30 Nr. 2 KO anerkannt (BGHZ 147, 233 [238] = NZI 2001, 357), eine **mittelbare Benachteiligung** (dazu → § 129 Rn. 56 ff.) aus (BGHZ 166, 125 Rn. 41 = NZI 2006, 287 [290]; MüKoInsO/*Kayser* Rn. 45; Uhlenbruck/*Ede/Hirte* Rn. 2; HK-InsO/*Thole* Rn. 7; Kübler/Prütting/Bork/*Schoppmeyer* Rn. 11; Ahrens/Gehrlein/Ringstmeier/*Gehrlein* Rn. 2). 7

Eine Anfechtung nach § 131 scheidet nicht deswegen aus, weil ein **Bargeschäft** (§ 142) vorliegt. Rechtsgeschäfte fallen nur dann unter die Bargeschäfts- 8 ausnahme, wenn die Leistung des Schuldners kongruent ist; es besteht kein Anlass, Umsatzgeschäfte in der Krise zu privilegieren, die anders als vereinbart abgewickelt werden (Näheres hierzu → § 142 Rn. 9).

II. Der Tatbestand der Inkongruenz

9 **1. Beurteilungszeitpunkt.** Maßgebend für die Beurteilung der Inkongruenz (zum Begriff → Rn. 11) ist der Zeitpunkt, in dem der Insolvenzgläubiger eine die anderen Gläubiger benachteiligende Sicherung oder Befriedigung erhält. Das ist der Zeitpunkt, in dem die Handlung nach **§ 140** vorgenommen ist oder als vorgenommen gilt (BGH NZI 2005, 497; Jaeger/*Henckel* Rn. 3; MüKoInsO/*Kayser* Rn. 10; HK-InsO/*Thole* Rn. 7).

10 Eine ursprünglich inkongruente Deckung kann nicht durch eine **spätere Vereinbarung** kongruent werden, wenn diese selbst anfechtbar ist (vgl. → § 130 Rn. 22 und → Rn. 15).

11 **2. Begriff der Inkongruenz.** Die „Inkongruenz" iSd Vorschrift liegt vor, wenn der Insolvenzgläubiger eine Sicherung oder Befriedigung erlangt hat, die er nicht oder nicht in der Art oder nicht zu der Zeit zu beanspruchen hatte. Inkongruenz bedeutet mithin eine **Abweichung** von dem Inhalt des Schuldverhältnisses, das zwischen dem Insolvenzgläubiger und dem Schuldner besteht, also **von der materiellen Rechtslage** (Jaeger/*Henckel* Rn. 3; Kübler/Prütting/Bork/*Schoppmeyer* Rn. 31 f.). Zu vergleichen ist der tatsächliche Vorgang mit dem rechtlich geschuldeten (Kübler/Prütting/Bork/*Schoppmeyer* Rn. 30). Was rechtlich geschuldet wird, kann sich aus einer Vereinbarung und/oder aus dem Gesetz ergeben. Entscheidend ist, was die Parteien tatsächlich vereinbart haben, nicht was sie hätten vereinbaren können (MüKoInsO/*Kayser* Rn. 9; Kübler/Prütting/Bork/*Schoppmeyer* Rn. 32).

12 **Nicht inkongruent** sind Leistungen, die der Gläubiger annehmen muss; so ist im Falle einer dem Schuldner zustehende **Ersetzungsbefugnis** jede Leistung kongruent, durch die sich der Schuldner von seiner Pflicht befreien kann (BGHZ 70, 177 [183] = NJW 1978, 758; MüKoInsO/*Kayser* Rn. 12; Kübler/Prütting/Bork/*Schoppmeyer* Rn. 43). Zu Leistungen an Erfüllungs Statt (§ 364 Abs. 1 BGB) oder erfüllungshalber (§ 364 Abs. 2 BGB) → Rn. 30. Im Falle einer **Wahlschuld** (§ 262 BGB) ist – unabhängig davon, wem das Wahlrecht zusteht – jede dem vom Schuldner zu erbringenden Leistungen bis zur Konzentration des Schuldverhältnisses kongruent (BGHZ 174, 297 Rn. 30 = NZI 2008, 89; MüKoInsO/*Kayser* Rn. 12; Kübler/Prütting/Bork/*Schoppmeyer* Rn. 43). Kongruent sind ferner solche Leistungen, deren Annahme keinen Einfluss auf das Schuldverhältnis hat. Dies gilt auch für **Teilleistungen** (MüKoInsO/*Kayser* Rn. 12; Kübler/Prütting/Bork/*Schoppmeyer* Rn. 42; HK-InsO/*Thole* Rn. 8). Auch die **Hinterlegung** der tatsächlich geschuldeten Leistung (§§ 372 ff. BGB) verändert das Schuldverhältnis nicht, ist somit nicht inkongruent, sondern kongruent (Jaeger/*Henckel* Rn. 9; MüKoInsO/*Kayser* Rn. 32; Kübler/Prütting/Bork/*Schoppmeyer* Rn. 44).

13 Entscheidend ist die **objektive Rechtslage.** Die subjektiven Vorstellungen sind unerheblich. Sind beide Parteien irrig der Meinung, die Deckung entspreche in vollem Umfang dem Schuldverhältnis, schließt dies die Inkongruenz nicht aus, und umgekehrt schadet es ihnen iSv § 131 Abs. 1 nicht, wenn sie fälschlich der Überzeugung sind, die Deckung sei inkongruent (Jaeger/*Henckel* Rn. 7; MüKoInsO/*Kayser* Rn. 9; Kübler/Prütting/Bork/*Schoppmeyer* Rn. 33).

14 Entspricht die erbrachte Leistung substantiell der Vereinbarung, darf Inkongruenz nicht mit der Begründung bejaht werden, die Leistung sei jetzt (etwa aufgrund von **Kursschwankungen** bei Swap-Geschäften; vgl. *Obermüller* FS Merz, 1992, 423 [427]) mehr wert als im Zeitpunkt der Vereinbarung oder der Gläubiger habe

mehr erhalten, als er aufgrund der aktuellen Vermögensverhältnisse des Schuldners habe erwarten dürfen (Jaeger/*Henckel* Rn. 11; MüKoInsO/*Kayser* Rn. 9).

Die Vereinbarung einer Zahlungsverpflichtung entfällt als kongruenzbegründender Schuldgrund für die angefochtene Zahlung, wenn sie selbst der Insolvenzanfechtung unterliegt (BGHZ 166, 125 Rn. 39 = NZI 2006, 287; BGH NZI 2012, 142 Rn. 10; 2013, 888 Rn. 13; *Kayser* WM 2013, 293 [296]; Jaeger/*Henckel* Rn. 4; MüKoInsO/*Kayser* Rn. 10, 12; Kübler/Prütting/Bork/*Schoppmeyer* Rn. 36 f.; HK-InsO/*Thole* Rn. 7; Ahrens/Gehrlein/Ringstmeier/*Gehrlein* Rn. 4; FK-InsO/*Dauernheim* Rn. 4; vgl. auch → Rn. 10). Deshalb ist eine **erst in der kritischen Zeit nachgeholte Begründung oder Änderung des Schuldverhältnisses** iSv § 131 Abs. 1 nur beachtlich (zum maßgeblichen Zeitpunkt vgl. → Rn. 9), wenn die Handlung innerhalb des zweiten oder dritten Monats vor dem Eröffnungsantrag vorgenommen worden ist und der Schuldner zu diesem Zeitpunkt noch nicht zahlungsunfähig war und dem Begünstigten noch nicht bekannt war, dass die Handlung die Gläubiger benachteiligte (Jaeger/*Henckel* Rn. 4; MüKoInsO/*Kayser* Rn. 10; Kübler/Prütting/Bork/*Schoppmeyer* Rn. 37). Eine innerhalb des letzten Monats vor dem Insolvenzantrag getroffene Vereinbarung ist ohne weiteres nach Absatz 1 Nr. 1 anfechtbar (Kübler/Prütting/Bork/*Schoppmeyer* Rn. 37). Zu **nachträglichen Fälligkeitsvereinbarungen** vgl. auch → Rn. 56. Abreden, die erst nach Erbringung der Leistung getroffen werden, können die Inkongruenz, die sich nach dem Zeitpunkt der Leistungserbringung (§ 140) bemisst, niemals beseitigen (BGH NZI 2005, 497; Kübler/Prütting/Bork/*Schoppmeyer* Rn. 38). 15

Maßgeblich für die Inkongruenz ist, was der Gläubiger selbst zu beanspruchen hatte. Kann ein Bürge, der sich für eine Schuld des Gläubigers verbürgt hat, von diesem wegen der Verschlechterung der Vermögensverhältnisse des Hauptschuldners nach § 775 BGB Befreiung verlangen, ist eine zum Zwecke der Befreiung des Bürgen bewirkte Leistung des Hauptschuldners an den Gläubiger inkongruent, falls dessen Forderung zu diesem Zeitpunkt noch nicht fällig war (Jaeger/*Henckel* Rn. 6). 16

Für die Anwendung des § 131 Abs. 1 kann das qualitative **Ausmaß der Inkongruenz** (zum quantitativen Ausmaß → Rn. 19) von Bedeutung sein (BGHZ 157, 242 [252] = NZI 2004, 201; *Kayser* WM 2013, 293 [299]). Nur **geringfügige Abweichungen** zwischen Anspruch und gewährter oder ermöglichter Deckung schaden nicht. Dabei ist jedoch ein **strenger Maßstab** anzulegen (BGH NZI 2003, 197 [198]; MüKoInsO/*Kayser* Rn. 11; Kübler/Prütting/Bork/*Schoppmeyer* Rn. 39). Die als unschädlich zu bewertende geringfügige Abweichung kann nur solche Fälle betreffen, in denen eine nicht in der Art oder nicht zu der Zeit geschuldete Deckung erbracht wurde; war die Deckung überhaupt nicht zu beanspruchen, verbietet sich jede Diskussion über die Geringfügigkeit der Abweichung (Kübler/Prütting/Bork/*Schoppmeyer* Rn. 40). Als geringfügig kann sich die **Abweichung in tatsächlicher Hinsicht** darstellen. Eine mangelhafte Leistung oder die Lieferung eines genehmigungsfähigen aliud ist nicht inkongruent (MüKoInsO/*Kayser* Rn. 11; Kübler/Prütting/Bork/*Schoppmeyer* Rn. 42), ebensowenig die Leistung an einem anderen Ort als dem Erfüllungsort (MüKoInsO/*Kayser* Rn. 11). Kommt eine bargeldlose Überweisung weniger als fünf Bankgeschäftstage zu früh, ist dies eine geringfügige Abweichung (BGH NZI 2005, 497 f.; zur Verkürzung dieser Frist im Hinblick auf § 675s BGB vgl. MüKoInsO/*Kayser* Rn. 11). Als geringfügig zu werten sind auch **Abweichungen, die der Verkehrssitte entsprechen.** Die **bargeldlose Überweisung** des geschuldeten Betrages auf ein Konto ist (jedenfalls dann, wenn das Konto bekannt gegeben worden war) kongruent (MüKoInsO/*Kayser* Rn. 11), ebenso die Einziehung im Lastschriftverfahren aufgrund einer Ermächtigung des Schuldners (BGH NZI 2003, 197 [198]). Bei Bezahlung einer Schuld mit **eigenem Scheck** 17 liegt eine kongruente Deckung vor, selbst wenn eine andere übliche Zahlungsart vereinbart war (BGHZ 123, 320 [324] = NJW 1993, 3267; 166, 125 Rn. 46 = NZI 2006, 287 [291]; BGH NZI 2003, 197 [198]; 2007, 36 Rn. 9; 2007, 517 Rn. 15). Kongruent ist auch die Vornahme einer **Sicherungsübereignung** anstelle einer Verpfändung (Uhlenbruck/*Ede/Hirte* Rn. 14).

18 Die Inkongruenz muss für die konkrete Gläubigerbenachteiligung **kausal** geworden **und** ihr auch **wertungsmäßig zuzurechnen** sein (MüKoInsO/*Kayser* Rn. 45; Kübler/Prütting/Bork/*Schoppmeyer* Rn. 13). Zwar bestimmt sich die Inkongruenz nach dem Zeitpunkt der Rechtshandlung (→ Rn. 9), und danach kann die Inkongruenz nicht mehr entfallen (BGH NZI 2005, 497; MüKoInsO/*Kayser* Rn. 41). Indes setzt § 131 eine gerade auf die Inkongruenz zurückzuführende und bis zur Insolvenzeröffnung fortbestehende Gläubigerbenachteiligung voraus. Ob es sich so verhält, ist keine Frage der Kausalität, sondern der Zurechenbarkeit und im Wege wertender Betrachtung zu beantworten (BGH NZI 2005, 497 [498]; 2007, 718 Rn. 17). Die Zurechenbarkeit einer durch „verfrühte" Leistung begründeten Inkongruenz kann entfallen, wenn noch vor Insolvenzeröffnung ohne Zutun der Parteien die Fälligkeit des Anspruchs eingetreten ist (MüKoInsO/*Kayser* Rn. 41, 45; Kübler/Prütting/Bork/*Schoppmeyer* Rn. 14; aA *Piekenbrock* NZI 2007, 384 [386]. Vgl. ferner → Rn. 42, 57).

19 Differenziert zu beantworten ist die Frage, ob eine **Inkongruenz,** die nur einen Teil der gewährten Deckung betrifft (zum qualitativen Ausmaß → Rn. 17), auf den **Umfang der Anfechtung** durchschlägt. Ist die Leistung teilbar und nur ein Teil inkongruent, wird auch nur dieser Teil von der Anfechtung erfasst. Ist die Leistung hingegen unteilbar, muss sie, selbst wenn sie nur teilw. von der geschuldeten abweicht, insgesamt als inkongruent behandelt werden (MüKoInsO/*Kayser* Rn. 11, 21; Kübler/Prütting/Bork/*Schoppmeyer* Rn. 46; vgl. auch BGHZ 150, 122 [133] = NZI 2002, 311 [312]; BGH NZI 2008, 184 Rn. 17).

III. Inkongruente Befriedigung

20 **1. Nicht zu beanspruchende Befriedigung.** Der Fall einer **„nicht zu beanspruchenden Befriedigung"** liegt vor, wenn der Gläubiger unter keinen Umständen Anspruch auf Befriedigung hatte, also eine Leistung – welcher Art und zu welchem Zeitpunkt auch immer – nicht verlangen konnte (MüKoInsO/*Kayser* Rn. 13: „gar keinen Anspruch"; Kübler/Prütting/Bork/*Schoppmeyer* Rn. 48). **Rechtsgrundlose Leistungen** sind inkongruent (BGHZ 192, 221 Rn. 12 = NZI 2012, 177). Ein Gleiches gilt zB für die Erfüllung unvollkommener Verbindlichkeiten (zB Spiel, Wette, §§ 762 ff. BGB, Heiratsvermittlung, § 656 BGB), von Ansprüchen, denen eine dauernde Einrede entgegenstand (zB Verjährung), von **anfechtbaren Ansprüchen** (§§ 119 ff. BGB), solange die Anfechtung noch möglich war (vgl. zu alldem Jaeger/*Henckel* Rn. 8; MüKoInsO/*Kayser* Rn. 14, 14a; Uhlenbruck/*Ede/Hirte* Rn. 5; HK-InsO/*Thole* Rn. 8; Kübler/Prütting/Bork/*Schoppmeyer* Rn. 49). Nicht zu beanspruchen hat der Gläubiger ferner eine Leistung, durch welche ein formnichtiger Vertrag geheilt wird (BGH NZI 2012, 177 Rn. 12; Uhlenbruck/*Ede/Hirte* Rn. 5). Für Ansprüche aufgrund eines **nichtigen** oder **gegen ein gesetzliches Verbot verstoßenden Vertrages** muss ein Gleiches gelten; etwaige Ansprüche aus §§ 812 ff. BGB gehen der Insolvenzanfechtung nicht vor (insofern aA Jaeger/*Henckel* Rn. 8: die Leistung könne kondiziert werden; einer Anfechtung bedürfe es nicht), es sei denn der Bereicherungsanspruch ist derart lucide, dass es bereits an der Gläubigerbenachteiligung fehlt (BGHZ 141, 96 [105 f.] = NZI 1999, 188; vgl. ferner Ahrens/Gehrlein/Ringstmeier/*Gehrlein* Rn. 6).

21 Eine „nicht zu beanspruchende Befriedigung" – nicht etwa eine nicht zu der Zeit zu beanspruchende (so jedoch MüKoInsO/*Kayser* Rn. 42; Ahrens/Gehrlein/

Ringstmeier/*Gehrlein* Rn. 22) – liegt auch dann vor, wenn an einen Rechtsanwalt für die Beratung in einer bereits abgeschlossenen Tätigkeit ein **Vorschuss** bezahlt wird; denn hier ist der Vorschussanspruch bereits erloschen, und an seine Stelle ist der (nicht geltend gemachte) Vergütungsanspruch fällig geworden (BGHZ 167, 190 Rn. 25 f. = NZI 2006, 469 [470]; *Kayser* WM 2013, 293 [296]; HK-InsO/*Thole* Rn. 8; demgegenüber hält Jaeger/*Henckel* Rn. 23 die Leistung hier für kongruent).

Nicht zu beanspruchen hat der Gläubiger die Befriedigung ferner dann, wenn seine Forderung aufschiebend **bedingt** und die Bedingung vor der Insolvenzeröffnung noch nicht eingetreten ist (Jaeger/*Henckel* Rn. 8; MüKoInsO/*Kayser* Rn. 15; Kübler/Prütting/Bork/*Schoppmeyer* Rn. 50; HK-InsO/*Thole* Rn. 8 [anders noch die Vorauflage]; aA – „nicht zu der Zeit zu beanspruchen" – Uhlenbruck/*Ede*/*Hirte* Rn. 8; ebenso Ahrens/Gehrlein/Ringstmeier/*Gehrlein* Rn. 6, 20, für den Fall, dass sich die Bedingung nach der verfrühten Zahlung noch verwirklicht); tritt die Bedingung danach ein, erlangt der Gläubiger zwar eine voll wirksame Insolvenzforderung, kann diese aber – nach erfolgter Anfechtung – nur zur Tabelle anmelden (Jaeger/*Henckel* Rn. 8). War der Anspruch auflösend bedingt und ist diese Bedingung eingetreten, hat der Gläubiger ebenfalls eine „nicht zu beanspruchende Befriedigung" erlangt (Kübler/Prütting/Bork/*Schoppmeyer* Rn. 50; aA wiederum Jaeger/*Henckel* Rn. 8; Ahrens/Gehrlein/Ringstmeier/*Gehrlein* Rn. 6). 22

Tritt der Arbeitgeber seine Rechte als Versicherungsnehmer an den versicherten Arbeitnehmer ab, obwohl diesem noch keine unverfallbare Anwartschaft nach dem **BetrAVG** zustand, ist dies inkongruent. Ob es sich um den Fall einer Befriedigung, die „nicht beansprucht" werden kann, handelt (so HK-InsO/*Thole* Rn. 8; Ahrens/Gehrlein/Ringstmeier/*Gehrlein* Rn. 7) oder um eine „verfrühte" Befriedigung (so BAG NZI 2004, 335; Kübler/Prütting/Bork/*Schoppmeyer* Rn. 68), wird unterschiedlich beurteilt. Die zweite Ansicht dürfte zutreffen (→ Rn. 57). 23

Auch zu der Frage, ob die Befriedigung einer Forderung durch **Aufrechnung** unter die erste Variante (Befriedigung, die „nicht beansprucht" werden kann) oder unter die zweite (Befriedigung, die „nicht in der Art" beansprucht werden kann) fällt, sind die Meinungen geteilt (für die erste Variante etwa MüKoInsO/*Kayser* Rn. 16; Ahrens/Gehrlein/Ringstmeier/*Gehrlein* Rn. 8; für die zweite Jaeger/*Henckel* Rn. 18; HK-InsO/*Thole* Rn. 12 [anders noch die Vorauflage]). Da die Aufrechnung ein Erfüllungssurrogat darstellt, trifft die zweite Auffassung zu (dazu → § 130 Rn. 13). 24

Zu beiden vorstehend dargelegten Problemen (→ Rn. 23, 24) haben die unterschiedlichen Rechtsauffassungen **keine praktischen Auswirkungen.** 25

Ein **Vergleich** (§ 779 BGB) kann ein inkongruentes Deckungsgeschäft darstellen, wenn er – über das nach der Rechtslage und den bestehenden Ungewissheiten gerechtfertigte Maß hinausgehend – einen (teilweisen) Verzicht auf eine Rechtsposition enthält (so zu § 3 AnfG BGH ZIP 2004, 1370 [1372]; MüKoInsO/*Kayser* Rn. 14a; HK-InsO/*Thole* Rn. 8; Ahrens/Gehrlein/Ringstmeier/*Gehrlein* Rn. 7). 26

Inkongruent ist das Entgelt für eine **Leistung,** die **unentgeltlich** zu erbringen war (MüKoInsO/*Kayser* Rn. 14; Kübler/Prütting/Bork/*Schoppmeyer* Rn. 52), desgleichen die **Auszahlung eines Scheingewinns** (BAG KTS 1985, 57; Kübler/Prütting/Bork/*Schoppmeyer* Rn. 52). Im zuletzt genannten Fall kann daneben § 134 eingreifen (zu Scheingewinnen vgl. insbes. → § 134 Rn. 37). 27

Vereinbart eine Bank mit ihrem Kunden (= Schuldnerin) eine **Reduzierung der Kreditlinie auf Null** gegen Freigabe der zur Sicherheit bestellten Grundschuld, so begründet diese Vereinbarung das Recht der Bank, im Falle der von der Schuldnerin zur Durchführung der Vereinbarung veranlassten Zahlungseingänge 28 eine Verrechnung mit den Kreditverbindlichkeiten der Schuldnerin vorzunehmen. Indem die Beklagte von diesem Recht Gebrauch macht, handelt sie vereinbarungsgemäß, mithin kongruent (BGH NZI 2010, 344 Rn. 3). Kongruent sind auch **Stornobuchungen** zur Berichtigung von Buchungsfehlern gem. Nr. 8 Abs. 1 AGB-Banken (so schon zum alten Recht BGHZ 63, 87 [92 f.] = WM 1974, 1127 [1129]; Kübler/Prütting/Bork/*Schoppmeyer* Rn. 53).

29 **2. Nicht in der Art zu beanspruchende Befriedigung.** Nicht „in der Art zu beanspruchen" ist eine Befriedigung, wenn der Gläubiger zwar grds. einen Anspruch hat, dieser aber in einer Art erfüllt wird, welche für die anderen Gläubiger nachteiliger ist als es der Vereinbarung bzw. dem gesetzlichen Anspruch entspricht. Entscheidend für die Bewertung als inkongruent ist bei dieser Alternative also die **Ungleichwertigkeit im Hinblick auf die Gläubigerbefriedigung** und nicht die exakte rechtliche Einordnung (MüKoInsO/*Kayser* Rn. 31; HambK-InsO/*Rogge/Leptien* Rn. 8).

30 Eine andere als die eigentlich geschuldete **Leistung** wird meist **erfüllungshalber** oder **an Erfüllungs statt** (§ 364 BGB) angeboten. Nimmt der Gläubiger sie an, ist die Leistung in beiden Fällen inkongruent (BGH NZI 2005, 329 [330]; 2005, 671 f.; 2014, 266 Rn. 18; Jaeger/*Henckel* Rn. 9; MüKoInsO/*Kayser* Rn. 32; Uhlenbruck/*Ede/Hirte* Rn. 6; Ahrens/Gehrlein/Ringstmeier/*Gehrlein* Rn. 11). Gängige Fälle sind die **Abtretung einer Forderung** (BGH NZI 2005, 329 [330]; 2014, 266 Rn. 18; FK-InsO/*Dauernheim* Rn. 11) statt Zahlung des geschuldeten Betrages, die befreiende Übernahme einer Verbindlichkeit des Gläubigers, die Überlassung von Teilen des Geschäftsvermögens an einen Ehegatten zur Abgeltung von dessen Ansprüchen wegen der Mitarbeit im Geschäft (BGH MDR 1963, 214 f.) und die Überlassung eines Erbteils zur Erfüllung einer Darlehensverbindlichkeit (BGH NZI 1999, 73 [75]). Tritt ein Schuldner seine Forderung an den Gläubiger ab und soll sich dieser nach dem Willen der Parteien aus der abgetretenen Forderung befriedigen, handelt es sich im Allgemeinen um eine Leistung erfüllungshalber (BGH NZI 2014, 266 Rn. 11). Erlangt der Gläubiger aus einer erfüllungshalber abgetretenen Forderung Befriedigung, liegt eine inkongruente Deckung vor, wenn die Abtretung ihrerseits anfechtbar ist (BGH NZI 2014, 266 Rn. 19). Die **Hingabe von** (beliebiger) **Ware** (Jaeger/*Henckel* Rn. 9) statt Zahlung des geschuldeten Betrages ist genauso zu bewerten. Gibt der Schuldner, anstatt bestellte und gelieferte Ware zu bezahlen, diese an den Verkäufer zurück, so erhält dieser eine inkongruente Deckung. Dem gegenüber ist die Rückgabe kongruent, wenn sie aufgrund eines vereinbarten oder gesetzlichen Rücktrittsrechts nach Erklärung des Rücktritts erfolgt (Jaeger/*Henckel* Rn. 12). Nach Eintritt der Krise kann das Rücktrittsrecht jedoch nicht mehr anfechtungsfest vereinbart werden. Inkongruent der Art nach ist auch eine Stundungsvereinbarung der Finanzbehörde mit einem zahlungsunfähigen Schuldner, nach der Stundung gegen Abtretung einer Kundenforderung gewährt wird (BGH NZI 2005, 671 [672]).

31 Zur Herstellung einer **Aufrechnungs- oder Verrechnungslage** → § 130 Rn. 13.

32 Inkongruent – weil nicht in dieser Art geschuldet – ist auch die **Leistung,** die ein **Dritter für den Schuldner** erbringt (BGHZ 174, 314 Rn. 33 = NZI 2008, 167; BGH NZI 2007, 456 Rn. 8; 2011, 189 Rn. 8; 2014, 66 Rn. 11; BAG NZI 2014, 276 Rn. 13; ZInsO 2015, 224 [Ls.]). Darunter fallen insbes. die Fälle, in denen ein Dritter auf **Anweisung** des Schuldners dessen Verbindlichkeit erfüllt, ohne dass eine insolvenzfeste Vereinbarung zwischen Gläubiger und Schuldner vorgelegen hat (BGHZ 174, 314 Rn. 33 = NZI 2008, 167; BGH NZI 2007, 456; 2013, 133 Rn. 23; 2013, 253 Rn. 25). Der Gläubiger muss zwar die Inkongruenz nicht stets erkannt haben (→ Rn. 101); im Falle einer Drittzahlung durch einen

Leistungsmittler muss für den Gläubiger aber erkennbar gewesen sein, dass es sich um eine Leistung des Schuldners an ihn handelt (BGHZ 174, 314 Rn. 14 = NZI 2008, 167; BGHZ 182, 317 Rn. 14 = NZI 2009, 764; BGHZ 193, 129 Rn. 9 = NZI 2012, 453; BAG NZI 2014, 276 Rn. 13). Inkongruent ist die Leistung des Dritten auch dann, wenn dieser und der Schuldner Schwesterunternehmen sind oder einen Gemeinschaftsbetrieb unterhalten (BAG NZI 2014, 276 Rn. 18). Die auf Anweisung des zahlungsunfähigen Zwischenmieters erfolgte Direktzahlung des Endmieters an den Vermieter gewährt diesem eine inkongruente Deckung, welche die Gläubiger des Zwischenmieters objektiv benachteiligt (BGH NZI 2011, 141). Entsprechendes gilt für Direktzahlungen des Auftraggebers gem. § 16 Nr. 6 VOB/B an einen Nachunternehmer (BGH NZI 2009, 55 Rn. 13; 2011, 855 Rn. 11). Denn der Nachunternehmer hat keinen Anspruch darauf, seine Forderung gegen den Auftragnehmer in dieser Art – aufgrund einer vorweggenommenen Zahlungsanweisung an den Auftraggeber – durch diesen als Dritten erfüllt zu erhalten. Darin liegt eine nicht unerhebliche Abweichung vom normalen Zahlungsweg. Unerheblich ist, ob dem Nachunternehmer ein Leistungsverweigerungsrecht aus § 648a BGB zustand (BGH NZI 2007, 456 Rn. 8). Nicht inkongruent ist die Zahlung eines Dritten, der als bloße „**Zahlstelle**" fungiert (*Keller* WuB 2015, 38 [39] unter Hinweis auf BGH NZI 2013, 583 [585]). Zur Kongruenzvereinbarung → § 130 Rn. 22.

Demgegenüber sind **Leistungen,** die der Schuldner **für einen Dritten** er- 33
bringt, gegenüber dem Zuwendungsempfänger nicht nach § 131 anfechtbar, wenn dieser – und so wird es in der Regel sein – kein Insolvenzgläubiger ist (so zu § 30 KO BGH NZI 2004, 374 [375]; Kübler/Prütting/Bork/*Schoppmeyer* Rn. 29).

Die Gewährung von **Kundenschecks** im nicht bankmäßigen Geschäftsverkehr 34
stellt regelmäßig eine inkongruente Erfüllungshandlung dar, weil der Gläubiger auf diese Art der Erfüllung keinen Anspruch hat. Etwas anderes gilt, wenn der Schuldner die Kausalforderung in nicht anfechtbarer Weise an den Gläubiger abgetreten und die unverzügliche Weitergabe von Kundenschecks zugesagt hatte. Dieselben Grundsätze gelten im bankmäßigen Verkehr, wenn mit dem Einzug der Schecks und der Verrechnung der Schecksummen eine gegenüber der Bank bestehende Verbindlichkeit getilgt werden soll (BGHZ 181, 132 Rn. 11 = NZI 2009, 471). Zur Sicherungsabtretung der einem Scheck zugrunde liegenden Forderung an die den Scheck einziehende Bank (Nr. 15 Abs. 2 AGB-Banken) → Rn. 71. Die Zahlung im **Lastschriftverfahren** ist in beiden Varianten idR kongruent. Sowohl das Einziehungsermächtigungsverfahren als auch das Abbuchungsermächtigungsverfahren werden zwischen dem Gläubiger und dem Schuldner vereinbart. Der Gläubiger, der auf diese Weise Befriedigung erhält, handelt also vertragsgemäß (vgl. BGH NZI 2009, 378). Fehlt es ausnahmsweise an einer (wirksamen) Vereinbarung (AGB-rechtliche Bedenken bei BGH NJW 2010, 1275 Rn. 10; für die Verwendung des Abbuchungsauftragsverfahrens zur Darlehenstilgung durch eine Bank aA BGH NZI 2013, 301 Rn. 8 ff.), ist die Befriedigung im Wege des Lastschriftverfahrens jedenfalls im geschäftlichen Bereich verkehrsüblich (BGH NZI 2013, 301 Rn. 12). Im Verkehr mit Verbrauchern kann dies zweifelhaft sein. Die Verrechnung eines Bankguthabens des Schuldners mit dem Saldo einer **Kreditkartenabrechnung** ist nicht nach § 131 InsO anfechtbar. Die aus dem Kreditkarteneinsatz resultierenden Aufwendungsersatzansprüche beruhen auf einem vertragsgemäßen, kongruenten Verhalten des Schuldners (BGH NZI 2015, 32 Rn. 15).

Wer **Schadensersatz** schuldet, hat grds. Naturalrestitution zu leisten (§ 249 35
Abs. 1 BGB). Ist wegen der Verletzung einer Person oder Beschädigung einer Sache Schadensersatz zu leisten, kann der Gläubiger statt der Herstellung den dazu erforderlichen Geldbetrag verlangen (§ 249 Abs. 2 BGB). Leistet der Schuldner Naturalrestitution, obwohl der Gläubiger Geldersatz verlangt, oder umgekehrt, so

erbringt er den Schadensersatz in anderer Art, als er geschuldet wird (Jaeger/*Henckel* Rn. 14). In solchen Fällen erscheint aber eine Gläubigerbenachteiligung als fraglich.

36 Nach der ständigen Rspr. des BGH ist eine während der kritischen Zeit **im Wege der Zwangsvollstreckung** oder **unter Vollstreckungsdruck** (unter dem Druck des unmittelbar bevorstehenden hoheitlichen Zwangs) erlangte Befriedigung (Entsprechendes gilt für eine Sicherung, vgl. → Rn. 84) als inkongruent anzusehen (BGHZ 128, 196 [199] = NJW 1995, 1090 [1091]; 136, 309 [311] = NJW 1997, 3445; 157, 242 [245] = NZI 2004, 201 [202]; 162, 143 [148] = NZI 2005, 215 [216]; BGH NJW 1999, 2568 f.; NZI 2007, 161 Rn. 6; 2008, 297 Rn. 21; 2011, 140 Rn. 6; 2012, 561 Rn. 2; zust. BAG NZI 2011, 644 Rn. 12 f.; 2014, 129 Rn. 25; 2014, 867 Rn. 13; MüKoInsO/*Kayser* Rn. 26; Uhlenbruck/*Ede/Hirte* Rn. 60, 64; HK-InsO/*Thole* Rn. 13; aA *Niesert* NZI 2014, 592 [593 f.]; vgl. aber auch den **Regierungsentwurf** vom 29.9.2015 und hierzu die angehängten → Rn. 106 ff.). „In der Art" kann der Gläubiger keine Befriedigung mehr verlangen. Das die Einzelzwangsvollstreckung beherrschende Prioritätsprinzip wird schon in den letzten drei Monaten vor dem Insolvenzantrag eingeschränkt, wenn für die Gesamtheit der Gläubiger nicht mehr die Aussicht besteht, aus dem Vermögen des Schuldners volle Deckung zu erhalten. Dann tritt die Befugnis des Gläubigers, sich mit Hilfe hoheitlicher Zwangsmittel eine rechtsbeständige Sicherung oder Befriedigung der eigenen Forderungen zu verschaffen, hinter dem Schutz der Gläubigergesamtheit zurück (*Bork* ZIP 2014, 1905 [1908]). Fällt eine Hauptpfändung in den von § 131 erfassten Bereich, verliert eine zuvor ausgebrachte **Vorpfändung** ihre Wirkung, so sich die Anfechtung insgesamt nach der Vorschrift des § 131 richtet (BGHZ 167, 11 Rn. 8 ff. = NZI 2006, 397 [398]). Zur Vorpfändung vgl. auch → Rn. 84 f.

37 Der Schuldner leistet **unter Vollstreckungsdruck** nur dann, wenn der Gläubiger zum Ausdruck gebracht hat, dass er alsbald die Mittel der Zwangsvollstreckung einsetzen werde, sofern der Schuldner die Forderung nicht erfülle. Dies beurteilt sich aus der objektivierten Sicht des Schuldners (BGH NZI 2003, 433 [434]; 2007, 161 Rn. 8; ZInsO 2010, 1324 Rn. 8). Die Zustellung des Titels ist eine bloße Vorbereitungshandlung und stellt noch nicht den Beginn der Zwangsvollstreckung dar. Aus der objektiven Sicht des Schuldners ist die schlichte Zustellung des Vollstreckungsbescheids auch noch nicht als Androhung einer unmittelbar bevorstehenden Zwangsvollstreckung zu werten (BGH NZI 2007, 161 Rn. 10). Der zur Inkongruenz führende Vollstreckungsdruck kann auch nicht durch Rückstandsanzeigen bezüglich vorausgegangener Monatsbeiträge erzeugt werden (BGH ZInsO 2010, 1324 Rn. 8). Umgekehrt reicht ein Mahnschreiben aus, in dem der Gläubiger unter Ankündigung der Zwangsvollstreckung zur umgehenden Leistung auffordert, ohne eine letzte konkrete Frist zu setzen (BGH NZI 2011, 140 Rn. 10 f.). Auch die durch ein EDV-Programm gesteuerte „Ankündigung der Vollstreckung" reicht aus, wenn sie erkennbar ernst genommen werden soll; davon ist regelmäßig auszugehen. Inkongruent ist die Zahlung einer Geldstrafe, nachdem die Staatsanwaltschaft ein Gesuch des Schuldners um Zahlungsaufschub abgelehnt, ihn zur sofortigen Überweisung aufgefordert und angekündigt hatte, im Falle nicht fristgerechter Zahlung müsse er mit Zwangsmaßnahmen bis hin zur Vollstreckung der Ersatzfreiheitsstrafe rechnen (BGH NZI 2011, 189 Rn. 8).

38 Der Abwendung einer unmittelbar bevorstehenden Zwangsvollstreckung steht es wertungsmäßig gleich, wenn der Schuldner eine **bereits im Gang befindliche Zwangsvollstreckung** durch Zahlung an den Vollstreckungsgläubiger erledigt (BGH NZI 2008, 297 Rn. 21; HK-InsO/*Thole* Rn. 14 aE).

39 Die Zahlung einer **Geldstrafe** unter dem Druck einer unmittelbar bevorstehenden Vollstreckung einer Ersatzfreiheitsstrafe (§ 43 StGB) ist wie im Fall einer unmittelbar bevorstehenden Zwangsvollstreckung inkongruent (BGH NZI 2011, 189 Rn. 8). Vgl. hierzu auch → § 133 Rn. 38.

Führt ein dem Schuldner angedrohter (eine Androhung „zwischen den Zeilen" genügt) oder sogar gegen ihn gestellter, später zurückgenommener oder für erledigt erklärter **Insolvenzantrag** zur Leistung des Schuldners, ist diese inkongruent (BGHZ 157, 242 [247] = NZI 2004, 201; 2006, 159 Rn. 21; ZIP 2009, 1434 Rn. 5 f.; NZI 2013, 492 Rn. 11). Im Gegensatz zu einer im Wege der Einzelzwangsvollstreckung oder zu deren Abwendung erlangten Deckung, die nur dann inkongruent ist, wenn die Rechtshandlung im Zeitraum der gesetzlichen Krise vorgenommen wurde, ist die aufgrund eines Insolvenzantrags erzielte Deckung stets inkongruent. Denn der Insolvenzantrag ist niemals ein geeignetes Mittel, um Ansprüche außerhalb eines Insolvenzverfahrens durchzusetzen (G. *Fischer* FS Kirchhof, 2003, 81; Jaeger/*Henckel* Rn. 63; HK-InsO/*Thole* Rn. 15 mwN auch zu abweichenden Meinungen). 40

3. Nicht zu der Zeit zu beanspruchende Befriedigung. Diese Variante betrifft **verfrühte Leistungen.** Der Anspruch ist entweder noch nicht fällig oder aufschiebend befristet (zur aufschiebenden Bedingung → Rn. 21) oder ihm steht eine vorübergehende Einrede entgegen (BGHZ 181, 132 Rn. 12 = NZI 2009, 471; Jaeger/*Henckel* Rn. 23; MüKoInsO/*Kayser* Rn. 40; Kübler/Prütting/Bork/*Schoppmeyer* Rn. 62). Im Allgemeinen sind auch diese Leistungen, die erbracht werden, obwohl der Gläubiger sie noch nicht beanspruchen kann, verdächtig. Verspätete Leistungen des Schuldners sind hingegen für § 131 Abs. 1 ohne Relevanz (MüKoInsO/*Kayser* Rn. 40a). 41

Der Inkongruenz verfrühter Leistungen steht nicht entgegen, dass der Schuldner im Zweifel berechtigt ist, schon vor Fälligkeit zu leisten (§ 271 Abs. 2 BGB), und der Gläubiger in Annahmeverzug geraten kann. Denn entscheidend ist allein die Berechtigung des Gläubigers, die Leistung zu verlangen (MüKoInsO/*Kayser* Rn. 40; Uhlenbruck/*Ede/Hirte* Rn. 8; Kübler/Prütting/Bork/*Schoppmeyer* Rn. 63, 66). 42

Abschlagszahlungen an einen Bauunternehmer gem. § 16 Nr. 1 Abs. 1 und 3 VOB/B sind nur dann kongruent, wenn die Leistungen durch eine prüfbare Aufstellung nachgewiesen worden sind (BGH NZI 2002, 486 [487]). Auch der **Vergütungsanspruch eines Rechtsanwalts** kann nur eingefordert werden, wenn dem Auftraggeber eine Berechnung gem. § 18 Abs. 1 S. 1 BRAGO aF, § 10 Abs. 1 RVG mitgeteilt worden ist (BGHZ 167, 190 Rn. 26 = NZI 2006, 469 [470]). 43

Da für die Beurteilung der Anfechtbarkeit auf die Wirkung der angefochtenen Rechtshandlung abzustellen ist, die **bei bargeldlosen Überweisungen** in dem Zeitpunkt eintritt, in dem der Anspruch des Berechtigten auf Gutschrift entsteht, muss eine verfrühte Zahlung als kongruent angesehen werden, wenn die Zeitspanne der Verfrühung die voraussichtliche Dauer des Zahlungsvorgangs nicht nennenswert überschreitet. Eine Zahlung durch Banküberweisung, die beim Gläubiger früher als fünf Bankgeschäftstage vor Fälligkeit eingeht, ist danach jedoch als inkongruent anzusehen (BGH NZI 2005, 497 f.). IÜ ist bei verfrühten Zahlungen im Wege wertender Betrachtung einzuschätzen, ob die Leistung im Zeitpunkt der Fälligkeit noch anfechtungsfest hätte bewirkt werden können; ggf. ist die Inkongruenz unverdächtig (BGH NZI 2005, 497 [498]). Gleichfalls unverdächtig ist eine Leistung des Schuldners, die dieser vor Eintritt der Fälligkeit erbringt, um die ihm vom Gläubiger eingeräumte Möglichkeit eines **Skontoabzugs** auszunutzen. Mit dem wirtschaftlichen Zweck der Skontogewährung, den Schuldner wegen des Zahlungsvorteils zu einer alsbaldigen Leistung zu veranlassen, wäre es unvereinbar, die Deckung als inkongruent zu behandeln (BGH ZIP 2010, 1188 Rn. 5). 44

45 Eine nicht zu der Zeit zu beanspruchende Befriedigung kann eine Gläubigerbank insbes. bei einer **kontokorrentmäßigen Verrechnung** erlangen. Die Bank kann Befriedigung ihres aus dem Kreditverhältnis sich ergebenden Rückzahlungsanspruchs grds. erst verlangen, wenn die vereinbarte Laufzeit des Kredits beendet ist oder die Bank den Kredit gekündigt hat. Vorher ist eine Verrechnung von Zahlungseingängen auf dem Konto zum Zwecke der Befriedigung somit inkongruent. Dies führt zur Anwendung des § 96 Abs. 1 Nr. 3. Die Giro- oder Kontokorrentabrede ändert daran nichts, weil sie lediglich das Offenhalten der Kreditlinie für weitere Verfügungen des Schuldners deckt, nicht aber die endgültige Rückführung des Kredits (BGHZ 150, 122 [127] = NZI 2002, 311; 171, 38 Rn. 10 = NZI 2007, 230; BGH NZI 2003, 34; 2009, 436 Rn. 8; ZIP 2010, 2460 Rn. 6; HK-InsO/*Thole* Rn. 17). Die Kündigung kann selbst anfechtbar sein, wenn sie in der kritischen Zeit vorgenommen wird (BGHZ 181, 132 Rn. 14 = NZI 2009, 471 [472]).

46 Zur bankmäßigen **Verrechnung** von Gutschriften beim **ungekündigten Kontokorrentkredit** (Dispositionskredit) → § 130 Rn. 16.

47 Wird eine **Kreditlinie überzogen,** hängt es grds. von den Umständen des Einzelfalls ab, ob in der Duldung des Kreditinstituts eine stillschweigende Erweiterung der Kreditlinie liegt oder ob es einen sofortigen Anspruch auf Rückführung hat. Im ersten Fall ist die Rückführung des Sollsaldos ohne vorherige Kündigung inkongruent, im zweiten Fall ist sie kongruent (BGHZ 138, 40 [47] = NJW 1998, 1318; 150, 122 [127] = NZI 2002, 311 [312]; BGH NZI 1999, 361; 2004, 491 f.).

48 Der erste Fall ist auch dann gegeben, wenn ein **Überziehungskredit mit Betragsgrenze** vereinbart wird (so in BGH NZI 2011, 675). Solche Fälle werden anfechtungsrechtlich ebenso behandelt wie die Dispositionskredite, weil die Überziehung hier vertraglich vereinbart worden ist (BGHZ 138, 40 [47] = NJW 1998, 1318; ZIP 2005, 585; HK-InsO/*Thole* Rn. 17), was auch konkludent geschehen kann (BGH NZI 1999, 361; ZIP 2005, 585). Beim ungekündigten vereinbarten Überziehungskredit führt die Verrechnung in kritischer Zeit eingehender Zahlungen, denen keine Belastungsbuchungen gegenüberstehen, wegen der damit verbundenen Kredittilgung zu einer inkongruenten Deckung (BGH NZI 2008, 175 Rn. 6; 2009, 436 Rn. 8 f.; 2011, 675 Rn. 6; 2012, 323 Rn. 8). Die Frage der Inkongruenz von Verrechnungen im debitorischen Bankenkontokorrent kann für Verrechnungen innerhalb des zweiten und dritten Monats vor Stellung des Insolvenzantrags für den gesamten Anfechtungszeitraum nur einheitlich beantwortet werden, weil ein späteres Verhalten des Gläubigers die Inkongruenz dadurch beseitigen kann, dass er weitere Verfügungen des Schuldners zu Lasten des Kontos zulässt. Für den Anfechtungstatbestand des § 131 Abs. 1 Nr. 1 ist demgegenüber geklärt, dass allein auf den letzten Monat vor Antragstellung und die Zeit danach abzustellen ist. Der Kontoverlauf davor ist demgegenüber unbeachtlich, weil er für die verschärfte Anfechtbarkeit nach § 131 Abs. 1 Nr. 1 ohne Bedeutung ist. Die Anfechtbarkeit nach § 131 Abs. 1 Nr. 2 und 3 erweitert zwar unter strengeren Voraussetzungen die Anfechtbarkeit inkongruenter Deckungshandlungen auf die beiden vorangehenden Monate, kann aber nicht umgekehrt die erleichterte Anfechtung nach Nr. 1 einschränken (BGH NZI 2011, 675 Rn. 8; 15.3.2012 – IX ZR 36/10 Rn. 2).

49 Verrechnungen, mit denen eine **einseitige Überziehung** des Kontos ausgeglichen wird, sind demgegenüber kongruent. Selbst wenn das Kreditinstitut die Überziehung geduldet hat (ohne dass deshalb von einer stillschweigenden Erweiterung der Kreditlinie ausgegangen werden muss), kann sie sofortige Rückführung der betreffenden Summe verlangen (BGHZ 138, 40 [47] = NJW 1998, 1318; BGH NZI 1999, 361; 2004, 491; 2011, 536; MüKoInsO/*Kayser* Rn. 44a; Uhlenbruck/*Ede/Hirte* Rn. 88; HK-InsO/*Thole* Rn. 17; Kübler/Prütting/Bork/*Schoppmeyer* Rn. 74).

Verrechnungen, mit denen eigene Forderungen der Bank getilgt werden, sind stets inkongruent (BGHZ 150, 122 [127] = NZI 2002, 311 [312]; BGH NZI 2004, 491 [492]; 2005, 630; 2008, 175 Rn. 6; 2009, 436 Rn. 12; 2012, 323 Rn. 9). 50

Innerhalb des Anfechtungszeitraums zurückgeführt wird ein Kredit dann, wenn der Sollstand zu Beginn des Anfechtungszeitraums höher war als an dessen Ende. Auf den höchsten Sollstand im Anfechtungszeitraum kommt es nicht an (BGH NZI 2008, 184 Rn. 17; NJW-Spezial 2008, 341 Rn. 4). Entsprechendes gilt für den niedrigsten erreichten Zwischenstand. Unerheblich ist auch die Reihenfolge von Gutschriften und Belastungsbuchungen (Kübler/Prütting/Bork/*Schoppmeyer* Rn. 76). Zu Verrechnungen im debitorischen Bankenkontokorrent vgl. → Rn. 45 ff. 51

Ist der Gläubiger aufgrund nicht anfechtbarer Vereinbarung oder kraft Gesetzes befugt, durch **Kündigung** die Fälligkeit herbeizuführen und macht er davon (wenngleich erst in der kritischen Zeit) Gebrauch, ist § 131 unanwendbar (Jaeger/*Henckel* Rn. 28; Uhlenbruck/*Ede/Hirte* Rn. 9; Kübler/Prütting/Bork/*Schoppmeyer* Rn. 70; ebenso HK-InsO/*Thole* Rn. 17 „jedenfalls für den Fall, dass die Kündigung vor der kritischen Zeit erfolgte"). Daran ändert nichts, dass der Schuldner durch eine Pflichtverletzung – etwa durch Zahlungsverzug – den Kündigungsgrund geschaffen hat (Kübler/Prütting/Bork/*Schoppmeyer* Rn. 70; Ahrens/Gehrlein/Ringstmeier/*Gehrlein* Rn. 26). § 131 ist auch dann unanwendbar, wenn der Schuldner ein für ihn vor der Krise, also anfechtungsfrei begründetes Kündigungsrecht ausübt. Anders liegen die Dinge, wenn der Schuldner in der Krise durch eine eigene Kündigung seine Darlehensschuld fällig stellt und anschließend begleicht. Die Kündigung selbst bildet eine anfechtbare, die Befriedigung erst ermöglichende Rechtshandlung, weil der Schuldner durch seine auf einer persönlichen Entschließung fußende Rechtshandlung dem Gläubiger mehr Rechte einräumt, als diesem kraft seiner eigenen Rechtsstellung gebühren (BGHZ 181, 132 Rn. 12, 14 = NZI 2009, 471 [472]; HK-InsO/*Thole* Rn. 17; Ahrens/Gehrlein/Ringstmeier/*Gehrlein* Rn. 26). 52

„Friert" eine Bank mittels einer **Kontosperre** das Guthaben des Schuldners „ein", bis eine Kreditforderung fällig wird, um sich hernach durch Verrechnung zu befriedigen, ist diese Befriedigung inkongruent, soweit sie durch die zuvor verhängte Kontosperre ermöglicht wurde und diese ihrerseits als inkongruente Sicherungsmaßnahme anfechtbar war (BGH NZI 2004, 248 [249]; Jaeger/*Henckel* Rn. 42). Hat die Bank allerdings in Ausübung eines ihr zustehenden, selbst unanfechtbar entstandenen Pfandrechts die Kontosperre verhängt (wozu die Bank gem. § 1281 S. 2 Hs. 1 BGB berechtigt ist), ist die Befriedigung kongruent (BGH NZI 2004, 314; Jaeger/*Henckel* Rn. 42). 53

Im Falle einer **Aufrechnung** des Schuldners mit einer fälligen Forderung gegen eine noch nicht fällige, jedoch bereits erfüllbare Gegenforderung wird der Gläubiger vorzeitig und somit inkongruent befriedigt (Jaeger/*Henckel* Rn. 25). Erklärt der Gläubiger die Aufrechnung, bevor seine Forderung fällig ist, so ist die Aufrechnung unwirksam (§ 387 BGB); einer Anfechtung bedarf es nicht (Jaeger/*Henckel* Rn. 25). Zur **Herstellung einer Aufrechnungs- oder Verrechnungslage** → § 130 Rn. 13. 54

Begleicht der Schuldner vor Fälligkeit den Kaufpreis für eine von ihm unter **Eigentumsvorbehalt** gekaufte Sache, so befriedigt er zwar vorzeitig den Verkäufer; da dessen Forderung jedoch durch das vorbehaltene Eigentum, das nach Insolvenzeröffnung zum Aussonderung berechtigt hätte, gedeckt war, werden die Gläubiger dadurch nicht benachteiligt (Jaeger/*Henckel* Rn. 28). 55

Ist die Leistung zwar vor **Fälligkeit** erbracht worden, diese aber **vor der Eröffnung des Insolvenzverfahrens noch eingetreten** kraft Gesetzes oder aufgrund einer vor der kritischen Zeit wirksam abgeschlossenen Vereinbarung, ist 56

§ 131 Abs. 1 nicht anwendbar (vgl. → Rn. 15). Für die Anfechtung nach § 10 Abs. 1 Nr. 2 GesO hat der BGH im gleichen Sinne entschieden (BGH ZIP 1997, 853 [854]). Die verfrühte Zahlung ist jedoch inkongruent, wenn der Schuldner aufgrund eines zwischenzeitlich angeordneten Zustimmungsvorbehalts nicht mehr die Möglichkeit hat, nach Eintritt der Fälligkeit frei über sein Vermögen zu verfügen (BGH NZI 2005, 497 [498]).

57 Leistet der Schuldner ungeachtet eines ihm zustehenden **vorübergehenden Leistungsverweigerungsrechts,** führt dies zur Inkongruenz (MüKoInsO/*Kayser* Rn. 40; Kübler/Prütting/Bork/*Schoppmeyer* Rn. 68). Tritt der Schuldner seine Rechte als Versicherungsnehmer an den versicherten Arbeitnehmer ab, obwohl diesem noch keine unverfallbare Anwartschaft nach dem **BetrAVG** zusteht, liegt eine verfrühte Leistung vor. Der Anspruch des Arbeitnehmers ist zum Zeitpunkt der Abtretung noch nicht durchsetzbar (vgl. → Rn. 23).

IV. Inkongruente Sicherung

58 **1. Nicht zu beanspruchende Sicherung.** Der Fall einer **„nicht zu beanspruchenden Sicherung“** liegt vor (spiegelbildlich zu der „nicht zu beanspruchenden Befriedigung“, dazu → Rn. 20), wenn der Gläubiger unter keinen Umständen – weder auf Grund Vertrages noch Gesetzes (vgl. dazu → Rn. 74, 77) – einen hinreichend bestimmten Anspruch auf Sicherung hatte. Das Bestehen einer Forderung gibt noch kein Recht auf deren Besicherung; der dahin gehende Anspruch ist nicht (als „minus“) in dem Anspruch auf Befriedigung enthalten (BGH NZI 2000, 122; 2006, 524 Rn. 9; 2010, 439 Rn. 16; Jaeger/*Henckel* Rn. 29; Uhlenbruck/*Ede/Hirte* Rn. 11). Das Argument, die Sicherstellung sei ein bloßes Hilfsgeschäft, ist anfechtungsrechtlich unhaltbar. Ohne die Sicherstellung hätte ein Gläubiger in der Insolvenz des Schuldners bloß eine Insolvenzforderung; infolge der Sicherstellung hat er als Absonderungsberechtigter Aussicht auf vollständige Befriedigung.

59 Inkongruent ist deshalb eine Sicherheit, die für einen bereits ausgereichten, bisher unbesicherten Kredit (BGH NZI 2004, 372 [373]; 2004, 623 [624]; 2008, 299 Rn. 31; 2009, 171 Rn. 52; 2014, 68 Rn. 10; MüKoInsO/*Kayser* Rn. 19a; HK-InsO/*Thole* Rn. 21) oder nach Vornahme einer unerlaubten Handlung für die dadurch begründete Schadensersatzforderung (BGH NZI 2010, 439 Rn. 17) bestellt wird. Dasselbe gilt, wenn dem Gläubiger in Abänderung einer ursprünglichen Vereinbarung eine Sicherheit gewährt wird, auf die er bis dahin keinen Anspruch hatte (BGH NJW 1998, 1561 [1563]; NZI 2001, 465 [466]; 2004, 372 [373]; 2010, 439 Rn. 16; HK-InsO/*Thole* Rn. 21). Lässt sich eine Bank in der Krise des Schuldners eine ungesicherte Forderung eines anderen Gläubigers abtreten, um sie unter ihre nicht voll valutierte Sicherheit zu stellen („**Auffüllen von Sicherheiten**“), so kann darin eine inkongruente Deckung liegen, wenn vor der Abtretung weder der Zedent noch die Bank einen Anspruch darauf hatte, dass die Forderung in dieser Weise gesichert wird (BGHZ 59, 230 [233] = NJW 1972, 2084; BGH NJW 1975, 122 [123]; 1998, 1561 [1563]; Uhlenbruck/*Ede/Hirte* Rn. 29; HK-InsO/*Thole* Rn. 21; Kübler/Prütting/Bork/*Schoppmeyer* Rn. 104). Wird eine Darlehensforderung abgetreten und zugleich zur Absicherung dieser Forderung von dem Darlehensschuldner eine ihm zustehende künftige Kaufpreisforderung an den Zessionar abgetreten, erhält dieser ebenfalls eine inkongruente Deckung.

60 Tritt ein Darlehensschuldner, der zur Rückzahlung der an einen Dritten weitergereichten Darlehenssumme unvermögend ist, dem Darlehensgläubiger die Forderung gegen den Dritten ab und tritt der Dritte, welcher der Abtretungsvereinbarung beitritt, zur Absicherung dieser Forderung eine ihm zustehende künftige Kaufpreisforderung an den Gläubiger ab, ist die zuletzt genannte Abtretung

inkongruent; die Inkongruenz kann nicht deshalb entfallen, weil **mit der Besicherung zugleich ein Gläubigerwechsel** stattfindet (BGH NZI 2004, 372 [373]; HK-InsO/*Thole* Rn. 21). Demgegenüber liegt eine kongruente Sicherung vor, wenn der Gläubiger den Anspruch auf die Sicherung und/oder die Sicherheit selbst **in demselben Vertrag,** durch den der gesicherte Anspruch selbst entstand, oder vorher erworben hat, weil dann von Anfang an ein Anspruch auf die Sicherung bestand (BGHZ 180, 98 Rn. 17 = NZI 2009, 372 [373]; BGH NJW 1998, 1561 [1563]; NZI 2004, 372 f.; 2009, 171 Rn. 48; 2010, 439 Rn. 16; 2014, 68 Rn. 10; MüKoInsO/*Kayser* Rn. 19; Uhlenbruck/*Ede/Hirte* Rn. 11; HK-InsO/*Thole* Rn. 21).

Sollen **zugleich ein nunmehr zu gewährender Kredit und ältere, bislang ungesicherte Ansprüche gesichert** werden, ist das schuldrechtliche Geschäft insgesamt inkongruent, wenn nicht festgestellt werden kann, in welchem Umfang sich die Sicherheit auf die neuen und die alten Verbindlichkeiten erstreckt (BGH NZI 2012, 81; Uhlenbruck/*Ede/Hirte* Rn. 27); anders ist dies, wenn die Sicherheit vorrangig den neuen Kredit abdecken soll und auch nur hierfür ausreicht (BGH WM 1993, 265 [266]; 1993, 270 [272]; Jaeger/*Henckel* Rn. 29; MüKoInsO/*Kayser* Rn. 21; skeptisch HK-InsO/*Thole* Rn. 21). Zum gesetzlichen Pfandrecht des Frachtführers vgl. → Rn. 79, 81. 61

Wird eine Sicherheit gewährt, obwohl es eine zu sichernde Forderung (noch) nicht gibt, ist dies nach einer verbreiteten Meinung inkongruent (*Feuerborn* ZIP 2002, 290 [293 f.]; *Kirchhof* ZInsO 2004, 465 [467]; Kübler/Prütting/Bork/*Schoppmeyer* Rn. 81, 117). Grds. muss man zwischen der zu sichernden Forderung und dem Anspruch auf Besicherung unterscheiden. Letzterer ist unabhängig davon, ob es auch schon eine zu sichernde Forderung gibt. Denn selbstverständlich können auch zukünftige oder noch nicht fällige Forderungen besichert werden. Steht die künftige Forderung, die besichert werden soll, fest, wird sie etwa in der Sicherungsvereinbarung hinreichend bestimmt beschrieben, liegt die Annahme nahe, dass es sich um eine kongruente Sicherheit handelt. Bei der **Besicherung auf Vorrat** lässt man dennoch das Bestehen eines Anspruchs auf die Sicherheit nicht für die Kongruenz genügen, weil diese Vorabsicherung zu einer die Gläubigergleichbehandlung beeinträchtigenden Plünderung der zukünftigen Masse führe. Die so begründete Inkongruenz beruht auf einer wertenden Beurteilung. Dies gestattet Ausnahmen, wo die Vorabsicherung zukünftiger Ansprüche unverdächtig ist (vgl. für das Vermieterpfandrecht BGHZ 170, 196 Rn. 14 = NZI 2007, 158 [159] und für die Globalabtretung → Rn. 72). Eine andere (zu verneinende) Frage ist, ob der Sicherungsnehmer, solange die zu sichernde Forderung noch nicht besteht, etwa das Darlehen, dessen Rückzahlung gesichert werden soll, noch nicht ausbezahlt wurde, schon – wie in § 131 vorausgesetzt – Insolvenzgläubiger ist (vgl. Jaeger/*Henckel* Rn. 29). Unter Umständen kann eine Besicherung auf Vorrat auf das Vorliegen eines Gläubigerbenachteiligungsvorsatzes hindeuten. 62

Inkongruent ist – mangels eines Anspruchs auf Bestellung jedweder Sicherheit – eine Besicherung, die aufgrund einer **Negativklausel** erfolgt. Denn diese Klausel legt nur fest, dass der Schuldner anderen Gläubigern keine Sicherheiten bestellen darf (Jaeger/*Henckel* Rn. 33). Zur Positivklausel (Positiverklärung) → Rn. 70. 63

Kauft ein Kreditinstitut bisher unbefriedigte Lohnforderungen von Arbeitnehmern diesen zum Nennwert ab, um eine Betriebsfortführung und Wertsteigerung eigener, vom insolvenzgefährdeten Arbeitgeber gestellter Sicherheiten zu erreichen, kommt eine Anfechtung der Abtretung nach § 131 nicht in Betracht, weil die abgetretenen Forderungen nicht zum haftenden Vermögen des Arbeitgebers gehörten (Jaeger/*Henckel* Rn. 43). 64

Eine **Übersicherung,** die dann gegeben ist, wenn der Wert der Sicherheit das zu sichernde Risiko deutlich übersteigt (vgl. dazu Schimansky/Bunte/Lwowski BankR-HdB/*Ganter* § 90 Rn. 349), begründet noch keine Inkongruenz, solange 65 die zugrunde liegende schuldrechtliche Verpflichtung dazu nicht aus diesem oder anderen Gründen nichtig oder selbst wieder erfolgreich angefochten ist (BGH NZI 2001, 414 [416]; HK-InsO/*Thole* Rn. 21).

66 Inkongruent ist die Sicherheit, wenn der Sicherungsnehmer keinen besonderen, der Art und der Höhe nach hinreichend konkreten **Anspruch gerade auf die erlangte Sicherung** hatte (→ § 130 Rn. 17). Wird aufgrund eines allgemeinen, nicht auf eine konkrete Sicherheit gerichteten Besicherungsanspruchs eine bestimmte Sicherheit gewährt, erlangt der Gläubiger nicht etwa eine „nicht in der Art", sondern eine überhaupt nicht zu beanspruchende Sicherheit. Zur Bestimmtheit des Nachbesicherungsanspruchs bei **Finanzsicherheiten** vgl. → § 130 Rn. 90 ff.

67 Der (die schuldrechtliche Verpflichtung zur Sicherheitenbestellung begründende) Sicherungsvertrag muss nicht so weit individualisiert sein wie die (dingliche) Sicherheitenbestellung, die dem sachenrechtlichen Bestimmtheitsgebot genügen muss. Eine Sicherungsvereinbarung, welche Art und Umfang der Sicherheit oder die Auswahl der Sicherungsgegenstände noch offen lässt, reicht jedoch als kongruenzbegründende causa nicht aus (BGHZ 150, 122 [126] = NZI 2002, 311; 174, 297 Rn. 23 = NZI 2008, 89 [90]; BGH NJW 1998, 1561 [1562]; NZI 2005, 622). Dies gilt insbes. für den **Anspruch auf Bestellung oder Verstärkung bankmäßiger Sicherheiten** in Nr. 13 Abs. 1 AGB-Banken und Nr. 22 Abs. 1 AGB-Sparkassen (BGHZ 33, 389 [393 ff.] = WM 1961, 28 [30] [zu Nr. 19 Abs. 1 AGB-Banken]; BGH NJW 1995, 2348 [2350]; 99, 645 f.). Das ist auch dann nicht anders, wenn der Schuldner zuletzt nur noch über ein einziges werthaltiges Sicherungsgut verfügt (BGH NJW 1999, 645 [646]).

68 Demgemäß ist das **AGB-Pfandrecht,** das an Zahlungseingängen für einen Kunden in den letzten drei Monaten vor der Stellung eines Insolvenzantrags gegen diesen entsteht (Nr. 14 AGB-Banken/Nr. 21 AGB-Sparkassen), als inkongruente Sicherung anfechtbar. Selbst wenn die AGB der Kreditinstitute nicht nur die antizipierte dingliche Einigung über die Pfandrechtsbestellung enthalte, sondern zugleich einen schuldrechtlichen Anspruch auf das Pfandrecht begründe, werde dieser – so der BGH – doch erst in dem Zeitpunkt konkretisiert, in dem die Sache in den Besitz der Bank gelange oder die Forderung des Kunden gegen das Kreditinstitut entstehe. Eine insolvenzrechtliche Kongruenz könnten aber nur solche Vereinbarungen herstellen, welche auf bestimmte, sogleich wenigstens identifizierbare Gegenstände gerichtet seien (BGHZ 150, 122 [126] = NZI 2002, 311 [312]; 174, 297 Rn. 15 = NZI 2008, 89 [90]; Jaeger/*Henckel* Rn. 34). Näher liegt die Begründung, dass Nr. 14 AGB-Banken/Nr. 21 AGB-Sparkassen keinen schuldrechtlichen Anspruch auf das Pfandrecht begründet. Die Klausel besagt, dass ein etwa künftig entstehender Gegenstand dem Pfandrecht des Kreditinstituts unterliegt; sie besagt nicht, dass der Kunde diesen Gegenstand zur Entstehung bringen muss. Aus der gleichzeitig getroffenen Sicherungsabrede ergibt sich nichts anderes. Dadurch wird nur festgelegt, welche Forderungen durch das Pfandrecht gesichert werden sollen.

69 Der **Abschluss eines Mantelvertrags** reicht ebenfalls nicht aus, um rechtzeitig eine Kongruenz zu begründen (Schimansky/Bunte/Lwowski BankR-Hdb/*Ganter* § 96 Rn. 92; Kübler/Prütting/Bork/*Schoppmeyer* Rn. 98). Er begründet nur einen allgemeinen schuldrechtlichen Anspruch auf die Bestellung von Sicherheiten. Dieser Anspruch konkretisiert sich erst dann auf bestimmte Sicherungsobjekte, wenn der Verfügungsvertrag geschlossen wird, also der Sicherungsgeber der Bank die Liste mit den abzutretenden Forderungen übersendet und die Bank diese Liste entgegennimmt. Fällt dies in die kritische Zeit, liegt eine inkongruente Besicherung vor.

70 Bei einer **Positiverklärung** muss man unterscheiden. Der Schuldner (Kreditnehmer), der eine solche Erklärung abgibt, verpflichtet sich gegenüber dem

Gläubiger (Kreditgeber), auf dessen jederzeit zulässiges Anfordern eine Sicherheit zugunsten des Gläubigers zu bestellen. Hat die Positiverklärung eine weite Fassung, so dass das Wahlrecht, welche Sicherheit zu bestellen ist, beim Gläubiger liegt, sind die in Vollzug der Erklärung bestellten Sicherheiten inkongruent (*Kirchhof* ZInsO 2004, 465 [469]; Schimansky/Bunte/Lwowski BankR-Hdb/*Ganter* § 90 Rn. 494; Lwowski/Fischer/Langenbucher/*Lwowski* § 1 Rn. 25). Bezieht sich die Positiverklärung indes auf eine konkret bezeichnete Sicherheit, handelt es sich um einen Sicherungsvorvertrag. Wird der dadurch begründete Besicherungsanspruch in der kritischen Zeit erfüllt, besteht nur eine Anfechtungsmöglichkeit wegen kongruenter Deckung. Eine **Gleichstellungsverpflichtung** (diese verschafft dem Gläubiger einen bedingten Anspruch auf Besicherung, wobei die Bedingung mit der Gewährung einer Sicherheit für einen anderen Gläubiger eintritt, vgl. Schimansky/Bunte/Lwowski BankR-Hdb/*Merkel* § 98 Rn. 109) ist als causa für eine kongruente Sicherheit genauso ungeeignet wie eine Positiverklärung mit weiter Fassung.

Bei der **Vorausabtretung** (→ § 130 Rn. 18) liegt Inkongruenz vor, wenn die 71 abgetretene Forderung in dem anfechtungsrechtlich relevanten Zeitraum von drei Monaten vor Stellung des Insolvenzantrags und vor Fälligkeit der gesicherten Forderung entsteht (Kübler/Prütting/Bork/*Schoppmeyer* Rn. 117). Die Sicherungsabtretung der einem Scheck zugrunde liegenden Forderung an die den Scheck einziehende Bank (**Nr. 15 Abs. 2 AGB-Banken**) kann deshalb als inkongruente Sicherung anfechtbar sein (BGH NZI 2007, 337 Rn. 15 ff.). Entsteht die abgetretene Forderung früher als drei Monate vor Stellung des Insolvenzantrags, ist die Sicherungszession dennoch anfechtungsrechtlich angreifbar, soweit die **Forderung** durch Leistungen des Insolvenzschuldners erst in dem kritischen Zeitraum des § 131 werthaltig geworden ist (BGHZ 147, 28 [35] = NZI 2001, 537 [538]; 150, 353 [359, 362] = NZI 2002, 375 [377]; *Kirchhof* FS Gerhardt, 2004, 443 [448]). Macht der Schuldner durch eine Leistung an seinen Kunden die zur Sicherheit abgetretene Forderung werthaltig, kommt ein Anfechtungsanspruch sowohl gegenüber dem Zessionar als auch gegenüber dem Kunden in Betracht; beide Gläubiger haften gegebenenfalls als Gesamtschuldner (BGH NZI 2008, 236 Rn. 17).

Bei einem **Globalzessionsvertrag** ist sowohl der Abschluss des Vertrages als 72 auch die Einbeziehung der zukünftig entstehenden Forderungen grds. nur als kongruente Deckung anfechtbar (vgl. → § 130 Rn. 19).

Das **Werthaltigmachen zukünftiger Forderungen** aus Globalzessionen ist 73 als selbstständige Rechtshandlung anfechtbar, wenn es dem Vertragsschluss zeitlich nachfolgt; insoweit handelt es sich aber ebenfalls um eine kongruente Deckung, wenn dies für das Entstehen der Forderung zutrifft (→ § 130 Rn. 20).

Diese Grundsätze sind auf **Vorausabtretungen beim verlängerten Eigentumsvorbehalt** entsprechend anwendbar (→ § 130 Rn. 21), falls dieser überhaupt gläubigerbenachteiligend wirkt (vgl. → § 129 Rn. 52). Ist die Verlängerung des Eigentumsvorbehalts allerdings erst in der kritischen Zeit vereinbart worden oder hatte sich der Vorbehaltsverkäufer zunächst nur einen Teil der Forderung aus dem Weiterverkauf abtreten lassen und ist diese Abtretung in der kritischen Zeit erweitert worden, so ist die Verlängerung des Eigentumsvorbehalts oder die Erweiterung inkongruent (Jaeger/*Henckel* Rn. 35, 38). 74

Im Unterschied zur Globalzession und zum verlängerten Eigentumsvorbehalt 75 wird für den **Raumsicherungsvertrag** die Auffassung vertreten, hier müssten die Parteien in abstrakt-genereller Weise vorab festlegen, welche Gegenstände der Schuldner in den Sicherungsraum einbringen müsse. Bleibe es – wie es der Üblichkeit entspricht – dem freien Belieben des Sicherungsgebers (= Schuldners) überlassen, welche Gegenstände er in den Sicherungsraum einbringe, führe dies zur Inkongruenz (Kübler/Prütting/Bork/*Schoppmeyer* Rn. 98). Diese Auffassung erscheint zu streng für den – praktisch häufigen – Fall, dass der Raumsicherungsvertrag ein **Warenlager in seinem wechselnden Bestand** betrifft. So wie es bei der Globalzession von den betrieblichen Abläufen abhängt, welche Forderungen „nachwachsen", verhält es sich auch mit dem Warenlager. Die Sicherungsübereignung des Warenlagers mit wechselndem Bestand ist – ebenso wie die Globalzession – eine revolvierende Globalsicherheit, bei welcher die Auswahl der dem Sicherungsgut zuzuführenden Gegenstände dem freien Belieben des Schuldners entzogen ist (BGHZ 137, 212 [216, 219] = NJW 1998, 671). Sie ist somit kongruent (ebenso *Kuder* ZIP 2008, 289 [293]; *Gerhardt* FS Fischer, 2008, 149 [154]; Uhlenbruck/*Ede/Hirte* Rn. 36; HK-InsO/*Thole* Rn. 22; in der Tendenz auch *Jacoby* ZIP 2008, 285 [291]). Anders verhält es sich, wenn dem Schuldner ein Auswahlermessen eingeräumt wird, indem bspw. nur ein bestimmter Mindestwert des Lagers verlangt wird und der Schuldner entscheiden darf, mit welchen Gegenständen er das Lager auffüllt (*Kuder* ZIP 2008, 289 [294]).

76 Auch **gesetzliche Ansprüche auf eine Sicherheit** können die Inkongruenz ausschließen (vgl. §§ 648, 775 Abs. 2; § 1039 Abs. 1 S. 2; §§ 1051, 1067 Abs. 2; § 2128 BGB). Anders als bei einer vereinbarten Sicherheit hängt die Kongruenz hier nicht davon ab, ob der Sicherungsgegenstand bereits hinreichend konkretisiert ist; andernfalls liefen die gesetzlichen Ansprüche auf Sicherheit in der Krise des Schuldners praktisch leer (Kübler/Prütting/Bork/*Schoppmeyer* Rn. 108; Uhlenbruck/*Ede/Hirte* Rn. 39; aA anscheinend HK-InsO/*Thole* Rn. 22).

77 Die vom Bauherrn gem. § 648 BGB bestellte Bauhandwerkersicherungshypothek ist kongruent (MüKoInsO/*Kayser* Rn. 23; Uhlenbruck/*Ede/Hirte* Rn. 41). Die **Bauhandwerkersicherung** gem. § 648a BGB verschafft dem Gläubiger hingegen auch nach der seit 1.1.2009 geltenden Neufassung keinen Anspruch auf eine bestimmte Sicherheit. Die Bestellung der Sicherheit setzt eine Willensentschließung des Bestellers voraus; erfolgt diese in der Krise, ist sie inkongruent (HK-InsO/*Thole* Rn. 22: aA Kübler/Prütting/Bork/*Schoppmeyer* Rn. 109; zum früheren Recht vgl. BGH NZI 2005, 329 [331]; Jaeger/*Henckel* Rn. 39; MüKoInsO/*Kayser* Rn. 23; Uhlenbruck/*Ede/Hirte* Rn. 41). Ebenfalls inkongruent ist die nachträgliche Vereinbarung über die **Abtretung der Werklohnforderung des Hauptunternehmers** gegen den Bauherrn an den Subunternehmer (BGH NZI 2011, 855 Rn. 11).

78 Ähnlich verhält es sich mit § 222 S. 2 AO. Danach ist eine **Stundung von Ansprüchen aus einem Steuerschuldverhältnis** regelmäßig nur gegen Sicherheitsleistung zulässig. Hier entsteht der Besicherungsanspruch erst aufgrund der Einigung des Finanzamts mit dem Schuldner über Art und Umfang der Sicherheitsleistung. Erfolgt diese Einigung in der kritischen Zeit, ist sie als inkongruente Deckung anfechtbar (BGH NZI 2005, 671; Jaeger/*Henckel* Rn. 40; Uhlenbruck/*Ede/Hirte* Rn. 40; Kübler/Prütting/Bork/*Schoppmeyer* Rn. 109). Inkongruent ist ferner die Stellung einer Sicherheit für die Gewährung eines Vollstreckungsaufschubs (§ 258 AO) oder die Aussetzung der Vollziehung eines Steuerbescheids (§ 361 Abs. 2 AO, § 69 Abs. 2, 3 FGO).

79 **Gesetzliche Pfandrechte** (§§ 562, 647 BGB, §§ 397, 441, 464, 475b HGB) entstehen mit der Verwirklichung des entsprechenden Tatbestandes. Eines Anspruches bedarf es nicht, und ein solcher ist regelmäßig auch nicht gegeben. Deswegen sind die gesetzlichen Pfandrechte aber nicht inkongruent erlangt (BGHZ 150, 326 [330] = NZI 2002, 485; Jaeger/*Henckel* Rn. 41; MüKoInsO/*Kayser* Rn. 24; Kübler/Prütting/Bork/*Schoppmeyer* Rn. 110).

80 Ob es sich anders verhält, wenn der Umfang der gesetzlichen Pfandrechte **das übliche Maß** überschreitet – Beispiel: der Mieter bringt ungewöhnlich viele oder solche Sachen in die Wohnung ein, die üblicherweise für Wohnzwecke nicht benötigt werden – und dadurch der Verdacht entstehen kann, dass für den Gläubiger eine zusätzliche Sicherung geschaffen werden soll, wird unterschiedlich beurteilt. Teilw. wird in einem solchen Fall die Inkongruenz bejaht (Jaeger/*Henckel* Rn. 41; FK-InsO/*Dauernheim* Rn. 21; Braun/*de Bra* Rn. 26). Richtigerweise kann das Wertverhältnis der gesetzlich erlangten Sicherheit zu der gesicherten Forderung für die Kongruenz/Inkongruenz keine Bedeutung gewinnen (MüKoInsO/*Kayser* Rn. 24; Kübler/Prütting/Bork/*Schoppmeyer* Rn. 111). Das entspricht auch der Rspr. zum Frachtführerpfandrecht (→ Rn. 81). Besteht im Einzelfall der Verdacht, dass der Schuldner den Umfang des gesetzlichen Pfandrechts zugunsten des Gläubigers manipuliert hat, kommt eine Anfechtung gem. § 133 in Betracht (MüKoInsO/*Kayser* Rn. 24).

Im Unterschied zur rechtsgeschäftlichen Besicherung, die insgesamt inkongru- **81**
ent sein kann, wenn zugleich mit dem nunmehr zu gewährenden Kredit auch ältere, bislang ungesicherte Ansprüche gesichert werden (→ Rn. 61), ist das **Frachtführerpfandrecht** auch insoweit kongruent, als der Frachtführer mit der Übernahme des Frachtguts gem. § 441 Abs. 1 S. 1 HGB ein **Pfandrecht auch für die inkonnexen Altforderungen** erlangt (BGHZ 150, 326 [330] = NZI 2002, 485; BGH NZI 2005, 389; Uhlenbruck/*Ede/Hirte* Rn. 39). Dies gilt sogar dann, wenn der Frachtführer den neuen Transportauftrag wegen der ihm bewussten Gefahr übernommen hat, der Absender könnte zahlungsunfähig werden, und für diesen Fall ein zusätzliches Sicherungsmittel hinsichtlich seiner Altforderungen hat erwerben wollen (BGH NZI 2005, 389 [390]; HK-InsO/*Thole* Rn. 24).

Die **Begründung eines kaufmännischen Zurückbehaltungsrechts** (§ 369 **82**
HGB) ist regelmäßig kongruent (→ § 130 Rn. 12). Inkongruent ist es aber dann, wenn der Anspruch auf Besitzübertragung erst während der Krise entstanden ist (Uhlenbruck/*Ede/Hirte* § 130 Rn. 43).

2. Nicht in der Art zu beanspruchende Sicherung. Eine „nicht in der Art" **83**
zu beanspruchende Sicherung wird gewährt (oder ermöglicht), wenn sie von derjenigen abweicht, die – unter Berücksichtigung des Bestimmtheitserfordernisses (dazu → Rn. 67 ff.) – geschuldet wird (BGH ZIP 1993, 276 [278]; MüKoInsO/*Kayser* Rn. 24, 37; Kübler/Prütting/Bork/*Schoppmeyer* Rn. 113). **Geringfügige Abweichungen** schaden nicht (Jaeger/*Henckel* Rn. 47; MüKoInsO/*Kayser* Rn. 24; Kübler/Prütting/Bork/*Schoppmeyer* Rn. 115). Eine solche liegt etwa dann vor, wenn der Schuldner die Sache, die zu verpfänden er versprochen hatte, zur Sicherheit übereignet oder statt der versprochenen Hypothek eine Grundschuld bestellt. Entsprechendes soll gelten, wenn der Schuldner die Sicherungsabtretung aller Forderungen gegen seine Schuldner mit den Anfangsbuchstaben A bis K versprochen hatte und er statt dessen die Forderungen gegen seine Schuldner mit den Anfangsbuchstaben L bis Z abtritt, falls sich dadurch der Umfang der Sicherung nicht wesentlich ändert (MüKoInsO/*Kayser* Rn. 37). Da die zuletzt genannte Voraussetzung aber schwer zu überprüfen sein wird und zudem die Inkongruenz einer Sicherheit allg. nicht davon abhängt, welchen Wert die tatsächlich gewährte Sicherheit für den Gläubiger hat, bestehen gegen diese Auffassung Bedenken. Die Bestellung eines Grundpfandrechts an einem anderen Grundstück als dem zuvor vereinbarten ist stets inkongruent (BGH NJW 1999, 645 f.).

Eine Sicherung, die im Wege der **Zwangsvollstreckung** erlangt wurde, wird **84**
nicht anders behandelt als eine unter denselben Umständen erlangte Befriedigung (vgl. → Rn. 36); sie ist inkongruent (BGHZ 136, 309 [311 ff.] = NJW 1997, 3445; BGH WM 1991, 150; 1995, 446 [450]; NZI 2002, 378 [379]; Jaeger/*Henckel* Rn. 49 ff.). Der Wortlaut des § 16 Abs. 2 AnfG steht nicht entgegen (Jaeger/*Henckel* Rn. 71 ff.; vgl. aber MüKoInsO/*Kayser* Rn. 30). Wenn der Schuldner unter dem Druck einer unmittelbar bevorstehenden Zwangsvollstreckung eine Sicherung gewährt, kann das Gleiche gelten (BGHZ 136, 309 [312 ff.] = NJW 1997, 3445; 155, 75 [82] = NJW 2003, 3347; 162, 143 = NJW 2005,

1121; BGH NJW 2002, 1574 [1576]; 2002, 2568 [2569]; ZIP 2003, 1304 f.; 2003, 1900 [1902]). Voraussetzung ist jedoch, dass dies nicht früher als drei Monate vor dem Eröffnungsantrag geschieht (BGHZ 155, 75 [82] = NJW 2003, 3347; BGH ZIP 2003, 1900 [1902]). Inkongruent ist ferner eine Sicherung, die der Schuldner zur Abwendung eines Insolvenzantrags gewährt, den der Gläubiger gezielt zur Durchsetzung der eigenen Forderung androht (BGHZ 157, 242 [245 ff.] = NJW 2004, 1385). Zur Vorpfändung vgl. → Rn. 36, 85. Durch die Rückschlagsperre nach § 88 wird eine Anfechtung der im Wege der Zwangsvollstreckung erhaltenen Sicherung nicht ausgeschlossen; sie kann sogar geboten sein, wenn die durch Zwangsvollstreckung erlangte Sicherheit bereits vor Insolvenzeröffnung verwertet wurde (HK-InsO/*Thole* Rn. 27).

85 Fallen **Vorpfändung** und **Hauptpfändung** in die kritische Zeit, sind beide nach § 131 InsO anfechtbar. Es braucht aber nur die Hauptpfändung angefochten zu werden, weil mit deren erfolgreichen Anfechtung die Vorpfändung ihre Wirkung verliert; umgekehrt genügt die Anfechtung der Vorpfändung nicht. Ist die Vorpfändung vor der kritischen Zeit vorgenommen worden und die Hauptpfändung danach, ist die Vorpfändung unwirksam, wenn die Hauptpfändung von § 88 InsO erfasst oder nach § 131 InsO erfolgreich angefochten wird (Jaeger/*Henckel* Rn. 58; HK-InsO/*Thole* Rn. 26).

86 Die Eintragung einer **Vormerkung** für einen (unanfechtbar begründeten) Anspruch auf Einräumung einer Bauhandwerkersicherungshypothek nach § 648 Abs. 1 BGB wurde bisher selbst dann, wenn die Vormerkung im Wege einer einstweiligen Verfügung nach § 885 BGB erwirkt wurde, als kongruent angesehen (BGHZ 34, 254 [256] = NJW 1961, 456; BGH WM 1975, 6). Ob diese Ansicht aufrechterhalten werden kann, erscheint fraglich (MüKoInsO/*Kayser* Rn. 29; HK-InsO/*Thole* Rn. 26; vgl. auch Jaeger/*Henckel* Rn. 67; Leonhardt/Smid/Zeuner/*Zeuner* Rn. 25).

87 **3. Nicht zu der Zeit zu beanspruchende Sicherung.** Inkongruent ist die Sicherung schließlich auch dann, wenn der Anspruch aus der Sicherungsabrede **noch nicht fällig** (BGH NJW 2003, 360 [361]) oder **befristet** war (BGH NJW 1993, 1640 [1641]). Zur aufschiebenden Bedingung → Rn. 22. Ist der Anspruch aus der Sicherungsabrede noch vor der Insolvenzeröffnung fällig geworden, bleibt die Sicherstellung zwar inkongruent; doch beruht die eingetretene Gläubigerbenachteiligung nicht mehr ursächlich auf der Vorzeitigkeit der Besicherung (→ Rn. 18, 56).

88 Wird eine bereits bestehende Verbindlichkeit **nachträglich besichert,** ohne dass zuvor eine entsprechende Sicherungsabrede bestand, liegt nicht der Fall einer „nicht zu der Zeit", sondern derjenige einer (überhaupt) „nicht zu beanspruchenden" Sicherung vor (vgl. → Rn. 59, 61). Zur **Besicherung auf Vorrat** vgl. → Rn. 62.

89 Soll das **AGB-Pfandrecht** eines Kreditinstituts nur künftige oder fällige Ansprüche sichern, ist eine frühere Ausübung – etwa durch eine Kontosperre – inkongruent (BGH NZI 1999, 116; 2004, 248 [249]; Jaeger/*Henckel* Rn. 24; MüKoInsO/*Kayser* Rn. 40; HK-InsO/*Thole* Rn. 21 aE). Daraus folgt die Inkongruenz von späteren Zahlungen von dem gesperrten Konto an das Kreditinstitut aber nur dann, wenn das Guthaben ohne die Sperre anderweitig verwendet worden wäre, was der Insolvenzverwalter beweisen muss (BGH NZI 2004, 248 [249]; HK-InsO/*Thole* Rn. 21 aE). Ist das Pfandrecht insolvenz- und anfechtungsfest begründet, kann von ihm – entsprechendes Sicherungsbedürfnis vorausgesetzt – schon vor Pfandreife Gebrauch gemacht werden, indem die Bank, um die spätere Verwertung zu sichern, das Guthaben sperrt; eine solche Kontosperre ist durch § 1281 S. 2 Hs. 1 BGB gedeckt und somit kongruent (BGH NZI 2004, 314; HK-InsO/*Thole* Rn. 21 aE).

V. Weitere Anfechtungsvoraussetzungen

1. Objektive Voraussetzungen. a) Absatz 1 Nr. 1. Die auf den Eröffnungsantrag bezogene **Monatsfrist** (die mit der Rückschlagsperre des § 88 übereinstimmt) berechnet sich nach § 139. **Insolvenzanträge,** die anfangs zulässig und begründet waren, aber bis zur Entscheidung über die Eröffnung unbegründet wurden, sind für die Berechnung des Anfechtungszeitraums unbeachtlich. Liegt eine einheitliche Insolvenz vor, ist der erste, mangels Masse abgewiesene Antrag grds. auch dann maßgebend, wenn zwischen ihm und dem Antrag, der zur Verfahrenseröffnung geführt hat, ein beträchtlicher Zeitraum (hier: drei Jahre) liegt (BGH NZI 2008, 184 Rn. 11, 13). 90

Der **Zeitpunkt der Rechtshandlung** ist nach § 140 zu bestimmen; danach richtet sich auch, ob die Rechtshandlung vor oder nach dem Eröffnungsantrag vorgenommen wurde. Weiterer objektiver Voraussetzungen bedarf es neben den allgemeinen Voraussetzungen (→ Rn. 6 f.) nicht. Insbes. ist es unerheblich, ob der Schuldner zum Zeitpunkt der angefochtenen Rechtshandlung tatsächlich zahlungsunfähig war (MüKoInsO/*Kayser* Rn. 46; Kübler/Prütting/Bork/*Schoppmeyer* Rn. 143). 91

Für die verschärfte Anfechtung von **kontenmäßigen Verrechnungen** nach Absatz 1 Nr. 1 ist der Kontenverlauf davor unbeachtlich. Die Anfechtbarkeit nach Absatz 1 Nr. 2 und 3 erweitert zwar unter strengeren Voraussetzungen die Anfechtbarkeit inkongruenter Deckungshandlungen auf die beiden vorangehenden Monate, kann aber nicht umgekehrt die erleichterte Anfechtung nach Nr. 1 einschränken (vgl. → Rn. 48). 92

b) Absatz 1 Nr. 2. Zu der Frage des maßgeblichen **Insolvenzantrags** kann auf → § 130 Rn. 78 verwiesen werden. Die weitere Frage, ob die Rechtshandlung **innerhalb des zweiten oder dritten Monats** vor dem Eröffnungsantrag vorgenommen wurde, ist auch hier nach den §§ 139, 140 zu beantworten. Zur Zeit der Handlung muss der Schuldner außerdem **zahlungsunfähig** gewesen sein. Vgl. hierzu → § 130 Rn. 44 ff. 93

c) Absatz 1 Nr. 3. Auch insoweit kann zu der Frage des maßgeblichen **Insolvenzantrags** auf → § 130 Rn. 78 verwiesen werden. Der Anfechtungszeitraum ist mit demjenigen des Absatz 1 Nr. 2 identisch. Im Unterschied zu Nr. 2 stellt Nr. 3 jedoch **nicht** auf das objektive Merkmal der **Zahlungsunfähigkeit** ab, sondern auf das subjektive Element der Kenntnis des Gläubigers von der Gläubigerbenachteiligung (dazu → Rn. 98 ff.). Daraus wird im Schrifttum teilw. gefolgert, die Norm komme überhaupt nur zum Tragen, wenn der Schuldner zum Zeitpunkt der Rechtshandlung noch nicht (nachweisbar) materiell insolvent sei (Kübler/Prütting/Bork/*Schoppmeyer* Rn. 147). Demgemäß seien iRd Absatz 1 Nr. 3 nur solche Deckungen als inkongruent anzusehen, die auch außerhalb der materiellen Insolvenz so zu bewerten seien. Ohne Zahlungsunfähigkeit des Schuldners seien **Zwangsvollstreckungsmaßnahmen** aber kongruent und somit nicht nach Absatz 1 Nr. 3 anfechtbar (*Schoppmeyer* NZI 2005, 185 [187, 191]; Kübler/Prütting/Bork/*Schoppmeyer* Rn. 148). 94

Stellungnahme: Diese Schlussfolgerung ist nicht gerechtfertigt (HK-InsO/*Thole* Rn. 32; iE ebenso MüKoInsO/*Kayser* Rn. 49). Schon nach § 30 Nr. 2 KO (vgl. dazu BGHZ 128, 196 [199] = NJW 1995, 1090; 136, 309 [313 f.] = NJW 1997, 3445; Vorauflage Anm. 20) waren Zwangsvollstreckungsmaßnahmen eines Gläubigers ua dann anfechtbar, wenn innerhalb von zehn Tagen die Zahlungsunfähigkeit eintrat oder der Konkurs beantragt wurde. Im Zeitpunkt der Zwangsvollstreckungsmaßnahme brauchte also noch keine Zahlungsunfähigkeit vorzuliegen. Deshalb ist die Annahme, dass auch § 30 Nr. 2 KO „prinzipiell an die 95 materielle Insolvenz an(ge)knüpft" habe (Kübler/Prütting/Bork/*Schoppmeyer* Rn. 148), nicht zutr. Inkongruent war die Zwangsvollstreckung bereits deshalb, weil sie in die letzten zehn Tage vor dem Konkursantrag fiel (BGHZ 136, 309 [312 f.] = NJW 1997, 3445). Für die Anfechtbarkeit inkongruenter Maßnahmen nach § 131 Abs. 1 Nr. 3 kommt es in objektiver Hinsicht allein darauf an, ob sie innerhalb der Drei-Monats-Frist vor Stellung des Insolvenzantrags vorgenommen und die anderen Gläubiger dadurch benachteiligt werden. Letzteres ist dann der Fall, wenn die anderen Gläubiger nach Insolvenzeröffnung keine volle Befriedigung mehr erwarten dürfen.

96 **Unzutreffend** ist auch, dass es sich bei Absatz 1 Nr. 3 um einen **Unterfall der Vorsatzanfechtung** nach § 133 handele (so Uhlenbruck/*Ede/Hirte* Rn. 20; Braun/*de Bra* Rn. 33), richtigerweise also als § 133 Abs. 1 S. 3 zu lesen sei (Kübler/Prütting/Bork/*Schoppmeyer* Rn. 146). Allerdings war diese Ansicht zu § 30 Nr. 2 KO ganz herrschend, und auch die Amtliche Begründung zu § 131 (§ 146 RegE, BT-Drs. 12/2443, 159) spricht für diese Annahme. Im Gesetzeswortlaut findet sie sich jedoch nicht wieder, und sie ist auch nicht gerechtfertigt (krit. insoweit auch Jaeger/*Henckel* Rn. 75; MüKoInsO/*Kayser* Rn. 49; HK-InsO/*Thole* Rn. 32). § 133 setzt eine Rechtshandlung des Schuldners voraus; demgegenüber muss die Rechtshandlung in § 131 Abs. 1 Nr. 3 keine solche des Schuldners sein. Damit sind Zwangsvollstreckungsmaßnahmen gegen den Schuldner regelmäßig nur nach § 131 anfechtbar. § 133 setzt weiter den Gläubigerbenachteiligungsvorsatz des Schuldners und die Kenntnis des anderen Teils von diesem Vorsatz voraus; demgegenüber muss in § 131 Abs. 1 Nr. 3 der Gläubiger lediglich gewusst haben, dass die Rechtshandlung die Insolvenzgläubiger objektiv benachteiligte; ein subjektives Tatbestandselement in der Person des Schuldners gibt es nicht. Richtig ist, dass in den Fällen des § 131 Ans. 1 Nr. 3 auch der Tatbestand des § 133 verwirklicht sein kann; die Annahme, dass dieser Tatbestand dann „regelmäßig" ebenfalls erfüllt sei (Braun/*de Bra* Rn. 33), ist aber zu weitgehend.

97 **2. Subjektive Voraussetzungen. a) Absatz 1 Nr. 1 und Nr. 2.** Die Anfechtung nach Absatz 1 Nr. 1 und Nr. 2 ist von subjektiven Voraussetzungen unabhängig (so auch *Häger/Harig* ZInsO 2013, 1677 [1679]). Die Kenntnisse sowohl des Schuldners als auch des Anfechtungsgegners sind daher für eine Anfechtung nach diesen Vorschriften gleichgültig (vgl. → Rn. 13, 32). In Nr. 2 wird insbes. die Kenntnis des Gläubigers von der Zahlungsunfähigkeit des Schuldners oder von Umständen, die zwingend darauf schließen lassen, nicht verlangt.

98 **b) Absatz 1 Nr. 3 iVm Absatz 2 S. 1.** Anstatt der objektiven Zahlungsunfähigkeit des Schuldners wird in **Absatz 1 Nr. 3** die (positive) **Kenntnis des Anfechtungsgegners von der gläubigerbenachteiligenden Wirkung** der Rechtshandlung vorausgesetzt. Kenntnis bedeutet – wie in § 130 – das für sicher gehaltene Wissen; selbst grobe Fahrlässigkeit reicht nicht aus (MüKoInsO/*Kayser* Rn. 53; Kübler/Prütting/Bork/*Schoppmeyer* Rn. 151). Der Anfechtungsgegner muss wissen, dass die Handlung das Vermögen des Schuldners schmälert, so dass dieses voraussichtlich nicht mehr ausreichen wird, sämtliche Insolvenzgläubiger voll zu befriedigen (BGHZ 157, 242 [250] = NZI 2004, 201 [203]; MüKoInsO/*Kayser* Rn. 53; HK-InsO/*Thole* Rn. 32; Kübler/Prütting/Bork/*Schoppmeyer* Rn. 151). Diese Kenntnis, die zur Zeit der Handlung vorliegen muss, fehlt, wenn der Gläubiger als sicher davon ausging, dass das Vermögen des Schuldners zur vollen Befriedigung aller Gläubiger ausreichen oder dass er die dafür erforderlichen Mittel rechtzeitig erhalten werde (MüKoInsO/*Kayser* Rn. 53; HK-InsO/*Thole* Rn. 32; ebenso zu § 30 Nr. 2 KO BGH ZIP 2005, 585 [587]). Da objektiv eine mittelbare Gläubigerbenachteiligung ausreicht (→ Rn. 7), ist dies auch für die Kenntnis des Begünstigten maßgeblich. Nicht erforderlich ist, dass dieser auch die Kausalität der Inkongruenz für die Gläubigerbenachteiligung kennt. Die irrtümli-

che Annahme der Gläubigerbenachteiligung genügt nicht (HK-InsO/*Thole* Rn. 32).

Die **Kenntnis eines Vertreters** oder sonstiger von ihm eingeschalteter Personen ist dem Gläubiger zuzurechnen. Ob für die Zurechnung die zu § 130 entwickelten Grundsätze (so Uhlenbruck/*Ede/Hirte* Rn. 19) oder diejenigen zu § 133 (so Kübler/Prütting/Bork/*Schoppmeyer* Rn. 152) maßgeblich sind, kann auf sich beruhen, weil es insoweit (insbes. unter Berücksichtigung des § 133 Abs. 1 S. 2) keine wesentlichen Unterschiede gibt. 99

Nach **Absatz 2 S. 1** steht der Kenntnis des Gläubigers von der Benachteiligung der Insolvenzgläubiger die **Kenntnis von Umständen** gleich, die zwingend auf die Benachteiligung schließen lassen. Er muss solche Tatsachen kennen, aus denen sich bei zutreffender rechtlicher Beurteilung zweifelsfrei ergibt, dass der Schuldner aufgrund seiner angespannten finanziellen Verhältnisse auf absehbare Zeit seine Zahlungspflichten nicht mehr in vollem Umfang erfüllen kann, so dass die Insolvenzgläubiger zumindest teilw. leer ausgehen werden (BGHZ 157, 242 [250] = NZI 2004, 201 [203]; MüKoInsO/*Kayser* Rn. 54; HK-InsO/*Thole* Rn. 35; noch weitergehend – es genüge die Vorstellung des Gläubigers, dass der Schuldner auf Grund der gewährten Deckung andere Gläubiger nur mit erheblicher zeitlicher Verzögerung werde befriedigen können – Kübler/Prütting/Bork/*Schoppmeyer* Rn. 151; Leonhardt/Smid/Zeuner/*Zeuner* Rn. 34). Diese Voraussetzung kann erfüllt sein, wenn sich ein Gläubiger darüber im Klaren ist, dass er sich nahezu das gesamte Vermögen des Schuldners hat übertragen lassen und diesem somit kaum Mittel verbleiben, um seine anderen Gläubiger zu befriedigen (MüKoInsO/*Kayser* Rn. 54). 100

Die bloße **Kenntnis von der Inkongruenz** reicht nicht (BGHZ 157, 242 [250] = NZI 2004, 201 [203]; MüKoInsO/*Kayser* Rn. 63; HK-InsO/*Thole* Rn. 35). Teilw. wird sie nicht einmal für erforderlich gehalten (*Häger/Harig* ZInsO 2013, 1677 [1679]). Ist aber dem Gläubiger eine finanziell beengte Lage des Schuldners bekannt, kann die Inkongruenz einer Deckung auch im Rahmen von Absatz 1 Nr. 3 ein nach § 286 ZPO zu würdigendes Beweisanzeichen für die Kenntnis von einer Gläubigerbenachteiligung sein (BGHZ 157, 242 [252] = NZI 2004, 201 [204]; BGH NZI 2006, 581 Rn. 19). Dann wird man auch die Kenntnis von den die Inkongruenz begründenden Umständen verlangen müssen. Wenn ein Sozialversicherungsträger über Monate hinweg nur unvollständige Zahlungen erhält und sich mehrmals veranlasst sieht, mit Nachdruck Insolvenzanträge anzudrohen, kennt er im Allgemeinen Umstände, die zwingend auf die Benachteiligung schließen lassen. Ein Gleiches gilt, wenn der Gläubiger ein für den Schuldner entwickeltes Sanierungskonzept als untauglich ansieht und ihm bekannt ist, dass ein Großkunde des Schuldners ausgefallen ist (BGH NJW 1998, 1561 [1565]), oder wenn der Gläubiger auf Grund enger Geschäftsbeziehungen zum Schuldner und deswegen, weil er Einblick in dessen Buchführung hat, dessen beengte finanzielle Verhältnisse kennt (BGH NZI 2006, 581 Rn. 19). 101

VI. Beweislast iVm Absatz 2 S. 2

Die Voraussetzungen der einzelnen Anfechtungstatbestände hat der **Insolvenzverwalter** darzulegen und zu beweisen. **Im Regelfall** gehören dazu: die Deckungshandlung gegenüber einem Insolvenzgläubiger in der jeweiligen kritischen Zeit, die zumindest mittelbare Gläubigerbenachteiligung, die Kausalität der Deckungshandlung für die Gläubigerbenachteiligung und die Inkongruenz der Deckungshandlung (MüKoInsO/*Kayser* Rn. 57–60). In letzterer Hinsicht genügt es, wenn das Vorbringen, des Gläubigers, auf welche dieser seinen Deckungsanspruch stützt, widerlegt wird (Jaeger/*Henckel* Rn. 78; MüKoInsO/*Kayser* Rn. 59; Küb- 102 ler/Prütting/Bork/*Schoppmeyer* Rn. 157; ebenso zu § 30 KO BGHZ 123, 320 [330] = NJW 1993, 3267 [3269]).

103 Bei **§ 131 Abs. 1 Nr. 2** muss der Insolvenzverwalter außerdem die Zahlungsunfähigkeit des Schuldners im Zeitpunkt der Rechtshandlung beweisen. Im Rahmen von **§ 131 Abs. 1 Nr. 3** muss der Insolvenzverwalter die Kenntnis des Gläubigers, dass die Rechtshandlung die Insolvenzgläubiger benachteiligte, oder von Umständen, die zwingend auf die Benachteiligung schließen ließen, beweisen. Soll aus der Inkongruenz der Deckungshandlung ein Beweisanzeichen für die Kenntnis des Anfechtungsgegners von einer Gläubigerbenachteiligung entnommen werden, hat der Insolvenzverwalter auch zu beweisen, dass der Gläubiger im Zeitpunkt der Rechtshandlung die finanziell beengte Lage des Schuldners kannte (BGHZ 157, 242 [252] = NZI 2004, 201 [203]; Kübler/Prütting/Bork/*Schoppmeyer* Rn. 159). Gelingt dem Insolvenzverwalter dieser Nachweis, muss der Anfechtungsgegner das Indiz entkräften; dafür reicht es nicht aus, dass er behauptet, er habe die Deckung für kongruent gehalten (Kübler/Prütting/Bork/*Schoppmeyer* Rn. 159).

104 Bei der Frage, welche Anforderungen an die **Darlegungslast** zu stellen sind, ist zu berücksichtigen, ob sich die vorgetragenen Geschehnisse im Wahrnehmungsbereich der Partei zugetragen haben und wie sich der Gegner dazu eingelassen hat. Das gilt insbes. im Anfechtungsprozess des Insolvenzverwalters (BGH NZI 1998, 118 [119]). Diesem steht zur Begründung seiner Klage über die vorgefundenen, häufig unvollständigen schriftlichen Unterlagen hinaus allenfalls die frühere Geschäftsleitung als Auskunftsperson zur Verfügung. Deshalb würden zu hohe Anforderungen an die Substantiierungslast oft die Erfolgsaussichten einer Anfechtungsklage von vornherein vereiteln (BGH NZI 2008, 299 Rn. 32).

105 Soweit es bei **§ 131 Abs. 1 Nr. 3** um die Kenntnis von der Benachteiligung geht, verlagert **Absatz 2 S. 2** die Beweislast auf solche Gläubiger, die dem Schuldner im Zeitpunkt der Vornahme der Rechtshandlung nahe standen. Zum Beweis ihrer Unkenntnis ist der Nachweis erforderlich, dass sie nicht einmal die tatsächlichen Umstände gekannt haben, aus welchen sich die Kenntnis zwingend ergibt (Jaeger/*Henckel* Rn. 80; MüKoInsO/*Kayser* Rn. 64; HK-InsO/*Thole* Rn. 36). Die Eigenschaft als nahestehende Person ist vom Insolvenzverwalter zu beweisen (BGHZ 195, 358 Rn. 15 = NZI 2013, 39; HK-InsO/*Thole* Rn. 36).

Anhang: Zur Reform des § 131

106 Nach dem **Regierungsentwurf (RegE)** vom 29.9.2015 soll dem § 131 Abs. 1 folgender Satz angefügt werden:

> *„Eine Rechtshandlung wird nicht allein dadurch zu einer solchen nach Satz 1, dass die Sicherung oder Befriedigung durch Zwangsvollstreckung erwirkt oder zu deren Abwendung bewirkt worden ist".*

In Absatz 2 Satz 1 soll die Angabe *„Nr. 3"* durch *„Satz 1 Nr. 3"* ersetzt werden.

107 Damit würde die schon durch das RG begründete Rechtsprechung und herrschende Literaturmeinung (o. → Rn. 36) korrigiert. Im Übrigen wird die Abschwächung, die der Referentenentwurf (RefE) vom März 2015 gegenüber einem vorausgegangenen „Eckpunktepapier" (dazu krit. *Bork* ZIP 2014, 1905 [1908]) enthielt (danach sollte die Privilegierung als kongruente Deckung nur noch solchen Sicherungen und Befriedigungen zuteil werden, die „auf der Grundlage eines in einem gerichtlichen Verfahren erlangten vollstreckbaren Titels erwirkt" worden waren), wieder zurückgenommen. Nach der aktuellen Fassung werden eindeutig die öffentlichen Kassen (die sich ihre Titel selbst schaffen können) bevorzugt.

108 Nach der Begründung des RegE erscheint es „wenig interessengerecht, dass ein Gläubiger, der lediglich von den den ihm zur Verfügung stehenden gesetzlichen

Zwangsmitteln Gebrauch gemacht hat, unabhängig von der Kenntnis der schuldnerischen Krise um die Früchte seiner Anstrengungen gebracht werden kann" (krit. *Ganter* WM 2015, 905; *ders.* WM Heft 45/2015; zustimmend hingegen die Stellungnahme des DAV v. 5.6.2015, NZI aktuell in Heft 13/2015, IX [X]).

Unmittelbar nachteilige Rechtshandlungen

132 (1) **Anfechtbar ist ein Rechtsgeschäft des Schuldners, das die Insolvenzgläubiger unmittelbar benachteiligt,**

1. **wenn es in den letzten drei Monaten vor dem Antrag auf Eröffnung des Insolvenzverfahrens vorgenommen worden ist, wenn zur Zeit des Rechtsgeschäfts der Schuldner zahlungsunfähig war und wenn der andere Teil zu dieser Zeit die Zahlungsunfähigkeit kannte oder**
2. **wenn es nach dem Eröffnungsantrag vorgenommen worden ist und wenn der andere Teil zur Zeit des Rechtsgeschäfts die Zahlungsunfähigkeit oder den Eröffnungsantrag kannte.**

(2) **Einem Rechtsgeschäft, das die Insolvenzgläubiger unmittelbar benachteiligt, steht eine andere Rechtshandlung des Schuldners gleich, durch die der Schuldner ein Recht verliert oder nicht mehr geltend machen kann oder durch die ein vermögensrechtlicher Anspruch gegen ihn erhalten oder durchsetzbar wird.**

(3) **§ 130 Abs. 2 und 3 gilt entsprechend.**

Schrifttum: *Biernat,* Anfechtung bei Rechtsberatung vor Insolvenzantrag, ZVI 2004, 276; *Eckardt,* Die Ausübung von Mobiliarsicherheiten in der Unternehmenskrise, ZIP 1999, 1734; *Henckel,* Die Gläubigeranfechtung – ein taugliches Mittel zur Beseitigung von Verkürzungen der Konkursmasse?, ZIP 1982, 391; *Kirchhof,* Anfechtbarkeit der Vergütung vorinsolvenzrechtlicher Berater und Vertreter des Schuldners, ZInsO 2005, 340; *Thole,* Gläubigerschutz durch Insolvenzrecht, 2010.

Übersicht

I. Grundlagen

1 § 132 ist **Teil der besonderen Insolvenzanfechtung** (→ § 130 Rn. 1) und wird von den spezielleren Vorschriften der §§ 130, 131 verdrängt, soweit die Deckungshandlung der Sicherung oder Befriedigung eines Insolvenzgläubigers dient (BGH [XI. Zivilsenat] NZI 2012, 506 Rn. 40 zu § 132 Abs. 2; MüKo-InsO/*Kayser* Rn. 5). Wird die Deckung einer Person gewährt, die nicht Insolvenzgläubiger (→ § 130 Rn. 24 ff.) ist, kann allenfalls § 133 oder § 134 eingreifen (MüKoInsO/*Kayser* Rn. 5).

2 **Aufrechnungserklärungen** sind nicht nach § 132 anfechtbar, weil § 96 eine Sonderregelung enthält (Kübler/Prütting/Bork/*Schoppmeyer* Rn. 22). Nach § 96 Abs. 1 Nr. 3 kommt es nur noch auf die Herstellung der Aufrechnungslage an, weshalb eine zusätzliche Anfechtung der Aufrechnungserklärung überflüssig ist (Uhlenbruck/*Ede/Hirte* Rn. 5).

3 An Stelle der Anfechtung nach § 132 Abs. 1 kann der Insolvenzverwalter **bei gegenseitigen, beiderseits noch nicht vollständig erfüllten Verträgen** gem. § 103 die **Erfüllung ablehnen** und bei Anmeldung eines Schadensersatzanspruchs zur Tabelle die **Einrede der Anfechtbarkeit** entgegen halten (Kübler/Prütting/Bork/*Schoppmeyer* Rn. 20). Wählt der Verwalter hingegen die Erfüllung, kann er den in der Krise abgeschlossenen Vertrag nicht mehr nach § 132 anfechten, weil dies auf einen unzulässigen Widerruf der Erfüllungswahl hinausliefe (Jaeger/*Henckel* Rn. 18).

4 **1. Gesetzgebungsgeschichte.** Die Neuregelung geht auf den Ersten Bericht der Insolvenzrechtskommission (Leitsatz 5.2.5) zurück. Die Gesetzesfassung des § 132 beruht auf der Beschlussempfehlung des Rechtsausschusses des Bundestags zu § 147 RegE (BT-Drs. 12/7302, 55 f.).

5 § 132 Abs. 1 erweitert über den Tatbestand des § 30 Nr. 1 Fall 1 KO (bzw. § 10 Abs. 1 Nr. 4 GesO) hinaus die Anfechtung auf Rechtsgeschäfte, die in den letzten drei Monaten vor dem Eröffnungsantrag vorgenommen worden sind. Zu § 30 Nr. 1 Fall 1 KO, der alle **Bargeschäfte** und **Bardeckungen** von der Anfechtung nach § 30 KO freistellte, wenn für die Leistung des Schuldners unmittelbar eine gleichwertige Gegenleistung in sein Vermögen gelangt war, enthält § 132 keine Entsprechung. Vielmehr normiert § 142 die Unanfechtbarkeit der Bardeckungen besonders und greift über den Bereich des § 132 hinaus, indem er auch die Deckung von Verbindlichkeiten erfasst, die vor der kritischen Zeit begründet worden sind (Jaeger/*Henckel* Rn. 4; Erläuterungen → § 142 Rn. 8 ff.).

6 Gegenüber dem früheren Recht **neue Regelungen** treffen § 132 Abs. 2 und 3. Abs. 2 stellt dem unmittelbar benachteiligenden Rechtsgeschäft andere Rechtshandlungen des Schuldners gleich, durch die er ein Recht verliert oder nicht mehr geltend machen kann oder durch die ein vermögensrechtlicher Anspruch gegen ihn erhalten oder durchsetzbar wird. Diese Rechtshandlungen konnten nach altem Recht nur mit der Absichtsanfechtung gem. § 31 KO (entspricht § 133) angefochten werden (Jaeger/*Henckel* Rn. 2). Durch die Verweisung in § 132 Abs. 3 auf § 130 Abs. 3 wird die Vermutung der Kenntnis einer nahestehenden Person eingeführt.

7 **2. Normzweck.** § 132 enthält **zwei verschiedene Anfechtungstatbestände,** die nach den §§ 130, 131 das System der besonderen Insolvenzanfechtung vervollständigen.

8 **a) Anfechtbarkeit von Rechtsgeschäften.** § 132 Abs. 1 eröffnet die Anfechtung in Bezug auf die Begründung von Verbindlichkeiten zu Gunsten Einzelner

in der wirtschaftlichen Krise des Schuldners, für die diesem kein ausgleichender Gegenwert zufließen soll. Typische Fälle solcher **Verschleuderungsgeschäfte** sind nicht durch eine gleichwertige Gegenleistung aufgewogene **Notverkäufe der Vermögensgüter des Schuldners,** mit denen dieser fehlende Liquidität (wieder) zu gewinnen versucht (Ahrens/Gehrlein/Ringstmeier/*Gehrlein* Rn. 1; MüKoInsO/*Kayser* Rn. 1; *Henckel* ZIP 1982, 391 [393]: krisenbedingter Schlussverkauf; vgl. auch *Thole,* Gläubigerschutz durch Insolvenzrecht, 424, 427: „Verschleuderungsanfechtung").

Außerdem richtet sich § 132 Abs. 1 gegen **unmittelbar gläubigerbenachteiligende Rechtsgeschäfte aller Art,** an denen der Schuldner beteiligt ist und die nicht von der Deckungsanfechtung erfasst werden (MüKoInsO/*Kayser* Rn. 1). Dabei handelt es sich um schuldrechtliche – auch einseitige – Rechtsgeschäfte, die den Schuldner verpflichten oder sein Vermögen in anderer Weise als durch Befriedigung oder Sicherung eines Insolvenzgläubigers beeinträchtigen (Jaeger/*Henckel* Rn. 5). Das gilt auch für Abreden, die es dem Schuldner erst ermöglichen, einen Betrieb fortzuführen (vgl. BGH ZIP 2003, 855 [856]). 9

b) Anfechtbarkeit gleichgestellter Rechtshandlungen. § 132 Abs. 2 stellt einen **Auffangtatbestand** für bestimmte Rechtshandlungen dar, die für die Gläubiger nachteilig sind, ohne dass sie von der Deckungsanfechtung (§§ 130, 131) oder der Anfechtung unmittelbar benachteiligender Rechtshandlungen nach § 132 Abs. 1 erfasst werden. Absatz 2 soll va Regelungslücken schließen, die nach früherem Konkursrecht bei der Anfechtung von Unterlassungen im Bereich der besonderen Insolvenzanfechtung bestanden. Dementsprechend ist die Vorschrift im Wesentlichen auf **Unterlassungen** zugeschnitten, die nach § 129 Abs. 2 den Rechtshandlungen gleichstehen (BT-Drs. 12/2443, 159). Außerdem erfasst Absatz 2 **Realakte** und **rechtsgeschäftsähnliche Handlungen** des Schuldners (Kübler/Prütting/Bork/*Schoppmeyer* Rn. 43). 10

Die Verweisung in § 132 Abs. 3 erleichtert die **Beweisführung** für den Insolvenzverwalter in zwei Punkten (Uhlenbruck/*Ede*/*Hirte* Rn. 18): In entsprechender Anwendung des § 130 Abs. 2 wird der Kenntnis der Zahlungsunfähigkeit und des Eröffnungsantrags die Kenntnis von Umständen gleichgestellt, die zwingend darauf schließen lassen. Ferner verweist § 132 Abs. 3 auf § 130 Abs. 3, womit gegenüber dem Schuldner nahe stehenden Personen die Vermutung der Kenntnis begründet wird. 11

II. Anfechtbare Rechtsgeschäfte (Absatz 1)

1. Rechtsgeschäft. Anfechtbar nach § 132 Abs. 1 ist jedes **Rechtsgeschäft.** Der Begriff des Rechtsgeschäfts ist derjenige des BGB und bezeichnet den aus einer oder mehreren privaten Willenserklärungen, gegebenenfalls in Verbindung mit weiteren Elementen, etwa einem Realakt, bestehenden Tatbestand, an den die Rechtsordnung den Eintritt des in der Willenserklärung bezeichneten rechtlichen Erfolgs knüpft (Ahrens/Gehrlein/Ringstmeier/*Gehrlein* Rn. 3; MüKoInsO/*Kayser* Rn. 6). Unter Rechtsgeschäften iSd § 30 Nr. 1 Fall 1 KO wurden überwiegend nur **Verträge** verstanden (Kilger/Karsten Schmidt § 30 KO Anm. 3; offen gelassen von BGH NJW 1997, 1063 [1065]). Da es im Unterschied zu § 30 Nr. 1 Fall 1 KO in § 132 Abs. 1 nicht mehr „eingegangenes", sondern „vorgenommenes" Rechtsgeschäft heißt, werden jetzt **auch einseitige Rechtsgeschäfte** wie die **Kündigung** erfasst (BT-Drs. 12/2443, 159 zu § 147 RegE). 12

Anfechtbar ist nicht nur der **Abschluss,** sondern auch jede **Änderung,** falls sie ihrerseits ein Rechtsgeschäft darstellt (vgl. Kübler/Prütting/Bork/*Schoppmeyer* Rn. 20). Auch auf einen **Vergleich** oder einen **güterrechtlichen Auseinandersetzungsvertrag** kann § 132 anwendbar sein (MüKoInsO/*Kayser* Rn. 7). 13

14 Eine **vertragliche Abrede** und damit ein Rechtsgeschäft iSv § 132 Abs. 1 liegt auch vor, wenn der Sicherungsnehmer durch Anfrage beim Schuldner als Sicherungsgeber dessen **Einverständnis über die Art der Verwertung des Sicherungsguts** herbeiführt (BGH NJW 1997, 1063 [1065] zu § 30 Nr. 1 Fall 1 KO).

15 Zu den Rechtsgeschäften iSv § 132 Abs. 1 gehören auch **Verfügungsgeschäfte** (HambK-InsO/*Rogge/Leptien* Rn. 3; Kübler/Prütting/Bork/*Schoppmeyer* Rn. 23; MüKoInsO/*Kayser* Rn. 8; aA Jaeger/*Henckel* Rn. 12, 14), soweit es nicht um Erfüllungshandlungen geht (dazu → Rn. 16). Somit ist die **Abtretung** einer Forderung des Schuldners an einen Dritten zwecks Verteilung des Erlöses unter einzelnen Gläubigern als unmittelbar nachteilige Rechtshandlung anfechtbar (BGH NZI 2007, 718 Rn. 9; HambK-InsO/*Rogge/Leptien* Rn. 5). Entsprechendes gilt für den **Erlass** einer Schuld oder ein **negatives Schuldanerkenntnis** (MüKoInsO/*Kayser* Rn. 8; Kübler/Prütting/Bork/*Schoppmeyer* Rn. 23; aA Uhlenbruck/*Ede/Hirte* Rn. 4).

16 Bei **Erfüllungshandlungen,** die eine Deckung gegenüber einem Insolvenzgläubiger bewirken, tritt die Vorschrift allerdings gegenüber den vorrangigen §§ 130, 131 zurück. Nach den Gesetzesmaterialien gehören Rechtshandlungen, die einem Insolvenzgläubiger eine Sicherung oder Befriedigung gewähren oder ermöglichen, nicht zu den Rechtsgeschäften iSv § 132; für sie gelten die besonderen Vorschriften der §§ 130, 131 (BT-Drs. 12/2443, 159 zu § 147 RegE). Vereinbart der Schuldner zB mit seinem Drittschuldner, dieser solle die Verbindlichkeit an bestimmte Insolvenzgläubiger erfüllen, verdrängt die Deckungsanfechtung gegen die Insolvenzgläubiger gem. §§ 130, 131 diejenige der Verrechnungsvereinbarung gem. § 132 (MüKoInsO/*Kayser* Rn. 5; Uhlenbruck/*Ede/Hirte* Rn. 4a; nur iErg zustimmend *Thole,* Gläubigerschutz durch Insolvenzrecht, 432 f.). § 132 Abs. 1 erfasst demgemäß Deckungen gegenüber Personen, die hinsichtlich der erfüllten bzw. gesicherten Forderung nicht Insolvenzgläubiger sind, zB die **Erfüllung von Verbindlichkeiten Dritter** iSv § 267 Abs. 1 BGB (HambK-InsO/*Rogge/Leptien* Rn. 5).

17 Bei einem innerhalb der Dreimonatsfrist aufgestellten **Sozialplan** verdrängt die Sonderregelung des § 124 Abs. 1, nach welcher der Insolvenzverwalter ohne Angabe von Gründen widerrufen kann, die Anfechtung (Kübler/Prütting/Bork/*Schoppmeyer* Rn. 21). Der Abschluss einer **sozialplanähnlichen Betriebsvereinbarung** kann aber nach § 132 Abs. 1 anfechtbar sein (LAG München NZA 1987, 464 [465]; FK-InsO/*Dauernheim* Rn. 5; Jaeger/*Henckel* Rn. 7).

18 § 132 Abs. 1 ist auch anwendbar, soweit **Schweigen** rechtsgeschäftlich wirkt (MüKoInsO/*Kayser* Rn. 6; Kübler/Prütting/Bork/*Schoppmeyer* Rn. 19; aA Uhlenbruck/*Ede/Hirte* Rn. 13: § 132 Abs. 2 anwendbar). Sonstige Folgen des Schweigens können von Absatz 2 erfasst werden (MüKoInsO/*Kayser* Rn. 6).

19 Die Anwendung des § 132 Abs. 1 auf **geschäftsähnliche Handlungen** wie Mahnung, Abtretungsanzeige bzw. auf **Prozesshandlungen** ist streitig (bejahend Uhlenbruck/*Ede/Hirte* Rn. 5; verneinend FK-InsO/*Dauernheim* Rn. 5; MüKoInsO/*Kayser* Rn. 9). Dagegen – wie auch gegen die Erstreckung auf **Realakte** – sprechen der Wortlaut der Vorschrift, der ein Rechtsgeschäft erfordert, und die Gesetzesmaterialien, in denen ausschließlich von Rechtsgeschäften die Rede ist. Für eine entsprechende Anwendung der Vorschrift fehlt es an einer planwidrigen Regelungslücke, weil Absatz 2 als Auffangtatbestand eingreifen kann (MüKoInsO/*Kayser* Rn. 9).

20 **2. Beteiligte. a) Schuldner.** Die Anwendung des § 132 Abs. 1 erfordert, dass es sich um ein **Rechtsgeschäft des Schuldners** handelt. Ein einseitiges Rechtsgeschäft muss der Schuldner folglich selbst vorgenommen haben, bei einem mehrseitigen muss er Vertragspartner gewesen sein (Kübler/Prütting/Bork/*Schoppmeyer* Rn. 27).

Weicht ein **Kreditinstitut** eigenmächtig von einem Überweisungsvertrag ab, indem es den überwiesenen Geldbetrag nicht unmittelbar auf dem vereinbarten Empfängerkonto, sondern zunächst auf einem Konto des späteren Schuldners gutschreibt, so beruht die anschließende Umbuchung auf das Empfängerkonto nicht auf einer nach § 132 anfechtbaren Rechtshandlung des Schuldners (OLG Karlsruhe OLGR 2009, 525 [526]). 21

Bei **Stellvertretung** kommt es darauf an, ob das Rechtsgeschäft mit Wirkung für und gegen den Schuldner vorgenommen wurde. Dementsprechend liegt ein Rechtsgeschäft des Schuldners vor, wenn der **vorläufige Insolvenzverwalter** im Namen und mit Vollmacht des Schuldners handelt, bei dem gem. § 22 die Verwaltungs- und Verfügungsbefugnis über sein Vermögen verblieben ist (BGHZ 154, 190 [194] = NZI 2003, 315 [316]). Handelt ein **Vertreter ohne Vertretungsmacht,** ist sein Handeln dem Schuldner zuzurechnen, falls dieser es rückwirkend (entscheidend ist der Zeitpunkt der Genehmigung) genehmigt hat (Kübler/Prütting/Bork/*Schoppmeyer* Rn. 27). 22

b) Anderer Teil. Anfechtungsgegner ist nach § 132 Abs. 1 „der andere Teil". Im Unterschied zu §§ 130, 131 muss zwischen Schuldner und Anfechtungsgegner vor Vornahme der anfechtbaren Rechtshandlung noch keine Sonderbeziehung bestanden haben (HambK-InsO/*Rogge/Leptien* Rn. 1). Ebenso wenig muss es sich bei dem anderen Teil um einen Insolvenzgläubiger handeln (Kübler/Prütting/Bork/*Schoppmeyer* Rn. 27). Der Schuldner selbst ist auch iRd § 132 nicht tauglicher Gegner eines Insolvenzanfechtungsanspruchs (BGH NZI 2011, 937 Rn. 3). 23

3. Unmittelbare Gläubigerbenachteiligung. § 132 Abs. 1 erfordert eine unmittelbare Gläubigerbenachteiligung (→ § 129 Rn. 57 ff.), weil andernfalls der Gläubiger, der ein in jeder Beziehung einwandfreies Rechtsgeschäft mit dem Schuldner abschließt, damit rechnen müsste, allein wegen des Geschäftsabschlusses auf Grund der Insolvenzanfechtung Nachteile zu erleiden. Wäre jedes nach Eintritt der Krise getätigte Rechtsgeschäft uneingeschränkt anfechtbar, wäre kein Gläubiger mehr bereit, Geschäfte mit dem Schuldner abzuschließen und könnte dieser nicht mehr am rechtsgeschäftlichen Verkehr teilnehmen und seine Insolvenz vielleicht noch abwenden (Kübler/Prütting/Bork/*Schoppmeyer* Rn. 3). 24

Zwischen dem Rechtsgeschäft und der unmittelbaren Gläubigerbenachteiligung muss ein **Kausalzusammenhang** bestehen (Kübler/Prütting/Bork/*Schoppmeyer* Rn. 13). Vgl. dazu → § 129 Rn. 53. 25

a) Grundsatz. Der Eintritt einer unmittelbaren Gläubigerbenachteiligung ist iRd § 132 Abs. 1 ausschließlich mit Bezug auf das **Wertverhältnis zwischen den konkret ausgetauschten Leistungen** zu beurteilen (BGHZ 154, 190 [195] = NZI 2003, 315 [316]; BGH ZIP 2003, 855 [856]). In diese Bewertung sind lediglich solche Folgen einzustellen, die an die anzufechtende Rechtshandlung selbst anknüpfen. Erhält der Schuldner für sein Vermögensopfer unmittelbar eine **vollwertige Gegenleistung,** liegt keine unmittelbare Gläubigerbenachteiligung vor. Entsprechendes gilt, wenn der Schuldner keine Gegenleistung, aber einen **zumindest gleichwertigen Vorteil** erhält, welcher sich unmittelbar in einer das Vermögensopfer zumindest ausgleichenden Mehrung des Schuldnervermögens niederschlägt (BGHZ 154, 190 [195 f.] = NZI 2003, 315 [316]; BGH ZIP 2003, 855 [856]). 26

Die **Angemessenheit der Gegenleistung** ist an Hand der Marktverhältnisse zu beurteilen (*Thole,* Gläubigerschutz durch Insolvenzrecht, 433 ff.). In diesem Rahmen kann ein Sonderangebot durchaus marktüblich sein, doch gilt dies nicht für **„Sonderpreise wegen Geschäftsaufgabe"** (Jaeger/*Henckel* Rn. 13). 27

28 **b) Einzelfälle (→ § 129 Rn. 61 ff.).** § 132 Abs. 1 erfasst insbes. Verträge, durch die der Schuldner Sachen **unter Wert** veräußert (RG JZ 1908, 787) oder zu einem überhöhten Preis erwirbt (Ahrens/Gehrlein/Ringstmeier/*Gehrlein* Rn. 3). Ebenfalls anfechtbar nach dieser Vorschrift ist es, wenn der Schuldner ein Kapital unentgeltlich oder zu einem unter dem marktüblichen Zinssatz liegenden Entgelt zur Nutzung überlässt (BGH NJW 1989, 1037) oder ein Darlehen zu **ungünstigen Konditionen** in Anspruch nimmt (Ahrens/Gehrlein/Ringstmeier/*Gehrlein* Rn. 3) oder die Umwandlung einer Lebensversicherung in eine Altersrentenversicherung (§ 851c ZPO) veranlasst, wodurch den (künftigen) Insolvenzgläubigern deren Rückkaufswert entzogen wird (BGH NZI 2011, 937 Rn. 3).

29 Auch bei einem **Sanierungskredit** kommt der inhaltlichen Angemessenheit der Kreditbedingungen mit Blick auf die Frage der unmittelbaren Gläubigerbenachteiligung entscheidende Bedeutung zu. Dabei kann das erhöhte Risiko eines solchen Kredits zu berücksichtigen sein (MüKoInsO/*Kayser* Rn. 15). Eine gewisse Erfolgsaussicht der Sanierung ist bei einem zu marktüblichen Konditionen gewährten Kredit weder notwendige noch hinreichende Bedingung für die Bejahung der Angemessenheit (Kübler/Prütting/Bork/*Schoppmeyer* Rn. 31).

30 Der maßgebliche objektive Wert von Vergütungsansprüchen für Dienstleistungen oder Geschäftsbesorgungen für den Schuldner, insbes. zum Zwecke der **Sanierungsberatung,** der **Vorbereitung des Insolvenzantrags** oder der **Schuldnerberatung,** richtet sich nicht nach dem Eintritt eines bestimmten (erstrebten) Erfolgs, weil der Dienstleistende (Geschäftsbesorger) regelmäßig nur die versprochenen Bemühungen schuldet (MüKoInsO/*Kayser* Rn. 14). Für die Frage der unmittelbaren Gläubigerbenachteiligung kommt es zunächst darauf an, ob ein an sich geeigneter Dienstleister beauftragt wurde und ob die vereinbarten Leistungen einer fachgerechten, zweckmäßigen Sacherledigung mit Blick auf die konkreten Verhältnisse des Schuldners dienten (MüKoInsO/*Kayser* Rn. 14). Letzteres ist zu verneinen, wenn die vergüteten Dienste im Zeitpunkt der Vornahme des Rechtsgeschäfts (§ 140) keinen gleichwertigen Nutzen bringen konnten, zB wenn ein Sanierungsversuch von vorneherein erkennbar aussichtslos war (MüKoInsO/*Kayser* Rn. 14; *Biernat* ZVI 2004, 276). Darüber hinaus kann § 132 deshalb eingreifen, weil das vereinbarte Honorar selbst unangemessen hoch ist (MüKoInsO/*Kayser* Rn. 14; *ders.* ZInsO 2005, 340 [341 f.]). Unangemessen hoch ist nicht schon jede Vergütung, die gesetzliche Gebührentatbestände (etwa des RVG) übersteigt. Bei besonderen Schwierigkeiten kann im Einzelfall auch ein höheres, vereinbartes Honorar angemessen sein (BGHZ 77, 250 [253 ff.] = NJW 1980, 1962 [1963]; Kübler/Prütting/Bork/*Schoppmeyer* Rn. 33).

31 Ein vereinbartes **überhöhtes,** aber teilbares **Honorar** soll im Wege der Anfechtung auf das angemessene Maß zurückgeführt werden können (BGHZ 77, 250 [255 f.] = NJW 1980, 1962 [1963 f.]; HambK-InsO/*Rogge/Leptien* Rn. 11; Uhlenbruck/*Ede/Hirte* Rn. 9; *Kirchhof* ZInsO 2005, 340 [342 f.]). Die Beschränkung auf eine Teilanfechtung überzeugt nicht (so auch Kübler/Prütting/Bork/*Schoppmeyer* Rn. 14). Bei näherer Betrachtung ist in einem solchen Fall nicht das Rechtsgeschäft (dazu → § 129 Rn. 6), sondern allenfalls der Vergütungsanspruch teilbar oder durch einen gesetzlichen Anspruch substituierbar. Ein Dienstvertrag oder Geschäftsbesorgungsvertrag mit einer unangemessen hohen Vergütung lässt sich nicht in ein Rechtsgeschäft mit einer marktüblichen Vergütung und eine „überschießende", der Teilanfechtung unterliegende Vergütung zerlegen. Soweit der andere Teil seine Leistung bereits erbracht hat, führt § 144 Abs. 2 (→ § 144 Rn. 8 ff.) einen angemessenen Ausgleich der unterschiedlichen Interessen herbei (Kübler/Prütting/Bork/*Schoppmeyer* Rn. 14).

32 Die **Gewährung eines Sondervorteils** an einen Gläubiger, der davon eine betriebsnotwendige Leistung an den Schuldner abhängig macht, kann zwar der Fortführung des Unternehmens des Schuldners dienen, jedoch dem Grundsatz

der Gläubigergleichbehandlung zuwiderlaufen (BGHZ 154, 190 [197 f.] = NZI 2003, 315 [316 f.]). Dementsprechend ist eine unmittelbare Gläubigerbenachteiligung gegeben, wenn eine Abrede getroffen wird, wonach der Schuldner, falls der andere Teil die ausstehende Leistung erbringt (oder einen neuen Kredit ausreicht), neben der geschuldeten Vergütung auch **Altschulden** bezahlt. Falls der andere Teil einen Auftrag ungeachtet der ihm dafür angebotenen Bezahlung hätte ablehnen dürfen, berechtigt ihn dies nicht, die Übernahme in gläubigerbenachteiligender Weise von weiteren Gegenleistungen abhängig zu machen (BGH ZIP 2003, 855 [856]).

Ist dagegen zB das Unternehmen des Schuldners nur mit **Zustimmung eines** 33
Lieferanten günstig zu verwerten und macht dieser seine Einwilligung davon abhängig, dass ihm der Schuldner ausstehende Schulden bezahlt, so benachteiligt diese Schuldentilgung die anderen Insolvenzgläubiger nicht, wenn der Betrieb ohne die **„erkaufte" Einwilligung** weniger wert gewesen wäre als der tatsächlich erzielte Kaufpreis abzüglich der Tilgungsleistung (BGHZ 154, 190 [196] = NJW 2003, 315 [316]; BGH WM 1960, 377 [379]). Kein unmittelbarer, gleichwertiger Vorteil ist gegeben, wenn andernfalls die berechtigte **Einstellung der Stromversorgung** zum Produktionsausfall im Unternehmen des Schuldners geführt hätte (BGHZ 154, 190 [196] = NJW 2003, 315 [316]; BGH BB 1952, 868). An einer unmittelbaren Gläubigerbenachteiligung fehlt es auch bei einer **nachträglichen Kongruenzvereinbarung,** durch welche der Schuldner im Zeitpunkt des Abschlusses der Vereinbarung nicht durchsetzbare und daher wirtschaftlich wertlose Werklohnteilforderungen durch spätere Direktzahlungen des Bauherrn an einen Lieferanten verliert; denn die Änderungsvereinbarung machte die Werklohnteilforderungen erst werthaltig und benachteiligte die Gläubiger im Zeitpunkt der Vereinbarung deswegen nicht unmittelbar (BGH NZI 2014, 762 Rn. 23).

Die **Zustimmung des Schuldners zur Verfahrenseinstellung nach § 153a** 34
StPO benachteiligt die Insolvenzgläubiger nicht unmittelbar, weil das Vermögen des Schuldners erst durch die ihm auferlegten Zahlungen an die Staatskasse oder einen Drittempfänger beeinträchtigt wird. Daher scheidet eine Anfechtung nach § 132 Abs. 1 aus (BGH NZI 2008, 488 Rn. 9). Zur Anwendung des § 132 Abs. 2 vgl. → Rn. 46, und zur Anwendung von § 133 vgl. dort → § 133 Rn. 26.

Auch die Begründung einer nicht einklagbaren Verbindlichkeit, zB einer **Spiel-** 35
oder Wettschuld, benachteiligt die Insolvenzgläubiger noch nicht (MüKoInsO/*Kayser* Rn. 13; Uhlenbruck/*Ede*/*Hirte* Rn. 2). Deren Erfüllung kann jedoch unter § 131 fallen (→ § 131 Rn. 20).

4. Vornahme des Rechtsgeschäfts in der Krise (§ 132 Abs. 1 Nr. 1). Die 36
Anfechtbarkeit von Rechtsgeschäften, die in den letzten drei Monaten vor dem Eröffnungsantrag (vgl. → § 130 Rn. 53 ff.) vorgenommen wurden, hängt davon ab, ob der Schuldner im Zeitpunkt der Vornahme objektiv zahlungsunfähig war und der begünstigte Teil dies wusste (MüKoInsO/*Kayser* Rn. 18). Der Begriff der **Zahlungsunfähigkeit** entspricht demjenigen in § 130 (→ § 130 Rn. 44 ff. und → § 17 Rn. 4 ff.). Der maßgebliche **Zeitpunkt** ist derjenige, in dem die Rechtswirkungen der Handlung eintreten (→ § 140 Rn. 2 ff.), bei mehraktigen Rechtsgeschäften also derjenige der Vollendung des letzten Teilakts (→ § 140 Rn. 5). Was die **Kenntnis des anderen Teils** angeht, so finden nach § 132 Abs. 3 die § 130 Abs. 2 und 3 entsprechende Anwendung. Für die Annahme der Kenntnis genügt es demzufolge, wenn sich der Anfechtungsgegner der **Kenntnis der Zahlungsunfähigkeit oder des Eröffnungsantrags** bewusst verschlossen hat. Bei dem Schuldner **nahe stehenden Personen** (§ 138) tritt eine Beweislastumkehr für die subjektiven Voraussetzungen ein (Braun/*de Bra* Rn. 22).

37 **5. Vornahme des Rechtsgeschäfts nach dem Eröffnungsantrag (§ 132 Abs. 1 Nr. 2).** Die Anfechtbarkeit von nach dem Eröffnungsantrag vorgenommenen Rechtsgeschäften bestimmt sich danach, ob der andere Teil den **Eröffnungsantrag** im Zeitpunkt der Vornahme kannte oder ob der Schuldner in diesem Zeitpunkt objektiv **zahlungsunfähig** war und der andere Teil dies wusste (MüKoInsO/*Kayser* Rn. 19). Hinsichtlich des Eröffnungsantrags wird auf die Anmerkungen zu § 130 verwiesen (→ § 130 Rn. 78). Der Begriff der Zahlungsunfähigkeit entspricht demjenigen in § 130 (→ § 130 Rn. 44 ff. und → § 17 Rn. 4 ff.). Für den Zeitpunkt des Rechtsgeschäfts gilt § 140 (dazu → § 140 Rn. 2 ff.).

38 Hinsichtlich der **subjektiven Voraussetzungen** kann grds. auf die Anmerkungen zu § 130 verwiesen werden (→ § 130 Rn. 79 ff.). Die Kenntnis braucht nur beim **Anfechtungsgegner** vorzuliegen (Kübler/Prütting/Bork/*Schoppmeyer* Rn. 51). **Kenntnis** des anderen Teils **vom Eröffnungsantrag** ist insbes. gegeben, wenn sich der Handelnde diesem gegenüber als vorläufiger Insolvenzverwalter bezeichnet hat (BGHZ 154, 190 [194] = NZI 2003, 315 [316]).

III. Gleichgestellte Rechtshandlungen (§ 132 Abs. 2)

39 Die Vorschrift erfasst als **Auffangtatbestand** solche Rechtshandlungen, die eine vergleichbare Wirkung wie die unmittelbar die Gläubiger benachteiligenden Rechtsgeschäfte haben (vgl. → Rn. 10), nämlich solche, durch die der Schuldner ein Recht verliert oder nicht mehr geltend machen kann oder durch die ein vermögensrechtlicher Anspruch gegen ihn erhalten oder durchsetzbar wird.

40 **1. Rechtshandlung.** Eine Rechtshandlung, durch die der Schuldner **ein Recht verliert,** liegt insbes. vor, wenn der Schuldner den Protest nach **Wechselrecht** unterlässt und deshalb Rechte verliert, die den Protest voraussetzen. Gleiches gilt, wenn der Schuldner eine Hemmung der **Ersitzung** unterlässt und deshalb sein Eigentum verliert (BT-Drs. 12/2443, 160).

41 Eine Rechtshandlung des Schuldners, durch die dieser **ein Recht nicht mehr geltend ma**chen kann, liegt etwa vor, wenn der Schuldner es unterlässt, **Rechtsmittel** oder **Rechtsbehelfe** einzulegen und deshalb einen aussichtsreichen Aktivprozess verliert oder wenn er eine Unterbrechung (jetzt: Hemmung) der **Verjährung** unterlässt (BT-Drs. 12/2443, 160).

42 Eine Rechtshandlung, durch die ein **vermögensrechtlicher Anspruch** gegen den Schuldner **erhalten** wird, ist gegeben, wenn der Schuldner die rechtzeitige Irrtumsanfechtung nach §§ 119 ff. BGB unterlässt. Außerdem wird ein Anspruch erhalten, falls der Schuldner es unterlässt, eine auflösende Bedingung herbeizuführen oder einen ungünstigen Vertrag zu kündigen (HK-InsO/*Thole* Rn. 8). Dagegen ist das Unterlassen der Geltendmachung eines Pflichtteilsanspruchs vor Eintritt der Pfändbarkeitsvoraussetzungen des § 852 Abs. 1 ZPO wegen der Entscheidungsfreiheit des Schuldners nicht anfechtbar (BGH NJW 1997, 2384; Ahrens/Gehrlein/Ringstmeier/*Gehrlein* Rn. 4; HK-InsO/*Thole* Rn. 8).

43 Schließlich betrifft die Vorschrift Rechtshandlungen, durch die ein **gegen den Schuldner gerichteter Anspruch durchsetzbar** wird. Eine solche Rechtshandlung liegt vor, wenn der Schuldner es unterlässt, in einem Passivprozess die Einrede der Verjährung zu erheben (BT-Drs. 12/2443, 160).

44 Das **Unterlassen einer Insolvenzantragstellung** kann nicht nach § 132 Abs. 2 angefochten werden (Kübler/Prütting/Bork/*Schoppmeyer* Rn. 49). Eine den Schutz der Masse beeinträchtigende Rechtsschutzlücke entsteht dadurch nicht. Die Verletzung der Pflicht zur unverzüglichen Antragstellung ist strafbewehrt, und den Schutz der Masse gewährleistet § 826 BGB in ausreichendem Maße (BGHZ 162, 143 [155 f.] = NZI 2005, 215 [218]).

45 Über die Fälle des Unterlassens hinaus kann auch ein **positives Tun** die Anfechtung nach § 132 Abs. 2 begründen. In Betracht kommt dies bei der Herausgabe von Gegenständen, die mit Mobiliarsicherungsrechten belastet sind, an den Sicherungsgeber (*Eckardt* ZIP 1999, 1734 [1742]). In einem solchen Fall kann die Gläubigerbenachteiligung darin liegen, dass die nur mit den herausgegebenen Gegenständen mögliche Unternehmensfortführung vereitelt wird (Braun/*de Bra* Rn. 18).

46 Nach **§ 153a Abs. 1 S. 2 Nr. 2 StPO** dem Schuldner auferlegte Zahlungen stellen keine nach § 132 Abs. 2 anfechtbare Rechtshandlungen dar, weil sie keine der dort bezeichneten Folgen haben (BGH NZI 2008, 488 Rn. 10).

47 **2. Beteiligte.** Anfechtbar nach § 132 Abs. 2 sind nur Rechtshandlungen des **Schuldners** bzw. seines **Stellvertreters.** Rechtshandlungen von Insolvenzgläubigern oder Dritten können nicht nach dieser Vorschrift angefochten werden (Kübler/Prütting/Bork/*Schoppmeyer* Rn. 44).

48 **3. Unmittelbare oder mittelbare Gläubigerbenachteiligung.** Das Schrifttum nimmt überwiegend an, dass iRd § 132 Abs. 2 eine **mittelbare Gläubigerbenachteiligung genügt** (*Thole,* Gläubigerschutz durch Insolvenzrecht, 438; FK-InsO/*Dauernheim* Rn. 9; HambK-InsO/*Rogge/Leptien* Rn. 14; HK-InsO/*Thole* Rn. 9; Jaeger/*Henckel* Rn. 37; Kübler/Prütting/Bork/*Schoppmeyer* Rn. 16; MüKoInsO/*Kayser* Rn. 27; Nerlich/Römermann/*Nerlich* Rn. 37; Uhlenbruck/*Ede/Hirte* Rn. 14). Nach anderer Auffassung erfordert § 132 Abs. 2 ebenso wie Absatz 1 eine unmittelbare Gläubigerbenachteiligung (*Eckardt* ZIP 1999, 1734 [1742]; *Häsemeyer* Insolvenzrecht Rn. 21.72; Braun/*de Bra* Rn. 20).

49 **Stellungnahme:** Die zuerst genannte Auffassung trifft zu. Die gegenteilige Ansicht kann zwar auf die Gesetzesüberschrift des § 132 („Unmittelbar nachteilige Rechtshandlungen") verweisen. Nach dem Wortlaut des § 132 Abs. 2 stehen indessen einem unmittelbar benachteiligenden Rechtsgeschäft bestimmte andere Rechtshandlungen gleich, ohne dass bei den anderen Rechtshandlungen das Erfordernis einer unmittelbaren Benachteiligung genannt würde (vgl. aber BT-Drs. 12/2443, 159 zu § 147 RegE, wonach das Erfordernis „unterstellt" wird). Die Gläubigerbenachteiligung ist gem. § 129 Abs. 1 neben der Rechtshandlung zweite Grundvoraussetzung jedes Anfechtungstatbestands (→ § 129 Rn. 45). Das Gesetz verlangt nur in § 132 Abs. 1 und § 133 Abs. 2 ausdrücklich eine unmittelbare Gläubigerbenachteiligung. Im **Gegenschluss** ergibt sich, dass überall sonst mittelbare Gläubigerbenachteiligung ausreicht (→ § 129 Rn. 56). Die Voraussetzungen des § 132 Abs. 2 müssen auch nicht mit denen des Abs. 1 harmonisiert werden (Jaeger/*Henckel* Rn. 37). Das Erfordernis der unmittelbaren Gläubigerbenachteiligung in § 132 Abs. 1 ist damit zu rechtfertigen, dass der Schuldner trotz materieller Insolvenz weiter am Rechtsverkehr soll teilnehmen können. Dagegen bezweckt § 132 Abs. 2 – ebenso wie §§ 130, 131 – die Rückgängigmachung von Rechtshandlungen, die nach dem Zeitpunkt der materiellen Insolvenz vorgenommen werden (Kübler/Prütting/Bork/*Schoppmeyer* Rn. 16).

IV. Beweislast

50 Der **Insolvenzverwalter** hat grds. alle objektiven und subjektiven Anfechtungsvoraussetzungen darzulegen und zu beweisen (Uhlenbruck/*Ede/Hirte* Rn. 17). Das betrifft insbes. das **Vorliegen eines Rechtsgeschäfts** (§ 132 Abs. 1) bzw. einer gleichgestellten Rechtshandlung (§ 132 Abs. 2) und die **Beteiligung des Schuldners.**

51 Darüber hinaus hat der anfechtende Insolvenzverwalter die (im Falle des Absatz 1: unmittelbare) **Gläubigerbenachteiligung** und die **Kausalität** zwischen Rechtsgeschäft bzw. gleichgestellter Rechtshandlung zu beweisen (Kübler/Prüt-

ting/Bork/*Schoppmeyer* Rn. 53). Dementsprechend hat er zB zu beweisen, dass ein vom Schuldner vereinbartes Rechtsanwaltshonorar unangemessen hoch ist (BGHZ 77, 250 [254 f.] = NJW 1980, 1962 [1963]; Kübler/Prütting/Bork/*Schoppmeyer* Rn. 53). Im Falle des § 132 Abs. 2 obliegt ihm auch der Nachweis der spezifischen nachteiligen Folgen für das Schuldnervermögen (HK-InsO/*Thole* Rn. 30).

52 Der Kenntnis der Zahlungsunfähigkeit oder des Eröffnungsantrags steht auf Grund der Verweisung in § 132 Abs. 3 auf § 130 Abs. 2 die **Kenntnis von Umständen** gleich, die zwingend auf Zahlungsunfähigkeit oder Eröffnungsantrag schließen lassen (dazu → § 130 Rn. 61 ff.). Außerdem findet gem. § 132 Abs. 3 die Vorschrift des § 130 Abs. 3 entsprechende Anwendung, wonach gegenüber einer Person, die dem Schuldner zur Zeit der Rechtshandlung iSv § 138 nahe stand, die Kenntnis der Zahlungsunfähigkeit oder des Eröffnungsantrags vermutet wird (dazu → § 130 Rn. 102 f. und → § 138 Rn. 7 ff., 20 ff.).

Vorsätzliche Benachteiligung

133 (1) [1]**Anfechtbar ist eine Rechtshandlung, die der Schuldner in den letzten zehn Jahren vor dem Antrag auf Eröffnung des Insolvenzverfahrens oder nach diesem Antrag mit dem Vorsatz, seine Gläubiger zu benachteiligen, vorgenommen hat, wenn der andere Teil zur Zeit der Handlung den Vorsatz des Schuldners kannte.** [2]**Diese Kenntnis wird vermutet, wenn der andere Teil wußte, daß die Zahlungsunfähigkeit des Schuldners drohte und daß die Handlung die Gläubiger benachteiligte.**

(2) [1]**Anfechtbar ist ein vom Schuldner mit einer nahestehenden Person (§ 138) geschlossener entgeltlicher Vertrag, durch den die Insolvenzgläubiger unmittelbar benachteiligt werden.** [2]**Die Anfechtung ist ausgeschlossen, wenn der Vertrag früher als zwei Jahre vor dem Eröffnungsantrag geschlossen worden ist oder wenn dem anderen Teil zur Zeit des Vertragsschlusses ein Vorsatz des Schuldners, die Gläubiger zu benachteiligen, nicht bekannt war.**

Schrifttum: *Bangha-Szabo,* Zur Anfechtbarkeit der Rückzahlung von Gesellschafterdarlehen wegen vorsätzlicher Gläubigerbenachteiligung, ZIP 2013, 1058; *Berner,* Die Vorsatzanfechtung gegenüber der Bank als Zahlstelle, FS Kübler, 2015, 43; *Bitter,* Zahlungsmittler im Insolvenzanfechtungsrecht, in Bankenregulierung, Insolvenzrecht, Kapitalanlagegesetzbuch, Honorarberatung, Bankrechtstag 2013 (Bd. 35), 37; *Bork,* Die anfechtbare Kontokorrentverrechnung, FS Fischer, 2008, 37; *ders.,* Grundtendenzen des Insolvenzanfechtungsrechts, ZIP 2008, 1041; *ders.,* Anfechtung als Kernstück der Gläubigergleichbehandlung, ZIP 2014, 797; *ders.,* Neues Insolvenzanfechtungsrecht: Verschärfung oder Entmachtung?, ZIP 2014, 1905; *Brinkmann,* Der Referentenentwurf zur Reform des Insolvenzanfechtungsrechts – Neuer Wein in alten Schläuchen?, NZG 2015, 697; *Dahl/Linnenbrink/Schmitz,* Der Referentenentwurf zur Reform des Insolvenzanfechtungsrechts – eine kritische Betrachtung, NZI 2015, 441; *G. Fischer,* Gläubigerbenachteiligungsvorsatz bei kongruenter Deckung, NZI 2008, 588; *Foerste,* Grenzen der Vorsatzanfechtung bei kongruenter Deckung, NZI 2006, 6; *ders.,* Die Ausdehnung der Vorsatzanfechtung – ein rechtsstaatliches Problem, ZInsO 2013, 897; *ders.,* Zum Ausschluss der Vorsatzanfechtung (§ 133 InsO) bei „bargeschäftsähnlicher Lage“, WM 2014, 1213; *ders,.* Zwischenruf: künftig Selektion der Bargeldgeschäfte?, ZInsO 2015, 832; *Frind,* Referentenentwurf Anfechtungsrecht: Vom Schein der Feinjustierung zur Steigerung der Rechtsunsicherheit, ZInsO 2015, 1001; *Ganter,* Vorsatzanfechtung nach fehlgeschlagener Sanierung, WM 2009, 1441; *ders.,* Anfechtungsrisiken der Bank im Verkehr mit ihrem von der Insolvenz bedrohten Kunden, NZI 2010, 835; *ders.,* Weiterentwicklung der Rechtsprechung zu § 133 InsO, WM 2014, 49; *ders.,* Kraft Gesetzes anfechtungsfreie Vermögensbewegungen in den Fällen der §§ 110, 114 InsO?, FS Kübler, 2015, 171; *ders.,* Zum Referentenentwurf vom 11. März 2015 zur „Anfechtungsrechtsreform“, WM 2015, 905; *ders.,* „Sanierungsberaters Kunst – oft umsonst“? ZIP 2015, 1413; *ders.,* Der Regierungs-

entwurf vom 29. September 2015 zur „Anfechtungsreform" – Vom Regen in die Traufe, WM Heft 45/2015; *Gehrlein,* Subjektive Merkmale der Insolvenzanfechtung, FS Ganter, 2010, 169; *Henckel,* Anfechtung der Tilgung fremder Schuld, ZIP 2004, 1671 ff.; *Hiebert,* Insolvenzanfechtung nach § 133 Abs. 1 InsO – Zur bargeschäftsähnlichen Lage als Beweisanzeichen sowie dem verlängerten und erweiterten Eigentumsvorbehalt, ZInsO 2015, 621; *Hölzle,* GeVAR in Verzug – Zur Reform des Insolvenzanfechtungsrechts, ZIP 2015, 662; *Huber,* Insolvenzanfechtung bei Direktzahlungen im Bauvertragsrecht, FS Fischer, 2008, 255; *ders.*, Referentenentwurf eines Gesetzes zur Verbesserung der Rechtssicherheit bei Anfechtungen nach der Insolvenzordnung und dem Anfechtungsgesetz, ZInsO 2015, 713; *Hutschenreuther/Neugebauer,* § 133 InsO – Das „ungewollte" Lenkungsinstrument mit ungewollter Reichweite, ZInsO 2013, 1221; *Jacoby,* Zur Bedeutung des § 133 InsO im System der Insolvenzanfechtungsgründe, KTS 2009, 3; *Jensen,* Vollstreckt gnadenlos!, NZI 2011, 798; *Jungclaus,* Die Bestrafung des wachsamen Gläubigers, KTS 2014, 257; *Jungclaus/Keller,* Der Referentenentwurf des BMJV für ein Gesetz zur Reform des Anfechtungsrechts, NZI 2015, 297; *Kayser,* Die Entkräftung der die Insolvenzanfechtung begründenden Vermutungen und Indizien, WM 2013, 293; *ders.*, Vorsatzanfechtung im Spannungsverhältnis von Gläubigergleichbehandlung und Sanierungschancen, NJW 2014, 422; *ders.*, Schlaglicht Insolvenzanfechtung – notwendige Korrekturen bei der Anfechtung kongruenter Leistungen?, ZIP 2014, 1966; *ders.*, Insolvenzanfechtungen im Lichte des ESUG, FS Tolksdorf, 2014, 57; *ders.*, Anfechtungsrisiken für Banken und andere Zahlungsmittler, FS Kübler, 2015, 321; *Kirchhof,* Fraudulös, betrügerisch, unlauter – Versuche zur Einschränkung des Vorsatzbegriffs im Sinne von § 133 InsO, FS G. Fischer, 2008, 285; *ders.*, Vorsatzanfechtung nach § 3 des Anfechtungsgesetzes im Vergleich mit § 133 der Insolvenzordnung, FS Ganter, 2010, 237; *Ludwig,* Ein Plädoyer für den Status quo des § 133 InsO oder: Geteiltes Leid ist halbes Leid, ZInsO 2014, 1729; *Lütcke,* Vorsatzanfechtung – Andeutung einer Kurskorrektur durch den BGH?, ZInsO 2013, 1984; *Marotzke,* Freiwillige Forderungserfüllung, Zwangsvollstreckung und Vollstreckungsdruck im Fokus des Insolvenzanfechtungsrechts, DZWIR 2007, 265; *ders.*, Vertrauensschutz kontra Gesamtgläubigerinteresse – Gedanken zu Auslegung und Reform des Insolvenzanfechtungsrechts, ZInsO 2014, 417; *Nobbe,* Ratenzahlungsvereinbarungen und Vorsatzanfechtung, FS Kübler, 2015, 459; *Paulus,* Zur Auslegung anfechtungsrechtlicher Normen, FS Fischer, 2008, 445; *Karsten Schmidt,* Strafrecht, Ordnungswidrigkeitenrecht und Insolvenzverfahren, FS Samson, 2010, 161; *Raebel,* Gläubigergleichbehandlung und Drittzahlungen im Anfechtungsrecht, KTS 2015, 285; *Schmittmann/Dannemann,* Schutzschirmverfahren versus Insolvenzanfechtung?, ZIP 2013, 760; *Schoppmeyer,* Besondere und allgemeine Insolvenzanfechtung am Beispiel der Anfechtung von Zwangsvollstreckungen, NZI 2005, 185; *ders.*, § 133 Abs. 1 InsO versus §§ 130, 131 InsO: Ist die Deckungsanfechtung nur ein Unterfall der Vorsatzanfechtung?, ZIP 2009, 600; *Stiller,* Insolvenzanfechtung gegenüber Schuldnerberatern nach § 133 Abs. 1 InsO bei Bezahlung aus unpfändbaren Mitteln und bei bargeschäftsähnlicher Lage, ZInsO 2015, 825; *Strandmann,* Gerät der subjektive Tatbestand des § 133 Abs. 1 InsO „unter die Räder"?, ZInsO 2014, 538; *Thole,* Die Vorsatzanfechtung als Instrument des Gläubigerschutzes, KTS 2007, 293; *ders.*, Die tatbestandlichen Wertungen der Gläubigeranfechtung, ZZP 121 (2008), 67; *ders.*, Die Kritik an der Ausdehnung der Vorsatzanfechtung auf dem Prüfstand, ZIP 2013, 2081; *ders.*, Gläubigerschutz durch Insolvenzrecht, 2010; *Thole/Schmidberger,* Die Insolvenzanfechtung von (überhöhten) Gehältern und Vergütungen von Geschäftsleitern und Sanierungsberatern, BB 2014, 3; *Windel,* Die Zurechnung der Gläubigerbenachteiligung bei der Vorsatzanfechtung, ZIP 2014, 1823; *ders.*, Von den Berufen des Tatrichters und des Revisionsrichters zur Feststellung des Benachteiligungsvorsatzes, FS Kübler, 2015, 813.

Übersicht

I. Grundlagen

1 **1. Gesetzgebungsgeschichte.** Der Gedanke der Vorsatzanfechtung geht letztlich auf die **actio Pauliana** des römischen Rechts zurück (*Paulus* FS Fischer, 2008, 445 [448]; Kübler/Prütting/Bork/*Bork* Vor § 129 Rn. 33), die den Gläubiger vor Vermögensverschiebungen, die der Schuldner in Benachteiligungsabsicht vorgenommen hatte, schützen, also **fraudulöses Handeln** sanktionieren wollte. Die Vorgängervorschriften des § 133 Abs. 1 § 31 Nr. 1 KO und § 10 Abs. 1 Nr. 1 GesO – knüpften nach ihrem Wortlaut ebenfalls noch an eine **Gläubigerbenachteiligungsabsicht** an. Diese Absicht wurde zwar bereits im Sinne eines Vorsatzes verstanden (BGHZ 124, 76 [81 f.]; BGH WM 1991, 1273 [1275]), wobei man sogar bedingten Vorsatz genügen ließ (BGH WM 1993, 270 [273]). Dabei wurde aber noch ein „Element der persönlichen Unlauterkeit" vorausgesetzt (BGH WM 1991, 1273 [1275]; 1993, 270 [273]). Dies ist für § 133 aufgegeben worden (BGH WM 2003, 1923 [1925] und ständig). Im Schrifttum wird hierüber gelegentlich Widerstand laut (vgl. etwa *Foerste* NZI 2006, 6 [8]; *ders.* ZInsO 2013, 897 [899]; *Jensen* NZI 2011, 798 [801]), ohne dass der BGH deswegen Anlass für eine Änderung seiner Rspr. gesehen hätte (vgl. zuletzt 18.10.2012 – IX ZR 71/11, BeckRS 2012, 22656 Rn. 2). Die Bundesregierung hatte sogar – wohl unter dem Eindruck der als ausufernd empfundenen Rspr. des BGH – vorübergehend geplant, dem Absatz 1 einen dritten Satz anzufügen, der das „unlautere Handeln" wieder zur tatbestandsmäßigen Voraussetzung erheben sollte (BR-Drs. 618/05, 3, 18 ff.). Dieses Vorhaben ist, wohl aufgrund der vom Bundesrat erhobenen Bedenken (s. dazu HK-InsO/*Thole* Rn. 2), wieder fallen gelassen worden. Allerdings wird im Schrifttum mit zunehmender Intensität diskutiert, ob der Tatbestand der Vorsatzanfechtung nicht teleologisch eingeschränkt werden sollte (dazu → Rn. 5 ff.).

2 Neu ist die Begrenzung der Anfechtung nach Absatz 1 auf **zehn Jahre** vor dem Eröffnungsantrag (die Insolvenzrechtskommission hatte noch vorgesehen, den Anfechtungszeitraum von 30 Jahren aus § 41 Abs. 1 S. 3 KO beizubehalten). Gleichfalls neu ist die **Vermutung** der Kenntnis des anderen Teils in Absatz 1 Satz 2. Durch die Einbeziehung der drohenden Zahlungsunfähigkeit ist das An-

fechtungsrecht verschärft worden (→ § 17 Rn. 3: „anfechtungsrechtliche Vorfeldverantwortlichkeit").

In Absatz 2 Satz 2 ist der **Anfechtungszeitraum** gegenüber § 132 auf zwei Jahre ausgedehnt und die **Beweislast** in zweifacher Hinsicht umgedreht worden: einmal für die Kenntnis des Benachteiligungsvorsatzes des Schuldners, und zum anderen für den Zeitpunkt, in dem der Vertrag abgeschossen worden ist (Jaeger/*Henckel* Rn. 1). Dadurch soll der Gefahr von Rückdatierungen begegnet werden (HK-InsO/*Thole* Rn. 6). Durch die Verweisung auf § 138 ist der Kreis der betroffenen Personen ausgeweitet worden. 3

Zur aktuellen Diskussion über eine **Reform** des § 133, zum **Referentenentwurf** des BMJV vom 11.3.2015 und insbesondere zum **Regierungsentwurf** vom 29.9.2015, vgl. die angehängten → Rn. 104 ff. 4

2. Normzweck und praktische Bedeutung. a) Normzweck. Kontrovers diskutiert wird der **Normzweck** der Vorschrift. Insbes. geht es darum, ob der Tatbestand der Vorsatzanfechtung teleologisch, und zwar auf der objektiven Seite, einzuschränken sei. 5

Eine Auffassung geht dahin, § 133 Abs. 1 bezwecke nur, **sozial inadäquates** und deshalb missbilligenswertes **Verhalten** zu sanktionieren (*Thole* ZZP 121 (2008), 67; *ders.,* Gläubigerschutz durch Insolvenzrecht, 483; *Bork* FS Fischer, 2008, 37 [49]; *ders.* ZIP 2008, 1041 [1046]; *ders.* ZIP 2014, 797 [803]; *G. Fischer* NZI 2008, 588 [591]; Jaeger/*Henckel* Rn. 2; Kübler/Prütting/Bork/*Bork* Rn. 2, 43; ähnlich *Jacoby* KTS 2009, 3 [17 f.]; vgl. nunmehr auch die **aktuellen Gesetzentwürfe** und dazu die angehängten → Rn. 104 ff.). Andere sehen den Zweck der Norm darin, die **Beeinträchtigung der Chancengleichheit** für die Gläubigergesamtheit zu sanktionieren, welche die vom Schuldner getroffene Auswahl für den von ihm begünstigten Gläubiger mit sich bringt (BAG NZI 2014, 372 Rn. 82; *Schoppmeyer* NZI 2005, 185 [194]; ZIP 2009, 600 [602 f.]; Uhlenbruck/*Ede/Hirte* Rn. 3; Kummer/Schäfer/Wagner/*Schäfer* Rn. F 7). Eine dritte Meinung kombiniert diese beiden Gesichtspunkte: Angesichts der erkannten Vermögensunzulänglichkeit des Schuldners solle die bewusste Besserstellung einzelner Beteiligter keinen Bestand haben, weil sonst die Befriedigungsaussichten der anderen Gläubiger in sozial unangemessener Weise gezielt verschlechtert würden (MüKoInsO/*Kayser* Rn. 1a; Graf-Schlicker/*Huber* Rn. 1; ähnlich jetzt auch HK-InsO/*Thole* Rn. 3). 6

Umstr. ist insbes., ob der **Gläubigergleichbehandlungsgrundsatz** durch § 133 Abs. 1 vorverlagert wird (dezidiert ablehnend *Schoppmeyer* NZI 2005, 188 [194]; ZIP 2009, 600 [602 f.]; *Bork* ZIP 2014, 797 [803] [zurückhaltender noch Kübler/Prütting/Bork/*Bork* Rn. 2]; *Lütcke* ZInsO 2013, 1984 [1986]; Jaeger/*Henckel* Rn. 4; Uhlenbruck/*Ede/Hirte* Rn. 3; HK-InsO/*Thole* Rn. 3 [vgl. auch *Thole* ZIP 2013, 2081 [2086]; *ders.,* Gläubigerschutz durch Insolvenzrecht, 503]; aA *Kreft* KTS 2004, 205 [218]; *Jacoby* KTS 2009, 3 [11, 20 f.]; *Ganter* WM 2009, 1441 [1443]; *Hirte* INDat-Report 2014, 19). Es ist zwar richtig, dass der Anfechtungsgegner bei § 133 kein Insolvenzgläubiger sein muss, und ebenso richtig ist, dass der Schuldner außerhalb des Drei-Monats-Zeitraums grds. frei darin ist, welchen seiner Gläubiger er befriedigen will (BGHZ 162, 143 [151] = NZI 2005, 215; BAG NZI 2014, 372 Rn. 81). Für Deckungsfälle lässt sich dennoch die Ansicht vertreten, hier bezwecke die Vorsatzanfechtung (vielleicht nicht in erster Linie, so doch) auch die Gleichbehandlung der Gläubiger (*Ludwig* ZInsO 2014, 1729 [1730]; *Ganter* FS Kübler, 2015, 171 f.; *Raebel* KTS 2015, 285 [304]). Die Ansicht (vgl. → Rn. 6), § 133 schütze die Chancengleichheit der Gläubiger bei der Befriedigung, zielt in dieselbe Richtung. Ginge es bei § 133 Abs. 1 lediglich um das Prioritätsprinzip und nicht auch um die Gläubigergleichbehandlung, wäre zudem die stRspr des BGH, wonach ein Schuldner, der in Kenntnis seiner 7

Zahlungsunfähigkeit einen einzelnen Gläubiger befriedigt, in der Regel mit Gläubigerbenachteiligungsvorsatz handelt (→ Rn. 56), kaum zu rechtfertigen.

8 Richtigerweise wird man eine **normative Einschränkung** der Vorsatzanfechtung **auf der objektiven Seite** ablehnen müssen (zustimmend *Bork* ZIP 2014, 797 [805]; *Nobbe* FS Kübler, 2015, 459 [463]; HK-InsO/*Thole* Rn. 4; aA Kummer/Schäfer/Wagner/*Schäfer* Rn. F 9a). Auch wenn die „soziale Inadäquanz" kein Tatbestandsmerkmal sein, sondern nur die *ratio legis* näher bestimmen soll (*Bork* ZIP 2014, 797 [803]), wäre es ausgesprochen schwierig zu bestimmen, was denn nun „sozial inadäquat" ist (ebenso *Windel* ZIP 2014, 1823 [1825]). Entscheidend sollte sein, dass eine einseitig begünstigende Vermögensverschiebung, die der Schuldner nach eingetretener Insolvenzreife oder für den vom Schuldner für möglich gehaltenen Fall, dass diese künftig eintritt, keinen Bestand haben soll. Deshalb erscheint es konsequent, an die **Insolvenzreife** anzuknüpfen (*Ganter* WM 2009, 1441 [1446]; ähnlich *G. Fischer* NZI 2008, 588 [591]: § 133 Abs. 1 sei „ein Grundtatbestand zur Verwirklichung des insolvenzrechtlichen Gläubigerschutzes" und ebenso *Thole,* Gläubigerschutz durch Insolvenzrecht, 485; nur scheinbar aA BGHZ 162, 143 [150] = NZI 2005, 215; BGH NZI 2010, 439 Rn. 10; abl. allerdings *Bork* ZIP 2014, 797 [802]). Nicht maßgeblich ist der Zeitpunkt des Eintritts der materiellen Insolvenz (dazu → § 130 Rn. 7), sondern der Zeitpunkt, in dem der Schuldner nicht mehr in der Lage ist, seine sämtlichen fälligen Verbindlichkeiten zu befriedigen. Dies kann auch schon vor Beginn des Drei-Monats-Zeitraums der Fall sein, nämlich sobald ein Insolvenzgrund verwirklicht ist (*Jensen* plädiert denn auch für eine Verlängerung der Drei-Monats-Frist auf zwei Jahre, NZI 2011, 798 [801]), und insofern hat der Gläubigergleichbehandlungsgrundsatz auch bereits eine Vorwirkung. Alle Gesichtspunkte, die eine Einschränkung des § 133 Abs. 1 auf der objektiven Tatbestandsseite rechtfertigen sollen, können – rechtsdogmatisch besser begründbar – auch auf der subjektiven Seite aufgenommen werden (*Ganter* WM 2009, 1441 [1447]).

9 Das Anliegen, die Vorsatzanfechtung nach § 133 von den Tatbeständen der Deckungsanfechtung (§§ 130, 131) deutlich **abzugrenzen,** ist berechtigt. Es müssen in der Tat „zusätzlich zu den in §§ 130, 131 aufgestellten Voraussetzungen weitere hinzutreten, die das Besondere des Vorgangs ausmachen und (nur) deshalb eine weitergehende Anfechtung nach § 133 rechtfertigen" (vgl. Kübler/Prütting/Bork/*Bork* Rn. 3). Diese zusätzliche Voraussetzung ist aber im Gesetz eindeutig benannt: es ist der Gläubigerbenachteiligungsvorsatz auf Seiten des Schuldners (*Bork* ZIP 2014, 797 [804]). Während §§ 130, 131 in dessen Person auf subjektive Tatbestandsmerkmale gänzlich verzichten und nur auf die objektiven Gegebenheiten abstellen, ist eben dieses subjektive Tatbestandsmerkmal bei § 133 entscheidend. Und eben deswegen darf dieses subjektive Tatbestandselement nicht vorschnell aus den objektiven Gegebenheiten gefolgert werden (dazu näher → Rn. 49).

10 § 133 Abs. 1 ist **kein Deliktstatbestand** (Jaeger/*Henckel* Rn. 3; MüKoInsO/*Kayser* Rn. 1b; Uhlenbruck/*Ede*/*Hirte* Rn. 1; vgl. ferner BGH NZI 1999, 152 [153]) und damit kein Schutzgesetz iSv § 823 Abs. 2 BGB, auf den Schadensersatzansprüche gestützt werden können. Schadensersatz wegen Gläubigerbenachteiligung kann nur verlangt werden, wenn über den Tatbestand des § 133 Abs. 1 hinaus besondere erschwerende, etwa den Vorwurf der Sittenwidrigkeit rechtfertigende Umstände gegeben sind. Veranlasst etwa der Gläubiger den Schuldner, den Insolvenzantrag bewusst hinauszuzögern, um eine Anfechtung der Zwangsvollstreckungsmaßnahme nach § 131 zu vermeiden (vgl. → Rn. 24), kommt eine Haftung gegenüber der Masse nach §§ 826, 823 Abs. 2 BGB in Betracht (BGHZ 162, 143 [156] = NZI 2005, 215).

11 Eine Rechtshandlung, die der Schuldner in den letzten zehn Jahren vor dem Antrag auf Eröffnung des Insolvenzverfahrens oder danach mit dem – dem anderen Teil bekannten – Vorsatz der Gläubigerbenachteiligung vorgenommen hat, ist nur anfechtbar, aber **nicht** ohne weiteres sittenwidrig und damit **nichtig.** Für die Annahme der Nichtigkeit müssen noch besondere erschwerende Umstände hinzukommen (BGH NJW-RR 1987, 1401; Uhlenbruck/*Ede/Hirte* Rn. 2; vgl. ferner Jaeger/*Henckel* § 129 Rn. 251 ff.). Das gilt auch im Fall des Absatz 2 (BGH KTS 1969, 48).

b) Praktische Bedeutung. Praktische Bedeutung kommt der Vorsatzanfechtung kongruenter wie auch inkongruenter Deckungen insbes. dann zu, wenn es dem Insolvenzverwalter nicht gelingt, die zeitlichen Voraussetzungen der §§ 130, 131 nachzuweisen (vgl. Jaeger/*Henckel* Rn. 12). 12

Die Rspr. hat dem § 133 Abs. 1 **weite Anwendung** verschafft. Der BGH ist jedoch schon seit einiger Zeit um eine einschränkende Anwendung bemüht. Dies kommt insbes. dadurch zum Ausdruck, dass er an die Tatsachen, aus denen die subjektiven Tatbestandsvoraussetzungen der Vorsatzanfechtung gefolgert werden können, keine Vermutungen (mehr) geknüpft, sondern ausgesprochen hat, diese Tatsachen stellten nur mehr oder weniger gewichtige Beweisanzeichen dar, die vom Tatrichter iRd § 286 ZPO sorgfältig zu würden seien (→ Rn. 49). Die Anforderungen an die Darlegungen des Anfechtungsklägers sind dadurch erhöht worden. 13

Absatz 1 ist im Verhältnis zu Absatz 2 ein **Auffangtatbestand,** falls dessen erleichterte Voraussetzungen im Einzelfall nicht voll festgestellt werden können; Entsprechendes gilt im Verhältnis des Absatz 2 zu § 134, falls die Feststellung der dort vorausgesetzten Unentgeltlichkeit Schwierigkeiten bereitet (MüKoInsO/*Kayser* Rn. 5). Auch → § 134 Rn. 5. 14

II. Vorsatzanfechtung

1. Objektiver Tatbestand. a) Allgemeines. Vorab ist bemerkenswert, dass § 133 Abs. 1 – abgesehen von den allgemeinen Anfechtungsvoraussetzungen der „**Rechtshandlung**“ (→ § 129 Rn. 25 ff.), die bei § 133 allerdings von dem Schuldner ausgehen muss, deren **Wirksamwerden** (vgl. § 140), dem auf den Zeitpunkt des Eröffnungsantrags bezogenen **Fristerfordernis** und der „**Gläubigerbenachteiligung**“ (→ § 129 Rn. 45 ff.) – auf jegliches objektives Tatbestandsmerkmal verzichtet. Seine besondere Ausprägung erfährt der Tatbestand durch die in ihm geforderten subjektiven Merkmale. 15

b) Rechtshandlung des Schuldners. Der Begriff der **Rechtshandlung** ist derselbe wie in § 129 (zunächst → § 129 Rn. 25 ff.). Es kann also auch ein Unterlassen genügen (näher hierzu → Rn. 24), das nach hM ein „willentliches“ bzw. „bewusstes“ sein muss (krit. dazu → § 129 Rn. 34 f.). Darüber hinaus setzt die Anfechtung nach § 133 Abs. 1 jedoch eine Rechtshandlung **des Schuldners** voraus. Es reicht aus, dass diese für die Gläubigerbenachteiligung mitursächlich ist (→ § 129 Rn. 36). Hat der Schuldner nicht persönlich, vielmehr ein **Dritter** gehandelt, ist dessen Handeln für § 133 Abs. 1 nur relevant, wenn es dem Schuldner **zugerechnet** werden kann (dazu → § 129 Rn. 40 und → Rn. 40). Das ist insbes. dann der Fall, wenn der Dritte auf **Anweisung** des Schuldners gehandelt hat (vgl. hierzu → Rn. 17, 76). IÜ ist eine Rechtshandlung des Schuldners iSd § 133 Abs. 1 auch ohne ausdrückliche Anweisung dann gegeben, wenn der Dritte die Handlung im einverständlichen Zusammenwirken mit dem Schuldner vorgenommen hat (BGHZ 173, 129 Rn. 50 = NZI 2007, 650; BGH NJW 2012, 2517 Rn. 43 = NZI 2012, 667). 16

Eine Rechtshandlung ist insbes. die **Befriedigung** oder **Sicherung** eines Gläubigers. Geschieht dies im Wege einer **mittelbaren Zuwendung** (→ § 129 Rn. 41 und → Rn. 100), ist die Rechtshandlung des Schuldners, welche die Vorsatzanfechtung begründet, in der Erteilung der **Anweisung** an den Leistungsmittler zu sehen (Jaeger/*Henckel* Rn. 13). Umgekehrt kann auch in der Insolvenz 17 des Leistungsmittlers die Tilgung der fremden Schuld wegen vorsätzlicher Benachteiligung der Insolvenzgläubiger gegenüber dem Forderungsgläubiger angefochten werden (BGH NZI 2013, 145 Rn. 8; *Henckel* ZIP 2004, 1671 [1673 f.]; wohl anders Jaeger/*Henckel* § 144 Rn. 11 aE). Rechtshandlung iSd § 133 Abs. 1 kann der **Abschluss eines Vertrages** sein (BGHZ 124, 76 [78] = NJW 1994, 449; Jaeger/*Henckel* Rn. 14; MüKoInsO/*Kayser* Rn. 32). Unter dem Gesichtspunkt „Rechtshandlung" ist es unerheblich, ob eine kongruente oder inkongruente Deckung vorliegt (Kübler/Prütting/Bork/*Bork* Rn. 6); diese Unterscheidung wird erst auf der subjektiven Tatbestandsseite bedeutsam (→ Rn. 39 ff.). Ermöglicht der Schuldner einem Gläubiger die schnelle Erwirkung eines Vollstreckungstitels und/oder hält er die Rechtsverfolgung anderer ungerechtfertigt auf, fällt auch dieses Verhalten unter den Begriff „Rechtshandlung" (Jaeger/*Henckel* Rn. 1). Die **Entgegennahme der von einem Dritten geschuldeten Leistung** ist selbst noch keine Rechtshandlung des Schuldners; vielmehr ist dessen Rechtshandlung darin zu sehen, dass er mit dem Empfang der Leistung seine Forderung gegen den Dritten zum Erlöschen gebracht hat (Jaeger/*Henckel* Rn. 13).

18 Ruft der Schuldner einen **Dispositionskredit** ab und bringt er dadurch ein Pfändungspfandrecht an dem Kontoguthaben zur Entstehung, so beruht das Pfandrecht auf einer Rechtshandlung des Schuldners und ist folglich der Anfechtung nach § 133 Abs. 1 zugänglich (BGH NZI 2008, 180 Rn. 14; 2012, 658 Rn. 22). Bei einer Zahlung im Wege des Einziehungsermächtigungsverfahrens liegt die anfechtbare Rechtshandlung erst in der **Genehmigung der Lastschriftbuchung,** nicht bereits in der Erteilung der Einzugsermächtigung (so jedoch Jaeger/*Henckel* Rn. 6) und auch nicht in der Lastschriftbuchung, weil diese bis zur Genehmigung ohne materielle Wirkung bleibt (BGH NZI 2011, 18 Rn. 18; 2011, 17 Rn. 7). Rechtshandlung ist auch die fingierte Genehmigung (BGH NZI 2010, 938 Rn. 11, 19; 2012, 137 Rn. 10). Im Abbuchungsauftragsverfahren besteht die Rechtshandlung in der Erteilung des Abbuchungsauftrags.

19 Mangels Rechtshandlung des Schuldners unterliegt eine durch **Zwangsvollstreckungsmaßnahmen** des Gläubigers erlangte Zahlung der Vorsatzanfechtung grds. nicht (BGHZ 162, 143 [147] = NZI 2005, 215; BGHZ 167, 11 Rn. 7 = NZI 2006, 397; BGH NZI 2011, 249 Rn. 8 f., 12; 2013, 247 Rn. 15; 2014, 72 Rn. 7; *Thole,* Gläubigerschutz durch Insolvenzrecht, 485 ff.; Jaeger/*Henckel* Rn. 5; MüKoInsO/*Kayser* Rn. 9; Uhlenbruck/*Ede/Hirte* Rn. 14; Kübler/Prütting/Bork/*Bork* Rn. 19; HK-InsO/*Thole* Rn. 9; aA *Kreft* KTS 2004, 205 [216 ff.]; *Rendels* ZIP 2004, 1289 [1294 ff.]). Es ist zwar nicht recht überzeugend, dass der Gläubiger die Leistung soll behalten dürfen, wenn er sie sich selbst vor dem Drei-Monats-Zeitraum mit dem Vorsatz, vor den anderen Gläubigern einen Vorteil zu erlangen, im Wege der Zwangsvollstreckung verschafft hat, hingegen der Anfechtung ausgesetzt ist, wenn der Schuldner sie ihm – etwa zur Abwendung von Zwangsvollstreckungsmaßnahmen – mit Gläubigerbenachteiligungsvorsatz freiwillig gibt. Indes handelt es sich bei § 133 nach Wortlaut, Systematik und Regelungszweck um eine eindeutige Norm, die einer Rechtsfortbildung nicht zugänglich ist (für die Einbeziehung von Gläubigerhandlungen *de lege ferenda Marotzke* DZWIR 2007, 265 [274 ff.]; ZInsO 2014, 417 [434 ff., 445]).

20 Einer durch Zwangsvollstreckung erlangten, also „unfreiwilligen" Befriedigung steht eine Leistung des Schuldners gleich, wenn jede Möglichkeit zu einem selbstbestimmten Handeln fehlte, weil er nur noch die Wahl hatte, an eine bereits anwesende und vollstreckungsbereite Vollziehungsperson zu zahlen oder die Zwangsvollstreckung zu dulden (BGHZ 162, 143 [152] = NZI 2005, 215; BGHZ 167, 11 Rn. 7 = NZI 2006, 397; BGHZ 182, 317 Rn. 8 = NZI 2009, 764; BGH NZI 2010, 184 Rn. 10; 2011, 249 Rn. 5; 2012, 658 Rn. 8; Uhlenbruck/*Ede/Hirte* Rn. 15). Eine Rechtshandlung des Schuldners liegt daher nicht schon darin, dass dieser dem Vollstreckungszugriff durch **Leistung derjenigen Vermögens-**

werte zuvorkommt, **auf welche sich die Zwangsvollstreckung erstreckt hätte** (BGH NZI 2010, 184 Rn. 28; 2012, 658 Rn. 8). Übergibt der Schuldner dem Vollziehungsbeamten Bargeld, Wertpapiere oder andere Wertgegenstände, deren sofortige Pfändung er andernfalls hinnehmen müsste, so ist dies folglich nicht nach § 133 Abs. 1 anfechtbar.

21 Etwas anderes gilt aber dann, wenn eine selbstbestimmte **Schuldnerhandlung** oder eine dieser gleichstehende Unterlassung **zum Erfolg der Vollstreckungsmaßnahme beigetragen** hat, mag sie auch unter dem Druck der Zwangsvollstreckung erfolgt sein (BGH NZI 2012, 658 Rn. 8; 2014, 72 Rn. 14; Uhlenbruck/*Ede/Hirte* Rn. 14, 17). Zahlt der Schuldner an den anwesenden Vollziehungsbeamten mit Geldern aus einer „schwarzen Kasse", die der Vollziehungsbeamte schwerlich gefunden hätte, liegt eine Rechtshandlung des Schuldners vor (BGH NZI 2012, 963 Rn. 26; Ahrens/Gehrlein/Ringstmeier/*Gehrlein* Rn. 6). Entsprechendes gilt, wenn ein Gläubiger den Kassenbestand des Schuldners pfändet, der zuvor die Kasse in Erwartung des Vollstreckungsversuchs gezielt aufgefüllt hat, um eine Befriedigung des Gläubigers zu ermöglichen (BGH NZI 2011, 249 Rn. 11). Leistungen, die der Schuldner im bargeldlosen Zahlungsverkehr erbracht hat, stellen auch dann eine Rechtshandlung des Schuldners dar, wenn hierdurch erfolgversprechende Pfändungsmaßnahmen durch eine bereits anwesende Vollziehungsperson abgewendet werden sollen (BGH NZI 2012, 658 Rn. 9) oder eine Forderungspfändung und -überweisung vorausgegangen ist (BGH NJW-RR 2013, 165 Rn. 9). Hat der Schuldner zu Gunsten des Vollstreckungsgläubigers einen Scheck ausgestellt und dem anwesenden Vollziehungsbeamten übergeben, so hat er dem Gläubiger einen Zahlungsweg ermöglicht, den der anwesende Vollziehungsbeamte nicht zwangsweise hätte durchsetzen können. Eine Scheckzahlung beruht somit ebenso wie eine Banküberweisung auf einer Rechtshandlung des Schuldners (BGHZ 182, 317 Rn. 8 = NZI 2009, 764; NZI 2010, 184 Rn. 16; 2012, 658 f. Rn. 10).

22 Diese Beispiele zeigen, dass von einer Rechtshandlung des Schuldners immer dann ausgegangen werden kann, wenn er **aktiv** eine Vollstreckungsmaßnahme des Gläubigers **gefördert** hat. Dies ist auch der Fall, wenn die Vollstreckung im einvernehmlichen, kollusiven Zusammenwirken des Schuldners und des Gläubigers erfolgte, wenn der Schuldner die Voraussetzungen für eine dann erfolgreiche Vollstreckungshandlung schafft, etwa wenn er den Gläubiger von dem bevorstehenden Zugriff anderer Gläubiger mit der Aufforderung, diesen zuvorzukommen, benachrichtigt, wenn er Pfändungsgegenstände verheimlicht, um sie gerade für den Zugriff des zu begünstigenden Gläubigers bereitzuhalten, oder wenn der Schuldner dem Gläubiger vorzeitig oder beschleunigt einen Vollstreckungstitel gewährt (BGH NZI 2011, 249 Rn. 12; MüKoInsO/*Kayser* Rn. 9b; HK-InsO/*Thole* Rn. 9). Ausnahmsweise kann auch der Eigentumserwerb durch Zuschlag in der Zwangsversteigerung eines dem Schuldner gehörenden Grundstücks nach § 133 anfechtbar sein, etwa wenn der Schuldner Gläubiger veranlasst hat, die Zwangsversteigerung eines nicht voll belasteten Grundstücks zu betreiben, um einer nahestehenden Person die Möglichkeit zu verschaffen, das Grundstück unter Wert zu ersteigern (Jaeger/*Henckel* Rn. 9)

23 Auch **nach Beginn der Zwangsvollstreckung vorgenommene Rechtshandlungen** des Schuldners sind der Vorsatzanfechtung nicht entzogen. Erbringt der Schuldner nach fruchtloser Zwangsvollstreckung im Rahmen einer vom Gerichtsvollzieher herbeigeführten Ratenzahlungsvereinbarung Teilzahlungen, sind diese wegen vorsätzlicher Gläubigerbenachteiligung anfechtbar. Hier hat der Schuldner, nachdem der erste hoheitliche Zugriff fehlgeschlagen war, aufgrund seiner eigenen freien Entscheidung geleistet (BGH NZI 2010, 184 Rn. 8 ff.). Veranlasst er, nachdem ein Gläubiger in die offene Kreditlinie des Schuldners bei seiner Bank gepfändet hat, eine Überweisung an den Gläubiger, liegt darin

gleichfalls eine Rechtshandlung des Schuldners (BGH ZInsO 2011, 1350 Rn. 9 f.).

24 **Passives Verhalten** des Schuldners kann nur ausnahmsweise als Rechtshandlung gewertet werden, etwa dann, wenn er einen aussichtsreichen Rechtsbehelf gegen eine rechtswidrige Vollstreckungsmaßnahme bewusst und gewollt unterlassen hat (BGHZ 143, 332 [334] = NZI 2000, 161; BGHZ 162, 143 [154] = NZI 2005, 215; NZI 2014, 218 Rn. 7 ff.; Kübler/Prütting/Bork/*Bork* Rn. 11). Die untätige Hinnahme von Zwangsvollstreckungsmaßnahmen muss in der Vorstellung und mit dem Willen erfolgen, dass durch das Unterlassen die anstehende Vermögensverlagerung auf den vollstreckenden Gläubiger gefördert wird. Für ein entsprechend zielgerichtetes Unterlassen reicht es nicht aus, dass der Schuldner die Bevorzugung eines einzelnen Gläubigers lediglich geschehen lässt. Vielmehr hat er andere Handlungsmöglichkeiten zum Schutz der Gläubigergesamtheit in Erwägung zu ziehen und muss hiervon bewusst im Interesse einzelner Gläubiger absehen. Unterlässt es der Schuldner, dessen Konten durch seinen Gläubiger gepfändet sind, ein weiteres Konto zu eröffnen und Zahlungen seiner Schuldner auf dieses freie Konto zu leiten, steht diese Unterlassung einer Rechtshandlung nicht ohne weiteres gleich. Entsprechendes gilt für die fehlende Anweisung an die Drittschuldner, zu Barzahlungen überzugehen (BGH NZI 2014, 218 Rn. 11). Eine Rechtshandlung des Schuldners kann auch nicht damit begründet werden, dass er gezahlt hat, ohne die Vorlage einer richterlichen Durchsuchungsanordnung zu fordern, solange nicht festgestellt ist, dass ihm bei seinen Zahlungen an den Vollziehungsbeamten die Möglichkeit bewusst gewesen ist, einen sofortigen Vollstreckungszugriff durch die Forderung nach einer richterlichen Durchsuchungsanordnung verhindern zu können (BGH NZI 2011, 249 Rn. 7; MüKoInsO/*Kayser* Rn. 9c; Ahrens/Gehrlein/Ringstmeier/*Gehrlein* Rn. 4). Stellt der Schuldner den Insolvenzantrag vorsätzlich verspätet – unterlässt er somit die rechtzeitige Antragstellung – und bewirkt er dadurch eine Verzögerung des Fristenlaufs, so dass die Rechtshandlung eines Gläubigers nicht in den von §§ 130–132 geschützten zeitlichen Bereich fällt, steht diese Unterlassung nicht in dem anfechtungsrechtlich gebotenen Zusammenhang mit der Vermögensverschiebung; es handelt sich somit nicht um eine anfechtbare Rechtshandlung (BGHZ 162, 143 [154 f.] = NZI 2005, 215; krit. *Marotzke* ZInsO 2014, 417 [429 ff., 445]).

25 **Leistungen,** die der Schuldner, dem die Möglichkeit zu selbstbestimmtem Handeln verblieben ist, **zur Abwendung einer drohenden Zwangsvollstreckung,** eines drohenden Insolvenzantrags oder einer drohenden Strafanzeige erbringt **(„Druckzahlungen";** vgl. dazu auch → § 131 Rn. 36**),** sind Rechtshandlungen des Schuldners (BGHZ 157, 242 [246] = NZI 2004, 201; BGH NZI 2005, 692; Kübler/Prütting/Bork/*Bork* Rn. 7). Der in einem formularmäßig abgefassten Mahnschreiben enthaltene Hinweis, bei Nichtzahlung würden Vollstreckungsmaßnahmen ergriffen, kann einen unmittelbaren Vollstreckungsdruck auslösen (BGH NZI 2011, 140 Rn. 10; 9.10.2014 – IX ZR 250/12, juris Rn. 2). Es ist in jedem Einzelfall festzustellen, ob das tätig gewordene Vollstreckungsorgan die vom Schuldner zur Abwendung der Zwangsvollstreckung vorgenommene Rechtshandlung hätte erzwingen können; gegebenenfalls liegt keine Rechtshandlung des Schuldners vor. Hatte der Schuldner Wahlmöglichkeiten hinsichtlich des „ob" und/oder des „wie" der Leistung, ist von einer Rechtshandlung des Schuldners auszugehen (Kübler/Prütting/Bork/*Bork* Rn. 9). Letzteres ist bspw. der Fall, wenn der Schuldner zur Abwendung der Zwangsvollstreckung Privatentnahmen aus seinem Unternehmen tätigt und hiermit Ratenzahlungen an den Gerichtsvollzieher erbringt (BGH 26.1.2012 – IX ZR 33/09, juris Rn. 2).

26 **Geldstrafen, Geldbußen, Ordnungsgelder** und ähnliche Sanktionen (zB **Bewährungsauflagen**) sind in der Insolvenz des Schuldners nur nachrangige Insolvenzverbindlichkeiten; erfüllt sie der Schuldner vor Insolvenzeröffnung, ist

dies unter den Voraussetzungen der §§ 130, 133 anfechtbar; ein Gleiches gilt für Leistungen, denen ein **„Deal"** gem. § 257c StPO zugrunde liegt, und Zahlungen, die der Schuldner zur Erfüllung einer von der Staatsanwaltschaft gem. **§ 153a Abs. 1 S. 2 Nr. 2 StPO** angeordneten **Geldauflage** erbringt, um die Einstellung eines Strafverfahrens zu erreichen. Die Folgen strafbarer oder ordnungswidriger Handlungen des Schuldners sollen nicht den Insolvenzgläubigern aufgebürdet werden (BGH NZI 2008, 488 Rn. 21 mAnm *Kirchhof* WuB VI A. § 133 InsO 4.08). Zum Gläubigerbenachteiligungsvorsatz des leistenden Schuldners vgl. → Rn. 38, zur Kenntnis auf Seiten der Strafvollstreckungsbehörde → Rn. 85. Fraglich ist nur, wer zur Rückzahlung verpflichtet ist. Zur Rückzahlung einer in die Staatskasse geflossenen Leistung ist der Staat verpflichtet; ist die Leistung einer dritten Organisation zugute gekommen, wird man nach dem Rechtsgedanken des § 145 Abs. 2 Nr. 3 diese in die Pflicht nehmen müssen (*Karsten Schmidt* FS Samson, 2010, 161 [177]).

c) Gläubigerbenachteiligung. Zu dem Tatbestandselement der Gläubigerbenachteiligung → § 129 Rn. 45 ff. § 133 Abs. 2 S. 1 verlangt eine **unmittelbare Gläubigerbenachteiligung.** Daraus ergibt sich im Gegenschluss, dass für § 133 Abs. 1 eine **mittelbare Gläubigerbenachteiligung** ausreicht (BGHZ 155, 75 [81] = NZI 2003, 533; BGH NZI 2008, 233 Rn. 12; 2009, 768 Rn. 5; Jaeger/*Henckel* Rn. 3, 15, 19; MüKoInsO/*Kayser* Rn. 11; Uhlenbruck/*Ede/Hirte* Rn. 32; Kübler/Prütting/Bork/*Bork* Rn. 21; Ahrens/Gehrlein/Ringstmeier/*Gehrlein* Rn. 7). 27

d) Anfechtungszeitraum. Die angefochtene Rechtshandlung muss in den letzten **zehn Jahren** vor dem Eröffnungsantrag oder danach (aber vor der Verfahrenseröffnung) stattgefunden haben (zu den Reformvorhaben vgl. den **Regierungsentwurf** vom 29.9.2015 und dazu die angehängte → Rn. 112). Der maßgebliche **Antrag** richtet sich nach § 139, der **Zeitpunkt der Vornahme** der Rechtshandlung nach § 140. 28

Eine **Ausschöpfung des Anfechtungszeitraums** von zehn Jahren wird nur in Ausnahmefällen gelingen. Dass für Rechtshandlungen, die ein Schuldner fast zehn Jahre, bevor der Eröffnungsantrag gestellt wird, vornimmt, ein Gläubigerbenachteiligungsvorsatz festgestellt werden kann, dürfte nur vorkommen, wenn der Schuldner für den noch ungewissen Insolvenzfall Vorsorge treffen wollte (→ Rn. 39). 29

e) Anfechtungsgegner. Der Tatbestand der Vorsatzanfechtung setzt abweichend von §§ 130, 131 nicht voraus, dass der Anfechtungsgegner als Insolvenzgläubiger zu betrachten ist. Vielmehr richtet sich die Vorsatzanfechtung gegen jeden Leistungsempfänger (BGHZ 174, 314 Rn. 14, 17 = NZI 2008, 167; BGH NZI 2012, 137 Rn. 11). Er muss nicht Vertragspartner sein (BGH NZI 2012, 713 Rn. 2). 30

2. Subjektiver Tatbestand. a) Gläubigerbenachteiligungsvorsatz des Schuldners. aa) Allgemeines. Der Tatbestand des § 133 Abs. 1 setzt voraus, dass der Schuldner bei Vornahme der Rechtshandlung (§ 140) den **Vorsatz** hatte, seine Gläubiger im Allgemeinen zu benachteiligen. **Absicht** (oder auch nur unlautere Hintergedanken) ist (sind) nicht erforderlich (→ Rn. 1; zum **Regierungsentwurf** → Rn. 105). Wie jeder Vorsatz enthält auch der Gläubigerbenachteiligungsvorsatz iSv § 133 Abs. 1 ein **Wissens-** und ein **Wollenselement.** Der Schuldner muss gewusst haben, dass seine Rechtshandlung die Gläubiger benachteiligt, und diesen Erfolg gewollt haben. Der Erfolg muss auch eingetreten sein; der bloße Vorsatz ohne objektive Gläubigerbenachteiligung bleibt sanktionslos (Jaeger/*Henckel* Rn. 16; Kummer/Schäfer/Wagner/*Schäfer* Rn. F 17). 31

32 Hinsichtlich des **Wissenselements** muss man noch nicht zwischen der kongruenten und der inkongruenten Deckung unterscheiden; dieser Unterschied wird erst bei dem Wollenselement erheblich. Das Wissenselement setzt voraus, dass der Schuldner eine **wenigstens allgemeine Vorstellung** davon hat, seine Rechtshandlung benachteilige die Gläubiger (Jaeger/*Henckel* Rn. 19; MüKo-InsO/*Kayser* Rn. 13; Kübler/Prütting/Bork/*Bork* Rn. 24; HK-InsO/*Thole* Rn. 13).

33 Der Benachteiligungsvorsatz des Schuldners muss sich nicht gerade auf den Umstand beziehen, aus dem die Gläubigerbenachteiligung folgt (BGH NZI 2008, 233 Rn. 19; MüKoInsO/*Kayser* Rn. 16; Uhlenbruck/*Ede*/*Hirte* Rn. 38; krit. *Windel* ZIP 2014, 1823 [1824] [„Haftung für Zufall“]). Deshalb wird der Gläubigerbenachteiligungsvorsatz nicht dadurch in Frage gestellt, dass der Schuldner eine andere Gläubigerbenachteiligung vor Augen hatte als diejenige, die sich unter rechtlichen Gesichtspunkten als solche darstellte, und auch eine andere als der Anfechtungsgegner. Dies gilt insbes. dann, wenn der Anfechtungsgegner sich gerade die später eingetretene Gläubigerbenachteiligung vorgestellt hat, der Schuldner aber eine andere wollte (*Ganter* WM 2009, 1441 [1444]).

34 **Bedingter Vorsatz** genügt (BGHZ 155, 75 [84] = NZI 2003, 533 [535]; BGHZ 162, 143 [153] = NZI 2005, 215; BGHZ 167, 190 Rn. 14 = NZI 2006, 469; BGHZ 180, 98 Rn. 10 = NZI 2009, 372; BGH NZI 2003, 597 [598]; 2004, 376 [378]; 2005, 329 [331]; Jaeger/*Henckel* Rn. 24; Uhlenbruck/*Ede*/*Hirte* Rn. 35; Kübler/Prütting/Bork/*Bork* Rn. 24). Deshalb ist das Wissenselement auch erfüllt, wenn der Schuldner noch gar nicht zahlungsunfähig ist oder seine objektiv gegebene Zahlungsunfähigkeit nicht kennt, aber ernsthaft damit rechnet, in absehbarer Zeit nicht alle seine Gläubiger befriedigen zu können, und dies in Kauf nimmt.

35 Da für § 133 Abs. 1 eine mittelbare Gläubigerbenachteiligung ausreicht (→ Rn. 27), ist das Wissenselement auch dann gegeben, wenn im Zeitpunkt der Rechtshandlung **noch gar keine Gläubiger vorhanden** waren, der Schuldner aber damit gerechnet hat, künftige Gläubiger nicht bedienen zu können (BGH NZI 2009, 768 Rn. 5; 2010, 439 Rn. 14; Jaeger/*Henckel* Rn. 45; MüKoInsO/*Kayser* Rn. 16; Uhlenbruck/*Ede*/*Hirte* Rn. 38, 44; HK-InsO/*Thole* Rn. 13).

36 Umgekehrt **entfällt das Wissenselement,** wenn der Schuldner bei Vornahme der Rechtshandlung davon ausging, mit Sicherheit sämtliche Gläubiger befriedigen zu können (BGHZ 157, 242 [251] = NZI 2004, 201; ebenso schon zu § 31 KO BGHZ 138, 291 [308] = NJW 1998, 2592; BGH NJW 1998, 1561 [1564]; Uhlenbruck/*Ede*/*Hirte* Rn. 37). Es reicht aus, dass der Schuldner aufgrund konkreter Umstände – etwa der sicheren Aussicht, demnächst Kredit zu erhalten oder Forderungen realisieren zu können – mit einer baldigen Überwindung der Krise rechnen konnte (BGH NZI 2007, 512 Rn. 8; 2012, 416 Rn. 15). Das Wissenselement entfällt außerdem, wenn der Schuldner bei der Vornahme der angefochtenen Rechtshandlung zweifelsfrei liquide war (BGHZ 157, 242 [251] = NZI 2004, 201; BGH NZI 1999, 152 [153]; 2004, 372 [373]; 2004, 445 [447]; 2005, 329 [331]; ZInsO 2006, 371 Rn. 31; Kübler/Prütting/Bork/*Bork* Rn. 31; HK-InsO/*Thole* Rn. 22).

37 Auch das **Wollenselement,** das als zweites hinzukommen muss, um den Vorsatzbegriff auszufüllen, muss sich nicht gerade auf die Gläubigerbenachteiligung beziehen, die später tatsächlich eingetreten ist (zum Wissenselement vgl. → Rn. 32 f.). Eine objektive Benachteiligung der Gläubiger ist anfechtbar, mag sie auch auf andere Weise als vom Schuldner gewollt eingetreten sein (Jaeger/*Henckel* Rn. 19).

38 Für das Wollen reicht es aus, dass der Schuldner die **Gläubigerbenachteiligung** als unvermeidliche Nebenfolge eines an sich erstrebten anderen Vorteils **erkannt und in Kauf genommen** hat (BGHZ 124, 76 [81 f.] = NJW 1994,

449; BGHZ 155, 75 [84] = NZI 2003, 533 [535]; BGHZ 174, 314 Rn. 29 = NZI 2008, 167; BGH ZInsO 2014, 1661 Rn. 3; *Thole,* Gläubigerschutz durch Insolvenzrecht, 496; Jaeger/*Henckel* Rn. 23; MüKoInsO/*Kayser* Rn. 13; Uhlenbruck/*Ede/Hirte* Rn. 35; HK-InsO/*Thole* Rn. 13). Bezahlt der Schuldner eine **Geldstrafe,** wird der Benachteiligungswille nicht dadurch ausgeschlossen, dass es dem Schuldner allein darauf ankommt, mit der Zahlung die Verbüßung der ansonsten unausweichlichen Freiheitsstrafe abzuwenden und/oder seinen bei Vollstreckung der Ersatzfreiheitsstrafe gefährdeten Arbeitsplatz zu erhalten (BGH NZI 2014, 863 Rn. 21 ff.). Erfüllt der Schuldner eine **Auflage nach § 153a Abs. 1 S. 2 Nr. 2 StPO,** ist es unerheblich, ob er mit Erfüllung der Einstellungsauflage einer Bestrafung entgehen will (BGH NZI 2008, 488 Rn. 19).

Das **Wollenselement** liegt klar zutage, wenn der Schuldner den Vorgang erklärtermaßen eingeleitet hat, „um so alle Verbindlichkeiten zu erledigen" (BGHZ 165, 343 [348] = NZI 2006, 155 – „Firmenbestattung" im Ausland) oder Vermögensvorteile gerade für den Insolvenzfall einräumt (BGH NZI 2007, 462 Rn. 27; 2014, 68 Rn. 15). So verhält es sich, wenn eine Sicherung aufschiebend bedingt gerade für den Fall der Insolvenz des Schuldners vereinbart wird, um bei Insolvenzreife dem Sicherungsnehmer das Sicherungsgut zu verschaffen und damit den übrigen Gläubigern zu entziehen oder wenn der bereits zahlungsunfähige Schuldner einen Rechtsanwalt mit der Einziehung von Außenständen beauftragt und ihn anweist, eingehende Beträge an ausgewählte Gläubiger auszuzahlen (OLG München NZI 2015, 555 [556]). Von solchen Ausnahmen abgesehen, lässt sich der Wille zur Gläubigerbenachteiligung allein aus verdächtigen **Indizien** schließen (Jaeger/*Henckel* Rn. 32). Hierbei ist zwischen den Fällen inkongruenter und kongruenter Deckung zu unterscheiden. Näher hierzu → Rn. 45 ff. 39

Fremdes Wissen und Wollen kann dem Schuldner unter Umständen zugerechnet werden. Es sind dieselben Grundsätze anzuwenden, die für die Zurechnung der Kenntnis eines Vertreters des Anfechtungsgegners in den Fällen der §§ 130, 131 gelten (vgl. → § 130 Rn. 68 ff.). Hat für den Schuldner ein Vertreter gehandelt, ist ein bei diesem vorhandener Benachteiligungswille dem Schuldner nur zuzurechnen, wenn er Art und Inhalt des Vertretergeschäfts durch entsprechende Anweisungen so festgelegt hat, dass dieses gläubigerbenachteiligend sein musste (Jaeger/*Henckel* Rn. 42; Uhlenbruck/*Ede/Hirte* Rn. 43; vgl. auch HK-InsO/*Thole* Rn. 13). Eine GmbH, deren Alleingesellschafter den Geschäftsführer oder Liquidator mit Gläubigerbenachteiligungsvorsatz zu der angefochtenen Handlung veranlasst hat, muss sich diesen Vorsatz zurechnen lassen, falls die Weisung befolgt wurde (BGH NZI 2004, 376 [378]). 40

Der Benachteiligungsvorsatz muss sich auf **Gläubiger** beziehen (Jaeger/*Henckel* Rn. 45). Unerheblich ist, ob sich der Benachteiligungsvorsatz gegen alle oder einzelne, gegen bestimmte oder unbestimmte, gegen schon vorhandene oder künftige Gläubiger richtet (Jaeger/*Henckel* Rn. 45). Unerheblich ist es schließlich auch, wenn der Schuldner zur Zeit der angefochtenen Rechtshandlung noch gar keine Gläubiger hat (→ Rn. 35). 41

Bewirkt der Schuldner Zahlungen an einen Gläubiger unter Einschaltung einer **Mittelsperson,** ist der Benachteiligungsvorsatz im Deckungs- und Valutaverhältnis einheitlich zu bestimmen (BGHZ 174, 314 Rn. 33 = NZI 2008, 167; BGHZ 193, 129 Rn. 17 = NZI 2012, 453). Zur Indizwirkung für die Kenntnis des Anfechtungsgegners → Rn. 76. 42

Der Benachteiligungsvorsatz muss in dem **Zeitpunkt** vorliegen, in dem die Rechtshandlung iSv § 140 Abs. 1 vorgenommen worden ist (BGH NZI 2012, 137 Rn. 14; 2012, 453 Rn. 17; ZInsO 2014, 495 Rn. 1; NZI 2015, 717 Rn. 11; Jaeger/*Henckel* Rn. 46). Hat – irgendwann einmal – ein Gläubigerbenachteiligungsvorsatz bestanden, so kann doch zweifelhaft sein, ob dieser auch noch im Zeitpunkt der angefochtenen Rechtshandlung fortbestand. Hier ist der früher 43 vorhanden gewesene Vorsatz ein Beweisanzeichen dafür, dass er auch noch im Zeitpunkt der Rechtshandlung vorhanden war. Handelte der Schuldner im Zeitpunkt der Eingehung einer Verpflichtung (oder deren Verstärkung) mit Benachteiligungsvorsatz, so bildet dieser Umstand regelmäßig auch ein Beweisanzeichen dafür, dass der Vorsatz bis zu der Erfüllung der Verpflichtung fortbestand (BGH NZI 2008, 233 Rn. 15; MüKoInsO/*Kayser* Rn. 33; Kummer/Schäfer/Wagner/*Schäfer* Rn. F 24).

44 Die **Beweislast** für den Benachteiligungsvorsatz des Schuldners liegt beim Insolvenzverwalter (BGH NZI 2008, 233 Rn. 16; MüKoInsO/*Kayser* Rn. 22). Der Tatrichter hat die subjektiven Voraussetzungen der Vorsatzanfechtung gem. § 286 ZPO unter Würdigung aller maßgeblichen Umstände des Einzelfalls auf der Grundlage des Gesamtergebnisses der Verhandlung und einer etwaigen Beweisaufnahme zu prüfen (vgl. BGH NZI 2010, 738 Rn. 15 mwN).

45 **b) Die inkongruente Deckung als Indiz für das Vorliegen des Gläubigerbenachteiligungsvorsatzes.** Gewährt der Schuldner in der Krise eine **inkongruente Deckung** (darunter fällt insbes. die **rechtsgrundlose Leistung** des Schuldners, vgl. → § 131 Rn. 20), wird der Wille zur Gläubigerbenachteiligung von der Rspr. im Allgemeinen bejaht. Die inkongruente Bevorzugung einzelner Gläubiger begründet danach – wie schon zu Zeiten der Konkursordnung – ein Beweisanzeichen für die gewollte Zurücksetzung der anderen (BGHZ 138, 291 [308] = NJW 1998, 2592; BGHZ 157, 242 [250 f.] = NZI 2004, 201; BGHZ 173, 129 Rn. 50 = NZI 2007, 650; BGHZ 180, 98 Rn. 17 = NZI 2009, 372; BGHZ 198, 64 Rn. 33 = NZI 2013, 742; BGH NZI 2008, 299 Rn. 30; 2012, 142 Rn. 10; 2013, 140 Rn. 46; 2014, 266 Rn. 17). Voraussetzung ist allerdings, dass der Schuldner zum Zeitpunkt der fraglichen Rechtshandlung bereits zahlungsschwach war und dies erkannt hat (HK-InsO/*Thole* Rn. 22; → Rn. 51; zum **Regierungsentwurf** vom 29.9.2015 die angehängte → Rn. 105). Die Indizwirkung einer inkongruenten Deckung wird nicht durch die Beweislastregel des § 133 Abs. 1 S. 2 als überflüssig verdrängt (BGHZ 157, 242 [251] = NZI 2004, 201 [203]; BGH NZI 2004, 372 [373]; ZInsO 2006, 371 Rn. 31; NZI 2010, 439 Rn. 15; MüKoInsO/*Kayser* Rn. 31; aA Jaeger/*Henckel* Rn. 52), denn häufig wird der Insolvenzverwalter nur schwer die Kenntnis des Anfechtungsgegners von der drohenden Zahlungsunfähigkeit des Schuldners darlegen und beweisen können (Kübler/Prütting/Bork/*Bork* Rn. 28). Zur Indizwirkung der Inkongruenz für die Kenntnis des Anfechtungsgegners von dem Benachteiligungsvorsatz des Schuldners → Rn. 74.

46 Die Literatur äußert teilw. **Zweifel,** ob die Inkongruenz der Deckung in diesem Sinne gewertet werden kann. Da die weit überwiegende Zahl der veröffentlichten Entscheidungen, die einer Anfechtung nach § 31 KO mit Hilfe des starken Beweisanzeichens „Inkongruenz" zum Erfolg verhalfen, heute von § 131 erfasst würden, sei fraglich, ob es gerechtfertigt sei, mit Hilfe dieser Beweiserleichterung noch inkongruente Deckungen zu erfassen, die mehr als drei Monate vor dem Eröffnungsantrag gewährt worden seien (so Jaeger/*Henckel* Rn. 35; krit. auch *Jacoby* KTS 2009, 3 [20]; *Windel* FS Kübler, 2015, 813 [820, 822] unter IV.).

47 **Stellungnahme:** Mit der Rspr. und der herrschenden Meinung im Schrifttum (*G. Fischer* FS Kirchhof, 2003, 73 [83 f.]; *Huber* FS Kirchhof, 2003, 247 [255]; *Schoppmeyer* ZIP 2009, 600 [606]; *Thole,* Gläubigerschutz durch Insolvenzrecht, 504; HK-InsO/*Thole* Rn. 20, 22; MüKoInsO/*Kayser* Rn. 29; Uhlenbruck/*Hirte,* 13. Aufl. 2010, Rn. 15 (keine Stellungnahme in der 14. Aufl.); Kübler/Prütting/Bork/*Bork* Rn. 27 ff.; FK-InsO/*Dauernheim* Rn. 15; Ahrens/Gehrlein/Ringstmeier/*Gehrlein* Rn. 15) ist jedoch **an der indiziellen Bedeutung** (→ Rn. 45) **der Inkongruenz festzuhalten.** Der Grund dafür liegt darin, dass nach allgemeiner Erfahrung im Geschäftsverkehr Schuldner regelmäßig nicht bereit sind,

etwas Anderes oder gar mehr zu geben als sie schulden. Tun sie das dennoch, dann spricht dies dafür, dass sie den Leistungsempfänger begünstigen wollen. Dass für die anderen weniger übrig bleibt, nehmen sie billigend in Kauf.

Leistungen, die der Schuldner innerhalb des Dreimonatszeitraums zur Abwen- **48**
dung drohender Zwangsvollstreckung erbringt **(Druckzahlungen,** vgl. → § 131 Rn. 36 sowie → Rn. 25 und → Rn. 62) sind inkongruent und können daher wegen vorsätzlicher Gläubigerbenachteiligung anfechtbar sein (BGHZ 157, 242 [254] = NZI 2004, 201). Entsprechendes gilt für **Zahlungen** des Schuldners **nach fruchtloser Zwangsvollstreckung** im Rahmen einer vom Gerichtsvollzieher herbeigeführten Ratenzahlungsvereinbarung (§ 806b ZPO; BGH NZI 2010, 184 Rn. 10 f.; vgl. hierzu aber den **Regierungsentwurf** vom 29.9.2015 u. dazu die bei § 131 angehängte → § 131 Rn. 106 f.) und solche, die durch die (missbräuchliche) **Androhung des Insolvenzantrags** bewirkt wurden (BGHZ 157, 242 [246] = NZI 2004, 201; ZIP 2009, 1434 Rn. 5; *Kayser* NJW 2014, 422 [426]; krit. *Thole* ZIP 2013, 2081 [2087]; *Jungclaus* KTS 2014, 257 [283, 303]). Etwas anderes kann gelten, wenn die von dem angekündigten Insolvenzantrag ausgehende Drucksituation durch einen Pfändungsdruck überlagert wird (BGH NZI 2004, 201 [204]; ZIP 2009, 1434 Rn. 6). Der für eine Inkongruenz notwendige zeitliche Zusammenhang zwischen der Drohung mit einem Insolvenzantrag und der Leistung des Schuldners kann auch nach Ablauf der von dem Gläubiger mit der Androhung gesetzten Zahlungsfrist bestehen; rückt der Gläubiger von der Drohung nicht ab und verlangt er von dem Schuldner fortlaufend Zahlung, kann der Leistungsdruck über mehrere Monate fortdauern (BGH NZI 2004, 201 [203]).

Die **Grenzen zwischen § 131 und § 133** werden dadurch nicht verwischt. **49**
Dies wäre allenfalls dann zu befürchten, wenn aus der Inkongruenz, die in § 131 ein objektives Tatbestandsmerkmal darstellt, im Wege einer Vermutung das subjektive Tatbestandsmerkmal des Gläubigerbenachteiligungsvorsatzes hergeleitet würde, das die schärfere Sanktion des § 133 auslösen kann. Dies ist nicht der Fall. Die Tatsachen, aus denen die subjektiven Tatbestandsvoraussetzungen der Vorsatzanfechtung gefolgert werden können, also auch die Inkongruenz, begründen keine Vermutungen, sondern stellen nur mehr oder weniger gewichtige **Beweisanzeichen, Indizien,** dar (BGH NZI 2009, 768 Rn. 8, 10; 2009, 847; *Ganter* WM 2009, 1441 [1443]; MüKoInsO/*Kayser* Rn. 30; HK-InsO/*Thole* Rn. 21 ff.; Kübler/Prütting/Bork/*Bork* Rn. 26), die im Einzelfall zu gewichten sind. So hängt auch die Bedeutung der **Inkongruenz** als Beweisanzeichen von deren **Art und Ausmaß** ab (BGHZ 137, 267 [283] = ZIP 1998, 257; BGH NZI 2005, 329 [330]; 2009, 171 Rn. 52; MüKoInsO/*Kayser* Rn. 31b; HK-InsO/*Thole* Rn. 23). Je schwächer die Inkongruenz im Einzelfall ausgeprägt ist, desto mehr tritt sie in ihrer Bedeutung als Beweisanzeichen zurück. Beispiel: Verpflichtet sich ein zahlungsschwacher Bauhauptunternehmer gegenüber einem Subunternehmer, ihm in einer Höhe, in der dieser werkvertragsrechtlich Sicherheit verlangen kann, einen Teil des Werklohnanspruchs gegen den Bauherrn abzutreten, ist die (mangels Anspruchs auf Besicherung zu bejahende, vgl. → § 131 Rn. 58) Inkongruenz so schwach, dass daraus nicht auf einen Gläubigerbenachteiligungswillen des Hauptunternehmers zu schließen ist (BGH NZI 2005, 329 [330]; HK-InsO/*Thole* Rn. 23). Die indizielle Bedeutung der Inkongruenz nimmt auch mit dem **zeitlichen Abstand** zu dem Eröffnungsantrag ab (MüKoInsO/*Kayser* Rn. 31b).

Wird die inkongruente **Schaffung einer Aufrechnungslage** angefochten, so **50**
stellt dieser Umstand für sich allein kein Indiz für einen Gläubigerbenachteiligungsvorsatz dar. Maßgebend ist vielmehr, ob der Schuldner durch dieses Geschäft selbst den Vorsatz verfolgte, die Gläubiger zu benachteiligen (BGH NZI 2004, 376 [377]).

51 Das einen Benachteiligungswillen nahelegende Beweisanzeichen der Inkongruenz kann durch die Umstände des Einzelfalls **ganz entkräftet** sein, wenn diese ergeben, dass die angefochtene Rechtshandlung von einem anderen, anfechtungsrechtlich unbedenklichen Willen geleitet war und das Bewusstsein der Benachteiligung anderer Gläubiger infolgedessen in den Hintergrund getreten ist (BGH NZI 2004, 376 [378]). Ist der Schuldner auf Grund konkreter realistischer Vorstellungen davon überzeugt, mit Sicherheit alle seine Gläubiger befriedigen zu können, besteht kein Gläubigerbenachteiligungsvorsatz (BGH NJW 2000, 957 [958]; NZI 2004, 376 [378]; Uhlenbruck/*Ede/Hirte* Rn. 106; Kummer/Schäfer/Wagner/*Schäfer* Rn. F 56). Zu entsprechenden Vorstellungen im Falle kongruenter Deckung → Rn. 64. Es reicht aber nicht schon aus, dass der Schuldner mit der inkongruenten Deckung eine für vordringlich gehaltene Anstandspflicht erfüllen wollte (MüKoInsO/*Kayser* Rn. 31b).

52 Stand die angefochtene Rechtshandlung in unmittelbarem Zusammenhang mit einem **Sanierungskonzept,** das mindestens in den Anfängen schon in die Tat umgesetzt war (zu diesem Erfordernis sogleich mehr) und die ernsthafte Aussicht auf Erfolg begründete, kann die indizielle Bedeutung der Inkongruenz ganz entfallen (BGHZ 180, 98 Rn. 17 = NZI 2009, 372; 2012, 142 f. Rn. 11; 2013, 133 Rn. 17; 2013, 500 Rn. 11; 2014, 650 Rn. 40; BAG ZIP 2014, 37 Rn. 58; das vereinzelt – so noch in BGH NZI 2009, 171 Rn. 52 – aufgestellte Erfordernis, wonach das Sanierungskonzept objektiv „die ernsthafte Aussicht auf Erfolg begründet" haben müsse, ist zugunsten einer auf die Person des Schuldners abstellenden Sicht aufgegeben worden; ebenso MüKoInsO/*Kayser* Rn. 37 f.; objektive Betrachtungsweise noch bei Jaeger/*Henckel* Rn. 29 ff.; Uhlenbruck/*Ede/Hirte* Rn. 128 ff.). War dem Sanierungsvorhaben zunächst, obwohl objektiv aussichtslos, eine positive Prognose gestellt worden und hat der Schuldner es für erfolgversprechend gehalten und ernsthaft betrieben, hat er subjektiv redlich gehandelt. Er hat – wenngleich mit untauglichen Mitteln – den Eintritt einer Gläubigerbenachteiligung gerade vermeiden wollen, sie also nicht in Kauf genommen (*Ganter* WM 2009, 1441 [1447]; *ders.* ZIP 2015, 1413 [1416, 1418]; *Nobbe* FS Kübler, 2015, 459 [467]; MüKoInsO/*Kayser* Rn. 37a). Ein Sanierungsversuch kann auch aussichtsreich sein, wenn sich die beabsichtigten Maßnahmen nur auf einen Teil der Gläubiger erstrecken, etwa wenn umfangreiche Forderungsverzichte der hauptsächlichen Kreditgeber dem Schuldner neue Liquidität verschaffen sollen, mittels derer er in die Lage versetzt werden soll, seine übrigen Gläubiger vollständig zu befriedigen (BGH NZI 2012, 142 Rn. 13). Es schadet nicht, dass der Sanierungsversuch für den Schuldner erkennbar mit Risiken belastet ist, sofern die Bemühungen um eine Rettung des Unternehmens ganz im Vordergrund stehen und – aus der Sicht eines unvoreingenommenen, nicht notwendigerweise unbeteiligten, Branchenkenners – aufgrund konkreter Umstände eine positive Prognose gestellt werden kann (BGH NJW 1998, 1561 [1563 f.]; HK-InsO/*Thole* Rn. 24). Die bloße Hoffnung des Schuldners auf eine Sanierung räumt jedoch seinen Benachteiligungsvorsatz nicht aus, wenn die dazu erforderlichen Bemühungen über die Entwicklung von Plänen und die Erörterung von Hilfsmöglichkeiten nicht hinausgekommen sind (BGH NZI 2012, 142 Rn. 11). Die Vorlage einer **Bescheinigung gem. § 270b Abs. 1 S. 3** reicht nicht aus (*Schmittmann/Dannemann* ZIP 2013, 760 [765]). An dem Erfordernis, dass das Sanierungskonzept „in den Anfängen" bereits umgesetzt worden sein muss, wird man nicht festhalten können (*Ganter* ZIP 2015, 1413 [1416] [anders noch in WM 2014, 49 [52]); ebenso *Thole* ZIP 2013, 2081 [2087]; *Thole/Schmidberger* BB 2014, 3 [8]; *Kayser* WM 2013, 293 [299]; *ders.* NJW 2014, 422, 428; *Nobbe* FS Kübler, 2015, 459 [467]; Kummer/Schäfer/Wagner/*Schäfer* Rn. F 44a). Der Vorwurf, die Rspr. des BGH sei sanierungsfeindlich, ist unberechtigt; sie trägt der Erfahrung Rechnung, dass oft genug „die Akteure – getarnt als Sanierung – von vornherein nur

ihre eigenen Interessen durchzusetzen versuchen" (*Kayser* NJW 2014, 422 [424]; *ders.* FS Tolksdorf, 2014, 57 [60]; zur Vorsatzanfechtung in Sanierungsfällen vgl. auch *Ganter* WM 2009, 1441 [1447 ff.]; *Schmittmann/Dannemann* ZIP 2013, 760 [764]; *Lütcke* ZInsO 2013, 1986 [1990]; *Kayser* NJW 2014, 422 [427]; zu den Erfordernissen an ein Sanierungskonzept s. *Ganter,* Die Anforderungen der höchstrichterlichen Rechtsprechung an eine zuverlässige Fortführungsprognose bei der Sanierungsprüfung, NZI 2014, 673; zu den **Reformüberlegungen** → Rn. 107). In Fällen einer **Insolvenzberatung,** die keine Unternehmenssanierung zum Gegenstand hat, ist die indizielle Bedeutung der Inkongruenz im Einzelfall zu prüfen (*Stiller* ZInsO 2015, 825 [828 ff.]).

Die Inkongruenz eines **Abfindungsvergleichs** (vgl. → § 131 Rn. 26) kann 53
ihre indizielle Wirkung insbes. dann verlieren, wenn der Betrag, auf den der Schuldner gegenüber seinem Vertragspartner verzichtet, bei wirtschaftlicher Betrachtungsweise im Wesentlichen durch die Verringerung der von ihm selbst zu erbringenden Leistung abgegolten wird (Uhlenbruck/*Ede/Hirte* Rn. 107). Ebenso kann bei einem Vergleichsschluss ein Benachteiligungsvorsatz ausscheiden, wenn ein von dem Schuldner gewährter Forderungsnachlass wegen der unklaren Rechtslage durch die rechtlichen Risiken der Durchsetzung der Gesamtforderung aufgewogen wird (BGH ZInsO 2012, 830 Rn. 41). Zur Kenntnis des Anfechtungsgegners vom Gläubigerbenachteiligungsvorsatz im Falle eines Vergleichs → Rn. 86.

c) Beweisanzeichen für den Gläubigerbenachteiligungsvorsatz bei kon- 54
gruenter Deckung. Bei **kongruenter Deckung** (gleich zu behandeln ist der Fall, dass der Schuldner irrig davon ausgeht, eine wirksame Verpflichtung zu erfüllen, BGH NJW 1991, 2144 [2145]) hat der BGH – mit Zustimmung des Schrifttums – zwar noch bis in die jüngere Vergangenheit die Aussage, hier seien „an die Darlegung und den Beweis des Benachteiligungsvorsatzes … **erhöhte Anforderungen** zu stellen", formelhaft wiederholt (BGH NZI 2005, 692 [693]; 2008, 231 Rn. 19; ebenso *Schoppmeyer* ZIP 2009, 600 [607]; MüKoInsO/*Kayser* Rn. 33; Kübler/Prütting/Bork/*Bork* Rn. 42; FK-InsO/*Dauernheim* Rn. 18; Ahrens/Gehrlein/Ringstmeier/*Gehrlein* Rn. 24; Leonhardt/Smid/Zeuner/*Zeuner* Rn. 33). In der praktischen Anwendung ist indes von den „erhöhten Anforderungen" nichts zu bemerken (nach *Bork* ZIP 2014, 797 [805 f.] hat sich der BGH bereits in BGHZ 167, 190 = NZI 2006, 469 „stillschweigend von den über die Kenntnis der eigenen Insuffizienz hinausgehenden ‚erhöhten Anforderungen' verabschiedet"). So lässt es der BGH auch bei kongruenter Deckung für den Benachteiligungsvorsatz genügen, dass sich der Schuldner „eine Benachteiligung nur als möglich vorgestellt, sie aber in Kauf genommen hat, ohne sich durch die Vorstellung dieser Möglichkeit von seinem Handeln abhalten zu lassen" (BGHZ 155, 75 [84] = NZI 2003, 533; BGH NZI 2005, 692 [693]; ebenso MüKoInsO/*Kayser* Rn. 33).

Die Ansicht, bei kongruenter Deckung komme § 133 nur in Betracht, wenn 55
es dem Schuldner weniger auf die Erfüllung seiner Vertragspflichten als auf die Entziehung von Zugriffsobjekten zu Lasten seiner Gläubiger ankomme (MüKoInsO/*Kayser* Rn. 33a, 34a; FK-InsO/*Dauernheim* Rn. 18), leistet in der Praxis ebenfalls nicht das, was der Schuldner sich zunächst davon erhoffen mag (Uhlenbruck/*Ede/Hirte* Rn. 42; HK-InsO/*Thole* Rn. 19). Der BGH hat entschieden, leiste ein Schuldner zur Vermeidung einer unmittelbar bevorstehenden Zwangsvollstreckung an einen einzelnen Gläubiger, obwohl er wisse, dass er nicht mehr alle seine Gläubiger befriedigen könne und infolge der Zahlung an einen einzelnen Gläubiger andere Gläubiger benachteilige, so sei in aller Regel die Annahme gerechtfertigt, dass es dem Schuldner nicht in erster Linie auf die Erfüllung seiner vertraglichen oder – wie hier – gesetzlichen Pflichten, sondern

auf die Bevorzugung dieses einzelnen Gläubigers ankomme (BGH NZI 2005, 692 [693]).

56 Insbes. hat der BGH auch bei kongruenter Deckung den Schluss aus der im Zeitpunkt der Leistung vorliegenden **Kenntnis des Schuldners von seiner Zahlungsunfähigkeit** auf den Gläubigerbenachteiligungsvorsatz für möglich gehalten (BGHZ 155, 75 [83 f.] = NZI 2003, 533 [535]; BGHZ 162, 143 [153] = NZI 2005, 215; BGHZ 167, 190 Rn. 14 = NZI 2006, 469; BGHZ 174, 314 Rn. 32 = NZI 2008, 167; BGHZ 180, 98 Rn. 10 = NZI 2009, 372; BGHZ 193, 129 Rn. 17 = NZI 2012, 453; BGH NZI 2009, 171 Rn. 46; 2009, 847 Rn. 7; 2011, 589 Rn. 8; 2012, 658 Rn. 31; 2013, 140 Rn. 15; 2014, 66 Rn. 11; NZI 2015, 320 Rn. 16, 22; NZI 2015, 717 Rn. 11; zustimmend *Bork* ZIP 2014, 797 [806, 808]; MüKoInsO/*Kayser* Rn. 34a; HK-InsO/*Thole* Rn. 19; krit. *Jungclaus* KTS 2014, 257 [265 ff.]; Kummer/Schäfer/Wagner/*Schäfer* Rn. F 35). Dann muss sich ihm auch die Erkenntnis aufdrängen, dass jede weitere Verminderung seines Vermögens, die wertmäßig nicht ausgeglichen wird, die Befriedigungsaussichten seiner Gläubiger verringert. Zur Feststellung der Zahlungsfähigkeit vgl. → § 130 Rn. 44 ff.

57 In gleicher Weise entschieden hat der BGH für den Fall, dass der Schuldner **Kenntnis von seiner** bloß **drohenden Zahlungsunfähigkeit** hatte (BGHZ 167, 190 Rn. 14 = NZI 2006, 469; BGHZ 174, 314 Rn. 32 = NZI 2008, 167; BGHZ 180, 98 Rn. 10 = NZI 2009, 372; BGH NZI 2010, 439 Rn. 19; 2011, 589 Rn. 8; 2013, 129 Rn. 7; 2013, 133 Rn. 14; 2013, 249 Rn. 23; 2013, 583 Rn. 24; 2014, 698 Rn. 15; 2015, 222 Rn. 9; 2015, 369 Rn. 12; zustimmend *Kayser* ZIP 2014, 1966 [1969]; *Schulte/Kaubrügger/Bograkos* ZInsO 2015, 1110; HK-InsO/*Thole* Rn. 16, 19; [zurückhaltender in: Gläubigerschutz durch Insolvenzrecht, 514] FK-InsO/*Dauernheim* Rn. 14). Er hat dies aus § 133 Abs. 1 S. 2 gefolgert. Da für den anderen Teil die Kenntnis vom Gläubigerbenachteiligungsvorsatz des Schuldners vermutet werde, wenn er wisse, dass dessen Zahlungsunfähigkeit drohe, könnten für den Schuldner selbst keine strengeren Anforderungen gelten (diesen Erst-recht-Schluss verteidigend *Gehrlein* FS Ganter, 2010, 169 [180]; *Kayser* ZIP 2014, 1966 [1969]; dagegen *Ganter* WM 2014, 49 [50]; *Jungclaus* KTS 2014, 257, 298; *Raebel* KTS 2015, 285 [306, 309]). Die indizielle Wirkung der Kenntnis von der drohenden Zahlungsunfähigkeit soll nur dann entfallen, wenn der Schuldner aufgrund konkreter Umstände – etwa der sicheren Aussicht, demnächst Kredit zu erhalten oder Forderungen realisieren zu können – mit einer baldigen Überwindung der Krise rechnen kann (BGH NZI 2013, 129 Rn. 7; 2013, 133 Rn. 14; 2014, 698 Rn. 15). Die **Kenntnis von einer Überschuldung** hat keine vergleichbare indizielle Wirkung (HK-InsO/*Thole* Rn. 19; zurückhaltender MüKoInsO/*Kayser* Rn. 24c; Kummer/Schäfer/Wagner/*Schäfer* Rn. F 21, F 79).

58 Im **Schrifttum** erfährt die Anknüpfung an die Kenntnis von der Zahlungsunfähigkeit im Falle kongruenter Deckung teilw. **Kritik.** Am weitesten geht die Auffassung, kongruente Deckungen sollten grds. („generell unverdächtig") nicht der Vorsatzanfechtung unterliegen (*Foerste* NZI 2006, 6 [7 f.]; *Schoppmeyer* ZIP 2009, 600 [605]). Andere halten die indizielle Wirkung der Kenntnis von der Zahlungsunfähigkeit für zu schwach, um daraus auf den Gläubigerbenachteiligungswillen schließen zu können (diese noch in ZIP 2008, 1041 [1045 f.] vertretene Ansicht hat *Bork* aber inzwischen aufgegeben, vgl. Kübler/Prütting/Bork/*Bork* Rn. 48). Am wenigsten weit geht die Auffassung, im Falle einer kongruenten Deckung erschöpfe sich der Wille des Schuldners in der Regel darin, seinen Verbindlichkeiten gerecht zu werden; das Bewusstsein, infolge der Leistung nicht alle Gläubiger befriedigen zu können, reiche deshalb regelmäßig nicht aus, um die Annahme eines Benachteiligungsvorsatzes zu bejahen. Der Schuldner, der seine Überschuldung kenne, dem es aber mehr auf die Erfüllung seiner Vertragspflichten als auf die Schädigung der übrigen Gläubiger ankomme, handele nicht mit

Benachteiligungsvorsatz (MüKoInsO/*Kayser* Rn. 33a; Kummer/Schäfer/Wagner/*Schäfer* Rn. F 36; vgl. hierzu auch BGH NZI 2005, 692 [693] mwN). Nach dieser Ansicht soll die Kongruenz der Deckungshandlung regelmäßig ein Beweisanzeichen *gegen* die bewusste Inkaufnahme der Benachteiligung sein (*Kirchhof* FS Fischer, 2008, 285 [295]; HK-InsO/*Thole* Rn. 19).

Stellungnahme: Im Ausgangspunkt ist anzuerkennen, dass die kongruente Deckung, anders als die inkongruente, zunächst einmal als unverdächtig erscheint. Dies schließt aber nicht aus, sie zu missbilligen, wenn durch das Hinzutreten anderer Umstände eine Lage entstanden ist, in der man einzelne Gläubiger nicht mehr bevorzugt bedienen sollte, der Schuldner dies erkennt und sich dennoch darüber hinwegsetzt. Richtigerweise sollte man deshalb **differenzieren:** Weiß der Schuldner, dass er zahlungsunfähig ist, so bedeutet dies, dass bereits die materielle Insolvenz eingetreten und der Schuldner sich darüber im Klaren ist. Leistet er gleichwohl – wenngleich kongruent – an einen einzelnen Gläubiger, so führt grds. kein Weg an der Annahme vorbei, dass er diesen Gläubiger bevorzugen will. Damit nimmt er zugleich die Benachteiligung aller andern in Kauf. Er hat mithin den bedingten Gläubigerbenachteiligungsvorsatz (*G. Fischer* NZI 2008, 588 [591]; *Jacoby* KTS 2009, 3 [16]; *Ganter* WM 2009, 1441 [1443]; Jaeger/*Henckel* Rn. 12 aE; Kübler/Prütting/Bork/*Bork* Rn. 48). Wer darauf abstellt, ob es dem Schuldner „mehr darauf ankomme“, seinen Verbindlichkeiten gerecht zu werden, oder mehr auf die Vereitelung der Ansprüche anderer Gläubiger, bringt ein Absichtsmoment ins Spiel, das doch gerade überwunden sein sollte (*Thole,* Gläubigerschutz durch Insolvenzrecht, 495; *ders.* ZIP 2013, 2081 [2085]; Kummer/Schäfer/Wagner/*Schäfer* Rn. F 30). Festzustellen, welches Motiv bei dem Schuldner überwiegt, müsste auch in der Praxis zu nahezu unüberwindbaren Abgrenzungsschwierigkeiten führen (Kübler/Prütting/Bork/*Bork* Rn. 25 hielt ein zusätzliches Motiv zunächst für unabdingbar; diese Ansicht hat *Bork* aber inzwischen aufgegeben, vgl. *ders.* ZIP 2014, 797 [808]). Wenn die in § 130 Abs. 2 genannten „Umstände“, die zwingend auf die Zahlungsunfähigkeit schließen lassen, iRd § 133 Abs. 1 zur Feststellung des Gläubigerbenachteiligungsvorsatzes berücksichtigt werden dürfen (so auch *Windel* FS Kübler, 2015, 813 [823]), leuchtet nicht ein, warum aus der Kenntnis der Zahlungsunfähigkeit nicht auf diesen Vorsatz soll geschlossen werden können (so aber *Windel* FS Kübler, 2015, 813 [822]). **59**

Weiß der Schuldner nur, dass ihm die Zahlungsunfähigkeit droht, geht es zu weit, daraus bereits den Willen zur Gläubigerbenachteiligung zu folgern (*Rendels* INDat-Report 2005/2006, 32 [34]; *Schoppmeyer* ZIP 2009, 600 [607]; *Ganter* WM 2009, 1441 [1443]; *ders.* WM 2014, 49 f.; *Schönfelder* WuB VI A. § 133 InsO 1.09; *Lütcke* ZInsO 2013, 1984 [1986]; *Jungclaus* KTS 2014, 257 [298]; *Bork* ZIP 2014, 797 [808]; *Nobbe* FS Kübler, 2015, 459 [464]; *Raebel* KTS 2015, 285 [306]; Kübler/Prütting/Bork/*Bork* Rn. 48; Uhlenbruck/*Ede/Hirte* Rn. 95; Kummer/Schäfer/Wagner/*Schäfer* Rn. F 8, F 66; in dem **Regierungsentwurf** vom 29.9.2015 ist dieser Gedanke nur für die Kenntnis des Anfechtungsgegners aufgegriffen worden, die angehängte → Rn. 107). Solange die Zahlungsunfähigkeit nur droht, ist der Schuldner zahlungsfähig, und ebenso lange braucht er den Gläubigergleichbehandlungsgrundsatz nicht zu beachten. **60**

Mit dieser Differenzierung werden die **Grenzen** zwischen § 130 und § 133 hinreichend klar gezogen: Kennt der Schuldner seine Zahlungsunfähigkeit, spricht dies dafür, dass er eine kongruente Leistung mit Gläubigerbenachteiligungsvorsatz erbringt. Kennt der Schuldner seine Zahlungsunfähigkeit nicht, kommt nur § 130 in Betracht. IÜ ist das Stufenverhältnis zwischen § 130 und § 133 dadurch gesichert, dass dem Bewusstsein des Schuldners von seiner Zahlungsunfähigkeit nur der Stellenwert eines **Beweisanzeichens** eingeräumt wird, wobei im Einzelfall sorgfältig geprüft werden muss, ob Umstände vorliegen, die den Beweiswert entkräften (*G. Fischer* NZI 2008, 588 [594]; *Bork* ZIP 2014, 797 [806 ff.]; un- **61** zutreffend *Nobbe* FS Kübler, 2015, 459 [464, 466], der von sich „lawinenartig" verstärkenden rechtssatzförmigen Beweisvermutungen spricht, gegen die sich der Anfechtungsgegner kaum verteidigen könne, und die „Aushöhlung des § 130 Abs. 1 Satz 1 Nr. 1 InsO bis zur nahezu völligen Bedeutungslosigkeit" beklagt). Entscheidend ist eine **Gesamtwürdigung** der für und wider einen Vorsatz streitenden Beweisanzeichen im jeweiligen Einzelfall (BGH NZI 2015, 369 Rn. 18; entgegen *Windel* FS Kübler, 2015, 813 [817] besteht zwischen der „Bestimmung des Beweiswerts" eines Beweisanzeichens und der Gesamtschau der – solcherart gewichteten – Beweisanzeichen kein methodischer Bruch).

62 Außer dem Wissen des Schuldners von seiner Zahlungsunfähigkeit kommen auch noch **andere Beweisanzeichen** für den Benachteiligungsvorsatz trotz kongruenter Deckung in Betracht: Der Schuldner macht seine Wahl, ob und an wen er leistet, davon abhängig, welcher Gläubiger ihm am gefährlichsten ist (BGHZ 155, 75 [84] = NZI 2003, 533; aA *Schoppmeyer* ZIP 2009, 600 [608]), wer den meisten Druck macht oder von wem er am meisten profitieren kann (Kummer/Schäfer/Wagner/*Schäfer* Rn. F 36). Bei einer derartigen Wahl unter Günstigkeitsgesichtspunkten ist sich der Schuldner im Klaren darüber, dass die Bevorzugung des einen die Benachteiligung aller anderen bedeutet. Leistet der Schuldner, dem von Seiten mehrerer Gläubiger Zwangsvollstreckungsmaßnahmen drohen, vor Beginn des Drei-Monats-Zeitraums an denjenigen, der ihm am gefährlichsten erscheint (zu **Druckzahlungen** innerhalb des Drei-Monats-Zeitraums → Rn. 48), kann dies nach Ansicht des BGH ebenfalls für einen Gläubigerbenachteiligungsvorsatz sprechen, obwohl die Leistung kongruent ist (BGHZ 155, 75 [83] = NZI 2003, 533; BGHZ 157, 242 [254 f.] = NZI 2004, 201; noch strenger *Marotzke* ZInsO 2014, 417 [429 ff., 445]; aA *Foerste* NZI 2006, 6 [9]; *Schoppmeyer* ZIP 2009, 600 [608]; *Ganter* WM 2014, 49 [52]; Kummer/Schäfer/Wagner/*Schäfer* Rn. F 31a, F 53; wohl auch *G. Fischer* NZI 2008, 588 [593]). Hat ein Vertrag einen ungewöhnlichen Inhalt und bringt dies die Liquiditätsschwierigkeiten des Schuldners deutlich zum Ausdruck, kann auch dies ein Indiz für einen Gläubigerbenachteiligungsvorsatz bilden (BGH NZI 2008, 299 Rn. 34 ff.; Kübler/Prütting/Bork/*Bork* Rn. 49b).

63 Beweisanzeichen für den Benachteiligungsvorsatz sollen auch **unentgeltliche Zuwendungen** (BGH NZI 2005, 678; MüKoInsO/*Kayser* Rn. 32; FK-InsO/*Dauernheim* Rn. 19) oder Veräußerungen unter Wert sein (MüKoInsO/*Kayser* Rn. 32; FK-InsO/*Dauernheim* Rn. 19). Dies ist dahin einzuschränken, dass zur (teilweisen) Unentgeltlichkeit weitere Umstände hinzutreten müssen, weil andernfalls in allen Fällen des § 134 der Gläubigerbenachteiligungsvorsatz indiziert wäre, die Vier-Jahres-Frist somit unterlaufen werden könnte (Kübler/Prütting/Bork/*Bork* Rn. 49; Uhlenbruck/*Ede*/*Hirte* Rn. 117).

64 Wie im Falle der Inkongruenz (→ Rn. 51 ff.) können auch bei Kongruenz etwaige Beweisanzeichen für das Vorliegen eines Gläubigerbenachteiligungswillens durch besondere Umstände **entkräftet** werden. So ist der Schluss von der Kenntnis der Zahlungsunfähigkeit auf den Gläubigerbenachteiligungswillen dann problematisch, wenn die **objektive Gläubigerbenachteiligung zweifelhaft** erscheint. In einem solchen Fall muss festgestellt werden, ob der Schuldner selbst von der gläubigerbenachteiligenden Wirkung seiner Rechtshandlung ausgegangen ist (*G. Fischer* NZI 2008, 588 [594]; *Schoppmeyer* ZIP 2009, 600 [608 f.]). Ist der Schuldner auf Grund konkreter realistischer Vorstellungen davon überzeugt, in absehbarer Zeit alle seine Gläubiger befriedigen zu können, wird der Gläubigerbenachteiligungsvorsatz in Frage gestellt (BGH NJW 1998, 1561 [1564]; Jaeger/*Henckel* Rn. 31 aE; Kummer/Schäfer/Wagner/*Schäfer* Rn. F 44). Dies kann grds. nicht gelten, wenn die „absehbare Zeit" mehr als drei Wochen beträgt (vgl. → § 130 Rn. 50), ausnahmsweise aber doch dann, wenn ernsthafte **Sanierungsbemühungen** im Gange sind (vgl. → Rn. 52).

Bei Zinszahlungen vor einer erwarteten, dann aber fehlgeschlagenen **Umschuldung** hat der BGH einen Gläubigerbenachteiligungsvorsatz bejaht, wenn absehbar war, dass der Schuldner zahlungsunfähig werden würde, sobald die Umschuldungsverhandlungen scheiterten (BGH NZI 2013, 129 Rn. 14 f.; dazu *Kayser* NJW 2014, 422 [428]; Vgl. ferner KG ZIP 2013, 1486 [1487]). Mit dieser Begründung ist das Urteil nicht haltbar, wenn man die indizielle Wirkung der bloß drohenden Zahlungsunfähigkeit verneint (→ Rn. 60). 65

Der **Unternehmensgründer,** der der finanzierenden Bank nahezu das gesamte Vermögen zur Sicherung ihrer Kredite kongruent überträgt, handelt auch dann nicht mit dem Gläubigerbenachteiligungsvorsatz, wenn seine Hoffnung, die Gründung werde erfolgreich sein, objektiv unberechtigt ist (BGHZ 180, 98 Rn. 13, 15 = NZI 2009, 372). Die von der Rspr. für die anfechtungsrechtliche Beurteilung von inkongruenten Sanierungskrediten entwickelten Grundsätze sind auf die kongruente Anschubfinanzierung von neu gegründeten Unternehmen nicht übertragbar (BGHZ 180, 98 Rn. 17 = NZI 2009, 372). 66

Der Gläubigerbenachteiligungsvorsatz fehlt auch dann, wenn der Schuldner für die von ihm erbrachte Leistung zeitnah eine **kongruente Gegenleistung** erhält, welche zur Fortführung seines eigenen Unternehmens nötig ist und damit den Gläubigern im Allgemeinen nützt (**„bargeschäftsähnliche Lage"**; vgl. BGH NJW 1997, 3028 [3029]; NZI 2009, 723 Rn. 2; 2014, 762 Rn. 21 f.; 2015, 320 Rn. 22; zu den **Reformüberlegungen** vgl. die angehängte → Rn. 106). Dies soll auch dann so sein, wenn Schuldner und Anfechtungsgegner Vorkasse für die vom diesem erbrachten Leistungen vereinbart haben (BGH NZI 2009, 723). Zu den für die Unternehmensfortführung unverzichtbaren Gegenleistungen gehört auch die Tätigkeit der Arbeitnehmer (BGH NZI 2014, 775 Rn. 44). Ob ungeachtet einer „bargeschäftsähnlichen Lage" der Gläubigerbenachteiligungsvorsatz vorliegt, wenn der Schuldner weiß, dass er trotz Belieferung zu marktgerechten Preisen fortlaufend unrentabel arbeitet (BGH NZI 2015, 320 Rn. 25), erscheint fraglich (vgl. *Ganter* WM Heft 45/2015; kritisch auch *Hiebert* ZInsO 2015, 621 [623]; *Foerste* ZInsO 2015, 832; *Wazlawik* NZI 2015, 324. Vgl. auch → § 142 Rn. 55). Der grundsätzliche Ausschluss der Vorsatzanfechtung bei „bargeschäftsähnlicher Lage" kehrt zwar den Satz um, dass ein Bargeschäft im Falle des § 133 Abs. 1 nicht in Betracht kommt (→ § 142 Rn. 12), und wird als „gut gemeint, aber systemwidrig" kritisiert (*Foerste* ZInsO 2013, 897 [900]). Er ist gleichwohl berechtigt, weil eben auch umgekehrt im Falle eines Bargeschäfts ein Gläubigerbenachteiligungswillen fern liegt (*G. Fischer* NZI 2008, 588 [593 f.]; *Kayser* FS Fischer, 2008, 267 [282 f.]; *ders.* NJW 2014, 422 [427]; *Schoppmeyer* ZIP 2009, 600 [609]; *Ganter* WM 2009, 1441 [1450]; *ders.* WM 2014, 49 [51]; *Gehrlein* WM 2011, 577 [584]; *Bork* ZIP 2014, 797 [807]; Uhlenbruck/*Ede*/*Hirte* Rn. 142; HK-InsO/*Thole* Rn. 16, 19; HK-InsO/*Kreft* § 142 Rn. 12). Eine Aushöhlung des Bargeschäftsprivilegs ist dadurch nicht zu befürchten (so jedoch *Foerste* ZInsO 2013, 897 [900] [vgl. auch *ders.* WM 2014, 1213 ff.]; dagegen *Ganter* WM 2014, 49 [51]; *Bork* ZIP 2014, 797 [807]). Der Ausschluss der Vorsatzanfechtung bei „bargeschäftsähnlicher Lage" kann außerhalb eines vertraglichen Austauschverhältnisses keine Bedeutung gewinnen. Begleicht ein Schuldner im Wissen um seine Zahlungsunfähigkeit auch deshalb eine Geldstrafe, um dadurch seinen Arbeitsplatz zu erhalten, lässt dies schon mangels einer geldwerten Gegenleistung das Bewusstsein einer Gläubigerbenachteiligung nicht entfallen (BGH NZI 2014, 863 Rn. 24). Es wird die Ansicht vertreten, die Hingabe von Sicherheiten gegen Kreditgewährung könne, obwohl Bargeschäft, nach § 133 anfechtbar sein, wenn dem Schuldner bewusst sei, dass der Kredit bei Eintritt der Krise ohne gleichwertigen Ersatz verbraucht sein werde und er dies in Kauf nehme; sie sei hingegen unanfechtbar, wenn der gewährte Kredit bei Eröffnung des Insolvenzverfahrens noch im Vermögen des Schuldners vorhanden sei (Jaeger/*Henckel* Rn. 28). Im 67

Zeitpunkt der Kreditaufnahme wird indes bei dem Kreditnehmer das Bewusstsein, dass der Kredit bei Eintritt der Krise ohne gleichwertigen Ersatz verbraucht sein wird, kaum jemals feststellbar sein, und wenn der Kreditnehmer es hätte, dürfte es regelmäßig an dem Wollenselement fehlen.

68 Der Gläubigerbenachteiligungsvorsatz kann überdies fehlen, wenn der Vermögensgegenstand, den der Schuldner einem anderen zuwendet, ohnehin wegen einer **Reserveursache** für die anderen Gläubiger als Zugriffsobjekt nicht zur Verfügung gestanden hätte; dass eine objektive Gläubigerbenachteiligung hier nicht ausgeschlossen ist (andernfalls wäre auf → Rn. 56 zu verweisen), steht nicht entgegen (*Ganter* WM 2014, 49 [52 f.]; vgl. aber auch BGH NZI 2013, 583 Rn. 39 f.).

69 Allein aus dem Umstand, dass ein Rechtsgeschäft die Gläubiger **unmittelbar benachteiligt,** folgt im Allgemeinen noch kein Benachteiligungsvorsatz des Schuldners. Dies ergibt sich zum einen aus § 132, und zum andern sieht auch § 133 Abs. 2 bei unmittelbar benachteiligenden Verträgen eine Beweislastumkehr nur gegenüber nahestehenden Personen vor (MüKoInsO/*Kayser* Rn. 32; Uhlenbruck/*Ede/Hirte* Rn. 118; HK-InsO/*Thole* Rn. 17; Kübler/Prütting/Bork/*Bork* Rn. 49a).

70 **d) Kenntnis des Anfechtungsgegners vom Gläubigerbenachteiligungsvorsatz des Schuldners.** Nach hM ist die Kenntnis des Anfechtungsgegners spiegelbildlich zum Benachteiligungsvorsatz des Schuldners zu beurteilen (BGH NJW 1998, 1561 [1564 f.]; NZI 2014, 66 Rn. 13; MüKoInsO/*Kayser* Rn. 38b; Uhlenbruck/*Ede/Hirte* Rn. 63; HK-InsO/*Thole* Rn. 25; ebenso noch *Ganter* WM 2009, 1441 [1444]). Dieses Postulat ist dahingehend einzuschränken, dass für den Benachteiligungsvorsatz des Schuldners die Kenntnis von der bloß drohenden Zahlungsunfähigkeit keine indizielle Bedeutung hat (→ Rn. 60), während diese Kenntnis beim Anfechtungsgegner die Vermutung begründet, er habe einen Gläubigerbenachteiligungsvorsatz des Schuldners gekannt (§ 133 Abs. 1 S. 2).

71 Der Anfechtungsgegner muss gewusst haben, dass der Schuldner Gläubiger hat (oder zumindest haben wird), dass die Rechtshandlung des Schuldners dessen Gläubiger benachteiligt und dass der Schuldner dies auch wollte. Es ist nicht erforderlich, dass der Anfechtungsgegner alle Umstände, aus denen sich der Benachteiligungsvorsatz des Schuldners ergibt, im Einzelnen kennt; vielmehr genügt, dass er um den Benachteiligungsvorsatz des Schuldners im Allgemeinen weiß (BGHZ 174, 314 Rn. 34 = NZI 2008, 167; BGHZ 190, 201 Rn. 25 = NZI 2011, 684; BGH NZI 2012, 514 Rn. 4; 2014, 66 Rn. 14; *Gehrlein* FS Ganter, 2010, 169 [186]; Jaeger/*Henckel* Rn. 47; MüKoInsO/*Kayser* Rn. 19, 19a; Uhlenbruck/*Ede/Hirte* Rn. 49; Kübler/Prütting/Bork/*Bork* Rn. 51; HK-InsO/*Thole* Rn. 25). Sofern der Anfechtungsgegner von einer umfassenden, insolvenzfesten Sicherung seiner Forderungen ausgehen und auf dieser Grundlage eine Gläubigerbenachteiligung ausschließen kann, ist ihm der Benachteiligungsvorsatz des Schuldners nicht bekannt (BGH NZI 2012, 514 Rn. 4; 3.7.2014 – IX ZR 233/12, juris Rn. 2).

72 Der Anfechtungsgegner muss nicht seinerseits die Gläubigerbenachteiligung gewollt haben (BGHZ 190, 201 Rn. 28 = NZI 2011, 684; Jaeger/*Henckel* Rn. 47; MüKoInsO/*Kayser* Rn. 19; Uhlenbruck/*Ede/Hirte* Rn. 45). Umgekehrt genügt es nicht, dass er die Gläubigerbenachteiligung gewollt hat, sofern dem Schuldner selbst dieser Wille gefehlt hat (Jaeger/*Henckel* Rn. 47; MüKoInsO/*Kayser* Rn. 19).

73 Erforderlich ist die **positive Kenntnis;** selbst grob fahrlässige Unkenntnis steht der positiven Kenntnis nicht gleich (BGHZ 190, 201 Rn. 21 = NZI 2011, 684; Jaeger/*Henckel* Rn. 47; Uhlenbruck/*Ede/Hirte* Rn. 49).

74 Die **Beweislast** für die Kenntnis des Anfechtungsgegners von dem Gläubigerbenachteiligungsvorsatz des Schuldners trägt der anfechtende Insolvenzverwalter

(MüKoInsO/*Kayser* Rn. 22). Ähnlich wie es **Beweisanzeichen** im Sinne eines Erfahrungssatzes für den Gläubigerbenachteiligungsvorsatz des Schuldners gibt (vgl. → Rn. 45, 56, 62), kennt man solche **für die Kenntnis** auf Seiten des Anfechtungsgegners. Eine derartige indizielle Bedeutung hat insbes. ein **Näheverhältnis** iSv § 138 (BGHZ 195, 358 Rn. 7 = NZI 2013, 39) und das Vorliegen einer **inkongruenten Deckung** (BGHZ 157, 242 [250] = NZI 2004, 201; BGH NZI 2004, 445 [447]; 2006, 159 Rn. 23; 2010, 439 Rn. 18; 2013, 140 Rn. 46). Auch hier steht die Vermutungsregel des § 133 Abs. 1 S. 2 dem nicht entgegen (vgl. → Rn. 45).

Von der Inkongruenz kann aber **nicht unbesehen** auf (den Benachteiligungs- 75
vorsatz und) die Kenntnis geschlossen werden. Wie bei der Feststellung des Gläubigerbenachteiligungsvorsatzes auf Seiten des Schuldners ist die Beweiskraft der inkongruenten Deckung für die Kenntnis des Anfechtungsgegners vom Tatrichter gem. § 286 ZPO unter Würdigung aller maßgeblichen Umstände des Einzelfalls zu prüfen (MüKoInsO/*Kayser* Rn. 22; HK-InsO/*Thole* Rn. 27). Die indizielle Wirkung versagt bspw. dann, wenn die Handlung bereits zu einer Zeit vorgenommen wurde, in welcher aus der Sicht des Anfechtungsgegners noch keine ernsthaften Zweifel an der Liquidität des Schuldners bestanden (BGHZ 157, 242 [251] = NZI 2004, 201; 2008, 556 Rn. 19; 2010, 439 Rn. 15; 2013, 888 Rn. 10). Sie entfällt ferner dann, wenn der Anfechtungsgegner irrtümlich der Meinung war, die ihm zugestandene Deckung stehe ihm von Rechts wegen zu (BGH NJW 1998, 1561 [1565]).

Auch in den **Anweisungsfällen** kommt der Kenntnis des Anfechtungsgegners 76
von der Inkongruenz der Deckung im Valutaverhältnis nicht die ihr sonst (vgl. → Rn. 42) innewohnende Indizwirkung zu. Diese Beweiswirkung ist vielmehr im Deckungs- und Valutaverhältnis gesondert zu beurteilen. Wenn sich der Benachteiligungsvorsatz des Schuldners aus einer Inkongruenz im Valutaverhältnis ergibt, reicht es nicht aus, dass der Angewiesene von den sie begründenden Umständen weiß; die an die Inkongruenz anknüpfenden Beweiswirkungen muss er sich nicht anrechnen lassen (BGHZ 174, 314 Rn. 35 = NZI 2008, 167).

Der Anfechtungsgegner, der durch einen Stellvertreter oder eine Hilfsperson 77
gehandelt hat, muss sich dessen **Kenntnis** nach den Grundsätzen des § 166 Abs. 1 BGB **zurechnen** lassen (Jaeger/*Henckel* Rn. 49; MüKoInsO/*Kayser* Rn. 21, 21a). Vgl. hierzu → § 130 Rn. 68 ff. Nach ständiger Rspr. muss jede am Rechtsverkehr teilnehmende Organisation sicherstellen, dass die ihr zugehenden rechtserheblichen Informationen von ihren Entscheidungsträgern zur Kenntnis genommen werden können, und es deshalb so einrichten, dass ihre Repräsentanten, die dazu berufen sind, im Rechtsverkehr bestimmte Aufgaben in eigener Verantwortung wahrzunehmen, die erkennbar erheblichen Informationen tatsächlich an die entscheidenden Personen weiterleiten. Dies hat der BGH ausdrücklich für den Bankenbereich und für die Versicherungswirtschaft entschieden. Für die Kenntnis einer **Personengesellschaft** kommt es auf die Kenntnis ihrer geschäftsführenden Gesellschafter an (BGH NZI 2014, 259 Rn. 16; MüKoInsO/*Kayser* § 130 Rn. 50). Eine **Inkassogesellschaft** ist als Empfangsbeauftragte zugleich Wissensvertreterin (BGH NZI 2014, 650 Rn. 38). Wird ein **Rechtsanwalt** mit der Durchsetzung einer Forderung gegen den späteren Insolvenzschuldner beauftragt, kann uU auch sein Wissen zugerechnet werden (BGH NZI 2013, 133 Rn. 26; 2013, 253 Rn. 28; 2015, 222 Rn. 11). Anerkannt ist ferner eine **Wissenszurechnung** unter mehreren **Behörden** (BGHZ 190, 201 Rn. 17 f. = NZI 2011, 684; BGH NZI 2013, 398 Rn. 4; ZIP 2014, 1497 Rn. 2; NZI 2015, 717 Rn. 23).

Die Kenntnis des Anfechtungsgegners von dem Gläubigerbenachteiligungsvor- 78
satz muss spätestens in dem **Zeitpunkt** vorliegen, in dem sein Rechtserwerb gem. § 140 vollendet ist (Jaeger/*Henckel* Rn. 50; MüKoInsO/*Kayser* Rn. 20).

79 **e) Vermutete Kenntnis (Absatz 1 Satz 2).** Kann der Insolvenzverwalter den direkten Nachweis für die Kenntnis des Anfechtungsgegners von dem Gläubigerbenachteiligungsvorsatz des Schuldners nicht führen, etwa weil er keine hinreichenden Beweisanzeichen (→ Rn. 74) namhaft machen kann, hilft ihm unter Umständen die **Beweislastumkehr** nach § 133 Abs. 1 S. 2. Danach wird die Kenntnis des Anfechtungsgegners von dem Gläubigerbenachteiligungsvorsatz des Schuldners **vermutet,** wenn der Anfechtungsgegner wusste, dass die **Zahlungsunfähigkeit des Schuldners drohte** und die jeweilige Handlung **die Gläubiger benachteiligte.**

80 Hierbei handelt es sich um **innere,** dem Beweis nur eingeschränkt zugängliche **Tatsachen.** Die Überzeugung von ihrem Vorliegen kann deshalb regelmäßig nur mittelbar aus objektiven Tatsachen hergeleitet werden. Insoweit ist zu beachten, dass solche Tatsachen nur mehr oder weniger gewichtige **Beweisanzeichen** darstellen, die eine Gesamtwürdigung iSv § 286 ZPO nicht entbehrlich machen und nicht schematisch im Sinne einer vom anderen Teil zu widerlegenden Vermutung angewandt werden dürfen (BGH NZI 2009, 847 Rn. 8). Der Anfechtungsgegner muss diese Beweisanzeichen nur erschüttern, um dem Insolvenzverwalter die Beweiserleichterung zu nehmen (Jaeger/*Henckel* Rn. 47). Die **Zurechnung** der Kenntnisse eines Dritten geschieht wieder nach den bei → § 130 Rn. 68 ff. und → Rn. 77 dargelegten Grundsätzen.

81 Die **Kenntnis der Zahlungsunfähigkeit des Schuldners** begründet die Vermutung des Absatz 1 Satz 2 schon dann, wenn der Anfechtungsgegner um die Existenz weiterer Gläubiger weiß. Dann kennt er auch den Benachteiligungsvorsatz des Schuldners, weil ihm bekannt ist, dass infolge der an ihn erbrachten Leistung die Befriedigungsmöglichkeiten für andere Gläubiger vereitelt oder zumindest erschwert wird (BGH NZI 2008, 231 Rn. 37; 2014, 66 Rn. 11; 2014, 650 Rn. 32; Uhlenbruck/*Ede*/*Hirte* Rn. 67). Die eigene Erklärung des Schuldners, fällige Verbindlichkeiten nicht begleichen zu können, deutet auch und gerade dann auf eine Zahlungseinstellung hin, wenn sie mit einer Stundungsbitte versehen ist (BGH NZI 2014, 650 Rn. 34; 2014, 863 Rn. 28). Für den Fall, dass der bekannt zahlungsunfähige Schuldner Zahlungen per Überweisung vom Konto seines Vaters erbringt, auf welches er zuvor Zahlungen seiner Drittschuldner geleitet hatte, hat der BGH den bedenklichen Erfahrungssatz aufgestellt, im Zweifel gehe der Anfechtungsgegner nicht davon aus, dass er seine Befriedigung dem uneigennützigen Dazwischentreten eines Dritten verdanke (BGH NZI 2014, 66 Rn. 18; vgl. auch BGH ZIP 2013, 2113 Rn. 23; vgl. hierzu ferner *Strandmann* ZInsO 2014, 538 [541]). Die Erteilung einer internen Zahlungszusage durch die Gesellschafter ist ohne eine für den Anfechtungsgegner erkennbare Liquiditätszufuhr an die Schuldnerin nicht geeignet, die Kenntnis des Anfechtungsgegners von der Zahlungsunfähigkeit der Schuldnerin zu beseitigen (BGH ZInsO 2013, 2055 Rn. 9). Wusste der Anfechtungsgegner von der einmal eingetretenen Zahlungsunfähigkeit des Schuldners, muss er darlegen und beweisen, warum er später davon ausging, der Schuldner habe seine Zahlungen allg. wieder aufgenommen (BGH NZI 2006, 159 Rn. 28; 2008, 231 Rn. 36). Vgl. ferner → Rn. 89 aE.

82 Hält man – wie → Rn. 60 – die bloße Kenntnis des Schuldners von seiner drohenden Zahlungsunfähigkeit als Indiz für den Gläubigerbenachteiligungsvorsatz für unzureichend, nötigt dies nicht dazu, auch die Vermutungswirkung des Absatz 1 Satz 2 an die bereits eingetretene Zahlungsunfähigkeit zu knüpfen (*Ganter* WM 2014, 49 [50]; *ders.* WM Heft 45/2015; anders nunmehr der **Regierungsentwurf** vom 29.9.2015, vgl. die angehängte → Rn. 108). Denn hier geht es lediglich um eine Beweisregel, und nachzuweisen, dass der Anfechtungsgegner nicht bloß erkannt hat, dass dem Schuldner die Zahlungsunfähigkeit droht, sondern dass er bereits zahlungsunfähig ist, müsste den Insolvenzverwalter in vielen Fällen überfordern.

Ist dem Anfechtungsgegner allenfalls die **Kenntnis von der drohenden Zahlungsunfähigkeit des Schuldners** nachzuweisen, muss darauf abgestellt werden, ob jener **Umstände** kannte, die zwingend auf eine drohende (wenn nicht gar bereits eingetretene) Zahlungsunfähigkeit hinweisen (BGHZ 155, 75 [85 f.] = NZI 2003, 533; 180, 63 Rn. 13 = NZI 2009, 228; BGH NZI 2004, 87 [88]; 2005, 690 [692]; 2007, 512 Rn. 25; 2008, 231 [233]; 2009, 768 Rn. 8; 2009, 847 Rn. 10; *Ganter* WM 2009, 1441 [1444 f.]; *Gehrlein* FS Ganter, 2010, 169 [180 ff.]; *Kayser* NJW 2014, 422 [424]; ablehnend *Windel* ZIP 2014, 1823 [1825 f.]). Vorausgesetzt wird, dass der Anfechtungsgegner die tatsächlichen Umstände kannte, aus denen bei zutreffender rechtlicher Bewertung die drohende Zahlungsunfähigkeit zweifelsfrei folgt. Kannte er sie, kann er sich nicht mit Aussicht auf Erfolg darauf berufen, dass er den an sich zwingenden Schluss von den Tatsachen auf den Rechtsbegriff der drohenden Zahlungsunfähigkeit selbst nicht gezogen hat (BGH ZIP 2004, 1370 [1373]; NZI 2006, 159 Rn. 23). Es genügt, dass er die Liquidität oder das Zahlungsverhalten des Schuldners wenigstens laienhaft bewerten konnte. Die Kenntnis einzelner Tatsachen reicht nicht aus, wenn sie nur die ungewisse Möglichkeit einer drohenden Zahlungsunfähigkeit befürchten lassen. Der zwingende Schluss von den Indiztatsachen auf die drohende Zahlungsunfähigkeit kann vielmehr nur gezogen werden, wenn sich ein redlich Denkender, der von dem Gedanken an den eigenen Vorteil unbeeinflusst ist, angesichts der ihm bekannten Tatsachen der Einsicht nicht verschließen kann, dem Schuldner drohe die Zahlungsunfähigkeit, wenn er nicht schon zahlungsunfähig sei (BGHZ 180, 63 Rn. 13 f. = NZI 2009, 228; vgl. auch Jaeger/*Henckel* § 130 Rn. 21). 83

Eine nur **vorübergehende Zahlungsstockung** seitens des Schuldners muss der Anfechtungsgegner ausgeschlossen haben. Da dieser in die „fälligen Gesamtverbindlichkeiten" des Schuldners meist keinen Einblick hat, die zur Abgrenzung der (drohenden) Zahlungsunfähigkeit von einer bloßen Zahlungsstockung entwickelten Grundsätze (→ § 17 Rn. 24 ff.; → § 130 Rn. 50) somit nicht anwendbar sind, muss darauf abgestellt werden, ob sich dessen **Zahlungsverhalten** auf Grund einer Gesamtbetrachtung aller dem Anfechtungsgegner bekannten Umstände, insbes. der Art der Forderung, der Person des Schuldners und des Zuschnitts seines Geschäftsbetriebs als hinreichendes Beweisanzeichen für die zumindest drohende Zahlungsunfähigkeit darstellt. 84

Solche **Umstände** sind bspw. die Nichtausführung eines Dauerauftrages und die Rückgabe von Lastschriften (OLG Hamburg ZInsO 2012, 491 [493]). Auch die schleppende, etwa erst unter dem Druck einer angedrohten Zwangsvollstreckung erfolgende und erst recht die vorübergehend ganz ausbleibende Forderungstilgung sowie Bitten um **Stundung** oder Bewilligung von **Ratenzahlungen** (vgl. aber auch → Rn. 86) können Indizien für die Kenntnis von der drohenden Zahlungsunfähigkeit darstellen, wenn dem Anfechtungsgegner den Umständen nach bewusst war, dass es noch weitere Gläubiger mit ungedeckten Ansprüchen gibt (BGH NZI 2007, 512 Rn. 24 mwN; 2009, 768 Rn. 10; 2009, 847 Rn. 11; 2015, 470 mAnm *Ganter* NZI 2015, 471; 2015, 768 Rn. 14; ebenso Begr. **RegE,** S. 17; bei der Zahlung rückständigen Arbeitslohnes soll die Kenntnis des Arbeitnehmers, dass der Arbeitgeber noch anderen Kollegen Lohn schuldet, allerdings unerheblich sein, BGHZ 180, 63 Rn. 18 = NZI 2009, 228). Ein Gleiches gilt für eine ungewöhnliche, einen dringenden Liquiditätsbedarf des Verkäufers nahe legende, zu Lasten seiner Gläubiger wirkende Vertragsgestaltung (BGH NZI 2009, 239 Rn. 16, 18). Bezahlt der Schuldner eine Geldstrafe, kann die Kenntnis der Strafvollstreckungsbehörde von der ungünstigen Vermögenslage des Schuldners genügen (BGH NZI 2014, 863 Rn. 25 ff.). Weiß ein Anleger, dass der Schuldner ein nur durch neue Anleihen zu finanzierendes „Schneeballsystem" betreibt, kennt er auch die dem Schuldner mindestens drohende Zahlungsunfähigkeit (BGH NZI 2015, 222 Rn. 14). Allein aus der verzögerten Zahlung von Sozialversicherungsbeiträgen soll 85 sich die Kenntnis nicht ergeben (OLG Düsseldorf ZInsO 2015, 638; vgl. aber BGH 5.2.2015 – IX ZR 79/13, juris Rn. 2), ebenso wenig aus der regelmäßig verspäteten Abgabe von Umsatzsteuervoranmeldungen (OLG Köln ZInsO 2015, 641).

86 Schließt der Schuldner als Auftragnehmer einen (inkongruenten) **Vergleich,** in dem er auf restlichen Werklohn, der Auftraggeber auf Nachbesserung verzichtet, ist die Kenntnis des Auftraggebers von einem Gläubigerbenachteiligungsvorsatz des Auftragnehmers regelmäßig ausgeschlossen, wenn der Auftraggeber die vorhandenen Mängel als derart gravierend einschätzt, dass aus seiner Sicht die mangelhafte Werkleistung durch die vereinbarte Zahlung in etwa angemessen entlohnt ist (BGH ZIP 2004, 1370 [1373] [zu § 3 Abs. 1 Nr. 1 AnfG aF]; HK-InsO/*Thole* Rn. 30). Eine **Ratenzahlungsvereinbarung** des Schuldners mit einem Kreditinstitut, dem Steuerfiskus oder einer Berufsgenossenschaft lässt bei erstmaligem Rückstand ohne Hinzutreten weiterer Umstände noch nicht den Schluss auf eine Kenntnis vom Gläubigerbenachteiligungsvorsatz zu (BGH NZI 2015, 470 mAnm *Ganter* NZI 2015, 471; OLG Karlsruhe ZInsO 2014, 152 [154]; HK-InsO/*Thole* Rn. 27; vgl. aber Kummer/Schäfer/Wagner/*Schäfer* Rn. F 17a). Dies ist aber dann anders, wenn bei gewerblich tätigen Schuldnern mit weiteren Gläubigern zu rechnen ist, die keinen vergleichbaren Druck zur Beitreibung ihrer Forderungen ausüben (BGH NZI 2008, 231 Rn. 35; 2013, 140 Rn. 42; HK-InsO/*Thole* Rn. 28; Kummer/Schäfer/Wagner/*Schäfer* Rn. F 77). Das **Nachbesicherungsverlangen** einer Bank wegen Vermögensverschlechterung (vgl. Nr. 13 Abs. 2 AGB-Banken) deutet noch nicht auf die Kenntnis von der drohenden Zahlungsunfähigkeit des Schuldners hin (Kummer/Schäfer/Wagner/*Schäfer* Rn. F 85).

87 Um dem Erfordernis, wonach der Anfechtungsgegner auch **Kenntnis von der Gläubigerbenachteiligung** gehabt haben muss, wenn die Beweislastumkehr nach § 133 Abs. 1 S. 2 greifen soll, gerecht zu werden, braucht der Anfechtungsgegner keinen – nicht einmal einen zumindest ungefähren – Überblick über die Vermögenslage des Schuldners, insbes. das Vorhandensein weiterer Gläubiger, zu haben. Über diesen Überblick verfügt der Anfechtungsgegner meistens nicht. Es reicht aus, dass er weiß, es mit einem unternehmerisch tätigen Schuldner zu tun zu haben, bei dem das Entstehen von Verbindlichkeiten, die er nicht im selben Maße bedienen kann, auch gegenüber anderen Gläubigern unvermeidlich ist (BGH NZI 2009, 847 Rn. 11). Ist der Schuldner gewerblich tätig, so liegt nahe, dass er auch noch andere Gläubiger hat (BGHZ 155, 75 [86] = NZI 2003, 533; BGH NZI 2009, 168 Rn. 10; 2012, 963 Rn. 30; 2013, 140 Rn. 15; *Kayser* WM 2013, 293 [294, 295]; *ders.* NJW 2014, 422 [425]). Einem Sozialversicherungsträger, dessen Forderungen teilw. strafbewehrt sind, muss sich aufdrängen, dass seine Forderungen von dem gewerblich tätigen Schuldner vor denen anderer Gläubiger befriedigt werden (BGHZ 155, 75 [86] = NZI 2003, 533). Hat sich der Schuldner wegen von erheblicher krimineller Energie geprägter Vermögensdelikte strafbar gemacht, kann auch die darin zum Ausdruck kommende Unzuverlässigkeit in finanziellen Angelegenheiten den Schluss auf das Entstehen weiterer derartiger Verbindlichkeiten nahelegen (BGH NZI 2010, 439 Rn. 22).

88 Mischen sich in die Vorstellungen des Anfechtungsgegners – wenngleich möglicherweise irrtümlich – Tatsachen, die bei einer **Gesamtbetrachtung** den Schluss auf die drohende Zahlungsunfähigkeit des Schuldners nicht zwingend nahe legen, fehlt dem Anfechtungsgegner die entsprechende Kenntnis. Bewertet er hingegen das ihm vollständig bekannte Tatsachenbild, das objektiv die Annahme der drohenden Zahlungsunfähigkeit gebietet, falsch, kann er sich nicht mit Erfolg darauf berufen, dass er diesen Schluss nicht gezogen habe (BGHZ 149, 178 [185] = NZI 2002, 91; 180, 63 Rn. 14 = NZI 2009, 228).

89 So wie die Kenntnis des Anfechtungsgegners von dem Gläubigerbenachteiligungsvorsatz spätestens in dem **Zeitpunkt** vorliegen muss, in dem sein Rechtserwerb gem. § 140 vollendet ist (→ Rn. 78), verhält es sich auch mit der Kenntnis

von der (drohenden) Zahlungsunfähigkeit des Schuldners und der Benachteiligung der Gläubiger. Eine nach diesem Zeitpunkt gewonnene Kenntnis schadet nicht. Dann schadet auch eine frühere Kenntnis nicht, wenn der Gläubiger inzwischen aufgrund neuer, objektiv geeigneter Tatsachen zu der Ansicht gelangt ist, nun sei der Schuldner möglicherweise wieder zahlungsfähig. Da Kenntnis positive Kenntnis bedeutet, muss er jetzt nicht etwa von der uneingeschränkten Zahlungsfähigkeit überzeugt sein. Ein bloßer Gesinnungswandel auf unveränderter Tatsachengrundlage genügt jedoch nicht. Ist die Kenntnis von der (drohenden) Zahlungsunfähigkeit zunächst aus dem Vorliegen einschlägiger Umstände zwingend zu schließen gewesen, muss der Wegfall der Kenntnis in 2 Schritten geprüft werden: Erstens müssen diese Umstände nicht mehr gegeben sein, und zweitens muss vom Tatrichter unter Würdigung aller sonstigen Umstände des Einzelfalls gewürdigt werden, ob man noch von einer positiven Kenntnis der (drohenden) Zahlungsunfähigkeit ausgehen kann (BGH NZI 2008, 366 Rn. 12 ff.; 2011, 536 Rn. 15; ZIP 2012, 2355 Rn. 21).

Zur **Widerlegung der Vermutung** des § 133 Abs. 1 S. 2 vgl. zunächst 90 → Rn. 71 aE, 75. Der Anfechtungsgegner muss konkrete Umstände darlegen und beweisen, die es naheliegend erscheinen lassen, dass ihm der Gläubigerbenachteiligungsvorsatz des Schuldners nicht bekannt war (BGH NZI 2007, 512 Rn. 7, 9; Jaeger/*Henckel* Rn. 51). Stützt sich der Insolvenzverwalter im Insolvenzanfechtungsprozess zum Nachweis der Zahlungsunfähigkeit des Schuldners auf ein oder mehrere Beweisanzeichen und auf die im Falle einer Zahlungseinstellung bestehende gesetzliche Vermutung, ist iRd Prozessrechts auf Antrag des Anfechtungsgegners zur Entkräftung der Beweisanzeichen und zur Widerlegung der Vermutung durch einen Sachverständigen eine Liquiditätsbilanz erstellen zu lassen (BGH NZI 2015, 511 Rn. 6).

Bei einem Gläubiger, der davon ausgehen darf, dass der Schuldner einen ernst- 91 haften **Sanierungsversuch** mit dem Ziel einer gleichmäßigen Befriedigung aller Gläubiger in einem sachgerechten Verfahren unternimmt, ist im Allgemeinen nicht die Kenntnis von einem etwaigen Gläubigerbenachteiligungsvorsatz des Schuldners zu vermuten (BGH GWR 2011, 144). Etwas anderes gilt, wenn es an jeder Darlegung zu den Inhalten und zu den Grundlagen des Sanierungskonzepts fehlt (BGH NZI 2012, 142 Rn. 14). Nicht zu vermuten ist die Kenntnis eines Aufsichtsratsmitglieds der Schuldnerin, einer Aktiengesellschaft, von denjenigen (insbes. die Geschäftslage der Gesellschaft betreffenden) Tatsachen, über die der Aufsichtsrat pflichtgemäß durch den Vorstand unterrichtet werden muss (BGH NZI 2011, 715 Rn. 2).

III. Entgeltliche Verträge mit nahestehenden Personen (Absatz 2)

1. Allgemeines. § 133 Abs. 2 ermöglicht die erleichterte Anfechtbarkeit von 92 entgeltlichen Verträgen, die der Schuldner mit einer ihm nahe stehenden Person abgeschlossen hat und durch welche die Insolvenzgläubiger unmittelbar benachteiligt werden. Die Vorschrift enthält keinen selbstständigen Anfechtungstatbestand; vielmehr handelt es sich um einen Unterfall der „vorsätzlichen Benachteiligung" (BGH NZI 2010, 738 Rn. 11), für den – ähnlich wie bei Abs. 1 S. 2 – gem. Absatz 2 Satz 2 teilw. die **Beweislast** umgedreht wird (Jaeger/*Henckel* Rn. 55; MüKoInsO/*Kayser* Rn. 39; Uhlenbruck/*Ede*/*Hirte* Rn. 196; Kübler/Prütting/Bork/*Bork* Rn. 57). Sind die Voraussetzungen hierfür nicht nachweisbar, kann § 133 Abs. 1 als Auffangtatbestand eingreifen (Kummer/Schäfer/Wagner/*Schäfer* Rn. F 11).

2. Vertragsabschluss. Der Begriff des „Vertrages" ist weit auszulegen (BGH 93 NZI 2010, 738 Rn. 9). Er umfasst insbes. schuldrechtliche, sachenrechtliche, gesellschaftsrechtliche, güterrechtliche (BGH NZI 2010, 738 Rn. 9, 13; der häufig anzutreffenden Beratungspraxis, dass der Schuldner, bevor er den Insolvenzantrag stellt, noch schnell den Güterstand der Zugewinngemeinschaft mit dem Ehegatten beendet und iRd Zugewinnausgleichs Vermögen verschiebt, wird damit die Grundlage entzogen, zutreff. *Backes/Priebe* NZI 2010, 961 [965]) und erbrechtliche Verträge sowie Schuldanerkenntnisse (Jaeger/*Henckel* Rn. 59). Erfüllungsgeschäfte werden ebenfalls von § 133 Abs. 2 erfasst (BGH NJW 1990, 2687 [2688]; NZI 2014, 775 Rn. 47; die abweichende Meinung in BGHZ 195, 358 Rn. 7 = NZI 2013, 39 ist dadurch überholt; ebenso Jaeger/*Henckel* Rn. 59; MüKoInsO/*Kayser* Rn. 40a; Kübler/Prütting/Bork/*Bork* Rn. 64; HK-InsO/*Thole* Rn. 31). „Vertrag" iSd Vorschrift ist auch ein sonstiger, auf Willensübereinstimmung beruhender Erwerbsvorgang, etwa eine Zwangsvollstreckungsmaßnahme, bei der Schuldner und naher Angehöriger einverständlich zusammenwirken (Jaeger/*Henckel* Rn. 59; Uhlenbruck/*Ede/Hirte* Rn. 186).

94 **3. Entgeltlichkeit.** Mit dem Erfordernis der „Entgeltlichkeit" soll der Tatbestand von § 134 abgegrenzt werden. Entgeltlich sind Verträge, wenn die Leistung des Schuldners nach Auffassung der Parteien durch eine hierauf bezogene Gegenleistung ausgeglichen wird (Jaeger/*Henckel* Rn. 60; MüKoInsO/*Kayser* Rn. 41; HK-InsO/*Thole* Rn. 32). Als Gegenleistung kommt jeder wirtschaftliche Vorteil in Betracht (MüKoInsO/*Kayser* Rn. 41; Kummer/Schäfer/Wagner/*Schäfer* Rn. F 110; aA Uhlenbruck/*Ede/Hirte* Rn. 184). Bei einem zinslosen Kredit ist dies die Zinsbefreiung (OLG Rostock ZInsO 2007, 713 [715]). Bei der Erfüllung einer Schuld, die durch ein entgeltliches Rechtsgeschäft begründet wurde, besteht das Entgelt in der Befreiung von der Verbindlichkeit (BGHZ 112, 136 [138] = NJW 1990, 2626; Jaeger/*Henckel* Rn. 60; MüKoInsO/*Kayser* Rn. 41; HK-InsO/*Thole* Rn. 32).

95 **4. Nahestehende Person.** Zum **Begriff** der „nahestehenden Person" verweist das Gesetz auf § 138. Auf die dortige Kommentierung wird Bezug genommen. Die **Beweislast** für die Eigenschaft als „nahestehende Person" liegt bei dem Insolvenzverwalter (→ § 138 Rn. 37)

96 **5. Gläubigerbenachteiligung.** Erforderlich ist eine unmittelbare Gläubigerbenachteiligung (BGH NZI 2012, 562 Rn. 19). Die Insolvenzgläubiger müssen *durch* den Abschluss des Vertrages benachteiligt sein; später eintretende Umstände sind unbeachtlich.

97 **6. Gesetzliche Vermutung.** Hat der Insolvenzverwalter die Voraussetzungen nach Absatz 2 Satz 1 vorgetragen und bewiesen, besteht eine **widerlegliche Vermutung** für den der Gläubigerbenachteiligungsvorsatz des Schuldners und die Kenntnis des Vertragspartners hiervon. Gem. Absatz 2 Satz 2 ist die Anfechtung nach S. 1 jedoch ausgeschlossen, wenn der Vertrag früher als zwei Jahre vor dem Eröffnungsantrag geschlossen worden ist oder wenn dem anderen Teil zur Zeit des Vertragsschlusses ein Vorsatz des Schuldners, die Gläubiger zu benachteiligen, nicht bekannt war. Dafür, dass der Vertrag früher als zwei Jahre vor dem Eröffnungsantrag geschlossen worden ist oder der Schuldner keinen Benachteiligungsvorsatz hatte oder er, der Anfechtungsgegner diesen Vorsatz nicht kannte, trägt dieser die **Beweislast** (Jaeger/*Henckel* Rn. 55; MüKoInsO/*Kayser* Rn. 46; HK-InsO/*Thole* Rn. 33; Kübler/Prütting/Bork/*Bork* Rn. 59).

98 Dass der Vertrag früher als zwei Jahre vor dem Eröffnungsantrag geschlossen worden ist, muss der nahe Angehörige als Anfechtungsgegner beweisen, weil der Gefahr betrügerischer Rückdatierungen begegnet werden soll. Seine Unkenntnis des Benachteiligungsvorsatzes muss er beweisen, weil bei nahestehenden Personen davon ausgegangen werden kann, dass sie die wirtschaftlichen Schwierigkeiten des Schuldners kennen und seinen Benachteiligungsvorsatz leichter durchschauen

(BGH NJW 1966, 730; Jaeger/*Henckel* Rn. 55). Die Umkehr der Beweislast gilt für kongruente und inkongruente Deckungen in gleicher Weise (Jaeger/*Henckel* Rn. 57).

IV. Konkurrenzen

Veranlasst der spätere Insolvenzschuldner mit Gläubigerbenachteiligungsvorsatz seinen Schuldner, unmittelbar an seinen Gläubiger zu zahlen, kommt die **Vorsatzanfechtung** auch **gegenüber dem Angewiesenen** in Betracht. Die Anfechtungsansprüche gegen den angewiesenen Drittschuldner und den Gläubiger/Zuwendungsempfänger stehen dann im Verhältnis der Gesamtschuld zueinander. Zur einheitlichen Bestimmung des Gläubigerbenachteiligungsvorsatzes des Schuldners im Valuta- und im Deckungsverhältnis → Rn. 42. **99**

Grds. ist eine Vorsatzanfechtung auch gegenüber einem **Leistungsmittler,** der auf Weisung des Schuldners dessen mittelbare Leistung an einen Dritten erbringt, möglich. Der Leistungsmittler ist nicht schutzwürdig, wenn er den beim Schuldner gegebenen Gläubigerbenachteiligungsvorsatz kennt, der eine Masseverkürzung durch die mittelbaren Zuwendungen an bestimmte Insolvenzgläubiger einschließt; dann muss sich der Leistungsmittler die in der Zahlung an Dritte liegende Gläubigerbenachteiligung zurechnen lassen (BGHZ 174, 314 Rn. 15 ff. = NZI 2008, 167; BGHZ 193, 129 Rn. 26 = NZI 2012, 453; 2013, 249 Rn. 21). Ein eigener wirtschaftlicher Vorteil des Leistungsmittlers ist nicht Voraussetzung (missverständlich BGH NZI 2013, 249 Rn. 32: „im Zuge der Verfolgung eigener Interessen"; hierzu mit Recht krit. *Thole* ZIP 2013, 2081 [2088]; *Berner* FS Kübler, 2015, 43 [48]; ebenso schon zuvor *Ganter* NZI 2010, 835 [836]; den Verzicht auf das Erfordernis eines eigenen wirtschaftlichen Vorteils halten Uhlenbruck/*Ede/Hirte* Rn. 176 ff. für bedenklich). Die Anfechtung setzt nicht die Anfechtbarkeit der Leistung auch gegenüber dem Leistungsempfänger voraus (BGH NZI 2013, 249 Rn. 21). Er ist gesamtschuldnerisch mit dem Empfänger der mittelbaren Zuwendung zur Rückgewähr der weggegebenen Gelder verpflichtet (BGHZ 174, 314 Rn. 25 = NZI 2008, 167). Im Innenverhältnis schuldet dieser Empfänger nach § 426 Abs. 1 BGB die Rückgewähr des mittelbar an ihn geleisteten Geldes allein (BGHZ 193, 129 Rn. 26 = NZI 2012, 453). **100**

Der Leistungsmittler ist von der bloßen **Zahlstelle** abzugrenzen. Setzt die Schuldnerbank die Erledigung von Aufträgen des Schuldners lediglich zahlungstechnisch um, kommt eine Vorsatzanfechtung ihr gegenüber auch bei Kenntnis der Zahlungsunfähigkeit des Schuldners regelmäßig nicht in Betracht, weil es sich bei der Abwicklung des Zahlungsverkehrs durch ein Kreditinstitut um alltägliche Geschäftsvorgänge handelt, denen ein Wille des Überweisenden, seine Gläubiger zu benachteiligen, für die Bank regelmäßig nicht zu entnehmen ist (BGHZ 193, 129 Rn. 23 = NZI 2012, 453; BGH NZI 2013, 249 Rn. 30 f.; 2013, 896 Rn. 24 f.: krit. Uhlenbruck/*Ede/Hirte* Rn. 182 ff.). Indes kennt das Kreditinstitut den Gläubigerbenachteiligungsvorsatz des Schuldners dann, wenn es nicht nur über dessen Zahlungsunfähigkeit unterrichtet, sondern „im Zuge der Verfolgung eigener Interessen" (vgl. hierzu → Rn. 100) in eine vom Schuldner angestrebte Gläubigerbenachteiligung eingebunden ist (BGH NZI 2013, 249 Rn. 32). Dies kommt etwa in Betracht, soweit die Bank in Abstimmung mit dem Schuldner Zahlungsaufträge selektiv ausführt oder die Überschreitung der Kreditlinie selektiv duldet, um die Bevorzugung eines bestimmten Gläubigers sicherzustellen (weitere Fälle bei *Kayser* FS Kübler, 2015, 321 [327]). Ein Rechtsanwalt, der vom bekannt zahlungsunfähigen Schuldner beauftragt wird, Außenstände einzuziehen und an bestimmte Gläubiger weiterzuleiten, ist nicht als bloße Zahlstelle anzusehen (OLG München NZI 2015, 555 [556]). Soweit der BGH zu § 3 Abs. 1, § 7 Abs. 1 AnfG entschieden hat, dass sich der Wertersatzanspruch ausnahmsweise auf den **101** von dem Anfechtungsgegner selbst erlangten wirtschaftlichen Vorteil beschränkt, wenn dieser allein in der Funktion eines uneigennützigen Treuhänders anfechtbar eine Leistung erhalten und das Erlangte iRd Treuhandauftrags verwendet hat (BGHZ 124, 298 [302 f.] = NJW 1994, 726), kann daran unter der Geltung von § 143 Abs. 1 S. 2 InsO, § 11 Abs. 1 S. 2 AnfG nicht festgehalten werden. Angesichts der einheitlichen Anbindung der Haftung des Anfechtungsgegners an die Haftung bösgläubiger Bereicherungsschuldner und unrechtmäßiger Besitzer ist die genannte Entscheidung, soweit sie sich mit dem **Entreicherungseinwand** befasst, überholt (BGHZ 193, 129 Rn. 34 = NZI 2012, 453). Zu weitgehend erscheint die vom BGH bejahte Anfechtbarkeit gegenüber einer Versicherungsmaklerin als „zweiter Leistungsmittlerin", welche mit Zustimmung des vorläufigen Insolvenzverwalters Versicherungsprämien vom Konto der Schuldnerin einzog und an die Versicherung weiterleitete; sie sei nicht lediglich Zahlstelle gewesen, weil sie „bei der Befriedigung des Versicherers eine eigene maßgebliche Rolle übernommen [hatte], die die Zahlung der Versicherungsbeiträge sicherstellen sollte" (BGH NZI 2013, 583 Rn. 32; vgl. hierzu aber *Kayser* FS Kübler, 2015, 321 [328]). Nicht zu beanstanden ist die selektive Rückbuchung von Lastschriften, die zu einer Überschreitung der Kontokreditlinie geführt haben (OLG Stuttgart ZIP 2013, 1779 [1781]).

102 Soweit in Fällen einer **Drittzahlung** auch eine **Schenkungsanfechtung** nach § 134 Abs. 1 in Betracht kommt (vgl. nur BGHZ 174, 228 Rn. 8 = NZI 2008, 163), steht dies einer Anwendbarkeit des § 133 Abs. 1 nicht entgegen. Zwar werden im Schrifttum insoweit Bedenken geäußert, weil eine Anfechtung von Drittzahlungen nach § 133 Abs. 1 die kürzere Anfechtungsfrist des § 134 Abs. 1 für unentgeltliche Leistungen unterlaufe (Kübler/Prütting/Bork/*Bork* § 133 Rn. 49; *ders.* ZIP 2008, 1041 [1045]; vgl. auch *Thole,* Gläubigerschutz durch Insolvenzrecht, 316). Diese Betrachtungsweise lässt aber außer Acht, dass für eine Anfechtung nach § 134 die Vermögenslage des Schuldners zum Zeitpunkt der Leistung unerheblich ist, während § 133 Abs. 1 an die zusätzliche Voraussetzung einer unsicheren Liquiditätslage des Schuldners geknüpft ist (BGHZ 157, 242 [250 f.] = NZI 2004, 201; BGH NZI 2010, 439 Rn. 15). Angesichts der jeweils eigenständigen Anspruchsvoraussetzungen können § 133 Abs. 1 und § 134 Abs. 1 nebeneinander angewendet werden (vgl. BGH NZI 2005, 678; 2013, 140 Rn. 47). Schließlich wäre es nicht gerechtfertigt, einen Gläubiger, der eine rechtsgrundlose Leistung erlangt, von der Anfechtung nach § 133 Abs. 1 freizustellen, nicht aber einen Gläubiger, der für einen rechtlich begründeten Anspruch lediglich eine inkongruente Deckung erhält (vgl. BGHZ 192, 221 Rn. 12 = NZI 2012, 177).

103 Eine Anfechtung wegen vorsätzlicher Gläubigerbenachteiligung kommt auch dann in Betracht, wenn eine Anfechtbarkeit nach **§ 135 Abs. 1 Nr. 2** ausscheidet, weil die Gesellschaft ein **Gesellschafterdarlehen** (§ 39 Abs. 1 Nr. 5) früher als ein Jahr vor Stellung des Insolvenzantrags zurückgezahlt hat (*Bangha-Szabo* ZIP 2013, 1058 ff.).

Anhang: Zur Reform des § 133

104 Seit März 2015 liegt ein **Referentenentwurf** (RefE) aus dem BMJV vor. Am 29.9.2015 hat das Kabinett den **Regierungsentwurf** (RegE) beschlossen. Dieser befasst sich hauptsächlich mit dem § 133. Folgende **Änderungen** sind vorgesehen (zur rechtspolitischen Bewertung *Ganter* WM 2015, 905; *ders.* WM Heft 45/2015):

Nach Absatz 1 sollen die folgenden Absätze 2 und 3 eingefügt werden:

„(2) Hat die Rechtshandlung dem anderen Teil eine Sicherung oder Befriedigung gewährt oder ermöglicht, beträgt der Zeitraum nach Absatz 1 Satz 1 vier Jahre.

(3) Hat die Rechtshandlung dem anderen Teil eine Sicherung oder Befriedigung gewährt oder ermöglicht, welche dieser in der Art und zu der Zeit beanspruchen konnte, tritt an die Stelle der drohenden Zahlungsunfähigkeit des Schuldners nach Absatz 1 Satz 2 die eingetretene. Hatte der andere Teil mit dem Schuldner eine Zahlungsvereinbarung getroffen oder diesem in sonstiger Weise eine Zahlungserleichterung gewährt, wird vermutet, dass er zur Zeit der Handlung die Zahlungsunfähigkeit des Schuldners nicht kannte."

Damit werden die Bestrebungen abgelehnt, eine **Begünstigungsabsicht** tatbestandlich zu installieren (so noch *Nobbe* FS Kübler, 2015, 459 [469]: „Große Lösung"). Im RefE war noch vorgesehen gewesen, dass sich der schuldnerische **Vorsatz** darauf beziehen müsse, die Gläubiger **„unangemessen"** zu benachteiligen, und dass der andere Teil diesen Vorsatz „unangemessener" Benachteiligung kennen müsse, Dies war ein Versuch, den **Normzweck** der Vorsatzanfechtung deutlicher herauszustellen (vgl. → Rn. 5 ff.). Dieser Versuch (kritisch dazu *Ganter* WM 2015, 905 [907 f.]) ist im RegE aufgegeben worden. 105

Nach dem RegE ist auch die **„bargeschäftsähnliche Handlung"** nicht mehr Gegenstand der Reformüberlegungen. Dieses von der Rechtsprechung entwickelte Institut (vgl. → Rn. 67) war in § 133 Abs. 1 Satz 2 Nr. 1 RefE noch als Negativbeispiel (sog. „safe harbour") dafür genannt worden, dass hier keine „unangemessene Benachteiligung" vorliege. Auf dieses Institut glaubt man nun im Hinblick auf die beabsichtigte Ausdehnung des Bargeschäftsprivilegs (dazu → § 142 Rn. 54) verzichten zu können. 106

Auch der noch in § 133 Abs. 1 Satz 2 Nr. 2 RefE erwähnte **„ernsthafte Sanierungsversuch"** (dazu → Rn. 52), der ebenfalls eine „unangemessene Benachteiligung" ausschließen sollte und somit ebenfalls als „safe harbour" gelten konnte, ist im RegE nicht mehr zu finden. Dieses Manko wird – nur teilweise – ausgeglichen durch die Privilegierung, welche die Gewährung von Zahlungserleichterungen in Absatz 3 Satz 2 erfahren soll (dazu → Rn. 110). 107

Nach § 133 Abs. 3 Satz 1 RegE soll für die Vermutung nach dem (unveränderten) Absatz 1 Satz 2 die Kenntnis vom Vorliegen einer bloß drohenden Zahlungsunfähigkeit bei einer **kongruenten Deckung** nicht mehr ausreichen; der andere Teil soll vielmehr die eingetretene Zahlungsunfähigkeit kennen. Dies ist ein anderer Ansatz als derjenige, der o. bei → Rn. 60, 82 vertreten wird, weil er sich nicht auf den Gläubigerbenachteiligungsvorsatz des Schuldners, sondern auf die Kenntnis des andereren Teils bezieht (dazu näher *Ganter* WM Heft 45/2015). 108

Nach § 133 Abs. 3 Satz 2 RefE sollte die Kenntnis des anderen Teils vom Vorsatz des Schuldners „nicht allein" aus in den Nummern 1 und 2 beschriebenen Umständen abgeleitet werden können. Absatz 3 Satz 2 Nr. 1 RefE-InsO hatte Teilzahlungsvereinbarungen im Blick, die der **Gerichtsvollzieher** nach **§ 802 Abs. 2 Satz 1 ZPO** mit dem Schuldner schließen kann (vgl. → Rn. 48). Nach Absatz 3 Satz 2 Nr. 2 RefE-InsO sollten aus dem Umstand, dass der Schuldner im Rahmen der **Gepflogenheiten des Geschäftsverkehrs** um eine **Zahlungserleichterung** nachgesucht hat, nicht ohne Weiteres nachteilige Folgen abgeleitet werden können. 109

Diesen Vorschlag hat der RegE – ebenfalls in Absatz 3 Satz 2 – durch die **Vermutung** ersetzt, dass der andere Teil, der mit dem Schuldner eine Zahlungsvereinbarung getroffen oder diesem in sonstiger Weise eine Zahlungserleichterung gewährt hat, zur Zeit der Handlung die Zahlungsunfähigkeit des Schuldners nicht kannte. Das ist etwas völlig anderes. Zur Rechtfertigung dieses Qualitätssprungs wird in der Begründung angeführt, „dass die mit einer Stundungs- oder Ratenzahlungsbitte dem Gläubiger offenbar werdende Liquiditätslücke mit Gewährung der Stundung respektive Abschluss der Ratenzahlungsvereinbarung regelmäßig beseitigt sein wird" (Begr. RegE S. 17; kritisch dazu *Ganter* WM Heft 45/2015). 110

111 Allerdings werden in der Begründung des RegE auch Möglichkeiten aufgezeigt, wie der Insolvenzverwalter die Vermutung entkräften kann (Begr. RegE S. 17 f.).

112 Nach dem neuen Absatz 2 soll der **Anfechtungszeitraum** für Deckungshandlungen – gleichviel ob kongruent oder inkongruent – auf vier Jahre (von der Stellung des Insolvenzantrags zurückgerechnet) verkürzt werden (bisher: zehn Jahre, vgl. → Rn. 28). Diese Frist ist in Anlehnung an § 134 Abs. 1 gewählt. Für Rechtshandlungen, die keine Deckungshandlungen sind, soll es bei dem bisherigen zehnjährigen Anfechtungszeitraum bleiben.

Unentgeltliche Leistung

134 (1) **Anfechtbar ist eine unentgeltliche Leistung des Schuldners, es sei denn, sie ist früher als vier Jahre vor dem Antrag auf Eröffnung des Insolvenzverfahrens vorgenommen worden.**

(2) **Richtet sich die Leistung auf ein gebräuchliches Gelegenheitsgeschenk geringen Werts, so ist sie nicht anfechtbar.**

Schrifttum: *Aden,* Gebräuchliches Gelegenheitsgeschenk und Schenkungsanfechtung im Konkurs, BB 1985, 366; *Ahrens,* Insolvenzanfechtung einer erfüllten Bewährungsauflage, NZI 2001, 456; *Baumert,* Keine gespaltene Berechnung von Beteiligungen bei Schenkungsanfechtung (Scheingewinne, Scheinprovisionen) und Anlegerentschädigung, NZI 2011, 967; *Bitter,* Zahlungsmittler im Insolvenzanfechtungsrecht, in Bankenregulierung, Insolvenzrecht, Kapitalanlagegesetzbuch, Honorarberatung, Bankrechtstag 2013 (Bd. 35), 37; *ders./Heim,* Zur Abgrenzung der entgeltlichen von einer unentgeltlichen Verfügung, ZInsO 2011, 483; *Commandeur/Römer,* Aktuelle Entwicklungen im Insolvenzrecht im Konzernverbund – Drittschuldnerzahlung, NZI 2014, 1414; *Ganter,* Zum Begriff der „Unentgeltlichkeit" nach § 134 InsO in Zwei-Personen-Verhältnissen, NZI 2015, 249; *Geiger,* Die Drittzahlung im Recht der Anfechtung nach der InsO – eine Betrachtung aus der Sicht der Anfechtungsgegner, NZI 2014, 585; *Gerhardt,* Zur Insolvenzanfechtung eines Vergleichs iS des § 779 BGB, KTS 2004, 195; *Häsemeyer,* Aktuelle Tendenzen in der Rechtsprechung zur Konkurs- und Einzelanfechtung, ZIP 1994, 418; *Hasse,* Lebensversicherung und Pflichtteilsergänzung, VersR 2009, 733; *Henckel,* Zum Begriff der Unentgeltlichkeit und zu den subjektiven Voraussetzungen bei der Schenkungsanfechtung des Konkursverwalters, ZIP 1990, 137; *Huber,* Insolvenzanfechtung im Dreiecksverhältnis, ZInsO 2010, 977; *Jacob,* (Insolvenz-)Anfechtung und Stiftungsrecht, ZSt 2005, 99; *Jungclaus,* Verhältnis von Deckungs- und Schenkungsanfechtung im Drei-Personen-Verhältnis, NZI 2008, 535; *Kayser,* Die Lebensversicherung im Spannungsfeld der Interessen von Insolvenzmasse, Bezugsberechtigtem und Sicherungsnehmer – eine Zwischenbilanz, ZInsO 2004, 1321; *ders.,* Die Insolvenzanfechtung nach § 134 InsO – Ausweitung der Anfechtbarkeit von Drittleistungen?, WM 2007, 1; *Klühs,* Anfechtbarkeit ehevertraglicher Vereinbarungen wegen Unentgeltlichkeit, NotBZ 2010, 286; *Lütcke,* Schenkungsanfechtung im Drei-Personen-Verhältnis – auch in einem fortgesetzten Dauerschuldverhältnis?, ZIP 2014, 1769; *Prütting,* Insolvenzanfechtung wegen Unentgeltlichkeit bei Erfüllungshandlungen, KTS 2005, 253; *Roth,* Wie gewonnen so zerronnen – Zum Schicksal von Spenden in der Insolvenz, ZInsO 2010, 1617; *Schäfer,* § 134 InsO – Anfechtbarkeit unentgeltlicher Leistungen des Schuldners, ZInsO 2014, 973; *Karsten Schmidt,* Dogmatik und Praxis des Rangrücktritts, ZIP 2015, 901; *Schultz,* Die Anfechtbarkeit von Tilgungsbestimmungen, NZI 2014, 1025; *Thole,* Gläubigerschutz durch Insolvenzrecht, 2010; *ders.,* Grundfragen und aktuelle Problemstellungen der Anfechtung unentgeltlicher Leistungen, KTS 2011, 219; *ders./Schmidberger,* Die Insolvenzanfechtung von (überhöhten) Gehältern und Vergütungen von Geschäftsleitern und Sanierungsberatern, BB 2014, 3; *Wazlawik,* Dreiecksverhältnisse und Doppelinsolvenz – Jeder gegen jeden, NZI 2010, 881; *Wiester/Kranz,* Grenzen der Schenkungsanfechtung von Drittzahlungen, NZI 2012, 541; *Wilk,* Die Schenkungsanfechtung gem. § 134 InsO bei Tilgung oder Besicherung fremder Verbindlichkeiten, NZI 2008, 407; *Wittig,* Die Bedeutung der „Schenkungsanfechtung" (§ 134 InsO) für das Kreditgeschäft, NZI 2005, 606.

Übersicht

I. Grundlagen

1. Gesetzgebungsgeschichte. Die **Schenkungsanfechtung** war zuvor in § 32 KO und § 10 Abs. 1 Nr. 3 GesO geregelt. § 134 stimmt wörtlich mit § 149 RegE überein (vgl. BT-Drs. 12/2443, 33). Mit dem Gebrauch der Worte „unentgeltliche Leistung" statt – wie in § 32 KO – „unentgeltliche Verfügungen" oder – wie in § 10 Abs. 1 Nr. 3 GesO – „unentgeltliche Übertragung von Vermögenswerten" sollte in Übereinstimmung mit der geltenden Rechtsauffassung deutlich gemacht werden, dass der Tatbestand nicht nur rechtsgeschäftliche Verfügungen im engen materiellrechtlichen Sinn erfasst (BT-Drs. 12/2443, 160 zu § 149 RegE). Eine sachliche Änderung ist mit dieser Wortwahl nicht bezweckt (BGH NZI 2004, 253 [254]; HK-InsO/*Thole* Rn. 3). 1

Die übliche Bezeichnung „Schenkungsanfechtung" ist laut den Gesetzesmaterialien vermieden worden, weil der Begriff **„unentgeltliche Leistung"** weiter ist als derjenige der **„Schenkung"** iSd § 516 BGB (BT-Drs. 12/2443, 160 f. zu § 149 RegE). Wegen der Ausdehnung des Anfechtungszeitraums auf vier Jahre hielt es die Gesetzesbegründung nicht mehr für erforderlich, eine Sonderregelung für den Ehegatten des Schuldners (§ 32 Nr. 2 KO) oder für alle nahe stehenden 2

Personen (§ 10 Abs. 1 Nr. 3 GesO) vorzusehen (BT-Drs. 12/2443, 161 zu § 149 RegE).

3 **2. Normzweck.** Die Regelung des § 134 Abs. 1 will Gläubiger entgeltlich begründeter Rechte gegen die Folgen unentgeltlicher Leistungen des Schuldners innerhalb eines bestimmten Zeitraums vor Insolvenzeröffnung schützen. Die Interessen der durch eine unentgeltliche Leistung Begünstigten sollen den **Interessen der Gläubigergesamtheit** weichen (BGH NZI 2011, 107 Rn. 10; 2012, 562 Rn. 37).

4 Der **Empfänger einer unentgeltlichen Leistung** ist nach einem allgemeinen, ua in §§ 528, 816 Abs. 1 S. 2, §§ 822, 988, 2287 BGB; § 4 AnfG; § 39 Abs. 1 Nr. 4 zum Ausdruck kommenden Rechtsgrundsatz weniger schutzwürdig ist als derjenige einer entgeltlichen Leistung (MüKoInsO/*Kayser* Rn. 1; Kübler/Prütting/Bork/*Bork* Rn. 2). Aus Gründen der **Billigkeit** hat sein Interesse am Verbleib der empfangenen Leistung bezogen auf einen begrenzten Zeitraum hinter dem Interesse der Insolvenzgläubiger an einer Erhöhung der Insolvenzmasse zurückzutreten (HambK-InsO/*Rogge/Leptien* Rn. 1); der in Vermögensverfall geratene Schuldner soll sich nicht auf Kosten seiner Gläubiger freigiebig zeigen dürfen (BGH NZI 2008, 369 Rn. 10). Entsprechende Leistungen des Schuldners können auch dann zu Gunsten der Masse rückgängig gemacht werden, wenn die Voraussetzungen der §§ 130–133 nicht vorliegen (HK-InsO/*Thole* Rn. 2; *Kayser* WM 2007, 1). Eine Ausnahme hiervon sieht § 134 Abs. 2 für gebräuchliche Gelegenheitsgeschenke geringen Werts vor. Außerdem kann sich der Empfänger einer unentgeltlichen Leistung unter den Voraussetzungen des § 143 Abs. 2 auf Entreicherung berufen (→ § 143 Rn. 30).

5 **3. Anwendungsbereich.** § 134 kann grds. neben allen Anfechtungstatbeständen – außer § 133 Abs. 2 – anwendbar sein (HambK-InsO/*Rogge/Leptien* Rn. 1). Insbes. sind die §§ 130. 131 und § 134 grds. nebeneinander anwendbar, weil es sich um Normen mit unterschiedlicher Schutzrichtung handelt. Nur in **Mehr-Personen-Verhältnissen** (→ Rn. 19, 27 f.), bei denen eine Person sowohl der auf eine mittelbare Zuwendung gestützten Deckungsanfechtung seitens des Zweiten als auch einer „Schenkungsanfechtung" seitens des Dritten ausgesetzt ist, hat die Deckungsanfechtung den Vorrang (vgl. → Rn. 67).

6 Außerdem kann die Bestimmung Zahlungen im **Konzernverbund** erfassen. Ungeachtet der zunehmenden Einbindung selbst mittelständischer Unternehmen in Konzernstrukturen setzt sich der Entwurf eines Gesetzes zur Erleichterung der Bewältigung von Konzerninsolvenzen (BT-Drs. 18/407) mit den dadurch aufgeworfenen Rechtsfragen nicht auseinander (*Commandeur/Römer* NZG 2014, 1414 [1416]). In der **Nachlassinsolvenz** ist die Erfüllung von Pflichtteilsansprüchen, Vermächtnissen oder Auflagen durch den Erben vor der Eröffnung des Insolvenzverfahrens aus dem Nachlass gem. § 322 in gleicher Weise anfechtbar wie eine unentgeltliche Leistung des Erben.

7 Die Vorschrift hat **erhebliche praktische Bedeutung,** weil für die Anfechtung nach § 134 eine mittelbare Gläubigerbenachteiligung genügt (BGH NZI 2008, 173 Rn. 13; 2012, 562 Rn. 19). **Außerdem greift die Anfechtung bis zu** vier Jahre vor Insolvenzantragstellung zurück (*Leithaus* NZI 2013, 1018).

8 Von der gegenwärtigen Diskussion über eine Reform des Anfechtungsrechts ist § 134 nicht berührt.

II. Leistung des Schuldners (Absatz 1)

9 **1. Leistung.** Die Gesetzgebungsgeschichte (→ Rn. 1 f.) und der Zweck der Vorschrift (→ Rn. 3 f.) gebieten eine **weite Auslegung** des Begriffs der Leistung (BGH NZI 2012, 562 Rn. 37; 2013, 258 Rn. 18). Darunter ist jede **Rechts-**

handlung zu verstehen, die dazu dient, einen zugriffsfähigen Gegenstand aus dem Vermögen des Schuldners im Interesse eines anderen zu entfernen (BGHZ 121, 179 [182] = NJW 1993, 663).

Die Vorschrift erfasst **jede Schmälerung des Schuldnervermögens** (vgl. → Rn. 5) durch Vertrag (auch zu Gunsten Dritter), mittelbare Zuwendung oder Unterlassen (BGH NZI 2007, 403 Rn. 14). Anfechtbar sind nicht nur **Verfügungen,** sondern auch **verpflichtende Rechtsgeschäfte** (BGHZ 121, 179 [182] = NJW 1993, 663 f.; BGH NZI 2012, 562 Rn. 38). 10

a) Verfügung. Der Begriff der **Verfügung** ist iSd bürgerlichen Rechts zu verstehen und umfasst jedes Rechtsgeschäft, durch das ein zum haftenden Vermögen des Schuldners gehörendes Recht aufgehoben, übertragen, belastet oder inhaltlich geändert wird. Bei der Aufgabe von Rechten ist etwa an eine **Dereliktion** zu denken mit dem Zweck, einem anderen die Aneignung zu ermöglichen (HK-InsO/*Thole* Rn. 6). 11

b) Verpflichtungsgeschäft. Insbes. ist der **Abschluss von Verträgen** mit der Übernahme von Leistungspflichten durch den Schuldner als Leistung iSd § 134 Abs. 1 anzusehen (BGH NZI 2012, 562 Rn. 38). Auch ein **Verpflichtungsgeschäft,** zB **Schenkungsversprechen, Schuldanerkenntnis, Bürgschaft** oder **Schuldbeitritt,** erhöht die Passivmasse und fällt grds. unter § 134 Abs. 1. Allerdings fehlt es wegen des Nachrangs von Forderungen auf eine unentgeltliche Leistung des Schuldners (§ 39 Abs. 1 Nr. 4) an einer Gläubigerbenachteiligung, wenn es keine weiteren nachrangigen Insolvenzgläubiger gibt (MüKoInsO/*Kayser* Rn. 6; Kübler/Prütting/Bork/*Bork* Rn. 17). Als Schenkung sind auch die **Spende** und die Zustiftung in den Vermögensstock einer **Stiftung** aufzufassen (BGHZ 157, 178 [184] = NJW 2004, 1382 [1383]; *Roth* ZInsO 2010, 1617 f.; zur Stiftung vgl. iÜ → Rn. 40). 12

Die **Gewährung eines Darlehens** stellt sich im Regelfall als entgeltliche Leistung dar, weil der Darlehensgeber einen Rückerstattungsanspruch erhält (Kübler/Prütting/Bork/*Bork* Rn. 50). Der BGH hat jedoch bereits zum alten Eigenkapitalersatzrecht entschieden, dass das **Stehenlassen der Gesellschafterleistung,** das zur Umqualifizierung in Eigenkapital führt, gem. § 134 anfechtbar ist (BGH NZI 2009, 429 Rn. 14 ff.). Diese Erwägungen gelten gleichermaßen, wenn der Gesellschafter eine andere Forderung (zB Geschäftsführerbezüge) stehen lässt, so dass diese in der Insolvenz der Gesellschaft als eine einem Darlehen gleichgestellte Forderung dem Nachrang des § 39 Abs. 1 Nr. 5 unterfällt (Ahrens/Gehrlein/Ringstmeier/*Gehrlein* Rn. 8). In Fällen einer Doppelinsolvenz von Gesellschafter und Gesellschaft kommt zu Gunsten des Gesellschafters eine Anfechtung nach § 134 in Betracht (Ahrens/Gehrlein/Ringstmeier/*Gehrlein* Rn. 8). Das **Stehenlassen eines kündbaren Darlehens** wie auch die **Stundung einer Forderung** bilden eine unentgeltliche Leistung, soweit die nachrangige Forderung des Gesellschafters aus § 39 Abs. 1 Nr. 5 das stehengelassene Darlehen unterschreitet (HK-InsO/*Thole* Rn. 12; Ahrens/Gehrlein/Ringstmeier/*Gehrlein* Rn. 8; *Dahl/Schmitz* NZI 2009, 433 [434]). 13

c) Unwirksame Rechtshandlung. In Betracht kommt auch eine **unwirksame Rechtshandlung,** falls sie es dem Begünstigten ermöglicht, den Vermögenswert zu nutzen oder weiter zu übertragen (BGH NZI 2001, 360). 14

d) Sonstige nicht rechtsgeschäftliche Handlungen. Unter den Leistungsbegriff fallen ferner nicht rechtsgeschäftliche Handlungen wie **Realhandlungen, Gebrauchsüberlassungen, Prozesshandlungen** (zB ein Anerkenntnis iSv § 307 ZPO) und der vom Schuldner veranlasste **Eigentumserwerb kraft Gesetzes,** zB durch Verbindung, Vermischung oder Verarbeitung gem. §§ 946 ff. BGB (Kübler/Prütting/Bork/*Bork* Rn. 20). Entsprechendes gilt für die zur Ab- 15 wendung der Zwangsvollstreckung iSd § 717 Abs. 2 ZPO bewirkte Leistung (*Lütcke* NZI 2014, 908; *Commandeur/Römer* NZG 2014, 1414 [1415 f.]; aA OLG München NZI 2014, 906 [907]). Zwar sind Zahlungen auf Grund eines vorläufig vollstreckbaren Urteils in der Regel dahin zu verstehen, dass sie nur eine vorläufige Leistung darstellen sollen und unter der aufschiebenden Bedingung der rechtskräftigen Bestätigung der zugrunde liegenden Verbindlichkeit erfolgen; sie stellen dann nicht die geschuldete Leistung dar und haben keine Erfüllungswirkung (BGH ZInsO 2012, 828 Rn. 7). Indes genügt als Leistung jede – nicht notwendigerweise freiwillige – selbst bestimmte Mitwirkungshandlung (MüKoInsO/*Kayser* Rn. 11) und wird die Vermögensmasse auch durch eine Zahlung unter Vorbehalt verkürzt (*Commandeur/Römer* NZG 2014, 1414 [1416]).

16 Auch die Abgabe der **Rangrücktrittserklärung** (vgl. → § 39 Rn. 21 ff.) kann gem. § 134 Abs. 1 angefochten werden, weil in der Erklärung des Gesellschafters, dass seine Forderung noch hinter dem Rang des § 39 Abs. 1 Nr. 5 zurücktreten soll, eine unentgeltliche Leistung liegt (*Dahl/Schmitz* NZI 2009, 433 [434]). Eine **Zahlung unter Missachtung eines Rangrücktritts** kann als unentgeltliche Leistung angefochten werden, weil das kraft des Rangrücktritts vereinbarte rechtsgeschäftliche Zahlungsverbot zur Rechtsgrundlosigkeit (→ Rn. 24) der Leistung führt (BGH NZI 2015, 315 Rn. 50, 52, zVb in BGHZ mAnm *Bitter/Heim* ZIP 2015, 644 ff.; krit. *Karsten Schmidt* ZIP 2015, 901 [910]).

17 **2. Leistender.** Leistender muss nach dem klaren Wortlaut des § 134 Abs. 1 der **Schuldner** sein (Uhlenbruck/*Ede/Hirte* Rn. 16). Leistet ein **Vertreter,** erfolgt die Zurechnung gegenüber dem Schuldner nach allgemeinen Grundsätzen (HambK-InsO/*Rogge/Leptien* Rn. 6; vgl. → § 130 Rn. 71 f.).

18 **3. Anfechtungsgegner. a) Zwei-Personen-Verhältnisse.** Die Anfechtung richtet sich gegen denjenigen, der die Leistung als **Gläubiger** erlangt hat (BGH NZI 2010, 295 Rn. 13; Kübler/Prütting/Bork/*Bork* Rn. 25). Der Schuldner kann keine unentgeltliche Leistung an sich selbst erbringen (BGH NZI 2011, 937 Rn. 3). Die Geltendmachung der Anfechtbarkeit gegenüber einem **Rechtsnachfolger** desjenigen, dem das anfechtbar Erlangte unentgeltlich zugewendet worden ist, ist in § 145 Abs. 2 Nr. 3 spezialgesetzlich abschließend geregelt; § 822 BGB ist daneben nicht anwendbar (BGH NZI 2012, 845 Rn. 2).

19 **b) Mehr-Personen-Verhältnisse.** Im Mehr-Personen-Verhältnis ist grds. nicht der Leistungsempfänger, sondern **dessen Schuldner** der richtige Beklagte für eine Anfechtung gem. § 134 (BGHZ 162, 276 [280] = NZI 2005, 323). Hingegen ist die Anfechtung wegen unentgeltlicher Zuwendung gegen den **Leistungsempfänger** zu richten, wenn dessen Forderung gegenüber seinem Schuldner wertlos war (BGHZ 162, 276 [280] = NZI 2005, 323).

III. Unentgeltlichkeit

20 **1. Allgemeines.** Das nach dem Normzweck (→ Rn. 3 f.) wesentliche Tatbestandsmerkmal des § 134 ist die Unentgeltlichkeit der Schuldnerleistung (Kübler/Prütting/Bork/*Bork* Rn. 36). Dieser Begriff ist weit auszulegen (BGHZ 162, 276 [280] = NZI 2005, 323; BGH NZI 2011, 107 Rn. 10; 2012, 562 Rn. 37; ebenso schon zu § 3 Abs. 1 Nr. 3, 4 AnfG BGHZ 113, 393 [396] = NJW 1991, 1610). „Unentgeltlich" ist nicht gleichbedeutend mit „**ohne Rechtsgrund**", vielmehr ist auch eine auf Grund eines Schenkungsvertrags – also mit Rechtsgrund – erfolgte Leistung unentgeltlich (BGH NZI 2014, 397 Rn. 15). Zur Unentgeltlichkeit einer rechtsgrundlosen Leistung vgl. → Rn. 24. Wird nachträglich ein Rechtsgrund geschaffen, scheidet § 134 aus; dafür kommt aber § 131 in Betracht (dort → § 131 Rn. 15). Eine **Einigung über die Unentgeltlichkeit** als

solche, etwa iSv § 516 BGB, ist nicht vorausgesetzt (BGHZ 162, 276 [280] = NZI 2005, 323; BGH NZI 2011, 107 Rn. 10; *Thole,* Gläubigerschutz durch Insolvenzrecht, 445 ff.; MüKoInsO/*Kayser* Rn. 17; Uhlenbruck/*Hirte* Rn. 21, 37). Die **Vermögenslage des Leistenden** im Zeitpunkt der Zuwendung (→ Rn. 63) ist für die Anwendung des § 134 unwesentlich (Jaeger/*Henckel* Rn. 19).

2. Differenzierung nach der Zahl der beteiligten Personen. Nach der ständigen Rspr. des BGH ist bei der Beurteilung, ob eine Leistung des Schuldners unentgeltlich iSv § 134 Abs. 1 erfolgte, eine **Unterscheidung in Zwei-Personen-Verhältnisse und Drei- bzw. Mehr-Personen-Verhältnisse** vorzunehmen (BGHZ 174, 228 Rn. 8 = NZI 2008, 163 Rn. 8; BGH NZI 2013, 1017 Rn. 6; ebenso MüKoInsO/*Kayser* Rn. 17a; Uhlenbruck/*Ede/Hirte* Rn. 25; Ahrens/Gehrlein/Ringstmeier/*Gehrlein* Rn. 6, 9). 21

a) Zwei-Personen-Verhältnisse. Hier ist fraglich, ob für die Beurteilung als entgeltlich/unentgeltlich an die **Kausalbeziehung** (was haben die Parteien vereinbart?) oder an die **objektiven Wertverhältnisse** von Leistung und Gegenleistung anzuknüpfen ist. Die Rspr. ist inkonsistent und das Schrifttum uneins. **Einerseits** soll in erster Linie das objektive Verhältnis der ausgetauschten Werte maßgebend sein. Erst wenn feststehe, dass der Zuwendungsempfänger einen Gegenwert für die Zuwendung erbracht habe, sei zu prüfen, ob gleichwohl der Hauptzweck des Geschäftes Freigiebigkeit gewesen sei. Fehle es objektiv an einem Gegenwert, komme es subjektiv auf die Vorstellungen der Parteien nicht an (BGHZ 162, 276 [280] = NZI 2005, 323; BGH NZI 2006, 399 Rn. 11, 12; 2008, 488 Rn. 11; 2011, 107 Rn. 10; 2012, 562 Rn. 39; 11.7.2013 – IX ZR 336/12, BeckRS 2013, 14574 juris Rn. 5; NZI 2015, 315 Rn. 49, zVb in BGHZ; BAG ZInsO 2015, 47 Rn. 46; MüKoInsO/*Kayser* Rn. 23, 40; HK-InsO/*Thole* Rn. 13; ähnlich Kübler/Prütting/Bork/*Bork* Rn. 40, 45). **Andererseits** heißt es, dass Zuwendungen unentgeltlich seien, wenn ihnen „nach dem Inhalt des Rechtsgeschäfts" keine Leistung gegenüberstehe, dem Leistenden also keine Gegenleistung zufließen „solle", die dem aufgegebenen Vermögenswert oder der eingegangenen Verpflichtung entspreche (BGHZ 174, 228 Rn. 8 = NZI 2008, 163 Rn. 8; NZI 2015, 315 Rn. 49, zVb in BGHZ; so auch BAG ZIP 2014, 2519 Rn. 20). Ähnlich ist die Formulierung, die Beteiligten müssten (ohne sich über die Unentgeltlichkeit als solche einig sein zu müssen, vgl. → Rn. 20) darüber einig sein, dass der Empfänger für die Leistung des Schuldners keine ausgleichende Gegenleistung erbringen solle (BGH NZI 2014, 397 Rn. 15; Jaeger/*Henckel* Rn. 3; MüKoInsO/*Kayser* Rn. 17; Kübler/Prütting/Bork/*Bork* Rn. 37; Ahrens/Gehrlein/Ringstmeier/*Gehrlein* Rn. 6). Noch weiter gehend wird Entgeltlichkeit angenommen, wenn der Schuldner zu der Leistung verpflichtet gewesen sei oder wenn er wenigstens eine solche Verpflichtung angenommen habe (BGHZ 71, 61 [66] = NJW 1978, 1326; 113, 98 [103] = NJW 1991, 560; BGH ZInsO 2015, 305 Rn. 3 = BeckRS 2014, 20050 Rn. 3; ähnlich auch bereits BGH NZI 2004, 253 [254]; 2007, 403 Rn. 16; 2008, 369 Rn. 7; Jaeger/*Henckel* Rn. 20; Uhlenbruck/*Ede/Hirte* Rn. 19; FK-InsO/*Dauernheim* Rn. 11; Kummer/Schäfer/Wagner/*Schäfer* Rn. G 31, 35). Auch die Einordnung einer „bewussten" Erfüllung einer nicht bestehenden Forderung als unentgeltlich geht über den rein objektiven Ansatz hinaus (vgl. → Rn. 32). 22

Stellungnahme: Im Zwei-Personen-Verhältnis ist an die Kausalbeziehung anzuknüpfen, weil sich materiellrechtlich am Inhalt des Vertrages durch die Insolvenz eines Beteiligten nichts ändert. Wurde dem Schuldner ernsthaft eine werthaltige Gegenleistung versprochen, war die Erbringung dieser Leistung also Vertragsgegenstand, besteht *kein* Anlass mehr zu prüfen, ob die Beteiligten die erbrachte oder versprochene Gegenleistung als Entgelt angesehen haben oder ob mit der 23

Leistung des Schuldners Freigiebigkeit bezweckt war. Denn dann gehört die Erbringung einer vollwertigen Gegenleistung zur *causa* (iErg wie hier BGHZ 71, 61 [66] = NJW 1978, 1326; 113, 98 [103] = NJW 1991, 560; BGH 9.10.2014 – IX ZR 294/13, ZInsO 2015, 305 Rn. 3 juris Rn. 3 = BeckRS 2014, 20050 Rn. 3; *Henckel* ZIP 1990, 137 [139]; Jaeger/*Henckel* Rn. 9, 20; Uhlenbruck/*Ede/Hirte* Rn. 19; Kübler/Prütting/Bork/*Bork* Rn. 47; Kummer/Schäfer/Wagner/*Schäfer* Rn. G 35; BK-InsO/*Breutigam* Rn. 4; ebenso bereits Kilger/*Karsten Schmidt,* 17. Aufl. 1997, § 32 KO Anm. 2). Wer eine Sache aus Not weit unter Wert veräußert oder aus Liebhaberei weit über Wert bezahlt, nimmt auch hinsichtlich des Wertunterschieds keine unentgeltliche Leistung vor; im ersten Fall bildet die alsbaldige Erlangung der Barmittel das als solches erstrebte „Entgelt" (vgl. → Rn. 42), im zweiten kommt der Affektionswert in Betracht (*Jaeger,* 6./7. Aufl. 1931, § 32 KO Anm. 1). Desgleichen handelt nicht freigiebig, wer seine Rechte, seine Verhandlungsposition oder die Marktlage (einseitig) unterschätzt (*Jaeger,* 6./7. Aufl. 1931, § 32 KO Anm. 1; vgl. auch RGZ 165, 223 [224]; RG Gruchot 59 (1915), 521 [522]). Die objektiven Wertverhältnisse von Leistung und Gegenleistung sind nur zu berücksichtigen, um festzustellen, ob in der Kausalbeziehung der den Parteien zustehende „angemessene" Bewertungsspielraum überschritten worden ist (BGH NJW-RR 1993, 1379 [1381]; NZI 2004, 376 [379]; MüKoInsO/*Kayser* Rn. 40; Uhlenbruck/*Ede/Hirte* Rn. 29; HK-InsO/*Thole* Rn. 10). Ist dies der Fall, wird meist nicht ernsthaft vereinbart worden sein, dass als gleichwertig eingeschätzte Leistungen auszutauschen sind. In diesem Fall ist Raum für die Annahme der Freigiebigkeit des Schuldners, wobei aber dessen entsprechende Willensrichtung hinzukommen muss (*Ganter* NZI 2015, 249 [256 f.]).

24 Auf dieser Grundlage lässt sich die Unentgeltlichkeit im Falle einer **rechtsgrundlosen Leistung** zwanglos bejahen (BGH NZI 2011, 107 Rn. 12; 2015, 315 Rn. 50, zVb in BGHZ) und im Falle einer **synallagmatischen Verknüpfung** von Leistung und Gegenleistung ebenso zwanglos verneinen. Das bloße Ausbleiben der vereinbarten Gegenleistung macht die Leistung keinesfalls zu einer unentgeltlichen. Schuldet der Gegner eine vollwertige Gegenleistung, ist die Leistung nicht etwa dann unentgeltlich, wenn der Gegner, weil unvermögend zur Gegenleistung, diese nicht oder nicht vollen Umfangs erbringen kann (BGH NZI 1999, 111 [112]; *Karsten Schmidt* JuS 1999, 1022; Jaeger/*Henckel* Rn. 9 f.; Uhlenbruck/*Ede/Hirte* Rn. 23; Ahrens/Gehrlein/Ringstmeier/*Gehrlein* Rn. 6). Für die Entgeltlichkeit genügt sogar eine **konditionale** oder **kausale Verknüpfung,** etwa im Falle einer freiwilligen Leistung (BGH NZI 2008, 488 Rn. 11; 2012, 562 Rn. 39; Kübler/Prütting/Bork/*Bork* Rn. 37; anders BGHZ 113, 98 [101, 103 f.] [zu § 32 KO] = NJW 1991, 560 [561]: Einseitige Vorstellungen des Schuldners über mögliche wirtschaftliche Vorteile, die in keiner rechtlichen Abhängigkeit von seiner Leistung stehen, sollen keine Entgeltlichkeit begründen). Unstrittig sollte sein, dass die bloße Hoffnung auf eine Gegenleistung nicht ausreicht (BGH NZI 2008, 369 Rn. 8).

25 Dies läuft auf folgende **Prüfungsreihenfolge** hinaus (*Ganter* NZI 2015, 249 [258]):

1. Haben die Parteien ernsthaft (also nicht bloß zum Schein) vereinbart, dass als gleichwertig eingeschätzte Leistungen ausgetauscht werden?
2. Wenn die Frage 1 bejaht wird: Hält sich die Einschätzung innerhalb des Bewertungsspielraums, bei dem noch keine „krasse" Abweichung von den objektiven Werten vorliegt? Wenn ja: Entgeltlichkeit. Wenn nein, begründet dies die tatsächliche Vermutung, dass keine ernsthafte Vereinbarung über den Austausch gleichwertiger Leistungen getroffen wurde.
3. Wenn die Frage 1 verneint wird (wobei hierfür ausreicht, dass sich die Parteien über die Wertverhältnisse keine Gedanken gemacht haben): Sind die beidersei-

tigen Leistungen objektiv in etwa (unter Berücksichtigung eines fingierten Bewertungsspielraums) gleichwertig? Wenn ja: Entgeltlichkeit, wenn nein: (teilw.) Unentgeltlichkeit.

Liegt auf beiden Seiten oder einer derselben ein **Irrtum** vor, was die (wenigstens annähernde) Gleichwertigkeit der Gegenleistung angeht, so gilt Folgendes: Gehen **beide Seiten** irrtümlich davon aus, dass für die Leistung des Schuldners eine angemessene Gegenleistung vereinbart wurde, wird man dies jedenfalls dann für ausreichend ansehen müssen, um die Unentgeltlichkeit zu verneinen, wenn die – von den Parteien verkannte – Diskrepanz nicht „krass", also nicht besonders auffällig ist, Dann wird sich die Abweichung regelmäßig innerhalb des Bewertungsspielraums halten, der auch objektiven Unsicherheiten über die Wertrelation Rechnung trägt. Handelt es sich um eine „krasse" Diskrepanz, wird man die Behauptung, man sei sich beiderseits ihrer nicht bewusst gewesen, besonders krit. würdigen müssen. Vermag der anfechtende Insolvenzverwalter eine solche „krasse" Unterwertigkeit der Gegenleistung darzulegen, hat somit der Anfechtungsgegner iRd ihm mindestens aufzuerlegenden sekundären Darlegungslast Umstände aufzuzeigen, denen sich entnehmen lässt, dass diese Diskrepanz den Parteien verborgen geblieben ist. Bei einem **einseitigen Irrtum** ist zu differenzieren: Belässt der Schuldner, der die Lage durchschaut, den **Empfänger** seiner Leistung in dem irrigen Glauben, dessen Gegenleistung sei vollwertig, ist nochmals zu unterscheiden: Entweder will er (1) dem Vertragspartner mit seiner objektiv höherwertigen Leistung „etwas Gutes tun", ohne ein Aufhebens davon zu machen, oder (2) er verfolgt mit dem Geschäft ein eigensüchtiges, über den unmittelbaren Geschäftserfolg hinausreichendes Ziel. Im Fall (1) ist der Schuldner freigiebig, im Fall (2) nicht (*Ganter* NZI 2015, 249 [257]; anders die Rspr., die pauschal von der Unerheblichkeit einseitiger Fehlvorstellungen des Empfängers ausgeht, vgl. BGHZ 113, 98 [102] = NJW 1991, 560; BGH NZI 2011, 107 Rn. 10). Irrt der **Schuldner** über die Gleichwertigkeit der von ihm empfangenen Gegenleistung, liegt der Gedanke, dass er sich freigiebig zeigen will, fern. Es besteht kein hinreichender Grund, sich über die für Entgeltlichkeit sprechende Kausalbeziehung hinwegzusetzen (*Ganter* NZI 2015, 249 [258]; ebenso *Thole,* Gläubigerschutz durch Insolvenzrecht, 458; anders auch hier wieder die Rspr., vgl. BGHZ 113, 98 [101, 103 f.] = NJW 1991, 560). 26

b) Mehr-Personen-Verhältnisse. Wendet der Schuldner in einem **Mehr-Personen-Verhältnis** seine Leistung einem Dritten zu, etwa weil er seinen Verpflichtungen gegenüber einem Schuldner des Dritten genügen will, besteht zwischen dem leistenden Schuldner und dem Dritten als Leistungsempfänger keine Kausalbeziehung; damit scheidet eine solche als Anknüpfungspunkt für die Entgeltlichkeit der Leistung aus (MüKoInsO/*Kayser* Rn. 17a). Hier kommt es nicht entscheidend darauf an, ob der Schuldner selbst einen Ausgleich für seine Verfügung erhalten hat. Maßgeblich ist vielmehr, ob der Empfänger seinerseits eine Gegenleistung (ein „Vermögensopfer") zu erbringen hatte (BGHZ 162, 276 [279] = NZI 2005, 323; MüKoInsO/*Kayser* Rn. 17a). Die Gegenleistung des Empfängers, dessen gegen einen Dritten gerichtete Forderung bezahlt wird, liegt in der Regel darin, dass er mit der Leistung, die er gem. § 267 Abs. 2 BGB nur bei Widerspruch seines Schuldners ablehnen kann, eine werthaltige Forderung gegen seinen Schuldner verliert (BGHZ 162, 276 [280] = NZI 2005, 323; Ahrens/Gehrlein/Ringstmeier/*Gehrlein* Rn. 9). Der Leistungsempfänger, der lediglich eine nicht werthaltige Forderung gegen seinen Schuldner verliert, ist gegenüber den Gläubigern des Insolvenzschuldners nicht schutzwürdig; denn er hätte ohne dessen Leistung, auf die er keinen Anspruch hatte, seine Forderung nicht durchsetzen können (BGHZ 162, 276 [281 f.] = NZI 2005, 323 [324]; BGHZ 174, 228 Rn. 8 = NZI 2008, 163 Rn. 8; BGH NZI 2006, 399 Rn. 11; 2013, 592 Rn. 6; 27

2014, 564 Rn. 5; HK-InsO/*Thole* Rn. 7, 12; Ahrens/Gehrlein/Ringstmeier/*Gehrlein* Rn. 9). Im Falle einer **mittelbaren Zuwendung** kommt es nicht darauf an, ob der Leistende gegenüber dem Insolvenzschuldner zu der Leistung verpflichtet war oder dieser ein eigenes Interesse an der Leistungserbringung hatte (BGH NZI 2009, 435 Rn. 6; 2013, 258 Rn. 26). Im Schrifttum wird kritisiert, dass die Tilgung nicht als unentgeltliche Verfügung angesehen werden könne, wenn die Tilgungsverpflichtung des Dritten nicht unentgeltlich begründet worden sei (Jaeger/*Henckel* Rn. 24; Kummer/Schäfer/Wagner/*Schäfer* Rn. G 71 f.; *Wiester/Kranz* NZI 2012, 541 [544]). Aus einer entgeltlichen Begründung der Tilgungsverpflichtung ist im Mehr-Personen-Verhältnis indessen nicht zwingend auf die Entgeltlichkeit der Tilgung zu schließen.

28 Darüber hinaus ist aber auch in einem Mehr-Personen-Verhältnis eine Leistung unentgeltlich, wenn für sie **vereinbarungsgemäß** keine Gegenleistung, sei es an den Schuldner, sei es an einen Dritten erbracht wird, der Leistungsempfänger also keine eigene Rechtsposition aufgibt, die der Leistung des Schuldners entspricht (BGH NZI 2008, 369 Rn. 7; 2011, 107 Rn. 10; 2013, 258 Rn. 25; ebenso schon zu § 32 KO BGHZ 113, 98 [101] = NJW 1991, 560). Umgekehrt genügt es für die Entgeltlichkeit, dass der Leistungsempfänger vereinbarungsgemäß seinerseits eine ausgleichende Leistung an einen Dritten erbringt, ohne dass hierzu eine vertragliche Verpflichtung des Leistungsempfängers gegenüber dem Leistenden bestehen muss (BGH NZI 2009, 435 Rn. 6; 2013, 258 Rn. 25).

29 Zum Teil wird der grundsätzliche Ausschluss der Insolvenzanfechtung im Vollzugsverhältnis unter **Heranziehung der bereicherungsrechtlichen Wertungen** für die Rückabwicklung im Leistungsverhältnis befürwortet (*Bitter* in Habersack/Mülbert/Nobbe/Wittig, Bankrechtstag 2013, 37, 88; aA *Thole* KTS 2011, 219 [228 f.]: der Gläubiger muss zur Verhinderung der Wertlosigkeit seiner getilgten Forderung Vorsorge gegen den Eintritt der Vermögenslosigkeit seines Schuldners treffen). Diese Wertungen lassen sich freilich auf die Insolvenzanfechtung unentgeltlicher Leistungen nicht übertragen. Mit dem Begriff der „Leistung" in § 134 Abs. 1 wollte der Gesetzgeber nicht an das Bereicherungsrecht anknüpfen, sondern den als zu eng empfundenen Begriff der „Verfügungen" in § 32 KO vermeiden (BT-Drs. 12/2443, 160 zu § 149 RegE; → Rn. 1). Überdies ist „unentgeltlich" iSv § 134 Abs. 1 nicht gleichbedeutend mit „rechtsgrundlos" (→ Rn. 20). Eine Ausrichtung an Leistungsbeziehungen im bereicherungsrechtlichen Sinne könnte daher (ungewollt) zur Bedeutungslosigkeit des § 134 im Mehr-Personen-Verhältnis führen. Hinzu kommt, dass auch im Bereicherungsrecht der Grundsatz der Rückabwicklung nach Leistungsbeziehungen gerade bei unentgeltlichen Zuwendungen durch § 816 Abs. 1 S. 2 BGB (Erman/*Buck-Heeb* § 816 Rn. 12; jurisPK-BGB/*Martinek* § 816 Rn. 2) und § 822 BGB (jurisPK-BGB/*Martinek* § 822 Rn. 1; MüKoBGB/*Schwab* § 822 Rn. 1) durchbrochen wird. Allerdings ist das Anliegen einer **Begrenzung der Anfechtbarkeit unentgeltlicher Leistungen im Zahlungsverkehr mit Banken** in der Sache berechtigt. Dem dürfte jedoch bereits dadurch Rechnung getragen sein, dass für die Beurteilung der Unentgeltlichkeit allein das Rechtsverhältnis zwischen dem Insolvenzschuldner und dem Zuwendungsempfänger maßgeblich ist (BGHZ 141, 97 [100 f.] = NJW 1999, 1549 [1550]; 162, 277 [282] = NZI 2005, 323 [324]). Zuwendungsempfänger in diesem Sinne ist derjenige, an den der Insolvenzschuldner auf Anweisung des Forderungsschuldners leistet, nicht die (Empfänger-) Bank als Zahlstelle (*Wittig* NZI 2005, 606 [609]; vgl. auch *Bitter* in Bankrechtstag 2013, 37, 80 f.).

30 **c) Abgrenzung der Zwei-Personen-Verhältnisse zu den Mehr-Personen-Verhältnissen.** Diese **Abgrenzung** kann Schwierigkeiten bereiten. Eine Zahlung kann **mehrere Leistungen** iSv § 134 umfassen, also mehrere rechtliche

Wirkungen nach sich ziehen, die anfechtungsrechtlich gesondert zu betrachten sind (BGH NZI 2014, 397 Rn. 10). Wird das Guthaben bei einer Bank oder einem Finanzdienstleister auf Weisung des Schuldners als Kontoinhaber auf das Konto eines Dritten bei demselben Institut umgebucht, so liegt ein Zwei-Personen-Verhältnis zwischen Schuldner und Leistungsempfänger vor (BGH NJW 2012, 2195 Rn. 12). Die Zahlung des Schuldners auf ein debitorisch geführtes Girokonto seines Gläubigers ist nur dann als mittelbare unentgeltliche Leistung gegenüber der Bank anfechtbar, wenn der Wille des Schuldners erkennbar darauf gerichtet war, die Zahlung im Endergebnis der Bank zur Tilgung ihrer Forderung gegen den Kontoinhaber zuzuwenden (BGH ZIP 2015, 1545 Rn. 2).

Nach einer Auffassung im Schrifttum soll zwischen **„echten"** und **„unechten" Drei-Personen-Verhältnissen** differenziert werden. Anfechtungsrechtlich liege nicht nur dann ein Zwei-Personen-Verhältnis vor, wenn ein Kreditinstitut als Leistungsmittler eingeschaltet werde, sondern auch dann, wenn ein sonstiger Dritter als Erfüllungsgehilfe des Forderungsschuldners für diesen eine Leistung erbringe (so *Wiester/Kranz* NZI 2012, 541 [547]). Werde der Dritte als Erfüllungsgehilfe des Forderungsschuldners tätig, liegt keine Drittleistung iSd § 267 BGB vor, sondern eine Leistung des Forderungsschuldners an seinen Gläubiger unter Einschaltung eines Erfüllungsgehilfen. Deshalb scheide eine Anfechtbarkeit der Leistung im Zuwendungsverhältnis aus. Anders stelle es sich dar, wenn der Dritte aus eigenem Antrieb handele. In einem solchen Falle sei er nicht Erfüllungsgehilfe des Forderungsschuldners (*Wiester/Kranz* NZI 2012, 541 [545]). Diese Differenzierung überzeugt nicht. Die Behandlung der Anfechtbarkeit von Drittleistungen beruht auf dem Grundgedanken, dass der Empfänger einer Leistung dann einen geringeren Schutz verdient hat, wenn er keine ausgleichende Gegenleistung zu erbringen hat. Der Gesichtspunkt, ob der Dritte Zahlungen aus eigenem Antrieb erbracht hat, steht damit nicht im Zusammenhang. 31

3. Einzelfälle. a) Zwei-Personen-Verhältnisse. aa) Beispiele für Unentgeltlichkeit. Die **bewusste Erfüllung einer nicht bestehenden Forderung** stellt sich als unentgeltlich dar; dass der Leistungsempfänger auf Grund einer Täuschungshandlung des Schuldners irrtümlich davon ausgegangen sein mag, sein Anspruch habe in Höhe der Leistung bestanden, ist anfechtungsrechtlich ohne Belang (BGHZ 179, 137 [140] = NZI 2009, 103; BGH NZI 2013, 841 Rn. 21; BAG ZInsO 2015, 47 Rn. 21). An der Unentgeltlichkeit ändert nichts, dass einem bereicherungsrechtlichen Rückforderungsanspruch § 814 BGB entgegen steht (BGH NZI 2011, 107 Rn. 13). Zur Erfüllung einer irrtümlich als bestehend angenommenen Schuld → Rn. 26. Unentgeltlich ist auch der **Erwerb einer wertlosen Forderung** oder der Kauf einer wertlosen Sache, wenn dem Schuldner die Wertlosigkeit bekannt ist (Zum Irrtum des Schuldners über die Gleichwertigkeit → Rn. 26, dort auch zu entgegenstehender Rspr.; anders Uhlenbruck/*Ede/Hirte* Rn. 32: Unentgeltlichkeit wird nicht durch einseitige Fehlvorstellungen in Zweifel gezogen). 32

Die **Fortzahlung der ungeschmälerten Vergütung** durch den Schuldner, der die Arbeitsleistung des Arbeitnehmers trotz vorhandender Arbeitsmenge nicht (oder nicht vollständig) in Anspruch nimmt – und sich deswegen in **Annahmeverzug nach § 615 BGB** befindet – kommt einer Schenkung des Arbeitslohns und damit einer (im Falle der nicht vollständigen Inanspruchnahme: teilw.) unentgeltlichen Leistung gleich (BAG ZInsO 2015, 47 Rn. 42). 33

Der **Erlass** einer werthaltigen Forderung ohne Vereinbarung einer Gegenleistung ist grds. als unentgeltlich zu bewerten (vgl. BGH NJW 2012, 2099 Rn. 28; zum Erlass im Rahmen eines Vergleichs → Rn. 38 f.). Das Gleiche gilt für den **Verzicht** auf den gesetzlichen Pflichtteil (BGHZ 113, 393 [397] = NJW 1991, 1610), über den gesetzlich geschuldeten **Unterhalt** zwischen Familienangehöri- 34 gen hinausgehende Zuwendungen (MüKoInsO/*Kayser* Rn. 36) und die **unbenannte Zuwendung** eines Ehegatten an den anderen (BGH NZI 2008, 633 Rn. 9; zur Anwendung des § 134 auf ehe- und gütervertragliche Vereinbarungen vgl. *Klühs* NotBZ 2010, 286 ff.; Braun/*de Bra* Rn. 30 ff.). Unentgeltlich sind **Spenden** an politische Parteien (HK-InsO/*Thole* Rn. 12) oder gemeinnützige Organisationen. Hier wird häufig § 134 Abs. 2 eingreifen (→ Rn. 67 f.). **Verkäufe zu einem Freundschaftspreis** sind als (teilw.) unentgeltlich zu bewerten, weil hier die Freundschaft das Motiv für eine Großzügigkeit, also Freigiebigkeit, darstellt. Zum **Stehenlassen eines kündbaren Darlehens** und zur **Stundung einer Forderung** vgl. → Rn. 13.

35 Wird ein Grundstück unentgeltlich übertragen und bestellt der Empfänger zugleich dem Übertragenden einen **Nießbrauch,** so stellt Letzteres keine Gegenleistung dar; es liegt lediglich eine Schenkung unter Auflage vor (OLG Köln NJW-RR 1999, 239; *Karsten Schmidt* JuS 1999, 708).

36 Die bloße Erwartung des Versenders, der Verbraucher werde im Zusammenhang mit dem ihm versprochenen „Traumgewinn" einige der zugleich angebotenen Waren bestellen, kann die Unentgeltlichkeit einer **Gewinnzusage** (§ 661a BGB) nicht beseitigen (BGH NZI 2008, 369 Rn. 8).

37 Die **Auszahlung von Scheingewinnen** aus einem **„Schneeballsystem"** durch den Schuldner an die Anleger ist als objektiv unentgeltliche Leistung nach § 134 Abs. 1 anfechtbar (BGHZ 179, 137 Rn. 6 = NZI 2009, 103 Rn. 6; BGH NZI 2010, 605 Rn. 6; 2011, 324 Rn. 8; NJW 2012, 2195 Rn. 8, jeweils zum so genannten „Phoenix-Komplex"). Dagegen liegt bei Auszahlungen, mit denen – etwa nach Kündigung der Mitgliedschaft in der Anlegergemeinschaft – vom Anleger erbrachte **Einlagen zurückgewährt** worden sind, eine nicht nach § 134 Abs. 1 anfechtbare entgeltliche Leistung vor (BGH NZI 2011, 324 Rn. 8; NJW 2012, 2195 Rn. 8). Ist ein Anleger der späteren Schuldnerin als Kommanditist beigetreten (oder atypischer stiller Gesellschafter geworden), stellt sich eine nach Kündigung der Beteiligung und Ausscheiden aus der Gesellschaft erfolgte Zahlung der Schuldnerin nur dann als entgeltlich dar, wenn in Bezug auf den Wert der Beteiligung ein **Abfindungsanspruch** in Höhe des ausgezahlten Betrags bestand (BGH NZI 2013, 841 Rn. 16). Auf Grund der Auszahlung von Scheingewinnen beruhende **Vermittlungs- bzw. Folgeprovisionen** sind als unentgeltliche Leistung anfechtbar (BGH NZI 2011, 107 Rn. 12; 2011, 976 Rn. 11, 14). Knüpft die Vergütung an einen tatsächlichen Erfolg an, der sich auf Grund des betrügerischen Charakters des Anlagemodells in Wahrheit nicht realisiert hat, kommt den Betreuungsdiensten des Vermittlers ein objektiver Wert nicht zu (BGH NZI 2011, 107 Rn. 13; 2011, 976 Rn. 14). Umstr. ist, ob bei der Berechnung des Rückgewähranspruchs die tatsächlichen Handelsverluste zu berücksichtigen sind (unter Heranziehung des Rechtsgedankens des § 654 BGB verneinend (BGH NZI 2011, 976 Rn. 19; krit. hierzu *Bitter/Heim* ZInsO 2011, 483 f. sowie – auch unter Hinweis auf BGH [XI. ZS] ZIP 2011, 2295 Rn. 20 ff. – *Baumert* NZI 2011, 967 [968]).

38 Bei manchen Rechtsgeschäften ist die Zuordnung entgeltlich/unentgeltlich weniger eindeutig, hängt sie vielmehr von den konkreten Umständen ab. Wird ein **Vergleich** abgeschlossen, um die bei verständiger Würdigung des Sachverhalts oder der Rechtslage bestehende Ungewissheit durch gegenseitiges Nachgeben – innerhalb eines den Parteien zuzubilligenden Ermessens- und Bewertungsspielraums – zu beseitigen, so lässt dies vermuten, dass die vereinbarte Regelung die gegenseitigen Interessen ausgewogen berücksichtigt hat und der Vergleich im Regelfall keine unentgeltlichen Leistungen enthält (BGH NZI 2007, 101 Rn. 16). Würde generell auf das verglichene Rechtsverhältnis zurückgegriffen und der Vergleichsinhalt an den ihm vorausgegangenen Rechtsbehauptungen des späteren Schuldners gemessen, wäre stets ein unentgeltlicher teilweiser Forderungsverzicht anzunehmen. Dabei bliebe jedoch unberücksichtigt, dass der andere Teil ebenfalls Abstriche an seiner vorausgegangenen Rechtsposition hingenommen hat, und in diesem Entgegenkommen kann eine den Verzicht des Gläubigers ausgleichende Gegenleistung liegen (BGH NZI 2007, 101 Rn. 15; NJW 2012, 2099 Rn. 35; vgl. auch *Gerhardt* KTS 2004, 195 ff.; MüKoInsO/*Kayser* Rn. 40a).).

Das **vergleichsweise Nachgeben eines Teils** kann danach erst dann als unentgeltliche Leistung gewertet werden, wenn der Vergleichsinhalt den Bereich verlässt, der bei objektiver Beurteilung ernstlich zweifelhaft sein kann (BGH NZI 2007, 101 Rn. 17). Findet sich der spätere Schuldner ohne Ungewissheit der Sach- oder Rechtslage infolge eines Liquiditätsengpasses oder aus sonstigen Gründen bereit, im Vergleichswege einen Teil seiner Forderungen aufzugeben, so ist ein solcher Vergleich in der Regel nach § 134 anfechtbar, sofern seine Vorteile das Nachgeben des Schuldners nicht aufwiegen (BGH NZI 2007, 101 Rn. 18; NJW 2012, 2099 Rn. 35). 39

Auch beim **Sponsoring** ist die Unentgeltlichkeit nach der konkreten Ausgestaltung der Vereinbarung zu beurteilen. Eine unentgeltliche Leistung liegt vor, wenn nach dem Parteiwillen eine wie auch immer geartete kommunikative Gegenleistung des Zuwendungsempfängers nicht erwartet wird (*Roth* ZInsO 2010, 1617 [1621]). Hingegen kann es sich um eine entgeltliche Leistung des Sponsors handeln, wenn der Gesponserte zur Entfaltung der geförderten Aktivität verpflichtet ist und dem Sponsor zumindest bestimmte Rechte überlässt, damit dieser zB medial auf sein Engagement aufmerksam machen kann (*Roth* ZInsO 2010, 1617 [1620]). Ob bei einer **Stiftung** (vgl. dazu auch → Rn. 12) eine Interessenabwägung ergeben kann, dass die allgemeinen Gläubigerschutzvorschriften hinter der Stiftungsautonomie zurückstehen müssen (so *Jacob* ZSt 2005, 99 ff.), erscheint zweifelhaft und ist wohl eher abzulehnen. Die für besonderen Diensteifer vergebene freiwillige **Weihnachtsgratifikation** an einen Arbeitnehmer ist eine entgeltliche Leistung (BGH NJW 1997, 866 f.; Jaeger/*Henckel* Rn. 21; MüKoInsO/*Kayser* Rn. 35; HK-InsO/*Thole* Rn. 11; aA Braun/*de Bra* Rn. 30; Leonhardt/Smid/Zeuner/*Zeuner* Rn. 21). 40

bb) Beispiele für Entgeltlichkeit. Die **Zahlung des Schuldners auf eine irrig als bestehend angenommene Schuld** ist entgeltlich, weil sich der Schuldner hier keineswegs freigiebig gebärdet (aA MüKoInsO/*Kayser* Rn. 22, vgl. aber *ders.* Rn. 17). Aus demselben Grund nimmt der Schuldner, der Geld zurückzahlt in der irrigen Annahme, darauf keinen Anspruch zu haben, eine entgeltliche Leistung vor (OLG Koblenz NZI 2000, 84 [85]; aA wiederum MüKoInsO/*Kayser* Rn. 40). Die Erfüllung oder Besicherung einer eigenen, durch einen entgeltlichen Vertrag rechtswirksam begründeten Schuld ist entgeltlich (BGHZ 112, 136 [138] = NJW 1990, 2626; BGHZ 137, 267 [282] = ZIP 1998, 257; BGHZ 162, 276 [280] = NZI 2005, 323; BGH NZI 2010, 439 Rn. 9; 2014, 397 Rn. 14; Jaeger/*Henckel* Rn. 3 f.; MüKoInsO/*Kayser* Rn. 26, 28; Kübler/Prütting/Bork/*Bork* Rn. 47; HK-InsO/*Thole* Rn. 15; Ahrens/Gehrlein/Ringstmeier/*Gehrlein* Rn. 17; zur **Einlagenrückgewähr** beim Anlagengeschäft vgl. → Rn. 35), ebenso die Erfüllung von Ansprüchen aus gesetzlichen Schuldverhältnissen (BGHZ 192, 221 Rn. 35 ff. = NZI 2011, 177 Rn. 35 ff.; BGH NZI 2010, 439 Rn. 9; *Gehrlein* WM 2012, 965 [972]) und das auf eine entgeltlich begründete Verbindlichkeit bezogene **Schuldanerkenntnis** (BGH NZI 2010, 439 Rn. 10). Entgeltlich ist auch eine Leistung, die der Schuldner erbringt, um sich eigene Rechtsgüter zu erhalten, zB in der Absicht, Gefahren für seine Gesundheit, seine Freiheit oder sein Eigentum durch Dienstleistungen eines Arztes oder Rechtsanwalts abzuwenden (BGH NZI 2008, 488 Rn. 14; Uhlenbruck/*Ede/Hirte* Rn. 26). Ebenso ist entgeltlich die von dem Verletzer eines Markenrechts abgegebene **strafbewehrte** 41

Unterlassungserklärung sowie die darauf beruhende Zahlung (BGH NZI 2015, 653 Rn. 4).

42 **Notverkäufe des Schuldners** unter Wert und **Käufe zu einem Liebhaberpreis** sind entgeltlich (vgl. → Rn. 21), soweit nicht eine Freigiebigkeit bezweckt war (Uhlenbruck/*Ede/Hirte* Rn. 29; Kübler/Prütting/Bork/*Bork* Rn. 40; HK-InsO/*Rogge-Leptien* Rn. 41; FK-InsO/*Dauernheim* Rn. 13; Braun/*de Bra* Rn. 12; wohl auch MüKoInsO/*Kayser* Rn. 25 [„soweit bei der Preisabsprache der Bewertungsspielraum nicht überschritten wurde"]). Zu **Verkäufen zu einem Freundschaftspreis** vgl. → Rn. 34,

43 Die Zusage einer **Halteprämie** in Höhe eines Jahresfixgehalts für eine etwas über elfmonatige Bindungsdauer ist keine unentgeltliche Leistung, weil die Betriebstreue eine objektiv werthaltige Gegenleistung dafür darstellt (BAG ZIP 2014, 139 Rn. 57 ff., 145 Rn. 62).

44 Erfüllt der Schuldner eine **Auflage gem. § 153a Abs. 2 StPO,** von der die **gerichtliche Einstellung eines Strafverfahrens** gegen ihn abhängt, ist seine Leistung grds. nicht unentgeltlich, weil bei der Einstellung vorausgesetzt werden kann, dass das Verurteilungsrisiko und das öffentliche Interesse an der Durchsetzung des staatlichen Strafanspruchs einerseits und die erteilte Auflage andererseits in einem ausgewogenen Verhältnis stehen (BGH NZI 2008, 488 Rn. 15). Allerdings ist in einem solchen Fall die Anfechtbarkeit nach § 133 zu prüfen (BGH NZI 2008, 488 Rn. 16 ff.; → § 133 Rn. 25). Auch die Erfüllung von **Bewährungsauflagen** erfolgt nicht unentgeltlich (*Ahrens* NZI 2001, 456 ff.; *Karsten Schmidt* FS Samson, 2010, 161 [178]).

45 Eine Leistung ist nicht bereits deshalb unentgeltlich, weil sie keine Erfüllung (§ 362 BGB), sondern eine **Leistung erfüllungshalber** oder **an Erfüllungs statt** (§ 364 BGB) darstellt (Kübler/Prütting/Bork/*Bork* Rn. 48). Erfüllt der Schuldner eine **verjährte Forderung,** die auf einem entgeltlichen Rechtsgeschäft beruht, soll eine entgeltliche Leistung vorliegen, weil die Verbindlichkeit – wenn auch einredebehaftet – weiter bestand (Jaeger/*Henckel* Rn. 12; MüKoInsO/*Kayser* Rn. 26; Kübler/Prütting/Bork/*Bork* Rn. 48). Dies erscheint zweifelhaft, weil die Leistung – ungeachtet des § 214 Abs. 2 BGB – auf Freigiebigkeit beruht (zweifelnd wohl auch HK-InsO/*Thole* Rn. 11).

46 Eine **Vertragsübernahme** ist nicht schon deshalb unentgeltlich, wenn für sie selbst keine gesonderte Gegenleistung erbracht wurde. Übernimmt der spätere Insolvenzschuldner die Verpflichtung eines Dritten aus einem Vertrag, indem er an dessen Stelle in diesen Vertrag eintritt, kommt es für die Beurteilung der zu erbringenden Gegenleistung darauf an, welche Leistungen der Vertragspartner des Insolvenzschuldners diesem künftig nach dem übernommenen Vertrag zu erbringen hat. Hat der Vertragspartner für die Vertragsübernahme als solche eine gesonderte Gegenleistung erbracht, ist diese bei der Beurteilung der Angemessenheit der Gegenleistung zusätzlich zu berücksichtigen. Der Umstand, dass für die Vertragsübernahme selbst keine gesonderte Gegenleistung erbracht wurde, macht diese jedoch nicht unentgeltlich (BGH NZI 2012, 562 Rn. 40). Übernimmt der Schuldner durch Vertrag eine eigene Verpflichtung, die er als Mitverpflichteter aus einem früheren Vertrag ohnehin zu erfüllen hatte, hat er der Masse nichts entzogen, was er nicht ohnehin hätte leisten müssen (BGH WM 2012, 2340 Rn. 35).

47 Die **nachträgliche Bestellung einer Sicherheit** für eine **eigene,** entgeltlich begründete **Verbindlichkeit** kann nicht als unentgeltliche Leistung angefochten werden (BGHZ 112, 136 [138 f.] = NJW 1990, 2626; 137, 267 [282] = NJW 1998, 2607; BGH NZI 2010, 439 Rn. 10; BAG NZI 2014, 167 Rn. 65; krit. – jedenfalls gegenüber der Begründung der Rspr. – MüKoInsO/*Kayser* Rn. 29; Schimansky/Bunte/Lwowsky BankR-HdB/*Ganter* § 90 Rn. 180a, 180b; vgl. ferner *Thole,* Gläubigerschutz durch Insolvenzrecht, 460). Das gilt auch dann, wenn diese dem Gläubiger in einem späteren Insolvenzverfahren über das Ver-

mögen des Schuldners eine abgesonderte Befriedigung vor den Insolvenzgläubigern verschafft (BGH NZI 2012, 562 Rn. 43). Zur nachträglichen Besicherung einer **fremden Schuld** vgl. → Rn. 55.

48 Die **treuhänderische Übertragung von Vermögenswerten** kann infolge des Rückforderungsanspruchs des Treugebers nicht als unentgeltlich betrachtet werden (BGH BeckRS 2014, 02857 Rn. 6; ZInsO 2015, 2180 Rn. 7).

49 **b) Mehr-Personen-Verhältnisse. aa) Beispiele für Unentgeltlichkeit.** Unentgeltlich ist die **Erfüllung einer wirtschaftlich wertlosen Forderung des Gläubigers gegen einen insolvenzreifen Dritten.** Hier verliert der Leistungsempfänger wirtschaftlich nichts, was als Gegenleistung für die Zuwendung angesehen werden kann (vgl. → Rn. 27). Die Wertlosigkeit und fehlende Durchsetzbarkeit der Forderung im Zeitpunkt ihrer Tilgung wird durch das spätere Ergebnis einer Gesamtbefriedigung und eine etwaige auf den Gläubiger (hier: den Leistungsempfänger) entfallende Quote nicht berührt. Kann der Gläubiger seine durch die Insolvenzreife entwertete Forderung nicht mehr isoliert durchsetzen, sondern nur noch einen Restwert durch Anmeldung im Insolvenzverfahren realisieren, so kann dieser Forderung auch im Falle einer auszugleichenden Drittleistung ein eigener wirtschaftlicher Wert nicht beigemessen werden (BGH NZI 2009, 891 Rn. 9; ZIP 2010, 1402 Rn. 7; NZI 2013, 1017 Rn. 7; OLG Koblenz NZI 2015, 473 mAnm *Lütcke* NZI 2015, 452; krit. *Thole* KTS 2011, 219 [230 f.]; ablehnend *Schäfer* ZInsO 2014, 973 [976]; entgegen *Geiger* NZI 2014, 585 [592] Fn. 77 lässt sich BAG NZI 2014, 559 Rn. 21 allerdings ein zusätzliches Erfordernis, dass eine Quote auf die Forderung des Gläubigers nicht zu erwarten sei, in Bezug auf § 134 Abs. 1 nicht entnehmen). Allein der Umstand, dass der Leistungsempfänger vor den Zahlungen (Arbeits-)Leistungen an den zahlenden Dritten und späteren Insolvenzschuldner erbracht hatte, führt in Ermangelung einer im Zuwendungsverhältnis getroffenen Vereinbarung über eine ausgleichende Gegenleistung nicht zur Entgeltlichkeit (BGH NZI 2013, 1017 Rn. 11). Zahlt der Schuldner auf eine **unwirksame Forderung** des Leistungsempfängers gegen einen Dritten, greift ebenfalls die Anfechtung gegen den Leistungsempfänger durch (Ahrens/Gehrlein/Ringstmeier/*Gehrlein* Rn. 13).

50 Nach diesen Grundsätzen und unter Berücksichtigung des für die Unentgeltlichkeit maßgeblichen Beurteilungszeitpunkts (→ Rn. 63) vermag die **Erbringung weiterer Leistungen in einem fortgesetzten Dauerschuldverhältnis** an der Unentgeltlichkeit bereits vorgenommener Drittzahlungen nichts zu ändern (so aber *Lütcke* ZIP 2014, 1769 [1778]). Insbes. lässt sich die weitere Gewährung eines Netzzugangs ohne Sicherheitsleistung nicht als Gegenleistung für zuvor geleistete Drittzahlungen auf Rückstände für die Vergangenheit qualifizieren (LG Stuttgart NZI 2014, 223 [226]). Entgeltlichkeit kann auch nicht damit begründet werden, dass der Schuldner gegenüber dem Dritten unternehmensvertraglich verpflichtet war, dessen Verbindlichkeiten gegenüber dem Anfechtungsgegner zu tilgen oder der Schuldner sonst auf Grund des Konzernverbunds ein eigenes Interesse an der Leistungserbringung hatte; denn der Leistungsempfänger ist dadurch gegenüber den Insolvenzgläubigern des Schuldners nicht schutzwürdig (BGH NZI 2008, 173 Rn. 16).

51 Vereinbart der Schuldner zur **Ausnutzung des Schenkungsteuerfreibetrags** mit seinem Vertragspartner, dass eine Belohnung für ein bestimmtes Verhalten zur Hälfte an dessen Ehegatten gezahlt wird, und wird anschließend entsprechend verfahren, so ist die Zahlung an den Ehegatten auch dann als unentgeltliche, ohne Gegenleistung erbrachte Zuwendung anfechtbar, wenn der beabsichtigte steuerliche Erfolg aus Rechtsgründen nicht eingetreten ist (BGH NZI 2006, 583 Rn. 11).

52 Die **zugunsten eines Dritten abgeschlossene Lebensversicherung** wird im Allgemeinen unentgeltlich gewährt (MüKoInsO/*Kayser* Rn. 16; Kübler/Prüt-

ting/Bork/*Bork* Rn. 69). Anders verhält es sich bei einer Direktversicherung, die von einem Arbeitgeber zugunsten eines Arbeitnehmers abgeschlossen wird, wenn die Leistungen des Arbeitgebers als Teil des Arbeitsentgelts anzusehen sind (*Kayser* ZInsO 2004, 1321 [1325]). Zur Anwendung von § 134 Abs. 2 → Rn. 72 ff. Immer entgeltlich ist der Vertrag im Verhältnis zum Versicherer (MüKoInsO/*Kayser* Rn. 16; Kübler/Prütting/Bork/*Bork* Rn. 69).

53 Hat sich der Schuldner verpflichtet, einen neben ihm für die Forderung eines Gläubigers mithaftenden Dritten im Innenverhältnis unentgeltlich freizustellen, so ist die Leistung des Schuldners an den Gläubiger unentgeltlich, obwohl der Schuldner dadurch von seiner eigenen Verbindlichkeit frei wird (BGHZ 141, 96 [100] = NJW 1999, 1549; HK-InsO/*Thole* Rn. 12).

54 Erbringt der Schuldner auf Grund eines **„letter of intent"** der Gegenseite Werkleistungen, überlässt er den Auftrag jedoch einem Dritten, der den vollen Werklohn erhält, sind die vom Schuldner erbrachten Werkleistungen im Verhältnis zu dem als Empfänger der Leistung des Schuldners anzusehenden Dritten als unentgeltliche Leistung anfechtbar (BGH NZI 2007, 403 Rn. 16).

55 Die **nachträgliche Besicherung einer fremden Schuld** ist unentgeltlich, wenn kein (werthaltiger) Nachbesicherungsanspruch bestand (BGH NZI 2009, 435 Rn. 9; *Kayser* WM 2007, 1 [5 f.]; MüKoInsO/*Kayser* Rn. 33 f.; aA *Häsemeyer* ZIP 1994, 418 [420 f.]; Kummer/Schäfer/Wagner/*Schäfer* Rn. G 100). Auch in diesem Fall bedeutet das bloße Stehenlassen des Kredits keine Zuführung eines neuen Vermögenswertes; unentgeltlich ist das Sicherungsgeschäft auch dann, wenn die Rückführung des stehengelassenen Kredits hätte durchgesetzt werden können oder wenn der Drittsicherungsgeber mit der Gewährung der Sicherheit ein eigenes wirtschaftliches Interesse verfolgt (BGH NZI 2006, 524 Rn. 14; 2009, 435 Rn. 12; 2012, 711 Rn. 21). Zur Besicherung einer **eigenen Schuld** vgl. → Rn. 47.

56 **bb) Beispiele für Entgeltlichkeit.** Die getilgte Forderung erweist sich als werthaltig, wenn der Zahlungsempfänger die Möglichkeit hat, durch Pfändung auf einen **werthaltigen Rückgriffsanspruch** des Forderungsschuldners gegen den Insolvenzschuldner zuzugreifen. In entsprechender Weise kann die getilgte Forderung werthaltig sein, wenn sich der Zahlungsempfänger durch **Aufrechnung** gegen eine Forderung seines Schuldners Befriedigung verschaffen und auf diese Weise seine Forderung trotz Insolvenzreife seines Schuldners durchsetzen kann (BGH NZI 2013, 592 Rn. 8; 2014, 564 Rn. 6). Die Tilgung einer wertlosen Forderung ist auch dann als entgeltlich zu beurteilen, wenn für sie **werthaltige Sicherheiten** weiterer Personen bestanden, die der Gläubiger infolge der Drittzahlung verliert (BGHZ 41, 298 [303] = NJW 1964, 1960; BGH NZI 2014, 564 Rn. 6).

57 Trifft den Dritten gegenüber dem Zahlungsempfänger eine eigene Verbindlichkeit, dann **tilgt er mit der fremden Schuld zugleich eine eigene.** In dem Freiwerden von der eigenen Schuld liegt der Ausgleich, der die Anwendung des § 134 Abs. 1 ausschließt. Folgt eine Zahlungsverpflichtung aus § 73 AO, so wird ein eigenständiger gesetzlicher Anspruch gegen die Organgesellschaft begründet. Die Tilgung von Ansprüchen aus gesetzlichen Schuldverhältnissen ist jedoch nicht unentgeltlicher Natur (→ Rn. 41).

58 Erbringt der Gläubiger des Dritten nach Erhalt der von dem späteren Insolvenzschuldner erbrachten Leistung seinerseits die von ihm geschuldete **ausgleichende Gegenleistung an den Dritten,** geschieht dies entgeltlich (BGH NZI 2008, 556 Rn. 15). Ein Gleiches gilt, wenn dem Dritten eine werthaltige Forderung zustand, auf die der Anfechtungsgegner trotz der materiellen Insolvenz des Dritten insolvenzbeständig hätte zugreifen können (BGH NZI 2010, 61 Rn. 10 f., 14; 2010, 678 Rn. 9 f.).

Im Falle der **Besicherung einer fremden Darlehensverbindlichkeit** sind die Abtretung der Ansprüche aus einer Lebensversicherung sowie die Weiterzahlung der Prämien auf Grundlage einer in der Abtretungsvereinbarung hierzu übernommenen Verpflichtung im Verhältnis zum Sicherungsnehmer entgeltlich, wenn dieser Zug um Zug oder später vereinbarungsgemäß das Darlehen ausreicht; die Entgeltlichkeit setzt nicht voraus, dass der Sicherungsnehmer auch dem Sicherungsgeber gegenüber zur Darlehensgewährung an den Dritten verpflichtet ist (BGH NZI 2013, 258 Rn. 28). 59

4. Teilweise unentgeltliche Leistung und verdeckte Schenkung. Eine **teilw. unentgeltliche Leistung** unterliegt der Anfechtung, sobald die Beteiligten den ihnen zustehenden Bewertungsspielraum überschritten haben (BGH NJW-RR 1993, 1379 [1381]; 1998, 1057 [1061 f.]; NZI 2004, 376 [379]; *Thole,* Gläubigerschutz durch Insolvenzrecht, 454; MüKoInsO/*Kayser* Rn. 41). Bei Bestandsverträgen (**Dauerschuldverhältnissen**) kommt eine teilw. unentgeltliche Leistung in Betracht, wenn der Leistende im Sinne einer bewussten und gewollten Willensbetätigung (krit. dazu → § 129 Rn. 34 f.) eine angemessene **Preiserhöhung** unterlässt (OLG München NJW-RR 2014, 49 [50]). Entsprechendes gilt, wenn von der möglichen und gebotenen Herabsetzung eines Gehaltsanspruchs kein Gebrauch gemacht wird (*Thole/Schmidberger* BB 2014, 3 [6]). 60

Die Rechtsfolge der teilw. unentgeltlichen Leistung richtet sich nach der **Teilbarkeit der Leistung des Schuldners.** Ist dessen Leistung teilbar, bleibt die Anfechtung gem. § 134 auf den Wertüberschuss beschränkt. Der das wertangemessene Entgelt darstellende Teil kann nur nach anderen Vorschriften angefochten werden (BGH NJW 1992, 2421; NJW-RR 1998, 1057 [1061 f.]; *Thole,* Gläubigerschutz durch Insolvenzrecht, 455; MüKoInsO/*Kayser* Rn. 42). Im Falle der Unteilbarkeit der höherwertigen Leistung des Schuldners ist diese gem. § 134 insgesamt anfechtbar und Zug um Zug gegen Erstattung der erbrachten Gegenleistung zurückzugewähren (BGHZ 107, 156 [159] = NJW 1989, 2122 zu § 530 BGB; HambK-InsO/*Rogge/Leptien* Rn. 20; MüKoInsO/*Kayser* Rn. 42). 61

Setzen die Beteiligten den Anschein der Entgeltlichkeit, um die wirklich gewollte Freigebigkeit des Schuldners zu verschleiern, liegt eine **verdeckte Schenkung** vor. Diese ist, soweit eine nicht nur teilw. unentgeltliche Leistung vorliegt, uneingeschränkt nach § 134 anfechtbar (MüKoInsO/*Kayser* Rn. 41a). Das lediglich vorgespiegelte entgeltliche Geschäft ist nach § 117 Abs. 1 BGB nichtig und die gem. § 117 Abs. 2 BGB wirksame unentgeltliche Verfügung ist nach § 134 anfechtbar (BGH NJW-RR 1993, 1379 [1381] [zu § 32 KO]; BAG ZInsO 2015, 47 Rn. 21 [zum Scheinarbeitsverhältnis]; HambK-InsO/*Rogge/Leptien* Rn. 21; MüKoInsO/*Kayser* Rn. 41a). Wollen die Parteien übereinstimmend nur den äußeren **Anschein eines Rechtsgeschäfts** erzeugen, dessen Rechtswirkungen aber nicht eintreten sollen, sind die von ihnen abgegebenen Erklärungen wirkungslos. Setzt der von den Parteien angestrebte Zweck dagegen die Gültigkeit des Rechtsgeschäfts voraus, spricht dies umgekehrt gegen eine bloße Simulation (BGH NZI 2006, 583 Rn. 11; BAG ZInsO 2015, 47 Rn. 21). 62

5. Beurteilungszeitpunkt. Wann eine unentgeltliche Leistung iSv § 134 Abs. 1 als vorgenommen gilt, bestimmt sich nach § 140 Abs. 1 (→ § 140 Rn. 2 ff.). Dementsprechend ist für die Frage der wirtschaftlichen Werthaltigkeit der Gegenleistung auf den **Zeitpunkt der Vollendung des Rechtserwerbs** abzustellen (BGHZ 174, 228 Rn. 10 = NZI 2008, 163 Rn. 10). Demzufolge kommt es auf den Zeitpunkt des Abschlusses des Kausalgeschäfts an, wenn nur dieses angefochten wird (BFHE 133, 501 [507] = BeckRS 1981, 22005809; MüKoInsO/*Kayser* Rn. 20). Bei Anfechtung eines abstrakten Verfügungsgeschäfts oder einer (isolierten) Leistung nicht-rechtsgeschäftlicher Art ist grds. auf deren Vornahme, in der Regel also deren Vollendung, abzustellen (MüKoInsO/*Kayser* 63

Rn. 20). Eine sich erst später in einem Insolvenzverfahren ergebende günstigere Situation hat bei der Beurteilung der Unentgeltlichkeit ebenso unberücksichtigt zu bleiben wie bereits früher erbrachte Gegenleistungen an Dritte (BGHZ 174, 228 Rn. 10 = NZI 2008, 163 Rn. 10; BGH NZI 2012, 562 Rn. 43). Bei Schenkungen ist der **Zeitpunkt des Schenkungsvollzugs** maßgeblich (Uhlenbruck/*Ede*/*Hirte* Rn. 39). Hat der Schuldner ein Grundstück unentgeltlich übertragen und sich darüber hinaus verpflichtet, den Erwerber von den auf dem Grundstück ruhenden Lasten zu befreien, wird die Schenkung insoweit erst mit der Befriedigung der dinglichen Gläubiger vollzogen (BGHZ 141, 96 [103] = NJW 1999, 1549; HK-InsO/*Thole* Rn. 13). Nach dem jeweils maßgeblichen Beurteilungszeitpunkt können unentgeltlich vorgenommene Leistungen nicht mehr als entgeltliche neu bestimmt werden (BFHE 149, 204 [209 f.] = NJW 1988, 3174 [3175]; MüKoInsO/*Kayser* Rn. 20). Entsprechendes sollte im umgekehrten Fall gelten. Auf dieser Grundlage kann eine entgeltlich vorgenommene Leistung unbeschadet der Frage der **Anfechtbarkeit der Tilgungsbestimmung** (offengelassen von BGHZ 113, 98 [105] = NJW 1991, 560 [562]) nicht nach ihrer Vornahme zu einer unentgeltlichen Leistung bestimmt werden; andernfalls könnten die Unterschiede zwischen § 134 Abs. 1 und den anderen Insolvenzanfechtungstatbeständen eingeebnet werden (so iErg auch *Schultz* NZI 2014, 1025 [1030]).

64 Im **Mehr-Personen-Verhältnis** ist für die Beurteilung der Frage, ob der Leistungsempfänger an den Dritten eine werthaltige Gegenleistung erbracht hat, der Zeitpunkt der Vollendung des Rechtserwerbs des Leistungsempfängers maßgeblich (BGHZ 162, 276 [281] = NZI 2005, 323 [324]). Die den Wert der Forderung bestimmende Durchsetzbarkeit muss gleichwohl nicht bereits im maßgeblichen Zeitpunkt ihrer Begleichung in jeder Hinsicht gegeben sein. Es kann vielmehr genügen, dass die gegebenen Umstände die künftige **Möglichkeit einer Befriedigung durch Aufrechnung** sicher erwarten lassen. Solche Umstände verleihen – anders als ungewisse Hoffnungen – der Forderung schon vorab einen entsprechenden Wert (BGH NZI 2013, 592 Rn. 9 [zu Steuererstattungen]; 2014, 564 Rn. 6). Ungeachtet der Entstehung von betagten Forderungen mit Abschluss eines Finanzierungsleasingvertrages kommt es für die Beurteilung der Frage, ob eine unentgeltliche Leistung vorliegt, wenn der Schuldner **Leasingraten für einen Dritten** begleicht, auf den Zeitpunkt an, zu dem die einzelnen Leasingraten fällig werden: Hat der Leasinggeber anschließend noch die von ihm geschuldete ausgleichende Gegenleistung zu erbringen und dem Leasingnehmer den Gebrauch des Leasingobjekts weiter zu überlassen, erfolgt die Tilgung der Forderung des Leasinggebers nicht unentgeltlich (BGH BeckRS 2014, 04307 Rn. 3).

65 Im Falle der Zuwendung der **Versicherungsleistung aus einer Lebensversicherung** (vgl. → Rn. 52) ist hinsichtlich des maßgeblichen Zeitpunkts grds. nach der Art der Bezugsberechtigung zu unterscheiden. Bezeichnet der Versicherungsnehmer einen Dritten **unwiderruflich** als Bezugsberechtigten, erwirbt der Dritte den Anspruch auf die Versicherungsleistung regelmäßig sofort (BGHZ 45, 162 [165 f.] = NJW 1966, 1071; BGH NZI 2012, 661 Rn. 7). Dies gilt auch dann, wenn die Versicherungsleistung im Erlebensfall dem Versicherungsnehmer zustehen soll und das Bezugsrecht des Ehegatten daran geknüpft ist, dass die Ehe mit dem Versicherungsnehmer bei dessen Tod besteht (BGH WM 2012, 2294 Rn. 10, 2296 Rn. 14). Ist das unwiderrufliche Bezugsrecht außerhalb des Anfechtungszeitraums eingeräumt worden, kann der Insolvenzverwalter nur – vorbehaltlich des § 143 Abs. 2 – die in der kritischen Zeit gezahlten Prämien zurückverlangen (MüKoInsO/*Kayser* Rn. 16; Kummer/Schäfer/Wagner/*Schäfer* Rn. G 109 f.). Bei einer **widerruflichen Bezugsberechtigung** erlangt der Berechtigte die Rechte aus dem Versicherungsvertrag erst mit Eintritt des Versicherungsfalls, bei der Todesfallversicherung also mit dem Ableben der versicherten Person. Erst jetzt ist die Gläubigerbenachteiligung eingetreten. Bis dahin hat der Bezugsberechtigte auch keine gesicherte Rechtsstellung, sondern lediglich eine tatsächliche Aussicht auf den Erwerb der Rechte (BGH NZI 2012, 661 Rn. 8; Kummer/Schäfer/Wagner/*Schäfer* Rn. G 114). Steht der Versicherungsfall im Zeitpunkt der Insolvenzeröffnung noch aus, kann der Insolvenzverwalter die Bezugsberechtigung widerrufen, den Versicherungsvertrag kündigen und den Rückkaufswert zur Masse ziehen; eine Anfechtung ist dann überflüssig (MüKoInsO/*Kayser* Rn. 16; Kübler/Prütting/Bork/*Bork* Rn. 70). Versäumt der Insolvenzverwalter den Widerruf und tritt nunmehr der Versicherungsfall ein, erwirbt der Bezugsberechtigte den Anspruch auf die Versicherungsleistung originär; ein Rechtsübergang von der Masse an den Bezugsberechtigten, der an § 91 Abs. 1 scheitern könnte, findet nicht statt (BGH NZI 2010, 646 Rn. 3; aA Kübler/Prütting/Bork/*Bork* Rn. 70; FK-InsO/*Dauernheim* Rn. 27). Maßgeblich für die Beurteilung, welche Art der Bezugsberechtigung vorliegt, sind die Umstände des Einzelfalls, insbes. der Wille des Versicherungsnehmers (BGH WM 2012, 2294 Rn. 8). Ist im Versicherungsschein ein unwiderrufliches Bezugsrecht verfügt und als Leistungsempfänger bezeichnet „im Todesfall der Ehegatte, mit dem der Versicherte im Zeitpunkt seines Todes verheiratet ist.", so tritt bei nachfolgender Ehe mit dem Erblasser der Rechtserwerb im Zeitpunkt der Eheschließung ein (BGH WM 2012, 2294 Rn. 7, 9).

Anfechtungsrechtlich ist die Unterscheidung zwischen der unwiderruflichen und der widerruflichen Bezugsberechtigung dann unerheblich, wenn sowohl die Einräumung des Bezugsrechts als auch der Versicherungsfall in die kritische Zeit gefallen sind und die Versicherungssumme an den Begünstigten ausbezahlt worden ist. Die **Auszahlung** stellt eine mittelbare Zuwendung des Erblassers dar (BGHZ 156, 350 [355] = NZI 2004, 78 [79]; BGH WM 2012, 2294 Rn. 6), und der Insolvenzverwalter kann dann die ausbezahlte Versicherungssumme und nicht etwa bloß die Prämien zurückverlangen (Kübler/Prütting/Bork/*Bork* Rn. 69; HK-InsO/*Thole* Rn. 6). 66

6. Verhältnis von Schenkungs- zu Deckungsanfechtung bei Drittleistungen. Wird eine Forderung im Wege einer **Drittleistung** beglichen, geht der Schenkungsanfechtung des Zuwendenden die Deckungsanfechtung des Forderungsschuldners vor (BGHZ 174, 228 Rn. 34 = NZI 2008, 163 Rn. 34; BGH NZI 2009, 891 Rn. 12; Kübler/Prütting/Bork/*Bork* Rn. 11 f.; vgl. ferner MüKoInsO/*Kayser* Rn. 3, 48a). Ebenso wie im Fall der Anfechtung einer mittelbaren Zuwendung an den Zuwendungsempfänger die Anfechtung gegen den Zuwendenden ausscheidet (ausgenommen den Fall des § 133, vgl. dort → § 133 Rn. 102), hat es dieser hinzunehmen, dass die von ihm bewirkte Drittleistung vorrangig im Valutaverhältnis zwischen dem Forderungsschuldner und dem Zuwendungsempfänger der Anfechtung unterliegt. Diese Würdigung beruht insbes. auf der Erwägung, mittelbare Zuwendungen anfechtungsrechtlich so zu behandeln, als habe der Zuwendungsempfänger die Leistung unmittelbar von seinem Forderungsschuldner, der den Zuwendenden als Leistungsmittler angewiesen hat, erhalten (BGHZ 174, 228 Rn. 36 f. = NZI 2008, 163 Rn. 36 f.). 67

Der **Vorrang der Deckungsanfechtung** folgt außerdem daraus, dass sich die Schenkungsanfechtung auf die Wertlosigkeit der gegen den Forderungsschuldner gerichteten Forderung gründet. Hätte dieser selbst geleistet, unterläge seine Zahlung infolge seiner Insolvenzreife und der damit verbundenen Wertlosigkeit der gegen ihn gerichteten Forderung der Deckungsanfechtung. Hinter diese Deckungsanfechtung hat die ebenfalls auf die Wertlosigkeit der beglichenen Forderung gestützte Schenkungsanfechtung zurückzutreten (BGHZ 174, 228 Rn. 38 = NZI 2008, 163 Rn. 38). Da die Anfechtung einer mittelbaren Zuwendung voraussetzt, dass der Forderungsschuldner den Gegenwert der Leistung dem Zu- 68 wendenden zur Verfügung gestellt hat (BGHZ 174, 228 Rn. 25 = NZI 2008, 163 Rn. 25), erscheint es auch im Blick auf dieses Vermögensopfer und die darum schutzwürdigeren Belange der Gläubiger des Forderungsschuldners angemessen, der Deckungsanfechtung Priorität zu geben (BGHZ 174, 228 Rn. 42 ff. = NZI 2008, 163 Rn. 42 ff.; BGH NZI 2009, 891 Rn. 12). Scheitert die Deckungsanfechtung durch den Leistenden an den Fristen der §§ 130, 131, so hat der Leistungsempfänger eine Anfechtung durch den unentgeltlich handelnden Leistungsmittler auch in Fällen einer mittelbaren Zuwendung zu gewärtigen (BGHZ 174, 228 Rn. 28 = NZI 2008, 163 Rn. 28; BGH NZI 2009, 891 Rn. 13). Im Falle des Ausschlusses der Deckungsanfechtung wegen des Fehlens von subjektiven Voraussetzungen in der Person des Zuwendungsempfängers sollte nichts Anderes gelten (vgl. *Jungclaus* NZI 2008, 535 [536]). Der Gefahr einer doppelten Inanspruchnahme kann der Zuwendungsempfänger – wie auch in sonstigen Fällen eines Prätendentenstreits – materiell-rechtlich durch Hinterlegung (§§ 372 ff. BGB) und prozessual durch Streitverkündung (§ 72 ZPO) oder (negative) Feststellungsklage (§ 256 ZPO) gegen den jeweiligen Schuldner bzw. Insolvenzverwalter begegnen. Entgegen einer Auffassung im Schrifttum (*Geiger* NZI 2014, 585 [592]) ist es für die Interventionswirkung (§§ 74 Abs. 3, 68 ZPO) nicht von Belang, ob die Vermögenszuordnung nur von Rechtsfragen und nicht von tatsächlichen Gegebenheiten abhängt; denn an der Interventionswirkung nehmen alle tatsächlichen und rechtlichen Feststellungen teil, die vom Erstgericht auf dessen Lösungsweg notwendigerweise getroffen wurden (BGHZ 157, 97 [99 f.] = MDR 2004, 464 [465]; BGH MittBayNot 2008, 387 Rn. 24).

IV. Anfechtungsfrist

69 Die Anfechtung einer unentgeltlichen Leistung ist nach § 134 Abs. 1 ausgeschlossen, wenn diese **früher als vier Jahre vor dem Eröffnungsantrag** vorgenommen worden ist. Die geringere Bestandskraft unentgeltlichen Erwerbs rechtfertigt es, den Anfechtungszeitraum allg. auf vier Jahre zu erweitern, wobei der Eröffnungsantrag den Ausgangspunkt für die Berechnung bildet (BT-Drs. 12/2443, 161 zu § 149 RegE). Der Zeitpunkt der Vornahme ergibt sich aus § 140 (→ Rn. 63 ff.). Die Frist ist nach § 139 zu bestimmen (dazu → § 139 Rn. 4 ff.).

70 Die Anfechtungsfrist ist **für jede Leistung –** bzw. **jede einzelne von mehreren Teilleistungen – gesondert** zu bestimmen (BGH NZI 2009, 891 Rn. 11; 2014, 397 Rn. 17 [zur Erfüllung eines schuldrechtlichen Grundgeschäfts]; Ahrens/Gehrlein/Ringstmeier/*Gehrlein* Rn. 21). Schenkungsversprechen und Vollzug der Schenkung bilden zusammen die unentgeltliche Verfügung, weshalb es ausreicht, wenn der **Vollzug** der Schenkung innerhalb der Anfechtungsfrist erfolgt (BGH WM 1955, 407 [411]; NJW-RR 1988, 841; NZI 2014, 397 Rn. 17). Abzustellen ist auf den Zeitpunkt, in dem das letzte Tatbestandsmerkmal des Schenkungsvollzuges erfüllt ist und der mit dem Schenkungsvertrag bewirkte **Rechtserfolg** eintritt (BGHZ 141, 96 [103] = NJW 1999, 1549; BGH NJW-RR 1988, 841). Folglich kann zB die Schenkung eines Grundstücks insgesamt noch nach § 134 Abs. 1 angefochten werden, wenn die Eigentumsumschreibung im Grundbuch innerhalb der Anfechtungsfrist erfolgt ist (BGH NJW-RR 1988, 841). Enthält der Vertrag eine Befreiungsverpflichtung, so wird das darin liegende Schenkungsversprechen erst mit der Befriedigung der Gläubiger vollzogen (BGHZ 141, 96 [103] = NJW 1999, 1549). Hat sich der spätere Insolvenzschuldner zur unentgeltlichen lastenfreien Übertragung eines Grundstücks verpflichtet, ist die innerhalb von vier Jahren vor dem Insolvenzantrag erfolgte **Ablösung eines bei der Übertragung bestehen gebliebenen Grundpfandrechts** selbstständig als unentgeltliche Leistung anfechtbar (BGH NZI 2014, 397 Rn. 17).

Die vierjährige Anfechtungsfrist des § 134 wird auch bei Leistung auf die gegen einen Dritten gerichtete Forderung nicht durch die nach der Insolvenz des Dritten zu berechnenden Fristen der §§ 130, 131 verdrängt (BGH NZI 2009, 891 Rn. 10). 71

V. Anfechtungsfreie Leistungen (Absatz 2)

Die Leistung ist gem. § 134 Abs. 2 nicht anfechtbar, wenn sie sich auf ein **gebräuchliches Gelegenheitsgeschenk geringen Wertes** richtet. Die Merkmale dieses Ausnahmetatbestands müssen kumulativ vorliegen. Gleichwohl kann auch dann noch eine Anfechtung nach §§ 130–133 in Betracht kommen (Ahrens/Gehrlein/Ringstmeier/*Gehrlein* Rn. 24). Dagegen begründen Rückforderungsansprüche wegen Verarmung des Schenkers (§§ 528 f. BGB), groben Undanks (§§ 530 ff. BGB) oder Auflösung des Verlöbnisses (§ 1301 BGB) nicht die Anfechtbarkeit der Zuwendung nach § 134 (Uhlenbruck/*Ede/Hirte* Rn. 162). 72

1. Geschenk des Schuldners. § 134 Abs. 2 setzt zunächst voraus, dass sich die Leistung auf ein Geschenk, dh auf eine **Schenkung iSd § 516 BGB,** richtet (HK-InsO/*Thole* Rn. 16; MüKoInsO/*Kayser* Rn. 46). Allerdings wird zum Teil angenommen, auf das Vorliegen einer Schenkung komme es nicht an, weil andernfalls die Privilegierung des Absatz 2 ohne erkennbare Notwendigkeit gegenüber dem weiten Leistungsbegriff des Absatz 1 eingeschränkt würde (so Uhlenbruck/*Ede/Hirte* Rn. 159). Diese weite Auffassung hat nicht nur den Wortlaut des Absatz 2 gegen sich, sondern findet überdies in der Entstehungsgeschichte der Vorschrift keine Stütze. Schon durch § 32 KO war der Partner eines Schenkungsversprechens gegenüber dem Empfänger von Vorteilen auf Grund einer unentgeltlichen Verfügung deutlich bevorzugt (*Aden* BB 1985, 366 [367]). Die Gesetzesbegründung übernahm in § 149 RegE (entspricht § 134 Abs. 2) den Begriff des Gelegenheitsgeschenks aus § 32 Nr. 1 KO und wollte durch das einschränkende Merkmal des geringen Werts einer sehr weiten Auslegung vorbeugen (BT-Drs. 12/2443, 160 f.). Auch dies spricht gegen eine über Geschenke hinausgehende Privilegierung aller unentgeltlichen Leistungen. 73

Das Geschenk muss, wie sich aus der Anknüpfung des § 134 Abs. 2 an Absatz 1 ergibt („Richtet sich die Leistung …"), **durch Leistung des Schuldners** aus dessen zugriffsfähigem Vermögen entfernt worden sein. Bei dem Schuldner kann es sich auch um eine juristische Person handeln (vgl. auch OLG Celle ZIP 2009, 1531). 74

2. Gelegenheit. Das Merkmal schränkt den Anwendungsbereich der Vorschrift kaum ein, weil es viele Gelegenheiten gibt, bei denen man etwas schenken kann (*Aden* BB 1985, 366 [368]). So setzt denn auch ein solches Geschenk nicht unbedingt eine besondere Gelegenheit voraus, sondern ist durch den **Mangel eines darauf zielenden Planes** bestimmt. Aus diesem Grund ist zB die **vorweggenommene Erbfolge** kein Gelegenheitsgeschenk (*Aden* BB 1985, 366 [368]). Die widerrufliche (Todesfall-)Begünstigung von Hinterbliebenen des Versicherungsnehmers bei einem **Lebensversicherungsvertrag** dient zwar der Hinterbliebenenabsicherung und ist damit fürsorgerisch motiviert (*Hasse* VersR 2009, 733 [742]); sie ist aber gleichfalls kein Gelegenheitsgeschenk und iÜ auch regelmäßig nicht geringwertig. 75

Als Gelegenheit kommt zunächst ein **bestimmter gesellschaftlicher Anlass** in Betracht, zu dem nach der Verkehrssitte Geschenke gemacht zu werden pflegen. Dazu gehören zB Geburtstag, Namenstag, Verlöbnis, Hochzeit, Taufe, Konfirmation, Kommunion, Weihnachten oder Ostern (Braun/*de Bra* Rn. 40; MüKoInsO/*Kayser* Rn. 46). Ferner können bei einem Trauerfall Zuwendungen an Hinterbliebene erfasst sein. Außerdem ist an die Einschulung, aber auch an (bestandene) Prüfungen und Jubiläen (Ahrens/Gehrlein/Ringstmeier/*Gehrlein* 76

Rn. 24) zu denken. Überdies werden in der Literatur der Nikolaustag und Neujahr (FK-InsO/*Dauernheim* Rn. 31), ein Besuch und die Jugendweihe (Uhlenbruck/*Ede/Hirte* Rn. 159) als Anlässe genannt. Die Beispiele der Einschulung und der bestandenen Prüfung zeigen, dass die regelmäßige oder unregelmäßige Wiederholbarkeit kein Charakteristikum des Gelegenheitsgeschenks ist (so aber *Aden* BB 1985, 366 [368]).

77 Darüber hinaus gehören zu den Gelegenheitsgeschenken solche Zuwendungen, die zu **gemeinnützigen, wohltätigen oder kirchlichen Zwecken** erbracht werden (Kübler/Prütting/Bork/*Bork* Rn. 82). Auf Grund der gebotenen engen Auslegung des § 134 Abs. 2 nicht umfasst sind sittlich gebotene Schenkungen zur Unterstützung naher, aber nicht unterhaltsberechtigter Verwandter und freigiebige Leistungen an einen nichtehelichen Lebensgefährten (Kübler/Prütting/Bork/*Bork* Rn. 82; aA Jaeger/*Henckel* Rn. 62 und wohl auch Ahrens/Gehrlein/Ringstmeier/*Gehrlein* Rn. 24 für Schenkungen, die einer Anstandspflicht oder sittlichen Pflicht entsprechen; offen gelassen von BGH 22.1.1998 – IX ZR 307/97, nv Umdruck S. 6 f.). Sittlich gebotene Schenkungen können im Wortsinne weder als „Gelegenheitsgeschenke" noch als „gebräuchlich" angesehen werden (Uhlenbruck/*Ede/Hirte* Rn. 161).

78 **Parteispenden** können unter § 134 Abs. 2 fallen (Kilger/Karsten Schmidt § 32 KO Anm. 4; Jaeger/*Henckel* Rn. 60; Uhlenbruck/*Ede/Hirte* Rn. 159; *Aden* BB 1985, 366 [369]; *Roth* ZInsO 2010, 1617 [1622]; aA FK-InsO/*Dauernheim* Rn. 31; offen gelassen von OLG Celle ZIP 2009, 1531) ebenso wie Spenden anlässlich **öffentlicher Sammlungen** (Uhlenbruck/*Ede/Hirte* Rn. 159). Es gibt keinen sachlichen Grund, eine Spende anders zu beurteilen als ein sonstiges Geschenk (*Aden* BB 1985, 366 [369]).

79 **3. Gebräuchlichkeit.** Gebräuchlich ist die Zuwendung nur, wenn das Geschenk in denjenigen Teilen der Gesellschaft, denen der Schenkende angehört, nach Art und Umfang zu dem konkreten Anlass üblich ist (Braun/*de Bra* Rn. 40). Dabei sind auch die vorhersehbaren Vermögensverhältnisse des Schuldners im Zeitpunkt der Leistung (Ahrens/Gehrlein/Ringstmeier/*Gehrlein* Rn. 24: „in gewissen Grenzen") und dessen Verhalten bei früheren Anlässen in den Blick zu nehmen (Kübler/Prütting/Bork/*Bork* Rn. 83). Darüber hinaus muss der Wert der Leistung in einem vertretbaren Verhältnis zum Schenkungsanlass stehen. So ist es zB nicht gebräuchlich, zum Geburtstag Häuser (Uhlenbruck/*Ede/Hirte* Rn. 160) oder Betriebe (*Aden* BB 1985, 366 [368]) zu verschenken. Ebenfalls als nicht gebräuchlich ist es anzusehen, dem Patenkind bei der Taufe im Säuglingsalter ein Mobiltelefon zu schenken (Jaeger/*Henckel* Rn. 61).

80 **4. Geringwertigkeit.** Der Ausnahmetatbestand des § 134 Abs. 2 ist nach den Gesetzesmaterialien ausdrücklich auf Gegenstände geringen Werts beschränkt worden, um einer sehr weiten Auslegung durch die Rspr. – wie zu § 32 KO – in Zukunft vorzubeugen (BT-Drs. 12/2443, 161 zu § 149 RegE). Beispielgebend für diese frühere Rspr. ist ein Urteil des Reichsgerichts vom 9.4.1929, in dem die Schenkung eines für 25.000 RM gekauften Nerzpelzmantels vom Schuldner, dessen Vermögen sich zur Zeit der Schenkung auf etwa 3,8 Mio. RM belief, an seine Ehefrau zu Weihnachten 1924 als gebräuchliches Gelegenheitsgeschenk angesehen wurde (RGZ 124, 59 [60 f.]; damals verdiente den Angaben bei *Aden* BB 1985, 366 [367] zufolge ein junger Akademiker in der Industrie circa 300 RM im Monat und kostete ein Brötchen circa 2 Pfennig).

81 Zur **Bestimmung der Geringwertigkeit** gibt es allerdings verschiedene Auffassungen. Eine höchstrichterliche Klärung steht – soweit ersichtlich – noch aus. Nach einer Ansicht sollen weder absolute noch feste relative Wertgrenzen maßgebend sein (Jaeger/*Henckel* Rn. 63). Ein weiterer Teil des Schrifttums kombiniert eine relative mit einer absoluten Grenze. Ein Geschenk, das einen durchschnittlichen Netto-Monatslohn, höchstens aber 10 vH der späteren Insolvenzmasse übersteige, könne nicht mehr als geringwertig angesehen werden (MüKoInsO/*Kayser* Rn. 48, zu einem Monatslohn von rund 1500 EUR; abweichend Kübler/Prütting/Bork/*Bork* Rn. 84: maximal 500 EUR). Einer anderen Auffassung zufolge soll es für die Beurteilung der Geringwertigkeit auf die allgemeine Verkehrsauffassung hinsichtlich der Üblichkeit eines Geschenks entsprechend der Bedeutung des Anlasses und der Beziehung des Schuldners zu dem Empfänger ankommen. Unabhängig von den verfügbaren Mitteln des Schuldners soll eine absolute Wertgrenze festgelegt werden, die abstufend zur Bedeutung des Anlasses bei höchstens 500 EUR liegen sollte (FK-InsO/*Dauernheim* Rn. 32; daneben werden absolute Obergrenzen von 250–300 EUR angenommen von Nerlich/Römermann/*Nerlich* Rn. 43 und von 50 EUR von Hess/*Weis* Rn. 61). Für Spenden findet sich der Vorschlag, diese bis zu einem Betrag von 150 EUR anfechtungsfrei zu stellen, unter diesem Höchstbetrag aber alle Spenden innerhalb eines Jahres zusammenzufassen, um einer Umgehung durch **Stückelung einer Großspende** in viele Kleinspenden entgegen zu wirken (*Roth* ZInsO 2010, 1617 [1622 f.]).

Vorzuziehen ist eine **absolute Wertgrenze,** die bei **höchstens 100 EUR** 82 liegen sollte. Der Begriff des geringen Werts bezieht sich nach allgemeinem Sprachgebrauch auf den objektiven Wert des Geschenks, nicht auf die Person des Schenkers oder dessen Vermögen. Wendet zB der sehr begüterte Vater der einzigen Tochter zur Hochzeit 200 EUR zu, so mag das Geschenk als unangemessen angesehen werden, geringwertig ist es jedoch nicht. Eine Zuwendung im Wert eines durchschnittlichen Netto-Monatslohns als Obergrenze – für eine einzelne Schenkung – dürfte im Rechts- und Geschäftsverkehr deutlich über den Rahmen des Geringwertigen hinausgehen. Außerdem passt die Bezugsgröße des durchschnittlichen Netto-Monatslohns nur für natürliche, nicht für juristische Personen. Die für „Kleinspenden“ vorgeschlagene Obergrenze von 150 EUR, welche aus dem statistisch ermittelten durchschnittlichen Spendenbetrag von 115 EUR hergeleitet wird (*Roth* ZInsO 2010, 1617 Rn. 87), erscheint diskutabel, sollte aber im Hinblick auf die Geringwertigkeitsgrenze im Steuerrecht und Beamtenrecht noch herabgesetzt werden. Der allfälligen Stückelung von Schenkungen zur Umgehung des Gesetzes wird mit einer Obergrenze für die einzelne Zuwendung von 100 EUR wirksam begegnet.

VI. Beweislast

Der **Insolvenzverwalter** hat darzulegen und zu beweisen, dass eine **unentgeltliche Leistung des Schuldners** vorliegt (RGZ 38 [44] [zu § 32 Nr. 1 KO]; BGH NJW 1992, 2421 [2423] [zu § 3 Abs. 1 Nr. 3 AnfG]; NZI 1999, 111 [zu § 32 KO]; NZI 2006, 399 Rn. 15; *Wittig* NZI 2005, 606 [608]; *Kayser* WM 2007, 1 [7]). Den Anfechtungsgegner trifft eine sekundäre Behauptungslast (MüKoInsO/*Kayser* Rn. 49). Mit Blick auf die Rspr. des BAG (ZIP 2014, 2519 Rn. 30) kann der Insolvenzverwalter vom Eingreifen der sekundären Behauptungslast allerdings erst dann ausgehen, wenn er vorprozessual seine Informationsmöglichkeiten gegenüber dem Schuldner (§§ 97, 98) ausschöpft, die Geschäftsbücher heranzieht und auswertet und darlegt, dass ihm nähere Angaben nicht möglich seien. 83

Den Beweis der Unentgeltlichkeit kann der Insolvenzverwalter va durch Vorlage von Urkunden führen. Weist eine umfassend gestaltete (in Sonderheit: notarielle) Urkunde über eine Veräußerung keine Gegenleistung als vereinbart aus, spricht die – widerlegbare – **Vermutung der Vollständigkeit und Richtigkeit der Urkunde** für die Unentgeltlichkeit (OLG Hamm ZIP 1992, 1755 [1756]; MüKoInsO/*Kayser* Rn. 49). Ob die in einer Privaturkunde (§ 416 ZPO) enthaltenen Angaben – auch über die Zeit der Ausstellung – zutreffen, ob insbes. ein in der Urkunde bestätigtes Rechtsgeschäft zustande gekommen ist und welchen 84

Inhalt es hat, unterliegt allerdings der freien tatrichterlichen Beweiswürdigung gem. § 286 ZPO (RGZ 436 [438]; 31, 337 [339]; BGH NJW 1980, 1047 [1048]; NJW-RR 1993, 1379 [1380]). Die mit einer notariellen Urkunde verbundene erhöhte Beweiskraft (§ 415 ZPO) bezieht sich nur auf die Abgabe der niedergelegten Erklärungen, nicht aber auf deren inhaltliche Richtigkeit (BGH NJW-RR 1993, 1379 [1380]). Die Frage, ob die Beteiligten die erbrachte oder versprochene Gegenleistung als Entgelt angesehen haben oder ob mit der Leistung des Schuldners Freigiebigkeit bezweckt war (→ Rn. 23), ist nicht nach den Erklärungen der Beteiligten im Anfechtungsprozess, sondern nach den Umständen im Zeitpunkt der Vornahme der Leistung zu beurteilen (vgl. RG JW 1913, 608 [609]). Soweit die Unentgeltlichkeit von der **Wertlosigkeit einer Forderung** abhängt, muss der Insolvenzverwalter auch diese beweisen (BGH NZI 2006, 399; Uhlenbruck/*Ede/Hirte* Rn. 164). Das gilt insbes. für die Wertlosigkeit einer vom Schuldner getilgten Forderung gegen einen Dritten (BGH ZInsO 2015, 305 Rn. 2). Da die auf eine **Aufrechnungsmöglichkeit** gestützte **Werthaltigkeit** einer Forderung gegen einen insolvenzreifen Schuldner eine Ausnahme von dem Grundsatz darstellt, dass Forderungen gegen zahlungsunfähige Schuldner wertlos sind, trägt der Anfechtungsgegner die Darlegungs- und Beweislast für diese Ausnahme (BGH NZI 2013, 592 Rn. 13).

85 Bei einer **Zuwendung unter Ehegatten** (vgl. → Rn. 34) greift zu Gunsten des Anfechtenden § 1362 Abs. 1 BGB ein, wonach in Bezug auf eine etwaige Gegenleistung vermutet wird, dass sie ohnehin bereits zum Vermögen des zuwendenden Ehegatten gehörte (RGZ 120, 107 [109 f.]; BGH NJW 1955, 20; Uhlenbruck/*Ede/Hirte* Rn. 52). Da diese Vermutung tatbestandlich das Bestehen einer Ehe voraussetzt, kann eine Gleichstellung nichtehelicher Lebensgemeinschaften nicht mit der Definition nahe stehender Personen in § 138 Abs. 1 Nr. 1 und 3 begründet werden (so aber Uhlenbruck/*Ede/Hirte* Rn. 165; Kummer/Schäfer/Wagner/*Schäfer* Rn. G 124).

86 Darüber hinaus hat der Insolvenzverwalter – wie bei allen Anfechtungstatbeständen – die **Gläubigerbenachteiligung** (§ 129 Abs. 1) darzulegen und zu beweisen (Uhlenbruck/*Hirte/Ede* § 129 Rn. 163).

87 Auf Grund der Formulierung des § 134 Abs. 1 („es sei denn") trifft den **Anfechtungsgegner** die Darlegungs- und Beweislast für den **Zeitpunkt des Rechtserwerbs,** dh für die Vornahme der Leistung früher als vier Jahre vor dem Eröffnungsantrag. Diese Umkehrung der Beweislast soll betrügerische Rückdatierungen unschädlich machen (BT-Drs. 12/2443, 161 zu § 149 RegE).

88 Der **Leistungsempfänger,** der sich unter Hinweis auf eine **vorrangige Deckungsanfechtung** gegen eine Schenkungsanfechtung wendet, hat im Streitfall darzulegen und zu beweisen, dass eine Deckungsanfechtung tatsächlich durchgreift, dh dass der konkurrierende, vorrangige Anfechtungsanspruch erhoben ist und dass dessen Voraussetzungen gegeben sind (BGHZ 174, 228 Rn. 49 = NZI 2008, 163 Rn. 49; BGH NZI 2009, 891 Rn. 12).

89 Der Anfechtungsgegner trägt ferner die Darlegungs- und Beweislast für den Ausnahmetatbestand des **§ 134 Abs. 2** (MüKoInsO/*Kayser* Rn. 50) sowie für eine **Entreicherung** nach § 143 Abs. 2 (BGH NZI 2010, 295 Rn. 17).

90 In Extremfällen kann der Grundsatz von Treu und Glauben **(§ 242 BGB)** die Durchsetzung des Rückgewähranspruchs hindern (BGHZ 179, 137 Rn. 21 = NZI 2009, 103 Rn. 21; BGH NZI 2011, 976 Rn. 15; HK-InsO/*Thole* Rn. 3). Indessen gebietet es der Schutz eines getäuschten Anlegers nicht, den Grundsatz der Gleichbehandlung der Gläubiger zurücktreten zu lassen (KG NZI 2010, 775 [777]). Ein Extremfall liegt ebenso wenig vor, wenn ein Anlagevermittler nicht für die Betreuungsleistungen als solche, sondern in Abhängigkeit vom jeweiligen Beteiligungswert der Anlage vergütet wird (BGH NZI 2011, 976 Rn. 15; aA die Vorinstanz OLG München NZI 2011, 108 [110 f.]).

Gesellschafterdarlehen[1]

135 **(1) Anfechtbar ist eine Rechtshandlung, die für die Forderung eines Gesellschafters auf Rückgewähr eines Darlehens im Sinne des § 39 Abs. 1 Nr. 5 oder für eine gleichgestellte Forderung**

1. Sicherung gewährt hat, wenn die Handlung in den letzten zehn Jahren vor dem Antrag auf Eröffnung des Insolvenzverfahrens oder nach diesem Antrag vorgenommen worden ist, oder

2. Befriedigung gewährt hat, wenn die Handlung im letzten Jahr vor dem Eröffnungsantrag oder nach diesem Antrag vorgenommen worden ist.

(2) **Anfechtbar ist eine Rechtshandlung, mit der eine Gesellschaft einem Dritten für eine Forderung auf Rückgewähr eines Darlehens innerhalb der in Absatz 1 Nr. 2 genannten Fristen Befriedigung gewährt hat, wenn ein Gesellschafter für die Forderung eine Sicherheit bestellt hatte oder als Bürge haftete; dies gilt sinngemäß für Leistungen auf Forderungen, die einem Darlehen wirtschaftlich entsprechen.**

(3) [1]**Wurde dem Schuldner von einem Gesellschafter ein Gegenstand zum Gebrauch oder zur Ausübung überlassen, so kann der Aussonderungsanspruch während der Dauer des Insolvenzverfahrens, höchstens aber für eine Zeit von einem Jahr ab der Eröffnung des Insolvenzverfahrens nicht geltend gemacht werden, wenn der Gegenstand für die Fortführung des Unternehmens des Schuldners von erheblicher Bedeutung ist.** [2]**Für den Gebrauch oder die Ausübung des Gegenstandes gebührt dem Gesellschafter ein Ausgleich; bei der Berechnung ist der Durchschnitt der im letzten Jahr vor Verfahrenseröffnung geleisteten Vergütung in Ansatz zu bringen, bei kürzerer Dauer der Überlassung ist der Durchschnitt während dieses Zeitraums maßgebend.**

(4) **§ 39 Abs. 4 und 5 gilt entsprechend.**

Schrifttum (Auswahl; vgl. zunächst die Angaben bei → § 39 Rn. 25): *Altmeppen,* Zur Insolvenzanfechtung einer Gesellschaftersicherheit bei Doppelsicherung, ZIP 2011, 741; *ders.,* Überflüssigkeit der Anfechtung von Sicherheiten für Gesellschafterdarlehen, NZG 2013, 411; *ders.,* Ist das „besicherte" Gesellschafterdarlehen im Insolvenzverfahren der Gesellschaft „subordiniert" oder „privilegiert"?, ZIP 2013, 1745; *Bangha-Szabo,* Zur Anfechtbarkeit der Rückzahlung von Gesellschafterdarlehen wegen vorsätzlicher Gläubigerbenachteiligung, ZIP 2013, 1058; *Bitter,* Die Nutzungsüberlassung in der Insolvenz nach dem MoMiG, ZIP 2010, 1; *ders.,* Insolvenzanfechtung nach § 135 InsO bei freiwilligem Rangrücktritt?, ZIP 2013, 2; *ders.,* Sicherheiten für Gesellschafterdarlehen: ein spät entdeckter Zankapfel der Gesellschafts- und Insolvenzrechtler, ZIP 2013, 1998; *ders.,* Mehrfache Kreditgewährung und -rückführung im Recht der Gesellschafterdarlehen, FS Lwowski, 2014, 223; *Bork,* Anfechtung bei Rücktritt in den Rang des § 39 Abs. 1 Nr. 4 1/2, ZIP 2012, 2277; *Büscher,* Miete und Pacht nach MoMiG, FS Hüffer, 2010, 81; *Clemens,* Das neue Recht der Gesellschafterfremdfinanzierung nach dem MoMiG, 2012; *Dahl/Schmitz,* Eigenkapitalersatz nach dem MoMiG aus insolvenzrechtlicher Sicht, NZG 2009, 325; *Gero Fischer,* Die Berechnung des für eine Gebrauchsüberlassung nach § 135 Abs. 3 InsO zu zahlenden Ausgleichs, FS Wellensiek, 2011, 443; *Gehrlein,* Das Eigenkapitalersatzrecht im Wandel seiner gesetzlichen Kodifikationen, BB 2011, 3; *Geißler,* Geschichte und juristische Gegenwart gesellschaftsinterner Nutzungsüberlassung, 2010; *Goette/Habersack* (Hrsg.), Das MoMiG in Wissenschaft und Praxis, 2009; *Goette/Kleindiek,* Gesellschafterfinanzierung nach MoMiG und das Eigenkapitalersatzrecht in der Praxis, 6. Aufl. 2010; *Haas,* Fragen zur „kapitalersetzenden" Nutzungsüberlassung nach neuem Recht, FS Ganter, 2010, 189; *Hölzle,* Gibt es noch eine Finanzierungsfolgenverantwortung im MoMiG?, ZIP 2009, 1939; *ders.,* Zur Durchsetzbarkeit von Sicherheiten für Gesellschafterdarlehen in der Insolvenz, ZIP 2013, 1992; *Huber,* Gesellschafterdarlehen im GmbH- und Insolvenzrecht nach der MoMiG-Reform, Liber amicorum Martin Winter, 2011, 261; *Kummer/Schäfer/Wagner,* Insolvenzanfechtung, 2. Aufl. 2014, Teil H; *Lüneborg,* Das neue

[1] § 135 neu gef. mWv 1.11.2008 durch G v. 23.10.2008 (BGBl. I S. 2026).

Recht der Gesellschafterdarlehen, 2010; *Marotzke,* Gesellschaftsinterne Nutzungsverhältnisse nach Abschaffung des Eigenkapitalersatzrechts, ZInsO 2008, 1281; *ders.,* Gläubigerbenachteiligung und Bargeschäftsprivileg bei Gesellschafterdarlehen und vergleichbaren Transaktionen, ZInsO 2013, 641; *Mylich,* Kreditsicherheiten für Gesellschafterdarlehen, ZHR 176 (2012), 547; *ders.,* Kreditsicherheiten für Gesellschafterdarlehen, ZIP 2013, 2444; *Reuter,* Die Anfechtbarkeit der Rückzahlung von Gesellschafterdarlehen im Cash-Pool: Explosive Massevermehrung nach § 135 InsO, FS Wellensiek, 2011, 531 und NZI 2011, 921; *Rühle,* Die Nutzungsüberlassung durch Gesellschafter in Zeiten des MoMiG, ZIP 2009, 1358; *Schäfer,* Insolvenzanfechtung anhand von Rechtsprechungsbeispielen, 2013, Teil H; *Karsten Schmidt,* Gesellschafterdarlehen im GmbH- und Insolvenzrecht: Was hat sich geändert?, Liber amicorum Martin Winter, 2011, 601; *ders.,* Gesellschafterbesicherte Drittkredite nach neuem Recht, BB 2008, 1966; *ders.,* Nutzungsüberlassung nach der GmbH-Reform, DB 2008, 1727; *ders.,* Nutzung und Nutzungsentgelte als Verhandlungsgegenstand zwischen Insolvenzverwalter und Gesellschafter-Lehren aus § 135 Abs. 3 InsO, FS Wellensiek, 2011, 551; *ders.,* Anfechtung von Sicherheiten …, JFSt 2014/2015, 381 ff.; *ders.,* Nutzungsüberlassung und Unternehmensinsolvenz, NJW 2015, 1057; *Schniepp/Hensel,* Gesellschafterdarlehen – gesamtschuldnerische Haftung von Zedent und Zessionar, BB 2015, 777; *Schröder,* Die Reform des Eigenkapitalersatzrechts durch das MoMiG, 2012; *Thole,* Nachrang und Anfechtung bei Gesellschafterdarlehen, ZHR 167 (2012), 513; *ders.,* Umgehung der Anfechtung nach § 135 InsO durch Abtretung?, ZInsO 2012, 661; *Ulbrich,* Die Abschaffung des Eigenkapitalersatzrechts der GmbH, 2011; *Wedemann,* Die Übergangsbestimmungen des MoMiG – was müssen bestehende GmbHs beachten?, GmbHR 2008, 1131.

Übersicht

I. Grundlagen

1 **1. Inhalt und Zweck. a) Bedeutung und Bedeutungswandel.** Die Bestimmung enthält in Absatz 1, 2 und 4 **neben § 39 Abs. 1 Nr. 5** das **Kernstück des Rechts der Gesellschafter-Fremdfinanzierung.** Die Vorschriften stehen in einem engen Zusammenhang (OLG München ZInsO 2014, 780; wenig ergiebig die Trennung bei *Thole* ZHR 176 (2012), 513 [528 ff.]). Dies besagt: Sind Kredite, die im Insolvenzverfahren nach § 39 Abs. 1 Nr. 5 nur nachrangige Insolvenzforderungen begründen würden, in der in § 135 bestimmten kritischen Zeit auf Kosten der Gesellschaft besichert oder befriedigt worden, so begründet diese Rechtshandlung Anfechtungsansprüche. Die Bestimmung ist durch das am 1.11.2008 in Kraft getretene Gesetz zur Modernisierung des GmbH-Rechts und zur Bekämpfung von Missbräuchen **(MoMiG)** wesentlich umgestaltet worden (vgl. auch → Rn. 3). Dieser Bedeutungswandel basiert va auf den §§ 30 Abs. 1 S. 3 GmbHG, 57 Abs. 1 S. 4 AktG, wonach die Rückzahlung von Gesellschaftskrediten aus gebundenen Verträgen nicht mehr gegen die Kapitalschutzregeln verstößt und damit keine Wieder-Einzahlungsansprüche aus §§ 31 GmbHG, 62 AktG mehr auslöst (dazu → Rn. 3 sowie → § 39 Rn. 29). Das bedeutet: Eine die Gesellschaftsgläubiger benachteiligende Rückzahlung von Fremdmitteln (Darlehen oder darlehensgleichen Leistungen) an Gesellschafter kann Rückforderungsansprüche bzw. Erstattungsansprüche nur noch im Wege der Anfechtung begründen. Anspruchsgrundlage ist im eröffneten Insolvenzverfahren **§§ 143 iVm 135,** für die Gläubigeranfechtung außerhalb des Insolvenzverfahrens **§§ 6, 6a AnfG.** Die Anfechtungsregeln des § 135 dienen dem **Gläubigerschutz.**

2 **b) Absatz 3 als Fremdkörper im § 135.** Eine **Sonderrolle** hat der erst mit dem MoMiG eingeführte **Absatz 3.** Dieser enthält **keine Anfechtungsregel** und ist eine vom Gesetzgeber in § 135 unsachgemäß platzierte Bestimmung, die in den Kontext der §§ 103 ff. gehört (eing. → Rn. 28 ff.).

3 **2. Altes und neues Recht. a) MoMiG.** Die **Grundlagenänderung im Recht der Gesellschafter-Fremdfinanzierung durch das MoMiG v. 23.10.2008** (→ § 39 Rn. 27 ff.) hatte im Wesentlichen **zwei Akzente.** Auf der **Tatbestandsseite** sind nunmehr alle Gesellschafterkredite und wirtschaftlich gleichzuachtenden Leistungen erfasst, nicht mehr nur die „eigenkapitalersetzen-

den", nämlich in der Krise gewährten oder stehen gelassenen, Leistungen (so noch § 135 aF iVm § 32a GmbHG aF mit Verweisungen in §§ 129a, 172a HGB aF; dazu → § 39 Rn. 26). Auf der **Rechtsfolgenseite** wurden im Recht der Gesellschafter-Fremdfinanzierung die gesellschaftsrechtlichen **„Rechtsprechungsregeln" beseitigt.** Dieses **bis 2008** praktizierte Rechtsprechungsrecht hatte darin bestanden, dass „eigenkapitalersetzende" Gesellschafterdarlehen und wirtschaftlich gleichzuachtende Leistungen nicht nur den Spezialregeln der §§ 32a, b GmbHG aF, §§ 129a, 172a HGB aF, § 39 Abs. 1 Nr. 5, § 135 InsO (alle in alter Fassung), sondern auch den Rückzahlungsverboten der §§ 30 GmbHG, 57 AktG unterworfen wurden (BGHZ 90, 370 [376 ff.] = NJW 1984, 1891 [1893]; stRspr) und im Fall einer Rückzahlung in der Krise nach § 31 GmbHG bzw. § 62 AktG in das Gesellschaftsvermögen zu erstatten waren (stRspr; zusf. BGHZ 179, 249 = NJW 2009, 1277). Die Haftung konnte nicht nur den Zahlungsempfänger, sondern nach § 31 Abs. 3 GmbHG auch Mitgesellschafter treffen (BGH ZIP 2005, 1638 [1639]). Die Schärfe dieser ungeschriebenen „Rechtsprechungsregeln" hatte zu einer Marginalisierung des § 135 aF bis hin zur Bedeutungslosigkeit geführt. Durch **§ 30 Abs. 1 S. 3 GmbHG und § 57 Abs. 1 S. 4 AktG** hat das MoMiG (→ § 39 Rn. 29) die weitere Anwendung der Kapitalschutzregeln auf Gesellschafterdarlehen unterbunden. Für die Praxis bedeutet dies: Soweit **altes Recht** anwendbar bleibt (→ Rn. 4 ff.), kommt § 135 aF – anders als § 6 aF AnfG – weiterhin kaum zum Zuge, weil die §§ 31 GmbHG, 62 AktG schärfer sind. Soweit **neues Recht** anwendbar ist (→ Rn. 4 ff.), können diese gesellschaftsrechtlichen Bestimmungen den § 135 nicht mehr verdrängen, weil § 30 Abs. 1 S. 3 GmbHG bzw. § 57 Abs. 1 S. 4 AktG die Anwendung hindert.

4 **b) Übergangsrecht.** Die Dauer von Insolvenzverfahren und Prozessen sorgt für **noch andauernde Relevanz** des Übergangsrechts. Am **1.11.2008** (Art. 25 MoMiG) traten die §§ 32a, b GmbHG aF und §§ 129a, 172a HGB aF außer Kraft. Für die **haftungsrechtliche Behandlung von Altfällen** enthält **Art. 103d EGInsO,** eine unvollständige und wenig klärende Übergangsregel (dazu Goette/Habersack/*Goette* Rn. 9.51 ff.; *Goette/Kleindiek* Rn. 81 ff.; *Schröder* Rn. 571 ff.; Kummer/Schäfer/Wagner/*Schäfer* Rn. H 28 ff.; Braun/*de Bra* Rn. 21 f.; HambK-InsO/*Schröder* Rn. 87 ff.; HK-InsO/*Kleindiek* § 39 Rn. 28 ff.; Roth/*Altmeppen,* GmbHG vor §§ 32a, b aF Rn. 1–5; Scholz/*Karsten Schmidt* GmbHG, 10. Aufl., §§ 32a, b aF Rn. 12 ff.; *Wedemann* GmbHR 2008, 1131; *Haas* DStR 2009, 976 ff.; *Gutmann/Nawroth* ZInsO 2009, 174 ff.; *Hirte/Knof/Mock* NZG 2009, 48 ff.; *Lorenz* GmbHR 2009, 135 ff.; *Dahl/Schmitz* NJW 2009, 1279 f.). **Art. 103d EGInsO** lautet:

Auf Insolvenzverfahren, die vor dem Inkrafttreten des Gesetzes vom 23. Oktober 2008 (BGBl. I S. 2026) am 1. November 2008 eröffnet worden sind, sind die bis dahin geltenden gesetzlichen Vorschriften weiter anzuwenden. Im Rahmen von nach dem 1. November 2008 eröffneten Insolvenzverfahren sind auf vor dem 1. November 2008 vorgenommene Rechtshandlungen die bis dahin geltenden Vorschriften der Insolvenzordnung über die Anfechtung von Rechtshandlungen anzuwenden, soweit die Rechtshandlungen nach dem bisherigen Recht der Anfechtung entzogen oder in geringerem Umfang unterworfen sind.

Der Begriff der „bis dahin geltenden Vorschriften der InsO über die Anfechtung von Rechtshandlungen" umfasst auch die vor dem MoMiG in Kraft befindlichen §§ 32a, 32b GmbHG aF (BGHZ 198, 77 = NZI 2013, 804 = ZIP 2013, 1629).

5 **aa) Altverfahren.** Für Altverfahren enthält **Art. 103d S. 1 EGInsO** dem Wortlaut nach zunächst nur eine **Verfahrensregel:** Danach werden Alt-Insolvenzverfahren, die bereits vor dem 1.11.2008 eröffnet waren, ohne die durch das

MoMiG (→ Rn. 1) herbeigeführten Veränderungen abgewickelt. Da aber das MoMiG die Verfahrensregeln der InsO im Wesentlichen nur bezüglich der Eröffnungstatbestände und Antragsrechte verändert hat, um die es bei Art. 103d S. 1 EGInsO nicht gehen kann, ist die Bestimmung in dem Sinne auszulegen bzw. durch allgemeine Regeln des intertemporalen Rechts zu ergänzen, dass in den beschriebenen Altverfahren **auch das materielle Recht nach dem Stand vor dem 1.11.2008** anzuwenden ist, und zwar auch, soweit es vor diesem Stichtag in der InsO überhaupt nicht enthalten war (HK-InsO/*Kleindiek* § 39 Rn. 30 ff.; Scholz/*Karsten Schmidt* GmbHG, 10. Aufl., §§ 32a, b aF Rn. 14; mit Angaben zum Streitstand; Roth/*Altmeppen* GmbHG vor §§ 32a, b aF Rn. 3; *Haas* DStR 2009, 976; *Gutmann/Nawroth* ZInsO 2009, 174 [177 f.]). Im materiellen Recht sind also nicht nur **„die bis dahin geltenden gesetzlichen Vorschriften"** weiter anzuwenden, sondern dasselbe gilt für das gesellschaftsrechtliche **Rechtsprechungsrecht** (zum diesbezüglichen Streit vgl. *Goette/Kleindiek* Rn. 83). Das Urteil „Gut Buschow" vom 26.1.2009 hat noch offen gelassen, ob diese Übergangsregel aus Art. 103d EGInsO oder aus den allgemeinen Grundsätzen des intertemporalen Rechts folgt (BGHZ 179, 249 = DStR 2009, 699 mAnm *Goette* = NJW 2009, 1277 = ZIP 2009, 471; sa BGH DStR 2009, 595; Goette/Habersack/*Goette* Rn. 9.53): „Das Eigenkapitalersatzrecht in Gestalt der Novellenregeln (§§ 32a, 32b GmbHG aF) und der Rechtsprechungsregeln (§§ 30, 31 GmbHG aF analog) findet gemäß der Überleitungsnorm des Art. 103d EGInsO wie nach allgemeinen Grundsätzen des intertemporalen Rechts auf ‚Altfälle', in denen das Insolvenzverfahren vor Inkrafttreten des Gesetzes v. 23.10.2008 (BGBl. I 2008, 2026) eröffnet worden ist, als zur Zeit der Verwirklichung des Entstehungstatbestands des Schuldverhältnisses geltendes ‚altes' Gesetzesrecht weiterhin Anwendung." Der BGH hat damit den Stimmen eine Absage erteilt, die für ein Erlöschen von materiellrechtlichen Ansprüchen aus altem Eigenkapitalersatzrecht eintraten (so *Hirte* WM 2008, 1429 [1435]; *Hirte/Knof/Mock* NZG 2009, 48 [49]; *Holzer* ZIP 2009, 206 [207].). Die sog **Rechtsprechungsregeln zu §§ 30, 31** (→ Rn. 4) gelten **für** diese **Altfälle** weiter (BGHZ 179, 249 = DStR 2009, 699 mAnm *Goette* = NJW 2009, 1277 = ZIP 2009, 471; BGH NZG 2010, 701; stRspr; Goette/Habersack/*Goette* Rn. 9.53; Kummer/*Schäfer*/Wagner Rn. H 28b; Roth/*Altmeppen* GmbHG vor §§ 32a, b aF Rn. 3; *Gutmann/Nawroth* ZInsO 2009, 174 [176]; *Haas* DStR 2009, 976 [978 f.]; *Lorenz* GmbHR 2009, 135 [137]; *Wedemann* GmbHR 2008, 1131 [1134 f.]). In nur scheinbarem Widerspruch hierzu führt BGH NJW 2012, 682, 683 = ZIP 2012, 86, 88 aus, dass die Rechtsprechungsregeln mit dem Inkrafttreten des MoMiG am 1.11.2008 aufgehoben wurden weshalb eigenkapitalersetzende Darlehen mit diesem Tag zur Rückzahlung frei wurden (dazu auch → Rn. 6 aE sowie Uhlenbruck/*Hirte* Rn. 75). Das MoMiG hat **bereits entstandene Ansprüche der Gesellschaft** analog § 31 GmbHG (bzw. § 62 AktG) aus der Rückzahlung eigenkapitalersetzender Gesellschafterdarlehen nicht am 1.11.2008 zum Erlöschen gebracht (zum verbliebenen Streit vgl. → Rn. 6). Wegen des insoweit noch anwendbaren alten Rechts ist zu verweisen auf Kummer/Schäfer/Wagner/*Schäfer* Rn. H 1 ff.; HambK-InsO/*Schröder* Rn. 98 ff.; Roth/*Altmeppen* GmbHG §§ 32a, b aF; Scholz/*Karsten Schmidt* GmbHG 10. Aufl. §§ 32a, b aF.

bb) Altes Recht in Neuverfahren? Umstr. ist, ob diese Grundsätze **allg. bei abgeschlossenen Tatbeständen** gelten, auch wenn das **Verfahren nach dem Stichtag** eröffnet worden ist. Der Wortlaut stellt dies nicht klar. Die Frage wird verschiedentlich verneint (so zB GroßkommGmbH/*Habersack* Nachtrag MoMiG § 30 Rn. 35; HambK-InsO/*Schröder* Rn. 92; *Haas* DStR 2009, 976 [978]). Hier wird die Frage bejaht (vgl. auch Karsten Schmidt/Uhlenbruck/*Karsten Schmidt* Rn. 2.72 ff.; Scholz/*Karsten Schmidt* GmbHG 10. Aufl. §§ 32a, b aF Rn. 17). Die 6 zu §§ 30, 31 entwickelten Rechtsprechungsregeln (→ Rn. 4) gelten aufgrund allgemeinen intertemporalen Rechts für diese Fälle weiter (OLG Jena GmbHR 2009, 431 [432]; HK-InsO/*Kleindiek* § 39 Rn. 32; *Dahl/Schmitz* NJW 2009, 1279 [1280]; *Gutmann/Nawroth* ZInsO 2009, 174 [176 ff.]; *Wedemann* GmbHR 2008, 1131 [1134 f.]; *Lorenz* GmbHR 2009, 135 [136]). Dies gilt nicht nur für entstandene Ansprüche analog § 31, sondern auch für die Würdigung sonstiger Verstöße gegen den nach altem Recht anzuwendenden § 30 (zB iRd Geschäftsführerhaftung). Auch **außerhalb eines Insolvenzverfahrens** und auch **innerhalb eines erst ab 1.11.2008 eröffneten Neu-Verfahrens** gelten diese Grundsätze für alle Altfälle (OLG Jena GmbHR 2009, 431 [432]; OLG München ZIP 2011, 225 [226]; Goette/Habersack/*Goette* Rn. 9.53; Goette/Habersack/*Habersack* Rn. 5.4; *Goette/Kleindiek* Rn. 84 ff.; HK-InsO/*Kleindiek* § 39 Rn. 32; Scholz/*Karsten Schmidt* GmbHG, 10. Aufl., §§ 32a, b aF Rn. 17 sowie Nachtrag MoMiG §§ 32a, b aF Rn. 14; *Blöse* GmbHR 2009, 430 [431]; *Dahl/Schmitz* NJW 2009, 1279 [1280]; *Gutmann/Nawroth* ZInsO 2009, 174 [178]; krit. HambK-InsO/*Schröder* Rn. 92; Roth/*Altmeppen* GmbHG vor §§ 32a, b aF Rn. 5; Uhlenbruck/*Hirte* § 39 Rn. 75). **Auch** Ansprüche gegen einen Gesellschafter **im Fall einer kapitalersetzenden Sicherheit** (Abs. 2) können insoweit noch auf das alte Eigenkapitalersatzrecht gestützt werden. Das BGH-Urteil „Gut Buschow" v. 26.1.2009 entscheidet hierüber (BGHZ 179, 249 = DStR 2009, 699 mAnm *Goette* = NJW 2009, 1277 = ZIP 2009, 471): „Die Rückzahlungspflicht des bürgenden Gesellschafters nach Novellen- wie nach Rechtsprechungsregeln wird nicht durch das Vorhandensein einer Mehrzahl von Sicherheiten – hier: verlängerter Eigentumsvorbehalt und Wechselbürgschaft – berührt, solange sich unter den Sicherungsgebern auch ein Gesellschafter befindet. Da wirtschaftlich dessen Kreditsicherheit in der Krise der Gesellschaft funktionales Eigenkapital darstellt, darf dieses nicht auf dem Umweg über eine Leistung an den Gesellschaftsgläubiger aus dem Gesellschaftsvermögen dem Gesellschafter ‚zurückgeführt' werden." (vgl. auch Karsten Schmidt/Uhlenbruck/*Karsten Schmidt/Uhlenbruck* Rn. 2.72 ff.). **Neue Ansprüche** aus § 31 GmbHG bzw. aus § 62 AktG können dagegen seit dem 1.11.2008 **nicht mehr** entstehen, denn die **Eigenkapitalersatzbindung** analog §§ 30 GmbHG, 57 AktG (→ Rn. 3) **endete durch Entsperrung mit dem Inkrafttreten des MoMiG** (→ § 39 Rn. 29; BGH NJW 2012, 682 [683] = ZIP 2012, 86 [88]; OLG Frankfurt a. M. ZInsO 2010, 235 [237]; OLG München ZIP 2011, 225 [226]).

7 **cc) Art. 103d S. 2 EGInsO.** Diese Bestimmung enthält eine **Spezialregelung für Neu-Insolvenzverfahren,** die ab 1.11.2008 eröffnet worden sind (vgl. dazu → Rn. 5). Die Regelung enthält eine Sperrwirkung für die Anwendung neuen, verschärften Insolvenzanfechtungsrechts bezüglich abgeschlossener Sachverhalte aus der Zeit vor dem 1.11.2008 (Scholz/*Karsten Schmidt* GmbHG, 10. Aufl., §§ 32a, b aF Rn. 18). Der Gesetzgeber geht davon aus, dass unter der Geltung des alten Eigenkapitalersatzrechts auf dessen Geltung vertraut werden durfte. Insbes. ist § 135 nach altem Recht nur unter den Voraussetzungen des § 32a GmbHG aF, also nur auf eigenkapitalersetzende Gesellschafterleistungen anwendbar, nicht auf alle Gesellschafterdarlehen (dazu vgl. → EGInsO Art. 103d Rn. 17). Auch § 32 GmbHG aF war eine Anfechtungsvorschrift (*Karsten Schmidt* DB 1993, 1505 f.) und fällt demgemäß unter Satz 2 (BGHZ 198, 77 = NJW 2013, 3031 = ZIP 2013, 1629).

8 **dd) Gläubigeranfechtung.** Bezüglich der **§§ 6, 6a AnfG** kommt es nach § 20 Abs. 3 AnfG auf die Erfüllung des Tatbestands vor oder nach dem Inkrafttreten des Gesetzes (Art. 25 MoMiG) an (dazu Scholz/*Karsten Schmidt* GmbHG §§ 32a, b aF Rn. 19; *Haas* DStR 2009, 976 f.; *Hirte/Knof/Mock* NZG 2009, 48 [49]). **§ 20 Abs. 3 AnfG** lautet in der Fassung des MoMiG:

„Die Vorschriften dieses Gesetzes in der ab dem Inkrafttreten des Gesetzes vom 23. Oktober 2008 (BGBl. I S. 2026) am 1. November 2008 geltenden Fassung sind auf vor dem 1. November 2008 vorgenommene Rechtshandlungen nur anzuwenden, soweit diese nicht nach dem bisherigen Recht der Anfechtung entzogen oder in geringerem Umfang unterworfen sind; andernfalls sind die bis zum 1. November 2008 anwendbaren Vorschriften weiter anzuwenden."

Die **Fortgeltung des alten Rechtsprechungsrechts** bezüglich bereits vor 9 dem 11.11.2008 entstandener Forderungen (→ Rn. 6) ist auch hier anzuerkennen (aM *Büscher* GmbHR 2009, 800 [802 f.]).

II. Die Anfechtungsregeln

1. Anwendungsbereich. Der Anwendungsbereich des § 135 Abs. 1, 2, 4 und 10 5 entspricht demjenigen des **§ 39 Abs. 1 Nr. 5.** Das bedeutet im Einzelnen:

a) Insolvenzschuldner. Die Bestimmung gilt für **Gesellschaften** als (Insol- 11 venz-)Schuldner, für deren Verbindlichkeiten keine natürliche Person unbeschränkt haftet (Abs. 4 mit Verweisung auf § 39 Abs. 4 und dazu → § 39 Rn. 34 ff.).

b) Anfechtungsgegner. Die Bestimmung gilt **gegenüber Gesellschaftern** 12 **und** jedem einen Gesellschafter nach § 39 Abs. 1 Nr. 5 **gleichgestellten Dritten,** deren Finanzierungsleistungen denjenigen von Gesellschaftern wirtschaftlich entsprechen (vgl. → § 39 Rn. 46 ff. zu dem insofern unklaren Wortlaut des § 39 Abs. 1 Nr. 5). Über den maßgeblichen Zeitpunkt vgl. → § 39 Rn. 38. Das von einem vormaligen Gesellschafter gegebene Darlehen bleibt bis zum Ablauf der in § 135 geregelten Fristen verstrickt (so iE BGH NJW 2012, 682 = ZIP 2012, 86). **Nur ex lege nach § 39 Abs. 1 Nr. 5 erfasste Forderungen** sind erfasst, nicht auch Forderungen Dritter, die nur durch Rangrücktritt den Regeln des § 39 unterstellt worden sind (*Bitter* ZIP 2013, 2 ff. gegen *Bork* ZIP 2012, 2277 ff.; vgl. auch → § 39 Rn. 23). Die **Einbeziehung Dritter** als gesellschaftsgleicher Kreditgeber folgt den gleichen Regeln wie bei der Anwendung des § 39 Abs. 1 Nr. 5 (aM *Thole* ZHR 176 (2012), 513 [536 ff.]). Ausnahmen gelten nach Abs. 4 durch Verweisung auf das **Kleinbeteiligungsprivileg** (§ 39 Abs. 5) und das **Sanierungsprivileg** (§ 39 Abs. 4 S. 2). Wegen dieser Tatbestände ist auf → § 39 Rn. 41 ff., 44 f. zu verweisen (dort auch zur rechtspolitischen Einschätzung). Im Fall der **Forderungsabtretung an einen Nichtgesellschafter** wirken die §§ 39, 135 nach dem Grundgedanken der §§ 404, 412 BGB auch gegen den Zessionar (Braun/*de Bra* Rn. 10; vgl. bereits zum alten Recht Scholz/*Karsten Schmidt* GmbHG, 10. Aufl., §§ 32a, b Rn. 153). Der Gesellschafter wird nach BGH BB 2013, 1103 mAnm *Wilhelm* = NJW 2013, 2282 = ZIP 2013, 582 aber nicht frei (dazu eing. *Preuß* ZIP 2013, 1145; krit. *Pentz* GmbHR 2013, 393; *Greven* BB 2014, 2309; *Schniepp/Hensel* BB 2015, 777 [780]). Soweit der Zessionar nicht einem Gesellschafter nach §§ 39 Abs. 1 Nr. 5 gleichgestellt werden kann, entfällt die Verstrickung der abgetretenen Forderung nach dem Grundgedanken des Absatz 1 nach Ablauf eines Jahres (so zB Braun/*de Bra* Rn. 10; sa *Preuß* ZIP 2013, 1145 [1152]). Aus dem Urteil BGHZ 198, 64 Rn. 20 = NJW 2013, 3035 = ZIP 2013, 1579 mAnm *Bitter* ist nicht zu folgern, dass die Anfechtung auch hier zehn Jahre zurückreichen kann (*Schniepp/Hensel* BB 2015, 777 [780]). Der **Rangrücktritt eines Dritten** mit seiner Kreditforderung lässt eine gleichwohl erfolgende Rückzahlung an ihn nach hM nicht unter § 135 Abs. 1 fallen (vgl. nur Uhlenbruck/*Hirte* Rn. 8 mwN; so hier auch die 18. Aufl.). Aber begründet nach BGHZ 204, 331 = NJW 2015, 1672 = ZIP 2015, 638 mAnm *Bitter/Heim* Rückzahlungsansprüche nach § 812 BGB und § 134 InsO (zust. *Bork* EWiR 2015, 219). Das beruht auf der Annahme, der Rangrücktritt begründe einen zwingenden Gläubigerschutz. Dem ist nicht zu folgen (→ § 39 Rn. 22, 24; eingehend *Karsten Schmidt* ZIP 2015, 901 ff.). Den Vorzug verdient eine analoge Anwendung des § 135 (*Karsten Schmidt* ZIP 2015, 901, 910 f.).

13 **c) Art der Finanzierungsleistung.** Die Bestimmung gilt für **Gesellschafterdarlehen** sowie für **darlehensgleiche Finanzierungsleistungen,** also solche die als Finanzierungsbeiträge einem Darlehen wirtschaftlich entsprechen (vgl. § 39 Abs. 1 Nr. 5 und dazu → § 39 Rn. 53). Die Fallvarianten sind hier nicht zu wiederholen (Einzelheiten bei → § 39 Rn. 51 ff.). Auch die **Besicherung einer Drittforderung** durch einen Gesellschafter oder eine einem Gesellschafter gleichgestellte nahestehende Person (Absatz 2 und dazu → Rn. 23 ff.) ist im Kern nichts anderes als eine einem Gesellschafterdarlehen gleichzuachtende Rechtshandlung (vgl. → Rn. 23; → § 44a Rn. 7). Darauf, ob das Darlehen oder die einem Darlehen gleichzuachtende Finanzierungsleistung in der Krise gegeben oder fortgesetzt wurde, kommt es seit dem MoMiG von 2008 nicht mehr an (vgl. → Rn. 1; → § 39 Rn. 31).

14 **d) Übergangsrecht.** In zeitlicher Hinsicht ist das Übergangsrecht des **Art. 103d EGInsO** zu beachten (dazu → Rn. 3 ff. sowie → § 39 Rn. 30). Stichtag für die Anwendung des § 135 in der gegenwärtigen Fassung ist der 1.11.2008. Für Altfälle (Verfahrenseröffnung oder Rechtshandlung vor dem Stichtag) ist nicht nur die alte Fassung des § 135, sondern die vormalige Rspr. über eigenkapitalersetzende Gesellschafterleistungen (→ § 39 Rn. 26) anzuwenden (→ Rn. 5 f. sowie → § 39 Rn. 30). Die alte Fassung des § 135 nach dem Stand bis 2008 findet sich ergänzend dargestellt bei HambK-InsO/*Schröder* Rn. 98 ff. sowie ausschließlich bei Jaeger/*Henckel*.

15 **2. Anwendung allgemeiner anfechtungsrechtlicher Regeln.** Als Anfechtungstatbestand verlangt Absatz 1 bzw. Absatz 2 eine **Gläubigerbenachteiligung** (dazu → § 129 Rn. 45 ff.). Anwendbar sind außerdem: §§ 139–141, §§ 143–146. Die die Anfechtbarkeit begründende **Rechtshandlung** muss nicht eine solche des Gesellschafters oder sonstigen Anfechtungsgegners gewesen sein. Es genügt zB auch ein Akt der **Zwangsvollstreckung** (Jaeger/*Henckel* Rn. 10, 11). Auf der **Rechtsfolgenseite** ist zu bedenken, dass die Rückführung einer anfechtbaren Rückzahlung in die Masse zur Wiederherstellung der nachrangigen Forderung nach § 39 Abs. 1 Nr. 5 führt.

III. Die anfechtbaren Rechtshandlungen

16 **1. Anfechtbare Besicherung (Absatz 1 Nr. 1). a) Anwendungsbereich.** Der Begriff der **Sicherung** entspricht dem bei §§ 130, 131 (Uhlenbruck/*Hirte* Rn. 13). Der Anfechtungstatbestand des Absatz 1 Nr. 1 betrifft nur Sicherungsgeschäfte, die das Gesellschaftsvermögen belasten. Sicherungsgeschäfte in diesem Sinne sind im wesentlichen Mobilar- und Immobilarsicherheiten (Beispiele bei Kummer/Schäfer/Wagner/*Schäfer* Rn. H 70) unter Einschluss der Sicherungsabtretung (BGHZ 198, 64 = NJW 2013, 3035 = ZIP 2013, 1579 mAnm *Bitter*). Erfasst ist auch die Besicherung einer dem Gesellschafter zustehenden Regressforderung (BGH ZIP 1990, 95 [96]; Jaeger/*Henckel* Rn. 10; Uhlenbruck/*Hirte* Rn. 13). **Abzulehnen** ist eine **Beschränkung des Tatbestands auf nachträgliche Besicherung,** also eine Privilegierung anfänglicher Besicherungen (dafür aber *Mylich* ZHR 136 (2012), 547 [569]). Insbes. ist nicht aus § 142 zu schließen, dass eine anfängliche Besicherung bei Kreditaufnahme im Zeitraum von Nr. 1 unanfechtbar wäre (**aM** *Bitter* ZIP 2013, 1497 [1505 ff.]; gegen ihn *Altmeppen* ZIP 2013, 1745 [1749 ff.]).

b) Rechtshandlung. Maßgebliche Rechtshandlung ist die Besicherung der 17
Forderung, nicht die Verwertung der Sicherheit (HK-InsO/*Kleindiek* Rn. 7; Kübler/Prütting/Bork/*Preuß* Rn. 19). Das schließt aber nicht aus, dass die Befriedigung aus anfechtbar bestellten Kreditsicherheiten ihrerseits anfechtbar ist (→ Rn. 20). Für den **Lauf der Zehnjahresfrist** nach Absatz 1 Nr. 1 kommt es bei mehraktigen Rechtshandlungen, zB einer Grundstücksbelastung (BGHZ 41, 17 [19]) antizipierten Sicherungszession oder Sicherungsübereignung, auf den Zeitpunkt an, in dem die Besicherung wirksam wird (→ § 140 Rn. 11; vgl. auch HK-InsO/*Kleindiek* Rn. 6; Uhlenbruck/*Hirte* Rn. 13).

c) Anfechtungsanspruch (§ 143). Der Anspruch geht in diesem Fall auf 18
Nichtausübung und Rückgewähr des Sicherungsrechts (BGHZ 198, 64 [74] = NJW 2013, 3035 = ZIP 2013, 1573 sagt: „Freigabe"). Ob es des Anfechtungsurteils hierfür überhaupt bedarf, wurde für das frühere Kapitalersatzrecht (dazu → § 39 Rn. 26 f.) mit Recht bezweifelt (vgl. BGHZ 133, 298 [305 f.] = ZIP 1996, 1829 [1831]; Jaeger/*Henckel* Rn. 10). Das gilt aber nicht mehr für die dem gesellschaftsrechtlichen Rückzahlungsverbot durch § 30 Abs. 1 S. 2 GmbHG entzogenen Gesellschafterkredite neuen Rechts (zutr. insoweit *Mylich* ZHR 176 (2012), 547 [563]; sehr str., vgl. umfassend Scholz/*Bitter* GmbHG Anh. § 64 Rn. 143 ff.). Richtig ist allerdings, dass bei akzessorischen Sicherheiten am Gesellschaftsvermögen die Nachrangigkeit der gesicherten Forderung nach § 39 Abs. 1 Nr. 5 eingewendet werden kann (Kummer/Schäfer/Wagner/*Schäfer* Rn. H 72). Das gilt sinngemäß auch für nur quasi akzessorische Sicherungsrechte wie die Grundschuld. Häufig wird deshalb die Geltendmachung der Anfechtungseinrede gegenüber der Kreditsicherheit genügen.

2. Anfechtbare Befriedigung (Absatz 1 Nr. 2). a) Verbindlichkeit nach 19
§ 39 Abs. 1 Nr. 5. Erfasst sind **nur unter § 39 Abs. 1 Nr. 5 fallende Verbindlichkeiten** (→ Rn. 12), nach hM allerdings unter **Einschluss der Zinsen** (vgl. § 39 Abs. 3; BGH NJW 1996, 1341 [1343]; OLG Düsseldorf ZIP 2015, 187; HK-InsO/*Kleindiek* Rn. 8; Uhlenbruck/*Hirte* Rn. 11; aber zweifelhaft; vgl. Scholz/*Bitter* GmbHG Anh. § 64 Rn. 129). Grds. **nicht** erfasst sind **Nutzungsentgelte** (→ Rn. 31; → § 39 Rn. 53; BGHZ 204, 83 = NJW 2015, 1109 [1116] = ZIP 2015, 589 [593]; HambK-InsO/*J.-S. Schröder* Rn. 22, 54; HK-InsO/*Kleindiek* Rn. 10, 29 f.; Scholz/*Bitter* GmbHG Anh. § 64 Rn. 350; näher *Scholz/Karsten Schmidt* GmbHG, 10. Aufl., Nachtrag MoMiG §§ 32a/b aF Rn. 68; *Bitter* ZIP 2010, 1 [5 ff.]; *Gehrlein* BB 2011, 3 [8 ff.]; *Karsten Schmidt* DB 2008, 1732 ff.; *ders.* NJW 2015, 1057 [1058]; vgl. auch zu § 39 Abs. 1 Nr. 5 OLG Schleswig ZIP 2012, 885; **aM** LG Kiel DStR 2011, 1283 [1284]; Andres/Leithaus/*Leithaus* Rn. 17; Braun/*de Bra* Rn. 27 f.; *Büscher* FS Hüffer, 2010, 81 [91 f.]; *Haas* FS Ganter, 2010, 189 [192 ff.]; *Marotzke* JZ 2010, 592 [596 ff.]; mwN). Die Gegenansicht sucht Abhilfe bei § 142 (Andres/Leithaus/*Leithaus* Rn. 17; Braun/*de Bra* Rn. 27). Richtigerweise gilt Abs. 1 Nr. 2 vor dem Hintrgrund des Abs. 2 nur für kreditierte stehengebliebene Nutzungsentgelte (→ Rn. 48; BGH NJW 2015, 1109 [1116] = ZIP 2015, 589; HK-InsO/*Kleindiek* Rn. 29; *Karsten Schmidt* NJW 2015, 1057 [1058]). **Keine** unter § 39 Abs. 1 Nr. 5 fallende **Gesellschafterforderung** entsteht durch ein bloßes **Darlehensversprechen.** Seine Kündigung in der Krise fällt nicht unter Absatz 1 Nr. 2 (Nerlich/Römermann/*Nerlich* Rn. 39). Auch ein sog **Finanzplankredit** (vgl. die Angaben bei BGHZ 187, 69 [79] = NJW 2010, 3442 [3444 f.]) macht die bloße Aufhebung der Kreditzusage nicht zu einer anfechtbaren Rückzahlung (**aM** OLG München ZInsO 2004, 1040; Uhlenbruck/*Hirte* Rn. 11).

b) Befriedigung. Hierunter fällt die Erfüllung (§ 362 BGB) sowie jedes Er- 20
füllungssurrogat (vgl. nur Uhlenbruck/*Hirte* Rn. 11). Auch die Befriedigung

durch Zwangsvollstreckung ist erfasst (Jaeger/*Henckel* Rn. 11). Dass sich die Gesellschaft im Zeitpunkt der Befriedigung in einer Krise befand, ist, anders als nach früherem Kapitalersatzrecht, nicht zu verlangen (BGH NZI 2015, 657 = ZIP 2015, 1130). Die **Befriedigung aus einer Sicherheit** ist nur anfechtbar, wenn die Besicherung ihrerseits anfechtbar ist (BGHZ 198, 64 Rn. 14 = NJW 2013, 3035 = ZIP 2013, 1579 mAnm *Bitter*). War die Sicherung aber nach Absatz 1 Nr. 1 anfechtbar, so schützt die Jahresfrist nach BGHZ 198, 64 = NJW 2013, 3035 = ZIP 2013, 1579 mAnm *Bitter* nicht; vielmehr greift die Anfechtung mangels einer Sperrwirkung des Befriedigungstatbestands auch dann durch, wenn die Verwertung länger als ein Jahr vor der Antragstellung erfolgte (so namentlich MüKoInsO/*Gehrlein* Rn. 15; *Commandeur/Utsch* NZG 2014, 570; *Plathner/Luttmann* ZInsO 2013, 1630; referierend Kummer/Schäfer/Wagner/*Schäfer* Rn. H 74b ff.; HambK-InsO/*Schröder* Rn. 29; Uhlenbruck/*Hirte* Rn. 13; **aM** HK-InsO/*Kleindiek* Rn. 17 ff.; *Altmeppen* ZIP 2013, 1745 [1746]; *Bitter* ZIP 2013, 1583 [1584]).

21 **c) Revolvierende Kredite.** Schwierig zu behandeln sind revolvierende Kredite. Bei einem **Kontokorrentkredit** sind nicht die einzelnen Bewegungen, sondern die Salden maßgeblich (BGH NZI 2014, 309 = ZIP 2014, 476; Nerlich/Römermann/*Nerlich* Rn. 20; HK-InsO/*Kleindiek* Rn. 40; ausf. *Bitter* FS Lwowski, 2014, 223 ff.). Dies gilt bspw. für die laufende Vorfinanzierung wiederkehrender Verbindlichkeiten wie die Abführung von Sozialversicherungsbeiträgen durch einen Gesellschafter (BGH GmbHR 2013, 464 = ZIP 2013, 734). Auch ein **revolvierender Warenkredit** muss wie ein Kontokorrent behandelt werden (HK-InsO/*Kleindiek* Rn. 40). Die Rechtslage beim **Cash Pooling** ist umstr. (HambK-InsO/*Schröder* Rn. 33a; HK-InsO/*Kleindiek* Rn. 35 ff.; Nerlich/Römermann/*Nerlich* Rn. 45; *Zahrte* NZI 2010, 596 ff.). Hier ist in erster Linie zu fragen, inwieweit überhaupt eine Kreditgewährung vorliegt oder die Forderungen im Cash Pool wie Buchgeld der „Kontoinhaber" zu behandeln sind. Jedenfalls können auch Bewegungen im Cash Pool nur saldiert betrachtet und nicht als Einzelbewegungen addiert werden (HK-InsO/*Kleindiek* Rn. 39). Eine allgemeine Saldierung sämtlicher in der Frist des Abs. 1 erfolgten Zahlungen entspricht dagegen nicht der Bestimmung (OLG München BeckRS 2014, 02754).

22 **d) Jahresfrist.** Die Jahresfrist nach Absatz 1 Nr. 2 bestimmt sich nach der Vornahme der Rechtshandlung (vgl. dazu sinngemäß → § 140 Rn. 2 ff.). Für getrennte Erfüllungshandlungen läuft die Frist getrennt. Bei mehraktigen Erfüllungsvorgängen kommt es auf die letzte Erfüllungshandlung an (→ § 140 Rn. 5). Auf die Befriedigung aus einer ihrerseits nach Absatz 1 Nr. 1 anfechtbaren Sicherheit wendet der BGH die Zehnjahresfrist an (→ Rn. 20). Die Jahresfrist schützt also nur bei Befriedigung aus dem sonstigen Gesellschaftsvermögen, insbes. aus der Gesellschaftsliquidität (*Karsten Schmidt* JFSt 2014/15, 387; abl. HK-InsO/*Kleindiek* Rn. 17; *Bitter* ZIP 2013, 1583 [1584]).

23 **3. Anfechtbare Befreiung von einer Sicherheit (Absatz 2). a) § 44a.** Der **Tatbestand des § 44a** (Besicherung eines Drittdarlehens durch einen Gesellschafter oder einen gesellschaftergleichen Dritten) ist nur eine gesetzlich typisierte Variante einer Rechtshandlung, die einem Gesellschafterdarlehen iSv § 39 Abs. 5 wirtschaftlich entspricht (→ § 44a Rn. 47). Die gegen den dritten Kreditgeber gerichtete Rechtsfolge des § 44a macht diesen Dritten nicht zum Adressaten des Rechts der Gesellschafterdarlehen, sondern bezieht diesen nur in die insolvenzrechtliche Abwicklung des Drittkredits auch mit dem Sicherungsgeber ein (→ § 44a Rn. 4). Wegen der **Voraussetzungen** im Einzelnen vgl. Erl. § 44a. Das **Zusammenfallen von Gesellschafter- und Sicherungsgebereigenschaft** muss kein anfängliches sein, muss vielmehr nur **im Zeitpunkt der anfechtbaren**

Rechtshandlung vorliegen (BGHZ 200, 211 = NJW 2014, 1737 = NZI 2014, 321 = ZIP 2014, 584).

b) Normzweck. Der **Normzweck des Absatz 2** zeigt die sich gegen den Gesellschafter als Quasi-Kreditgeber richtende Behandlung der Gesellschaftersicherheit als Quasi-Kredit iRd § 39 Abs. 1 Nr. 5: Die kreditermöglichende Sicherheit ist ein Beitrag des Gesellschafters zur Fremdfinanzierung der Gesellschaft. Die Befreiung des Sicherungsgebers (Gesellschafters) von dieser Sicherungsleistung auf Kosten des Gesellschaftsvermögens wird wie die Rückführung eines der Gesellschaft gegebenen Quasi-Kredits an den **Gesellschafter als Quasi-Kreditgeber** behandelt (zust. BGHZ 200, 210 Rn. 18 = NJW 2014, 1737 = NZI 2014, 321 = ZIP 2014, 584). 24

c) Tatbestand des Absatz 2. Anfechtbar ist nach Absatz 2 eine Befriedigung des Gläubigers, wenn die zu dieser Befriedigung führende Rechtshandlung im letzten Jahr vor dem Antrag auf Eröffnung des Insolvenzverfahrens oder nach diesem Antrag vorgenommen worden ist. Die **Formulierung des Gesetzes** ist unsachgemäß, denn nicht die befreiende Leistung an den Gläubiger als solche unterliegt der Anfechtung, sondern die hiermit verbundene Befreiung des Gesellschafters als Sicherungsgeber (*Karsten Schmidt* BB 2008, 1966 [1970]; zust. *Altmeppen* NJW 2008, 3601 [3607]). Die **Befriedigung** auf Kosten des Gesellschaftsvermögens kann durch Erfüllung (§ 362 BGB), durch Erfüllungssurrogate, durch Sicherungsverwertung oder durch Vollstreckung erfolgt sein (HK-InsO/*Kleindiek* Rn. 44; MüKoInsO/*Gehrlein* Rn. 16; Uhlenbruck/*Hirte* Rn. 17). Entscheidend ist nur, dass sie auf Kosten des Gesellschaftsvermögens erfolgt. Bspw. kann die Rückführung eines Kontokorrentkredits (→ Rn. 21), auch durch Widerruf von Einzugs- und Abbuchungsermächtigungen, eine den kreditsichernden Gesellschafter befreiende Gläubigerbefriedigung sein (BGHZ 200, 211 = NJW 2014, 1737 = GmbHR 2014, 417 = ZIP 2014, 584). Auch die Wiedereinzahlung eines Gesellschafterdarlehens auf ein vom Gesellschafter besichertes Bankkonto beseitigt zwar den Anfechtungsanspruch nach Abs. 1, lässt aber einen Anfechtungsanspruch nach Absatz 2 an seine Stelle treten (BGHZ 198, 77 = NJW 2013, 3031 = ZIP 2013, 1629). Bei **Doppelbesicherung** am Gesellschaftsvermögen und durch den Gesellschafter (→ § 44a Rn. 10) kann die Verwertung der Sicherheit im Gesellschaftsvermögen, soweit sie den Gesellschafter entlastet, eine unter Absatz 2 fallende Befriedigung sein (BGH NJW 1988, 824 = ZIP 1987, 1541; Uhlenbruck/*Hirte* Rn. 17). Das gilt auch, wenn die Befriedigung des Gläubigers aus der Gesellschaftersicherheit erst im Insolvenzverfahren erfolgt (BGH ZIP 2011, 2417 = NZI 2012, 19; Kummer/Schäfer/Wagner/*Schäfer* Rn. H 87). Erlass der Gesellschaftsschuld steht nicht gleich. Verzicht des Gläubigers auf die Gesellschaftersicherheit steht gleich (OLG Stuttgart ZIP 2012, 834) und löst den Anfechtungsanspruch aus, wenn dieser Verzicht innerhalb eines Jahres vor dem Eröffnungsantrag oder nach diesem Antrag stattfand (ebd.). 25

d) § 143 Abs. 3 S. 1. Rechtsfolge der Insolvenzanfechtung ist eine Erstattungspflicht des befreiten Gesellschafters (§ 143 Abs. 3 InsO). Er und nicht der befriedigte Gläubiger ist Anfechtungsgegner (ggf. also Beklagter im Anfechtungsprozess). Der Anfechtungsanspruch geht auf Erstattung des durch die Befreiung ersparten Betrags (näher → § 143 Rn. 32). Kann der Gesellschafter weiterhin aus der Sicherheit in Anspruch genommen werden, weil die Gesellschaft den Kredit nur teilw. zurückgeführt hat, darf die Summe aus dem Anfechtungsanspruch und der fortbestehenden Belastung des Gesellschafters den Höchstbetrag der von ihm übernommenen Sicherheit nicht übersteigen (BGHZ 198, 77 = NZI 2013, 804 = ZIP 2013, 1639). 26

27 **e) § 143 Abs. 3 S. 2 und 3.** Die **Höchstgrenze des Erstattungsanspruchs** ergibt sich aus **§ 143 Abs. 3 S. 2** (dazu → § 143 Rn. 33): Die Abwendung der Erstattungspflicht durch Ersetzungsbefugnis (dazu → § 143 Rn. 34) ist in **§ 143 Abs. 3 S. 3** enthalten. Bei Realsicherheiten wird der Gesellschafter von der Erstattungspflicht frei, wenn er den Sicherungsgegenstand zur Verfügung stellt.

28 **f) Gläubigeranfechtung.** Für die **Gläubigeranfechtung** außerhalb des Insolvenzverfahrens **nach § 6a und § 11 Abs. 3 AnfG** gilt Entsprechendes.

IV. Das Recht der Nutzungsüberlassung

29 **1. Altes und neues Recht. a) Altfälle.** Das **bis 2008** praktizierte Recht der eigenkapitalersetzenden Nutzungsüberlassung (→ Rn. 20) war **reines Rechtsprechungsrecht.** Dieses müsste nach dem Übergangsrecht (→ Rn. 3 ff.) für **Altfälle** nicht zwingend weiterpraktiziert werden, denn es gab schon vor dem MoMiG Gründe, diese Rspr. aufzugeben (Scholz/*Karsten Schmidt* GmbHG, 10. Aufl., §§ 32a, b Rn. 135, Nachtrag MoMiG §§ 32a, b Rn. 60, 64, 66; *Karsten Schmidt* ZIP 1990, 69 ff.). Nach den bei → Rn. 5 f. dargestellten Grundsätzen werden die bisherigen Rechtsprechungsregeln jedoch trotz der gegen sie zu erhebenden Bedenken für **Altfälle** weiter für anwendbar gehalten (BGH ZIP 2013, 1718; HK-InsO/*Kleindiek* Rn. 23).

30 **b) Rechtsprechungsrecht vor dem MoMiG.** Die Rspr. zur Nutzungsüberlassung vor dem MoMiG betraf die **vertragliche Überlassung von Nutzungsrechten, insbes. aufgrund Mietvertrags, Pachtvertrags und Lizenzvertrags** (auch die Leihe würde als unentgeltliche Überlassung dazugehören). Leitentscheidungen waren die Lagergrundstücksfälle BGHZ 109, 55 = NJW 1990, 516; BGHZ 121, 31 = NJW 1993, 392; BGHZ 127, 1 = NJW 1994, 2760; BGHZ 140, 147 = NJW 1999, 577 (ausf. BGH ZIP 2013, 1718). Die **Kernregeln dieser unter dem alten Kapitalersatzrecht ergangenen Rspr.** lauteten (Karsten Schmidt/Uhlenbruck/*Karsten Schmidt* Rn. 2.61 ff.): Die Nutzungsüberlassung ist eine iSv § 32a Abs. 3 S. 1 GmbHG aF einem Darlehen wirtschaftlich entsprechende Rechtshandlung. Gegenstand der eigenkapitalersetzenden Leistung ist das Nutzungsrecht. Das **Nutzungsentgelt** (Mietzins, Pachtzins, Lizenzgebühr) entspricht dem Kreditzins. **Eigenkapitalersetzenden Charakter** hat die Nutzungsüberlassung, wenn die Gesellschaft bei der Vereinbarung oder Fortsetzung des Nutzungsverhältnisses kreditunwürdig oder „überlassungsunwürdig" war. Die **analoge Anwendung der §§ 30, 31 GmbHG** (→ Rn. 3) führt im Fall der Nutzungsüberlassung dazu, dass aus den zur Erhaltung des Stammkapitals erforderlichen Vermögen kein Nutzungsentgelt, also kein Mietzins, kein Pachtzins bzw. keine Lizenzgebühr bezahlt werden darf. Verbotene Zahlungen müssen **analog § 31 GmbHG** (resp. § 62 AktG) zur Masse zurückerstattet werden; daneben kann ein Anfechtungsanspruch gem. § 135 bestehen. Der **Insolvenzverwalter** ist berechtigt, den Nutzungsgegenstand für die vertragsmäßige bzw. angemessene Dauer zugunsten der Masse unentgeltlich zu nutzen bzw. einem Dritten zur Nutzung zu überlassen. **Grundpfandrechte Dritter** haben allerdings Vorrang, ebenso die Absonderungsrechte Dritter im Fall einer Insolvenz des Gesellschafters. Spätestens mit Ablauf des der Insolvenzeröffnung über das Vermögen des Gesellschafters folgenden Monats endet die Verpflichtung des Gesellschafters zur unentgeltlichen Überlassung. Soweit der BGH und die **vor dem MoMiG hA.** Die hiergegen schon damals vom Verf. erhobenen **Bedenken** (Kilger/*Karsten Schmidt,* 17. Aufl. 1997, § 32a KO Anm.; Karsten Schmidt/Uhlenbruck/*Karsten Schmidt* Rn. 2.63; *ders.* ZIP 1990, 69 ff.; zuletzt *ders.* FS Wellensiek, 2011, 551 [552]) sollen hier nicht wiederholt werden.

c) Paradigmenwechsel durch MoMiG. Das am 1.11.2008 in Kraft getretene **MoMiG** hat der geschilderten Rspr. den Boden entzogen. **Absatz 3** stellt eine **Absage an die vorausgegangene Gerichtspraxis zur Nutzungsüberlassung als einer kreditgleichen Rechtshandlung** dar (BGHZ 204, 83 = NJW 2015, 1109 = ZIP 2015, 589; OLG Schleswig NZI 2012, 622; *Schröder* Rn. 174; Goette/Habersack/*Habersack* Rn. 5.38 ff.; HambK-InsO/*Schröder* Rn. 52 ff.; *Karsten Schmidt* DB 2008, 1727 [1732]; *ders.* NJW 2015, 1057; *Altmeppen* NJW 2008, 3601 [3607]; *Dahl/Schmitz* NZG 2009, 325 [328]; **aM** *Büscher* FS Hüffer, 2010, 81 [87 ff.]; *Marotzke* ZInsO 2008, 1281 [1284]; *Hölzle* ZIP 2009, 1939 [1945]). Im **Gesetzgebungsverfahren** war zunächst streitig, ob die Nutzungsüberlassung weiterhin als eine darlehensähnliche Leistung dem Recht der Gesellschafterdarlehen unterstellt bleiben werde (Belege bei Scholz/*Karsten Schmidt,* GmbHG Nachtrag MoMiG zu §§ 32a, b GmbHG Rn. 67). Absatz 3 wurde durch die Beschlüsse des Rechtsausschusses nachträglich in das Gesetzgebungsverfahren eingebracht. Die Ansiedelung innerhalb des § 135, also bei einer Anfechtungsbestimmung, ist allerdings irreleitend. Mit einer Anfechtung nach §§ 129 ff., 135, 143 hat Absatz 3 nichts zu tun. Es geht also nicht, wie sonst im Bereich der §§ 39 Abs. 1 Nr. 5, 135 InsO um eine haftungsrechtliche Sonderbehandlung von Maßnahmen der Gesellschafter-Fremdfinanzierung. Vielmehr ist **Absatz 3 als aliud gegenüber den §§ 39 Abs. 1 Nr. 5 und 135** zu verstehen. Die von der Rspr. zur Nutzungsüberlassung entwickelten Grundsätze sind damit insgesamt hinfällig (BGHZ 204, 83 = NJW 2015, 1109 = ZIP 2015, 589; dazu *Karsten Schmidt* NJW 2015, 1057; vgl. zu den Grundlagen Scholz/*Karsten Schmidt* GmbHG, 10. Aufl., Nachtrag MoMiG zu §§ 32a, b GmbHG Rn. 68; *ders.* DB 2008, 1727 [1734]). 31

d) Normzweck. Absatz 3 Satz 1 hat nichts mit dem früher von der Rspr. angenommenen Nutzungsrecht des Insolvenzverwalters bei eigenkapitalersetzender Nutzungsüberlassung (→ Rn. 30) und auch nichts mit dem vertraglichen Nutzungsrecht des Verwalters bei fortbestehendem Nutzungs-Rechtsverhältnis (→ Rn. 37) zu tun (OLG Schleswig ZIP 2012, 885; Roth/*Altmeppen* GmbHG Anh. §§ 32a, b Rn. 82; Scholz/*Karsten Schmidt* GmbHG Nachtrag MoMiG §§ 32a, b Rn. 64 ff.; *Karsten Schmidt* DB 2008, 1727 [1732]; *ders.* FS Wellensiek, 2011, 551 ff.; **anders** wohl *Marotzke* ZInsO 2008, 1281 ff.; *Burg/Blasche* GmbHR 2008, 1250; *Hölzle* ZIP 2009, 1939 ff.). Die Bestimmung setzt ein **Aussonderungsrecht** voraus, schließt also den Gedanken einer unentgeltlichen Weiternutzung durch den Insolvenzverwalter (zum vormaligen Rechtsprechungsrecht → Rn. 30) aus (BGHZ 204, 83 = NJW 2015, 1109 = ZIP 2015, 589). Sie gibt dem Verwalter die Option, den Aussonderungsanspruch des Gesellschafters auch dann abzuwehren, wenn ein vertraglicher Anspruch auf Weiternutzung nach §§ 103 ff. nicht besteht. Die Ausübung dieses Optionsrechts begründet ein gesetzliches, entgeltliches Nutzungsverhältnis für die Zeit nach der Insolvenzverfahrenseröffnung (*Karsten Schmidt* DB 2008, 1727 [1732]; zust. *Gehrlein* BB 2011, 3 [11]; sa Kummer/Schäfer/Wagner/*Schäfer* Rn. H 95). 32

e) Zwingendes Recht. Absatz 3 ist zwingend in dem Sinne, dass die Bestimmung nicht mit Wirkung im Insolvenzverfahren durch Vertrag zwischen dem Gesellschafter und der Gesellschaft ausgeschlossen werden kann (Scholz/*Karsten Schmidt* GmbHG, 10. Aufl., Nachtrag MoMiG §§ 32a/b Rn. 69). Insbes. Lösungsklauseln (→ § 119 Rn. 11 ff.) sind, soweit sie das Recht ausschließen, unwirksam (*Marotzke* ZInsO 2008, 1281 [1283]; *Karsten Schmidt* DB 2008, 1727 [1734]). Der Gesellschafter kann also der Vorschrift nicht im Voraus durch eine insolvenzbezogene Lösungsklausel entgehen. Vom Insolvenzantrag an greift für ihn auch die Kündigungssperre des § 112 (ebd.). Dagegen gibt es keinen ausdrücklichen Schutz gegen **verzugsbezogene Lösungsklauseln vor der Insol-** 33

venz und erst recht nicht gegen einvernehmliche Vertragsbeendigungen vor der Verfahrensbeendigung (zur Frage der Anfechtbarkeit vgl. → Rn. 18).

34 **2. Anwendungsbereich des Absatz 3. a) Fehlende persönliche Haftung.** Nach § 39 Abs. 4 S. 1 iVm § 135 Abs. 4 gilt Abs. 3 nur für **Gesellschaften, für deren Verbindlichkeiten keine natürliche Person unbeschränkt haftet** (vgl. sinngemäß näher → § 39 Rn. 34). Rechtspolitisch einleuchtend ist diese Beschränkung nicht. Bei einer Gesellschaft mit unbeschränkt haftenden Gesellschaftern scheinen die Rechtsfolgen des Absatz 3 nicht weniger sinnvoll als im Bereich des § 39 Abs. 4 (Scholz/*Karsten Schmidt* GmbHG, 10. Aufl., Nachtrag MoMiG §§ 32a/b aF Rn. 71). Auch die **Geltung des Kleinbeteiligungsprivilegs und des Sanierungsprivilegs,** in Absatz 4 unmissverständlich angeordnet (vgl. HambK-InsO/*Schröder* Rn. 71 ff.; HK-InsO/*Kleindiek* Rn. 22), leuchtet bezüglich der Weiternutzung betriebsnotwendiger Grundstücke wenig ein.

35 **b) Gebrauchsüberlassung.** Ein **Gegenstand** muss **zum Gebrauch** oder **„zur Ausübung"** überlassen sein. Als **Gegenstand** kommt jedes zur Gebrauchsüberlassung geeignete Wirtschaftsgut in Betracht (zB unbewegliche und bewegliche Sachen, Patente und andere Schutzrechte). Die sprachlich missglückte Formulierung „zum Gebrauch oder zur Ausübung" erklärt sich daraus, dass bei Rechten vielfach nicht von deren „Gebrauch" gesprochen wird. Erfasst sind, wie schon unter der Kapitalersatzrechtsprechung, Miet-, Pacht-, Leasing- und Lizenzverträge, Leihe und ähnliche Überlassungsverträge (Scholz/*Karsten Schmidt* GmbHG, 10. Aufl., Nachtrag MoMiG §§ 32a/b aF Rn. 72). Charakteristisch ist im Gegensatz zum Darlehen, dass nur Gebrauch oder Nutzung zur Verfügung gestellt wird, nicht beliebig verwendbare Liquidität.

36 **c) Gesellschafter und Quasigesellschafter.** Ein **Gesellschafter** muss Vertragspartner der Gesellschaft iRd Überlassungsverhältnisses sein. Dass auch ein **gesellschaftergleicher Dritter** (→ § 39 Rn. 46 ff.) ausreicht, wird in Absatz 3 nicht besonders hervorgehoben ist aber gleichwohl zu bejahen (BGHZ 204, 83 [100] = NJW 2015, 1109 [1113] = ZIP 2015, 589 [594]; *Schröder* Rn. 17; HK-InsO/*Kleindiek* Rn. 30; Scholz/*Bitter* GmbHG Anh. § 64 Rn. 314; Scholz/*Karsten Schmidt* GmbHG, 10. Aufl., Nachtrag MoMiG §§ 32a/b Rn. 73; *ders.* NJW 2015, 1057 [1059]; aA *Spliedt* ZIP 2009, 149 [156]; *Dahl/Schmitz* NZG 2009, 325 [328]). Das Urteil BGHZ 204, 83 [100] = NJW 2015, 1109 [1113] = ZIP 2015, 589 [594] hat dies für konzernverbundene Unternehmen und deren Gesellschafter ausdrücklich bestätigt. Die Ausdehnung ist auch in § 39 Abs. 1 Nr. 5 lediglich implizit enthalten (vgl. → § 39 Rn. 46; BGHZ 188, 163 = NJW 2011, 1503; BGH ZIP 2013, 582; BGHZ 204, 83 [100] = NJW 2015, 1109 [1113] = ZIP 2015, 589 [594]). Es liegt nur ein Formulierungsfehler vor. Zum Kleinbeteiligungs- und Sanierungsprivileg vgl. → Rn. 34.

37 **d) Aussonderungsrecht.** Ein Aussonderungsrecht an dem Nutzungsgegenstand kann darauf beruhen, dass der Gesellschafter Rechtsinhaber (Eigentümer, Patentinhaber usw) ist oder dass dieses Recht einem Dritten zusteht (Scholz/*Karsten Schmidt* GmbHG, 10. Aufl., Nachtrag MoMiG §§ 32a/b aF Rn. 74). Soweit eine **Nutzungsvereinbarung mit dem Insolvenzverwalter** getroffen ist, hat diese **Vorrang vor Absatz 3** (Scholz/*Karsten Schmidt* Nachtrag MoMiG §§ 32a/b Rn. 74; *Karsten Schmidt* DB 2008, 1727 [1733]; zust. HambK-InsO/*Schröder* Rn. 56; **aM** Kummer/Schäfer/Wagner/*Schäfer* Rn. H 93). Dasselbe gilt, soweit und solange ein Miet- oder Pachtverhältnis nach § 108 gegenüber der Masse fortwirkt (BGHZ 204, 83 = NJW 2015, 1109 = ZIP 2015, 589). In der Realität kann Abs. 3 als **Verhandlungsbasis für Neuverhandlungen** dienen (*Karsten Schmidt* FS Wellensiek, 2011, 551 [554 ff.]). Aus dem Vertrag ergibt sich in diesem Fall eine **Masseforderung** aus § 55 Nr. 1.

38 **3. Rechtsfolgen der Insolvenzverfahrenseröffnung für laufende Nutzungsverhältnisse. a) Rechtslage nach §§ 103 ff. aa) Immobiliarüberlassung.** Verträge über die Überlassung von Immobilien werden nach **§§ 108 ff.** fortgesetzt oder beendet (Darstellung im Anschluss an Scholz/*Karsten Schmidt* Nachtrag GmbHG, 10. Aufl., MoMiG §§ 32a/b aF Rn. 75; sa *Karsten Schmidt* DB 2008, 1727 [1733]; *ders.* NJW 2015, 1037 [1059]). Miet- oder Pachtverhältnisse über unbewegliche Sachen oder Räume bestehen nach § 108 trotz Insolvenzverfahrenseröffnung grds. fort, soweit die Immobilie schon der Schuldnerin überlassen ist (§ 109 Abs. 2). Soweit der Vertrag zu erfüllen ist, basiert das Nutzungsrecht des Insolvenzverwalters auf diesem Vertrag, nicht auf § 135 Abs. 3 (BGHZ 204, 83 [103] = NJW 2015, 1109 [1115] = ZIP 2015, 589 [596]). Ungetilgte Entgeltforderungen für die Zeit vor der Eröffnung des Insolvenzverfahrens kann der Vermieter oder Verpächter als Insolvenzgläubiger geltend machen (§ 108 Abs. 2). Nachrangig nach § 39 Abs. 1 Nr. 5 sind offene Zahlungsansprüche nur, wenn der Gesellschafter sie kreditähnlich hatte stehen lassen (→ § 39 Rn. 52). Aus **§ 108 iVm § 55 Abs. 1 Nr. 2** ergibt sich: Vom Eröffnungszeitpunkt an sind alle **Entgeltforderungen** des Gesellschafters **als Masseforderungen** zu erfüllen, sofern nicht das Nutzungsverhältnis beendet wird (BGHZ 204, 83 [105] = NJW 2015, 1109 [1115] = ZIP 2015, 589 [596]). Der Insolvenzverwalter kann iÜ das Rechtsverhältnis unabhängig von der vereinbarten Vertragsdauer mit einer gesetzlichen Kündigungsfrist von drei Monaten kündigen (§ 109 Abs. 1 S. 1). Auch eine fristlose Kündigung kann nicht schon aufgrund der Insolvenzsituation ausgesprochen werden (diesen Fall deckt § 109). Auch dem Gesellschafter als Vermieter, Verpächter, Leasing- oder Lizenzgeber ist ein allein auf die Insolvenz gestütztes Recht zur außerordentlichen Kündigung versagt (§ 112), jedenfalls wenn der Nutzungsgegenstand der Gesellschaft überlassen war (vgl. zu dieser Reduktion der Bestimmung Scholz/*Karsten Schmidt* GmbHG, 10. Aufl., Nachtrag MoMiG §§ 32a/b aF Rn. 75; aber str.; vgl. → § 112 Rn. 7).

39 **bb) Mobilarüberlassung.** Überlassungsverträge über bewegliche Sachen und Rechte unterliegen nicht den Sonderregeln des § 108, sondern der allgemeinen Regel des **§ 103** (vgl. Scholz/*Karsten Schmidt* GmbHG, 10. Aufl., Nachtrag MoMiG §§ 32a/b Rn. 76; *ders.* DB 2008, 1727 [1733]; über Lizenzen vgl. → § 108 Rn. 5). Wählt der Verwalter die Erfüllung, so läuft das Überlassungsverhältnis weiter. Lehnt er die Erfüllung ab, so kann der Vermieter, Verpächter, Leasing- oder Lizenzgeber nur den wegen der Nichterfüllung bestehenden Anspruch als Insolvenzforderung geltend machen (§ 103 Abs. 2 S. 1). Eine Nichterfüllungsentscheidung wirkt nach § 103 auch bei Dauerschuldverhältnissen auf den Eröffnungszeitpunkt zurück. Zwar kann analog § 55 Abs. 2 InsO der Vertragsgegner für in Anspruch genommene Nutzungen Zahlung als Massegläubiger verlangen (so *Rühle* ZIP 2009, 1358 [1362]), aber die Anwendung des § 103 auf Dauerschuldverhältnisse schafft doch Rechtsunsicherheit. Der Verwalter muss sich deshalb auf Aufforderung unverzüglich erklären (§ 103 Abs. 2 S. 2), nach einer analog § 107 Abs. 2 begründeten Ansicht jedenfalls unverzüglich nach dem etwa noch bevorstehenden Berichtstermin (*Karsten Schmidt* DB 2008, 1727 [1733]).

40 **b) Rechtslage nach Absatz 3. aa) Gesetzliches Nutzungsrecht.** Absatz 3 handelt nicht von einer Fortsetzung des Vertrags, sondern von einem durch ein **Optionsrecht des Verwalters** auszulösendes gesetzliches Schuldverhältnis (→ Rn. 41): Der Verwalter ist befugt, Nichterfüllung zu wählen und doch die alsbaldige Aussonderung unter Zahlung eines Ausgleichs abzuwehren, wenn der Nutzungsgegenstand für die Unternehmensführung von erheblicher Bedeutung ist. Ein verbotenes widersprüchliches Verhalten liegt hierin nach der gesetzlichen Wertung nicht (Scholz/*Karsten Schmidt* GmbHG Nachtrag MoMiG §§ 32a/b aF Rn. 77).

41 **bb) Optionsrecht des Verwalters.** Das auf Absatz 3 gestützte Nutzungsrecht ist ein **gesetzliches Nutzungsrecht des Insolvenzverwalters (der Masse),** nicht ein Vertragsverhältnis mit gesetzlichen Kündigungsfristen (vgl. BGHZ 204, 83 = NJW 2015, 1109 = ZIP 2015, 589; zum Folgenden Scholz/*Karsten Schmidt* GmbHG, 10. Aufl., Nachtrag MoMiG §§ 32a, b Rn. 78; vgl. auch *Schröder* Rn. 200). Das Gesetz zwingt den Insolvenzverwalter nicht, die auf ein Jahr begrenzte Nutzungsdauer auszuschöpfen oder sich auch nur bei der Ausübung des Optionsrechts auf eine bestimmte Nutzungsdauer festzulegen. Sofern er nicht im Verhandlungswege ein neues Nutzungsrechtsverhältnis begründet, kann er das gesetzliche Nutzungsverhältnis auch ohne Kündigungserklärung beenden (zust. *Schröder* Rn. 187). Zwar sind Willkürentscheidungen unerlaubt. Unbenommen ist dem Verwalter aber eine Änderung der Fortführungsstrategie, mit der er die vom Gesetz vorausgesetzte Fortführungsrelevanz der Weiternutzung beendet. Allerdings gibt ihm aber die Verpflichtung zur Loyalität gegenüber dem Aussonderungsberechtigten Offenbarungspflichten auf. Er darf, sofern ihm nicht ein wichtiger Grund zur Seite steht, das Nutzungs- und Ausgleichsverhältnis nicht aus heiterem Himmel fristlos beenden (*Karsten Schmidt* DB 2008, 1727 [1734]; zust. Kummer/Schäfer/Wagner/*Schäfer* Rn. H 95).

42 **4. Optionsrechtsausübung durch den Insolvenzverwalter. a) Funktion.** Absatz 3 handelt nicht von einer Fortsetzung des Vertragsverhältnisses, sondern von einer **Ausübung des Nutzungsrechts ohne fortbestehenden Vertrag** (→ Rn. 40 f.; BGHZ 204, 83 [103 ff.] = NJW 2015, 1109 [1114] = ZIP 2015, 589 [595]; *Scholz/Karsten Schmidt* GmbHG Nachtrag MoMiG §§ 32a/b Rn. 79; Karsten Schmidt/Uhlenbruck/*Karsten Schmidt* Rn. 2.108; zust. zB HambK-InsO/*Schröder* Rn. 56; Meinungsstand bei Scholz/*Bitter* GmbHG Anh. § 64 Rn. 348). Die Bestimmung gibt dem Verwalter die Option, das vertragliche Nutzungsverhältnis auch in der Absicht zu kündigen, den Nutzungsgegenstand unter den Bedingungen dieser Bestimmung weiterzunutzen (HK-InsO/*Kleindiek* Rn. 21; *Karsten Schmidt* DB 2008, 1727 [1732 f.]; *Jürg Roth* GmbHR 2008, 1184 [1187]). Mit der Ausübung dieser Option tritt ein **gesetzliches Nutzungsverhältnis** an die Stelle des vereinbarten (BGHZ 204, 83 [103 ff.] = NJW 2015, 1109 [1114] = ZIP 2015, 589 [595]; *Karsten Schmidt* DB 2008, 1727 [1733]; *ders.* NJW 2015, 1057 [1059 f.]). Eine Gegenauffassung steht auf dem Standpunkt, Absatz 3 setze den Insolvenzverwalter auch imstand, das Vertragsverhältnis zu den in Absatz 3 beschriebenen Bedingungen fortzusetzen (Scholz/*Bitter* GmbHG Anh. § 64 Rn. 348 mwN). Der BGH ist dem mit Recht nicht gefolgt. Für diese hier vertretene Auffassung spricht, dass die Fortsetzungsoption der Abwehr eines Aussonderungsrechts dient.

43 **b) Voraussetzung.** Missverständlich ist die Voraussetzung, dass der Gegenstand **für die Fortführung des Unternehmens** des Schuldners **von erheblicher Bedeutung** ist (vgl. zum Folgenden Scholz/*Karsten Schmidt* GmbHG, 10. Aufl., Nachtrag MoMiG §§ 32a/b Rn. 80). Ein **Unternehmen** liegt zwar typischerweise vor, muss aber nicht in jedem Anwendungsfall des Absatz 3 vorliegen. Das spricht für ein weites Verständnis. Was „Gegenstand des Unternehmens" iSv § 23 Abs. 3 Nr. 2 AktG bzw. § 3 Abs. 1 Nr. 2 GmbHG sein kann, kann auch „Unternehmen" iSv Absatz 3 Satz 1 sein (vgl. ebd.). Auch der Begriff **Fortführung** ist nicht eng iSd Bestandserhaltung und Sanierung eines Unternehmens zu verstehen. Es genügt, dass die Fortführung während der in Absatz 3 Satz 1 relevanten Zeit dem Insolvenzverfahrenszweck dient. Betriebsstilllegung hindert dagegen die Anwendung (BGHZ 204, 83 [106] = NJW 2015, 1109 [1115] = ZIP 2015, 589 [596]). Die **erhebliche Bedeutung** bezieht sich auf den Gegenstand des Nutzungsrechts. Es genügt also nicht, dass die Unternehmensfortführung als solche für die Insolvenzabwicklung oder Sanierung bedeutsam ist, sondern die Nutzung

gerade dieses Gegenstands muss hierfür bedeutsam sein (vgl. ebd.). Verlangt wird eine **erhebliche Bedeutung.** Nach hM entspricht das Merkmal „von erheblicher Bedeutung" den Voraussetzungen des § 21 Abs. 2 Nr. 5 (HK-InsO/*Kleindiek* Rn. 28; diff. Scholz/*Bitter* GmbHG Anh. § 64 Rn. 335 ff.). „Unentbehrlichkeit" ist nicht erforderlich, bloße „Nützlichkeit" genügt nicht (Scholz/*Karsten Schmidt* GmbHG Nachtrag MoMiG §§ 32a/b aF Rn. 80). Erforderlich, aber auch ausreichend ist eine nicht unerhebliche Beeinträchtigung der Unternehmensfortführung durch Entzug des Nutzungsgegenstands (HambK-InsO/*Schröder* Rn. 64; *G. Fischer* FS Wellensiek, 2011, 443 [446]).

c) Ausübung. Die **Ausübung des Optionsrechts** ist nicht geregelt. Nach dem Gesetzeswortlaut scheint die Rechtsfolge des Absatz 3 Satz 1 automatisch einzutreten, wenn der Gegenstand für die Fortführung des Unternehmens des Schuldners von erheblicher Bedeutung ist. Jedoch wirkt § 135 Abs. 3 S. 1 InsO als ein **Optionsrecht des Insolvenzverwalters** (vgl. → Rn. 41). Ohne oder gegen seinen Willen greifen die Rechtsfolgen des § 135 Abs. 3 InsO nicht ein (Scholz/*Karsten Schmidt* GmbHG Nachtrag MoMiG §§ 32a/b aF Rn. 81; *Karsten Schmidt* DB 2008, 1727 [1733 f.]). Zweckmäßig sollte dies schriftlich erklärt, mindestens aber in einer Protokollnotiz festgehalten werden. Lässt sich der Gesellschafter auf die Nutzungsregelung ein, so kann daraus ein Vertragsverhältnis entstehen. Dies hat Vorrang vor der gesetzlichen Regelung des Absatz 3 (→ Rn. 37). 44

d) Verwalterpflichten. Es gibt **keine ausdrücklich angeordnete Erklärungspflicht des Insolvenzverwalters.** Aber der Sachzusammenhang mit §§ 103 ff. InsO legt eine analoge Anwendung des § 103 Abs. 1 S. 2 und 3 nahe, wonach der Verwalter auf Aufforderung des Gesellschafters unverzüglich erklären muss, ob er das Recht ausüben will (Scholz/*Karsten Schmidt* GmbHG Nachtrag MoMiG §§ 32a/b aF Rn. 82; *Karsten Schmidt* DB 2008, 1727 [1733 f.]; nur bei nicht fortbestehendem Nutzungsverhältnis ebenso Scholz/*Bitter* GmbHG Anh. § 64 Rn. 349). Unverzüglich bedeutet im Fall des § 135 Abs. 3 InsO nicht ohne weiteres alsbald nach der Verfahrenseröffnung. Unzumutbares Zögern kann aber zur Verwirkung des Optionsrechts führen. 45

e) Belastetes Grundstück. Handelt es sich um ein **als Sicherheit für Gesellschafterverbindlichkeiten belastetes Grundstück,** so haben die Grundpfandrechte Vorrang vor dem Nutzungsrecht gem. Absatz 3 (vgl. Kummer/Schäfer/Wagner/*Schäfer* Rn. H 101 im Anschluss an Uhlenbruck/*Hirte* Rn. 22; vgl. auch zum vormaligen Rechtsprechungsrecht BGHZ 140, 147 = NJW 1999, 577; differenzierend Scholz/*Bitter* GmbHG Anh. § 63 Rn. 352 ff.). Das kann dazu führen, dass der Insolvenzverwalter im Verfahren der Zwangsverwaltung Miet- oder Pachtzinsen zahlen muss (Uhlenbruck/*Hirte* Rn. 22). 46

5. Das gesetzliche Nutzungsentgelt. Das Nutzungsentgelt ergibt sich, wenn keine Nutzungsvereinbarung getroffen wird (→ Rn. 37) aus **Absatz 3 Satz 2.** Dieser Anspruch errechnet sich nach dem Gesetzeswortlaut aus dem Durchschnitt der im letzten Jahr „vor Verfahrenseröffnung" geleisteten Vergütung, doch stellt BGHZ 204, 83 [102 f.] = NJW 2015, 1109 [1114 f.] = ZIP 2015, 589 [595] statt dieses Zeitpunkts mit guten Gründen auf die **Stellung des Eröffnungsantrags** ab. Absatz 3 Satz 2 begründet **Masseforderungen** (HambK-InsO/*Schröder* Rn. 69; HK-InsO/*Kleindiek* Rn. 31), soweit die dem Insolvenzverfahren vorausgegangene Vereinbarung wirksam war. Einwände gegen überhöhte Zahlungen ergeben sich aus dem Verbot verdeckter Ausschüttungen (§ 30 GmbHG) und aus dem Einwand gemischter Schenkung iSv § 134 (*Karsten Schmidt* FS Wellensiek, 2011, 551 [558]; vgl. auch HambK-InsO/*Schröder* Rn. 70). Das marktübliche Nutzungsentgelt kann hierbei als Orientierungsgröße helfen, bildet aber keine strikte Begrenzung (aM Scholz/*Bitter* GmbH Anh. § 64 Rn. 342). 47

48 Noch nicht ausdiskutiert ist die **Ausstrahlungswirkung des Absatz 3 auf die Vor-Insolvenzphase** (eing. *Karsten Schmidt* FS Wellensiek, 2011, 551 [557 ff.]). Das Gesetz basiert auf der Annahme, dass das Nutzungsentgelt selbst noch nach der Verfahrenseröffnung weiterhin gezahlt werden muss, folglich (ganz anders als nach der vorausgegangenen Rspr., vgl. → Rn. 30) auch in der Krise gezahlt werden darf. Das schließt Anfechtungsansprüche aus §§ 130, 131 sowie Haftungsansprüche wegen verbotener Zahlungen (§ 64 GmbHG, § 92 AktG, § 130a HGB) grds. aus (str.). Dagegen fallen gestundete Entgeltforderungen ggf. unter Absatz 1 (vgl. → Rn. 19). Ob eine Beendigung des Nutzungsverhältnisses in der Verfahrenseröffnung als Rechtshandlung anfechtbar sein kann, ist noch str. (Scholz/*Karsten Schmidt* GmbHG, 10. Aufl., Nachtrag MoMiG §§ 32a/b aF Rn. 72; Überblick bei MüKoInsO/*Gehrlein* Rn. 51).

Stille Gesellschaft

136 (1) [1] **Anfechtbar ist eine Rechtshandlung, durch die einem stillen Gesellschafter die Einlage ganz oder teilweise zurückgewährt oder sein Anteil an dem entstandenen Verlust ganz oder teilweise erlassen wird, wenn die zugrundeliegende Vereinbarung im letzten Jahr vor dem Antrag auf Eröffnung des Insolvenzverfahrens über das Vermögen des Inhabers des Handelsgeschäfts oder nach diesem Antrag getroffen worden ist.** [2] **Dies gilt auch dann, wenn im Zusammenhang mit der Vereinbarung die stille Gesellschaft aufgelöst worden ist.**

(2) **Die Anfechtung ist ausgeschlossen, wenn ein Eröffnungsgrund erst nach der Vereinbarung eingetreten ist.**

Schrifttum (Auswahl): *Blaurock,* Hdb. stille Gesellschaft, 7. Aufl. 2010; *Florstedt,* Zum Ordnungswert des § 136 InsO, ZInsO 2007, 914; *Gundlach/Frenzel/N. Schmidt,* Der Auseinandersetzungsanspruch des stillen Gesellschafters in der Insolvenz des Unternehmensträgers, ZIP 2006, 501; Kummer/Schäfer/Wagner, Insolvenzanfechtung, 1. Aufl. 2012; *Landsmann,* Die stille Gesellschaft in der Insolvenz, 2007; *Mock,* Stille im MoMiG zur stillen Gesellschaft?, DStR 2008, 1645; *Karsten Schmidt,* Das Vollstreckungs- und Insolvenzrecht der stillen Gesellschaft, KTS 1977, 1, 65; *ders.,* Die Innenkommanditgesellschaft, ZHR 178 (2014), 10; *K. Wagner,* Die atypische stille Gesellschaft im Konkurs der Massengesellschaft, KTS 1979, 59; *ders.,* Der stille Gesellschafter im Vergleichsverfahren des Geschäftsinhabers, KTS 1980, 203.

Übersicht

I. Grundlagen

1. Normgeschichte, Normzusammenhang und Normzweck. a) Normgeschichte. Die Bestimmung ist die **Nachfolgevorschrift zu § 237 HGB aF** (bis 1985: § 342 HGB aF). § 237 HGB aF war eine aus historischen Gründen dem § 236 HGB (bis 1985: § 341 HGB aF; bis 1899 Art. 259 ADHGB) zur Seite gestellte und so in das HGB gelangte Insolvenzanfechtungsregel. Die InsO hat den insolvenzrechtlichen Konnex der Anfechtungsregel, nicht aber den mit ihr zusammenhängenden § 236 HGB redaktionell unterstrichen. Mit Wirkung seit 1999 ist deshalb die Anfechtungsregel in § 136 enthalten. Die Regel des § 236 HGB (Insolvenzforderung aus stiller Einlage), die an § 38 hätte herangerückt werden können, ist dagegen im HGB geblieben. 1

b) Normzusammenhang. § 136 kann nicht ohne **Zusammenhang mit § 236 HGB** interpretiert werden. Diese Bestimmung basiert auf der Grundannahme des HGB-Gesetzgebers, dass die gesetzestypische stille Gesellschaft keine Beteiligung am Eigenkapital, sondern eine gesellschaftsvertraglich unterlegte Kreditbeteiligung mit Gewinnbeteiligung und typischerweise auch Verlustbeteiligung darstellt (*Karsten Schmidt* KTS 1977, 1 ff., 65 ff.). Das HGB zeichnet ein Bild der stillen Beteiligung als Fremd- nicht Eigenkapital (CaM Uhlenbruck/*Hirte* Rn. 1). Hierauf beruht der **Wortlaut des § 236 HGB:** 2

(1) **Wird über das Vermögen des Inhabers des Handelsgeschäfts das Insolvenzverfahren eröffnet, so kann der stille Gesellschafter wegen der Einlage, soweit sie den Betrag des auf ihn fallenden Anteils am Verlust übersteigt, seine Forderung als Insolvenzgläubiger geltend machen.**

(2) **Ist die Einlage rückständig, so hat sie der stille Gesellschafter bis zu dem Betrage, welcher zur Deckung seines Anteils am Verlust erforderlich ist, zur Insolvenzmasse einzuzahlen.**

c) Normzweck. Der **Normzweck** des § 136 hängt mit dem **mutmaßlichen Informationsvorsprung** des stillen Gesellschafters im Verhältnis zu anderen 3

Insolvenzgläubigern zusammen (BegrRegE InsO, BT-Drs. 12/2443, 161; MüKoInsO/*Gehrlein* Rn. 1; MüKoHGB/*Karsten Schmidt* Anh. § 236 Rn. 3; Staub/*Harbarth* HGB, 5. Aufl., Anh. § 236 Rn. 3; krit. *Florstedt* ZInsO 2007, 914 [917]). Der typische (!) stille Gesellschafter steht ihnen bei der Geltendmachung seines Rückforderungsanspruchs im Insolvenzverfahren einerseits gleich (§ 236 HGB), ist also nicht ipso iure in den Rang des § 39 Abs. 1 Nr. 5 oder gar des § 199 S. 2 zurückversetzt (vgl. demgegenüber für atypische Fälle → Rn. 5 sowie → Rn. 26 f.) § 136 beruht also nicht auf einem Eigenkapitalcharakter der gesetzestypischen stillen Einlage (so aber wohl BGHZ 51, 350 [353]; dem zustimmend Uhlenbruck/*Hirte* Rn. 1). Im Fall einer **Rückgewähr der stillen Einlage im Vorfeld des Insolvenzantrags** wird dagegen der typische stille Gesellschafter anfechtungsrechtlich ähnlich behandelt wie ein kreditgebender Gesellschafter (dazu § 135; über Unterschiede vgl. aber → Rn. 5).

4 **2. Abgrenzung. a) Typische stille Gesellschaft.** § 136 HGB stellt auf die **gesetzestypische** (im Rechtsleben nicht mehr typische) **stille Gesellschaft** ab (→ Rn. 2). Der gesetzestypische stille Gesellschafter gibt eine rückzahlbare Leistung in das Unternehmensvermögen, deren rückständige Teile er im Fall der Verlustbeteiligung auffüllen muss (§ 236 Abs. 2 HGB), aber in voller Höhe als Insolvenzgläubiger (§ 38) geltend machen kann (§ 236 Abs. 1 HGB iVm § 144 Abs. 1). Insoweit kann der gesetzestypische stille Gesellschafter sogar durch Sicherungsrechte am Vermögen des Schuldners gesichert werden (MüKoHGB/*Karsten Schmidt* § 236 Rn. 19). Auch an einem Insolvenzplanverfahren nimmt der gesetzestypische stille Gesellschafter in der Gruppe der Insolvenzgläubiger teil (ebd. Rn. 24). Über die ganz andere Rechtsstellung des atypischen stillen Gesellschafters vgl. → Rn. 26 f.

5 **b) Nachrang und Quasi-Haftkapital.** Sonderregeln gelten, wenn die stille Beteiligung eine **Fremdfinanzierung** des Unternehmens **durch Gesellschafter** ist und unter **§ 39 Abs. 1 Nr. 5** fällt (dazu → Rn. 26 sowie → § 39 Rn. 48). Dann ist die Forderung nachrangig (vgl. ebd.) und eine vor der Insolvenz erfolgende Rückzahlung kann der Anfechtung sowohl nach **§ 135** als auch nach **§ 136** unterliegen (MüKoHGB/*Karsten Schmidt* § 236 Rn. 28; zust. Uhlenbruck/*Hirte* Rn. 2). Die Rechtsfolgen sind unterschiedlich, weil ein nach § 135 wieder eingezahlter Betrag seinerseits nur eine nachrangige Insolvenzforderung auslöst (→ § 135 Rn. 15; vgl. dagegen zu § 136 → Rn. 21). Vollends gilt dasselbe für die **atypische stille Beteiligung oder Unterbeteiligung mit Risikokapital** in Form der vom Verfasser sog „Innen-KG" (ebd. Rn. 37 ff., 45 sowie → Rn. 27). Hier ist für eine Forderungsanmeldung nach § 236 HGB kein Raum. IErg übereinstimmend hat BGHZ 193, 378 = NZG 2012, 1103 = ZIP 2012, 1869 dem mit den Rechten eines Quasi-Kommanditisten still beteiligten Gesellschafter die auf § 236 HGB gestützte Forderungsanmeldung versagt. Zur Frage, ob § 136 anwendbar bleibt, vgl. → Rn. 26.

II. Der Tatbestand und Rechtsfolgen des § 136

6 **1. Schuldner und Anfechtungsgegner. a) Geschäftsinhaber und stiller Gesellschafter.** § 136 spricht vom **Inhaber** und vom **stillen Gesellschafter. Inhaber,** im Fall des § 136 also Schuldner, kann nach dem HGB jeder Kaufmann sein, va jede Handelsgesellschaft (nicht nur eine beschränkt haftende Gesellschaft wie nach §§ 135 Abs. 4, 39 Abs. 4). Ob die §§ 230 ff. HGB und damit auch § 136 als Nachfolgeregelung des § 237 HGB (→ Rn. 1) auf die stille Beteiligung auch an nichtkaufmännischen Unternehmen angewendet werden können, ist umstr., richtigerweise aber zu bejahen (näher MüKoHGB/*Karsten Schmidt* § 230 Rn. 25; **aM** Jaeger/*Henckel* Rn. 4 mwN). Anders als nach § 135 kommt es nicht

darauf an, ob der Geschäftsinhaber eine Gesellschaft ohne persönliche Haftung ist. **Der stille Gesellschafter** spielt bei § 136 die Rolle des Anfechtungsgegners. Es kommt jeder stille Gesellschafter in Betracht (kein Sanierungs- oder Kleinbeteiligungsprivileg wie nach §§ 135 Abs. 4, 39 Abs. 4 und 5).

b) Unternehmensinsolvenz. Über das Vermögen des Geschäftsinhabers muss 7
das Insolvenzverfahren eröffnet, aber noch nicht beendet worden sein. Geschäftsinhaber ist nur der Träger des Unternehmens. Ist eine Personengesellschaft Geschäftsinhaber, muss über ihr Vermögen, nicht lediglich über das Vermögen eines Gesellschafters (RGZ 30, 33 [35 f.]; *Blaurock* Rn. 17.77) das Insolvenzverfahren eröffnet sein (MüKoHGB/*Karsten Schmidt* Anh. § 236 Rn. 10).

2. Stille Einlage. a) Leistungsgegenstand. § 136 InsO befasst sich mit der 8
Einlage des Stillen, nicht mit dem stillen Gesellschaftsverhältnis als Vertrag (vgl. zum Folgenden MüKoHGB/*Karsten Schmidt* Anh. § 236 Rn. 9). Ein Kleinbeteiligungs- und Sanierungsprivileg wie bei §§ 39, 135 (vgl. § 39 Abs. 4) gibt es nicht (unberechtigte Kritik bei *Florstedt* ZInsO 2007, 914 [915]). Die stille Gesellschaft kann im Zeitpunkt der Ausübung des Anfechtungsrechts bereits durch Insolvenz aufgelöst oder durch die Rückführung der stillen Einlage sogar schon beendet sein (Absatz 1 Satz 2). Die Rückführung einer wegen Fehlens oder wegen Unwirksamkeit des Gesellschaftsvertrags ohne Rechtsgrund eingezahlten stillen Einlage nach § 812 BGB fällt dagegen nicht unter § 136 InsO (RG JW 1895, 203 Nr. 20 = ZHR 48 (1899), 344 f. Nr. 341 (Leitsatz); Recht 1915 Nr. 629 = LZ 1915, 507 Nr. 12; *Landsmann* S. 166 ff.; Baumbach/Hopt/*Roth* HGB § 236 Rn. 6; *Blaurock* Rn. 17.91; Uhlenbruck/*Hirte* Rn. 5).

b) Fehlerhafte stille Gesellschaft. Die Anerkennung des Rechts der fehler- 9
haften Gesellschaft auch auf dem Gebiet der stillen Gesellschaften hat zu der Frage geführt, ob in diesen Fällen die Rückgewähr der auf Grund mangelhafter Vertragsgrundlage geleisteten stillen Einlage unter Absatz 1 fallen kann. Nach hM ist **§ 136 InsO** auch auf die **fehlerhafte stille Gesellschaft** anzuwenden (vgl. nur HambK-InsO/*Schröder* Rn. 4; HK-InsO/*Kreft* Rn. 5; Jaeger/*Henckel* Rn. 5; MüKoInsO/*Gehrlein* Rn. 5; Uhlenbruck/*Hirte* Rn. 5). Erkennt man, dass nur atypische stille Gesellschaften als fehlerhafte Gesellschaften aufrecht erhalten werden können (MüKoHGB/*Karsten Schmidt* § 230 Rn. 131 ff.), so erscheint der **Anwendungsbereich** iRd § 136 **marginal** (vgl. allerdings zur stillen Gesellschaft als „Innen-KG" → Rn. 27). Probleme entstehen auch durch das **Erfordernis einer der Rückzahlung zugrundeliegenden Vereinbarung.** Dieses Merkmal wurde verschiedentlich in Fällen der fehlerhaften stillen Gesellschaft verneint (BGHZ 55, 5 [10] = NJW 1971, 375; OLG Oldenburg NZG 1999, 896; OLG Celle NZG 2000, 85; OLG Stuttgart NZG 2000, 93; vgl. zum Folgenden MüKoHGB/*Karsten Schmidt* Anh. § 236 Rn. 19). Nach BGHZ 55, 8 = NJW 1971, 375 liegt eine anfechtbare Rechtshandlung **nicht** vor, wenn die stille Gesellschaft aus wichtigem Grund gekündigt worden ist und deshalb eine **gesetzliche Pflicht zur Rückzahlung der Einlage** bestand (Jaeger/*Henckel* InsO § 136 Rn. 14; HambK-InsO/*Schröder* Rn. 7; MüKoInsO/*Gehrlein* Rn. 10; Kübler/Prütting/Bork/*Preuß* Rn. 13; Nerlich/Römermann/*Nerlich/Römermann* InsO § 136 Rn. 5; Uhlenbruck/*Hirte* InsO § 136 Rn. 9). Dementsprechend ist in einer Reihe von Gerichtsentscheidungen unter Billigung des Bundesgerichtshofs (BGH NJW 2001, 1270 = ZIP 2001, 243 = WM 2001, 314) eine Anfechtung nach § 136 (§ 237 HFB aF) abgelehnt worden bei einer unter Verstoß gegen das KWG mit einer Vielzahl typischer stiller Beteiligungen finanzierten Aktiengesellschaft (vgl. OLG Oldenburg NZG 1999, 896 mAnm *Michalski/Schulenburg;* OLG Düsseldorf NZG 1999, 652 mAnm *Zeidler;* OLG Celle NZG 2000, 85 mAnm *Sosnitza;* OLG München NZG 2000, 92; OLG Stuttgart NZG 2000, 92 [93]; vgl. auch

OLG Köln NZG 2000, 89; OLG Dresden DStR 2000, 649; sa HambK-InsO/*Schröder* Rn. 47). Demgegenüber hatte das OLG Hamm NJW-RR 1999, 415 entschieden, dass der Insolvenzverwalter im Fall einer stillen Publikumsgesellschaft die ausgezahlte Einlage auch dann nach § 136 zurückfordern kann, wenn die Rückzahlung auf einer Anfechtung des Beitritts wegen arglistiger Täuschung beruht. Nach dem Wortlaut und Normzweck des Gesetzes ist dem BGH zuzustimmen, wenn ein gesetzliches Kündigungsrecht (Austrittsrecht), wie im BGH-Fall, auch wirklich bestanden hat. In einem solchen Fall löst auch eine auf **Anlegerschutz-Schadensersatz** gestützte Rückzahlung der Einlage nicht die Anfechtung nach § 136 aus (MüKoHGB/*Karsten Schmidt* Anh. § 236 Rn. 19). Eine Anfechtung nach § 130 ist hierdurch nicht ausgeschlossen.

10 **3. Die anfechtbaren Rechtshandlungen.** Der Gesetzeswortlaut konkretisiert die anfechtbare Rechtshandlung dahin, dass dem stillen Gesellschafter „die Einlage ganz oder teilw. zurückgewährt oder sein Anteil an dem entstandenen Verluste ganz oder teilw. erlassen wird" (folgender Text angelehnt an MüKoHGB/*Karsten Schmidt* Anh. § 236 Rn. 11 ff.). Voraussetzung ist stets eine Gläubigerbenachteiligung. Ausgeschlossen ist die Anfechtung, wenn eine unter § 136 fallende Maßnahme (zB also der Abzug der stillen Einlage) Zug um Zug gegen eine gleichwertige Leistung erfolgt und nicht ein Tatbestand der sog Absichtsanfechtung vorliegt (§ 142).

11 **a) Einlagerückgewähr. aa) Rückzahlung.** Jede **Rückführung der Einlagenvaluta** ist Einlagenrückgewähr. Nach dem Normzweck (→ Rn. 3) sind auf dem Einlagenkonto stehengebliebene Gewinne ebenso erfasst wie die vom stillen Gesellschafter geleistete Einlage (MüKoHGB/*Karsten Schmidt* Anh. § 236 Rn. 12), sonstige Gewinnauszahlungen nur, soweit sie nach § 232 Abs. 2 S. 2 HGB zur Verlustdeckung hätten verwendet werden müssen (→ Rn. 14). Unter Absatz 1 Satz 1 fällt nicht nur die Begleichung des sich aus der stillen Einlage ergebenden Rückgewähranspruchs, sondern auch jedes Erfüllungssurrogat, va die befreiende Leistung an einen Dritten (§ 362 Abs. 2 BGB), die Leistung an Erfüllungs Statt nach § 364 Abs. 1 BGB oder die Aufrechnung nach §§ 387, 389 BGB (HK-InsO/*Kreft* Rn. 9; Jaeger/*Henckel* Rn. 7). Eine Teil-Rückzahlung genügt (OLG Hamm NJW-RR 1999, 1415). Das Anfechtungsrecht wegen Rückzahlung ist nicht durch die Höhe der auf den stillen Gesellschafter entfallenden Verlustanteile beschränkt (vgl. zum Folgenden MüKoHGB/*Karsten Schmidt* Anh. § 236 Rn. 12). Deshalb hindert auch der Ausschluss des Gesellschafters vom Verlust nicht die Anfechtung einer Einlagenrückgewähr nach § 136 (das scheinbar gegenteilige Urteil RGZ 84, 434 [435 f.] betraf die noch nicht geleistete Einlage). Es muss aber eine tilgende Rechtshandlung vorliegen. Die bloße **Umwandlung der typischen stillen Einlage in ein Darlehen** (§ 488 BGB) stellt **keine Einlagenrückgewähr** dar (*Blaurock* Rn. 17.82; HambK-InsO/*Schröder* Rn. 10; Jaeger/*Henckel* Rn. 7; MüKoHGB/*Karsten Schmidt* Anh. § 236 Rn. 12; Röhricht/v. Westphalen/*Mock* § 236 Rn. 33). Erfolgt dann allerdings noch innerhalb eines Jahres nach der Umwandlung der stillen Einlage in ein Darlehen die Rückzahlung des Darlehensbetrags, so unterliegt diese der Anfechtung unter denselben Voraussetzungen wie eine Rückzahlung der stillen Einlage (so auch Jaeger/*Henckel* Rn. 7; Uhlenbruck/*Hirte* Rn. 6). Ob die Ausreichung eines Darlehens an den stillen Gesellschafter ohne Rückführung seines Einlagekontos eine Rückzahlung darstellt, ist zweifelhaft. Man wird dies zu bejahen haben, wenn die Darlehensgewährung den stillen Gesellschafter zur Verrechnung instand setzt (MüKoHGB/*Karsten Schmidt* Anh. § 236 Rn. 12). Immer setzt die Einlagenrückgewähr eine Schmälerung des Gesellschaftsvermögens voraus. **Keine Einlagenrückgewähr** ist die **Rückgabe von Gegenständen** an den stillen Gesellschafter, die dieser dem

Unternehmen nur zum Gebrauch überlassen hat (MüKoHGB/*Karsten Schmidt* Anh. § 236 Rn. 14).

bb) Besicherung. Die Bestellung einer insolvenzfesten – insbes. also ein Recht auf abgesonderte Befriedigung gewährenden – **Sicherheit** am Vermögen des Unternehmensträgers für den Rückzahlungsanspruch des stillen Gesellschafters schmälert die Insolvenzmasse und stellt damit eine Einlagenrückgewähr iSv Absatz 1 dar (vgl. ROHGE 14, 92 [93]; RGZ 27, 13 [18]; 84, 434 [435, 437]; RG Gruchot 29 (1885), 994 = Bolze 2 (1886) Nr. 1101; sa BGH WM 1971, 183 [184]; *Blaurock* Rn. 17.81; HK-InsO/*Kleindiek* Rn. 9; Jaeger/*Henckel* Rn. 7; MüKoHGB/*Karsten Schmidt* Anh. § 236 Rn. 13). Die nachträgliche Besicherung des Rückzahlungsanspruchs wird also erst nach Jahresfrist unangreifbar, wobei eine rechtzeitige schuldrechtliche Sicherungsabrede genügt (MüKoHGB/*Karsten Schmidt* Anh. § 236 Rn. 13). 12

cc) Nicht: Erlass. Der **Erlass der noch offenen Einlageforderung** ist beim typischen stillen Gesellschafter keine anfechtbare Einlagenrückgewähr. Soll allerdings der stille Gesellschafter durch den Erlass von seiner Verpflichtung, entstandenen Verlust mit seiner rückständigen Einlage zu decken (§ 232 Abs. 2), befreit sein, so ist dies ein nach → Rn. 15 anfechtbarer Erlass des Verlustanteils (HambK-InsO/*Schröder* Rn. 12; MüKoHGB/*Karsten Schmidt* Anh. § 236 Rn. 15). 13

dd) Nicht: Auszahlung von Gewinnanteilen. Sie fällt grds. nicht unter den Begriff der Einlagenrückgewähr, denn bezogener Gewinn verbleibt nach § 232 Abs. 2 auch im Fall späterer Verluste dem Stillen. Soweit allerdings Gewinne nach dieser Vorschrift zur Deckung eines Verlusts hätten verwendet werden müssen, geht der Gewinnbezug auf Kosten der Einlage und stellt eine Einlagenrückgewähr iSv Absatz 1 dar (MüKoHGB/*Karsten Schmidt* Anh. § 236 Rn. 16; zust. Staub/*Harbarth* HGB, 5. Aufl., Anh. § 236 Rn. 19). 14

b) Erlass des Verlustanteils. Dieser ist nach Satz 1 gleichfalls eine anfechtbare Rechtshandlung. Der Wortlaut stellt klar, dass es sich um **Anteile an entstandenen Verlusten** handeln muss (auch RGZ 31, 33 [37]). Die Vereinbarung, dass der stille Gesellschafter von der Tragung künftiger Verluste freigestellt sein soll, ist als bloße Vertragsänderung nicht anfechtbar nach § 136 InsO (HambK-InsO/*Schröder* Rn. 11; HK-InsO/*Kreft* Rn. 10; Kübler/Prütting/Bork/*Preuß* Rn. 22; MüKo-InsO/*Gehrlein* Rn. 21), auch nicht als Deckung nach §§ 130 f. InsO (anders wohl Röhricht/v. Westphalen/*Mock* HGB § 236 Rn. 35). Dies indes nur ex nunc, nicht für das ganze im Zeitpunkt der Vereinbarung noch laufende Geschäftsjahr (näher MüKoHGB/*Karsten Schmidt* Anh. § 236 Rn. 17; wohl missverstanden bei Uhlenbruck/*Hirte* Rn. 7; Einzelheiten str.). 15

4. Vereinbarung im Jahr vor dem Insolvenzantrag. a) Vereinbarung. Die anfechtbaren Rechtshandlungen (vgl. → Rn. 10 ff.) müssen aufgrund einer im letzten Jahr vor dem Antrag auf Insolvenzverfahrenseröffnung getroffenen Vereinbarung vorgenommen worden sein (vgl. zum Folgenden MüKoHGB/*Karsten Schmidt* Anh. § 236 Rn. 18). Die Abhängigkeit des Anfechtungsanspruchs von einer besonderen (die Gläubiger beeinträchtigenden) Vereinbarung lässt die Anfechtung nach **§ 136 als** einen speziellen **Fall der inkongruenten Deckung** (§ 131) erscheinen. Die Vereinbarung kann, muss aber nicht, in der Auflösung der stillen Gesellschaft bestehen (OLG Hamm NJW-RR 1999, 1415 [1417]). An einer Rechtshandlung aufgrund einer Vereinbarung fehlt es, wenn die Einlage zurückgewährt bzw. der Verlustanteil erlassen worden ist, weil der stille Gesellschafter darauf einen gesetzlichen oder vertraglichen Anspruch hatte (BGH NJW 2001, 1270 = ZIP 2001, 243) oder durch Kündigung auslösen könnte (BGHZ 55, 8 = NJW 1971, 375 und dazu → Rn. 9). Es besteht daher kein Anfechtungs- 16 recht, wenn sich die Fälligkeit der an den Stillen erbrachten Leistung zu dem Zeitpunkt, an dem diese Leistung tatsächlich erfolgte, bereits aus dem ursprünglichen Gesellschaftsvertrag oder einer länger als ein Jahr zurückliegenden Änderung desselben ergab (RGZ 27, 13 [18]; 84, 434 [437 f.]; HK-InsO/*Kreft* Rn. 7). Eine Gewinnentnahme, eine Einlagenrückgewähr oder eine (dingliche) Sicherung, die bereits von vornherein im Gesellschaftsvertrag zugesagt und fällig war, unterliegt in keinem Fall der Anfechtung nach Absatz 1. Die Anfechtung ist ferner ausgeschlossen, wenn die Rückgewähr nach Ausübung eines gesetzlichen oder eines vor der Sperrfrist vereinbarten Kündigungsrechts erfolgt ist (näher MüKoHGB/*Karsten Schmidt* Anh. § 236 Rn. 18).

17 **b) Jahresfrist.** Die Vereinbarung muss **im letzten Jahr vor dem Antrag auf Eröffnung des Insolvenzverfahrens** getroffen worden sein. Liegt die Vereinbarung länger zurück und ist nur die Rückgewähr innerhalb der Jahresfrist erfolgt, ist die Anfechtung ausgeschlossen. Die **Frist** wird berechnet nach § 139. **Maßgebender Zeitpunkt** für die Berechnung der Frist ist nicht – wie bei §§ 130–134 – die masseschmälernde Rechtshandlung, sondern die ihr zugrundeliegende Vereinbarung. Eine vor dem kritischen Zeitpunkt getroffene Vereinbarung macht allerdings eine im kritischen Zeitraum vollzogene Rechtshandlung nur dann anfechtungsfrei, wenn sich aus ihr ein Anspruch des stillen Gesellschafters auf die Leistung, jedenfalls aber die Möglichkeit ergab, diesen Anspruch zB durch Abruf oder Kündigung ohne Zustimmung des Geschäftsinhabers herbeizuführen (MüKoHGB/*Karsten Schmidt* Anh. § 236 Rn. 21).

18 **5. Ausschluss der Anfechtbarkeit (Absatz 2).** Wenn der Eröffnungsgrund erst nach der Vereinbarung eingetreten ist, schließt Absatz 2 die Anfechtbarkeit aus. **Eröffnungsgrund iSv Absatz 2** ist nach dem Wortverständnis nicht bloß die **Zahlungsunfähigkeit** (§ 17 InsO) oder gegebenenfalls die **Überschuldung** (§ 19 InsO) des Geschäftsinhabers, sondern es genügt **drohende Zahlungsunfähigkeit** gem. § 18 InsO (so auch HambK-InsO/*Schröder* Rn. 14; Kübler/Prütting/Bork/*Preuß* InsO Rn. 26; Jaeger/*Henckel* Rn. 17; MüKoInsO/*Gehrlein* Rn. 24; Uhlenbruck/*Hirte* InsO Rn. 11; zögernd MüKoHGB/*Karsten Schmidt* Anh. § 236 Rn. 23). Zweifelsfrei ist dies nicht. Dieser eine frühe Antragsoption markierende Tatbestand ist für eine Fristbestimmung überaus ungeeignet und war unter der Geltung der Vorgängervorschriften (§ 237 HGB aF, davor § 342 HGB aF) unbekannt. Rechtspolitisch spricht aber doch vieles dafür, eine unter drohender Zahlungsunfähigkeit getroffene Vereinbarung zu erfassen.

19 **6. Die Beweislast.** Nach **hM** trägt der Insolvenzverwalter die Beweislast für sämtliche Voraussetzungen des **Absatz 1** (vgl. für viele Kübler/Prütting/Bork/*Preuß* § 136 Rn. 27). Dem ist im Grundsatz zu folgen (näher MüKoHGB/*Karsten Schmidt* Anh. 236 Rn. 24). Den stillen Gesellschafter trifft jedoch die Beweislast dafür, dass diese Rückgewähr nicht auf Grund einer in dem letzten Jahr vor der Eröffnung des Insolvenzverfahrens getroffenen Vereinbarung geschehen ist (ebd.; **aM** aber HambK-InsO/*Schröder* Rn. 17; MüKoInsO/*Gehrlein* Rn. 23 mwN). Die Beweislast hinsichtlich der Voraussetzungen des **Absatz 2** trägt der **stille Gesellschafter** (vgl. bereits zu § 342 bzw. § 237 HGB aF ROHGE 14, 92 [94]; RG JW 1900, 62 f. = SeuffA 56 Nr. 109; BGHZ 83, 341 [346]; HambK-InsO/*Schröder* Rn. 17). Er muss also nach § 246 Abs. 2 InsO darlegen und im Streitfall beweisen, dass im Zeitpunkt der Vereinbarung Zahlungsunfähigkeit weder drohte noch eingetreten war noch in den Fällen des § 19 InsO Überschuldung vorlag.

20 **7. Rechtsfolgen. a) § 143.** Die **Ausübung des Anfechtungsrechts** besteht in der Geltendmachung eines schuldrechtlichen Anspruchs auf Rückgewähr in die Masse (§ 143 InsO) durch Klage, Widerklage, Einrede oder Replik (→ § 129 Rn. 10). **Ausübungsberechtigt** ist der Insolvenzverwalter (→ § 129 Rn. 10).

b) § 144. Nach **§ 144** lebt, wenn der Empfänger die anfechtbar empfangene Leistung zurückgewährt, seine Forderung wieder auf. Wird die Einlagenrückgewähr nach § 136 rückgängig gemacht, so wird also der typische stille Gesellschafter seine Forderung nach § 236 Abs. 1 HGB zur Tabelle anmelden (anders, wenn die Einlage wie haftendes Kapital behandelt wird [vgl. → Rn. 27]) oder als darlehensähnliche Leistung eines Gesellschafters nach § 135 anfechtbar ist [dann → § 135 Rn. 15]). Eine nachträgliche Anmeldung ist nach § 177 möglich. Auch unanfechtbar erworbene akzessorische Sicherheiten – insbes. von Dritten bestellte Sicherheiten – werden wieder wirksam (vgl. RGZ 3, 208 [209 f.]; 20, 157 [160]; BGH KTS 1974, 96 [98] = NJW 1974, 57). 21

III. Analoge Anwendung des § 136 InsO?

1. Masselose Liquidation? § 136 InsO gibt **nur dem Insolvenzverwalter** in der Insolvenz des Unternehmensträgers, nicht aber dem Liquidator bei der Liquidation masseloser Gesellschaften das Anfechtungsrecht. Obwohl der Insolvenzrechtsgesetzgeber bei der Neuformulierung des Anfechtungsgesetzes diesem Bedürfnis hätte entsprechen können, sollte die analoge Anwendung, wie schon vor Geltung der Insolvenzordnung (vgl. Schlegelberger/*Karsten Schmidt,* HGB, 5. Aufl., § 237 aF Rn. 31), in Betracht gezogen werden (MüKoHGB/*Karsten Schmidt* Anh. § 236 Rn. 30; zustimmend Nerlich/Römermann/*Nerlich* Rn. 18). Die bisher hM folgt dem aber nicht (repräsentativ Staub/*Harbarth* HGB, 5. Aufl., Anh. § 236 Rn. 54). 22

2. Unterbeteiligung? Bei der Unterbeteiligung (zu ihr MüKoHGB/*Karsten Schmidt* § 230 Rn. 191 ff.) ist umstr., ob § 136 InsO im Insolvenzverfahren über das Vermögen des Hauptgesellschafters analog angewendet werden kann. Die hM verneint dies (zB *Blaurock* Rn. 30.23 f.; Koller/Roth/Morck/*Koller* HGB § 236 Rn. 9; HambK-InsO/*Schröder* Rn. 3; MüKoInsO/*Gehrlein* § 136 Rn. 7; Nerlich/Römermann/*Nerlich* Rn. 18). Die Frage ist unausgetragen (MüKoHGB/*Karsten Schmidt* Anh. § 236 Rn. 31; sa Röhricht/v. Westphalen/*Mock* HGB § 236 Rn. 51). Festzuhalten ist, dass die Unterbeteiligung dem Tatbestand des § 230 HGB als Innenbeteiligung gleicht, sich aber von ihm darin unterscheidet, dass sich der Unterbeteiligte nicht als Gesellschafter am Unternehmen, sondern am Gesellschaftsanteil des Hauptgesellschafters still beteiligt (Schlegelberger/*Karsten Schmidt* HGB, 5. Aufl., § 237 aF Rn. 32). Der Normzweck des § 136 InsO zielt aber auf Masseauffüllung in der Unternehmensinsolvenz. Ob er die Analogie trägt, ist **zweifelhaft,** denn eine analoge Anwendung des § 136 InsO auf Unterbeteiligungsverhältnisse kommt unmittelbar nur der Insolvenzmasse des Hauptgesellschafters, nicht der des Unternehmens, zugute und kann nur vom Verwalter im Insolvenzverfahren des Hauptbeteiligten, nicht des Unternehmensträgers, geltend gemacht werden. Der bei → Rn. 1 genannte Normzweck (Auffüllung der Masse in der Unternehmsinsolvenz) spricht jedenfalls dann für eine analoge Anwendung, wenn die anzufechtende Maßnahme unmittelbar oder mittelbar auch die den Unternehmensgläubigern zur Verfügung stehende Haftungsmasse schmälert (sa *Karsten Schmidt* DB 1976, 1709; zust. Röhricht/v. Westphalen/Haas/*Mock* HGB § 236 Rn. 51; Uhlenbruck/*Hirte* Rn. 5; unentschieden Oetker/*Schubert* HGB § 136 Rn. 26). Das ist erstens der Fall, wenn der Hauptgesellschafter – etwa als Komplementär – für die Unternehmensverbindlichkeiten persönlich haftet, zweitens aber auch dann, wenn die Rückzahlung der Einlagen an Unbeteiligte Folge eines Kapitalentzugs bei der Hauptgesellschaft ist und Ansprüche gegen die Hauptgesellschafter auslöst. Hier jedenfalls ist dem Verwalter im Insolvenzverfahren des Hauptgesellschafters analog § 136 InsO eine Anfechtungsmöglichkeit gegenüber den Untergesellschaftern einzuräumen (vgl. textgleich MüKoHGB/ 23

Karsten Schmidt Anh. § 236 Rn. 31). Eine lückenlose analoge Anwendung des § 136 InsO auf Unternehmensbeteiligungsverhältnisse bezöge demgegenüber auch die Eigengläubiger („Privatgläubiger") des Hauptgesellschafters in den Schutz ein. Das dürfte außerhalb des Normzwecks liegen.

24 **3. Langfristige Fremdfinanzierung von Unternehmen?** Umstr. geblieben ist der Vorschlag des Verfassers, § 136 InsO auf die langfristige Fremdfinanzierung von Unternehmen entsprechend anzuwenden (MüKoHGB/*Karsten Schmidt* Anh. § 236 Rn. 33; *Karsten Schmidt* ZHR 140 (1976), 492; KTS 1977, 71 f.; NJW 1977, 107 f.; ZIP 1981, 697; zustimmend zB *Landsmann* S. 180 ff.). Die **hM lehnt** die analoge Anwendung **ab** (OLG Dresden DStR 2000, 649 mAnm *Haas* = NZG 2000, 302 mAnm *Sosnitzka;* OLG Hamm NZI 2000, 544 [545] und OLG Schleswig NZG 2000, 1176; Jaeger/*Henckel* Rn. 20; MüKoInsO/*Gehrlein* Rn. 8; Röhricht/v. Westphalen/Haas/*Mock* HGB § 26 Rn. 47; Staub/*Harbarth* HGB Rn. 55; mwN; auch de lege ferenda ablehnend *Florstedt* ZInsO 2007, 914 [917]). Der hier vertretenen Auffassung liegt die Annahme zugrunde, dass der Normzweck des § 136 (→ Rn. 3) nicht bei dem Gesellschaftscharakter der stillen Gesellschaft und insbes. nicht bei dem vermeintlichen Eigenkapitalcharakter der typischen stillen Einlage anknüpft, sondern bei dem durch langfristige Finanzierung entstehenden Informationsvorsprung des stillen Gesellschafters. Die Voraussetzung einer analogen Anwendung des § 136 InsO ist eine doppelte (vgl. textgleich MüKoHGB/*Karsten Schmidt* Anh. § 236 Rn. 33): Der Kreditnehmer muss Träger eines Unternehmens sein, und der Kredit muss der langfristigen Fremdfinanzierung des Unternehmens dienen, also im Einvernehmen der Parteien einen nicht nur vorübergehenden Kapitalbedarf decken. Die hier vorgeschlagene Analogie wird namentlich in drei Konstellationen praktisch: erstens in den nicht seltenen Fällen, in denen statt einer stillen Beteiligung ein partiarisches Darlehen aufgenommen wird (zB OLG Dresden DStR 2000, 649 mAnm *Haas* = NZG 2000, 302; vgl. auch OLG Hamm NZI 2000, 544 [545] [wo aber ein unmittelbarer Anwendungsfall, nämlich eine stille Beteiligung vorgelegen haben dürfte]; OLG Schleswig NZG 2000, 176); zweitens dann, wenn der Kreditgeber Gesellschafter der Kreditnehmerin ist, der Kredit aber nicht nachweisbar eigenkapitalersetzend iS der §§ 32a Abs. 1 GmbHG, 129a, 172a HGB war (es geht nicht zuletzt um Fälle, in denen Darlehen mit dem Ziel abgezogen werden, dem Zugriff des Eigenkapitalersatzrechts zu entgehen); drittens kann die analoge Anwendung die Anfechtung eines Abzugs langfristiger Kredite in der Insolvenz auch gegenüber institutionellen Kreditgebern vereinfachen (wörtlich nach MüKoHGB/*Karsten Schmidt* § 236 Rn. 33).

IV. Sonderfälle der stillen Beteiligung

25 **1. Stille Beteiligung als Gesellschafter-Fremdfinanzierung.** Beteiligt sich ein Handelsgesellschafter oder ein ihm nach § 39 Abs. 1 Nr. 5 gleichgestellter Dritter zugleich still an einer Handelsgesellschaft, so kommt unter den Voraussetzungen des **§ 39 Abs. 1 Nr. 5** (stille Beteiligung als Quasi-Gesellschafterdarlehen; vgl. → § 39 Rn. 48) eine Anfechtung (auch) nach den Regeln des **§ 135** in Betracht (vgl. → § 135 Rn. 12). Bei BGHZ 193, 378 = NZG 2012, 1103 = ZIP 2012, 1869 wird eine atypische stille Beteiligung als Fall des § 39 Abs. 1 Nr. 5 angesehen (vgl. → § 39 Rn. 48; aber auch → Rn. 27).

26 **2. Atypische stille Beteiligung mit Eigenkapitalcharakter. a) Atypische stille Einlagen.** § 136 ist auf typische stille Beteiligungen mit Fremdkapitalcharakter zugeschnitten (→ Rn. 2), jedoch a minore ad maius auch auf **atypische stille Einlagen** anwendbar. Dasselbe gilt, wenn die stille Einlage durch Finanz-

planabrede dem haftenden Kapital gleichgestellt wurde (MüKoHGB/*Karsten Schmidt* § 236 Rn. 32, 36).

27 **b) Variante der „Innen-KG".** Noch anders verhält es sich bei einer stillen Gesellschaft, die (in der Terminologie des Verfassers) als **„Innen-Kommanditgesellschaft"**, insbes. als „GmbH & Still" verfasst ist (dazu MüKoHGB/*Karsten Schmidt* § 230 Rn. 84 ff., 171, 185, § 234 Rn. 2 ff., § 235 Rn. 62 ff., § 236 Rn. 37 ff.; *Karsten Schmidt* ZHR 178 (2014), 10 ff.; vgl. als Rechtsprechungsbeispiel BGHZ 199, 104 = NZG 2013, 1422). Diese wird im Insolvenzverfahren ähnlich einer (GmbH & Co.-)Kommanditgesellschaft abgewickelt (*Karsten Schmidt* ZHR 178 (2014), 10 [52]; *ders.* ZIP 2014, 1457 [1464]). Das gilt **auch im Fall einer fehlerhaften Gesellschaft,** bei der der Einwand eines gesetzlichen Rückzahlungsanspruchs des stillen Gesellschafters nicht zum Zuge kommt. Eine Anmeldung der stillen Einlage als Insolvenzforderung nach § 236 HGB kommt nicht in Betracht (vgl. MüKoHGB/*Karsten Schmidt* § 236 Rn. 37 ff.). Wenn das Vollbild der „Innen-KG" verwirklicht ist, hat die Einlage nicht nur Nachrang nach § 39 Abs. 1 Nr. 5 (so in einem Sonderfall BGHZ 193, 378 = NZG 2012, 1103 = ZIP 2012, 1869), sondern sie kann unter § 199 S. 2 fallen (*Karsten Schmidt* ZHR 178 (2014), 10). Im Fall der „GmbH & Still" kann die Rückzahlung der stillen Einlage sogar zu Rückzahlungsansprüchen analog § 30 GmbHG führen (BGH NJW-RR 2006, 760 [762]; MüKoHGB/*Karsten Schmidt* § 230 Rn. 171).

28 **3. Analoge Anwendung auf den Entzug der Einlagen von Handelsgesellschaften?** Bisher nicht diskutiert worden ist die analoge Anwendung des § 136 InsO auf den Entzug von Eigenkapital in der Krise, soweit der Kapitalschutz (§§ 30 GmbHG, § 172 Abs. 4 HGB) nicht zum Zuge kommt (MüKoHGB/*Karsten Schmidt* Anh. § 236 Rn. 34). Die hM erkennt hier kein die Anfechtung rechtfertigendes Schutzbedürfnis (sympathisierend jetzt aber Uhlenbruck/*Hirte* Rn. 5).

29 **4. Analoge Beteiligung an einem nichtkaufmännischen Unternehmen?** Nicht nur bei der Unterbeteiligung (→ Rn. 23), sondern auch bei der stillen Beteiligung an einem Nicht-Handelsgewerbe (zB einer nicht nach § 105 Abs. 2 HGB im Handelsregister eingetragenen Holding, stellt sich die Frage der analogen Anwendung. Sie ist, wie bei mehreren Regeln zur stillen Gesellschaft, zu bejahen (**aM** MüKoInsO/*Gehrlein* Rn. 6).

Wechsel- und Scheckzahlungen

137 (1) **Wechselzahlungen des Schuldners können nicht auf Grund des § 130 vom Empfänger zurückgefordert werden, wenn nach Wechselrecht der Empfänger bei einer Verweigerung der Annahme der Zahlung den Wechselanspruch gegen andere Wechselverpflichtete verloren hätte.**

(2) [1] **Die gezahlte Wechselsumme ist jedoch vom letzten Rückgriffsverpflichteten oder, wenn dieser den Wechsel für Rechnung eines Dritten begeben hatte, von dem Dritten zu erstatten, wenn der letzte Rückgriffsverpflichtete oder der Dritte zu der Zeit, als er den Wechsel begab oder begeben ließ, die Zahlungsunfähigkeit des Schuldners oder den Eröffnungsantrag kannte.** [2] **§ 130 Abs. 2 und 3 gilt entsprechend.**

(3) **Die Absätze 1 und 2 gelten entsprechend für Scheckzahlungen des Schuldners.**

Übersicht

I. Grundlagen

1 **1. Gesetzgebungsgeschichte.** Die Vorschrift entspricht § 34 KO. Dessen Regelung wurde lediglich den in § 130 Abs. 2 und 3 normierten subjektiven Voraussetzungen und der Beweislastumkehr gegenüber nahestehenden Personen angepasst.

2 **2. Normzweck.** Durch § 137 wird den **Besonderheiten des Wechsel- und Scheckrechts** im Falle der Ablehnung einer angebotenen Zahlung Rechnung getragen. Im Allgemeinen kann der Gläubiger, der weiß, dass sein Schuldner zahlungsunfähig ist oder dass gegen ihn ein Insolvenzantrag gestellt worden ist, eine ihm angebotene Zahlung ablehnen, ohne dass ihm ein Rechtsverlust droht. Das ist im Wechsel- und Scheckrecht anders. Hier hat die Ablehnung der angebotenen Zahlung in bestimmten Fällen (Art. 43, 44, 47 WechselG; Art. 40 ScheckG) den Verlust des Wechsel- oder Scheckanspruchs insbes. gegen Aussteller und Indossanten zur Folge. Ein Protest mangels Zahlung – der Voraussetzung des Rückgriffs wäre – kann hier nicht erfolgen. Nimmt der Gläubiger die Zahlung an und wird diese hernach gem. § 130 angefochten, sind die dann gem. § 144 Abs. 1 wieder auflebenden Wechsel- und Scheckansprüche wertlos, weil der Protest unterblieben und wegen Fristversäumnis nicht nachholbar ist (Kübler/Prütting/Bork/*Schoppmeyer* Rn. 3). Deswegen wird die Annahme der Zahlung der Anfechtung gem. § 130 entzogen (→ Rn. 3). Der Anfechtung ausgesetzt ist anstelle des Gläubigers der letzte Regresspflichtige. Dieser soll durch die unanfechtbare Zahlung nicht entlastet werden (Jaeger/*Henckel* Rn. 2; HK-InsO/*Kreft* Rn. 3).

3 **3. Anwendungsbereich.** Bei Wechsel- oder Scheckzahlungen schließt § 137 ausdrücklich eine Anfechtung nach **§ 130** aus. Auf unter **§ 132** fallende Erfüllungshandlungen ist die Norm entsprechend anwendbar (MüKoInsO/*Kirchhof* Rn. 3; Uhlenbruck/*Hirte* Rn. 2; Kübler/Prütting/Bork/*Schoppmeyer* Rn. 4; HK-InsO/*Kreft* Rn. 4). Die Anfechtung nach **§§ 131, 133, 134** bleibt möglich (Jaeger/*Henckel* Rn. 15; MüKoInsO/*Kirchhof* Rn. 3; Uhlenbruck/*Hirte* Rn. 2; HK-InsO/*Kreft* Rn. 4; vgl. zu § 34 KO BGH NJW 1974, 57).

4 Unanfechtbar gem. § 137 ist nur das **Erfüllungsgeschäft.** Sowohl das Verpflichtungsgeschäft als auch die Begründung der Wechsel- oder Scheckverbindlichkeit bleiben anfechtbar (MüKoInsO/*Kirchhof* Rn. 10; Uhlenbruck/*Hirte* Rn. 3; Kübler/Prütting/Bork/*Schoppmeyer* Rn. 5). § 137 gilt nicht für eine Zahlung nach Protesterhebung (Uhlenbruck/*Hirte* Rn. 2). Wird die Begründung der Wechsel- oder Scheckverbindlichkeit erfolgreich angefochten, kann das zu ihrer Erfüllung Geleistete zurückgefordert werden, ohne dass § 137 entgegensteht (MüKoInsO/*Kirchhof* Rn. 10; HK-InsO/*Kreft* Rn. 8).

5 Die **entsprechende Anwendung** auf andere Wertpapiere oder Sicherheiten ist ausgeschlossen, weil es hier an einer vergleichbaren Notlage des Gläubigers

fehlt (BGH NJW 1974, 57; Jaeger/*Henckel* Rn. 17; MüKoInsO/*Kirchhof* Rn. 4; Kübler/Prütting/Bork/*Schoppmeyer* Rn. 5).

4. Praktische Bedeutung. Entsprechend dem Bedeutungsverlust des Wech- **6**
selrechts ist die praktische Relevanz von **§ 137 Abs. 1 und 2** gering. Hinzu kommt, dass bei Wechselzahlungen des Schuldners schon die Voraussetzungen einer Deckungsanfechtung oft nicht vorliegen, weil es sich bei dem Leistungsempfänger und auch bei dem letzten Rückgriffsverpflichteten (Absatz 2) oft um Außenstehende handelt, die von der Krise des Schuldners nichts wissen (Braun/*Riggert* Rn. 15). Noch bedeutungsloser ist **§ 137 Abs. 3,** der nur in der Insolvenz des bezogenen Kreditinstituts in Betracht kommt (→ Rn. 16).

II. Anfechtungsausschluss (Absatz 1)

Die Anfechtung ist nur ausgeschlossen, wenn der Schuldner die **Wechselzah-** **7**
lung als Hauptverpflichteter geleistet hat. Dies sind der **Akzeptant** eines gezogenen (Art. 28 WechselG), der **Aussteller eines eigenen Wechsels** (Art. 78 WechselG) und der **Ehrenannehmer** (Art. 58 WechselG), nicht jedoch der Aussteller des auf den Insolvenzschuldner bezogenen und von diesem akzeptierten Wechsels (BGH NZI 2007, 517 Rn. 21; MüKoInsO/*Kirchhof* Rn. 5; einschränkend Kummer/Schäfer/Wagner/*Wagner* Rz. 7).

Die Wechselzahlung muss entweder bar oder in einer sonstigen verkehrsübli- **8**
chen Weise geleistet worden sein, etwa durch Überweisung, uU auch bei einer Aufrechnung (BGH NJW 1970, 41 [42]; Jaeger/*Henckel* Rn. 5; MüKoInsO/*Kirchhof* Rn. 6). Der Wechsel muss **bei Fälligkeit** und vor Insolvenzeröffnung eingelöst worden sein. Eine Zahlung vor Fälligkeit wäre inkongruent und deshalb nicht begünstigt. Das gleiche gilt für eine Zwangsvollstreckung aus dem Wechsel ohne vorausgegangenen Protest, eine Besicherung des Wechsels und eine Leistung an Erfüllungs Statt (MüKoInsO/*Kirchhof* Rn. 6).

Die Annahme der Wechselzahlung muss für den Gläubiger den **Verlust des** **9**
Rückgriffsrecht gegen andere Wechselverpflichtete zur Folge gehabt haben. Ein solches Rückgriffsrecht besteht nicht, wenn der Zahlende der einzige Wechselschuldner ist oder an den letzten Rückgriffsberechtigten geleistet wird (MüKoInsO/*Kirchhof* Rn. 7). Der Rechtsverlust muss sich aus dem Wechselrecht selbst ergeben. Anfechtungsfrei ist nur die **notgedrungene Zahlungsannahme.** Daran fehlt es, wenn der Rechtsverlust auf einer Vereinbarung beruht (MüKoInsO/*Kirchhof* Rn. 8; HambK-InsO/*Rogge* Rn. 3) oder der Protest wirksam erlassen war (Art. 46 Abs. 3 S. 1 Hs. 1 WechselG) oder wenn nach rechtzeitiger Protesterhebung (Jaeger/*Henckel* Rn. 9f.) oder nach Versäumung der Protestfrist gezahlt wurde (MüKoInsO/*Kirchhof* Rn. 9).

III. Ersatzrückgewähr (Absatz 2)

Absatz 2 soll einen **anfechtungsrechtlichen Ausgleich** für die Benachtei- **10**
ligung der Gläubiger schaffen, die durch die Zahlung des Schuldners eingetreten ist (Jaeger/*Henckel* Rn. 18). Da die Anfechtung gegen den Empfänger der Wechselzahlung nach Absatz 1 ausscheidet, andererseits der Gegenwert der Zahlung mit dem Fortfall des Rückgriffs dem letzten Regressschuldner zugute gekommen ist, richtet sich die Anfechtung gem. Absatz 2 nun gegen diesen. Dies dient zugleich einer **Verhinderung des Missbrauchs** (HK-InsO/*Kreft* Rn. 3; Kübler/Prütting/Bork/*Schoppmeyer* Rn. 9). § 130 soll nicht dadurch umgangen werden können, dass der Gläubiger über den Betrag seiner Forderung einen Wechsel auf den Schuldner zieht und verwertet.

Anwendbar ist Absatz 2 nur, wenn der Empfänger der Wechselzahlung nach **11**
Absatz 1 anfechtungsfrei bleibt. Er ist unanwendbar, wenn die Anfechtung gegen

den Empfänger durchgreift (etwa weil die Zahlungsannahme nicht „notgedrungen" war, → Rn. 9) oder aus anderen Gründen als dem des Abs. 1 ausgeschlossen ist (Jaeger/*Henckel* Rn. 19; Uhlenbruck/*Hirte* Rn. 6).

12 **Erstattungspflichtig** ist der letzte Rückgriffsverpflichtete, der den Wechsel auf eigene Rechnung begeben hat. Wurde der Wechsel für Rechnung eines Dritten begeben, ist der Dritte erstattungspflichtig. Der **letzte Rückgriffsverpflichtete** ist derjenige, welcher bei wirksamer Protesterhebung mangels Zahlung letzten Endes hätte zahlen müssen, mithin der Aussteller des auf den Schuldner gezogenen oder der erste Indossant des vom Schuldner ausgestellten eigenen Wechsels (MüKoInsO/*Kirchhof* Rn. 13; HK-InsO/*Kreft* Rn. 9). Ist diese Person ihrerseits zahlungsunfähig, haften andere Garanten nicht; vielmehr muss die Insolvenzmasse dieses Risiko tragen (MüKoInsO/*Kirchhof* Rn. 14; Uhlenbruck/*Hirte* Rn. 6; HK-InsO/*Kreft* Rn. 9). Hat anstelle des letzten Rückgriffsberechtigen ein Nichtberechtigter wirksam den Wechsel begeben (Art. 16 Abs. 2 WechselG), kommt eine Anfechtung gegenüber dem letzten Rückgriffsberechtigten nur in Betracht, wenn auch die Voraussetzungen einer wechselmäßigen Rechtsscheinhaftung erfüllt sind (Jaeger/*Henckel* Rn. 18; MüKoInsO/*Kirchhof* Rn. 13; Kübler/Prütting/Bork/*Schoppmeyer* Rn. 11). Als **Dritter,** für dessen Rechnung der Wechsel begeben worden ist, kommt insbes. der Kommittent eines Kommissionswechsels in Betracht (Jaeger/*Henckel* Rn. 21).

13 **Gegenstand der Erstattung** ist nicht bloß die „Wechselsumme" im engeren Sinne, sondern der vom Insolvenzschuldner auf den Wechsel entrichtete Gesamtbetrag einschließlich Zinsen, Kosten und Provision (Jaeger/*Henckel* Rn. 22; MüKoInsO/*Kirchhof* Rn. 18). Erstattet der Anfechtungsgegner den von ihm geschuldeten Betrag, lebt gem. § 144 auch seine etwaige Forderung gegen den Insolvenzschuldner wieder auf (MüKoInsO/*Kirchhof* Rn. 18; Uhlenbruck/*Hirte* Rn. 6).

14 Eine Anfechtung gegenüber dem letzten Rückgriffsverpflichteten oder dem Dritten kommt nur in Betracht, wenn auch **subjektive Anfechtungsvoraussetzungen** erfüllt sind. Der Anfechtungsgegner muss entweder die **Zahlungsunfähigkeit** des Schuldners oder den **Eröffnungsantrag** gekannt haben. Der Kenntnis der Zahlungsunfähigkeit oder des Eröffnungsantrags steht die Kenntnis von **Umständen** gleich, die zwingend auf die Zahlungsunfähigkeit oder den Eröffnungsantrag schließen lassen (Abs. 2 S. 2 iVm § 130 Abs. 2, vgl. dort → § 130 Rn. 83). Darüber hinaus wird die Kenntnis **vermutet,** wenn der letzte Rückgriffsberechtigte oder der Dritte zur Zeit der Wechselbegebung eine dem Schuldner nahe stehende Person iSv § 138 war (Abs. 2 S. 2 iVm § 130 Abs. 3, vgl. dort → § 130 Rn. 102). Hat der letzte Rückgriffsverpflichtete, der den Wechsel für Rechnung eines Dritten begeben hat, die Kenntnis gehabt, muss sich der Dritte diese zurechnen lassen (Jaeger/*Henckel* Rn. 23; HK-InsO/*Kreft* Rn. 11).

15 **Maßgeblicher Zeitpunkt** für die objektiven und subjektiven Anfechtungsvoraussetzungen ist derjenige der Begründung der Wechselverpflichtung, nicht derjenige der Zahlung der Wechselsumme (Jaeger/*Henckel* Rn. 23; Kübler/Prütting/Bork/*Schoppmeyer* Rn. 12).

IV. Zahlung auf Scheck (Absatz 3)

16 Für Zahlungen auf einen Scheck ordnet Absatz 3 die entsprechende Anwendung der Absatz 1 und 2 an. Diese kommt aber nur in Betracht, wenn der Insolvenzschuldner als Bezogener den Scheck eingelöst hat (Jaeger/*Henckel* Rn. 25; MüKoInsO/*Kirchhof* Rn. 19; Uhlenbruck/*Hirte* Rn. 8; a A. *Häsemeyer* Rn. 21.54; Kummer/Schäfer/Wagner/*Wagner* Rn. J 31). Die Vorschrift hat also Bedeutung nur in der **Insolvenz des bezogenen Kreditinstituts** (Art. 3, 54 ScheckG).

17 Gem. **Absatz 3 in Verbindung mit Absatz 1** ist die Zahlung auf Scheck unanfechtbar nur dann, wenn der Scheckinhaber durch die Verweigerung der Annahme seine Rückgriffsansprüche verlieren würde (Jaeger/*Henckel* Rn. 25). Abs. 3 ist nicht nur anzuwenden, wenn das Kreditinstitut die Schecksumme bar auszahlt, sondern auch im Falle der Gutschrift (vgl. für den Verrechnungsscheck Art. 39 Abs. 2 S. 2 ScheckG).

18 Ist die Zahlung gem. Absatz 3 iVm Absatz 1 unanfechtbar, hat der **letzte Regresspflichtige** die Schecksumme zu erstatten (Abs. 3 iVm Abs. 2), falls er bei Begebung des Schecks die Zahlungsunfähigkeit des Bezogenen oder der gegen diesen gerichtete Eröffnungsantrag bekannt war.

V. Beweislast

19 Auch bei Wechsel- und Scheckzahlungen hat zunächst einmal der den Zahlungsempfänger in Anspruch nehmende **Insolvenzverwalter** die Anfechtungsvoraussetzungen darzulegen und zu beweisen (MüKoInsO/*Kirchhof* Rn. 22; Uhlenbruck/*Hirte* Rn. 11; HK-InsO/*Kreft* Rn. 14). Gelingt dem Insolvenzverwalter der Beweis, hat der Zahlungsempfänger die Voraussetzungen des Absatz 1 darzulegen und zu beweisen, also die Zahlung des Insolvenzschuldners auf den Wechsel oder Scheck und den ohne die Annahme entstehenden Rechtsverlust (MüKoInsO/*Kirchhof* Rn. 22; Uhlenbruck/*Hirte* Rn. 11; HK-InsO/*Kreft* Rn. 14). Führt der Zahlungsempfänger diesen Beweis, verliert der Insolvenzverwalter den Prozess. Geht der Insolvenzverwalter nunmehr (er kann dies natürlich auch sogleich tun) gem. Absatz 2 gegen den letzten Rückgriffsverpflichteten oder den Dritten vor, hat er die Voraussetzungen dieser Norm darzulegen und zu beweisen (MüKoInsO/*Kirchhof* Rn. 23; Uhlenbruck/*Hirte* Rn. 11; HK-InsO/*Kreft* Rn. 14). Macht der letzte Rückgriffsverpflichtete als Anfechtungsgegner geltend, er habe den Wechsel/Scheck nicht im eigenen Namen, sondern für einen Dritten begeben, muss er dies beweisen (MüKoInsO/*Kirchhof* Rn. 23; Uhlenbruck/*Hirte* Rn. 11; HK-InsO/*Kreft* Rn. 14). Gem. Absatz 2 S. 2 iVm § 130 Abs. 3 hat ein dem Insolvenzschuldner nahe stehender Anfechtungsgegner auch zu beweisen, dass er die Zahlungsunfähigkeit oder den Eröffnungsantrag nicht kannte (vgl. → § 130 Rn. 102 f.).

Nahestehende Personen[1]

138 (1) **Ist der Schuldner eine natürliche Person, so sind nahestehende Personen:**

1. **der Ehegatte des Schuldners, auch wenn die Ehe erst nach der Rechtshandlung geschlossen oder im letzten Jahr vor der Handlung aufgelöst worden ist;**

1a. **der Lebenspartner des Schuldners, auch wenn die Lebenspartnerschaft erst nach der Rechtshandlung eingegangen oder im letzten Jahr vor der Handlung aufgelöst worden ist;**

2. **Verwandte des Schuldners oder des in Nummer 1 bezeichneten Ehegatten oder des in Nummer 1a bezeichneten Lebenspartners in auf- und absteigender Linie und voll- und halbbürtige Geschwister des Schuldners oder des in Nummer 1 bezeichneten Ehegatten oder des in Nummer 1a bezeichneten Lebenspartners sowie die Ehegatten oder Lebenspartner dieser Personen;**

---

[1] § 138 Abs. 1 Nr. 1a eingef. mWv 1.8.2001 durch G v. 16.2.2001 (BGBl. I S. 266); Abs. 1 Nr. 2 neu gef. mWv 1.1.2005 durch G v. 15.12.2004 (BGBl. I S. 3396); Abs. 1 Nr. 3 geänd. und Nr. 4 angef. mWv 1.7.2007 durch G v. 13.4.2007 (BGBl. I S. 509).

3. **Personen, die in häuslicher Gemeinschaft mit dem Schuldner leben oder im letzten Jahr vor der Handlung in häuslicher Gemeinschaft mit dem Schuldner gelebt haben sowie Personen, die sich auf Grund einer dienstvertraglichen Verbindung zum Schuldner über dessen wirtschaftliche Verhältnisse unterrichten können;**
4. **eine juristische Person oder eine Gesellschaft ohne Rechtspersönlichkeit, wenn der Schuldner oder eine der in den Nummern 1 bis 3 genannten Personen Mitglied des Vertretungs- oder Aufsichtsorgans, persönlich haftender Gesellschafter oder zu mehr als einem Viertel an deren Kapital beteiligt ist oder auf Grund einer vergleichbaren gesellschaftsrechtlichen oder dienstvertraglichen Verbindung die Möglichkeit hat, sich über die wirtschaftlichen Verhältnisse des Schuldners zu unterrichten.**

(2) **Ist der Schuldner eine juristische Person oder eine Gesellschaft ohne Rechtspersönlichkeit, so sind nahestehende Personen:**
1. **die Mitglieder des Vertretungs- oder Aufsichtsorgans und persönlich haftende Gesellschafter des Schuldners sowie Personen, die zu mehr als einem Viertel am Kapital des Schuldners beteiligt sind;**
2. **eine Person oder eine Gesellschaft, die auf Grund einer vergleichbaren gesellschaftsrechtlichen oder dienstvertraglichen Verbindung zum Schuldner die Möglichkeit haben, sich über dessen wirtschaftliche Verhältnisse zu unterrichten;**
3. **eine Person, die zu einer der in Nummer 1 oder 2 bezeichneten Personen in einer in Absatz 1 bezeichneten persönlichen Verbindung steht; dies gilt nicht, soweit die in Nummer 1 oder 2 bezeichneten Personen kraft Gesetzes in den Angelegenheiten des Schuldners zur Verschwiegenheit verpflichtet sind.**

Schrifttum: *Biehl,* Insider im Insolvenzverfahren, 2000 (zit. Insiders); *ders.*, Zur Verfassungsmäßigkeit der Insiderbestimmungen zu Lasten von Ehe und Familie gemäß § 138 I InsO, FamRZ 2001, 745; *Eidenmüller,* Private Equity, Leverage und die Effizienz des Gläubigerschutzrechts, ZHR 171 (2007), 644; *Engert,* Drohende Subordination als Schranke einer Unternehmenskontrolle durch Kreditgeber, ZGR 2012, 835; *Fridgen,* Die Zurechnung der Eigenschaft „nahestehende Person" über § 166 BGB, ZInsO 2004, 548; *Gruschinske,* Haftung für Schulden des nahen Angehörigen?, GmbHR 2012, 551; *Habersack,* Gesellschafterdarlehen nach dem MoMiG – Anwendungsbereich, Tatbestand und Rechtsfolgen der Neuregelung, ZIP 2007, 2145; *Hirte,* Die Neuregelung des Rechts der (früher: kapitalersetzenden) Gesellschafterdarlehen durch das „Gesetz zur Modernisierung des GmbH-Rechts und zur Bekämpfung von Missbräuchen" (MoMiG), WM 2008, 1429; *Huber,* Finanzierungsfolgenverantwortung de lege lata und de lege ferenda, FS Priester, 2007, 259; *Kirchhof,* Die neue Rechtsprechung des BGH in Insolvenzsachen – insbesondere zu Anfechtungsfragen gegenüber Gesellschaftern und nahen Angehörigen i. S. d. § 138 InsO, ZInsO 2001, 825; *Paulus,* Der subjektive Tatbestand in der Insolvenzanfechtung, WM 2000, 2225; *ders.*, Zur Auslegung anfechtungsrechtlicher Vorschriften, FS Fischer, 2008, 445; *Ropohl,* Gesellschaftsrechtliche Insider nach § 138 Abs. 2 InsO, 2002; *ders.*, Bestimmung der gesellschaftsrechtlich nahe stehenden Personen nach § 138 II InsO, NZI 2006, 425; *Rostegge,* Konzerninsolvenz – die verfahrensrechtliche Behandlung von verbundenen Unternehmen nach der Insolvenzordnung, 2006; *Karsten Schmidt,* Grundfragen zur Neufassung der §§ 39, 135 InsO durch das MoMiG, GmbHR 2009, 1009; *ders.*, Gesellschafterdarlehen im GmbH- und Insolvenzrecht nach der MoMiG-Reform – eine alternative Sicht, ZIP-Beil. Heft 39/2010, 15; *Servatius,* Gläubigereinfluss durch Covenants, 2008; *Thole,* Gläubigerschutz durch Insolvenzrecht, 2010.

Übersicht

I. Grundlagen

1. Gesetzgebungsgeschichte. Die Vorgängervorschrift § 31 Nr. 2 KO enthielt jeweils einen besonderen Anfechtungstatbestand gegenüber dem Ehegatten und bestimmten Verwandten/Verschwägerten des (Gemein-)Schuldners. In § 4 Abs. 2 VerglO wurde dieser Personenkreis als „nahe Angehörige" bezeichnet. Durch die Rspr. wurden auch gesellschaftsrechtliche Verbindungen der Regelung unterworfen (Jaeger/*Henckel* KO § 31 Rn. 3337). § 138 hat den Begriff der „nahen Angehörigen" durch denjenigen der „nahe stehenden Personen" ersetzt. Dieser war im Vorgriff auf die Insolvenzrechtsreform bereits in § 10 Abs. 1 Nr. 2 und 3 GesO verwendet worden. Außerdem hat § 138 den Kreis der „verdächtigen" Personen erweitert; redaktionell sind die Regelungen in einer einzigen Gesetzesvorschrift zusammengefasst worden (weitere Gesetzgebungshinweise bei MüKoInsO/*Gehrlein* Rn. 3 f.; HK-InsO/*Kreft* Rn. 1). 1

2. Normzweck. Bei einer Anfechtung gegenüber Personen, die dem Schuldner nahe standen, gibt es eine **Beweislastumkehr** für die subjektiven Anfechtungsvoraussetzungen der §§ 130, 131, 132 und 137, und § 133 Abs. 2 erleichtert die Anforderungen der Vorsatzanfechtung bei Verträgen mit nahe stehenden Personen. Diese haben regelmäßig einen **Informationsvorsprung,** der die Vermutung begründet, dass sie zur Zeit der anfechtbaren Rechtshandlung die Zahlungsunfähigkeit oder den Eröffnungsantrag kannten (Uhlenbruck/*Hirte* Rn. 1; HK-InsO/*Kreft* Rn. 4; vgl. auch zu § 10 Abs. 1 Nr. 2 GesO BGHZ 131, 189 [193] = NJW 1996, 461 [462]). Des Weiteren ist eine **Unterstützungsbereitschaft** gegenüber dem Schuldner zu vermuten (*Paulus* FS Fischer, 2008, 445 [454 f.]; *Biehl* Insider S. 9 ff.; MüKoInsO/*Gehrlein* Rn. 2; Kübler/Prütting/Bork/*Ehricke* Rn. 1; HK-InsO/*Kreft* Rn. 4; vgl. auch zu § 31 Nr. 2 KO BGHZ 96, 352 [358] = NJW 1986, 1047; BGH NJW 1966, 730; WM 1975, 1088). 2

3 **3. Anwendungsbereich.** Vgl. hierzu zunächst → Rn. 2. Ob die nahe stehende Person im Einzelfall von ihren Informationsmöglichkeiten Gebrauch gemacht hat, ist für die Anwendung des § 130 ohne Bedeutung. Eine **analoge Anwendung** auf einen erweiterten Personenkreis, etwa Stiefgeschwister, kommt nicht in Betracht (Kübler/Prütting/Bork/*Ehricke* Rn. 4; FK-InsO/*Dauernheim* Rn. 2). Da die Vorschrift nicht an konkretes Wissen anknüpft, hat auch eine **Zurechnung der Eigenschaft „nahe stehende Person"** über § 166 BGB auszuscheiden (MüKoInsO/*Gehrlein* Rn. 2; Kübler/Prütting/Bork/*Ehricke* Rn. 1; aA *Fridgen* ZInsO 2004, 1341 [1342]). Ob für nahe stehende Personen eine Ausnahme von der für § 143 Abs. 2 S. 2 geltenden Beweislastverteilung gemacht werden kann, ist umstr. (dafür OLG Düsseldorf NZI 2001, 477 [478]; dagegen OLG Rostock NZI 2008, 438 [439]; vgl. → § 143 Rn. 37). Nähebeziehungen können auch außerhalb des § 138 als verdächtiger Umstand iSv § 286 ZPO berücksichtigt werden (*Paulus* FS Fischer, 2008, 445 [456]; Uhlenbruck/*Hirte* Rn. 2; vgl. auch BGH NZI 2011, 448 Rn. 6).

4 § 138 kann nicht zur Abgrenzung von einfachen (§ 38) zu nachrangigen (§ 39 Abs. 1 Nr. 5) Insolvenzforderungen herangezogen werden (BGHZ 188, 363 Rn. 12 ff. = NZI 2011, 257). Zur Einbeziehung naher Angehöriger in den Anwendungsbereich der Kapitalaufbringungsvorschriften und in die Gesellschafterfremdfinanzierung → § 39 Rn. 51 (vgl. auch BGH NZI 2011, 549 Rn. 15; *Bormann/Hösler* GmbHR 2009, 897; *Karsten Schmidt* ZIP 2010, Beilage zu Heft 39, S. 15, 21; *Gruschinske* GmbHR 2012, 551 ff.).

5 **4. Maßgeblicher Zeitpunkt. Grds.** muss die Nähebeziehung zu dem Zeitpunkt bestanden haben, der für die Anfechtbarkeit der Rechtshandlung maßgeblich ist. Gem. § 140 Abs. 1 ist dies der Zeitpunkt, in dem die Rechtshandlung ihre rechtlichen Wirkungen entfaltet, denn in diesem Zeitpunkt gilt die Handlung als vorgenommen (OLG Hamm ZInsO 2008, 457 Rn. 20; mißverständlich Kübler/Prütting/Bork/*Ehricke* Rn. 28 und Nerlich/Römermann/*Nerlich,* Stand Juli 2013, Rn. 24: Die Nähebeziehung müsse im Zeitpunkt der Vornahme der Handlung bestehen und andauern, bis die Handlung ihre Rechtswirkungen entfalte). Dieser Grundsatz erleidet aber **Durchbrechungen** (→ Rn. 8, 12, 14).

6 **5. Praktische Bedeutung.** § 138 hat eine erhebliche praktische Bedeutung, zum einen wegen seines breiten Anwendungsbereichs (§§ 130, 131, 132, 133 Abs. 2, § 137; vgl. → Rn. 3 f.), zum anderen deshalb, weil vielfach der Schuldner oder seine Organe der Versuchung nachgeben, Vermögensgegenstände dem Zugriff der Gläubiger zu entziehen, und sie hierbei zuvörderst mit der Hilfsbereitschaft nahe stehender Personen rechnen (Braun/*Riggert* Rn. 24).

II. Insolvenz einer natürlichen Person (Absatz 1)

7 **1. Nahe Angehörige. a) Ehegatten und Lebenspartner (Nr. 1 und 1a).** Dem Schuldner nahe stehend ist in erster Linie sein **Ehegatte.** Die Vorschrift ist mit Art. 6 Abs. 1 GG vereinbar (OLG Hamm 5.3.2009 – 27 U 45/07, Rn. 58, BeckRS 2010, 18789; *Biehl* FamRZ 2001, 745). Dem Ehegatten zur Seite gestellt wird nach Einführung der Nr. 1a durch das Lebenspartnerschaftsgesetz (LPartG) vom 16.2.2001 der **Lebenspartner.** Lebenspartner sind zwei Personen gleichen Geschlechts, die gegenüber dem Standesbeamten persönlich und bei gleichzeitiger Anwesenheit erklärt haben, miteinander eine Partnerschaft auf Lebenszeit führen zu wollen (§ 1 Abs. 1 LPartG). Ob die Ehegatten/Lebenspartner gemeinsam oder getrennt leben, ist unerheblich. Der Wortlaut des § 138 Abs. 1 Nr. 1, 1a, der auf die rechtsverbindliche Schließung einer Ehe oder Lebenspartnerschaft abstellt, kann nicht auf **faktische Lebensgemeinschaften** erstreckt werden (BGH NZI

2011, 448 Rn. 3; MüKoInsO/*Gehrlein* Rn. 5). Besteht – wie regelmäßig – zwischen den faktischen Lebenspartnern eine häusliche Gemeinschaft, werden sie von Absatz 1 Nr. 3 erfasst.

Abweichend von dem Grundsatz, wonach das Näheverhältnis zu dem **Zeitpunkt** bestanden haben muss, der für die Anfechtbarkeit der Rechtshandlung maßgeblich ist (→ Rn. 5), sind der Ehegatte und der Lebenspartner nahe stehende Personen auch dann, wenn die Ehe bzw. Lebenspartnerschaft erst nach der Rechtshandlung eingegangen oder im letzten Jahr vor der Handlung aufgelöst worden ist. Für die Begründung des Näheverhältnisses nach Vornahme der Rechtshandlung gibt es keine zeitliche Grenze. Aufgelöst ist die Ehe/Lebenspartnerschaft erst mit der Rechtskraft des entsprechenden Urteils (Jaeger/*Henckel* Rn. 5; Uhlenbruck/*Hirte* Rn. 3 f.; HK-InsO/*Kreft* Rn. 6). Die Frist berechnet sich entsprechend § 139 Abs. 1 (HK-InsO/*Kreft* Rn. 7). Ist die Ehe/Lebenspartnerschaft innerhalb dieser Frist aufgelöst worden, kann immer noch eine Nähebeziehung gem. Absatz 1 Nr. 3 bestehen. 8

Ob eine **gültige Ehe/Lebenspartnerschaft** besteht, ist nach dem einschlägigen inländischen oder (vgl. Art. 13 Abs. 1 EGBGB) ausländischen Sachrecht zu beurteilen. Nachdem die Notwendigkeit einer Zivilehe entfallen ist, reicht für Absatz 1 Nr. 1 auch eine kirchliche Eheschließung aus (Ahrens/Gehrlein/Ringstmeier/*Gehrlein* Rn. 3). Dies ist anders bei einer (nicht zusätzlich kirchlich geschlossenen) Zivilehe, die an so schwerwiegenden formellen oder materiellrechtlichen Mängeln leidet, dass sie eine **Nichtehe** ist (Jaeger/*Henckel* Rn. 5; FK-InsO/*Dauernheim* Rn. 6; HambK-InsO/*Rogge/Leptien* Rn. 3; aA Kübler/Prütting/Bork/*Ehricke* Rn. 9; zur Nichtehe vgl. Palandt/*Brudermüller* BGB Einf. v. § 1313 Rn. 5 f.). Bei solcher Lage kommt nur Absatz 1 Nr. 3 in Betracht. 9

b) Verwandte (Nr. 2). Die Verwandtschaft richtet sich nach § 1589 BGB (Jaeger/*Henckel* Rn. 7; Kübler/Prütting/Bork/*Ehricke* Rn. 10). Absatz 1 Nr. 2 erfasst **in auf- und absteigender Linie** sowohl die Verwandten des Schuldners als auch diejenigen seines Ehegatten/Lebenspartners, also die mit dem Schuldner Verschwägerten (§ 1590 BGB), desgleichen die voll- und halbbürtigen **Geschwister** des Schuldners sowie des Ehegatten/Lebenspartners nebst den Ehegatten/Lebenspartnern dieser Personen. Verwandtschaft besteht auch zwischen dem nichtehelichen Kind und beiden Elternteilen sowie deren Verwandten (FK-InsO/*Dauernheim* Rn. 8). Adoptierte Kinder gelten als verwandt nach Maßgabe der §§ 1754, 1770 BGB. Da **faktische Lebensgemeinschaften** nicht unter die Nr. 1 und 1a fallen (→ Rn. 7), kann die Mutter des „faktischen Partners" nicht den nahestehenden Personen gemäß Ans. 1 Nr. 2 zugeordnet werden (BGH NZI 2011, 448 Rn. 3). 10

Verwandte in der **Seitenlinie,** etwa der Onkel der Ehefrau (dazu *Paulus* FS G. Fischer, 2008, 445 [455]), werden von Absatz 1 Nr. 2 nicht erfasst. Pflegt der Schuldner (wie in dem von *Paulus,* FS G. Fischer, 2008, 445, gebildeten Beispiel) mit dem Onkel der Ehefrau aber eine „innige Freundschaft", kann diese faktische Nähebeziehung aber ohne weiteres auch außerhalb des § 138 als verdächtiger Umstand iSv § 286 ZPO berücksichtigt werden (→ Rn. 3). 11

Hinsichtlich der Verwandten des Ehegatten/Lebenspartners **in gerader Linie** gilt, dass die Ehe/Lebenspartnerschaft bei Vornahme der angefochtenen Rechtshandlung nicht mehr bestanden haben muss; sie darf aber auch nicht früher als ein Jahr zuvor aufgelöst worden sein. Demgegenüber muss bei den Ehegatten/Lebenspartnern der in Nr. 2 erwähnten Personen die Ehe/Lebenspartnerschaft bereits bei Vornahme der Rechtshandlung bestanden haben, weil insoweit eine Regelung wie in Absatz 1 Nr. 1 fehlt (OLG Hamm ZInsO 2008, 457 Rn. 20; Uhlenbruck/*Hirte* Rn. 10; HK-InsO/*Kreft* Rn. 8; Kübler/Prütting/Bork/*Ehricke* Rn. 10). 12

13 **c) Häusliche Gemeinschaft und dienstvertragliche Verbindung (Nr. 3).** Eine **häusliche Gemeinschaft** besteht hauptsächlich zwischen den Partnern verschiedenen Geschlechts einer nichtehelichen Lebensgemeinschaft. Gleichgeschlechtliche Partner einer solchen Gemeinschaft fallen ebenfalls darunter, sofern keine Lebenspartnerschaft nach dem Lebenspartnerschaftsgesetz vorliegt, ferner Pflegeltern und Pflegekinder und sonstige vergleichbar enge, zu einer persönlichen Nähe führende Gemeinschaften. Reine Zweckgemeinschaften wie etwa eine studentische Wohngemeinschaft gehören nicht dazu (Jaeger/*Henckel* Rn. 13; Uhlenbruck/*Hirte* Rn. 11; FK-InsO/*Dauernheim* Rn. 10; Braun/*Riggert* Rn. 7).

14 Die häusliche Gemeinschaft muss im **Zeitpunkt** der Vornahme der angefochtenen Handlung nicht mehr bestanden haben. Sie darf nur nicht früher als ein Jahr zuvor aufgelöst worden sein. Absatz 1 Nr. 3 ist hingegen nicht anwendbar, wenn die häusliche Gemeinschaft erst nach Vornahme der angefochtenen Handlung begründet wurde (MüKoInsO/*Gehrlein* Rn. 7; HK-InsO/*Kreft* Rn. 9).

15 Eine **dienstvertragliche Verbindung,** die bei Vornahme der Rechtshandlung bestanden hat (Graf-Schlicker/*Huber* Rn. 4), begründet ein Näheverhältnis gem. Absatz 1 Nr. 3 nur dann, wenn der **Schuldner Dienstherr,** zB Arbeitgeber, ist (Jaeger/*Henckel* Rn. 14; HK-InsO/*Kreft* Rn. 10; Ahrens/Gehrlein/Ringstmeier/*Gehrlein* Rn. 6; aA Kummer/Schäfer/Wagner/*Maier* Rn. K17). Das Verhältnis muss außerdem so eng sein, dass der Dienstverpflichtete in die wirtschaftliche Lage des Schuldners Einblick nehmen kann. Dies ist etwa bei einem leitenden Angestellten im Unternehmen des Schuldners oder einer seinen Privathaushalt führenden Wirtschafterin anzunehmen, nicht jedoch bei einer einfachen Hausangestellten (Jaeger/*Henckel* Rn. 14). Ob der Dienstverpflichtete in die wirtschaftliche Lage des Schuldners tatsächlich Einblick genommen hat, ist unerheblich. **Selbstständig Tätige,** die für den Schuldner Geschäfte besorgen, etwa sein Steuerberater oder seine Hausbank, sind wie bei Absatz 2 Nr. 2 (vgl. dazu → Rn. 29 f.) keine nahestehenden Personen (Jaeger/*Henckel* Rn. 14; HambK-InsO/*Rogge/Leptien* Rn. 25; wohl auch Kübler/Prütting/Bork/*Ehricke* Rn. 12; krit. *Biehl* Insider S. 91 ff.; Uhlenbruck/*Hirte* Rn. 47).

16 **2. Gesellschaftsrechtliche Beziehungen (Nr. 4).** Diese Vorschrift ist zum Teil eine spiegelbildliche Regelung zu Absatz 2 Nr. 1. Während dort die dem Schuldner als einer juristischen Person oder einer Gesellschaft ohne Rechtspersönlichkeit nahe stehenden natürlichen Personen erfasst werden, steht bei Absatz 1 Nr. 4 – gerade umgekehrt – die juristischen Person oder die Gesellschaft ohne Rechtspersönlichkeit dem Schuldner als einer natürlichen Person nahe. Voraussetzung ist, dass der Schuldner **Organmitglied, persönlich haftender Gesellschafter** oder **mit mehr als 25 % beteiligt** ist. Entsprechend Absatz 2 Nr. 3 für den umgekehrten Fall ist Absatz 1 Nr. 4 ist auch anwendbar, wenn nicht der Schuldner selbst, sondern eine ihm nach Abs. 1 Nr. 1–3 nahe stehende Person die Beteiligung hält (Uhlenbruck/*Hirte* Rn. 12 C; Ahrens/Gehrlein/Ringstmeier/*Gehrlein* Rn. 7). Wegen der Einzelheiten kann auf → Rn. 30 verwiesen werden. Nicht erforderlich ist, dass der Schuldner Einfluss auf die Geschäftsführung hat.

17 Zusätzlich – über die spiegelbildliche Regelung hinaus – erfasst Absatz 1 Nr. 4 noch juristische Personen oder Gesellschaften ohne Rechtspersönlichkeit, die aufgrund einer vergleichbaren gesellschaftsrechtlichen oder dienstvertraglichern Verbindung die Möglichkeit haben, sich über die wirtschaftlichen Verhältnisse des Schuldners zu unterrichten. Diese Regelung findet ihre Entsprechung nicht in Abs. 2 Nr. 1, sondern in Absatz 2 Nr. 2. Wegen der inhaltlichen Anforderungen an eine solche Verbindung kann deshalb auf die dortigen Ausführungen Bezug genommen werden (→ Rn. 29 f.).

III. Insolvenz einer juristischen Person oder einer Gesellschaft ohne Rechtspersönlichkeit (Absatz 2)

1. Allgemeines. Absatz 2 erfasst – bezogen auf juristische Personen und Gesellschaften ohne Rechtspersönlichkeit – die gesellschaftsrechtlichen **Insider. Juristische Personen** sind insbes. eine Aktiengesellschaft, KG auf Aktien, GmbH, eine eingetragene Genossenschaft und ein Verein (gleichgültig ob rechtsfähig oder nicht, vgl. § 11 Abs. 1 S. 2). **Gesellschaften ohne Rechtspersönlichkeit** sind die Außengesellschaft des BGB, OHG, KG, Partnerschaftsgesellschaft, Partenreederei und die europäische wirtschaftliche Interessenvereinigung (EWIV). Nicht erfasst werden die stille Gesellschaft und die BGB-Gesellschaft als Innengesellschaft. 18

Bei **Nr. 1** wird die Insiderstellung ohne weitere Prüfung angenommen; demgegenüber verlangt **Nr. 2** zusätzlich, dass sich die betreffende Person oder Gesellschaft aufgrund ihrer Stellung im oder zum Schuldner über dessen wirtschaftliche Verhältnisse unterrichten kann. **Nr. 3** erfasst Personen, die gesellschaftsrechtlichen Insidern nahe stehen. Zwischen den in Nr. 1–3 aufgeführten Personen und dem Schuldner muss das Näheverhältnis im **Zeitpunkt** der Vornahme der angefochtenen Rechtshandlung bestanden haben; anders als nach Absatz 1 wird die Person nicht mehr als nahe stehend angesehen, wenn die gesellschaftsrechtliche oder dienstvertragliche Beziehung zu diesem Zeitpunkt bereits gelöst war (Jaeger/*Henckel* Rn. 21; Uhlenbruck/*Hirte* Rn. 13; HK-InsO/*Kreft* Rn. 12). § 155 Nr. 2 RegE hatte auch noch solche Personen als Insider ansehen wollen, bei denen eine der in den Nr. 1 und 2 „bezeichneten Verbindungen zum Schuldner im letzten Jahr vor der Rechtshandlung weggefallen ist, sofern die Möglichkeit, sich über die wirtschaftlichen Verhältnisse zu unterrichten, zur Zeit der Handlung fortbestand". Diese Formulierung ist nicht Gesetz geworden (krit. Uhlenbruck/*Hirte* Rn. 54 f.). 19

2. Organe, persönlich haftende Gesellschafter und Personen, die zu mehr als einem Viertel am Kapital des Schuldners beteiligt sind (Nr. 1). Mitglieder des Vertretungsorgans sind bei der Aktiengesellschaft, der Genossenschaft und dem Verein die Vorstände, bei der GmbH und der EWIV die Geschäftsführer. Durchweg werden auch die Stellvertreter erfasst. Mitglieder des Aufsichtsorgans sind die **Mitglieder des Aufsichtsrates** und anderer Aufsichtsgremien (Beirat, Verwaltungsrat). Gleichgültig ist, ob das Aufsichtsorgan auf gesetzlicher oder satzungsmäßiger Grundlage oder aufgrund gerichtlicher Veranlassung eingesetzt wurde und ob die Bestellung des Mitglieds fehlerhaft war, sofern das Mitglied faktisch die Organstellung wahrgenommen hat (einhellige Meinung, vgl. Jaeger/*Henckel* Rn. 22). Zu den nahe stehenden Personen zählt auch ein satzungsgemäß zur Entsendung von Organmitgliedern befugter Dritter (Ahrens/Gehrlein/Ringstmeier/*Gehrlein* Rn. 9). 20

Persönlich haftende Gesellschafter (etwa einer Außengesellschaft des BGB, OHG, KG, KG auf Aktien, EWIV) und Mitreeder einer Partenreederei sind nahe stehend, ungeachtet der Höhe ihrer Beteiligung und der Vertretungsberechtigung. Bei einer GmbH & Co KG sind die Mitglieder der Vertretungs- und Aufsichtsorgane der GmbH (persönlich haftende Gesellschafterin der KG) im Verhältnis zur KG nahe stehende Personen (Jaeger/*Henckel* Rn. 24; Ahrens/Gehrlein/Ringstmeier/*Gehrlein* Rn. 10). 21

Als **Personen, die zu mehr als einem Viertel am Kapital des Schuldners beteiligt sind,** kommen insbes. GmbH-Gesellschafter, Aktionäre und Kommanditisten in Betracht. „Personen" iSd Vorschrift sind natürliche und juristische Personen sowie Gesellschaften ohne Rechtspersönlichkeit (Jaeger/*Henckel* Rn. 25). 22

Mit der Beteiligungsquote von 25 % hat der Gesetzgeber eine starre Grenze gezogen (vgl. *Thole,* Gläubigerschutz durch Insolvenzrecht, 339 ff.). Wird diese Quote unterschritten, dh beträgt sie nur 25 % oder weniger, ist die betreffende Person nicht iSv Absatz 2 Nr. 1 nahe stehend, selbst wenn sie ähnliche Einfluss- und Informationsmöglichkeiten hat wie ein Anteilseigner mit einer Beteiligung von mehr als einem Viertel (BGHZ 131, 189 [193 f.] = NJW 1996, 461 [462]; Jaeger/*Henckel* Rn. 27; krit. Uhlenbruck/*Hirte* Rn. 23 ff.). Hier kann nur Absatz 2 Nr. 2 eingreifen (*Thole,* Gläubigerschutz durch Insolvenzrecht, 340 f.; FK-InsO/*Dauernheim* Rn. 14; HambK-InsO/*Rogge/Leptien* Rn. 23; → Rn. 25 ff.).

23 Eine **mittelbare Beteiligung,** die durch die Dazwischenschaltung einer anderen Person, etwa eines Treuhänders oder eines von dem Gesellschafter beherrschten Unternehmens, erreicht wird, ist bei der Berechnung des Anteils mit zu berücksichtigen (MüKoInsO/*Gehrlein* Rn. 24; Uhlenbruck/*Hirte* Rn. 30 f.; HK-InsO/*Kreft* Rn. 14; nach Kübler/Prütting/Bork/*Ehricke* Rn. 19 können solche gestuften Beteiligungen nur im Rahmen von Absatz 2 Nr. 2 und 3 berücksichtigt werden). Erreichen mehrere nahe Angehörige iSd Absatz 1 Nr. 1, 1a und 2 (Familienverbund) gemeinsam eine Beteiligungsquote von mehr als 25 %, fallen sie jeweils unter Abs. 2 Nr. 1 (*Kirchhof* ZInsO 2001, 825 [827]; Jaeger/*Henckel* Rn. 25; FK-InsO/*Dauernheim* Rn. 14; HambK-InsO/*Rogge/Leptien* Rn. 16; aA wiederum Kübler/Prütting/Bork/*Ehricke* Rn. 19).

24 Zur Beteiligung werden nicht hinzugerechnet **Gesellschafterdarlehen** (§ 39 Abs. 1 Nr. 5) und auf Sonderkonten gutgeschriebene **Gewinne,** deren Auszahlung der Gesellschafter verlangen kann (Jaeger/*Henckel* Rn. 26). Auf Verträge von Gesellschaftern einer GmbH untereinander findet § 138 keine entsprechende Anwendung (Kübler/Prütting/Bork/*Ehricke* Rn. 18; vgl. ferner BGH WM 1975, 1088 zu § 3 Abs. 1 und 2 AnfG).

25 **3. Vergleichbare gesellschaftsrechtliche oder dienstvertragliche Verbindung (Nr. 2).** Hier wird neben der **„Person"** die **„Gesellschaft"** besonders erwähnt. „Person" ist eine natürliche oder juristische Person. Soweit Gesellschaften juristische Personen sind (vgl. → Rn. 22), werden sie also schon durch den Begriff „Person" erfasst. „Gesellschaft" iSd Nr. 2 ist somit eine Gesellschaft ohne Rechtspersönlichkeit (Jaeger/*Henckel* Rn. 28).

26 Eine vergleichbare **gesellschaftsrechtliche Verbindung** haben Personen bzw. Gesellschaften, die gesellschaftsrechtlich vom Schuldner abhängig oder die umgekehrt dem Schuldner übergeordnet sind (BGHZ 131, 189 [194] = NJW 1996, 461 [462]; Jaeger/*Henckel* Rn. 29; HK-InsO/*Kreft* Rn. 16; Kübler/Prütting/Bork/*Ehricke* Rn. 21; *Thole,* Gläubigerschutz durch Insolvenzrecht, 342 f., stellt auf die Funktion als „faktischer Geschäftsführer" ab). Abhängige Unternehmen, die von der gleichen Muttergesellschaft beherrscht werden (Schwestergesellschaften), sind nahe stehend, wenn die wesentlichen Gesellschafter identisch sind (Jaeger/*Henckel* Rn. 30; HK-InsO/*Kreft* Rn. 17; Ahrens/Gehrlein/Ringstmeier/*Gehrlein* Rn. 12; aA *Ropohl* NZI 2006, 425 [430]). Nicht nahe stehend sind jedoch Gesellschafter untereinander (Jaeger/*Henckel* Rn. 30; krit. Uhlenbruck/*Hirte* Rn. 45), es sei denn es handelt sich außerdem um nahe Angehörige (MüKoInsO/*Gehrlein* Rn. 31).

27 Eine **dienstvertragliche Verbindung** haben solche Personen und Gesellschaften, die sich kraft ihrer Stellung als Dienstleister über die wirtschaftliche Lage des Schuldners unterrichten können (BGHZ 195, 358 Rn. 10 = NZI 2013, 39). Aufgrund dienstvertraglicher Beziehung zum Schuldner kann nahe stehend auch eine juristische Person sein, die von dem Dienstpflichtigen beherrscht wird (BGHZ 129, 236 [246] = ZIP 1995, 1021; Jaeger/*Henckel* Rn. 32; HK-InsO/*Kreft* Rn. 19). Ist der Geschäftsführer (außerdem Gesellschafter mit einem Kapitalanteil von mehr als 25 %) der Insolvenzschuldnerin zugleich Geschäftsführer der

Anfechtungsgegnerin, so steht diese der Schuldnerin gem. § 138 Abs. 2 Nr. 2 iVm Nr. 1 InsO nahe (BGH NZI 2007, 517 Rn. 41).

Die **Beschränkung auf gesellschaftrechtliche und dienstvertragliche Verbindungen** hat zur Folge, dass sonstige vertragliche Verbindungen nicht erfasst sind. Dies betrifft ua auch die sog **Covenants** (*Eidenmüller* ZHR 171 (2007), 644 [677, 681]). Darunter versteht man dem Kreditnehmer seitens des Kreditgebers auferlegte Verhaltenspflichten, etwa zur Information des Kreditgebers und zur ordnungsgemäßen Geschäftsführung (*Engert* ZGR 2012, 835 [841]). Covenants führen auch nicht zur Herabstufung gem. § 39 Abs. 1 Nr. 5 (*Habersack* ZIP 2007, 2145 [2148]; *Huber* FS Priester, 259 [279]; *Hirte* WM 2008, 1429 [1431]; *Karsten Schmidt* GmbHR 2009, 1009 [1019]; aA *Servatius* aaO 2007, S. 494, 524 ff.; tendenziell ebenso *Engert* ZGR 2012, 835 [864 ff.]). 28

Die gesellschaftsrechtliche oder dienstvertragliche Verbindung muss **vergleichbar** sein mit derjenigen der Organe und Personen, die in Abs. 2 Nr. 1 genannt sind. Darüber hinaus muss die Möglichkeit bestehen, sich über die wirtschaftliche Situation des Schuldners ein Bild zu machen. Das ist regelmäßig sowohl im Verhältnis vom herrschenden zum abhängigen Unternehmen als auch umgekehrt anzunehmen (Jaeger/*Henckel* Rn. 29; Uhlenbruck/*Hirte* Rn. 41; HK-InsO/*Kreft* Rn. 16; Kübler/Prütting/Bork/*Ehricke* Rn. 21; aA *Ropohl* NZI 2006, 425 [428 f.]; anders auch noch BGH NZI 2004, 449 f. zu § 10 Abs. 1 Nr. 2 GesO). Es kommt nicht darauf an, ob von der Möglichkeit der Unterrichtung tatsächlich Gebrauch gemacht worden ist (Jaeger/*Henckel* Rn. 28; Uhlenbruck/*Hirte* Rn. 36). Der in **§ 17 AktG** vorausgesetzte beherrschende Einfluss schafft eine „vergleichbare gesellschaftsrechtliche Verbindung" iSv Absatz 2 Nr. 2 (Jaeger/*Henckel* Rn. 29). Eine die Grenze von einem Viertel (Abs. 2 Nr. 1) nicht überschreitende Beteiligung begründet für sich genommen noch kein Näheverhältnis iSd Absatz 2 Nr. 2 (Uhlenbruck/*Hirte* Rn. 46; FK-InsO/*Dauernheim* Rn. 16; Ahrens/Gehrlein/Ringstmeier/*Gehrlein* Rn. 12; zu § 10 Abs. 1 Nr. 2 GesO ebenso BGH NJW 1996, 461); es muss hinzu kommen, dass der Anteilseigner tatsächlich dieselben Informationsmöglichkeiten hat wie im Falle einer qualifizierten Beteiligung. Nach Auffassung des BGH kann eine Bank als Kreditgeberin der späteren Insolvenzschuldnerin (Kreditnehmerin) nach § 138 Abs. 2 Nr. 2 nahestehen, wenn sie einen Kapitalanteil von 2 % daran hält und sich laufend über deren wirtschaftliche Verhältnisse unterrichtet (BGHZ 173, 129 Rn. 56 = NZI 2007, 650). 29

Die Vergleichbarkeit einer dienstvertraglichen Verbindung zum Schuldner setzt grds. eine **Tätigkeit innerhalb des Schuldnerunternehmens** (BGH ZIP 1998, 247 [248]; BGHZ 195, 358 Rn. 10 = NZI 2013, 39) oder eines ausgegliederten Teils desselben voraus (krit. *Thole,* Gläubigerschutz durch Insolvenzrecht, 344). Nahe stehend sind regelmäßig Prokuristen und andere leitende Angestellte aus dem kaufmännischen und finanzwirtschaftlichen Bereich des Schuldnerunternehmens (Uhlenbruck/*Hirte* Rn. 47; HK-InsO/*Kreft* Rn. 18; Ahrens/Gehrlein/Ringstmeier/*Gehrlein* Rn. 13). Dazu gehört auch ein „Betriebsführer", der wie ein Geschäftsführer den Betrieb leitet (BGHZ 129, 236 [245] = ZIP 1995, 1021). 30

Die Vertragsbeziehung eines **selbstständigen Freiberuflers** zu dem Schuldnerunternehmen ist nicht intensiv genug, als dass sie der Stellung als Mitglied eines Vertretungs- oder Aufsichtsorgans gleichgestellt werden könnte. Demgemäß sind der Wirtschaftsberater des Schuldnerunternehmens (BGH ZIP 1997, 513 [516]) oder dessen Rechtsanwalt und Steuerberater in der Regel nicht eine diesem nahestehende Person (BGH ZIP 1998, 247 [248]). Soweit eine Ausnahme dann gelten soll, wenn die Buchhaltung auf den Steuerberater ausgegliedert wird (*Kirchhof* ZInsO 2001, 825 [829]; ihm folgend HambK-InsO/*Rogge/Leptien* Rn. 25; Kübler/Prütting/Bork/*Ehricke* Rn. 24; Uhlenbruck/*Hirte* Rn. 48), hat der BGH diese dahin eingeschränkt, dass das Buchhaltungsmandat nach seiner 31 rechtlichen und tatsächlichen Prägung dem Anfechtungsgegner den typischen Wissensvorsprung über die wirtschaftliche Lage des Mandanten vermitteln muss, den sonst nur damit befasste leitende Angestellte des Unternehmens haben (BGHZ 195, 358 Rn. 10 = NZI 2013, 39). Hat der Steuerberater eine Sonderstellung iSd § 138 Abs. 2 Nr. 2 InsO erlangt, kann er sie durch Kündigung oder Änderung des Dienstvertrages, der sie begründet hat, wieder verlieren (BGHZ 195, 358 Rn. 12 = NZI 2013, 39; Uhlenbruck/*Hirte* Rn. 48a). Zur Beweislast → Rn. 37.

32 Die geschäftliche Beziehung der **Hausbank** oder eines Großlieferanten zu dem Schuldner genügt nicht (BGHZ 195, 358 Rn. 10 = NZI 2013, 39; HK-InsO/*Kreft* Rn. 18; FK-InsO/*Dauernheim* Rn. 18; krit. *Biehl* Insider S. 91 ff., 169 f.; Uhlenbruck/*Hirte* Rn. 48; vgl. auch *Paulus* WM 2000, 2225 [2227] zu dem Fall, dass eine Bank präzise Vorgaben etwa für die Führung oder gar Sanierung des Unternehmens gibt).

33 **4. Persönliche Verbindung zu Mitgliedern der Vertretungs- und Aufsichtsorgane, Gesellschaftern oder vergleichbaren Personen (Nr. 3).** § 138 Abs. 2 Nr. 3 trägt der Tatsache Rechnung, dass die nach Abs. 2 Nr. 1 und 2 dem Schuldner nahe stehenden Personen erfahrungsgemäß häufig Informationen über den Schuldner ihrerseits an die ihnen nahe Stehenden weitergeben (OLG Düsseldorf ZInsO 2005, 215 [216 f.]; Kübler/Prütting/Bork/*Ehricke* Rn. 25; Braun/*Riggert* Rn. 20). Dem Informanten nahe stehende Personen iS dieser Vorschrift sind natürliche Personen, juristische Personen und Gesellschaften ohne Rechtspersönlichkeit. Die Auffassung, es könnten nur natürliche Personen gemeint sein (Uhlenbruck/*Hirte* Rn. 49; Kübler/Prütting/Bork/*Ehricke* Rn. 25; HambK-InsO/*Rogge/Leptien* Rn. 26; Ahrens/Gehrlein/Ringstmeier/*Gehrlein* Rn. 14), berücksichtigt nicht, dass Abs. 2 Nr. 3 auch auf Abs. 1 Nr. 4 Bezug nimmt (zutr. Jaeger/*Henckel* Rn. 33; HK-InsO/*Kreft* Rn. 20; FK-InsO/*Dauernheim* Rn. 20). Ist der Geschäftsführer und Mehrheitsgesellschafter einer GmbH zugleich alleiniger Vorstand einer AG, ist die GmbH in der Insolvenz der AG aufgrund des auf der personellen Verflechtung beruhenden Abhängigkeitsverhältnisses der Gesellschaften zwar nicht als nahe stehende Person iSd Absatz 2 Nr. 1 zu qualifizieren (so LG Freiburg GmbHR 2006, 704 Rn. 28); sie fällt jedoch unter Absatz 2 Nr. 3. Dieser Fall ist auch dann gegeben, wenn zwei juristische Personen miteinander kontrahieren, deren jeweilige Vertretungsorgane (Geschäftsführer) im Zeitpunkt des Vertragsschlusses zueinander in einer ehelichen Verbindung standen (OLG Hamm ZVI 2007, 204 Rn. 11; vgl. auch Uhlenbruck/*Hirte* Rn. 43, der hier Absatz 2 Nr. 2 analog anwenden will).

34 Ausnahmsweise wird eine von Absatz 2 Nr. 3 erfasste Person dann nicht als nahe stehend angesehen, wenn die in Absatz 2 Nr. 1 und 2 bezeichneten Personen kraft Gesetzes in den Angelegenheiten des Schuldners zur **Verschwiegenheit** verpflichtet sind. Solchen Personen wird nicht unterstellt, dass sie ihre Schweigepflicht verletzen und Informationen über den Schuldner an ihnen nahe stehende Dritte weitergeben (Jaeger/*Henckel* Rn. 34; krit. Uhlenbruck/*Hirte* Rn. 51). Die Ausnahme greift nicht ein, wenn die in Absatz 2 Nr. 1 und 2 genannte Person sowohl alleiniger Geschäftsführer als auch Alleingesellschafter des Schuldners ist; hier ist es allein von seinem Willen abhängig, ob die fragliche Tatsache überhaupt ein Geheimnis darstellen soll (OLG Düsseldorf ZInsO 2005, 215 [216 f.]; OLG Hamm ZVI 2007, 204 Rn. 13).

35 Die Verschwiegenheitspflicht muss auf **Gesetz** beruhen (vgl. § 93 Abs. 1 S. 2, §§ 116, 404 Abs. 1 Nr. 1 und 2 AktienG; § 85 Abs. 1 GmbHG); eine vertraglich vereinbarte reicht nicht aus (MüKoInsO/*Gehrlein* Rn. 38; Uhlenbruck/*Hirte* Rn. 53; HK-InsO/*Kreft* Rn. 20). Die Verschwiegenheitspflicht muss sich gerade auf die Umstände beziehen, deren Kenntnis die Anfechtungstatbestände beim

Anfechtungsgegner voraussetzen (OLG Düsseldorf ZInsO 2005, 215 [216 f.]; Jaeger/*Henckel* Rn. 34; MüKoInsO/*Gehrlein* Rn. 38; Uhlenbruck/*Hirte* Rn. 50).

Die Anwendung der Ausnahmeregelung ist davon abhängig, dass die **Verschwiegenheitspflicht tatsächlich eingehalten** worden ist (OLG Düsseldorf ZInsO 2005, 215 [216 f.]; LG Kiel 20.4.2006 – 10 S 98/05, Rn. 25, BeckRS 2006, 06400; MüKoInsO/*Gehrlein* Rn. 38; Uhlenbruck/*Hirte* Rn. 50 aE). Wurde sie verletzt, unterstreicht dies die Nähebeziehung, weil diese über die Verschwiegenheitspflicht die Oberhand gewonnen hat. **36**

IV. Beweislast

Die Eigenschaft als nahestehende Person ist vom Insolvenzverwalter zu beweisen (BGHZ 195, 358 Rn. 15 = NZI 2013, 39; HK-InsO/*Thole* § 131 Rn. 36). Der **Verlust der Sonderstellung** iSd § 138 Abs. 2 Nr. 2 InsO durch Kündigung oder Änderung des Dienstvertrages, der sie begründet hat (→ Rn. 27, 29), gehört zur Darlegungs- und Beweislast des mandatierten Dienstleisters, wenn unstreitig oder vom klagenden Insolvenzverwalter bewiesen worden ist, dass der Anfechtungsgegner jedenfalls zunächst zu einer dem Schuldner nahestehenden Person geworden war. Die Grundlage für die Beweislastumkehr kann auch dadurch entfallen, dass der Dienstleister beweist, der Informationsfluss, der seinen Wissensvorsprung begründete, sei ohne rechtliche Vertragsänderung tatsächlich versiegt oder auf längere Zeit unterbrochen worden (BGHZ 195, 358 Rn. 13 = NZI 2013, 39). Hat der Dienstleister die Vermutung des § 130 Abs. 3 InsO auf diese Weise entkräftet, kann der Insolvenzverwalter den ihm sonst obliegenden Beweis des Anfechtungstatbestandes wie gegenüber jedem Anfechtungsgegner gleichwohl noch erbringen (BGHZ 195, 358 Rn. 12 = NZI 2013, 39). Dauert das Nähe stiftende Dienstverhältnis ohne wesentliche Änderung bis zum Zeitpunkt der Vornahme der angefochtenen Rechtshandlung fort, obliegt dem Anfechtungsgegner der volle Beweis seiner Unkenntnis (BGHZ 195, 358 Rn. 14 = NZI 2013, 39). **37**

Berechnung der Fristen vor dem Eröffnungsantrag

139 (1) [1] **Die in den §§ 88, 130 bis 136 bestimmten Fristen beginnen mit dem Anfang des Tages, der durch seine Zahl dem Tag entspricht, an dem der Antrag auf Eröffnung des Insolvenzverfahrens beim Insolvenzgericht eingegangen ist.** [2] **Fehlt ein solcher Tag, so beginnt die Frist mit dem Anfang des folgenden Tages.**

(2) [1] **Sind mehrere Eröffnungsanträge gestellt worden, so ist der erste zulässige und begründete Antrag maßgeblich, auch wenn das Verfahren auf Grund eines späteren Antrags eröffnet worden ist.** [2] **Ein rechtskräftig abgewiesener Antrag wird nur berücksichtigt, wenn er mangels Masse abgewiesen worden ist.**

Schrifttum: *Biebinger,* Maßgeblichkeit eines zurückgenommenen/für erledigt erklärten Insolvenzantrages gem. § 139 Abs. 2 InsO, ZInsO 2008, 1188; *Frind/Schmidt,* Sozialversicherungsträger – Nassauer des Insolvenzverfahrens?, ZInsO 2001, 1133; *Wazlawik,* Anfechtungsfrist bei mehreren Insolvenzanträgen, NZI 2009, 368.

Übersicht

I. Allgemeines

1 Aus **Absatz 1** ergibt sich, dass Ausgangspunkt für die Berechnung der Anfechtungsfrist und zur Bestimmung des Zeitraumes der Rückschlagsperre der Zeitpunkt der Beantragung des Insolvenzverfahrens ist. Liegen mehrere Insolvenzanträge vor, bestimmt sich nach **Absatz 2,** welcher Antrag der Fristberechnung zugrunde zu legen ist.

2 Die Norm regelt keine prozessualen, sondern **materiellrechtliche Fristen,** da die Fristeinhaltung erst den Anfechtungsanspruch (BGH NJW 1982, 2003) bzw. das Eingreifen der Rückschlagsperre (§ 88) begründet. Da es sich nicht um Verjährungsvorschriften handelt, finden die (Verjährungs-)Vorschriften zur Hemmung und zum Neubeginn (§§ 203 ff. BGB) keine (entsprechende) Anwendung (Uhlenbruck/*Hirte* Rn. 2). Unerheblich ist auch, ob die Frist an einem Sams-, Sonn- oder Feiertag beginnt (MüKoInsO/*Kirchhof* § 139 Rn. 7); § 222 Abs. 2 BGB findet keine Anwendung. Eine Wiedereinsetzung in den vorherigen Stand entsprechend §§ 233 ff. ZPO ist nicht möglich (Uhlenbruck/*Hirte* Rn. 2).

II. Anwendungsbereich

3 Die Vorschrift gilt für die Bestimmung der Insolvenzanfechtungsfrist gem. §§ 130–136 (einschließlich § 96 Abs. 1 Nr. 3) und zur Bestimmung des Zeitraums der Rückschlagsperre gem. § 88. Für die notwendige Rückberechnung in § 138 Abs. 1 Nr. 1 und 3 findet § 139 entsprechend Anwendung (HambK-InsO/*Rogge/Leptien* Rn. 2; HK-InsO/*Kreft* Rn. 3).

III. Fristberechnung (Absatz 1)

4 Absatz 1 regelt den Beginn der Anfechtungsfrist. Dessen Bestimmung muss rückwärts durch die Bestimmung des maßgeblichen Eröffnungsantrages, und damit des Fristendes, erfolgen.

5 **1. Fristende.** Die Anfechtungsfrist endet mit dem Eingang des Insolvenzeröffnungsantrages (→ Rn. 6 ff.) beim Gericht (→ Rn. 10).

6 **a) Zulässiger und begründeter Insolvenzantrag.** Ein zulässiger und begründeter Insolvenzantrag ist erforderlich. Dies ergibt sich mittelbar aus Absatz 2.

Es müssen daher die Voraussetzungen der §§ 2, 3, 13–16 beachtet sein. Unerheblich ist, ob der zutreffende Eröffnungsgrund angegeben wurde (Uhlenbruck/*Hirte* Rn. 4) und welcher Zeitraum zwischen Antragstellung und Verfahrenseröffnung liegt, was insbes. bei Absatz 2 Satz 2 Bedeutung hat. Drei bis vier Jahre werden hier als unproblematisch angesehen (BGH NZI 2008, 184). Ausnahmsweise genügt auch ein unzulässiger oder unbegründeter Antrag, wenn das Insolvenzverfahren aufgrund dieses Antrages rechtskräftig eröffnet wurde (LG Bonn NZI 2006, 110; MüKoInsO/*Kirchhoff* Rn. 10; HambK-InsO/*Rogge/Leptien* Rn. 5). An einen solchen im hierfür vorgesehen Verfahren ergangenen hoheitlichen Akt ist das Prozessgericht wie jedermann gebunden, sofern die Entscheidung nicht ausnahmsweise an einem Mangel leidet, der zur Nichtigkeit führt (BGHZ 138, 40 [44] = NJW 1998, 1318 [1319]; OLG Köln NZI 2011, 812).

Ist der früheste Insolvenzantrag derjenige, aufgrund dessen das Insolvenzgericht das Insolvenzverfahren eröffnet hat, ist das Prozessgericht im Anfechtungsstreit an die Feststelllungen des Insolvenzgerichtes zur Zulässigkeit und Begründetheit des Insolvenzantrages gebunden (Uhlenbruck/*Hirte* Rn. 4). Soweit es iRd Absatz 2 jedoch auf die Zulässigkeit und Begründetheit früherer Insolvenzanträge ankommt, die nicht zur Insolvenzeröffnung geführt haben, sind diese Voraussetzungen vom Prozessgericht zu prüfen (vgl. → Rn. 14). Beweisbelastet ist der Insolvenzverwalter (Kübler/Prütting/Bork/*Ehricke* Rn. 9). 7

Führt ein **im Ausland gestellter Insolvenzantrag** zu einem ausländischen Insolvenzverfahren, ist dieser Antrag maßgeblich, wenn das Verfahren gem. § 343 anerkennungsfähig ist oder nach Art. 16, 26 EuInsVO automatisch anerkannt wird. Dies gilt auch dann, wenn zu einem späteren Zeitpunkt im Inland ein Sekundärinsolvenzverfahren nach §§ 357 f. bzw. Art. 27 ff. EuInsVO eröffnet wird (Uhlenbruck/*Hirte* Rn. 4). Kommt es hingegen zu einem selbständigen Partikularinsolvenzverfahren über das im Inland gelegene Vermögen gem. §§ 354 ff., ist der hierauf gerichtete Antrag maßgeblich (Uhlenbruck/*Hirte* Rn. 4). 8

Pflichtwidriges Unterlassen der Insolvenzantragstellung ist anfechtungsrechtlich bedeutungslos (BGH NZI 2006, 159). Bei missbräuchlichen Antragsrücknahmen wird eine Anwendung des § 817 S. 1 BGB (*Frind/Schmidt* ZInsO 2002, 8 [13]), § 242 BGB (*Wagner* EWiR 2001, 385) und des § 826 BGB (BGHZ 149, 178 [182] = NJW 2002, 515 [516]) in Betracht gezogen. 9

b) Zuständigkeit des Gerichts. Der Insolvenzantrag ist muss grds. beim gem. §§ 2, 3 zuständigen Insolvenzgericht gestellt worden sein. Wurde der Antrag bei einem unzuständigen Gericht gestellt, ist der Tag des dortigen Antragseingangs trotzdem zu berücksichtigen, wenn der Eröffnungsantrag an das zuständige Gericht (§§ 4, 281 Abs. 1, 495 ZPO) verwiesen (MüKoInsO/*Kirchhof* Rn. 9) oder das Verfahren trotz fehlender Zuständigkeit rechtskräftig eröffnet wurde (vgl. → Rn. 6). 10

2. Fristbeginn. Die in §§ 88, 130–136 genannten Fristen beginnen „mit dem **... Tag**", der nach seiner Zahl dem Tag des Antragseingangs entspricht. Es erfolgt also eine Rückrechnung nach der Anzahl der Monate oder Jahre der jeweiligen Vorschrift auf den entsprechenden Tag. Wird der Insolvenzantrag also am 15.4. gestellt, begann die Monatsfrist gem. § 88 am 15.3. Fehlt ein entsprechender Tag, bspw. weil der Antrag am 30.3. gestellt wurde, beginnt eine Monatsfrist gem. Absatz 1 Satz 2 „mit dem Anfang des folgenden Tages", also anstelle des fehlenden 30.2. mit dem 1.3. 11

Die Frist gem. Absatz 1 Satz 1 beginnt mit dem **„Anfang des Tages"**, also um 0:00 Uhr, auch wenn der Insolvenzantrag bspw. um 12:00 Uhr gestellt wurde. Wird ein Tagessaldo erst im Laufe des Tages gebildet und lässt sich dieser nicht rückwirkend für 0:00 Uhr bestimmen, gilt der Tagessaldo des Vortages bis zur Bildung des neuen Tagessaldos weiter (OLG Frankfurt a. M. ZIP 2010, 2463). 12

13 **3. Ausnahme.** Bei **Kredit- und Finanzdienstleistungsunternehmen** iSd KWG sieht § 46c KWG vor, dass die Fristen nicht vom Zeitpunkt der Insolvenzantragstellung zurückzurechnen sind, sondern vom Tage des Erlasses einer Maßnahme nach § 46 KWG.

IV. Mehrere Insolvenzanträge (Absatz 2)

14 **1. Mehrere zulässige und begründete Insolvenzanträge (Absatz 2 Satz 1).** Absatz 2 Satz 1 betrifft die Fälle, in denen mehrere zulässige und begründete Insolvenzanträge vorliegen, also bspw. nach einem Fremdantrag noch ein Eigenantrag gestellt wurde. Ein nichtiger, ein zum Schein oder ein unter einer Bedingung gestellter Antrag bleibt unberücksichtigt (MüKoInsO/*Kirchhof* Rn. 9), was vom Anfechtungsgegner nachzuweisen ist (vgl. MüKoInsO/*Kirchhof* Rn. 10). Die Verfahrenseröffnung kann auf denjenigen Antrag gestützt werden, der mit den geringsten Maßnahmen entscheidungsreif ist (vgl. Begr. RegE zu § 139 Abs. 2). Für die **Bestimmung des Anfechtungszeitraums** ist aber gem. Absatz 2 Satz 1 auf den Stichtag des ersten zulässigen und begründeten Antrages abzustellen (BGH NJW-RR 2009, 926), da das Gericht nicht durch die zufällige Auswahl eines Insolvenzantrages die materielle Frist des § 139 begrenzen/verkürzen können soll. Dieser Antrag muss nicht zur Verfahrenseröffnung geführt haben, es reicht, wenn der Antrag dazu hätte führen können. Es kommt hierdurch zu einer Vorverlagerung des Anfechtungszeitraumes. Voraussetzung ist jedoch immer, dass eine einheitliche Insolvenz vorliegt (vgl. → Rn. 19). War im Zeitpunkt der Antragstellung der Antrag zulässig und begründet und ist danach der Insolvenzgrund entfallen und das Verfahren aufgrund eines neuen Antrages eröffnet worden, ist der erste Antrag nicht für die Berechnung der Anfechtungsfristen zu berücksichtigen (BGH NJW 2000, 211 [212], BGH ZInsO 2009, 870 Rn. 7). Vier Konstellationen sind dabei möglich:

15 **a) Mehrere anhängige Anträge.** Unproblematisch sind Fälle, in denen mehrere Anträge noch anhängig sind und über einen später gestellten Antrag entschieden wurde. Es kommt zu einer Verfahrensverbindung. Unstreitig kann in diesen Fällen für die Berechnung der Anfechtungsfristen auf den ersten zulässigen und begründeten Antrag abgestellt werden (vgl. → Rn. 7).

16 **b) Rücknahme/Erledigung nach Verfahrenseröffnung.** Wurde ein Antrag zurückgenommen oder für erledigt erklärt, nachdem aufgrund eines anderen Antrages das Insolvenzverfahren eröffnet wurde, bleibt dieser Antrag für die Fristberechnung gem. Absatz 1 Satz 1 maßgeblich, sofern er zulässig und begründet war und damit zum Gegenstand der Verfahrenseröffnung hätten werden können (*Wazlawik* NZI 2009, 368). Der BGH hat hier darauf abgestellt, dass die Erledigung aufgrund einer prozessualen Überholung eintrat und damit unbeachtlich war (BGH NZI 2009, 377).

17 **c) Rücknahme/Erledigung im Zwischenzeitraum.** Der (frühere) Antrag kann auch nach Eingang des zur Verfahrenseröffnung führenden Antrages, aber vor Eröffnung des Verfahrens zurückgenommen oder für erledigt erklärt worden sein. Ein solcher Antrag kann nicht zu einer Verfahrenseröffnung führen und ist daher nicht zu beachten (BGHZ 149, 178 [180] = NJW 2002, 515 [516]; BGHZ 157, 350 [354] = ZIP 2004, 513 [514]; OLG Brandenburg NZI 2003, 649). Hierfür spricht auch die Überlegung, dass die Beteiligten bis zur gerichtlichen Entscheidung bestimmen, ob es zu einer Verfahrenseinleitung kommt, ungeachtet der ggf. bestehenden zivil- und strafrechtlichen Folgen (vgl. BGHZ 149, 178 [181] = NJW 2002, 515 [516]; *Wazlawik* NZI 2009, 368). Der zurückgenommene Antrag ist selbst dann unbeachtlich, wenn der Schuldner nach der Rück-

nahme dieses Antrages seine Zahlungsfähigkeit nicht wiedergewonnen hat (BGH DZWiR 2006, 198; vgl. zu missbräuchlichen Antragsrücknahmen → Rn. 9). Nach anderer Ansicht ist auch ein (aufgrund eines Forderungsausgleichs) zurückgenommener Antrag zu berücksichtigen, wenn er auf der gleichen Krise beruht (LG Magdeburg InVo 2002, 60; LG Lüneburg InVo 2002, 59; vgl. auch *Biebinger* ZInsO 2008, 1188).

d) Rücknahme/Erledigung vor weiterer Antragstellung. Wurde der (frühere) Antrag vor Eingang des zur Verfahrenseröffnung führenden Antrages zurückgenommen oder für erledigt erklärt, gilt das bei → Rn. 17 genannte. 18

2. Mangels Masse abgewiesener Antrag (Absatz 2 Satz 2). Ein rechtskräftig abgewiesener Antrag kann grds. kein Anknüpfungspunkt für die Berechnung der Anfechtungsfristen sein (MüKoInsO/*Kirchhof* Rn. 11; Ahrens/Gehrlein/Ringstmeier/*Gehrlein* Rn. 9). Eine Ausnahme gilt gem. Absatz 2 Satz 2 nur für einen Antrag, der mangels Masse abgewiesen wurde (§ 26). Eine solche Abweisung erfolgt regelmäßig erst dann, wenn das Insolvenzgericht zuvor die Zulässigkeit und die Begründetheit des Insolvenzantrages bejaht hat (OLG Schleswig ZInsO 2006, 1224). In diesem Fall war der Schuldner zum Zeitpunkt der Abweisung des Insolvenzantrages insolvent. Ein dergestalt zurückgewiesener Insolvenzantrag, bei dem ein Beteiligter die Eröffnung aber beantragt hatte, kann Anknüpfungspunkt für die Berechnung der Anfechtungsfrist sein. Da hierdurch nach dem Wortlaut eine sehr weitgehende Vorverlagerung der Anfechtungsvorschriften eintreten könnte, ist die Vorschrift aufgrund der Entstehungsgeschichte (vgl. BT-Drs. 12/2443, 163) nach einhelliger Ansicht dahingehend einschränkend auszulegen, dass die Regelung nur innerhalb derselben materiellen Insolvenz des Schuldners gilt (BGH NJW-RR 2008, 645). Wurde nach der Antragsabweisung mangels Masse der Insolvenzgrund behoben und ist ein solcher später erneut eingetreten, ist der erste Antrag nicht mehr maßgeblich (BGH NJW 2000, 211 (noch zur GesO); BGH NJW-RR 2008, 645; Uhlenbruck/*Hirte* Rn. 12; Graf-Schlicker/*Huber* Rn. 9). Darlegungs- und beweisbelastet für den abgewiesenen Antrag ist der Anfechtende (vgl. → Rn. 7); für die genannte Einschränkung der Anfechtungsgegner, was jedoch durch die sekundäre Beweislast des sachnäheren Insolvenzverwalters eingeschränkt wird (OLG Schleswig ZInsO 2006, 1224). 19

3. Doppelinsolvenz. Trotz der Trennung der Insolvenzverfahren ist im Falle der Doppelinsolvenz über das Vermögen einer Personengesellschaft und des haftenden Gesellschafters aufgrund der **Bündelungsfunktion des § 93** für den Anfechtungszeitraum im Insolvenzverfahren über das Vermögen des persönlich haftenden Gesellschafters der Insolvenzantrag der Gesellschaft maßgeblich, wenn dieser vor dem Insolvenzantrag des Gesellschafters gestellt wurde; maßgeblich ist mit anderen Worten der früher gestellte Insolvenzantrag (BGHZ 178, 171 = NZI 2009, 45). Sofern kein Insolvenzverfahren über das Vermögen des Gesellschafters eröffnet wurde, ist der Insolvenzverwalter über das Vermögen der Gesellschaft auch zur Anfechtung von Leistungen des persönlich haftenden Gesellschafters an Gesellschaftsgläubiger befugt (BGHZ 178, 171 = NZI 2009, 45). Durch diese Rspr. wird verhindert, dass Gläubiger in der Krise der Gesellschaft einen Wettlauf um die Inanspruchnahme des persönlich haftenden Gläubigers beginnen, um von divergierenden Anfechtungsfristen zu profitieren (vgl. zum Meinungsstreit → § 93 Rn. 39 f.). 20

Zeitpunkt der Vornahme einer Rechtshandlung

140 (1) **Eine Rechtshandlung gilt als in dem Zeitpunkt vorgenommen, in dem ihre rechtlichen Wirkungen eintreten.**

(2) [1] **Ist für das Wirksamwerden eines Rechtsgeschäfts eine Eintragung im Grundbuch, im Schiffsregister, im Schiffsbauregister oder im Register für Pfandrechte an Luftfahrzeugen erforderlich, so gilt das Rechtsgeschäft als vorgenommen, sobald die übrigen Voraussetzungen für das Wirksamwerden erfüllt sind, die Willenserklärung des Schuldners für ihn bindend geworden ist und der andere Teil den Antrag auf Eintragung der Rechtsänderung gestellt hat.** [2] **Ist der Antrag auf Eintragung einer Vormerkung zur Sicherung des Anspruchs auf die Rechtsänderung gestellt worden, so gilt Satz 1 mit der Maßgabe, daß dieser Antrag an die Stelle des Antrags auf Eintragung der Rechtsänderung tritt.**

(3) **Bei einer bedingten oder befristeten Rechtshandlung bleibt der Eintritt der Bedingung oder des Termins außer Betracht.**

Schrifttum: *Fischer,* Der maßgebliche Zeitpunkt der anfechtbaren Rechtshandlung, ZIP 2004, 1679; *Laitenberger,* Das Einzugsermächtigungslastschriftverfahren nach Umsetzung der Richtlinie über Zahlungsdienste im Binnenmarkt, NJW 2010, 192.

Übersicht

I. Allgemeines

1 § 140 bestimmt, wann eine Rechtshandlung als vorgenommen gilt. Anknüpfungspunkt ist nicht die Handlung, sondern der Eintritt der vermögensrechtlichen Folge der Rechtshandlung (→ § 129 Rn. 4). Allen drei Absätzen des § 140 ist der **Grundgedanke** gemeinsam, dass eine Rechtshandlung in dem Zeitpunkt vorliegt, in dem der Anfechtungsgegner hierdurch eine Stellung erlangt hat, die ohne eine Anfechtung in der Insolvenz zu berücksichtigen wäre (Begr. zu § 159 RegE

BT-Drs. 12/2443, 166). Wann die rechtlichen Folgen einer Rechtshandlung eintreten, wird in § 91 Abs. 2, § 147 für bestimmte Fälle gesondert geregelt. Die Konkursordnung regelte die Frage nicht. § 140 übernimmt die zur KO ergangene Rspr., nach welcher es nicht auf den Zeitpunkt der Handlung, sondern auf den Zeitpunkt des Eintritts der rechtlichen Wirkungen ankommt (BGHZ 86, 340 [346] = NJW 1983, 1123; vgl. auch → Rn. 23).

II. Eintritt der Rechtswirkungen (Absatz 1)

Die rechtlichen Wirkungen einer Rechtshandlung treten ein, wenn alle Erfordernisse vorliegen, welche nach der Rechtsordnung für das Entstehen, die Aufhebung oder die Veränderung eines Rechtsverhältnisses notwendig sind (BGH NZI 2009, 644; NJW 2006, 1870). Jede Rechtshandlung ist dabei gesondert auf ihre Anfechtbarkeit zu prüfen (vgl. 129 Rn. 42). Kausal- und Erfüllungsgeschäft sind selbständig anfechtbare Rechtshandlungen (BGH NZI 2007, 452). 2

1. Einaktige Rechtshandlungen. Einaktige Rechtshandlungen, bspw. die Aufgabe des Eigentums, sind mit der **Vollendung** vorgenommen. Mehrere selbständige einaktige Rechtshandlungen, bspw. die Pfändung und Überweisung einer Forderung einerseits und die Zahlung des Drittschuldners andererseits, bilden keine mehraktige Rechtshandlung (BGH NJW 2003, 2171). 3

Einaktige Rechtshandlungen sind Gestaltungserklärungen wie die Anfechtung (§ 142 BGB) oder die Genehmigung (§ 184 BGB), die mit der Abgabe vorgenommen sind, auch wenn hier eine Rückwirkung eintritt (Ahrens/Gehrlein/Ringstmeier/*Gehrlein* Rn. 3). Beim Unterlassen tritt eine Rechtsfolge frühestens in dem Zeitpunkt ein, in dem die durch das Unterlassen bewirkte Rechtsfolge nicht mehr durch eine aktive Handlung abgewendet werden kann (Ahrens/Gehrlein/Ringstmeier/*Gehrlein* Rn. 6; BT-Drs. 12/2443, 166). 4

2. Mehraktige Rechtshandlungen. Sind mehrere Teilakte für die Vollendung des Rechtserwerbs erforderlich, bspw. die Einigung und Übergabe zur Erlangung des Eigentums, gilt die Rechtshandlung erst als vorgenommen, wenn **der letzte Teilakt** erfolgt ist (BT-Drs. 12/2443, 166; vgl. → § 129 Rn. 43). Fällt dieser letzte Teilakt in die Anfechtungsfrist, ist die gesamte Rechtshandlung anfechtbar. Ein solcher Teilakt kann bspw. die noch ausstehende Benennung eines begünstigten Dritten sein (OLG Karlsruhe WM 1984, 1193 [1194]). 5

3. Einzelfälle. a) Zahlungsvorgänge. Eine **bargeldlose Überweisung** ist mit der Kontogutschrift vorgenommen (Ahrens/Gehrlein/Ringstmeier/*Gehrlein* Rn. 12). Dies gilt auch bei der bargeldlosen Überweisung innerhalb derselben Bank, da die früheren aus „Zinsgründen" vorgenommenen zeitverzögerten Zubuchungen (zur früheren Rechtslage BGH NJW-RR 2002, 1419) durch § 675t BGB für unzulässig erklärt wurden. 6

Beim **Einzugsermächtigungsverfahren,** bei dem der Schuldner seinem Gläubiger die Ermächtigung erteilt Forderungen durch Lastschrift einzuziehen, kann der Schuldner der Lastschrift widersprechen, bis er diese ausdrücklich oder stillschweigend genehmigt hat. Für die Anfechtung kommt es auf den Zeitpunkt der Genehmigung an, weil hierdurch die Verkürzung des Schuldnervermögens eintritt. Die Genehmigung der Belastungsbuchung kann der sog starke vorläufige Insolvenzverwalter (§ 21 Abs. 2 S. 1 Nr. 2 Alt. 1) oder der Insolvenzverwalter versagen. Der vorläufige Verwalter mit Zustimmungsvorbehalt (§ 21 Abs. 2 S. 1 Nr. 2 Alt. 2) kann die Zustimmung zur Genehmigung verweigern. Keine Widerspruchsmöglichkeit besteht jedoch für das pfändungsfreie Schuldnervermögen (sog Schonvermögen, BGHZ 186, 242 = NJW 2010, 3517) oder in den Fällen, in denen bereits eine konkludente Genehmigung durch den Schuldner erfolgt ist 7

(BGHZ 186, 269 = NJW 2010, 3510). Eine konkludente Genehmigung kommt in Betracht, wenn für die Zahlstelle erkennbar wiederkehrende Lastschriften vorliegen (zB Dauerschuldverhältnissen) und der Schuldner in Kenntnis der erfolgten Kontobelastung innerhalb einer angemessenen Prüfungsfrist keine Einwendungen gegen den Einzug erhebt. Die Dauer der Prüffrist richtet sich nach den Einzelfallumständen. Im unternehmerischen Geschäftsverkehr kommt eine Prüffrist von bis zu 14 Tagen in Betracht (BGH ZInsO 2012, 931 Rn. 48), bei wiederkehrenden Lastschriftbuchungen sind drei Bankarbeitstage ausreichend (BGH ZInsO 2012, 931 Rn. 9). Die Geltendmachung von Anfechtungsansprüchen stellt eine konkludente Genehmigung der Lastschrift dar (OLG Köln BeckRS 2010, 28778). Nach Ablauf der Sechs-Wochen-Frist (vgl. Abschnitt A Nr. 2.4 Abs. 2 der Sonderbedingungen für den Lastschriftverkehr) wird diese Genehmigung – auch nach Beantragung oder Eröffnung eines Insolvenzverfahrens – fingiert (BGH ZIP 2010, 2105 Rn. 19).

8 Beim **SEPA-Lastschriftverfahren** (in Form der SEPA-Basislastschrift und der SEPA-Firmenlastschrift) erfolgt durch die Erteilung des SEPA-Lastschriftenmandates gleichzeitig die Autorisierung des Zahlungsvorganges (vgl. *Laitenberger* NJW 2010, 192). Eine nachträgliche Genehmigung ist hier nicht mehr erforderlich, so dass mit Zahlungseingang bei der Bank des Empfängers die Rechtshandlung vollendet ist. Der Widerruf einer SEPA-Basislastschrift beeinträchtigt nicht den ursprünglichen Zahlungsvorgang, sondern stellt alleine die Geltendmachung eines Anspruchs auf Erstattung des verbuchten Betrages nach § 675x Abs. 2 BGB dar (vgl. Palandt/*Sprau* § 675x Rn. 8).

9 Beim **Abbuchungsauftragsverfahren** erteilt der Schuldner seinem Kreditinstitut den Auftrag, die Lastschrift eines namentlich bezeichneten Gläubigers einzulösen. Mit der Einlösung der Lastschrift durch die Schuldnerbank ist die Zahlung erfolgt (BGH ZInsO 2003, 324). Die Einlösung tritt nach den gängigen AGB der Banken ein, wenn nicht innerhalb von zwei Bankarbeitstagen nach der Belastung diese rückgängig gemacht wird (BGH WM 2013, 315 Rn. 8 f.)

10 Bei einer **Zahlung mittels Scheck** ist maßgeblicher Zeitpunkt für die Vollendung der Rechtshandlung die Scheckeinlösung durch die bezogene Bank (BGH NZI 2007, 517). Dies gilt auch für den Wechsel (BGH NZI 2007, 517).

11 **b) Sicherheiten.** Für die **Verpfändung einer Sache** ist gem. § 1205 BGB die Einigung und Übergabe notwendig (BGHZ 86, 340 [346] = NJW 1983, 1123), so dass anfechtungsrechtlich der Zeitpunkt des Vorliegens des letzten Teilaktes maßgeblich ist.

12 Für die rechtsgeschäftliche **Verpfändung einer Forderung** muss gem. § 1280 BGB dies dem Drittschuldner angezeigt werden, so dass erst in diesem Zeitpunkt das Pfandrecht entsteht (HambK-InsO/*Rogge/Leptien* Rn. 12).

13 Die Voraussetzungen einer **Sicherungsübereignung** ergeben sich aus §§ 929 ff. BGB. Sofern zukünftig zu erwerbende Sachen von dieser erfasst werden sollen, tritt die Vollendung des Rechtserwerbs mit der Verbringung der Sache in den hierzu vereinbarten Raum ein (BGH NJW 1991, 2144).

14 Die **Globalzession** wird wirksam mit Annahme des Abtretungsangebotes (§ 398 S. 2 BGB). Erfasst die Globalzession auch zukünftige Forderungen aus der Geschäftstätigkeit des Zedenten, so erfasst diese auch Zahlungsforderungen aus (Prozess-)Vergleichen (OLG Bremen MDR 2012, 613). Die zur Sicherheit abgetretene Werklohnforderung (vgl. → Rn. 17) steht daher abzüglich der Verwertungs- und Feststellungspauschale (§§ 170, 171) auch dann dem Sicherungsnehmer zu, wenn der (Prozess-)Vergleich vom Insolvenzverwalter abgeschlossen wird.

15 Mit der Einbringung von pfändbaren Sachen in das Mietobjekt entsteht das **Vermieterpfandrecht** gem. § 562 BGB, welches dem Vermieter ein anfechtungsfestes Absonderungsrecht auch für erst zukünftig entstehende Mietforderungen gewährt (BGH ZInsO 2007, 91). Wurde die Sache in die Räunlichkeiten eingebracht vor deren späterer Sicherungsübereignung bleibt das Vermieterpfandrecht auch bei einem veräußerungsbedingten Vermieterwechsel bestehen. Es besteht an den Sachen im gleichen Rang ein Vermieterpfandrecht des Veräußerers und des Erwerbers (BGH NZI 2015, 63).

c) (Voraus-)Abtretung. Bei **Zahlungsansprüchen aus Leasingverträgen** handelt es sich um betagte Forderungen, welche bereits mit Vertragsschluss entstehen (HambK-InsO/*Rogge/Leptien* Rn. 14a). Denn diese Raten sind nicht nur die Gegenleistung für eine zeitlich beschränkte Gebrauchsüberlassung, sondern zugleich Entgelt für die vom Leasinggeber erbrachte Finanzierungsleistung (Ahrens/Gehrlein/Ringstmeier/*Gehrlein* Rn. 9). Der Anspruch aus dem **Mietverhältnis** ist hingegen eine befristete Forderung, die erst mit Beginn des Zeitraums entsteht, für den der Mietzins zu entrichten ist (BGH ZInsO 2007, 91). Stehen dem Vorausabtretungsempfänger zugleich dingliche Rechte an den Mietforderungen gem. § 1123 BGB zu, begründet dies ein anfechtungsfestes Absonderungsrecht an den Mietzinsansprüchen (BGH ZInsO 2006, 1321). 16

Forderungen aus einem Dienstverhältnis entstehen erst mit Erbringung der Dienstleistung (BGH ZInsO 2008, 806). Für die Vollendung der Abtretung des **Werklohnanspruches** kommt es auf den Zeitpunkt des Abschlusses des Werkvertrages an, nicht auf die Erbringung der Werkleistung oder die Abnahme (BGH ZInsO 2000, 349). Wird jedoch im Anfechtungszeitraum die abgetretene Forderung durch die Erbringung von Werkleistungen werthaltig gemacht, kann eine Anfechtung als kongruente Leistung in Betracht kommen (BGHZ 189, 1 = NJW 2011, 1506). 17

Mit Eintritt des Berechtigten ins Rentenalter entsteht der gesamte **Rentenanspruch** (BGH ZInsO 2010, 327 Rn. 21). 18

Ansprüche des Gesellschafters auf eine Abfindung oder ein Auseinandersetzungsguthaben sind bestehende aber noch nicht fällige Ansprüche. Diese betagten Ansprüche werden mit dem Ausscheiden des Gesellschafters oder der Gesellschaftsauflösung fällig (BGH ZInsO 2010, 327 Rn. 25). Bei einem vom Gesellschafter verpfändeten Gewinnanspruch ist der Zeitpunkt der Entstehung des Gewinnanspruches maßgeblich (BGH ZInsO 2010, 327 Rn. 25). 19

d) Lebensversicherung. Wird einem Dritten ein **widerrufliches Bezugsrecht aus einer Lebensversicherung** eingeräumt, begründet dies noch keinen Anspruch aus dem Versicherungsvertrag (vgl. § 166 Abs. 2 VVG) oder eine sonstige gesicherte Rechtsposition (*Fischer* ZIP 2004, 1679 [1680]). Die rechtlichen Wirkungen dieses widerruflichen Bezugsrechtes treten erst mit dem Tod des Versicherungsnehmers ein (BGHZ 156, 350 = NJW 2004, 214). Bei einer **unwiderruflichen Benennung** erwirbt der Dritte den Anspruch auf die Versicherungsleistung regelmäßig sofort (BGH BeckRS 2012, 23859). 20

e) Zwangsvollstreckung. Eine bestehende **Forderung** wird mit der Zustellung des Pfändungs- und Überweisungsbeschlusses an den Drittschuldner erworben (§§ 835, 829 Abs. 3 ZPO, § 309 Abs. 2 S. 1 AO), weil hiermit die rechtlichen Wirkungen eintreten (vgl. BGHZ 157, 350 = NJW 2004, 1444; Ahrens/Gehrlein/Ringstmeier/*Gehrlein* Rn. 4). Bezieht sich die Pfändung auf eine künftig erst entstehende Forderung, entsteht das Pfandrecht erst mit dem Entstehen der Forderung, so dass auch anfechtungsrechtlich auf diesen Zeitpunkt abzustellen ist (*Bork/Gehrlein,* Insolvenzanfechtung, 15). 21

Die Pfändung und Überweisung des **Auszahlungsanspruches** des Schuldners **gegen** sein **Kreditinstitut aufgrund eines vereinbarten Dispositionskredites** („offene Kreditlinie") ist vorgenommen, wenn der Schuldner den ihm zur Verfügung gestellten Kreditbetrag abgerufen hat. Erst dann entsteht ein Anspruch auf 22

Auszahlung gegen die Bank, was allein von der persönlichen Entscheidung des Schuldners abhängt (BGH ZInsO 2011, 1350; BGHZ 157, 350 [356] = NJW 2004, 1444). Für die Vorpfändung ist Wirksamkeitsvoraussetzung, dass innerhalb der Monatsfrist des § 845 ZPO die Hauptpfändung erfolgt (BGHZ 167, 11 Rn. 6 = NJW 2006, 1870).

III. Eintragungsbedürftige Rechtsgeschäfte (Absatz 2)

23 **1. Grundlagen. a) Mehraktige Rechtshandlungen.** Sofern diese (→ Rn. 2 ff.) für eine Rechtsänderung die Eintragung in einem Register voraussetzen, lässt es Absatz 2 genügen, dass mit Ausnahme der Eintragung im Register alle sonstigen Voraussetzungen für die Rechtsänderung vorliegen. Zur Eintragung muss es in der Folgezeit jedoch kommen. Damit weicht Absatz 2 von der früheren Rspr. zur Konkursordnung ab, die bei eintragungsbedürftigen Rechtsgeschäften auf den Zeitpunkt der Eintragung abstellte (BGH NJW-RR 2001, 44; Uhlenbruck/*Hirte/Ede* Rn. 28). Absatz 2 nimmt den Rechtsgedanken des § 878 BGB auf, weil Verzögerungen bei der Registereintragung außerhalb der Sphäre des Veräußerers und des Erwerbers liegen. Anstelle des Zeitpunktes der Eintragung kommt es auf den Zeitpunkt an, in dem (1.) die übrigen Voraussetzungen für das Wirksamwerden des Erwerbs erfüllt sind, (2.) die Willenserklärung des Schuldners für ihn bindend geworden ist und (3.) der andere Teil den Antrag auf Eintragung der Rechtsänderung gestellt hat.

24 **b) Rechtsgeschäfte.** Absatz 2 gilt nur für Rechtsgeschäfte. Erfolgt die Eintragungen iRd Zwangsvollstreckung (Vormerkung durch einstweilige Verfügung, Zwangshypothek ua) oder der Erbfolge, findet Absatz 2 nach allgemeiner Ansicht keine Anwendung (Uhlenbruck/*Hirte/Ede* Rn. 29 mwN; Ahrens/Gehrlein/Ringstmeier/*Gehrlein* Rn. 15). Die Eintragung aufgrund einer nach § 894 ZPO ersetzten Willenserklärung gilt als rechtsgeschäftlicher Erwerb (HambK-InsO/*Rogge/Leptien* Rn. 20; Palandt/*Bassenge* § 878 Rn. 4; MüKoInsO/*Kirchhof* Rn. 47). Eine aufgrund einer Unrichtigkeit gem. § 22 GBO erfolgende Grundbuchberichtigung reicht dagegen nicht (MüKoInsO/*Kirchhof* Rn. 28).

25 **c) Anwendungsbeispiele.** Eine Registereintragung ist gem. § 873 BGB für die Übertragung von Rechten an Grundstücken bzw. gem. § 11 ErbbauRG für die Übertragung des Erbbaurechtes, gem. § 3 Abs. 1 SchRG für den Eigentumserwerb an Binnenschiffen, gem. § 8 Abs. 2, § 24 SchRG für den Erwerb einer Schiffshypothek, gem. § 9 Abs. 2 SchRG für den Nießbrauch an Schiffen, gem. §§ 77, 78 SchRG für eine Hypothek an Schiffsbauwerken, gem. § 5 Abs. 1 LuftFzgG für den Erwerb eines Registerpfandrechts an Luftfahrzeugen und gem. § 68 Abs. 2 LuftFzgG für die Erweiterung dieses Pfandrechtes auf Ersatzteile des Luftfahrzeuges erforderlich.

26 **2. Vorliegen sämtlicher Erwerbsvoraussetzungen.** Absatz 2 verzichtet für die Fristberechnung nur auf die Registereintragung, nicht auf sonstige Formerfordernisse, wie sie bspw. § 925 BGB enthält. Diese bleiben weiterhin beachtlich.

27 Materiell müssen **alle notwendigen Willenserklärungen** formgerecht nach den entsprechenden Vorschriften abgegeben worden sein (bspw. gem. §§ 873 f., 925, 1153, 1154 BGB etc). Handelt der Verfügende ohne Einwilligung des Berechtigten, tritt eine materielle Bindung erst mit dessen Zustimmung ein (HambK-InsO/*Rogge/Leptien* Rn. 25). Ein gutgläubiger Erwerb eines Dritten kann außer Betracht bleiben, weil das Anfechtungsrecht nur bestehende Rechtspositionen des Insolvenzschuldners schützt (vgl. unter → § 143 Rn. 7).

28 Der **Rechtserwerb muss durch** die später auch **erfolgende Eintragung stattgefunden haben.** Heilt die Eintragung erst einen Formmangel, ist der

Eintragungszeitpunkt maßgebend (Ahrens/Gehrlein/Ringstmeier/*Gehrlein* Rn. 17) Beim Erwerb einer bereits bestehenden **Briefhypothek oder Briefgrundschuld** erfolgt der Erwerb aufgrund der Abtretung und der Übergabe der Briefes (§§ 1154, 1117, 1192 BGB). Mit der Übergabe des Grundpfandbriefes ist der Erwerbsvorgang abgeschlossen (Palandt/*Bassenge* § 1117 Rn. 2), es denn die Parteien haben die Übergabe gem. § 1117 Abs. 2 BGB durch die Vereinbarung ersetzt, dass der Gläubiger berechtigt sein soll, sich den Brief von dem Grundbuchamt aushändigen zu lassen. Die Übergabe wurde dann schon durch die Vereinbarung ersetzt und erfolgt nicht erst durch die Aushändigung des Briefes vom Grundbuchamt (Palandt/*Bassenge* § 1117 Rn. 2). Für diese Fälle gilt Absatz 1. Ausnahmsweise greift Absatz 2 jedoch ein, wenn gem. § 1154 Abs. 2 BGB die Grundbucheintragung die schriftliche Abtretungserklärung ersetzen soll oder die Grundschuld selbst (§ 873 BGB) im Zeitpunkt der wirksamen Abtretung noch nicht im Grundbuch eingetragen war (MüKoInsO/*Kirchhof* Rn. 28).

3. Bindung des Schuldners an die Willenserklärung. Der Schuldner muss an seine Erklärung gebunden sein. Grds. ist der Schuldner an seine dinglichen Erklärung vor dem Abschluss des Erwerbsvorgangs nicht gebunden; etwas anderes gilt jedoch gem. § 873 Abs. 2 BGB, § 3 Abs. 2 SchiffsRG und § 5 Abs. 2 LuftFzgG, wenn alternativ die Erklärungen notariell beurkundet, vor der Registerstelle abgegeben, bei dieser eingereicht oder wenn der Berechtigte dem anderen Teil die Eintragungsbewilligung in einer den Vorschriften der jeweiligen Registerordnung entsprechenden Form ausgehändigt hat (Palandt/*Bassenge* § 873 Rn. 16; vgl. zu den Formerfordernissen der Registerordnungen § 29 GBO und § 37 SchRegO). 29

4. Antrag auf Eintragung der Rechtsänderung durch den anderen Teil. Zudem ist erforderlich, dass **der Anfechtungsgegner selbst oder sein Vertreter** den Antrag auf Eintragung der Rechtsänderung gestellt hat. Erst dies begründet seine Schutzbedürftigkeit, weil der Schuldner als Verfügender seinen Eintragungsantrag zurücknehmen kann. Der Antrag des Notars im Namen beider Parteien oder des späteren Anfechtungsgegners reicht (BT-Drs. 12/2443, 166); der vom Notar im eigenen Namen gem. § 15 GBO gestellte Antrag reicht hingegen nicht, weil der Notar diesen auch ohne Zustimmung des Antragsberechtigten gem. § 24 Abs. 3 BNotO wieder zurücknehmen kann (BGH NJW 2001, 2477; Uhlenbruck/*Ede/Hirte* Rn. 32). 30

Der beim Registergericht gestellte **Antrag** muss dem dinglichen Rechtsgeschäft entsprechen und geeignet sein im weiteren Verlauf zu einer Eintragung zu führen (HambK-InsO/*Rogge/Leptien* Rn. 27). Dies ist nicht der Fall, wenn der Antrag zurückgewiesen wurde. Wird die Zurückweisung aufgrund einer Beschwerde (§ 71 GBO) aufgehoben, lebt grds. die Antragswirkung wieder auf. Erfolgt dies jedoch aufgrund eines neuen tatsächlichen Vorbringens, ist der Rechtsbehelf als neuer Antrag anzusehen, dessen Einreichungszeitpunkt maßgeblich ist für Absatz 2 (BGHZ 136, 87 [91] = NJW 1997, 2751). Keine Antragszurückweisung ist die Zwischenverfügung iSd § 18 GBO (Palandt/*Bassenge* § 878 Rn. 14). Ergeht diese jedoch aufgrund des Fehlens einer materiellen Voraussetzung und wird letztere dann geheilt, ist auf den Zeitpunkt der materiellen Bindungswirkung abzustellen (MüKoInsO/*Kirchhof* Rn. 44; HambK-InsO/*Rogge/Leptien* Rn. 27). 31

Erfolgt die **Eintragung nach Insolvenzverfahrenseröffnung** gem. § 91 Abs. 2, § 878 BGB, gilt § 147 (vgl. → § 147 Rn. 5). 32

5. Vormerkung (Absatz 2 Satz 2). Ist vor dem Antrag auf Eintragung der Rechtsänderung ein Antrag auf Eintragung einer Vormerkung für diese Rechtsposition gestellt worden, so gilt nach Absatz 2 Satz 1 als Zeitpunkt der Vornahme 33 der Rechtshandlung nicht erst die Antragsstellung auf Eintragung der Rechtsänderung, sondern bereits der Antrag auf Eintragung der Vormerkung. Voraussetzung ist allerdings auch hierfür, dass die Vormerkung den Anforderungen von Absatz 2 Satz 1 genügt, also sämtliche Voraussetzungen für den Erwerb einer Vormerkung erfüllt sind, insbes. wegen der Akzessorietät ein bereits bestehender Anspruch auf eine dingliche Rechtsänderung gesichert wird (Palandt/*Bassenge* § 883 Rn. 5 ff.), die Bewilligung der Vormerkung für den Schuldner binden ist und der Antrag auf Eintragung der Vormerkung vom anderen Teil gestellt wurde (BGH NZI 2010, 190 f.; NJW 2006, 1800).

34 Die Vormerkung ist nicht nur für Rechte an Grundstücken gem. §§ 883 ff. BGB relevant, sondern auch gem. §§ 10 ff. SchRG für **Rechte an Schiffen** und gem. §§ 10 ff. LuftFzgG für Pfandrechte **an Luftfahrzeugen.** Sie schafft gem. § 106 eine im Verfahren zu berücksichtigende Position. Absatz 2 Satz 2 gilt jedoch nicht für Vormerkungen aufgrund einer einstweiligen Verfügung (vgl. → Rn. 24).

IV. Bedingte und befristete Rechtshandlungen (Absatz 3)

35 Für bedingte und befristete Rechtshandlungen wird durch Absatz 3 der für die Anfechtung maßgebliche Zeitpunkt auf den „Abschluss der rechtsbegründenden Tatumstände" (Begr. zu § 158 RegE BT-Drs. 12/2443, 167) vorverlegt, so dass es auf den Zeitpunkt des Eintritts der Bedingung oder des Termins nicht mehr ankommt (HambK-InsO/*Rogge/Leptien* Rn. 32). Das Rechtsgeschäft ist also so zu behandeln, als ob keine Bedingung/Befristung vereinbart worden wäre. Unberücksichtigt bleiben jedoch nur rechtsgeschäftlich vereinbarte Bedingungen und Befristungen und nicht solche, die nach gesetzlichen Vorschriften Entstehens- oder Fälligkeitsvoraussetzungen sind (BGH ZInsO 2008, 806; *Bork/Gehrlein* Insolvenzanfechtung S. 21; vgl. dazu unter → Rn. 5 ff.).

36 **1. Bedingung. Auflösende Bedingungen** haben praktisch nur dann eine Bedeutung, wenn der Insolvenzverwalter bereits vor Bedingungseintritt die Rechtshandlung anfechten will. Eine **aufschiebend bedingte Vereinbarung** liegt insbes. beim Eigentumsvorbehalt vor, bei welchem der Käufer vom späteren Insolvenzschuldner ein Anwartschaftsrecht erwirbt. Ist die Vereinbarung hierüber selbst, bspw. aufgrund des Ablaufs der Anfechtungsfrist unanfechtbar, führt auch die Zahlung der letzten Rate und der damit einhergehende Eigentumsverlust für den Insolvenzschuldner nicht zu einer Anfechtungsmöglichkeit, weil gem. Absatz 3 dieser Bedingungseintritt unberücksichtigt bleibt (Nerlich/Römermann/*Nerlich* Rn. 19). Mit der Benennung des Ehegatten als unwiderruflich Bezugsberechtigten ist die Zuwendung der Versicherungsleistung auch dann vorgenommen, wenn diese im Erlebensfall dem Versicherungsnehmer zustehen soll und/oder das Bezugsrecht des Ehegatten daran geknüpft ist, dass die Ehe mit dem Versicherten bei dessen Tod noch besteht (BGH BeckRS 2012, 23859). Provisionsvereinbarungen sind aufschiebend bedingt durch den Abschluss des vermittelten Vertrages (BGHZ 159, 388 [394]; BGH NJW 2007, 2640 Rn. 19).

37 Eine **Bedingung auf den Insolvenzfall** wird als unbeachtlich (BAG NZI 2007, 58 [61]; Ahrens/Gehrlein/Ringstmeier/*Gehrlein* Rn. 23) oder jedenfalls als anfechtbar nach § 133 angesehen, wenn die Vereinbarung innerhalb der letzten zehn Jahre getroffen wurde (HambK-InsO/*Rogge/Leptien* Rn. 34; vgl. auch → § 119 Rn. 11 ff.; BGH NZI 2013, 178).

38 **2. Befristung.** Eine befristete Rechtshandlung liegt bspw. bei der Kündigung zu einem späteren Termin vor. Da gem. Absatz 3 die Befristung unbeachtlich ist, wird die Kündigung mit dem Zugang wirksam (HambK-InsO/*Rogge/Leptien*

Rn. 37). Beim Kontokorrent besteht eine Befristung in der periodischen Saldierung (MüKoInsO/*Kirchhof* Rn. 53).

V. Darlegungs- und Beweislast

39 Absatz 2 und Absatz 3 sind Ausnahmen zu Absatz 1. Vom Anfechtungsberechtigten (vgl. → § 143 Rn. 3) ist daher der Zeitpunkt gem. Absatz 1 darzulegen und unter Beweis zu stellen, das Vorliegen der Voraussetzungen gem. Absatz 2 oder Absatz 3 vom Anfechtungsgegner (MüKoInsO/*Kirchhof* Rn. 54 mwN).

Vollstreckbarer Titel

141 Die Anfechtung wird nicht dadurch ausgeschlossen, daß für die Rechtshandlung ein vollstreckbarer Schuldtitel erlangt oder daß die Handlung durch Zwangsvollstreckung erwirkt worden ist.

I. Allgemeines

1 Durch die erste Alternative wird klargestellt, dass die Anfechtung einer Rechtshandlung des Schuldners nicht dadurch ausgeschlossen wird, weil sie aufgrund eines (vorläufigen oder rechtskräftigen) Vollstreckungstitels auch erzwingbar gewesen wäre. Leistungen auf titulierte Forderungen sind daher in gleicher Weise anfechtbar wie Leistungen auf nicht titulierte Forderungen. Durch die zweite Alternative wird klargestellt, dass auch eine Rechtsposition, die durch staatliche Zwangsmaßnahmen erlangt wurde, wie eine freiwillige Rechtshandlung angefochten werden kann. § 141 enthält keinen eigenständigen Anfechtungstatbestand und entspricht fast wörtlich (vgl. → Rn. 4) dem früheren § 35 KO (vgl. BT-Drs. 12/2443, 167).

II. Vollstreckbarer Schuldtitel (1. Alt.)

2 Bei der 1. Alternative muss trotz des Vorliegens eines Vollstreckungstitels eine **freiwillige Leistung des Schuldners** vorliegen. Andernfalls greift die 2. Alternative. Sämtliche **Vollstreckungstitel** werden erfasst. Hierbei kann es sich um Urteile (§ 704 ZPO), Arrestbefehle und einstweilige Verfügungen (§§ 928, 936, 940 ZPO), Titel gem. §§ 794 Abs. 1 Nr. 1–5, 796a bis 796c ZPO, für vollstreckbar erklärte Schiedssprüche (§ 1060 ZPO), den Auszug aus einer Insolvenztabelle (§ 201 Abs. 2), Insolvenzpläne (§ 257), Notarkostenrechnungen (§ 155 KostO), Zuschlagsbeschlüsse im Zwangsversteigerungsverfahren (§ 93 ZVG) und vollziehbare Verwaltungsakte (BGHZ 128, 196 ff. = NJW 1995, 1090) handeln.

3 **Anfechtungsgegenstand** ist nicht der Schuldtitel, sondern die Rechtshandlung. In Betracht kommen allerdings auch Rechtshandlungen des Schuldners, die die Erlangung oder Verwendung des Titels erleichtern (HambK-InsO/*Rogge*/*Leptien* Rn. 4). So etwa, wenn aufgrund betrügerischen Zusammenwirkens zwischen Schuldner und Gläubiger ein fiktiver Anspruch tituliert wird (Uhlenbruck/*Hirte*/*Ede* Rn. 4). Der Schuldtitel kann neben der Anfechtung auch **mit verfahrensrechtlichen Rechtsbehelfen angreifbar** sein. Gegen den Titel können ggf. Rechtsmittel und gegen Vollstreckungsakte Rechtsbehelfe eingelegt oder Klagen geführt werden (§§ 767, 768, 771 ZPO). Die Anfechtungsfrist gem. § 146 wird hierdurch aber nicht unterbrochen (MüKoInsO/*Kirchhof* Rn. 4).

III. Zwangsvollstreckung (2. Alt.)

4 Im Fall der 2. Alternative richtet sich die Anfechtung gegen die vermögensrechtliche Folge der Zwangsvollstreckungshandlung (→ § 129 Rn. 4; HK-InsO/

Kreft Rn. 4; Ahrens/Gehrlein/Ringstmeier/*Gehrlein* Rn. 3). Als **Vollstreckungsmaßnahmen** kommen die Pfändung beweglicher Sachen oder Forderungen, die Zwangsversteigerung oder die Eintragung einer Zwangshypothek in Betracht (Ahrens/Gehrlein/Ringstmeier/*Gehrlein* Rn. 3). Vollstreckungsmaßnahmen sind auch die Vollziehung eines Arrestes (in § 35 KO noch genannt) oder eine einstweilige Verfügung (BT-Drs. 12/2443, 167; Uhlenbruck/*Hirte* Rn. 5). In der Regel werden hier Fälle der Anfechtung gem. § 131 erfasst (vgl. → § 131 Rn. 35 ff., 82, 93). Eine Anfechtung der Vollstreckungshandlung nach § 133 scheidet in der Regel aus, weil die Zwangsvollstreckung nicht auf einer Handlung des Schuldners beruht, es sei denn, der Schuldner hätte in einer dem Gläubiger bekannten Gläubigerbenachteiligungsabsicht die Vollstreckung durch Mitwirkung ermöglicht oder begrenzt, so dass die Vollstreckung dadurch als eine Rechtshandlung des Schuldners erscheint (Uhlenbruck/*Hirte* Rn. 6).

5 Im Gegensatz zur Rückschlagsperre gem. §§ 88, 312 Abs. 1 S. 3 muss die Anfechtung geltend gemacht werden (§ 146). Sie ist jedoch nicht auf die Anfechtung erlangter Sicherheiten beschränkt.

Bargeschäft

142 Eine Leistung des Schuldners, für die unmittelbar eine gleichwertige Gegenleistung in sein Vermögen gelangt, ist nur anfechtbar, wenn die Voraussetzungen des § 133 Abs. 1 gegeben sind.

Schrifttum: *Bork,* Kontokorrentverrechnung und Bargeschäft, FS Kirchhof, 2003, 57; *ders.,* Abschaffung des Eigenkapitalersatzrechts zugunsten des Insolvenzrechts?, ZGR 2007, 250; *ders.,* Die Insolvenzanfechtung von Lohnzahlungen, ZIP 2007, 2337; *ders.,* Die anfechtbare Kontokorrentverrechnung, FS Fischer, 2008, 37; *ders.,* Neues Insolvenzanfechtungsrecht: Verschärfung oder Entmachtung?, ZIP 2014, 1905; *Bitter,* Die Nutzungsüberlassung in der Insolvenz nach dem MoMiG (§ 135 Abs. 3 InsO), ZIP 2010, 1; *Bräuer,* Ausschluss der Insolvenzanfechtung bei Bargeschäften nach Maßgabe des § 142 InsO, 2006; *Brinkmann,* Die Insolvenzanfechtung gegenüber Arbeitnehmern – Reflexionen über ein juristisches Lehrstück in drei Akten, ZZP 125 (2012), 197; *Ganter,* Betriebsfortführung durch den vorläufigen Verwalter trotz Globalzession?, NZI 2010, 551; *ders.,* Bargeschäfte (§ 142 InsO) von Dienstleistern, ZIP 2012, 2037; *ders.,* Der Referentenentwurf vom 11. März 2015 zur „Anfechtungsrechtsreform“, WM 2015, 905; *ders.,* Der Regierungsentwurf vom 29. September 2015 zur „Anfechtungsreform“ – Vom Regen in die Traufe, WM Heft 45/2015; *Gehrlein,* Die Behandlung von Gesellschafterdarlehen durch das MoMiG, BB 2008, 846; *ders.,* Das Eigenkapitalersatzrecht im Wandel seiner gesetzlichen Kodifikationen, BB 2011, 3; *ders.,* Anfechtung versus Sanierung – Anfechtungsgefahren für Sanierungszahlungen?, WM 2011, 577; *Göcke/Rittscher,* Cash-Pooling in Krise und Insolvenz, DZWIR 2012, 355; *Haas,* Das neue Kapitalersatzrecht nach dem RegE-MoMiG, ZInsO 2007, 617; *Habersack,* Gesellschafterdarlehen nach dem MoMiG – Anwendungsbereich, Tatbestand und Rechtsfolgen der Neuregelung, ZIP 2007, 2145; *Henkel,* Das Bargeschäftsprivileg gilt nicht im Rahmen von § 135 Abs. 1 InsO, ZInsO 2009, 1577; *ders.,* Die Insolvenzanfechtung fristgemäß gezahlter Nutzungsentgelte nach § 135 Abs. 1 Nr. 2 InsO, ZInsO 2010, 2209; *Hirte,* Neuregelungen mit Bezug zum gesellschaftsrechtlichen Gläubigerschutz und im Insolvenzrecht durch das Gesetz zur Modernisierung des GmbH-Rechts und zur Bekämpfung von Missbräuchen (MoMiG), ZInsO 2008, 689; *Hölzle,* Die Legitimation des Gesellschaftersonderopfers in der insolvenzrechtlichen Finanzierungsverstrickung, ZIP 2010, 913; *Huber,* Das anfechtungsrechtlich privilegierte, aber janusköpfige Bargeschäft nach § 142 InsO, ZInsO 2013, 1049; *Jacobs/Doebert,* Die Insolvenzanfechtung von Lohnzahlungen in der Rechtsprechung des BAG, ZInsO 2012, 618; *Kayser,* Insolvenzrechtliche Bargeschäfte (§ 142 InsO) bei der Erfüllung gesetzlicher Ansprüche?, ZIP 2007, 49; *ders.,* Der Rechtsgedanke des Bargeschäfts – Ein Beitrag zu den Grenzen des Anwendungsbereichs des § 142 InsO, FS Fischer, 2008, 267; *Knospe,* Insolvenzanfechtung versus Arbeitnehmerinteressen: Bringt der Koalitionsvertrag Veränderungen beim Bargeschäft?, ZInsO 2014, 748; *Kreft,* Der Rechtsweg für Insolvenzanfechtungsklagen, ZIP 2013, 241; *Lütcke,* Insolvenzanfechtung von im Wege des Bargeschäfts erfolgten Lohnzahlungen, NZI 2014, 350; *Lwowski/Wunderlich,* Neues zum Bargeschäft, FS Kirchhof, 2003,

301; *dies.*, Aktuelle Probleme des insolvenzrechtlichen Bargeschäfts, WM 2004, 1511; *Marotzke,* Gläubigerberechtigung und Bargeschäftsprivileg bei Gesellschafterdarlehen und vergleichbaren Transaktionen, ZInsO 2013, 641; *ders.*, Vertrauensschutz kontra Gesamtgläubigerinteresse – Gedanken zu Auslegung und Reform des Insolvenzanfechtungsrechts, ZInsO 2014, 417; *Raschke,* Funktion und Abgrenzung des Bargeschäftstatbestandes in § 142 InsO, 1999; *Thole,* Konzernfinanzierung zwischen Gesellschafts- und Insolvenzrecht, ZInsO 2011, 1425; *ders.*, Gläubigerschutz durch Insolvenzrecht, 2010; *Thole/Schmidberger,* Die Insolvenzanfechtung von (überhöhten) Gehältern und Vergütungen von Geschäftsleitern und Sanierungsberatern, BB 2014, 3; *Werres,* Lastschriftbuchungen in der Insolvenz – Quo vadis, IX. Zivilsenat?, ZInsO 2008, 1065; *Willemsen/Rechel,* Cash-Pooling und die insolvenzrechtliche Anfechtbarkeit absteigender Darlehen – Unterschätzte Risiken für Gesellschafter, BB 2009, 2215; *Windel,* Das Bargeschäftsprivileg für Lohnnachzahlungen, ZIP 2014, 2167; *Wroblewski,* Bargeschäftseinwand gegen Lohnanfechtung, NJW 2012, 894; *Zwanziger,* Die Rechtsprechung des BAG zur Insolvenzanfechtung – verfehlt oder gar verfassungswidrig?, DB 2014, 2391.

Übersicht

I. Grundlagen

1 **1. Gesetzgebungsgeschichte.** Eine dem § 142 entsprechende Vorschrift gab es weder in der Konkursordnung noch in der Gesamtvollstreckungsordnung. Rspr. und Rechtslehre hatten aber bereits die Unanfechtbarkeit des Bargeschäfts herausgearbeitet. Die Insolvenzrechtskommission hat dies aufgegriffen (vgl. insgesamt MüKoInsO/*Kirchhof* Rn. 2).

2 Das Bargeschäftsprivileg ist insbes. für die Beziehung zwischen Arbeitgeber und Arbeitnehmern in der Diskussion und deshalb auch Gegenstand des am 29.9.2015 vorgelegten **Regierungsentwurfs** eines „Gesetzes zur Verbesserung der Rechtssicherheit bei Anfechtungen nach der Insolvenzordnung und nach dem Anfechtungsgesetz". Vgl. dazu die angehängten → Rn. 54 ff.

3 **2. Normzweck.** Nach der Amtlichen Begründung zu § 142 (§ 161 RegE, BT-Drs. 12/2443, 167) ist der entscheidende Grund für diese Regelung der **wirtschaftliche Gesichtspunkt,** dass ein Schuldner, der sich in der Krise befindet, praktisch vom Geschäftsverkehr ausgeschlossen würde, wenn selbst die von ihm abgeschlossenen wertäquivalenten Bargeschäfte der Anfechtung unterlägen. Die Rspr. (BGHZ 167, 190 Rn. 30 = NZI 2006, 469; BGH NZI 2010, 897 Rn. 24;

2010, 985 Rn. 30; BAG NZI 2014, 129 Rn. 38; ebenso schon zu § 30 Nr. 1 Fall 1 KO BGHZ 123, 320 [323] = NJW 1993, 3267) und herrschende Meinung im Schrifttum (*Kayser* FS G. Fischer, 2008, 267 [269]; MüKoInsO/*Kirchhof* Rn. 1; Uhlenbruck/*Ede/Hirte* Rn. 1, 3; HK-InsO/*Kreft* Rn. 2; Kübler/Prütting/Bork/*Ehricke* Rn. 1; HambK-InsO/*Rogge/Leptien* Rn. 1; Ahrens/Gehrlein/Ringstmeier/*Gehrlein* Rn. 1) sehen dies genauso. Meist wird noch ergänzend hinzugefügt, dass die Benachteiligung der Gläubiger, die in der Leistung des Schuldners liege, außer Betracht bleibe, weil sie durch die Gegenleistung wieder ausgeglichen werde und deshalb keine Vermögensverschiebung zu Lasten des Schuldners (und seiner Gläubiger), sondern eine **bloße Vermögensumschichtung** stattfinde (BGH NZI 2010, 897 Rn. 24; 2010, 985 Rn. 30; BAG NZI 2014, 372 Rn. 48; HK-InsO/*Kreft* Rn. 2; Kübler/Prütting/Bork/*Ehricke* Rn. 1; Ahrens/Gehrlein/Ringstmeier/*Gehrlein* Rn. 1).

4 Die Annahme, dass Bargeschäfte keine Benachteiligung der Gläubiger darstellen (so BGH ZIP 2005, 992 [994]; BAG NZI 2014, 372 Rn. 47; Braun/*Riggert* Rn. 2), ist jedoch irreführend. Wäre sie richtig, ließen sich die Fälle des Bargeschäfts schon über § 129 lösen, weil jede Insolvenzanfechtung eine objektive Gläubigerbenachteiligung voraussetzt (→ § 129 Rn. 48). Da § 142 dem Bargeschäft einen **eigenständigen Anwendungsbereich** neben § 129 zuweist, muss die Vorschrift auch Fälle erfassen, in denen die objektive Gläubigerbenachteiligung ansonsten zu bejahen wäre (*Kayser* FS Fischer, 2008, 267 [270]; Uhlenbruck/*Ede/Hirte* Rn. 3; vgl. ferner BK-InsO/*Haas* Rn. 2; Kummer/Schäfer/Wagner/*Wagner* Rn. B 241).

5 Ein anderer Ansatz geht dahin, dem Schuldner, der sich vor Beginn der Krise eine Leistung habe versprechen lassen und diese auch bekommen habe, müsse es möglich sein, die Rückforderung des ihm gelieferten Gegenstandes abzuwehren, indem er die ihm obliegende Gegenleistung anfechtungsfrei erbringe (Jaeger/*Henckel* Rn. 3). Diese Überlegung versagt, wenn die Vorleistung des anderen Teils ihrer Art nach nicht zurückgefordert werden kann, wie es insbes. bei Dienstleistungen der Fall ist.

6 Ein Bargeschäft kommt nur in Betracht, wenn **keine unmittelbare Gläubigerbenachteiligung** iSv § 132 vorliegt (Jaeger/*Henckel* Rn. 7 [seine gegenteilige Aussage bei Rn. 18 dürfte auf einem Redaktionsversehen beruhen]; Uhlenbruck/*Ede/Hirte* Rn. 3). Umgekehrt fehlt es, falls ein Bargeschäft vorliegt, an einer unmittelbaren Gläubigerbenachteiligung (BGH NZI 2014, 775 Rn. 48). Der Zweck des § 132 würde verfehlt, wenn die Erfüllung eines nicht unmittelbar benachteiligenden Rechtsgeschäfts als Deckungshandlung anfechtbar wäre (Jaeger/*Henckel* Rn. 2; MüKoInsO/*Kirchhof* Rn. 22; BK-InsO/*Haas* Rn. 3; ebenso zu § 30 Nr. 1 Fall 1 KO BGHZ 123, 320 [323] = NJW 1993, 3267; zur Auffassung, wonach § 142 bloßer Annex zu § 132 ist, krit. *Thole,* Gläubigerschutz durch Insolvenzrecht, 374). Der **Normzweck** des § 142 InsO lässt sich deshalb dahingehend beschreiben, dass eine Deckungshandlung als Bargeschäft anfechtungsrechtlich privilegiert ist, wenn sie der Erfüllung eines nicht unmittelbar benachteiligenden Rechtsgeschäfts dient und sich bei kurzfristig abzuwickelnden Rechtsgeschäften innerhalb des zeitlichen Rahmens hält, der für die Abwicklung dieses Geschäfts unter solventen Partnern üblicherweise in Anspruch genommen wird (*Ganter* ZIP 2012, 2037 [2038]). Nach Maßgabe dieses Zeitrahmens ist bei längerfristig abzuwickelnden Rechtsgeschäften eine Aufteilung erforderlich. Damit ist jegliche Verzögerung in der Abwicklung, die auf finanziellen Schwierigkeiten beruht, für die Annahme eines Bargeschäfts schädlich (→ Rn. 45).

7 **3. Enge Auslegung.** § 142 stellt eine Ausnahmeregelung dar, weil sie an sich anfechtbare Vorgänge unter den Voraussetzungen eines Bargeschäfts der Anfechtung entzieht. Für eine erweiternde Auslegung der Vorschrift ist deshalb kein

Raum (BGH NZI 2010, 897 Rn. 35; Uhlenbruck/*Ede/Hirte* Rn. 4). Der unscharfe Begriff der **„Masseneutralität"** kann für die Annahme eines Bargeschäfts nicht fruchtbar gemacht werden (*Kayser* FS Fischer, 2008, 267 [272]). Erst recht verbietet sich eine analoge Anwendung.

II. Anwendungsbereich

1. Hauptanwendungsbereich. Da weder eine inkongruente Deckung gem. § 131 noch eine unentgeltliche Leistung iSv § 134 ein Bargeschäft sein kann (→ Rn. 9, 14), § 132 Abs. 1 und § 133 Abs. 2 eine unmittelbare Gläubigerbenachteiligung voraussetzen, wodurch ein Bargeschäft ausgeschlossen wird (→ Rn. 6), hat § 142 selbstständige Bedeutung va für die **Anfechtung kongruenter Deckungen** nach § 130, weil hierfür eine mittelbare Gläubigerbenachteiligung ausreicht. Diese hat durch die Anwendung des § 142 außer Betracht zu bleiben (MüKoInsO/*Kirchhof* Rn. 23). Seinen Hauptanwendungsbereich hat das Bargeschäft dort, wo der verabredete Leistungsaustausch ohne die Privilegierung durch § 142 kurzfristig einen Zugriff der Gläubiger auf die dem Anfechtungsgegner gewährte Deckung ermöglicht hätte (*Kayser* FS Fischer, 2008, 267 [271]). Bestand diese Zugriffsmöglichkeit nicht nur kurzfristig oder hatte der Zuwendungsempfänger dem Schuldner Kredit gewährt und wird er dann von dem Schuldner in der kritischen Zeit oder unter den Voraussetzungen des § 133 Abs. 1 befriedigt, ist die ihm gewährte Deckung in der Insolvenz nicht privilegiert. 8

2. Inkongruente Deckung. Die Bargeschäftsausnahme kommt nur bei kongruenten, **nicht bei inkongruenten Deckungen** in Betracht (BGHZ 150, 122 [130] = NZI 2002, 311; 167, 190 Rn. 28 = NZI 2006, 469; BGH NZI 2007, 456 Rn. 10; 2008, 184 Rn. 15; 2009, 436 Rn. 13; ebenso BAG NZI 2014, 129 Rn. 38; 2014, 867 Rn. 16; *Kayser* ZIP 2007, 49 [50]; *ders.* FS Fischer, 2008, 267 [272]; *Thole,* Gläubigerschutz durch Insolvenzrecht, 374; MüKoInsO/*Kirchhof* Rn. 7; Uhlenbruck/*Ede/Hirte* Rn. 6; HK-InsO/*Kreft* Rn. 8 f.; FK-InsO/*Dauernheim* Rn. 1; Ahrens/Gehrlein/Ringstmeier/*Gehrlein* Rn. 2; Kübler/Prütting/Bork/*Ehricke* Rn. 12; abschwächend Kübler/Prütting/Bork/*Schoppmeyer* Rn. 12; Jaeger/*Henckel* Rn. 8 ff.; ablehnend *Bork* FS Kirchhof, 2003, 67; *Lwowski/Wunderlich* FS Kirchhof, 2003, 304; Kummer/Schäfer/Wagner/*Wagner* Rn. O 11). Ein Bargeschäft setzt eine Vereinbarung zwischen Schuldner und Anfechtungsgegner über die beiderseits zu erbringenden Leistungen voraus (→ Rn. 22), die im Falle einer inkongruenten Deckung – einer Leistung, die so nicht geschuldet war – gerade fehlt. IÜ schließt ein Bargeschäft nur die unmittelbare Gläubigerbenachteiligung aus, nicht die mittelbare (BGH NZI 2004, 491). Ggf. ist deshalb – falls eine inkongruente Deckung vorliegt – eine Anfechtung nach §§ 131, 133 Abs. 1 möglich. 9

3. Öffentliche Abgaben. Der Wortlaut des § 142 ist auf privatrechtliche Rechtsbeziehungen zugeschnitten. Öffentliche Abgaben werden hoheitlich erhoben; ihnen liegt kein Rechtsgeschäft, sondern eine Rechtsnorm zugrunde. Dennoch kann es auch im öffentlichrechtlichen Bereich einen Austausch geben, der dem privatrechtlich vereinbarten ähnlich ist. Dies gilt insbes. für die Erhebung von **Gebühren für Leistungen der öffentlichen Hand.** Sind Leistung und Gegenleistung gleichwertig, muss auch ein solcher Austausch als Bargeschäft privilegiert sein (Jaeger/*Henckel* Rn. 43). Die Erhebung von Steuern fällt nicht unter § 142 (Jaeger/*Henckel* Rn. 44 ff.). 10

4. Gesellschafterdarlehen. Ob der Bargeschäftsgedanke auch eine **Anfechtung nach § 135** auszuschließen vermag, ist umstr. (bejahend *Habersack* ZIP 2007, 2145 [2150]; *Gehrlein* BB 2008, 846 [851]; *ders.* BB 2011, 3 [6]; *Hirte* ZInsO 11

2008, 689 [694]; *Bitter* ZIP 2010, 1 [10]; *Thole* ZInsO 2011, 1425 [1430 f.]; *ders.*, Gläubigerschutz durch Insolvenzrecht, 408; *Marotzke* ZInsO 2013, 641 [644]; Uhlenbruck/*Ede/Hirte* Rn. 8; MüKoInsO/*Kirchhof* Rn. 22; Kübler/Prütting/Bork/*Ehricke* Rn. 19; HK-InsO/*Kleindiek* § 135 Rn. 30; Kummer/Schäfer/Wagner/*Wagner* Rn. O 15; wohl auch OLG Brandenburg ZInsO 2009, 1862 Rn. 4; dagegen *Haas* ZInsO 2007, 617 [624] [auch in BK-InsO Rn. 8]; *Bork* ZGR 2007, 250 [266]; *Henkel* ZInsO 2009, 1577 [1578 f.]; *ders.* ZInsO 2010, 2209 [2212 f.]; *Hölzle* ZIP 2010, 913 [915 f.]). Mangels anderslautender Anhaltspunkte im Gesetz kann § 142 InsO Anwendung finden. Für Darlehensrückzahlungen scheitert die Anwendung praktisch meist daran, dass keine „unmittelbare" gleichwertige Gegenleistung an die Masse erbracht wird (*Göcke/Rittscher* DZWIR 2012, 355 [356]; Uhlenbruck/*Ede/Hirte* Rn. 8; HambK-InsO/*Schröder* § 135 Rn. 35; Kummer/Schäfer/Wagner/*Wagner* Rn. O 15; krit. *Willemsen/Rechel* BB 2009, 2215 [2218]). Für die Verzinsung eines Darlehens ist aber der Anwendungsbereich des § 142 eröffnet (*Marotzke* ZInsO 2013, 641 [648]; Uhlenbruck/*Ede/Hirte* Rn. 8). Bei Besicherungen, die sogleich wirksam werden (zu anderen vgl. → Rn. 17), ist die Anfechtung entbehrlich; handelt es sich um eine akzessorische Sicherheit, kann der Insolvenzverwalter dem Sicherungsnehmer unmittelbar die Nachrangigkeit der gesicherten Forderung entgegenhalten, und bei nichtakzessorischen Sicherheiten kann er einwenden, dass die Sicherheit nach der Sicherungsvereinbarung nur der Sicherung einer nachrangigen Forderung dient (BGHZ 193, 378 Rn. 13, 25 = NZI 2012, 860; Jaeger/*Henckel* Rn. 10, 44; Kummer/Schäfer/Wagner/*Schäfer* Rn. H 72; ebenso bereits BGHZ 133, 298 [305]). Nach anderer Ansicht steht der Nachrang der abgesonderten Befriedigung nicht entgegen (*Karsten Schmidt/Herchen* → § 39 Rn. 7), und dann ist § 142 auf die anfängliche Besicherung anwendbar (*Marotzke* ZInsO 2013, 641, [648, 650]; Uhlenbruck/*Ede/Hirte* Rn. 9; Uhlenbruck/*Hirte* § 135 Rn. 13).

12 **5. Vorsatzanfechtung.** Eine Anfechtung nach § 133 Abs. 1 bleibt möglich, weil durch ein Bargeschäft eine mittelbare Gläubigerbenachteiligung, die für § 133 Abs. 1 ausreicht (→ § 133 Rn. 27), nicht ausgeschlossen wird. Allerdings wird unter den Voraussetzungen eines Bargeschäfts ein Gläubigerbenachteiligungsvorsatz idR ausscheiden (→ § 133 Rn. 67). Schon begrifflich kann kein Bargeschäft vorliegen, wenn die Voraussetzungen des § 133 Abs. 2 gegeben sind (MüKoInsO/*Kirchhof* Rn. 22; Uhlenbruck/*Ede/Hirte* Rn. 34; zum selben Ergebnis führt die Auffassung, auch Bargeschäfte seien nach § 133 Abs. 2 anfechtbar, so HK-InsO/*Kreft* Rn. 12). Zur Beweislast vgl. → Rn. 52 f.

III. Tatbestand des Bargeschäfts

13 **1. Maßgeblicher Zeitpunkt.** Für die Beurteilung, ob eine Bardeckung iSv § 142 vorliegt, ist der **Zeitpunkt des Leistungsaustauschs** maßgeblich (Kübler/Prütting/Bork/*Ehricke* Rn. 6). Grds. ist § 140 maßgebend, wobei für Leistungen oder Sicherstellungen, die eine registerrechtliche Eintragung erfordern, die Vorverlegung nach § 140 Abs. 2 zu beachten ist (vgl. → Rn. 30). Allerdings kann ein anderer Zeitpunkt als derjenige, der sich aus der Anwendung des § 140 ergäbe, in Betracht kommen. So hat der BGH auf den Zeitpunkt des Lastschrifteinzugs und nicht auf den Zeitpunkt der späteren Genehmigung abgestellt, wenn ein Verkäufer im unmittelbaren Anschluss an eine von ihm erbrachte Leistung den Kaufpreis aufgrund einer Einziehungsermächtigung von dem Konto des Schuldners einzieht und der Lastschrifteinzug nachfolgend genehmigt wird (BGH NZI 2008, 482 Rn. 15 f.); unter Berücksichtigung der Gepflogenheiten des Geschäftsverkehrs reicht bereits der zeitnahe tatsächliche Leistungsaustausch für eine anfechtungsrechtliche Privilegierung aus. Diese Rspr. (zustimmend Uhlenbruck/*Ede/*

Hirte Rn. 94; aA *Werres* ZInsO 2008, 1065 [1066 ff.]; vgl. auch HK-InsO/*Kreft* Rn. 5: „nicht unbedenklich“) hat der BGH auf Leasingverträge erstreckt, falls der Leasinggeber zeitnah zum entsprechenden Zeitraum der Gebrauchsüberlassung die Leasingrate aufgrund einer Einziehungsermächtigung von dem Konto des Schuldners einzieht und der Lastschrifteinzug nachfolgend genehmigt wird (BGH NZI 2009, 378 Rn. 10 f.).

2. Leistungsaustausch. § 142 InsO setzt zunächst einen **Leistungsaustausch** voraus. Der Schuldner muss aus seinem haftenden Vermögen eine **Leistung** erbringen. Dafür kommen – wie bei § 134 (→ § 134 Rn. 9) – vermögenswerte Leistungen jedweder Art in Betracht, auch Sicherstellungen (Kummer/Schäfer/Wagner/*Wagner* Rn. O 17). Umgekehrt muss eine **Gegenleistung** in das Aktivvermögen des Schuldners gelangen. Diese muss dem **Zugriff der übrigen Gläubiger** offenstehen (vgl. BGH NZI 2005, 497 [498] [sub III.1]; HK-InsO/*Kreft* Rn. 3; aA MüKoInsO/*Kirchhof* Rn. 4a, 9; Uhlenbruck/*Ede*/*Hirte* Rn. 25; Kübler/Prütting/Bork/*Ehricke* Rn. 3; BK-InsO/*Haas* Rn. 13; HambK-InsO/*Rogge*/*Leptien* Rn. 2; Braun/*Riggert* Rn. 9; unklar BGH NZI 2010, 897 Rn. 30; 2010, 985 Rn. 36). Die Gegenmeinung verkennt, dass eine unmittelbare Gläubigerbenachteiligung iSv § 132 vorliegt, wenn der Vorgang die Zugriffsmöglichkeiten der Gläubiger verschlechtert (vgl. → § 129 Rn. 57). Dadurch wird § 142 unanwendbar (vgl. → Rn. 6). Außerdem kann man, wenn die Gegenleistung nicht in das haftende Vermögen fällt, schwerlich von einer „gleichwertigen“ Gegenleistung sprechen (→ Rn. 46), und die Umgehung würde erleichtert. Es reicht für § 142 auch nicht aus, dass die befriedigte Forderung erlischt und somit die Verbindlichkeiten des Schuldners verringert werden, ebenso wenig das Stehenlassen einer Darlehensforderung, weil dadurch dem Schuldner kein neuer Vermögenswert zugeführt wird (BGHZ 174, 297 Rn. 41 = NZI 2008, 89; BGH NZI 2009, 435 Rn. 12; HK-InsO/*Kreft* Rn. 3). Die Rückzahlung eines Darlehens ist keine Gegenleistung für die Darlehensgewährung (OLG Celle ZIP 2012, 2114 [2115]). Auch eine von dem Anfechtungsgegner an einen Dritten erbrachte Zuwendung kann nicht als eine ein Bargeschäft rechtfertigende Gegenleistung anerkannt werden (BGH NZI 2010, 897 Rn. 30). Eine Gegenleistung iSv § 142 kann der Anfechtungsgegner auch nicht durch Aufrechnung gegen die an ihn gerichtete Forderung der Schuldnerin bewirken (BGH NZI 2010, 985 Rn. 32). **Unentgeltliche Geschäfte** sind keine Bargeschäfte (Kübler/Prütting/Bork/*Ehricke* Rn. 4). 14

Bargeschäfte müssen sich immer auf **einzelne Rechtshandlungen** iSv § 129 Abs. 1 beziehen. Der allgemeine Bestand an Vermögenswerten ist kein tauglicher Anknüpfungspunkt (MüKoInsO/*Kirchhof* Rn. 13e). Deswegen scheidet ein „pauschales Sicherheiten-Kontokorrent“, bei welchem der Gesamtwert von Sicherheiten zu Beginn und am Ende des von der Anfechtung erfassten Zeitraums verglichen wird, für ein Bargeschäft aus (MüKoInsO/*Kirchhof* Rn. 13e; HK-InsO/*Kreft* Rn. 3). 15

In einem zur Annahme eines Bargeschäfts führenden Austauschverhältnis können auch eine **Leistung** der einen Seite und eine **Sicherstellung** durch die andere Seite stehen (BGH NJW 1998, 2592 [2597]; Jaeger/*Henckel* Rn. 13; MüKoInsO/*Kirchhof* Rn. 13c; Uhlenbruck/*Ede*/*Hirte* Rn. 13; HK-InsO/*Kreft* Rn. 3). Umgekehrt kann auch die Freigabe einer Sicherheit (die allerdings von dem Darlehensschuldner selbst gestellt sein muss, vgl. *Gehrlein* WM 2011, 577 [582]; Kübler/Prütting/Bork/*Ehricke* Rn. 3) gegen Rückzahlung des gesicherten Darlehens ein Bargeschäft sein (BAG ZIP 2008, 1184 [1188]; Uhlenbruck/*Ede*/*Hirte* Rn. 14; HK-InsO/*Kreft* Rn. 3). 16

Ein Bargeschäft kommt selbst dann in Betracht, wenn eine künftige Forderung besichert wird und die **besicherte Forderung** erst entsteht, nachdem der Siche- 17 rungsgeber seine Zahlungen eingestellt hat (BGH NJW 1955, 709; Kummer/Schäfer/Wagner/*Wagner* Rn. O 23). Werden zur **Besicherung** eines Darlehens **künftig abschnittsweise fällig werdende Forderungen,** etwa Mietforderungen (§ 110) oder Bezüge aus einem Dienstverhältnis (§ 114), **abgetreten,** wird der Insolvenzverwalter nicht den Abschluss des Abtretungsvertrages anfechten (dieser kann als Bargeschäft unanfechtbar sein und wird auch meist zu weit zurückliegen), sondern die Inanspruchnahme der im Voraus abgetretenen Mieten oder Dienstbezüge durch den Zessionar. Die Vorausabtretung wird erst mit dem Erreichen des jeweiligen Zeitabschnitts wirksam (BGHZ 182, 264 Rn. 11 ff. = NZI 2010, 58; MüKoInsO/*Kirchhof* § 140 Rn. 9b, 14; HK-InsO/*Kreft* § 140 Rn. 4 aE). Insofern kann nicht mehr von einem unmittelbaren zeitlichen Zusammenhang mit der Ausreichung des Darlehens ausgegangen werden (→ Rn. 26 f.). Somit scheidet ein Bargeschäft aus (aA Jaeger/*Henckel* § 140 Rn. 11). Zur Besicherung einer **Gesellschafterforderung** vgl. → Rn. 11.

18 Auf die **Reihenfolge der Leistungen** kommt es grds. nicht an (BGHZ 150, 122 [131] = NZI 2002, 311; 167, 190 Rn. 39 = NZI 2006, 469; BGH NZI 2001, 247 [248]; 2007, 456 Rn. 15; 2008, 175 Rn. 5; ZIP 2012, 1301 Rn. 13; *Kayser* FS Fischer, 2008, 267 [279]; MüKoInsO/*Kirchhof* Rn. 16; Uhlenbruck/*Ede/Hirte* Rn. 28; HK-InsO/*Kreft* Rn. 3; ebenso schon zum früheren Recht BGHZ 123, 320 [329] = NJW 1993, 3267; vgl. aber → Rn. 20). Folglich schließt auch eine etwaige **Vorleistungspflicht** des Schuldners ein Bargeschäft nicht aus (→ Rn. 28). Zur Rechtslage, wenn der Gegner seine Leistung verzögert, → Rn. 28, 45.

19 Die Anfechtbarkeit von **Kontokorrent-Verrechnungen** ist gem. § 142 nur eingeschränkt, wenn die Entgegennahme der Gutschriften durch die Duldung von Verfügungen ausgeglichen wird, die der Bankkunde zur Tilgung der Forderung von Fremdgläubigern trifft (BGH NZI 2013, 249 Rn. 15; *Kayser* FS Fischer, 2008, 267 [275 ff.]). Belastungsbuchungen, die unmittelbar oder mittelbar eigene Forderungen der Bank betreffen, erfüllen diese Voraussetzungen nicht (BGHZ 150, 122 [130 f.] = NZI 2002, 311; BGH NZI 2008, 175 Rn. 6; 2009, 436 Rn. 12; 2012, 323 Rn. 9; 2012, 667 Rn. 13).

20 Ein unanfechtbares Bargeschäft setzt voraus, dass die Bank aufgrund der **Kontokorrentabrede** – also vereinbarungsgemäß und somit kongruent – ihrem Kunden gestattet, den durch Zahlungseingänge eröffneten Liquiditätsspielraum wieder auszuschöpfen, indem die vereinbarte Kreditlinie offen gehalten und vom Kunden nach eigenem Ermessen erteilte Zahlungsaufträge ausgeführt werden (BGHZ 150, 122 [127 ff.] = NZI 2002, 311). Wegen des Erfordernisses des zeitlichen Zusammenhangs zwischen Soll- und Habenbuchungen vgl. → Rn. 45. Ein unanfechtbares Bargeschäft kann auch dann vorliegen, wenn die Bank nur noch **einzelne Belastungsverfügungen** des Schuldners ausführt, sofern dessen eigenes Bestimmungsrecht gewahrt wird und Verrechnungen nicht gegen seinen Willen stattfinden (BGH NZI 2003, 34 [35]; 2012, 667 Rn. 13). Kann die Bank nicht mehr sämtliche Zahlungsaufträge des Schuldners ausführen, ohne dass dies zu einer Überschreitung des vereinbarten Kreditlimits führt und lässt sich nicht feststellen, nach welchem Maßstab die Bank die Zahlungsaufträge ausgewählt hat, ist daher offen, ob sie das eigene Bestimmungsrecht des Schuldners über die Verwendung der eingeräumten Kreditlinie gewahrt hat, ist der Bargeschäftseinwand ausgeschlossen. Dies gilt zumal dann, wenn die im fraglichen Zeitraum vorgenommenen Kontobelastungen überwiegend Zahlungsvorgänge innerhalb der Unternehmensgruppe betreffen, welcher der Schuldner angehört, so dass es möglich erscheint, dass durch die Zahlungen an die Schwestergesellschaften zugleich deren Kredit bei der Bank zurückgeführt worden ist (BGH NZI 2012, 667 Rn. 16). Der Grundsatz, dass es auf die Reihenfolge der Leistungen nicht ankommt (→ Rn. 18), wird insoweit eingeschränkt, als die Verrechnung einer Gutschrift nicht der letzte Akt sein darf, bevor das Kreditinstitut das Konto des Schuldners schließt; es müssen vielmehr weitere Verfügungen zugelassen werden (BGH DZWIR 2010, 290 Rn. 2). Wird zwei gesamtschuldnerisch haftenden Kreditnehmern ein Kontokorrentkredit gewährt und nimmt der spätere Insolvenzschuldner diesen nicht (mehr) in Anspruch, wohl aber der andere Kreditnehmer, setzt ein unanfechtbares Bargeschäft voraus, dass der Insolvenzschuldner für die weitere Inanspruchnahme durch den Mitschuldner außerhalb der Kontobeziehung eine Gegenleistung erhält (KG ZIP 2011, 535 [536]; BGH 6.10.2011 – IX ZR 24/11, juris Rn. 3).

Verrechnungen verlieren – weil keine Leistungen mehr ausgetauscht werden – **21** ihren Bargeschäftscharakter, wenn das Kreditinstitut Verfügungen des Kunden nicht mehr in der vereinbarten Weise zulässt und dadurch iErg die Darlehensforderungen vor deren Fälligkeit durch die saldierten Gutschriften zurückgeführt werden. Soweit die Habenbuchungen die Sollbuchungen übersteigen, liegt eine anfechtbare inkongruente Deckung vor. Zum umgekehrten Fall → Rn. 50.

3. Verknüpfung von Leistung und Gegenleistung. Der unmittelbare Leis- **22** tungsaustausch muss an eine zwischen dem Schuldner und dem anderen Teil getroffene **Parteivereinbarung** anknüpfen (BGH NZI 2010, 897 Rn. 25). Es ist also eine rechtsgeschäftliche Verknüpfung von Leistung und Gegenleistung erforderlich (BGHZ 174, 297 Rn. 42 = NZI 2008, 89; *Kayser* FS Fischer, 2008, 267 [270]; Uhlenbruck/*Ede/Hirte* Rn. 17; HK-InsO/*Kreft* Rn. 3). Keine ausreichende Verknüpfung liegt vor, wenn lediglich ein wirtschaftlicher Zusammenhang besteht (BGH NZI 2010, 985 Rn. 30) oder Geschenke ausgetauscht werden (MüKoInsO/*Kirchhof* Rn. 5) oder kraft Gesetzes eine Sicherheit entsteht (*Kayser* ZIP 2007, 49 [51 ff.]; *Gehrlein* WM 2011, 577 [582]; *Bräuer,* aaO, S. 50; MüKoInsO/*Kirchhof* Rn. 5b). Zur Ausnahme bei öffentlichen Abgaben vgl. → Rn. 10.

Die Vereinbarung muss **auf einen unmittelbaren Leistungsaustausch ge- 23 richtet** sein (BGH NZI 2010, 897 Rn. 27; *Bräuer,* aaO, S. 49; HK-InsO/*Kreft* Rn. 3; dazu → Rn. 27 ff.). Die Leistungen müssen auch so, wie vereinbart, erbracht werden; für die Privilegierung einer Befriedigungsmöglichkeit, die der Gläubiger aufgrund einer von der ursprünglichen Vereinbarung abweichenden Art der Erfüllung der geschuldeten Forderung erhält, gibt es weder rechtlich noch wirtschaftlich eine Veranlassung. Es wäre dies eine inkongruente Deckung, und für eine solche gilt die Bargeschäftsausnahme nicht (→ Rn. 9). Wird die Vereinbarung geändert, bevor Leistungen erbracht worden sind, steht die Änderung allein der Annahme einer Bardeckung nicht entgegen (BGH NZI 2007, 456 Rn. 14; MüKoInsO/*Kirchhof* Rn. 8; Kübler/Prütting/Bork/*Ehricke* Rn. 9; HK-InsO/*Kreft* Rn. 4). Durch eine Zahlung erstrebte mittelbare finanzielle Vorteile haben außer Betracht zu bleiben, weil dies mit der im Insolvenzanfechtungsrecht gebotenen Einzelsicht unvereinbar wäre (BGH NZI 2014, 863 Rn. 24).

Kein Bargeschäft liegt vor, wenn eine Bank – ohne dass es zu einer Absprache **24** gekommen ist – die **Sanierung** des Schuldners fördern will, indem sie ständig Kreditüberziehungen in nicht exakt festgelegter Höhe gegen Hereinnahme von Kundenschecks duldet (BGHZ 118, 171 [173] = NJW 1992, 1960; HK-InsO/*Kreft* Rn. 4). Entsprechendes gilt, wenn die Bank Gutschriften zur Rückführung einer ungenehmigten Überziehung verrechnet (Kübler/Prütting/Bork/*Ehricke* Rn. 18; BK-InsO/*Haas* Rn. 16) oder wenn ein Tankstellenbetreiber rein faktisch die von ihm namens des ihn beliefernden Mineralölunternehmens mit den Tankkunden geschlossenen Verträge abwickelt, indem er die im Eigentum des Lieferanten verbliebenen Kraftstoffe in dessen Namen an die Tankkunden übereignet und die bereits mit dem Empfang in das Eigentum des Lieferanten übergegangenen Barmittel an diesen weiterleitet (BGH NZI 2010, 897 Rn. 28; HK-InsO/*Kreft* Rn. 4).

25 Führt der Schuldner als Arbeitgeber für den Arbeitnehmer die **Lohnsteuer** an den Fiskus ab, ist dies – mangels einer Vereinbarung zwischen Arbeitgeber und Fiskus – **nicht** Teil eines Bargeschäfts (BGHZ 157, 350 [360] = NZI 2004, 206; BGH NZI 2010, 897 Rn. 33; *Kayser* FS Fischer, 2008, 267 [273 f.]; Jaeger/*Henckel* Rn. 44; Uhlenbruck/*Ede/Hirte* Rn. 19; HK-InsO/*Kreft* Rn. 4; HambK-InsO/*Rogge/Leptien* Rn. 3a; aA BFH BFH/NV 1999, 745; *Knospe* ZInsO 2014, 748 [760]; offen gelassen von BFHE 210, 410 = NZI 2006, 53; 217, 233 Rn. 22 = ZIP 2007, 1856). Ähnliches gilt für die Abführung der im **Gesamtsozialversicherungsbeitrag** enthaltenen Arbeitnehmeranteile durch den Schuldner als Arbeitgeber an einen Sozialversicherungsträger (BGH NZI 2010, 897 Rn. 33; *Smid* DZWIR 2010, 1 [15]; MüKoInsO/*Kirchhof* Rn. 5b; Uhlenbruck/*Ede/Hirte* Rn. 19; HK-InsO/*Kreft* Rn. 4; HambK-InsO/*Rogge/Leptien* Rn. 3a; aA *Knospe* ZInsO 2014, 748 [753 ff.]).

26 **Globalzessionsverträge** sind hinsichtlich der zukünftig entstehenden Forderungen **keine Bargeschäfte** (BGHZ 174, 297 Rn. 40; *Kayser* FS Fischer, 2008, 267 [272]; Uhlenbruck/*Ede/Hirte* Rn. 59; HK-InsO/*Kreft* Rn. 3; aA *Kuder* ZInsO 2006, 1065 [1069]), und zwar aus mehreren Gründen. Zum einen enthält das Stehenlassen der Darlehensforderung keine ausgleichende Gegenleistung (→ Rn. 14). Zum andern ist die von § 142 vorausgesetzte rechtsgeschäftliche Verknüpfung zwischen Leistung und Gegenleistung hinsichtlich der ausscheidenden und der hinzukommenden Forderungen nicht gegeben; denn der Erwerb neuer Forderungen erfolgt bei der Globalzession unabhängig davon, was aus den dem Schuldner zur Einziehung überlassenen Forderungen geworden, insbes. welcher Wert ihm daraus zugeflossen ist. Schließlich könnte das Entstehen neuer Forderungen allenfalls dann eine gleichwertige Sicherheit darstellen, wenn diese nicht nur betragsmäßig, sondern auch in ihrem wirtschaftlichen Wert den untergegangenen Forderungen gleichkämen, so dass bei vergleichender Betrachtung eine Schmälerung des Schuldnervermögens ausgeschlossen wäre. Diese Voraussetzungen sind bei Globalzessionen typischerweise nicht gegeben, weil der Sicherungswert von vielen Faktoren, insbes. der Qualität der Leistung des Schuldners sowie der Vertragstreue und finanziellen Leistungsfähigkeit seines Kunden abhängt und deshalb nicht generell, sondern nur bezogen auf die jeweilige Einzelforderung bestimmt werden kann.

27 **4. Unmittelbarkeit. a) Enger zeitlicher Zusammenhang.** Entscheidend ist nicht, dass die Leistungen unmittelbar nach Vertragsschluss ausgetauscht werden, sondern die Unmittelbarkeit des Leistungsaustauschs. Leistung und Gegenleistung müssen beim Bargeschäft nicht Zug um Zug erbracht werden. Auch ist der Begriff „Bargeschäft" insofern irreführend, als nicht verlangt wird, dass die Gegenleistung bei Empfang der Leistung bar erbracht wird (Jaeger/*Henckel* Rn. 14). Ein **enger zeitlicher Zusammenhang** der beiderseitigen Leistungen reicht aus, ist freilich auch erforderlich (BGHZ 166, 125 Rn. 48 = NZI 2006, 287; 167, 190 Rn. 31 = NZI 2006, 469; BGH NZI 2007, 517 Rn. 51; 2010, 985 Rn. 31; *Kayser* FS Fischer, 2008, 267 [270]; MüKoInsO/*Kirchhof* Rn. 16; Uhlenbruck/*Ede/Hirte* Rn. 27; HK-InsO/*Kreft* Rn. 5). Dieses Merkmal ist für das Bargeschäft von ausschlaggebender Bedeutung. Im Schrifttum wird die Auffassung vertreten, der Hauptanwendungsbereich des Bargeschäfts sei dort zu suchen, wo der verabredete Leistungsaustausch – ohne die Privilegierung durch § 142 – kurzfristig einen Zugriff der Insolvenzgläubiger auf die dem Zuwendungsempfänger gewährte Deckung ermöglicht hätte (*Kayser* FS Fischer, 2008, 267 [271]). Dies ist zutr., sollte aber nicht in dem Sinne verstanden werden, dass § 142 immer dann anwendbar ist, wenn für die Gläubiger lediglich eine kurzfristige Zugriffsmöglichkeit bestanden hat. Auf die **Reihenfolge der Leistungen** kommt es nicht an (→ Rn. 18). Deshalb schließt eine **Vorleistungspflicht** des Schuldners ein Bargeschäft nicht aus (BGH NZI 2010, 985 Rn. 31). Allerdings liegt kein Bargeschäft

vor, wenn der Gegner seine Leistung nicht in unmittelbarem zeitlichem Zusammenhang erbracht hat (Uhlenbruck/*Ede/Hirte* Rn. 32; a. A. Jaeger/*Henckel* Rn. 18; auch *Thole,* Gläubigerschutz durch Insolvenzrecht, 375, will hier einen etwas größeren zeitlichen Abstand bis zur Erfüllung durch den Vertragspartner hinnehmen; ferner → Rn. 45).

Verzögert sich der Leistungsaustausch, so dass dieser nicht mehr „unmittelbar" stattfinden kann, ist es unerheblich, ob die **Verzögerung** überhaupt zu vertreten ist und gegebenenfalls von wem; sind allerdings neutrale Dritte notwendigerweise in den Leistungsvorgang eingeschaltet, kann dies bei der Bemessung der Frist Bedeutung gewinnen (HambK-InsO/*Rogge/Leptien* Rn. 6; BK-InsO/*Haas* Rn. 23; zurückhaltender MüKoInsO/*Kirchhof* Rn. 15). Ein **gestreckter Erwerb** oder **mehraktiger Erwerb** (→ § 129 Rn. 43 f.) führt – weil es anfechtungsrechtlich auf den letzten Teilakt ankommt (→ § 140 Rn. 5 ff., 23 ff.) – oft zur Sprengung des unmittelbaren zeitlichen Zusammenhangs (vgl. zur Vorausabtretung → Rn. 17, 26 und 30 aE). Bei einem **verlängerten und erweiterten Eigentumsvorbehalt** in Form des sog Kontokorrentvorbehalts fehlt es an dem für das Bargeschäft erforderlichen unmittelbaren Austausch zwischen Leistung und Gegenleistung (BGH NZI 2015, 320 Rn. 24). 28

Der für einen unmittelbaren Leistungsaustausch unschädliche **Zeitraum** lässt sich nicht allg. festlegen. Er hängt wesentlich von der Art der ausgetauschten Leistungen und davon ab, in welcher Zeitspanne sich der Austausch nach den Gepflogenheiten des Geschäftsverkehrs vollzieht (BGHZ 167, 190 Rn. 31 = NZI 2006, 469; BGH NZI 2003, 253 [256 f.]; 2010, 985 Rn. 31; MüKoInsO/*Kirchhof* Rn. 16; HK-InsO/*Kreft* Rn. 5). 29

Bei einem **Kaufvertrag über bewegliche Sachen** dürfen zwischen Leistung und Gegenleistung nicht mehr als 30 Tage liegen (BGH NZI 2007, 517 Rn. 51; MüKoInsO/*Kirchhof* Rn. 17; Uhlenbruck/*Ede/Hirte* Rn. 29; vgl. auch BGH NZI 2008, 482 Rn. 12). Werden **unbewegliche Sachen verkauft** oder an einer solchen Sache **dingliche Sicherheiten** bestellt, so dass eine Eintragung im Grundbuch erforderlich ist, muss darauf abgestellt werden, ob zeitnah eine den Vorschriften der Grundbuchordnung entsprechende Eintragungsbewilligung erteilt und der Eintragungsantrag gestellt wird; wie lange dann das Grundbuchamt für die Eintragung braucht, ist wegen § 140 Abs. 2 unerheblich (vgl. MüKoInsO/*Kirchhof* Rn. 20; zum alten Recht BGH LM Nr. 2 zu § 30 KO; NJW 1977, 718). Besteht eine der Leistungen in der Abtretung künftiger Forderungen, ist ein Bargeschäft nur anzunehmen, wenn die Forderungen innerhalb von zwei Wochen entstehen (vgl. *Thole,* Gläubigerschutz durch Insolvenzrecht, 376). 30

Auch **länger dauernde Vertragsbeziehungen** können zu Bargeschäften führen. Voraussetzung ist allerdings, dass die jeweiligen Leistungen und Gegenleistungen zeitlich und gegenständlich teilbar sind und zeitnah – entweder in Teilen oder abschnittsweise – ausgetauscht werden (MüKoInsO/*Kirchhof* Rn. 19). Dies kann insbes. für die Vergütung von **Bauleistungen** zutreffen (vgl. § 16 VOB/B). 31

Bei **Dienstleistungen** beginnt der maßgebliche Zeitraum, an dessen Ende die Zahlung der Vergütung steht, nach hM weder mit der Auftragserteilung (so aber noch BGHZ 28, 344 [347] = NJW 1959, 147), noch mit der Beendigung der Tätigkeit (so *Lwowski/Wunderlich,* FS Kirchhof, 2003, 312), noch mit der Fälligkeit der Vergütung; vielmehr komme es auf den Zeitraum zwischen dem **Beginn der Tätigkeit** und der Zahlung der Vergütung an (BGHZ 167, 190 Rn. 35 = NZI 2006, 469; BGH NJW 2002, 3252 [3253]; MüKoInsO/*Kirchhof* Rn. 19; BK-InsO/*Haas* Rn. 25). Es wird nicht darauf abgestellt, ob im engen zeitlichen Zusammenhang mit dem Eintritt der Fälligkeit bezahlt wird; vielmehr wird ein solcher enger zeitlichen Zusammenhang zwischen den beiderseitigen Leistungen verlangt. Begonnen hat der Leistungsaustausch aber bereits mit Aufnahme der Dienstleistungen. Hinzu kommt, dass ein Schuldner auch bereits vor Eintritt der 32

Fälligkeit leisten darf (§ 271 Abs. 2 BGB) und dass § 614 BGB abbedungen werden kann (Erman/*Belling* BGB § 614 Rn. 3).

33 Wird auf den zeitlichen Abstand der Zahlung zum Beginn der Tätigkeit abgestellt, kann dies insbes. bei der **Dienstleistung eines Steuerberaters oder Rechtsanwalts** (zur Tätigkeit eines vorläufigen Insolvenzverwalters BGH NZI 2012, 135 Rn. 21) zum Problem werden. Erstrecken sich die Dienste über einen längeren Zeitraum, wird auch hier für ein Bargeschäft verlangt, dass die jeweiligen Leistungen und Gegenleistungen zeitlich oder gegenständlich teilbar und zeitnah – entweder in Teilen oder abschnittsweise – ausgetauscht werden. Es genügt nicht, dass der Rechtsanwalt oder Steuerberater alsbald nach Fälligkeit seiner Vergütung, also nach Abschluss der Tätigkeit, bezahlt wird. Wenn zwischen dem Beginn der Tätigkeit und der Erbringung einer Gegenleistung mehr als 30 Tage liegen, ist nach herrschender Auffassung ein Bargeschäft zu verneinen (BGHZ 167, 190 Rn. 35 = NZI 2006, 469; BGH NZI 2012, 135 Rn. 26; Uhlenbruck/*Ede*/*Hirte* Rn. 41; HK-InsO/*Kreft* Rn. 5; FK-InsO/*Dauernheim* Rn. 8; HambK-InsO/*Rogge*/*Leptien* Rn. 5; zurückhaltender Jaeger/*Henckel* Rn. 30 ff.; MüKoInsO/*Kirchhof* Rn. 19).

34 Diese Auffassung bedarf einer **Korrektur** (vgl. *Ganter* ZIP 2012, 2037 [2040]). Der BGH hat „in Ermangelung anderer Anhaltspunkte" für die Dauer der – durch den Beginn der Tätigkeit in Lauf gesetzten und für die Unmittelbarkeit des Leistungsaustausch maßgeblichen – Frist die **Verzugsfrist** (§ 286 Abs. 3 BGB) als Maßstab gewählt (BGHZ 167, 190 Rn. 35 = NZI 2006, 469). Danach kommt der Schuldner einer Entgeltforderung spätestens in Verzug, wenn er nicht innerhalb von 30 Tagen nach Fälligkeit und Zugang einer Rechnung (bei § 614 S. 1 BGB) leistet. Fällig wird die Vergütung nach der Leistung der Dienste (§ 614 S. 1 BGB) oder, falls die Vergütung nach Zeitabschnitten bemessen ist, nach Ablauf des jeweiligen Zeitabschnitts (§ 614 S. 2 BGB). Bei der abschnittsweisen Vergütung von Dienstleistungen kann auf eine Rechnung verzichtet werden (BAG DB 1986, 2337), und hier kommt der Dienstberechtigte auch bereits durch Nichtzahlung am Ende des Zeitabschnitts in Zahlungsverzug (§ 286 Abs. 2 Nr. 1 BGB; vgl. BAGE 98, 1 Rn. 37; BAG NZA 2005, 580; Staudinger/*Richardi*/*Fischinger,* Neubearbeitung 2011, § 614 Rn. 21). Daraus ergibt sich, dass ein Dienstherr, der dem Dienstleister nachschüssig monatlich die Vergütung zahlen muss, nicht erst nach dem 30. Tag des auf den zu vergütenden Zeitabschnitt *folgenden* Monats in Verzug kommt (so noch die Vorauflage), sondern bereits am ersten Tag. Und somit kann auch eine Zahlung nach Verzugseintritt noch „zeitnah" im Sinne eines Bargeschäfts sein (insoweit ist die Kritik von *Windel* ZIP 2014, 2167 [2168] berechtigt; an § 286 Abs. 3 BGB anlehnend aber noch BGH NZI 2015, 331 Rn. 71, zVb in BGHZ). IErg ist daher festzuhalten, dass als Maßstab für die Unmittelbarkeit des Leistungsaustauschs weder der Beginn der Tätigkeit durch den Dienstleister noch der Eintritt des Zahlungsverzuges auf Seiten des Dienstherrn taugt; vielmehr ist an die **Fälligkeit** der Vergütung anzuknüpfen (so für den Arbeitslohn nunmehr auch BGHZ 202, 59 Rn. 37 = NZI 2014, 775; dazu *Ganter* WuB VI A, § 142 InsO 1.14 und → Rn. 42; ebenso *Jacobs*/*Doebert* ZInsO 2012, 618 [622]; *Lütcke* NZI 2014, 350 [352]; Kummer/Schäfer/Wagner/*Wagner* Rn. O 83).

35 Was gilt, wenn **geräumigere Zahlungsfristen vertraglich festgelegt** sind, ist nach der bisherigen Rspr. noch offen (so auch MüKoInsO/*Kirchhof* Rn. 19a). Verkehrsübliche – und insolvenzfeste – Vereinbarungen dürften aber den Vorrang haben. Das gilt insbes. für tarifvertragliche Vereinbarungen, mit welchen der Fälligkeitszeitpunkt nicht länger als bis zum fünfzehnten des Folgemonats hinausgeschoben wird (BGHZ 202, 59 Rn. 37 = NZI 2014, 775).

36 Nach Ansicht der **Rspr.** werden Rechtsanwälte und Steuerberater durch die von ihr aufgestellten Grundsätze nicht unangemessen benachteiligt (BGHZ 167,

190 Rn. 35 = NZI 2006, 469). Allerdings erlauben die gesetzlichen Gebühren kaum eine Aufteilung. Grds. entgelten die Gebühren die gesamte Tätigkeit des Rechtsanwalts vom Auftrag bis zur Erledigung der Angelegenheit (§ 15 Abs. 1 RVG), und in derselben Angelegenheit kann der Rechtsanwalt die Gebühren nur einmal fordern (§ 15 Abs. 2 RVG). Rechtsanwälte können zwar jederzeit Vorschüsse verlangen (§ 9 RVG). Die Voraussetzungen eines Bargeschäfts sind jedoch nicht erfüllt, wenn der Rechtsanwalt einen Vorschuss in einer Höhe geltend macht, der die wertäquivalente Vergütung für die nächsten 30 Tage überschreitet (BGHZ 167, 190 Rn. 36 = NZI 2006, 469; BGH NZI 2008, 173 Rn. 20). Die richtige Bemessung des Vorschusses ist deshalb nicht einfach. Dies gilt insbes. dann, wenn keine Honorarvereinbarung getroffen wurde, also die gesetzlichen Gebühren geschuldet werden. Dann wird der Rechtsanwalt auch bei der Vorschussberechnung mit dem Problem der mangelnden Teilbarkeit konfrontiert. Der Hinweis der Rspr., es könne doch vereinbart werden, Teilleistungen gegen entsprechende Vergütung zu erbringen (BGHZ 167, 190 Rn. 36 = NZI 2006, 469), ist deshalb in diesen Fällen ebenfalls von begrenztem Wert. Der Rechtsanwalt hat aber die Möglichkeit, im Wege einer Vergütungsvereinbarung nach § 3a RVG ein Zeithonorar zu vereinbaren. Die **zeitabhängige Abrechnung** bietet den Vorteil, den tatsächlichen Arbeitsaufwand des Rechtsanwalts vergütungstechnisch exakt widerzuspiegeln. In der Praxis ist das Zeithonorar denn auch das populärste Vergütungsmodell (Hommerich/*Kilian,* Vergütungsvereinbarungen deutscher Rechtsanwälte, 2006, 62). Die Parteien können das Abrechnungsintervall unschwer so wählen, dass dem Erfordernis des „unmittelbaren" Leistungsaustauschs genügt werden kann.

Ärzte können keine Vorschüsse verlangen. Sie müssen, um anfechtungsrechtlich nach § 142 privilegiert zu sein, Teilrechnungen stellen, mit denen die Leistungen innerhalb des jeweils letzten Monats abgerechnet werden. Dadurch wird zwar der Verwaltungsaufwand potenziert. Aber was Rechtsanwälten und Steuerberatern zugemutet wird, müssen auch Ärzte hinnehmen (*Ganter* ZIP 2012, 2037 [2042]). **Krankenhausträger** können ab dem achten Tag des Krankenhausaufenthalts eine angemessene Abschlagszahlung verlangen, deren Höhe sich an den bisher erbrachten Leistungen in Verbindung mit der Höhe der voraussichtlich zu zahlenden Entgelte zu orientieren hat (§ 8 Abs. 1 KHEntgG). Eine zeitnahe Vergütung ist somit auch bei Krankenhausleistungen möglich, und dann ist sie auch zu verlangen, wenn § 142 greifen soll (*Ganter* ZIP 2012, 2037 [2042]). 37

Für **Bewachungsleistungen** gelten die für Freiberufler geltenden Grundsätze entsprechend (*Ganter* ZIP 2012, 2037 [2042]). Bei **Transportleistungen** ist hingegen wieder – entsprechend den Ausführungen bei → Rn. 32 – auf den Beginn der Tätigkeit abzustellen (*Ganter* ZIP 2012, 2037 [2041 f.]; aA – für Maßgeblichkeit des Fälligkeitszeitpunkts – Kummer/Schäfer/Wagner/*Wagner* Rn. O 189). 38

Umstr. ist die Voraussetzung des unmittelbaren zeitlichen Zusammenhangs bei verspäteten **Lohnzahlungen eines Arbeitgebers.** Wegen der Literaturmeinungen vor 2011 wird auf die Vorauflage (Rn. 38) verwiesen. Sehr großzügig wird die Frist vom **BAG** bemessen (BAGE 139, 235 Rn. 17 f. = NZI 2011, 981): Zahle der Arbeitgeber in der Krise Arbeitsentgelt für vom Arbeitnehmer in den vorhergehenden drei Monaten erbrachte Arbeitsleistungen, liege grds. ein Bargeschäft vor. 39

Als **rechtstatsächliches Argument** hat das BAG angeführt, dass in nicht wenigen Branchen eine verzögerte Zahlung der Vergütung schon fast die Regel sei. Da § 142 den Zweck habe, dass der Schuldner auch in der Krise vorsichtig weiterwirtschaften könne, sei es regelmäßig erforderlich, dass der Betrieb als funktionale Einheit fortbestehe, was wiederum voraussetze, dass die Arbeitnehmer „bei der Stange" blieben. Dieses Ziel sei nicht erreichbar, wenn sie für den Insolvenzfall damit rechnen müssten, den Lohn für in den letzten drei Monaten erbrachte 40

Arbeitsleistungen zurückzahlen zu müssen. Für diesen Zeitraum könnten sie ihre Lohnansprüche als durch das nach § 183 Abs. 1 S. 1 SGB III zu zahlende Insolvenzgeld abgesichert betrachten.

41 Dieser **Auffassung,** die **sozial- und arbeitspolitisch geprägt** ist, kann nicht gefolgt werden (*Ganter* ZIP 2012, 2037 [2043]; ebenso *Huber* EWiR 2011, 817; *ders.* ZInsO 2013, 1049 [1053 ff.]; *Brinkmann* ZZP 125 (2012), 197, 208; *Jacobs/Doebert* ZInsO 2012, 618 [624]; *Kreft* ZIP 2013, 241 [252]; *Thole/Schmidberger* BB 2014, 3 [4]; *Lütcke* NZI 2014, 350 [352]; MüKoInsO/*Kirchhof* Rn. 19; HK-InsO/*Kreft* Rn. 5; HambK-InsO/*Rogge-Leptien* Rn. 42; Ahrens/Gehrlein/Ringstmeier/*Gehrlein* Rn. 8 Fn. 30; Kummer/Schäfer/Wagner/*Wagner,* Rn. *O* 83; lediglich referierend Uhlenbruck/*Ede/Hirte* Rn. 35 f.; aA *Wroblewski* NJW 2012, 894). Das Institut des Bargeschäfts ist nicht dazu da, dass der Schuldner offene Verbindlichkeiten gegenüber Arbeitnehmern in Höhe von drei Monatslöhnen vor sich herschieben kann. Die künftig zu erbringenden Arbeitsleistungen sind auch nicht die Gegenleistung für die Zahlung der rückständigen Löhne. Denn für die künftig zu erbringenden Arbeitsleistungen schuldet der Arbeitgeber neuen Lohn (vgl. BGHZ 97, 87 [94] = NJW 1997, 1496 [1498]). Völlig außer Acht geblieben ist, dass selbst geringfügige Verzögerungen beim Austausch der beiderseitigen Leistungen für die Annahme eines Bargeschäfts schädlich sind, wenn sie darauf beruhen, dass der säumige Teil leistungsunfähig ist (vgl. → Rn. 28 und → Rn. 45).

42 Arbeitnehmer unterliegen regelmäßig einer Vorleistungspflicht (§ 614 S. 1 BGB) und haben Anspruch auf eine Vergütung nach Zeitabschnitten (§ 614 S. 2 BGB). Auch hier beurteilt sich die Unmittelbarkeit der Lohnzahlung nach dem Zeitraum zwischen der Fälligkeit des Lohnanspruchs und seiner tatsächlichen Erfüllung (→ Rn. 34). Die Unmittelbarkeit ist gegeben, wenn im Falle einer monatlichen Vorleistungspflicht die Entgeltzahlung innerhalb von 30 Tagen nach Fälligkeit vorgenommen wird. Ein tarifvertraglich vereinbartes Hinausschieben der Fälligkeit bis zum fünfzehnten Tag des Folgemonats ist unschädlich. Indes scheidet ein Bargeschäft aus, wenn zum Zeitpunkt der Zahlung bereits der Lohn für den nächsten Zeitabschnitt fällig war; deshalb fehlt es an einem unmittelbaren Leistungsaustausch, wenn monatlich fällige Lohnzahlungen erst zwei Monate nach Beendigung – oder drei Monate nach Beginn – der damit korrespondierenden Arbeitstätigkeit erbracht werden (BGHZ 202, 59 Rn. 20 ff., 37 = NZI 2014, 775; dazu *Ganter* WuB VI A, § 142 InsO 1.14; zustimmend *Marotzke* JZ 2014, 1118; ablehnend *Windel* ZIP 2014, 2167 ff., der als „Kompromiss" eben diese zwei Monate vorschlägt; *Zwanziger* DB 2014, 2391 ff.). Die Insolvenzgeldzahlung und die Insolvenzanfechtung dienen ganz unterschiedlichen Zwecken und knüpfen auch unterschiedlich an (vgl. dazu *Ganter* ZIP 2012, 2037 [2043] mwN). Der **Regierungsentwurf** vom 29.9.2015 sieht gleichwohl vor, dass hier noch ein Bargeschäft vorliege (die angehängte → Rn. 57).

43 Bedenkenswert ist der Hinweis (*Ries* EWiR 2014, 561 [562]), die Rspr. des BGH habe ein Akzeptanzproblem deshalb, weil der gewiefte Arbeitgeber von der gesetzlichen Tilgungsreihenfolge abweiche (§ 366 Abs. 1 letzter Hs. BGB) und bargeschäftsgleich – somit anfechtungsfest – nur auf ganz neue Schulden (zugleich die alten offenlassend) zahle. Unterdessen reiße ein Schuldner, der nach Empfang derselben Leistung strikt kameralistisch verbuche und tilge, wegen § 366 Abs. 2 BGB unbedacht die Empfänger in die Anfechtung. Allerdings sind derart „gewiefte" Arbeitgeber selten (Tilgungsbestimmungen bei Lohnzahlungen kamen in den bisher vom BGH entschiedenen Fällen nicht vor). Auch ist der vermeintliche Ausweg, eine Gläubigerbenachteiligung zu verneinen, falls die Arbeitnehmer kausal und zeitlich eng verknüpft eine neue Arbeitsleistung erbracht haben, nicht gangbar, weil diese Arbeitsleistung wiederum vom Schuldner bezahlt werden muss, ganz abgesehen davon, dass oft zweifelhaft sein wird, ob die Arbeitsleistung die Masse entsprechend angereichert hat.

44 Bei der Saldierung von Soll- und Habenbuchungen im **Kontokorrent** (vgl. dazu BGH NZI 2013, 249 Rn. 15) ist der unmittelbare zeitliche Zusammenhang jedenfalls dann gegeben, wenn zwischen den Buchungen weniger als zwei Wochen liegen; die Abrechnungsperiode des Kontokorrents wäre zu lang (BGHZ 150, 122 [131] = NZI 2002, 311; 167, 190 Rn. 34 = NZI 2006, 469; BGH NZI 2004, 491; HK-InsO/*Kreft* Rn. 10; großzügiger MüKoInsO/*Kirchhof* Rn. 18a: einen Monat).

45 **b) Keine Kreditgewährung.** An einem engen zeitlichen Zusammenhang des Leistungsaustausches fehlt es grds. dann, wenn dem Schuldner in Form einer **Kreditgewährung** oder **Stundung** ein Zahlungsaufschub gewährt wird (BGHZ 167, 190 Rn. 33 = NZI 2006, 469; BGH NZI 2003, 253 [257]; 2007, 96 Rn. 15; 2013, 816; Jaeger/*Henckel* Rn. 15; MüKoInsO/*Kirchhof* § 142 Rn. 15; Uhlenbruck/*Ede/Hirte* Rn. 27; HK-InsO/*Kreft* Rn. 6). Ein Gleiches gilt, wenn der Schuldner seine Leistung verzögert, sich also selbst Kredit nimmt (HK-InsO/*Kreft* Rn. 6). Dies gilt insbes. dann, wenn er bei Fälligkeit nicht zahlen kann; dann schadet schon eine Verzögerung um eine Woche (BGH NZI 2003, 253 [256 f.]; Kübler/Prütting/Bork/*Ehricke* Rn. 17; BK-InsO/*Haas* Rn. 23). Ob dem Schuldner rechtsgeschäftlich, mittels Stundung, ein Zahlungsaufschub gewährt oder die Nichtzahlung faktisch – resignierend – hingenommen wird, ist unerheblich (Kübler/Prütting/Bork/*Ehricke* Rn. 13: „jegliches Kreditieren"; ebenso Uhlenbruck/*Ede/Hirte* Rn. 27; ähnlich *Gehrlein* BB 2011, 3 [6]; Jaeger/*Henckel* Rn. 37). Hat der Schuldner vorgeleistet, der Gegner aber seine Leistung nicht in unmittelbarem zeitlichem Zusammenhang erbracht, ist dem Schuldner zwar kein Kredit gewährt worden, vielmehr hat umgekehrt der Gegner faktisch Kredit in Anspruch genommen; dennoch kann auch hier der Insolvenzverwalter die Vorleistung nach § 130 anfechten, weil die zeitlichen Grenzen des Bargeschäfts überschritten wurden (vgl. → Rn. 27). In der Bestimmung des Fälligkeitszeitpunkts der Miete auf den jeweils 15. Werktag des Monats der Nutzung kann keine Stundung erblickt werden (BGH NZI 2015, 331 Rn. 72, zVb in BGHZ).

46 **5. Gleichwertigkeit der Gegenleistung.** Ausgetauscht werden müssen objektiv **gleichwertige Leistungen.** Nur dann bedeutet das Geschäft für die (spätere) Masse lediglich eine Vermögensumschichtung (BGH NZI 2008, 175 Rn. 9; *Kayser* FS G. Fischer, 2008, 267 [270]; Uhlenbruck/*Ede/Hirte* Rn. 23; HK-InsO/*Kreft* Rn. 7). Die Gleichwertigkeit wird nicht dadurch in Frage gestellt, dass die Gegenleistung an den Schuldner – etwa bares Geld – dem Zugriff der Gläubiger leichter entzogen werden kann als die von dem Schuldner erbrachte Leistung (Uhlenbruck/*Ede/Hirte* Rn. 24; HK-InsO/*Kreft* Rn. 7). Dagegen wird man zumindest die Gleichwertigkeit der Gegenleistung in Frage stellen müssen, wenn diese den Zugriff der Gläubiger zu keinem Zeitpunkt offen steht (→ Rn. 14). Die dem Schuldner zu erbringende Leistung darf höherwertig sein (→ Rn. 50).

47 Ein Bargeschäft ist auch gegeben, wenn ein **vorläufiger Insolvenzverwalter,** um den Betrieb des schuldnerischen Unternehmens fortführen zu können, mit einem Globalzessionar vereinbart, dass er die auf der Grundlage der von dem Globalzessionar erteilten Einziehungsermächtigung oder der gerichtlichen Ermächtigung (§ 21 Abs. 2 Abs. 1 Nr. 5) eingezogenen Gelder in demselben Umfang für die Zwecke der **Betriebsfortführung** verbrauchen darf, in dem durch eben diese Betriebsfortführung neue Forderungen entstehen, die unter Anwendung solider kaufmännischer Gepflogenheiten als werthaltig zu betrachten sind. Diese Vereinbarung schafft die von § 142 vorausgesetzte rechtsgeschäftliche Verknüpfung zwischen Leistung und Gegenleistung und ist auf einen Austausch gleichwertiger Leistungen gerichtet (*Ganter* NZI 2010, 551 [553]). Demgegenüber werden keine gleichwertigen Leistungen ausgetauscht, wenn eine Schuldnerin, die eine Rehabilitationseinrichtung betreibt, mit Zustimmung des mitbestim-

menden vorläufigen Insolvenzverwalters die rückständigen Sozialversicherungsbeiträge an eine gesetzliche Krankenkasse zahlt und diese „als Gegenleistung" vereinbarungsgemäß davon absieht, den Versorgungsvertrag mit der Schuldnerin zu lösen (*Kayser* FS G. Fischer, 2008, 267 [273]).

48 Zahlt der vorläufige Insolvenzverwalter nach Androhung einer Stromsperre fällige Rechnungen für einen **Strombezug** vor Stellung des Antrages auf Eröffnung des Insolvenzverfahrens, fehlt es ebenfalls am Austausch gleichwertiger Leistungen (BGHZ 97, 87 [94] = NJW 1997, 1496; HK-InsO/*Kreft* Rn. 7), weil der Stromlieferant für eine Forderung, die nach Eröffnung des Insolvenzverfahrens lediglich eine Insolvenzforderung gewesen wäre, vollen Ausgleich erlangt.

49 Ein Kredit zur Ablösung von Verbindlichkeiten, für welche die Bank eine **Bürgschaft** übernommen hat, stellt keine gleichwertige Gegenleistung für die Verrechnung von Zahlungseingängen dar, wenn und soweit die Bank endgültig von ihrer Bürgschaftsverbindlichkeit frei geworden ist (BGH NZI 2008, 175 Rn. 10). Das Stehenlassen einer Darlehensforderung enthält keine ausgleichende Gegenleistung, weil allein damit dem Schuldner kein neuer Vermögenswert zugeführt wird (vgl. → Rn. 14). Der Schuldner hat ihn vielmehr bereits durch die Darlehensgewährung erhalten; das bloße Unterlassen der Rückforderung bedeutet keine Zuführung eines neuen Vermögenswertes (BGHZ 174, 297 Rn. 41 = NZI 2008, 89; BGH NZI 2009, 435 Rn. 12; MüKoInsO/*Kirchhof* § 142 Rn. 13c; HK-InsO/*Kreft* Rn. 3).

50 Zur Verrechnung von Soll- und Habenbuchungen im **Kontokorrent** ist → Rn. 20 ff. Stellung genommen worden. Soweit in der kritischen Zeit die Habenbuchungen die Sollbuchungen übersteigen, so dass der Kredit zurückgeführt wird, fehlt es am Austausch gleichwertiger Leistungen (Uhlenbruck/*Ede*/*Hirte* Rn. 53). Lässt das Kreditinstitut umgekehrt Sollbuchungen in einem Ausmaß zu, das nicht durch Habenbuchungen ausgeglichen wird, so dass der Sollsaldo nicht zurückgeführt, sondern im Gegenteil laufend weiter ausgedehnt wird, fehlt es zwar insoweit ebenfalls an einem Austausch gleichwertiger Leistungen. Da der Bargeschäftsgrundsatz nicht verhindern will, dass an den Schuldner höherwertige Leistungen erbracht werden, muss er hier jedoch „erst recht" Anwendung finden (BGH NZI 2004, 491 [492]; MüKoInsO/*Kirchhof* Rn. 13a; HK-InsO/*Kreft* Rn. 7; Kübler/Prütting/Bork/*Ehricke* Rn. 4). Bei der Vereinbarung eines **erweiterten Eigentumsvorbehalts** in der Form, dass der Schuldner Eigentum an den erstandenen Sachen erst erwerben soll, wenn er nicht nur den Kaufpreis, sondern auch alle anderen oder zumindest bestimmte andere Ansprüche aus der Geschäftsverbindung bezahlt, fehlt es an der Gleichwertigkeit der erbrachten Gegenleistung (vgl. OLG Saarbrücken ZInsO 2010, 92 [95]; MüKoInsO/*Kirchhof* Rn. 13d). Dasselbe gilt, wenn bei einem verlängerten und erweiterten Eigentumsvorbehalt in Form des **Kontokorrentvorbehalts** sämtliche Forderungen des Lieferanten gesichert sind.

51 Wird für ernsthafte und objektiv sinnvoll erscheinende **Sanierungsbemühungen** ein angemessenes Honorar gezahlt, kann dies selbst dann, wenn die Bemühungen letztlich scheitern, ein Bargeschäft darstellen. Nach der Rspr. des BGH müssen sich allerdings durch die Leistungen des Sanierers die Möglichkeiten der Gläubigerbefriedigung so verbessert haben, dass dadurch ein dem Wert dieser Leistungen entsprechender Teil des Honorars in das Schuldnervermögen zurückgelangt ist (BGH NZI 2008, 173 Rn. 23). Dies wird man dahin zu interpretieren haben, dass die Leistungen des Sanierers – objektiv betrachtet – für den Schuldner eine Chance eröffnet haben müssen. Hat er sie aus eigenem Unvermögen nicht genutzt, wird das Bargeschäft dadurch nicht in Frage gestellt.

IV. Beweislast

Die objektive Gläubigerbenachteiligung ist als Voraussetzung jeder Anfechtung vom **Insolvenzverwalter** zu beweisen. Wendet der Anfechtungsgegner dann den Bargeschäftsgedanken ein, muss er dessen Voraussetzungen darlegen und beweisen (BGHZ 174, 297 Rn. 42 = NZI 2008, 89; 184, 101 Rn. 15 = NZI 2010, 339; *Kayser* FS Fischer, 2008, 267 [271]; Jaeger/*Henckel* Rn. 46; MüKoInsO/*Kirchhof* Rn. 25; Uhlenbruck/*Ede/Hirte* Rn. 33; HK-InsO/*Kreft* Rn. 11). 52

Falls man in den Fällen des § 133 Abs. 2 überhaupt von einem Bargeschäft sprechen kann (vgl. → Rn. 12), bleibt es doch bei der dort vorgesehenen Beweislastverteilung (vgl. → § 133 Rn. 97 f.): Bei Bardeckungen, welche nahestehenden Personen gewährt wurden, hat der **Anfechtungsgegner** zu beweisen, dass der Vertrag früher als zwei Jahre vor dem Eröffnungsantrag geschlossen wurde und dass ihm, dem Anfechtungsgegner, der Vorsatz des Schuldners, die übrigen Gläubiger zu benachteiligen, nicht bekannt war (Kübler/Prütting/Bork/*Ehricke* Rn. 21; Nerlich/Römermann/*Nerlich* Rn. 14). 53

Anhang: Zur Reform des § 142

Während nach dem bisherigen Wortlaut des § 142 das Bargeschäftsprivileg nicht anwendbar ist, „wenn die Voraussetzungen des § 133 Abs. 1 gegeben sind" (vgl. → Rn. 12; zu der durch die Rechtsprechung geschaffenen „Aufweichung" dieses Grundsatzes in Gestalt der „bargeschäftsähnlichen Handlung" vgl. → § 133 Rn. 67), erstreckt § 142 Abs. 1 idF des **Regierungsentwurfs (RegE)** vom 29.9.2015 das Bargeschäftsprivileg ausdrücklich auf die Vorsatzanfechtung. Eine Ausnahme soll lediglich gelten, wenn „der andere Teil erkannt hat, dass der Schuldner **unlauter** handelte". Dieser Absatz setzt also zweierlei voraus, ohne dass dies zugleich Voraussetzung des § 133 ist: Der Schuldner muss unlauter gehandelt und der andere Teil muss dies erkannt haben. 54

Nach der Begründung des RegE „soll [es] … nicht mehr darauf ankommen, ob die in das Vermögen des Schuldners gelangende **Gegenleistung** den Gläubigern konkreten **Nutzen** verspricht". Damit soll der Rechtsprechung des BGH entgegengewirkt werden, wonach ein bargeschäftsähnlicher Leistungsaustausch nicht als entkräftendes Beweisanzeichen gegen das Vorliegen eines Gläubigerbenachteiligungsvorsatzes gilt, wenn der Schuldner erkennt, dass er trotz Belieferung zu marktgerechten Preisen fortlaufend unrentabel arbeitet (BGH NZI 2015, 320 Rn. 25; vgl. dazu → § 133 Rn. 67). So oder so wird man das Vorliegen eines Bargeschäfts oder einer bargeschäftsähnlichen Lage nicht davon abhängig machen können, ob der Schuldner die – für sich genommen werthaltige – Gegenleistung in seinem Betrieb sinnvoll („nützlich") einsetzen, insbesondere damit Gewinne erwirtschaften kann. 55

In § 142 Abs. 2 Satz 1 RegE wird zur „Verdeutlichung" (so die amtliche Begründung) die **Unmittelbarkeit** des Leistungsaustauschs definiert. Gegenüber dem, was bisher Standard der Rechtsprechung war (→ Rn. 27 f.), ergibt sich keine Veränderung. 56

Trotz der scharfen Kritik, die an den in einem „Eckpunktepapier" geäußerten Vorstellungen des BMJV zur „Bargeschäfts-Lösung" bei **Lohnzahlungen** geäußert wurde (*Bork* ZIP 2014, 1905 [1908]: „systemwidriges und mit dem Gleichheitssatz unvereinbares Sonderprivileg"; dagegen *Windel* ZIP 2014, 2167), werden diese in dem **Regierungsentwurf** weiter verfolgt. § 142 Abs. 2 Satz 2 RegE soll lauten: 57

> *„Gewährt der Schuldner seinem Arbeitnehmer Arbeitsentgelt, ist ein enger zeitlicher Zusammenhang gegeben, wenn der Zeitraum zwischen Arbeitsleistung und Gewährung des Arbeitsentgelts drei Monate nicht übersteigt."*

58 Damit wird die ganz überwiegend abgelehnte **Rechtsprechung des BAG** (dazu → Rn. 39 ff.) „positiviert". Zwar kommt auch der BGH (falls der Fälligkeitszeitpunkt auf den 15. Tag des Folgemonats hinausgeschoben wird) auf eine Maximalzeitspanne für einen Baraustausch von zwei Monaten und 15 Tagen (Begr. RegE S. 20). Der BGH und das BAG nähern sich also bis auf zwei Wochen an. Die Differenz bleibt gleichwohl bedeutsam, weil in dieser Zeit zwangsläufig schon der Anspruch für die nächste Lohnperiode fällig wird (vgl. dazu → Rn. 42; zur rechtspolitischen Bewertung der Reform des § 142 vgl. *Ganter* WM 2015, 905 [910]; *ders.* WM Heft 45/2015).

Rechtsfolgen[1]

143 (1) [1]**Was durch die anfechtbare Handlung aus dem Vermögen des Schuldners veräußert, weggegeben oder aufgegeben ist, muß zur Insolvenzmasse zurückgewährt werden.** [2]**Die Vorschriften über die Rechtsfolgen einer ungerechtfertigten Bereicherung, bei der dem Empfänger der Mangel des rechtlichen Grundes bekannt ist, gelten entsprechend.**

(2) [1]**Der Empfänger einer unentgeltlichen Leistung hat diese nur zurückzugewähren, soweit er durch sie bereichert ist.** [2]**Dies gilt nicht, sobald er weiß oder den Umständen nach wissen muß, daß die unentgeltliche Leistung die Gläubiger benachteiligt.**

(3) [1]**Im Fall der Anfechtung nach § 135 Abs. 2 hat der Gesellschafter, der die Sicherheit bestellt hatte oder als Bürge haftete, die dem Dritten gewährte Leistung zur Insolvenzmasse zu erstatten.** [2]**Die Verpflichtung besteht nur bis zur Höhe des Betrags, mit dem der Gesellschafter als Bürge haftete oder der dem Wert der von ihm bestellten Sicherheit im Zeitpunkt der Rückgewähr des Darlehens oder der Leistung auf die gleichgestellte Forderung entspricht.** [3]**Der Gesellschafter wird von der Verpflichtung frei, wenn er die Gegenstände, die dem Gläubiger als Sicherheit gedient hatten, der Insolvenzmasse zur Verfügung stellt.**

Schrifttum: *Bork,* Doppelbesicherung eines Gesellschafterdarlehens durch Gesellschaft und Gesellschafter, FS Ganter, 2010, 135; *Eckardt,* Zur Abtretbarkeit anfechtungsrechtlich begründeter Ansprüche im Konkurs, KTS 1993, 585; *Heydn,* Bindung des Insolvenzverwalters an eine Schiedsvereinbarung bei der Geltendmachung insolvenzspezifischer Rechte?, SchiedsVZ 2010, 182; *Hill,* Das Wahlrecht des doppelt gesicherten Gläubigers in der Rechtsprechung des Bundesgerichtshofs, ZInsO 2012, 910; *Kayser,* Rechtsfolgen der Insolvenzanfechtung, ZIP 2015, 449; *Kirchhof,* Zuständigkeit der Arbeitsgerichte für Anfechtungsklagen?, ZInsO 2008, 1293; *ders.,* Nochmals: Zuständigkeit der Arbeitsgerichte für Anfechtungsklage?, ZInsO 2008, 1791; *Kreft,* Der Rechtsweg für Insolvenzanfechtungsklage, ZIP 2013, 241; *Lauster/Stiehler,* Doppelbesicherung und zeitliche Reichweite von Gesellschafterfinanzierungen – Rechtssicherheit durch die jüngste Rechtsprechung des BGH, BRK 2012, 106; *Karsten Schmidt,* Gesellschafterbesicherte Drittkredite nach neuem Recht, BB 2008, 1966; *Schmittmann,* Steuerrechtliche Folgen einer Insolvenzanfechtung, NZI 2014, 638; *Schmittmann/Kupka,* Auskunftsansprüche gegen Sozialversicherungsträger nach dem Informationsfreiheitsgesetz und unzutreffende Rechtsmittelbelehrung, NZI 2009, 367.

---

[1] § 143 Abs. 3 angef. mWv 1.11.2008 durch G v. 23.10.2008 (BGBl. I S. 2026).

5. Anspruchsinhalt. Die Anfechtung führt nicht zur Nichtigkeit der angefochtenen Rechtshandlung, sondern es entsteht ein **schuldrechtlicher Verschaffungsanspruch** gegenüber dem Anfechtungsgegner (→ § 129 Rn. 8; BGH NZI 2007, 42 Rn. 17; → § 129 Rn. 8 f.). Auf die Wirkungen der Anfechtung kann sich ein Dritter erst mit der Erfüllung des Anfechtungsanspruches durch den Anfechtungsgegner berufen (BGH ZIP 2015, 485; 2014, 2303 Rn. 13; *Kayser* ZIP 2015, 449 [451]). Die Vorschriften des Deliktsrechtes (§§ 823 ff. BGB) gelten nicht entsprechend. Keine Anwendung finden die Grundsätze über das Mitverschulden gem. § 254 BGB, soweit es um die Begründung des Anfechtungsanspruches geht (MüKoInsO/*Kirchhof* Rn. 12). Anzuwenden sind jedoch die Vorschriften über den Schuldner- und den Gläubigerverzug gem. §§ 286 ff., 293 ff. BGB und zur Erfüllung) §§ 362 ff. BGB (HambK-InsO/*Rogge/Leptien* Rn. 2; Uhlenbruck/*Ede/Hirte* Rn. 25). Die Rückforderungsmöglichkeit nach der Insolvenzanfechtung ist dem Verfügenden selbst verwehrt. Auf dem vom Insolvenzverwalter geltend gemachten Rückforderungsanspruch finden §§ 814, 817 BGB daher keine entsprechende Anwendung (BGH ZIP 2009, 2073). 6

a) Inhalt. Zurückzugewähren ist grds. das, was durch die anfechtbare Handlung dem Gläubigerzugriff entzogen wurde, nicht was der Anfechtungsgegner erlangt hat (BGHZ 71, 61). Ob die Bereicherung des Anfechtungsgegners noch fortbesteht, ist nur iRd Absatz 2 Satz 1 von Bedeutung. Durch die Anfechtung soll die Insolvenzmasse jedoch auch keine Vermögensvorteile erhalten, die sie ohne die anfechtbare Rechtshandlung nicht gehabt hätte (BGHZ 124, 76 [85]). Eine Rückgabe „in Natura" ist nicht immer möglich. So ist für einen anfechtbar erhaltenen Kundenstamm grds. Wertersatz (→ Rn. 28) zu leisten (BGH NJW 2002, 1340). Eine entstandene Sachhaftung für abgabenrechtliche Forderungen gem. § 76 Abs. 2 AO kann durch die Anfechtung rückgängig gemacht werden (sog Biersteuerfall BGH NZI 2009, 644). Beim Bankkontokorrent ist die Anfechtung von den Einzelvorgängen abgelöst und auf die Kreditrückführung im Anfechtungszeitraum beschränkt (BGH ZIP 2011, 1576 Rn. 8). Eine solche Beschränkung auf einen Saldo erfolgt nach der Rspr. ausnahmsweise auch bei kontokorrentähnlichen Darlehensverhältnissen, wenn bspw. der Gesellschafter geplant monatlich ein Darlehen zur Vorfinanzierung (von Sozialversicherungsbeiträgen) gewährt, welches kontinuierlich durch erwirtschafte öffentliche Beihilfen zurückgeführt wird (BGH ZIP 2013, 734 Rn. 16). Hat der Gesellschafter hingegen nicht eine kontokorrentähnliche Abrede mit der Gesellschaft getroffen, soll anfechtungsrechtlich jede Ein- und Auszahlung (vgl. § 135 Abs. 1 Nr. 2) gesondert beurteilt werden, weil der Gesellschafter sich auf das neue Anfechtungsrecht einstellen konnte (OLG München ZInsO 2014, 897). Dies überzeugt nicht, weil der Gesellschafter wertmäßig durch den neuen Zahlungsvorgang eine in anfechtbarer Weise erhaltene Rückzahlung der Gesellschaft wieder zur Verfügung stellt und damit einen entstanden Nachteil iSd § 129 ausgeglichen hat (vgl. BGH NZI 2013, 397; NJW 2013, 3031 und → § 129 Rn. 53 aE). 7

b) Einzelfälle. aa) Eigentumsübertragung. Bei einer anfechtbaren Eigentumsübertragung muss eine Rückübereignung erfolgen. Bei einer anfechtbaren Besitzübertragung ist der **Besitz** der Insolvenzmasse zurück zu übertragen. Stand der Insolvenzmasse ein **Anwartschaftsrecht** an der übertragenen Sache zu, ist dieses zurückzugewähren (MüKoInsO/*Kirchhof* Rn. 28). 8

bb) Grundstück. Bei einem anfechtbar übertragenen Grundstück müssen eine Auflassung und eine Wiedereintragung des Schuldners im Grundbuch bewilligt werden (BGH NJW-RR 1986, 991 [992]). Zur Absicherung kann eine Vormerkung eingetragen werden (§ 885 BGB). Hat der Anfechtungsgegner nach Erwerb das Grundstück belastet, muss er die Belastung auf seine Kosten beseitigen 9

(BGH NJW-RR 1986, 991 [992]); soweit ihm dies nicht möglich ist, hat er Wertersatz zu leisten (vgl. unter → Rn. 28). Ist der Eigentumswechsel bezüglich des anfechtbar übertragenen Grundstückes noch nicht erfolgt, kann der Anfechtungsberechtigte den Verzicht auf die Rechte aus der Auflassung verlangen (MüKoInsO/*Kirchhof* Rn. 32). Wurde bereits eine Auflassungsvormerkung zugunsten des Anfechtungsgegners eingetragen, so kann für diese eine Löschungsbewilligung verlangt werden, wenn deren Anfechtung möglich ist (§§ 106, 140 Abs. 2 S. 2). Ist die **Eintragung eines Grundpfandrechtes** anfechtbar, kann der Anfechtungsberechtigte deren Löschung oder, um das Aufrücken von nachrangigen Grundpfandgläubigern zu vermeiden, die Übertragung des Grundpfandrechtes an die Insolvenzmasse verlangen (§ 1168 BGB; BGH NJW 1999, 645 [646]; Uhlenbruck/*Ede/Hirte* Rn. 214.

10 **cc) Forderungen.** Zur Sicherheit abgetretene Forderungen kann der Insolvenzverwalter gem. § 166 Abs. 2 einziehen. Dem Anspruch auf Auskehr des Erlöses kann er die Einrede der Anfechtbarkeit gem. § 146 Abs. 2 entgegen halten. Liegt keine Sicherheitenabtretung vor, muss der Anfechtungsberechtigte erst die Rückabtretung der Forderung durchsetzen (BGHZ 106, 127 [129]; ZIP 2014, 2303 Rn. 10), bevor er die Forderung einziehen kann (BGHZ 100, 36 [42]). Eine anfechtbar erlassene Forderung kann ohne Neubegründung eingeklagt werden (BGH ZIP 1989, 1611). Akzessorische Sicherheiten, bspw. eine Bürgschaft, bestehen für die angefochtene erlassene Forderung fort (HambK-InsO/*Rogge/Leptien* Rn. 40). Macht ein Gläubiger einen Anspruch aus einem Vertrag geltend, kann der Verwalter dessen Anfechtbarkeit einwenden ohne zuvor auf Rückgewähr der Vertragserklärung klagen zu müssen (BGH ZIP 2014, 2303 Rn. 11).

11 **dd) Tilgung einer fremden Verbindlichkeit.** In diesen Fällen hat der „ursprüngliche" Schuldner den Wert der erlangten Schuldbefreiung auszugleichen (MüKoInsO/*Kirchhof* Rn. 50a; HambK-InsO/*Rogge/Leptien* 38).

12 **ee) Anteile.** Bei einem anfechtbar übertragenen Miteigentumsanteil geht der Anspruch auf Wiederherstellung des Miteigentumsanteils des Schuldners (BGH ZIP 1982, 1362). Anfechtbar übertragene Geschäftsanteile sind an den Schuldner zurück zu übertragen, ohne dass es der Zustimmung der Mitgesellschafter bedarf (MüKoInsO/*Kirchhof* Rn. 41).

13 **ff) Unterlassen.** Bei der Anfechtung eines Unterlassens muss sich der Anfechtungsgegner so behandeln lassen, als sei die unterbliebene Handlung vorgenommen worden. Hat bspw. der Schuldner es unterlassen, die Verjährungseinrede zu erheben, muss der Anfechtungsgegner sich so behandeln lassen, als sei sie erhoben worden (HambK-InsO/*Rogge/Leptien* Rn. 44).

14 **gg) Prozesshandlungen.** Auch Prozesshandlungen sind anfechtbar (→ § 129 Rn. 29; → § 130 Rn. 38). Hierdurch lässt sich nicht die prozessuale Wirkung, wohl aber die materiell-rechtliche Wirkung beseitigen. So kann zB ein verspätetes Rechtsmittel auch der Insolvenzverwalter nicht mehr einlegen, er kann jedoch geltend machen, dass aus dem Titel keine Rechte erwachsen und eine Vollstreckung unzulässig ist (vgl. → Rn. 15). Wird zB durch eine anfechtbare Säumnis ein Recht des Schuldners aberkannt, kann der Verwalter in einem neuen Prozess unabhängig von der Präklusion im Ausgangsrechtsrecht das materielle Recht des Schuldners geltend machen (MüKoInsO/*Kirchhof* Rn. 56).

15 **hh) Zwangsvollstreckung.** Hat die Möglichkeit der Vollstreckung ihren Grund in einer anfechtbaren Prozesshandlung, kann gegen die Vollstreckung mit der Erinnerung gem. § 766 ZPO vorgegangen werden (HK-InsO/*Kreft* § 133 Rn. 6). Ausgezahlte Vollstreckungserlöse sind zurück zu zahlen (BGH KTS 1969,

244). Wurde der Erlös hinterlegt, ist der Anfechtungsgegner zur Einwilligung in die Auszahlung an den Anfechtungsberechtigten verpflichtet (BGH ZIP 1995, 6309). Führt ein Dritter eine Einzelzwangsvollstreckung in den Anfechtungsgegenstand durch, kann der Insolvenzverwalter mit der Drittwiderspruchsklage gem. § 771 ZPO hiergegen vorgehen (vgl. näher unter → § 129 Rn. 12). In der Insolvenz des Anfechtungsgegners begründet der Anfechtungsanspruch ein Aussonderungsrecht gem. § 47 für den Insolvenzverwalter (vgl. näher unter → § 129 Rn. 12).

6. Kosten. Die Kosten der Rückgewähr einschließlich ggf. anfallender Kosten für Grundbucheintragungen hat der Anfechtungsgegner zur tragen (Uhlenbruck/*Ede/Hirte* Rn. 129). Hat der Anfechtungsschuldner den Gegenstand im Ausland erlangt, muss er ihn auch nur dort zurückgewähren (MüKoInsO/*Kirchhof* Rn. 24). Nach Rückerhalt ist der Insolvenzverwalter verpflichtet, einen ggf. in Anspruch genommenen Vorsteuerabzug zu berichtigen (BGH NJW 1995, 1093). 16

7. Abtretung. Nach der höchstrichterlichen Rspr. zur Konkursordnung konnte der Anfechtungsanspruch gem. § 399, 1. Variante BGB nicht abgetreten werden (BGHZ 83, 102 [105]). **Nach** der nunmehr **herrschenden Meinung** ist der Anfechtungsanspruch aus § 143 **abtretbar** (grundlegend *Eckardt* KTS 1993, 585 [608 f.]). Es kommt nicht darauf an, dass die Insolvenzmasse einen bestimmten Gegenstand zurück erhält, sondern dass wertmäßig der Verlust ausgeglichen wird, so dass § 399, 1. Variante nicht einschlägig ist und der Anfechtungsanspruch abgetreten werden kann (BGH NZI 2011, 486 Rn. 8). Die Abtretung des aus einer Insolvenzanfechtung folgenden streitigen Rückgewähranspruchs ist nicht insolvenzzweckwidrig und nichtig, wenn die Masse als Gegenleistung einen Anspruch auf Auskehrung des hälftigen Erlöses des vom Abtretungsempfänger zu führenden Rechtsstreit erhält (BGH WM 2013, 471 Rn. 10). Hierfür spricht, dass das Anfechtungsrecht nicht zur Nichtigkeit, sondern zum Entstehen eines schuldrechtlichen Anspruches führt und damit letztendlich dessen Wert im Vordergrund steht. Dieser Wert ist auch entscheidend für die Erreichung des Ziels des Insolvenzverfahrens, die Befriedigung der Ansprüche der Insolvenzgläubiger gem. § 1. 17

Offen gelassen hat der BGH in der zuvor genannten Entscheidung die **Frage des Untergangs des Anfechtungsanspruchs mit Verfahrensbeendigung,** so dass der Anfechtungsgegner sich auf diese Einrede gem. § 404 BGB berufen könnte. Der Anspruch geht jedoch mit Verfahrenseröffnung nur unter, wenn er den Gläubiger nicht mehr zugute kommen kann. Dies ist nicht der Fall, wenn der Ertrag aus der Anfechtung einer Nachtragsverteilung vorbehalten wurde (BGHZ 83, 102 [103, 106]; vgl. auch § 259 Abs. 3 InsO für den Insolvenzplan). Mit der Verwertung des Anfechtungsrechtes wird der Wert jedoch zur Masse gezogen, so dass der Anspruch mit Verfahrensbeendigung nicht mehr untergeht (*Jacoby* LMK 2011, 323485). 18

III. Verweis auf das Bereicherungsrecht (Absatz 1 Satz 2)

Der Umfang des Rückgewähranspruches richtet sich gem. Absatz 1 Satz 2 nach den bereicherungsrechtlichen Vorschriften, bei denen dem Empfänger der Mangel des rechtlichen Grundes bekannt ist, somit nach **§§ 819, 818 Abs. 4 BGB.** „Rechtshängigkeit" im Sinne dieser Vorschriften liegt vor in dem Zeitpunkt, in dem der Anfechtungsgegner den Anfechtungsgegenstand erlangt (MüKoInsO/*Kirchhof* Rn. 73). Aufgrund dieser **Rechtsfolgenverweisung** gelten die folgenden Regelungen. 19

1. Verzinsung. Grds. ab Insolvenzverfahrenseröffnung (vgl. → Rn. 2) ist der Anfechtungsanspruch fällig, so dass ab diesem Zeitpunkt ein Zahlungsanspruch 20 mit 5 % über dem Basiszinssatz gem. §§ 291, 288 Abs. 1 S. 1 BGB zu verzinsen ist (BGH NZI 2007, 230). Dies gilt auch für den Fiskus als Anfechtungsgegner (LG Dresden BeckRS 2012, 24006). Der Referentenentwurf des Bundesministeriums für Justiz und Verbraucherschutz v. 16.3.2015 sieht eine Änderung des § 143 Abs. 1 dahingehend vor, dass eine Verzinsung erst beim Vorliegen des Schuldnerverzuges oder des § 291 BGB zu erfolgen hat.

21 **2. Nutzungen.** Gezogene Nutzungen (§ 100 BGB) sind herauszugeben (§§ 819; 818 Abs. 4, 992, 987 BGB), auch wenn dies nur mit gleichzeitiger Nutzung eines Gegenstandes des Anfechtungsgegners möglich war (RG JW 1937, 3243; HambK-InsO/*Rogge/Leptien* Rn. 48). Gezogene Nutzungen ab dem Zeitpunkt der Vornahme der angefochtenen Zahlung bis zur Eröffnung des Insolvenzverfahrens sind zunächst tatsächlich ersparte Kreditzinsen, wenn der Anfechtungsgegner in Höhe des Anfechtungsbetrages keinen Kredit aufnehmen musste oder einen bestehenden Kredit tilgen konnte (LG Hamburg ZInsO 2014, 903 [906]; BGH ZInsO 2012, 1168 Rn. 11). Zur Zinsberechnung beim Fiskus vgl. BGH WM 2012, 1208 Rn. 11 und LG Hamburg ZInsO 2014, 903 [906]: EONIA-Zinssatz. Über §§ 819 Abs. 1, 818 Abs. 4, 292 Abs. 2, 987 Abs. 1 oder Abs. 2 BGB haftet der Anfechtungsgegner auch für vorwerfbar nicht gezogene Nutzungen vom Zeitpunkt der Weggabe an (BGH ZIP 2012, 1299 Rn. 7 ff.; 2005, 1888 [1889]). Der Referentenentwurf des Bundesministeriums für Justiz und Verbraucherschutz vom 16.3.2015 sieht eine Änderung des § 143 Abs. 1 dahingehend vor, dass hinsichtlich der Zinsen ausschließlich noch die in → Rn. 20 genannten gelten gemacht werden können. Bei einer Vermietung des Anfechtungsgegenstandes sind Nutzungen die Differenz zwischen dem Bruttomietpreis einerseits und den Erhaltungskosten, den erforderlichen Verwaltungskosten und den entstandenen Steuerbelastungen andererseits (vgl. BGH NJW 1996, 3147).

22 Für nicht gezogene Nutzungen ist **Wertersatz** zu leisten, wenn das Unterlassen schuldhaft erfolgte. Ob der Schuldner selbst diese Nutzungen gezogen hätte, ist unerheblich (BGH NZI 2005, 679).

23 **3. Verwendungen. a) Notwendige Verwendungen.** Entsprachen die notwendigen Verwendungen (zB Instandhaltung, Versicherung) dem mutmaßlichen Willen des Anfechtungsberechtigten, kann der Anfechtungsgegner deren **Erstattung gem. §§ 994 Abs. 2, 995, 684, 683 BGB** verlangen (BGH NJW-RR 1989, 970). Dieser Anspruch führt zu einer Masseverbindlichkeit gem. § 55 Abs. 1 Nr. 3 InsO (Uhlenbruck/*Ede/Hirte* Rn. 52). Liegen die Voraussetzungen des § 683 BGB nicht vor, kann nur eine ggf. bei Rückgabe der anfechtbar erlangten Sache noch vorhandene Bereicherung aus der Masse gem. § 684 S. 1 BGB, § 55 Abs. 1 Nr. 3 herausverlangt werden (HambK-InsO/*Rogge/Leptien* Rn. 51).

24 **b) Nützliche Verwendungen.** Bei nützlichen Verwendungen steht dem Anfechtungsgegner ein **Wegnahmerecht** zu (§ 997 BGB). Soweit dieses nicht ausgeübt werden kann, besteht nach allg. Bereicherungsgrundsätzen ein Anspruch auf Ausgleich einer im Zeitpunkt der Rückgabe der Sache noch in der Masse vorhandenen Bereicherung (MüKoInsO/*Kirchhof* Rn. 68). Nützliche Aufwendungen können bspw. der (Aus-)Bau eines Hauses auf einem anfechtbar erlangten Grundstück sein (HambK-InsO/*Rogge/Leptien* Rn. 52). In der Zwangsvollstreckung des Grundstückes kann der Anfechtungsgegner die vorrangige Befriedigung seiner Forderung aus dem Erlös verlangen (BGH NJW 1984, 2890 Rn. 37).

25 **c) Nicht erstattungsfähige Aufwendungen.** Nicht erstattungsfähig sind Aufwendungen des Anfechtungsgegners, die er für den anfechtbaren Erwerb hatte oder ihm bei einer Weiterveräußerung des Gegenstandes entstanden sind (BGH ZIP 1991, 807).

d) Zurückbehaltungsrecht. Hinsichtlich des Verwendungsersatzanspruches steht dem Anfechtungsgegner ein Zurückbehaltungsrecht **gem. §§ 273, 1000 BGB** zu, soweit nicht zugleich eine vorsätzliche unerlaubte Handlung vorliegt (BGHZ 131, 189 [199]). 26

4. Surrogate. Gesetzliche Surrogate, bspw. Versicherungsleistungen, kann der Anfechtungsberechtigte gem. § 285 iVm §§ 819 Abs. 1, 818 Abs. 4 BGB verlangen. Ob dies auch für **rechtsgeschäftliche Surrogate,** bspw. den erlangten Kaufpreis gilt, ist streitig (bejahend Braun/*Riggert* Rn. 11; MüKoInsO/*Kirchhof* Rn. 72; Nerlich/Römermann/*Nerlich* Rn. 28; ablehnend: HK-InsO/*Kreft* Rn. 21; offengelassen von BGH NZI 2009, 67). Aufgrund der Verweisung auf § 285 BGB können diese jedoch verlangt werden, aufgrund der immanenten Beschränkung auf den eingetreten Verlust jedoch nicht über den Wert des Verlustes hinaus (vgl. → Rn. 7). 27

5. Wertersatz. a) Grundsatz. Ist die Herausgabe unmöglich, hat der Anfechtungsgegner gem. §§ 819 Abs. 1, 818 Abs. 4, 292 Abs. 1, 989 BGB Wertersatz zu leisten, wenn er die Unmöglichkeit zu vertreten hat oder der Anfechtungsgegner sich gem. §§ 278 Abs. 2, 990 Abs. 2 BGB im Verzug befindet (OLG Celle ZInsO 2006, 1167). Subjektives Unvermögen steht der Unmöglichkeit gleich, wenn ein Drittberechtigter endgültig seine Mitwirkung an der Herausgabe verweigert hat (BGH NJW-RR 1986, 991) oder die Rückgewähr unverhältnismäßige Schwierigkeiten bereiten würde (BGH NJW-RR 1992, 733). Ein Wahlrecht zwischen der grundsätzlichen Verpflichtung zur Rückgabe in Natura (vgl. → Rn. 7) und Wertersatz besteht nicht (BGH ZIP 1986, 787). 28

b) Bestimmung. Zu ersetzen ist der **tatsächliche Wert,** den der Anfechtungsgegenstand für die Masse hätte, wenn die anfechtbare Handlung nicht erfolgt wäre (MüKoInsO/*Kirchhof* Rn. 83). Maßgeblich ist die Einschätzung zum Zeitpunkt des Schlusses der mündlichen Verhandlung (BGHZ 89, 189 [197]). 29

IV. Rückgewähr unentgeltlicher Leistungen (Absatz 2)

Der gutgläubige Empfänger einer unentgeltlichen Leistung muss diese gem. Absatz 2 Satz 1 nur insoweit zurückgewähren, als er durch sie noch bereichert ist. Dies gilt auch für gezogene Nutzungen (HK-InsO/*Kreft* Rn. 4). Gem. Absatz 2 Satz 2 liegt keine Gutgläubigkeit mehr vor, wenn der Anfechtungsgegner weiß oder den Umständen nach wissen muss, dass die unentgeltliche Leistung die Gläubiger benachteiligt. Teilw. wird dieses „Kennenmüssen" bereits bei leichter Fahrlässigkeit bejaht (MüKoInsO/*Kirchhof* Rn. 107). Nach überwiegender Ansicht wird die **Gutgläubigkeit** jedoch nur bei einer groben Fahrlässigkeit ausgeschlossen. Zum einen wollte der Gesetzgeber mit dieser Formulierung das entsprechende Verständnis der hM zur Konkursordnung aufgreifen (*Balz/Landferman* S. 386, Begründung zu § 162 RegE BT-Drs. 12/2443, 5167 f.; Braun/*Riggert* Rn. 20), und zum anderen nimmt diese Einschränkung auf die grobe Fahrlässigkeit im ähnlich gelagerten Fall des § 932 Abs. 2 BGB das Gesetz ausdrücklich vor (HambK-InsO/*Rogge/Leptien* Rn. 86). Ob bei nahestehenden Personen (§ 138) eine Beweislastumkehr bei § 143 Abs. 1 S. 2 (so OLG Düsseldorf NZI 2001, 477 [zu § 11 Abs. 2 AnfG]) oder das Näheverhältnis nur bei der Beweiswürdigung Berücksichtigung findet (so HK-InsO/*Kreft* Rn. 34), ist streitig). 30

V. Gesellschaftersicherheiten (Absatz 3)

1. Allgemeines. § 143 Abs. 3 wurde durch das MoMiG eingeführt und regelt in Anlehnung an § 32b GmbHG aF die Folgen der Anfechtung nach § 135 31

Abs. 2. Die Norm gewährleistet den Vorrang der Haftung der Gesellschaftersicherheit, den § 44a erst ab Verfahrenseröffnung regelt. Nach § 143 Abs. 3 S. 1 ist im Falle der Anfechtung nach § 135 Abs. 2 *„die dem Dritten gewährte Leistung zur Insolvenzmasse zu erstatten"*. Bei einer vollständigen Tilgung tritt gem. § 143 Abs. 3 S. 2 eine Beschränkung bei der Bürgschaft auf deren Höhe bzw. bei der Realsicherheit auf deren Wert zum Zeitpunkt der Rückgewähr ein. Bei einer teilweisen Tilgung ist zu berücksichtigen, dass bei § 135 Abs. 2 nicht die Zahlung an den Dritten anfechtbar ist, sondern die damit einhergehende Befreiung des Gesellschafters als Sicherungsgeber (unter → § 135 Rn. 25 und → § 44a Rn. 10 ff.; Baumbach/Hueck/*Hueck/Fastrich* § 30 Anh. Rn. 104). Hat der Gesellschafter bspw. einen Kredit von 100 an die Gesellschaft mit einer Bürgschaft von 50 gegenüber dem Kreditgeber abgesichert und erfolgt eine Rückzahlung von 70 innerhalb des letzten Jahres gem. §§ 135 Abs. 2, 143 Abs. 3 S. 1 an die Insolvenzmasse, sind nach § 143 Abs. 3 vom Gesellschafter oder einer gleichgestellten Person (dazu unter → § 39 Rn. 46 ff.) 20 zu zahlen, weil in Höhe von 30 die Bürgschaftsschuld fortbesteht. Dies gilt auch bei einem Verzicht des Dritten auf die Sicherheit (OLG Stuttgart BeckRS 2012, 06348).

32 **2. Doppelsicherung.** Entsprechendes gilt auch in den Fällen der Doppelsicherung, in denen bspw. die Gesellschaft für einen Kredit von 300 eine Realsicherheit stellt und der Gesellschafter eine Höchstbetragsbürgschaft von 250 gewährt (zur Rechtslage vgl. → § 44a Rn. 10 ff. und → § 135 Rn. 25). Wird nun die Sicherheit der Gesellschaft für 100 verwertet, sind entgegen dem missverständlichen Wortlaut von § 143 Abs. 3 S. 2 nicht 100 nach §§ 135 Abs. 2, 143 Abs. 3 vom Gesellschafter zu leisten, sondern nur 50, weil er nur in dieser Höhe von seiner Bürgschaftsverpflichtung frei wird. Für weitere 200 haftet er gegenüber dem Kreditgeber weiterhin als Bürge (vgl. BGH ZInsO 2009, 1774 [1776]; OLG Stuttgart BeckRS 2012, 06348).

33 **3. Mehrere Verbindlichkeiten.** Keine Befreiung erlangt der Sicherungsgeber, wenn die Sicherheit neben einer getilgten Verbindlichkeit noch weitere Gesellschafterverbindlichkeiten absichert (Kübler/Prütting/Bork/*Jacoby* Rn. 80).

34 **4. Realsicherheit.** Nur bei dieser schafft § 143 Abs. 2 S. 3 für den Sicherungsgeber eine **Befreiungsmöglichkeit,** indem statt der Zahlung das Sicherungsgut zur Verfügung gestellt werden kann. Ein Anspruch hierauf besteht jedoch nicht (BGH NJW 1986, 429). Wird das Sicherungsgut freigegeben und führt seine spätere Verwertung zu einem Erlös oberhalb des nach § 143 Abs. 3 S. 1 zu erstattenden Betrags, kann der Gesellschafter den Übererlös herausverlangen (HK-InsO/*Kleindiek* Rn. 39; Kübler/Prütting/Bork/*Jacoby* Rn. 81).

35 **5. Zahlung aus dem Gesellschaftsvermögen nach Insolvenzverfahrenseröffnung.** Nicht ungewöhnlich ist es, dass die Befreiung des Sicherungsgebers erst nach Insolvenzverfahrenseröffnung eintritt, weil die Forderung des Dritten erst dann aus der Verwertung der ihm von der Insolvenzschuldnerin zur Sicherheit zur Verfügung gestellten Vermögenswerte getilgt wird. Unmittelbar können die §§ 135 Abs. 2, 143 Abs. 3 S. 1 InsO hier nicht eingreifen, weil die Anfechtung nach § 129 Abs. 1 InsO voraussetzt, dass die anzufechtende Rechtshandlung vor Insolvenzverfahrensöffnung vorgenommen wurde (BGH NJW 2012, 156). Die damit eintretende Regelungslücke könnte einerseits dadurch geschlossen werden, dass der Dritte gem. § 44a verpflichtet wäre, zunächst die Gesellschaftersicherheit zu verwerten (was vom BGH abgelehnt wird, vgl. dazu unter → § 44a Rn. 10 ff.), bevor ihm der Zugriff auf die Sicherheiten der Insolvenzschuldnerin bei einem Ausfall erlaubt ist (vgl. OLG Hamm (8. Zivilsenat) NZI 2011, 251). Andererseits kommt auch eine **entsprechende Anwendung der §§ 135 Abs. 2, 143 Abs. 3** in Betracht (OLG Hamm (27. Zivilsenat) BeckRS 2011, 15231). Mit dem BGH

ist von letzterem auszugehen, weil kein Unterschied zwischen der Rückzahlung eines gesellschafterbesicherten Darlehens innerhalb der Fristen des § 135 Abs. 1 S. 2 und derjenigen nach der Eröffnung des Insolvenzverfahrens besteht (BGH NJW 2012, 156). In der Literatur wird ua eine Anwendung des § 426 BGB (dazu *Bork* FS Ganter, 2010, 135 [147 ff.]) oder eine teleologische Reduktion des § 170 Abs. 1 S. 2 (*Hill* ZInsO 2012, 910) angeboten. Keine Haftung analog § 143 Abs. 3 besteht, wenn der Dritte vor Insolvenzeröffnung auf die Gesellschaftersicherheit verzichtet hat und danach die Sicherheit der Gesellschaft verwertet wird (LG Kleve NZI 2015, 512).

VI. Verfahrensfragen

1. Auskunftsanspruch. Vom Insolvenzverwalter ist zu klären, ob ein Anfechtungsanspruch dem Grunde nach bestehen kann und ob dieser ggf. in Natura oder als Wertersatzanspruch realisiert werden kann. Auskunft kann er gem. §§ 5 Abs. 1, 97–99, 101 vom Schuldner verlangen. Auskunft kann er aufgrund des Rückgewährschuldverhältnisses **gem. § 242 BGB** auch **vom Anfechtungsgegner** verlangen (BGH NJW 1987, 1812; Uhlenbruck/*Ede*/*Hirte* Rn. 122). Für diese Auskunftsverpflichtung muss der Anfechtungsanspruch seinem Grunde nach aber bereits feststehen (BGH ZInsO 2014, 891 [896]; NJW 1998, 2969 [2970]). Besteht gegenüber einer Person nur möglicherweise ein Anfechtungsanspruch, ist diese nicht zur Auskunft verpflichtet (BGH ZIP 2009, 1823; ZInsO 1999, 163). Gegenüber Behörden des Bundes besteht gem. § 1 Abs. 1 IFG ein allgemeiner Informationsanspruch (vgl. hierzu *Schmittmann*/*Kupka* NZI 2009, 367). 36

2. Darlegungs- und Beweislast. a) Des Anfechtenden. Der Anfechtende muss darlegen und beweisen, dass die **Voraussetzungen gem. Absatz 1** vorliegen (MüKoInsO/*Kirchhof* Rn. 110). Vom Anfechtenden sind die **Höhe des Wertersatzes** (vgl. → Rn. 28) und die **Verzugsvoraussetzungen** darzulegen und zu beweisen. Das Gleiche gilt für den Nachweis, dass Nutzungen gezogen oder schuldhaft nicht gezogen wurden oder der Anfechtungsgegner ein Surrogat erhalten hat (HambK-InsO/*Rogge*/*Leptien* Rn. 90). Auch ist von ihm eine **Unredlichkeit des Anfechtungsgegners gem. Absatz 2 Satz 2** dazulegen und zu beweisen (HK-InsO/*Kreft* Rn. 3). Zu erwägen ist nach hM eine Ausnahme für nahestehende Personen iSd § 138; zumindest ist dies bei der Beweiswürdigung zu berücksichtigen (MüKoInsO/*Kirchhof* Rn. 112; Uhlenbruck/*Hirte* Rn. 56; HambK-InsO/*Rogge*/*Leptien* Rn. 90). 37

b) Des Anfechtungsgegners. Der Anfechtungsgegner muss die **Unmöglichkeit der Herausgabe in Natura** darlegen und beweisen (LAG Hamm ZIP 1998, 920 [922]). Der Anfechtungsgegner hat ferner gem. § 280 Abs. 1 S. 2 BGB sein **fehlendes Verschulden** an der Unmöglichkeit zur Rückgabe oder der Verschlechterung darzulegen und zu beweisen (HambK-InsO/*Rogge*/*Leptien* Rn. 91). Er muss berücksichtigungsfähige Verwendungen (HambK-InsO/*Rogge*/*Leptien* Rn. 91) und die Tatsache und den Grund des Wegfalls der Bereicherung gem. Absatz 2 (BGH ZIP 2010, 531) darlegen und beweisen. 38

3. Prozessuales. a) Rechtsweg. Der Rückgewähranspruch ist als bürgerlichrechtlicher Anspruch, der die materiellrechtlichen Ordnungsvorstellungen des Insolvenzrechts gegenüber sämtlichen Gläubigern nach Maßgabe der §§ 129 ff. InsO durchsetzt, gem. § 13 GVG vor den ordentlichen Gerichten geltend zu machen (hM; BGH NJW 2011, 1365 Rn. 6; ZIP 2009, 825 Rn. 12; HambK-InsO/*Rogge*/*Leptien* Rn. 110; Uhlenbruck/*Ede*/*Hirte* Rn. 131). Da der Anfechtungsanspruch ein eigenständiger, erst durch die Insolvenzordnung begründeter Anspruch ist, richtet sich der Rechtsweg zu seiner Geltendmachung nicht nach 39 dem Rechtsverhältnis, dem der Rückgewähranspruch zugrunde liegt (*Kayser* ZIP 2015, 449 [451]; aA OLG Frankfurt a. M. ZInsO 2012, 238, in welchem abweichend von der Rspr. des BGH der Rechtsweg zu den Sozialgerichten für Anfechtungsklagen gegen Sozialversicherungsträger bejaht wird; aA auch BAG ZInsO 2008, 391 entgegen BGH ZIP 2009, 825; 12, 2524).

40 **b) Gerichtliche Zuständigkeit.** Die örtliche Zuständigkeit richtet sich nach den §§ 12 ff. ZPO. Anknüpfungspunkte sind der Aufenthaltsort (§ 20 ZPO), das Vermögen (§ 23 ZPO) oder beim Gesellschafter der Gerichtsstand der Mitgliedschaft gem. § 22 ZPO (OLG Karlsruhe ZIP 1998, 1005). Keine Anwendung soll bei einer Anfechtung der Gerichtsstand des Erfüllungsortes gem. § 29 ZPO finden (HK-InsO/*Kreft* § 129 Rn. 99). § 19a ZPO gilt grds. nur für Klagen gegen den Insolvenzverwalter. Hat jedoch der Anfechtungsgegner seinen Sitz in einem anderen Mitgliedsstaat der EU, sind die deutschen Gerichte nach Art. 3 Abs. 1 EuInsVO zuständig (EuGH ZIP 2009, 427). Analog § 19a ZPO iVm § 3 InsO, Art. 102 § 1 EGInsO ist das sachlich zuständige Streitgericht für den Sitz des eröffnenden Insolvenzgerichts ausschließlich örtlich zuständig, wenn nach den allg. deutschen Gerichtsstandsbestimmungen keine örtliche Zuständigkeit besteht (BGH ZIP 2009, 1287 Rn. 11, 21 ff.; NZI 2015, 183). Dies gilt auch, wenn der Anfechtungsgegner seinen Sitz nicht in einem Mitgliedsstaat hat (BGH NZI 2014, 672). Die sachliche Zuständigkeit richtet sich nach dem Streitwert (§§ 23 Nr. 1, 71 Abs. 1 GVG). Funktional (§ 95 Abs. 1 Nr. 1 GVG) ist die Kammer für Handelssachen zuständig, wenn die angefochtene Rechtshandlung einem Handelsgeschäft zuzuordnen ist (LG Bremen BeckRS 2015, 16980; LG Dortmund BeckRS 2015, 14991). Da der Schuldner nicht über das künftige Vermögen disponieren kann, ist der Verwalter an Gerichtsstandsvereinbarungen nicht gebunden (Ahrens/Gehrlein/Ringstmeier/*Gehrlein* § 129 Rn. 13; MüKoInsO/*Kirchhof* § 146 Rn. 37, welcher eine Ausnahme für den Fall einräumt, dass zuvor ein Einzelgläubiger einen Anfechtungsrechtsstreit bereits rechtshängig gemacht hat (vgl. §§ 16, 17 AnfG). Schiedsvereinbarungen gelten nicht für Anfechtungsansprüche (BGH NZI 2013, 934 [935]; SchiedsVZ 2008, 148; *Heydn* SchiedsVZ 2010, 182).

41 **c) Klagearten.** In der Regel wird der Insolvenzverwalter in dieser Eigenschaft eine **Leistungsklage** auf Rückgewähr der anfechtbaren Leistung erheben (vgl. → Rn. 7). Ist ungewiss, ob der Anfechtungsgegner den Anfechtungsgegenstand in Natura zurückgeben kann, kann der Leistungsantrag mit einem Hilfsantrag auf Wertersatz oder um einen Antrag auf Fristbestimmung gem. § 255 ZPO ergänzt werden (HambK-InsO/*Rogge/Leptien* Rn. 118).

42 Unter den Voraussetzungen des § 256 ZPO kommt eine **Feststellungsklage** in Betracht (BGH ZIP 1995, 630 [635]). Eine solche kann bspw. erhoben werden, wenn eine anfechtbare Leistungspflicht für die Insolvenzmasse begründet wurde und der Insolvenzverwalter sich nicht mit einer Einrede gem. § 146 Abs. 2 hiergegen verteidigen will (Uhlenbruck/*Ede/Hirte* Rn. 168).

43 Die Anfechtung kann auch mit der **Vollstreckungsabwehrklage** gem. § 767 ZPO erfolgen, wenn der Anfechtungsgegner aufgrund eines vor Insolvenzverfahrenseröffnung erwirkten Vollstreckungstitels Rechte geltend macht (BGH NJW 1957, 137). Zur **Drittwiderspruchsklage** vgl. unter → Rn. 15 und → § 129 Rn. 12.

44 **d) Streithelfer.** Im Anfechtungsrechtsstreit können einzelne Gläubiger als Streithelfer gem. § 66 ZPO auftreten, nicht jedoch als streitgenössische Nebenintervenienten gem. § 69 ZPO beitreten (MüKoInsO/*Kirchhof* § 129 Rn. 198; HambK-InsO/*Rogge/Leptien* Rn. 4).

45 **e) Einstweiliger Rechtsschutz.** Der Rückgewähranspruch in Natura (einschließlich einer Verfügungsbeschränkung) kann durch eine einstweilige Ver-

fügung gesichert werden (Uhlenbruck/*Ede/Hirte* Rn. 173). Bei Ansprüchen auf Rückübertragung oder Löschung eines im Grundbuch eingetragenen Rechts erfolgt dies durch eine Vormerkung gem. §§ 883, 885 BGB, § 935 ZPO (LG Chemnitz ZIP 1999, 496 [497]). Der Wertersatzanspruch kann durch einen dinglichen oder persönlichen Arrest abgesichert werden (OLG Düsseldorf NJW 1977, 1828).

Ansprüche des Anfechtungsgegners

144 (1) **Gewährt der Empfänger einer anfechtbaren Leistung das Erlangte zurück, so lebt seine Forderung wieder auf.**

(2) [1]**Eine Gegenleistung ist aus der Insolvenzmasse zu erstatten, soweit sie in dieser noch unterscheidbar vorhanden ist oder soweit die Masse um ihren Wert bereichert ist.** [2]**Darüber hinaus kann der Empfänger der anfechtbaren Leistung die Forderung auf Rückgewähr der Gegenleistung nur als Insolvenzgläubiger geltend machen.**

Übersicht

I. Allgemeines

1 § 144 regelt die **Forderung des Anfechtungsgegners.** Absatz 1 betrifft die Fälle, in denen vom Insolvenzverwalter nur das Erfüllungsgeschäft angefochten wurde. Absatz 2 erfasst die Fälle, in denen das zugrunde liegende Kausalgeschäft angefochten wurde. Absatz 1 und Absatz 2 schließen sich gegenseitig aus. Absatz 1 ähnelt § 39 KO, Absatz 2 entspricht § 38 KO. Berechtigter iSv § 144 ist der Anfechtungsgegner.

II. Anfechtung des Erfüllungsgeschäftes (Absatz 1)

2 Wird nur das Erfüllungsgeschäft angefochten, lebt die Verpflichtung aus dem Kausalgeschäft wieder auf. Dies stellt Absatz 1 klar. Eine Anfechtung nur des Erfüllungsgeschäftes und nicht auch des Grundlagengeschäftes liegt in der Regel bei den **Deckungsanfechtungen gem. §§ 130, 131** vor. Bei dem zugrunde liegenden Kausalgeschäft entsprechen sich im Regelfall wertmäßig Leistung und Gegenleistung. Bei der Deckungsanfechtung hat der Gläubiger auf eine Zug-um-Zug-Leistung verzichtet. Ohne die Anfechtung des Erfüllungsgeschäftes hätte er seine Forderung zur Insolvenztabelle anmelden müssen. Wurde hingegen auch das Kausalgeschäft angefochten, fehlt es an einer wiederauflebenden Forderung. Dieser Fall ist in Absatz 2 geregelt.

3 **Der Anspruch lebt in derselben Form auf,** wie er durch das Kausalgeschäft vor der Erfüllung begründet war, also ggf. bedingt, befristet oder nicht einklagbar (MüKoInsO/*Kirchhof* Rn. 9). Mit der Forderung leben auch deren (akzessorische

und nicht akzessorische) Sicherheiten wieder auf, sofern deren Bestellung nicht ihrerseits angefochten wurde (*Balz/Landfermann* S. 386 f.). Ob die Sicherheit vom Schuldner selbst oder einem Dritten bestellt wurde, ist unerheblich (MüKoInsO/*Kirchhof* Rn. 10c). Gelöschte Grundschulden sind im Wege der Grundbuchberichtigung an der früheren Rangstelle wieder einzutragen (FK-InsO/*Dauenheim* Rn. 3). Dies gilt nicht, wenn der Erwerber Gutglaubensschutz genießt. So können Hypotheken gem. §§ 892, 894 BGB, Grundschulden gem. § 1192 Abs. 1 BGB, Pfandrechte gem. § 1208 Abs. 1 S. 2 BGB und das Eigentum gem. §§ 932 ff. BGB lastenfrei erworben werden. Der Zeitraum zwischen der Vornahme der anfechtbaren Handlung und der Anfechtung wird bei der Berechnung der Verjährung des wiederauflebenden Anspruches nicht berücksichtigt (§§ 206, 209 BGB, *Hess* Rn. 7). Gewährt der Empfänger eine Leistung zurück, die der spätere Schuldner als Dritter gem. § 267 Abs. 1 BGB geleistet hatte, steht ihm mangels Gläubigerstellung keine Forderung im Verfahren zu (*Kayser* ZIP 2015, 449 [450]).

4 Der **Anspruch gem. Absatz 1 entsteht,** wenn der Rückgewähranspruch gem. § 143 InsO vom Anfechtungsgegner erfüllt wurde (Ahrens/Gehrlein/Ringstmeier/*Gehrlein* Rn. 4; vgl. auch → § 143 Rn. 6). Dies gilt auch im Dreiecksverhältnis. Leistet der spätere Insolvenzschuldner auf Weisung eines Gläubigers an einen Dritten, führt die Rückgewähr dieser Leistung zum Wiederaufleben der Forderung des Gläubigers gegen den Insolvenzschuldner (MüKoInsO/*Kirchhof* Rn. 7). Umsatzsteuer und Vorsteuer sind gem. § 17 UStG zu berichtigen (*Schmittmann* NZI 2014, 638 [640]).

5 **Vorhandene Urkunden** über die auflebende Forderung sind dem Gläubiger gem. § 812 BGB, herauszugeben. Verbriefende Urkunden fallen von selbst zurück in das Eigentum des Gläubigers (vgl. § 952 BGB), so dass er diese gem. § 985 BGB herausverlangen kann. Vernichtete Urkunden muss der Schuldner neu herstellen (Braun/*Riggert* Rn. 5).

6 Der wiederauflebende Anspruch kann nachträglich gem. § 177 zur **Insolvenztabelle** angemeldet werden.

III. Anfechtung des Verpflichtungsgeschäftes (Absatz 2)

7 **1. Allgemeines.** Bei der Anfechtung des Verpflichtungsgeschäftes entfällt die Grundlage für den Leistungsaustausch. Damit gibt es auch keinen Grund mehr, die vom Anfechtungsgegner der Insolvenzmasse gewährte Leistung in dieser zu belassen. Gem. Absatz 2 Satz 1 ist sie daher wieder zurückzugewähren. Es ist dann zu differenzieren, ob die vom Anfechtungsgegner erbrachte Gegenleistung noch unterscheidbar in der Insolvenzmasse vorhanden ist (→ Rn. 8) oder, wenn dies nicht der Fall ist, die Insolvenzmasse zumindest noch durch diese Leistung bereichert ist (→ Rn. 9).

8 **2. Gegenleistung unterscheidbar vorhanden (Absatz 2 Satz 1 Alt. 1).** Ist der Gegenstand noch in der Insolvenzmasse, ist er **in Natura** herauszugeben. Dies kann körperlich oder als Recht der Fall sein. Wenn sich der Gegenstand bei einem Dritten befindet und der Insolvenzmasse ein Herausgabeanspruch gegen den Dritten zusteht, ist dieser an den Anspruchsinhaber gem. § 818 Abs. 1 BGB abzutreten, weil der Anspruch gem. Absatz 2 als Bereicherungsanspruch ausgestaltet ist. Der Rückgewähranspruch ist kein Aussonderungsanspruch, sondern ein Masseanspruch gem. § 55 Abs. 1 Nr. 3. Die Herausgabepflicht für gezogene Nutzungen richtet sich nach § 818 Abs. 1 BGB (HambK-InsO/*Rogge/Leptien* Rn. 21).

9 Stammt der Erstattungsanspruch nicht aus einer vorsätzlichen unerlaubten Handlung (BGH ZIP 1986, 787), steht dem Anfechtungsgegner ein **Zurück-**

behaltungsrecht gegen den Anspruch des Insolvenzverwalters aus § 143 zu (BGH ZIP 2000, 410). Streitig ist, ob der Erstattungsanspruch gem. § 144 Abs. 2 mit dem Anspruch des Insolvenzverwalters gem. § 143 saldiert werden kann (bejahend Nerlich/Römermann/*Nerlich* Rn. 11; ablehnend MüKoInsO/*Kirchhof* Rn. 16). Die Saldotheorie findet keine Anwendung, weil der Anspruch aus § 143 und § 144 Abs. 2 kein einheitliches Schuldverhältnis bildet (BGH JA 2006, 564; MüKoInsO/*Kirchhof* Rn. 16). Geht der Rückgewähranspruch aber auf Wertersatz, ist nur die Differenz auszugleichen (Uhlenbruck/*Ede*/*Hirte* Rn. 13).

3. Bereicherung der Masse um den Wert der Gegenleistung (Absatz 2 Satz 1 Alt. 2). Ist der Gegenstand nicht mehr unterscheidbar in der Insolvenzmasse, kann die Insolvenzmasse für den Gegenstand ein **nicht rechtsgeschäftlich erlangtes Surrogat** (Versicherungsleistung) erhalten haben, das gem. § 818 Abs. 1 an den Anspruchsinhaber herauszugeben ist (HambK-InsO/*Rogge*/*Leptien* Rn. 21). Rechtsgeschäftlich erlangte Surrogate sind nur unter den Voraussetzungen des § 818 Abs. 4, 819 herauszugeben (BGHZ 75, 203, aA Braun/*Riggert* Rn. 10). Ist der Gegenstand noch in der Insolvenzmasse, kann jedoch in dieser nicht mehr, bspw. aufgrund von Vermischung, unterschieden werden, entsteht in Höhe der Bereicherung der Insolvenzmasse ein **Wertersatzanspruch,** § 818 Abs. 2 BGB. 10

4. Insolvenzforderung (Absatz 2 Satz 2). Besteht kein Surrogat oder ist der Wert des Surrogates bzw. der Surrogate geringer als der Wert der ursprünglichen Gegenleistung, entsteht in Höhe der Differenz eine Insolvenzforderung gem. Absatz 2 Satz 2. Diese Insolvenzforderung begründet kein Zurückbehaltungsrecht (BGH NJW 1986, 787). 11

5. Anspruchsentstehung. Der Anspruch gem. Absatz 2 entsteht **mit Vollzug des Rückgewähranspruches** aus § 143, weil erst dann die Insolvenzmasse durch die empfangene Gegenleistung ungerechtfertigt bereichert ist (BGH ZIP 1986, 787; HambK-InsO/*Rogge*/*Leptien* Rn. 20; FK-InsO/*Dauernheim* Rn. 4; *Zeuner* Anfechtung 240 Rn. 344). 12

Anfechtung gegen Rechtsnachfolger

145 (1) **Die Anfechtbarkeit kann gegen den Erben oder einen anderen Gesamtrechtsnachfolger des Anfechtungsgegners geltend gemacht werden.**

(2) **Gegen einen sonstigen Rechtsnachfolger kann die Anfechtbarkeit geltend gemacht werden:**

1. **wenn dem Rechtsnachfolger zur Zeit seines Erwerbs die Umstände bekannt waren, welche die Anfechtbarkeit des Erwerbs seines Rechtsvorgängers begründen;**
2. **wenn der Rechtsnachfolger zur Zeit seines Erwerbs zu den Personen gehörte, die dem Schuldner nahestehen (§ 138), es sei denn, daß ihm zu dieser Zeit die Umstände unbekannt waren, welche die Anfechtbarkeit des Erwerbs seines Rechtsvorgängers begründen;**
3. **wenn dem Rechtsnachfolger das Erlangte unentgeltlich zugewendet worden ist.**

Übersicht

I. Allgemeines

1 Die Vorschrift regelt die Anfechtung gegenüber dem Rechtsnachfolger des Empfängers der anfechtbaren Leistung. **Absatz 1** erfasst die Fälle einer Gesamtrechtsnachfolge (zB Erbschaft), **Absatz 2** die Fälle der Einzelrechtsnachfolge. Die Norm soll verhindern, dass der unmittelbare Empfänger durch eine Weitergabe der erhaltenen Leistung die Anfechtung vereiteln kann (Ahrens/Gehrlein/Ringstmeier/*Gehrlein* Rn. 1). Gegenüber dem Gesamtrechtsnachfolger kann daher die Anfechtung uneingeschränkt erfolgen. Beim Einzelrechtsnachfolger wird nach seiner Schutzbedürftigkeit differenziert. Die Anfechtung ist gegenüber dem ersten und weiteren Rechtsnachfolgern möglich (HambK-InsO/*Rogge/Leptien* Rn. 2; Braun/*Riggert* Rn. 6). Jeder Rechtsnachfolger muss den weggegebenen Gegenstand jedoch selbst erlangt haben. Auch muss gegenüber jeder Zwischenperson – wenn ggf. auch aus anderen Gründen – der Erwerb anfechtbar sein (Ahrens/Gehrlein/Ringstmeier/*Gehrlein* Rn. 5). Dem Rechtsnachfolger kann die Anfechtbarkeit auch ohne Durchsetzung des Anfechtungsanspruches entgegen gehalten werden (vgl. § 146 Abs. 2 und Uhlenbruck/*Hirte/Ede* Rn. 1). Da § 145 mit § 15 AnfG (ohne dessen Abs. 3) übereinstimmt, kann die Rspr. zu § 15 AnfG herangezogen werden (Uhlenbruck/*Hirte/Ede* Rn. 3).

II. Gesamtrechtsnachfolge (Absatz 1)

2 **Absatz 1** regelt die Anfechtung gegen den Erben und oder andere Gesamtrechtsnachfolger.

3 **1. Erben.** Aufgrund der Regelungen in §§ 1922, 1967 BGB ist die Anordnung der Haftung des Erben in Absatz 1 nur **deklaratorisch.** Für die Anfechtung muss der Erbe daher auch keine Kenntnis der die Anfechtbarkeit begründenden Umstände haben (Braun/*Riggert* Rn. 2). Der Anfechtungsgrund muss beim Erblasser verwirklicht worden sein. Unabhängig von § 145 kann aber eine Anfechtung des Erfüllungsgeschäftes gegen den Erben selbst gem. §§ 130 ff. in Betracht kommen. Die Haftung gem. § 145 ist nicht auf den ersten Rechtsnachfolger beschränkt (vgl. → Rn. 1). Der Betreffende muss als Erbe aber – beschränkt oder unbeschränkt – selbst haften, so dass gegen den Nacherben erst bei Eintritt der Nacherbschaft eine Anfechtung erfolgen kann (Uhlenbruck/*Hirte/Ede* Rn. 4). Mehrere Erben haften gem. §§ 2058 ff. BGB als Gesamtschuldner.

2. Andere Gesamtrechtsnachfolger. Für andere Gesamtrechtsnachfolger gelten die zuvor gemachten Ausführungen entsprechend. **Der Begriff der Gesamtrechtsnachfolge ist weit zu verstehen** (BGHZ 155, 199 Rn. 28). Bedeutsam sind hier insbes. die Verschmelzung (§ 2 UmwG), die Spaltung (§ 123 UmwG) und die Vermögensübertagung (§ 174 UmwG). Absatz 1 gilt auch, wenn keine Gesamtrechtsnachfolge vorliegt, die Verbindlichkeiten des Ersterwerbers aber kraft Gesetzes auf einen Rechtsnachfolger übergehen, wobei unerheblich ist, ob der Erstbesitzer weiter haftet (Begr. RegE zu § 144). Absatz 1 gilt daher auch beim Erbschaftskauf und ähnlichen Verträgen (§§ 2382, 2385 BGB), der Vereinsauflösung (§ 45 BGB), der Gütergemeinschaft (§§ 1415 ff.), der fortgesetzten Gütergemeinschaft (§§ 1483 ff. BGB) und bei der Fortführung des Handelsgewerbes unter der bisherigen Firma gem. § 25 HGB (Uhlenbruck/*Hirte/Ede* Rn. 8). 4

Absatz 1 findet auch Anwendung, wenn über das Vermögen des Anfechtungsgegners ein **Insolvenzverfahren** eröffnet wird (BGH NZI 2003, 537; 2004, 78; HK-InsO/*Kreft* § 145 Rn. 4; MüKoInsO/*Kirchhof* § 145 Rn. 15). 5

Bleibt die **Identität des Rechtsträgers** gewahrt (zB beim Formwechsel, §§ 190 ff. UmwG), liegt keine Gesamtrechtsnachfolge vor. 6

III. Einzelrechtsnachfolge (Absatz 2)

1. Allgemeines. Die Anfechtung setzt zunächst voraus, dass der Anfechtungsgegner den Anfechtungsgegenstand erhalten hat (BGH NZI 2003, 537). Bei Geld bedarf es daher der Weitergabe der gleichen Scheine und Münzen (BGH NJW 1981, 522 [525]). Der Erwerbsvorgang muss abgeschlossen sein. Hat der Dritte nur einen schuldrechtlichen Anspruch erlangt, bspw. auf Übereignung des Gegenstandes, begründet dies noch keine Anfechtungsmöglichkeit gem. Absatz 2 (Braun/*Riggert* Rn. 12). Unerheblich ist, ob die Rechtsnachfolge vor oder nach der Eröffnung des Insolvenzverfahrens erfolgte. 7

Unerheblich ist, aufgrund welcher Rechtsgrundlage (Rechtsgeschäft, Gesetz (zB § 774 BGB) der Gegenstand erworben wurde (HambK-InsO/*Rogge/Leptien* Rn. 9). Erfasst werden daher auch **Erwerbsvorgänge im Wege der Zwangsvollstreckung,** da es keinen Unterschied macht, ob der Gegenstand freiwillig oder erzwungen übereignet wird (Braun/*Riggert* Rn. 13). Rechtsnachfolger ist daher auch, wer im Wege der Zwangsvollstreckung eine anfechtbare Forderung durch Pfändung und Überweisung zur Einziehung erwirbt (Uhlenbruck/*Hirte* Rn. 20). 8

Nicht von Absatz 2 erfasst ist **originärer Erwerb.** Hierzu gehören Aneignung, Ersitzung, Fund, Verbindung, Verarbeitung, Vermischung und Erwerb durch Zuschlag in der Zwangsversteigerung (Smid/*Zeuner* Rn. 6). 9

Angefochten werden kann nicht nur die Vollrechtsübertragung, sondern auch die **Teilübertragung.** Die Anfechtung kann sich daher auch gegen denjenigen richten, zu dessen Gunsten eine Hypothek oder Grundschuld an dem anfechtbar übertragenen Grundstück bestellt wird (BGHZ 130, 314 [317]). Anfechtbar ist daher auch die im Wege der Zwangsvollstreckung erfolgende Pfandrechtsbestellung an einem anfechtbar übertragenen Gegenstand (FK-InsO/*Dauernheim* Rn. 11). Rechtsnachfolger ist auch der Besitzer einer anfechtbar weggegebenen Sache, auch wenn Grundlage hierfür eine schuldrechtliche Vereinbarung ist (Uhlenbruck/*Hirte/Ede* Rn. 20). 10

2. Persönliche Voraussetzungen. Gegen den Einzelrechtsnachfolger kommt eine Anfechtung nur ausnahmsweise in Betracht, da er in der Regel eine Gegenleistung erbracht hat und gutgläubig sein wird. Für eine Anfechtung muss eine der im Folgenden genannten Fallgruppen vorliegen. 11

12 **a) Kenntnis der Anfechtbarkeit des Vorerwerbs (Nr. 1).** Eine Anfechtung gem. Nr. 1 setzt voraus, dass der Rechtsnachfolger im Zeitpunkt der Vollendung seines Rechtserwerbs (§ 140) **positive Kenntnis** der Umstände hatte, die eine Anfechtung des Erwerbs seines Rechtsvorgängers begründen (BGHZ 116, 222). Liegen mehrere zeitlich aufeinanderfolgende Rechtsübertragungen vor, muss der Rechtsnachfolger die Umstände kennen, aus denen sich die Anfechtbarkeit des Rechtserwerbs seines Vorgängers ergibt. Hat der Rechtsnachfolger den Gegenstand unentgeltlich erworben (Absatz 2 Nr. 3), reicht die **Kenntnis der Unentgeltlichkeit** dieses Erwerbs (Ahrens/Gehrlein/Ringstmeier/*Gehrlein* Rn. 10). Ansonsten muss der Rechtsnachfolger Kenntnis darüber haben, dass sein unmittelbarer Rechtsvorgänger Kenntnis der Anfechtbarkeit des Rechtserwerbs des mittelbaren Rechtsvorgängers hatte. Greift für die Anfechtung gegenüber dem Rechtsvorgänger eine Rechtsvermutung für das Vorliegen einer Anfechtungsvoraussetzung ein (zB § 130 Abs. 3, 131 Abs. 2 S. 2, § 133 Abs. 1 S. 2), so gilt dies auch bei Absatz 2 Nr. 1 und Nr. 2 (HambK-InsO/*Rogge/Leptien* Rn. 17).

13 **b) Nahestehende Person als Rechtsnachfolger (Nr. 2).** Eine **widerlegliche Vermutung der Kenntnis** iSv Nr. 1 besteht, wenn der Rechtsnachfolger eine nahestehende Person (§ 138) des Insolvenzschuldners ist. Welche Beziehung zwischen Rechtsnachfolger und Rechtsvorgänger besteht, ist unerheblich (HK-InsO/*Kreft* Rn. 10).

14 **c) Unentgeltlicher Erwerb des Rechtsnachfolgers (Nr. 3).** Der unentgeltlich erwerbende Rechtsnachfolger ist zur Herausgabe unabhängig davon verpflichtet, ob er Kenntnis der Anfechtbarkeit des Rechtserwerbs seines Rechtsvorgängers hatte. Zu seinen Gunsten gilt aber die Haftungsmilderung des § 143 Abs. 2, so dass er das Erlangte nur zurückgewähren muss, wenn er um dieses noch bereichert oder bösgläubig ist (HK-InsO/*Kreft* Rn. 12). § 145 Abs. 2 Nr. 3 enthält eine abschließende spezialgesetzliche Regelung, neben der § 822 BGB nicht anwendbar ist (BGH NZI 2012, 845).

IV. Rechtsfolge

15 Rechtsfolge ist die Pflicht zur **Herausgabe des Erlangten,** wozu gem. § 143 Abs. 1 S. 2 auch gezogene Nutzungen gehören, oder bei Unmöglichkeit Wertersatz. Eine Unredlichkeit des ursprünglichen Leistungsempfängers wird nur dem Gesamtrechtsnachfolger iSd Absatz 1 Satz 2 zugerechnet (HambK-InsO/*Rogge/Leptien* Rn. 22; MüKoInsO/*Kirchhof* Rn. 32).

V. Anspruchskonkurrenz

16 Schuldet der Ersterwerber Wertersatz, weil er die Sache nicht herausgeben kann, kann diese Verpflichtung nach den allgemeinen Grundsätzen (zB § 1967 BGB, § 25 HGB) auf den Rechtsnachfolger übergehen (MüKoInsO/*Kirchhof* Rn. 16). Auch der auf Rückgewähr gerichtete Anspruch in Natura kann nach diesen Regeln übergehen. Kann der Insolvenzverwalter vom Erstbesitzer Wertersatz und vom Rechtsnachfolger die Herausgabe des Gegenstandes verlangen, so kann der Insolvenzverwalter zwischen diesen Ansprüchen wählen (Braun/*Riggert* Rn. 16; BGH NJW-RR 1986, 991). Im Falle des Absatz 1 kann dieses Wahlrecht nur dort eintreten, wo der Erstbesitzer zum Wertersatz verpflichtet bleibt. Dies ist beim Erbfall nicht möglich, aber bspw. bei der Firmenfortführung gem. § 25 HGB (Henssler/Strohn/*Wamser* HGB § 25 Rn. 10).

VI. Verfahrensfragen

1. Beweislast. Die Voraussetzungen des § 145 sind vom **Insolvenzverwalter** darzulegen und ggf. zu beweisen. Den Entlastungsbeweis gem. Absatz 2 Nr. 2 muss die nahestehende Person führen (BGH ZInsO 2002, 223). Vom **Anfechtungsgegner** ist im Falle des Absatz 2 Nr. 3 ist gesetzliche Vermutung zu widerlegen, dass die Schenkung innerhalb von vier Jahren vor Antragstellung erfolgte (MüKoInsO/*Kirchhof* Rn. 41). 17

2. Prozessuales. Rechtsvorgänger und Rechtsnachfolger sind einfache **Streitgenossen iSd § 59 ZPO.** Ihre Gerichtsstände sind individuell zu bestimmen; die Rechtskraft eines Urteils gegen einen hat keine Auswirkungen auf das Verfahren gegen den andern (Braun/*Riggert* Rn. 26; Jaeger/*Henkel* InsO § 40 Rn. 64). Im Falle der Einzelrechtsnachfolge kann ein gegen den Rechtsvorgänger erstrittener Titel nicht gem. §§ 325, 727 ZPO auf den Rechtsnachfolger umgeschrieben werden (OLG Köln ZIP 1991, 1369). Der Gesamtrechtsnachfolger muss eine gegen den Rechtsvorgänger ergangene Entscheidung nach allgemeinen Regeln gegen sich gelten lassen (HambK-InsO/*Rogge/Leptien* Rn. 26). Wird die Anfechtung erst auf §§ 130–135, dann auf § 145 gestützt, liegt eine Klageänderung gem. § 263 ZPO vor, wenn der Erwerb im Wege der Rechtsnachfolge auf einem anderen Lebenssachverhalt beruht (RGZ 120, 189 [191]; MüKoInsO/*Kirchhof* Rn. 38; aA Jaeger/*Henkel* InsO § 40 Rn. 64: nur Tatbestandsberichtigung). 18

Verjährung des Anfechtungsanspruchs[1]

146 (1) **Die Verjährung des Anfechtungsanspruchs richtet sich nach den Regelungen über die regelmäßige Verjährung nach dem Bürgerlichen Gesetzbuch.**

(2) **Auch wenn der Anfechtungsanspruch verjährt ist, kann der Insolvenzverwalter die Erfüllung einer Leistungspflicht verweigern, die auf einer anfechtbaren Handlung beruht.**

Schrifttum: *Huber,* Neues Verjährungsrecht für Insolvenzanfechtungsanspruch, ZInsO 2005, 190.

Übersicht

[1] § 146 Abs. 1 neu gef. mWv 15.12.2004 durch G v. 9.12.2004 (BGBl. I S. 3214).

I. Anwendungsbereich

1 Die Vorschrift regelt die Verjährung für **alle Anfechtungstatbestände** in der Insolvenzordnung, auch gegenüber dem Rechtsnachfolger (§ 145). Die Verjährungsfrist ist für jeden Anfechtungsgegner und jede anfechtbare Rechtshandlung gesondert zu bestimmen (BGH ZIP 1995, 630). Lässt sich aus dem Vortrag erkennen, welche Rechtshandlungen angefochten werden, wird die Verjährung hinsichtlich all dieser Rechtshandlungen gehemmt (BGH NZI 2008, 372 Rn. 12).

2 Die zeitliche Anwendbarkeit der Anfechtungsvorschriften richtet sich nach Art. 106 EGInsO. Wurde das Insolvenzverfahren ab dem 1.1.1999 beantragt, verjährt der Anfechtungsanspruch auch dann gem. § 146 InsO, wenn die rechtlichen Wirkungen der anfechtbaren Rechtshandlung vor dem 1.1.1999 eingetreten sind (BGH ZInsO 2007, 31). Die jetzige Fassung des Absatz 1 gilt, wenn der Anfechtungsanspruch am 15.12.2004 bereits entstanden und noch nicht verjährt war (Art. 229 § 12 Abs. 1 Nr. 4 EGBGB). Entsprechend Art. 229 § 6 Abs. 3 EGBGB richten sich der Beginn, die Hemmung, die Ablaufhemmung und der Neubeginn der Verjährung für den Zeitraum vor dem 14.12.2004 nach der alten Fassung des Absatz 1 mit seiner zweijährigen Verjährungsfrist (Huber ZInsO 2005, 190 [191]; MüKoInsO/*Kirchhof* Rn. 3).

3 Die Verjährungsvorschriften können **durch vertragliche Vereinbarungen,** insbes. AGBs, **nicht verkürzt** werden (Braun/*Riggert* Rn. 4). Tarifvertragliche Ausschlussfristen verkürzen den Zeitraum zur Geltendmachung des Insolvenzanspruches nicht (BAG NZI 2014, 129; 2004, 335; aA LAG Nds NZI 2012, 862).

II. Regelmäßige Verjährung (Absatz 1)

4 **1. Fristbeginn und Fristende.** Bis zum 14.12.2004 sah Absatz 1 eine zweijährige Verjährungsfrist ab Eröffnung des Insolvenzverfahrens vor. Mit dem Gesetz zur Anpassung der Verjährungsvorschriften an das Gesetz zur Modernisierung des Schuldrechts (BGBl. 2004 II I S. 3214) erfolgte eine Änderung dahingehend, dass sich die Verjährung der Anfechtungsanspruches ab dem 15.12.2004 nach den Regelungen über die **regelmäßige Verjährung nach dem BGB** richtet. Der Anfechtungsanspruch verjährt danach grds. nach drei Jahren (§ 195 BGB). Die Frist beginnt gem. § 199 Abs. 1 BGB zum Ende des Jahres, in dem der Anspruch entstanden ist (dazu unter a)) und der Gläubiger von den den Anspruch begründenden Umständen und der Person des Schuldners Kenntnis erlangt hat (dazu unter b)) oder ohne grobe Fahrlässigkeit hätte erlangen müssen (dazu unter c)).

5 **a) Verfahrenseröffnung.** Der Anspruch entsteht frühestens mit Verfahrenseröffnung (vgl. → § 143 Rn. 2).

6 **b) Kenntnis.** Streitig ist die Frage der Zurechnung der Kenntnisse des Schuldners gegenüber dem Insolvenzverwalter. Dies wird teilw. bejaht unter Hinweis auf die eintretende Rechtsnachfolge, weil bei dieser sich der Rechtsnachfolger die Kenntnis des Rechtsvorgängers zurechnen lassen muss (HambK-InsO/*Rogge/Leptien* Rn. 3 unter Hinweis auf BGH NJW 1996, 117). Richtig ist, dass die Insolvenzmasse für alle Verbindlichkeiten des Schuldners haftet und damit insoweit eine Rechtsnachfolge vorliegt. Auch muss sich bei einer Abtretung der neue Rechtsinhaber die Kenntnis des Abtretenden zurechnen lassen (BGH NJW 1996, 117 [118]). Der Schuldner ist aber häufig an anfechtbaren Rechtshandlungen beteiligt, so dass er diese kennt. Würde man seine Kenntnis einbeziehen, würde das gerade bei geplanten und verschleierten Maßnahmen zu unberechtigt kurzen Verjährungsfristen führen (MüKoInsO/*Kirchhof* Rn. 8c). Dies ist aber nicht not-

wendig, weil kein Anspruch im Wege der Rechtsnachfolge übergeht, der vorher in der Insolvenzmasse vorhanden war. Da dem Schuldner nie ein Anfechtungsrecht zustand, ist die Kenntnis des Insolvenzverwalters maßgeblich (Nerlich/Römermann/*Nerlich* Rn. 6; ebenso Ahrens/Gehrlein/Ringstmeier/*Gehrlein* Rn. 5 unter Hinweis auf den regelmäßig bestehenden Interessenkonflikt).

c) Grobe Fahrlässigkeit. Diese liegt vor, wenn der Insolvenzverwalter einem Verdacht nicht nachgeht oder naheliegende Erkenntnismöglichkeiten nicht ausschöpft (Ahrens/Gehrlein/Ringstmeier/*Gehrlein* Rn. 5). 7

d) Ende. Unabhängig von einer Kenntnis tritt zehn Jahre nach Entstehen des Anfechtungsrechtes Verjährung ein (§ 199 Abs. 3 BGB). 8

2. Hemmung und Neubeginn. Für die Hemmung und den Neubeginn gelten die §§ 203 ff. BGB. Von besonderer Bedeutung sind § 204 BGB (Hemmung der Verjährung durch Rechtsverfolgung) sowie § 212 BGB (Neubeginn der Verjährung nach Anerkenntnis oder Zwangsvollstreckung). Bei einem Wechsel des Insolvenzverwalters beginnt die Frist nicht erneut. Entsprechend § 19 Abs. 6 S. 2 GmbHG, § 210 f. BGB endet sie aber erst frühestens sechs Monate nach Bestellung des neuen Insolvenzverwalters (vgl. HambK-InsO/*Rogge/Leptien* Rn. 5). 9

3. Geltendmachung der Verjährung. Der Eintritt der Verjährung muss als **Einrede** geltend gemacht werden, § 214 BGB. Diese Einrede kann ausnahmsweise nach § 242 BGB treuwidrig sein, wenn der Insolvenzverwalter zuvor objektiv von der rechtzeitigen Hemmung der Verjährung abgehalten wurde (Ahrens/Gehrlein/Ringstmeier/*Gehrlein* Rn. 6). Unerheblich ist, ob dies zielgerichtet oder schuldlos erfolgte. Eine solche Situation liegt vor, wenn dem Insolvenzverwalter entgegen § 28 Abs. 2 vom Sicherungsnehmer ein anfechtbar erhaltenes Sicherungsrecht nicht angezeigt wurde, um Rechte hieraus erst nach Ablauf der Anfechtungsfrist geltend zu machen, oder wenn der Anfechtungsgegner vor Ablauf der Verjährungsfrist auf die Geltendmachung der Einrede der Verjährung (stillschweigend) (befristet) verzichtet (OLG Naumburg WRP 2000, 252). 10

4. Verfahrensfragen. Die Klage, mit der der Anfechtungsanspruch geltend gemacht wird, muss alle **Tatsachen** enthalten, **auf die der Anfechtungsanspruch gestützt wird** (FK-InsO/*Daunenheim* Rn. 10, Braun/*Riggert* Rn. 5). Nicht erforderlich ist, dass die Anfechtung ausdrücklich erklärt wird (BGH ZInsO 2001, 72) oder einzelne Anfechtungsvorschriften angegeben werden (BGH ZInsO 1999, 107). 11

Insbes. die Klage hemmt die Verjährung gem. **§ 204 Abs. 1 Nr. 1, § 167 ZPO.** Wird der Anfechtungsanspruch erst nach einer Klageänderung geltend gemacht, bewirkt erst diese die Hemmung (BGH ZInsO 1998, 394 noch zu § 209 BGB aF). Bei einer Teilklage wird die Verjährung nur für diesen Teil gehemmt (FK-InsO/*Dauernheim* Rn. 15). Durch die Geltendmachung des Rückgewähranspruches wird die Frist für den Wertersatzanspruch gewahrt (BGH NJW 1999, 359 [360]). 12

Kommen mehrere Anfechtungsgegner in Betracht oder droht die Verjährung gegen einen Rechtsnachfolger anzulaufen, kann der Anfechtungsberechtigte durch eine Streitverkündung (§§ 72, 73 ZPO) die Hemmung der Verjährung erreichen (§ 204 Abs. 1 Nr. 6 BGB). 13

III. Leistungsverweigerungsrecht (Absatz 2)

1. Allgemeines. Absatz 2 gewährt unabhängig davon, ob der Anfechtungsanspruch verjährt ist, ein **unverjährbares Leistungsverweigerungsrecht.** Aus 14

Gründen der Billigkeit soll der Anfechtungsgegner nach Ablauf der Anfechtungsfrist nicht die durch die anfechtbare Handlung begründete Leistungspflicht einfordern können. Das Leistungsverweigerungsrecht besteht, wenn die Leistungspflicht kausale Folge einer anfechtbaren Handlung ist (BGHZ 106, 127 [130]; Ahrens/Gehrlein/Ringstmeier/*Gehrlein* Rn. 17).

15 Durch die Einrede kann der Verwalter **Ansprüche** gegen die Masse **„gleich welcher Art"** abwehren (Ahrens/Gehrlein/Ringstmeier/*Gehrlein* Rn. 18). Gem. Absatz 2 kann nicht nur die Erfüllung einer schuldrechtlichen Leistungsverpflichtung, sondern auch die Erfüllung von dinglichen Ansprüchen, etwa Aussonderung und Absonderung, verweigert werden (RGZ 95, 224 [226]). Mit einer aus einer Anfechtung resultierenden Gegenforderung kann die Hauptforderung nur mit einer vor Ablauf der Verjährungsfrist erklärten Aufrechnung zum Erlöschen gebracht werden (BGH ZInsO 2001, 706 [708]).

16 Die Einrede kann außerprozessual oder im Wege einer negativen Feststellungsklage erhoben werden (BGHZ 83, 158 [161]).

17 **2. Gegeneinrede.** Erhebt der Insolvenzverwalter Klage und verteidigt sich der Gegner seinerseits mit einer aus einer anfechtbaren Rechtshandlung resultierenden Position, bspw. einem Erlass der Forderung, ihrer Stundung oder dem Erwerb eines Pfandrechtes, kann der Anfechtungsberechtigte trotz Ablauf der Verjährungsfrist gem. Absatz 1 dieser Position die Einrede nach Absatz 2 entgegenhalten (BGH WM 2009, 1042). Ebenso verhält es sich, wenn der Beklagte dem Zahlungsanspruch eine anfechtbare Erfüllung oder der Herausgabeklage ein anfechtbar erhaltenes Besitzrecht entgegenstellt (Ahrens/Gehrlein/Ringstmeier/*Gehrlein* Rn. 21).

18 **3. Rechtsfolgen.** Die Anfechtungseinrede gem. Absatz 2 schafft kein dauerndes, sondern ein zeitlich auf das Insolvenzverfahren begrenztes Leistungsverweigerungsrecht.

Rechtshandlungen nach Verfahrenseröffnung[1]

147 **[1] Eine Rechtshandlung, die nach der Eröffnung des Insolvenzverfahrens vorgenommen worden ist und die nach § 81 Abs. 3 Satz 2, §§ 892, 893 des Bürgerlichen Gesetzbuchs, §§ 16, 17 des Gesetzes über Rechte an eingetragenen Schiffen und Schiffsbauwerken und §§ 16, 17 des Gesetzes über Rechte an Luftfahrzeugen wirksam ist, kann nach den Vorschriften angefochten werden, die für die Anfechtung einer vor der Verfahrenseröffnung vorgenommenen Rechtshandlung gelten. [2] Satz 1 findet auf die den in § 96 Abs. 2 genannten Ansprüchen und Leistungen zugrunde liegenden Rechtshandlungen mit der Maßgabe Anwendung, dass durch die Anfechtung nicht die Verrechnung einschließlich des Saldenausgleichs rückgängig gemacht wird oder die betreffenden Zahlungsaufträge, Aufträge zwischen Zahlungsdienstleistern oder zwischengeschalteten Stellen oder Aufträge zur Übertragung von Wertpapieren unwirksam werden.**

Schrifttum: *Hasselbach,* Insolvenzprivilegien für Kreditinstitute bei Zahlungssystemen, ZIP 1997, 1491.

---

[1] § 147 Abs. 1 Satz 2 angef. durch G v. 8.12.1999 (BGBl. I S. 2384); Abs. 1 Sätze 1 und 2 geänd. mWv 9.4.2004 durch G v. 5.4.2004 (BGBl. I S. 502); Abs. 2 aufgeh., bish. Abs. 1 wird alleiniger Wortlaut mWv 15.12.2004 durch G v. 9.12.2004 (BGBl. I S. 3214); Satz 2 geänd. mWv 31.10.2009 durch G v. 29.7.2009 (BGBl. I S. 2355).

I. Allgemeines

Grds. unterliegen nur vor Insolvenzverfahrenseröffnung vorgenommene Rechtshandlungen der Anfechtung gem. §§ 129 ff. Die danach vorgenommenen Rechtshandlungen sind grds. gem. §§ 81, 82, 89, 91 Abs. 1 unwirksam. Aufgrund des öffentlichen Glaubens von Registern können Rechtshandlungen jedoch auch **nach Insolvenzverfahrenseröffnung** gem. §§ 81 Abs. 1 S. 2, 91 Abs. 2 Rechte an Gegenständen der Insolvenzmasse begründen. Gem. Satz 1 kann in diesen Fällen auch eine Anfechtung für Rechtshandlungen erfolgen, die infolge des öffentlichen Glaubens des Grundbuches, des Schiffregisters, des Schiffbauregisters oder des Registers für Luftfahrzeuge rechtsverbindlich werden. Demgegenüber regelt Satz 2 die Beständigkeit von Verrechnungen in bestimmten Zahlungssystemen der Finanzwirtschaft. 1

II. Rechtshandlungen an unbeweglichen Sachen nach Verfahrenseröffnung (Satz 1)

1. Grundsatz. Satz 1 erfasst ausschließlich (vgl. § 81 Abs. 3 S. 2) nach Insolvenzverfahrenseröffnung vorgenommene (vgl. § 140) Rechtshandlungen zum Erwerb von Rechten an **Immobilien** oder an Gegenständen, wie Schiffen oder Luftfahrzeugen, die wie Immobilien behandelt werden. Ob der Schuldner oder ein Dritter die abschließende Rechtshandlung vorgenommen hat, ist unbeachtlich. Insbes. ist es unbeachtlich, ob der Schuldner oder der begünstigte Erwerber den Eintragungsantrag gestellt hat (Ahrens/Gehrlein/Ringstmeier/*Gehrlein* Rn. 2). Der Erwerb von beweglichen Sachen ist stets unabhängig vom guten Glauben gem. § 81 Abs. 1 S. 1 unwirksam. 2

Ein gutgläubiger **Erwerb von Rechten an einer Immobilie** ist nur rechtsgeschäftlich möglich und setzt eine gem. § 81 Abs. 1 S. 2 wirksam werdende Verfügung des Schuldners voraus (MüKoInsO/*Kirchhof* Rn. 3). Die Wirksamkeit der betreffenden Rechtshandlung muss sich aus dem öffentlichen Glauben des Grundbuchs oder eines gleichgestellten Registers ergeben (HambK-InsO/*Rogge/Leptien* Rn. 4). Die Möglichkeit des gutgläubigen Erwerbes entfällt mit Eintragung der Insolvenzeröffnung (vgl. §§ 32, 33). 3

2. Entsprechende Anwendung von Satz 1 im Falle des § 82 S. 1. Wird nach Verfahrenseröffnung an den Insolvenzschuldner geleistet, wird der Schuldner unter den Voraussetzungen des § 82 von seiner Leistungspflicht frei. Die Annahme der Leistung stellt abweichend von § 80 eine **Verfügung des Insolvenzschuldners über seinen Leistungsanspruch** dar (vgl. HambK-InsO/*Rogge/Leptien* Rn. 5). Wenn der Schuldner zwar nicht die erfolgte Verfahrenseröffnung, aber die Zahlungsunfähigkeit oder den Benachteiligungsvorsatz des Schuldners kennt, kann die Erfüllungsleistung beim Vorliegen einer Gläubigerbenachteiligung insbes. gem. §§ 132, 133 angefochten werden (MüKoInsO/*Kirchhof* Rn. 4; HambK-InsO/*Rogge/Leptien* Rn. 5; Ahrens/Gehrlein/Ringstmeier/*Gehrlein* Rn. 2). 4

3. Entsprechende Anwendung von Satz 1 im Falle des § 878 BGB. Nicht in Satz 1 genannt werden § 878 BGB und die inhaltsgleichen § 3 Abs. 3 SchiffsRG und § 5 LuftRG. Dies war beabsichtigt (BT-Drs. 12/2443, 169). Nach § 878 BGB wird ein Rechtserwerb an einem Grundstücksrecht nicht durch eine eingetretene Verfügungsbeschränkung ausgeschlossen, wenn zuvor die Erklärung bindend geworden ist und zuvor ein Eintragungsantrag beim Grundbuchamt gestellt wurde. Nach bindender Einigung (§ 873 BGB) und der Stellung eines Eintragungsantrages durch den Erwerber beim Grundbuchamt ist dieser Inhaber eines Anwartschaftsrechtes, das durch die Eröffnung des Insolvenzverfahrens nicht 5 mehr beeinträchtigt werden kann (BGH NJW 1989, 1093). Hat der Erwerber vor Verfahrenseröffnung den Eintragungsantrag gestellt, so ist bei einer bindenden Einigung anfechtungsrechtlich der Zeitpunkt der Antragstellung gem. § 140 Abs. 2 maßgeblich. § 140 Abs. 2 erfasst seinem Wortlaut nach jedoch nicht den Fall, dass der Schuldner den Eintragungsantrag gestellt hat. Nach § 140 Abs. 1 wäre danach anfechtungsrechtlich der Zeitpunkt der Eintragung der Rechtsänderung im Grundbuch maßgeblich. Erfolgt diese nach Verfahrenseröffnung, wäre eine Anfechtung nach §§ 147, 91 Abs. 2 unmittelbar aber nicht möglich. Der Erwerber würde damit besser behandelt, als wenn er selbst den Eintragungsantrag gestellt hätte. Zur Vermeidung eines Wertungswiderspruches sind § 878 BGB, § 3 Abs. 3 SchiffsRG und § 5 Abs. 3 LuftRG daher entsprechend anwendbar, wenn nur der Schuldner allein den Eintragungsantrag gestellt hat (Uhlenbruck/*Hirte/Ede* Rn. 10; Ahrens/Gehrlein/Ringstmeier/*Gehrlein* Rn. 3; nach aA ist der Wortlaut des § 140 Abs. 2 korrigierend auszulegen, *Häsemeyer* Rn. 21.32). Die eingangs genannte Gesetzesbegründung steht diesem Verständnis des § 147 nicht entgegen, weil zum damaligen Zeitpunkt § 140 Abs. 2 die Einschränkung auf den „anderen Teil" noch nicht enthielt (MüKoInsO/*Kirchhof* Rn. 7; HambK-InsO/*Rogge/Leptien* Rn. 6).

III. Rechtsfolgen bei Verrechnungen in Clearingsystemen (Satz 2)

6 Von den allgemeinen Regeln zur Anfechtung macht Satz 2 eine Ausnahme für Verrechnungen und Saldenausgleich innerhalb der in § 96 Abs. 2 genannten Zahlungssysteme der Finanzwirtschaft (zur Historie vgl. Hasselbach ZIP 1997, 1491). Diese Verrechnungen einschließlich des Saldenausgleichs bleiben wirksam, wenn sie spätestens am Tag der Eröffnung des Insolvenzverfahrens erfolgen. Gem. Satz 1 wird nicht die Anfechtung dieser Verrechnungen ausgeschlossen, sondern dahingehend modifiziert, dass nachteilige Verrechnungen nicht in Natura zurückzugewähren sind, sondern innerhalb des Zahlungssystems nur Wertersatz verlangt werden kann. Anspruchsgegner ist derjenige, zu dessen Gunsten die Verrechnung bzw. der Saldenausgleich erfolgte (MüKoInsO/*Kirchhof* Rn. 5).

IV. Verjährung

7 Da die durch § 147 erfassten Rechtshandlungen erst nach Verfahrenseröffnung wirksam werden, beginnt die Verjährung in diesen Fällen mit dem Ende des Jahres, in dem die Rechtshandlung wirksam geworden ist und der Anfechtungsberechtigte hiervon Kenntnis erlangt hat bzw. ohne grobe Fahrlässigkeit hätte erlangen können (vgl. → § 146 Rn. 6, 7).

Vierter Teil. Verwaltung und Verwertung der Insolvenzmasse

Erster Abschnitt. Sicherung der Insolvenzmasse

Übernahme der Insolvenzmasse

148 **(1) Nach der Eröffnung des Insolvenzverfahrens hat der Insolvenzverwalter das gesamte zur Insolvenzmasse gehörende Vermögen sofort in Besitz und Verwaltung zu nehmen.**

(2) [1] Der Verwalter kann auf Grund einer vollstreckbaren Ausfertigung des Eröffnungsbeschlusses die Herausgabe der Sachen, die sich im Gewahrsam des Schuldners befinden, im Wege der Zwangsvollstreckung durchsetzen. [2] § 766 der Zivilprozeßordnung gilt mit der Maßgabe, daß an die Stelle des Vollstreckungsgerichts das Insolvenzgericht tritt.

Schrifttum: *Burkhardt,* Nochmals: Die Räumungsfrist bei der Zwangsvollstreckung aus Zuschlags- und Konkurseröffnungsbeschlüssen, NJW 1968, 687; *Gundlach/Frenzel/Jahn,* Die Inbesitznahme von Aussonderungsgut, DZWIR 2007, 320; *Hess/Weis,* Die interne Rechnungslegung des Insolvenzverwalters aus Anlaß der Eröffnung des Insolvenzverfahrens, NZI 1999, 482; *Holzer,* Die Herausgabevollstreckung aus dem Insolvenzeröffnungsbeschluss, DGVZ 2008, 69; *Lièvre/Stahl/Ems,* Anforderungen an die Aufstellung und die Prüfung der Schlussrechnung im Insolvenzverfahren, KTS 1999, 1; *Noack,* Die Herausgabevollstreckung auf Grund des Konkurseröffnungsbeschlusses und die Vollstreckungsbeschränkung des § 811 ZPO, KTS 1966, 149; *Schmidt-Futterer,* Die Räumungsfrist bei der Zwangsvollstreckung aus Zuschlags- und Konkurseröffnungsbeschlüssen, NJW 1968, 143; *Sponagel,* Gläubigerinformation im Insolvenzverfahren – Informationspflichten des Insolvenzverwalters gegenüber dem Gläubiger, DZWIR 2011, 270.

Übersicht

I. Recht und Pflicht zur Inbesitznahme der Insolvenzmasse

§ 148 behandelt die Pflichten des Insolvenzverwalters in Bezug auf die Verwaltung der sog Aktivmasse; dies ist die Insolvenzmasse nach §§ 35–37 unter Einschluss der Rückgewähransprüche nach § 143. Der Insolvenzverwalter hat sofort nach Eröffnung des Insolvenzverfahrens alle zur Insolvenzmasse gehörenden **1**

Gegenstände zu sammeln, in Besitz zu nehmen und zu verwalten, und zwar auch so weit sie im Ausland belegen sind (sog **Universalitätsprinzip,** vgl. BGHZ 68, 16 [17]; 88, 147 [150]; 95, 256; 118, 151 [159]; vgl. auch *Pannen/Kühnle/Riedemann* NZI 2003, 72 [75]). Da der Neuerwerb zur Insolvenzmasse gehört (§ 35 aE), besteht die Pflicht zur Inbesitznahme für den Insolvenzverwalter während des gesamten Verfahrens fort (BK-InsO/*Kießling* § 148 Rn. 12). Zur Inbesitznahme von Aussonderungsgut vgl. *Gundlach/Frenzel/Jahn* DZWIR 2007, 320 ff. – Mit der Verwertung der Insolvenzmasse ist nach § 159 regelmäßig (zu Ausnahmen vgl. → § 158 Rn. 2) erst nach dem Berichtstermin zu beginnen, wenn die Gläubigerversammlung nichts Abweichendes entschieden hat.

II. Die Rechte und Pflichten nach Absatz 1 im Einzelnen

2 **1. Rechte und Pflichten – Überblick.** § 148 Abs. 1 bringt Rechte und Pflichten zum Ausdruck. Die Vorschrift gibt dem Insolvenzverwalter ein **Recht auf Inbesitznahme** der zur Insolvenzmasse gehörenden körperlichen Gegenstände. Insolvenzfreies Vermögen ist nach einer etwaigen Inbesitznahme an denjenigen herauszugeben, dem es gehört (vgl. OLG Köln NZI 2001, 554 [558]).

3 **2. Besitz.** Nach hM ist „Besitz" iSd §§ 854 ff. BGB zu deuten: Der Insolvenzverwalter ist berechtigt und grds. auch verpflichtet, sich in den unmittelbaren Besitz der zur Insolvenzmasse gehörenden Gegenstände zu setzen (BGH ZIP 1996, 1307; RGZ 97, 107 [109]; Nerlich/Römermann/*Andres* § 148 Rn. 7; vgl. noch → Rn. 9 f.). Dies ist allerdings keine höchstpersönliche Aufgabe, sondern kann im Einzelfall auf geeignete Personen delegiert werden, wenn die Umstände dies erfordern (zutr. *Graeber/Graeber* ZInsO 2013, 1056 [1063]; aA *Bork* ZIP 2009, 1747 [1752]; *Eickmann* KTS 1986, 197 [204]). Die Verpflichtung zur Besitzergreifung besteht nicht ohne Ausnahmen: Wenn die Belassung der Sache bei dem Schuldner die Befriedigung der Gläubiger nicht gefährdet, wenn der mit der Inbesitznahme verbundene Aufwand unverhältnismäßig ist oder wenn der Insolvenzverwalter beabsichtigt, bestimmte Gegenstände nicht für die Masse zu nutzen, darf er davon absehen, Besitz zu begründen (vgl. BGH NJW 2008, 2580 [2581] = NZI 2008, 554 [555]; MüKoInsO/*Füchsl/Weishäupl/Jaffé* § 146 Rn. 26).

4 **3. Herausgabeanspruch.** Zum Recht zur Inbesitznahme gehört ggf. auch die **Pflicht, Herausgabeansprüche** gegen den Schuldner oder gegen Dritte im Wege des Erkenntnis- bzw. Zwangsvollstreckungsverfahrens **durchzusetzen.** Einschränkungen dieser Pflicht können sich in Fällen ergeben, in denen die Gegenstände für die Masse – etwa wegen einer offenkundigen hohen Belastung mit Absonderungsrechten – schlechthin wertlos sind (vgl. RGZ 60, 107 [109]; OLG Hamburg ZIP 1996, 386; FK-InsO/*Wegener* § 148 Rn. 3); entsprechende Einschränkungen können sich freilich nicht ergeben, wenn man eine Freigabe im Insolvenzverfahren über das Vermögen einer juristischen Person oder einer in § 11 genannten Personenvereinigung für nicht zulässig erachtet (vgl. aber → § 35 Rn. 37 ff.). Unabhängig von dieser Differenzierung bleibt es dem Insolvenzverwalter unbenommen (und ist es häufig kostengünstiger), Gegenstände beim Schuldner oder bei Dritten bis zur Verwertung zu belassen. Dann muss aber sichergestellt sein, dass diese Personen seinen Anweisungen hinsichtlich von Verwaltungs- und auch von nachfolgenden Verwertungsmaßnahmen nachkommen (FK-InsO/*Wegener* § 148 Rn. 16; vgl. OLG Hamburg ZIP 1996, 386 [387]); ist dies nicht der Fall, haftet der Insolvenzverwalter nach § 60.

5 Wie Absatz 2 zeigt, spricht **§ 148** nicht nur eine Befugnis und eine Pflicht des Insolvenzverwalters aus, sondern begründet **als Anspruchsnorm** einen eigenen Herausgabeanspruch des Insolvenzverwalters gegen den Schuldner und besitzende Dritte und verpflichtet diese, den Anspruch des Insolvenzverwalters zu erfüllen.

Dabei gilt § 817 S. 2 BGB auch für den Insolvenzverwalter: Vom Schuldner unter Verstoß gegen Gesetz und gute Sitten Geleistetes kann er nicht zurückfordern (BGH WM 1989, 191).

Nach diesen Grundsätzen lässt sich im **Fall des Verwalterwechsels** auch ein Herausgabeanspruch gegen den ehemaligen Verwalter (ggf. gegen den vorläufigen Insolvenzverwalter), der dann ein Dritter geworden ist, herleiten (wie hier HambK-InsO/*Jarchow* § 148 Rn. 25; BK-InsO/*Kießling* § 148 Rn. 30; wohl auch *Hess* § 148 Rn. 38; diff. Uhlenbruck/*Sinz* § 148 Rn. 27; widersprüchlich Nerlich/Römermann/*Andres* § 148 Rn. 34 gegen Rn. 35). 6

Bei **unkörperlichen Gegenständen** (Forderungen, gewerblichen Schutzrechten, sonstigen Rechten) hat der Insolvenzverwalter die darüber vorhandenen Urkunden in Besitz zu nehmen; denn auch sie gehören zur Masse, und ihre Herausgabe an den Insolvenzverwalter dient der Verwaltung. Ebenso sind **Geschäftsunterlagen/Geschäftsbücher** in Besitz zu nehmen (vgl. HambK-InsO/*Jarchow* § 148 Rn. 22 ff.; *Hess* § 148 Rn. 23), weil sie nach § 36 Abs. 2 Nr. 1 Bestandteil der Insolvenzmasse sind. Anders als nach § 117 Abs. 2 KO, der eine Sonderregelung hinsichtlich der Verwertung der Geschäftsbücher vorsah, nehmen Geschäftsunterlagen/Geschäftsbücher keine Sonderstellung im heutigen Insolvenzrecht ein. Unproblematisch erfasst sind damit: alle der Rechnungslegung dienenden Unterlagen, Verzeichnisse (auch wenn sie losgelöst vom ursprünglichen Geschäftsbetrieb einen selbständigen Vermögenswert darstellen) wie Abonnenten- und Kundenlisten, Quittungen, Kontounterlagen und sonstige Akten. – Vgl. noch *Kalter* KTS 1960, 65 ff. (freilich zum Konkursrecht) zu Geschäftsbüchern und Geschäftspapieren und deren Führung und Verwahrung im Insolvenzverfahren. Zum Problemkomplex gegen einen Rechtsanwalt, Steuerberater oÄ gerichteter vertraglicher Ansprüche auf Herausgabe von Unterlagen vgl. BGHZ 109, 260 = NJW 1990, 510; BGH NJW 1989, 1216 = ZIP 1988, 1474; OLG Düsseldorf NJW 1977, 1201; ZIP 1982, 471; AG München KTS 1969, 190; diesen Personen steht regelmäßig kein Zurückbehaltungsrecht zu (Graf-Schlicker/*Kalkmann* § 148 Rn. 12 ff.). – Vgl. zur Inbesitznahme von Gegenständen, die im Zeitpunkt der Verfahrenseröffnung nach strafprozessualen Regeln beschlagnahmt waren, *Schäfer* KTS 1991, 23 ff.; HambK-InsO/*Jarchow* § 148 Rn. 18 ff.; Leonhardt/Smid/Zeuner/*Smid* § 148 Rn. 9; Nerlich/Römermann/*Andres* § 148 Rn. 27. 7

4. Verwaltung der Insolvenzmasse. Der enge Besitzbegriff (vgl. → Rn. 3) wird kompensiert durch die allgemeine **Pflicht zur Verwaltung der Masse.** Inbesitznahme der massezugehörigen Gegenstände ist nur Teil der übergeordneten Pflicht zur Masseverwaltung, das heißt, die allg. der Masse zustehenden Ansprüche zu realisieren (RGZ 120, 189 [192]; vgl. auch *Fischer* NZI 2014, 241 [242]). Dazu gehört insbes. die Pflicht, die Masse gegen schädigende Ereignisse abzusichern (*Jungmann* EWiR 2014, 563 [564]). Der Insolvenzverwalter hat deshalb die nach § 150 und ggf. § 99 bestehenden Möglichkeiten auszuloten; insbes. sind bestehende **Versicherungsverträge** im Hinblick auf einen etwaigen Prämienrückstand zu überprüfen; ggf. sind neue Verträge abzuschließen. Auch die Ausübung des Wahlrechts nach § 103 ist Bestandteil der Pflicht zur Masseverwaltung, ebenso der Schutz der Insolvenzmasse, insbes. liquider Mittel, vor Inflation. Darüber hinaus enthält die allgemeine Masseverwaltungspflicht auch ein **allgemeines Wertmehrungsgebot** (*Jungmann* EWiR 2014, 563 [564]). Im Regelfall ist der Insolvenzverwalter daher gehalten, nicht nur für eine sichere, sondern auch für eine **zinsgünstige Anlage** nicht benötigter Gelder bis zur endgültigen Verteilung der Masse zu sorgen (BGH NZI 2014, 757 mit krit. Anm. *Wagner*). 8

5. Besitzrechtliche Verhältnisse an den Gegenständen der Insolvenzmasse. Der Insolvenzverwalter erlangt nicht kraft Gesetzes Besitz. **Erforderlich** ist vielmehr die **Erlangung der tatsächlichen Gewalt** (§ 854 BGB) durch den 9

Insolvenzverwalter (BGH NJW 2008, 2580 [2581] = NZI 2008, 554 [555]; LG Köln ZInsO 2010, 53; zu besitzrechtlichen Verhältnisse bzgl. des Neuerwerbs vgl. BK-InsO/*Kießling* § 148 Rn. 27). Hat der Insolvenzverwalter Gegenstände in Besitz genommen, so ist er nach hM **unmittelbarer Fremdbesitzer.** Der Schuldner hat durch ihn den mittelbaren Besitz iSd § 868 BGB; der Insolvenzverwalter hat Besitzschutzrechte aus §§ 859 ff., 1007 BGB (HambK-InsO/*Jarchow* § 148 Rn. 13). Diese Beurteilung der Besitzverhältnisse trifft für den Verwalter in einem Insolvenzverfahren über das Vermögen einer natürlichen Person ohne Weiteres zu. Sofern man den Insolvenzverwalter in einem Insolvenzverfahren über das Vermögen einer Verbandperson (zB Verein, Handelsgesellschaft) als deren Organ (Liquidator) ansieht (*Karsten Schmidt* KTS 1984, 345 [387 f.]; Einzelheiten bei → § 80 Rn. 16 ff.), ist seine Sachherrschaft dagegen nur Organbesitz (zutreffender Hinweis bei MüKoInsO/*Füchsl/Weishäupl/Jaffé* § 148 Rn. 32). Letztlich ist diese Frage für § 148 ohne praktischen Belang: Der Insolvenzverwalter kann und muss die für die Verwaltung notwendige Sachherrschaft begründen, mag man diese als Besitz qualifizieren oder nicht; etwaige Klagen wird er in der Praxis ohnehin stets im eigenen Namen erheben.

10 Hat der Insolvenzverwalter **Wertpapiere** für Rechnung der Masse bei einer Bank hinterlegt (vgl. § 149), so ist diese unmittelbare Besitzerin. Sie übt den Besitz unmittelbar für den Schuldner nach § 868 BGB aus; es liegt also kein mehrfach gestufter mittelbarer Besitz unter Zwischenschaltung des Insolvenzverwalters vor. Doch übt dieser nach § 80 die sich aus dem mittelbaren Besitz ergebenden Rechte des Schuldners aus. – Der Eigenbesitz (§ 872 BGB) verbleibt dem Schuldner als Masseträger; der durch seinen Eigenbesitz vermittelte Rechtserwerb fließt nach §§ 900, 927, 937 ff., 955 ff. BGB zur Masse.

III. Mitwirkungspflichten des Schuldners

11 Die sich aus § 148 Abs. 1 implizit ergebende Pflicht des Schuldners, den Insolvenzverwalter zur Verwaltung der Masse instand zu setzen, bedeutet zunächst hinsichtlich des Sachbesitzes, dass der Schuldner zur Besitzüberlassung verpflichtet ist. Soweit die Verwaltungsbefugnis des Verwalters nach § 80 nicht ausreicht, schließt sie implizit die Pflicht des Schuldners ein, dem Insolvenzverwalter etwa **notwendige Vollmachten** oder Ermächtigungserklärungen **zu erteilen** (OLG Köln ZIP 1986, 384 = EWiR 1986, 505 *(Schneider);* OLG Koblenz ZIP 1993, 844 (zu Bevollmächtigungen im Hinblick auf Auslandsvermögen); vgl. auch BGH NZI 2004, 21); diese Pflicht hat in der Insolvenzordnung in § 97 eine explizite gesetzliche Grundlage gefunden und lässt sich über § 98 zwangsweise durchsetzen. Gegen diese Pflicht zur Abgabe der entsprechenden Erklärungen bestehen keine verfassungsrechtlichen Bedenken (BVerfG ZIP 1986, 1336; heute wohl allgM); der Insolvenzeröffnungsbeschluss kann deshalb dahin gehende Anordnungen enthalten.

12 In der Praxis sind Vollmachten insbes. im Hinblick auf die **Inbesitznahme von im Ausland belegenen Gegenständen** (vgl. zur Pflicht, auch im Ausland belegenes Vermögen nach § 148 in Besitz zu nehmen, FK-InsO/*Wegener* § 148 Rn. 18) oder zumindest im Hinblick auf Informationen über diese Gegenstände erforderlich, weil der Insolvenzverwalter nicht in allen Ländern schon aufgrund des Eröffnungsbeschlusses hinreichend legitimiert ist (vgl. auch → § 97 Rn. 23). Sofern der Insolvenzverwalter nach Maßgabe der Art. 18, 19 EuInsVO eine solche Vollmacht nicht benötigt (vgl. insofern HambK-InsO/*Jarchow* § 148 Rn. 12), fehlt einer etwaigen Klage des Insolvenzverwalters auf Erteilung der Vollmacht allerdings regelmäßig das Rechtsschutzbedürfnis; etwas anderes kann im Einzelfall gelten, wenn aus praktischen Gründen eine Vollmacht die Durchsetzung der Rechte des Insolvenzverwalters erheblich vereinfachen würde.

IV. Zwangsweise Durchsetzung der Herausgabeansprüche (Absatz 2)

1. Grundsatz und bewegliches Vermögen. Verweigert der Schuldner die Herausgabe von massezugehörigen Sachen, so darf der Insolvenzverwalter ihm zwar ohne seinen Willen nicht den Besitz entziehen (verbotene Eigenmacht, vgl. Nerlich/Römermann/*Andres* § 148 Rn. 51 mwN), kann aber nach Absatz 2 aufgrund einer **vollstreckbaren Ausfertigung des Eröffnungsbeschlusses die Herausgabe** der Sachen, die sich im Gewahrsam des Schuldners befinden, **mit Hilfe des Gerichtsvollziehers erzwingen.** Damit hat der Gesetzgeber festgeschrieben, was schon im Konkursrecht anerkannt war (BT-Drs. 14/2443, 170). – Verweigert ein Dritter die Herausgabe, so ist der Insolvenzverwalter (sofern sich nicht aus §§ 165, 166 etwas anderes ergibt) auf die gerichtliche Geltendmachung seines Rechts angewiesen; der Eröffnungsbeschluss stellt hierfür keinen Vollstreckungstitel dar (vgl. OLG Düsseldorf NJW 1965, 2409; LG Trier NZI 2005, 563; FK-InsO/*Wegener* § 148 Rn. 26; HK-InsO/*Depré* § 148 Rn. 10). 13

Da sich die zur Masse gehörenden Sachen nicht aus dem Eröffnungsbeschluss ergeben (vgl. Kübler/Prütting/Bork/*Holzer* § 148 Rn. 15 (mit weiteren Einzelheiten); FK-InsO/*Wegener* § 148 Rn. 21; *Hess* § 148 Rn. 14; LG Düsseldorf KTS 1957, 143), muss das mit der Vollstreckung beauftragte Organ die Zugehörigkeit von Gegenständen zur Insolvenzmasse von Amts wegen prüfen (LG Stendal DGVZ 2008, 77). IÜ sind die **Regeln der ZPO anwendbar,** im Verhältnis zum Ehepartner insbes. § 739 ZPO. Ein **Streit um die Zugehörigkeit eines Gegenstandes** zur Insolvenzmasse wird nicht vom Insolvenzgericht, sondern im **Zivilprozess** durch Feststellungsklage entschieden (hM; BGH NJW 1962, 1392; LG Stendal DGVZ 2008, 77; *Hess* § 148 Rn. 40). Das dafür notwendige Feststellungsinteresse ist auch beim Streit zwischen Insolvenzverwalter und Schuldner gegeben (BGH NJW 1962, 1392). 14

2. Unbewegliches Vermögen. Absatz 2 gilt auch für **unbewegliche Sachen** (BT-Drs. 12/7302, 174; vgl. Nerlich/Römermann/*Andres* § 148 Rn. 46 ff.). Nach heute ganz hM ist weder der Insolvenzverwalter noch der Gerichtsvollzieher durch Art. 13 GG gehindert, die **Privat- oder Geschäftsräume des Schuldners zu betreten** (so die ausdrückliche Auffassung des Gesetzgebers, BT-Drs. 12/2443, 170; ebenso etwa Kübler/Prütting/Bork/*Holzer* § 148 Rn. 18; HK-InsO/*Depré* § 148 Rn. 9; FK-InsO/*Wegener* § 148 Rn. 22; Uhlenbruck/*Sinz* § 148 Rn. 30; aA MüKoInsO/*Füchsl/Weishäupl/Jaffé* § 148 Rn. 66; *Häsemeyer* Insolvenzrecht Rn. 13.04), denn der richterliche Insolvenzeröffnungsbeschluss impliziert (anders als ein vollstreckbarer Zahlungstitel) den Insolvenzbeschlag des gesamten Vermögens des Schuldners und damit automatisch die Pflicht und das Recht des Insolvenzverwalters, die Vermögensgegenstände in Besitz zu nehmen, sie zu verwalten und über sie zu verfügen. Richterliche Vollstreckungstitel, die das Betreten der privaten und geschäftlichen Räume des Vollstreckungsschuldners implizieren, bedürfen keiner besonderen richterlichen Anordnung nach Art. 13 Abs. 1 GG (BVerfGE 16, 239). BVerfGE 51, 97 sowie der darauf beruhende § 758a ZPO, wonach eine solche besondere Anordnung bei entsprechenden Vollstreckungshandlungen grds. erforderlich ist, stehen dem nicht entgegen, weil eine Verurteilung zur Zahlung nicht zwangsläufig eine Durchsuchung der Wohnung nach sich zieht. – Um Verzögerungen bei der Inbesitznahme zu vermeiden, empfiehlt es sich, klarstellend in den Insolvenzeröffnungsbeschluss den Hinweis aufzunehmen, dass der Insolvenzverwalter und ein von ihm beauftragter Gerichtsvollzieher berechtigt sind (§§ 80, 148), die Privat- und Geschäftsräume des Schuldners zu betreten. 15

Auch wenn der Schuldner die Wohnung gemeinschaftlich mit anderen – zB in ehelicher Gemeinschaft – bewohnt, genügt die vollstreckbare Ausfertigung des 16

Eröffnungsbeschlusses zum Betreten der Wohnung (vgl. § 758a Abs. 3 ZPO; FK-InsO/*Wegener* § 148 Rn. 22).

17 Hiervon zu unterscheiden ist die **zwangsweise Räumung der Wohnung** bzw. anderer Räume. Die Inbesitznahme des Wohneigentums für die Insolvenzmasse gegenüber dem Insolvenzschuldner durchzusetzen, ist Aufgabe des Insolvenzverwalters (BGH NZI 2013, 606). Der **Eröffnungsbeschluss** stellt zwar iVm § 885 ZPO einen **Räumungstitel** dar (BT-Drs. 12/2443, 170; MüKoInsO/*Füchsl/Weishäupl/Jaffé* § 148 Rn. 70; Nerlich/Römermann/*Andres* § 148 Rn. 46), sodass die Räumung eines im **Alleinbesitz** des Schuldners befindlichen Gebäudes dem Insolvenzverwalter ohne Weiteres möglich ist (vgl. OLG Köln NZI 2001, 554 [558]). Bei **Mitbesitz** bedarf es nach seit BGHZ 159, 383 = NJW 2004, 3041 herrschender, früher heftig umstrittener Meinung (vgl. noch die Übersicht bei *Nies* MDR 1999, 1113 [1115 ff.]) eines **eigenständigen Titels gegen Mitbewohner,** die Vertragspartei des Mietvertrages sind (vgl. für die heute hM etwa HK-InsO/*Depré* § 148 Rn. 10; FK-InsO/*Wegener* § 148 Rn. 24; MüKoInsO/*Füchsl/Weishäupl/Jaffé* § 148 Rn. 70 f.). Gleiches gilt in Bezug auf Untermieter (LG Trier NZI 2005, 563).

18 Bei der zwangsweisen Räumung der Wohnung des Schuldners ist entgegen der wohl hM **§ 721 ZPO entsprechend anwendbar** (str.; wie hier: *Schmidt-Futterer* NJW 1968, 143; BK-InsO/*Kießling* § 148 Rn. 33; anders: *Burkhardt* NJW 1968, 687; FK-InsO/*Wegener* § 148 Rn. 23; Nerlich/Römermann/*Andres* § 148 Rn. 46; *Hess* § 148 Rn. 27; MüKoInsO/*Füchsl/Weishäupl/Jaffé* § 148 Rn. 72). Darüber hinaus ist **Vollstreckungsschutz** unter den strengen Voraussetzungen des § 765a ZPO möglich (BGH NZI 2009, 48 (allerdings mit der Einschränkung auf Situationen, in denen es um die Erhaltung von Leben und Gesundheit des Schuldners geht); LG Düsseldorf KTS 1963, 58; Nerlich/Römermann/*Andres* § 148 Rn. 46; HK-InsO/*Depré* § 148 Rn. 12; *Burkhardt* NJW 1968, 687). – Zum Verhältnis von Zwangsverwaltung in Wohneigentum durch einen absonderungsberechtigten Gläubiger und Inbesitznahme des Wohneigentums durch den Insolvenzverwalter vgl. BGH NZI 2013, 606.

19 **3. Rechtsbehelfe.** Nach Absatz 2 Satz 2 entscheidet das Insolvenzgericht nach **§ 766 ZPO** über Einwendungen des Schuldners, die das vom Gerichtsvollzieher zu beobachtende Verfahren betreffen (ebenso zur Konkursordnung BGH NJW 1962, 1392). Das **Insolvenzgericht** ist allg. **zuständiges Vollstreckungsgericht** für die Herausgabevollstreckung, die der Insolvenzverwalter aus dem Eröffnungsbeschluss gegen den Schuldner betreibt; funktionell zuständig ist der Richter am Insolvenzgericht (vgl. § 20 Nr. 17 S. 2 RpflG; AG Göttingen ZInsO 2011, 1659; BK-InsO/*Kießling* § 148 Rn. 41; vgl. auch schon AG Hamburg NZI 2000, 96 (zu § 89 Abs. 3)). Die Zuständigkeit des Insolvenzgerichts gilt auch für die Entscheidung über einen vorgeschalteten Antrag auf Prozesskostenhilfe (BGH NZI 2012, 666). Ob die Art und Weise der Zwangsvollstreckung zulässig ist, bestimmt sich nach den Vorschriften der Zivilprozessordnung, die für die Durchführung der Zwangsvollstreckung gelten (vgl. BT-Drs. 12/2443, 170; BGH NZI 2006, 699).

20 Gegen die Entscheidung des Insolvenzgerichts findet die **sofortige Beschwerde** (§ 793 ZPO) statt (BGH NZI 2006, 699; HK-InsO/*Depré* § 148 Rn. 12; vgl. auch schon BGH NZI 2004, 278; 2004, 447). Der anderslautende Grundsatz des § 6 Abs. 1 gilt nicht, weil das Insolvenzgericht kraft besonderer Zuweisung funktional als Vollstreckungsgericht tätig wird. Folgerichtig bleibt es beim Grundsatz des § 6 Abs. 1, dass kein Rechtsmittel gegeben ist, sofern das Insolvenzgericht über eine rein insolvenzrechtliche Fragestellung entscheidet (vgl. Kübler/Prütting/Bork/*Holzer* § 148 Rn. 20; FK-InsO/*Wegener* § 148 Rn. 28); dies gilt auch dann, wenn (obgleich funktionell nicht zuständig) das Vollstreckungsgericht über

eine solche Frage entschieden hat (*Holzer* DGVZ 2008, 69 [72]; aA LG Stendal DGVZ 2008, 77).

Hat der Insolvenzverwalter eine Sache selbst in Besitz genommen, so ist der Widersprechende auf den Prozessweg angewiesen (RGZ 37, 398 [399 f.]; vgl. BGH NJW 1962, 1392; ebenso Nerlich/Römermann/*Andres* § 148 Rn. 50). **21**

Wertgegenstände[1]

149 (1) [1]**Der Gläubigerausschuß kann bestimmen, bei welcher Stelle und zu welchen Bedingungen Geld, Wertpapiere und Kostbarkeiten hinterlegt oder angelegt werden sollen.** [2]**Ist kein Gläubigerausschuß bestellt oder hat der Gläubigerausschuß noch keinen Beschluß gefaßt, so kann das Insolvenzgericht entsprechendes anordnen.**

(2) **Die Gläubigerversammlung kann abweichende Regelungen beschließen.**

Schrifttum: *Kießling,* Die Kontenführung im Insolvenzverfahren, vor allem durch Rechtsanwälte, NZI 2006, 440; *Stahlschmidt,* Die Schwierigkeiten eines (Ander-)kontos, NZI 2011, 272; *Uhlenbruck,* Die Verwahrung von Geldern, Wertpapieren und Kostbarkeiten im Konkurs, KTS 1970, 187; Weiteres Schrifttum bei § 148.

Übersicht

I. Regelungsinhalt, Normzweck und praktische Relevanz

Die für die Praxis relevante **Grundaussage** des § 149 kommt in Absatz 1 nur indirekt zum Ausdruck: **Primär obliegen Entscheidungen bezüglich der Hinterlegung dem Insolvenzverwalter** (vgl. BT-Drs. 12/7302, 174; zutr. FK-InsO/*Wegener* § 149 Rn. 4 f.; Braun/*Haffa/Leichtle* § 149 Rn. 1; ähnlich auch BGH NZI 2014, 757 [758]); jedoch können der Gläubigerausschuss (auch der nach § 67 Abs. 1 eingesetzte) bzw. – wenn ein Gläubigerausschuss nicht bestellt ist oder noch keine Entscheidung getroffen hat – das Insolvenzgericht Hinterlegungsstelle und Hinterlegungsbedingungen bestimmen (Absatz 1). Dies gilt nicht, wenn die Gläubigerversammlung abweichende Regelungen beschließt (Absatz 2); Vorgaben der Gläubigerversammlung binden auch den Gläubigerausschuss (BGHZ 202, 324 = NJW 2015, 64 = NZI 2015, 166; MüKoInsO/*Füchsl/Weishäupl/Jaffé* § 149 Rn. 10). Eine Entscheidung von Gläubigerausschuss, Gläubigerversammlung bzw. Insolvenzgericht wirkt haftungsentlastend für den Insolvenzverwalter. **1**

§ 149 gibt den Gläubigern damit direkten Einfluss auf die Art und Weise der Hinterlegung (vgl. MüKoInsO/*Füchsl/Weishäupl/Jaffé* § 149 Rn. 1; *Kießling* NZI 2006, 440 [466]: Ermöglichung einer partiellen Selbstverwaltung durch die Gläubiger). Darin liegt der eigentliche **Zweck der Vorschrift,** denn für eine bloße Sicherung der Insolvenzmasse genügen die in der Praxis dominierenden „Insolvenz-Anderkonten" und Treuhandkonten (zur Frage der Zulässigkeit solcher **2**

[1] § 149 Abs. 2 aufgeh., bish. Abs. 3 wird Abs. 2 mWv 1.7.2007 durch G v. 13.4.2007 (BGBl. I S. 509).

Konten vgl. die Nachweise bei HambK-InsO/*Jarchow* § 149 Rn. 10; vgl. ferner *Stahlschmidt* NZI 2011, 272 [275 f.]; BK-InsO/*Kießling* § 149 Rn. 27 ff.).

3 § 149 ist auch im **Insolvenzeröffnungsverfahren** anwendbar (Uhlenbruck/*Sinz* § 149 Rn. 1). Ist ein vor-vorläufiger Gläubigerausschuss bestellt, kann er entsprechende Bestimmungen treffen, anderenfalls das Insolvenzgericht.

4 **Entscheidungen** nach § 149 **binden den Insolvenzverwalter** (BGH NZI 2014, 757 [758]; BGHZ 202, 324 = NJW 2015, 64 = NZI 2015, 166); er kann nach einer solchen Entscheidung nicht seinerseits andere/weitere Hinterlegungsstellen und -bedingungen bestimmen (LG Freiburg ZIP 1983, 1098; FK-InsO/*Wegener* § 149 Rn. 7; HambK-InsO/*Jarchow* § 149 Rn. 21). Ob er trotzdem „Insolvenz-Anderkonten" einrichten kann, sollte eine Frage der Auslegung des Beschlusses von Gläubigerausschuss, Gläubigerversammlung bzw. Insolvenzgericht sein. Die Praxis ist zurückhaltend (BGH ZInsO 2013, 986 [987] = ZIP 2013, 1235; Uhlenbruck/*Sinz* § 149 Rn. 8; Braun/*Haffa/Leichtle* § 149 Rn. 7). Der Insolvenzverwalter ist verpflichtet, im Schlussbericht über Art, Umfang und Dauer der Hinterlegung von Gegenständen zu berichten (vgl. *Lièvre/Stahl/Ems* KTS 1999, 1 [11]; Kübler/Prütting/Bork/*Holzer* § 149 Rn. 1).

5 Der Insolvenzverwalter darf hinterlegte Gegenstände **wieder ohne Mitwirkung des Gläubigerausschusses oder der Gläubigerversammlung in Empfang nehmen.** Durch das Gesetz zur Vereinfachung des Insolvenzverfahrens v. 12.4.2007 (BGBl. I S. 509) gestrichen wurde Absatz 2 aF, wonach der Insolvenzverwalter dazu nur berechtigt war, wenn ein Mitglied des Gläubigerausschusses die Quittung mitunterzeichnete. Damit ist der Gesetzgeber mit Wirkung zum 1.7.2007 einer berechtigten Forderung der Praxis nachgekommen (vgl. BT-Drs. 16/3227, 20). Angesichts der Haftung des Insolvenzverwalters nach § 60 und der Kontrolle des Insolvenzgerichts nach § 58 S. 2 ist die Insolvenzmasse auch ohne diese Art der Gläubigermitwirkung ausreichend geschützt. In der Praxis hatte die Gläubigerversammlung den Insolvenzverwalter ohnehin regelmäßig vom Mitunterzeichnungserfordernis befreit (*Sternal* NZI 2006, 185 [192]).

6 § 149 hat auch in seiner heutigen Fassung **wenig praktische Relevanz.** Va passt die Vorschrift überhaupt nur für Insolvenzverfahren, in denen kein Unternehmen fortgeführt werden soll, denn in Verfahren mit Unternehmensfortführung ergibt ein „Einfrieren" bestimmter Gegenstände der Insolvenzmasse durch Hinterlegung wenig Sinn und ist die Mitwirkung der Gläubiger durch §§ 69, 157, 160 oder sogar §§ 217 ff. hinreichend gesichert (zutr. Uhlenbruck/*Sinz* § 149 Rn. 2; BK-InsO/*Kießling* § 149 Rn. 8; vgl. auch *Kießling* NZI 2006, 440 [446]; aA aber wohl Kübler/Prütting/Bork/*Holzer* § 149 Rn. 13).

II. Bestimmung einer Stelle zur Hinterlegung von Wertgegenständen

7 Die Wahl der Hinterlegungsstelle erfolgt regelmäßig durch den Insolvenzverwalter (welcher darüber möglichst schon im Berichtstermin informieren sollte), anderenfalls durch den Gläubigerausschuss, die Gläubigerversammlung oder das Insolvenzgericht. In den drei letztgenannten Fällen wird eine Stelle schon durch den entsprechenden Beschluss zur Hinterlegungsstelle; auf die tatsächliche Hinterlegung kommt es nicht mehr an. Bei der Alleinentscheidung des Insolvenzverwalters ist hingegen die faktische Vornahme der Hinterlegung maßgeblich für die Bestimmung der Hinterlegungsstelle (unrichtig Graf-Schlicker/*Kalkmann* § 149 Rn. 5, wonach ohne einen Beschluss von Gläubigerausschuss, Gläubigerversammlung oder Insolvenzgericht keine Hinterlegungsstelle bestimmt werden könne). Aber nicht jede Anlage von Geld (insbes. nicht die Eröffnung eines „Insolvenz-Anderkontos") führt dazu, dass das jeweilige Kreditinstitut zur Hinterlegungsstelle wird; vielmehr muss hinreichend deutlich werden (können), dass der Insolvenzverwalter das Institut als Hinterlegungsstelle bestimmt hat (RGZ 80,

37 [38]; BGH NJW 1962, 2203; Nerlich/Römermann/*Andres* § 149 Rn. 7). Es ist aber möglich, dass ein Kreditinstitut, bei welchem ein „Insolvenz-Anderkonto" geführt wird, nachträglich (etwa durch einen späteren Beschluss des Gläubigerausschusses) zur Hinterlegungsstelle iSd § 149 wird (vgl. dazu BGH NZI 2008, 39).

1. Geeignete Hinterlegungsstellen. Als Hinterlegungsstellen kommen Banken, Sparkassen, aber auch sonstige Institutionen in Betracht, wenn sie entsprechende Sicherheit bieten (vgl. Kübler/Prütting/Bork/*Holzer* § 149 Rn. 6; BK-InsO/*Kießling* § 149 Rn. 14). Der insolvenzrechtliche Begriff der Hinterlegungsstelle unterscheidet sich danach von dem Begriff der Hinterlegungsstelle in den Hinterlegungsordnungen der Länder (zustimmend HambK-InsO/*Jarchow* § 149 Rn. 5). 8

2. Hinterlegungsfähige Gegenstände. Hinterlegungsfähig sind Geld, Wertpapiere und Kostbarkeiten, die zur Masse (§ 35) gehören. Auch Neuerwerb zur Masse ist hinterlegungsfähig (MüKoInsO/*Füchsl/Weishäupl/Jaffé* § 149 Rn. 5; zu eng hingegen *Kießling* NZI 2006, 440 [446]). 9

Der Begriff **„Geld"** in § 149 ist weit zu verstehen. Gemeint ist neben Bargeld auch Buchgeld (MüKoInsO/*Füchsl/Weishäupl/Jaffé* § 149 Rn. 5; HambK-InsO/*Jarchow* § 149 Rn. 5; vgl. auch BGH NZI 2008, 39; aA *Kießling* NZI 2006, 440 [446]; BK-InsO/*Kießling* § 149 Rn. 5 ff.), und zwar – in Abweichung von den entsprechenden Bestimmungen der meisten Hinterlegungsordnungen der Länder – jeweils auch in ausländischen Währungen; ausländisches Bargeld kann alternativ als Kostbarkeit hinterlegt werden (Kübler/Prütting/Bork/*Holzer* § 149 Rn. 2; Uhlenbruck/*Sinz* § 149 Rn. 8). 10

Bei **Kostbarkeiten** handelt es sich um bewegliche Sachen, deren Wert im Vergleich zu ihrem Umfang und Gewicht besonders hoch ist und die leicht aufzubewahren sind (Palandt/*Heinrichs,* 74. Auflage 2015, BGB § 372 Rn. 2), wobei die Verkehrsauffassung entscheidend ist: zB Schmuck, Gold, Edelsteine, je nach Beschaffenheit auch Kunstgegenstände und ganze Sammlungen, nicht hingegen Pelzmäntel (OLG Hamburg VersR 1982, 1081) oder Videokassetten (OLG Frankfurt a. M. NJW-RR 1988, 443). Auch Datenträger (DVDs, USB-Sticks) und Urkunden, die nicht unter den Wertpapierbegriff fallen, können als Kostbarkeiten hinterlegungsfähig sein. 11

Der **Begriff „Wertpapier"** wird weit verstanden. Er umfasst nach hM neben den Wertpapieren im engeren Sinne (Aktien, Inhaberschuldverschreibungen etc) auch Papiere über Vermögenswerte des Schuldners wie Sparkassenbücher, Versicherungsscheine, Hypotheken- und Grundschuldbriefe (vgl. Kübler/Prütting/Bork/*Holzer* § 149 Rn. 4; *Hess* § 149 Rn. 5). Dies ist aber zumindest zweifelhaft, weil der Wortlaut des § 372 BGB ausdrücklich auf sonstige Urkunden abstellt und bei einer Hinterlegung nach den Vorschriften des BGB sogar befreiende Wirkung eintreten kann (§ 378 BGB), während es im Anwendungsbereich des § 149, der nach seinem Wortlaut enger ist, um bloße Verwahrung geht; näherliegend ist es, die Parallele zu §§ 808 Abs. 2, 821 ZPO zu ziehen, wo bloße Ausweispapiere und Beweisurkunden nicht zu den Wertpapieren gehören (einschränkend auch BK-InsO/*Kießling* § 149 Rn. 11; eing. zu diesen Fragen *Uhlenbruck* KTS 1970, 187 ff.); sonstige Papiere über Vermögenswerte sind aber als Kostbarkeiten hinterlegungsfähig (vgl. → Rn. 11). 12

Siegelung

150 **[1]Der Insolvenzverwalter kann zur Sicherung der Sachen, die zur Insolvenzmasse gehören, durch den Gerichtsvollzieher oder eine andere dazu gesetzlich ermächtigte Person Siegel anbringen lassen. [2]Das Protokoll über eine Siegelung oder Entsiegelung hat der Verwalter auf der Geschäftsstelle zur Einsicht der Beteiligten niederzulegen.**

Schrifttum: *Holzer,* Die Siegelung durch den Gerichtsvollzieher im Insolvenzverfahren, DGVZ 2003, 147. Weiteres Schrifttum bei § 148.

I. Normzweck und Anwendungsbereich

1 Die **Sicherung der Insolvenzmasse** erfolgt außerhalb der §§ 148 ff. vornehmlich durch die öffentliche Bekanntmachung des Eröffnungsbeschlusses, in dem die Schuldner des Insolvenzschuldners aufzufordern sind, nicht mehr an diesen, sondern an den Insolvenzverwalter zu leisten (§ 28 Abs. 3). Große Bedeutung haben des Weiteren die Sperrvermerke nach §§ 31–33; zusätzlich trägt die Postsperre nach § 99 zur Sicherung der Insolvenzmasse bei.

2 Nach **§ 150** können darüber hinaus zur Insolvenzmasse gehörende Sachen gesiegelt werden, um den Schuldner vom weiteren Besitz an diesen Gegenständen auszuschließen (OLG Düsseldorf ZIP 2008, 1930) und so der unkontrollierten Masseschmälerung entgegenzuwirken. Im **Insolvenzeröffnungsverfahren** ist die Siegelung nach § 150 möglich, wenn ein „starker" vorläufiger Insolvenzverwalter bestellt wurde (Uhlenbruck/*Sinz* § 150 Rn. 3; HK-InsO/*Depré* § 150 Rn. 6). Die **praktische Bedeutung** dieser Norm ist **gering.** Eine tatsächliche Sicherung/Bewachung ist regelmäßig weit effektiver (vgl. MüKoInsO/*Füchsl/Weishäupl/Jaffé* § 150 Rn. 1; Braun/*Haffa/Leichtle* § 150 Rn. 7). Wurden Siegelungen durchgeführt, ist darüber im Schlussbericht des Insolvenzverwalters Rechnung zu legen (*Lièvre/Stahl/Ems* KTS 1999, 1 [10 f.]).

3 Vom Anwendungsbereich erfasst sind alle Sachen, die der Insolvenzverwalter in Besitz zu nehmen hat (vgl. → § 148 Rn. 1); dass einzelne davon hinterlegungsfähig (vgl. § 149) sind, schließt die Möglichkeit der Siegelung (etwa eines Tresors) nicht aus (aA wohl *Holzer* DGVZ 2003, 147 [148]). Die Siegelung kommt hinsichtlich einzelner Sachen ebenso wie hinsichtlich von ganzen Räumen, Lagern oÄ in Betracht. – Eine Siegelung von Gegenständen hat keinen Einfluss auf deren Behandlung in den nach §§ 151 ff. zu erstellenden Verzeichnissen.

II. Durchführung der Siegelung

4 Die Siegelung steht im pflichtgemäßen **Ermessen des Insolvenzverwalters** (auch des vorläufigen im Fall des § 21 Abs. 2 Nr. 2 Var. 1; LG Baden-Baden ZIP 1983, 345) und bedarf keiner gerichtlichen Anordnung (OLG Düsseldorf ZIP 2008, 1930; Leonhardt/Smid/Zeuner/*Smid* § 151 Rn. 2). Sie ist kein Vollstreckungsakt, sondern lediglich eine insolvenzrechtliche Sicherungsmaßnahme zur äußeren Kenntlichmachung der Massezugehörigkeit (vgl. BGH NJW 1962, 1392; LG Berlin KTS 1963, 58). Die rechtmäßige Siegelung steht daher nicht unter dem strafrechtlichen Schutz des § 136 Abs. 1 StGB (Verstrickungsbruch), sondern unter dem des § 136 Abs. 2 StGB (Siegelbruch; wie hier MüKoInsO/*Füchsl/Weishäupl/Jaffé* § 150 Rn. 2; für Idealkonkurrenz zwischen Abs. 1 und Abs. 2 hingegen: FK-InsO/*Wegener* § 150 Rn. 4; Uhlenbruck/*Sinz* § 150 Rn. 4; Kübler/Prütting/Bork/*Holzer* § 150 Rn. 1; Nerlich/Römermann/*Andres* § 150 Rn. 9; iE auch BK-InsO/*Kießling* § 150 Rn. 14 f.). Weder die Anwesenheit des Insolvenzverwalters noch die Anwesenheit des Schuldners ist bei der Siegelung

erforderlich (*Holzer* DGVZ 2003, 147 [149] mit weiteren Einzelheiten zur Vornahme der Siegelung).

Zuständig sind bundeseinheitlich die **Gerichtsvollzieher und andere gesetzlich ermächtigte Personen** (wie etwa Notare); im Hinblick auf den letzten Punkt bleibt Landesrecht maßgeblich (vgl. *Holzer* DGVZ 2003, 147 [148 f.]). – Für die **Entsiegelung** gilt dasselbe. 5

III. Protokoll über Siegelung/Entsiegelung

Die Protokolle über Siegelungen und Entsiegelungen (Musterprotokoll bei 6 *Holzer* DGVZ 2003, 147 [148]) werden durch Niederlegung (Satz 2) **Bestandteil der Akten des Insolvenzverfahrens.** Die sich nach dem Wert der gesiegelten Gegenstände richtenden **Kosten der Siegelung** sind Masseverbindlichkeiten iSv § 55 Abs. 1 Nr. 1 (Uhlenbruck/*Sinz* § 150 Rn. 7; Braun/*Haffa/Leichtle* § 150 Rn. 6).

Das **Einsichtsrecht** der Beteiligten nach Satz 2 aE erstreckt sich nicht auf die 7 ganzen Akten, sondern bleibt auf die Protokolle beschränkt (iE wohl übereinstimmend Kübler/Prütting/Bork/*Holzer* § 150 Rn. 10). Der **Beteiligtenbegriff** ist identisch mit dem Beteiligtenbegriff in § 154 (vgl. dazu → § 154 Rn. 4) und erstreckt sich auf den Schuldner, alle Insolvenzgläubiger (auch die nachrangigen), die Mitglieder des Gläubigerausschusses, die Massegläubiger, Aus- und Absonderungsberechtigte sowie auch potentielle Käufer des schuldnerischen Unternehmens (ähnlich wie hier: MüKoInsO/*Füchsl/Weishäupl/Jaffé* § 150 Rn. 3; aA HambK-InsO/*Jarchow* § 150 Rn. 5; enger etwa auch Braun/*Haffa/Leichtle* § 150 Rn. 6; Kübler/Prütting/Bork/*Holzer* § 150 Rn. 11).

IV. Rechtsschutz

Ein **insolvenzrechtsspezifischer Rechtsschutz** gegen eine Siegelung **be-** 8 **steht nicht.** Auch eine analoge Anwendung von § 766 ZPO scheidet aus (Umkehrschluss zu § 148 Abs. 2 S. 2; wie hier *Holzer* DGVZ 2003, 147 [151]; Braun/*Haffa/Leichtle* § 150 Rn. 4; aA MüKoInsO/*Füchsl/Weishäupl/Jaffé* § 150 Rn. 7). Von einem Siegelungsakt Betroffene müssen den **Zivilrechtsweg** beschreiten (BK-InsO/*Kießling* § 150 Rn. 16 f.; Uhlenbruck/*Sinz* § 150 Rn. 8; Kübler/Prütting/Bork/*Holzer* § 150 Rn. 13). Besitzschutzansprüche können auch im Wege einer einstweiligen Verfügung geltend gemacht werden (zustimmend HambK-InsO/*Jarchow* § 150 Rn. 9), wenn der Insolvenzverwalter verbotene Eigenmacht begeht, indem er (ohne Besitz an einem Grundstück zu haben und auch ohne einen entsprechenden Herausgabetitel) Mieträume gegen den Willen der Mieter siegeln lässt (OLG Düsseldorf ZIP 2008, 1930).

Verzeichnis der Massegegenstände

151 (1) [1]**Der Insolvenzverwalter hat ein Verzeichnis der einzelnen Gegenstände der Insolvenzmasse aufzustellen.** [2]**Der Schuldner ist hinzuzuziehen, wenn dies ohne eine nachteilige Verzögerung möglich ist.**

(2) [1]**Bei jedem Gegenstand ist dessen Wert anzugeben.** [2]**Hängt der Wert davon ab, ob das Unternehmen fortgeführt oder stillgelegt wird, sind beide Werte anzugeben.** [3]**Besonders schwierige Bewertungen können einem Sachverständigen übertragen werden.**

(3) [1]**Auf Antrag des Verwalters kann das Insolvenzgericht gestatten, daß die Aufstellung des Verzeichnisses unterbleibt; der Antrag ist zu**

begründen. [2] Ist ein Gläubigerausschuß bestellt, so kann der Verwalter den Antrag nur mit Zustimmung des Gläubigerausschusses stellen.

Schrifttum: *Braun,* Handelsbilanz contra Schlussrechnung – Der entmündigte Rechtspfleger?, ZIP 1997, 1013; *Donath,* Die Einschaltung Dritter bei Be- und Verwertung – Probleme des Missbrauchs, ZInsO 2008, 1364; *Fischer-Böhnlein/Körner,* Rechnungslegung von Kapitalgesellschaften im Insolvenzverfahren, BB 2001, 191; *Förster,* Klartext: Das Geheimnis des going concern, ZInsO 1999, 555; *ders.,* Sinn und Unsinn des Fortführungswertes – kleine Nachlese der aktuellen Diskussion, ZInsO 2000, 21; *Grigs/Grochut,* Konkurseröffnungsbilanzen, InVo 1996, 58; *Haarmeyer/Basinski/Hillebrand/Weber,* Durchbruch in der insolvenzrechtlichen Rechnungslegung – Bericht über den aktuellen Stand der Forschungsgruppe „Schlussrechnung" des Rheinland-Pfälzischen Zentrums für Insolvenzrecht und Sanierungspraxis (ZEFIS), ZInsO 2011, 1874; *Heni,* Rechnungslegung im Insolvenzverfahren – Derzeitiger Stand und Entwicklungstendenzen, WPg 1990, 93; *ders.,* Rechnungslegung im Insolvenzverfahren – Zahlenfriedhöfe auf Kosten der Gläubiger?, ZInsO 1999, 609; *Heyn,* Die Erstellung der Verzeichnisse gem. §§ 151–153 InsO, InsBüro 2009, 214, 2009, 246 und 2009, 286; *Höffner,* Fortführungswerte in der Vermögensübersicht nach § 153 InsO – Zur Problematik der durch die Insolvenzordnung eingeführten „zweigeteilten" Rechnungslegung bei Verfahrenseröffnung, ZIP 1999, 2088; Institut der Wirtschaftsprüfer, IDW-Rechnungslegungshinweis: Bestandsaufnahme im Insolvenzverfahren (IDW RH HFA 1.010), IDW-Fachnachrichten Nr. 8/2008 = ZInsO 2009, 75; Institut der Wirtschaftsprüfer, IDW-Rechnungslegungshinweis: Insolvenzspezifische Rechnungslegung im Insolvenzverfahren (IDW RH HFA 1.011), IDW-Fachnachrichten Nr. 8/2008 = ZInsO 2009, 130; *Kunz/Mundt,* Rechnungslegung in der Insolvenz – Teil 1 und Teil 2, DStR 1997, 620 u. 1997, 664; *Mitlehner,* „Fortführungswert" der Massegegenstände, ZIP 2000, 1825 ff.; *Möhlmann,* Die Ausgestaltung der Masse- und Gläubigerverzeichnisse sowie der Vermögensübersicht nach neuem Insolvenzrecht, DStR 1999, 163; *Nickert,* Erfordernis einer Unternehmensbewertung in der Insolvenz?, ZInsO 2013, 1722; *Pink,* Rechnungslegungspflichten in der Insolvenz der Kapitalgesellschaft, ZIP 1997, 177; *Richter,* Der Fortführungswert als subjektive Größe: Beratungswert und Argumentationswert, ZInsO 2000, 206; *Scherrer/Gabelsberger,* Grundzüge der Insolvenzeröffnungsbilanz nach neuem Recht, DSWR 1997, 266; *Karsten Schmidt,* Liquidationsbilanzen und Konkursbilanzen – Rechtsgrundlagen für Sonderbilanzen bei aufgelösten Handelsgesellschaften, 1989; *Schmitt/Möhlmann-Mahlau,* Die Insolvenzeröffnungsbilanz und ihre Bedeutung für die Weiterführung und Sanierung der Insolvenzschuldnerin, NZI 2007, 703; *Steffan,* Der Fortführungswert im Vermögensstatus nach § 153 InsO als Ausfluss des Fortführungskonzepts, ZInsO 2003, 106; *Veit,* Konkursrechnungen in chronologischer Sicht, WiSt 1982, 370.

Übersicht

I. Grundsätzliches und Systematik der §§ 151 ff.

1 § 151 ist in unmittelbarem Zusammenhang mit §§ 152, 153 zu lesen. Diese Vorschriften bilden die Grundlage für die **„interne" Rechnungslegung,** die an

die Beteiligten des Insolvenzverfahrens gerichtet ist. Dieses Rechnungslegungswerk dient der Selbstkontrolle des Insolvenzverwalters, der Kontrolle durch Gläubigerausschuss und Insolvenzgericht sowie der Dokumentation der entlastungs- oder haftungsrechtlich relevanten Daten. § 155 stellt hingegen klar, dass von § 151 die handels- und steuerrechtlichen Pflichten des Schuldners zur Buchführung und zur Rechnungslegung unberührt bleiben und vom Insolvenzverwalter zu erfüllen sind (vgl. *Braun* ZIP 1997, 1013; *Kunz/Mundt* DStR 1997, 621 [623 f.]); Zweck dieser **„externen" Rechnungslegung** ist va die Gewinnermittlung und Ausschüttungsbemessung (*Mitlehner* ZIP 2000, 1825; vgl. iÜ → § 155 Rn. 1 f.). Damit hat sich der Gesetzgeber der schon zur Konkursordnung herrschenden **„dualen Betrachtung"** (grundlegend *Karsten Schmidt,* Liquidationsbilanzen und Konkursbilanzen, 1989) angeschlossen (vgl. *Höffner* ZIP 1999, 2088 ff.; *Braun* ZIP 1997, 1013; *Pink* ZIP 1997, 177 ff.; vgl. auch die graphische Darstellung bei *Fischer-Böhnlein/Körner* BB 2001, 191).

Vom Grundsatz her ist der Ansatz der Insolvenzordnung zu begrüßen, doch 2
wurde mit der **Trias des internen Rechnungslegungswerks** (Verzeichnis der Massegegenstände, Gläubigerverzeichnis, Vermögensübersicht) nicht die systematische Klarheit und Übersichtlichkeit geschaffen, die wünschenswert wäre und die der Wortlaut des Gesetzes vorgibt. Nach Auffassung des Gesetzgebers (BT-Drs. 12/2443, 171 f.) bildet das Verzeichnis der Massegegenstände zusammen mit dem Gläubigerverzeichnis (§ 152) die Grundlage für die Vermögensübersicht (§ 153). Doch die wechselseitigen Verflechtungen innerhalb der §§ 151–153 sind komplexer. Zwar ist das Verzeichnis der Massegegenstände für die Erstellung der Vermögensübersicht nicht überflüssig (so aber *Heni* WPg 1990, 93 [94]), doch gilt es die möglicherweise unterschiedlichen Bezugszeitpunkte (vgl. → Rn. 8 und → § 153 Rn. 3) zu berücksichtigen.

II. Die Aufstellung des Verzeichnisses der Massegegenstände

Das Verzeichnis der Massegegenstände ist der Sache nach ein Inventar (vgl. nur 3
MüKoInsO/*Füchsl/Weishäupl/Jaffé* § 151 Rn. 2). Erforderlich ist die Aufzeichnung **jedes einzelnen** zur Insolvenzmasse gehörenden **Gegenstands** mit Wertangabe (zur Wertangabe nach Abs. 2 unter → Rn. 13 ff.); gemeint ist der Bruttowert (BK-InsO/*Kießling* § 151 Rn. 31). Die Aufzeichnung kann sicher nicht durch Fotos ersetzt werden (so aber Leonhardt/Smid/Zeuner/*Smid* § 151 Rn. 4).

1. Grundsatz: Aktiva nach dem HGB. Anders als in einer Bilanz wird nur 4
die **Auflistung der Masseaktiva,** nicht deren bilanzielle Systematisierung und Gegenüberstellung mit den Passiva gefordert („Rohvermögensrechnung", vgl. *Veit* WiSt 1982, 370 [372]; Kübler/Prütting/Bork/*Wipperfürth* § 151 Rn. 1, 10; IDW RH HFA 1.010 Rn. 6 = ZInsO 2009, 75 [76]). Auch wenn § 266 Abs. 2 HGB regelmäßig die Grundlage für die Anordnung der Aufstellung sein sollte (HambK-InsO/*Jarchow* § 151 Rn. 14; Braun/*Haffa/Leichtle* § 151 Rn. 7; BK-InsO/*Kießling* § 151 Rn. 52; vgl. auch Kübler/Prütting/Bork/*Wipperfürth* § 151 Rn. 47; vgl. ferner die Muster bei *Hess/Weis* NZI 1999, 482 [483]; *Heyn* InsBüro 2009, 286 ff.; BK-InsO/*Kießling* § 151 Rn. 56 und IDW RH HFA 1.010 Anlage A = ZInsO 2009, 75 [82]; krit. *Scherrer/Gabelsberger* DSWR 1997, 266 [267]), rechtfertigt eine Gliederung nach dem Grad der Liquidierbarkeit Abweichungen (*Veit* WiSt 1982, 370 [373]; vgl. auch *Fischer-Böhnlein/Körner* BB 2001, 191; vgl. insofern das Muster bei *Möhlmann* DStR 1999, 163 [166]).

Für die Auflistung im Verzeichnis der Massegegenstände ist **Massezugehörig-** 5
keit erforderlich. **„Gebundene Aktiva"** – also bspw. solche Aktiva, bei denen Absonderungsrechte oder hinsichtlich derer Aufrechnungslagen bestehen – sind besonders kenntlich zu machen (vgl. FK-InsO/*Wegener* § 151 Rn. 14; HambK-

InsO/*Jarchow* § 151 Rn. 11). Im Grundsatz gilt dasselbe für **Aussonderungsrechte;** wenn diese allerdings unzweifelhaft bestehen, dürfen die betroffenen Gegenstände nicht aufgeführt werden (zutr. MüKoInsO/*Füchsl/Weishäupl/Jaffé* § 151 Rn. 6; Nerlich/Römermann/*Andres* § 151 Rn. 11; HambK-InsO/*Jarchow* § 151 Rn. 12; Kübler/Prütting/Bork/*Wipperfürth* § 151 Rn. 16; vgl. auch BT-Drs. 12/2443, 171; vgl. ferner *Möhlmann* DStR 1999, 163 [164]; *Scherrer/Gabelsberger* DSWR 1997, 266 f.; IDW RH HFA 1.010 Rn. 18 = ZInsO 2009, 75 [77]; zu eng hingegen *Fischer-Böhnlein/Körner* BB 2001, 191 [192]; für ein Ermessen des Insolvenzverwalters BK-InsO/*Kießling* § 151 Rn. 12; ähnlich wohl Graf-Schlicker/*Kalkmann* § 151 Rn. 8).

6 Auch diejenigen **Gegenstände** sind in das Verzeichnis der Massegegenstände aufzunehmen, die sich nicht **im Besitz** des Verwalters, sondern **eines Dritten** befinden (vgl. auch → § 148 Rn. 4 ff.). Hinsichtlich dieser Gegenstände ist der richtige Wertansatz für den Insolvenzverwalter besonders schwierig. Nach Auffassung des Gesetzgebers kann der Insolvenzverwalter entsprechend §§ 809, 811 ZPO verlangen, die Gegenstände zu besichtigen (BT-Drs. 12/2443, 171; unkritisch so etwa auch Graf-Schlicker/*Kalkmann* § 151 Rn. 8; FK-InsO/*Wegener* § 151 Rn. 22). Sinnvoller war insofern die – neben §§ 809, 811 ZPO anwendbare – konkursrechtliche Vorgängerregelung (§ 120 KO), wonach der Verwalter von Gläubigern, die abgesonderte Befriedigung aus einer in ihrem Besitz befindlichen Sache beanspruchen, Vorlage und Schätzung derselben verlangen konnte. § 120 KO war im Klageverfahren durchsetzbar und nach § 887 ZPO vollstreckbar; deshalb war nach altem Recht das Erfordernis der Herausgabebereitschaft des § 809 ZPO entbehrlich, welches heute für die Praxis ein Problem darstellt.

7 Über die im HGB genannten Aktiva hinaus sind, sofern massezugehörig, auch insolvenzspezifische (insbes. nach §§ 92, 93 geltend zu machende) oder sonst **dem Gläubigerschutz dienende Ansprüche** (zB aus Insolvenzanfechtung (insbes. auch aus § 135), aus §§ 30, 31 und § 64 S. 1 und S. 3 GmbHG, aus konzernrechtlicher Verlustausgleichspflicht) aufzuführen; ferner ist an Einlagenrückstände (vgl. insbes. auch § 19 Abs. 4 GmbHG, § 27 Abs. 3 AktG) zu denken.

8 **2. Maßgeblicher Bezugszeitpunkt.** Auch nach Verfahrenseröffnung in die Insolvenzmasse gelangende Gegenstände **(Neuerwerb)** sind in das Verzeichnis aufzunehmen (Argument aus § 35 und Umkehrschluss aus § 153 Abs. 1 S. 1; wie hier *Hess* § 151 Rn. 17; BK-InsO/*Kießling* § 151 Rn. 13; aA IDW RH HFA 1.010 Rn. 20 = ZInsO 2009, 75 [77]). Deswegen ist das Verzeichnis der Massegegenstände auch **nicht zwingend auf den Tag der Verfahrenseröffnung** zu beziehen (so aber die hM: vgl. etwa Nerlich/Römermann/*Andres* § 151 Rn. 5; FK-InsO/*Wegener* § 151 Rn. 12; HambK-InsO/*Jarchow* § 151 Rn. 5; Braun/*Haffa/Leichtle* § 151 Rn. 5; IDW RH HFA 1.010 Rn. 8 = ZInsO 2009, 75 [76]; Uhlenbruck/*Sinz* § 151 Rn. 2; mehrdeutig BK-InsO/*Kießling* § 151 Rn. 20 gegen Rn. 14, wonach das Verzeichnis „kontinuierlich fortzuschreiben" sei; ähnlich Kübler/Prütting/Bork/*Wipperfürth* § 151 Rn. 2 und (dort ausf. zur Fortschreibung) Rn. 39 ff.). Die Gegenauffassung ist schon deswegen abzulehnen, weil der vom Gesetzgeber beabsichtigte Zweck der internen Rechnungslegung, nämlich die Beurteilung der Vermögenslage des Schuldners durch die Insolvenzgläubiger (vgl. BT-Drs. 12/2443, 171; zur Fragwürdigkeit, dieses Ziel durch die interne Rechnungslegung erreichen zu wollen, vgl. → Rn. 14), dann gar nicht mehr zu erreichen wäre. Die Entscheidung zB über die Unternehmensfortführung fällt im Berichtstermin; deshalb sollten die gesammelten Daten ein zu diesem Zeitpunkt möglichst aktuelles Bild wiedergeben (und nicht nur ermöglichen, die Wirtschaftlichkeit der Unternehmensfortführung bis zum Berichtstermin beurteilen zu können (so aber HambK-InsO/*Jarchow* § 151 Rn. 5)). Liegt der Berichtstermin am Ende der Maximalfrist von drei Monaten seit Verfahrenseröffnung (§ 29

Abs. 1 Nr. 1), ist das Verzeichnis der Massegegenstände auf einen nahe am Berichtstermin liegenden Stichtag zu beziehen.

Unabhängig vom maßgeblichen Stichtag ist mit der Erstellung des Verzeichnisses **unverzüglich nach Verfahrenseröffnung** zu beginnen; dabei kann der Insolvenzverwalter regelmäßig auf den bereits im Eröffnungsverfahren geleisteten Vorarbeiten aufbauen (so Uhlenbruck/*Sinz* § 151 Rn. 2; aA IDW RH HFA 1.010 Rn. 24 = ZInsO 2009, 75 [77 f.]: Ausnahmefall). 9

3. Einzelerfassung der Gegenstände und Vollständigkeit des Verzeichnisses. Bei der Aufstellung des Verzeichnisses der Massegegenstände gelten die Grundsätze der Einzelerfassung und der Vollständigkeit. Von der Einzelerfassung muss in Großverfahren aus tatsächlichen Gründen abgewichen werden. Sofern sich der Insolvenzverwalter davon überzeugt, dass die vorhandenen EDV-gestützten betrieblichen Systeme zur Erfassung der Vermögensgegenstände ordnungsgemäß arbeiten, kann er auf die so gewonnenen Daten zurückgreifen. Nach Lage des Einzelfalls können auch Pauschalierungen und Zusammenfassungen nach Art und Menge von gleichartigen Gegenständen vorgenommen werden (vgl. auch §§ 240 Abs. 4, 241 Abs. 1 HGB; zurückhaltender IDW RH HFA 1.010 Rn. 27 = ZInsO 2009, 75 [78]). 10

4. Hinzuziehung des Schuldners. Die Hinzuziehung des Schuldners bei der Aufstellung des Masseverzeichnisses ist geboten, wenn dies ohne nachteilige Verzögerung möglich ist (Absatz 1 Satz 2). Ob Inventurtermine bei Verhinderung des Schuldners zu verlegen sind (dies wird die Ausnahme sein), entscheidet der Insolvenzverwalter nach pflichtgemäßem Ermessen (MüKoInsO/*Füchsl/Weishäupl/Jaffé* § 151 Rn. 5). Einen Anspruch auf Hinzuziehung hat der Schuldner nicht, auch nicht auf Verlegung des Termins (Uhlenbruck/*Sinz* § 151 Rn. 9). Nicht erforderlich ist die Hinzuziehung einer Urkundsperson (anders noch § 123 Abs. 1 S. 3 KO). 11

III. Befreiung von der Pflicht zur Aufstellung des Verzeichnisses

Nach **Absatz 3** kann das Insolvenzgericht gestatten, dass die Aufstellung des Verzeichnisses der Massegegenstände unterbleibt. Voraussetzung dafür ist ein begründeter (qualifizierter) **Antrag** des Insolvenzverwalters, welcher in Verfahren mit Gläubigerausschuss nur mit Zustimmung desselben statthaft ist. Der Gesetzgeber hat durch diese beiden Hürden größere Transparenz schaffen und damit Missbrauchsgefahren eindämmen wollen (vgl. BT-Drs. 12/7303, 175). Schon vor dem Hintergrund der Notwendigkeit, in jedem Fall eine Vermögensübersicht (§ 153) aufstellen zu müssen, sollte das Insolvenzgericht die **Befreiung** nach Absatz 3 **nur in Ausnahmefällen** erteilen. Zu denken ist weniger an Verfahren mit geringem und übersichtlichem Aktivbestand, weil das Verzeichnis dann ohnehin sehr schnell erstellt werden kann, sondern eher an solche mit einer geringwertigen Masse oder mit bereits vorhandenen zuverlässigen Aufstellungen (recht ähnlich Braun/*Haffa/Leichtle* § 151 Rn. 13). 12

IV. Die Angaben über den Wert der Massegegenstände

1. Dualismus von Liquidations- und Fortführungswert. Absatz 2 ist wenig geglückt (vgl. etwa MüKoInsO/*Füchsl/Weishäupl/Jaffé* § 151 Rn. 10 f.; FK-InsO/*Wegener* § 151 Rn. 20). Der Insolvenzverwalter hat nach Absatz 2 Satz 2 unabhängig davon, ob er dem schuldnerischen Unternehmen Fortführungschancen einräumt (aA HK-InsO/*Depré* § 151 Rn. 5: nur bei Fortführungschance), für jeden Vermögenswert stets sowohl den Liquidations- als auch den Fortführungswert anzusetzen (Vorschlag für eine Gestaltung des Verzeichnisses der Massegegen- 13

stände bei MüKoInsO/*Füchsl/Weishäupl/Jaffé* § 151 Rn. 8; vgl. auch die Beispiele bei *Steffan* ZInsO 2003, 106 [107]). An diese **gesetzliche Vorgabe** ist der Insolvenzverwalter gebunden; er kann sich ihr nicht unter Hinweis auf praktische Schwierigkeiten entziehen (*Schmitt/Möhlmann-Mahlau* NZI 2007, 703 [706]). Nur in Verfahren, in denen gar kein Betrieb zur Insolvenzmasse gehört, sind naturgemäß ausschließlich Zerschlagungswerte anzusetzen; gleiches gilt, wenn es überhaupt keinen auch nur entfernt realistischen Ansatz einer Fortführungsperspektive gibt (vgl. *Richter* ZInsO 2000, 206 [208]; IDW RH HFA 1.010 Rn. 32 = ZInsO 2009, 75 [78]).

14 Nach der Vorstellung des Gesetzgebers verfügt die Gläubigerversammlung, die insoweit grds. alleinentscheidungsbefugt ist, nur bei **Kenntnis von Liquidations- und Fortführungswerten** über eine sachgerechte **Grundlage für** ihre **Entscheidung** über die Fortführung des Unternehmens nach § 157 (BK-InsO/*Kießling* § 151 Rn. 37; zweifelnd *Fischer-Böhnlein/Körner* BB 2001, 191 [192]); dieser Entscheidung dürfe der Insolvenzverwalter nicht vorgreifen (BT-Drs. 12/2443, 171). Dabei hat der Gesetzgeber allerdings übersehen, dass die interne Rechnungslegung dazu nicht das geeignete Instrumentarium ist (vgl. *Heni* ZInsO 1999, 609 [610]: „Schildbürgerstreich"; *Mitlehner* ZIP 2000, 1825 [1826 f.]). Ob die Gläubiger das Unternehmen fortführen wollen, hängt entscheidend von zu erwartenden zukünftigen Ergebnissen ab. Um diese abschätzen zu können, bedarf es nicht der Kenntnis der einzelnen Vermögensgegenstände zu einem bestimmten Zeitpunkt, sondern einer Gegenüberstellung von Aufwendungen und Erträgen bzw. Kosten und Leistungen, und zwar in dynamischen Rechenwerken mit einem konkreten Zeitraumbezug (so *Heni* ZInsO 1999, 609 [610]), sowie aussagekräftiger Zukunftsprognosen, Marktanalysen und konkreten Businessplänen.

15 **2. Die Bestimmung des Liquidationswerts.** Unter Liquidationswert ist der marktabhängige Veräußerungswert eines Gegenstands zu verstehen. Seine Höhe hängt unter anderem davon ab, wie schnell und auf welche Art und Weise der Gegenstand veräußert werden kann. Damit kommt es auf das Marktumfeld, aber auch auf die Strategie des Insolvenzverwalters an, wie lange ein Gegenstand noch für die Masse benötigt wird, bis er veräußert werden kann (vgl. *Steffan* ZInsO 2003, 106 [107]).

16 **3. Die Bestimmung des Fortführungswerts.** Das Erfordernis der alternativen Wertangabe ist in sich nicht stimmig. Bei der Bewertung der Massegegenstände zwingt § 151 Abs. 1 S. 1 zur Einzelbewertung (vgl. schon → Rn. 3). In der Insolvenz lässt sich ein Fortführungswert typischerweise nur unter dem Aspekt eines (unter Umständen auch hypothetischen) Übernahmeangebotes, eines Kaufangebotes, ermitteln. Ein solches bezieht sich aber zwangsläufig nicht auf einzelne Gegenstände, sondern stets auf den Betrieb (oder Teile desselben) als Ganzes; durchgesetzt hat sich insofern das **Ertragswertverfahren** (mit Argumenten für dieses Verfahren im Rahmen von § 151 Abs. 2 S. 2 *Förster* ZInsO 1999, 555 [556]; zutr. dagegen aber *Fischer-Böhnlein/Körner* BB 2001, 191 [192]; Uhlenbruck/*Sinz* § 151 Rn. 8; vgl. auch *Nickert* ZInsO 2013, 1722 [1724]). Die Bewertung eines einzelnen Gegenstandes unter Fortführungsgesichtspunkten ist damit aber nicht sinnvoll möglich (*Mitlehner* ZIP 2000, 1825 [1827]; vgl. *Möhlmann* DStR 1999, 163 [165]; *Heni* WPg 1990, 93 [96]: „Quadratur des Kreises"; *Höffner* ZIP 1999, 2088 [2089]; deutlich auch Kübler/Prütting/Bork/*Wipperfürth* § 151 Rn. 29; vgl. auch das Resümee bei *Förster* ZInsO 2000, 21 [22]); das haben die Erfahrungen mit der Teilwertidee im Steuerrecht gezeigt (vgl. *Heni* ZInsO 1999, 609 [611], nach dem § 151 Abs. 2 S. 2 schnellstmöglich abzuschaffen ist; vgl. auch schon *Heni* WPg 1990, 93 [96]).

17 Die in der Literatur teilw. vorgeschlagenen **Bewertungsansätze** vermögen nur ansatzweise zu überzeugen: **Buchwerte** nach Handelsrecht (so Nerlich/Römer-

mann/*Andres* § 151 Rn. 15; vgl. auch Kommission für Insolvenzrecht, Zweiter Bericht, Leitsatz 3.3.1 (S. 96)) können sicher nicht angesetzt werden (so auch *Nickert* ZInsO 2013, 1722 [1725]), weil sich dann interne und externe Rechnungslegung doch wieder decken würden; mit der Insolvenzordnung wurde aber gerade der Weg in die entgegengesetzte Richtung beschritten (BT-Drs. 12/2443, 172; vgl. schon → Rn. 1). Näherliegend ist schon das **Abstellen auf Wiederbeschaffungswerte** (*Möhlmann* DStR 1999, 163 [165]; *Hess* § 151 Rn. 38 („Substanzwertkonzept"); *Höffner* ZIP 1999, 2088 [2090 ff.]; *Scherrer/Gabelsberger* DSWR 1997, 266 [269]; insofern krit. in Bezug auf immaterielle Vermögensgegenstände *Nickert* ZInsO 2013, 1722 [1725]) bzw. auf den Wert, der dem einzelnen Gegenstand bei einem gedachten Verkauf des Betriebes im Ganzen anteilmäßig zukäme. Denn Marktpreise sollen implizit die Fortführungsaussichten abbilden, und der Wiederbeschaffungswert dient als Ersatzgröße für den Zukunftserfolg; zudem ist dieser Wert weniger anfällig für Manipulationen. IErg läuft dieser Ansatz auf den **Teilwert nach § 6 EStG** hinaus (so denn auch für den Regelfall Braun/*Haffa/Leichtle* § 151 Rn. 10; *Steffan* ZInsO 2003, 106 [108 ff.]).

Zwar lässt sich auch dieses Verfahren mit guten betriebswirtschaftlichen Gründen kritisieren und zwar ist auch zutr., dass der Teilwertansatz nach § 6 EStG Ausdruck des steuerrechtlichen Niederstwertprinzips ist und eine solch vorsichtige Bewertung für die Zwecke des § 151 nicht zwingend ist (vgl. die Kritik bei *Mitlehner* ZIP 2000, 1825 [1827] und *Nickert* ZInsO 2013, 1722 [1726]; dies räumt auch *Höffner* ZIP 1999, 2088 [2089], ein). Doch muss die Praxis, solange der Gesetzgeber weiterhin an § 151 Abs. 2 S. 2 festhält, eine Antwort auf das **Gebot zweifacher Bewertung** finden (vgl. insofern auch *Richter* ZInsO 2000, 260 [261 f.] mit einem praktischen Vorschlag für kleinere Betriebe). Zudem kommt der Wiederbeschaffungs-/Rekonstruktions-/Teilwertansatz dem – wenn auch systematisch fragwürdigen (vgl. → Rn. 14) – Anliegen des Gesetzgebers, mit dem Verzeichnis der Massegegenstände eine Grundlage für die im Berichtstermin anstehenden Entscheidungen zu geben, noch am nächsten. Ungeachtet der Vorzugswürdigkeit dieser Bewertungsmethode im Regelfall wird man dem Insolvenzverwalter ein **situationsgebundenes Ermessen** einräumen können (zutr. HambK-InsO/*Jarchow* § 151 Rn. 22), ganz oder teilw. einer anderen Bewertungsmethode zu folgen, wenn er so verlässlichere Zahlen vorlegen kann und er der Gläubigerversammlung sein Verfahren hinreichend erläutert. – Vgl. zum umfangreichen Problemkreis noch *Kunz/Mundt* DStR 1997, 620 ff. u. DStR 1997, 664 ff.; *Pink* ZIP 1997, 177 ff.; *Höffner* ZIP 1999, 2088 ff.; *Steffan* ZInsO 2003, 106 ff. und *Nickert* ZInsO 2013, 1722 ff. (dort auch zu Multiplikatorenverfahren), sowie die Literatur zur externen Rechnungslegung bei § 155. Für vermögensgegenstandsbezogene Hinweise zur Wertermittlung vgl. IDW RH HFA 1.010 Rn. 39 ff. = ZInsO 2009, 75 [79 f.] sowie BK-InsO/*Kießling* § 151 Rn. 40 ff. und (ausf.) Kübler/Prütting/Bork/*Wipperfürth* § 151 Rn. 32 ff. 18

4. Hinzuziehung von Sachverständigen. Der Insolvenzverwalter kann einen Sachverständigen zur Wertermittlung heranziehen, wenn sich diese im Einzelfall als besonders kompliziert gestaltet; dies darf aber angesichts der vom Insolvenzverwalter typischerweise verlangten Kenntnisse (vgl. § 56 Abs. 1) **nicht zum Regelfall** werden (zutr. *Hess/Weis* NZI 1999, 482 [484]; aA Leonhardt/Smid/Zeuner/*Smid* § 151 Rn. 10; BK-InsO/*Kießling* § 151 Rn. 32 f.; IDW RH HFA 1.010 Rn. 56 = ZInsO 2009, 75 [80]; tendenziell auch *Donath* ZInsO 2008, 1364). Im Einzelfall zu denken ist an Immobilien, Patente, Lizenzen und sonstiges Know-how sowie Auslandsvermögen. – Ausf. zur Einschaltung Dritter bei der Bewertung *Donath* ZInsO 2008, 1364 ff. 19

Gläubigerverzeichnis

152 (1) **Der Insolvenzverwalter hat ein Verzeichnis aller Gläubiger des Schuldners aufzustellen, die ihm aus den Büchern und Geschäftspapieren des Schuldners, durch sonstige Angaben des Schuldners, durch die Anmeldung ihrer Forderungen oder auf andere Weise bekannt geworden sind.**

(2) [1] **In dem Verzeichnis sind die absonderungsberechtigten Gläubiger und die einzelnen Rangklassen der nachrangigen Insolvenzgläubiger gesondert aufzuführen.** [2] **Bei jedem Gläubiger sind die Anschrift sowie der Grund und der Betrag seiner Forderung anzugeben.** [3] **Bei den absonderungsberechtigten Gläubigern sind zusätzlich der Gegenstand, an dem das Absonderungsrecht besteht, und die Höhe des mutmaßlichen Ausfalls zu bezeichnen; § 151 Abs. 2 Satz 2 gilt entsprechend.**

(3) [1] **Weiter ist anzugeben, welche Möglichkeiten der Aufrechnung bestehen.** [2] **Die Höhe der Masseverbindlichkeiten im Falle einer zügigen Verwertung des Vermögens des Schuldners ist zu schätzen.**

Schrifttum: Bei § 151.

I. Bedeutung des Gläubigerverzeichnisses im Verfahren

1 Grundlage für die Befriedigung der Insolvenzgläubiger (§§ 187 ff.) ist das Verteilungsverzeichnis nach § 188, welches seinerseits auf der Insolvenztabelle (§ 175) beruht. Das Gläubigerverzeichnis nach § 152 hat eine andere Funktion. Es ist **Bestandteil der internen Rechnungslegung** (vgl. → § 151 Rn. 1), enthält gleichsam die Passiva, fließt in die Vermögensübersicht nach § 153 ein und bildet so die Basis für weichenstellende Entscheidungen im Berichtstermin (vgl. zu dieser Funktion aber die Kritik bei → § 151 Rn. 14). Aus diesem Grund steht der **Gedanke der Vollständigkeit** im Vordergrund; anders als bei der Insolvenztabelle ist daher nicht die förmliche Anmeldung der Forderungen gegen den Schuldner maßgebend (vgl. nur BK-InsO/*Kießling* § 152 Rn. 5). Der Begriff „Gläubigerverzeichnis" ist in § 152 ungenau beschrieben: Es handelt sich um ein **Verzeichnis der Verbindlichkeiten des Schuldners,** für deren Individualisierung freilich eine Benennung der Gläubiger erforderlich ist.

2 Das Gläubigerverzeichnis hat **Bedeutung** für den Berichtstermin (sowie für die Entscheidung, ob Eigenverwaltung angeordnet werden soll), die Insolvenztabelle für den Prüfungstermin (§ 176); freilich werden beide Termine häufig verbunden (vgl. § 29 Abs. 2). Im Laufe des Verfahrens, insbes. bei der Verteilung der Insolvenzmasse, verliert das Gläubigerverzeichnis zunehmend zugunsten der Insolvenztabelle an Bedeutung, behält aber seine Informationsfunktion, wenn es zB um Zustellungen an die Insolvenzgläubiger oder deren Recht auf Teilnahme an einer Gläubigerversammlung geht (vgl. Braun/*Haffa/Leichtle* § 152 Rn. 2 f.). – Besondere Bedeutung hat das Gläubigerverzeichnis für das Verfahren zur Erteilung der **Restschuldbefreiung** (vgl. HambK-InsO/*Jarchow* § 152 Rn. 4), denn nach § 301 Abs. 1 S. 2 wirkt diese auch gegen Insolvenzgläubiger, die ihre Forderung nicht zur Tabelle angemeldet hatten.

II. Die Aufstellung des Gläubigerverzeichnisses

3 Das **Gläubigerverzeichnis** sollte ebenso wie das Verzeichnis über die Massegegenstände im Berichtstermin **auf** möglichst **aktuellem Stand** sein. Auch wenn Insolvenzgläubiger nach der Legaldefinition in § 38 nur diejenigen Gläubiger sind, die im Moment der Verfahrenseröffnung einen Anspruch gegen den Schuld-

ner haben, kann das Gläubigerverzeichnis **nicht nur auf den Stichtag der Verfahrenseröffnung bezogen** sein, weil nach Absatz 3 Satz 2 auch Masseverbindlichkeiten aufzunehmen sind (so jetzt auch BK-InsO/*Kießling* § 152 Rn. 15; aA IDW RH HFA 1.010 Rn. 56 und 71 = ZInsO 2009, 75 [80 f.]).

Es ist die **Pflicht des Insolvenzverwalters,** das Gläubigerverzeichnis zu erstellen. Dabei hat der Insolvenzverwalter auf alle ihm zugänglichen Informationsquellen zurückzugreifen und ggf. selbst Nachforschungen (vgl. die Rechte nach §§ 97 ff.) anzustellen. Im Fall eines Eigenantrags wird das vom Schuldner im Regelfall zu liefernde Gläubigerverzeichnis (§ 13 Abs. 1) eine wichtige Grundlage für das vom Insolvenzverwalter zu erstellende Verzeichnis sein. Für die **Aufstellung** des Gläubigerverzeichnisses nach § 152 bleibt aber der **Insolvenzverwalter allein verantwortlich** (so auch Braun/*Haffa/Leichtle* § 152 Rn. 11). Das Gesetz nennt in Absatz 1 als Informationsquelle beispielhaft die Bücher und Geschäftspapiere (bedeutsam insoweit: der handelsrechtliche Jahresabschluss sowie die Angabe der Haftungsverhältnisse nach § 251 HGB; die laufende Buchhaltung) und sonstige Angaben des Schuldners sowie die Erklärungen der Gläubiger, und zwar unabhängig davon, ob diese ihre Forderung im Verfahren nach § 174 zur Tabelle anmelden oder in anderer Weise dem Insolvenzverwalter mitteilen. 4

III. Der Inhalt des Gläubigerverzeichnisses – Abschnitte und Rubriken

Das **Gläubigerverzeichnis** ist (Absatz 2 und 3) **grds.** in **4 Abschnitte** zu unterteilen (auch: vertikale Gliederung des Gläubigerverzeichnisses): (einfache) Insolvenzgläubiger, absonderungsberechtigte Gläubiger, nachrangige Insolvenzgläubiger – diese ggf. nach Rangklasse gegliedert – und Massegläubiger (wie hier Graf-Schlicker/*Kalkmann* § 152 Rn. 8; Uhlenbruck/*Sinz* § 152 Rn. 4; vgl. auch MüKoInsO/*Füchsl/Weishäupl/Jaffé* § 152 Rn. 21). Im Einzelnen entscheiden die praktischen Bedürfnisse und der Grundsatz der Informationsklarheit über den Aufbau (vgl. etwa die Gliederungsvorschläge bei *Hess/Weis* NZI 1999, 482, 484 (5 Abschnitte) und HambK-InsO/*Jarchow* § 152 Rn. 11 (7 Abschnitte)). – Aussonderungsberechtigte müssen nicht (können aber) in das Gläubigerverzeichnis aufgenommen werden (HK-InsO/*Depré* § 152 Rn. 11; MüKoInsO/*Füchsl/Weishäupl/Jaffé* § 152 Rn. 6 (mit der Empfehlung, Aussonderungsrechte nicht aufzunehmen); aA IDW RH HFA 1.010 Rn. 64 = ZInsO 2009, 75 [81]); dies sollte in Fällen geschehen, in denen das Verzeichnis der Massegegenstände (§ 151) auszusondernde Gegenstände enthalten darf (vgl. dazu → § 151 Rn. 5), damit Verzeichnis der Massegegenstände und Masseverzeichnis synchron gestaltet sind (vgl. auch Uhlenbruck/*Sinz* § 152 Rn. 2; BK-InsO/*Kießling* § 152 Rn. 10). 5

1. Einteilung des Abschnitts der (einfachen) Insolvenzgläubiger. Innerhalb eines jeden Abschnitts hat sich eine **Einteilung in Rubriken** (auch: horizontale Gliederung des Gläubigerverzeichnisses) als zweckmäßig erwiesen, die sich für den ersten Abschnitt der (einfachen) Insolvenzgläubiger wie folgt darstellt (für ein Muster vgl. auch BK-InsO/*Kießling* § 152 Rn. 26, Kübler/Prütting/Bork/*Wipperfürth* § 152 Rn. 29; *Heyn* InsBüro 2009, 286 [293 ff.] und IDW RH HFA 1.010 Anlage B = ZInsO 2009, 75 [83]): 6

Rubrik 1: Laufende Nummer.
Rubrik 2: Angabe des Gläubigers mit genauer Angabe von Name (Firma) und Anschrift.
Rubrik 3: Gesetzliche Vertreter; ferner gewillkürte Vertreter (Bevollmächtigte) sowie etwaige Zustellungsbevollmächtigte, jeweils mit Anschrift.
Rubrik 4: Gegenstand der Forderung mit Betrags- bzw. Wertangabe. Bei Forderungen absonderungsberechtigter Gläubiger sind zusätzlich der Ge-

genstand, an dem ein Absonderungsrecht besteht, sowie die Höhe des mutmaßlichen Ausfalls anzugeben, denn nur insoweit sind absonderungsberechtigte Gläubiger auch Insolvenzgläubiger (Absatz 2 Satz 3; § 52); die Verweisung in Absatz 2 Satz 3 Halbsatz 2 auf § 151 Abs. 2 S. 2 hat ausschließlich für diese Fälle Bedeutung (zutr. *Heni* ZInsO 1999, 609 [611]; FK-InsO/*Wegener* § 152 Rn. 14; mindestens missverständlich auch Nerlich/Römermann/*Andres* § 152 Rn. 9): Der Gegenstand, an dem Absonderungsrechte bestehen, ist sowohl unter Zerschlagungs- als auch unter Fortführungsgesichtspunkten zu bewerten; daraus resultiert die unterschiedliche Höhe des mutmaßlichen Ausfalls.

Rubrik 5: Schuldgrund (etwa Miete, Warenlieferung, näher konkretisierte Schadensersatzforderung, Zinsen).

Rubrik 6: Vermerk, ob und ggf. in welcher Höhe eine Forderung bestritten wird; zudem sind vorhandene Beweismittel zur Begründung des Bestreitens kurz zu benennen.

Rubrik 7: Hinweis auf möglicherweise bestehende Aufrechnungslagen (hierbei verbietet sich jede Form der Saldierung von Aufrechnungsmöglichkeiten mit den Verbindlichkeiten gegenüber zur Aufrechnung berechtigten Gläubigern, vgl. nur FK-InsO/*Wegener* § 152 Rn. 16; Uhlenbruck/*Sinz* § 152 Rn. 5).

7 **2. Besonderheiten hinsichtlich der absonderungsberechtigten, der nachrangigen und der Massegläubiger.** Im **Abschnitt „absonderungsberechtigte Gläubiger"** sind alle absonderungsberechtigten Gläubiger – unabhängig davon, ob sie auch Insolvenzgläubiger sind – sowie der Gegenstand, an dem das Absonderungsrecht besteht, anzugeben (vgl. schon → Rn. 6, Rubrik 4). Dieser Gegenstand ist sowohl mit dem Liquidations- als auch mit dem Fortführungswert anzugeben. Sinnvoll sind die Angabe, ob und in welcher Höhe die absonderungsberechtigten Gläubiger vermutlich mit ihrer Forderung ausfallen werden, und der entsprechende Querverweis zum Abschnitt der einfachen Insolvenzgläubiger. – Im **Abschnitt „nachrangige Insolvenzgläubiger"** ist zusätzlich der Grund des Nachrangs anzuführen. Die nachrangigen Insolvenzgläubiger sind nach Rangklassen zu ordnen.

8 Bei der Angabe der Masseverbindlichkeiten im **Abschnitt „Massegläubiger"** hat der Insolvenzverwalter nach Absatz 3 Satz 2 von der zügigen Verwertung des Vermögens des Schuldners auszugehen, bei Unternehmen also von der Liquidation. Die bei einer Unternehmensfortführung entstehenden Masseverbindlichkeiten können nämlich nicht mit einem realistischen Aussagegehalt geschätzt werden (vgl. BT-Drs. 12/2443, 171). Das gilt für die Masseverbindlichkeiten nach § 55 Abs. 1 Nr. 1 in besonderem Maße, aber auch für alle anderen Masseverbindlichkeiten (aA FK-InsO/*Wegener* § 152 Rn. 17); auch sie hängen entscheidend von der Dauer des Insolvenzverfahrens und dem erforderlichen Aufwand ab.

Vermögensübersicht

153 (1) [1]**Der Insolvenzverwalter hat auf den Zeitpunkt der Eröffnung des Insolvenzverfahrens eine geordnete Übersicht aufzustellen, in der die Gegenstände der Insolvenzmasse und die Verbindlichkeiten des Schuldners aufgeführt und einander gegenübergestellt werden.** [2]**Für die Bewertung der Gegenstände gilt § 151 Abs. 2 entsprechend, für die Gliederung der Verbindlichkeiten § 152 Abs. 2 Satz 1.**

(2) [1] **Nach der Aufstellung der Vermögensübersicht kann das Insolvenzgericht auf Antrag des Verwalters oder eines Gläubigers dem Schuldner aufgeben, die Vollständigkeit der Vermögensübersicht eidesstattlich zu versichern.** [2] **Die §§ 98, 101 Abs. 1 Satz 1, 2 gelten entsprechend.**

Schrifttum: *Schmerbach,* Zuständigkeit des Insolvenzgerichts zur Abnahme von eidesstattlichen Versicherungen, NZI 2002, 538; *Schmitz-Herscheidt,* Eidesstattliche Versicherung des Gemeinschuldners hinsichtlich aller zu erteilenden Auskünfte?, KTS 1996, 517; *Steffan,* Der Fortführungswert im Vermögensstatus nach § 153 InsO als Ausfluss des Fortführungskonzepts, ZInsO 2003, 106. Weiteres Schrifttum bei § 151.

Übersicht

I. Normzweck und Abgrenzung zu anderen Verzeichnissen

1 Die **treffendere Bezeichnung** für die Vermögensübersicht wäre **Insolvenzeröffnungsbilanz** (BK-InsO/*Kießling* § 153 Rn. 7; ähnlich Kübler/Prütting/Bork/*Wipperfürth* § 153 Rn. 1; dagegen Uhlenbruck/*Sinz* § 153 Rn. 1; FK-InsO/*Wegener* § 153 Rn. 2). Diese Insolvenzeröffnungsbilanz ist wie die Liquidationsbilanz keine Gewinnverteilungsbilanz, sondern **nur eine Vermögensverteilungsbilanz.** Dies verdeutlicht der Rückblick auf § 124 KO, § 11 Abs. 1 GesO und § 5 Abs. 1 VerglO, an die § 153 anknüpft (vgl. BT-Drs. 12/2443, 172). Die **allgemeinen Bilanzierungsgrundsätze** – Grundsatz der Bilanzwahrheit, der Bilanzklarheit, der neutralen Wertermittlung, der Vollständigkeit und der Wesentlichkeit – gelten im Ausgangspunkt auch für die Vermögensübersicht nach § 153 (vgl. IDW RH HFA 1.011 Rn. 19 = ZInsO 2009, 130 [132]; MüKoInsO/*Füchsl/Weishäupl/Jaffé* § 153 Rn. 2 ff.).

2 § 153 regelt unmittelbar nur die Pflicht zur Aufstellung der Insolvenzeröffnungsbilanz. Nur mittelbar ergibt sich aus dem Gesetz, dass daneben eine Pflicht zur Erstellung von Insolvenzzwischenbilanzen und Ergebnisrechnungen besteht: Aus dem Umstand, dass der Insolvenzverwalter nach § 79 die Gläubigerversammlung zu unterrichten hat, lässt sich – jedenfalls bei umfangreicheren Verfahren – die **Pflicht zur Zwischenrechnungslegung** ableiten (vgl. → § 79 Rn. 13; IDW RH HFA 1.011 Rn. 32 ff. = ZInsO 2009, 130 [133 f.]). Insolvenzzwischenbilanzen und Ergebnisrechnungen sind entsprechend § 153 zu gliedern und geben Aufschluss über die Fortschritte bei der Verwertung der Masse (vgl. noch *Veit* WiSt 1982, 370 [373 f.]).

II. Inhalt der Vermögensübersicht

3 **1. Allgemeines.** In der Vermögensübersicht nach § 153 werden die **Gegenstände der Insolvenzmasse** und die **Verbindlichkeiten** in einer geordneten Übersicht aufgeführt und einander gegenübergestellt (vgl. BGH NZI 2011, 61

[62]). Die Vermögensübersicht ist damit der dritte **Bestandteil der Trias der internen Rechnungslegungswerke** (vgl. → § 151 Rn. 2) und basiert weitgehend auf dem Verzeichnis der Massegegenstände und dem Gläubigerverzeichnis. Im Unterschied zu diesen (vgl. → § 151 Rn. 8 zum Verzeichnis der Massegegenstände und → § 152 Rn. 3 zum Gläubigerverzeichnis) ist die Vermögensübersicht allerdings auf einen anderen **Stichtag** bezogen: Es ist auf den Zeitpunkt der Eröffnung des Insolvenzverfahrens abzustellen. Würde diese Differenzierung zwischen den §§ 151, 152 einerseits und § 153 andererseits nicht vorgenommen, wäre die Vermögensübersicht in der Tat nicht viel mehr als die bloße Zusammenfassung der ersten anderen beiden Verzeichnisse (so denn auch *Heni* WPg 1990, 93 [94]). Mit der hier vertretenen Differenzierung erhalten die Verzeichnisse jedoch eine eigenständige Aussagekraft: Verzeichnis der Massegegenstände und Gläubigerverzeichnis bieten im Berichtstermin die Grundlage für eine Entscheidung über eine mögliche Unternehmensfortführung, die Vermögensübersicht gibt als Insolvenzeröffnungsbilanz Aufschluss über die Situation zum Zeitpunkt der Verfahrenseröffnung und damit über Gründe der wirtschaftlichen Krise sowie über das in der Zwischenzeit Geschehene.

4 Im Zusammenspiel der drei Instrumente der internen Rechnungslegung, schwerlich allerdings aus einem der Verzeichnisse allein, lässt sich das voraussichtliche wirtschaftliche Ergebnis des Insolvenzverfahrens, unter anderem also die **voraussichtliche Insolvenzquote,** errechnen (so, allerdings nur auf die Vermögensübersicht bezogen, auch BGH NZI 2011, 61 [62]); diese sollte der Insolvenzverwalter den Gläubigern im Berichtstermin mitteilen (vgl. → § 156 Rn. 15). In diesem Sinne ist die Vermögensübersicht eine Prognoserechnung (so zB HK-InsO/*Depré* § 153 Rn. 3; Nerlich/Römermann/*Andres* § 153 Rn. 2; zurückhaltender *Veit* WiSt 1982, 370 [372]). Sie bleibt aber stichtagsbezogene Einzelbilanz; ihr fehlt jedes dynamische Element. Deshalb sind bezüglich der Entscheidung über einen Insolvenzplan in § 229 S. 2 auch zusätzlich zukunftsorientierte Prognosen gefordert, die zu der insofern zu erstellenden Vermögensübersicht hinzukommen müssen.

5 **2. Darstellung und Gliederung.** Das Gesetz macht keine näheren Angaben zu Darstellung und Gliederung der Vermögensübersicht. Sie soll nach dem Willen des Gesetzgebers „ähnlich einer Bilanz" aufgebaut sein (BT-Drs. 12/2443, 172; ebenso BGH NZI 2011, 61 [62]), und deshalb ist ihr eine **kontoförmige Struktur** zu geben (vgl. auch schon *Möhlmann* DStR 1999, 163 [169] mit zutreffendem Hinweis auf das Bilanzrichtliniengesetz; vgl. ferner die Muster bei HambK-InsO/*Jarchow* § 153 Rn. 18; *Heyn* InsBüro 2009, 286 [297 ff.] und IDW RH HFA 1.011 Anlage A = ZInsO 2009, 130 [136]). Hinsichtlich der Gliederung innerhalb dieser kontoförmigen Struktur wird in Absatz 1 Satz 2 für die **Passiva** auf den Aufbau des Gläubigerverzeichnisses verwiesen, während es für die Aktiva an einer solchen Verweisung fehlt. Die Verbindlichkeiten sind in Massegläubiger, absonderungsberechtigte Gläubiger, (einfache) Insolvenzgläubiger und nachrangige Insolvenzgläubiger – diese ggf. nach Rangklasse (gegen die Aufnahme der nachrangigen Insolvenzgläubiger HK-InsO/*Depré* § 153 Rn. 4) – geordnet zu gliedern (vgl. schon → § 152 Rn. 5; für § 153 ist die Reihenfolge der Befriedigung maßgeblich).

6 Sofern **Aussonderungspassiva** anzugeben sind, sind diese an erster Position zu nennen; es ist dann allerdings sicherzustellen, dass diese Posten mit der Aktivseite korrespondieren (vgl. *Hess* § 153 Rn. 7; BK-InsO/*Kießling* § 153 Rn. 23; enger als hier FK-InsO/*Wegener* § 153 Rn. 5; gegen jede Berücksichtigung von Gegenständen mit Aussonderungsrechten *Scherrer/Gabelsberger* DSWR 1997, 266 f.).

7 Die Gliederung der **Aktiva** sollte mit der der Passiva harmonieren. Deshalb bestimmt sich die Reihenfolge nach der Rechtsnatur der Vermögensgegenstände;

anders als beim Verzeichnis der Massegegenstände (vgl. → § 151 Rn. 4) ist eine Aufstellung nach dem Grad der Liquidierbarkeit nicht sachgerecht (überzeugend *Möhlmann* DStR 1999, 163 [169]; tendenziell anders BK-InsO/*Kießling* § 153 Rn. 22 ff.). Neuerwerb ist – anders als beim Verzeichnis der Massegegenstände (§ 151) – nicht einzubeziehen (aA IDW RH HFA 1.011 Rn. 14 = ZInsO 2009, 130 [132]).

3. Maßgebliche Wertangaben. Absatz 1 Satz 2 verweist hinsichtlich der Bewertung der Gegenstände auf § 151 Abs. 2. Bei den Aktiva sind grds. sowohl Liquidations- als auch Fortführungswerte anzugeben. Maßgeblich ist also auch insofern der **Wiederbeschaffungs-/Rekonstruktions-/Teilwert,** nicht der Buchwert (vgl. auch BT-Drs. 12/2443, 172). Zur Problematik des Wertansatzes vgl. ausf. schon → § 151 Rn. 16 ff. Die Verweisung hat hinsichtlich der Passiva naturgemäß kaum Bedeutung; einzig in Bezug auf die Höhe des mutmaßlichen Ausfalls gilt etwas anderes (vgl. dazu → § 152 Rn. 6, Rubrik 4). 8

III. Eidesstattliche Versicherung

1. Voraussetzungen. Der Gesetzgeber hat der Richtigkeit und Vollständigkeit der Vermögensübersicht nach § 153 einen besonders hohen Stellenwert beigemessen. So erklärt sich das besondere Mittel der eidesstattlichen Versicherung nach Absatz 2 (vgl. auch BGH NZI 2011, 61 [62]). Die eidesstattliche Versicherung ist ein **besonderer Anwendungsfall der §§ 802c ff., 807 ZPO,** jedoch in Bezug auf Zweck, Voraussetzung, Inhalt/Umfang und Wirkung verschieden (vgl. auch Uhlenbruck/*Sinz* § 153 Rn. 6; FK-InsO/*Wegener* § 153 Rn. 8). **Voraussetzungen** sind die **Aufstellung der Vermögensübersicht** nach Abs. 1 und der **Antrag** des Insolvenzverwalters oder eines Insolvenzgläubigers (zum Begriff der Insolvenzgläubiger vgl. §§ 38, 39 sowie § 52 für absonderungsberechtigte Gläubiger); nicht antragsberechtigt sind Massegläubiger (aA insofern MüKoInsO/*Füchsl/Weishäupl/Jaffé* § 153 Rn. 14) und aussonderungsberechtigte Gläubiger. Für Insolvenzgläubiger ist die Forderungsanmeldung notwendige Voraussetzung der Antragsbefugnis; da es auf die Forderungsfeststellung nicht ankommt, ist ein Widerspruch gegen eine Forderungsanmeldung grds. (Grenze: offensichtlicher Missbrauch) unbeachtlich. Nachrangige Insolvenzgläubiger sind nach diesen Grundsätzen nur antragsbefugt, wenn sie gem. § 174 Abs. 3 zur Anmeldung ihrer Forderung aufgefordert wurden (Braun/*Haffa/Leichtle* § 153 Rn. 6). 9

Das Insolvenzgericht kann die eidesstattliche Versicherung **nicht von Amts wegen** anordnen; es bleibt auf Aufsichtsmaßnahmen unter den engen Voraussetzungen des § 58 beschränkt. Die gegenteilige Auffassung (Kübler/Prütting/Bork/*Wipperfürth* § 153 Rn. 24) vermag den bewussten Unterschied von § 153 Abs. 2 S. 1 zu § 69 Abs. 2 S. 1 VerglO nicht zu erklären. – Im Schlussbericht hat der Insolvenzverwalter entsprechende Angaben zu machen, wenn eine eidesstattliche Versicherung nach Absatz 2 abgegeben wurde (*Lièvre/Stahl/Ems* KTS 1999, 1 [11]). 10

Die eidesstattliche Versicherung nach Absatz 2 entbindet nicht von der Verpflichtung **zur Abgabe einer Vermögensauskunft nach §§ 802c ff. bzw. 807 ZPO,** doch können Insolvenzgläubiger während des Insolvenzverfahrens nur nach Absatz 2 vorgehen, da Maßnahmen der Einzelzwangsvollstreckung unzulässig sind (§ 89 Abs. 1; BGH NZI 2012, 560; vgl. auch BGH NZI 2013, 539 sowie → § 89 Rn. 25). – Die nach Absatz 2 abgegebene eidesstattliche Versicherung wird nicht in das Schuldnerverzeichnis eingetragen (wohl auch BK-InsO/*Kießling* § 153 Rn. 39). 11

2. Umfang der eidesstattlichen Versicherung. Die eidesstattliche Versicherung erstreckt sich auf die **Richtigkeit und Vollständigkeit der gesamten** 12

Vermögensübersicht (Aktiva und Passiva) (BGH NZI 2011, 61; hM: Nerlich/Römermann/*Andres* § 153 Rn. 15; Uhlenbruck/*Sinz* § 153 Rn. 6; BK-InsO/*Kießling* § 153 Rn. 27; HK-InsO/*Depré* § 153 Rn. 11; iErg auch FK-InsO/*Wegener* § 153 Rn. 16; aA (nur Aktiva) *Hess* § 153 Rn. 17, 19; ausf. zum Umfang der eidesstattlichen Versicherung im Allgemeinen: *Schmitz-Herscheidt* KTS 1996, 517 ff.). Anders als die eidesstattliche Versicherung nach § 98 Abs. 1 bezieht sich die eidesstattliche Versicherung des § 153 Abs. 2 ausschließlich auf die Vollständigkeit und Richtigkeit der Vermögensübersicht als Ganzes, nicht aber auch auf die Richtigkeit der einzelnen Vermögensgegenstände (BGH NZI 2011, 61 [62]; HambK-InsO/*Jarchow* § 153 Rn. 26; Kübler/Prütting/Bork/*Wipperfürth* § 153 Rn. 32; etwas zu weitgehende Kritik daher bei BK-InsO/*Kießling* § 153 Rn. 30).

13 Durch die Bezugnahme auf Absatz 1 ist klargestellt, dass es auf den **Zeitpunkt der Eröffnung des Insolvenzverfahrens** (vgl. → Rn. 3) als Stichtag ankommt. Die eidesstattliche Versicherung bezieht sich danach auf den Status zu diesem Zeitpunkt (zutr. *Hess* § 153 Rn. 17; Kübler/Prütting/Bork/*Wipperfürth* § 153 Rn. 32); der Wortlaut des § 153 erlaubt es nicht, auf den Zeitpunkt der Abgabe der eidesstattlichen Versicherung abzustellen. **Nicht erfasst** ist der **Neuerwerb** (HambK-InsO/*Jarchow* § 153 Rn. 7), wohl aber gesicherte, durchsetzbare Ansprüche auf Neuerwerb (MüKoInsO/*Füchsl/Weishäupl/Jaffé* § 153 Rn. 7). Auf Neuerwerb kann § 98 anzuwenden sein (vgl. *Hess* § 153 Rn. 18). Folgt man der hier vorgenommenen Differenzierung zwischen §§ 151, 152 und § 153 Abs. 1 hinsichtlich des relevanten Zeitpunkts (vgl. → Rn. 3 einerseits sowie → § 151 Rn. 8, → § 152 Rn. 3 andererseits), so ist rechtspolitisch eine Änderung des § 153 Abs. 2 dahin zu fordern, dass sich die eidesstattliche Versicherung auch auf die nach §§ 151, 152 zu erstellenden Verzeichnisse erstreckt.

14 Die eidesstattliche Versicherung bezieht sich auf die zur **Insolvenzmasse** gehörenden Gegenstände (BGHSt 3, 309 [310]). Aufzuführen sind auch die dem Schuldner bekannten Anfechtungsrechte nach §§ 129 ff. (Uhlenbruck/*Sinz* § 153 Rn. 6; FK-InsO/*Wegener* § 153 Rn. 16) sowie vermögenswerte Anwartschaften (*Hess* § 153 Rn. 20), nicht hingegen einzelne Geschäftsvorfälle (BGH KTS 1989, 651 [652]; OLG Stuttgart ZIP 1981, 254 f.) sowie wertlose Gegenstände (*Hess* § 153 Rn. 19).

15 **3. Pflicht des Schuldners und Durchsetzung dieser Pflicht.** Der Schuldner muss der **Anordnung des Gerichts** folgen. Es gibt kein Verweigerungsrecht, auch nicht bei **Zweifeln an der Vollständigkeit und Richtigkeit** der Vermögensübersicht oder eines der beiden Verzeichnisse aus §§ 151, 152 (BGH NZI 2011, 61). Bei solchen Zweifeln ist der Schuldner vielmehr zur Korrektur und Vervollständigung des Verzeichnisses gehalten (allgM; vgl. nur BGH NZI 2011, 61 [62]; Uhlenbruck/*Sinz* § 153 Rn. 8). Ggf. kann er Bedenken gegen die Vollständigkeit protokollieren lassen (Braun/*Haffa/Leichtle* § 153 Rn. 8). Unbegründet wäre etwa auch der Einwand des Schuldners, dass Gegenstände völlig wertlos seien oder dass er durch die Abgabe der eidesstattlichen Versicherung zu rechtlichen Streitfragen über die Massezugehörigkeit von Gegenständen Stellung nehmen müsse (zu weiteren unbegründeten Einwänden vgl. LG Frankfurt a. M. KTS 1955, 191).

16 Die Verpflichtung zur Abgabe einer eidesstattlichen Versicherung nach Absatz 2 besteht **während der gesamten Dauer des Insolvenzverfahrens;** ist die Abgabe einmal erfolgt, kann in demselben Verfahren nicht die nochmalige Abgabe verlangt werden. Im Hinblick auf eine Nachtragsverteilung entfällt das Rechtsschutzbedürfnis für einen Antrag auf Abgabe der eidesstattlichen Versicherung wegen §§ 203 Abs. 1 Nr. 3, Abs. 2, 205 auch nicht mit der Aufhebung des Insolvenzverfahrens nach § 200 (Uhlenbruck/*Sinz* § 153 Rn. 8); der Antrag muss aber noch vorher gestellt worden sein.

Für die **zwangsweise Durchsetzung** der Pflicht zur Abgabe der eidesstattlichen Versicherung verweist Abs. 2 S. 2 auf § 98: zwangsweise Vorführung oder Haftbefehl (vgl. → § 98 Rn. 9 ff.). Über die Verweisung in Abs. 2 S. 2 auf § 98 Abs. 1 S. 1 ergibt sich auch die entsprechende Anwendbarkeit von §§ 802g Abs. 2, 802h, 802j Abs. 1 ZPO. 17

4. Entscheidung des Insolvenzgerichts. Zuständig für die Abnahme der eidesstattlichen Versicherung ist das **Insolvenzgericht** (Nerlich/Römermann/*Andres* § 153 Rn. 15; Uhlenbruck/*Sinz* § 153 Rn. 7; FK-InsO/*Wegener* § 153 Rn. 13; Kübler/Prütting/Bork/*Wipperfürth* § 153 Rn. 31; *Schmerbach* NZI 2002, 538 f.; aA *Hess* § 153 Rn. 27 (allerdings mit Hinweis auf die zur Konkursordnung ergangene Entscheidung LG Frankfurt a. M. KTS 1955, 191)). 18

Das Insolvenzgericht entscheidet aufgrund der Umstände des Einzelfalls über den Antrag auf Abgabe der eidesstattlichen Versicherung. Diese muss zur Erlangung richtiger und vollständiger Angaben erforderlich sein; bestehen daran keine konkretisierbaren Zweifel, so kann dem Antrag nicht stattgegeben werden. Überflüssige eidesstattliche Versicherungen sollen nämlich verhindert und die Schädigung gutwilliger Schuldner vermieden werden (vgl. *Vogels* JW 1936, 1 [6] sowie → § 98 Rn. 6); das **Erforderlichkeitserfordernis** ergibt sich daraus, dass Abs. 2 S. 2 auch auf § 98 Abs. 1 S. 1 verweist (vgl. auch BT-Drs. 12/2443, 172; Nerlich/Römermann/*Andres* § 153 Rn. 16). 19

5. Verfahrensfragen. Der Wortlaut der eidesstattlichen Versicherung ist den jeweiligen Verhältnissen anzupassen. Zweckmäßig ist, wenn nicht besondere Umstände anderes erfordern, etwa der folgende **Wortlaut:** „Ich versichere an Eides Statt, dass ich nach bestem Wissen nicht imstande bin, außer den in der Vermögensübersicht verzeichneten Masseaktiva und -passiva noch weitere die Insolvenzmasse berührende Positionen anzugeben." 20

Die eidesstattliche Versicherung ist **vom Schuldner abzugeben,** als Prozesshandlung bei prozessunfähigen Schuldnern von den gesetzlichen Vertretern mit entsprechender Abwandlung der Erklärungsformel. Im Insolvenzverfahren über das Vermögen von juristischen Personen und sonstigen insolvenzfähigen Verbänden (vgl. § 11 Abs. 1 S. 2, Abs. 2 Nr. 1) wird die Erklärung – wie die Verweisung in Abs. 2 S. 2 auf § 101 Abs. 1 S. 1 u. 2 ergibt – von den aktuellen/ehemaligen **Mitgliedern der Aufsichts- und Vertretungsorgane** bzw. von den vertretungsberechtigten persönlich haftenden Gesellschaftern abgegeben. 21

Gesetzgebungstechnisch verfehlt ist die Verweisung auch auf § 101 Abs. 1 S. 2 Hs. 2, weil danach unter Umständen etwa auch einfache GmbH-Gesellschafter/Aktionäre/Genossenschaftsmitglieder etc zur Abgabe der eidesstattlichen Versicherung verpflichtet sein könnten (vgl. zur Erforderlichkeit einer restriktiven Auslegung von § 101 Abs. 1 S. 2 Hs. 2 → § 101 Rn. 14 ff.). – In besonderen Arten des Insolvenzverfahrens (§§ 315 ff.) sind diejenigen zur Abgabe verpflichtet, die im Zeitpunkt der Verfahrenseröffnung Träger der Schuldnerrolle sind. 22

Niederlegung in der Geschäftsstelle

154 Das Verzeichnis der Massegegenstände, das Gläubigerverzeichnis und die Vermögensübersicht sind spätestens eine Woche vor dem Berichtstermin in der Geschäftsstelle zur Einsicht der Beteiligten niederzulegen.

Schrifttum: Bei § 151.

I. Normzweck

1 Die Beteiligten sollen schon vor Abhaltung der ersten Gläubigerversammlung Einwendungen erheben bzw. diese dort substantiiert vortragen können (vgl. RGZ 154, 291 [298]). Dem dienen Informationsrechte. Der Insolvenzverwalter muss, um die Pflicht aus § 154 zu erfüllen, die niederzulegenden Verzeichnisse eine Woche vor dem Berichtstermin auf einen wirklich aussagekräftigen und möglichst vollständigen Stand bringen (krit. Nerlich/Römermann/*Andres* § 154 Rn. 1). Sofern er im Ausnahmefall (zB aus praktischen Gründen in Großverfahren; großzügiger offenbar *Nickert* ZInsO 2013, 1722 [1728]) nur **vorläufige Angaben** machen kann (vgl. dazu Graf-Schlicker/*Kalkmann* § 154 Rn. 2), hat er dies hinreichend kenntlich zu machen. Er ist dann – auch wenn mit Niederlegung der Verzeichnisse seine nach § 154 bestehende Pflicht grds. erfüllt ist (vgl. Uhlenbruck/*Sinz* § 154 Rn. 4) – zur Nachbesserung und erneuten Niederlegung gehalten.

2 Nur in besonders gelagerten Fällen, in denen eine **missbräuchliche,** dh nicht mit dem Zweck des Insolvenzverfahrens zusammenhängende **Verwendung der** in den niedergelegten Dokumenten enthaltenen **Informationen** zu befürchten ist (Beispiele: wettbewerbswidrige Verwendung des Gläubigerverzeichnisses; persönliche Gefahr für den Schuldner, der in einem Zeugenschutzprogramm ist, durch Preisgabe der niedergelegten Informationen), kann das Insolvenzgericht beschließen, einzelnen Beteiligten die Einsichtnahme zu verwehren (MüKoInsO/*Füchsl/Weishäupl/Jaffé* § 154 Rn. 3; FK-InsO/*Wegener* § 154 Rn. 6; krit. HambK-InsO/*Jarchow* § 154 Rn. 9 unter Hinweis auf AG Hamburg ZInsO 2004, 561). Gegen eine solche Entscheidung ist **Rechtsschutz** nicht in Form der sofortigen Beschwerde statthaft (§ 6), sondern allenfalls in Form der Rechtspflegererinnerung nach § 11 RPflG.

II. Umfang

3 Niederzulegen sind die nach §§ 151–153 erstellten Verzeichnisse, also das **gesamte Werk der internen Rechnungslegung.** Eine weitergehende Offenlegung von Unterlagen des Schuldners (Buchführung oÄ) erfolgt nicht (vgl. LG Berlin KTS 1957, 190). Auch bezieht sich § 154 nicht auf Entwürfe von Insolvenzplänen oÄ (zutr. Braun/*Haffa/Leichtle* § 154 Rn. 1 mwN; aA Uhlenbruck/*Sinz* § 154 Rn. 2); die Niederlegung des Insolvenzplans in der Geschäftsstelle ist in § 234 abschließend geregelt. – § 154 ist nicht abdingbar (zustimmend BK-InsO/*Kießling* § 154 Rn. 2); weder das Insolvenzgericht noch ein (vorläufiger) Gläubigerausschuss können Ausnahmen, Fristveränderungen etc beschließen (vgl. zur Handhabung von § 154 in der Praxis, insbes. zu vorläufigen Angaben, Braun/*Haffa/Leichtle* § 152 Rn. 10 f.).

4 Neben der Einsichtnahme haben die Beteiligten grds. ein Recht auf **Abschriften/Kopien** von den Verzeichnissen (vgl. § 299 Abs. 1 ZPO); die Kosten haben sie selbst zu tragen. **Beteiligte** iSd § 154 sind (wie in § 150, vgl. → § 150 Rn. 7): der Schuldner, alle Insolvenzgläubiger (auch die nachrangigen), die Mitglieder des Gläubigerausschusses, die Massegläubiger, Aus- und Absonderungsberechtigte (heute hM, vgl. MüKoInsO/*Füchsl/Weishäupl/Jaffé* § 154 Rn. 2; Uhlenbruck/*Sinz* § 154 Rn. 3) sowie auch potentielle Käufer des schuldnerischen Unternehmens (insofern aA FK-InsO/*Wegener* § 154 Rn. 2; HK-InsO/*Depré* § 154 Rn. 3; zweifelnd BK-InsO/*Kießling* § 154 Rn. 13).

Handels- und steuerrechtliche Rechnungslegung

155 (1) [1]**Handels- und steuerrechtliche Pflichten des Schuldners zur Buchführung und zur Rechnungslegung bleiben unberührt.** [2]**In bezug auf die Insolvenzmasse hat der Insolvenzverwalter diese Pflichten zu erfüllen.**

(2) [1]**Mit der Eröffnung des Insolvenzverfahrens beginnt ein neues Geschäftsjahr.** [2]**Jedoch wird die Zeit bis zum Berichtstermin in gesetzliche Fristen für die Aufstellung oder die Offenlegung eines Jahresabschlusses nicht eingerechnet.**

(3) [1]**Für die Bestellung des Abschlußprüfers im Insolvenzverfahren gilt § 318 des Handelsgesetzbuchs mit der Maßgabe, daß die Bestellung ausschließlich durch das Registergericht auf Antrag des Verwalters erfolgt.** [2]**Ist für das Geschäftsjahr vor der Eröffnung des Verfahrens bereits ein Abschlußprüfer bestellt, so wird die Wirksamkeit dieser Bestellung durch die Eröffnung nicht berührt.**

Schrifttum: *Albrecht/Stein,* Die Verantwortlichkeiten von Insolvenzverwalter und Organen einer insolventen börsennotierten Aktiengesellschaft – Teil I, ZInsO 2009, 1886; Teil II, ZInsO 2009, 1939; *App,* Handelsrechtliche, steuerrechtliche und insolvenzrechtliche Rechnungslegungspflichten eines insolventen Unternehmens, StW 2005, 139; *Bange,* Die Rückforderungen von Gewinnausschüttungen durch den Insolvenzverwalter bei nichtigen Jahresabschlüssen, ZInsO 2006, 519; *Beuthien,* Wer hat insolvente Genossenschaften zu prüfen? Anm. zu OLG Brandenburg, Beschluss vom 22. März 2010 – 7 Wx 6/09, ZIP 2011, 93; Bork/Hölzle/*Beck/Hölzle,* Handbuch Insolvenzrecht, 2014, Kap. 32; *Eisolt/Schmidt,* Praxisfragen der externen Rechnungslegung in der Insolvenz, BB 2009, 654; *Fischer-Böhnlein/Körner,* Rechnungslegung von Kapitalgesellschaften im Insolvenzverfahren, BB 2001, 191; *Förster,* Steuererklärungspflicht bei Masseunzulänglichkeit führt zur Einstellung mangels Masse!, ZInsO 2000, 444; *Frotscher,* Besteuerung bei Insolvenz, 8. Aufl. 2014; *Groß/Amen,* Going-Concern-Prognosen im Insolvenz- und im Bilanzrecht, DB 2005, 1861; *Haarmeyer/Hillebrand,* Insolvenzrechnungslegung, ZInsO 2010, 412; *Hancke/Schildt,* Externe Rechnungslegung in der Insolvenz: Eine Kritik an dem Rechnungslegungshinweis des IDW zu § 155 I 1 InsO, NZI 2011, 527; *Heni,* Rechnungslegung im Insolvenzverfahren – Zahlenfriedhöfe auf Kosten der Gläubiger?, ZInsO 1999, 609; *ders.,* Rechnungslegung im Insolvenzverfahren, WPg 1990, 369; *Holzer,* Die Offenlegung der Jahresabschlüsse von Kapitalgesellschaften nach Eröffnung des Insolvenzverfahrens, ZVI 2007, 401; *Janca,* Steuererklärungspflichten ohne (Buchführungs-)Unterlagen? – Erste Schritte, ZInsO 2002, 715; *Jesse,* Anzeige- und Berichtigungspflichten nach § 153 AO, BB 2011, 1431; *Kind/Frank/Heinrich,* Die Pflicht zur Prüfung von Jahresabschluss und Lagebericht nach § 316 Abs. 1 Satz 1 HGB in der Insolvenz, NZI 2006, 205; *Klasmeyer/Kübler,* Buchführungspflichten, Bilanzierungspflichten und Steuererklärungspflichten des Konkursverwalters sowie Sanktionen im Fall ihrer Verletzung, BB 1978, 369; *Klerx,* Ersetzung des bestellten Abschlussprüfers durch den Insolvenzverwalter, NZG 2003, 943; *Kniebes,* Die handelsrechtliche Rechnungslegung von Kapitalgesellschaften nach Einstellung des Geschäftsbetriebs und Insolvenzeröffnung, 2014; *Köchling,* Mitwirkung von Steuerberatern und Wirtschaftsprüfern im Insolvenzverfahren, BuW 2002, 160; *König,* Gesonderte oder harmonisierte Rechnungslegung des Konkursverwalters im Unternehmenskonkurs?, ZIP 1988, 1003; *Kunz/Mundt,* Rechnungslegung in der Insolvenz (Teil I), DStR 1997, 620; (Teil II), DStR 1997, 664; *Lorenz,* Die steuerlichen Rechte und Pflichten des Insolvenzverwalters, StW 2003, 164; *Lüdenbach,* Ordnungsgeldverfahren wegen nicht fristgerechter Offenlegung, StuB 2010, 468; *Maus,* Offenlegungspflichten des Insolvenzverwalters nach dem Gesetz über elektronische Handelsregister und Genossenschaftsregister sowie das Unternehmensregister (EHUG), ZInsO 2008, 5; *Mönning,* Betriebsfortführung in der Insolvenz, 2. Aufl. 2014; *Niethammer,* Rechnungslegung im Insolvenzverfahren, Wpg 1990, 202; *Pink/Fluhme,* Handelsrechtliche Offenlegungspflichten des Insolvenzverwalters und Sanktionsmaßnahmen bei deren Verletzung, ZInsO 2008, 817; *Reck,* Rechnungslegung des Insolvenzverwalters, BuW 2003, 837; *Scheibner,* Pflichtprüfung auch der durch Insolvenz aufgelösten Genossenschaft?, DZWIR 2010, 446; *Scherrer/Heni,* Externe Rechnungslegung bei Liquidation, DStR 1992, 797; *Karsten Schmidt,* Liquidationsbilanzen und Konkursbilanzen, 1993; *Schmitt/Möhl-*

mann-Mahlau, Die Insolvenzeröffnungsbilanz und ihre Bedeutung für die Weiterführung und Sanierung der Insolvenzschuldnerin, NZI 2007, 703; *Schmittmann,* Steuerberatungskosten im Insolvenzverfahren, InsbürO 2005, 288; *ders.,* Strafrechtliche Risiken in der Steuerberatung bei Insolvenznähe, ZSteu 2004, 308; *ders.,* Bilanzmanipulation: Konsequenzen für den Steuerberater, BBB 2007, 30; *ders.,* Steuererklärungspflicht des Insolvenzverwalters bzw. Treuhänders, NZI 2014, 596; *Scholz,* Kommentar zum GmbH-Gesetz, 10. Aufl. 2010; *Stephan,* Steuererklärung und Null-Massen-Insolvenz, ZVI 2002, 187; *Uhländer,* Steuerliche Mitwirkungspflichten des Insolvenzverwalters, AO-StB 2003, 279; *Undritz/Zak/Vogel,* Offenlegungspflichten nach dem EHUG – Anwendungsprobleme in der Insolvenz, DZWIR 2008, 353; *von Buttlar,* Kapitalmarktrechtliche Pflichten in der Insolvenz, BB 2010, 1355; *Waza/Uhländer/Schmittmann,* Insolvenzen und Steuern, 11. Aufl. 2015; *Weisang,* Zur Rechnungslegung nach der neuen Insolvenzordnung, BB 1998, 1149; *Weiß,* Zulässigkeit der Verwendung des offengelegten Jahresabschlusses einer GmbH im Strafverfahren gegen ihre Geschäftsführer?, DB 2010, 1744; *Weitzmann,* Rechnungslegung und Schlussrechnungsprüfung, ZInsO 2007, 449; *Wellensiek,* Die Berichterstattung im neuen Insolvenzverfahren, ZHR 163 (1999), 717; *Wienberg/Voigt,* Aufwendungen für Steuerberatungskosten bei masseunzulänglichen Insolvenzverfahren als Auslagen des Verwalters gemäß § 54 Nr. 2 InsO, ZIP 1999, 1662.

Übersicht

I. Überblick und Grundlagen

1. Normzweck und Überblick. Die Norm hat **klarstellende Funktion.** Die Bestimmungen über die insolvenzrechtliche Rechnungslegung lassen die handels- und steuerrechtlichen Verpflichtungen unberührt (so Amtliche Begründung RegE InsO 1992 zu § 174 InsO, BT-Drs. 12/2443, 172 ff.; FK-InsO/*Boochs* Rn. 2). Im Insolvenzverfahren ist streng zwischen der insolvenzrechtlichen, der handelsrechtlichen und der steuerrechtlichen **Rechnungslegung** zu differenzieren (so auch *Waza/Uhländer/Schmittmann,* Insolvenzen und Steuern, Rn. 921). Der **Dualismus** zwischen insolvenz- und handelsrechtlicher Rechnungslegung wurde von *Karsten Schmidt* (Liquidationsbilanzen und Konkursbilanzen, 1993) begründet und ist heute vom Gesetz durch § 66 InsO (vgl. → § 66 Rn. 2) und § 155 InsO anerkannt. 1

Die **Rechnungslegungspflichten des Insolvenzverwalters** umfassen das Verzeichnis der Massegegenstände (§ 151 InsO; vgl. → § 151 Rn. 3 ff.), das Gläubigerverzeichnis (§ 152 InsO; vgl. → § 152 Rn. 3 ff.) und das Vermögensverzeichnis (§ 153 InsO; vgl. → § 153 Rn. 3 ff.). Die Steuererklärungspflicht dient der ordnungsgemäßen Abwicklung des Besteuerungsverfahrens und nicht nur dem fiskalischen Interesse der Finanzverwaltung als Insolvenzgläubiger (so BFH/NV 2008, 334 [335]). Allg. dient die Rechnungslegung der **Aggregation und Bereitstellung von zweckorientiertem Wissen** (so HambK-InsO/*Weitzmann* Rn. 6; Bork/HölzleInsO-HdB/*Beck* Kap. 32 Rn. 11). Die Rechenwerke verschaffen dem Insolvenzverwalter nach Verfahrenseröffnung insbes. wichtige Informationen für die Fortführung des Schuldnerunternehmens (so Kübler/Prütting/Bork/*Kübler* Rn. 9). Darüber hinaus können sich auch potezielle Kreditgeber hinsichtlich der Gewährung von Massekrediten, Lieferanten, Abnehmer und Investoren aus den Rechenwerken informieren (so Kübler/Prütting/Bork/*Kübler* Rn. 10). 2

2. Entstehungsgeschichte. Die **Konkursordnung** kannte keine der Regelung des § 155 InsO vergleichbare Norm. Vielmehr wurde § 6 Abs. 2 KO, wonach das Verwaltungs- und Verfügungsrecht hinsichtlich der Konkursmasse durch den Konkursverwalter ausgeübt wurde, als Begründung dafür gesehen, dass der Konkursverwalter auch für die handels- und steuerrechtliche Rechnungslegung des Schuldners zuständig war (vgl. MüKoInsO/*Füchsl/Weishäupl* Rn. 1; Bork/Hölzle InsR-HdB/*Beck/Hölzle* Kap. 32 Rn. 25). Der RFH (RStBl. 1938, 669; RStBl. 1940, 761) ging davon aus, dass der Konkursverwalter verpflichtet ist, unter Beachtung der **Grundsätze ordnungsmäßiger Buchführung** Bücher zu führen und Jahresabschlüsse zu erstellen (ebenso BFHE 106, 305 = BStBl. II 1972, 784 = DB 1972, 1852 = HFR 1972, 605; BFHE 169, 490 = BStBl. II 1993, 265 = DB 1993, 620 = ZIP 1993, 374; BFHE 175, 309 ff. = BStBl. II 1995, 194 = ZIP 1994, 1969 = HFR 1995, 62; BGHZ 74, 316 = ZIP 1980, 25 = DB 1979, 1599; Uhlenbruck/*Sinz* Rn. 1; HambK-InsO/*Weitzmann* Rn. 30; MüKoInsO/*Füchsl/Weishäupl* Rn. 30). 3

II. Handelsrechtliche Rechnungslegung

1. Voraussetzungen der Rechnungslegungspflicht. Die Regelung des § 155 Abs. 1 InsO setzt eine **Verpflichtung zur handelsrechtlichen Rechnungslegung** voraus. Sie „gilt" auch für den Insolvenzverwalter. Sie setzt voraus, dass der Schuldner bereits vor Verfahrenseröffnung zur handelsrechtlichen Rechnungslegung verpflichtet war (so IDW RH HFA 1.012 Rn. 6). Gem. §§ 238 ff. HGB unterliegen der handelsrechtlichen Buchführungspflicht nur Kaufleute nach §§ 1 und 6 HGB. **Handelsgewerbe** iSv § 1 Abs. 1 HGB, dessen Betreiber auch 4 ohne Eintragung in das Handelsregister die Kaufmannseigenschaft innehat, ist seit dem Inkrafttreten des HRefG v. 22.6.1998 (BGBl. I S. 1474) gem. § 1 Abs. 2 HGB jeder **Gewerbebetrieb,** es sei denn, dass das Unternehmen nach Art und Umfang einen in kaufmännischer Weise eingerichteten **Geschäftsbetrieb** nicht erfordert. Damit ist der Kaufmannsbegriff insbes. auf Dienstleistungsunternehmen erstreckt worden. **Freiberufler,** also insbes. Ärzte, Rechtsanwälte, Steuerberater, Wirtschaftsprüfer und Architekten betreiben demgegenüber kein Handelsgewerbe und sind daher ungeachtet der Größe ihres Unternehmens nicht zur handelsrechtlichen Buchführung verpflichtet (so Kübler/Prütting/Bork/*Kübler* Rn. 15; Mönning BetriebsF InsO/*Schmittmann* § 33 Rn. 7).

5 Bei **Kapitalgesellschaften** ergibt sich die Kaufmannseigenschaft aus § 6 Abs. 2 HGB. Die Auflösung durch die Eröffnung des Insolvenzverfahrens (§ 262 Abs. 1 Nr. 4 AktG, § 60 Abs. 1 Nr. 4 GmbHG) führt nicht zur Beendigung der Kaufmannseigenschaft. Diese tritt erst durch Vermögenslosigkeit und Löschung im Handelsregister ein (so MüKoInsO/*Füchsl/Weishäupl* Rn. 11). Die **Genossenschaft** gilt gem. § 17 Abs. 2 GenG als Kaufmann iS des HGB.

6 Gem. § 71 Abs. 1 GmbHG haben die Liquidatoren eine **Liquidationseröffnungsbilanz** samt Bericht sowie für den Schluss eines jeden Jahres einen Jahresabschluss und einen Lagebericht aufzustellen. Nach zutreffender Auffassung ist zwischen der periodischen **Rechnungslegung der Handelsgesellschaft in der Liquidation** und der internen **Rechnungslegung der Liquidatoren gegenüber den Beteiligten** zu unterscheiden (so Scholz/*Karsten Schmidt* § 71 Rn. 6), da beide Rechnungslegungsarten unterschiedlichen Zwecken dienen (so *Karsten Schmidt,* Liquidationsbilanzen und Konkursbilanzen, 41 ff.). In der Insolvenz der GmbH gilt § 155 InsO und nicht § 71 Abs. 1 GmbH (so Scholz/*Karsten Schmidt* § 71 Rn. 3).

7 Beim **Einzelkaufmann** resultiert die handelsrechtliche Buchführungspflicht aus der Kaufmannseigenschaft. Die Buchführungspflicht nach § 238 HGB gilt für jeden Kaufmann, nicht aber nach **Einstellung des Unternehmens.** Selbst wenn noch ein Eintrag im Handelsregister als Kaufmann vorhanden ist, besteht keine Buchführungspflicht (so OLG Celle NJW 1968, 2119 [2120]; Baumbach/Hopt/*Merkt* § 238 Rn. 7). Die Masseverwertung selbst durch den Insolvenzverwalter stellt kein Handelsgewerbe dar, sondern **Vermögensverwaltung** (so MüKoInsO/*Füchsl/Weishäupl* Rn. 9; Haarmeyer/Wutzke/Förster/*Förster* Praxiskommentar Rn. 13; Uhlenbruck/*Sinz* Rn. 2).

8 Bei **Personenhandelsgesellschaften** ist der Betrieb eines Handelsgewerbes nicht erforderlich, vielmehr reicht für die Kaufmannseigenschaft die Eintragung in das Handelsregister aus (§ 105 Abs. 2 S. 1 HGB). Die Liquidatoren einer Personenhandelsgesellschaft haben bei dem Beginn und bei der Beendigung der Liquidation eine Bilanz aufzustellen (§ 154 HGB). Nach zutreffender Auffassung ist zwischen der **Rechnungslegung der Handelsgesellschaft in der Liquidation** und der **Rechnungslegung der Liquidatoren gegenüber den Beteiligten** zu unterscheiden (so MüKoHGB/*Schmidt* § 154 Rn. 8) Es handelt sich bei § 154 HGB um eine **interne Rechnungslegungsvorschrift** gegenüber den Gesellschaftern (so MüKoHGB/*Schmidt* § 154 Rn. 11; Kübler/Prütting/Bork/*Kübler* Rn. 25; *Scherrer/Heni* DStR 1992, 797; grundlegend: *Karsten Schmidt,* Liquidations- und Konkursbilanzen, § 5 III 4). Die Gegenansicht, wonach es sich um eine Vorschrift der externen Rechnungslegung handelt, so dass die Aufstellung von Jahresabschlüssen nicht verlangt wird (so MüKoInsO/*Füchsl/Weishäupl* Rn. 10), trifft nicht zu, da die Rechnungslegungspflicht bis zur Vollbeendigung fortdauert (so MüKoHGB/*Schmidt* § 154 Rn. 15).

9 **2. Gegenstände der Rechnungslegungspflicht.** Die handelsrechtliche Rechnungslegung umfasst die **Führung der Handelsbücher** (§ 239 HGB) und

die Erstellung einer **Bilanz sowie Gewinn- und Verlustrechnung** für den Schluss eines jeden Geschäftsjahres (§ 242 HGB; vgl. MüKoHGB/*Schmidt* § 154 Rn. 17). Daneben haben Kapitalgesellschaften und haftungsbeschränkte Personenhandelsgesellschaften iSv § 264a HGB den Jahresabschluss grds. um einen **Anhang** zu erweitern sowie einen **Lagebericht** zu erstellen (§ 264 HGB). Gem. § 264 Abs. 1 S. 3 HGB brauchen kleine Kapitalgesellschaften den Lagebericht nicht aufzustellen (so *Waza/Uhländer/Schmittmann* Rn. 942).

Der **Jahresabschluss** muss gem. § 243 Abs. 2 HGB klar und übersichtlich sein. 10
Grds. ist gem. § 243 Abs. 3 HGB der Jahresabschluss innerhalb der einem ordnungsmäßigen Geschäftsgang entsprechenden Zeit aufzustellen. Kapitalgesellschaften und haftungsbeschränkte Personenhandelsgesellschaften sind gem. § 264 Abs. 1 S. 2 HGB verpflichtet, den Jahresabschluss und den Lagebericht in den ersten drei Monaten des Geschäftsjahres für das vergangene Geschäftsjahr aufzustellen. Lediglich kleine Kapitalgesellschaften dürfen den Jahresabschluss später aufstellen, wenn dies einem ordnungsgemäßen Geschäftsgang entspricht.

Der **Jahresabschluss** muss innerhalb der ersten sechs Monate des Geschäfts- 11
jahres aufgestellt werden, § 264 Abs. 1 S. 3 HGB. Diese **Sechsmonatsfrist** gilt grds. auch für Einzelkaufleute und Personenhandelsgesellschaften (so Baumbach/Hopt/*Merkt* § 243 Rn. 10). Sie ist weder durch das **Bundesamt für Justiz** noch durch die **Finanzverwaltung** verlängerbar. In der Insolvenz gilt die Besonderheit, dass gem. § 155 Abs. 2 S. 2 HGB die Zeit bis zum Berichtstermin in gesetzliche Fristen für die Aufstellung oder die Offenlegung des Jahresabschlusses nicht eingerechnet wird. Maßgeblicher Zeitpunkt ist die Stunde der Eröffnung, die aus dem Insolvenzeröffnungsbeschluss gem. § 27 Abs. 2 Nr. 3 InsO ersichtlich ist. Ist die Stunde der Eröffnung im Beschluss nicht angegeben, so gilt gem. § 27 Abs. 3 InsO als Zeitpunkt der Eröffnung die Mittagsstunde des Tages, an dem der Beschluss erlassen worden ist.

3. Pflichten des Insolvenzverwalters hinsichtlich der Zeiträume vor der 12
Eröffnung des Insolvenzverfahrens. Grundlagen. Nach der Eröffnung des Insolvenzverfahrens hat der Insolvenzverwalter gem. § 148 Abs. 1 InsO das gesamte zur Insolvenzmasse gehörende Vermögen sofort in Besitz und Verwaltung zu nehmen (vgl. → § 148 Rn. 3). Dazu gehören auch die der **Rechnungslegung** dienenden Unterlagen des Schuldners gem. § 36 Abs. 2 Nr. 1 InsO, nachdem die besondere Verwertungsvorschrift des § 117 Abs. 2 KO weggefallen ist (so MüKoInsO/*Füchsl/Weishäupl* § 148 Rn. 13). Die **Geschäftsbücher** des Gemeinschuldners durften nach § 117 Abs. 2 KO nur mit dem Geschäft im ganzen und nur insoweit veräußert werden, als sie zur Fortführung des Geschäftsbetriebs unerlässlich waren.

Sobald der Insolvenzverwalter pflichtgemäß aufgrund der Regelung des § 148 13
Abs. 1 InsO die **Geschäftsbücher** des Schuldners in Besitz genommen hat, ist die Erfüllung der handelsrechtlichen Rechnungslegungspflichten dem Schuldner bzw. seinen organschaftlichen Vertretern nicht mehr möglich (vgl. BGHZ 74, 316 [319]; KG ZIP 1997, 1511 = NJW-RR 1998, 472). Es ist daher konsequent, diese dem Insolvenzverwalter zu übertragen (§ 155 Abs. 1 S. 2 InsO).

Der Insolvenzverwalter ist nicht nur verpflichtet, die bislang nicht aufgestellten 14
Jahresabschlüsse aus der Zeit vor Eröffnung des Insolvenzverfahrens aufzustellen; ihm obliegt auch die **Feststellungskompetenz** für die von ihm aufgestellten Jahresabschlüsse (so IDW RH HFA 1.012 Externe (handelsrechtliche) Rechnungslegung im Insolvenzverfahren, ZInsO 2009, 179 Rn. 9).

Die vom Schuldner aufgestellten **Jahresabschlüsse hinsichtlich der Zeiträu-** 15
me vor Verfahrenseröffnung weisen ggf. Mängel auf, zB weil der Schuldner oder der organschaftliche Vertreter in der Krise die Aktiva zu „optimistisch" bewertet hat um dadurch die Überschuldung zu verschleiern (vgl. *Schmittmann*

ZSteu 2004, 308 [312]). Dies ist der Fall, wenn zB Forderungen zum Nennwert im Falle des Verkaufs wertloser Gegenstände an Tochtergesellschaften ausgewiesen werden (vgl. RGSt 14, 80; 38, 196; 37, 435), nicht der Kapitalgesellschaft gehörende Grundstücke ausgewiesen werden (vgl. RGSt 14, 80; 38, 196; 37, 435) oder wertlose Forderungen, die wertmäßig abzuschreiben gewesen wären, aktiviert werden (vgl. *Schmittmann* BBB 2007, 30 [31]). Dies wird der Insolvenzverwalter in der Regel iRd **Verwertung** feststellen, was ihm wiederum Anlass gibt, fehlerhafte Jahresabschlüsse zu verwerfen und richtige Jahresabschlüsse aufzustellen.

16 Inhalt und Umfang der Pflichten, die der Insolvenzverwalter für **Zeiträume vor Eröffnung des Insolvenzverfahrens** hat, hängen von den konkreten Umständen ab, insbes. von Art und Umfang der Mängel der Buchführung. Ungeachtet der entstehenden Kosten hat der Insolvenzverwalter mit dem Schuldner Verbindung aufzunehmen, sich mit den Finanzbehörden ins Benehmen zu setzen und Rückstände aufzuarbeiten (so BGHZ 74, 316 = ZIP 1980, 25). Die **Pflicht zur Buchführung** ist ein Teil der Amtstätigkeit des Insolvenzverwalters (so BGH ZIP 2010, 2164 = DStR 2010, 2364).

17 **Behandlung nichtiger oder fehlerhafter Abschlüsse.** Gem. § 256 Abs. 2 S. 1 Nr. 1 AktG ist ein festgestellter Jahresabschluss außer in den Fällen des § 173 Abs. 3, § 234 Abs. 3 und § 235 Abs. 2 AktG nichtig, wenn er durch seinen Inhalt Vorschriften verletzt, die ausschließlich oder überwiegend zum Schutz der Gläubiger der Gesellschaft gegeben sind. Aufgrund der **Nichtigkeit eines Jahresabschlusses** kann der Insolvenzverwalter aufgrund dieser Jahresabschlüsse geleistete Zahlungen, insbes. an die Gesellschafter, zurückgefordert und damit die Masse mehren (vgl. *Bange* ZInsO 2006, 519).

18 Im übrigen dient die **Feststellung der Nichtigkeit** des Jahresabschlusses der Aufklärung der Frage, seit wann Überschuldung und damit Insolvenzantragspflicht bei antragspflichtigen Gesellschaften gegeben ist.

19 **4. Pflichten des Insolvenzverwalters hinsichtlich des Zeitpunktes der Eröffnung des Insolvenzverfahrens. Entstehung eines Rumpfgeschäftsjahres.** Mit der Eröffnung des Insolvenzverfahrens beginnt gem. § 155 Abs. 2 S. 1 InsO ein neues Geschäftsjahr. Dieses **Geschäftsjahr** umfasst wiederum einen **Zeitraum von zwölf Monaten,** § 240 Abs. 2 S. 2 HGB. Mit der Eröffnung des Insolvenzverfahrens entsteht somit für den Vorzeitraum ein Rumpfwirtschaftsjahr. Wird das Insolvenzverfahren am 18.5.2011, 11.30 Uhr, eröffnet, so erstreckt sich das Rumpfwirtschaftsjahr, sofern der Schuldner kein abweichendes Wirtschaftsjahr gewählt hatte, auf den Zeitraum vom 1.1.2011 bis zum 18.5.2011, 11.30 Uhr. Da § 27 Abs. 2 Nr. 3, Abs. 3 InsO auf die Stunde der Eröffnung abstellt, ist auch das Geschäftsjahr auf Stunde und Minute genau zu bestimmen. Dies ist schon aus dem Grunde erforderlich, weil das Schuldnervermögen sich durch Handlungen des Schuldners oder des mit Verfügungsbefugnis ausgestatteten vorläufigen Insolvenzverwalters bis unmittelbar vor Verfahrenseröffnung geändert haben kann, zB durch Verfügungen über Gegenstände oder den Erwerb solcher sowie durch Begründung oder Ausgleich von Verbindlichkeiten (vgl. Kübler/Prütting/Bork/*Kübler* Rn. 27).

20 **Rückkehr zum satzungsmäßigen Geschäftsjahr.** Will der Insolvenzverwalter aus pragmatischen Gründen wieder zum **Geschäftsjahr,** das in der **Satzung** festgelegt ist, zurückkehren, so bedarf dies eines konstitutiven Aktes. Insbes. weil Insolvenzverfahren in aller Regel nicht innerhalb von zwölf Monaten beendet werden können, führt eine dauerhafte Bilanzierung zu einem willkürlichen Zeitpunkt (hier: 18.5. eines jeden Jahres, 11.30 Uhr) zu erheblichen praktischen Schwierigkeiten, aber auch unsinnigem Aufwand.

21 Es wird die Auffassung vertreten, dass bei Aktiengesellschaften ein **Hauptversammlungsbeschluss** nach § 179 AktG bzw. ein **Gesellschafterversamm-**

lungsbeschluss bei einer GmbH nach § 53 GmbHG herbeizuführen ist, der mit seiner Eintragung in das Handelsregister gem. § 181 Abs. 3 AktG, § 54 Abs. 3 GmbHG, wirksam wird (so *Weisang* BB 1998, 1149 [1151]). Nach überwiegender und zutreffender Auffassung liegt die **Kompetenz** für die Wiederherstellung des ursprünglichen Geschäftsjahres allein beim **Insolvenzverwalter** (so OLG Frankfurt a. M. ZIP 2012, 1617 [1619] = EWiR 2012, 675 [*Schmittmann*]; Graf-Schlicker/*Breitenbücher* InsO Rn. 16; MüKoInsO/*Füchsl*/*Weishäupl* Rn. 18; Kübler/Prütting/Bork/*Kübler* Rn. 33; Uhlenbruck/*Sinz* Rn. 16), der dazu weder die Zustimmung der Gesellschafter, des Schuldners oder der Gläubiger einzuholen hat (so BGH ZIP 2015, 88 = DB 2015, 239 mAnm *Schmittmann*). Es ist allerdings innerhalb des ersten laufenden Geschäftsjahrs nach Eröffnung eine **Mitteilung an das Handelsregister** erforderlich (so BGH ZIP 2015, 88 = NZI 2015, 135 = DB 2015, 239 mAnm *Schmittmann;* aA Vorinstanz: OLG Frankfurt a. M. ZIP 2014, 433 [435] = EWiR 2014, 393 [*Egerlandt*] = NZI 2014, 418 – Änderung nur für Zukunft anmeldefähig). Einer Anmeldung zum Handelsregister in notarieller Form bedarf es nicht (so BGH ZIP 2015, 88 = NZI 2015, 135 = DB 2015, 239 mAnm *Schmittmann;* aA OLG Frankfurt a. M. ZIP 2012, 1617 = EWiR 2012, 675 [*Schmittmann*]). Nach Meinung von *Frotscher* (Besteuerung bei Insolvenz, 37) entsteht das Kalenderjahr als Geschäftsjahr **automatisch** wieder.

Der Insolvenzverwalter hat auf den **Zeitpunkt der Verfahrenseröffnung** eine 22
umfassende **Inventur** vorzunehmen (so Kübler/Prütting/Bork/*Kübler* Rn. 40). Der Insolvenzverwalter hat daher für das schuldnerische Unternehmen die Grundstücke, die Forderungen und Schulden, den Betrag des baren Geldes sowie die sonstigen Vermögensgegenstände genau zu verzeichnen und dabei den Wert der einzelnen Vermögensgegenstände und Schulden anzugeben, § 240 Abs. 1 InsO. Bei körperlichen Gegenständen (Sachen, Urkunden) wird ebenfalls eine Aufstellung verlangt. Die **Bestandsaufnahme** kann auch einige Tage vorher oder nachher erfolgen, was als „ausgeweitete Stichtaginventur" bezeichnet wird. Für die Durchführung der Inventur gelten die allgemeinen Grundsätze, also va Klarheit, Wahrheit, Vollständigkeit und im Ausgangspunkt **Einzelerfassung** und **Einzelbewertung** (so Baumbach/Hopt/*Merkt* § 240 Rn. 2). Oftmals führt die praktische Durchführung im Insolvenzverfahren zu erheblichen Schwierigkeiten, was darin begründet liegt, dass das Handelsrecht von einem Stichtag ausgeht, der am Ende des Jahres oder aber bei abweichendem Wirtschaftsjahr zumindest am Ende eines Monats liegt, während der Zeitpunkt der Eröffnung des Insolvenzverfahrens häufig willkürlich nicht nur mitten im Monat, sondern auch mitten am Tag liegen kann. In geeigneten Fällen sollte daher beim Insolvenzgericht darauf hingewirkt werden, dass, sofern sachlich vertretbar, das Insolvenzverfahren am 1. eines Monats zur Eröffnung gelangt oder aber zumindest der Eröffnungsbeschluss in den frühen Morgenstunden oder den späten Abendstunden erlassen wird, um nicht mitten am Tage bilanzieren zu müssen.

Der Beschluss über die **Eröffnung des Insolvenzverfahrens** wird dem bilan- 23
zierungspflichtigen Insolvenzverwalter nicht in der Minute seines Erlasses bekanntgegeben, sondern durchläuft beim Insolvenzgericht den Geschäftsgang. In aller Regel kann daher nicht eine reale **Inventur** auf die Minute der Verfahrenseröffnung durchgeführt werden. Der Insolvenzverwalter wird mit der nachverlegten **Stichtaginventur** gem. § 241 Abs. 3 HGB arbeiten müssen, was allg. als zulässig angesehen wird (so Kübler/Prütting/Bork/*Kübler* Rn. 42). Demgegenüber darf sich der Insolvenzverwalter nicht mit einer reinen **Stichprobeninventur** gem. § 241 Abs. 1 HGB begnügen. Hierbei handelt es sich um ein anerkanntes mathematisch-statistisches Stichprobenverfahren, für das Voraussetzung ist, dass es den GoB entspricht und ein Inventar mit dem gleichen Aussagewert wie körperlicher Bestandsaufnahme ermöglicht. Die Stichprobeninventur muss richtig, vollständig und nachprüfbar erfolgen. Es wird eine Aussageäquivalenz dahin

gefordert, dass ein Sicherheitsgrad von 95 % und relative Stichprobenfehler von höchstens 1 % des Wertes erreicht werden (vgl. Baumbach/Hopt/*Merkt* § 241 Rn. 1). Da die Insolvenzordnung ausdrücklich die lückenlose Erfassung aller Vermögensgegenstände erfordert, kommt eine reine Stichprobeninventur nicht in Betracht (so Kübler/Prütting/Bork/*Kübler* Rn. 42).

24 Es sind insbes. **die allgemeinen Bewertungsgrundsätze** gem. § 252 HGB zu berücksichtigen. Es ist also gem. § 252 Abs. 1 Nr. 2 HGB von der Fortführung der Unternehmenstätigkeit auszugehen, sofern dem nicht tatsächliche oder rechtliche Gegebenheiten entgegenstehen **(„Going-Concern-Grundsatz“).** Die Eröffnung des Insolvenzverfahrens führt nicht zwingend zur Einstellung der Unternehmenstätigkeit.

25 Ist allerdings der **Geschäftsbetrieb** des schuldnerischen Unternehmens im Zeitpunkt der Insolvenzeröffnung bereits **eingestellt,** sei es, dass der Geschäftsbetrieb im vorläufigen Insolvenzverfahren mit Zustimmung des Insolvenzgerichts gem. § 22 Abs. 2 Nr. 2 InsO eingestellt worden ist, sei es, dass der Geschäftsbetrieb bereits bei Anordnung von Sicherungsmaßnahmen eingestellt war, kann der Fortführungsgrundsatz nicht mehr zur Anwendung kommen.

26 Neben der **Eröffnungsbilanz** ist eine Gewinn- und Verlustrechnung nicht aufzustellen, da § 242 Abs. 2 HGB diese nur für die Jahresschlussbilanz vorsieht. Es dürfte allerdings zweckmäßig sein, zumindest **informatorisch** eine **Gewinn- und Verlustrechnung** aufzustellen.

27 Bei einer Kapitalgesellschaft sowie einer haftungsbeschränkten Personenhandelsgesellschaft ist ein erläuternder **Bericht** beizufügen, was sich aus einer entsprechenden Anwendung von § 270 Abs. 1 AktG und § 71 Abs. 1 GmbHG ergibt (so *Weisang* BB 1998, 1149 [1150]; Kübler/Prütting/Bork/*Kübler* Rn. 43; *Waza/Uhländer/Schmittmann* Insolvenzen und Steuern Rn. 960 ff.). Da § 155 Abs. 2 S. 1 InsO anordnet, dass mit der Eröffnung des Insolvenzverfahrens ein neues Geschäftsjahr beginnt, ist nicht nur eine Eröffnungsbilanz aufzustellen, sondern auch eine Schlussbilanz für das Rumpfgeschäftsjahr vor Eröffnung des Insolvenzverfahrens. Für das **Rumpfgeschäftsjahr** ist die Aufstellung einer Gewinn- und Verlustrechnung nach § 242 Abs. 2 HGB erforderlich. Weiterhin ist bei Kapitalgesellschaften und haftungsbeschränkten Personenhandelsgesellschaften ein Anhang aufzustellen. Bei Vorliegen der gesetzlichen Voraussetzungen muss auch ein **Lagebericht** beigefügt werden (so *Weisang* BB 1998, 1149 [1150 f.]; nach Auffassung von *Waza/Uhländer/Schmittmann* Insolvenzen und Steuern Rn. 964, verzichtbar).

28 Bei einer **Fortführung des schuldnerischen Unternehmens** über den Zeitpunkt der Verfahrenseröffnung hinaus (§ 157 S. 1 InsO) ist die **Schlussbilanz** nach den Gliederungs-, Ansatz- und Bewertungsvorschriften des Handelsgesetzbuches zu erstellen (so MüKoInsO/*Füchsl/Weishäupl* Rn. 6). Diese Pflichten bestimmen sich auch in der Insolvenz nach den Vorschriften der §§ 242 ff. HGB. Es ist zu unterscheiden zwischen den für alle Kaufleute geltenden Vorschriften der §§ 242–263 HGB sowie die ergänzenden Sondervorschriften in §§ 264 ff. HGB für Kapitalgesellschaften und gem. §§ 336 ff. HGB für eingetragene Genossenschaften (so Kübler/Prütting/Bork/*Kübler* Rn. 38). Da mit Eröffnung des Insolvenzverfahrens gem. § 155 Abs. 2 S. 1 InsO ein neues Geschäftsjahr beginnt, ist gem. § 242 Abs. 1 S. 1 HGB eine handelsrechtliche (Insolvenz-)Eröffnungsbilanz aufzustellen.

29 Wegen der **Bilanzierungsvorschriften im Einzelnen** wird auf die handelsrechtlichen Kommentierungen verwiesen.

30 **5. Pflichten des Insolvenzverwalters hinsichtlich der Zeiträume nach Eröffnung des Insolvenzverfahrens. Einstellung des Unternehmens.** Die **Verpflichtung** zur handelsrechtlichen Rechnungslegung könnte dadurch enden,

dass der Insolvenzverwalter das Unternehmen mit oder nach Verfahrenseröffnung einstellt.

31 Das **Fortbestehen der handelsrechtlichen Rechnungslegungspflichten** bei eingestelltem Geschäftsbetrieb nach Eröffnung des Insolvenzverfahrens bei Kapitalgesellschaften ist umstr. Zum Teil wird vertreten, dass im Hinblick auf den Sinn und Zweck doppelter Buchführung und jährlicher Bilanzierung, nämlich der **Selbstinformation des Kaufmanns** bzw. seiner Organe über die **Ertragslage des Unternehmens,** die Information für die Gesellschafter, die Grundlage der Gewinnverteilung, die Information für kreditgewährende Gläubiger und die **Information der Finanzverwaltung** es geboten erscheinen lassen, die handelsrechtlichen Buchführungspflichten teleologisch zu reduzieren (so MüKoInsO/*Füchsl/Weishäupl* Rn. 11; *Kunz/Mundt* DStR 1997, 664 [669 ff.]). Bei einem eingestellten Geschäftsbetrieb könnten die geschilderten Zwecke ohnehin nicht mehr erreicht werden. Darüber hinaus seien in den Verzeichnissen gem. §§ 151 ff. InsO die tatsächlichen Verhältnisse dokumentiert. Eine **Ausschüttungsbemessungsfunktion** in der Insolvenz ist nicht gegeben, so dass nicht einzusehen ist, warum der Insolvenzverwalter auf Kosten der Gläubiger Jahresabschlüsse aufstellen soll (so Haarmeyer/Wutzke/Förster/*Förster* Praxiskommentar § 155 Rn. 17). Nach dieser Auffassung stellt die Fortführung der handelsrechtlichen Buchführung eine „L'art pour l'art" dar (so Haarmeyer/Wutzke/Förster/*Förster* Präsenzkommentar, Rn. 17; MüKoInsO/*Füchsl/Weishäupl* Rn. 14; *Uhlenbruck* KTS 1989, 229 [231]). Eine Stütze im Gesetz findet diese Auffassung nicht. Es ist ihr zwar zuzugeben, dass die Gründe der Praktikabilität für sie sprechen und auch sie der Zielerreichung des Insolvenzverfahrens, nämlich der bestmöglichen Gläubigerbefriedigung (§ 1 S. 1 InsO) dient, freilich ohne gesetzliche Legitimation. Es entstehen zwar „kostenspielige Zahlenfriedhöfe" (so *Heni* Wpg 1990, 92 [98]); es steht aber nicht dem Rechtsanwender, sondern lediglich dem Gesetzgeber an, dies zu ändern. Daher ist der Insolvenzverwalter verpflichtet, zu jedem Geschäftsjahresende eine **Bilanz, eine Gewinn- und Verlustrechnung** und für Kapitalgesellschaften und diesen gleichgestellte Personengesellschaften zusätzlich einen **Anhang** und gegebenenfalls einen **Lagebericht** aufzustellen (so IDW RH HFA 1.012 Rn. 26).

32 **Fortführung des Unternehmens.** Führt der Insolvenzverwalter das schuldnerische Unternehmen, wenn auch nur zeitweise, fort, so behält das Einzelunternehmen seine Qualifikation als **Kaufmann.** Personenhandelsgesellschaften und Kapitalgesellschaften sind ohnehin Kaufleute kraft Rechtsform. Die **Rechnungslegungspflichten** folgen dann aus § 155 Abs. 1 InsO in Verbindung mit §§ 238 ff. HGB.

33 Als Besonderheit ist zu berücksichtigen, dass der Insolvenzverwalter ohne Zustimmung der Gesellschafter zum bisherigen Geschäftsjahr zurückkehren kann (→ Rn. 20) und damit ein weiteres **Rumpfwirtschaftsjahr** entsteht (vgl. MüKoInsO/*Füchsl/Weishäupl* Rn. 18; *Hancke/Schildt* NZI 2011, 527 [529]).

34 Hinsichtlich der **Aufstellungsfrist** ergibt sich eine Erleichterung dahin, dass die Zeit bis zum Berichtstermin in gesetzliche Fristen für die Aufstellung oder die Offenlegung eines Jahresabschlusses nicht eingerechnet wird (§ 155 Abs. 2 S. 2 InsO). Diese Norm basiert aufgrund eines erhöhten Arbeits- und Termindrucks in der Anfangsphase des Insolvenzverfahrens (so Haarmeyer/Wutzke/Förster/*Förster* Praxiskommentar Rn. 7). Soweit eine gesetzliche Verpflichtung zur Aufstellung eines Lageberichts besteht, so gilt dies auch in der Insolvenz.

35 Die mit der **Jahresabschlussprüfung** zusammenhängenden Rechtsfragen werden in → Rn. 54 ff. und die mit der **Offenlegung** in → Rn. 47 ff. dargestellt.

36 **Einstellung des Unternehmens während des Insolvenzverfahrens.** Erfolgt während des Insolvenzverfahrens eine **Betriebseinstellung,** so schreibt das Gesetz nicht die Aufstellung einer Zwischenbilanz vor. Zum Teil wird empfohlen,

zum Abschluss der Fortführungsperiode, also auf den Tag vor dem Einstellungsbeschluss (§ 157 S. 3 InsO), eine handelsrechtliche Schlussbilanz der werbenden Gesellschaft, eine Gewinn- und Verlustrechnung und bei Kapitalgesellschaften zusätzlich einen Anhang und einen Lagebericht zu erstellen (so MüKoInsO/*Füchsl/Weishäupl* Rn. 23). Dieser Empfehlung ist zu folgen, da sie das **Fortführungsergebnis** dokumentiert und erkennen lässt, ob die Unternehmensfortführung tatsächlich zu einer Massemehrung geführt hat. Der Insolvenzverwalter muss jedenfalls in der Lage sein, durch Aufstellung einer gesonderten Abrechnung nachvollziehbar darzustellen, welches Ergebnis die reine Betriebsfortführung gebracht hat. Bei den **Aufwands**- und **Ertragskonten** ist eine Unterteilung nach Fortführungsbezug vorzunehmen, ohne dass zwei völlig getrennte Buchhaltungen angelegt werden müssen (so LG Freiburg ZIP 1983, 1098 [1100], mAnm *Kübler,* der zutr. darauf hinweist, dass nur die zeitnahe Erfassung und Zuordnung aller Buchungsvorgänge auf den Konten „Betriebsfortführung" und „Liquidation" die genaue Beobachtung des jeweiligen Produktionsstandes und die Erfassung der aktuellen Außenstände aus der handelsrechtlichen Buchführung eine laufende sachgerechte Prüfung ermöglicht, ob die Betriebsfortführung aufrechtzuerhalten ist, ZIP 1983, 1102).

37 **6. Pflichten des Insolvenzverwalters hinsichtlich des Zeitpunktes der Beendigung des Insolvenzverfahrens.** Wird das Insolvenzverfahren **aufgehoben** (§ 200 InsO) oder **eingestellt** (§§ 207 ff. InsO), so ist damit gleichzeitig das letzte Geschäftsjahr in der Insolvenz abgeschlossen. Fällt die Verfahrensbeendigung nicht zufällig mit dem Schluss des Geschäftsjahres zusammen, so entsteht neuerlich ein **Rumpfwirtschaftsjahr,** für das gem. § 242 Abs. 1 S. 1 HGB eine **Bilanz** aufzustellen ist (so Kübler/Prütting/Bork/*Kübler* § 155 Rn. 50). Bei Kapitalgesellschaften und haftungsbeschränkten Personenhandelsgesellschaften sind ein **Anhang** und ein **Lagebericht** beizufügen (§ 264 Abs. 1 S. 1 HGB).

38 Diese formelle Betrachtung führt zu erheblichen praktischen Konsequenzen, da das **Amt des Insolvenzverwalters** mit der Aufhebung oder Einstellung des Verfahrens endet und er daher einen Jahresabschluss auf diesen Stichtag nicht mehr aufstellen kann, so dass der Schuldner bzw. seine Organe dafür zuständig wären (vgl. Kübler/Prütting/Bork/*Kübler* Rn. 51). Es wird daher zu Recht vorgeschlagen, als **Stichtag** für die Schlussbilanz den Zeitpunkt des Vollzugs der Schlussverteilung (§ 200 InsO) und der Verteilung der Masse (§ 209 InsO) zu wählen (so Kübler/Prütting/Bork/*Kübler* Rn. 51).

39 Nach IDW (RH HFA 1.012 Rn. 30) ist Stichtag für die Aufstellung der Schlussbilanz grds. der Tag der **Aufhebung** oder der **Einstellung** des Verfahrens, da an diesem Tag das Amt des Insolvenzverwalters endet. Das IDW lässt offen, wie der Insolvenzverwalter diese Aufgabe praktisch erfüllen soll.

40 Bei der handelsrechtlichen Schlussbilanz handelt es sich um ein **Rechenwerk der externen Rechnungslegung,** das die periodische Rechnungslegung des insolventen Unternehmens abschließt. Die Verpflichtung zur Aufstellung der Schlussbilanz ergibt sich aus den allgemeinen Rechnungslegungsregeln des § 155 InsO in Verbindung mit §§ 238 ff. HGB, denen zufolge keine Periode innerhalb der Gesellschaftsexistenz ohne handelsrechtliche Rechnungslegung bleiben darf (IDW RH HFA 1.012 Rn. 29).

III. Offenlegung von Jahresabschlüssen

Schrifttum: *Albrecht/Stein,* Die Verantwortlichkeiten von Insolvenzverwalter und Organen einer insolventen börsennotierten Aktiengesellschaft – Teil I, ZInsO 2009, 1886; Teil II, ZInsO 2009, 1939; *Blank,* Kein Ordnungsgeld gegen insolvente Kapitalgesellschaft wegen Verstoßes gegen Offenlegung des Jahresabschlusses bei insolvenzfreiem Vermögen – §§ 325,

335 HGB, ZInsO 2009, 2186; *Brete,* Streitschrift gegen die Offenlegungspflicht von Jahresabschlüssen, GmbHR 2009, 617; *Buchheim,* Die Publizität der Kapitalgesellschaften & Co. nach dem EHUG, DB 2010, 1133; *Dietrich,* Die bilanzrechtliche Offenlegungspflicht, NJ 2010, 108; *Heni,* Zur Frage der Erhebung eines Ordnungsgeldes gegen den Insolvenzverwalter wegen Verstoßes gegen Offenlegungsvorschriften, ZInsO 2009, 510; *Henselmann/Kaya,* Empirische Analyse des Offenlegungszeitpunkts von Jahresabschlüssen nach dem EHUG, Wpg 2009, 497; *Holzer,* Die Offenlegung der Jahresabschlüsse von Kapitalgesellschaften nach Eröffnung des Insolvenzverfahrens, ZVI 2007, 401; *Lüdenbach,* Ordnungsgeldverfahren wegen nicht fristgerechter Offenlegung, StuB 2010, 468; *Maus,* Offenlegungspflichten des Insolvenzverwalters nach dem Gesetz über elektronische Handelsregister und Genossenschaftsregister sowie das Unternehmensregister (EHUG), ZInsO 2008, 5; *Pink/Fluhme,* Handelsrechtliche Offenlegungspflichten des Insolvenzverwalters und Sanktionsmaßnahmen bei deren Verletzung, ZInsO 2008, 817; *Schlauß,* Neues Ordnungsgeldverfahren wegen Verletzung von Jahresabschluss-Publizitätspflichten: Erste Erfahrungen und Praxistipps aus dem Bundesamt für Justiz, BB 2008, 938; *ders.,* Das neue Ordnungsgeldverfahren bei Verletzung der Publizitätspflicht, DB 2007, 2191; *ders.,* Ein Jahr Erfahrungen mit den neuen Jahresabschlusspublizitätspflichten, DB 2008, 2831; *Schmittmann,* Offenlegungspflichten einer GmbH & Co. KG, StuB 2004, 1063; *ders.,* EHUG und Offenlegung in der Insolvenz, StuB 2008, 289; *ders.,* Rechtsprechungsüberblick: Offenlegung und Ordnungsgeld, StuB 2009, 543; *ders.,* Neues zu Glücksspiel, KSt-Guthaben und Offenlegung von Jahresabschlüssen, StuB 2008, 691; *ders./Böing,* Umgang mit dem elektronischen Handelsregister, VR 2008, 1; *Sikora/Schwab,* Das EHUG in der notariellen Praxis, Mitteilung der Bayerischen Notarkammer 2007, 1; *Stollenwerk/Kurpat,* BB-Rechtsprechungsreport zum Ordnungsgeldverfahren nach dem EHUG, BB 2009, 150; *Undritz/Zak/Vogel,* Offenlegungspflichten nach dem EHUG – Anwendungsprobleme in der Insolvenz, DZWIR 2008, 353; *Weiß,* Zulässigkeit der Verwendung des offengelegten Jahresabschlusses einer GmbH im Strafverfahren gegen ihre Geschäftsführer?, DB 2010, 1744; *Weitzmann,* Insolvenzverwalter kein Adressat von Offenlegungspflichten, ZInsO 2008, 662; *Weyand,* Sanktionen bei Verletzung der Publizitätspflicht nach dem EHUG, StuB 2007, 935.

1. Grundlagen. Die gesetzlichen Vertreter von Kapitalgesellschaften haben für diese den Jahresabschluss beim **Betreiber des elektronischen Bundesanzeigers** elektronisch einzureichen (§ 325 Abs. 1 S. 1 HGB). Er ist unverzüglich nach seiner Vorlage an die Gesellschafter, jedoch spätestens vor Ablauf des zwölften Monats des dem Abschlussstichtag nachfolgenden Geschäftsjahres, mit dem Bestätigungsvermerk oder dem Vermerk über dessen Versagung einzureichen (§ 325 Abs. 1 S. 2 HGB). Gegen die Mitglieder des vertretungsberechtigten Organs einer Kapitalgesellschaft, die die Offenlegungspflichten nicht erfüllen, ist wegen des pflichtwidrigen Unterlassens der rechtzeitigen Offenlegung vom Bundesamt für Justiz ein **Ordnungsgeldverfahren** durchzuführen (§ 335 Abs. 1 S. 1 HGB). **41**

Die **Verpflichtung zur Offenlegung** von Jahresabschlüssen, die primär dem Gläubigerschutz zu dienen bestimmt ist (so Bork/Hölzle InsR-HdB/*Beck/Hölzle* Kap. 32 Rn. 46), ist mit dem Europäischen Gemeinschaftsrecht vereinbar. Schon das frühere Recht auf Einsicht in beim Handelsregister hinterlegte Jahresabschlüsse aus der Richtlinie 90/605/EWG des Rates vom 8.11.1990 verstieß nicht gegen allgemeine gemeinschaftsrechtliche Grundsätze, insbes. nicht gegen die Grundsätze der freien **Berufsausübung,** der Freiheit der **Meinungsäußerung** und der **Gleichbehandlung** (so EuGH Slg. 2004, I-8663 = ZIP 2004, 2134 = *Volmer* EWiR 2004, 1229 = BB 2004, 2456 mAnm *Schulze-Osterloh;* auf Vorlage des LG Essen StuB 2003, 174; vgl. *Schmittmann* StuB 2004, 1063). **42**

Die Verpflichtung zur **Offenlegung** ist auch mit dem **Grundgesetz** konform. Die generelle Offenlegungspflicht ist unter dem Gesichtspunkt des Gläubigerschutzes und der **Markttransparenz** geeignet, erforderlich und verhältnismäßig, auch für kleine Kapitalgesellschaften, für die ohnehin Erleichterungen gelten (so LG Bonn GmbHR 2009, 95). Es liegt zwar ein Eingriff in das **Recht auf informationelle Selbstbestimmung** vor, der allerdings durch § 325 HGB gerechtfertigt ist (so LG Köln BB 2009, 211). Es unterliegt auch keinen verfassungsrechtlichen Bedenken, wenn die Festsetzung eines Ordnungsgeldes er- **43** folgt, obwohl der Jahresabschluss nach Fristablauf, aber vor Festsetzung des Ordnungsgeldes erfolgt ist (so BVerfG NJW 2009, 2588 [2589]).

44 Ein **Fristversäumnis** ist nicht gegeben, wenn die beim elektronischen Bundesanzeiger eingereichten Unterlagen nicht bearbeitbar sind (zB wegen Telefaxübertragung), da es sich um eine Schlecht- und nicht um eine Nichterfüllung der Einreichungspflicht handelt (so LG Bonn 6.5.2008 – 11 T 12/07, ZIP 2008, 1634). Die ordnungsgemäße Form ist aber unverzüglich nachzureichen (so *Schmittmann* StuB 2008, 691 [692]).

45 Erforderlich ist eine **fristgerechte Einreichung** und **Veröffentlichung des Jahresabschlusses.** Bis zur tatsächlichen Veröffentlichung ist die Einreichung ggf. zu wiederholen, zB wenn die eingereichten **Daten** im Bereich des Betreibers des elektronischen Bundesanzeigers verlorengegangen sind (so LG Bonn 10.12.2008 – 30 T 190/08, StX 2009, 110). Die **Beauftragung eines Steuerberaters** und die seinerseitige **Beauftragung eines IT-Dienstleisters** ist zur Fristwahrung ebenfalls nicht ausreichend. Deren **Verschulden** ist der offenlegungspflichtigen Gesellschaft nach § 278 BGB zuzurechnen (so LG Bonn DStR 2009, 451). Der organschaftliche Vertreter hat daher zu prüfen, ob die Veröffentlichung tatsächlich fristgerecht erfolgt ist.

46 Für das **Offenlegungsverfahren** hinsichtlich vor dem 1.1.2006 begonnener Geschäftsjahre gilt das Ordnungsgeldverfahren alten Rechts, so dass die **Registergerichte** zuständig sind (so OLG München NJW-Spezial 2008, 272). Dies ist verfassungsrechtlich unbedenklich (so BVerfG NZG 2009, 515 = WM 2009, 893).

47 **2. Offenlegung von Jahresabschlüssen nach Eröffnung des Insolvenzverfahrens.** Nach **Eröffnung des Insolvenzverfahrens** erfolgt die Offenlegung der Jahresabschlüsse, auch für die Zeiträume vor Insolvenzeröffnung, durch den **Insolvenzverwalter,** § 155 InsO (vgl. HK-InsO/*Depré* § 155 Rn. 13; *Weyand* StuB 2007, 935 [938]; *Schlauß* DB 2007, 2191 [2194]; *ders.* DB 2008, 2831; *Schmittmann* StuB 2008, 289). Der organschaftliche Vertreter bleibt aber **Adressat der Verpflichtung** zur Offenlegung des Jahresabschlusses (so LG Bonn NZI 2008, 503). Die Eröffnung des Insolvenzverfahrens beendet die organschaftliche Stellung der Vertreter des Unternehmens nicht; vielmehr geht lediglich die Verwaltungs- und Verfügungsbefugnis gemäß 80 Abs. 1 InsO auf den Insolvenzverwalter über (so *Schmittmann/Theurich/Brune,* Das insolvenzrechtliche Mandat, 4. Aufl. 2012, § 4 Rn. 6). Die Ordnungsgeldandrohung richtet sich allerdings nicht gegen den Insolvenzverwalter. Sie ist an den organschaftlichen Vertreter zu richten (so LG Bonn ZIP 2008, 1082). Eine Adressierung der Anordnung an die „Kapitalgesellschaft c/o Insolvenzverwalter" ist weder an die Gesellschaft noch an den Insolvenzverwalter ordnungsgemäß zugestellt (so LG Bonn NZI 2008, 503).

48 Die schuldnerische Gesellschaft (LG Bonn: **„Insolvenzgesellschaft"**) ist unverändert zur handelsrechtlichen Rechnungslegung verpflichtet. Ihre organschaftlichen Vertreter haben den Jahresabschluss offenzulegen, soweit er sich auf das nicht zur Insolvenzmasse gehörende Vermögen bezieht. Daraus folgt, dass idR eine **„Nullbilanz"** offenzulegen ist, um Außenstehenden die Möglichkeit zu geben, sich einen Überblick über mögliches insolvenzfreies Vermögen der Gesellschaft zu verschaffen (so LG Bonn ZIP 2009, 322 = NZI 2009, 194). Dies ist zweckwidrig, da der Insolvenzverwalter regelmäßig nur wertlose Vermögensgegenstände aus der Masse freigibt. Zum Schutz der Beteiligten reicht die **Aufsicht durch das Gericht** über den Insolvenzverwalter (vgl. Schmidt/*Ries* § 58 Rn. 9) aus.

49 Schon nach dem Wortlaut des Gesetzes kommt ein Ordnungsgeldverfahren gegen den **Insolvenzverwalter** selbst nicht in Betracht (so *Schmittmann* StuB 2008, 289 [292]); Ordnungsgelder können daher nach zutreffender Auffassung

auch keine **Masseverbindlichkeiten** iS des § 55 InsO sein (so LG Bonn NZI 2009, 194 = ZInsO 2009, 340; entgegen LG Bonn ZIP 2008, 1082 mAnm *Weitzmann; Weyand* StuB 2007, 935 [938]; *Schlauß* DB 2007, 2191 [2194]). Eine **Pflichtwidrigkeit** des Verwalters scheidet aus, wenn **Masseunzulänglichkeit** vorliegt oder die maßgeblichen Unterlagen des Schuldners fehlen (so auch *Schlauß* DB 2007, 2191 [2194]; *Weyand* StuB 2007, 935 [938]).

Das zur Festsetzung eines Ordnungsgeldes erforderliche **Verschulden des Organs** ist wegen des strafähnlichen Charakters des § 335 HGB positiv festzustellen (so LG Bonn ZIP 2008, 1082 ff.). Der **Insolvenzverwalter** darf nicht mit einem **Ordnungsgeld** belegt werden, wenn die freie Masse nicht ausreicht, die Kosten der Beauftragung eines Steuerberaters zu decken (so LG Hagen ZInsO 2007, 895 – zu § 335a HGB aF). Obgleich die handelsrechtlichen Pflichten fortbestehen, entfällt bei **Masseunzulänglichkeit** der **Verschuldensvorwurf.** Für den organschaftlichen Vertreter entfällt hinsichtlich der unterlassenen Offenlegung des Jahresabschlusses bzgl. des insolvenzfreien Vermögens bzw. der „Nullbilanz" (→ Rn. 48) ein **Verschulden,** wenn das freigegebene Vermögen nicht ausreicht, die Kosten der Erstellung und Veröffentlichung des Jahresabschlusses zu decken (so LG Bonn ZIP 2009, 1242; 20.5.2009 – 36 T 287/08, nv). Dies soll allerdings erst im Vollstreckungsverfahren geprüft werden (so LG Bonn NZI 2009, 194). 50

Die Offenlegungspflichten gelten auch in der **Liquidation** (so LG Bonn 10.12.2008 – 37 T 472/08, BB 2009, 154; LG Bonn 2.12.2008 – 37 T 627/08, BB 2009, 154). Eine finanziell schwierige Unternehmenssituation rechtfertigt das Versäumen der Einreichungsfrist nicht (so LG Bonn 6.12.2007 – 11 T 11/07, BB 2009, 152). Die angespannte Liquiditätslage der Gesellschaft, die eine Beauftragung des Steuerberaters zur Erstellung des Jahresabschlusses nicht erlaubt, begründet nicht den Einwand eines mangelnden Verschuldens (so LG Bonn 2.2.2008 – 37 T 627/08, BB 2009, 154). Eine solche Einlassung dürfte im übrigen im Hinblick auf die **Insolvenzantragspflicht** gem. § 15a Abs. 1 InsO nicht hilfreich sein, sondern ggf. den Staatsanwalt wegen Insolvenzverschleppung auf den Plan rufen. 51

3. Befreiung von der Offenlegungspflicht. Eine **Befreiung von der Offenlegungspflicht** kommt, auch nicht aufgrund einer doppelt analogen Anwendung der §§ 270 Abs. 3 AktG, 71 Abs. 3 GmbHG, aus Gründen des Gläubigerschutzes nicht in Betracht (so MüKoInsO/*Füchsl/Weishäupl* Rn. 22). 52

4. Verwertung offengelegter Jahresabschlüsse. Die aus offengelegten Jahresabschlüssen gewonnenen Erkenntnisse dürfen in **Strafverfahren** gegen die Geschäftsführer, zB wegen Betrugs, Insolvenzverschleppung oder Verletzung der Buchführungspflicht, verwendet werden, ohne dass dem Art. 2 Abs. 1 GG oder Art. 6 Abs. 1 EMRK entgegenstehen (so *Weiß* DB 2010, 1744 [1749]). 53

IV. Prüfungspflicht im Insolvenzverfahren

1. Prüfungspflichtige Unternehmen. Gegenstand und Prüfung der handelsrechtlichen Abschlüsse in der Insolvenz richten sich nach § 155 Abs. 3 InsO in Verbindung mit § 270 Abs. 3 AktG und § 71 Abs. 3 GmbHG iV mit § 155 Abs. 2 S. 2 InsO. Die handelsrechtlichen Prüfungspflichten der §§ 316 ff. HGB sind auf die **externe Rechnungslegung** des Insolvenzverfahrens bei Kapitalgesellschaften und Personenhandelsgesellschaften iSv § 264a HGB entsprechend anzuwenden (so *Waza/Uhländer/Schmittmann* Insolvenzen und Steuern Rn. 971; IDW RH HFA 1.012 Rn. 41). 54

Gegenstand der **Prüfungspflicht** sind bei mittelgroßen und großen Kapitalgesellschaften bzw. bei Personenhandelsgesellschaften iSv § 264a HGB die **Schlussbilanz** und **Gewinn- und Verlustrechnung** der werbenden Gesellschaft sowie 55 der zugehörige Anhang und Lagebericht, die Eröffnungsbilanz, der erläuternde Bericht zur Eröffnungsbilanz, die Zwischenabschlüsse einschließlich Anhänge und Lageberichte und die Schlussbilanz des insolventen Unternehmens. Gegenstand der Prüfung sind ferner vom Insolvenzverwalter aufzustellende Konzernabschlüsse und Konzernlageberichte (IDW RH HFA 1.012 Rn. 42).

56 **2. Bestellung des Abschlussprüfers.** Die **Wahl des Abschlussprüfers** durch die Gesellschafter – wie außerhalb der Insolvenz in § 318 Abs. 1 InsO geregelt – ist wegen der wirtschaftlichen Bedeutung der Prüferbestellung im Insolvenzverfahren nicht mehr angemessen (so Kübler/Prütting/Bork/*Kübler* Rn. 68; vgl. *Kniebes,* Die Bestellung und Abberufung des Abschlussprüfers nach Insolvenzeröffnung, ZInsO 2015, 383). Für die **Bestellung des Abschlussprüfers** im Insolvenzverfahren gilt § 318 HGB mit der Maßgabe, dass die Bestellung ausschließlich durch das **Registergericht** auf Antrag des Verwalters erfolgt (§ 155 Abs. 3 S. 1 InsO). Die Auffassung, dass es Sache der Gläubigerversammlung oder des Gläubigerausschusses sei, über die Auswahl des Prüfers zu entscheiden (so *Waza/Uhländer/Schmittmann* Insolvenzen und Steuern Rn. 973), findet im Gesetz keine Stütze. Da es um die wirtschaftlichen Interessen der Gläubiger geht, müssen mE auch deren Organe – und nicht die Organe der Gesellschafter – über die Wahl des Abschlussprüfers entscheiden.

57 Ist für das **Geschäftsjahr vor der Eröffnung** des Verfahrens bereits ein **Abschlussprüfer** bestellt, so wird die Wirksamkeit dieser Bestellung durch die Eröffnung nicht berührt (§ 155 Abs. 3 S. 2 InsO). Eine **gerichtliche Ersetzung** des bereits bestellten Abschlussprüfers kommt dann nicht mehr in Betracht (so OLG Frankfurt a. M. ZInsO 2004, 95 [96]; aA Kübler/Prütting/Bork/*Kübler* Rn. 71). Genießt der vor Verfahrenseröffnung bestellte Wirtschaftsprüfer nicht das Vertrauen des Verwalters oder der Gläubigerversammlung, muss es gleichwohl für den Insolvenzverwalter eine Möglichkeit geben, zu einer **Entziehung des** dem Abschlussprüfer erteilten **Prüfungsauftrags** zu kommen. Dies gilt insbes. in den Fällen, in denen es nicht ausgeschlossen ist, dass der Wirtschaftsprüfer an Unredlichkeiten der Unternehmensleitung beteiligt ist oder von diesen zumindest gewusst hat.

58 Die Regelung des § 155 Abs. 3 S. 2 InsO stellt eine gesetzliche Durchbrechung der Grundregel der §§ 115, 116 InsO dar, nach der Aufträge und **Geschäftsbesorgungsverträge** mit Eröffnung des Insolvenzverfahrens erlöschen (so Kübler/Prütting/Bork/*Kübler* Rn. 70). Die Kontinuität der Prüferbestellung muss aber dort seine Grenze finden, wo es die **ordnungsgemäße Verfahrensabwicklung** gebietet, den Prüfer auszutauschen. Dies ist zB dann der Fall, wenn der **Verdacht der Beteiligung** des Prüfers **an der Begehung von Bilanzdelikten,** sei es auch nur als Gehilfe, besteht, wenn eine Interessenkollision besteht, zB weil der Insolvenzverwalter gegen ihn Haftungsansprüche geltend macht, oder sonstige Gründe einen Austausch des Prüfers gebieten.

3. Dispens von der Prüfungspflicht

Schrifttum: *Beuthien,* Wer hat insolvente Genossenschaften zu prüfen? Anm. zu OLG Brandenburg, Beschluss vom 22. März 2010 – 7 Wx 6/09, ZIP 2011, 93 ff.; *Kind/Frank/Heinrich,* Die Pflicht zur Prüfung von Jahresabschlüssen und Lagebericht nach § 316 I 1 HGB in der Insolvenz, NZI 2006, 205; *Scheibner,* Pflichtprüfung auch der durch Insolvenz aufgelösten Genossenschaft?, DZWIR 2010, 446 ff.

59 Die Vorschriften der **§ 270 Abs. 3 AktG** bzw. **§ 71 Abs. 3 GmbHG** sehen die Möglichkeit vor, dass das **Gericht** von der Prüfung des Jahresabschlusses und des Lageberichts durch einen Abschlussprüfer **befreien** kann, wenn die Verhältnisse der Gesellschaft so überschaubar sind, dass eine Prüfung im Interesse der Gläubiger und Gesellschafter nicht geboten erscheint (vgl. Scholz/*Karsten Schmidt*

§ 71 Rn. 25; *Waza/Uhländer/Schmittmann* Insolvenzen und Steuern Rn. 974; Kübler/Prütting/Bork/*Kübler* § 155 Rn. 66). Zuständig ist – auch nach Eröffnung des Insolvenzverfahrens – das **Registergericht** (so LG Paderborn, Beschl. v. 10.3.2006 – 5 T 48/06, ZInsO 2006, 840). Eine entsprechende Anwendung von § 71 Abs. 3 GmbHG auf Jahresabschlüsse, die die **Zeiträume vor Auflösung der Gesellschaft** oder vor Eröffnung des Insolvenzverfahrens betreffen, scheidet aus. Eine Regelungslücke, die eine entsprechende Anwendung rechtfertigen könnte, ist nicht ersichtlich. Jahresabschlüsse von mittelgroßen und großen Kapitalgesellschaften, die Geschäftsjahre vor Eröffnung des Insolvenzverfahrens betreffen, unterliegen ohne Befreiungsmöglichkeit der Prüfungspflicht nach § 316 HGB (so OLG München ZIP 2005, 2068 = NZI 2006, 108 = EWiR 2006, 115 [*Luttermann*]). Die Möglichkeit eines Dispenses bezieht sich somit nur auf Zeiträume nach Insolvenzeröffnung (so OLG München ZIP 2008, 219 = NZI 2008, 263).

Die Regelungen der **§ 71 Abs. 3 GmbHG** und **§ 270 Abs. 3 AktG** können auf **haftungsbeschränkte Personenhandelsgesellschaften** analog angewendet werden (so OLG München ZIP 2008, 219 = NZI 2008, 263). 60

Eine **analoge Anwendung auf insolvente Genossenschaften** ist streitig. Das OLG Brandenburg (ZIP 2010, 1459 = NZI 2010, 540) hat die Frage dem BGH vorgelegt und vertritt die Auffassung, dass auch im Wege der teleologischen Reduktion nicht auf eine Prüfung des Jahresabschlusses der insolvenzen Genossenschaft verzichtet werden könne (aA: OLG Jena ZIP 2009, 2105 = NZI 2009, 541); der Gesetzgeber habe im Jahre 2006 bei der Neubekanntmachung des Genossenschaftsgesetzes eine entsprechende Regelung treffen können. Das Recht und die Pflicht des genossenschaftlichen Prüfungsverbandes, nach §§ 53, 54 GenG die **gesetzlichen Pflichtprüfungen** durchzuführen, besteht nach Auffassung des BGH **nach Eröffnung des Insolvenzverfahrens** über das Vermögen der Genossenschaft jedenfalls dann nicht mehr, wenn eine **Einstellung des Geschäftsbetriebs der Genossenschaft** vorliegt (so BGH ZIP 2011, 1673 Rn. 19 = NZI 2011, 742 = DB 2011, 1968 = EWiR 2011, 595 [*Haas/Hoßfeld*]). Sind in diesem Fall die Voraussetzungen für die Prüfung des Jahresabschlusses nach § 53 Abs. 2 GenG erfüllt, ist gem. § 155 Abs. 3 S. 1 InsO auf Antrag des Insolvenzverwalters ein Abschlussprüfer durch das Registergericht zu bestellen. Der Insolvenzverwalter kann dem Registergericht den Prüfungsverband oder auch eine andere Person als Abschlussprüfer vorschlagen (so BGH ZIP 2011, 1673 = DB 2011, 1968 Rn. 24). 61

Die Bestimmungen der § 270 Abs. 3 AktG und § 71 Abs. 3 GmbHG betreffen ausschließlich die Prüfungspflicht, nicht aber die **Offenlegungspflicht.** Von der Offenlegungspflicht kann ein Dispens nicht erteilt werden (aA *Kunz/Mundt* DStR 1997, 664 [668]; offengelassen: *Waza/Uhländer/Schmittmann* Insolvenzen und Steuern, Rn. 975). 62

V. Steuerrechtliche Buchführungspflicht

1. Buchführungspflichten nach der Abgabenordung. Wer nach anderen Gesetzen als den Steuergesetzen Bücher und Aufzeichnungen zu führen hat, die für die Besteuerung von Bedeutung sind, hat die Verpflichtungen, die ihm nach den anderen Gesetzen obliegen, auch für die Besteuerung zu erfüllen (§ 140 AO). Die **Buchführungspflicht** bestimmter Steuerpflichtiger ist in § 141 Abs. 1 AO geregelt. Die Pflicht knüpft an einen Umsatz von 50.000 EUR im Kalenderjahr (§ 141 Abs. 1 S. 1 Nr. 1 AO) oder einen Gewinn von mehr als 50.000 EUR im Wirtschaftsjahr (§ 141 Abs. 1 S. 1 Nr. 4 AO) an. Für land- und forstwirtschaftliche Steuerpflichtige gelten Besonderheiten (§ 141 Abs. 1 S. 1 Nr. 3 und Nr. 5 AO). Die Buchführungspflicht ist vom Beginn des Wirtschaftsjahres an zu erfüllen, das auf die Bekanntgabe der Mitteilung folgt, durch die die Finanzbehörde auf 63 den Beginn dieser Verpflichtung hingewiesen hat (§ 141 Abs. 2 S. 1 AO). Die Verpflichtung endet mit dem Ablauf des Wirtschaftsjahres, das auf das Wirtschaftsjahr folgt, in dem die Finanzbehörde feststellt, dass die Voraussetzungen der Buchführungspflicht nicht mehr vorliegen (§ 141 Abs. 2 S. 2 AO).

64 Auch **die steuerrechtlichen Buchführungs- und Rechnungslegungspflichten** bleiben im Insolvenzverfahren unberührt. Ungeachtet eines etwaigen Erlöschens der Kaufmannseigenschaft (vgl. → Rn. 13) können die steuerrechtlichen Buchführungs- und Rechnungslegungspflichten fortbestehen (so Kübler/Prütting/Bork/*Kübler* Rn. 80). Der Insolvenzverwalter ist nach § 34 Abs. 3 iV mit § 34 Abs. 1 AO, soweit seine Verwaltung reicht, verpflichtet, dieselben steuerlichen Pflichten zu erfüllen wie die gesetzlichen Vertreter natürlicher und juristischer Personen sowie die Geschäftsführer von nicht rechtsfähigen Personenvereinigungen und Vermögensmassen. Ihn treffen daher alle Pflichten, die dem Schuldner oblägen, wenn über sein Vermögen nicht das Insolvenzverfahren eröffnet worden wäre. Dazu gehört auch die Steuererklärungspflicht gem. § 149 Abs. 1 AO und, wenn der Schuldner eine gewerbesteuerpflichtige Personengesellschaft ist, die Verpflichtung zur Buchführung und Bilanzierung; das gilt auch für Steuerabschnitte, die vor der Insolvenzeröffnung liegen (so BFHE 175, 309 = BStBl. II 1995, 194; BFH/NV 2008, 334; BGH NZI 2010, 956 = DStR 2010, 2364).

65 Die steuerrechtliche **Pflicht zur Buchführung** durch den Insolvenzverwalter besteht nicht nur **gegenüber dem Fiskus,** sondern grds. auch gegenüber dem jeweiligen **Schuldner.** Sie erwächst aus der Amtsstellung des Insolvenzverwalters, die schutzwürdige Interessen des Schuldners unmittelbar berührt (so BGHZ 74, 316 = ZIP 1980, 25; BGH ZIP 2008, 1685 = NZI 2008, 607; BGH NZI 2010, 956 = ZIP 2010, 2164 = DStR 2010, 2364; OLG Koblenz ZIP 1993, 52; Uhlenbruck/*Sinz* § 60 Rn. 63; Kübler/Prütting/Bork/*Lüke* § 60 Rn. 24).

66 Die **Verwendung von Massemitteln** zur Erstellung steuerlicher Jahresabschlüsse verringert die Insolvenzmasse unzulässig, da die Gläubiger einen Vorteil durch die Erstellung nicht haben (vgl. MüKoInsO/*Brandes* §§ 60, 61 Rn. 22). Die **Gesellschafter** sind bei Nichtaufstellung der Abschlüsse aber schutzlos **Steuerschätzungen** durch die Finanzverwaltung ausgeliefert. Das gesetzliche Schuldverhältnis zwischen dem Insolvenzverwalter und den Gesellschaftern der Schuldnerin führe dazu, dass der Masse entsprechend §§ 669, 670 BGB ein **Aufwendungsersatzanspruch** zusteht, der auch als Vorschuss gefordert werden kann (so BGH NZI 2010, 956). Durch die **Kostentragungslast der Gesellschafter** werden die Interessen der Gläubiger und Gesellschafter sachgerecht ausgeglichen.

67 Gem. § 155 Abs. 2 S. 1 InsO beginnt auch für die steuerrechtliche Rechnungslegung ein **neues Geschäftsjahr.** Dies führt zugleich zu einer Umstellung des nach § 4a EStG für die **Gewinnermittlung** maßgeblichen Wirtschaftsjahres, so dass gem. § 4a Abs. 1 Nr. 2 S. 2 EStG Einvernehmen mit dem Finanzamt hergestellt werden muss (so Kübler/Prütting/Bork/*Kübler* Rn. 82). Es ist nicht ersichtlich, aus welchen Gründen die Finanzverwaltung ermessensfehlerfrei ihr Einvernehmen verweigern sollte. Es kann nicht richtig sein, handels- und steuerrechtlich unterschiedliche Geschäftsjahre zu haben. Im Interesse der Einheit der Rechtsordnung muss die Finanzverwaltung daher zustimmen (so Kübler/Prütting/Bork/*Kübler* Rn. 82).

68 Bei den **Erklärungspflichten für Veranlagungszeiträume vor Insolvenzeröffnung** wird eine Differenzierung danach vorgeschlagen, ob sich die steuerlichen Sachverhalte der Vergangenheit wegen grober Pflichtverletzung des Schuldners nur mit unvertretbarem Aufwand für den Insolvenzverwalter ermitteln lassen und daher sinnvollerweise eine **Schätzung (§ 162 AO)** durch die Finanzbehörde erfolgen soll oder aber bei intakter Buchführung in den letzten Monaten vor der

Eröffnung des Insolvenzverfahrens der Insolvenzverwalter gegebenenfalls durch Zwangsmittel veranlasst werden soll, die Steuererklärungen zu erstellen, um zu hohe Schätzungen durch die Finanzverwaltung und den damit einhergehenden Schaden der übrigen Gläubiger zu vermeiden (zutr.: *Waza/Uhländer/Schmittmann* Insolvenzen und Steuern, Rn. 511).

Der Insolvenzverwalter ist verpflichtet, **unrichtige Steuererklärungen** zu 69 korrigieren, wenn solche zuvor vom Schuldner eingereicht worden sind (so AG Dresden ZVI 2002, 340 = ZInsO 2002, 735 mAnm *Förster;* Kübler/Prütting/Bork/*Kübler* Rn. 83; *Maus* ZInsO 1999, 683 [686]; *Onusseit* ZInsO 2000, 363 [366]).

2. Buchführungspflichten nach Anzeige der Masseunzulänglichkeit. Die 70 Pflicht des Insolvenzverwalters, alle Pflichten des Schuldners zu erfüllen, die diesem oblägen, wenn über sein Vermögen nicht das Insolvenzverfahren eröffnet worden wäre (so BFH HFR 1961, 277 f.) besteht unabhängig davon, ob die dafür erforderlichen **Kosten** (bei Beauftragung eines Steuerberaters) durch die Insolvenzmasse gedeckt sind (so BFHE 175, 309 = BStBl. II 1995, 194 = ZIP 1994, 1969 = NJW 1995, 1696 = KTS 1995, 251; *Klasmeyer/Kübler* BB 1978, 369 [372]; *Schmittmann* InsbürO 2005, 288 [289]). Das Kostenargument entbindet weder den Insolvenzverwalter noch einen Steuerpflichtigen selbst von der **Wahrnehmung seiner öffentlich-rechtlichen Pflichten,** die ihm durch die Steuergesetze in Verbindung mit § 34 Abs. 3 AO auferlegt worden sind. Der Konkursverwalter hat die ihm auferlegten Pflichten gegenüber der Finanzbehörde im übergeordneten öffentlichen Interesse zu erfüllen. Die Steuererklärungspflicht dient der ordnungsgemäßen Abwicklung des **Besteuerungsverfahrens** und nicht nur dem fiskalischen Interesse der Finanzverwaltung als Insolvenzgläubiger. Es kann deshalb nicht darauf abgestellt werden, ob ihre Erfüllung dem generellen Zweck des Insolvenzverfahrens – gemeinschaftliche Befriedigung der Insolvenzgläubiger aus der Insolvenzmasse – dient oder die Insolvenzmasse mit Kosten belastet wird, denen keine vermögensmäßigen Vorteile gegenüberstehen (so BFHE 175, 309 = BStBl. II 1995, 194). Die Buchführungspflichten entfallen, wenn bei **Masseunzulänglichkeit** die Auslösung weiterer Kosten unvertretbar ist (so OLG Koblenz ZIP 1993, 52 [53] = EWiR 1993, 67 [*App*]; Bork/Hölzle InsR-HdB/*Beck/Hölzle* Kap. 32 Rn. 150).

Bei der Frage der **Zumutbarkeit der Erfüllung der Steuererklärungs-** 71 **pflicht** gem. § 34 Abs. 3 AO ist in den Fällen der Massearmut zu berücksichtigen, dass zum Insolvenzverwalter in der Regel Personen bestellt werden, die aufgrund ihrer **Ausbildung** oder beruflichen Erfahrung zu dieser Vermögensverwaltung, zu der auch die **Abgabe der Steuererklärungen** für den Insolvenzschuldner gehört, besonders qualifiziert sind. Da ein Rechtsanwalt als Insolvenzverwalter regelmäßig selbst dazu befähigt ist, die zu seinen Obliegenheiten gehörenden Steuererklärungen des Schuldners zu erstellen, ist es in der Regel unerheblich, ob die Insolvenzmasse über ausreichende Mittel verfügt, um diese Erklärungen durch einen Dritten, zB einen Steuerberater, erstellen zu lassen (so BFHE 175, 309 = BStBl. II 1995, 194; BFH BStBl. II 2013, 141 = ZIP 2013, 83 hält die Durchsetzung mit Zwangsgeld gegen den Insolvenzverwalter für ermessensfehlerfrei; aA *Schmittmann* StuB 2013, 67).

Der **Insolvenzverwalter** ist verpflichtet, während des Insolvenzverfahrens für 72 die ordnungsmäßige **Erfüllung der steuerlichen Buchführungspflichten** zu sorgen. IRd ihm Zumutbaren muss er sich auch um **Vervollständigung** einer bei Insolvenzeröffnung mangelhaften **Buchführung** bemühen, wenn diese im Blick auf die steuerlichen Anforderungen noch in Ordnung gebracht werden kann (so BGHZ 74, 316 = ZIP 1980, 25). Wann die Grenze der **Zumutbarkeit** erreicht ist, hat der BFH bislang offen gelassen (so BFH BStBl. II 1995, 194).

VI. Steuererklärungspflicht

73 **1. Arten der Steuererklärungen.** Grds. ist der Insolvenzverwalter als **Vermögensverwalter** (§ 34 Abs. 3 AO) des Schuldners nach § 149 Abs. 1 AO in Verbindung mit den Einzelsteuergesetzen verpflichtet, die erforderlichen **Steuererklärungen** für den Schuldner abzugeben (so *Frotscher,* Besteuerung bei Insolvenz, 38; *Waza/Uhländer/Schmittmann* Insolvenzen und Steuern Rn. 496). Die **Steuererklärungspflicht des Insolvenzverwalters** betrifft zuvörderst die Einkommen- und Körperschaftsteuererklärungen sowie die Umsatz- und Gewerbesteuererklärungen (vgl. *Waza/Uhländer/Schmittmann* Insolvenzen und Steuern Rn. 498 f.).

74 Es besteht keine Verpflichtung des Insolvenzverwalters einer Personengesellschaft, **Erklärungen für die einheitliche und gesonderte Gewinnfeststellung** nach §§ 179 ff. AO abzugeben (so *Frotscher,* Besteuerung bei Insolvenz, 39). Die Folgen der Gewinnfeststellung berühren nicht den Vermögensbereich der Personengesellschaft, sondern sie betreffen die Gesellschafter persönlich (so BFHE 128, 322 = BStBl. II 1979, 780; BFHE 169, 490 = BStBl. II 1993, 265; BFHE 175, 309 = BStBl. II 1995, 194; Schleswig-Holsteinisches FG EFG 1991, 578 = ZIP 1991, 1609; aA *Klasmeyer/Kübler* BB 1978, 369 [372]).

75 **2. Steuererklärungspflicht für Zeiträume vor Eröffnung des Insolvenzverfahrens.** Der Insolvenzverwalter ist verpflichtet, auch für die **Steuerabschnitte,** die **vor der Insolvenzeröffnung** liegen, die Steuererklärungen, sofern sie nicht bereits durch den Schuldner gefertigt worden sind, zu erstellen und bei der Finanzverwaltung einzureichen (so RFHE 20, 237; BFHE 55, 522 = BStBl. III 51, 212; BFH HFR 1961, 277; BFHE 106, 305 = BStBl. II 1972, 784; BFHE 169, 490 = BStBl. II 1993, 265; BFHE 175, 309 = BStBl. II 1995, 194; *Frotscher,* Besteuerung bei Insolvenz, 40; *Waza/Uhländer/Schmittmann* Insolvenzen und Steuern Rn. 501).

76 **3. Steuererklärungspflicht für Zeiträume nach Eröffnung des Insolvenzverfahrens.** Der Insolvenzverwalter ist erst recht verpflichtet, die **Steuererklärungen für die Zeiträume nach Eröffnung** zu erstellen, wobei hier zuvörderst an die Steuererklärungen zu denken ist, die im Zusammenhang mit steuerlichen Masseverbindlichkeiten stehen. Insoweit handelt es sich um die Umsatzsteuervoranmeldungen und die Umsatzsteuerjahreserklärung sowie die Abgabe der Lohnsteueranmeldungen (so *Waza/Uhländer/Schmittmann* Insolvenzen und Steuern Rn. 497).

77 Der **Insolvenzverwalter** hat nach § 34 Abs. 3 iVm § 34 Abs. 1 AO dieselben steuerlichen **Pflichten** zu erfüllen wie die gesetzlichen Vertreter natürlicher und juristischer Personen und die Geschäftsführer von nicht rechtsfähigen Personenvereinigungen und Vermögensmassen. Er hat also alle Pflichten zu erfüllen, die dem Schuldner oblägen, wenn über sein Vermögen nicht das Insolvenzverfahren eröffnet worden wäre (so BFH HFR 1961, 277; BFHE 175, 309 = BStBl. II 1995, 194).

78 **4. Steuererklärungspflicht nach Anzeige der Masseunzulänglichkeit.** Die Verpflichtung des Insolvenzverwalters zur **Abgabe von Steuererklärungen** für den Schuldner hängt nicht davon ab, ob die dafür erforderlichen **Kosten** (bei Beauftragung eines Steuerberaters) durch die Insolvenzmasse gedeckt sind (vgl. diff.: Bork/Hölzle InsR-HdB/*Beck/Hölzle* Kap. 32 Rn. 166 ff.). Das Kostenargument entbindet den Insolvenzverwalter ebenso wie den Steuerpflichtigen selbst nicht von der Wahrnehmung seiner öffentlich-rechtlichen Pflichten, die ihm durch die Steuergesetze iV mit § 34 Abs. 3 AO auferlegt worden sind (so BFHE

175, 309 = BStBl. II 1995, 194; Kübler/Prütting/Bork/*Kübler* § 155 Rn. 88; *Waza/Uhländer/Schmittmann* Insolvenzen und Steuern Rn. 508, die darauf hinweisen, dass die Nichterfüllung der Erklärungspflichten grds. **Zwangsgeldfestsetzungen** nach § 328 AO gegen den Insolvenzverwalter auslösen). Stehen dem Insolvenzverwalter keine Mittel zur Verfügung, um entweder Vergütungsansprüche eines Steuerberaters nach § 55 Abs. 1 Nr. 1 InsO oder seinen eigenen Vergütungsanspruch nach § 5 Abs. 2 InsVV zu erfüllen, so muss er die Einstellung des Verfahrens mangels Masse beantragen (§ 207 Abs. 1 InsO). Wird das Insolvenzverfahren mangels Masse eingestellt, fällt die Erfüllung der versäumten steuerlichen Pflichten durch den Insolvenzverwalter ex nunc weg (so BFH BFH/NV 1996, 13; *Waza/Uhländer/Schmittmann* Insolvenzen und Steuern Rn. 509).

Der **Insolvenzverwalter** ist berechtigt, mit der Erledigung steuerlicher Tätig- **79**
keiten, die besondere Kenntnisse erfordern oder dem Umfang nach über das hinausgehen, was mit der Erstellung einer Steuererklärung allg. verbunden ist, einen **Steuerberater zu beauftragen.** Hat der Insolvenzverwalter von der Finanzverwaltung die Aufforderung erhalten, umfangreiche steuerliche Tätigkeiten zu erbringen, und ist der Fiskus trotz eines Hinweises des Verwalters auf die Masseunzulänglichkeit nicht bereit, die Verfügung zurückzunehmen, so steht dem Insolvenzverwalter bei **Kostenstundung** ein Anspruch auf Erstattung der den Umständen nach angemessenen Kosten für die Beauftragung eines Steuerberaters als Auslagen aus der Staatskasse zu (so BGHZ 160, 176 = ZIP 2004, 1717; *Waza/Uhländer/Schmittmann* Insolvenzen und Steuern Rn. 510; *Schmittmann* InsbürO 2005, 288 [290]).

VII. Auskunftsansprüche des Insolvenzverwalters gegenüber der Finanzverwaltung

Schrifttum: *Beckemper,* Das neue Informationsfreiheitsgesetz des Bundes, LKV 2006, 301; *Beckmann,* Informationsfreiheitsgesetz des Landes NRW, DVP 2003, 142; *Blank/Blank,* Der Auskunftsanspruch des Insolvenzverwalters nach IFG bei fiskalischem Handeln der Behörde zur Vorbereitung einer insolvenzrechtlichen Anfechtung, ZInsO 2009, 1881; *Bräutigam,* Das deutsche Informationsfreiheitsgesetz aus rechtsvergleichender Sicht, DVBl. 2006, 950; *Bruns,* Auskunftsanspruch für Insolvenzverwalter nach dem Hamburgischen Transparenzgesetz (HmbTG), ZInsO 2013, 1892; *Bull,* Informationsfreiheitsgesetze – wozu und wie?, ZG 2002, 201; *Dahl,* Rechtsweg bei Ansprüchen des Verwalters aus InformationsfreiheitsG, NJW-Spezial 2013, 21; *Eisolt,* Informationsfreiheitsgesetze: BFH macht Weg zu den Verwaltungsgerichten frei, DStR 2013, 1872; *Eisolt,* Nutzung der Informationsfreiheitsgesetze für Auskunftsansprüche des Insolvenzverwalters gegen das Finanzamt – Aktueller Stand der Rechtsprechung, DStR 2013, 439; *Eversloh,* Auskunft nach dem Informationsfreiheitsgesetz NRW, AO-StB 2003, 293; *Fechner,* Zur Auskunftspflicht von Vollstreckungsbehörden gegenüber dem Insolvenzverwalter, InsbürO 2010, 468; *Gotzen,* Das Recht auf Informationszugang, KommJur 2004, 171; *Grundmann,* Erweiterter Informationszugang gegenüber den Finanzbehörden durch die Informationsfreiheitsgesetze?, AO-StB 2004, 133; *Gundlach/Frenzel,* Neue Auskunftsansprüche des Insolvenzverwalters gegen bestimmte Anfechtungsgegner, NZI 2009, 719; *Haarmeyer/Huber/Schmittmann,* Praxis der Insolvenzanfechtung, 1. Aufl. 2012, Teil IV. Rdnr. 189 ff.; *Kloepfer,* Grundprobleme der Gesetzgebung zur Informationszugangsfreiheit, K&R 2006, 19 ff.; *Kloepfer,* Informationszugangsfreiheit und Datenschutz: Zwei Säulen des Rechts der Informationsgesellschaft, DÖV 2003, 221; *Krüger,* Insolvenzsteuerrecht Update 2015, ZInsO 2015, 613; *Kloepfer/von Lewinski,* Das Informationsfreiheitsgesetz des Bundes, DVBl. 2005, 1277; *Matthes,* Das Informationsfreiheitsgesetz, 2006; *Nöcker,* Klartextkontoauszug an den Insolvenzverwalter: Streitigkeiten im Grenzbereich von Steuer-, Zivil-, Insolvenz- und Informationsfreiheitsrecht, AO-StB 2010, 44; *Reinhart,* Das gläserne Amt, DÖV 2007, 18; *Schaake,* Informationsansprüche des Insolvenzverwalters gegenüber der Finanzverwaltung, Diss. Hamburg 2014; *Schmittmann,* Das Finanzamt, die Anfechtung und die Auskunft, StuB 2010, 69; *Schmittmann,* Auskunftsansprüche des Insolvenzverwalters gegen die Finanzverwaltung anhand der aktuellen Rechtsprechung, ZInsO 2010, 1469; *Schmittmann,* Auskunftsanspruch des Insolvenzverwalters nach dem IFG, Verbraucherinsolvenz aktuell 2010, 87;

Schmittmann, Update Informationsfreiheitsrecht 2014/15, K&R 2015, 372; *Schmittmann/Böing,* Die Auskunft, der Rechtsweg und das Geheimnis – neue Erkenntnisse zu Auskunftsansprüchen gegenüber Sozialversicherungsträgern und Finanzverwaltung, InsbürO 2010, 15; *Schmittmann/Kupka,* Auskunftsansprüche des Insolvenzverwalters gegen potentielle Anfechtungsgegner unter besonderer Berücksichtigung von Auskunftsansprüchen nach dem Informationsfreiheitsgesetz gegen Sozialversicherungsträger, InsbürO 2009, 83; *Schmittmann/Kupka,* Auskunftsansprüche gegen Sozialversicherungsträger nach dem Informationsfreiheitsgesetz und unzutreffende Rechtsmittelbelehrung, NZI 2009, 367; *Schmittmann/Misoch,* Das Auskunftsverfahren nach dem Informationsfreiheitsgesetz des Bundes, VR 2012, 181; *Schmitz/Jastrow,* Das Informationsfreiheitsgesetz des Bundes, NVwZ 2005, 984; *Schoch,* Informationsfreiheitsgesetz – Kommentar, 2009; *Schoch,* Das Recht auf Zugang zu staatlichen Informationen, DÖV 2006, 1; *Schoch,* Das Grundrecht der Informationsfreiheit, Jura 2008, 25; *Sittard/Ulbrich,* Informationsfreiheitsgesetze, JA 2008, 205; *Sitsen,* Das Informationsfreiheitsgesetz des Bundes, Diss. Bonn 2008; *Waza/Uhländer/Schmittmann,* Insolvenzen und Steuern, 9. Aufl. 2012, Rn. 3201.

80 **1. Abgabenordung.** Während im finanzgerichtlichen Verfahren gem. § 78 FGO ein **Akteneinsichtsrecht** der Beteiligten besteht, ist ein solches im steuerlichen Verwaltungsverfahren nicht vorgesehen. Der Steuerpflichtige hat jedoch ein Recht darauf, dass die Finanzbehörde über seinen Antrag auf Gewährung von Akteneinsicht nach pflichtgemäßem Ermessen entscheidet (so BFHE 202, 231 ff. = BStBl. II 2003, 790 = DStRE 2003, 1180; *Schaake* Informationsansprüche S. 25 ff.; *Haarmeyer/Huber/Schmittmann* Praxis der Insolvenzanfechtung Teil IV. Rn. 190; *Waza/Uhländer/Schmittmann* Insolvenzen und Steuern Rn. 3203; *Krüger* ZInsO 2015, 613 [614]). Dem während eines Verwaltungsverfahrens um Akteneinsicht nachsuchenden Steuerpflichtigen oder seinem Vertreter steht ein Anspruch auf eine **pflichtgemäße Ermessensentscheidung** der Behörde zu, weil die Behörde nicht gehindert ist, in Einzelfällen Akteneinsicht zu gewähren (so BFH BFH/NV 1996, 64).

81 Die Finanzverwaltung vermutet in der Regel bei der Geltendmachung von Akteneinsichtsansprüchen des Insolvenzverwalters, dass dieser die gewonnenen Informationen zur Geltendmachung von Insolvenzanfechtungsansprüchen verwenden will. Ein **Auskunftsanspruch** und damit ein Akteneinsichtsrecht des Insolvenzverwalters besteht nur dann, wenn ein Anfechtungsrecht nach der Insolvenzordnung dem Grunde nach feststeht (so BGH NZI 2009, 722 = ZIP 2009, 1823 = *Blank* EWiR 2010, 27; BGH NJW 1999, 1033 = JuS 1999, 1022 [*Karsten Schmidt*] = *Gerhardt* EWiR 1999, 367 f.; BGH NJW 1987, 1812 = KTS 1997, 290; BFH/NV 2010, 1637 = ZIP 2010, 1660). Dabei bleibt allerdings unberücksichtigt, dass aus dem **Rechtsstaatsprinzip** und den aus Art. 19 Abs. 4 GG resultierenden Prozessgrundrechten ein Akteneinsichtsrecht folgen kann. Dabei ist zu berücksichtigen, dass der Insolvenzverwalter im Verhältnis zur Finanzbehörde an die Stelle des Insolvenzschuldners tritt und dessen steuerliche Pflichten zu erfüllen hat (§ 34 Abs. 1 und Abs. 3 AO, § 155 InsO). Damit besteht zwischen den Beteiligten zusätzlich zu dem zivilrechtlichen Verhältnis ein Steuerrechtsverhältnis mit den aus diesem öffentlich-rechtlichen Rechtsverhältnis resultierenden beiderseitigen Rechten und Pflichten. Mit den auf den Insolvenzverwalter übergegangenen steuerlichen Mitwirkungs-, Erklärungs- und Zahlungspflichten korrespondiert ein Auskunftsrecht, wenn der Insolvenzschuldner seine gegenüber dem Insolvenzverwalter bestehenden umfassenden Auskunfts- und Mitwirkungspflichten (§ 97 InsO) nicht erfüllt. Es ist notwendig, dem Insolvenzverwalter seitens der Finanzbehörden die steuerlichen Informationen zur Verfügung zu stellen, die für die Durchführung eines ordnungsgemäßen Besteuerungsverfahrens benötigt werden. Es wäre rechtsmissbräuchlich, wenn die Verwaltung dem Insolvenzverwalter Informationen verweigern würde, die dieser zur ordnungsgemäßen Erfüllung seiner steuerlichen Pflichten benötigt, die er sich aber auf andere Weise nicht verschaffen kann (so FG Münster ZIP 2009, 2400 = ZVI 2009, 506; *Schmitt-*

mann StuB 2010, 69; *ders./Böing* InsbürO 2010, 15; *ders./Kupka* InsbürO 2009, 83).

Wegen der **Einzelheiten** zur allgemeinen Akteneinsicht kann auf die einschlägige Rspr. verwiesen werden (s. BFHE 83, 49 = BStBl. III 1965, 675 [676]; BFHE 143, 503 = BStBl. II 1985, 571; BFHE 174, 197 = BStBl. II 1994, 552; BFH/NV 1994, 311; 95, 1004; 96, 64). 82

2. Informationsfreiheitsgesetz. Nach § 1 Abs. 1 IFG hat ab 1.1.2006 jeder nach Maßgabe des Gesetzes gegenüber den Behörden des Bundes einen Anspruch auf **Zugang zu amtlichen Informationen.** Soweit die Bundesländer eigene Informationsfreiheitsgesetze erlassen haben, ergeben sich vergleichbare Anspruchsgrundlagen aus Landesrecht (vgl. *Schmittmann/Misoch* VR 2012, 181 [182]; *Haarmeyer/Huber/Schmittmann* Praxis der Insolvenzanfechtung Teil IV. Rn. 208). Die Bundesländer, die nicht über ein Informationsfreiheitsgesetz verfügen, sind weder aus dem Grundsatz der Bundestreue noch dem Gleichheitssatz zur Schaffung eines Landes-IFG verpflichtet (so BayVG München ZIP 2013, 2229). 83

Der Insolvenzverwalter ist aktiv legitimiert, Ansprüche nach dem **Informationsfreiheitsgesetz** geltend zu machen (so BVerwG ZIP 2012, 2417; 2012, 1258 = EWiR 2012, 527 [*Priebe*], Vorinstanz; OVG Münster ZIP 2011, 1426 = NZI 2011, 915 mAnm *Schmittmann;* OVG Münster ZIP 2008, 1542; OVG Koblenz NZI 2010, 357, bestätigt durch BVerwG 20.5.2010 – 7 B 28/10, BeckRS 2010, 52482; *Schaake* Auskunftsansprüche, S. 45 ff.). Bei Auskunftsansprüchen gegen die Finanzverwaltung ist die Anwendung des Informationsfreiheitsrechts nicht durch die **Subsidiaritätsklausel,** zB in § 4 Abs. 2 S. 1 IFG Nordrhein-Westfalen ausgeschlossen (so BVerwG ZIP 2012, 1258; OVG Münster ZIP 2011, 1426 = NZI 2011, 915 mAnm *Schmittmann; Haarmeyer/Huber/Schmittmann* Praxis der Insolvenzanfechtung Teil IV. Rn. 212; aA *Nöcker* AO-StB 2010, 44 [47], der die AO als lex specialis ansieht; diff.: *Schaake* Auskunftsansprüche S. 46 ff.). Einem Auskunftsanspruch nach dem Informationsfreiheitsrecht des Insolvenzverwalters steht das **Steuergeheimnis** aus § 30 AO nicht entgegen. Die Vorschrift sagt insbes. über einen Anspruch des Steuerpflichtigen, seines Vertreters oder eines Dritten gegenüber der Finanzbehörde auf Mitteilung der über ihn gespeicherten Daten nichts aus (so BVerwG ZIP 2012, 527 Vorinstanz: OVG Münster NZI 2011, 915 Rn. 72). 84

Auskunftsansprüche nach den **Informationsfreiheitsgesetzen des Bundes und der Länder** sind grds., ggf. nach erfolglosem **Widerspruchsverfahren,** bei dem **Verwaltungsgericht** geltend zu machen (so BVerwG ZIP 2012, 2417; OVG Münster ZIP 2011, 1426 = NZI 2011, 915 mAnm *Schmittmann;* VG Trier ZIP 2012, 1862; VG Berlin ZInsO 2012, 1843; FG Münster ZD 2012, 443; VG Hamburg ZInsO 2010, 1097; aA: VG Hamburg ZInsO 2010, 2247, das im gleichen Rechtsstreit nunmehr eine Streitigkeit über Abgabenangelegenheiten iSv § 33 Abs. 1 S. 1 FGO und damit eine Zuständigkeit der Finanzgerichte annimmt). 85

Der **Anspruch** des Insolvenzverwalters **auf Auskunftserteilung** ist auch nicht dadurch ausgeschlossen, dass sich der Insolvenzverwalter gegebenenfalls die erforderlichen Informationen aus den Kontoauszügen des Schuldners beschaffen kann. Dies gilt jedenfalls dann nicht, wenn die Kontoauszüge erst beschafft werden müssen, da es sich bei der Bank nicht um eine allg. zugängliche Quelle handelt (so OVG Münster ZIP 2011, 1426 Rn. 84 ff.; *Schmittmann/Kupka* InsbürO 2009, 83 [86]; *Schmittmann/Böing* InsbürO 2010, 15 [16]). 86

Der **Auskunftsanspruch** ist auch nicht deswegen ausgeschlossen, weil die Bekanntgabe der Information ein anhängiges Verwaltungsverfahren, ein Ordnungswidrigkeitenverfahren, ein Disziplinarverfahren oder eine bevorstehende behördliche Maßnahme beeinträchtigte (so BVerwG ZIP 2012, 1258; OVG Münster NZI 2011, 915 Rn. 87 ff. mAnm *Schmittmann*). Dies gilt auch dann nicht, wenn das Verfahren der Vorbereitung eines Insolvenzanfechtungsrechts- 87 streits dient und die beklagte Finanzverwaltung Sorge hat, dass die anfechtungsrelevanten Informationen gewissermaßen auf dem „goldenen Tablett" serviert werden (so OVG Münster ZIP 2011, 1426 Rn. 89; OVG Berlin-Brandenburg ZIP 2011, 1147 [1148]; *Schmittmann/Kupka* InsbürO 2009, 83 [86]). Insolvenzverwalter haben gegen die Finanzverwaltung einen Anspruch auf **Akteneinsicht, Auskunft** und Herausgabe eines **Klartextkontoauszugs** (so VG Münster Verbraucherinsolvenz aktuell 2014, 79 mAnm *Schmittmann;* VG Aachen NZI 2014, 328 mAnm *Schmittmann;* VG Köln BeckRS 2014, 51631; VG Trier NZI 2012, 936; VG Berlin NZI 2013, 413; VG Köln 27.3.2014 – 13 K 602/13, BeckRS 2014, 51631), sofern sich nicht aus dem Landesrecht, zB in Sachsen-Anhalt, etwas anderes ergibt (OVG Magdeburg NZI 2014, 873 mAnm *Schmittmann*).

88 Der Insolvenzverwalter ist schon zur Vermeidung der eigenen Haftung gegenüber den Gläubigern insgesamt gehalten, alle **Informationsquellen,** einschließlich der Auskunftserteilung durch Körperschaften des öffentlichen Rechts, auszunutzen (so VG Minden ZInsO 2010, 1839 [1840] mAnm *Birkemeyer* ZInsO 2010, 1842; *Haarmeyer/Huber/Schmittmann* Praxis der Insolvenzanfechtung, Teil IV. Rn. 220).

89 Auch bei **Auskunftsersuchen gegenüber Sozialversicherungsträgern** ist der Anspruch nach dem Informationsfreiheitsrecht nicht ausgeschlossen, weil der Anspruchsgegner einwendet, dass die Information der Vorbereitung eines Insolvenzanfechtungsrechtsstreits diene. Dem Anspruch auf Informationszugang kann darüber hinaus nicht mit Erfolg entgegengehalten werden, die Informationspflicht stelle eine Ungleichbehandlung gegenüber konkurrierenden Sozialversicherungsträgern dar, die keiner Informationspflicht unterliegen (so VG Gelsenkirchen 16.9.2010 – 17 K 5018/09, BeckRS 2010, 54109 Rn. 16 und 57).

90 Die Rspr. ist bei **Auskunftsansprüchen** des Insolvenzverwalters **gegenüber Sozialversicherungsträgern** sehr verwalterfreundlich (vgl. BVerwG ZInsO 2011, 49 ff.; OVG Koblenz ZInsO 2010, 1708; VG Hamburg ZInsO 2010, 577; *Schmittmann* Verbraucherinsolvenz aktuell 2010, 87).

91 Für **Klagen** des Insolvenzverwalters auf Auskunft nach dem IFG **gegen gesetzliche Krankenkassen** sind die **Verwaltungsgerichte** zuständig (so BSG ZIP 2, 2321; Vorinstanz: LSG BW ZVI 2011, 180; *Schmittmann/Böing* InsbürO 2010, 15 [17]; *Schmittmann/Kupka* NZI 2009, 367 [368]; umfassend: *Schaake,* Auskunftsansprüche, 95 ff.).

Zweiter Abschnitt. Entscheidung über die Verwertung

Berichtstermin

156 (1) [1] **Im Berichtstermin hat der Insolvenzverwalter über die wirtschaftliche Lage des Schuldners und ihre Ursachen zu berichten. [2] Er hat darzulegen, ob Aussichten bestehen, das Unternehmen des Schuldners im ganzen oder in Teilen zu erhalten, welche Möglichkeiten für einen Insolvenzplan bestehen und welche Auswirkungen jeweils für die Befriedigung der Gläubiger eintreten würden.**

(2) [1] **Dem Schuldner, dem Gläubigerausschuß, dem Betriebsrat und dem Sprecherausschuß der leitenden Angestellten ist im Berichtstermin Gelegenheit zu geben, zu dem Bericht des Verwalters Stellung zu nehmen. [2] Ist der Schuldner Handels- oder Gewerbetreibender oder Landwirt, so kann auch der zuständigen amtlichen Berufsvertretung der Industrie, des Handels, des Handwerks oder der Landwirtschaft im Termin Gelegenheit zur Äußerung gegeben werden.**

Schrifttum: *Bruder,* Auskunftsrecht und Auskunftspflicht des Insolvenzverwalters und seiner Mitarbeiter, ZVI 2004, 332; *Frege/Nicht,* Informationserteilung und Informationsverwendung im Insolvenzverfahren, InsVZ 2010, 407; *Gerhardt,* Auskunftspflicht des Konkursverwalters gegenüber dem Gemeinschuldner, ZIP 1980, 941; *Haberhauer/Meeh,* Handlungsspielraum des Insolvenzverwalters im eröffneten Insolvenzverfahren, DStR 1995, 2005; *Heeseler,* Auskunfts-/Akteneinsichtsrechte und weitere Informationsmöglichkeiten des Gläubigers im Regelinsolvenzverfahren, ZInsO 2001, 873; *Heukamp,* Die gläubigerfreie Gläubigerversammlung, ZInsO 2007, 57; *Marotzke,* Das Unternehmen in der Insolvenz – Fortführung und Veräußerung zwischen Eröffnungsantrag und Berichtstermin, 2000; *Möhlmann,* Die Berufspflichten des Insolvenzverwalters zum Berichtstermin – eine betriebswirtschaftliche Perspektive, NZI 1999, 433; *Pape,* Die Gläubigerautonomie in der Insolvenzordnung, ZInsO 1999, 305; *Paulus,* Grundlagen des neuen Insolvenzrechts – Anfechtung, Prüfungs- und Berichtstermin, DStR 2004, 605; *Schick,* Der Konkurs des Freiberuflers – Berufsrechtliche, konkursrechtliche und steuerrechtliche Aspekte, NJW 1990, 2359; *Schmittmann,* Freie Kammerberufe und Insolvenzplanverfahren, ZInsO 2004, 725; *Sponagel,* Gläubigerinformation im Insolvenzverfahren – Informationspflichten des Insolvenzverwalters gegenüber dem Gläubiger, DZWIR 2011, 270; *Tetzlaff,* Rechtliche Probleme in der Insolvenz des Selbstständigen – Ein Überblick über aktuelle Entwicklungen in der Rechtsprechung und in der Praxis diskutierte Probleme, ZInsO 2005, 393; *Wegener,* Der Berichtstermin, InsBüro 2007, 332. Weiteres Schrifttum bei § 157.

Übersicht

I. Normzweck

1 § 156 ist in unmittelbarem Zusammenhang mit den nach § 157 im Berichtstermin zu treffenden Entscheidungen über den Fortgang des Verfahrens zu sehen. Diese Entscheidungen obliegen grds. ebenso der Gläubigerversammlung wie die Entscheidung über besonders bedeutsame Rechtshandlungen (§ 160). Im **Berichtstermin** (vgl. die Legaldefinition in § 29 Abs. 1 Nr. 1) liegt der **Schwerpunkt auf der umfassenden Information** durch den Insolvenzverwalter. Im Zusammenspiel mit den in §§ 152–155 geregelten Instrumenten der internen und ggf. auch der externen Rechnungslegung (Masse- und Gläubigerverzeichnis, Vermögensübersicht und Insolvenzbilanz) wird so sichergestellt, dass die Entscheidungsfindung – gerade auch im Berichtstermin – auf einer informierten Grundlage stattfinden kann (vgl. zu der insofern erforderlichen Vorbereitung des Berichtstermins durch das Insolvenzgericht *Wegener* InsBüro 2007, 332 [334 f.]). Das erklärt, dass die **Pflicht zur Berichterstattung** in erster Linie **den Gläubigern** und nicht dem Insolvenzgericht oder etwa dem Schuldner **dient.**

2 Damit für die Gläubigerversammlung auch tatsächlich die Chance besteht, Einfluss auf den Fortgang des Verfahrens nehmen zu können, sollen **bis zum Berichtstermin** grds. **keine unumkehrbaren Handlungen** vorgenommen werden: Die Verwertung der Insolvenzmasse durch den Insolvenzverwalter hat vorher zu unterbleiben (vgl. § 159; vgl. aber auch *Förster* ZInsO 2000, 141 f.); hinsichtlich der Masseverwertung durch absonderungsberechtigte Gläubiger bestehen umfangreiche Möglichkeiten der einstweiligen Einstellung entsprechender Maßnahmen (§§ 30d Abs. 1 Nr. 1, 153b ZVG; dazu auch *Jungmann* NZI 1999, 352 ff.; vgl. auch § 107 Abs. 2). Freilich eröffnet § 158 die Möglichkeit zur Stilllegung oder Veräußerung des schuldnerischen Unternehmens noch vor dem Berichtstermin.

3 Unter den Voraussetzungen des § 5 Abs. 2 (überschaubare Vermögensverhältnisse und geringe Anzahl von Gläubigern/wenig Verbindlichkeiten) kann auch für die im Berichtstermin zu behandelnden Punkte das **schriftliche Verfahren** angeordnet werden (vgl. HK-InsO/*Ries* § 156 Rn. 2).

II. Ablauf des Berichtstermins

4 In der **Gläubigerversammlung „Berichtstermin"** gelten die §§ 74 ff. (näher zum Ablauf *Haberhauer/Meeh* DStR 1995, 2005 [2008 ff.]; *Wegener* InsBüro 2007, 332 [336 ff.]). Der Berichtstermin muss nicht zwangsläufig die erste Gläubigerversammlung sein (vgl. MüKoInsO/*Görg/Jansen* § 156 Rn. 6; missverständlich Braun/*Esser* § 156 Rn. 1 f.), ist es aber in der Praxis, solange nicht die Gläubiger in einem sehr frühen Verfahrensstadium eine Entscheidung nach § 158 treffen sollen.

5 Die **Einberufung** zum Berichtstermin erfolgt nach § 29 Abs. 1 Nr. 1 schon im Eröffnungsbeschluss. Daher erfolgt auch die Bekanntmachung des Berichtstermins nach § 30. Wie bei jeder Gläubigerversammlung (vgl. § 74 Abs. 2 S. 1) muss auch die Einladung zum Berichtstermin eine **Tagesordnung** enthalten, in welcher die Beschlussgegenstände zumindest schlagwortartig bezeichnet werden (vgl. *Wegener* InsBüro 2007, 332 [333]); der bloße Hinweis auf einzelne Paragrafen der Insolvenzordnung genügt nicht (BGH NZI 2008, 430; LG Saarbrücken ZInsO 2007, 824; LG Cottbus 16.3.2007 – 7 T 484/06, BeckRS 2008, 14038; Kübler/Prütting/Bork/*Onusseit* § 156 Rn. 5). In der Regel wird der Berichtstermin mit dem Prüfungstermin verbunden.

6 Die aktive **Berichterstattung des Insolvenzverwalters** (→ Rn. 7 ff.) steht im Mittelpunkt des Berichtstermins. Wie jede Gläubigerversammlung besteht auch im Berichtstermin das Recht, vom Insolvenzverwalter einzelne Auskünfte zu verlangen (§ 79). Diese Befugnis hat zwar die Gläubigerversammlung als Organ (vgl. → § 79 Rn. 4). Praxisnah ist aber allein die Lösung, dass auch **Fragen einzelner Gläubiger** zu beantworten sind, sofern die Gläubigerversammlung als Organ dies nicht unterbindet (vgl. auch Uhlenbruck/*Zipperer* § 156 Rn. 14; MüKoInsO/*Görg/Jansen* § 156 Rn. 37; *Heeseler* ZInsO 2001, 873 [877 ff.]; *Wegener* InsBüro 2007, 332 [338]).

7 **1. Der Bericht des Insolvenzverwalters.** Der **Bericht** (ausf. *Möhlmann,* Die Berichterstattung im neuen Insolvenzverfahren, 1999, S. 165 ff.) ist der Gläubigerversammlung – auch um auf Fragen (vgl. → Rn. 6) direkt eingehen zu können – **mündlich zu erstatten und schriftlich zu den Akten zu geben** (HK-InsO/*Ries* § 156 Rn. 6; Uhlenbruck/*Zipperer* § 156 Rn. 5; MüKoInsO/*Görg/Jansen* § 156 Rn. 14 ff.; ähnlich Kübler/Prütting/Bork/*Onusseit* § 156 Rn. 7; aA (mündliche Berichterstattung ausreichend) Nerlich/Römermann/*Balthasar* § 156 Rn. 30; wohl auch Braun/*Esser* § 156 Rn. 5). Wenn der Insolvenzverwalter Ausfertigungen des Berichts interessierten Gläubigern überlässt oder schon vorher

zukommen lässt, ist dies oft hilfreich, solange dadurch nicht Zweifel an der Unabhängigkeit des Insolvenzverwalters aufkommen (vgl. *Wegener* InsBüro 2007, 332 [336]); verpflichtet ist der Insolvenzverwalter dazu nicht (vgl. zu Protokollierung des Berichtstermins durch das Gericht → § 76 Rn. 4). Die **Pflicht** des Insolvenzverwalters **zur Berichterstattung** im Berichtstermin ist **höchstpersönlich** (OLG Hamburg NZI 2006, 35 [36]; MüKoInsO/*Görg/Jansen* § 156 Rn. 14; Kübler/Prütting/Bork/*Onusseit* § 156 Rn. 7a).

a) Darlegung der vorgefundenen Situation. § 159 Abs. 1 S. 1 verlangt vom Insolvenzverwalter eine umfassende Darstellung der wirtschaftlichen Situation des Schuldners. Maßgeblich ist dabei die **Lage bei Verfahrenseröffnung** (aA Nerlich/Römermann/*Balthasar* § 156 Rn. 13: Zeitpunkt der Gläubigerversammlung; ähnlich MüKoInsO/*Görg/Jansen* § 156 Rn. 23) unter Darstellung der im Eröffnungsverfahren getroffenen Maßnahmen und eingetretenen Veränderungen. Alles andere ist vom Insolvenzverwalter kaum zu leisten. Freilich ist in einem gesonderten Abschnitt auf die seit Verfahrenseröffnung bereits eingeleiteten Schritte einzugehen und darzulegen, ob und inwieweit sich die Situation dadurch bis zum Berichtstermin geändert hat. 8

In jedem Fall sollte der Insolvenzverwalter den Gläubigern seine **Einschätzung über die voraussichtliche Dauer** des Insolvenzverfahrens mitteilen (*Wegener* InsBüro 2007, 332 [337]) und sie darüber informieren, in welcher Höhe Verfahrenskosten gem. § 54 Nr. 1 und 2 und sonstige Masseverbindlichkeiten gem. § 55 zu veranschlagen sind. – Zur Angabe der voraussichtlichen Quote vgl. → Rn. 15. 9

Den näheren **Inhalt des Berichts** muss der Insolvenzverwalter jeweils in Abhängigkeit des Einzelfalls bestimmen (Inhalts- und Gliederungsvorschlag bei Braun/*Esser* § 156 Rn. 8; *Hess* § 156 Rn. 2 und IDW RH HFA 1.011 Anlage B = ZInsO 2009, 130 [139]; vgl. auch *Möhlmann* NZI 1999, 433 ff.; vgl. zu Inhalten von Berichten, auf denen Sanierungskonzepte aufbauen, *Peemöller/Weigert* BB 1995, 2311 ff.; *Maus* DB 1991, 1133 f.). Angaben über die Vermögenslage, wichtige Rechtsbeziehungen (insbes. bedeutsame Dauerschuldverhältnisse oder anhängige Prozesse), bestehende Anfechtungsmöglichkeiten, sonstige Chancen zur Masseanreicherung etc sind unabdingbar. Ist der Schuldner eine natürliche Person, sind auch dessen persönlichen Verhältnisse (Schulbildung, Ausbildung, Familienverhältnisse) zu schildern. Des Weiteren sollten die Dokumente der internen und ggf. externen Rechnungslegung (vgl. §§ 151–153 und § 155) erläutert werden (vgl. schon → Rn. 1). 10

b) Ausführungen zu einer möglichen Unternehmensfortführung. Hinsichtlich der Frage, wie ausf. der Bericht auszufallen hat, ist insbes. die Wahrscheinlichkeit einer Unternehmensfortführung der ausschlaggebende Faktor. Typischerweise ist eine bis zum Berichtstermin erarbeitete Unternehmensanalyse vorzustellen (vgl. *Möhlmann* NZI 1999, 433 ff.). Zeichnet sich ab, dass die Liquidation unumgänglich ist, und gibt es keine Anhaltspunkte dafür, dass die Gläubigerversammlung dies anders beurteilen wird (vgl. § 157), kann der Bericht knapp gehalten werden. Wie der Adressatenkreis des Berichts (→ Rn. 1) erkennen lässt, sind dann regelmäßig detaillierte Ausführungen zur Ursache der wirtschaftlichen Situation entbehrlich. – Zum Rechtsschutz bei ehrenrührigen Tatsachen in der Berichterstattung des Insolvenzverwalters vgl. BGH NJW 1995, 397 = ZIP 1994, 1963 (dazu *Pape* ZIP 1995, 1660). 11

Die **Abhängigkeit des Berichtsinhalts von den Fortführungschancen** wird in § 156 Abs. 1 S. 2 besonders deutlich. Hiernach hat der Insolvenzverwalter darzulegen, ob das schuldnerische Unternehmen ganz oder in Teilen erhalten werden kann, welche Chancen für eine investive oder übertragende Sanierung 12 bestehen (vgl. Uhlenbruck/*Zipperer* § 156 Rn. 9) und was die jeweiligen Konsequenzen wären.

13 Im Hinblick auf Erhaltungsmöglichkeiten des Unternehmens oder von Unternehmensteilen (zu den Begriffen vgl. → § 157 Rn. 1) können vom Insolvenzverwalter gerade bei großen Unternehmen keine Feinheiten in der Berichterstattung erwartet werden. Ob er verpflichtet ist, ein **Sanierungsleitbild** mit einem Stärken-/Schwächen-Profil zu erarbeiten (so Nerlich/Römermann/*Balthasar* § 156 Rn. 23; vgl. auch *Möhlmann* NZI 1999, 433 [434 ff.]), erscheint zweifelhaft; jedenfalls kann eine solche Pflicht nicht im Regelfall bestehen. Hingegen sollte der Insolvenzverwalter mit den Großgläubigern bei bestehenden Sanierungsmöglichkeiten frühzeitig den Kontakt suchen. In Abstimmung mit ihnen kann dann durchaus schon im Berichtstermin ein konkretes Konzept vorgestellt werden. Dann sind ggf. auch allzu detaillierte Ausführungen zu den vorgefundenen gesellschaftsrechtlichen, finanzwirtschaftlichen und organisatorischen Verhältnissen entbehrlich, da diese ohnehin ganz neu geordnet werden (*Maus* DB 1991, 1133 [1134]).

14 **c) Ausführungen zu einem möglichen Insolvenzplan.** Für den Insolvenzverwalter besteht erst nach Beauftragung durch die Gläubigerversammlung die Pflicht zur Erarbeitung eines Entwurfs eines Insolvenzplans (§§ 157 S. 2, 218 Abs. 2). **Zum Berichtstermin** können daher **nur** Ausführungen darüber, welche Möglichkeiten für einen Insolvenzplan überhaupt bestehen und welche Konsequenzen dies für die Gläubiger hätte, sowie ein **grobes Konzept eines Insolvenzplans** erwartet werden (vgl. MüKoInsO/*Görg/Jansen* § 156 Rn. 33; BK-InsO/*Undritz/Fiebig* § 156 Rn. 13). Bei fest beabsichtigter Liquidation des Unternehmens ist auf einen Insolvenzplan nur dann einzugehen, wenn ausnahmsweise ein Liquidationsinsolvenzplan denkbar erscheint (vgl. Nerlich/Römermann/*Balthasar* § 156 Rn. 25). Hat der Schuldner seinerseits schon einen (nicht zurückzuweisenden) Insolvenzplan erstellt (vgl. §§ 218 Abs. 1 S. 2, 231), ist dieser regelmäßig als Hilfe zur Entscheidungsfindung über den Verfahrensfortgang im Berichtstermin vorzustellen.

15 **d) Weitere Mindestinhalte des Berichts.** Unabhängig von Fortführungsaussichten muss der Bericht des Insolvenzverwalters Angaben über die Befriedigungsaussichten der Gläubiger enthalten. Im Regelfall kann die **Benennung einer ungefähren Insolvenzquote** für den Liquidationsfall erwartet werden (FK-InsO/*Wegener* § 156 Rn. 11). Dieser sind dann ggf. die Auswirkungen eines Insolvenzplans bzw. einer sonstigen Unternehmensfortführung gegenüberzustellen (vgl. Kübler/Prütting/Bork/*Onusseit* § 156 Rn. 7).

16 **2. Beschränkung auf Berichterstattung in der Gläubigerversammlung.** Außerhalb des Berichtstermins und anderer Gläubigerversammlungen (§ 79; vgl. schon → Rn. 6) besteht **keine Pflicht zur Berichterstattung gegenüber einzelnen Gläubigern** (OLG Hamburg HRR 1928, 1641; BGHZ 62, 1 [3] = KTS 1974, 106 [107]; Uhlenbruck/*Zipperer* § 156 Rn. 14; Kübler/Prütting/Bork/*Onusseit* § 156 Rn. 10; *Oldorf* Rpfleger 1951, 189 [193 f.] mit praktischen Hinweisen für den Insolvenzverwalter).

17 Hiervon zu unterscheiden und zu bejahen ist die Frage, ob der Insolvenzverwalter nach §§ 260, 810 BGB verpflichtet sein kann, einzelnen **(Masse-)Gläubigern Auskunft** zu **geben** oder Einsicht in Bücher oder Unterlagen zu gestatten (vgl. dazu Nerlich/Römermann/*Balthasar* § 156 Rn. 36). Unnötige Feststellungsklagen muss der Insolvenzverwalter verhindern (OLG Hamburg HRR 1928, 1641); insgesamt ist zwischen den berechtigten Belangen der Auskunftssuchenden und dem Aufwand für den Insolvenzverwalter, der im Interesse aller Beteiligten tätig ist, abzuwägen (vgl. BGH WM 1978, 137 [139]). – Zur Unterrichtung des Gläubigerausschusses vgl. → § 69 Rn. 17 f.

III. Anhörungsrechte und Äußerungsmöglichkeiten

Absatz 2 sieht Anhörungsrechte und Äußerungsmöglichkeiten des Schuldners, des Gläubigerausschusses und einiger Verfahrensbeteiligter im weiteren Sinne vor. Damit geht notwendigerweise das Recht zur Teilnahme am ansonsten nichtöffentlichen Berichtstermin (vgl. → § 76 Rn. 5) einher (MüKoInsO/*Görg/Jansen* § 156 Rn. 42). Eine gesonderte Ladung der Anhörungs- und Äußerungsberechtigten zum Berichtstermin ergeht nicht (FK-InsO/*Wegener* § 156 Rn. 16; HambK-InsO/*Decker* § 156 Rn. 8 mit Hinweis auf eine Unterrichtungspflicht). 18

1. Schuldner, Gläubigerausschuss, Betriebsrat und Sprecherausschuss der leitenden Angestellten. Nach Absatz 2 Satz 1 haben Schuldner, Gläubigerausschuss (§§ 67 ff.), Betriebsrat und der Sprecherausschuss der leitenden Angestellten (vgl. das Sprecherausschussgesetz) das Recht, im Berichtstermin zum Bericht des Insolvenzverwalters Stellung zu nehmen. – Zur Beteiligung der Arbeitnehmervertreter im Insolvenzplanverfahren vgl. auch §§ 218 Abs. 3, 232 Abs. 1 Nr. 1, 235 Abs. 3. 19

2. „Amtliche" Berufsvertretungen. Absatz 2 Satz 2 ist (wie schon § 14 VglO) terminologisch missglückt. **„Amtliche" Berufsvertretung** bedeutet lediglich, dass die Berufsvertretungen auf staatlicher Anordnung beruhen; der Rechtscharakter der Berufsvertretung (öffentlich-rechtliche Körperschaft, privatrechtliches Gebilde) ist ohne Bedeutung. 20

Berufsvertretungen sind die Industrie- und Handelskammern (in Hamburg: Handelskammer), die Handwerkskammern und die Landwirtschaftskammern; bei Fehlen solcher Kammern kommen die gleichgeordneten Stellen mit gleichem Aufgabenkreis in Frage. Die Zuständigkeit der Berufsvertretung bestimmt sich sachlich und örtlich nach der Person des Schuldners (Art des Unternehmens, Ort der gewerblichen Hauptniederlassung). Bei Zugehörigkeit zu verschiedenen der genannten Berufsgruppen (zB handelsgewerblicher Handwerksbetrieb) ist mehreren Berufsvertretungen Gelegenheit zur Äußerung zu geben. – **Handelstreibende** sind die Handelsgesellschaften und die sonstigen Kaufleute nach HGB; Gewerbetreibende sind die Handwerker; **Landwirte** iSd Absatz 2 Satz 2 sind die Inhaber land- und forstwirtschaftlicher Betriebe. 21

Um das Verfahren flexibler zu gestalten, ist die **Anhörung** nach Absatz 2 Satz 2 – anders als nach § 14 VglO, dem Vorbild von § 156 Abs. 2, und auch anders als noch nach § 175 des Regierungsentwurfs – **fakultativ** (vgl. auch BT-Drs. 12/7302, 175). Auch wenn es sich damit nur um eine Soll-Vorschrift handelt, so sind kaum Umstände denkbar, aufgrund derer der „amtlichen" Berufsvertretung der Industrie, des Handels, des Handwerks oder der Landwirtschaft die Möglichkeit zur Teilnahme am und Äußerung im Berichtstermin vorenthalten werden kann, wenn der Schuldner bestimmten Berufsgruppen angehört. 22

3. Konsequenzen von Verletzungen der Anhörungsrechte und Äußerungsmöglichkeiten. Jede weitergehende Information stellt die möglichst umfassende Unterrichtung des Schuldners, des Gläubigerausschusses und der anderen in Absatz 2 genannten Verfahrensbeteiligten im Hinblick auf ihre Entscheidung über den Fortgang des Verfahrens sicher (vgl. zur Zielsetzung BT-Drs. 12/2443, 173). Gleichwohl hat eine **Verletzung der Anhörungsmöglichkeiten** nach Absatz 2 für die Wirksamkeit der Entscheidungen der Gläubigerversammlung im Folgenden **keine Bedeutung** (FK-InsO/*Wegener* § 156 Rn. 16). 23

Entscheidung über den Fortgang des Verfahrens

157 **[1]Die Gläubigerversammlung beschließt im Berichtstermin, ob das Unternehmen des Schuldners stillgelegt oder vorläufig fortgeführt werden soll. [2]Sie kann den Verwalter beauftragen, einen Insolvenzplan auszuarbeiten, und ihm das Ziel des Plans vorgeben. [3]Sie kann ihre Entscheidungen in späteren Terminen ändern.**

Schrifttum: *Antoni,* Die Haftung des Insolvenzverwalters für unterlassene Sanierungsmaßnahmen und gescheiterte Sanierungspläne, NZI 2013, 236; *Berger/Frege/Nicht,* Unternehmerische Ermessensentscheidungen im Insolvenzverfahren – Entscheidungsfindung, Kontrolle und persönliche Haftung, NZI 2010, 321; *Bitter/Rauhut,* Insolvenzrechtliche Grundlagen der übertragenden Sanierung – Eine Einführung unter Berücksichtigung des Gesetzes zur Vereinfachung des Insolvenzverfahrens, KSI 2007, 197 und 2007, 258; *Erker,* Die Business Judgment Rule im Haftungsstatut des Insolvenzverwalters, ZInsO 2012, 199; *Falk/Schäfer,* Insolvenz- und gesellschaftsrechtliche Haftungsrisiken der übertragenden Sanierung, ZIP 2004, 1337; *Fröhlich/Köchling,* Verkauf eines insolventen Unternehmens – Bestandsaufnahme und Handlungsleitfaden zur Realisierung übertragender Sanierungen, ZInsO 2005, 1121; *Hagebusch/Oberle,* Gläubigerbefriedigung durch Unternehmenssanierung: die übertragende Sanierung – Eine Bestandsaufnahme vor dem Hintergrund jüngster InsO-Reformen, NZI 2006, 618; *Jungmann,* Die Business Judgment Rule im Gesellschaftsinsolvenzrecht – Wider eine Haftungsprivilegierung im Regelinsolvenzverfahren und in der Eigenverwaltung, NZI 2009, 80; *ders.,* Grundpfandgläubiger und Unternehmensinsolvenz, 2004; *Kuhn,* Masseverwertung und Unternehmensverkauf, ZNotP 2008, 308; *Mönning,* Betriebsfortführung in der Insolvenz, 1997; *Müller-Feldhammer,* Die übertragende Sanierung – ein ungelöstes Problem der Insolvenzrechtsreform, ZIP 2003, 2186; *Uhlenbruck,* Corporate Governance, Compliance and Insolvency Judgement Rule als Problem der Insolvenzverwalterhaftung, FS Karsten Schmidt, 2009, S. 1603 ff.; *ders.,* Risiken vorinsolvenzlicher übertragender Sanierung und Anschlussinsolvenzverfahren, ZInsO 2013, 2033; *Wellensiek,* Übertragende Sanierung, NZI 2002, 233; *Zipperer,* „Übertragende Sanierung" – Sanierung ohne Grenzen oder erlaubtes Risiko?, NZI 2008, 206. – Weiteres Schrifttum bei § 156.

Übersicht

I. Begriffsbestimmungen

1 Die Begriffe „Unternehmen" und „Unternehmensfortführung" sind in §§ 156 ff. von zentraler Bedeutung. Das **Unternehmen** iSv §§ 156 ff. ist als selbständiges wirtschaftliches Gebilde im Sinne eines Inbegriffs von Vermögenswerten rechtlicher (Eigentum, Forderungen) und tatsächlicher Art (Bezugsquellen, Kundschaft, Know-how, Goodwill) zu verstehen. Das Unternehmen ist aber nicht Rechtssubjekt; vom Unternehmen zu trennen ist der **Unternehmensträ-**

ger als Rechtssubjekt und (nach Maßgabe von § 11) als Insolvenzschuldner (vgl. *Karsten Schmidt,* Handelsrecht (Unternehmensrecht I), 6. Aufl. 2014, § 4 IV.). **„Unternehmensinsolvenz“** ist das Insolvenzverfahren über das Vermögen eines Unternehmensträgers, unabhängig von dessen Rechtsform; bei solchen Insolvenzverfahren ist – gerade wenn es um Stilllegung oder Veräußerung geht (zu diesen Begriffen → § 158 Rn. 5 f.) – zu berücksichtigen, dass es mehrere Unternehmen (zB mehrere wesentliche Betriebsteile iSd § 111 Nr. 1 BetrVG) geben kann (auch: **„Unternehmensteil“**). Eine **Unternehmensfortführung** in der Insolvenz (zum Begriff der „vorläufigen“ Unternehmensfortführung vgl. → Rn. 5 ff.) ist die Aufrechterhaltung des Geschäftsbetriebs unter Führung des Unternehmens durch den Insolvenzverwalter anstatt durch die Organe des insolventen Unternehmensträgers bzw. anstatt durch den insolventen Gewerbetreibenden, Freiberufler, Künstler etc (vgl. aber die abweichenden Zuständigkeiten bei der Eigenverwaltung). – Zum Begriff **„Betrieb“** vgl. → § 160 Rn. 24.

Im Grundsatz bestehen bei jeder **Unternehmensinsolvenz** drei Möglichkeiten, mit der Krise des Unternehmens umzugehen, und dementsprechend **drei** sich am Zweck des Insolvenzverfahrens orientierende **Verfahrensziele** (vgl. *Jungmann,* Grundpfandgläubiger und Unternehmensinsolvenz, 2004, Rn. 259 f.): erstens die **Liquidation** des Unternehmens, zweitens die **übertragende Sanierung** – also Sanierung des Unternehmens ohne Sanierung des Unternehmensträgers (dazu *Karsten Schmidt* ZIP 1980, 328 [336 f.]; *ders.* in Die GmbH in Krise, Sanierung und Insolvenz, Rn. 4.20 ff.; vgl. etwa auch *Wellensiek* NZI 2002, 233 [234]; *Fröhlich/Köchling* ZInsO 2005, 1121 ff.; *Hagebusch/Oberle* NZI 2006, 618 ff.; *Uhlenbruck* ZInsO 2013, 2033 ff.) – und drittens die **investive Sanierung** des Schuldners – also Sanierung des Unternehmensträgers und des Unternehmens durch Wiederaufbau des Erfolgspotenzials desselben durch geeignete leistungswirtschaftliche, finanzwirtschaftliche und rechtlich-organisatorische Maßnahmen zur Wiedererlangung einer wenigstens existenzerhaltenden Rentabilität (vgl. auch *Hermanns/Buth* DStR 1997, 1178 [1179]). 2

II. Normzweck

Die Insolvenzordnung weist die Entscheidung für eine der sich bei Unternehmensinsolvenzen ergebenden Möglichkeiten (→ Rn. 2) allein den Gläubigern zu. Im Berichtstermin sollen allg. die Weichen für den Ablauf des Insolvenzverfahrens gestellt werden. Speziell für die Unternehmensinsolvenz stehen wichtige Entscheidungen an: über die **Unternehmensfortführung** und über die **Erarbeitung eines Insolvenzplans.** 3

§ 157 stellt klar, dass die maßgeblichen Entscheidungen im Berichtstermin zu treffen sind (vgl. auch BGH ZVI 2007, 80). So erweist sich § 157 als **Paradebeispiel für** die durch das ESUG vom Gesetzgeber noch weiter verstärkte **Gläubigerautonomie** im Insolvenzverfahren, die lediglich bei zur Beschlussunfähigkeit einer Gläubigerversammlung führendem Desinteresse der Gläubiger ggf. durch die analoge Anwendung von § 160 Abs. 1 S. 3 durchbrochen wird (vgl. → Rn. 14 f.). – Zur Beteiligung von Arbeitnehmern vgl. ausf. Kübler/Prütting/Bork/*Onusseit* § 157 Rn. 28a ff.; MüKoInsO/*Görg/Jansen* § 157 Rn. 33 ff. 4

III. Entscheidung über Stilllegung oder Fortführung des Unternehmens

1. Die (vorläufige) Unternehmensfortführung. a) Begriff der (vorläufigen) Unternehmensfortführung. Die Fortführung des Unternehmens ist, wenn auch nicht als Selbstzweck, sondern als Mittel der gleichmäßigen Gläubigerbefriedigung, neben der Verwertung des Vermögens ein Ziel des Insolvenzver- 5 fahrens (§ 1 S. 1). Über die Frage der Unternehmensfortführung bedarf es **in jedem Unternehmensinsolvenzverfahren** einer **Beschlussfassung** (vgl. auch *Warrikoff* KTS 1996, 489; zur fehlenden Entscheidung unter → Rn. 9 ff.).

6 Das Gesetz spricht von Stilllegung oder vorläufiger Fortführung, wobei **„vorläufig"** nicht ausschließt, dass das Unternehmen auch ohne investive Sanierung so lange fortgeführt wird, dass es nach Einstellung des Insolvenzverfahrens (etwa nach § 212 oder § 213) wieder in die Hände des Schuldners gegeben wird (ähnlich weit Nerlich/Römermann/*Balthasar* § 157 Rn. 9; wohl auch (wenn auch mit angebrachten Zweifeln an der praktischen Bedeutung) HambK-InsO/*Decker* § 157 Rn. 7; deutlich zurückhaltender FK-InsO/*Wegener* § 157 Rn. 2; HK-InsO/*Ries* § 157 Rn. 4).

7 **b) Erlaubnis- und Qualifikationsvoraussetzungen.** Bei Gewerbetreibenden sind im Hinblick auf die **Aufrechterhaltung erteilter Erlaubnisse** während des Insolvenzverfahrens bei Fortführung des Unternehmens durch den Insolvenzverwalter je nach Art des schuldnerischen Unternehmens eine Reihe von Spezialvorschriften zu beachten; vgl. insofern zB §§ 12, 45 GewO, § 15 Abs. 1 Nr. 3, Abs. 2 FahrlehrerG, § 1 des Gesetzes über Maßnahmen zur Aufrechterhaltung des Betriebs von Bahnunternehmen des öffentlichen Verkehrs (Gesetz vom 7.3.1934, RGBl. II S. 91), § 4 Abs. 1 HandwO, § 8 GüKG, § 10 GaststättenG (Einzelheiten bei Kübler/Prütting/Bork/*Onusseit* § 157 Rn. 9 ff.).

8 **Freiberufler und Künstler** müssen, soll ihr Unternehmen fortgeführt werden, zur Zusammenarbeit mit dem Insolvenzverwalter willens sein (HambK-InsO/*Decker* § 157 Rn. 12), und hinsichtlich der Freiberufler müssen die berufsspezifischen **Qualifikationen in der Person des Unternehmensfortführenden** vorliegen (vgl. ausf. Kübler/Prütting/Bork/*Onusseit* § 157 Rn. 7 ff.; *Schick* NJW 1990, 2359 ff.; vgl. ferner *Schmittmann* ZInsO 2004, 725 [728] mit dem Vorschlag, vor Eröffnung des Insolvenzverfahrens über das Vermögens eines Rechtsanwalts, Steuerberaters, Wirtschaftsprüfers etc das Unternehmen auf eine Kapitalgesellschaft zu überführen).

9 **2. Fehlende Entscheidung der Gläubigerversammlung – Grundsatz.** Trifft die Gläubigerversammlung – obwohl beschlussfähig – keine Entscheidung über eine Fortführung des schuldnerischen Unternehmens, so ist der Insolvenzverwalter zur **Verwertung der Insolvenzmasse** gehalten; das Ziel des Insolvenzverfahrens verengt sich also auf § 1 S. 1 Var. 1 Das ist das Ergebnis der zwingenden Vorgabe in § 159, der – trotz seines Wortlauts „soweit die Beschlüsse der Gläubigerversammlung nicht entgegenstehen" – im Lichte der Begründung des Regierungsentwurfes zu lesen ist: Nach dem Willen des Gesetzgebers kommt eine **Unternehmensfortführung nur im Falle der positiven Zustimmung** der Gläubigerversammlung in Betracht (BT-Drs. 12/2442, 173). Daran hat sich auch durch die Einfügung von § 160 Abs. 1 S. 3 und der darin enthaltenen Zustimmungsfiktion durch das Gesetz zur Vereinfachung des Insolvenzverfahrens vom 12.4.2007 (BGBl. I S. 509) nichts geändert.

10 Dieses Erfordernis der positiven Zustimmung erklärt zugleich, warum eine **fehlende Entscheidung** der beschlussfähigen Gläubigerversammlung **nicht** – wie sonst in Ausnahmefällen nach zutreffender Auffassung möglich (vgl. → § 76 Rn. 26 ff.) – **durch eine Entscheidung des Insolvenzgerichts ersetzt** werden kann (hM; vgl. nur Kübler/Prütting/Bork/*Onusseit* § 157 Rn. 24; HK-InsO/*Ries* § 157 Rn. 8; *Pape* ZInsO 1999, 305 [312]; *Heukamp* ZInsO 2007, 57 [58]) und warum sie entgegen der wohl hM auch **nicht** zu einem **„Kompetenzzuwachs" des Insolvenzverwalters** führt (wie hier: FK-InsO/*Wegener* § 157 Rn. 11; HK-InsO/*Ries* § 157 Rn. 5; für eine Entscheidungskompetenz des Insolvenzverwalters hingegen: MüKoInsO/*Görg/Jansen* § 157 Rn. 32; Kübler/Prütting/Bork/*Onusseit* § 157 Rn. 24; jedenfalls für einzelne Fälle auch HambK-InsO/*Decker* § 157

Rn. 14 und Uhlenbruck/*Zipperer* § 157 Rn. 22; ähnlich wohl auch Nerlich/Römermann/*Balthasar* § 157 Rn. 20).

Ohne von der damit beschriebenen gesetzgeberischen Leitentscheidung abzuweichen, wird man die **ausdrückliche Vertagung** der Entscheidung nach § 157 als (vorläufig) entgegenstehenden Beschluss iSd § 159 zu werten haben; wird deutlich, dass die Zustimmung der Gläubigerversammlung nicht mehr nachgeholt werden wird, ist allerdings mit der Verwertung zu beginnen. 11

Hilfreich und vom Gesetz noch gedeckt ist es, wenn das Insolvenzgericht im Fall der fehlenden Entscheidung der Gläubigerversammlung schnellstmöglich einen neuen Termin für eine Gläubigerversammlung zwecks Beschlussfassung einberuft und sich mit dem Insolvenzverwalter ins Benehmen setzt, die Verwertung solange auszusetzen. Dies vergrößert freilich die Haftungsgefahr für den Insolvenzverwalter und stellt an das Insolvenzgericht höhere Anforderungen hinsichtlich der Überwachung des Insolvenzverwalters. 12

Ebenfalls vom Gesetz gedeckt ist der gleichsam umgekehrte Fall, nämlich die **Aufhebung eines Stilllegungsbeschlusses** der Gläubigerversammlung durch das Insolvenzgericht. Eine solche Beschlussaufhebung ist unter den Voraussetzungen des § 78 möglich (vgl. noch *Görg* DZWIR 2000, 364 [366]; vgl. dazu → § 78 Rn. 25 f.). Auch dies bedeutet allerdings lediglich die vorübergehende Aussetzung der Verwertung, bis eine neue Gläubigerversammlung eine Entscheidung über die Unternehmensfortführung getroffen hat. 13

3. Besonderheiten bei Beschlussunfähigkeit der Gläubigerversammlung. Trifft die Gläubigerversammlung keine Entscheidung über eine Fortführung des schuldnerischen Unternehmens, weil sie beschlussunfähig ist, so kann sich die **Zustimmung** zur Unternehmensfortführung **analog § 160 Abs. 1 S. 3** ergeben (Kübler/Prütting/Bork/*Onusseit* § 157 Rn. 24a; Uhlenbruck/*Zipperer* § 157 Rn. 26; aA HK-InsO/*Ries* § 157 Rn. 8). Das bedeutet: Enthielt die Einladung zum Berichtstermin den Hinweis, dass der Insolvenzverwalter die vorläufige Unternehmensfortführung beabsichtigt und dass die dafür erforderliche Zustimmung der Gläubigerversammlung im Fall ihrer Beschlussunfähigkeit als erteilt gilt, so wird analog § 160 Abs. 1 S. 3 fingiert, dass die Gläubigerversammlung eine Entscheidung für die vorläufige Unternehmensfortführung getroffen hat. Ohne entsprechenden Hinweis in der Einladung gilt das unter → Rn. 9 ff. Gesagte, dh der Insolvenzverwalter ist zur Verwertung der Insolvenzmasse gehalten (vgl. zur Notwendigkeit des Hinweises noch → § 160 Rn. 9 (auch mit Nachweisen zur gegenteiligen Auffassung)). 14

Für diese Analogie sprechen praktische Bedürfnisse sowie zwei Umstände: Erstens ist eine **kurzfristige Fortführung** des Unternehmens zum Zwecke der Verwertung ohnehin **zulässig,** da unter der Verwertung des zur Insolvenzmasse gehörenden Vermögens nicht nur die Zerschlagung des Unternehmens zu verstehen ist (vgl. → § 159 Rn. 3). Zweitens kann die kraft Fiktion getroffene Entscheidung gem. Satz 3 durch einen expliziten Stilllegungsbeschluss einer späteren Gläubigerversammlung revidiert werden, sodass selbst der desinteressierten Gläubigerschaft ihr Entscheidungsrecht nicht gänzlich genommen wird. 15

4. Übertragung der Entscheidung. Die Gläubigerversammlung kann beschließen, die nach § 157 zu treffenden Entscheidungen dem **Gläubigerausschuss** zu übertragen (allgM: LG Wuppertal KTS 1958, 45 [47]; vgl. nur BK-InsO/*Undritz/Fiebig* § 157 Rn. 13–15; Nerlich/Römermann/*Balthasar* § 157 Rn. 17 f.; HambK-InsO/*Decker* § 157 Rn. 14). Gerade in komplexen Fällen, in denen eine endgültige Entscheidung im Berichtstermin verfrüht wäre und in denen es eine Vielzahl von Gläubigern gibt, bietet sich dieser Weg zur Flexibilisierung des Verfahrens und zur Effizienzsteigerung an. Insbes. aufgrund der jederzeitigen Abänderungsmöglichkeit der Beschlüsse durch spätere Gläubigerver- 16 sammlungen (Satz 3) kommt es nicht zu einer Beschneidung der Gläubigerrechte (vgl. auch → Rn. 25 ff.).

17 Hingegen ist es – anders als bei einer Reihe von anderen Entscheidungen, die die Gläubigerversammlung treffen kann (vgl. → § 76 Rn. 26 ff.) – bei der Fortführungsentscheidung nach § 157 nicht möglich, die Entscheidung dem **Insolvenzgericht** (hM: vgl. nur Kübler/Prütting/Bork/*Onusseit* § 157 Rn. 22; *Hess* § 157 Rn. 11; FK-InsO/*Wegener* § 157 Rn. 9; HambK-InsO/*Decker* § 157 Rn. 14) zu übertragen. Dies erklärt sich mit der in § 157 in besonderer Weise zum Ausdruck kommenden Gläubigerautonomie im Insolvenzverfahren und der von der Insolvenzordnung vorgegebenen Aufgabentrennung zwischen Gericht und Gläubigern: Das Insolvenzgericht ist nicht befugt, wirtschaftliche Entscheidungen zu treffen; es ist für die Rechtsaufsicht zuständig (vgl. BT-Drs. 12/2443, 80).

18 Auch eine Übertragung der Entscheidungsbefugnis auf den **Insolvenzverwalter** ist entgegen der wohl hM nicht möglich (aA Kübler/Prütting/Bork/*Onusseit* § 157 Rn. 22; für den Einzelfall HambK-InsO/*Decker* § 157 Rn. 14; deutlich restriktiver dagegen FK-InsO/*Wegener* § 157 Rn. 8): Der Insolvenzverwalter ist in wichtigen Fragen an die Entscheidungen der Gläubigerversammlung zu binden (BT-Drs. 12/2443, 80), und die Gläubigerversammlung muss die grundlegende Entscheidung über die Unternehmensfortführung selber treffen. Unterlässt eine (beschlussfähige) Gläubigerversammlung dies, bleibt es bei der Verwertung der Insolvenzmasse (§ 159). Selbstverständlich kann der Insolvenzverwalter kraft seiner Sachkunde der Gläubigerversammlung beratend zur Seite stehen, und diese kann sich seiner Einschätzung anschließen.

IV. Die Beauftragung zur Erarbeitung eines Insolvenzplans (Satz 2)

19 Jedes Ziel eines Unternehmensinsolvenzverfahrens (vgl. → Rn. 2) lässt sich auch mittels eines Insolvenzplans erreichen, wobei investive Sanierungen beim Insolvenzplanverfahren im Vordergrund stehen (vgl. auch *Jungmann,* Grundpfandgläubiger und Unternehmensinsolvenz, 2004, Rn. 260). Nach § 218 Abs. 1 ist der Insolvenzverwalter – neben dem Schuldner – zur Vorlage eines Insolvenzplans berechtigt. Die Gläubigerversammlung kann ihn nach Satz 2 beauftragen, einen solchen auszuarbeiten, und kann das Ziel eines solchen Insolvenzplans verbindlich vorgeben. Dieses Recht der Gläubigerversammlung ist der Ausgleich dafür, dass weder die Gläubigergesamtheit noch einzelne Gläubiger oder Gläubigergruppen einen eigenständigen Insolvenzplan vorlegen können (anders noch § 255 des Regierungsentwurfs). Dies erklärt auch die Grenzen des Rechts der Gläubigerversammlung: Die Vorgaben dürfen nicht so detailliert sein, dass sie inhaltlich nahezu dem aufzustellenden Insolvenzplan entsprechen, denn das Recht zur Planvorlage wird den Gläubigern durch § 157 gerade nicht eingeräumt (vgl. auch noch Leonhardt/Smid/Zeuner/*Smid* § 157 Rn. 12).

20 Der **Insolvenzverwalter muss dem Auftrag** der Gläubigerversammlung sowohl hinsichtlich des Ob als auch hinsichtlich des Wie **folgen,** und zwar auch dann, wenn er die Entscheidung für falsch hält (Kübler/Prütting/Bork/*Onusseit* § 157 Rn. 27 (allg. zu Beschlüssen nach § 157)).

21 Auch wenn die Gläubigerversammlung beschließt, dass der **Insolvenzverwalter** einen Plan nach den Vorgaben der Gläubiger zu entwerfen hat, wird ihm dadurch nicht das **Recht zur Vorlage eines eigenen Insolvenzplanentwurfs** genommen; eine solche Einschränkung des § 218 Abs. 1 lässt sich aus § 157 nicht ableiten und ist auch nicht sachgerecht, denn letztlich soll im Abstimmungstermin über die Annahme eines Plans entschieden werden (Kübler/Prütting/Bork/*Onusseit* § 157 Rn. 16; Braun/*Esser* § 157 Rn. 6; *Hess* § 157 Rn. 6; aA Nerlich/Römermann/*Balthasar* § 157 Rn. 12). Allerdings kann der Insolvenzverwalter

seine Arbeitskraft in pflichtwidriger Weise einsetzen, wenn er erkennen muss, dass sich seine abweichenden Vorstellungen bei der Gläubigermehrheit nicht durchsetzen lassen werden (zutr. HK-InsO/*Ries* § 157 Rn. 6).

Beschließt die **Gläubigerversammlung** hingegen, dass der Insolvenzverwalter **keinen Plan** auszuarbeiten habe, so muss dieser seine eigenen dahin gehenden Bemühungen unverzüglich einstellen (Uhlenbruck/*Zipperer* § 157 Rn. 12; krit. hingegen HambK-InsO/*Decker* § 157 Rn. 11). Die Gläubigerversammlung hat diese Möglichkeit, dem Insolvenzverwalter die Vorlage eines eigenen Plans zu untersagen, aus drei Gründen: Erstens muss der Insolvenzverwalter die Gläubigerautonomie respektieren; zweitens hätte sein Plan mit großer Wahrscheinlichkeit keine Aussicht auf Annahme im Abstimmungstermin; und drittens verlangt § 159, dass unverzüglich mit der Verwertung der Insolvenzmasse zu beginnen ist, soweit Beschlüsse der Gläubigerversammlung nicht entgegenstehen. Wenn diese Grundregel durch einen Beschluss der Gläubiger explizit bestätigt wird, ist **kein Raum für abweichende Handlungen des Insolvenzverwalters** (*Henckel* KTS 1989, 477 [490] (allerdings noch zum Diskussionsentwurf); aA Uhlenbruck/*Zipperer* § 157 Rn. 12). 22

Etwas anderes gilt für den Fall, dass die **Gläubigerversammlung** keine Entscheidung über eine Planerarbeitung getroffen, sich jedoch allg. **für eine Unternehmensfortführung** ausgesprochen hat (insofern aA Nerlich/Römermann/*Balthasar* § 157 Rn. 12). Dafür spricht schon der Wortlaut von Satz 2, wonach der Insolvenzverwalter beauftragt werden „kann". Daher zwingt auch § 159 nicht zur gegenteiligen Ansicht (vgl. hingegen → Rn. 9 ff. im Hinblick auf Satz 1), denn die Entscheidung für die Fortführung des Unternehmens steht der unverzüglichen Verwertung der Insolvenzmasse bereits entgegen. Bei anderer Auffassung ließe sich nicht nur die Funktion von § 233 nicht erklären, auch würde das Initiativrecht des Insolvenzverwalters nach § 218 Abs. 1 weitgehend leer laufen, denn dann müsste der Insolvenzverwalter seinen Plan immer schon vor dem Berichtstermin dem Insolvenzgericht vorlegen. In Großverfahren mit Sanierungschancen wird es aber kaum möglich sein, innerhalb von sechs Wochen bis drei Monaten (vgl. § 29 Abs. 1 Nr. 1) einen vollständigen Plan zu entwerfen. Es bleibt dem Insolvenzverwalter daher möglich, insbes. die Chancen für eine investive Sanierung mit oder ohne Insolvenzplan weiter auszuloten. 23

V. Sonstige Entscheidungen im Berichtstermin

Andere im Berichtstermin zu treffende Entscheidungen finden sich in §§ 57, 66 Abs. 3, 68, 100 (vgl. ferner *Wegener* InsBüro 2007, 332 [340 f.]). Zweckmäßig sind unter Umständen vorsorgliche Entscheidungen nach §§ 160, 162, ggf. auch der vorsorgliche Verzicht auf eine Anhörung vor Einstellung mangels Masse (§ 207 Abs. 2). 24

VI. Abänderungsmöglichkeiten

Berechtigterweise räumt die Insolvenzordnung der Gläubigerversammlung in **Satz 3** das Recht ein, ihre Entscheidungen in späteren Versammlungen abzuändern. Denn gerade im Hinblick auf die praktischen Schwierigkeiten, sich schon im Berichtstermin auf verlässliche Informationsgrundlagen stützen zu können, muss Raum für Abänderungen sein (vgl. auch *Haberhauer/Meeh* DStR 1995, 2005 [2010]). 25

Satz 3 bezieht sich sowohl auf die Stilllegungs-/Fortführungsentscheidung nach **Satz 1** als auch auf die Entscheidung, ob der Insolvenzverwalter einen Insolvenzplan zu erarbeiten hat, nach **Satz 2.** Insbes. wenn der Betrieb des Unternehmens einmal eingestellt und der Liquidationsprozess in Gang gesetzt wurde, wird jedoch 26 regelmäßig aus faktischen Gründen kaum noch die Möglichkeit für eine Abänderungsentscheidung bestehen.

27 Von der Abänderungsbefugnis ist auch die **Rückholung von bereits auf den Gläubigerausschuss übergegangenen Entscheidungskompetenzen** gedeckt. Ebenso kann die Gläubigerversammlung Entscheidungen des Gläubigerausschusses auf diese Weise wieder rückgängig machen. Sofern es im Berichtstermin (auch wegen Beschlussunfähigkeit der Gläubigerversammlung) nicht zu Beschlussfassungen gekommen ist, kann eine spätere Gläubigerversammlung Entscheidungen treffen, die den Insolvenzverwalter mit Wirkung für die Zukunft binden.

28 Nicht berechtigt ist – das zeigt die Erfahrung der Praxis – die Sorge, dass in späteren Gläubigerversammlungen Kleingläubiger die einmal gefällten Entscheidungen zur Verfolgung eigener Vorteile aufheben; nicht richtig ist daher der vorgeschlagene Ausweg, spätere Entscheidungen von bestimmten **Zustimmungsquoren** oder einer **Mindestpräsenz** abhängig zu machen (so aber Nerlich/Römermann/*Balthasar* § 157 Rn. 13; wie hier etwa Kübler/Prütting/Bork/*Onusseit* § 157 Rn. 26). Solche Quoren entbehren einer gesetzlichen Grundlage, die für eine Quasi-Geschäftsordnung der Gläubigerversammlung notwendig wäre. Eine qualifizierte Mindestpräsenz schreibt die Insolvenzordnung nicht vor; vielmehr ist die Gläubigerversammlung schon bei der Teilnahme nur eines Gläubigers beschlussfähig (vgl. → § 76 Rn. 22; LG Neuruppin ZIP 1997, 2130; LG Köln ZIP 1997, 2053; *Ehricke* NZI 2000, 57 [58]).

Maßnahmen vor der Entscheidung[1]

158 (1) **Will der Insolvenzverwalter vor dem Berichtstermin das Unternehmen des Schuldners stillegen oder veräußern, so hat er die Zustimmung des Gläubigerausschusses einzuholen, wenn ein solcher bestellt ist.**

(2) [1] **Vor der Beschlußfassung des Gläubigerausschusses oder, wenn ein solcher nicht bestellt ist, vor der Stillegung oder Veräußerung des Unternehmens hat der Verwalter den Schuldner zu unterrichten.** [2] **Das Insolvenzgericht untersagt auf Antrag des Schuldners und nach Anhörung des Verwalters die Stillegung oder Veräußerung, wenn diese ohne eine erhebliche Verminderung der Insolvenzmasse bis zum Berichtstermin aufgeschoben werden kann.**

Schrifttum: *Marotzke,* Das deutsche Insolvenzverfahren: ein Hort institutionalisierter Unverantwortlichkeit? – Disharmonien zwischen Risikobeteiligung, Herrschaft und Haftung der maßgeblichen Akteure, KTS 2014, 113; *Meyer-Löwy,* Aufgeschobene Gläubigerautonomie bei Unternehmensveräußerung vor dem Berichtstermin, ZInsO 2011, 613; *Spieker,* Unternehmensveräußerung zwischen Insolvenzeröffnung und Berichtstermin (Anfangsphase), NZI 2002, 472. Weiteres Schrifttum bei § 156 und bei § 157.

Übersicht

[1] § 158 Abs. 1 und 2 geänd. mWv 1.7.2007 durch G v. 13.4.2007 (BGBl. I S. 509).

I. Grundsatz der Fortführung des Unternehmens durch den Insolvenzverwalter

Im Insolvenzeröffnungsverfahren ist es Aufgabe des „starken" vorläufigen Insolvenzverwalters, das Unternehmen des Schuldners fortzuführen, wenn das Gericht nichts anderes bestimmt (§ 22 Abs. 1 S. 2 Nr. 2); ist nur ein „schwacher" vorläufiger Insolvenzverwalter bestellt, kann das Gericht anordnen, dass das Unternehmen fortzuführen ist (vgl. zum Grundsatz der Unternehmensfortführung noch Mönning BetriebsF InsO/*Mönning* Rn. 282 ff.). § 158 ist nicht (auch nicht analog) auf einen vor-vorläufigen Gläubigerausschuss (§ 21 Abs. 1 S. 1 Nr. 1a) anwendbar (überzeugend *Marotzke* KTS 2014, 113 [122 ff. und 151 f.]). **Im eröffneten Verfahren** ist es Aufgabe der Gläubiger, über die Unternehmensfortführung zu entscheiden; dies geschieht typischerweise im Berichtstermin (vgl. §§ 157, 160 Abs. 2 Nr. 1). In der Zwischenzeit, die gem. § 29 Abs. 1 Nr. 1 bis zu drei Monaten dauern kann, soll der **Insolvenzverwalter** grds. **keine vollendeten Tatsachen** schaffen, die die Entscheidungsbefugnis der Gläubiger de facto aushebeln (vgl. schon *Henckel* KTS 1989, 477 [479]; BT-Drs. 12/2443, 173). Gerade Stilllegung oder Veräußerung eines Unternehmens (vgl. zu diesen Begriffen → Rn. 5 f.) sind solche irreversiblen Schritte. Daher gilt der **Grundsatz,** dass **das schuldnerische Unternehmen** bis zum Berichtstermin vom Insolvenzverwalter **fortzuführen** ist. 1

In einigen Fällen muss **von diesem Grundsatz abgewichen** werden. Wenn eine Stilllegung des Unternehmens unumgänglich ist, kann – zumal die Grenzen zwischen Verwertung und Verwaltung ohnehin häufig fließend sind – durchaus bereits vor dem Berichtstermin mit der Verwertung begonnen werden. Dazu eröffnet § 158 schon seit Inkrafttreten der Insolvenzordnung die Möglichkeit. Eine Durchbrechung des Grundsatzes ist aber auch dann angezeigt, wenn sich vor dem Berichtstermin die Chance zu einer Unternehmensveräußerung ergibt. Aus diesem Grund hat der Gesetzgeber mit dem Gesetz zur Vereinfachung des Insolvenzverfahrens v. 13.4.2007 (BGBl. I S. 509) § 158 mit Wirkung zum 1.7.2007 um die Möglichkeit der Unternehmensveräußerung noch vor dem Berichtstermin erweitert (vgl. zur vorherigen Rechtslage noch *Spieker* NZI 2002, 472 ff.). 2

Von den vorstehend genannten Möglichkeiten hat der Insolvenzverwalter **nach pflichtgemäßem Ermessen** Gebrauch zu machen. Ungeachtet der sich durch § 158 ergebenden rechtlichen Möglichkeiten, sind dem Grundanliegen des Gesetzgebers zuwiderlaufende Maßnahmen für den Insolvenzverwalter stets mit einem besonderen Haftungsrisiko verbunden (zum Ganzen *Förster* ZInsO 2000, 141 f.; vgl. auch *Kirchhof* ZInsO 1999, 436 ff. sowie *Karsten Schmidt* NJW 1987, 812 ff.; zur Stilllegung im Eröffnungsverfahren vgl. noch Gravenbrucher Kreis ZIP 1989, 468 [473]). 3

Zum **Unternehmensbegriff** vgl. → § 157 Rn. 1. § 158 gilt entsprechend, wenn es um die Stilllegung oder Veräußerung eines wesentlichen Betriebsteils iSd § 111 Nr. 1 BetrVG geht (FK-InsO/*Wegener* § 158 Rn. 2). 4

II. Stilllegung oder Veräußerung des Unternehmens

Stilllegung des Unternehmens meint die vollständige Einstellung des Geschäftsbetriebs, die die Auflösung der Betriebs- und Produktionsstrukturen nach 5 sich zieht (vgl. Nerlich/Römermann/*Balthasar* § 158 Rn. 10; FK-InsO/*Wegener* § 158 Rn. 2). Dies kann aus wirtschaftlichen oder rechtlichen Gründen schon vor dem Berichtstermin geboten sein. Dies gilt insbes. dann, wenn die Unternehmensfortführung durch den Insolvenzverwalter an rechtliche oder tatsächliche Grenzen stößt. So besteht kein Eingriffsrecht in ein Unternehmen, in welchem der Betrieb in rein persönlicher Tätigkeit besteht, wie zB bei einem Rechtsanwalt, Künstler oder Arzt (vgl. Uhlenbruck/*Zipperer* § 158 Rn. 6; *Tetzlaff* ZInsO 2005, 393 [399 f.]; vgl. auch → § 157 Rn. 8); auch kann die Fortführung eines Unternehmens rechtlich unzulässig werden, wenn durch die Eröffnung des Insolvenzverfahrens öffentlich-rechtliche Erlaubnisse/Genehmigungen entfallen oder entzogen werden (vgl. hierzu auch → § 157 Rn. 7; vgl. ferner Kübler/Prütting/Bork/*Onusseit* § 157 Rn. 7 ff.). – Bei Stilllegung des Unternehmens sind §§ 121 ff. sowie §§ 111 ff. BetrVG zu beachten (*Hess* § 158 Rn. 13; vgl. auch *Schmädicke/Fackler* NZA 2012, 1199 [1201]; zu Einzelheiten über Fragen des Insolvenzarbeits-/Mitbestimmungsrechts vgl. Uhlenbruck/*Zipperer* § 158 Rn. 10 ff. mwN).

6 Die **Veräußerung** eines Unternehmens ist keine Fortführungs-, sondern eine Verwertungsmaßnahme (vgl. FK-InsO/*Wegener* § 158 Rn. 3), bei der das Unternehmen vom bisherigen Rechtsträger auf einen anderen (auch auf eine Auffanggesellschaft; vgl. zum Erfordernis einer Zustimmung der Gläubigerversammlung in einem solchen Fall → § 162 Rn. 15 und OLG München NZI 1998, 84) übertragen wird (zu Haftungsfragen vgl. *Kuhn* ZNotP 2008, 308 [314 ff.]). Dieser Vorgang wird regelmäßig eine übertragende Sanierung darstellen (vgl. auch *Uhlenbruck* ZInsO 2013, 2033 [2038]), wobei es für § 158 unerheblich ist, welches Schicksal das Unternehmen nach der Übertragung trifft. „Veräußerung" iSd § 158 erfasst daher jeden „Unternehmensverkauf" (ausf. zum Verkauf eines insolventen Unternehmens *Fröhlich/Köchling* ZInsO 2005, 1121 ff.), also auch Fälle, in denen das auf den anderen Rechtsträger übergegangene Unternehmen nicht fortgeführt wird.

7 Die Chance zu einer **Unternehmensveräußerung** ergibt sich in der Praxis häufig in einem frühen Verfahrensstadium und verlangt – im Interesse der Insolvenzgläubiger und im Interesse des Erhalts des Unternehmens (vgl. OLG Rostock NZI 2011, 488) – eine **rasche Entscheidung.** Ein Abwarten bis zum Berichtstermin kann in solchen Fällen dazu führen, dass der potenzielle Erwerber sein Interesse ganz verliert oder dass nur ein geringerer Kaufpreis zu erzielen ist, weil in der Übergangszeit weiter Verluste auflaufen, führende Arbeitskräfte das Unternehmen verlassen und notwendige Investitionen nicht getätigt werden (vgl. Uhlenbruck/*Zipperer* § 158 Rn. 8; BK-InsO/*Undritz/Fiebig* § 158 Rn. 9; *Pannen/Riedemann* NZI 2006, 193 [195]). Konstruktionen, die eine Gläubigerbeteiligung ermöglichen – wie etwa Unternehmensveräußerungen, die von der Zustimmung der Gläubiger im Berichtstermin abhängig gemacht werden –, bieten keinem der Beteiligten die erforderliche Rechtssicherheit (vgl. FK-InsO/*Wegener* § 158 Rn. 3).

8 **1. Verfahren ohne vorläufigen Gläubigerausschuss.** Ist kein vorläufiger Gläubigerausschuss (§ 67 Abs. 1) bestellt, so obliegt die **Entscheidung** über Einstellung oder Veräußerung des Unternehmens dem **Insolvenzverwalter** (krit. *Marotzke* KTS 2014, 113 [149 f.]). Hierbei hat er zwar einen erheblichen **Ermessensspielraum** (Kübler/Prütting/Bork/*Onusseit* § 158 Rn. 6; Uhlenbruck/*Zipperer* § 158 Rn. 9); er muss aber die Leitentscheidung des Gesetzgebers, im Grundsatz die Gläubiger entscheiden zu lassen, im Blick behalten (MüKoInsO/*Görg/Jansen* § 158 Rn. 13; ähnlich FK-InsO/*Wegener* § 158 Rn. 8). Als Alternative zu einer Unternehmensveräußerung bietet sich deswegen mitunter eine Verpachtung des Unternehmens an den potenziellen Erwerber bis zum Votum der Gläubigerversammlung an (vgl. OLG Rostock NZI 2011, 488).

Die **Einstellungs- oder Veräußerungsentscheidung** des Insolvenzverwalters ist vorbehaltlich Absatz 2 in der Regel **endgültig.** Denn ein nachfolgender Beschluss der Gläubiger im Berichtstermin, der auf Unternehmensfortführung gerichtet ist, läuft in der Praxis leer. Die Entscheidung des Insolvenzverwalters ist nicht von einer Zustimmung des Insolvenzgerichts abhängig (anders im Eröffnungsverfahren für eine Stilllegungsentscheidung nach § 22 Abs. 1 Nr. 2). Zur Vermeidung von Haftungsrisiken kann der Insolvenzverwalter, der eine Stilllegung oder Veräußerung beabsichtigt, beim Insolvenzgericht anregen, dass ein vorläufiger Gläubigerausschuss eingesetzt wird, oder nach § 75 Abs. 1 Nr. 1 eine Gläubigerversammlung zeitnah nach der Verfahrenseröffnung beantragen (vgl. HambK-InsO/*Decker* § 158 Rn. 7). Bloß informelle Absprachen mit einzelnen Gläubigern wirken sich nicht haftungsbefreiend aus (vgl. auch FK-InsO/*Wegener* § 158 Rn. 8). 9

2. Verfahren mit vorläufigem Gläubigerausschuss. Sofern das Insolvenzgericht einen vorläufigen Gläubigerausschuss eingesetzt hat, ist dessen **Zustimmung konstitutive Voraussetzung** für eine Unternehmensstilllegung oder -veräußerung. Die Entscheidung des vorläufigen Gläubigerausschusses bindet den Insolvenzverwalter. Wenn der Insolvenzverwalter die Entscheidung des Gläubigerausschusses für unvertretbar hält, bleibt ihm nur der Ausweg, nach § 59 Abs. 1 zu beantragen, aus dem Amt entlassen zu werden. 10

Mit Zustimmung ist in § 158 die **vorherige Zustimmung** gemeint (MüKoInsO/*Görg/Jansen* § 158 Rn. 20; iE auch Kübler/Prütting/Bork/*Onusseit* § 158 Rn. 7), also Einwilligung nach der Terminologie des BGB. Handeln ohne vorherige Zustimmung ist in jedem Fall pflichtwidrig (§ 60); eine nachträgliche Genehmigung beseitigt die Pflichtwidrigkeit des Handelns des Insolvenzverwalters nicht. Der Insolvenzverwalter macht sich auch dann haftbar, wenn er gegen die Entscheidung des vorläufigen Gläubigerausschusses handelt (vgl. auch OLG Rostock NZI 2011, 488). In solchen Fällen muss das Insolvenzgericht seiner Aufsichtspflicht nach § 58 nachkommen. – Das Zustimmungserfordernis entfaltet nur im Innenverhältnis Wirkungen; im Außenverhältnis gilt § 164 (FK-InsO/*Wegener* § 158 Rn. 7; Uhlenbruck/*Zipperer* § 158 Rn. 10; vgl. auch BGH ZIP 1995, 290 (zur GesO)). 11

Im Zustimmungserfordernis und im damit gewährleisteten Mindestmaß an Gläubigerbeteiligung kann ein wichtiger Grund für das Insolvenzgericht liegen, einen vorläufigen Gläubigerausschuss einzusetzen (vgl. Nerlich/Römermann/*Balthasar* § 158 Rn. 18), den Berichtstermin früh zu terminieren oder eine zusätzliche Gläubigerversammlung kurz nach Verfahrenseröffnung einzuberufen (vgl. auch → § 67 Rn. 9 ff.). 12

Problematisch ist die Situation, wenn der **Gläubigerausschuss keine Entscheidung** trifft. Da der Gesetzeswortlaut von der Zustimmung des Gläubigerausschusses spricht, wird man richtigerweise das Schweigen als Ablehnung ansehen müssen (MüKoInsO/*Görg/Jansen* § 158 Rn. 21; HambK-InsO/*Decker* § 158 Rn. 7; Uhlenbruck/*Zipperer* § 158 Rn. 10). Keinesfalls kann das Insolvenzgericht anstelle des Ausschusses entscheiden (Kübler/Prütting/Bork/*Onusseit* § 158 Rn. 8; vgl. zur Begründung auch → § 157 Rn. 9 f.). 13

III. Information des Schuldners

Absatz 2 dient insgesamt dem Schutz des Schuldners, der über das Insolvenzgericht die Stilllegung seines Unternehmens vermeiden kann (zur Kritik vgl. → Rn. 23 f.). Notwendig ist es daher, dass der Schuldner im Vorfeld über die beabsichtigte Maßnahme informiert wird. Zusätzlich wird damit aber auch bezweckt, dass der Schuldner ggf. in Beratungen mit dem Gläubigerausschuss ein- 14 treten kann oder zur Erstellung eines Insolvenzplans motiviert wird. Aus diesem Gründen muss er **so früh wie möglich Kenntnis** von der beabsichtigten Unternehmensstilllegung **erlangen.** Der Insolvenzverwalter hat den Schuldner zu benachrichtigen, bevor der vorläufige Gläubigerausschuss seinen Beschluss nach Absatz 1 fasst bzw. – für Verfahren ohne vorläufigen Gläubigerausschuss – bevor es zur Stilllegung selbst kommt. Ist der Schuldner keine natürliche Person, so sind die vertretungsberechtigten Organe zu informieren; im Nachlassinsolvenzverfahren (§§ 315 ff.) sind die Erben Adressat der Mitteilung.

15 Der Insolvenzverwalter kann seiner Pflicht durch **Mitteilung in mündlicher, schriftlicher oder in sonstiger Form** nachkommen (vgl. MüKoInsO/*Görg*/*Jansen* § 158 Rn. 24). Es muss nur sichergestellt sein, dass die Mitteilung so frühzeitig stattfindet, dass der Schuldner darauf noch reagieren kann, also nicht erst unmittelbar vor Stilllegung des Unternehmens (vgl. Nerlich/Römermann/*Balthasar* § 158 Rn. 20; Uhlenbruck/*Zipperer* § 158 Rn. 14). Die Mitteilung hat auch dann zu erfolgen, wenn nach der Einschätzung des Insolvenzverwalters aufgrund der auf die Person des Schuldners bezogenen Eigenart des Unternehmens eine andere Entscheidung nicht in sinnvoller Weise möglich ist (MüKoInsO/*Görg*/*Jansen* § 158 Rn. 25).

16 Aus dem Rechtsgedanken der §§ 10, 161 ergibt sich, dass eine **Mitteilung nicht erforderlich** ist, wenn der Schuldner (etwa durch Flucht oder sonstigen Aufenthalt im entfernten Ausland) nicht zu erreichen ist (zutr. etwa Kübler/Prütting/Bork/*Onusseit* § 158 Rn. 9; enger hingegen HambK-InsO/*Decker* § 158 Rn. 8; Braun/*Esser* § 158 Rn. 6). Solche Umstände dürfen nicht dazu führen, dass eine Stilllegung bzw. Veräußerung aufgeschoben oder gar unmöglich wird.

17 Ein **Verstoß gegen die Unterrichtungspflicht** ist pflichtwidrig, berührt aber nicht die Wirksamkeit einer Unternehmensstilllegung oder -veräußerung im Außenverhältnis (Uhlenbruck/*Zipperer* § 158 Rn. 14). Auch im Innenverhältnis ist allein ein Schadensersatzanspruch des Schuldners denkbar (so jetzt auch Braun/*Esser* § 158 Rn. 6).

IV. Die Untersagungsverfügung des Insolvenzgerichts nach Absatz 2 Satz 2

18 Der **Schuldner** kann **beim Insolvenzgericht** den **Antrag** stellen, die Stilllegung oder Veräußerung seines Unternehmens vorläufig, und zwar bis zur endgültigen Entscheidung durch die im Berichtstermin anwesenden und stimmberechtigten Gläubiger, zu untersagen. Diese Befugnis des Insolvenzgerichts besteht wie die Antragsbefugnis des Schuldners unabhängig davon, ob ein vorläufiger Gläubigerausschuss eingesetzt ist oder nicht. Vor der Entscheidung ist der Insolvenzverwalter anzuhören. Auf welche Weise der Schuldner von der bevorstehenden Unternehmensstilllegung oder -veräußerung erfahren hat, ist unerheblich; eine Untersagung durch das Gericht ohne Antrag des Schuldners ist jedoch nicht möglich.

19 **1. Voraussetzungen und maßgebliche Vergleichswerte.** Dem Antrag ist stattzugeben, wenn die **Stilllegung oder Veräußerung ohne eine erhebliche Verminderung der Insolvenzmasse** bis zum Berichtstermin **aufgeschoben** werden kann. Dem **Gericht** steht also nicht die Kompetenz zu, zu überprüfen, ob die Entscheidung des Insolvenzverwalters respektive des vorläufigen Gläubigerausschusses sinnvoll ist. Aus diesem Grund handelt es sich um eine **gebundene Entscheidung,** nicht um eine Ermessensentscheidung (zutr. MüKoInsO/*Görg*/*Jansen* § 158 Rn. 28; Braun/*Esser* § 158 Rn. 7). Dennoch besteht hinsichtlich der Auslegung des unbestimmten Rechtsbegriffs „erhebliche Verminderung"

Entscheidungsspielraum (vgl. auch Kübler/Prütting/Bork/*Onusseit* § 158 Rn. 13 ff.).

Maßgebliches Entscheidungskriterium ist im Ausgangspunkt der Vergleich zwischen dem Gesamtwert der Insolvenzmasse, wie er sich durch eine sofortige Stilllegung bzw. durch eine sofortige Unternehmensveräußerung realisieren ließe, einerseits und dem Gesamtwert der Insolvenzmasse, der sich auf der Grundlage der Entscheidung der Gläubiger im Berichtstermin ergeben würde, andererseits. 20

Ist der sich insofern ergebende Unterschied nicht erheblich, so ist eine Stilllegung gegen den Willen des Schuldners in der Regel ausgeschlossen (Mönning BetriebsfF InsO/*Mönning* Rn. 289). Dafür lassen sich dem Gesetz aber keine festen Maßstäbe iSv Prozentgrenzen (dafür jedoch BK-InsO/*Undritz/Fiebig* § 158 Rn. 14) entnehmen; solche starren Regeln sind auch nicht sachgerecht (wie hier Uhlenbruck/*Zipperer* § 158 Rn. 17; Braun/*Esser* § 158 Rn. 8; krit. auch FK-InsO/*Wegener* § 158 Rn. 12), weil in jedem Einzelfall unterschiedliche Faktoren unterschiedliches Gewicht haben. – Zum Verhältnis von § 158 Abs. 2 S. 2 zu § 122 vgl. *Schmädicke/Fackler* NZA 2012, 1199 [1201]. 21

2. Rechtsbehelfe und Kritik des Absatz 2 Satz 2. Gegen die Entscheidung des Gerichts ergeben sich **Rechtsbehelfe** allenfalls aus § 11 RechtspflegerG; ein Anspruch nach Art. 34 GG, § 839 BGB dürfte kaum bestehen. 22

An Absatz 2 Satz 2 wird **Kritik** geübt (vgl. etwa FK-InsO/*Wegener* § 158 Rn. 9). Es ist in der Tat nur schwer nachzuvollziehen, warum sich das Gericht über die Entscheidung des Insolvenzverwalters und sogar über die des vorläufigen Gläubigerausschusses hinwegsetzen können soll, obwohl diese bei ihrer Entscheidung jeweils einem Haftungsrisiko ausgesetzt sind (§§ 60, 71) und aufgrund ihres Kenntnisstandes bezüglich des schuldnerischen Unternehmens die Fortführungschancen weit besser beurteilen können (vgl. *Haberhauer/Meeh* DStR 1995, 2005 [2006]; Gravenbrucher Kreis ZIP 1989, 468 [473 f.]). Dies gilt insbes. vor dem Hintergrund, dass nur der Schuldner, nicht aber einzelne Gläubiger oder Mitglieder eines ggf. bestellten Gläubigerausschusses (vgl. hingegen noch § 177 Abs. 2 des Regierungsentwurfs) antragsberechtigt ist. 23

Zu berücksichtigen jedoch ist, dass Stilllegung und Veräußerung des Unternehmens tief in Rechte des Schuldners eingreifen. Die entsprechenden **Entscheidungen** sind **nahezu irreversibel.** Wenn die Minderung der Masse durch die kurzfristige Fortführung des Unternehmens nicht erheblich ist und wenn der Schuldner die Fortführung befürwortet, dann ist es durchaus berechtigt, die Gesamtheit der Gläubiger im Berichtstermin eine endgültige Entscheidung treffen zu lassen. 24

Verwertung der Insolvenzmasse

159 Nach dem Berichtstermin hat der Insolvenzverwalter unverzüglich das zur Insolvenzmasse gehörende Vermögen zu verwerten, soweit die Beschlüsse der Gläubigerversammlung nicht entgegenstehen.

Schrifttum: Bei § 156 und bei § 157.

Übersicht

I. Bedeutung der Norm

1 Vor Abhaltung des Berichtstermins gilt die Maxime, das schuldnerische Unternehmen fortzuführen (→ § 158 Rn. 1). Der Fortgang des Verfahrens nach dem Berichtstermin ist von der Entscheidung der Gläubiger abhängig; an diese Entscheidung ist der Insolvenzverwalter gebunden. Fassen die Gläubiger keinen eindeutig auf Unternehmensfortführung gerichteten Beschluss, so greift das „Verwertungsgebot" des § 159: Der Insolvenzverwalter hat **unverzüglich** (dh ohne schuldhaftes Zögern, § 121 Abs. 1 S. 1 BGB) **mit der Verwertung** des zur Insolvenzmasse gehörenden Vermögens **zu beginnen** (vgl. zu Situationen, in denen die Gläubigerversammlung keinen Beschluss trifft, noch → § 157 Rn. 9 ff.). Es tritt also eine **Zäsur im Verfahren** hin zu Verwertungshandlungen ein.

2 Verwertung iSv § 159 meint die **endgültige Umwandlung des realen Vermögens des Schuldners in Geld** (vgl. BGH 14, 757 [758]) unmittelbar zum Zwecke der Gläubigerbefriedigung entweder durch Liquidation einzelner Bestandteile oder durch eine übertragende Sanierung (BGH NZI 2003, 259 [261]; vgl. auch *Uhlenbruck* ZInsO 2013, 2033 [2038]). Hier zeigt sich der Unterschied zwischen der übertragenden Sanierung als Mittel der Masseverwertung und der investiven Sanierung als Form der Fortführung des schuldnerischen Unternehmens (vgl. schon → § 157 Rn. 2).

3 Gerade weil die Insolvenzmasse nicht nur durch Zerschlagung eines Unternehmens und Veräußerung seiner einzelnen Wirtschaftsgüter, sondern – eben mittels einer übertragenden Sanierung – auch durch Veräußerung des Unternehmens (oder Teilen des Unternehmens) als Ganzes verwertet werden kann, ist auch ohne entsprechenden Beschluss der Gläubigerversammlung eine **zeitweilige Fortführung des Unternehmens** zulässig, wenn sie eine günstigere Verwertung verspricht (vgl. schon → § 157 Rn. 15; vgl. ferner Nerlich/Römermann/*Balthasar* § 159 Rn. 5 f.; MüKoInsO/*Görg/Jansen* § 159 Rn. 6; enger: FK-InsO/*Wegener* § 159 Rn. 2; für die KO: BGH NJW 1987, 844 [845 f.]). Der Insolvenzverwalter genießt bei Fortführung des Unternehmens nicht die spezifischen Privilegierungen der sog Business Judgment Rule (ausf. *Jungmann* NZI 2009, 80 ff.; aA *Uhlenbruck* FS Karsten Schmidt, 2009, 1603 [1613 ff.]; *Berger/Frege/Nicht* NZI 2010, 321 ff.; *Erker* ZInsO 2012, 199 ff.).

4 IÜ sind die **Beschlüsse der Gläubigerversammlung für den Insolvenzverwalter bindend.** Verstöße führen ggf. zur Schadensersatzpflicht nach § 60 und zu Aufsichtsmaßnahmen des Insolvenzgerichts nach §§ 58 f. (vgl. zum Begriff „entgegenstehen" auch noch → § 157 Rn. 9). Die Folgepflicht des Insolvenzverwalters hat ihre Grenze bei rechtsmissbräuchlichen, verfahrenszweckfremden Beschlüssen der Gläubigerversammlung (vgl. MüKoInsO/*Görg/Jansen* § 159 Rn. 29).

5 Über den genauen **Ablauf der Verwertung** entscheidet der Insolvenzverwalter nach pflichtgemäßem Ermessen. Die Einschaltung Dritter ist möglich bzw. angezeigt, wenn dadurch ein höherer Verwertungserlös zu erzielen ist (vgl. BGH NJW 2005, 903 = NZI 2005, 103; tendenziell noch großzügiger Braun/*Esser* § 159 Rn. 2). Ausfluss des Ermessensspielraums des Insolvenzverwalters ist insbes., dass er nicht zu übereilten Verwertungsmaßnahmen gehalten ist, wenn bei kurzfristiger Verzögerung mit hoher Wahrscheinlichkeit deutlich bessere Preise zu erzielen sind. Eine Spekulation auf Risiko der Gläubiger ist jedoch unzulässig (BGH ZIP 1985, 423; Nerlich/Römermann/*Balthasar* § 159 Rn. 9; MüKoInsO/*Görg/Jansen* § 159 Rn. 6).

6 Soweit die **Freigabe** von Gegenständen der Masse nach allgemeinen insolvenzrechtlichen Grundsätzen zulässig ist (vgl. → § 35 Rn. 37 ff.), wird dieses Recht nicht durch das Verwertungsgebot des § 159 beschnitten (vgl. MüKoInsO/*Görg/*

Jansen § 159 Rn. 14 f.). Die „Veräußerung" von Gegenständen an den Schuldner kann nur durch Freigabe erfolgen, denn dieser ist bereits Eigentümer; Gutglaubensvorschriften finden naturgemäß keine Anwendung. – Eine Aussetzung der Verwertung ist durch Beschluss des Insolvenzgerichts unter den Voraussetzungen des § 233 möglich.

Die **Verwertung der Masse** ist **umsatzsteuerpflichtig** (FK-InsO/*Wegener* 7
§ 159 Rn. 22; im Einzelnen: *Frotscher* ZIP 1983, 1307 ff.; vgl. auch BFH ZIP 1987, 119; 1989, 384).

II. Einzelne Verwertungsformen

Bewegliches Vermögen wird durch freihändigen Verkauf oder durch (private 8
oder öffentliche) Versteigerungen verwertet (Braun/*Esser* § 159 Rn. 4), **unbewegliches Vermögen** durch freihändigen Verkauf oder durch Zwangsverwaltung bzw. Zwangsversteigerung (ausf. *Jungmann,* Grundpfandrechte und Unternehmensinsolvenz, 2004, Rn. 124 ff.). Bei der Verwertung von Gegenständen, an denen **Absonderungsrechte** bestehen, sind die §§ 165 ff. zu beachten, bei Grundpfandrechten insbes. auch die §§ 172 ff. ZVG. – Zur Verwertung nicht oder nicht voll valutierter Grundpfandrechte auf Ehegattengrundstücken im Insolvenzverfahren über das Vermögen eines Ehegatten vgl. *H. Müller* KTS 1970, 180 ff.

Vorkaufsrechte sind nach § 471 BGB ausgeschlossen, wenn der Verkauf aus 9
der Insolvenzmasse heraus erfolgt (vgl. *Stöber* Rpfleger 1961, 275 f.). Dies gilt im Grundsatz für schuldrechtliche wie für dingliche Vorkaufsrechte, wobei das dingliche Vorkaufsrecht bei einem freihändigen Grundstücksverkauf des Insolvenzverwalters nach § 1098 BGB ausgeübt werden kann (vgl. auch Kübler/Prütting/Bork/*Onusseit* § 159 Rn. 25 f.). Nicht überzeugend gelöst ist bislang das Problem des durch eine **Vormerkung** gesicherten Vorkaufsrechts; vieles spricht dafür, dass dieses auch im Insolvenzverfahren Bestand hat (wie hier *Stöber* NJW 1988, 3121 ff.; Nerlich/Römermann/*Balthasar* § 159 Rn. 14; aA MüKoBGB/*Westermann* § 471 Rn. 1). – Zu Vorkaufsrechten aus Spezialgesetzen vgl. Uhlenbruck/*Zipperer* § 159 Rn. 59.

Arbeitnehmer haben hinsichtlich ihrer **Diensterfindung** im Insolvenzverfah- 10
ren über das Vermögen des Arbeitgebers kein Vorkaufsrecht. Ihre Rechte bestimmen sich nach § 27 des Gesetzes über Arbeitnehmererfindungen (Gesetz vom 25.7.1957, BGBl. I S. 756 (idF des Gesetzes zur Vereinfachung und Modernisierung des Patentrechts v. 31.7.2009, BGBl. I S. 2521)). Ausf. zu Arbeitnehmererfindungen Kübler/Prütting/Bork/*Onusseit* § 159 Rn. 13 ff.; Nerlich/Römermann/*Balthasar* § 159 Rn. 16 ff.

Gegenstände, die nur im **Miteigentum** des Schuldners stehen, darf der Insol- 11
venzverwalter grds. nicht ohne Zustimmung des aussonderungsberechtigten Miteigentümers veräußern (vgl. § 747 BGB; BGH WM 1958, 899 [900]; BK-InsO/*Undritz/Fiebig* § 159 Rn. 18). Rein **persönliche Verwertungsschranken,** denen sich der Schuldner unterworfen hatte, versagen im Insolvenzverfahren; das Gleiche gilt für Konditionenbindungen (wie hier Kübler/Prütting/Bork/*Onusseit* § 159 Rn. 24).

Der Insolvenzverwalter verstößt nicht gegen **§ 3 UWG,** wenn er Verkäufe zu 12
anderen als mit dem Schuldner vereinbarten Bedingungen durchführt. Bei der Verwertung von massezugehörigen Gegenständen kann es selbst dann nicht zu irreführenden geschäftlichen Handlungen iSv § 5 UWG kommen, wenn Verkäufe als „Insolvenzausverkauf" oÄ bezeichnet werden, weil die Waren ja tatsächlich aus einem Vermögen stammen, über welches ein Insolvenzverfahren eröffnet wurde, das noch andauert.

13 **Unkörperliche Gegenstände** (Forderungen, gewerbliche Schutzrechte (vgl. speziell hierzu *Häfele/Wurzer* DZWIR 2001, 282 ff.), sonstige Rechte) hat der Insolvenzverwalter einzuziehen und zu veräußern. Hinsichtlich der Veräußerung von **Warenzeichen** ist zu beachten, dass die Zustimmung des Schuldners notwendig ist, wenn sein Name Bestandteil des Warenzeichens ist (BGHZ 32, 103 [113]; BGH ZIP 1990, 388). – Bei der Veräußerung der **Praxen von Freiberuflern** sind Veräußerungen von Unterlagen, die unter das Berufsgeheimnis fallen, nicht zulässig (vgl. in diesem Kontext BGH NJW 1991, 2955 = EWiR 1991, 959 (*Mayer-Maly*); BGH ZIP 1993, 923; *Schick* NJW 1990, 2359 ff.; *Tetzlaff* ZInsO 2005, 393 [400]; ausf. *Uhlenbruck* FS Henckel, 1995, 877 ff.; vgl. auch Kübler/Prütting/Bork/*Onusseit* § 159 Rn. 19).

14 Zur Verwertung von **GmbH-Geschäftsanteilen** vgl. OLG Hamburg NJW 1960, 870. – Zur Verwertbarkeit und Verwertung von Rückforderungsansprüchen bei Grundschulden, die auf Massegrundstücken lasten, vgl. *H. Müller* KTS 1962, 201 ff. (mit Ausführungen auch über die Verpflichtungen, die sich für den Insolvenzverwalter ergeben, wenn der durch eine Vormerkung gesicherte Rückübertragungsanspruch an einen nachrangigen Grundschuldgläubiger abgetreten ist).

Besonders bedeutsame Rechtshandlungen[1]

160 (1) [1]**Der Insolvenzverwalter hat die Zustimmung des Gläubigerausschusses einzuholen, wenn er Rechtshandlungen vornehmen will, die für das Insolvenzverfahren von besonderer Bedeutung sind.** [2]**Ist ein Gläubigerausschuß nicht bestellt, so ist die Zustimmung der Gläubigerversammlung einzuholen.** [3]**Ist die einberufene Gläubigerversammlung beschlussunfähig, gilt die Zustimmung als erteilt; auf diese Folgen sind die Gläubiger bei der Einladung zur Gläubigerversammlung hinzuweisen.**

(2) **Die Zustimmung nach Absatz 1 ist insbesondere erforderlich,**

1. **wenn das Unternehmen oder ein Betrieb, das Warenlager im ganzen, ein unbeweglicher Gegenstand aus freier Hand, die Beteiligung des Schuldners an einem anderen Unternehmen, die der Herstellung einer dauernden Verbindung zu diesem Unternehmen dienen soll, oder das Recht auf den Bezug wiederkehrender Einkünfte veräußert werden soll;**
2. **wenn ein Darlehen aufgenommen werden soll, das die Insolvenzmasse erheblich belasten würde;**
3. **wenn ein Rechtsstreit mit erheblichem Streitwert anhängig gemacht oder aufgenommen, die Aufnahme eines solchen Rechtsstreits abgelehnt oder zur Beilegung oder zur Vermeidung eines solchen Rechtsstreits ein Vergleich oder ein Schiedsvertrag geschlossen werden soll.**

Schrifttum: *Fischer,* Haftungsrisiken für Insolvenzverwalter bei unterlassener Inanspruchnahme gewerblicher Prozessfinanzierung, NZI 2014, 241; *Gundlach/Frenzel/Jahn,* Macht und Ohnmacht des Gläubigerausschusses – dargestellt am Beispiel des § 160 InsO, ZInsO 2007, 1028; *Pape,* Ungeschriebene Kompetenzen der Gläubigerversammlung versus Verantwortlichkeit des Insolvenzverwalters, NZI 2006, 65; *Wipperfürth,* Zustimmung zur Grundstücksveräußerung, InsbürO 2014, 350; *Zimmermann,* Beschlussfassung des Gläubigerausschusses/der Gläubigerversammlung bzgl. besonders bedeutsamer Rechtshandlungen. Zu den Anforderungen an die Beschlussfassung gem. § 160 InsO und zur Frage der Zulässigkeit von sog. Vorrats-/Generalbeschlüssen, ZInsO 2012, 245. Weiteres Schrifttum bei § 156, § 157 und bei § 158.

[1] § 160 Abs. 1 Satz 3 angef. mWv 1.7.2007 durch G v. 13.4.2007 (BGBl. I S. 509).

Übersicht

I. Normzweck und Anwendungsbereich

1 § 160 verlangt mit „Rücksicht auf Wichtigkeit, Tragweite und Ungewöhnlichkeit" (vgl. schon Motive zur Konkursordnung, S. 354) einzelner Handlungen (zu Einzelfällen und zur Erheblichkeitsschwelle → Rn. 19 ff.) ein **Mitwirken der Gläubigerschaft durch ihre Organe.** Für die Vornahme aller in § 160 genannten Rechtshandlungen ist die Zustimmung des Gläubigerausschusses (Absatz 1 Satz 1; auch des vorläufigen, § 67) bzw. – für den Fall, dass ein solcher nicht bestellt ist – der Gläubigerversammlung (Absatz 1 Satz 2) erforderlich. **Selbständiges Handeln des Insolvenzverwalters** ist daher vom Gesetz nicht gewollt und grds. pflichtwidrig (vgl. noch → Rn. 13 f., 17 f.). § 160 ist im Insolvenzeröffnungsverfahren nicht anwendbar; ein vor-vorläufiger Gläubigerausschuss (§ 21 Abs. 1 S. 1 Nr. 1a) kann deshalb keine Zustimmung iSv § 160 erteilen (*Marotzke* KTS 2014, 113 [151 f.]; diff. HambK-InsO/*Decker* § 160 Rn. 12; für eine „Vorwirkung" von § 160 über § 69 S. 2 *Frind* BB 2013, 265). – § 160 ist auch nach Anzeige der Masseunzulänglichkeit (§ 208) noch zu beachten (Gottwald InsR-HdB/*Klopp/Kluth/Wimmer* § 74 Rn. 34 ff.).

2 Der Gesetzgeber hat in § 160 die zustimmungsbedürftigen Rechtshandlungen nicht abschließend aufgeführt, sondern die **Generalklausel** der Rechtshandlungen von „besonderer Bedeutung" geschaffen, zu deren Ausfüllung in Absatz 2 Beispiele genannt sind (Parallele zu § 15 Abs. 4 S. 4 GesO). Genehmigungspflichtig ist jeweils nicht lediglich die Erfüllungshandlung, sondern schon das Verpflichtungsgeschäft.

3 Auch wenn das Gesetz im Hinblick auf den Katalog in Absatz 2 keine Ausnahmen vorsieht, so ist der Anwendungsbereich von § 160 insgesamt – also auch im Hinblick auf sonstige besonders bedeutsame Rechtshandlungen – insoweit einzuschränken, als die vorherige **Zustimmung entbehrlich** ist, wenn ein Abwarten des Insolvenzverwalters einen beträchtlichen Nachteil für die Masse bedeuten würde. Gerade in Verfahren ohne Gläubigerausschuss kann sich diese Problematik aufgrund der bei der Einberufung der Gläubigerversammlung zu beachtenden Formalien stellen (zutr. Nerlich/Römermann/*Balthasar* § 160 Rn. 23). Eine nachträgliche Genehmigung durch die Gläubigerversammlung ist dann zwar nicht erforderlich, zur Entlastung des Insolvenzverwalters aber wünschenswert.

4 Im **Insolvenzplanverfahren** wird § 160 durch die Vorschriften über die zur Annahme des Insolvenzplans erforderliche Entscheidung der Gläubiger und über die gerichtliche Bestätigung (§§ 235 ff.) verdrängt (MüKoInsO/*Görg/Jansen* § 160 Rn. 35). Sofern besonders bedeutsame Rechtshandlungen vor dem Abstimmungstermin (§§ 235, 241) vorgenommen werden sollen, bleibt § 160 anwendbar.

II. Kompetenzen von Gläubigerausschuss und Gläubigerversammlung

5 Das Gesetz weist die Zustimmungskompetenz primär dem Gläubigerausschuss zu **(Primärkompetenz des Gläubigerausschusses),** beschränkt auf besonders bedeutsame Rechtshandlungen. Hinsichtlich derjenigen Handlungen, die nicht „besonders bedeutsam" sind, fehlt auch dem Gläubigerausschuss eine echte Einflussnahmemöglichkeit (BT-Drs. 12/2443, 174). **Ausnahmen** zur Primärkompetenz des Gläubigerausschusses ergeben sich aus §§ 162, 163 und im Insolvenzplanverfahren (vgl. → Rn. 4), **Grenzen** bestehen nach Maßgabe von § 161 S. 2 (vgl. → § 161 Rn. 8 ff.) und in Fällen, in denen die Gläubigerversammlung im Voraus beschließt, dass auch ihre Zustimmung erforderlich ist (vgl. → Rn. 11).

6 **1. Entscheidung des Gläubigerausschusses.** Wenn ein Gläubigerausschuss (oder ein vorläufiger Gläubigerausschuss, § 67, nicht jedoch ein vor-vorläufiger Gläubigerausschuss, § 21 Abs. 1 S. 1 Nr. 1a; vgl. → Rn. 1) besteht, hat dieser die alleinige Entscheidungsbefugnis; seine Zustimmung ist konstitutiv. Erscheint in der Gläubigerausschusssitzung kein stimmberechtigtes Mitglied, kann nicht das Insolvenzgericht die Zustimmung erteilen. Absatz 1 Satz 3 (vgl. dazu noch → Rn. 9) ist nicht analog auf den Gläubigerausschuss anzuwenden.

7 Die Entscheidung des Gläubigerausschusses ist – vorbehaltlich eines gegenteiligen späteren Beschlusses des Gläubigerausschusses – für das Verfahren endgültig. Die Gläubigerversammlung kann den Gläubigerausschuss nicht überstimmen (aA *Hegmanns,* Der Gläubigerausschuss, 1986, 51 f.; dem folgend Nerlich/Römermann/*Balthasar* § 160 Rn. 19 sowie Kübler/Prütting/Bork/*Onusseit* § 160 Rn. 5, diese allerdings unter nicht zutreffender Berufung auf die Gesetzgebungsmaterialien; wie hier: *Hess* § 160 Rn. 21; überzeugend bereits *Jaeger* KuT 1934, 1). Eine Ausnahme stellt § 161 S. 2 dar (vgl. → § 161 Rn. 11).

8 **2. Entscheidung der Gläubigerversammlung.** Die Zustimmung zu den besonders bedeutsamen Rechtshandlungen obliegt der Gläubigerversammlung ausschließlich in Verfahren ohne Gläubigerausschuss (**Sekundärkompetenz der Gläubigerversammlung;** vgl. auch *Vallender* GmbHR 2004, 642 [644]; Uhlenbruck/*Zipperer* § 160 Rn. 3). – Vgl. zum Handeln des Insolvenzverwalters ohne Zustimmung der Gläubigerversammlung in Eilfällen noch → Rn. 3.

9 Seit dem Inkrafttreten des Gesetzes zur Vereinfachung des Insolvenzverfahrens vom 12.4.2007 (BGBl. I S. 509) am 1.7.2007 ist das praxisrelevante Problem (vollständige Missdeutung der Problemstellung durch Beschränkung der Sichtweise allein auf das Außenverhältnis bei *Heukamp* ZInsO 2007, 57 [61 f.]) gelöst, wie bei **Beschlussunfähigkeit der Gläubigerversammlung** zu verfahren ist: Nach Absatz 1 Satz 3 gilt die Zustimmung in einem solchen Fall als erteilt, wenn die Gläubiger bei der Einladung zur Gläubigerversammlung auf diese **Zustimmungsfiktion** hingewiesen wurden. Ohne diesen **Hinweis** kommt es aufgrund der möglichen Reichweite der Eingriffe in die Rechtsposition der Gläubiger nicht zu einer solchen Fiktion (zutr. FK-InsO/*Wegener* § 160 Rn. 17; Uhlenbruck/*Zipperer* § 160 Rn. 4; aA HambK-InsO/*Decker* § 160 Rn. 3a; Kübler/Prütting/Bork/*Onusseit* § 160 Rn. 7; HK-InsO/*Ries* § 160 Rn. 15). Allerdings muss der Hinweis die Rechtshandlung, der ggf. kraft Fiktion zugestimmt wird, nur in den

Grundzügen beschreiben; zu konkrete Angaben werden nicht verlangt (enger wohl *Zimmermann* ZInsO 2012, 245 [248]). – Trifft die Gläubigerversammlung, obwohl beschlussfähig, keine Entscheidung, so fehlt es an der Zustimmung iSv § 160. Die fehlende Zustimmung kann nicht durch eine Entscheidung des Insolvenzgerichts ersetzt werden (vgl. FK-InsO/*Wegener* § 160 Rn. 17).

Die Gläubigerversammlung kann weder die **verweigerte Zustimmung des Gläubigerausschusses** durch eine eigene Zustimmung ersetzen noch – sofern sich nicht aus § 161 S. 2 etwas anders ergibt – die **Zustimmung des Gläubigerausschusses** widerrufen (ebenso FK-InsO/*Wegener* § 160 Rn. 16; vgl. auch schon → Rn. 7). Die gegenteilige Auffassung (Nerlich/Römermann/*Balthasar* § 160 Rn. 22; BK-InsO/*Undritz/Fiebig* § 160 Rn. 5; Kübler/Prütting/Bork/*Onusseit* § 160 Rn. 5; Uhlenbruck/*Zipperer* § 160 Rn. 3; HK-InsO/*Ries* § 160 Rn. 14; zu Recht zweifelnd *Pape* NZI 2006, 65 [67 f.]) führt zu erheblicher Rechtsunsicherheit und zu einem nicht zumutbaren Haftungsrisiko für den Insolvenzverwalter. Sie kann außerdem nicht befriedigend erklären, warum das Gesetz mit § 161 S. 2 auch einem bestimmten Gläubigerquorum die Möglichkeit gibt, Entscheidungen des Gläubigerausschusses durch das Insolvenzgericht untersagen und die Gläubigerversammlung entscheiden zu lassen, und warum § 162 eine explizite Kompetenz der Gläubigerversammlung ausschließlich für Verfahren mit Gläubigerausschuss vorsieht, sofern es um die Unternehmens- oder Betriebsveräußerung an besonders Interessierte geht. 10

Hingegen spricht nichts dagegen (vgl. schon → Rn. 5), dass die Gläubigerversammlung im Vorfeld entscheidet, dass einzelne oder sogar alle besonders bedeutsamen Rechtshandlungen zusätzlich ihrer Zustimmung bedürfen (so denn auch BT-Drs. 12/2443, 174; insofern zutr.: BK-InsO/*Undritz/Fiebig* § 160 Rn. 5). Dies ist ein Minus zur Einsetzungskompetenz nach § 68. Konsequent ist daher die Ansicht, dass die fehlende Zustimmung der Gläubigerversammlung unbeachtlich ist, wenn der (auch vorläufige) Gläubigerausschuss dieselbe erteilt (LG Göttingen NZI 2000, 491). 11

Ist kein Gläubigerausschuss bestellt, kann die Gläubigerversammlung – anders als bei § 157 (vgl. → § 157 Rn. 17) und § 162 (vgl. → § 162 Rn. 7) – ihre **Entscheidungskompetenz auf das Insolvenzgericht übertragen** (vgl. schon → § 76 Rn. 33; vgl. auch *Heukamp* ZInsO 2007, 57 [59]). – Vgl. schließlich noch § 2 des Gesetzes über Maßnahmen zur Aufrechterhaltung des Betriebs von Bahnunternehmen des öffentlichen Verkehrs (Gesetz vom 7.3.1934, RGBl. II S. 91) zur Möglichkeit der Zustimmung durch die Aufsichtsbehörde. 12

III. Die Zustimmung

Zustimmung iSd § 160 bedeutet, wie in § 158 (vgl. → § 158 Rn. 11), **Einwilligung** nach der Terminologie des BGB (vgl. Kübler/Prütting/Bork/*Onusseit* § 160 Rn. 3; FK-InsO/*Wegener* § 160 Rn. 18; *Zimmermann* ZInsO 2012, 245 [246]; unzutreffend MüKoInsO/*Görg/Jansen* § 160 Rn. 26). Der Insolvenzverwalter muss sich also im Voraus um die Zustimmung bemühen. **Handeln ohne Zustimmung** ist **pflichtwidrig;** die Rechtsfolgen bestimmen sich nach §§ 58–60. Wiederum wie bei § 158 (vgl. → § 158 Rn. 11) kann eine nachträgliche Genehmigung nicht die Pflichtwidrigkeit beseitigen. Sie kann aber in den unter → Rn. 3 beschriebenen Eilfällen für Rechtssicherheit sorgen und ggf. Aufsichtsmaßnahmen durch das Insolvenzgericht erübrigen (vgl. Uhlenbruck/*Zipperer* § 160 Rn. 6). – Zur Entlassung des Insolvenzverwalters wegen Nichteinholung der Zustimmung vgl. LG Mainz Rpfleger 1986, 490. 13

Das **Fehlen der** nach § 160 erforderlichen **Zustimmung** hat **keine Außenwirkung** (vgl. § 164). Die vorgenommenen Rechtsgeschäfte (Verpflichtungs- 14 und Verfügungsgeschäfte) sind voll wirksam (LG Saarbrücken ZInsO 2011, 437; vgl. auch schon OLG Koblenz KTS 1962, 123 [125]).

15 **1. Generelle Zustimmungserteilung.** Die Gläubigerversammlung kann ihre Zustimmung zu allen oder zu bestimmten Geschäften (etwa durch Verabschiedung eines Katalogs) allg. im Voraus erteilen (*Hess* § 160 Rn. 16; Kübler/Prütting/Bork/*Onusseit* § 160 Rn. 8; deutlich zurückhaltender *Zimmermann* ZInsO 2012, 245 [247 f.]). Im Grundsatz ist dies auch dem Gläubigerausschuss möglich (*Kübler* FS Kreft, 2004, 369 [383 ff.]; aA Nerlich/Römermann/*Balthasar* § 160 Rn. 18; MüKoInsO/*Görg/Jansen* § 160 Rn. 31; FK-InsO/*Wegener* § 160 Rn. 21; *Uhlenbruck* ZIP 2002, 1373 [1379]). Allerdings ist bei einer generellen Zustimmung des Gläubigerausschusses die Gefahr einer Haftung aus § 71 besonders groß (zutr. *Hess* § 160 Rn. 16; Kübler/Prütting/Bork/*Onusseit* § 160 Rn. 8; vgl. auch *Gundlach/Frenzel/Jahn* ZInsO 2007, 1028 [1029 f.]). Dies gilt insbes. dann, wenn der Gläubigerausschuss die ihm obliegende Aufsicht über den Verwalter nicht ausübt (vgl. BGHZ 49, 121 [123]). Deutlich zweckmäßiger ist es daher, wenn – was auch für die Gläubigerversammlung in Betracht kommt – bestimmte Vorbehalte gemacht werden oder Wertgrenzen vereinbart werden. IÜ ist der Insolvenzverwalter im Fall von generellen Zustimmungserteilungen gehalten, den Gläubigerausschuss bzw. die Gläubigerversammlung besonders ausf. zu informieren (vgl. auch *Kübler* FS Kreft, 2004, 369 [384]).

16 **2. Widerruf der Zustimmung.** Die Zustimmung kann vom zunächst zustimmenden Gläubigerorgan widerrufen werden (vgl. BK-InsO/*Undritz/Fiebig* § 160 Rn. 6). Unproblematisch ist dies jedoch nur, wenn der Insolvenzverwalter noch nicht tätig geworden ist. Anderenfalls gilt Folgendes: Während der Widerruf im Außenverhältnis ohnehin ohne Bedeutung ist (§ 164), entfaltet er im Verhältnis zum Insolvenzverwalter frühestens Wirkungen, wenn dieser davon positiv erfährt. Im Hinblick auf bis zu diesem Zeitpunkt bereits ausgeführte Maßnahmen ist der Widerruf ebenfalls irrelevant; insbes. entfaltet dieser für den Insolvenzverwalter nicht die Pflicht, Handlungen rückgängig zu machen. Umgekehrt wird es in einigen Fällen wirtschaftlich nicht sinnvoll sein, eine beabsichtigte Rechtshandlung, von der große Teile bereits abgeschlossen sind, gleichsam kurz vor dem Ziel zu beenden. Unter Abwägung der wirtschaftlichen und rechtlichen Konsequenzen muss der Insolvenzverwalter ggf. ohne Zustimmung des Gläubigerorgans weiterhandeln.

17 **3. Haftungsfragen bei nicht erteilter/verweigerter bzw. erteilter Zustimmung.** Ein Handeln des Insolvenzverwalters ohne Zustimmung ist für diesen im Hinblick auf § 60 risikobehaftet (vgl. BGH NZI 2008, 490 [491]). Gebietet ein Eilfall sofortiges Handeln, so macht der Insolvenzverwalter den Bestand des Rechtsgeschäfts möglichst von der **aufschiebenden Bedingung nachfolgender Genehmigung** abhängig (vgl. → § 164 Rn. 6). Ist eine solche Abrede nicht zu erreichen, kann die begründete Aussicht des Insolvenzverwalters, der Gläubigerausschuss bzw. die Gläubigerversammlung werde zustimmen, die Haftung nach § 60 ausschließen. Wurde die Zustimmung explizit verweigert, ist diese Gläubigerentscheidung im Innenverhältnis bindend.

18 Die Zustimmung nach Maßgabe des § 160 verpflichtet den Insolvenzverwalter nicht zur Vornahme der jeweiligen Rechtshandlung (Kübler/Prütting/Bork/*Onusseit* § 160 Rn. 4; Uhlenbruck/*Zipperer* § 160 Rn. 11). Sie enthebt den Insolvenzverwalter auch nicht schlechthin seiner Verantwortlichkeit nach § 60 (*Jaeger* KuT 1934, 1 [2]; *Fischer* NZI 2014, 241 [245]; *Marotzke* KTS 2014, 113 [125 f.]; OLG Bamberg NJW 1953, 109 f.; *Hess* § 160 Rn. 18; aA Nerlich/Römermann/*Balthasar* § 160 Rn. 14; zu den Grenzen des Haftungsausschlusses BGH ZIP 1985, 423 [425 ff.]), hat aber haftungsmaßstabskonkretisierenden Cha-

rakter. Damit reduziert Handeln in Übereinstimmung mit dem durch die Zustimmung von Gläubigerausschuss bzw. Gläubigerversammlung zum Ausdruck gebrachten Willen das Haftungsrisiko des Insolvenzverwalters (vgl. BGH NZI 2008, 490 [491]).

IV. Die in Absatz 2 genannten Maßnahmen

Absatz 2 nennt nur **Beispiele** für besonders bedeutsame Rechtshandlungen. 19
Damit ist im Gesetz bewusst eine gewisse Flexibilität angelegt. **Rechtshandlungen** sind nur dann **„besonders bedeutsam"**, wenn durch ihre Vornahme die Befriedigungsaussichten der Gläubiger signifikant beeinträchtigt, ein maßgeblicher Einfluss auf die Sanierungschancen des schuldnerischen Unternehmens genommen oder sonst erheblich vom durch die Vorschriften der Insolvenzordnung vorgegebenen Verfahrensablauf abgewichen werden soll (vgl. OLG Köln NZI 2001, 554 [558]). Unter diesen Voraussetzungen kann etwa auch für eine Schuldübernahme, Bürgschafts- oder Garantieerklärung, Verpfändung oder sonstige Belastung betriebswichtiger Gegenstände etc die Zustimmung nach § 160 erforderlich sein (vgl. auch die (nicht abschließenden) Auflistungen bei *Hess* § 160 Rn. 35; MüKoInsO/*Görg/Jansen* § 160 Rn. 25 und *Pape* NZI 2006, 65 [68]). Gleiches gilt für die Anerkennung von Aussonderungsrechten (vgl. OLG Köln NZI 2001, 554 [558]).

Der **Flexibilitätsaspekt** wird dadurch verstärkt, dass anstatt auf eine starre 20
Wertgrenze auf die erhebliche Belastung der Insolvenzmasse durch die Aufnahme eines Darlehens bzw. auf einen Rechtsstreit mit erheblichem Streitwert abgestellt wird (vgl. dazu BT-Drs. 12/2443, 174). Sowohl für Absatz 2 Nr. 2 als auch für Absatz 2 Nr. 3 muss der **Begriff der Erheblichkeit** einheitlich ausgelegt werden, allerdings orientiert an dem konkreten Fall. Zwar wird primär das Verhältnis von Streitwert bzw. Darlehenshöhe zur Insolvenzmasse zu betrachten sein, dennoch lassen sich **keine festen Prozentgrenzen** nennen (wie hier *Haberhauer/Meeh* DStR 1995, 2005 [2007]; *Pape* NZI 2006, 65 [68]; *Zimmermann* ZInsO 2012, 245 [246]; *Fischer* NZI 2014, 241 [244]; Uhlenbruck/*Zipperer* § 160 Rn. 14; HK-InsO/*Ries* § 160 Rn. 2; nach BK-InsO/*Undritz/Fiebig* § 160 Rn. 19 sollen 10% der Masse die „nicht starre" Grenze darstellen, wenn ein „Sockelbetrag" von mindestens 25.000 EUR bis 50.000 EUR überschritten wird). Denn im Fall der Darlehensaufnahme kommen der Laufzeit und dem Verwendungszweck der Valuta Bedeutung zu, im Fall des Rechtsstreits ist zu beachten, inwieweit der Insolvenzverwalter hinsichtlich seiner Arbeitskraft vereinnahmt wird und ob ggf. die Gefahr eines Musterprozesses besteht.

1. Unternehmensveräußerung etc. Absatz 2 Nr. 1 umfasst ein ganzes Bün- 21
del von Rechtshandlungen, denen nach Auffassung des Gesetzgebers per se eine besondere Bedeutung zukommt. Die Auswahl ist – zB hinsichtlich der Veräußerung eines Rechts auf Bezug wiederkehrender Einkünfte – zumindest nicht glücklich, va weil es anders als bei Absatz 2 Nr. 2 und 3 **kein mit der Erheblichkeitsschwelle korrespondierendes Korrektiv** gibt. Dieses sollte – dogmatisch im Wege der teleologischen Reduktion – auch auf Absatz 2 Nr. 1 angewandt werden (vgl. auch Nerlich/Römermann/*Balthasar* § 160 Rn. 23, 34 für verderbliche Waren).

a) Veräußerung von Unternehmen, Betrieb und Warenlager im Ganzen. 22
In diese Fallgruppe gehört primär die **Veräußerung des Unternehmens** (zum Unternehmensbegriff vgl. → § 157 Rn. 1). Besonderheiten können sich nach Maßgabe der §§ 162, 163 ergeben.

Insbes. die **übertragende Sanierung** (vgl. dazu → § 157 Rn. 2) im eröffneten 23
Insolvenzverfahren findet in dem Mitwirkungsrecht der Gläubiger nach § 160

eine wesentliche Legitimationsgrundlage (vgl. noch *Uhlenbruck* ZInsO 2013, 2033 [2038]); in einem solchen Fall entsteht keine Erwerberhaftung nach § 25 HGB (BGHZ 104, 151 = NJW 1988, 1912; *Bitter/Rauhut* KSI 2007, 197 [199 f.]). Die Zustimmung nach § 160 ist auch erforderlich, wenn nur eine Niederlassung oder ein sonstiger Unternehmensteil betroffen ist. Vor dem Berichtstermin hat hinsichtlich der Unternehmensveräußerung die Spezialnorm § 158 Vorrang vor § 160 (und vor § 161).

24 Der **Betriebsbegriff** ist dem Arbeitsrecht (§ 613a BGB) zu entnehmen und somit als zusammenhängende Einheit von Betriebsmitteln zu definieren; demzufolge gehören auch Betriebsteile dazu (vgl. BT-Drs. 12/2443, 176; vgl. iÜ § 185 des Regierungsentwurfes, der aus redaktionellen Gründen in den jeweiligen Einzelvorschriften der §§ 156 ff. aufgegangen ist, BT-Drs. 12/7302, 176).

25 Schließlich gehört der **Verkauf des Warenlagers im Ganzen** (im Unterschied zum Ausverkauf, bei dem bestehende Vertriebswege erhalten bleiben) zu dieser Fallgruppe, weil er faktisch der Betriebseinstellung oder (bei hochspezialisierten Gütern) sogar einem Betriebsübertragung gleichkommen kann, ist doch die Fortführung des Betriebes ohne das Warenlager kaum möglich.

26 Die Eilbedürftigkeit einer Entscheidung über die Unternehmens-/Betriebsveräußerung (vgl. → § 158 Rn. 7) enthebt den Verwalter nicht der Pflicht, in Vertragsverhandlungen mit Übernahmeinteressenten einzutreten, selbst wenn sich deren Interesse noch nicht zu einem konkreten Angebot verdichtet hat. Das gilt auch, wenn bereits ein Angebot einer dem Insolvenzschuldner nahestehenden Auffanggesellschaft vorliegt und wenn der Gläubigerausschuss der Veräußerung zugestimmt hat (OLG München NZI 1998, 84).

27 **b) Unbewegliche Gegenstände, Beteiligungen etc.** § 160 bezieht sich **nur** auf die **freihändige Veräußerung** unbeweglicher Gegenstände (vgl. hierzu die Praxishinweise bei *Wipperfürth* InsbürO 2014, 350 ff.) sowie (sofern überhaupt rechtlich zulässig) im Wege der Analogie (vgl. dazu schon *Jungmann,* Grundpfandgläubiger und Unternehmensinsolvenz, 2004, Rn. 158) auf deren Freigabe (*Jungmann* WuB VI A. § 203 InsO 2.14; wenig überzeugend zu Ausnahmen bei Belastung mit Grundpfandrechten über den Verkehrswert hinaus Braun/*Esser* § 160 Rn. 10; HambK-InsO/*Decker* § 160 Rn. 7; speziell zur Freigabe auch FK-InsO/*Wegener* § 160 Rn. 6), nicht auch auf die nach § 165 grds. vorzunehmende Verwertung durch Zwangsversteigerung und Zwangsverwaltung, ebenso nicht auf die gesonderte Veräußerung von Früchten oder Zubehör (*Hess* § 160 Rn. 23; vgl. dazu ausf. *Jungmann,* Grundpfandgläubiger und Unternehmensinsolvenz, 2004, Rn. 150 ff.). Freihändige Veräußerung ist nur die „nicht öffentliche" (wenn auch notarielle, § 311b BGB) Veräußerung und daher nicht die grds. genehmigungsfreie freiwillige öffentliche Versteigerung (hM; vgl. nur Uhlenbruck/*Zipperer* § 160 Rn. 23 mwN).

28 Zustimmungspflichtige Veräußerungen von **Beteiligungen an einem anderen Unternehmen** sind abzugrenzen von Veräußerungen von Beteiligungen, die, wie zB das Halten von Aktien, nur der Geldanlage dienen. Insofern ist dem Erfordernis eines Erheblichkeitsmoments schon durch die an § 271 Abs. 1 S. 1 HGB orientierte Definition der Beteiligung weitgehend Genüge getan: Es handelt sich mithin um Beteiligungen, die bestimmt sind, dem eigenen Geschäftsbetrieb durch Herstellung einer dauernden Verbindung zu einem anderen Unternehmen zu dienen. Dabei ist die 20%-Grenze in § 271 Abs. 1 S. 3 HGB zu beachten, unterhalb derer eine zustimmungspflichtige Beteiligung iSv § 160 wohl nur in Ausnahmefällen besteht (vgl. auch HK-InsO/*Ries* § 160 Rn. 7). – Warum die **Veräußerung eines Rechts auf wiederkehrende Einkünfte** (Leibrente, Nießbrauchsausübung) auch dann generell der Zustimmung des jeweiligen Gläubigerorgans bedarf, wenn eine sachgerechte Abzinsung vereinbart wird, ist nicht ohne

Weiteres einleuchtend. Jedenfalls wenn – wie etwa im Fall eines Nießbrauchs denkbar – mit der Veräußerung nicht auch betriebliche Belange betroffen sind, wird die Zustimmung aber wohl kaum verweigert werden.

2. Darlehensaufnahme (Absatz 2 Nr. 2). Eine Darlehensaufnahme ist nur bei Überschreiten der Erheblichkeitsschwelle – abzustellen ist va auf die Gesamtbelastung der Insolvenzmasse durch Zinsen, sonstige Kosten und die Rückzahlungszahlungspflicht – zustimmungsbedürftig (vgl. schon → Rn. 20). Deshalb können sowohl Darlehensverträge über einen niedrigeren Betrag bei langer Laufzeit und/oder hohen Zinsen als auch Darlehensverträge für einen kurzen Zeitraum bei einer sehr hohen Darlehenssumme zustimmungspflichtig sein (großzügiger etwa HambK-InsO/*Decker* § 160 Rn. 10; ähnlich MüKoInsO/*Görg/Jansen* § 160 Rn. 21). Eine Zustimmungspflicht kann sich ferner aus der Natur und/oder aufgrund des Umfangs der zu bestellenden Sicherheiten ergeben (vgl. Uhlenbruck/*Zipperer* § 160 Rn. 26). – Bei während des Insolvenzverfahrens gewährten Gesellschafterdarlehen ist im Regelfall von einer Zustimmungspflicht auszugehen. 29

3. Prozessuale Maßnahmen (Absatz 2 Nr. 3). In der Fallgruppe der prozessualen Maßnahmen ist zunächst das **Anhängigmachen von Prozessen** – auch durch Erhebung von Widerklage, Nebenintervention oder Einleitung eines Beschlussverfahrens nach § 2a ArbGG (zB gegen einen von der Einigungsstelle beschlossenen Sozialplan; hM: vgl. MüKoInsO/*Görg/Jansen* § 160 Rn. 23 mwN) – betroffen (für eine teleologische Reduktion von Absatz 2 Nr. 3 in Bezug auf Aktivprozesse in der Gestalt von Anfechtungsklagen *Wimmer* ZIP 2013, 2038 ff.; diff. *Thole* ZIP 2014, 1653 ff.; jedenfalls für das Regelinsolvenzverfahren insgesamt zweifelhaft), nicht allerdings die Geltendmachung der Haftung der Mitglieder des Gläubigerausschusses (§ 71) im Wege des Prozesses (RG JW 1935, 1781). 30

Zur Aufnahme eines Rechtsstreits vgl. §§ 85 Abs. 1, 86; § 17 Abs. 1 AnfG. Zudem gehören die **Ablehnung der Aufnahme von Aktivprozessen** (§ 85 Abs. 2 und – bei Anerkennung – § 86 Abs. 2; § 17 Abs. 3 AnfG) sowie der Verzicht auf Klage oder Rechtsmittel und die Freigabe des anhängigen Anspruchs nach Aufnahme des Rechtsstreits dazu. – Ausf. (und zur Prozessfinanzierung durch Dritte) *Fischer* NZI 2014, 241 ff. 31

Schließlich fällt der **Abschluss eines** gerichtlichen oder außergerichtlichen **Vergleichs,** durch den einer der vorgenannten Prozesse vermieden oder beigelegt wird, unter Absatz 2 Nr. 3; hierzu zählt nach hM auch der **Sozialplan** (BAG ZIP 1985, 429 [430]; Kübler/Prütting/Bork/*Onusseit* § 160 Rn. 18; *Heinze* NJW 1980, 145 ff.). Ins Gesetz aufgenommen ist auch der **Schiedsvertrag** (Schiedsvereinbarung iSv § 1029 ZPO). 32

Nicht von der Zustimmungspflicht erfasst sind hingegen **außergerichtliche Schlichtungs- und Mediationsverfahren** als solche (vgl. auch Uhlenbruck/*Zipperer* § 160 Rn. 27); sollten sie in eine rechtsverbindliche Vereinbarung münden, kann sich aber etwas anderes aus Absatz 2 Nr. 1 oder aus der Generalklausel des Absatz 1 ergeben. 33

Vorläufige Untersagung der Rechtshandlung

161 **[1]In den Fällen des § 160 hat der Insolvenzverwalter vor der Beschlußfassung des Gläubigerausschusses oder der Gläubigerversammlung den Schuldner zu unterrichten, wenn dies ohne nachteilige Verzögerung möglich ist. [2]Sofern nicht die Gläubigerversammlung ihre Zustimmung erteilt hat, kann das Insolvenzgericht auf Antrag des Schuldners oder einer in § 75 Abs. 1 Nr. 3 bezeichneten Mehrzahl von**

Gläubigern und nach Anhörung des Verwalters die Vornahme der Rechtshandlung vorläufig untersagen und eine Gläubigerversammlung einberufen, die über die Vornahme beschließt.

Schrifttum: *Hilzinger,* Vorläufige Untersagung von Maßnahmen des Insolvenzverwalters nach § 161 Satz 2 InsO bei bereits durchgeführten Maßnahmen?, ZInsO 1999, 560. Weiteres Schrifttum bei § 156 und bei § 157.

Übersicht

I. Normzweck

1 Nach § 160 zustimmungspflichtige Maßnahmen können tief in Rechtspositionen des Schuldners eingreifen; schon dies legitimiert einen Informationsanspruch des Schuldners und rechtfertigt die damit korrespondierende Informationspflicht gem. Satz 1.

2 Während der Schuldner im Insolvenzverfahren Entscheidungen der Gläubigergesamtheit mit großer Regelmäßigkeit hinnehmen muss, haben Entscheidungen eines Gläubigerausschusses eine geringere Legitimationswirkung. Zudem kann eine Entscheidung des Gläubigerausschusses auch den Interessen der Gläubigergesamtheit zuwiderlaufen. Dies erklärt die nach Satz 2 bestehende – in der Praxis selten genutzte – Möglichkeit, auf Antrag des Schuldners oder eines bestimmten Gläubigerquorums Gläubigerausschussentscheidungen durch das Insolvenzgericht zu suspendieren und durch eine Entscheidung der Gläubigerversammlung zu ersetzen. – Sofern es noch vor dem Berichtstermin zu einer Unternehmensveräußerung kommt, wird § 161 (wie auch § 160) durch die Spezialnorm des § 158 verdrängt.

II. Mitteilungspflicht

3 Der Insolvenzverwalter wird seiner ihn nach Satz 1 treffenden **Pflicht, den Schuldner** (unrichtig daher Leonhardt/Smid/Zeuner IntInsO/*Smid* § 161 Rn. 2: Unterrichtung der Gläubigerversammlung bzw. des Gläubigerausschusses) rechtzeitig vor der Beschlussfassung von Gläubigerausschuss bzw. Gläubigerversammlung über besonders bedeutsame Rechtshandlungen iSv § 160 **zu unterrichten,** durch **formlose Mitteilung** gerecht (Kübler/Prütting/Bork/*Onusseit* § 161 Rn. 3a). Die Frage der Rechtzeitigkeit hängt vom Einzelfall, insbes. von der Komplexität der beabsichtigten Rechtshandlung, ab; eine Mindestfrist von einer Woche (dafür BK-InsO/*Undritz/Fiebig* § 161 Rn. 2) dürfte die absolute Untergrenze darstellen.

4 Über die Mitteilung **ohne nachteilige Verzögerung** entscheidet der Insolvenzverwalter. Das pflichtwidrige Unterlassen der Mitteilung berührt die Rechtswirksamkeit der Handlung des Insolvenzverwalters im Außenverhältnis nicht (§ 164), kann aber dem Schuldner gegenüber – nicht auch gegenüber anderen Verfahrensbeteiligten (zutr. MüKoInsO/*Görg/Jansen* § 161 Rn. 6; BK-InsO/*Un-*

dritz/Fiebig § 161 Rn. 3; Braun/*Esser* § 161 Rn. 4; zu weit hingegen FK-InsO/*Wegener* § 161 Rn. 5; Nerlich/Römermann/*Balthasar* § 161 Rn. 24) – zur Haftung nach § 60 führen.

III. Untersagung der Rechtshandlung

1. Antragserfordernis und Anhörung des Insolvenzverwalters. Auf Antrag des Schuldners oder der in § 75 Abs. 1 Nr. 3 näher beschriebenen Mehrzahl von absonderungsberechtigten bzw. nicht nachrangigen Insolvenzgläubigern kann das Insolvenzgericht die Vornahme der Rechtshandlung vorläufig untersagen. Dies gilt nicht, wenn die Zustimmungserteilung (auch eine generelle, vgl. → § 160 Rn. 15; FK-InsO/*Wegener* § 161 Rn. 7) durch die Gläubigerversammlung erfolgte, denn dann wäre die zwingend an die Untersagungsverfügung geknüpfte Folge – Einberufung einer Gläubigerversammlung zwecks Entscheidung über die Vornahme der fraglichen Handlung – sinnentleert; das Gericht hat lediglich die allgemeine Beschlussaufhebungsmöglichkeit nach § 78 (*Hess* § 161 Rn. 9). 5

Für den Antrag gilt, auch wenn eine Begründung zur Zielerreichung zweckmäßig ist, **kein Begründungszwang** (Kübler/Prütting/Bork/*Onusseit* § 161 Rn. 4; Andres/Leithaus/*Andres* § 161 Rn. 4; aA MüKoInsO/*Görg/Jansen* § 161 Rn. 8; Leonhardt/Smid/Zeuner IntInsO/*Smid* § 161 Rn. 4; Graf-Schlicker/*Castrup* § 161 Rn. 4; wohl auch Braun/*Esser* § 161 Rn. 5); das Insolvenzgericht kann die für eine Entscheidung notwendigen Informationen insbes. aus der Anhörung des Insolvenzverwalters erhalten. Zulässig ist es, den Antrag auch schon „prophylaktisch" – zu einem Zeitpunkt, zu dem der Gläubigerausschuss noch gar nicht entschieden hat – zu stellen (Kübler/Prütting/Bork/*Onusseit* § 161 Rn. 4a). 6

Der **Insolvenzverwalter** ist vor einer Entscheidung des Insolvenzgerichts **zu hören.** Die Informationen des Insolvenzverwalters bilden neben einer eventuellen Begründung des Untersagungsantrags und den dem Insolvenzgericht bereits vorliegenden Informationen iÜ die Grundlage für die Entscheidung nach Satz 2; zu weitergehender Sachaufklärung ist das Insolvenzgericht nicht verpflichtet. Wenn der Insolvenzverwalter erklärt, die Rechtshandlung, der der Gläubigerausschuss bereits zugestimmt hat, nicht vorzunehmen, erübrigt sich eine Entscheidung des Insolvenzgerichts (HambK-InsO/*Decker* § 161 Rn. 4; MüKoInsO/*Görg/Jansen* § 161 Rn. 12; Uhlenbruck/*Zipperer* § 161 Rn. 7). 7

2. Die vorläufige Untersagung der Vornahme der Rechtshandlung. Das Insolvenzgericht ist weder bei Gläubiger- noch bei Schuldnerantrag gezwungen, die Rechtshandlung vorläufig zu untersagen. Vielmehr steht diese **Entscheidung im Ermessen des Gerichts** (Nerlich/Römermann/*Balthasar* § 161 Rn. 16); anderenfalls wäre das Erfordernis, den Insolvenzverwalter zu hören, nicht zu erklären. 8

Die Ermessensausübung nach Satz 2 ist Amtspflicht des Insolvenzgerichts. Misslich ist, dass das Gesetz keine Entscheidungsmaßstäbe vorgibt (vgl. Kübler/Prütting/Bork/*Onusseit* § 161 Rn. 5a). Entgegen der wohl hM (HambK-InsO/*Decker* § 161 Rn. 5; Nerlich/Römermann/*Balthasar* § 161 Rn. 16; Uhlenbruck/*Zipperer* § 161 Rn. 5; MüKoInsO/*Görg/Jansen* § 161 Rn. 11; Braun/*Esser* § 161 Rn. 7) ist das Insolvenzgericht aber nicht berufen, die Zweckmäßigkeit der beabsichtigten Maßnahme insgesamt zu überprüfen. Denn der bereits vorliegenden **Entscheidung des Gläubigerausschusses** ist ein gewisser **Leitcharakter** zu entnehmen; außerdem ist es im Insolvenzverfahren allg. nicht Aufgabe des Insolvenzgerichts, über den wirtschaftlichen Sinn von Entscheidungen der Gläubigerorgane zu urteilen. Deshalb können nur erhebliche Nachteile für die Masse die vorläufige Untersagung der Rechtshandlung rechtfertigen (ähnlich wie hier FK-InsO/*Wegener* § 161 Rn. 7; zu eng dann aber wohl HK-InsO/*Ries* § 161 Rn. 4). Keinesfalls 9 ergibt sich aus einem eingeschränkten Überprüfungsrecht, dass die vorläufige Untersagung nebst Einberufung einer Gläubigerversammlung die Regel sein sollte (so aber wohl BK-InsO/*Undritz/Fiebig* § 161 Rn. 5).

10 Eine **vorläufige Untersagung** nach Satz 2 **kommt nicht in Betracht,** wenn – wie häufig erforderlich, um einen Massestatus zu erreichen, der die Eröffnung des Verfahrens erlaubt – bereits im Eröffnungsverfahren Maßnahmen durchgeführt wurden (Kübler/Prütting/Bork/*Onusseit* § 161 Rn. 5b). Da eine „nachträgliche" Untersagung für das Verfahren keine eigenständige Bedeutung hätte, fehlt insoweit das Rechtsschutzbedürfnis (vgl. *Hilzinger* ZInsO 2000, 560 ff.). Die Frage der Rechtmäßigkeit der Maßnahmen spielt aber für eine eventuelle Haftung des Insolvenzverwalters eine Rolle.

11 **3. Einberufung einer Gläubigerversammlung.** Untersagt das Insolvenzgericht die Rechtshandlung vorläufig, hat es zwingend eine Gläubigerversammlung einzuberufen. Die Einberufung erfolgt nach allgemeinen Regeln (§ 74); die Dreiwochenfrist des § 75 Abs. 2 bezieht sich nicht auf den Schuldner- oder Gläubigerantrag nach Absatz 2 (aA Graf-Schlicker/*Castrup* § 161 Rn. 6; Braun/*Esser* § 161 Rn. 6). Eine aufgrund von Satz 2 einberufene **Gläubigerversammlung** hat – anders als Gläubigerversammlungen im Allgemeinen (vgl. → § 160 Rn. 7) – die **Kompetenz,** die Entscheidung des Gläubigerausschusses zu revidieren; ihre Entscheidung ersetzt auch die vorläufige Untersagung der Rechtshandlung durch das Insolvenzgericht. Bei Beschlussunfähigkeit der Gläubigerversammlung gilt § 160 Abs. 1 S. 3 entsprechend.

12 **4. Rechtsbehelf gegen die Entscheidung des Insolvenzgerichts.** Ein Rechtsbehelf gegen die Entscheidung des Insolvenzgerichts ist nur gegeben, wenn der Rechtspfleger entschieden hat (vgl. § 11 Abs. 2 RechtspflegerG); anderenfalls gilt § 6.

Betriebsveräußerung an besonders Interessierte

162 (1) **Die Veräußerung des Unternehmens oder eines Betriebs ist nur mit Zustimmung der Gläubigerversammlung zulässig, wenn der Erwerber oder eine Person, die an seinem Kapital zu mindestens einem Fünftel beteiligt ist,**

1. zu den Personen gehört, die dem Schuldner nahestehen (§ 138),

2. ein absonderungsberechtigter Gläubiger oder ein nicht nachrangiger Insolvenzgläubiger ist, dessen Absonderungsrechte und Forderungen nach der Schätzung des Insolvenzgerichts zusammen ein Fünftel der Summe erreichen, die sich aus dem Wert aller Absonderungsrechte und den Forderungsbeträgen aller nicht nachrangigen Insolvenzgläubiger ergibt.

(2) **Eine Person ist auch insoweit im Sinne des Absatzes 1 am Erwerber beteiligt, als ein von der Person abhängiges Unternehmen oder ein Dritter für Rechnung der Person oder des abhängigen Unternehmens am Erwerber beteiligt ist.**

Schrifttum: *Fröhlich/Köchling,* Realisierung von suboptimalen Werten bei Betriebsveräußerungen an Insider, ZInsO 2003, 923; *Gundlach/Frenzel/Jahn,* Die Zustimmung der Gläubigerversammlung gemäß § 162 InsO, ZInsO 2008, 360; *Köchling,* Informationsasymmetrien bei übertragenden Sanierungen an Insider des Insolvenzverfahrens, ZInsO 2007, 690. Weiteres Schrifttum bei § 156 und bei § 157.

Übersicht

I. Anwendungsbereich

Jede Veräußerung eines Unternehmens (zum Unternehmensbegriff vgl. → § 157 Rn. 1) oder eines Betriebs (zum Betriebsbegriff vgl. → § 160 Rn. 24) während des Insolvenzverfahrens ist in der in § 160 geregelten Weise zustimmungsbedürftig. Das bedeutet: Ist kein Gläubigerausschuss bestellt, muss die Gläubigerversammlung stets zustimmen (§ 160 Abs. 1 S. 2). Daher hat die sich aus **§ 162** ergebende Notwendigkeit der Zustimmung der Gläubigerversammlung bei einer geplanten Unternehmens- oder Betriebsveräußerung an „besonders Interessierte" – also an „Insider" – **nur in Verfahren mit** einem **Gläubigerausschuss Bedeutung.** Unter den sogleich beschriebenen Voraussetzungen ist dessen Zustimmung grds. irrelevant (vgl. noch → Rn. 7); es soll stets die Gesamtheit der Gläubiger in der Gläubigerversammlung entscheiden. – Im **Insolvenzplanverfahren** findet § 162 keine Anwendung (Kübler/Prütting/Bork/*Onusseit* § 162 Rn. 3). – Die Verletzung von § 162 hat im Außenverhältnis keine Wirkung (§ 164). 1

II. Normzweck und Kritik

§ 162 ist ein vom Grundsatz her **zu begrüßendes Instrument der Insolvenzordnung,** der Gefahr der Insidergeschäfte entgegenzuwirken (dazu und zur übertragenden Sanierung bereits *Karsten Schmidt* ZIP 1980, 328 [336 f.]; *ders.* in Leipold, Insolvenzrecht im Umbruch, 1991, S. 67 ff., insbes. S. 76 ff.); die Norm hatte im überkommenen Konkursrecht keine Entsprechung. Bei der Veräußerung von Unternehmen bzw. Betrieben und wichtiger Teile derselben muss immer damit gerechnet werden, dass ein zu niedriger Kaufpreis vereinbart wird, wenn auf der Erwerberseite Personen stehen, die besondere Kenntnisse und/oder besondere Möglichkeiten der Einflussnahme haben (ausf. zu den bestehenden Informationsasymmetrien *Köchling* ZInsO 2007, 690 [694 f.]). In solchen Fällen ist der Insolvenzverwalter gehalten, den Veräußerungsprozess besonders transparent zu gestalten (*Fröhlich/Köchling* ZInsO 2003, 923 [926 f.]). Der Gesetzgeber wollte die Gläubiger in solchen Fällen einbinden und hat § 162 als Mittel gegen die **abstrakte** – ob überhaupt ein anderer Interessent vorhanden ist, ist ohne Bedeutung – **Gefährdung der Interessen der Gläubigergesamtheit** gesehen. Daher kann die Vorschrift durchaus auch als Instrument zur Kontrolle des Insolvenzverwalters gesehen werden (vgl. Kübler/Prütting/Bork/*Onusseit* § 162 Rn. 2). 2

Das gesetzgeberische **Ziel** wird **nur teilw. erreicht.** Während in § 181 des Regierungsentwurfs noch vorgesehen war, derartige Vertragsschlüsse nur im Rahmen eines Insolvenzplans zu gestatten (vgl. dazu auch BT-Drs. 12/2443, 174 f.), hängt die Unternehmensveräußerung nach der geltenden (auf die Arbeit des Rechtsausschusses zurückgehenden) Fassung des § 162 von einer „bloßen" Zustimmung der Gläubigerversammlung ab. Richtig an der gesetzgeberischen Entscheidung ist, dass der Weg über einen Insolvenzplan in einer Vielzahl von Fällen, in denen eine Veräußerung des Unternehmens als Ganzes an den oftmals einzigen 3

Interessenten für alle Verfahrensbeteiligten vorteilhaft und daher im gemeinsamen Interesse liegt, zu einer unnötigen Zeitverzögerung und Belastung (auch) des Gerichts führen würde (BT-Drs. 12/7302, 175 f.).

4 Ob durch den Zustimmungsvorbehalt der Gläubigerversammlung in den streitigen Fällen, auf die es letztlich ankommt, die Interessen der Gläubigergesamtheit tatsächlich in ausreichendem Maße geschützt werden (so wörtlich in BT-Drs. 12/7302, 176), muss ernsthaft bezweifelt werden. Denn anders als iRd Insolvenzplanverfahrens (vgl. §§ 222, 243 f., 251) sind hinsichtlich der Entscheidung der Gläubigerversammlung **weder** ein **Minderheitenschutz noch Abstimmungen nach Gläubigergruppen** vorgesehen. Gerade hinsichtlich von Insidern mit einer Mehrheit oder starkem Einfluss in der Gläubigerversammlung stellt § 162 deshalb nicht die wünschenswerte Hürde dar, die für einen angemessenen Minderheitenschutz erforderlich wäre (vgl. die Kritik bei *Balz,* in: Kölner Schrift InsO, 2. Aufl. 2000, S. 3 Rn. 44 ff.; *Marotzke* KTS 2014, 113 [145 ff.]; Nerlich/Römermann/*Balthasar* § 162 Rn. 6; vgl. auch *Gundlach/Frenzel/Jahn* ZInsO 2008, 360 [361]). Als Kontrollinstanz bleibt immerhin das Insolvenzgericht mit seiner Befugnis nach § 78 (vgl. das Beispiel bei *Görg* DZWIR 2000, 364 [366]).

III. Begriffsbestimmungen und Verfahrensfragen

5 Unter **Veräußerung** eines Unternehmens oder Betriebes in § 162 ist dasselbe wie in §§ 158, 160 zu verstehen (vgl. bereits → § 158 Rn. 6 und → § 160 Rn. 22 ff.). Auch die Veräußerung von Unternehmens- und Betriebsteilen ist von § 162 erfasst (FK-InsO/*Wegener* § 162 Rn. 4). Hingegen ist für eine Unternehmensverpachtung oder Nießbrauchbestellung an besonders Interessierte grds. keine Zustimmung der Gläubigerversammlung erforderlich; etwas anderes kann im Einzelfall etwa bei Pacht- oder Nießbrauchbedingungen gelten, die wirtschaftlich einer Veräußerung nahekommen und auf eine Umgehung von § 162 zielen (ähnlich BK-InsO/*Undritz/Fiebig* § 162 Rn. 4; HambK-InsO/*Decker* § 162 Rn. 2; vgl. auch Uhlenbruck/*Zipperer* § 162 Rn. 4).

6 Erforderlich ist unter den nachstehend genannten Voraussetzungen die im Voraus erteilte **Zustimmung** (vgl. → § 158 Rn. 11 sowie → § 160 Rn. 13) der Gläubigerversammlung. Würde auch eine nachträgliche Zustimmung (Genehmigung) ausreichen (dafür MüKoInsO/*Görg/Jansen* § 162 Rn. 16), liefe § 162 praktisch leer, weil dann vor der Gläubigerentscheidung schon vollendete Tatsachen geschaffen worden wären. Die Zustimmung darf sich nicht nur auf den Tatbestand der Veräußerung an sich beschränken, sondern muss sich auch auf den konkreten Kaufpreis – oder einen Mindestkaufpreis – erstrecken (vgl. FK-InsO/*Wegener* § 162 Rn. 6).

7 Die **Zustimmung** muss **von der Gläubigerversammlung** grds. **selbst und tatsächlich** erteilt werden. Die sich aus § 162 ergebende Entscheidungskompetenz kann – wie bei § 157 (vgl. → § 157 Rn. 17) und anders als bei § 160 (vgl. → § 160 Rn. 12) – nicht auf das Insolvenzgericht übertragen werden. Möglich ist hingegen – auch insofern wie bei § 157 (vgl. → § 157 Rn. 16) – eine Übertragung auf den Gläubigerausschuss; dies muss aber explizit geschehen, da es regelmäßig gerade die (Gläubiger-)Insider sind, die in den Gläubigerausschuss gewählt werden.

8 Trifft die **Gläubigerversammlung** – obwohl beschlussfähig – **keine Entscheidung,** gilt die Zustimmung als verweigert; weder Insolvenzgericht noch Gläubigerausschuss können die fehlende Zustimmung durch eine eigene Entscheidung ersetzen. – Bei **Beschlussunfähigkeit** der Gläubigerversammlung ist § 160 Abs. 1 S. 3 analog anzuwenden (HK-InsO/*Ries* § 162 Rn. 9; HambK-InsO/*Decker* § 162 Rn. 7; aA *Bitter/Rauhut* KSI 2007, 258 [259]). Für eine auf diese Weise fingierte Zustimmung ist der entsprechende Hinweis in der Einladung

zur Gläubigerversammlung konstitutive Voraussetzung (vgl. → § 160 Rn. 9 (auch mit Nachweisen zur gegenteiligen Auffassung)).

9 Nicht im Gesetz geregelt ist, auf welchem Weg die beabsichtigte Maßnahme zur Kenntnis des Gerichts oder der Gläubigerversammlung kommt. Um der Norm ein wenig der ihr ursprünglich zugedachten Schneidigkeit (vgl. → Rn. 2) zurückzugeben, trifft den Insolvenzverwalter als der regelmäßig bestinformierten Person die durch § 60 haftungsbewehrte Pflicht, das Insolvenzgericht frühzeitig zu informieren und die Einberufung einer Gläubigerversammlung zu beantragen (vgl. § 75 Abs. 1 Nr. 1), sobald sich die Möglichkeit einer Unternehmens- oder Betriebsveräußerung an besonders Interessierte konkreter abzeichnet.

10 Erfährt das Gericht von einer Unternehmensveräußerung auf andere Weise, kann es nach pflichtgemäßem Ermessen (vgl. → § 74 Rn. 9) von sich aus die Gläubigerversammlung einberufen (HambK-InsO/*Decker* § 162 Rn. 8; Kübler/Prütting/Bork/*Onusseit* § 162 Rn. 7; FK-InsO/*Wegener* § 162 Rn. 7; aA MüKoInsO/*Görg/Jansen* § 162 Rn. 17; Uhlenbruck/*Zipperer* § 162 Rn. 8). Zu einer solcher Informationserlangung auf andere Weise kann auch ein Antrag auf Einberufung der Gläubigerversammlung nach § 75 Abs. 1 Nr. 2–4 führen (ähnlich auch Braun/*Esser* § 162 Rn. 8; HambK-InsO/*Decker* § 162 Rn. 8).

IV. Nicht am Schuldner beteiligte Personen

11 Zustimmungspflicht besteht, wenn in der **Person des Erwerbers** (Absatz 1 Var. 1) **oder einer an ihm beteiligten Person** (Absatz 1 Var. 2; dazu → Rn. 15 f.) die Voraussetzungen von Absatz 1 Nr. 1 oder Nr. 2 vorliegen. Der Gesetzgeber hat – in komplizierter Weise – die Situationen, die eine Zustimmungspflicht auslösen, katalogähnlich aufgelistet. Die wichtigsten Problemfälle sind damit angesprochen. Wie bei allen Normen, die eine bestimmte Art von Rechtsgeschäften verhindern wollen, wird jeder Ansatz, eine abschließende Regelung zu finden, eher zu Umgehungsversuchen als zum beabsichtigten Ziel führen. Trotz des weit gefassten Tatbestandes muss deshalb Raum für eine **analoge Anwendung des § 162** bleiben (vgl. etwa das Beispiel bei Nerlich/Römermann/*Balthasar* § 162 Rn. 22; ebenso Andres/Leithaus/*Andres* § 162 Rn. 8; für eine extensive Auslegung von § 162 auch *Falk/Schäfer* ZIP 2004, 1337 [1339]; aA BK-InsO/*Undritz/Fiebig* § 162 Rn. 12; MüKoInsO/*Görg/Jansen* § 162 Rn. 15; einschränkend wohl auch Kübler/Prütting/Bork/*Onusseit* § 162 Rn. 5; FK-InsO/*Wegener* § 162 Rn. 3).

12 **1. Nahestehende Personen.** Der **Begriff** der nahestehenden Person ist dem Anfechtungsrecht (§ 138) entlehnt. Charakteristisch ist der Informationsvorsprung, den diese Personen im Gegensatz zu anderen Erwerbern (und zu anderen Verfahrensbeteiligten) haben (vgl. hierzu ausf. *Fröhlich/Köchling* ZInsO 2003, 923 [925 f.]). Kraft der Verweisung auch auf § 138 Abs. 1 Nr. 4 unterfallen Konstellationen, in denen der Insolvenzschuldner am Erwerber maßgeblich beteiligt oder Mitglied des Vertretungs- oder Aufsichtsorgans ist, unmittelbar Absatz 1 Nr. 1 (unnötig kompliziert daher *Falk/Schäfer* ZIP 2004, 1337 [1339]; diesen folgend HK-InsO/*Ries* § 162 Rn. 3; HambK-InsO/*Decker* § 162 Rn. 4; nahezu unrichtig *Müller-Feldhammer* ZIP 2003, 2186 [2188 f.]). – Für Einzelheiten ist auf die Ausführungen zu § 138 zu verweisen (vgl. iÜ auch *Köchling* ZInsO 2007, 690 [691 f.]).

13 **2. Gläubiger.** Bestimmte Gläubiger haben kraft ihrer Geschäftsbeziehung zum Schuldner bzw. kraft ihrer Einflussmöglichkeiten und ihrer Integration (zB als Mitglied des Gläubigerausschusses) im Verfahren vergleichbare Vorteile. Der Gesetzgeber hat für die Grenzziehung eine Parallele zu der Gruppe von Gläubigern gezogen, die nach § 75 Abs. 1 Nr. 3 das Recht haben, die Einberufung einer

Gläubigerversammlung zu beantragen. Das sind absonderungsberechtigte Gläubiger sowie (nicht nachrangige) Insolvenzgläubiger, deren Absonderungsrechte bzw. Forderungen zusammen mindestens 20 Prozent der Summe aller Absonderungsrechte bzw. der Insolvenzforderungen iSv § 38 erreichen. Maßgeblich für die Quotenbildung ist die Schätzung durch das Insolvenzgericht (Braun/*Esser* § 162 Rn. 5); vgl. iÜ → § 75 Rn. 9 ff. – Die oben geäußerte Kritik (vgl. → Rn. 3 f.) an dem bloßen Zustimmungserfordernis durch die Gläubigerversammlung, die regelmäßig von eben diesen Gläubigern dominiert wird, trifft hier ganz besonders zu.

V. Am Schuldner beteiligte Personen

14 Für die Anwendbarkeit von § 160 genügt es, wenn der Erwerber an einer der vorgenannten Personen unmittelbar oder mittelbar beteiligt ist. Als eine solche am Schuldner beteiligte Person gilt nach Absatz 1 Var. 2 zunächst jede Person, die an seinem Kapital **zu mindestens 20 Prozent beteiligt** ist. Bei **Kapitalgesellschaften** ist die kapitalmäßige Beteiligung leicht zu bestimmen; bei **Personengesellschaften** ist auf den Bruchteil abzustellen, den der Gesellschafter im Fall der Liquidation der Gesellschaft aus dem Gesellschaftsvermögen erhalten würde (BT-Drs. 12/2443, 175). Bei einer Veräußerung an eine Gruppe von Erwerbern sind deren Anteile ggf. zu addieren (Braun/*Esser* § 162 Rn. 7; Uhlenbruck/*Zipperer* § 162 Rn. 6) – Der Verkauf eines Unternehmens an eine der Unternehmensträgerin nahestehende Auffanggesellschaft ist per se verdächtig iSd § 162 (OLG München NZI 1998, 84).

15 In **Absatz 2,** der eine Reihe von mittelbaren Beteiligungsverhältnissen den vorstehend genannten Beteiligungen gleichstellt, wird die vom Gesetzgeber verfolgte Kasuistik besonders deutlich; es sollen gleichsam vorgedachte Umgehungsversuche von vornherein ausgeschlossen werden. Erfasst werden in einer nach dem Grad der wirtschaftlichen Verflechtung gestuften Reihenfolge insgesamt **drei Fälle:** Die Person iSd Absatz 1 ist nicht selbst am Erwerber (mit mindestens 20 %) beteiligt, wohl aber ein von ihr iSv § 17 AktG (BT-Drs. 12/2443, 162 f.; zu berücksichtigen sind auch §§ 16, 18 AktG) abhängiges Unternehmen (Absatz 2 Var. 1); am Erwerber ist weder eine Person iSd Absatz 1 noch ein von ihr abhängiges Unternehmen (mit mindestens 20 %) beteiligt, wohl aber ein Dritter, der (zB als Treuhänder oder Strohmann) für Rechnung der Person (Absatz 2 Var. 2) oder für Rechnung des von der Person abhängigen Unternehmens (Absatz 2 Var. 3) handelt.

Betriebsveräußerung unter Wert

163 (1) **Auf Antrag des Schuldners oder einer in § 75 Abs. 1 Nr. 3 bezeichneten Mehrzahl von Gläubigern und nach Anhörung des Insolvenzverwalters kann das Insolvenzgericht anordnen, daß die geplante Veräußerung des Unternehmens oder eines Betriebs nur mit Zustimmung der Gläubigerversammlung zulässig ist, wenn der Antragsteller glaubhaft macht, daß eine Veräußerung an einen anderen Erwerber für die Insolvenzmasse günstiger wäre.**

(2) **Sind dem Antragsteller durch den Antrag Kosten entstanden, so ist er berechtigt, die Erstattung dieser Kosten aus der Insolvenzmasse zu verlangen, sobald die Anordnung des Gerichts ergangen ist.**

Schrifttum: Bei § 156, bei § 157 und bei § 162.

Übersicht

I. Normzweck, Kritik und Neuinterpretation der Norm

1 Über § 163 soll die **Abstimmung der Gläubigerversammlung über ein konkretes Verkaufsvorhaben** herbeigeführt werden, und zwar – jedenfalls nach dem hier vertretenen Normzweck – auch dann, wenn die Gläubigerorgane schon nach §§ 160, 161 zustimmt haben (insofern aA FK-InsO/*Wegener* § 163 Rn. 3; Uhlenbruck/*Uhlenbruck* § 163 Rn. 8; Nerlich/Römermann/*Balthasar* § 163 Rn. 17; MüKoInsO/*Görg/Jansen* § 163 Rn. 11; *Köchling* ZInsO 2007, 690 [693]; vgl. hingegen BK-InsO/*Undritz/Fiebig* § 163 Rn. 8). Im Unterschied zu § 162 soll nicht einer abstrakten, sondern der konkreten **Gefahr der Masseschädigung** entgegengetreten werden.

2 Weil bei den von § 163 erfassten Konstellationen das Problem der möglichen Majorisierung der Gläubigerversammlung durch den potenziellen Erwerber selbst nicht so groß ist wie bei den von § 162 abgedeckten Fällen (vgl. dazu → § 162 Rn. 3 f.), ist an § 163 isoliert betrachtet etwas weniger **Kritik** als an § 162 zu üben. Eine Gesamtschau der §§ 160, 161, 163 macht jedoch deutlich, dass **Abs. 1** bei konventionellem Verständnis **keinen eigenständigen Anwendungsbereich** hat (so denn auch Kübler/Prütting/Bork/*Onusseit* § 163 Rn. 2; MüKoInsO/*Görg/Jansen* § 163 Rn. 3; Leonhardt/Smid/Zeuner IntInsO/*Smid* § 163 Rn. 9; ähnlich auch Nerlich/Römermann/*Balthasar* § 163 Rn. 15): Besteht kein Gläubigerausschuss, bedarf die beabsichtige Unternehmens- oder Betriebsveräußerung schon nach § 160 Abs. 2 Nr. 1 der Zustimmung der Gläubigerversammlung. Und bei Bestehen eines Gläubigerausschusses kann das Insolvenzgericht die beabsichtige Unternehmens- oder Betriebsveräußerung schon nach § 161 von einer Zustimmung der Gläubigerversammlung abhängig machen; anders als bei § 163 ist dafür sogar noch nicht einmal die Glaubhaftmachung, dass eine Veräußerung an einen anderen Erwerber für die Insolvenzmasse günstiger wäre, erforderlich, und außerdem gibt § 161 – auch insofern im Gegensatz zu § 163 (unzutreffend MüKoInsO/*Görg/Jansen* § 163 Rn. 15) – dem Insolvenzgericht die Möglichkeit, die geplante Unternehmens- oder Betriebsveräußerung vorläufig zu untersagen.

3 Damit § 163 Abs. 1 nicht „schlechthin unsinnig" (Leonhardt/Smid/Zeuner IntInsO/*Smid* § 163 Rn. 9) bleibt, ist ein vollständiges **Neuverständnis der Norm** erforderlich (vgl. auch schon die Überlegungen bei BK-InsO/*Undritz/Fiebig* § 163 Rn. 8): **Absatz 1** ist – bei Verfahren mit und ohne Gläubigerausschuss – auch dann **noch anwendbar, wenn eine frühere Gläubigerversammlung** der beabsichtigen Unternehmens- oder Betriebsveräußerung **bereits zugestimmt** hatte (so jetzt auch HambK-InsO/*Decker* § 163 Rn. 5). Mit dieser Maßgabe ergibt auch die in § 163 aufgestellte Voraussetzung Sinn, dass der Antragsteller glaubhaft machen muss, dass eine Veräußerung an einen anderen Erwerber für die Insolvenzmasse günstiger wäre. Gelingt die Glaubhaftmachung, kann das Insolvenzgericht beschließen, dass sich die Gläubigerversammlung erneut – und zwar im Lichte der im Antrag enthaltenen Informationen – mit der geplanten Maßnahme beschäftigt. Damit harmoniert, dass die Gläubigerversamm-

lung ohnehin berechtigt ist, eine bereits erteilte Zustimmung zu widerrufen (vgl. → § 160 Rn. 16); und mit der bis zum Widerruf maßgeblich bleibenden Willensäußerung der Gläubigerversammlung erklärt sich, warum das Insolvenzgericht nach § 163 – anders als nach § 161 – nicht befugt ist, die geplante Maßnahme vorläufig zu untersagen.

4 Die in **Absatz 2** enthaltene Möglichkeit der Kostenerstattung (vgl. dazu → Rn. 12 ff.) hat, auch ohne dass es des zuvor beschriebenen Verständnisses von Absatz 1 bedürfte, einen eigenständigen, sinnvollen **Anwendungsbereich.** Die nach Absatz 1 antragsberechtigten Personen können, um eine Kostenerstattung zu erreichen, auch dann nach § 163 vorgehen, wenn sie ihr Ziel eigentlich auch nach § 160 bzw. § 161 erreichen könnten, insbes. also dann, wenn die Gläubigerversammlung erstmalig mit der geplanten Unternehmens- oder Betriebsveräußerung zu befassen ist.

II. Anwendungsbereich

5 Die Begriffe „Veräußerung des Unternehmens oder Betriebes" und „Zustimmung" sind in § 163 ebenso so auszulegen wie in § 162; vgl. daher → § 162 Rn. 5 ff. Das Tatbestandsmerkmal „Antrag des Schuldners oder einer in § 75 Abs. 1 Nr. 3 bezeichneten Mehrzahl von Gläubigern" ist wie in § 161 S. 2 zu verstehen; vgl. dazu → § 161 Rn. 5.

6 Der **Anwendungsbereich** von § 163 ist nur dann eröffnet, wenn **mindestens zwei Erwerber** und damit eine **Vergleichsmöglichkeit** vorhanden sind (vgl. *Hess* § 163 Rn. 11; *Fröhlich/Köchling* ZInsO 2003, 923 [925]). Es wird **nicht** auf einen – gerade aus der Insolvenzsituation heraus kaum ermittelbaren – **absoluten Wert** des Unternehmens abgestellt. Fehlt es an einer Vergleichsmöglichkeit, so kommt es auch dann nicht zur Entscheidung der Gläubigerversammlung im Verfahren nach § 163, wenn offensichtlich ist, dass bei der Unternehmensveräußerung kein angemessener Preis erzielt werden wird: Für diese Fälle bleibt es beim Schutz der Insolvenzmasse nach Maßgabe der §§ 160, 161. – Im **Insolvenzplanverfahren** findet § 163 keine Anwendung. – Im Außenverhältnis hat eine Verletzung von § 163 keine Bedeutung (§ 164).

III. Verfahren

7 **1. Antrag mit Glaubhaftmachung, Anhörung des Insolvenzverwalters.** Notwendig ist der **Antrag** des Schuldners oder einer bestimmten Gläubigeranzahl (vgl. → Rn. 5), die geplante Unternehmensveräußerung von der (erneuten) Zustimmung der Gläubigerversammlung abhängig zu machen. Nach dem hier vorgeschlagenen Verständnis der Norm kann im Verfahren nach § 163 nicht auch der Antrag gestellt werden, die beabsichtigte Rechtshandlung vorläufig zu untersagen (vgl. schon → Rn. 3). Die Diskussion, ob ein solcher Antrag stets konkludent mitgestellt ist (dafür Kübler/Prütting/Bork/*Onusseit* § 163 Rn. 4a; Empfehlung, einen eigenständigen Antrag zu stellen, hingegen bei Braun/*Esser* § 163 Rn. 3), erübrigt sich damit.

8 Der Antragsteller muss **glaubhaft machen** (§ 294 ZPO), dass mindestens ein weiterer potenzieller Erwerber vorhanden ist (vgl. schon → Rn. 6) und dass die Veräußerung an diesen für die Insolvenzmasse günstiger wäre. Das Alternativangebot muss hinreichend konkret sein; reine Interessensbekundungen genügen nicht (*Köchling* ZInsO 2007, 690 [693]; vgl. *Hess* § 163 Rn. 11). Das **günstigere Angebot** ist dasjenige, das direkt oder indirekt die Insolvenzquote erhöht. Unmittelbare **Entscheidungskriterien** sind deshalb der Kaufpreis und die sonstigen Veräußerungskonditionen (zB Zahlungsziele, Garantien etc) sowie die Bonität des Erwerbers (vgl. BT-Drs. 12/2443, 175; Auflistung weiterer unmittelbarer Ent-

scheidungskriterien bei BK-InsO/*Undritz/Fiebig* § 163 Rn. 6). Mittelbare Entscheidungskriterien können etwa die rechtsverbindliche Zusage des Erwerbers zur Kooperation mit dem Verwalter bei der notwendigen Restabwicklung oder die Frage sein, ob die Masse durch eine Verzögerung des Verfahrens bei Veräußerung an einen anderen Erwerber belastet würde (Nerlich/Römermann/*Balthasar* § 163 Rn. 15). **Kein Entscheidungskriterium** stellen sonstige Vorteile dar, wenn sie – wie zB gesamtwirtschaftliche Nützlichkeit, Erhalt von Arbeitsplätzen oder von eingeführten Marken und Produkten – der Insolvenzmasse nicht zugutekommen (vgl. auch Kübler/Prütting/Bork/*Onusseit* § 163 Rn. 3b). – Bei einem Vergleich der Angebote ist auf denselben Verkaufszeitpunkt abzustellen (*Köchling* ZInsO 2007, 690 [693]); ggf. sind die Angebote also zu diskontieren.

Nach Antragstellung und vor der Entscheidung des Insolvenzgerichts ist der 9
Insolvenzverwalter zu hören. Die Ausführungen des Insolvenzverwalters können die Glaubhaftmachung des Antragstellers erschüttern.

2. Entscheidung des Insolvenzgerichts. Das Insolvenzgericht entscheidet 10
über den Antrag. Es gilt der **Amtsermittlungsgrundsatz** (BK-InsO/*Undritz/Fiebig* § 163 Rn. 10). – Der **Zeitpunkt der Entscheidung** des Insolvenzgerichts ist der für die Glaubhaftmachung maßgebliche. Ist auch nach Anhörung des Insolvenzverwalters und trotz in der Zeit seit Antragstellung ggf. eingetretener Veränderungen noch glaubhaft gemacht, dass die Veräußerung an einen anderen Erwerber für die Insolvenzmasse günstiger wäre, so beruft das Insolvenzgericht **(gebundene Entscheidung)** die Gläubigerversammlung ein (*Hess* § 163 Rn. 15; MüKoInsO/*Görg/Jansen* § 163 Rn. 17; Nerlich/Römermann/*Balthasar* § 163 Rn. 16; unzutreffend HK-InsO/*Ries* § 163 Rn. 6).

Gelingt die Glaubhaftmachung nicht, ist der Antrag abzuweisen. Dann wird das 11
Insolvenzgericht regelmäßig nicht in sonstiger Form tätig. Zwar kann das Gericht nach eigenem Ermessen (vgl. → § 74 Rn. 9) eine Gläubigerversammlung einberufen; im Anschluss an einen erfolglosen Antrag nach § 163 rechtfertigt sich ein solches Vorgehen aber nicht, insbes. dann nicht, wenn bereits die Zustimmung der Gläubigerversammlung vorliegt.

IV. Kostenerstattung aus der Masse

Die Glaubhaftmachung einer günstigeren Veräußerungsmöglichkeit ist ohne 12
Zuhilfenahme von sachverständigen Dritten selten möglich. Die notwendigen **Kosten für Gutachter,** Informationsbeschaffung, Auslagen etc müssen, wenn der Antrag nach Absatz 1 erfolgreich war, aus der Insolvenzmasse ersetzt werden, sofern sie durch den Antrag entstanden sind. Hat der Antragsteller seinerseits einen anderen Interessenten geworben, sind die insofern anfallenden Kosten (für Präsentationen, Reisekosten, Konzepterstellung etc) nicht erstattungsfähig. – Der Kostenerstattungsanspruch besteht unabhängig davon, ob die Gläubigerversammlung der ursprünglich ins Auge gefassten Unternehmensveräußerung zustimmt (Uhlenbruck/*Zipperer* § 163 Rn. 10; Nerlich/Römermann/*Balthasar* § 163 Rn. 19).

Der Anspruch auf Kostenerstattung entsteht, sobald die Anordnung des Ge- 13
richts ergangen ist. Das Gericht trifft daher **keine Kostenentscheidung;** vielmehr handelt es sich bei dem Anspruch um einen **spezialgesetzlich geregelten Fall der Fremdgeschäftsführung.** Entsprechend §§ 683, 670 BGB werden daher auch nur diejenigen Aufwendungen ersetzt, die der Antragsteller für erforderlich halten durfte; durch diese **Angemessenheitsklausel** wird die Insolvenzmasse vor überhöhten Kosten zB durch aufwendige Gutachten geschützt.

Für den Fall, dass vor Erstattung die **Masseunzulänglichkeit** angezeigt wird 14
(§ 208), muss der Anspruch nach § 163 Abs. 2 zu den Verfahrenskosten gezählt werden (analoge Anwendung von § 209 Abs. 1 Nr. 1).

Wirksamkeit der Handlung

164 **Durch einen Verstoß gegen die §§ 160 bis 163 wird die Wirksamkeit der Handlung des Insolvenzverwalters nicht berührt.**

Schrifttum: *Lent,* Die Grenzen der Vertretungsmacht des Konkursverwalters, KTS 1956, 161; *Preuß,* „Missbrauch der Vertretungsmacht" des Insolvenzverwalters, NZI 2003, 625; *Spickhoff,* Insolvenzzweckwidrige Rechtshandlungen des Insolvenzverwalters – Zugleich ein Beitrag zur Reichweite und Dogmatik der Grundsätze des Missbrauchs der Vertretungsmacht, KTS 2000, 15. Weiteres Schrifttum bei § 156.

I. § 164 als allgemeiner Grundsatz des Insolvenzrechts

1 **Eigenmächtiges Handeln** des Insolvenzverwalters macht seine Handlungen **im Innenverhältnis rechtswidrig.** Sie können zur Haftung aus § 60 führen (vgl. schon → § 159 Rn. 4, → § 160 Rn. 13 f., 17 f., → § 161 Rn. 4) und Aufsichtsmaßnahmen nach §§ 58, 59 rechtfertigen, allerdings keine Ansprüche von nicht am Insolvenzverfahren beteiligten Dritten begründen (MüKoInsO/*Görg/Jansen* § 164 Rn. 3; *Falk/Schäfer* ZIP 2004, 1337 [1340]).

2 **§ 164 hat Klarstellungsfunktion** (vgl. zur KO schon OLG Koblenz Rpfleger 1962, 123 [125]; vgl. zur GesO schon BGH ZIP 1995, 290) in dem Sinne, dass **eigenmächtiges Handeln** des Insolvenzverwalters (und der von ihm eingeschalteten Personen (vgl. MüKoInsO/*Görg/Jansen* § 164 Rn. 7)) **im Außenverhältnis** grds. **wirksam** ist, und gibt damit einen allgemeinen Grundsatz des Insolvenzrechts wieder (MüKoInsO/*Görg/Jansen* § 164 Rn. 2). Dies gilt sowohl bei Handeln ohne Zustimmung von Gläubigerversammlung und/oder Gläubigerausschuss als auch bei Handeln gegen Beschlüsse dieser Organe (BK-InsO/*Undritz/Fiebig* § 164 Rn. 1a; Uhlenbruck/*Zipperer* § 164 Rn. 2). Die Wirksamkeit im Außenverhältnis gilt sowohl für Verpflichtungs- als auch für Verfügungsgeschäfte (LG Saarbrücken ZInsO 2011, 437).

3 **Praktisch bedeutsam** ist § 164 insbes. bei Unternehmensveräußerungen, Kreditaufnahmen sowie Vergleichsverträgen und in Prozessen (vgl. noch RGZ 20, 108 [110]; RG JW 1882, 91: andere Prozessbeteiligte können sich nicht auf die fehlende Prozessführungsbefugnis berufen). Durch die Wirksamkeit im Außenverhältnis erhalten Vertragspartner die dringend benötigte Rechtssicherheit (vgl. BT-Drs. 12/2443, 175; vgl. auch Braun/*Esser* § 164 Rn. 1), was letztlich auch den Insolvenzgläubigern zugutekommt (zutr. Nerlich/Römermann/*Balthasar* § 164 Rn. 2). Rechtspolitischen Forderungen zur Abschaffung von § 164 mit dem Ziel der Stärkung der Gläubigerrechte (so *Steinwachs* ZInsO 2011, 410 [412]), ist daher eine Absage zu erteilen, zumal sich der Insolvenzverwalter in besonders gelagerten Einzelfällen kraft § 164 über Beschlüsse der Gläubigerversammlung hinwegsetzen kann, die nicht im Interesse der Gläubigergesamtheit liegen (vgl. *Gundlach/Frenzel/Strandmann* NZI 2008, 461 [464]; HambK-InsO/*Decker* § 164 Rn. 3).

II. Ausnahmen vom Grundsatz

4 **Unwirksam** ist eine Rechtshandlung des Insolvenzverwalters im Außenverhältnis lediglich **bei evidenter Insolvenzzweckwidrigkeit** (BGHZ 150, 353 = BGH NZI 2002, 375; hM; vgl. nur HambK-InsO/*Decker* § 164 Rn. 4; BK-InsO/*Undritz/Fiebig* § 164 Rn. 3). Eine Insolvenzzweckwidrigkeit, die für den Vertragspartner nicht derart offensichtlich ist, genügt dagegen nicht. Vielmehr ist Voraussetzung, dass sich der Gegenseite auf Grund der Umstände des Einzelfalls ohne Weiteres begründete Zweifel an der Vereinbarkeit der Handlung mit dem Zweck des Insolvenzverfahrens aufdrängen mussten. Es gelten in solchen Fällen die **Regeln über den Missbrauch der Vertretungsmacht** (grundlegend

BGHZ 150, 353 = BGH NZI 2002, 375; dazu *Preuß* NZI 2003, 625 ff.; vgl. auch schon *Spickhoff* KTS 2000, 15 ff.). Beispiele für auch im Außenverhältnis unwirksame Rechtshandlungen des Insolvenzverwalters sind reine Schenkungen (RGZ 29, 80 [82]), Bevorzugungen einzelner Insolvenzgläubiger (BGH WM 1955, 312; vgl. RGZ 23, 54 [62]) oder insolvenzzweckwidrige Zahlungen an Absonderungsberechtigte (vgl. RGZ 53, 190 [193]). Genügen sollten aber auch sonstige offensichtliche Schädigungen der Masse.

Keine Ausnahme vom Grundsatz rechtfertigt lediglich unzweckmäßiges Handeln (*Falk*/Schäfer ZIP 2004, 1337 [1340]) oder sonstiges bloßes Handeln des Insolvenzverwalters ohne Zustimmung der Gläubiger oder gegen den Willen der Gläubiger (*Preuß* NZI 2003, 625 [629]). Eine Rechtshandlung ist daher auch dann **wirksam,** wenn der Vertragspartner den Mangel der Genehmigung gekannt hat. Denn die fehlende Genehmigung sagt nichts darüber aus, ob die Handlung im Einzelfall für die Masse nachteilig war. Zudem begründet die Nichteinholung der Genehmigung als solche – auch wenn dies für den Vertragspartner offensichtlich war – noch nicht den Einwand des Missbrauchs der Vertretungsmacht. – Der Insolvenzverwalter kann sich seinerseits nicht auf die fehlende Genehmigung berufen (OLG Koblenz KTS 1962, 123; *Hess* § 164 Rn. 3). 5

III. Praktische Gestaltungsmöglichkeiten

Möglich und in der Praxis häufig ist der **Abschluss des Rechtsgeschäfts unter Vorbehalt der** nach §§ 160 ff. **erforderlichen Genehmigung;** damit wird in der Regel eine **aufschiebende Bedingung** vereinbart (vgl. FK-InsO/*Wegener* § 164 Rn. 3). Ist dies, etwa wegen der Bedingungsfeindlichkeit des Rechtsgeschäfts, nicht möglich, bleibt die **Vereinbarung eines Rücktrittsrechts** für den Fall der verweigerten Zustimmung (Nerlich/Römermann/*Balthasar* § 164 Rn. 7). 6

Dritter Abschnitt. Gegenstände mit Absonderungsrechten

Verwertung unbeweglicher Gegenstände

165 Der Insolvenzverwalter kann beim zuständigen Gericht die Zwangsversteigerung oder die Zwangsverwaltung eines unbeweglichen Gegenstands der Insolvenzmasse betreiben, auch wenn an dem Gegenstand ein Absonderungsrecht besteht.

Schrifttum: *Bork,* Die „kalte" Zwangsvollstreckung – ein heißes Eisen, ZIP 2013, 2129; *Büchler,* Befriedigung von Immobiliargläubigern, ZInsO 2011, 718; *Fölsing,* Wer haftet für Altlasten: Insolvenzverwalter oder Fiskus, ZInsO 2010, 2224; *Frege/Keller,* Schornsteinhypothek und Lästigkeitsprämie bei Verwaltung von Immobiliarvermögen in der Insolvenz, NZI 2009, 11; *Hintzen,* Insolvenz und Immobiliarzwangsvollstreckung, Rpfleger 1999, 256; *Jungmann,* Die einstweilige Einstellung der Zwangsverwaltung im Insolvenzeröffnungsverfahren, NZI 1999, 352; *Klein,* Einstweilige Einstellung der gerichtlichen Zwangsverwaltung in Massegrundstücke auch auf Antrag des vorläufigen Insolvenzverwalters?, ZInsO 2002, 1065; *Knees,* Die Bank als Grundpfandrechtsgläubiger in der Unternehmensinsolvenz, ZIP 2001, 1568 [1579]; *Mitlehner,* Verwertungsvereinbarungen im Insolvenzverfahren, ZIP 2012, 649; *Mönning/Zimmermann,* Die Einstellungsanträge des Insolvenzverwalters gem. §§ 30d I, 153b I ZVG im eröffneten Insolvenzverfahren, NZI 2008, 134; *Molitor,* Verwaltung einer Immobilie in der Insolvenz des Eigentümers, ZInsO 2011, 1486; *Niering,* Der zwangsverwaltende Insolvenzverwalter, ZInsO 2008, 790; *Schneider,* Das Absonderungsrecht der Kommune im Insolvenzverfahren, KKZ 2014, 268; *Schulz,* Zur Insolvenzzweckwidrigkeit der Vereinbarung einer Lästigkeitsprämie, EWiR 2008, 471; *Tetzlaff,* Lästigkeitsprämien für nachrangige Grundpfandgläubiger, ZInsO 2012, 726; *ders.,* Probleme bei der Verwertung von Grundpfandrechten und Grundstücken in Insolvenzverfahren, ZInsO 2004, 521; *Wedekind/Wedekind,*

Zwangsverwaltung, 1. Aufl. 2011; *de Weerth,* Zur Frage der Umsatzsteuerschuld bei der so genannten kalten Zwangsverwaltung, NZI 2007, 329; *Zipperer,* Probleme beim Zusammentreffen von Zwangsverwaltung und Insolvenzverwaltung, ZfIR 2011, 385.

Übersicht

I. Allgemeines

1 **1. Art der Verwertung.** § 165 ermächtigt den Insolvenzverwalter, dem Insolvenzbeschlag unterliegenden Grundbesitz im Wege der **Zwangsversteigerung** und der **Zwangsverwaltung** zu verwerten. Über den Wortlaut der Norm hinaus ist der Verwalter auch ermächtigt, massebefangenen Grundbesitz freihändig zu veräußern oder aus der Insolvenzmasse freizugeben (HambK-InsO/*Büchler* Rn. 1, 10). Dass dem Insolvenzverwalter **auch** die **freihändige Verwertung möglich** sein muss, zeigt in systematischer Hinsicht schon § 160 Abs. 2 Nr. 1 Alt. 4, der diese Form der Verwertung an die Zustimmung des Gläubigerausschusses bzw. der Gläubigerversammlung bindet (BGH NZI 2010, 482 Rn. 10); iÜ kann sich der Verwalter auf die allgemeine Verwaltungs- und Verfügungsbefugnis des Insolvenzverwalters nach § 80 stützen (Nerlich/Römermann/*Becker* Rn. 17). In der Praxis wird die Zwangsvollstreckung in den Grundbesitz durch den Insolvenzverwalter nur betrieben, wenn die Verhandlungen über eine bessere Verwertungsmöglichkeit gescheitert sind; etwa weil keine Einigung über die Beteiligung der Insolvenzmasse an dem Verwertungserlös erzielt werden konnte oder die Inhaber faktisch wertloser Grundpfandrechte („Schornsteinhypotheken“) unangemessene Bedingungen für ihre Zustimmung zur Löschung dieser Grundpfandrechte stellen.

2 **Absonderungsrechte** einzelner Gläubiger hindern den Insolvenzverwalter nicht an einer Verwertung der unbeweglichen Gegenstände. Daneben bleiben aber auch die gesicherten Gläubiger berechtigt, ihre Absonderungsrechte an der Immobilie im Wege der Zwangsversteigerung oder Zwangsverwaltung durchzusetzen (→ Rn. 4 ff.).

3 **2. Gegenstand der Verwertung.** § 165 erfasst **alle Gegenstände, die der Zwangsvollstreckung nach** der ZPO und **dem ZVG unterliegen.** In der

Praxis sind va Grundstücke, Bruchteile und Rechte an Grundstücken (zB Erbbaurecht) sowie Wohnungseigentum, aber auch im Register eingetragene Schiffe und Luftfahrzeuge zu nennen (§§ 864, 870a ZPO; 162, 171a ZVG; HambK-InsO/*Büchler* Rn. 43; MüKoInsO/*Tetzlaff* Rn. 25). Zu Erzeugnissen und **Zubehör** → Rn. 40.

II. Verwertung durch den absonderungsberechtigten Gläubiger

Absonderungsberechtigte Gläubiger können ungeachtet des § 165 die **Zwangsvollstreckung** in unbewegliche Gegenstände **aus einem dinglichen Titel** beantragen oder fortsetzen (→ Rn. 2; HambK-InsO/*Büchler* Rn. 3). Dies gilt va für die dinglichen Gläubiger der Rangklassen in § 10 Abs. 1 Nr. 2–4 iVm Abs. 3 ZVG. Ein zugunsten des Gläubigers bereits wirksam angeordnetes Zwangsversteigerungsverfahren (dazu muss der Beschluss dem Schuldner zugestellt oder der Versteigerungsvermerk im Grundbuch eingetragen sein) wird weder durch die Bestellung eines vorläufigen Insolvenzverwalters (§ 21 Abs. 2 Nr. 3) noch durch die Eröffnung des Insolvenzverfahrens nach § 240 ZPO unterbrochen, sondern gegen den Insolvenzverwalter ohne Umschreibung des Titels fortgesetzt (§ 49; Uhlenbruck/*Brinkmann* Rn. 3). Die §§ 88, 89 finden keine Anwendung, da sie nur für Insolvenzgläubiger gelten. Eine Anfechtung der Vollstreckungsmaßnahmen scheidet mangels Gläubigerbenachteiligung aus, wenn der Erwerb des dinglichen Titels anfechtungsfest iSd §§ 129 ff. erfolgt ist. 4

Die **Zwangsvollstreckung aus einem** lediglich **persönlichen Schuldtitel** ist demgegenüber nach Insolvenzeröffnung **unzulässig,** § 89. Bereits erfolgte Vollstreckungshandlungen unterliegen der Insolvenzanfechtung nach den §§ 129 ff. und der Rückschlagsperre gem. § 88 (ggf. iVm § 312 Abs. 1 S. 3). Auch der persönliche Gläubiger erwirbt mit der Beschlagnahme (§§ 20, 22, 151 ZVG) ein dingliches Befriedigungsrecht (§ 10 Abs. 1 Nr. 5 ZVG) und zählt von da ab zu den Absonderungsberechtigten. Er kann daher ebenfalls als Absonderungsberechtigter die Zwangsvollstreckung fortsetzen, sofern die Anordnung der Vollstreckungsmaßnahme weder anfechtbar ist noch in den Zeitraum des § 88 fällt (Nerlich/Römermann/*Becker* Rn. 41 f.). 5

Ein bei Eröffnung des Insolvenzverfahrens bereits durch den Schuldner eingeleitetes **Teilungsversteigerungsverfahren** (§§ 180 ff. ZVG) oder ein von ihm als beschränkt haftender Erbe veranlasstes **Zwangsversteigerungsverfahren in eine Nachlassimmobilie** (§§ 175, 178 ZVG) unterfallen mit Insolvenzeröffnung gem. § 80 der Verwaltungs- und Verfügungsbefugnis des Insolvenzverwalters. Er tritt in die Rechtsposition des Antragstellers ein und kann das Verfahren entweder fortführen oder den Versteigerungsantrag zurücknehmen (Nerlich/Römermann/*Becker* Rn. 39). Hat ein Gläubiger den Anspruch des Schuldners auf Aufhebung der Gemeinschaft einschließlich des (künftigen) Anspruchs auf eine den Miteigentumsanteilen entsprechende Teilung und Auskehrung des Versteigerungserlöses gepfändet, ist das von ihm eingeleitete Teilungsversteigerungsverfahren nach der Eröffnung des Insolvenzverfahrens über das Vermögen des Schuldners auch dann nicht aufzuheben, wenn die Teilungsversteigerung weniger als einen Monat vor dem Insolvenzantrag angeordnet worden ist, aber das zugrunde liegende Pfändungspfandrecht außerhalb der Frist des § 88 und anfechtungsfest begründet wurde (BGH NZI 2014, 565). Denn der Gläubiger verwertet den ihm zur Einziehung überwiesenen Anspruch des Schuldners, indem er die Teilungsversteigerung betreibt. 6

Massegläubiger können die Zwangsvollstreckung nach Maßgabe des § 90 betreiben (Uhlenbruck/*Brinkmann* Rn. 5). Nach zutreffender Ansicht von *Gerhardt* (Grundpfandrechte Rn. 257) entfällt ein infolge der Beschlagnahmewirkung zugunsten des Massegläubigers entstandenes Absonderungsrecht selbst dann nicht 7 mehr, wenn später Masseunzulänglichkeit angezeigt wird (so auch schon zur KO: RGZ 135, 197 [205]).

8 **1. Zwangsversteigerung.** Dem dinglichen Gläubiger steht sowohl vor als auch nach Eröffnung des Insolvenzverfahrens die Möglichkeit offen, gem. §§ 15 ff. ZVG die Zwangsversteigerung bei dem zuständigen Vollstreckungsgericht zu beantragen. Für die **Zwangsversteigerung nach Eröffnung des Insolvenzverfahrens** muss ein dinglicher Gläubiger einen gegen den Insolvenzschuldner gerichteten Titel auf den Insolvenzverwalter umschreiben (§§ 727, 730 ZPO) und zustellen (§ 750 Abs. 2 ZPO) lassen. Dies gilt auch, wenn das Zwangsversteigerungsverfahren bereits eingeleitet war, das Insolvenzverfahren aber vor Zustellung des Anordnungsbeschlusses an den Schuldner oder vor Eintragung des Zwangsversteigerungsvermerks im Grundbuch eröffnet wird. Entsprechend ist bei Bestellung eines so genannten starken vorläufigen Insolvenzverwalters, auf den die Verwaltungs- und Verfügungsbefugnis über das schuldnerische Vermögen übergegangen ist, auf den Zeitpunkt des Wirksamwerdens des Bestellungsbeschlusses nach § 22 Abs. 1 abzustellen (LG Cottbus ZInsO 2000, 337).

9 Die mit dem Beschluss des Vollstreckungsgerichts einhergehende Beschlagnahme erfasst gem. §§ 20 Abs. 2, 21 Abs. 1 ZVG, § 1120 BGB nicht nur das **Grundstück,** sondern auch die zum **Haftungsverband** gehörenden Bestandteile, nicht getrennten Erzeugnisse und Zubehör. Ausgenommen sind gem. § 21 Abs. 2 ZVG aber Miet- und Pachtzinsforderungen.

10 Das Vollstreckungsgericht setzt den Verkehrswert des Grundstücks gem. § 74a Abs. 5 S. 1 ZVG fest, schätzt gem. Satz 2 den Wert des Zubehörs und bestimmt für die Versteigerung das **geringste Gebot.** Dieses setzt sich gem. § 44 Abs. 1 ZVG aus den Kosten des Zwangsversteigerungsverfahrens und den Rechten zusammen, die dem Recht des bestrangig betreibenden Gläubigers nach der Rangordnung des § 10 ZVG vorgehen. Den Zuschlag in der Versteigerung erhält das Meistgebot. Liegt das **Meistgebot** im ersten Versteigerungstermin unter der Hälfte des Verkehrswerts, so ist der Zuschlag gem. § 85a Abs. 1 ZVG zu versagen. Daneben besteht gem. § 74a Abs. 1 ZVG die Möglichkeit, im ersten Termin die Versagung des Zuschlages zu beantragen, soweit das Meistgebot $^{7}/_{10}$ des Verkehrswertes nicht erreicht und der eigene Anspruch bei Berücksichtigung dieses Meistgebotes nicht erfüllt würde. Der Insolvenzverwalter kann die Versagung nur beantragen, wenn er auf Grund eines dem Insolvenzbeschlag unterliegenden Eigentümergrundpfandrechts Berechtigter wäre (HambK-InsO/*Büchler* Rn. 5; MüKoInsO/*Tetzlaff* Rn. 38).

11 Der Ersteher erwirbt **durch** den **Zuschlag** kraft Hoheitsakt **originäres Eigentum** an dem Grundstück und allen der Beschlagnahme unterliegenden Gegenständen (§§ 90, 55 Abs. 1 ZVG), ohne dass es auf Gutglaubensvorschriften ankommt (MüKoInsO/*Tetzlaff* Rn. 77; *Stöber* ZVG § 90 Rn. 2.1). Erfasst wird somit auch schuldnerfremdes Zubehör, soweit Drittrechte nicht rechtzeitig geltend gemacht wurden (§ 55 Abs. 2 ZVG). Nachrangige Rechte, die nicht in das geringste Gebot aufgenommen wurden, erlöschen gem. § 91 Abs. 1 ZVG. Der Erlös wird nach der Reihenfolge des § 10 ZVG an die absonderungsberechtigten Gläubiger verteilt. Soweit sie Zahlungen aus dem Erlös erhalten, gelten sie als befriedigt; ein verbleibender Betrag ist als Ausfallforderung zur Insolvenztabelle anzumelden.

12 Wird die Zwangsversteigerung durch einen Gläubiger betrieben, muss der Insolvenzverwalter unbedingt darauf achten, den **Anspruch der Masse aus § 10 Abs. 1 Nr. 1a ZVG** geltend zu machen. Nach dieser Vorschrift sind der Insolvenzmasse die Kosten der Feststellung der beweglichen Gegenstände, auf die sich die Versteigerung erstreckt, pauschal mit 4 % des Wertes dieser Gegenstände zu ersetzen, der nach § 74a Abs. 5 S. 2 festgesetzt wird (*Stöber* ZVG § 10 Rn. 3.4),

und zwar ungeachtet des tatsächlichen Versteigerungserlöses. Voraussetzung ist, dass über das Vermögen des Eigentümers das Insolvenzverfahren eröffnet und ein Insolvenzverwalter bestellt ist. Dabei muss der Insolvenzschuldner im Zeitpunkt der Beschlagnahme Eigentümer des Grundstücks sein (*Stöber* ZVG § 10 Rn. 3.2). Sinn und Zweck dieser Regelung ist es zu verhindern, dass die ungesicherten Insolvenzgläubiger mit Bearbeitungskosten belastet werden, die allein durch die Tätigkeit des Insolvenzverwalters im Interesse der an dem Grundstück Berechtigten verursacht wird (BT-Drs. 12/3803, 68). Der Anspruch nach § 10 Abs. 1 Nr. 1a ZVG besteht **nur, wenn und soweit bewegliche Gegenstände verwertet** werden. Dies sind alle nach § 55 ZVG beschlagnahmten Gegenstände, das mithaftende Zubehör (§ 97 BGB), getrennte Erzeugnisse und sonstige Bestandteile (§ 20 Abs. 2, § 21 ZVG iVm §§ 1120, 1122 BGB „Haftungsverband der Hypothek"). Bei der Versteigerung mehrerer Grundstücke des Schuldners wird die Kostenpauschale für jedes Grundstück einzeln festgesetzt (*Stöber* ZVG § 10 Rn. 3.5).

Der Anspruch der Insolvenzmasse nach § 10 Abs. 1 Nr. 1a ZVG besteht **auch, wenn** der Insolvenzverwalter das **Grundstück** ohne die mit versteigerten Gegenstände bei Beginn der Versteigerung aus der Insolvenzmasse **freigegeben** hat, also die mit versteigerten beweglichen Gegenstände noch zur Insolvenzmasse gehören. Denn die Vorschrift setzt nur voraus, dass das Insolvenzverfahren eröffnet ist, nicht hingegen, dass es gegen den Insolvenzverwalter betrieben wird (*Stöber* ZVG § 10 Rn. 3.3). 13

Der Insolvenzverwalter muss den Anspruch nach § 10 Abs. 1 Nr. 1a ZVG zur Rangwahrung spätestens **im Versteigerungstermin** vor der Aufforderung zur Abgabe von Geboten **anmelden;** der bloße Eintrag des Insolvenzsperrvermerks im Grundbuch genügt nicht (*Stöber* § 10 Rn. 3.7). 14

Im Fall der **Eigenverwaltung** besteht kein Anspruch auf Kostenersatz, weil § 10 Abs. 1 Nr. 1a ZVG die Bestellung eines Insolvenzverwalters voraussetzt. Der eindeutige Wortlaut dieser Norm lässt eine analoge Anwendung des § 165 iVm § 172 ZVG nicht zu (indirekt auch OLG Hamm ZInsO 2011, 2279 Rn. 5). Auch in **Verbraucherinsolvenzverfahren,** die **vor dem 1.7.2014** beantragt wurden (Art. 103h EGInsO), findet § 10 Abs. 1 Nr. 1a ZVG keine Anwendung; denn nach § 313 Abs. 3 S. 1 aF ist der Treuhänder nicht zur Verwertung von Gegenständen berechtigt, an denen Pfandrechte oder andere Absonderungsrechte bestehen. Für Verbraucherinsolvenzverfahren, die **ab dem 1.7.2014** beantragt werden, ist § 313 aufgehoben, so dass hier Befriedigung wegen der Feststellungskosten für bewegliche Gegenstände aus dem Grundstück verlangt werden kann. Das Gleiche gilt bei einer **Nachlassversteigerung** (§ 178 Abs. 2 ZVG). Ist im Falle einer **Teilungsversteigerung** das Insolvenzverfahren nur über das Vermögen *eines* Miteigentümers eröffnet, darf die Befriedigung der Feststellungskosten nur aus dem Erlösanteil erfolgen, der in die Masse fällt (aA [gar kein Anspruch] *Stöber* ZVG § 10 Rn. 3.9). 15

2. Zwangsverwaltung. Die Regelungen der Zwangsversteigerung werden gem. **§ 146 Abs. 1 ZVG** auf die Zwangsverwaltung entsprechend angewendet, soweit die §§ 147 ff. ZVG keine abweichenden Bestimmungen treffen. Durch den Beschluss über die Anordnung der Zwangsverwaltung erfolgt eine umfassende **Beschlagnahme;** gem. §§ 148 Abs. 1, 21 Abs. 1, 2 ZVG **umfasst** diese **auch** getrennte Erzeugnisse sowie **Miet- und Pachtzinsforderungen.** 16

Mit der Anordnung der Zwangsverwaltung entsteht eine **Sondermasse,** deren Umfang sich aus der Beschlagnahme ergibt. Die Anordnung besteht auch nach Eröffnung des Insolvenzverfahrens fort, unterliegt jedoch der Rückschlagsperre des § 88, sofern die Vollstreckung nur aus einem persönlichen Titel erfolgt ist. Der Insolvenzverwalter tritt in einem im Zeitpunkt der Eröffnung des Insolvenz- 17 verfahrens laufenden Zwangsverwaltungsverfahrens an die Stelle des Schuldners. Nach Eröffnung des Insolvenzverfahrens kann die Zwangsverwaltung nur noch von einem dinglichen, nicht aber mehr von einem bloß persönlichen Gläubiger des Eigentümers beantragt werden; ebenso wenig ist letzterem der Beitritt zu einem Verfahren möglich (§ 89). Zur Fortsetzung eines vor Insolvenzeröffnung angeordneten Zwangsverwaltungsverfahrens → Rn. 4.

18 Wird die **Zwangsverwaltung nach Eröffnung des Insolvenzverfahrens** angeordnet, erlangt der Zwangsverwalter den Besitz an dem Grundstück und den beschlagnahmten Sachen (§ 150 Abs. 2 ZVG); der **Insolvenzverwalter verliert** den **Besitz** (HambK-InsO/*Büchler* Rn. 7). Dies hat zur Folge, dass der Ertrag aus dem Grundstück ab Beschlagnahme den die Zwangsverwaltung betreibenden Gläubigern zusteht, was sehr weitreichende Folgen hat, wenn auf dem beschlagnahmten Grundstück ein Unternehmen durch den Insolvenzverwalter fortgeführt wird, der Betrieb nicht von dem Grundstück gelöst werden kann und zur wirtschaftlich sinnvollen Nutzung des Grundstücks erforderlich ist. In diesem Fall ist der Zwangsverwalter anstelle des Insolvenzverwalters zur Betriebsfortführung berechtigt (BGHZ 163, 9 = ZIP 2005, 1195). Andererseits hat der Zwangsverwalter aber auch die Kosten der Instandhaltung und Versicherung der Immobilie zu tragen. Im Fall von Wohnungseigentum ist er bspw. auch verpflichtet, das während seiner Verwaltung fällig werdende Wohngeld zu entrichten (*Wedekind/Wedekind* Zwangsverwaltung Rn. 1111). Die Verteilung des Erlöses aus der Zwangsverwaltung ist in den §§ 155 ff., 10 ZVG geregelt.

19 **§ 153b Abs. 1 ZVG** verschafft dem Insolvenzverwalter die Möglichkeit, eine vollständige oder teilw. **Einstellung des Zwangsverwaltungsverfahrens** zu erreichen (zu Kollisionen *Zipperer* ZfIR 2011, 385 ff.). Dies setzt neben der Eröffnung des Insolvenzverfahrens über das Vermögen des Eigentümers voraus, dass der Insolvenzverwalter glaubhaft macht, durch die Fortsetzung der Zwangsverwaltung werde eine **wirtschaftlich sinnvolle Nutzung** der Insolvenzmasse **wesentlich erschwert.** Die Zwangsverwaltung muss die Tätigkeit des Insolvenzverwalters ernsthaft behindern (BT-Drs. 12/2443, 177). Dies ist zumindest dann der Fall, wenn die Zwangsverwaltung eine Betriebsfortführung oder die Reorganisation des Unternehmens behindert, etwa wenn das Grundstück für die Betriebsfortführung unter betriebswirtschaftlichen Gesichtspunkten als Lager- oder Parkplatz genutzt werden muss. Die bestmögliche Befriedigung der Gläubigergemeinschaft (§ 1 S. 1) erfordert eine abgestimmte Verwertung von Immobilien und Mobilien (*Mönning/Zimmermann* NZI 2008, 134 [139]). Das Interesse des die Einzelzwangsvollstreckung betreibenden Gläubigers muss hinter dem Interesse der Gläubigergemeinschaft iRd Insolvenzverfahrens als Gesamtvollstreckungsverfahren zurücktreten. Hierbei fällt auch ins Gewicht, dass der Gläubiger gem. § 153b Abs. 2 ZVG einen Nachteilsausgleich durch laufende Zahlungen aus der Insolvenzmasse erhält. Daher rechtfertigen auch die Absicht des Insolvenzverwalters, das Grundstück zu veräußern, und damit einhergehende konkrete Verhandlungen mit Kaufinteressenten die Einstellung der Zwangsverwaltung (*Mönning/Zimmermann* NZI 2008, 134 [139]; aA *Stöber* ZVG § 153b Rn. 2.4).

III. Verwertung durch den Insolvenzverwalter

20 Der Insolvenzverwalter kann dem Insolvenzbeschlag unterliegenden Grundbesitz verwerten durch Zwangsversteigerung, Zwangsverwaltung, die so genannte kalte Zwangsverwaltung (zu Risiken: *Bork* ZIP 2013, 2129) und im Wege der freihändigen Verwertung (BGH NZI 2011, 247 Rn. 19). Eine vor Eröffnung des Insolvenzverfahrens zwischen dem Schuldner und einem Grundpfandgläubiger getroffene **vollstreckungsbeschränkende Vereinbarung bindet den Insol-**

venzverwalter nicht (BGH NZI 2011, 138). Daneben besteht die Möglichkeit, den Grundbesitz aus der Insolvenzmasse freizugeben.

1. Zwangsversteigerung. Für die Zwangsversteigerung durch den Insolvenzverwalter treffen die **§§ 172 ff. ZVG** besondere Regelungen; ferner erklärt § 172 ZVG die Vorschriften des ersten und zweiten Abschnitts subsidiär für entsprechend anwendbar. Der Ausschluss der Gewährleistung (§ 56 S. 3 ZVG) und der Ausschluss von Vorkaufsrechten (§ 1098 BGB) können die wirtschaftlichen Nachteile einer Zwangsversteigerung im Hinblick auf den Verkehrswert nicht aufwiegen; sie bietet sich daher nur in absoluten Ausnahmefällen an (HambK-InsO/*Büchler* Rn. 19). Ein zulässiger **Antrag des Insolvenzverwalters** setzt voraus, dass der Grundbesitz Gegenstand der Soll-Masse ist. Er **entfaltet keine Beschlagnahmewirkung** (§ 173 S. 1 ZVG), was zur Folge hat, dass eine freihändige Veräußerung des Grundbesitzes auch noch nach einem Antrag des Insolvenzverwalters möglich ist. Statt eines Titels genügt die Vorlage der Bestallungsurkunde. 21

Der Insolvenzverwalter kann aus seinem Verwertungsrecht nach § 165 an einem **Miteigentumsanteil** nicht die Zwangsversteigerung des gesamten Grundstücks nach §§ 172 ff. ZVG betreiben. In der Teilungsversteigerung nach §§ 180 ff. ZVG sind die nur für die Insolvenzverwaltervollstreckung geltenden Vorschriften über die abweichende Feststellung des geringsten Gebots nach §§ 174, 174a ZVG nicht anzuwenden (BGH NZI 2012, 575). 22

Das Zwangsversteigerungsverfahren auf **Antrag eines Absonderungsberechtigten** und das auf **Antrag des Insolvenzverwalters** nach § 173 S. 1 ZVG werden **getrennt** durchgeführt. Der Beitritt im jeweils anderen Verfahren ist mangels gleichartiger Verfahren nicht möglich (HambK-InsO/*Büchler* Rn. 20; *Stöber* ZVG § 172 Rn. 7 unter Hinweis auf BGH NJW 2006, 1000 Rn. 12; *Knees* ZIP 2001, 1568 [1579]; aA MüKoInsO/*Tetzlaff* Rn. 142; Kübler/Prütting/Bork/*Flöther* Rn. 24; Ahrens/Gehrlein/Ringstmeier/*Homann* Rn. 10). Sind beide Verfahren angeordnet, genießt die **Vollstreckungsversteigerung Vorrang** vor der Verwalterversteigerung. Die Zwangsversteigerung durch den Insolvenzverwalter weist einen weiteren Nachteil auf. Sie wird aus der Rangklasse nach § 10 Abs. 1 Nr. 5 ZVG betrieben. Das geringste Gebot muss daher neben den Verfahrenskosten auch die Rangklassen Nr. 1–4 berücksichtigen und ist dementsprechend hoch, weil § 10 Abs. 1 Nr. 4 ZVG alle dinglichen Rechte erfasst. 23

§ 174 ZVG bezweckt daher, dass ein Absonderungsberechtigter, will er den Nachweis seines Ausfalls gem. §§ 52, 190 Abs. 1 führen, nicht die Vollstreckungsversteigerung betreiben muss, sondern ein **niedrigeres geringstes Gebot** so feststellen lassen kann, als sei er selbst betreibender Gläubiger, ohne es durch den Antrag tatsächlich zu werden. Es werden folglich nur die seinem Recht vorgehenden Rechte berücksichtigt; bei mehreren Anträgen ist der Antrag des Bestberechtigten maßgeblich (Gottwald InsR-HdB/*Adolphsen* § 42 Rn. 123). Er kann dem durch den Insolvenzverwalter beantragten Versteigerungsverfahren zwar nicht beitreten, es aber doch für sich nutzen **und** ein **Doppelausgebot** verlangen. Voraussetzung für diesen Antrag ist, dass der Absonderungsberechtigte gegen den Schuldner eine dingliche *und* eine persönliche Forderung hat und der Anspruch vom Insolvenzverwalter anerkannt ist (*Stöber* ZVG § 174 Rn. 3.2). Wird auf beide Ausgebotsarten ein zulässiges Gebot abgegeben, so ist – in Abweichung von § 81 ZVG – dem Gebot der Zuschlag zu erteilen, das bei der Ausbietung nach § 174 ZVG das höchste war, da nur dann feststellbar ist, ob der Antragsteller einen Ausfall erleidet (MüKoInsO/*Tetzlaff* Rn. 156; Kübler/Prütting/Bork/*Flöther* Rn. 15; *Stöber* ZVG § 174 Rn. 3.11; Braun/*Dithmar/Schneider* Rn. 14). 24

Weitergehend kann auch vom Insolvenzverwalter ein **Doppelausgebot nach § 174a ZVG** beantragt werden, dass nur die den Ansprüchen der Rangklasse des 25

§ 10 Abs. 1 Nr. 1a ZVG vorgehenden Rechte bei der Feststellung des geringsten Gebotes berücksichtigt werden. Das geringste Gebot umfasst in diesem Fall nur die Kosten des Versteigerungsverfahrens und die Ansprüche der Rangklasse nach § 10 Abs. 1 Nr. 1 ZVG. Ein solcher Antrag des Verwalters nach § 174a ZVG setzt voraus, dass sich die konkrete Zwangsversteigerung auch auf bewegliche Gegenstände des schuldnerischen Vermögens erstreckt, für die ein Verkehrswert festgestellt wird. Die Gläubiger können den Verlust ihrer Rechte an dem Grundstück dadurch abwenden, dass sie den Kostenerstattungsanspruch ablösen (Begr. RegE, BT-Drs. 12/3803, 69 f.). Der Anspruch geht dann nach § 268 Abs. 3 BGB auf den Ablösenden über, allerdings mit dem Risiko, dass der Anspruch bei freihändiger Veräußerung oder Freigabe des Grundstücks oder bei Beendigung des Insolvenzverfahrens ohne Verwertung des Grundstücks erlischt (Kreft/*Landfermann* Rn. 12). Wird auf beide Ausgebote geboten, erfolgt der Zuschlag auf das Ausgebot nach § 172 (MüKoInsO/*Tetzlaff* Rn. 163; HambK-InsO/*Büchler* Rn. 22; *Stöber* ZVG § 174a Rn. 2.4). Denn der Sinn und Zweck der Vorschrift, die Erstattung der Feststellungskosten sicherzustellen, wird bereits dadurch gewahrt, dass diese auch aus dem Bargebot zu § 172 befriedigt werden und ein Rechtsschutzinteresse des Verwalters fehlt, den Zuschlag auf ein geringeres Meistgebot nach § 174a mit Erlöschen nachrangiger Rechte verlangen zu dürfen.

26 Wird gleichzeitig von einem Absonderungsgläubiger ein Antrag nach § 174 ZVG gestellt, kommt es zu einem **Dreifachausgebot** nach §§ 172, 174 und 174a ZVG. Erfolgen hier Gebote auf alle Ausgebote, ist der Zuschlag auf das höchste Gebot zu erteilen (MüKoInsO/*Tetzlaff* Rn. 166; HambK-InsO/*Büchler* Rn. 22; aA *Stöber* ZVG § 174a Rn. 2.5).

27 **2. Zwangsverwaltung.** Die in § 165 vorgesehene Zwangsverwaltung ist für den Insolvenzverwalter praktisch ohne Bedeutung. Die Gläubigergemeinschaft hat kein Interesse daran, dass die Teilungsmasse durch die Kosten des Zwangsverwalters geschmälert wird. Die Erträge aus dem Grundstück, zB aus Vermietung und Verpachtung, unterliegen ohnehin dem Insolvenzbeschlag und können durch den Insolvenzverwalter eingezogen werden (§§ 35, 80).

28 **3. „Kalte Zwangsverwaltung".** In der **Praxis** hat sich das Modell der so genannten kalten Zwangsverwaltung herausgebildet. Betreibt ein Gläubiger die Zwangsverwaltung, so kann er ab dem Zeitpunkt der Beschlagnahme die Miet- und Pachtzinsforderungen für sich beanspruchen bzw. sich wirtschaftlich über den Zwangsverwalter zu nutze machen. Der Insolvenzverwalter wird ein solches Grundstück häufig aus der Insolvenzmasse freigeben, da den Verpflichtungen aus dem Grundstück keine Erträge gegenüber stehen. Wird das Grundstück aber aus der Masse freigegeben, muss der Grundpfandgläubiger die Zwangsversteigerung gegenüber dem Schuldner betreiben, wenn der Schuldner an einer Verwertung des Grundstücks nicht mitwirkt, was wirtschaftlich von erheblichem Nachteil ist. Daher bietet es sich an, dass der Gläubiger mit dem Insolvenzverwalter eine Verwertungsvereinbarung trifft, die eine Teilung der Erträge vorsieht. Solche Vereinbarungen werden als kalte Zwangsverwaltung bezeichnet (zu Risiken: *Bork* ZIP 2013, 2129). Hinsichtlich der Aufteilung der Erträge bietet sich eine Orientierung an den §§ 17 ff. ZwVwV an.

29 Die **Verwertungsvereinbarung** sollte möglichst viele Konfliktbereiche regeln (HambK-InsO/*Büchler* Rn. 15; *Tetzlaff* ZInsO 2004, 521 [528]; *de Weerth* NZI 2007, 329; eing. *Mitlehner* ZIP 2012, 649 [651 ff.]), insbes. einen fiktiven Beschlagnahmezeitpunkt festlegen oder Beginn und Dauer der Vereinbarung bestimmen. Die Aufteilung der Einnahmen zwischen den Beteiligten hat auch die Aufteilung der rückständigen Miet- bzw. Pachtzinsen einer Klärung zuzuführen. Während der kalten Zwangsverwaltung ist das Objekt instandzuhalten und möglicherweise auch instandzusetzen. Daher ist auch regelungsbedürftig, wer diese Kosten in

welcher Höhe trägt. Dass die Zahlungen an den absonderungsberechtigten Insolvenzgläubiger auf die Gesamtforderung gegenüber dem Insolvenzschuldner anzurechnen sind, versteht sich von selbst, kann aber ebenfalls in die Vereinbarung mit aufgenommen werden (HambK-InsO/*Büchler* Rn. 15). Das verwaltete Objekt wird in der Regel vermietet oder verpachtet. Hatte der Vertragspartner des Schuldners eine Kaution hinterlegt, empfiehlt es sich, auch die Befriedigung dieses Kautionsanspruchs im Fall der Beendigung des Vertragsverhältnisses zu regeln. Zu beachten ist, dass iRd kalten Zwangsverwaltung ggf. **Umsatzsteuer** anfällt (*de Weerth* NZI 2007, 329; *d'Avoine* ZIP 2012, 58; *Depré/Lambert* ZfIR 2012, 1 ff.; abl. AG Wiesbaden ZInsO 2014, 910). Verzichtet der Absonderungsgläubiger nämlich auf die Einleitung von Zwangsmaßnahmen, so liegt hierin eine Leistung iSd Umsatzsteuergesetzes, wenn der Verwalter sich hierfür eine Gegenleistung versprechen lässt (ausf. dazu → Rn. 39).

4. Freihändige Verwertung. Beabsichtigt der Insolvenzverwalter, den Grundbesitz des Schuldners freihändig zu veräußern, so bedarf es gem. § 160 Abs. 2 Nr. 1 der vorherigen **Einwilligung (Zustimmung) des Gläubigerausschusses** bzw. – soweit ein solcher nicht bestellt ist – der Gläubigerversammlung. Ein Verstoß gegen dieses Zustimmungserfordernis lässt die Wirksamkeit des Veräußerungsgeschäftes zwar gem. § 164 unberührt; der Insolvenzverwalter ist aber ggf. zum Schadensersatz verpflichtet. 30

In der Regel ist **lastenfreier Erwerb** beabsichtigt. Daher empfiehlt es sich für den Insolvenzverwalter, Kontakt zu den Grundpfandgläubigern und den Absonderungsberechtigten der übrigen Rangklassen aufzunehmen, um eine **Verwertungsvereinbarung** zu treffen, die die Verteilung des Veräußerungserlöses und die Voraussetzungen für die Zustimmung der Beteiligten zur Löschung ihrer Rechte regelt (*Mitlehner* ZIP 2012, 649 [653 f.]); denn sonst kann der Verwalter kein lastenfreies Eigentum verschaffen. Alternativ kann der Erwerber sämtliche Belastungen übernehmen und lediglich die Differenz zwischen dem Verkaufspreis und der Gesamtbelastung (Übererlös) an die Insolvenzmasse abführen (zur Grundsteuer: BGH NZI 2010, 482). 31

Der Insolvenzverwalter kann bei der freihändigen Verwertung des Grundbesitzes aber auch eine – durch das Gesetz nicht vorgesehene – **Beteiligung der Insolvenzmasse an dem Veräußerungserlös** vereinbaren, und zwar auch dann, wenn der Grundbesitz über seinem Verkehrswert belastet ist. § 1 S. 1 verpflichtet den Insolvenzverwalter zur bestmöglichen Verwertung des Schuldnervermögens. Wird er tätig, so muss dies stets zum Vorteil der Gläubigergemeinschaft gereichen. Sofern aller Voraussicht nach keine auch nur annähernd vergleichbar lukrative Veräußerungsmöglichkeit mehr zu erwarten ist, kann der Insolvenzverwalter sogar nach § 1246 Abs. 1 BGB verpflichtet sein, absonderungsberechtigte Insolvenzgläubiger bei einer wirtschaftlich sinnvollen Verwertung des Sicherungsgutes zu unterstützen (BGH NZI 2011, 602 Rn. 32, 52). Die Absonderungsberechtigten haben ein Interesse an der freihändigen Verwertung, da iRd Zwangsversteigerung häufig lediglich 60 % bis 80 % des Verkehrswertes erzielt werden können. Angesichts dieser wirtschaftlichen Dimension ist eine Massebeteiligung iHv 2 % bis 4 %, wie sie üblicherweise vereinbart wird, nicht zu beanstanden. **Zur Umsatzsteuerpflicht → Rn. 39.** 32

Andererseits werden Insolvenzverwalter von Inhabern so genannter **Schornsteinhypotheken** oft genötigt, eine als Lästigkeitsprämie bezeichnete Beteiligung an dem Veräußerungserlös zuzubilligen, weil sie andernfalls nicht bereit sind, eine Löschungsbewilligung zu erteilen. Um dem entgegen zu wirken, hat der BGH (ZIP 2008, 884) entschieden, dass die Zahlung einer **Lästigkeitsprämie,** die über die Löschungskosten des nachrangigen Gläubigers hinausgeht, **insolvenzzweckwidrig** und daher nichtig sein kann. Dies gilt zumindest dann, wenn das Recht 33 des Gläubigers wirtschaftlich wertlos war und der Zahlung einer solchen Prämie keine Vorteile für die Gläubigergemeinschaft gegenüberstehen (OLG Schleswig ZInsO 2011, 1745; *Tetzlaff* ZInsO 2012, 726). Überwiegen hingegen die Vorteile für die Gläubigergemeinschaft die zu zahlende Lästigkeitsprämie, so ist diese nicht insolvenzzweckwidrig, weil sie dem in § 1 S. 1 normierten Verfahrensziel der bestmöglichen und gleichmäßigen Befriedigung der Insolvenzgläubiger gerade dient (HambK-InsO/*Büchler* Rn. 13a; *Frege/Keller* NZI 2009, 11; *Schulz* EWiR 2008, 471).

34 **5. Freigabe des Grundbesitzes.** Der Insolvenzverwalter ist nicht verpflichtet, den Grundbesitz des Schuldners zu verwerten oder eine Verwertung durch Grundpfandgläubiger abzuwarten, insbes. wenn dieser über den Verkehrswert hinaus belastet oder aufgrund von Altlasten unverwertbar ist. Er kann Grundbesitz – wie jeden anderen Vermögensgegenstand auch – aus der Insolvenzmasse freigeben mit der Folge, dass die Verwaltungs- und Verfügungsbefugnis an den Schuldner zurückfällt. Dies gilt auch in Insolvenzverfahren, die nicht über das Vermögen einer natürlichen Person eröffnet werden. Zwar ist die Vollliquidation am Ende eines Insolvenzverfahrens wünschenswert, allerdings kein Ziel der Insolvenzordnung. Lässt sich der Grundbesitz nicht im Interesse der Gläubigergemeinschaft verwerten, sondern würde dieser die Insolvenzmasse sogar belasten oder zum Nachteil der Gläubigergemeinschaft die Teilungsmasse schmälern, so muss der Insolvenzverwalter den Grundbesitz freigeben. Solche Belastungen können sich auch aus bauordnungsrechtlichen Verpflichtungen, Steuern, Abgaben oder aber Hausgeld ergeben. Durch die Freigabe des Grundbesitzes **enden die öffentlich-rechtlichen Pflichten.** Dies gilt auch im Falle der **Zustandsstörer**haftung für ein kontaminiertes Grundstück (BVerwG ZIP 2004, 1766; OVG Lüneburg NJW 2010, 1546; OVG Berlin ZInsO 2008, 1088; *Fölsing* ZInsO 2010, 2224; aA *Karsten Schmidt* NJW 2010, 1489); nur wenn der Verwalter als **Verhaltensstörer** in Anspruch genommen wird, ist eine Freigabe nicht möglich (BVerwG NZI 2005, 51; eing. Uhlenbruck/*Sinz* § 38 Rn. 15 und § 55 Rn. 29 ff.).

IV. Steuerfragen

35 Die Verwertung von Grundbesitz – ob im Wege der Zwangsversteigerung oder durch freihändige Veräußerung – unterliegt der **Grunderwerbsteuer.** Steuerschuldner ist bei der Zwangsversteigerung der Meistbietende (§ 1 Abs. 1 Nr. 4 GrEStG); bei der freihändigen Veräußerung sind Veräußerer und Erwerber Gesamtschuldner (§ 1 Abs. 1 Nr. 1 GrEStG). Hat der Verwalter nach § 103 Erfüllung gewählt, bleibt die Grunderwerbsteuer dennoch Insolvenzforderung (Uhlenbruck/*Sinz* § 38 Rn. 93), während ein Veräußerungsgewinn aus der Verwertung (§ 23 Abs. 1 Nr. 1 EStG) nach der Rspr. des BFH Masseverbindlichkeit sein soll (str.; zum Meinungsstand: Uhlenbruck/*Sinz* § 38 Rn. 73).

36 Die Grunderwerbsteuerpflicht führt dazu, dass die Veräußerung von der **Umsatzsteuer** befreit ist (§ 4 Nr. 9a UStG). Es steht dem Insolvenzverwalter aber offen, bei Veräußerung an einen Unternehmer auf die Umsatzsteuerfreiheit zu verzichten (§ 9 Abs. 1 UStG). IRd Zwangsversteigerungsverfahrens ist dieser Verzicht spätestens bis zur Aufforderung zur Gebotsabgabe zu erklären (§ 9 Abs. 3 UStG). Der Vorteil des Verzichts für die Insolvenzmasse liegt darin, dass diese nicht mit möglichen Ansprüchen des Finanzamts aus der Berichtigung des Vorsteuerabzugs (§ 15a UStG) belastet wird (BFH ZInsO 2012, 746 Rn. 26 ff.). Wird der Grundbesitz jedoch im Rahmen einer Geschäftsveräußerung im Ganzen übertragen, so ist diese bereits nicht umsatzsteuerbar (§ 1 Abs. 1a UStG), was eine Optierung zur Umsatzsteuer gem. § 9 Abs. 1 UStG ausschließt. Da der erwerbende Unternehmer an die Stelle des Veräußerers tritt (§ 1 Abs. 1a S. 3 UStG),

braucht Letzterer den Vorsteuerabzug dennoch nicht zu berichtigen (§ 15a Abs. 10 UStG). Im Falle der Masseunzulänglichkeit kann die Optionsausübung zu einer Haftung des Erwerbers nach § 25d UStG sowie zu einer Haftung des Verwalters gem. § 69 iVm 34 Abs. 3 AO führen (BFH ZInsO 2003, 276; ablehnend: *Onusseit* EWiR 2003, 303 [304]).

Die **Freigabe** einer Immobilie (Lösung aus dem Insolvenzbeschlag) ist nicht umsatzsteuerbar, weil der Schuldner Rechtsträger bleibt (BFH ZIP 1993, 1247). Es fehlt daher an einer Lieferung iSv § 1 Abs. 1 S. 1 iVm § 3 Abs. 1 UStG. **37**

Nachdem der Gesetzgeber seit dem 1.4.2004 die Umsatzsteuerschuldnerschaft dem Erwerber zugewiesen hat (§ 13b Abs. 1 S. 1 Nr. 3, Abs. 2 UStG aF; jetzt: **§ 13b Abs. 2 Nr. 3, Abs. 5 UStG**), wird die Insolvenzmasse auch nach Freigabe des Grundstücks nicht mit Umsatzsteuer belastet, wenn der Schuldner das Grundstück anschließend veräußert und die Insolvenzmasse dadurch von Insolvenzforderungen eines Absonderungsberechtigten befreit wird. Die noch zur vorherigen Rechtslage ergangene Entscheidung des BFH vom 16.8.2001 (BFHE 196, 341 = NZI 2002, 572) ist durch § 13b UStG überholt (Kreft/*Landfermann* § 165 Rn. 9). **38**

Veräußert der Insolvenzverwalter Grundbesitz des Schuldners im Interesse eines Grundpfandgläubigers, so erbringt er an diesen eine entgeltliche Geschäftsbesorgungsleistung iSd **§ 3 Abs. 9 S. 1 UStG** (BFH ZIP 2011, 1923 Rn. 17; HK-InsO/*Landfermann* § 165 Rn. 7; *d'Avoine* ZIP 2012, 58; *Depré/Lambert* ZfIR 2012, 1 ff.; aA *Mitlehner* EWiR 2011, 673; *Johann* DStZ 2012, 127). Die vereinbarte **Massebeteiligung** im Rahmen einer freihändigen Verwertung ist dann umsatzsteuerpflichtig; dass das Grundstück für Rechnung der Masse an einen Dritten veräußert wird, ändert nichts an der Steuerpflicht (BFH ZIP 2011, 1923 Rn. 21). Das Gleiche gilt **im Fall der kalten Zwangsverwaltung;** hier unterliegen die der Masse verbleibenden Beträge der Umsatzsteuer (BFH ZIP 2011, 1923 Rn. 13, 36; aA AG Wiesbaden ZInsO 2014, 910: nicht, wenn Forderung lediglich eingezogen und nach Einbehalt der Kostenpauschalen wieder ausgekehrt wird). Nach Ansicht des BFH kommt es dabei nicht darauf an, ob der Grundpfandgläubiger auf die Einleitung von Zwangsmaßnahmen verzichtet; denn ein derartiger Verzicht könnte nur zu einer Leistung des Gläubigers **an die Insolvenzmasse** führen, während es hier um die Besteuerung einer Leistung der Insolvenzmasse **an den Gläubiger** geht (BFH ZIP 2011, 1923 Rn. 31; aA [bloße Erlösverteilungsabrede] *Onusseit* ZInsO 2005, 815 [816]; *Ganter/Brünink* NZI 2006, 257 [260]; *de Weerth* DZWiR 2005, 375; *ders.* NZI 2007, 329 [330] unter Hinweis auf EuGH DStRE 2006, 930). An einer entgeltlichen Leistung und damit an der Umsatzsteuerbarkeit fehlt es aber, wenn vereinbarungsgemäß der Einbehalt des Massekostenbeitrages entfällt, weil der erzielte Erlös die Forderung des Grundpfandgläubigers übersteigt (BFH ZIP 2011, 1923 Rn. 22). **39**

Bei der **Verwertung von Zubehör** fällt die Umsatzsteuer der Masse auch dann zur Last, wenn zur Grunderwerbsteuer optiert wurde. Ob der Insolvenzverwalter die Umsatzsteuer vom Erlös des Absonderungsberechtigten abziehen kann, hängt davon ab, ob er oder der Grundpfandgläubiger die Zwangsversteigerung beantragt hat. Bei einem Antrag des Verwalters hat der Gläubiger die Umsatzsteuer entsprechend § 171 Abs. 2 S. 3 der Masse zu erstatten (Uhlenbruck/*Sinz* § 171 Rn. 36; *ders.* ZIP 2000, 339 [342]; *Onusseit* ZIP 2000, 777 [783 ff.]; aA MüKo-InsO/*Tetzlaff* Rn. 256, 223; Kübler/Prütting/Bork/*Flöther* Rn. 54a: nur bei Doppelsicherung). Erfolgt die Zwangsversteigerung auf Antrag des Gläubigers, entfällt die Erstattungspflicht. Wird dem Insolvenzverwalter bei der freihändigen **Verwertung „doppeltgesicherten" Zubehörs** (→ § 166 Rn. 5) ein Verwertungsrecht durch den Absonderungsberechtigten eingeräumt, finden die §§ 170 Abs. 1, 171 Abs. 2 S. 3 Anwendung; ohne Verwertungsvereinbarung (dazu *Mitlehner* ZIP 2012, 649 [655]) ist jedoch der vollständige Erlös einschließlich Umsatzsteuer- **40** anteil bereits mit dem originären Verwertungsrecht des Grundpfandgläubigers „belastet" und daher an diesen auszukehren.

V. Sonderfragen

41 **1. Verwertung von Zubehör.** Zubehör unterliegt grds. dem Haftungsverband der Grundpfandrechte (§§ 1120 ff. BGB). Daher wird Zubehör iSv § 97 BGB iRd Zwangsversteigerungsverfahrens grds. mitverwertet. Bei der Verwertung von Zubehör im Wege der **Zwangsversteigerung** kann der Insolvenzverwalter für die Insolvenzmasse aber gem. § 10 Abs. 1 Nr. 1a ZVG die Feststellungspauschale iHv 4 % beanspruchen (→ Rn. 12 ff.; LG Erfurt ZfIR 2012, 441 Rn. 9). Im **Zwangsverwaltungsverfahren** und bei der **freihändigen Veräußerung** fällt diese Pauschale hingegen nicht an; denn der Insolvenzverwalter ist nicht verwertungsberechtigt, sodass die Tatbestandsvoraussetzungen der §§ 170, 171 nicht gegeben sind. Dies gilt auch dann, wenn das Zubehör zusätzlich sicherungsübereignet ist (Doppelsicherung; → § 166 Rn. 5).

42 Den Parteien steht es jedoch frei, die **freihändige Verwertung des Zubehörs** zu vereinbaren. Dabei kann der Insolvenzverwalter auch eine über die gesetzlichen Kostenpauschalen hinausgehende Massebeteiligung verhandeln; der Mehrbetrag ist jedoch umsatzsteuerpflichtig (BFH ZIP 2011, 1923 Rn. 29). Veräußert der Insolvenzverwalter das Zubehör ohne die Zustimmung des Absonderungsberechtigten, ist der Veräußerungserlös in analoger Anwendung des § 48 in voller Höhe herauszugeben.

43 **2. Verfahrensfragen.** Zwangsversteigerungs- und Zwangsverwaltungsverfahren werden durch die Eröffnung des Insolvenzverfahrens **nicht gem. § 240 ZPO unterbrochen.** Die Verfahren werden gegen den Insolvenzverwalter fortgeführt, ohne dass es einer Umschreibung des Titels auf den Insolvenzverwalter bedarf.

44 Die Bestellung eines schwachen vorläufigen Insolvenzverwalters steht der Einleitung der Immobiliarzwangsvollstreckung nicht entgegen; § 21 Abs. 2 S. 1 Nr. 5 findet keine Anwendung. Wurde ein starker vorläufiger Insolvenzverwalter bestellt und ist die **Zwangsvollstreckung noch nicht eingeleitet,** so muss die Vollstreckungsklausel auf den starken vorläufigen Insolvenzverwalter umgeschrieben und diesem zugestellt werden. Gleiches gilt für den Fall, dass die Zwangsvollstreckung erst nach Eröffnung des Insolvenzverfahrens eingeleitet wird; auch hier muss eine **Umschreibung der Vollstreckungsklausel und Zustellung an den Insolvenzverwalter** erfolgen. Gibt der Insolvenzverwalter das Grundstück aus der Masse frei, bedarf es keiner erneuten Umschreibung auf den Schuldner (BGH WM 2005, 1324).

45 **3. Vollstreckungsschutz.** Der Insolvenzverwalter kann gegen Zwangsversteigerungs- und Zwangsverwaltungsanträge von Gläubigern die **Unzulässigkeit nach den Regelungen der InsO,** insbes. den §§ 88, 89, 90, 210 und 294 Abs. 1 einwenden und entsprechende Vollstreckungsschutzanträge stellen. Dabei wird der Insolvenzverwalter auch prüfen, ob Grundpfandrechte im Wege der Insolvenzanfechtung beseitigt werden können.

46 Im **Zwangsversteigerungsverfahren** hat der Insolvenzverwalter die Möglichkeit, die **einstweilige Einstellung** der Zwangsvollstreckung **nach § 30d Abs. 1 ZVG** zu beantragen. Die gleiche Möglichkeit hat der vorläufige Insolvenzverwalter (§ 30d Abs. 4 ZVG). Ein solcher Antrag hat dann Aussicht auf Erfolg, wenn die Zwangsversteigerung vor dem Berichtstermin erfolgen soll und die Zwangsversteigerung die Betriebsfortführung und Chancen für eine Sanierung erheblich beeinträchtigen würde. Aber auch nach dem Berichtstermin kann ein Vollstreckungsschutzantrag begründet sein; nämlich dann, wenn das Grundstück für die Betriebsfortführung oder -veräußerung benötigt wird (§ 30d Abs. 1 Nr. 2 ZVG) oder die

Versteigerung die Durchführung eines vorgelegten Insolvenzplans gefährden würde (§ 30d Abs. 1 Nr. 3 ZVG). Ferner kommt ein Vollstreckungsschutzantrag in Betracht (§ 30d Abs. 1 Nr. 4 ZVG), wenn die Versteigerung die angemessene Verwertung der Insolvenzmasse wesentlich erschweren würde. Der Vollstreckungsgläubiger erhält als Ausgleich für die einstweilige Einstellung die nach § 30e ZVG vom Gericht als Auflage für die einstweilige Einstellung anzuordnenden Ausgleichszahlungen, die als Masseverbindlichkeiten gem. § 55 Abs. 1 Nr. 1 zu berücksichtigen sind. Ein ggf. eintretender Wertverlust ist auszugleichen (§ 30e Abs. 2 ZVG). Nach Ablauf des dritten Monats nach Einstellung der Zwangsvollstreckung sind auch die laufenden Zinsen aus der Masse zu zahlen (§ 30e Abs. 1 S. 2 ZVG). Basis der Zinszahlungspflicht ist der Verkehrswert des Grundstücks, maximal die Höhe des Kapitalbetrags, aus dem die Zwangsvollstreckung betrieben wird (HambK-InsO/*Büchler* Rn. 33; MüKoInsO/*Tetzlaff* Rn. 109). Die Forderung des betreibenden Gläubigers wird allerdings nur insoweit berücksichtigt, wie er bei der Versteigerung tatsächlich mit einer Befriedigung rechnen kann (§ 30e Abs. 3 ZVG). Daher erhalten die Inhaber von „Schornsteinhypotheken" konsequenterweise keine Ausgleichszahlung (→ Rn. 33).

Im **Zwangsverwaltungsverfahren** kann die **einstweilige Einstellung gem. § 153b ZVG** erfolgen (*Mönning/Zimmermann* NZI 2008, 134 [137 ff.]; → Rn. 19). Die Anforderungen an die einstweilige Einstellung der Zwangsversteigerung sind die gleichen wie im Fall der Zwangsversteigerung. 47

Der **Schuldner** selbst kann die Einstellung der Zwangsversteigerung nur beantragen, wenn er einen Insolvenzplan vorgelegt hat und die Versteigerung die Durchführung des Insolvenzplans gefährdet (§ 30d Abs. 2 ZVG). Anträge des Schuldners nach § 30a ZVG sind demgegenüber unzulässig. Es bleibt nur ein Antrag nach § 765a ZPO. 48

4. Tilgungsreihenfolge. Aus der Aufzählungsreihenfolge „Hauptforderung, Zinsen und Kosten" in § 50 Abs. 1 InsO ergibt sich keine von § 367 BGB abweichenden Tilgungsreihenfolge. Vielmehr gilt bei der Verwertung von Absonderungsrechten die Anrechnungsvorschrift des § 367 Abs. 1 BGB auch für die seit der Eröffnung des Insolvenzverfahrens laufenden Zinsen (BGH NZI 2011, 247 Rn. 12; *Dahl* NJW 2008, 3066; aA *Ganter* WuB VI A § 39 InsO 1.12; zur Befriedigung allg.: *Büchler* ZInsO 2011, 718). 49

5. Abtretung von Rückgewähransprüchen. Die Sicherungsabtretung des Anspruchs auf Rückgewähr einer Grundschuld begründete nach der früheren Rspr. des IX. Senats nur dann ein Recht auf abgesonderte Befriedigung im Insolvenzverfahren über das Vermögen des Abtretenden, wenn eine Revalutierung der Grundschuld ohne Zustimmung des Abtretungsempfängers nicht oder nicht mehr in Betracht kam (BGH NZI 2006, 395; ZIP 2004, 1724; ebenso OLG Hamm ZIP 2011, 188; OLG Celle ZIP 2010, 1407; *Kesseler* NJW 2007, 3466 [3467 f.]). Der auf eine nur noch teilvalutierte Grundschuld entfallende Überschuss stand daher der Masse zu, sofern der Erwerb der Rückgewähransprüche erst nach Insolvenzeröffnung (§ 91) oder zuvor in anfechtbarer Weise erfolgte. Dagegen hat nunmehr der V. Senat mit Urteil vom 27.4.2012 entschieden (BGH ZIP 2012, 1140; nachdem der IX. Senat auf Anfrage seine Rspr. aufgegeben hat), dass der **Anspruch aus § 1179a Abs. 1 S. 1 BGB insolvenzfest** ist. Dies leitet der V. Senat daraus ab, dass der gesetzliche Löschungsanspruch in § 1179a Abs. 1 S. 3 BGB – wie zuvor eine Vormerkung nach § 1179 BGB aF – in seinen Wirkungen dem Schutz des § 106 Abs. 1 S. 1 InsO unterfällt. Es kommt daher nicht darauf an, ob die Voraussetzungen des Löschungsanspruchs bereits vor der Eröffnung des Insolvenzverfahrens vorlagen oder ob sich das Eigentum erst zu einem späteren Zeitpunkt mit dem vorrangigen Grundpfandrecht in einer Person vereinigt. Allerdings ist bei **weiter Sicherungsabrede** 50 (dazu: BGH NZI 2012, 17) zu prüfen, wann der nachrangige Gläubiger gem. § 140 in den Genuss der Vormerkungswirkung gekommen ist. Liegt dieser Zeitpunkt in der kritischen Zeit, kommt eine Anfechtung in Betracht (*Obermüller* ZIP 2013, 299 [303]).

51 **6. Doppelsicherung.** Der Fall, dass ein doppelt gesicherter Gläubiger nach der Eröffnung des Insolvenzverfahrens über das Vermögen der Gesellschaft durch Verwertung der Gesellschaftssicherheit befriedigt und die Gesellschaftersicherheit hierdurch frei wird, ist gesetzlich nicht geregelt. Da der Gläubiger in der Reihenfolge der Verwertung keiner Beschränkung unterliegt, kann die Regelungslücke nur durch eine entsprechende Anwendung von § 143 Abs. 3 geschlossen werden (BGH NZI 2012, 19; → § 143 Rn. 35).

52 **7. Grundschuld des Insolvenzschuldners als Drittsicherheit.** Hat der spätere Insolvenzschuldner dem Darlehensgeber eines Dritten eine Grundschuld als Sicherheit bestellt, so steht dem Insolvenzverwalter nach deren Verwertung zugunsten des Grundpfandgläubigers (Darlehensgebers) zwar kein Anspruch aus § 1143 BGB gegen den Darlehensnehmer und persönlichen Schuldner zu. Er hat jedoch gegen den Darlehensgeber einen Anspruch aus dem Sicherungsvertrag auf Abtretung des nicht untergegangenen Darlehensrückzahlungsanspruchs (OLG Brandenburg RNotZ 2012, 167).

VI. Verbraucherinsolvenzverfahren, Eigenverwaltung, Insolvenzplan

53 In **Verbraucherinsolvenzverfahren,** die **vor dem 1.7.2014** beantragt wurden (Art. 103h EGInsO) ist der Treuhänder gem. § 313 Abs. 3 S. 1 nicht zur Verwertung von Grundstücken, die mit Absonderungsrechten belastet sind, nach dem ZVG berechtigt (→ Rn. 15), wohl aber zur freihändigen Verwertung (OLG Hamm ZInsO 2011, 2279 Rn. 4; LG Braunschweig RNotZ 2009, 402 mit zust. Anm. *Kesseler;* LG Kiel Rpfleger 2004, 730). Dagegen steht in Verfahren, die aufgrund eines **ab dem 1.7.2014** gestellten Antrags eröffnet werden, das Antragsrecht aus § 165 auch dem Insolvenzverwalter im vereinfachten Insolvenzverfahren zu, da § 313 aF aufgehoben wurde. Bei der **Eigenverwaltung** erlaubt § 270 Abs. 1 dem Schuldner die Verwaltung und Verwertung unter Aufsicht eines Sachwalters; er ist auch nach §§ 30d ff. ZVG antragsbefugt (MüKoInsO/*Tetzlaff* Rn. 303). Letzteres gilt nach § 30d Abs. 2 ZVG auch, wenn der Schuldner einen **Insolvenzplan** vorgelegt hat. Soweit der Insolvenzplan Verfügungen über Grundstücksrechte vorsieht, gelten die Formvorschriften als gewahrt (§ 254 Abs. 1 S. 2).

Verwertung beweglicher Gegenstände[1]

166 (1) **Der Insolvenzverwalter darf eine bewegliche Sache, an der ein Absonderungsrecht besteht, freihändig verwerten, wenn er die Sache in seinem Besitz hat.**

(2) **Der Verwalter darf eine Forderung, die der Schuldner zur Sicherung eines Anspruchs abgetreten hat, einziehen oder in anderer Weise verwerten.**

[1] § 166 Abs. 2 Satz 2 angef. durch G v. 8.12.1999 (BGBl. I S. 2384); Abs. 2 Satz 2 aufgeh., bish. Satz 1wird alleiniger Wortlaut, Abs. 3 angef. mWv 9.4.2004 durch G v. 5.4.2004 (BGBl. I S. 502); Abs. 3 Nr. 1 geänd. mWv 30.6.2011 durch G v. 19.11.2010 (BGBl. I S. 1592).

(3) **Die Absätze 1 und 2 finden keine Anwendung**

1. **auf Gegenstände, an denen eine Sicherheit zu Gunsten des Betreibers oder des Teilnehmers eines Systems nach § 1 Abs. 16 des Kreditwesengesetzes zur Sicherung seiner Ansprüche aus dem System besteht,**
2. **auf Gegenstände, an denen eine Sicherheit zu Gunsten der Zentralbank eines Mitgliedstaats der Europäischen Union oder Vertragsstaats des Europäischen Wirtschaftsraums oder zu Gunsten der Europäischen Zentralbank besteht, und**
3. **auf eine Finanzsicherheit im Sinne des § 1 Abs. 17 des Kreditwesengesetzes.**

Schrifttum: *d'Avoine,* Feststellung, Verwertung und Abrechnung von Sicherheitsgut als „einheitliches Geschäft" des Insolvenzverwalters, ZIP 2012, 58; *Berger,* Die Verwertung verpfändeter Aktien in der Insolvenz des Sicherungsgebers, ZIP 2007, 1533; *Ganter,* Zahlungsvergleiche über globalzedierte Forderungen in der Insolvenz, ZIP 2014, 53; *ders.,* Die betriebliche Altersversorgung in der Unternehmensinsolvenz, NZI 2013, 769; *Gessner,* Zahlungsvergleiche über globalzedierte Forderungen in der Insolvenz, ZIP 2012, 455; *Hirte,* Die Verwertung „besitzloser" Gegenstände in der Insolvenz des Sicherungsgebers: Zur Notwendigkeit einer teleologische-funktionalen Sicht von § 166 InsO, FS Fischer, 2008, 239; *Hirte/Knof,* Das Pfandrecht an globalverbrieften Aktien in der Insolvenz, WM 2008, 49; *Kieper,* Die Finanzsicherheiten-Richtlinie und ihre Umsetzung, ZInsO 2003, 1109; *Lüke,* Zu den Folgen von rechtswidrigen Verwertungshandlungen bei zur Sicherheit abgetretenen Forderungen, FS Fischer, 2008, 353; *Mitlehner,* Verwertungsvereinbarungen im Insolvenzverfahren, ZIP 2012, 649; *ders.,* Mobiliarsicherheiten im Insolvenzverfahren, 2. Aufl. 2009; *Onusseit,* Umsatzsteuerrechtliche Folgen der Verwertung von Sicherungsgut, ZInsO 2014, 1461; *Sessig/Fischer,* Das Verwertungsrecht des Insolvenzverwalters bei beweglichem Sicherungsgut, ZInsO 2011, 618; *Szalai,* Die Verwertungsbefugnis des Insolvenzverwalters bei Sicherungsabtretungen, ZInsO 2009, 1177; *Wäger,* Umsatzsteuer bei der Verwertung von Kreditsicherheiten und Krediten, WM 2012, 769; *ders.,* Insolvenz und Umsatzsteuer, DStR 2011, 1925; *Wallner,* Sonstige Rechte in der Verwertung nach den §§ 166 ff. InsO, ZInsO 1999, 453; *Wimmer,* Die Umsetzung der Finanzsicherheitenrichtlinie, ZInsO 2004, 1; *Zimmer/Fuchs,* Die Bank in Krise und Insolvenz, ZGR 2010, 597.

Übersicht

I. Allgemeines

Anders als die alte Regelung in § 127 Abs. 2 KO begründet § 166 Abs. 1 ein 1
grundsätzliches Verwertungsrecht des Insolvenzverwalters auch hinsichtlich solcher beweglicher Gegenstände der Soll-Masse, an denen ein Absonderungsrecht besteht. Die Vorschrift findet im Regelinsolvenzverfahren, in Nachlassinsolvenzverfahren (KG EWiR 2001, 27) und nach der Aufhebung des § 313 auch in

Verbraucherinsolvenzverfahren Anwendung, sofern der Antrag ab dem 1.7.2014 gestellt worden ist (Art. 103h EGInsO). Im Fall der Eigenverwaltung weist § 282 Abs. 1 S. 1 dem Schuldner das Verwertungsrecht zu. § 166 ist **zwingendes Recht** und kann daher nicht durch Vereinbarung abbedungen werden (OLG Rostock ZIP 2008, 1128). Wohl aber ist der Verwalter an eine vom Schuldner vor der Eröffnung des Insolvenzverfahrens getroffene Schiedsvereinbarung gebunden, soweit diese (wie beim Forderungseinzug) Rechte betrifft, die nicht auf der Insolvenzordnung beruhen (BGH NZI 2013, 934 Rn. 9 ff.). **Voraussetzung** für die Anwendbarkeit von § 166 Abs. 1 ist, dass diese Gegenstände in der Ist-Masse und damit im **Besitz des Insolvenzverwalters** stehen. § 166 Abs. 2 gibt dem Insolvenzverwalter die Möglichkeit, zur Sicherheit an Dritte abgetretene Forderungen des Schuldners zu verwerten, was regelmäßig durch Einziehung der Forderung geschieht. § 166 Abs. 3 enthält verschiedene Ausnahmen von dem Verwertungsrecht des Insolvenzverwalters. Betroffen sind Abrechnungssysteme iSd § 16 KWG, Sicherheiten zu Gunsten von Zentralbanken und Finanzsicherheiten iSv § 1 Abs. 17 KWG. Diesen Ausnahmen fällt in der Praxis der Insolvenzverwaltung jedoch eine untergeordnete Rolle zu (hierzu im Einzelnen: *Zimmer/Fuchs* ZGR 2010, 597 ff.; *Kieper* ZInsO 2003, 1109 ff.; *Wimmer* ZInsO 2004, 1 ff.).

2 Die in **Absatz 1 und 2** geregelten Verwertungsrechte verwehren den einzelnen absonderungsberechtigten Gläubigern den Zugriff und insbes. das „Auseinanderreißen" der wirtschaftlichen Einheit des Schuldnerunternehmens. Die Vorschrift statuiert damit einen **Verwertungsstopp** und verfolgt wie die Anordnung von § 21 Abs. 2 Nr. 5 im Insolvenzeröffnungsverfahren das Ziel, das wirtschaftliche Substrat des Unternehmens bis zur Entscheidung der Gläubigerversammlung über die Art der Verwertung des schuldnerischen Unternehmens zu erhalten (HambK-InsO/*Büchler* Rn. 1; MüKoInsO/*Tetzlaff* Rn. 2). In wirtschaftlicher Hinsicht wichtig ist, dass das Gesetz es dem Verwalter ermöglicht, eine **freihändige Veräußerung** vorzunehmen; er ist *nicht* auf die Durchführung der Zwangsvollstreckung oder eines Pfandverkaufs angewiesen. Im Unterschied zu unbeweglichen Gegenständen (§ 160 Abs. 2 Nr. 1) bedarf er auch nicht einer Zustimmung der Gläubigerorgane. Die Verwertung von Gegenständen, an denen ein Absonderungsrecht besteht, erfolgt damit innerhalb des Insolvenzverfahrens – im Gegensatz zu Gegenständen, die der Aussonderung unterliegen. Während der *Aus*sonderungsberechtigte den Gegenstand aus der Masse heraus verlangen kann, wird der *Ab*sonderungsberechtigte auf die Auskehr des Verwertungserlöses nach Abzug der Kostenpauschalen (§§ 170, 171) und ggf. der Umsatzsteuer verwiesen; ein etwaiger Übererlös verbleibt der Masse.

Verletzt der Schuldner das Verwertungsrecht des Insolvenzverwalters, indem er einen zur Sicherheit an einen Gläubiger übereigneten Gegenstand der Insolvenzmasse versteigern und den Erlös an den gesicherten Gläubiger auskehren lässt, schädigt er die Insolvenzgläubiger in Höhe eines vom Insolvenzverwalter erzielbaren Übererlöses und des Kostenbeitrags für eine tatsächlich erfolgte Feststellung des Gegenstands (BGH NZI 2014, 1046 Rn. 12).

II. Verwertung beweglicher Sachen, Absatz 1

3 **1. Bewegliche Sache.** Unter das Verwertungsrecht des Insolvenzverwalters nach Absatz 1 fallen **alle Gegenstände, die der Mobiliarzwangsvollstreckung unterliegen.** Bewegliche Sachen (§§ 90, 90a BGB) sind daher auch Tiere und Scheinbestandteile eines Grundstücks (§ 95 BGB). Ebenso fallen Order- und Inhaberpapiere iSd §§ 1292, 1293 BGB unter Absatz 1 (Uhlenbruck/*Brinkmann* Rn. 6 mwN). Durch die Zuweisung des Verwertungsrechts an den Insolvenzverwalter entsteht zwischen diesem und dem absonderungsberechtigten Gläubiger ein gesetzliches Schuldverhältnis mit der Pflicht (aus den §§ 166 ff. InsO, 241

Abs. 2 BGB), an der Verwertung durch den Insolvenzverwalter mitzuwirken, wenn diese ansonsten erschwert wäre. Im Falle eines sicherungsübereigneten Kfz hat der absonderungsberechtigte Gläubiger daher die **Zulassungsbescheinigung Teil II** an den Insolvenzverwalter herauszugeben (OLG Stuttgart NZI 2012, 845).

Auch das **Vorbehaltseigentum** berechtigt **nach** seiner **Überleitung auf einen Geldkreditgeber** nicht mehr zur Aussonderung nach § 47, wenn die Sicherheit hierdurch einen Bedeutungswandel erfahren hat und seiner Funktion nach nunmehr einem Sicherungseigentum gleichgestellt ist. Denn der übergeleitete Eigentumsvorbehalt sichert dann ausschließlich den Darlehensrückzahlungsanspruch (BGH NZI 2014, 696 Rn. 15; NZI 2008, 357). **Anders** verhält es sich nur, **wenn** das Vorbehaltseigentum **auch** nach dieser Übertragung noch den **Rückgewähranspruch** an der Kaufsache im Rücktrittsfall und damit wie zuvor beim Verkäufer den aufschiebend bedingten Herausgabeanspruch gem. § 449 Abs. 2 BGB **sichert;** in diesem Fall bleibt auch der finanzierende Dritte aussonderungsberechtigt (BGH NZI 2014, 696 Rn. 18; OLG München ZIP 2015, 283). 4

Gegenstände, die dem Pfändungsschutz unterliegen (insbes. nach § 811 Abs. 1 Nr. 5 ZPO), gehören nicht zur Insolvenzmasse (§ 36), und zwar auch dann nicht, wenn der Schuldner diese Gegenstände vor Insolvenzeröffnung zur Sicherung übereignet hat (OLG Köln ZVI 2006, 591; Kreft/*Landfermann* Rn. 13; aA MüKoInsO/*Tetzlaff* Rn. 61). Denn der Verzicht auf den Pfändungsschutz erfolgt nur gegenüber dem Sicherungseigentümer, nicht aber gegenüber allen übrigen Gläubigern. Erhebliche Vermögenswerte wären damit der Verwertung entzogen. Eine interessengerechte Lösung erfordert daher eine am Insolvenzzweck orientierte Auslegung des Pfändungsschutzes dahingehend, dass dem Schuldner nur das **Nutzungsrecht** am Gegenstand verbleiben muss, während sein Sachwert für die Masse realisiert werden kann (*Sinz/Hiebert* ZInsO 2012, 63 [67]). 5

Nicht unter das Verwertungsrecht des Insolvenzverwalters nach Absatz 1 fallen **Gegenstände, die der Zwangsvollstreckung in das unbewegliche Vermögen unterliegen;** diese werden von § 165 erfasst. Dazu zählen nicht nur Grundstücke mit ihren wesentlichen Bestandteilen (§ 94 BGB), sondern auch ihnen gleichgestellte Gegenstände, insbes. Früchte und sonstige Bestandteile des Grundstücks. Auch **Zubehör** (§ 97 BGB), **das dem Haftungsverband** von Grundpfandrechten (§§ 1120, 1192 BGB) **unterliegt,** darf der Insolvenzverwalter folglich nicht verwerten (zur Haftung bei Verstoß: OLG Dresden ZInsO 2003, 472); der Haftungsverband wird durch die Insolvenz nicht aufgelöst (BGHZ 60, 267 [270]). Dies gilt auch für den Fall, dass ein Grundpfandrechtsgläubiger sich vorsorglich den Zubehörgegenstand auch zur Sicherung hat übereignen lassen **(„Doppelsicherung").** Denn eine zum Haftungsverband gehörende Sache kann nicht durch die nachträgliche Sicherungsübereignung aus diesem herausgelöst werden (Kreft/*Landfermann* Rn. 13; MüKoInsO/*Tetzlaff* Rn. 10 [anders noch *Tetzlaff* ZInsO 2004, 521 [522 f.]). In der Praxis werden häufig Maschinen und Gerätschaften auf einem Fabrikgrundstück als Zubehör iSd § 97 erfasst. Voraussetzung ist, dass diese auf Dauer dem wirtschaftlichen Zweck der Hauptsache dienen und bestimmungsgemäß zu dem Grundstück in räumlicher Beziehung stehen, was bei Maschinen auf externen Baustellen nicht mehr der Fall ist (zur Abgrenzung; MüKoInsO/*Ganter* § 47 Rn. 29 und § 49 Rn. 14–25). Gestattet ist lediglich der Verkauf iRd Betriebsfortführung in den Grenzen einer ordnungsgemäßen Bewirtschaftung. Infolgedessen werden zur Verarbeitung bestimmte **Rohstoffe** nicht von dem Haftungsverband der Hypothek erfasst; diese darf der Verwalter nach Absatz 1 verwerten. 6

Im Schiffsregister eingetragene **Schiffe** (§ 162 ZVG) und in der Luftfahrzeugrolle eingetragene **Luftfahrzeuge** (§ 171 ZVG) fallen nicht unter Absatz 1, ob- 7 wohl sie nach ihrer Zweckbestimmung beweglich sind, weil sich ihre Verwertung ebenfalls nach den Vorschriften über die Zwangsvollstreckung in das unbewegliche Vermögen richtet.

8 **2. Besitz des Insolvenzverwalters.** Das Verwertungsrecht des Insolvenzverwalters setzt voraus, dass er den Gegenstand in Besitz hat, mithin gem. § 854 Abs. 1 BGB die tatsächliche Gewalt über die Sache ausübt. Ausreichend ist damit stets der unmittelbare Besitz, der idR durch die Übernahme der Insolvenzmasse nach § 148 begründet wird. Damit kommt es maßgeblich darauf an, ob der Insolvenzschuldner oder ein vorläufiger Insolvenzverwalter im Zeitpunkt der Eröffnung des Insolvenzverfahrens Besitzer war (BGH ZIP 2006, 2390).

9 Daneben kann **im Einzelfall auch mittelbarer Besitz ausreichend** sein, insbes. wenn der Schuldner einem Dritten den Gegenstand aus betrieblichen Gründen entgeltlich überlassen hat (BGHZ 166, 215 = ZIP 2006, 814; zust. *Bork* EWiR 2007, 119). Ebenso verhält es sich, wenn ein Dritter seinen unmittelbaren Besitz aufgrund eines Besitzmittlungsverhältnis von dem Schuldner ableitet. So zB im Fall der Vermietung des Gegenstandes oder wenn der Schuldner den unmittelbaren Besitz einem Werkunternehmer zum Zwecke der Reparatur einräumt (Uhlenbruck/*Brinkmann* Rn. 14; MüKoInsO/*Tetzlaff* Rn. 15). Nach Sinn und Zweck der §§ 21 Nr. 5, 166 Abs. 1 besteht das Verwertungsrecht ganz grds. immer dann, wenn der Gegenstand dem Unternehmen als schutzwürdige wirtschaftliche Einheit, als technisch-organisatorischer Verbund, zugehörig ist. Der Begriff des Besitzes ist an Sinn und Zweck des § 166 Abs. 1 orientiert weit auszulegen (Uhlenbruck/*Brinkmann* Rn. 14) und ein solcher Verbund regelmäßig dann anzunehmen, **wenn** der Gegenstand **für die Unternehmensfortführung oder eine geordnete Abwicklung benötigt** wird. Lediglich wenn der Absonderungsberechtigte als unmittelbarer Besitzer das stärkere Besitzrecht hat, scheidet ein Verwertungsrecht des Verwalters aus (MüKoInsO/*Tetzlaff* Rn. 15). Das Verwertungsrecht des Verwalters endet auch nicht, wenn der unmittelbare Besitzer seinen Besitzmittlungswillen allein auf Veranlassung des Absonderungsberechtigten aufgibt (BGH ZIP 2006, 2390). In der Insolvenz eines Leasinggebers soll das Verwertungsrecht des Verwalters auch die den Leasingnehmern überlassenen Gegenstände erfassen (BGHZ 166, 215 = ZIP 2006, 814; aA MüKoInsO/*Tetzlaff* Rn. 15; Uhlenbruck/*Brinkmann* Rn. 15). Die Gefahren, die das Verwertungsrecht des Verwalters vermeiden soll, können sich jedoch hier nicht verwirklichen, da der Verwalter zur Fortführung des Schuldnerbetriebes nicht auf den Leasinggegenstand angewiesen ist. Der mittelbare Besitz des Leasinggebers reicht daher nicht aus mit der Folge, dass der **Factor** nach § 173 Abs. 1 selbst zur Verwertung berechtigt ist (ausf. Uhlenbruck/*Sinz* § 108 Rn. 142 ff.).

10 **Mitbesitz** des Schuldners begründet ebenfalls ein Verwertungsrecht zu Gunsten des Verwalters. So zB wenn Rohstoffe bei Dritten eingelagert oder Fahrzeuge in gemieteten Garagen abgestellt sind (MüKoInsO/*Tetzlaff* Rn. 20). Anders liegt der Fall, wenn die Lagerung nach Maßgabe des Absonderungsberechtigten eingelagert wurde und der Lagerhalter dessen Weisung unterliegt (MüKoInsO/*Tetzlaff* Rn. 21).

11 Zur **Besitzverschaffung** kann der Insolvenzverwalter unter den Voraussetzungen der §§ 129 ff. auch auf Ansprüche aus **Insolvenzanfechtung** zurück greifen und so die Verwertungskompetenz an sich ziehen (MüKoInsO/*Tetzlaff* Rn. 23; Uhlenbruck/*Brinkmann* Rn. 11). Ebenso stehen ihm die **Besitzschutzansprüche** des BGB zur Verfügung, um den (durch verbotene Eigenmacht verlorenen) Besitz und damit das Verwertungsrecht wiederzuerlangen (OLG Frankfurt a. M. ZVI 2009, 498; MüKoInsO/*Tetzlaff* Rn. 23; Braun/*Dithmar* Rn. 11). Verwertet der Gläubiger unter Verstoß gegen § 166 Gegenstände, für die der Insolvenzverwalter einen höheren Erlös hätte erzielen können, schuldet er idR Schadens-

ersatz; denn § 166 ist als **Schutzgesetz** zugunsten der Gläubigergesamtheit iSd § 823 Abs. 2 BGB anzusehen (BGH NZI 2004, 137 Rn. 18).

3. Zeitpunkt der Verwertung. § 166 Abs. 1 setzt schon nach dem Wortlaut („Insolvenzverwalter"), aber auch aufgrund der Systematik des Gesetzes voraus, dass das **Insolvenzverfahren eröffnet** ist (BGHZ 154, 72 Rn. 26). Der **schwache vorläufige Insolvenzverwalter** hat grds. kein Verwertungsrecht an belasteten Gegenständen (BGHZ 154, 72 Rn. 28). Denn er ist weder Vertreter des Schuldners noch Inhaber der Verwaltungs- und Verfügungsbefugnis. Im Interesse der Gläubigergemeinschaft muss aber auch der schwache vorläufige Insolvenzverwalter zu Notverkäufen dann berechtigt sein, wenn das Insolvenzgericht eine entsprechende Einzelermächtigung erteilt; § 166 Abs. 1 ist dann analog anzuwenden. Die Verwertung bereits im Eröffnungsverfahren liegt zB bei verderblichen Waren im Interesse der Gläubigergemeinschaft. Da durch einen Beschluss nach § 21 Nr. 5 der Verwertungsstopp bereits für das Eröffnungsverfahren erreicht werden kann, ist die Verwertung durch den Sicherungsnehmer nicht möglich. Aber auch der Sicherungsnehmer hat in Fällen verderblicher Ware ein Interesse daran, dass die Ware zügig verwertet wird. In der Praxis empfiehlt sich eine **Verwertungsvereinbarung** zwischen dem vorläufigen Insolvenzverwalter und dem Sicherungsgläubiger, die auch die Höhe der Kostenpauschalen iSv § 171 regelt. Der **starke vorläufige Insolvenzverwalter** benötigt aufgrund des Übergangs der Verwaltungs- und Verfügungsbefugnis keine Einzelermächtigung. 12

Im Fall einer **Verwertung vor Eröffnung** ohne Zustimmung des Absonderungsberechtigten steht der Erlös vollständig dem Sicherungsnehmer zu (BGHZ 154, 72 Rn. 33 = ZIP 2003, 632; HambK-InsO/*Büchler* Rn. 22). Dies ist im Hinblick auf das Ersatzabsonderungsrecht nach § 48 analog grds. richtig. Allerdings besteht ein Ersatzabsonderungsrecht schon nach dem Wortlaut des § 48 nur, wenn die Veräußerung unberechtigt erfolgt. Ein **Notverkauf ist** dagegen **berechtigt,** weil er statthaft und geboten ist sowie im Interesse des Sicherungsnehmers liegt (BGHZ 154, 72 Rn. 33 = ZIP 2003, 632) sodass ein Ersatzabsonderungsrecht in diesen Fällen gerade nicht begründet wird. 13

Nach Eröffnung des Insolvenzverfahrens entscheidet der Verwalter über die Verwertung nach pflichtgemäßem Ermessen. Hervorzuheben ist, dass der Verwalter mit Absonderungsrechten belastete Gegenstände schon *vor* dem Berichtstermin (§ 156) verwerten darf (Uhlenbruck/*Brinkmann* Rn. 19). Eine zügige Verwertung liegt schon allein deshalb im Interesse der Gläubigergemeinschaft, weil der Absonderungsberechtigte im Fall des § 169 S. 2 gegenüber der Masse Zahlung der ursprünglich vereinbarten Zinsen verlangen kann. Die rasche Verwertung dient damit der Vermeidung einer Belastung der Insolvenzmasse mit unnötigen Zinsen. Zum fehlenden Tilgungsbestimmungsrecht des Verwalters nach § 366 Abs. 1 BGB: BGH NZI 2014, 1044 Rn. 16 ff.; → § 170 Rn. 12. 14

4. Nutzungsrecht bis zur Verwertung. Der Insolvenzverwalter darf das Sicherungsgut bis zur Verwertung für die Masse nutzen. Im Hinblick auf die Pflicht zur Zahlung der geschuldeten Zinsen (§ 169 Abs. 1 S. 1) muss er abwägen, ob die **vorübergehende Nutzung oder sofortige Verwertung** für die Masse vorteilhafter ist. Zinsen sind gem. § 169 Abs. 1 S. 1 grds. ab dem Berichtstermin zu zahlen. Soweit das Insolvenzgericht im Eröffnungsverfahren einen Beschluss nach § 21 Abs. 2 S. 1 Nr. 5 gefasst hat, sind Zinsen nur für den Zeitraum zu zahlen, der drei Monate nach dieser Anordnung liegt (BGH NZI 2010, 95 Rn. 28, 36), und zwar auch bei unwirksamer Anordnung (BGH NZI 2010, 95 Rn. 25). Mit Zinsen ist vorrangig der vertraglich vereinbarte, hilfsweise der übliche Preis für die Überlassung der Sache gemeint. Die Zahlungspflicht entsteht unabhängig davon, ob die Sache für die Masse tatsächlich genutzt wird. Davon zu unterscheiden ist der Anspruch wegen eines Wertverlusts gem. § 172 Abs. 1, der 15 ab Erlass der Anordnung des Insolvenzgerichts geltend gemacht werden kann (BGH ZIP 2012, 779 Rn. 28). **Zur Umsatzsteuer:** → § 169 Rn. 2 und → § 172 Rn. 13.

16 **5. Umsatzsteuer.** Die **Verwertung** des Sicherungsgutes **durch den Insolvenzverwalter** ist eine unmittelbar an den Erwerber erbrachte Leistung (§ 1 Abs. 1 Nr. 1 UStG). Die als Masseschuld abzuführende Umsatzsteuer ist iRd Abrechnung gem. §§ 170 Abs. 1 S. 1, 171 Abs. 2 S. 3 vorweg dem Bruttoerlös zu entnehmen (zu verschiedenen Fallkonstellationen: *d'Avoine* ZIP 2012, 58 ff.; *Wäger* WM 2012, 769). Zu Einzelheiten: → **§ 171 Rn. 23.**

17 **Überlässt** der Verwalter den Gegenstand, zu dessen Verwertung er nach § 166 berechtigt ist, **dem Gläubiger zur Verwertung** (§ 170 Abs. 2), findet ebenfalls § 171 Abs. 2 S. 3 Anwendung. Zur Lieferung wird der Übereignungsvorgang aber erst mit der *Verwertung* des Sicherungsguts (**Doppelumsatz** oder bei Veräußerung durch den Sicherungsgeber im eigenen Namen, aber im Auftrag und für Rechnung des Sicherungsnehmers, sogar **Dreifachumsatz;** BFH BStBl. II 2010, 859 Rn. 32; aA [Einfachumsatz] *Wäger* WM 2012, 769 [771 ff.]). Zu Einzelheiten: → **§ 171 Rn. 25 ff.**

18 Die **Verwertung** von Sicherungsgut **während des vorläufigen Insolvenzverfahrens** erfolgt *außerhalb* des Insolvenzverfahrens mit der Folge, dass der Sicherungsnehmer als Leistungsempfänger (Umkehr der Steuerschuldnerschaft) gem. § 13b Abs. 2 Nr. 2 iVm Abs. 5 UStG die Umsatzsteuer schuldet. Durch die Fiktion des § 55 Abs. 4 werden diese Umsätze nicht zu Umsätzen „innerhalb" des Insolvenzverfahrens (BMF-Schreiben ZInsO 2012, 213 Rn. 16).

19 § 13b Abs. 2 Nr. 2 iVm Abs. 5 UStG findet nach der Rspr. des BFH jedoch keine Anwendung, wenn der Sicherungsnehmer das Sicherungsgut ***vor*** **Eröffnung** des Insolvenzverfahrens beim Schuldner **abgeholt** hat **und *nach* Insolvenzeröffnung** selbst **verwertet** (BFH ZInsO 2010, 721; ZIP 2007, 1998). In diesem Fall handele es sich nämlich nicht um eine Lieferung „außerhalb" des Insolvenzverfahrens iSv § 13b Abs. 2 Nr. 2 UStG, sondern um eine Verwertung innerhalb des Insolvenzverfahrens, weil die Sicherungsübereignung erst zu diesem Zeitpunkt zu einer Lieferung des Sicherungsgebers an den Sicherungsnehmer erstarke, so dass die Umsatzsteuer als Masseverbindlichkeit geschuldet sei (dies unterstellt inzident auch BGH NZI 2007, 394 Rn. 19 bei der analogen Anwendung von § 171 Abs. 2 S. 3). Hiergegen wird mit Recht eingewandt, dass es der Sicherungsnehmer in der Hand hätte, ohne jegliche Mitwirkung des Insolvenzverwalters und selbst gegen dessen Willen eine Masseverbindlichkeit zu begründen (*Kahlert* ZIP 2010, 1274 [1278]; *Ries* ZInsO 2010, 689). Dies zeigt, dass die Umsatzsteuer weder „durch Handlungen des Insolvenzverwalters" noch „in anderer Weise" durch die Verwertung iSv § 55 Abs. 1 Nr. 1 begründet wird.

Zur **Rückholung von Eigentumsvorbehaltsware**: Uhlenbruck/*Sinz* § 55 Rn. 125.

III. Verwertung zur Sicherheit abgetretener Forderungen, Absatz 2

20 **1. Verwertungshandlungen.** § 166 Abs. 2 weist dem Insolvenzverwalter das Verwertungsrecht auch an solchen Forderungen zu, die der Schuldner zur Sicherheit abgetreten hatte, und zwar **unabhängig davon, ob die Sicherungsabtretung** dem Drittschuldner **angezeigt worden ist oder nicht** (BGH NZI 2002, 599; Kreft/*Landfermann* Rn. 30). Die Gegenansicht (Nerlich/Römermann/*Becker* Rn. 40; *ders.* DZWiR 2010, 134 f.) berücksichtigt nicht ausreichend, dass der Gesetzgeber gerade im Hinblick auf die Unklarheiten bei einer erst später (in der Krise) vorgenommenen Offenlegung auf die ursprünglich im RegE vorgesehene Differenzierung verzichtet hat. Auch für eine in der Literatur vereinzelt erwogene

Umdeutung der Sicherungsabtretung in eine Forderungsverpfändung (Kreft/*Landfermann* Rn. 30) sieht der BGH (NZI 2002, 599) mit Recht im Blick auf die erheblich unterschiedlichen Rechtsfolgen beider Rechtsinstitute keinen Raum. Schließlich spielt es auch keine Rolle, ob vor der Verfahrenseröffnung die Verwertungsreife eingetreten ist (so aber *Mitlehner* ZIP 2001, 679 f.), da die Einziehungsbefugnis sich nicht vom Schuldner ableitet, sondern originär aus § 166 folgt (ebenso Kreft/*Landfermann* Rn. 31). § 166 Abs. 2 jedoch **keine Anwendung bei** einer **Abtretung an Erfüllungs statt oder erfüllungshalber** erfolgt ist (BGH NZI 2009, 425 Rn. 21; OLG Hamm 7.2.2012 – I-7 U 59/10, BeckRS 2012, 10994 Rn. 26).

Nach dem Wortlaut des Gesetzes kann die **Verwertung durch** die **Einziehung** der Forderung **oder** jede **andere Form der Verwertung,** zB einen Forderungsverkauf, erfolgen (BGH NZI 2011, 855; ZIP 2013, 35 – Einziehungsermächtigung an Dritte; zu Zahlungsvergleichen: → § 168 Rn. 3; *Ganter* ZIP 2014, 53; unzutreffend *Gessner* ZIP 2012, 455). Das der Insolvenzmasse zustehende Recht verkörpert einen selbstständigen, im Kern geschützten Vermögenswert. Unter dogmatischen Gesichtspunkten ist jedoch zu beachten, dass der Verwalter nicht Inhaber der Forderung wird, sondern diese lediglich verwerten darf. Auch wenn der Absonderungsberechtigte mit der Eröffnung des Insolvenzverfahrens sein Einziehungsrecht verliert, kann der Drittschuldner gem. § 82 Abs. 1 S. 1 iVm §§ 408, 407 Abs. 1 BGB analog mit befreiender Wirkung an den Absonderungsberechtigten leisten (BGH NJW 2009, 2304 Rn. 20). Tritt der Absonderungsberechtigte die Forderung an den Drittschuldner ab, so erlischt diese auch unter Berücksichtigung der hiermit eintretenden Konfusion nicht, wenn der Drittschuldner bösgläubig war (BGH NJW 2009, 2304 Rn. 2); andernfalls könnte das gesetzliche Einziehungsrecht des Insolvenzverwalters durch eine entsprechende Abtretungskonstruktion umgangen werden. § 166 Abs. 2 findet auch Anwendung, wenn die Zession zur Besicherung der Verbindlichkeit eines Dritten erfolgt ist, der Insolvenzschuldner selbst also nicht Schuldner der besicherten Forderung ist (BGH NZI 2009, 165 Rn. 20). 21

Voraussetzung für ein Verwertungsrecht des Insolvenzverwalters ist, dass die Forderung im Zeitpunkt der Eröffnung noch nicht erloschen ist. Hatte der Sicherungsgläubiger die **Forderung im Zeitpunkt der Eröffnung bereits berechtigter Weise eingezogen,** so steht ihm der Erlös in voller Höhe zu; weder die Verwertungs- noch die Feststellungspauschale sind an die Masse abzuführen (BGHZ 154, 72 Rn. 25 = NJW 2003, 2240). Da die Hinterlegung unter Verzicht auf die Rücknahme gem. § 378 BGB schuldbefreiende Wirkung hat, erlischt die Forderung auch in diesem Fall mit der Folge, dass die Masse ebenfalls nicht partizipiert (BGH NZI 2006, 178 Rn. 7). Gleiches gilt für den Bereicherungsanspruch nach § 816 Abs. 2 BGB (BGH NZI 2004, 29 Rn. 3). 22

Ein in der Praxis wichtiger Fall ist die **Verpfändung einer Forderung,** insbes. aus Lebensversicherungen (zur Insolvenzsicherung der betrieblichen Altersversorgung: *Ganter* NZI 2013, 769). Nach Eintritt der Pfandreife findet § 166 Abs. 2 keine Anwendung; gem. § 173 kann der Pfandgläubiger die Pfandsache selbst verwerten (BGH NZI 2005, 384 Rn. 19). Die Verpfändung der Forderung muss gem. **§ 1280 BGB** aber dem Drittschuldner angezeigt worden sein. Vor Eintritt der Pfandreife ist der Verwalter zur Einziehung der verpfändeten Forderung (zu Rückdeckungsversicherung für eine Pensionszusage: BGH NZI 2013, 596 Rn. 18; NZI 2005, 384 Rn. 18; *Perwein* GmbHR 2011, 79; *Flitsch* DZWiR 2004, 430) und in entsprechender Anwendung von § 171 zum Abzug der Kostenpauschalen berechtigt (BGH NZI 2013, 596 Rn. 22). Denn bis zum Eintritt der Pfandreife hat der Pfandrechtsgläubiger keinen Zahlungsanspruch gegen den Drittschuldner, sondern allein einen Sicherstellungsanspruch gegenüber dem Schuldner bzw. sodann dem Insolvenzverwalter, der allerdings den Erlös in Höhe 23 der zu sichernden Forderung zurückbehalten und vorrangig hinterlegen muss, bis die zu sichernde Forderung fällig wird oder die Bedingung für den Eintritt der Pfandreife ausfällt (§§ 191 Abs. 1, 198 InsO). Wird eine sog **Doppeltreuhand zur Absicherung eines Altersteilzeitguthabens** vereinbart, begründet die zugunsten des Arbeitnehmers vereinbarte Sicherungstreuhand in der Insolvenz des Arbeitgebers (Treugebers) zwar ein Absonderungsrecht an dem Sicherungsgegenstand (zB einem Kontoguthaben); gleichwohl steht dem Insolvenzverwalter kein Verwertungsrecht nach § 166 Abs. 2 zu, soweit das Guthaben zur Sicherung des Altersteilzeitguthabens des Arbeitnehmers benötigt wird (BAG NZI 2014, 167 Rn. 18, 24, 37). Anders als die Verwaltungstreuhand zwischen Schuldner und Treuhänder, die mit Eröffnung gem. §§ 115, 116 erlischt, besteht nämlich die Sicherungstreuhand zwischen Arbeitnehmer und Treuhänder als echter Vertrag zugunsten Dritter iSv § 328 Abs. 1 BGB fort; die §§ 115, 116 sind auf sie daher nicht anwendbar (BAG NZI 2014, 167 Rn. 50 ff., 71 ff.; *Thole* KTS 2014, 45 ff.).

24 Ebenso wenig ist der Verwalter zur Einziehung einer Forderung berechtigt, die bereits im Wege der Zwangsvollstreckung **gepfändet** worden ist (OLG Celle ZIP 2009, 924; Kreft/*Landfermann* Rn. 28).

25 Ist das Einziehungsrecht des Verwalters zweifelhaft oder streitig, so kann der Absonderungsberechtigte dem Verwalter die Einziehungsbefugnis ausdrücklich erteilen, damit die zur Geltendmachung der Forderung erforderliche Prozessführungsbefugnis unstreitig gestellt werden kann; dies ist auch dann noch möglich, wenn der Verwalter zuvor auf ein zunächst bestehendes Einziehungsrecht verzichtet hatte (BGH NZI 2008, 370 Rn. 9).

26 **2. Umsatzsteuerrechtliche Fragen.** Beim **Einzug von Altforderungen** durch den Insolvenzverwalter eines Unternehmens begründet die Entgeltvereinnahmung für eine vor der Eröffnung des Insolvenzverfahrens ausgeführte Lieferung oder Leistung nach Ansicht des BFH nicht nur bei der Ist-, sondern auch bei der Soll-Besteuerung eine **Masseverbindlichkeit iSv § 55 Abs. 1 Nr. 1 InsO** (BFH ZIP 2009, 977 zu § 20 UStG; BFH NZI 2011, 336 zu § 16 UStG; bestätigt durch BFH ZIP 2014, 1237; BFH BStBl. II 2012, 298; zust. *Wäger* DStR 2011, 1925 ff.). Für die Soll-Besteuerung ergibt sich dies nach Ansicht des BFH aus § 17 UStG. Zwar gelte auch nach Eröffnung des Insolvenzverfahrens der Grundsatz der Unternehmereinheit, das Unternehmen bestehe jedoch nach Verfahrenseröffnung aus mehreren Unternehmensteilen, zwischen denen einzelne umsatzsteuerrechtliche Berechtigungen und Verpflichtungen nicht miteinander verrechnet werden könnten. Durch die Eröffnung des Insolvenzverfahrens über das Vermögen des leistenden Unternehmers komme es zu einer Aufspaltung des Unternehmens in mehrere Unternehmensteile. Neben der Insolvenzmasse und dem vom Insolvenzverwalter freigegebenen Vermögen bestehe auch ein vorinsolvenzrechtlicher Unternehmensteil. Aufgrund der Eröffnung des Insolvenzverfahrens sei der leistende Unternehmer rechtlich gehindert, Entgeltforderungen rechtswirksam in seinem vorinsolvenzrechtlichen Unternehmensteil selbst zu vereinnahmen, weil diese gem. §§ 80 Abs. 1, 82 InsO mit befreiender Wirkung nur noch an den Insolvenzverwalter geleistet werden könnten. Die der Umsatzsteuer unterliegende Entgeltforderung werde daher spätestens mit Verfahrenseröffnung unbeschadet einer möglichen Insolvenzquote in voller Höhe uneinbringlich; bei einer nachträglichen Zahlung auf das uneinbringlich gewordene Entgelt sei der Umsatzsteuerbetrag nach § 17 Abs. 2 Nr. 1 S. 2 UStG erneut zu berichtigen. Durch diesen Kunstgriff der doppelten Berichtigung verlagert der BFH die vollständige Tatbestandsverwirklichung für die Begründung der Umsatzsteuerschuld auf den Zeitpunkt nach Insolvenzeröffnung. Diese Grundsätze gelten auch für den Einzug sicherungszedierter Forderungen; die Uneinbringlichkeit aus Rechtsgründen er-

gibt sich hier aus § 166 Abs. 2 (BFH BFH/NV 2014, 588 Rn. 11, 16). Diese Rspr. hat zu Recht im Schrifttum **heftige Kritik** erfahren (*Kahlert* DStR 2011, 921 ff.; *Schmittmann* ZIP 2011, 1125 ff.; *de Weerth* ZInsO 2011, 853 ff.; *Mitlehner* EWiR 2011, 323 f.; *Dobler* ZInsO 2011, 1098 ff.; *Heinze* DZWiR 2011, 276 ff.; *Onusseit* DZWiR 2011, 353 ff.; *Wagner/Köhler* BB 2011, 1510; gemeinsame Stellungnahme von VID, Gravenbrucher Kreis und BAKinso, NZI Heft 9/2011, VII; Arge InsR und Sanierung im DAV, ZInsO 2011, 1449 ff.).

Die **Entscheidung des BFH vom 9.12.2010 zur Sollbesteuerung** (BFH NZI 2011, 336) **gilt erst für Verfahren, die nach dem 31.12.2011 eröffnet wurden** (BMF-Schreiben ZInsO 2012, 25). IÜ ergeben sich aus der Rspr. des BFH zum Einzug von Altforderungen für die weitere Verfahrensabwicklung folgende Konsequenzen: 27

Soweit das **Insolvenzverfahren** durch dessen Aufhebung oder Einstellung **bereits beendet** ist, hat der frühere Insolvenzverwalter nichts zu veranlassen, da er nicht mehr Vermögensverwalter iSd § 34 Abs. 1 iVm Abs. 3 AO ist; er hat weder die Pflicht noch das Recht, eine Handlung vorzunehmen. 28

In noch nicht abgeschlossenen Insolvenzverfahren, in denen **bereits Steuerbescheide ergangen** sind, kann der Steuerbescheid gem. § 176 Abs. 1 S. 1 Nr. 3 AO nicht aufgrund einer Änderung der Rspr. eines obersten Bundesgerichts zu Ungunsten des Steuerpflichtigen geändert werden; insoweit genießt der Insolvenzverwalter Vertrauensschutz (*Schmittmann* ZIP 2011, 1125 [1128]). Sind **noch keine Steuerbescheide ergangen,** so hat der Insolvenzverwalter iRd Steueranmeldung, die gem. § 168 S. 1 AO der Steuerfestsetzung unter dem Vorbehalt der Nachprüfung gleichsteht, die Rspr. des BFH zu berücksichtigen oder ausdrücklich auf ein Abweichen hiervon hinzuweisen; Vertrauensschutz kann in diesem Fall *nicht* beansprucht werden. Der Insolvenzverwalter muss nicht bestandskräftige **Steuererklärungen** ggf. **berichtigen.** Zuvor hat er zu prüfen, ob die Umsatzsteuer durch das Unternehmen bereits vor Eröffnung des Insolvenzverfahrens abgeführt wurde. Ebenso wenig ist der Verwalter gehindert, gem. § 208 Masseunzulänglichkeit anzuzeigen mit der Folge, dass die Steuerforderung im Rang des § 209 Abs. 1 Nr. 3 zu befriedigen ist. Soweit Umsatzsteuerverbindlichkeiten bereits als Insolvenzforderung zur Tabelle festgestellt wurden, die nach der Rspr. des BFH nunmehr als Masseverbindlichkeiten zu qualifizieren sind, muss die Finanzverwaltung auf die Rechte aus dieser Feststellung verzichten. 29

Ist der Anspruch auf die Gegenleistung an einen Dritten abgetreten, trifft den Abtretungsempfänger die **Haftung aus § 13c UStG,** soweit die festgesetzte und fällige (§ 41 InsO genügt; Abschn. 13c.1 Abs. 17 UStAE) Umsatzsteuer bis zum Ablauf des Fälligkeitsstichtages vom leistenden Unternehmer (Insolvenzschuldner) nicht entrichtet worden ist, der Abtretungsempfänger aber den Erlös aus der zedierten Forderung vereinnahmt hat (*Schmittmann* ZIP 2011, 1125 [1129]; *Dobler* ZInsO 2011, 1775 [1776]; zur Haftung bei Anfechtbarkeit der Abtretung: *Roth* Insolvenzsteuerrecht Rn. 4.509 ff.; *Piekenbrock* WM 2007, 141 hält § 13c UStG für europarechtswidrig). Dies gilt erst recht, wenn der Verwalter über den Verwertungserlös abgerechnet und (in Unkenntnis der neuen BFH-Rspr.) den Bruttoerlös an den Sicherungsnehmer bereits ausgekehrt hat (Abschn. 13c.1 Abs. 28 UStAE). Die aA von *Wäger* (DStR 2011, 1925 [1933]), wonach die Anwendbarkeit des Urteils des BFH vom 9.12.2010 die Haftung des Zessionars nach § 13c UStG verdrängen soll, lässt sich mit dem Wortlaut des § 13c Abs. 1 S. 1 UStG nicht vereinbaren. Nur in den Fällen des Forderungsverkaufs (insbes. **beim echten Factoring**) gilt die Forderung **nicht** durch den Abtretungsempfänger als vereinnahmt, soweit der leistende Unternehmer für die Abtretung der Forderung eine Gegenleistung in Geld vereinnahmt, da der Leistende die erforderliche Liquidität zur Entrichtung der anteiligen Umsatzsteuer erhalten hat und insoweit kein Unterschied zur Einziehung der Forderung besteht (Abschn. 13c.1 Abs. 27 30

UStAE; Uhlenbruck/*Sinz* §§ 115, 116 Rn. 116 mwN; *Kahlert/Rühland* Sanierungs- und Insolvenzsteuerrecht Rn. 2189 f.).

31 Die **Vereinnahmung von Entgelten** aus Umsätzen, die vor dem Insolvenzeröffnungsverfahren getätigt wurden, durch den schwachen vorläufigen Insolvenzverwalter **im vorläufigen Insolvenzverfahren** (aufgrund Einzelermächtigung) **führt sowohl bei Sollbesteuerung als auch** im Fall der **Istbesteuerung** nach Ansicht des BFH (ZIP 2014, 2451 Rn. 20) und der Finanzverwaltung (Abschn. 17.1 Abs. 14 UStAE; anders noch BMF-Schreiben ZInsO 2012, 213 Rn. 18 für die Sollbesteuerung) **zu Masseverbindlichkeiten iSv § 55 Abs. 4;** maßgeblich sei die Entgeltvereinnahmung und nicht die Leistungserbringung. Zu Einzelheiten und Kritik an dieser Rspr.: → **§ 171 Rn. 23;** Uhlenbruck/*Sinz* § 55 Rn. 117, 120 ff.

32 Ist während des Eröffnungsverfahrens eine Vorsteuerberichtigung nach **§ 15a UStG** durchzuführen, so fällt diese in den Anwendungsbereich des § 55 Abs. 4 (BFH BStBl. II 2011, 1000).

33 Noch ungeklärt ist, ob das Urteil des BFH vom 9.12.2010 (BFH NZI 2011, 336) auch im Falle der **Eigenverwaltung** Anwendung findet. Dagegen spricht, dass sich die Empfangszuständigkeit nicht ändert und somit keine (rechtliche) Uneinbringlichkeit iSd § 17 UStG vorliegt. Dies ändert sich erst durch eine Anordnung des Gerichts nach § 277 (*Schmittmann* ZIP 2011, 1125 [1130]).

IV. Verwertung von Wertpapieren, Aktien und sonstigen Rechten

34 **Umstr.** und von der höchstrichterlichen Rspr. noch nicht entschieden ist die Frage, ob § 166 zumindest in analoger Anwendung auch Wertpapiere, Aktien und sonstige Rechte der Schuldnerin, wie zB Gesellschaftsanteile, Mitgliedschaftsrechte, Erbteile Markenrechte, Patente, Urheberrechte, Geschmacks- und Gebrauchsmusterrechte etc mit der Folge erfasst, dass der Verwalter im Fall der Sicherungsabtretung/-übereignung auch diese verwerten darf (**dafür:** HambK-InsO/*Büchler* Rn. 20; Kübler/Prütting/Bork/*Flöther* Rn. 14; Nerlich/Römermann/*Becker* Rn. 34 ff.; Uhlenbruck/*Brinkmann* Rn. 35 f.; Braun/*Dithmar* Rn. 26; *Hirte* FS Fischer, 2008, 239 [250]; *Lüke* FS Fischer, 2008, 353 [356]; *Hirte/Knof* WM 2008, 49 [52 ff.]; **dagegen:** AG Karlsruhe ZIP 2009, 143; Kreft/*Landfermann* Rn. 32; *Berger* ZIP 2007, 1533 [1536]; *Sessig/Fischer* ZInsO 2011, 623 ff.; *Wallner* ZInsO 1999, 453 ff.; diff. MüKoInsO/*Tetzlaff* Rn. 64 ff.).

35 **Für ein Verwertungsrecht** des Insolvenzverwalters spricht, dass die Verwertung sonstiger Rechte im Gesetz nicht geregelt ist. Zudem ist es für den Insolvenzverwalter in der Regel leichter, die Verwertung vorzunehmen, weil dieser im Besitz der notwendigen Informationen und Unterlagen ist.

36 Neben dem Wortlaut des § 166 spricht **gegen ein Verwertungsrecht** des Verwalters unter dem Gesichtspunkt der Gesetzessystematik, dass die InsO die Rechte der Sicherungsgläubiger in den §§ 165 ff. stark und abschließend einschränkt. Die Mehrung der Insolvenzmasse durch ein Verwertungsrecht des Insolvenzverwalters „um jeden Preis“ ist nicht gewollt. Nach der Gesetzessystematik bestimmt § 173 ausdrücklich, dass das Verwertungsrecht der Sicherungsgläubiger unberührt bleibt, soweit der Insolvenzverwalter nicht zur Verwertung der Sache berechtigt ist. Das Gesetz kennt folglich Konstellationen, in denen das Verwertungsrecht den Sicherungsgläubigern zufällt. Die Gesetzesgeschichte zeigt, dass es an der für eine Analogie notwendigen planwidrigen Regelungslücke fehlt. Die Begründung zu § 199 RegE (BT-Drs. 12/2443, 183) hat zunächst ausdrücklich ein Verwertungsrecht des Verwalters für sonstige Rechte vorgesehen. Nach eingehender Diskussion ist dieses Recht mit dem Ziel aus dem Entwurf gestrichen worden, die Insolvenzgerichte zu entlasten (BT-Drs. 12/7302, 178). An Stelle der Formulierung „oder eines Rechts“ hat der Text „oder einer Forderung“ Eingang in das Gesetz gefunden; hierin liegt eine bewusste Entscheidung des Gesetzgebers gegen ein Verwertungsrecht des Verwalters, das über bewegliche Gegenstände und Forderungen hinausgeht.

Stellungnahme: Wie § 21 Nr. 5 und die §§ 165 ff. zeigen, ist es Sinn und Zweck dieser Normen, dass Auseinanderreißen des schuldnerischen Vermögens zu verhindern. Überdies sollen die Chancen für eine Erhaltung des Geschäftsbetriebes und eine (übertragende) Sanierung im Interesse der Gläubigergemeinschaft gewahrt werden. Zumindest diejenigen **Rechte, die** wegen ihrer Zugehörigkeit zur technisch-organisatorischen Einheit des Unternehmens gehören und **zur Fortführung oder Sanierung erforderlich** sind, müssen **der Verwertung durch die Sicherungsgläubiger entzogen** sein. Für diese Überlegung spricht der Grundsatz der Gläubigergleichbehandlung und das in § 1 normierte Ziel der bestmöglichen Befriedigung der Insolvenzgläubiger. Die Einführung des § 21 Nr. 5 durch das Gesetz zur Vereinfachung des Insolvenzverfahrens vom 13.7.2007 (BGBl. 2007 II I S. 509) hat noch einmal gezeigt, wie viel Wert der Gesetzgeber diesem Ziel beimisst (dazu *Sinz/Hiebert* ZInsO 2011, 798). Er hat erkannt, dass im Fall der Erhaltung des wirtschaftlichen Substrats des Unternehmens als unabdingbare Voraussetzung für eine erfolgreiche Sanierung, die Befriedigungsmöglichkeiten für die Gläubigergemeinschaft deutlich höher sind als im Fall der Liquidierung. Daher muss das Verwertungsrecht dem Verwalter zumindest dann zustehen, wenn die Rechte zur technisch-organisatorischen Einheit des Unternehmens gehören. § 166 ist hier über den Wortlaut der Norm hinaus an Sinn und Zweck der Vorschrift orientiert auszulegen. Für ein darüber hinausgehendes Verwertungsrecht besteht indes keine Notwendigkeit. 37

V. Ausnahmen für Abrechnungssysteme und Finanzsicherheiten nach dem KWG, Absatz 3

Absatz 3 wurde durch das Gesetz zur Umsetzung der Richtlinie 2002/47/EG vom 6.6.2002 über Finanzsicherheiten und zur Änderung des Hypothekenbankgesetzes und weiterer Gesetze eingeführt. Die Vorschrift schließt das Verwertungsrecht des Insolvenzverwalters in enumerativ aufgezählten Fällen aus. Die Beschränkung erfasst sowohl Forderungen als auch bewegliche Gegenstände. Der Begriff „Finanzsicherheit" wird in § 1 Abs. 17 KWG definiert. Als Finanzsicherheiten kommen damit Barguthaben, Geldbeträge, Wertpapiere, Geldmarktinstrumente sowie sonstige Schuldscheindarlehen in Betracht. Sie sind dann als Finanzsicherheit zu qualifizieren, wenn sie als Sicherheit im Rahmen eines Geschäfts zwischen öffentlich-rechtlichen Körperschaften, Zentralbanken, beaufsichtigten Finanzinstituten (Banken und Versicherungen) oder zentralen Vertragsparteien, Verrechnungs- und Clearingstellen, also **im Interbankenverkehr** verwendet werden. Ein Darlehen, das zB durch verpfändete Wertpapiere besichert wird, fällt allerdings nicht unter § 166 Abs. 3. Zu Einzelheiten: *Obermüller* Insolvenzrecht in der Bankpraxis Rn. 3.1000 ff.; *Wimmer* ZInsO 2004, 1 ff.; *Kieper* ZInsO 2003, 1109 ff. 38

Unterrichtung des Gläubigers

167 (1) [1]**Ist der Insolvenzverwalter nach § 166 Abs. 1 zur Verwertung einer beweglichen Sache berechtigt, so hat er dem absonderungsberechtigten Gläubiger auf dessen Verlangen Auskunft über den Zustand der Sache zu erteilen.** [2]**Anstelle der Auskunft kann er dem Gläubiger gestatten, die Sache zu besichtigen.**

(2) [1] **Ist der Verwalter nach § 166 Abs. 2 zur Einziehung einer Forderung berechtigt, so hat er dem absonderungsberechtigten Gläubiger auf dessen Verlangen Auskunft über die Forderung zu erteilen.** [2] **Anstelle der Auskunft kann er dem Gläubiger gestatten, Einsicht in die Bücher und Geschäftspapiere des Schuldners zu nehmen.**

Schrifttum: *Gundlach/Frenzel/Schmidt,* Das Auskunftsrecht des § 167 InsO, KTS 2001, 241; Pape/Gundlach/Vortmann/*Gundlach,* Handbuch der Gläubigerrechte, 2. Aufl. 2011, S. 372 ff.; *Sponagel,* Gläubigerinformation im Insolvenzverfahren, DZWiR 2011, 270.

I. Auskunftspflicht

1 Absatz 1 Satz 1 und Absatz 2 Satz 1 normieren für den absonderungsberechtigten Gläubiger ein umfassendes **Informationsrecht in Bezug auf den Absonderungsgegenstand.** Darüber hinaus, zB zum Verfahrensstand oder konkurrierenden Sicherungsrechten, besteht kein Informationsanspruch (BGH ZInsO 2010, 2234). § 167 dient allein dazu, dem Gläubiger die Vorbereitung seiner Ansprüche nach den §§ 168 ff. zu ermöglichen. Wie sich aus dem Wortlaut ergibt (Anknüpfung an § 166), werden Grundstücke und andere Gegenstände, die der Immobiliarvollstreckung gem. § 165 unterliegen, nicht erfasst. Ebenso wenig werden Auskunftsbegehren von Aussonderungsberechtigten geregelt; sie können sich nur auf die allgemeinen Vorschriften (§§ 260, 242, 402 BGB) berufen.

2 Ein formloses Auskunftsverlangen des Gläubigers genügt. Dabei muss er den Gegenstand, an dem er ein Absonderungsrecht geltend macht, konkret bezeichnen (OLG Köln ZIP 1982, 1107; Kreft/*Landfermann* Rn. 2). Der Verwalter ist verpflichtet, **über den Zustand der Sache,** dh deren qualitative und quantitative Beschaffenheit Auskunft zu erteilen; bei Raumsicherungsübereignung eines Warenlagers mit wechselndem Bestand (zum Bestimmtheitserfordernis: BGH NJW-RR 1994, 1537; LG Bielefeld ZInsO 2014, 612; *Riggert* NZI 2009, 137) auch über den Bestand bei Eröffnung des Verfahrens (Kreft/*Landfermann* Rn. 3). Daneben ist über eine etwaige Verarbeitung, Vermengung, Vermischung oder Verbindung zu unterrichten (HambK-InsO/*Büchler* Rn. 3). Der Verwalter ist nicht verpflichtet, von ihm in Auftrag gegebene Wertgutachten an den Absonderungsberechtigten herauszugeben oder ihn über den Inhalt zu unterrichten (Pape/Gundlach/Vortmann HdB/*Gundlach* Rn. 679). Nach der Verwertung beschränkt sich das Auskunftsrecht auf den Erlös. **Bei Forderungen** ist Auskunft über deren Höhe, Fälligkeit und Werthaltigkeit (insbes. Einwendungen, Drittrechte) sowie einen bereits erfolgten Einzug zu erteilen.

3 Für die **Erfüllung der Auskunftspflicht** kann der Verwalter auf von ihm erstellte Inventarverzeichnisse und die Buchhaltung des Schuldners zurückgreifen. Die Auskunftserteilung muss zumutbar sein (Uhlenbruck/*Brinkmann* Rn. 1 ff.). So hat der Vermieter das Recht zu erfahren, welche eingebrachten Gegenstände sich in den vermieteten Räumen befinden und daher dem Vermieterpfandrecht unterliegen (BGH ZIP 2004, 326). Ferner ist eine Auskunft über eigene Verwertungshandlungen regelmäßig zumutbar. Die Auskunftspflicht besteht im Falle eines Verwalterwechsels auch für den neu bestellten Verwalter bezüglich der Verwertungshandlungen durch den früheren Verwalter (BGH ZInsO 2004, 151). Sie ist nur ausgeschlossen, soweit dadurch Geschäftsgeheimnisse gefährdet würden (Ahrens/Gehrlein/Ringstmeier/*Homann* Rn. 16) oder wenn sie zu einem erheblichen Zeitaufwand oder Kosten für die Masse führt. Es besteht **kein Aufwendungsersatzanspruch zugunsten der Masse** (BGH ZIP 1983, 839; FK-InsO/*Wegener* Rn. 8); etwaige Kosten sind durch den Verfahrenskostenbeitrag mit abgegolten.

II. Ersetzungsbefugnis

Absatz 1 Satz 2 und Absatz 2 Satz 2 ordnen ausdrücklich an, dass der Verwalter seiner Auskunftspflicht auch dadurch genügen kann, dass er dem Gläubiger die Besichtigung der Sache bzw. Einsicht in die Bücher und Geschäftspapiere ermöglicht. Termine sind mit dem Verwalter abzustimmen; der Umfang der Besichtigung und Einsicht richtet sich nach der Zumutbarkeit, wobei auch das Interesse des Verwalters an der Wahrung von Geschäftsgeheimnissen zu berücksichtigen ist. Ein Anspruch auf Überlassung von Unterlagen oder gar deren Zusendung besteht nicht; der Gläubiger kann sich jedoch Kopien auf eigene Kosten fertigen (Uhlenbruck/*Brinkmann* Rn. 11). Es handelt sich um eine reine Ersetzungsbefugnis des Verwalters, die zu dessen Arbeitserleichterung eingeführt wurde (RegE, BR-Drs. 1/92, 179; MüKoInsO/*Tetzlaff* Rn. 26). Einen **Anspruch auf** die **Besichtigung oder Einsichtnahme hat der Gläubiger** daher **nicht,** wenn und soweit der Verwalter Auskunft erteilt (HambK-InsO/*Büchler* Rn. 5). 4

Etwaige **Kosten der Besichtigung oder Einsicht** hat der Gläubiger selbst zu tragen (FK-InsO/*Wegener* Rn. 8). 5

III. Durchsetzung der Ansprüche

Die Auskunft kann durch Erhebung einer **Auskunftsklage** oder (subsidiär) durch **Klage auf Duldung der Besichtigung bzw. Einsichtnahme** vor einem ordentlichen Gericht erstritten werden. Allerdings muss dem Verwalter zuvor eine angemessene Einarbeitungszeit gewährt werden (Pape/Gundlach/Vortmann HdB/*Gundlach* Rn. 677). Für fehlerhafte oder unvollständige Auskünften haftet der Verwalter nach § 60. 6

Mitteilung der Veräußerungsabsicht

168 (1) [1]**Bevor der Insolvenzverwalter einen Gegenstand, zu dessen Verwertung er nach § 166 berechtigt ist, an einen Dritten veräußert, hat er dem absonderungsberechtigten Gläubiger mitzuteilen, auf welche Weise der Gegenstand veräußert werden soll.** [2]**Er hat dem Gläubiger Gelegenheit zu geben, binnen einer Woche auf eine andere, für den Gläubiger günstigere Möglichkeit der Verwertung des Gegenstands hinzuweisen.**

(2) **Erfolgt ein solcher Hinweis innerhalb der Wochenfrist oder rechtzeitig vor der Veräußerung, so hat der Verwalter die vom Gläubiger genannte Verwertungsmöglichkeit wahrzunehmen oder den Gläubiger so zu stellen, wie wenn er sie wahrgenommen hätte.**

(3) [1]**Die andere Verwertungsmöglichkeit kann auch darin bestehen, daß der Gläubiger den Gegenstand selbst übernimmt.** [2]**Günstiger ist eine Verwertungsmöglichkeit auch dann, wenn Kosten eingespart werden.**

Schrifttum: *Ganter,* Zweifelsfragen bei der Ersatzaussonderung und Ersatzabsonderung NZI 2005, 1; *Ganter/Bitter,* Rechtsfolgen berechtigter und unberechtigter Verwertung von Gegenständen mit Absonderungsrechten durch den Insolvenzverwalter, ZIP 2005, 93; *Gundlach/Frenzel,* Zur Mitteilungspflicht des Insolvenzverwalters, NZI 2010, 526; *Ries,* Der Wunsch des Absonderungsgläubigers nach Eigenverwertung, ZInsO 2007, 62.

Übersicht

I. Allgemeines

1 Neben dem umfassenden Auskunftsanspruch nach § 167 zielen va die Regelungen des § 168 auf den **Schutz des Absonderungsberechtigten.** Das Gesetz räumt ihm die Möglichkeit ein, den Verwalter auf eine günstigere Verwertungsmöglichkeit hinzuweisen. § 168 verwirklicht damit auch das in § 1 S. 1 normierte **Ziel der bestmöglichen Gläubigerbefriedigung.** Denn die Vorschrift stellt sicher, dass der Insolvenzverwalter von besseren Verwertungsmöglichkeiten des Absonderungsberechtigten Kenntnis erlangt und diese im Interesse der Gläubigergemeinschaft nutzen kann (HambK-InsO/*Büchler* Rn. 1). Dies ermöglicht nicht nur eine bessere Befriedigung des Absonderungsberechtigten, sondern über die Kostenpauschalen oder gar einen etwaigen der Masse zustehenden Übererlös auch die der übrigen Insolvenzgläubiger. Zudem darf nicht verkannt werden, dass die Minderung der Insolvenzforderung des Absonderungsberechtigten dessen Ausfall verringert und damit die Insolvenzquote erhöhen kann. Der Absonderungsberechtigte wird durch einen in § 168 Abs. 2 normierten Nachteilsausgleichsanspruch geschützt. § 168 zielt ferner darauf ab, einen Streit über die optimale Verwertung durch den Insolvenzverwalter zu vermeiden und dient damit dem Rechtsfrieden (HambK-InsO/*Büchler* Rn. 1).

II. Mitteilungspflicht (Absatz 1 Satz 1)

2 **1. Voraussetzungen der Mitteilungspflicht.** Schon der Wortlaut des Absatz 1 Satz 1 zeigt, dass der Insolvenzverwalter nur dann zu einer Mitteilung verpflichtet ist, wenn er gem. § 166 und nicht aus anderen Gründen zu einer Verwertung berechtigt ist. Ferner muss es sich bei dem zu veräußernden Gegenstand um eine bewegliche Sache handeln. Die Art der Verwertung ist für das Bestehen der Mitteilungspflicht irrelevant; sie besteht **sowohl bei** einer **freihändigen Veräußerung als auch** im Fall der **öffentlichen Versteigerung** (OLG Celle NZI 2004, 265 Rn. 15). Die Mitteilungspflicht setzt weiter voraus, dass die Veräußerung an einen Dritten erfolgt. **Keine Mitteilungspflicht** besteht **im Fall von Notverkäufen** verderblicher Waren (Uhlenbruck/*Brinkmann* Rn. 4). Denn die Mitteilungspflicht würde hier zu einem wirtschaftlichen Schaden führen, der nicht im Interesse des Absonderungsberechtigten, also desjenigen liegt, der durch die Mitteilungspflicht geschützt werden soll. Die Mitteilungspflicht würde in diesen Fällen ihrem Sinn und Zweck zuwider laufen. Teilw. (Nerlich/Römermann/*Becker* Rn. 6, § 172 Rn. 10) wird vertreten, die Veräußerung zwecks nur vorläufigen Fortsetzung des Geschäftsbetriebes sei keine Verwertung iSd § 168, sondern nach § 172 zu beurteilen. Sogar eine Veräußerung im gewöhnlichen Geschäftsgang stelle eine Nutzung durch den Insolvenzverwalter iSd § 172 Abs. 1 S. 1 dar; es genüge ein Hinweis auf etwaig beabsichtigte Preisabschläge.

Sind **Forderungen zur Sicherheit abgetreten,** so sind diese zwar unter den Oberbegriff „Gegenstand" zu fassen (MüKoInsO/*Tetzlaff* Rn. 8; Uhlenbruck/*Brinkmann* Rn. 5). Die **Einziehung einer Forderung** ist aber keine „Veräußerung" iSd § 168 Abs. 1 S. 1 (Uhlenbruck/*Brinkmann* Rn. 5). Auch Sinn und Zweck der Mitteilungspflicht sprechen gegen eine Mitteilungspflicht. Der vollumfängliche Einzug der Forderung, dh iHd Nominalbetrages ist das denkbar beste Verwertungsergebnis. Wird iRd Forderungseinzugs ein **Vergleich** beabsichtigt, so ist der Sicherungszessionar über das Ergebnis der Verhandlungen nach § 168 zu informieren. Eine Einbeziehung in die Verhandlungen über den Vergleich würde hingegen zu weit gehen, nämlich über eine bloße Mitteilung hinausgehen und den Forderungseinzug in der Praxis unangemessen erschweren. Die Interessen des Absonderungsberechtigten bleiben auch bei einer bloßen Mitteilung des Verwalters gewahrt. Der Vergleichsvertrag ist aber unter der aufschiebenden Bedingung zu schließen, dass der Absonderungsberechtigte binnen der gesetzlichen Frist auf keine bessere Verwertungsmöglichkeit hinweist. Von der Einziehung ist der Verkauf **(Factoring)** einer Forderung zu unterscheiden. Va wenn der Nominalwert der Forderung unterschritten wird, ist der Verwalter zu einer vorherigen Mitteilung an den Absonderungsberechtigten verpflichtet (Uhlenbruck/*Brinkmann* Rn. 6; Braun/*Dithmar* Rn. 2). Das Absonderungsrecht setzt sich an der Vergleichssumme fort; denn hierbei handelt es sich auch um eine Form der „Einziehung" iSv § 166 Abs. 2 (*Ganter* ZIP 2014, 53 [57]; aA *Gessner* ZIP 2012, 455 [456 f.]). 3

2. Anforderungen an den Inhalt der Mitteilungspflicht. Die Mitteilung des Insolvenzverwalters sollte grds. den **Gegenstand,** den **Zeitpunkt** und die **Art der Veräußerung** beinhalten sowie über den Kaufpreis und die Zahlungsmodalitäten informieren (HambK-InsO/*Büchler* Rn. 3; MüKoInsO/*Tetzlaff* Rn. 17). Im Einzelfall können auch Angaben zu der Verwertungsform und dem Kaufpreis ausreichen (LG Düsseldorf DZWiR 2003, 389). Über die Kosten der Verwertung ist jedenfalls dann zu informieren, wenn diese über den Kostenpauschalen iHv 9 % liegen (AG Duisburg ZInsO 2003, 190). Die Mitteilung kann **formlos** erfolgen; zu Beweiszwecken empfiehlt sich die Schriftform mit Zugangsnachweis. 4

Werden **Warenvorräte** veräußert oder soll eine **übertragende Sanierung** erfolgen, empfiehlt sich der Abschluss einer **Verwertungsvereinbarung** mit den betroffenen Absonderungsberechtigten. Diese Vereinbarung sollte insbes. eine Regelung dazu enthalten, welcher Anteil am Gesamterlös auf den jeweiligen Absonderungsberechtigten entfällt. 5

III. Hinweis des Gläubigers (Absatz 1 Satz 2)

1. Frist für den Hinweis. Gem. Absatz 1 Satz 2 ist dem Gläubiger Gelegenheit zu geben, binnen einer Woche auf eine günstigere Verwertungsmöglichkeit hinzuweisen. Diese Frist stellt einen Mindestzeitraum dar und ist **keine Ausschlussfrist** (MüKoInsO/*Tetzlaff* Rn. 19). Der Insolvenzverwalter muss eine bessere Verwertungsmöglichkeit auch dann berücksichtigen, wenn sie ihm nach Ablauf der Frist, aber vor Vollzug der beabsichtigten Verwertung zugeht (RegE, BR-Drs. 12/7302, 176, 177). Die Pflicht zur bestmöglichen Verwertung besteht ohnehin schon im Hinblick auf § 1 S. 1. Hat der Absonderungsberechtigte auf eine bessere Verwertungsmöglichkeit hingewiesen, wird dem Insolvenzverwalter aber eine wiederum bessere Möglichkeit bekannt, so besteht **keine Pflicht zu einer erneuten Mitteilung** (BGH NZI 2010, 525 Rn. 3; OLG Karlsruhe NZI 2008, 747 Rn. 19). Dies gilt auch, wenn der Gläubiger den Gegenstand gem. § 168 Abs. 3 S. 1 selbst übernehmen möchte (BGH NZI 2010, 525 Rn. 3). Denn 6 der Hinweis des Gläubigers verpflichtet den Verwalter nicht, das Angebot anzunehmen, sondern soll nur verhindern, dass der Gläubiger nicht schlechter gestellt wird als bei Annahme des Angebotes.

7 **2. Anforderungen an den Inhalt des Hinweises.** Der Gläubiger muss auf eine **konkrete Verwertungsmöglichkeit** hinweisen. Er hat die Vorteile der von ihm vorgeschlagenen Verwertungsmöglichkeit zu spezifizieren. Maßgeblich ist, ob ein höherer Verwertungserlös entweder durch einen besseren Kaufpreis oder günstigere Zahlungskonditionen erreicht werden kann. Die Angaben des Gläubigers müssen für den Verwalter prüfbar sein und diesen in die Lage versetzen, die bessere Verwertungsalternative wahrzunehmen. Daher sind insbes. die Kontaktdaten des Kaufinteressenten zu nennen (aA Uhlenbruck/*Brinkmann* Rn. 8). Die Anforderungen an den Hinweis des Gläubigers orientieren sich damit zwar an der Mitteilung des Verwalters nach § 168 Abs. 1 S. 1, gehen aber über diese hinaus (HambK-InsO/*Büchler* Rn. 5a). Auf allgemeine Behauptungen, der Gegenstand werde unter Wert verkauft, oder auf bloße Vermutungen braucht der Verwalter sich nicht einzulassen.

8 Welche Verwertungsmöglichkeit „günstiger" ist, wenn Haftungs- oder Gewährleistungsrisiken durch einen niedrigeren Verwertungserlös „erkauft" werden müssen, lässt sich meistens erst im Nachhinein beurteilen. Dem Verwalter ist daher ein gewisser **Beurteilungsspielraum** zuzugestehen (Ahrens/Gehrlein/Ringstmeier/*Homann* Rn. 18), sofern bei einer Gesamtabwägung der Vor- und Nachteile des Geschäfts ein ordentlicher Kaufmann dieses nicht von vorneherein abgelehnt hätte.

9 Nimmt der Verwalter eine **von dem Absonderungsberechtigten vorgeschlagene Verwertungsmöglichkeit** wahr, scheitert diese aber im Zuge der konkreten Vertragsverhandlungen oder erweist sie sich als bloße Behauptung, so stellt sich die Frage nach einer **Haftung des Hinweisgebers.** Die InsO sieht keine Haftung des Absonderungsberechtigten vor. Teilw. (HambK-InsO/*Büchler* Rn. 6) wird eine Haftung nach § 179 Abs. 1 BGB analog befürwortet. Gegen eine Haftung des Absonderungsberechtigten spricht, dass dieser bei der Ausübung seines Rechts, bessere Verwertungsmöglichkeiten aufzuzeigen, gehemmt würde. Im Hinblick auf eine mögliche Haftung würde er davor zurückschrecken, noch nicht hinreichend konkrete Möglichkeiten dem Verwalter zu nennen. Der Gesetzeswortlaut „Hinweis" zeigt auch, dass der Gläubiger nicht verpflichtet ist, einen unterschriftsreifen Vertrag oder einen Käufer zu präsentieren. Der Hinweis auf einen Interessenten ist ausreichend und im Hinblick auf die kurze Wochenfrist angemessen.

IV. Nachteilsausgleich (Absatz 2 Hs. 2)

10 Auch wenn der Absonderungsberechtigte den Verwalter auf eine günstigere Verwertungsmöglichkeit hinweist, besteht **keine Verpflichtung, das Absonderungsgut auf die vorgeschlagene Weise zu verwerten** (HambK-InsO/*Büchler* Rn. 9; Uhlenbruck/*Brinkmann* Rn. 22). So kann es zB bei der Veräußerung von Sachgesamtheiten für die Masse vorteilhafter sein, den Hinweis des Absonderungsberechtigten zur Veräußerung einzelner Gegenstände abzulehnen, weil aus der Veräußerung des Gesamtbestandes ein Mehrerlös erzielt werden kann. Er hat den absonderungsberechtigten Gläubiger jedoch auch in diesem Fall so zu stellen, wie wenn er sie wahrgenommen hätte (BGH ZInsO 2013, 1690).

11 Will der Verwalter einen Gegenstand im Wege einer **öffentlichen Versteigerung** verwerten lassen, und gibt der gesicherte Gläubiger daraufhin selbst ein Gebot ab, so hat der Verwalter dem Auktionator dieses Gebot zuzüglich der Versteigerungskosten als Mindestgebot aufzugeben (OLG Celle ZIP 2004, 725;

Kreft/*Landfermann* Rn. 13); unterlässt er dies, haftet er im Falle eines geringeren Versteigerungserlöses auf die Differenz.

Durch Absatz 2 Hs. 2 schafft das Gesetz einen angemessenen Interessenausgleich. Denn dem Gläubiger ist in diesem Fall ein Nachteilsausgleich zu zahlen, der gem. § 55 Abs. 1 Nr. 1 eine **Masseverbindlichkeit** darstellt. Der Nachteilsausgleich bemisst sich nach der Differenz zwischen dem fiktiven Verwertungserlös nach Maßgabe des konkreten Gläubigerhinweises und dem tatsächlich erzielten Erlös. Ein Nachteilsausgleich ist nicht zu gewähren, wenn der Absonderungsberechtigte aus dem erzielten Erlös bereits vollständig befriedigt wird. Auch ein entgangener Gewinn aus der aufgezeigten günstigeren Verwertungsmöglichkeit wird nicht erstattet, weil dieser vom Schutzzweck des § 168 nicht umfasst wird (OLG Karlsruhe NZI 2008, 747 Rn. 21). Zahlungen an den Absonderungsberechtigten nach den §§ 169, 172 sind anzurechnen (MüKoInsO/*Tetzlaff* Rn. 34). 12

V. Eintrittsrecht des Absonderungsberechtigten (Absatz 3)

Das Gesetz sieht in Absatz 3 das Eintrittsrecht des Absonderungsberechtigten als eine mögliche günstigere Verwertungsmöglichkeit vor. Das Angebot des Gläubigers muss mindestens gleichwertig sein. Er muss dem Verwalter anbieten, das Absonderungsgut zu den von dem Insolvenzverwalter mitgeteilten Bedingungen zu übernehmen. Es **steht** dem **Verwalter frei,** ein solches **Angebot des Gläubigers anzunehmen** (Uhlenbruck/*Brinkmann* Rn. 16). Akzeptiert der Verwalter das Angebot des Gläubigers, so ist der Erlös wie bei der Veräußerung an einen Dritten nach Maßgabe der §§ 170, 171 abzurechnen. Erzielt der Gläubiger bei einer anschließenden Weiterveräußerung einen Mehrerlös, fällt dieser nicht in die Masse (BGHZ 165, 28 Rn. 9 = ZIP 2005, 2214) und wird auch nicht auf dessen Insolvenzforderung angerechnet (BGHZ 165, 28 Rn. 12 = ZIP 2005, 2214). In jedem Fall sind die Kostenpauschalen iHv 9 % und etwaige Umsatzsteuer an die Masse zu zahlen (OLG Düsseldorf 10.10.2012 – I-18 U 82/12, BeckRS 2014, 01582). Der Absonderungsberechtigte kann nicht mit eigenen Verwertungskosten aufrechnen (MüKoInsO/*Tetzlaff* Rn. 41). 13

Umsatzsteuerrechtlich steht die Übernahme durch den Absonderungsberechtigten der Veräußerung an einen Dritten gleich. 14

VI. Haftung des Insolvenzverwalters

Der bloße **Verstoß gegen** die in **§ 168** normierte Verfahrensweise im Allgemeinen und die Hinweispflicht nach § 168 Abs. 1 S. 1 im Besonderen **führt nicht dazu, dass** die **Verwertung unberechtigt** ist. Der Absonderungsberechtigte erwirbt insbes. kein Ersatzabsonderungsrecht (HambK-InsO/*Büchler* Rn. 11; HK-InsO/*Landfermann* Rn. 6; Uhlenbruck/*Brinkmann* Rn. 3; *Ganter* NZI 2005, 1 [8]; *Ganter/Bitter* ZIP 2005, 93 [101 f.]; aA MüKoInsO/*Tetzlaff* Rn. 23). Andernfalls würde die Masse zumindest die Kostenpauschalen nach §§ 170, 171 verlieren, zugleich aber mit den Kosten der Feststellung und Verwertung belastet. 15

Sollte der Absonderungsberechtigte durch einen Verstoß gegen das in § 168 normierte Verfahren einen Nachteil erleiden, so steht dem Gläubiger die Möglichkeit offen, einen **Haftungsanspruch** gegen den Insolvenzverwalter **nach § 60** durchzusetzen. Gegenüber der Masse ist der Verwalter zum Schadensersatz verpflichtet, wenn wegen eines Verstoßes gegen § 168 ein geringerer als tatsächlich möglicher Erlös erzielt wurde. Diese Sanktionsmöglichkeiten sind ausreichend, um den Verwalter zur Beachtung des § 168 anzuhalten; für eine Regelungsverfügung, die in die Verwertungsbefugnisse des Insolvenzverwalters eingreift und diese einschränkt, ist kein Raum (OLG Oldenburg ZInsO 2014, 304). 16

Schutz des Gläubigers vor einer Verzögerung der Verwertung

169 **[1] Solange ein Gegenstand, zu dessen Verwertung der Insolvenzverwalter nach § 166 berechtigt ist, nicht verwertet wird, sind dem Gläubiger vom Berichtstermin an laufend die geschuldeten Zinsen aus der Insolvenzmasse zu zahlen. [2] Ist der Gläubiger schon vor der Eröffnung des Insolvenzverfahrens auf Grund einer Anordnung nach § 21 an der Verwertung des Gegenstands gehindert worden, so sind die geschuldeten Zinsen spätestens von dem Zeitpunkt an zu zahlen, der drei Monate nach dieser Anordnung liegt. [3] Die Sätze 1 und 2 gelten nicht, soweit nach der Höhe der Forderung sowie dem Wert und der sonstigen Belastung des Gegenstands nicht mit einer Befriedigung des Gläubigers aus dem Verwertungserlös zu rechnen ist.**

Schrifttum: *Büchler,* Aussonderungsstopp im Insolvenzeröffnungsverfahren und insolvenzrechtliche Einordnung des laufenden Nutzungsentgelts, ZInsO 2008, 719; *Ganter,* Sicherungsmaßnahmen gegenüber Aus- und Absonderungsberechtigten im Insolvenzeröffnungsverfahren, NZI 2007, 549; *Gomille,* Die Zuweisung der Nutzungen aus der zur Sicherheit übertragenen Sache, WM 2010, 1207; *Hellmich,* Zur Zinszahlungspflicht des Insolvenzverwalters nach § 169 InsO, ZInsO 2005, 678; *Heublein,* Die Ausgleichsansprüche des Aussonderungsberechtigten bei Anordnung von Sicherungsmaßnahmen nach § 21 Abs. 2 S. 1 Nr. 5, ZIP 2009, 11; *Kirchhof,* Probleme bei der Einbeziehung von Aussonderungsrechten in das Insolvenzeröffnungsverfahren, ZInsO 2007, 227; *Obermüller,* Kostenbeiträge und Ausgleichsansprüche bei der Verwertung von Mobiliarsicherheiten, NZI 2003, 416; *Sinz/Hiebert,* § 21 Abs. 2 Nr. 5 InsO; Nutzung ohne Gegenleistung im Interesse der Gläubigergemeinschaft, ZInsO 2011, 798; *Wiche-Wendler,* Einziehungs- und Verwertungsverbot nach § 21 Abs. 2 S. 1 Nr. 5 InsO; Ein Überblick über die praktische Anwendung der Norm, ZInsO 2011, 1530.

Übersicht

I. Allgemeines

1 Der absonderungsberechtigte Gläubiger muss nach Maßgabe des § 172 Abs. 1 S. 1 dulden, dass der Verwalter das Absonderungsgut **weder** an ihn **herausgibt noch** es **sofort verwertet** (BVerfG ZIP 2012, 1251). Hinzu tritt, dass der Verwalter bis zum Zeitpunkt der Verwertung berechtigt ist, den Gegenstand zu nutzen. Im Fall eines Wertverlustes sieht **§ 172 Abs. 1 S. 1** einen Ausgleichsanspruch des Gläubigers vor, der durch laufende Zahlungen befriedigt werden soll. Hiervon zu unterscheiden (→ § 172 Rn. 5) ist der in **§ 169** gewährte **Zinsausgleich für verzögerte Verwertung.** Der nach § 172 Abs. 1 auszugleichende Wertverlust durch Benutzung der Sache besteht nicht etwa in den entgangenen Miet- und Pachtzinsen oder Leasingraten, sondern in dem über die Vorenthaltung des Gegenstandes hinausgehenden Schaden.

2 Die **Zinsen** nach § 169 sind gem. § 55 Abs. 1 Nr. 1 **Masseverbindlichkeit** (Uhlenbruck/*Brinkmann* Rn. 11) und – unabhängig von einer tatsächlichen Nutzung oder Geltendmachung (Braun/*Dithmar* Rn. 12) – von Gesetzes wegen als

Ausgleich dafür zu zahlen, dass der Gläubiger auf den ihm zustehenden Verwertungserlös warten muss. Aufgrund des fehlenden Leistungsaustausches hat die Vorschrift daher Schadenersatzcharakter (vgl. 1.3 Abs. 3 und Abs. 6 S. 34 UStAE); die Zahlung ist folglich **nicht umsatzsteuerbar.**

II. Voraussetzungen für die Zinszahlungspflicht

1. Sachliche Begrenzung. Der Anspruch auf Zahlung der geschuldeten Zinsen setzt gem. Satz 1 voraus, dass der Insolvenzverwalter **gem. § 166 zur Verwertung berechtigt** ist. Nutzt der Verwalter *un*pfändbare Gegenstände, gilt § 169 folglich nicht (OLG Köln EWiR 2006, 625 Rn. 3). Nachdem § 313 für Verbraucherinsolvenzverfahren, die ab dem 1.7.2014 beantragt wurden, aufgehoben wurde, findet § 169 nun auch in vereinfachten Insolvenzverfahren Anwendung (nicht hingegen in Verbraucherinsolvenzverfahren, die vor dem 1.7.2014 beantragt wurden [Art. 103h EGInsO]). Wie sich aus § 166 ergibt, werden nur bewegliche Sachen und Forderungen erfasst. § 169 ist auf Aussonderungsgegenstände aber entsprechend anwendbar (hierzu unter IV.). 3

2. Zeitliche Begrenzung. Gem. **Satz 1** sind die geschuldeten Zinsen **erst ab dem Berichtstermin** zu zahlen. **Satz 2** bestimmt als Ausnahme hierzu, dass im Fall einer **Anordnung nach § 21** die Zinsen spätestens ab dem Zeitpunkt zu zahlen sind, der drei Monate nach dieser Anordnung liegt (BVerfG ZIP 2012, 1251: Regelung ist verfassungsgemäß). Diese Regelung zeigt, dass es für den Beginn der Zinszahlungspflicht unerheblich ist, ob der Insolvenzverwalter die verzögerte Verwertung zu vertreten hat. Die Zinszahlungspflicht dient als Ausgleich für die Entziehung der Nutzungsmöglichkeit und für die Wartezeit bis zu einer Befriedigung des Gläubigers. Folgerichtig ist sie gem. § 169 S. 3 ausgeschlossen, soweit nach der Höhe der Forderung sowie nach dem Wert und der sonstigen Belastung des Gegenstands nicht mit einer Befriedigung des Gläubigers aus dem Verwertungserlös gerechnet werden kann. Die zeitliche Begrenzung nach § 169 S. 1, S. 2 führt dazu, dass der Gläubiger es für längstens drei Monate (§ 29 Abs. 1 Nr. 1 aE) hinnehmen muss, den Absonderungsgegenstand der Insolvenzmasse zur Nutzung zu überlassen, ohne eine Gegenleistung zu erhalten (BGH NZI 2010, 95 Rn. 28, 36; *Sinz/Hiebert* ZInsO 2011, 798 ff.). Dies ist gerechtfertigt, weil der Absonderungsberechtigte insoweit mit den übrigen Insolvenzgläubigern eine Verlustgemeinschaft bildet. Die Belastung des Absonderungsberechtigten ist insoweit Ausfluss des Gläubigergleichbehandlungsgrundsatzes. 4

Die **insolvenzplanbedingte Aussetzung der Verwertung** gem. § 233 unterbricht auch die Zinszahlungspflicht (Uhlenbruck/*Brinkmann* Rn. 9). Die **Zahlungspflicht endet** nicht schon mit der Verwertungshandlung, sondern **erst mit Auskehr des Erlöses** an den Absonderungsberechtigten (BGHZ 154, 72 Rn. 55 = ZIP 2003, 632) oder der Übertragung des Verwertungsrechts an den Absonderungsberechtigten. Ferner kann die Zinszahlungspflicht auch aufgrund der zwischen dem Schuldner und dem Absonderungsberechtigten getroffenen vertraglichen Vereinbarungen enden. 5

3. Ausschluss der Zinszahlungspflicht. Der Ausgleich durch Zinszahlung setzt voraus, dass der Absonderungsberechtigte den Gegenstand früher hätte verwerten können, als dies tatsächlich geschehen ist. Der Insolvenzverwalter kann einer Forderung des Absonderungsberechtigten also stets entgegenhalten, dass die verzögerte Verwertung auf **keine insolvenzspezifischen Ursachen** zurückzuführen ist, wofür der Verwalter die Darlegungs- und Beweislast trägt (BGHZ 166, 215 Rn. 16 = ZIP 2006, 814; *Zipperer* KTS 2008, 167 [179 f.]; ablehnend Kreft/*Landfermann* Rn. 9). Ein solcher Fall liegt insbes. vor, wenn in der Insolvenz des Leasinggebers das zur Sicherung übereignete Leasinggut wegen des nach § 108 6

Abs. 1 S. 2 fortbestehenden Besitzrechts des Leasingnehmers nicht verwertet werden kann. Bemüht sich der Verwalter redlich um die Einziehung einer sicherungszedierten Forderung, beginnt die Zinszahlungspflicht erst am Tage nach dem Zahlungseingang, auch wenn dieser nach dem Berichtstermin liegt (BGHZ 154, 72 = ZIP 2003, 632).

7 **Insolvenzspezifische Verzögerungsgründe** liegen nicht nur vor, wenn der Verwalter wegen Überlastung untätig bleibt, sondern auch wenn er von einer Verwertung zunächst absieht, um den Betrieb fortzuführen oder eine Gesamtverwertung als Paketverkauf anstrebt. Ob dies auch der Fall ist, wenn die Verwertung nach § 233 ausgesetzt wird, ist streitig (bejahend: Kreft/*Landfermann* § 169 Rn. 11; verneinend: Uhlenbruck/*Brinkmann* § 169 Rn. 9; BK-InsO/*Breutigam* § 169 Rn. 8). Die besseren Gründe sprechen für die letztgenannte Ansicht, da die Interessen der Absonderungsgläubiger ausreichend im Insolvenzplanverfahren Berücksichtigung finden.

III. Umfang der Zinszahlungspflicht/Abgrenzung zu § 172/ Nutzungsentschädigung

8 Für die Bestimmung der **Höhe des Zinssatzes** ist es wichtig, sich zu vergegenwärtigen, weshalb das Gesetz in § 169 S. 1 bestimmt, dass dem Gläubiger vom Berichtstermin an laufend die geschuldeten Zinsen aus der Insolvenzmasse zu zahlen sind. Der absonderungsberechtigte Gläubiger soll dafür entschädigt werden, dass er auf die Auskehr des Verwertungserlöses *warten* muss. Da das Gesetz in § 166 das Verwertungsrecht dem Insolvenzverwalter zuerkennt, ist der Gläubiger gezwungen, die Verwertung abzuwarten. Hinzu kommt, dass die Verwertung erst nach der Entscheidung der Gläubigerversammlung über den weiteren Fortgang des Verfahrens beginnen darf (§§ 157, 158, 159); es ist daher sachgerecht, eine Entschädigung grds. erst ab diesem Termin vorzusehen. Erfolgt die Verwertung nach der Gläubigerversammlung verzögert, soll die eingetretene Verzögerung kompensiert werden. Daher kommt in Betracht, die Höhe des Zinssatzes am Verzugszins zu orientieren. Primär wäre auf die vertraglichen Bestimmungen zwischen Schuldner und Gläubiger abzustellen (so Ahrens/Gehrlein/Ringstmeier/*Homann* Rn. 4). Wurde hinsichtlich der Verzugszinsen keine Regelung getroffen, wären die gesetzlichen Verzugszinsen maßgeblich. Der BGH (BGHZ 166, 215 [226 f.] = ZInsO 2006, 433) sieht dies allerdings anders und verweist darauf, dass der Sanktionscharakter der erhöhten gesetzlichen Verzugszinsen der Regelung des § 169 S. 2 nicht gerecht werde. Denn die Zinszahlungspflicht der Masse nach § 169 S. 2 sei nicht an ein Verschulden des Verwalters geknüpft. Dieser solle durch eine drohende übermäßige Zinsbelastung auch nicht von einer Unternehmensfortführung, Sanierung oder Gesamtveräußerung abgehalten werden. Der **BGH hält** eine Verzinsung von **4 % für angemessen** und zieht hierzu § 246 BGB heran. Verzugszinsen nach Maßgabe der §§ 288, 247 BGB seien nicht zu zahlen (BGHZ 166, 215 Rn. 31 = ZIP 2006, 814; Kreft/*Landfermann* Rn. 17 will eine Ausnahme zulassen, wenn der Schuldner schon vor Insolvenzeröffnung in Verzug geraten war; aA [stets Verzugszins] MüKoInsO/*Tetzlaff* Rn. 32).

9 Zu beachten ist, dass die 4 % gem. Satz 3 **auf den Wert des Absonderungsgegenstandes zu beziehen** sind. Ist dieser wertlos oder tatsächlich nicht verwertbar, entfällt die Zinszahlungspflicht nach Satz 1 und 2. Die gleichen Grundsätze gelten im Fall der Untersicherung, da der Absonderungsgläubiger nur insoweit Befriedigung erlangen könnte (instruktiv das Beispiel von *Mönning* FS Uhlenbruck, 2000, 239 [266]). An dieser Regelung wird noch einmal deutlich, dass § 169 S. 1 nur die verzögerte Auskehr des potentiellen Verwertungserlöses kompensieren soll (BGHZ 166, 215 Rn. 13 = ZIP 2006, 814; Ahrens/Gehrlein/

Ringstmeier/*Homann* Rn. 7; *Heublein* ZIP 2009, 11 [13]). Wenn ein solcher Erlös aber nicht zu realisieren ist, besteht auch kein Anspruch auf Zinsen.

Andererseits handelt es sich bei der Einschätzung der Befriedigungsaussichten nur um eine **vorläufige Prognose** des Insolvenzverwalters. Stellt sich nach Verwertung des Absonderungsgegenstandes heraus, dass der erwartete Verwertungserlös zu hoch oder zu niedrig geschätzt wurde, erfolgt kein Ausgleich, da es nur auf die Prognose des Verwalters ankommt (Uhlenbruck/*Brinkmann* Rn. 12; Kreft/*Landfermann* Rn. 14; Kübler/Prütting/Bork/*Flöther* Rn. 7; BK-InsO/*Breutigam* Rn. 9). Wertminderungen während der Dauer der Nutzung sind nach § 172 auszugleichen. 10

Die Zinszahlungspflicht nach § 169 ist **streng zu trennen von** der Pflicht zum Ausgleich eines durch die Nutzung des Absonderungsgutes eingetretenen **Wertverlusts** nach § 172 (→ § 172 Rn. 5) **und** der Frage nach einer etwaigen **Nutzungsentschädigung.** Wie gezeigt, soll § 169 weder den Eintritt eines Wertverlustes noch den Entzug der Nutzungsmöglichkeit über einen gewissen Zeitraum kompensieren. Für den Fall des Absonderungsrechtes, also va der Sicherungsübereignung, ist dies schon allein deshalb sachgerecht, weil das Sicherungsgut auch außerhalb der Insolvenz dem Sicherungsgeber zur Nutzung überlassen wird, ohne dass eine Nutzungsentschädigung zu entrichten wäre. 11

IV. Aussonderungsgut

Weder § 172 noch § 169 S. 1 ist auf Aussonderungsrechte unmittelbar anwendbar, da das Verwertungsrecht des Verwalters in beiden Fällen fehlt. Allerdings verweist § 21 Abs. 2 S. 1 Nr. 5 Hs. 2 auf § 169 S. 2, S. 3 und erklärt die Vorschrift auch für Gegenstände, „deren Aussonderung verlangt werden könnte", für entsprechend anwendbar. § 21 Abs. 2 S. 1 Nr. 5 aE begründet daneben die Pflicht, einen durch die Nutzung eingetretenen Wertverlust nach Verfahrenseröffnung als Masseschuld auszugleichen (BGH ZIP 2012, 779 Rn. 26 f.; *Tillmann* EWiR 2012, 389; *Sinz/Hiebert* ZInsO 2011, 798 [799]); diese Pflicht ist mit der nach § 172 vergleichbar, ohne dass sie mit dem Verzinsungsanspruch verwechselt werden darf. **Fraglich** bleibt aber, **ob** für Aussonderungsgegenstände nach § 169 S. 2, S. 3 eine Zinszahlungspflicht iHv 4 % (auf welcher Zinsbasis?) gelten soll oder ob unter Zins der **vertraglich geschuldete Miet-, Pacht-, Darlehenszins** bzw. die vertraglich geschuldete Leasingrate zu verstehen **oder** – nach Kündigung des Vertragsverhältnisses – eine der vertraglichen Vereinbarung entsprechende **Nutzungsentschädigung zu zahlen ist.** Konkret stellt sich bspw. die Frage, ob der Leasinggeber in der Insolvenz des Leasingnehmers im Fall der Anordnung gem. § 21 Abs. 1 Nr. 5 nach Ablauf von drei Monaten eine Zahlung iHv 4 % des Wertes des Leasinggutes oder iHd vertraglich geschuldeten Leasingrate verlangen kann (*Bork* NZI 2012, 590 [592 f.]: Anspruch auf die Leasingraten bzw. gem. § 546a Abs. 1 BGB auch schon vor Ablauf der drei Monate, aber ggf. anfechtbar). 12

Nach überwiegender Ansicht (HambK-InsO/*Büchler* Rn. 7a; MüKoInsO/*Haarmeyer* § 21 Rn. 101; Pape/Gundlach/Vortmann HdB/*Gundlach* S. 289 Rn. 498, S. 291 Rn. 502; ähnlich: *Heublein* ZIP 2009, 11 [13 f.]) ist bei der **Berechnung des Zinses iSd § 169 S. 2** ein Betrag iHd vertraglich geschuldeten Gegenleistung (Miet-, Pacht-, Darlehenszins, Leasingrate) zugrunde zu legen. So soll zB bei einer Anordnung, die das Betriebsgrundstück betrifft, eine Nutzungsentschädigung iHd vertraglich vereinbarten Mietzinses auch dann gezahlt werden, wenn der Mietvertrag bereits gekündigt ist. Auch der BGH (BGHZ 183, 269 Rn. 29 = ZIP 2010, 141) scheint § 169 S. 2 InsO auf diese Weise zu verstehen. Für diese Auffassung spricht, dass der Zins der Preis für die Überlassung von Geld oder Sachen ist. Wird der Eigentümer zur Duldung der Nutzung gezwungen, ist es sachgerecht, ihm auch eine **Entschädigung iHd** vormals **vertraglich ge-** 13

schuldeten Zinses zu zahlen. Der Eigentümer erhält mit anderen Worten keinen Ausgleich dafür, dass der Gegenstand verzögert verwertet wird, sondern dafür, dass er sein Eigentum nicht (rechtzeitig) zurück erhält und damit auch nicht anderweitig zur Wertschöpfung einsetzen kann. Aussonderungsgut wird dem späteren Insolvenzschuldner damit bei Vertragsschluss mit einer völlig anderen Zielsetzung überlassen als im Fall der Sicherungsübereignung (nämlich Nutzungsüberlassung statt Besicherung einer Forderung); Aus- und Absonderungsrechte unterscheiden sich in ihrer Struktur und Wirkung daher fundamental (näher *Heublein* ZIP 2009, 11 [14]), weshalb eine Gleichbehandlung im Hinblick auf die erzwungene Nutzungsüberlassung sachgerecht, bezüglich der zu zahlenden Entschädigung aber unangemessen ist (*Kirchhof* ZInsO 2007, 227 [230]; *Wiche-Wendler* ZInsO 2011, 1530 [1532]).

14 **Anders** verhält es sich aber **beim Finanzierungsleasing,** da hier die Leasingraten kein zeitbezogenes Nutzungsentgelt, sondern nach Maßgabe der Vollamortisationsgarantie kalkuliert sind. Nach Erreichen der Vollamortisation hat der Leasinggeber nur noch ein schutzwürdiges Interesse, durch Realisierung des Restwertes einen weiteren Gewinn zu realisieren, was die Parteien auch im Falle der Vereinbarung von Anschlussleasingraten zum Ausdruck bringen. Dies ist bei der analogen Anwendung von § 169 S. 2 dahingehend zu berücksichtigen, dass die vertraglich vereinbarten Leasingraten nur bis zur Vollamortisation verlangt werden können, **nach Erreichen der Vollamortisation nur noch** eine **Nutzungsentschädigung** iHd Werts der Gebrauchsüberlassung (dazu ausf.: Uhlenbruck/*Sinz* § 108 Rn. 103 f.; Staudinger/*Stoffels* BGB Leasing Rn. 286; aA BGHZ 107, 123 [127 ff.]; BGH NJW-RR 2005, 1081 [1082]).

15 Wie schon der Wortlaut des Gesetzes zeigt, beginnt die Zahlungspflicht erst drei Monate nach der Anordnung gem. § 21 Abs. 2 S. 1 Nr. 5 (BGHZ 183, 269 Rn. 28 ff. = ZIP 2010, 141; KG NZI 2009, 114 Rn. 25). Das Insolvenzgericht darf von der gesetzlichen Ermächtigung nicht abweichen und kann auch keine frühere Zahlungspflicht anordnen (BGHZ 183, 269 Rn. 35; *Heublein* ZIP 2009, 11 [15]; aA *Büchler* ZInsO 2008, 719; Kübler/Prütting/Bork/*Pape/Lüke* § 21 Rn. 40s).

Verteilung des Erlöses

170 (1) [1]**Nach der Verwertung einer beweglichen Sache oder einer Forderung durch den Insolvenzverwalter sind aus dem Verwertungserlös die Kosten der Feststellung und der Verwertung des Gegenstands vorweg für die Insolvenzmasse zu entnehmen.** [2]**Aus dem verbleibenden Betrag ist unverzüglich der absonderungsberechtigte Gläubiger zu befriedigen.**

(2) **Überläßt der Insolvenzverwalter einen Gegenstand, zu dessen Verwertung er nach § 166 berechtigt ist, dem Gläubiger zur Verwertung, so hat dieser aus dem von ihm erzielten Verwertungserlös einen Betrag in Höhe der Kosten der Feststellung sowie des Umsatzsteuerbetrages (§ 171 Abs. 2 Satz 3) vorweg an die Masse abzuführen.**

Schrifttum: *Dahl,* Die Behandlung der Kostenbeiträge nach §§ 170, 171 InsO bei Übersicherung des Sicherungsgläubigers unter besonderer Berücksichtigung des Sicherheitenpools, NZI 2004, 615; *Gundlach/Frenzel/Schmidt,* Der Anwendungsbereich der §§ 170, 171 InsO, DZWiR 2001, 140; *Ganter,* Sicherungsmaßnahmen gegenüber Aus- und Absonderungsberechtigten im Insolvenzeröffnungsverfahren: Ein Beitrag zum Verständnis des neuen § 21 Abs. 2 S. 1 Nr. 5 InsO, NZI 2007, 549; *Jungclaus/Keller,* Die Aufrechnung des Insolvenzverwalters gegen den Anspruch des Gläubigers aus § 170 I S. 2 InsO, KTS 2010, 149; *Mitlehner,* Wirkung der Eröffnung des Insolvenzverfahrens auf Kreditsicherungsrechte an

Immoblien, Sachen, Rechten und Forderungen, ZIP 2015, 60; *ders.,* Verwertungsvereinbarungen im Insolvenzverfahren, ZIP 2012, 649; *Sternal,* Das Gesetz zur Vereinfachung des Insolvenzverfahrens, NJW 2007, 1909; *Tetzlaff,* Verschiedene Möglichkeiten für die Auflösung einer Kollision zwischen Eigentumsvorbehalt und Globalzession, ZInsO 2009, 1092; *de Weerth,* Anmerkung zu dem Urteil des BGH vom 29.3.2007, NZI 2007, 396.

Übersicht

I. Allgemeines

1 Die Norm regelt die **Erlösverteilung** bei Verwertung von beweglichen Sachen und Forderungen, an denen ein Absonderungsrecht eines Gläubigers besteht, und billigt diesem einen anschließenden Anspruch auf unverzügliche Befriedigung zu (zum Vorrang des Vermieterpfandrechts bei Sicherungsübereignung des Inventars vor veräußerungsbedingtem Vermieterwechsel: BGH NZI 2015, 63). Diese Regelung stellt sicher, dass bei bestehendem Verwertungsrecht des Verwalters (§ 166) aus dem erzielten Erlös zuerst die Feststellungs- und ggf. Verwertungskosten (zur Berechnung → § 171 Rn. 8 ff., 15 ff.) sowie die Umsatzsteuer berichtigt werden, bevor der erzielte Erlös an den absonderungsberechtigten Gläubiger ausgekehrt wird. Mit den unter Umständen erheblichen Bearbeitungskosten durch Absonderungsrechte soll die Masse nach dem Willen des Gesetzgebers nicht belastet werden (Kübler/Prütting Neues Insolvenzrecht S. 399 f.). Die Norm legt das sog **Kostenverursachungsprinzip** zugrunde (Uhlenbruck/*Brinkmann* Rn. 1), wonach die Kosten für Feststellung und Verwertung der Absonderungsberechtigte als „Verursacher" zu tragen hat; die Masse und damit die übrigen – ungesicherten – Gläubiger sollen damit nicht belastet werden (aA *Mönning* FS Uhlenbruck, 2000, 247).

2 IErg führt das Kostenverursachungsprinzip zu einer **teilweisen Entwertung des Sicherungsgutes;** dies kann allerdings bereits bei Bestellung der Sicherheit berücksichtigt werden, da nach der Rspr. (BGH-GS NJW 1998, 671) für die Angemessenheit der Deckungsgrenze der *Realisierungswert* der Sicherheit maßgeblich ist, die Sicherheit also auch für die Kosten in Anspruch genommen werden kann. Diesen Umstand hat der Gesetzgeber berücksichtigt (Begründung RegE,

BT-Drs. 12/2443); die volle Sicherung von Krediten durch Mobiliarsicherheiten bleibt somit möglich.

II. Regelungsinhalt

3 Die Norm unterscheidet in ihren beiden Absätzen zwischen zwei Anwendungsfällen, nämlich der Verwertung durch den Verwalter selbst und der dem absonderungsberechtigten Gläubiger überlassenen Verwertung. Der Anwendungsbereich ist grds. **abschließend,** dh eine entsprechende Anwendung der Kostenbeitragsregelungen auf gesetzlich nicht geregelte Fälle nicht möglich (MüKoInsO/*Tetzlaff* Rn. 12). Die Rspr. hat zwischenzeitlich **aber zwei Ausnahmen** von diesem Grundsatz anerkannt, → Rn. 14).

4 **1. § 170 Abs. 1. a) Anwendbarkeit.** § 170 Abs. 1 findet Anwendung va bei Verwertung durch den Verwalter im eröffneten Verfahren gem. **§ 166** – also bei der Verwertung beweglicher Sachen, an denen ein Absonderungsrecht des Gläubigers besteht, die aber der Verwalter in Besitz hat, bzw. bei Einziehung von Forderungen, die der Schuldner zur Sicherung eines Anspruchs abgetreten hat. Dies folgt aus der Begründung des RegE und der systematischen Stellung der Norm (Nerlich/Römermann/*Becker* Rn. 3). Die Norm ist darüber hinaus anwendbar im Falle der Verwalterverwertung bei nicht erfolgter Gläubigerverwertung nach Fristablauf (denn dann wird der Verwalter ebenfalls verwertungsberechtigt, **§ 173 Abs. 2 S. 2**) und bei Übernahme des Gegenstandes durch den absonderungsberechtigten Gläubiger gem. **§ 168 Abs. 3 S. 1** (sog „Eintrittsrecht"). Diese Übernahme bleibt nach herrschender Ansicht Verwalterverwertung (BGH WM 2005, 2400; FK-InsO/*Wegener* Rn. 15; HambK-InsO/*Büchler* Rn. 10; Nerlich/Römermann/*Becker* § 168 Rn. 3; Uhlenbruck/*Brinkmann* Rn. 12, **str.,** aA *Lwowski/Heyn* WM 1998, 473 [489]). Die überwiegende Ansicht überzeugt, denn anders als bspw. dann, wenn der Verwalter dem Gläubiger die Verwertung nach § 170 Abs. 2 mit allen Vor- und Nachteilen überlässt (→ Rn. 12 ff.), wird dem Gläubiger im Falle des § 168 Abs. 3 S. 1 aus Praktikabilitätsgründen lediglich die Möglichkeit eingeräumt, „*wie ein Käufer*" in eine bereits weitgehend abgeschlossene Verwertung einzutreten.

5 **b) Keine Anwendbarkeit.** Nicht anwendbar ist Absatz 1 in den Fällen, in denen dem **Verwalter kein Verwertungsrecht** zusteht (→ § 166 Rn. 5 f., 12 f.; §§ 173 Abs. 1, 313 Abs. 3); die von ihm dennoch vorgenommene Verwertung berechtigt den Gläubiger dann nach § 48 zur Ersatzabsonderung des vollen Bruttoerlöses ohne Abzüge (Uhlenbruck/*Brinkmann* Rn. 6). Ebenso wenig fallen die Kostenpauschalen nach § 170 an, wenn der **Gläubiger berechtigterweise verwertet.**

6 Hat der absonderungsberechtigte Gläubiger die **Verwertung vor Eröffnung abgeschlossen,** ist weder eine Feststellungskosten- noch die Verwertungskostenpauschale (BGH ZIP 2004, 42 f.) an die Masse zu zahlen – selbst wenn der Eröffnungsantrag schon gestellt ist. Denn es existiert keine Norm, die den Gläubiger als Sicherungsnehmer bis zur Eröffnung an der Ausübung seiner Rechte hindert (BGH ZInsO 2005, 148; ZIP 2003, 472 [475 ff.]). Wird die Verwertung durch den Gläubiger **nach Eröffnung fortgesetzt** bzw. abgeschlossen, muss differenziert werden: Ist dann der Verwalter nach § 166 verwertungsbefugt, werden grds. Kostenbeiträge fällig (BGH ZIP 2004, 42 [43]). Dies gilt aber ausnahmsweise nicht, wenn nur noch der Eingang des Erlöses beim Verwalter oder Gläubiger abgewartet wird und eine Abrechnung erfolgen muss (OLG Hamm ZInsO 2001, 1162 [1164 f.]). Als Faustformel lässt sich festhalten: Sofern der Verwalter in irgendeiner Form an Verwertungshandlungen beteiligt ist, sind Feststellungs- und Verwertungskostenbeiträge an die Masse abzuführen.

c) Anwendung im Insolvenzeröffnungsverfahren. Ordnet das Gericht nach **§ 21 Abs. 2 Nr. 5** ein Verwertungsverbot des Gläubigers an, kommt es zu einer Vorverlagerung der Wirkungen der §§ 166 ff. (Uhlenbruck/*Brinkmann* Rn. 4); hierdurch können Versuche der Gläubiger verhindert werden, das Sicherungsgut vor Eröffnung zu verwerten, um die von Abs. 1 vorgesehenen Kostenbeiträge zu sparen (*Sternal* NJW 2007, 1909 ff.). Bei **Einzug einer zur Sicherung abgetretenen Forderung** des Gläubigers durch den hierzu vom Insolvenzgericht ermächtigten vorläufigen Insolvenzverwalter gelten die §§ 170, 171 entsprechend (§ 21 Abs. 2 Nr. 5 S. 3). Dies gilt auch dann, wenn die Voraussetzungen für eine Ermächtigung zum Forderungseinzug (dazu BGH ZInsO 2012, 693 Rn. 11) objektiv nicht vorlagen, da die Anordnung auch in diesem Fall bis zu ihrer Aufhebung ihre rechtliche Wirkung behält (BGH ZInsO 2012, 693 Rn. 13). 7

Darüber hinaus ist der Anwendungsbereich eröffnet, wenn der vorläufige Verwalter **ausnahmsweise zur Verwertung befugt** ist (Uhlenbruck/*Brinkmann* Rn. 5). Ob dies bspw. auch bei dem Notverkauf schnellverderblicher Waren gilt, ist umstr. Nach einer Ansicht soll § 170 Abs. 1 keine Anwendung finden. Der Verwalter müsse eine Verwertungsvereinbarung (dazu *Mitlehner* ZIP 2012, 649 [656]) mit dem Absonderungsberechtigten schließen, um die Kostenbeiträge des § 171 der Masse zu erhalten; ohne eine solche hafte der Verwalter ggf. wegen Verlustes der Kostenbeiträge (HambK-InsO/*Büchler* Rn. 12). Nach anderer Auffassung soll dies nach der Einfügung der neuen Nr. 5 in § 21 Abs. 2 mit Wirkung zum 1.7.2007 nicht mehr gelten (MüKoInsO/*Tetzlaff* Rn. 14 f.). Entscheidend kann nur sein, ob dem Verwalter im Eröffnungsverfahren ein Verwertungsrecht zusteht. Ist dies der Fall – so bei dem Notverkauf schnell verderblicher Waren – sind die gesetzlich vorgesehenen Kostenbeiträge zu zahlen. Es ist praxisfern, von dem vorläufigen Verwalter bspw. vor Verkauf einer Ladung mit frischem Fisch noch den Abschluss einer Verwertungsvereinbarung zu verlangen. 8

Grds. ist der vorläufige Insolvenzverwalter aber nicht verwertungsberechtigt, folglich sind im Eröffnungsverfahren die §§ 170, 171 **in allen übrigen Fällen nicht anwendbar.** Dies gilt bspw. für die Verwertung von Lebensversicherungsansprüchen, an denen ein unwiderrufliches Bezugsrecht des Sicherungsgläubigers eingeräumt wurde (zur Insolvenzfestigkeit: *Ganter* NZI 2013, 769), aber auch im Falle einer Verwertung durch den starken vorläufigen Insolvenzverwalter im Eröffnungsverfahren. Dementsprechend muss derjenige, dem an den Rechten aus dem Lebensversicherungsvertrag ein unwiderrufliches Bezugsrecht eingeräumt worden ist, keine Kostenbeiträge an die Masse abführen, wenn die Lebensversicherung im Insolvenzeröffnungsverfahren verwertet wird (Uhlenbruck/*Brinkmann* Rn. 4); dies gilt auch, wenn die Auszahlung an den Absonderungsberechtigten erst nach Eröffnung des Insolvenzverfahrens erfolgt (OLG Hamm NZI 2002, 50). 9

d) Abweichende Regelungen. Verwertungsvereinbarungen zwischen Verwalter und Absonderungsgläubiger sind möglich und **haben Vorrang** vor den §§ 170 ff. (OLG Koblenz ZInsO 2004, 929; HambK-InsO/*Büchler* Rn. 4; MüKoInsO/*Tetzlaff* Rn. 17), da der Verwalter für eine effiziente Abwicklung zu sorgen hat. Dieser gesetzgeberische Grundgedanke, der ein flexibles, situationsgerechtes Verwalterhandeln gewährleisten will, spiegelt sich in allen Regelungen des Dritten Abschnitts wieder. Ein Rückgriff auf die §§ 170 ff. ist daher bei Abschluss einer Vereinbarung nur noch möglich, soweit keine Regelung zwischen den Parteien getroffen wurde. Die Beiträge können über den in § 171 geregelten Sätzen liegen; allerdings verzichtet der absonderungsberechtigte Gläubiger damit auf Teile der vorhandenen Sicherheiten, was im Verhältnis zu Dritten Auswirkungen haben kann (OLG Dresden WM 2003, 2137 – Einrede des § 776 BGB gegenüber dem Bürgen). 10

11 Eine Vereinbarung zur **Regelung der Kostenbeiträge ohne Beteiligung des Verwalters** ist gem. § 134 BGB **unwirksam** (Nerlich/Römermann/*Becker* Rn. 1). Unwirksam sind daher Vereinbarungen zwischen Schuldner und dem absonderungsberechtigten Gläubiger über die Höhe der Kostenbeiträge im Insolvenzfall (Kreft/*Landfermann* Rn. 26; MüKoInsO/*Tetzlaff* Rn. 17).

12 **2. § 170 Abs. 2. a) Anwendbarkeit.** Absatz 2 regelt die Verteilung des Verwertungserlöses bei **Verwertung** eines vom Insolvenzverwalter überlassenen Gegenstandes **durch den absonderungsberechtigten Gläubiger.** Der Insolvenzverwalter kann seine Verwertungsbefugnis auf den Gläubiger übertragen; dies empfiehlt sich bspw., wenn andernfalls der Verlust seines Verwertungsrechts wegen eines bloß mittelbaren Besitzes droht, die Masse mit erheblichen Verwertungskosten belastet würde, wegen verzögerter Verwertung Zinsen gem. § 169 InsO an den Gläubiger zu zahlen sind oder aber der absonderungsberechtigte Sicherungsnehmer und der Insolvenzverwalter sich nicht über die Verwertungsmodalitäten einigen können und deswegen ein Rechtsstreit droht (MüKoInsO/*Tetzlaff* Rn. 21). Auch die infolge von Branchennähe besseren Verwertungsmöglichkeiten können einen Anlass bieten (Haarmeyer/Wutzke/Förster PräsenzKoInsO/*Ringstmeier/Boddenberg* Rn. 8). Es besteht indes **kein Anspruch des Gläubigers auf Überlassung der Verwertungsbefugnis** (LG Halle ZInsO 2001, 270), umgekehrt aber auch keine diesbezügliche Verpflichtung des Gläubigers zur Übernahme (MüKoInsO/*Tetzlaff* Rn. 22, Uhlenbruck/*Brinkmann* Rn. 21: kein Aufzwingen bestimmter Gegenstände). Zum Anspruch des Gläubigers aus § 1246 BGB auf freihändige Verwertung durch den Insolvenzverwalter: → § 173 Rn. 8; BGH NZI 2011, 602 Rn. 47, 54.

13 Es erfolgt durch die Überlassung der Verwertung keine echte Freigabe, mithin auch **keine Entlassung des Gegenstands aus dem Insolvenzbeschlag** (Uhlenbruck/*Brinkmann* Rn. 20). Der Insolvenzverwalter verzichtet lediglich auf sein Verwertungsrecht (Kübler/Prütting/Bork/*Flöther* Rn. 10). Der Absonderungsberechtigte darf die Verwertung nur auf die Art und Weise durchführen, die ihm auch außerhalb des Insolvenzverfahrens gestattet wäre, bei bestehendem Vermieterpfandrecht also nur durch Pfandverkauf mittels öffentlicher Versteigerung. **Absatz 2 eröffnet** dem Gläubiger **keine erweiterten Verwertungsmöglichkeiten** und verleiht auch keine Befugnisse wie sie dem Verwalter zustehen; so muss er sich bspw. zur Durchführung einer freihändigen Veräußerung an den Verwalter wenden (HambK-InsO/*Büchler* Rn. 9).

14 **b) Analoge Anwendung.** Die Rspr. hat eine analoge Anwendung von Absatz 2 in zwei Fällen anerkannt: Der absonderungsberechtigte **Gläubiger, der trotz Verwertungsrecht des Verwalters verwertet,** muss in entsprechender Anwendung von § 170 Abs. 2 Feststellungskostenbeiträge an die Masse zahlen (BGHZ 154, 72 [79] = ZInsO 2003, 318); Verwertungskostenbeiträge sind aber nicht abzuführen (BGH ZInsO 2003, 1137).

15 Ferner muss der **Sicherungseigentümer, der** ein Verwertungsrecht nach § 173 InsO hat, weil er **sich vor Verfahrenseröffnung Besitz verschafft,** entsprechend dem Verweis von Abs. 2 auf § 171 Abs. 2 S. 3 die Umsatzsteuer vorweg an die Masse abführen, wenn die Verwertung nach Eröffnung erfolgt (BGH NZI 2007, 394). Der BGH nimmt eine Regelungslücke an (krit. hierzu *de Weerth* NZI 2007, 396 [397]) und begründet die entsprechende Anwendung damit, dass es keinen sachlichen Grund gebe, in diesem Fall – anders als bei der Verwertung durch Verwalter oder Gläubiger nach § 170 Abs. 1 bzw. 2 – die Masse mit der Umsatzsteuer zu belasten; dies sei mit den Zielen des Insolvenzverfahrens nicht vereinbar. Falls der Gläubiger allerdings nach steuerrechtlichen Vorschriften zur unmittelbaren Zahlung der Umsatzsteuer an das Finanzamt verpflichtet ist,

braucht er diese nicht erneut an die Masse abführen (ausf. hierzu Nerlich/Römermann/*Becker* Rn. 24 ff.).

c) Keine Anwendbarkeit. Nicht anwendbar ist Absatz 2, wenn der Gläubiger von seinem **Eintrittsrecht nach § 168 Abs. 3 S. 1** Gebrauch macht, denn hierbei handelt es sich um eine Verwertung durch den Verwalter (→ Rn. 4) mit der Folge, dass Kostenbeiträge an die Masse abzuführen sind. Ebenso wenig findet Absatz 2 Anwendung, wenn der Absonderungsberechtigte sein **originäres Absonderungsrecht aus § 173** wahrnimmt; in diesem Fall sind keine Kostenbeiträge zu zahlen. 16

III. Verteilung des Erlöses

1. Verwertung durch den Verwalter (Absatz 1). a) Berechnungsgrundlage. Die Erlösverteilung gem. Absatz 1 setzt voraus, dass die Verwertung abgeschlossen ist (zum Begriff der Verwertung s. o. *Jungmann* § 159 Rn. 8 ff.). Dies ist idR der Fall, wenn der Verwertungserlös auf dem Anderkonto des Verwalters eingegangen ist. Die Berechnungsgrundlage bildet der **Bruttoerlös** (→ § 171 Rn. 5); hieraus werden Feststellungs- und Verwertungskosten (zur Höhe der Beiträge und den hiervon abgedeckten Kosten → § 171 Rn. 6 ff., 16 ff.) sowie ggf. die anfallende Umsatzsteuer entnommen. Wurde das Absonderungsgut als Teil einer Sachgesamtheit für einen Gesamtpreis verkauft, bestimmt sich der darauf entfallende Verwertungserlös nach dem Anteil, den der Sicherungsgegenstand an der Sachgesamtheit ausmacht (BGH ZInsO 2008, 918 Rn. 10). 17

Falls ein **Übererlös** erzielt wurde, sind die Kostenbeiträge des § 171 vorrangig diesem Übererlös zu entnehmen. Eine Belastung des Absonderungsgläubigers mit diesen Kosten erfolgt somit nur, soweit der Erlös nicht ausreicht, um die Beiträge und die gesicherte Forderung abzudecken. Unzulässig ist es, trotz eines vorhandenen Übererlöses die vollen Feststellungs- und Verwertungskostenpauschalen zu Lasten des Absonderungsgläubigers einzubehalten (LG Verden ZInsO 2002, 942; HambK-InsO/*Büchler* Rn. 7). 18

b) Erhaltungskosten. Ob auch Erhaltungskosten (zB für Aufbewahrung, Sicherung, Instandhaltung, Versicherung, Fütterung von Tieren) abzugsfähig sind, wird in der Literatur **kontrovers diskutiert:** Die fehlende Erwähnung im Wortlaut der Vorschrift und die Gesetzgebungshistorie sprechen zunächst dagegen. Denn die ursprünglich in § 195 Abs. 1 RegE enthaltene Regelung, welche die Entnahme der Erhaltungskosten vorsah, wurde vom Rechtsausschuss gestrichen, um die Insolvenzgerichte von Streitigkeiten über die Feststellung der Erhaltungskosten zu entlasten (ausf. hierzu Uhlenbruck/*Brinkmann* Rn. 17). Die teilw. vertretene Ansicht, dass Erhaltungskosten in vielen Fällen unter die Verwertungskosten subsumiert werden können (so Kreft/*Landfermann* Rn. 23 f. mit konkreten Beispielen; Ahrens/Gehrlein/Ringstmeier/*Homann* Rn. 13; Nerlich/Römermann/*Becker* Rn. 13) und eine Erhöhung des Pauschalbetrags erlauben (so Haarmeyer/Wutzke/Förster PräsenzKoInsO/*Ringstmeier/Boddenberg* Rn. 16), lässt sich daher mit dem Willen des Gesetzgebers nicht vereinbaren. Dies schließt aber nicht aus, dass in Einzelfällen ein Anspruch des Verwalters gegen den absonderungsberechtigten Gläubiger auf Ersatz der Aufwendungen für die Erhaltung gem. §§ 675, 670, 683 S. 1 BGB aus **GoA** besteht (HambK-InsO/*Büchler* Rn. 5; MüKoInsO/*Tetzlaff* Rn. 39), da die Erstattungsfähigkeit an andere Voraussetzungen anknüpft. Die Masse würde sonst mit Kosten belastet, die allein dem Absonderungsgläubiger einen Vorteil bringen. 19

Im Falle von Sicherungseigentum finden zudem die Vorschriften zum Eigentümer-Besitzer-Verhältnis Anwendung, die insbes. eine Erstattung von **notwendigen Verwendungen** vorsehen (so bereits für Aussonderungsrechte: *Kilger/Karsten* 20

Schmidt § 43 KO Anm. 3b cc). Notwendig sind nur solche Verwendungen, die zum Erhalt der Sache erforderlich sind und sonst vom Eigentümer hätten gemacht werden müssen, also nicht nur den Sonderzwecken des Besitzers dienen (BGH NJW-RR 1996, 336). In diesen engen Grenzen ist eine Erstattung stets geboten, da kein Grund ersichtlich ist, warum die Masse für Verwendungen aufkommen soll, die dem Absonderungsgläubiger zugute kommen und ihm die Sicherheit erhalten. Zwar mag die Abgrenzung von sonstigen Aufwendungen und notwendigen Verwendungen schwierig sein; gerade dies zwingt aber den Verwalter zur genauen Begründung im Einzelfall und schützt den absonderungsberechtigten Sicherungsgläubiger vor einer pauschalen Inanspruchnahme. Daneben sind auch **Vereinbarungen** zwischen Verwalter und Gläubiger über Erhaltungsmaßnahmen und Kostenübernahme zulässig (Uhlenbruck/*Brinkmann* Rn. 17 mwN); falls sich jedoch keine (rechtzeitige) Einigung erzielen lässt, ist der Verwalter auf die gesetzlichen Ansprüche aus den §§ 994 ff. BGB angewiesen.

21 **c) Zahlungen auf ein Konto beim Absonderungsgläubiger.** Sind einer Bank durch Globalzession Forderungen des späteren Gemeinschuldners abgetreten worden und gehen vor Offenlegung der Abtretung, aber nach Eröffnung des Insolvenzverfahrens über das Vermögen des Schuldners noch Zahlungen seiner Kunden zur Tilgung der abgetretenen Forderungen auf einem bei der Bank geführten Konto des Schuldners ein, kann die Bank nach dem eindeutigen Wortlaut des § 96 Abs. 1 Nr. 1 gegenüber dem wegen dieser Zahlungen bestehenden Anspruch des Insolvenzverwalters nicht mit ihren Forderungen aufrechnen (BGH NZI 2009, 599 Rn. 10, 17). Eine solche Zahlung nach Insolvenzeröffnung, welche die Bank aufgrund nachwirkender vertraglicher Nebenpflicht **gem. §§ 675, 667 BGB** an den Insolvenzverwalter **auszukehren** hat, kann nicht anders behandelt werden als eine entsprechende direkte Zahlung des Drittschuldners an den zum Forderungseinzug berechtigten Insolvenzverwalter, weshalb auch die Verwertungspauschale der Masse zusteht. Nach Auskehr der eingegangenen Zahlung an den Insolvenzverwalter kommt primär ein Anspruch der Bank als Sicherungsnehmerin gem. § 170 Abs. 1 S. 2 InsO, zumindest aus Bereicherung der Masse nach §§ 55 Abs. 3 InsO, 812 Abs. 1 BGB in Betracht (OLG Oldenburg BeckRS 2012, 05880).

22 **d) Erlösauskehr.** Das Absonderungsrecht setzt sich an dem Erlös als Surrogat fort, solange dieser unterscheidbar vorhanden ist (BGH ZInsO 2008, 918 Rn. 10 und Rn. 7 zur Substanziierung einer Teilleistungsklage; BGH NZI 1999, 265 zur Ersatzaussonderung – „Bodensatztheorie"; dies verkennt *Mitlehner* ZIP 2015, 60 [64]). Mit dem nach Entnahme der Kostenpauschalen verbleibenden Erlös ist sodann der absonderungsberechtigte Gläubiger **unverzüglich** zu befriedigen (Satz 2), und zwar vorrangig vor allen Masseverbindlichkeiten, namentlich auch vor den Verfahrenskosten. Unverzüglich ist die Befriedigung des Gläubigers, wenn sie ohne schuldhaftes Zögern erfolgt (§ 121 Abs. 1 S. 1 BGB). Bei einer Globalzession sind die eingezogenen Forderungen sofort nach ihrem Eingang jeweils einzeln abzurechnen; ein Zuwarten bis zum Einzug sämtlicher der Globalzession unterliegender Forderungen ist – ohne entsprechende Vereinbarung – unzulässig (OLG Hamm 2.3.2010 – 27 U 165/09, BeckRS 2014, 14546). Eine Verwendung der Mittel zur Überbrückung eines Liquiditätsengpasses, insbes. bei der Betriebsfortführung, ist unzulässig. Kann der Verwalter über den Erlös nicht sofort abrechnen, hat er den voraussichtlichen Auskehrungsbetrag zu **separieren** (MüKoInsO/*Tetzlaff* Rn. 38). Lässt sich der dem Gläubiger zustehende Betrag nicht mehr auskehren, insbes. weil er unberechtigt zur Betriebsfortführung verwandt wurde und inzwischen Masseunzulänglichkeit eingetreten ist, **haftet der Verwalter persönlich** gem. § 60 (MüKoInsO/*Tetzlaff* Rn. 40; Ahrens/Gehrlein/Ringstmeier/*Homann* Rn. 19).

23 Für die Berechnung des bei der Verwertung des Absonderungsgutes entstandenen Ausfalls (§ 52 S. 2) gilt die Anrechnungsvorschrift des **§ 367 BGB,** nach welcher eine zur Tilgung der ganzen Schuld nicht ausreichende Leistung zunächst auf die Kosten, dann auf die Zinsen und zuletzt auf die Hauptleistung angerechnet wird (BGH NZI 2011, 247 Rn. 7, 12 f.; Nerlich/Römermann/*Becker* Rn. 16; *Flitsch* EWiR 2011, 321; aA *Ganter* WuB VI A § 39 InsO 1.12).

24 Bei der Auskehr des Verwertungserlöses für Gegenstände, die dem Vermieterpfandrecht unterliegen, ist der Insolvenzverwalter **nicht berechtigt, eine Tilgungsbestimmung nach § 366 Abs. 1 BGB** dahingehend **zu treffen,** dass zunächst die Mietzinsforderungen des Vermieters getilgt werden sollen, die als Masseverbindlichkeiten zu berichtigen sind, und sodann erst offene Mietzinsinsolvenzforderungen (BGH NZI 2014, 1044 Rn. 16 ff.; zust. *Franke/Dimmling* ZfIR 2015, 36; *Lütcke* NZI 2014, 1035; aA OLG Dresden NZI 2011, 995 Rn. 43). Denn in einem Insolvenzverfahren fehlt es ebenso wie bei einer Zwangsvollstreckung an einer freiwilligen Leistung des Schuldners, ohne dass es der Ausübung eines Vollstreckungsdrucks auf den Insolvenzverwalter bedarf (BGH ZIP 2008, 1624 Rn. 22; s. u. *Jungmann* § 187 Rn. 5). Folglich wird nach der gesetzlichen Tilgungsreihenfolge des § 366 Abs. 2 BGB die älteste Forderung, die zuerst verjähren würde und die geringere Sicherheit bietet, getilgt.

25 Der Anspruch auf Erlösauskehr **verjährt** gem. § 197 Abs. 1 Nr. 1 BGB in 30 Jahren (HambK-InsO/*Büchler* Rn. 6). Mit der Auskehr des Erlöses an den Absonderungsgläubiger enden Entschädigungszahlungen nach den §§ 169, 172 Abs. 1.

26 **e) Doppelsicherung.** Wird die am Gesellschaftsvermögen und am Vermögen eines Gesellschafters gesicherte Forderung eines Darlehensgläubigers nach der Eröffnung des Insolvenzverfahrens über das Vermögen der Gesellschaft durch Verwertung der Gesellschaftssicherheit befriedigt und die Gesellschaftersicherheit hierdurch frei, ist der Gesellschafter analog § 143 Abs. 3 zur Erstattung des an den Gläubiger ausgekehrten Betrages zur Insolvenzmasse verpflichtet (BGH NZI 2012, 19; s. o. *Büteröwe* § 143 Rn. 35).

27 **2. Verwertung durch den absonderungsberechtigten Gläubiger (Absatz 2).** Die Überlassung des Absonderungsgegenstands an den Gläubiger zur Verwertung ist eine „unechte" Freigabe, da der Gegenstand Bestandteil der „Soll-Masse" bleibt. In diesem Fall hat der Verwalter **keinen Anspruch auf** die **Verwertungskostenpauschale;** auch Kosten vergeblicher Verwertungsversuche des Verwalters kann dieser nicht dem Absonderungsgläubiger weiter belasten (Kreft/*Landfermann* Rn. 21; Uhlenbruck/*Brinkmann* Rn. 22; MüKoInsO/*Tetzlaff* Rn. 25; BK-InsO/*Breutigam* Rn. 10, 14). Lediglich die Feststellungskosten und die Umsatzsteuer sind an die Masse abzuführen (zur Umsatzsteuerproblematik: → § 166 Rn. 16).

28 **Voraussetzung für die Kostenverteilung** nach Absatz 2 ist lediglich seine tatsächliche Überlassung zur Verwertung verbunden mit einer entsprechenden Erklärung (in Abgrenzung zur Übernahme des Gegenstandes durch den Gläubiger nach § 168 Abs. 3), welche zusammen die Rechtsfolge auslösen. Die gesetzliche Formulierung, wonach der Gläubiger aus dem erzielten Erlös die Feststellungskosten und die Umsatzsteuer „vorweg" an die Masse abgeführt werden müssen, ist ungenau. **Fälligkeit** tritt erst ein, wenn der Erlös erzielt ist (HambK-InsO/*Büchler* Rn. 11; Uhlenbruck/*Brinkmann* Rn. 24; indirekt auch Kübler/Prütting/Bork/*Flöther* Rn. 12). „Vorweg" bedeutet danach nur, dass die Beträge vor der eigenen Befriedigung abgeführt werden müssen, nicht hingegen eine Vorschusspflicht des Gläubigers (Uhlenbruck/*Brinkmann* Rn. 24). Das wirtschaftliche Risiko der Verwertung wird damit auf die Masse abgewälzt, ohne dass der Verwalter Einfluss auf die Verwertung nehmen kann. Dennoch rechtfertigt dies nicht, die Beträge schon

mit Abschluss des Kaufvertrages zu verlangen. Denn der Verwalter hat es bei der Verwertung nach Absatz 2 selbst in der Hand, ob er diese dem Gläubiger überlässt und damit seinen Einfluss aufgibt. Eine „Schlechterstellung" der Masse ist allenfalls in der Auswahl des Käufers zu sehen; dessen Bonitätsrisiko hätte die Masse auch bei einer Verwertung nach Absatz 1 getroffen. IÜ hat der Gläubiger das größere eigene Interesse an einer erfolgreichen Verwertung.

29 Zur Kontrolle besteht ein **Auskunftsanspruch des Verwalters,** der sich auf den Fortgang der Verwertung und den erzielten Erlös bezieht (HambK-InsO/*Büchler* Rn. 11). Nach Ansicht des OLG Stuttgart (ZInsO 2012, 2051) soll dies aber nicht bezüglich der Verwertung von Gesellschaftersicherheiten und Bürgschaften gelten. Dem ist jedoch entgegenzuhalten, dass es bereits zu den anspruchsbegründenden Tatsachen gehört, ob und in welcher Höhe überhaupt (noch) eine gesicherte Forderung besteht; hierfür ist der Gläubiger darlegungs- und beweispflichtig. In der Literatur wird dem Verwalter teilw. über den Gesetzeswortlaut hinaus bei Verzögerung der Verwertung eine Art Rücktrittsrecht zugebilligt; entsprechend könne der Verwalter nach Fristsetzung den Gegenstand zurückverlangen und selbst verwerten (Uhlenbruck/*Brinkmann* Rn. 25). Sachgerechter (weil in Voraussetzungen und Rechtsfolgen präziser) ist es jedoch, dem Verwalter analog § 173 Abs. 2 S. 1 das Recht einzuräumen, dem Gläubiger eine Verwertungsfrist setzen zu lassen. In jedem Fall muss der Gläubiger die Höhe der Feststellungskosten und der Umsatzsteuer berechnen und dem Verwalter mitteilen. **Eigene Verwertungskosten des Gläubigers sind nicht abzugsfähig** (Kübler/Prütting/Bork/*Flöther* Rn. 11).

IV. Sonderregelungen

30 Für die **Eigenverwaltung** weist § 282 das Verwertungsrecht dem Schuldner zu. Feststellungskosten werden nicht erhoben, Verwertungskosten und Umsatzsteuer nur in tatsächlicher Höhe. In **Verbraucherinsolvenzverfahren,** die vor dem 1.7.2014 beantragt wurden (Art. 103h EGInsO) darf der Treuhänder gem. § 313 Abs. 3 aF Absonderungsgut nicht verwerten; er kann lediglich dem Gläubiger hierzu eine Frist setzen lassen (§ 173 Abs. 2). Nachdem § 313 ersatzlos aufgehoben wurde, findet § 170 in Verbraucherinsolvenzverfahren, die ab dem 1.7.2014 beantragt wurden, nunmehr uneingeschränkt Anwendung.

Berechnung des Kostenbeitrags

171 (1) [1] **Die Kosten der Feststellung umfassen die Kosten der tatsächlichen Feststellung des Gegenstands und der Feststellung der Rechte an diesem.** [2] **Sie sind pauschal mit vier vom Hundert des Verwertungserlöses anzusetzen.**

(2) [1] **Als Kosten der Verwertung sind pauschal fünf vom Hundert des Verwertungserlöses anzusetzen.** [2] **Lagen die tatsächlich entstandenen, für die Verwertung erforderlichen Kosten erheblich niedriger oder erheblich höher, so sind diese Kosten anzusetzen.** [3] **Führt die Verwertung zu einer Belastung der Masse mit Umsatzsteuer, so ist der Umsatzsteuerbetrag zusätzlich zu der Pauschale nach Satz 1 oder den tatsächlich entstandenen Kosten nach Satz 2 anzusetzen.**

Schrifttum: *Ehlenz,* Zum Umfang der Verwertungskosten i. S. v. § 170 InsO, ZInsO 2003, 165; *Fölsing,* Sicherheitsverwertung durch den Insolvenzverwalter: Gefahren und Probleme, ZInsO 2011, 2261; *Gundlach/Frenzel/Schmidt,* Der Anwendungsbereich der §§ 170, 171 InsO, DZWiR 2001, 140; *dies.,* Die Anwendbarkeit der §§ 170, 171 InsO bei der Verwertung von Lebensversicherungen durch den Sicherungsnehmer, ZInsO 2002, 352; *Onus-*

seit, Umsatzsteuerrechtliche Folgen der Verwertung von Sicherungsgut, ZInsO 2014, 1461; *ders.,* Die insolvenzrechtlichen Kostenbeiträge unter Berücksichtigung ihrer steuerrechtlichen Konsequenzen sowie Massebelastungen durch Grundstückseigentum, ZIP 2000, 777; *ders.,* Erneut: Die Bemessungsgrundlage für die Kostenpauschalen des § 171 InsO, ZInsO 2007, 247; *Wäger,* Verwertung von Sicherheiten: Gibt es Dreifachumsätze?, UVR 2015, 27; *ders.,* Umsatzsteuer bei der Verwertung von Kreditsicherheiten und Krediten, WM 2012, 769; *de Weerth,* Die Bemessungsgrundlage für Kostenpauschalen nach § 171 InsO; Entgelt oder Preis?, ZInsO 2007, 70.

Übersicht

I. Allgemeines

Die Norm ergänzt § 170, indem sie unter den dort genannten Voraussetzungen 1
eine **Bestimmung der** nach Verwertung vom Verwalter **abzugsfähigen Kostenarten und ihrer Höhe** vornimmt. Grds. sind nur für Feststellungs- und Verwertungskosten Kostenbeiträge erforderlich, hierfür sieht § 171 Pauschalen vor. Dies dient der Beschleunigung des Verfahrens und der Praktikabilität, da zeit- und kostenintensive Auseinandersetzungen zwischen den Verfahrensbeteiligten über die Höhe der Kosten die Ausnahme bleiben (MüKoInsO/*Tetzlaff* Rn. 1). Nur wenn die tatsächlichen Verwertungskosten erheblich abweichen, sollen diese konkret bestimmt werden können (§ 171 Abs. 2 S. 3); das Gesetz regelt aber nicht, wann eine Abweichung erheblich iSd Norm ist. Entsprechend streitanfällig ist diese Teilregelung (Nerlich/Römermann/*Becker* Rn. 21). Daran zeigt sich aber, dass sie für den „Regelfall" ihre Funktion erfüllt und Auseinandersetzungen verhindert.

Entgegen den Befürchtungen in der Literatur und erheblichen Kontroversen im 2
Vorfeld der Insolvenzrechtsreform (hierzu Uhlenbruck/*Brinkmann* Rn. 2) haben die Kostenbeiträge der Gläubiger **keine Entwertung der Mobiliarsicherheiten** zur Folge (dazu ausf.: Kreft/*Landfermann* Rn. 17 ff.; zur Verfassungsmäßigkeit: BVerfG ZIP 2012, 1251), da eine Übersicherung zur Kompensation der Feststellungs- und Verwertungskosten sowie der nach § 171 Abs. 2 S. 3 abzuführenden Umsatzsteuer von der Rspr. seit der Entscheidung des Großen Senats (BGHZ 137, 212 [229]) ausdrücklich zugelassen wird.

II. Anwendungsbereich

3 Die Erhebung der Kostenpauschalen nach Absatz 1 und 2 **knüpft,** wie sich aus dem Wortlaut des § 170 Abs. 1 ergibt, **an die Verwertungsbefugnis des Verwalters an,** § 166 (→ § 170 Rn. 5). Im Insolvenzeröffnungsverfahren findet § 171 nur ausnahmsweise bei gerichtlicher Ermächtigung nach **§ 21 Abs. 2 Nr. 5** oder im **Fall des Notverkaufs** schnellverderblicher Waren Anwendung (→ § 170 Rn. 8).

4 Darüber hinaus ist die Teilregelung des **§ 171 Abs. 2 S. 3** analog anzuwenden, wenn der Sicherungseigentümer *vor* Verfahrenseröffnung das Sicherungsgut in Besitz genommen hat, aber die Verwertung *nach* Eröffnung erfolgt; er muss dann die anfallende Umsatzsteuer der Masse erstatten (BGH NZI 2007, 394 [396]; → § 170 Rn. 15).

III. Voraussetzungen und Rechtsfolgen

5 **1. Berechnungsgrundlage.** Berechnungsgrundlage für die Kostenbeiträge ist der „Verwertungserlös". Hierunter ist die Realisierung des Substanzwertes des Gegenstands zu verstehen; Nutzungsentgelte fallen nicht darunter, so dass vom Verwalter vereinnahmte Mietzinsen nicht auszukehren sind (BGH ZInsO 2006, 938). Ferner ergibt sich aus dem Wortlaut, dass damit der **Bruttoerlös** (einschließlich Umsatzsteuer) gemeint ist (BT-Drs. 12/2443, 182; Kreft/*Landfermann* Rn. 3, 7; HambK-InsO/*Büchler* Rn. 3, 7; Nerlich/Römermann/*Becker* Rn. 8; Uhlenbruck/*Brinkmann* Rn. 3; FK-InsO/*Wegener* Rn. 4b; → Anh. Steuerrecht Rn. 260; aA *de Weerth* ZInsO 2007, 70 ff.). Maßgeblich ist nur der tatsächlich zur Insolvenzmasse gelangte Betrag, nicht auch etwaige aus dem Verwertungsgeschäft resultierende weitergehende Forderungen, die sich als nicht realisierbar erweisen (OLG Nürnberg ZIP 2014, 280 Rn. 71). Schaltet der Insolvenzverwalter einen Verwerter ein, so ist Verwertungserlös iSd § 170 der dem Verwerter aus dem Verwertungsgeschäft tatsächlich zugeflossene Betrag, auch wenn dieser im Hinblick auf ihm entstandene Kosten diesen Betrag nur teilw. an die Insolvenzmasse weiterleitet (BGH NZI 2005, 679; MüKoInsO/*Tetzlaff* Rn. 31 [in Voraufl. vertretene aA aufgegeben]). Durch die Einschaltung des Verwerters angefallene Kosten sind Verwertungskosten iSd § 171 Abs. 2 (OLG Nürnberg ZIP 2014, 280 Rn. 75).

6 **2. Feststellungskosten. a) Abgeltungsbereich.** Die Feststellungskosten setzen sich gemäß der Legaldefinition in Absatz 1 Satz 1 aus den Kosten der tatsächlichen Feststellung des Gegenstands und der Feststellung der Rechte an diesem zusammen. Die Kosten der **tatsächlichen Feststellung** beinhalten die Identifizierung des mit einem Absonderungsrecht behafteten Gegenstandes (Ermittlung des Aufenthaltsortes) und dessen Individualisierung (Trennung aus einer Sachgesamtheit heraus) bzw. der Einzelforderung von den übrigen Forderungen durch rechnerische Separierung (HambK-InsO/*Büchler* Rn. 2; MüKoInsO/*Tetzlaff* Rn. 10).

7 Die **Kosten der rechtlichen Feststellung** beinhalten die Prüfung der Rechtswirksamkeit von Sicherungsübereignung bzw. Sicherungszession. Hierbei sind insbes. Bestimmtheit und Bestimmbarkeit (§§ 305 ff. BGB) sowie die §§ 134, 138 BGB zu prüfen (MüKoInsO/*Tetzlaff* Rn. 11). Auch die für die anschließende **Beurteilung der Rechte Dritter** entstehenden Kosten sind mit den Feststellungskosten abgegolten, welche entstehen, wenn die sicherungsübereignete Sache im Eigentum eines Dritten steht oder hinsichtlich der abgetretenen Forderung eine Kollision wegen weiterer Abtretungen besteht. Als Faustregel lässt sich festhalten: Grds. gilt für Mehrfachübereignungen und -abtretungen das Prioritäts-

prinzip, welches vom gutgläubigen lastenfreien Erwerb des Gegenstands bzw. bei Konkurrenz zwischen Globalzession und verlängertem Eigentumsvorbehalt zugunsten der Vorausabtretung des Lieferanten durchbrochen wird (MüKoInsO/*Tetzlaff* Rn. 17 mwN).

b) Höhe des Kostenbeitrags. Zum Ausgleich all dieser Kosten ist vom Verwalter eine **feste Pauschale** in Höhe von **4 % vom Bruttoverwertungserlös** (BT-Drs. 12/2443, 181) vor Auskehr an den absonderungsberechtigten Gläubiger für die Masse zu entnehmen. Die Regelung ist zwingend (BGH ZInsO 2002, 826 [828]), sofern keine abweichende Vereinbarung zwischen Verwalter und Gläubiger getroffen wurde. Anders als bei der Verwertungskostenpauschale erfolgt **keine Anpassung bei Mehr- oder Minderaufwand** an die tatsächlichen Kosten (MüKoInsO/*Tetzlaff* Rn. 19). Das folgt im Umkehrschluss aus § 171 Abs. 2 S. 2, der nur für die Verwertungskosten eine solche Anpassung bei erheblicher Abweichung zulässt. Aus diesem Grund sind Versuche zu unterbinden, besondere Feststellungskosten als Verwertungskosten einzuordnen (zutr. MüKoInsO/*Tetzlaff* Rn. 19 für den Fall der Feststellung von Rechten Dritter), unabhängig davon, in wessen Verantwortungsbereich ein etwaiger Mehraufwand fällt (BGH ZInsO 2002, 826 [829]), und selbst wenn dies im Einzelfall zu unbilligen Ergebnissen führt (Uhlenbruck/*Brinkmann* Rn. 5). 8

Abweichende Vereinbarungen zwischen Verwalter und Gläubiger, mit denen sowohl Feststellungs- als auch Verwertungskosten abgegolten werden, bleiben aber **möglich** (→ § 170 Rn. 10). 9

c) Einzelheiten. Die Feststellungskostenpauschale fällt **für jeden einzelnen Gegenstand** an, der mit einem Absonderungsrecht belastet ist, bzw. für jede sicherungszedierte Forderung (Uhlenbruck/*Brinkmann* Rn. 5). 10

Sie ist **auch dann** an die Masse abzuführen, **wenn der Gläubiger eigenmächtig verwertet** (**BGH** NJW-RR 2007, 490) **oder ihm die Verwertung nach § 170 Abs. 2 überlassen ist,** denn in diesen beiden Fällen bleibt der Verwalter zur Verwertung berechtigt. Es kommt also weder auf den tatsächlichen Arbeitsaufwand zur Feststellung noch darauf an, ob überhaupt eine Feststellung erfolgte. Die Masse erwirbt folglich bei einer eigenmächtigen oder überlassenen Verwertung zusätzlich einen **Auskunftsanspruch,** aufgrund dessen der Verwalter berechtigt ist, Auskunft über die Verwertung zu verlangen, um die Pauschale berechnen zu können (*Mönning* FS Uhlenbruck, 2000, 250). Auf diesen baut der Zahlungsanspruch auf, mit dem die Feststellungskosten für die Masse realisiert werden. 11

d) Entstehung und Fälligkeit. Der Anspruch auf Zahlung der Pauschale an die Masse entsteht mit Verwertung und wird fällig, sobald der erzielte Erlös eingeht (Uhlenbruck/*Brinkmann* Rn. 8). 12

3. Verwertungskosten. a) Definition. Die Verwertungskosten beinhalten die Kosten, die zur Vorbereitung und Durchführung der Verwertung eines Gegenstandes anfallen sowie die Umsatzsteuer, soweit diese anfällt (§ 171 Abs. 2 S. 3). Auch rechtlich nicht geschuldete Kosten können für die Verwertung erforderlich iSd § 171 Abs. 2 S. 2 sein, wenn ihre Verauslagung durch den Insolvenzverwalter für das Verwertungsgeschäft wirtschaftlich vernünftig ist. Insoweit kann auf die iRd Geschäftsführung ohne Auftrag entwickelten Grundsätze des § 683 BGB zurückgegriffen werden (OLG Nürnberg ZIP 2014, 280). Die Verwertungskosten sind **abzugrenzen von** den dem Verwalter bei Durchführung des Insolvenzverfahrens entstehenden **allgemeinen Kosten,** den **Feststellungskosten und** den **Erhaltungskosten.** Dies ist wichtig, da abweichende Regelungen für jede dieser Kostenarten gelten. Die allgemeinen Kosten sind nicht gesondert erstattungsfähig (Kreft/*Landfermann* Rn. 4; MüKoInsO/*Tetzlaff* Rn. 22), die Feststellungskosten 13 grds. nur iRd von Absatz 1 vorgesehenen Pauschale (→ Rn. 6 f.) und die Erhaltungskosten nach der hier vertretenen Ansicht (→ § 170 Rn. 19 f.) nur, soweit eine berechtigte Geschäftsführung ohne Auftrag vorliegt oder es sich um notwendige Verwendungen auf den Gegenstand handelt.

14 Anders als die stets in Abzug zu bringende Feststellungkostenpauschale können Verwertungskosten nur abgerechnet werden, wenn die **Verwertung durch den Verwalter** durchgeführt worden ist. Auch bei eigenmächtiger Verwertung durch den Gläubiger unter Verstoß gegen das Verwertungsrecht des Verwalters gem. § 166 ist daher keine Verwertungskostenpauschale an die Masse abzuführen (BGH NZI 2004, 137 Rn. 17).

15 **b) Einzelfälle.** Für die Erstattungsfähigkeit gilt (ja = Verwertungskosten; nein = keine Verwertungskosten): **Identifikation des Gegenstands** durch ein vom (vorläufigen) Insolvenzverwalter beauftragtes spezialisiertes Unternehmen: nein (sind Feststellungskosten, MüKoInsO/*Tetzlaff* Rn. 26); **Einschaltung eines Gutachters,** der einzelne Gegenstände zur Vorbereitung der Verwertung bewertet und nur diese Tätigkeit in Rechnung stellt: ja (MüKoInsO/*Tetzlaff* Rn. 26); **Erhaltungskosten**: nein, aber ggf. als GoA oder notwendige Verwendung erstattungsfähig (→ § 170 Rn. 19 f.); Kosten zur **Fertigstellung bereits sicherungsübereigneter Waren** zwecks späterer Verwertung: ja (Kübler/Prütting/Bork/*Flöther* Rn. 5; Uhlenbruck/*Brinkmann* Rn. 9); die bei **Transport des Gegenstands** zum Ort der Verwertung anfallenden Kosten: ja (MüKoInsO/*Tetzlaff* Rn. 24); die **Einschaltung eines Verwerters:** ja (**BGH** WM 2005, 2239); Kosten für **Reparatur und Lagerung:** nein, aber ggf. als Erhaltungsaufwendungen erstattungsfähig (MüKoInsO/*Tetzlaff* Rn. 27; aA [ja] Kreft/*Landfermann* Rn. 4); Kosten der Beauftragung eines **Auktionators:** ja (BGH NZI 2009, 679); **Räumungskosten** bei Inventarverkauf: nein (AG Duisburg ZInsO 2003, 190); Aufwendungen für die **gerichtliche Durchsetzung von Forderungen:** ja (HambK-InsO/*Büchler* Rn. 5); **Verwertung durch den Gläubiger** selbst: nein (Uhlenbruck/*Brinkmann* Rn. 10), es sei denn der verwertungsberechtigte Verwalter betraut den Gläubiger auf seine Rechnung mit der Verwertung (*Mönning* FS Uhlenbruck, 2000, 255); die Masse betreffende **Kosten des Streits um die Kostensätze:** nein (OLG Jena ZInsO 2004, 509; LG Flensburg NZI 2006, 709; aA Nerlich/Römermann/*Becker* Rn. 23).

16 **c) Höhe des Kostenbeitrags.** Für die Verwertungskosten ist der Masse grds. ein **Pauschalbetrag** in Höhe von 5 % vom Bruttoverwertungserlös zu entnehmen, Absatz 2 Satz 1. Anders als bei den Feststellungskosten sieht das Gesetz aber keine strikte Pauschalierung vor, vielmehr enthält § 171 eine widerlegbare Vermutung. Die **tatsächlich entstandenen Kosten** sind maßgeblich, wenn diese erheblich abweichen (also niedriger oder höher sind) und für die **Verwertung** erforderlich waren (→ Rn. 13). Daraus folgt im Umkehrschluss, dass bei einer nur geringfügen Über- oder Unterschreitung weiterhin die Pauschale abzurechnen ist. Neben gesondert geltend gemachten und bezifferten Verwertungskosten kann die Pauschale nicht in Abzug gebracht werden (BGH NZI 2007, 523 – keine „Mischkalkulation").

17 Wann eine **erhebliche Abweichung** der tatsächlichen Kosten von der Pauschale vorliegt und diese anzusetzen sind, ist streitig. Überwiegend wird der Schwellenwert unter Hinweis auf die Gesetzesbegründung (Begr. zu § 196 RegE, BT-Drs. 1/12, 181 f.) bei 100 % angesetzt, wenn also die tatsächlichen Kosten die Hälfte oder das Doppelte der Pauschale betragen (AG Göttingen ZIP 2014, 838; Kreft/*Landfermann* Rn. 7; Uhlenbruck/*Brinkmann* Rn. 14; FK-InsO/*Wegener* Rn. 10; Ahrens/Gehrlein/Ringstmeier/*Homann* Rn. 15 f.; missverständlich HambK-InsO/*Büchler* Rn. 7; aA MüKoInsO/*Tetzlaff* Rn. 34 [bei Gegenständen mit hohem Wert bereits bei Abweichung von ca. 10 %]; ähnlich Nerlich/Römermann/*Becker*

Rn. 13; *Mönning* FS Uhlenbruck, 2000, 252 [Einzelfall]). Insbes. bei der **Kündigung einer Lebensversicherung** billigt die Rspr. je nach Arbeitsaufwand nur Verwertungskosten von 50–300 EUR pro Kündigung zu (OLG Jena ZInsO 2004, 509; LG Flensburg NZI 2006, 709; AG Bonn NZI 2001, 50), für einfache Schreiben beim Forderungseinzug teilw. sogar lediglich 20 EUR (LG Wiesbaden 28.1.2015 – 12 O 21/14, nv).

d) Beweislast. Die Beweislast für die Erheblichkeit der Abweichung trägt derjenige, der von der Pauschale zu seinem Vorteil abweichen will (MüKoInsO/*Tetzlaff* Rn. 21; Uhlenbruck/*Brinkmann* Rn. 15). Beweisbelastet für erheblich höhere tatsächliche Kosten ist daher grds. der Verwalter, für erheblich niedrigere der absonderungsberechtigte Gläubiger. Wenn die tatsächlichen Kosten **unstreitig erheblich abweichen,** obliegt es dem Insolvenzverwalter nähere Angaben zu den Kosten zu machen, da er nur in der Lage ist, die genaue Höhe dieser Kosten darzulegen (AG Leipzig ZIP 2014, 1795 Rn. 38). kann das Gericht diese bei fehlendem Vortrag notfalls nach § 287 ZPO schätzen (LG Wiesbaden 28.1.2015 – 12 O 21/14, nv; AG Bonn ZInsO 2001, 240). 18

e) Fälligkeit. Der Anspruch der Masse auf die Kostenpauschale wird fällig, wenn der Verwertungserlös eingeht; bei Ansatz der erforderlichen tatsächlichen Kosten gem. Absatz 2 Satz 2, sobald hierüber abgerechnet wurde. 19

4. Umsatzsteuer. a) Umsatzsteuer als Teil der Verwertungskosten. Der absonderungsberechtigte Gläubiger muss die Umsatzsteuer erstatten, die der Masse aus der Verwertung beweglicher Gegenstände entsteht (Uhlenbruck/*Sinz* Rn. 18). Absatz 2 Satz 3 gilt nur für die Verwertung nach §§ 166 ff. und stellt sicher, dass die Masse nicht mit Umsatzsteuer **als Masseschuld** belastet wird (BGH NZI 2007, 523 Rn. 3 aE). Der Sicherungsgläubiger muss insoweit eine Kürzung des Verwertungserlöses hinnehmen, was aber iRd Sicherheitenmarge berücksichtigt werden kann (→ Rn. 2). Wird die Umsatzsteuer hingegen nur **als bloße Insolvenzforderung** begründet, liegt hierin keine „Belastung der Masse" iSv Absatz 2 Satz 3 (BGH NZI 2007, 523 Rn. 3 aE), zumal der Abtretungsempfänger nach § 13c Abs. 1 UStG für die Abführung der in der eingezogenen Forderung enthaltenen Umsatzsteuer haftet (*de Weerth* ZInsO 2004, 190). 20

Aus den §§ 170 Abs. 2, 171 InsO, § 10 Abs. 1 Nr. 1a ZVG lässt sich der allgemeine **Rechtsgedanke** ableiten, dass die **Kosten der Verwertung** einschließlich der Umsatzsteuerzahllast wirtschaftlich nicht vom Sicherungsgeber zu tragen, sondern **aus dem Erlös des Sicherungsguts** zu decken sind (Kreft/*Landfermann* Rn. 19 f.). Dem steht nicht entgegen, dass der Rechtsausschuss eine weitere Kostenbelastung der gesicherten Gläubiger vermeiden wollte (BT-Drs. 12/7302, 178), weil die Frage der Umsatzsteuer dabei gar nicht erörtert wurde. Über den Wortlaut der Vorschrift hinaus kommt daher eine **analoge Anwendung** von Absatz 2 Satz 3 in allen Fällen in Betracht, in denen die Verwertung eines Absonderungsgegenstands zu einer Umsatzsteuerbelastung der Masse führt (dafür auch HambK-InsO/*Büchler* Rn. 12a; Kreft/*Landfermann* Rn. 16 f.). Konkret entschieden ist dies bereits für den Fall, dass sich der Gegenstand im Besitz des Sicherungsgläubigers befindet und dieser nach Insolvenzeröffnung berechtigt verwertet (BGH ZIP 2007, 1126). 21

Fraglich ist, inwieweit dies auch für den **Forderungseinzug von Altforderungen** durch den vorläufigen Insolvenzverwalter gilt. Nach Ansicht des BFH (ZIP 2014, 2451 Rn. 20) und der Finanzverwaltung (Abschn. 17.1 Abs. 14 UStAE; anders noch BMF-Schreiben ZInsO 2012, 213 Rn. 18 für die Sollbesteuerung) **führt** die Vereinnahmung von Entgelten aus Umsätzen, die vor dem Insolvenzeröffnungsverfahren getätigt wurden, durch den schwachen vorläufigen Insolvenzverwalter im vorläufigen Insolvenzverfahren (aufgrund Einzelermächti- 22 gung) **sowohl bei Sollbesteuerung als auch** im Fall der **Istbesteuerung zu Masseverbindlichkeiten iSv § 55 Abs. 4.** Der BFH stellt für die Begründung von Masseverbindlichkeiten nach § 55 Abs. 4 bei der Besteuerung nach vereinbarten Entgelten (§ 13 Abs. 1 Nr. 1a UStG) ebenso wie bei der Besteuerung nach vereinnahmten Entgelten (§ 13 Abs. 1 Nr. 1b UStG) auf die Entgeltvereinnahmung ab, nicht aber auf die Leistungserbringung (BFH ZIP 2014, 2451 Rn. 20 ff.); ebenso wenig werde zwischen den vor und nach der Verwalterbestellung erbrachten und bezogenen Leistungen unterschieden (BFH ZIP 2014, 2451 Rn. 13). Liegt bereits eine Masseverbindlichkeit iSv § 55 Abs. 4 vor, erübrigt sich die Frage nach einer Steuerberichtigung gem. § 17 UStG (BFH ZIP 2014, 1237 Rn. 11).

23 **Dem kann jedoch nicht gefolgt werden** (ausf. Uhlenbruck/*Sinz* § 55 Rn. 117, 120 ff.). Zwar ist die Vereinnahmung des Entgelts bei der Istbesteuerung Voraussetzung der steuerrechtlichen Entstehung der Forderung. Das ändert jedoch nichts daran, dass die Sachverhalte, die die Umsatzsteuer begründen, allein die in § 1 Abs. 1 UStG genannten Umsatzformen sind, zu denen jeweils die Vereinnahmung des Entgelts *nicht* gehört (Uhlenbruck/*Sinz* § 38 Rn. 79; HambK-InsO/*Lüdtke* § 38 Rn. 53; Jaeger/*Henckel* § 38 Rn. 146; MüKoInsO/*Ehricke* § 38 Rn. 88; *Onusseit* ZInsO 2006, 516). Wie sich aus der Anlehnung an den Wortlaut des § 55 Abs. 2 S. 1 ergibt, wollte der Gesetzgeber den schwachen vorläufigen Insolvenzverwalter hinsichtlich der unter seiner Regie begründeten Steuerverbindlichkeiten dem starken vorläufigen Insolvenzverwalter gleichstellen. Daher ist bei der Auslegung der Vorschrift auf die dazu entwickelten Grundsätze für die Abgrenzung von Insolvenz- zu Masseforderungen zurückzugreifen (so auch MüKoInsO/*Hefermehl* § 55 Rn. 241; *Onusseit* ZInsO 2011, 641 [648]; *Kahlert* ZIP 2011, 401 [402 f.]). Es muss sich demnach um **Neugeschäfte** handeln, an denen der vorläufige Insolvenzverwalter mitgewirkt hat (MüKoInsO/*Hefermehl* § 55 Rn. 245). Leistungen, die in Erfüllung bereits bestehender Verträge erbracht werden (Altgeschäfte), werden von § 55 Abs. 4 ebenso wenig wie von dessen Abs. 2 Satz 1 erfasst, weil nur der endgültig bestellte Insolvenzverwalter das Erfüllungswahlrecht des § 103 hat; sie begründen daher keine Masseschuld (*Sinz/Oppermann* DB 2011, 2185 [2187]; *Heinze* ZInsO 2011, 603 [604]). Hinzu kommt, dass der vorläufige Insolvenzverwalter – im Gegensatz zur Rechtslage nach Insolvenzeröffnung – kein *anderes* Steuersubjekt ist, weil die Verwaltungs- und Verfügungsmacht nicht auf ihn übergeht, sondern der gerichtliche Anordnungsbeschluss allein die Empfangszuständigkeit regelt. Es fehlt daher schon an einer Aufspaltung in mehrere Unternehmensteile und an einem „Begründen" der Steuerverbindlichkeit iSv § 55 Abs. 4 (*Sinz/Oppermann* DB 2011, 2185 [2188]; *Heinze* ZInsO 2011, 603 [604 f.]).

24 Hat der vorläufige Insolvenzverwalter den eingezogenen Betrag an den Zessionar ausgekehrt, haftet dieser für die in den an ihn weitergeleiteten Forderungen enthaltene Umsatzsteuer gem. **§ 13c UStG** iVm § 191 AO; dies kann nicht durch eine Vereinbarung ausgeschlossen werden, nach der es sich bei dem weitergeleiteten Betrag um einen Nettobetrag ohne Umsatzsteuer handeln soll (BFH NZI 2013, 657).

25 Beim **Forderungsverkauf** geht die Finanzverwaltung **(Abschn. 2.4 Abs. 8 UStAE)** davon aus, dass der Forderungserwerber an den Forderungsverkäufer auch beim Verkauf zahlungsgestörter Forderungen eine steuerpflichtige Leistung erbringt; Bemessungsgrundlage soll der Differenzbetrag ohne Umsatzsteuer zwischen dem wirtschaftlichen Wert der Forderung und dem gezahlten Kaufpreis sein. Diese Sichtweise **widerspricht** jedoch **Unionsrecht.** Denn nach dem Urteil des EuGH vom 27.10.2011 (EuGH NZI 2012, 50) ist Art. 2 Nr. 1 und Art. 4 der Sechsten Richtlinie 77/388 dahingehend auszulegen, dass ein Wirtschaftsteilnehmer, der auf eigenes Risiko zahlungsgestörte Forderungen zu einem

unter ihrem Nennwert liegenden Preis kauft, keine entgeltliche Dienstleistung erbringt und keine wirtschaftliche Tätigkeit ausübt. Damit ist auch ein Vorsteuerabzug beim Forderungserwerber hinsichtlich der bei ihm für den Forderungskauf anfallenden Kosten ausgeschlossen (BFH NZI 2012, 286). Mangels Umsatzsteuerbarkeit scheidet auch eine Option nach § 9 UStG aus. Nur in den Fällen, in denen der Kaufpreis unter dem tatsächlichen Wert der Forderung liegt, kommt es zu einer entgeltlichen und damit umsatzsteuerpflichtigen Leistung des Forderungserwerbers an den Forderungsverkäufer. Ebenso ist der Verkauf gewinnbringender Kreditverträge (zB von Schuldnern guter Bonität aus der Hochzinsphase) eine umsatzsteuerbare Leistung des Forderungserwerbers an den Forderungsverkäufer. Die Annahme eines steuerfreien Umsatzes im Geschäft mit Forderungen scheidet aus den gleichen Gründen aus wie beim Verkauf von Versicherungsverträgen (EuGH BStBl. II 2011, 559).

b) Verwertung durch den Verwalter. Verwertet der Verwalter einen beweg- 26
lichen Gegenstand, erfolgt nur eine Lieferung des Insolvenzverwalters an den Erwerber **(„Einfachumsatz")**, der eine Umsatzsteuerschuld als Masseverbindlichkeit begründet (zu verschiedenen Fallkonstellationen: *Wäger* WM 2012, 769). Der erzielte Erlös wird vor Auskehr an den Sicherungsgläubiger um diesen Betrag gekürzt und damit gem. § 171 Abs. 2 S. 3 „angesetzt". Das Gleiche gilt in den Fällen der §§ 168 Abs. 3 und 173 Abs. 2, da ebenfalls eine Verwertung durch den Insolvenzverwalter vorliegt, sowie im Insolvenzeröffnungsverfahren, wenn der starke vorläufige Insolvenzverwalter oder ein Zustimmungsverwalter mit Ermächtigung des Insolvenzgerichts verwertet (OFD Frankfurt/M. ZInsO 2007, 1039). Die **Freigabe an den Schuldner** ist hingegen nicht umsatzsteuerbar (→ Rn. 28 f.).

Die **Finanzverwaltung** geht allerdings gemäß **BMF-Schreiben vom** 27
30.4.2014 (BStBl. I 2014, 816; Abschn. 1.2 Abs. 1a und 4 UStAE) davon aus, dass auch bei der Verwertung von beweglichen Gegenständen durch den Insolvenzverwalter gem. § 166 ein **Dreifachumsatz** vorliegt (Lieferung Masse an Gläubiger, Lieferung Gläubiger an Masse [statt Geschäftsbesorgungsleistung Masse an Gläubiger] sowie Lieferung Masse an Erwerber). Da der Insolvenzverwalter bei der eigentlichen Lieferung des Sicherungsgutes an den Erwerber im Namen der Masse auftritt, ist diese Lieferung der Masse zuzurechnen. Der Insolvenzverwalter erbringe diesen Umsatz jedoch *wie ein Kommissionär* für Rechnung des Sicherungsnehmers/Gläubigers, weil durch die Eröffnung des Insolvenzverfahrens Verwertungsreife eingetreten ist (BFH BStBl. II 2010, 859). Der Lieferung an den Erwerber ist deshalb aus Sicht der Finanzverwaltung über § 3 Abs. 3 UStG eine fiktive Lieferung des Sicherungsnehmers/Gläubigers als Kommittent an die Masse vorgeschaltet, in welcher die an sich vorliegende Geschäftsbesorgungsleistung aufgeht (BFH BStBl. II 2014, 406 Rn. 29). Dadurch wird die Leistungsrichtung „umgekehrt". Im Rahmen dieses Kommissionsgeschäfts sind die Kosten der Feststellung und Verwertung nach § 170 Abs. 1 iVm § 171 umsatzsteuerlich genauso zu behandeln wie die Provisionen des Kommissionärs bei einem üblichen Verkaufskommissionsgeschäft; diese Beträge sind also vom Verkaufsentgelt abzuziehen. Der Sicherungsnehmer/Gläubiger kann das Sicherungsgut jedoch nur dann an die Masse liefern, wenn er selbst hieran Verfügungsmacht erhalten hat. Dies bedingt, dass die Sicherungsübereignung im Zeitpunkt der Verwertung zu einer Lieferung der Masse an den Sicherungsnehmer/Gläubiger geführt hat. Das Entgelt für diese Lieferung besteht in dem Betrag, um den die Masse von ihren Schulden gegenüber dem Sicherungsnehmer/Gläubiger befreit wird. **Diese Grundsätze gelten für alle offenen Fälle,** wobei die Finanzverwaltung es jedoch nicht beanstandet, wenn für die vor dem 1.7.2014 ausgeführten Umsätzen noch die überholten Regelungen des Abschn. 1.2 Abs. 1b UStAE aF (Einfachumsatz)

angewandt werden. Der Insolvenzverwalter hat sowohl die Umsatzsteuer aus der Lieferung an den Erwerber als auch aus der Lieferung an den Sicherungsnehmer/Gläubiger als Masseschuld anzumelden und die entsprechende Zahllast abzuführen; zum Vorsteuerabzug aus der Lieferung des Sicherungsnehmers/Gläubigers an die Masse (§ 3 Abs. 3 UStG) ist der Insolvenzverwalter nur berechtigt, wenn er eine nach den §§ 14, 14a UStG ausgestellte Rechnung des Sicherungsnehmers/Gläubigers besitzt (§ 15 Abs. 1 Nr. 1 S. 2 UStG). Hat er es versäumt, diese einzuholen, wird der Vorsteuerabzug versagt; nach Aufhebung des Insolvenzverfahrens droht ihm ggf. sogar ein Haftungsbescheid. Rechnet der Verwalter, wie üblich, im Gutschriftswege ab (§ 14 Abs. 2 S. 2 UStG), darf er sich nicht darauf beschränken, den Auskehrungsbetrag (Bruttoveräußerungserlös abzüglich der nach § 173 Abs. 2 S. 3 abzuführenden Umsatzsteuer sowie der Feststellungs- und Verwertungspauschale) auszuweisen. Vielmehr ist dieser Auskehrungsbetrag zugleich (als Betrag der Schuldtilgung) Bemessungsgrundlage für die Lieferung des Sicherungsnehmers/Gläubigers an die Masse; die hierauf anfallende Umsatzsteuer ist gesondert auszuweisen, damit der Sicherungsnehmer/Gläubiger aus der Gutschrift des Insolvenzverwalters den Vorsteuerabzug geltend machen kann. § 13b Abs. 2 Nr. 2 und Abs. 5 S. 1 UStG finden keine Anwendung, da es sich um Verwertungshandlungen innerhalb des Insolvenzverfahrens handelt.

Zu den **Auswirkungen auf** die Umsatzsteuer bezüglich der **Verwertungskostenpauschale** (diese entfällt): → **Rn. 34.**

28 **c) Verwertung durch den Gläubiger.** Verwertet der Gläubiger nach Überlassung des Gegenstands gem. **§ 170 Abs. 2,** ist zu differenzieren: Der Sicherungsgeber führt mit der Übereignung beweglicher Gegenstände zu Sicherungszwecken unter Begründung eines Besitzmittlungsverhältnisses (§ 930 BGB) noch keine Lieferung an den Sicherungsnehmer gem. § 1 Abs. 1 Nr. 1 UStG, § 3 Abs. 1 UStG aus (so schon BFH BStBl. II 1994, 878). Zur Lieferung erstarkt der Übereignungsvorgang erst mit der **Verwertung** des Sicherungsguts (**Doppelumsatz** – Lieferung des Sicherungsnehmers an den Erwerber und Lieferung des Sicherungsgebers an den Sicherungsnehmer gem. § 3 Abs. 7 S. 1 UStG; zur Bemessungsgrundlage für den Erst-und Zweitumsatz: Uhlenbruck/*Sinz* § 171 Rn. 30), gleichgültig, ob der Sicherungsnehmer das Sicherungsgut dadurch verwertet, dass er es selbst veräußert, oder dadurch, dass der Sicherungsgeber es im Auftrag und für Rechnung des Sicherungsnehmers veräußert (BFHE 226, 421 = ZIP 2009, 2285 Rn. 33 f.). In diesem Fall wird die Insolvenzmasse mit Umsatzsteuer belastet, die aber vom absonderungsberechtigten Gläubiger zu erstatten ist (MüKoInsO/*Tetzlaff* Rn. 42).

29 **Veräußert der Sicherungsgeber** das Sicherungsgut an einen Dritten im eigenen Namen, aber im Auftrag und für Rechnung des Sicherungsnehmers, liegt ein **Dreifachumsatz** erst vor, wenn aufgrund der konkreten Sicherungsabrede oder aufgrund einer hiervon abweichenden Vereinbarung die *Verwertungsreife* eingetreten ist (BFH BStBl. II 2010, 859 Rn. 32; Abschn. 1.2. Abs. 1a UStAE; eing. dazu: Uhlenbruck/*Sinz* § 171 Rn. 21; *Onusseit* ZInsO 2014, 1461). Nicht ausreichend ist eine Veräußerung, die der Sicherungsgeber im Rahmen seiner ordentlichen Geschäftstätigkeit vornimmt, bei der der Sicherungsgeber berechtigt ist, den Verwertungserlös anstelle zur Rückführung des Kredits auch anderweitig zB für den Erwerb neuer Waren zu verwenden (BFHE 226, 421 = ZIP 2009, 2285 Rn. 36 unter teilweiser Aufgabe von BFHE 212, 146 = NZI 2006, 251).

30 *Wäger* (WM 2012, 769 [771 ff.]; UVR 2015, 27), Mitglied des V. Senats des BFH, vertritt die Auffassung, die Lieferbeziehungen bei der Verwertung von Sicherungsgut dürften nicht von denjenigen bei der Verwertung von mit Grundpfandrechten belasteten Grundstücken abweichen. Da bei der Grundstücksverwertung der Grundpfandgläubiger nicht in die Lieferkette einbezogen sei – diese

verläuft ausschließlich vom veräußernden Grundeigentümer oder seinem Verwalter zum Erwerber –, müsse dies parallel bei der Verwertung von Sicherungsgut durch den Sicherungsgeber oder seinen Insolvenzverwalter gehandhabt werden. Die Folge ist, dass auch bei Verwertungsreife oder Verwertung im Insolvenzverfahren lediglich ein **Einfachumsatz** vom Sicherungsgeber (durch seinen Verwalter) an den Erwerber anfällt. Es ist daher zu erwarten, dass der BFH demnächst die Dreifachumsatztheorie aufgeben wird.

Verwertet der Gläubiger kraft eigenen Rechts nach **§ 173 Abs. 1,** so entsteht ebenfalls ein Doppelumsatz (Abschn. 1.2. Abs. 1 UStAE; zur Bemessungsgrundlage für den Erst- und Zweitumsatz: Uhlenbruck/*Sinz* § 171 Rn. 30); in entsprechender Anwendung von § 13b Abs. 1 Nr. 2 UStG, §§ 170, 171 Abs. 2 S. 3 InsO ist der Masse die Umsatzsteuer zu erstatten (BGH ZIP 2007, 1126). Erfolgt die Verwertung des Gegenstandes nach **§ 168 Abs. 3** durch Übernahme durch den Gläubiger, wird er wirtschaftlicher Eigentümer des Gegenstands, so dass umsatzsteuerrechtlich eine Lieferung vorliegt. Die Umsatzsteuer hat der Gläubiger auch in diesem Fall der Masse zu erstatten (Uhlenbruck/*Sinz* Rn. 33). Gleiches gilt grds. für alle abweichend von § 171 vereinbarten Kostenbeträge (HambK-InsO/*Büchler* Rn. 17). 31

d) Freigabe aus der Masse. Erklärt der Insolvenzverwalter gegenüber dem Schuldner die Freigabe eines Gegenstandes aus der Masse, so soll nach Ansicht des BFH unterschieden werden: Bei einer Verwertung des Sicherungsgegenstandes nach einer **echten Freigabe** soll die Masse mit Umsatzsteuer nicht belastet werden, sondern nur, wenn es sich um eine sog **„unechte" Freigabe** handelt (BFH BStBl. II 2003, 208; MüKoInsO/*Tetzlaff* Rn. 43). 32

Die Freigabeerklärung nach § 35 Abs. 2 in der Fassung des Gesetzes zur Vereinfachung des Insolvenzverfahrens (BGBl. I 2007 S. 509) soll dazu dienen, die Haftung der Masse für die von der Erklärung nach § 35 Abs. 2 umfassten Gegenstände auszuschließen. Dies muss auch für steuerrechtliche Ansprüche gelten. Es fehlt bereits an der Umsatzsteuerbarkeit iSv § 1 Abs. 1 Nr. 1 UStG, da die Freigabe umsatzsteuerrechtlich keine Lieferung darstellt (eing. MüKoInsO/*Tetzlaff* Rn. 43; Uhlenbruck/*Sinz* Rn. 23; anders aber bei **„modifizierter Freigabe"** [BFH BStBl. II 1987, 873] und bei entgeltlichem Verzicht [BFH BFH/NV 2010, 238 Rn. 25]). 33

e) Umsatzsteuerpflicht der Kostenbeiträge. Die **Feststellungskostenpauschale** selbst ist nicht umsatzsteuerbar, da ihr keine Leistung des Insolvenzverwalters iSv § 1 Abs. 1 Nr. 1 UStG zugrunde liegt, sondern die gesetzliche Kostentragungsregel, die den Beitrag des Gläubigers festlegt (BFH ZInsO 2005, 1214). Nach dem v. g. Urteil des BFH vom 18.8.2005 galt dies ursprünglich auch für die **Verwertungskostenpauschale** bei der Verwertung beweglicher Sachen. Diese Rspr. hat der V. Senat jedoch im Urteil vom 28.7.2011 aufgegeben (BFH BStBl. II 2014, 406 Rn. 26, 29) und in der Verwertung des Absonderungsgegenstandes durch den Insolvenzverwalter (sofern Unternehmer; 2.1 Abs. 7 UStAE) zu Unrecht eine umsatzsteuerpflichtige Leistung an den Gläubiger gesehen (abl. *Voraufl.* Rn. 30 mwN). Das Gleiche müsste dann auch bei der Vereinbarung einer höheren als der gesetzlichen Pauschale gelten (dazu → Anh. Steuerrecht Rn. 259; *ders.* InsbürO 2012, 111 [115]; *d'Avoine* ZIP 2012, 58; *Fölsing* ZInsO 2011, 2261; *Mitlehner* ZIP 2012, 649 ff.). Die neue Anweisung der Finanzverwaltung im BMF-Schreiben vom 30.4.2014, wonach bei der Verwertung von beweglichen Gegenständen durch den Insolvenzverwalter gem. § 166 von einem Dreifachumsatz auszugehen ist (→ Rn. 27), hat zur Konsequenz, dass **ab 1.7.2014 *keine* (!) Umsatzsteuer mehr auf die Verwertungskostenpauschale** (BFH BStBl. II 2014, 406 Rn. 26, 29 ist damit überholt) ausgewiesen werden darf; andernfalls ist 34 diese zwar abzuführen (§ 14c Abs. 2 UStG), aber der Vorsteuerabzug für den Sicherungsnehmer/Gläubiger ausgeschlossen (§ 15 Abs. 1 Nr. 1 UStG).

35 Schließt der Insolvenzverwalter bei der Verwertung einer mit Grundpfandrechten belasteten Immobilie (= unbeweglicher Gegenstand) mit dem Sicherungsgläubiger eine **Verwertungsvereinbarung,** so werden dadurch diese (sonst gesetzlich nicht geschuldeten) Kostenbeiträge nach Ansicht des BFH umsatzsteuerpflichtig (BFH BStBl. II 2014, 406 Rn. 29; aA *Mitlehner* ZIP 2012, 649 [657]). Dies überzeugt nicht. Denn die Vereinbarung, dass an den Gläubiger ein geringerer Erlösanteil ausgekehrt wird als gesetzlich vorgesehen, macht die Verwertung dadurch nicht zu einer Leistung an ihn iSv § 1 Abs. 1 Nr. 1, 3 Abs. 9 S. 1 UStG.

Sonstige Verwendung beweglicher Sachen

172 (1) [1]**Der Insolvenzverwalter darf eine bewegliche Sache, zu deren Verwertung er berechtigt ist, für die Insolvenzmasse benutzen, wenn er den dadurch entstehenden Wertverlust von der Eröffnung des Insolvenzverfahrens an durch laufende Zahlungen an den Gläubiger ausgleicht.** [2]**Die Verpflichtung zu Ausgleichszahlungen besteht nur, soweit der durch die Nutzung entstehende Wertverlust die Sicherung des absonderungsberechtigten Gläubigers beeinträchtigt.**

(2) [1]**Der Verwalter darf eine solche Sache verbinden, vermischen und verarbeiten, soweit dadurch die Sicherung des absonderungsberechtigten Gläubigers nicht beeinträchtigt wird.** [2]**Setzt sich das Recht des Gläubigers an einer anderen Sache fort, so hat der Gläubiger die neue Sicherheit insoweit freizugeben, als sie den Wert der bisherigen Sicherheit übersteigt.**

Schrifttum: *Gomille,* Die Zuweisung der Nutzungen aus der zur Sicherheit übereigneten Sache, WM 2010, 1207; *Häcker,* Verwertungs- und Benutzungsbefugnis des Insolvenzverwalters für sicherungsübertragene gewerbliche Schutzrechte, ZIP 2001, 995; *Klinck,* Refinanziertes Mobilienleasing in der Insolvenz des Leasinggebers, KTS 2007, 37; *de Weerth,* Umsatzsteuerliche Behandlung der Verwertung sicherungsübereigneter beweglicher Gegenstände, DStR 2007, 1912.

Übersicht

I. Allgemeines

1 Die Norm ergänzt das Verwertungsrecht des Insolvenzverwalters nach § 166 um ein Nutzungsrecht, insbes. zwecks Fortführung des schuldnerischen Unternehmens, und schafft **zwingendes Recht** (Uhlenbruck/*Brinkmann* Rn. 4 f. mwN). § 172 soll etwaige vertragliche Vereinbarungen über die Nutzung des Sicherungsgutes ersetzen, die mit Eröffnung des Insolvenzverfahrens wirkungslos werden (BGHZ 165, 28 [32 f.] = ZIP 2005, 2214 Rn. 14; Kreft/*Landfermann* Rn. 2). Es besteht ein **Gleichlauf zwischen Nutzungsrecht (§ 172) und Verwertungsrecht (§ 166),** wie aus der Anknüpfung an § 166 hervorgeht (Uhlenbruck/*Brinkmann* Rn. 3). § 172 gilt daher weder für die Nutzung unpfändbarer

Gegenstände (LG Aachen NZI 2006, 643; HambK-InsO/*Büchler* Rn. 1) noch eine solche von Aussonderungsgut (→ § 169 Rn. 11), da beide nicht unter das Verwertungsrecht des § 166 InsO fallen.

Im **Insolvenzeröffnungsverfahren** ist § 172 InsO ohne eine Anordnung nach § 21 Abs. 2 Nr. 5 InsO nicht anwendbar, wie sich aus dem Wortlaut und seiner systematischen Stellung im dritten Abschnitt des vierten Teils ergibt, zumal der vorläufige Insolvenzverwalter nicht zur Verwertung der Insolvenzmasse befugt ist. Auch eine entsprechende Anwendung scheidet aus, da es an einer planwidrigen Lücke fehlt (BGH NZI 2006, 587 Rn. 9; MüKoInsO/*Tetzlaff* Rn. 31). Inwieweit der vorläufige Insolvenzverwalter zu einer Nutzung des Absonderungsguts oder zu einer Verarbeitung berechtigt ist, richtet sich nach dem Sicherungsvertrag (HambK-InsO/*Büchler* Rn. 12). Im Falle einer Anordnung nach **§ 21 Abs. 2 Nr. 5 InsO** sind die Rechtsfolgen entsprechend denen in § 172 Abs. 1 InsO geregelt; die Ansprüche auf Zinsen und auf Ausgleich von Wertminderungen werden dann zu Masseforderungen iSv § 55 InsO (BGH ZIP 2012, 779 Rn. 26 ff.; *Sinz/Hiebert* ZInsO 2011, 798 [799] mwN; *Ganter* NZI 2007, 549 [551]). 2

II. Nutzung des Sicherungsguts (Absatz 1)

1. Voraussetzungen und Reichweite des Nutzungsrechts. Der Wortlaut der Norm beschränkt das Nutzungsrecht auf solche Gegenstände, die dem Verwertungsrecht des Insolvenzverwalters nach § 166 unterliegen (zu sicherungsübertragenen gewerblichen Schutzrechten: *Häcker* ZIP 2001, 995); dieses besteht bis zur Verwertung der Sache fort. Die Nutzung für die Masse kann auch in der **Vermietung** oder **Verpachtung** des Sicherungsgegenstands liegen, wenn die Überlassung des Gegenstandes zum Geschäftsgegenstand des Unternehmens gehört (Kreft/*Landfermann* Rn. 3; FK-InsO/*Wegener* Rn. 4; Uhlenbruck/*Brinkmann* Rn. 6). Aber auch dann, wenn der Verwalter den Sicherungsgegenstand einem Dritten überlässt, damit dieser Aufträge für die Insolvenzschuldnerin erfüllt, liegt hierin eine Nutzung des Gegenstands für die Masse (Kreft/*Landfermann* Rn. 3; aA FK-InsO/*Wegener* Rn. 4). Denn in diesen Fällen ist es denkbar, dass diese Art der Drittnutzung des Sicherungsguts dazu dient, eine vorzeitige Zerschlagung des Unternehmens zu verhindern. In Zeiten von Arbeitnehmerüberlassung, dem Einsatz von Nachunternehmern (Subunternehmer) und zunehmender Arbeitsteilung ist es nicht sachgerecht, allein auf die unmittelbare tatsächliche Nutzung durch das schuldnerische Unternehmen abzustellen. Die mittelbare oder unmittelbare Nutzung muss lediglich geeignet sein, die vorzeitige Zerschlagung des Unternehmens zu verhindern bzw. ein funktionierendes Unternehmen vorerst am Markt zu erhalten. 3

Der **Verbrauch** der Sache oder ihre **Weiterveräußerung** sind keine Nutzung mehr und dem Insolvenzverwalter daher nicht gestattet (Kreft/*Landfermann* Rn. 16). Denn unter Nutzung ist nur der bestimmungsgemäße Gebrauch einer Sache zu verstehen. Hat der Insolvenzverwalter ein Interesse daran, das Sicherungsgut für die Masse zu verbrauchen, so muss er entweder mit dem Sicherungsgläubiger über die Stellung einer Ersatzsicherheit verhandeln oder die gesicherte Forderung durch eine Zahlung aus der Masse zum Erlöschen bringen. Die Spezialfälle der Verbindung, Vermischung und Verarbeitung regelt Absatz 2 (→ Rn. 14). 4

2. Ausgleichspflicht. Als Gegenleistung für das Nutzungsrecht hat der Gesetzgeber den Ausgleich eines Wertverlustes durch laufende, dh monatliche Zahlungen normiert. Der Wertverlustausgleich ist nicht mit der Zinszahlungspflicht nach § 169 zu verwechseln (→ § 169 Rn. 11), sondern **zusätzlich zu § 169 S. 1** 5 zu leisten (HambK-InsO/*Büchler* Rn. 1). Während nämlich § 169 S. 1 einen Ausgleich – unabhängig von einem etwaigen Wertverlust oder dem Entzug der Nutzungsmöglichkeit – allein für den Aufschub der Verwertung vorsieht (ab Berichtstermin oder drei Monate nach einer Anordnung gem. § 21 Abs. 2 S. 1 Nr. 5: BGH NZI 2010, 95 Rn. 28, 36), regelt § 172 die Ausgleichspflicht für einen **nutzungsbedingten Wertverlust** des Absonderungsguts, die im Fall des § 21 Abs. 2 S. 1 Nr. 5 S. 1 Teils. 3 sofort ab Erlass der Anordnung des Insolvenzgerichts und nicht erst drei Monate später geltend gemacht werden kann (BGH ZIP 2012, 779 Rn. 26) und auch Ansprüche wegen einer Beschädigung der genutzten Sache erfasst (BGH ZIP 2012, 779 Rn. 23).

6 Gem. Absatz 1 Satz 2 besteht nur dann eine Ausgleichspflicht, wenn **drei Voraussetzungen** erfüllt sind: es muss (1.) ein Wertverlust am Sicherungsgut eingetreten sein, dieser muss (2.) auf der Nutzung beruhen und (3.) muss der Wertverlust die Sicherung des absonderungsberechtigten Gläubigers auch tatsächlich beeinträchtigen.

7 Nicht jede Nutzung führt zwangsläufig zu einem messbaren **tatsächlichen Wertverlust.** Insbes. bei der Nutzung älterer Betriebsmittel wird es hieran häufig fehlen mit der Folge, dass keine Ausgleichzahlung aus der Masse zu erbringen ist.

8 Die **Nutzung durch den Insolvenzverwalter** muss für den Eintritt eines Wertverlustes **ursächlich** sein. Er muss den Sicherungsgegenstand folglich tatsächlich genutzt haben; das bloße Liegenlassen begründet keinen Anspruch (Kreft/*Landfermann* Rn. 8; aA HambK-InsO/*Büchler* Rn. 4; Nerlich/Römermann/*Becker* Rn. 11; MüKoInsO/*Tetzlaff* Rn. 12). Andernfalls würde man dem Sicherungsgläubiger einen Wertverlust ausgleichen, der durch bloßen Zeitablauf eingetreten ist, zumal die Folgen einer Verzögerung der Verwertung bereits § 169 S. 1 regelt. Indem der Wortlaut des § 172 Abs. 1 S. 1 Wertverlust und Nutzung bewusst in einen Kausalzusammenhang setzt (*„dadurch"*), hat der Gesetzgeber zum Ausdruck gebracht, dass über § 169 S. 1 hinausgehende Ansprüche ohne eine Nutzung des Absonderungsgegenstandes für die Masse vom Sicherungsgläubiger gerade nicht geltend gemacht werden können. Der Insolvenzverwalter ist ohnehin zur bestmöglichen Verwertung verpflichtet und haftet gem. § 60 im Falle von pflichtwidrigen Verzögerungen.

9 Schließlich muss der nutzungsbedingte Wertverlust des Absonderungsguts die **Sicherung des absonderungsberechtigten Gläubigers** auch **tatsächlich beeinträchtigen.** Dies ist bei einer deutlichen Übersicherung nicht der Fall, weil das Sicherungsrecht des Gläubigers dann nicht beeinträchtigt wird (Uhlenbruck/*Brinkmann* Rn. 14). Bei der Berechnung sind neben der besicherten Forderung auch die Umsatzsteuer und die Kostenpauschalen zu berücksichtigen. Reicht der verbleibende Nettoerlös aus, um die gesicherte Forderung voll zu befriedigen, führt der Wertverlust zu keiner Ausgleichspflicht, sondern wird durch die Sicherheitsmarge kompensiert.

10 Die Ausgleichspflicht **beginnt** mit der Aufnahme der Nutzung und **endet** mit der Einstellung der Nutzung, dem vollständigen Wertverlust, der vollständigen Befriedigung des Sicherungsgläubigers, dem Wegfall des Verwertungsrechts des Insolvenzverwalters oder der erfolgreichen Verwertung.

11 Um Streitigkeiten über Grund und **Höhe der Ausgleichspflicht** zu vermeiden, empfiehlt es sich, eine Vereinbarung mit dem Sicherungsgläubiger zu treffen. Die **Darlegungs- und Beweislast** für den Eintritt sämtlicher Tatbestandsvoraussetzungen – insbes. des Wertverlustes – trifft den Gläubiger.

12 Die Ausgleichszahlungen sind **Masseverbindlichkeiten** und, soweit geleistet, auf die gesicherte Forderung anzurechnen. Ist Masseunzulänglichkeit angezeigt, aber durch die Fortsetzung der Nutzung ein weiterer Wertverlust zu befürchten, kann der Gläubiger Unterlassung gem. § 1004 Abs. 1 BGB verlangen, da dann die Duldungspflicht entfällt.

Die Ausgleichszahlungen stellen als echte Schadensersatzzahlungen keinen steuerbaren Leistungsaustausch dar und sind daher **nicht umsatzsteuerpflichtig** (OFD Frankfurt ZInsO 2007, 1039 [1041]; *Roth* Insolvenzsteuerrecht, Rn. 4.442). 13

III. Verbindung, Vermischung, Verarbeitung (Absatz 2)

Die Voraussetzungen und Rechtsfolgen einer Verbindung, Vermischung oder Verarbeitung werden außerhalb der Insolvenzordnung in den **§§ 946–950 BGB** geregelt (Kreft/*Landfermann* Rn. 14; Uhlenbruck/*Brinkmann* Rn. 15). Diese sachenrechtlichen Regelungen werden durch § 172 Abs. 2 nicht modifiziert. Die Vorschrift regelt nur, wann es dem Insolvenzverwalter erlaubt ist, Sicherungsgut zu verbinden, zu vermischen oder zu verarbeiten, nämlich wenn die Sicherung des Absonderungsberechtigten nicht beeinträchtigt wird, dessen Rechte nach Maßgabe der §§ 946 ff. BGB also erhalten bleiben. Dies ist nach Maßgabe der §§ 946–950 BGB der Fall, wenn das **Sicherungsgut die Hauptsache** bleibt, anteiliges Eigentum des Sicherungsgläubigers begründet wird oder lediglich eine geringwertige Verarbeitung vorliegt (HambK-InsO/*Büchler* Rn. 7 f.). 14

Nicht zulässig ist dagegen eine Einwirkung, die zum Untergang der Rechte am ursprünglichen Sicherungsgut und damit zum Wegfall der Sicherheit führt. Eine solche kann auch nicht auf eine vom Schuldner vereinbarte Verarbeitungsklausel gestützt werden, da diese mit Insolvenzeröffnung ihre Wirksamkeit verliert (Kreft/*Landfermann* Rn. 2). Hierzu zählen die Fälle einer Verbindung des Absonderungsguts mit einem Grundstück (§ 946 BGB); eine Verbindung mit einer beweglichen Sache, wenn die andere Sache Hauptsache ist (§ 947 Abs. 2 BGB); eine Vermischung mit Eigentumsverlust (§§ 948 Abs. 1, 947 Abs. 2 BGB); die Regelfälle der Verarbeitung (§ 950 Abs. 2 BGB); der Verbrauch und die Veräußerung der Sache (→ Rn. 4). Eine Ausnahme kommt nur in Betracht, wenn der Sicherungsgläubiger eine Ersatzsicherheit erwirbt 15

Der Absonderungsberechtigte kann erforderlichenfalls einen **Entschädigungsanspruch nach § 951 BGB als Masseverbindlichkeit** geltend machen, soweit sein Sicherungsrecht beeinträchtigt wird. Ein Wertzuwachs des Sicherungsguts infolge der Verbindung, Vermischung oder Verarbeitung steht der Masse zu und ist vom Sicherungsgläubiger freizugeben (Absatz 2 Satz 2). 16

Verwertung durch den Gläubiger

173 (1) **Soweit der Insolvenzverwalter nicht zur Verwertung einer beweglichen Sache oder einer Forderung berechtigt ist, an denen ein Absonderungsrecht besteht, bleibt das Recht des Gläubigers zur Verwertung unberührt.**

(2) [1] **Auf Antrag des Verwalters und nach Anhörung des Gläubigers kann das Insolvenzgericht eine Frist bestimmen, innerhalb welcher der Gläubiger den Gegenstand zu verwerten hat.** [2] **Nach Ablauf der Frist ist der Verwalter zur Verwertung berechtigt.**

Schrifttum: *Flitsch,* Einziehung von Ansprüchen aus einer verpfändeten Rückdeckungsversicherung zur Sicherung einer betrieblichen Altersversorgung in der Unternehmensinsolvenz, DZWiR 2004, 430; *Oepen,* Das Pfandrecht des Frachtführers in der Insolvenz des Absenders, TranspR 2011, 89; *Ries,* Der Wunsch des Absonderungsgläubigers nach Eigenverwertung, ZInsO 2007, 62; *Tetzlaff,* Verwertung von Pfandrechten an Unternehmensbeteiligungen durch eine öffentliche Versteigerung und freihändige Veräußerung, ZInsO 2007, 478; *Thole,* Zivilprozessuale Probleme des Absonderungsrechts aus § 110 VVG n. F. in der Insolvenz des Versicherungsnehmers; NZI 2011, 41.

Übersicht

I. Normzweck

1 **Absatz 1** kommt va **Klarstellungsfunktion** zu, denn außerhalb des Anwendungsbereichs der §§ 166 ff. verbleibt die Verwertungsbefugnis beim absonderungsberechtigten Gläubiger (MüKoInsO/*Tetzlaff* Rn. 1). Dies Regelung entspricht der früheren Rechtlage unter Geltung des § 127 Abs. 2 KO. Die Norm setzt ein Bestehen des Verwertungsrechts des Gläubigers voraus, ohne Stellung zu der Frage zu nehmen, wann ein solches besteht. **Absatz 2** dient der **Beschleunigung des Verfahrens,** denn auf Antrag des Verwalters und nach Anhörung des Gläubigers kann das Insolvenzgericht eine Frist bestimmen, innerhalb derer er zu verwerten hat. Grds. bestimmt der Gläubiger selbst, wann und wie er verwerten will. Die gesetzliche Regelung in Absatz 2 gewährt aber **Schutz bei unnötiger Verzögerung der Verwertung** durch den Gläubiger. Der praktische Nutzen ist anzuerkennen; grds. wird der Gläubiger allerdings schon im eigenen Interesse eine rasche Verwertung wählen, um den Gegenstand optimal zu verwerten und rasch den Erlös zu erzielen.

II. Anwendungsbereich

2 Die in § 173 Abs. 1 konstatierte Verwertungsbefugnis des Sicherungsgläubigers ist **von** der Übernahme des Gegenstandes durch den Gläubiger nach **§ 168 Abs. 3 S. 1 und** der dem Gläubiger nach **§ 170 Abs. 2** überlassenen Verwertung **abzugrenzen;** denn in diesen Fällen bleibt das Verwertungsrecht des Insolvenzverwalters bestehen und auch die Kostenbeiträge sind in dem von §§ 170, 171 festgelegten Umfang an die Masse abzuführen.

3 **Absatz 1** setzt ein Verwertungsrecht des Sicherungsgläubiger voraus, ohne dessen Voraussetzungen zu definieren. Wann und in welchem Umfang ein Selbstverwertungsrecht des absonderungsberechtigten Gläubigers besteht, bestimmt sich nach dem Zivilrecht (Uhlenbruck/*Brinkmann* Rn. 4 mwN). Als **Faustregel** lässt sich festhalten, dass Absatz 1 immer dann eingreift, wenn nicht der Insolvenzverwalter, sondern der absonderungsberechtigte Gläubiger im Besitz des beweglichen Gegenstandes ist.

4 Folgende Sicherungsformen begründen ein Selbstverwertungsrecht des Gläubigers: ein **vertragliches oder gesetzliches Pfandrecht** an einer beweglichen Sache (zB aus §§ 647, 704 BGB; §§ 410 f., 421, 440, 623 HGB; zum Pfandrecht des Frachtführers: *Oepen* TranspR 2011, 89) oder ein vertragliches Pfandrecht an einer Forderung; ein Pfandrecht an Rechten (Kübler/Prütting/Bork/*Flöther* Rn. 5); ein vor Verfahrenseröffnung entstandenes **Zurückbehaltungsrecht** wegen notwendiger Verwendungen gem. § 1000 BGB iVm § 51 Nr. 2 (Uhlenbruck/*Brinkmann* Rn. 4); ein kaufmännisches Zurückbehaltungsrecht aus § 369 HBG iVm § 51 Nr. 3 (MüKoInsO/*Tetzlaff* Rn. 6); **gepfändete Forderungen und Rechte.**

Nicht unter § 173 Abs. 1 fallen, weil der Verwalter zur Verwertung nach § 166 berechtigt ist: die Sicherungsübereignung von Anlage- und Umlaufvermögen und die Sicherungszession von Forderungen sowie im Rahmen eines bestehenden Vermieterpfandrechts (§§ 562, 581 BGB); zu Einzelheiten → § 166 Rn. 3, 20. Zu beachten ist, dass nach der Rspr. des BGH mittelbarer Besitz des Verwalters für die Anwendbarkeit von § 166 ausreichen kann (BGH ZInsO 2006, 433; ZInsO 2006, 1320; → § 166 Rn. 9). 5

Der Sicherungsgläubiger kann mit dem (vorläufigen) Verwalter auch eine freiwillige **Verwertungsvereinbarung** treffen; dies kann aus praktischer Sicht Sinn machen, um ein besseres Verwertungsergebnis zu erzielen oder einen Wertverlust während eines Streits über die Rechte an dem Gegenstand zu vermeiden. Kostenbeiträge sind für diesen Fall vom Gesetz nicht vorgesehen (MüKoInsO/*Tetzlaff* Rn. 2). Es empfiehlt sich aber, hierzu Regelungen zu treffen. Will oder kann der Sicherungsgläubiger nicht selbst verwerten und ist er zu einer Vereinbarung über Kostenbeiträge für die Masse nicht bereit, ist der Anwendungsbereich von Absatz 2 eröffnet. Ob und inwieweit nach Übergang des Verwertungsrecht auf den Verwalter Kostenbeiträge an die Masse abzuführen sind, ist umstr. (dazu → Rn. 20 f.). 6

III. Voraussetzungen und Verfahren

1. Selbstverwertungsrecht des Gläubigers (Absatz 1). Das Selbstverwertungsrecht des Sicherungsgläubigers iSv Absatz 1 entsteht idR mit Verfahrenseröffnung (Kübler/Prütting/Bork/*Flöther* Rn. 6). Sofern Verwertungsreife eingetreten ist und keine Sicherungsmaßnahmen gem. § 21 Abs. 2 Nr. 3 durch das Insolvenzgericht angeordnet worden sind, ist der Sicherungsgläubiger auch **schon im Eröffnungsverfahren** zur Verwertung berechtigt (Uhlenbruck/*Brinkmann* Rn. 5). Art und Weise der Verwertung richten sich nach den vertraglichen Abreden zwischen Gläubiger und Schuldner. Danach kann das Pfandrecht an beweglichen Sachen nicht nur durch öffentliche Versteigerung, sondern bei entsprechender Vereinbarung auch durch freihändigen Verkauf verwertet werden. Der Gläubiger ist dabei stets gehalten, das **Gebot der schonenden Pfandverwertung** zu beachten (MüKoInsO/*Tetzlaff* Rn. 10); dazu zählt die Obliegenheit, im Interesse der Gläubigergesamtheit einen möglichst hohen Erlös bei der Verwertung zu erzielen. 7

Verspricht eine **freihändige Veräußerung** einen höheren Erlös als eine Versteigerung, kann der Absonderungsberechtigte vom vorläufigen mitbestimmenden Insolvenzverwalter gem. § 1246 BGB verlangen, dieser Art des Verkaufs zuzustimmen. Verweigert der Schuldner seine Mitwirkung, trifft den vorläufigen Verwalter nach Ansicht des BGH sogar die Verpflichtung, den Verkauf mit Hilfe einer bei dem Insolvenzgericht zu erwirkenden Einzelanordnung durchzusetzen, wenn es sich bei dem freihändigen Verkauf um eine besonders günstige, sich nach Verfahrenseröffnung voraussichtlich nicht mehr bietende Veräußerungsgelegenheit handelt (BGH NZI 2011, 602 Rn. 47, 54). 8

Die Verwertung soll unverzüglich vorgenommen werden (Uhlenbruck/*Brinkmann* Rn. 11). Problematisch ist dies insbes. bei der **Verwertung von Pfandrechten an Unternehmensbeteiligungen** (*Tetzlaff* ZInsO 2007, 478). Der pfandgesicherte Kreditgeber hat nicht unbedingt ein Interesse an einer einvernehmlichen Lösung mit den übrigen Gläubigern, sondern beabsichtigt unter Umständen, die verpfändete Beteiligung selbst unter Wert günstig zu erwerben. Ein solches Vorgehen ist mit dem Gebot der schonenden Pfandverwertung nicht vereinbar. Um ein optimales Ergebnis für die Gläubiger zu erreichen, wird zT eine Anwendung des § 166 auf verpfändete Unternehmensbeteiligungen vertreten, weil sonst der Vermögensverbund durch Einzelverwertungsmaßnahmen auseinan- 9 dergerissen würde (HambK-InsO/*Büchler* § 166 Rn. 20). Nach überwiegender Ansicht ist dies allerdings nicht mehr vom Wortlaut der Vorschrift gedeckt (so zutr. MüKoInsO/*Tetzlaff* § 166 Rn. 6; *Tetzlaff* ZInsO 2007, 478 [483] mwN; wohl auch Kreft/*Landfermann* § 166 Rn. 25).

10 Einen Sonderfall stellt auch die Verwertung einer **verpfändeten Rückdeckungsversicherung für eine Pensionszusage** dar. Denn fehlt es an der Pfandreife, weil die durch das Pfandrecht gesicherte Forderung noch bedingt ist (Versorgungsfall als aufschiebende Bedingung des gegen die Schuldnerin gerichteten Versorgungsanspruchs), kann dem Pfandgläubiger keine angemessene Frist zur Selbstverwertung gesetzt werden. Das Verwertungsrecht vor Pfandreife liegt daher allein beim Insolvenzverwalter, der allerdings den Erlös in Höhe der zu sichernden Forderung (§ 45 S. 1) zurückbehalten und vorrangig hinterlegen muss, bis die zu sichernde Forderung aus der Versorgungsanwartschaft fällig wird oder die Bedingung ausfällt (BGH ZIP 2005, 909 [911]; *Flitsch* DZWiR 2004, 430).

11 Die **Anforderungen an den absonderungsberechtigten Gläubiger** dürfen nicht überspannt werden, soweit ihm ein Selbstverwertungsrecht zusteht. Um vom Verwalter nicht auf Schadensersatz in Anspruch genommen zu werden, empfiehlt es sich für den Gläubiger aber, dem Verwalter die bevorstehende Verwertung unter angemessener Fristsetzung anzukündigen und ggf. einen Gutachter mit der Ermittlung des für das Sicherungsgut zu erzielenden Wertes zu beauftragen. Angesichts der grundsätzlichen Verwertungsberechtigung des Gläubigers trägt der Verwalter die Beweislast, wenn er aus einer schlechten Verwertung Ansprüche herleiten will (MüKoInsO/*Tetzlaff* Rn. 11). Ein **Übererlös** ist an die Masse auszukehren; einer Verrechnung mit ungesicherten Insolvenzforderungen steht § 96 Abs. 1 Nr. 3 entgegen; die noch zur KO ergangene gegenteilige Entscheidung des BGH vom 14.7.1994 (ZIP 1994, 1347 [1349]) ist daher überholt (iErg auch: Kreft/*Landfermann* Rn. 3; *Jungclaus/Keller* KTS 2010, 149 [163 ff.]).

12 **Kostenbeiträge** fallen bei einer Verwertung durch den Absonderungsberechtigten nicht an, da diese eine Verwertung „durch den Insolvenzverwalter" voraussetzen (§ 170 Abs. 1 S. 1). Die mit vereinnahmte Umsatzsteuer braucht der Gläubiger nicht an die Masse abzuführen (HambK-InsO/*Büchler* Rn. 3), da er nach § 13b Abs. 2 Nr. 2, Abs. 5 UStG Steuerschuldner ist (→ Anh. Steuerrecht Rn. 254); im Falle des Einzugs von sicherungszedierten Forderungen ergibt sich dies aus § 13c Abs. 1 S. 1 (ggf. iVm Abs. 3) UStG (→ Anh. Steuerrecht Rn. 262 f.). Eine Ausnahme gilt jedoch für das Sicherungseigentum (BGH ZInsO 2007, 605).

13 Zum **Doppelumsatz** → § 171 Rn. 28.

14 **2. Schutz der Masse vor Verzögerungen (Absatz 2).** Möglichkeiten zur Beschleunigung der Verwertung regelt Absatz 2. Voraussetzung ist ein **Antrag des Verwalters bei dem Insolvenzgericht,** dem Gläubiger eine Frist zur Verwertung zu setzen. Ein solcher Antrag ist aber nur zulässig und begründet, wenn es tatsächlich zu Verzögerungen bei der Verwertung gekommen ist (MüKoInsO/*Tetzlaff* Rn. 17); dies ist eine Frage des Einzelfalls und vom Verwalter darzulegen.

15 Der zulässige Antrag wird durch das Gericht zur **Anhörung des Gläubigers** übermittelt. Es empfiehlt sich, in dem Antrag gegenüber dem Insolvenzgericht bereits eine konkrete Frist anzuregen, da deren Angemessenheit von den Besonderheiten des Einzelfalls abhängt (Kreft/*Landfermann* Rn. 6; Uhlenbruck/*Brinkmann* Rn. 12). Je nach Gegenstand bestimmt das Gericht die **Frist nach pflichtgemäßem Ermessen** (Nerlich/Römermann/*Becker* Rn. 26), wobei die Verwertungsmöglichkeiten einerseits und die Nachteile für die Masse andererseits abzuwägen sind. Im Regelfall ist in Anlehnung an § 1234 Abs. 2 BGB je nach den Umständen des Einzelfalls eine Frist von einem bis zwei Monate ausreichend und angemessen (MüKoInsO/*Tetzlaff* Rn. 19). Eine Fristverlängerung ist mangels

gegenteiliger Regelung auf Antrag des Gläubigers zulässig, sofern dieser vor Fristablauf gestellt wird (denn sonst ist der Übergang der Verwertungsbefugnis als Gestaltungsakt bereits vollendet). In materieller Hinsicht ist erforderlich, dass der Gläubiger ohne eigenes Verschulden an der Einhaltung der gesetzten Frist verhindert war.

Funktional **zuständig** ist grds. der Rechtspfleger, im Falle des § 18 Abs. 2 RPflG der Richter. Die Entscheidung des Richters ist gem. § 6 Abs. 1 unanfechtbar, gegen die des Rechtspflegers ist eine Erinnerung nach § 11 Abs. 2 S. 1 RPflG statthaft (FK-InsO/*Wegener* Rn. 6; Kreft/*Landfermann* Rn. 5; Uhlenbruck/*Brinkmann* Rn. 13). 16

In **Verbraucherinsolvenzverfahren,** die noch vor dem 1.7.2014 beantragt worden sind (Art. 103h EGInsO), findet § 173 Abs. 2 entsprechende Anwendung (§ 313 Abs. 3 S. 3 aF). Für Verfahren, die ab dem 1.7.2014 beantragt wurden, gilt hingegen § 166, da § 313 aufgehoben wurde. 17

IV. Rechtsfolgen bei Übergang der Verwertungsbefugnis

Mit Fristablauf geht die Verwertungsbefugnis gem. § 173 Abs. 2 S. 2 auf den Verwalter über; das Besitzrecht des Gläubigers entfällt (Kreft/*Landfermann* Rn. 6; Nerlich/Römermann/*Becker* Rn. 32; Braun/*Dithmar* Rn. 3; aA [beide nebeneinander berechtigt] FK-InsO/*Wegener* Rn. 7). Den **Herausgabeanspruch** kann er nur nach den allgemeinen Vorschriften durchsetzen; notfalls muss er daher den Klageweg vor den ordentlichen Gerichten beschreiten. Ob und inwieweit auch die §§ 167 ff., insbes. die §§ 170, 171 Anwendung finden, ist umstr.: 18

1. Keine Anwendbarkeit der §§ 167–169. Die §§ 167–169 sind nach zutreffender Ansicht bei einem Übergang der Verwertungsbefugnis auf den Verwalter weder ihrem Wortlaut noch ihrem Sinn nach anwendbar (Kreft/*Landfermann* Rn. 6; Nerlich/Römermann/*Becker* Rn. 34; HambK-InsO/*Büchler* Rn. 6; aA Uhlenbruck/*Brinkmann* Rn. 16 [anders noch Voraufl.]; MüKoInsO/*Tetzlaff* Rn. 27). Diese Normen dienen dem Schutz des Gläubigers. Eines solchen Schutzes bedarf aber derjenige Gläubiger nicht (mehr), der die ihm primär zustehende Verwertungsmöglichkeit innerhalb der vom Gericht gesetzten Frist nicht genutzt hat. Dabei stand dem Gläubiger ohnehin bereits weit mehr als die von § 168 Abs. 1 S. 2 vorgesehene Wochenfrist zur Verfügung. Gelingt es ihm nicht, das Insolvenzgericht iRd Anhörung von seinem Vorgehen zu überzeugen und verwertet er auch nicht innerhalb der gesetzten Frist, ist der Gläubiger **nicht schutzwürdig.** Die Gegenansicht (MüKoInsO/*Tetzlaff* Rn. 27) verkennt, dass Sinn und Zweck der Regelung des § 173 Abs. 2 eine Beschleunigung des Verfahrens ist; den §§ 167–169 liegt eine andere Ausgangslage zugrunde. 19

2. Umfang der Kostenbeiträge nach §§ 170, 171. Die Kostenbeiträge des Gläubiger bestimmen sich nach den §§ 170, 171. Dies gilt auch für die **Feststellungskosten** gem. § 171 Abs. 1; auch sie können vom Verwalter in Abzug gebracht werden (str.; wie hier: HambK-InsO/*Büchler* Rn. 6; Kreft/*Landfermann* Rn. 6; Nerlich/Römermann/*Becker* Rn. 33; FK-InsO/*Wegener* Rn. 10; BK-InsO/*Goetsch* Rn. 15; Kübler/Prütting/Bork/*Flöther* Rn. 16; Gottwald InsR-HdB/*Adolphsen* InsR-Hb. § 42 Rn. 198; aA MüKoInsO/*Tetzlaff* Rn. 28 und Uhlenbruck/*Brinkmann* Rn. 18 – keine Feststellungskosten). Die Gegenansicht verkennt, dass § 170 Abs. 1 nur an die Verwertungsbefugnis des Verwalters anknüpft, die gerade nach § 173 Abs. 2 S. 2 übergeht, und es sich um eine Pauschale handelt, die – im Gegensatz zu § 171 Abs. 2 S. 2 – keinen Rückgriff auf den tatsächlichen Aufwand vorsieht. Die Feststellungspauschale ist vielmehr auch dann in voller Höhe zu entrichten, wenn der Feststellungsaufwand gering oder gar nicht vorhanden war (so auch MüKoInsO/*Tetzlaff* § 171 Rn. 19). Ein Grund, 20 ausgerechnet den Gläubiger zu privilegieren, der die Verwertung verzögert, ist weder ersichtlich noch gerechtfertigt.

21 Die **Verwertungskosten** und die anfallende **Umsatzsteuer** kann der Verwalter ebenfalls gemäß dem von § 171 Abs. 2 vorgesehenen Procedere dem Verwertungserlös vorab entnehmen. Zu Recht wird zur Begründung darauf verwiesen, dass eine Sanktionierung der verzögerten Verwertung sonst nicht möglich wäre, wenn dies zu einer Belastung der Masse mit Verwertungskosten und Umsatzsteuer führen würde (MüKoInsO/*Tetzlaff* Rn. 28).

22 **3. Nutzungsrecht.** Mit Übergang der Verwertungsbefugnis erwirbt der Verwalter das Recht, den beweglichen Gegenstand **iRd § 172** zu nutzen und zu verwenden (allgM, Kreft/*Landfermann* Rn. 6; HambK-InsO/*Büchler* Rn. 6; Nerlich/Römermann/*Becker* Rn. 33; MüKoInsO/*Tetzlaff* Rn. 29; aA Uhlenbruck/*Brinkmann* Rn. 17; zum **Umfang** → § 172 Rn. 3 f.).

Fünfter Teil. Befriedigung der Insolvenzgläubiger, Einstellung des Verfahrens

Erster Abschnitt. Feststellung der Forderungen

Anmeldung der Forderungen[1]

174 (1) [1]**Die Insolvenzgläubiger haben ihre Forderungen schriftlich beim Insolvenzverwalter anzumelden.** [2]**Der Anmeldung sollen die Urkunden, aus denen sich die Forderung ergibt, in Abdruck beigefügt werden.** [3]**Zur Vertretung des Gläubigers im Verfahren nach diesem Abschnitt sind auch Personen befugt, die Inkassodienstleistungen erbringen (registrierte Personen nach § 10 Abs. 1 Satz 1 Nr. 1 des Rechtsdienstleistungsgesetzes).**

(2) **Bei der Anmeldung sind der Grund und der Betrag der Forderung anzugeben sowie die Tatsachen, aus denen sich nach Einschätzung des Gläubigers ergibt, dass ihr eine vorsätzlich begangene unerlaubte Handlung, eine vorsätzliche pflichtwidrige Verletzung einer gesetzlichen Unterhaltspflicht oder einer Steuerstraftat des Schuldners nach §§ 370, 373 oder § 374 der Abgabenordnung zugrunde liegt.**

(3) [1]**Die Forderungen nachrangiger Gläubiger sind nur anzumelden, soweit das Insolvenzgericht besonders zur Anmeldung dieser Forderungen auffordert.** [2]**Bei der Anmeldung solcher Forderungen ist auf den Nachrang hinzuweisen und die dem Gläubiger zustehende Rangstelle zu bezeichnen.**

(4) [1]**Die Anmeldung kann durch Übermittlung eines elektronischen Dokuments erfolgen, wenn der Insolvenzverwalter der Übermittlung elektronischer Dokumente ausdrücklich zugestimmt hat.** [2]**In diesem Fall sollen die Urkunden, aus denen sich die Forderung ergibt, unverzüglich nachgereicht werden.**

Schrifttum: *Arend,* Die insolvenzrechtliche Behandlung des Zahlungsanspruchs in fremder Währung, ZIP 1988, 69; *Bähr,* Forderungsprüfung und Tabellenführung, InVo 1998, 205; *Deppe,* Von der Restschuldbefreiung ausgenommene Forderungen, InsbürO 2015, 46; *Dornblüth/Pape,* Ausweitung der ausgenommenen Forderungen des § 302 Nr. 1 InsO ab 1.7.2014, ZInsO 2014, 1625; *Eckardt,* Die Feststellung und Befriedigung des Insolvenzgläubigerrechts, Kölner Schrift zur Insolvenzordnung, 3. Aufl. 2009, S. 533 ff.; *ders.,* „Unanmeldbare" Forderungen im Konkursfeststellungsverfahren nach §§ 138 ff. KO, ZIP 1993, 1765; *Fichtelmann,* Bescheide im Besteuerungsverfahren nach Konkurseröffnung, NJW 1970, 2276; *Förster,* Die Bruttolohnforderung in der Insolvenztabelle, ZInsO 2000, 266; *Gerhardt,* Die rechtswegfremde Forderung im Insolvenzfeststellungsverfahren, NZI 2010, 849; *Graf-Schlicker/Remmert,* Das Unternehmensinsolvenzrecht unter der Lupe: Änderungen und Zukunftsperspektiven, NZI 2001, 569; *Hanisch,* Umrechnung von Fremdwährungsforderungen in Vollstreckung und Insolvenz, ZIP 1988, 341; *Heyn,* Zum Umgang mit der Bürgschaft bei einer Forderungsanmeldung, InsbürO 2010, 307; *Jenal/Schüssler,* Der „vergessene" Gläubiger im Insolvenzverfahren – Probleme und Folgen der Nichtberücksichtigung einzelner Gläubiger im Insolvenzverfahren, KSI 2014, 16; *Kahlert,* Beseitigung des Widerspruchs des Schuldners gegen den Haftungsgrund der

---

[1] § 174 Abs. 2 geänd. mWv 1.12.2001 durch G v. 26.10.2001 (BGBl. I S. 2710); Abs. 4 angef. mWv 1.4.2005 durch G v. 22.3.2005 (BGBl. I S. 837); Abs. 1 Satz 3 angef. mWv 1.7.2008 durch G v. 12.12.2007 (BGBl. I S. 2840); Abs. 2 geänd. mWv 1.7.2014 durch G v. 15.7.2013 (BGBl. I S. 2379).

vorsätzlichen unerlaubten Handlung im Insolvenzverfahren, ZInsO 2006, 409; *Kemper,* Die Verordnung (EG) Nr. 1346/2000 über Insolvenzverfahren, ZIP 2001, 1609; *Kuder/Obermüller,* Insolvenzrechtliche Aspekte des neuen Schuldverschreibungsgesetzes, ZInsO 2009, 2025; *Mäusezahl,* Die unerlaubte Handlung in der Insolvenz der natürlichen Person, ZInsO 2002, 462; *Mandlik,* Feststellungsvermerk bei Ausfallforderungen im Konkurs, Rpfleger 1980, 143; *Merkle,* Die Zuständigkeit von Insolvenzverwalter und Insolvenzgericht im insolvenzrechtlichen Feststellungsverfahren, Rpfleger 2001, 157; *Obermüller,* Anmeldung von Forderungen aus abstrakten Schuldanerkenntnissen, ZInsO 2015, 667; *Pianowski,* Umgang mit Anmeldungen von neuerdings von der Restschuldbefreiung ausgenommenen Forderungen zur Insolvenztabelle, InsbürO 2015, 4; *Rinjes,* Restschuldbefreiung und Forderungen aus vorsätzlichen unerlaubten Handlungen nach dem InsOÄndG, DZWIR 2002, 415; *Karsten Schmidt,* Fremdwährungsforderungen im Konkurs – Bestandsaufnahme und Thesen zu § 69 KO (§ 52 RegE InsO), FS Merz, 1992, 533; *ders./Jungmann,* Anmeldung von Insolvenzforderungen mit Rechnungslegungslast des Schuldners, NZI 2002, 65; *Schröder,* Rechtlos im Insolvenzplanverfahren? Über den mangelnden Rechtsschutz nachrangiger Gläubiger bei Streit über den zu erwartenden Übererlös, ZInsO 2014, 2069; *Smid,* Einige Fragen des InsOÄndG und der weiteren Reparatur der InsO, DZWIR 2002, 221; *ders.,* Rechtsprobleme titelergänzender Feststellungsklagen, ZInsO 2011, 1327; *ders.,* Verjährungshemmung durch Forderungsanmeldung, DZWIR 2012, 267; *Stephan,* Die Forderungsanmeldung durch Inkassounternehmen im Insolvenzverfahren, ZVI 2003, 270; *Stiller,* Die Geltendmachung von öffentlich-rechtlichen Erstattungsforderungen im Insolvenzverfahren durch Bescheid, ZInsO 2012, 2276; *Treffer,* Inkassounternehmen in Insolvenzverfahren, Rbeistand 2002, 11; *Vallender,* Auswirkungen des Schuldrechtsmodernisierungsgesetzes auf die Anmeldung von Forderungen im Insolvenzverfahren, ZInsO 2002, 110; *Vogel,* Verjährung und Insolvenzverfahren, BauR 2004, 1365; *Wegener/Koch,* Die Anmeldung und Prüfung der zur Insolvenztabelle angemeldeten Forderungen aus unerlaubter Handlung, InsbürO 2004, 216; *Wenner/Schuster,* Sind Geheimhaltungsvereinbarungen insolvenzfest?, ZIP 2005, 2194; *dies.,* Zum Jahresende: Die Hemmung der Verjährung durch die Anmeldung von Forderungen im Insolvenzverfahren, BB 2006, 2649; *Wittig,* Kritische und notleidende Kreditengagements – Änderungen aufgrund der Schuldrechtsreform, NZI 2002, 633; *ders.,* Auswirkungen der Schuldrechtsreform auf das Insolvenzrecht, ZInsO 2003, 629.

Übersicht

I. Forderungsanmeldung

Die Durchführung des insolvenzrechtlichen Forderungsanmeldungs- und feststellungsverfahrens dient dem Interesse der Gesamtheit der Insolvenzgläubiger, denen durch das nicht abdingbare insolvenzrechtliche Feststellungsverfahren die Möglichkeit gegeben wird, sich an der gerichtlichen Auseinandersetzung über die Begründetheit der Forderung zu beteiligen, zumal die gerichtliche Feststellung nach § 183 gegenüber allen Insolvenzgläubigern wirkt (BGH NJW-RR 2014, 1270 [1271] = NZI 2014, 749 [750]). Die Regelungen in §§ 174 ff. haben damit primär den **Zweck, zügig und abschließend Klarheit** darüber zu schaffen, welche Forderungen mit welchem Betrag an der Verteilung der Masse teilhaben; der Widerspruch gegen eine angemeldete Forderung muss, wenn er die Feststellung hindern soll, im Prüfungstermin oder bei der im schriftlichen Verfahren stattfindenden Prüfung der Forderung erhoben werden (BGHZ 201, 121 [128] = NJW 2014, 2045 [2047] = NZI 2014, 693 [695]). Durch die Anmeldung von Forderungen wird auch **Klärung** herbeigeführt, welche Gläubiger die (objektiv zu bestimmende) **Eigenschaft als Verfahrensbeteiligte** haben (vgl. BGH ZInsO 2015, 108). 1

Im Feststellungsverfahren ist die Anmeldung der Forderungen durch die Gläubiger der erste Schritt. Eine Berücksichtigung von Amts wegen gibt es nicht. **Wesentlicher Inhalt** der Forderungsanmeldung ist deshalb die **Angabe von Grund und Betrag der Forderung** (Absatz 2; vgl. OLG Stuttgart NJW 1962, 1018). Wegen § 302 Abs. 1 ist die Angabe des Forderungsgrundes bei einer Anmeldung von Forderungen mit einem besonderen Attribut iSv Absatz 2 und § 302 Nr. 1 (Vorsatzdelikt, Unterhaltspflichtverletzung, Steuerstraftat) besonders wichtig (vgl. dazu → Rn. 52 ff.). Auch **Zahlungsansprüche auf erstes Anfordern** sind anmelde- und feststellungsfähig (BGH NZI 2008, 565 [566]). – **Vorrechte** bestehen nach der Insolvenzordnung grds. nicht mehr. Soweit solche **in Spezialgesetzen** (vgl. etwa nach dem Gesetz über die Verwahrung und Anschaffung von Wertpapieren) enthalten sind, ist die Inanspruchnahme des Vorrechts bei der Anmeldung erforderlich (vgl. auch § 32 Abs. 4 S. 1 DepotG). 2

1. Anmeldung beim Insolvenzverwalter. Die Anmeldung erfolgt ausschließlich beim Insolvenzverwalter (Absatz 1 Satz 1). An die Stelle des Insolvenzverwalters tritt im Fall der **Eigenverwaltung** der Sachwalter (§ 270c S. 2; vgl. Kölner Schrift InsO/*Eckardt* S. 533 Rn. 60 f.; ausf. Kübler/Prütting/Bork/*Pape/Schaltke* § 174 Rn. 19 ff.). Forderungsanmeldungen werden in der Praxis regelmäßig auf dem einfachen Postweg und, was zu Nachweisproblemen führen kann, nur in Ausnahmefällen als Einschreiben versandt (*Jenal/Schüssler* KSI 2014, 16 [19]). Die Führung der Tabelle durch den Insolvenzverwalter trägt zu einer Entlastung der Insolvenzgerichte bei. Der Verwalter muss sicherstellen, dass die Tabelle (durch entsprechend geschultes Personal) so geführt wird, dass sie den Anforderungen an vollstreckbare Titel (vgl. § 201 Abs. 2) genügt (Braun/*Specovius* § 175 Rn. 33 ff.). Der Insolvenzverwalter hat den **Zeitpunkt des Eingangs** zu dokumentieren, damit der Beginn der Verjährungshemmung (dazu → Rn. 56 ff.) eindeutig feststellbar ist (Kölner Schrift InsO/*Eckardt* S. 533 Rn. 12; *Bähr* InVo 1998, 205 [208]; Kübler/Prütting/Bork/*Pape/Schaltke* § 174 Rn. 74; Uhlenbruck/*Sinz* § 174 Rn. 15). **Schreiben** des Verwalters **an Gläubiger** mit der Aufforderung, Forderungen anzumelden (Beispiel bei *Hess* § 174 Rn. 2) sollten den ausdrücklichen **Hinweis** enthalten, dass bei der Anmeldung von in §§ 174 3

Abs. 2, 302 Nr. 1 aufgeführten Forderungen das besondere Attribut kenntlich zu machen ist.

4 **Anmeldungen beim Insolvenzgericht** sind **unwirksam.** Sie sollten an den Insolvenzverwalter weitergeleitet werden (vgl. Kübler/Prütting/Bork/*Pape/Schaltke* § 174 Rn. 41; Braun/*Specovius* § 175 Rn. 14); allein maßgeblich bleibt der Zugang beim Insolvenzverwalter. – Die Aufnahme der Forderung in das Gläubigerverzeichnis iSv § 152 macht die Anmeldung nicht überflüssig.

5 Forderungen können **erst nach der Verfahrenseröffnung** angemeldet werden. Vor diesem Zeitpunkt liegende Anmeldungen (zB beim vorläufigen Insolvenzverwalter (§ 21 Abs. 2 Nr. 2)) sind unwirksam (vgl. insoweit LSG BW KTS 1985, 566). Haben Gläubiger ihre Forderungen schon dem vorläufigen Insolvenzverwalter mitgeteilt – was diesem hilft, einen Überblick über die Vermögensverhältnisse des Schuldners zu gewinnen –, genügt nach der Eröffnung des Verfahrens die Bezugnahme auf die Mitteilung an den vorläufigen Insolvenzverwalter, soweit diese die Mindestanforderungen an den Inhalt der Forderungsanmeldung nach § 174 bereits erfüllt.

6 **2. Anmeldeberechtigte.** Nur **Insolvenzgläubiger** iSv § 38 können Forderungen zur Tabelle anmelden; zu nachrangigen Insolvenzgläubigern (§§ 39, 327) vgl. → Rn. 63 ff. Auch derjenige Insolvenzgläubiger, aufgrund dessen Antrags das Verfahren eröffnet wurde, muss seine Forderung zur Tabelle anmelden. **Zahlungsansprüche auf erstes Anfordern** sind anmelde- und feststellungsfähig (BGH NZI 2008, 565 [566]).

7 **Nicht** am Feststellungsverfahren nehmen **Masseforderungen** (§§ 53–55) teil; sie können nicht zur Tabelle angemeldet werden (LAG Hamm ZIP 2000, 246; Kübler/Prütting/Bork/*Pape/Schaltke* § 174 Rn. 26). Wird eine Masseforderung irrtümlich als Insolvenzforderung zur Tabelle angemeldet, so ändert weder die Forderungsanmeldung noch die rechtskräftige Feststellung zur Tabelle etwas daran, dass diese (nur) als Masseforderung geltend gemacht werden kann (BGHZ 168, 112 = NJW 2006, 3068 = NZI 2006, 520; OLG Schleswig ZInsO 2004, 687; zum umgekehrten Fall, dass Insolvenzforderungen auch durch ein Anerkenntnis keine Masseforderungen werden, vgl. → § 55 Rn. 8). Insbes. ist in einer solchen irrtümlichen Anmeldung kein Verzicht auf die vorrangige Befriedigung zu sehen (Kübler/Prütting/Bork/*Pape/Schaltke* § 174 Rn. 26). Vgl. zu Masseforderungen auch → Rn. 59.

8 Ebenfalls **nicht** am Feststellungsverfahren nehmen **Aus- und** grds. auch **Absonderungsrechte** teil. Sofern der Schuldner einem absonderungsberechtigten Gläubiger auch persönlich haftet, kann diese Forderung – nicht hingegen die zur abgesonderten Befriedigung berechtigende (vgl. zu einer versehentlichen Erfassung einer solchen Forderung BGH KTS 1975, 117) – zur Tabelle angemeldet werden, und zwar in vollem Umfang; dies ergibt sich aus § 52 S. 1. Darin liegt kein Verzicht auf das Absonderungsrecht (Kübler/Prütting/Bork/*Pape/Schaltke* § 174 Rn. 27; *Mandlik* Rpfleger 1980, 143). Dass eine Befriedigung nur in Höhe des Ausfalls bzw. Verzichts möglich ist (§ 52 S. 2), spielt erst im Verteilungsverfahren eine Rolle (vgl. → § 190 Rn. 2 ff.; missverständlich Nerlich/Römermann/*Becker* § 174 Rn. 1).

9 Ist **Testamentsvollstreckung** über den Nachlass angeordnet und das Insolvenzverfahren über das Vermögen des Erben eröffnet, kann der Pflichtteilsberechtigte seine Forderungen für den Fall der Unzulänglichkeit des Nachlasses zusätzlich in voller Höhe zur Tabelle anmelden (BGHZ 167, 352 [362 f.] = NJW 2006, 2698 [2701]). – Zum Problem der „unanmeldbaren Forderungen" vgl. *Eckardt* ZIP 1993, 1765.

10 Die für einen Insolvenzgläubiger bestehende Möglichkeit, sich durch **Aufrechnung** zu befriedigen, hindert nicht eine wirksame Anmeldung (Graf-Schlicker/

Graf-Schlicker § 174 Rn. 3; wie hier wohl auch BK-InsO/*Breutigam/Kahlert* § 174 Rn. 9; aA Kübler/Prütting/Bork/*Pape/Schaltke* § 174 Rn. 28; ähnlich Uhlenbruck/*Sinz* § 174 Rn. 8 und Jaeger/*Gerhardt* § 174 Rn. 10, jeweils mit der Einschränkung, dass ein Verzicht auf das Aufrechnungsrecht erforderlich sei). – Zur Anmeldung von Forderungen (in einem inländischen Sekundärinsolvenzverfahren) nach Erteilung einer Restschuldbefreiung im Ausland vgl. BGH NJW-RR 2014, 1512 = NZI 2014, 969.

3. Anmeldefrist. Die Forderungen sind (nach der Verfahrenseröffnung, vgl. → Rn. 5) innerhalb der in **§ 28 Abs. 1** bestimmten Frist anzumelden. Diese ist **keine Ausschlussfrist** (BGH NZI 2012, 323; anders noch § 14 Abs. 1 GesO; Einzelheiten bei → § 28 Rn. 11 f.); Forderungsanmeldungen, die nicht innerhalb dieser Frist erfolgen, sind deshalb nicht unwirksam (AG Krefeld NZI 2001, 45; vgl. zu den Nachteilen → § 177 Rn. 8 f.). Meldet ein Gläubiger seine Forderung allerdings erst nach Bestimmung des Schlusstermins (§ 197) an und ist er in diesem nicht persönlich anwesend, um seine Einwendungen gegen das Schlussverzeichnis geltend zu machen, so ist die Forderungsanmeldung als unzulässig zurückzuweisen (AG Krefeld NZI 2001, 45). – Die Anmeldefrist ist mit dem Eröffnungsbeschluss bekanntzumachen. Unterbleibt eine Bekanntmachung, ist eine Forderungsanmeldung bis zum Prüfungstermin zulässig (LG Meiningen ZIP 1999, 1055). 11

II. Form und Inhalt der Anmeldung

Die Anmeldung muss grds. **in deutscher Sprache** erfolgen (§ 184 GVG; wie hier Kübler/Prütting/Bork/*Pape/Schaltke* § 174 Rn. 44; *Hess* § 174 Rn. 54; HambK-InsO/*Preß/Henningsmeier* § 174 Rn. 10; aA Kölner Schrift InsO/*Eckardt* S. 533 Rn. 13). Eine **Ausnahme** gilt allerdings, soweit die **EuInsVO** anwendbar ist, denn Art. 42 EuInsVO gestattet jedem Gläubiger, der seinen gewöhnlichen Aufenthalt, Wohnsitz oder Sitz in einem anderen Mitgliedstaat als Deutschland hat, seine Forderung in einem deutschen Insolvenzverfahren in der Amtsprache des anderen Mitgliedstaats vorzunehmen, sofern er seine Forderungsanmeldung mit „Anmeldung einer Forderung" überschreibt. Freilich kann der Insolvenzverwalter gemäß Art. 42 Abs. 2 S. 3 EuInsVO vom Gläubiger die Übersetzung ins Deutsche verlangen. 12

1. Schriftliche Forderungsanmeldung und Forderungsanmeldung auf elektronischem Wege. Die Anmeldung muss **schriftlich** erfolgen (Absatz 1 Satz 1). Der Insolvenzverwalter darf nicht die Verwendung von Formularen oder die Vorlage von Originalurkunden verlangen (Braun/*Specovius* § 174 Rn. 23). Die Vorlage von Originalurkunden ist mit Blick auf § 178 Abs. 2 S. 3 jedoch ratsam, wenn es sich um Wechsel oder sonstige Schuldurkunden handelt (vgl. HK-InsO/*Depré* § 174 Rn. 16; FK-InsO/*Kießner* § 174 Rn. 23; weitergehend HambK-InsO/*Preß/Henningsmeier* § 174 Rn. 10: Pflicht zur Einreichung der Originale). Auch wenn titulierte Forderungen angemeldet werden, kann der Insolvenzverwalter in diesem Verfahrensstadium noch nicht die Vorlage einer vollstreckbaren Ausfertigung des Titels verlangen (BGH NZI 2006, 173; Nerlich/Römermann/*Becker* § 174 Rn. 17); erst die Erteilung einer vollstreckbaren Ausfertigung aus der Tabelle (§ 201 Abs. 2 S. 3) kann von der Aushändigung der vollstreckbaren Ausfertigung abhängig gemacht werden, um eine Doppeltitulierung zu verhindern. 13

Eigenhändige Unterschrift ist grds. **nicht erforderlich** (HambK-InsO/*Preß/Henningsmeier* § 174 Rn. 9); es genügt, dass die Anmeldung erkennbar vom Anmelder ausgeht (MüKoInsO/*Riedel* § 174 Rn. 25). Zulässig sind daher zB auch Anmeldungen durch **Telefax** (Braun/*Specovius* § 174 Rn. 15; zu weiteren Übermittlungsmöglichkeiten vgl. auch Nerlich/Römermann/*Becker* § 174 Rn. 13; *Hess* § 174 Rn. 114 ff.; strenger offenbar *Bähr* InVo 1998, 205 [207]). 14

15 Für die **Übermittlung elektronischer Dokumente** (etwa per E-Mail) findet sich in **Absatz 4,** eingefügt durch das Justizkommunikationsgesetz v. 22.3.2005 (BGBl. I S. 837), eine Sonderregelung. Eine Forderungsanmeldung in dieser Form ist nur statthaft, wenn der Insolvenzverwalter ihr ausdrücklich zugestimmt hat. Welchen Inhalt die elektronisch übermittelte Forderungsanmeldung haben muss, hängt von den näheren Vorgaben des Insolvenzverwalters ab (vgl. BT-Drs. 15/4067, 54), der insofern – anders als bei der schriftlichen Forderungsanmeldung – verfahrensgestaltend wirken kann; dabei ist er gehalten, alle Gläubiger gleich zu behandeln.

16 Häufig wird es erforderlich – und gerade bei Wechseln oder sonstigen Schuldurkunden (dann wegen § 178 Abs. 2 S. 3; vgl. auch schon → Rn. 13) sinnvoll – sein, dass der elektronischen Anmeldung die **Übersendung von Urkunden** (Abs. 1 S. 2) nachfolgt; zwingende Voraussetzung ist dies indes nicht (anders BT-Drs. 15/4067, 54; vgl. auch → Rn. 21).

17 **2. Anmeldung durch Vertreter.** Bei prozessunfähigen Personen erfolgt die Anmeldung **durch den gesetzlichen Vertreter;** bei juristischen Personen **durch das Vertretungsorgan** (AG Ahrensberg Rpfleger 1992, 34; Kübler/Prütting/Bork/*Pape/Schaltke* § 174 Rn. 45). Für die Anmeldung der Forderung des Schuldners im Insolvenzverfahren über das Vermögen eines anderen Insolvenzschuldners ist der Insolvenzverwalter zuständig.

18 Die Anmeldung **durch einen Bevollmächtigten,** insbes. durch einen Rechtsanwalt, ist ebenfalls möglich; in jedem Fall ist die Beifügung der Vollmacht ratsam, um ein Widersprechen des Insolvenzverwalters zu verhindern (Uhlenbruck/*Sinz* § 174 Rn. 19; *Wenner/Schuster* BB 2006, 2649 [2650 f.]; vgl. LG München II ZIP 1992, 789 [790]). Eine vorläufige Zulassung nach § 89 Abs. 1 S. 1 ZPO ist zulässig; für Rechtsanwälte gilt § 88 Abs. 2 ZPO (vgl. auch noch Graf-Schlicker/*Graf-Schlicker* § 174 Rn. 8).

19 Mit dem am 1.7.2008 in Kraft getretenen **Absatz 1 Satz 3** (BGBl. I S. 2840) hat der Gesetzgeber klargestellt, dass auch gem. § 10 Abs. 1 S. 1 Nr. 1 RDG registrierte **Inkassounternehmen** (fremde) Forderungen zur Tabelle anmelden können (so schon vorher OLG Dresden ZInsO 2004, 810; *Stephan* ZVI 2003, 270; *Treffer* Rbeistand 2002, 11; zur Neufassung ausf. Uhlenbruck/*Sinz* § 174 Rn. 20). Die Vertretungsbefugnis erstreckt sich auch auf die Vertretung im Prüfungstermin und im sonstigen (außergerichtlichen) Feststellungsverfahren (BT-Drs. 16/3655, 92).

20 Grds. zulässig sind auch **Sammel-** und **Poolanmeldungen,** also die Anmeldung von Forderungen mehrerer Gläubiger durch einen entsprechend bevollmächtigten Treuhänder. Wegen der Titelwirkung des § 178 Abs. 3 müssen die einzelnen Forderungen jedoch auseinander zu halten sein; der jeweilige Forderungsgrund, der Forderungsbetrag und der Forderungsinhaber müssen erkennbar sein (vgl. Gottwald InsR-HdB/*Eickmann* § 63 Rn. 5 und 9; Uhlenbruck/*Sinz* § 174 Rn. 25; KG ZIP 1987, 1199). – Zur **Forderungsanmeldung durch gemeinsame Vertreter** oÄ vgl. §§ 5, 19 SchuldverschrG (vgl. dazu → Rn. 23 sowie *Kuder/Obermüller* ZInsO 2009, 2025 ff.); § 78 VAG; § 32 Abs. 5 DepotG. – Zur **Anmeldung von Sozialplanansprüchen** vgl. → Rn. 51.

21 **3. Beifügung von Urkunden.** Der Anmeldung sind nach **Absatz 1 Satz 2** Kopien der Urkunden beizufügen, aus denen sich die Forderung ergibt. Die Nichtbeachtung dieser **Soll-Vorschrift** ist ohne Einfluss auf die Wirksamkeit der Anmeldung (BGH NZI 2006, 173 [174]; RGZ 85, 64 [68]; RG JW 1913, 440; OLG Hamm ZInsO 1999, 352) – der Insolvenzverwalter ist nicht analog § 139 ZPO gehalten, auf die Unvollständigkeit von Unterlagen hinzuweisen (OLG Dresden ZIP 1997, 327) –, erlangt jedoch mit Blick auf die Feststellung der Forderung (§ 178) Bedeutung: Bestreitet der Insolvenzverwalter die Forderung, weil Beweisstücke im Prüfungstermin nicht vorlagen, trägt der Insolvenzgläubiger

im späteren Feststellungsprozess (§ 180) die Kostengefahr (vgl. OLG Hamburg KTS 1975, 43 und LG Hamburg KTS 1975, 46). Der Einwand, die Unterlagen hätten sich bereits im Besitz des Schuldners befunden, greift regelmäßig nicht durch (OLG Hamm ZInsO 1999, 352). In der Praxis ist es daher ratsam, Urkunden und sonstige Originale zur Vermeidung von Kostennachteilen beizufügen (vgl. *Wegener/Koch* InsbürO 2004, 216 [217]).

Der **Begriff der Urkunde** ist weit zu fassen; darunter fallen etwa Schuldscheine, Wechsel, Schecks, Vertragsurkunden, Urteile, Arrestbefehle (vgl. RGZ 54, 311 [314]) sowie Abtretungsurkunden (weitere Beispiele bei FK-InsO/*Kießner* § 174 Rn. 17). Die Urkunden sind nach dem Prüfungsverfahren – ggf. mit einem Feststellungsvermerk versehen (§ 178 Abs. 2 S. 3) – zurückzugeben. 22

Bei der Anmeldung von **Forderungen aus Schuldverschreibungen** besteht eine Besonderheit, wenn die **Anmeldung durch den gemeinsamen Vertreter** der Gläubiger erfolgt: Die Position des gemeinsamen Vertreters ist insofern privilegiert, als er die Schuldurkunde nicht vorzulegen braucht (§ 19 Abs. 3 SchVG; vgl. auch → § 74 Rn. 28 ff.). 23

4. Angabe von Grund und Betrag. a) Forderungsgrund. Bei jeder Forderungsanmeldung sind nach Absatz 2 Grund und Betrag der Forderung anzugeben (BFH ZIP 1984, 1004 [1005]). Der Begriff des Grundes der Forderung entspricht demjenigen in § 253 Abs. 2 Nr. 2 ZPO (BGH NZI 2014, 127). **Grund** der Forderung ist damit derjenige Sachverhalt, aus dem die Forderung entspringt (BGHZ 168, 112 [120] = NJW 2006, 3068 [3070] = NZI 2006, 520 [522]; BGH NZI 2004, 214 [215]; 2002, 37; OLG Jena NZI 2013, 399 [401]; LG Mönchengladbach KTS 1970, 62), nicht die Anspruchsgrundlage (aA Leonhardt/Smid/Zeuner/*Smid* § 174 Rn. 20). Erforderlich ist eine **schlüssige Darlegung des Lebenssachverhalts,** aus dem der Gläubiger seine Forderung herleitet, und des vom Gläubiger verfolgten Rechtschutzziels (OLG München BeckRS 2015, 16913; vgl. auch BGH NZI 2004, 214 [215]); eine rechtliche Bewertung ist nicht erforderlich (vgl. BGH NZI 2014, 127; NJW-RR 2009, 772 = NZI 2009, 242). Bei Sammel- oder Poolanmeldungen (vgl. → Rn. 20) müssen diese Substanziierungsanforderungen grds. für jede einzelne Forderung erfüllt sein (BGH NJW-RR 2009, 772 [773] = NZI 2009, 242 [243]); insbes. ist es nicht ausreichend, wenn die Forderungsbeträge addiert werden und nur der Gesamtbetrag angemeldet wird (OLG Jena NZI 2013, 399 [401]). 24

Maßstab der Substantiierungsanforderungen muss der Zweck der Substanziierungspflicht sein, also hinreichende Bestimmtheit/Bestimmbarkeit der Forderung (wegen der Titelwirkung des § 178 Abs. 3) und **Prüfungsmöglichkeit durch den Insolvenzverwalter.** Auf eine Prüfungsmöglichkeit der übrigen Insolvenzgläubiger kommt es im Regelfall nicht an (*Jungmann* EWiR 2014, 217 [218]; anders noch die Vorauflage; vgl. insofern auch BGH NZI 2014, 127); stattdessen ist Sonderwissen des Insolvenzverwalters zu berücksichtigen (aA noch OLG Jena NZI 2013, 399 [402]; vgl. auch OLG München BeckRS 2015, 16913), da der Insolvenzverwalter die Forderungsprüfung im Interesse aller Verfahrensbeteiligten durchführt (vgl. dazu *Kluth* NZI 2000, 351 [353]). Hinsichtlich der Anforderungen an die Substanziierung der Forderung können die zu § 253 Abs. 2 Nr. 2 ZPO entwickelten zivilprozessualen Grundsätze herangezogen werden (vgl. BGH NJW-RR 2009, 772 = NZI 2009, 242; Uhlenbruck/*Sinz* § 174 Rn. 29; HambK-InsO/*Preß/Henningsmeier* § 174 Rn. 15; Andres/Leithaus/*Leithaus* § 174 Rn. 5). Nach OLG Stuttgart ZIP 2008, 1781 ist der Insolvenzverwalter nicht verpflichtet, auf Substantiierungsmängel hinzuweisen (ähnlich OLG Jena NZI 2013, 399 [402], allerdings mit der Einschränkung, dass für offensichtliche Mängel etwas anderes gelten kann). 25

Eine Forderungsanmeldung lediglich unter **Bezugnahme auf Rechnungen** ist, jedenfalls ohne eine nähere Aufschlüsselung, nicht hinreichend substantiiert (BGH NJW-RR 2009, 772 [773] = NZI 2009, 242 [243]; OLG Jena NZI 2013, 26

399 [401]; AG Köln ZInsO 2003, 1009; Kübler/Prütting/Bork/*Pape/Schaltke* § 174 Rn. 49); die Verwendung von Rechtsbegriffen kann im Einzelfall genügen, wenn diese einen Rückschluss auf Tatsachen zulassen (zB „Kaufvertrag vom …"). Aus dem Substantiierungserfordernis ergibt sich auch, dass Rechnungen, aus denen sich der Umfang der Forderung ergibt, in Kopie beigefügt werden sollten (OLG Celle ZIP 1985, 823 [824]).

27 Bei Anmeldung eines Saldos aus einem **Kontokorrentverhältnis** ist das Kontokorrentverhältnis als solches der Forderungsgrund. Bei **Wahlschulden** ist eine Alternativanmeldung vorzunehmen.

28 Die **Anmeldung** einer Forderung **ohne Angabe des Grundes** ist **unwirksam;** sie ist vom Insolvenzverwalter zurückzuweisen (vgl. Kübler/Prütting/Bork/*Pape/Schaltke* § 174 Rn. 48). Die Unwirksamkeit wird durch die Eintragung der Forderung in die Tabelle (§ 175) nicht geheilt (OLG Jena NZI 2013, 399 [402]). Die Behebung des Mangels ist nur durch Neuanmeldung möglich (vgl. OLG Stuttgart NJW 1962, 1018; LG Mönchengladbach KTS 1970, 62). Auch wenn sich der der Forderungsanmeldung zugrundeliegende Sachverhalt als unrichtig erweist, ist eine Neuanmeldung erforderlich (BFHE 94, 4 [6]; vgl. auch BGHZ 173, 103 [106] = NZI 2007, 647; BFH ZIP 1984, 1004 [1005]). Ein **Austausch des Sachverhalts** ist nicht zulässig; nur durch eine Neuanmeldung wird den anderen Beteiligten eine vollständige Prüfung der neuen Forderung ermöglicht (vgl. BGH ZIP 2009, 483 [484]; FK-InsO/*Kießner* § 174 Rn. 26). Die Änderung bzw. Ergänzung der rechtlichen Bewertung des (unveränderten) Sachverhalts ist hingegen regelmäßig zulässig (vgl. aber noch → § 181 Rn. 3 ff.).

29 Zum Forderungsgrund gehören, sofern nicht offenkundig, auch Angaben darüber, weshalb gerade der Anmelder Gläubiger ist (zB durch Abtretung; BGH NJW-RR 2009, 772 [773] = NZI 2009, 242 [243]). Nehmen mehrere dieselbe Forderung für sich in Anspruch (sog **Prätendentenstreit**), so melden sie sämtliche Prätendenten an (vgl. → § 177 Rn. 7 und → § 178 Rn. 15). Die Forderungen werden in einem solchen Fall regelmäßig dem Grunde und dem Betrage nach anerkannt, aber hinsichtlich der Rechtszuständigkeit bestritten sein; die Prätendenten haben die Zuständigkeit dann entsprechend § 372 S. 2 BGB außerhalb des Insolvenzverfahrens zu klären (OLG Brandenburg NZI 2009, 479; ausf. Jaeger/*Gerhardt* § 174 Rn. 51 ff.).

30 **b) Forderungsbetrag.** Der **Betrag** der Forderung ist in **Euro** bestimmt anzugeben, auch hinsichtlich der Nebenansprüche (über Fremdwährungsforderungen vgl. → § 45 Rn. 10; BGHZ 108, 123 = NJW 1989, 3155; vgl. BGH NJW 1978, 107; *Arend* ZIP 1988, 69; *Hanisch* ZIP 1988, 341; *Karsten Schmidt* FS Merz, 1992, 533 [537 ff.]). Bei mehreren geltend gemachten Forderungen ist der angemeldete Betrag für jede einzelne Forderung gesondert anzugeben; die Anmeldung eines Gesamtbetrags genügt nicht (OLG München BeckRS 2015, 16801). **Zinsen** zur angemeldeten Hauptforderung brauchen nicht ausgerechnet zu sein; erforderlich ist insoweit nur der entsprechende Hinweis in der Anmeldung und eine genügende Bezeichnung (BGH WM 1957, 1334; *Hess* § 174 Rn. 93; MüKoInsO/*Riedel* § 174 Rn. 27; aA BK-InsO/*Breutigam/Kahlert* § 174 Rn. 45). Anderes gilt, wenn Zinsen als Hauptforderung geltend gemacht werden (vgl. auch noch → Rn. 36). Die Berechnung der Abzinsung gem. § 41 Abs. 2 (→ § 41 Rn. 17) ist Aufgabe des anmeldenden Gläubigers.

31 Eine Betragsangabe ist auch bei **Schmerzensgeldforderungen** gem. § 253 Abs. 2 BGB erforderlich, der Betrag ist notfalls zu schätzen (Uhlenbruck/*Sinz* § 174 Rn. 32). – Bei **Kontokorrentforderungen** werden nicht die Einzelposten, sondern wird die Saldoforderung angemeldet (Gottwald InsR-HdB/*Eickmann* § 63 Rn. 8). – Handelt es sich um **ungewisse Forderungen,** ist bei der Anmeldung ein Schätzwert anzugeben (Kübler/Prütting/Bork/*Pape/Schaltke* § 174 Rn. 51; LG

Kaiserslautern ZIP 1981, 1116; vgl. auch HessFG NZI 2013, 1034 zur Schätzung von Umsatzsteuerforderungen zum Zwecke der Anmeldung zur Tabelle).

Bei **Forderungen mit Rechnungslegungslast des Schuldners** (Provisionsanspruch des Handelsvertreters, § 87c Abs. 1 HGB; Abfindungsanspruch des vor Verfahrenseröffnung ausgeschiedenen Gesellschafters; Auseinandersetzungsanspruch des typischen stillen Gesellschafters) kann der Gläubiger, wenn Schuldner und/oder Insolvenzverwalter nicht pflichtgemäß Auskunft erteilen, den Betrag selbst errechnen oder nach § 45 InsO schätzen und in dieser Höhe zur Insolvenztabelle anmelden (ausf. *Karsten Schmidt/Jungmann* NZI 2002, 65 ff.; ebenso BK-InsO/*Breutigam/Kahlert* § 174 Rn. 43). **32**

Unterlassungs- und Auskunftsansprüche können – freilich nur, sofern sie sich nicht gegen die Masse richten und keinen Aussonderungscharakter haben – ggf. in Geld umgerechnet und zur Tabelle angemeldet werden (BGHZ 155, 371 = NJW 2003, 3060; *Jungmann* WuB VI A. § 38 InsO 1.05; missverständlich dagegen BGH NZI 2005, 628). – Zur **Anmeldung von Geheimhaltungsansprüchen** vgl. *Wenner/Schuster* ZIP 2005, 2194; zur Anmeldung von Schadensersatzforderungen im Zusammenhang mit Kommanditbeteiligungen vgl. BGH NJW 2014, 3436; zur Anmeldung von Forderungen aus abstrakten Schuldanerkenntnissen („parallel debts") vgl. *Obermüller* ZInsO 2015, 667 ff. **33**

Arbeitnehmerforderungen sind bei Insolvenz des Arbeitgebers als **Bruttobetrag** anzumelden (LAG Düsseldorf BB 1975, 517; *Förster* ZInsO 2000, 266; MüKoInsO/*Riedel* § 174 Rn. 27). Sofern Arbeitnehmer Massegläubiger geworden sind, brauchen sie ihre Forderungen nicht zur Tabelle anzumelden (LAG Hamm ZIP 2000, 246; vgl. auch → Rn. 59). **34**

Zug-um-Zug-Leistungen können nicht zur Insolvenztabelle angemeldet werden (BGH NJW-RR 2014, 1512 [1513] = NZI 2014, 969 [970]), denn die §§ 174 ff. enthalten keine den §§ 756, 765 ZPO entsprechenden Vorschriften (BGH NJW-RR 2004, 1050 [1051] = NZI 2004, 214 [215]); die Regelungen der §§ 103 ff. können durch Inhaber einer Forderung aus einem gegenseitig noch nicht vollständig erfüllten Vertrag nicht durch Forderungsanmeldung unterlaufen werden. Erforderlich ist die Umrechnung der Forderungen nach § 45 in ihren Wert ohne den Zug-um-Zug-Vorbehalt; dieser Wert kann für die Zeit der Eröffnung des Insolvenzverfahrens geschätzt werden (BGH NJW 2014, 3436 [3437 f.] mwN). **35**

Für die Anmeldung einer **Verzugszinsforderung** sind die Hauptforderung und der Zinssatz sowie der Verzugsbeginn anzugeben (HessLAG NZA 1997, 848; Braun/*Specovius* § 174 Rn. 26). – Vgl. noch §§ 41, 42, 45, 46 (dazu RGZ 170, 276 [279 ff.]). **36**

III. Beschränktes Prüfungsrecht des Insolvenzverwalters

1. Ausschluss einer Prüfung in der Sache. Der Insolvenzverwalter hat **kein materielles Vorprüfungsrecht,** und er trifft mit der Aufnahme einer Forderung in die Tabelle keine Entscheidung in der Sache (OLG Dresden ZInsO 2004, 810). Denn bei der Führung der Tabelle handelt es sich um eine beurkundende Tätigkeit, nicht um einen Teil eines gerichtlichen Verfahrens. Gegen eine Prüfungsentscheidung des Insolvenzverwalters in der Sache müsste es ein effektives Rechtsmittel geben. Daran fehlt es (Kölner Schrift InsO/*Eckardt* S. 533 Rn. 18; HK-InsO/*Depré* § 175 Rn. 7). Die Druckmittel Amtshaftungsanspruch, persönliche Haftung (§ 60) und Anregung von Aufsichtsmaßnahmen des Insolvenzgerichts (§ 58) kompensieren dieses Fehlen nicht (ausf. BK-InsO/*Breutigam/Erckens* § 175 Rn. 8). Auch ließe sich eine materielle Prüfung im Massengeschäft Forderungsanmeldung gar nicht leisten (vgl. *Mäusezahl* ZInsO 2002, 462 [463]). **37**

2. Formelles Vorprüfungsrecht. Der Insolvenzverwalter hat während des Anmeldeverfahrens die **Kompetenz, formell zu prüfen,** ob **Form und Inhalt** **38**

gewahrt wurden, ob die Anmeldung also überhaupt wirksam ist (so etwa Kübler/Prütting/Bork/*Pape/Schaltke* § 174 Rn. 33 ff. u. § 175 Rn. 18 f.; Braun/*Specovius* § 175 Rn. 6 f.; MüKoInsO/*Riedel* § 175 Rn. 11 ff.; HambK-InsO/*Preß/Henningsmeier* § 174 Rn. 21 ff.; Gottwald InsR-HdB/*Eickmann* § 63 Rn. 15; aA Kölner Schrift InsO/*Eckardt* S. 533 Rn. 17 ff.; *Hess* § 175 Rn. 23; wohl auch OLG Dresden ZInsO 2004, 810). Geprüft wird nur, ob der anmeldende Gläubiger behauptet, Inhaber einer nichtnachrangigen Insolvenzforderung zu sein (zum Sonderproblem bei nachrangigen Insolvenzforderungen vgl. → Rn. 63 ff.), ob eine ggf. erforderliche Vollmacht für die Anmeldung besteht, ob die Anmeldung Forderungsgrund und Euro-Betrag nennt, ob die Forderungsanmeldung in einer zulässigen Sprache erfolgte und ob die Schriftform bzw. die ggf. zugelassene Form der elektronischen Übermittlung eingehalten wurde. **Nicht vom** formellen **Vorprüfungsrecht umfasst** ist die Prüfung, ob ein Gläubiger das besondere Forderungsattribut iSv Abs. 2 und § 302 Nr. 1 (Vorsatzdelikt, Unterhaltspflichtverletzung, Steuerstraftat) hinreichend konkret angemeldet hat (so aber Graf-Schlicker/*Graf-Schlicker* § 174 Rn. 24).

39 Damit ist eine klare **Grenze** gezogen: Leidet die Forderungsanmeldung unter einem bei der Prüfung durch den Insolvenzverwalter erkannten formellen Mangel, so ist sie unwirksam. Der Insolvenzverwalter weist die Forderungsanmeldung zurück und trägt die Forderung nicht in die Tabelle ein, sondern gibt dem Gläubiger durch einen Hinweis auf den Mangel die Gelegenheit zu einer ordnungsgemäßen Forderungsanmeldung. Bei materiellen Mängeln nimmt der Insolvenzverwalter die Eintragung in die Tabelle vor und muss im Prüfungstermin Widerspruch erheben. Er ist nicht gehindert, den Gläubiger vorab über seine Einwände zu informieren.

40 In Fällen, in denen die **Rechtslage nicht eindeutig** ist und/oder in denen dem Gläubiger durch die Zurückweisung der Forderungsanmeldung schwerwiegende Nachteile drohen (etwa die Verjährung der Forderung), kann und sollte der Insolvenzverwalter, anstatt die Forderungsanmeldung als unzulässig zurückzuweisen, die **Forderung unter Vorbehalt in die Insolvenztabelle aufnehmen.** Damit geht die Vorprüfungspflicht auf das Insolvenzgericht über, gegen dessen ablehnende Entscheidung die Erinnerung eingelegt werden kann (vgl. → § 176 Rn. 3).

41 Stünde dem Insolvenzverwalter noch nicht einmal ein formelles Prüfungsrecht zu und wäre er auf sein Widerspruchsrecht im Prüfungstermin beschränkt (so Kölner Schrift InsO/*Eckardt* S. 533 Rn. 17 ff.; *Hess* § 175 Rn. 23), müssten zunächst einmal alle Forderungsanmeldungen in der Tabelle berücksichtigt werden. Damit würde sich das Vorprüfungsverfahren durch das Insolvenzgericht verzögern und sich der Prüfungstermin wegen der höheren Anzahl der Widersprüche in die Länge ziehen. Zudem würde die Verjährung von in unzulässiger Weise angemeldeten Forderungen ohne wirklich legitimierenden Grund gehemmt. Auch der anmeldende Gläubiger wäre nicht unbedingt besser gestellt, wenn der Insolvenzverwalter nicht zur Vorprüfung berechtigt wäre. Denn durch Nichteintragung und entsprechende Benachrichtigung erhält der Gläubiger die Gelegenheit zur unkomplizierten Nachbesserung, muss also nicht erst das Ergebnis der Vorprüfung durch das Insolvenzgericht abwarten und/oder den zwangsläufig zu erwartenden Widerspruch des Insolvenzverwalters (ggf. durch einen Feststellungsprozess) beseitigen.

42 Zwar steht dem anmeldenden Gläubiger gegen die Entscheidung des Insolvenzverwalters, die Forderungsanmeldung als unzulässig anzusehen und die Forderung nicht in die Tabelle aufzunehmen, **kein Rechtsmittel** zu (vgl. dazu → Rn. 37). Doch wird damit die Rechtsposition des Gläubigers nicht unzulässig beschnitten: Er kann seine Forderung nach Ablauf der Anmeldefrist erneut anmelden. Dann wird sie vom Insolvenzgericht einer Vorprüfung unterzogen, und gegen die Entscheidung des Rechtspflegers ist das Rechtsmittel der sofortigen Erinnerung statthaft (vgl. → § 176 Rn. 3).

IV. Änderungen, Berichtigungen, Ergänzungen, Rücknahme

Bei **Änderungen der Forderungsanmeldung** ist – auch wenn es sich um bloße Berichtigungen handelt – zu unterscheiden, ob die Anmeldefrist (→ Rn. 11) bereits abgelaufen ist oder nicht. Ist sie das nicht, sind Änderungen jederzeit möglich; das gilt auch für Änderungen, bei denen der Forderungsgrund ausgetauscht wird und die deshalb als Kombination einer Anmeldungsrücknahme und Neuanmeldung zu werten sind (zu eng *App* DVP 2000, 100). Änderungen nach Ablauf der Frist sind grds. als nachträgliche Anmeldungen zu behandeln (BGH NZI 2002, 37; vgl. auch BGH NZI 2004, 214; zu Einzelheiten vgl. → § 177 Rn. 6 f.). Lediglich Ermäßigungen der angemeldeten Forderung – etwa weil der Forderungsbetrag aufgrund einer Neuberechnung nach § 41 Abs. 2 (Abzinsung) oder aufgrund einer Neuschätzung nach § 45 zu reduzieren war – sind auch dann noch bis zur Feststellung der Forderung problemlos vorzunehmen (Nerlich/Römermann/*Becker* § 174 Rn. 20). 43

Bei fehlerhaften oder unvollständigen Anmeldungen besteht freilich keine Pflicht des anmeldenden Gläubigers, eine Ergänzung bzw. **Änderung der Anmeldung** vorzunehmen. Soweit Forderungsanmeldungen den erforderlichen Mindestinhalt haben, sind sie wirksam (vgl. → Rn. 38), der Gläubiger läuft jedoch Gefahr, dass die Forderung bestritten und nicht festgestellt wird (vgl. schon → Rn. 21). – Zur nachträglichen Anmeldung eines besonderen Forderungsattributs iSv Abs. 2 und § 302 Nr. 1 (Vorsatzdelikt, Unterhaltspflichtverletzung, Steuerstraftat) vgl. → Rn. 53. 44

Eine **Rücknahme der Anmeldung** ist bis zur Feststellung der Forderung möglich (RGZ 112, 297 [299]; 70, 297); sie ist an keine besondere Form gebunden und bis zum Prüfungstermin gegenüber dem Insolvenzverwalter, anschließend gegenüber dem Insolvenzgericht zu erklären (ähnlich MüKoInsO/*Nowak* § 174 Rn. 44). Mit der Rücknahme verzichtet der Gläubiger auf Teilhabe am Insolvenzverfahren, nicht auf seine Forderung; er kann die Forderung jedoch (ohne dabei privilegiert zu sein) erneut anmelden (einzelne Rücknahmegründe berücksichtigende Übersicht bei Gottwald InsR-HdB/*Eickmann* § 63 Rn. 41; zur Auswirkung der Rücknahme der Anmeldung auf die Verjährung der Forderung vgl. → Rn. 60). Schweigt ein Gläubiger, der seine Forderung erst nachträglich angemeldet hat (vgl. § 177 Abs. 1), auf die Frage des Insolvenzverwalters, ob ein gesonderter Prüfungstermin durchgeführt werden soll, so liegt darin keine konkludente Rücknahme der Anmeldung (AG Frankfurt/Oder ZInsO 2006, 1111 [1112 f.]). – Durch die Rücknahme der Anmeldung kann die durch Feststellung eintretende Rechtskraftwirkung nach § 178 Abs. 3 nicht mehr in Frage gestellt werden (RGZ 112, 297 [299]). 45

V. Besondere Forderungsarten

1. Forderungen des Finanzamts. Für die Anmeldung von **Steuerforderungen** ergeben sich **keine Besonderheiten** (vgl. auch FK-InsO/*Kießner* § 174 Rn. 7; *Hess* § 174 Rn. 96 ff.; ausf. Uhlenbruck/*Sinz* § 174 Rn. 3; *Gerhardt* NZI 2010, 849 [850 ff.]; *Fichtelmann* NJW 1970, 2276 ff.). Die Anmeldung gilt nicht als Steuerbescheid iSd AO (dazu RFH JW 1927, 1782 ff.; BFH BB 1965, 937 [938]). Nur hinsichtlich der Bestimmtheit hat sich die Anmeldung an den für den Steuerbescheid geltenden Regeln (§ 157 AO) zu orientieren. 46

Steuerforderungen, die vor Eröffnung des Insolvenzverfahrens begründet worden sind, sind zur Insolvenztabelle anzumelden und **nicht durch Steuer-** 47

bescheid festzusetzen (BFH NJW 1964, 613; BFHE 94, 4 [6] = BB 1969, 27 mAnm *v. Mattern;* vgl. BFH ZIP 1984, 1004 [1005]; BFHE 183, 365 = NJW 1998, 630; BFH NJW 2003, 2335; Kübler/Prütting/Bork/*Pape/Schaltke* § 174 Rn. 55); das Steuerfestsetzungsverfahren ist entsprechend § 240 S. 2 ZPO unterbrochen (BFHE 183, 365 = NJW 1998, 630; zur Unterbrechung bei Bestellung eines vorläufigen Insolvenzverwalters vgl. BFH/NV 2003, 645; 2005, 365); die Unterbrechung wird durch die Feststellung einer Steuerforderung zur Tabelle auch nicht beendet (BFHE 240, 534 = ZInsO 2013, 1156). Erlässt das Finanzamt trotz Verfahrensunterbrechung einen Festsetzungsbescheid, so ersetzt dieser nicht die Anmeldung und hemmt auch nicht die Verjährung, sondern ist nichtig und damit unwirksam (BFHE 183, 365 = NJW 1998, 630; BFH NJW 2003, 2335; vgl. Gottwald InsR-HdB/*Frotscher* § 126 Rn. 7). Dies gilt auch für andere Bescheide, in denen Besteuerungsgrundlagen festgestellt oder festgesetzt werden, welche die Höhe der anzumeldenden Forderung beeinflussen könnten (BFHE 202, 275 [278] = DStR 2003, 1434 [1435]; zweifelhaft insoweit FG Bbg ZInsO 2006, 1339; ausf. Jaeger/*Gerhardt* § 174 Rn. 35 f.), sowie für Regressbescheide (SG Düsseldorf DStR 2012, 2241).

48 Bei der Anmeldung muss die Insolvenzforderung des Finanzamtes nach Schuldgrund und Betrag individualisiert sein (BFH ZIP 1984, 1004 [1005]; Gottwald InsR-HdB/*Frotscher* § 126 Rn. 12). Bei laufend veranlagten Steuern (zB **Umsatzsteuer,** bei welcher Grundlage für die Forderungsanmeldung der nach § 16 UStG berechnete Steueranspruch für das Kalenderjahr ist (vgl. BFHE 235, 137 = NZI 2012, 96) ist das regelmäßig schon der Fall, wenn sie durch Abgabenart, Betrag und Zeitraum (BFH ZIP 1988, 181) und ggf. Fälligkeit sowie Stand des Festsetzungsverfahrens (HessFG NZI 2013, 1034) bezeichnet sind; bei einmaligen Steuern ist eine konkrete Bezeichnung erforderlich.

49 Für die insolvenzrechtliche Anmeldung von Steuerforderungen ist es unerheblich, wenn sich die rechtliche Beurteilung – Steuerschuldner, steuerrechtlich Haftender – ändert, nicht aber, wenn sich die wesentlichen, eine andere rechtliche Beurteilung bewirkenden Tatumstände später als andere herausstellen. Letzterenfalls muss eine geänderte (neue) Anmeldung vorgenommen werden (BFHE 94, 4 [6]). – Die Forderungsanmeldung unterbricht ein bei Eröffnung des Insolvenzverfahrens anhängiges Rechtsbehelfsverfahren (BFHE 183, 365 = NJW 1998, 630; BFH DB 1976, 1412); sein Fortgang hängt vom Ergebnis des Prüfungstermins ab.

50 **2. Forderungen der Sozialversicherungsträger.** Auch **Beitragsforderungen von Sozialversicherungsträgern** aus der Zeit vor Eröffnung des Insolvenzverfahrens können nicht mit Bescheid festgesetzt werden, sondern sind zur Tabelle anzumelden (LSG NRW NZI 2011, 457 [458]; LSG Hmb NJW 1964, 838). Die Anmeldung muss die Versicherten, auf die sie sich bezieht, namentlich oder eindeutig bestimmbar bezeichnen; dies folgt aus BSGE 45, 206 und gilt auch für den die bestrittene Forderung feststellenden Bescheid. Entsprechendes gilt für sonstige öffentlich-rechtliche Abgabenschuldverhältnisse (OVG Weimar ZIP 2007, 880; krit. *Stiller* ZInsO 2012, 2276 ff.).

51 **3. Sonderfall Sozialplanansprüche.** Anders als noch nach der Konkursordnung sind **Sozialplanansprüche** nach § 123 Abs. 2 S. 1 Masseverbindlichkeiten (zu der damit verbundenen Rangänderung vgl. BT-Drs. 12/2443, 154). Trotz der beschränkten Geltendmachung nach § 123 Abs. 2 und Abs. 3 (dazu → § 123 Rn. 25 ff.) können sie aus diesem Grund nicht in die Insolvenztabelle eingetragen werden (zumindest missverständlich MüKoInsO/*Riedel* § 174 Rn. 27).

52 **4. Forderungen mit besonderem Attribut. Absatz 2** enthält die Obliegenheit des Gläubigers, bei der Forderungsanmeldung diejenigen Tatsachen kenntlich

zu machen, aus denen sich nach seiner Einschätzung für die jeweilige Forderung ein **besonderes Attribut** ergibt. Ein solches besonderes Attribut haben schon seit Inkrafttreten des InsO-Änderungsgesetzes v. 26.10.2001 (BGBl. I S. 2710) die aus einer vorsätzlich begangenen unerlaubten Handlung resultierende Forderungen. Seit Inkrafttreten des Gesetzes zur Verkürzung des Restschuldbefreiungsverfahrens und zur Stärkung der Gläubigerrechte v. 15.7.2013 (BGBl. I S. 2379) gilt dies auch – Überblick bei *Deppe* ZInsO 2015, 46 – für Forderungen aufgrund einer vorsätzlich pflichtwidrig verletzten gesetzlichen Unterhaltspflicht und für Forderungen aufgrund einer Steuerstraftat nach § 370 AO (Steuerhinterziehung), § 373 AO (gewerbsmäßiger, gewaltsamer und bandenmäßiger Schmuggel) oder § 374 AO (Steuerhehlerei). **Nebenforderungen** zu solchen Forderungen mit besonderem Attribut haben ihrerseits regelmäßig dasselbe besondere Attribut (vgl. OLG Celle NJW-RR 2013, 614 [617]; zu Zinsen vgl. BGH WM 2011, 131 = ZInsO 2011, 102 sowie → Rn. 64). Dies gilt allerdings nicht auch in Bezug auf Säumniszuschläge (MüKoInsO/*Riedel* § 174 Rn. 36; BGH WM 2012, 660 = ZInsO 2012, 646).

Es sollte, wenn Gläubiger vom Insolvenzverwalter angeschrieben werden, der 53
Hinweis auf die vorstehenden Obliegenheiten ergehen (vgl. schon → Rn. 3; krit. *Graf-Schlicker/Remmert* NZI 2001, 569 [572]). Unterlässt ein Gläubiger es, das besondere Attribut anzugeben, wird seine Forderung unabhängig vom Schuldgrund von einer eventuellen Restschuldbefreiung erfasst (§ 302 Nr. 1). Bedeutung hat die gesonderte Angabe des besonderen Attributs damit nur im **Insolvenzverfahren über das Vermögen von natürlichen Personen.** Diese sollen nicht Gefahr laufen, erst am Ende der Wohlverhaltensperiode zu erfahren, dass eine Forderung wegen einer vorsätzlich begangenen unerlaubten Handlung oder in Abs. 2 gleichgestellten Tatbeständen zu den Insolvenzforderungen gehörte, die von der beantragten Restschuldbefreiung nicht erfasst werden (BT-Drs. 14/5680, 27). Gläubiger, die bei der Anmeldung der Forderung kein besonderes Attribut angegeben haben, können das nachholen, und zwar auch in Bezug auf bereits festgestellte Forderungen (NJW-RR 2008, 1072 = NZI 2008, 250; Graf-Schlicker/*Graf-Schlicker* § 174 Rn. 16). Allerdings wird die Nachmeldung nicht mehr zugelassen, wenn die sechsjährige Abtretungsfrist (§ 287 Abs. 2) bereits verstrichen ist und die Entscheidung des Insolvenzgerichts über die Erteilung der Restschuldbefreiung ansteht (BGHZ 197, 186 = NJW 2013, 3300 = NZI 2013, 906).

Der **Begriff der vorsätzlich begangenen unerlaubten Handlung** ist de- 54
ckungsgleich mit dem in § 393 BGB und in § 850f Abs. 2 ZPO verwendeten (*Smid* DZWIR 2002, 221 [223]; *Rinjes* DZWIR 2002, 415). Nicht erfasst sind private Strafansprüche (zB Vertragsstrafen), also auch nicht „erhöhte Beförderungsentgelte" in Folge des sog Schwarzfahrens (AG Regensburg ZInsO 2014, 1816). IRd Anmeldeverfahrens kommt der Gläubiger seiner Obliegenheit schon dadurch – aber auch nur dadurch – nach, dass er klar und eindeutig erklärt, die Forderung gründe sich (zumindest auch) auf eine vorsätzlich begangene unerlaubte Handlung, und den dazugehörigen Lebenssachverhalt skizziert (zB „Eingehungsbetrug durch Vortäuschen von Zahlungsfähigkeit" oder „vorsätzliche Nichtabführung von Arbeitnehmeranteilen auf Sozialversicherungsbeiträge"; vgl. auch die Beispiele bei *Kahlert* ZInsO 2006, 409). Erforderlich ist konkreter Tatsachenvortrag, aus dem sich eine unerlaubte Handlung in plausibler Weise ergibt; maßgeblich und ausreichend ist dabei die **Erkennbarkeit für den Schuldner** (vgl. *Jungmann* EWiR 2014, 217 [218]; vgl. auch MüKoInsO/*Riedel* § 174 Rn. 34 f.). Es bedarf keiner schlüssigen Darlegung des objektiven und subjektiven Deliktstatbestands (BGH NZI 2014, 127; zu eng dagegen noch AG Köln ZVI 2013, 150). Dennoch reichen bloße Behauptungen – etwa des Inhalts, der Schuldner sei schon bei Vertragsschluss zahlungsunfähig gewesen – im Regelfall nicht aus (vgl.

AG Köln ZVI 2013, 150). Vielmehr muss für den Schuldner erkennbar sein, welches Verhalten ihm vorgeworfen wird (vgl. BGH NZI 2014, 127 [128]) und ob der ganzen Forderung eine deliktische Handlung zugrunde liegt oder nur einem Teil (ggf. ist der Teilbetrag genau zu beziffern; *Heinze* DZWIR 2002, 369). Weder der Verwalter noch später das Insolvenzgericht haben aus Unterlagen, aus Schreiben, auf die Bezug genommen wird, oder aus beigefügten Titeln das besondere Attribut zu erforschen (*Mäusezahl* ZInsO 2002, 462 [464]); auch darf der Verwalter das besonderen Attribut nicht aus eigener Initiative heraus in der Tabelle festhalten.

55 Bei der Anmeldung von **Forderungen aus** vorsätzlich pflichtwidrig **vorenthaltenem Unterhalt** kommt es (anders als bei § 170 Abs. 1 StGB) nicht darauf an, dass ohne die Unterhaltszahlungen der Lebensbedarf des Unterhaltsberechtigten gefährdet ist oder ohne die Hilfe anderer gefährdet wäre (Kübler/Prütting/Bork/*Pape/Schaltke* § 174 Rn. 97). Ausreichend ist, dass der Schuldner vorsätzlich pflichtwidrig seine Unterhaltsverpflichtungen verletzt, das heißt diesen vorsätzlich nicht nachkommt, obwohl der Unterhaltsberechtigte bedürftig und der Schuldner leistungsfähig ist (BR-Drs. 467/12, 48).

56 Insofern genügt es für die Anmeldung des besonderen Attributs jedoch nicht, wenn der anmeldende Gläubiger lediglich auf die Titulierung des Unterhaltsanspruchs verweist (OLG Hamm ZInsO 2014, 1337; Revision beim BGH anhängig unter Az. IX ZB 65/14; für eine Beweiserleichterung in diesem Fall Kübler/Prütting/Bork/*Pape/Schaltke* § 174 Rn. 98). Vielmehr sind vom Gläubiger die gesetzliche Unterhaltspflicht (insofern sämtliche Voraussetzungen des Unterhaltsanspruchs), die Bedürftigkeit des Unterhaltsberechtigten, die Leistungsfähigkeit des Unterhaltsschuldners und der Vorsatz in Bezug auf die Nichtleistung in einer für den Schuldner nachvollziehbaren Weise darzustellen (zutr. *Pianowski* InsbürO 2015, 4 [5 f.]; vgl. auch OLG Koblenz NJW 2015, 88; großzügiger wohl OLG Celle NJW-RR 2013, 614 (allerdings noch zu § 174 Abs. 2 aF und § 823 Abs. 2 iVm § 170 StGB)). Um den Schuldner dazu in die Lage zu versetzen, sind allerdings keine detaillierten rechtlichen Ausführungen erforderlich (vgl. Graf-Schlicker/*Graf-Schlicker* § 174 Rn. 18).

57 Bei der Anmeldung von **Forderungen aus Steuerstraftaten** – welche von Steuerrückständen sowie von Zwangsgeldforderungen etc der Finanzbehörden abzugrenzen sind – ist es nach dem Willen des Gesetzgebers nicht erforderlich, dass im Zeitpunkt der Anmeldung bereits eine (rechtskräftige) Verurteilung erfolgt ist (vgl. BR-Drs. 467/12, 49; ebenso *Pianowski* InsbürO 2015, 4 [5]). Sofern die Praxis diesem Ansatz folgt (dagegen mit beachtlichen Gründen Kübler/Prütting/Bork/*Pape/Schaltke* § 174 Rn. 90 ff.; vgl. auch Graf-Schlicker/*Graf-Schlicker* § 174 Rn. 19), ist zu berücksichtigen, dass die Anforderungen an die Darlegung des besonderen Forderungsgrundes entschieden höher sind, wenn im Zeitpunkt der Forderungsanmeldung noch kein Urteil, auf das Bezug genommen werden kann, vorliegt (*Pianowski* InsbürO 2015, 4 [5]).

58 Auch wenn die rechtskräftige Verurteilung (zur Frage, ob dieser ein Strafbefehl, gegen den kein Einspruch erhoben worden ist, gleichzustellen ist, vgl. *Wollweber/Bertrand* DStR 2015, 1115 [1116]) letztlich erst bei Erteilung der Restschuldbefreiung Bedeutung erlangt, darf gleichzeitig aber in Bezug auf die Frage, welche Forderungen von der Restschuldbefreiung erfasst werden, kein Schwebezustand entstehen. Deshalb ist das Gesetz korrigierend so auszulegen, dass die **rechtskräftige Verurteilung** zwar noch nicht bei der Forderungsanmeldung vorliegen muss, jedoch **im Schlusstermin** (so *Dornblüth/Pape* ZInsO 2014, 1625 [1634]; Kübler/Prütting/Bork/*Pape/Schaltke* § 174 Rn. 94; ähnlich, aber weitergehend Graf-Schlicker/*Graf-Schlicker* § 174 Rn. 19: Rechtskraft bis zum Ablauf der sechsjährigen Abtretungsfrist (§ 287 Abs. 2) oder bis zur vorzeitigen Erteilung der Restschuldbefreiung nach § 300 Abs. 1 S. 2).

59 Ob neben der deliktischen (etc) noch eine **andere Anspruchsgrundlage** in Betracht kommt, ist **unerheblich.** Erst im Prüfungstermin und im sich ggf. anschließenden Feststellungsprozess wird geklärt, ob die Angabe des besonderen Attributs zutr. und für das weitere Verfahren zu beachten ist (vgl. dazu → § 175 Rn. 7 ff.; zur Verjährung des Anspruchs auf Feststellung des besonderen Attributs vgl. BGHZ 187, 337 = NJW 2011, 1133 = NZI 2011, 111 sowie → § 184 Rn. 17). Der Insolvenzverwalter muss also den **Vermerk „besonderes Forderungsattribut"** (oÄ) in jedem Fall **in die Tabelle aufnehmen,** wenn der Gläubiger dies in seiner Anmeldung angibt. Insofern hat der Verwalter kein Vorprüfungsrecht (schon → Rn. 37), ihm steht insoweit auch kein Widerspruchsrecht zu (vgl. BGH NJW 2008, 3285 = NZI 2008, 569; LG Trier NZI 2006, 243).

VI. Wirkungen der Anmeldung

60 **1. Hemmung der Verjährung.** Durch eine wirksame (ordnungsgemäße, rechtzeitig und vollständige; vgl. BGH NJW-RR 2013, 992 = NZI 2013, 388) **Forderungsanmeldung** wird die **Verjährung gehemmt,** § 204 Abs. 1 Nr. 10 BGB (vgl. *Smid* DZWIR 2012, 267 ff.; Übersicht auch bei *Vogel* BauR 2004, 1365 ff.; zum Sonderproblem der Verjährungshemmung bei nachrangigen Insolvenzforderungen und der analogen Anwendung von § 206 BGB vgl. → Rn. 68). Die Anmeldung muss den in der Insolvenzordnung insoweit aufgestellten Anforderungen (zur Herabsetzung dieser Anforderungen durch BGH NZI 2014, 127 vgl. *Jungmann* EWiR 2014, 217 [218]) genügen. Fehlt es daran, wird durch die Anmeldung der Ablauf der Verjährung nicht gehindert (vgl. schon RGZ 39, 37). **Maßgeblicher Zeitpunkt** ist der Zugang der Forderungsanmeldung beim Insolvenzverwalter; der Zeitpunkt der Eintragung der Forderung in die Tabelle ist unerheblich. Findet Art. 42 EuInsVO Anwendung, genügt schon die Anmeldung in der Fremdsprache (und der Überschrift „Anmeldung einer Forderung"), um die Hemmungswirkung eintreten zu lassen (*Kemper* ZIP 2001, 1609 [1619 f.]). Die Heilung von Mängeln der Anmeldung durch Ergänzung und Berichtigung ist bis zum Prüfungstermin (§ 176) möglich, doch wird dadurch eine zwischenzeitlich eingetretene Verjährung nicht wieder beseitigt (RGZ 39, 37 [47]).

61 § 204 Abs. 1 Nr. 10 BGB bezieht sich **nur** auf die **Anmeldung** der Forderung **im eröffneten Verfahren** (LG Göttingen NZI 2005, 395). Weder die Stellung des Insolvenzantrags noch eine „Anmeldung" während des Insolvenzeröffnungsverfahrens hindern die Verjährung der Forderung (vgl. LSG BW KTS 1985, 566). Während des Insolvenzeröffnungsverfahrens, für das § 87 auch nicht entsprechend gilt, kann Verjährungshemmung nur nach den allgemeinen Vorschriften, also etwa durch Zustellung eines Mahnbescheids oder durch Klageerhebung, erreicht werden. Zwar werden auf diese Weise unnötige Kosten produziert und zwar sind für den Gläubiger Vorteile wegen § 88, §§ 129 ff. InsO selbst bei Erwirken eines Titels nicht zu erwarten, doch kann dem nicht dadurch abgeholfen werden, dass das Insolvenzeröffnungsverfahren als „Verhandlung über den Anspruch" iSv § 203 BGB mit der Folge der automatischen Hemmung ab Stellung des Insolvenzantrags angesehen wird (so aber *Wittig* NZI 2002, 633 [639]; *ders.* ZInsO 2003, 629 [634]). Denn nur und erst durch das eigentliche Anmelde-, Prüfungs- und Feststellungsverfahren lässt sich ermitteln, ob es sich tatsächlich um eine Insolvenzforderung handelt und Hemmung wirklich eingetreten ist.

62 **Nur** durch die **Anmeldung beim Insolvenzverwalter** – nicht beim Insolvenzgericht – wird die Verjährung gehemmt (vgl. schon → Rn. 3 f.). Die Anmeldung muss vor Ablauf der Verjährungsfrist beim Insolvenzverwalter eingehen und den Erfordernissen des § 174 entsprechen (vgl. RGZ 39, 37 [45]; Uhlenbruck/*Sinz* § 174 Rn. 45). Den Insolvenzverwalter trifft die Pflicht, den Zeitpunkt des Eingangs der Anmeldung festzuhalten (vgl. schon → Rn. 3); doch die **Beweislast**

für die rechtzeitige Anmeldung liegt beim anmeldenden Gläubiger (*Merkle* Rpfleger 2001, 157 [166]).

63 Masseforderungen können nicht zur Tabelle angemeldet werden, sodass der Versuch, sie anzumelden, nicht die Hemmung der Masseforderung nach sich zieht (*Wenner/Schuster* BB 2006, 2649). **Massegläubiger** können aber, um die Hemmung der Verjährung zu erreichen, bspw. Klage erheben. Hingegen wird die Verjährung nicht gehemmt, wenn eine Insolvenzforderung als vermeintliche Masseforderung gegenüber dem Insolvenzverwalter geltend gemacht worden ist (LG Wuppertal ZInsO 2010, 1281 [1282]; vgl. auch LAG Düsseldorf ZIP 1984, 858 [859 f.]; vgl. auch noch → § 55 Rn. 8). Bei Unsicherheit darüber, ob eine Forderung eine Masseverbindlichkeit darstellt, ist daher ein „zweigleisiges" Vorgehen nicht zu vermeiden (so auch Nerlich/Römermann/*Becker* § 174 Rn. 4).

64 Die durch die Forderungsanmeldung ausgelöste **Hemmung endet** gem. § 204 Abs. 2 S. 1 BGB (vgl. MüKoBGB/*Grothe* § 204 Rn. 100 ff.; *Wenner/Schuster* BB 2006, 2649 [2653]) und damit sechs Monate nach der öffentlichen Bekanntmachung des Beschlusses über die Aufhebung (§§ 200, 258 InsO, auch § 34 InsO), sechs Monate nach formeller Rechtskraft des Beschlusses über die Einstellung (§§ 207, 211, 212, 213) des Insolvenzverfahrens (wie hier MüKoBGB/*Grothe* § 204 Rn. 100 mwN; aA zum überkommenen Verjährungsrecht noch BGHZ 61, 1 [2] = NJW 1975, 692) bzw. sechs Monate nach der Rücknahme der Anmeldung (vgl. zur Parallele bei der Klagerücknahme BGH NJW 2004, 3772). Zum Ende der Hemmung bei einem sich anschließenden Restschuldbefreiungsverfahren vgl. *Vallender* ZInsO 2002, 110 [111 f.].

65 Wurde wegen einer (wirksam angemeldeten; vgl. BGH NJW-RR 2013, 992 = NZI 2013, 388; vgl. ferner → Rn. 56) bestrittenen Forderung **Feststellungsklage** erhoben, so löst auch dies die Hemmungswirkung aus (§ 204 Abs. 1 Nr. 1 BGB); in diesem Fall kann die Verjährung auch über die sechs Monate nach Beendigung des Insolvenzverfahrens hinaus gehemmt bleiben (BT-Drs. 14/6040, 118). Die Gegenansicht, nach welcher § 204 Abs. 1 Nr. 1 BGB bezüglich von Insolvenzforderungen durch den spezielleren Hemmungstatbestand des § 204 Abs. 1 Nr. 10 BGB verdrängt sei (so OLG Naumburg DZWIR 2012, 304 [307]; zustimmend *Smid* DZWIR 2012, 267 [272 f.]), vermag nicht zu überzeugen (so auch BGH NJW-RR 2013, 992 = NZI 2013, 388). Sie widerspricht dem Willen des Gesetzgebers und verkennt die Sonderwirkungen der Feststellungsklage.

66 **2. Sonstige Wirkungen.** Die **Forderungsanmeldung** begründet **keine Rechtshängigkeit** iSv §§ 261 ff. ZPO, auch **keinen Schuldnerverzug** (RGZ 121, 207 [211]). Es laufen **keine Prozesszinsen** nach § 291 BGB.

VII. Forderungen nachrangiger Insolvenzgläubiger

67 **1. Grundsatz.** Forderungen nachrangiger Insolvenzgläubiger (§§ 39, 327) sind nur **nach besonderer Aufforderung des Insolvenzgerichts** anzumelden; gleichzeitig muss der Gläubiger auf den Nachrang und die ihm zustehende Rangstelle hinweisen **(Absatz 3).** Die Aufforderung des Insolvenzgerichts ergeht nur in Insolvenzverfahren mit einer Insolvenzquote von mehr als 100 % sowie in solchen, in denen ein Insolvenzplan vorsieht, dass auch nachrangige Insolvenzgläubiger befriedigt werden sollen (vgl. *Schröder* ZInsO 2014, 2069 [2070]; vgl. auch BGH WM 2011, 131 [132] = ZInsO 2011, 102 [103]; für eine Aufforderung in Verfahren mit angestrebter Restschuldbefreiung MüKoInsO/*Riedel* § 174 Rn. 40). Sie kann zwar schon im Eröffnungsbeschluss (§ 28 Abs. 1 S. 1), wird aber regelmäßig erst später (und nach Absprache mit dem Insolvenzverwalter) erfolgen, zB nach Verwertung des Schuldnervermögens (HambK-InsO/*Preß/Henningsmeier* § 174 Rn. 31 ff.) oder nach Vorlage eines Insolvenzplans, der auch die

Rechte der nachrangigen Gläubiger regelt (*Schröder* ZInsO 2014, 2069 [2071]). Die nachträgliche Aufforderung ist öffentlich bekannt zu machen (Nerlich/Römermann/*Becker* § 174 Rn. 29); zudem ist dann § 177 Abs. 2 zu beachten.

2. Anmeldung nachrangiger Forderungen ohne Aufforderung. Die Anmeldung einer – als solche kenntlich gemachten – nachrangigen Forderung ohne vorherige gerichtliche Aufforderung durch das Insolvenzgericht ist nicht zulässig (vgl. auch → § 39 Rn. 4). Eine Notwendigkeit, nachrangige Forderungen ohne gerichtliche Aufforderung zur Tabelle anzumelden, besteht auch nicht hinsichtlich von Zinsen etc (vgl. § 39 Abs. 1 Nr. 1) auf Ansprüche mit einem besonderen Attribut iSv Absatz 2 (vgl. → Rn. 52 ff.). Denn solche Zinsforderungen werden auch dann nicht von einer Restschuldbefreiung erfasst, wenn sie (mangels Aufforderung) nicht mit dem besonderen Rechtsgrund zur Tabelle angemeldet worden sind (BGH WM 2011, 131 = ZInsO 2011, 102). **68**

3. Anmeldung nachrangiger Forderungen ohne Angabe des Nachrangs. Fehlen die Angaben nach Absatz 3 Satz 2, wird die Forderung wie eine nichtnachrangige behandelt. Sie ist in die Tabelle aufzunehmen und muss ggf. im Prüfungstermin bestritten werden (vgl. schon → § 39 Rn. 4). Dies gilt nach wohl herrschender Meinung auch dann, wenn der **Nachrang** aufgrund der Angabe des Forderungsgrundes **offenkundig** ist (wie hier LG Waldshut-Tiengen NZI 2005, 396; Uhlenbruck/*Sinz* § 174 Rn. 54; *App* DVP 2000, 100 [102]; aA Kübler/Prütting/Bork/*Pape/Schaltke* § 174 Rn. 79; *Bähr* InVo 1998, 205 [208]; Kölner Schrift InsO/*Eckardt* S. 533 Rn. 21). **69**

Wird die Forderung im Prüfungstermin nicht bestritten (vgl. dazu BT-Drs. 12/2443, 184) und wird die Forderung deshalb zur Tabelle festgestellt, so gilt die Feststellungswirkung: Der Insolvenzverwalter kann sich später nicht mehr auf die Nachrangigkeit berufen (Kübler/Prütting/Bork/*Pape/Schaltke* § 174 Rn. 79; vgl. MüKoInsO/*Riedel* § 174 Rn. 39; vgl. ferner BGH NJW 1991, 1615 = ZIP 1991, 456). Das ist sachgerecht, denn der Nachrang kann – gerade wenn es sich um Forderungen iSv § 39 Abs. 1 Nr. 5 handelt – durchaus zweifelhaft sein, sodass eine „unvollständige" Anmeldung in dem guten Glauben erfolgt sein kann, dass es sich um eine Insolvenzforderung handelt. **70**

Für den umgekehrten Fall, dass sich im Feststellungsprozess herausstellt, dass die Forderung tatsächlich nur eine nachrangige war, gilt: Die Anmeldung einer Forderung als nichtnachrangige umfasst die Anmeldung der Forderung als nachrangige. Wäre dies nicht so, müsste ein Gläubiger seine Forderung zweimal (als nichtnachrangige und als nachrangige) anmelden und unter Umständen zwei Feststellungsprozesse – mit ggf. sich widersprechenden Behauptungen – führen. **71**

4. Sonderproblem Verjährung. Hinsichtlich der Verjährung besteht für die Gläubiger nachrangiger Insolvenzforderungen ein Sonderproblem, denn nur die zulässige Anmeldung hemmt die Verjährung (BGH NJW-RR 2013, 992 = NZI 2013, 388; vgl. schon → Rn. 56). Für eine analoge Anwendung des § 203 BGB (dafür *Bähr* InVo 1998, 205 [208]) ist kein Raum. Denn dann würde letztlich die Regelung des § 204 Abs. 1 Nr. 10 BGB entbehrlich, der ja aktives Tun des Gläubigers verlangt und damit auch zur Rechtssicherheit beiträgt. Grds. hat der Inhaber einer nachrangigen Insolvenzforderung – sofern nicht zur Forderungsanmeldung vom Insolvenzgericht ausnahmsweise einmal aufgefordert – damit den Fortlauf der Verjährungsfrist hinzunehmen. Immerhin wird er durch **entsprechende Anwendung des § 206 BGB** geschützt, denn der Umstand, weder durch Klageerhebung etc (§ 87 InsO) noch durch Forderungsanmeldung sein Recht verfolgen zu können, stellt sich für den Gläubiger wie höhere Gewalt dar, die ihn an der Rechtsverfolgung hindert (Jaeger/*Gerhardt* § 174 Rn. 108; Kübler/Prütting/Bork/*Pape/Schaltke* § 174 Rn. 77 mwN). **72**

Tabelle[1]

175 (1) [1]**Der Insolvenzverwalter hat jede angemeldete Forderung mit den in § 174 Abs. 2 und 3 genannten Angaben in eine Tabelle einzutragen.** [2]**Die Tabelle ist mit den Anmeldungen sowie den beigefügten Urkunden innerhalb des ersten Drittels des Zeitraums, der zwischen dem Ablauf der Anmeldefrist und dem Prüfungstermin liegt, in der Geschäftsstelle des Insolvenzgerichts zur Einsicht der Beteiligten niederzulegen.**

(2) **Hat ein Gläubiger eine Forderung aus einer vorsätzlich begangenen unerlaubten Handlung, aus einer vorsätzlich pflichtwidrig verletzten gesetzlichen Unterhaltspflicht oder aus einer Steuerstraftat nach §§ 370, 373 oder § 374 der Abgabenordnung angemeldet, so hat das Insolvenzgericht den Schuldner auf die Rechtsfolgen des § 302 und auf die Möglichkeit des Widerspruchs hinzuweisen.**

Schrifttum: *Grub/Steinbrenner,* Die EDV-Konkurstabelle, ZIP 1985, 707; *Schmerbach,* Bestreiten der Deliktseigenschaft nach § 175 II InsO nur durch den Schuldner?, NZI 2008, 534. Weiteres Schrifttum bei § 174.

Übersicht

I. Allgemeines

1 Mit der Zuständigkeit des Insolvenzverwalters für Forderungsanmeldungen (§ 174) korrespondiert die **Pflicht des Insolvenzverwalters, die Insolvenztabelle zu führen** (vgl. auch *Bähr* InVo 1998, 205 [211 f.]). Die Tabelle ist für das nachfolgende Prüfungsverfahren (§ 176) und für die Verteilung (§§ 187 ff.) maßgeblich. – Zum Unterschied zwischen Insolvenztabelle und Gläubigerverzeichnis nach § 152 vgl. → § 152 Rn. 1 f.

2 § 175 stellt keine detaillierten Vorgaben für die in die Insolvenztabelle aufzunehmenden Angaben auf. Gesetzlich erforderlich ist die **sofortige Eintragung der Anmeldung** mit den Angaben über Grund und Betrag sowie ggf. über den Nachrang in die Insolvenztabelle. Ebenfalls zu vermerken ist das besondere Attribut „Forderung wegen vorsätzlich begangener unerlaubter Handlung", „Forderungen aus vorsätzlich pflichtwidrig vorenthaltenem Unterhalt" oder „Forderungen aus Steuerstraften" (vgl. dazu → Rn. 7 ff. sowie → § 174 Rn. 52 ff.) und in Sonderfällen (vgl. → § 174 Rn. 2) auch ein Vorrecht. Zweckmäßig und üblich ist darüber hinaus die Eintragung einer laufenden Nummer, des Anmeldetages etc (Einzelheiten bei Kübler/Prütting/Bork/*Pape/Schaltke* § 175 Rn. 6 ff.). Das besondere Attribut ist durch den Insolvenzverwalter auch noch nach dem Prüfungstermin einzutragen (BGH NZI 2008, 520 [521 f.]). – Unwirksame Anmeldungen – also zB solche ohne Angabe des Grundes (vgl. → § 174 Rn. 28) – werden nicht eingetragen. – Nach § 5 Abs. 3 ist die Führung der Tabelle durch **EDV** möglich (dazu *Grub/Steinbrenner* ZIP 1985, 707 ff.), wenn die erforderlichen Angaben (§ 174 Abs. 2 und 3) darin aufgenommen werden können (vgl. zur Forderungsanmeldung auf elektronischem Wege auch → § 174 Rn. 15 f.).

---

[1] § 175 Abs. 2 angef., bish. Wortlaut wird Abs. 1 mWv 1.12.2001 durch G v. 26.10.2001 (BGBl. I S. 2710); Abs. 2 geänd. mWv 1.7.2014 durch G v. 15.7.2013 (BGBl. I S. 2379).

Die **Niederlegung** der Tabelle erfolgt innerhalb der in Satz 2 genannten Frist auf der **Geschäftsstelle des Insolvenzgerichts** zur Einsicht der Beteiligten (Schuldner, Insolvenzverwalter – bzw. Sachwalter –, Insolvenzgläubiger, Gläubigerausschussmitglieder als solche, Massegläubiger). Eine zusätzliche Auslegung an anderen Orten ist nicht ausgeschlossen und kann im Hinblick auf die Zentralisierung der Insolvenzgerichte (§ 2 Abs. 2) sogar sinnvoll sein (Nerlich/Römermann/*Becker* § 175 Rn. 8). Nicht ausreichend ist es hingegen, wenn ausschließlich eine (passwort-geschützte) Einsichtnahme über das Internet (etwa auf der Homepage des Insolvenzverwalters oder des Gerichts) möglich ist (zutr. Graf-Schlicker/*Graf-Schlicker* § 175 Rn. 10). 3

Sind dem Insolvenzverwalter **offensichtliche Fehler** bei der Eintragung in die Tabelle unterlaufen und ist die Tabelle dem Insolvenzgericht bereits übergeben, kann das Insolvenzgericht in den Grenzen der entsprechend anwendbaren §§ 319, 320 ZPO die Tabelle berichtigen (LG Göttingen NZI 2003, 383; Gottwald InsR-HdB/*Eickmann* § 63 Rn. 29; Uhlenbruck/*Sinz* § 175 Rn. 18); das gilt sogar noch nach Beendigung des Verfahrens (OLG Karlsruhe ZIP 2010, 2526; vgl. noch → § 188 Rn. 9 zu nachträglichen Berichtigungen des Verteilungsverzeichnisses). 4

II. Kein materielles Vorprüfungsrecht des Insolvenzverwalters

Dem Insolvenzverwalter steht kein materielles Vorprüfungsrecht in Bezug auf die angemeldeten Forderungen zu (ausf. → § 174 Rn. 37 ff.). Nicht zulässig ist deshalb die Zurückweisung einer Forderung mit der Behauptung, die angemeldete Forderung sei nicht Insolvenzforderung, sondern zB Masseforderung oder nachrangige Forderung, denn diese Kompetenz hat selbst das Insolvenzgericht nicht (LG Landshut-Tiengen NZI 2005, 396; LG München I ZIP 1995, 1373; Kölner Schrift InsO/*Eckardt* S. 533 Rn. 20; *ders.* ZIP 1993, 1765 [1766 ff.]; vgl. → § 176 Rn. 7). Der Insolvenzverwalter hat aber in jedem Fall das Recht (nicht die Pflicht), auch auf materiell-rechtliche Bedenken gegen das Bestehen der angemeldeten Forderung hinzuweisen (Rechtsgedanke des § 139 ZPO), um einerseits den Gläubigern die Möglichkeit zu Nachbesserungen und Ergänzungen zu geben und um andererseits den Ablauf des Prüfungstermins nicht zu verkomplizieren. 5

III. Die Einsichtnahme

Einsichtnahme in Insolvenztabellen und Gläubigerverzeichnisse ist allen Beteiligten (→ Rn. 3) zu gestatten (vgl. Gottwald InsR-HdB/*Eickmann* § 63 Rn. 35 ff.), unter den engen Voraussetzungen des § 299 Abs. 2 ZPO ggf. bei einem rechtlichen Interesse (nicht ausreichend ist ein bloßes berechtigtes Interesse) auch anderen Personen (Uhlenbruck/*Sinz* § 175 Rn. 22; ausf. *Thole* ZIP 2012, 1533 ff.). Notwendig ist daher die schnellstmögliche Übersendung der Insolvenztabelle an das Insolvenzgericht. Wenn diese mittels EDV geführt wurde, ist eine visuell wahrnehmbare Fassung zu erstellen. Die Erteilung einer Abschrift an die Beteiligten ist auf Antrag möglich (KG JW 1915, 804; Kübler/Prütting/Bork/*Pape/Schaltke* § 175 Rn. 23). 6

IV. Besondere Hinweispflichten des Insolvenzgerichts

Um rechtlich unerfahrene und mit der Situation der Insolvenz auch häufig überforderte Schuldner zu schützen, konstituiert **Absatz 2** aus Fürsorgegründen (BT-Drs. 14/6468, 17) besondere Hinweispflichten des Insolvenzgerichts: Wurde eine Forderung mit einem besonderen Attribut iSv § 174 Abs. 2 und § 302 Nr. 1 (Vorsatzdelikt, Unterhaltspflichtverletzung, Steuerstraftat) angemeldet, ist der 7

Schuldner darauf hinzuweisen, dass von der Erteilung einer Restschuldbefreiung die entsprechenden Verbindlichkeiten nicht berührt werden, wenn Gläubiger solche Forderungen unter Angabe des besonderen Attributs angemeldet hatten. Neben diesem **Hinweis auf** die **Rechtsfolgen des § 302 Nr. 1** ist dem Schuldner der **Hinweis auf** die **Möglichkeit,** der Forderung insgesamt oder auch nur dem besonderen Attribut **zu widersprechen,** zu geben (Einzelheiten bei *Pianowski* InsbürO 2015, 4 [7]; vgl. auch Graf-Schlicker/*Graf-Schlicker* § 175 Rn. 13). Auch in Fällen einer nachträglichen Anmeldung des besonderen Forderungsattributs (vgl. → § 174 Rn. 53) gelten die vorstehenden Grundsätze (vgl. Kübler/Prütting/Bork/*Pape/Schaltke* § 175 Rn. 37). – Die Hinweise sind vom Insolvenzgericht zu erteilen; eine Delegation auf den Insolvenzverwalter ist nicht möglich (MüKoInsO/*Riedel* § 175 Rn. 23; vgl. auch noch → Rn. 10).

8 Hinweise sind so **rechtzeitig** zu geben, dass dem Schuldner eine angemessene Zeitspanne zur Verfügung steht, im Prüfungstermin informiert Widerspruch einzulegen oder darauf zu verzichten. Die Dauer einer solchen Zeitspanne sollte entsprechend § 217 ZPO wenigstens drei Tage betragen (vgl. AG Düsseldorf ZInsO 2010, 1707 f.; HambK-InsO/*Preß/Henningsmeier* § 175 Rn. 9; krit. MüKoInsO/*Riedel* § 175 Rn. 23; großzügiger Jaeger/*Gerhardt* § 175 Rn. 30); eine Frist von einer Woche (dafür Kübler/Prütting/Bork/*Pape/Schaltke* § 175 Rn. 34) ist in jedem Fall ausreichend.

9 Der Hinweispflicht kann das Insolvenzgericht auch durch ein geeignetes **Formular** nachkommen; ggf. muss es dem Schuldner aber Kenntnis über die vom anmeldenden Gläubiger gemachten Angaben, aus denen sich das besondere Attribut erschließt, verschaffen (LG Bochum 6.8.2004 – 10 T 50/04, BeckRS 2005, 04077); denn für die hinreichend konkrete Anmeldung des besonderen Forderungsattributs maßgeblich und ausreichend ist die Erkennbarkeit für den Schuldner (vgl. *Jungmann* EWiR 2014, 217 [218]; vgl. auch → § 174 Rn. 54). Auch wenn der Gesetzgeber der Auffassung war, dass bei der Belehrung „individuell auf die einzelnen Forderungen abzustellen" sei (BT-Drs. 14/6468, 18), ist es nicht erforderlich, den Schuldner rechtlich in dem Sinne zu beraten, dass er alle Aspekte der Zweckmäßigkeit der Einlegung eines Widerspruchs in der konkreten Situation einschätzen kann. Damit würde das Insolvenzgericht seine allparteiliche Position überschreiten und anwaltliche Aufgaben wahrnehmen (BGH NZI 2004, 39; LG Bochum 6.8.2004 – 10 T 50/04, BeckRS 2005, 04077). Aus ebendiesem Grund kommt in solchen Situationen aber regelmäßig in Betracht, dem Schuldner gem. § 4a Abs. 2 einen **Anwalt beizuordnen** (BGH NZI 2004, 39; FK-InsO/*Kießner* § 175 Rn. 19; aA noch AG Göttingen NZI 2003, 221). Jedenfalls bei gleichzeitiger Anordnung des schriftlichen Verfahrens (§ 5 Abs. 2) müssen die (ggf. formularmäßigen) Hinweise des Insolvenzgerichts so ausf. sein, dass der Schuldner entweder ohne Weiteres eine Entscheidung treffen kann oder zumindest zu Nachfragen angehalten wird (vgl. AG Düsseldorf ZInsO 2014, 2281).

10 Den **Insolvenzverwalter** trifft **keine Hinweispflicht.** Informiert er den Schuldner über die Widerspruchsmöglichkeit, stellt das dem anmeldenden Gläubiger gegenüber jedoch keine Pflichtverletzung dar. Der Insolvenzverwalter sollte, wenn er die Tabelle dem Insolvenzgericht zur Niederlegung übergibt, diejenigen Forderungen besonders kennzeichnen, bei denen ein Hinweis des Gerichts nach Absatz 2 erforderlich ist. Unterlässt er dies, zieht dies indes jedenfalls dann keine Schadenersatzpflicht nach § 60 InsO nach sich, wenn die Tabelle die in § 174 Abs. 2 und Abs. 3 genannten Angaben enthält.

11 Ist der **Schuldner nicht ordnungsgemäß** gem. Absatz 2 **belehrt** worden und hat er deshalb der Feststellung des besonderen Forderungsattributs nicht rechtzeitig widersprochen, so ist ihm entsprechend § 186 **Wiedereinsetzung** zu gewähren, auch wenn das Insolvenzverfahren zwischenzeitlich beendet worden ist (AG Duisburg NZI 2008, 628 [629]; Kübler/Prütting/Bork/*Pape/Schaltke* § 175 Rn. 38).

Verlauf des Prüfungstermins

176 **[1] Im Prüfungstermin werden die angemeldeten Forderungen ihrem Betrag und ihrem Rang nach geprüft. [2] Die Forderungen, die vom Insolvenzverwalter, vom Schuldner oder von einem Insolvenzgläubiger bestritten werden, sind einzeln zu erörtern.**

Schrifttum: *Bratvogel,* In welchen Fällen muß der Konkursverwalter die Termine vor dem Konkursgericht persönlich wahrnehmen, in welchen Fällen kann er sich durch einen Bevollmächtigten vertreten lassen und in welchen Fällen muß ein anderer Konkursverwalter bestellt werden?, KTS 1977, 229; *Eickmann,* Höchstpersönliches Verwalterhandeln oder Delegationsbefugnis?, Ein Beitrag zu den Problemen des Einsatzes von Dritten bei Durchführung der Konkursverwaltung, KTS 1986, 197; *ders.*, Zweifelsfragen aus dem Konkursverfahren, Rpfleger 1970, 318; *Förster/Bruhn,* Die Forderungsprüfung durch den Insolvenzverwalter – alte Haftungsfalle mit verschärfter Wirkung!, ZInsO 2002, 802. Weiteres Schrifttum bei § 174.

Übersicht

I. Vorprüfung durch das Insolvenzgericht

Forderungen, die beim Insolvenzverwalter vor Ablauf der Anmeldefrist angemeldet und von diesem – nach formeller Vorprüfung (vgl. → § 174 Rn. 38 ff.) – ohne Vorbehalt in die Insolvenztabelle aufgenommen wurden, werden vom Insolvenzgericht nicht nochmals (vor-)geprüft. Das Insolvenzgericht nimmt eine Vorprüfung von Forderungsanmeldungen lediglich dann vor, wenn der Insolvenzverwalter **Forderungen** nur **unter Vorbehalt** in die Tabelle aufgenommen hat (vgl. → § 174 Rn. 40) oder wenn die **Forderungsanmeldung nach Ablauf der Anmeldefrist** (vgl. § 177 Abs. 1 S. 1) erfolgte. 1

Der **Umfang der gerichtlichen Vorprüfung** ist deckungsgleich mit der Vorprüfung durch den Insolvenzverwalter (dazu → § 174 Rn. 37 ff.). Die Vorprüfung bezieht sich also lediglich auf das **Vorliegen der** nach § 174 **wesentlichen formellen Anmeldungsvoraussetzungen.** Auch das Insolvenzgericht kann eine Forderung vorläufig, also unter Vorbehalt, zulassen, um schwerwiegende Rechtsnachteile des Gläubigers zu verhindern (Uhlenbruck/*Sinz* § 176 Rn. 8; vgl. auch → § 174 Rn. 40). 2

Handelt es sich um **nicht behebbare formelle Mängel** erfolgt die Zurückweisung der Anmeldung als unzulässig. – **Behebbare Mängel** ziehen eine Aufklärungspflicht des Gerichts nach sich (§ 4 iVm § 139 ZPO). Eine Heilung von wesentlichen Mängeln der Anmeldung ist ohne die Durchführung eines Prüfungstermins nicht möglich (BGH NZI 2009, 242 [243] mwN; OLG München BeckRS 2015, 16913). Wenn der Gläubiger die Mängel nicht beseitigt, wird die Anmeldung durch Beschluss des Insolvenzgerichts (Rechtspfleger) zurückgewiesen; die Forderung wird nicht in die Insolvenztabelle aufgenommen (Uhlenbruck/*Sinz* § 176 Rn. 7). Der Beschluss ist dem Anmelder zuzustellen (§ 8); dem Gläubiger steht das Rechtsmittel der Erinnerung zu (§ 11 Abs. 2 S. 1 RPflgG). 3

Eine Zurückweisung der Zulassung im Hinblick auf den angegebenen Grund der Forderung ist nicht statthaft.

II. Der Prüfungstermin

4 Der Prüfungstermin ist nach § 29 Abs. 1 Nr. 2 die **Gläubigerversammlung** (unrichtig *Zimmer* ZInsO 2012, 390 [394]: Gerichtstermin sui generis), in der die angemeldeten Forderungen geprüft werden. Die **Einberufung** erfolgt schon mit dem Eröffnungsbeschluss; gegen die Vertagung des Prüfungstermins sieht die Insolvenzordnung kein Rechtsmittel vor (BGH 12.1.2012 – IX ZB 217/11, BeckRS 2012, 02999). Die Prüfung bezieht sich nach Satz 1 auf den Betrag und – dies ist nur bei nachrangigen Insolvenzforderungen (§ 39) und in den seltenen Fällen von Vorrechten (→ § 174 Rn. 2) von Bedeutung – auf ihren Rang. Ferner wird im Prüfungstermin geklärt, ob ein besonderes Forderungsattribut iSv § 174 Abs. 2 und § 302 Nr. 1 (Vorsatzdelikt, Unterhaltspflichtverletzung, Steuerstraftat) zu Recht angemeldet wurde. – Unter den Voraussetzungen des § 5 Abs. 2 kann die **Forderungsprüfung** auch **im schriftlichen Verfahren** durchgeführt werden.

5 **1. Zweck des Prüfungstermins.** Zweck des Prüfungstermins ist die **Aufstellung einer Insolvenztabelle,** aus der ersichtlich ist, welche Forderungen gegen den Schuldner überhaupt geltend gemacht werden und welche dieser zunächst nur angemeldeten Rechte auch tatsächlich bestehen bzw. welche bestritten werden. Die nach Abhaltung und ggf. nach Abschluss eines gerichtlichen Feststellungsverfahrens (§§ 179 ff.) bereinigte Tabelle bildet die **Grundlage für das Verteilungsverzeichnis** (§ 188). Zugleich wird so der Kreis der Forderungsberechtigten in einem etwaigen Restschuldbefreiungsverfahren bestimmt (Kübler/Prütting/Bork/*Pape/Schaltke* § 176 Rn. 3).

6 **2. Aufruf und Erörterung der Forderungen/„bestrittene" Forderungen.** Die Zulassung der angemeldeten Forderungen erfolgt ohne formellen Beschluss durch **Aufruf.** Auf die **Erörterung** (vgl. zum Begriff HK-InsO/*Depré* § 176 Rn. 6) jeder einzelnen Forderung kann (im Gegensatz zum Konkursrecht) verzichtet werden; vielmehr beschränkt sich dieses Erörterungserfordernis auf streitige Forderungen, womit ein zügiger Ablauf des Verfahrens erreicht werden soll (BT-Drs. 12/2443, 184). – Zur Möglichkeit, den Aufruf der Forderungen in **Großverfahren** technisch anders zu gestalten, vgl. Kübler/Prütting/Bork/*Pape/Schaltke* § 176 Rn. 8.

7 Im **Prüfungstermin** werden **alle Forderungen** behandelt, deren Anmeldung zugelassen ist, auch die versehentlich noch nicht eingetragenen (zu nachträglichen Anmeldungen vgl. § 177 Abs. 1 und 2). Eine ordnungsgemäß als Insolvenzforderung angemeldete Forderung darf nicht mit der Begründung vom Prüfungstermin ausgenommen werden, es handele sich nicht um eine Insolvenzforderung (LG München I ZIP 1995, 1373; vgl. auch → § 175 Rn. 5; zu der ganz anderen Frage der Feststellungswirkung bei einer solchen Anmeldung vgl. → § 178 Rn. 23 f.). – Zur Frage, in welchem Umfang das Gericht Forderungen von den Prüfungsverhandlungen ausschließen kann, vgl. *Eickmann* Rpfleger 1970, 318 [319 f.]

8 Für **bestrittene Forderungen** iSv Satz 2 gelten die Ausführungen unter → § 178 Rn. 2 ff. Damit dieser **Widerspruch** im Hinblick auf § 178 beachtlich ist, muss er **im Prüfungstermin** angebracht, also **mündlich erhoben** werden (RGZ 57, 270 [274]; Kölner Schrift InsO/*Eckardt* S. 533 Rn. 25; Uhlenbruck/*Sinz* § 176 Rn. 31; Braun/*Specovius* § 176 Rn. 11; aA Nerlich/Römermann/*Becker* § 176 Rn. 21). Ein erstmaliges Bestreiten im Prüfungstermin ist zulässig und ausreichend (BT-Drs. 12/2443, 184). Nicht erforderlich ist eine Begründung des Widerspruchs (FK-InsO/*Kießner* § 176 Rn. 11). Ein **Verzicht auf die Erörterung einer Forderung** ist nicht gleichbedeutend mit dem Verzicht auf den

Aufruf; auch Forderungen, gegen die vor dem Prüfungstermin keine Einwände erhoben wurden, müssen „pauschal" – zB durch Hinweis auf die Tabelle – aufgerufen werden (Kölner Schrift InsO/*Eckardt* S. 533 Rn. 25; Kübler/Prütting/Bork/*Pape/Schaltke* § 176 Rn. 6).

3. Teilnahmerechte und -pflichten der Beteiligten. a) Insolvenzverwalter. An dem nichtöffentlichen Prüfungstermin ist der Insolvenzverwalter (bzw. Sachwalter) beteiligt, dessen **persönliche Anwesenheit** zur Abhaltung des Termins **unverzichtbar** ist (AG Hohenschönhausen NZI 2000, 139; Leonhardt/Smid/Zeuner/*Smid* § 176 Rn. 14; Nerlich/Romermann/*Becker* § 174 Rn. 9; FK-InsO/*Kießner* § 176 Rn. 5; Braun/*Specovius* § 174 Rn. 4; Kübler/Prütting/Bork/*Pape/Schaltke* § 176 Rn. 19; Jaeger/*Gerhardt* § 176 Rn. 28; *Graeber/Graeber* ZInsO 2013, 1056 [1062] mwN); eine Vertretung kommt nicht in Frage (vgl. schon → § 74 Rn. 20). Diese schon zum Konkursrecht herrschende, in jüngerer Zeit aber verstärkt bestrittene Ansicht (für eine Vertretungsmöglichkeit Uhlenbruck/*Sinz* § 176 Rn. 23; MüKoInsO/*Riedel* § 177 Rn. 9; HambK-InsO/*Preß/Henningsmeier* § 176 Rn. 5; HK-InsO/*Depré* § 176 Rn. 2; Graf-Schlicker/*Graf-Schlicker* § 176 Rn. 3; Andres/Leithaus/*Leithaus* § 176 Rn. 7; ausf. schon *Bratvogel* KTS 1977, 229 [230]) gilt angesichts der erweiterten Pflichten des Insolvenzverwalters im Hinblick auf die Führung der Tabelle für die Insolvenzordnung erst recht, denn der Insolvenzverwalter ist letztlich verantwortlich und zudem am besten informiert. Unproblematisch zulässig und gerade in Großverfahren angezeigt ist es hingegen, wenn der Insolvenzverwalter von Mitarbeitern im Prüfungstermin unterstützt wird. Bei Verhinderung des Insolvenzverwalters muss der Prüfungstermin verlegt werden; bei unentschuldigtem Fernbleiben hat der Insolvenzverwalter die durch die Vertagung entstandenen Kosten zu ersetzen (vgl. auch → § 74 Rn. 20). 9

b) Schuldner. Der **Schuldner** ist grds. **zur Teilnahme verpflichtet** (kritisch Kübler/Prütting/Bork/*Pape/Schaltke* § 176 Rn. 9). Seine **Anwesenheit kann** über §§ 97 Abs. 3, 98 Abs. 2 **erzwungen** werden (insofern wie hier Kübler/Prütting/Bork/*Pape/Schaltke* § 176 Rn. 9). Allerdings kann der Prüfungstermin auch ohne Teilnahme des Schuldners durchgeführt werden. Bei schuldloser Versäumung des Prüfungstermins ist ihm auf Antrag Wiedereinsetzung in den vorherigen Stand zu gewähren (§ 186). Erklärungen über die Anerkennung der angemeldeten Forderung sowie Widersprüche sind Prozesshandlungen und deshalb bei einem prozessunfähigen Schuldner vom gesetzlichen Vertreter abzugeben. 10

c) Gläubiger und sonstige Personen. Zur Teilnahme am Prüfungstermin berechtigt, aber nicht verpflichtet sind der anmeldende Gläubiger und die übrigen (auch die nachrangigen) **Insolvenzgläubiger** (Nerlich/Römermann/*Becker* § 176 Rn. 8; FK-InsO/*Kießner* § 176 Rn. 4). Das Nichterscheinen eines Gläubigers hat keinen Einfluss auf die Behandlung seiner Forderungsanmeldung (deshalb keine Wiedereinsetzung in den vorigen Stand; vgl. Nerlich/Römermann/*Becker* § 176 Rn. 11). **Absonderungsberechtigte Gläubiger** sind ebenso teilnahmebefugt wie die **Mitglieder des Gläubigerausschusses** (vgl. allg. zum Kreis der Teilnahmeberechtigten an Gläubigerversammlungen → § 74 Rn. 13 ff.). 11

Nachträgliche Anmeldungen[1]

177 (1) [1] **Im Prüfungstermin sind auch die Forderungen zu prüfen, die nach dem Ablauf der Anmeldefrist angemeldet worden sind.** [2] **Widerspricht jedoch der Insolvenzverwalter oder ein Insolvenzgläubiger dieser Prüfung oder wird eine Forderung erst nach dem Prüfungstermin**

[1] § 177 Abs. 2 Satz 3 angef. durch G v. 19.12.1998 (BGBl. I S. 3836).

angemeldet, so hat das Insolvenzgericht auf Kosten des Säumigen entweder einen besonderen Prüfungstermin zu bestimmen oder die Prüfung im schriftlichen Verfahren anzuordnen. [3] Für nachträgliche Änderungen der Anmeldung gelten die Sätze 1 und 2 entsprechend.

(2) **Hat das Gericht nachrangige Gläubiger nach § 174 Abs. 3 zur Anmeldung ihrer Forderungen aufgefordert und läuft die für diese Anmeldung gesetzte Frist später als eine Woche vor dem Prüfungstermin ab, so ist auf Kosten der Insolvenzmasse entweder ein besonderer Prüfungstermin zu bestimmen oder die Prüfung im schriftlichen Verfahren anzuordnen.**

(3) **[1] Der besondere Prüfungstermin ist öffentlich bekanntzumachen. [2] Zu dem Termin sind die Insolvenzgläubiger, die eine Forderung angemeldet haben, der Verwalter und der Schuldner besonders zu laden. [3] § 74 Abs. 2 Satz 2 gilt entsprechend.**

Schrifttum: *Gundlach/Frenzel/Schirrmeister,* Erfasst die Kostenerstattung gemäß § 177 InsO auch die Kosten anderer Insolvenzgläubiger?, DZWIR 2003, 62; *Tscheschke,* Nachträglich angemeldete Forderungen in der Konkursabwicklung, Rpfleger 1992, 96. Weiteres Schrifttum bei § 174.

Übersicht

I. Anmeldungen von Insolvenzforderungen und Änderungen von Forderungsanmeldungen

1 Die in § 174 geregelte **Anmeldefrist** ist **keine Ausschlussfrist** (BGH NZI 2012, 323; AG Krefeld NZI 2001, 45; vgl. → § 174 Rn. 11); nachträgliche Anmeldungen und Änderungen von Forderungen sind sogar bei verschuldeter Verspätung möglich (vgl. im Gegensatz dazu § 14 GesO; zur Verfassungsmäßigkeit dieser Norm BVerfG ZIP 1995, 923; vgl. auch noch AG Cottbus ZIP 1997, 933; LG Meiningen ZIP 1999, 1452). Dies gilt auch dann noch, wenn die Forderungsanmeldung wegen Verstreichens der Ausschlussfrist in § 189 nicht mehr zur Teilnahme am Verteilungsverfahren berechtigt (BGH ZIP 1998, 515 [516]; Kübler/Prütting/Bork/*Pape/Schaltke* § 177 Rn. 7; HambK-InsO/*Preß/Henningsmeier* § 177 Rn. 4; aA Kölner Schrift InsO/*Eckardt* S. 533 Rn. 29; Gottwald InsR-HdB/*Eickmann* § 63 Rn. 49; vgl. auch → § 197 Rn. 9). – Zur bloßen Terminsvertagung vgl. noch Kölner Schrift InsO/*Eckardt* S. 533 Rn. 32.

2 **1. Nachträgliche Anmeldungen von Insolvenzforderungen.** Bei Vorliegen einer verspäteten Anmeldung kommen in Abhängigkeit vom Zeitpunkt der Anmeldung und vom Bestehen eines Widerspruchs gegen die Forderung **drei Verfahrensweisen** in Betracht.

3 **a) Behandlung noch im Prüfungstermin.** Wenn weder der Insolvenzverwalter noch ein Gläubiger, dessen Anmeldung zugelassen ist, einer nach Ablauf

der Anmeldefrist, aber vor Abschluss des Prüfungstermins angemeldeten Forderung widersprechen, ist sie im Prüfungstermin aufzurufen und zu prüfen **(Absatz 1 Satz 1).**

b) Bestimmung eines besonderen Termins. Wird ein Widerspruch gegen die angemeldete Forderung erhoben – der Widerspruch des Schuldners ist unerheblich (Ausnahme: Eigenverwaltung) – oder wird die Forderung erst nach dem Prüfungstermin angemeldet, so muss das Insolvenzgericht einen besonderen Prüfungstermin bestimmen oder die Prüfung im schriftlichen Verfahren anordnen **(Absatz 1 Satz 2).** Für den neuen Termin bestimmt das Gesetz keine Frist; § 28 Abs. 1 S. 2 ist nicht entsprechend anzuwenden. Der besondere Termin ist öffentlich bekanntzumachen (Ausnahme: § 74 Abs. 2 S. 2); Insolvenzverwalter, Schuldner und nachträglich anmeldende Insolvenzgläubiger sind gesondert zu laden (Absatz 3). Die Verbindung dieses Termins mit dem Schlusstermin (§ 197) ist grds. zulässig, aber untunlich (ähnlich Kübler/Prütting/Bork/*Pape/Schaltke* § 177 Rn. 16; MüKoInsO/*Riedel* § 177 Rn. 8; vgl. auch Graf-Schlicker/*Graf-Schlicker* § 177 Rn. 15: Verbindung der Termine nur zulässig, wenn die Anmeldung einer Forderung so spät erfolgt, dass ein besonderer Prüfungstermin nicht mehr vor Ablauf der Ausschlussfrist des § 189 stattfinden kann). – Eing. zur nachträglichen Anmeldung *Tscheschke* Rpfleger 1992, 96 ff. 4

c) Anordnung des schriftlichen Verfahrens. Die Möglichkeit, anstatt eines besonderen Prüfungstermins das schriftliche Verfahren anzuordnen, wurde mit Einführung der Insolvenzordnung zur Verfahrensvereinfachung geschaffen (vgl. BT-Drs. 12/7302, 178 f.); von ihr kann inzwischen unter den Voraussetzungen des § 5 Abs. 2 auch für die gesamte Forderungsprüfung Gebrauch gemacht werden. Bei Durchführung des schriftlichen Verfahrens ist eine ausreichende Beteiligung der Gläubiger sicherzustellen. Dazu ist auch im schriftlichen Verfahren eine **Frist zur Erhebung von Widersprüchen** zu setzen; diese ist zusammen mit der Anordnung des schriftlichen Verfahrens **öffentlich bekannt zu machen.** Ein die nachträglich angemeldeten Forderungen enthaltender **Tabellenauszug** ist zur Einsichtnahme **auszulegen** (vgl. zu den Anforderungen an die Ausgestaltung des näheren Ablaufs im Einzelnen Kölner Schrift InsO/*Eckardt* S. 533 Rn. 33; Kübler/Prütting/Bork/*Pape/Schaltke* § 177 Rn. 17 ff. sowie *Bähr* InVo 1998, 205 [210]; teilw. großzügiger *Hess* § 177 Rn. 24). Ein Grund dafür, eine Wiedereinsetzung (entsprechend § 186) im Fall des schriftlichen Verfahrens auszuschließen (so HK-InsO/*Depré* § 177 Rn. 8), ist nicht ersichtlich und auch vom Gesetzgeber nicht gewollt (wie hier HambK-InsO/*Preß/Henningsmeier* § 177 Rn. 13; Kübler/Prütting/Bork/*Pape/Schaltke* § 177 Rn. 19; FK-InsO/*Kießner* § 177 Rn. 23; Braun/*Specovius* § 177 Rn. 15). 5

2. Nachträgliche Änderungen von Forderungsanmeldungen. Nachträgliche Änderungen iSv Absatz 1 Satz 3 bedeuten **wesentliche Änderungen der Anmeldung.** Beispiele sind insofern etwa die Erhöhung des Betrages, die Änderung des Schuldgrundes oder die Umqualifizierung einer als nachrangig angemeldeten Forderung zur nichtnachrangigen (vgl. Uhlenbruck/*Sinz* § 177 Rn. 12 ff.; zum umgekehrten Fall vgl. → § 174 Rn. 71). Diese Änderungen gelten für den Bereich von Absatz 1 Satz 1 und Satz 2 als Neuanmeldung; auch insofern gibt es keine Ausschlussfrist (BGH NZI 2012, 323). Absatz 1 Satz 3 gilt nicht, wenn die angemeldete Forderung gemindert wird (vgl. schon → § 174 Rn. 43). 6

Wird eine Forderung von einem anderen als dem Anmelder in Anspruch genommen, so ist eine Neuanmeldung nicht erforderlich, wenn der andere **Rechtsnachfolger** des Anmelders ist und die Rechtsnachfolge außer Streit steht. Anderenfalls ist Neuanmeldung des anderen neben der Anmeldung des Erstanmelders notwendig; dies kann zur Forderungsfeststellung für beide Forderungs- 7 prätendenten führen (vgl. dazu → § 174 Rn. 29). – Ob in der Erhebung (und Begründung) einer Feststellungsklage die Neuanmeldung einer Forderung erblickt werden kann, hat die Rechtsprechung bislang offen gelassen (vgl. BGH NZI 2009, 242 [243] mwN; OLG München BeckRS 2015, 16913).

8 **3. Kostentragung.** Die Kosten für einen besonderen Prüfungstermin oder das schriftliche Verfahren trägt der Säumige (dazu ausf. *Uhlenbruck* KTS 1975, 14 ff.). Für einen besonderen Prüfungstermin fällt gem. § 3 Abs. 2 GKG iVm Nr. 2340 KV GKG eine **Festgebühr** von 20 EUR an; bei dieser Festgebühr bleibt es auch dann, wenn ein Gläubiger mehrere Forderungen nachträglich anmeldet (FK-InsO/*Kießner* § 177 Rn. 30). Die Gebühr umfasst auch die Veröffentlichungskosten (vgl. Nr. 9004 Abs. 1 S. 2 KV GKG) und die Kosten der Teilnahme des Insolvenzverwalters (Kübler/Prütting/Bork/*Pape/Schaltke* § 177 Rn. 23; Uhlenbruck/*Sinz* § 177 Rn. 30; *Hess* § 177 Rn. 21; aA Nerlich/Römermann/*Becker* § 177 Rn. 12; Jaeger/*Gerhardt* § 177 Rn. 17). **Außergerichtliche Kosten,** die anderen Insolvenzgläubigern durch die Teilnahme entstehen, können nur außerhalb des Insolvenzverfahrens geltend gemacht werden (Uhlenbruck/*Sinz* § 177 Rn. 32; FK-InsO/*Kießner* § 177 Rn. 32; aA Gottwald InsR-HdB/*Eickmann* § 63 Rn. 56; *Gundlach/Frenzel/Schirrmeister* DZWIR 2003, 62). Bei mehreren Nachzüglern fällt die Festgebühr für jeden Gläubiger an (aA wohl auch insofern Gottwald InsR-HdB/*Eickmann* § 63 Rn. 56); sie haften gem. § 31 Abs. 1 GKG als Gesamtschuldner.

9 Die **Kostentragungspflicht** ist **verschuldensunabhängig;** sie wird ausschließlich durch die verspätete Anmeldung – gleich aus welchem Grund – veranlasst (MüKoInsO/*Nowak* § 177 Rn. 10). Daher fällt die Festgebühr für den besonderen Prüfungstermin auch dann an, wenn dieser mit dem Schlusstermin verbunden wird (MüKoInsO/*Riedel* § 177 Rn. 18). – Auch die verspätete Anmeldung der **Forderung eines Sozialversicherungsträgers** im Insolvenzverfahren über das Vermögen eines Mitglieds löst die Kostenpflicht aus, da sie kein Rechtshilfeersuchen iSv § 3 SGB X ist (AG Köln KTS 1968, 62; Uhlenbruck/*Sinz* § 177 Rn. 30). Da nur Gerichtskosten anfallen, sind verspätete **Anmeldungen von Finanzbehörden** wegen § 2 Abs. 1 GKG kostenfrei.

II. Nachträglich angemeldete nachrangige Forderungen

10 Wenn das Insolvenzgericht die Inhaber nachrangiger Insolvenzforderungen nicht bereits mit dem Eröffnungsbeschluss (§ 28 Abs. 1 S. 1), sondern – was der Regelfall ist (vgl. *Schröder* ZInsO 2014, 2069 [2070 f.]; vgl. ferner → § 174 Rn. 63) – erst später zur Anmeldung ihrer Forderungen nach § 174 Abs. 3 auffordert, kann die zwischen dieser Aufforderung und dem Prüfungstermin liegende Zeit so kurz sein, dass sich die Beteiligten über diese Forderungen nicht informieren konnten. Daher ordnet **Absatz 2** für eine Frist von unter einer Woche an, dass nach Ermessen des Insolvenzgerichts entweder ein **besonderer Prüfungstermin** zu bestimmen **oder** das **schriftliche Verfahren** zur Prüfung anzuordnen ist. Die dadurch entstehenden Kosten sind von der Masse zu tragen, denn die Anmelder der nachrangigen Forderungen sind ja nicht säumig. Die Verknüpfung eines auf diese Weise notwendig gewordenen besonderen Prüfungstermins mit einem aufgrund von verspäteten Anmeldungen notwendig gewordenen ist sinnvoll.

11 Werden **nachrangige Forderungen** verspätet – also nach Ablauf der für sie vorgesehenen Anmeldungsfrist – angemeldet, gilt Abs. 1 mit der Folge der Kostentragung durch den säumigen Gläubiger.

Voraussetzungen und Wirkungen der Feststellung

178 (1) [1]**Eine Forderung gilt als festgestellt, soweit gegen sie im Prüfungstermin oder im schriftlichen Verfahren (§ 177) ein Widerspruch weder vom Insolvenzverwalter noch von einem Insolvenzgläubiger erhoben wird oder soweit ein erhobener Widerspruch beseitigt ist.** [2]**Ein Widerspruch des Schuldners steht der Feststellung der Forderung nicht entgegen.**

(2) [1]**Das Insolvenzgericht trägt für jede angemeldete Forderung in die Tabelle ein, inwieweit die Forderung ihrem Betrag und ihrem Rang nach festgestellt ist oder wer der Feststellung widersprochen hat.** [2]**Auch ein Widerspruch des Schuldners ist einzutragen. Auf Wechseln und sonstigen Schuldurkunden ist vom Urkundsbeamten der Geschäftsstelle die Feststellung zu vermerken.**

(3) **Die Eintragung in die Tabelle wirkt für die festgestellten Forderungen ihrem Betrag und ihrem Rang nach wie ein rechtskräftiges Urteil gegenüber dem Insolvenzverwalter und allen Insolvenzgläubigern.**

Schrifttum: *Bischoff,* Das Widerspruchsrecht der Gläubiger im Forderungsfeststellungsverfahren – ein Anachronismus, ZInsO 2003, 161; *Eckardt,* „Unanmeldbare" Forderungen im Konkursfeststellungsverfahren, ZIP 1993, 1765; *Eisner,* Der isolierte Widerspruch des Schuldners gegen eine Forderung aus unerlaubter Handlung, NZI 2003, 480; *Fischer,* Steuerforderungen im Konkurs, B-Beil. 12/1989, 1; *Godau-Schüttke,* Die Zulässigkeit des vorläufigen Bestreitens des Konkursverwalters im Prüfungstermin, ZIP 1985, 1042; *Klasmeyer/Elsner,* Zur Behandlung von Ausfallforderungen im Konkurs, FS Merz, 1992, 303; *Mandlik,* Feststellungsvermerk bei Ausfallforderungen im Konkurs, Rpfleger 1980, 143. Weiteres Schrifttum bei § 174.

Übersicht

I. Der Widerspruch nach § 178

1 **1. Widerspruchsrecht.** Das Recht zum Widerspruch gegen eine Forderung haben der Insolvenzverwalter (bzw. der Sachwalter), der Schuldner persönlich und jeder einzelne Insolvenzgläubiger, sofern seine eigene Forderungsanmeldung zugelassen ist (dazu LG Hamburg KTS 1975, 46 [47] und OLG Hamburg KTS 1975, 43 [44]).

2 **a) Widerspruch des Insolvenzverwalters.** Der Insolvenzverwalter ist zur Prüfung jeder Forderung und ggf. zum Widerspruch verpflichtet (LG Trier NZI 2006, 243 [244]). Er muss jede berechtigte Forderung ohne Widerspruch in die Tabelle eintragen, auch wenn nur eine von mehreren in Betracht kommenden Anspruchsgrundlagen zu bejahen ist (*Eisner* NZI 2003, 480 [482]). Sofern die verfahrensrechtliche Behandlung bestimmter Forderungen von der Insolvenzordnung vorgegeben ist, darf der Insolvenzverwalter die entsprechenden Regelungen nicht durch Bestreiten aushöhlen; deshalb ist zB ein Widerspruch gegen eine auflösend bedingte Forderung (§ 42) mit dem Argument, der Bedingungseintritt sei sehr wahrscheinlich oder stehe kurz bevor, unzulässig. Auch hat der Insolvenzverwalter weder die Pflicht noch das Recht, isoliert gegen ein zusätzlich angemeldetes besonderes Forderungsattribut iSv § 174 Abs. 2 und § 302 Nr. 1 (Vorsatzdelikt, Unterhaltspflichtverletzung, Steuerstraftat) Widerspruch einzulegen (BGH NJW 2008, 3285 = NZI 2008, 569; OLG Düsseldorf ZInsO 2013, 1488 [1490]; LG Trier NZI 2006, 243 [244]; *Schmerbach* NZI 2008, 534; Graf-Schlicker/*Graf-Schlicker* § 175 Rn. 12). Zum vorläufigen Bestreiten vgl. → Rn. 9.

3 **b) Widerspruch der (nachrangigen) Insolvenzgläubiger.** Nach richtiger, aber bestrittener Ansicht haben auch **alle, auch nachrangige Insolvenzgläubiger** das Recht zum Widerspruch, und zwar selbst dann, wenn sie nicht gem. § 174 Abs. 3 zur Anmeldung ihrer Forderung aufgerufen worden sind (OLG München ZInsO 2010, 1603; MüKoInsO/*Schumacher* § 178 Rn. 21; Kübler/Prütting/Bork/*Pape/Schaltke* § 176 Rn. 26; HambK-InsO/*Herchen* § 179 Rn. 8; Uhlenbruck/*Sinz* § 178 Rn. 13; Andres/Leithaus/*Leithaus* § 176 Rn. 6; Jaeger/*Gerhardt* § 176 Rn. 41; *Schröder* ZInsO 2014, 2069 [2072]; aA Kölner Schrift InsO/*Eckardt* S. 533 Rn. 27; Leonhardt/Smid/Zeuner/*Smid* § 178 Rn. 6; offen gelassen in AG Köln NZI 2005, 171), denn es ist nicht auszuschließen, dass das Bestehen oder Nichtbestehen einer nichtnachrangigen Insolvenzforderung über die Berücksichtigung von nachrangigen Forderungen im Verteilungsverfahren entscheidet (nach LG Kiel ZInsO 2007, 1117 ist daher auch eine Nebenintervention eines nachrangigen Gläubigers auf Seiten des Insolvenzverwalters als Beklagtem eines Feststellungsprozesses zulässig). – Rechtspolitisch insgesamt gegen ein Widerspruchsrecht der Insolvenzgläubiger *Bischoff* ZInsO 2003, 161 ff.

4 **c) Widerspruch des Schuldners.** Auch der Schuldner ist zum Widerspruch berechtigt; zum isolierten Widerspruch gegen das besondere Forderungsattribut iSv § 174 Abs. 2 und § 302 Nr. 1 (Vorsatzdelikt, Unterhaltspflichtverletzung, Steuerstraftat) ist sogar nur er widerspruchsberechtigt (vgl. → Rn. 7). Im Fall der Nachlassinsolvenz kann der Testamentsvollstrecker (neben den Erben) Widerspruch im Prüfungstermin erklären (OLG Frankfurt a. M. ZInsO 2014, 1761). – Zu den eingeschränkten Rechtsfolgen eines Schuldnerwiderspruchs vgl. → Rn. 16.

5 **2. Bezugspunkt des Widerspruchs. a) Grundsatz.** Der Widerspruch eines jeden Widerspruchsberechtigten kann sich auf den **Grund** der Forderung (dazu gehört die Inhaberschaft des Anmelders), die **Höhe,** die **Anmeldbarkeit** der Forderung im Insolvenzverfahren oder – bei nachrangigen Insolvenzforderungen

– auf den **Rang** beziehen; ebenso kann bestritten werden, dass eine Forderung eine nichtnachrangige Insolvenzforderung ist (Kübler/Prütting/Bork/*Pape/Schaltke* § 178 Rn. 6; HambK-InsO/*Preß/Henningsmeier* § 178 Rn. 11; vgl. auch BT-Drs. 12/2443, 184). Der Bestreitende ist grds. (vgl. noch → Rn. 7) nicht verpflichtet, seinen Widerspruch zu begründen; doch ist eine Begründung (welche aber nicht bindet) zur Vermeidung einer unnötigen Feststellungsklage zweckmäßig.

b) Besonderheiten bei Widersprüchen des Insolvenzverwalters und des Schuldners. Dem **Insolvenzverwalter** ist es auch möglich, mit der Begründung zu bestreiten, der Forderung liege ein iSv §§ 129 ff. anfechtbarer Sachverhalt zugrunde (Leonhardt/Smid/Zeuner/*Smid* § 178 Rn. 9; Jaeger/*Gerhardt* § 176 Rn. 50 ff.; MüKoInsO/*Schumacher* § 178 Rn. 34). 6

Der **Schuldner** – und nur er (vgl. → Rn. 2) – kann einen auf das besondere Forderungsattribut iSv § 174 Abs. 2 und § 302 Nr. 1 (Vorsatzdelikt, Unterhaltspflichtverletzung, Steuerstraftat) beschränkten Widerspruch („**isolierter Widerspruch**") erheben, um sich nicht der Gefahr der Nachhaftung (§ 302 Nr. 1) auszusetzen (BGH NZI 2014, 568 [569]; 2014, 507; WM 2011, 271 = ZInsO 2011, 244; LG Trier NZI 2006, 243; *Eisner* NZI 2003, 480 [485]). Etwas anders gilt, wenn sich der Anspruch überhaupt nur aus einer vorsätzlich begangenen unerlaubten Handlung (zB aus § 826 BGB oder aus §§ 823 Abs. 2 BGB iVm §§ 263 oder 266a StGB) etc ergeben kann; in diesem Fall muss der Schuldner der Forderung insgesamt widersprechen. Widerspricht der Schuldner nur dem besonderen Forderungsattribut, so ist der Widerspruch ausnahmsweise zu begründen. Zum isolierten Widerspruch ist auch **der eigenverwaltende Schuldner** berechtigt, und zwar auch dann, wenn er sein Widerspruchsrecht gleichsam spaltet, also in seiner Eigenschaft als Eigenverwalter die Forderung selbst für die Zwecke des Insolvenzverfahrens anerkennt, in seiner Eigenschaft als Schuldner hingegen das besondere Forderungsattribut bestreitet (BGH NZI 2013, 1025). – Der isolierte Widerspruch hindert weder den Eintritt der Feststellung der Forderung zur Insolvenztabelle, noch führt er dazu, dass die Forderung von der Restschuldbefreiung erfasst wird (vgl. *Jungmann* WuB VI. A § 201 InsO 1.14; vgl. dazu noch → § 184 Rn. 10 sowie → § 201 Rn. 11). 7

3. Form des Widerspruchs. Sofern es sich nicht um einen Widerspruch gegen Forderungen handelt, für deren Prüfung das schriftliche Verfahren angeordnet wurde, kann der Widerspruch nur **mündlich** und nur **im Prüfungstermin** vor Eintragung des Prüfungsergebnisses in die Tabelle erfolgen (RGZ 57, 270 [274]; OLG Hamm Rpfleger 1965, 78 [79]; vgl. auch → § 176 Rn. 8). Ein nur schriftlich erhobener Widerspruch ist wirkungslos (Gottwald InsR-HdB/*Eickmann* § 64 Rn. 4). Der Widerspruch muss einen der in → Rn. 5 beschriebenen Bezugspunkte benennen, aber keine Begründung beinhalten. 8

4. Vorläufiges Bestreiten. Vorläufiges Bestreiten genügt (BGH NZI 2006, 295; Gottwald InsR-HdB/*Eickmann* § 64 Rn. 7; *Hess* § 179 Rn. 13 mwN; krit. *Godau-Schüttke* ZIP 1985, 1042 ff.; zu den Folgen vgl. → § 179 Rn. 5 ff.). – Bei schuldlosem Fernbleiben vom Prüfungstermin und damit verbundenem unterbliebenen Widerspruch hat nur der Schuldner ein Nachholungsrecht nach § 186. 9

5. Rücknahme des Widerspruchs. Die Rücknahme des Widerspruchs ist zulässig (AG Bremen NZI 2005, 399; Braun/*Specovius* § 178 Rn. 10). Die **Rücknahme durch einen Gläubiger** erfolgt durch Erklärung gegenüber dem Insolvenzgericht und muss ohne Vorbehalt ausgesprochen werden (Leonhardt/Smid/Zeuner/*Smid* § 178 Rn. 12). Bei einer Rücknahme wird einem anderen Insolvenzgläubiger, der zunächst selbst keinen Widerspruch erhoben hat, weil er den nunmehr zurückgenommenen Widerspruch für ausreichend hielt, nicht das Recht 10 eingeräumt, nachträglich zu widersprechen (Nerlich/Römermann/*Becker* § 178 Rn. 13). Ein Bestreiten wird unwirksam, wenn der Widerspruch zurückgenommen wird (BGH WM 1957, 1225 [1226]; zur Rücknahme eines Widerspruchs unter einer aufschiebenden Bedingung vgl. RGZ 149, 257 [264]), wenn die Forderung des Widersprechenden erlischt oder wenn der Widersprechende im Feststellungsprozess (§§ 179 ff.) unterliegt (Uhlenbruck/*Sinz* § 178 Rn. 24). – Vgl. zur Tabellenberichtigung in diesen Fällen noch → § 183 Rn. 7.

11 Auch eine **Rücknahme** des Widerspruchs **durch den Insolvenzverwalter** ist zulässig. Sie ist ebenfalls gegenüber dem Insolvenzgericht zu erklären (AG Bremen NZI 2005, 399; HambK-InsO/*Herchen* § 179 Rn. 3; Graf-Schlicker/*Graf-Schlicker* § 176 Rn. 21; Kübler/Prütting/Bork/*Pape/Schaltke* § 176 Rn. 27; aA (Erklärung gegenüber Anmelder ausreichend) Uhlenbruck/*Sinz* § 178 Rn. 23; MüKoInsO/*Schumacher* § 178 Rn. 43 mwN; offengelassen in BGH NZI 2013, 396 [397]); der Anmelder ist zu benachrichtigen. Nimmt der Insolvenzverwalter einen im Prüfungstermin erhobenen Widerspruch gegen eine Forderung nachträglich zurück, so ist – wenn auch der Schuldner Widerspruch erhoben hatte – nicht zu vermuten, dass der Insolvenzverwalter auch für den Schuldner handelt. Will er den Widerspruch zugleich im Namen des Schuldners zurücknehmen, so muss er dies deutlich zum Ausdruck bringen; dafür bedarf er der Ermächtigung des Schuldners (OLG Celle MDR 1964, 65).

II. Feststellung der Forderung

12 **1. Voraussetzungen.** Widerspricht weder der Insolvenzverwalter noch ein Insolvenzgläubiger oder wird ein erhobener Widerspruch beseitigt, so „gilt“ die Forderung als festgestellt (zur Rechtsnatur der Feststellung vgl. Jaeger/*Gerhardt* § 178 Rn. 29 ff.). Zur Wirkung dieser Feststellung nach Beendigung des Insolvenzverfahrens (Tabelleneintrag als Vollstreckungstitel) vgl. → § 201 Rn. 4 ff. Die „Feststellung“ ist die unmittelbare Folge des Unterlassens des Widerspruchs bzw. der Beseitigung eines solchen. Das **Nichtbestreiten** gilt als stillschweigendes Anerkennen (RGZ 55, 157 [160]; zur Frage des genauen Zeitpunkts der Feststellungswirkung vgl. Kölner Schrift InsO/*Eckardt* S. 533 Rn. 36). Bei Widersprüchen hinsichtlich eines Teilbetrages einer Forderung gilt die Forderung iÜ als festgestellt. Ein Nichtbestreiten unter Vorbehalt ist möglich (dazu RGZ 37, 1 [4]; Leonhardt/Smid/Zeuner/*Smid* § 178 Rn. 6).

13 **2. Einzelfragen.** Wird eine **dinglich gesicherte Forderung** nur als **„Ausfallforderung“** anerkannt, so gilt die Forderung als festgestellt (BGH WM 1957, 1225 [1226]). Es kann nur noch geltend gemacht werden, dass ein Ausfall überhaupt nicht oder doch nicht in der behaupteten Höhe erfolgt sei (eing. zur Feststellung von Ausfallforderungen *Klasmeyer/Elsner* FS Merz, 1992, 303 ff.; *Mandlik* Rpfleger 1980, 143 f.).

14 Für die insolvenzmäßige Befriedigung einer **Steuerforderung** ist gleichfalls die „Feststellung“ in der Tabelle erforderlich, sodass sich insoweit ein Steuerbescheid gegen den Insolvenzverwalter oder die Fortsetzung des bei Eröffnung des Insolvenzverfahrens anhängigen Steuerrechtsstreits erübrigt (BFH BB 1965, 937 [938]; vgl. im Übrigen Gottwald InsO-Hdb/*Frotscher* § 126 Rn. 14 f. sowie BFHE 235, 137 = NZI 2012, 96 zur Frage der Wirkung der Feststellung einer Steuerforderung).

15 Haben **mehrere Gläubiger** dieselbe Forderung angemeldet und widerspricht der eine von ihnen der Feststellung der Forderung zugunsten des anderen nicht, so erkennt damit der eine noch nicht die bessere Berechtigung des anderen an (RGZ 58, 369 [374 ff.]). Zum Verfahren im Prätendentenstreit vgl. → § 174 Rn. 29. Einem Gläubiger, der die Feststellung einer Forderung zur Insolvenz-

tabelle betreibt, kann jedoch der Einwand der unzulässigen Rechtsausübung entgegenstehen, wenn er im Prüfungstermin einer Feststellung derselben Forderung zugunsten eines anderen Anmelders nicht nur nicht widersprochen, sondern darüber hinaus den Eindruck hervorgerufen hat, er wolle dem anderen den Vortritt lassen, und der Insolvenzverwalter dadurch veranlasst worden ist, den Anspruch des anderen anzuerkennen (BGH NJW 1970, 810).

Der **Widerspruch** lediglich **des Schuldners hindert** die **Feststellung nicht** 16 (Ausnahme: Eigenverwaltung, § 283 Abs. 1 S. 2). Folge des Schuldnerwiderspruchs ist nur der Ausschluss der Zwangsvollstreckung nach Beendigung des Insolvenzverfahrens (§ 201 Abs. 2). Das Interesse des Insolvenzschuldners, unbegründete Forderungen von der Teilnahme an der Verteilung auszuschließen, weil andernfalls eine höhere persönliche Nachhaftung gegenüber berechtigten Insolvenzgläubigern besteht, wird ausschließlich vom Insolvenzverwalter und von den übrigen Insolvenzgläubigern wahrgenommen (BGH NZI 2014, 568; 2014, 507; NJW-RR 2013, 1268 = NZI 2013, 801); in der Gesellschaftsinsolvenz gilt trotz des berechtigten Interesses der nicht persönlich haftenden Gesellschafter, dass keine unberechtigten Forderungen anerkannt werden, weil sich dadurch ihre Aussicht auf den Überschuss nach § 199 S. 2 und auf Rückgewähr ihrer Einlage verringert, nichts anderes (BGH NJW-RR 2013, 1268 = NZI 2013, 801). Kompensiert wird dies nur durch die Haftung des Insolvenzverwalters nach § 60: Ist der Widerspruch des Schuldners offensichtlich begründet und bestreitet der Insolvenzverwalter nicht auch seinerseits, so kommt eine solche Haftung in Betracht (Nerlich/Römermann/*Becker* § 178 Rn. 9). Vgl. auch § 184.

III. Festhalten des Erörterungsergebnisses

1. Eintragung in die Tabelle. Absatz 2 Satz 1 und Satz 2 verlangen für 17 jede angemeldete Forderung die **Eintragung des Erörterungsergebnisses** in die Insolvenztabelle. Der Vermerk muss erkennen lassen, ob die Forderung nach Grund, Betrag, mit Bezug auf die Eigenschaft als Insolvenzforderung bzw. als nichtnachrangige Insolvenzforderung oder – bei angemeldeten nachrangigen Insolvenzforderungen – hinsichtlich des Ranges bestritten ist und wer widersprochen hat (vgl. Kübler/Prütting/Bork/*Pape/Schaltke* § 178 Rn. 6). Letzteres Erfordernis gilt nach Absatz 2 Satz 2 ausdrücklich auch für den Widerspruch des Schuldners. – Über die Prüfungsverhandlung ist ein Protokoll zu erstellen; die Eintragung in die Tabelle ist zu jeder Forderung vom Leiter der Gläubigerversammlung und vom Protokollführer zu unterschreiben.

2. Eintragung auf eingereichten Wertpapieren. Absatz 2 Satz 3 bezieht 18 sich auf eingereichte **Wertpapiere,** die wie Wechsel und Schecks selbst Forderungsträger sind, **und** auf **Beweispapiere** wie zB Schuldscheine. Einzutragen ist nur die Feststellung einer Forderung, ein eventueller Widerspruch hingegen nicht. Die Feststellungswirkung ist nicht von der Eintragung auf den Wertpapieren abhängig (Kübler/Prütting/Bork/*Pape/Schaltke* § 178 Rn. 7; Nerlich/Römermann/*Becker* § 178 Rn. 21 f.). Es besteht keine Pflicht des Gerichts zur Einziehung von Urkunden. Der Vermerk hat keine rechtsbegründende Wirkung, er ist nur Verlautbarung des Tabelleninhalts. Die **Rückgabe der Urkunden** über festgestellte Forderungen erfolgt nach Eintragung des Vermerks auf Antrag.

IV. Rechtskraftwirkung der Eintragung

1. Allgemeines zur Feststellungswirkung. Die **Eintragung der Forde-** 19 **rungsfeststellung** in die Tabelle ist zwar nur Beurkundung der Anerkennung der Forderung (RGZ 37, 386 [388]), sie **wirkt** aber **wie** ein **rechtskräftiges Urteil** gegen den Insolvenzverwalter sowie gegenüber allen Insolvenzgläubigern (mit guten Gründen bereits der Feststellung Rechtskraftwirkung, der Eintragung hingegen nur deklaratorische Bedeutung zukommen lassend Kölner Schrift InsO/*Eckardt* S. 533 Rn. 36). Dadurch soll zumindest im Insolvenzverfahren ein weiterer Streit über das Bestehen der Forderung und über ihre Teilnahme an der Verteilung ausgeschlossen werden (BGHZ 201, 121 [128] = NJW 2014, 2045 [2047] = NZI 2014, 693 [695]). Dementsprechend erzeugt die Eintragung in die Insolvenztabelle nach den zu § 322 ZPO entwickelten Grundsätzen im gleichen Umfang Rechtskraft zwischen den Parteien, wie es bei einem rechtskräftigen Urteil der Fall wäre (BGH NJW-RR 2013, 757 [758]). Das bedeutet, dass der Tabelleneintrag lediglich die positive Feststellung des Anspruchs in angemeldeter Höhe bewirkt, eine negative Feststellung jenseits der Anmeldung aber nicht daraus folgt (BGH NZI 2012, 323); die Rechtskraftwirkung der Eintragung erstreckt sich auch nicht auf Gegenansprüche des Schuldners (BGH NJW-RR 2013, 757 [758]). – Ein Widerspruch nur gegen den Rang einer Forderung ändert nichts an der Feststellung der Forderung bezüglich Grund und Höhe (vgl. zur Parallele des bestrittenen Vorrechts nach Konkursrecht BAG NJW 1967, 2224 und RGZ 144, 246).

20 Gegen den **Schuldner** wirkt die Eintragung in die Tabelle außerhalb des Insolvenzverfahrens (Besonderheiten bei der Restschuldbefreiung) nur, wenn er der Feststellung nicht widersprochen hat (dazu OLG Köln WM 1995, 597; § 201 Abs. 2). Die spätere Rücknahme der Anmeldung beseitigt die Eintragungswirkung nicht (RGZ 112, 297 [299]).

21 Nach Feststellung der Forderung können ua Einwendungen aus §§ 119 ff., 138 BGB nicht mehr geltend gemacht werden (Kübler/Prütting/Bork/*Pape/Schaltke* § 178 Rn. 15). Die Feststellung beseitigt auch die **Anfechtbarkeit** der Rechtshandlungen nach §§ 129 ff. (Jaeger/*Gerhardt* § 178 Rn. 47; so auch schon RGZ 27, 91 [92]). Enthält die Feststellung zur Tabelle einen unklaren Zusatz, so kann mit einer Klage aus § 256 ZPO dessen Bedeutung (der Inhalt des Vollstreckungstitels) festgestellt werden (BGH WM 1957, 1225 [1226] unter Hinweis auf RGZ 82, 161 [163 f.]).

22 Ist eine dinglich gesicherte Forderung als **Ausfallforderung** zur Tabelle festgestellt, so kann die Höhe des Ausfalls unter den Voraussetzungen des § 256 ZPO durch Feststellungsklage gegen den Insolvenzverwalter nach dieser Bestimmung geklärt werden, wenn der Absonderungsberechtigte sein Absonderungsrecht geltend gemacht hat (BGH WM 1957, 1225 [1226]).

23 Die **Wirkung der Eintragung bezieht sich** nach herrschender Meinung **nur auf Insolvenzforderungen** (BGHZ 113, 381 = NJW 1991, 1615; OLG Düsseldorf NJW 1974, 1517 [1518]; Uhlenbruck/*Sinz* § 178 Rn. 35; *Hess* § 178 Rn. 40; Kübler/Prütting/Bork/*Pape/Schaltke* § 178 Rn. 18; Gottwald InsR-HdB/*Eickmann* § 64 Rn. 31; aA ausf. *Eckardt* ZIP 1993, 1765 ff.), nicht zB auch auf Sicherungsrechte. Irrtümlich als Insolvenzforderungen angemeldete Aussonderungsrechte, Absonderungsrechte als solche, Masseansprüche und unanmeldbare Forderungen werden durch die Eintragung nicht zu Insolvenzforderungen (vgl. auch → § 53 Rn. 5); insoweit ist die **irrtümliche Eintragung ohne Bedeutung** (BGHZ 168, 112 = NJW 2006, 3068 = NZI 2006, 520; BAG ZIP 1989, 1205; 1987, 1266; OLG Düsseldorf NJW 1974, 1517 [1518]). Soweit die Beurteilung als Insolvenzforderung der Disposition der Beteiligten unterliegt, entfaltet der unterlassene Widerspruch des Insolvenzverwalters allerdings Bindungswirkung (BGHZ 113, 381 = NJW 1991, 1615).

24 *Eckardt* (ZIP 1993, 1765 ff.) hat der herrschenden Meinung ein konsequentes Modell entgegengesetzt, für das vieles spricht: Feststellungswirkung bei jeder Forderung, die ordnungsgemäß als Insolvenzforderung angemeldet war. Nachträgliche Streitigkeiten über die Qualifikation als Insolvenzforderung werden dann vermieden, wohingegen nach herrschender Meinung gegenüber dem Gläubiger stets noch der Einwand, die festgestellte Forderung sei keine Insolvenzforderung, vorgebracht werden kann. Die Klärung erfolgt notfalls durch Feststellungsklage nach § 256 ZPO.

Nur die Eintragung wirklich festgestellter Forderungen erzeugt Rechtskraft, nicht auch **der irrtümliche Feststellungsvermerk** streitig gebliebener Forderungen. Tabelleneintragungen, die von vornherein unrichtig waren oder nachträglich – etwa durch Beseitigung des Widerspruchs (vgl. → Rn. 10) – unrichtig geworden sind, kann das Insolvenzgericht berichtigen (OLG Celle MDR 1964, 65; OLG Hamm Rpfleger 1965, 78; LG Wuppertal KTS 1970, 237; Kübler/Prütting/Bork/*Pape/Schaltke* § 178 Rn. 16). Zulässig ist die Berichtigung einer unzutreffenden oder fälschlich unterbliebenen Tabelleneintragung noch nach Aufhebung des Insolvenzverfahrens (OLG Celle MDR 1964, 65; OLG Hamm Rpfleger 1965, 78; *Hess* § 178 Rn. 80). Die im Berichtigungsverfahren ergehende Entscheidung ist mit der Rechtspflegererinnerung gem. § 11 Abs. 2 S. 1 RPflG anfechtbar (vgl. auch noch Kölner Schrift InsO/*Eckardt* S. 533 Rn. 44 f.). 25

2. Fehlender Drittbezug der Wirkung der Forderungsfeststellung. Die Feststellung der Forderung hat keine Wirkung gegenüber Dritten (zB **Bürgen** (BGH NJW 1995, 2161 [2162]), **Zedenten** (OLG Brandenburg InVo 1999, 47) oder **Gläubigern von Sicherungsrechten** (Kübler/Prütting/Bork/*Pape/Schaltke* § 178 Rn. 14; Nerlich/Römermann/*Becker* § 178 Rn. 32)), die nicht am Verfahren beteiligt waren; insbes. ist sie kein Anerkenntnis iSv § 781 BGB und kann deshalb auch nicht auf diese Weise gegenüber Dritten Wirkung entfalten (OLG Brandenburg InVo 1999, 47). 26

Aus diesem Grund wirkt die **Feststellung einer Gesellschaftsverbindlichkeit** einem Gesellschafter gegenüber nach wohl herrschender (aber nicht in allen Fällen überzeugender) Auffassung nur dann, wenn dieser am Prüfungsverfahren beteiligt wurde und Gelegenheit zum Widerspruch hatte (so für den Fall der Durchgriffshaftung BGHZ 165, 85 [95] = NJW 2006, 1344 [1347] = NZI 2006, 365; für den OHG-Gesellschafter BGH KTS 1961, 74; für den gem. § 171 in Anspruch genommenen Kommanditisten schon RGZ 51, 33 [40 f.]; mit beachtlichen Gründen teilw. diff. MüKoInsO/*Schumacher* § 178 Rn. 72 f.); gleiches gilt nach herrschender Meinung für einen ausgeschiedenen Gesellschafter (OLG Hamm NZI 2007, 584). 27

3. Rechtsbehelfe, Tabellenberichtigung und andere Einwendungen gegen die Feststellungswirkung. Als **Rechtsbehelfe gegen die festgestellte Forderung** kommen diejenigen in Betracht, die gegen rechtskräftige Urteile gegeben sind (BGHZ 201, 121 [123] = NJW 2014, 2045 = NZI 2014, 693; Gottwald InsR-HdB/*Eickmann* § 64 Rn. 32 ff.). Grds. können nur Restitutionsklage (§ 580 ZPO) oder Vollstreckungsgegenklage (§ 767 ZPO) erhoben werden (BGH NJW 1985, 271 [272]; BGHZ 100, 222 [224] = NJW 1987, 1691; BGHZ 113, 381 [383] = NJW 1991, 1615; BGHZ 201, 121 [123] = NJW 2014, 2045 = NZI 2014, 693). Daneben wird die Praxis, wie bei rechtskräftigen Urteilen, die Klage aus § 826 BGB zulassen, wenn die Feststellungswirkung missbräuchlich herbeigeführt oder ausgenutzt wird (MüKoInsO/*Schumacher* § 178 Rn. 83; FK-InsO/*Kießner* § 178 Rn. 23; Kölner Schrift InsO/*Eckardt* S. 533 Rn. 45). 28

Eine **Berichtigung der Tabelle** ist bei offensichtlichen Fehlern entsprechend §§ 319, 320 ZPO möglich (AG Köln NZI 2005, 171; Uhlenbruck/*Sinz* § 178 Rn. 45; Leonhardt/Smid/Zeuner/*Smid* § 178 Rn. 20; HK-InsO/*Depré* § 178 Rn. 9; vgl. LG Göttingen NZI 2003, 383; vgl. ferner BGHZ 91, 198 [201]). 29

Gegen die Eintragung des Prüfungsergebnisses, die nach § 178 wie ein rechtskräftiges Urteil wirkt, gibt es die **Wiederaufnahme** nach Maßgabe des § 580 Nr. 2, 4, 7 ZPO (vgl. schon → Rn. 28); bei Fristversäumnis für eine solche Klage kann möglicherweise noch geltend gemacht werden, die Feststellung sei arglistig erschlichen oder sie sei unrichtig und es werde in einer gegen die guten Sitten 30 verstoßenden Weise von ihr Gebrauch gemacht (Uhlenbruck/*Sinz* § 178 Rn. 51). Einwendungen gegen eine festgestellte Forderung sind iÜ durch **Vollstreckungsgegenklage** nach § 767 ZPO geltend zu machen, wobei als Zeitpunkt iSd § 767 Abs. 2 ZPO der Zeitpunkt der Forderungsfeststellung gilt (BGHZ 201, 121 [126] = NJW 2014, 2045 [2046] = NZI 2014, 693 [694]; FK-InsO/*Kießner* § 178 Rn. 23; Gottwald InsR-HdB/*Eickmann* § 64 Rn. 34); das kann der Prüfungstermin oder der im schriftlichen Verfahren bestimmte Termin sein (BGH NJW-RR 2013, 757 [758]; vgl. zum exakten Zeitpunkt noch Kölner Schrift InsO/*Eckardt* S. 533 Rn. 45; vgl. schließlich *Förster/Bruhn* ZInsO 2002, 802 [803]). Als Einwendungen kommen damit nur solche Umstände in Betracht, die den festgestellten Anspruch nachträglich vernichten oder in seiner Durchsetzbarkeit hemmen; erfasst sind damit nur die eigentlichen rechtshemmenden und rechtsvernichtenden Einwendungen und Einreden iSd materiellen Rechts (BGH NJW-RR 2013, 757 [758]; vgl. BGHZ 100, 211 [212] = NJW 1987, 3266 [3267]), wie etwa der Eintritt einer auflösenden Bedingung. – Eine negative Tabellenfeststellungsklage ist neben den genannten Rechtsbehelfen nicht anzuerkennen (BGH NZI 2010, 345).

31 **4. Besonderheiten bei Steuerforderungen.** Für **Steuerforderungen** gelten diese Grundsätze nicht. Allerdings steht die Feststellung einer Umsatzsteuer-Jahresschuld zur Insolvenztabelle der Festsetzung einer Umsatzsteuer-Jahresschuld gleich, wenn der Gemeinschuldner der Forderung nicht widersprochen hat (FG Münster EFG 1996, 86). IÜ entscheiden über das Bestehen der Steuerforderung und ihre Fälligkeit die Finanzbehörden bzw. die Finanzgerichte (vgl. § 185). Es müssen also auch für die Änderung oder Berichtigung eines im Steuerverfahren ergangenen Bescheids die allgemeinen Bestimmungen der AO (Änderung etwa nach § 173 AO) gelten (vgl. auch *Fischer* B-Beilage 12/1989, 1 [3]). **Absatz 3** ist daher **einschränkend auszulegen**: Die Urteilswirkung des Absatz 3 entfällt bei der Eintragung von Ansprüchen aus dem Steuerschuldverhältnis (§ 37 Abs. 2 AO) wie beim Erlass eines Feststellungsbescheids nach Bestreiten gem. § 185 iVm § 251 Abs. 3 AO unter den Voraussetzungen des § 130 AO (BFHE 235, 137 [147] = NZI 2012, 96 [100]; BFH ZInsO 2013, 880 [881]).

32 Mit dem geänderten oder berichtigten Bescheid hat die obsiegende Partei nach **§ 183 Abs. 2** die Berichtigung der Tabelle zu erwirken. Ist ein Steuerbescheid noch nicht ergangen, weil gegen die angemeldete Steuerforderung weder vom Insolvenzverwalter noch von einem Insolvenzgläubiger ein Widerspruch erhoben wurde (§ 178 Abs. 1), so ist die Eintragung in die Tabelle einer rechtskräftigen Steuerfestsetzung gleichzusetzen. Änderungen und Berichtigungen der Tabelle sind dann unter den gleichen Voraussetzungen zulässig, unter denen die Änderung oder Berichtigung eines Steuerbescheids statthaft wäre (vgl. *Fichtelmann* NJW 1970, 2276 [2279 f.]). Dem „rechtskräftigen Urteil" (Absatz 3) ist im Steuerrecht die „rechtskräftige Steuerfestsetzung" gleichzusetzen (FG Münster EFG 1996, 86). Die **Verjährung** richtet sich nicht nach Abs. 3 iVm § 197 Abs. 1 Nr. 5 BGB, sondern nach §§ 144, 228 AO (BFH ZIP 1988, 1266).

Streitige Forderungen

179 (1) **Ist eine Forderung vom Insolvenzverwalter oder von einem Insolvenzgläubiger bestritten worden, so bleibt es dem Gläubiger überlassen, die Feststellung gegen den Bestreitenden zu betreiben.**

(2) **Liegt für eine solche Forderung ein vollstreckbarer Schuldtitel oder ein Endurteil vor, so obliegt es dem Bestreitenden, den Widerspruch zu verfolgen.**

(3) [1] **Das Insolvenzgericht erteilt dem Gläubiger, dessen Forderung bestritten worden ist, einen beglaubigten Auszug aus der Tabelle.** [2] **Im Falle**

des Absatzes 2 erhält auch der Bestreitende einen solchen Auszug. [3]Die Gläubiger, deren Forderungen festgestellt worden sind, werden nicht benachrichtigt; hierauf sollen die Gläubiger vor dem Prüfungstermin hingewiesen werden.

Schrifttum: *Godau-Schüttke,* Die Zulässigkeit des vorläufigen Bestreitens des Konkursverwalters im Prüfungstermin, ZIP 1985, 1042; *Hoffmann,* Das „vorläufige Bestreiten" einer Konkursforderung, NJW 1961, 1343. Weiteres Schrifttum bei § 174.

Übersicht

I. Das Bestreiten von Insolvenzforderungen

1. Begriff der streitigen Forderungen. Die Vorschrift behandelt die Verfolgung streitiger Forderungen. **„Bestritten" iSv § 179** sind Forderungen, soweit gegen sie im Prüfungstermin ein Widerspruch vom Insolvenzverwalter oder einem Insolvenzgläubiger erhoben wurde und der Widerspruch nicht beseitigt ist. Mehrere Prüfungstermine in einem Insolvenzverfahren sind als Einheit anzusehen. – Ein Widerspruch des Schuldners ist (Ausnahme: Schuldner als Eigenverwalter) für § 179 ohne Bedeutung (vgl. aber § 184). 1

Ein bestreitender Gläubiger bleibt Bestreitender, auch wenn er die Forderung abtritt. Lediglich bei Untergang der Rechtspersönlichkeit tritt der **Rechtsnachfolger** in die Rechtsstellung des Rechtsvorgängers ein. Ein Rechtsnachfolger des Anmelders, dessen Forderung bestritten ist, kann jedoch die Feststellungsklage nach § 179 erheben, wenn er bei Prozessbeginn die Rechtsnachfolge dem Insolvenzgericht nachgewiesen hat und dieses die Rechtsnachfolge in der Tabelle vermerkt und dem Bestreitenden angezeigt hat (RG JW 1911, 950; Uhlenbruck/*Sinz* § 181 Rn. 10). Das gilt auch bei Verpfändung bzw. Pfändung angemeldeter Forderungen. – Bei Rechtsnachfolge nach Erhebung der Klage gem. § 179 Abs. 1 oder nach Aufnahme des schon anhängigen Prozesses gem. § 180 Abs. 2 gilt § 265 Abs. 2 ZPO. 2

2. Bedeutung vorläufigen Bestreitens. Vorläufiges Bestreiten (vgl. → § 178 Rn. 9) **im ersten Termin** ist nach herrschender Meinung echtes Bestreiten (BGH NZI 2006, 295; OLG Hamm KTS 1974, 178 [180]; OLG Köln KTS 1979, 119 [120]; LG München I WM 1986, 864; LG Göttingen ZIP 1989, 1471; *Hess* § 179 Rn. 13; Kübler/Prütting/Bork/*Pape/Schaltke* § 179 Rn. 5 ff.; *Hoffmann* NJW 1961, 1343 f.). Vorläufiges Bestreiten (auch) **im letzten Termin** ist als Widerspruch anzusehen (vgl. dazu *Hoffmann* NJW 1961, 1343 f.; vgl. zu diesem Fragenkomplex ferner OLG Hamm KTS 1974, 178 [181]; LAG Düsseldorf DB 1976, 681). 3

Die Prüfung aller Insolvenzforderungen kann bei **Großverfahren** mit evtl. mehreren tausend Insolvenzgläubigern mit schwierigen Forderungsgründen (zB 4

Werklohn- und Schadensersatzforderungen bei der Insolvenz eines Bauträgers) auch bei Ausnutzen der Frist zwischen Eröffnung des Insolvenzverfahrens und Prüfungstermin (maximal fünf Monate; vgl. § 28 Abs. 1 iVm § 29 Abs. 1 Nr. 2) Schwierigkeiten bereiten. In diesen Fällen ist es sinnvoll, den allgemeinen Prüfungstermin zu vertagen (vgl. § 74 Abs. 2 S. 2; vgl. *Godau-Schüttke* ZIP 1985, 1042 [1046]; FK-InsO/*Kießner* § 176 Rn. 25 ff.; Kübler/Prütting/Bork/*Pape/Schaltke* § 178 Rn. 6). Nicht angezeigt ist es hingegen, allen Forderungen pauschal „vorläufig" zu widersprechen, denn auch vorläufiges Bestreiten hat Bedeutung für die Prozesskostenlast (vgl. → Rn. 5 ff.), wenn der Verwalter auf eine Klage hin anerkennt.

5 **3. Kostenrisiko bei (vorläufigem) Bestreiten einer Forderung.** Wird eine Forderung vom Insolvenzverwalter (vorläufig) bestritten, später aber zur Tabelle festgestellt, so sind bei der Kostenentscheidung in einem aufgrund des (vorläufigen) Bestreitens vom Gläubiger geführten Rechtsstreit (Erhebung der Feststellungsklage oder Aufnahme eines unterbrochenen Rechtsstreits) insbes. **§ 91a ZPO und § 93 ZPO** zu berücksichtigen. Für die Kostenentscheidung ist bedeutsam, ob der Insolvenzverwalter kenntlich gemacht hatte, dass sein Bestreiten „vorläufig" ist. – Zum Verhältnis zwischen § 86 Abs. 2 und § 93 ZPO vgl. → § 86 Rn. 14 f.

6 **Beispiele:** Wird eine vorläufig bestrittene Forderung später zur Insolvenztabelle festgestellt und erklären die Parteien daraufhin übereinstimmend den zuvor vom anmeldenden Gläubiger aufgenommenen Rechtsstreit für erledigt, ist die Kostenentscheidung nach den zu § 93 ZPO entwickelten Grundsätzen zu treffen (Berücksichtigung des Rechtsgedankens von § 93 ZPO bei einer Entscheidung nach § 91a ZPO). Mit dem vorläufigen Bestreiten gibt der Insolvenzverwalter nicht in jedem Fall genügenden Anlass zur Klageerhebung bzw. zur Aufnahme eines unterbrochenen Rechtsstreits. Jedenfalls hat er keine Veranlassung zur Aufnahme eines Rechtsstreits gegeben, wenn es der Gläubiger unterlässt, zuvor durch Rückfrage zu ermitteln, ob das vorläufigen Bestreiten aufrechterhalten wird (BGH NZI 2006, 295; OLG Düsseldorf ZIP 1994, 638; OLG Karlsruhe KTS 1996, 255; LG Göttingen ZIP 1995, 1103; Kübler/Prütting/Bork/*Pape/Schaltke* § 179 Rn. 7; HambK-InsO/*Herchen* § 179 Rn. 15; anders wohl OLG München ZIP 2005, 2228: keine Entscheidung nach § 93 ZPO, wenn eine angemessene Überlegungsfrist abgelaufen ist).

7 Macht der Insolvenzverwalter bei seinem Bestreiten nicht deutlich, dass es sich nur um ein vorläufiges Bestreiten handelt, und nimmt der Gläubiger deshalb den Rechtsstreit wieder auf, so hat der Insolvenzverwalter **Veranlassung zur Klageerhebung** gegeben. Ihm sind daher, auch wenn er die Forderung nunmehr sofort anerkennt, die Kosten der dadurch erledigten Hauptsache nach § 91a Abs. 1 ZPO aufzuerlegen (OLG Köln KTS 1995, 435; vgl. auch LG Bonn MDR 1990, 558). Dem Insolvenzverwalter ist die Möglichkeit eines sofortigen Anerkenntnisses generell verwehrt, wenn dem Schuldner im Zeitpunkt der Insolvenzeröffnung diese Möglichkeit nicht mehr zustand (BGH NZI 2007, 104).

8 Nicht jedes Bestreiten des Insolvenzverwalters gibt dem Gläubiger Grund zur Klage – so nicht, wenn der Gläubiger die zur Prüfung der Forderung erforderlichen Unterlagen nicht beigebracht hat (OLG Dresden ZIP 1997, 327; OLG Celle ZIP 1985, 823; Kübler/Prütting/Bork/*Pape/Schaltke* § 179 Rn. 8; *Hess* § 179 Rn. 24); nach OLG Stuttgart ZIP 2008, 1781 trifft den Insolvenzverwalter in einem solchen Fall eine Aufklärungspflicht nur bei offensichtlichen Mängeln.

9 Ein (vorläufiges) Bestreiten kann auch **Schadensersatzansprüche** auslösen: Wenn der Insolvenzverwalter im Prüfungstermin eine Forderung ohne Prüfung der Berechtigung bestreitet, später diese Forderung aber anerkennt, macht er sich gegenüber dem Gläubiger für den durch das zunächst erfolgte Bestreiten entstandenen Schaden (etwa Rechtsanwaltskosten) ersatzpflichtig (LG Osnabrück ZIP 1984, 91).

II. Titulierte Forderungen

Titulierte Forderungen sind solche, für die im Zeitpunkt der Verfahrenseröffnung ein Titel vorlag, der nur wegen § 89 nicht vollstreckungsfähig ist (Gottwald InsR-HdB/*Eickmann* § 64 Rn. 50). Hierher gehören insbes. rechtskräftige und für vorläufig vollstreckbar erklärte Urteile (§§ 708–710 ZPO), ggf. auch Feststellungsurteile (krit. insoweit Nerlich/Römermann/*Becker* § 179 Rn. 13), mit Vollstreckungsklausel versehene Vergleiche (§ 794 Abs. 1 Nr. 1 ZPO), Kostenfestsetzungsbeschlüsse (§ 794 Abs. 1 Nr. 2 ZPO), Entscheidungen iSv § 794 Abs. 1 Nr. 3 ZPO, Urkunden nach Maßgabe des § 794 Abs. 1 Nr. 5 ZPO, Vollstreckungsbefehle, Vorbehaltsurteile (§§ 302, 599 ZPO), Versäumnisurteile, auch bei Einlegung des Einspruchs (dazu RGZ 50, 412 [415]), ausländische Urteile und Schiedssprüche, wenn sie nach Maßgabe der §§ 722, 1064 Abs. 2 ZPO vorläufig vollstreckbar sind, für vorläufig vollstreckbar erklärte Vergleiche und Schiedssprüche nach §§ 101, 107–109 ArbGG und Titel nach § 801 ZPO. – Der Titel muss eine urkundliche Stütze für den Anspruch in der durch den Widerspruch streitig gewordenen Richtung sein. Sein Inhalt muss also dem Widerspruch entgegenstehen. – Zur Frage der „Titulierung" von Steuerforderungen vgl. → Rn. 24. 10

Grds. setzt Absatz 2 voraus, dass der **Titel bereits bei Eröffnung des Verfahrens** vorlag. Doch genügt bei Urteilen, dass die letzte mündliche Verhandlung, aufgrund derer das Urteil erging, vor Verfahrenseröffnung stattfand (OLG Braunschweig OLGE 23, 307). Eine Forderung wird nicht dadurch zu einer titulierten iSv § 179 Abs. 2, dass nach Verfahrenseröffnung unter Verletzung der §§ 240, 249 ZPO gegen den Schuldner noch ein Vollstreckungsbefehl erlassen wird (vgl. LG Stade KTS 1960, 46, dort auch zu der Frage, ob dem Insolvenzverwalter gegen einen solchen Vollstreckungsbefehl der Einspruch zusteht). 11

Die **Vorlage des Titels** im Original oder in Kopie ist weder für die Anmeldung (vgl. schon → § 174 Rn. 13) noch für die Feststellungswirkung zwingend erforderlich (BGH NZI 2006, 173 [174]; Nerlich/Römermann/*Becker* § 179 Rn. 11; aA AG Düsseldorf NZI 2006, 411; wohl auch *Hess* § 179 Rn. 60; diff. Jaeger/*Gerhardt* § 179 Rn. 56 ff.). 12

Nicht unter **§ 179 Abs. 2** fallen Urteile über den Grund eines Anspruchs (RG JW 1931, 2104), Arrestbefehle (BGH KTS 1962, 51; RGZ 85, 64 [68]; Kübler/Prütting/Bork/*Pape/Schaltke* § 179 Rn. 16) und Zwischenurteile nach §§ 303, 304 Abs. 1 ZPO (Nerlich/Römermann/*Becker* § 179 Rn. 14). 13

Kein titulierter Anspruch ist etwa der Unterhaltsanspruch des geschiedenen Ehepartners aus einem Vergleich, in dem sich der andere Ehepartner der Zwangsvollstreckung unterworfen hat, da die Unterwerfung nur die einzelnen Hebungen, nicht aber auch die Gesamtforderung deckt (OLG Dresden KuT 1940, 91). 14

III. Feststellungsstreitigkeiten

1. Der Feststellungsprozess. Die Klage nach Maßgabe des § 179 ist eine **Feststellungsklage eigener Art,** bei der sich das Feststellungsinteresse ohne Weiteres aus dem Widerspruch, der noch im Zeitpunkt der letzten mündlichen Verhandlung gegeben sein muss, ergibt (vgl. BGH WM 1957, 1225 [1226]; Uhlenbruck/*Sinz* § 179 Rn. 10). Das **Feststellungsinteresse** fehlt selbst dann nicht, wenn nur eine „Nullquote" zu erwarten ist (BGH NZI 2008, 611). Die Feststellungsklage ist nur statthaft, wenn die zur Tabelle festzustellende Forderung im Insolvenzverfahren angemeldet, geprüft und bestritten worden ist (in jeder Lage des Verfahrens von Amts wegen zu prüfende Sachurteilsvoraussetzung, vgl. auch → § 181 Rn. 2). Einer Feststellungsklage, mit der die Feststellung einer unangemeldeten und ungeprüften Forderung beantragt wird, fehlt das Feststel- 15 lungsinteresse und ist als unzulässig abzuweisen (BGH NJW-RR 2014, 1270 [1271] = NZI 2014, 749 [750]; OLG München BeckRS 2015, 16913; OLG München BeckRS 2015, 16801; LAG RhPf ZInsO 2013, 2279). Wird die Feststellungsklage vor Anmeldung und Prüfung durch das Insolvenzgericht erhoben, wird dieser Mangel jedoch durch Nachholung dieser Handlungen geheilt (OLG Düsseldorf KTS 1989, 928 [929]). Ob in der Erhebung (und Begründung) einer Feststellungsklage die Neuanmeldung einer Forderung erblickt werden kann, hat die Rechtsprechung bislang offen gelassen (vgl. BGH NZI 2009, 242 [243] mwN; OLG München BeckRS 2015, 16913).

16 **Ziel der Klage** ist auch bei Klagen gegen einen widersprechenden Insolvenzgläubiger die Feststellung des Bestehens der bestrittenen Forderung gegen den Schuldner. Der **Klageantrag** geht dementsprechend auf Feststellung der Forderung zur Insolvenztabelle (BGH ZIP 2006, 1410 [1412]; Kübler/Prütting/Bork/*Pape/Schaltke* § 179 Rn. 12b; Formulierungsbeispiel bei HambK-InsO/*Herchen* § 179 Rn. 50 f.; krit. Kölner Schrift InsO/*Eckardt* S. 533 Rn. 52; vgl. auch noch → Rn. 23). Der Streitgegenstand des Feststellungsprozesses muss hinsichtlich Grund und Betrag (und, sofern zutreffend, auch Rang) mit dem Gegenstand des Anmeldungs- und Prüfungsverfahrens identisch sein; fehlt es an dieser Identität, ist die Klage als unzulässig abzuweisen (OLG München BeckRS 2015, 16801). **Klagegegner** des die Feststellung seiner zur Insolvenztabelle angemeldeten Forderung betreibenden Gläubigers ist derjenige, der der Forderung im Insolvenzverfahren widersprochen hat (BGHZ 195, 233 = NJW 2012, 3725 = NZI 2012, 967).

17 § 179 schließt eine sonstige **negative Feststellungsklage** des Insolvenzverwalters nach § 256 ZPO nicht aus, doch muss ein anderes rechtliches Interesse als das des Bestreitens der Forderung vorliegen (BAG ZIP 1986, 518; NJW 1961, 1885; RGZ 139, 83 [87]; Kübler/Prütting/Bork/*Pape/Schaltke* § 179 Rn. 13 ff.; ausf. Uhlenbruck/*Sinz* § 179 Rn. 18). Ebenfalls ist durch § 179 nicht ausgeschlossen, dass ein Insolvenzgläubiger, der die Forderung eines anderen Insolvenzgläubigers bestreitet, gegen diesen eine negative Feststellungsklage erhebt, wenn ein besonderes Interesse an der Ausräumung der bestrittenen Forderung des anderen Gläubigers besteht und der andere nicht auf Feststellung seiner Forderung zur Tabelle klagt (OLG Brandenburg NZI 2009, 479 [480 f.]; MüKoInsO/*Schumacher* § 179 Rn. 22 mit Hinweis auf RG JW 1939, 250).

18 **2. Fall der nicht titulierten Forderung.** „Zu betreiben" **(Absatz 1)** ist der Feststellungsstreit im Zivilprozess. **Klageberechtigt** ist in der Regel nur der Gläubiger der angemeldeten und bestrittenen Forderung, nicht auch der Insolvenzverwalter oder der widersprechende Gläubiger. Klagen diese, so wird die Klage, wenn sich der Gläubiger der bestrittenen Forderung nicht auf diese einlässt, abgewiesen; lässt er sich jedoch auf die Klage ein, so gilt die Einlassung als eigenes Betreiben (RGZ 116, 368 [373]; *Hess* § 179 Rn. 34). In der Regel ist eine Klage des Insolvenzverwalters nicht erforderlich, da die Verteilung auch bei bestrittener, nicht festgestellter Insolvenzforderung ohne Nachteil für Insolvenzmasse und Insolvenzverwalter durchgeführt werden kann, sofern §§ 188, 189 beachtet werden. Eine Klage des Insolvenzverwalters bedarf daher eines besonderen schützenswerten Interesses (Uhlenbruck/*Sinz* § 179 Rn. 9).

19 Wird die **Forderung „anerkannt"** und zur Tabelle festgestellt, so kann die Klage zur näheren Bestimmung des Inhalts der Forderung in eine gewöhnliche Feststellungsklage nach § 256 ZPO geändert werden (BGH WM 1957, 1225).

20 **3. Fall der titulierten Forderung.** Die Feststellungsklage ist bei titulierten Forderungen **(Absatz 2)** von dem Bestreitenden zu erheben (vgl. RGZ 85, 64 [67]; 86, 235 [237]), doch kann sie auch vom Anmelder erhoben werden (BGH NZI 2013, 396; BGHZ 195, 233 [236] = NJW 2012, 3725 [3726] = NZI 2012, 967 [968]; BGHZ 139, 132 [133 f.] = NJW 1998, 3121 [3122] = NZI 1998, 82;

BGH NJW 1965, 1523; RG JW 1938, 1537). § 179 Abs. 2 nimmt dem titulierten Gläubiger nur die Betreibungslast ab, entzieht ihm aber nicht auch die Betreibungsbefugnis (OLG Bremen KTS 1976, 240; Nerlich/Römermann/*Becker* § 179 Rn. 17; Kübler/Prütting/Bork/*Pape/Schaltke* § 179 Rn. 17; vgl. auch OLG Dresden NZG 1998, 31; aA HambK-InsO/*Herchen* § 179 Rn. 22). Wenn mehrere Personen iSv § 178 Abs. 1 S. 1 Widerspruch gegen eine Forderungsanmeldung erhoben hatten, ist die uneingeschränkte Aufnahme eines Rechtsstreits durch den Gläubiger der bestrittenen Forderung nur wirksam, wenn der Rechtsstreit gegenüber allen Widersprechenden aufgenommen wird (BGH NZI 2013, 396 [397]; BGHZ 195, 233 [241 f.] = NJW 2012, 3725 [3727 f.] = NZI 2012, 967 [969] (mit Nachw. zur Rspr. zur Konkursordnung); aA Jaeger/*Gerhardt* § 180 Rn. 64). – Zu den **Prozessvoraussetzungen** vgl. → § 181 Rn. 2.

Der **Widerspruch** kann **bei titulierten Forderungen** nur mit den **Mitteln** verfolgt werden, **welche gegenüber dem Titel in Betracht kommen:** bei nicht rechtskräftigen Forderungen durch Aufnahme des Rechtsstreits nach § 250 ZPO und Fortführung, wie ihn der Schuldner ohne Eröffnung des Insolvenzverfahrens hätte fortführen können (Einspruch, Berufung, Revision; RGZ 27, 350 [352]). Der an die Stelle des Schuldners in den aufgenommenen Rechtsstreit eintretende Widersprechende ist an die bisherigen Ergebnisse des Rechtsstreits gebunden (BGHZ 195, 233 [239 f.] = NJW 2012, 3725 [3727] = NZI 2012, 967 [968]; vgl. schon BGH NJW-RR 2007, 397 = NZI 2007, 104). Bei rechtskräftigen Urteilen kommen Restitutions- und Nichtigkeitsklage (§§ 578 ff. ZPO) sowie die Vollstreckungsgegenklage (§ 767 ZPO) in Frage (HambK-InsO/*Herchen* § 179 Rn. 21; Einzelheiten bei Uhlenbruck/*Sinz* § 179 Rn. 33). – Die Aufnahme des Rechtsstreits und die durch die Eröffnung des Insolvenzverfahrens notwendig gewordene Änderung des Klageantrags sind auch in der Revisionsinstanz zulässig (BGH NJW 1965, 1523; BGHZ 195, 233 [241] = NJW 2012, 3725 [3726] = NZI 2012, 967 [968]; BGH NZI 2013, 396). 21

Die Widerspruchsklage nach Maßgabe des § 179 Abs. 2 ist verneinende Feststellungsklage und gehört daher ihrem Wesen nach in den insolvenzrechtlichen **Gerichtsstand.** Demzufolge ist auch für die Zuständigkeit § 180 Abs. 1 maßgebend, soweit es sich nicht um die Aufnahme eines anhängigen Rechtsstreits handelt (Kübler/Prütting/Bork/*Pape/Schaltke* § 179 Rn. 18). 22

Der **Feststellungsantrag** des Widersprechenden geht dahin, den Widerspruch gegen die Forderung für begründet zu erklären (BGH NJW-RR 1994, 1251; die Entscheidung befasst sich auch mit der Frage, welche formellen Anforderungen an die Klageanträge der Parteien im Schuldenmassestreit zu stellen sind). 23

IV. Besonderheiten bei Steuerforderungen

Da es im Steuerrecht einen vollstreckbaren Titel im zivilprozessualen Sinn nicht gibt, sind tituliert iSv § 179 Abs. 2 alle Steuerforderungen, die durch **Steuerbescheide,** Haftungsbescheide, Verwaltungsakte wegen steuerlicher Nebenleistungen, Vorauszahlungsbescheide (§§ 218 Abs. 1, 164 Abs. 1 AO; vgl. hierzu §§ 155, 157 AO) oder Rechtsmittelentscheidungen festgesetzt und dem Schuldner bekanntgegeben worden sind (Jaeger/*Gerhardt* § 179 Rn. 54). Auf die Frage der Rechtskraft kommt es nur im Hinblick auf die dem Bestreitenden zur Verfügung stehenden Rechtsbehelfe an (vgl. dazu Gottwald InsO-HdB/*Frotscher* § 126 Rn. 20 ff.). 24

Wird gegen eine **ohne vorherigen Steuerbescheid vom Finanzamt angemeldete Forderung** ein Widerspruch erhoben, so hat das Finanzamt die Insolvenzforderung durch schriftlichen Verwaltungsakt festzustellen (§ 251 Abs. 3 AO; vgl. auch BFHE 235, 5 = NZI 2011, 987), der vom Insolvenzverwalter oder dem anderen Widersprechenden (Insolvenzgläubiger, Schuldner) mit dem Einspruch angefochten werden kann. Zu prüfen ist jedoch, inwieweit § 251 Abs. 3 AO 25 aufgrund des maßgeblichen Landesrechts auf den jeweiligen Steuergläubiger überhaupt Anwendung findet (VGH Kassel NJW 1987, 971). Zu den Erfordernissen an den Feststellungsbescheid vgl. → Rn. 27. – Für die **Aufnahme eines Gebührenstreits bei dem Verwaltungsgericht** vgl. BVerwG NJW 1989, 314.

V. Erteilung eines beglaubigten Tabellenauszugs

26 Zum Nachweis der Übereinstimmung von Anmeldung, Prüfung und Widerspruch mit dem Klageantrag – sowie auch zur Kennzeichnung der Prozessparteien – ist dem anmeldenden **Gläubiger,** dessen Forderung bestritten worden ist, von Amts wegen (RGZ 85, 64 [71 f.]) ein beglaubigter Auszug aus der Tabelle zu erteilen, § 179 Abs. 3. Dies gilt auch, soweit bei nachrangigen Insolvenzforderungen der Rang bestritten wird (Kübler/Prütting/Bork/*Pape/Schaltke* § 179 Rn. 10). Bei titulierten Forderungen (Absatz 2) erhält auch ein **Bestreitender** den Auszug (Absatz 3 Satz 2). Die Erteilung eines Tabellenauszugs erübrigt sich nach Absatz 3 Satz 3, wenn die Forderungen festgestellt sind; Gläubiger solcher Forderungen werden – worauf vor dem Prüfungstermin, zweckmäßigerweise bereits in der Bekanntmachung des Prüfungstermins, hinzuweisen ist – nicht benachrichtigt (vgl. dazu BT-Drs. 12/7302, 179; mit Hinweisen auf die dadurch in der Praxis entstehenden Probleme *Jenal/Schüssler* KSI 2014, 16 [19]).

27 Im **Feststellungsverfahren einer Steuerforderung** nach § 251 Abs. 3 AO hat das Finanzamt die Identität von angemeldeter und festzustellender Insolvenzforderung im Feststellungsbescheid kenntlich zu machen; dies ist im Klageverfahren vom Finanzgericht von Amts wegen zu prüfen (BFH ZIP 1984, 1004 = KTS 1984, 696).

Zuständigkeit für die Feststellung

180 (1) [1] **Auf die Feststellung ist im ordentlichen Verfahren Klage zu erheben.** [2] **Für die Klage ist das Amtsgericht ausschließlich zuständig, bei dem das Insolvenzverfahren anhängig ist oder anhängig war.** [3] **Gehört der Streitgegenstand nicht zur Zuständigkeit der Amtsgerichte, so ist das Landgericht ausschließlich zuständig, zu dessen Bezirk das Insolvenzgericht gehört.**

(2) **War zur Zeit der Eröffnung des Insolvenzverfahrens ein Rechtsstreit über die Forderung anhängig, so ist die Feststellung durch Aufnahme des Rechtsstreits zu betreiben.**

Schrifttum: *Friedrich,* Aktuelle Entscheidungen zu § 15a EGZPO, NJW 2002, 3223; *Heidbrink/Gräfin von der Gröben,* Insolvenz und Schiedsverfahren, ZIP 2006, 265; *Teske,* Konkursrechtlicher Feststellungsrechtsstreit und Urkundenprozeß, ZZP 99 (1986), 185. Weiteres Schrifttum bei § 174.

Übersicht

I. Die Zulässigkeit der Feststellungsklage

1 § 180 Abs. 1 regelt die gerichtliche Zuständigkeit für den Feststellungsprozess, sofern der ordentliche Rechtsweg eröffnet ist. Besondere Zuständigkeiten ergeben sich aus § 185.

1. Die Geltendmachung im ordentlichen Verfahren. Die Klage nach § 180 Abs. 1 S. 1 ist **„im ordentlichen Verfahren"** zu erheben. Das bedeutet lediglich **„außerhalb des Insolvenzverfahrens"**. Streitig ist, ob die besonderen **Verfahrensarten des Urkunden-, Wechsel- und Scheckprozesses** (§§ 592, 602, 605a ZPO) zulässig sind. In der Literatur wird dies vielfach bejaht (Gottwald InsR-HdB/*Eickmann* § 64 Rn. 40; Uhlenbruck/*Sinz* § 180 Rn. 10 f.; HK-InsO/*Depré* § 180 Rn. 2; Leonhardt/Smid/Zeuner/*Smid* § 180 Rn. 5; *Teske* ZZP 99 (1986), 185 ff.). Richtig ist jedoch die wohl im Vordringen befindliche **verneinende Gegenansicht** (RGZ 32, 230 [231]; OLG München ZIP 1985, 297; OLG Hamm KTS 1967, 169; Kölner Schrift InsO/*Eckardt* S. 533 Rn. 50; *Hess* § 179 Rn. 39; Kübler/Prütting/Bork/*Pape/Schaltke* § 180 Rn. 7; HambK-InsO/*Herchen* § 180 Rn. 10; FK-InsO/*Kießner* § 180 Rn. 6). Die Feststellung im Wege des Urkunden-, Wechsel- oder Scheckprozesses ist aus insolvenzrechtlicher Sicht abzulehnen, weil das ergehende Vorbehaltsurteil zur Eintragung in die Insolvenztabelle ungeeignet ist. Eine „Feststellung der Forderung unter Vorbehalt der Rechte" (§ 599 ZPO) reicht hierfür nicht aus. Doch auch wenn man diese Prozessarten zulässt, ist auf Feststellung der Forderung zur Insolvenztabelle zu klagen. 2

Das **Mahnverfahren** ist zur Feststellung einer streitigen Insolvenzforderung **ungeeignet,** da ein Titel im Mahnverfahren nicht auf Feststellung lauten kann (RGZ 129, 339 [343]; Kübler/Prütting/Bork/*Pape/Schaltke* § 180 Rn. 7; Nerlich/Römermann/*Becker* § 180 Rn. 12; mit abweichender Begründung auch Uhlenbruck/*Sinz* § 180 Rn. 13). 3

Nicht ausgeschlossen ist eine schiedsrichterliche Entscheidung (Uhlenbruck/*Sinz* § 180 Rn. 15; HK-InsO/*Depré* § 180 Rn. 2). Im Verhältnis zwischen dem widersprechenden Insolvenzverwalter und dem Anmelder bleibt ein unanfechtbarer Schiedsvertrag des Schuldners maßgebend (BGH ZInsO 2004, 88; RGZ 137, 109 [111]; BGHZ 24, 15 [18] = NJW 1957, 791; *Hess* § 180 Rn. 3; Uhlenbruck/*Sinz* § 180 Rn. 16; *Heidbrink/Gräfin von der Gröben* ZIP 2006, 265; diff. MüKoInsO/*Schumacher* § 180 Rn. 10 f.; ablehnend HambK-InsO/*Herchen* § 180 Rn. 12). Allerdings gilt die grundsätzliche Bindung des Insolvenzverwalters an eine vom Schuldner vor der Eröffnung des Insolvenzverfahrens abgeschlossene Schiedsabrede nach Auffassung des Bundesgerichtshofs nicht, sofern es um Rechte des Insolvenzverwalters geht, die sich nicht unmittelbar aus dem vom Schuldner abgeschlossenen Vertrag ergeben, sondern auf Vorschriften der Insolvenzordnung (Beispiel: Wahlrecht des Verwalters nach § 103) beruhen (BGH NZI 2011, 634). – Unzweifelhaft kann zwischen einem Insolvenzgläubiger und einem Widersprechenden die Entscheidung durch ein Schiedsgericht vereinbart werden (Uhlenbruck/*Sinz* § 180 Rn. 15). 4

2. Örtliche und sachliche Zuständigkeit. Örtlich zuständig für die Feststellungsklage nach § 179 ist gem. § 180 Abs. 1 ausschließlich das Amtsgericht (Prozessgericht), bei welchem das Insolvenzverfahren anhängig ist oder war (Absatz 1 Satz 2), bzw. das übergeordnete Landgericht (Absatz 1 Satz 3); Prorogation ist unzulässig (Nerlich/Römermann/*Becker* § 180 Rn. 30). Die **sachliche Zuständigkeit** wird durch §§ 23, 71 GVG bestimmt; auch diese ist nach dem eindeutigen Wortlaut des § 180 Abs. 1 S. 3 ausschließlich (Jaeger/*Gerhardt* § 80 Rn. 38; Uhlenbruck/*Sinz* § 180 Rn. 8; HambK-InsO/*Herchen* § 180 Rn. 8; aA MüKoInsO/*Schumacher* § 180 Rn. 14; *Hess* § 180 Rn. 14). Nach § 95 GVG kann die Zuständigkeit der **Kammer für Handelssachen** begründet sein. – Zur Wertberechnung vgl. § 182. 5

3. Sonstige Zulässigkeitsvoraussetzungen. Bei **mehreren Widersprechenden** erfordert die Feststellung der Forderung die Überwindung aller Widersprüche. Zweckmäßig ist die **Verbindung mehrerer** laufender **Klagen,** doch 6 kann verschiedener Streitwert die Verbindung unmöglich machen. Klagen die Widersprechenden gegen den anmeldenden Gläubiger, sind sie jedoch notwendige Streitgenossen iSv § 62 Abs. 1 Var. 1 ZPO (vgl. Graf-Schlicker/*Graf-Schlicker* § 179 Rn. 7 zur Zulässigkeit einer Nebenintervention von Insolvenzverwalter, Gläubiger bzw. Schuldner). Gleiches gilt bei Verbindung (§ 147 ZPO), wenn alle Widersprechenden der Forderung nach Grund oder zu gleichem Betrag widersprechen (so auch Jaeger/*Gerhardt* § 180 Rn. 22 ff.). Eine Einzelklage ist zulässig (vgl. zur Anwendung der §§ 179 ff. im seerechtlichen Verteilungsverfahren BGHZ 112, 95 = NJW 1990, 3207). Wird ein Widerspruch für unbegründet erklärt, so wirkt diese Entscheidung nicht gegen die anderen Widersprechenden. Wird ein Widerspruch rechtskräftig für begründet erklärt, so wirkt diese Entscheidung auch zugunsten der anderen Widersprechenden (§ 183 Abs. 1; vgl. RGZ 96, 251 [254]).

7 Das erforderliche **Feststellungsinteresse des Gläubigers** besteht auch bei Masseunzulänglichkeit (LG Stuttgart NZI 2010, 573) oder bei einer zu erwartenden Nullquote, da die Möglichkeit einer Nachtragsverteilung gem. § 203 besteht und die Feststellung zur Insolvenztabelle wegen § 201 Abs. 2 auch Rechtswirkungen über das Insolvenzverfahren hinaus entfaltet (vgl. BGH NZI 2008, 611 f.). Die Durchführung eines obligatorischen außergerichtlichen Schlichtungsverfahrens nach Landesrecht ist nicht erforderlich (BGH NZI 2011, 687 [688]; aA AG Wuppertal ZInsO 2002, 91; Braun/*Specovius* § 181 Rn. 8; Kübler/Prütting/Bork/*Pape/Schaltke* § 180 Rn. 6; *Friedrich* NJW 2002, 3223 [3224]).

II. Die Aufnahme eines anhängigen Rechtsstreits

8 War bei Eröffnung des Insolvenzverfahrens ein Rechtsstreit über die Forderung anhängig, so kann die **Feststellung seitens des Gläubigers** nur durch Aufnahme des Rechtsstreits verfolgt werden. Einer anderweitig erhobenen Feststellungsklage steht gem. § 261 Abs. 3 Nr. 1 ZPO die Rechtshängigkeit des unterbrochenen Rechtsstreits entgegen. Die Aufnahme eines Rechtsstreits setzt zwingend voraus, dass der Gläubiger seine Forderung zur Tabelle angemeldet hat, diese geprüft und bestritten ist (BGH NJW-RR 2014, 1270 [1271] = NZI 2014, 749 [750]; BGH NZI 2000, 259; BAGE 120, 27 = NZI 2007, 300 [302]; BK-InsO/*Gruber* § 180 Rn. 33).

9 Die **Aufnahme des unterbrochenen Rechtsstreits** ist in Absatz 2 geregelt (zum Fall des Bestreitens durch den Schuldner vgl. → § 184 Rn. 5; zum Fall mehrerer Widersprechender vgl. → § 179 Rn. 20). In den aufgenommenen Rechtsstreit tritt derjenige an die Stelle des Schuldners ein, der der Forderung im Insolvenzverfahren widersprochen hat (BGHZ 195, 233 [239 f.] = NJW 2012, 3725 = NZI 2012, 967). Absatz 2 gilt unabhängig davon, um welche **Klageart** es sich im ursprünglichen Prozess handelte (Nerlich/Römermann/*Becker* § 180 Rn. 15; ausf. Jaeger/*Gerhardt* § 180 Rn. 46 ff.). **Rechtsstreit iSv § 180 Abs. 2** ist jedes Verfahren, auf das § 240 S. 1 ZPO Anwendung findet; dazu gehört zB auch ein Nichtzulassungsbeschwerdeverfahren (BGHZ 195, 233 = NJW 2012, 3725 = NZI 2012, 967; BAG NZA 2013, 1303 = ZInsO 2013, 2456; Graf-Schlicker/*Graf-Schlicker* § 180 Rn. 11) sowie das Verfahren zur Vollstreckbarkeitserklärung gem. §§ 722 f. ZPO (BGH NZI 2008, 681).

10 Die **Aufnahme eines Mahnverfahrens** ist nicht möglich (RGZ 129, 339 [343]; *Hess* § 180 Rn. 51). Hat der Schuldner jedoch bereits Widerspruch eingelegt, so kann der Gläubiger den Übergang ins Klageverfahren beantragen (Nerlich/Römermann/*Becker* § 180 Rn. 18; ausf. Jaeger/*Gerhardt* § 180 Rn. 53 ff.); die Verjährungsunterbrechung tritt dann rückwirkend iSv § 693 Abs. 2 ZPO ein, wenn der Mahnbescheid schon vor Eröffnung des Insolvenzverfahrens zugestellt

war. – Vgl. generell zur Weiterverfolgung der Insolvenzforderung nach Verfahrenseröffnung → § 87 Rn. 9 ff.

11 Voraussetzung einer Aufnahme ist nach herrschender Meinung die **Identität der im Insolvenzverfahren angemeldeten und der im Prozess verfolgten Ansprüche** (*Hess* § 180 Rn. 35; Kübler/Prütting/Bork/*Pape/Schaltke* § 180 Rn. 11; wohl auch Jaeger/*Gerhardt* § 180 Rn. 45). Es sollte aber genügen, dass diese Identität durch simultane Aufnahme und Klageänderung herbeigeführt wird (so auch OLG Brandenburg NZI 2010, 684 [685 f.] für eine Klage auf Eintragung einer Bauhandwerkersicherungshypothek und eine angemeldete Forderung auf Zahlung von Werklohn; ebenso MüKoInsO/*Schumacher* § 180 Rn. 17 und Uhlenbruck/*Sinz* § 180 Rn. 20 jeweils mit weiteren Beispielen); einem derartigen Verständnis steht auch BGHZ 105, 34 = NJW 1989, 170 nicht entgegen.

12 Zulässig ist die Aufnahme eines Rechtsstreits noch in der **Revisionsinstanz** (BGH DB 1954, 173; BAG DB 1960, 32). – Mit der Aufnahme durch den Gläubiger tritt der Bestreitende in die Parteirolle des Schuldners ein, nicht jedoch in das Schuldverhältnis selbst.

13 Der **Klageantrag** ist auf Feststellung der angemeldeten Forderung zur Insolvenztabelle umzustellen (BGH LM § 146 KO Nr. 4), wobei die durch die §§ 45, 46 gebotenen Änderungen zu berücksichtigen sind (BGH NJW-RR 2014, 1512 [1513] = NZI 2014, 969 [970]). Der Übergang von der Leistungsklage zur Feststellungsklage ist keine Klageänderung, sondern nach § 264 Nr. 3 ZPO zulässig (BGHZ 195, 233 [241] = NJW 2012, 3725 [3727] = NZI 2012, 967 [969]; OLG Köln ZIP 2015, 1924 [1925]; OLG Hamm ZIP 1993, 444; *Hess* § 180 Rn. 39); die Identität der geltend gemachten Ansprüche ändert sich nicht. Einer solchen Änderung des Klageantrags in der Revisionsinstanz steht § 559 ZPO auch dann nicht im Wege, wenn die Neufassung des Klageantrags nur auf § 45 beruht (BGH DB 1954, 173; Kübler/Prütting/Bork/*Pape/Schaltke* § 180 Rn. 11). Erforderlich ist unter Umständen auch eine Anpassung des Klageantrags an die veränderte Sachlage (vgl. → § 87 Rn. 18).

14 Das **Gericht,** bei welchem der Streit anhängig war, **bleibt örtlich und sachlich zuständig.** Insoweit gilt die Zuständigkeitsbestimmung in Absatz 1 nicht (*Hess* § 180 Rn. 31; Nerlich/Römermann/*Becker* § 180 Rn. 24 f.).

Umfang der Feststellung

181 **Die Feststellung kann nach Grund, Betrag und Rang der Forderung nur in der Weise begehrt werden, wie die Forderung in der Anmeldung oder im Prüfungstermin bezeichnet worden ist.**

Schrifttum: Bei § 174.

1 Die Klage auf Feststellung einer Insolvenzforderung gem. § 180 Abs. 1 setzt deren **Anmeldung und Prüfung** voraus; die Anmeldung kann unter Umständen während des Feststellungsprozesses bis zur letzten Tatsacheninstanz oder sogar in der Revisionsinstanz nachgeholt werden (BGH ZIP 2000, 705; MüKoInsO/*Schumacher* § 181 Rn. 4; einschränkend Jaeger/*Gerhardt* § 181 Rn. 6). Nach § 181 kann die Feststellung nur auf denjenigen Grund gestützt und auf den Betrag sowie Rang gerichtet werden, welcher in der Anmeldung oder im Prüfungstermin bezeichnet worden ist (vgl. NdsFG ZIP 1980, 916). Bei einem Unterschied zwischen Anmeldung und Tabelleneintragung entscheidet die Anmeldung (KG OLGE 21, 178).

2 Anmeldung und Prüfung der Forderung sind **Sachurteilsvoraussetzungen** und als solche (in jeder Lage des Verfahrens) von Amts wegen zu prüfen (vgl. BGH NJW-RR 2014, 1270 [1271] = NZI 2014, 749 [750]; LAG RhPf ZInsO

2013, 2279; BGHZ 173, 103 [106] = NZI 2007, 647; BGH NZI 2002, 37; OLG München BeckRS 2015, 16801; OLG München BeckRS 2015, 16913; HambK-InsO/*Herchen* § 181 Rn. 1). Eine Heilung gem. § 295 ZPO ist ausgeschlossen (Kübler/Prütting/Bork/*Pape/Schaltke* § 181 Rn. 2; zur Heilung durch Nachholen von Anmeldung und Prüfung vgl. noch → § 179 Rn. 15). Die Klage ist **unzulässig,** soweit sie auf einen anderen als den angemeldeten Grund gestützt wird oder soweit ein höherer Betrag beansprucht wird, sofern nicht erneut das Prüfungsverfahren – ggf. gem. § 177 – durchgeführt wurde (BGH NZI 2002, 37; Kübler/Prütting/Bork/*Pape/Schaltke* § 181 Rn. 4). Diese Grundsätze gelten auch bei einer schiedsrichterlichen Entscheidung über eine Insolvenzforderung (BGHZ 179, 304 [310 ff.] = NJW 2009, 1747 [1748 f.]). Das Erfordernis der Anmeldung gilt in gleicher Weise für gewöhnliche Insolvenzforderungen iSv § 179 Abs. 1 wie für titulierte Forderungen iSv § 179 Abs. 2 (BGH NJW 1962, 153 [154]). – Die **bedingte Anmeldung** genügt nicht für die Feststellung einer unbedingten Insolvenzforderung (LG Bonn ZIP 1996, 1672).

3 Eine **andere Begründung** erfordert die Neuanmeldung der Forderung (BGHZ 173, 103 [106] = NZI 2007, 647; BGH NZI 2004, 214 [215]; 2002, 37; BFHE 94, 4 [6]; *Hess* § 181 Rn. 6), die bloße Änderung der rechtlichen Würdigung ist hingegen unschädlich (vgl. auch → § 174 Rn. 28).

4 Eine **Änderung des Grundes der Forderung** liegt etwa vor bei einem Wechsel der Angaben über die für die Entstehung des Anspruchs wesentlichen Tatumstände, unter Umständen bei Übergang von Kaufpreisforderung zu Schadensersatzforderung sowie dann, wenn statt eines Anspruchs aus einem Gesellschaftsverhältnis eine Darlehensforderung geltend gemacht wird. Auch der Übergang vom Anspruch aus wechselmäßiger Verbindlichkeit zu einem Bereicherungsanspruch ist eine Änderung des Grundes. – Einer **Beschränkung des Betrages** steht der Schutzzweck des § 181 nicht im Wege (BGHZ 103, 1 [3] = NJW 1988, 1326; Nerlich/Römermann/*Becker* § 181 Rn. 6).

5 **Keine Änderung** liegt vor bei bloßer Ergänzung oder Berichtigung tatsächlicher oder rechtlicher Angaben, soweit sie den Grund des Anspruchs unberührt lassen (BGH KTS 1973, 266 [269]; Kübler/Prütting/Bork/*Pape/Schaltke* § 181 Rn. 6; FK-InsO/*Kießner* § 181 Rn. 6), beim Übergang von abstrakter zu konkreter Schadensberechnung, beim Nachholen einer nach § 41 unerheblichen Fälligkeitsbehauptung oder beim Nachreichen von Urkunden iSv § 174 Abs. 1 S. 2.

Streitwert

182 Der Wert des Streitgegenstands einer Klage auf Feststellung einer Forderung, deren Bestand vom Insolvenzverwalter oder von einem Insolvenzgläubiger bestritten worden ist, bestimmt sich nach dem Betrag, der bei der Verteilung der Insolvenzmasse für die Forderung zu erwarten ist.

Schrifttum: *Lappe,* Die Entwicklung des Gerichts- und Notarkostenrechts im Jahre 1983, NJW 1984, 1212. Weiteres Schrifttum bei § 174.

Übersicht

I. Maßgeblichkeit der voraussichtlichen Quote

Das Prozessgericht setzt den Streitwert **nicht nach freiem Ermessen** (§ 3 ZPO) fest (anders noch § 148 KO; vgl. dazu noch RGZ 128, 235 [237]). Vielmehr bestimmt sich der Streitwert nach dem Betrag, der bei der Verteilung der Insolvenzmasse für die Forderung zu erwarten wäre (zu Verfahren mit einer „Null-Quote" vgl. noch → Rn. 12). Dabei muss das Gericht die **Höhe der Quote** zwar **schätzen;** dies ist aber gerade kein freies Ermessen (Kübler/Prütting/Bork/*Pape/Schaltke* § 182 Rn. 2). Die Unterschiede sind gering (vgl. BGH NZI 1999, 447). – § 182 ist bei allen gem. §§ 179, 180 auf Feststellung einer bestrittenen Insolvenzforderung gerichteten Prozessen zu berücksichtigen, und zwar sowohl im Fall neuer Klagen als auch im Fall von Prozessaufnahmen (BGH ZIP 2015, 1889; LAG Nürnberg ZInsO 2013, 627 [628]; Graf-Schlicker/*Graf-Schlicker* § 182 Rn. 3; vgl. auch noch → Rn. 5 ff.). § 182 ist ferner für den Zuständigkeits- und Rechtsmittelstreitwert unter Einschluss des Wertes des Beschwerdegegenstandes maßgeblich (BGH NZI 2002, 549; ZIP 2015, 1889). 1

Bei der **Ermittlung der voraussichtlichen Quote** hat das Gericht sämtliche Erkenntnismöglichkeiten auszuschöpfen (BGH NZI 2007, 175). Insbes. sind Akten beizuziehen (einschränkend LAG Nürnberg ZInsO 2013, 627 [628]); ggf. sind Auskünfte des Insolvenzverwalters einzuholen (BGH NZI 2007, 175; 1999, 447). – **Zinsen** bleiben bei der Streitwertberechnung außer Betracht (vgl. § 4 ZPO; OLG München NJW 1967, 1374; *Hess* § 182 Rn. 4; Nerlich/Römermann/*Becker* § 182 Rn. 20; aA *Schneider* MDR 1974, 101 [104]; diff. HambK-InsO/*Herchen* § 182 Rn. 8). 2

Für die Streitwertfeststellung ist das **Interesse des Klägers an der begehrten Feststellung** maßgebend. Deshalb bestimmt sich der Streitwert bei der Klage des widersprechenden Gläubigers nach dem Betrag, um den sich seine Quote bei einem Obsiegen voraussichtlich erhöhen würde (vgl. BT-Drs. 12/2443, 185); bei **Klageerhebung des bestreitenden Insolvenzverwalters** ist die auf die bestrittene Forderung (bzw. den bestrittenen Forderungsteil) im Falle ihrer Berücksichtigung voraussichtlich entfallende Dividende bestimmend. – Zur Berechnung des Streitwerts, wenn der Masse eine aufrechenbare Gegenforderung zusteht, vgl. BGH NZI 2000, 115. 3

II. Befriedigungsmöglichkeiten außerhalb des Insolvenzverfahrens

Unerheblich ist, ob der klagende Gläubiger auch ohne Berücksichtigung der Forderung im Insolvenzverfahren teilw. Befriedigung – etwa von einem Bürgen – verlangen kann (OLG Hamburg ZIP 1989, 1345). Des Weiteren muss bei der Bemessung des Streitwerts für die Insolvenzfeststellungsklage grds. außer Betracht bleiben, ob die Forderung durch sonstige Rechte, insbes. Absonderungsrechte, gesichert ist (BGH NJW 1964, 1229 f.; ZIP 1993, 50 [51]; ZIP 2015, 1889; OLG Hamm ZIP 1984, 1258; OLG Köln MDR 1974, 853; Kübler/Prütting/Bork/*Pape/Schaltke* § 182 Rn. 5; *Schneider* MDR 1974, 101 [102]; aA OLG Karlsruhe MDR 1958, 251 [252]). – Ebenfalls außer Betracht bleiben spätere Vollstreckungsmöglichkeiten nach Aufhebung des Verfahrens (OLG Celle ZIP 2005, 1571). 4

III. Weitere Anwendungsbereiche des § 182

5 Über den Wortlaut hinaus kann § 182 auch außerhalb von § 179 Anwendung finden, nämlich dann, wenn nur Höhe oder Rang der Forderung bestritten sind (BT-Drs. 12/2443, 185).

6 **1. Aufnahme eines Rechtsstreits.** § 182 ist auch dann anzuwenden, wenn bereits vor Eröffnung des Insolvenzverfahrens Klage erhoben worden ist und der Rechtsstreit gem. § 180 Abs. 2 aufgenommen wird (BGH ZIP 1980, 429; OLG Frankfurt a. M. NJW 1967, 210; MüKoInsO/*Schumacher* § 182 Rn. 6; vgl. auch *Schneider* MDR 1974, 101 [104]). Das gilt sowohl für die Aufnahme mit Einlegung eines Rechtsmittels als auch für die Aufnahme im Laufe einer Instanz (einschränkend Kübler/Prütting/Bork/*Pape/Schaltke* § 182 Rn. 4). Die noch herrschende Amtstheorie sieht im Eintritt des Insolvenzverwalters in das Verfahren einen Parteiwechsel, der wie eine Klageänderung eine Veränderung des Streitgegenstandes bewirkt (*Schneider* MDR 1974, 101 [104]; OLG Hamm NJW 1975, 742 [743]; OLG Düsseldorf KTS 1963, 180; 1971, 284; 1972, 55 [56]; OLG Frankfurt a. M. NJW 1967, 210; aA RGZ 109, 154). Nach der Gegenansicht sind die Änderung des Streitgegenstandes und der Normzweck des § 182 entscheidend. Eine Streitwertbemessung nach § 182 scheidet aber für alle Gebühren aus, die bereits vor Aufnahme des Rechtsstreits entstanden sind (OLG Köln JurBüro 1986, 1244).

7 **2. Rechtsmittelverfahren, Feststellungsklage bei titulierten Forderungen.** Die **Zulässigkeit eines** bereits vor Eröffnung des Insolvenzverfahrens eingelegten **Rechtsmittels** wird durch das Insolvenzverfahren nicht berührt. Wird dann der Prozess mit dem Antrag, die bestrittene Forderung zur Tabelle festzustellen, aufgenommen, so wird der Streitgegenstand geändert, und der Wert ist nach § 182 festzusetzen (BGH ZIP 1980, 429; vgl. OLG Schleswig ZIP 1981, 1359; unrichtig OLG Frankfurt a. M. ZIP 1981, 638). § 182 bestimmt den Streitwert auch im Fall eines **Feststellungsantrags nach § 179 Abs. 2** für das weitere Verfahren (BGH ZIP 1994, 1193).

8 **3. Finanz- und Verwaltungsstreitverfahren.** § 182 findet auch im finanzgerichtlichen oder verwaltungsgerichtlichen Verfahren über eine im Insolvenzverfahren angemeldete Abgabenforderung Anwendung, und zwar auch dann, wenn der Streit über das Bestehen der Forderung schon vor Eröffnung des Insolvenzverfahrens anhängig war (BFHE 214, 201 = ZIP 2006, 2284; OVG Münster ZIP 1982, 1341; Kübler/Prütting/Bork/*Pape/Schaltke* § 182 Rn. 9; Uhlenbruck/*Sinz* § 182 Rn. 7; aA *Lappe* NJW 1984, 1212 [1214]).

9 **4. Sonstige Fälle.** § 182 gilt auch, wenn für eine Insolvenzforderung **mehrere Insolvenzmassen gesamtschuldnerisch** haften und nach Abschlagszahlungen aus mehreren Massen in einem dieser Insolvenzverfahren über die Höhe des Berücksichtigungsbetrages gestritten wird (RG DR 1939, 1182). – Zur Frage einer entsprechenden Anwendung des § 182 auf Forderungen, die bei Eröffnung des Insolvenzverfahrens im Rahmen einer **Widerklage** gegen den Schuldner anhängig sind, vgl. OLG Celle NdsRpfl 1963, 280.

10 **5. Streitwertbestimmung außerhalb des Anwendungsbereichs von § 182. Keine Anwendung** findet § 182 bei einer vom oder gegen den Schuldner erhobenen **Feststellungsklage gem. § 184** (BGH KTS 1966, 179; OLG Karlsruhe OLGE 15, 50; Braun/*Specovius* § 182 Rn. 11; MüKoInsO/*Schumacher* § 182 Rn. 4; Nerlich/Römermann/*Becker* § 182 Rn. 12; eing. Uhlenbruck/*Sinz* § 182 Rn. 5), vgl. dazu noch → § 184 Rn. 18. Für den Streitwert einer gegen

den Schuldner gerichteten Klage auf Feststellung einer zur Insolvenztabelle angemeldeten, vom Schuldner im Prüfungstermin bestrittenen Forderung ist der Wert des Vollstreckungsanspruchs aus § 201 Abs. 2 maßgebend. Der **Streitwert** bestimmt sich dann nach den Realisierungschancen nach Aufhebung des Insolvenzverfahrens, bei angemeldeten Forderungen jedoch abzüglich der auf die Forderung voraussichtlich entfallenden Quote, weil der Kläger diesen Betrag aus der Insolvenzmasse auch dann erlangen würde, wenn er den Feststellungsprozess unterließe (BGH KTS 1966, 179; Jaeger/*Gerhardt* § 182 Rn. 17).

Zum Streitwert einer **Klage gegen das besondere Forderungsattribut** iSv 11
§ 174 Abs. 2 und § 302 Nr. 1 (Vorsatzdelikt, Unterhaltspflichtverletzung, Steuerstraftat) vgl. → § 184 Rn. 19.

Ist **keine Quote** zu erwarten, so ist die **niedrigste Gebührenstufe maßgebend;** diese gilt sowohl für den Gebühren- als auch für den Zuständigkeits- und Rechtsmittelstreitwert und damit auch für die Ermittlung der mit der Revision geltend zu machenden Beschwer (BGH 25.9.2013 – VII ZR 340/12, BeckRS 2013, 18171; vgl. auch LAG Nürnberg ZInsO 2013, 627; Kübler/Prütting/Bork/*Pape/Schaltke* § 182 Rn. 10; *Schneider* MDR 1974, 101 [103 f.]; Leonhardt/Smid/Zeuner/*Smid* § 182 Rn. 4; FK-InsO/*Kießner* § 182 Rn. 2; schon mit Blick auf die Insolvenzordnung KG NZI 2000, 485; zur Konkursordnung BGH ZIP 1993, 50; anders (pauschal 10 Prozent) noch OLG Frankfurt a. M. NJW 1970, 868; OLG Frankfurt a. M. ZIP 1986, 1063). 12

IV. Maßgeblicher Zeitpunkt

Ausschlaggebend ist die im **Zeitpunkt der Verfahrensaufnahme** gegen den 13
Insolvenzverwalter zu erwartende Quote (BGH ZIP 1980, 429; 1993, 50 [51]; Kübler/Prütting/Bork/*Pape/Schaltke* § 182 Rn. 4; zur Streitwertberechnung für die Revisionsinstanz vgl. BGH ZIP 1994, 1193 [1194]).

Das Gesetz hat für die Wertfestsetzung bewusst die Wirksamkeit einer Forde- 14
rungsfeststellung im Insolvenzverfahren für die Rechtsverfolgung nach Beendigung des Insolvenzverfahrens (§ 201 Abs. 2) außer Betracht gelassen (OLG Köln KTS 1974, 48). Auch wenn zu erwarten ist, dass der Schuldner nach Beendigung des Insolvenzverfahrens wieder zu Vermögen kommt und eine **spätere Vollstreckung** Aussicht auf Erfolg verspricht, bleibt es bei dem Streitwert nach § 182 (OLG Hamburg ZIP 1989, 1345). Dies gilt unabhängig davon, ob ein Restschuldbefreiungsverfahren in Betracht kommt oder nicht.

Wirkung der Entscheidung

183 **(1) Eine rechtskräftige Entscheidung, durch die eine Forderung festgestellt oder ein Widerspruch für begründet erklärt wird, wirkt gegenüber dem Insolvenzverwalter und allen Insolvenzgläubigern.**

(2) Der obsiegenden Partei obliegt es, beim Insolvenzgericht die Berichtigung der Tabelle zu beantragen.

(3) Haben nur einzelne Gläubiger, nicht der Verwalter, den Rechtsstreit geführt, so können diese Gläubiger die Erstattung ihrer Kosten aus der Insolvenzmasse insoweit verlangen, als der Masse durch die Entscheidung ein Vorteil erwachsen ist.

Schrifttum: *Spellenberg,* Zum Gegenstand des Konkursfeststellungsverfahrens, 1973. Weiteres Schrifttum bei § 174.

I. Wirkung des Feststellungsurteils

1 **Absatz 1** regelt die **materielle Rechtskraft des Feststellungsurteils,** wenn ein Gläubiger auf den Widerspruch des Insolvenzverwalters oder eines anderen Insolvenzgläubigers hin Klage auf Feststellung seiner Forderung erhoben hat und durch eine rechtskräftige Entscheidung eine Forderung festgestellt oder ein Widerspruch für begründet erklärt worden ist (vgl. BGH WM 2011, 93 [94]). Absatz 1 ist im Zusammenhang mit § 178 Abs. 1 zu verstehen.

2 **1. Unbegründeter Widerspruch.** Eine Forderung ist festgestellt, sofern ein Urteil den einzigen oder den letzten oder sämtliche Widersprüche rechtskräftig verworfen hat: Dieses Urteil wirkt – insoweit trifft die Insolvenzordnung eine Klarstellung (vgl. BT-Drs. 12/2443, 185) – gegen den Insolvenzverwalter und **gegen alle Insolvenzgläubiger.** Im Hinblick darauf, dass alle Widersprüche überwunden werden müssen, liest sich die Norm missverständlich (ausf. und mit weitergehender Kritik Kölner Schrift InsO/*Eckardt* S. 533 Rn. 58).

3 Die Forderungsfeststellung hat, wenn ein Widerspruch des Schuldners nicht vorliegt, diesem gegenüber nach **§ 201 Abs. 2** die Wirkung eines rechtskräftigen Urteils (vgl. → § 201 Rn. 4 ff.).

4 **2. Begründeter Widerspruch.** Umgekehrt wirkt das rechtskräftige Urteil, welches auch nur einen Widerspruch für begründet erklärt, **zugunsten aller Insolvenzgläubiger** (BGHZ 3, 385 [390]; Uhlenbruck/*Sinz* § 183 Rn. 4). In diesem Fall kann die Forderung nicht zur Tabelle festgestellt werden, weshalb auch eine Zwangsvollstreckung nach Abschluss des Insolvenzverfahrens nicht in Betracht kommt (Kübler/Prütting/Bork/*Pape/Schaltke* § 183 Rn. 10). Der Gläubiger der bestrittenen Forderung ist, soweit der begründete Widerspruch reicht, von der Verteilung und Abstimmung ausgeschlossen.

5 Die Feststellung des Nichtbestehens einer Insolvenzforderung schafft **Rechtskraft auch gegenüber dem Schuldner,** und zwar selbst dann, wenn er persönlich die Forderung nicht bestritten hat (BGH WM 1958, 696 [697]; Jaeger/*Gerhardt* § 183 Rn. 10; Uhlenbruck/*Sinz* § 183 Rn. 7; *Hess* § 183 Rn. 6; aA Kölner Schrift InsO/*Eckard* S. 533 Rn. 59; Kübler/Prütting/Bork/*Pape/Schaltke* § 183 Rn. 13 f.; *Spellenberg,* Zum Gegenstand des Konkursfeststellungsverfahrens, 1973, S. 151 ff.; unklar Nerlich/Römermann/*Becker* § 183 Rn. 7).

II. Tabellenberichtigung

6 Nach **Absatz 2** hat der obsiegende Teil die **Berichtigung der Tabelle** zu erwirken (näher zu den Formalien Gottwald InsR-HdB/*Eickmann* § 64 Rn. 55 ff.). Zuständig für die Berichtigung der Insolvenztabelle ist das Insolvenzgericht. Es handelt sich um eine rein dokumentierende Tätigkeit des Gerichts, denn mit der gerichtlichen Tabellenberichtigung geht keine Entscheidung über die sachliche Entscheidung über die Berechtigung des Widerspruchs einher (vgl. OLG Bremen KTS 1976, 240). Dementsprechend ist die **Tabellenberichtigung** selbst auch **nicht anfechtbar;** lehnt aber der Rechtspfleger die Berichtigung der Insolvenztabelle ab, kann Erinnerung mit der Folge eingelegt werden, dass der Richter entscheidet (vgl. AG Hamburg NZI 2007, 123; HambK-InsO/*Herchen* § 183 Rn. 8). – Zur entsprechenden Anwendung von Absatz 2 in Fällen, in denen der Gläubiger eine titulierte Forderung angemeldet hat, die vom Schuldner bestritten worden ist, der Schuldner jedoch entgegen § 184 Abs. 2 seinen Widerspruch nicht innerhalb der Monatsfrist verfolgt hat, vgl. BGH WM 2011, 93 [94].

7 Auch bei **Rücknahme eines Widerspruchs** hat derjenige die Tabellenberichtigung zu erwirken, dessen Belangen sie dient. Das gilt auch, wenn lediglich

der Widerspruch des Schuldners gegen das besondere Forderungsattribut iSv § 174 Abs. 2 und § 302 Nr. 1 (Vorsatzdelikt, Unterhaltspflichtverletzung, Steuerstraftat) zurückgenommen wird (vgl. LG Braunschweig ZInsO 2008, 514). Ein Insolvenzgläubiger hat nach Aufhebung des Insolvenzverfahrens keinen Berichtigungsanspruch, wenn seiner titulierten Forderung nur vorläufig widersprochen wurde und weder ein Insolvenzgläubiger noch der Insolvenzverwalter den Widerspruch verfolgt haben (LG Karlsruhe ZIP 1981, 1235).

III. Kostentragung und Kostenerstattung

Die Kostentragung im Feststellungsprozess bestimmt sich grds. nach **§§ 91 ff. ZPO** (vgl. Gottwald InsO-Hdb/*Eickmann* § 64 Rn. 59 ff.). – Verliert der widersprechende Gläubiger, so treffen ihn die Kosten persönlich; es besteht keine Ausgleichungspflicht anderer Insolvenzgläubiger oder der Masse. Unterliegt der widersprechende Insolvenzverwalter, so ist die Kostenpflicht Masseschuld nach § 55 Abs. 1 Nr. 1 (Kübler/Prütting/Bork/*Pape/Schaltke* § 183 Rn. 20). 8

Absatz 3 enthält eine **Sonderregelung** zu §§ 91 ff. ZPO und betrifft den Fall, dass nur einzelne Gläubiger als Widersprechende den Prozess geführt und obsiegt haben. Angeordnet wird die Ersatzpflicht der Masse für die aufgewendeten Prozesskosten, soweit der Masse durch die Entscheidung ein Vorteil erwachsen ist. Derjenige Gläubiger, der Zahlung aus der Masse erhält, ist verpflichtet, seinen prozessualen Kostenerstattungsanspruch an den unterlegenen Anmelder abzutreten (Kübler/Prütting/Bork/*Pape/Schaltke* § 183 Rn. 19). Soweit der obsiegende Teil vom Unterlegenen bereits Kostenerstattung erwirkt hat, entfällt die Ersatzpflicht der Masse. – Zur Anwendung von § 93 ZPO vgl. → § 179 Rn. 5 ff. 9

Klage gegen einen Widerspruch des Schuldners[1]

184 (1) [1] **Hat der Schuldner im Prüfungstermin oder im schriftlichen Verfahren (§ 177) eine Forderung bestritten, so kann der Gläubiger Klage auf Feststellung der Forderung gegen den Schuldner erheben.** [2] **War zur Zeit der Eröffnung des Insolvenzverfahrens ein Rechtsstreit über die Forderung anhängig, so kann der Gläubiger diesen Rechtsstreit gegen den Schuldner aufnehmen.**

(2) [1] **Liegt für eine solche Forderung ein vollstreckbarer Schuldtitel oder ein Endurteil vor, so obliegt es dem Schuldner binnen einer Frist von einem Monat, die mit dem Prüfungstermin oder im schriftlichen Verfahren mit dem Bestreiten der Forderung beginnt, den Widerspruch zu verfolgen.** [2] **Nach fruchtlosem Ablauf dieser Frist gilt ein Widerspruch als nicht erhoben.** [3] **Das Insolvenzgericht erteilt dem Schuldner und dem Gläubiger, dessen Forderung bestritten worden ist, einen beglaubigten Auszug aus der Tabelle und weist den Schuldner auf die Folgen einer Fristversäumung hin.** [4] **Der Schuldner hat dem Gericht die Verfolgung des Anspruchs nachzuweisen.**

Schrifttum: *Ahrens,* Feststellungsinteresse für einen qualifizierten Forderungsgrund, NJW-Spezial 2013, 725; *Bils,* Forderungen aus vorsätzlich begangener unerlaubter Handlung – Der richtige Feststellungsantrag des Gläubigers nach § 184 InsO, ZInsO 2006, 1082; *Gaul,* Zwangsvollstreckungserweiterung nach vorsätzlich begangener unerlaubter Handlung – Kein Nachweis durch Vollstreckungsbescheid, NJW 2005, 2894; *Hattwig,* Ungewissheit für Schuldner deliktischer Forderungen – Überlegungen zu § 184 InsO, ZInsO 2004, 636; *Kahlert,* Beseitigung des Widerspruchs des Schuldners gegen den Haftungsgrund der vorsätzlich

[1] § 184 Abs. 2 angef., bish. Wortlaut wird Abs. 1 mWv 1.7.2007 durch G v. 13.4.2007 (BGBl. I S. 509).

unerlaubten Handlung im Insolvenzverfahren, ZInsO 2006, 409; *Kuna,* Zur Zulässigkeit der negativen Feststellungsklage des Schuldners nach Widerspruch gegen den Rechtsgrund der unerlaubten Handlung, ZInsO 2013, 2253; *Pape,* Änderungen im eröffneten Verfahren durch das Gesetz zur Vereinfachung des Insolvenzverfahrens, NZI 2007, 481; *ders.,* Zum Fortgang der Arbeiten auf der Dauerbaustelle InsO, ZInsO 2011, 1; *H. Roth,* Materielle Rechtskraft und rechtliche Qualifikation, ZZP 124 (2011), 3. Weiteres Schrifttum bei § 174.

Übersicht

I. Verfahren nach Schuldnerwiderspruch

1 Der **Widerspruch** des Schuldners gegen angemeldete Forderungen im Prüfungstermin (bzw. im schriftlichen Verfahren) hindert nicht die Feststellung der Forderung (vgl. schon → § 178 Rn. 16), sondern bewirkt nur, dass bei einem Schuldnerwiderspruch nicht die Zwangsvollstreckung aus der Tabelle betrieben werden kann (§ 201 Abs. 2).

2 Die **Verfolgungs- und Feststellungslast** richtet sich danach, ob ein – nicht zwingend rechtkräftiger bzw. vollstreckbarer – Titel für die Forderung vorliegt. Die Verteilung der Verfolgungs- und Feststellungslast wird damit der Regelung in § 179 Abs. 1 und 2 angeglichen (vgl. auch BT-Drs. 16/3227, 21). Diese Grundsätze gelten auch, sofern allein das besondere Forderungsattribut iSv § 174 Abs. 2 und § 302 Nr. 1 (Vorsatzdelikt, Unterhaltspflichtverletzung, Steuerstraftat) streitig ist (vgl. auch *Ahrens* NJW-Spezial 2013, 725 f.).

3 **1. Nicht titulierte Forderungen.** Zur **Überwindung des Schuldnerwiderspruchs** kann der Gläubiger – das stellt Absatz 1 Satz 1 ausdrücklich klar – schon während des Insolvenzverfahrens und auch noch während der Wohlverhaltensperiode (Uhlenbruck/*Sinz* § 184 Rn. 14) **Klage** erheben oder einen durch die Eröffnung des Verfahrens unterbrochenen Rechtsstreit gegen den Schuldner wieder aufnehmen (vgl. noch RGZ 24, 405 [407]). Das gilt entsprechend auch im Steuerrecht (vgl. *Fichtelmann* NJW 1970, 2276 [2277]). § 184 gilt nicht für den Widerspruch des Schuldners im Fall der Eigenverwaltung (§ 283 Abs. 1 S. 2; vgl. Nerlich/Römermann/*Becker* § 184 Rn. 1).

4 Die Klage gegen den Widerspruch des Schuldners ist eine **Feststellungsklage** iSv § 256 ZPO. Für sie gelten im Wesentlichen die bei → § 180 Rn. 2 ff. dargestellten Grundsätze entsprechend. **Streitgegenstand** ist der Bestand der Forderung gegen den Schuldner dem Grunde und der Höhe nach (LG Dresden ZInsO 2004, 988 [989]). Aus diesem Grund bemisst sich auch der **Streitwert** nach den allgemeinen Vorschriften und nicht nach § 182 (vgl. → § 182 Rn. 11; Jaeger/*Gerhardt* § 184 Rn. 4). Der Streitwert kann nach den Vollstreckungsaussichten des Insolvenzgläubigers nach Beendigung des Insolvenzverfahrens bemessen werden (FG Düsseldorf ZInsO 2015, 476).

5 Bei **Widerspruch des Insolvenzverwalters oder eines Insolvenzgläubigers** zusätzlich zum Widerspruch des Schuldners und Klageerhebung gegen beide Widersprüche liegen zwei selbständige Klagen vor; bei Verbindung der Klagen sind die Widersprechenden einfache Streitgenossen (RGZ 24, 405 [408]; Kübler/Prütting/Bork/*Pape*/*Schaltke* § 184 Rn. 20).

6 Für den Fall, dass über die angemeldete Forderung bereits ein Verfahren anhängig und gem. **§ 240 ZPO** unterbrochen ist, stellt Absatz 1 Satz 2 klar, dass

der Gläubiger – nicht aber der Schuldner (vgl. schon RGZ 16, 358 [360]) – dieses Verfahren aufnehmen kann. Die Regelung entspricht derjenigen des § 180 Abs. 2.

2. Titulierte Forderungen. Verfügt der Gläubiger bereits über einen **Titel gegen den Schuldner,** hindert das den Schuldner nicht, der Forderung im Prüfungsverfahren zu widersprechen (vgl. Nerlich/Römermann/*Becker* § 184 Rn. 6). Will der Schuldner eine Vollstreckung aus der Insolvenztabelle nach Aufhebung des Verfahrens (§ 201 Abs. 2) verhindern, so obliegt es ihm, den Widerspruch zu verfolgen; dies wird durch Absatz 2 klargestellt, der mit Wirkung vom 1.7.2007 durch das Gesetz zur Vereinfachung des Insolvenzverfahrens vom 12.4.2007 (BGBl. I S. 509) eingefügt worden ist, weil es unbillig erschien, dass ein Gläubiger, der bereits einen Titel gegen den Schuldner erstritten hat, nach dessen Widerspruch nochmals prozessieren muss (BT-Drs. 16/3227, 21). Der Gläubiger soll also denselben Rechtsstreit nicht ein zweites Mal führen müssen; ihm obliegt nur die erstmalige Titulierung der Forderung oder des Anspruchsgrundes (§ 184 Abs. 1; BGH WM 2011, 93 [94]). § 201 Abs. 2 hat damit nicht den Zweck, einem Gläubiger mit vollstreckbarem Titel die Teilnahme am Verteilungsverfahren zu verwehren (BGH NJW-RR 2013, 1268 = NZI 2013, 801); gehindert ist nach Abs. 2 lediglich die Rechtskraftwirkung des Tabelleneintrags außerhalb des Insolvenzverfahrens. Die von Absatz 2 Satz 1 verlangte „Verfolgung des Widerspruchs" erfordert die Erhebung einer Feststellungsklage gegen den Gläubiger mit dem Antrag, den Widerspruch für begründet zu erklären. Die Feststellungsklage ist binnen eines Monats nach dem Prüfungstermin bzw. dem Widerspruch im schriftlichen Verfahren zu erheben. 7

Die **Frist des Absatz 2 Satz 1** ist **keine Notfrist** (Uhlenbruck/*Sinz* § 184 Rn. 17). Eine **Wiedereinsetzung** kommt auch bei unverschuldeter Versäumung nicht in Betracht. Etwas anderes muss aber bei unterlassenem Hinweis des Gerichts gem. Absatz 2 Satz 3 gelten; in einem solchen Fall dürfte § 186 InsO entsprechend anzuwenden sein (Kübler/Prütting/Bork/*Pape*/*Schaltke* § 184 Rn. 30; Jaeger/*Gerhardt* § 184 Rn. 24, 26; ähnlich Uhlenbruck/*Sinz* § 184 Rn. 17; noch weitergehend Nerlich/Römermann/*Becker* § 184 Rn. 40; aA HambK-InsO/*Herchen* § 184 Rn. 11b unter Hinweis auf die Rechtslage bei dem von der Regierungsbegründung als Vorbild der Regelung genannten § 878 ZPO). Wird der Widerspruch nicht rechtzeitig durch Erhebung einer Feststellungsklage verfolgt, gilt der Widerspruch als nicht erhoben (Absatz 2 Satz 2). 8

Zulässige Mittel im Feststellungsprozess des Schuldners sind nur solche, die auch gegen ein rechtskräftiges Urteil gegeben wären: neben der Vollstreckungsgegenklage und der Restitutions- bzw. Nichtigkeitsklage insbes. auch die Klage wegen sittenwidriger Erschleichung des Titels gem. § 826 BGB (KG NZI 2011, 447). 9

II. Forderungen mit besonderem Attribut

Im Hinblick auf § 302 Nr. 1 ist ein Widerspruch zulässig, der sich nicht gegen die Forderung als solche, sondern lediglich gegen das besondere Forderungsattribut iSv § 174 Abs. 2 und § 302 Nr. 1 (Vorsatzdelikt, Unterhaltspflichtverletzung, Steuerstraftat) richtet (zur Zulässigkeit eines solchen isolierten Widerspruchs vgl. Kübler/Prütting/Bork/*Pape*/*Schaltke* § 184 Rn. 89 ff.; vgl. auch → § 178 Rn. 7). In diesem Fall gilt § 184 entsprechend (BGH NZI 2007, 416 f.; NJW 2006, 2922 = NZI 2006, 536; OLG Hamm ZInsO 2005, 1329; OLG Koblenz ZInsO 2015, 966): Auch schon im noch laufenden Insolvenzverfahren kann einerseits (vgl. BGHZ 187, 337 [339 f.] = NJW 2011, 1133 = NZI 2011, 111 [112] mwN; OLG Koblenz NJW 2015, 88; vgl. aber – teilw. einschränkend – OLG Koblenz ZInsO 10

2015, 966) der Gläubiger Klage auf Feststellung des besonderen Forderungsattributs erheben und andererseits (vgl. BGH NZI 2013, 1015; vgl. ferner → Rn. 16) der Schuldner seinen Widerspruch gegen das besondere Forderungsattribut mit der negativen Feststellungsklage gegen den Gläubiger weiter verfolgen (vgl. *Jungmann* WuB VI. A § 201 InsO 1.14). Für beide Klageantragen hat sich der Begriff **„Attributsklage"** eingebürgert.

11 Die Attributsklage ist jeweils erst zulässig, wenn erstens die Forderung selbst sowohl dem Grunde und der Höhe nach zur Insolvenztabelle festgestellt ist (vgl. speziell dazu OLG Hamm ZInsO 2014, 300), wenn zweitens das besondere Forderungsattribut vom Gläubiger hinreichend konkret angemeldet worden ist und wenn drittens der Widerspruch des Schuldners gegen das besondere Attribut in die Insolvenztabelle eingetragen ist (OLG Celle ZInsO 2014, 1497). IRd Attributsklage kann der Schuldner nicht mehr Einwendungen gegen Entstehen und Bestand der Forderung selbst sowie gegen die Forderungszuständigkeit des Gläubigers geltend machen (OLG Celle NJW-RR 2013, 614). – Hat es der Gläubiger versäumt, seine Forderung unter dem besonderen Attribut anzumelden, ist für eine Feststellungsklage nach § 184 kein Raum. Es kommt dann allerdings die **allgemeine Feststellungsklage** nach § 256 ZPO in Betracht (BGHZ 197, 186 [188] = NJW 2013, 3300 [3301] = NZI 2013, 906 f.; BGH WM 2011, 271 [272] = ZInsO 2011, 244; vgl. auch schon BGH WM 2006, 1347 [1348]; vgl. ferner *Ahrens* NJW-Spezial 2013, 725 [726]).

12 Die **Feststellungslast** trägt grds. der anmeldende **Gläubiger** (vgl. Absatz 1). Dieser muss gegen den Schuldner Klage auf Feststellung erheben, dass seine Forderung ein besonderes Attribut hat (zur Formulierung des Antrags vgl. HambK-InsO/*Herchen* § 184 Rn. 16c). Dieser Nachweis kann auch durch einen Vertrag, der ein Anerkenntnis enthält, geführt werden (OLG Düsseldorf ZInsO 2013, 1488).

13 Demgegenüber obliegt dem **Schuldner** die Verfolgung seines Widerspruchs nur dann (vgl. Absatz 2), wenn neben der Forderung selbst auch das besondere Forderungsattribut aufgrund einer gerichtlichen Prüfung ausdrücklich festgestellt (vgl. → Rn. 13) ist (BGH WM 2011, 39 [41]; 2012, 1872 [1873] = ZInsO 2012, 1614 [1615]; HK-InsO/*Depré* § 184 Rn. 5). Dies kann durch ein Versäumnisurteil geschehen (so für § 850f Abs. 2 BGH NJW-RR 2011, 791; ebenso Uhlenbruck/*Sinz* § 184 Rn. 22); zu den Fällen, in denen keine rechtskräftige Feststellung in diesem Sinne vorliegt, vgl. → Rn. 16. Einer rechtskräftigen Feststellung gleichgestellt ist, wenn der Schuldner das besondere Attribut ausdrücklich anerkannt hat (dazu → Rn. 15).

14 **Absatz 2** ist **restriktiv auszulegen** (Kübler/Prütting/Bork/*Pape/Schaltke* § 184 Rn. 36 ff.). Dass der Gläubiger dadurch möglicherweise gezwungen ist, einen zweiten Prozess gegen einen zahlungsunfähigen Schuldner zu führen, ist hinzunehmen, da es dem Gläubiger obliegt, möglichst frühzeitig eine Feststellung des besonderen Forderungsattributs herbeizuführen (BGH WM 2012, 1872 = ZInsO 2012, 1614; BGH WM 2011, 39 [41] gegen OLG Brandenburg NZI 2010, 266 [267]). – Zu den Verfolgungsmöglichkeiten des Gläubigers vgl. *Gaul* NJW 2005, 2894 [2896 f.]

15 **Vom Schuldner anerkannt** ist ein besonderes Forderungsattribut bspw., wenn es in den Tenor eines Anerkenntnisurteils aufgenommen ist (OLG Brandenburg NZI 2008, 319 f.; BK-InsO/*Gruber* § 184 Rn. 38), wenn das besondere Attribut der in einem gerichtlichen Vergleich titulierten Forderung ausdrücklich außer Streit gestellt wird (BGH NZI 2009, 612 [613]; vgl. für außergerichtliche Erklärungen mit Vergleichscharakter OLG Düsseldorf ZInsO 2013, 1488) oder wenn dies in einem **notariellen Schuldanerkenntnis** ausdrücklich festgehalten wird (*Kahlert* ZInsO 2006, 409 [413]; Jaeger/*Gerhardt* § 184 Rn. 32; aA HambK-InsO/*Herchen* § 184 Rn. 16a). Dem Schuldner stehen bei einer Klage entspre-

chend § 184 Abs. 2 allerdings nur die jeweils gegen den Titel statthaften Einwendungen zu (Kübler/Prütting/Bork/*Pape/Schaltke* § 184 Rn. 102).

Keine rechtskräftige Titulierung zB des besonderen Attributs „vorsätzlich begangene unerlaubte Handlung" liegt vor, wenn sich diese lediglich aus der Begründung des Anspruchs in einem **Vollstreckungsbescheid** ergibt (BGH WM 2012, 1872 = ZInsO 2012, 1614; BGH NJW 2006, 1922 [1923] = NZI 2006, 536 [537]; für § 850f Abs. 2 ZPO BGH NJW 2005, 1663; aA OLG Hamm ZInsO 2005, 1329). Da die Rechtskraft (§ 322 Abs. 1 ZPO) nur den Tenor der Entscheidung erfasst, reicht es nicht aus, dass sich die Deliktsnatur des Anspruchs aus den Urteilsgründen ergibt, und zwar selbst dann nicht, wenn eine nichtdeliktische Anspruchsgrundlage (offensichtlich) nicht in Betracht kommt (so für einen Anspruch aus §§ 823 Abs. 2 BGB iVm 266a StGB BGHZ 183, 77 [82 ff.] = NJW 2010, 2210 [2211 f.] = NZI 2010, 69 [70]; BGH WM 2012, 1872 = ZInsO 2012, 1614; ausf. *H. Roth* ZZP 124 (2011), 3 [18 ff.]). Hierfür spricht iÜ auch, dass dem Schuldner ohne einen zusätzlichen Antrag gem. § 256 Abs. 2 ZPO nicht bewusst gemacht wird, dass die Rechtsfolgen einer Verurteilung über die bloße Titulierung einer Verbindlichkeit hinausgehen können (MüKoInsO/*Schumacher* § 184 Rn. 8c). 16

Daneben ist aus Gründen der Rechtssicherheit das Feststellungsinteresse für **eine negative Feststellungsklage des Schuldners** gegen den Gläubiger anzuerkennen, wenn der Gläubiger seine Forderung mit einem besonderen Attribut zur Tabelle angemeldet hat und gegen den Widerspruch des Schuldners zunächst keine Klage gem. Absatz 1 erhebt. Dies sollte seit BGH NZI 2013, 1025 eigentlich allg. anerkannt sein (Graf-Schlicker/*Graf-Schlicker* § 184 Rn. 11; HK-InsO/*Depré* § 184 Rn. 1; vgl. *Kuna* ZInsO 2013, 2253 ff. mwN; vgl. auch schon BGH NJW 2009, 1280 [1281] = NZI 2009, 189 [190]; aA noch OLG Hamm ZIP 2003, 2311; ebenso noch immer HambK-InsO/*Herchen* § 184 Rn. 18 und wohl auch Braun/*Specovius* § 184 Rn. 9; zurückhaltend auch noch FK-InsO/*Kießner* § 184 Rn. 11). 17

Es gibt **keine Klagefrist.** Insbes. kann § 189 mangels planwidriger Regelungslücke nicht entsprechend herangezogen werden (BGH NJW 2009, 1280 [1281] = NZI 2009, 189 [190]; OLG Stuttgart NZI 2008, 617; krit. FK-InsO/*Kießner* § 184 Rn. 16 ff.). Die Verjährung des Anspruchs auf Feststellung des besonderen Forderungsattributs tritt zusammen mit der Verjährung des Hauptanspruchs ein (BGHZ 187, 337 [341 ff.] = NJW 2011, 1133 [1134 f.] = NZI 2011, 111 [112 f.]; vgl. auch OLG Koblenz NJW 2015, 88), also ggf. erst nach 30 Jahren (§ 197 BGB). Der Gläubiger kann auch nach Erteilung der Restschuldbefreiung noch eine titelergänzende Feststellungsklage erheben, um das besondere Forderungsattribut feststellen zu lassen. Für den Schuldner bringt dies eine erhebliche Rechtsunsicherheit mit sich (krit. daher auch *Grote* NJW 2011, 1121 ff.). De lege ferenda erscheint die Einführung einer Klagefrist zwar nach wie vor zumindest wünschenswert (ebenso *Pape* ZInsO 2011, 1 [9 f.]), doch aufgrund der Anerkennung einer negativen Feststellungsklage des Schuldners durch den Bundesgerichtshof (vgl. → Rn. 16) kann der Schuldner eine Klärung auch selbst herbeiführen (wohl auch *v. Keitz* ZInsO 2011, 1526 [1529 f.]). – Für die Verfolgung des Widerspruchs durch den Schuldner gilt die Monatsfrist des § 184 Abs. 2 S. 1 entsprechend. 18

Der **Streitwert** (vgl. schon → Rn. 4) der Feststellungsklage bemisst sich abweichend von § 182 nach den allgemeinen Vorschriften. Die zu erwartenden Vollstreckungsaussichten nach Aufhebung des Insolvenzverfahrens sind dabei nach § 3 ZPO zu schätzen, der Streitwert dürfte damit in der Regel – wenn nicht besondere Anhaltspunkte eine Zwangsvollstreckung nach Aufhebung des Verfahrens erfolgreich erscheinen lassen - zwischen 20 Prozent und 25 Prozent des Nominalbetrages der Forderung anzusetzen sein (BGH NJW 2009, 920 = NZI 2009, 255; 19

BGH ZIP 2009, 2172 (Ls.); OLG Koblenz ZInsO 2015, 475; OLG Celle ZInsO 2007, 42 [43]; LG Kempten ZInsO 2006, 888; iErg ähnlich OLG Hamm ZInsO 2012, 1638; vgl. noch HambK-InsO/*Herchen* § 184 Rn. 15; aA LG Mühlhausen ZInsO 2004, 1046: voller Wert der Forderung) Die örtliche **Zuständigkeit** ergibt sich nicht aus § 180 Abs. 1, sondern aus den allgemeinen Vorschriften.

III. Klageantrag/Tenorierung

20 Die Klage nach § 184 ist – ebenso wie in diesem Kontext die allgemeine Feststellungsklage und die negative Feststellungsklage – auf Feststellung der Begründetheit bzw. Unbegründetheit eines Widerspruchs gerichtet; zum Klageantrag vgl. HambK-InsO/*Herchen* § 184 Rn. 11d und zur Tenorierung OLG Celle ZInsO 2014, 1801.

Besondere Zuständigkeiten

185 **[1] Ist für die Feststellung einer Forderung der Rechtsweg zum ordentlichen Gericht nicht gegeben, so ist die Feststellung bei dem zuständigen anderen Gericht zu betreiben oder von der zuständigen Verwaltungsbehörde vorzunehmen. [2] § 180 Abs. 2 und die §§ 181, 183 und 184 gelten entsprechend. [3] Ist die Feststellung bei einem anderen Gericht zu betreiben, so gilt auch § 182 entsprechend.**

Schrifttum: Bei § 174.

I. Zuständigkeiten sonstiger Gerichte und Behörden

1 § 185 betrifft Feststellungszuständigkeiten außerhalb des ordentlichen Rechtswegs, insbes. die Zuständigkeit der Arbeitsgerichte, der Verwaltungsbehörden, der Verwaltungsgerichte, der Finanzbehörden, der Sozialbehörden, der Finanzgerichte oder der Sozialgerichte. Sinn der Regelung ist es, die **besondere Sachkompetenz** der jeweiligen Fachgerichtsbarkeit bzw. Behörde zu nutzen (MüKoInsO/*Schumacher* § 185 Rn. 1).

2 Diese besonderen Zuständigkeiten bestehen, soweit einer Forderung in Bezug auf Grund oder Höhe widersprochen wird. Umstr. ist, ob diese besondere Zuständigkeit erhalten bleibt, wenn eine Forderung abgetreten worden ist (dagegen noch zur KO BGH NJW 1973, 1077 [1078]; vgl. auch BK-InsO/*Breutigam* § 185 Rn. 6). Dies dürfte vor dem oben dargestellten Normzweck der Fall sein, denn durch die Abtretung ändert sich nur die formale Parteistellung, nicht aber der Streitgegenstand des Feststellungsverfahrens (ebenso Uhlenbruck/*Sinz* § 185 Rn. 2; MüKoInsO/*Schumacher* § 185 Rn. 3; *Häsemeyer* Insolvenzrecht Rn. 22.29).

3 **Keine besondere Zuständigkeit,** sondern die Zuständigkeit der ordentlichen Gerichtsbarkeit besteht nach zutreffender Ansicht hingegen bei einem isolierten **Widerspruch gegen das besondere Forderungsattribut** iSv § 174 Abs. 2 und § 302 Nr. 1 (BGH WM 2011, 142 = ZInsO 2011, 44; LSG BW BeckRS 2005, 43671; LG Verden NZI 2009, 775; VG Schleswig NZI 2009, 699 [700]; Kübler/Prütting/Bork/*Pape/Schaltke* § 185 Rn. 6; Jaeger/*Gerhardt* § 185 Rn. 9 und 20; FK-InsO/*Kießner* § 186 Rn. 18; Graf-Schlicker/*Graf-Schlicker* § 185 Rn. 2). Dies gilt für das besondere Attribut der vorsätzlich begangenen unerlaubten Handlung ebenso wie für die besonderen Attribute „Forderungen aus Steuerstraftaten" (*Schmittmann* InsbürO 2014, 159 [162]; aA *Pianowski* InsbürO 2015, 4 [7]) und „Forderungen wegen vorsätzlich pflichtwidrig vorenthaltenem Unterhalt" (für die sachliche Zuständigkeit der Familiengerichte innerhalb der Zivilgerichtsbarkeit

OLG Celle FamRZ 2012, 1838 = ZInsO 2013, 297 (Ls.); OLG Celle, ZInsO 2014, 1497). Denn Gegenstand der Feststellung ist in einem solchen Fall das Bestehen eines besonderen Forderungsattributs; für diese Beurteilung besitzen gerade die Gerichte der ordentlichen Gerichtsbarkeit die größere Sachkunde. Die Gegenansicht (LG Itzehoe NZI 2009, 689; AG Hamburg NZI 2007, 123; Uhlenbruck/*Sinz* § 185 Rn. 1) stützt sich insoweit auf die Regelungen der § 251 Abs. 3 AO und § 28h Abs. 2 S. 1 SGB IV (vgl. dazu auch Braun/*Specovius* § 185 Rn. 5 ff.). Sie vermag nicht zu überzeugen: Die genannten Vorschriften ermächtigen nur zur Feststellung der Forderung an sich, nicht auch zur Feststellung des Forderungsgrundes. Eine derartige Befugnis ergibt sich auch nicht im Zusammenspiel mit § 185, weil diese Norm lediglich eine Zuständigkeitsregelung trifft und keinesfalls verwaltungsrechtliche Verfahrensvorschriften für anwendbar erklärt. Für den Erlass eines derartigen Bescheides fehlt es daher an einer Ermächtigungsgrundlage, sodass ein solcher Bescheid gem. § 44 Abs. 1 VwVfG nichtig sein dürfte (so auch Uhlenbruck/*Sinz* § 185 Rn. 5). Auch ist kein Grund ersichtlich, Finanzbehörden und Sozialversicherungsträger insoweit besser zu stellen; auch sie sind daher auf den Weg einer Feststellungsklage gem. § 184 zu verweisen (vgl. auch BGH NZI 2009, 189).

1. Steuerforderungen, Sozialversicherungsbeiträge. Bleibt eine angemeldete Steuerforderung dem Grund oder der Höhe nach im Prüfungstermin streitig, so ist zunächst ihre Feststellung nach § 185 iVm §§ 251 Abs. 3, 348 AO zu betreiben (vgl. zu Steuerforderungen auch Leonhardt/Smid/Zeuner/*Smid* § 185 Rn. 3a ff.). Es ist ein auf diese Feststellung beschränkter und mit den Rechtsmitteln der AO anfechtbarer **Steuerbescheid** zu erlassen, der dem Insolvenzverwalter und dem Widersprechenden (Schuldner oder Insolvenzgläubiger) zuzustellen ist. Der Bescheid hat anzugeben, wie der Steuergläubiger die Insolvenzforderung angemeldet hat, auf die sich die Feststellung bezieht (BFH ZIP 1984, 1004 [1005]; vgl. Gottwald InsO-Hdb/*Frotscher* § 126 Rn. 12 sowie → § 179 Rn. 27), dies gilt zB auch für das besondere Attribut „vorsätzlich begangene unerlaubte Handlung". Die zur Insolvenztabelle angemeldete Steuerforderung darf im Feststellungsverfahren nicht gegen eine andere Steuerforderung ausgetauscht werden (BFH BB 1987, 961; Gottwald InsO-Hdb/*Frotscher* § 126 Rn. 17). – Entsprechendes gilt für Insolvenzforderungen auf Zahlung von **Sozialversicherungsbeiträgen;** vgl. zu beiden Forderungsarten auch → § 174 Rn. 46 ff. 4

2. Klagen vor dem Arbeitsgericht. Ist für eine Feststellungsklage gem. §§ 179 ff. das angerufene **Arbeitsgericht** sachlich **unzuständig** – etwa mangels Arbeitnehmereigenschaft des Klägers –, muss das Arbeitsgericht, wenn die angemeldete Forderung dem Bestand nach streitig ist, auf Antrag (der unter Umständen anzuregen ist) den Streit an das ordentliche Gericht verweisen oder bei Fehlen des Verweisungsantrages die Klage im Ganzen als unzulässig abweisen (BAG NJW 1968, 719). Bestreitet ein Insolvenzgläubiger die Forderung eines Arbeitnehmers, so ist das Arbeitsgericht, nicht das Insolvenzgericht, zuständig: § 2 ArbGG knüpft die Zuständigkeit des Arbeitsgerichts an bestimmt bezeichnete Prozessparteien (Tarifparteien, Arbeitnehmer, Arbeitgeber) und an bestimmt bezeichnete Rechtsverhältnisse; zudem ist der Schuldner Träger des festzustellenden Schuldverhältnisses. Daran ändert sich nichts, wenn ein Insolvenzgläubiger die Insolvenzforderung des Arbeitnehmers bestritten hat. Die Rechtsstreitigkeit geht auch dann um ein Rechtsverhältnis zwischen Arbeitgeber und Arbeitnehmer, für das das Arbeitsgericht zuständig ist (BAGE 10, 310 [312 ff.]; 19, 355 [358 f.]; Gottwald InsR-HdB/*Eickmann* § 64 Rn. 44). 5

II. Entsprechend anwendbare Vorschriften

6 Eine rechts- bzw. bestandskräftige Forderungsfeststellung des nach Satz 1 zuständigen Gerichts bzw. der zuständigen Behörde hat die in § 183 bestimmte **Rechtskraftwirkung (Satz 2).** Die Vorschriften über die Aufnahme eines bei Verfahrenseröffnung anhängigen Rechtsstreits (§ 180 Abs. 2) und über die Klage gegen den Widerspruch des Schuldners (§ 184) gelten ebenfalls entsprechend.

7 Nach **Satz 3** gilt schließlich auch die in § 182 getroffene Regelung über den Streitwert entsprechend, dies allerdings nur, wenn die Feststellung bei einem Gericht zu betreiben ist (vgl. für verwaltungsgerichtliche Streitigkeiten OVG Münster ZIP 1982, 1341); Kostenfragen im behördlichen Verfahren bleiben deswegen unberührt (BT-Drs. 12/2443, 185). – Hingegen wird in Satz 2 nicht auf die besondere örtliche Zuständigkeit nach § 180 Abs. 1 verwiesen.

Wiedereinsetzung in den vorigen Stand

186 (1) [1]**Hat der Schuldner den Prüfungstermin versäumt, so hat ihm das Insolvenzgericht auf Antrag die Wiedereinsetzung in den vorigen Stand zu gewähren.** [2]**§ 51 Abs. 2, § 85 Abs. 2, §§ 233 bis 236 der Zivilprozeßordnung gelten entsprechend.**

(2) [1]**Die den Antrag auf Wiedereinsetzung betreffenden Schriftsätze sind dem Gläubiger zuzustellen, dessen Forderung nachträglich bestritten werden soll.** [2]**Das Bestreiten in diesen Schriftsätzen steht, wenn die Wiedereinsetzung erteilt wird, dem Bestreiten im Prüfungstermin gleich.**

Schrifttum: Bei § 174.

1 Mit Rücksicht auf § 201 Abs. 2 gewährt § 186 dem Schuldner – und nur ihm – die **Wiedereinsetzung in den vorigen Stand,** wenn er zB durch Naturereignisse oder andere unabwendbare Zufälle nicht in der Lage war, den Prüfungstermin wahrzunehmen. Über den Wortlaut des Absatz 1 hinaus besteht die Wiedereinsetzungsmöglichkeit nach § 186 auch, wenn das **schriftliche Verfahren** angeordnet war und der Schuldner die vom Gericht bestimmte Frist versäumt hat (BGH NZI 2014, 724 [725]). Die Verweisung auf §§ 51 Abs. 2, 85 Abs. 2 ZPO stellt klar, dass bei Verschulden eines Vertreters oder Bevollmächtigten die Wiedereinsetzung nicht gegeben ist, doch kann die unabwendbare Verhinderung des Vertreters die Wiedereinsetzung rechtfertigen. – Vgl. zur Zurechnung des Verhaltens eines Rechtsanwalts Leonhardt/Smid/Zeuner/*Smid* § 186 Rn. 4. – Für die Wiedereinsetzungsfrist gilt § 234 ZPO. Die **Wiedereinsetzungsfrist** ist **keine Notfrist.**

2 Der **Wiedereinsetzungsantrag** ist **schriftlich** beim Insolvenzgericht einzureichen oder mündlich **zu Protokoll** seiner Geschäftsstelle anzubringen (vgl. § 496 ZPO). Beantragt ist die Wiedereinsetzung mit Eingang bei Gericht bzw. mit Protokollerklärung, nicht erst mit der Zustellung an die Gläubiger. Die Zustellung ist nach § 270 Abs. 1 ZPO von Amts wegen zu bewirken. – Für den **Inhalt** des Wiedereinsetzungsantrags ist § 236 ZPO maßgebend.

3 **Zuständig** für die Entscheidung über das Wiedereinsetzungsgesuch ist das Insolvenzgericht. Das Gesuch kann bei Fristwahrung noch nach Beendigung des Insolvenzverfahrens gestellt werden (Uhlenbruck/*Sinz* § 186 Rn. 5).

4 Die **Entscheidung** über die Wiedereinsetzung ist dem Schuldner sowie demjenigen Gläubiger **zuzustellen,** dessen Forderung nachträglich bestritten werden soll (Absatz 2). Wird die Wiedereinsetzung gewährt, so ersetzt das im Wieder-

einsetzungsgesuch nachgeholte Bestreiten den im Prüfungstermin unterbliebenen Widerspruch des Schuldners. Die Anberaumung eines neuen Prüfungstermins zur Nachholung des Widerspruchs ist daher nach herrschender Auffassung unzulässig (Kübler/Prütting/Bork/*Pape/Schaltke* § 186 Rn. 15; *Hess* § 186 Rn. 19; FK-InsO/*Kießner* § 186 Rn. 12 f.; aA Nerlich/Römermann/*Becker* § 186 Rn. 20 mit dem Hinweis, dass das Insolvenzverfahren anders als das Konkursverfahren die Erörterung der Forderung nur nach Widerspruch kenne und deshalb der dargestellte Automatismus nicht richtig sei).

Eine **richterliche Entscheidung** ist unanfechtbar (§ 6 Abs. 1). Im Fall einer **Entscheidung des Rechtspflegers** kann der Ablehnungsbeschluss vom Schuldner, die Zulassung vom Gläubiger mit der Rechtspflegererinnerung (§ 11 Abs. 2 S. 1 RPflG) angefochten werden, über die der Richter abschließend entscheidet (BGH ZIP 2011, 1170; NZI 2014, 724; Jaeger/*Gerhardt* § 186 Rn. 15; HambK-InsO/*Preß* § 186 Rn. 8). 5

Zweiter Abschnitt. Verteilung

Befriedigung der Insolvenzgläubiger

187 (1) **Mit der Befriedigung der Insolvenzgläubiger kann erst nach dem allgemeinen Prüfungstermin begonnen werden.**

(2) [1] **Verteilungen an die Insolvenzgläubiger können stattfinden, sooft hinreichende Barmittel in der Insolvenzmasse vorhanden sind.** [2] **Nachrangige Insolvenzgläubiger sollen bei Abschlagsverteilungen nicht berücksichtigt werden.**

(3) [1] **Die Verteilungen werden vom Insolvenzverwalter vorgenommen.** [2] **Vor jeder Verteilung hat er die Zustimmung des Gläubigerausschusses einzuholen, wenn ein solcher bestellt ist.**

Schrifttum: *Delhaes,* Das konkursrechtliche Verteilungsverfahren in der Praxis, KTS 1963, 240; *Eckardt,* Die Feststellung und Befriedigung des Insolvenzgläubigerrechts, Kölner Schrift zur Insolvenzordnung, 3. Aufl. 2009, 533; *Holzner,* Grundzüge des Verteilungsverfahrens nach der Insolvenzordnung, InsbürO 2011, 82; *Schmidberger,* Möglichkeiten und Grenzen der insolvenzgerichtlichen Aufsicht, NZI 2011, 928.

I. Grundsätzliches

Das Gesetz unterscheidet **Abschlags-, Schluss-** und **Nachtragsverteilungen** (§§ 187 Abs. 2, 196, 203). Absatz 1 bestimmt, dass **Abschlagsverteilungen** nicht vor Abhaltung des allgemeinen Prüfungstermins (§ 176) stattfinden können; erst danach stehen die Anzahl der Gläubiger und die Höhe ihrer Forderungen für eine erste Verteilung fest (vgl. Kübler/Prütting/Bork/*Holzer* § 187 Rn. 5; *Delhaes* KTS 1963, 240 [241]). Nach dem Prüfungstermin können Abschlagsverteilungen stattfinden, wenn und sooft es die in der Insolvenzmasse vorhandenen Barmittel gestatten. 1

Die Befriedigung der bekannten **Masseansprüche** (§§ 53 ff.) erfolgt unabhängig von der Verteilung, möglichst schon vor dem ersten Prüfungstermin (beachte auch § 206); die **Forderungen aus einem Sozialplan** sind ebenso zu behandeln (§ 123 Abs. 2 S. 1). Bei Masseunzulänglichkeit ist § 209 zu berücksichtigen. Die **Berücksichtigung der aus- und absonderungsberechtigten Gläubiger** findet gleichfalls außerhalb des Verteilungsverfahrens statt. – **Vorrechte** gibt es nach der Insolvenzordnung nicht; zu Vorrechten aus Spezialgesetzen vgl. → § 174 2

Rn. 2. – Zur Insolvenz von Genossenschaft und VVaG vgl. Kübler/Prütting/Bork/*Holzer* § 187 Rn. 19 ff.

II. Entscheidungen des Insolvenzverwalters

3 Es steht im pflichtgemäßen **Ermessen des Verwalters** (zu den möglichen Ermessenserwägungen vgl. Jaeger/*Meller-Hannich* § 187 Rn. 11), entweder die Gläubiger frühzeitig gleichmäßig zu befriedigen (vgl. § 1 S. 1) oder zunächst andere Verfahrensziele wie die Befriedigung absonderungsberechtigter Gläubiger oder Nutzung der Barmittel zur Unternehmensfortführung zu verfolgen (vgl. BT-Drs. 12/2443, 186). Abschlagsverteilungen unterbleiben, wenn deren Kosten in keinem Verhältnis zu den auszahlbaren Beträgen stehen würden (Nerlich/Römermann/*Westphal* § 187 Rn. 9; BK-InsO/*Martini* § 187 Rn. 4); vom Gesetz wird jedoch **kein Mindestprozentsatz** vorgegeben (Kübler/Prütting/Bork/*Holzer* § 187 Rn. 17).

4 Vorbereitung und Vollzug der **Verteilung** sind ausschließlich **Sache des Insolvenzverwalters** (Absatz 3 Satz 1); für die Vornahme von Auszahlungen ist der Insolvenzverwalter nachweispflichtig (BK-InsO/*Martini* § 187 Rn. 9). Auf Vornahme einer Abschlagsverteilung kann nicht geklagt werden (Nerlich/Römermann/*Westphal* § 187 Rn. 6); auch ein Beschluss des Gläubigerausschusses verpflichtet den Insolvenzverwalter nicht. Zu denken ist an die Aufsichtsbeschwerde beim Insolvenzgericht (RG JW 1890, 114; Uhlenbruck/*Wegener* § 187 Rn. 9; krit. zu gerichtlichen Maßnahmen *Schmidberger* NZI 2011, 928 [930]). Bei Säumnis des Insolvenzverwalters finden unter Umständen die §§ 58–60 Anwendung (vgl. Kübler/Prütting/Bork/*Holzer* § 187 Rn. 6; *Delhaes* KTS 1963, 240 [242]). – Zur Aussetzung der Verteilung bei Durchführung eines Insolvenzplans vgl. § 233.

5 Mit Rücksicht auf den Vollstreckungscharakter des insolvenzrechtlichen Verteilungsverfahrens ist der Insolvenzverwalter nicht befugt, bei der Erlösverteilung eine Tilgungsbestimmung zu treffen (BGH NZI 2014, 1044 [1045]; *Lütcke* NZI 2014, 1035); insgesamt sind die Vorschriften der **§§ 366, 367 BGB** auf Zahlungen des Insolvenzverwalters im insolvenzrechtlichen Verteilungsverfahren **nicht anwendbar,** und zwar auch nicht insoweit, als sich die Zahlungen auf mehrere gleichrangige Forderungen eines Insolvenzgläubigers beziehen (BGH NJW 1985, 3064).

III. Nachrangige Insolvenzgläubiger

6 Die Forderungen nachrangiger Insolvenzgläubiger (§ 39) können erst nach vollständiger Befriedigung aller Insolvenzgläubiger bedient werden; insoweit hat Absatz 2 Satz 2 lediglich Klarstellungsfunktion (vgl. auch *Schröder* ZInsO 2014, 2069 [2072]): Nachrangige Insolvenzgläubiger werden **bei Abschlagsverteilungen nicht berücksichtigt.**

IV. Zustimmung des Gläubigerausschusses

7 Bei Bestehen eines Gläubigerausschusses ist dessen **Zustimmung vor jeder Verteilung** notwendig. Abschlagsverteilungen ohne Zustimmung sind pflichtwidrig, aber nicht unwirksam (Braun/*Pehl* § 187 Rn. 13; Graf-Schlicker/*Castrup* § 187 Rn. 6); Absatz 3 Satz 2 ist reine Ordnungsvorschrift (BK-InsO/*Martini* § 187 Rn. 10). Die Insolvenzgläubiger sind in einem solchen Fall nicht zur Rückzahlung der Teildividenden verpflichtet, denn der Insolvenzbeschlag endet mit der Verteilung. Den Insolvenzverwalter trifft aber möglicherweise die Haftung gem. § 60 (*Hess* § 187 Rn. 40); zu weiteren Schadensersatz- und zu Bereicherungs-

ansprüchen bei pflichtwidrig durchgeführten Abschlagsverteilungen vgl. MüKo-InsO/*Füchsl/Weishäupl/Kebekus/Schwarzer* § 187 Rn. 21 f.

Die Zustimmung des Gläubigerausschusses kann nicht durch eine solche des Insolvenzgerichts oder der Gläubigerversammlung ersetzt werden (Uhlenbruck/*Wegener* § 187 Rn. 19). – Zur **Schlussverteilung** ist neben der Zustimmung des Gläubigerausschusses auch die des Insolvenzgerichts erforderlich (§ 196 Abs. 2). 8

Verteilungsverzeichnis[1]

188 **[1] Vor einer Verteilung hat der Insolvenzverwalter ein Verzeichnis der Forderungen aufzustellen, die bei der Verteilung zu berücksichtigen sind. [2] Das Verzeichnis ist auf der Geschäftsstelle zur Einsicht der Beteiligten niederzulegen. [3] Der Verwalter zeigt dem Gericht die Summe der Forderungen und den für die Verteilung verfügbaren Betrag aus der Insolvenzmasse an; das Gericht hat die angezeigte Summe der Forderungen und den für die Verteilung verfügbaren Betrag öffentlich bekannt zu machen.**

Schrifttum: *Deppe,* Die Veröffentlichung des Verteilungsverzeichnisses (§ 188 InsO), InsbürO 2004, 147; *Henckel,* Vom Wert und Unwert juristischer Konstruktionen, FS F. Weber, 1975, 137; *Mohrbutter,* Der Ausgleich von Verteilungsfehlern in der Insolvenz, 1998; *Unger,* Die Haftung des ausgeschiedenen Kommanditisten im Konkurs der KG, KTS 1960, 33. – Weiteres Schrifttum bei § 187.

Übersicht

I. Inhalt und Zweck des Verzeichnisses

§ 188 bestimmt, dass vor jeder Verteilung ein **Verzeichnis der zu berücksichtigenden Forderungen** zur Einsicht der Beteiligten auf der Geschäftsstelle niedergelegt und die Summe der Forderungen sowie die zur Verteilung verfügbare Masse öffentlich bekanntgegeben werden. Das Verteilungserzeichnis ist Grundlage jeder Verteilung; es dient neben dem Zweck der gleichmäßigen Verteilung va auch der Transparenz des Verfahrens (vgl. *Jenal/Schüssler* KSI 2014, 16 [20]). § 188 gilt für jede Abschlags- und Schlussverteilung, bei der Nachtragsverteilung erübrigt sich die Aufstellung eines besonderen Verteilungsverzeichnisses (vgl. → § 203 Rn. 11). 1

Grundlage für das Verzeichnis ist die **Insolvenztabelle** gem. § 175, welche für die Zwecke der Erstellung des Verteilungsverzeichnisses fortgeschrieben und berichtigt wird (LG Bonn ZIP 2014, 1689 [1690] = NZI 2014, 831 [832]). Aus der Insolvenztabelle in das Verzeichnis aufzunehmen sind dementsprechend alle festgestellten Forderungen, §§ 178 Abs. 1, 183 (vgl. BGH NJW 1994, 2286), bestrittene Forderungen, soweit sie iSv § 179 Abs. 2 tituliert sind und der Titel im Prüfungstermin vorgelegen hat (vgl. auch RGZ 85, 64 [68]), und die übrigen bestrittenen Forderungen unter den Voraussetzungen des § 189. Der Insolvenzverwalter hat auch solche Forderungen aufzunehmen, über die schon ein Fest- 2

[1] § 188 Satz 3 neu gef. mWv 1.7.2007 durch G v. 13.4.2007 (BGBl. I S. 509).

stellungsprozess nach § 179 anhängig ist; die Aufnahme in das Verzeichnis bedeutet weder ein Anerkenntnis noch beendet sie den Prozess (vgl. auch → § 179 Rn. 18).

3 Für **absonderungsberechtigte Insolvenzgläubiger** (§ 52) gilt § 190, für Gläubiger aufschiebend bedingter Forderungen § 191. Zu auflösend bedingten Forderungen vgl. → § 191 Rn. 6 sowie → § 203 Rn. 5. – Zum Umfang der aufzunehmenden Forderungen vgl. BK-InsO/*Gruber* § 188 Rn. 15 ff.; zur Änderung des Verzeichnisses vgl. § 193.

II. Berücksichtigung der Forderungen

4 Bei der Erstellung des Verzeichnisses ist kein Unterschied zwischen Gläubigern, welche durch Auszahlung, und solchen, welche durch Zurückbehaltung der Anteile zu berücksichtigen sind (§§ 189 Abs. 2, 190 Abs. 2 S. 2, 191 Abs. 1 S. 2), zu machen. – Die Insolvenzforderungen sind bei jeder Verteilung ohne Rücksicht auf frühere Verteilungen mit ihrem vollen Betrag anzusetzen, denn die Befriedigung erfolgt in Prozentsätzen (Jaeger/*Meller-Hannich* § 188 Rn. 22).

5 Der Insolvenzverwalter darf die **Aufnahme einer festgestellten Forderung** in das Verzeichnis nicht mit der Begründung verweigern, sie sei ganz oder teilw. erloschen (BGH NZI 2009, 167 [168]). Ein Erlöschen kann nur im Wege des § 767 ZPO geltend gemacht werden (OLG Karlsruhe ZIP 1981, 1231 [1232]); nach Klageerhebung ist unter Umständen eine Zurückbehaltung der Dividende in entsprechender Anwendung des § 189 Abs. 2 zulässig (BGH NZI 2009, 167 [168]; RGZ 21, 331 [339]; MüKoInsO/*Füchsl/Weishäupl/Kebekus/Schwarzer* § 188 Rn. 3).

III. Wirkungen der Bekanntmachung

6 Die **Niederlegung des Verzeichnisses** erfolgt **zur Einsicht der Beteiligten;** das sind alle, die eine Insolvenzforderung angemeldet haben, also zB nicht Massegläubiger und aussonderungsberechtigte Gläubiger. **Einwendungen** gegen das Verzeichnis können nur gem. §§ 194, 197 Abs. 2 Nr. 2 geltend gemacht werden.

7 An die Niederlegung schließt sich die **öffentliche Bekanntmachung** (§ 9) an. Sie erfolgt zweistufig: Der Insolvenzverwalter zeigt dem Gericht die **Summe der Forderungen sowie des zur Verteilung verfügbaren Betrages** aus der Insolvenzmasse an, verbunden mit der Ankündigung der Abschlags- oder Schlussverteilung. Die öffentliche Bekanntmachung hat dann zwingend durch das Gericht zu erfolgen (Satz 3; vgl. auch → § 9 Rn. 4), weil nur dieses unmittelbaren Zugriff auf das länderübergreifende, zentrale elektronische Informations- und Kommunikationssystem hat. Eine Bekanntgabe etwa durch den Insolvenzverwalter ist aus diesen Gründen unwirksam (BGH NZI 2013, 297).

8 Ohne vorausgegangene Niederlegung ist die Bekanntmachung nicht wirksam (vgl. *Deppe* InsbürO 2004, 148 [149]). **Bekanntgabe vor Niederlegung** setzt die Ausschlussfristen der §§ 189 Abs. 1, 190, 194 Abs. 1 nicht in Lauf. Die Bekanntmachung muss ggf. nach nachgeholter Niederlegung wiederholt werden.

IV. Haftung für die Richtigkeit des Verzeichnisses

9 Für die Richtigkeit und Vollständigkeit des Verzeichnisses haftet der **Insolvenzverwalter** nach **§ 60** (vgl. zur Prüfungspflicht auch OLG Hamm ZIP 1983, 341; FK-InsO/*Kießner* § 188 Rn. 22; Kübler/Prütting/Bork/*Holzer* § 188 Rn. 20). Einwendungen gegen das Verteilungsverzeichnis sind grds. nur nach den in §§ 189–192 vorgesehenen Fällen vorzunehmen. Zu beachten ist die Möglichkeit, übergangene Gläubiger nach Maßgabe von § 192 nachträglich zu berücksichti-

gen. Zudem können offensichtliche Irrtümer und Unrichtigkeiten auch analog § 319 ZPO berichtigt werden, und zwar auch noch nach Ablauf der in § 189 vorgesehenen Ausschlussfrist (LG Bonn ZIP 2014, 1689 [1690] = NZI 2014, 831 [832]; vgl. auch schon → § 175 Rn. 4 in Bezug auf die Insolvenztabelle). Die Versäumung einer Einwendung nach §§ 194, 197 Abs. 3 rechtfertigt unter Umständen die Anwendung des § 254 BGB (ebenso FK-InsO/*Kießner* § 188 Rn. 21; Uhlenbruck/*Wegener* § 188 Rn. 30; *Jenal/Schüssler* KSI 2014, 16 [20]).

Das **Insolvenzgericht** ist **zu** einer **Nachprüfung** des auf der Geschäftsstelle 10 niedergelegten Verzeichnisses **nicht verpflichtet;** es hat sich mit demselben erst zu befassen, wenn Einwendungen erhoben werden (RGZ 154, 291 [298]; Kübler/Prütting/Bork/*Holzer* § 188 Rn. 19; vgl. auch HambK-InsO/*Preß* § 188 Rn. 10; *Weber* JZ 1984, 1027).

V. Bildung einer „Sondermasse"

Realisiert der Insolvenzverwalter Vermögenswerte, die nur der Befriedigung 11 bestimmter Gläubiger zu dienen bestimmt sind, so hat er für diese eine „Sondermasse" zu bilden. Für jede Sondermasse dieser Art ist **ein gesondertes Verteilungsverzeichnis** zu fertigen. Als Vermögenswerte kommen zB in Betracht: der Anspruch aus § 171 HGB gegen ausgeschiedene Kommanditisten für Altgläubiger, deren Ansprüche gegen die Gesellschaft zur Zeit des Ausscheidens bereits begründet waren (vgl. *Unger* KTS 1960, 33 ff.), oder aufgrund von Anfechtung erlangte Vermögenswerte, über die eine von einer Kapitalgesellschaft übernommene Personenhandelsgesellschaft in gläubigerbenachteiligender Weise verfügt hat (BGHZ 71, 296 [304 ff.]; BGH DB 1978, 1583; vgl. auch MüKoHGB/*Karsten Schmidt* §§ 171/172 Rn. 112).

VI. Ausgleichsansprüche bei Verteilungsfehlern

Das Verteilungsverzeichnis ist Grundlage jeder Verteilung und ordnet die 12 Rechtsverhältnisse der Gläubiger untereinander abschließend (vgl. → Rn. 1). Ist die Präklusionswirkung des § 194 Abs. 1 eingetreten, so haben die dann vom Insolvenzverwalter getätigten Zahlungen einen Rechtsgrund, der Bereicherungsansprüche der Gläubiger untereinander ausschließt, wenn die **Verteilung in Übereinstimmung mit dem Inhalt des Verzeichnisses** erfolgt ist, mag dieses auch inhaltlich unrichtig sein (BGHZ 91, 198 [204 ff.] = NJW 1984, 2154 [2155 f.]; Nerlich/Römermann/*Westphal* § 188 Rn. 22; BK-InsO/*Gruber* § 188 Rn. 38; MüKoInsO/*Füchsl/Weishäupl/Kebekus/Schwarzer* § 188 Rn. 22 f.; vgl. dazu auch → § 197 Rn. 11).

Erfolgt eine **Verteilung unter Verstoß gegen den Inhalt des Verteilungs-** 13 **verzeichnisses** und erhalten einige Gläubiger mehr, als ihnen nach dem Verzeichnis zustünde (zB weil ein Gläubiger vom Insolvenzverwalter irrtümlich übergangen wurde), so stellt dieser Mehrerhalt eine rechtsgrundlose Bereicherung dar (vgl. zu bei der Verteilung „vergessenen Gläubigern" auch *Jenal/Schüssler* KSI 2014, 16 [21]). Nach teilw. vertretener Ansicht (*Hess* § 194 Rn. 32; wohl auch *Henckel* FS F. Weber, 1975, 237 [244 f.]) soll dem übergangenen Gläubiger ein Bereicherungsanspruch gegen die bereicherten Gläubiger zustehen. Dies ist jedoch mit dem bereicherungsrechtlichen Grundsatz der Subsidiarität der Leistungskondiktion nicht zu vereinbaren: In Betracht käme insoweit nur eine Nichtleistungskondiktion der Gläubiger untereinander. Die Zahlung an den Gläubiger stellt aber eine Leistung aus der Insolvenzmasse dar (vgl. OLG Brandenburg NZI 2002, 107), die eine Nichtleistungskondiktion ausschließt.

Nach zutreffender Ansicht kann nur der Insolvenzverwalter für die Masse einen 14 Anspruch aus **Leistungskondiktion** gegen die begünstigten Gläubiger geltend machen (insoweit nur referierend BGHZ 91, 198 [202] = NJW 1984, 2154 [2155]; wie hier *Eckardt* Kölner Schrift InsO S. 533 Rn. 63; BK-InsO/*Gruber* § 188 Rn. 45 ff.; MüKoInsO/*Füchsl/Weishäupl/Kebekus/Schwarzer* § 188 Rn. 25; Nerlich/Römermann/*Westphal* § 188 Rn. 20; *Mohrbutter,* Der Ausgleich von Verteilungsfehlern in der Insolvenz, 149 f.; *Weber* JZ 1984, 1027; ähnlich HambK-InsO/*Preß* § 194 Rn. 14; Jaeger/*Meller-Hannich* § 187 Rn. 21 ff.; *Häsemeyer* Insolvenzrecht Rn. 7.65). Ein übergangener Gläubiger ist durch einen Schadensersatzanspruch gegen den Insolvenzverwalter aus § 60 geschützt, wenn dieser es versäumt, den Bereicherungsanspruch geltend zu machen.

Berücksichtigung bestrittener Forderungen

189 (1) **Ein Insolvenzgläubiger, dessen Forderung nicht festgestellt ist und für dessen Forderung ein vollstreckbarer Titel oder ein Endurteil nicht vorliegt, hat spätestens innerhalb einer Ausschlußfrist von zwei Wochen nach der öffentlichen Bekanntmachung dem Insolvenzverwalter nachzuweisen, daß und für welchen Betrag die Feststellungsklage erhoben oder das Verfahren in dem früher anhängigen Rechtsstreit aufgenommen ist.**

(2) **Wird der Nachweis rechtzeitig geführt, so wird der auf die Forderung entfallende Anteil bei der Verteilung zurückbehalten, solange der Rechtsstreit anhängig ist.**

(3) **Wird der Nachweis nicht rechtzeitig geführt, so wird die Forderung bei der Verteilung nicht berücksichtigt.**

Schrifttum: Bei § 187.

I. Anwendungsbereich

1 § 189 regelt die **Berücksichtigung bestritten gebliebener Forderungen,** also derjenigen Forderungen, die nicht festgestellt sind. Die Norm ist für das **Verteilungsverfahren** maßgeblich (nicht etwa auch für die Berechtigung, Versagungsanträge nach § 290 Abs. 1 InsO zu stellen, denn dafür ist der Nachweis der Klageerhebung nach § 189 Abs. 1 keine Voraussetzung; BGH NZI 2015, 516; vgl. auch schon BGH NZI 2009, 856).

2 **1. Titulierte Forderungen.** Titulierte Forderungen werden bei den Verteilungen berücksichtigt. Wenn der Widersprechende nach § 179 Abs. 2 Klage erhoben hat, wird die Forderung zwar berücksichtigt, die Beträge werden jedoch zurückbehalten (*Eckardt* Kölner Schrift InsO S. 533, Rn. 64; Nerlich/Römermann/*Westphal* § 189 Rn. 18; Kübler/Prütting/Bork/*Holzer* § 189 Rn. 3).

3 **2. Nicht titulierte Forderungen.** Nicht titulierte Forderungen werden berücksichtigt und von vornherein in das Verteilungsverzeichnis (§ 188) aufgenommen, wenn die Forderungsfeststellung (§ 178) nachweislich bei Aufnahme der Liste betrieben war. Wird der Betreibungsnachweis innerhalb der Frist des § 189 geführt, so ist das Verteilungsverzeichnis zu ergänzen (§ 193); bei Versäumung der Frist ist bei nachfolgenden Verteilungen § 192 zu beachten.

II. Die Ausschlussfrist des § 189 Abs. 1

4 Die Ausschlussfrist des **Absatz 1** ist die **zentrale Ausschlussfrist des Verteilungsverfahrens;** auf sie wird in §§ 190 Abs. 1 und Abs. 2, 194 Abs. 1 verwiesen. Der Fristbeginn wird durch § 9 Abs. 1 S. 3 bestimmt; fristauslösend ist die öffentliche Bekanntgabe des Verteilungsverzeichnisses (§ 188 S. 3) nur, wenn

sie durch das Insolvenzgericht erfolgt (BGH NZI 2013, 297). Für den Ablauf gelten § 188 Abs. 2 BGB, § 222 Abs. 2 ZPO. Die Frist kann als **gesetzliche Frist** weder durch das Insolvenzgericht noch durch die Parteien (§ 224 ZPO) geändert werden. Gegen die Versäumung der Frist erfolgt **keine Wiedereinsetzung** (Kübler/Prütting/Bork/*Holzer* § 189 Rn. 8; HK-InsO/*Depré* § 189 Rn. 4; Uhlenbruck/*Wegener* § 189 Rn. 13); analog § 319 ZPO können jedoch offensichtliche Irrtümer und Unrichtigkeiten auch noch nach Fristablauf berichtigt werden (LG Bonn ZIP 2014, 1689 [1690] = NZI 2014, 831 [832]; vgl. auch schon → § 188 Rn. 9). – Zur Möglichkeit, diese Frist im Insolvenzplanverfahren zu modifizieren, vgl. BGH NZI 2010, 734 [735].

III. Führung des Nachweises und Bedeutung der Ausschlussfrist

Die **Führung des Nachweises** der Aufnahme in das Verzeichnis muss **gegenüber dem Insolvenzverwalter,** nicht gegenüber dem Insolvenzgericht erfolgen (BGH NJW-RR 2012, 1397 = NZI 2012, 885). Eine bestimmte Form ist nicht vorgeschrieben (Graf-Schlicker/*Castrup* § 189 Rn. 4), doch ist der Nachweis der rechtzeitigen Klageerhebung stets so zu führen, dass der Insolvenzverwalter sicher erkennen kann, ob die Klage innerhalb der zweiwöchigen Ausschlussfrist erhoben ist (BGH NJW-RR 2012, 1397 = NZI 2012, 885). Die bloße Übersendung einer Klageschrift kann daher als Nachweis nicht genügen (so aber Kübler/Prütting/Bork/*Holzer* § 189 Rn. 10; *Hess* § 189 Rn. 21; Andres/Leithaus/*Leithaus* § 189 Rn. 6). Erforderlich ist vielmehr ein Nachweis, aus dem sich die Klageerhebung bzw. die Aufnahme inklusive des maßgeblichen Datums eindeutig ergibt, wie zB eine Bestätigung des Prozessgerichts oder die Übersendung einer Abschrift der Klage mit dem Eingangsstempel des Gerichts (MüKoInsO/*Füchsl/Weißhäupl/Kebekus/Schwarzer* § 189 Rn. 7; FK-InsO/*Kießner* § 189 Rn. 12; Nerlich/Römermann/*Westphal* § 189 Rn. 9; Jaeger/*Meller-Hannich* § 189 Rn. 7 ff.; Uhlenbruck/*Wegener* § 189 Rn. 12; wohl auch HambK-InsO/*Preß* § 189 Rn. 7). Wird ein **Vollstreckungstitel** erst nach dem Prüfungstermin vorgelegt, so genügt dies ebenso wenig; auch insoweit ist Feststellungsklage zu erheben (AG Düsseldorf NZI 2006, 411 [412]). 5

Bei mehreren Widersprüchen muss Betreibung gegen sämtliche Widersprechenden nachgewiesen werden (ein Widerspruch des Schuldners ist für § 189 ohne Bedeutung). Ein vereinfachter Nachweis für Finanzbehörden kommt nicht in Betracht (AG Paderborn NZI 2004, 389; FK-InsO/*Kießner* § 189 Rn. 12). 6

1. Einhaltung der Frist. Wird die Frist eingehalten, so wird die Forderung berücksichtigt, jedoch die Dividende bis zur Beendigung des Rechtsstreits zurückbehalten bzw. – bei Vollzug der Schlussverteilung – hinterlegt (§ 198). Die Frist kann nach Maßgabe von § 167 ZPO auch schon durch Einreichung der Klage gewahrt werden. Will sich der Gläubiger die Vorwirkungen der Klageerhebung zunutze machen, muss er dem Insolvenzverwalter nicht nur den tatsächlichen Eingang der Klage bei dem zuständigen Gericht, sondern, sofern rechtlich erforderlich, auch die Einzahlung des Kostenvorschusses innerhalb der Frist des § 189 nachweisen (BGH NJW-RR 2012, 1397 = NZI 2012, 885). 7

2. Nichteinhaltung der Frist. Wird die Frist nicht eingehalten, so kann die Forderung auch bei allseitiger Anerkennung derselben bei dieser Verteilung nicht berücksichtigt werden, weil die Verfristung zwingende Folge ist (LG Krefeld ZInsO 2011, 870); zu beachten ist aber § 192. Eine allgemeine Hinweis- oder Warnpflicht des Insolvenzverwalters besteht jedenfalls bei geschäftserfahrenen Gläubigern nicht (OLG Hamm ZIP 1994, 1373). Die **Versäumung** der Ausschlussfrist für die Schlussverteilung **bewirkt** den **endgültigen Ausschluss,** und 8 zwar auch im Hinblick auf mögliche Nachtragsverteilungen, welche nur aufgrund des Schlussverzeichnisses (§ 197) vorgenommen werden können (§ 205 S. 1).

IV. Insolvenz von Genossenschaft und VVaG

9 Bei der Insolvenz von Genossenschaft und VVaG sind § 115a GenG bzw. § 52 Abs. 2 S. 2 VAG zu beachten (vgl. Kübler/Prütting/Bork/*Holzer* § 189 Rn. 14 f.).

Berücksichtigung absonderungsberechtigter Gläubiger

190 (1) [1] **Ein Gläubiger, der zur abgesonderten Befriedigung berechtigt ist, hat spätestens innerhalb der in § 189 Abs. 1 vorgesehenen Ausschlußfrist dem Insolvenzverwalter nachzuweisen, daß und für welchen Betrag er auf abgesonderte Befriedigung verzichtet hat oder bei ihr ausgefallen ist.** [2] **Wird der Nachweis nicht rechtzeitig geführt, so wird die Forderung bei der Verteilung nicht berücksichtigt.**

(2) [1] **Zur Berücksichtigung bei einer Abschlagsverteilung genügt es, wenn der Gläubiger spätestens innerhalb der Ausschlußfrist dem Verwalter nachweist, daß die Verwertung des Gegenstands betrieben wird, an dem das Absonderungsrecht besteht, und den Betrag des mutmaßlichen Ausfalls glaubhaft macht.** [2] **In diesem Fall wird der auf die Forderung entfallende Anteil bei der Verteilung zurückbehalten.** [3] **Sind die Voraussetzungen des Absatzes 1 bei der Schlußverteilung nicht erfüllt, so wird der zurückbehaltene Anteil für die Schlußverteilung frei.**

(3) [1] **Ist nur der Verwalter zur Verwertung des Gegenstands berechtigt, an dem das Absonderungsrecht besteht, so sind die Absätze 1 und 2 nicht anzuwenden.** [2] **Bei einer Abschlagsverteilung hat der Verwalter, wenn er den Gegenstand noch nicht verwertet hat, den Ausfall des Gläubigers zu schätzen und den auf die Forderung entfallenden Anteil zurückzubehalten.**

Schrifttum: *Klasmeyer-Elsner,* Zur Behandlung von Ausfallforderungen im Konkurs, FS Merz, 1992, 303. Weiteres Schrifttum bei § 187.

I. Berücksichtigung absonderungsberechtigter Insolvenzgläubiger im Allgemeinen

1 Absonderungsberechtigte Insolvenzgläubiger können bei einer Verteilung nur berücksichtigt werden, wenn ihre Forderungen festgestellt sind (zu bestrittenen Forderungen vgl. OLG Hamm ZIP 1994, 1373 [1374]), wenn bei streitig gebliebenen Forderungen ein Titel iSv § 179 Abs. 2 vorhanden ist und im Prüfungstermin (§ 176) vorgelegen hat oder wenn bei nicht titulierten Forderungen eine Berücksichtigung nach Maßgabe des § 189 in Frage kommt.

II. Besonderheiten des § 190

2 § 190 stellt darüber hinaus für absonderungsberechtigte Insolvenzgläubiger **besondere Schranken** auf (eing. *Klasmeyer-Elsner* FS Merz, 1992, 303 ff.). Die §§ 52, 190 erlauben dem Insolvenzgläubiger, der ein Absonderungsrecht für sich in Anspruch nimmt, eine volle Teilnahme am Insolvenzverfahren nur, wenn er auf die Sonderhaftung verzichtet. Das gilt auch dann, wenn er eine unbestrittene Insolvenzforderung zusammen mit einer zur Absonderung berechtigenden Forderung als eine Gesamtforderung für den Ausfall angemeldet hat (OLG Hamm ZIP

1994, 1373). Dient ein Gegenstand als Sicherheit für mehrere Forderungen und verzichtet der Gläubiger auf sein Absonderungsrecht hinsichtlich einer dieser Forderungen, so bedeutet das einen Verzicht im Hinblick auf all diese Forderungen (RGZ 85, 53 [58]). – Zur Zwangsverwertung eines Massegrundstücks vgl. *Stöber* ZVG § 174 Rn. 2 ff.

1. Bestimmungen für die Schluss- bzw. Nachtragsverteilung. Nach **Absatz 1** wird die **Forderung** bei der Schlussverteilung oder einer Nachtragsverteilung **nur berücksichtigt, wenn** und soweit der **Verzicht** auf abgesonderte Befriedigung **oder** der wirkliche **Ausfall nachgewiesen** wurde. Der Verzicht ist unwiderruflich (Braun/*Pehl* § 190 Rn. 6). Er erfordert nicht die dingliche Aufgabe der Sicherheit; ausreichend ist ein Verzicht auf den (schuldrechtlichen) Sicherungsanspruch; die Verzichtserklärung bedarf auch keiner besonderen Form (BGH ZIP 2011, 180; Braun/*Pehl* § 190 Rn. 6; aA Nerlich/Römermann/*Westphal* § 190 Rn. 21 f.). Zum Nachweis des Ausfalls vgl. → § 52 Rn. 11. 3

Der Nachweis ist innerhalb der zweiwöchigen **Ausschlussfrist des § 189 Abs. 1** zu führen (vgl. dazu → § 189 Rn. 4); bei Wahrung der Frist wird die Forderung bei der Verteilung anteilig berücksichtigt. Gelingt der Nachweis innerhalb dieser Frist nicht, kann die Forderung bei der Verteilung nicht berücksichtigt werden. Kann der Gläubiger in Fällen des § 114 Abs. 1 seinen Ausfall nicht endgültig beziffern, so entbindet dies ihn nicht davon, dem Verwalter diejenigen Informationen mitzuteilen, die dieser zu einer wenigstens vorläufigen Bemessung der Quote benötigt (BGH NZI 2009, 565). 4

2. Erleichterungen für Abschlagsverteilungen. Zur Berücksichtigung bei einer Abschlagsverteilung genügen nach **Absatz 2** der **Nachweis, dass die Verwertung** des Gegenstandes, an dem das Absonderungsrecht besteht, **betrieben wird,** sowie die **Glaubhaftmachung** (§ 294 ZPO) **des mutmaßlichen Ausfalls.** Beides muss innerhalb der Frist des § 189 Abs. 1 geschehen. Die an die Glaubhaftmachung zu stellenden Anforderungen hängen vom Einzelfall ab (vgl. Graf-Schlicker/*Castrup* § 190 Rn. 6). Der Nachweis hat gegenüber dem Insolvenzverwalter zu erfolgen. Es ist jedoch nicht erforderlich, dass die Betreibung gerade vom Anmeldenden ausgeht; die Nachweisführung kann auch von einem anderen absonderungsberechtigten Gläubiger oder dem Insolvenzverwalter initiiert sein. Bei alleiniger Verwertungsmöglichkeit durch den Insolvenzverwalter (dazu → Rn. 8) ist aber Absatz 3 zu beachten. 5

Gelingt der Nachweis innerhalb der Ausschlussfrist nicht, wird die Forderung bei der Verteilung nicht berücksichtigt; es besteht die Möglichkeit der nachträglichen Berücksichtigung nach § 192 für folgende Abschlagsverteilungen oder für die Schlussverteilung. Bei rechtzeitiger Glaubhaftmachung des Ausfalls wird die Forderung berücksichtigt, die Dividende jedoch nach Absatz 2 Satz 2 zurückbehalten. Dies gilt allerdings nur bis zur Schlussverteilung; ist bis dahin nicht der Nachweis iSd Absatz 1 gelungen, wird der zurückbehaltene Betrag nach Absatz 2 Satz 3 für die Schlussverteilung frei. 6

III. Wichtige andere Normen

Auf § 190 wird für die Insolvenz des Erben in **§ 331** und für das Insolvenzverfahren über das Gesamtgut einer fortgesetzten Gütergemeinschaft in **§ 332** verwiesen. 7

IV. Alleiniges Absonderungsrecht des Insolvenzverwalters

Absatz 3 trifft eine Sonderregelung für den Fall, dass dem Insolvenzverwalter das alleinige Verwertungsrecht in Bezug auf die zur Absonderung berechtigenden 8

Gegenstände zusteht. Damit sind die **Fälle des § 166 iVm § 173 Abs. 1** gemeint; es geht um bewegliche Sachen im Besitz des Insolvenzverwalters und zur Sicherheit abgetretene Forderungen. Die **Absatz 1 und 2** finden **keine Anwendung;** bei Abschlagsverteilungen, bei deren Vornahme der tatsächliche Ausfall noch nicht feststeht, muss der Insolvenzverwalter den mutmaßlichen Ausfall selbst schätzen und den sich daraus ergebenden Forderungsanteil zurückbehalten.

Berücksichtigung aufschiebend bedingter Forderungen

191 (1) [1]**Eine aufschiebend bedingte Forderung wird bei einer Abschlagsverteilung mit ihrem vollen Betrag berücksichtigt.** [2]**Der auf die Forderung entfallende Anteil wird bei der Verteilung zurückbehalten.**

(2) [1]**Bei der Schlußverteilung wird eine aufschiebend bedingte Forderung nicht berücksichtigt, wenn die Möglichkeit des Eintritts der Bedingung so fernliegt, daß die Forderung zur Zeit der Verteilung keinen Vermögenswert hat.** [2]**In diesem Fall wird ein gemäß Absatz 1 Satz 2 zurückbehaltener Anteil für die Schlußverteilung frei.**

Schrifttum: Bei § 187.

I. Aufschiebend bedingte Forderungen

1 Aufschiebend bedingte Insolvenzforderungen werden nur unter den in → § 190 Rn. 1 genannten **allgemeinen Voraussetzungen** berücksichtigt; dazu kommt die **besondere Beschränkung des § 191.** Unter § 191 fallen auch befristete Forderungen mit ungewissem Fälligkeitstermin wie zB durch den Versorgungsfall bedingte Versorgungsansprüche (BGH NZI 2005, 384 [385]). **Aufschiebend befristete Forderungen** werden im Insolvenzverfahren nach zutreffender, vom Bundesgerichtshof allerdings nicht geteilter Auffassung nicht den aufschiebend bedingten Forderungen gleichgestellt, sondern analog § 41 behandelt, sodass die Besonderheiten des § 191 für sie nicht gelten (vgl. → § 41 Rn. 4 mwN auch zur Gegenansicht).

2 **1. Abschlagsverteilungen.** Für Abschlagsverteilungen bestimmt Absatz 1 Satz 1, dass aufschiebend bedingte Forderungen zu ihrem vollen Betrag zu berücksichtigen sind. Dabei wird die **Dividende** jedoch nicht ausgezahlt, sondern **zurückbehalten.**

3 **2. Schlussverteilung.** Grds. gilt das gleiche für die Schlussverteilung. Doch tritt dabei die **Hinterlegung der Dividende** (§ 198) an die Stelle der einfachen Zurückbehaltung. Bei Bedingungseintritt erfolgt die Auszahlung, bei Ausfall der Bedingung evtl. eine Nachtragsverteilung (§ 203 Abs. 1 Nr. 1; vgl. dazu auch BGH NZI 2015, 180 in Bezug auf Ansprüche aus Risikolebensversicherungen).

4 Besonderes gilt in der Schlussverteilung für **wertlose Anwartschaften** (Absatz 2): Die Berücksichtigung ist ausgeschlossen, wenn die Möglichkeit des Bedingungseintritts so weit entfernt ist, dass die bedingte Forderung keinen gegenwärtigen Vermögenswert hat. Dadurch will das Gesetz die Lahmlegung der Insolvenzabwicklung durch eine ad calendas graecas fortdauernde Hinterlegung verhindern.

5 Ob der Tatbestand des § 191 Abs. 2 gegeben ist, entscheidet auf Einwendung das **Insolvenzgericht,** §§ 194 Abs. 2 und 3, 197 Abs. 3. Beweispflichtig für das Fehlen eines gegenwärtigen Vermögenswertes ist der Insolvenzverwalter (Jaeger/*Meller-Hannich* § 191 Rn. 14). Für solche Forderungen zurückbehaltene Beträge werden nach Absatz 2 Satz 2 für die Schlussverteilung frei.

II. Auflösend bedingte Forderungen

6 Auflösend bedingte Insolvenzforderungen werden bis zum Eintritt der Bedingung wie unbedingte behandelt, § 42. Für **auflösend befristete Forderungen** gilt Entsprechendes. **Beträge,** die auf auflösend bedingte/befristete Forderungen entfallen, sind auch dann **nicht zurückzubehalten,** wenn der Gläubiger zur Sicherheitsleistung verpflichtet war und diese Sicherheit nicht leistet. Diese Situation (anders noch § 168 Abs. 1 Nr. 4 KO) scheint vom Gesetzgeber gewollt (vgl. BT-Drs. 13/2443, 186); bedenklich ist sie nur in der Theorie, praktische Bedeutung kommt dieser Konstellation selten zu.

Nachträgliche Berücksichtigung

192 **Gläubiger, die bei einer Abschlagsverteilung nicht berücksichtigt worden sind und die Voraussetzungen der §§ 189, 190 nachträglich erfüllen, erhalten bei der folgenden Verteilung aus der restlichen Insolvenzmasse vorab einen Betrag, der sie mit den übrigen Gläubigern gleichstellt.**

Schrifttum: *Delhaes,* Das konkursrechtliche Verteilungsverfahren in der Praxis, KTS 1963, 240. Weiteres Schrifttum bei § 187.

I. Betroffene Nachzügler

1 § 192 bezieht sich – ggf. in analoger Anwendung – auf diejenigen **Insolvenzgläubiger,** die nach §§ 189, 190 **von einer Abschlagsverteilung ausgeschlossen** waren **oder** die trotz Vorliegens der Voraussetzungen dieser Bestimmungen gesetzwidrig (zB infolge eines Versehens des Insolvenzverwalters) **nicht berücksichtigt wurden** (Uhlenbruck/*Wegener* § 192 Rn. 7; HambK-InsO/*Herchen* § 192 Rn. 6; Kübler/Prütting/Bork/*Holzer* § 192 Rn. 3; Braun/*Pehl* § 192 Rn. 6; Nerlich/Römermann/*Westphal* § 192 Rn. 16). Sie sollen bei der nächsten Verteilung so gestellt werden, als wären sie nicht übergangen worden.

II. Materielle Voraussetzungen

2 Die **nachträgliche Berücksichtigung** setzt voraus, dass die Voraussetzungen der §§ 189, 190 erfüllt sind. Sie erfolgt aus Gründen der Vereinfachung des Verfahrens erst bei der folgenden Abschlagsverteilung. Die restliche Insolvenzmasse umfasst das, was bei der letzten Abschlagsverteilung übrig geblieben ist, was nachher verwertet wurde sowie was nach §§ 190 Abs. 2 S. 3, 191 Abs. 2 S. 2 für die Masse freigeworden bzw. zur Masse zurückgeflossen ist (Uhlenbruck/*Wegener* § 192 Rn. 18). Maßgebend ist die restliche Masse zur Zeit der nachträglichen Berücksichtigung (Nerlich/Römermann/*Westphal* § 192 Rn. 15). Die restliche Masse muss ausreichen, dh es muss nach Berichtigung der geltend gemachten Masseansprüche – insofern haben Nachzügler kein Privileg – noch Masse vorhanden sein. Aus dieser Masse erhalten die **Nachzügler vorab den Betrag, der sie** mit den bereits berücksichtigten Gläubigern **gleichstellt.**

3 Für die Vornahme einer Abschlagsverteilung genügt es, dass genügend Masse vorhanden ist, um die übergangenen Gläubiger nachträglich mit den übrigen Gläubigern gleichzustellen (vgl. *Delhaes* KTS 1963, 240 [249]). Reicht bei einer Schlussverteilung die Masse dafür nicht aus, so erfolgt die Befriedigung der Gläubiger anteilsmäßig nach dem Verhältnis ihrer Forderungen.

III. Formelle Voraussetzungen

4 Rechtswidrig übergangene Gläubiger müssen vom Insolvenzverwalter auch **ohne Antrag** nachträglich berücksichtigt werden (Kübler/Prütting/Bork/*Holzer* § 192 Rn. 6); ein Gesuch um nachträgliche Berücksichtigung ist entbehrlich (MüKoInsO/*Füchsl/Weishhäupl/Kebekus/Schwarzer* § 192 Rn. 6; HambK-InsO/*Herchen* § 192 Rn. 8).

5 Die nachträgliche Berücksichtigung muss nach Maßgabe des § 188 **vorbereitet** und **angekündigt** und, sofern ein Gläubigerausschuss bestellt ist, nach 187 Abs. 3 S. 2 **genehmigt** sein (HK-InsO/*Depré* § 192 Rn. 4; HambK-InsO/*Herchen* § 192 Rn. 9; vgl. auch Gottwald InsR-HdB/*Eickmann* § 65 Rn. 10; aA Uhlenbruck/*Wegener* § 192 Rn. 19; MüKoInsO/*Füchsl/Weishäupl/Kebekus/Schwarzer* § 192 Rn. 8). Diese Verteilung kann nicht im Klagewege erzwungen werden (RG JW 1890, 114). Bei pflichtwidriger Weigerung des Insolvenzverwalters haftet dieser gem. §§ 58–60.

Änderung des Verteilungsverzeichnisses

193 Der Insolvenzverwalter hat die Änderungen des Verzeichnisses, die auf Grund der §§ 189 bis 192 erforderlich werden, binnen drei Tagen nach Ablauf der in § 189 Abs. 1 vorgesehenen Ausschlußfrist vorzunehmen.

Schrifttum: Bei § 187.

1 § 193 bestimmt, dass aufgrund der §§ 189–192 (auf §§ 189, 190 Abs. 1, Abs. 2 S. 1 beschränkend Nerlich/Römermann/*Westphal* § 193 Rn. 2) **erforderliche Änderungen in der Verteilungsliste** des § 188 – in der Spalte „Berichtigungen" – zu vermerken sind (Überblick über die Änderungen des Verzeichnisses nach §§ 189–192 bei HambK-InsO/*Preß* § 193 Rn. 4). IÜ ist nur die Berücksichtigung offensichtlicher Irrtümer und Unrichtigkeiten analog § 319 ZPO zulässig (vgl. auch schon → § 188 Rn. 9 sowie LG Bonn ZIP 2014, 1689 [1690] = NZI 2014, 831 [832]).

2 Die Eintragung der Änderungen ist **„binnen drei Tagen"** nach Ablauf der Ausschlussfrist des § 189 Abs. 1 zu bewirken, damit auch gegen sie rechtzeitig (§ 194 Abs. 1) Einwendungen erhoben werden können. Aus diesem Grund muss das geänderte Verteilungsverzeichnis wieder nach Maßgabe des § 188 niedergelegt werden (Jaeger/*Meller-Hannich* § 193 Rn. 15). Spätere Änderungen des Verteilungsverzeichnisses sind gesetzwidrig und können durch Einwendungen angefochten werden (§§ 194, 197).

Einwendungen gegen das Verteilungsverzeichnis

194 (1) **Bei einer Abschlagsverteilung sind Einwendungen eines Gläubigers gegen das Verzeichnis bis zum Ablauf einer Woche nach dem Ende der in § 189 Abs. 1 vorgesehenen Ausschlußfrist bei dem Insolvenzgericht zu erheben.**

(2) [1]**Eine Entscheidung des Gerichts, durch die Einwendungen zurückgewiesen werden, ist dem Gläubiger und dem Insolvenzverwalter zuzustellen.** [2]**Dem Gläubiger steht gegen den Beschluß die sofortige Beschwerde zu.**

(3) [1] **Eine Entscheidung des Gerichts, durch die eine Berichtigung des Verzeichnisses angeordnet wird, ist dem Gläubiger und dem Verwalter zuzustellen und in der Geschäftsstelle zur Einsicht der Beteiligten niederzulegen.** [2] **Dem Verwalter und den Insolvenzgläubigern steht gegen den Beschluß die sofortige Beschwerde zu.** [3] **Die Beschwerdefrist beginnt mit dem Tag, an dem die Entscheidung niedergelegt worden ist.**

Schrifttum: *Gerhardt,* Die Beschwerde im Insolvenzverfahren, FS Uhlenbruck, 2000, 75. Weiteres Schrifttum bei § 187.

Übersicht

I. Regelungsbereich

1 **Absatz 1** gilt **nur für Abschlagsverteilungen;** die **Absatz 2 und 3** gelten (iVm § 197 Abs. 3) **auch für** die **Schlussverteilung.** Die Vorschrift hat überwiegend Klarstellungsfunktion. Sie betrifft jede Bemängelung der ursprünglichen (§ 188) oder nachträglich geänderten (§ 192) Verteilungsliste, also etwa die Nichtberücksichtigung einer Forderung, eines Forderungsteiles oder eines beanspruchten Vorrechts der §§ 189–192, das Unterlassen der nach § 193 erforderlichen Listenbereinigung oder Beanstandungen hinsichtlich der für andere eingetragenen Forderungen.

II. Die Einwendungen

2 **1. Geltungsbereich des § 194.** § 194 gilt nur für **Einwendungen gegen die Vollständigkeit und Richtigkeit des Verteilungsverzeichnisses** (zu den möglichen Einwendungen vgl. *Hess* § 194 Rn. 13). Materiell-rechtliche Einwendungen gegen die berücksichtigte Forderung gehören in die Zuständigkeit des Prozessgerichts; für sie gilt § 194 nicht (vgl. RGZ 21, 337 [339]; Uhlenbruck/*Wegener* § 194 Rn. 5). Zulässig ist insoweit grds. die Feststellungsklage nach § 256 ZPO (BGH WM 1957, 1225 [1226]; RGZ 139, 83 [85]; Nerlich/Römermann/*Westphal* § 194 Rn. 2).

3 **2. Einwendungsberechtigte.** Einwendungsberechtigt ist nur, **wer** für sich **ein Insolvenzgläubigerrecht in Anspruch nimmt** oder nach dem Verteilungsverzeichnis einer der Gläubiger ist (LG Bonn ZIP 2014, 1689 [1690] = NZI 2014, 831 [832]); Anmeldung ist erforderlich, nicht jedoch die Prüfung. Der Einwendende muss ein rechtliches Interesse an der mit der Einwendung verlangten Listenänderung haben. Ein solches Interesse ist nicht gegeben, wenn die Gläubiger auf anderem Wege Befriedigung gefunden oder auf ihre Forderung verzichtet haben; auch nachrangigen Insolvenzgläubigern (§ 39) fehlt es hinsichtlich von Abschlagsverteilungen an einem solchen Interesse, da sie nach § 187 Abs. 2 S. 2

bei Abschlagsverteilungen nicht berücksichtigt werden sollen (vgl. BT-Drs. 13/2443, 186; vgl. aber auch § 327). Der Schuldner ist nicht einwendungsberechtigt, Massegläubiger ebenfalls nicht (Nerlich/Römermann/*Westphal* § 194 Rn. 7 f.; *Hess* § 194 Rn. 6 f.). – § 366 Abs. 2 BGB kann auf eine Abschlagsverteilung nicht angewendet werden (BGH NJW 1985, 3064; RGZ 164, 219; vgl. schon → § 187 Rn. 5).

4 **3. Einwendungsfrist.** Die Frist von einer Woche nach Ablauf der Frist des § 189 Abs. 1 ist wie diese eine **Ausschlussfrist** (aA *Häsemeyer* Insolvenzrecht Rn. 7.65: Wiedereinsetzung möglich); zur Präklusionswirkung vgl. → § 189 Rn. 4. Die Ausschlussfrist soll in der Regel unter den Beteiligten eine endgültige Rechtslage schaffen. Ihre **Versäumung präkludiert Gläubigerrechte:** Bereicherungsansprüche (vgl. dazu → § 188 Rn. 12 ff.) stehen einem Insolvenzgläubiger nur dann zu, wenn er in die Liste eingetragen war und trotzdem unberücksichtigt geblieben ist oder wenn er zu einer Zeit aus der Liste gestrichen worden ist, zu welcher Einsichtnahme und Einwendungen nicht mehr gestattet waren (BGHZ 91, 198 = NJW 1984, 2154; Uhlenbruck/*Wegener* § 197 Rn. 19; weitergehend wohl noch RGZ 23, 54 [61]). – Vgl. auch die Grundsätze bei → § 197 Rn. 11.

5 **4. Art und Form der Einwendungen.** Die Einwendungen sind an das Insolvenzgericht zu richten, und zwar (vgl. § 496 ZPO) **schriftlich** oder **zu Protokoll der Geschäftsstelle des Insolvenzgerichts** (BT-Drs. 12/7302, 155; HambK-InsO/*Preß* § 194 Rn. 8; Nerlich/Römermann/*Westphal* § 194 Rn. 12; Andres/Leithaus/*Leithaus* § 194 Rn. 4; MüKoInsO/*Füchsl/Weishäupl/Kebekus/Schwarzer* § 194 Rn. 11). Eine Klage beim Prozessgericht ist wegen mangelnden Rechtsschutzbedürfnisses als unzulässig abzuweisen (Kübler/Prütting/Bork/*Holzer* § 194 Rn. 10; RG Gruchot 34 (1890), 1201 [1203 f.]).

6 **5. Verfahren.** Das für Einwendungen nach § 194 geltende Verfahren ist in Absatz 2 und 3 ausdrücklich geregelt. Wegen Art. 103 Abs. 1 GG ist die – regelmäßig nicht mündliche – **Anhörung** des Verwalters und ggf. der betroffenen Gläubiger erforderlich (Kübler/Prütting/Bork/*Holzer* § 194 Rn. 11; HambK-InsO/*Preß* § 194 Rn. 9). Das Gericht ist gem. § 5 zur **Sachverhaltsermittlung von Amts wegen** berechtigt und verpflichtet (BK-InsO/*Breutigam* § 194 Rn. 10; Nerlich/Römermann/*Westphal* § 194 Rn. 12).

III. Entscheidungen

7 **1. Abweisende Entscheidungen.** Eine Einwendungen abweisende Entscheidung ist dem Gläubiger und dem Insolvenzverwalter zuzustellen. Gegen die Entscheidung des Gerichts steht dem Gläubiger – nicht dem Insolvenzverwalter, da dieser nicht beschwert ist (HK-InsO/*Depré* § 194 Rn. 6) – die **sofortige Beschwerde** gem. § 6 Abs. 1 zu. Dies gilt unabhängig davon, ob der Richter oder – wie meist – der Rechtspfleger entschieden hat; § 194 Abs. 2 stellt ein „Rechtsmittel nach den allgemeinen verfahrensrechtlichen Vorschriften" iSv § 11 Abs. 1 RPflG dar, das der nur subsidiären Rechtspflegererinnerung gem. § 11 Abs. 2 RPflG vorgeht (heute wohl allgM; vgl. nur Jaeger/*Meller-Hannich* § 194 Rn. 16; Kübler/Prütting/Bork/*Holzer* § 194 Rn. 14; HambK-InsO/*Preß* § 194 Rn. 12; FK-InsO/*Kießner* § 194 Rn. 14; Nerlich/Römermann/*Westphal* § 194 Rn. 17; *Gerhardt* FS Uhlenbruck, 2000, 75 [84]; Uhlenbruck/*Wegener* § 194 Rn. 14; *Hess* § 194 Rn. 24; HK-InsO/*Depré* § 194 Rn. 6).

8 Die **Beschwerdefrist** beginnt mit der Zustellung der Entscheidung an den Gläubiger (Jaeger/*Meller-Hannich* § 194 Rn. 17; MüKoInsO/*Füchsl/Weishäupl/*

Kebekus/Schwarzer § 194 Rn. 17; aA (auch schon mit Verkündung) Nerlich/Römermann/*Westphal* § 194 Rn. 17; FK-InsO/*Kießner* § 194 Rn. 14).

2. Stattgebende Entscheidungen. Bei einem Beschluss, welcher die begehrte Änderung der Verteilungsliste anordnet, wird (auch wenn er im Beschwerdeverfahren ergangen ist) die **Zustellung an** den **Gläubiger und** an den **Insolvenzverwalter** notwendig; die Zustellung wird nicht durch die notwendige Niederlegung in der Geschäftsstelle (§ 188 S. 2) des Insolvenzgerichts ersetzt. Für die Anfechtung des Beschlusses ist nach Absatz 3 Satz 3 jedoch der Tag der Niederlegung maßgebend; an diesem Tag – nicht mit der Zustellung – beginnt die Beschwerdefrist. Statthafter Rechtsbehelf ist auch hier die **sofortige Beschwerde** gem. § 6 Abs. 1 (Kübler/Prütting/Bork/*Holzer* § 194 Rn. 15; FK-InsO/*Kießner* § 194 Rn. 16; Uhlenbruck/*Wegener* § 194 Rn. 17; BK-InsO/*Breutigam* § 194 Rn. 16; nunmehr auch *Hess* § 194 Rn. 26; aA HK-InsO/*Depré* § 194 Rn. 9: Rechtspflegererinnerung statthaft). Anfechtungsberechtigt sind der Insolvenzverwalter und jeder mit der Entscheidung beschwerte Insolvenzgläubiger. 9

3. Teilweise stattgebende Entscheidungen. Wird dem Änderungsbegehren des Gläubigers durch das Gericht nur teilw. entsprochen, ist teils Abs. 2 und teils Abs. 3 anzuwenden. Erforderlich ist also die Zustellung an alle Gläubiger und an den Insolvenzverwalter und zusätzlich die Niederlegung nach Absatz 3 Satz 1. 10

4. Bekanntgabe. Die Bekanntgabe der Entscheidung ist nicht geboten, unter Umständen aber zweckmäßig. Nicht vorgeschrieben (vgl. aber § 572 Abs. 2 und Abs. 3 ZPO), jedoch ratsam ist das Zuwarten des Insolvenzverwalters mit der Vornahme der Abschlagsverteilung bis zur Rechtskraft der Entscheidung über Einwendungen. 11

Festsetzung des Bruchteils

195 (1) [1]**Für eine Abschlagsverteilung bestimmt der Gläubigerausschuß auf Vorschlag des Insolvenzverwalters den zu zahlenden Bruchteil.** [2]**Ist kein Gläubigerausschuß bestellt, so bestimmt der Verwalter den Bruchteil.**

(2) **Der Verwalter hat den Bruchteil den berücksichtigten Gläubigern mitzuteilen.**

Schrifttum: *Bihler,* Zur Schlussverteilung im Konkursverfahren, KTS 1962, 84. Weiteres Schrifttum bei § 187.

I. Errechnung des Bruchteils

Die Bestimmung des zu zahlenden Bruchteils erfolgt **aufgrund des Verteilungsverzeichnisses** (§ 188) unter Berücksichtigung der nach § 193 eingetragenen Änderungen und der Entscheidungen über Einwendungen (§ 194). Der Errechnung des Bruchteils darf kein höherer Massebestand zugrunde gelegt werden als der Bestand, welcher in der Bekanntmachung nach § 188 als „für die Verteilung verfügbar" bezeichnet wurde. – Vgl. zur rechnerischen Ermittlung der Quote *Bihler* KTS 1962, 84 [85]. 1

1. Zuständigkeit. Die Bestimmung des Bruchteils erfolgt **grds.** durch den **Gläubigerausschuss** (§ 67), nur wenn kein Gläubigerausschuss bestellt ist, durch den Insolvenzverwalter. Der Gläubigerausschuss entscheidet auf Vorschlag des Insolvenzverwalters; an dessen Anregung ist der Gläubigerausschuss nicht gebunden (Nerlich/Römermann/*Westphal* § 195 Rn. 6; Gottwald InsR-HdB/*Eickmann* § 65 Rn. 9). Es muss nicht die ganze Masse für eine Abschlagsverteilung genutzt 2 werden; insoweit besteht ein **Ermessensspielraum.** Insolvenzverwalter und Gläubigerausschuss müssen bei der Festsetzung der Dividende das von Art. 14 Abs. 1 GG geschützte Recht der Gläubiger berücksichtigen (Leonhardt/Smid/Zeuner/*Smid* § 195 Rn. 2). Einzige Einflussnahmemöglichkeit der Gläubiger ist § 68 Abs. 2 (Kübler/Prütting/Bork/*Holzer* § 195 Rn. 4; vgl. Nerlich/Römermann/*Westphal* § 195 Rn. 5).

3 **2. Überprüfbarkeit.** Als reine Verwaltungsmaßnahme unterliegt die Bestimmung des Bruchteils nicht der Nachprüfung durch das Insolvenzgericht oder durch das Prozessgericht (RG Gruchot 34 (1890), 1201 [1205]; Nerlich/Römermann/*Westphal* § 195 Rn. 8; vgl. aber §§ 58, 60, 71). Eine Klage gegen die Bestimmung des Bruchteils ist unzulässig (*Hess* § 195 Rn. 10; HK-InsO/*Depré* § 195 Rn. 3). Der Insolvenzverwalter darf eine gesetzwidrige Quotierung des Gläubigerausschusses (zB eine solche, die die Befriedigung der Massegläubiger beeinträchtigt) nicht ausführen. Grds. sind alle Gläubiger gleichmäßig zu befriedigen (zu Ausnahmen vgl. Leonhardt/Smid/Zeuner/*Smid* § 195 Rn. 4 f.).

II. Mitteilung der Festsetzung

4 Der Verwalter hat nach Absatz 2 den berücksichtigten Gläubigern den **Bruchteil** mündlich, schriftlich oder durch öffentliche Bekanntgabe mitzuteilen, damit diese ihren Anteil erheben können (in der Praxis dann Nutzung des bargeldlosen Zahlungsverkehrs; *Hess* § 187 Rn. 14; vgl. *Bihler* KTS 1962, 84 [88]); eine **Angabe als Prozentsatz** ist zulässig. Die Festsetzung des Bruchteils oder Prozentsatzes wird wirksam, wenn sie wenigstens einem der zu berücksichtigenden Gläubiger mitgeteilt wird.

5 Eine **Änderung der Festsetzung** aus wichtigem Grund, so zB bei fehlerhafter Berechnung, ist auch nach der Mitteilung möglich; dann ist regelmäßig **erneute Bekanntmachung** geboten (vgl. *Hess* § 195 Rn. 13; BK-InsO/*Breutigam* § 195 Rn. 7). Dagegen darf eine Änderung wegen nachträglich bekannt gewordener Masseansprüche nach dem Wirksamwerden der Festsetzung nicht mehr erfolgen (§ 206).

Schlußverteilung[1]

196 (1) **Die Schlußverteilung erfolgt, sobald die Verwertung der Insolvenzmasse mit Ausnahme eines laufenden Einkommens beendet ist.**

(2) **Die Schlußverteilung darf nur mit Zustimmung des Insolvenzgerichts vorgenommen werden.**

Schrifttum: *Bork,* Aufhebung und Einstellung des Insolvenzverfahrens unter Vorbehalt der Nachtragsverteilung, ZIP 2009, 2077 ff.; *Deppe,* Abtretung titulierter Forderungen ohne Titelumschreibung – Berücksichtigung bestrittener Forderungen bei der Schlussverteilung?, InsbürO 2015, 59; *Richert,* Der Zwangsvergleichsvorschlag nach konkursgerichtlicher Genehmigung der Schlußverteilung, NJW 1961, 2150. Weiteres Schrifttum bei § 187.

I. Schlussverteilung

1 **1. Begriff.** Die Schlussverteilung ist die **Ausschüttung der gesamten, nach dem Vollzug etwaiger Abschlagsverteilungen noch verfügbaren Teilungsmasse** (eing. *Bihler* KTS 1962, 84 ff.). Mit ihr wird – sofern es nicht zu Nachtragsverteilungen kommt (§ 203; vgl. insoweit FK-InsO/*Kießner* § 196 Rn. 4 ff.) – das

[1] § 196 Abs. 1 geänd. mWv 1.12.2001 durch G v. 26.10.2001 (BGBl. I S. 2710).

Ausschüttungsverfahren beendet. Die Schlussverteilung bewirkt in der **Gesellschaftsinsolvenz** eine entscheidende Zäsur; eine Fortsetzung der Gesellschaft ist danach nicht mehr möglich (BGH ZIP 2015, 1533 = NZG 2015, 872; OLG Celle NZI 2011, 151; OLG Schleswig NZI 2014, 625 mit abl. Anm. *Kluth;* vgl. noch → § 199 Rn. 4), eine Nachtragsverteilung hingegen schon (BGH ZInsO 2014, 340; vgl. auch → Rn. 203 Rn. 2).

2. Zeitpunkt. Die Schlussverteilung ist vorzunehmen, sobald das letzte ver- 2
wertbare Massestück in Geld umgesetzt ist. Die Gründe, die die Zurückbehaltung von Masseerlös in der Schlussverteilung rechtfertigen können, sind erschöpfend in § 189, 191 und 198 genannt (BGH ZIP 2015, 85 [86 f.] = NZI 2015, 128 [129]).

3. Schlussverteilung trotz Neuerwerbs. Liegen die Voraussetzungen für die 3
Ankündigung der Restschuldbefreiung nach § 291 vor und hat der Schuldner laufendes Einkommen, so erfolgt die Schlussverteilung, sobald die Insolvenzmasse mit Ausnahme des laufenden Einkommens verwertet ist (AG Duisburg NZI 2001, 106). Mit der durch das Gesetz zur Änderung der Insolvenzordnung und anderer Gesetze vom 26.10.2001 (BGBl. I S. 2710) mit Wirkung zum 1.12.2001 in Kraft getretenen Neuregelung in § 196 Abs. 1 hat der Gesetzgeber klargestellt, dass ein noch **ausstehender Neuerwerb** des Insolvenzschuldners während des Insolvenzverfahrens eine Schlussverteilung nicht ausschließt. Ohne diese Regelung wären bei wortlautgetreuer Gesetzesanwendung ein Abschluss des Verfahrens und damit (auch) ein Übergang in die Wohlverhaltensperiode nicht möglich (so auch noch AG Düsseldorf ZInsO 2001, 572); zu den weiterhin bestehenden Problemen vgl. Kübler/Prütting/Bork/*Holzer* § 196 Rn. 5b ff. – Für die in der Wohlverhaltensperiode voraussichtlich entstehenden Verfahrenskosten ist eine Rückstellung zu bilden (BGH ZIP 2015, 85 = NZI 2015, 128).

II. Verfahren

1. Anwendbare Vorschriften. Auf die Schlussverteilung finden die **§§ 187** 4
Abs. 3, 188, 189, 190 Abs. 1 und 3, 191–193, 194 Abs. 2 und 3 Anwendung. Einwendungen können aber gem. § 197 Abs. 1 S. 2 Nr. 2 nur im Schlusstermin erhoben werden (Kübler/Prütting/Bork/*Holzer* § 196 Rn. 3). Im Gegensatz zu einer Abschlagsverteilung muss der Insolvenzverwalter vor einer Schlussverteilung die rechtskräftige Entscheidung über Einwendungen abwarten (Kübler/Prütting/Bork/*Holzer* § 196 Rn. 5; *Bihler* KTS 1962, 84). Dem Verteilungsverzeichnis nach § 188 entspricht das Schlussverzeichnis (vgl. § 197 Abs. 1 Nr. 2). – Vgl. noch § 198 und für das Insolvenzverfahren über das Vermögen einer Genossenschaft § 114 Abs. 1 GenG (vgl. insofern Kübler/Prütting/Bork/*Holzer* § 196 Rn. 25 f.; FK-InsO/*Kießner* § 196 Rn. 20 f., auch für den VVaG).

2. Zustimmung des Insolvenzgerichts. Die Schlussverteilung erfordert nach 5
Absatz 2 die Zustimmung (vorherige Billigung) des Insolvenzgerichts. Der Insolvenzverwalter hat den entsprechenden Antrag zu stellen. Die Schlussrechnung ist zusammen mit dem Antrag – mindestens jedoch so, dass das Gericht ausreichend Gelegenheit hat, sie vor dem Schlusstermin zu prüfen – einzureichen (vgl. insofern die Erläuterungen zu § 66). Das Insolvenzgericht hat zu prüfen, ob die Voraussetzungen des Absatz 1 gegeben sind und ob die Genehmigung des Gläubigerausschusses zur Schlussverteilung (§ 187 Abs. 3 S. 2) sowie dessen Stellungsnahme nach § 66 Abs. 2 S. 2 vorliegen (vgl. auch Kübler/Prütting/Bork/*Holzer* § 196 Rn. 15).

Die **Anhängigkeit eines Feststellungsprozesses** nach § 179 oder ein schwe- 6
bender Prozess über ein Masseaktivum, welches nicht freigegeben werden soll, hindert die Schlussverteilung grds. nicht, weil Nachtragsverteilungen gem. § 203

möglich sind (BAG KTS 1973, 269 [270]; RG JW 1936, 2927; Kübler/Prütting/Bork/*Holzer* § 196 Rn. 6; HambK-InsO/*Preß* § 196 Rn. 6; *Hess* § 196 Rn. 5; *Bork* ZIP 2009, 2077; aA bei Aktivprozessen: Nerlich/Römermann/*Westphal* § 196 Rn. 10 ff.; vgl. auch § 198). In beiden Fällen liegt in der Genehmigung der Schlussverteilung bei Fortdauer des Prozesses der Vorbehalt der Nachtragsverteilung, der auch stillschweigend erfolgen kann (vgl. OLG Celle KTS 1972, 265); und in beiden Fällen muss die etwaige Prozesskostenlast der Masse sichergestellt werden, indem der Insolvenzverwalter die Prozesskosten und hinreichende Mittel für etwaige Kostenerstattungsansprüche hinterlegt oder insoweit Rückstellungen bildet (HK-InsO/*Depré* § 196 Rn. 1; Nerlich/Römermann/*Westphal* § 196 Rn. 14).

7 Wenn der **Gegenstand des Prozesses** wirksam **einer Nachtragsverteilung vorbehalten** wurde, bleibt der Verwalter auch nach Vollzug der Schlussverteilung und nach Aufhebung des Insolvenzverfahrens noch zur Fortführung des anhängigen Prozesses befugt (RGZ 28, 69 [69 f.]; Uhlenbruck/*Wegener* § 196 Rn. 8; HambK-InsO/*Preß* § 196 Rn. 6; *Hess* § 196 Rn. 9). Dies gilt auch für Anfechtungsprozesse (RG JW 1936, 2927 [2928 f.]). Der Schuldner ist nicht berechtigt, seinerseits einen Anfechtungsprozess fortzusetzen (RGZ 52, 330 [332 ff.]). Dieser wird, wenn nicht der Insolvenzverwalter ihn fortsetzt, in der Hauptsache gegenstandslos (RGZ 52, 330 [333]; bestätigt in RG JW 1936, 2927 [2928]), doch tritt der Schuldner hinsichtlich der Kostenentscheidung (vgl. § 91a ZPO) in die Rolle des Insolvenzverwalters ein (RGZ 52, 330 [334]).

8 **3. Form der Entscheidung; Rechtsbehelfe und Widerruf.** Die Entscheidung erfolgt durch **Beschluss.** Sie ist dem Insolvenzverwalter von Amts wegen zuzustellen (§ 4 InsO iVm §§ 166 ff. ZPO) und erlangt mit Zustellung Wirksamkeit (Graf-Schlicker/*Castrup* § 196 Rn. 5). Gegen eine **Entscheidung des Richters** sind **keine Rechtsmittel** gegeben (vgl. § 6 Abs. 1). Nur wenn der **Rechtspfleger** entschieden hat, ist eine **Erinnerung** nach § 11 Abs. 2 S. 1 RPflG statthaft (HK-InsO/*Depré* § 196 Rn. 8), über die der Insolvenzrichter abschließend entscheidet, § 11 Abs. 2 S. 6 RPflG.

9 Der Beschluss des Insolvenzgerichts nach Absatz 2 schafft grds. vollendete Tatsachen. Ein **Widerruf der Genehmigung** ist aber zulässig, wenn zwingende Gründe des Gemeinwohls der Gläubiger den Widerruf gebieten (OLG Frankfurt a. M. KTS 1971, 218; AG Düsseldorf NZI 2006, 411; Braun/*Pehl* § 196 Rn. 26; MüKoInsO/*Füchsl/Weishäupl/Kebekus/Schwarzer* § 196 Rn. 11; *Richert* NJW 1961, 2150 [2151 f.]). Die Vornahme der Verteilung ohne gerichtliche Genehmigung oder ungeachtet eines Genehmigungswiderrufs macht die Verteilung nicht unwirksam; in Betracht kommt eine Haftung des Insolvenzverwalters nach § 60 im Fall einer materiell rechtswidrigen Schädigung.

10 **4. Bestimmung der Quote und Verteilung.** Nach Zustimmung des Insolvenzgerichts und nach Abhaltung des Schlusstermins erfolgt die Schlussverteilung durch den Insolvenzverwalter. Bei der Errechnung der Quote steht ihm **kein Ermessen** zu (anders bei der Abschlagsverteilung, vgl. → § 195 Rn. 2). Die **Dividenden** sind – vorbehaltlich einer Hinterlegung nach § 198 – an die Gläubiger **auszuzahlen,** und zwar auch kleinste Beträge (Kübler/Prütting/Bork/*Holzer* § 196 Rn. 23). Eine Zuvielzahlung kann der Insolvenzverwalter aus ungerechtfertigter Bereicherung herausverlangen (*Hess* § 187 Rn. 13).

Schlußtermin[1]

197 (1) [1]**Bei der Zustimmung zur Schlußverteilung bestimmt das Insolvenzgericht den Termin für eine abschließende Gläubigerversammlung.** [2]**Dieser Termin dient**
1. zur Erörterung der Schlußrechnung des Insolvenzverwalters,
2. zur Erhebung von Einwendungen gegen das Schlußverzeichnis und
3. zur Entscheidung der Gläubiger über die nicht verwertbaren Gegenstände der Insolvenzmasse.

(2) **Zwischen der öffentlichen Bekanntmachung des Termins und dem Termin soll eine Frist von mindestens einem Monat und höchstens zwei Monaten liegen.**

(3) **Für die Entscheidung des Gerichts über Einwendungen eines Gläubigers gilt § 194 Abs. 2 und 3 entsprechend.**

Schrifttum: *Berges,* Konkurssteuerrecht, KTS 1961, 161; *Boennecke,* Einzelfragen aus der konkursrichterlichen Praxis, KTS 1955, 173; *Gerbers/Pape,* Der Umgang mit Forderungsanmeldungen nach Einreichung des Schlussberichts, ZInsO 2006, 685; *Kalter,* Die nachkonkursliche Vermögens- und Schuldenmasse, KTS 1980, 215; *Lissner,* Gläubiger oder nicht Gläubiger? – Das ist die praktische Frage bei „Vollbefriedigung", ZInsO 2013, 976; *Nayel,* Aufrechterhaltung der Beschlagnahmewirkung im Schlusstermin am Beispiel von Steuererstattungsansprüchen, ZInsO 2011, 153; *Tscheschke,* Nachträglich angemeldete Forderungen in der Konkursabwicklung, Rpfleger 1992, 96. Weiteres Schrifttum bei § 187.

Übersicht

I. Begriff „Schlusstermin" und Zweck der Vorschrift

1 Der Schlusstermin ist eine **Gläubigerversammlung unter Leitung des Insolvenzgerichts** (Richter oder Rechtspfleger). Er wird von Amts wegen anberaumt. Die Terminsbestimmung ist öffentlich bekannt zu machen (§ 9). Der Schlusstermin dient den in Absatz 1 Satz 2 genannten Zielen (zu zusätzlichen Zielen im Restschuldbefreiungsverfahren vgl. § 289), kann aber auch weitere Tagesordnungspunkte haben (vgl. Graf-Schlicker/*Castrup* § 197 Rn. 5 f.). – Zu Besonderheiten des Schlusstermins bei einer Insolvenzquote von (mehr als) 100 Prozent vgl. *Lissner* ZInsO 2013, 976 ff.

2 **1. Erörterung der Schlussrechnung des Insolvenzverwalters.** Vgl. zur Schlussrechnung die Erläuterungen zu § 66. – Einwendungen gegen die Schlussrechnung können von den Beteiligten im Schlusstermin erhoben werden. Auch nach dem Schlusstermin tritt keine Präklusion ein; Ansprüche gegen den Insolvenzverwalter können noch bis zum Ablauf der regulären Verjährungsfrist gem. § 62 iVm § 195 BGB geltend gemacht werden (Nerlich/Römermann/*Westphal* § 197 Rn. 17; HK-InsO/*Depré* § 197 Rn. 2; HambK-InsO/*Preß* § 197 Rn. 8; Uhlenbruck/*Wegener* § 197 Rn. 7; FK-InsO/*Kießner* § 197 Rn. 14); dies ist vom

[1] § 197 Abs. 2 geänd. durch G v. 19.12.1998 (BGBl. I S. 3836).

Gesetzgeber ausdrücklich gewollt (vgl. BT-Drs. 12/2443, 131). Der Anspruch der Gläubiger gegen den Schuldner geht in keinem Fall verloren (RGZ 87, 151 [154]).

3 **2. Erhebung von Einwendungen gegen das Schlussverzeichnis.** Vgl. zur Aufstellung und Veröffentlichung des Schlussverzeichnisses zunächst die Erläuterungen zu § 188. – Einwendungen gegen das Schlussverzeichnis sind nur beachtlich, wenn sie im Termin mündlich vorgebracht worden sind (LG Verden ZInsO 2005, 949 [950]; AG Krefeld NZI 2001, 45; Nerlich/Römermann/*Westphal* § 197 Rn. 8; aA *Häsemeyer* Insolvenzrecht Rn. 7.65). Einwendungsberechtigt sind nur Gläubiger angemeldeter Forderungen. Geltend gemacht werden können nur (formelle) Fehler des Schlussverzeichnisses (zB die Feststellung für den Ausfall, wenn ein Absonderungsrecht tatsächlich nicht besteht), nicht aber materiell-rechtliche Einwendungen. Ist die Frist des § 189 Abs. 1 versäumt, kann dies daher nicht über § 197 Abs. 2 Nr. 2 geheilt werden (BGH ZInsO 2009, 2243 [2244]). Die Ausschlussfrist des § 194 Abs. 1 gilt für das Schlussverzeichnis nicht (vgl. schon *Delhaes* KTS 1963, 240 [250]).

4 **3. Entscheidung der Gläubiger über nicht verwertbare Gegenstände.** Von Absatz 1 Nr. 3 erfasst sind Gegenstände der Insolvenzmasse, die aus tatsächlichen oder rechtlichen Gründen nicht verwertbar sind (LG Altona KuT 1936, 117; *Kalter* KTS 1980, 215 [217 f.]) und deren Freigabe der Insolvenzverwalter beabsichtigt. Zweck der Entscheidung ist die Befreiung des Insolvenzverwalters von haftungsrechtlichen Ansprüchen (FK-InsO/*Kießner* § 197 Rn. 26). Die Gläubiger können eine Freigabe gutheißen. Sie tun dies stillschweigend, wenn sie sich nicht für eine bestimmte Verwertung eines als unverwertbar bezeichneten Gegenstandes entscheiden (Jaeger/*Meller-Hannich* § 197 Rn. 13; HambK-InsO/*Preß* § 197 Rn. 14; RG JW 1888, 288) oder wenn im Schlusstermin niemand erscheint (Kübler/Prütting/Bork/*Holzer* § 197 Rn. 14). Auch kann die Übernahme eines nicht anders verwertbaren Gegenstandes durch einen oder mehrere Gläubiger bewilligt werden (vgl. HK-InsO/*Depré* § 197 Rn. 8).

5 In besonders gelagerten Fällen ist auch die Anordnung der **Übertragung** einer kaum oder schwer verwertbaren **„Restmasse" auf einen Treuhänder** möglich, der die Restmasse tunlichst zu verwerten und den Erlös an die Insolvenzgläubiger auszuschütten hat (vgl. *Berges* KTS 1961, 161 [166]; aA Kübler/Prütting/Bork/*Holzer* § 197 Rn. 15; *Hess* § 197 Rn. 27; Uhlenbruck/*Wegener* § 197 Rn. 14; BK-InsO/*Breutigam* § 197 Rn. 22).

6 § 197 schließt nicht aus, dass bereits in einer Gläubigerversammlung vor dem Schlusstermin über die Freigabe von Gegenständen wegen Unverwertbarkeit Beschluss gefasst wird. Eine frühere Beschlussfassung kommt insbes. in Betracht, wenn die Unverwertbarkeit eindeutig feststeht (vgl. LG Wiesbaden MDR 1970, 598; *Kalter* KTS 1980, 215 [217]).

7 Für alle **Einwendungen eines Gläubigers** gilt nach Absatz 3 das Verfahren nach § 194 Abs. 2 und Abs. 3 (vgl. insofern → § 194 Rn. 6 ff.). Die Einwendungen müssen hinreichend bestimmt sein sowie ausdrücklich und unbedingt erklärt werden (vgl. Kübler/Prütting/Bork/*Holzer* § 197 Rn. 6 f.). Es entscheidet das Prozessgericht (OLG Nürnberg KTS 1966, 62 [63]); § 18 RPflG ist zu beachten. Die Einscheidung erfolgt durch Beschluss (HambK-InsO/*Preß* § 197 Rn. 11; *Uhlenbruck* ZIP 1993, 241).

II. Nachträglich angemeldete Forderungen im Schlusstermin

8 Die Verbindung des Schlusstermins mit einem Termin zur Prüfung nachträglich angemeldeter Forderungen (§ 177) ist zulässig (BGH NZI 2007, 401 [402]; *Gerbers/Pape* ZInsO 2006, 685 [687]; krit. Gottwald InsR-HdB/*Eickmann* § 63

Rn. 52). Dies ist jedoch insoweit bedenklich und könnte eine Amtspflichtverletzung sein, als **nachträglich angemeldete Forderungen** in einem solchen Fall selbst dann **nicht in das Schlussverzeichnis** aufgenommen werden können, wenn der Insolvenzverwalter sie nicht bestreiten will.

Deshalb sind nach Veröffentlichung des Schlusstermins angemeldete Forderungen, auch wenn Einwendungen gegen sie nicht erhoben werden, von einer Berücksichtigung **bei der Schlussverteilung ausgeschlossen** (BGH NZI 2007, 401; OLG Köln ZIP 1992, 949; LG Verden ZInsO 2005, 949; AG Krefeld NZI 2001, 45; Leonhardt/Smid/Zeuner/*Smid* § 197 Rn. 8; BK-InsO/*Breutigam* § 197 Rn. 19; *Gerbers/Pape* ZInsO 2006, 685 [687 f.]; *Uhlenbruck* KTS 1975, 14 ff.; aA *Hess* § 197 Rn. 22; *Tscheschke* Rpfleger 1992, 96 [97]; krit. auch schon *Boennecke* KTS 1955, 173 [175]). Entsprechendes gilt, wenn der Insolvenzverwalter eine angemeldete, aber zunächst bestrittene Forderung nach Veröffentlichung und Niederlegung des Schlussverzeichnisses unstreitig stellt (LG Krefeld ZInsO 2011, 870 [871]). Inhalt von Schlussverzeichnis und Tabelle fallen dann auseinander, die Aufnahme in die Tabelle hat aber noch Bedeutung für die Zwangsvollstreckung gegen den Schuldner (§ 201; vgl. Uhlenbruck/*Wegener* § 197 Rn. 17); aus diesem Grund **fehlt** es auch **nicht am Rechtsschutzbedürfnis** für eine Prüfung (so aber *Eckardt* Kölner Schrift InsO S. 533 Rn. 31; wie hier *Gerbers/Pape* ZInsO 2006, 685 [687]). 9

III. Fristen und Art der Durchführung des Schlusstermins

Die Zeitspanne zwischen der öffentlichen Bekanntmachung des Schlusstermins und dem Schlusstermin selbst soll nach **Absatz 2** zwischen einem und zwei Monaten betragen. Die Bestimmung ist eine **Ordnungsvorschrift,** ihre Verletzung ist grds. unbeachtlich (Kübler/Prütting/Bork/*Holzer* § 197 Rn. 4; HambK-InsO/*Preß* § 197 Rn. 4; strenger wohl FK-InsO/*Kießner* § 197 Rn. 3; Nerlich/Römermann/*Westphal* § 197 Rn. 4); die Frist ist jedoch in jedem Fall so zu bemessen, dass vor dem Schlusstermin die Ausschlussfrist des § 189 Abs. 1 und die Einwendungsfrist des 194 Abs. 1 abgelaufen sind (vgl. BT-Drs. 14/120, 13). – Die Durchführung des Schlusstermins im schriftlichen Verfahren ist unter den Voraussetzungen des § 5 Abs. 2 möglich, sollte aber nicht der Regelfall sein (ähnlich *Lissner* ZInsO 2013, 976 mwN). 10

IV. Präklusionswirkung des Schlusstermins

Die Abhaltung des Schlusstermins hat Präklusionswirkung (vgl. als Parallele schon → § 194 Rn. 4). Wird die Erhebung von Einwendungen versäumt, so sind **Einwendungen eines Insolvenzgläubigers** gegen die Nichtberücksichtigung seiner Forderung nicht mehr beachtlich (BGHZ 91, 198 [204 ff.] = NJW 1984, 2154 [2155]; RG KuT 1932, 97 [98]; OLG Köln KTS 1989, 447 [448]; LG Düsseldorf KTS 1966, 185 f.; MüKoInsO/*Füchsl/Weishäupl/Kebekus/Schwarzer* § 197 Rn. 8; HK-InsO/*Depré* § 197 Rn. 6; aA *Häsemeyer* Insolvenzrecht Rn. 7.65: Wiedereinsetzung möglich). Das gilt gem. § 205 S. 1 auch für **Nachtragsverteilungen** nach § 203 (vgl. Gottwald InsR-HdB/*Eickmann* § 65 Rn. 56 ff.), nicht dagegen für die Nachforderung nach § 201. Der Insolvenzgläubiger kann den Betrag, den er infolge seines Ausschlusses nicht erhalten hat und der an die anderen Insolvenzgläubiger verteilt wurde, nicht als ungerechtfertigte Bereicherung herausverlangen (BGHZ 91, 198 = NJW 1984, 2154; vgl. dazu ausf. → § 188 Rn. 12 ff.). – Die **Präklusion verstößt nicht gegen Art. 103 Abs. 1 GG** (OLG Köln KTS 1989, 447 [448]). 11

Hinterlegung zurückbehaltener Beträge[1]

198 Beträge, die bei der Schlußverteilung zurückzubehalten sind, hat der Insolvenzverwalter für Rechnung der Beteiligten bei einer geeigneten Stelle zu hinterlegen.

Schrifttum: *Bihler,* Zur Hinterlegung der nicht erhobenen Beträge gemäß § 169 KO, KTS 1963, 226 ff.; *Stiller/Schmidt,* Hinterlegung von Quotenzahlungen des Insolvenzverwalters bei unbekanntem Aufenthalt des Insolvenzgläubigers, ZInsO 2011, 1686 = InsbürO 2011, 413. Weiteres Schrifttum bei § 187.

I. Allgemeines

1 **1. Zweck der Hinterlegung.** Mit der Hinterlegung der bei der Schlussverteilung zurückzubehaltenden Beträge soll eine **Entlastung des Insolvenzverwalters** erreicht werden, daneben die **Sicherung der Gläubiger,** die ihre Dividenden nicht erhoben haben, nicht hingegen die Befreiungswirkung der §§ 372 ff. BGB (*Bihler* KTS 1963, 226 [229 ff.]).

2 **2. Anwendungsbereich.** Für eine Hinterlegung nach § 198 kommen zunächst **die nach §§ 189 Abs. 2, 190 Abs. 2 S. 2, 191 Abs. 1 S. 2 zurückbehaltenen Beträge** in Betracht.

3 Die Insolvenzordnung enthält – anders als noch die Konkursordnung – keine Regelung über die Hinterlegung derjenigen **Anteile, die** auszuzahlen waren, aber **nicht abgeholt wurden** und dem Berechtigten auch nicht überwiesen werden können. Der InsO-Gesetzgeber hielt die Zustimmung des Gerichts zur Hinterlegung solcher Beträge für überflüssig (vgl. BT-Drs. 13/2443, 187). Eine solche Zustimmung ist aber nach § 198 insgesamt nicht mehr erforderlich (anders noch § 169 KO). Deshalb ist die Vorschrift auch auf nicht abgeholte Beträge anzuwenden (vgl. Kübler/Prütting/Bork/*Holzer* § 198 Rn. 3 f. und 10). – Zum Umfang der dem Insolvenzverwalter obliegenden Pflicht zu erforschen, wie die Beträge dem Berechtigten anders zugeleitet werden können, vgl. *Stiller/Schmidt* ZInsO 2011, 1686; vgl. ferner KG ZInsO 2015, 693 zur Zumutbarkeit, vor einer Hinterlegung Auskünfte beim Nachlassgericht über mögliche Erben einzuholen.

II. Einzelfragen

4 Geeignete Stelle iSv § 198 ist etwa auch ein Sonderanderkonto des Insolvenzverwalters (BGH ZIP 2015, 85 [86 f.] = NZI 2015, 128 [129]). – Eine **Hinterlegung mit Rücknahmeverzicht** ist hinsichtlich der nach §§ 189 Abs. 2, 190 Abs. 2 S. 2, 191 Abs. 1 S. 2 zurückbehaltenen Beträge nicht zulässig, hinsichtlich der nicht erhobenen Beträge hingegen sogar zweckmäßig (Uhlenbruck/*Uhlenbruck* § 198 Rn. 8; zur Befristung der Hinterlegung vgl. *Bihler* KTS 1963, 226 [235 f.]).

5 Die **Verfügungsbefugnis des Insolvenzverwalters** endet erst mit der Freigabe der Beträge an den Schuldner, etwa nach Maßgabe des § 203 Abs. 2 (nicht schon mit der Hinterlegung); vorher endet auch der Insolvenzbeschlag der Beträge nicht (BGH NJW 1973, 1198 [1199]; BGHZ 83, 102 [103] = NJW 1982, 1765; BGH ZIP 2015, 85 [87] = NZI 2015, 128 [130]; Kübler/Prütting/Bork/*Holzer* § 198 Rn. 13c; vgl. auch *Uhlenbruck* ZIP 1993, 241 [245]).

6 Die Hinterlegung erfolgt **auf Kosten der Beteiligten und ist im Namen der Insolvenzmasse** vorzunehmen, damit die Beträge im Falle einer Nachtragsverteilung zur Verfügung stehen (Nerlich/Römermann/*Westphal* § 198 Rn. 10;

[1] § 198 geänd. durch G v. 19.12.1998 (BGBl. I S. 3836).

Uhlenbruck/*Wegener* § 198 Rn. 11). – Zur Anzeigepflicht nach § 374 BGB und zu Kosten der Anzeige vgl. KG ZInsO 2015, 1629.

Bei Streit über die Frage, ob Gegenstände auszuzahlen oder zu hinterlegen sind, entscheidet das **Prozessgericht** (RG JW 1896, 34; Nerlich/Römermann/*Westphal* § 198 Rn. 4). 7

Überschuß bei der Schlußverteilung

199 **[1] Können bei der Schlußverteilung die Forderungen aller Insolvenzgläubiger in voller Höhe berichtigt werden, so hat der Insolvenzverwalter einen verbleibenden Überschuß dem Schuldner herauszugeben. [2] Ist der Schuldner keine natürliche Person, so hat der Verwalter jeder am Schuldner beteiligten Person den Teil des Überschusses herauszugeben, der ihr bei einer Abwicklung außerhalb des Insolvenzverfahrens zustünde.**

Schrifttum: *Schlinker,* Zur Beendigung des Insolvenzverfahrens über eine Kapitalgesellschaft vor vollständiger Verwertung der Masse, ZIP 2007, 1937; *Karsten Schmidt,* Zur Ablösung des Löschungsgesetzes, GmbHR 1994, 829; *Uhlenbruck,* Die Durchsetzung von Gläubigeransprüchen gegen eine vermögenslose GmbH und deren Organe nach geltendem und neuem Insolvenzrecht, ZIP 1996, 1641. Weiteres Schrifttum bei § 187.

Führt die Schlussverteilung zu einer vollständigen Befriedigung aller im Schlussverzeichnis berücksichtigten (zu dieser Einschränkung Nerlich/Römermann/*Westphal* § 199 Rn. 5) Insolvenzgläubiger – auch der nachrangigen (§ 39) –, so muss der Insolvenzverwalter einen eventuell verbleibenden Überschuss nach Satz 1 an den **Schuldner** herausgeben, wenn dieser **eine natürliche Person** ist. 1

Ist der **Schuldner eine juristische Person, ein nichtrechtsfähiger Verein oder eine Gesellschaft ohne Rechtspersönlichkeit,** gilt nach Satz 2: Die verbleibenden Vermögenswerte sind an jede am Schuldner beteiligte Person in der Weise herauszugeben, dass diese Personen – das sind Gesellschafter, Vereinsmitglieder bzw. Genossen – so stehen, als wäre der Schuldner außerhalb des Insolvenzverfahrens abgewickelt worden (vgl. insofern auch § 155 HGB, § 271 AktG, § 72 GmbHG, § 91 GenG, § 734 BGB, § 10 PartGG). 2

Damit kommt die – heftig bestrittene – eigentliche **Bedeutung der Norm** (vgl. hierzu auch → Einl. Rn. 23 und → § 1 Rn. 14) nur mittelbar zum Ausdruck: **Totalität der Insolvenzabwicklung und Kontinuität der ordnungsrechtlichen Haftung.** Die insolvenzrechtliche Abwicklung der Gesellschaft umfasst nämlich auch die gesellschaftsrechtliche Liquidation (grundlegend *Karsten Schmidt* ZGR 1998, 633 ff.; vgl. auch *Jungmann,* Grundpfandgläubiger und Unternehmensinsolvenz, 2003, Rn. 161 f.) und trägt damit zur Verfahrensvereinfachung bei (vgl. BT-Drs. 12/2443, 187; vgl. ferner Leonhardt/Smid/Zeuner/*Smid* § 199 Rn. 3; *Schlinker* ZIP 2007, 1937). Ferner zeigt sich anhand der Existenz von § 199 S. 2, dass – auch insofern entgegen der herrschenden Meinung (vgl. hierzu → § 35 Rn. 37 ff.) – die Freigabe in der Gesellschaftsinsolvenz unzulässig ist (vgl. *Karsten Schmidt* ZIP 2000, 1913 ff.; *ders.* NJW 2010, 1489 ff.; vgl. auch *Jungmann* Grundpfandgläubiger und Unternehmensinsolvenz, 2003, Rn. 160 ff.). 3

Eine **Fortsetzung der Gesellschaft** ist nach Aufhebung des Verfahrens **unzulässig** (BGH ZIP 2015, 1533 = NZG 2015, 872; OLG Celle NZI 2011, 151; OLG Schleswig NZI 2014, 625 mit abl. Anm. *Kluth;* zur Zäsurwirkung der Schlussverteilung in der Gesellschaftsinsolvenz vgl. auch schon → § 196 Rn. 1; zur Fortsetzungsmöglichkeit nach Einstellung gem. §§ 212, 213 vgl. → § 212 Rn. 21); das Vermögen der Gesellschaft ist vollständig zu verwerten und zu verteilen (so auch *Schlinker* ZIP 2007, 1937). Spätestens mit der Verteilung des Über- 4 schusses tritt die Vermögenslosigkeit der Gesellschaft ein; Folge ist die **Amtslöschung** nach § 394 FamFG (zu diesem Themenkreis *Karsten Schmidt* GmbHR 1994, 829 ff.; vgl. auch *Uhlenbruck* ZIP 1996, 1641 ff.; Kübler/Prütting/Bork/*Holzer* § 199 Rn. 10 ff.), erst dann endet das Amt des Insolvenzverwalters (Nerlich/Römermann/*Westphal* § 199 Rn. 7); eine Nachtragsverteilung (§ 203) bleibt dennoch möglich (BGH ZInsO 2014, 340; vgl. auch → § 203 Rn. 2). Aufgabe des Insolvenzverwalters ist es aber nicht, Streitigkeiten über die Verteilung unter den Gesellschaftern zu entscheiden; ggf. muss er die Beträge beim Amtsgericht hinterlegen (FK-InsO/*Kießner* § 199 Rn. 6).

5 Die **Verteilung** darf **erst nach Vollzug der Schlussverteilung** und sollte erst nach Verfahrensbeendigung erfolgen. Zu den Problemen aufgrund des fortbestehenden Insolvenzbeschlags bei einer Verteilung vor letzterem Zeitpunkt vgl. BGH NJW 1973, 1198; ZIP 1982, 467; OLG Frankfurt a. M. ZIP 1991, 1365. Die nach § 198 zu hinterlegenden Beträge dürfen in entsprechender Anwendung des § 199 erst dann verteilt werden, wenn sie „für die Masse" freigeworden wären (ausf. Nerlich/Römermann/*Westphal* § 199 Rn. 11; vgl. auch die Ausführungen zu § 203 Abs. 1 Nr. 1).

Aufhebung des Insolvenzverfahrens[1]

200 (1) **Sobald die Schlußverteilung vollzogen ist, beschließt das Insolvenzgericht die Aufhebung des Insolvenzverfahrens.**

(2) [1] **Der Beschluß und der Grund der Aufhebung sind öffentlich bekanntzumachen.** [2] **Die §§ 31 bis 33 gelten entsprechend.**

Schrifttum: *Bollwerk,* Freistellungsanspruch eines Schuldners nach Verfahrensaufhebung, ZInsO 2013, 2088 ff.; *Bork,* Aufhebung und Einstellung des Insolvenzverfahrens unter Vorbehalt der Nachtragsverteilung, ZIP 2009, 2077 ff.; *Förster/Tost,* Die Archivierung von Geschäftsunterlagen in Insolvenzverfahren, ZInsO 1998, 297; *Richert,* Der Zwangsvergleichsvorschlag nach konkursgerichtlicher Genehmigung der Schlußverteilung, NJW 1961, 645; *Smid,* Prozessführungsbefugnis des Insolvenzverwalters wegen massezugehöriger Ansprüche nach Aufhebung des Insolvenzverfahrens, ZInsO 2010, 641; *Uhlenbruck,* Rechtsfolgen der Beendigung des Konkursverfahrens, ZIP 1993, 241; *ders.,* Aufhebung des Konkursverfahrens trotz Einwendungen gegen das Schlußverzeichnis, Rpfleger 1994, 407. Weiteres Schrifttum bei § 187.

Übersicht

I. Zeitpunkt der Verfahrensaufhebung

1 **Nach dem Schlusstermin und nach der Schlussverteilung** (anders noch § 163 Abs. 1 KO; vgl. zu der damit verbundenen Problematik *Uhlenbruck* ZIP 1993, 241 [245]; vgl. auch BT-Drs. 13/2443, 187) beschließt das Insolvenzgericht die Aufhebung des Insolvenzverfahrens. Die Erledigung anhängiger Prozesse braucht nicht abgewartet zu werden (*Uhlenbruck* Rpfleger 1994, 407; vgl. → § 196

[1] § 200 Abs. 2 Satz 2 aufgeh., bish. Satz 3 wird Satz 2 mWv 1.7.2007 durch G v. 13.4.2007 (BGBl. I S. 509).

Rn. 6); triftige Gründe können jedoch dafür sprechen. Zweckmäßigerweise wird die Nachtragsverteilung im Beschluss vorbehalten (zur Zulässigkeit *Bork* ZIP 2009, 2077 [2078 ff.]).

II. Bekanntmachung des Aufhebungsbeschlusses

Der Aufhebungsbeschluss ist nach Absatz 2 mit **Angabe des Grundes** der 2
Aufhebung (Vollzug der Schlussverteilung) öffentlich bekannt zu machen. Die Bekanntmachung richtet sich nach § 9 und erfolgt im Internet unter www.insolvenzbekanntmachungen.de. Hat sich der Richter die Entscheidung vorbehalten, sind gegen dessen Entscheidung gem. § 6 **keine Rechtsmittel** gegeben. Erlässt der Rechtspfleger den Beschluss, ist gegen diesen die Erinnerung gem. § 11 Abs. 2 RPflG statthaft (LG Mainz 16.4.2014 – 8 T 63/14, BeckRS 2015, 10141; Andres/Leithaus/*Leithaus* § 200 Rn. 3; HambK-InsO/*Preß* § 200 Rn. 22 f.; *Häsemeyer* Insolvenzrecht Rn. 7.70).

Der **Aufhebungsbeschluss** wird bereits **mit Beschlussfassung wirksam** 3
(BGHZ 186, 223 [225 f.] = NZI 2010, 741 [742]; RGZ 45, 323 [326]; *Richert* NJW 1961, 645 [648 f.]; für ein Wirksamwerden gem. § 9 Abs. 1 S. 3 erst mit Ablauf des zweiten Tages nach der Veröffentlichung hingegen LG Braunschweig MDR 1964, 64; Kübler/Prütting/Bork/*Holzer* § 200 Rn. 18).

Absatz 2 Satz 2 fordert die **Bekanntgabe der Aufhebung des Insolvenz-** 4
verfahrens an alle **Behörden,** denen nach § 31 die Eröffnung bekanntgegeben wurde. Die **Löschung eines eingetragenen Veräußerungsverbotes** (§ 21 Abs. 2 S. 1 Nr. 2) **oder des Insolvenzvermerks** (§§ 32, 33) erfolgt auf Ersuchen des Insolvenzgerichts oder auf Antrag des Insolvenzverwalters. Wird mit der Aufhebung des Insolvenzverfahrens über das Vermögen einer Kapitalgesellschaft zugleich das Erlöschen einer Firma in das Handelsregister eingetragen, so darf die öffentliche Bekanntmachung des Erlöschens durch das Registergericht nicht unterbleiben, weil eine Insolvenzaufhebung nicht stets das sofortige Erlöschen der Firma zur Folge hat, die öffentliche Bekanntmachung der Insolvenzbeendigung das Erlöschen der Firma also nicht für jedermann erkennbar macht (KG DJ 1938, 1161).

III. Folgen der Verfahrensbeendigung

1. Übergang der Verwaltungs- und Verfügungsbefugnis. Mit Beendigung 5
des Insolvenzverfahrens erlangt der Schuldner das Verwaltungs- und Verfügungsrecht über das bisher insolvenzbefangene Vermögen zurück; es ist Aufgabe des Insolvenzverwalters, dafür zu sorgen, dass der Schuldner auch tatsächlich wieder die Verfügungsgewalt erhält (vgl. BGH ZIP 2015, 85 [87] = NZI 2015, 128 [130]; KG ZInsO 2015, 1629 [1630]). Das Verwaltungs- und Verfügungsrecht des Insolvenzverwalters endet grds. (RGZ 25, 7 [9]; 36, 20 [22 f.]; BGHZ 83, 102 [103] = NJW 1982, 1765; FK-InsO/*Kießner* § 200 Rn. 8). Das gilt aber nicht hinsichtlich solcher Gegenstände, welche für die Zwecke einer Nachtragsverteilung verstrickt bleiben (§§ 203 Abs. 1 Nr. 1, 189 Abs. 2, 190 Abs. 2, 191 Abs. 1) bzw. zu hinterlegen (§ 198) sind (LG Köln ZIP 1982, 337; BGH NJW 1973, 1198 [1199]; BGHZ 83, 102 [103] = NJW 1982, 1765 [1766]; BGH ZIP 2015, 85 [87] = NZI 2015, 128 [130]; näher *Uhlenbruck* ZIP 1993, 241 [245 ff.]). – Zur Geltendmachung von Ansprüchen gegen den Insolvenzverwalter auf Befreiung von Nachforderungsansprüchen der Insolvenzgläubiger wegen masseschädigender Handlungen durch den Schuldner nach Aufhebung des Insolvenzverfahrens vgl. BGH NZI 2009, 771 sowie *Bollwerk* ZInsO 2013, 2088 mwN und → § 203 Rn. 8.

6 **2. Sonderproblem Prozessführungsbefugnis.** Grds. gilt: Mit Beendigung des Insolvenzverfahrens entfällt neben der Verwaltungs- und Verfügungsbefugnis auch die Prozessführungsbefugnis des Insolvenzverwalters (vgl. nur BGH NZI 2010, 99; BFH NZI 2011, 911). Mit Bezug auf die unter → Rn. 5 genannten Gegenstände bleibt der Verwalter aber zur Fortführung anhängiger Prozesse sowie unter Umständen zur Anhängigmachung solcher Prozesse befugt (BGHZ 83, 102 = NJW 1982, 1765; BGH NJW 1992, 2894 [2895]; Kübler/Prütting/Bork/*Holzer* § 200 Rn. 9; näher HK-InsO/*Depré* § 200 Rn. 7; Uhlenbruck/*Wegener* § 200 Rn. 24 f.; *Smid* ZInsO 2010, 641); das gilt auch für Anfechtungsprozesse (RGZ 53, 330 [333]; LG Köln ZIP 1982, 337; Nerlich/Römermann/*Westphal* § 200 Rn. 11; MüKoInsO/*Hintzen* § 200 Rn. 37 ff.). Ist das **Insolvenzverfahren** allerdings **aufgrund eines Insolvenzplans aufgehoben,** ist die Einleitung eines neuen Rechtsstreits aufgrund der abschließenden Regelung des § 259 Abs. 3 unzulässig; auch das Insolvenzgericht kann dann keine entsprechende Ermächtigung erteilen (BGH NZI 2010, 99 [100]).

7 Nach der herrschenden Amtstheorie gilt: Hatte der Insolvenzverwalter eine von ihm eingeklagte massezugehörige Forderung zwischenzeitlich abgetreten, so geht die Prozessführungsbefugnis regelmäßig auf den Abtretungsempfänger über (BGH NJW 1992, 2894). Gleichfalls kann der Insolvenzverwalter eine in einem Insolvenzplan treuhänderisch an ihn abgetretene Masseforderung auch nach Aufhebung des Insolvenzverfahrens nur aus eigenem Recht als Zessionar (und nicht selbst „als Partei kraft Amtes") weiterverfolgen (BGHZ 175, 86 = NZI 2009, 340).

8 Schwebende Prozesse, die nicht ausnahmsweise vom Insolvenzverwalter fortzuführen sind (→ Rn. 6), werden nicht unterbrochen, aber auf Antrag ausgesetzt (OLG Köln ZIP 1987, 1004). Dies wird mit einer Analogie zu § 246 ZPO begründet (vgl. auch Nerlich/Römermann/*Westphal* § 200 Rn. 12; zur analogen Anwendung von § 239 ZPO vgl. Uhlenbruck/*Wegener* § 200 Rn. 21).

9 Eine während eines Rechtsstreits nach der letzten mündlichen Verhandlung vor dem Berufungsgericht erfolgte **Aufhebung (oder Einstellung) des Insolvenzverfahrens** ist in der Revisionsinstanz jedenfalls insoweit von Bedeutung, als sie sich auf die Prozessführungsbefugnis des Klägers auswirkt (BGHZ 28, 13 = WM 1958, 1157).

10 **3. Sonstige Folgen der Verfahrensbeendigung.** Mit der Aufhebung des Insolvenzverfahrens endet die **Verjährungsunterbrechung** durch die Forderungsanmeldung (§ 209 Abs. 2 Nr. 2 BGB). **Verfügungsgeschäfte und Verpflichtungen,** welche der Insolvenzverwalter im Rahmen seiner Verwaltungs- und Verfügungsmacht eingegangen ist, **bleiben wirksam** (RGZ 80, 416 [418]; Jaeger/*Meller-Hannich* § 200 Rn. 13), doch kann der bisherige Insolvenzverwalter die von ihm eingegangenen Verbindlichkeiten nicht mehr erfüllen (vgl. KG HRR 1930, 1647 zur Auflassung eines Massegrundstücks); dies obliegt dem Schuldner (KG ZInsO 2015, 1629 [1630]). – Rechtsverhältnisse, welche gem. **§§ 103 ff.** erloschen sind, leben nicht wieder auf.

11 Die **Festsetzung der Vergütung des Insolvenzverwalters** ist noch nach Beendigung des Insolvenzverfahrens zulässig (OLG Kassel JW 1936, 2663). – **Einwendungen** eines Gläubigers **gegen das Schlussverzeichnis** und Rechtsmittel gegen Gerichtsbeschlüsse hierüber (§§ 194, 197) erledigen sich mit der rechtskräftigen Aufhebung des Verfahrens (OLG Frankfurt a. M. ZIP 1991, 1365; HambK-InsO/*Preß* § 200 Rn. 19). – Zur Pflicht zur Aufbewahrung von Geschäftsunterlagen vgl. Nerlich/Römermann/*Westphal* § 200 Rn. 13; MüKoInsO/*Hintzen* § 200 Rn. 42 f.; *Förster/Tost* ZInsO 1998, 297 ff.; zur Rechtsfolge der Verfahrensaufhebung in Bezug auf Kontenpfändungen vgl. *Grote* ZInsO 2014, 1746 f.

Rechte der Insolvenzgläubiger nach Verfahrensaufhebung[1]

201 (1) **Die Insolvenzgläubiger können nach der Aufhebung des Insolvenzverfahrens ihre restlichen Forderungen gegen den Schuldner unbeschränkt geltend machen.**

(2) [1] **Die Insolvenzgläubiger, deren Forderungen festgestellt und nicht vom Schuldner im Prüfungstermin bestritten worden sind, können aus der Eintragung in die Tabelle wie aus einem vollstreckbaren Urteil die Zwangsvollstreckung gegen den Schuldner betreiben.** [2] **Einer nicht bestrittenen Forderung steht eine Forderung gleich, bei der ein erhobener Widerspruch beseitigt ist.** [3] **Der Antrag auf Erteilung einer vollstreckbaren Ausfertigung aus der Tabelle kann erst nach Aufhebung des Insolvenzverfahrens gestellt werden.**

(3) **Die Vorschriften über die Restschuldbefreiung bleiben unberührt.**

Schrifttum: *Gaul,* Negative Rechtskraftwirkung und konkursmäßige Zweittitulierung, FS F. Weber, 1979, 178; *Heidel/Pohl,* Insolvenz und Steuern, InVo 1996, 117; *Herfurth,* Der Einfluß des Konkurs- und Vergleichsverfahrens auf die Zwangsvollstreckung, DGVZ 1951, 67; *Janberg,* Zur Wirkung des Konkurstabelleneintrags, BB 1951, 970; *Lissner,* Die Erteilung eines vollstreckbaren Tabellenauszugs im Insolvenzverfahren – Betrachtungen zum isolierten Widerspruch bei Forderungen gem. § 302 InsO, ZVI 2014, 368; *Müller,* Die Einwirkung des Konkurses der OHG auf die persönliche Haftung des Gesellschafters, NJW 1968, 225; *Pohle,* Vollstreckungsrechtliche Zweifelsfragen, JZ 1954, 341.

Übersicht

I. Systematik der Vorschrift

1 Absatz 1 regelt das sog **freie Nachforderungsrecht;** Absatz 3 stellt ausdrücklich klar, dass die Vorschriften über die Restschuldbefreiung unberührt bleiben. Die nachfolgenden Ausführungen gelten **nicht** für Insolvenzverfahren, an deren Ende das **Restschuldbefreiungsverfahren** steht (zum Spannungsverhältnis der unbeschränkten Nachforderung mit dem Restschuldbefreiungsverfahren vgl. die Literatur zu §§ 286 ff.). – Zu Absatz 2 vgl. → Rn. 4 ff.

II. Wirkungen der Verfahrensaufhebung

2 Die **Beendigung des Insolvenzverfahrens** wirkt als solche **nicht schuldbefreiend.** Gläubiger, welche sich am Verfahren beteiligt haben, können den ungedeckt gebliebenen Teil ihrer Forderungen unbeschränkt im Wege der Zwangvollstreckung geltend machen (vgl. aber § 203). Nach Aufhebung des Insolvenzverfahrens (aufgrund der Schlussverteilung) können Gläubiger, welche sich nicht am Verfahren beteiligt haben, ihre Forderungen in vollem Umfang im Wege der Zwangvollstreckung durchsetzen (RFH DJZ 1929, 1346 sowie FG Hamburg ZInsO 2011, 2287 für Steuerforderungen; vgl. dazu auch *Heidel/Pohl* InVo 1996, 117 [119]).

[1] § 201 Abs. 2 Satz 3 angef. durch G v. 19.12.1998 (BGBl. I S. 3836).

3 Eine durch die Beteiligung am Insolvenzverfahren nach Maßgabe der §§ 41, 45, 46 bewirkte **Inhaltsänderung der Forderung** bleibt, wenn die Forderung ohne Widerspruch des Schuldners festgestellt ist, für die Zeit nach der Aufhebung des Insolvenzverfahrens maßgebend (RGZ 112, 297 [300]; MüKoInsO/*Hintzen* § 201 Rn. 12 f.; Uhlenbruck/*Wegener* § 201 Rn. 9 f.; HambK-InsO/*Herchen* § 201 Rn. 11; FK-InsO/*Kießner* § 201 Rn. 19 f.; *Müller* NJW 1968, 225 [226]; streitig allerdings für den Fall einer Fremdwährungsforderung, vgl. → § 45 Rn. 16 mwN; aA *Häsemeyer* Insolvenzrecht Rn. 25.11 ff.; Nerlich/Römermann/*Westphal* §§ 201, 202 Rn. 14). Das gilt jedoch nur für das Verhältnis vom Schuldner zu Gläubigern, nicht auch für das **Verhältnis** von Gläubigern **zu Bürgen** oder sonstigen **Drittverpflichteten.** Diese Frage spielt va bei Insolvenzverfahren über das Vermögen von Handelsgesellschaften eine Rolle. Wenn eine solche Gesellschaft nach Verfahrensbeendigung gelöscht wird, haften ihre Bürgen weiter.

III. Vollstreckung aus der Tabelle

4 Nach Absatz 2 Satz 1 hat die **„Feststellung" des Anspruchs als Insolvenzforderung** (§ 178) dem Schuldner gegenüber die **Wirkung eines rechtskräftigen Urteils** und berechtigt zur Zwangsvollstreckung gegen den Schuldner. Dies gilt jedoch nur, wenn der Schuldner gegen die Forderung keinen Widerspruch erklärt hatte, seinen Widerspruch zurückgenommen hat oder wenn sein Widerspruch beseitigt iSv Absatz 2 Satz 2 wurde; im Fall der Nachlassinsolvenz ist nur der Widerspruch des Testamentsvollstreckers maßgeblich (OLG Frankfurt a. M. ZInsO 2014, 1761). Die Zwangsvollstreckung aus der Tabelle ist nicht möglich, wenn der Schuldner sein Bestreiten erst nach Aufhebung des Insolvenzverfahrens aufgibt und der Gläubiger nicht vorher Klage erhoben hat (LSG NRW Rpfleger 1986, 105). Hingegen ist ein „Überwinden" des Schuldnerwiderspruchs nicht erforderlich, wenn der Schuldner nicht der Forderung als solcher, sondern lediglich isoliert dem besonderen Attribut iSv § 174 Abs. 2 und § 302 Nr. 1 (Vorsatzdelikt, Unterhaltspflichtverletzung, Steuerstraftat) widersprochen hat; in diesem Fall ist dem Gläubiger auf Antrag ohne Weiteres ein Tabellenauszug zu erteilen (LG Köln NZI 2012, 682). Der **Titel** (auch iSv § 2 AnfG) ist der **Tabelleneintrag.** Die Wirkung der Forderungsfeststellung ist jedoch auf die Insolvenzforderung beschränkt; das ist die persönliche Forderung, sodass der Titel als Grundlage für die Verwertung des Gegenstandes eines Absonderungsrechts nicht geeignet ist, wohl aber für die Vollstreckung von Zinsforderungen (§ 39 Abs. 1 Nr. 1).

5 **1. Zusammentreffen von altem Titel und Tabellenauszug.** Durch die insolvenzmäßige Feststellung wird ein **früherer Vollstreckungstitel aufgezehrt** und bildet keine geeignete Grundlage mehr für eine Zwangsvollstreckung, sofern der Schuldner der Feststellung nicht widersprochen hat (BGH NJW-RR 2013, 1268 [1269] = NZI 2013, 801 [802]; BGH NZI 2006, 536 [537]; NJW 1998, 2364 [2365]; RGZ 112, 297 [300]; 132, 113 [115]; LG Köln NZI 2012, 682 [683]; Braun/*Pehl* § 201 Rn. 12; aA noch *Gaul* FS F. Weber, 1975, 178 zum Konkursrecht). Dies gilt auch in Bezug auf titulierte Ansprüche mit einem besonderen Forderungsattribut iSv § 174 Abs. 2 und § 302 Nr. 1 (Vorsatzdelikt, Unterhaltspflichtverletzung, Steuerstraftat) (vgl. LG Kleve DGVZ 2013, 38).

6 Der **Titel** wird aber **nicht aufgezehrt,** soweit auf seiner Grundlage die Titelforderung im Insolvenzverfahren über das Vermögen eines neben dem Titelschuldner haftenden Gesamtschuldners insolvenzmäßig festgestellt wird. Deshalb bleibt etwa die Vollstreckung gegen den einen Titelschuldner, der nicht (Insolvenz-)Schuldner, sondern zB persönlich haftender Gesellschafter war, möglich (vgl. LG Hannover Rpfleger 1992, 127; *Hess* § 201 Rn. 26). Gleiches gilt, wenn

der Gläubiger auf eine Teilnahme am Insolvenzverfahren verzichtet hat (FK-InsO/*Kießner* § 201 Rn. 17).

Gegen eine **Vollstreckung aus dem alten Titel,** der durch den neuen Titel – die insolvenzmäßige Feststellung – ersetzt worden ist, ist nach BGH NZI 2006, 173 [174] der „jeweils statthafte Rechtsbehelf" gegeben. Das ist, soweit es um den Titelverbrauch geht, die **Erinnerung nach § 766 ZPO** (*Gaul* FS F. Weber, 1975, 178; Jaeger/*Meller-Hannich* § 201 Rn. 14; vgl. auch *Herfurth* DGVZ 1951, 67 [75]; *Janberg* BB 1951, 970 f.; *Pohle* JZ 1954, 341 [344 f.]; aA HambK-InsO/*Herchen* § 201 Rn. 13 (nur § 767 ZPO); RGZ 132, 113 [114] (auch § 767 ZPO)). Geltend gemacht wird das Fehlen eines wirksamen Titels als vollstreckungsrechtlicher Verfahrensmangel. Die Erinnerung ist auch dann gegeben, wenn der Schuldner sich nur gegen die Verwendung des inhaltsgleichen, aber falschen Titels wendet (Jaeger/*Meller-Hannich* § 201 Rn. 14). Die **Vollstreckungsgegenklage** (§ 767 ZPO) ist dagegen statthaft, wenn der Schuldner gegenüber der Vollstreckung aus dem früheren Titel den durch die Insolvenzfeststellung veränderten Inhalt des Anspruchs oder nachträglich entstandene Einwendungen gegen die Forderung (wie zB die Tilgung durch Mitschuldner; vgl. *Hess* § 201 Rn. 23; FK-InsO/*Kießner* § 201 Rn. 24) geltend macht. – Bei **Steuerforderungen** geht durch die insolvenzmäßige Feststellung das Recht, die Forderung im Verwaltungszwangsverfahren durchzusetzen, nicht verloren (vgl. dazu Kübler/Prütting/Bork/*Holzer* § 201 Rn. 19; *Heidel/Pohl* InVo 1996, 117 [119]). 7

2. Erteilung der vollstreckbaren Ausfertigung. Nach **Absatz 2 Satz 3** darf der **Antrag auf Erteilung einer vollstreckbaren Ausfertigung** aus der Tabelle **nicht vor Aufhebung des Insolvenzverfahrens** gestellt werden. Zweck dieser Regelung ist die Entlastung der Insolvenzgerichte. Aufgrund der öffentlichen Bekanntmachung der Einstellung ist der frühestmögliche Zeitpunkt der Antragstellung für die Gläubiger ersichtlich (BT-Drs. 14/120, 13 f.). 8

Ein Titel gem. § 201 unterliegt, wie die Vollstreckungstitel nach § 794 ZPO, den allgemeinen Regeln der ZPO (§ 4). Die **Vollstreckungsklausel** wird in der Regel vom Urkundsbeamten der Geschäftsstelle erteilt (§ 724 Abs. 2 ZPO); vgl. aber auch § 20 Nr. 12 RPflG iVm §§ 727 ff. ZPO. 9

Zulässig ist in entsprechender Anwendung der **§§ 727, 730 ZPO** die Erteilung der Vollstreckungsklausel für und gegen den Rechtsnachfolger (HK-InsO/*Depré* § 202 Rn. 2; Kübler/Prütting/Bork/*Holzer* § 202 Rn. 10 f.). Unzulässig ist es, einen gegen eine OHG oder eine KG gerichteten vollstreckbaren Tabellenauszug gegen deren persönlich haftende Gesellschafter umzuschreiben; insofern ist eine andere Haftungsmasse betroffen (AG München KTS 1966, 122 [123]). Gleiches gilt für die Gesellschaft bürgerlichen Rechts (so auch Kübler/Prütting/Bork/*Holzer* § 202 Rn. 11). – Zur Zwangsvollstreckung aus den Eintragungen und zu Fragen der Verjährung (§ 218 Abs. 1 S. 2 BGB) – insbes. das Insolvenzverfahren über das Vermögen einer Genossenschaft betreffend – vgl. noch *Janberg* BB 1951, 970 f. 10

IV. Besonderheiten bei Restschuldbefreiung

Eine Nachhaftung ist **ausgeschlossen,** soweit dem Schuldner durch das Insolvenzgericht **Restschuldbefreiung** erteilt worden ist (vgl. dazu → § 300 Rn. 9 f.). Die Restschuldbefreiung gilt auch gegenüber Gläubigern, die auf eine Teilnahme am Insolvenzverfahren verzichtet haben (HK-InsO/*Depré* § 201 Rn. 12). Trotz des Ausschlusses einer Zwangsvollstreckung **während der Wohlverhaltensperiode** gem. § 294 Abs. 1 hat das Gericht dem Gläubiger auch bei Gewährung der Restschuldbefreiung einen vollstreckbaren Auszug zu erteilen (vgl. hierzu *Lissner* ZVI 2014, 368 ff.). Dies gilt zweifellos dann, wenn der Schuldner nicht der 11

Forderung als solcher, sondern nur dem besonderen Attribut iSv § 174 Abs. 2 und § 302 Nr. 1 (Vorsatzdelikt, Unterhaltspflichtverletzung, Steuerstraftat) widersprochen hat (LG Köln NZI 2012, 682). Aber auch sonst ist dem Gläubiger auf Antrag ein Tabellenauszug zu erteilen, da gem. § 303 InsO die Möglichkeit eines Widerrufs der Restschuldbefreiung besteht und dem Gläubiger die Einzelzwangsvollstreckung sofort nach Wegfall der Sperre des § 294 Abs. 1 zu ermöglichen ist (LG Leipzig NZI 2006, 603; LG Göttingen NZI 2005, 689; LG Tübingen NZI 2006, 647; Uhlenbruck/*Wegener* § 201 Rn. 14; HambK-InsO/*Herchen* § 201 Rn. 2; vgl. den tabellarischen Überblick bei *Lissner* ZVI 2014, 368 (370); aA *Hess* § 201 Rn. 23). Wenn dem Schuldner Restschuldbefreiung erteilt worden ist, hat der Schuldner diesen Einwand, wenn dann aus dem vollstreckbaren Tabellenauszug die Zwangsvollstreckung betrieben wird, im Wege einer Vollstreckungsgegenklage gem. § 767 ZPO geltend zu machen (vgl. BGH NZI 2008, 737; OLG Koblenz ZInsO 2015, 966; aA AG Göttingen NZI 2011, 546; ZInsO 2008, 1036). Im Verfahren nach § 767 ZPO trägt dann der Gläubiger die Darlegungs- und Beweislast dafür, dass seiner Forderung ein besonderes Forderungsattribut zugrundelag und deswegen nicht von der Restschuldbefreiung erfasst ist (BGH NZI 2014, 568 [570]; 2014, 507 [508]; vgl. auch *Jungmann* WuB VI. A § 201 InsO 1.14 zum Gleichlauf der Verteilung der Darlegungs- und Beweislast bei Vollstreckungsgegenklage und Feststellungsklage des Gläubigers).

Zuständigkeit bei der Vollstreckung

202 (1) **Im Falle des § 201 ist das Amtsgericht, bei dem das Insolvenzverfahren anhängig ist oder anhängig war, ausschließlich zuständig für Klagen:**

1. **auf Erteilung der Vollstreckungsklausel;**
2. **durch die nach der Erteilung der Vollstreckungsklausel bestritten wird, daß die Voraussetzungen für die Erteilung eingetreten waren;**
3. **durch die Einwendungen geltend gemacht werden, die den Anspruch selbst betreffen.**

(2) **Gehört der Streitgegenstand nicht zur Zuständigkeit der Amtsgerichte, so ist das Landgericht ausschließlich zuständig, zu dessen Bezirk das Insolvenzgericht gehört.**

Schrifttum: Bei § 201.

I. Regelung der örtlichen, sachlichen und instanziellen Zuständigkeit

1 § 202 bestimmt für die in Absatz 1 Nr. 1 bis Nr. 3 aufgeführten Klagen die **ausschließliche örtliche Zuständigkeit** des Amtsgerichts, in dessen Zuständigkeit das Insolvenzverfahren fällt bzw. fiel. **Sachlich zuständig** ist das **Prozessgericht,** nicht das Insolvenzgericht (Kübler/Prütting/Bork/*Holzer* § 202 Rn. 1; HambK-InsO/*Herchen* § 202 Rn. 1; FK-InsO/*Kießner* § 202 Rn. 2; aA Jaeger/*Meller-Hannich* § 202 Rn. 11). Die **instanzielle Zuständigkeit** bestimmt sich gem. Absatz 2 nach dem **Wert des Streitgegenstandes** und damit nach §§ 23, 71 GVG. – Zu Besonderheiten im Zusammenhang mit der Durchführung der Vollstreckung von Forderungen mit einem besonderen Attribut iSv § 174 Abs. 2 und § 302 Nr. 1 (Vorsatzdelikt, Unterhaltspflichtverletzung, Steuerstraftat) vgl. *Pianowski* InsbürO 2015, 4 [7 ff.].

II. Die Klagen im Einzelnen

Absatz 1 Nr. 1 betrifft **Klagen** auf Erteilung der Vollstreckungsklausel **nach § 731 ZPO.** Im Zusammenhang mit dem Insolvenzverfahren sind insofern die vollstreckbaren Ausfertigungen gegen den Rechtsnachfolger (§ 727 ZPO) und gegen den Firmenübernehmer (§ 729 ZPO) von Bedeutung. 2

Absatz 1 Nr. 2 betrifft materiell-rechtliche **Einwendungen gegen** die **Erteilung der Vollstreckungsklausel** (§ 768 ZPO). Unberührt bleibt die Möglichkeit, diese sowie formelle Einwendungen im Erinnerungsverfahren nach § 732 ZPO geltend zu machen. – **Absatz 1 Nr. 3** regelt die Zuständigkeit für **Vollstreckungsabwehrklagen** nach § 767 ZPO. 3

Anordnung der Nachtragsverteilung

203 (1) **Auf Antrag des Insolvenzverwalters oder eines Insolvenzgläubigers oder von Amts wegen ordnet das Insolvenzgericht eine Nachtragsverteilung an, wenn nach dem Schlußtermin**

1. zurückbehaltene Beträge für die Verteilung frei werden,
2. Beträge, die aus der Insolvenzmasse gezahlt sind, zurückfließen oder
3. Gegenstände der Masse ermittelt werden.

(2) **Die Aufhebung des Verfahrens steht der Anordnung einer Nachtragsverteilung nicht entgegen.**

(3) [1]**Das Gericht kann von der Anordnung absehen und den zur Verfügung stehenden Betrag oder den ermittelten Gegenstand dem Schuldner überlassen, wenn dies mit Rücksicht auf die Geringfügigkeit des Betrags oder den geringen Wert des Gegenstands und die Kosten einer Nachtragsverteilung angemessen erscheint.** [2]**Es kann die Anordnung davon abhängig machen, daß ein Geldbetrag vorgeschossen wird, der die Kosten der Nachtragsverteilung deckt.**

Schrifttum: *Bohnenberg,* Die Nachtragsverteilung im Konkurs, KuT 1936, 99; *Engelmann,* Die Nachtragsverteilung hinsichtlich eines nach Verfahrensaufhebung unpfändbar gewordenen Massegegenstands am Beispiel der privaten Altersvorsorge, ZInsO 2015, 1133; *Heinze,* Die verlängerte Nachtragsverteilung bei wirksamen Verfügungen des Schuldners, ZInsO 2012, 1606; *Lissner,* Das Ausmaß der Nachtragsverteilung, InsbürO 2013, 355; *ders.*, Die Anforderungen an die Bestimmtheit einer (vorbehaltenen) Nachtragsverteilung für Steuererstattungsansprüche, BB 2013, 1495; *Moderegger,* Nachtragsverteilung der Mietkaution nach Erteilung der Restschuldbefreiung?, InsbürO 2014, 392; *Neuhof,* Wiederaufnahme abgeschlossener Konkursverfahren bei nachträglich erkannter Unwirksamkeit formularmäßig bestellter Kreditsicherheiten, NJW 1995, 937; *Pape,* Zur entsprechenden Anwendung des § 166 KO auf eine Verteilung nach Einstellung mangels Masse, ZIP 1992, 747; *Parsch,* Wann kann eine Nachtragsverteilung unterbleiben?, KTS 1956, 148; *v. Rozycki,* Ist der ehemalige Gemeinschuldner zur Verfügung über nachträglich ermittelte Forderungen (§ 166 KO) befugt?, JW 1930, 1479; *Welsch,* Steuererstattungsansprüche nach Aufhebung des Insolvenzverfahrens, DZWIR 2006, 406; *Zimmer,* Die Nachtragsverteilung in InsO und InsVV, KTS 2009, 199.

Übersicht

I. Zeitpunkt und Zweck einer Nachtragsverteilung

1 § 203 regelt die Nachtragsverteilung. Eine solche kommt **nach dem Schlusstermin** in Betracht. Wie sich aus Absatz 2 ergibt, kann das Insolvenzverfahren zu diesem Zeitpunkt bereits aufgehoben worden sein, Voraussetzung ist das aber nicht. Auch im **Verbraucherinsolvenzverfahren** kann eine Nachtragsverteilung stattfinden, wenn ein Schlusstermin stattgefunden hat (BGH NZI 2014, 656 [657]; 2014, 501; 2006, 180). Zur Zulässigkeit einer Nachtragsverteilung nach Erteilung der Restschuldbefreiung vgl. BGH NZI 2008, 560 sowie → § 300 Rn. 10. **Zweck der Nachtragsverteilung** ist es, Vermögenswerte, die eigentlich schon vor Beendigung des Insolvenzverfahrens an die Insolvenzgläubiger hätten verteilt werden müssen, aber erst nach der Schlussverteilung für eine Auskehr zur Verfügung stehen, nachträglich zu verteilen. Daraus ergibt sich, dass nur im Schlussverzeichnis enthaltene Forderungen bei der Nachtragsverteilung berücksichtigt werden können (RG KuT 1932, 97 [98]; MüKoInsO/*Hintzen* § 203 Rn. 9).

2 Naturgemäß ist die **Nachtragsverteilung ausgeschlossen,** wenn die vorherigen Verteilungen schon zur vollständigen Befriedigung aller Gläubiger geführt haben (Kübler/Prütting/Bork/*Holzer* § 203 Rn. 5). Ebenso ausgeschlossen ist eine Nachtragsverteilung, wenn das Insolvenzverfahren durch rechtskräftige Bestätigung eines **Insolvenzplans** aufgehoben worden ist (OLG Celle ZIP 2006, 2394). Zur Zulässigkeit einer Nachtragsverteilung, wenn das Insolvenzverfahren mangels Masse (§ 207) eingestellt worden ist, vgl. → Rn. 16. – In der **Gesellschaftsinsolvenz** steht die Löschung des Rechtsträgers im Handelsregister nach Durchführung des Insolvenzverfahrens (vgl. § 394 Abs. 1 FamFG sowie → § 199 Rn. 4) der Anordnung nicht entgegen (BGH ZInsO 2014, 340); die Nachtragsverteilung geht dann der Bestellung eines Nachtragsliquidators gem. §§ 264 Abs. 3 AktG, 66 Abs. 5 GmbHG vor (OLG Hamm NZI 2011, 766).

II. Gründe für die Anordnung einer Nachtragsverteilung

3 Die Nachtragsverteilung kann nur in einem der drei in Absatz 1 genannten Fälle angeordnet werden. Diese Gründe sind tatbestandliche Voraussetzung einer jeden Nachtragsverteilung; erforderlichenfalls muss das Insolvenzgericht diesbezüglich von Amts wegen Ermittlungen anstellen und Beweis erheben (BGH ZInsO 2013, 1409).

4 **1. Freiwerden zurückbehaltener Beträge.** Zu den „zurückbehaltenen Beträgen" zählen in der Regel solche Beträge, die nach § 198 hinterlegt worden sind. Unter den Begriff „Beträge" fallen Forderungen und andere Vermögenswerte (OLG Celle KTS 1972, 265 [266]; Uhlenbruck/*Wegener* § 203 Rn. 9; vgl. speziell zur Mietkaution *Moderegger* InsbürO 2014, 392 ff.). Das Freiwerden kann in Frage kommen bei Unterliegen eines Anmelders im Feststellungsstreit oder bei Zurücknahme der Anmeldung (§ 189), wenn bei aufschiebend bedingten Forderungen die Anteile hinterlegt oder sichergestellt waren und der Eintritt der Bedingungen später ausbleibt bzw. nicht mehr möglich ist (§ 191) und wenn sich ein sichergestellter Masseanspruch als nicht bestehend erweist. Über den unmittelbaren Wortlaut von § 203 hinaus unterliegen auch solche Gegenstände der Nach-

tragsverteilung, bei denen das Insolvenzgericht schon vor Verfahrensaufhebung die Nachtragsverteilung angeordnet hat (Uhlenbruck/*Wegener* § 203 Rn. 9; Braun/*Kießner* § 203 Rn. 9; *Lissner* InsbürO 2013, 355 [356] mwN; vgl. auch BGH NJW-RR 2012, 736 [737] = NZI 2012, 271 [272]), etwa weil eine einstweilige Unverwertbarkeit (§ 197 Abs. 1 S. 1 Nr. 3) angenommen wurde oder weil Verwertungschancen noch nicht realisiert worden waren, und die Verwertbarkeit nunmehr gegeben ist.

Nicht in diese Fallgruppen fallen zurückbehaltene Beträge für den Ausfall absonderungsberechtigter Gläubiger (§ 190), denn der Nachweis ist spätestens bis zur Schlussverteilung zu führen; anderenfalls werden die Beträge gem. § 190 Abs. 2 S. 3 schon für die Schlussverteilung frei (vgl. → § 190 Rn. 5 f.). Ebenso gehören Fälle des Eintritts einer auflösenden Bedingung (§ 42) nicht hierhin (sondern zu Absatz 1 Nr. 2); die dafür in Frage kommenden Beträge sind nicht zurückzubehalten, deshalb können sie auch nicht für die Masse frei werden. Tritt die auflösende Bedingung zwischen Schlussverteilung und Nachtragsverteilung ein, kann – sofern dem nicht die Rechtskraftwirkung des Titels Tabelleneintrag (§ 201 Abs. 2) entgegensteht – die Forderung bei der Nachtragsverteilung nicht mehr berücksichtigt werden; deshalb sind die Quoten ggf. neu festzusetzen. 5

2. Aus der Insolvenzmasse gezahlte und zurückgeflossene Beträge. Nur Rückflüsse nach Zahlungen fallen unter Absatz 1 Nr. 2 (sonstige Zuflüsse fallen unter Absatz 1 Nr. 3). Absatz 1 Nr. 2 kommt zB in Betracht, wenn auflösend bedingte Forderungen durch Zahlung oder Aufrechnung berücksichtigt wurden und die Bedingung eintritt, wenn auf titulierte Forderungen (§ 179 Abs. 2) ausgezahlt wurde und eine nachträgliche Widerspruchsklage erfolgreich war und wenn die Vergütung des Insolvenzverwalters (§ 63) durch das Beschwerdegericht gekürzt wird und dieser sie zurückzahlen muss (OLG Celle KTS 1972, 265 [266]; Kübler/Prütting/Bork/*Holzer* § 203 Rn. 12). Ebenfalls unter § 203 Abs. 1 Nr. 2 fallen Steuererstattungsansprüche, wenn die Steuern aus der Masse gezahlt wurden (*Welsch* DZWIR 2006, 406 [407 f.]). 6

3. Ermittlung von Massegegenständen. Absatz 1 Nr. 3 betrifft nach dem Schlusstermin ermittelte Massegegenstände und ist **weit auszulegen** (BGH NJW-RR 2012, 736 [737] = NZI 2012, 271 [272]; BGH NZI 2011, 906 [907]). Grund für eine verspätete Ermittlung von Massegegenständen kann sein, dass der Schuldner sie verheimlicht hatte oder wenn der Insolvenzverwalter sie nicht kannte (vgl. LG Kleve ZVI 2014, 274), sie irrtümlich für nicht massezugehörig (weil zB schon veräußert; LG Ulm ZInsO 2014, 1506), nicht werthaltig (BGH ZInsO 2006, 1105) oder nicht verwertbar (BGH NJW-RR 2012, 736 [737] = NZI 2012, 271 [272]; BGH NZI 2006, 180) hielt oder sie vergessen hatte (BGH NZI 2008, 177; RGZ 25, 7 [10]). Ob solche Fehleinschätzungen des Insolvenzverwalters vorwerfbar sind, ist dabei unerheblich (LG Ulm ZInsO 2014, 1506). Ebenfalls als Ermittlung von Massegegenständen gilt, wenn der Geltendmachung eines massezugehörigen Anspruchs ein Hindernis (zB § 852 ZPO) entgegenstand, das später weggefallen ist (vgl. BGH NJW 2011, 1448 für während des Verfahrens angefallene Pflichtteilsansprüche; ebenso MüKoBGB/*Lange,* 6. Aufl., § 2317 Rn. 27; aA LG Göttingen NZI 2009, 896). Hierzu gehören auch **Schadensersatzansprüche** der Gläubiger gegen den Insolvenzverwalter nach § 60 (vgl. BGH NZI 2009, 771 [772]; BK-InsO/*Breutigam* § 203 Rn. 13; anders noch OLG Hamm NZI 2001, 373; vgl. auch *Bollwerk* ZInsO 2013, 2088) – nicht aber Schadensersatzansprüche des Schuldners gegen den Insolvenzverwalter (BGH NZI 2008, 560) –, ferner die nachträgliche Aufdeckung einer Anfechtbarkeit iSv §§ 129 ff. (BGH NZI 2010, 159) oder gesellschaftsrechtliche Ansprüche nach § 62 AktG oder § 31 GmbHG. Eine **Erbschaft,** die dem Schuldner nach Ankündigung der Restschuldbefreiung, aber noch vor Aufhebung des Verfahrens 7 anfällt, fällt unter § 203 Abs. 1 Nr. 3 und nicht unter § 295 Abs. 1 Nr. 2 (BGHZ 186, 223 [227 f.] = NZI 2010, 741 [742]).

8 **Nicht erfasst** sind massefreie, zB vom Insolvenzverwalter freigegebene Gegenstände (BGH NZI 2014, 501; LG Ulm ZInsO 2014, 1506; LG Dortmund ZInsO 2010, 1615). Zwar kann auch die nachträgliche Ermittlung einer vom Schuldner während des Insolvenzverfahrens vorgenommenen und nach § 81 unwirksamen Verfügung zu einer Nachtragsverteilung führen (Braun/*Kießner* § 203 Rn. 12; zu Steuererstattungsansprüchen *Welsch* DZWIR 2006, 406 [407 f.] sowie *Lissner* BB 2013, 1495 ff.). Dazu zählen aber nicht Verfügungen, die nach Beendigung des Insolvenzverfahrens (und vor Anordnung der Nachtragsverteilung) vorgenommen werden, so zB wenn vor dem Antrag auf Nachtragsverteilung die Auflassung erklärt und der Antrag auf Eintragung beim Grundbuchamt gestellt war (BGH NZI 2008, 177; vgl. auch RGZ 25, 7 [9]). – Zur Frage, inwieweit eine Änderung der Kreditsicherungsrechtsprechung zu einer Nachtragsverteilung führen kann, vgl. *Neuhof* NJW 1995, 937.

9 **Gegenstände, welche wirksam aus dem Vermögen des Schuldners ausgeschieden sind,** können für eine Nachtragsverteilung grds. nicht mehr herangezogen werden (BGH NZI 2008, 177; zum Sonderfall, dass vom Schuldner zunächst verheimlichte Gegenstände nachträglich ermittelt wurden, inzwischen jedoch unpfändbar geworden sind, *Engelmann* ZInsO 2015, 1133 ff.). Jedoch kann der Gegenwert, den der Schuldner zwischenzeitlich aus der Veräußerung von Massegegenständen erzielt hat, für eine nachträgliche Verteilung herangezogen werden (zutr. bereits *Häsemeyer* Insolvenzrecht Rn. 7.68; dem folgend BGH NJW-RR 2012, 736 = NZI 2012, 271; aA Uhlenbruck/*Wegener* § 203 Rn. 14; MüKoInsO/*Hintzen* § 203 Rn. 16; krit. auch *Heinze* ZInsO 2012, 1606 ff.; *Keller* NZI 2012, 272 ff.). Zulässig ist auch die Anordnung der Nachtragsverteilung für zwischenzeitlich veräußerte, aber durch Anfechtung (in entsprechender Anwendung der §§ 132, 133, 138) zurückzugewinnende Gegenstände. – Zur Wirksamkeit von Verfügungen des früheren Schuldners über von ihm während des Insolvenzverfahrens verheimlichte Gegenstände vgl. noch *v. Rozycki* JW 1930, 1479.

III. Verfahren und Gebühren

10 Das Verfahren der Nachtragsverteilung ist nicht näher geregelt (für Nachtragsverteilungen bei der Insolvenz der Genossenschaft beachte §§ 114, 115 GenG; vgl. dazu Kübler/Prütting/Bork/*Holzer* § 203 Rn. 32 f.). Es wird **auf Antrag des Insolvenzverwalters oder eines Insolvenzgläubigers** (Form: § 496 ZPO) **oder von Amts wegen** (vgl. BGH NZI 2011, 906 [907]) eingeleitet. Für den Insolvenzverwalter und für Insolvenzgläubiger eröffnet dies, wenn sie eine Nachtragsverteilung erreichen wollen, zwei Möglichkeiten: Stellen eines förmlichen Antrags oder bloße Anregung, das Insolvenzgericht möge von Amts wegen tätig werden (BGH NZI 2015, 180 [181]). In jedem Fall ist die **Anordnung des Insolvenzgerichts** (Beschluss) notwendig, und zwar auch dann, wenn Gegenstände einer Nachtragsverteilung vorbehalten wurden; der Anordnungsbeschluss ist, wie sich aus § 206 Nr. 3 ergibt, zu veröffentlichen (HambK-InsO/*Preß/Henningsmeier* § 203 Rn. 14). Eine ablehnende förmliche Entscheidung des Gerichts ergeht nur nach einem förmlichen Antrag (zu den Rechtsmitteln vgl. § 204).

11 Die Verteilung setzt die Bekanntgabe der verfügbaren Masse nach § 188 und die Anzeige des Bruchteils nach Maßgabe des § 195 voraus. Sie erfolgt aufgrund des Schlussverzeichnisses (§ 205); § 206 ist ggf. zu beachten. Die in § 188 S. 2 und S. 3 enthaltenen Regelungen sind nicht einzuhalten. – Grds. sind Anordnung und Durchführung gebührenrechtlich relevant, weil Kosten (etwa auch für die Veröffentlichung) verursacht werden, was sich schon anhand von Absatz 3 (dazu → Rn. 17 ff.) zeigt. Jedoch werden die Gebühren für die Anordnung und Durch-

führung der Nachtragsverteilung durch die allgemeine Verfahrensgebühr bezüglich der Durchführung des Insolvenzverfahrens abgegolten (LG Magdeburg 26.7.2013 – 11 T 78/13, BeckRS 2013, 13584).

IV. Wirkungen der Anordnung der Nachtragsverteilung

Die Anordnung der Nachtragsverteilung wirkt in Bezug auf Beträge iSv Absatz 1 Nr. 1 nur deklaratorisch. Denn der **Insolvenzbeschlag** bezüglich der einer Nachtragsverteilung vorbehaltenen Beträge basiert einfach auf ihrer Zugehörigkeit zur Masse und bleibt **aufrechterhalten** (BGH NJW 1973, 1198 [1199]; BGHZ 83, 102 [103] = NJW 1982, 1765; BGH NZI 2015, 128 [130]; BGH ZInsO 2015, 1396 [1397]; Kübler/Prütting/Bork/*Holzer* § 203 Rn. 24; Nerlich/Römermann/*Westphal* §§ 203, 204 Rn. 12; HK-InsO/*Depré* § 203 Rn. 6). Diese Gegenstände unterliegen weiterhin der Verwaltungs- und Verfügungsbefugnis des Insolvenzverwalters; der Insolvenzverwalter bleibt auch für einen Anfechtungsprozess prozessführungsbefugt, wenn der Verfahrensbeendigung eine Schlussverteilung vorausgegangen ist und eine Nachtragsverteilung möglich erscheint (BGHZ 83, 102 = NJW 1982, 1765; BGH ZInsO 2015, 1396 [1397]; LG Köln ZIP 1982, 337; vgl. auch schon RG JW 1936, 2927 [2928]). Dies gilt sogar für die Möglichkeit, einen Versagungsantrag gemäß § 290 Abs. 1 zu stellen (BGH ZInsO 2015, 1396 [1397]). – Vgl. speziell zu Steuererstattungsansprüchen Graf-Schlicker/*Castrup* § 203 Rn. 14 ff. sowie *Nayel* ZInsO 2011, 153 ff. 12

Zur Insolvenzmasse zurückfließende Gegenstände **(Absatz 1 Nr. 2)** und nachträglich ermittelte Gegenstände **(Absatz 1 Nr. 3)** hingegen werden (erneut) vom **Insolvenzbeschlag** erfasst (MüKoInsO/*Hintzen* § 203 Rn. 21, Jaeger/*Meller-Hannich* § 203 Rn. 10). Insofern hat die Anordnung der Nachtragsverteilung konstitutiven Charakter. Aus diesem Grund müssen die betroffenen **Gegenstände** im Anordnungsbeschluss **hinreichend bestimmt bezeichnet** werden (vgl. BGH NZI 2012, 271; ZInsO 2015, 634). 13

Die **Anordnung der Nachtragsverteilung ist keine Wiederaufnahme des** wirksam beendeten **Insolvenzverfahrens.** Der Insolvenzbeschlag betrifft auch nur die von der Anordnung der Nachtragsverteilung erfassten Gegenstände und diese, jedenfalls hinsichtlich von Absatz 1 Nr. 2, nur mit Wirkung für die Zukunft (RGZ 25, 7 [9]). Aus diesem Grund lässt die Anordnung einer Nachtragsverteilung das Rechtsschutzbedürfnis für einen (erneuten) Insolvenzantrag nicht entfallen (BGH ZIP 2011, 134 [135]). 14

Die Anordnung der Nachtragsverteilung ist der **Bestandskraft** fähig. Sie kann, wenn sie unanfechtbar geworden ist, außerhalb des Insolvenzverfahrens nicht als ungesetzmäßig in Frage gestellt werden. 15

V. (Keine) analoge Anwendung des § 203 bei Einstellung des Insolvenzverfahrens wegen Massekostenarmut

Unter Geltung der Konkursordnung war eine analoge Anwendung des § 166 KO, der dem heutigen § 203 weitgehend entspricht, nach Einstellung des Insolvenzverfahrens wegen Massekostenarmut (zu diesem Begriff vgl. → Vor §§ 207 ff. Rn. 4) zum Zweck der Befriedigung von Masseverbindlichkeiten vertretbar (so auch LG Oldenburg ZIP 1992, 200; AG Göttingen ZIP 1995, 145; *Pape* ZIP 1992, 747 ff.; aA *Uhlenbruck* ZIP 1993, 241 [244]; OLG Celle NdsRpfl 1965, 200 [201]). Für die Insolvenzordnung hatte der Gesetzgeber eindeutig entschieden, eine Nachtragsverteilung nur bei Einstellung wegen Masseunzulänglichkeit zu ermöglichen. Doch der Bundesgerichtshof hat sich über diese Entscheidung hinweggesetzt und Nachtragsverteilungen auch im Anschluss an die Einstellung des Insolvenzverfahrens wegen Massekostenarmut zugelassen (BGH NZI 16

2013, 1019; so auch schon etwa Braun/*Kießner* § 203 Rn. 29ff.; ausführliche Kritik und Nachweise bei → § 207 Rn. 19f.).

VI. Absehen von der Nachtragsverteilung

17 **Absatz 3** bestimmt, dass das Gericht von der Anordnung der Nachtragsverteilung absehen kann, wenn dies im Hinblick auf das Verhältnis des zu verteilenden Betrages und der dadurch entstehenden Kosten angemessen erscheint. Diese Regelung entspricht der schon unter der Konkursordnung herrschenden Auffassung (vgl. insofern *Parsch* KTS 1956, 148ff.; *Bohnenberg* KuT 1936, 99f.; vgl. auch BT-Drs. 13/2443, 187).

18 **Rechtspolitisch** ist Absatz 3 zu begrüßen. Doch sollte von der Vorschrift restriktiv Gebrauch gemacht werden (vgl. insofern schon LG Osnabrück KTS 1957, 142f.: Absehen von der Anordnung einer Nachtragsverteilung nur, wenn diese in jeder praktischen Hinsicht offenkundig nutzlos ist; vgl. insbes. in Bezug auf anfallende Gebühren noch LG Magdeburg 26.7.2013 – 11 T 78/13, BeckRS 2013, 13584).

19 Insbes. bezüglich der Möglichkeit, **Vermögenswerte an den Schuldner freizugeben,** bestehen **Bedenken.** Die Freigabe darf nur erfolgen, wenn sichergestellt ist, dass von der Möglichkeit, einen Kostenvorschuss zu leisten (Absatz 3 Satz 2), kein Gebrauch gemacht wird, und nicht zu erwarten ist, dass noch einmal Beträge für eine Nachtragsverteilung zur Verfügung stehen werden (vgl. Kübler/Prütting/Bork/*Holzer* § 203 R. 20f.). Bestehen insoweit Zweifel, sind die Beträge zunächst in analoger Anwendung des § 198 zu hinterlegen.

20 Wird nach Absatz 2 von der Anordnung der Nachtragsverteilung abgesehen, können die für die Verteilung grds. zur Verfügung stehenden Beträge nicht zu einer zusätzlichen Vergütung des Insolvenzverwalters genutzt werden (BGH NZI 2005, 395; 2011, 906 [907]; HambK-InsO/*Preß/Henningsmeier* § 203 Rn. 16; HK-InsO/*Depré* § 203 Rn. 7; Uhlenbruck/*Wegener* § 203 Rn. 30). Diese **Beträge** (bzw. die zu verwertenden Gegenstände) sind dann **dem Schuldner zu überlassen.** Dadurch haben die Gläubiger zumindest mittelbar eine Zugriffsmöglichkeit durch Zwangsvollstreckung (§ 201 Abs. 1; vgl. aber auch § 201 Abs. 3). In **Zweifelsfällen** kann die Nachtragsverteilung nach **Absatz 3 Satz 2** von einem **Vorschuss für die Verteilungskosten abhängig** gemacht werden (Einzelheiten hierzu bei Nerlich/Römermann/*Westphal* §§ 203, 204 Rn. 15f.).

Rechtsmittel

204 (1) [1] **Der Beschluß, durch den der Antrag auf Nachtragsverteilung abgelehnt wird, ist dem Antragsteller zuzustellen.** [2] **Gegen den Beschluß steht dem Antragsteller die sofortige Beschwerde zu.**

(2) [1] **Der Beschluß, durch den eine Nachtragsverteilung angeordnet wird, ist dem Insolvenzverwalter, dem Schuldner und, wenn ein Gläubiger die Verteilung beantragt hatte, diesem Gläubiger zuzustellen.** [2] **Gegen den Beschluß steht dem Schuldner die sofortige Beschwerde zu.**

Schrifttum: *Gerhardt,* Die Beschwerde im Insolvenzverfahren, FS Uhlenbruck, 2000, 75. Weiteres Schrifttum bei § 203.

1 § 204 hat weitgehend klarstellende Funktion. Eine förmlicher **Ablehnungsbeschluss** nach Absatz 1 ergeht nur auf einen förmlichen Antrag des Insolvenzverwalters oder eines Insolvenzgläubigers hin, nicht im Fall einer bloßen Anregung, die Nachtragsverteilung anzuordnen (BGH NZI 2015, 180 [181]; vgl. auch → § 203 Rn. 10). Der Ablehnungsbeschluss ist dem Antragsteller zuzustel-

len; ihm steht die sofortige Beschwerde zu (§ 6 Abs. 1); dies gilt wegen § 11 Abs. 1 RPflG auch bei Entscheidung durch den Rechtspfleger (HambK-InsO/*Preß/Henningsmeier* § 204 Rn. 3; MüKoInsO/*Hintzen* § 204 Rn. 3; Nerlich/Römermann/*Westphal* §§ 203, 204 Rn. 17; Uhlenbruck/*Wegener* § 204 Rn. 4; *Gerhardt* FS Uhlenbruck, 2000, 75 [84]; aA *Hess* § 204 Rn. 3).

Der **Anordnungsbeschluss ist** nach Absatz 2 dem Insolvenzverwalter, dem Schuldner sowie dem Antragsteller – sofern die Anordnung nicht von Amts wegen (vgl. § 203 Abs. 1) erfolgte – **zuzustellen.** Nur dem Schuldner steht als Rechtsmittel die sofortige Beschwerde zu (aA Nerlich/Römermann/*Westphal* §§ 203, 204 Rn. 19: auch Beschwerderecht des Verwalters wegen des damit verbundenen Eingriffs in dessen Berufsfreiheit; vgl. auch MüKoInsO/*Hintzen* § 204 Rn. 7: Bestellung nur mit Zustimmung des Insolvenzverwalters zulässig). 2

Vollzug der Nachtragsverteilung

205 **[1]Nach der Anordnung der Nachtragsverteilung hat der Insolvenzverwalter den zur Verfügung stehenden Betrag oder den Erlös aus der Verwertung des ermittelten Gegenstands auf Grund des Schlußverzeichnisses zu verteilen. [2]Er hat dem Insolvenzgericht Rechnung zu legen.**

Schrifttum: *Neuhof,* Wiederaufnahme abgeschlossener Konkursverfahren bei nachträglich erkannter Unwirksamkeit formularmäßig bestellter Kreditsicherheiten, NJW 1995, 937. Weiteres Schrifttum bei § 203.

I. Ablauf der Nachtragsverteilung

Verwaltung, Verwertung und Verteilung der Nachtragsmasse nimmt **grds. der bisherige Insolvenzverwalter** vor (vgl. § 187 Abs. 3 S. 1), sein Verwaltungs- und Verfügungsrecht besteht insoweit fort. Aus wichtigem Grund ist die Bestellung eines neuen Verwalters möglich (OLG Stuttgart OLGE 23, 305). – Zur Frage eines Aufrechnungsverbots nach § 96 vgl. *Neuhof* NJW 1995, 937 [938]. 1

Die Verteilung erfolgt **aufgrund des Schlussverzeichnisses** (§ 197 Abs. 1). Ein neues Verteilungsverzeichnis ist nicht zu erstellen (Nerlich/Römermann/*Westphal* § 205 Rn. 5); ggf. ist aber eine Berichtigung notwendig. Es läuft keine neue Ausschlussfrist und auch kein neues Beschwerde- bzw. Erinnerungsverfahren, sodass nur die in das Schlussverzeichnis aufgenommenen Forderungen berücksichtigt werden (Jaeger/*Meller-Hannich* § 205 Rn. 3). Die Nachtragsmasse bleibt damit etwaigen Nachzüglern verschlossen (RG KuT 1932, 97 [98]; vgl. schon → § 203 Rn. 1). Sollte ausnahmsweise noch ein Gläubigerausschuss im Amt sein, ist dessen Zustimmung zur Nachtragsverteilung notwendig (§ 187 Abs. 3 S. 2; vgl. Kübler/Prütting/Bork/*Holzer* § 205 Rn. 4). – Zur Vorwegtilgung von Masseansprüchen vgl. § 206. 2

II. Kosten und Rechnungslegung

Nach Satz 2 hat der Insolvenzverwalter über die Verwaltung und Verteilung der Nachtragsmasse dem Insolvenzgericht Rechnung zu legen. Für einen neuen Insolvenzverwalter erfolgt die Festsetzung der **Gebühren und Auslagen** nach Maßgabe der §§ 63, 64 und der InsVV durch das Insolvenzgericht. Für den früheren Insolvenzverwalter, der die Nachtragsverteilung vorgenommen hat, wird unter Umständen ein zusätzliches Honorar bewilligt (§ 6 Abs. 1 InsVV; LG Düsseldorf KTS 1972, 126); das gilt aber nur, soweit der Zufluss bei Einreichung der Schlussrechnung noch nicht sicher feststeht (BGH NZI 2011, 906). Gebühren und Auslagen sind auch ihm in jedem Fall zu ersetzen (MüKoInsO/*Hintzen* § 205 Rn. 7). 3

Ausschluß von Massegläubigern

206 **Massegläubiger, deren Ansprüche dem Insolvenzverwalter**
1. bei einer Abschlagsverteilung erst nach der Festsetzung des Bruchteils,
2. bei der Schlußverteilung erst nach der Beendigung des Schlußtermins oder
3. bei einer Nachtragsverteilung erst nach der öffentlichen Bekanntmachung

bekanntgeworden sind, können Befriedigung nur aus den Mitteln verlangen, die nach der Verteilung in der Insolvenzmasse verbleiben.

Schrifttum: *Wischemeyer,* Haftung und Restschuldbefreiung für die Forderungen der Massegläubiger, KTS 2008, 495. Weiteres Schrifttum bei § 187.

I. Normzweck

1 § 206 begründet eine **verfahrensrechtliche Präklusion verspätet bekanntgewordener Masseansprüche,** um zu verhindern, dass Massegläubiger Bereicherungsansprüche gegen die Insolvenzgläubiger erlangen (Kübler/Prütting/Bork/*Holzer* § 206 Rn. 1). Die Berücksichtigung von Masseansprüchen kann nicht aus dem Massebestand erfolgen, welcher bei einer Abschlagsverteilung zur Auszahlung des festgestellten Bruchteils (§ 195) erforderlich ist (§ 206 Nr. 1), bei der Schlussverteilung (§ 196) die Grundlage dieser Verteilung bildet (§ 206 Nr. 2) und bei einer Nachtragsverteilung (§ 203) Gegenstand der Verteilung ist (§ 206 Nr. 3).

II. Voraussetzungen des Ausschlusses von Massegläubigern

2 Der Ausschluss der Berücksichtigung von Massegläubigern setzt voraus, dass die Masseansprüche dem Insolvenzverwalter erst nach den jeweils relevanten Zeitpunkten – Festsetzung des Bruchteils, Beendigung des Schlusstermins, öffentliche Bekanntmachung – bekannt werden. Sie können nur bedient werden, wenn nach der Verteilung noch Mittel in der Insolvenzmasse verbleiben.

3 Die **Kenntnis** des Anspruchsgrundes steht der Kenntnis des Anspruchs gleich. Die Zweifelhaftigkeit des Anspruchs begründet nicht den Ausschluss nach Maßgabe des § 206, jedoch kann eine Zurückbehaltung der entsprechenden Beträge sinnvoll sein (Nerlich/Römermann/*Westphal* § 206 Rn. 6). Sind die Massegläubiger zu Unrecht präkludiert worden, haben sie **keine Bereicherungsansprüche** gegen die Insolvenzgläubiger (HambK-InsO/*Preß*/*Henningsmeier* § 206 Rn. 8; aA Kübler/Prütting/Bork/*Holzer* § 206 Rn. 6; FK-InsO/*Kießner* § 206 Rn. 12; zum vergleichbaren Problem bei iRd Verteilung übergangenen Insolvenzgläubigern vgl. → § 188 Rn. 12 ff.); daneben besteht die Haftung des Insolvenzverwalters nach § 60 (vgl. OLG München ZIP 1981, 887 [888]).

III. Wirkungen des Ausschlusses

4 Der Ausschluss nach § 206 wirkt **nur zugunsten der Masse und der Insolvenzgläubiger** (Nerlich/Römermann/*Westphal* § 206 Rn. 8 f.). Der Schuldner haftet für Masseverbindlichkeiten weiter; für Verbindlichkeiten, die erst während des Verfahrens begründet wurden (sog oktroyierte Masseverbindlichkeiten), ist die Haftung jedoch auf diejenigen Gegenstände beschränkt, die nach Verfahrensabschluss an ihn zurückgegeben oder während des Verfahrens freigegeben wurden (BGH NZI 2007, 670 [671]; *Hess* § 206 Rn. 12; Nerlich/Römermann/*Westphal* § 206 Rn. 9; Uhlenbruck/*Wegener* § 206 Rn. 12; *Wischemeyer* KTS 2008, 495

[498 ff.]; diff. MüKoInsO/*Hintzen* § 206 Rn. 8; aA HambK-InsO/*Herchen* § 201 Rn. 6; *Runkel/Schnurbusch* NZI 2000, 49 [56 f.]; *Häsemeyer* Insolvenzrecht Rn. 25.28 ff. unter Hinweis auf § 788 ZPO).

Für **vor Verfahrensbeginn begründete Masseverbindlichkeiten** haftet der Schuldner nur bis zum Zeitpunkt der frühestmöglichen Kündigungsmöglichkeit (OLG Stuttgart NZI 2007, 527). Der Haftung steht auch eine Restschuldbefreiung angesichts des eindeutigen Wortlauts von § 301 nicht entgegen (HK-InsO/*Waltenberger* § 301 Rn. 12; offen gelassen in BGH NZI 2007, 670 [671]; für eine Analogie zu § 301 *Wischemeyer* KTS 2008, 495 [504 ff.]; aA HambK-InsO/*Preß/Henningsmeier* § 206 Rn. 7; Nerlich/Römermann/*Westphal* § 206 Rn. 9a; Uhlenbruck/*Sternal* § 301 Rn. 6 f.; vgl. auch → § 301 Rn. 5). 5

Dritter Abschnitt. Einstellung des Verfahrens

Vor §§ 207 ff.

Schrifttum: *Breitenbücher,* Masseunzulänglichkeit, 2007; *Busch,* Der Insolvenzverwalter und die Überwindung der Massearmut, 2005; *Dinstühler,* Die Abwicklung massearmer Insolvenzverfahren nach der Insolvenzordnung, ZIP 1998, 1697; *Henckel,* Masselosigkeit und Masseschulden, FS 100 Jahre Konkursordnung, 1977, 169; *Kröpelin,* Die massearme Insolvenz, 2003; *Kübler,* Die Behandlung massearmer Insolvenzverfahren nach der Insolvenzordnung, Kölner Schrift zur Insolvenzordnung, 3. Aufl. 2009, 573 ff.; *Landfermann,* Massearmut und Insolvenzrechtsreform, KTS 1989, 763; *Möhlmann,* Der Nachweis der Verfahrenseinstellung im neuen Insolvenzrecht, KTS 1998, 373; *Pape,* Die Verfahrensabwicklung und Verwalterhaftung bei Masselosigkeit und Massearmut (Masseunzulänglichkeit) de lege lata und de lege ferenda, KTS 1995, 189; *Pape/Hauser,* Massearme Verfahren nach der InsO, 2002; *Ringstmeier,* Beendigung masseloser Insolvenzverfahren, InsbürO 2004, 49; *Schmidt,* Prozesskostenhilfe für den Insolvenzverwalter in dem Fall der Massearmut, ZInsO 2013, 766; *Schröder,* Die Abwicklung des masseunzulänglichen Insolvenzverfahrens, 2010; *Smid,* Die Abwicklung masseunzulänglicher Insolvenzverfahren nach neuem Recht, WM 1998, 1313; *Uhlenbruck,* Der „Konkurs im Konkurs“ – 50 Jahre BGH-Rechtsprechung zum Problem der Verteilungsgerechtigkeit in masselosen und massearmen Insolvenzverfahren –, 50 Jahre Bundesgerichtshof, Festgabe aus der Wissenschaft, 2000, 803; *ders.,* Gesetzesunzulänglichkeit bei Masseunzulänglichkeit, NZI 2001, 408; *ders.,* Rechtsfolgen der Beendigung des Konkursverfahrens, ZIP 1993, 241; *Unger,* Die Pflichten des Verwalters in massearmen Konkursverfahren, KTS 1961, 97.

I. Gliederung und Systematik des Abschnitts

Die **Beendigung** des Insolvenzverfahrens erfolgt entweder durch **Aufhebung oder** durch **Einstellung.** Die **Beendigungsgründe** sind im Gesetz **erschöpfend aufgeführt:** die Aufhebungsgründe in §§ 200, 258 (hinzu kommt die Aufhebung des Insolvenzverfahrens durch Aufhebung des Eröffnungsbeschlusses im Rechtsmittelverfahren, § 34 Abs. 3; vgl. insofern etwa noch Gottwald InsR-HdB/*Klopp/Kluth/Wimmer* § 74 Rn. 5 ff.), die Einstellungsgründe in §§ 207, 211, 212, 213 (vgl. auch BFHE 240, 534 [537 f.] = ZInsO 2013, 1156 [1157]). 1

Der Abschnitt **„Einstellung des Verfahrens“** betrifft zwei ganz unterschiedliche Gründe für die Einstellung: Die §§ 207–211 beziehen sich auf diejenigen Verfahren, in denen die Masse nicht ausreicht, um das Verfahren abzuwickeln. Einstellungen nach §§ 212 und 213 hingegen setzen einen Antrag des Schuldners voraus und erfolgen, wenn entweder trotz Eröffnung des Verfahrens kein Insolvenzgrund (mehr) vorliegt oder wenn alle Gläubiger der Einstellung zustimmen. In §§ 214–216 sind Regelungen über das Verfahren der Einstellung, über die Bekanntmachung und Wirkungen von Einstellungsbeschlüssen und über Rechts- 2 mittel gegen solche Beschlüsse enthalten, die grds. für alle Einstellungsgründe gelten.

II. Verfahrenseinstellungen wegen zu geringer Masse

3 Die §§ 207–211 gliedern sich bei näherer Betrachtung in zwei voneinander zu trennende Einstellungsgründe; hierbei ist die Differenzierung zwischen **„Kosten des Insolvenzverfahrens"** (§ 54) auf der einen und **„sonstigen Masseverbindlichkeiten"** (§ 55) auf der anderen Seite zu beachten. Zwischen § 207 und §§ 208–211 besteht ein **Stufenverhältnis.**

4 **1. Massekostenarmut. § 207** betrifft die gleichsam **zweite Stufe:** die **Massekostenarmut.** Diese liegt vor, wenn von der Insolvenzmasse, die zur Zeit der Beendigung des Verfahrens vorhanden ist (vgl. BT-Drs. 12/3803, 75; zu den Prognoseproblemen vgl. *Möhlmann* KTS 1998, 373 [377]), noch nicht einmal die Kosten des Verfahrens gedeckt sind. Der Begriff der **Kosten des Verfahrens** entspricht dem in § 54.

5 **2. Masseunzulänglichkeit – „Insolvenz in der Insolvenz".** Die **§§ 208–211** hingegen regeln die **erste Stufe:** Fälle, in denen die Kosten iSd § 54 zwar aus der Insolvenzmasse bestritten werden können, diese jedoch nicht ausreicht, auch die fälligen **sonstigen Masseverbindlichkeiten** (§ 55) zu decken. Dies ist **Masseunzulänglichkeit.**

6 Die unterschiedliche Behandlung der vor und der nach **Anzeige der Masseunzulänglichkeit** (§ 208) eingegangenen Verbindlichkeiten entspricht der schon zum Konkursrecht entwickelten herrschenden Meinung, der sich der Bundesgerichtshof allerdings nicht konsequent angeschlossen hatte (vgl. noch BGHZ 90, 145 = NJW 1984, 1527). Die damals schon übliche **Terminologie** von **Altmasseverbindlichkeiten** und **Neumasseverbindlichkeiten** hat sich unter Geltung der Insolvenzordnung endgültig durchgesetzt. Sie findet in der in § 209 Abs. 1 Nr. 1 bzw. Nr. 2 vorgenommenen Differenzierung ihren Niederschlag.

7 Die §§ 208–211 regeln das Verfahren der **„Insolvenz in der Insolvenz"** (vormals: „Konkurs im Konkurs"). Anders als im überkommenen Recht (§ 60 KO; dazu *Pape,* Zur Systematik des § 60 KO, 1985; *Irschlinger/Wirth/Weber* KTS 1979, 133 ff.; *Heilmann* KTS 1982, 181 ff.; *Uhlenbruck* KTS 1978, 66 ff.) ist in der Insolvenzordnung nicht nur festgelegt, welche Rechtsfolgen an die Masseunzulänglichkeit geknüpft sind (vgl. dazu § 209), sondern va geregelt, wie die damit zusammenhängenden Verfahrensfragen zu lösen sind (vgl. §§ 208, 210, 211). Dennoch handelt es sich – und zwar bewusst – um fragmentarische Regelungen (vgl. auch BGH NZI 2006, 697 [699]) eines ab Anzeige der Masseunzulänglichkeit auf Liquidation gerichteten Abwicklungsverfahrens mit „Notbehelfscharakter" (zutr. *Häsemeyer* FS Gerhardt, 2004, 341 [344]; vgl. iÜ auch → § 208 Rn. 44 ff.).

III. Verfahrenseinstellungen auf Antrag des Schuldners

8 Der Einstellungsgrund des § 212 wegen Nicht-Vorliegen eines Eröffnungsgrundes stellt eine Neuerung der Insolvenzordnung dar. Die in § 213 geregelte Möglichkeit der Verfahrenseinstellung mit Zustimmung der Gläubiger kannte das überkommene Recht bereits (vgl. § 202 KO).

Einstellung mangels Masse[1]

207 (1) [1] **Stellt sich nach der Eröffnung des Insolvenzverfahrens heraus, daß die Insolvenzmasse nicht ausreicht, um die Kosten des Verfahrens zu decken, so stellt das Insolvenzgericht das Verfahren ein.** [2] **Die Einstellung unterbleibt, wenn ein ausreichender Geldbetrag vorgeschossen wird oder die Kosten nach § 4a gestundet werden; § 26 Abs. 3 gilt entsprechend.**

(2) **Vor der Einstellung sind die Gläubigerversammlung, der Insolvenzverwalter und die Massegläubiger zu hören.**

(3) [1] **Soweit Barmittel in der Masse vorhanden sind, hat der Verwalter vor der Einstellung die Kosten des Verfahrens, von diesen zuerst die Auslagen, nach dem Verhältnis ihrer Beträge zu berichtigen.** [2] **Zur Verwertung von Massegegenständen ist er nicht mehr verpflichtet.**

Schrifttum: *Gerhardt,* Doch ein Konkurs im Konkurs?, ZIP 1992, 741; *Heilmann,* Zur Abwicklung massearmer Konkurse, KTS 1982, 181; *Pape,* Zur Systematik des § 60 KO, 1985; *Karsten Schmidt,* Genossenschaftsrechtliche Nachschusspflicht bei Massearmut und Masselosigkeit, KTS 1997, 339; *Weber/Irschlinger/Wirth,* Verfahren bei Masseunzulänglichkeit, KTS 1979, 133; *Zwanziger,* Materiell-rechtliche und prozessuale Fragen in Zusammenhang mit Masseunzulänglichkeit, NZA 2015, 577. Weiteres Schrifttum bei Vor §§ 207 ff.

Übersicht

I. Normzweck und Anwendungsbereich

§ 207 ist das **Gegenstück zu § 26.** Jene Vorschrift sieht vor, dass der Eröffnungsantrag abzulehnen ist, wenn das schuldnerische Vermögen voraussichtlich nicht die Kosten des (gesamten) Verfahrens decken wird. 1

Die Entscheidung über die **Verfahrenseröffnung** bleibt stets mit einer **Prognose** verbunden. Dem trägt § 207 Rechnung: Stellt sich die bei der Verfahrens- 2

[1] § 207 Abs. 1 Satz 2 neu gef. mWv 1.12.2001 durch G v. 26.10.2001 (BGBl. I S. 2710).

eröffnung getroffene **Prognose über die Massesuffizienz** als **unzutreffend** heraus (zum Prognoseirrtum vgl. *Möhlmann* KTS 1998, 373 [379 f.]), weil die Kosten des Verfahrens nicht gedeckt sind – liegt also Massekostenarmut (vgl. → Vor §§ 207 ff. Rn. 4) vor –, ist das **Verfahren schnellstmöglich einzustellen,** um die Entstehung weiterer Kosten zu vermeiden.

3 Die Einstellung nach § 207 kann in jedem Stadium des eröffneten Insolvenzverfahrens erfolgen. Möglich ist dies insbes. auch während eines Insolvenzplanverfahrens; das **Insolvenzplanverfahren** kann nicht zur Abwendung der Einstellung nach § 207 genutzt werden (Umkehrschluss zu § 210a).

4 Im Insolvenzverfahren über das Vermögen einer natürlichen Person, die die Erteilung der **Restschuldbefreiung** beantragt hat, hat die Verfahrenseinstellung nach § 207 wegen der Möglichkeit der Verfahrenskostenstundung nach § 4a keine nennenswerte Bedeutung (vgl. auch noch → Rn. 33 ff.). – Eine weitere Besonderheit besteht im Insolvenzverfahren über das Vermögen einer **Genossenschaft.** Auch hier kommt es, wegen der Nachschusspflicht des § 105 GenG, grds. nicht zur Einstellung des Verfahrens nach Maßgabe des § 207. Diese Nachschusspflicht besteht auch dann, wenn wegen Masseunzulänglichkeit eine Schlussverteilung nach § 196 nicht zu erwarten ist (vgl. OLG Frankfurt a. M. NJW-RR 1997, 675 [676]; *Karsten Schmidt* KTS 1997, 339 [341 f.]). Anderes gilt nur in Fällen, in denen die Nachschusspflicht ausgeschlossen ist (vgl. § 105 Abs. 1 GenG) oder in denen eine solche zwar besteht, Nachschüsse aber nicht zu erlangen sind (*Karsten Schmidt* KTS 1997, 339 mwN; vgl. ausf. *Terbrack,* Insolvenz der eingetragenen Genossenschaft, 1999, Rn. 357 f.).

II. Ablauf der Verfahrenseinstellung

5 **1. Voraussetzungen.** Die Einstellung des Insolvenzverfahrens erfolgt durch **Beschluss des Insolvenzgerichts** (vgl. auch noch → Rn. 36 ff.). Der Insolvenzverwalter kann das Verfahren nicht selbst einstellen (vgl. auch BGHZ 167, 178 [188] = NZI 2006, 392 [394]).

6 Die **Einstellung** erfolgt **von Amts wegen** (BT-Drs. 12/2443, 218; *Pape* KTS 1995, 189 [194]). Die Wirkungen der Masselosigkeit sind – anders als die an die Masseunzulänglichkeit (§ 208) anknüpfenden Rechtsfolgen – nicht von einer irgendwie gearteten Anzeige gegenüber dem Insolvenzgericht oder von einer öffentlichen Bekanntmachung abhängig (BGH NZI 2006, 697 [699]).

7 **a) Rolle des Insolvenzverwalters.** Die Zuständigkeit des Insolvenzgerichts entbindet den Insolvenzverwalter nicht von seiner Pflicht, die Entwicklung von Verfahrenskosten und Massebestand fortwährend zu beobachten. Das Gericht ist zwar nicht zur ständigen, anlassunabhängigen Beobachtung des Stands der Massekostendeckung verpflichtet. Doch je größer Zweifel an der Massekostendeckung werden, umso intensiver wird die Beobachtungspflicht des Insolvenzverwalters. Wenn die Masse nicht mehr ausreichend ist, ist der Insolvenzverwalter gehalten, das Insolvenzgericht darüber in Kenntnis zu setzen (BGH NZI 2006, 697 [699]), und zwar in transparenter Weise und möglichst unter substantiierter Darlegung der Gründe (vgl. auch HambK-InsO/*Weitzmann* § 207 Rn. 29).

8 Zwar legt die Insolvenzordnung – anders bei der Anzeige der Masseunzulänglichkeit (§ 208 Abs. 1 S. 1 aE) – dem Insolvenzverwalter **keine Anzeigepflicht** auf. Er wird das Insolvenzgericht aber schon zur Vermeidung von Haftungsrisiken und deshalb in Kenntnis setzen, weil er Gefahr läuft, mit seinem Vergütungsanspruch auszufallen (Nerlich/Römermann/*Westphal* § 207 Rn. 19). Unter Umständen können auch andere Verfahrensbeteiligte das Gericht informieren (vgl. Kübler/Prütting/Bork/*Pape* § 207 Rn. 13).

b) Rolle des Insolvenzgerichts. Nachdem das **Insolvenzgericht** über das (mutmaßliche) Vorliegen der Massekostenarmut in Kenntnis gesetzt wurde oder sonst Kenntnis erlangt hat, hat es alle für die Entscheidung über die Verfahrenseinstellung relevanten Umstände zu ermitteln (§ 5); die Heranziehung eines Sachverständigen ist statthaft (HambK-InsO/*Weitzmann* § 207 Rn. 10). Das **Insolvenzgericht** entscheidet **nach eigener Einschätzung;** dabei besteht **kein Ermessensspielraum.** Auch wenn der Insolvenzverwalter die Masseunzulänglichkeit gem. § 208 anzeigt, die Masse aber in Wirklichkeit so gering ist, dass sogar die Voraussetzungen des § 207 vorliegen, ist das Verfahren unverzüglich nach § 207 – und nicht nach den §§ 208 ff. – einzustellen (vgl. auch Kübler/Prütting/Bork/*Pape* § 207 Rn. 12). 9

Sofern die entsprechenden Voraussetzungen vorliegen (vgl. → § 153 Rn. 9 f.), kann es zweckmäßig sein, dass der Insolvenzverwalter beantragt, dass dem Schuldner die in § 153 Abs. 2 bezeichnete **eidesstattliche Versicherung** abgenommen wird (vgl. insofern *Gutzschebauch* BB 1950, 329). 10

2. Gewährung rechtlichen Gehörs. Sobald das Insolvenzgericht Kenntnis von der Möglichkeit der fehlenden Deckung der Verfahrenskosten erlangt hat, muss es nach Absatz 2 den Beteiligten **rechtliches Gehör** gewähren. Die **Anhörung** ist **zwingend** (vgl. auch BGHZ 167, 178 [188] = NZI 2006, 392 [394]); auf sie kann nicht – etwa durch einen „Vorratsbeschluss" in der ersten Gläubigerversammlung – verzichtet werden (wie hier Kübler/Prütting/Bork/*Pape* § 207 Rn. 21; Jaeger/*Windel* § 207 Rn. 71; Uhlenbruck/*Ries* § 207 Rn. 32; MüKo-InsO/*Hefermehl* § 207 Rn. 42; BK-InsO/*Gruber* § 207 Rn. 25; aA Braun/*Kießner* § 207 Rn. 14; mit Einschränkungen auch Graf-Schlicker/*Riedel* § 207 Rn. 17; Nerlich/Römermann/*Westphal* § 207 Rn. 32; vgl. noch zum Konkursrecht LG Göttingen ZIP 1997, 1039). Denn insbes. durch die notwendige Anhörung der Massegläubiger (dazu → Rn. 14), können Gesichtspunkte zu Tage treten, die in der ersten Gläubigerversammlung nicht bekannt waren (unrichtig deshalb Leonhardt/Smid/Zeuner/*Smid* § 207 Rn. 15). Eine Einstellung ohne Anhörung ist nicht unwirksam, kann aber mit der Beschwerde angefochten werden (§ 216 Abs. 1). 11

a) Anhörung der Gläubigerversammlung. Zunächst beruft das Insolvenzgericht die Gläubigerversammlung ein. Diese Gläubigerversammlung kann mit dem Termin zur Abnahme der Schlussrechnung verbunden werden (BT-Drs. 12/2443, 218). Notwendig ist die **öffentliche Bekanntmachung** (§ 74 Abs. 2 iVm § 9 Abs. 1), in der zweckmäßigerweise auf die Möglichkeit des Vorschusses eines die Verfahrenskosten deckenden Geldbetrages hingewiesen werden sollte. Eine informatorische Bekanntgabe der erforderlichen Höhe eines Kostenzuschusses ist ebenso sachgerecht (vgl. → Rn. 24). 12

Zwecke der Anhörung der Gläubigerversammlung sind: Ermittlung von Massegegenständen, Klärung der Frage, ob Vorschuss geleistet wird, Gewinnung sonstiger Erkenntnisse, die für die Einstellungsentscheidung bedeutsam sind, ggf. Erörterung und Abnahme von Schlussbericht und Schlussrechnung des Insolvenzverwalters. 13

b) Anhörung der Massegläubiger und des Insolvenzverwalters. Zusätzlich sind die **Massegläubiger** zu hören. Sie sind **schriftlich zu informieren** (Zustellung ist aus Kostengründen in der Regel entbehrlich), wobei das entsprechende Anschreiben eine Frist zur Stellungnahme und wiederum den **Hinweis** auf die **Möglichkeit** enthalten sollte, dass die Einstellung durch **Zahlung** eines **Kostenvorschusses** abgewendet werden kann. Die Massegläubiger werden dazu noch am ehesten bereit sein. Die Information der Massegläubiger wird das 14

Insolvenzgericht zweckmäßigerweise entsprechend § 8 Abs. 3 dem Insolvenzverwalter übertragen (Kübler/Prütting/Bork/*Pape* § 207 Rn. 14).

15 Die **Anhörung des Insolvenzverwalters** ist selbstverständlich, nicht zuletzt, weil er das Insolvenzgericht über die Möglichkeit der Massekostenarmut in der Praxis regelmäßig selbst in Kenntnis setzt (vgl. → Rn. 7 f.); die gesonderte Erwähnung im Gesetz erscheint sehr formell.

III. Verteilung der Barmittel

16 Nach **Absatz 3** hat der Verwalter die vorhandenen Barmittel zu nutzen, um – jeweils nach dem Verhältnis der Höhe der Beträge – zunächst die Auslagen des Gerichts und seine eigenen Auslagen sowie ggf. die des Gläubigerausschusses zu erstatten und im Anschluss daran die Gerichtskosten und Vergütungen zu zahlen (vgl. auch LG Chemnitz ZIP 2004, 1860). Im Wesentlichen geht es also nur noch um die Verteilung der vorhandenen liquiden Masse (vgl. BGH NZI 2009, 602 [603]).

17 **1. Ende der Verwertungspflicht.** Ab Vorliegen der Masseunzulänglichkeit ist der **Insolvenzverwalter nicht weiter verpflichtet, Massegegenstände zu verwerten** (Absatz 3 Satz 2). Dass er dazu berechtigt ist (*Häsemeyer* Insolvenzrecht Rn. 7.76; Nerlich/Römermann/*Westphal* § 207 Rn. 38; offen gelassen in BGH NZI 2009, 602 [603]), ist zwar richtig; wegen des damit verbundenen Haftungsrisikos wird eine Verwertung in diesem Verfahrensstadium aber wohl eher die Ausnahme sein (vgl. auch Kübler/Prütting/Bork/*Pape* § 207 Rn. 25 f.). Mit der Regelung in Absatz 3 Satz 2 soll die missliche Situation vermieden werden, dass der Insolvenzverwalter für die Masse tätig wird, ohne dafür eine Vergütung zu erhalten (vgl. BT-Drs. 12/2443, 218; vgl. auch BGH NZI 2009, 602 [603]). Gänzlich verhindern lässt sich das jedoch oftmals nicht. Dies gilt insbesondere vor dem Hintergrund, dass der Verwalter die Verwertung der Insolvenzmasse nicht sofort gänzlich einstellen kann (vgl. BGHZ 167, 178 [188] = NZI 2006, 392 [394]), weil § 207 die Einstellung des Insolvenzverfahrens mangels Masse nur nach dem in dieser Vorschrift geregelten Verfahren erlaubt (BGH NZI 2006, 697 [698]). Aus diesem Grunde sollte der Insolvenzverwalter seine Vergütungsansprüche durch frühzeitige Vorschussentnahmen so weit wie möglich absichern (dazu *Pape* ZIP 1986, 756 [759 ff.]; LG Göttingen NZI 2014, 713 [714]).

18 Für eine erfolgversprechende Zahlungsklage kann der Insolvenzverwalter trotz Massekostenarmut ausnahmsweise **Prozesskostenhilfe** erhalten, sofern die Massekostenarmut infolge der Durchführung des Rechtsstreits, für den Prozesskostenhilfe beantragt wird, beseitigt werden kann (BGH NJW-RR 2013, 422 = NZI 2013, 79 = ZIP 2012, 2526; zustimmend *Schmidt* ZInsO 2013, 766 ff.; vgl. auch schon OLG Celle NZI 2010, 688; OLG Hamm ZIP 2012, 192). Dies kann sogar dann gelten, wenn der Mittelfluss bei Erfolg der Klage primär zur Deckung des Honorars des Insolvenzverwalters dienen würde (OLG Jena ZIP 2001, 579; vgl. auch OLG Celle NZI 2009, 688). Hingegen scheidet die Gewährung von Prozesskostenhilfe in all den Fällen aus, in denen die Durchsetzung des Anspruchs nicht dazu geeignet ist, die Massekostenarmut zu beheben (BGH NZI 2009, 602; OLG Celle ZVI 2012, 119; FG Köln 13.6.2012 – 13 K 2588/09 (PKH), BeckRS 2012, 95731; großzügiger *Schmidt* ZInsO 2013, 766 [768]), oder in denen zwischen Kostenrisiko und maximal denkbarem Ertrag für die Insolvenzmasse ein deutliches Missverhältnis besteht (OLG Köln ZIP 2014, 2311). Insofern sind die Höhe der Forderung und deren Realisierbarkeit zu berücksichtigen.

19 **2. Nachtragsverteilung nach Einstellung mangels Masse.** Anders als im Fall der Einstellung wegen Masseunzulänglichkeit (vgl. § 211 Abs. 3) kommt bei der Einstellung nach § 207 nach richtiger (vgl. auch → § 203 Rn. 16), vom

Bundesgerichtshof (→ Rn. 20) aber abgelehnter Auffassung **keine Nachtragsverteilung** in Betracht, wenn nach Verfahrenseinstellung noch Massegegenstände ermittelt werden (LG Kassel ZInsO 2013, 2565; LG Marburg NZI 2003, 101; *Dinstühler* ZIP 1998, 1697 [1707]; Uhlenbruck/*Ries* § 207 Rn. 37; MüKoInsO/*Hefermehl* § 207 Rn. 85; Nerlich/Römermann/Westphal § 207 Rn. 39; HK-InsO/*Landfermann* § 207 Rn. 25; *Pape/Hauser* Massearme Verfahren nach der InsO Rn. 265; ausf. Jaeger/*Windel* § 207 Rn. 114; vgl. auch *Häsemeyer* Insolvenzrecht Rn. 7.76); auch eine auf die Begleichung der Verfahrenskosten begrenzte Nachtragsverteilung (vgl. dazu *Kröpelin* Die massearme Insolvenz Rn. 165 ff.) scheidet aus. Mit Absatz 3 Satz 2, wonach der Insolvenzverwalter schon vor der Einstellung des Verfahrens nicht mehr zur Verwertung von Massegegenständen verpflichtet ist, hat der Gesetzgeber in Kauf genommen, dass dem Schuldner Massegegenstände verbleiben. Zudem hat er die Anwendbarkeit der Regelungen über die Nachtragsverteilung bewusst nur in § 211 Abs. 3 aufgenommen. Somit fehlt es für eine analoge Anwendung an der Voraussetzung einer planwidrigen Regelungslücke; zudem gibt es anders als in den sonstigen Fällen einer Nachtragsverteilung regelmäßig kein Verteilungsverzeichnis.

Der **Bundesgerichtshof** hat **anders** entschieden (BGH NZI 2013, 1019 = KTS 2014, 184 mit zust. Anm. *Kohler;* Braun/*Kießner* § 207 Rn. 28 f.; ebenso schon *Kübler* Kölner Schrift InsO S. 573 Rn. 52 ff.; *Holzer* NZI 1999, 44, 46 f.; Kübler/Prütting/Bork/*Pape* § 207 Rn. 39; BK-InsO/*Gruber* § 207 Rn. 52; Leonhardt/Smid/Zeuner/*Smid* § 207 Rn. 18; *Zimmer* KTS 2009, 199 [216 f.]). Damit wird die Praxis in der Zukunft Nachtragsverteilungen nach Einstellung gem. § 207 vorausssichtlich großzügig zulassen. Richtig ist das nicht, denn die Entscheidung des Bundesgerichtshofs betraf den speziellen Fall, dass das Insolvenzgericht Gegenstände explizit einer Nachtragsverteilung vorbehalten hatte (vgl. zu dieser Möglichkeit → Rn. 4); für andere Konstellationen überzeugt sie (erst recht) nicht. 20

IV. Kostenvorschuss

1. Zweck der Zahlung eines Kostenvorschusses. Durch Zahlung eines Kostenvorschusses kann nach **Absatz 1 Satz 2** die Einstellung des Verfahrens verhindert werden. Dies ist in vielen Fällen ein effektives Mittel, um in nur vordergründig massearmen Insolvenzverfahren nichtliquide Mittel in erheblichem Umfang für die Verwertung zugänglich zu machen. Durch die Möglichkeit, die Verfahrenseinstellung durch Zahlung eines Kostenvorschusses abzuwenden, wird zum einen häufig die Sanierung des schuldnerischen Unternehmens möglich und können zum anderen Gläubiger, die zur Aus- oder Absonderung berechtigt sind, ihre durch Art. 14 Abs. 1 GG geschützten Rechte innerhalb des Insolvenzverfahrens geltend machen (vgl. *Smid* WM 1998, 1313 [1315]). 21

Zur Zahlung des Vorschusses muss sich jemand – grds. freiwillig (vgl. aber noch → Rn. 29 f.) – bereit erklären. **Prozesskostenhilfe** kann hierfür nicht verlangt werden (Nerlich/Römermann/*Westphal* § 207 Rn. 22; Braun/*Kießner* § 207 Rn. 17; MüKoInsO/*Hefermehl* § 207 Rn. 32; vgl. auch schon LG Frankenthal Rpfleger 1985, 504 [505]; aA *Bork* ZIP 1998, 1209 [1213]). Die Bestimmung entspricht § 26 Abs. 1 S. 2 (vgl. dazu → § 26 Rn. 34 ff.). 22

2. Höhe und Leistung des Kostenvorschusses. Die **Höhe** des Kostenvorschusses errechnet sich aus der **Differenz zwischen vorhandener Masse und der Höhe der Verfahrenskosten.** Entsprechend der Systematik von § 207 und §§ 208–211 (vgl. → Vor §§ 207 ff. Rn. 4 ff.) bleiben die sonstigen Masseverbindlichkeiten (§ 55) unberücksichtigt (Nerlich/Römermann/*Westphal* § 207 Rn. 23; MüKoInsO/*Hefermehl* § 207 Rn. 35; krit. zu Sinn und Zweck dieser Begrenzung 23

Dinstühler ZIP 1998, 1697 [1699 f.]). Auch die **„unausweichlichen Verwaltungskosten"** (vgl. dazu → § 209 Rn. 8 f.) zählen nach zutreffender Auffassung nicht zu den Verfahrenskosten.

24 Da es im Verfahren nach § 207 – tendenziell anders als im Insolvenzeröffnungsverfahren – keinen Antragsteller gibt, kann das Insolvenzgericht die **Höhe des Kostenvorschusses** auch nicht festsetzen oder diesen einfordern (unrichtige Übernahme der § 26 betreffenden Ausführungen von *Haarmeyer* ZInsO 2001, 103 [107] bei MüKoInsO/*Hefermehl* § 207 Rn. 36; aA auch HambK-InsO/*Weitzmann* § 207 Rn. 14). Allerdings kann das Insolvenzgericht iRd Anhörungen nach Absatz 2 die Höhe des zur Abwendung der Einstellung nach § 207 erforderlichen Kostenvorschusses informatorisch mitteilen (ähnlich Jaeger/*Windel* § 207 Rn. 57; Kübler/Prütting/Bork/*Pape* § 207 Rn. 17; vgl. auch BT-Drs. 12/2443, 218).

25 Der Kostenzuschuss kann durch **Zahlung eines Geldbetrags** bewirkt werden, aber auch durch eine **Bankgarantie** oder Bankbürgschaft (Jaeger/*Windel* § 207 Rn. 53; vgl. auch BGH NZI 2002, 601 [602] (zu § 26)). Keine Rechtswirkungen entfalten Zahlungen, wenn sie mit Auflagen oder Bedingungen versehen werden, etwa dergestalt, dass ein Insolvenzplan erarbeitet oder die Eigenverwaltung angeordnet werden soll (BGH NZI 2006, 34; aA Jaeger/*Windel* § 207 Rn. 53).

26 Erweist sich der zur Deckung der Verfahrenskosten vorgeschossene Betrag als unzulänglich, so besteht **keine Nachschusspflicht.** Ohne weiteres zulässig sind jedoch **nochmalige Kostenzuschüsse** auf freiwilliger Basis. Wenn kein ausreichender Zusatzbetrag vorgeschossen wird, hat das Gericht das Verfahren nach § 207 einzustellen (vgl. *Hess* § 207 Rn. 24).

27 **3. Zur Vorschussleistung Berechtigte.** Zur Leistung des Kostenvorschusses sind nicht nur **Insolvenzgläubiger** und (aus insolvenzfreiem Vermögen) der **Schuldner,** sondern **auch Dritte** – ggf. auch eine Mehrheit von Personen – berechtigt; dazu zählen insbes. auch Massegläubiger (Nerlich/Römermann/*Westphal* § 207 Rn. 21; vgl. auch schon → Rn. 14). Der Insolvenzordnung sind insofern keinerlei Einschränkungen zu entnehmen, insbes. bedarf es zur Zahlung des Vorschusses keines rechtlichen Interesses (zutr. Kübler/Prütting/Bork/*Pape* § 207 Rn. 19; MüKoInsO/*Hefermehl* § 207 Rn. 32), denn das Risiko, des geleisteten Vorschusses verlustig zu sein, grenzt den Kreis der in Frage kommenden Personen hinreichend ein.

28 Entgegen der wohl noch herrschenden Auffassung ist grds. **auch der Insolvenzverwalter** zur Vorschussleistung berechtigt (wie hier Braun/*Kießner* § 207 Rn. 16; BK-InsO/*Gruber* § 207 Rn. 17 f.; FK-InsO/*Kießner* § 207 Rn. 27; *Uhlenbruck* NZI 2001, 408; aA Nerlich/Römermann/*Westphal* § 207 Rn. 21; HambK-InsO/*Weitzmann* § 207 Rn. 13; HK-InsO/*Landfermann* § 207 Rn. 15; MüKoInsO/*Hefermehl* § 207 Rn. 33; Kübler/Prütting/Bork/*Pape* § 207 Rn. 19; Jaeger/*Windel* § 207 Rn. 52; Leipold/*Häsemeyer* Insolvenzrecht im Umbruch S. 101, 109; *Kübler* Kölner Schrift InsO S. 573 Rn. 15; *Dinstühler* ZIP 1998, 1697 [1700]; *Smid* WM 1998, 1313 [1314]). Allein durch die Zahlung des Vorschusses ist die in § 56 Abs. 1 geforderte Unabhängigkeit des Insolvenzverwalters noch nicht gefährdet. Freilich wird der Insolvenzverwalter zur Vorschusszahlung nur dann bereit sein, wenn die Rückgriffsmöglichkeit nach § 26 Abs. 3 (→ Rn. 32) erfolgversprechend ist.

29 **4. Zur Vorschussleistung Verpflichtete.** Absatz 1 Satz 2 Hs. 2 verweist nur auf § 26 Absatz 3 (vgl. dazu → Rn. 32), nicht auch auf den durch das ESUG (Gesetz vom 7.12.2011, BGBl. I S. 2582) mit Wirkung zum 1.3.2012 eingefügten **§ 26 Abs. 4.** Nach § 26 Abs. 4 ist jede Person, die entgegen den Vorschriften des Insolvenz- oder Gesellschaftsrechts pflichtwidrig und schuldhaft keinen Antrag auf Eröffnung des Insolvenzverfahrens gestellt hat, auf Verlangen des vorläufigen Insolvenzverwalters oder einer jeden Person, die einen begründeten Vermögens-

anspruch gegen den Schuldner hat, verpflichtet, einen Kostenvorschuss zu leisten (**Pflichtkostenvorschuss;** vgl. → § 26 Rn. 41 f.). Diese Regelung strahlt auf § 207 aus: Die nach § 26 Abs. 4 S. 1 verpflichteten Personen können unter Umständen auch noch im eröffneten Insolvenzverfahren zur Zahlung eines Kostenvorschusses verpflichtet werden, wenn dies zur Abwendung der Verfahrenseinstellung nach § 207 erforderlich ist und wenn dies vom Insolvenzverwalter oder einer Person verlangt wird, die einen begründeten Vermögensanspruch gegen den Schuldner hat.

Allerdings ist die **Höhe des Kostenvorschusses** in diesem Fall auf das **begrenzt,** was auch schon im Eröffnungsverfahren von den nach § 26 Abs. 4 S. 1 verpflichteten Personen hätte verlangt werden können, aber nicht verlangt worden ist. Aus der Vorschusspflicht wird also auch auf diesem Wege keine Nachschusspflicht; einen revolvierenden Pflichtkostenvorschuss im eröffneten Verfahren gibt es auch nicht. Aus diesem Grund beschränken sich **Fälle der analogen Anwendung von § 26 Abs. 4** praktisch auf Verfahren, bei denen der Eröffnungsantrag „irrtümlich" nicht nach § 26 mangels Masse abgewiesen wurde. Unterblieb die Inanspruchnahme nach § 26 Abs. 4 im Eröffnungsverfahren, weil eine andere Person freiwillig einen Vorschuss geleistet hat, kann der analog § 26 Abs. 4 Verpflichtete die Zahlung des Kostenvorschusses im eröffneten Verfahren insoweit abwenden, als er auf den nach Abs. 1 S. 2 Hs. 2 iVm § 26 Abs. 3 bestehenden Rückgriffsanspruch (→ Rn. 32) leistet. 30

5. Behandlung des eingezahlten Kostenvorschusses. Der eingezahlte Vorschuss bildet ein **Sondervermögen,** dessen ausschließlicher Zweck darin besteht, die Kosten des Verfahrens zu decken (HambK-InsO/*Weitzmann* § 207 Rn. 15). Der Insolvenzverwalter ist berechtigt, in Höhe der ihm zustehenden Vergütungsansprüche Vorzuschussentnahmen zu tätigen (LG Göttingen NZI 2014, 713). Wurde zuviel Vorschuss gezahlt, ist der überschießende Betrag unverzüglich zu erstatten (Jaeger/*Windel* § 207 Rn. 55). IÜ erfolgt eine etwaige Erstattung des Vorschusses erst am Ende des Insolvenzverfahrens (vgl. Braun/*Kießner* § 207 Rn. 20). 31

Der Einzahlende hat gem. Absatz 1 Satz 2 Hs. 2 einen **Rückgriffsanspruch** gegen die in § 26 Abs. 3 genannten Personen. Voraussetzung dafür ist, dass der Kostenvorschuss gerade zu dem Zweck geleistet worden ist, das schon eröffnete Insolvenzverfahren weiterzuführen (BGH NZI 2009, 233). Der Rückgriffsanspruch ist **außerhalb des Insolvenzverfahrens** zu verfolgen (Einzelheiten bei → § 26 Rn. 76 ff.). 32

V. Verfahrenskostenstundung

Seit der mit Wirkung zum 1.12.2011 erfolgten Neufassung von Absatz 1 Satz 2 durch das Gesetz zur Änderung der Insolvenzordnung und anderer Gesetze (Gesetz vom 26.10.2001, BGBl. I S. 2710) unterbleibt die Einstellung des Insolvenzverfahrens nach § 207 auch dann, wenn die Kosten nach § 4a gestundet werden. Diese Möglichkeit besteht ausschließlich in **Verfahren über das Vermögen von natürlichen Personen,** die einen Antrag auf Erteilung der Restschuldbefreiung gestellt haben (Einzelheiten bei → § 4a Rn. 4 ff.). 33

Typischerweise wird der Antrag nach § 4a Abs. 1 zusammen mit dem Antrag auf Eröffnung des Insolvenzfahrens oder während des Eröffnungsverfahrens gestellt, um eine Abweisung des Eröffnungsantrags mangels Masse (§ 26) zu vermeiden. 34

Der **Antrag** nach § 4a kann aber **auch im eröffneten Insolvenzverfahren** über das Vermögen einer natürlichen Person gestellt werden (Uhlenbruck/*Ries* § 207 Rn. 23). Sofern noch nicht geschehen, muss dann auch der Antrag auf 35

Erteilung der Restschuldbefreiung gestellt werden (vgl. BK-InsO/*Gruber* § 207 Rn. 19; vgl. auch BT-Drs. 14/5680, 28); dafür wird es im Regelfall aber zu spät sein (vgl. BGHZ 162, 181 = NZI 2005, 271; BGH ZInsO 2015, 1734; vgl. ferner Jaeger/*Windel* § 207 Rn. 60).

VI. Folgen der Einstellung des Verfahrens

36 **1. Entscheidung des Insolvenzgerichts und Rechtsmittel.** Der **Einstellungsbeschluss** ist öffentlich bekanntzumachen (§ 215 Abs. 1). Er unterliegt nach § 216 Abs. 1 der **sofortigen Beschwerde** (Einzelheiten bei §§ 215, 216). Beschwerdebefugt sind der Schuldner und jeder Insolvenzgläubiger.

37 Ein förmlicher Beschluss über die Frage der Verfahrenseinstellung erfolgt regelmäßig nur, wenn es dadurch auch zur Verfahrenseinstellung kommt, nicht aber bei Fortführung des Verfahrens. Denn das Gericht wird von Amts wegen und nicht auf Antrag tätig.

38 Sollte ausnahmsweise ein förmlicher **Fortführungsbeschluss** ergehen, kommt dagegen grds. **kein Rechtsmittel** in Betracht (krit. zum Nichtbestehen eines Beschwerderechts des Insolvenzverwalters Jaeger/*Windel* § 207 Rn. 113). Denkbar ist allein die Rechtspflegererinnerung nach § 11 Abs. 2 RPflG. Auch dann findet aber keine Überprüfung der richterlichen Entscheidung in einem (weiteren) Rechtsmittelverfahren statt (BGH NZI 2007, 406).

39 **2. Vollstreckungsverbot.** Das Vollstreckungsverbot des § 210 gilt entsprechend, wenn ein Kostengläubiger nach Eintritt der Massearmut in die Insolvenzmasse vollstreckt. Ohne eine **analoge Anwendung von § 210** könnten andere Kostengläubiger im Wege der Vollstreckung bis zum Ausgleich ihrer Forderungen auf die vorhandenen Barmittel der Masse zugreifen, ohne dass der Insolvenzverwalter dies verhindern könnte. Dies liefe der in Absatz 3 Satz 1 festgelegten Rangfolge zuwider, die eine anteilige Befriedigung vorsieht (BGH NJW-RR 2007, 119 = NZI 2006, 697). – Zur Geltendmachung des Vollstreckungsverbots gelten die Ausführungen zu § 210 entsprechend (vgl. → § 210 Rn. 21 ff.; vgl. iÜ Uhlenbruck/*Ries* § 207 Rn. 43).

40 **3. Rechtswirkungen der Verfahrenseinstellung.** Die Einstellung des Verfahrens nach § 207 hat dieselben Rechtswirkungen wie die Verfahrensaufhebung nach § 200 (Nerlich/Römermann/*Westphal* § 207 Rn. 43; vgl. iÜ → § 200 Rn. 5 ff.). Insbes. erhält der Schuldner die Verfügungsbefugnis zurück; gleiches gilt für die Prozessführungsbefugnis. Gläubiger können danach in sein Vermögen vollstrecken. – Zu Auswirkungen der Verfahrenseinstellung auf laufende Prozesse vgl. etwa Kübler/Prütting/Bork/*Pape* § 207 Rn. 30 ff.; *Baur* FS Weber, 1975, 41 [45 f.]; zu den gesellschaftsrechtlichen Folgen vgl. etwa Uhlenbruck/*Ries* § 207 Rn. 54 f.

41 Der **Einstellungsbeschluss** hat **gestaltende** und damit **bindende Kraft:** Er ist deshalb auch von Behörden und von Gerichten anderer Rechtszweige zu beachten (vgl. BAG ZIP 1989, 798). Eine **Eintragung** des Schuldners **in das Schuldnerverzeichnis** findet nach derzeit geltendem Recht nicht statt (Leonhardt/Smid/Zeuner/*Smid* § 207 Rn. 19; HK-InsO/*Landfermann* § 207 Rn. 24). Diese Diskrepanz zu § 26 Abs. 2 ist weder zeitgemäß noch logisch, aber als klare Entscheidung des Gesetzgebers zu akzeptieren (vgl. auch Jaeger/*Windel* § 207 Rn. 105), der bei der am 1.1.2013 in Kraft getretenen Neufassung von § 26 Abs. 2 durch das Gesetz zur Reform der Sachaufklärung in der Zwangsvollstreckung (Gesetz vom 29.7.2009, BGBl. I S. 2558) in Kenntnis der Unterschiede zwischen § 26 und § 207 keine Änderungen bei § 207 (oder § 215) vorgenommen hat.

Anzeige der Masseunzulänglichkeit

208 (1) [1] **Sind die Kosten des Insolvenzverfahrens gedeckt, reicht die Insolvenzmasse jedoch nicht aus, um die fälligen sonstigen Masseverbindlichkeiten zu erfüllen, so hat der Insolvenzverwalter dem Insolvenzgericht anzuzeigen, daß Masseunzulänglichkeit vorliegt.** [2] **Gleiches gilt, wenn die Masse voraussichtlich nicht ausreichen wird, um die bestehenden sonstigen Masseverbindlichkeiten im Zeitpunkt der Fälligkeit zu erfüllen.**

(2) [1] **Das Gericht hat die Anzeige der Masseunzulänglichkeit öffentlich bekanntzumachen.** [2] **Den Massegläubigern ist sie besonders zuzustellen.**

(3) **Die Pflicht des Verwalters zur Verwaltung und zur Verwertung der Masse besteht auch nach der Anzeige der Masseunzulänglichkeit fort.**

Schrifttum: *Ahrendt/Struck,* Kein Anfechtungsrecht des Verwalters bei Masseunzulänglichkeit?, ZInsO 2000, 264; *Gundlach/Frenzel/Jahn,* Die Anzeige der Masseunzulänglichkeit und die Haftung des Insolvenzverwalters gemäß § 60 InsO, DZWIR 2011, 177; *Häsemeyer,* Das Verfahren bei Masseunzulänglichkeit – eine verselbständigte Variante des Insolvenzverfahrens?, FS Gerhardt, 2003, 341; *Kayser/Heck,* Die Gläubigerversammlung nach Anzeige der Masseunzulänglichkeit, NZI 2005, 65; *Klaas/Zimmer,* Zeitpunkt der Anzeige der Masseunzulänglichkeit als taugliches Qualitätsmerkmal des Insolvenzverwalters?, ZInsO 2011, 666; *Kluth,* Das Verfahren bei unzulänglicher Insolvenzmasse oder ein „Himmelsfahrtskommando" für den Insolvenzverwalter, ZInsO 2000, 177; *Kögel,* Die Rechtsfolgen der Masseunzulänglichkeitsanzeige auf beiderseitig nicht oder nicht vollständig erfüllte Verträge – die analoge Anwendbarkeit der §§ 103 ff., 2007; *Mäusezahl,* Die Abwicklung masseunzulänglicher Verfahren, ZVI 2003, 617; *Pape,* Bevorzugung der „Neumassegläubiger" im masseunzulänglichen Konkursverfahren?, ZIP 1984, 796; *ders.,* Erforderlichkeit der Überprüfung der Anzeige der Masseunzulänglichkeit durch das Insolvenzgericht – Bemerkungen zu dem RefE eines Gesetzes zur Änderung der Insolvenzordnung vom September 2004, ZInsO 2004, 1223; *ders.,* Zulässigkeit der Insolvenzanfechtung nach Anzeige der Masseinsuffizienz, ZIP 2001, 901; *ders.,* Zur Feststellung der Masseinsuffizienz i. S. d. § 60 KO, RPfleger 1994, 326; *Runkel/Schnurbusch,* Rechtsfolgen der Masseunzulänglichkeit, NZI 2000, 49; *A. Schmidt,* Nichts ist unmöglich: Rückkehr zum „normalen" Insolvenzverfahren trotz angezeigter Masseunzulänglichkeit (§ 208 InsO), NZI 1999, 442; *Walther,* Das Verfahren bei Masseunzulänglichkeit nach den §§ 208 ff. InsO, 2005. – Weiteres Schrifttum bei Vor §§ 207 ff.

Übersicht

I. Zweck, Systematik und Bedeutung der Norm

1 § 208 regelt die **Einleitung des Verfahrens bei Masseunzulänglichkeit** (vgl. zur Terminologie → Vor §§ 207 ff. Rn. 5). Die Norm manifestiert diejenigen Grundsätze, die von Rspr. und Lehre schon für die Konkursordnung entwickelt worden waren (vgl. dazu Nerlich/Römermann/*Westphal* § 208 Rn. 2 ff.), in weitgehend unveränderter Weise. Im Verein mit §§ 209, 210 ermöglicht § 208 auch in den Fällen der Masseunzulänglichkeit die vollständige Abwicklung des schuldnerischen Vermögens in einem geordneten Verfahren (BT-Drs. 12/2443, 218 f.).

2 Die Anzeige der Masseunzulänglichkeit hat **für die Massegläubiger einschneidende Folgen.** Anstatt volle Befriedigung zu erhalten, sind sie auf die sich aus § 209 ergebende **Quote** und den ihnen zustehenden **Rang** verwiesen (vgl. auch BVerfG ZIP 1993, 838). Gleichzeitig ändert sich mit Anzeige der Masseunzulänglichkeit die Zielrichtung des Verfahrens: Fortan dient es nicht mehr den Interessen der Insolvenzgläubiger, sondern nur noch den Interessen der Massegläubiger.

3 Nur wenn die gesetzlichen Voraussetzungen (dazu → Rn. 8 ff.) vorliegen, darf und muss Masseunzulänglichkeit angezeigt werden. Eine prophylaktische Masseunzulänglichkeitsanzeige ist unzulässig, die Anzeige einer „temporären Masseunzulänglichkeit“ ohne haftungsprivilegierende Rechtswirkung sowie die Rücknahme einer Masseunzulänglichkeitsanzeige (vgl. dazu → Rn. 21 ff.) sind nicht möglich. Der Zeitpunkt der Anzeige der Masseunzulänglichkeit hat sich nicht am Interesse einzelner Gläubiger oder Gläubigergruppen zu orientieren (BGH ZIP 2010, 2356 [2357]).

II. Anwendungsbereich

4 Masseunzulänglichkeit kann auch im **Verbraucherinsolvenzverfahren** und bei Anordnung der **Eigenverwaltung** angezeigt werden (Graf-Schlicker/*Riedel* § 208 Rn. 5). Bei angeordneter Eigenverwaltung erfolgt die Anzeige gem. § 285 durch den Sachwalter (vgl. auch BAGE 114, 13 [16 f.] = NZI 2005, 408).

5 Im **Insolvenzeröffnungsverfahren** ist die Anzeige der Masseunzulänglichkeit nicht möglich (BAGE 114, 13 [17] = NZI 2005, 408 [409]; MüKoInsO/*Hefermehl* § 208 Rn. 37; Kübler/Prütting/Bork/*Pape* § 208 Rn. 2i). Eine entsprechende Anzeige des vorläufigen Insolvenzverwalters entfaltet keine Rechtswirkungen (AG Hamburg ZInsO 2002, 1197); dies gilt für „starke“ ebenso wie für „schwache“ Insolvenzverwalter.

6 Entgegen einer verbreiteten Auffassung und teilw. geübten Gerichtspraxis kann deshalb der Eröffnungsbeschluss auch nicht mit der Veröffentlichung der Masseunzulänglichkeitsanzeige verbunden werden (aA BAGE 114, 13 [17] = NZI 2005, 408 [409]; HK-InsO/*Landfermann* § 208 Rn. 10; *Mäusezahl* ZVI 2003, 617 [618]; *Kübler* Kölner Schrift InsO S. 573 Rn. 23). Denn zu diesem Zeitpunkt kann noch keine rechtswirksame Masseunzulänglichkeitsanzeige abgegeben worden sein. In Fällen der sich schon im Eröffnungsverfahren abzeichnenden Masseunzulänglichkeit **(„anfängliche Masseunzulänglichkeit“)** muss mit der Anzeige der Masseunzulänglichkeit vielmehr bis zum Erlass des Eröffnungsbeschlusses und der

Bestellung des Insolvenzverwalters gewartet werden. Masseunzulänglichkeit kann aber unmittelbar danach – auch als „eine der ersten Amtshandlungen des Verwalters" (insofern zutr. HK-InsO/*Landfermann* § 208 Rn. 10) – angezeigt werden (iE wohl auch Kübler/Prütting/Bork/*Pape* § 208 Rn. 2g).

7 Situationen anfänglicher Masseunzulänglichkeit treten gerade in Verfahren auf, in denen die Verfahrenskosten nach §§ 4a ff. gestundet wurden, unter Umständen aber auch in solchen, in denen ein Verfahrenskostenvorschuss nach § 26 Abs. 1 S. 2 erfolgte – insbes. dann, wenn es sich um einen Pflichtvorschuss iSv § 26 Abs. 4 handelte – und der Vorschuss soeben nur ausreichte, um die Verfahrenskosten zu decken.

III. Voraussetzungen einer rechtmäßigen Masseunzulänglichkeitsanzeige

8 Zu den Pflichten des Insolvenzverwalters gehört die **fortwährende Kontrolle,** ob die Insolvenzmasse ausreichend ist, um die Masseverbindlichkeiten voll zu bedienen (vgl. BK-InsO/*Breutigam* § 208 Rn. 7; MüKoInsO/*Hefermehl* § 208 Rn. 17). Ist dies nicht mehr hinreichend gewährleistet, trifft den Insolvenzverwalter, wenn die unter → Rn. 9 ff. genannten Voraussetzungen vorliegen, die Pflicht zur Masseunzulänglichkeitsanzeige. Der Insolvenzverwalter kann die für den Fall der Masseunzulänglichkeit sich aus § 209 ergebende Befriedigungsreihenfolge nicht dadurch außer Kraft setzen, dass er die Anzeige der Masseunzulänglichkeit unterlässt (BGH NZI 2010, 188 [189]). Eine eindeutige Aussage zu der Frage aber, ab welchem Zeitpunkt genau diese Pflicht besteht, trifft die Insolvenzordnung nicht. Dem Insolvenzverwalter kommt insofern ein gewisser Entscheidungsspielraum zu (BGH ZIP 2010, 2356 [2357]).

9 **1. Bereits eingetretene Masseunzulänglichkeit.** Der Insolvenzverwalter muss dem Insolvenzgericht anzeigen, wenn die Insolvenzmasse nicht ausreicht, diejenigen fälligen Masseverbindlichkeiten zu decken, die nicht Kosten des Insolvenzverfahrens sind (Absatz 1 Satz 1; zur drohenden Masseunzulänglichkeit → Rn. 13 ff.).

10 Um die Entscheidung, ob die Pflicht zur Anzeige der Masseunzulänglichkeit besteht, treffen zu können, muss der Insolvenzverwalter die **Insolvenzmasse** (vgl. hierzu MüKoInsO/*Hefermehl* § 208 Rn. 23) ermitteln, sie bewerten **und** sie folgenden **Kostenposten gegenüberstellen** (Einzelheiten bei → § 55 Rn. 4 ff.): durch Handlungen des Insolvenzverwalters oder sonst durch Verwaltung etc der Insolvenzmasse entstandene Verbindlichkeiten iSv § 55 Abs. 1 Nr. 1; Verbindlichkeiten aus gegenseitigen Verträgen nach Maßgabe von § 55 Abs. 1 Nr. 2; Verbindlichkeiten aus ungerechtfertigter Bereicherung der Insolvenzmasse (§ 55 Abs. 1 Nr. 3); bestimmte durch einen vorläufigen Insolvenzverwalter begründete Verbindlichkeiten (§ 55 Abs. 2, § 21 Abs. 2 Nr. 2 iVm § 22 Abs. 1 S. 1) – insbes. auch im Falle einer entsprechenden Ermächtigung durch das Insolvenzgericht (vgl. etwa AG Hamburg ZInsO 2004, 1270) – inkl. entsprechender Verbindlichkeiten aus einem Steuerschuldverhältnis (vgl. § 55 Abs. 4); Unterhaltsleistungen nach Maßgabe von §§ 100, 101.

11 Ist die **Insolvenzmasse objektiv nicht ausreichend,** alle Massegläubiger voll zu befriedigen, liegt **Masseunzulänglichkeit** vor (vgl. die tabellarische Gegenüberstellung bei *Möhlmann* KTS 1998, 373 [383]). Bei der Beurteilung der bereits bestehenden Masseunzulänglichkeit stehen – anders als bei der drohenden Masseunzulänglichkeit (vgl. → Rn. 13) – Liquiditätsgesichtspunkte im Hintergrund (aA Jaeger/*Windel* § 208 Rn. 17; tendenziell auch MüKoInsO/*Hefermehl* § 208 Rn. 24; zu pauschal *Klaas/Zimmer* ZInsO 2011, 666 [669]).

12 Nicht zu den Massekosten gehören **Ansprüche aus Sozialplänen,** obwohl sie nach § 123 Abs. 2 S. 1 ausdrücklich als Masseverbindlichkeiten gelten. Doch wird diese Wirkung in § 123 Abs. 2 S. 2, 3 im Hinblick auf Verteilungen zurückgenommen (krit. dazu Leipold/*Zeuner,* 261, 268); dies gilt gleichermaßen für Verteilungen nach § 209 und damit auch schon für die Frage, ob Masseunzulänglichkeit vorliegt oder nicht (BT-Drs. 12/7302, 171; vgl. *Häsemeyer* Rn. 23.16; Braun/*Kießner* § 208 Rn. 17; Nerlich/Römermann/*Westphal* § 208 Rn. 13). Dementsprechend führt die Masseunzulänglichkeitsanzeige auch nicht zur Hemmung der Verjährung von Ansprüchen aus Sozialplänen; vielmehr bleibt es bei der regelmäßigen Verjährungsfrist des § 195 BGB (ArbG Oberhausen NJW-Spezial 2013, 87).

13 **2. Drohende Masseunzulänglichkeit.** Der Insolvenzverwalter hat die Masseunzulänglichkeit nicht erst dann anzuzeigen, wenn die vorstehend beschriebene Gegenüberstellung zu einem rechnerischen Übergewicht der sonstigen Massekosten führt, sondern bereits dann, wenn sich dieser Zustand für die Zukunft konkret abzeichnet (Absatz 1 Satz 2). Hinsichtlich der drohenden Masseunzulänglichkeit kommt dem **Liquiditätsaspekt** – der Prüfung, wie liquide die in der Insolvenzmasse vorhandenen Gegenstände sind – besondere Bedeutung zu.

14 An die Anzeige der drohenden Masseunzulänglichkeit knüpfen sich dieselben Rechtsfolgen wie an die Anzeige bereits eingetretener Masseunzulänglichkeit (OLG Frankfurt a. M. NZI 2005, 40). Eine später nachfolgende Anzeige der tatsächlichen Masseunzulänglichkeit ist verfahrensrechtlich bedeutungslos. Die durch die Anzeige der drohenden Masseunzulänglichkeit bereits eingetretenen Rechtsfolgen werden dadurch weder beseitigt noch modifiziert (vgl. OLG Frankfurt a. M. NZI 2005, 40 [41]). Ferner ändert sich der für den Eintritt der Masseunzulänglichkeit verfahrensrechtlich maßgebliche Zeitpunkt (vgl. → Rn. 25) nicht nachträglich.

15 Die Möglichkeit, auch schon die drohende Masseunzulänglichkeit mit denselben Rechtsfolgen wie die bereits eingetretene Masseunzulänglichkeit anzeigen zu können, ist mit Blick auf § 61 notwendiger Bestandteil des Verfahrens nach §§ 208 ff. (vgl. *Kübler* Kölner Schrift InsO S. 573 Rn. 25). Insolvenzverwalter werden, auch um Haftungsrisiken (vgl. dazu → § 61 Rn. 12) zu minimieren (vgl. aber noch → Rn. 29), die **drohende Masseunzulänglichkeit** bereits **frühzeitig anzeigen** (vgl. etwa HambK-InsO/*Weitzmann* § 208 Rn. 7).

16 Die Entscheidung, ob Masseunzulänglichkeit droht, enthält dasselbe **Prognoseelement** wie es bei der drohenden Zahlungsunfähigkeit nach § 18 anzutreffen ist (sehr einschränkend Jaeger/*Windel* § 208 Rn. 11 ff.). Diese Parallelität der Gründe, das Verfahren zu eröffnen und die Masseunzulänglichkeit festzustellen, zeugt vom Zutreffen des Schlagwortes „Insolvenz in der Insolvenz". Notwendig ist also die vorausschauende Gegenüberstellung der unter → Rn. 10 genannten Posten; insofern ist die Position des Insolvenzverwalters mit der eines insolvenzantragspflichtigen Organs einer juristischen Person vergleichbar (so Kübler/Prütting/Bork/*Pape* § 208 Rn. 16).

17 **3. Formelle Voraussetzungen.** Die Anzeige der Masseunzulänglichkeit ist an das Insolvenzgericht zu richten. Sie bedarf keiner besonderen Form (BAGE 114, 13 [17] = NZI 2005, 408; BK-InsO/*Breutigam* § 208 Rn. 6); eine schriftliche Anzeige ist aber empfehlenswert (*Hess* § 208 Rn. 38). Nicht zulässig sind Bedingungen, Befristungen etc (MüKoInsO/*Hefermehl* § 208 Rn. 36; Jaeger/*Windel* § 208 Rn. 33).

18 Das Gesetz verlangt **keine Begründung der Masseunzulänglichkeitsanzeige** (BGH ZIP 2010, 2356 [2357]). Doch entspricht es den Grundsätzen ordnungsmäßigen Insolvenzverwalterhandelns, zumindest erläuternde Informationen im Sinne eines zeitnahen Insolvenzstatus und ggf. auch eines Finanzplanes sowie –

mit Blick auf das Zustellungserfordernis nach Absatz 2 Satz 2 – ein Verzeichnis der Massegläubiger beizufügen (vgl. *Möhlmann* KTS 1998, 373 [381 ff.]; *Dinstühler* ZIP 1998, 1697 [1701]; *Hess* § 208 Rn. 34; BK-InsO/*Breutigam* § 208 Rn. 17; Graf-Schlicker/*Riedel* § 208 Rn. 4; Braun/*Kießner* § 208 Rn. 26).

4. Alleinverantwortlichkeit des Insolvenzverwalters. Die Insolvenzordnung bürdet die einschneidende Entscheidung, ob der Weg über die §§ 208 ff. gegangen werden soll, eindeutig allein dem Insolvenzverwalter auf (fragwürdig deshalb *Smid* WM 1998, 1313 [1317]; *Adam* DZWIR 2009, 181 [182 f.]). Der Gesetzgeber sieht insofern auch bis heute keinen Änderungsbedarf (BT-Drs. 16/3227, 11). Im Gegensatz zum Regierungsentwurf (§ 317 Abs. 1) sind weder die Massegläubiger oder die Gläubigerversammlung zu hören noch hat das Insolvenzgericht über das Vorliegen der Masseinsuffizienz zu entscheiden (BGH NZI 2010, 188 [189]; ZIP 2010, 2356 [2357]). Der Gesetzgeber wollte damit die Gerichte entlasten (vgl. BT-Drs. 12/7302, 179 f.). 19

Die an dieser Regelung geübte **Kritik** (vgl. Nerlich/Römermann/*Westphal* § 208 Rn. 16; *Smid* WM 1998, 1313 [1319]; *Häsemeyer* Insolvenzrecht Rn. 7.78; deutlich auch *Adam* DZWIR 2009, 181 [182]; *Dinstühler* ZIP 1998, 1697 [1701 f.]; *Pape* KTS 1995, 197 [198 ff.]; vgl. auch schon *dens.* Rpfleger 1994, 326; vgl. zu Überlegungen, eine gerichtliche Überprüfung der Masseunzulänglichkeitsanzeige im Rahmen einer Reform des § 208 zu installieren, *dens.* ZInsO 2004, 1223 ff.) **überzeugt nicht:** Eine Regelung, die nach Anzeige der Masseunzulänglichkeit eine Entscheidung des Insolvenzgerichts – evtl. sogar vorherige Anhörung von bestimmten Beteiligten – verlangt, wäre kaum mit der Haftung des Insolvenzverwalters nach § 61 vereinbar. Zudem wäre das Verfahren im Zeitraum zwischen Anzeige der Masseunzulänglichkeit und gerichtlicher Entscheidung gelähmt, denn kein Insolvenzverwalter würde noch weiterhandeln. Dennoch wäre er in letzter Konsequenz teilw. auch für Kosten verantwortlich, die ohne sein Zutun entstehen. Dass Insolvenzverwalter gleichsam ohne erkennbaren Grund die Masseunzulänglichkeit anzeigen werden, ist schon im Hinblick auf die Haftung nach § 60 nicht anzunehmen (zutr. BK-InsO/*Breutigam* § 208 Rn. 7; vgl. auch BGH NZI 2004, 209 [212]). Auch der Gesetzgeber erachtete die Gefahr einer verfrühten oder unrichtigen Anzeige der Masseunzulänglichkeit mit Blick auf die Haftung des Insolvenzverwalters (vgl. noch → Rn. 29) als gering (vgl. BT-Drs. 12/7302, 179 f.); eine Belastung der Gerichte durch inzidente Feststellungen der Rechtmäßigkeit der Masseunzulänglichkeit in Haftungsprozessen ist nicht festzustellen (vgl. BT-Drs. 16/3227, 11). 20

5. Zusätze zur Masseunzulänglichkeitsanzeige und Rücknahme der Anzeige. Die Anzeige der Masseunzulänglichkeit darf nur bei Vorliegen der Voraussetzungen des Absatz 1 erfolgen (vgl. → Rn. 8 ff.), und sie muss unmissverständlich sein (vgl. bereits → Rn. 3). Wird die Masseunzulänglichkeit gegenüber dem Insolvenzgericht angezeigt, so entfaltet dies Rechtswirkungen auch dann, wenn sie als „prophylaktische" Anzeige oder als Anzeige „temporärer" Masseunzulänglichkeit oA tituliert wird. Verfahrensleitende Zusätze kann der Insolvenzverwalter ebenso wenig in wirksamer Weise machen wie Bedingungen oder Befristungen (vgl. Kübler/Prütting/Bork/*Pape* § 208 Rn. 12). 21

Eine Masseunzulänglichkeitsanzeige **prophylaktisch/vorbeugend** – also ohne genaue Kenntnis vom Vorliegen der Voraussetzungen des Absatz 1 – zu stellen, ist ein schwerer Verstoß gegen die einen Insolvenzverwalter treffenden Pflichten. Ein solches Vorgehen ist, ungeachtet seiner Wirksamkeit, ausnahmslos **unzulässig** (vgl. Kübler/Prütting/Bork/*Pape* § 208 Rn. 17; Uhlenbruck/*Ries* § 208 Rn. 21; Braun/*Kießner* § 208 Rn. 20; BK-InsO/*Breutigam* § 208 Rn. 14; *Schröder* Die Abwicklung des masseunzulänglichen Insolvenzverfahrens S. 88 ff.; *Uhlenbruck* NZI 2001, 408). 22

23 Keinen Einfluss auf den Eintritt der Wirkungen der Masseunzulänglichkeit hat es, wenn die Anzeige mit dem Zusatz **„temporäre Masseunzulänglichkeit"** versehen wird (vgl. Jaeger/*Windel* § 208 Rn. 22). Unzulässig ist ein solcher Zusatz nicht, doch wirkt er auch in keiner Weise haftungsbefreiend in Bezug auf §§ 60, 61 (zutr. *Klaas/Zimmer* ZInsO 2011, 666 [669]; ArbG Kiel ZInsO 2002, 893; offen gelassen in BGH NZI 2004, 435 [437]). Er soll regelmäßig andeuten, dass der Insolvenzverwalter damit rechnet, dass eine Rückkehr ins „normale" Verfahren (vgl. dazu → Rn. 34 ff.) durch späteren Massezufluss möglich erscheint; erleichtert wird die Rückkehr dadurch allerdings nicht. Statt „zeitweilig" über den Weg der §§ 208 ff. zu gehen und unter Einschaltung des Insolvenzgerichts wieder ins „normale" Verfahren zu gelangen, sollte der Insolvenzverwalter mit Massegläubigern über Stundungsabreden und Haftungsverzichtserklärungen verhandeln, um die Phase der „temporären Masseunzulänglichkeit" zu meistern. Denkbar und im Einzelfall sinnvoll sind auch Zwischenfinanzierungslösungen mit Dritten (vgl. Jaeger/*Windel* § 208 Rn. 23; nun auch HK-InsO/*Landfermann* § 208 Rn. 7).

24 Eine **Rücknahme der Anzeige der Masseunzulänglichkeit** ist nicht möglich, auch nicht vor der öffentlichen Bekanntmachung. Denn die mit der Anzeige verbundenen Folgen treten bereits mit Zugang der Anzeige beim Insolvenzgericht ein (vgl. → Rn. 25). Diejenigen, die nach Anzeige der Masseunzulänglichkeit Ansprüche gegen die Masse erhalten, müssen sich der damit verbundenen Position (Einzelheiten bei → § 209 Rn. 11 ff.) sicher sein dürfen. Nachdem die Masseunzulänglichkeit einmal angezeigt wurde, ist die Rückkehr ins „normale" Verfahren nach zutreffender Auffassung nur noch unter Mitwirkung des Insolvenzgerichts möglich (vgl. dazu → Rn. 40).

IV. Wirkungen der Anzeige der Masseunzulänglichkeit

25 **1. Maßgeblicher Zeitpunkt.** Der **Eingang der Anzeige** der Masseunzulänglichkeit durch den Insolvenzverwalter **beim Insolvenzgericht** ist der für alle weiteren Fragen entscheidende Zeitpunkt (AG Hameln ZInsO 2004, 1094; *Gundlach/Frenzel/Schmidt* InVo 2004, 169 [170]); in diesem Moment entfaltet die Masseunzulänglichkeitsanzeige ihre **inter omnes-Wirkung** (vgl. *Kübler* Kölner Schrift InsO S. 573 Rn. 28; BK-InsO/*Breutigam* § 208 Rn. 15). Der Eingangszeitpunkt ist vom Insolvenzgericht zu dokumentieren (Jaeger/*Windel* § 208 Rn. 38).

26 **Ohne Rechtswirkungen** bleiben **Mitteilungen** über den Eintritt der Masseunzulänglichkeit **gegenüber** einzelnen oder auch gegenüber allen **Gläubigern.** Nicht maßgeblich sind auch die öffentliche Bekanntmachung und die gesonderte Zustellung nach Absatz 2; sie haben nur deklaratorischen Charakter (Nerlich/Römermann/*Westphal* § 208 Rn. 23 f.; vgl. auch → Rn. 43). Deshalb ist der Hinweis, die Gerichte sollten auf eine substantiierte Anzeige der Masseunzulänglichkeit drängen, bevor sie die öffentliche Zustellung veranlassen (so *Dinstühler* ZIP 1998, 1697 [1702]), unzutreffend. Mit der gesetzgeberischen Entscheidung, allein die Anzeige der Masseunzulänglichkeit maßgeblich sein zu lassen, sind die unter Geltung der Konkursordnung, nach der für jeden Massegläubiger jeweils der Zeitpunkt entscheidend war, in welchem gerade er Kenntnis von der Masseunzulänglichkeitsanzeige erhielt, lange geforderte Rechtsklarheit und die praktisch notwendige Rechtssicherheit gewährleistet.

27 **2. Bindungswirkung der Masseunzulänglichkeitsanzeige.** Die Anzeige der Masseunzulänglichkeit durch den Insolvenzverwalter ist für Gerichte grds. ohne Weiteres maßgeblich. Das **Insolvenzgericht** besitzt keine Feststellungskompetenz, sondern ist **ohne eigene Prüfungsmöglichkeit** an die Anzeige des

Insolvenzverwalters gebunden (BGH NZI 2010, 188 [189]; BGHZ 154, 358 = NZI 2003, 369; BAGE 114, 13 [17] = NZI 2005, 408 [409]; OVG Berlin-Brandenburg NZI 2011, 954 [956]; HambK-InsO/*Weitzmann* § 208 Rn. 7; MüKoInsO/*Hefermehl* § 208 Rn. 35). Diese **Bindungswirkung** besteht auch **für andere Gerichte,** die etwa wegen des sich aus der Masseunzulänglichkeitsanzeige ergebenden Vollstreckungsverbots (§ 210) mit der Frage der Masseunzulänglichkeit befasst sind (vgl. BGH NZI 2004, 209 [212]; 2010, 188 [189]; HK-InsO/*Landfermann* § 208 Rn. 8).

Allerdings hat der Bundesgerichtshof mehrfach zu erkennen gegeben, dass **Ausnahmen vom Grundsatz der Bindungswirkung** denkbar sind (vgl. BGH NZI 2010, 188 [189]; BGHZ 167, 178 [189] = NZI 2006, 392 [394 f.]; BGH NZI 2006, 697 [699]; deutlich zurückhaltender noch BGH NZI 2004, 209 [212]; vgl. hierzu auch Jaeger/*Windel* § 208 Rn. 41). Beispiele hierfür können unredliches Handeln des Insolvenzverwalters, arglistiges Verschweigen von bereits vorhandenen oder kurzfristig zur Verfügung stehenden Gegenständen der Insolvenzmasse oder Situationen sein, in denen den Gerichten bekannt ist, dass der Massebestand ausreichend ist (vgl. BGHZ 167, 178 [189] = NZI 2006, 392 [395]). 28

3. Fehlen von Rechtsbehelfen und Haftungsgefahren für den Insolvenzverwalter. Konsequenz dessen, dass Gerichte nicht die Möglichkeit haben, die Masseunzulänglichkeitsanzeige zu überprüfen, ist das Fehlen von Rechtsbehelfen gegen diese Anzeige (*Hess* § 208 Rn. 40; HK-InsO/*Landfermann* § 208 Rn. 11). Die Rechtmäßigkeit einer Masseunzulänglichkeitsanzeige ist lediglich in Haftungsprozessen überprüfbar (*H. Roth* FS Gaul, 1997, 573 [583]; *A. Schmidt* NZI 1999, 442 [443]). Aus diesem Grund bleibt für Insolvenzverwalter die Anzeige der Masseunzulänglichkeit immer dann problematisch, wenn sich im Nachhinein herausstellt, dass die getroffene Entscheidung falsch war (instruktiv und illustrativ BGH ZIP 2010, 2356; dazu *Gundlach/Frenzel/Jahn* DZWIR 2011, 177 ff.; *Klaas/Zimmer* ZInsO 2011, 666 ff.). Das bedingt das **Spannungsfeld der §§ 60 und 61:** Für verfrühte Masseunzulänglichkeitsanzeigen haftet der Insolvenzverwalter auch den Massegläubigern nach § 60 (MüKoInsO/*Hefermehl* § 208 Rn. 31 und Rn. 77 f.; HK-InsO/*Landfermann* § 208 Rn. 12; Uhlenbruck/*Ries* § 208 Rn. 30). Bei einer verspätet abgegebenen Masseunzulänglichkeitsanzeige droht die Haftung nach § 61. Um sich der Haftung für insofern vermutetes Verschulden zu entziehen, ist Insolvenzverwaltern, die die Anzeige der Masseunzulänglichkeit im Hinblick auf den erwarteten positiven Ausgang etwa eines Anfechtungsprozesses (zunächst) nicht vornehmen, zu raten, sich durch Einholung von Rechtsgutachten abzusichern (Beispiel nach *A. Schmidt* NZI 1999, 442 [444]). Denkbar sind auch haftungsbefreiende Absprachen mit Massegläubigern (vgl. → Rn. 23). 29

4. Sonstige verfahrensrechtliche Wirkungen der Masseunzulänglichkeitsanzeige. Mit der Masseunzulänglichkeitsanzeige geht ein Paradigmenwechsel hinsichtlich des Zwecks des Insolvenzverfahrens einher, das nach der Masseunzulänglichkeitsanzeige auf eine **zügige Liquidation** zielen muss (vgl. dazu → Rn. 44 ff.). Die Wirkungen der Anzeige der Masseunzulänglichkeit betreffen iÜ nur die Durchsetzung von Forderungen im Insolvenzverfahren und im Wege der Zwangsvollstreckung, sind also im Wesentlichen verfahrensrechtlicher Natur (vgl. Uhlenbruck/*Ries* § 208 Rn. 34; *Runkel/Schnurbusch* NZI 2000, 49 [54]). Unmittelbare Folge der Anzeige der Masseunzulänglichkeit ist das in § 210 geregelte **Vollstreckungsverbot** für Altmassegläubiger und das sich aus der analogen Anwendung der §§ 94–96 ergebende und für Altmasseverbindlichkeiten maßgebliche **Aufrechnungsverbot** (vgl. dazu → § 210 Rn. 27). 30

Die verfahrensrechtlichen Befugnisse des Insolvenzverwalters werden durch die Masseunzulänglichkeitsanzeige nicht eingeschränkt. Insbes. können auch **Anfechtungsprozesse** weiterhin eingeleitet bzw. fortgeführt werden (vgl. BGH NZI 31

2001, 585; *Kübler* Kölner Schrift InsO S. 573 Rn. 33; *Ahrendt/Struck* ZInsO 2000, 264 ff.; *Pape* ZIP 2001, 901 ff.; aA MüKoInsO/*Hefermehl* § 208 Rn. 51; *Häsemeyer* FS Gerhardt, 2004, 341 [358 f.]; *Dinstühler* ZIP 1998, 1697 [1705 f.]). Auch ist ein Antrag des Insolvenzverwalters auf **Bewilligung von Prozesskostenhilfe** nicht mutwillig iSv § 114 S. 1 ZPO, wenn er nach Anzeige der Masseunzulänglichkeit erfolgt (BGH NZI 2008, 431; vgl. auch FK-InsO/*Kießner* § 207 Rn. 36). – Vgl. zur Prozessführung allg. MüKoInsO/*Hefermehl* § 208 Rn. 49 ff.; Jaeger/*Windel* § 208 Rn. 110 ff. – Zur **Weitergeltung von § 160** vgl. Gottwald InsR-HdB/*Klopp/Kluth/Wimmer* § 74 Rn. 34 ff. sowie → § 160 Rn. 1.

32 Die Anzeige der Masseunzulänglichkeit hat keinen Einfluss auf die verfahrensrechtlichen **Kompetenzen von Gläubigerausschuss und Gläubigerversammlung** (vgl. → § 74 Rn. 4; Jaeger/*Windel* § 208 Rn. 41; ausf. zu diesem Problemkreis *Kayser/Heck* NZI 2005, 65 ff.). Insbes. wird die Möglichkeit der Gläubiger, den Insolvenzverwalter gem. § 57 abzuwählen, nicht eingeschränkt; die Anzeige der Masseunzulänglichkeit hat insofern auch keine Auswirkungen auf deren Stimmrecht (BVerfG ZInsO 2005, 368 [369]).

33 Vom Fortbestand der verfahrensrechtlichen Befugnisse des Insolvenzverwalters zu trennen ist die (iErg zu verneinende) Frage, ob nach Anzeige der Masseunzulänglichkeit bestimmte Vorschriften der Insolvenzordnung, die – wie etwa §§ 103 ff. und §§ 129 ff. – materiell-rechtliche Wirkungen haben, in Bezug auf die Altmassegläubiger entsprechende Anwendung finden (vgl. dazu ausf. → § 210 Rn. 26 ff.). Auch verfahrensrechtliche Vorschriften wie die §§ 174 ff. oder §§ 187 ff. gelten nach Anzeige der Masseunzulänglichkeit nicht entsprechend für Massegläubiger (Jaeger/*Windel* § 208 Rn. 44 f.; vgl. auch noch → § 210a Rn. 15 in Bezug auf das Insolvenzplanverfahren nach Anzeige der Masseunzulänglichkeit).

V. Die Rückkehr ins „normale" Insolvenzverfahren

34 **1. Praktische Notwendigkeit einer Rückkehrmöglichkeit.** Gesetzlich nicht geregelt ist die Frage, ob nach Anzeige der Masseunzulänglichkeit die Möglichkeit besteht, wieder ins „normale" Insolvenzverfahren zurückzukehren (eing. dazu *A. Schmidt* NZI 1999, 442 ff.; *Kröpelin* Die massearme Insolvenz, Rn. 555 ff.). Eine solche Möglichkeit zur **Rückkehr** ergibt sich sicher nicht schon „zwanglos" aufgrund der Tatsache, dass das Verfahren nach §§ 208 ff. auch wegen drohender Masseunzulänglichkeit eingeleitet werden kann (so aber Braun/*Kießner* § 208 Rn. 32). Wegen der mit der Anzeige der Masseunzulänglichkeit verbundenen Folgen ist ein solcher Schritt nämlich schon aus Gründen der Rechtssicherheit, aber auch zum Schutz der Massegläubiger **nicht ohne Weiteres möglich.** Die Wirkungen einer Rückkehr ins „normale" Verfahren auf anhängige und va auf abgeschlossene Prozesse der Massegläubiger sowie auf Akte der (temporär unzulässigen) Zwangsvollstreckung sind noch nicht ansatzweise durchdacht. Aus diesen Gründen kann der Wechsel zwischen dem „normalen" Insolvenzverfahren und dem Verfahren nach §§ 208 ff. nicht allein ins Belieben des Insolvenzverwalters gestellt werden.

35 Trotz all dem gilt: Auch wenn der Gesetzgeber mit der einer jeden direkten gerichtlichen Kontrolle entzogenen Befugnis des Insolvenzverwalters, die Masseunzulänglichkeit anzuzeigen, wohl Fehleinschätzungen des Insolvenzverwalters zugunsten der Rechtssicherheit in Kauf genommen hat, führen praktische Zwänge zu der Einsicht, dass eine **Rückkehr ins „normale" Verfahren grds. möglich** sein muss. Dies ist heute iErg – zumal diese Auffassung vom Bundesverfassungsgericht geteilt wird (BVerfG ZInsO 2005, 368 [369]) – wohl ganz allg. anerkannt (ArbG Kiel ZInsO 2002, 893; Kübler/Prütting/Bork/*Pape* § 208 Rn. 25; HK-InsO/*Landfermann* § 208 Rn. 30; BK-InsO/*Breutigam* § 208

Rn. 28; Uhlenbruck/*Ries* § 210 Rn. 22; *Walther,* Das Verfahren bei Masseunzulänglichkeit nach den §§ 208 ff. InsO S. 158 ff.; *Schröder* Die Abwicklung des masseunzulänglichen Insolvenzverfahrens S. 99 ff.; *Kröpelin* Die massearme Insolvenz, Rn. 555 ff.; *Häsemeyer* Insolvenzrecht Rn. 7.81; *A. Schmidt* NZI 1999, 442 ff.; *Uhlenbruck* NZI 2001, 408; *Kübler* Kölner Schrift InsO S. 573 Rn. 34; aA noch AG Hamburg NZI 2000, 140), auch wenn der Bundesgerichtshof diese Frage bislang ausdrücklich offen gelassen hat (BGH NZI 2004, 209 [212]).

Die Rückkehrmöglichkeit lässt sich auf folgende **dogmatische und verfahrensökonomische Erwägungen** stützen: Ohne Rückkehrmöglichkeit wäre nach Einstellung des Insolvenzverfahrens gem. § 211 ein verbleibender Überschuss an den Schuldner herauszugeben, obwohl die Forderungen der Insolvenzgläubiger nicht bedient worden wären. Insolvenzgläubiger wären dann allein nach Maßgabe des § 60 geschützt, doch selbst auf diese Norm gestützte Ansprüche würden nicht bestehen, wenn die Anzeige der Masseunzulänglichkeit zunächst zu Recht oder doch jedenfalls nicht in vorwerfbarer Weise zu Unrecht erfolgte. Konsequenz wäre die sofortige Beantragung eines neuen Insolvenzverfahrens nach Aufhebung des nach Maßgabe der §§ 208 ff. eingestellten Verfahrens. 36

2. Voraussetzungen. Zulässig ist die Rückkehr ins „normale" Insolvenzverfahren nach zutreffender Auffassung nur nach Maßgabe der **analog** anzuwendenden **§§ 212–214** und damit **unter Beteiligung des Insolvenzgerichts** (*A. Schmidt* NZI 1999, 442 ff.; *Kröpelin* Die massearme Insolvenz Rn. 572 ff.; BK-InsO/*Breutigam* § 208 Rn. 28; dagegen Braun/*Kießner* § 208 Rn. 33), nicht aber bloß „spiegelbildlich zu § 208" (so aber ArbG Kiel ZInsO 2002, 893; ähnlich HambK-InsO/*Weitzmann* § 208 Rn. 14; *Kübler* Kölner Schrift InsO S. 573 Rn. 34; *Schröder* Die Abwicklung des masseunzulänglichen Insolvenzverfahrens S. 104), denn für die Rückkehr ins „normale" Verfahren gelten ganz andere Prüfungsmaßstäbe (zutr. *Mäusezahl* ZVI 2003, 617 [621]). 37

a) Zustimmung aller Massegläubiger. Keine nennenswerten rechtlichen und praktischen Probleme ergeben sich, wenn alle Massegläubiger der Rückkehr ins „normale" Verfahren zustimmen (*A. Schmidt* NZI 1999, 442 [443]; MüKo-InsO/*Hefermehl* § 208 Rn. 55; aA Jaeger/*Windel* § 208 Rn. 48; *Walther* Das Verfahren bei Masseunzulänglichkeit nach den §§ 208 ff. InsO S. 165 f.). Rechtsgrundlage für die Fortsetzung des „normalen" Verfahrens ist insofern die **analoge Anwendung des § 213.** Erforderlich ist danach, dass der Insolvenzverwalter die Zustimmung aller Massegläubiger beibringt. Möglich ist das jedoch nur dann, wenn noch keine Befriedigung einzelner Massegläubiger stattgefunden hat. Die Zustimmung der Massegläubiger präkludiert nicht etwaige Ansprüche aus § 61. 38

b) Glaubhaftmachung der Massezulänglichkeit. Auch das Vorliegen der Voraussetzungen des **§ 212** bildet eine geeignete Grundlage, **analog** dieser Vorschrift das Verfahren der „Insolvenz in der Insolvenz" zu beenden (*A. Schmidt* NZI 1999, 442 [443]; Jaeger/*Windel* § 208 Rn. 46), auch wenn die Einstellung des Masseunzulänglichkeitsverfahrens die Position der Neumassegläubiger ungleich stärker einschränkt als die Position der Insolvenzgläubiger bei einer Einstellung des Insolvenzverfahrens nach § 212. Für die Rückkehr ins „normale" Verfahren analog § 212 ist erforderlich, dass der Insolvenzverwalter gegenüber dem Insolvenzgericht glaubhaft macht, dass die Insolvenzmasse ausreicht, um alle Masseverbindlichkeiten zu bedienen (Jaeger/*Windel* § 208 Rn. 47; aA *Walther* Das Verfahren bei Masseunzulänglichkeit nach den §§ 208 ff. InsO S. 164 f.; noch großzügiger als hier hingegen HambK-InsO/*Weitzmann* § 208 Rn. 14: unter Umständen noch nicht einmal eine förmliche Anzeige erforderlich). 39

c) Entscheidung des Insolvenzgerichts. Das **Insolvenzgericht** ist entgegen einer verbreiteten Auffassung nicht an die Ansicht bzw. Erklärung des Insolvenz- 40 verwalters gebunden (so aber ArbG Kiel ZInsO 2002, 893; MüKoInsO/*Hefermehl* § 208 Rn. 55; HK-InsO/*Landfermann* § 208 Rn. 30; HambK-InsO/*Weitzmann* § 208 Rn. 14; Braun/*Kießner* § 208 Rn. 33; Graf-Schlicker/*Riedel* § 208 Rn. 6; Kübler/Prütting/Bork/*Pape* § 208 Rn. 24; *Kübler* Kölner Schrift InsO S. 573 Rn. 34; *Kröpelin* Die massearme Insolvenz Rn. 576), sondern – in Teilanalogie zu § 214 Abs. 2 S. 1 und nach Maßgabe von § 5 – **zur selbständigen Prüfung verpflichtet** (zutr. Jaeger/*Windel* § 208 Rn. 46; *A. Schmidt* NZI 1999, 442 [443]; *Mäusezahl* ZVI 2003, 617 [621]), ohne dass aber eine irgendwie geartete vorherige Anhörung vorgeschrieben oder der Beschluss rechtsmittelfähig wäre. Der **Beschluss,** das „normale" Insolvenzverfahren fortzusetzen, ist analog § 214 Abs. 1 S. 1 und S. 2 **öffentlich bekanntzumachen** (iE ebenso Kübler/Prütting/Bork/*Pape* § 208 Rn. 24; vgl. insofern auch *Häsemeyer* Insolvenzrecht Rn. 7.81; aA Braun/*Kießner* § 208 Rn. 33).

41 **3. Wirkungen der Rückkehr ins „normale" Insolvenzverfahren und nochmalige Anzeige der Masseunzulänglichkeit.** Die Rückkehr ins „normale" Insolvenzverfahren wirkt **ex nunc** (MüKoInsO/*Hefermehl* § 208 Rn. 55). Ab Erlass des Beschlusses des Insolvenzgerichts entfallen alle mit der Anzeige der Masseunzulänglichkeit verbundenen Folgen mit Wirkung für die Zukunft. Es gelten wieder die allgemeinen insolvenzrechtlichen Vorschriften (vgl. auch *Schröder* Die Abwicklung des masseunzulänglichen Insolvenzverfahrens S. 105).

42 Nach Rückkehr ins „normale" Insolvenzverfahren kann die Masseunzulänglichkeit unter denselben Voraussetzungen wie bei der erstmaligen Anzeige nochmals anzeigt werden (vgl. Braun/*Kießner* § 208 Rn. 36; zur Abgrenzung der nochmaligen Masseunzulänglichkeitsanzeige von der Neumasseunzulänglichkeitsanzeige vgl. → § 210 Rn. 17). Theoretisch denkbar ist auch die erneute Rückkehr ins „normale" Verfahren usw.

VI. Öffentliche Bekanntmachung und Zustellung

43 Die öffentliche Bekanntmachung der Masseunzulänglichkeitsanzeige und deren Zustellung an die Massegläubiger hat keine konstitutive, sondern nur **deklaratorische Wirkung** (vgl. schon → Rn. 26). Dennoch besteht die gesetzliche Pflicht dazu. Beides ist Sache des Insolvenzgerichts, nicht des Insolvenzverwalters, der damit aber gem. § 8 Abs. 3 vom Insolvenzgericht beauftragt werden kann. Der Gesetzgeber hielt die öffentliche Bekanntmachung (§ 9) wegen der Bedeutung der Einleitung des Verfahrens nach §§ 208 ff. für notwendig; aus dem gleichen Grund soll die Zustellung an die dem Gericht bekannten Massegläubiger erfolgen (BT-Drs. 12/7302, 180; weitere Einzelheiten bei Uhlenbruck/*Ries* § 208 Rn. 31 ff.).

VII. Fortbestand der Verwaltungs- und Verwertungspflicht

44 Die Anzeige der Masseunzulänglichkeit hat grds. keine materiell-rechtlichen Wirkungen im engeren Sinne (vgl. aber die Besonderheiten bei Kübler/Prütting/Bork/*Pape* § 208 Rn. 38 f.; vgl. ferner Jaeger/*Windel* § 208 Rn. 50 ff.). Die ausdrückliche gesetzliche Regelung in Absatz 3, dass die Verwaltungs- und Verwertungspflicht des Insolvenzverwalters auch nach Anzeige der Masseunzulänglichkeit fortbesteht, dient der Abgrenzung zu § 207 Abs. 3 S. 2 für den Fall der Massekostenarmut und der Klarstellung, dass die vorhandene Insolvenzmasse in einem geordneten Verfahren zu verwerten ist (vgl. BGHZ 151, 236 [242] = NZI 2002, 624 [625]).

45 **Verwaltung und Verwertung der Insolvenzmasse** stehen ab Anzeige der Masseunzulänglichkeit unter anderen Vorzeichen als vor der Anzeige (*Häsemeyer* FS Gerhardt, 2004, 341 [346 f.]). Das Handeln des Insolvenzverwalters muss auf

eine **zügige Liquidation** zielen (vgl. Uhlenbruck/*Ries* § 208 Rn. 40; Jaeger/*Windel* § 208 Rn. 65 ff.; vgl. ferner *Breitenbücher* Masseunzulänglichkeit S. 121 ff.), denn jede Begründung von weiteren Neumasseverbindlichkeiten schmälert die Quote der Altmassegläubiger. Deshalb ist nach Anzeige der Masseunzulänglichkeit eine **Betriebsfortführung nur** für die **seltenen Fälle** denkbar, in denen von der Betriebsfortführung auch Altmassegläubiger profitieren und die Betriebsfortführung die Einstellung des Verfahrens nach Vollabwicklung nicht nennenswert verzögert (vgl. auch *Kübler* Kölner Schrift InsO S. 573 Rn. 29; großzügiger *Schröder* Die Abwicklung des masseunzulänglichen Insolvenzverfahrens S. 144 ff.). Vgl. zu weiteren Grenzen der Verwaltungspflicht in Bezug auf Rechnungslegungs- und Steuerpflichten, handels- und arbeitsrechtliche Pflichten etc Jaeger/*Windel* § 208 Rn. 69 ff.

Die **Haftung des Insolvenzverwalters** nach § 61 bleibt bestehen (vgl. dazu *Dinstühler* ZIP 1998, 1697 [1702]). – Zur Befugnis, auch nach Anzeige der Masseunzulänglichkeit Prozesse zu führen, vgl. → Rn. 31. 46

Befriedigung der Massegläubiger

209 (1) **Der Insolvenzverwalter hat die Masseverbindlichkeiten nach folgender Rangordnung zu berichtigen, bei gleichem Rang nach dem Verhältnis ihrer Beträge:**

1. **die Kosten des Insolvenzverfahrens;**
2. **die Masseverbindlichkeiten, die nach der Anzeige der Masseunzulänglichkeit begründet worden sind, ohne zu den Kosten des Verfahrens zu gehören;**
3. **die übrigen Masseverbindlichkeiten, unter diesen zuletzt der nach den §§ 100, 101 Abs. 1 Satz 3 bewilligte Unterhalt.**

(2) **Als Masseverbindlichkeiten im Sinne des Absatzes 1 Nr. 2 gelten auch die Verbindlichkeiten**

1. **aus einem gegenseitigen Vertrag, dessen Erfüllung der Verwalter gewählt hat, nachdem er die Masseunzulänglichkeit angezeigt hatte;**
2. **aus einem Dauerschuldverhältnis für die Zeit nach dem ersten Termin, zu dem der Verwalter nach der Anzeige der Masseunzulänglichkeit kündigen konnte;**
3. **aus einem Dauerschuldverhältnis, soweit der Verwalter nach der Anzeige der Masseunzulänglichkeit für die Insolvenzmasse die Gegenleistung in Anspruch genommen hat.**

Schrifttum: *Frenzel/Schmidt,* Zur Bestimmung der verfahrenskostendeckenden Masse, InVo 2000, 149; *Gerke/Sietz,* Reichweite des Auslagenbegriffs gem. § 54 InsO und steuerrechtliche Pflichten des Verwalters in massearmen Verfahren, NZI 2005, 373; *Gundlach/Frenzel/Schmidt,* Die Mietforderung nach Anzeige der Masseunzulänglichkeit in der Insolvenz des Mieters, InVo 2004, 169; *Hees/Stange,* Verzugszinsen auf Altmasseverbindlichkeiten trotz Masseunzulänglichkeit?, ZIP 2013, 1206; *Huep/Webel,* Zur Kostenrisikoverteilung in massearmen Verfahren bei Kostenstundung, NZI 2011, 389; *Jansen,* Zinsen und Kosten von Altmassegläubigern in (drohend) masseunzulänglichen Insolvenzverfahren, NZI 2013, 774; *Kießner,* Verfahrenskostenstundung und Rangordnung nach § 209 InsO, FS Braun, 2007, 205; *Rattunde/Röder,* Verfahrenseröffnung und Kostendeckung nach der Insolvenzordnung, DZWiR 1999, 309; *Ries,* § 209 Abs. 2 Nr. 2 InsO – eine Gefahrenstelle für die Abwicklung masseunzulänglicher Verfahren, ZInsO 2012, 1362; *Ringstmeier,* Abwicklung von Mietverhältnissen in masseunzulänglichen Insolvenzverfahren, ZInsO 2004, 169; *Voigt,* Immer Ärger bei Masseinsuffizienz – Versuch einer systematischen Klärung zur nötigen Massekostendeckung (§ 26 InsO) und der Wirkung der Masselasten (§ 55 Abs. 1 Nr. 1 InsO) mit dem Äquivalenzprinzip, ZIP 2004, 1531; *Wischemeyer,* Neumasseverbindlichkeiten trotz Freigabe der gewerblich genutzten Mietsache?, ZInsO 2008, 197. Weiteres Schrifttum bei Vor §§ 207 ff. und § 208.

Übersicht

I. Normzweck und -systematik

1 § 209 regelt die Befriedigung der Massegläubiger. Die Norm gilt für **alle,** nicht nur für auf Geldbeträge gerichtete **Masseverbindlichkeiten;** ggf. ist nach §§ 41–46 umzurechnen (Kübler/Prütting/Bork/*Pape* § 209 Rn. 4; BK-InsO/*Breutigam* § 209 Rn. 7; *Dinstühler* ZIP 1998, 1697 [1703]).

2 Absatz 1 stellt eine **Rangfolge der Masseverbindlichkeiten** auf. Besonders hervorzuheben ist die **absolute Priorität,** die die **Kosten des Insolvenzverfahrens** (§ 54) nach Absatz 1 Nr. 1 genießen. Damit hat der Gesetzgeber ein eindeutiges Signal gesetzt, § 209 von § 60 KO abzugrenzen (vgl. auch *Kübler* Kölner Schrift InsO S. 573 Rn. 36: „Anachronismus“ der zweiten Rangstelle von Verfahrenskosten nach Konkursrecht), und jede Diskussion um Vorwegbefriedigungsrechte überflüssig gemacht.

3 Von der ersten Rangposition der Verfahrenskosten abgesehen (Absatz 1 Nr. 1), ist die Anzeige der Masseunzulänglichkeit die entscheidende Zäsur (vgl. auch *Gundlach/Frenzel/Schmidt* InVo 2004, 169 [170]; zweifelhaft die Einschränkung bei *Breitenbücher* Masseunzulänglichkeit S. 117 ff.): Nach diesem Zeitpunkt begründete Masseverbindlichkeiten (**„Neumasseverbindlichkeiten“,** Absatz 1 Nr. 2) sind vor den schon vorher begründeten (**„Altmasseverbindlichkeiten“,** Absatz 1 Nr. 3) zu befriedigen; der bewilligte Unterhalt nimmt eine Sonderstellung ein (dazu → Rn. 31).

4 **Masseverbindlichkeiten** sind damit an sich **gleichrangig.** Lediglich der Zeitpunkt ihres Entstehens bestimmt, ob sie vorweg zu befriedigen sind. Innerhalb der durch diese Zäsur gebildeten Gruppen der Neumasseverbindlichkeiten und der Altmasseverbindlichkeiten gibt es – mit der Besonderheit des bewilligten Unterhalts – keine Rangfolge. Auch wenn in der Praxis (anders als noch der Rangrücktritt nach § 60 KO) nicht sonderlich relevant, ist ein mit dem Insolvenzverwalter **individuell vereinbarter Rücktritt** einzelner Neumassegläubiger in den Rang von Altmassegläubigern zulässig; **insofern** ist die **Rangfolge des § 209 Abs. 1 dispositiv.**

II. Priorität der Kosten des Insolvenzverfahrens

5 Der Begriff der „Kosten des Insolvenzverfahrens“ in Absatz 1 Nr. 1 entspricht dem in § 54 (BGH NZI 2008, 180 [189]). Die in § 54 abschließend aufgezählten

Positionen – dies sind die Gerichtskosten für das Insolvenzverfahren und Vergütungen und Auslagen des (vorläufigen) Insolvenzverwalters und des Gläubigerausschusses (Einzelheiten bei § 54) – sind an erster Stelle zu befriedigen (krit. zum Vorrang der Kosten des Insolvenzverfahrens *Häsemeyer* Insolvenzrecht Rn. 14.24.; vgl. auch Leonhardt/Smid/Zeuner/*Smid* § 209 Rn. 6).

Nach Absatz 1 Nr. 1 ist nicht danach zu unterscheiden, ob sie vor oder nach Anzeige der Masseunzulänglichkeit begründet wurden (BGHZ 167, 178 [188] = NZI 2006, 392 [394]; BGH NZI 2010, 188 [189]; *Hess* § 209 Rn. 11; Nerlich/Römermann/*Westphal* § 209 Rn. 5; anders zur Konkursordnung noch BGHZ 116, 233 = NJW 1992, 692). 6

Der **Vorrang der Verfahrenskosten** ist **absolut** (Jaeger/*Windel* § 208 Rn. 30; vgl. auch BGHZ 167, 178 [188] = NZI 2006, 392 [394]). Für eine Aufweichung oder Ausweitung – etwa im Hinblick auf Steuerforderungen oder Altlastenverbindlichkeiten – durch die Rspr. lässt weder der Wortlaut der Norm noch der eindeutige Wille des Gesetzgebers Raum (vgl. BGH NZI 2011, 60 für Umsatzsteuerforderungen; vgl. auch Kübler/Prütting/Bork/*Pape* § 209 Rn. 7 f.; *Hess* § 209 Rn. 10; MüKoInsO/*Hefermehl* § 209 Rn. 9); für ein von diesem engen Verfahrenskostenbegriff abweichendes Verständnis spricht nichts (BGH NZI 2011, 60 [61]). 7

1. Absoluter Vorrang auch bei „unausweichlichen Verwaltungskosten“. Aus diesem Grund lässt sich auch bei „unausweichlichen Verwaltungskosten“ (teilw. auch als „notwendige Abwicklungskosten“ oder „unabweisbare Ausgaben“ bezeichnet) des Insolvenzverwalters – damit sind Aufwendungen des Insolvenzverwalters gemeint, die dieser wegen seiner Verwaltungs- und Verwertungspflicht notwendigerweise tätigen muss (Beispiele bei *Rattunde/Röder* DZWIR 1999, 309 [312 f.]) – grds. nicht von „Auslagen“ iSd § 54 Nr. 2 sprechen (Kübler/Prütting/Bork/*Pape* § 209 Rn. 7; Uhlenbruck/*Ries* § 207 Rn. 13; MüKoInsO/*Hefermehl* § 209 Rn. 19; Jaeger/*Windel* § 207 Rn. 35 ff.; ausf. *Busch* Der Insolvenzverwalter und die Überwindung der Massekostenarmut S. 51 ff.; aA Braun/*Kießner* § 207 Rn. 10 ff. und § 209 Rn. 7; HambK-InsO/*Weitzmann* § 209 Rn. 3; *Wienberg/Voigt* ZIP 1999, 1662 ff.; *Frenzel/Schmidt* InVo 2000, 149 [152 ff.]; *Voigt* ZIP 2004, 1531 ff.; ähnlich HK-InsO/*Landfermann* § 207 Rn. 5; bei tendenziell restriktivem Ansatz offen gelassen in BGH NZI 2008, 188 [190]; ebenfalls offen gelassen in BGH NZI 2011, 60 [61]). Der Gesetzgeber sieht insofern auch zu Recht keinen Reformbedarf (BT-Drs. 16/3227, 12). 8

Nur in eng begrenzten, wirklich problematischen Fällen mögen sich einzelne Ausgaben noch unter den **Auslagenbegriff** subsumieren lassen (vgl. BGHZ 160, 176 = NZI 2004, 577 für Steuerberatungskosten in Verfahren mit Verfahrenskostenstundung; restriktivere Tendenz aber wieder in BGH NZI 2006, 586; vgl. hierzu auch HK-InsO/*Landfermann* § 207 Rn. 10 ff.; *Gerke/Sietz* NZI 2005, 373 ff.; insgesamt ähnlich wie hier Jaeger/*Windel* § 207 Rn. 36). 9

2. Absoluter Vorrang auch bei Verfahrenskostenstundung. Der absolute Vorrang der Verfahrenskosten vor Neumasseverbindlichkeiten (BGHZ 167, 178 [187] = NZI 2006, 392 [394]) gilt auch in Fällen einer Stundung der Verfahrenskosten nach § 4a (BGH NZI 2010, 188 [189]; Uhlenbruck/*Ries* § 209 Rn. 2 und Rn. 8; Graf-Schlicker/*Riedel* § 209 Rn. 2; HK-InsO/*Kirchhof* § 4a Rn. 45; aA HK-InsO/*Landfermann* § 209 Rn. 9 ff.; FK-InsO/*Kießner* § 209 Rn. 9 ff.; ausf. *Kießner* FS Braun, 2007, 205 ff.; *Huep/Webel* NZI 2011, 389 ff.). 10

III. Neumasseverbindlichkeiten

Der Begriff der Masseverbindlichkeiten ist in **§ 55** geregelt. Dies sind namentlich diejenigen Verbindlichkeiten, die durch „selbstbestimmtes Handeln“ (BGHZ 11

154, 358 [363] = NZI 2003, 369 [370]) des Insolvenzverwalters – insbes. durch die Wahl der Erfüllung von gegenseitigen Verträgen, aber zB auch durch Klageerhebung (vgl. OLG Karlsruhe ZInsO 2005, 994) – entstanden sind, und diejenigen, die aus einer ungerechtfertigten Bereicherung der Masse resultieren (Einzelheiten bei § 55).

12 Ob diese Neumasseverbindlichkeiten den zweiten oder dritten Platz in der Rangfolge einnehmen, orientiert sich ausschließlich daran, wann sie begründet wurden. Die **Anzeige der Masseunzulänglichkeit** (vgl. zum genauen Zeitpunkt → § 208 Rn. 25) ist die **maßgebliche Zäsur,** und zwar für alle in § 55 aufgezählten Arten der Masseverbindlichkeiten. Dies gilt auch für Ansprüche aus ungerechtfertigter Bereicherung (HK-InsO/*Landfermann* § 209 Rn. 23; krit. zu dieser Regelung *Häsemeyer* Insolvenzrecht Rn. 14.24: „verfassungswidrig"; ähnlich Nerlich/Römermann/*Westphal* § 209 Rn. 14).

13 Die nach Anzeige der Masseunzulänglichkeit begründeten Verbindlichkeiten – dass diese vom Insolvenzverwalter überhaupt begründet werden, kann durch § 208 Abs. 3 bedingt sein – sind privilegiert. **Absatz 2** kommt dabei im Wesentlichen lediglich **Klarstellungsfunktion** zu. Maßgeblich ist, ob nach Anzeige der Masseunzulänglichkeit der Masse etwas zufließt bzw. ob der Verwalter nach diesem Zeitpunkt das Entstehen weiterer Ansprüche hätte vermeiden können.

14 **1. Behandlung von Ansprüchen aus gegenseitigen Verträgen.** Absatz 2 Nr. 1 zieht eine Parallele zu § 90 Abs. 2 Nr. 1. Die Bedeutung der Parallele von Absatz 2 zu § 90 Abs. 2 ist für das Verfahren nach Masseunzulänglichkeitsanzeige allerdings mit Blick auf Dauerschuldverhältnisse (vgl. insofern → Rn. 22) wichtiger als mit Blick auf das Schicksal gegenseitiger Verträge. Nach § 103 hat der Verwalter bei zur Zeit der Verfahrenseröffnung von beiden Vertragsparteien noch nicht erfüllten gegenseitigen Verträgen ein Wahlrecht, ob er an ihnen festhalten will. Nach richtiger Auffassung bezieht sich Absatz 2 Nr. 1 nur auf solche Verträge, nicht aber auch auf Verträge, die der Insolvenzverwalter selbst abgeschlossen hat (vgl. → Rn. 19).

15 **a) Ausübung des Wahlrechts vor Anzeige der Masseunzulänglichkeit.** Hatte der Insolvenzverwalter vor Anzeige der Masseunzulänglichkeit die Erfüllung eines Vertrags bereits abgelehnt, so stellt der **Schadensersatzanspruch** des Vertragspartners eine **Insolvenzforderung** dar (vgl. § 103 Abs. 2 S. 1); daran ändert auch die nachfolgende Masseunzulänglichkeitsanzeige nichts. Bei **Erfüllungswahl** vor Anzeige der Masseunzulänglichkeit war bereits eine Masseverbindlichkeit begründet (vgl. § 55 Abs. 1 Nr. 2); diese wird nun zur **Altmasseverbindlichkeit.**

16 **b) Ausübung des Wahlrechts nach Anzeige der Masseunzulänglichkeit.** Durch die Anzeige der Masseunzulänglichkeit verliert der Insolvenzverwalter das Wahlrecht nicht (MüKoInsO/*Hefermehl* § 209 Rn. 27). Auch wenn er die **Erfüllung** (erstmalig) erst nach Masseunzulänglichkeitsanzeige **ablehnt,** hat der Vertragspartner (weiterhin) nur eine **Insolvenzforderung** (Braun/*Kießner* § 209 Rn. 22; Graf-Schlicker/*Riedel* § 209 Rn. 5; Uhlenbruck/*Ries* § 209 Rn. 21; MüKoInsO/*Hefermehl* § 209 Rn. 26; Jaeger/*Windel* § 209 Rn. 94; *Kröpelin* Die massearme Insolvenz Rn. 234 ff.; aA (Altmasseverbindlichkeit): Nerlich/Römermann/*Westphal* § 209 Rn. 7; *Hess* § 209 Rn. 23; Kübler/Prütting/Bork/*Pape* § 209 Rn. 12b; HK-InsO/*Landfermann* § 209 Rn. 15; BK-InsO/*Breutigam* § 209 Rn. 14; *Kübler* Kölner Schrift InsO S. 573 Rn. 39).

17 Wählt der Insolvenzverwalter hingegen erst nach Anzeige der Masseunzulänglichkeit **Erfüllung,** begründet er eine **Neumasseverbindlichkeit** (vgl. BAG NZI 2003, 619 [621]; vgl. iÜ nur Braun/*Kießner* § 209 Rn. 22; *Dinstühler* ZIP 1998, 1697 [1703]). Bei einer Erfüllungswahl zu diesem Zeitpunkt hat der

Insolvenzverwalter allerdings zur Vermeidung von Haftungsrisiken (§ 61) zu überlegen, ob die Ausübung des Wahlrechts gerade im Hinblick auf das durch die Anzeige der Masseunzulänglichkeit hinsichtlich seiner Zielrichtung modifizierte Verfahren angemessen ist. Er muss die möglichst vollständige Befriedigung aller Masseverbindlichkeiten – nicht nur der Neumasseverbindlichkeiten – im Auge haben. Nur unter dieser Prämisse ist auch nach Anzeige der Masseunzulänglichkeit eine Betriebsfortführung ausnahmsweise möglich (vgl. schon → § 208 Rn. 45).

c) Kein zusätzliches bzw. erneutes/nochmaliges Wahlrecht. Die §§ 103 ff. finden keine entsprechende Anwendung auf Verträge, die der Insolvenzverwalter nach Verfahrenseröffnung selbst geschlossen hat. Hinsichtlich solcher Verträge gibt es deshalb – entgegen einer verbreiteten Auffassung (Kübler/Prütting/Bork/*Pape* § 209 Rn. 12; MüKoInsO/*Hefermehl* § 209 Rn. 29; Uhlenbruck/*Ries* § 209 Rn. 21; Jaeger/*Windel* § 208 Rn. 91 f.; ausf. *Kröpelin* Die massearme Insolvenz Rn. 227 ff.) – **kein „zusätzliches" Wahlrecht** (zutr. Braun/*Kießner* § 209 Rn. 24). Dass die Vertragspartner in solchen Fällen Altmasseforderungen haben, wenn der Insolvenzverwalter vertragsbrüchig wird (vgl. Kübler/Prütting/Bork/*Pape* § 209 Rn. 12b), ergibt sich aus allgemeinen Grundsätzen und bedarf keiner Analogie zu § 103 Abs. 2 S. 1. 18

Nicht anzuerkennen ist auch ein teilw. befürwortetes (MüKoInsO/*Hefermehl* § 209 Rn. 28; *Ringstmeier* ZInsO 2004, 169 [170 f.]; *Kröpelin* Die massearme Insolvenz Rn. 227 ff.; *Kögel,* Die Rechtsfolgen der Masseunzulänglichkeitsanzeige auf beiderseitig nicht oder nicht vollständig erfüllte Verträge – die analoge Anwendbarkeit der §§ 103 ff., 132 f.; *Walther,* Das Verfahren bei Masseunzulänglichkeit nach den §§ 208 ff. InsO, 147 ff.; ähnlich wohl *Dinstühler* ZIP 1998, 1697 [1703]; vgl. auch Jaeger/*Windel* § 208 Rn. 91 ff. (allerdings nur für den Fall, dass noch keine Ablehnung der Vertragserfüllung vorliegt)) **„erneutes" oder „nochmaliges" Wahlrecht** dergestalt, dass der Insolvenzverwalter, der sein Wahlrecht nach Verfahrenseröffnung schon ausgeübt hat, nach Anzeige der Masseunzulänglichkeit seine Entscheidung noch einmal analog § 103 überdenken könnte. Ein solches Recht des Insolvenzverwalters kennt die Insolvenzordnung nicht (Kübler/Prütting/Bork/*Pape* § 209 Rn. 12; HambK-InsO/*Weitzmann* § 209 Rn. 5; ähnlich *Runkel/Schnurbusch* NZI 2000, 49 [56]). 19

Beide Arten des Wahlrechts gehen über die Grenzen zulässiger Rechtsfortbildung hinaus, und für beide besteht **kein praktisches Bedürfnis,** da sich der Verfahrenszweck nach Anzeige der Masseunzulänglichkeit grundlegend ändert (vgl. → § 208 Rn. 45) und § 61 für die richtige Weichenstellung sorgt. Sowohl Erfüllungs- als auch Schadensersatzansprüche aus bis zur Anzeige der Masseunzulänglichkeit vom Insolvenzverwalter geschlossenen Verträgen bleiben Altmasseverbindlichkeiten (so auch *Kröpelin,* Die massearme Insolvenz, Rn. 229). Hierfür bedarf es ebensowenig einer Analogie zu den §§ 103 ff. wie in Fällen, in denen es aus praktischen Gründen für die Abwicklung des Verfahrens ausnahmsweise wichtig ist, dass Neumasseverbindlichkeiten entstehen. Denn der Insolvenzverwalter kann, sofern notwendig, nach Anzeige der Masseunzulänglichkeit Verträge mit der Folge explizit bestätigen oder neu abschließen, dass er Neumasseverbindlichkeiten begründet. Richtigerweise hat dies allerdings nur Wirkung für die Zukunft. 20

2. Behandlung von Ansprüchen aus Dauerschuldverhältnissen. Zu den Dauerschuldverhältnissen gehören neben den im Gesetz besonderen Regelungen unterworfenen Miet- und Pacht- sowie Arbeitsverträgen zB auch Versicherungs-, Belieferungs-, Telekommunikations- und Factoringverträge. Die Gleichstellung von aus solchen Dauerschuldverhältnissen resultierenden Ansprüchen mit Masseverbindlichkeiten, die der Insolvenzverwalter selbst begründet hat, rechtfertigt sich, sofern es in der Macht des Insolvenzverwalters steht, durch rechtzeitige Kündigung ihr Entstehen zu verhindern (vgl. BAG NZI 2003, 619 [621]). 21

22 **a) Grundsatz.** Die Regelungen in **Absatz 2 Nr. 2, 3** stellen das **Spiegelbild zu § 90 Abs. 2 Nr. 2, 3** dar (vgl. zu dieser Parallele auch Kübler/Prütting/Bork/*Pape* § 209 Rn. 13; vgl. auch schon → Rn. 14). In § 90 Abs. 1 ist bestimmt, dass Zwangsvollstreckungen wegen Masseverbindlichkeiten, die nicht durch eine Rechtshandlung des Insolvenzverwalters begründet sind, sechs Monate nach Verfahrenseröffnung unzulässig sind. Damit wird dem Umstand Rechnung getragen, dass der Insolvenzverwalter schon bei Aufnahme seiner Tätigkeit an eine Reihe von Ansprüchen aus Dauerschuldverhältnissen gebunden ist. In der Phase der ersten Ordnung und Anreicherung der Masse sollen diese Gläubiger nicht vollstrecken können; insbes. soll eine mögliche Betriebsfortführung nicht vereitelt werden (Einzelheiten bei § 90). Dieses Zwangsvollstreckungsverbot ist aber nur insofern gerechtfertigt, als sich der Verwalter diesen Ansprüchen nicht durch Kündigung (vgl. etwa §§ 109, 113) entziehen kann bzw. als die Gegenleistungen nicht der Masse zufließen. Soweit eine Kündigung möglich gewesen wäre und soweit der Verwalter die Gegenleistungen für die Masse in Anspruch nimmt, können die Gläubiger auch vollstrecken.

23 Die **Interessenlage** ist bei der Einstellung wegen Masseunzulänglichkeit entsprechend: Alle Ansprüche, die sich auf den Zeitraum bis zum frühestmöglichen Kündigungszeitpunkt beziehen, sind nur Altmasseverbindlichkeiten, wenn der Insolvenzverwalter die Gegenleistung nicht für die Masse in Anspruch nimmt. Ob er die Kündigung (überhaupt, zum frühestmöglichen oder zu einem späteren Zeitpunkt) erklärt, ist insofern irrelevant. Alle Ansprüche, die sich auf den Zeitraum danach beziehen, sind Neumasseverbindlichkeiten, und um Neumasseverbindlichkeiten handelt es sich auch stets, wenn die Gegenleistung für die Insolvenzmasse in Anspruch genommen wird.

24 **b) Frühestmöglicher Kündigungszeitpunkt.** Anders als bei Eröffnung des Insolvenzverfahrens (vgl. §§ 109, 113) ergeben sich bei Anzeige der Masseunzulänglichkeit **keine weiteren Sonderkündigungsmöglichkeiten** (Nerlich/Römermann/*Westphal* § 209 Rn. 8); bereits bestehende werden aber auch nicht beseitigt. Der frühestmögliche Kündigungstermin kann sich aus den allg. (und weiterhin) geltenden Sonderkündigungsrechten nach der Insolvenzordnung oder aus vertraglichen oder sonstigen gesetzlichen Kündigungsrechten errechnen.

25 Die **Kündigung** muss zu diesem Termin **rechtlich möglich** sein, denn Absatz 2 Nr. 2 stellt nicht auf ein tatsächliches, sondern auf ein rechtliches Können ab (BAG NZI 2003, 619 [621]; MüKoInsO/*Hefermehl* § 209 Rn. 32b; krit. *Schröder* Die Abwicklung des masseunzulänglichen Insolvenzverfahrens S. 119 f.). Daher kommt es nicht auf den subjektiven Kenntnis- oder Erkenntnisstand des Insolvenzverwalters im Zeitpunkt des ersten Termins an, zu dem er die Kündigung nach der Anzeige der Masseunzulänglichkeit hätte abgeben können, sondern auf die objektive Lage zu diesem Zeitpunkt (vgl. insofern BAG NZI 2003, 619 zu ggf. erforderlichen arbeitsrechtlichen Zustimmungen des Betriebsrats; vgl. insofern auch *Zwanziger* NZA 2015, 577 [578]).

26 **c) Inanspruchnahme der Gegenleistung.** Der Insolvenzverwalter nimmt die Gegenleistung aus einem Dauerschuldverhältnis in Anspruch, indem er eine Leistung nutzt, obwohl er das hätte verhindern können (BGHZ 154, 358 = NZI 2003, 369; BGH NZI 2004, 209 [212]). Irgendwie geartete Willensbetätigungen des Insolvenzverwalters oder gar explizite Erklärungen sind insofern nicht erforderlich; die bloße Entgegennahme von Leistungen kann ausreichend sein. Die Nutzung kann auch durch den Schuldner oder durch einen Dritten erfolgen, der vom Insolvenzverwalter eingesetzt ist (OLG Rostock ZInsO 2007, 996 [997]). **Arbeitnehmer** werden „in Anspruch" genommen, wenn der Insolvenzverwalter sie zur Arbeit heranzieht; nicht ausreichend ist es, wenn er bisher freigestellte Arbeitnehmer lediglich zur Arbeitsleistung auffordert. Vergütungsansprüche stel-

len nur dann Neumasseverbindlichkeiten dar, wenn der Masse Arbeitsleistung tatsächlich zugutekommt (BAG NZI 2014, 660 [662]; ähnlich auch schon *Ries/Berscheid* ZInsO 2008, 1161 [1165]; vgl. aber noch → Rn. 29).

Zur **Verhinderung der Inanspruchnahme** gehört zB, Arbeitnehmer freizustellen oder an Mietsachen den unmittelbaren Besitz zurückzuübertragen (vgl. Kübler/Prütting/Bork/*Pape* § 209 Rn. 17b), zumindest aber dies dem Vermieter anzubieten (BGHZ 154, 358 [366] = NZI 2003, 369 [371]; vgl. auch OLG Stuttgart ZInsO 2011, 1355; OLG Düsseldorf NZI 2007, 50). Nicht ausreichend ist es, lediglich die Freigabe des Gegenstandes des Mietvertrages zu erklären (OLG Rostock ZInsO 2007, 996; aA *Wischemeyer* ZInsO 2008, 197 ff.). 27

Es kommt auf die tatsächliche Inanspruchnahme nach Anzeige der Masseunzulänglichkeit an. Die bloße Entgegennahme einer fälligen Zahlung vor Anzeige der Masseunzulänglichkeit ist auch dann keine Inanspruchnahme iSv Absatz 2 Nr. 3, wenn damit (ggf. anteilig) eine Zeitspanne nach Anzeige der Masseunzulänglichkeit abgegolten werden soll (vgl. BGHZ 154, 358 = NZI 2003, 369). 28

d) Anspruchsspezifische Sonderprobleme. Vgl. zu den anspruchsspezifischen Sonderproblemen bei der Qualifikation als Neu- bzw. Altmasseverbindlichkeit noch OLG Düsseldorf NZI 2007, 50 (zum Rang von **Wohngeldverbindlichkeiten**), BAGE 114, 13 = NZI 2005, 408 (zum Rang von **Altersteilzeitansprüchen**), BAGE 105, 345 = NZI 2004, 102 und BAGE 120, 232 = NZA 2007, 696 (zum Rang von **Urlaubsabgeltungsansprüchen**) sowie BFHE 218, 432 = NZI 2008, 120 und BFHE 218, 435 = NZI 2008, 59 (zum Rang von **Kraftfahrzeugsteueransprüchen;** vgl. dazu noch *Looff* ZInsO 2008, 75 ff. einerseits und *Roth* ZInsO 2008, 304 ff. andererseits). 29

IV. Altmasseverbindlichkeiten und bewilligter Unterhalt

Altmasseverbindlichkeiten sind Masseverbindlichkeiten, die schon vor Anzeige der Masseunzulänglichkeit entstanden sind. Dazu gehören auch Ansprüche aus ungerechtfertigter Bereicherung (vgl. schon → Rn. 12). Absatz 1 Nr. 3 bildet insofern einen **Auffangtatbestand.** 30

Die Altmasseverbindlichkeiten sind, dem **Grundsatz der Gleichrangigkeit aller Masseverbindlichkeiten** (vgl. → Rn. 4) entsprechend, quotal zu befriedigen. Dieser Grundsatz wird allerdings durchbrochen: Der nach §§ 100, 101 Abs. 1 S. 3 dem Schuldner bzw. dem vertretungsberechtigten persönlich haftenden Gesellschafter einer Gesellschaft, über deren Vermögen das Insolvenzverfahren eröffnet wurde, **bewilligte Unterhalt** nimmt eine **systemfremde Stellung** ein. Unterhaltsleistungen zählen zwar zu den Masseverbindlichkeiten; sie stellen jedoch unabhängig vom Entstehungszeitpunkt stets Altmasseverbindlichkeiten dar und sind innerhalb dieser Gruppe von Masseverbindlichkeiten nur nachrangig zu befriedigen (vgl. dazu *Rohleder* Unterhaltsansprüche in der Insolvenz Rn. 295). Als **„nachrangige Altmasseverbindlichkeiten"** werden Unterhaltsforderungen damit nach Anzeige der Masseunzulänglichkeit de facto gar nicht bedient. – Zur Behandlung von Zinsforderungen der Altmassegläubiger vgl. Braun/*Kießner* § 209 Rn. 42 ff. sowie *Hees/Stange* ZIP 2013, 1206 ff. einerseits und *Jansen* NZI 2013, 774 ff. andererseits. 31

Sozialplanforderungen, die nach § 123 Abs. 2 ebenfalls Masseverbindlichkeiten darstellen, spielen in Fällen der Masseunzulänglichkeit keine Rolle, da Sozialplanforderungen nur bedient werden, wenn auch auf Insolvenzforderungen geleistet wird, was aber nach Anzeige der Masseunzulänglichkeit gerade nicht geschieht. Deshalb sind Sozialplanforderungen in § 209 **nicht zu berücksichtigen** (vgl. Uhlenbruck/*Ries* § 209 Rn. 43; vgl. auch → § 208 Rn. 12). 32

Vollstreckungsverbot

210 **Sobald der Insolvenzverwalter die Masseunzulänglichkeit angezeigt hat, ist die Vollstreckung wegen einer Masseverbindlichkeit im Sinne des § 209 Abs. 1 Nr. 3 unzulässig.**

Schrifttum: *Adam,* Regeln für die Verwaltung unzulänglicher Masse, DZWIR 2011, 485; *Behr,* Auswirkungen der Insolvenzverfahren auf die Einzelvollstreckung, JurBüro 1999, 66; *Berscheid,* Zur Unzulässigkeit einer Leistungsklage bei angezeigter Masseunzulänglichkeit, ZInsO 2002, 868; *Gundlach/Frenzel/Schmidt,* Die Insolvenzanfechtung nach Anzeige einer nicht kostendeckenden Masse durch den Insolvenzverwalter, NZI 2004, 184; *Kröpelin,* Aktuelle Probleme der Masseunzulänglichkeit: Wider die Unzulässigkeit von Leistungsklagen und zur Verfahrensabwicklung bei Neumasseunzulänglichkeit, ZIP 2003, 2341; *Pape,* Die Berücksichtigung der Anzeige der Masseinsuffizienz im Erkenntnisverfahren, ZInsO 2001, 60; *ders.,* Die Berücksichtigung der Anzeige der Masseinsuffizienz im Erkenntnisverfahren, ZInsO 2001, 60; *ders.,* Unzulässigkeit der Vollstreckung des Finanzamts bei Masseinsuffizienz, KTS 1997, 49; *Roth,* Prozessuale Rechtsfolgen der „Insolvenz in der Insolvenz", FS Gaul, 1997, 573; *Uhlenbruck,* Die Vollstreckung wegen Massekosten und Masseschulden in massearmen Konkursen, KTS 1978, 66; *Urban,* Kostenfeststellungs- statt Kostenfestsetzungsbeschluss nach Anzeige der Masseunzulänglichkeit?, ZVI 2004, 233; *Vallender,* Einzelzwangsvollstreckung im neuen Insolvenzrecht, ZIP 1997, 1993. Weiteres Schrifttum bei Vor §§ 207 ff. und § 208.

Übersicht

I. Zweck und Wirkung der Norm

1 § 210 normiert für die Insolvenzordnung ein **Vollstreckungsverbot für Altmassegläubiger.** Es besagt, dass wegen Masseverbindlichkeiten, die vor Anzeige der Masseunzulänglichkeit begründet wurden, sowie wegen Unterhaltsverpflich-

tungen nach §§ 100, 101 Abs. 1 S. 3 nicht länger vollstreckt werden darf. Ein ähnliches Verbot war bereits unter Geltung der Konkursordnung von der Rspr. anerkannt (vgl. etwa BAGE 31, 288 [296] = NJW 1980, 141 [143]; BAG ZIP 1986, 1338; BFH ZIP 2001, 1549).

Das Vollstreckungsverbot des § 210 hat den **Zweck** sicherzustellen, dass die 2 **Befriedigung der Massegläubiger in einem gesetzmäßigen Verfahren** nach Maßgabe der gesetzlichen Befriedigungsreihenfolge erfolgt (vgl. OLG Köln NZI 2001, 554 [555]; *Vallender* ZIP 1997, 1993 [1999]).

II. Reichweite des Vollstreckungsverbots

1. Erfasste Akte der Zwangsvollstreckung. Das Zwangsvollstreckungsver- 3 bot gilt hinsichtlich der **Vollstreckung aus allen Titeln,** unabhängig von der zugrunde liegenden Verfahrensordnung, also für alle Vollstreckungsakte nach der ZPO und dem ZVG (insbes. auch titulierte Leistungsurteile, Kostentitel und notarielle Urkunden iSv § 794 Abs. 1 Nr. 5 ZPO), Vollstreckungshandlungen nach der VwGO (Uhlenbruck/*Ries* § 210 Rn. 4), Vollstreckungsmaßnahmen nach dem Sozialgerichtsgesetz (SGG) (Jaeger/*Windel* § 210 Rn. 4) sowie sämtliche Arten der Steuervollstreckung (BFH NJW-RR 1997, 43; vgl. auch *Pape* KTS 1997, 49 ff.; vgl. aber auch noch → Rn. 8). – **Nicht** von § 210 erfasst ist die **Geltendmachung von Aussonderungs- und Absonderungsrechten** (vgl. Uhlenbruck/*Ries* § 210 Rn. 19; BK-InsO/*Breutigam* § 210 Rn. 9). Nach OVG Münster NZI 2013, 945 hindert das Vollstreckungsverbot des § 210 nicht die **ordnungsrechtliche Anspruchnahme des Insolvenzverwalters** als Betreiber einer Anlage.

2. Erfasste Gläubiger. § 210 betrifft nur Gläubiger gem. § 209 Abs. 1 Nr. 3 4 (Altmassegläubiger) (BAG NZI 2014, 660 [661]). Gläubiger gem. § 209 Abs. 1 Nr. 2 (Neumassegläubiger) sind durch § 210 grds. weder an der gerichtlichen Geltendmachung noch an der zwangsweisen Durchsetzung ihrer Ansprüche gehindert (BGHZ 167, 178 [182] = NZI 2006, 392; BAGE 114, 13 [18] = NZI 2005, 408 [409]; OLG Stuttgart ZInsO 2011, 1355; *Hess* § 210 Rn. 2; *Vallender* ZIP 1997, 1993 [1999]; *Kübler* Kölner Schrift InsO S. 573 Rn. 46 mwN; trotz Kritik ebenso Nerlich/Römermann/*Westphal* § 210 Rn. 8 f.). Für Ansprüche gem. § 209 Abs. 1 Nr. 1 (Kosten des Insolvenzverfahrens) würde nichts anderes gelten.

3. Einfluss des Vollstreckungsverbots auf Leistungsklagen etc. a) Leis- 5 **tungsklagen.** Über das Verbot, die Zwangsvollstreckung zu betreiben, hinaus konstituiert § 210 auch ein **gesetzliches Verbot der Leistung auf die Forderung eines Altmassegläubigers** (OLG Köln NZI 2001, 554 [555]). Aus diesem Grund können nach inzwischen gefestigter Rspr. **Altmasseverbindlichkeiten** nach Anzeige der Masseunzulänglichkeit **nicht** mehr **mit** der **Leistungsklage** verfolgt werden (BGHZ 154, 358 = NZI 2003, 369; BGH NZI 2004, 209 [212]; 10, 188 [189]; BAGE 129, 257 = NZA 2009, 1215; BAGE 114, 13 [16] = NZI 2005, 408; BAG NZI 2003, 273; OLG Köln NZI 2001, 554; OLG Celle OLGR 2001, 61; AG Hamburg BeckRS 2015, 14448). Dem entspricht die heute ganz hA in der Literatur (Uhlenbruck/*Ries* § 210 Rn. 13; BK-InsO/*Breutigam* § 210 Rn. 12 ff.; MüKoInsO/*Hefermehl* § 210 Rn. 18 mwN; vgl. auch schon *Pape* ZInsO 2001, 60 ff.; aA Jaeger/*Windel* § 208 Rn. 57; *Adam* DZWIR 2009, 181 f.; *Runkel/Schnurbusch* NZI 2000, 49 [52 f.]; *Kröpelin* ZIP 2003, 2341 ff.; *H. Roth* FS Gaul, 1997, 573 [577]; *Häsemeyer* Insolvenzrecht Rn. 14.26).

Der Leistungsklage mangelt es wegen der fehlenden Vollstreckbarkeit des gel- 6 tend gemachten Anspruchs am **Rechtsschutzbedürfnis** (vgl. auch *Berscheid* ZInsO 2002, 868 [869]). Ein solches besteht auch nicht in dem Umfang, in dem ein Altmassegläubiger voraussichtlich quotale Befriedigung aus der Masse verlangen kann (BAG NZI 2003, 273 [275]). Zulässig ist lediglich eine auf Feststellung des Bestehens der Forderung als Masseverbindlichkeit gerichtete Klage. Die **Umstellung einer Leistungsklage auf eine Feststellungsklage** ist eine stets zulässige Klageänderung (§§ 263, 264 ZPO); die Umstellung ist auch in der Berufungs- (vgl. § 525 ZPO; *Hess* § 210 Rn. 26) und Revisionsinstanz zulässig (BAGE 129, 257 = NZA 2009, 1215).

7 **b) Kostenfestsetzungsverfahren.** Unzulässig ist nach Anzeige der Masseunzulänglichkeit der Erlass eines Kostenfestsetzungsbeschlusses gegen den Insolvenzverwalter zu Gunsten eines Altmassegläubigers; Altmassegläubigern fehlt es auch insofern am Rechtsschutzbedürfnis. Dieser heute gefestigten Ansicht der Rspr. (BGH NZI 2008, 735; 2005, 328; ebenso schon OLG München ZIP 2004, 138; 2004, 2248; LAG Düsseldorf NZI 2003, 622; ähnlich auch LAG BW ZIP 2001, 657; aA noch OLG Hamm ZInsO 2002, 831; OLG Naumburg OLGR 2002, 527) folgt die herrschende Literaturansicht zu Recht (vgl. nur HambK-InsO/*Weitzmann* § 210 Rn. 2; Uhlenbruck/*Ries* § 210 Rn. 5; aA *Urban* ZVI 2004, 233 ff.). Altmassegläubiger können auch im Kostenfestsetzungsverfahren nach Anzeige der Masseunzulänglichkeit lediglich Feststellung der Zahlungspflicht verlangen (so Braun/*Kießner* § 210 Rn. 7; MüKoInsO/*Hefermehl* § 210 Rn. 18a; offen gelassen in BGH NZI 2005, 328 [329]).

8 **c) Steuerfestsetzungsverfahren.** Die vorstehenden Grundsätze gelten nach richtiger Ansicht auch für das **Steuerfestsetzungsverfahren** (Uhlenbruck/*Ries* § 210 Rn. 4; vgl. *Pape* InsbürO 2008, 2 [8]). **Anders** hat freilich vorerst der **Bundesfinanzhof** mit dem Hinweis auf die Trennung von Festsetzungs- und Erhebungsverfahren nach Steuer(verfahrens)recht entschieden (BFHE 218, 432 = NZI 2008, 120).

III. Wirkungen des Vollstreckungsverbots

9 **1. Wirkung ab Anzeige der Masseunzulänglichkeit.** Maßgeblicher Zeitpunkt für den **Beginn der Wirkung des Vollstreckungsverbots** ist die **Anzeige der Masseunzulänglichkeit** (vgl. dazu → § 208 Rn. 25). Dabei macht es keinen Unterschied, ob Masseunzulänglichkeit iSv § 208 Abs. 1 S. 1 oder drohende Masseunzulänglichkeit iSv § 208 Abs. 1 S. 2 angezeigt wurde (OLG Frankfurt a. M. NZI 2005, 40; Uhlenbruck/*Ries* § 210 Rn. 2; vgl. auch *Runkel/Schnurbusch* NZI 2000, 49 [51]; OLG München ZIP 2004, 138 [139]). Eine gerichtliche Überprüfung des Vorliegens der Voraussetzungen findet auch hinsichtlich der sich aus § 210 ergebenden Wirkungen nicht statt (Jaeger/*Windel* § 210 Rn. 7; aA *Adam* DZWIR 2009, 181 [182 f.]).

10 Das Vollstreckungsverbot des § 210 wirkt ab Anzeige der Masseunzulänglichkeit **ex lege** (vgl. nur *Hess* § 210 Rn. 2). Anders als bei § 21 Abs. 2 S. 1 Nr. 3 ist keine gerichtliche Anordnung notwendig. Ferner hängt das Vollstreckungsverbot nicht von einem Antrag ab (Uhlenbruck/*Ries* § 210 Rn. 7), sondern ist **von Amts wegen zu beachten** (OLG München ZIP 2004, 138 [139]; Kübler/Prütting/Bork/*Pape* § 210 Rn. 4; Nerlich/Römermann/*Westphal* § 210 Rn. 6). Das bedeutet, dass nach Anzeige der Masseunzulänglichkeit eingeleitete Maßnahmen der Zwangsvollstreckung unzulässig sind, ohne dass es einer gerichtlichen Entscheidung bedürfte, und dass im Zeitpunkt der Anzeige der Masseunzulänglichkeit bereits laufende Zwangsvollstreckungsverfahren nicht fortgesetzt werden (vgl. MüKoInsO/*Hefermehl* § 210 Rn. 10).

11 **2. Fehlende Rückwirkung des Vollstreckungsverbots.** Das Vollstreckungsverbot hat **keine Rückwirkung** auf schon vor Anzeige der Masseunzulänglich-

keit erworbene Pfändungspfandrechte (LG Berlin NZI 2008, 108; FG Hannover ZIP 2014, 2144 [2147]; Nerlich/Römermann/*Westphal* § 210 Rn. 4).

§ 210 stellt **keine Rückschlagsperre** dar. Eine analoge Anwendung des § 88 verbietet sich bei Berücksichtigung der Entstehungsgeschichte des § 210 (vgl. § 320 Abs. 2 des RegE sowie die Begr. des Rechtsausschusses, BT-Drs. 12/7302, 180; vgl. auch Kübler/Prütting/Bork/*Pape* § 210 Rn. 3; Nerlich/Römermann/*Westphal* § 210 Rn. 4; MüKoInsO/*Hefermehl* § 210 Rn. 13; Jaeger/*Windel* § 210 Rn. 8; Uhlenbruck/*Ries* § 210 Rn. 6; *Adam* DZWIR 2011, 485 [490]; *Schröder* Die Abwicklung des masseunzulänglichen Insolvenzverfahrens S. 121 ff.; aA BK-InsO/*Breutigam* § 210 Rn. 3 f.; HK-InsO/*Landfermann* § 210 Rn. 4). – Zu weiteren entsprechend anwendbaren Regelungen des „normalen" Insolvenzverfahrens → Rn. 26 ff. 12

3. Vollstreckungshandlungen vor Anzeige der Masseunzulänglichkeit. War ein Massegläubiger schon im Zeitpunkt der Anzeige der Masseunzulänglichkeit befriedigt, so besteht für ihn **keine Rückerstattungspflicht,** wenn die Masseunzulänglichkeit erst später angezeigt wird (Uhlenbruck/*Ries* § 209 Rn. 44; MüKoInsO/*Hefermehl* § 210 Rn. 16; *Dinstühler* ZIP 1998, 1697 [1704]). 13

Anders ist es, wenn die Befriedigung schon vor Anzeige der Masseunzulänglichkeit erfolgte. Dann liegt ein insolvenzrechtlich relevanter **Verteilungsfehler** vor; die Rückabwicklung erfolgt durch den Insolvenzverwalter über das Bereicherungsrecht (MüKoInsO/*Hefermehl* § 210 Rn. 17). Bereicherungsansprüche der Massegläubiger untereinander bestehen nicht. 14

4. Sonstige Wirkungen. Ab Anzeige der Masseunzulänglichkeit ist auch ein **sonstiger Rechtserwerb** analog § 91 ausgeschlossen (Kübler/Prütting/Bork/*Pape* § 210 Rn. 9; HambK-InsO/*Weitzmann* § 210 Rn. 6; *Adam* DZWIR 2011, 485 [488]). Besonders praxisrelevant wären anderenfalls denkbare Konstellationen ohnehin nicht. 15

IV. Entsprechende Anwendung von § 210

1. Entsprechende Geltung von § 210 bei „Neumasseunzulänglichkeit". Nach Anzeige der Masseunzulänglichkeit kann sich herausstellen, dass die Insolvenzmasse noch nicht einmal zur vollständigen Befriedigung der Neumasseverbindlichkeiten iSv § 209 Abs. 1 Nr. 2 ausreicht. Hier lässt sich von **„Neumasseunzulänglichkeit"** sprechen. Für diesen Fall enthält die Insolvenzordnung keine Regelungen. Im Grundsatz sind die §§ 207 ff. nicht analog auf diesen Fall der „Insolvenz in der Insolvenz in der Insolvenz" anzuwenden (BGHZ 167, 178 [185 f.] = NZI 2006, 392 [393 f.]; vgl. auch schon BGHZ 154, 358 [368 f.] = NZI 2003, 369 [371 f.]; aA *Kröpelin* ZIP 2003, 2341 [2344 ff.]; vgl. auch *Dinstühler* ZIP 1998, 1697 [1707]). 16

In der Praxis zeigen Insolvenzverwalter in solchen Fälle regelmäßig „erneut" – der Begriff ist etwas unglücklich, weil damit mitunter auch die nochmalige Anzeige die Anzeige der Masseunzulänglichkeit nach Rückkehr ins „normale" Insolvenzverfahren gemeint ist – die Masseunzulänglichkeit an (vgl. *Kübler* Kölner Schrift InsO S. 573 Rn. 44; ArbG Kiel ZInsO 2002, 893). Jedenfalls im Grundsatz ist es sachgerecht, einer solchen **Neumasseunzulänglichkeitsanzeige** dieselben Wirkungen wie der (erstmaligen) Anzeige der Masseunzulänglichkeit zukommen zu lassen. Denn auch hinsichtlich der Neumasseunzulänglichkeit setzt der Insolvenzverwalter durch seine Anzeige, ohne dass es einer direkten gerichtlichen Mitwirkung bedürfte, das maßgebliche Signal, an das sich die weiteren Folgen für das Verfahren knüpfen (vgl. *Kröpelin* Die massearme Insolvenz Rn. 274; *dies.* ZIP 2003, 2341 [2344 ff.]; aA MüKoInsO/*Hefermehl* § 210 Rn. 22; vgl. auch *Pape/Hauser* Massearme Verfahren nach der InsO Rn. 355 ff.). Der 17

Bundesgerichtshof hat die Frage bislang ausdrücklich offen gelassen (BGHZ 154, 358 [369] = NZI 2003, 369 [372]; BGHZ 167, 178 [189] = NZI 2006, 392 [394 f.]; sehr restriktiv dann aber BGH NZI 2008, 735).

18 Im Fall der Neumasseunzulänglichkeit ist das **Vollstreckungsverbot** des § 210 auf das Rangverhältnis zwischen den Kosten des Insolvenzverfahrens (§ 209 Abs. 1 Nr. 1) und Neumasseverbindlichkeiten (§ 209 Abs. 1 Nr. 2) entsprechend anzuwenden (BGHZ 167, 178 = NZI 2006, 392; *Kübler* Kölner Schrift InsO S. 573 Rn. 46 mwN). Dies hat zur Folge, dass ein **Vollstreckungsverbot für Neumassegläubiger** entsteht und so sichergestellt ist, dass die Verfahrenskosten ihren absoluten Vorrang behalten. In Fortentwicklung der zu § 210 allg. geltenden Grundsätze über die Zulässigkeit von Leistungsklagen (vgl. → Rn. 5 ff.) haben Neumassegläubiger dann auch **kein Rechtsschutzbedürfnis für eine Leistungsklage** (vgl. MüKoInsO/*Hefermehl* § 210 Rn. 23). Sie können lediglich auf Feststellung des Bestehens ihrer Ansprüche als Neumasseverbindlichkeiten klagen. Hinsichtlich von Kostenfestsetzungsverfahren gelten die Ausführungen bei → Rn. 7 sinngemäß (vgl. auch OLG Karlsruhe ZInsO 2005, 994).

19 **2. Entsprechende Geltung von § 210 im Fall der Massekostenarmut.** Höchstrichterlich entschieden ist, dass das Vollstreckungsverbot des § 210 entsprechend auf Fälle anzuwenden ist, in denen ein Kostengläubiger nach Eintritt der Massekostenarmut die Zwangsvollstreckung in die Insolvenzmasse betreibt (BGH NZI 2006, 697). Auch insofern kommt es – verfahrenstechnisch – auf eine **Anzeige des Insolvenzverwalters** an. Diese ist – ohne dass sie gerichtlich überprüft würde – Anknüpfungspunkt für das Vollstreckungsverbot (BGH NZI 2006, 697 [699]). **Leistungsklagen** von Neumassegläubigern fehlt nach dieser Anzeige das Rechtsschutzbedürfnis; Neumassegläubiger sind darauf verwiesen, ihre Ansprüche als Neumasseverbindlichkeiten feststellen zu lassen (vgl. MüKoInsO/*Hefermehl* § 210 Rn. 26).

V. Rechtsfolgen von Verstößen gegen das Vollstreckungsverbot

20 Auch bei unter Verstoß gegen das Vollstreckungsverbot des § 210 vorgenommenen Vollstreckungshandlungen tritt hinsichtlich des jeweiligen Massegegenstandes **Verstrickung** ein (Jaeger/*Windel* § 210 Rn. 16; BK-InsO/*Breutigam* § 210 Rn. 6; MüKoInsO/*Hefermehl* § 210 Rn. 14; *Walther,* Das Verfahren bei Masseunzulänglichkeit nach den §§ 208 ff. InsO, 224 f.).

VI. Geltendmachung des Vollstreckungsverbots

21 **1. Erinnerung nach § 766 ZPO.** Die Geltendmachung des Vollstreckungsverbots erfolgt mit der Erinnerung nach § 766 ZPO (BGH NZI 2006, 697; OLG München ZIP 2004, 138 [139]; LG Trier NZI 2005, 170; Kübler/Prütting/Bork/Pape § 210 Rn. 4; HK-InsO/*Landfermann* § 210 Rn. 7; Uhlenbruck/*Ries* § 210 Rn. 7; MüKoZPO/*Karsten Schmidt/Brinkmann* § 766 Rn. 33; *Runkel/Schnurbusch* NZI 2000, 49 [51]; *Kröpelin* ZIP 2003, 2341 [2342 f.]; wohl auch *H. Roth* FS Gaul, 1997, 573 [582 f.]), und zwar sowohl bei Akten der Mobiliar- als auch bei Akten der Immobiliarvollstreckung (Jaeger/*Windel* § 210 Rn. 13). Die **Vollstreckung** ist **für unzulässig zu erklären,** und Vollstreckungsmaßnahmen sind aufzuheben (BGH NZI 2006, 697 [698]).

22 Weil das Vollstreckungsverbot mit seiner gesetzlichen Normierung in § 210 von Amts wegen zu beachten ist (vgl. schon → Rn. 10), fehlt – anders als nach überkommenem Konkursrecht – für eine **Vollstreckungsabwehrklage** nach § 767 ZPO grds. das **Rechtsschutzbedürfnis** (BGH NZI 2006, 697 [699]; *Kübler* Kölner Schrift InsO S. 573 Rn. 47; vgl. auch noch → Rn. 25).

Zuständiges Gericht für die Erinnerungsentscheidung ist das **Insolvenzgericht** als Vollstreckungsgericht kraft besonderer – sich aus einer Analogie zu § 89 Abs. 3 ergebender – Zuweisung (BGH NZI 2006, 697; LG Trier NZI 2005, 170; LG Berlin NZI 2008, 108 [109]; AG Köln NZI 2004, 592; Nerlich/Römermann/*Westphal* § 210 Rn. 6; *Behr* JurBüro 1999, 66 [68]; aA *Runkel/Schnurbusch* NZI 2000, 49 [51]; krit. auch Leonhardt/Smid/Zeuner/*Smid* § 210 Rn. 9). Statthafter Rechtsbehelf gegen Entscheidungen des Insolvenzgerichts nach § 766 ZPO ist die **sofortige Beschwerde nach § 793 ZPO** (LG Berlin NZI 2008, 108; Uhlenbruck/*Ries* § 210 Rn. 7; vgl. allg. für Entscheidungen des Insolvenzgerichts als Vollstreckungsgericht BGH NZI 2004, 278). 23

2. Geltendmachung des Vollstreckungsverbots in der Steuer- und Verwaltungsvollstreckung. Schon nach der Konkursordnung wurde das Vollstreckungsverbot im Fall der **Steuervollstreckung** gem. § 256 AO, § 40 FGO (vgl. BFH NJW-RR 1997, 43) und auch im **Verwaltungsprozess** gem. §§ 42, 43 VwGO (vgl. BVerwGE 27, 141) im Wege der **Anfechtungsklage** geltend gemacht. Dies gilt auch für § 210 (vgl. schon *Pape* KTS 1997, 49 [50 ff.]; vgl. auch Jaeger/*Windel* § 210 Rn. 14 mit Hinweisen auf die finanz- und verwaltungsgerichtliche Rspr.). 24

3. Restbereich für die Anwendung von § 767 ZPO. Grds. fehlt für die Geltendmachung des Vollstreckungsverbots im Wege der Vollstreckungsabwehrklage (§ 767 ZPO) das Rechtsschutzbedürfnis (ähnlich MüKoInsO/*Hefermehl* § 210 Rn. 15; vgl. auch schon → Rn. 22; aA HambK-InsO/*Weitzmann* § 210 Rn. 8). Nach richtiger Ansicht gilt nichts anderes, wenn gegen Neumassegläubiger nach § 767 ZPO in den Fällen der Neumasseunzulänglichkeit (vgl. → Rn. 16 ff.) vorgegangen werden soll. Denn mit Anerkennung des Vollstreckungsverbots von Neumassegläubigern analog § 210 (vgl. → Rn. 19) muss dessen Durchsetzung parallel zum Verfahren nach Anzeige der „normalen“ Masseunzulänglichkeit erfolgen. Diese Auffassung muss sich in der Praxis, die die Vollstreckungsabwehrklage insoweit bislang noch zulassen dürfte, aber wohl erst noch durchsetzen. 25

VII. Entsprechende Anwendung anderer InsO-Normen

Der Rechtsausschuss (BT-Drs. 12/7302, 180; vgl. hingegen § 320 Abs. 2 des RegE) wollte es der Rspr. überlassen, ob und inwieweit die Regeln über die Erfüllung gegenseitiger Verträge, über die Aufrechnung im Verfahren sowie über die Unwirksamkeit von vor der Eröffnung des Verfahrens durch Zwangsvollstreckung erlangten Sicherungen auf das Verfahren bei Masseunzulänglichkeit übertragen werden sollen (ausf. zu diesem Problemkreis *Kögel,* Die Rechtsfolgen der Masseunzulänglichkeitsanzeige auf beiderseitig nicht oder nicht vollständig erfüllte Verträge – die analoge Anwendbarkeit der §§ 103 ff.; *Adam* DZWIR 2011, 485 ff.; Jaeger/*Windel* § 208 Rn. 89 ff.; vgl. auch *Dinstühler* ZIP 1998, 1697 [1705 ff.]). 26

Wohl allgemein anerkannt ist insofern: Für Altmasseverbindlichkeiten gibt es weder ein §§ 179 ff. entsprechendes Anmelde- noch ein §§ 187 ff. entsprechendes Verteilungsverfahren. Hingegen sind bei nicht fälligen und bei auflösend bedingten Altmasseverbindlichkeiten – cum grano salis – die §§ 41, 42 analog anzuwenden; Gleiches gilt in Bezug auf §§ 43, 44, 45, wenn für Altmasseverbindlichkeiten mehrere Personen haften bzw. wenn Altmasseverbindlichkeiten umzurechnen sind etc. (vgl. zu all dem *Adam* DZWIR 2011, 485 [486 f.] mwN; zur Frage der Anwendbarkeit von §§ 88, 91 vgl. schon → Rn. 12 bzw. 15). 27

Für die im Übringen noch nicht abgeschlossene Rechtsentwicklung muss die Maxime sein, einerseits nicht hinter den schon unter der Geltung der Konkurs- 28 ordnung erreichten Stand zurückzufallen, andererseits aber auch die Grenzen der Zulässigkeit richterlicher Rechtsfortbildung nicht zu überschreiten. Daraus lässt sich Folgendes ableiten:

29 **1. Entsprechende Anwendung der Aufrechnungsvorschriften.** Für die Aufrechnung gelten §§ 94–96 entsprechend (vgl. BFHE 220, 295 [297] = ZIP 2008, 886; Kübler/Prütting/Bork/*Pape* § 210 Rn. 10 f.; Braun/*Kießner* § 210 Rn. 11; *Pape/Hauser* Massearme Verfahren nach der InsO Rn. 394 ff.; *Adam* DZWIR 2011, 485 [488 f.]; vgl. zur Konkursordnung schon BGHZ 130, 38 [46 ff.] = NJW 1995, 2783 [2785 f.]; *Henckel* FS Lüke, 1997, 237 [260 ff.] mwN; anderer dogmatischer Ansatz für die Insolvenzordnung etwa bei *Runkel/Schnurbusch* NZI 2000, 49 [54 f.]), sodass die schon vor Anzeige der Masseunzulänglichkeit bestehenden Aufrechnungslagen erhalten bleiben. Die für Insolvenzgläubiger geltenden Aufrechnungsverbote kommen damit mit der Maßgabe zum Tragen, dass die Aufrechnung durch Massegläubiger unzulässig ist, soweit diese erst nach Anzeige der Masseunzulänglichkeit etwas zur Masse schuldig geworden sind (Uhlenbruck/*Ries* § 208 Rn. 44). Die sinngemäße Anwendung des § 96 Abs. 1 Nr. 1 bedeutet aber zugleich, dass Massegläubiger mit ihren (Alt-)Forderungen gegen die Masse weiterhin gegen solche Ansprüche der Masse aufrechnen können, die bereits vor Anzeige der Masseunzulänglichkeit entstanden waren (vgl. BGHZ 130, 38 [46 ff.] = NJW 1995, 2783 [2785 f.]).

30 **2. Nichtanwendung anderer Vorschriften.** Hinsichtlich der Vorschriften über die Erfüllung gegenseitiger Verträge und des damit zusammenhängenden Problems von Sonderkündigungsrechten (insoweit aA *Adam* DZWIR 2011, 485 [489 f.]; vgl. insofern auch → § 209 Rn. 18 ff.), hinsichtlich der Vorschriften über die Insolvenzanfechtung (insofern wie hier *Adam* DZWIR 2011, 485 [490]; *Busch,* Der Insolvenzverwalter und die Überwindung der Massekostenarmut, S. 178 ff.; iErg auch HK-InsO/*Kreft* § 129 Rn. 36 mwN; aA *Gundlach/Frenzel/Schmidt* NZI 2004, 184 ff.; *Kröpelin* Die massearme Insolvenz Rn. 363 ff.) sowie hinsichtlich der Frage der Rückschlagsperre (dazu schon → Rn. 12) besteht **kein** zwingendes praktisches **Bedürfnis** zur Rechtsfortbildung dahin, dass diese im Verfahren nach §§ 208 ff. im Wege der Analogie auf die **Rechtsbeziehungen zu den Altmassegläubigern** anzuwenden wären. Die Grenzen zulässiger Rechtsfortbildung wären damit auch überschritten. Ohne eine gesetzliche Grundlage, auf die der Gesetzgeber bezeichnenderweise aus Gründen der Entlastung der Insolvenzgerichte bislang verzichtet hat, muss es deshalb bei dem direkten Regelungsgehalt der §§ 208–211 bleiben (so auch Kübler/Prütting/Bork/*Pape* § 210 Rn. 12 ff.; vgl. auch Braun/*Kießner* § 210 Rn. 13). Dieser beschränkt sich aus guten Gründen auf ein Abwicklungsverfahren mit „Notbehelfscharakter" (zutr. *Häsemeyer* FS Gerhardt, 2004, 341 [344]; ähnlich Gottwald InsR-HdB/*Klopp/Kluth/Wimmer* § 74 Rn. 12; vgl. iÜ → § 208 Rn. 44 ff.).

Insolvenzplan bei Masseunzulänglichkeit[1]

210a

Bei Anzeige der Masseunzulänglichkeit gelten die Vorschriften über den Insolvenzplan mit der Maßgabe, dass

1. an die Stelle der nicht nachrangigen Insolvenzgläubiger die Massegläubiger mit dem Rang des § 209 Absatz 1 Nummer 3 treten und
2. für die nicht nachrangigen Insolvenzgläubiger § 246 Nummer 2 entsprechend gilt.

[1] § 210a eingef. mWv 1.3.2012 durch G v. 7.12.2011 (BGBl. I S. 2582).

Schrifttum: *Kayser/Heck,* Die Gläubigerversammlung nach Anzeige der Masseunzulänglichkeit, NZI 2005, 65; *Kreuznacht,* Massezulänglichkeit als ungeschriebene Zulässigkeitsvoraussetzung des Insolvenzplans oder Redaktionsversehen?, NZI 2007, 438; *Zimmer,* Insolvenzplan bei Masseunzulänglichkeit nach § 210a InsO (ESUG), ZInsO 2012, 390. Weiteres Schrifttum bei Vor §§ 207 ff. und § 208.

Übersicht

I. Normzweck und Hintergrund der gesetzlichen Regelung

Mit der Einführung von § 210a sollte im Wesentlichen für **Rechtssicherheit** gesorgt werden: Seit Inkrafttreten des ESUG (Gesetz vom 7.12.2011, BGBl. I S. 2582) am 1.3.2012 ist durch diese Norm klargestellt, dass ein Insolvenzplanverfahren auch nach Anzeige der Masseunzulänglichkeit zulässig ist. 1

Eine § 210a ähnliche Regelung hatte auch schon § 323 des Regierungsentwurfs zur Insolvenzordnung vorgesehen; sie wurde während des Gesetzgebungsverfahrens mit der Begründung gestrichen, die mit der Stellung der Massegläubiger im Insolvenzplanverfahren verbundenen Probleme sollten der Rspr. überlassen werden (BT-Drs. 12/7302, 180). Die wohl herrschende Meinung in der Literatur hielt – jedenfalls in Ausnahmefällen – das Insolvenzplanverfahren auch schon nach der bis zum 1.3.2012 geltenden Rechtslage trotz Masseunzulänglichkeit für zulässig (umfangreiche Nachweise – auch zur Gegenauffassung – noch in der Vorauflage). Auch wenn dieses Problem mehr diskutiert wurde, als es praktisch relevant war, wurde die hA in den wenigen dazu ergangenen Entscheidungen von der Rspr. im Grundsatz geteilt (vgl. LG Mühlhausen NZI 2007, 724 [727]; vgl. aber auch LG Dresden ZInsO 2005, 831 mit der weitreichenden Einschränkung, dass ein Insolvenzplan von Amts wegen zurückzuweisen sei, wenn er eine bestehende Massekostenunterdeckung nicht beseitigte). 2

Die dennoch bestehende Rechtsunsicherheit wollte der Gesetzgeber iRd Reform des Insolvenzplanverfahrens durch das ESUG beseitigen (BT-Drs. 17/5712, 29). Damit steht für die Praxis außer Streit, dass ein **Insolvenzplanverfahren trotz Masseunzulänglichkeitsanzeige durchgeführt** werden kann. § 210a hat erkennbar abschließenden Regelungscharakter (vgl. → Rn. 4 ff.). 3

II. Anwendungsbereich von § 210a

§ 210a gilt für **alle Arten von Insolvenzplänen.** Unstreitig ist dies in Bezug auf Sanierungspläne, und zwar sowohl in Bezug auf Insolvenzpläne mit Regelungen zur übertragenden Sanierung als auch in Bezug auf solche, die eine investive Sanierung vorsehen (vgl. zu diesen Inhalten von Sanierungsplänen → § 157 Rn. 2 sowie *Jungmann* Grundpfandgläubiger und Unternehmensinsolvenz Rn. 259 f.). § 210a gilt aber auch bei (ggf. nur verfahrensleitenden) Teilplänen (ähnlich HK-InsO/*Landfermann* § 210a Rn. 2) und sogar bei reinen Liquidationsplänen (zutr. BK-InsO/*Gruber* § 210a Rn. 9 f.; HambK-InsO/*Weitzmann* § 210a Rn. 5; MüKoInsO/*Madaus* § 210a Rn. 6). Die diesbezüglich in der Literatur vorgeschlagenen Einschränkungen (vgl. insofern *Zimmer* ZInsO 2012, 390; Kübler/Prütting/Bork/*Pape* § 210a Rn. 20) finden im Gesetz keine Stütze und lassen sich auch nicht nach Sinn und Zweck der mit § 210a gefundenen gesetzgeberischen Re- 4 gelung in Einklang bringen. – Auch in **Verbraucherinsolvenz(plan)verfahren** ist § 210a anzuwenden.

5 Mit dem Begriff „Anzeige der Masseunzulänglichkeit" ist gemeint, dass die die **Voraussetzungen des § 208** (dazu → § 208 Rn. 8 ff.) vorliegen müssen, damit die Rechtsfolgen des § 210a eintreten. „Prophylaktische" oder „temporäre" Masseunzulänglichkeitsanzeigen sind allg. unzulässig (vgl. → § 208 Rn. 3); daher erübrigen sich jegliche Erwägungen (vgl. etwa Kübler/Prütting/Bork/*Pape* § 210a Rn. 10; BK-InsO/*Gruber* § 210a Rn. 11 f.), ob im Rahmen von § 210a etwas anderes gelten könnte.

6 § 210a ist derselbe **Masseunzulänglichkeitsbegriff** wie § 208 zugrunde zu legen. Einer gesetzlichen Definition bedarf es nicht. Eine gerichtliche Überprüfung der Berechtigung des Insolvenzverwalters zur Anzeige der Masseunzulänglichkeit gibt es auch im Rahmen von § 210a nicht; es bleibt bei der (haftungsbewehrten) Alleinzuständigkeit des Insolvenzverwalters (vgl. → § 208 Rn. 19 f.; krit. *Zimmer* ZInsO 2012, 390 [393 f.]). Ferner ergeben sich keine Einschränkungen, wenn lediglich „drohende Masseunzulänglichkeit" (vgl. → § 208 Rn. 13) angezeigt wird (zutr. BK-InsO/*Gruber* § 210a Rn. 16 f.; HK-InsO/*Landfermann* § 210a Rn. 2; wohl auch *Zimmer* ZInsO 2012, 390 [393]).

7 **§ 210a gilt nicht** – auch nicht analog –, wenn zwar die Verfahrenskosten, nicht aber auch die Neumasseverbindlichkeiten gedeckt sind (Kübler/Prütting/Bork/*Pape* § 210a Rn. 15; Braun/*Kießner* § 210a Rn. 7 und 12; FK-InsO/*Kießner* § 210a Rn. 3; *Zimmer* ZInsO 2012, 390 [391]; aA BK-InsO/*Gruber* § 210a Rn. 18 ff., 23 und 45; Nerlich/Römermann/*Westphal* § 210a Rn. 7). Anders als bei der Einführung der Insolvenzordnung (vgl. → Rn. 2) hat der Gesetzgeber es nicht der Praxis überlassen, den Anwendungsbereich von § 210a weiter auszudehnen, sondern eine abschließende Regelung des vormals umstrittenen Problems geschaffen. Für eine (analoge) Anwendung von § 210a für Insolvenzpläne zur Regelung nur der Neumasseverbindlichkeiten besteht – gerade angesichts der durch ein Insolvenzplanverfahren verursachten Kosten – auch kein praktisches Bedürfnis.

8 Ferner gilt § 210a nicht bei **Massekostenarmut** iSv § 207 (BK-InsO/*Gruber* § 210a Rn. 21; Nerlich/Römermann/*Westphal* § 210a Rn. 8; einschränkend HambK-InsO/*Weitzmann* § 210a Rn. 3).

III. Regelungsgehalt von § 210a

9 Die **Neuregelung** trägt der Tatsache Rechnung, dass im Fall der Masseunzulänglichkeit ein Insolvenzplan stets in die Rechte der Massegläubiger eingreift und die nicht nachrangigen Insolvenzgläubiger in etwa die Position haben wie sonst nachrangige Insolvenzgläubiger.

10 Im Insolvenzplanverfahren nach Anzeige der Masseunzulänglichkeit treten deshalb die Massegläubiger mit dem **Rang des § 209 Abs. 1 Nr. 3** (Altmassegläubiger) konsequenterweise an die Stelle der nicht nachrangigen Insolvenzgläubiger. Damit ist unter anderem das Recht zur Teilnahme an Gläubigerversammlungen festgeschrieben (vgl. → Rn. 13).

11 Die **entsprechende Geltung von § 246 Nr. 2** nach Anzeige der Masseunzulänglichkeit bedeutet für den Abstimmungstermin (§§ 235, 241), im dem die nicht nachrangigen Gläubiger nach Gruppen abstimmen: Beteiligt sich kein nicht nachrangiger Insolvenzgläubiger einer Gruppe an der Abstimmung, so gilt die Zustimmung der Gruppe als erteilt (vgl. auch *Hess* § 210a Rn. 4).

IV. Stellung der (Alt-)Massegläubiger und praktische Schwierigkeiten

Mit § 210a ist zwar für **Rechtssicherheit** insofern gesorgt, als die Zulässigkeit von Einleitung und Fortführung eines Insolvenzplanverfahrens auch nach Anzeige der Masseunzulänglichkeit nicht mehr bezweifelt werden kann. Zudem besteht Klarheit in Bezug auf Fragen der Vermögensverteilung, weil sicher feststehen muss, dass nach den Regeln des Insolvenzplans die Verfahrenskosten und Neumasseverbindlichkeiten vollständig erfüllt werden (str., vgl. dazu schon → Rn. 7). 12

Einige praktische Schwierigkeiten sind aber weder für das masseunzulängliche Insolvenzplanverfahren noch für das masseunzulängliche Regelinsolvenzverfahren gelöst. Unglücklich ist, dass die Altmassegläubiger nur im Insolvenzplanverfahren an die Stelle der nicht nachrangigen Insolvenzgläubiger treten. **Altmassegläubiger** sind damit nach Anzeige der Masseunzulänglichkeit und ab Vorlage eines Insolvenzplans zur **Teilnahme an Gläubigerversammlungen** befugt (Nerlich/Römermann/*Westphal* § 210a Rn. 14; BK-InsO/*Gruber* § 210a Rn. 28; aA allerdings *Zimmer* ZInsO 2012, 390 [392]; MüKoInsO/*Madaus* § 210a Rn. 9); wenn die Vorlage eines Insolvenzplan etwa schon zusammen mit dem Insolvenzantrag erfolgte (vgl. § 218 Abs. 1 S. 2), sind Altmassegläubiger während des gesamten Insolvenzverfahrens teilnahmeberechtigt. 13

Damit wird es für das Regelinsolvenzverfahren wohl bei dem (nach hier vertretener Auffassung unzutreffenden) Befund der herrschenden Meinung bleiben, dass sich an der Rechtsstellung der Massegläubiger insbes. in Gläubigerversammlungen nichts ändert (vgl. zu diesem Problemkreis *Kayser/Heck* NZI 2005, 65 [66 f.]; zu den unveränderten Kompetenzen der Gläubigerversammlung auch nach Anzeige der Masseunzulänglichkeit vgl. ferner → § 74 Rn. 4; zur Kritik am Ausschluss der Massegläubiger von Gläubigerversammlungen im Regelinsolvenzverfahren vgl. → § 74 Rn. 17). Eine insofern nicht auf das Insolvenzplanverfahren beschränkte Fassung des § 210a wäre der klügere Schritt des Gesetzgebers gewesen. 14

Doch auch für das masseunzulängliche Insolvenzplanverfahren selbst trifft das Gesetz nicht alle Vorgaben, die wünschenswert wären. So ist unklar, wie die **Festsetzung des Stimmrechts der Altmassegläubiger** in Gläubigerversammlungen ablaufen soll, nach welchem Verfahren die Masseforderungen angemeldet und festgestellt werden und nach welchen Kriterien die Gruppenbildung zu erfolgen hat (beachtlich insofern schon *Walther,* Das Verfahren bei Masseunzulänglichkeit nach den §§ 208 ff. InsO, 200 ff.; vgl. auch Jaeger/*Windel* § 208 Rn. 88; Kübler/Prütting/Bork/*Pape* § 210a Rn. 25 f.). 15

Fest steht, dass für nicht nachrangige Insolvenzgläubiger keine Gruppen zu bilden sind, wenn der Insolvenzplan keine Regelungen über nicht nachrangige Insolvenzforderungen enthält, dass die Altmassegläubiger in Gruppen zusammenzufassen sind und dass in diesen Gruppen nicht zugleich auch nicht nachrangige Insolvenzgläubiger sein können. 16

Ebenfalls steht fest, dass die **(Alt-)Massegläubiger** (als solche) **kein Planinitiativrecht** haben (HambK-InsO/*Weitzmann* § 210a Rn. 6; Kübler/Prütting/Bork/*Pape* § 210a Rn. 23); auch im Regelinsolvenzverfahren haben Gläubiger/Gläubigergruppen kein Planinitiativrecht (vgl. → § 157 Rn. 19). Zwar kann das Organ Gläubigerversammlung nach § 157 S. 2 den Insolvenzverwalter mit Erstellung eines Plan beauftragen. Aber auch dann bleibt es bei der Erarbeitung der Planinhalte durch den Insolvenzverwalter (→ § 157 Rn. 19), und iÜ kann auf diese Weise durch die Massegläubiger (als in der Gläubigerversammlung an der Abstimmung Beteiligte) in vielen Fällen kein Auftrag erteilt werden, weil das Teilnahmerecht der Massegläubiger erst entsteht, wenn bereits ein Insolvenzplan vorgelegt wurde (vgl. → Rn. 13; zu ungenau BK-InsO/*Gruber* § 210a Rn. 28). 17

18 Hinsichtlich der **Bildung von Gruppen innerhalb der Massegläubiger** ergeben sich Schwierigkeiten (ausf. Kübler/Prütting/Bork/*Pape* § 210a Rn. 31 ff.; vgl. auch Braun/*Kießner* § 210a Rn. 16 ff.; zu pauschal *Dinstühler* ZIP 1998, 1697 [1707]), die wohl größten bei der entsprechenden Anwendung von § 222 Abs. 2. Hinsichtlich von § 222 Abs. 3 lässt sich immerhin festhalten: Haben **Arbeitnehmer** Altmasseforderungen, sollten sie analog § 222 Abs. 3 S. 1 in einer Gruppe zusammengefasst werden. Die entsprechende Anwendung von § 222 Abs. 3 S. 2 würde hingegen zu einer unnötigen Verfahrenskomplexität führen. – Zur Bildung einer weiteren Gruppe für **Unterhaltsgläubiger** vgl. etwa BK-InsO/*Gruber* § 210a Rn. 25; Braun/*Kießner* § 210a Rn. 17.

Einstellung nach Anzeige der Masseunzulänglichkeit

211 (1) **Sobald der Insolvenzverwalter die Insolvenzmasse nach Maßgabe des § 209 verteilt hat, stellt das Insolvenzgericht das Insolvenzverfahren ein.**

(2) **Der Verwalter hat für seine Tätigkeit nach der Anzeige der Masseunzulänglichkeit gesondert Rechnung zu legen.**

(3) [1] **Werden nach der Einstellung des Verfahrens Gegenstände der Insolvenzmasse ermittelt, so ordnet das Gericht auf Antrag des Verwalters oder eines Massegläubigers oder von Amts wegen eine Nachtragsverteilung an.** [2] **§ 203 Abs. 3 und die §§ 204 und 205 gelten entsprechend.**

Schrifttum: *Eisolt,* Verwendung des Körperschaftsteuerguthabens eines Schuldners bei Masseunzulänglichkeit und Nachtragsverteilung, ZInsO 2014, 1095; *Uhlenbruck,* Einstellung mangels Masse trotz vorhandener Masse, Rpfleger 1982, 410; *Zimmer,* Die Nachtragsverteilung in InsO und InsVV, KTS 2009, 199. Weiteres Schrifttum bei Vor §§ 207 ff. und § 208.

Übersicht

I. Einstellung des Insolvenzverfahrens

1 § 211 regelt die mit der Einstellung des Verfahrens der „Insolvenz in der Insolvenz" zusammenhängenden Fragen. Insofern ist die Vorschrift die Parallele zu §§ 196, 200 im „normalen" Insolvenzverfahren. Die Einstellung des Verfahrens durch das Insolvenzgericht darf erst erfolgen, wenn die vorhandene Masse in der Rangfolge des § 209 an die Massegläubiger verteilt worden ist. Das Verfahren soll also **vollständig abgewickelt** werden; notwendig ist dazu grds. der Abschluss aller Masseverwertungshandlungen und die Verteilung der Masse (vgl. aber → Rn. 14 ff.).

1. Verfahrenshoheit des Insolvenzverwalters. § 211 enthält keine näheren Bestimmungen über das Verfahren der Einstellung. Aus der Gesetzgebungsgeschichte ergibt sich, dass dabei die Rolle des Insolvenzgerichts zunächst von untergeordneter Bedeutung ist und die Verfahrenshoheit anfangs beim Insolvenzverwalter liegt. Dieser muss die vorhandene liquide Masse nach § 209 verteilen (vgl. dazu → Rn. 13 ff.). 2

a) Abwicklung und Verzeichniswesen. Das Gesetz macht keine Vorgaben darüber, auf welcher Grundlage die Verteilung zu erfolgen hat, schreibt daher auch nicht die Erstellung eines Schluss- bzw. Verteilungsverzeichnisses vor (MüKoInsO/*Hefermehl* § 211 Rn. 5; Leonhardt/Smid/Zeuner/*Smid* § 211 Rn. 5; aA Graf-Schlicker/*Riedel* § 211 Rn. 3: analoge Anwendung von § 188 S. 1; ähnlich BK-InsO/*Breutigam* § 211 Rn. 5; HambK-InsO/*Weitzmann* § 211 Rn. 4). Dies gilt sogar bei einem sich anschließenden Restschuldbefreiungsverfahren, in dem der Schuldner dann das Gläubigerverzeichnis selbst erstellen muss (zutr. *Uhlenbruck* NZI 2001, 408 [410]). 3

Im Regelfall machen aber ganz praktische, organisatorische Gründe die **Aufstellung eines** entsprechenden, ggf. vereinfachten **Verzeichnisses** (vgl. insofern Uhlenbruck/*Ries* § 211 Rn. 2) – dieses mag als Massegläubigerliste, Verteilungsliste oder auch als Verteilungsverzeichnis (im untechnischen Sinne) bezeichnet werden – unabdingbar (vgl. HK-InsO/*Landfermann* § 211 Rn. 3), insbes. im Hinblick auf mögliche Nachtragsverteilungen (Kübler/Prütting/Bork/*Pape* § 211 Rn. 17) und die Minimierung einer Haftungsgefahr (MüKoInsO/*Hefermehl* § 211 Rn. 5). In Fällen, in denen es erst nach einer gewissen Verfahrensdauer zur Anzeige der Masseunzulänglichkeit kommt, wird sich ein solches Verzeichnis vergleichsweise leicht aus der dann regelmäßig bereits vorliegenden (vorläufigen) Insolvenztabelle ableiten lassen (vgl. auch *Uhlenbruck* NZI 2001, 408 [410]). 4

b) Anzeige an das Insolvenzgericht. Wenn der Insolvenzverwalter der Auffassung ist, dass die Voraussetzungen des § 211 Abs. 1 vorliegen – dass also insbes. die Masse vollständig verteilt ist bzw. dass Ausnahmen vom Grundsatz der Pflicht zur vollständigen Vermögensverwertung bestehen (vgl. → Rn. 14 ff.) –, zeigt er dies dem Insolvenzgericht an. Hierin liegt die **Anregung, den Einstellungsbeschluss zu erlassen** (vgl. auch Jaeger/*Windel* § 211 Rn. 6; Kübler/Prütting/Bork/*Pape* § 211 Rn. 4). 5

2. Übergang der Verfahrenshoheit auf das Insolvenzgericht. a) Überzeugungsbildung des Insolvenzgerichts. Es gilt der **Amtsermittlungsgrundsatz** (§ 5). Das Gericht hat sich vom Vorliegen der Voraussetzungen des § 211 Abs. 1 zu überzeugen (Jaeger/*Windel* § 211 Rn. 6). Hierbei hat es einen Ermessenspielraum hinsichtlich der Frage, ob Ausnahmen vom Grundsatz der Pflicht zur vollständigen Vermögensverwertung (vgl. → Rn. 14 ff.) gerechtfertigt sind; iÜ stellt § 211 eine gebundene Entscheidung dar (vgl. nur Nerlich/Römermann/*Westphal* § 211 Rn. 6). Feste Regeln über **Anhörungen** etwa des Schuldners, der Insolvenzgläubiger, der Massegläubiger oder des Gläubigerausschusses oder über die **Einberufung einer Gläubigerversammlung** bestehen im Grundsatz nicht (vgl. Kübler/Prütting/Bork/*Pape* § 211 Rn. 8a); jeder dieser Schritte kann im Einzelfall aber sinnvoll sein. Das Insolvenzgericht ist zu solchen Maßnahmen befugt, aber nicht verpflichtet (aA hinsichtlich von Gläubigerversammlungen Graf-Schlicker/*Riedel* § 211 Rn. 8; *Walther,* Das Verfahren bei Masseunzulänglichkeit nach den §§ 208 ff. InsO, S. 237 ff.; vgl. dagegen *Mäusezahl* ZVI 2003, 617 [621 f.]; *Zimmer* KTS 2009, 199 [215]); es entscheidet über ihre Durchführung nach eigenem **Ermessen.** 6

Sofern über die Erteilung der **Restschuldbefreiung** (vgl. §§ 289, 290) zu entscheiden ist (vgl. auch → Rn. 10), ist die Abhaltung einer Gläubigerversamm- 7 lung allerdings zwingend (HK-InsO/*Landfermann* § 211 Rn. 7; MüKoInsO/*Hefermehl* § 211 Rn. 17). Diese kann der Schlusstermin sein. Zulässig ist es aber auch, eine Gläubigerversammlung anzuberaumen, die für die Zwecke der Anhörung der Insolvenzgläubiger sowie des Insolvenzverwalters und der Bescheidung etwaiger Versagungsanträge von Insolvenzgläubigern den Schlusstermin ersetzt (BGH ZVI 2009, 346); in diesem Fall muss das Insolvenzgericht vor Erlass des Einstellungsbeschlusses durch gesonderten Beschluss eine Frist für entsprechende Anträge setzen (LG Kassel ZInsO 2004, 161; vgl. auch BGH NZI 2003, 389).

8 **b) Entscheidung des Insolvenzgerichts.** Gelangt das Insolvenzgericht zur Überzeugung, dass die Voraussetzungen des § 211 nicht vorliegen, hat es dies dem Insolvenzverwalter unter Angabe von Gründen formlos mitzuteilen. Dieser hat dann die Verwertungs- und Verteilungsmaßnahmen fortzusetzen; ein Rechtsbehelf steht ihm gegen die Entscheidung des Insolvenzgerichts nicht zu.

9 Bei Vorliegen der Voraussetzungen von § 211 hat das Insolvenzgericht das **Insolvenzverfahren durch Beschluss einzustellen.** Dieser Beschluss ist öffentlich bekannt zu machen (§ 215 Abs. 1 S. 1). Nach Einstellung des Verfahrens kann der Schuldner wieder frei über sein Vermögen verfügen (vgl. aber noch → Rn. 20), und es kann wieder in sein Vermögen vollstreckt werden, wobei die §§ 201, 202 Anwendung finden (zu Einzelheiten vgl. → § 215 Rn. 7 ff.).

10 Auch nach Einstellung des Insolvenzverfahrens wegen Masseunzulänglichkeit kann einer natürlichen Person **Restschuldbefreiung** erteilt werden (§ 289 Abs. 3 S. 1; vgl. auch BGH ZVI 2009, 346). IÜ gilt hinsichtlich der Rechtsfolgen der Einstellung nach § 211 das gleiche wie hinsichtlich der Einstellung nach § 207 (vgl. insofern auch → § 207 Rn. 36 ff.).

11 **3. Rechtsmittel gegen den Einstellungsbeschluss.** Der **Beschluss** des Insolvenzgerichts ist, da § 211 nicht von § 216 erfasst wird, **nicht mit der sofortigen Beschwerde anfechtbar** (BGH NZI 2007, 243). Statthaft ist lediglich die **Erinnerung** nach § 11 Abs. 2 RPflG bei Entscheidung durch den Rechtspfleger (BGH NZI 2007, 243; Uhlenbruck/*Ries* § 211 Rn. 11).

12 Das Fehlen von Rechtsmitteln gegen den Einstellungsbeschluss ist ganz überwiegend und zu Recht auf **rechtspolitische Kritik** gestoßen (*Pape* KTS 1995, 189 [200]; Kübler/Prütting/Bork/*Pape* § 211 Rn. 11; MüKoInsO/*Hefermehl* § 211 Rn. 12; FK-InsO/*Kießner* § 211 Rn. 29; Jaeger/*Windel* § 211 Rn. 11; Nerlich/Römermann/*Westphal* § 211 Rn. 9; *Walther,* Das Verfahren bei Masseunzulänglichkeit nach den §§ 208 ff. InsO, S. 246 f.). Da die Einleitung des Masseunzulänglichkeitsverfahrens allein in den Händen des Insolvenzverwalters liegt (vgl. → § 208 Rn. 19 f.) und nicht durch das Insolvenzgericht überprüft wird, ist die fehlende Rechtsschutzmöglichkeit gerade im Vergleich zur Einstellung bei Massekostenarmut nach § 207, auf den § 216 verweist, nicht einleuchtend. Denn bei der Einstellung nach § 207 obliegt die Prüfung der Einstellungsvoraussetzungen dem Insolvenzgericht (vgl. → § 207 Rn. 9 f.). Ungeachtet dieser rechtspolitischen Kritik ist der Ausschluss der sofortigen Beschwerde als Rechtsmittel gegen den Beschluss nach § 211 aber – auch vor dem Hintergrund von Art. 19 Abs. 4 GG – als eindeutige Entscheidung des Gesetzgebers in der Praxis hinzunehmen (BGH NZI 2007, 243; Jaeger/*Windel* § 211 Rn. 11).

II. Masseverwertung und -verteilung

13 **1. Grundsatz der Pflicht zur vollständigen Vermögensverwertung.** Nach seinem Wortlaut erlaubt § 211 Abs. 1 die Einstellung des Insolvenzverfahrens erst bei vollständiger Beendigung des Verwertungs- und Verteilungsverfahrens. Diese Regelung enthält einen Grundsatz (zur korrigierenden Auslegung sogleich): Aus ihm ergibt sich unmittelbar, dass zB die Hinterlegung der gesamten Masse oder

die sofortige Einstellung des Verfahrens unzulässig ist (vgl. *Uhlenbruck* Rpfleger 1982, 410 f.; *Weber/Irschlinger/Wirth* KTS 1979, 133 [138]). Vielmehr ist das Insolvenzverfahren bis zur Verwertung des Schuldnervermögens fortzuführen. Grds. sind deshalb notwendige Prozesse weiterzuführen und ggf. halbfertige Produkte fertigzustellen (vgl. auch schon *Heilmann* BB 1976, 765 [769 f.]; OLG Dresden JW 1916, 1493). Regelmäßig kommt erst nach Abschluss dieser Schritte die Einstellung des Insolvenzverfahrens in Betracht (iErg zu eng Nerlich/Römermann/*Westphal* § 211 Rn. 4 f.).

2. Kritik des Grundsatzes und Ausnahmen. Der Grundsatz der Pflicht zur vollständigen Masseverteilung würde, sofern er nicht durch Ausnahmen durchbrochen würde, ein wenig praxistaugliches und wenig verfahrensökonomisches Vorgehen für die Zeit von der Anzeige der Masseunzulänglichkeit bis zur Einstellung des Insolvenzverfahrens vorschreiben. Denn anders als bei der Einstellung nach §§ 212, 213 (vgl. insofern § 214 Abs. 3) fehlt die Möglichkeit, für streitige Forderungen Sicherheit zu leisten und die Verteilung vorzunehmen, ohne dass abschließend über alle Forderungen entschieden wurde. Zudem erfolgt eine Nachtragsverteilung nach dem Wortlaut von Absatz 3 Satz 1 nur, wenn nach Einstellung des Verfahrens Gegenstände der Insolvenzmasse „ermittelt" werden, nicht aber auch in Fällen, in denen der Gegenstand zwar bereits ermittelt war, über dessen Verwertbarkeit jedoch gestritten wird. Bei einem solch engen Verständnis von § 211 wären **unnötige Verfahrensverzögerungen** vorprogrammiert. 14

Deshalb sind **Ausnahmen** zum Grundsatz der Pflicht zur vollständigen Vermögensverwertung **zwingend geboten** (vgl. Jaeger/*Windel* § 211 Rn. 2; vgl. zum überkommenden Recht noch AG Bruchsal Rpfleger 1982, 437; *Müller* KTS 1964, 14 [15 ff.]). Das zeigt sich schon daran, dass die Möglichkeit der Nachtragsverteilung in der Insolvenzordnung gesetzlich verankert ist. Es ist vom Verfahrenszweck der §§ 208–211 nicht gedeckt, dass das Verfahren geraume Zeit stillsteht, wenn ganz geringe Beträge in Frage stehen oder wenn Prozesse geführt werden, deren Erfolgsaussichten äußerst gering sind. Das betrifft unter anderem Fälle, in denen über die Verwertbarkeit von Massegegenständen entschieden wird, in denen Anfechtungs- oder sonstige Aktivprozesse zur Masseanreicherung geführt werden oder in denen über Forderungen von Massegläubigern gestritten wird. 15

Wenn die Verfahrensverzögerung in keinem Verhältnis zu der Relevanz der ausstehenden Entscheidung steht, hat das Insolvenzgericht deswegen die Möglichkeit, in **entsprechender Anwendung der §§ 189, 203 Beträge zurückzubehalten,** die freiwerden, wenn ein Massegläubiger mit seiner Forderung unterliegt (Kübler/Prütting/Bork/*Pape* § 211 Rn. 5; ähnlich, aber einschränkend Braun/*Kießner* § 211 Rn. 14; Uhlenbruck/*Ries* § 211 Rn. 5). Ebenso ist es möglich, die **Nachtragsverteilungen** über den Wortlaut von Absatz 3 Satz 1 hinaus anzuordnen (vgl. dazu → Rn. 19). 16

3. Nachtragsverteilung. Werden Massegegenstände nachträglich ermittelt, ordnet das Insolvenzgericht **von Amts wegen** oder auf **Antrag** des **Verwalters** oder eines **Massegläubigers** die Nachtragsverteilung an (speziell zu Fragen des Umgangs mit einem Körperschaftsteuerguthaben *Eisolt* ZInsO 2014, 1095 ff.). Der Antrag eines Insolvenzgläubigers ist mangels Rechtschutzbedürfnisses unzulässig (vgl. *Hess* § 211 Rn. 16). Zwar sind in Fällen, in denen die Ermittlung eines Massegegenstandes nachträglich dazu führt, dass alle Massegläubiger voll befriedigt werden und zusätzlich ein Überschuss entsteht, die Insolvenzgläubiger quotal zu befriedigen (Kübler/Prütting/Bork/*Pape* § 211 Rn. 16; BK-InsO/*Breutigam* § 211 Rn. 10; *Landfermann* KTS 1989, 763 [785]); jedoch ist auch dann der Antrag eines Insolvenzgläubigers unzulässig. Ein solcher Gläubigerantrag ist aber 17 als Hinweis an das Insolvenzgericht zu verstehen, woraufhin dieses von Amts wegen die Nachtragsverteilung veranlassen kann.

18 **Absatz 3 Satz 1** ist inhaltlich und vom Wortlaut her eng an § 203 Abs. 1 Nr. 3 angelehnt. Zu dieser Vorschrift ist anerkannt, dass sie sich nicht nur auf Gegenstände bezieht, deren Existenz oder Aufenthaltsort dem Insolvenzverwalter – etwa weil ihm entsprechende Informationen verheimlicht wurden – unbekannt geblieben sind, sondern auch Gegenstände erfasst, die der Insolvenzverwalter zunächst nicht für verwertbar hielt und deswegen nicht zur Masse gezogen hat (BGH NZI 2006, 180 [181]; vgl. iÜ → § 203 Rn. 7 ff.). Gleiches gilt auch im Rahmen von § 211 (BGH ZInsO 2006, 1105; BAG NZI 2014, 660). In keinem Fall sind die Möglichkeiten zur Nachtragsverteilung dadurch eingeschränkt, dass Ansprüche des Schuldners diesem und/oder dem Insolvenzverwalter vor der Einstellung des Verfahrens nicht bekannt waren (vgl. LG Berlin 9.12.2011 – 85 T 366/11, BeckRS 2012, 00617).

19 Aus den Gründen, die Ausnahmen vom Grundsatz der Pflicht zur vollständigen Vermögensverwertung rechtfertigen (vgl. → Rn. 14 ff.), können – über den Wortlaut von Absatz 3 Satz 1 hinausgehend – **Nachtragsverteilungen auch in anderen Fällen** angeordnet werden. Dies gilt ohne Weiteres dann, wenn sich erst später herausstellt, dass ein Prozess für die Masse gewonnen wurde (vgl. Kübler/Prütting/Bork/*Pape* § 211 Rn. 5 ff.; Uhlenbruck/*Ries* § 211 Rn. 5; *Uhlenbruck* NZI 2001, 408 [410]). Insgesamt ist Absatz 3 Satz 1 so zu lesen, als würde er auf § 203 Abs. 1 Nr. 1–3 Bezug nehmen (BAG NZI 2014, 660; HK-InsO/*Landfermann* § 211 Rn. 8 f.; vgl. auch BGH ZInsO 2014, 340; Uhlenbruck/*Ries* § 211 Rn. 15; *Bork* ZIP 2009, 2077 [2080 f.] mwN; teilw. ebenso Nerlich/Römermann/*Westphal* § 211 Rn. 15; aA *Hess* § 211 Rn. 15).

20 **Absatz 3 Satz 2** bestimmt, dass die **§§ 203 Abs. 3, 204, 205** entsprechend gelten. Dies betrifft neben **Verfahrensfragen** (vgl. zu Fragen der Zustellung *Eisolt* ZInsO 2014, 1095 [1097]) auch diejenigen Fälle, in denen die Nachtragsverteilung unterbleibt bzw. nur gegen Kostenvorschuss erfolgt, sowie die Statthaftigkeit von **Rechtsmitteln** gegen die Entscheidung über den Antrag auf Anordnung der Nachtragsverteilung. – Wird das Insolvenzverfahren nach Absatz 1 eingestellt, nachdem Nachtragsverteilung gem. § 203 angeordnet worden ist, besteht der Insolvenzbeschlag im Umfang der angeordneten Nachtragsverteilung fort und der Insolvenzverwalter bleibt insoweit prozessführungsbefugt (BAG NZI 2014, 660).

III. Pflicht zur gesonderten Rechnungslegung

21 Absatz 2 verlangt vom Insolvenzverwalter, für seine Tätigkeit nach Anzeige der Masseunzulänglichkeit gesondert Rechnung zu legen. Deshalb hat die **Schlussrechnung** des Insolvenzverwalters (§ 66) bei einer Einstellung nach § 211 **getrennte Teile für die Zeit vor und nach Anzeige der Masseunzulänglichkeit.** Hintergrund für dieses Erfordernis sind der unterschiedliche Rang der vor und nach diesem Zeitpunkt begründeten Verbindlichkeiten (vgl. BT-Drs. 12/2443, 221) sowie die Haftung für die Nichterfüllung von Masseverbindlichkeiten nach § 61 (vgl. auch Nerlich/Römermann/*Westphal* § 211 Rn. 12; krit. zum Erfordernis gesonderter Rechnungslegung *Dinstühler* ZIP 1998, 1697 [1702]). – Die Pflicht zur gesonderten Rechnungslegung nach Absatz 2 bleibt auch dann erhalten, wenn nach Anzeige der Masseunzulänglichkeit wieder ins „normale" Verfahren zurückgekehrt wird (vgl. dazu → § 208 Rn. 34 ff.): Über den Zwischenzeitraum ist in der Schlussrechnung, für die iÜ allein § 66 gilt, analog Absatz 2 Rechnung zu legen (vgl. *Mäusezahl* ZVI 2003, 617 [621]).

22 **Inhalt und Form** der Rechnungslegung entsprechen iÜ der Schlussrechnung nach § 66 (zu Einzelheiten vgl. → § 66 Rn. 7 ff.). Es sind keine gesonderten

Dokumente – auch nicht in Form einer „Lesehilfe auf gesondertem Blatt" (*Kluth* ZInsO 2000, 179 [183]) – beizufügen (zutr. Jaeger/*Windel* § 211 Rn. 13).

Die **Prüfung** der Schlussrechnung erfolgt grds. **durch den Gläubigerausschuss,** weil dieser zur Wahrung der Interessen aller Verfahrensbeteiligten verpflichtet ist (vgl. → § 69 Rn. 3) und insofern die Rechte der Insolvenzgläubiger und der Massegläubiger am besten vertreten kann, **oder,** wenn ein solcher nicht bestellt ist, durch **das Insolvenzgericht** (zutr. HambK-InsO/*Weitzmann* § 211 Rn. 3; ähnlich *Hess* § 211 Rn. 12; aA (generelle Zuständigkeit des Insolvenzgerichts) Jaeger/*Windel* § 211 Rn. 14; Leonhardt/Smid/Zeuner/*Smid* § 211 Rn. 6; Kübler/Prütting/Bork/*Pape* § 211 Rn. 14 f.; BK-InsO/*Breutigam* § 211 Rn. 3; vgl. auch *Dinstühler* ZIP 1998, 1697 [1702]; ebenfalls aA (aber für eine generelle Zuständigkeit der Gläubigerversammlung) Nerlich/Römermann/*Westphal* § 211 Rn. 14; *Klaas/Zimmer* ZInsO 2011, 666 [671]; wohl auch *Mäusezahl* ZVI 2003, 617 [621]; missverständlich Graf-Schlicker/*Riedel* § 211 Rn. 2 gegen Rn. 8). Nur wenn, was die Ausnahme darstellt (vgl. → Rn. 6 f.), ohnehin noch eine **Gläubigerversammlung** stattfindet, obliegt dieser die Prüfung. Zulässig und zweckmäßig ist es, wenn die Gläubigerversammlung in einem frühen Verfahrensstadium für den Fall der Masseunzulänglichkeit das Recht zur Prüfung der Schlussrechnung dem Insolvenzgericht überträgt (vgl. schon LG Göttingen ZIP 1997, 1039; Uhlenbruck/*Ries* § 211 Rn. 6 f.; FK-InsO/*Kießner* § 211 Rn. 15; Nerlich/Römermann/*Westphal* § 211 Rn. 14; vgl. auch → § 76 Rn. 33). 23

Einstellung wegen Wegfalls des Eröffnungsgrunds

212 **[1] Das Insolvenzverfahren ist auf Antrag des Schuldners einzustellen, wenn gewährleistet ist, daß nach der Einstellung beim Schuldner weder Zahlungsunfähigkeit noch drohende Zahlungsunfähigkeit noch, soweit die Überschuldung Grund für die Eröffnung des Insolvenzverfahrens ist, Überschuldung vorliegt. [2] Der Antrag ist nur zulässig, wenn das Fehlen der Eröffnungsgründe glaubhaft gemacht wird.**

Schrifttum: *App,* Die Aufhebung und die Einstellung des Insolvenzverfahrens und die Gläubigerrechte nach Verfahrensbeendigung, DGVZ 2001, 1; *Haarmeyer,* Die Einstellung des Insolvenzverfahrens nach § 213 InsO – ein verkannter „Königsweg", ZInsO 2009, 556; *Lauck,* Vorzeitige Einstellung eines Insolvenzverfahrens gem. § 213 InsO, InsbürO 2009, 131; *Möhlmann,* Der Nachweis der Verfahrenseinstellung im neuen Insolvenzrecht, KTS 1998, 373; *Schwarz/Brockmann,* Die Einstellung des Insolvenzverfahrens mit Zustimmung der Gläubiger gem. § 213 InsO – Übertragbarkeit der Rechtsprechung des BGH zur unlauteren Herbeiführung eines Insolvenzplans durch Stimmkäufe, ZInsO 2014, 1368; *Winter,* Die Verkürzung der Laufzeit eines Insolvenzverfahrens durch eine vorzeitige Einstellung der Restschuldbefreiung, ZVI 2010, 137.

Übersicht

I. Normzweck und Anwendungsbereich

1 Wenn die Voraussetzungen, unter denen ein Insolvenzverfahren eröffnet werden kann, nicht mehr vorliegen, ist es geboten, die durch die Verfahrenseröffnung bedingten schwerwiegenden Eingriffe in die Verfügungsfreiheit des Schuldners und in dessen Vermögen zu beenden (BT-Drs. 12/2443, 221). § 212 gilt für **alle Insolvenzverfahren** nach § 11 und grds. auch im Verbraucherinsolvenzverfahren. Allerdings kommt eine Einstellung nach § 212 nicht in Betracht, wenn während des noch laufenden Insolvenzverfahrens Restschuldbefreiung erteilt wird (BGH NZI 2014, 229).

2 Der Wortlaut der Überschrift des § 212 ist für das Verständnis der Norm und ihres Anwendungsbereiches wenig erhellend. Der Verfahrenseinstellung nach § 212 basiert auf der Annahme, dass alle Gläubiger befriedigt werden können (BGH NZI 2014, 229 [231]). Dies betrifft ganz selbstverständlich Konstellationen, in denen im Zeitpunkt der Eröffnung des Insolvenzverfahrens (vgl. zur Maßgeblichkeit dieses Zeitpunkts BGHZ 169, 17 [20] = NZI 2006, 693) ein Insolvenzgrund vorgelegen hat, später aber überhaupt kein Eröffnungsgrund mehr vorliegt **(Wegfall des Eröffnungsgrunds im engeren Sinne).** Wird lediglich ein Insolvenzgrund gegen einen anderen ausgetauscht, rechtfertigt dies keine Einstellung nach § 212 (Jaeger/*Windel* § 212 Rn. 12).

3 In Bezug auf Konstellationen, in denen sich nachträglich herausstellt, dass der **Eröffnungsgrund niemals vorgelegen** hat, sondern bei Verfahrenseröffnung nur rechtsirrig angenommen wurde, ist zu differenzieren. Grds. ist, wenn der zum Gegenstand des Insolvenzantrags gemachte Insolvenzgrund nicht schon im Zeitpunkt der Verfahrenseröffnung vorlag, der Eröffnungsbeschluss aufzuheben und der Eröffnungsantrag abzuweisen; dabei ist unerheblich, ob in der Zwischenzeit ein Insolvenzgrund eingetreten ist (vgl. BGHZ 169, 17 = NZI 2006, 693). Besteht hingegen keine Möglichkeit mehr, den Eröffnungsbeschluss anzugreifen, kann auch der Antrag auf Verfahrenseinstellung nach § 212 (vgl. auch den Wortlaut von Satz 2, der – zutreffender als die Normüberschrift – allg. auf das „Fehlen der Eröffnungsgründe" abstellt) gestellt werden (iE ebenso, wenn auch zu undifferenziert *App* DGVZ 2001, 1 [4]; Uhlenbruck/*Ries* § 212 Rn. 2). Auch bei einem solchen **Wegfall des Eröffnungsgrunds im weiteren Sinne** darf dann aber bei der Entscheidung über den Antrag nach § 212 kein Insolvenzgrund – und nicht etwa nur nicht der Insolvenzgrund, auf den der Insolvenzantrag gestützt wurde – vorliegen (vgl. auch BT-Drs. 12/2443, 221; LG Potsdam ZInsO 2002, 778; vgl. aber auch OLG Stuttgart NJW-RR 2000, 199 hinsichtlich eines Eigenantrags; ausdrücklich offen gelassen in BGH NZI 2011, 20 [21]).

4 Diese Differenzierung erklärt zugleich, dass **§ 212 nicht** auf Fälle **anwendbar** ist, in denen die Verfahrenseröffnung irrtümlich erfolgte, in denen der Eröffnungsantrag nicht angegriffen wurde und in denen in der Folgezeit – ggf. auch erst aufgrund der Verfahrenseröffnung – tatsächlich ein Eröffnungsgrund entstanden ist (vgl. auch insofern BGHZ 169, 17 = NZI 2006, 693; vgl. ferner BK-InsO/*Breutigam* § 212 Rn. 6). Das Insolvenzverfahren ist dann weiterzuführen; in Betracht kommen lediglich Haftungsansprüche gegen den Antragsteller sowie Amtshaftungsansprüche.

II. Antrag des Schuldners

5 Die Einstellung wegen Wegfall des Eröffnungsgrundes erfolgt nur auf Antrag des Schuldners (zur Streichung der Antragsberechtigung einer jeden am Schuldner beteiligten Person, wenn dieser keine natürliche Person ist, aus Gründen der Verfahrensvereinfachung vgl. BT-Drs. 12/7302, 181), also nicht von Amts wegen

und nicht auf Antrag des Insolvenzverwalters (MüKoInsO/*Hefermehl* § 212 Rn. 7; *Antoni* NZI 2013, 236 [237]; vgl. auch LG Potsdam ZInsO 2002, 778, wonach Gläubiger auch nicht über „Erledigungserklärungen" in Bezug auf den Eröffnungsantrag eine Einstellung wegen Wegfalls des Insolvenzgrundes erreichen können).

Befindet sich eine **Personenmehrheit** in der Schuldnerrolle bzw. sind mehrere Personen zur Vertretung des Schuldners berechtigt, so muss der Antrag einheitlich von allen gestellt werden. Dies gilt zB für die **Insolvenz einer Personengesellschaft** oder einer anderen Gesellschaft ohne Rechtspersönlichkeit (vgl. Uhlenbruck/*Ries* § 212 Rn. 5) und – allerdings unter Berücksichtigung des § 320 – für das **Nachlassinsolvenzverfahren** (§§ 315 ff.) bei Antragstellung durch die Erben (neben denen auch der Testamentsvollstrecker allein zur Antragstellung berechtigt ist, LG München I ZVI 2011, 339). Im Insolvenzverfahren über das Vermögen eines nicht prozessfähigen Schuldners wird der Antrag vom gesetzlichen Vertreter bzw. von den gesetzlichen Vertretern gemeinsam gestellt. 6

Im Insolvenzverfahren über das Vermögen einer **juristischen Person** bleiben die Vertretungsorgane zur Stellung des Antrags nach § 212 berechtigt (Kübler/Prütting/Bork/*Pape* § 212 Rn. 3; AG Hamburg ZIP 2006, 1688 [1689]); im Fall der Führungslosigkeit der Gesellschaft geht die Antragsberechtigung auf die Gesellschafter/Mitglieder des Aufsichtsrats über. Die Ausübung der Antragsberechtigung bestimmt sich aber weder spiegelbildlich zu § 15 noch nach der gesetzlichen bzw. satzungsmäßigen Vertretungsregelung. Vielmehr ist auch insofern erforderlich, dass sämtliche organschaftlichen Vertreter den Antrag gemeinsam stellen (AG Hamburg ZIP 2006, 1688 [1689]; Braun/*Kießner* § 212 Rn. 2; HambK-InsO/*Weitzmann* § 212 Rn. 3; Graf-Schlicker/*Riedel* § 212 Rn. 2; Uhlenbruck/*Ries* § 212 Rn. 5; aA HK-InsO/*Landfermann* § 212 Rn. 3; Jaeger/*Windel* § 212 Rn. 19). Das Abstellen auf das gemeinsame Handeln aller Personen in der Schuldnerrolle bzw. aller Vertretungsberechtigten minimiert die Gefahr, dass unbegründete (verfahrenslähmende und kostenverursachende) Anträge gestellt werden (dagegen Jaeger/*Windel* § 212 Rn. 19). 7

Der Einstellungsantrag kann **jederzeit** gestellt werden (Kübler/Prütting/Bork/*Pape* § 212 Rn. 3; Uhlenbruck/*Ries* § 212 Rn. 6), und zwar schriftlich, zu Protokoll der Geschäftsstelle des Insolvenzgerichts oder mündlich in der Gläubigerversammlung. Er muss nur explizit gestellt werden; schlüssiges Verhalten genügt nicht (Jaeger/*Windel* § 212 Rn. 18; *Hess* § 212 Rn. 11). 8

Stellt der Schuldner den Antrag nach § 212, um vom Verwalter Auskünfte über den Umfang der Insolvenzforderungen zu erlangen, so stellt dies einen **Missbrauch des Antragsrechts** dar. Entsprechende Anträge sind unzulässig, weil der Schuldner zu erkennen gibt, über den genauen Schuldenstand gar nicht informiert zu sein (OLG Celle NZI 2001, 28; vgl. zu anderen Fällen, in denen das Rechtsschutzbedürfnis zweifelhaft ist, auch Uhlenbruck/*Ries* § 212 Rn. 8; vgl. dagegen aber Jaeger/*Windel* § 212 Rn. 23). 9

III. Wegfall der Eröffnungsgründe

Im **Zeitpunkt der Entscheidung über den Einstellungsantrag** darf keiner der in §§ 17–19 geregelten Eröffnungsgründe vorliegen (BGH NZI 2011, 20; 2009, 517; OLG Celle NZI 2001, 28 [29]; LG Göttingen NZI 2008, 751; LG München I ZInsO 2001, 861 [862]; AG Hamburg ZIP 2006, 1688 [1689]). § 212 ist aber etwas anderes als eine Wiederholung der Entscheidung über den Eröffnungsantrag (aA Kübler/Prütting/Bork/*Pape* § 212 Rn. 5; Braun/*Kießner* § 212 Rn. 4), weil die **prognostische Perspektive** eine andere ist und deswegen in non-liquet-Konstellationen anders zu entscheiden ist: Während das Insolvenzgericht bei der Entscheidung nach § 13 vom Vorliegen des Insolvenzgrundes über- 10 zeugt sein muss, ist für die Entscheidung nach § 212 die Überzeugung vom Fehlen des Insolvenzgrundes maßgeblich.

11 Aus diesen Gründen muss für eine Verfahrenseinstellung nach § 212 mit hinreichender Wahrscheinlichkeit ausgeschlossen sein, dass auch in absehbarer Zeit nach Einstellung des Verfahrens ein Insolvenzgrund wieder gegeben ist. Nicht ausreichend ist dafür, dass lediglich die Forderung des antragstellenden Gläubigers nach Verfahrenseröffnung wegfällt (BGH NZI 2011, 20; ZVI 2006, 564; Braun/*Kießner* § 212 Rn. 4; vgl. auch schon BGHZ 169, 17 = NZI 2006, 693).

12 **1. Zahlungsunfähigkeit und drohende Zahlungsunfähigkeit.** Die Prüfung des Wegfalls der liquiditätsbezogenen Insolvenzgründe erfolgt zweistufig. Auf der **ersten Prüfungsstufe** steht der Insolvenzgrund „Zahlungsunfähigkeit" (vgl. § 17). Dieser ist beseitigt, wenn der Schuldner wieder in der Lage ist, seinen **fälligen Zahlungsverpflichtungen** nachzukommen. Bei der Prüfung des Wegfalls dieses Insolvenzgrundes können die vom Bundesgerichtshof zu dessen Vorliegen entwickelten Grundsätze (vgl. BGHZ 163, 134 = NZI 2005, 547; BGH NZI 2007, 36; vgl. ausf. → § 17 Rn. 19 ff.) aufgrund der gegenteiligen prognostischen Perspektive nicht spiegelbildlich angewendet werden. Vielmehr müssen 100 Prozent der fälligen Gesamtverbindlichkeiten durch liquide Mittel gedeckt sein und es darf überhaupt keine Liquiditätslücke – auch nicht nur für drei Wochen – bestehen.

13 Während des eröffneten Insolvenzverfahrens kann das in § 17 Abs. 2 S. 2 enthaltene Indiz für Zahlungsunfähigkeit, nämlich die **Zahlungseinstellung,** naturgemäß nicht ausgeräumt werden. Dies steht dem Wegfall des Eröffnungsgrundes „Zahlungsunfähigkeit" nicht entgegen. Unabdingbare Voraussetzung ist aber, dass der Schuldner unmittelbar nach Einstellung des Verfahrens seinen Zahlungsverpflichtungen wieder uneingeschränkt nachkommen kann.

14 Für eine Verfahrenseinstellung nach § 212 muss nicht nur der Eröffnungsgrund der Zahlungsunfähigkeit, sondern auch der der drohenden Zahlungsunfähigkeit (§ 18) beseitigt werden. Es darf auf absehbare Zeit auch wegen dieses Insolvenzgrundes kein neues Insolvenzverfahren in Betracht kommen (vgl. LG München I ZInsO 2001, 861 [862]); selbst die Erteilung der Restschuldbefreiung und die Feststellung, dass eine Zahlungsunfähigkeit des Schuldners nicht droht, bedeutet nicht automatisch, dass kein Insolvenzgrund mehr vorliegen und ein Anspruch auf Einstellung des Insolvenzverfahrens bestehen würde (BGH NZI 2014, 229). Dass hinsichtlich von § 18 in keinem Fall Insolvenzantragspflichten bestehen, ist unerheblich.

15 Dies hat zur Folge, dass für die Einstellung des Insolvenzverfahrens erforderlich ist, dass auf der **zweiten Prüfungsstufe** eine **„positive Zukunftsprognose"** über die Zahlungsfähigkeit abgegeben werden kann. Es muss also gewährleistet sein, dass auch die bekannten **zukünftigen Zahlungsverpflichtungen** bedient werden können. Hierfür muss der Schuldner zusätzlich zu einem aktuellen Finanzstatus auch einen zukunftsorientierten, hinreichend konkreten Finanzplan vorlegen (AG Hamburg ZIP 2006, 1688 [1690]; Uhlenbruck/*Ries* § 212 Rn. 9). Grds. sind an diese Prognose **hohe Anforderungen** zu stellen, um das Risiko einer (Wieder-)Eröffnung des Verfahrens in naher Zukunft zu minimieren (vgl. auch *Möhlmann* KTS 1998, 373 [374 f.]; MüKoInsO/*Hefermehl* § 212 Rn. 6; Kübler/Prütting/Bork/*Pape* § 212 Rn. 5).

16 **2. Überschuldung.** Das Gesetz spricht davon, dass nur dann, wenn die Überschuldung Grund für die Eröffnung des Verfahrens war, gewährleistet sein muss, dass diese im Zeitpunkt der Einstellung nicht vorliegt. Damit ist gemeint, dass im Fall der Insolvenz einer juristischen Person und der Insolvenz einer juristischen Person nach Maßgabe von § 19 Abs. 3 gleichgestellten Gesellschaft ohne Rechtspersönlichkeit iSv § 11 Abs. 2 Nr. 1 im Zeitpunkt der Einstellung nach § 212

auch keine Überschuldung (mehr) vorliegen darf (vgl. BGH NZI 2009, 517; HK-InsO/*Landfermann* § 212 Rn. 4). Nach dem derzeit geltenden **Überschuldungsbegriff** bedeutet das, dass entweder eine **positive Fortführungsprognose** vorhanden ist **oder** dass **keine rechnerische Überschuldung** besteht.

17 Bei der **Bewertung des Schuldnervermögens** zum Zwecke der Aufstellung des Überschuldungsstatus ist hinsichtlich des Wertansatzes der durch den bisherigen Ablauf des Insolvenzverfahrens entstandene (auch immaterielle) Schaden zu berücksichtigen. Dies wird Konstellationen, in denen die rechnerische Überschuldung während des Insolvenzverfahrens beseitigt wurde, nahezu ausschließen, solange nicht Eigenkapital zugeführt oder auf Forderungen verzichtet wird. Auch wenn Anteilseigner und/oder Gläubiger zu solchen Schritten nur bereit sein werden, wenn sie an die Zukunft des schuldnerischen Unternehmens glauben, ist, wenn durch solche Schritte die rechnerische Überschuldung beseitigt werden kann, das Bestehen einer positiven Fortführungsprognose keine zusätzliche Voraussetzung für eine Einstellung nach § 212.

18 Wird der Wegfall des Eröffnungsgrundes „Überschuldung" allein auf das Vorliegen einer positiven Fortführungsprognose gestützt, so sind an diese deutlich höhere Anforderungen als bei der Entscheidung über einen auf § 19 gestützten Eröffnungsantrag zu stellen. Es bedarf einer konkreten Ertrags- und Finanzplanung, die sich an betriebswirtschaftlichen Grundsätzen orientiert (vgl. LG Göttingen NZI 2008, 751). Insbes. sind Prognosen, aus denen sich lediglich ableiten lässt, dass eine Fortführung des Unternehmens nach einer – investiven oder übertragenden – Sanierung (vgl. hierzu → § 157 Rn. 2) möglich ist, deutlich von einer Fortführungsprognose iSv §§ 19, 212 abzugrenzen.

IV. Glaubhaftmachung

19 Nach § 212 S. 2 ist das Fehlen der Eröffnungsgründe glaubhaft zu machen. In diesem Verfahrensstadium gilt der Amtsermittlungsgrundsatz (§ 5) nicht (AG Hamburg ZIP 2006, 1688 [1690]). Der Schuldner ist also auf **präsente Beweismittel iSd ZPO** angewiesen, um das Gericht zu überzeugen, dass dauerhaft kein Insolvenzgrund mehr vorliegt (vgl. OLG Celle NZI 2001, 28 [29]). Er kann dafür **in erster Linie** auf **Urkunden** wie zB Bürgschaften, Patronatserklärungen, Garantieerklärungen, Rangrücktrittsvereinbarungen, Besserungsabreden, Kontoauszüge, Überweisungsbelege, Steuerbescheide etc und unter Umständen auf eine eidesstattliche Versicherung zurückgreifen (vgl. *Möhlmann* KTS 1998, 373 [375 f.]). Diese Urkunden müssen aber rechtsverbindliche Erklärungen enthalten; bloße Absichtserklärungen genügen nicht (vgl. OLG Celle NZI 2001, 28 [29]). Auch die Stellungnahme des Insolvenzverwalters ist von Bedeutung (vgl. FK-InsO/*Kießner* § 212 Rn. 8; *Hess* § 212 Rn. 20). Nicht ausreichend sind regelmäßig reine Rechtsausführungen (AG Hamburg ZIP 2006, 1688 [1690]). Auch in Situationen, in denen die Geltendmachung weiterer Forderungen von (Insolvenz-) Gläubigern – etwa aufgrund einer laufenden Steueraußenprüfung – zu erwarten ist, wird regelmäßig die Glaubhaftmachung iSv § 212 nicht gelingen (vgl. LG München I ZInsO 2001, 861).

20 Nachdem ein schuldnerischer Antrag bereits einmal erfolglos war, sind an **Folgeanträge** umso höhere Anforderungen zu stellen (vgl. Kübler/Prütting/Bork/*Pape* § 212 Rn. 8). – Zum weiteren Verfahren, zur Wirkung der Verfahrenseinstellung und zu Rechtsbehelfen vgl. §§ 214–216.

V. Gesellschaftsinsolvenz

21 Nach einer Einstellung des Insolvenzverfahrens nach § 212 (sowie nach § 213) kann eine **Gesellschaft** durch einen **Fortsetzungsbeschluss** der Gesellschafter

nach allgemeinen Grundsätzen fortgesetzt werden; vgl. § 60 Abs. 1 Nr. 4 GmbHG sowie § 274 Abs. 2 Nr. 1 AktG. Denn in diesen Fällen ist die zur Insolvenz führende Krise des Unternehmens beendet, und das Unternehmen bleibt in für die beteiligten Verkehrskreise erkennbarer Weise als wirtschaftliche Einheit von Sach- und Personalmitteln am Markt erhalten (BGH ZIP 2015, 1533 [1534] = NZG 2015, 872 [873]). Im Vorhandensein eines fortsetzungsfähigen Unternehmens liegt der entscheidende Unterschied zur Verfahrensaufhebung nach Schlussverteilung gem. § 200, bei welcher die Fortsetzung der Gesellschaft unzulässig ist (vgl. schon → § 199 Rn. 4).

Einstellung mit Zustimmung der Gläubiger

213 (1) [1]**Das Insolvenzverfahren ist auf Antrag des Schuldners einzustellen, wenn er nach Ablauf der Anmeldefrist die Zustimmung aller Insolvenzgläubiger beibringt, die Forderungen angemeldet haben.** [2]**Bei Gläubigern, deren Forderungen vom Schuldner oder vom Insolvenzverwalter bestritten werden, und bei absonderungsberechtigten Gläubigern entscheidet das Insolvenzgericht nach freiem Ermessen, inwieweit es einer Zustimmung dieser Gläubiger oder einer Sicherheitsleistung gegenüber ihnen bedarf.**

(2) **Das Verfahren kann auf Antrag des Schuldners vor dem Ablauf der Anmeldefrist eingestellt werden, wenn außer den Gläubigern, deren Zustimmung der Schuldner beibringt, andere Gläubiger nicht bekannt sind.**

Schrifttum: Bei § 212.

Übersicht

I. Normzweck

1 § 213 betrifft die Einstellung des Insolvenzverfahrens auf Antrag des Schuldners mit Zustimmung aller Gläubiger. Materieller Einstellungsgrund ist nicht der Antrag des Schuldners, sondern der **Verzicht aller Gläubiger, das Insolvenzverfahren fortzusetzen** (vgl. nur MüKoInsO/*Hefermehl* § 213 Rn. 3; unrichtig hingegen Leonhardt/Smid/Zeuner/*Smid* § 213 Rn. 1: anderweitige Erreichung des Verfahrenszwecks). Entgegen einer vereinzelt vertretenen Auffassung ist § 213 kein neben einvernehmlich erarbeitete Sanierungspläne, neben das förmliche Restschuldbefreiungsverfahren oder neben das Insolvenzplanverfahren tretendes Sanierungsvehikel, sondern lediglich eine die Gläubigerautonomie im Insolvenzverfahren in besonderer Weise verdeutlichende Möglichkeit, eine einvernehmliche

Beendigung des Insolvenzverfahrens unabhängig davon zu erreichen, ob Insolvenzgründe (weiter) vorliegen (vollständige Missdeutung des Normzwecks durch *Haarmeyer* in einem Parteigutachten v. 30.7.2008, das vom LG Wuppertal ZInsO 2009, 1113 [1114] erwähnt und wohl in ZInsO 2009, 556 ff. veröffentlicht ist). Dass eine Einstellung nach § 213 erreicht werden kann, indem ein Investor gezielt Forderungen von nicht zustimmungswilligen Gläubigern aufkauft, ist freilich nicht a priori unzulässig (zur Frage der Grenzen der Zulässigkeit eines solchen Vorgehens vgl. *Schwarz/Brockmann* ZInsO 2014, 1368 ff.).

Das Verfahren kann – wobei sich für Gesellschaften ohne Rechtspersönlichkeit iSv § 11 Abs. 2 Nr. 1 und für juristische Personen Einschränkungen ergeben (vgl. → Rn. 5) – nach § 213 eingestellt werden, **auch wenn (weiterhin) ein Insolvenzgrund vorliegt;** eine vollständige Gläubigerbefriedigung wird gerade nicht vorausgesetzt (LG Berlin ZInsO 2009, 443 [444]). Maßgeblich ist allein die Zustimmung aller Insolvenzgläubiger. Hintergründe und Motive für deren Zustimmung zur Verfahrenseinstellung sind irrelevant und gerichtlich nicht überprüfbar (insofern noch zutr. *Haarmeyer* ZInsO 2009, 556 [561]). Daher ist es nicht unzulässig, dass die Zustimmung gleichsam erkauft wird, indem der Schuldner – etwa durch Zuwendungen Dritter – seinen Gläubigern Befriedigung in einer Höhe anbieten kann, die diese im Insolvenzverfahren nicht erlangt hätten (vgl. dazu *Lauck* InsbürO 2009, 131 ff.); hierbei müssen auch nicht alle Insolvenzgläubiger gleich behandelt werden (vgl. Graf-Schlicker/*Riedel* § 213 Rn. 9). Dass diese Möglichkeit besteht, bedeutet aber nicht, dass eine fehlende Zustimmung ähnlich wie bei § 245 vom Insolvenzgericht ersetzt werden könnte (vgl. auch noch → Rn. 20). 2

Die (rechtskräftige) Einstellung des Insolvenzverfahrens nach § 213 macht eine anschließende **Erteilung einer Restschuldbefreiung** grds. unmöglich. § 213 ist allerdings – wenn man die BGH-Rspr. zur vorzeitigen Restschuldbefreiung (BGH NZI 2005, 399; 2011, 947; vgl. hierzu auch *Winter* ZVI 2010, 137 ff.) konsequent weiterdenkt – auch in der Restschuldbefreiungsphase anwendbar: Mit Zustimmung aller Gläubiger gem. § 213 kann die Restschuldbefreiung vorzeitig erteilt und das Verfahren eingestellt werden (zutr. nunmehr auch MüKoInsO/*Hefermehl* § 213 Rn. 18; vgl. ferner LG Berlin ZInsO 2009, 443; BGH NZI 2005, 399). – Zur Vergütung des Insolvenzverwalters bei Verfahrenseinstellung nach § 213 vgl. LG Kassel ZInsO 2014, 2397; zum weiteren Verfahren, zur Wirkung der Verfahrenseinstellung und zu Rechtsbehelfen vgl. §§ 214–216. 3

II. Der Antrag des Schuldners als allgemeine Einstellungsvoraussetzung

Der Antrag des Schuldners kann schriftlich, zu Protokoll der Geschäftsstelle des Insolvenzgerichts oder mündlich in der Gläubigerversammlung gestellt werden (Nerlich/Römermann/*Westphal* § 213 Rn. 28; Muster eines Antrags bei *Lauck* InsbürO 2009, 131 [135]). 4

Hinsichtlich der Antragstellung bei einer Mehrheit von Schuldnern gelten die zu § 212 entwickelten Grundsätze (vgl. → § 212 Rn. 6 f.) entsprechend. Dies gilt auch hinsichtlich von Gesellschaften ohne Rechtspersönlichkeit iSv § 11 Abs. 2 Nr. 1 und juristischen Personen (aA Jaeger/*Windel* § 213 Rn. 11, dessen Differenzierung aber nicht überzeugt). Bei diesen besteht allerdings eine wichtige Einschränkung: Sofern auch nach Verfahrenseinstellung Zahlungsunfähigkeit und/oder Überschuldung vorliegen und soweit sich daraus eine Insolvenzantragspflicht nach § 15a ergibt, darf kein Antrag nach § 213 gestellt werden. 5

III. Einstellung mit Zustimmung aller Gläubiger

6 Liegen die Voraussetzungen von Absatz 1 Satz 1 vor, hat das Insolvenzgericht das Verfahren zwingend einzustellen; insoweit besteht kein Ermessenspielraum (vgl. Braun/*Kießner* § 213 Rn. 13).

7 **1. Ablauf der Anmeldefrist.** Die Anmeldefrist muss bei Einstellung des Verfahrens grds. abgelaufen sein (zur Einstellung vor diesem Zeitpunkt → Rn. 22); der Einstellungsantrag kann jedoch schon vor Ablauf der Frist gestellt werden (Uhlenbruck/*Ries* § 213 Rn. 4; *Hess* § 213 Rn. 9). Die Einstellung nach § 213 ist – nach Ablauf der Anmeldefrist – in jeder Verfahrenslage zulässig (BK-InsO/*Breutigam* § 213 Rn. 2).

8 **2. Zustimmungserfordernisse.** Die Gläubiger **sämtlicher angemeldeter Forderungen** – sofern sie ihre Forderungsrechte nicht inzwischen (etwa durch Zahlung von dritter Seite, durch Forderungserlass etc; vgl. Jaeger/*Windel* § 213 Rn. 14) verloren haben – müssen der Einstellung zugestimmt haben (zu bestrittenen Forderungen → Rn. 14). Auf die Zustimmung von Aussonderungsberechtigten und Massegläubigern kommt es nicht an (vgl. Jaeger/*Windel* § 213 Rn. 20 f.); letztere sind über § 214 Abs. 3 geschützt (vgl. auch MüKoInsO/*Hefermehl* § 213 Rn. 11). – Zu absonderungsberechtigten Gläubigern vgl. → Rn. 15 f.

9 Nach wohl herrschender Meinung ist auch die Zustimmung der **Gläubiger nachrangiger Insolvenzforderungen** erforderlich (Nerlich/Römermann/*Westphal* § 213 Rn. 3; Jaeger/*Windel* § 213 Rn. 19; *Hess* § 213 Rn. 14; iE wohl auch HambK-InsO/*Weitzmann* § 213 Rn. 3). Das überzeugt nicht in jedem Fall, denn wer mangels Berechtigung, Forderungen zur Tabelle anzumelden, am Verfahren ohnehin nicht teilnimmt, muss auch keinen Verzicht auf das Verfahren erklären, damit dieses eingestellt werden kann (sehr ähnlich Leonhardt/Smid/Zeuner/*Smid* § 213 Rn. 4; tendenziell in diese Richtung auch Uhlenbruck/*Ries* § 213 Rn. 4; HK-InsO/*Landfermann* § 213 Rn. 6).

10 Richtig scheint, dass das zur Einstellung nach § 213 führende Verfahren nicht von einer formalen Forderungsanmeldung abhängig gemacht, sondern dass ein pragmatischer Ansatz verfolgt werden sollte: Sofern nachrangige Insolvenzforderungen – nach entsprechender Aufforderung durch das Gericht (vgl. § 174 Abs. 3 S. 1) – bereits angemeldet wurden, bedarf es der Zustimmung der Forderungsinhaber. Anderenfalls gilt: Wenn der Schuldner dem Insolvenzgericht signalisiert, den Einstellungsantrag nach § 213 stellen und nachrangige Insolvenzgläubiger etwa bei einer Sanierungsgesamtlösung einbeziehen zu wollen, ist das Insolvenzgericht gehalten, die nachrangigen Insolvenzgläubiger zur Forderungsanmeldung aufzufordern. Auf die Aufforderung zur Forderungsanmeldung und auf die Anmeldung selbst kann aber verzichtet werden, wenn der Schuldner auf anderem Wege erreicht, dass die nachrangigen Insolvenzgläubiger ihre Zustimmungserklärungen abgeben (iE auch FK-InsO/*Kießner* § 213 Rn. 8 (allerdings mit fragwürdigem Verständnis von § 174 Abs. 3); Jaeger/*Windel* § 213 Rn. 19).

11 **3. Form und Wirkung der Zustimmung.** Eine bestimmte **Form** für die Zustimmung ist nicht vorgeschrieben. Die Zustimmung kann – spiegelbildlich zum Antrag des Schuldners (vgl. → Rn. 4) – schriftlich, zu Protokoll der Geschäftsstelle des Insolvenzgerichts oder mündlich in der Gläubigerversammlung erklärt werden. Zu prüfen sind Prozessfähigkeit und ggf. Bevollmächtigung des Zustimmenden (vgl. auch Nerlich/Römermann/*Westphal* § 213 Rn. 9).

12 Die Zustimmung ist **bedingungsfeindlich** (allgM; vgl. nur *App* DGVZ 2001, 1 [4]; vgl. aber auch *Marotzke* ZVI 2003, 309 [318] zu „innerprozessualen" und diesen gleichgestellten Bedingungen). Sie kann jedoch **befristet** abgegeben wer-

den (Nerlich/Römermann/*Westphal* § 213 Rn. 8; Uhlenbruck/*Ries* § 213 Rn. 7; BK-InsO/*Breutigam* § 213 Rn. 4; aA *Hess* § 213 Rn. 22). Die Erklärung ist **unwiderruflich** und als reine **Prozesshandlung** nicht nach §§ 119 ff. BGB anfechtbar (MüKoInsO/*Hefermehl* § 213 Rn. 6; vgl. aber noch → § 214 Rn. 9).

Mit ihrer Zustimmung erklären die Gläubiger lediglich den Verzicht auf die Durchführung des Insolvenzverfahrens, nicht auch den Verzicht auf ihre Forderungen selbst und deren Beitreibung (AG Wuppertal ZInsO 2009, 485 [487]; BK-InsO/*Breutigam* § 213 Rn. 6; Uhlenbruck/*Ries* § 213 Rn. 7 mwN). Die **Zustimmungserklärung** hat also **keine materiell-rechtlichen Wirkungen** in Bezug auf die Insolvenzforderungen. 13

IV. Einstellung unter Verzicht auf die Zustimmung

1. Bestrittene Forderungen. Hinsichtlich derjenigen Insolvenzgläubiger, deren Forderungen zwar angemeldet, jedoch bestritten sind, entscheidet das Insolvenzgericht nach freiem Ermessen, inwieweit es der Zustimmung dieser Gläubiger oder der Sicherheitsleistung ihnen gegenüber bedarf (Absatz 1 Satz 2). Relevant ist insoweit allein das **Bestreiten durch** den **Schuldner oder** den **Insolvenzverwalter.** Das Bestreiten eines Insolvenzgläubigers ist unerheblich (hM: *Hess* § 213 Rn. 29; Jaeger/*Windel* § 213 Rn. 23; Uhlenbruck/*Ries* § 213 Rn. 10; Kübler/Prütting/Bork/*Pape* § 213 Rn. 5; aA Nerlich/Römermann/*Westphal* § 213 Rn. 10). 14

2. Forderungen absonderungsberechtigter Gläubiger. Auch hinsichtlich der Forderungen absonderungsberechtigter Gläubiger kommt es auf die Ermessensentscheidung des Insolvenzgerichts an. Dies gilt nach dem Willen des Gesetzgebers (BT-Drs. 12/2443, 221) unabhängig davon, ob und inwieweit der Schuldner ihnen persönlich haftet (ebenso HK-InsO/*Landfermann* § 213 Rn. 8; Uhlenbruck/*Ries* § 213 Rn. 13; Braun/*Kießner* § 213 Rn. 8; Leonhardt/Smid/Zeuner/*Smid* § 213 Rn. 5; MüKoInsO/*Hefermehl* § 213 Rn. 10; Gottwald InsR-HdB/*Klopp/Kluth/Wimmer* § 74 Rn. 70). Die Gegenansicht (*Hess* § 213 Rn. 32; Jaeger/*Windel* § 213 Rn. 29) ist zwar – allein vom materiell-rechtlichen Standpunkt aus betrachtet – vorzugswürdig, weil die Berechtigung, wegen einer Insolvenzforderung abgesonderte Befriedigung verlangen zu können, keinen Einfluss auf das Zustimmungserfordernis nach § 213 haben sollte. Sie ist aber zu eng und letztlich abzulehnen, weil sie die verfahrensrechtliche Tragweite der Entscheidung des Gesetzgebers ausblendet: Absonderungsberechtigte Gläubiger sollen die Einstellung des Verfahrens nicht verhindern können, wenn sie durch ihre dingliche Sicherheit vor Ausfall geschützt sind. 15

Wie der Ermessensspielraum des Insolvenzgerichts deutlich macht, führt der Ausfallschutz nicht zu einem Automatismus: Auch absonderungsberechtigte Gläubiger können ein berechtigtes Interesse an der Fortsetzung des Insolvenzverfahrens haben – zB, weil die Fortsetzung der bereits begonnenen Verwertung der Sicherheit durch den Insolvenzverwalter für sie vorteilhafter ist (vgl. auch BT-Drs. 12/2443, 221 f.). Maßgeblich ist also im Einzelfall ein **besonderes Interesse** der absonderungsberechtigten Gläubiger an der Verfahrensfortführung (*Hess* § 213 Rn. 31). 16

3. Ermessensentscheidung des Insolvenzgerichts. Die **Entscheidungsfindung des Gerichts** (Entscheidung nach freiem Ermessen) erfolgt in zwei Schritten: Zunächst ist eine kursorische Prüfung der Frage erforderlich, ob die angemeldete Insolvenzforderung besteht; diese Prüfung ist von Amts wegen vorzunehmen (zur eingeschränkten Prüfungskompetenz von Amts wegen vgl. OLG Frankfurt a. M. Rpfleger 1980, 67 (wenn auch zum Konkursrecht)). Führt diese Prüfung zu dem Ergebnis, dass die Forderung nicht besteht (oder nicht durchsetz- 17 bar ist), wird vom Gericht festgestellt, dass es für eine Einstellung nach § 213 nicht der Zustimmung des betreffenden Gläubigers bedarf (vgl. auch AG Wuppertal ZInsO 2009, 485 [486]).

18 Ergibt die Prüfung des Gerichts hingegen das Bestehen der Forderung, lautet die Regel, dass die Zustimmung des Gläubigers erforderlich ist; dies sollte auch das Ergebnis in Zweifelsfällen sein, insbes. dann, wenn lediglich der Schuldner bestreitet (vgl. Kübler/Prütting/Bork/*Kübler* § 213 Rn. 6; insofern auch noch richtig *Haarmeyer* ZInsO 2009, 556 [560]). Eine Abweichung von dieser Regel rechtfertigt sich, wenn die Verweigerung der Zustimmung des Gläubigers rechtsmissbräuchlich oder obstruktiv erscheint. In diesen Fällen kann die Zustimmung ausnahmsweise für entbehrlich erklärt werden, wenn eine Sicherheitsleistung erfolgt. Unerheblich ist für die Entscheidung des Gerichts, ob der nicht zustimmende Gläubiger bei Einstellung nach § 213 aufgrund der Sicherheitsleistung besser als bei Fortführung des Insolvenzverfahrens stehen würde (aA AG Wuppertal ZInsO 2009, 485 [486]; LG Wuppertal ZInsO 2009, 1113 [1114]; *Haarmeyer* ZInsO 2009, 556 [562 f.]; zutr. dagegen Jaeger/*Windel* § 213 Rn. 27).

19 **Art und Höhe der Sicherheitsleistung** bestimmt das Insolvenzgericht (vgl. Nerlich/Römermann/*Westphal* § 213 Rn. 19). Dabei geben §§ 232 ff. BGB regelmäßig die Rahmenbedingungen vor; die **Höhe der Sicherheitsleistung** orientiert sich an der Höhe der angemeldeten Forderung in dem Umfang, in dem die kursorische Prüfung ihren Bestand ergeben hat. Maßgeblich ist der sich danach ergebende Nennwert, nicht etwa die zu erwartende Insolvenzquote (Jaeger/*Windel* § 213 Rn. 26; auch diesbezüglich unrichtig (wenn auch konsequent) *Haarmeyer* ZInsO 2009, 556 [562 f.]), auch nicht zuzüglich eines irgendwie gearteten Sicherheitsaufschlags.

20 Mit der Möglichkeit, auf Sicherheitsleistung zu erkennen und die Zustimmung eines Gläubigers so entbehrlich zu machen, sollte restriktiv umgegangen werden. **§ 213** ist **kein „Königsweg"** zur Einstellung des Insolvenzverfahrens und zur Erreichung von Sanierungslösungen. Die Gegenauffassung (*Haarmeyer* ZInsO 2009, 556 ff.) findet nicht nur keine Stütze im Gesetz, sondern verkennt auch, dass die Insolvenzordnung an anderen Stellen aus guten Gründen explizite Regelungen zum Obstruktionsverbot und zum Minderheitenschutz (§§ 245, 251) vorsieht und dass es im Verfahren nach § 213 nicht das Gebot der Gläubigergleichbehandlung – auch nicht innerhalb von Gruppen – und va keine § 254 entsprechende Regelung gibt. Anderenfalls wäre vollständig ausgeblendet, dass Gläubiger, deren verweigerte Zustimmung gegen Sicherheitsleistung nur in Höhe des zu erwartenden Befriedigungsumfangs im Insolvenzverfahren vom Gericht für entbehrlich erklärt wurde, nach Aufhebung des Insolvenzverfahrens mit großer Erfolgsaussicht einen erneuten Insolvenzantrag stellen können. Dies wäre alles andere als verfahrensökonomisch; mit einer Verfahrenseinstellung wäre dann gar nichts erreicht.

21 **4. Formelles.** Das Insolvenzgericht trifft seine **Entscheidung durch Beschluss** (HambK-InsO/*Weitzmann* § 213 Rn. 5). Der **Beschluss** ist **nicht** mit der sofortigen Beschwerde **anfechtbar;** bei Entscheidung des Rechtspflegers besteht die Möglichkeit der Anfechtung nach § 11 Abs. 2 RPflG (LG Wuppertal 19.11.2008 – 6 T 770/08, BeckRS 2011, 13270).

V. Einstellung vor Ablauf der Anmeldefrist

22 Vor Ablauf der Anmeldefrist „kann" – es handelt sich um eine Entscheidung des Insolvenzgerichts nach **pflichtgemäßem Ermessen** – auf Antrag des Schuldners das Insolvenzverfahren eingestellt werden, wenn alle bekannten Insolvenzgläubiger zugestimmt haben, und zwar ohne Rücksicht auf die Forderungsanmeldung. Als bekannt gelten dabei insbes. alle sich aus dem Gläubigerverzeichnis

(§ 152) und den Geschäftsbüchern des Schuldners ergebenden Gläubiger; auch die Vermögensübersicht nach § 153 ist – soweit schon erstellt – beizuziehen (vgl. HK-InsO/*Landfermann* § 213 Rn. 10). Ein praktisches Bedürfnis für eine Einstellung nach Abs.atz 2 wird, auch mit Blick auf die Einstellungsmöglichkeit nach § 212 und die geringen Nachteile, die ein Abwarten des Ablaufs der Anmeldefrist mit sich bringt, selten bestehen (vgl. auch Uhlenbruck/*Ries* § 213 Rn. 15; tendenziell aA hinsichtlich von Verbraucherinsolvenzverfahren Leonhardt/Smid/Zeuner/*Smid* § 213 Rn. 7).

VI. Gesellschaftsinsolvenz; Genossenschaft und VVaG

Zur Möglichkeit der Fortsetzung einer Gesellschaft nach Einstellung gem. 23
§ 213 vgl. → § 212 Rn. 21. – § 213 gilt auch für die Einstellung des Insolvenzverfahrens über das Vermögen einer Genossenschaft oder eines VVaG uneingeschränkt; die insofern vormals geltenden Sondervorschriften sind mit Inkrafttreten der Insolvenzordnung ersatzlos aufgehoben worden (vgl. BT-Drs. 12/3803, 94; MüKoInsO/*Hefermehl* § 213 Rn. 16; vgl. auch *Terbrack,* Insolvenz der eingetragenen Genossenschaft, 1999, Rn. 489 ff.; unrichtig FK-InsO/*Kießner* § 214 Rn. 24; Braun/*Kießner* § 214 Rn. 17 f.).

Verfahren bei der Einstellung[1]

214 (1) [1]**Der Antrag auf Einstellung des Insolvenzverfahrens nach § 212 oder § 213 ist öffentlich bekanntzumachen.** [2]**Er ist in der Geschäftsstelle zur Einsicht der Beteiligten niederzulegen; im Falle des § 213 sind die zustimmenden Erklärungen der Gläubiger beizufügen.** [3]**Die Insolvenzgläubiger können binnen einer Woche nach der öffentlichen Bekanntmachung schriftlich Widerspruch gegen den Antrag erheben.**

(2) [1]**Das Insolvenzgericht beschließt über die Einstellung nach Anhörung des Antragstellers, des Insolvenzverwalters und des Gläubigerausschusses, wenn ein solcher bestellt ist.** [2]**Im Falle eines Widerspruchs ist auch der widersprechende Gläubiger zu hören.**

(3) **Vor der Einstellung hat der Verwalter die unstreitigen Masseansprüche zu berichtigen und für die streitigen Sicherheit zu leisten.**

Schrifttum: Bei § 212.

Übersicht

I. Öffentliche Bekanntmachung

§ 214 bezieht sich auf die in § 212 und § 213 genannten Einstellungsanträge. 1
Diese sind zunächst nach § 214 Abs. 1 S. 1, 2 **öffentlich bekanntzumachen**

[1] § 214 Abs. 1 Satz 3 geänd. mWv 1.3.2012 durch G v. 7.12.2011 (BGBl. I S. 2582).

(§ 9) und zur Einsicht der Insolvenzgläubiger auf der Geschäftsstelle des Insolvenzgerichts **niederzulegen.** Die öffentliche Bekanntmachung des zulässigen Antrags dient der Information der Beteiligten, nicht aber dem Zweck, Informationen über den Schuldner zu sammeln (OLG Celle NZI 2001, 28).

2 Im Fall des § 213 sind die **Zustimmungserklärungen beizufügen.** Sofern das Gericht in einem solchen Fall die Zustimmung einzelner Gläubiger – ggf. gegen Sicherheitsleistung – für entbehrlich hält (Einzelheiten bei → § 213 Rn. 17 ff.), sollte dies bei der Niederlegung deutlich werden (Nerlich/Römermann/*Westphal* § 214 Rn. 3), damit dem **Informationsanspruch der Beteiligten** Genüge getan wird.

3 Wenn die Zulässigkeitsvoraussetzungen der §§ 212, 213 nicht vorliegen – dies ist insbes. der Fall, wenn das Nichtvorliegen der Insolvenzgründe nicht hinreichend konkret dargelegt wird oder wenn die erforderlichen Zustimmungserklärungen nach § 213 Abs. 1 S. 1 nicht beigefügt sind –, ist der **Antrag** ohne öffentliche Bekanntmachung **als unzulässig zu verwerfen** (vgl. OLG Celle NZI 2001, 28; zu Folgeanträgen vgl. → § 212 Rn. 20). In diesen Fällen hat der Schuldner die Möglichkeit der sofortigen Beschwerde nach § 216 Abs. 2.

II. Widerspruch gegen den Einstellungsantrag

4 **1. Rechtsnatur.** Der Widerspruch nach Absatz 1 Satz 3 ist kein **Rechtsmittel** – und auch nicht etwa Widerruf einer Zustimmung nach § 213 (Jaeger/*Windel* § 214 Rn. 3) –, sondern der von der Insolvenzordnung vorgegebene Weg, Einwände gegen die beabsichtigte Einstellung des Verfahrens vorzubringen (MüKoInsO/*Hefermehl* § 214 Rn. 5). Dies verhindert die unnötige Einlegung von Rechtsmitteln und trägt so zur Verfahrenseffizienz bei (vgl. Kübler/Prütting/Bork/*Pape* § 212 Rn. 12a).

5 **2. Widerspruchsbefugnis.** Widerspruchsbefugt ist – unabhängig von der Anmeldung der Forderung zur Insolvenztabelle – jeder **Insolvenzgläubiger,** der im Zeitpunkt der Widerspruchseinlegung noch Inhaber einer Insolvenzforderung ist (zum vorherigen Erlöschen einer Insolvenzforderung vgl. OLG Dresden LZ 1925, 53 f.). Eine Zustimmung nach § 213 verwirkt die Widerspruchsbefugnis nicht (MüKoInsO/*Hefermehl* § 214 Rn. 6). **Nachrangige Insolvenzgläubiger** sind nur dann widerspruchsbefugt, wenn sie nach § 174 Abs. 3 zur Anmeldung aufgefordert wurden; dies gilt auch dann, wenn sie ihre für die Einstellung nach § 213 erforderliche Zustimmung ohne Aufforderung zur Forderungsanmeldung abgegeben haben (HK-InsO/*Landfermann* § 214 Rn. 2; aA Graf-Schlicker/*Riedel* § 214 Rn. 5).

6 **Nicht widerspruchsbefugt** sind **dinglich gesicherte Gläubiger,** sofern sie nicht auch persönliche Gläubiger sind, und **Massegläubiger** sowie der **Insolvenzverwalter** (vgl. Kübler/Prütting/Bork/*Pape* § 212 Rn. 12).

7 **3. Form und Frist.** Dem Antrag auf Einstellung des Insolvenzverfahrens muss **schriftlich** widersprochen werden; ein zu Protokoll der Geschäftsstelle erklärter Widerspruch ist seit Inkrafttreten des ESUG (Gesetz vom 7.12.2011, BGBl. I S. 2582) am 1.3.2012 nicht mehr wirksam.

8 Die **Widerspruchsfrist** beträgt **eine Woche** (Absatz 1 Satz 3; zur Fristberechnung vgl. § 9 Abs. 1 S. 3 sowie §§ 187 ff. BGB, § 222 ZPO); die Fristversäumnis ist ohne große Bedeutung, denn bis zur Entscheidung des Insolvenzgerichts nach Absatz 2 sind alle Einstellungsvoraussetzungen von Amts wegen zu prüfen (vgl. → Rn. 11), sodass auch der verspätete Widerspruch beachtlich ist (Nerlich/Römermann/*Westphal* § 214 Rn. 9; Kübler/Prütting/Bork/*Pape* § 212 Rn. 13). Ebenso kann der Widerspruch bis zu diesem Zeitpunkt jederzeit zurückgenommen werden (*Hess* § 214 Rn. 21).

Eine Begründung des Widerspruchs ist nicht zwingend vorgeschrieben (Braun/*Kießner* § 214 Rn. 10), aber aus praktischen Gründen unabdingbar (Leonhardt/Smid/Zeuner/*Smid* § 214 Rn. 4). **Widerspruchsgründe** sind unter anderem: Fälschung von Zustimmungserklärungen; unrichtige Darstellung der Vermögenslage durch den Schuldner; Herbeiführung der Zustimmung durch Irrtum, Betrug oder Drohung; Abgaben durch Vertreter ohne Vertretungsmacht; Bekanntwerden weiterer Gläubiger (im Fall des § 213 Abs. 2); Erschütterung der Glaubhaftmachung des Nicht-Vorliegens eines Eröffnungsgrundes (im Fall des § 212). 9

III. Anhörung und Entscheidung des Insolvenzgerichts

Nach Ablauf der Widerspruchsfrist erfolgt die **Anhörung des Schuldners und des Insolvenzverwalters,** ggf. auch der widersprechenden Gläubiger und/oder des Gläubigerausschusses (Absatz 2). 10

Nach den Anhörungen entscheidet das Insolvenzgericht durch Beschluss über den Einstellungsantrag; es gilt der **Amtsermittlungsgrundsatz** (vgl. Leonhardt/Smid/Zeuner/*Smid* § 214 Rn. 4; Braun/*Kießner* § 214 Rn. 6). Das Erheben bzw. die Rücknahme von Widersprüchen nach Ablauf der Widerspruchsfrist ist unbeachtlich (vgl. *Hess* § 214 Rn. 16). Liegen die Voraussetzungen der §§ 212, 213 vor, ist das Verfahren (unter Beachtung von Absatz 3) **zwingend einzustellen, anderenfalls** ist der Einstellungsantrag als unbegründet **abzuweisen** (zur Verwerfung als unzulässig vgl. schon → Rn. 3). Auch wenn die Masse nicht ausreicht, um den in Absatz 3 aufgestellten Anforderungen gerecht zu werden, ist die Abweisung des Antrags – nicht aber Anzeige der Masseunzulänglichkeit (so aber BK-InsO/*Breutigam* § 212 Rn. 6) – die Konsequenz (zutr. Uhlenbruck/*Ries* § 212 Rn. 17). – Der Beschluss des Insolvenzgerichts ist anfechtbar nach Maßgabe des § 216; bei Entscheidung durch den Rechtspfleger gilt § 11 Abs. 1 RPflG. 11

IV. Die Befriedigung der Massegläubiger

Vor der Verfahrenseinstellung sind die unstreitigen Masseansprüche zu befriedigen und für die streitigen Sicherheit zu leisten; vorher kommt eine Verfahrenseinstellung nicht in Betracht (vgl. LG Freiburg ZInsO 2015, 856). Sicherheit ist auch für betagte und aufschiebend bedingte Masseverbindlichkeiten zu leisten (zutr. Jaeger/*Windel* § 212 Rn. 6; Uhlenbruck/*Ries* § 214 Rn. 12). Die Sicherheitsleistung erfolgt regelmäßig nach Maßgabe der §§ 232 ff. BGB (MüKoInsO/*Hefermehl* § 214 Rn. 13; vgl. auch → § 213 Rn. 19). Zu den Masseansprüchen gehören die Gerichtskosten sowie die Kosten des Insolvenzverfahrens (§§ 53, 54); letzteres schließt gestundete (vgl. § 4a) Verfahrenskosten (Braun/*Kießner* § 214 Rn. 15; Uhlenbruck/*Ries* § 214 Rn. 12; Jaeger/*Windel* § 214 Rn. 8) sowie die Vergütungsansprüche des Insolvenzverwalters (BGH NJW-RR 2014, 1516 [1519] = NZI 2014, 757 [760]) mit ein. Die Vergütung und Auslagen des Insolvenzverwalters und ggf. der Mitglieder des Gläubigerausschusses hat das Insolvenzgericht mit dem Einstellungsbeschluss festzusetzen. Erst mit der (rechtskräftigen) Festsetzung der Verwaltervergütung steht die genaue Höhe der Kosten des Insolvenzverfahrens fest (BGH ZInsO 2011, 777). 12

Zuständig für die Befriedigung der Masseansprüche ist der **Insolvenzverwalter;** er kann diese Aufgabe nicht auf den Schuldner übertragen (Kübler/Prütting/Bork/*Pape* § 212 Rn. 16; zur Haftung insoweit vgl. RGZ 36, 93 [96]; *Hess* § 214 Rn. 32). Sofern dafür die Barmasse nicht ausreicht, ist der Insolvenzverwalter befugt und verpflichtet, die Insolvenzmasse zu verwerten. Er hat dabei im Hinblick auf die nahende Einstellung des Insolvenzverfahrens möglichst wenig einschneidende Maßnahmen zu ergreifen. Dem Schuldner steht es frei, die erforderlichen Mittel von dritter Seite beschaffen; reicht die Masse sonst nicht aus, ist dies 13 sogar Einstellungsvoraussetzung (vgl. BGH ZInsO 2011, 777; Uhlenbruck/*Ries* § 212 Rn. 10; vgl. auch LG Freiburg ZInsO 2015, 856).

14 Der Insolvenzverwalter hat die Beendigung der die Massegläubiger schützenden Maßnahmen zusammen mit der Abgabe der **Schlussrechnung** anzuzeigen; das Gericht verfügt im Anschluss daran die Einstellung des Verfahrens (vgl. Nerlich/Römermann/*Westphal* § 214 Rn. 14).

Bekanntmachung und Wirkungen der Einstellung[1]

215 (1) [1] **Der Beschluß, durch den das Insolvenzverfahren nach § 207, 211, 212 oder 213 eingestellt wird, und der Grund der Einstellung sind öffentlich bekanntzumachen.** [2] **Der Schuldner, der Insolvenzverwalter und die Mitglieder des Gläubigerausschusses sind vorab über den Zeitpunkt des Wirksamwerdens der Einstellung (§ 9 Abs. 1 Satz 3) zu unterrichten.** [3] **§ 200 Abs. 2 Satz 2 gilt entsprechend.**

(2) [1] **Mit der Einstellung des Insolvenzverfahrens erhält der Schuldner das Recht zurück, über die Insolvenzmasse frei zu verfügen.** [2] **Die §§ 201, 202 gelten entsprechend.**

Schrifttum: Bei § 212.

Übersicht

I. Struktur der Norm

1 § 215 regelt zwei verschiedene Fragen: die Verlautbarung der Einstellung (Absatz 1) und die Wirkungen der Einstellung (Absatz 2) (vgl. auch Jaeger/*Windel* § 215 Rn. 3).

II. Bekanntmachung und Vorabinformation

2 Nach **§ 215** sind der Einstellungsbeschluss sowie der Einstellungsgrund bekannt zu machen. Dies betrifft **alle Einstellungsgründe.** Um die von der Verfahrenseinstellung unmittelbar Betroffenen über die bevorstehende Einstellung und insbes. über die damit verbundenen Wirkungen rechtzeitig in Kenntnis zu setzen, sind Schuldner, Insolvenzverwalter und ggf. die Mitglieder des Gläubigerausschusses vorab durch das Insolvenzgericht über den Zeitpunkt des Wirksamwerdens der Einstellung zu informieren (Absatz 1 Satz 2). Diese Information muss nicht durch förmliche Zustellung erfolgen (Leonhardt/Smid/Zeuner/*Smid* § 215 Rn. 4).

3 Grds. ist der Insolvenzverwalter – bei der Einstellung nach § 211 passt dieser Grundsatz naturgemäß nicht – ab dem Zeitpunkt der Inkenntnissetzung gehalten, Verwertungsmaßnahmen einzustellen oder doch wenigstens auf das unbedingt notwendige – insbes. zur Befriedigung der Massegläubiger (vgl. → § 214 Rn. 13)

[1] § 215 Abs. 1 Satz 3 geänd. mWv 1.7.2007 durch G v.13.4.2007 (BGBl. I S. 509).

erforderliche – Maß zurückzufahren (vgl. auch Graf-Schlicker/*Riedel* § 213 Rn. 8 sowie → § 214 Rn. 12).

Zusätzlich ist die Einstellung nach Maßgabe der **§§ 31–33** in den dort genannten Registern – seit Inkrafttreten des Gesetzes zur Vereinfachung des Insolvenzverfahrens vom 12.4.2007 (BGBl. I S. 509) am 1.7.2007 aber nicht mehr auch im Bundesanzeiger – bekanntzumachen (Abs. 1 S. 3 iVm § 200 Abs. 2 S. 2 iVm §§ 31–33), um den Geschäftsverkehr über diese Tatsachen zu informieren (vgl. MüKoInsO/*Hefermehl* § 215 Rn. 1). Die Bekanntmachung hat unmittelbar nach Erlass des Einstellungsbeschlusses zu erfolgen. Einzelheiten zur Bekanntmachung ergeben sich aus § 9. 4

III. Zeitpunkt und Wirkungen der Verfahrenseinstellung

1. Zeitpunkt. Die **Aufhebung** des Insolvenzverfahrens wird **mit** der **Beschlussfassung** des Insolvenzgerichts wirksam; auf die öffentliche Bekanntmachung der Entscheidung kommt es insoweit nicht an (BGHZ 186, 223 = NZI 2010, 741; so auch schon RGZ 45, 323 [326]; vgl. iÜ → § 200 Rn. 2 f.). 5

Grds. haben Verfahrenseinstellungen nur eine **Wirkung für die Zukunft** (MüKoInsO/*Hefermehl* § 215 Rn. 10; Jaeger/*Windel* § 215 Rn. 17) und berühren dementsprechend nicht die Wirksamkeit der vom Insolvenzverwalter während des Insolvenzverfahrens vorgenommenen Handlungen (Uhlenbruck/*Ries* § 215 Rn. 7; *Hess* § 215 Rn. 14). Lediglich bei Einstellungen nach § 207 und § 211 ist der Insolvenzverwalter noch weiter zur Verwertung der Masse befugt (vgl. auch § 214 Abs. 3; vgl. ferner Kübler/Prütting/Bork/*Pape* § 215 Rn. 13). – **Restschuldbefreiung** kann bei Einstellung nach §§ 212, 213 nicht erteilt werden (vgl. dazu auch → § 213 Rn. 3); bei einer Einstellung nach § 207 ist die Erteilung der Restschuldbefreiung hingegen nach § 289 Abs. 3 S. 1 möglich. 6

2. Rechtswirkungen der Verfahrenseinstellung. Die Rechtswirkungen der Verfahrenseinstellung entsprechen denjenigen der Verfahrensaufhebung (vgl. *Hess* § 215 Rn. 12). Mit der Einstellung des Insolvenzfahrens erlangt der Schuldner sein Verwaltungs- und **Verfügungsrecht** zurück. Der Insolvenzverwalter ist nicht länger prozessführungsbefugt; **laufende Prozesse** werden analog §§ 239, 242 ZPO unterbrochen (Uhlenbruck/*Ries* § 215 Rn. 8; MüKoInsO/*Hefermehl* § 215 Rn. 11; BK-InsO/*Gruber* § 215 Rn. 25 f.). Für eine vom Insolvenzverwalter eingeklagte und danach abgetretene Forderung geht das Prozessführungsrecht mit der Beendigung des Insolvenzverfahrens auf den neuen Gläubiger über (BGH NJW 1992, 2894; Nerlich/Römermann/*Westphal* § 215 Rn. 15; vgl. noch *Uhlenbruck* ZIP 1993, 241; *Richert* NJW 1961, 645). 7

3. Einzelzwangsvollstreckung. Mit Wirksamwerden des Einstellungsbeschlusses können Gläubiger wieder die **Einzelzwangsvollstreckung** in das Vermögen des Schuldners betreiben. Dies gilt auch für diejenigen Gläubiger, die nach § 213 der Einstellung des Verfahrens zugestimmt haben (Nerlich/Römermann/*Westphal* § 215 Rn. 20; vgl. auch → § 213 Rn. 13). Soweit ihre Forderungen bereits festgestellt waren, können Gläubiger – unabhängig vom Einstellungsgrund – direkt aus dem Tabelleneintrag vollstrecken (vgl. Braun/*Kießner* § 215 Rn. 14; Einzelheiten bei §§ 201, 202). 8

Die Zwangsvollstreckung aufgrund dinglicher Sicherungsrechte kann fortgesetzt werden (vgl. HK-InsO/*Landfermann* § 215 Rn. 5). Verfügungen des Schuldners während des Insolvenzverfahrens werden mit Wirksamwerden des Einstellungsbeschlusses analog § 185 Abs. 2 S. 1 Var. 2 BGB wirksam (BGHZ 166, 74 [80] = NZI 2006, 224 [225 f.]; BK-InsO/*Gruber* § 215 Rn. 16 f. mwN). – Zu weiteren Rechtsfolgen der rechtskräftigen Verfahrenseinstellung vgl. Uhlenbruck/*Ries* § 215 Rn. 5 ff. 9

IV. Wirkungen von Rechtsmitteln gegen den Einstellungsbeschluss

10 **Rechtsmittel** gegen den Einstellungsbeschluss (§ 216) haben **keinen Suspensiveffekt.** Praxisnah und den Bedürfnissen der Beteiligten entsprechend erscheint, dass vor der endgültigen Entscheidung in der Beschwerdeinstanz eine **einstweilige Sicherungsanordnung** ergeht, deren Inhalt sich an den Sicherungsmaßnahmen des § 21 orientiert (so Jaeger/*Windel* § 215 Rn. 16).

11 Ist die Beschwerde gegen den **Einstellungsbeschluss** erfolgreich und wird dieser **aufgehoben,** so ist die Einstellung rückgängig gemacht (vgl. Jaeger/*Windel* § 215 Rn. 16; MüKoInsO/*Hefermehl* § 216 Rn. 12). Das bedeutet zwar nicht, dass zwischenzeitliche Handlungen des Schuldners von selbst ihre Wirksamkeit verlieren (vgl. Kübler/Prütting/Bork/*Pape* § 215 Rn. 6; vgl. dagegen aber auch *Häsemeyer* Insolvenzrecht Rn. 7.70), wohl aber, dass das eingestellte Verfahren seinen Fortgang iÜ so nimmt, wie wenn die Einstellung nicht geschehen wäre.

Rechtsmittel

216 (1) **Wird das Insolvenzverfahren nach § 207, 212 oder 213 eingestellt, so steht jedem Insolvenzgläubiger und, wenn die Einstellung nach § 207 erfolgt, dem Schuldner die sofortige Beschwerde zu.**

(2) **Wird ein Antrag nach § 212 oder § 213 abgelehnt, so steht dem Schuldner die sofortige Beschwerde zu.**

Schrifttum: Bei § 212.

I. Rechtsschutz gegen Einstellungsbeschlüsse

1 Statthaftes Rechtsmittel gegen Entscheidungen des Insolvenzgerichts über Einstellungsanträge nach §§ 207, 212, 213 ist die **sofortige Beschwerde** nach § 216 (bei Entscheidung durch den Richter) bzw. nach § 216 iVm § 11 Abs. 1 RPflG (bei Entscheidung durch den Rechtspfleger). Bei einer Einstellung wegen Masseunzulänglichkeit (§ 211) ist kein Rechtsmittel gegeben (BGH NZI 2007, 243; zur Kritik daran vgl. schon → § 211 Rn. 12). Die Beschränkung auf die Insolvenzgläubiger hinsichtlich des Rechts zur sofortigen Beschwerde bei Einstellungen nach §§ 212 und 213 erklärt sich aus der Natur der Sache heraus. – Zu Frist- und Zuständigkeitsfragen vgl. MüKoInsO/*Hefermehl* § 216 Rn. 10 f., zu den Wirkungen und Rechtsfolgen einer erfolgreich eingelegten sofortigen Beschwerde vgl. → § 215 Rn. 5 ff.

2 Das Rechtsmittel der sofortigen Beschwerde steht jedem **Insolvenzgläubiger** – nachrangigen Insolvenzgläubigern allerdings nur, wenn sie zur Anmeldung ihrer Forderung aufgefordert worden sind (§ 174 Abs. 3) – bei jedem Einstellungsgrund und dem **Schuldner** in den Fällen zu, in denen das Insolvenzverfahren nach § 207 (Massekostenarmut) eingestellt wird (vgl. BGH NZI 2007, 406). Massegläubiger (vgl. insoweit aber §§ 209, 214 Abs. 3 sowie §§ 60, 61) und der Insolvenzverwalter (vgl. insofern noch BGH NZI 2007, 406; krit. BK-InsO/*Breutigam* § 216 Rn. 4) haben keine Rechtsschutzmöglichkeiten nach § 216, absonderungsberechtigte Gläubiger nur, sofern ihnen der Schuldner auch persönlich haftet. Bei Entscheidung durch den Rechtspfleger kommt aber die Erinnerung nach § 11 Abs. 2 RPflG in Betracht (vgl. BK-InsO/*Breutigam* § 216 Rn. 20 ff.; Uhlenbruck/*Ries* § 216 Rn. 8).

II. Rechtsschutz bei Ablehnung von Einstellungsanträgen

Wird der Antrag des Schuldners auf Einstellung des Verfahrens in den Fällen der §§ 212, 213 als unzulässig verworfen (vgl. → § 214 Rn. 3) oder als unbegründet (vgl. → § 214 Rn. 11) abgelehnt, so kann der Schuldner dagegen mit der **sofortigen Beschwerde** vorgehen. Gläubigern steht in diesen Fällen kein Rechtsmittel zu, da sie nicht beschwert sind (vgl. LG Göttingen NZI 1999, 370 [371]). 3

III. Rechtsschutz gegen Entscheidungen des Beschwerdegerichts

Seit der mit Wirkung zum 27.10.2011 erfolgten Aufhebung von § 7 durch das Gesetz zur Änderung des § 522 der Zivilprozessordnung (Gesetz vom 21.10.2011, BGBl. I S. 2082) ist die **Rechtsbeschwerde** gegen die Entscheidung des Beschwerdegerichts über die sofortige Beschwerde nach § 216 gem. § 574 Abs. 1 Nr. 2 ZPO nur noch statthaft, wenn das Beschwerdegericht sie im Beschluss zugelassen hat (sog Zulassungsrechtsbeschwerde). 4

Sechster Teil. Insolvenzplan

Erster Abschnitt. Aufstellung des Plans

Einführung zu den §§ 217 f. InsO

Schrifttum: *Beissenhirtz,* Plädoyer für ein Gesetz zur vorinsolvenzlichen Sanierung von Unternehmen, ZInsO 2011, 57; *Brinkmann,* Grenzüberschreitende Sanierung und Europäisches Insolvenzrecht, KTS 2014, 381; *Eidenmüller,* Die Restrukturierungsempfehlung der EU-Kommission und das deutsche Restrukturierungsrecht, KTS 2014, 401: *Geldmacher,* Brauchen wir ein gesetzliches Verfahren zur präventiven Unternehmenssanierung?, ZInsO 2010, 696; *Kuntz,* Kollisionsrechtliche Probleme der Restrukturierung von Kapitalgesellschaften im Insolvenzplanverfahren in der Europäischen Union, ZGR 2014, 649; *Madaus,* Der Insolvenzplan, 2011; *Eidenmüller,* Grenzüberschreitende Sanierungen und europäisches Insolvenzrecht, KTS 2014, 381; *Smid,* Wert und Unwert vertragstheoretischer Begründungen des Insolvenzplans, DZWIR 2011, 446; *Westphal,* Vorinsolvenzliches Sanierungsverfahren, ZGR 2010, 385; **USA:** *Gräwe,* Der Ablauf des US-amerikanischen Chapter 11-Verfahrens, ZInsO 2012, 158; *Meyer-Löwy/Poertzgen/Eckhoff,* Einführung in das US-amerikanische Insolvenzrecht, ZInsO 2005, 735; *Podewils,* Zur Anerkennung von Chapter 11 in Deutschland, ZInsO 2010, 209; *Prager/Keller,* Der Entwicklungsstand des Europäischen Insolvenzrechts, WM 2015, 805; *Priebe,* Chapter 11 & Co.: Eine Einführung in das US-Insolvenzrecht und ein erster Rückblick auf die Jahre 2007–2010 der Weltwirtschaftskrise, ZInsO 2011, 1676; **England**: *Bork,* The Scheme of Arrangement, IILR 2012, 477; *Carli/Weissinger,* Das Scheme of Arrangement: Neue Einsatzmöglichkeiten für deutsche Kreditnehmer, DB 2014, 1474; *Eidenmüller/Frobenius,* Die internationale Reichweite eines englischen Scheme of Arrangement, WM 2011, 1210; *Mäsch,* The Opera Ain't Over Till the Fat Lady Sings – ein englisches „Scheme of Arrangement" vor dem BGH, IPRax 2013, 234; *Mankowski,* Anerkennung englischer Solvent Schemes of Arrangement in Deutschland, WM 2011, 1201; *Meyer-Löwy/Poertzgen/de Vries,* Einführung in das englische Insolvenzrecht, ZInsO 2005, 293; *Paulus,* Das englische Scheme of Arrangement – ein neues Angebot auf dem europäischen Markt für außergerichtliche Sanierungen, ZIP 2011, 1077; *Thole,* Sanierung mittels Scheme of Arrangement im Blickwinkel des Internationalen Privat- und Verfahrensrechts, ZGR 2013, 109; *Windsor/Müller-Seils/Burg,* Unternehmenssanierungen nach englischem Recht – Das Company Voluntary Arrangement, NZI 2007, 7; **Frankreich:** *Dammann,* Die Erfolgsrezepte französischer vorinsolvenzlicher Sanierungsverfahren, NZI 2009, 502; *Degenhardt,* Die Reform des französischen Insolvenzrechts vom 12.3.2014, NZI 2014, 433; *Delzant/Ehret,* Die Reform des französischen Insolvenzrechts zum 15.2.2009, ZInsO 2009, 990; *Droege-Gagnier,* „Lex Petroplus" – neue Sicherungsmaßnahmen in Sanierungsverfahren nach französischem Insolvenzrecht, NZI 2012, 449; *Droege-Gagnier/Dust,* Der Debt-to-Equity Swap im französischen Insolvenzverfahren – ein Rechtsvergleich, NZI 2014, 942; *Ulrich/Poertzgen/Pröm,* Einführung in das französische Insolvenzrecht, ZInsO 2006, 64; **Österreich:** *Mohr,* Der österreichische Sanierungsplan nach dem Insolvenzrechtsänderungsgesetz 2010, ZInsO 2011, 650; *Nummer/Krautgasser,* Das neue österreichische Insolvenzverfahren nach dem Insolvenzrechtsänderungsgesetz 2010 – ein Überblick ZInsO 2011, 117; *Riel,* Die Eigenverwaltung im neuen österreichischen Sanierungsverfahren, ZInsO 2011, 1400.

I. Verfahrensüberblick

1 Die Ziele des Insolvenzverfahrens definiert § 1 (vgl. → § 1 Rn. 4 ff.). Mit dem **Insolvenzplan** ist regelmäßig eine Restschuldbefreiung verbunden (§ 227). Gleichwohl bezweckt er **keine Wohltat für den Schuldner** (BT-Drs. 12/2443, 91), sondern die **marktkonforme Abwicklung** des Insolvenzverfahrens (BT-Drs. 12/2443, 73, 77, 91), bei dem das **Befriedigungsinteresse der Gläubiger im Vordergrund** steht (BT-Drs. 12/2443, 91; HK-InsO/Haas Rn. 1; HambK-InsO/*Thies* Rn. 1), was namentlich Auswirkung auf die Auslegung von Einzeln-

ormen hat. Das hat sich mit der Novellierungen der Planvorschriften durch das ESUG nicht geändert (BT-Drs. 17/5712, 17). In die Rechte der Beteiligten kann auch gegen ihren Willen eingegriffen werden. Der Plan soll ihnen ein Höchstmaß an Flexibilität (BT-Drs. 12/2443, 78) für privatautonome Gestaltungen der Vermögensverwertung und Verteilung bieten (BGH NZI 2009, 230 Rn. 25; 2010, 603 Rn. 21; BT-Drs. 12/2443, 76, 90). Eine besondere Sanierungswürdigkeit hat demgegenüber keine Bedeutung (BT-Drs. 12/2443, 76). Optimale Ergebnisse hielt der InsO-Gesetzgeber nicht durch einfachen Mehrheitsbeschluss (§ 76 Abs. 2) für erzielbar, sondern durch eine Bündelung von Stimmen der Beteiligten mit gleichgerichteten Interessen. Dadurch könnten die Verhandlungen besser koordiniert werden (BT-Drs. 12/2443, 82).

Mit diesen **Eckpunkten** ist der Verfahrensgang vorgezeichnet: Der Plan soll 2
den Wettbewerb um die bestmögliche Verwertung fördern. Das **Planinitiativrecht** wurde allerdings auf Betreiben des Rechtsausschusses (BT-Drs. 12/7302, 181) auf den Verwalter (mit Auftragsrecht der Gläubigerversammlung, § 218 Abs. 2) und den Schuldner reduziert (→ § 228 Rn. 2 ff.). Ein mittelbares Initiativrecht hat die Gläubigerversammlung, die den Verwalter (in der Eigenverwaltung den Sachwalter, § 284 Abs. 1) mit der Planerstellung beauftragen kann. Der Plan muss allen Beteiligten die für ihre Entscheidung **wesentlichen Informationen** geben, weil nur dann wirtschaftlich sinnvolle Ergebnisse erzielt werden (BT-Drs. 12/2443, 77). Darüber ist nicht mit der für eine Gläubigerversammlung üblichen Stimmenmehrheit (§ 76 Abs. 2) zu entscheiden, sondern nach **Abstimmungsgruppen,** die sich aus Beteiligten mit gleichem Rang und gleichgerichteten Interessen zusammensetzen (BT-Drs. 12/2443, 77, 92). Erforderlich ist die Zustimmung sämtlicher Gruppen, wobei auch hier (vgl. § 226 BGB) das **Schikaneverbot** eingreift (BT-Drs. 12/2443, 93 f.): Die Ablehnung einer Gruppe ist unbeachtlich, wenn ihre legitimen Interessen durch den Plan gewahrt werden. Die einzelnen Voraussetzungen regelt **§ 245** in Anlehnung an die Leitlinien des amerikanischen Reorganisationsrechts. Weder ein Beteiligter noch der Schuldner dürfen gegen ihren Willen schlechter gestellt werden als bei der Regelabwicklung (BT-Drs. 12/2443, 93). Jedem ist der **Liquidationswert garantiert** (BGH NZI 2007, 409 Rn. 7; WM 2012, 1640 Rn. 6; BT-Drs. 12/2443, 93).

Haben sämtliche Gruppen zugestimmt bzw. sind Ablehnungen einer Gruppen- 3
minderheit als obstruktiv nicht zu berücksichtigen und hat sich kein Beteiligter darauf berufen, dass er im Vergleich zur Liquidation schlechter gestellt wird (§ 251), ist der **Plan gerichtlich** zu **bestätigen.** Dagegen können die Beteiligten und der Schuldner Beschwerde einlegen. Wird die Bestätigung rechtskräftig, war das Verfahren bisher aufzuheben. Der Insolvenzplan hatte idR **verfahrensbeendigende Wirkung.** Seit dem ESUG sind auch **verfahrensleitende Pläne** zulässig, die die Modalitäten der Regelabwicklung beeinflussen können und nicht zur Verfahrensaufhebung führen (→ § 217 Rn. 14 f.).

Eine weitere wesentliche Neuerung durch das ESUG ist die nunmehr auch 4
gegen ihren Willen mögliche **Einbeziehung** der **Anteilsinhaber** (→ § 217 Rn. 3; § 225a). Wird in ihr Recht eingegriffen, bilden sie eine der Beteiligtengruppen, deren Ablehnung ebenso wie die anderer Gruppen nur beachtlich ist, wenn sie durch legitime, der bestmöglichen Gläubigerbefriedigung nicht widerstreitende Interessen gerechtfertigt ist (§ 245 Abs. 3).

II. Rechtsnatur des Insolvenzplans

In den Gesetzesmaterialien heißt es, dass der Plan kein Vergleich sei, sondern 5
die privatautonome, den gesetzlichen Vorschriften entsprechende Übereinkunft der mitspracheberechtigten Beteiligten über die Verwertung des haftenden Schuldnervermögens unter voller Garantie des Werts der Beteiligtenrechte (BT-

Drs. 12/2443, 91). Der BGH sieht den Plan als ein **spezifisch verfahrensrechtliches Instrument** an (BGH NZI 2015, 697 Rn. 26; NZI 2006, 100 Rn. 15; Kübler/Prütting/Bork/*Spahlinger* § 217 Rn. 60; HambK-InsO/*Thies* Vorb. zu §§ 217 ff. Rn. 3; Smid/Rattunde/*Martini* Der Insolvenzplan Rn. 7.8, 7.11 f.). In der Literatur werden unterschiedliche Auffassungen vertreten. Teilw. ist von einem Rechtsnormcharakter die Rede (Leonhardt/Smid/Zeuner/*Rattunde* § 217 Rn. 6; *Smid* DZWIR 2011, 446 [449]), teilw. von einem Vertrag (*Madaus,* Der Insolvenzplan 2010, 424 ff.; *ders.* KTS 2012, 27 f.; *ders.* NZI 2015, 702 [703]; Gottwald InsR-HdB/*Koch/de Bra* § 66 Rn. 20: Auseinandersetzungsübereinkunftder Beteiligten) oder einer gemischt materiell- und verfahrensrechtlichen Vereinbarung (MüKoInsO/*Eidenmüller* § 217 Rn. 32 f.; FK-InsO/*Jaffé* § 217 Rn. 45 f., 51, 53).

6 Die praktische Bedeutung des Streits beschränkt sich auf die Fragen nach der **Bindungswirkung** von Erklärungen der Beteiligten (→ § 218 Rn. 14 f.; → § 243 Rn. 4), die **Auslegung** des Planinhalts und die Behandlung von Leistungsstörungen. Da der Wille einzelner Gläubiger durch Mehrheitsentscheidungen überwunden werden kann (§§ 244 f.), ist der Insolvenzplan kein Vertrag, der auf der Zustimmung jedes Einzelnen beruht (BGH NZI 2006, 100 Rn. 15). Dennoch ist für seine Auslegung, soweit nicht sein vollstreckbarer Teil betroffen ist, das individuelle Verständnis derjenigen maßgebend, die ihn beschlossen haben und nicht der objektive Erklärungsbefund (BGH NZI 2015, 697 Rn. 26; NZI 2006, 100 Rn. 16; HK-InsO/*Haas* Vor §§ 217 ff. Rn. 9).

III. Rechtsvergleichung

7 **1. USA.** Das Insolvenzverfahren der USA, geregelt im Bankruptcy Code („BC“) von 1987, teilt sich auf in das **Liquidations-Verfahren (Chapter 7 BC)** und das **Sanierungs-/Restrukturierungs-Verfahren,** normiert im **Chapter 11 BC** (*Podewils* ZInsO 2010, 209 [210]; *Meyer-Löwy/Poertzgen/Eckhoff* ZInsO 2005, 735). Letztes diente dem Insolvenzplanverfahren als Vorbild (BGH NZI 2009, 859 Rn. 9; BAG NZI 2008, 122 Rn. 20). In beiden Verfahren wird bei einem Schuldnerantrag das Verfahren sofort eröffnet, ohne dass ein Insolvenzgrund vorliegen muss (BGH NZI 2009, 859 Rn. 15, 20; BAG NZI 2008, 122 Rn. 15; *Eidenmüller* ZIP 2014, 1197 [1199]; *Gräwe* ZInsO 2012, 158 [159]; *Podewils* ZInsO 2010, 209 [210]; *Priebe* ZInsO 2011, 1676 [1683]). Er ist nur bei einem Gläubigerantrag notwendig, zudem muss die Insolvenz dann von drei Gläubigern gemeinschaftlich beantragt werden, es sei denn, es sind weniger als zwölf Gläubiger vorhanden (*Gräwe* ZInsO 2012, 158 [160]; *Priebe* ZInsO 2011, 1676 [1683]). Rechtsfolge der Verfahrenseröffnung ist stets der sog automatic stay, der einem Moratorium/Vollstreckungsverbot gleichkommt. Eine gesetzliche Antragspflicht existiert nicht (*Priebe* ZInsO 2011, 1676 [1682]).

8 Im Verfahren nach Chapter 7 verliert der Schuldner seine Verwaltungs- und Verfügungsbefugnis. Es wird ein (Interims-)**Trustee** als Vermögensverwalter eingesetzt (*Priebe* ZInsO 2011, 1676 [1683]). Beim Chapter 11 wird demgegenüber in aller Regel die „Eigenverwaltung“ (debor in possession) angeordnet (BGH NZI 2009, 859 Rn. 13; BAG NZI 2008, 122 Rn. 17; *Eidenmüller* ZIP 2014, 1197 [1199]; *Podewils* ZInsO 2010, 209 [210]), die die Übertragung des Anfechtungsrechts auf den Schuldner mit einschließt (*Priebe* ZInsO 2011, 1676 [1684]). Der Schuldner hat dann als einziger die Möglichkeit, innerhalb von 120 Tagen (verlängerbar um weitere 60 Tage) einen **Reorganisationsplan** (Chapter 11 Plan) einzureichen und seine wirtschaftlichen Verhältnisse offenzulegen. Dieser Plan hat den Teilerlass und/oder die Stundung der Verbindlichkeiten zum Inhalt. Erst wenn der Schuldner keinen Plan vorlegt bzw. er nicht angenommen wird, kann ein am Verfahren beteiligter Dritter einen Planvorschlag unterbreiten.

Sämtliche **Forderungen** gegen den Schuldner werden in dem Plan in **Klassen eingeteilt,** in denen jeweils gesondert über den Plan abgestimmt wird. Erforderlich ist in jeder Klasse eine einfache **Kopfmehrheit** und eine 2/3-**Summenmehrheit,** wobei ein nicht abgegebenes Votum als Zustimmung gewertet wird (*Gräwe* ZInsO 2012, 158 [163]). Grds. muss jede Klasse zustimmen, es sei denn, das Gericht hält auf Antrag die Ablehnung einzelner Gruppen für unbeachtlich **(„cram down")** (*Gräwe* ZInsO 2012, 158 [163]; *Podewils* ZInsO 2010, 209 [213]; *Meyer-Löwy/Poertzgen/Eckhoff* ZInsO 2005, 735 [739]). Das Verfahren ist mit der Plangenehmigung beendet. 9

Bei dem Verfahren nach Chapter 11 handelt es sich um ein Insolvenzverfahren, das nach § 343 InsO **in Deutschland anerkannt** ist (BGH NZI 2009, 859 Rn. 7 f.; BAG NZI 2008, 122 Rn. 11 f.). Von nicht wenigen Stimmen wird es zu Recht als missbrauchsanfällig beschrieben (s. zB *Priebe* ZInsO 2011, 1676 [1684]), wobei der Schutz vor Missbrauch zumindest „dornenreich" ausgestaltet ist (BAG NZI 2008, 122 Rn. 15). 10

2. England. In England existiert eine Vielzahl von selbständigen Verfahrensarten (s. dazu: *Meyer-Löwy/Poertzgen/de Vries* ZInsO 2005, 293). Die wichtigsten außerinsolvenzlichen Verfahren sind das **company voluntary arrangement (CVA),** normiert in den Sections 1–7 des Insolvency Act 1986, sowie das **scheme of arrangement,** das in den Sections 895–901 Companies Act 2006 und somit im Gesellschaftsrecht geregelt ist (BGH ZInsO 2012, 704 Rn. 18, 23; *Beissenhirtz* ZInsO 2011, 57 [63]; *Thole,* ZGR 2013, 109 [111 f.]). Beide Verfahren gelten nur für Kapitalgesellschaften. Das englische Recht kennt keine dem deutschen Recht vergleichbare Antragspflicht (*Meyer-Löwy/Poertgen/de Vries* ZInsO 2005, 293 [297]). Ein Insolvenzverwalter wird nicht bestellt. Es handelt sich um keine Insolvenzverfahren nach der EuInsVO (*Carli/Weissinger* DB 2014, 1474 [1479]). 11

Das CVA kann nur durch die directors der Gesellschaft als Eigenantrag oder aus dem sog **administration-Verfahren** als Insolvenzverfahren (dazu: *Meyer-Lowy/Poertzgen/de Vries* ZInsO 2005, 293 [294]) heraus betrieben werden. In der zweiten Alternative ist auch der administrator antragsberechtigt (*Westphal* ZGR 2010, 385 [405 f.]). Diese Kombination ist nicht unüblich, da das CVA – abgesehen von kleinen Unternehmen – kein Vollstreckungsverbot/Moratorium vorsieht (*Westphal* ZGR 2010, 385 [406]; *Windsor/Müller-Seils/Burg* NZI 2007, 7 [8]). Beim reinen CVA-Verfahren ist das Gericht nur involviert, wenn es angerufen wird. Die Verwaltungs- und Verfügungsbefugnis bleibt bei der Gesellschaft, die lediglich von einem nominee überwacht wird (*Beissenhirtz* ZInsO 2011, 57 [63]; *Westphal* ZGR 2010, 385 [406]). Der Vergleich mit den Gläubigern (proposal) kann jegliche Regelung vorsehen, einen Zwang zur Gläubigergleichbehandlung gibt es nicht (*Westphal* ZGR 2010, 385 [407]). Er ist grds. angenommen, wenn eine Summenmehrheit von 75 % der anwesenden Gläubiger erreicht ist, wobei keine Gruppeneinteilung erfolgt (*Beissenhirtz* ZInsO 2011, 57 [63]; *Westphal* ZGR 2010, 385 [407]; *Windsor/Müller-Seils/Burg* NZI 2007, 7 [10]). Das CVA fällt in den Anwendungsbereich der EUInsVO (*Paulus* ZIP 2011, 1077 mwN). 12

Das scheme of arrangement kann durch jeden Beteiligten eingeleitet werden (*Paulus* ZIP 2011, 1077 [1078]). Die Gesellschaft benötigt dazu nur eine sog **sufficient connection** in England, nicht jedoch einen Sitz oder den COMI (*Lambrecht* ZInsO 2011, 124). Ein Insolvenztatbestand ist nicht erforderlich, außerhalb einer Insolvenz wird von einem **solvent scheme of arrangement** gesprochen (BGH ZInsO 2012, 704 Rn. 23). Ein Moratorium wird nicht ausgelöst und eine neutrale Person wird nicht eingesetzt (*Westphal* ZGR 2010, 385 [408]). Das Verfahren kann unbeschränkt bei gesellschaftsrechtlichen Reorganisationen jeder Art durchgeführt werden (*Beissenhirtz* ZInsO 2011, 57 [63]; *Paulus* ZIP 2011, 1077 [1078]). Die Abstimmung erfolgt in Gruppen, wobei eine Kopfmehrheit 13 von 50 % und eine Summenmehrheit von 75 % erforderlich ist (*Paulus* ZIP 2011, 1077 [1078]; *Mankowski* WM 2011, 1201 [1202]).

14 Umstr. ist, ob es in Deutschland anzuerkennen ist (Überblick bei *Carli/Weissinger* DB 2014, 1474 [1479]; *Mäsch* IPRax 2013, 234 [235 f.]; *Eidenmüller/Frobenius* WM 2011, 1210 [1212 ff.]; offen gelassen: BGH WM 2012, 806 Rn. 26; dagegen: OLG Celle ZIP 2009, 1968 [1970]; dafür LG Rottweil ZIP 2010, 1964; *Mankowski* WM 2011, 1201 [1203]; *Petrovic* ZInsO 2010, 265). Soweit es sich beim Schuldner um ein Lebensversicherungsunternehmen handelt, stehen dem wenigstens die Art. 8, 12 Abs. 1, 35 EuGVVO entgegen (BGH ZInsO 2012, 704 Rn. 19 f.).

15 Die – beim CVA schon erwähnte – Administration, die ein reines Insolvenzverfahren darstellt, kann auch den Erhalt bzw. die Sanierung des Unternehmens zum Ziel haben (*Meyer-Löwy/Poertgen/de Vries* ZInsO 2005, 293 [295]). Ein Verfahren, das dem deutschen Planverfahren nahe kommt, existiert in England derzeit nicht.

16 **3. Frankreich.** In Frankreich existieren zwei unterschiedliche Regelinsolvenzverfahren (dazu: *Ulrich/Poertgen/Pröm* ZInsO 2006, 64 [65]), die Sanierung **„redressement judicaire"** und die gerichtliche Liquidation **„liquidation judicaire"**. Diese knüpfen jeweils an die Zahlungsunfähigkeit an, die Überschuldung spielt nach französischem Recht keine Rolle. Es besteht für Gesellschaften eine Pflicht zur Stellung des Insolvenzantrages (*Dammann* NZI 2009, 502 [503]; *Ulrich/Poertegen/Pröm* ZInsO 2006, 64 [65]). In dem Sanierungsverfahren bleibt der **Schuldner** grds. **verfügungsbefugt.** Das Gericht ordnet eine Beobachtungsphase von höchstens sechs Monaten an, nach deren Ablauf ein Sachwalter einen Sanierungs- oder Liquidationsvorschlag unterbreitet.

17 Daneben gibt es verschiedene **vorinsolvenzliche Sanierungsverfahren** (Überblick bei *Degenhardt* NZI 2014, 433 [434 ff.]), die an einen früheren Zeitpunkt anknüpfen. Hier ist zunächst die **„procédure de sauvegarde"** zu nennen, die zum 1.1.2006 eingeführt, Anfang 2009 reformiert (dazu: *Delzant/Ehret* ZInsO 2009, 990) und im März 2014 (dazu: *Degenhardt* NZI 2014, 433) um eine beschleunigte Variante („sauvegarde financière accélérée") ergänzt wurde. Eröffnungsvoraussetzung ist lediglich, dass der Schuldner einen Eigenantrag stellt, in dem er darlegt, dass er sich in unüberwindbaren wirtschaftlichen Schwierigkeiten befindet (*Beissenhirtz* ZInsO 2011, 57 [65]; *Dammann* NZI 2009, 502 [505]; *Delzant/Ehret* ZInsO 2009, 990). Der Schuldner behält grds. die Verwaltungs- und Verfügungsbefugnis (*Delzant/Ehret* ZInsO 2009, 990 [991]). Es wird ein Plan zum Erhalt des Unternehmens, der sog plan de sauvegarde, erarbeitet, der mit 2/3-Summenmehrheit der abstimmenden Gläubiger angenommen werden kann (*Beissenhirtz* ZInsO 2011, 57 [65]; *Dammann* NZI 2009, 502 [506]). Der Grundsatz der Gläubigergleichbehandlung kann eingeschränkt werden (*Beissenhirtz* ZInsO 2011, 57 [65]; *Dammann* NZI 2009, 502 [506]).

18 Zudem kennt das französische Recht ein Schlichtungsverfahren (**„conciliation")**, das der Schuldner schon bei finanziellen Schwierigkeiten beantragen kann, aber auch dann noch, wenn er bereits zahlungsunfähig ist, jedoch nur, wenn seitdem weniger als 45 Tage vergangen sind (*Dammann* NZI 2009, 502 [503]). Ein Moratorium kann bewirkt werden, die Eröffnung eines Insolvenzverfahrens aufgrund Gläubigerantrag ist während der conciliation ausgeschlossen (*Beissenhirtz* ZInsO 2011, 57 [64, 65]; *Dammann* NZI 2009, 502 [504]). Der Abschluss eines durch einen Schlichter („conciliateur") ausgehandelten Vergleichs mit den Gläubigern ist allerdings vollkommen freiwillig. Eine Zustimmung per Mehrheitsbeschluss ist nicht möglich, dh jeder Gläubiger muss einverstanden sein (*Beissenhirtz* ZInsO 2011, 57 [65]; *Dammann* NZI 2009, 502 [504]). Der Vergleich bedarf der gerichtlichen Bestätigung, die zur Folge hat, dass Haftungsrisiken und Anfechtungsklagen bei Eröffnung eines späteren ordentlichen Insolvenzverfahrens weitgehend ausgeschlossen sind (*Dammann* NZI 2009, 502 [504, 505]).

Die bislang nur in der „liquidation judicaire" bestehende Möglichkeit, **Vermögen der (faktischen) Geschäftsführung** (ggf. auch von Konzern-Obergesellschaften) zur Durchsetzung von Haftungsansprüchen zu sichern, wurde im Frühjahr 2012 auch auf Sauvegarde- und andere Sanierungsverfahren ausgeweitet (s. zu dieser „Lex Petroplus": *Droege-Gagnier* NZI 2012, 449). 19

Ein Eingriff in die Gesellschaftsrechte durch einen Debt-Equity-Swap ist möglich, bedarf aber eines mehrstufigen Verfahrens. Zunächst haben die Gesellschafter Gelegenheit, an Sanierungsmaßnahmen mitzuwirken. Verweigern sie das aus sachwidrigen Gründen, kann das Gericht ihr Stimmrecht auf einen Mandataire übertragen, der die Gesellschafterversammlung einberuft und die erforderlichen Beschlüsse fasst (*Droege-Gagnier/Dust* NZI 2014, 942 [944]). 20

4. Österreich. Das Insolvenzrecht in Österreich wurde durch das Insolvenzrechtsänderungsgesetz (IRAG) 2010 deutlich umgestaltet. Dabei wurde die Ausgleichsordnung (öAO) abgeschafft und die Konkursordnung (öKO) in **Insolvenzordnung** (öIO) umbenannt. Das führte dazu, dass das bisherige zweispurige System durch ein **Einheitsverfahren** ersetzt wurde. Es kann als Sanierungsverfahren mit dem Ziel der Erhaltung der Schuldnerin (§§ 166 f. öIO) oder als Konkursverfahren mit dem Ziel der Liquidation ausgestaltet werden, wobei es sich um keine eigenständigen Verfahrensarten handelt. 21

Das **Sanierungsverfahren** setzt insbes. einen Eigenantrag und einen Sanierungsplan voraus. Eigenverwaltung unter Aufsicht eines Sanierungsverwalters ist möglich, anderenfalls wird ein Masseverwalter bestellt (*Nummer/Krautgasser* ZInsO 2011, 117 [118, 122]). Es gilt ein absoluter Verwertungsschutz. Die Eigenverwaltung ist grds. auf einen Zeitraum von 90 Tagen beschränkt und den Gläubigern ist eine Quote von mindestens 30% anzubieten (*Nummer/Krautgasser* ZInsO 2011, 117 [123]; *Riel* ZInsO 2011, 1400 [1401, 1403]). Die Insolvenzgläubiger müssen gleichbehandelt werden (*Mohr* ZInsO 2011, 650 [651]). Insolvenzanfechtung, Forderungsprüfung und Verwertung sind Aufgaben des Sanierungsverwalters, der auch bestimmte Rechtsgeschäfte zu genehmigen hat (*Nunner/Krautgasser* ZInsO 2011, 117 [123]; *Riel* ZInsO 2011, 1400 [1405]). Der Sanierungsplan ist angenommen bei einfacher Kopf- und Summenmehrheit der anwesenden Gläubiger, Gruppenbildung ist möglich (*Nunner/Krautgasser* ZInsO 2011, 117 [118]; *Mohr* ZInsO 2011, 650 [652]). 22

Das **Konkursverwahren** ist nicht auf Sanierung der Schuldnerin als Unternehmensträgerin ausgerichtet. Bei beiden Verfahrensvarianten ist in jedem Fall ein Eröffnungsgrund (Zahlungsunfähigkeit oder Überschuldung) erforderlich (*Nunner/Krautgasser* ZInsO 2011, 117 [118, 122]; *Riel* ZInsO 2011, 1400 [1403]). 23

Grundsatz[1]

217 **[1] Die Befriedigung der absonderungsberechtigten Gläubiger und der Insolvenzgläubiger, die Verwertung der Insolvenzmasse und deren Verteilung an die Beteiligten sowie die Verfahrensabwicklung und die Haftung des Schuldners nach der Beendigung des Insolvenzverfahrens können in einem Insolvenzplan abweichend von den Vorschriften dieses Gesetzes geregelt werden. [2] Ist der Schuldner keine natürliche Person, so können auch die Anteils- oder Mitgliedschaftsrechte der am Schuldner beteiligten Personen in den Plan einbezogen werden.**

[1] § 217 Satz 1 geänd., Satz 2 angef. mWv 1.3.2012 durch G v. 7.12.2011 (BGBl. I S. 2582).

Schrifttum: *Beyer,* Insolvenzplanverfahren bei natürlichen Personen, ZVI 2013, 334; *Brinkmann,* Grenzüberschreitende Sanierung und Europäisches Insolvenzrecht, KTS 2014, 381; *Ehlers,* Insolvenzplanverfahren – die Alternative, DStR 2010, 2523; *Ehlers/Schmid-Sperber,* Musterinsolvenzplan für Freiberufler bei Vermögensverfall, ZInsO 2008, 879; *Eidenmüller,* Strategische Insolvenz: Möglichkeiten, Grenzen Rechtsvergleichung, ZIP 2014, 1197; *Fröhlich/Bächstädt,* Erfolgsaussichten eines Insolvenzplans in Eigenverwaltung, ZInsO 2011, 985; *Graeber,* Vergütungsbestimmungen durch Vereinbarungen zwischen einem Insolvenzverwalter und den weiteren Beteiligten eines Insolvenzverfahrens, ZIP 2013, 916; *Hänel/Harig,* Der Teilinsolvenzplan zur Erlangung vorzeitiger Restschuldbefreiung, ZVI 2015, 282; *Hingerl,* Insolvenzplanverfahren: Schnelle Sanierung versus optimale Gläubigerbefriedigung bei fehlender Nachtragsverteilung, ZInsO 2010, 1876; *ders.,* Verkürzung des Verbraucherinsolvenzverfahren durch Insolvenzplan, ZVI 2012, 258; *Madaus/Heßel,* Die Verwaltervergütung in Reorganisationsfällen – Unzulänglichkeiten und Reformansätze, ZIP 2013, 2088; *Pape,* Zum Verhältnis von Insolvenzanfechtung und Insolvenzplanverfahren, FS Kübler, 2015, 487; *Priebe,* Übertragende Sanierung und Insolvenzplanverfahren, ZInsO 2011, 467; *Reinhardt,* Zur Zulässigkeit von Vergütungsvereinbarungen im Insolvenzplan, ZInsO 2015, 943; *Rugullis,* Schuldenbereinigungsplan und Insolvenzplan – Rechtsfolgenvergleich, NZI 2013, 869; *Schreiber/Flitsch,* Geltendmachung von Forderungen nach Aufhebung des Insolvenzplanverfahrens, BB 2005, 1173; *Simon/Merkelbach,* Gesellschaftsrechtliche Strukturmaßnahmen im Insolvenzplanverfahren nach dem ESUG, NZG 2012, 121; *Thole,* Die Dispositionsbefugnis über Insolvenzanfechtungsansprüche im Regelverfahren und im Insolvenzplan, ZIP 2014, 1653; *Wimmer,* Übersicht zur Neufassung der EuInsVO, jurisPR-InsR 7/2015, Anm. 1; *Zimmer,* Insolvenzplan bei Masseunzulänglichkeit nach § 210a InsO (ESUG), ZInsO 2012, 390.

Übersicht

I. Allgemeines

1 § 217 beschreibt allg., was in einem Insolvenzplan abweichend von der Regelabwicklung bestimmt werden kann. Im Verbraucherinsolvenzverfahren kann nunmehr ebenfalls ein Planverfahren durchgeführt werden, nachdem der dies früher ausschließende § 313 Abs. 2 durch das Gesetz zur Verkürzung des Restschuldbefreiungsverfahrens und zur Stärkung der Gläubigerrechte v. 15.7.2013 (BGBl. I S. 2379) aufgehoben wurde. **Zuständig** für das Planverfahren ist ausschließlich der Richter, wenn der Insolvenzantrag nach dem 1.1.2013 gestellt wurde (§ 18 Abs. 1 Nr. 2 RPflG, Art. 103g S. 2 EGInsO). Dazu gehört nicht die Festsetzung der Verwaltervergütung (aA *Kölner Insolvenzrichter* ZIP 2014, 2153 [2160]). § 18 RPflG behält nur das Verfahren über den Insolvenzplan nach den dort ausdrücklich genannten Vorschriften dem Richter vor. Die Vergütungsfestsetzung gem. § 64 wird dort nicht aufgeführt, was auch sachdienlich ist, weil das

Planverfahren nur einen Teil der Verwaltertätigkeit ausmacht und auch nur einen Vergütungszuschlag (§ 3 Abs. 1e InsVV) rechtfertigt, aber kein isolierter Vergütungstatbestand ist. Ebenso ist der Rechtspfleger trotz eines bereits vorgelegten Plans (vgl. § 270b Abs. 1) für den Berichts- und den Prüfungstermin (Kübler/Prütting/Bork/*Spahlinger* Rn. 58) oder für die Schlussrechnungsprüfung (AG Ludwigshafen ZIP 2015, 991) zuständig. Der Richter darf sich jedoch das Verfahren insgesamt oder teilw. vorbehalten (§ 18 Abs. 2 RPflG).

II. Regelungsmöglichkeiten im Insolvenzplan

1. Überblick. Im Plan dürfen nur **plandispositive Rechte** geregelt werden (BGH NZI 2009, 230 Rn. 25; 2010, 603 Rn. 21). Dazu gehören die Verwertung und Verteilung der Insolvenzmasse, die Befriedigung der Gläubiger, die Enthaftung des Schuldners und die gesellschaftsrechtlichen Verhältnisse. Nicht modifiziert werden dürfen die verfahrensbezogenen „Grundrechte" der Beteiligten, die indes nicht abschließend definiert, sondern seit der Zulässigkeit verfahrensleitender Pläne nur durch eine Wertung im Einzelfall beurteilt werden können (HK-InsO/*Haas* § 217 Rn. 2, 9). Dazu gehört das Verfahren über die Feststellung der Forderungen, da das formalisierte Prüfungsverfahren den Gläubigern garantiert ist (NZI 2009, 230 Rn. 26; 2010, 734 Rn. 9; so auch BT-Drs. 17/7511, 35; aber → Rn. 13). Ebenso wenig können Minderheits- und Rechtsmittelbefugnisse geändert werden wie auch die Vorschriften über das Verfahren vor einer Planbestätigung (§§ 156–158; HK-InsO/*Haas* Rn. 9) und das Planverfahren selbst, soweit eine Abweichung nicht ausdrücklich gestattet ist (HK-InsO/*Haas* Rn. 9; HambK-InsO/*Thies* Rn. 7). Bei einer nicht von § 217 gedeckten Regelung hat das Gericht den Plan nach § 231 Abs. 1 Nr. 1 zurückzuweisen oder dessen Bestätigung zu versagen (§ 250 Nr. 1). 2

2. Planbetroffene. Der Kreis der Personen, die gegen ihren Willen dem Plan unterworfen werden können, ist in § 217 abschließend aufgeführt. Dazu gehören lt. Satz 1 **Absonderungsberechtigte** (§§ 49–51, 223) und (nachrangige) **Insolvenzgläubiger** (§§ 38, 39, 224, 225). Durch den mit dem ESUG ergänzten Satz 2 hinzugekommen sind die **Anteilsinhaber** (→ § 225a Rn. 1). Nach altem Recht konnte der Insolvenzplan die gesellschaftsrechtlichen Strukturen nicht ändern (BGH NZI 2010, 603 Rn. 22; LG Mühlhausen NZI 2007, 724 [725]; aA MüKoInsO/*Eidenmüller* Rn. 67 ff.). Das damit verbundene Blockadepotenzial der Anteilsinhaber hat der ESUG-Gesetzgeber als Sanierungshindernis und Nachteil des „Insolvenzstandortes" Deutschland angesehen, so dass durch einen Plan künftig auch die Rechte der am Schuldner beteiligten Personen umgestaltet werden können (BT-Drs. 17/5712, 30). Für und gegen die Beteiligten wirkt der Plan unabhängig von ihrer individuellen Zustimmung. Der **Schuldner** ist dem Plan nur unterworfen, wenn er einverstanden ist, wobei ein Widerspruch unbeachtlich ist, wenn er nicht schlechter als bei der Regelabwicklung gestellt wird (§ 247 Abs. 2). Ist der Schuldner eine natürliche Person oder eine Gesellschaft ohne Rechtspersönlichkeit und sieht der Plan eine Unternehmensfortführung vor, ist hingegen seine ausdrückliche Zustimmung erforderlich (§ 230 Abs. 1). 3

Die Vorschriften über die **Massegläubiger** sind grds. planfest (HK-InsO/*Haas* Rn. 11, § 221 Rn. 2; MüKoInsO/*Eidenmüller* Rn. 74), weil sie **nicht Beteiligte** des Planverfahrens sind (§§ 220 Abs. 2, 222 Abs. 1;BT-Drs. 12/2443, 209). Das betrifft auch die Gläubiger aufgrund eines nach Eröffnung geschlossenen Sozialplans (HK-InsO/*Haas* Rn. 11; MüKoInsO/*Eidenmüller* Rn. 76; aA: Uhlenbruck/*Lüer/Streit* Rn. 19, 21). Nach der durch das ESUG eingeführten Neuregelung in § 210a gilt das nicht bei angezeigter **Masseunzulänglichkeit** (Einzelheiten bei → § 210a Rn. 4 ff.). Bei **Masselosigkeit** nach § 207 ist das Planverfahren hin- 4 gegen ausgeschlossen (HambK-InsO/*Thies* Vorb. zu §§ 217 ff. Rn. 13), weil das Verfahren einzustellen ist (§ 207 Abs. 1). Die Kostengläubiger (§ 54) sind ebenfalls nicht Planbeteiligte.

5 Im Fall der Masseunzulänglichkeit treten an die Stelle der nicht nachrangigen Insolvenzgläubiger (§ 38) gem. § 210a Nr. 1 die sog **Altmassegläubiger** des § 209 Abs. 1 Nr. 3. Das bedeutet zwangsläufig, dass in diesem Ausnahmefall in ihre Rechte eingegriffen werden kann und sie eine eigene Gruppe bilden (BT-Drs. 17/5712, 29). Für einen Insolvenzplan bei angezeigter Masseunzulänglichkeit gelten keine besonderen Anforderungen (aA *Zimmer* ZInsO 2012, 390, der eine positive Fortführungsprognose fordert, so dass ein verfahrensleitender oder Zerschlagungsplan ausscheide). Die Befriedigungsvorschrift des § 258 Abs. 2 betrifft nur noch die Neumassegläubiger (§ 209 Abs. 1 Nr. 2; BT-Drs. 17/5712, 29). Ein Insolvenzplan, der auch für Neumassegläubiger nur eine Quote vorsieht, ist unzulässig (*Zimmer* ZInsO 2012, 390 [391]).

6 Nicht dem Plan unterworfen sind **Aussonderungsberechtigte** (§§ 47, 48; LG Frankfurt a. M. NZI 2008, 110 [111]; HambK-InsO/*Thies* Rn. 3; Uhlenbruck/*Lüer/Streit* Rn. 13, 15; MüKoInsO/*Eidenmüller* Rn. 81 ff.), soweit allein ihr Aussonderungsanspruch betroffen ist, und der **Insolvenzverwalter** (so zur Vergütung: BGH NZI 2007, 341 Rn. 7; HambK-InsO/*Thies* Rn. 3; aA *Rattunde* GmbHR 2012, 455 [458], der verbindliche Kostenregelungen nach neuem Recht für möglich hält). Sie können jedoch – wie iÜ jeder andere **Dritte** – **freiwillig** in den Plan **einbezogen** werden (§ 230 Abs. 3; HambK-InsO/*Thies* Rn. 3, § 221 Rn. 5; Uhlenbruck/*Lüer/Streit* Rn. 14).

7 In die Rechte der **Neugläubiger** kann durch den Plan nicht eingegriffen werden (Uhlenbruck/*Lüer/Streit* Rn. 13, 20), auch soweit es sich dabei um ab Verfahrenseröffnung entstandene Forderungen handelt, die sich – wie **Unterhaltsansprüche** – gegen das insolvenzfreie Vermögen des Schuldners richten (HambK-InsO/*Thies* § 221 Rn. 6; *Paul* DZWIR 2009, 186; unzutreffend: OLG Düsseldorf NZI 2008, 689 [690]). Eine Ausnahme bildet nur die Wirkung der Vorrangermächtigung gem. § 264 f.

8 **3. Planziele.** Ziel eines Insolvenzplans kann die **Restrukturierung** des Unternehmensträgers, die **übertragende Sanierung,** die **Liquidation** oder ein **sonstiger Inhalt** sein (BT-Drs. 127/11, 41 f.; HK-InsO/*Haas* Rn. 15 ff.; HambK-InsO/*Thies* Vorb. zu §§ 217 ff. Rn. 4 ff.; Uhlenbruck/*Lüer/Streit* Rn. 4 ff.; MüKoInsO/*Eidenmüller* Rn. 171). Auch Mischformen sind möglich.

9 Der sog **Sanierungs- oder Reorganisationsplan** zielt auf den Erhalt des Unternehmens in der Hand des Schuldners ab, etwa wegen Berechtigungen (dazu: *Bitter/Laspeyres* ZIP 2010, 1157) oder günstiger Verträge, die auf Erwerber nicht übertragbar sind. In der Regel sind diese Pläne mit der Zuführung neuer Liquidität, der Verringerung der Schuldenlast und häufig einer Befriedigung der Gläubiger erst aus den zukünftigen Erträgen verbunden. Bei einem **Übertragungsplan** werden – wie bei der sog übertragenden Sanierung (ohne Insolvenzplan) – die Aktivwerte des Unternehmens im Wege eines Asset-Deals auf einen anderen Rechtsträger übertragen (HambK-InsO/*Thies* Vorb. zu §§ 217 ff. Rn. 5; s. ferner: *Priebe* ZInsO 2010, 467). **Liquidationspläne** regeln die Verwertung der einzelnen Aktivpositionen und die Verteilung des Erlöses unter den Gläubigern.

10 **4. Planinhalte. a) Verwertung der Insolvenzmasse.** Die Bestimmungen über die **Verwertung** (§§ 156–173) sind, wie § 233 zeigt, grds. **disponibel** (HambK-InsO/*Thies* Rn. 4; einschränkend HK-InsO/*Haas* Rn. 4), ebenso die **Geltendmachung von Anfechtungsansprüchen** (HK-InsO/*Haas* Rn. 4; MüKoInsO/*Eidenmüller* Rn. 120; einschränkend *Pape* FS Kübler, 2015, 487 [495 f.] und *Thole* ZIP 2014, 1653 [1660]: nur bei angemessener Gegenleistung, ferner → § 226 Rn. 3) oder sonstigen Haftungsansprüchen. Auch ein Verwertungs- oder

Haftungsverzicht ist zulässig. Gläubigerschützende Verzichtsverbote (zB §§ 9b, 19 Abs. 2, 43 Abs. 3 GmbHG, 93 Abs. 4 AktG) stehen dem nicht entgegen, da deren Schutz durch die Planvorschriften gewährleistet ist (*Horstkotte* ZInsO 2014, 1297 [1308]; aA Kübler/Prütting/Bork/*Spahlinger* Rn. 52; zum Vergleich bei der aktienrechtl. Kapitalaufbringung: BGH NZG 2012, 69; *Wieneke* NZG 2012, 136).

b) Verteilung der Masse an die Beteiligten. Die **Verteilungsvorschriften** der §§ 187–206 sind **planzugänglich,** soweit sie **nicht grundlegende Teilhaberechte** beseitigen (vgl. → Rn. 13). Entscheidend ist, ob die Planvorschriften oder Planregelungen einen ausreichenden Ersatz für geänderte Vorschriften geben, die in der Regelabwicklung anzuwenden wären. Von den §§ 188, 189 kann durch eine sog **Ausschlussklausel** abgewichen werden, wonach die Gläubiger bestrittener Forderungen binnen einer Frist (die erst nach Rechtskraft des Plans beginnen kann, § 254 Abs. 1) Feststellungsklage erheben müssen, anderenfalls die Forderung bei der Verteilung zunächst (!) nicht berücksichtigt wird (BGH NZI 2010, 734 Rn. 9). Ist im Plan eine Auszahlung erst nach Aufhebung des Insolvenzverfahrens vorgesehen, tritt die Regelung an die Stelle der §§ 187 f., so dass auch eine **Abschlagsverteilung** (§ 187 Abs. 2) ausgeschlossen werden darf (LG Berlin ZInsO 2012, 326 [327]). Eine Ausschlussfrist für die Berücksichtigung bei einer anstehenden Verteilung ist zu unterscheiden von einer Ausschlussfrist, nach deren Ablauf der Gläubiger eine Forderung verliert (→ § 259b Rn. 6 f.). 11

Eine **Nachtragsverteilung** (§§ 203 f.) nach Verfahrensaufhebung in Folge eines Insolvenzplans (§ 258) ist ausgeschlossen, da der Schuldner seine Verfügungsbefugnis wiedererlangt (§ 259 Abs. 1 S. 2; BGH NZI 2008, 561 Rn. 10; 2010, 99 Rn. 9; OLG Celle ZInsO 2006, 1327 [1328]; HK-InsO/*Haas* § 259 Rn. 2; HambK-InsO/*Thies* § 259 Rn. 7). Soll das vermieden werden, kommt nur ein verfahrensleitender Plan in Betracht, bei dem das Regelverfahren fortgesetzt wird (HK-InsO/*Haas* § 217 Rn. 5). Eine Ermächtigung des Verwalters durch das Insolvenzgericht zur Geltendmachung von Ansprüchen nach einer Verfahrensaufhebung ist nichtig (BGH NZI 2010, 99 Rn. 13). Im Plan kann auch nicht vorgesehen werden, bestimmte Ansprüche einer Nachtragsverteilung vorzubehalten (HambK-InsO/*Thies* § 259 Rn. 8; HK-InsO/*Haas* § 259 Rn. 2; aA PK-HWF/*Wutzke/Wenzel* § 259 Rn. 12 f.; *Kühne/Hancke* ZInsO 2012, 812; *Hingerl* ZInsO 2010, 1876 [1877];). Nur **hinsichtlich anhängiger Anfechtungsprozesse** kann der Verwalter zu einer Fortsetzung ermächtigt werden (§ 259 Abs. 3). Zulässig ist es hingegen, Forderungen oder andere Vermögensgegenstände auf den Verwalter als **Treuhänder** zu übertragen, der nach Verfahrensaufhebung für die Verwertung und Verteilung zuständig ist (BGH NZI 2009, 340 Rn. 9 f.; → § 259 Rn. 8). 12

c) Forderungsfeststellung. Die Vorschriften über die **Feststellung von Forderungen** sind – in Abweichung von der zum früheren Recht vom BGH (NZI 2009, 230 Rn. 26) vertretenen Auffassung – modifizierbar, solange sie einem Gläubiger die Verfahrensteilnahme nicht verwehren oder gegen das Gleichbehandlungsgebot verstoßen. Schuldner und Gläubiger können, müssen aber nicht einer Anmeldung (§§ 176, 178) widersprechen. Die Widerspruchsbefugnis kann somit auch im Plan ausgeübt bzw. auf Teile der Forderung beschränkt werden. Gegen einen Widerspruch kann der Anmeldende im ordentlichen Verfahren Klage erheben (§ 180). Werden im Insolvenzplan Regelungen über die bei der Forderungsberechnung berücksichtigungsfähigen Tatsachen getroffen – zB bei einem „Schneeballsystem" über die Abgrenzung von Zahlungen mit und ohne Rechtsgrund – steht dem Anmeldenden stattdessen der Minderheitenschutzantrag (§ 251) bzw. die Beschwerde (§ 253) zur Verfügung, so dass der anmeldende Gläubiger nicht schutzlos ist (*Heinrich* NZI 2009, 546 [548 f.]; aA BT-Drs. 17/7511, 35; HK-InsO/*Haas* § 217 Rn. 9; MüKoInsO/*Eidenmüller* Rn. 100, 126 f.). 13

Ein Verstoß gegen Art. 19 Abs. 4 GG liegt nicht vor. Regelungen über die Berechnungsmodalitäten bei Forderungsanmeldungen entsprechen der marktwirtschaftlichen Orientierung des Planverfahrens, das die optimale Gestaltung aus Sicht der Betroffenen ermöglichen soll (BT-Drs. 127/11, 42 f.).

14 **d) Verfahrensleitender Plan.** Ein **verfahrensleitender Insolvenzplan,** der das Verfahren nicht beendet, ist zulässig. Vor dem ESUG wurde das in Zweifel gezogen, weil § 258 Abs. 1 aF vorsah, dass das Insolvenzverfahren nach Bestätigung des Insolvenzplans aufzuheben sei (LG Frankfurt a. M. NZI 2008, 110 [111]; dagegen: *Pape* ZInsO 2011, 1033 [1040]; *Heinrich* NZI 2008, 74; offen gelassen von BGH NZI 2009, 230 Rn. 27). Mit der erst auf Vorschlag des Bundesrates und des Rechtsausschusses erfolgten Ergänzung des § 217 S. 1 um die „*Verfahrensabwicklung*" hat der Gesetzgeber jetzt klargestellt, dass solche Teilpläne zulässig sind (BT-Drs. 17/7511, 35; BT-Drs. 127/11, 42 f.). Ergänzend heißt es in § 258 Abs. 1 nF, dass das Verfahren nur aufgehoben wird, wenn der Plan nichts anderes vorsieht.

15 **Verfahrensleitende Pläne** betreffen **einzelne Bereiche innerhalb der Regelabwicklung,** für die eine Entscheidung der Gläubigerversammlung mit der in § 76 genannten Stimmenmehrheit nicht möglich ist, weil es an der allseitigen Bindung fehlt (§ 254 Abs. 1), oder nicht zweckmäßig ist, weil eine Abstimmung in Gruppen mit Obstruktionsverbot zu sinnvolleren Ergebnissen führt. Er kann alles enthalten, was auch in einem verfahrensbeendigenden Plan zulässig ist und worüber die Gläubiger wie beim Widerspruch gegen eine Forderungsanmeldung disponieren können, sei es auch unter dem Vorbehalt gerichtlicher Klärung. Ua kann im Hinblick auf den weiteren Verfahrensgang über die Freigabe des Geschäftsbetriebs entschieden werden (*Jacobi* ZInsO 2010, 2316) oder bei natürlichen Personen über eine Verkürzung des Restschuldbefreiungsverfahrens oder gar die sofortige Erteilung der Restschuldbefreiung, *Hänel/Harig* ZVI 2015, 282 [283 f.].

16 **e) Haftung des Schuldners nach der Beendigung des Insolvenzverfahrens.** Die Haftung des Schuldners ist in den **§§ 201, 202** sowie **§§ 286–303** (Restschuldbefreiung) geregelt. Diese Bestimmungen sind, abgesehen von § 202, in einem Insolvenzplan **modifizierbar** (§ 227; HK-InsO/*Haas* Rn. 6; HambK-InsO/*Thies* Rn. 6). In einem vereinfachten Insolvenzverfahren über das Vermögen von Verbrauchern (§ 304 Abs. 1) ist ein Insolvenzplan nunmehr zulässig, da der dies früher ausschließende § 312 Abs. 2 aufgehoben wurde (Gesetz zur Verkürzung des Restschuldbefreiungsverfahrens und zur Stärkung der Gläubigerrechte v. 15.7.2013, BGBl. I S. 2379).

17 **f) Gesellschaftsrecht.** Es kann **jede Regelung** getroffen werden, die **gesellschaftsrechtlich zulässig** ist (§ 225a Abs. 3). Dazu wurden insbes. die §§ 222 Abs. 1 S. 2 Nr. 4, 225a, 235 Abs. 3, 238a, 244 Abs. 3, 245 Abs. 3, 246a, 251 Abs. 1, 252 Abs. 2, 253 Abs. 1, 254 Abs. 4, 254a modifiziert bzw. in das Gesetz eingefügt.

18 **g) Insolvenzverwalter.** Vorschriften über die Stellung der Verfahrensorgane sind planresistent (HK-InsO/*Haas* Rn. 9; HambK-InsO/*Thies* Rn. 7). Nicht modifizierbar ist deshalb auch die **Insolvenzverwalterhaftung** gem. §§ 60 f. Für Haftungsansprüche der Massegläubiger folgt dies schon daraus, dass sie nicht zu den Planunterworfenen gehören. Anders verhält es sich zwar für die Altmassegläubiger bei einem Plan in der Situation der Masseunzulänglichkeit. Planunterworfen sind jedoch nur ihre Forderungen iSv § 55 (s. § 210a Nr. 1), nicht die Haftungsansprüche gem. § 61 gegen den Verwalter persönlich (§ 254 Abs. 2). Auch die auf § 60 gestützten Haftungsansprüche der Insolvenzgläubiger und insbes. der absonderungsberechtigten Gläubiger können Individualansprüche gegen den Verwalter als Drittschuldner sein, in die durch den Plan ohne Zustimmung des

jeweiligen Gläubigers nicht eingegriffen werden darf. Ein Gesamtgläubigerschaden ist nur während der Verfahrensdauer von einem Sonderverwalter geltend zu machen (§ 92), der Anspruch geht aber mit der Verfahrensaufhebung nicht unter, sondern besteht in der Hand jedes Gläubigers (anteilig) fort (→ § 60 Rn. 51). Da er sich nicht gegen den Schuldner richtet, wird eine Haftungsregelung nicht von der Gesamtwirkung des § 254 Abs. 1 erfasst. Das gilt insbes. auch für Haftungsansprüche wegen unvollständiger Darstellung der Vermögensverhältnisse, insbes. wegen der krisentypischen Sonderaktiva aus Gesellschafter-, Organ- und Beraterhaftung. Etwas anderes mag gelten, wenn konkrete Ansprüche auf Ersatz eines Gesamtgläubigerschadens gem. § 92 Gegenstand des Plans sind. Auf sie könnte auch ein Sonderinsolvenzverwalter verzichten, so dass ein Verstoß gegen § 218 nicht vorläge. Einen Verzicht in Bausch und Bogen zu erklären, ist hingegen wegen Insolvenzzweckwidrigkeit auch einem Sonderinsolvenzverwalter nicht möglich.

Zulässig ist eine Regelung der **Verwaltervergütung** (LG München NZI 2013, 972; LG Heilbronn ZInsO 2015, 910 bei Einstimmigkeit; ebenso *Graeber* ZIP 2013, 916 [917, 918]; *Reinhardt* ZInsO 2015, 943; umfassend zulässig: HK-InsO/*Haas* Rn. 7; *Hingerl* ZIP 2015, 159 [161 f.]; *Horstkotte* ZInsO 2014, 1297 [1310 f.]; *Mock* KTS 2012, 59 [96]; insgesamt unzulässig: *Ganter* ZIP 2014, 2323 [2333]; *Keller* ZIP 2014, 2014 [2017 f.]; *Kölner Insolvenzrichter* ZIP 2014, 2153 [2160 f.]; *Schöttler* NZI 2014, 852 ff.; *Madaus/Heßel* ZIP 2013, 2088 [2089 f.]). Zwar obliegt deren Festsetzung dem Gericht (§ 64 Abs. 1). Das steht einer Regelung der Festsetzungskriterien jedoch nicht entgegen (*Horstkotte* ZInsO 2014, 1297 [1310 f.]). Eine Planregelung gefährdet nicht die Unabhängigkeit des Verwalters (§ 56 Abs. 1 S. 1). Zwar hat der BGH eine Vergütungsvereinbarung deshalb für unzulässig gehalten (BGH NJW 1982, 185). Das beruhte jedoch auf dem ausdrücklichen Verbot von bilateralen Vereinbarungen mit dem Schuldner oder einem Gläubiger in § 43 Abs. 4 VerglO. Die Gestaltungs- und Rechtsschutzmöglichkeiten des Planverfahrens sind mit denen der VglO, deren „gestaltender Teil" sich auf eine Regelung über eine Quotenzahlung beschränkte und die keine Beschwerde gegen den Bestätigungsbeschluss zuließ (§§ 78, 121 Abs. 1 VglO), nicht vergleichbar. Wird der Vergütungsrahmen der InsVV in unvertretbarer Weise unterschritten, verstößt die Klausel gegen zwingendes Recht, das die wirtschaftliche Unabhängigkeit des Verwalters sichern soll. Dann muss der Plan zurückgewiesen werden, falls der Verfasser nicht nachbessert (§ 231 Abs. 1 Nr. 1). Der Rechtsschutz (§ 64 Abs. 3) wird den Beteiligten nicht unzumutbar erschwert. Stimmt der Schuldner dem Plan nicht zu, ist seine Beschwer durch eine Vergütungsklausel schon iRd § 247 zu berücksichtigen. Den Beteiligten, die den Plan ablehnen, ermöglichen Obstruktionsverbot und Minderheitenschutz zwar keine isolierte Überprüfung der angemessenen Vergütung, sondern nur eine per Saldo bestehende Schlechterstellung im Vergleich zur Regelabwicklung. In der Regelabwicklung begründet jede überhöhte Verwaltervergütung automatisch eine materielle Beschwer des Insolvenzgläubigers, weil eine Reduzierung der Massekosten mit einer Erhöhung der Quote korrespondiert. Die Beschwer fehlt, wenn der Insolvenzgläubiger trotz höherer Vergütung besser steht als bei der Regelabwicklung (vgl. → § 64 Rn. 25 zur fehlenden Beschwer, wenn der Beschwerdeführer wegen Masseunzulänglichkeit von einer Vergütungsreduzierung nicht profitieren würde). 19

III. Unzulässige Regelungsgegenstände

Durch den Insolvenzplan dürfen **nur die in § 217 genannten Punkte** abweichend vom Gesetz geregelt werden. Alles andere ist zwingend. Das betrifft va die Voraussetzungen über die Einleitung und Einstellung des Insolvenzverfahrens, deren Organe einschließlich deren Aufgaben, die Beteiligten, die Massegläubiger, 20 die Teilnahmerechte – es sei denn, dass die Planregelung zusammen mit den Schutzmöglichkeiten gem. §§ 245, 251, 253 angemessenen Ersatz bietet – sowie schließlich die Wirkungen und Rechtshandlungen während des Verfahrens (so jeweils auch: HK-InsO/*Haas* Rn. 7; HambK-InsO/*Thies* Rn. 8 ff.). Auch das Planverfahren selbst ist nicht dispositiv. Ein abgekürztes Bestätigungsverfahren über einen vom Schuldner außerhalb eines Insolvenzverfahrens mit den (meisten) Gläubigern abgestimmten Plan, ist bisher nicht vorgesehen („pre-voted bankruptcy", *Madaus* NZI 2011, 622).

IV. Insolvenzpläne für kammergebundene Berufsträger

21 Die meisten (außer BÄO) Standesvorschriften für **kammergebundene Berufsträger** enthalten Bestimmungen zum Widerruf der Berufszulassung (zB § 14 Abs. 2 Nr. 7 BRAO, § 46 Abs. 2 Nr. 4 StBerG, § 20 Abs. 2 Nr. 5 WPO, § 21 Abs. 2 Nr. 8 PAO) bzw. zur Amtsenthebung (§ 50 Abs. 1 Nr. 6 BNotO) bei Vermögensverfall (ausf. dazu: Schmittmann ZInsO 2006, 419; s. ferner: Paul ZInsO 2011, 610 [613]). Der wird in der Regel vermutet, wenn über das Vermögen des Berufsträgers ein Insolvenzverfahren eröffnet wurde. **Geordnete Vermögensverhältnisse** sind erst dann wiederhergestellt, wenn dem Schuldner die Restschuldbefreiung angekündigt wurde (§ 291) oder ein vom Insolvenzgericht bestätigter Insolvenzplan (§ 248) oder angenommener Schuldenbereinigungsplan (§ 308) vorliegt, bei dessen Erfüllung der Schuldner von seinen übrigen Verbindlichkeiten befreit wird (BGH 16.3.2015 – AnwZ (Brfg) 47/14, BeckRS 2015, 07398; BGH ZInsO 2010, 1380 Rn. 12; NZI 2012, 106 Rn. 8; s. aber für den Notar, dessen Amtsenthebung mit schwerwiegenderen Folgen verbunden ist BVerfG NJW 2005, 3057 [3058]: Berücksichtigung der Zeit für Planvorbereitung). Die Darlegungs- und Feststellungslast hierfür trägt der Berufsträger (BFH/NV 2007, 1360 Rn. 8; BGH NZI 2004, 342 [343]; HambK-InsO/*Thies* Vorb. zu §§ 217 ff. Rn. 9). Das Verfahren über die vorläufige Amtsenthebung eines Notars ist nicht zurückzustellen, um dem Schuldner Gelegenheit zu geben, seine finanziellen Verhältnisse gestützt auf ein Insolvenzplanverfahren wieder zu ordnen (BGH NJW 2007, 1287 Rn. 11). Für den Widerruf einer Anwaltszulassung ist seit dem 1.9.2009 allein auf den Zeitpunkt des Abschlusses des behördlichen Widerrufsverfahrens abzustellen (BGH NJW 2011, 3234 Rn. 9 f.; NZI 2012, 106 Rn. 7). Die Fortführung der Tätigkeit ohne zeitliche Unterbrechung lässt sich daher nur über einen Insolvenzplan gewährleisten, der unmittelbar mit der Antragstellung vorgelegt und einer schnellen Abstimmung zugeführt wird („prepackaged plan"; Musterinsolvenzplan bei: *Ehlers/Schmid-Sperber* ZInsO 2008, 879).

V. Verfahrensübergreifende Insolvenzpläne

22 Ein Insolvenzplan bezieht sich nur auf das jeweilige Insolvenzverfahren (§ 217 S. 1) mit den dort Beteiligten (§§ 220 Abs. 2, 222 Abs. 1). Andere als die jeweiligen Verfahrensbeteiligten können durch gesonderte Erklärung dem Plan zwar beitreten (§ 230 Abs. 3). Auch können mit Dritten zu treffende Regelungen im Plan als Bedingung für die Verfahrensaufhebung vereinbart werden (§ 249). Es gibt jedoch **keinen verfahrensübergreifenden Insolvenzplan für mehrere Schuldner** (MüKoInsO/*Eidenmüller* Vor §§ 217–269 Rn. 37 ff.). Das gilt bei einer Insolvenz über das Vermögen einer GmbH & Co. KG, bei der das GmbH-Verfahren und das KG-Verfahren selbständig abzuwickeln sind (zum Petitum einer Simultaninsolvenz *Karsten Schmidt* FS Binz, 2014, 624 [634 ff.]) genauso wie bei Konzerninsolvenzen. Der Gesetzentwurf zu Konzerninsolvenzen (BT-Drs. 18/407, 1 ff.) sieht in § 269h InsO-E nur einen Koordinationsplan vor, der ein „Programmplan" für die beteiligten Verwalter ist, während die erforderlichen

Rechtsänderungen weiterhin der Einzelpläne bedürfen (BT-Drs. 18/407, 39). Dem ist der Koordinationsplan nur dann zwingend zugrunde zu legen, wenn die Gläubigerversammlung im planbetroffenen Verfahren dies beschließt, ansonsten besteht weiterhin Gestaltungsfreiheit (§ 209i Abs. 2 InsO-E; zu den Einzelheiten Flöther/*Pleisler,* HdB Konzerninsolvenzrecht, 2015, § 5 Rn. 29 ff.). Eine zeitliche Abstimmung der Einzelpläne wird durch einen Konzerngerichtsstand erleichtert. Durch unterschiedliche Rechtsmittel kann ein Gleichlauf aber gestört werden. Eine rechtliche Verknüpfung ist möglich, indem die Verfahrensaufhebung bei einer Gesellschaft an die Verfahrensaufhebung bei anderen Gesellschaften in Form einer Bedingung verknüpft wird, während die dortige Verfahrensaufhebung von der (rechtskräftigen) Bestätigung des Hauptplans abhängig gemacht werden kann.

Besonders gravierend sind die Konsequenzen für länderübergreifende **Haupt- und Sekundärinsolvenzverfahren** gem. Art. 27 EuInsVO. Die Verfahren sind selbständig nach den im jeweiligen Land geltenden Rechtsvorschriften abzuwickeln (Art. 28 EuInsO; MüKoInsO/*Eidenmüller* Vor §§ 217–269 Rn. 47). Es bestehen nur Kooperations- und Unterrichtungspflichten (Art. 31 EuInsO). Auch die beabsichtigte Ergänzung der EuInsVO um Regelungen für Konzerninsolvenzen sieht wie der deutsche Gesetzentwurf keinen verbindlichen Konzerninsolvenzplan vor, sondern beschränkt sich auf ein Koordinationsverfahren (*Vallender* ZInsO 2015, 57 [60, 62]; Flöther/*Undritz,* HdB Konzerninsolvenzrecht § 8 Rn. 103 ff.). Die Sekundärinsolvenzverfahren sollen zwar künftig zurückgedrängt werden (*Wimmer,* jurisPR – InsR 7/2015, Anm. 1). So kann der für das Hauptverfahren bestellte Verwalter beantragen, die Entscheidung über die Eröffnung des Sekundärverfahrens für bis zu drei Monate auszusetzen (Art. 38 EuInsVO nF). Außerdem darf er den lokalen Gläubigern zusichern, sie hinsichtlich der einem Sekundärverfahren unterfallenden Vermögenswerte so zu stellen, als wenn ein solches Verfahren durchgeführt werden würde (Art. 36 EuInsVO nF, **„synthetisches Sekundärverfahren"**), was Auswirkungen auf die Gruppenbildung und den Minderheitenschutz bzw. die Beschwerdebegründung hat. Ob diese Instrumentarien praxistauglich sind, muss bezweifelt werden (*Brinkmann* KTS 2014, 381 [395 ff.]). Ein Insolvenzplan in einem deutschen Verfahren kann jedenfalls die Gläubiger nicht hindern, im ausländischen Verfahren Befriedigung zu suchen und umgekehrt, obwohl es nur einen einzigen Schuldner gibt und obwohl die Planregelungen nach deutschem Recht für und gegen alle Beteiligte wirken, § 254 Abs. 1. Insofern werden die im ausländischen Verfahren geltend gemachten Ansprüche wie solche gegen Mitschuldner und Bürgen behandelt, die analog § 254 Abs. 2 durch den Plan nicht berührt werden. Es bleibt nur die Möglichkeit, wie bei nationalen Konzerninsolvenzen die Pläne durch eine Bedingung gem. § 249 miteinander zu verknüpfen. 23

Vorlage des Insolvenzplans

218 (1) [1]**Zur Vorlage eines Insolvenzplans an das Insolvenzgericht sind der Insolvenzverwalter und der Schuldner berechtigt.** [2]**Die Vorlage durch den Schuldner kann mit dem Antrag auf Eröffnung des Insolvenzverfahrens verbunden werden.** [3]**Ein Plan, der erst nach dem Schlußtermin beim Gericht eingeht, wird nicht berücksichtigt.**

(2) **Hat die Gläubigerversammlung den Verwalter beauftragt, einen Insolvenzplan auszuarbeiten, so hat der Verwalter den Plan binnen angemessener Frist dem Gericht vorzulegen.**

(3) **Bei der Aufstellung des Plans durch den Verwalter wirken der Gläubigerausschuß, wenn ein solcher bestellt ist, der Betriebsrat, der Sprecherausschuß der leitenden Angestellten und der Schuldner beratend mit.**

Übersicht

I. Normzweck

1 § 218 regelt das Planinitiativrecht. Er beruht auf dem Gedanken, dass eine bestmögliche Befriedigung am besten durch einen **Wettbewerb der Beteiligten um die Verwertungsvarianten** erzielt wird (BT-Drs. 12/2443, 92). Der RegEInsO hatte noch vorgesehen, dass der Verwalter einen Plan nur im Auftrag der Gläubigerversammlung vorlegen dürfe, ansonsten aber dazu wesentliche Gläubigergruppen, der Schuldner und ggfls. an ihm wesentlich beteiligte Gesellschaftergruppen berechtigt seien (BT-Drs. 12/2443, 49 f.). Die Gesetz gewordene Fassung des § 218 basiert auf dem Bestreben des Rechtsausschusses, das **Verfahren zu vereinfachen** und praktische Schwierigkeiten bei konkurrierenden Insolvenzplänen zu vermeiden (BT-Drs. 12/7302, 181 f.).

II. Vorlageberechtigung

2 Das Vorlagerecht haben ausschließlich der **Insolvenzverwalter** und der **Schuldner** (Absatz 1 Satz 1). Andere Beteiligte haben dieses Recht nicht, insbes. einzelne Gläubiger nicht (BGH NZI 2005, 619 [620]) und der Sachwalter in der Eigenverwaltung nur, wenn er von der Gläubigerversammlung beauftragt wurde (§ 284 Abs. 1). Ein Plan ist schriftlich (arg. e § 234) bis **spätestens zum Ende des Schlusstermins** einzureichen.

3 **1. Schuldner.** Der Schuldner kann die Vorlage mit dem Eröffnungsantrag verbinden **(Absatz 1 Satz 2).** Er hat bei beabsichtigter Vorlage eines Insolvenzplans in aller Regel keinen Anspruch auf **Anwaltsbeiordnung** nach § 4a Abs. 2 S. 1 (LG Bochum NZI 2003, 167 [168]; anders: LG Bonn ZInsO 2010, 61). Ein solcher kommt ohnehin nur bei Kostenstundung nach §§ 4a f. in Betracht, da diese Vorschriften die PKH-Regelungen der ZPO (inkl. § 121 Abs. 2 ZPO) verdrängen.

4 Der Schuldner hat in der Regelabwicklung **keinen Kostenerstattungsanspruch** gegen die Masse (BGH NZI 2008, 173 Rn. 21). Da er nicht mehr verfügungsbefugt ist, könnte der Anspruch nur auf einem gesetzlichen Schuldverhältnis beruhen, das der BGH unter Bezugnahme auf die Gesetzesmotive verneint. Das schließt jedoch im Einzelfall eine Zustimmung des vorläufigen Insolvenzverwalters bzw. Auftragserteilung des endgültigen Verwalters an Berater zur Unterstützung eines Schuldnerplans nicht aus, wenn realistische Aussichten auf eine bessere Befriedigung der Gläubiger im Planverfahren als im Wege der Regelinsolvenz bestehen (BGH aaO). Eine dahingehende Verpflichtung trifft den Verwalter aber nicht (MüKoInsO/*Eidenmüller* Rn. 99; HambK-InsO/*Thies* Rn. 4a; Uhlenbruck/*Lüer/Streit* Rn. 48). Möglich ist ein im **Plan geregelter Kostenersatz** (MüKoInsO/*Eidenmüller* Rn. 97). Anders ist es in der Eigenverwaltung, weil die Aufträge an Berater formaljuristisch mit Wirkung gegen die

Masse erteilt werden (§§ 80, 55 Abs. 1 Nr. 1) und die Kosten des schuldnerischen Geschäftsbetriebs zulasten der Masse gehen (*Hölzle* ZIP 2012, 855 [856 ff.]). Die Grenze ist die Insolvenzzweckwidrigkeit. Soweit ein Insolvenzverwalter dieselben Kosten veranlasst hätte, darf das auch der Schuldner. Gleiches gilt für die Aufwendungen, die der Schuldner veranlasst und beglichen hat, bevor seine Verfügungsbefugnis durch Sicherungsmaßnahmen oder die Verfahrenseröffnung beschränkt wurde. In Betracht kommt dann allerdings eine Haftung der Geschäftsleitung wegen Masseschmälerung (§§ 64 S. 1 GmbHG, 93 Abs. 3 Nr. 6 AktG) und eine Insolvenzanfechtung (vgl. BGH NZI 2008, 173; 2006, 469). Für beides kommt es auf den unmittelbaren zeitlichen Zusammenhang zwischen Leistung und Vergütung sowie darauf an, ob die Planvorbereitungen die Befriedigungsaussichten in einem Maße verbessern könnten, das in einem angemessenen Verhältnis zur Kostenhöhe steht.

Juristische Personen werden bei der Planvorlage durch ihre Organe vertreten 5
(HK-InsO/*Haas* Rn. 7; MüKoInsO/*Eidenmüller* Rn. 71 ff.), **Personengesellschaften** durch die vertretungsberechtigten Gesellschafter, wobei ohne abweichende Regelung sämtliche Gesellschafter vertretungsberechtigt werden (§§ 730 Abs. 2 BGB, 146 Abs. 1 HGB; MüKoInsO/*Eidenmüller* Rn. 71; Uhlenbruck/*Lüer/Streit* Rn. 11; HK-InsO/*Haas* Rn. 9). Sind mehrere Personen unabhängig voneinander vertretungsberechtigt, müssen sie nicht gemeinschaftlich handeln (HK-InsO/*Haas* Rn. 7; Kübler/Prütting/Bork/*Spahlinger* Rn. 27; Uhlenbruck/*Lüer/Streit* Rn. 9 ff.; aA MüKoInsO/*Eidenmüller* Rn. 76 f.; HambK-InsO/*Thies* Rn. 4 sowie hier in der Vorauflage). Anderenfalls würde einem Vertreter eine Blockadeposition eingeräumt werden. Da nach der hier vertretenen Ansicht (→ § 225a Rn. 38, → § 238a Rn. 3) die Gesellschafter über den Insolvenzplan entscheiden können, kann es zur **Vorlage mehrerer Schuldnerpläne** nur dann kommen, wenn die Gesellschafter kein Interesse an einem Planverfahren haben. Die Vorlage mehrerer Pläne eines Planinitiators sieht das Gesetz zwar nicht ausdrücklich vor und wird wegen der damit verbundenen Rechtsunsicherheit für unzulässig gehalten (MüKoInsO/*Eidenmüller* Rn. 76; HambK-InsO/*Thies* Rn. 4). Es ist jedoch durchaus denkbar, hiermit genauso wie mit der Vorlage von Alternativplänen zu verfahren.

Von der Vertretungsbefugnis bei der Planvorlage zu unterscheiden ist die **Entscheidungsbefugnis über den Planinhalt.** Die Wahrnehmung von Verfahrensrechten gehört zum insolvenzfreien Bereich. Die Willensbildung richtet sich nach den gesellschaftsrechtlichen Vorschriften. Das gilt auch in der Eigenverwaltung. § 276a, der den Einfluss der Gesellschaftsorgane auf die Geschäftsführung beschränkt, gilt nicht für den insolvenzfreien Bereich (→ § 276a Rn. 3)und damit nicht für die Planvorlage (HK-InsO/*Haas* Rn. 7 f.; *ders.* FS Kübler, 2015, 203 [209]; aA MüKoInsO/*Eidenmüller* Rn. 81; Graf-Schlicker/*Kebekus/Wehler* § 218 Rn. 4 für Fortführungsplan; *Hölzle* ZIP 2012, 855 [856]; Kübler/Prütting/Bork/*Spahlinger* Rn. 30; *Meyer* ZInsO 2013, 2361 [2363, 2367]; Uhlenbruck/*Lüer/Streit* Rn. 10). Da die wesentlichen Planbedingungen Grundlagenentscheidungen sind, haben die Gesellschafter auch darüber zu befinden. Das gilt selbst für die AG, bei der wegen der strukturändernden Bedeutung § 119 Abs. 2 AktG nicht anwendbar ist (HK-InsO/*Haas* Rn. 8). Die Ablehnung einer Planvorlage ist hingegen für die Geschäftsführung nicht bindend, weil ein Verzicht nicht unzulässig in die Gestaltungsrechte der Gesellschafter eingreift. Unklar ist, ob die Geschäftsführung in der Eigenverwaltung durch einzelne Verwaltungsmaßnahmen wie zB Verkäufe wesentlicher Gegenstände den Plan unterlaufen darf, falls sie die inhaltlichen Vorstellungen der Gesellschafter nicht teilt. Ihre Entscheidungsfreiheit iRd § 276a sollte im selben Umfang geschützt sein wie die eines Fremdverwalters bei Vorlage eines Schuldnerplans unter Berücksichtigung des gem. § 233 möglichen Verbots planzielwidriger Verwertungen.

Von der Vertretungsbefugnis bei der Planvorlage zu unterscheiden ist die **Ent-** 6

7 Die **Planvorbereitung** ist das Stadium, in dem die **Treuepflicht** bzw. der **Minderheitenschutz** Bedeutung erlangen (HK-InsO/*Haas* Rn. 8), nicht erst beim Stimmverhalten im Abstimmungstermin oder gar bei der Abgrenzung zwischen zulässigen und unzulässigen Gestaltungen gem. § 225a Abs. 3 (→ § 225a Rn. 35 ff.). Die Treuepflicht ist bei einem Fortführungsplan keineswegs auf das Verteilungsinteresse gem. § 199 reduziert (*Meyer* DB 2015, 538 [540]; *Schäfer* ZIP 2015, 1208 [1211]; aA HK-InsO/*Haas* Rn. 8), da es nicht um Verteilung, sondern um Reorganisation geht, die Mitverwaltungsrechte also neben den Vermögensrechten zum Tragen kommen. Erst nach der Planvorlage sind die Einflussmöglichkeiten der dissentierenden Gesellschafter auf die planverfahrensrechtlichen Möglichkeiten beschränkt. Können sich die Gesellschafter nicht auf einen Planinhalt verständigen und ist die Weisungsgebundenheit der Geschäftsführer nicht durch ein Desinteresse am Plan entfallen, kann entweder die Gläubigerversammlung einen solchen beauftragen oder eine Eigenverwaltung als nachteilig ablehnen (§ 272), so dass nach dem Wechsel in das Regelverfahren der Insolvenzverwalter das Initiativrecht erlangt. Weder er noch die Gesellschafterversammlung müssen eine Treuepflicht zwischen den Gesellschaftern berücksichtigen. Durch einen Gesellschafterstreit schädigen sich somit die Gesellschafter selbst, was in Anbetracht des Zeitdrucks auf eine Einigung hinwirkt. Die Mehrheitserfordernisse entsprechen den für satzungsändernde Beschlüsse geltenden Anforderungen, so dass bei Personengesellschaften ohne eine (zulässige) Mehrheitsklausel Einstimmigkeit notwendig ist (Uhlenbruck/*Lüer/Streit* Rn. 11).

8 **2. Insolvenzverwalter.** Der **Insolvenzverwalter** hat ein Vorlagerecht, jedoch **nicht der vorläufige Verwalter,** wenngleich er in der Praxis oft einen Plan vorbereitet, den er später als personenidentischer Insolvenzverwalter vorlegt (Uhlenbruck/*Lüer/Streit* Rn. 6 f.; MüKoInsO/*Eidenmüller* Rn. 33). Das Vorlagerecht des Verwalters ist ein **eigenständiges Initiativrecht.** Er kann einen Plan ohne und sogar gegen den Willen der Gläubigerversammlung („Negativbeschluss") einreichen (Uhlenbruck/*Lüer/Streit* Rn. 4; HambK-InsO/*Thies* Rn. 11; Kübler/Prütting/Bork/*Spahlinger* Rn. 11; aA MüKoInsO/*Eidenmüller* Rn. 31; HK-InsO/*Haas* Rn. 14), bzw. zusätzlich zu einem im Auftrag der Gläubigerversammlung erstellten Plan (Uhlenbruck/*Lüer/Streit* Rn. 5; HambK-InsO/*Thies* Rn. 11; Braun/*Braun/Frank* Rn. 3). Praktisch relevant werden unterschiedliche Pläne nur, wenn der Verwalter von Vorgaben der Gläubigerversammlung abweichen will. Dazu ist er nicht befugt. Zwar sind planverbindlich nur die Entscheidungen im Abstimmungstermin mit den in § 244 genannten Mehrheiten. Das könnte die Gläubigerversammlung mit der dort allein ausreichenden Summenmehrheit (§ 76 Abs. 2) unterlaufen, die schon durch gesicherte Gläubiger gebildet werden kann. Gleichwohl hat die Gläubigerversammlung die größere Legitimation für Vorgaben zum Planinhalt. Sieht der Verwalter in solchen Vorgaben das Interesse der nach §§ 243 f. zu bildenden Mehrheit nicht gewahrt, kann er einen eigenen konkurrierenden Plan vorlegen. Damit sind drei Pläne denkbar: Schuldnerplan, Verwalterplan und Gläubigerauftragsplan, über die jeweils gesondert abzustimmen ist (→ Rn. 10). Der Sachwalter in der Eigenverwaltung hat ein solches Initiativrecht hingegen nicht (§ 284 Abs. 1), sondern kann nur im Auftrag handeln.

9 **Unterlässt der Insolvenzverwalter** trotz erkennbarer Aussichten für eine Besserstellung der Beteiligten gegenüber der Regelabwicklung **die Planvorlage,** kann das unter den Voraussetzungen des § 60 eine **persönliche Haftung** begründen (HK-InsO/*Haas* Rn. 13). Das wird insbes. relevant, wenn sonst die Verwertung nicht übertragbarer Vermögensgegenstände scheitert.

10 **3. Planvorlage im Auftrag der Gläubigerversammlung.** Der Insolvenzverwalter hat im **Berichtstermin** darzulegen, welche Möglichkeiten für einen Insolvenzplan bestehen **(§ 156 S. 2).** In diesem Termin oder auch später kann die

Gläubigerversammlung den Insolvenzverwalter beauftragen, „*einen Insolvenzplan auszuarbeiten und ihm das Ziel des Plans vorgeben.*" Sie kann ihre Entscheidungen in einem weiteren Termin **ändern** (§ 157 S. 3), was auch die erstmalige Beauftragung umfasst, wenn vorher darüber nicht beschlossen wurde. Die Vorlage durch den Verwalter hat gem. § 218 Abs. 2 binnen angemessener Frist zu erfolgen. Die Frist richtet sich nach dem Einzelfall, sollte aber analog § 270b Abs. 1 drei Monate nur überschreiten, solange bei einem Fortführungsplan die Voraussetzungen für eine dauerhafte Aufrechterhaltung der Gesellschaft noch nicht eingetreten sind. Legt der Verwalter nicht fristgerecht vor, kann das Insolvenzgericht Aufsichtsmaßnahmen ergreifen (§§ 58, 59; HK-InsO/*Haas* Rn. 13; Uhlenbruck/*Lüer/Streit* Rn. 21 f.). Die Gläubigerversammlung kann dem Verwalter **inhaltliche Vorgaben** machen (HambK-InsO/*Thies* Rn. 10; Kübler/Prütting/Bork/*Spahlinger* Rn. 17; einschränkend: MüKoInsO/*Eidenmüller* Rn. 16 ff.). Die Gegenmeinung, die auf das fehlende Planinitiativrecht der Gläubiger verweist, ist abzulehnen, weil die Gläubiger – jetzt neben den Anteilsinhabern – ohnehin über die Annahme entscheiden müssen.

4. Sachwalter. Der bei einer Eigenverwaltung bestellte Sachwalter ist als Plan- 11
initiator nicht in § 218 genannt, aber dann vorlageberechtigt, wenn er einen **Auftrag der Gläubigerversammlung** erhält (§ 284 S. 1). Insofern hat er zwar kein Initiativrecht über das „Ob" der Planvorlage, wohl aber ein Gestaltungsrecht beim Planinhalt, soweit die Gläubigerversammlung keine Auflagen erteilt. Richtet die Gläubigerversammlung den Auftrag an den Schuldner, hat der Sachwalter beratend mitzuwirken (§ 284 S. 2).

5. Konkurrierende Pläne. Werden konkurrierende Pläne (zB Auftragsplan, 12
Verwalterplan, Schuldnerplan) vorgelegt, kann naturgemäß **nur ein Plan** die Verhältnisse für alle Beteiligten **bindend** gestalten. Deshalb schließt ein rechtskräftig bestätigter Plan alle anderen Pläne aus (MüKoInsO/*Eidenmüller* Rn. 201; Uhlenbruck/*Lüer/Streit* Rn. 19). Andererseits ist ein Planwettbewerb sinnvoll; denn für die Annahme eines Obstruktionsverbots müssen die Beteiligten nicht nur mindestens so gestellt werden wie bei der Regelabwicklung, sondern auch noch angemessen von einem Planmehrwert profitieren (§ 245 Abs. 1 Nr. 1 und 2). Was angemessen ist, lässt sich am besten feststellen, wenn mehrere „Angebote" zur Wahl stehen. Derselbe Verfasser kann sogar mehrere Alternativpläne vorlegen (HambK-InsO/*Thies* Rn. 5; MüKoInsO/*Eidenmüller* Rn. 119 ff.: nur bei Eventualverhältnis); denn er kann einen Plan noch im Abstimmungstermin ändern. Deshalb ist es auch sinnvoll, dass er von vornherein eine Variante vorlegen darf. Das erleichtert den Beteiligten die Vorbereitung, fördert in der Praxis aber auch den „Diskussionsbedarf". Zur **Abstimmung** darf jedoch nur einer der konkurrierenden Pläne gestellt werden (Kübler/Prütting/Bork/*Spahlinger* Rn. 37). Anders verhält es sich mit einem Plan, der im Auftrag der Gläubigerversammlung erstellt werden muss. Über ihn kann zusätzlich zu dem Plan abgestimmt werden, der kraft des eigenen Initiativrechts vom Verwalter bzw. Schuldner (§ 284 Abs. 1) eingereicht wird (Kübler/Prütting/Bork/*Spahlinger* Rn. 39). Für jeden Plan ist das Verfahren durchzuführen (→ § 235 Rn. 10). Ob anschließend schon ein bestätigter (so Kübler/Prütting/Bork/*Spahlinger* Rn. 41; HambK-InsO/*Thies* § 235 Rn. 5) oder erst ein rechtskräftiger (so Uhlenbruck/*Lüer/Streit* Rn. 19; MüKoInsO/*Eidenmüller* Rn. 201) Plan das weitere Verfahren für die anderen Pläne ausschließt, ist umstr. Wird allein auf die Rechtskraft eines von mehreren bestätigten Plänen abgestellt, würde das Verfahrensergebnis davon abhängen, ob ein Beteiligter überhaupt ein Rechtsmittel einlegt und wie schnell dazu Entscheidungsreife eintritt. Einer solchen Willkür ist keine materielle Gerechtigkeit zu entnehmen. Sinnvoller ist es, dass das Insolvenzgericht möglichst einen Abstimmungstermin für sämtliche Alternativpläne anberaumt bzw. bei nicht gleichzeitiger Planvorlage innerhalb des

Terminierungsspielraums (vgl. §§ 235 Abs. 1, 252 Abs. 1) mit der Bestätigung so lange wartet, bis über die in diesem Rahmen berücksichtigungsfähigen Pläne abgestimmt wurde. Bestätigen darf es dann nur den Plan mit der größten Legitimation (→ § 235 Rn. 10). Erst eine rechtskräftige Aufhebung dieses Bestätigungsbeschlusses oder eine Planrücknahme (→ Rn. 15) ermöglicht die Bestätigung des anderen, zunächst nicht bestätigten Plans.

III. Mitwirkungsrechte und -pflichten

13 Der Verwalter muss die in Absatz 3 genannten Personen und Gremien durchgehend konsultieren und informieren. Sie trifft jedoch **keine Mitwirkungspflicht** (HK-InsO/*Haas* Rn. 18; Braun/*Braun/Frank* Rn. 6; aA HambK-InsO/*Thies* Rn. 14; MüKoInsO/*Eidenmüller* Rn. 48 f.). Etwas anderes gilt nur für den **Schuldner** und dessen Organe, deren **Mitwirkungspflicht** aus §§ 97, 101 Abs. 1 folgt. Für die Mitberatung gibt es keine gesonderte Vergütung, sie wird – für den Gläubigerausschuss und den Betriebsrat bzw. Sprecherausschuss – durch das Honorar nach § 73 InsO, §§ 37, 40 BetrVG oder § 14 SprAG abgedeckt (HK-InsO/*Haas* Rn. 18; Uhlenbruck/*Lüer/Streit* Rn. 38). Die praktische Bedeutung des Abs. 3 ist gering, da der Verwalter sich bei der Planerstellung ohnehin mit den wichtigen Beteiligten abstimmen wird. Er ist jedoch nicht an deren Auffassung gebunden.

IV. Planänderungen/Planrücknahme

14 Eine **Änderung** des – durch die Gläubigerversammlung bereits angenommenen – Insolvenzplans ist **nach § 221 S. 2** (eingefügt durch das ESUG) bei offensichtlichen Fehlern möglich (→ § 221 Rn. 6). Vor der Annahme sind Änderungen iRd § 240 ohne Weiteres zulässig, danach gem. § 221 S. 2 nur bei offensichtlichen Fehlern, wenn der Verwalter dazu im Plan ermächtigt wurde. Mit sog **Änderungsklauseln** kann im Insolvenzplan die Möglichkeit vorgesehen werden, auch noch nach rechtskräftiger Bestätigung notwendige Änderungen vorzunehmen, sofern die Gläubiger dadurch nicht schlechter gestellt werden als ohne Plan (näher: MüKoInsO/*Eidenmüller* Rn. 159 ff., § 221 Rn. 76 f.).

15 Eine **Planrücknahme** wird teilw. bis zur rechtskräftigen Bestätigung des Plans für zulässig gehalten (Uhlenbruck/*Lüer/Streit* Rn. 41; HambK-InsO/*Thies* Rn. 15), teilw. nur bis zum Abstimmungsbeginn (HK-InsO/*Haas* § 240 Rn. 12; MüKoInsO/*Eidenmüller* Rn. 151), teilw. auch nach einer noch nicht rechtskräftigen Bestätigung durch das Insolvenzgericht (BGH ZInsO 2009, 2113 Rn. 2) oder gar nach der Rechtskraft dieser Bestätigung (AG Frankfurt/O DZWIR 2006, 87) unter der Voraussetzung, dass die Beteiligten zustimmen (BGH ZInsO 2009, 2113 Rn. 2; *Paul* ZInsO 2010, 1134 [1135]: Zustimmung der Gläubigerversammlung genügt. Für ihre Entscheidungen gelten jedoch andere Mehrheitserfordernisse als bei der Abstimmung nach Gruppen). Erklärungen der Beteiligten werden erst mit Rechtskraft der Planbestätigung wirksam (§§ 254 Abs. 1, 254a Abs. 1). Die Plannahme genügt noch nicht, und zwar unabhängig davon, ob nur alle Gruppen oder jeder einzelne Beteiligte zugestimmt hat (unklar *Madaus* KTS 2012, 27 [57 f.] zur zivilrechtlichen Wirksamkeit). Da der Plan ein spezifisch verfahrensrechtliches Instrument ist (→ § 217 Rn. 5), sind die Befugnisse auch verfahrensrechtlich zu interpretieren (*Madaus* KTS 2012, 27 [57 f.]). Auf den Zeitpunkt, in dem eine Willenserklärung zivilrechtlich bindend geworden ist (§ 145 BGB), kommt es nicht an. § 269 ZPO, wonach eine Klagerücknahme nach Beginn der mündlichen Verhandlung nur noch mit Einwilligung des Beklagten zurückgenommen werden darf, ist nicht gem. § 4 analog anwendbar. Es gibt keinen mit dem des Beklagten vergleichbaren Schutzbedarf der Beteiligten. IÜ bedarf es selbst im

streitigen Zivilprozess keiner Einwilligung, solange die Sache vor dem Stellen der Anträge nur erörtert wurde (Zöller/*Greger* ZPO § 269 Rn. 13). Eine Zäsur, wie sie § 297 ZPO mit der förmlichen Antragstellung vorsieht, gibt es im Planverfahren nicht. Ablehnende Beteiligte müssen keinen Antrag stellen. Um sich den Rechtsmittelweg offenzuhalten, reicht es aus, dass sie gegen den Plan votieren und einen Widerspruch im Abstimmungstermin erklären (→ § 253 Rn. 9, 13). Eine Rücknahme des Plans kann der Initiatior somit noch bis zur Rechtskraft der Bestätigung erklären. Diese Rücknahmemöglichkeit ist in der Praxis wichtig, wenn parallel zur Beschwerde geführte Verhandlungen zeigen, dass ein nachgebesserter Plan konsensfähig ist. Bei einem **Auftragsplan** (§ 157 S. 2) bedarf der Verwalter zur Rücknahme keines Beschlusses der Gläubigerversammlung, weil sie nicht in die verfahrensrechtliche Position des Verwalters eintritt (MüKoInsO/*Eidenmüller* Rn. 148; aA HambK-InsO/*Thies* Rn. 15). Davon unberührt bleiben seine Haftung wegen eines verzögerungsbedingten Schadens und Aufsichtsmaßnahmen des Gerichts (§§ 58 f.). Hat der Schuldner den Plan vorgelegt, sind zur Rücknahme die gesellschaftsrechtlich vertretungsberechtigten Personen berechtigt, für deren Geschäftsführungsbefugnis das Gleiche wie für die Planvorlage gilt (→ Rn. 5).

Gliederung des Plans

219 [1] **Der Insolvenzplan besteht aus dem darstellenden Teil und dem gestaltenden Teil.** [2] **Ihm sind die in den §§ 229 und 230 genannten Anlagen beizufügen.**

Der Insolvenzplan muss zumindest aus **drei Teilen** bestehen: dem darstellenden Teil (§ 220), dem gestaltenden Teil (§ 221) und ggf. den Anlagen sowohl des § 229 (Vermögensübersicht, Ertrags- und Finanzplanung) als auch des § 230. **Der darstellende Teil** informiert die Beteiligten sowie das Gericht und dient ihnen als **Entscheidungsgrundlage. Der gestaltende Teil** legt fest, wie die **Rechtsstellung** der Beteiligten geändert werden soll. Diese Wirkungen treten später mit Rechtskraft der Bestätigung des Insolvenzplans unmittelbar für und gegen sie ein (§ 254 Abs. 1). Die **Gliederungsvorgaben** sind hinsichtlich der Teile zwingend, hinsichtlich des Umfangs jedoch eine Frage der Entscheidungserheblichkeit für die Beteiligten (§ 220 Abs. 2) und das Gericht bei einer Zustimmungsersetzung (§ 245) oder einem Minderheitenschutzantrag (§ 251). Außerdem sind die Anforderungen an die **Bestimmbarkeit bzw. Bestimmtheit von Rechtsänderungen** zu berücksichtigen. Einen Vorschlag zu den einzelnen Gliederungspunkten hat das IdW in WPg 2000, 285 ff. unterbreitet. 1

Darstellender Teil[1]

220 (1) **Im darstellenden Teil des Insolvenzplans wird beschrieben, welche Maßnahmen nach der Eröffnung des Insolvenzverfahrens getroffen worden sind oder noch getroffen werden sollen, um die Grundlagen für die geplante Gestaltung der Rechte der Beteiligten zu schaffen.**

(2) **Der darstellende Teil soll alle sonstigen Angaben zu den Grundlagen und den Auswirkungen des Plans enthalten, die für die Entscheidung der Beteiligten über die Zustimmung zum Plan und für dessen gerichtliche Bestätigung erheblich sind.**

[1] § 220 Abs. 2 geänd. mWv 1.3.2012 durch G v. 7.12.2011 (BGBl. I S. 2582).

I. Normzweck

1 Die Bestimmung regelt den **Mindestinhalt** des darstellenden Teils. Die noch im RegE enthaltenen Vorschriften über einzelne Angaben wurden durch die Generalklausel des Absatz 2 ersetzt (BT-Drs. 12/2443, 50, 197; BT-Drs. 12/7302, 182). Mit dem Planverfahren sollen optimale Verwertungsentscheidungen ermöglicht werden. Dafür ist ein gleicher Zugang aller Beteiligter zu Informationen über den Zustand des Schuldners und die Verwertungschancen erforderlich (BT-Drs. 12/2443, 77). Durch das ESUG wurde in Absatz 2 das Wort *„Gläubiger"* durch das Wort *„Beteiligte"* ersetzt, um die Inhaber von Anteils- oder Mitgliedschaftsrechten in den Insolvenzplan einbeziehen zu können (§§ 217 S. 2, 225a).

II. Bisherige oder künftige Maßnahmen (Absatz 1)

2 Nach Absatz 1 sind **zunächst** die Maßnahmen anzuführen, mit denen **die wirtschaftlichen Voraussetzungen** der Plangestaltung geschaffen werden. Dazu gehören va die eingeleiteten und noch geplanten (Sanierungs-)Maßnahmen, die in einem der Unternehmensgröße entsprechenden Detaillierungsgrad (Beispiel: IDW S 6, IDW FN 2012, 719 Rn. 33 ff.) beschrieben werden müssen (Uhlenbruck/*Maus* Rn. 1; Kübler/Prütting/Bork/*Spahlinger* Rn. 8). Sie müssen Gericht und Beteiligte in die Lage versetzen, die Plausibilität der Planrechnungen zu überprüfen (*Horstkotte* ZInsO 2014, 1297 [1302]).

III. Sonstige Angaben (Absatz 2)

3 **1. Allgemeines.** Der darstellende Teil muss **sämtliche Angaben** enthalten, die für die Entscheidung der Beteiligten über die Zustimmung zum Plan und für dessen gerichtliche Bestätigung erheblich sind (Absatz 2), die die Beteiligten also **für ein sachgerechtes Urteil** über den Insolvenzplan, gemessen an ihren eigenen Interessen, benötigen (BGH NZI 2012, 139 Rn. 9; WM 2012, 1640 Rn. 9; Uhlenbruck/*Maus* Rn. 1).

4 Die Verwendung des Wortes *„soll"* in Absatz 2 bedeutet nicht, dass die geforderten Angaben fakultativ sind. Die Vorschrift ist nach ihrem Sinn und Zweck als **zwingende Regelung** zu lesen, ein gewisser Grundtatbestand an Informationen muss enthalten sein (BGH NZI 2012, 139 Rn. 10). Der **Umfang der Informationen** ist von der **Größe des** schuldnerischen **Vermögens** und insbes. des vom Schuldner betriebenen Unternehmens abhängig (BGH NZI 2010, 101 Rn. 3; 2010, 734 Rn. 43). Der Planersteller kann sich nicht darauf beschränken, nur diejenigen Informationen mitzuteilen, die „seinem" Plan zum Erfolg verhelfen. Da die Zustimmung zu einem Insolvenzplan eine **Investitionsentscheidung** der Beteiligten über die Insolvenzquote ist, können ergänzend die Anforderungen herangezogen werden, die die Rspr. an die Vollständigkeit von Informationen über Kapitalanlagen stellt, soweit es die Chancen und Risiken im Vergleich zur Regelabwicklung betrifft, wobei in Unternehmensinsolvenzen zu berücksichtigen ist, dass die Gläubiger idR Kaufleute sind mit einem gegenüber einem Anleger eingeschränkten Aufklärungsbedarf. Die in **§ 116 Nr. 2 GenG gesondert geregelte Information** über Nachschüsse hat nur deklaratorische Bedeutung. Unrichtige Angaben über Einkommen oder Vermögen des Schuldners stellen einen Verstoß gegen Absatz 2 dar und führen zu einer Versagung der Planbestätigung von Amts wegen (§ 250 Nr. 1; BGH WM 2012, 1640 Rn. 9).

5 **2. Mindestangaben.** Mindestangaben sind die bisherige Entwicklung mit Ursachenanalyse, rechtliche und wirtschaftliche Verhältnisse, Erläuterung der Gruppenbildung nach § 222, ggf. Unternehmens- und Sanierungskonzept (HK-InsO/

Haas Rn. 2, 5; HambK-InsO/*Thies* Rn. 4, 5), die Vermögensverhältnisse einschließlich der insolvenzbedingten Veränderungen (zB durch Erfüllungsablehnung schwebender Verträge oder durch Kündigungen), die steuerrechtlichen Belastungen sowie krisenrelevante Ansprüche gegen Insider (zB Gesellschafter, Geschäftsführer, Berater) und Dritte (Insolvenzanfechtung), meist bezeichnet als Sonderaktiva. Nicht bestehende oder unwahrscheinliche Ansprüche müssen nicht dargestellt werden (BGH NZI 2010, 734 Rn. 52, 56, 57). Zudem sind die Verzeichnisse nach §§ 151–153 (BGH WM 2012, 1640 Rn. 9) und der Bericht des Insolvenzverwalters nach § 156 Abs. 1 beizufügen (HK-InsO/*Haas* Rn. 7).

IV. Einzelheiten

Entscheidender Bestandteil des darstellenden Teils ist eine **Vergleichsrechnung,** in der das Ergebnis des Insolvenzplans dem der Regelabwicklung gegenüber gestellt wird (Uhlenbruck/*Maus* Rn. 3a; HK-InsO/*Haas* Rn. 3; HambK-InsO/*Thies* Rn. 7; MüKoInsO/*Eilenberger* Rn. 31). Denn das Gesetz basiert auf dem Grundgedanken, dass kein Beteiligter durch den Plan schlechter als ohne ihn gestellt werden darf (§§ 245 Abs. 1 Nr. 1, 247 Abs. 2 Nr. 1, 251 Abs. 1 Nr. 2; Uhlenbruck/*Lüer/Streit* Rn. 1, 4). Dazu sind die **Maßnahmen** darzustellen, die in **der Regelabwicklung** ergriffen werden würden (BGH NZI 2015, 697 Rn. 30). Es ist das **überwiegend wahrscheinliche Szenario** (vgl. § 245 Abs. 1 Nr. 1 und dort → § 245 Rn. 7 ff.; HambK-InsO/*Thies* Rn. 7; Kübler/Prütting/Bork/*Spahlinger* Rn. 21) zugrunde zu legen, bei mehreren Szenarien mit nicht nur geringfügiger Wahrscheinlichkeit bedarf es Alternativrechnungen, Fortführungswerte sind anzusetzen, auch wenn kein ernsthaftes Kaufangebot vorliegt (vgl. BT-Drs. 12/2443, 95: Glaubhaftmachung der besseren Verwertung). Außer der Vergleichsrechnung mit dem „worst case" bedarf es im Hinblick auf die angemessene Beteiligung am Planmehrwert, die Voraussetzung für ein Obstruktionsverbot ist, auch einer Darstellung des „fair case", also des „best case" mit einer Begründung für etwaige Abweichungen des Planinhalts vom Maximalergebnis. Damit werden die Beteiligten in die Lage versetzt, entweder im Erörterungstermin Nachbesserungen zu verlangen oder über die Einreichung eines Alternativplans zu befinden (HK-InsO/*Haas* Rn. 2). Neben der nach Absatz 1 erforderlichen Angabe der getroffenen und der zur Einreichung des Planergebnisses noch anstehenden Maßnahmen sollten auch diejenigen in Betracht kommenden Sanierungsmaßnahmen beschrieben werden (vgl. Uhlenbruck/*Lüer/Streit* Rn. 3), von denen Abstand genommen wurde. Für die Darstellungstiefe kommt es auf die Entscheidungserheblichkeit an. Besteht zwischen den Beteiligten Konsens über das Planergebnis oder ist das Planergebnis im Vergleich zum Ergebnis der Regelabwicklung so viel höher, dass eine Besserung offensichtlich nicht in Betracht kommt, bedarf es keiner umfangreichen Erläuterungen. 6

Schätzungsgrundlage ist das Verzeichnis der Massegegenstände nach § 151 Abs. 1, 2 (BGH NZI 2010, 734 Rn. 45). Vermögensgegenstände sind einzeln (zB Grundstücke) oder in Gruppen (zB Forderungen) anzugeben, je nach Entscheidungserheblichkeit. Umfassende Ausführungen zu Details der Vermögensgegenstände werden nicht verlangt (BGH NZI 2010, 734 Rn. 45, 48). Bei unklarer Sach- oder Rechtslage dürfen Erinnerungswerte angesetzt (BGH NZI 2015, 697 Rn. 37 f.) sowie auch Rückstellungen vorgenommen werden. Anzugeben sind Drittrechte, die auf den Vermögensgegenständen lasten, da jeder Plan die ab dem Berichtstermin beginnende Verwertungspflicht (§§ 158, 169) verändert und deshalb gem. § 222 Abs. 1 Nr. 1 für die Absonderungsberechtigten eine oder mehrere Gruppen gebildet werden müssen (*Horstkotte* ZInsO 2014, 1297 [1302 f.]). 7

Besonders wichtig ist die Darstellung von Ansprüchen, bei deren Durchsetzung **Interessenkonflikte** denkbar sind. Das gilt va – aber nicht nur – für die Organ- 8 haftung insbes. gem. §§ 64 GmbHG, 93 Abs. 3 AktG, die Haftung wegen Fehlern bei der Kapitalaufbringung und -erhaltung, Geschäfte mit den Gesellschaftern, insbes. im Konzern und die daraus resultierende Haftung (vgl. § 317 Abs. 3 AktG), Rechtsfolgen aus einer Gesellschafterbesicherung bzw. -finanzierung, eine etwaige Beraterhaftung und die Insolvenzanfechtung. Zwar ist bei unklarer Sach- oder Rechtslage keine abschließende Bewertung streitiger Ansprüche erforderlich (BGH NZI 2010, 734 Rn. 48 ff.). Deshalb muss auch nicht dargestellt werden, welche Anfechtungsprozesse aufgrund einer Ermächtigung des Verwalters gem. § 259 Abs. 3 nach Verfahrensaufhebung fortgeführt werden. Das kann seinem Ermessen anheim gestellt werden (BGH NZI 2015, 697 Rn. 35). Haftungsrelevante Sachverhalte dürfen aber nicht verschwiegen werden (BGH NZI 2010, 734 Rn. 58; *Buchalik/Hiebert* ZInsO 2014, 109 [114]; *Thole* ZIP 2014, 1653 [1659] zur Anfechtung). Gibt es keine Anhaltspunkte für derartige Ansprüche, muss der darstellende Teil eine Negativerklärung enthalten, weil das Gericht nur dann gem. § 231 Abs. 1 Nr. 1 die erforderliche Vollständigkeit beurteilen kann.

9 Im darstellenden Teil müssen mögliche **Versagungsgründe** für die Restschuldbefreiung nicht aufgeführt werden (BGH NZI 2009, 515 Rn. 25, 27; HK-InsO/*Haas* Rn. 4; Uhlenbruck/*Maus* Rn. 1), weil gem. §§ 251 Abs. 2, 290 Abs. 2, 297 Abs. 2 die diesbezügliche Darlegungs- und Beweislast bei den Gläubigern liegt (BGH NZI 2009, 515 Rn. 27; 2012, 139 Rn. 14). Vom Schuldner begangene **Insolvenzstraftaten** (§§ 283–283c StGB), die einen Versagungsgrund nach § 290 Abs. 1 Nr. 1 darstellen, müssen hingegen genannt werden, sofern sie bei einer Unternehmensfortführung für die Entscheidung der Gläubiger erheblich sind (BGH NZI 2012, 139 Rn. 8, 12; noch offengelassen von BGH NZI 2009, 515 Rn. 26; weitergehender: LG Berlin ZInsO 2008, 462; Uhlenbruck/*Maus* Rn. 6), wenn also die Planquote vom Fortführungsergebnis abhängt. Ebenso müssen andere persönliche Umstände offenbart werden, die sich für die Gläubiger wirtschaftlich auswirken können wie bspw. der Verlust von **personengebundenen Genehmigungen.** Der Widerruf der **Gewerbeerlaubnis** gem. § 35 GewO wegen wirtschaftlicher Unzuverlässigkeit gehört nur dazu, wenn er bestandskräftig geworden ist. Anderenfalls kann er wegen der Insolvenzeröffnung nicht vollzogen werden und darf nach Verfahrensaufhebung nur wegen seitdem eingetretener Gründe erneut ausgesprochen werden (§ 12 GewO; VG Saarland 11.7.2011 – 1 K 303/10, BeckRS 2011, 52449; vgl. bei der Freigabe OVG NRW ZInsO 2011, 1359). Die unterlassene Mitteilung wesentlicher Tatsachen ist ein erheblicher Verstoß, der einer Bestätigung des Insolvenzplans entgegensteht (§ 250 Nr. 1; BGH NZI 2012, 139 Rn. 11).

Gestaltender Teil[1]

221 **[1] Im gestaltenden Teil des Insolvenzplans wird festgelegt, wie die Rechtsstellung der Beteiligten durch den Plan geändert werden soll. [2] Der Insolvenzverwalter kann durch den Plan bevollmächtigt werden, die zur Umsetzung notwendigen Maßnahmen zu ergreifen und offensichtliche Fehler des Plans zu berichtigen.**

I. Normzweck

1 Der gestaltende Teil enthält die beabsichtigte **Änderung der Rechtsstellung** der Beteiligten. Detailregelungen finden sich in den §§ 222–228. Die **Verwaltervollmacht** in Satz 2 wurde durch das ESUG eingeführt, um in Anlehnung an die

[1] § 221 Satz 2 angef. mWv 1.3.2012 durch G v. 7.12.2011 (BGBl. I S. 2582).

üblichen Abwicklungsvollmachten in Notarverträgen etwaige Unzulänglichkeiten im Plan korrigieren zu können, ohne zuvor eine Gläubigerversammlung einberufen zu müssen (BT-Drs. 17/7511, 35).

II. Änderung der Rechtsstellung der Beteiligten (Satz 1)

Der **Begriff der Beteiligten** bezieht sich auf die sog zwangsweise Planunterworfenen, in deren Rechtsstellung auch ohne individuelle Zustimmung eingegriffen werden darf (BGH NZI 2007, 341 Rn. 7). Das sind die bei → § 217 Rn. 3 f. bezeichneten Personen, mithin die absonderungsberechtigten Gläubiger (§ 223), die Insolvenzgläubiger (§§ 224, 225), der Schuldner (§ 227) sowie – nach dem ESUG – die am Schuldner beteiligten Personen (§ 225a) und bei Anzeige der Masseunzulänglichkeit die Altmassegläubiger (§ 210a Nr. 1; → § 222 Rn. 11 ff.). Nicht zu den Beteiligten gehören die Aussonderungsberechtigten, die Massegläubiger (außer im Fall des § 210a), der Insolvenzverwalter (BGH NZI 2007, 341 Rn. 7) und die (künftigen) Neugläubiger (HK-InsO/*Haas* Rn. 2; Uhlenbruck/*Maus* Rn. 2), die aber jeweils mit ihrer Zustimmung in den Plan einbezogen werden können (§ 230 Abs. 3; HambK-InsO/*Thies* Rn. 5, 6; Kübler/Prütting/Bork/*Spahlinger* Rn. 5). 2

Änderung der Rechtsstellung ist jede **Abweichung von dem,** was rechtlich – nicht vom wirtschaftlichen Ergebnis her – im **Regelverfahren** gelten würde (HambK-InsO/*Thies* Rn. 7; HK-InsO/*Haas* Rn. 3). Eine Änderung liegt nicht nur bei einem Eingriff in die zivilrechtliche Position des Beteiligten, sondern auch bei einem in die verfahrensrechtliche Position vor wie bspw. dem Anspruch auf alsbaldige Verwertung von Absonderungsgut (§§ 159, 169, Beispiele bei MüKoInsO/*Eidenmüller* Rn. 78 ff.). 3

Wegen der **Gestaltungs- und Vollstreckungswirkung des Plans** (dazu §§ 254 f., 257) sollte er einen **vollstreckungsfähigen Inhalt** haben, um die darin geregelten Ansprüche unmittelbar durchsetzen zu können. Zwingend ist das jedoch nicht, die mit dem Plan beabsichtigten Rechtsänderungen müssen aber so konkret formuliert werden, dass jedenfalls die Verpflichtungen einen klagbaren Anspruch auf Durchführung der dinglichen Rechtsänderung (vgl. § 254a Abs. 3) schaffen. 4

Die **Rechte der Beteiligten** werden durch den Plan nur berührt, wenn das ausdrücklich bestimmt ist (s. §§ 223 Abs. 1 S. 1, 224, 225a Abs. 1). Einzige Ausnahmen sind die **Forderungen der nachrangigen Insolvenzgläubiger,** die (abgesehen von Geldstrafen etc gem. § 39 Abs. 1 Nr. 3) im Zweifel als erlassen gelten (§ 225 Abs. 1, 3). Nach (angezeigter) Masseunzulänglichkeit treten die **Altmassegläubiger** an die Stelle der nicht nachrangigen Insolvenzgläubiger (§ 210a Nr. 1). Für sie gelten daher §§ 222 Abs. 1 S. 2 Nr. 2, 224 entsprechend. Der **Schuldner** wird nach der im Plan vorgesehenen Befriedigung der Insolvenzgläubiger (§ 224) von seinen restlichen Verbindlichkeiten befreit (§ 227 Abs. 1). Belastet werden könnte er aber durch eine im Plan vorgesehene Unternehmensfortführung, so dass hierfür bei natürlichen Personen gem. § 230 Abs. 1 sein Einverständnis erforderlich ist. Gleiches gilt im Fortführungsfall für die persönlich haftenden Gesellschafter. 5

Rechte Dritter können in den Plan einbezogen werden, obwohl Satz 1 nur die Rechtsstellung der Beteiligten anspricht. Er ist im Zusammenhang mit § 254 Abs. 1 zu lesen: Die Beteiligten sind einem Insolvenzplan auch dann unterworfen, wenn sie ihm nicht zugestimmt haben. Das schließt nicht aus, dass **Dritte** durch rechtsgeschäftliche Willenserklärungen dem **Plan beitreten.** Zwar scheint § 230 Abs. 3 nur Erklärungen Dritter zu betreffen, die Verpflichtungen unmittelbar gegenüber Gläubigern eingehen (so *Brünkmans* ZIP 2015, 1052 [1058]). Im Hinblick auf den Schutzbedarf des Dritten oder der Gläubiger macht es jedoch 6 keinen Unterschied, ob sich der Dritte gegenüber einem einzelnen Gläubiger zur Befriedigung verpflichtet – und dadurch indirekt die Befriedigung der anderen Gläubiger erleichtert – oder ob der Vorteil für alle Gläubiger mittelbar „über die Masse" abgerechnet wird. Aus den Gesetzesmaterialien ist **keine Ausschlussfunktion des § 230 Abs. 3** für Dritte zu entnehmen, die keine die Gläubiger unmittelbar berechtigenden Erklärungen abgeben (*Brünkmans* ZIP 2015, 1052 [1057 f.], der aber selbst auf die gegenteilige Äußerung der Bundesregierung in BT-Drs. 12/3803, 135 verweist). § 260 Abs. 3 setzt geradezu voraus, dass ein Dritter als Übernehmer nicht nur der Verbindlichkeiten, sondern auch der Aktiva in einen Plan einbezogen wird. Gleiches gilt für die in § 225a Abs. 3 vorgesehene Übertragung von Anteils- und Mitgliedschaftsrechten. Bei einer Sanierung kommen dafür vor allem Außenstehende Investoren in Betracht. Ist somit die **personelle Erstreckung** des Insolvenzplans auf beitretende Dritte zulässig, muss das auch für die **sachliche Erstreckung** auf nicht zur Insolvenzmasse gehörende Gegenstände gelten (HK-InsO/*Haas* Rn. 7; MüKoInsO/*Eidenmüller* Rn. 78), was selbst für Plangaranten notwendig werden kann, wenn sie bspw. den Gläubigern dingliche Sicherheiten stellen. Nicht § 221 begrenzt die Gestaltungsmöglichkeiten, sondern nur der weit gefasste Befriedigungszweck des § 217 (MüKoInsO/*Eidenmüller* § 217 Rn. 153 ff.). Eine schuldrechtliche oder dingliche Vereinbarung mit Dritten als insolvenzrechtliche Bedingung für die Planbestätigung (§ 249) bzw. die Planbestätigung als zivilrechtliche Bedingung (§ 158 BGB) für die Wirksamkeit der schuldrechtlichen Vereinbarung vorzusehen, ist zwar im Hinblick auf die Unsicherheit bei der formersetzenden Wirkung der Planbestätigung (→ § 254a Rn. 2 f.) eine denkbare, aber bei komplexen Sanierungsplänen schwerfällige Alternative.

III. Bevollmächtigung des Insolvenzverwalters (Satz 2)

7 Nach **Satz 2** kann der Verwalter durch den Plan zur **Ergreifung von Maßnahmen,** die für eine Planrealisierung notwendig sind (1. Alt.), oder zur **Berichtigung offensichtlicher Fehler** (2. Alt.) bevollmächtigt werden. Die 1. Alt. bezieht sich auf Maßnahmen ohne Planänderung, was auch Maßnahmen zur Konkretisierung von Öffnungsklauseln umfasst, während die 2. Alt. Planänderungen betrifft, insbes. von Formfehlern, die einer Registereintragung entgegenstehen (BT-Drs. 17/7511, 35 f.). Die Vollmachtserteilung wird erst mit rechtskräftiger Planbestätigung wirksam, die Vollmachtsausübung bedarf zusätzlich einer **Bestätigung des Insolvenzgerichts** nach Anhörung der Betroffenen (§ 248a). Da die Beteiligten genauso geschützt sind, wenn Plan- und Änderungsbestätigung zusammenfallen, sollte man den Verwalter auch als berechtigt ansehen, die Änderungen bereits vor der Planbestätigung vorzunehmen (MüKoInsO/*Eidenmüller* Rn. 62), zumal diese Korrekturmöglichkeit dem Plan keinen neuen Charakter verleihen darf (HambK-InsO/*Thies* Rn. 15; zum Umfang der zulässigen Änderungen → § 248a Rn. 2 f.). In der Eigenverwaltung übernimmt der Schuldner die Aufgaben des Insolvenzverwalters (§ 270 Abs. 1 S. 2). Das gilt jedoch nicht im Konfliktbereich (vgl. § 280), so dass die Vollmacht dem Sachwalter zu erteilen ist (MüKoInsO/*Eidenmüller* Rn. 68; aA Kübler/Prütting/Bork/*Spahlinger* Rn. 36). Angesichts der Gesetzeslücke ist eine Vollmachtserteilung an den Schuldner jedoch nicht nichtig.

IV. Salvatorische Klausel

8 Der BGH (NZI 2015, 697 Rn. 23 ff.) hält die in schuldrechtlichen Verträgen übliche salvatorische Klausel für nicht zulässig, wonach eine unwirksame Bestimmung die Wirksamkeit der übrigen Planregelungen nicht berührt, vielmehr durch

eine wirksame zu ersetzen und genauso bei einer Lücke zu verfahren ist. Sowohl die in Satz 2 vorgesehene Möglichkeit eine Vollmachtserteilung zur Berichtigung offensichtlicher Planfehler als auch der Umfang der nach §§ 254, 254b eintretenden Wirksamkeit seien leges speciales, die den Anwendungsbereich einer salvatorischen Klausel und auch des § 139 BGB, der mit der salvatorischen Klausel ausgeschlossen werden solle, verdränge. Zweifel an dieser Ansicht bestehen für die Planregelungen, die sich erst nach Verfahrensaufhebung als unwirksam oder undurchführbar herausstellen. Dann kann weder eine Berichtigung nach Satz 2 vorgenommen werden, weil der Verwalter mit der Verfahrensaufhebung sein Amt verliert (§ 259 Abs. 2), noch muss eine Kollision mit dem spezialgesetzlich angeordneten Wirkungsumfang des Plans vorliegen. Zumindest ist eine salvatorische Klausel in den Vereinbarungen mit Dritten zulässig, die nicht zu den planunterworfenen Beteiligten gehören, sondern dem Plan gem. § 230 Abs. 3 beitreten. Im Übrigen sollte die Klausel allenfalls wirkungslos sein, aber keine Zurückweisung des Plans begründen dürfen (*Madaus* NZI 2015, 702 [703]).

Bildung von Gruppen[1]

222 (1) [1]**Bei der Festlegung der Rechte der Beteiligten im Insolvenzplan sind Gruppen zu bilden, soweit Beteiligte mit unterschiedlicher Rechtsstellung betroffen sind.** [2]**Es ist zu unterscheiden zwischen**

1. den absonderungsberechtigten Gläubigern, wenn durch den Plan in deren Rechte eingegriffen wird;
2. den nicht nachrangigen Insolvenzgläubigern;
3. den einzelnen Rangklassen der nachrangigen Insolvenzgläubiger, soweit deren Forderungen nicht nach § 225 als erlassen gelten sollen;
4. den am Schuldner beteiligten Personen, wenn deren Anteils- oder Mitgliedschaftsrechte in den Plan einbezogen werden.

(2) [1]**Aus den Beteiligten mit gleicher Rechtsstellung können Gruppen gebildet werden, in denen Beteiligte mit gleichartigen wirtschaftlichen Interessen zusammengefaßt werden.** [2]**Die Gruppen müssen sachgerecht voneinander abgegrenzt werden.** [3]**Die Kriterien für die Abgrenzung sind im Plan anzugeben.**

(3) [1]**Die Arbeitnehmer sollen eine besondere Gruppe bilden, wenn sie als Insolvenzgläubiger mit nicht unerheblichen Forderungen beteiligt sind.** [2]**Für Kleingläubiger und geringfügig beteiligte Anteilsinhaber mit einer Beteiligung am Haftkapital von weniger als 1 Prozent oder weniger als 1000 Euro können besondere Gruppen gebildet werden.**

Schrifttum: *Frind,* Die Grenze zwischen Gestaltung und Manipulation im Insolvenzplanverfahren, NZI 2007, 374; *Hingerl,* Gruppenbildung im Insolvenzplanverfahren, ZInsO 2007, 1337; *Jungmann,* Zur sachgerechten oder willkürlichen Gruppenbildung im Insolvenzplan, KTS 2008, 218; *Rieger,* Verpflichtungen aus betrieblicher Altersversorgung, NZI 2013, 671; s. ergänzend Schrifttum bei § 225a.

Übersicht

[1] § 222 Abs. 1 Satz 1, Satz 2 Nr. 3 und Abs. 2 Satz 1 geänd., Abs. 1 Satz 2 Nr. 4 angef. und Abs. 3 Satz 2 neu gef. mWv 1.3.2012 durch G v. 7.12.2011 (BGBl. I S. 2582).

I. Normzweck

1 Über den Insolvenzplan wird in Anlehnung an das US-amerikanische Reorganisationsrecht (BT-Drs. 12/2443, 93) in Gruppen (§§ 243 f.) abgestimmt. Dadurch sollen unterschiedliche **wirtschaftliche Interessen** berücksichtigt (BT-Drs. 12/2443, 199) und eine effiziente „*Selbstkoordinierung der Beteiligten*" (BT-Drs. 12/2443, 77) erreicht werden. Nur eine Mehrheit von Gruppen mit im Wesentlichen gleichartigen Interessen führt nach der BegrRegEInsO zu sinnvollen Verwertungsentscheidungen (BT-Drs. 12/2443, 92). Ob dieses Modell sowohl effiziente als auch gerechte Ergebnisse für die nach § 1 erforderliche bestmögliche Befriedigung bietet (so Kübler HRI/*Bierbach* § 28 Rn. 64; Gottwald InsR-HdB/*Koch/de Bra* § 66 Rn. 13 ff.), muss zwar bezweifelt werden, da sich die Meinungsbildung nicht in Gruppen vollzieht (§ 241 Abs. 2). Es ist aber eine schon wegen der langen Tradition im US-amerikanischen Chapter 11-Verfahren (trotz zahlreicher Unterschiede, MüKoInsO/*Eidenmüller* Rn. 20; → Vor §§ 217–269 Rn. 16 ff.) vertretbare Annahme, so dass eine Verfassungswidrigkeit dieser Regelung ausscheidet.

II. Wirkung der Gruppenbildung

2 Durch die Aufteilung in Gruppen kann sich eine **„Mehrheits-Mehrheit"** durchsetzen (dazu → § 245 Rn. 1), auch wenn die zustimmungswilligen Gläubiger in der Minderheit sind. Außerdem ermöglicht nur die Gruppenaufteilung die unterschiedliche Behandlung von Beteiligten mit zwar gleicher Rechtsstellung, aber divergierenden Interessen, weil innerhalb einer Gruppe das Gleichbehandlungsgebot des § 226 gilt. Umgekehrt führt die Zusammenfassung von Beteiligten in eine Gruppe dazu, dass ihnen zwar gleiche Rechte gewährt werden, sie dafür aber auch der Mehrheit folgen müssen, ohne dass dies durch eine Obstruktionsentscheidung (§ 245) überprüft werden kann. Ihnen bleibt nur der auf ein Schlechterstellungsverbot beschränkte und überdies glaubhaft zu machende Minderheitenschutzantrag (§ 251). Damit ist § 222 eine der zentralen Normen des Insolvenzplanrechts, deren Anwendung wesentliche Auswirkungen auf die Annahme des Plans hat.

III. Gestaltungsbefugnis

3 **Zuständig** für die Gruppenbildung **ist der Planinitiator** (LG Mühlhausen NZI 2007, 724 [725]; HK-InsO/*Haas* Rn. 4; HambK-InsO/*Thies* Rn. 2). Sie wird später durch das Insolvenzgericht iRd §§ 231 Abs. 1, 250 überprüft. Deshalb müssen die Kriterien für die Gruppenbildung erläutert werden. Geschieht das nicht, ist der Plan zurückzuweisen, falls die Kriterien nicht ausnahmsweise auf der Hand liegen (BGH NZI 2015, 697 Rn. 9 f., 18 ff.). Das Stimmrecht für bestrittene Forderungen wird verbindlich jedoch erst im Erörterungstermin festgelegt, wodurch sich die Mehrheitsverhältnisse ändern können. Gem. § 240 ist der Planinitiator zu einer Änderung des Plans aufgrund der im Erörterungstermin gewonnenen Erkenntnisse befugt.

4 Sind die Anforderungen der Absatz 1 und 2 eingehalten, darf das Insolvenzgericht iRd §§ 231, 250 **keine Zweckmäßigkeitskontrolle** nach eigenen Kriterien durchführen. Vielmehr ist der Planinitiator berechtigt, innerhalb der durch § 222 gezogenen Grenzen strategische Überlegungen anzustellen (HK-InsO/*Haas* Rn. 17; HambK-InsO/*Thies* Rn. 3; Kübler HRI/*Bierbach* § 28 Rn. 19 und zur Taktik Rn. 81 f.; MüKoInsO/*Eidenmüller* Rn. 114 ff.; aA *Smid/Rattunde/Martini* Insolvenzplan Rn. 14.17 f.). Während Absatz 1 hinsichtlich der Rechtsstellung geringe Differenzen ermöglicht, eröffnen die wirtschaftlichen Interessen in Absatz 2 einen erheblichen Gestaltungsspielraum, der insbes. für die Gesellschaftergruppe(n) diskutiert wird (vgl. → § 226 Rn. 4). Die Gruppenbildung ist mit Blick auf die Wechselwirkung zu § 226 Abs. 1 einerseits (zwingendes Angebot gleicher Rechte innerhalb derselben Gruppe) und § 245 andererseits (wirtschaftliche Gleichbehandlung bei ungleichen Rechten für verschiedene Gruppen) zu würdigen (BGH NZI 2015, 697 Rn. 9). Sachwidrig ist eine Trennung zwischen Beteiligten, die eine gleiche Rechtsstellung haben und für die die Planwirkungen gleich sind (AG Neuruppin NZI 2013, 646), wobei nach dem Wortlaut des Absatz 2, der auf die wirtschaftlichen Interessen abstellt, unterschiedliche mittelbare Planwirkungen (zB Fortführung einer Geschäftsbeziehung) ausreichen. Der BGH spricht zwar von den „*insolvenzbezogenen*" wirtschaftlichen Interessen (BGH NZI 2015, 697 Rn. 10), was aber wohl nicht als Ausschluss mittelbarer Planwirkungen zu verstehen ist, sondern nur als Unbeachtlichkeit von nicht schutzwürdigen Belangen, die anlässlich des Insolvenzverfahrens bestehen, wie zB die Beseitigung eines Konkurrenten. Da mittelbare Planwirkungen ausreichen, dürfen auch unterschiedlichen Gruppen gleiche Rechte eingeräumt werden, ohne dass allein aus den gleichen Rechten der Zwang folgt, die Beteiligten in eine Gruppe zusammenzufassen (Kübler HRI/*Bierbach* § 28 Rn. 73; einschränkend: HambK-InsO/*Thies* Rn. 18; MüKoInsO/*Eichenmüller* Rn. 115 ff., 120 f.; zur Missbrauchskontrolle auch → Rn. 17 f. und → § 231 Rn. 4).

IV. Berücksichtigung ungleicher Rechtsstellung (Absatz 1)

5 **1. Überblick.** Nach **Absatz 1 Satz 1** sind zwingend Gruppen zu bilden, soweit Beteiligte mit unterschiedlicher **Rechtsstellung** betroffen sind. Bei gleicher Rechtsstellung, aber unterschiedlichen **wirtschaftlichen Interessen** bietet **Absatz 2** weitere Differenzierungsmöglichkeiten. Absatz 1 ermöglicht für jeden der in § 217 genannten Beteiligten die Bildung einer eigenen Gruppe. Zwingend ist eine Gruppe für die nicht nachrangigen Insolvenzgläubiger (Nr. 2), während für die Absonderungsberechtigten (Nr. 1) und Anteilsinhaber (Nr. 4) Gruppen nur vorgesehen sind, wenn in ihre Rechte eingegriffen wird. Die Aufzählung ist vorbehaltlich von Sondersituationen abschließend (HambK-InsO/*Thies* Rn. 7; Uhlenbruck/*Lüer/Streit* Rn. 7). Zu den **Sondersituationen** gehören das **Folg-**

einsolvenzverfahren während der Planüberwachung, wenn von einer Vorrangermächtigung Gebrauch gemacht wurde (§ 264) und die durch das ESUG in § 210a geschaffene Möglichkeit des Insolvenzplans bei **Masseunzulänglichkeit.** Die **§§ 9 Abs. 4 BetrAVG** (Pensionssicherungsverein) und **116 Nr. 3 GenG** (Mitglieder-Gläubiger) betreffen nur „Kann"-Gruppen.

6 **2. Absonderungsberechtigte.** Für absonderungsberechtigte Gläubiger (§§ 49–51) sind **eine oder mehrere Gruppen** zu bilden, wenn durch den Plan in ihre Rechte eingegriffen wird (Absatz 1 Satz 2 Nr. 1). Das gilt unabhängig davon, ob sie auch persönliche Gläubiger des Schuldners sind (HK-InsO/*Haas* Rn. 7). Übersteigt der Wert des belasteten Gegenstandes die Hauptforderung, sind auch die Nebenforderungen trotz ihres schuldrechtlichen Nachrangs gesichert (BGH NZI 2005, 619 [621]; 2008, 542; ZIP 2008, 2276). Sicherheiten an massefremden Gegenständen fallen nicht unter Absatz 1 Satz 2 Nr. 1 (Uhlenbruck/*Lüer/Streit* Rn. 12). Soweit ihnen der Schuldner auch persönlich haftet, sind sie **zugleich** Mitglieder einer Gruppe der **Insolvenzgläubiger,** wobei über die Aufteilung der Forderung auf die Gruppen der Absonderungs- und der Insolvenzgläubiger **unterschiedliche Auffassungen** vertreten werden. Einige wollen entsprechend dem Wortlaut von § 52 S. 1 in der Gruppe der Insolvenzgläubiger die **volle Forderung** ansetzen, dafür aber das Stimmrecht gem. § 237 Abs. 1 S. 2 auf den Ausfall beschränken (so Kübler HRI/*Bierbach* § 28 Rn. 52f.; MüKoInsO/*Eidenmüller* Rn. 57; HK-InsO/*Haas* Rn. 6), während andere in der Insolvenzgläubigergruppe nur die **Ausfallforderung** berücksichtigen (wegen § 52 S. 2 als nicht entscheidungserheblich offengelassen BGH NZI 2005, 619 [621]; LG Berlin NZI 2005, 335 [337]; HambK-InsO/*Thies* Rn. 9; Uhlenbruck/*Lüer/Streit* Rn. 16). Praktische Auswirkungen auf das Abstimmungsverfahren hat der Meinungsstreit nicht. Die Einordnung der Absonderungsgläubiger mit ihren vollen Forderungen in eine Gruppe der Insolvenzgläubiger würde jedoch zwangsläufig zur Folge haben, dass sie wegen des Gleichbehandlungsgebots (§ 226 Abs. 1) die volle Quote erhalten müssten. Für die Absonderungsberechtigten gilt jedoch nicht das Prinzip der Doppelberücksichtigung (§ 44), sondern das Ausfallprinzip (§ 52), so dass sie in ihrer Rolle als Insolvenzgläubiger nur in Höhe des Ausfalls betroffen sind.

7 Der **Ausfall** iSd § 52 muss im Rahmen einer einvernehmlichen oder gerichtlichen Stimmrechtsfestsetzung **geschätzt** werden (§§ 77 Abs. 2, 237 Abs. 1). Dabei sind nach überwiegender Ansicht (BT-Drs. 12/2443, 206; BGH NZI 2005, 619 [621]; Kübler/Prütting/Bork/*Spahlinger* Rn. 18; Uhlenbruck/*Lüer/Streit* Rn. 15) **Fortführungswerte** anzusetzen, wenn eine Fortführung des Unternehmens im Plan vorgesehen ist, anderenfalls **Liquidationswerte. Nicht** erforderlich ist es hingegen, den **Planmehrwert** zugrunde zu legen (zu unterschiedlichen Wertansätzen → § 245 Rn. 4, 25). Der Fortführungswert ist der Wert eines auch ohne Plan nach einem „asset deal" fortführungsfähigen Unternehmens, der Planmehrwert der Wert der schuldnerischen Unternehmensträgergesellschaft, die mithilfe des Plans fortgeführt werden kann. Der Unterschied zwischen beiden beruht auf nicht übertragbaren Vermögensgegenständen (zB Wert eines günstigen Mietvertrages). Sie selbst sind mangels Übertragbarkeit zwar nicht mit Sicherungsrechten belastet, beeinflussen aber den Wert des übertragbaren Absonderungsguts (zB sicherungsübereignete Geschäftsausstattung bei fortgeführtem Mietvertrag). Auf die Teilhabe an diesem Mehrwert kommt es erst beim Obstruktionsverbot und dem Minderheitenschutz an, nicht schon bei der Gruppenbildung. Die Gruppenbildung ist nur dann fehlerhaft, wenn der einem Absonderungsgläubiger wahrscheinlich zufließende Betrag – zB bei einer nur hinausgeschobenen Verwertung ohne Erlösfestsetzung – höher ist als der bei der Gruppenbildung zugrunde gelegte.

3. Insolvenzgläubiger. Nur für die **nicht nachrangigen Insolvenzgläubiger** gem. § 38 ist lt. Absatz 1 Satz 2 Nr. 2 **stets eine Gruppe** zu bilden. Im Gegensatz zu allen anderen obligatorischen Gruppen gilt das auch dann, wenn nicht in ihre Rechte eingegriffen wird, obwohl sie dann kein Stimmrecht haben (§ 237 Abs. 2). Hat der Insolvenzverwalter eine Forderung als nicht nachrangige Insolvenzforderung zur Tabelle festgestellt, gehört dieser Gläubiger wegen der Rechtskraftwirkung des § 178 Abs. 3 in diese Gruppe, auch wenn es sich materiell ggf. um eine Forderung gem. § 39 handelt (LG Berlin ZInsO 2005, 609 [611]). 8

4. Nachrangige Insolvenzgläubiger. Für die nachrangigen Insolvenzgläubiger ist **für jede** in § 39 Abs. 1 genannte **Rangklasse** nach Absatz 1 Satz 2 Nr. 3 eine einzelne Gruppe zu bilden, wenn deren Forderungen nicht gem. § 225 als erlassen gelten (Geldstrafen etc sind vom Erlass ausgeschlossen, § 225 Abs. 3). Trotzdem ist auch für die begünstigten Gläubiger keine Gruppe zu bilden, weil der Plan für sie keine Rechte iSv Absatz 1 Satz 1 Hs. 1 festlegt (MüKoInsO/*Eidenmüller* Rn. 62). Sofern § 225 Abs. 1 eingreifen soll, dürfen diese Gläubiger daher nicht abstimmen, können aber den Minderheitenschutz aus § 251 in Anspruch nehmen (BGH NZI 2010, 603 Rn. 35; MüKoInsO/*Eidenmüller* Rn. 65). Die (vorsorgliche) Aufforderung zur Anmeldung nachrangiger Forderungen (§ 174 Abs. 3) präjudiziert die Plangestaltung nicht (Kübler/Prütting/Bork/*Spahlinger* Rn. 23). 9

5. Am Schuldner beteiligte Personen. Die Gruppe der Anteilsinhaber wurde in Absatz 1 Satz 2 Nr. 4 durch das ESUG eingeführt als Folge des § 217, der ihre Einbeziehung in den Insolvenzplan ermöglicht. Voraussetzung ist, dass durch den Plan in ihre **Anteils- oder Mitgliedschaftsrechte** eingegriffen wird (BT-Drs. 17/5712, 31). Das ist stets der Fall, wenn der Rechtsträger durch den Plan erhalten werden soll, weil dann die Fortsetzung zu beschließen ist (HambK-InsO/*Thies* Rn. 13; HK-InsO/*Haas* Rn. 10). Damit ändert sich die Mitgliedschaft in einem Verband mit Liquidationszweck in eine solche in einem Verband mit (wieder) werbendem Zweck. 10

6. Altmassegläubiger bei Masseunzulänglichkeit. Gem. § 210a Nr. 1 gelten bei Anzeige der Masseunzulänglichkeit die Vorschriften über den Insolvenzplan mit der Maßgabe, dass **an die Stelle** der **nicht nachrangigen Insolvenzgläubiger** die **Altmassegläubiger** nach § 209 Abs. 1 Nr. 3 treten. Für sie ist nach Absatz 1 Satz 2 Nr. 2 analog eine eigene Gruppe zu bilden (HK-InsO/*Haas* Rn. 11). Die Kleingläubigervorschrift in Absatz 3 (→ Rn. 20) gilt entsprechend für die Altmassegläubiger. 11

Die **nicht nachrangigen Insolvenzgläubiger** (§ 38) rücken in die Position der **nachrangigen Insolvenzgläubiger** (BT-Drs. 17/5712, 29 f.). Aus dem Wortlaut des § 222, der eine Insolvenzgläubigergruppe zwingend vorsieht, und aus dem Verweis in § 210a Nr. 2 auf § 246 Nr. 2, der die Gruppenzustimmung auch ohne Abstimmungsbeteiligung fingiert, wird geschlossen, dass die nicht nachrangigen Insolvenzgläubiger auch dann eine Gruppe bilden müssen, wenn auf sie keine Quote entfällt; denn die Zustimmungsfiktion des § 246 Nr. 2 setze voraus, dass überhaupt erst einmal eine Gruppe existiere (Kübler HRI/*Bierbach* § 28 Rn. 93 f.; HambK-InsO/*Thies* Vorb. zu §§ 217 ff. Rn. 12; *Zimmer* ZInsO 2012, 390). In masseunzulänglichen Verfahren eine **Gruppe für die nicht nachrangigen Gläubiger** zu bilden, wäre jedoch **überflüssige Förmelei** (Braun/*Kießner* § 210a Rn. 14; HK-InsO/*Haas* Rn. 11; MüKoInsO/*Eidenmüller* Rn. 79). Da die Altmassegläubiger an die Stelle der nicht nachrangigen Gläubiger treten, rücken jene in die Position der nachrangigen Gläubiger, für die **§ 225** gilt. Die Konsequenz folgt aus Absatz 1 Nr. 3: eine Gruppe ist nur zu bilden, wenn auf sie 12 eine Quote entfällt. Gegen ein Erlöschen der Forderungen analog § 225 kann nicht eingewandt werden, dass dadurch automatisch auch die Absonderungsrechte geschmälert werden würden (Kübler HRI/*Bierbach* § 28 Rn. 95 ff.). Insofern gilt nichts anderes als im normalen Planverfahren, in dem § 223 die Sicherungsrechte auch für die nachrangigen Gläubiger trotz eines Erlöschens der Forderung aufrecht erhält (→ § 223 Rn. 2).

13 Die nach dem Eintritt der Masseunzulänglichkeit hinzukommenden **Neumasseforderungen** (vgl. → § 209 Rn. 11 ff.) sind bei Verfahrensaufhebung gem. § 258 Abs. 2 zu bedienen bzw. zu gewährleisten. Für sie ist **keine Gruppe** zu bilden (aA Kübler HRI/*Bierbach* § 28 Rn. 102 f.). Für die Kostengläubiger des § 54 bedarf es ebenfalls keiner Gruppe (Kübler/Prütting/Bork/*Spahlinger* Rn. 61), weil das Insolvenzverfahren einzustellen ist, wenn ihre Forderungen nicht vollständig befriedigt werden (§ 207).

V. Berücksichtigung ungleicher wirtschaftlicher Interessen (Absatz 2)

14 **1. Das Prinzip.** Absatz 2 bildet das Einfallstor für eine kreative Plangestaltung, indem er die Teilung der nach Absatz 1 aus Beteiligten mit gleicher Rechtsstellung zu bildenden Gruppen ermöglicht, sofern **divergierende wirtschaftliche Interessen** bestehen (BGH NZI 2005, 619 [621]). Die Entscheidung, ob weiter unterteilt wird, trifft der Planverfasser (HK-InsO/*Haas* Rn. 15; Uhlenbruck/*Lüer/Streit* Rn. 5). Bei einer solchen **„Untergruppe"** handelt es sich um eine **vollwertige Gruppe.** Die **Kriterien für** die nach Absatz 2 Satz 2 erforderliche **sachgerechte Abgrenzung** sind im darstellenden Teil des Plans anzugeben (Absatz 2 Satz 2, 3), um dem Gericht die nach §§ 231 Abs. 1 Nr. 1, 250 erforderliche Kontrolle zu ermöglichen.

15 Als **Kriterium** genügt das besondere Interesse einzelner Beteiligter an einer bestimmten **Planwirkung.** Es kann sowohl in Planauszahlungen (zB Höhe und Zeitpunkt der Quote) als auch in Planeinzahlungen (zB Investitionen, Debt-Equitiy-Swap) bestehen. Die Planwirkung ist nicht identisch mit der Planregelung. Die faktische Wirkung genügt, bspw. auf Lieferanten oder Kunden (wenn sie zugleich Insolvenzgläubiger sind), die an einer Fortsetzung des Geschäftsbetriebs interessiert sind (BT-Drs. 12/2443, 199).

16 Eine Ungleichbehandlung innerhalb derselben Gruppe bedarf gem. § 226 Abs. 2 einer Zustimmung des Betroffenen, die nicht durch eine Obstruktionsentscheidung ersetzt werden kann. **Trotz** des **Zustimmungsbedarfs** besteht jedoch **kein Anspruch** des Beteiligten **auf Zuordnung in eine Gruppe** (*Madaus* ZIP 2014, 500 [507]), weil die Interessen aus seiner Sicht nur gering divergieren. Die Beurteilung obliegt dem Planverfasser, dessen Entscheidung nur bei Missbrauch ohne sachgerechte Kriterien bei der Planprüfung gem. § 231 Abs. 1 Nr. 1 verworfen werden darf. Das bei der Zusammenfassung in einer Gruppe geltende Zustimmungserfordernis kann auch nicht indirekt durch ein formelles Gleichbehandlungsgebot als Obstruktionsvoraussetzung gem. § 245 Abs. 2 Nr. 3, Abs. 3 Nr. 2 erzwungen werden (so für die Anteilsinhaber *Wertenbruch* ZIP 2013, 1693 [1702]), weil es bei § 245 allein auf eine wirtschaftliche Gleichbehandlung ankommt (→ § 225a Rn. 36, → § 226 Rn. 1, → § 245 Rn. 21 ff.).

17 Bei unterschiedlichen Interessen gibt es **keinen Anspruch auf Einteilung in getrennte Gruppen** (Kübler/Prütting/Bork/*Spahlinger* Rn. 31; einschränkend MüKoInsO/*Eidenmüller* Rn. 82, 83 ff., 100 f.; *Wertenbruch* ZIP 2013, 1693 [1702]). Das ist für dissentierende Beteiligte zwar von Nachteil, weil sie in einer Gruppe überstimmt und sich dagegen nur mit dem Minderheitenschutzantrag bzw. der Beschwerde wehren können, bei denen sie eine Schlechterstellung darlegen müssen. Bilden sie hingegen eine eigene Gruppe, wird die Planableh-

nung schon vor der Planbestätigung iRd Obstruktionsverbots geprüft, bei dem die dissentierenden Votanten keine Darlegungslast trifft und iÜ auch das Beweismaß ein anderes ist (→ § 245 Rn. 38, 42). Absatz 2 räumt dem Planverfasser jedoch ausdrücklich ein Ermessen ein. So gibt es bei Absonderungsgläubigern trotz der Unterschiede in der Verwertbarkeit des Sicherungsgutes keinen Anspruch auf Sondergruppen (HK-InsO/*Haas* Rn. 5). Gleiches gilt für die Anteilsinhaber, die von Planregelungen unterschiedlich betroffen sein können (zB Verlust von Minderheitsrechten durch Umwandlung von KG in AG). §§ 226, 245 sind die Rechtsfolgen, nicht die Rechtsvoraussetzungen der Gruppenbildung. Der Planarchitekt hat einen erheblichen Beurteilungsspielraum. Ein Missbrauch liegt vor, wenn zwingendes Recht unter Ausnutzung dispositiven Rechts umgangen wird (MüKoBGB/*Armbrüster* § 134 Rn. 11, 15 ff.). Das kann bei der Gruppenbildung nur in einer Gesamtsicht mit Plangestalung (HK-InsO/*Haas* Rn. 15) und Planziel beurteilt werden. Die Entscheidung ist häufig eilbedürftig, hängt auch von undokumentiertem Wissen (zB aus Verhandlungen) und subjektiver Prognose ab. Ein Missbrauch wird selten vorkommen (Kübler/Prütting/Bork/*Spahlinger* Rn. 38). Dafür trägt derjenige die Darlegungslast, der sich darauf beruft. Er muss insbes. den Nachweis bringen, dass eine andere Gruppenbildung zu einer Besserstellung der angeblich Benachteiligten ohne eine ermessenswidrige Schlechterstellung der Begünstigten und ohne Gefährung des Planziels möglich ist.

Investoren haben Entscheidungsfreiheit, unabhängig davon, ob sie zugleich **18**
Beteiligte sind. Wollen Gläubiger ihre Quote nur dann per Debt-Equity-Swap investieren, wenn andere Gläubiger (zB Lieferantenkonkurrenz) nicht beteiligt werden, darf das bei der Bildung unterschiedlicher Gruppen berücksichtigt werden, selbst wenn die anderen Gläubiger ebenfalls an einem Swap interessiert sind. Gleiches gilt, wenn bisher unbeteiligte Investoren nur einen Teil der Altgesellschafter in der plansanierten Gesellschaft behalten wollen. Ihre Entscheidung kann nicht auf ihre sachliche Berechtigung kontrolliert werden. Handelt es sich bei den Investoren um einen Teil der bisherigen Gesellschafter, ist das nicht anders, da sie in ihrer Entscheidung, der Schuldnerin neue Mittel zur Verfügung zu stellen, genauso frei sind wie externe Investoren. Verweigern einige Gesellschafter außerhalb der Insolvenz ihre Beteiligung an einer Kapitalerhöhung, tragen sie die Nachteile durch eine Verwässerung ihrer Beteiligung, durch ein Ausscheiden aus der Gesellschaft (vgl. BGHZ 183, 1) oder durch eine Liquidation. In der Insolvenz gehen diese Nachteile jedoch zulasten der Gläubiger. Solange sie nicht voll befriedigt werden, dürfen die Gesellschafter die Bereitschaft Einiger zur Kapitalerhöhung ohne andere nicht durch einen „Mitnahmezwang" behindern (zum Minderheitenschutz → § 225a Rn. 35, → § 238a Rn. 2 f., → § 245 Rn. 35).

2. Beispiele. Beispiele (s. BT-Drs. 12/2443, 92 f.; HK-InsO/*Haas* Rn. 13; **19**
Kübler HRI/*Bierbach* § 28 Rn. 86 f.; Kübler/Prütting/Bork/*Spahlinger* Rn. 35) sind Lieferanten bzw. Banken mit und ohne Fortsetzung der Geschäftsverbindung sowie unterschiedlichen Leistungskategorien (Maschinen, Vorräte, Dienste, kurz-, mittel-, langfristige Finanzierung und Fristen), Gesellschafter bzw. verbundene Unternehmen (falls nicht nachrangig) als Gläubiger, in der Genossenschaftsinsolvenz die Gläubiger, die zugleich Mitglieder sind (§ 116 Nr. 3), die Finanzverwaltung, Gläubiger mit Forderungen aus vorsätzlich begangener unerlaubter Handlung (HambK-InsO/*Thies* Rn. 21) oder Gläubiger, deren Forderungen nach § 225a Abs. 2 in Anteile umgewandelt werden (HambK-InsO/*Thies* Rn. 19; HK-InsO/*Haas* Rn. 13). **Anleihegläubiger,** denen – soweit es sich um dieselbe Anleihe handelt – gem. **§ 19 Abs. 4 SchVG** stets gleiche Rechte anzubieten sind, werden zweckmäßigerweisein einer Gruppe zusammengefasst (HK-InsO/*Haas* Rn. 13). Aber auch eine Trennung ist zulässig, bspw. in die einen Debt-Equity-Swap anstrebenden und die ihn ablehnenden Anleihegläubiger, falls dies bei der

Gruppenbildung schon feststeht. Beiden Gruppen müssen dann aber dieselben Wahlrechte angeboten werden. Ein Beschluss der Anleihe-Gläubigerversammlung, in dem von vornherein ungleiche Rechte vorgesehen werden, ist nichtig (BGH ZIP 2014, 1876 Rn. 19 ff.; zu Wandlungsincentives: *Thole* ZIP 2014, 2365 [2367 ff.]). Ein anderes Unterscheidungskriterium ist analog Absatz 3 Satz 2 der von dem Gläubiger gezeichnete Anleihebetrag.Bei den Absonderungsgläubigern sind nicht nur die Absonderungsgegenstände unterschiedlich (zB Grundvermögen, Forderungen, Vorräte), sondern auch deren Verwertbarkeit, die von der Betriebsfortführung abhängen kann (BGH NZI 2007, 521 Rn. 8), sowie die Art der gesicherten Forderung (zB Lieferantenkredit, Geldkredit; MüKoInsO/*Eidenmüller* Rn. 90, 92 ff.). Bei den Anteilseignern kann unterschieden werden zwischen verschiedenen Arten der Beteiligung (zB Vorzugsaktionäre), unterschiedlichen Haftungspflichten (zB Nachschüsse oder Verlust eines Gesellschafterdarlehens), sanierungswilligen und -unwilligen Gesellschaftern (*Karsten Schmidt* ZGR 2012, 566 [579]) sowie gegebenenfalls noch weitergehend nach der Art des Sanierungsbeitrages oder dem strategischen Interesse (*Müller* KTS 2012, 419 [422]). Allein die Höhe der Beteiligung ist hingegen nur im Zusammenhang mit unterschiedlichen Planwirkungen ein geeignetes Unterscheidungskriterium (Kübler/Prütting/Bork/*Spahlinger* Rn. 37, diff. nach der Art der Beteiligung). In einem Folgeinsolvenzverfahren können die unter den Kreditrahmen des § 264 fallenden Vorranggläubiger eine eigene Gruppe neben anderen bevorrechtigten Gläubigern (→ §§ 264 ff. Rn. 13 ff.) zB aus Dauerschuldverhältnissen vor dem ersten Kündigungstermin bilden.

VI. Regelbeispiele des Absatz 3

20 Nach Absatz 3 sollen für Arbeitnehmer bzw. können für **Kleingläubiger** und **Kleinbeteiligte** eigene Gruppen gebildet werden. Die Regelbeispiele sind weder zwingend (aA für Arbeitnehmer HK-InsO/*Haas* Rn. 16; HambK-InsO/*Thies* Rn. 24, während BegrRegEInsO nur von *„regelmäßig"* spricht, BT-Drs. 12/2443, 200) noch hindern sie eine Aufteilung der Gläubiger- oder Anteilsinhabergruppen nach anderen als den für Kleinbeteiligte geltenden Kriterien.

21 **1. Arbeitnehmer (Absatz 3 Satz 1).** Für **Arbeitnehmer** soll eine besondere Gruppe gebildet werden, wenn sie **mit nicht unerheblichen Insolvenzforderungen** beteiligt sind. Nicht unerheblich sind wegen der Legalzession in § 169 SGB III nur Forderungen, die nicht durch das Insolvenzgeld gedeckt sind (HK-InsO/*Haas* Rn. 16; Uhlenbruck/*Lüer/Streit* Rn. 22). Die verfahrensrechtliche Erheblichkeit richtet sich nicht nach den Gesamtverbindlichkeiten des Schuldners, weil die Arbeitnehmerforderungen sonst regelmäßig nur gering wären. Maßgebend ist eine **typisierende Betrachtungsweise** aus **Mitarbeitersicht** (LG Mühlhausen NZI 2007, 724 [725]; Uhlenbruck/*Lüer/Streit* Rn. 23: ein Monatsverdienst; HambK-InsO/*Thies* Rn. 25: 10 % des Jahreseinkommens; *Jungmann* KTS 2008, 218 [222]: 10 % des persönlichen Jahreseinkommens und 10 % der gesamten Personalkosten; LAG Düsseldorf ZIP 2011, 2487 [2488]: Forderungen ab 500 EUR) und der Anteil der betroffenen Mitarbeiter (Wortlaut: *„die Arbeitnehmer",* Kübler HRI/*Schöne* § 29 Rn. 10: Mehrheit; HambK-InsO/*Thies* Rn. 25: 25 %). Die Bedeutung der Abgrenzung ist gering, weil für die Arbeitnehmer wegen des Anspruchsgrunds immer eine gesonderte Gruppe gebildet werden darf und es nur darum geht, ob sie auch gebildet werden muss. Ein Gruppenbildungszwang – sollte man ihn überhaupt annehmen (HambK-InsO/*Thies* Rn. 24; MüKoInsO/*Eidenmüller* Rn. 124 ff.; Kübler HRI/*Schöne* § 29 Rn. 11; einschränkend: HK-InsO/*Haas* Rn. 16) – macht nur bei außerordentlicher Be-

troffenheit Sinn, die bei einem Lohnrückstand ab zwei Monaten (vgl. § 543 Abs. 2 Nr. 3 BGB) bei mindestens einem Drittel der Arbeitnehmer vorliegt.

2. Kleingläubiger/-beteiligungen (Absatz 3 Satz 2). Fixe Kriterien für den **Begriff des Kleingläubigers** existieren nicht. Nach den Gesetzesmotiven soll die Zuweisung in eine gesonderte Gruppe ihre Besserstellung ermöglichen (BT-Drs. 12/2443, 200), was mit einer **Kosten- und Zeitersparnis** gerechtfertigt wird (Uhlenbruck/*Lüer*/*Streit* Rn. 30). Das verstößt jedoch gegen § 245 Abs. 2 Nr. 3 (so MüKoInsO/*Eidenmüller* Rn. 140; aA Uhlenbruck/*Lüer*/*Streit* Rn. 30), so dass eine Zustimmungsersetzung anderer Gruppen scheitert. Eine teleologische Reduktion des § 245 Abs. 2 Nr. 2 zugunsten der Kleingläubigergruppe scheidet aus, weil ihre Bildung auch ohne Besserstellung der Philosopie des Planverfahrens (→ Rn. 1) entspricht und so verhindert wird, dass viele Kleingläubiger mit der Kopfmehrheit die Forderungsmehrheit der Großgläubiger blockieren. Außerdem könnten geringe Unterschiede in der Forderungshöhe diesseits und jenseits der Trennlinie zu erheblichen Quotendifferenzen führen, wenn das Gleichbehandlungsgebot nicht gelten würde (HambK-InsO/*Thies* Rn. 27). 22

Als **kleinbeteiligte Anteilsinhaber,** für die ebenfalls eine eigene Gruppe vorgesehen werden kann, gelten nach Absatz 2 Satz 3 alle Gesellschafter, die mit weniger als 1 % oder weniger als 1.000 EUR beteiligt sind. Die Bildung einer Gruppe bietet sich insbes. dann an, wenn einer Gruppe von wesentlich Beteiligten ein Kreis von Anteilen im Streubesitz gegenübersteht (BT-Drs. 17/5712, 31), wobei sich die Trennung weniger aus der absoluten Höhe der Beteiligung als vielmehr aus dem mit ihr verfolgten strategischen oder nur finanziellen Interesse ergibt (krit. zur praktischen Relevanz der Vorschrift: HambK-InsO/*Thies* Rn. 28). Für nicht an einer Kapitalbeteiligung orientierte Mitgliedschaftsrechte in Vereinen gilt die Vorschrift nicht (BT-Drs. 17/5712, 31; HambK-InsO/*Thies* Rn. 28). Eine Pflicht zur Bildung einer Kleingläubigergruppe besteht nicht (HK-InsO/*Haas* Rn. 14). 23

VII. Pensionssicherungsverein

Für den Pensionssicherungsverein (PSV) kann nach **§ 9 Abs. 4 BetrAVG** eine **eigene Gruppe** gebildet werden, wenn die Fortführung des Unternehmens vorgesehen ist. Damit soll der Möglichkeit einer vertikalen oder horizontalen Aufteilung künftiger Versorgungsleistungen Rechnung getragen werden (BT-Drs. 12/2443, 199; HRI /*Schöne* § 29 Rn. 15 ff.). In einem Insolvenzplan kann gem. § 7 Abs. 4 BetrAVG vorgesehen werden, dass der Schuldner ab einem Stichtag sämtliche Versorgungsleistungen oder die von bestimmten Personen (zB den weiter beschäftigten) wieder übernimmt (zu den Gestaltungsmöglichkeiten s. *Bremer* DB 2011, 875 [876 ff.]; *Rieger* NZI 2013, 671 [673 ff.]). Die bis zur Aufteilungsgrenze vom PSV gewährten Leistungen werden als sanierungsfördernde Liquiditätshilfe angesehen (*Wohlleben* Kölner Schrift InsO, 2. Aufl. 2000, 1655 [1666]), obwohl es sich bei dem Anspruch des PSV aus der Übernahme der gesamten Versorgungsanwartschaft (§ 9 Abs. 2 iVm § 7 Abs. 1, 2 BetrAVG) um Insolvenzforderungen iSv § 38 handelt, die vorübergehende Übernahme also keine im Vergleich zu anderen Gläubigern gewährte Liquiditätshilfe darstellt, sondern umgekehrt die spätere Wiederaufnahme der Zahlungen auf die vorher begründeten Versorgungsansprüche eine Begünstigung des PSV ist (*Grub* FS Ganter, 2010, 3 [9 ff.]; aA HRI/*Schöne* § 29 Rn. 17). Ebenso verhält es sich mit der Klausel, die gem. § 7 Abs. 4 S. 5 BetrAVG in den Plan aufgenommen werden soll, dass bei einer Besserung der wirtschaftlichen Lage die Leistungen wieder vom Arbeitgeber übernommen werden, ohne dass vorher eine eindeutige Abgrenzung getroffen wurde. Diese **Sonderstellungen** müssen dem PSV **nicht zwingend** 24 eingeräumt werden. Werden sie ihm aber gewährt, ist wegen des Gleichbehandlungsgebots der Gruppenmitglieder untereinander (§ 226 Abs. 1) eine eigene Gruppe erforderlich.

VIII. Mischgruppen

25 **Mischgruppen** von Gläubigern unterschiedlicher Rechtsstellung **sind nach hM unzulässig** (BGH NZI 2005, 619 [621]; LG Berlin NZI 2005, 335 [337]; HambK-InsO/*Thies* Rn. 14; HK-InsO/*Haas* Rn. 5; Uhlenbruck/*Lüer/Streit* Rn. 15). Gemeint ist damit ein Verbot der verschleierten Vergünstigung durch Gruppenzuordnung, die bei gesicherten Gläubigern vorkommen kann, denen der Schuldner zugleich persönlich haftet.Wird der Wert des Sicherungsgegenstandes zu hoch angesetzt, erhält der Gläubiger auf den Teil eine volle Befriedigung, der eigentlich eine Insolvenzforderung darstellt. Eine solche allein auf seine Bevorzugung abzielende Gruppenzuweisung wäre eine unzulässige Umgehung des nicht dispositiven § 226 Abs. 1. Eine Zurückweisung des Plans kann darauf jedoch nur bei Evidenz gestützt werden. Ansonsten findet eine Prüfung erst bei der Entscheidung über ein Obstruktionsverbot (insbsondere § 245 Abs. 2 Nr. 3) und einen Minderheitenschutzantrag statt.

IX. Sonderfälle

26 **1. Gruppe mit einem Gläubiger.** Eine Gruppe kann auch, was § 9 Abs. 4 BetrAVG für den PSV bestätigt, aus nur **einem Beteiligten** bestehen (MüKo-InsO/*Eidenmüller* Rn. 31; HambK-InsO/*Thies* Rn. 4), sei es, dass nur dieser Beteiligte eine besondere Rechtsstellung (Absatz 1) hat, sei es, dass nur er ein besonderes wirtschaftliches Interesse iSd Absatz 2 besitzt (*Hingerl* ZInsO 2007, 1337 [1339]).

27 **2. Bildung nur einer Gruppe. Die Bildung einer einzigen Gruppe ist zulässig** (AG Duisburg NZI 2001, 605 [606]; Kübler/Prütting/Bork/*Spahlinger* Rn. 20; MüKoInsO/*Eidenmüller* Rn. 37 ff.; HambK-InsO/*Thies* Rn. 4), wenn die Unterteilungsvoraussetzungen des Absatz 1 nicht vorliegen. Dann reicht für die Annahme des Plans zwar die Kopf- und Summenmehrheit des § 244 Abs. 1 aus. Müsste hingegen eine ablehnungswillige Minderheit wegen besonderer Interessen in einer zweiten Gruppe angesiedelt werden, würde sie den Insolvenzplan unwiderruflich zum Scheitern bringen, weil es für deren Zustimmungsersetzung an einer Gruppenmehrheit (§ 245 Abs. 1 Nr. 3) fehlt. Einen Anspruch darauf, bei der Gruppenarchitektur Minderheitsinteressen zu berücksichtigen, gibt es jedoch nicht (→ Rn. 16 ff.). Ein unentziehbarer Rechtsschutz besteht nur iRd §§ 251, 253. Ein Planverfahren **ohne** eine **Gruppe** ist **unzulässig** (aA Braun/*Braun/Frank* Rn. 4; MüKoInsO/*Eidenmüller* Rn. 23; *Hingerl* ZInsO 2007, 1337 [1338]), was aber nur heißt, dass die Gründe für die nicht erforderliche Bildung weiterer als der nur aus allen Gläubigern bestehenden Gruppe dargelegt werden müssen und sich die Zustimmung nach § 244, nicht aber nach § 76 richtet.

28 **3. Ausländische Gläubiger.** Art. 36 EuInsVO nF gewährt dem Verwalter eines Hauptinsolvenzverfahrens das Recht, zur Vermeidung eines ausländischen Sekundärinsolvenzverfahrens den dortigen Gläubigern zuzusichern, im Hauptverfahren hinsichtlich der dem Sekundärverfahren unterfallenden Vermögenswerte wie bei einer Durchführung des Sekundärverfahrens gestellt zu werden (**„synthetisches Sekundärinsolvenzverfahren“,** zu den umstrittenen Einzelheiten: *Brinkmann* KTS 2014, 381 [394 ff.]; *Wimmer* jurisPR-InsR 7/2015, Anm. 1 Ziff. 7). Deshalb bedarf es der Bildung gesonderter Gruppen (*Wimmer* jurisPR-InsR 7/2015 Anm. 1 Ziff. 7b), deren Anzahl davon abhängt, ob das ausländische

Recht verschiedene Rangklassen vorsieht. Ein Sekundärinsolvenzverfahren verdrängt nicht die Beteiligung der ausländischen Gläubiger am deutschen Verfahren (Art. 32, 39 EuInsVO; sa § 341). Aus dem Hauptinsolvenzverfahren können sie eine Quote erst beziehen, wenn die am Sekundärverfahren nicht beteiligten Gläubiger – bezogen auf die Gesamtforderung – gleichgestellt sind (Art. 20 Abs. 2 EuInsVO; vgl. § 342 Abs. 2). Insofern ähneln die ausländischen Gläubiger nicht den absonderungsberechtigten Gläubigern und können nicht mit unterschiedlichen Forderungsanteilen in verschiedenen Gruppen beteiligt sein.

Rechte der Absonderungsberechtigten[1]

223 (1) [1]**Ist im Insolvenzplan nichts anderes bestimmt, so wird das Recht der absonderungsberechtigten Gläubiger zur Befriedigung aus den Gegenständen, an denen Absonderungsrechte bestehen, vom Plan nicht berührt.** [2]**Eine abweichende Bestimmung ist hinsichtlich der Finanzsicherheiten im Sinne von § 1 Abs. 17 des Kreditwesengesetzes sowie der Sicherheiten ausgeschlossen, die**

1. **dem Betreiber oder dem Teilnehmer eines Systems nach § 1 Abs. 16 des Kreditwesengesetzes zur Sicherung seiner Ansprüche aus dem System oder**
2. **der Zentralbank eines Mitgliedstaats der Europäischen Union oder der Europäischen Zentralbank**

gestellt wurden.

(2) **Soweit im Plan eine abweichende Regelung getroffen wird, ist im gestaltenden Teil für die absonderungsberechtigten Gläubiger anzugeben, um welchen Bruchteil die Rechte gekürzt, für welchen Zeitraum sie gestundet oder welchen sonstigen Regelungen sie unterworfen werden sollen.**

I. Grundsatz: Erhaltung der Absonderungsrechte (Absatz 1 Satz 1)

Die Rechte der Absonderungsgläubiger (§§ 49–51) werden nur berührt, sofern das im Plan ausdrücklich bestimmt ist. Das gilt unabhängig davon, ob und in welchem Rang der Schuldner ihnen auch persönlich haftet und wer nach den §§ 166, 173 zur Verwertung berechtigt ist (HK-InsO/*Haas* Rn. 2; Leonhardt/Smid/Zeuner/*Rattunde* Rn. 4). Ein **Eingriff liegt bei jeder Abweichung von den Verwertungsformen der §§ 165 ff.** vor (HK-InsO/*Haas* Rn. 3), die nicht zu einer vollen Befriedigung des gesicherten Anspruchs führt (aA Kübler/Prütting/Bork/*Spahlinger* Rn. 8 Fn. 9, der entgegen §§ 222 Abs. 1, 237 einen Rechtseingriff auch bei vollständiger Befriedigung annimmt). Bspw. kann im Plan bestimmt werden der (teilw.) Verzicht auf das Absonderungsrecht, das Recht des Schuldners, das Absonderungsgut oder den Verwertungserlös zu nutzen, die Verwertungsart oder ein Sicherheitentausch (HK-InsO/*Haas* Rn. 5 f.; HambK-InsO/*Thies* Rn. 5). 1

Die Vorschrift wirkt – wie § 254 Abs. 2 für Drittsicherheiten – nicht nur klarstellend (so aber HK-InsO/*Flessner* Rn. 4; HambK-InsO/*Thies* Rn. 1, 4; Kübler/Prütting/Bork/*Spahlinger* Rn. 10), sondern **rechtserhaltend;** denn die gesicherte Forderung der Absonderungsberechtigten, denen der Schuldner auch persönlich haftet, verliert mit der Rechtskraft des Plans entweder ihre über die 2

[1] § 233 Abs. 1 Satz 2 angef. durch G v. 8.12.1999 (BGBl. I S. 2384); Abs. 1 Satz 2 einleit. Satzteil, Nr. 1 geänd. mWv 9.4.2004 durch G v. 5.4.2004 (BGBl. I S. 502); Abs. 1 Satz 2 Nr. 1 geänd. mWv 30.6.2011 durch G v. 19.11.2010 (BGBl. I S. 1592).

Quote hinausgehende Durchsetzbarkeit (§ 254 Abs. 1) oder erlischt sogar (§ 225 Abs. 2). Der Zugriff auf die Sicherheiten würde ohne die Regelung in § 223 entfallen.

II. Abweichende Regelungen

3 **1. Absatz 1 Satz 2.** Bei den in **Absatz 1 Satz 2** genannten **Finanzsicherheiten** ist eine Änderung der Rechtsstellung ausgeschlossen. Das Verbot basiert auf europäischen Richtlinien (1998/26/EG v. 19.5.1998, ABl. L 166, S. 45; 2002/47/EG v. 6.6.2002, ABl. L 168, S. 43; dazu umfassend: *Obermüller* ZInsO 2004, 187; *Meyer/Rein* NZI 2004, 367). Finanzsicherheiten sind solche, die einem Unternehmen des Finanzsektors zur Sicherung von Forderungen aus dem Erwerb von Finanztiteln gestellt werden (HK-InsO/*Haas* Rn. 7; Uhlenbruck/*Lüer/Streit* Rn. 6).

4 **2. Absatz 2.** Für alle **anderen Sicherheiten kann** nach Absatz 2 im Plan **Abweichendes geregelt** werden. Obwohl das Pfandrecht ein (dingliches) Individualrecht jedes einzelnen Gläubigers ist, ist seine **Zustimmung nicht erforderlich.** Die Rechtswirkungen treten mit der Planbestätigung automatisch ein (§§ 254 Abs. 1, 254a Abs. 1). Ihm steht nur der wertbezogene Minderheitenschutz der §§ 251, 253 zu (HambK-InsO/*Thies* Rn. 6). Ein vollstreckungsfähiger Inhalt ist nicht notwendig, wenn der Plan nur eine Beschränkung der Sicherheiten enthält, da die verbleibenden Absonderungsrechte durch den Plan nicht tituliert werden (§ 257). Die sachenrechtlichen Gebote der Bestimmtheit körperlicher Gegenstände bzw. Bestimmbarkeit bei Rechten sind jedoch einzuhalten, wenn der Plan dingliche Änderungen (zB Sicherheitentausch) im Gegensatz zu bloßen Beschränkungen vorsieht.

5 Der **Eingriff in Absonderungsrechte ist** gem. §§ 254 Abs. 1, 254a Abs. 1 **endgültig.** Er bleibt auch dann bestehen, wenn der Plan nicht erfüllt wird. Ein Wiederaufleben ist in § 257 nur für Forderungen, nicht aber für die Sicherheiten vorgesehen (Kübler/Prütting/Bork/*Spahlinger* Rn. 17). Etwas anderes muss im Plan ausdrücklich geregelt werden. Umgekehrt **erlischt** ein **Absonderungsanspruch nicht mit** dem **Erlöschen einer nachrangigen Forderung,** insbes. aufgrund einer Gesellschafterfinanzierung (§ 39 Abs. 1 Nr. 5). Für das Regelinsolvenzverfahren hat der BGH (ZIP 2012, 1869) zwar offengelassen, ob Sicherheiten für Gesellschafterdarlehen automatisch oder erst aufgrund einer Anfechtung gem. § 135 Abs. 1 Nr. 1 untergehen (so *Spliedt* EWiR 2012, 669). Da die Anfechtungsbefugnis mit der Verfahrensaufhebung endet, kann der Sicherungsgläubiger wegen § 223 seinen Verwertungsanspruch durchsetzen, obwohl die gesicherte Forderung aus der Gesellschafterfinanzierung erloschen ist.

6 Einen Eingriff in **Aussonderungsrechte** sieht § 223 nicht vor, obwohl die Gegenstände häufig für eine Geschäftsfortführung benötigt werden (deshalb zu Recht krit. MüKoInsO/*Breuer* Rn. 25). Auch ist die Abgrenzung zwischen Ab- und Aussonderung bei einem erweiterten Eigentumsvorbehalt de facto schwierig. Der Gesetzgeber hat Aussonderungsansprüche jedoch ausdrücklich von einer Vergemeinschaftung der Gläubigerbelange herausgenommen (§ 47; BT-Drs. 12/2443, 195), so dass eine erweiterte Auslegung des § 223 nicht zulässig ist. Zulässig ist jedoch, dass sich die Aussonderungsberechtigten freiwillig einer Planregelung unterwerfen und die Erklärung gem. § 230 Abs. 3 beigefügt wird.

Rechte der Insolvenzgläubiger

224 Für die nicht nachrangigen Gläubiger ist im gestaltenden Teil des Insolvenzplans anzugeben, um welchen Bruchteil die Forderungen gekürzt, für welchen Zeitraum sie gestundet, wie sie gesichert oder welchen sonstigen Regelungen sie unterworfen werden sollen.

I. Normzweck

Die Vorschrift dient sowohl der **Planklarheit** als auch dem **Schutz der Gläubiger,** weil ohne konkrete Regelung der Schuldner in Bausch und Bogen von seinen Verbindlichkeiten befreit werden würde (§ 227 Abs. 1). Ein Verstoß führt zur Zurückweisung (§§ 231 Abs. 1 Nr. 1, 250 Nr. 1). 1

II. Insolvenzgläubiger

Insolvenzgläubiger sind die Gläubiger gem. § 38 und diejenigen, die ihnen gleichgestellt sind, bspw. bei einer Erfüllungsabgrenzung schwebender Verträge (§§ 103 Abs. 2, 105, 108 Abs. 3) oder bei einer Insolvenzanfechtung (§ 144 Abs. 1). Auch die Absonderungsgläubiger sind Insolvenzgläubiger hinsichtlich der gesicherten Forderung. Einer Gruppe sind sie jedoch nur zuzuordnen, wenn sie einen Ausfall erleiden oder in ihr Absonderungsrecht eingegriffen wird. Werden sie keinen Ausfall erleiden, liegt ein Eingriff in das Absonderungsrecht nicht schon allein deshalb vor, weil durch den Plan der gesicherte Anspruch auf die Quote beschränkt wird. Insofern wirkt § 223 rechtserhaltend (aA HK-InsO/*Haas* § 223 Rn. 4; Kübler/Prütting/Bork/*Spahlinger* § 223 Rn. 10). Aussonderungsberechtigte Gläubiger sind Insolvenzgläubiger hinsichtlich ihrer aufgrund (zB §§ 546a, 989 BGB) oder neben (zB Kaufvertrag) dem Aussonderungsanspruch bestehenden Forderungen. Massegläubiger werden nur bei einer Masseunzulänglichkeit wie Insolvenzgläubiger behandelt (§ 210a Nr. 1). 2

III. Angabe der Eingriffe

Jede Veränderung der Rechtsstellung der Insolvenzgläubiger **ist zulässig.** Der Bruchteil, um den die Forderungen gekürzt werden, muss im Plan nicht schon bestimmt, sondern nur bestimmbar sein. Zulässig ist eine „flexible Quote“, bei der ein von der künftigen Geschäftsentwicklung abhängiger Betrag auf die Forderungen verteilt wird (Uhlenbruck/*Lüer/Streit* Rn. 6). Auch nachträgliche Forderungsanmeldungen können die Quote noch beeinflussen. Ebenso müssen die in der Vorschrift angesprochenen Stundungszeiträume nicht fix sein, sondern können von dem Eintritt bestimmter „Milestones“ abhängen. Selbst wenn solche Quotenansprüche nicht vollstreckbar sein sollten (dies ausnahmslos annehmend HambK-InsO/*Thies* Rn. 4; s. demgegenüber zur Klauselerteilung für zunächst noch unbestimmte Planleistungen → § 257 Rn. 8), reichen die flexiblen Angaben aus, um die Wiederauflebensvoraussetzungen des § 256 herbeizuführen, wenn die Gläubiger von dem Bedingungseintritt zB aufgrund der Planüberwachung Kenntnis erlangen. Zwar ist die Beurteilung der Voraussetzungen für eine Obstruktionsentscheidung oder einen Minderheitenschutzantrag bei einer flexiblen Quote schwer zu beurteilen. Das lässt sich durch die Vereinbarung einer Quote in Form eines Besserungsscheins vermeiden, der eine dem Vergleich mit dem Ergebnis der Regelabwicklung standhaltende Mindestquote festlegt (MüKoInsO/*Breuer* Rn. 13). Es kann den Beteiligten aber keine Gestaltung verwehrt werden, bei der sie sowohl am Risiko des Misserfolges als auch an der Chance des Erfolges beteiligt sind. Auch das Ergebnis der Regelabwicklung basiert auf einer Prognose. Es gibt keinen Grund, die Unsicherheit beim Barwert der Regelabwicklung zu akzeptie- 3 ren, die Unsicherheit bei alternativen Fortführungsszenarien aber abzulehnen (Kübler/Prütting/Bork/*Spahlinger* Rn. 14).

4 In Betracht kommen **insbes. folgende Regelungen:** (Teil-)Erlass, Stundung, Rangrücktritt, Debt-Equity-Swap (§ 225a Abs. 2), Sicherung durch oder aufgrund des Plans (HK-InsO/*Haas* Rn. 3), (Teil-)Verzicht auf ein Aufrechnungsrecht (dazu auch → § 254 Rn. 5 ff.) etc. Sofern verschiedene Gruppen gebildet wurden (§ 222 Abs. 2), darf zwischen ihnen differenziert werden, wobei gruppenintern das Gleichbehandlungsgebot des § 226 beachtet werden muss.

Rechte der nachrangigen Insolvenzgläubiger

225 (1) **Die Forderungen nachrangiger Insolvenzgläubiger gelten, wenn im Insolvenzplan nichts anderes bestimmt ist, als erlassen.**

(2) **Soweit im Plan eine abweichende Regelung getroffen wird, sind im gestaltenden Teil für jede Gruppe der nachrangigen Gläubiger die in § 224 vorgeschriebenen Angaben zu machen.**

(3) **Die Haftung des Schuldners nach der Beendigung des Insolvenzverfahrens für Geldstrafen und die diesen in § 39 Abs. 1 Nr. 3 gleichgestellten Verbindlichkeiten kann durch einen Plan weder ausgeschlossen noch eingeschränkt werden.**

I. Schweigen des Plans (Absatz 1)

1 Die **Forderungen nachrangiger Insolvenzgläubiger** gelten als **erlassen,** wenn der Plan keine andere Regelung enthält. Dann ist für sie auch **keine Gruppe** zu bilden, so dass die Gläubiger an der Abstimmung nicht beteiligt sind (§§ 222 Abs. 1 S. 2 Nr. 3, 243; BGH NZI 2010, 603 Rn. 35). Ihre Forderungen erlöschen nach Absatz 1 vollständig, sie bleiben **nicht** – wie die nicht nachrangigen Insolvenzforderungen gem. § 38 (dazu → § 254 Rn. 12 f.) – als **unvollkommene Verbindlichkeiten** bestehen (Uhlenbruck/*Lüer/Streit* Rn. 5). Die Vorschrift dient der Vereinfachung, weil auf die nachrangigen Gläubiger regelmäßig keine Quote entfällt (HK-InsO/*Haas* Rn. 1). Etwaige Sicherungsrechte, die im Insolvenzverfahren auch für nachrangige Forderungen geltend gemacht werden können (BGH NZI 2008, 542; ZIP 2008, 2276), bleiben wegen § 223 (→ Rn. 2) bestehen, wenn nicht gesondert in das Absonderungsrecht eingegriffen wird (aA Kübler/Prütting/Bork/*Spahlinger* Rn. 12, der insoweit eine Gruppe nachrangiger Gläubiger für erforderlich hält). Zum Sonderfall der mangels Beschlussfassung noch nicht entstandenen Vorzugsdividenden → § 225a Rn. 19. Trotz Nichtbeteiligung der nachrangigen Gläubiger sind sie berechtigt, einen Minderheitenschutzantrag zu stellen (BGH NZI 2010, 603).

II. Abweichende Regelung (Absatz 2)

2 Sollen die nachrangigen Forderungen nicht erlassen werden, sind im Plan die gem. § 224 erforderlichen Angaben zu machen (Quote, Fälligkeit, ggf. Besicherung und Sonstiges). Wenn eine **abweichende Regelung** getroffen wird, muss das Insolvenzgericht die jeweiligen Gläubiger zunächst gem. § 174 Abs. 3 zur Anmeldung auffordern (HK-InsO/*Haas* Rn. 3; MüKoInsO/*Breuer* Rn. 17). Die Abweichung kann auf einzelne Rangklassen beschränkt werden (Uhlenbruck/*Lüer/Streit* Rn. 6 f.), was jedoch einen Minderheitenschutzantrag begründen kann, wenn es sich um Mittel handelt, die bei der Regelabwicklung gleichmäßig auf alle nachrangigen Gläubiger zu verteilen wären. Beteiligt sich kein Mitglied einer Gruppe an der Abstimmung, gilt deren Zustimmung unter den Voraussetzungen

zungen des § 246 als erteilt. Sinnvoll kann eine abweichende Regelung aus steuerlichen Gründen insbes. für Gesellschafterdarlehen sein, um eine steuerwirksame Gewinnerhöhung bei der Schuldnerin zu vermeiden. Ein (bedingtes) Bestehenlassen der Ansprüche kann allerdings zu Problemen beim Obstruktionsverbot und Minderheitenschutz führen.

III. Privilegierung der Ordnungsgeldgläubiger (Absatz 3)

Der in Absatz 1 genannte Grundsatz gilt gem. Absatz 3 nicht für **Geldstrafen** 3
und **gleichgestellte Verbindlichkeiten** gem. § 39 Abs. 1 Nr. 3. Die Haftung des Schuldners kann insoweit nicht beschränkt werden, es sei denn, dass die Gläubiger sich dem Plan ausdrücklich unterwerfen. Absatz 3 hat Vorrang gegenüber § 226 Abs. 1 und § 245 Abs. 2 Nr. 2 und 3.

Rechte der Anteilsinhaber[1]

225a (1) **Die Anteils- oder Mitgliedschaftsrechte der am Schuldner beteiligten Personen bleiben vom Insolvenzplan unberührt, es sei denn, dass der Plan etwas anderes bestimmt.**

(2) [1] **Im gestaltenden Teil des Plans kann vorgesehen werden, dass Forderungen von Gläubigern in Anteils- oder Mitgliedschaftsrechte am Schuldner umgewandelt werden.** [2] **Eine Umwandlung gegen den Willen der betroffenen Gläubiger ist ausgeschlossen.** [3] **Insbesondere kann der Plan eine Kapitalherabsetzung oder -erhöhung, die Leistung von Sacheinlagen, den Ausschluss von Bezugsrechten oder die Zahlung von Abfindungen an ausscheidende Anteilsinhaber vorsehen.**

(3) **Im Plan kann jede Regelung getroffen werden, die gesellschaftsrechtlich zulässig ist, insbesondere die Fortsetzung einer aufgelösten Gesellschaft oder die Übertragung von Anteils- oder Mitgliedschaftsrechten.**

(4) [1] **Maßnahmen nach Absatz 2 oder 3 berechtigen nicht zum Rücktritt oder zur Kündigung von Verträgen, an denen der Schuldner beteiligt ist.** [2] **Sie führen auch nicht zu einer anderweitigen Beendigung der Verträge.** [3] **Entgegenstehende vertragliche Vereinbarungen sind unwirksam.** [4] **Von den Sätzen 1 und 2 bleiben Vereinbarungen unberührt, welche an eine Pflichtverletzung des Schuldners anknüpfen, sofern sich diese nicht darin erschöpft, dass eine Maßnahme nach Absatz 2 oder 3 in Aussicht genommen oder durchgeführt wird.**

(5) [1] **Stellt eine Maßnahme nach Absatz 2 oder 3 für eine am Schuldner beteiligte Person einen wichtigen Grund zum Austritt aus der juristischen Person oder Gesellschaft ohne Rechtspersönlichkeit dar und wird von diesem Austrittsrecht Gebrauch gemacht, so ist für die Bestimmung der Höhe eines etwaigen Abfindungsanspruches die Vermögenslage maßgeblich, die sich bei einer Abwicklung des Schuldners eingestellt hätte.** [2] **Die Auszahlung des Abfindungsanspruches kann zur Vermeidung einer unangemessenen Belastung der Finanzlage des Schuldners über einen Zeitraum von bis zu drei Jahren gestundet werden.** [3] **Nicht ausgezahlte Abfindungsguthaben sind zu verzinsen.**

Schrifttum: *Altmeppen,* Zur Rechtsstellung der Gläubiger im Konkurs gestern und heute, FS Hommelhoff, 2012, 1; *Bauer/Dimmling,* Endlich im (Gesetz)Entwurf: Der Debt-Equitiy-Swap, NZI 2011, 517; *Becker,* Umwandlungsmaßnahmen im Insolvenzplan und die Grenzen einer Überlagerung des Gesellschaftsrechts durch das Insolvenzrecht, ZInsO 2013, 1885;

[1] § 225a eingef. mWv 1.3.2012 durch G v. 7.12.2011 (BGBl. I S. 2582).

Bitter, Sanierung in der Insolvenz – Der Beitrag von Treue- und Aufopferungspflichten zum Sanierungserfolg, ZGR 2010, 147; *Böcker,* Das ESUG in der praktischen Anwendung im Fall Suhrkamp, ZInsO 2015, 773; *Brinkmann,* Wege aus der Insolvenz eines Unternehmens, WM 2011, 97; *ders.*, Der strategische Eigenantrag – Missbrauch oder kunstgerechte Handhabung des Insolvenzverfahrens?, ZIP 2014, 197; *Brinkmann/Steinhauser,* Change of Control-Klauseln in der Insolvenzpraxis, FS Kübler, 2015, 87; *Brünkmans,* Rechtliche Möglichkeiten und Grenzen von Umwandlungen im Insolvenzplanverfahren, ZInsO 2014, 2533; *Cahn/Simon/Theiselmann,* Debt-Equity-Swap zum Nennwert!, DB 2010, 1629; *dies.*, Nennwertanrechnung beim Debt-Equity-Swap, DB 2012, 501; *Decher/Voland,* Kapitalschnitt und Bezugsrechtsausschluss im Insolvenzplan – Kalte Enteignung oder Konsequenz des ESUG?, ZIP 2013, 103; *Drouven,* Neue Wege – „Reverse Debt-to-Equity-Swap", ZIP 2009, 1052; *Ebbinghaus/Hinz,* Forderungsverzicht oder Debt-Equity-Swap bei der Eigensanierung im Insolvenzplanverfahren – Haftungsfolgen und Handlungsempfehlungen bei Umsatz- Gewerbe- und Schenkungssteuer, NZI 2014, 729; *Eckert/Harig,* Zur Bewertung von Sicherheiten beim Debt Equity Swap nach § 225a InsO im Insolvenzplanverfahren, ZInsO 2012, 2318; *Eidenmüller,* Reformperspektiven im Restrukturierungsrecht, ZIP 2010, 649; *ders.*, Strategische Insolvenz: Möglichkeiten, Grenzen, Rechtsvergleichung, ZIP 2014, 1197; *ders.*, Der Insolvenzplan als gesellschaftsrechtliches Universalwerkzeug, NJW 2014, 17; *Eidenmüller/Engert,* Reformperspektiven einer Umwandlung von Fremd- in Eigenkapital (Debt-Equity-Swap) im Insolvenzverfahren, ZIP 2009, 541; *Ekkenga,* Neuerliche Vorschläge zur Nennwertanrechnung beim Debt-Equity-Swap – Erkenntnisfortschritt oder Wiederbelebungsversuche am untauglichen Objekt?, DB 2012, 331; *Fischer,* Der Übernahme-Swap durch Insolvenzplan – Investitionsentscheidung im Wettbewerb, NZI 2013, 823; *Friedl,* Der Tausch von Anleihen in Aktien, BB 2012, 1102; *Fröhlich/Eckhardt,* Bewertung insolventer Unternehmen (in Eigenverwaltungsverfahren): Rahmenbedingungen, Herausforderungen, Lösungsansätze, Würdigung, ZInsO 2015, 925; *Gehrlein,* Banken – vom Kreditgeber zum Gesellschafter – neue Haftungsfallen? (Debt-Equity-Swap nach ESUG), NZI 2012, 257; *Geißler,* Rechtsfragen um die Sanierung einer GmbH im Insolvenzplanverfahren durch die Einbringung von Gläubigerforderungen, ZInsO 2015, 787; *Göb,* Aktuelle gesellschaftsrechtliche Fragen in Krise und Insolvenz, NZI 2012, 243; *Haas,* Das gesellschaftsrechtliche Organisationsrecht in der (voläufigen) Eigenverwaltung, FS Kübler, 2015, 203; *ders.*, Mehr Gesellschaftsrecht im Insolvenzplanverfahren, NZG 2012, 961; *Habersack,* Einbringung eines Gesellschafterdarlehens im Rahmen eines Debt Equity Swap, FS Kübler, 2015, 219; *Hachmeister/Ruthardt,* Vom Unternehmen zum Anteilswert: Vorzugs- und Stammaktien im Ertragswertkalkül, BB 2014, 427; *Hölzle,* Überlagerung des Gesellschaftsrechts durch das Insolvenzrecht und die Schlechterstellungsprüfung zu Lasten des (Minderheits-)Gesellschafters, ZIP 2014, 1819; *Hofmann,* Der gemeinsame Vertreter der Anleihegläubiger nach dem Schuldverschreibungsgesetz als Gesamtinteressenvertreter in der Insolvenz des Anleiheschuldners, FS Kübler, 2015, 265; *Horstkotte/Martini,* Die Einbeziehung der Anteilseigner in den Insolvenzplan nach ESUG, ZInsO 2012, 557; *Kahlert/Gehrke,* ESUG macht es möglich: Ausgliederung statt Asset Deal im Insolvenzplanverfahren, DStR 2013, 975; *Kessler/Rühle,* Die Restrukturierung von Anleihen in Zeiten des SchVG 2009, BB 2014, 907; *Kleindiek,* Debt-Equity-Swap im Insolvenzplanverfahren, FS Hommelhoff, 2012, 543; *Längsfeld,* (Un-)Wirksamkeit von Change-of-Control-Klauseln – Zum neuen § 225a IV 3 InsO, NZI 2014, 734; *Lang/Muschalle,* Suhrkamp-Verlag – Rechtsmissbräuchlichkeit eines rechtmäßig eingeleiteten Insolvenzverfahrens, NZI 2013, 953; *Madaus,* Sind Vorzugsaktionärsrechte letztrangige Insolvenzforderungen? ZIP 2010, 1214; *ders.*, Keine Reorganisation ohne die Gesellschafter, ZGR 2011, 749; *ders.*, Umwandlungen als Gegenstand eines Insolvenzplans nach dem ESUG, ZIP 2012, 2133; *ders.*, Schutzschirme für streitende Gesellschafter? Die Lehren aus dem Suhrkamp-Verfahren für die Auslegung des neuen Insolvenzrechts, ZIP 2014, 500; *Maier-Reimer,* Debt-Equity-Swap, Gesellschaftsrecht in der Diskussion 2011, VGR 2012, 107; *Marotzke,* Rechtliches Gehör opponierender Gesellschafter im insolvenzrechtlichen Eröffnungsverfahren, ZInsO 2015, 325; *Meyer,* Der Plan ist umgesetzt, doch manche Fragen offen – Zwischenfazit zum Suhrkamp-Insolvenzverfahren, DB 2015, 538; *Meyer/Degener,* Debt-Equity-Swap nach dem RegE-ESUG, BB 2011, 846; *Müller,* Reorganisation systemrelevanter Banken, KTS 2011, 1; *ders.*, Gesellschaftsrechtliche Maßnahmen im Insolvenzplan, KTS 2012, 419; *Priester,* Umwandlungen im Insolvenzplan und gesellschaftsrechtliche Treuepflicht, FS Kübler, 2015, 557; *ders.*, Debt-Equity-Swap zum Nennwert?, DB 2010, 1445; *Schäfer,* Suhrkamp und die Folgen – Konsequenzen aus dem vorläufigen Abschluss des Suhrkamp-Verfahrens, ZIP 2015, 1208; *ders.*, Unzulässige Umgestaltung von Gesellschaftsanteilen im Insolvenzverfahren, ZIP 2014, 2417; *ders.*, Insolvenzplan als Lösungsmittel für Mehrheits-/Minderheitskonflikte? – Lehren aus dem Fall Suhrkamp, ZIP 2013, 2237; *Schäfer/Wüstemann,* Unternehmensbewertung, Kapitalmaßnahmen und Insolvenzplan, ZIP 2014, 1757; *Karsten Schmidt,* Debt-to-Equity-Swap bei der (GmbH & Co-)Kommanditgesellschaft, ZGR 2012, 566; *ders.*, Gesellschaftsrecht und Insolvenzrecht im ESUG-Entwurf, BB 2011, 1603; *ders.*, Schöne neue Sanierungswelt: Die Gläubiger okkupieren die Burg! Recht und Realität der ESUG-Reform, ZIP 2012, 2085; *Schön,* Die Europäische Kapital-Richtlinie – eine Sanierungsbremse?, ZHR 174 (2010), 155; *Schöne,* „Sanieren oder Ausscheiden" und die sog Trittbrettfahrer, ZIP 2015, 501; *ders.*, Wohin führt der Weg bei „Sanieren oder Ausscheiden"?, GmbHR 2015, 337; *Simon/Brünkmans,* Die Ausgliederung von sanierungswürdigen Betriebsteilen mithilfe des Insolvenzplanverfahrens nach ESUG: Verdrängt die Gläubigerautonomie den institutionalisierten Gläubigerschutz des Umwandlungsgesetzes?, ZIP 2014, 657; *Simon/Merkelbach,* Gesellschaftsrechtliche Strukturmaßnahmen im Insolvenzplanverfahren nach dem ESUG, NZG 2012, 121; *Skauradszun,* Insolvenzpläne unter Beschuss – Erfahrungen, Strategien und Prognosen, DB 2014, 2694; *Spliedt,* Insolvenz der Gesellschaft ohne Recht der Gesellschaft?, ZInsO 2013, 2155; *ders.* Herrschaft und Haftung in der eigenverwaltenden GmbH, FS Vallender, 2015, 613; *ders.*, Debt-Equity-Swap und weitere Strukturänderungen nach dem ESUG, GmbHR 2012, 462; *Stöber,* Die Kompetenzverteilung bei Kapitalerhöhungen im Insolvenzverfahren, ZInsO 2012, 1811; *ders.*, Strukturmaßnahmen im Insolvenzplanverfahren und gesellschaftsrechtliche Treuepflicht – der Fall Suhrkamp, ZInsO 2013, 2457; *Thole,* Die Restrukturierung von Schuldverschreibungen im Insolvenzverfahren, ZIP 2014, 293; *ders.*, Der Debt-Equity-Swap bei der Restrukturierung von Anleihen, ZIP 2014, 2365; *ders.*, Treuepflicht-Torpedo? Die gesellschaftsrechtliche Treuepflicht im Insolvenzverfahren, ZIP 2013, 1937; *Verse,* Anteilseigner im Insolvenzverfahren, ZGR 2010, 299; *Wachter,* Umwandlung insolventer Gesellschaften, NZG 2015, 858; *Weber/Schneider,* Die nach dem Gesetz zur weiteren Erleichterung der Sanierung von Unternehmen (ESUG) vorgesehene Umwandlung von Forderungen in Anteils- bzw. Mitgliedschaftsrechte (Debt-Equity-Swap), ZInsO 2012, 374; *Wertenbruch,* Die Personengesellschaft im Vergleich zur AG und GmbH im Insolvenzplanverfahren, ZIP 2013, 1693; *Westermann,* Der „Suhrkamp"-Gesellschafter unter dem Schutzschirm der Gesellschaftsinsolvenz, NZG 2015, 134;*Westphal,* Debt Equity Swap von Schuldverschreibungen in der Insolvenz, FS Kübler, 2015, 773; *Wieneke/Hoffmann,* Der Erhalt der Börsennotierung beim echten und unechten Debt Equity Swap in der Insolvenz der börsennotierten, AG, ZIP 2013, 697.

Übersicht

I. Allgemeines

1 **1. Rechtsentwicklung.** Die InsO war **bis zum ESUG** geprägt durch **gesellschaftsrechtliche Enthaltsamkeit** (Überblick: *Bitter* ZGR 2010, 147 [186 ff.]; *Verse* ZGR 2010, 299 [303 ff.]; *Sassenrath* ZIP 2003, 1517), obwohl ursprünglich durchaus anerkannt worden war, dass die Anteilsrechte in ein Insolvenzverfahren einbezogen werden sollten. Nach Leitsatz 2.4.9.2 des Ersten Berichts der Kommission für Insolvenzrecht (Erster Bericht der Kommission für Insolvenzrecht, BMJ, Hrsg., Köln 1985, 58, 278) sollte der Plan *„jede nach materiellem Gesellschaftsrecht zulässige Maßnahme vorsehen, die geboten erscheint, um das Ziel der Reorganisation zu erreichen"*. Im DiskEInsO von 1988 fehlte eine solche Regelung, weil Gegenstand der Haftung das Vermögen der Schuldnerin und nicht seine gesellschaftsrechtliche Organisation sei. Kämen die für eine Sanierung des Schuldnerunternehmens erforderlichen Maßnahmen nicht zustande, könne der Fortführungswert im Wege der übertragenen Sanierung (begrifflich geprägt von *Karsten Schmidt* ZIP 1980, 328 [336]; *ders.* 54. DJT, 1982, D 111) realisiert werden (DiskE, Gesetz zur Reform des Insolvenzrechts, BMJ, Hrsg., Köln 1988, A 33). Diese Erwägungen übernahm der RegE 1992 unverändert. Ein *„marktkonformes Verfahren"* sei *„vermögens-, nicht organisationsorientiert"* (BT-Drs. 12/2443, 77, 83). Die *„Autonomie des Gesellschaftsrechts und die wirtschaftliche Vereinigungsfreiheit"* (*Balz* Kölner Schrift InsO, 2. Aufl. 2000, 3 [8]) sollten respektiert werden. Dem folgte die überwiegende Meinung in der Literatur, die in einem Ausschluss zumindest sanierungswilliger Gesellschafter einen Verstoß gegen Art. 14 GG sah (*„Expropriierung der Gesellschafter"*, *Karsten Schmidt* 54. DJT, 1982, D 83). Erst die Erfahrung mit der auch noch im RegE (BT-Drs. 12/2443, 83) als Lösung vorgesehenen übertragenen Sanierung und die stärkere Betonung der **Finanzierungsrolle des Anteilseigners** zulasten seiner Mitspracherechte brachte einen Sinneswandel mit sich, der zur Einbeziehung der Anteilsrechte in das Planverfahren führte (BT-Drs. 17/5712, 30), was nunmehr plakativ als **„Insolvenzrecht bricht Gesellschaftsrecht"** beschrieben wird.

2 **2. Ziel der Neuregelung.** Bei einer übertragenen Sanierung gehen **immaterielle Vermögensgegenstände** (zB Dauerschuldverhältnisse, Lizenzen, Genehmigungen) verloren, die zwar zu dem von den Gläubigern finanzierten Unternehmen gehören (*Bitter* ZGR 2010, 147 [194]), formaljuristisch aber an den Schuldner als Unternehmensträger gebunden sind. Um die Werte für die Gläubiger zu

realisieren, muss der **Unternehmensträger** erhalten werden. Als eine der großen Errungenschaften des ESUG wird der **Debt-Equity-Swap** angesehen (BT-Drs. 17/5712, 31), mit dem die Gläubiger für ihre Forderungen eine Beteiligung am Schuldner erhalten. Als Sanierungsinstrument ist er jedoch weitgehend überflüssig, wenn es erst einmal zur Verfahrenseröffnung gekommen ist (aA *Eidenmüller* ZIP 2009, 541 f.; *Müller* KTS 2012, 419 [440]). An den Aktiva ändert sich nichts, und die Passiva werden durch die Planwirkungen ohnehin bereinigt (§§ 254 f.). Die Neuregelung beschränkt sich jedoch nicht auf den Tausch von Forderungen in Beteiligungen am Schuldner. Vielmehr kann seit dem ESUG jede gesellschaftsrechtlich zulässige Maßnahme im Insolvenzplan vorgesehen werden, was namentlich auch den **Beitritt neuer Gesellschafter** erfasst, die dadurch den Unternehmenswert einschließlich der unternehmensträgergebundenen Berechtigungen vergüten. Das Ziel der Neuregelung ist mithin die Verbesserung der Gläubigerbefriedigung, durch eine Realisierung der Vermögenswerte, die faktisch (Good will) oder rechtlich (nicht übertragbare Vermögensgegenstände) an der Schuldnerin haften (HK-InsO/*Haas* Rn. 2 f.). Deshalb werden Umwandlungen erfasst, auch wenn sie im Gesetz nicht ausdrücklich angesprochen werden. Sie gehören zu den gesellschaftsrechtlichen Maßnahmen iSd Absatz 3 (→ Rn. 48 ff.; *Brinkmann* WM 2011, 97 [102]; *Drouven* ZIP 2009, 1052 [1053]; *Madaus* ZIP 2012, 2133 [2135 ff.]; *Müller* KTS 2011, 1 [21]; *Wallner* ZInsO 2010, 1419 [1422 f.]).

3. Wertungsgrundlage. § 225a beruht auf einem geänderten Verständnis der **Gesellschafter** als **letztrangige Gläubiger** (*Altmeppen* FS Hommelhoff, 2012, 1 [19]; *Bitter* ZGR 2010, 147 [191 ff.]; *Hirte/Knof/Mock* DB 2011, 632 [637]; sa BGH ZIP 2010, 1039 zu Vorzugsaktionären in der Insolvenz), was jedoch von denjenigen abgelehnt wird, die die Mitverwaltungsrechte betonen (dazu → Rn. 11, 13). Die Begründung BegrRegE verweist darauf, dass sich Fremd- und Eigenkapital bei mezzaninen Finanzierungsformen nicht scharf voneinander abgrenzen lassen (BT-Drs. 17/5712, 30), so dass es gerechtfertigt sei, auch die Inhaber von Eigenkapitalpositionen in den Plan einzubeziehen. Fremdkapital mit Mitbestimmungsrechten (anschaulich BGH NZI 2012, 860 mAnm *Spliedt* EWiR 2012, 669 zum atypisch st. Gesellschafter) und Eigenkapital mit (schuldrechtlichen) Mitbestimmungseinschränkungen seien austauschbar. Unter wirtschaftlichem Blickwinkel wird darauf verwiesen, dass die **Anteile in der Insolvenz** regelmäßig **wertlos** seien (BT-Drs. 17/5712, 32), weil die Gesellschafter gem. § 199 nur noch einen *„doppelt nachrangigen"* (*Bitter* ZGR 2010, 147 [193]) Anspruch auf einen etwaigen Überschuss hätten, der nach Befriedigung aller Gläubiger – auch der nachrangigen – verbleibe. Deshalb findet sich die die Anteilsinhaber betreffende Neuregelung gesetzessystematisch auch erst im Anschluss an § 225, der die nachrangigen Insolvenzgläubiger betrifft. Ein Einwand gegen die insolvenzrechtliche Verortung des Eingriffs in Gesellschafterrechte lautet, dass die Insolvenzordnung als Gesamtvollstreckungsrecht nur das erfassen könne, was den Gläubigern vollstreckungsrechtlich zugewiesen sei, wozu die Anteilsrechte nicht gehören würden (*Stöber* ZInsO 2013, 2457 [2460]; *Madaus* ZGR 2011, 749 [755 ff.]). Eine solche „Fußstapfentheorie" hat die InsO jedoch nicht übernommen. Die Verfahrenseröffnung kann zu einem originären Zuwachs an Rechten gegen Dritte (Insolvenzanfechtung) oder zu einer Beschränkung der Rechte Dritter (zB Zurückbehaltungsrechte, Absonderungsansprüche) führen, so dass die Einbeziehung von Beteiligten, deren Vermögensposition durch die Vermögensverhältnisse der Schuldnerin vermittelt wird, nicht nur kein Systembruch darstellt (HK-InsO/*Haas* Rn. 3), sondern sogar geboten erscheint (*Hölzle* ZIP 2013, 1846 [1849]). 3

Während die Forderungen der nachrangigen Gläubiger ohne anderslautende Bestimmung im Plan erlöschen, hat der ESUG-Gesetzgeber für den Gesellschafter 4 mit Rücksicht auf das ihm zustehende innergesellschaftliche Mitverwaltungsrecht das Regel-Ausnahme-Verhältnis umgekehrt. Wenn im Plan nichts anderes bestimmt ist, bleiben die Anteils- oder Mitgliedschaftsrechte unberührt (Absatz 1). Soll hingegen in diese Rechte eingegriffen werden, müssen die Gesellschafter als eigene Gruppe am Planverfahren beteiligt werden (§ 222 Abs. 1 Nr. 4). Ein solcher Eingriff findet immer statt, wenn der Plan auf eine **Fortsetzung der Gesellschaft** abzielt, womit die Gesellschafter ihr Liquidationsrecht (vgl. § 60 Abs. 1 Nr. 4 iVm §§ 69 ff. GmbHG) verlieren und einem Fortsetzungsbeschluss unterworfen werden (HK-InsO/*Haas* § 222 Rn. 10; Kübler/Prütting/Bork/*Spahlinger* § 222 Rn. 25).

5 **4. Methodik. Außerhalb des Insolvenzverfahrens** bedarf jede Änderung der Gesellschaftsverfassung einer Entscheidung der Gesellschafter. Sie unterliegt einer inhaltlichen Beschlusskontrolle (Scholz/*Karsten Schmidt* GmbHG, 10. Aufl. 2006–2010, § 47 Rn. 26 ff.), die auf einen Interessenausgleich der Gesellschafter untereinander abzielt. Die Interessen der Gläubiger spielen nur reflexartig eine Rolle, soweit sie sich auf das Interesse der Gesellschafter an einer Bestandserhaltung auswirken können (BGH ZIP 1995, 819 „Girmes"; 2009, 2289 [2291]; 2011, 768; 2015, 1626: Sanieren oder Ausscheiden kraft Treuepflicht). Der durch das ESUG vollzogene Paradigmenwechsel ist gekennzeichnet durch den Grundsatz **„Insolvenzrecht überlagert Gesellschaftsrecht"**. Die Entscheidungszuständigkeit für gesellschaftsrechtliche Maßnahmen wird von der Gesellschafterversammlung in die Beteiligtenversammlung verschoben, in der die Anteilseigner nur noch eine oder mehrere Gruppe(n) neben den Gläubiger-Gruppen bilden (*Haas* NZG 2012, 961 [964]). Die inhaltliche Beschlusskontrolle orientiert sich nach der Methodik der Planvorschriften **nicht mehr** allein an dem **Gesellschafterinteresse, sondern** vorrangig an dem **Gläubigerinteresse** (ablehnend: *Müller* KTS 2012, 419 [442]; *Simon/Merkelbach* NZG 2012, 121 [125]; *Madaus* ZIP 2012, 2133 Fn. 32, der aber wegen der Gläubigerinteressen regelmäßig einen sachlichen Grund zur Einschränkung der Gesellschafterinteressen annimmt). Das beginnt mit dem Abstimmungsverfahren (§ 244), bei dem die Gläubigergruppen regelmäßig in der Überzahl sind und deshalb die Gesellschaftergruppen überstimmen können, setzt sich fort in dem am Gläubigerinteresse orientierten Obstruktionsverbot (§ 245 Abs. 3 Nr. 1), um schließlich auch beim individuellen Minderheitenschutz (§ 251) zu verdeutlichen, dass die Gesellschafter durch das Schlechterstellungsverbot nur geschützt sind, wenn die Gläubiger bei einer Regelabwicklung befriedigt werden würden (§ 199).

II. Verfassungsmäßigkeit

6 **1. Rechtstatsächliche Konsequenzen: Anteilsverlust, Einflussverlust.** Den Anteilseignern droht aufgrund des Obstruktionsverbots (§ 245) der Anteilsverlust, wenn sie durch den Plan mindestens den Betrag erhalten, der ihnen bei der Regelabwicklung gebührt. Da regelmäßig kein nach § 199 verteilungsfähiger Überschuss verbleibt, können die Gläubiger mit ihren Gruppenmehrheiten die Schuldnerin umgestalten bis hin zum Ausschluss (→ Rn. 38) der bisherigen Mitglieder. Die **planverfahrensrechtlichen Befugnisse der Anteilsinhaber laufen weitgehend leer** (*Altmeppen* FS Hommelhoff, 2012, 1 [9, 17]; *Madaus* ZGR 2011, 749 [755]; *Müller* KTS 2012, 419 [425]; *Karsten Schmidt* BB 2011, 1603 [1607]), ihnen kann der Unternehmensträger mittels Insolvenzplan gleichsam „*weggepfändet*" (*Karsten Schmidt* ZGR 2012, 566 [571]) werden. Statt des Anteilsverlustes kann es auch nur zu einem Einflussverlust kommen, indem Mitverwaltungsrechte durch eine Kapitalerhöhung verwässert oder durch Umwandlung in eine andere Rechtsform zurückgedrängt werden (zB KG in AG). Das (zusätzliche)

Motiv für eine dahingehende Plangestaltung kann ein Konflikt zwischen Mehrheits- und Minderheitsgesellschafter sein (zB Suhrkamp-Verfahren, Überblick bei *Böker* ZInsO 2015, 773 ff.). Verfassungsrechtlich ist deshalb nicht nur die Gläubigerdominanz, sondern auch die Gesellschafterdominanz von Bedeutung.

2. Art. 14 GG. a) Vermögensrecht. Nach stRspr des BVerfG sind durch Art. 14 GG die **vermögensmäßigen Bezüge** der Mitgliedschaft (Teilhaberechte) genauso geschützt wie die organisatorischen (BVerfG ZIP 2011, 2094; WM 2007, 2199; BB 2000, 2011; Kübler HRI/*Hölzle* § 31 Rn. 7; *Stöber* ZInsO 2013, 2457 [2459]; Überblick bei *Bay/Seeburg/Böhmer* ZInsO 2011, 1927 [1936 ff.]). Das gilt nicht nur bei einer hoheitlichen Enteignung – die hier nicht gegeben ist (vgl. BVerfG NVwZ 2001, 1023) –, sondern auch bei Maßnahmen der Zwangsvollstreckung zugunsten Privater (BVerfG NJW 2009, 1259), deren Forderungen gegen den Schuldner ebenfalls dem Schutz des Art. 14 GG unterliegen (BVerfG NJW 2004, 1233). Ohne Insolvenzplan verlieren die Anteilsinhaber ihre Mitgliedschaft, so dass im Vergleich dazu keine verfassungswidrige Beeinträchtigung durch den Insolvenzplan vorliegt, da sie so gestellt werden wie bei einer Regelabwicklung (*Altmeppen* FS Hommelhoff, 2012, 1 [17]; *Decher/Voland* ZIP 2013, 103; Kübler HRI/*Hölzle* § 31 Rn. 7 ff.; *Hirte/Knof/Mock,* Das neue Insolvenzrecht nach dem ESUG, 2012; *Spliedt* GmbHR 2012, 462 [465]; *Verse* ZGR 2010, 299 [310 f.]; aA *Madaus* ZGR 2011, 749 [760 f.]; *Stöber* ZInsO 2013, 2457 [2460]). Zwar muss der Anteil aufgrund der Insolvenz nicht werlos sein (*Schäfer* ZIP 2014, 2417 [2419 f.]; *ders.* ZIP 2013, 2237 [2239 ff.]; *Schäfer/Wüstemann* ZIP 2014, 1757 [1758 ff.]). Die Anteilseigner dürfen auf den Fortführungswert aber erst zugreifen, wenn sie den Insolvenzgrund beseitigen. Tun sie es nicht und bedarf es deshalb eines Verzichts der Gläubiger – sei es auch nur in Form einer Stundung –, haben die Anteilsinhaber auf den Fortführungsmehrwert (zum Begriff: → § 245 Rn. 23) keine Anwartschaft (BGH NZI 2009, 95 Rn. 31 zur Abfindung beim „*Sanieren oder Ausscheiden*"; dazu wiederholt krit. ua *Schöne* ZIP 2015, 501; *ders.* GmbHR 2015, 337). Ein **reorganisationsbedingter Wertzusatz gebührt den Gläubigern** (LG Berlin ZIP 2014, 2197; *Hölzle* ZIP 2013, 1846 [1847 f.]; *Thole* ZIP 2013, 1937 [1940]; aA *Verse* ZGR 2010, 299 [311]; *Eidenmüller/Engert* ZIP 2009, 541 [546 f.]; *Müller* KTS 2012, 419 [426 f.]; Uhlenbruck/*Lüer/Streit* Rn. 4 mwN, 49; *Stöber* ZInsO 2012, 1811 [1819]; *Gehrlein* NZI 2012, 257 [261]; *Smid* DZWiR 2010, 397 [403], der eine Abfindung wegen des Verlustes der Mitverwaltungsrechte für erforderlich hält; zweifelnd auch *Karsten Schmidt* ZGR 2012, 566 [579] für den sanierungswilligen Gesellschafter). Sogar außerhalb eines Insolvenzverfahrens kommen dem Anteilseigner, der an einer Beseitigung des Insolvenzgrundes nicht mitwirken will, Werterhöhungen durch Maßnahmen Dritter bei der Abfindung nicht zugute (BGH ZIP 1998, 690 unter III.3.; 10, 1487 Rn. 21). Deshalb verlangt Art. 14 GG auch keine Korrektur des Absatz 5, der die bei einem Austritt zu zahlende **Abfindung nach dem Liquidationswert** bemisst. Gleiches gilt für die §§ 251, 253, die den Anteilsinhabern – wie auch den Gläubigern – einen Angriff gegen den Plan nur ermöglichen, wenn sie schlechter als bei einer Regelabwicklung gestellt werden. Allerdings darf das Insolvenzverfahren nicht als Vorwand für einen ansonsten unzulässigen Eingriff in die Position von Minderheitsgesellschaftern genutzt werden. Das Planverfahren kann jedoch nicht die Lücke (zu den Schutzdefiziten *Madaus* ZIP 2014, 500 ff.; *Marotzke* ZInsO 2015, 325 ff.) abdecken, die durch ein fehlendes Beschwerderecht (das *Marotzke* ZInsO 2015, 325 [330 ff.] gewährt) der Gesellschafter gegen eine Insolvenzeröffnung besteht (aA *Müller* DB 2014, 41 [43]; *Schäfer* ZIP 2013, 2237 [2238]). Gleichwohl muss jeweils geprüft werden (aA HK-InsO/*Haas* Rn. 14), ob im Einzelfall planrechtliche Gestaltungsmöglichkeiten missbraucht werden (*Karsten Schmidt* ZGR 2012, 566 [580], *Wertenbruch* ZIP 2013, 1693 [1697]). Die 7

Möglichkeit des Missbrauchs beseitigt nicht die Verfassungsmäßigkeit des § 225a, sondern verlangt nur, die Grundrechte bei der Rechtsanwendung im Einzelfall zu berücksichtigten (*Meyer* DB 2015, 538 [543]; *Priester* FS Kübler, 2015, 557 [565]). Eine den Minderheitenschutz betreffende Verfassungsbeschwerde ist anhängig (abgelehnt hat BVerfG ZIP 2015, 80 nur eine einstweilige Anordnung). Die hier zu §§ 222, 225a, 226, 238a und 245 vertretenen Auffassungen zeigen jedoch, dass es in dem durch diese Vorschriften gebildeten Gestaltungssystem kaum Spielraum für einen justiziablen Missbrauch gibt, solange die Gläubiger nicht vollständig befriedigt werden. Erst für den „Verteilungskampf" um einen verbleibenden Mehrwert kommt ein allein von den Planregelungen nicht abgedeckter Schutz in Betracht.

8 Für die Abfindung ist eine etwaige **Börsennotierung nicht maßgebend** (aA Uhlenbruck/*Hirte* Rn. 4), obwohl sie außerhalb des Insolvenzverfahrens regelmäßig die Mindestabfindung darstellt (BVerfG DB 1999, 2049; 1999, 1693; krit. *Schulte/Köller/Luksch* WPg 2012, 380). Zwar führt die Insolvenzeröffnung nicht automatisch zur Beendigung des Börsenhandels (arg. e § 43 BörsG), die Preisbildung beruht jedoch auf spekulativen Erwartungen und leitet sich idR nicht aus dem Unternehmenswert ab (*Decher/Voland* ZIP 2013, 103 [114]). Der Börsenkurs dient einer Lösung von Bewertungskonflikten auf der Anteilseignerebene, weil ein Minderheitsgesellschafter von einem Mehrheitsgesellschafter bspw. bei einem Unternehmensvertrag oder bei einem squeeze out nicht weniger erhalten soll als bei einem Anteilsübergang durch Börsenhandel. Im Verhältnis zwischen den Gesellschaftern und den Gläubigern spielen diese Erwägungen wegen der unterschiedlichen Rangfolge ihrer Ansprüche keine Rolle. Die Masse darf durch Abfindungskosten nicht geschmälert werden (*Decher/Voland* ZIP 2013, 103 [111]; *Müller* KTS 2012, 419 [433]; *Verse* ZGR 2010, 299 [311 f.]).

9 **b) Mitverwaltungsrechte.** Es liegt **kein verfassungsrechtlich unzulässiger Eingriff in die Mitverwaltungsrechte** vor. Zwar werden mit der Kompetenzverlagerung von der Mitgliederversammlung auf die Beteiligtenversammlung – genauer gesagt: auf das Gruppen-Abstimmungsverfahren – auch die organisatorischen Bezüge der Mitgliedschaft erheblich beeinträchtigt. Ein Stimmrecht haben die Anteilseigner nur noch entsprechend ihrer Beteiligung am Stamm- oder Grundkapital (§ 238a), Mehrstimm- oder Vetorechte (zulässig in der GmbH, *Roth*/Altmeppen GmbHG § 47 Rn. 24, nicht hingegen in der AG, § 12 Abs. 2 AktG) entfallen. Hinzu kommt eine Beschneidung etwaiger gesellschaftsvertraglicher Sonderrechte.

10 Das **Mitverwaltungsrecht** ist durch Art. 14 GG jedoch **nicht** gesondert **geschützt, wenn es de facto leerläuft,** weil ein Gesellschafter nicht ernsthaft damit rechnen kann, die Geschicke der Gesellschaft maßgeblich zu beeinflussen. Das entspricht der verfassungsrechtlichen Beurteilung zum Hinausdrängen der Gesellschafter im Wege des Squeeze-out (§§ 327a ff. AktG; BVerfG ZIP 2010, 571; WM 2007, 2199), zur Eingliederung (§§ 319 f. AktG) oder auch zur Vermögensübertragung im Ganzen (§ 179a AktG, BVerfG WM 2011, 1946; BB 2000, 2011). Genauso verhält es sich im Insolvenzverfahren: An die Stelle des satzungsmäßigen Gesellschaftszwecks tritt mit der Eröffnung zwingend der Liquidationszweck (§§ 60 Abs. 1 Nr. 4 GmbHG, 262 Abs. 1 Nr. 3 AktG) mit dem vorrangigen Ziel der Gläubigerbefriedigung (§§ 70 Abs. 1 S. 1 GmbHG, 268 Abs. 1 S. 1 AktG). Die Dispositionsbefugnis über das Vermögen geht auf die Gläubiger über, vermittelt durch das Verwaltungs- und Verfügungsrecht des Insolvenzverwalters (§ 80), das im Interesse und nach Weisung der Gläubigergesamtheit auszuüben ist (§§ 157 ff.). Die Beschränkung der organisatorischen Bezüge der Mitgliedschaft vermag somit ebenfalls keinen Verfassungsverstoß unter dem Blickwinkel der von Art. 14 GG erfassten Verfügungsbefugnis über Vermögensrechte

zu begründen (*Madaus* ZGR 2011, 749 [761]; *Bay/Seeburg/Böhmer* ZInsO 2011, 1927 [1936 ff.]; *Müller* KTS 2012, 419 [426 f.]; aA im Hinblick auf den Ausschluss des Bezugsrechts: *Karsten Schmidt* ZIP 2012, 2085 [2088]; *Simon/Merkelbach* NZG 2012, 121 [125 f.]; *Brinkmann* WM 2011, 97 [100 f.]).

3. Art. 9 GG. Ebenso fehlt es – weitgehend, s. u. – an einer Verletzung der **Vereinigungsfreiheit** des Art. 9 GG (*Altmeppen* FS Hommelhoff, 2012, 1 [19]; *Bitter* ZGR 2010, 147 [196 f.]; *Decher/Voland* ZIP 2013, 103 [112]; *Eidenmüller/Engert* ZIP 2009, 541 [546 f.]; *Haas* NZG 2012, 961 [963 f.]; *Karsten Schmidt* BB 2011, 1603 [1609]; *Spliedt* GmbHR 2012, 465; *Verse* ZGR 2010, 299 [309 ff.]; zweifelnd: *Brinkmann* WM 2011, 97 [100]; aA *Müller* KTS 2011, 1 [20]; *ders.* KTS 2012, 419 [425 f.]; *Stöber* ZInsO 2012, 1811 [1819]; *Madaus* 597 ff., der jedoch auf 611 ff. den Entzug sämtlicher künftiger vermögensrechtlicher Bezüge für zulässig hält, so dass die Freiheit der Willensbildung de facto leerläuft). Unter dessen Schutz fallen zwar auch Mitgliedschaften in großen Gesellschaften ohne personalen Bezug (BVerfGE 50, 290 [353, 356]). Auch gibt es in Art. 9 GG nicht den für eine Beschränkung erforderlichen (vgl. Art. 19 Abs. 1) Gesetzesvorbehalt. Das *„Recht zur organisatorischen Selbstbestimmung"* (Maunz/Dürig/*Scholz* GG Art. 9 Rn. 84) gilt aber nur iRd Vereins(satzungs)zwecks. Der ist in der Insolvenz nach dem für wirtschaftliche Vereine zwingenden (§ 22 S. 1 BGB) Recht auf die Gläubigerbefriedigung gerichtet. Die verfassungsrechtliche Garantie der Vereinigungsfreiheit bedarf auch ohne ausdrücklichen Gesetzesvorbehalt *„seit jeher"* (BVerfGE 50, 290 Rn. 155) der gesetzlichen Ausgestaltung, bei der der *„menschliche Gehalt"* und der *„personale Grundzug"* (BVerfGE 50, 290 Rn. 153) im Vordergrund stehen. Beide Elemente treten hinter den **vorrangigen Zweck der Gläubigerbefriedigung** zurück (aA *Müller* KTS 2012, 419 [427 f.], außer bei systemrelevanten Banken). 11

Einer Einbeziehung der Anteilsrechte in das Insolvenzverfahren wird **zu Unrecht** entgegengehalten, dass der **Gläubigerschutz** nur **einzelzwangsvollstreckungsrechtlich definiert** sei und die Gläubiger auf das Anteilsrecht eines Gesellschafters keinen Zugriff hätten (*Madaus* KTS 2011, 749 [757 ff.]; *Müller* KTS 2011, 1 [20 f.]; *ders.* KTS 2012, 419 [425 f.]; *Stöber* ZInsO 2012, 1811 [1819]; so auch schon vor dem ESUG *Uhlenbruck* FS Lüer, 2008, 461 [469 f.]). Die Begründung mit einer *„Verkörperung der Haftungsmasse"* (so die ablehnende Formulierung bei *Hirte/Knof/Mock,* Das neue Insolvenzrecht, 12, 26) ist eine **Petitio Principii;** denn die §§ 35 f., die nur die pfändbaren Teile eines Vermögens der gesamtvollstreckungsrechtlichen Haftungsverstrickung unterwerfen, haben im Vergleich zu den Forderungen der Gläubiger, die verfassungsrechtlich geschützt sind (BVerfG NZI 2004, 222 f.), keinen besseren verfassungsrechtlichen Rang. Die Gläubiger haben das gesamte Unternehmensvermögen finanziert, zu dem auch rechtsträgergebundene Berechtigungen gehören (*Bitter* ZGR 2010, 147 [194]). Das rechtfertigt die Einbeziehung der Mitgliedschaften in einen Insolvenzplan zur Verbesserung ihrer Befriedigung. Die Einbindung der Absonderungsgläubiger in das Verfahren zeigt, dass Rechte Dritter im Interesse der optimalen Gläubigerbefriedigung beschnitten werden dürfen. Was für Gläubiger gilt, gilt für Gesellschafter erst recht (*Bitter* ZGR 2010, 147 [195 f.]). 12

4. Sonderfälle des Stimm- und Bezugsrechts. Der durch § 225a ermöglichte Eingriff in die Vereinigungsfreiheit muss sich auf das **zum Schutz höherrangiger Interessen erforderliche Maß beschränken.** Deshalb ist eine von der verbandsinternen Regelung abweichende **Verteilung des Stimmrechts** in § 238a **bedenklich.** Die Vorschrift lässt jedoch keinen Interpretationsspielraum (*Madaus* ZIP 2014, 500 [504]) und wird der Kommentierung als verfassungsgemäß zugrunde gelegt. Ebenfalls krit. gesehen wird ein Ausschluss des Bezugsrechts für Gesellschafter, wenn sie den Gläubigern dieselben Befriedigungsmöglichkeiten 13 wie die Planregelungen bieten (*Karsten Schmidt* seit 54. DJT 1982, D 73, zuletzt ua ZGR 2012, 566 [579, 584]; ZIP 2012, 2085 [2088] für das sanierungswillige Mitglied jedenfalls in geschlossenen Gesellschaften; *Brinkmann* WM 2011, 97 [100 f.]; *Madaus* ZGR 2011, 749 [761 f.]; *Urlaub* ZIP 2011, 1040 [1044]; *Simon/Merkelbach* NZG 2012, 121 [125 f.]; *Müller* KTS 2012, 419 [441 f.]), zumal dadurch der Anreiz zu einer frühzeitigen Antragstellung (vgl. § 270b) konterkariert wird (*Madaus* ZGR 2011, 749 [765]; *Müller* KTS 2012, 419 [433]). Außerhalb eines Insolvenzverfahrens ist ein Ausschluss – jedenfalls in personalistischen Gesellschaften – nur zulässig, wenn sich ein Gesellschafter an der Sanierung nicht beteiligen will (BGHZ 183, 1; *Schöne* GmbHR 2015, 337). Andererseits würden viele Sanierungen scheitern, wenn kapitalkräftige Investoren die Altgesellschafter via Bezugsrecht als lästige Gesellschafter „mitschleppen" müssten (*Decher/Voland* ZIP 2013, 103 [107]). Zwingende **verfassungsrechtliche Vorgabe ist** ein **Bezugsrecht** der Gesellschafter deshalb **nicht** (*Altmeppen* FS Hommelhoff, 2012, 1 [18 f.]; *Decher/Voland* ZIP 2013, 103 [106]; *Gehrlein* NZI 2012, 257 [260]; *Haas* NZG 2012, 961 [963]; *Bitter* ZGR 2010, 147 [191]; aA *Brinkmann* WM 2011, 97 [100 f.]; *Madaus* ZGR 2011, 749 [761]; *Simon/Merkelbach* NZG 2012, 121 [125 f.]; *Stöber* ZInsO 2012, 1811 [1819]; zurückhaltend *Karsten Schmidt* ZIP 2012, 2085 [2088]). Die Gesellschafter haben es in der Hand, die Gläubiger schadlos zu stellen und einen Verlust von Anteilsrechten zu vermeiden (*Eidenmüller* NJW 2014, 17 [18]). Solange sie aber die Mitwirkung der Gläubiger benötigen, um die Gesellschaft zu erhalten, haben die Gläubigerinteressen Vorrang. Keinen Vorrang genießen hingegen Interessen der Mitgesellschafter, die ihren Einfluss via Bezugsrechtsausschluss ausweiten wollen. Wenn sie jedoch die Gläubigerinteressen für sich vereinnahmen können, profitieren sie de facto von deren Vorrang, so dass ein Missbrauch kaum justiziabel sein wird.

III. Vereinbarkeit mit 2. KapRL

14 Die **2. KapRL** (RL 1977/91 v. 13.12.1976, Abl L 26 v. 31.1.1977, 1 ff.) verlangt für die AG zwingend (an der Legitimation zweifelnd: *Schön* ZHR 174 (2010), 155 [158 f.]), dass über **Bar-Kapitalerhöhungen** (nicht bei Sacheinlagen) nur die Hauptversammlung entscheidet und jedem Aktionär ein Bezugsrecht zusteht (Art. 25 Abs. 1, 29 Abs. 1, 4. KapRL). Das gilt nach Auffassung des EuGH selbst dann, wenn die Kapitalerhöhung zur Überwindung einer ernsthaften Krise wie bspw. der Überschuldung erforderlich ist (EuGH Slg. 91, I-2691 – Karella; ZIP 1996, 1543 – Pafitis). Nach teilw. vertretener Auffassung ist die 2. KapRL auf Planregelungen schon deshalb nicht anwendbar, weil sie nur die Kompetenzabgrenzung zwischen Vorstand und Hauptversammlung, nicht aber zwischen Hauptversammlung und Gläubigern betrifft (*Madaus* ZIP 2014, 500 [506]; *Schön* ZHR 174 (2010), 155 [157 f.]; *Karsten Schmidt* BB 2011, 1603 [1609]; *Wertenbruch* ZIP 2013, 1693 [1698]). Unabhängig davon **beschränkt** der **EuGH** die zwingende Zuständigkeit ausdrücklich auf eine *„einfache Sanierungsregelung"* (EuGH ZIP 1996, 1543 Rn. 57), bei der die **Gesellschaft** ihre **Struktur behält.** Abwicklungsmaßnahmen im Interesse der Gläubiger sollen von der Richtlinie nicht erfasst werden (Uhlenbruck/*Hirte* Rn. 15), was nicht nur Maßnahmen betreffen kann, die zur endgültigen Liquidation führen, weil es dafür keiner Kapitalerhöhung bedarf. Den EuGH-Entscheidungen ist nicht zu entnehmen, dass die Liquidation irreversibel sein muss (aA *Stöber* ZInsO 2012, 1811 [1820]). Kann der Gläubigerschutz durch eine Fortführungslösung am besten hergestellt werden, ist die „Entmachtung" der Hauptversammlung nach der klaren Formulierung in den EuGH-Urteilen (*„zum Schutz der Rechte der Gläubiger eine Zwangsverwaltungsregelung unterstellen"*, EuGH ZIP 1996, 1543 Rn. 57) zulässig. Der Schutz gilt auch nicht etwa nur hinsichtlich der dem Vollstreckungszugriff unter-

liegenden Vermögensgegenstände (so *Müller* ZGR 2011, 749 [768]). Wenn dem anders wäre, hätte sich der EuGH mit der Hauptversammlungskompetenz gar nicht erst befasst, weil Beschlüsse niemals für die Gläubiger vollstreckungsrechtlich relevant sind. Entscheidend ist, dass die Gesellschaft mit der Insolvenzeröffnung ihre Struktur ändert, indem die Gesellschaft ihre Dispositionsbefugnis über das Vermögen zugunsten der Gläubiger verliert, so dass die Befugnisse der Hauptversammlung nicht mehr durch die 2. KapRL geschützt sein können (*Eidenmüller/Engert* ZIP 2009, 541 [548]; *Maier-Reimer,* Gesellschaftsrecht in der Diskussion, 2011, 2012, 107 [111 f.]; *Karsten Schmidt* BB 2011, 1603 [1609]; *Spliedt* GmbHR 2012, 462 [465 f.]; *Verse* ZGR 2010, 299 [313 f.]; aA *Drouven* ZIP 2009, 1052; *Stöber* ZInsO 2012, 1811 [1820]; *ders.* ZInsO 2013, 2457 [2461]; *Madaus* 603 f.; *ders.* ZGR 2011, 749 [767], der in der KapRL das europarechtliche Pendant zum s. E. verletzten Art. 9 sieht). Bei einer Kapitalherabsetzung stellt sich die Frage nach einer Vereinbarkeit mit der 2. KapRL ohnehin nicht, weil Art. 30 eine Herabsetzung durch gerichtliche Entscheidung auch ohne Hauptversammlungsbeschluss zulässt und die gerichtliche Entscheidung in der Planbestätigung liegt (*Verse* ZGR 2010, 299 [312]).

IV. Anteils- oder Mitgliedschaftsrechte

1. Persönlicher Anwendungsbereich. § 225a erfasst all diejenigen Personen, 15 die einen **Anteil am gezeichneten Kapital** halten (vgl. § 238a). So gehört ein Vorzugsaktionär zu den Anteilsinhabern, selbst wenn er mangels rückständigen Vorzugs in einer Hauptversammlung (noch) kein Stimmrecht hat, wie umgekehrt Inhaber von Genussrechten keine *„Schattenaktionäre"* sind (*Pluskat/Wiegand* DB 2012, 1081), sondern als Inhaber schuldrechtlicher Ansprüche (MüKoAktG/*Habersack* § 221 Rn. 64, 86 ff.). Insolvenzgläubiger, obwohl ihr Beitrag eigenkapitalähnlich ausgestaltet werden kann (vgl. für Kreditinstitute § 10 Abs. 2b Nr. 5, Abs. 5 KWG; MüKoAktG/*Habersack* § 221 Rn. 81, 84). **Treugeber** gehören **nicht** in die Gruppe der **Anteilsinhaber,** selbst wenn sie auf satzungs- oder gesellschaftsvertraglicher Grundlage die Stimmrechte anstelle des Treuhänders ausüben können (Uhlenbruck/*Hirte* Rn. 6).

Bei **Personengesellschaften** ist die **Schlussfolgerung vom Stimmrecht** 16 **auf das Anteilsrecht nicht** so **zwingend** wie bei Gesellschaften mit einem gezeichneten Kapital, weil es auch **Anteilsinhaber ohne Vermögensbeteiligung** gibt. Dazu gehört namentlich in der KG die Komplementärin ohne Kapitalanteil. Ebenso wenig halten idR Vereinsmitglieder eine Vermögensbeteiligung (→ § 238a Rn. 10). Trotzdem müssen solche Mitgliedschaftsrechte in die Anteilsinhabergruppe schon deshalb einbezogen werden, weil anderenfalls verbandsrechtliche Änderungen nicht möglich wären (Uhlenbruck/*Hirte* Rn. 8 f.). Den Gegenpol bilden atypisch stille Gesellschafter, denen zwar wie Kommanditisten Mitverwaltungs- und Vermögensrechte eingeräumt werden können (Beispiel: BGH NZI 2012, 860). Sie bleiben aber Insolvenzgläubiger. Erst wenn das Schuldum ein Organisationsverhältnis (zum Begriff: MüKoBGB/*Ulmer/Schäfer* § 705 Rn. 152, 158) ergänzt wird und dieses Organisationsverhältnis Außenwirkung hat (MüKoHGB/*Karsten Schmidt* § 230 Rn. 18), besteht ein Anteils- oder Mitgliedschaftsrecht iSv § 225a.

2. Gegenständlicher Anwendungsbereich. In gegenständlicher Hinsicht be- 17 darf es einer **Abgrenzung** zwischen den Rechten, die den **Anteilsinhabern** als solchen zustehen, und denjenigen, die sie – wie bei einer schon beschlossenen Gewinnausschüttung (Uhlenbruck/*Hirte* Rn. 6) oder einem Gesellschafterdarlehen – als **Gläubiger** halten (Beispiele bei MüKoInsO/*Eidenmüller* Rn. 21 f.). Ein Gesellschafter kann in mehreren Gruppen vertreten sein (HK-InsO/*Haas* Rn. 5):

in der der Anteilsinhaber, der nicht nachrangigen Gläubiger, der nachrangigen Gläubiger und schließlich in der Gruppe der Absonderungsgläubiger, soweit sein Sicherungsrecht nicht gem. § 135 Abs. 1 Nr. 1 erfolgreich angefochten wurde.

18 Die Entstehung des Anspruchs societatis causa ist als Abgrenzungskriterium nicht geeignet (HK-InsO/*Haas* Rn. 5; aA *Madaus* ZIP 2010, 1214 [1216, 1220]). So ist der **Abfindungsanspruch** eines ausgeschiedenen Gesellschafters genauso wenig in der Anteilsinhabergruppe zu berücksichtigen wie der **Aufwendungsersatzanspruch** eines Personengesellschafters **gem. § 110 HGB** (Uhlenbruck/*Hirte* Rn. 7), der insbes. in der Krise relevant wird bei Zahlungen auf die persönliche Haftung gem. § 128 BGB. Das **Abgrenzungskriterium** ist das **Abspaltungsverbot** (dazu *Karsten Schmidt* GesR § 19 III 4): Sämtliche Ansprüche, die von der Mitgliedschaft getrennt werden können, begründen eine Gläubigerposition und werden von § 225a nicht erfasst (HK-InsO/*Haas* Rn. 5). So sind Ansprüche aus einer beschlossenen Gewinnausschüttung (nachrangige) Gläubigerforderungen (Scholz/*Seibt* GmbHG § 15 Rn. 20; Scholz/*Verse* GmbHG § 29 Rn. 9). Gleiches gilt für die **Ansprüche** von Vorzugsaktionären **auf Nachzahlungen nicht geleisteter Vorzugsdividenden** (*Madaus* ZIP 2010, 1214 [1217, 1220]). Nachzahlungsansprüche auf Vorzugsdividenden, die mangels einer anderen Regelung in der Satzung gem. § 140 Abs. 3 AktG vor Eröffnung des Insolvenzverfahrens noch nicht entstanden waren (BGH NZI 2010, 603 Rn. 30; ebenso HK-InsO/*Haas* § 225 Rn. 1), sind ebenfalls nachrangige Insolvenzforderungen, die entweder als erlassen gelten (§ 225) oder für deren Gläubiger die Zustimmung fingiert wird (§ 246 Nr. 1), wenn ausnahmsweise eine Gruppe gebildet wird (HK-InsO/*Haas* § 225 Rn. 1; MüKoInsO/*Eidenmüller* Rn. 21; zweifelnd *Madaus* ZIP 2010, 1214; aA Kübler/Prütting/Bork/*Spahlinger* § 225 Rn. 7: Zuweisung zu den Anteilsrechten mit der Folge, dass die Forderungen gem. Absatz 1 bestehen bleiben, wenn nichts anderes bestimmt wird). Damit sollte vermieden werden, dass diese Ansprüche nachträglich als Neuforderungen bedient werden müssen. Nunmehr können sie iRd Ansprüche von Anteilsinhabern geregelt werden, so dass es der Hilfskonstellation über eine nachrangige Insolvenzforderung nicht mehr bedarf.

V. Debt-Equity-Swap

19 **1. Sacheinlage.** Die Umwandlung von Forderungen in Anteilsrechte ist eine **Sacheinlage.** Sie vollzieht sich entweder durch eine Abtretung der gegen den Schuldner gerichteten Forderung an ihn, so dass sie durch **Konfusion** erlischt, oder durch **Verzichtsvereinbarung** mit dem Gläubiger. **Inhaberpapiere,** die Forderungen gegen den Schuldner verbriefen, sind an ihn zu **übertragen,** wo die Forderungen anschließend „ruhen" oder durch Urkundenvernichtung untergehen (MüKoBGB/*Habersack* vor § 793 Rn. 14, § 797 Rn. 8). Von dem in Absatz 2 angesprochenen echten Debt-Equity-Swap ist der unechte Swap zu unterscheiden, bei dem Forderungen gegen Übernahme schon bestehender Anteile erlassen werden (*Wieneke/Hoffmann* ZIP 2013, 697 [704 ff.]). Die Einhaltung der Vorschriften über die Kapitalaufbringung richtet sich dann nicht nach der Einlage der Forderung, sondern nach der Einlageverpflichtung, die für die Übernahme des bestehenden Anteils übernommen wurde.

20 Gegenstand der Sacheinlage kann auch die Forderung aus einem **Gesellschafterdarlehen** sein. Seit dem MoMiG ist der Tilgungsanspruch nicht mehr nach den Rechtsprechungsregeln zum Eigenkapitalersatz analog §§ 30 f. GmbHG (BGH ZIP 2009, 662) in der Durchsetzung blockiert. Im Insolvenzverfahren ist es nur noch nachrangig gem. § 39 Abs. 1 Nr. 5 mit der Besonderheit, dass eine für die Forderung bestellte Sicherheit gem. § 135 Abs. 1 Nr. 1 anfechtbar ist (→ § 135 Rn. 19 ff.). Ein Debt-Equity-Swap scheidet für eine Gesellschafterfor-

derung somit nicht schon aus formellen Gründen aus (*Karsten Schmidt* ZGR 2012, 566 [580 f.]). Er scheitert jedoch an der nach hM erforderlichen Vollwertigkeit nur dann nicht, wenn nach Befriedigung aller im Rang vorgehender Gläubiger ein Überschuss verbleibt (*Habersack* FS Kübler, 2015, 219 [226 ff.]: Nachrang erfordert keine Abwertung). Anderenfalls erlischt die Forderung regelmäßig (§ 225 Abs. 1). Sollte hingegen ausnahmsweise eine Quote auf die nachrangige Forderung entfallen, kann ihre Einlage in einem Folgeinsolvenzverfahren nicht wie eine Rückzahlung gem. § 135 Abs. 1 Nr. 2 angefochten werden, weil es an einer Gläubigerbenachteiligung fehlt (*Habersack* FS Kübler, 2015, 219 [224 ff.]; aA *Müller* KTS 2012, 419 [449]; zweifelnd auch: *Gehrlein* NZI 2012, 257 [261]), so dass die Forderung einlagefähig bleibt. Ist die nachrangige Forderung besichert, ohne dass dies – zB wegen Zeitablaufs gem. § 135 Abs. 1 Nr. 1 – angefochten wird, bestimmt sich der Einlagewert nach dem Wert des Sicherungsgegenstandes. Ein etwaiges Erlöschen der Forderung hindert die Sicherheitenverwertung nicht (§ 223 Abs. 1 S. 1).

2. Vollwertigkeit. a) Bedeutung trotz fehlender Differenzhaftung. Sach- 21
einlagen dürfen nur mit ihrem „*Wert*" (§ 9 Abs. 1 S. 1 GmbHG) auf den Nennbetrag des dafür übernommenen Geschäftsanteils angerechnet werden. Dieser **Grundsatz der realen Kapitaleinbringung** gilt für die GmbH und AG – obschon im AktG ohne ausdrückliche Regelung – gleichermaßen (BGH NZG 2007, 513 Rn. 5). Eine Differenz hat der Inferent auszugleichen. § 254 Abs. 4 schließt diese Differenzhaftung zwar für den Debt-Equity-Swap im Insolvenzplan aus. Eine willkürliche oder gar vorsätzliche **Überbewertung** – ob sie überhaupt vorliegt, bestimmt sich nach → Rn. 23 ff. – ist aber **unzulässig** (BGHZ 68, 191 [195]; BGH ZIP 2010, 978). Sie verstieße überdies gegen Absatz 3, wonach nur zulässige Regelungen in den Insolvenzplan aufgenommen werden dürfen (auch wenn die Unwirksamkeit nach der Eintragung nicht mehr geltend gemacht werden kann, Karsten Schmidt/Lutter/*Ziemons* AktG § 9 Rn. 7, 10). Das Insolvenzgericht müsste den Plan gem. § 231 Abs. 1 Nr. 1 zurückweisen bzw. ihm die Bestätigung gem. § 250 Nr. 1 versagen (*Haas* NZG 2012, 961 [967]; zur Kontrolle der registerrechtlichen Eintragungsfähigkeit → Rn. 53 f., → § 254a Rn. 7 ff.). Teilw. wird sogar vertreten, dass eine vorsätzliche Überbewertung einen Schadensersatzanspruch der Schuldnerin gegen den Inferenten nach § 826 BGB auslöst (*Kanzler/Mader* GmbHR 2012, 992 [997]). Dafür fehlt es zwar nicht allein deshalb an einem Schaden der Gesellschaft, weil die Kapitalerhöhung ohne Überbewertung nicht mit dem Mehrbetrag eingetragen worden wäre; denn der Schaden wird normativ als Differenz zwischen dem im Handelsregister verlautbarten und dem tatsächlich eingelegten Wert definiert (BGH NJW 1975, 974). Einem auf § 826 BGB gestützten Anspruch der Gesellschaft steht jedoch ihre Beteiligung an der Überbewertung entgegen. Anders mag es sich mit einem Anspruch der künftigen Gläubiger verhalten, die über die Höhe des satzungsgemäßen Kapitals getäuscht werden (*Gehrlein* NZI 2012, 257 [261]). Statt auf § 826 BGB zurückzugreifen, ist eine teleologische Reduktion des § 254 Abs. 4 sinnvoller, so dass das Haftungsprivileg bei einer willkürlichen Überbewertung entfällt.

b) Bewertung. Nach der ständigen **Rspr.** des BGH (BGH GmbHR 2002, 22
1193; 1994, 394; NJW 1990, 982; Überblick bei *Maier-Reimer,* Gesellschaftsrecht in der Diskussion 2011, 2012, 107, 127 ff.) **und herrschenden Meinung** im Schrifttum (*Altmeppen* FS Hommelhoff, 2012, 1 [13 ff.]; *Gehrlein* NZI 2012, 257 [260]; *Haas* NZG 2012, 961 [967]; *Kanzler/Mader* GmbHR 2012, 992 [993]; *Müller* KTS 2012, 419 [445]; *Priester* DB 2010, 1445 ff.; *Römermann* NJW 2012, 645 [651]; Roth/Altmeppen/*Roth* GmbHG § 56 Rn. 3; *Karsten Schmidt* ZGR 2012, 566 [573]; *ders.* BB 2011, 1603 [1608 f.]; *Simon/Merkelbach* NZG 2012, 121 [123]; *Urlaub* ZIP 2011, 1040 [1044 f.]; *Wertenbruch* ZIP 2013, 1693 [1699]; ein-

schränkend wegen §§ 57d Abs. 2 GmbHG, 208 Abs. 2 AktG *Ekkenga* DB 2012, 331 [334 ff.]; Kübler HRI/*Hölzle* § 31 Rn. 77, 84; *Weber/Schneider* ZInsO 2012, 374 [376 f.]: Buchwert nach Verlustverrechnung) darf eine **Forderung** auf die Einlage nur angerechnet werden, soweit sie **vollwertig, fällig** und **liquide** ist. Die steuerrechtliche Betrachtungsweise folgt der gesellschaftsrechtlichen. Als Einlage wird nur der werthaltige Teil der Forderung anerkannt, während der nicht werthaltige Teil als gewinnerhöhender Forderungsverzicht behandelt wird (BFH GmbHR 1997, 851).

23 Nach einer im Vordringen befindlichen Auffassung darf eine gegen den Schuldner gerichtete **Forderung zum Nominalwert eingelegt** werden (*Cahn/Simon/Theiselmann* CFL 2010, 238; *dies.* DB 2010, 1629 [1631 f.]; *dies.* DB 2012, 501 ff.; HambK-InsO/*Thies* Rn. 24; *Maier-Reimer,* Gesellschaftsrecht in der Diskussion, 2011, 2012, 107, 121 ff.; GK-HGB/*Hirte* § 221 Rn. 215; aA wegen der Insolvenz: Uhlenbruck/*Hirte* Rn. 34). Zur Begründung wird ua angeführt, dass die Bewertung aus der Sicht der Gesellschaft zu erfolgen habe, bei der Verbindlichkeiten immer mit dem Nominalwert anzusetzen seien und es auf eine Erhöhung des Aktivvermögens nicht ankomme, eine Täuschung der Neugläubiger wegen der Offenlegung nicht stattfinde und das Aktienrecht in § 194 AktG eine solche Umwandlung zum Nominalwert bei Wandelanleihen sogar ausdrücklich vorsähe (de lege ferenda zur Umwandlung in der Krise: *Seibert/Böttcher* ZIP 2012, 12 [15 f.]). Dieser Ansicht ist zwar, wie an anderer Stelle ausführlicher begründet wurde (*Spliedt* GmbHR 2012, 462 ff.), zuzustimmen, weil durch die Umwandlung das Eigenkapital um genau den Nominalwert erhöht wird. Andererseits hat eine zuvor überschuldete Gesellschaft nach der Erhöhung kein Eigenkapital in Höhe des Nominalwerts (s. vereinfachte Bilanzierungsbeispiele bei Kübler HRI/*Hölzle* § 31 Rn. 80, 81 und *Weber/Schneider* ZInsO 2012, 374 [376]). Das wird jedoch **zu Unrecht** für eine **Täuschung** des **Rechtsverkehrs** gehalten (*Kanzler/Mader* GmbHR 2012, 992 [993]); denn die eingetragene Erhöhung entspricht dem Reinvermögenszuwachs. Sie entspricht nur nicht einem Zuwachs allein der Aktiva, was aber selbst bei der Einlage einer vollwertigen Forderung nicht der Fall ist. Allerdings geht es bei der Bewertung auch um einen Interessensausgleich zwischen alten und neuen Anteilsinhabern (*Karsten Schmidt* ZGR 2012, 566 [574]; dahingehend auch die Beispiele von Müller KTS 2012, 419 [447]). Deren Verteilungsinteresse ist jedoch unabhängig von einer Differenzhaftung im Gläubigerinteresse zu beantworten und insbes. bei einer Obstruktionsentscheidung zu berücksichtigen (→ § 245 Rn. 31, 35)

24 Trotz der hier vertretenen Bewertung zum Nominalwert wird sich ein Planinitiator an der **herrschenden Meinung** orientieren müssen, um keine Verzögerungen zu riskieren, so dass der Verkehrswert näher zu erläutern ist. Der für die **Bewertung maßgebende Zeitpunkt** ist die Anmeldung der Kapitalerhöhung zur Eintragung in das Handelsregister (Scholz/*Veil* GmbHG, 11. Aufl. 2012, § 5 Rn. 58; HK-InsO/*Haas* Rn. 20). Das Kriterium der **Vollwertigkeit** ist **mindestens** in Höhe der **Quote** erfüllt, die auf den Gläubiger bei einer **Regelabwicklung** entfallen würde (BT-Drs. 17/5712, 32; *Altmeppen* FS Hommelhoff, 2012, 1 [15]; HK-InsO/*Haas* Rn. 20; *Ekkenga* DB 2012, 331 [336]; BGH GmbHR 1994, 394 [396] zum Liquidationswert außerhalb der Insolvenz). Maßgebend ist die **optimale Verwertung,** so dass auch ein hypothetischer Gesamtverkauf des Unternehmens in Betracht gezogen werden muss. Selbst der erst durch den Plan im Vergleich zu Regelabwicklung geschaffene Mehrwert darf angesetzt werden (*Altmeppen* FS Hommelhoff, 2012, 1 [15, 19]; *Brünkmans* ZIP 2014, 1857 [1859]; *Karsten Schmidt* ZGR 2012, 566 [580 f.]; *Simon/Merkelbach* NZG 2012, 121 [123 f.]; Uhlenbruck/*Hirte* Rn. 36). Das entspricht dem Unternehmenswert bei einem Share-Deal. Dieser Planmehrwert ist sogar zwingend anzusetzen, wenn es auf ein Obstruktionsverbot ankommt, das nur eingreift, wenn umwandelnde

Gläubiger nicht (verschleiert) besser gestellt werden als die eine Quote erhaltenden Gläubiger. Gläubiger sind durch diesen Mehrbetrag nicht gefährdet, weil mit der Aufhebung des Verfahrens der planbedingte höhere Unternehmenswert vorhanden ist (zur Berücksichtigung stiller Reserven s. *Priester* DB 2010, 1445). Dass ein Gesellschafter bei seinem Ausscheiden gem. Absatz 5 nur den Liquidationswert erhält, ist kein Vergleichsmaßstab (aA HK-InsO/*Haas* Rn. 20; *Simon/Merkelbach* NZG 2012, 121 [124]), da der Wert einer Investition nicht identisch sein muss mit dem einer Desinvestition. Ebenfalls kein Kriterium ist der Betrag, in dessen Höhe der Gläubiger in den Jahren nach Verfahrensaufhebung aus dem Cash-Flow des Unternehmens bedient werden könnte (aA *Weber/Schneider* ZInsO 2012, 369 [375]), weil **künftige Zahlungen** mit einem bei der Unternehmensbewertung anzusetzenden **Risikokapitalzins** diskontiert werden müssen (zur Ermittlung s. *Großfeld,* Recht der Unternehmensbewertung, Rn. 706 ff.; IDW S 1 IDW-Fn. 08 Rn. 113 ff.). Erwartet der Gläubiger, dass seine mit 5 % zu verzinsende Forderung in Zukunft bedient wird, hat sie bei einem Risikozuschlag von ebenfalls 5 % – also einem Kapitalisierungszins von insgesamt 10 % – nur einen Einlagewert von der Hälfte.

Ist die einzubringende Forderung besichert, bildet der **Wert des Absonderungsgegenstandes** den **Mindestwert** (zur Bewertung von Sicherheiten: *Eckert/Harig* ZInsO 2012, 2318), wobei Feststellungs- und Verwertungskostenpauschalen nicht abzuziehen sind, weil der Verwertungsfall durch die Einlage der Forderung vermieden wird (Uhlenbruck/*Hirte* Rn. 21; aA *Eckert/Harig* ZInsO 2012, 2318 [2323]). Ebenso wie bei der Bewertung der ungesicherten Forderung dürfen auch bei der Bewertung des Absonderungsgegenstandes fortführungsbedingte Werterhöhungen einbezogen werden, was der BGH für die Berechnung der Ausfallforderung bei der Zuordnung der gesicherten Gläubiger in die Gruppe der gesicherten und der ungesicherten Gläubiger verlangt (→ § 222 Rn. 6). Wird eine an Massegegenständen gesicherte Forderung eingelegt, entfällt der Sicherungszweck, so dass die Sicherheit freizugeben ist (BGH NZI 2009, 338), was im Plan geregelt werden sollte, weil dadurch die erforderliche Form gewahrt wird (§ 254a Abs. 1; *Brünkmans* ZIP 2014, 1857 [1859]) und nur noch etwaige Eintragungen im Grundbuch oder Registern zu beantragen sind (→ § 254a Rn. 1). Sie können aber später auch nachgeholt werden, weil das Verbot der Einlagenrückgewähr durch Herausgabe der Sicherheit aus dem Gesetz folgt (§§ 30 GmbHG, 57 AktG). Die Kapitalerhöhung ist schon vor der dinglichen Sicherheitenfreigabe wirksam. § 223 führt nicht etwa dazu, dass die Sicherheit trotz Einbringung der Forderung noch durchgesetzt werden darf. 25

c) Fälligkeit und Liquidität der Forderung. Die **Einlagefähigkeit der Forderung** setzt nach der hM (→ Rn. 23) außerhalb der Insolvenz nicht nur eine Vollwertigkeit voraus, sondern muss im Zeitpunkt der Anmeldung zum Handelsregister auch **fällig** und **liquide,** also vom Schuldner bezahlbar sein. Da für die Insolvenzgläubiger bis zur Verfahrensaufhebung ein Vollstreckungsverbot gilt, die Anmeldung der Kapitalerhöhung aber schon nach der Planbestätigung erfolgen kann (vgl. § 254a Abs. 2 Nr. 3), ist das Kriterium der Fälligkeit im Anmeldezeitpunkt nicht erfüllt. Auch an der Liquidität zur (quotalen) Bedienung der eingelegten Forderung wird es regelmäßig fehlen, ist das doch meist ein Motiv für den Swap. Beide für die Vollwertigkeit außerhalb eines Insolvenzverfahrens aufgestellten Kriterien können iRd Plans keine Geltung beanspruchen (Uhlenbruck/*Hirte* Rn. 36). Geldnahe Kriterien werden auch bei anderen Sacheinlagen (körperliche Vermögensgegenstände oder Nutzungskredite) nicht angewendet. Ausreichend ist eine Vermögensdeckung, für die die Liquidierbarkeit als ein Bewertungsgesichtspunkt zu berücksichtigen ist, bei Forderungen eine hinausgeschobene Fälligkeit also durch eine Abzinsung. 26

27 **3. Zustimmung des Gläubigers.** Eine Umwandlung bedarf der **ausdrücklichen Zustimmung** des betroffenen Gläubigers, die dem Plan gem. § 230 Abs. 2 beizufügen ist (BT-Drs. 17/5712, 31). Das folgt aus der negativen Vereinigungsfreiheit in Art. 5 GG (*Haas* NZG 2012, 961 [965]; Kübler/Prütting/Bork/*Spahlinger* Rn. 31), so dass allein die Verweigerung der Zustimmung dem Gläubiger nicht zum Nachteil gereichen darf, wenn er sich auf eine Schlechterstellung durch den Plan beruft, weil er an einem höheren – auch im Regelverfahren durch Verkauf realisierbaren – Fortführungswert des Unternehmens nicht beteiligt ist, obwohl er das durch den Swap hätte vermeiden können (*Müller* KTS 2012, 419 [445]).

28 Für **Inhaberschuldverschreibungen** (ausf. *Thole* ZIP 2014, 2365; 2014, 293) sieht § 5 Abs. 3 Nr. 5 SchVG eine Umwandlung in Anteilsrechte ausdrücklich vor. Das mit dem Plan verbundene Umwandlungsangebot unterliegt bei börsengehandelten Anteilen keiner Prospektpflicht (*Westphal* FS Kübler, 2015, 773 [779 ff.]). Genügend ist ein mit 75 % der teilnehmenden Gläubiger gefasster **Beschluss** (§ 5 Abs. 3 Nr. 5 SchVG), der die unterlegenen Schuldverschreibungsgläubiger bindet (§ 5 Abs. 2 SchVG; *Thole* ZIP 2014, 2365 f.). Eine individuelle Zustimmungserklärung soll nach der BegrRegE zum ESUG nicht erforderlich sein (BT-Drs. 17/5712, 31), obwohl die Umwandlung in GmbH-Anteile zusätzliche Risiken birgt (*Kessler/Rühle* BB 2014, 907 [912]). Wäre jedoch die individuelle Zustimmungserklärung erforderlich, wäre der nach § 5 Abs. 3 Nr. 5 SchVG ausreichende Mehrheitsbeschluss überflüssig. Es bliebe nur ein Angebot an jeden Schuldverschreibungsinhaber auf Umwandlung. Das könnte die Interessen anderer Inhaber beeinträchtigen, wenn ein für die Sanierung erforderlicher Mindestbetrag nicht erreicht wird. Die mit dem SchVG beabsichtigte Vergemeinschaftung der Interessen würde für eine der wichtigsten Sanierungsvarianten verfehlt werden. Da das Mehrheitsprinzip nur eingreift, wenn die Anleihebedingungen dies ausdrücklich vorsehen, hat der Gläubiger seine Zustimmung gleichsam antizipiert (*Friedl* BB 2012, 1102; *Westphal* FS Kübler, 2015, 773 [775 ff.]). Ein Mehrheitsbeschluss reicht hingegen nicht, wenn die Umwandlung mit zusätzlichen Pflichten verbunden ist. So scheidet die Beteiligung an einer Personengesellschaft aus. Die Lösung besteht in der Zwischenschaltung einer Abwicklungsgesellschaft, die die Forderungen übernimmt und im Wege des Swaps einlegt, die dadurch erworbenen Anteile den Schuldverschreibungsgläubigern anbietet und aus dem Verkauf der von einigen nicht übernommenen Anteile eine Abfindung finanziert (*Westphal* FS Kübler, 2015, 773 [777]). Ansonsten sind die Schuldverschreibungsgläubiger ausreichend durch die Anfechtungsklage als ein außerhalb des Insolvenzverfahrens einzulegendes Rechtsmittel geschützt (§ 20 SchVG, nicht Beschwerde gem. § 19 Abs. 1; *Thole* ZIP 2014, 2365 [2369]; *Kessler/Ruhle* BB 2014, 907 [914]). Wegen des damit verbundenen Suspensiveffekts haben **Akkordstörer** ein erhebliches Druckmittel in der Hand (*Paulus* BB 2012, 1556); denn erst nach Bestandskraft des Mehrheitsbeschlusses oder einem gerichtlichen Freigabebeschluss gem. § 20 Abs. 3 SchVG (*Wassmann/Steber* ZIP 2014, 2005 [2013 f.]) darf die Zustimmung erklärt werden. Abgegeben wird die Erklärung durch den gemeinsamen Vertreter (*Westphal* FS Kübler, 2015, 773 [777]), der entweder schon in den Anleihebedingungen oder in einer Versammlung der Schuldverschreibungsgläubiger bestellt wird (§§ 8, 19 Abs. 2 SchVG; zu Aufgaben, Vergütung und Haftung: *Hofmann* FS Kübler, 2015, 265 ff.). Zum Nachweis seiner Befugnis muss er den notariell beurkundeten (§ 16 Abs. 3 SchVG) oder vom Rechtspfleger protokollierten (§ 19 Abs. 2 SchVG) Beschluss vorlegen (zu den Beschlussanforderungen s. *Thole* ZIP 2014, 297 [300]). Die Schuldverschreibungsgläubiger entscheiden zwar gemeinschaftlich, die Ansprüche stehen ihnen aber nicht gesamthänderisch, sondern individuell zu. Der gemeinsame Vertreter ist berechtigt, die Ansprüche der Gläubigergesamtheit geltend zu machen (§ 7 Abs. 2 SchVG).

Für Vollzugshandlungen, die den einzelnen Gläubiger betreffen, wird man ihm eine Annexkompetenz einräumen müssen insbes. für die insolvenzrechtlich nach §§ 225a Abs. 2, 230 Abs. 2 erforderliche Zustimmungserklärung (*Thole* ZIP 2014, 293 [300]) und die gesellschaftsrechtlich erforderliche individuelle Übernahmeerklärung einschließlich Benennung für die Gesellschafterliste (§ 16 Abs. 1 GmbHG). Sind hingegen einige Schuldverschreibungsgläubiger namentlich nicht bekannt, kann er nicht als Treuhänder für unbekannte Beteiligte auftreten, weil das von § 7 SchVG nicht gedeckt wäre. Eine Möglichkeit wäre, einen Verfahrenspfleger analog § 1913 BGB zu bestellen (vgl. *Madaus* ZIP 2014, 160 [162] zu § 259b). Für die Einlage der Anleiheforderung durch Abtretung ist die Übergabe der Wertpapierurkunde nicht erforderlich (BGH ZIP 2013, 1270).

4. Keine Zustimmung des Mitschuldners. Nach §§ 254 Abs. 2, 44 sollen die **Mitschuldner aus dem Planverfahren herausgehalten** werden, was dadurch gelingt, dass die Rechte der Gläubiger gegen Dritte durch den Plan nicht berührt werden (§ 254 Abs. 2). Allerdings sieht das Gesetz in § 254 Abs. 3 das Fortbestehen der Insolvenzforderungen als Naturalobligation vor (→ § 254 Rn. 12 f.), während deren Einbringung im Wege des Debt-Equity-Swaps zum Erlöschen der Forderung führt. Da der Swap aber wirtschaftlich einer Quotenzahlung in Form einer Sachdividende entspricht, muss § 254 Abs. 2 hierauf entsprechend angewendet werden (Uhlenbruck/*Hirte* Rn. 22). Der formaljuristische Unterschied zwischen Erlöschen der Hauptforderung und Fortbestehen als nicht durchsetzbare Naturalobligation fällt angesichts des Ziels, Mitschuldner aus dem Verfahren herauszuhalten, nicht ins Gewicht. So können auch nachrangige Gläubiger, deren Forderungen ohne anderslautende Klausel im Plan erlöschen (→ § 225 Rn. 1), weiterhin eine Dritthaftung in Anspruch nehmen. Bleiben somit die gegen **Mitschuldner** bestehenden Rechte auch dann „*unberührt*", wenn sie dem Plan **nicht zustimmen,** muss der Mitschuldner berechtigt sein, die im Plan vorgenommene Bewertung anzugreifen (vgl. § 776 BGB). Die Darlegungs- und Beweislast für eine höhere Bewertung obliegt jedoch ihm, weil derjenige die (höhere) Erfüllung einer Schuld darzulegen hat, der sich darauf beruft. 29

5. Kein Bezugsrecht der Gesellschafter. Nach Absatz 2 ist ein Bezugsrechtsausschluss der Gesellschafter zulässig. Das gilt nicht nur für den Debt-Equity-Swap, sondern für **jede Kapitalerhöhung** (aA *Hölzle* ZIP 2015, 84 [85]). Ohne eine Ausschlussregelung im Plan bleibt das Bezugsrecht bestehen. Im Verhältnis zu den Gesellschaftern untereinander wird ein nicht alle Gesellschafter gleichermaßen treffender Bezugsrechtsausschluss teilw. als ein Verstoß gegen Treuepflicht bzw. Minderheitenschutz bzw. Gleichbehandlung angesehen (dazu → Rn. 35 ff., → § 238a Rn. 2 f., → § 245 Rn. 35). Im Verhältnis zu den Gläubigern wird der Ausschluss zulasten sanierungswilliger Gesellschafter beanstandet (→ Rn. 36, → § 222 Rn. 17 f.). Beide Einwände sind nur berechtigt, wenn das Gläubigerinteresse an der Gestaltung als Vorwand missbraucht wird, was wiederum erst sein kann, wenn die Anteilsrechte nach vollständiger Befriedigung der Gläubiger einen Restwert haben (→ Rn. 35 ff.). 30

6. Kein Bezugsrecht der Gläubiger. Ein Gläubiger hat **keinen Anspruch auf** eine **Beteiligung an einem Debt-Equity-Swap** (HK-InsO/*Haas* Rn. 17; HambK-InsO/*Thies* Rn. 37; *Simon/Merkelbach* NZG 2012, 121 [126]), selbst wenn für andere, mit ihm vergleichbare Gläubiger eine Wandlung vorgesehen ist. Ein Gleichbehandlungsgebot besteht nur gruppenintern (§ 226 Abs. 1), nicht gruppenübergreifend. Eine Verpflichtung des Planinitiators, alle investitionswilligen Gläubiger in einer Gruppe zusammenzufassen, gibt es nicht. In den Grenzen des § 222 ist er in der Gestaltung frei (→ § 222 Rn. 4, 16 ff.). Zur Überwindung 31 eines Obstruktionsverbots bedarf es keiner rechtlichen, sondern nur einer wirtschaftlichen Gleichbehandlung (→ § 226 Rn. 2 ff., → § 245 Rn. 29).

32 **7. Sanierungsprivileg.** Wandeln Gläubiger ihre Forderung nur teilw. um oder begründen sie nach Aufhebung des Insolvenzverfahrens neue Forderungen, steht ihnen das Sanierungsprivileg des **§ 39 Abs. 4** zu (Einzelheiten → § 39 Rn. 44 ff.), wobei die Aufhebung des Insolvenzverfahrens ein **Indiz** für die Sanierungseignung des Swaps ist (BT-Drs. 17/5712, 32; einschränkend *Gehrlein* NZI 2012, 257 [261]), weil die Aufhebung nur bei einer Beseitigung des Insolvenzgrundes zulässig ist und die **Dreijahresfrist,** über die eine Planüberwachung gem. § 268 Abs. 1 Nr. 2 längstens laufen darf, als Indiz für die Dauer bis zur nachhaltigen Sanierung herangezogen werden kann.

33 **8. Verschleierter Swap durch Barkapitalerhöhung.** Beteiligt sich ein Gläubiger an einer Barkapitalerhöhung, ohne seine Forderung formell einzubringen und erhält sodann aus dem Plan eine Quote, liegt eine **verschleierte Sacheinlage** der Forderung vor (BGH ZIP 1994, 701). Seit der Neufassung der §§ 27 AktG, 19 GmbHG durch das MoMiG wird der Wert der Forderung, der wiederum der vereinnahmten Quote entspricht, auf die Einlagepflicht angerechnet. Die Rechtsfolgen des Hin- und Herzahlens sind demgegenüber nachrangig (§§ 27 Abs. 3 AktG, 19 Abs. 5 S. 1 GmbHG). Der Gläubiger läuft also keine Gefahr, die Quotenzahlung wieder erstatten zu müssen (zweifelnd Uhlenbruck/*Hirte* Rn. 25 zur komplizierten dogmatischen Begründung und zur Haftung des Anmelders s. Scholz/*Veil* GmbHG § 19 Rn. 139 ff., 159).

VI. Sonstige Gestaltungen (Absatz 3)

34 **1. Überblick.** Nach Absatz 3 kann **jede Regelung** getroffen werden, die **gesellschaftsrechtlich zulässig** ist. Das umfasst sowohl jedwede Formen von Satzungsänderungen (Überblick Scholz/*Karsten Schmidt* GmbHG § 46 Rn. 178 ff.) als auch einfache Entscheidungen ohne strukturändernde Bedeutung, selbst wenn sie keine Auswirkung auf die Insolvenzmasse haben und deshalb zum insolvenzfreien Bereich (→ § 35 Rn. 36 ff.) gehören (Kübler HRI/*Hölzle* § 31 Rn. 30 ff.), wie Änderung des Gesellschaftszwecks, Aufstellung einer Geschäftsordnung oder Bestellung von Organmitgliedern (dazu → Rn. 39 ff.). Absatz 3 ist die **Generalklausel,** während die in Absatz 2 genannten Maßnahmen nur Beispiele sind (HambK-InsO/*Thies* Rn. 11, 46; Uhlenbruck/*Hirte* Rn. 39).

35 **2. Gesellschaftsrechtliche Zulässigkeit.** Zulässig sind sämtliche „technisch" möglichen, also **nicht gegen zwingendes Gesellschaftsrecht** verstoßende Maßnahmen. Sie müssen nicht auch „inhaltlich" mit Blick auf den Minderheitenschutz, die Treuepflicht und das Gleichbehandlungsgebot zulässig sein. Eine gesellschaftsrechtliche Beschlusskontrolle findet nicht statt. Das folgt allerdings nicht schon daraus, dass die Treuepflicht nach Verfahrenseröffnung nicht mehr eingreifen könnte, weil die Gesellschaft damit qua lege in das Abwicklungsstadium tritt (OLG Frankfurt a. M. NZI 2013, 978 Rn. 19; *Thole* ZIP 2013, 1937 [1941]). Wenn die Gesellschaft via Insolvenzplan saniert werden soll, sind die Gesellschafter weiterhin zur Förderung des Gesellschaftszwecks und zu einer gegenseitigen Rücksichtnahme verpflichtet (*Karsten Schmidt* GesR § 11 V; *Spliedt* ZInsO 2013, 2155). Treuepflicht bzw. Minderheitenschutz werden jedoch in der Sondersituation des Insolvenzverfahrens durch die speziellen Planvorschriften überlagert (OLG Frankfurt a. M. NZI 2013, 978; LG Berlin NZI 2015, 66 Rn. 25 ff.; *Decher/Voland* ZIP 2013, 103 [106 f.]; *Eidenmüller* NJW 2014, 17 [18]; *Haas* NZG 2012, 961 [965]; HK-InsO/*Haas* Rn. 8; *Hölzle* ZIP 2015, 85; *ders.* ZIP 2014, 1819 [1821]; *Madaus* ZIP 2014, 500 [504]; vorsichtiger hingegen *ders.* ZIP 2012, 2133

[2137] Fn. 33; *Smid/Rattunde/Martini* Der Insolvenzplan, 2015, 9.6; *Spliedt* GmbHR 2012, 462 [466]; *Thole* ZIP 2013, 1937 [1941, 1943]; unklar Kübler/Prütting/Bork/*Spahlinger* Rn. 24 ff.; aA *Brünkmans* ZIP 2014, 1857 [1861 f.]; *Böcker* ZInsO 2015, 773 [780]; *Eidenmüller* NJW 2014, 17 [18]; *Meyer* DB 2015, 538 [540]; *Müller* KTS 2012, 419 [441 f.]; *Simon/Merkelbach* NZG 2012, 121 [125]; *Schäfer* ZIP 2015, 1208; *ders.* ZIP 2014, 2417 [2418 ff.]; *ders.* ZIP 2013, 2237 [2240 ff.]; Uhlenbruck/*Hirte* Rn. 4, 41; *Wertenbruch* ZIP 2013, 1693 [1696 ff.]; *Westermann* NZG 2015, 134 [138, 149, 142]). Das wird an § 238a deutlich. Treuepflicht bzw. Minderheitenschutz gewähren dem geschützten Gesellschafter ein Zustimmungsrecht. Am vollkommensten wird dies durch das Einstimmigkeitsprinzip im Personengesellschaftsrecht verwirklicht (zur Wechselwirkung mit der Treuepflicht: *Schäfer* ZGR 2013, 237 ff.). Selbst für die Personengesellschaft gilt jedoch das kapitalorientierte Mehrheitsprinzip des § 238a, was ein klares Votum des Gesetzgebers gegen die Berücksichtigung von Schutzrechten als Zulässigkeitsschranke für Planmaßnahmen ist. Gesellschaftsrechtliche Beschlussquoren für Satzungsänderungen (vgl. zB §§ 53 Abs. 2 GmbHG, 179 Abs. 2 AktG) sind kein Zulässigkeitskriterium. Die gesellschaftsinternen Mehrheitsanforderungen werden durch die Planbestätigung ersetzt, die sich nach den Abstimmungsergebnissen der §§ 238 f., 244 f. richtet (*Stöber* ZInsO 2013, 2457 [2458]).

Der Anspruch eines sanierungswilligen Gesellschafters auf **Beibehaltung der** 36
Beteiligung ist außerhalb eines Insolvenzverfahrens berechtigt, weil es allein um das Innenverhältnis geht. Nach Verfahrenseröffnung ist das anders. Stellen Investoren neues Geld nur dann zur Verfügung, wenn einige Gesellschafter an der plansanierten Gesellschaft nicht mehr beteiligt sein werden, darf den Gläubigern diese Befriedigungschance nicht genommen werden, indem die Investoren durch eine Verpflichtung zur „Mitnahme" der unliebsamen Altgesellschafter „abgeschreckt" werden. (Das erkennen auch die Befürworter des Minderheitenschutzes an, *Wertenbruch* ZIP 2013, 1693 [1699]). Da es keinen Kontrahierungszwang für die Bereitstellung neuer Mittel gibt, kommt es nicht darauf an, ob die Ablehnung der Altgesellschafter berechtigt ist oder ob die Investoren gar selbst schon Gesellschafter sind. Im Vergleich zu „Sanieren oder Ausscheiden" (BGH ZIP 2009, 2289; 2011, 768; 2015, 1626) tritt ein Paradigmenwechsel allein dadurch ein, dass die Gesellschafter nicht mehr „unter sich" bleiben. Sie können zu Recht nur verhindern, dass Dritte die Gesellschaft mit Rückendeckung der Gläubiger übernehmen, wenn die Gläubiger vollständig befriedigt werden. Geschieht das nicht, kann der Dritte auch ein Mitgesellschafter sein. Da er nicht verpflichtet ist, durch Nachschüsse den Insolvenzgrund zu beseitigen, gibt es keinen Grund, ihn als Investor gegenüber außenstehenden Dritten zu benachteiligen. Eine andere Sichtweise würde den unliebsamen Gesellschaftern eine Lästigkeitsposition einräumen, die ihnen abgekauft werden müsste. Da es für einen Investor unsinnig ist, mehr als seinen Grenzpreis zu zahlen, mindert die Lästigkeitsentschädigung die an die Gläubiger zu verteilenden Mittel. Solche Störerstrategien der Anteilsinhaber sollten mit dem ESUG verhindert werden (BT-Drs. 17/5712, 18). Solange die Gläubiger nicht voll befriedigt werden (§ 245 Abs. 3 Nr. 1), richtet sich der Schutz der Gesellschafter nur nach § 245 Abs. 3 Nr. 2 sowie §§ 251, 253 (zur Unbeachtlichkeit besonderer Mitverwaltungsrechte → § 245 Rn. 35, zur Gruppenbildung → § 222 Rn. 16 ff.).

Der Gesellschafterschutz kann auch nicht durch die „Hintertür" wieder einge- 37
führt werden, wenn eine Gestaltung eine schon bestehende, **dem Gesellschafterschutz dienende Satzungsbestimmung** voraussetzt. So ist die Zwangseinziehung von Aktien gem. § 237 Abs. 1 AktG zwar nur zulässig, wenn sie in der Satzung vor Übernahme oder Zeichnung der Aktien gestattet war. Damit soll den Aktionären beim Erwerb der Beteiligung das Risiko des Verlusts vor Augen geführt werden (Spindler/Stilz/*Marsch-Barner* AktG § 237 Rn. 1). Auch hier sind

die planverfahrensrechtlichen Schutzbestimmungen vorrangig (aA AG Charlottenburg ZIP 2015, 394). Da ein Gesellschafter via Insolvenzplan aus der Gesellschaft hinausgedrängt werden kann, wäre es wertungswidersprüchlich, eine Zwangseinziehung nur daran scheitern zu lassen, dass es sich bei § 237 Abs. 1 AktG um formell zwingendes Gesellschaftsrecht handelt, während ein Bezugsrechtsausschluss, der denselben Effekt haben kann, nur deshalb zulässig sein soll, weil § 183 Abs. 3 AktG diese Möglichkeit eröffnet, dafür aber außerhalb des Insolvenzverfahrens einer genauso zwingenden Inhaltskontrolle unterliegt.

38 Das Insolvenzrecht verdrängt dispositives Gesellschaftsrecht nur im Anwendungsbereich der Verfahrensvorschriften (*Priester* FS Kübler, 2015, 557 [564]). **Gesellschaftsrechtliche Beschlussanforderungen** sind schon bei der Entscheidung über die **Einleitung eines Insolvenzverfahrens** zu berücksichtigen (*Haas* FS Kübler, 2015, 203 [206]; *Brinkmann* ZIP 2014, 197 [202 ff.]; *Lang/Muschalle* NZI 2013, 953; *Madaus* ZIP 2014, 500 [502 f.]), solange noch kein Antragszwang besteht. Die **Vorlage und Gestaltung eines Schuldnerplans** gehört als Wahrnehmung der schuldnerischen Verfahrensrechte zum insolvenzfreien Bereich. Selbst in der Eigenverwaltung gilt das Einflussverbot des § 276a hierfür nicht (*Haas* FS Kübler, 2015, 203 [209]). Die Entscheidung obliegt als Grundlagengeschäft (dazu Scholz/*U. Schneider/S. Schneider* GmbHG § 37 Rn. 15 ff.) allein den Gesellschaftern. § 238a gilt für die sich außerhalb des Insolvenzverfahrens vollziehende Beschlussfassung nicht. Auch der Rechtsschutz gegen Verstöße wird nicht durch die InsO verdrängt. Er richtet sich nach den für Beschlussmängelstreitigkeiten geltenden Vorschriften, von denen es abhängt, ob proaktiv einstweiliger Rechtsschutz (parallel zum Planverfahren ablehnend: OLG Frankfurt a. M. NZI 2013, 978; *Thole* ZIP 2013, 1937 [1942]; aA *Spliedt* ZInsO 2013, 2155) erreicht oder wegen einer dabei drohenden Vorwegnahme der Hauptsache nur reaktiv Schadensersatz verlangt werden kann (BVerfG ZIP 2015, 80). Der Vorrang des Insolvenzrechts gilt auch dann nicht, wenn die Anteilsrechte noch einen nach vollständiger Befriedigung der Gläubiger verbleibenden Wert haben könnten (vgl. BGH NZI 2014, 751 Rn. 41 f.). Dafür kommt es nicht darauf an, ob eine vollständige Befriedigung im Plan tatsächlich vorgesehen ist; denn es geht ja gerade um den durch den Plan unentziehbaren Gesellschafterschutz, so dass zu prüfen ist, ob eine (geringe) Minderbefriedigung nur ein Vorwand für außerhalb eines Planverfahrens nicht zulässige Gestaltungen ist. Können dieselben Vorteile für die Gläubiger auch unter Wahrung eines Schutzes der Minderheit erreicht werden, ist ihre Benachteiligung durch eine Planregelung unzulässig. Das könnte zB bei der Umwandlung von einer KG in eine AG ohne begleitende Kapitalmaßnahme der Fall sein (vgl. AG Charlottenburg ZIP 2015, 394; dazu mit Recht krit. *Meyer* DB 2015, 538 [540]), wobei es Sache des Minderheitsgesellschafters ist, die gleichwertige Alternative als Ausnahme von der Gestaltungsfreiheit darzulegen. Weist das Gericht einen Plan wegen einer unzulässigen Gestaltung nicht schon nach § 231 zurück, wird er mit dem Nachweis allerdings nur im Beschwerdeverfahren gehört werden können, was zuvor die Glaubhaftmachung einer wesentlichen Schlechterstellung gegenüber der Regelabwicklung – nicht gegenüber einem Alternativplan – voraussetzt (→ § 253 Rn. 9). Trifft ein Forderungsausfall nur die Gesellschafter mit ihren nachrangigen Forderungen, kann das ihren Schutz naturgemäß nur suspendieren, soweit dies aufgrund ihrer Gläubigerposition auch außerhalb eines Insolvenzverfahrens zulässig wäre.

39 **3. Beispiele. a) Organbesetzung.** Die **Bestellung von Organmitgliedern** ist bei wörtlicher Anwendung keine dem Wortlaut von Absatz 3 entsprechende „*Regelung*", sondern eine verbandsinterne Willensbildung im insolvenzfreien Bereich. Andererseits ist ein Austausch der Organmitglieder häufig Voraussetzung für den Erfolg eines Insolvenzplans. Um Verzögerungen zu vermeiden, ist eine

Annexkompetenz für das Planverfahren sinnvoll (*Müller* KTS 2012, 419 [422]; HRI/*Hölzle* § 31 Rn. 48; *Horstkotte/Martini* ZInsO 2012, 557 Fn. 50; Uhlenbruck/*Hirte* Rn. 40; aA *Madaus* ZIP 2012, 2133 [2137]). Zudem wäre es wertungswidersprüchlich, Grundlagenentscheidungen zur Verbandsverfassung der Anteilseignerversammlung zu entziehen, die Kompetenz zur Besetzung der Organe aber bei ihr zu belassen.

b) Fortsetzungsbeschluss. Mit der Insolvenzeröffnung tritt die Gesellschaft in das Liquidationsstadium. Der zur **Fortsetzung einer durch die Insolvenzeröffnung aufgelösten Gesellschaft** (§§ 131 Abs. 1 HGB, 60 Abs. 1 GmbHG, 262 Abs. 1 AktG, 101 GenG) erforderliche Beschluss kann gem. Absatz 3 im Plan gefasst werden. Dabei ist der Fortsetzungsbeschluss auf den Zeitpunkt der Verfahrensaufhebung zu beziehen, §§ 274 Abs. 2 Nr. 1 AktG, 60 Abs. 1 Nr. 4 GmbHG (Uhlenbruck/*Hirte* Rn. 42; zu den Formalien s. *Horstkotte/Martini* ZInsO 2012, 557 [568, 573, 577]), weil die Fortsetzungsmöglichkeiten in den Gesellschaftsrechten abschließend geregelt sind (BGH NZG 2015, 872). 40

Die **Insolvenz** einer **KG** hat regelmäßig die Insolvenz der Komplementärin zur Folge, die dann gem. § 131 Abs. 3 HGB aus der Gesellschaft ausscheidet, falls im Gesellschaftsvertrag nicht anderes bestimmt wurde. Die Schuldnerin wird von sämtlichen Kommanditisten als Liquidatoren vertreten (MüKoHGB/*Karsten Schmidt* § 131 Rn. 46), die nicht in die Komplementärhaftung „rutschen", solange die KG als Liquidationsgesellschaft im Insolvenzverfahren ist (MüKoHGB/*Karsten Schmidt* § 131 Rn. 46). Für einen Fortsetzungsbeschluss (§§ 161 Abs. 2, 144 HGB) muss wieder eine **Komplementärin** gewonnen werden, bei der es sich sowohl um die bisherige insolvente GmbH als auch um eine nicht insolvente Gesellschaft handeln kann. Wenn der Eintritt lt. Plan erst mit Rechtskraft der Bestätigung wirksam wird (§ 254 Abs. 1), haftet sie zwar gem. § 130 HGB auch für die bisherigen Insolvenzforderungen (MüKoHGB/*Karsten Schmidt* § 130 Rn. 3), aber nur in Höhe der uno actu eingreifenden Quotenbeschränkung (§§ 254 Abs. 1, 254a Abs. 2). Eine Haftung für die gem. § 255 wieder auflebenden Forderungen kann nur vermieden werden, wenn jeder einzelne Gläubiger einer Haftungsbeschränkung entsprechend § 230 Abs. 2 oder durch gesonderte Vereinbarung zustimmt. Eine Regelung nur durch den Plan ohne gesonderte Gläubigerzustimmung scheitert an § 130 Abs. 2 HGB. Ist im Gesellschaftsvertrag bestimmt, dass die **Komplementärin** nicht ausscheidet, ist in einem **eigenständigen Insolvenzverfahren** über ihr Vermögen ein Insolvenzplan vorzulegen. Die Aufhebung des Insolvenzverfahrens über das Vermögen der GmbH kann als Bedingung (§ 249) für die Planbestätigung im KG-Verfahren vereinbart werden. 41

c) Bezugsrechtsausschluss, Gesellschafterausschluss. Ein **Gesellschafterausschluss** ist („technisch", → Rn. 35) **zulässig** (*Haas* NZG 2012, 961 [965]; zu verfassungsrechtlichen Bedenken → Rn. 14). So sieht Abs. 3 die Übertragung von Anteils- oder Mitgliedschaftsrechten ausdrücklich vor. Indirekt hat der Gesetzgeber den Ausschluss auch dadurch ermöglicht, dass den Gesellschaftern ein **Bezugsrecht verweigert** werden darf (*Brinkmann* ZIP 2014, 197 [201]). Ein Anteilseigner kann dadurch hinausgedrängt werden, dass zuvor das Kapital auf „0" herabgesetzt (zur Verfahrensweise: BGHZ 1422, 167 [169 f.]; 183, 1 [9]) und anschließend ohne Bezugsrecht auf die neuen Anteile erhöht wird (HambK-InsO/*Thies* Rn. 16; zu Auswirkungen auf die Börsennotierung: *Wieneke/Hoffmann* ZIP 2013, 697 ff.). Nur bei der Personengesellschaft, bei der die Mitgliedschaft nicht vom Kapitalanteil anhängt, ist mit dem Bezugsrechtsausschluss kein Ausscheiden aus der Gesellschaft verbunden (*Wertenbruch* ZIP 2013, 1693 [1698]). Einer Gleichbehandlung der Anteilsinhaber bedarf es nicht (→ Rn. 36, → § 222 Rn. 16 ff.). 42

43 **d) Gesellschafteraustritt.** Ob die im Insolvenzplan vorgesehene Strukturänderung ein **Austrittsrecht aus wichtigem Grund** gewährt, richtet sich nach den **außerhalb des Insolvenzverfahrens geltenden Maßstäben** (*Karsten Schmidt* ZIP 2012, 2085 Fn. 9; Uhlenbruck/*Hirte* Rn. 51; aA *Haas* NZG 2012, 961 [966]; HK-InsO/*Haas* Rn. 30; zum wichtigen Grund s. BGH NJW 1992, 892; Scholz/*Seibt* GmbHG Anh. § 34 Rn. 6 ff.). Von Bedeutung ist ua die personalistische Verfassung, wenn die Vinkulierung von Anteilen eine Auswahl der Gesellschafter ermöglicht, oder ein Verlust der gesicherten Mehrheit oder die Verbindung zwischen Mitgliedschaft und Leistungsbeziehungen (Konzern, Betriebsaufspaltung). Bestehen im Gesellschaftsvertrag erleichterte Austrittsrechte, darf der Insolvenzplan den Anteilseigner nicht stärker als bisher binden. Sowohl gesellschafts- als auch insolvenzrechtlich ist für eine Erhöhung von Pflichten die ausdrückliche Zustimmung der Betroffenen erforderlich.

44 Der Austritt kann **Bestandteil des Plans** sein (§ 254; aA *Haas* NZG 2012, 961 [966]: Erklärung erst nach Wirksamkeit), wird aber erst mit dessen Bestätigung wirksam (Uhlenbruck/*Hirte* Rn. 51). Eine **spätere Erklärung** ist zulässig, zumal der Anteilseigner keinen Anspruch auf die Aufnahme seiner Austrittserklärung in den Plan hat, wobei die Erklärung wegen § 626 Abs. 2 BGB alsbald nach der Planbestätigung erfolgen muss.

45 Mit dem Austritt geht der **Geschäftsanteil an einer Kapitalgesellschaft** nicht unter, sondern wird entweder eingezogen oder an die Gesellschaft, Mitgesellschafter oder Dritte abgetreten (Baumbach/Hueck/*Fastrich* § 34 Rn. 26), was schon wegen der Formersetzung möglichst im Plan geregelt werden sollte (zur Abhängigkeit des Anteilsverlustes von der Abfindungszahlung → Rn. 58 f.). Bei einer **Personengesellschaft** scheidet der kündigende Gesellschafter aus der Gesellschaft aus, sein Anteil wächst den übrigen Gesellschaftern an (§ 738 Abs. 1 BGB). Ist eine Fortsetzungsklausel (§§ 736 BGB, 131 Abs. 3 Nr. 3 HGB) im Gesellschaftsvertrag nicht enthalten, muss sie im Plan aufgenommen werden.

46 **e) Anteilsübertragung.** Im Plan kann lt. Absatz 3 die **Übertragung von Anteils- oder Mitgliedschaftsrechten** vorgesehen werden. Das umfasst sowohl **Beteiligungen am Schuldner** als auch **Beteiligungen des Schuldners** an Drittgesellschaften (BT-Drs. 17/5712, 32; für den Beteiligungsbesitz des Schuldners ergab sich das auch bisher schon aus § 254 aF). Die dafür erforderliche Erklärung des Altgesellschafters gilt mit der Planbestätigung als in der vorgeschriebenen Form abgegeben, auch wenn er nicht zugestimmt hat (§ 254a Abs. 1). Demgegenüber muss sich der Übernehmer ausdrücklich erklären, selbst wenn er ansonsten dem Plan als Beteiligter unterworfen ist (§ 230 Abs. 2). Die Erklärung ist dem Plan in Schriftform beizufügen (§ 230 Abs. 3; zur Formwahrung → § 254a Rn. 2). Gehört zum Anteilseignerwechsel die Übertragung einer Aktienurkunde, ist das zusätzlich erforderlich. Durch den Plan wird das nicht ersetzt (→ § 254a Rn. 1). Für die Anteilsübertragung gilt das Gleiche wie für den Gesellschafter- oder Bezugsrechtsausschluss: eine Gleichbehandlung der Gesellschafter ist nicht geboten (→ Rn. 36, → § 222 Rn. 18).

47 Die **Rechtsnachfolgerhaftung** für frühere Fehler bei der **Kapitalaufbringung** und -erhaltung gem. § 16 Abs. 2 GmbHG einschließlich der Ausfallhaftung der Mitgesellschafter gem. § 24 GmbHG wird durch den Insolvenzplan nicht berührt, falls keine andere Regelung mit dem Haftungsschuldner getroffen wird. Eine Enthaftung greift nur zugunsten des Schuldners ein, nicht auch zugunsten seiner Gesellschafter (arg. e § 227 Abs. 2). Wird eine Regelung im Insolvenzplan getroffen, muss beachtet werden, dass ein Verzicht auf Haftungsansprüche nur unter besonderen Voraussetzungen (s. dazu BGH ZIP 2012, 73) zulässig ist.

48 **f) Umwandlungen.** Das Umwandlungsrecht ist **Teil des Gesellschaftsrechts** (*Karsten Schmidt* GesR § 12 I), so dass Umwandlungsmaßnahmen von Absatz 3

gedeckt sind. Eine nur die Gesellschaftsform wechselnde Umwandlung ist unproblematisch zulässig (BGH NZI 2014, 751 Rn. 41; (konkludent) LG Berlin NZI 2015, 66 Rn. 18; *Madaus* ZIP 2012, 2133 [2135]; *Priester* FS Kübler, 2015, 557 [560]). **Verschmelzungen** (§§ 2 ff. UmwG) hingegen dürfen nach überwiegender Ansicht (OLG Brandenburg ZIP 2015, 929; *Becker* ZInsO 2013, 1885 [1888]; *Brünkmans* ZInsO 2014, 2533 [2534]) nur dann in den Plan aufgenommen werden, wenn der Schuldner übertragender, nicht auch übernehmender Rechtsträger ist, da lt. § 3 Abs. 3 UmwG die Möglichkeit eines Fortsetzungsbeschlusses für den übernehmenden Rechtsträger nicht ausreicht. Er darf sich, so die Lesart, nicht im Liquidationsstadium befinden. Diese Schlussfolgerung ist indes nicht zwingend. Wenn Verschmelzungsvertrag und Fortsetzungsbeschluss uno actu für den Zeitpunkt der Verfahrensaufhebung geregelt werden, ist das mehr formale Hindernis der Auflösung auch für den übernehmenden Rechtsträger überwunden (Uhlenbruck/*Hirte* Rn. 44; *Priester* FS Kübler, 2015, 557 [559]; *Wachter* NZG 2015, 858 [860 f.]). Gläubigerinteressen werden nicht verletzt, wobei für die Gläubiger des insolventen Rechtsträgers die Beschränkung auf die Planquote eingreift, während die Gläubiger des nicht insolventen Rechtsträgers dadurch geschützt werden, dass mit der Planbestätigung der Insolvenzgrund beseitigt wird (*Madaus* ZIP 2012, 2133 [2135 ff.] einschränkend *Wachter* NZG 2015, 862). Eine **Sicherheitsleistung gem. § 22 UmwG** können die Gläubiger des Schuldners deshalb gar nicht, die Gläubiger des übernehmenden Rechtsträgers hingegen nur verlangen, wenn sie trotz der Plansanierung eine Gefährdung ihrer Ansprüche glaubhaft machen (*Brünkmans* ZInsO 2014, 2533 [2550]). Eine Verschmelzung ist auch mit einem Verzicht auf Anteile am übernehmenden Rechtsträger zulässig (§§ 54 Abs. 1, 68 Abs. 1 UmwG; *Priester* FS Kübler, 2015, 557 [559]), wobei die Verzichtserklärung der Gesellschafter des Schuldners im Plan erfolgen kann (*Brünkmans* ZInsO 2014, 2533 [2539]. Damit erhalten die Gläubiger für ihren Anspruch auf die Planquote einen neuen Schuldner, so dass wegen der Bonitätsverbesserung Zahlungsstreckungen leichter vereinbart werden können. Die formellen Voraussetzungen, die der nicht insolvente Rechtsträger einhalten muss (zum Ablauf: *Brünkmans* ZInsO 2014, 2533 [2536 ff.]; *Becker* ZInsO 2013, 1885 [1888 ff.]; *Madaus* ZIP 2012, 2133 [2135 ff.]), sind mit dem Planverfahren jedoch nur schwer zu koordinieren, so dass es effizienter ist, wenn der übernehmende Rechtsträger die Anteile mithilfe des Plans erwirbt und die Verschmelzung erst nach Verfahrensaufhebung durchführt. Die Zahlungsstreckung kann er über eine Erfüllungsgarantie erreichen.

Die **Auf- und Abspaltung** durch den Insolvenzplan ist möglich, da die gesamtschuldnerische Haftung des aufnehmenden Rechtsträgers (**§ 133 Abs. 2 UmwG**) analog §§ 227 Abs. 2, 254 Abs. 1 auf die Planquote beschränkt wird (*Brünkmans* ZInsO 2014, 2533 [2544 f.]; *Madaus* ZIP 2012, 2133 [2135 ff.]; Uhlenbruck/*Hirte* Rn. 44). Auch diese Gestaltung ist leichter durchzuführen, wenn Anteilserwerb im Planverfahren und Auf- bzw. Abspaltung erst danach außerhalb des Plans erfolgen. Anders verhält es sich mit der **Ausgliederung** insbes. im Zusammenhang mit einem verfahrensleitenden Plan. Dadurch lassen sich verkaufsfähige Betriebsteile auf eine neue Gesellschaft übertragen, ohne dass rechtsträgergebundene Vermögensgegenstände verloren gehen. Die Passiva können – müssen indes nicht – vollständig bei der Schuldnerin bleiben. Anschließend bzw. zugleich im Insolvenzplan können die Anteile an der aufnehmenden Gesellschaft veräußert werden (zur Vorgehensweise: *Simon/Brünkmans* ZIP 2014, 657; *Kahlert* DStR 2013, 975 auch zu den steuerlichen Konsequenzen). § 133 UmwG, der eine **gesamtschuldnerische Haftung** des übernehmenden Rechtsträgers vorsieht, findet keine Anwendung, soweit es die Insolvenzforderungen betrifft (*Becker* ZInsO 2013, 1885 [1890 f.]; *Brünkmans* ZInsO 2014, 2533 [2544]; *Kahlert* DStR 2013, 975 [977 f.]; *Simon/Brünkmans* ZIP 2014, 657 [664]; aA wohl *Priester* 49

FS Kübler, 2015, 557 [560]). Der Anwendungsbereich dieser Vorschrift ist im Insolvenzverfahren teleologisch genauso zu reduzieren wie der anderer Vorschriften, die wegen einer gesamtschuldnerischen Haftung des Vermögensübernehmers einer sinnvollen Vermögensverwertung entgegenstehen (zB § 613a BGB, § 25 HGB, § 75 AO). Ergänzend kann der Plan auch einen die Insolvenzgläubiger bindenden (§ 254 Abs. 1) Verzicht auf die Haftung des Übernehmenden vorsehen.

50 Ein Bedarf für eine **Ausgliederung** besteht auch **in der Insolvenz eines Einzelkaufmanns;** denn sogar die Einbringung seines Geschäftsbetriebs in eine Personengesellschaft (vgl. § 28 HGB) erfordert eine Einzelübertragung der Vermögensgegenstände, so dass die rechtlich nicht fungiblen Gegenstände ohne Möglichkeit der Ausgliederung verloren gingen. § 152 S. 2 UmwG untersagt die Ausgliederung eines überschuldeten Einzelkaufmanns. Abhilfe kann ein verfahrensleitender Plan schaffen, indem zunächst die Überschuldung beseitigt und dann eine Ausgliederung vorgenommen wird. Richtigerweise findet § 152 S. 2 UmwG in der Insolvenz jedoch keine Anwendung, da er Nachteilen entgegenwirken will, die auf intransparenten Verhältnissen des Einzelkaufmanns beruhen (Semler/Stengel/*Maier-Reimer/Seulen* UmwG § 152 Rn. 74). Wegen der Aufzeichnungs- und Informationspflichten im Insolvenzverfahren sind solche Nachteile nicht zu befürchten (*Madaus* ZIP 2012, 2133 [2134]; *Simon/Brünkmans* ZIP 2014, 657 [666]; aA *Kahlert* DStR 2013, 975 [976]; Uhlenbruck/*Hirte* Rn. 44). Außerdem wird die Ausgliederung uno actu mit der Entschuldung durch Insolvenzplan wirksam (zum Zeitpunkt der Entschuldung → § 227 Rn. 2, → § 254 Rn. 2), so dass § 152 S. 2 UmwG schon dem Wortlaut nach nicht erfüllt ist.

51 **g) Nachschüsse.** Sind im Gesellschaftsvertrag **Nachschüsse beschränkt haftender Gesellschafter** (vgl. §§ 27 f. GmbHG) vereinbart worden, kann darüber im Insolvenzplanverfahren beschlossen werden, weil deren Einforderung eine gesellschaftsrechtlich zulässige Maßnahme darstellt. Bedeutung kann das insbes. erlangen, wenn sanierungswillige Gesellschafter eine Rettung des Schuldners nur zusammen mit sanierungsunwilligen Gesellschaftern finanzieren können. Voraussetzung ist, dass die Gesellschafter trotz der Insolvenz an die Vereinbarung gebunden sind, was von den zu Sanierungs- (vgl. BGH NJW 2004, 3782) und Finanzplankrediten (vgl. BGH NJW 2009, 2809 [2811]; *Karsten Schmidt* ZIP 1999, 1241 [1250]) entwickelten Kriterien abhängt, wobei für den Minderheitenschutz darauf zu achten ist, dass die Anteilseigner unter Berücksichtigung der mit dem Nachschuss verbundenen Werterhöhung nicht schlechter als bei einer Regelabwicklung stehen.

52 **h) Sonstige Kapitalmaßnahmen.** In der Praxis wird eine vereinfachte Kapitalherabsetzung bis auf 0 (§§ 58a Abs. 4 GmbHG, 228 AktG) mit anschließender Erhöhung (**„Kapitalschnitt"**) die Regel sein. Insolvenzspezifische Erleichterungen gibt es dafür außer dem Ausschluss des Bezugsrechts in Absatz 2 (zu den Bedenken gegen den damit ermöglichten Ausschluss sanierungswilliger Gesellschafter → Rn. 14) und der Differenzhaftung beim Debt-Equity-Swap in § 254 Abs. 4 nicht. Insbes. ist eine Erhöhung auf das **Mindestkapital** nur durch eine **Bareinlage** möglich (§§ 58a Abs. 4 GmbHG, 228 Abs. 1, 229 Abs. 3 AktG) und sind darüber hinaus die Anforderungen an **Sacheinlagen** zu berücksichtigen, die bei der AG eine Prüfung durch einen gegebenenfalls vom Registergericht bestellten Sachverständigen vorsehen (§ 183 Abs. 3 AktG). Auch ein Dispens von kapitalmarktrechtlichen Vorschriften ist in der InsO nicht vorgesehen (dazu *Bauer/Dimmling* NZI 2011, 519).

VII. Registergerichtliche Prüfung

In der BegrRegE zum ESUG heißt es, das Registergericht habe weitgehend nur noch beurkundende Funktion. Das Insolvenzgericht muss die Eintragungsfähigkeit der vorgesehenen Maßnahmen zwar iRd **§§ 231 Abs. 1 Nr. 1, 250 Nr. 1** prüfen (*Haas* NZG 2012, 961 [966]), jedoch hat das ESUG einen Kompetenzkonflikt zwischen Insolvenz- und Registergericht nicht geregelt → § 254 Rn. 19, → § 254a Rn. 7 ff. 53

Zum **Prüfungsumfang** (Überblick bei *Hüffer* AktG § 183 Rn. 16 ff.; *Roth/Altmeppen* GmbHG § 57a Rn. 1 ff.) gehören zunächst die **Formalien** wie bei Kapitalerhöhungen die Übernahmeerklärungen bzw. Abschriften der Zeichnungsscheine sowie eine Liste der Übernehmer bzw. Zeichner (§§ 57 Abs. 3 GmbHG, 184 Abs. 2, 188 Abs. 3 AktG). Andere Beschlüsse hat das Gericht analog § 9c Abs. 2 GmbHG, 38 Abs. 4 AktG auf Verstöße zu prüfen, die eine **Nichtigkeit** begründen (*Hirte/Knof/Mock,* Das neue Insolvenzrecht, 12, 31). Soweit ein Bewertungsgutachten für eine **Sacheinlage** zwingend ist (§§ 183 Abs. 3, 33 Abs. 3–5, 34 f.; dazu *Hüffer* AktG § 183 Rn. 17), ist ein **Prüfer vom Registergericht zu bestellen,** das durch das Insolvenzgericht nicht gebunden werden kann. Insoweit hilft nach jetziger Rechtslage nur eine informelle Abstimmung. Beim Debt-Equity-Swap ist das Anliegen des Gesetzgebers zu berücksichtigen, den Beteiligten durch den Ausschluss der **Differenzhaftung** gem. § 254 Abs. 4 „*eine große Planungssicherheit hinsichtlich des Ablaufs des Verfahrens*" (BT-Drs. 17/5712, 1 f.) zu bieten und Blockadepotential abzubauen. 54

VIII. Change-of-Control-Clause (Absatz 4)

Va **in Verträgen,** die für ein Unternehmen **von grundlegender Bedeutung** sind, wird häufig vereinbart, dass sie bei einer Änderung der Mehrheitsverhältnisse an einer Gesellschaft automatisch enden oder dem anderen Teil ein Kündigungsrecht gewähren. Dem schiebt Absatz 4 einen Riegel vor (HambK-InsO/*Thies* Rn. 57: „*bedenklich*"), der allerdings lt. Satz 3 **nur** gilt, **soweit** die **Beendigung aus der Strukturänderung** folgt, nicht hingegen, wenn die Beendigung aus anderen Gründen zulässig ist. Die Grenze bildet dann § 119. Die Unwirksamkeit einer solchen Klausel hat nicht gem. § 139 BGB die Unwirksamkeit des gesamten Vertrages zur Folge (*Längsfeld* NZI 2014, 734 ff.). Das würde den Zweck des Abs. 4 konterkarieren, den Schuldner zu schützen. IÜ gilt der Ausschluss nicht nur für vereinbarte, sondern auch für aus dem Gesetz (zB § 34 Abs. 3 UrkG, *Längsfeld* NZI 2014, 734 f.) folgende Rücktritt- oder Kündigungsrechte. Nur ausnahmsweise kann ein Kontrollwechsel einen wichtigen Kündigungsgrund gem. § 314 BGB bilden (*Brinkmann/Steinhauser* FS Kübler, 2015, 87 [95 f.]), etwa weil ein Vertrag auf eine bestimmte Person (zB TV-Produktionen) zugeschnitten ist. Umgekehrt ist eine erweiternde Auslegung dahingehend erforderlich, dass nicht nur mit dem Schuldner unmittelbar, sondern auch mittelbar mit ihm über Konzerngesellschaften bestehende Verträge erfasst werden (*Längsfeld* NZI 2014, 734 [736 f.]; Uhlenbruck/*Hirte* Rn. 50); denn wenn der Vertragspartner den Kontrollwechsel in einer anderen Gesellschaft für einen Beendigungsgrund hält, ist das ein Indiz dafür, dass der Vertrag auch für die Fortführung der Schuldnerin von wesentlicher Bedeutung ist. 55

Dem Wortlaut nach gilt Absatz 4 auch für **Unternehmensverträge** (Kübler/Prütting/Bork/*Spahlinger* Rn. 93; Uhlenbruck/*Hirte* Rn. 50). Ob sie wegen §§ 115 f. automatisch enden oder der Erfüllungswahl des Verwalters gem. § 103 unterliegen oder mit Insolvenzeröffnung aus wichtigem Grund gekündigt werden dürfen, ist umstr. Selbst wenn eine automatische Beendigung mit der Verfahrens- 56 eröffnung nicht eintreten sollte, hindert die Change-of-Control-Clause nicht, den Vertrag zu kündigen; denn das Kündigungsrecht besteht nicht aufgrund einer Strukturänderung, sondern aufgrund der Unmöglichkeit weiterer Vertragserfüllung. Überdies ähnelt der Unternehmensvertrag einer Verschmelzung, was schon daran deutlich wird, dass das Kapitalerhaltungsgebot nicht zum Zuge kommt (§§ 291 Abs. 3, 292 Abs. 3 AktG). Die herrschende Gesellschaft muss sich vom Vertrag deshalb genauso lösen dürfen, wie ein Anteilseigner zum Austritt berechtigt ist.

IX. Abfindung (Absatz 5)

57 Bildet eine im Insolvenzplan vorgesehene Maßnahme für den Anteilseigner einen wichtigen Grund zum Austritt (→ Rn. 44), bestimmt **Absatz 5** für die Höhe der Abfindung, dass sie sich nach der **Vermögenslage** bemisst, die sich **bei** einer **Abwicklung des Schuldners** ergeben hätte. Damit verliert er zwar die Chance, anders als bspw. im Wege des Debt-Equity-Swaps in die Gesellschaft eintretende Gläubiger, an einer Werterholung durch die künftige Fortführung zu partizipieren. Aber die Gläubiger, die sich an der Gesellschaft nicht beteiligen, haben ebenfalls nur Anspruch auf das prognostizierte Liquidationsergebnis. Es gibt verfassungsrechtlich keinen Grund, den Gesellschafter als nach-nachrangigen Gläubiger besser zu behandeln (→ Rn. 37 f.). Maßgebend ist jedoch die bestmögliche Verwertung, die in der Regel der Verkauf des Unternehmens als Ganzes sein wird (→ § 245 Rn. 6, 23), so dass die Fortführungsaussichten zu berücksichtigen sind, soweit sie ein Dritter vergüten würde (Uhlenbruck/*Hirte* Rn. 51). Nicht zu berücksichtigen ist indes der Mehrwert, den die Anteilsrechte durch die mit Hilfe des Plans ermöglichte Forführung erfahren. Er ist zwar für die Beurteilung der angemessenen Beteiligung beim Obstruktionsverbots von Bedeutung (→ § 245 Rn. 21 ff.), nach dem eindeutigen Gesetzeswortlaut nicht aber für die Ermittlung der Abfindung. Das ist auch gerechtfertigt, weil der Anteilsinhaber nicht hineingedrängt wird (zu diesem Gesichtspunkt vgl. BVerfG ZIP 2012, 1408 [1410]; Decher/*Voland* ZIP 2013, 103 [111]), sondern sich selbst für den Austritt entscheidet.

58 Entgegenstehende **Abfindungsvereinbarungen** wie am Buchwert zum letzten Bilanzstichtag oder an früheren Erträgen orientierte Klauseln wirken nicht zugunsten des austrittswilligen Anteilseigners. Gleiches gilt für einen Börsenkurs (→ Rn. 9). Führt eine (wirksame) Abfindungsklausel zu einer geringeren Zahlung, ist sie maßgebend (Uhlenbruck/*Hirte* Rn. 52)

59 Die Auszahlung des Abfindungsanspruchs kann lt. Absatz 5 **verzinslich** auf bis zu **drei Jahre** gestundet werden. Auch hier haben gesellschaftsvertragliche Regelungen Vorrang, wenn sie den Anteilseigner schlechterstellen sollten. Dabei ist allerdings eine Zahlungsstreckung im Wechselspiel zur Abfindungshöhe zu sehen. Erfolgt eine großzügigere Stundung nur wegen einer höheren Abfindung, bleibt es bei der Begrenzung auf die drei Jahre. Sie entsprechen der maximalen Dauer einer Planüberwachung (§ 268 Abs. 1), falls sie im Plan gesondert vorgesehen werden sollte.

60 Der **Zinssatz** für die Stundung ist nicht ausdrücklich genannt. Die für aktienrechtliche Abfindungsansprüche geltende Verzinsung von 5 % über Basiszinssatz (§§ 305 Abs. 3, 320b Abs. 1, 327b Abs. 2 AktG) kommt nicht in Betracht, weil sie einen Ausgleich zwischen Gesellschafterinteressen betreffen. Da Anteilsinhaber ebenso wie Gläubiger iRd Minderheitenschutzes verlangen können, nicht schlechter als bei der Regelabwicklung gestellt zu werden, ist der Zinssatz für Gläubiger und Anteilsinhaber nach denselben Kriterien zu berechnen (Uhlenbruck/*Hirte* Rn. 54; dazu → § 245 Rn. 12 f., → § 251 Rn. 12). Darüber hinausgehende Zinsen sind erst ab Verzugseintritt zu entrichten.

61 Die Stundung der Abfindungsforderung bürdet dem austrittswilligen Gesellschafter das **Risiko einer Folgeinsolvenz** auf. Damit steht er schlechter als bei einer Regelabwicklung, bei der das Risiko einer verzögerlichen Zahlung des nach § 199 auszuschüttenden Überschusses durch die persönliche Haftung des Verwalters gemindert wird. Ein Anspruch auf Sicherheitsleistung ist jedoch anders als zB bei § 327b Abs. 3 AktG im Gesetz nicht verankert und verfassungsrechtlich (vgl. BGH WM 2006, 286; bestätigt durch BVerfG NZG 2007, 587) nicht geboten. Die gegenteilige Ansicht (Uhlenbruck/*Hirte* Rn. 55) würde eine Privilegierung gegenüber den Gläubigern bedeuten, die bei einer herausgeschobenen Fälligkeit ebenfalls keinen Anspruch auf Sicherheitsleistung haben, und überdies Vermögen der Schuldnerin binden, was durch Absatz 5 gerade vermieden werden soll. Der Gesellschafter kann sich dagegen mit einem Minderheitenschutzantrag bzw. einer Beschwerde wehren, die wegen der dafür maßgebenden wirtschaftliche Betrachtungsweise aber nicht allein wegen der fehlenden Absicherung begründet wären, sondern nur bei einem den Barwert der Abfindung schmälernden Bonitätsrisiko.

62 Bei einer Kapitalgesellschaft darf die Abfindung **nur aus einem das Nennkapital übersteigenden Vermögen gezahlt** werden (§§ 30 GmbHG, 57 AktG). Der in Absatz 5 genannte Abfindungsanspruch kann mit diesem Kapitalerhaltungsgebot kollidieren; denn ein abfindungspflichtiger Liquidationsüberschuss ist nicht identisch mit einem das Nennkapital übersteigenden Vermögensüberschuss. Eine Abfindungszahlung ist auch aufgrund eines Insolvenzplans nur zulässig, wenn sie aus dem ungebundenen Vermögen – bspw. bei einer Kapitalerhöhung mit Agio – oder von dritter Seite außerhalb des Gesellschaftsvermögens gezahlt wird (*Müller* KTS 2012, 419 [434 ff.]; widersprüchlich Uhlenbruck/*Hirte* Rn. 50 und 51). Ist das nicht möglich, wird der ausscheidende Gesellschafter – sollte ein Abwicklungsüberschuss zu erwarten sein – durch die Auszahlungssperre schlechter gestellt als bei der Regelabwicklung mit der Folge, dass er sich auf den Minderheitenschutz berufen kann (was *Decher/Voland* ZIP 2013, 103 [113] bei dem Vorschlag übersehen, vorsorglich einen Abfindungs-*"Topf"* bereitzustellen). Dann muss der Betrag von dritter Seite bereitgestellt werden.

63 Liegt der Grund des Ausscheidens nicht in einem Austritt des Gesellschafters, sondern in einem Ausschluss, **haften** die ausschließenden **Gesellschafter für die Abfindung** persönlich, wenn es sich um einen Vorgang außerhalb eines Insolvenzplans handelt, um die Wirksamkeit des Ausschlusses nicht in der Schwebe zu halten, bis die Abfindung aus dem freien Vermögen gezahlt wird (BGH NZG 2012, 259 Rn. 14). Dieses Bedürfnis nach alsbaldiger Klarheit besteht auch bei einem Ausschluss durch Insolvenzplan, so dass er unabhängig davon wirksam ist, ob die Abfindung aus einem das Garantiekapital übersteigenden Vermögen gezahlt werden kann (Uhlenbruck/*Hirte* Rn. 56). Eine Haftung der die Gesellschaft fortsetzenden alten oder neuen Gesellschafter wird man jedoch nur annehmen dürfen, soweit sie dem Plan ausdrücklich zustimmen. Die Unterwerfung unter die Mehrheits-Mehrheit gilt für einen Eingriff in die Rechtsstellung, nicht für eine Pflichtenvermehrung. Besteht eine Haftung der Gesellschafter, ist es eine Frage der Bonität, ob sich der Gesellschafter auf den Minderheitenschutz berufen kann. Besteht eine Haftung hingegen nicht, wird der ausgeschiedene Gesellschafter wegen des Verlustes der Beteiligung bei gleichzeitiger Auszahlungssperre schlechter gestellt als bei einer Regelabwicklung, bei der er den Abfindungsbetrag als Überschuss gem. § 199 erhalten hätte.

Gleichbehandlung der Beteiligten

226 (1) **Innerhalb jeder Gruppe sind allen Beteiligten gleiche Rechte anzubieten.**

(2) [1]**Eine unterschiedliche Behandlung der Beteiligten einer Gruppe ist nur mit Zustimmung aller betroffenen Beteiligten zulässig.** [2]**In diesem Fall ist dem Insolvenzplan die zustimmende Erklärung eines jeden betroffenen Beteiligten beizufügen.**

(3) **Jedes Abkommen des Insolvenzverwalters, des Schuldners oder anderer Personen mit einzelnen Beteiligten, durch das diesen für ihr Verhalten bei Abstimmungen oder sonst im Zusammenhang mit dem Insolvenzverfahren ein nicht im Plan vorgesehener Vorteil gewährt wird, ist nichtig.**

I. Normzweck

1 Das Planverfahren ermöglicht einer Mehrheits-Mehrheit, ihre Interessen gegen die in einer normalen Gläubigerversammlung geltenden Forderungsmehrheit (§ 76 Abs. 2) durchzusetzen (→ § 222 Rn. 2, → § 245 Rn. 1). Dem liegt die Überlegung zugrunde, dass eine in Gruppen aus Beteiligten mit gleichen Interessen stattfindende **„qualitative" Meinungsbildung** zu sinnvolleren Ergebnissen führt als eine nur quantitative Stimmverteilung. Konsequenterweise muss dann bei der Gruppenbildung besonderes Augenmerk auf die **Interessenparallelität** gelegt werden. Aber nicht nur deshalb verlangt Abs. 1 das Angebot gleicher Rechte für die Beteiligten. Die Minderheit kann von der Mehrheit überstimmt werden, ohne dass es wie bei der gruppeninternen Überstimmung eine Angemessenheitskontrolle gibt (§ 245 Abs. 1 Nr. 2). Das ist nur gerechtfertigt, wenn die Gruppenmitglieder gleich behandelt werden. Umgekehrt folgt daraus, dass eine unterschiedliche Behandlung von Beteiligten gleicher Rechtsstellung zulässig ist, wenn dies durch eine Gruppentrennung und den damit verbundenen Schutz des § 245 kompensiert wird (→ § 222 Rn. 14 ff., → § 245 Rn. 1, 29 ff.). Eine wirtschaftliche Ungleichbehandlung ist um den Preis formaler Gleichbehandlung (zB Verlust von Einflussrechten durch Umwandlung von KG in AG bei Gleichbehandlung aller Kommanditisten), eine formale Ungleichbehandlung ist um den Preis wirtschaftlicher Gleichbehandlung (zB Vergütung des Gesellschaftswertes bei Bezugsrechtsausschluss) zulässig.

II. Gleichbehandlung innerhalb der Gruppe (Absatz 1)

2 Der Grundsatz ist gewahrt, wenn für sämtliche Beteiligte einer Gruppe **formell dieselbe Regelung** gilt (HK-InsO/*Haas* Rn. 2; HambK-InsO/*Thies* Rn. 2). Auf die wirtschaftliche Gleichwertigkeit unterschiedlicher Regelungen kommt es nicht an (aA MüKoInsO/*Breuer* Rn. 8; Graf-Schlicker/*Kebekus*/*Wehler* Rn. 2 mit Einschränkungen). Anknüpfungspunkt ist die Gruppenzugehörigkeit. Trotz gleicher Rechtsstellung können verschiedene vollwertige (Unter-)Gruppen gebildet werden, denen jeweils verschiedene, gruppenintern aber gleiche Rechte angeboten werden müssen. So müssen zB **Insolvenzgläubiger** (§§ 222 Abs. 1 S. 2 Nr. 2, 224), die in einer Gruppe zusammengefasst sind, dieselbe Quote zur selben Zeit erhalten. Sollen einige Gläubiger anders behandelt werden, weil sie bspw. die Geschäftsverbindung fortsetzen, ist das nur durch eine Gruppentrennung möglich. Bei den **Absonderungsberechtigten** derselben Gruppe (§§ 222 Abs. 1 S. 2 Nr. 1, 223) bezieht sich ein Hinausschieben der Verwertung meist auf den identischen Zeitraum, so dass Termine, an denen die Verwertungserlöse auszukehren sind, jeweils gleich sind. Dadurch kann es zu einer **wirtschaftlichen Ungleich-**

behandlung kommen. Wird an Lieferanten von Vorräten derselbe Prozentsatz des Einkaufspreises gezahlt und werden dadurch die Schnelldreher gegenüber Ladenhütern de facto benachteiligt, so entspricht dies trotzdem dem Zweck der Gruppenbildung, Gläubiger ähnlicher Interessen zusammenzufassen. Der Plan darf bei einer solchen mittelbaren, aus ihm aber ersichtlichen Ungleichbehandlung nicht schon von Amts wegen zurückgewiesen werden, sondern erst, wenn eine Ungleichbehandlung bei einem Obstruktionsverbot oder Antrag auf Minderheitenschutz (§§ 245, 251) entscheidungserheblich wird (aA HambK-InsO/*Thies* Rn. 3; Kübler/Prütting/Bork/*Spahlinger* Rn. 3; MüKoInsO/*Breuer* Rn. 12); denn eine wirtschaftliche Ungleichbehandlung ist schwer festzustellen. Deshalb obliegt die Würdigung vorrangig den Gläubigern. Ohne gegen das Gleichbehandlungsgebot zu verstoßen, können Zahlungstermine an objektive Verwertungsbedingungen geknüpft werden. Voraussetzung ist nur, dass im gleichen Umfang von der in der Regelabwicklung geltenden Verwertung abgewichen wird. Stattdessen kann der Planarchitekt aber auch verschiedene Untergruppen gem. § 222 Abs. 2 bilden (zB Grundvermögen, Forderungen, Vorräte).

Gleiche Rechte erhalten die Insolvenzgläubiger auch dann, wenn gegenüber einigen ein **Verzicht auf Anfechtungsrechte** vorgesehen ist (vgl. § 259 Abs. 3; *Thole* ZIP 2014, 1653 [1660 f.]). Damit werden sie zwar gegenüber den Gläubigern begünstigt, die von vornherein keiner Anfechtungsgefahr ausgesetzt sind. Es kommt jedoch allein auf die nämliche Planregelung (Quotenausschüttung) an, weil sonst ein Plan bereits in der gerichtlichen Vorprüfung verzögert werden würde; denn ob Anfechtungsansprüche bestehen, ist nicht immer kurzfristig und gerichtssicher festzustellen. Für unvertretbare Verzichte ist Absatz 3 einschlägig. 3

Für Anteilsinhaber gelten **keine Besonderheiten.** Gleiche Rechte werden ihnen auch dann gewährt, wenn eine Planregelung für einige eine Verschlechterung im Verhältnis zu Mitgesellschaftern bedeutet. Wird eine Personengesellschaft in eine AG umgewandelt (BGH NZI 2014, 751 „Suhrkamp"), gehen die rechtsformspezifischen oder gesellschaftsvertraglich vereinbarten Einflussrechte verloren (§ 53a AktG). Zwar verlangt das verfassungsrechtliche Gleichbehandlungsgebot auch die Ungleichbehandlung des Ungleichen. Die gleichheitsbegründenden Merkmale sind jedoch normativ geprägt, im Planverfahren durch die Anknüpfung an die quotale Kapitalbeteiligung (§ 238a). 4

III. Zustimmung zur unterschiedlichen Behandlung (Absatz 2)

Nach Absatz 2 ist eine unterschiedliche Behandlung *„mit **Zustimmung der Betroffenen**"* möglich. Darin liegt kein Verstoß gegen die Interessenparallelität als Legitimation der „Mehrheits-Mehrheit" (→ Rn. 1), weil diese Parallelität durch die Verzichtserklärung hergestellt wird. Satz 2 ist zu entnehmen, dass *„betroffen"* nur die Benachteiligten sind, nicht aber alle Mitglieder der Gruppe unter Einschluss der bevorzugten (HK-InsO/*Haas* Rn. 3; HambK-InsO/*Thies* Rn. 4; MüKoInsO/*Breuer* Rn. 10; Leonhardt/Smid/Zeuner/*Rattunde* Rn. 3). Die **Zustimmungserklärungen** sind dem Plan **beizufügen,** eine mündliche Zustimmung im Abstimmungstermin reicht dem Wortlaut nach nicht, was aber anschließend geheilt werden kann (§ 250 Nr. 1). Der Zustimmung bedarf es auch, wenn im Plan Mittel vorgesehen sind, auf die die schlechter gestellten Beteiligten im Wege des Minderheitenschutzes zugreifen könnten (so schon vor dem ESUG MüKoInsO/*Breuer* Rn. 3); denn sonst würde ihnen eine § 226 widersprechende Initiativlast aufgebürdet werden, zudem können sie sich im Rahmen von § 251 nur gegen eine Schlechterstellung im Vergleich zur Regelabwicklung wehren, nicht aber eine darüber hinausgehende Gleichbehandlung erreichen. 5

IV. Nichtigkeit von Abkommen (Absatz 3)

6 *„Abkommen"* ist **jede einvernehmliche Besserstellung** – auch durch schlichte zweckgerichtete Vorteilsgewährung (MüKoInsO/*Breuer* Rn. 14; HambK-InsO/*Thies* Rn. 7: einseitige Gestaltungsrechte). Erfasst sind sämtliche Vereinbarungen, sei es mit dem Insolvenzverwalter, dem Schuldner, den Beteiligten untereinander oder auch mit einem am Verfahren nicht beteiligten Dritten (BGH NZI 2005, 325 [328]; HambK-InsO/*Thies* Rn. 7). Ein konkreter Insolvenzplan muss noch nicht vorliegen. Erfährt das Gericht von einer aus dem Plan nicht ersichtlichen Bevorzugung, muss es ihn gem. § 231 Abs. 1 Nr. 1 zurückweisen oder bei späterer Kenntnis die Bestätigung gem. § 250 Nr. 2 versagen (anders bei mittelbaren Vorteilen aus einer Planregelung, → Rn. 2). Nach Ansicht des BGH tritt die Nichtigkeit endgültig erst mit der Planbestätigung ein (BGH NZI 2005, 325 [328]; HambK-InsO/*Thies* Rn. 7). Bis dahin ist das „Abkommen" schwebend unwirksam. Es wird wirksam, wenn die Planannahme nicht auf der Vorteilsgewährung beruht. Die schwebende Unwirksamkeit und etwaige spätere endgültige Nichtigkeit wird nach dem Zweck der Verbotsnorm auch den dinglichen Vollzug erfassen, weil anderenfalls bei einem unlauteren Forderungskauf derjenige Gläubiger das Abstimmungsergebnis beeinflussen könnte, der sein Stimmrecht durch Manipulation erworben hat. Wird auf die Beschwerde eines (anderen) Beteiligten der Bestätigungsbeschluss aufgehoben, müssen im weiteren Verfahrensablauf die alten Gläubiger wieder beteiligt werden. Forderungsfeststellungen der „falschen" Gläubiger sind anlog § 580 Nr. 7b ZPO zu korrigieren.

7 Während Absatz 1 die formelle Gleichbehandlung betrifft und eine **Begünstigung durch** die **wirtschaftlichen Auswirkungen** des Plans nicht berücksichtigt, füllt Absatz 3 diese Lücke. Die Begünstigung eines Gläubigers kann zB durch den Abschluss neuer oder die Erfüllungswahl bestehender Verträge oder auch nur durch das Inaussichtstellen künftiger Vorteile geschehen, wenn die Inaussichtstellung von Vorteilen die Bindungswirkung eines „Abkommens" erreicht. Andererseits muss der Schuldner bei einem Fortführungsplan die Geschäftstätigkeit fortsetzen, was naturgemäß mit Vorteilen für die Geschäftspartner verbunden ist. Ein Verstoß gegen Absatz 3 liegt nur vor, wenn dies nicht mehr „at arm's length" geschieht. Da das Insolvenzgericht bei der Vorprüfung einen Verstoß gegen § 226 untersuchen muss, sollte im Plan eine Erklärung zur laufenden Geschäftsverbindung mit Gläubigern abgegeben werden. Die Detailgenauigkeit muss sich an der Übersichtlichkeit orientieren.

8 Nach dem Tenor von BGH NZI 2005, 325 ist der **Kauf einer Insolvenzforderung** eine unzulässige Vorteilsgewährung, wenn der Preis über der avisierten Quote liegt, um damit die Planannahme zu bewirken. Der Forderungskauf sei nichtig und das Insolvenzgericht dürfe den Plan nicht bestätigen, wenn das Abstimmungsergebnis darauf beruhe. Etwas anderes könne nur gelten, wenn der Vorgang offen im Plan ausgewiesen sei. Eine sonstige Kenntnis der Gläubiger reiche nicht. Dem Urteil lag ein Forderungskaufvertrag zugrunde, der erst mit der Planannahme wirksam werden sollte. Parallel erhielt der Käufer eine Abstimmungsvollmacht. Wirtschaftlich ist das ein Stimmenkauf durch Vorteilsgewährung außerhalb des Plans. Anders verhält es sich, wenn der Forderungskaufvertrag unabhängig vom Planergebnis wirksam ist. Dann liegt das Risiko des Scheiterns beim Käufer. Deshalb dürfen Loan-to-own-Strategien verfolgt, Banken abgelöst oder auch Geschäftsanteile zur Vorbereitung einer Plansanierung erworben werden, selbst wenn mehr als das Planergebnis gezahlt wird (aA HambK-InsO/*Thies* Rn. 11). „Besserungsscheine" sind zulässig, wenn der Erwerber bei wirtschaftlicher Betrachtungsweise das Planrisiko übernimmt, indem er nicht nur die bei der Regelabwicklung erwartete Quote und eine Prämie erst bei einem Planerfolg

zahlt. Den Parteien ist ein erheblicher Bewertungsspielraum zuzubilligen. Abs. 1 bildet auch keine Grundlage für ein Pflichtangebot an sämtliche Gesellschafter, die Anteile zum selben Kaufpreis zu erwerben.

Ein unzulässiges Abkommen wird nicht allein durch dessen **Offenlegung** geheilt. Vielmehr muss es Bestandteil des Plans sein, damit die betroffenen Beteiligten entscheiden können, ob sie dem mit dem Abkommen gewährten Vorteil zustimmen. Das Gesetz verlangt jedoch entgegen Absatz 2 keine individuelle Zustimmung der nicht bevorteilten Gruppenmitglieder, weil es nicht um Planzuweisungen, sondern um mittelbare Vorteile geht. Wird der Verzicht auf Anfechtungsansprüche im darstellenden Teil des Plans erörtert, ist ein Verstoß gegen Absatz 3 hinsichtlich des anfechtungsverschonten Gläubigers ausgeräumt. 9

V. Kein Verstoß durch Kompensationsklausel

§§ 251 Abs. 3, 253 Abs. 2 Nr. 3 lassen es nunmehr zu, einen Minderheitenschutzantrag bzw. eine Beschwerde dadurch abzuwehren, dass im Plan Mittel zur nachträglichen Kompensation einer **Schlechterstellung** im Vergleich zur Regelabwicklung vorgesehen werden. Ob eine solche Schlechterstellung tatsächlich vorliegt, ist außerhalb des Insolvenzverfahrens in einem Zivilprozess zu klären. Obsiegt der Kläger, wird er gegenüber den nicht klagenden Gruppenmitgliedern bevorteilt. Darin liegt jedoch **kein Verstoß gegen § 226** (dazu → § 251 Rn. 27). 10

Haftung des Schuldners

227 (1) **Ist im Insolvenzplan nichts anderes bestimmt, so wird der Schuldner mit der im gestaltenden Teil vorgesehenen Befriedigung der Insolvenzgläubiger von seinen restlichen Verbindlichkeiten gegenüber diesen Gläubigern befreit.**

(2) **Ist der Schuldner eine Gesellschaft ohne Rechtspersönlichkeit oder eine Kommanditgesellschaft auf Aktien, so gilt Absatz 1 entsprechend für die persönliche Haftung der Gesellschafter.**

I. Normzweck

Der Insolvenzplan bezweckt zwar in erster Linie eine optimale Verwertung (BT-Drs. 12/2443, 76, 91) und keine Rechtswohltat für den Schuldner (BT-Drs. 12/2443, 91). Die Aussicht auf eine **Schuldbefreiung** ist für ihn jedoch ein **wesentliches Motiv,** um einvernehmliche Lösungen zu erzielen (BT-Drs. 12/2443, 102). Diese Motivation gilt auch für die von Absatz 2 erfassten persönlich haftenden Gesellschafter. Die Vorschrift dient der **Vereinfachung,** indem der Schuldner von seinen restlichen Verbindlichkeiten nur dann nicht befreit wird, wenn im Plan etwas anderes bestimmt wird. Die nachrangigen Forderungen gelten schon gem. § 225 als erlassen. 1

II. Schuldbefreiung des Schuldners

Zum **Zeitpunkt der Schuldbefreiung** heißt es in Absatz 1, sie trete erst mit *„der im gestaltenden Teil vorgesehenen Befriedigung der Insolvenzgläubiger"* ein, während **nach überwiegender Ansicht** diese Wirkung bereits **mit rechtskräftiger Planbestätigung** wirksam wird (§ 254 Abs. 1; HK-InsO/*Haas* Rn. 3; HambK-InsO/*Thies* Rn. 2; Uhlenbruck/*Lüer/Streit* Rn. 3; MüKoInsO/*Breuer* Rn. 8; aA *Rugullis* KTS 2012, 269 [274 f.]); denn die Schuldbefreiung ist **kein Schulderlass, sondern** eine **Durchsetzungssperre** zulasten der Gläubiger, die ab der 2 rechtkräftigen Planbestätigung eingreift (→ § 254 Rn. 12 f.) und bei Nichterfüllung des Plans wieder beseitigt wird (§ 255).

3 **Nicht nachrangige Insolvenzforderungen** bestehen als unvollkommene Verbindlichkeiten fort, deren Erfüllung möglich, aber nicht erzwingbar ist (BGH NZI 2011, 538 Rn. 8; ZIP 2012, 1359; → § 254 Rn. 12 f.). **Nachrangige Verbindlichkeiten** erlöschen (§ 397 BGB; MüKoInsO/*Breuer* § 225 Rn. 13). Die Schuldbefreiung gilt nicht für Masseforderungen (dazu → § 258 Rn. 14). Insbes. erfasst sie nicht die Verpflichtung zur Rückzahlung der nach § 4a gestundeten Verfahrenskosten (BGH NZI 2011, 683).

III. Haftungsbefreiung der Gesellschafter

4 Nach Absatz 2 erfasst die Haftungsbefreiung auch die Mitglieder von **Gesellschaften ohne Rechtspersönlichkeit** oder Kommanditgesellschaften auf Aktien (Uhlenbruck/*Lüer/Streit* Rn. 8; HambK-InsO/*Thies* Rn. 8; MüKoInsO/*Breuer* Rn. 12).

5 Die Vorschrift ist eine **Klarstellung gegenüber § 254 Abs. 2,** der die Haftung von Mitschuldnern bestehen lässt. Die Rechtsfolge ergibt sich bereits aus der Akzessorietät der Gesellschafterhaftung (dazu *Karsten Schmidt* GesR § 49 II) gem. §§ 128 f., 161 HGB, die auch für die GbR gilt (BGHZ 146, 341; ZIP 2011, 909). Entfällt die Haftung der Gesellschaft, entfällt sie regelmäßig auch für den Gesellschafter (BGHZ 47, 372; HK-InsO/*Haas* Rn. 8; MüKoInsO/*Breuer* Rn. 13; Uhlenbruck/*Lüer/Streit* Rn. 9). Allerdings bestimmt § 254 Abs. 4 für andere Fälle akzessorischer Haftung Gegenteiliges. Absatz 2 muss jedoch im Zusammenhang mit § 93 gesehen werden. Nur die davon erfassten Haftungsansprüche werden erfasst. Deshalb greift die Haftungsbefreiung entgegen früherer Rechtslage (BGH NJW 2010, 1921) auch für ausgeschiedene Personengesellschafter (Uhlenbruck/*Lüer/Streit* Rn. 11; Uhlenbruck/*Hirte* § 11 Rn. 317; tendenziell ebenso HK-InsO/*Haas* Rn. 7; aA HambK-InsO/*Thies* Rn. 8). Ebenfalls erfasst ist die Außenhaftung des Kommanditisten (Uhlenbruck/*Hirte* § 11 Rn. 316; MüKoHGB/*Karsten Schmidt* §§ 171/172 Rn. 120; aA Uhlenbruck/*Lüer/Streit* Rn. 11). Die Einzugsermächtigung für den Verwalter ist zwar in § 171 Abs. 2 HGB gesondert geregelt. Materiellrechtlich entspricht die Haftung bis zur Grenze der (offenen) Hafteinlage der eines oHG-Gesellschafters (MüKoHGB/*Karsten Schmidt,* §§ 171/172 Rn. 15, 100). Für die KO wurde Gegenteiliges vertreten, weil § 211 Abs. 1 KO dem Wortlaut nach nur die persönlich haftenden Gesellschafter erfasste. Was dann auch auf die Haftungsbegrenzung gemäß dessen Absatz 2 bezogen wurde (schon dazu krit. Holger/*Karsten Schmidt* KO § 211 Anm. 3a). Eine solche Interpretation wird vom Wortlaut des § 227 nicht mehr gedeckt. Vorsorglich sollte aber eine ausdrückliche Regelung in den Plan aufgenommen werden.

6 Wird der Plan nicht erfüllt, lebt die Haftung des Schuldners unter den Voraussetzungen des § 255 wieder auf. Für die Gesellschafter gilt das in dem Umfang, in dem sie noch **keine Zahlungen gem. § 93** in die Masse geleistet haben, mögen sie dort auch für die Befriedigung von Masseschulden verwendet worden und den Gläubigern nicht zugutegekommen sein (→ § 93 Rn. 28, 35, 42). Nicht von § 93 erfasst wird die **Haftung** der Gesellschafter **aus anderem Rechtsgrund,** zB Bürgschaft oder sonstigen Sicherheiten, so dass § 254 Abs. 2 einschlägig ist und die Verpflichtung fortbesteht (HK-InsO/*Haas* Rn. 7; HambK-InsO/*Thies* Rn. 10; Uhlenbruck/*Lüer/Streit* Rn. 10). Abweichendes kann für die darauf beruhenden Verbindlichkeiten im Plan geregelt werden. Ob hingegen die Befreiung der Gesellschafter von der unter § 93 bzw. § 171 Abs. 2 HGB fallenden Haftung anders als die Haftungsbefreiung der Schuldnerin iRd Satzes 1 geregelt werden kann, ist umstr. (ablehnend MüKoInsO/*Breuer* Rn. 13; HK-InsO/*Haas* Rn. 8). Allein die gesellschaftsrechtliche Perplexität eines auf die Gesellschaft beschränkten

Haftungsverzichts (BGHZ 47, 376 [378]) genügt als Begründung nicht, weil auch außerhalb der Insolvenz eine Beschränkung der Inanspruchnahme der Gesellschaft unter Forthaftung des Gesellschafters allseitig vereinbart werden kann. Da der Schuldenerlass gem Absatz 1 nur eine Durchsetzungssperre ist, ist eine Planregelung zur Aufrechterhaltung der Gesellschafterhaftung zulässig. Dafür besteht auch ein praktisches Bedürfnis, zB wenn die schuldnerische Gesellschaft in eine GmbH umgewandelt, mit neuen Investoren fortgesetzt, die Altgesellschafter aber nicht aus der Haftung entlassen werden sollen. Die Situation entspricht derjenigen bei einer bis zur Verfahrensaufhebung noch nicht abgeschlossenen Anfechtungsklage. Deshalb sollte § 259 Abs. 3 auf Ansprüche gem. § 93 analog angewendet werden.

IV. Haftungsbefreiung bei Gütergemeinschaft

Bei einem Insolvenzverfahren über das Gesamtgut einer Gütergemeinschaft gilt Absatz 1 entsprechend für die persönliche Haftung des Ehegatten (§ 334 Abs. 2). 7

Änderung sachenrechtlicher Verhältnisse

228 **[1] Sollen Rechte an Gegenständen begründet, geändert, übertragen oder aufgehoben werden, so können die erforderlichen Willenserklärungen der Beteiligten in den gestaltenden Teil des Insolvenzplans aufgenommen werden. [2] Sind im Grundbuch eingetragene Rechte an einem Grundstück oder an eingetragenen Rechten betroffen, so sind diese Rechte unter Beachtung des § 28 der Grundbuchordnung genau zu bezeichnen. [3] Für Rechte, die im Schiffsregister, im Schiffsbauregister oder im Register für Pfandrechte an Luftfahrzeugen eingetragen sind, gilt Satz 2 entsprechend.**

Schrifttum: *Brünkmans,* Sanierungstransaktionen in Insolvenzplänen – gilt die Formfiktion des § 254a InsO für Erklärungen außenstehender Dritter?, ZIP 2015, 1052.

I. Allgemeines

Die Bestimmung hat die Konzentration und Beschleunigung des Verfahrens zum Ziel, wobei § 228 – ebenso wie die korrespondierenden Rechtsfolgevorschriften der §§ 254 ff. – nur die **Willenserklärungen** betrifft, **nicht** aber etwaige weitere **Vollzugsakte** (zB Besitzübergabe, Eintragung im Grundbuch). 1

II. Regelung im Plan

1. Rechtsänderung. Die Bestimmung bezieht sich auf – mit Zustimmung des Berechtigten auch **massefremde** (HK-InsO/*Haas* Rn. 1, 4; MüKoInsO/*Breuer* Rn. 4; aA Leonhardt/Smid/Zeuner/*Rattunde* Rn. 2) – **Sachen** und **Rechte** (BGH NZI 2009, 340 Rn. 9; HK-InsO/*Haas* Rn. 2; MüKoInsO/*Breuer* Rn. 2). Bei Rechtsänderungen an Massegegenständen müssen die **Erklärungen des Verwalters** in den gestaltenden Teil aufgenommen werden (HK-InsO/*Haas* Rn. 5; MüKoInsO/*Breuer* Rn. 5), wenn die dinglichen Änderungen schon mit Planbestätigung wirksam werden sollen. Die Verfügungsbefugnis geht erst mit der späteren Verfahrensaufhebung auf den Schuldner über. In der Eigenverwaltung tritt der Schuldner an die Stelle des Fremdverwalters (§ 270). 2

2. Zustimmung bei Pflichtenvermehrung. Rechtsänderungen zwischen den Beteiligten bedürfen ihrer ausdrücklichen **Zustimmung nur bei** einer **Pflichtenvermehrung.** Soweit es um die dingliche Rechtsänderung an Absonderungsgegenständen geht, ist eine individuelle Zustimmung entbehrlich, weil die 3

§§ 222 Abs. 1 Nr. 1, 223 Abs. 2 einen Eingriff zulassen, der dem planverfahrensrechtlichen Mehrheitsprinzip (§§ 244 f.) unterliegt (BT-Drs. 12/2443, 202). Anders ist es, wenn die Belange des Absonderungsgläubigers über sein Sicherungsinteresse hinaus beeinträchtigt werden. Ohne seine Zustimmung ist ein Sicherheitentausch möglich, weil ihm das Pfandrecht gänzlich entzogen werden darf. Gegen eine Verschlechterung seiner Position kann er sich mit einem Minderheitenschutzantrag wehren. Unzulässig ist hingegen die Übertragung des Absonderungsgegenstandes zu Volleigentum in Anrechnung auf die Forderung (sog **„Nichtbargebot"**).

4 Eine **Zustimmung des Schuldners** zu Rechtsänderungen ist **nicht erforderlich.** Auch ein ausdrücklicher Widerspruch gegen den Plan ist nur bei einer Schlechterstellung im Vergleich zur Regelabwicklung und ansonsten nur beachtlich, wenn ein Gläubiger durch den Plan – und hier insbes. durch Zahlungssurrogate wie der Zuordnung von Vermögensgegenständen – mehr erhält als den vollen Betrag seines Anspruchs (§ 247 Abs. 2).

5 **3. Beteiligung Dritter. Willenserklärungen Dritter** bedürfen immer der ausdrücklichen Aufnahme in den Plan (§ 230 Abs. 3), weil sie den Planwirkungen nicht schon kraft Beteiligtenstellung unterworfen sind (HK-InsO/*Haas* Rn. 8 f.; MüKoInsO/*Eidenmüller* Rn. 4; Uhlenbruck/*Lüer*/*Streit* Rn. 2; aA *Brünkmans* ZIP 2015, 1052 [1059], der der den auf eine Willenserklärug der Beteiligten beschränkten Wortlaut der Vorschrift für abschließend hält und deshalb die Formersetzung gem. § 254a Abs. 1 ablehnt).

III. Konkretisierungserfordernisse

6 **Satz 2 und 3** schreiben die Einhaltung sachenrechtlicher Anforderungen ausdrücklich zwar nur für die im Grundbuch und anderen Registern eingetragenen Rechte vor. Gleiches gilt aber für **jede Rechtsänderung,** die durch den Plan vollzogen werden soll. Werden die für eine wirksame Rechtsänderung erforderlichen Voraussetzungen nicht eingehalten, wird der Fehler nicht durch die gerichtliche Bestätigung des Insolvenzplans geheilt.

7 **Formerfordernisse** wie insbes. notarielle Beurkundungen **gelten** für die in den Insolvenzplan aufgenommenen Willenserklärungen **als gewahrt** (§ 254a Abs. 1). Das gilt auch für entsprechende Verfahrenserklärungen, wie zB die Eintragungsbewilligung nach § 19 GBO oder der Eintragungsantrag gem. § 13 GBO (HK-InsO/*Haas* Rn. 6; MüKoInsO/*Breuer* Rn. 7; HambK-InsO/*Thies* Rn. 4; aA Uhlenbruck/*Lüer*/*Streit* Rn. 1, *Brünkmans* ZIP 2015, 1052 [1057 ff.] für Erklärungen nicht planunterworfener Dritter → § 254a Rn. 3).

Vermögensübersicht. Ergebnis- und Finanzplan[1]

229 **[1] Sollen die Gläubiger aus den Erträgen des vom Schuldner oder von einem Dritten fortgeführten Unternehmens befriedigt werden, so ist dem Insolvenzplan eine Vermögensübersicht beizufügen, in der die Vermögensgegenstände und die Verbindlichkeiten, die sich bei einem Wirksamwerden des Plans gegenüberstünden, mit ihren Werten aufgeführt werden. [2] Ergänzend ist darzustellen, welche Aufwendungen und Erträge für den Zeitraum, während dessen die Gläubiger befriedigt werden sollen, zu erwarten sind und durch welche Abfolge von Einnahmen und Ausgaben die Zahlungsfähigkeit des Unternehmens während dieses Zeitraums gewährleistet werden soll. [3] Dabei sind auch die Gläubi-**

[1] § 229 Satz 3 angef. mWv 1.3.2012 durch G v. 7.12.2011 (BGBl. I S. 2582).

ger zu berücksichtigen, die zwar ihre Forderungen nicht angemeldet haben, jedoch bei der Ausarbeitung des Plans bekannt sind.

Schrifttum: *Heni,* Funktion und Konzeption insolvenzrechtlicher Planbilanzen, ZInsO 2006, 57.

I. Normzweck

Das Ziel des Insolvenzverfahrens, optimale Verwertungsergebnisse durch privatautonome Abwicklungsentscheidungen zu erzielen, erfordert **gleiche Informationen für alle Beteiligte** (BT-Drs. 12/2443, 77), der es wegen des höheren Risikos insbes. bedarf, wenn die Gläubiger ganz oder zum Teil aus künftigen Erträgen befriedigt werden sollen (BT-Drs. 12/2443, 203). Der die Nachzügler betreffende Satz 3 wurde durch das ESUG ergänzt. 1

II. Erträge aus Unternehmensfortführung

Die nach der Vorschrift erforderlichen Informationen sind dem Wortlaut nach **nur erforderlich, wenn** die Forderungen der Insolvenzgläubiger (§§ 224, 225) **aus** den **laufenden Erträgen** des Unternehmens **bedient** werden sollen. Dabei kann es sich um einen Sanierungs- oder Übertragungsplan (→ § 217 Rn. 9) handeln, dh das Unternehmen wird entweder durch den Schuldner selbst fortgeführt oder durch einen Dritten, der es im Wege eines Asset-Deals übernimmt, und über den Schuldner oder direkt Zahlungen an die Gläubiger nach Maßgabe der Ertragsentwicklung zahlt. Die Fortführung muss nicht unbedingt dauerhaft sein, ausreichend ist zB auch eine Ausproduktion (HK-InsO/*Haas* Rn. 2; HambK-InsO/*Thies* Rn. 2; MüKoInsO/*Eilenberger* Rn. 10b). 2

Auch bei den Plänen, in denen die Quote nicht von den laufenden Erträgen abhängt, gehören die Angaben schon nach § 220 Abs. 2 zu den **bei jeder Unternehmensfortführung erforderlichen Informationen,** damit die Beteiligten die Vorteilhaftigkeit des Plans oder das Gericht die Voraussetzungen für ein Obstruktionsverbot beurteilen können. Trotz der einschränkenden Formulierung in Absatz 1 Satz 1 kann ein Plan deshalb auch bei einer sofortigen Quotenzahlung zurückgewiesen werden, wenn die Angaben des § 229 fehlen, sie aber für die *„Entscheidung der Beteiligten über die Zustimmung zum Plan und für dessen gerichtliche Bestätigung erheblich sind"* (§ 220 Abs. 2). Anhaltspunkte für die erforderlichen Informationen bietet der Standard des IDW S 6 zu den Anforderungen an die Erstellung von Sanierungskonzepten (IDW-FN 2012, 719 ff.; sa MüKoInsO/*Eilenberger* Rn. 16 ff.), der je nach Unternehmensgröße aber nur eine Gliederungsanregung sein kann. Als Planungshorizont sieht IDW S 6 in Rn. 135 für das laufende und das folgende Planjahr monatliche Angaben zur Ergebnis-, Finanz- und Vermögensentwicklung vor, für Folgejahre hingegen viertel- und dann halbjährliche (MüKoInsO/*Eilenberger* Rn. 10a: 1 Jahr). Da die Darstellung jedoch nicht das allgemeine Insolvenzrisiko der Schuldnerin aufzeigen sollte, genügt für die Informationszwecke der Gläubiger ein Planungshorizont bis zur beabsichtigten Befriedigung, wobei maßgebend die ungesicherten Teile der Forderungen sind, nicht bspw. die im Plan prolongierte Laufzeit einer Grundstücksfinanzierung. 3

III. Vermögensübersicht, Ergebnis- und Liquiditätsplanung

Satz 1 verlangt eine **Übersicht** (Aktiva und Passiva) **über das schuldnerische Vermögen** (nicht einer etwaigen Nachfolgegesellschaft bei übertragender Sanierung). Im Unterschied zur Übersicht gem. § 153 muss sie auf den voraussichtlichen Zeitpunkt der Rechtskraft der Planbestätigung (§ 254 Abs. 1) erstellt 4 werden (HK-InsO/*Haas* Rn. 3). Bei angestrebter dauerhafter Fortführung sind **Fortführungswerte** anzugeben, die Verbindlichkeiten sind unter Berücksichtigung der im Plan vorgesehenen Änderungen zu erfassen (LG Traunstein ZInsO 2000, 510 [512]; HK-InsO/*Haas* Rn. 3; MüKoInsO/*Eilenberger* Rn. 5, 9).

5 Nach Satz 2 ist die Vermögensübersicht um eine Plan-Gewinn- und Verlustrechnung **(Ertragsplanung)** sowie einen Liquiditätsplan **(Finanzplanung)** zu ergänzen, entweder vom Schuldner (Satz 1 Alt. 1) oder der Nachfolgegesellschaft (Satz 1 Alt. 2). Die Planungen müssen jeweils den gesamten Zeitraum erfassen, der für die Befriedigung aus den erwirtschafteten Gewinnen vorgesehen ist (HK-InsO/*Haas* Rn. 4; HambK-InsO/*Thies* Rn. 5; einschränkend für die Liquiditätsplanung: MüKoInsO/*Eilenberger* Rn. 16, da derartige Finanzpläne sinnvoll nur für einen Zeitraum bis 12 Monate erstellt werden könnten). Die Gläubiger sollen auf diese Weise überprüfen können, ob es realistisch ist, dass das Unternehmen zahlungsfähig bleiben sowie längerfristig am Markt bestehen kann, so dass es ihm voraussichtlich möglich ist, die im Plan angebotene Quote innerhalb des genannten Zeitraumes (Erfüllungsphase) zu erwirtschaften. Bindende Vorgaben können wegen der Vielfalt der denkbaren Pläne sowie der unterschiedlichen Schuldner nicht gemacht werden (BGH NZI 2010, 101 Rn. 3; ausf. zu den Planwerken: MüKoInsO/*Eilenberger* Rn. 10 ff.; *Heni* ZInsO 2006, 57). Die Liquiditätsrechnung kann auch beschreibend dargestellt und muss nicht zwingend in tabellarischer Form vorgelegt werden (BGH NZI 2010, 101 Rn. 3).

6 **Planbilanzen,** die die Vermögensübersicht nach Satz 1 fortschreiben, werden zwar von § 229 nicht ausdrücklich verlangt, sind jedoch zur Beurteilung der wirtschaftlichen Entwicklung **sinnvoll** (Uhlenbruck/*Maus* Rn. 3; MüKoInsO/*Eilenberger* Rn. 6; *Heni* ZInsO 2006, 57 [59]). So wird die Wechselwirkung zwischen Jahresergebnis und Vermögenssituation transparent gemacht, was gleichzeitig eine zusätzliche Kontrolle der Belastbarkeit der Unternehmensplanung ermöglicht. Fehlen die Planbilanzen, kann der Plan nicht nach §§ 231 Abs. 1 Nr. 1, 250 Nr. 1 zurückgewiesen werden, weil sie nicht zwingend vorgeschrieben und auch nicht zu der nach § 220 Abs. 2 geschuldeten Transparenz erforderlich sind.

IV. Angabe sämtlicher Gläubiger

7 Bei der Vermögensübersicht sowie der Finanzplanung sind gem. Satz 3 auch die Gläubiger zu berücksichtigen, die zwar ihre Forderungen nicht zur Tabelle angemeldet haben, die jedoch **bei der Ausarbeitung** des Plans **bekannt** sind. Damit soll neben den §§ 259a, 259b das Risiko gemindert werden, dass ein Plan nach rechtskräftiger Bestätigung durch nachträglich angemeldete Forderungen zu Fall gebracht wird, weil hierfür keine Vorkehrungen in der Finanz- und Liquiditätsplanung getroffen worden sind (BT-Drs. 17/5712, 32). Es kommt auf die Kenntnis des Planerstellers an (BR-Stellungn. BT-Drs. 17/5712, 56; RegErw. BT-Drs. 17/5712, 69). Da diese mit dem ESUG eingeführte Bestimmung an S. 1 anknüpft, ist sie zwar nur bindend, wenn die Gläubiger aus den Erträgen einer Betriebsfortführung zu befriedigen sind. Genauso wichtig ist die Berücksichtigung der bekannten Gläubiger aber bei einer Einmalzahlung, weil die – häufig von Dritten bereitgestellten – Mittel dann erst recht begrenzt sind. Nachzügler haben ebenfalls Anspruch auf eine Planquote, auch wenn sie bis zur Verfahrensbeendigung keine Forderungen angemeldet haben (§ 254b). Die bekannten Verbindlichkeiten sind deshalb schon aufgrund der **Generalklausel** des **§ 220 Abs. 2** im darstellenden Teil anzugeben. Wird das unterlassen, läuft der Schuldner bei einem späteren Vollstreckungsschutzantrag Gefahr, dass das Insolvenzgericht das ihm in § 259a eingeräumte Ermessen zu seinen Lasten ausübt.

Weitere Anlagen[1]

230 (1) [1]**Ist im Insolvenzplan vorgesehen, dass der Schuldner sein Unternehmen fortführt, und ist der Schuldner eine natürliche Person, so ist dem Plan die Erklärung des Schuldners beizufügen, dass er zur Fortführung des Unternehmens auf der Grundlage des Plans bereit ist.** [2]**Ist der Schuldner eine Gesellschaft ohne Rechtspersönlichkeit oder eine Kommanditgesellschaft auf Aktien, so ist dem Plan eine entsprechende Erklärung der Personen beizufügen, die nach dem Plan persönlich haftende Gesellschafter des Unternehmens sein sollen.** [3]**Die Erklärung des Schuldners nach Satz 1 ist nicht erforderlich, wenn dieser selbst den Plan vorlegt.**

(2) **Sollen Gläubiger Anteils- oder Mitgliedschaftsrechte oder Beteiligungen an einer juristischen Person, einem nicht rechtsfähigen Verein oder einer Gesellschaft ohne Rechtspersönlichkeit übernehmen, so ist dem Plan die zustimmende Erklärung eines jeden dieser Gläubiger beizufügen.**

(3) **Hat ein Dritter für den Fall der Bestätigung des Plans Verpflichtungen gegenüber den Gläubigern übernommen, so ist dem Plan die Erklärung des Dritten beizufügen.**

Übersicht

I. Normzweck

1 Die Vorschrift drückt an sich eine Selbstverständlichkeit aus, dass eine **Pflichtenvermehrung nur mit Zustimmung** der Beteiligten vorgenommen werden darf (kein Vertrag zulasten Dritter). Ein Mehrheitsbeschluss reicht nicht. Das gilt bei der Unternehmensfortführung für den Schuldner genauso wie für dessen persönlich haftende Gesellschafter (Absatz 1). Die Gläubiger müssen zustimmen, wenn sie Erfüllungssurrogate in Form von Beteiligungen am Schuldner oder von Beteiligungen des Schuldners an Tochtergesellschaften erhalten (Absatz 2, so auch klarstellend § 225a Abs. 2). Sollen Dritte Verpflichtungen im Plan übernehmen, bedarf es auch deren ausdrücklicher Zustimmung (Absatz 3).

II. Fortführungserklärung des Schuldners (Absatz 1)

2 **1. Schuldner als natürliche Person.** Einer nach dem Plan beabsichtigten **Unternehmensfortführung** muss der Schuldner **ausdrücklich zustimmen,** wenn er den Plan nicht selbst vorgelegt hat. Seine Erklärung kann unter einer Bedingung stehen, wenn das im Plan gestattet ist (MüKoInsO/*Eidenmüller* Rn. 14; HambK-InsO/*Thies* Rn. 2). Die Zustimmung gilt nicht unter den Voraussetzungen des § 247 als erteilt, weil die dortige Zustimmungsfiktion bei einem

[1] § 230 Abs. 1 Satz 2 neu gef. mWv 1.3.2012 durch G v. 7.12.2011 (BGBl. I S. 2582).

Schweigen darauf beruht, dass sich der Schuldner durch einen Plan nur verbessern kann (§ 227 Abs. 1), während die Fortführung eine zusätzliche Pflicht ist.

3 Erforderlich ist die Erklärung nach dem Gesetzeswortlaut **nur** für **natürliche Personen** wegen der mit der Fortführung verbundenen persönlichen Haftung. Diese Erwägung gilt jedoch gleichermaßen für **juristische Personen** (HK-InsO/*Haas* Rn. 4; HambK-InsO/*Thies* Rn. 3), nur mit dem Unterschied, dass das originär nicht insolvenz-, sondern gesellschaftsrechtlich geregelt ist, indem ein Fortsetzungsbeschluss gefasst werden muss (vgl. § 274 Abs. 2 AktG). Er kann Bestandteil des Plans sein (→ § 225a Rn. 37 f.), kann jedoch auch später gefasst oder mit dem Plan als Bedingung für den Fall der Verfahrensaufhebung verbunden werden. Ist er im Plan nicht enthalten, darf das Gericht den Plan nicht allein deshalb zurückweisen (LG Potsdam NZI 2013, 221).

4 **2. Erklärung der persönlich haftenden Gesellschafter.** Ist der Schuldner eine Gesellschaft ohne Rechtspersönlichkeit oder eine Kommanditgesellschaft auf Aktien, ist eine **Fortführungserklärung der** Personen beizufügen, die nach dem Plan **persönlich haftende Gesellschafter** sein sollen. Das betrifft auch die erst durch den Plan neu hinzutretenden persönlich haftenden Gesellschafter (BT-Drs. 17/5712, 32), wobei deren Zustimmung von der Beitrittserklärung regelmäßig umfasst ist. Nicht notwendig ist die Zustimmungserklärung von solchen Personen, die nach dem Insolvenzplan die Stellung als persönlich haftende Gesellschafter verlieren sollen (BT-Drs. 17/5712, 32). Ein im Plan getroffener Fortsetzungsbeschluss ersetzt die Erklärung nicht, weil die persönlich haftenden Gesellschafter nicht wie beschränkt haftende als letztrangige Gläubiger betroffen sind, sondern neue Leistungen erbringen bzw. neue Haftungsrisiken eingehen sollen.

III. Nichtbargebote (Absatz 2)

5 Absatz 2 betrifft sog **Nichtbargebote,** dh die Befriedigung des Gläubigers durch andere Leistungen als durch Geldzahlung (MüKoInsO/*Eidenmüller* Rn. 47; aA Leonhardt/Smid/Zeuner/*Rattunde* Rn. 5; Braun/*Braun/Frank* Rn. 9). Ausdrücklich angesprochen werden die Nichtbargebote nur für die Übertragung von Beteiligungen. Das gilt sowohl für Anteile des Schuldners an anderen Gesellschaften, schon nach den Gesetzesmotiven zur Ursprungsfassung (BT-Drs. 12/2443, 203) aber auch für Anteile am Schuldner (HK-InsO/*Haas* Rn. 6), deren Übernahme vor dem ESUG noch einer Mitwirkung der Altgesellschafter bedurfte, nunmehr jedoch iRd §§ 225a, 245 auch gegen ihren Willen im Plan vorgesehen werden kann.

6 Die **Zustimmungs** ist analog auch **bei** anderen **Leistungen an Erfüllungs Statt** erforderlich (Uhlenbruck/*Sinz* Rn. 4; aA MüKoInsO/*Eidenmüller* Rn. 56 für Options-, Wandelschuldverschreibungen und Wandelgenussrechte) wie insbes. für die Übernahme von Sicherungsgegenständen durch Absonderungsgläubiger. Zwar werden die im gestaltenden Teil getroffenen Regelungen mit rechtkräftiger Planbestätigung für die Beteiligten gem. § 254b automatisch wirksam. Das gilt aber nur, soweit in ihre Rechte eingegriffen wird (§ 222 Abs. 1 Nr. 1), nicht aber bei einer über die Umrechnung nach § 45 hinausgehenden Veränderung des Gläubigeranspruchs. Absatz 2 hat hinsichtlich der Zulässigkeit von Nichtbargeboten deklaratorische Bedeutung. Immerhin wird deutlich, dass eine Veränderung der Rechtsstellung unmittelbar durch den Plan erfolgen kann, wenn der Betroffene zustimmt.

IV. Erklärung Dritter für den Fall der Planbestätigung (Absatz 3)

7 Hat ein Dritter für den Fall der Planbestätigung **Verpflichtungen gegenüber** den **Gläubigern** übernommen, ist nach Absatz 3 dessen Erklärung dem Insol-

venzplan beizufügen, weil sie später uU eine Vollstreckungsgrundlage bildet (§ 257 Abs. 2).

Absatz 3 gilt in Ergänzung zu Absatz 2 und entgegen dem engen, nur auf Verpflichtungen gegenüber den Gläubigern beschränkten Wortlaut auch für **sonstige Erkärungen Dritter,** die **zur Realisierung des Plans** aufgenommen werden (MüKoInsO/*Eidenmüller* Rn. 76; HambK-InsO/*Thies* Rn. 9). Das kann sämtliche Rechtsbeziehungen zum Schuldner betreffen (zB die Zusage der Finanzverwaltung(en) oder der Kommune(n), die Steuer aus einem etwaigen Sanierungsgewinn zu erlassen, Verfügungen über Vermögensgegenstände zugunsten oder zulasten des Schuldners, Erwerb von Beteiligungen am Schuldner etc). Dritter ist ein nicht zwangsweise Planunterworfener (→ § 217 Rn. 6), aber auch ein Gläubiger, der zB zugunsten anderer Gläubiger eine Sicherheit stellt (MüKo-InsO/*Eidenmüller* Rn. 75), weil er ein besonderes Interesse an der Plandurchführung hat. 8

Die Willenserklärung des Dritten ist ohne ausdrücklichen Vorbehalt analog §§ 145 Abs. 1, 147 Abs. 2, 183 BGB auch schon vor dem Abstimmungsbeginn (aA MüKoInsO/*Eidenmüller* Rn. 89) **unwiderruflich,** weil sie im Hinblick auf die erst später mögliche Planbestätigung abgegeben wird. 9

V. Erklärungsinhalt und -frist

Die Erklärungen müssen schuldrechtlich so konkret sein, dass ein Dissens (§ 154 BGB) ausgeschlossen wird (ausreichend zB „Erwerb Betriebsgrundstück", wenn es nur eines gibt). Hat die mit dem Dritten im Plan getroffene Regelung **verfügenden Charakter,** muss die Erklärung inhaltlich den jeweiligen Anforderungen an **Bestimmbarkeit** bzw. **Bestimmtheit** (zB § 28 GBO iVm § 228) genügen. Wenn es nach Planvorlage noch zu Änderungen kommt (§ 240), muss eine neue Erklärung vorgelegt werden, falls die bisherige diese Änderungen nicht erfasst oder für sie die Geschäftsgrundlage entfällt. 10

Sämtliche nach § 230 erforderlichen Erklärungen sind **dem Plan beizufügen.** Ihr Fehlen begründet eine Zurückweisung des Plans, damit die Gläubiger nicht über einen Plan entscheiden, dessen Durchführung nicht sicher ist (BT-Drs. 12/2443, 203 f.). Das gilt jedoch nur für die bei Planvorlage bereits vorgesehenen Regelungen. Wird die Verpflichtung erst nachträglich eingegangen, kann die Erklärung auch noch bis zum Ende des Erörterungstermins vorgelegt werden (HK-InsO/*Haas* Rn. 7; Uhlenbruck/*Maus* Rn. 6; HambK-InsO/*Thies* Rn. 10). 11

Zurückweisung des Plans[1]

231

(1) [1]**Das Insolvenzgericht weist den Insolvenzplan von Amts wegen zurück,**

1. **wenn die Vorschriften über das Recht zur Vorlage und den Inhalt des Plans, insbesondere zur Bildung von Gruppen, nicht beachtet sind und der Vorlegende den Mangel nicht beheben kann oder innerhalb einer angemessenen, vom Gericht gesetzten Frist nicht behebt,**
2. **wenn ein vom Schuldner vorgelegter Plan offensichtlich keine Aussicht auf Annahme durch die Beteiligten oder auf Bestätigung durch das Gericht hat oder**
3. **wenn die Ansprüche, die den Beteiligten nach dem gestaltenden Teil eines vom Schuldner vorgelegten Plans zustehen, offensichtlich nicht erfüllt werden können.**

[1] § 231 Abs. 1 Nr. 1 und Nr. 2 geänd., Satz 2 angef., Abs. 2 geänd. mWv 1.3.2012 durch G v. 7.12.2011 (BGBl. I S. 2582).

[2]**Die Entscheidung des Gerichts soll innerhalb von zwei Wochen nach Vorlage des Plans erfolgen.**

(2) **Hatte der Schuldner in dem Insolvenzverfahren bereits einen Plan vorgelegt, der von den Beteiligten abgelehnt, vom Gericht nicht bestätigt oder vom Schuldner nach der öffentlichen Bekanntmachung des Erörterungstermins zurückgezogen worden ist, so hat das Gericht einen neuen Plan des Schuldners zurückzuweisen, wenn der Insolvenzverwalter mit Zustimmung des Gläubigerausschusses, wenn ein solcher bestellt ist, die Zurückweisung beantragt.**

(3) **Gegen den Beschluss, durch den der Plan zurückgewiesen wird, steht dem Vorlegenden die sofortige Beschwerde zu**

Schrifttum: *Paul,* §§ 231, 232 InsO: Planzurückweisung trotz vorliegender Stellungnahmen der Beteiligten?, ZInsO 2012, 259; *Horstkotte,* Der Insolvenzplan in der gerichtlichen Vorprüfung, ZInsO 2014, 1297; *Stapper/Jacobi,* Der Insolvenzplan – Was prüft das Gericht?, ZInsO 2014, 1821.

Übersicht

I. Normzweck

1 Mit der in **Absatz 1** geregelten **Vorprüfung** soll verhindert werden, dass ein aufwendiges Verfahren in Gang gesetzt wird, obwohl von Anfang an erkennbar ist, dass es wegen inhaltlicher Mängel des Plans oder – bei einem Schuldnerplan – anderer Gründe nicht zum Erfolg führen kann (HK-InsO/*Haas* Rn. 1). Um zu vermeiden, dass der Schuldner ein Insolvenzverfahren durch die Vorlage verschiedener aussichtsloser Pläne hinauszögert (s. § 233), hat das Gericht gem. **Absatz 2** einen Schuldnerplan auf Antrag des Verwalters zurückzuweisen, wenn bereits ein vorheriger Plan gescheitert ist. **Absatz 3** regelt das Rechtsmittel der sofortigen Beschwerde.

2 Durch das ESUG wurde Absatz 1 Satz 1 Nr. 1 klarstellend (vorher schon im BegrRegE erwähnt, BT-Drs. 12/2443, 204) um die Gruppenbildung als Prüfungsgegenstand ergänzt und in Absatz 1 Satz 2 bestimmt, dass das Gericht innerhalb von zwei Wochen entscheiden soll.

II. Zurückweisungsgründe nach Absatz 1

3 **1. Verstoß gegen Vorlagebefugnis oder Planinhalt (Absatz 1 Nr. 1).** Mit den Vorschriften über das Recht der Planvorlage sind die **Planinitiativrechte** des § 218 Abs. 1, mit denen zum **Inhalt des Plans** va die §§ 217 und 219–230 gemeint. Nach den Gesetzesmotiven geht es in erster Linie um eine Untersuchung auf offensichtliche Mängel (BT-Drs. 17/5712, 32), während andere (MüKoInsO/*Breuer* Rn. 17) darauf verweisen, dass die Offensichtlichkeit nur für die in Nr. 2

und 3 genannten Kriterien gilt und deshalb für die in Nr. 1 aufgeführten Punkte eine **unbeschränkte Prüfung** erforderlich ist. Die Beschränkung der Nr. 2 und Nr. 3 auf die Offensichtlichkeit beruht darauf, dass bei den dortigen Prüfungsgegenständen auch außerhalb des Planinhalts liegende Umstände berücksichtigt werden müssen, bei denen nicht erst lange Amtsermittlungen angestellt werden sollen. Sind die Umstände hingegen bekannt, darf die rechtliche Prüfung trotz des Eilcharakters ebenso wenig wie beim einstweiligen Rechtsschutz (Zöller/*Vollkommer* § 935 Rn. 7) auf eine nur überschlägige Kontrolle reduziert werden (BGH NZI 2015, 697 Rn. 8).

4 Als besonders hervorgehobener Gegenstand der Prüfung wird die **Gruppenbildung** angeführt, da von ihr die Mehrheitsverhältnisse bei den Abstimmungen abhängen (BT-Drs. 17/5712, 32). Sie muss unterschiedliche Rechtsstellungen berücksichtigen (§ 222 Abs. 1 Rn. 5) und iÜ sachgerecht sein (§ 222 Abs. 2 Rn. 15 f.). Die Prüfungskompetenz des Gerichts bezieht sich nicht auf das Vorliegen **strategischer Überlegungen** des Planverfassers. Sie sind **grds. zulässig** (HK-InsO/*Haas* Rn. 4; MüKoInsO/*Breuer* Rn. 11 f.; HambK-InsO/*Thies* Rn. 10; aA: Leonhardt/Smid/Zeuner/*Rattunde* Rn. 7; → § 222 Rn. 3 f.). Das Gericht darf seine Zweckmäßigkeitsüberlegungen nicht durch eigene ersetzen, muss aber überprüfen, ob die durch § 222 gezogenen Grenzen eingehalten sind. Grundlage sind allein die im Plan angegebenen Kriterien. Aus ihnen muss sich ergeben, unter welchen Gesichtspunkten Gruppen gebildet und voneinander abgegrenzt werden sowie, warum das sachgerecht ist. Fehlen die Erläuterungen, ist der Plan zurückzuweisen (BGH NZI 2015, 697 Rn. 9 f., 18). Nur wenn die Kriterien wie bspw. bei einer Arbeitnehmergruppe oder aus Beteiligten mit öffentlich-rechtlichen Forderungen auf der Hand liegen, ist ein Schweigen ausnahmsweise unschädlich (BGH NZI 2015, 697 Rn. 20 f.).

5 Zum Planinhalt gehört als erstes der **darstellende Teil** (§ 220), der va Angaben zum Konfliktbereich enthalten muss (→ § 220 Rn. 8). Gibt es keine konfliktträchtigen Rechtsverhältnisse, bedarf es einer Negativerklärung. Der darstellende Teil muss mit dem gestaltenden konsistent sein.

6 Die Beifügung einer aktuellen **Vergleichsrechnung** zwischen Planergebnis und Ergebnis der Regelabwicklung verlangt das Gesetz nicht ausdrücklich. Sie gehört jedoch nach der Generalklausel in § 220 Abs. 2 zu den im darstellenden Teil erforderlichen Angaben, die für die Entscheidung der Beteiligten über die Planannahme erheblich sind. Auch ihre Schlüssigkeit hat das Gericht zu prüfen, was ebenfalls Erläuterungen im darstellenden Teil voraussetzt (AG Hamburg ZIP 2014, 1601). Hingegen obliegt die Entscheidung über die wirtschaftliche Zweckmäßigkeit und den Planerfolg den Beteiligten (BGH NZI 2015, 697 Rn. 8), was allerdings die Zurückweisung von Amts wegen nicht hindert, wenn die Planprämissen offensichtlich fehlerhaft sind oder der Plan Widersprüche enthält. Planbedingte steuerliche Konsequenzen (Sanierungsgewinn) sind zu erläutern. Bewertungsgutachten sind nur erforderlich, wenn der Planverfasser keine nachvollziehbaren Angaben zur Wertermittlung machen kann.

7 Die nächsten Prüfungspunkte sind die **Plangestaltungen** (§ 221). Rechtlich undurchführbare bzw. nicht vollstreckungsfähige Maßnahmen muss das Gericht beanstanden (BGH NZI 2015, 697 Rn. 8). Scheitert eine dingliche Rechtsänderung an der Bestimmtheit oder eine gesellschaftsrechtliche Änderung an der Eintragungsfähigkeit im Handelsregister (zur Abgrenzung der Prüfungskompetenzen zwischen Insolvenz- und Registergericht → § 225a Rn. 53 f.; → § 254a Rn. 7 ff.), muss das Gericht dies monieren. Ist die Fortführung einer Gesellschaft vorgesehen, ohne dass ein Beschluss als gesellschaftsrechtlich zulässige Regelung (→ § 225a Rn. 40 f.) im Plan enthalten ist, sollte etwas über die Bereitschaft der Gesellschafter zur Fassung eines Fortführungsbeschlusses gesagt werden, auch wenn § 230 eine solche Erklärung nicht ausdrücklich verlangt. Sollen Anfech-

tungs- oder Haftungsklagen (→ § 259 Rn. 14) nach Verfahrensaufhebung fortgesetzt werden, ist das möglichst (zu weitgehend: AG Hamburg ZIP 2014, 1601) zu bezeichnen.

8 Die nach §§ 229 f. erforderlichen **Plananlagen** müssen beigefügt und auf Vollständigkeit sowie Schlüssigkeit überprüft werden (BGH NZI 2015, 697 Rn. 8). Das gilt insbes. auch für die Darstellungen zur Vermögens-, Finanz- und Ertragslage. Sie müssen widerspruchsfrei, rechnerisch richtig und inhaltlich plausibel sein, was entsprechende Erläuterungen in einem Anhang oder in einem darstellenden Teil erfordert. Ob die Planungsprämissen zutreffen, darf das Gericht wie auch die anderen außerhalb des Plans liegenden Sachverhalte nur auf offensichtliche Unrichtigkeit überprüfen (→ Rn. 13).

9 **2. Keine Aussicht auf Annahme eines Schuldnerplans (Absatz 1 Nr. 2).** Legt der Schuldner einen Plan vor, ist zusätzlich zu prüfen, ob er offensichtlich keine **Aussicht auf Annahme** durch die Beteiligten (§§ 243–246a) oder Bestätigung durch das Gericht hat (§§ 248–251). Nr. 2 betrifft die Erfolgsaussichten des Planverfahrens, Nr. 3 die (wirtschaftliche) der Planerfüllung. Da es auf **Offensichtlichkeit** ankommt, kann das Gericht den Plan nur in eindeutigen Fällen (vgl. § 291 ZPO) zurückweisen (Uhlenbruck/*Lüer/Streit* Rn. 31; HambK-InsO/*Thies* Rn. 18, 20; MüKoInsO/*Breuer* Rn. 18, 19; zu Nr. 3: OLG Dresden NZI 2000, 436 [437]; LG Bielefeld ZInsO 2002, 198 [199]).

10 Bei der Prognose ist in erster Linie der **Inhalt des Plans** selbst zu berücksichtigen (BGH ZIP 2011, 340 Rn. 3; ZInsO 2011, 1550 Rn. 2). In die Beurteilung müssen die Stellungnahmen des Insolvenzverwalters (§ 232 Abs. 1 Nr. 3) bzw. des Sachwalters (§ 274 Abs. 2) einbezogen werden. Außerdem sind etwaige gerichtsbekannte Äußerungen von Beteiligten zu berücksichtigen, wobei ablehnende Voten das Ergebnis der **Abstimmung nicht vorwegnehmen** dürfen, weil sich ihre Meinung bis dahin noch ändern (BGH ZIP 2011, 340 Rn. 3; ZInsO 2011, 1550 Rn. 2; *Paul* ZInsO 2012, 259) oder die Ablehnung aufgrund der Gruppenbildung überstimmt werden kann. Wenn der Gläubigerausschuss schon die Veräußerung des Unternehmens im Ganzen durch den Verwalter genehmigt hat, kann auch bei vorsichtiger Bewertung offensichtlich sein, dass ein auf der Fortführung basierender Plan keine Aussicht auf Annahme hat (BGH ZInsO 2011, 1550 Rn. 3).

11 **3. Fehlende Erfüllbarkeit eines Schuldnerplans (Absatz 1 Nr. 3).** Zur Vorprüfung eines Schuldnerplans gehört auch, ob die **Ansprüche,** die den Beteiligten nach dem gestaltenden Teil des Plans zustehen, **offensichtlich nicht erfüllt** werden können. Da das Gericht keine eigenen Ermittlungen anstellen darf und nur offensichtliche Mängel maßgebend sind, hat es die Richtigkeit, Vollständigkeit und Schlüssigkeit der Planrechnungen nach § 229 nur auf **Plausibilität** zu prüfen. Die Richtigkeit von Planprämissen hingegen kann es idR nicht beurteilen, falls es nicht ausnahmsweise aus der Gerichtsakte über dahingehende Informationen verfügt (Uhlenbruck/*Lüer/Streit* Rn. 31 f.; HK-InsO/*Haas* Rn. 8). Sachverständige dürfen nicht beauftragt werden, weil es dann schon an der Offensichtlichkeit fehlt.

12 Die **Deckung** der **Kosten** und übrigen **Masseverbindlichkeiten** unterliegt ebenfalls der Plausibilitätsprüfung (HambK-InsO/*Thies* Rn. 21; Leonhardt/Smid/Zeuner/*Rattunde* Rn. 14; sa: LG München ZInsO 2001, 1018 [1019]; aA HK-InsO/*Haas* Rn. 8), weil ein Plan ohne sie nicht bestätigt werden darf (§ 258 Abs. 2) und es keinen Sinn hat, ein erkennbar erfolgloses Verfahren zu durchlaufen. Die Zurückweisung kann auf eine drohende Gewerbeuntersagung nach § 35 Abs. 1 GewO nur gestützt werden, wenn nicht die Privilegierung in § 12 GewO eingreift (Uhlenbruck/*Lüer/Streit* Rn. 32, die diesen Zurückweisungsgrund gänzlich ablehnen; aA AG Siegen NZI 2000, 236; Leonhardt/Smid/Zeu-

ner/*Rattunde* Rn. 14; zum Verlust der Berufszulassung → § 217 Rn. 21 und *Paul* ZInsO 2007, 856 [857]).

4. Prüfungsverfahren. Die **Prüfungstiefe** ist **identisch mit** der des **§ 250 Nr. 1.** § 250 Nr. 1 ist in der Praxis zwar in erster Linie relevant für spätere Änderungen (§ 240), die **erste Beurteilung** des Insolvenzgerichts entfaltet jedoch **keine Bindungswirkung** und hindert eine spätere Versagung der Bestätigung wegen zuvor übersehener Mängel nicht (→ § 250 Rn. 3). Die Vorprüfung hat **sämtliche rechtlichen Gesichtspunkte** zu berücksichtigen, die einem Vollzug des Plans entgegenstehen können. Dazu gehört auch die Eintragungsfähigkeit von Rechtsänderungen im Grundbuch oder im Handelsregister (→ § 225a Rn. 49 f., → § 254 Rn. 19). **Nicht** zum Prüfungsumfang gehören die **Zweckmäßigkeit und Wirtschaftlichkeit** des Plans (BT-Drs. 17/5712, 32 f.). Das Entscheidungsvorrecht haben die Beteiligten. Das Insolvenzgericht hat das erst dann näher zu untersuchen, wenn es um das Obstruktionsverbot (§ 245) oder den Minderheitenschutz (§ 251) geht. Bei den Planprämissen ist die Prüfung auf offensichtliche Fehler beschränkt (→ Rn. 6). 13

Die **Entscheidung** erfolgt **von Amts wegen.** Dabei berücksichtigt das Gericht lediglich die ihm bekannten Unterlagen (s. aber zu Nr. 2 auch → Rn. 6). Es darf **keine eigenen Ermittlungen** anstellen (und daher etwa auch nicht einen Sachverständigen beauftragen) oder von sich aus Stellungnahmen der Beteiligten einholen (HK-InsO/*Haas* Rn. 8, 11; HambK-InsO/*Thies* Rn. 26; MüKoInsO/*Breuer* Rn. 6; Uhlenbruck/*Lüer*/*Streit* Rn. 3; *Paul* ZInsO 2012, 259 [260]; aA LG Berlin ZInsO 2005, 831 [832]; Leonhardt/Smid/Zeuner/*Rattunde* Rn. 2). Das erfolgt erst (s. §§ 232, 234), wenn die Vorprüfung positiv ausgegangen ist. Bereits in der Gerichtsakte enthaltene Stellungnahmen von Beteiligten sind jedoch wie bei jeder Amtsermittlung zu berücksichtigen. 14

Nach Nr. 1 muss das Gericht dem Planvorlegenden die Möglichkeit zur **Beseitigung eines behebbaren Mangels** des Plans innerhalb angemessener Frist einräumen. Die Frist sollte die lt. Satz 2 ausdrücklich nur für das Gericht geltenden zwei Wochen nicht überschreiten. Der **Hinweis zur Beseitigung** gilt über § 4 InsO, § 139 ZPO **auch für Mängel der Nr. 2, 3,** obwohl er dort nicht besonders erwähnt ist (HambK-InsO/*Thies* Rn. 27; MüKoInsO/*Breuer* Rn. 7, 16; Leonhardt/Smid/Zeuner/*Rattunde* Rn. 36; HK-InsO/*Haas* Rn. 11). Eine unterschiedliche Behandlung bei Schuldner- und Verwalterplan widerspräche dem Gebot rechtlichen Gehörs und würde überdies das Verfahren verzögern, weil der Schuldner einen nachgebesserten Plan jederzeit neu vorlegen dürfte. Der das erneute Vorlagerecht beschränkende Absatz 2 gilt nicht für die Zurückweisung nach Abs. 1. Weist das Gericht den Plan zurück, ohne Gelegenheit zur Nachbesserung einzuräumen, wird der Verstoß gegen das Gebot rechtlichen Gehörs geheilt, wenn der Planinitiator im Beschwerdeverfahren an seinem Plan festhält und nur hilfsweise Änderungen anbietet (BGH NZI 2015, 697 Rn. 6, wobei der BGH nicht darauf eingehen musste, wie diese hilfsweisen Änderungen zu behandeln sind, weil hierfür wegen einer zweiten Beschwerde die Sache an das Insolvenzgericht zurückverwiesen wurde). 15

Nach Absatz 1 Satz 2 soll die Entscheidung des Gerichts über die Zurückweisung innerhalb einer **Frist** von **zwei Wochen** ab Planvorlage erfolgen. Nicht ausgeschlossen ist eine längere Prüfung – nach den Besonderheiten des Einzelfalls (BT-Drs. 17/5712, 33), da es sich um eine Soll-Vorschrift handelt. Eine Zurückweisung kommt nicht mehr in Betracht, wenn das Gericht den Plan bereits nach § 232 zur Stellungnahme weitergeleitet hat (*Paul* ZInsO 2012, 259). 16

Die **Zurückweisung** erfolgt **durch Beschluss,** der dem Vorlegenden zugestellt wird (§§ 4 InsO, 329 Abs. 3 ZPO). Wenn der Plan nicht zurückgewiesen wird, ergeht kein Beschluss. In diesem Fall hat das Gericht den Plan den in § 232 17

Abs. 1 genannten Personen zuzuleiten, ihn auf der Geschäftsstelle niederzulegen (§ 234) und nach § 235 einen Erörterungs- und Abstimmungstermin zu bestimmen.

III. Zurückweisung eines zweiten Schuldnerplans nach Absatz 2

18 Wenn der Schuldner bereits einen Plan vorgelegt hat, der von den Beteiligten abgelehnt (§§ 235, 243–246a), vom Gericht nicht bestätigt (§ 248) oder vom Schuldner nach der öffentlichen Bekanntmachung des Erörterungstermins (§ 235 Abs. 2) zurückgezogen wurde, hat das Gericht gem. Absatz 2 einen neuen Plan des Schuldners auf Antrag des Verwalters (ggf. mit Zustimmung des Gläubigerausschusses) zurückzuweisen. Das Gericht hat dabei **kein Ermessen.** Eine sachliche Prüfung und auch eine weitere Vorprüfung nach Absatz 1 finden nicht statt (HK-InsO/*Haas* Rn. 9, 10). Das soll einen Missbrauch des Planinitiativrechts durch den Schuldner und eine dadurch bedingte Verschleppung des Regelverfahrens verhindern. Folgt das Gericht dem Antrag des Verwalters nicht, steht ihm trotz des evidenten Fehlers kein Rechtsmittel zu. Umgekehrt darf das Gericht einen neuen Schuldnerplan nicht zurückweisen, wenn vorangegangene Pläne noch nicht in eines der in Absatz 2 genannten Verfahrensstadien gelangt ist (BGH NZI 2015, 697 Rn. 42).

19 Die Gründe für die Vorlage eines zweiten Plans sind irrelevant. Abs. 2 ist **auch anwendbar, wenn** die **Nova außerhalb des schuldnerischen Verantwortungs- und Einflussbereichs** entstanden sind (HambK-InsO/*Thies* Rn. 24; aA MüKoInsO/*Breuer* Rn. 23). Dafür spricht außer dem Wortlaut der Vorschrift auch die Praktikabilität, weil die Abgrenzung nur schwer vom Gericht vorgenommen werden kann.

IV. Entscheidung, Rechtsmittel

20 Erhebt das Gericht keine Beanstandungen, wird das Verfahren nach §§ 232 ff. fortgesetzt. Wird der Plan nach § 231 zurückgewiesen, ergeht die Entscheidung durch Beschluss, gegen den nur dem Vorlegenden nach Absatz 3 die **sofortige Beschwerde** (§§ 567 f. ZPO) zusteht.

Stellungnahmen zum Plan[1]

232 (1) **Wird der Insolvenzplan nicht zurückgewiesen, so leitet das Insolvenzgericht ihn zur Stellungnahme zu:**

1. dem Gläubigerausschuß, wenn ein solcher bestellt ist, dem Betriebsrat und dem Sprecherausschuß der leitenden Angestellten;

2. dem Schuldner, wenn der Insolvenzverwalter den Plan vorgelegt hat;

3. dem Verwalter, wenn der Schuldner den Plan vorgelegt hat.

(2) **Das Gericht kann auch der für den Schuldner zuständigen amtlichen Berufsvertretung der Industrie, des Handels, des Handwerks oder der Landwirtschaft oder anderen sachkundigen Stellen Gelegenheit zur Äußerung geben.**

(3) [1] **Das Gericht bestimmt eine Frist für die Abgabe der Stellungnahmen.** [2] **Die Frist soll zwei Wochen nicht überschreiten.**

[1] § 232 Abs. 3 Satz 2 angef. mWv 1.3.2012 durch G v. 7.12.2011 (BGBl. I S. 2582).

I. Stellungnahmen

1. Personenkreis. Nach Absatz 1 Nr. 1 ist der Plan (vollständig und mit Anlagen) dem Gläubigerausschuss sowie dem Betriebsrat und dem Sprecherausschuss der leitenden Angestellten (jeweils soweit vorhanden) zuzuleiten. Ferner muss der Plan dem Schuldner oder dem Verwalter übersandt werden, wenn er durch den jeweils anderen vorgelegt wurde (Nr. 2, 3). Zum Kreis derjenigen, die zwingend anzuhören sind, gehört in der Genossenschaftsinsolvenz auch der Prüfungsverband (§ 116 Nr. 4 GenG). Soweit es die in Absatz 2 bezeichneten Stellen betrifft, steht es im Ermessen des Gerichts, ob ihnen Gelegenheit zur Äußerung geboten wird. In der Praxis wird meist davon abgesehen, da die Anhörung keinen erkennbaren Nutzen bringt. 1

2. Inhalt der Stellungnahmen. Die Stellungnahmen sollen den Beteiligten die **Problematiken des Plans** und seine **Auswirkungen** verdeutlichen (BGH NZI 2007, 341 Rn. 9). Besonders wichtig ist die Stellungnahme des Verwalters bei einem Schuldnerplan. Er hat ua eine **Hinweispflicht auf** erkennbare **Haftungs- oder Anfechtungsansprüche** sowie die Erfolgsaussichten ihrer gerichtlichen und wirtschaftlichen Durchsetzung. Unterlässt er das, haftet er den Beteiligten gem. § 60, wenn sie mangels Kenntnis keine Schlechterstellung gegenüber der Regelabwicklung geltend gemacht haben (zur Verzichtsklausel → § 217 Rn. 19). Im Fall der Eigenverwaltung schreibt § 284 demgegenüber nur vor, dass der Sachwalter beratend mitwirkt, wenn der Plan vom Schuldner vorgelegt wird. Da aber auch auf ihn § 60 anwendbar ist (§ 274 Abs. 1), darf er nicht nur die Interessen des Schuldners wahren, sondern muss zugunsten aller Beteiligter auf Vermögensgegenstände hinweisen, die im Plan verschwiegen oder fehlerhaft dargestellt werden. 2

Im Rahmen seiner Stellungnahme hat der **Verwalter** auf einen realistischen Ansatz seiner **Vergütung** zu achten (BGH NZI 2007, 341 Rn. 9). Wenn er einen deutlich zu niedrigen Betrag nicht beanstandet, präjudiziert das zwar keinen höheren Vergütungsantrag. Der Verwalter ist selbst als Planinitiator nicht Beteiligter iSv § 254 Abs. 1. § 288 ZPO (Wirkung zugestandener Tatsachen) ist im nicht streitigen Insolvenzverfahren unanwendbar. Ein höherer Vergütungsantrag kann aber treuwidrig sein, wenn dadurch die Willensbildung verfälscht wird. 3

3. Verfahren. Primär ist das **Gericht** zur **Übersendung des Plans** an die Votanten verpflichtet, jedoch kann auch der Planinitiator die Stellungnahmen nach Absatz 1 einholen, um das Verfahren zu beschleunigen (Uhlenbruck/*Lüer/Streit* Rn. 4). Das erleichtert dem Gericht die Vorprüfung. Es muss ergänzende Stellungnahmen nur einholen, wenn der Plan wegen gerichtlicher Beanstandungen geändert wurde (HambK-InsO/*Thies* Rn. 2; Braun/*Braun/Frank* Rn. 4). 4

Gem. Absatz 3 hat das Gericht eine **Frist** zur Stellungnahme zu bestimmen, die **zwei Wochen** nicht überschreiten soll. Nach dem Ablauf der Frist ist der Plan nach § 234 niederzulegen und sodann ein Erörterungs- und Abstimmungstermin zu bestimmen (§ 235 Abs. 1). 5

II. Rechtsfolgen eines Verstoßes

Eine Verletzung begründet **keine Versagung der Planbestätigung** (Uhlenbruck/*Lüer/Streit* § 250 Rn. 16). Die unterbliebene Einholung von Stellungnahmen wird durch die besondere Ladung der Votanten gem. § 235 Abs. 3 geheilt (HambK-InsO/*Thies* Rn. 4; MüKoInsO/*Breuer* Rn. 9; Braun/*Braun/Frank* Rn. 2). Erscheinen sie trotzdem nicht zum Erörterungstermin, kann davon ausgegangen werden, dass sie sich nicht äußern wollen. Ohnehin ist der Planinitiator 6 nicht verpflichtet, die Stellungnahmen im Plan zu berücksichtigen. Sie haben nur informatorischen Charakter (§ 234). § 232 ist deshalb kein iSv § 250 Nr. 1 wesentlicher Punkt in der verfahrensmäßigen Behandlung des Plans.

Aussetzung von Verwertung und Verteilung

233 **[1]Soweit die Durchführung eines vorgelegten Insolvenzplans durch die Fortsetzung der Verwertung und Verteilung der Insolvenzmasse gefährdet würde, ordnet das Insolvenzgericht auf Antrag des Schuldners oder des Insolvenzverwalters die Aussetzung der Verwertung und Verteilung an. [2]Das Gericht sieht von der Aussetzung ab oder hebt sie auf, soweit mit ihr die Gefahr erheblicher Nachteile für die Masse verbunden ist oder soweit der Verwalter mit Zustimmung des Gläubigerausschusses oder der Gläubigerversammlung die Fortsetzung der Verwertung und Verteilung beantragt.**

I. Überblick

1 Weist das Insolvenzgericht den Plan nicht gem. § 231 zurück, ermöglicht Satz 1 die **Aussetzung der Verwertung und Verteilung** der Insolvenzmasse, wenn die Durchführung des Plans ansonsten gefährdet wäre. Der Verwalter kann die **Verwertung** und Verteilung auch **de facto unterlassen.** Scheitert der Plan jedoch, läuft er Gefahr, für den Verzögerungsschaden des § 169 persönlich zu haften (§ 60), so dass ein Antrag nach § 233 sogar bei einem von ihm vorgelegten Plan sinnvoll ist. Allein die Erwartung eines Planerfolgs lässt die Pflichtwidrigkeit eines Verstoßes gegen die Verwertungsvorschriften nicht entfallen (aA Uhlenbruck/*Lüer/Streit* Rn. 6 f.). Bei Zwangsversteigerung oder -verwaltung einer Immobilie sind die §§ 30d Abs. 1 S. 1 Nr. 3, Abs. 2, 153b ZVG einschlägig.

II. Aussetzung der Verwertung und Verteilung auf Antrag (Satz 1)

2 **1. Formelle Voraussetzung.** Das **Antragsrecht** nach Satz 1 steht sowohl dem **Schuldner** als auch dem **Insolvenzverwalter** zu, und zwar auch dann, wenn der jeweils andere den Plan vorgelegt hat (HambK-InsO/*Thies* Rn. 2; Uhlenbruck/*Lüer/Streit* Rn. 8; Leonhardt/Smid/Zeuner/*Rattunde* Rn. 3). Im Fall des § 157 S. 2 (Beauftragung zur Planerstellung durch die Gläubigerversammlung) bedarf es des Antrages wegen § 159 nicht (HK-InsO/*Haas* Rn. 2; Uhlenbruck/*Lüer/Streit* Rn. 5).

3 **Zulässig** ist der Antrag nach dem Wortlaut („*vorgelegter Plan*“) und der systematischen Stellung hinter §§ 231 f. erst, **wenn** das Gericht den **Plan nicht zurückgewiesen** hat, sich der Plan also im sog Beschlussverfahren befindet (HK-InsO/*Haas* Rn. 1, 7; HambK-InsO/*Thies* Rn. 2). Dies ist jedoch nur Entscheidungsvoraussetzung, nicht aber Antragsvoraussetzung, so dass der Antrag mit der Planvorlage verbunden werden kann (Uhlenbruck/*Lüer/Streit* Rn. 9).

4 **2. Materielle Voraussetzung.** Voraussetzung ist, dass die Durchführung eines vorgelegten Insolvenzplans gefährdet würde. „*Durchführung*“ bedeutet nicht, dass der Plan bereits nach §§ 243 f. angenommen worden sein muss (HK-InsO/*Haas* Rn. 4; HambK-InsO/*Thies* Rn. 2) und „*Fortsetzung*“ ist nicht so zu verstehen, dass die Verwertung oder Verteilung bereits begonnen haben muss. Es genügt, wenn sie bevorsteht (HK-InsO/*Haas* Rn. 6; HambK-InsO/*Thies* Rn. 3; MüKoInsO/*Breuer* Rn. 8).

5 Ergibt sich eine erfolgversprechende **Plansituation im Laufe des Insolvenzverfahrens,** kann ein solcher Antrag schon während der Vorbereitung eines Plans

erforderlich werden. Angesichts des eindeutigen Wortlauts kommt eine analoge Anwendung jedoch nicht in Betracht, um eine Entscheidung der Gläubigerversammlung über die Verwertung der Masse (§ 159) durch einen gerichtlichen Beschluss zu ersetzen. Möglich ist dann nur der Antrag auf Einberufung einer Gläubigerversammlung (§ 75), damit sie darüber befinden kann.

3. Rechtsfolge. Die **Aussetzung** erfasst entgegen überwiegender Ansicht (Kübler/Prütting/Bork/*Spahlinger* Rn. 13; MüKoInsO/*Breuer* Rn. 9; Uhlenbruck/*Lüer/Streit* Rn. 10) **auch Gegenstände, für die das Verwertungsrecht beim Gläubiger** liegt (§ 173), weil die Absonderungsgläubiger mit einem eigenen Verwertungsrecht ebenfalls in den Plan einbezogen werden können. Nur beim unbeweglichen Vermögen sind §§ 30d, 153b ZVG Leges speciales. Die Aussetzung kann auf bestimmte Teile der Masse begrenzt werden (HK-InsO/*Haas* Rn. 5). 6

III. Absehen von bzw. Aufhebung der Aussetzung (Satz 2)

1. Erste Variante. Laut Satz 2 kann das Gericht von der Aussetzung absehen oder sie nachträglich wieder aufheben. Die 1. Alt. betrifft den Fall, dass mit der Aussetzung die **Gefahr erheblicher Nachteile** für die Masse verbunden ist. An die Erheblichkeit sind hohe Anforderungen zu stellen, weil die Aussetzung nur eine vorläufige Maßnahme ist, durch die Gefährdung der Planumsetzung (Satz 1) aber endgültige Fakten geschaffen werden, und weil es für Verwalter und Gläubiger eine weitere Abwehrmöglichkeit nach der 2. Alt. gibt (HK-InsO/*Haas* Rn. 10; HambK-InsO/*Thies* Rn. 6; MüKoInsO/*Breuer* Rn. 11; vgl. die ähnliche Situation bei § 21 Abs. 2 Nr. 5). Das Gericht hat das Vorliegen dieser Ausnahme **von Amts wegen zu prüfen** (Uhlenbruck/*Lüer/Streit* Rn. 12; HambK-InsO/*Thies* Rn. 6). Ein dahingehender Ablehnungsantrag – gegenüber der begehrten Aussetzung – oder Aufhebungsantrag ist bei der Nachteilsalternative nicht erforderlich. 7

2. Zweite Variante. Nach Satz 2 ist ein **Schuldnergesuch auch abzulehnen** oder die **Aussetzung aufzuheben,** wenn der **Verwalter** das mit Zustimmung des Gläubigerausschusses (falls bestellt) oder der Gläubigerversammlung **beantragt** (Uhlenbruck/*Lüer/Streit* Rn. 13; aA Leonhardt/Smid/Zeuner/*Rattunde* Rn. 8, 9). Der Antrag muss nicht begründet werden. Das Gericht hat ihm **ohne weitere Prüfung** stattzugeben (HK-InsO/*Haas* Rn. 11, 12; HambK-InsO/*Thies* Rn. 7; Leonhardt/Smid/Zeuner/*Rattunde* Rn. 5). Der Missbrauchsgefahr kann über die persönliche Haftung des Verwalters nach § 60 begegnet werden. 8

IV. Kein Rechtsmittel

Da das Gesetz die sofortige Beschwerde nicht vorsieht (§ 6 Abs. 1 S. 1), unterliegen die Entscheidungen nach § 233 keinem Rechtsmittel. 9

Niederlegung des Plans

234 Der Insolvenzplan ist mit seinen Anlagen und den eingegangenen Stellungnahmen in der Geschäftsstelle zur Einsicht der Beteiligten niederzulegen.

Die Niederlegung des Plans erfolgt **nach Ablauf der Frist zur Stellungnahme** gem. § 232 Abs. 3. Eine Übersendung an die ladungspflichtigen Personen kann gem. § 235 Abs. 3 auf eine Zusammenfassung seines wesentlichen Inhalts beschränkt werden. 1

2 Durch die Niederlegung des Insolvenzplans sowie der Veröffentlichung des Erörterungs- und Abstimmungstermins ist auch gegenüber einem verspätet anmeldenden Insolvenzgläubiger dem **Gebot des rechtlichen Gehörs** Rechnung getragen, so dass die Bestätigung nicht nach § 250 Nr. 1 wegen Verstoßes gegen Verfahrensvorschriften zu versagen ist (LG Hannover ZInsO 2003, 719; Braun/*Braun/Frank* Rn. 1).

3 Das **Einsichtsrecht** steht den Beteiligten zu. Zu ihnen gehören nicht nur die Beteiligten mit einem Stimmrecht (Leonhardt/Smid/Zeuner/*Rattunde* Rn. 2; *Schuster/Friedrich* ZIP 2009, 2418 [2423]), sondern **alle, denen gegenüber der Plan Wirkungen entfaltet,** damit sie von ihrem Minderheitenschutz- und Beschwerderecht Gebrauch machen können (ebenso mit unterschiedl. Begr.: HK-InsO/*Haas* Rn. 3; Uhlenbruck/*Lüer/Streit* Rn. 4; MüKoInsO/*Breuer* Rn. 10). Teile des Plans samt Anlagen dürfen von der Akteneinsicht nicht ausgenommen werden (*Schuster/Friedrich* ZIP 2009, 2418 [2423]). Eine Analogie bspw. zu § 131 Abs. 3 S. 1 Nr. 1 AktG gestattet allenfalls, bestimmte Informationen im Plan nicht offenzulegen.

4 Die Beteiligten können sich durch die Geschäftsstelle Ausfertigungen, Auszüge und **Abschriften** von dem Plan erteilen lassen (§§ 4 InsO, 299 Abs. 1 ZPO). Auf die Niederlegung ist iRd öffentlichen Bekanntmachung des Erörterungs- und Abstimmungstermins hinzuweisen (§ 235 Abs. 2 S. 2).

5 **Dritte** haben ein Einsichtsrecht dann, wenn sie ein rechtliches Interesse glaubhaft machen (§§ 4 InsO, 299 Abs. 2 ZPO; → § 4 Rn. 26 ff.). Es lässt sich nur selten bejahen, insbes. dann nicht, wenn ein Sanierungs- oder Übertragungsplan vorliegt, bei dem es um die Wahrung von Geschäftsgeheimnissen geht (ähnlich: HK-InsO/*Haas* Rn. 3; Uhlenbruck/*Lüer/Streit* Rn. 6; MüKoInsO/*Breuer* Rn. 11; *Schuster/Friedrich* ZIP 2009, 2418 [2424]; noch strenger: Leonhardt/Smid/Zeuner/*Rattunde* Rn. 3).

Zweiter Abschnitt. Annahme und Bestätigung des Plans

Erörterungs- und Abstimmungstermin[1]

235 **(1) [1]Das Insolvenzgericht bestimmt einen Termin, in dem der Insolvenzplan und das Stimmrecht der Beteiligten erörtert werden und anschließend über den Plan abgestimmt wird (Erörterungs- und Abstimmungstermin). [2]Der Termin soll nicht über einen Monat hinaus angesetzt werden. [3]Er kann gleichzeitig mit der Einholung der Stellungnahmen nach § 232 anberaumt werden.**

(2) [1]Der Erörterungs- und Abstimmungstermin ist öffentlich bekanntzumachen. [2]Dabei ist darauf hinzuweisen, dass der Plan und die eingegangenen Stellungnahmen in der Geschäftsstelle eingesehen werden können. § 74 Abs. 2 Satz 2 gilt entsprechend.

(3) [1]Die Insolvenzgläubiger, die Forderungen angemeldet haben, die absonderungsberechtigten Gläubiger, der Insolvenzverwalter, der Schuldner, der Betriebsrat und der Sprecherausschuss der leitenden Angestellten sind besonders zu laden. [2]Mit der Ladung ist ein Abdruck des Plans oder eine Zusammenfassung seines wesentlichen Inhalts, die der Vorlegende auf Aufforderung einzureichen hat, zu übersenden. [3]Sind die

[1] § 235 Abs. 2 Satz 3 angef. durch G v. 19.12.1998 (BGBl. I S. 3836); Abs. 1 Satz 1 geänd., Satz 3 und Abs. 3 Sätze 3 und 4 angef. mWv 1.3.2012 durch G v. 7.12.2011 (BGBl. I S. 2582).

Anteils- oder Mitgliedschaftsrechte der am Schuldner beteiligten Personen in den Plan einbezogen, so sind auch diese Personen gemäß den Sätzen 1 und 2 zu laden; dies gilt nicht für Aktionäre oder Kommanditaktionäre. [4] Für börsennotierte Gesellschaften findet § 121 Absatz 4a des Aktiengesetzes entsprechende Anwendung; sie haben eine Zusammenfassung des wesentlichen Inhalts des Plans über ihre Internetseite zugänglich zu machen.

Schrifttum: *Hiebert,* Zur verfahrensrechtlichen Behandlung von Planänderungen im Erörterungs- und Abstimmungstermin – zwischen Gläubigerautonomie und gerichtlicher Verfahrensleitung, ZInsO 2015, 113.

I. Terminbestimmung (Absatz 1)

1. Absatz 1 Satz 1. Der Erörterungs- und Abstimmungstermin (Abs. 1) ist 1 eine **Gläubigerversammlung** iSd §§ 74 f. (BGH NZI 2010, 734 Rn. 34). In der Regel findet ein gemeinsamer Termin statt, nach § 241 kann der Abstimmungstermin aber auch gesondert durchgeführt werden. Aus § 236 folgt, dass er **nicht vor dem Prüfungstermin** (§ 29 Abs. 1 Nr. 2) stattfinden darf, **aber mit** diesem und somit auch mit dem **Berichtstermin** (§ 29 Abs. 1 Nr. 2, Abs. 2) **verbunden** werden kann. Dadurch ist es bei rechtzeitiger Vorbereitung möglich, drei Wochen nach Verfahrenseröffnung über den Plan abzustimmen (mindestens zwei Wochen Anmeldefrist gem. § 28 Abs. 1 zzgl. einer Woche Prüfungsfrist gem. § 29 Ab. 1 Nr. 2), wobei in der Praxis schon allein wegen steuerlicher Klärungen meist mehr Zeit benötigt wird. Gem. Satz 3 (eingefügt durch das ESUG) kann der Erörterungs- und Abstimmungstermin gleichzeitig mit der Einholung der Stellungnahmen nach § 232 anberaumt werden, was sich aus Gründen der Verfahrensökonomie anbietet (BT-Drs. 17/5712, 33). Spätestens ist der **Termin bei der Niederlegung** nach § 234 und somit nach Ablauf der Frist des § 232 Abs. 3 **zu bestimmen** (HK-InsO/*Haas* Rn. 5; HambK-InsO/*Thies* Rn. 3).

2. Absatz 1 Satz 2. Der Erörterungs- und Abstimmungstermin soll **nicht** 2 **über einen Monat** hinaus angesetzt werden. Ausnahmsweise ist eine längere Frist als ein Monat zulässig (Leonhardt/Smid/Zeuner/*Rattunde* Rn. 5). Die Frist beginnt unmittelbar nach Ablauf der Frist für den Eingang der Stellungnahmen gem. § 232 Abs. 3 (aA HK-InsO/*Haas* Rn. 6; MüKoInsO/*Hintzen* Rn. 7: Fristbeginn mit öffentlicher Bekanntmachung). Bei Absatz 1 Satz 2 handelt es sich um eine Ordnungsvorschrift, deren Verletzung einer Planbestätigung nicht entgegensteht (Uhlenbruck/*Lüer/Streit* Rn. 5).

II. Öffentliche Bekanntmachung (Absatz 2)

Nach Absatz 2 ist der Erörterungs- und Abstimmungstermin **öffentlich** mit 3 Hinweis auf das Einsichtsrecht nach § 234 **bekanntzumachen** (§ 9). Das Unterbleiben der öffentlichen Bekanntmachung stellt einen wesentlichen Verfahrensmangel dar (§§ 250 Nr. 1, 253), es sei denn, dass die Beteiligten trotzdem erscheinen (Uhlenbruck/*Lüer/Streit* Rn. 11), wobei das Ausbleiben einiger Beteiligter unschädlich ist, wenn ein Einfluss auf das Abstimmungsergebnis ausgeschlossen ist. Anzugeben ist dabei die Zeit, der Ort und die Tagesordnung (§ 74 Abs. 2 S. 1; BGH NZI 2010, 734), was eine wenigstens schlagwortartige Bezeichnung der Tagesordnungspunkte umfasst, damit sich die Beteiligten vorbereiten können. Dem wird genügt, wenn auf die Erörterung und Abstimmung über den vom Schuldner/Verwalter vorgelegten Insolvenzplan hingewiesen wird. Die bloße Mitteilung einer Paragraphenkette reicht nicht. Sonst sind die gefassten Beschlüsse nichtig (BGH NZI 2008, 430 Rn. 3; NZI 2011, 713 Rn. 7). Aus dem Verweis von Absatz 2 Satz 3 auf § 74 Abs. 2 S. 2 ergibt sich, dass bei einer **Vertagung** des Termins **keine** neue **öffentliche Bekanntmachung** erforderlich ist.

III. Gesonderte Ladungen (Absatz 3)

4 **1. Allgemein.** Die in **Absatz 3 genannten Beteiligten** sind zum Erörterungs- und Abstimmungstermin **besonders zu laden.** Haben Gläubiger keine Forderung angemeldet, müssen sie nicht geladen werden, auch wenn sie bekannt sind; denn durch die Niederlegung des Plans (§ 234) und die öffentliche Terminsbekanntmachung (Absatz 2) sind sie ausreichend geschützt (LG Hannover ZInsO 2003, 719; Leonhardt/Smid/Zeuner/*Rattunde* Rn. 8; *Hiebert* ZInsO 2015, 113 [117]). Gleichwohl ist eine Ladung sinnvoll, um ein Beschwerdeverfahren im Hinblick auf § 253 Abs. 3 iVm Abs. 2 zu beschleunigen. **Nachrangige Insolvenzgläubiger** (§ 39) sind nur dann zu laden, wenn sie nach Aufforderung gem. § 174 Abs. 3 Forderungen angemeldet haben oder wenn der Plan eine von § 225 Abs. 1 abweichende Regelung vorsieht (Uhlenbruck/*Lüer/Streit* Rn. 12; MüKoInsO/*Hintzen* Rn. 12; aA Leonhardt/Smid/Zeuner/*Rattunde* Rn. 7). Der Ladung ist nach Satz 2 ein **Abdruck** des Plans **oder** eine **Zusammenfassung** seines wesentlichen Inhalts (anzufertigen vom Planverfasser) **beizufügen.** Da die Beifügung den Beteiligten eine Entscheidung über ihre Teilnahme am Verfahren ermöglichen soll, können wesentliche Fehler bei der Zusammenfassung des Planinhalts einen Ladungsmangel darstellen. Kommt es gleichwohl zu einer Bestätigung des Plans, ist dessen Inhalt maßgebend, nicht die Zusammenfassung (BGH NJW 2014, 1386). Die durch die Ladung entstehenden Kosten sind Gerichtskosten gem. § 54 Nr. 1 (HK-InsO/*Haas* Rn. 7). Das gilt auch für die Herstellung der der Ladung beizufügenden Abdrucke bzw. Zusammenfassungen des Plans, die der Initiator allein aufgrund von Absatz 3 Satz 2 nicht etwa in der erforderlichen Anzahl einreichen muss (Uhlenbruck/*Lüer/Streit* Rn. 19). Eine förmliche Zustellung ist nicht erforderlich, das Gericht kann entsprechend § 8 Abs. 3 den Verwalter beauftragen, die Ladung zu versenden (HambK-InsO/*Thies* Rn. 10; Kübler/Prütting/Bork/*Pleister* Rn. 17).

5 **2. Anteilsinhaber.** Seit Inkrafttreten des ESUG sind auch die **Inhaber von Anteils- oder Mitgliedschaftsrechten** zu laden, sofern ihre Rechte in den Plan einbezogen werden. Das gilt nicht in Insolvenzverfahren über Aktiengesellschaften oder Kommanditgesellschaften auf Aktien, bei denen die öffentliche Bekanntmachung nach Absatz 2 genügt (BT-Drs. 17/5712, 33). Bei börsennotierten Gesellschaften genügt entsprechend § 121 Abs. 4a AktG eine Ladung in solchen Medien, die Informationen in der gesamten EU verbreiten, mit dem Hinweis auf die Veröffentlichung des wesentlichen Planinhalts auf der Internetseite der Gesellschaft.

6 **3. Folgen eines Verstoßes.** Folge eines Verstoßes gegen Absatz 3 ist die **Versagung der Planbestätigung** nach § 250 Nr. 1 (BGH ZInsO 2011, 280 Rn. 5; HambK-InsO/*Thies* Rn. 12; Uhlenbruck/*Lüer/Streit* Rn. 21), wenn das Abstimmungsergebnis dadurch beeinflusst worden sein könnte (→ § 250 Rn. 6). Eine trotzdem erfolgte Bestätigung kann mit der sofortigen Beschwerde des § 253 angegriffen werden, wenn eine wesentliche Schlechterstellung durch den Plan – nicht durch den Verstoß – glaubhaft gemacht wird. Ob sich diese nur für die Zulässigkeit glaubhaft zu machende Tatsache später bestätigt, ist für den Erfolg der Beschwerde ohne Bedeutung. Für die Begründetheit genügt der Verfahrensverstoß in einem wesentlichen Punkt (→ § 253 Rn. 13).

IV. Der Termin

1. Organisation. Der Erörterungs- und Abstimmungstermin ist vom **Insolvenzgericht zu leiten** (§ 76 Abs. 1). Zuständig ist der Richter (§ 18 Abs. 1 Nr. 2 RpflG). Der Termin ist nicht öffentlich. **Teilnahmeberechtigt** sind die in § 74 Abs. 1 S. 2 genannten und die nach Absatz 3 zu ladenden Beteiligten, von denen den Insolvenzverwalter eine Teilnahmepflicht trifft (MüKoInsO/*Hintzen* Rn. 25). Persönlich haftende Gesellschafter haben ein Teilnahmerecht, auch wenn sie den Schuldner nicht vertreten (vgl. §§ 730 Abs. 2, 146 HGB) oder in ihre Stellung gem. § 225a nicht eingegriffen wird; denn ihre Position ist sogar von einem Liquidationsplan betroffen, weil er ihre Haftung beeinflusst, so dass sie selbst ohne Stimmrecht einen Minderheitenschutzantrag nach § 251 stellen können (→ § 251 Rn. 9; HambK-InsO/*Thies* Rn. 14; Uhlenbruck/*Lüer/Streit* Rn. 22). Bei einer Fortführung ist ihre Zustimmung gem. § 230 Abs. 1 S. 2 ohnehin erforderlich. Nicht teilnahmeberechtigt sind hingegen Mitglieder des Schuldners, die keine persönliche Haftung trifft, es sei denn, dass in ihr Anteilsrecht eingegriffen wird. Das Gericht kann im Einzelfall weiteren Personen (zB Dritten gem. § 230 Abs. 3) den Zutritt gestatten (§ 175 Abs. 2 S. 1 GVG). Der Termin ist wie jede Gläubigerversammlung so durchzuführen, dass eine **geordnete Willensbildung** und Abstimmung der Gläubiger möglich ist (BGH NZI 2010, 734 Rn. 34). Es steht im pflichtgemäßen Ermessen des Insolvenzrichters, die Erörterung zeitlich zu begrenzen, damit eine Abstimmung noch stattfinden kann. Halten einzelne Beteiligte bestimmte Punkte für weiterhin diskussionsbedürftig, müssen sie ggfls. gegen den Plan stimmen, dürfen die Abstimmung aber nicht blockieren. Auch darf die Erörterung nicht um ihrer selbst willen verlängert werden, wenn sich eindeutige Mehrheiten abzeichnen (jeweils BGH NZI 2010, 734; Uhlenbruck/*Lüer/Streit* Rn. 28). Eine förmliche Verlesung des Insolvenzplans ist nicht erforderlich (HK-InsO/*Haas* Rn. 3; Uhlenbruck/*Lüer/Streit* Rn. 26; aA MüKoInsO/*Hintzen* Rn. 26). 7

2. Ablauf. Der Termin gliedert sich in verschiedene **Abschnitte** (HK-InsO/*Haas* Rn. 3; MüKoInsO/*Hintzen* Rn. 24 ff.): 8
- Aufruf zur Sache und protokollarische Feststellung der Erschienenen
- Vorstellung des Plans durch den Planverfasser und Erörterung (ggf. Änderung des Plans nach § 240)
- Erörterung des Stimmrechts der Beteiligten, Stimmrechtsfestsetzung (§§ 237–238) und Anfertigung der Stimmliste (§ 239)
- Abstimmung über den Plan nach §§ 243–246a und Zustimmung des Schuldners (§ 247)
- Feststellung des Abstimmungsergebnisses

Das Gericht hat sodann über die Bestätigung nach § 248 zu entscheiden und den Beschluss im Abstimmungstermin oder in einem alsbald – also nicht zwingend im Abstimmungstermin – zu bestimmenden besonderen Termin zu verkünden (§ 252 Abs. 1). 9

3. Plankonkurrenz. Liegen **mehrere Pläne** vor (auch → § 218 Rn. 10), sind sie **möglichst in demselben Termin** abzuhandeln, es sei denn, dass die Durchführung des zuerst vorgelegten Plans durch eine Verzögerung erschwert wird (Uhlenbruck/*Lüer/Streit* Rn. 7). Die Streichung der Vorschrift über einen zunächst ausdrücklich vorgesehenen einheitlichen Termin diente nur der redaktionellen Straffung (BT-Drs. 12/7302, 184). Ggf. ist ein bereits angesetzter Termin gem. § 227 ZPO zu vertagen. Davon sollte großzügig Gebrauch gemacht werden; denn die für eine Obstruktionsentscheidung wichtige Beurteilung einer unange- 10 messenen Beteiligung am Planmehrwert (§ 245 Abs. 1 Nr. 2) ist leichter zu treffen, wenn die denkbaren Planalternativen feststehen (→ § 218 Rn. 12, → § 245 Rn. 21 ff.). Die Verteilung auf verschiedene Termine ist unzweckmäßig, weil konkurrierende Pläne miteinander im Erörterungstermin verglichen werden sollten. Über jeden Plan ist gesondert abzustimmen (ausf. dazu: HK-InsO/*Haas* Rn. 10 f.; HambK-InsO/*Thies* Rn. 5). Die aus psychologischen Gründen wichtige Abstimmungsreihenfolge legt das Insolvenzgericht im Rahmen seiner Leitungsaufgabe (→ Rn. 7) fest, wobei die Gläubigerversammlung mit der nach § 76 Abs. 2 erforderlichen Mehrheit eine andere Reihenfolge beschließen kann (MüKoInsO/*Hintzen* Rn. 31; HK-InsO/*Haas* Rn. 14). **Angenommen** ist der Plan, der die **größere Mehrheit der Gruppen** auf sich vereinigt, falls für die Minderheit das Obstruktionsverbot eingreift, bei gleicher Gruppenmehrheit der Plan, der an dem Obstruktionsverbot nicht scheitert (aA FK-InsO/*Jaffé* Rn. 39; HambK-InsO/*Thies* Rn. 5: Gläubigerbeschluss über die Reihenfolge der Abstimmung und sodann einen weiteren über die Geltung eines von mehreren angenommenen Plänen. Das durchbricht jedoch die gruppenbezogene Willensbildung; HK-InsO/*Haas* Rn. 12 ff., § 248 Rn. 5: der Bestätigung aller Pläne, ggfs. ein erneutes Abstimmungsverfahren; MüKoInsO/*Eidenmüller* § 218 Rn. 201: Bestätigung mehrerer Pläne. Der erste rechtskräftige schließt die anderen aus). **Bei gleicher Gruppenmehrheit und** jeweils eingreifendem **Obstruktionsverbot** ist die **Forderungsmehrheit** (§ 76 Abs. 2) maßgebend, die allg. für Gläubigerversammlungen gilt. Die in § 244 Abs. 1 vorgesehene Kombination von Kopf- und Summenmehrheit für alle Gläubiger ist kein Kriterium zur Entscheidung der Plankonkurrenz, weil sie nur gruppenintern gilt. Wird der Bestätigungsbeschluss zugunsten eines Plans im Beschwerdewege aufgehoben, kann anschließend nicht der Plan mit der nächstliegenden Mehrheit bestätigt werden (FK-InsO/*Jaffé* Rn. 41), selbst wenn das Insolvenzgericht noch keine Versagungsentscheidung getroffen hat, weil sich die Verhältnisse inzwischen geändert haben könnten.

Verbindung mit dem Prüfungstermin

236 **Der Erörterungs- und Abstimmungstermin darf nicht vor dem Prüfungstermin stattfinden. Beide Termine können jedoch verbunden werden.**

1 Der Regelungsgehalt der Vorschrift erschöpft sich in der Aussage, dass der Erörterungs- und Abstimmungstermin (§ 235) nicht vor dem Prüfungstermin (§ 29 Abs. 1 Nr. 2) stattfinden darf, aber mit ihm verbunden werden kann. Der Prüfungstermin wiederum kann gemeinsam mit dem Berichtstermin (§ 29 Abs. 1 Nr. 1) stattfinden (§ 29 Abs. 2).

2 Bei größeren Insolvenzverfahren sollte von einer solchen **Terminkonzentration** Abstand genommen werden, weil die Forderungsprüfung geraume Zeit in Anspruch nimmt und davon wiederum die Stimmrechtsfestsetzung abhängt (§§ 237 ff.).

Stimmrecht der Insolvenzgläubiger

237 (1) [1] **Für das Stimmrecht der Insolvenzgläubiger bei der Abstimmung über den Insolvenzplan gilt § 77 Abs. 1 Satz 1, Abs. 2 und 3 Nr. 1 entsprechend.** [2] **Absonderungsberechtigte Gläubiger sind nur insoweit zur Abstimmung als Insolvenzgläubiger berechtigt, als ihnen der Schuldner auch persönlich haftet und sie auf die abgesonderte Befriedi-**

gung verzichten oder bei ihr ausfallen; solange der Ausfall nicht feststeht, sind sie mit dem mutmaßlichen Ausfall zu berücksichtigen.

(2) **Gläubiger, deren Forderungen durch den Plan nicht beeinträchtigt werden, haben kein Stimmrecht.**

I. Überblick

Mit der Erörterung und Festsetzung der Stimmrechte befassen sich die §§ 237–238a, und zwar § 237 für die Insolvenzgläubiger (einschließlich der Absonderungsberechtigten hinsichtlich des Ausfalls), § 238 für die Absonderungsberechtigten und § 238a für die Anteilsinhaber. Das Stimmrecht richtet sich nach der Planbetroffenheit, für die auf die **formelle Betroffenheit nach der Forderungshöhe** abgestellt wird, nicht auf die wirtschaftliche Betroffenheit im Vergleich zur Regelabwicklung. Sie spielt erst beim Obstruktionsverbot (§ 245) und Minderheitenschutz (§ 251) bzw. der Beschwerde (§ 253) eine Rolle. Für alle Beteiligten gilt, dass sie kein Stimmrecht haben, wenn ihre Rechte durch den Plan nicht beeinträchtigt werden (§§ 237 Abs. 2, 238 Abs. 2, 238a Abs. 2). Die Stimmrechte sind vor der Abstimmung in einem Verzeichnis festzuhalten (§ 239). 1

II. Stimmrechtsfeststellung

Die Vorschrift verweist zur Feststellung des Stimmrechts auf die allgemeine **Vorgehensweise in der Gläubigerversammlung** (§ 77). Ausgenommen sind nur die dortigen Sonderregelungen über die nachrangigen Insolvenzgläubiger (§ 77 Abs. 1 S. 2) und die Absonderungsberechtigten (§ 77 Abs. 3 Nr. 2), Letztgenannte deshalb, weil sie in der Gläubigerversammlung voll stimmberechtigt sind, im Planverfahren hinsichtlich ihres Absonderungsanspruchs jedoch nur, wenn in das Absonderungsrecht eingegriffen wird. 2

1. Insolvenzgläubiger. Ein Stimmrecht gewähren zunächst nur die nach § 174 **angemeldeten Forderungen** (§ 77 Abs. 1 S. 1). **Nachträgliche Anmeldungen,** die nach dem Ablauf der Anmeldefrist (§ 28 Abs. 1) erfolgt sind (§ 177 Abs. 1), sind hinsichtlich des Stimmrechts wie bestrittene Forderungen (§ 77 Abs. 2) zu behandeln (HK-InsO/*Haas* Rn. 3). Zulässig (und zweckmäßig) ist es, für sie einen nachträglichen Prüfungstermin anzusetzen, der taggleich unmittelbar vor dem Erörterungs- und Abstimmungstermin stattfindet (HambK-InsO/*Thies* § 236 Rn. 2). 3

Das **Stimmrecht** besteht unproblematisch, wenn die angemeldete Forderung weder vom Insolvenzverwalter noch von einem stimmberechtigten Gläubiger bestritten wurde (§ 77 Abs. 1 S. 1). Ein Bestreiten des Schuldners, das auch der Feststellung zur Tabelle nicht entgegensteht (§ 178 Abs. 1 S. 2), ist irrelevant. Im Fall des Bestreitens ist ein Stimmrecht zu bejahen, wenn sich im Erörterungstermin der Verwalter und die erschienenen stimmberechtigten Gläubiger über das Stimmrecht geeinigt haben. Sonst entscheidet das Insolvenzgericht (§ 77 Abs. 2 S. 1, 2; zu den Auswirkungen auf das Wiederaufleben der Forderung → § 256 Rn. 2 ff.). Auf Antrag des Verwalters oder eines erschienenen stimmberechtigten Gläubigers kann das Gericht diese Entscheidung ändern (§ 77 Abs. 2 S. 3). Nach neuem Recht sind ggf. auch die Anteilsinhaber stimmberechtigt (§ 238a). Die in § 77 Abs. 1 S. 1, Abs. 2 genannten Mitwirkungsbefugnisse stehen ihnen jedoch weder dem Wortlaut noch dem Sinn nach zu. Ebenso wenig wie der Schuldner die Stimmrechtsfestsetzung beeinflussen kann, dürfen es die an ihm beteiligten Mitglieder. 4

2. Nachrangige Insolvenzgläubiger. Für die nachrangigen Insolvenzgläubiger ist eine Gruppe nur zu bilden, wenn ihre Forderungen nicht mangels abwei- 5 chender Regelung im Plan als erlassen gelten (§§ 222 Abs. 1 Nr. 3, 225 Abs. 1). **Ohne Gruppenzugehörigkeit** sind sie an der Abstimmung **nicht beteiligt,** so dass es keiner Stimmrechtsfestsetzung bedarf (MüKoInsO/*Hintzen* §§ 237, 238 Rn. 6, 10). Den nachrangigen Gläubigern bleibt jedoch die Möglichkeit, die Verletzung ihrer Rechte iRd §§ 250, 251, 253 vorzubringen (HK-InsO/*Flessner* Rn. 12; Braun/*Braun/Frank* Rn. 8). Sollen sie eine Quote erhalten, muss das Insolvenzgericht sie vorher zur Anmeldung auffordern (§ 174 Abs. 3). Das Stimmrecht gilt dann auch auf die in § 77 Abs. 1 S. 1, Abs. 2 genannten Entscheidungen über ein streitiges Stimmrecht anderer Beteiligter (MüKoInsO/*Hintzen* §§ 237, 238 Rn. 6).

6 **3. Absonderungsberechtigte (Ausfallforderung).** Das Stimmrecht der absonderungsberechtigten Gläubiger (§§ 49–51) **spaltet sich** auf in das als **Insolvenzgläubiger** hinsichtlich ihres Ausfalls (§ 52 S. 2) und das als **Absonderungsgläubiger** hinsichtlich des Sicherungsrechts, falls darin eingegriffen wird (§ 238). Oftmals kann nur der geschätzte Ausfall zugrunde gelegt werden (Absatz 1 Satz 2 Hs. 2), da das Absonderungsgut im Zeitpunkt der Abstimmung noch nicht verwertet wurde oder nach dem Plan gar nicht verwertet werden soll. Bei der Höhe des Ausfalls gilt über Absatz 1 Satz 1 ebenfalls § 77 Abs. 1 S. 1, Abs. 2 entsprechend (HK-InsO/*Flessner* Rn. 6). Der Absonderungsgläubiger hat sein Recht und seinen (ggf. mutmaßlichen) Ausfall vor der Abstimmung gegenüber dem Verwalter anzugeben (HK-InsO/*Flessner* Rn. 6, § 238 Rn. 5; HambK-InsO/*Thies* §§ 237, 238 Rn. 7, 8; MüKoInsO/*Hintzen* §§ 237, 238 Rn. 25). Einigen sich Verwalter und Gläubiger nicht auf den Wert der Sicherheit, muss das Insolvenzgericht, im Wege der **Schätzung** entscheiden (HK-InsO/*Haas* Rn. 6; Uhlenbruck/*Lüer/Streit* Rn. 9). Das Absonderungsgut ist mit dem **Fortführungswert** anzusetzen, der der Plangestaltung zugrunde liegt (BT-Drs. 12/2443, 200; BGH NZI 2005, 619 [621]; Leonhardt/Smid/Zeuner/*Rattunde* Rn. 4; auch → § 238 Rn. 3). Ein darüber hinausgehender **Fortführungsmehrwert** (zum Begriff: → § 245 Rn. 23), den der Gläubiger bei einer Ablehnung des Plans nicht realisieren könnte, ist ohne Bedeutung. Ihm würde durch den überhöhten Ansatz in der Absonderungsgruppe eine Einflussmöglichkeit genommen, die er in einer Insolvenzgläubigergruppe effizient ausüben könnte. Maßgebend für die Höhe des Stimmrechts ist somit der im Plan vorgesehene Wert, mindestens jedoch der Liquidationswert.

7 **4. Altmassegläubiger bei Masseunzulänglichkeit.** Nach Anzeige der Masseunzulänglichkeit gelten gem. § 210a Nr. 1 die Vorschriften über den Insolvenzplan mit der Maßgabe, dass **an die Stelle der nicht nachrangigen Insolvenzgläubiger** die Altmassegläubiger nach § 209 Abs. 1 Nr. 3 treten. Für sie ist daher nach § 222 Abs. 1 S. 2 Nr. 2 analog eine eigene Gruppe zu bilden (→ § 222 Rn. 11 ff.). § 237 gilt für sie entsprechend.

8 Für die **nicht nachrangigen Insolvenzgläubiger** (§ 38) sieht der Wortlaut von § 222 bei Masseunzulänglichkeit zwar keine Ausnahme von der an sich zwingenden Gruppenbildung vor (*Zimmer* ZInsO 2012, 390 [395]). Da jedoch die Altmassegläubiger die Position der nicht nachrangigen Gläubiger einnehmen, müssen jene in den Nachrang rutschen mit der Rechtsfolge der §§ 222 Abs. 1 Nr. 3, 225 Abs. 1. Damit ist ihnen ein Stimmrecht nur beizumessen, wenn ihre Forderungen nicht als erlassen gelten sollen (→ § 222 Rn. 9, → § 225 Rn. 1).

III. Stimmrechtsausschluss bei fehlender Beeinträchtigung

9 Insolvenzgläubiger, deren Forderungen durch den Plan nicht beeinträchtigt werden, haben nach Absatz 2 kein Stimmrecht. Unter einer **Beeinträchtigung ist jede** im Plan vorgesehene **Verminderung des rechtlichen Gehalts einer**

Forderung zu verstehen (HK-InsO/*Haas* Rn. 7), wie sie beispielhaft in § 224 genannt ist und ua auch bei einem Debt-Equity-Swap nach § 225a Abs. 2 vorliegt. Der Eingriff kann sich auf die **verfahrensrechtliche Position** beschränken, indem bspw. ein Sicherungsrecht nicht verändert wird, wohl aber die Verwertung des Sicherungsguts gem. §§ 165 ff. Die **wirtschaftliche Gleichwertigkeit** des Ersatzes (zB hoher Zinssatz bei Beschränkung der Eingriffsintensität auf eine Stundung) ist anders als bei §§ 245, 251 **irrelevant** (HK-InsO/*Haas* Rn. 7). Gleiches gilt bei einem Auswechseln gleichwertiger Absonderungsgegenstände. Auch die Stundung (vgl. § 224) in Form der Wiederaufnahme des ursprünglichen Tilgungsplans eines Darlehens beeinträchtigt die Forderung (HambK-InsO/*Thies* §§ 237, 238 Rn. 3a; Uhlenbruck/*Lüer/Streit* Rn. 7), weil sich die verfahrensrechtliche Stimmbefugnis nach der Tabellenanmeldung richtet und hierfür die Fälligkeitsfiktion des § 41 Abs. 1 eingreift. Die schuldrechtliche Beurteilung ist insoweit unbeachtlich. Verzögert sich die Befriedigung der Forderung nur durch eine etwaige Aussetzung der Verwertung nach § 233, ohne dass im Plan eine Regelung vorgesehen ist, fehlt es an einer planbedingten Beeinträchtigung (HK-InsO/*Haas* Rn. 9; HambK-InsO/*Thies* §§ 237, 238 Rn. 3a).

IV. Rechtsmittel gegen die Stimmrechtsfestsetzung

Ein **Rechtsmittel** gegen die Entscheidung des Insolvenzgerichts über die Festsetzung eines streitigen Stimmrechts nach §§ 237 Abs. 1 S. 1, 77 Abs. 2 S. 2 ist **nicht gegeben** (§ 6 Abs. 1; BGH NZI 2009, 106 Rn. 8). Als unselbständige Zwischenentscheidung unterliegt sie auch nicht der Nachprüfung im Verfahren über die Planbestätigung gem. § 253 (BGH NZI 2009, 106 Rn. 10; ZInsO 2011, 280 Rn. 7). Das **Gericht kann** aber seine **Entscheidung** auf Antrag **ändern** (§ 77 Abs. 2 S. 3; dazu → § 77 Rn. 17 ff.). 10

Stimmrecht der absonderungsberechtigten Gläubiger

238 (1) [1] **Soweit im Insolvenzplan auch die Rechtsstellung absonderungsberechtigter Gläubiger geregelt wird, sind im Termin die Rechte dieser Gläubiger einzeln zu erörtern.** [2] **Ein Stimmrecht gewähren die Absonderungsrechte, die weder vom Insolvenzverwalter noch von einem absonderungsberechtigten Gläubiger noch von einem Insolvenzgläubiger bestritten werden. Für das Stimmrecht bei streitigen, aufschiebend bedingten oder nicht fälligen Rechten gelten die §§ 41, 77 Abs. 2, 3 Nr. 1 entsprechend.**

(2) **§ 237 Abs. 2 gilt entsprechend.**

I. Stimmrechtsfeststellung

Die Absonderungsrechte (§§ 49–51) werden durch den Plan nur berührt, wenn dies ausdrücklich bestimmt ist (§ 223 Abs. 1). Dann bilden die Absonderungsgläubiger eine oder mehrere Gruppen (§ 222 Abs. 1, 2). 1

Ihr **Stimmrecht** ist ebenso wie auch ihre Gruppenzugehörigkeit (→ § 222 Rn. 6), **aufgespalten:** soweit das Absonderungsrecht die gesicherte Forderung deckt, stimmen sie als **Absonderungsberechtigte** ab, hinsichtlich ihres Ausfalls (§ 52 S. 2) als **Insolvenzgläubiger,** wenn ihnen der Schuldner auch persönlich haftet. Nach Absatz 1 Satz 2 wird ein Stimmrecht gewährt, wenn das Absonderungsrecht dem Grunde und der behaupteten Höhe nach weder vom Verwalter noch von einem Absonderungsberechtigten oder einem Insolvenzgläubiger bestritten wurde. Ein Bestreiten des Schuldners ist ebenso wie beim Stimmrecht der Insolvenzgläubiger unbeachtlich. Gleiches gilt für ein Bestreiten durch die Anteils- 2 inhaber, auch wenn sie in den Plan gem. § 222 Abs. 1 Nr. 4 einbezogen werden. Sie können hinsichtlich der Gläubigerbelange nicht mehr Befugnisse haben als der Schuldner (dazu → § 237 Rn. 4). In der Eigenverwaltung kommt es zwar auf die Entscheidung des Schuldners an, nicht aber in seiner Schuldnerrolle, sondern in seiner Rolle als Verwalter (§ 270 Abs. 1 S. 2).

3 Ein formalisiertes Prüfungsverfahren wie für Insolvenzforderungen (§§ 174 f.) gibt es für Absonderungsrechte nicht. Deshalb verweist die Vorschrift im Gegensatz zu § 237 auch nicht auf § 77 Abs. 1 S. 1. Zur Feststellung der Stimmrechte hat der Absonderungsberechtigte sein Recht gegenüber dem Verwalter anzugeben (HambK-InsO/*Thies* §§ 237, 238 Rn. 8; aA MüKoInsO/*Hintzen* §§ 237, 238 Rn. 25). Es ist lt. Absatz 1 Satz 1 einzeln zu erörtern. Die Höhe des Stimmrechts ist nach hM am **Fortführungswert** des jeweiligen Sicherungsguts zu orientieren, wenn der Plan auf die Unternehmensfortführung gerichtet ist, ansonsten am Liquidationswert (BGH NZI 2005, 619; HK-InsO/*Haas* Rn. 7; HambK-InsO/*Thies* §§ 237, 238 Rn. 7). Da Fortführungseinzelwerte eine Fiktion sind, ist der Wert anzusetzen, auf dem der gestaltende Teil des Plans basiert und der einer etwaigen Obstruktionsentscheidung zugrunde zu legen ist (→ § 245 Rn. 26). Beim Ansatz eines höheren Fortführungsmehrwertes (zum Begriff → § 245 Rn. 23) würden dem Absonderungsberechtigten Stimmrechte genommen werden, die er stattdessen als Insolvenzgläubiger – falls ihm der Schuldner persönlich haftet – wirksam einsetzen könnte (→ § 237 Rn. 6).

4 Die Höhe des Stimmrechts richtet sich wie bei den Insolvenzforderungen vorrangig nach einer **Einigung zwischen dem Verwalter und allen** anwesenden (gesicherten und ungesicherten) **Gläubigern. Sonst entscheidet das Insolvenzgericht** (§ 77 Abs. 2 iVm Abs. 1 S. 3). Damit wird umgekehrt zugleich das Stimmrecht festgelegt, das dem absonderungsberechtigten Gläubiger als Insolvenzgläubiger zusteht. Es handelt sich um eine einheitliche Entscheidung (MüKo-InsO/*Hintzen* §§ 237, 238 Rn. 15). Das Bestreiten kann sich sowohl auf das Bestehen des Absonderungsrechts oder der gesicherten Forderung (§ 77 Abs. 3 Nr. 1) als auch auf dessen Wert (und somit spiegelbildlich auf die Höhe des Ausfalls) beziehen (HK-InsO/*Haas* Rn. 8).

5 Der **Verweis** in Absatz 2 **auf § 237 Abs. 2** beruht auf einem **Redaktionsversehen,** weil die Absonderungsgläubiger ohne Rechtsbeeinträchtigung keiner Gruppe angehören (HK-InsO/*Haas* Rn. 4; MüKoInsO/*Hintzen* §§ 237, 238 Rn. 14; aA Braun/*Braun/Frank* Rn. 9), während für Insolvenzgläubiger stets eine Gruppe zu bilden ist, auch wenn es an einem Stimmrecht mangels Beeinträchtigung fehlt.

II. Rechtsmittel gegen die Stimmrechtsfestsetzung

6 Wenn das Absonderungsrecht bestritten wurde und gem. § 77 Abs. 2 S. 2 das Gericht das Stimmrecht festsetzt, gilt der (eingeschränkte) Rechtsschutz wie bei § 237 (→ Rn. 10).

Stimmrecht der Anteilsinhaber[1]

238a (1) [1]**Das Stimmrecht der Anteilsinhaber des Schuldners bestimmt sich allein nach deren Beteiligung am gezeichneten Kapital oder Vermögen des Schuldners.** [2]**Stimmrechtsbeschränkungen, Sonder- oder Mehrstimmrechte bleiben außer Betracht.**

(2) **§ 237 Absatz 2 gilt entsprechend.**

[1] § 238a eingef. mWv 1.3.2012 durch G v. 7.12.2011 (BGBl. I S. 2582).

Übersicht

I. Normzweck, Verfassungsmäßigkeit

1 Während sich das Stimmrecht der Gläubiger nach der gesamten Forderung richtet, bemisst sich das der Anteilsinhaber „*allein*" nach der **Beteiligung am gezeichneten Kapital oder Vermögen,** unabhängig davon, ob darüber hinaus der Beteiligung zuzurechnende Vermögenspositionen bestehen, die keine Gläubigerrechte begründen. Stimmrechtsbeschränkungen, Mehrstimmrechte oder Sonderstimmrechte bleiben außer Betracht (BT-Drs. 17/5712, 33).

2 Zur **Begründung** heißt es in den Gesetzesmotiven, dass in der Insolvenz „*lediglich noch die Kapitalbeteiligung relevant sein*" kann (BT-Drs. 17/5712, 33). Das steht im Einklang mit dem insolvenzrechtlichen Verständnis des Gesellschafters als nach-nachrangigem Gläubiger (→ § 225a Rn. 3; BT-Drs. 17/5712, 30) und basiert auf dem insolvenzrechtlichen Verteilungsmodus, übersieht jedoch, dass den Gesellschaftern im Verhältnis untereinander nicht nur Vermögens-, sondern auch Mitverwaltungsrechte zustehen (→ § 225a Rn. 9 f., 35 ff., → § 245 Rn. 35; krit. auch Uhlenbruck/*Hirte* Rn. 3). Das vorrangige Ziel des Insolvenzplans bleibt zwar die optimale Gläubigerbefriedigung (→ § 217 Einführung Rn. 1), so dass die Mitverwaltungsrechte im **Verhältnis zu den Gläubigern** keine Schutzrechte der Gesellschafter begründen (*Hölzle* ZIP 2015, 80 [85]). Im **Verhältnis der Gesellschafter untereinander** hätte es hingegen dem Sanierungsanliegen des ESUG (BT-Drs. 17/5712, 18) besser entsprochen, für (Re-)Organisationsentscheidungen diesselben Mitwirkungsbefugnisse zu berücksichtigen, die auch außerhalb des Insolvenzverfahrens zu beachten sind. Gläubigerbelange werden dadurch nicht beeinträchtigt (zu Funktionsstörungen des kapitalorientierten Proportionalitätsprinzips außerhalb der Insolvenz s. *Seibt* ZGR 2010, 795 [831 ff.]) Die Verteilung der Stimmrechte nach der Kapitalquote ist als **Vereinfachung** gerechtfertigt (ähnlich *Madaus* ZIP 2014, 500 [504]), weil bei einer inhaltlichen Stimmausübungskontrolle nicht nur Rücksichtnahmepflichten der Mehrheit auf die Minderheit geprüft werden müssten, sondern auch umgekehrt Zustimmungspflichten der Minderheit.

3 Damit ist § 238a zugleich ein **gesetzliches Votum gegen eine Treuepflicht und** somit auch einen **Minderheitenschutz;** denn wenn noch nicht einmal die stärkste Verankerung der Treuepflicht – das Einstimmigkeitsprinzip im Personengesellschaftsrecht – gelten soll, kann sie bei Kapitalgesellschaften erst recht nicht zum Zuge kommen. Das gilt aber nur, soweit das Insolvenzrecht das Gesellschaftsrecht verdrängt. Das Recht des Schuldners zur Planvorlage gehört wie die Ausübung aller seiner verfahrensrechtlichen Befugnisse zum insolvenzfreien Bereich. Die Beschlussfassung richtet sich nach den gesellschaftsrechtlichen Vorschriften.

Ihre Verletzung hat auch Auswirkungen auf die Stimmrechtsausübung im Abstimmungstermin, aber nur im Verhältnis der Gesellschafter untereinander, nicht im Verhältnis zu den Gläubigern. Das Insolvenzgericht darf Verstöße wie bei einem Missbrauch der Vertretungsmacht nur berücksichtigen, wenn sie offenkundig (§ 291 ZPO) sind oder gegen ein gerichtliches Verbot verstoßen. Dass eine außerhalb der InsO stattfindende Beschlusskontrolle nicht vollständig vom Planverfahren verdrängt wird, zeigt die Zulässigkeit von Klagen der Schuldverschreibungsgläubiger gegen einen außerhalb des Planverfahrens beschlossenen Debt-Equity-Swap (§ 20 SchVG).

4 Die **Vermögensbeteiligung** an einem Verband ist **nicht** immer **identisch mit** der **Beteiligung am gezeichneten Kapital,** wenn ein solches ausgewiesen wird. Sie kann sowohl über (zB bei einer Liquidationspräferenz wegen höherer Beiträge zu den Rücklagen) als auch unter (zB nicht voll eingezahlte Einlagen) dem Anteil am Nennkapital liegen. Zur Vermeidung von Wertungswidersprüchen zwischen den einzelnen Verbandstypen ist bei der Auslegung dieser Stimmrechtsvorschrift darauf zu achten, dass die Beteiligung am Vermögen zu möglichst ähnlichen Ergebnissen führt wie die Beteiligung am gezeichneten Kapital (Uhlenbruck/*Hirte* Rn. 1). Orientierungspunkt sollte die wirtschaftliche Betroffenheit (vgl. Absatz 2, fehlende Betroffenheit schließt das Stimmrecht aus) sein, die für jedes Mitglied von seiner Beteiligung an einem etwaigen Liquidationserlös abhängt.

II. Einzelheiten

5 **1. GmbH.** In der GmbH richten sich die Stimmrechte regelmäßig, aber nicht zwingend (Baumbach/Hueck/*Zöllner* GmbHG § 47 Rn. 67) nach dem **Anteil am Stammkapital.** Stimmrechtsbeschränkungen, Sonder- oder Mehrstimmrechte sind zulässig, haben aber lt. Absatz 1 Satz 2 außer Betracht zu bleiben, so dass gem. § 47 Abs. 2 GmbHG jeder Euro eines Geschäftsanteils eine Stimme gewährt. Die **Einzahlung** des Stammkapitals ist – wie für das Stimmrecht außerhalb der Insolvenz (Baumbach/Hueck/*Zöllner* GmbHG § 47 Rn. 36, 66) – **nicht maßgebend.**

6 Für die **Anteilsinhaberstellung** ist **§ 16 Abs. 1 GmbHG** maßgebend: in die Gesellschaftergruppe gehören nur diejenigen Personen, die bis zum Abstimmungstermin in der zum Handelsregister eingereichten Gesellschafterliste eingetragen sind. Sie begründet eine unwiderlegbare Vermutung von der Person des Inhabers eines Geschäftsanteils (Baumbach/Hueck/*Fastrich* GmbHG § 16 Rn. 11). Zwar ist lt. § 16 Abs. 1 S. 2 GmbHG die Rechtshandlung eines noch nicht eingetragenen Erwerbers wirksam, wenn die Liste anschließend unverzüglich eingereicht wird. Dem Wortlaut nach muss es aber eine Rechtshandlung *„in Bezug auf das Gesellschaftsverhältnis"* sein, während die Beteiligung an einer Planabstimmung nicht nur gesellschaftsinterne Auswirkungen hat, sondern auch insolvenzverfahrensrechtliche. § 16 Abs. 1 S. 2 GmbHG wird überlagert von § 252, der eine Verkündung des Bestätigungsbeschlusses möglichst noch im Abstimmungstermin vorsieht. Deshalb ist für die Wirksamkeit der Stimmabgabe nur die **bis zur Beschlussverkündung vorliegende Gesellschafterliste** entscheidend. Möglich ist, dass das Insolvenzgericht die Verkündung wegen einer von den Anteilsinhabern avisierten Listenänderung auf einen alsbaldigen Termin vertagt. Hält die GmbH eigene Anteile, sind sie weder gesellschaftsrechtlich (Baumbach/Hueck/*Fastrich* GmbHG § 33 Rn. 24) noch insolvenzrechtlich stimmberechtigt, da die Schuldnerin auf das Planergebnis nur iRd § 247 Einfluss nehmen darf.

7 **2. Aktiengesellschaft.** Die Aktionärsstellung richtet sich bei Inhaberaktien nach dem **Inhaber der Urkunde** (zum Nachweis vgl. § 123 Abs. 3 AktG) und

bei Namensaktien nach der **Eintragung im Aktienregister** (§ 67 Abs. 2 AktG; vgl. → Rn. 5 zu Gesellschafterliste bei der GmbH). Das Stimmrecht ist in § 134 AktG geregelt. Sowohl Nennbetrags- als auch Stückaktien (§ 8 AktG) gewähren **je Aktie eine Stimme,** bei Nennbetragsaktien allerdings vorbehaltlich gleicher Nennbeträge (*Hüffer* AktG § 134 Rn. 2). Die gem. § 134 Abs. 1 S. 2 AktG für nicht börsennotierte Gesellschaften mögliche Stimmrechtsbegrenzung spielt im Planverfahren ausdrücklich keine Rolle (Absatz 1 Satz 2), so dass auch die in § 134 Abs. 1 S. 3 und 4 AktG geregelten Zurechnungen nicht zum Tragen kommen. Mit ihnen soll nur eine Umgehung der Stimmrechtsbeschränkung vermieden werden (*Hüffer* AktG § 134 Rn. 9 ff.). Sonderbeschlüsse gewisser Aktionäre (§ 138 AktG) sind gleichfalls nicht möglich (Uhlenbruck/*Hirte* Rn. 10), was allerdings nicht hindert, Inhaber unterschiedlicher Aktiengattungen in mehrere Gruppen aufzuteilen.

Im Gegensatz zur GmbH ist das **Stimmrecht** gesellschaftsrechtlich bei der AG 8
von einer vollständigen Leistung der Einlagen abhängig (**§ 134 Abs. 2 S. 1 AktG**). Insolvenzrechtlich kommt es lt. Absatz 1 Satz 1 auch bei der AG *„allein"* auf die Beteiligung am gezeichneten Kapital an und **hängt nicht von** der **Einlageleistung ab** (HambK-InsO/*Thies* Rn. 14). Umgekehrt gewähren eingezahlte, aber (noch, vgl. § 140 Abs. 2 AktG) stimmrechtslose **Vorzugsaktien volles Stimmrecht** (BT-Drs. 17/5712, 33; Uhlenbruck/*Hirte* Rn. 1).

3. Personengesellschaften. Die Personengesellschaften basieren nach dem 9
gesetzlichen Leitbild auf der Individualität ihrer Gesellschaft, so dass das (dispositive) Gesetz als Regelfall die Einstimmigkeit und hilfsweise die Kopfmehrheit vorsieht (§§ 709 Abs. 2 BGB, 119 Abs. 1, Abs. 2 HGB). Die Praxis orientiert sich jedoch meist an einem festen Kapitalkonto, auf dem die Pflichteinlage gebucht wird (Kapitalkonto I, vgl. MüKoHGB/*Priester* § 120 Rn. 101 ff.). Daneben gibt es regelmäßig ein Kapitalkonto II, auf dem Gewinne und Verluste, Einlagen und Entnahmen erfasst werden (MüKoHGB/*Priester* § 120 Rn. 105 f.) sowie schließlich ein Forderungskonto („Privatkonto"), auf dem sämtliche laufenden Geschäftsvorfälle erfasst werden, die sowohl aus dem Gesellschaftsverhältnis resultieren als auch aus einem mit Dritten vergleichbarem Leistungsverkehr (MüKoHGB/*Priester* § 120 Rn. 96 ff.). Der Beteiligung am Vermögen entspräche eine Addition sämtlicher Kapitalkonten, soweit dort Vorgänge societatis causa erfasst werden. Eine **Gleichbehandlung mit** der **GmbH** und **AG** wird jedoch nur erreicht, wenn auf das feste **Kapitalkonto I** abgestellt wird, weil es für dessen „Guthaben" nicht darauf ankommt, ob Einlagen geleistet sind und thesaurierte Gewinne dort nicht gutgeschrieben werden (aA Uhlenbruck/*Hirte* Rn. 22, der davon ausgeht, dass bei der Kapitalgesellschaft stehen gelassene Gewinne das Stimmrecht beeinflussen, was jedoch Satz 1 widerspricht). Zusätzliche Voraussetzung für eine dadurch beabsichtigte Gleichbehandlung ist allerdings, dass etwaige Forderungen aus Gesellschafterdarlehen gesondert als nachrangig iSv § 39 Abs. 1 Nr. 5 berücksichtigt werden. Ist das nicht der Fall, geht ein daraus etwa (§§ 237 Abs. 2, 225 Abs. 1) resultierendes Stimmrecht verloren, wenn es auch in der Anteilsinhabergruppe unberücksichtigt bleibt. Dann müssen die Darlehen das Stimmrecht in der Anteilseignergruppe erhöhen.

4. Genossenschaft. Das **Stimmrecht** richtet sich nicht **nach** dem Kopfprin- 10
zip des § 43 Abs. 3 S. 1 GenG, sondern nach den von jedem Genossen gehaltenen **Geschäftsanteilen** (§§ 7 f. GenG), unabhängig davon, in welcher Höhe darauf Zahlungen geleistet wurden (HambK-InsO/*Thies* Rn. 24; Kübler/Prütting/Bork/*Pleister* Rn. 12; aA Uhlenbruck/*Hirte* Rn. 15: (wohl) Kopfprinzip).

5. Nicht wirtschaftlicher Verein. Die Mitgliedschaft in einem Idealverein 11
beinhaltet üblicherweise **keine Beteiligung am Vereinsvermögen** (*Karsten*

Schmidt GesR § 24 IV). Mit Eröffnung des Insolvenzverfahrens wird der Verein aufgelöst (§ 42 Abs. 1 BGB). Fällt das Vereinsvermögen nicht an den Fiskus (§ 26 BGB), besteht der Verein im Liquidationsstadium fort (§ 47 BGB) und ist sogar ein Fortsetzungsbeschluss zulässig (*Karsten Schmidt* GesR § 24 VII), so dass nicht nur ein verfahrensbegleitender, sondern auch ein verfahrensbeendigender Insolvenzplan vollzogen werden kann.

12 Das Vermögen – genauer: der nach § 199 zu verteilende Überschuss – fällt an die zurzeit der Auflösung vorhandenen Mitglieder nur, wenn dies in den Statuten vorgesehen ist **(§ 45 BGB).** Dann richtet sich das Stimmrecht nach dem dafür maßgebenden Verteilungsschlüssel. Fällt es nicht an die Vereinsmitglieder, hätten sie nach dem Wortlaut des Absatz 1, der nur auf die Vermögensbeteiligung abstellt, kein Stimmrecht. Da aber den Anteilsinhabern ein Stimmrecht im Gegensatz zu den nachrangigen Gläubigern sogar bei Wertlosigkeit ihres Vermögenswertes zugesprochen wird, obwohl für sie ein Liquiditätsüberschuss unter keiner denkbaren Verwertungsalternative in Betracht kommt, um noch einen Rest an Mitverwaltungskompetenzen zu berücksichtigen, muss man den Vereinsmitgliedern ohne Vermögensbeteiligung ebenfalls eine **Stimme** entsprechend § 32 BGB zubilligen (Kübler/Prütting/Bork/*Pleister* Rn. 13; weitergehend: Uhlenbruck/*Hirte* Rn. 17: Mehrstimmrechte berücksichtigungsfähig).

13 **6. Ausländische Gesellschaften.** Das Stimmrecht der Gesellschaften ausländischen Rechts, über deren Vermögen im Inland ein Insolvenzverfahren eröffnet wird, weil sie hier den Mittelpunkt ihrer hauptsächlichen Interessen haben (vgl. **Art. 3 EuInsVO**), richtet sich ebenso wie bei den Gesellschaften deutschen Rechts **primär** nach dem **Anteil am gezeichneten Kapital,** soweit ein solches ausgewiesen wird, **ansonsten** nach dem **Anteil am Vermögen,** wobei auch hier im Gesellschaftsvertrag vereinbarte feste Kapitalverhältnisse – vergleichbar mit dem „Kapitalkonto I" bei Personengesellschaften – aus Gründen der Gleichbehandlung Vorrang haben sollen.

III. Abweichende Stimmrechtsvorschriften

14 **1. Zwingendes Insolvenzrecht. Absatz 1 Satz 1** ist für den Plan **zwingend,** weil lt. Satz 2 Stimmrechtsbeschränkungen, Sonder- und Mehrstimmrechte außer Betracht bleiben. Gemeint sind damit im Gesellschaftsvertrag bzw. der Satzung getroffene allgemeine Regelungen.

15 **2. Stimmverbote, Stimmbindungen. Verbandsrechtliche Stimmverbote** (§§ 34 BGB, 47 Abs. 4 GmbHG, 136 Abs. 1 AktG, 43 Abs. 6 GenG, entsprechend anwendbar bei Personengesellschaften, s. MüKoHGB/*Enzinger* § 119 Rn. 30 ff.) finden **keine Anwendung** (HambK-InsO/*Thies* Rn. 30; Kübler HRI/*Kolmann* § 40 Rn. 59; Uhlenbruck/*Hirte* Rn. 10), da die Zuweisung eines Stimmrechts für alle Beteiligte gerade voraussetzt, dass in eigene Rechte eingegriffen wird (§§ 237 Abs. 2, 238 Abs. 2, 238a Abs. 2), die eigene Betroffenheit also nicht zugleich das Stimmrecht ausschließen kann. Das gilt auch dann, wenn der Plan zugleich Regelungen über Anfechtungsansprüche gegen oder Verträge mit dem Anteilsinhaber enthält. Dadurch verändert sich nicht der Charakter des Plans als ein (multipolares) verfahrensrechtliches Instrument, das nicht nur ein Rechtsverhältnis zwischen Gesellschafter und Schuldnerin iSd §§ 34 BGB etc betrifft. **Stimmbindungsverträge** haben regelmäßig nur schuldrechtliche Wirkung zwischen den gebundenen Parteien (Baumbach/Hueck/*Zöllner* GmbHG § 47 Rn. 117; *Hüffer* AktG § 133 Rn. 26; MüKoHGB/*Enzinger* § 119 Rn. 38), so dass sie insolvenzrechtlich nicht zu berücksichtigen sind. Selbst wenn sie ausnahmsweise als Satzungsbestandteil (vgl. *Hüffer* AktG § 133 Rn. 26) oder als Vereinbarung zwischen allen Gesellschaftern (Baumbach/Hueck/*Zöllner* GmbHG

§ 47 Rn. 118) korporative Wirkung haben, spielen sie im Planverfahren keine Rolle, da maßgebend allein die Vermögensbeteiligung ist, nicht aber unabhängig davon getroffene Stimmrechtsabreden. Das gilt auch für eine sog **Vertreterklausel,** bei der mehrere Beteiligte einen gemeinsamen Vertreter für die Stimmrechtsausübung zwischenschalten müssen (MüKoHGB/*Enzinger* § 119 Rn. 54; Uhlenbruck/*Hirte* Rn. 28). Insolvenzrechtlich zwingend ist eine einheitliche Stimmabgabe nur, wenn das zugrunde liegende Recht mehreren gemeinschaftlich zusteht (§ 244 Abs. 2).

3. Stimmvollmachten. Das Stimmrecht steht den Mitgliedern **je nach Verbandstyp** entweder höchstpersönlich zu, so dass Vollmachten einer gesonderten Regelung bedürfen (MüKoBGB/*Schäfer* § 709 Rn. 77; MüKoHGB/*Enzinger* § 119 Rn. 19), oder die Bevollmächtigung ist prinzipiell zulässig (ua § 47 Abs. 3 GmbHG), kann aber gesellschaftsrechtlich eingeschränkt werden (Baumbach/Hueck/*Zöllner* GmbHG § 47 Rn. 29 f.; *Hüffer* AktG § 134 Rn. 23). Die **Beschränkung einer Vollmachtserteilung** ist hingegen wie jede andere Stimmrechtsbeschränkung nicht zu berücksichtigen (Uhlenbruck/*Hirte* Rn. 28), zumal ihr Zweck, die gesellschaftsinterne Willensbildung nicht durch Dritteinflüsse zu erschweren, im Insolvenzplanverfahren wegen der Einbeziehung aller Beteiligter einschließlich ihrer Berater in den Erörterungs- und Abstimmungstermin nicht mehr zu realisieren ist. **16**

IV. Stimmrechtsstreit

Ein Verfahren zur **Festsetzung streitiger Stimmrechte** für die Anteilsinhaber sieht § 238a im Gegensatz zu §§ 237 Abs. 1 und 238 Abs. 1 für die Gläubiger nicht vor. Eine Analogie zu § 77 Abs. 2, wonach im Streitfall die Einigung zwischen Gläubigerversammlung und Verwalter vorrangig ist, kommt nicht in Betracht, weil die Anteilsinhaberrechte nicht von den Gläubigern dominiert werden können. Sinnvoll ist eine Einigung zwischen Gesellschaftern und dem Verwalter (HambK-InsO/*Thies* Rn. 32; Uhlenbruck/*Hirte* Rn. 29). Zwar unterliegt die Mitgliedschaft nicht – wie die förmliche Feststellung einer Tabellenforderung – seiner Entscheidungsbefugnis. Bei einer Regelabwicklung müsste er jedoch gem. § 199 ebenfalls über den Bestand des Mitgliedschaftsrechts entscheiden. Kommt es zu keiner Einigung zwischen Gesellschaftern und Verwalter, entscheidet das Insolvenzgericht unanfechtbar über das Stimmrecht, soweit die Legitimationswirkung einer Gesellschafterliste (zur GmbH s. Baumbach/Hueck/*Fastrich* GmbHG § 16 Rn. 11) nicht ausreicht. **17**

V. Kein Stimmrecht ohne Beeinträchtigung (Absatz 2)

Absatz 2 (kein Stimmrecht ohne Beeinträchtigung) ist redundant, weil ohne Beeinträchtigung schon keine Anteilseignergruppe zu bilden ist. Zwar genügt es nach § 222 Abs. 1 Nr. 4 für die Bildung einer solchen Gruppe, dass die Anteilsrechte in den Plan einbezogen werden. Dann müssen sie aber auch vom gestaltenden Teil erfasst, ihre Rechtsstellung lt. § 221 mithin geändert werden (aA evtl. Uhlenbruck/*Hirte* Rn. 31), sei es auch nur durch einen Fortsetzungsbeschluss (Uhlenbruck/*Hirte* Rn. 32). **18**

Stimmliste[1]

239 **Der Urkundsbeamte der Geschäftsstelle hält in einem Verzeichnis fest, welche Stimmrechte den Beteiligten nach dem Ergebnis der Erörterung im Termin zustehen.**

1 Die Erörterung und Feststellung der Stimmrechte im Erörterungstermin endet mit der Aufstellung der **Stimmliste** durch den **Urkundsbeamten der Geschäftsstelle.** Da zu der im darstellenden Teil erläuterten Gruppenbildung (§ 222) auch die Vorlage einer nach Gruppen unterteilten Auflistung der stimmberechtigten Beteiligten gehört, bietet es sich an, dass das Gericht die Stimmliste an dieser Auflistung orientiert. Die Abstimmung kann erst nach Erstellung der Stimmliste durchgeführt werden. Forderungsanmeldungen, die danach eingehen, sind nicht mehr zu berücksichtigen (HK-InsO/*Haas* Rn. 1).

Änderung des Plans

240 **[1] Der Vorlegende ist berechtigt, einzelne Regelungen des Insolvenzplans auf Grund der Erörterung im Termin inhaltlich zu ändern. [2] Über den geänderten Plan kann noch in demselben Termin abgestimmt werden.**

Schrifttum: *Hiebert,* Zur verfahrensrechtlichen Behandlung von Planänderungen im Erörterungs- und Abstimmungstermin – zwischen Gläubigerautonomie und gerichtlicher Verfahrensleitung, ZInsO 2015, 113.

I. Normzweck

1 Der RegEInsO sah vor, dass etwaige Änderungen im Erörterungstermin anzukündigen und erst innerhalb einer vom Gericht gesetzten Frist zu vollziehen seien (BT-Drs. 12/2443, 54). Im Interesse der Beschleunigung wurde auf Empfehlung des Rechtsausschusses beschlossen, dass **Änderungen** noch **im Termin** vorgenommen und die Beteiligten darüber im sogleich stattfindenden Abstimmungstermin entscheiden können, ohne dass das Vorverfahren mit Niederlegung des Plans (§ 234) und Einholung von Stellungnahmen (§ 237) wiederholt werden muss (BT-Drs. 12/7302, 183).

II. Änderungsberechtigter

2 Zur Vornahme von Änderungen ist **nur der Planinitiator berechtigt,** dh entweder der Schuldner oder der Insolvenzverwalter (§ 218 Abs. 1 S. 1). Ob er Änderungen vornimmt, steht allein in seinem Ermessen (BGH NZI 2010, 734 Rn. 37). Handelt es sich um einen Verwalterplan im Auftrag der Gläubigerversammlung (§ 157 S. 2), kann sie den Verwalter noch im Erörterungstermin mit der Vornahme von Änderungen beauftragen (vgl. § 157 S. 3). Einer gesonderten Ladung (§ 74 Abs. 2) bedarf es dazu nicht, weil der Tagesordnungspunkt „Erörterung des Insolvenzplans“ auch Änderungen umfasst. Können die Änderungen nicht sofort formuliert werden, lässt § 74 Abs. 2 eine **Vertagung** ohne erneute Bekanntmachung und damit auch Ladung zu.

III. Änderungsumfang

3 Die Vorschrift erlaubt nur, ***„einzelne Regelungen“*** zu ändern. Selbst **Änderungen mit großer wirtschaftlicher Tragweite** (zB Quote von 30 % statt 60 %,

[1] § 239 geänd. mWv 1.3.2012 durch G v. 7.12.2011 (BGBl. I S. 2582).

HK-InsO/*Haas* Rn. 5) sind **zulässig,** wenn die Verhältnisse nicht so komplex sind, dass ein sachgerechtes Urteil noch im Termin nicht mehr möglich ist. Auch verfahrensbezogene Änderungen sind zulässig, zB hinsichtlich der Abstimmungsgruppen (Uhlenbruck/*Lüer/Streit* Rn. 5, 6; MüKoInsO/*Hintzen* Rn. 9; einschränkend: HK-InsO/*Haas* Rn. 5). Da das Vorverfahren (Stellungnahmen gem. § 232, Niederlegung gem. § 234) nicht wiederholt wird und die Beteiligten ihre Entscheidung über die neue Fassung somit nur begrenzt vorbereiten können, muss der **Kern des Plans** als Geschäftsgrundlage **erhalten bleiben** (BT-Drs. 12/7302, 183; aA MüKoInsO/*Hintzen* Rn. 14, 16; Braun/*Braun/Frank* Rn. 4; *Hiebert* ZInsO 2015, 113 [116 ff.]: selbst umfangreiche Änderungen zulässig). Maßgebend ist eine wertende Betrachtungsweise, ob die Änderungen so umfangreich sind, dass das Vorverfahren wiederholt werden sollte. Das hängt im Wesentlichen davon ab, ob nach dem Inhalt der bisher eingegangenen Stellungnahmen eine erneute Anhörung der in § 232 genannten Institutionen sinnvoll ist. Wenn nicht, genügt es, den Beteiligten bei größeren Änderungen eine Vorbereitungsfrist durch Vertagung entweder des Erörterungstermins oder auch nur des Abstimmungstermins zu gewähren. Eine vollumfängliche gerichtliche Inhaltskontrolle bleibt ohnehin gem. § 250 möglich.

Die **Änderungen** müssen **übersichtlich** bleiben, damit den Beteiligten ein verständiges Urteil möglich bleibt (HK-InsO/*Haas* Rn. 5; HambK-InsO/*Thies* Rn. 4; Uhlenbruck/*Lüer/Streit* Rn. 5). Wenn die Änderungen zur Folge haben, dass ein Beteiligter, der nach dem ursprünglichen Plan mangels Beeinträchtigung kein Stimmrecht hatte, nun einbezogen wird und deshalb **erstmalig** ein **Stimmrecht** erhält, ist er – sofern nicht anwesend – analog § 235 Abs. 3 zu laden. Das Gericht hat den Erörterungstermin dann zu vertagen (§§ 4 InsO, 227 Abs. 1 ZPO; HK-InsO/*Haas* Rn. 6; HambK-InsO/*Thies* Rn. 5). **4**

IV. Verfahren

1. Beginn der Änderungsmöglichkeit. Änderungen können schon **vor dem Erörterungstermin** vorgenommen werden, etwa nach Auswertung der Stellungnahmen (§ 232, Uhlenbruck/*Lüer/Streit* Rn. 4; MüKoInsO/*Hintzen* Rn. 6, 7; aA HambK-InsO/*Thies* Rn. 3; Leonhardt/Smid/Zeuner/*Rattunde* Rn. 12), so dass die geänderte Fassung von vornherein Gegenstand der Erörterung wird. Der Wortlaut sieht das zwar nicht vor. Es entspricht jedoch dem Eilbedarf des Planverfahrens. **5**

2. Ende der Änderungsmöglichkeit. Die Änderungsen erfolgen „*aufgrund der Erörterung im Termin*". Sie müssen nicht schon während des Termins vorgenommen werden, was nicht immer praktikabel ist, sondern können auch danach **bis zum Beginn der Abstimmung** erfolgen (MüKoInsO/*Hintzen* Rn. 6; aA HambK-InsO/*Thies* Rn. 8 sowie hier in der Vorauflage). Dazu bedarf es keines gesonderten Abstimmungstermins gem. § 241 (so aber Uhlenbruck/*Lüer/Streit* Rn. 4). Eine Vertagung (→ § 241 Rn. 2) genügt, weil es sich dann um Änderungen sogar innerhalb des einheitlichen Erörterungs- und Abstimmungstermins handelt. **6**

3. Aufgaben des Gerichts. Die Planänderung erfordert **keine** besondere **Zulassung durch das Gericht,** auch keine Einwilligung der anwesenden Stimmberechtigten (Haarmeyer/Wutzke/Förster/*Wutzke/Wenzel* Rn. 13; aA HK-InsO/*Haas* Rn. 7 f.; HambK-InsO/*Thies* Rn. 9). Eine Erfolgsprüfung, wie sie § 231 Abs. 1 Nr. 2 und 3 für den Schuldnerplan vorsieht, findet nicht mehr statt (Nerlich/Römermann/*Braun* Rn. 3b; Haarmeyer/Wutzke/Förster/*Wutzke/Wenzel* Rn. 13; so wohl auch: HK-InsO/*Haas* Rn. 2, 3; Leonhardt/Smid/Zeuner/*Rattunde* Rn. 5; aA MüKoInsO/*Hintzen* Rn. 4, 18). Wenn die Anforderun- **7**

gen des § 240 nicht eingehalten werden, ist gem. § 250 die Bestätigung zu versagen. Eine gleichwohl erteilte Bestätigung ist nach der Einschränkung des Beschwerderechts allerdings nicht mehr allein wegen einer Verletzung des § 250 angreifbar (→ § 250 Rn. 17).

8 **4. Auswirkung auf Dritte.** Für die **Erklärungen von Dritten,** die nach § 230 Abs. 2 für den Fall der Planbestätigung Verpflichtungen übernommen haben, ist zu prüfen, ob dies auch die Änderungen umfasst. Solange der ursprüngliche Plan im Kern erhalten bleibt, wird das regelmäßig der Fall sein, falls die Änderung nicht im unmittelbaren Zusammenhang mit der Verpflichtung steht.

Gesonderter Abstimmungstermin[1]

241 (1) [1] **Das Insolvenzgericht kann einen gesonderten Termin zur Abstimmung über den Insolvenzplan bestimmen.** [2] **In diesem Fall soll der Zeitraum zwischen dem Erörterungstermin und dem Abstimmungstermin nicht mehr als einen Monat betragen.**

(2) [1] **Zum Abstimmungstermin sind die stimmberechtigten Beteiligten und der Schuldner zu laden.** [2] **Dies gilt nicht für Aktionäre oder Kommanditaktionäre.** [3] **Für diese reicht es aus, den Termin öffentlich bekannt zu machen.** [4] **Für börsennotierte Gesellschaften findet § 121 Absatz 4a des Aktiengesetzes entsprechende Anwendung.** [5] **Im Fall einer Änderung des Plans ist auf die Änderung besonders hinzuweisen.**

I. Allgemeines

1 Während der RegEInso die **Trennung** von Erörterungs- und Abstimmungstermin noch als Regelfall vorsah (BT-Drs. 12/2443, 54), ist das im Gesetzgebungsverfahren durch § 241 zur **Ausnahme** geworden. Nach § 235 Abs. 1 S. 1 sollen Erörterung und Abstimmung in einem Termin stattfinden. Ergänzend bestimmt § 242, dass bei einer Trennung auch schriftlich abgestimmt werden kann.

II. Gesonderter Abstimmungstermin (Absatz 1)

2 In der **Praxis** lassen sich Erörterung und Abstimmung **schlecht trennen,** weil die Beteiligten in einem neuen Termin meist erneut Erörterungsbedarf haben. Als **Alternative** kommt eine **Vertagung** des einheitlichen Termins in Betracht (§ 74 Abs. 2). Sie hat zudem den Vorteil, dass noch Änderungen gem. § 240 vorgenommen werden können, was nach überwiegender Ansicht nur bis zum Ende des Erörterungstermins möglich ist (→ § 240 Rn. 6). Ob nur ein **gesonderter Abstimmungstermin** angesetzt wird, steht im **Ermessen des Gerichts,** allerdings soll dies nach Ansicht des Rechtsausschusses die Ausnahme sein (BT-Drs. 12/7302, 183), so dass vor der Abstimmung noch eine Erörterung möglich ist (BT-Drs. 12/7302, 183). Ein gesonderter Abstimmungstermin kann schon mit dem Erörterungstermin oder auch erst später während eines ursprünglich einheitlichen Erörterungs- und Abstimmungstermins (als Alternative zur Vertagung § 4 InsO, § 227 ZPO) anberaumt werden (HambK-InsO/*Thies* Rn. 2). Absatz 1 Satz 2 gibt vor, dass in diesem Fall zwischen Erörterungs- und Abstimmungstermin nicht mehr als ein Monat liegen soll.

3 **Teilnahmeberechtigt** sind – wie an jeder anderen Gläubigerversammlung – **die in §§ 74 Abs. 1, 235 Abs. 3 genannten Personen,** also insbes. die stimmberechtigten Beteiligten und der Schuldner, aber auch die nicht stimmberechtig-

[1] § 241 Abs. 2 neu gef. mWv 1.3.2012 durch G v. 7.12.2011 (BGBl. I S. 2582).

ten Gläubiger oder am Schuldner beteiligte Personen (Uhlenbruck/*Lüer/Streit* Rn. 16; HambK-InsO/*Thies* Rn. 6). Für die **am Schuldner beteiligten Personen** folgt das Teilnahmerecht daraus, dass sie im Abstimmungstermin (§ 251 Abs. 1 Nr. 1) einen Antrag nach § 251 stellen können (→ § 251 Rn. 9, → § 77 Rn. 14). Für den Minderheitenschutz kommt es auf die glaubhaft gemachte Schlechterstellung an, nicht auf die vom Planinitiator behauptete (fehlende) Betroffenheit. Der Insolvenzverwalter hat eine Teilnahmepflicht, auch wenn er den Plan nicht erstellt hat, weil das zur ordnungsgemäßen Insolvenzverwaltung (§ 60 Abs. 1 S. 2) gehört (MüKoInsO/*Hintzen* § 235 Rn. 25). Die Mitglieder des Gläubigerausschusses haben stets ein Teilnahmerecht, um ggf. noch letzten Klärungsbedarf befriedigen zu können.

IU gilt das Gleiche wie im einheitlichen Erörterungs- und Abstimmungstermin, so dass auf die dortigen Ausführungen unter → § 235 Rn. 7 ff. verwiesen werden kann. 4

III. Bekanntmachung, Ladung, Vertagung (Absatz 2)

Der gesonderte Abstimmungstermin ist öffentlich **bekannt zu machen.** § 235 Abs. 2 S. 1 gilt nicht nur für einen gemeinsamen Erörterungs- und Abstimmungstermin, sondern auch bei einer getrennten Anberaumung (aA Uhlenbruck/*Lüer/Streit* Rn. 11). Die Beteiligten und der Schuldner (aufgrund § 247) sind gem. Absatz 2 Satz 1 besonders zu laden. Anders als nach § 235 Abs. 3 bezieht sich die **Ladung** aber nur auf diejenigen **Beteiligten,** die **stimmberechtigt** sind. Die Ladung der übrigen in § 235 Abs. 3 S. 1 genannten Personen und Gremien ist nicht erforderlich, da die Erörterung bereits abgeschlossen ist. Eine förmliche Zustellung ist nicht notwendig. Das Gericht kann entsprechend § 8 Abs. 3 den Verwalter beauftragen, die Ladung durchzuführen (HambK-InsO/*Thies* § 235 Rn. 10; Uhlenbruck/*Lüer/Streit* Rn. 12). 5

Für **Aktionäre** und **Kommanditaktionäre genügt** die **öffentliche Bekanntmachung** (Absatz 2 Satz 2, 3). Für börsennotierte Gesellschaften ist nach dem Verweis von Absatz 2 Satz 4 auf § 121 Abs. 4a AktG die **Ladung** solchen **Medien zur Veröffentlichung zuzuleiten,** bei denen davon ausgegangen werden kann, dass sie die Information in der gesamten Europäischen Union verbreiten. 6

Wurde der Plan nach Vorlage durch den Planersteller geändert, ist **auf** die **Änderung hinzuweisen** (Absatz 2 Satz 5). Dies ist für diejenigen Beteiligten relevant, die im Erörterungstermin nicht anwesend waren und daher von den Änderungen ggf. keine Kenntnis haben. Der Hinweis genügt, ein Abdruck oder eine Zusammenfassung ist aber, anders als nach § 235 Abs. 3 S. 2, nicht zu übersenden (Uhlenbruck/*Lüer/Streit* Rn. 14). 7

Die **Bekanntmachung und Ladung unterbleiben, wenn** ein als einheitlicher Erörterungs- und Abstimmungstermin anberaumter Termin nur **vertagt wird** (§§ 235 Abs. 2 iVm 74 Abs. 2). Eine Vertagung unterscheidet sich von der Anberaumung eines neuen Termins durch die zeitliche Nähe, so dass nach der Verkehrsanschauung noch ein Verhandlungszusammenhang als gegeben angesehen werden kann (MüKoInsO/*Hintzen* Rn. 3 ff.). 8

IV. Verfahrensmängel

Verstöße gegen § 241 sind Verfahrensmängel, die einer Planbestätigung entgegenstehen, wenn sie einen wesentlichen Punkt betreffen (§ 250 Nr. 1). Daran fehlt es, wenn bei Ladungsmängeln die Beteiligten zum Termin erscheinen (Uhlenbruck/*Lüer/Streit* Rn. 13; → § 231 Rn. 21) oder erst im Termin anstatt schon in der Ladung auf zwischenzeitliche Planänderungen hingewiesen werden (Uh- 9 lenbruck/*Lüer/Streit* Rn. 13). Maßgebend für die Wesentlichkeit ist auch hier die Ergebnisauswirkung. Der unterbliebene Hinweis auf geringfügige Änderungen rechtfertigt eine Bestätigungsversagung genauso wenig wie fehlerhafte Ladungen nicht erschienener Beteiligter, deren Stimmabgabe das Ergebnis nicht beeinflusst hätte.

Schriftliche Abstimmung[1]

242 (1) **Ist ein gesonderter Abstimmungstermin bestimmt, so kann das Stimmrecht schriftlich ausgeübt werden.**

(2) [1]**Das Insolvenzgericht übersendet den stimmberechtigten Beteiligten nach dem Erörterungstermin den Stimmzettel und teilt ihnen dabei ihr Stimmrecht mit.** [2]**Die schriftliche Stimmabgabe wird nur berücksichtigt, wenn sie dem Gericht spätestens am Tag vor dem Abstimmungstermin zugegangen ist; darauf ist bei der Übersendung des Stimmzettels hinzuweisen.**

1 In einem gesonderten Abstimmungstermin (§ 241) ist die **schriftliche Abstimmung zulässig.** Ein Beschluss der Gläubigerversammlung oder ein Antrag eines Gläubigers ist nicht erforderlich (aA MüKoInsO/*Hintzen* Rn. 5). Das Gericht hat **kein Ermessen,** es muss die schriftliche Stimmabgabe berücksichtigen (HK-InsO/*Haas* Rn. 1; Uhlenbruck/*Lüer/Streit* Rn. 2). Dazu hat es gem. Absatz 2 jedem laut Stimmliste (§ 239) stimmberechtigten Beteiligten einen Stimmzettel zu übersenden. Auf § 241 Abs. 2 S. 2–4 wird kein Bezug genommen, dh auch Aktionäre oder Kommanditaktionäre erhalten einen Stimmzettel zugeschickt, wenn sie stimmberechtigt sind. In solchen Fällen ist es einfacher, einen einheitlichen Erörterungs- und Abstimmungstermin zu vertagen. Es steht jedem Beteiligten frei, am Termin teilzunehmen oder schriftlich abzustimmen (Uhlenbruck/*Lüer/Streit* Rn. 1; unklar: Leonhardt/Smid/Zeuner/*Rattunde* Rn. 3).

2 Das Gericht **versendet** den **Stimmzettel** mit einfachem Brief, praktischerweise zusammen mit der Ladung nach § 241 Abs. 2 S. 1 (soweit sie erforderlich ist). Es hat gem. Absatz 2 Satz 2 darauf hinzuweisen, dass die schriftliche Stimmabgabe nur berücksichtigt wird, wenn sie dem Gericht spätestens am Tag vor dem Abstimmungstermin zugegangen ist. Bleibt der Hinweis aus, sind auch nachträglich eingehende Stimmen zu berücksichtigen, ansonsten liegt ein Versagungsgrund nach § 250 Nr. 1 vor (HK-InsO/*Haas* Rn. 3; Uhlenbruck/*Lüer/Streit* Rn. 7; einschränkend MüKoInsO/*Hintzen* Rn. 8: Heilung durch Wiederholung der schriftlichen Abstimmung).

3 Findet der **Abstimmungstermin** an einem **Montag oder nach einem Feiertag** statt, reicht es, wenn der Stimmzettel am Tag des Abstimmungstermins eingeht (§ 4 InsO, § 222 Abs. 2 ZPO; AG Duisburg NZI 2003, 447 [448]). Wenn der Stimmzettel nicht unterschrieben ist, ist die Stimme ungültig; eine Übermittlung per Telefax ist zulässig (AG Duisburg NZI 2003, 447 [448] auch zu weiteren Formvoraussetzungen). Zum Widerruf der schriftlichen Stimmabgabe → § 243 Rn. 4.

Abstimmung in Gruppen[1]

243 **Jede Gruppe der stimmberechtigten Beteiligten stimmt gesondert über den Insolvenzplan ab.**

[1] § 242 Abs. 2 Satz 1 geänd. mWv 1.3.2012 durch G v. 7.12.2011 (BGBl. I S. 2582).
[1] § 243 geänd. mWv 1.3.2012 durch G v. 7.12.2011 (BGBl. I S. 2582).

I. Normzweck

1 Die Regelung ist eine notwendige **Konsequenz der in § 222 vorgesehenen Gruppenbildung.** Die Unterscheidung zwischen Gläubigern mit unterschiedlicher Rechtsstellung und unterschiedlichen wirtschaftlichen Interessen ist nicht nur für die Willensbildung von Bedeutung, sondern muss sich auch in getrennten Abstimmungen niederschlagen (BT-Drs. 12/2443, 208). Die Mehrheitserfordernisse innerhalb der Gruppen und im Verhältnis der Gruppen zueinander regeln die §§ 244 f.

II. Abstimmungsverfahren

2 Die einzelnen Gruppen stimmen **nacheinander** ab. Innerhalb der jeweiligen Gruppe erfolgt die Stimmabgabe mündlich (HK-InsO/*Haas* Rn. 2) aufgrund der Stimmliste (§ 239). Eine schriftliche Stimmabgabe sieht § 242 Abs. 1 nur für den gesonderten Abstimmungstermin vor, was allerdings im Zusammenhang mit dem dortigen Absatz 2 nur bedeutet, dass die Beteiligten nicht zu erscheinen brauchen. Erscheinen sie hingegen im Erörterungs- und Abstimmungstermin bzw. lassen sich vertreten, ist eine Stimmabgabe ebenfalls durch Stimmzettel zulässig (Uhlenbruck/*Lüer/Streit* Rn. 5), in Großverfahren sogar nowendig. Jeder Beteiligte hat pro Gruppe eine Kopfstimme, gehört er mehreren Gruppen an (zB Absonderungsberechtigter bei persönlicher Haftung des Schuldners für den Ausfall), kann er in jeder Gruppe einmal abstimmen (Uhlenbruck/*Lüer/Streit* § 244 Rn. 3; MüKoInsO/*Hintzen* Rn. 3).

3 Die Abstimmung wird durch das Gericht geleitet, die **Reihenfolge** der einzelnen Gruppen, in denen abgestimmt wird, steht in seinem **Ermessen** (HK-InsO/*Haas* Rn. 3; Uhlenbruck/*Lüer/Streit* Rn. 4; MüKoInsO/*Hintzen* Rn. 4), falls die Gläubigerversammlung keine andere Reihenfolge beschließt (HK-InsO/*Haas* Rn. 3; HambK-InsO/*Thies* Rn. 2). Jede einzelne Stimmabgabe (inkl. der Höhe der Forderung) sowie das Gesamtergebnis innerhalb der Gruppe sind im Protokoll festzuhalten. Eine geheime, nur dem Gericht bekannte Stimmabgabe ist wegen der Parteiöffentlichkeit des Verfahrens nicht zulässig.

III. Widerruf/Änderung der Stimmabgabe

4 Die einmal **abgegebene Stimme** ist **unwiderruflich** (HK-InsO/*Haas* Rn. 5; HambK-InsO/*Thies* Rn. 6; MüKoInsO/*Hintzen* Rn. 6; Uhlenbruck/*Lüer/Streit* Rn. 6). Die mündliche Stimme wird mit Äußerung im Termin abgegeben, die schriftliche mit Verlesung. Letzte kann vor der Verlesung im Termin noch mündlich korrigiert werden.

Erforderliche Mehrheiten[1]

244 (1) **Zur Annahme des Insolvenzplans durch die Gläubiger ist erforderlich, daß in jeder Gruppe**

1. **die Mehrheit der abstimmenden Gläubiger dem Plan zustimmt und**
2. **die Summe der Ansprüche der zustimmenden Gläubiger mehr als die Hälfte der Summe der Ansprüche der abstimmenden Gläubiger beträgt.**

(2) [1] **Gläubiger, denen ein Recht gemeinschaftlich zusteht oder deren Rechte bis zum Eintritt des Eröffnungsgrunds ein einheitliches Recht**

[1] § 244 Abs. 3 angef. mWv 1.3.2012 durch G v. 7.12.2011 (BGBl. I S. 2582).

gebildet haben, werden bei der Abstimmung als ein Gläubiger gerechnet. [2]Entsprechendes gilt, wenn an einem Recht ein Pfandrecht oder ein Nießbrauch besteht.

(3) **Für die am Schuldner beteiligten Personen gilt Absatz 1 Nummer 2 entsprechend mit der Maßgabe, dass an die Stelle der Summe der Ansprüche die Summe der Beteiligungen tritt.**

Schrifttum: *Frege/Nicht/Schildt,* Gläubigerrechte bei der Teilabtretung von Insolvenzforderungen, FS Kübler, 2015, 159.

Übersicht

I. Normzweck

1 Die Bestimmung regelt die **gruppeninterne Entscheidung,** wofür zwischen den Gläubigergruppen (Absatz 1) und der Anteilsinhabergruppe (Absatz 3) differenziert wird. In Absatz 2 ist normiert, dass mehrere Gläubiger bei gemeinschaftlicher Berechtigung für die Ermittlung der Kopfmehrheit nur als ein Gläubiger gerechnet werden.

II. Annahme durch die Gläubiger (Absatz 1)

2 **1. Zustimmung aller Gruppen. a) Aktive Gruppen.** Absatz 1 betrifft die Mehrheiten in den Gruppen der „*Gläubiger*". Damit sind die absonderungsberechtigten Gläubiger, die nicht nachrangigen Insolvenzgläubiger und die nachrangigen Insolvenzgläubiger gemeint (§ 222 Abs. 1 S. 2 Nr. 1–3). Der zur Abstimmung stehende Plan ist **angenommen,** wenn sich **jede Gruppe (Satz 1 Hs. 2) für den Plan** ausgesprochen hat. Kommt in nur einer Gruppe die erforderliche Mehrheit nicht zustande, ist der Plan gescheitert, es sei denn, dass die Zustimmung der ablehnenden Gruppe über § 245 ersetzt wird.

3 **b) Passive Gruppen.** Es steht der Zustimmung aller Gruppen nicht entgegen, wenn in einer Gruppe kein Berechtigter von seinem Stimmrecht Gebrauch macht (HK-InsO/*Haas* Rn. 3; HambK-InsO/*Thies* Rn. 3). Für diese Gruppe ist **keine Zustimmungsersetzung** nach § 245 zu prüfen. Sie bilden entgegen der hM sogar eine **„Zähl-Gruppe";** denn für passive Gruppen der nachrangigen Insolvenzgläubiger und Anteilseigner sieht das Gesetz ausdrücklich eine Zustimmungsfiktion vor, wenn sich kein Mitglied an der Abstimmung beteiligt (§ 246 Nr. 2). Zwar kommt es gem. § 245 Abs. 1 Nr. 3 auf die *„Mehrheit der abstimmenden Gruppen"* an. Es wäre jedoch eine überflüssige Förmelei, die Beteiligten zur Teilnahme am Abstimmungstermin zu zwingen, obwohl ihre Zustimmung schon qua lege als erteilt gilt. Ihre Passivität kann deshalb durchaus als konkludente Willensbekundung angesehen werden (aA BegrRegE InsO BT-Drs. 12/2443, 209;

Braun/*Braun/Frank* Rn. 21; HambK-InsO/*Thies* § 245 Rn. 19; HK-InsO/*Haas* § 245 Rn. 5; FK-InsO/*Jaffé* § 245 Rn. 2).

2. Berechnung der Forderungsmehrheit (Absatz 1 Nr. 1). Die erforderliche Mehrheit ist zustande gekommen, wenn die zustimmenden Gläubiger mehr als 50 % der Forderungen (Absatz 1 Nr. 1) ausmachen. Zum **Forderungskauf** über dem Quotenwert zur Erlangung der Abstimmungsmehrheit → § 226 Rn. 8. Für die nachrangigen Insolvenzgläubiger gilt ergänzend § 246. In das Ergebnis fließt wie bei jeder Gläubigerversammlung (vgl. §§ 57 S. 2, 76 Abs. 2) nur das Votum der *„abstimmenden"* Beteiligten ein. Reine Anwesenheit ist nicht entscheidend, weil passives Verhalten bei der Abstimmung nicht den Ausschlag geben soll (BT-Drs. 12/2443, 208). Deshalb zählen **Enthaltungen** weder bei der Summen- noch bei der Kopfmehrheit als abgegebene Stimme (HK-InsO/*Haas* § 243 Rn. 2, Rn. 5; HambK-InsO/*Thies* Rn. 2; Rn. 3 Uhlenbruck/*Lüer/Streit* Rn. 2; MüKoInsO/*Hintzen* § 243 Rn. 4, § 244 Rn. 9). 4

3. Berechnung der Kopfmehrheit (Absatz 1 Nr. 2). Ein Gläubiger, dem **mehrere Forderungen** gegen den Schuldner zustehen, hat nur **eine Kopfstimme** (OLG Köln NZI 2001, 88 [90]; HK-InsO/*Haas* Rn. 5; Uhlenbruck/*Lüer/Streit* Rn. 4). Das betrifft **auch Rückgriffsgläubiger,** auf die die Forderungen verschiedener Gläubiger kraft Gesetzes übergegangen sind, wie zB die Bundesagentur für Arbeit oder den PSV (HK-InsO/*Haas* Rn. 5; HambK-InsO/*Thies* Rn. 6; *Grub* FS Ganter, 2010, 3 [7]; aA *Wohlleben* Kölner Schrift InsO, 2. Aufl. 2000, 1655, Rn. 50 ff.); denn mit der Kopfstimme sollen Interessenunterschiede berücksichtigt und eine Beherrschung der Abstimmung durch „wirtschaftliche Macht" verhindert werden. Dieses Ziel würde ins Gegenteil verkehrt werden, wenn einem Gläubiger, der wegen der Ähnlichkeit der seine Forderungen begründenden Sachverhalte gleiche Interessen verfolgt, mehrere Kopfstimmen zustünden. Ist eine Person von mehreren Gläubigern hingegen nur bevollmächtigt worden, bleibt es bei der auf jeden einzelnen Gläubiger entfallenden Kopf- und Forderungsstimme. Umgekehrt kann eine Forderung auf mehrere Gläubiger durch Teilabtretung verteilt werden und auf diese Weise mehrere Kopfstimmen gewähren (aA Uhlenbruck/*Lüer/Streit* Rn. 6). 5

4. Mehrfachzugehörigkeit. Wer **in mehreren Gruppen beteiligt** ist, kann in jeder einzelnen Gruppe eigenständig abstimmen, unabhängig davon, wie er in einer anderen gestimmt hat (HK-InsO/*Haas* Rn. 4; HambK-InsO/*Thies* Rn. 5; Uhlenbruck/*Lüer/Streit* Rn. 3 ff.; MüKoInsO/*Hintzen* Rn. 10; Leonhardt/Smid/Zeuner/*Rattunde* Rn. 7). Gruppenintern ist eine Aufspaltung in Kopf- und Summenstimme nicht möglich, da es nur eine und nicht zwei Abstimmungen gibt. Ist ein **Vertreter** von mehreren Gruppenmitgliedern bevollmächtigt, muss er für **jeden Vollmachtgeber gesondert** stimmen. Auch derselbe Gläubiger darf unterschiedlich stimmen, im Gegensatz zum Bevollmächtigten mehrerer Gläubiger aber nur dann, wenn ihm Stimmrechte in verschiedenen Gruppen zugeordnet werden (Uhlenbruck/*Lüer/Streit* Rn. 3 ff.). 6

III. Gläubiger mit gemeinschaftlichem Recht/Pfandrecht (Absatz 2)

Gem. **Absatz 2 Satz 1** werden Gläubiger, denen ein Recht gemeinschaftlich zusteht, bei der Abstimmung als ein Gläubiger gerechnet. Das Gleiche gilt, sofern ihre Rechte bis zum Eintritt des Eröffnungsgrundes ein einheitliches Recht gebildet haben. Dadurch soll verhindert werden, dass gemeinschaftliche Rechte in der Krise zur Erhöhung der Kopfzahl aufgespalten werden. 7

Gemeinschaftlich Berechtigte sind zB Gesellschafter einer GbR (§§ 718, 719 BGB), Gesamthandsgläubiger (§ 432 BGB), Gesamtgläubiger (§ 428 BGB), 8

Miterben (§ 2032 BGB) oder Ehepaare bei Gütergemeinschaft (§ 1416 BGB). Auch die Mitglieder eines Sicherheiten-Pools haben insgesamt nur eine Kopfstimme (HambK-InsO/*Thies* Rn. 8; Uhlenbruck/*Lüer/Streit* Rn. 6; MüKoInsO/*Hintzen* Rn. 11; Leonhardt/Smid/Zeuner/*Rattunde* Rn. 8), falls sie ihre Rechte in den Pool eingebracht haben und nicht nur koordiniert über Vollmachten und interne Sicherheitenabgrenzung (→ § 51 Rn. 24 ff.) verfolgen. Nach Absatz 2 Satz 2 gilt Entsprechendes, wenn an einem Recht ein **Pfandrecht** oder **Nießbrauch** besteht. Die Stimme des Inhabers der Forderung und des Pfandrechtsgläubigers bzw. Nießbrauchsberechtigten wird daher ebenfalls nur einmal gerechnet. Absatz 2 gilt für Gesamtgläubiger und *„ähnliche Sondersituationen"* (BegrRegE BT-Drs. 12/2443, 208). Er findet keine Anwendung, wenn sich eine Forderung durch **Teilabtretung** auf mehrere Gläubiger verteilt (aA Uhlenbruck/*Lüer/Streit* Rn. 6; *Frege/Nicht/Schildt* FS Kübler, 2015, 159 [166 ff.], die ohne einheitliche Stimmabgabe sowohl die Kopf- als auch die Summenstimme für unbeachtlich halten, was auf die Unwirksamkeit eines Widerspruchs als Voraussetzung für einen Minderheitenschutzantrag oder eine Beschwerde ausstrahlt). Eine Forderungsanmeldung kann jedoch bis zur Feststellung der Forderung zurückgenommen werden. Erst die Feststellung entfaltet Rechtskraftwirkung (→ § 174 Rn. 44, → § 178 Rn. 19). Die Grenze ist die unlautere Herbeiführung der Plannannahme (§ 250 Nr. 2). Sie ist überschritten, wenn die Teilabtretung einem Stimmenkauf gleichkommt (→ § 226 Rn. 8), nicht aber, wenn bspw. die Forderung deshalb aufgeteilt ist, weil nur ein Höchstbetrag versichert ist und der Rest beim Lieferanten verbleibt. Beide sind unabhängig voneinander berechtigt, ihre Interessen in das Abstimmungsergebnis einfließen zu lassen.

9 **Uneinigkeit** ist **als Stimmenthaltung zu werten** (HK-InsO/*Haas* Rn. 10; HambK-InsO/*Thies* Rn. 9; MüKoInsO/*Hintzen* Rn. 18). Maßgebend für die Einigung sind die für das jeweilige Innenverhältnis der Berechtigten geltenden Vorschriften, die das Insolvenzgericht im Streitfall nicht zu klären hat, es sei denn, dass die Tatsachen unstreitig sind und es nur um die rechtliche Würdigung zB bei der Vertretungsbefugnis geht.

IV. Annahme durch die Anteilsinhaber (Absatz 3)

10 Werden die **Gesellschafter des Schuldners** in den Plan einbezogen (**§ 222 Abs. 1 Nr. 4**), ist nur die **Mehrheit der** nach § 238a berechneten **Stimmen** erforderlich, wobei es auch hier nur auf die abstimmenden Mitglieder ankommt. Anders als bei den Gläubigergruppen bedarf es keiner Kopfmehrheit, da auch gesellschaftsintern üblicherweise nur die Kapitalmehrheit entscheidet (BT-Drs. 17/5712, 34). Deshalb spielt auch Absatz 2 bei gemeinschaftlicher Berechtigung an einer Beteiligung keine Rolle. Die Berechtigten müssen sich jedoch nach Maßgabe des jeweiligen Gesellschaftsrechts auf ein Stimmverhalten verständigen (vgl. zur GmbH: Baumbach/*Hueck/Zöllner* GmbHG § 47 Rn. 20). Sonderrechte auf Zustimmung einzelner Gesellschafter werden nicht berücksichtigt. Ergänzend gilt für die Gesellschafter die Regelung in § 246a.

11 Von dem planverfahrensrechtlichen Stimmrecht sind **Stimmbindungen** zu unterscheiden, die außerhalb des Insolvenzverfahrens zwischen den Gesellschaftern bestehen. Sie bleiben zwar lt. § 238a Abs. 1 S. 2 außer Betracht. Das betrifft jedoch nur das verfahrensrechtliche **Außenverhältnis.** Damit ist nicht ausgeschlossen, dass das **Innenverhältnis** die Stimmabgabe beeinflusst, was das Insolvenzgericht wie einen Missbrauch der Vertretungsmacht nur bei Evidenz berücksichtigen kann, insbes. wenn ein (vorläufig vollstreckbarer) Titel vorliegt. Die überwiegende Meinung hält eine Einwirkung von außerhalb der verfahrensrechtlichen Position bestehenden Rechtsbeziehungen insbes. aufgrund einer Treuepflicht für unzulässig (OLG Frankfurt a. M. NZI 2013, 978; *Thole* ZIP 2013,

1937 ff.; *Hölzle* ZIP 2015, 83 [85]; *ders.* ZIP 2014, 1819 [1820 ff.] MüKoInsO/*Eidenmüller* § 225a Rn. 79; HK-InsO/*Haas* § 225a Rn. 8), was jedoch nicht zwingend ist (*Schäfer* ZIP 2013, 2237 [2242 f.]; *Stöber* ZInsO 2013, 2457 [2463 ff.]; *Spliedt* ZInsO 2013, 2155). Zweifel sind nicht nur im Verhältnis zwischen Gesellschaftern angebracht. Eine Stimmbindung kann auch zwischen Gläubigern bestehen, die eine Sanierungsvereinbarung getroffen haben. Sie wird mit Insolvenzeröffnung nicht gem. § 134 BGB nichtig. Die Erfüllungsansprüche sind weiterhin durchsetzbar, ggfls. auch im Wege des einstweiligen Rechtsschutzes. Nicht anders ist es im Verhältnis der Gesellschafter untereinander, nur mit dem Unterschied, dass sich die (Treue-)pflichten nach Verfahrenseröffnung ändern (*Stöber* ZInsO 2013, 2457 ff.). Versuchen aber einige Gesellschafter einen nicht abgestimmten Insolvenzplan als Schuldnerplan durchzusetzen, sollte die übergangene Minderheit eine vorbeugende Reaktionsmöglichkeit haben (vgl. → § 225a Rn. 38; *Spliedt* ZInsO 2013, 2155). Eine einstweilige Anordnung nach § 32 BVerfGG kann jedoch nicht ergehen, weil jedenfalls die dafür erforderlichen schweren Nachteile aufgrund des vermögensbezogenen Schlechterstellungsverbots im Vergleich zur Regelabwicklung und dessen Kontrolle durch §§ 251, 253 nicht bestehen (BVerfG ZIP 2013, 2163; s. ergänzend die Begründung des BVerfG ZIP 2015, 80 zur Ablehnung einer einstweiligen Anordnung auf Verhinderung eines Planvollzugs).

V. Verfahren

Eine gesonderte **Feststellung des Abstimmungsergebnisses erfolgt nicht.** 12
Wenn der Plan nach § 244 angenommen wird (oder dies über §§ 245–246a fingiert wird) und der Schuldner nicht zu Recht widerspricht (§ 247), hat das Gericht den Plan nach § 248 zu bestätigen (unter Berücksichtigung der §§ 249, 250). Kommt es nicht zur Annahme des Plans, muss das Gericht die Bestätigung des Plans ablehnen.

Obstruktionsverbot[1]

245 (1) **Auch wenn die erforderlichen Mehrheiten nicht erreicht worden sind, gilt die Zustimmung einer Abstimmungsgruppe als erteilt, wenn**

1. **die Angehörigen dieser Gruppe durch den Insolvenzplan voraussichtlich nicht schlechter gestellt werden, als sie ohne einen Plan stünden,**
2. **die Angehörigen dieser Gruppe angemessen an dem wirtschaftlichen Wert beteiligt werden, der auf der Grundlage des Plans den Beteiligten zufließen soll, und**
3. **die Mehrheit der abstimmenden Gruppen dem Plan mit den erforderlichen Mehrheiten zugestimmt hat.**

(2) **Für eine Gruppe der Gläubiger liegt eine angemessene Beteiligung im Sinne des Absatzes 1 Nummer 2 vor, wenn nach dem Plan**

1. **kein anderer Gläubiger wirtschaftliche Werte erhält, die den vollen Betrag seines Anspruchs übersteigen,**
2. **weder ein Gläubiger, der ohne einen Plan mit Nachrang gegenüber den Gläubigern der Gruppe zu befriedigen wäre, noch der Schuldner oder eine an ihm beteiligte Person einen wirtschaftlichen Wert erhält und**

---

[1] § 245 Abs. 1 Nr. 1 geänd. durch G v. 19.12.1998 (BGBl. I S. 3836); Abs. 1 Nr. 1 und 2 geänd., Abs. 2 neu gef. und Abs. 3 angef. mWv 1.3.2012 durch G v. 7.12.2011 (BGBl. I S. 2582).

3. kein Gläubiger, der ohne einen Plan gleichrangig mit den Gläubigern der Gruppe zu befriedigen wäre, bessergestellt wird als diese Gläubiger.

(3) **Für eine Gruppe der Anteilsinhaber liegt eine angemessene Beteiligung im Sinne des Absatzes 1 Nummer 2 vor, wenn nach dem Plan**

1. kein Gläubiger wirtschaftliche Werte erhält, die den vollen Betrag seines Anspruchs übersteigen, und

2. kein Anteilsinhaber, der ohne einen Plan den Anteilsinhabern der Gruppe gleichgestellt wäre, bessergestellt wird als diese.

Schrifttum: *Flessner,* Sanierung und Organisation, 1982; *Jungmann,* Schlechterstellungsverbote im Insolvenzplanverfahren – Zum Verhältnis und Verständnis der §§ 245 und 251 InsO –, KTS 2006, 135; *Madaus,* Der Insolvenzplan, 2011, 254 ff.; *ders.*, Keine Reorganisation ohne die Gesellschafter, ZGR 2011, 749; *Niering,* Sozialplanansprüche als Stolperstein im Insolvenzplan, NZI 2010, 285; *Smid,* Stellung der Grundpfandrechtsgläubiger, Zwangsversteigerung und Schuldenreorganisation durch Insolvenzplan. Bemerkungen zu § 245 Abs. 1 Nr. 2 und Abs. 2 Nr. 2 InsO, FS Gerhardt, 2004, 931.

Übersicht

I. Überblick

1 **1. Normzweck.** § 245 ist neben dem Gruppenprinzip (§§ 222, 226, 243 f.) die **zentrale Norm des Insolvenzplanrechts.** Die Beschlusskontrolle via Obstruktionsverbot ist gleichsam der „Preis" dafür, dass die Entscheidung der Mehr-

heits-Mehrheit für alle Beteiligten verbindlich ist. Bei einer außergerichtlichen Sanierung gibt es de lege lata keine Pflicht der Gläubiger, auf Rechte zu verzichten und sich einer Mehrheitsentscheidung zu fügen (BGHZ 116, 319 „Coop"; aA *Eidenmüller* ZHR 160 (1996), 343 [354 ff.]), so dass **„Akkordstörer"** entweder eine zum Vorteil aller angebotene Regelung zu Fall bringen oder sich ihre Zustimmung teuer abkaufen lassen können („Trittbrettfahrer"). Erst das unter gerichtlicher Kontrolle stehende Insolvenzverfahren legitimiert die Unterordnung des Individualinteresses unter das Gesamtinteresse. Die **hohen Anforderungen** an Mindestquoten (§ 7 Abs. 1 VerglO) und Mehrheiten (§ 74 VerglO) ließen das Vergleichsverfahren nach **der VerglO** ein Schattendasein fristen. Die **InsO** schuf Abhilfe, indem sie die **Mehrheits-Mehrheit einführte.** Durch die Bildung von Abstimmungsgruppen (§ 244) kann eine Forderungsminderheit mit Hilfe des Obstruktionsverbots einen Insolvenzplan durchsetzen, wenn – nach dem Vorbild der Cram-down-Regel in Chapter 11 der US-amerikanischen Bankruptcy-Codes (BC) (dazu: MüKoInsO/*Drukarczyk* Rn. 2, 6 f., 78 ff.; *Smid/Rattunde/Martini* Insolvenzplan Rn. 18, 20 ff.; *Priebe* ZInsO 2011, 1676; grundlegend: *Flessner,* Sanierung und Reorganisation, 94 ff.; *Madaus,* Der Insolvenzplan, 112 ff.) – die ablehnenden Gläubiger kein berechtigtes Interesse (BT-Drs. 12/2443, 94; *„Schikaneverbot"*) an der Ablehnung haben. Vereinigen bspw. Banken 60 % der Forderungen auf sich, Lieferanten 25 % sowie Arbeitnehmer 15 % und werden daraus drei Gruppen gebildet, können 12,6 % der Gläubiger in der Lieferantengruppe und 7,6 % in der Arbeitnehmergruppe die Gruppenmehrheit herbeiführen (vorausgesetzt, dass auch jeweils die nach § 244 Abs. 1 Nr. 1 erforderliche gruppeninterne Kopfmehrheit gegeben ist). In diesem Beispiel können 20,2 % der Forderungen eine Gruppenmehrheit gegen eine ablehnende Bankengruppe und gegen die Minderheiten innerhalb der eigenen Gruppen (zusammen 79,8 % der Forderungen) zustande bringen. Voraussetzung ist, dass die Mehrheit der Gruppen mit dem Plan einverstanden ist („Aufgreifkriterium"). Nach dem InsOE sollte sogar eine Gruppenminderheit genügen (BT-Drs. 12/2443, 209; BT-Drs. 12/7302, 184), um fehlende Zustimmungen der Gruppenmehrheit bei einer Obstruktion zu ersetzen, was jedoch auf Betreiben des Rechtsausschusses geändert wurde (zur Legitimation einer Regelung, die es der Minderheit ermöglicht, die Mehrheit zu majorisieren: Gottwald InsR-HdB/*Koch/de Bra* §§ 66 Rn. 12 ff., 68 Rn. 49).

2. Materielle Voraussetzungen. Die materiellen Voraussetzungen für das Obstruktionsverbot sind nach **Absatz 1 Nr. 1** die Vermeidung einer Schlechterstellung im Vergleich zur Regelabwicklung und nach **Absatz 1 Nr. 2** die angemessene Beteiligung am Planergebnis, was in Absatz 2 und 3 konkretisiert wird. Voraussetzung für eine Obstruktionsentscheidung ist die Ablehnung des Plans durch eine Gruppe, während die Ablehnung durch einzelne Beteiligte erst beim Minderheitenschutz (§ 251) und bei der Beschwerde (§ 253) Bedeutung erlangt. Trotz der Gruppenentscheidung als Aufgreifkriterium betreffen die Obstruktionskriterien die individuelle Behandlung einzelner Beteiligter. Die Besserstellung einer gesamten Gruppe ist nicht erforderlich (zur gruppeninternen Besserstellung von Mitgliedern mit Zustimmung der übrigen → § 226 Rn. 5). 2

3. Verfahrensgang. Die **Zustimmungsersetzung** durch das Gericht bedarf weder eines Antrags, noch ist sie ein selbständiger rechtsmittelfähiger Beschluss. Vielmehr ist sie **Teil der** Entscheidung über die **Planbestätigung** (§ 248; aA HK-InsO/*Haas* Rn. 27: vorgelagerte Entscheidung), die möglichst im Abstimmungstermin oder, falls es noch Amtsermittlungen bedarf, in einem *„alsbald"* zu bestimmenden besonderen Termin getroffen und verkündet werden muss. Nur diese Bestätigung bzw. ihre Versagung ist rechtsmittelfähig (§ 253). Das Obstruktionsverbot ist zusammen mit der Inhalts- und Verfahrenskontrolle nach § 250 3 sowie dem Minderheitenschutz nach § 251 Teil eines einheitlichen Prüfungsvorganges.

4 **4. Bewertungen.** Das Obstruktionsverbot knüpft an die Verteilung der dem Schuldnervermögen anhaftenden Werte an. Die Liquidation ist keineswegs identisch mit der Zerschlagung eines Unternehmens und Verwertung einzelner Vermögensgegenstände. In Betracht kommt genauso eine **Gesamtveräußerung,** mit der ein **Fortführungswert** realisiert wird. Die für einen Asset-Deal ermittelbaren Fortführungswerte unterscheiden sich für Schuldner und Erwerber durch die jeweiligen Erfolgserwartungen (zB Synergieeffekte), Risikobereitschaften und konkurrierende Investitionsmöglichkeiten (zur Subjektivität der Bewertung s. *Großfeld,* Recht der Unternehmensbewertung, Rn. 146 ff.). Wären diese Faktoren bei Verkäufer und Käufer identisch und auch sämtliche Vermögensgegenstände übertragungsfähig, würde der Fortführungswert von dem realisierten Kaufpreis nur aufgrund der Transaktionskosten (zB GrESt, Kosten für Genehmigungen) abweichen. Wendet der Käufer sie zusätzlich auf, zahlt er mehr, übernimmt sie der Verkäufer, erhält er weniger als seinen Grenzpreis. In der Insolvenz wird es dem Käufer regelmäßig gelingen, die Transaktionskosten durch eine Minderung des Kaufpreises der Masse anzulasten, da eine Verwertungspflicht besteht, falls die Gläubigerversammlung nicht für eine Fortführung votiert (§ 159). Ist ein Unternehmen mangels Liquidität oder wegen eines Abwanderns von Mitarbeitern bzw. Kunden nur vorübergehend fortführbar, kann nicht mit langfristigen Einzahlungen aus der Betriebstätigkeit gerechnet werden, sondern nur noch mit „letzten" Einzahlungen aus der Ausproduktion und dem Substanzverkauf. Je stärker der Verkaufsdruck ist, umso mehr nähert sich der Fortführungswert einem Zerschlagungswert mit hoher Zerschlagungsintensität an. Der Wert, der über den Liquidations-(Fortführungs-)Wert hinaus mithilfe des Insolvenzplans bewahrt wird, bildet den **Planmehrwert.** Dieser Planmehrwert kann durch die Beseitigung des Verkaufsdrucks und va dann entstehen, wenn nicht alle Vermögensgegenstände übertragbar sind.

5 Für das Schlechterstellungsverbot (Absatz 1 Nr. 1) haben diese **Bewertungsparameter** Bedeutung, weil iRd Regelabwicklung die mögliche Fortführungsdauer, die Erlöserwartungen und der Wettbewerb der Interessenten zu prognostizieren sind. Komplexer ist die Betrachtung bei der Prüfung gem. Absatz 1 Nr. 2, ob die Angehörigen einer Gruppe angemessen am Planergebnis beteiligt werden. Dafür kommt es darauf an, ob Beteiligte etwas von dem Mehrwert „abgeben" müssen, der nur über den Plan zu realisieren ist. Dieselbe Frage stellt sich für die Anteilsinhaber, wenn es gem. Absatz 3 Nr. 2 darum geht, ob die fortführenden gegenüber den nicht fortführenden Gesellschaftern besser gestellt werden.

II. Generalsklausel des Absatz 1

6 Absatz 1 bestimmt allg. die **Voraussetzungen** des Obstruktionsverbots. Sie **müssen kumulativ erfüllt sein** (OLG Köln NZI 2001, 660 [662]). Für die Beurteilung kommt es allein auf eine **wirtschaftliche Betrachtungsweise** an (LG Traunstein NZI 1999, 461 [463]; HambK-InsO/*Thies* Rn. 6; HK-InsO/*Haas* Rn. 9, 17), da der Eingriff in Rechtspositionen gerade der Sinn des Plans ist (§§ 217, 237 Abs. 2).

7 **1. Schlechterstellungsverbot (Absatz 1 Nr. 1). a) Vergleich mit Regelabwicklung.** Das **Ergebnis der Regelabwicklung ist** den Beteiligten **„garantiert"** (BGH NZI 2007, 409 Rn. 7; 2009, 515 Rn. 12; 2011, 410 Rn. 9; WM 2012, 1640 Rn. 6). Ist es besser als das Planergebnis, kommt eine Zustimmungsersetzung nicht in Betracht. Maßgebend ist die **bestmögliche Verwertung** (→ § 60 Rn. 10; so auch bei der Anteilsbewertung außerhalb der Insolvenz:

Hachmeister/Ruthardt BB 2014, 427 [429]; *Schäfer/Wüstemann* ZIP 2014, 1757 [1759 f.]), allerdings nur diejenige, die bei der Regelabwicklung, nicht auch über einen Alternativplan durchführbar ist (HK-InsO/*Haas* Rn. 8). Für das Schlechterstellungsverbot ist das Planergebnis mit demjenigen ***„ohne einen Plan“*** zu vergleichen (missverständlich: BGH NZI 2005, 619; dazu → § 222 Rn. 23). Werden Alternativpläne vorgelegt, die jeweils eine Gruppenmehrheit finden, hat der **Plan mit der größeren Gruppenmehrheit** und – bei identischen Mehrheiten – mit der **größeren Summenmehrheit** die **breitere Legitimationsbasis** (→ § 218 Rn. 10). Erst wenn das Obstruktionsverbot für den Plan mit der größeren Legitimationsbasis an den Voraussetzungen des § 245 im Vergleich zur Regelabwicklung – nicht im Vergleich zum anderen Plan – scheitert, ist das Obstruktionsverbot für den nächsten Plan zu prüfen (s. Kübler/Prütting/Bork/*Spahlinger* § 218 Rn. 43 zur zusätzlichen Berücksichtigung von Kopf- und Summenstimmen; MüKoInsO/*Eidenmüller* § 218 Rn. 201: zeitliche Priorität; HK-InsO/*Haas* § 248 Rn. 5: Versagung der Bestätigung jedes Plans).

Das Schlechterstellungsverbot steht im **Konflikt zu § 123 Abs. 2 S. 2.** Danach gilt die Begrenzung von Sozialplanforderungen auf ein Drittel der Masse nicht, wenn ein Insolvenzplan zustande kommt. (Die in § 123 Abs. 1 vorgeschriebene Grenze von zweieinhalb Monatsverdiensten bleibt hingegen bestehen.) Diese Sonderregelung für die Regelabwicklung ist darauf zurückzuführen, dass § 5 SozplG schon in einer alten Fassung eine Beschränkung der Sozialplanforderungen im früheren Vergleichsverfahren nicht vorsah (*Niering* NZI 2010, 285 [286]). Das rechtfertigt jedoch **keine teleologische Reduktion des Absatz 1 Nr. 1** dahingehend, dass eine Schlechterstellung aufgrund höherer Sozialplanansprüche unbeachtlich ist. Vielmehr müssen die Beteiligten entscheiden, ob das Sozialplanvolumen wegen eines besseren Planergebnisses höher ausfallen soll. Ist das Planergebnis nicht entsprechend besser, hat jeder Beteiligte Anspruch auf das Regelergebnis. 8

b) Prognose. Der Vergleich zwischen der Plan- und der Regelabwicklung basiert auf einer Prognose. **Absatz 1 Nr. 1** verlangt, dass der Plan die Gruppenangehörigen *„voraussichtlich“* nicht schlechter stellt („best interest test“ im US-amerikanischen Recht, § 1129a (7) (A) (ii) BC). Voraussichtlichkeit bedeutet wie bei §§ 18 Abs. 2, 19 Abs. 2, 270 Abs. 2 Nr. 2 **überwiegende Wahrscheinlichkeit** (LG Mühlhausen NZI 2007, 724 [727]; HK-InsO/*Haas* Rn. 7; HambK-InsO/*Thies* Rn. 7). Die Subjektivität einer jeden Wahrscheinlichkeitsprognose (*Drukarczyk/Schüler* WPg 2003, 56 vs. *Groß/Amen* WPg 2003, 67) kann nicht dadurch reduziert werden, dass stattdessen eine *„vernünftige Chance“* (*Jungmann* KTS 2006, 135 [139 f.]) ausreicht, da dies sowohl für die Planerwartung als auch für die Planbedenken gelten kann. Dem Gesetz ist nicht zu entnehmen, dass die *„vernünftige Chance“* zulasten einer Schlechterstellung schwerer wiegt als eine gleichzeitig denkbare *„vernünftige Chance“* zugunsten einer Schlechterstellung. Wegen der Subjektivität ist die Entscheidung des Insolvenzgerichts zwar durch das Beschwerdegericht als Tatsacheninstanz überprüfbar, aber nur noch eingeschränkt im Rechtsbeschwerdeverfahren (BGH NZI 2007, 521 Rn. 9; 2012, 141 Rn. 2). 9

Ausgangspunkt der Beurteilung ist die **Machbarkeit des Plans** (Braun/*Braun/Frank* Rn. 4; Kübler HRI/*Becker* 2015, § 41 Rn. 36 f.; HK-InsO/*Haas* Rn. 12, der das nicht explizit, sondern durch einen Risikozuschlag berücksichtigen will; vgl. § 1129a (11) BC). Zwar ist es in erster Linie Sache der Beteiligten, über die Vorteilhaftigkeit des Plans zu entscheiden. Lehnen sie ihn aber ab, wofür lt. § 244 Abs. 1 die Ablehnung durch eine Gruppe genügt, muss das Gericht diese Vorteilhaftigkeitsprüfung durchführen. Dass ein Scheitern des bestätigten Plans später nur zum Wiederaufleben der Forderungen führt, steht der Prüfung nicht entgegen, weil es darum geht, ob eine Bestätigung gegen den Willen der dissentie- 10 renden Gruppe zu erteilen ist (Uhlenbruck/*Lüer/Streit* Rn. 11 m. Einschr. in → Rn. 12). Die Prognosesicherheit ist durch die Voraussichtlichkeit der fehlenden Schlechterstellung vorgegeben: Die Planprämissen müssen mit überwiegender Wahrscheinlichkeit realisierbar und die darauf aufbauenden Schlussfolgerungen plausibel sein. Sodann sind sämtliche wirtschaftlichen Nachteile mit sämtlichen wirtschaftlichen Vorteilen zu vergleichen, wobei sich die Ergebnisse gem. § 45 allein in Geld ausdrücken (*Grub* FS Uhlenbruck, 2000, 501 [509]). Nur beides zusammen – Gefahr des Scheiterns und darauf beruhende größere Nachteile als bei einer sofortigen Regelabwicklung – hindern die Zustimmungsersetzung. Beurteilungsgrundlage sind nur die Planregelungen, nicht auch Vorteile, die sich daraus erst mittelbar durch das (gewillkürte) Hinzutreten neuer Umstände für die Gruppenmitglieder ergeben. Insbes. spielt es keine Rolle, dass sie aus einer Vertragsfortsetzung neue Vorteile ziehen können.

11 Künftige **Entwicklungen** sind **mehrwertig** (vgl. MüKoInsO/*Drukarczyk* § 18 Rn. 25). Je weniger das „Gesetz der großen Zahl" wegen einer Vielzahl von Kunden für eine Vielzahl von Produkten eingreift, umso mehr müssen alternative Szenarien berücksichtigt werden. Allerdings ist auch die Beschleunigung des Verfahrens ein Vorteil für die Verfahrensbeteiligten. Um „Sachverständigenschlachten" zu vermeiden, müssen **Alternativrechnungen** nur angestellt werden, wenn es dafür einen besonderen sachlichen Grund gibt. Das ist zB der Fall bei Unternehmen mit langfristiger Fertigung für wenige (neue) Auftraggeber oder mit einem Schwerpunkt in der Forschung und Entwicklung, wenn die Zahlungen an Gläubiger von diesen Aufträgen oder Forschungsergebnissen abhängen. Den verschiedenen Szenarien müssen sodann **Eintrittswahrscheinlichkeiten** zugeordnet werden, um daraus eine Voraussichtlichkeit iSv Nr. 1 abzuleiten. Auch insoweit kann auf die Technik zur Unternehmensbewertung zurückgegriffen werden (IDW-Fn. 2008, 271 Rn. 80; *Großfeld* Unternehmensbewertung Rn. 441 ff.). Ist unklar (non liquet), ob es einen Plannachteil gibt, kommt eine Zustimmungsersetzung nicht in Betracht. Erst beim Minderheitenschutz, wenn die Hürde der Obstruktion genommen wurde, geht gem. § 251 Abs. 1 Nr. 2 das Prognoserisiko zulasten des Antragstellers. Judikatur zum Schlechterstellungsverbot im Insolvenzplanrecht gibt es seit der schon kurz nach Inkrafttreten der InsO ergangenen Entscheidung des LG Traunstein (NZI 1999, 461) kaum. Anders ist es bei der Zustimmungsersetzung zum Schuldenbereinigungsplan gem. **§ 309,** bei der ebenfalls die voraussichtliche Schlechterstellung zu prognostizieren ist. Die dortigen Grundsätze sind hier ergänzend zu berücksichtigen.

12 **c) Risikozins. Vergleichszeitpunkte** sind die mutmaßlichen Zahlungen bei einer Regelabwicklung (§§ 159, 165, 169 f. bei Absonderungsgut und §§ 187 Abs. 2, 196 bei Insolvenzquoten) mit den im Plan vorgesehenen Terminen. Verzögerungen sind durch einen **Zins** auszugleichen, bei dem auch das **Risiko** zu berücksichtigen ist (HK-InsO/*Haas* Rn. 12; MüKoInsO/*Drukarczyk* Rn. 52 ff.; aA Kübler HRI/*F. Becker* § 41 Rn. 34; Uhlenbruck/*Lüer/Streit* Rn. 19; LG Traunstein NZI 1999, 461 [463], das das Risiko bereits bei der Durchführbarkeit berücksichtigt. Der dem Gläubiger entgehende Wiederanlagezins muss jedoch risikoäquivalent sein.). Der einem Gläubiger durch die Verzögerung erwachsende Nachteil hängt von seiner persönlichen Investitionsalternative ab. Persönliche Besonderheiten spielen jedoch wegen des Gleichbehandlungsgebots gem. § 226 keine Rolle. Zur Bestimmung eines einheitlichen für mehrere Beteiligte mit unterschiedlichen Investitionsalternativen und Risikopräferenzen geltenden Zinssatzes kann auf die Überlegungen zur **Unternehmensbewertung** (aA Uhlenbruck/*Lüer/Streit* Rn. 19) zurückgegriffen werden (Bewertungsverfahren s. *Großfeld,* Recht der Unternehmensbewertung, Rn. 287 ff.; IDW-Grundsätze zur Durchführung von Unternehmensbewertungen, IDW-Fn. 2008, 271 Rn. 85 ff.).

Für die Insolvenzgläubiger wirkt eine **Quotenstundung** wie eine **mezzanine Finanzierung,** wenn im Plan Kredite gem. § 264 vorgesehen sind, gegenüber denen die Forderungen der Insolvenzgläubiger in einem Folgeverfahren nachrangig sind. Der Zins muss dann über dem für eine vorrangige Finanzierung liegen. Für die Gruppe der Absonderungsgläubiger sind fortbestehende Sicherheiten zu berücksichtigen, die bei entsprechender Werthaltigkeit auch Zinsen sichern (vgl. BGH NZI 2011, 247 zur Besicherung selbst nachrangiger Forderungen). 13

d) Durchschnittsbetrachtung bei Absonderungsrechten. Für die absonderungsberechtigten Gläubiger sind gem. **§ 222 Abs. 1 Nr. 1** hinsichtlich ihrer Absonderungsansprüche eine oder mehrere Gruppe(n) zu bilden, wenn in ihre Rechte eingegriffen wird. Ein Eingriff liegt vor, wenn eine von §§ 165 ff. abweichende Verwertung beabsichtigt ist (→ § 223 Rn. 1), was bei einer Unternehmensfortführung regelmäßig der Fall ist. Der Eingriff in Absonderungsrechte wirkt sich wirtschaftlich **bei jedem** einzelnen **Gegenstand unterschiedlich** aus. Die individuellen Besonderheiten bei der Gruppenbildung zu berücksichtigen, würde für fast jeden Sicherungsgläubiger eine eigene Gruppe erfordern (so *Bruns* KTS 2004, 1 [9 ff.] zu Grundpfandrechtsgläubigern). Der Wortlaut von § 222 Abs. 1 S. 1 knüpft jedoch nur an die **Vergleichbarkeit der Rechtsstellung** an, so dass bspw. Lieferanten mit der Art nach gleichartigen erweiterten Eigentumsvorbehaltsrechten zusammengefasst werden können (soweit die Lieferanten Aussonderungsrechte haben, sind diese Ansprüche außerhalb des Insolvenzverfahrens durchzusetzen, § 47). Die unterschiedliche wirtschaftliche Betroffenheit kann, muss aber nicht gem. § 222 Abs. 2 zu einer eigenen Gruppe führen. Entscheidend ist, ob eine **wirtschaftliche Durchschnittsbetrachtung** (§ 222 Abs. 2) zu einer sachwidrigen Ungleichbehandlung der einzelnen Gruppenmitglieder führt (→ § 222 Rn. 15 f.). Erhalten Warenlieferanten einen Prozentsatz vom Einkaufspreis, mag das für „Ladenhüter" ein Vorteil, für „Schnelldreher" ein Nachteil, im Durchschnitt aber besser als die Liquidation sein, so dass die wirtschaftliche Interessenlage die Zusammenfassung in einer Gruppe rechtfertigt. Eine **individuelle Schlechterstellung** ist **nur** iRd Minderheitenschutzes **gem. § 251 Abs. 1 Nr. 2 zu berücksichtigen.** Liegen hingegen individuelle Merkmale bei sämtlichen Gruppenmitgliedern vor, wie der nur jedem allein zustehende Antrag auf Versagung der Restschuldbefreiung, kann das schon iRd Gruppenablehnung berücksichtigt werden (aA AG Düsseldorf ZInsO 2008, 463). 14

e) Kein Ausgleich durch Kompensationsklausel. Absatz 1 Nr. 1 kennt **keine salvatorische Klausel** dahingehend, dass die Zustimmung der dissentierenden Gruppe als erteilt gilt, wenn Mittel bereitgestellt werden, um eine etwaige Benachteiligung im Vergleich zur Regelabwicklung auszugleichen. Sie wurde verschiedentlich im Plan für zulässig gehalten (*Madaus,* Der Insolvenzplan, 285 f.; Nerlich/Römermann/*Braun* Rn. 17; MüKoInsO/*Eidenmüller* § 221 Rn. 46 ff.). Da der Gesetzgeber eine solche Regelung aber nur beim Minderheitenschutz (§ 251 Abs. 3) bzw. beim Rechtsmittel (§ 253 Abs. 2 Nr. 3) vorgesehen und dort auch das Verfahren zur Klärung der Schlechterstellung geregelt hat, kann das Schweigen bei § 245 nicht mehr als eine planwidrige Gesetzeslücke angesehen werden, die im Wege der Rechtsfortbildung geschlossen werden darf (aA Kübler HRI/*Becker* § 41 Rn. 88 f.; Kübler/Prütting/Bork/*Pleister* Rn. 41; FK-InsO/*Jaffé* Rn. 41 ff. mit unklarer Abgrenzung zum Minderheitenschutz). Die Obstruktionsvoraussetzungen müssen zur Überzeugung des Gerichts vorliegen, so dass die Mitglieder der ablehnenden Gruppe keine Beweislast tragen. Anders ist es im Zahlungsprozess, in dem sie die Schlechterstellung nachweisen müssen. Außerdem kann eine „Gruppe" ihre Rechte aus einer solchen der Kompensation dienenden salvatorischen Klausel mangels Parteifähigkeit später nicht iRd §§ 251, 253 ein- 15 klagen. Die Initiativlast darf nicht dem einzelnen Gruppenmitglied aufgebürdet werden.

16 **2. Angemessene Beteiligung (Absatz 1 Nr. 2).** Als weitere Voraussetzung verlangt Absatz 1 Nr. 2 eine **angemessene Beteiligung** der Gruppenmitglieder **am wirtschaftlichen Wert,** der den Beteiligten auf der Grundlage des Plans zufließen soll. Das Kriterium entstammt der US-amerikanischen **absolute priority rule** (*Smid/Rattunde/Martini* Insolvenzplan Rn. 18.60, 18.65, 18.71; grundlegend zur Rechtsentwicklung: *Flessner,* Sanierung und Reorganisation, 94 ff.), die einen Plan für „fair and equitable" (§ 1129b (1) BC) hält, wenn kein nachrangiger Gläubiger etwas erlangt, solange vorrangige Gläubiger nicht voll befriedigt werden (§ 1129b (2) (B) (ii) BC). Der Maßstab wird **durch Absatz 2 für die Gläubiger und** durch **Absatz 3 für die Anteilseigner konkretisiert.**

17 Die dortigen **Kriterien** können entgegen der hM (HK-InsO/*Haas* Rn. 18; HambK-InsO/*Thies* Rn. 8; zurückhaltender jetzt Uhlenbruck/*Lüer/Streit* Rn. 22) **nicht abschließend** sein, soweit es Vorteile des Schuldners betrifft; denn im Gegensatz zum US-amerikanischen Recht, das allein auf das Rangverhältnis von Ansprüchen abstellt (*Wittig* ZInsO 1999, 373 [376]), verbietet Absatz 2 Nr. 2 jeden Vorteil des Schuldners. Bei wörtlicher Anwendung würde das dem Schuldner jede Motivation für einen Insolvenzplan nehmen und damit der Gläubigermehrheit die Gestaltungsmöglichkeit des Insolvenzplans als einem der wesentlichen Ziele der InsO versperren, falls eine Minderheit den Plan ablehnt, obwohl sie davon im Vergleich zur Regelabwicklung keine Vorteile hat.

18 **3. Mehrheitserfordernis (Absatz 1 Nr. 3).** Absatz 1 Nr. 3 schreibt die formelle Legitimation des Insolvenzplans fest: die **Mehrheits-Mehrheit.** Eine Obstruktionsentscheidung als materielle Legitimation kommt nur in Betracht, wenn die **Mehrheit der Gruppen** dem Plan zugestimmt hat. Gibt es nur bis zu zwei Gruppen, ist § 245 unanwendbar. **Gruppenintern** bedarf es der in § 244 geforderten Kopf- (dort Absatz 1 Nr. 1) und Summenmehrheit (s. dort Absatz 1 Nr. 2) der an der Abstimmung teilnehmenden Gläubiger. Für die Anteilseignergruppe reicht hingegen die Summenmehrheit (→ § 244 Rn. 10). Eine gruppenübergreifende Forderungsmehrheit ist hingegen unbeachtlich. Bei der Gruppenmehrheit ist die tatsächliche Gruppenzustimmung erforderlich. Die **Fiktion des § 246** (so BegrRegE InsO bei BT-Drs. 12/2443, 209) soll nicht genügen, da sie keinen Mehrheitswillen bekundet. Gleiches soll für die nach **§ 246a** fingierte Zustimmung der Gruppe(n) der Anteilsinhaber gelten (HambK-InsO/*Thies* Rn. 19; FK-InsO/*Jaffé* Rn. 2; Braun/*Braun/Frank* Rn. 21; HK-InsO/*Haas* Rn. 5). Dem ist nicht zu folgen; denn es wäre eine überflüssige Förmelei, ihre Zustimmung nur dann bei Ermittlung der Gruppenmehrheit zu berücksichtigen, wenn sie auch tatsächlich an der Abstimmung teilnehmen, obwohl die Zustimmung ohnehin als erteilt gilt.

III. Angemessenheit für Gläubiger, Absatz 2

19 In **Absatz 2** wird die Angemessenheit eines Plans durch **drei Kriterien** konkretisiert: Das erste Kriterium der Überbefriedigung betrifft sämtliche Gläubiger, das zweite Kriterium der Rangwahrung das Verhältnis zu nachrangigen Beteiligten und das dritte Kriterium der Besserstellung schließlich die Gläubiger gleicher Rangordnung. **Alle drei Kriterien** müssen **kumulativ** erfüllt sein, um die fehlende Zustimmung einer Gruppe zu ersetzen (OLG Köln NZI 2001, 660; LG Göttingen NZI 2005, 41; HambK-InsO/*Thies* Rn. 4). Voraussetzung einer jeden Prüfung des Absatz 2 ist, dass die dissentierenden Gläubiger nicht voll befriedigt werden, weil ihnen anderenfalls kein Stimmrecht zusteht, mit dem gegen den Plan obstruiert werden könnte (§ 237 Abs. 2).

20 **1. Verbot der Überbefriedigung (Absatz 2 Nr. 1).** Kein Gläubiger darf wirtschaftliche Werte erhalten, die den vollen Betrag seines Anspruchs übersteigen. **Praktisch relevant** wird das Verbot weniger bei Überzahlungen – dann bestünde mangels Causa (→ § 257 Rn. 13) ein Erstattungsspruch – als vielmehr bei Sachleistungen **(„Nichtbargebote"),** bspw. durch die Übernahme von Absonderungsgegenständen (§ 168 Abs. 3) gegen eine zu geringe Anrechnung auf die Forderung. Ein weiteres Beispiel ist die Streckung der (Quoten-)auszahlung gegen einen unangemessen hohen Zinssatz, so dass der Barwert den Nominalwert der Forderung übersteigt. Wirtschaftlich am bedeutsamsten ist das Kriterium für eine Loan-to-own-Strategie, bei der Forderungen meist erheblich unter dem Nominalwert erworben werden, um sodann über einen Debt-Equity-Swap die Gesellschaft „zu übernehmen" und stille Reserven zu realisieren. Der Forderungskaufpreis ist für eine Beurteilung nach Absatz 2 Nr. 2 irrelevant, da es für den Gläubiger auf den „*Betrag seines Anspruchs*" ankommt. Ist die Beteiligung, die der Gläubiger via Debt-Equity-Swap an der Schuldnerin erwirbt, mehr wert als es dem Nominalbetrag seiner Forderung entspricht, liegt ein Verstoß gegen Absatz 2 Nr. 1 vor. Ob es dabei auf den Liquidations-, den Fortführungs- oder den Planmehrwert ankommt, ist für das Verbot der Überbefriedigung genauso zu beurteilen wie für das Gleichbehandlungsgebot gem. Absatz 2 Nr. 3 (→ Rn. 29 ff.). Ein Verstoß scheidet hingegen aus, wenn sich der Vorteil für den Gläubiger nicht aus dem Anspruch gegen den Schuldner ergibt, sondern aus sonstigen Maßnahmen wie bspw. der vorteilhaften Übernahme von Anteilen durch Einlagen ohne Debt-Equity-Swap (vgl. Sachverhalt bei LG Bonn ZInsO 2015, 43). Die gleichzeitige Gläubigerstellung ist unbeachtlich, falls kein verdeckter Stimmenkauf gem. § 226 Abs. 3 vorliegt.

21 **2. Rangwahrung (Absatz 2 Nr. 2). a) Keine Bevorzugung nachrangiger Gläubiger.** Das Gebot der Rangwahrung gilt für die **Verteilung des Planmehrwerts** (HK-InsO/*Haas* Rn. 20; MüKoInsO/*Drukarczyk* Rn. 18 ff.); denn wenn nur das Ergebnis der Regelabwicklung erzielt wird, bedeutet jede auf einen nachrangigen Gläubiger entfallende Zahlung die Benachteiligung eines vorrangigen Gläubigers, die schon vom Schlechterstellungsverbot des Absatz 1 Nr. 1 erfasst wird. Voraussetzung für die Ablehnung einer Zustimmungsersetzung ist, dass der Planmehrwert mit überwiegendender Wahrscheinlichkeit durch einen dann vorzulegenden Plan realisiert werden würde. Anderenfalls würde der verteilungsbedürftige Planmehrwert entfallen und mit einer Verweigerung der Zustimmungsersetzung nichts gewonnen werden. Dagegen lässt sich nicht einwenden, dass ungewiss ist, ob ein solcher Plan vorgelegt, sodann von einer Gruppenmehrheit akzeptiert und schließlich die etwaige Ablehnung durch eine Gruppenminderheit mit einer Obstruktionsentscheidung überwunden wird. Müsste ein Alternativplan als Vergleichsmaßstab stets ausscheiden, wären Absatz 1 Nr. 2 und Absatz 2 und 3 weitgehend überflüssig. Das Gericht muss die **Erfolgschancen für einen Alternativplan** in die Obstruktionsentscheidung einfließen lassen. Für die Prognosesicherheit gilt wie bei Absatz 1 Nr. 1 die Voraussichtlichkeit. Bleibt der Planmehrwert voraussichtlich durch einen verteilungsgerechteren Plan erhalten, darf eine Zustimmungsersetzung abgelehnt werden. Jeder Planinitiator wird unfaire Regeln durch Vorlage eines neuen Plans ändern, weil sonst die Planvorteile verloren gingen. Dementsprechend setzten schon die Motive zur InsO vor dem ESUG auf eine Verhandlungslösung durch Wettbewerb verschiedener Planvarianten (BT-Druck. 12/2443, 78 f.). Ein Insolvenzverwalter als Planinitiator ist sogar verpflichtet, einen Planmehrwert zu nutzen. Sowohl ihm als auch dem Schuldner in der Eigenverwaltung kann die Gläubigerversammlung in einem **Auftragplan** Eckwerte vorgeben (→ § 218 Rn. 10). Häufig wird das Gericht von Überlegungen zu konkurrierenden Plänen erfahren und deren Vorbereitungsdauer bei der

Terminierung berücksichtigen, so dass der Alternativplan im selben Erörterungs- und Abstimmungstermin vorgelegt werden kann (→ § 235 Rn. 10). Obwohl also die Beteiligten der ablehnenden Gruppe einen Planmehrwert bei einem Scheitern des Plans nicht realisieren können, ist die Obstruktion nicht missbräuchlich.

22 Der Wortlaut des Absatz 2 Nr. 2 lässt die Bevorzugung irgendeines nachrangigen Gläubigers ausreichen. Maßgebend ist jedoch nur eine Bevorzugung, die **zulasten der Mitglieder der ablehnenden Gruppe** geht. Verzichtet eine Gruppe aus vorrangigen Gläubigern auf eine Planleistung zugunsten einer anderen Gruppe aus nachrangigen Beteiligten, steht das einem Obstruktionsverbot nicht entgegen. Das folgt aus § 226 Abs. 2, nur mit dem Unterschied, dass nicht sämtliche Mitglieder der zustimmenden, schlechter gestellten Gruppe ihr individuelles Einverständnis erteilen müssen, sondern die nach § 244 ermittelte gruppeninterne Mehrheit genügt. Den ablehnenden Mitgliedern der Gruppenminderheit bleibt dann nur ein Minderheitenschutzantrag.

23 **b) Verhältnis Absonderungsgläubiger/Insolvenzgläubiger.** Auf das Verhältnis zwischen Absonderungs- und Insolvenzgläubigern ist **Absatz 2 Nr. 2 nicht anwendbar** (aA HK-InsO/*Haas* Rn. 21; *Smid/Rattunde/Martini* Insolvenzplan Rn. 18.81 ff.). Zwar sind die Absonderungsansprüche vor den Insolvenzforderungen aus der Masse zu bedienen (§ 170 Abs. 1). Die Ränge sind jedoch in §§ 38 f. definiert. Durch Nr. 2 einen Sonderrang für Absonderungsgläubiger einzuführen, sprengt den Wortlaut als Grenze der Auslegung (LG Traunstein NZI 1999, 461 [463]; Uhlenbruck/*Lüer/Streit* Rn. 24). Maßgebend ist allein, dass die Erlösauskehr auf einem Pfandrecht beruht und nicht auf einer schuldrechtlichen Forderung in den Rängen der §§ 38 f. Sind sämtliche pfändbaren Vermögensgegenstände mit Drittrechten belastet, muss der Unternehmenswert keineswegs nur den Absonderungsberechtigten zugutekommen. Der Wert kann zB auch aus einem durch die Belegschaft geschaffenen Goodwill resultieren. Soll er dadurch erhalten werden, dass der Plan für die Arbeitnehmer eine Quote vorsieht (das Insolvenzgeld einmal unberücksichtigt gelassen), liegt darin kein Verstoß gegen Absatz 2 Nr. 2. IÜ kommt es nach dem Wortlaut von Absatz 2 Nr. 2 nur auf die wirtschaftlichen Werte an, die für Absonderungsgläubiger bei späterer Zahlung höher liegen können als bei einer frühen unter Verwertungsdruck. Das Verhältnis zwischen Absonderungs- und Insolvenzgläubigern ist somit nur eine Bewertungs- und keine Rangfrage.

24 **c) Kein Schuldnervorteil.** Die **Angemessenheit setzt** weiter **voraus,** dass dem **Schuldner kein wirtschaftlicher Wert** zukommt. Auch das entspricht der aus dem US-amerikanischen Recht übernommenen absolute priority rule, die aber durch die „new value exeption" begrenzt wird (*Smid/Rattunde/Martini* Rn. 18.65 ff.; Gottwald InsR-HdB/*Koch/de Bra* § 68 Rn. 80 f. Fn. 111). Das Rangverhältnis bleibt gewahrt, wenn der Schuldner den durch die Planbestätigung geschaffenen Mehrwert vergütet (*Wittig* ZInsO 1999, 373 [378]). Absatz 2 Nr. 2 ist nicht verletzt, wenn kein Dritter für den Erwerb des Unternehmens bessere Bedingungen bietet als der Schuldner (BegrRegE BT-Drs. 12/2443, 209; LG Traunstein NZI 1999, 461 [464]; LG Mühlhausen NZI 2007, 724 [726]; MüKoInsO/*Drukarczyk* Rn. 73 ff.).

25 Der Vergleich mit dem im Verkaufsfall, also mit dem bei einer Regelabwicklung erzielbaren Preis, ist jedoch schon Gegenstand von Absatz 1 Nr. 1. Deshalb geht es bei Absatz 2 Nr. 2 auch im Hinblick auf den Schuldner nur um die **Verteilung des Planmehrwertes.** Der Schuldner hat diesen Mehrwert (Absatz 2 Satz 1: „*nach dem Plan*") zu vergüten, soweit er durch eine Sanierung mit den insolvenzplanrechtlichen Instrumentarien realisiert wird (*Drukarczyk* NZI 2015, 110 [118]: Bewertung im Lichte der Sanierungsstrategie). Das ist bei bestmöglicher Verwertung regelmäßig der Betrag, der über einen **„Share-Deal"** erzielbar

ist (aA wohl Uhlenbruck/*Lüer/Streit* Rn. 30), während der Erlös bei einem Asset Deal den Maßstab für das Schlechterstellungsverbot gem. Absatz 1 Nr. 1 bildet (auf den allein abstellt *Madaus,* Der Insolvenzplan, 289). Der Wert entspricht dem objektivierten Unternehmenswert iSv IDW S 1 bzw. dem Wert einer plansanierten „stand-allone"-Gesellschaft (*Decher/Voland* ZIP 2013, 103 [107]; aA *Schäfer/Wüstemann* ZIP 2014, 1757 [1760], allerdings unklar bei der Definition des Bewertungsszenarios). Dieser Vergleich mit einem Share-Deal gilt auch bei einem **Einzelkaufmann,** weil nach der bei → § 225a Rn. 50 vertretenen Auffassung eine Ausgliederung von Vermögensgegenständen trotz des außerhalb eines Insolvenzverfahrens geltenden § 152 S. 2 UmwG zulässig ist. Gegen den Ausgleich des Planmehrwerts spricht nicht, dass dem Schuldner die Motivation für eine Unternehmensfortfühung entzogen wird. Vorteile aus allein von ihm realisierbaren Erlöserwartungen bleiben ihm erhalten, wenn er bspw. ein besonderes Know-how, besondere Vertriebskontakte oder besondere Synergieeffekte hat.

Wie im Verhältnis zwischen den Gläubigern (→ Rn. 21) besteht auch hier die 26
Gefahr, dass der Planmehrwert bei einer Ablehnung der Zustimmungsersetzung nicht realisiert wird. Bei der Prognose, ob ein nachgebesserter Plan vorgelegt wird, ist im Verhältnis zum Schuldner ergänzend zu berücksichtigen, dass es die Gläubiger seit dem ESUG in der Hand haben, einen höheren Unternehmenswert, den der Schuldner nicht zu vergüten bereit ist, durch einen **Debt-Equity-Swap** oder einen **externen Übernehmer** der Geschäftsanteile zu realisieren, indem sie die Einreichung eines Auftragsplans veranlassen (§§ 218 Abs. 2, 284 Abs. 1). Sind die Gläubiger daran nicht interessiert, ist das ein **Indiz für die Angemessenheit** der Planleistung.

d) Kein Anteilseignervorteil. Der **Anteilseignervorteil** ist mit dem 27
Schuldnervorteil identisch, da der ausgleichspflichtige Planmehrwert aufgrund eines hypothetischen Share-Deals zu ermitteln ist (→ Rn. 25). Allerdings haben die Anteilseigner einen Insidervorteil. Das ist aber persönliches Wissen und kein verteilungsfähiges Vermögen. Bleiben die Altgesellschafter nach einer nur von einem neuen Investor gezeichneten Kapitalerhöhung weiterhin mit (verwässerten) Anteilen beteiligt, sind ihre vor dem Plan wertlosen Anteile „*nach dem Plan*" (Absatz 2 Satz 1) wieder werthaltig geworden, was an persönlichen Eigenschaften der Altgesellschafter liegt, die der Investor für vorteilhaft hält, weil die Möglichkeit des Ausschlusses bestünde (→ § 225a Rn. 42).

e) Auskehrung nicht benötigter Mittel des § 251 Abs. 3 an Schuldner. 28
Kein Verstoß gegen Absatz 2 Nr. 2 liegt vor, **wenn** der **Schuldner die Mittel des § 251 Abs. 3 erhalten soll,** soweit die einen Minderheitenschutz begehrenden Antragsteller mit der Klage keinen Erfolg haben. Wegen der Zweckbestimmung dieser Mittel, ein Scheitern des Plans abzuwenden, ist es kein Gebot der Angemessenheit, sie nachträglich an die Gläubiger zu verteilen (zur Zahlung an den antragstellenden Gläubiger → Rn. 33).

3. Gleichbehandlung (Absatz 2 Nr. 3). a) Gläubiger gleichen Ranges. 29
Im Unterschied zu der nach § 226 Abs. 1 gruppenintern erforderlichen **formalen Gleichbehandlung** stellt Absatz 2 Nr. 3 auf die **wirtschaftliche Gleichbehandlung** ab (Uhlenbruck/*Lüer/Streit* Rn. 7, 23). Während Absatz 2 Nr. 2 das Verhältnis der Beteiligten unterschiedlicher Ränge betrifft, stellt Absatz 2 Nr. 3 auf die Gläubiger gleichen Ranges ab. Auch damit wird die Gruppenbetrachtung durchbrochen. Verglichen werden die einzelnen Gläubiger der dissentierenden Gruppe mit allen Gläubigern gleichen Ranges aus anderen Gruppen. **Kleingläubiger,** für die gem. § 222 Abs. 3 eine eigene Gruppe gebildet werden kann (→ § 222 Rn. 20), sind nicht vom Gleichstellungsgebot ausgenommen (AG Saarbrücken ZInsO 2002, 340; HambK-InsO/*Thies* Rn. 15; HK-InsO/*Haas* Rn. 24;

FK-InsO/*Jaffé* Rn. 30 f.; Braun/*Braun/Frank* Rn. 17); denn eine Kleingläubigergruppe wäre ohne Bevorzugung nicht etwa überflüssig. Die Erhaltung der Schuldnerin ist für sie regelmäßig uninteressant. Mit ihrem hohen Anteil an „Kopfstimmen" könnte sie die Zustimmung einer Gruppe mit der Forderungsmehrheit blockieren, falls keine interessengerechte Untergruppe eingerichtet wird (vgl. § 244 Abs. 1).

30 Eine Ungleichbehandlung kann durch die **Überbewertung von Absonderungsrechten** verdeckt werden. Wird der Ausfall (§ 52) zu gering angesetzt, erhält der Gläubiger auf seinen eigentlich nur als Insolvenzforderung bestehenden Anspruch eine im Vergleich zu ungesicherten Gläubigern überhöhte Quote (vgl. BGH NZI 2007, 521). Ein anderer Fall der Ungleichbehandlung kann auf verschiedenen Fälligkeitszeitpunkten mit einem Zinsausgleich beruhen, der zu relativ ungleichen Barwerten führt (zur Zinshöhe → Rn. 12 f.).

31 Beim **Debt-Equity-Swap** tritt eine Ungleichbehandlung ein, wenn die Forderungen der umwandelnden Gläubiger zu gering bewertet werden und sie durch die Beteiligung an der Schuldnerin einen höheren Wert erhalten als die nicht umwandelnden Gläubiger. Deshalb ist es ebenso wie bei der Nachrangbetrachtung gem. Nr. 2 erforderlich, den Planmehrwert einzubeziehen. Die Gleichbehandlung der Nr. 3 bezieht sich lt. Absatz 2 S. 1 auf die Werte *„nach dem Plan"*. Eine Differenzhaftung droht bei diesem Bewertungsansatz nicht (§ 254 Abs. 4). Die Bewertung ist ein In-sich-Rechnung: Je mehr an nicht wandelnde Gläubiger gezahlt wird, desto geringer ist der Wert nach dem Plan und umgekehrt.

32 **b) Abgrenzungen.** Während Absatz 2 Nr. 3 die **gruppenübergreifende Gleichbehandlung** betrifft, erfasst § 226 Abs. 2 die gruppeninterne. Danach ist die Bevorzugung einzelner Gruppenmitglieder zulässig, wenn die anderen zustimmen. Beruht die Besserstellung allein auf einer gruppeninternen Umverteilung, ist eine teleologische Reduktion des Absatz 2 Nr. 3 geboten; denn Sinn der Gruppeneinteilung ist gerade, die Willensbildung auf Beteiligte mit vergleichbaren Interessen zu verlagern. Ein Verstoß gegen Absatz 2 Nr. 3 liegt erst vor, wenn auch ohne gruppeninterne Umverteilung eine Bevorzugung gleichrangiger Gläubiger eingetreten wäre.

33 Werden die nach § 251 Abs. 3 bereitgestellten **Ausgleichsmittel** an antragstellende Gläubiger gezahlt, kann dadurch eine Ungleichbehandlung eintreten (*Grub* FS Uhlenbruck, 2000, 501 [512]). Diese Mittelverwendung erfolgt aber nicht iSv Absatz 2 *„nach dem Plan"*, sondern gerade „entgegen" dem Plan. Allein die vorsorgliche Mittelbereitstellung begründet keine plangemäße Ungleichbehandlung.

34 Wählt der Insolvenzverwalter gem. **§ 103** unabhängig von dem Plan während der Unternehmensfortführung die **Erfüllung einiger Verträge,** anderer (vergleichbarer) hingegen nicht (zB Leasingverträge über eine Flotte gleicher Fahrzeuge), ist das ebenfalls keine Maßnahme *„nach dem Plan"*. Erfolgt die Wahl erst im Plan, wird durch § 105 vermieden, dass Insolvenzforderungen zu Masseforderungen werden (→ § 105 Rn. 30). Für den Austausch neuer Leistungen gilt die Vermutung der Gleichwertigkeit (§ 320 Absatz 1 BGB). Abs. 2 Nr. 3 kann somit idR nicht durch eine vor oder im Plan erklärte Erfüllungswahl verletzt werden (Kübler HRI/*Becker* § 41 Rn. 73 ff.; *Undritz* ZGR 2010, 201 [217]), es sei denn, dass eine Äquivalenzstörung vorliegt, so dass die Bevorzugung eines Gläubigers als Erfüllungswahl verschleiert wird (vgl. zu den Kriterien von insolvenzzweckwidrigen Erfüllungszusagen im Hinblick auf das Anfechtungsrecht *Spliedt* ZInsO 2007, 405). Da für die Erfüllungswahl nicht das Gebot der Gleichbehandlung, sondern das der Zweckmäßigkeit gilt (→ § 103 Rn. 29 f.), darf diese Ausnahme nur in eindeutigen Fällen angenommen werden. Gleiches gilt für andere Vorteile, insbes. für den Verzicht auf Anfechtungsansprüche. Allein ein Verzicht auf die

Haftung einzelner Beteiligter führt nicht zu einer Bevorzugung; denn er kommt sogar dem Schuldner regelmäßig zugute (§ 227 Abs. 1), ohne dass allein deshalb ein die Zustimmungsersetzung hindernder Schuldnervorteil entsteht. Wie bei ihm kommt es auch im Verhältnis zum verzichtsbegünstigten Gläubiger auf den Realisationswert des Anspruchs an.

IV. Angemessenheit für die Anteilsinhaber (Absatz 3)

Das Verbot der Zuvielleistung in Absatz 3 Nr. 1 ist identisch mit dem in Absatz 2 Nr. 1. Auch das Besserstellungsverbot in Absatz 3 Nr. 2 entspricht dem für die Gläubiger einzuhaltenden Gleichbehandlungsgebot des Absatz 2 Nr. 3 (HK-InsO/*Haas* Rn. 26). Im Unterschied zu den Gläubigerrechten gewähren Anteilsrechte nicht nur Vermögensrechte, sondern auch Mitverwaltungsrechte, die außerhalb eines Insolvenzverfahrens ein Preiskriterium sind. Vielfach wird gefordert, sie im Insolvenzplan gesondert zu berücksichtigen (vgl. BGH NZI 2014, 751 Rn. 42; *Schäfer* ZIP 2015, 1208 [1210]). Zusätzliche Einflussmöglichkeiten beruhen auf der Motivation, eine aus der subjektiven Sicht des Anteilsinhabers wertmindernde Entwicklung der Gesellschaft verhindern (Sperrminorität) oder gar eine positive Entwicklung fördern (Mehrheitserwerb) zu können. Die insolvenzrechtliche Bewertung richtet sich jedoch nach der bestmöglichen Nutzung des Vermögens (was selbst außerhalb des Insolvenzverfahrens zu Bedenken gegen Paketzuschläge führt: *Hachmeister/Ruthardt* BB 2014, 427 [429 f.]). Für die Berücksichtigung individueller Vorteile ist kein Raum (LG Berlin NZI 2014, 66 Rn. 25 ff.; *Hölzle* ZIP 2014, 1819 [1822 f.]; *Brinkmann* ZIP 2014, 197 [201]; *Pleister/Tholen* ZIP 2015, 414). Der Schuldner muss iRv Absatz 2 Nr. 2 den Wert der Gesellschaft vergüten, der bei einem Share-Deal zu realisieren wäre. Darüber hinaus bleibt nichts übrig, was ein fortführender Mehrheitsgesellschafter an benachteiligte Minderheitsgesellschafter verteilen könnte. Überdies wäre eine etwaige Ausgleichszahlung gem. Absatz 2 Nr. 2 nicht an Gesellschafter, sondern an Gläubiger zu leisten. Zwar wird das nur geprüft, wenn auch eine Gläubigergruppe den Plan ablehnt. Ein dahingehender Ablehnungsanreiz darf aber nicht durch das Angebot einer Ausgleichszahlung geschaffen werden. Nur wenn eine vollständige Befriedigung der Gläubiger stattfindet, ist ein Ausgleich allein zwischen den Gesellschaftern denkbar (Absatz 3 Nr. 1). Die mit jeder Gesellschafterstellung verbundene Option, den Insolvenzgrund durch eine Kapitalerhöhung der Altgesellschafter zu beseitigen, gewährt selbst dann keinen wirtschaftlichen Wert, wenn die Gesellschafter dazu bereit wären (aA LG Bonn ZInsO 2015, 43). Entscheidend ist nur, ob der Insolvenzgrund bis zur Planbestätigung tatsächlich beseitigt wurde. 35

Für **geringfügig beteiligte Anteilsinhaber** gibt es trotz der in § 222 Abs. 3 vorgesehenen Möglichkeit, sie in einer besonderen Untergruppe zusammenzufassen, kein Besserstellungsprivileg. Eine teleologische Reduktion des Absatz 3 Nr. 2 scheidet für sie genauso aus wie für die Kleingläubiger bei Absatz 2 Nr. 3. 36

V. Darlegungs- und Beweislast, Ermittlungsumfang

1. Keine Begründungspflicht im Abstimmungsverfahren. Eine Gruppe muss ihre **ablehnende Entscheidung nicht begründen.** Erst beim Minderheitenschutz ist die voraussichtliche Schlechterstellung glaubhaft zu machen (§ 251 Abs. 2). Da über beides gleichzeitig entschieden wird, erhält das Gericht von den Plangegnern meist zusätzliche Informationen. Nur wenn eine Gruppe mehrheitlich ablehnt, aber keiner aus der Gruppe einen Versagungsantrag stellt, steht dem Gericht als Beurteilungsgrundlage allein der Planinhalt zur Verfügung. 37

2. Amtsermittlung bei der gerichtlichen Prüfung. Für die Prüfung gilt der **Amtsermittlungsgrundsatz** des § 5 (HK-InsO/*Haas* Rn. 14; Kübler HRI/*F.* 38

Becker § 41 Rn. 16 f.; aA Braun/*Braun/Frank* Rn. 25). Eine Beweislastentscheidung mit der Begründung, dass der Planinitiator seine Rechte durch eine sofortige Beschwerde gegen die Versagung der Planbestätigung verfolgen könne, kommt nicht in Betracht (aA *Smid/Rattunde/Martini* Rn. 18.47); denn es geht nicht um das Interesse des Verfassers am Planerfolg, sondern um das multipolare Interesse aller Beteiligter an einer angemessenen Regelung. Es gibt weder **eine Darlegungslast des** Planinitiators noch der widersprechenden Gruppen. Eine „Gruppenlast" scheidet schon deshalb aus, weil die Gruppe nur eine Abstimmungseinheit, ansonsten aber kein Verfahrensbeteiligter ist. Verfahrensökonomisch muss sich das Gericht **zunächst** auf die **Planaussagen** im darstellenden Teil (§ 220) einschließlich der Erläuterung zur Gruppenbildung (§ 222 Abs. 2) und der Angaben zur Vermögen, Ertrags- und Finanzlage (§ 229) **stützen.** Der **Rahmen für die Amtsermittlung** wird wie beim Minderheitenschutzantrag (→ § 251 Rn. 6) durch den Vortrag des Planinitiators, die Stellungnahmen der in § 232 genannten Organe sowie die Einlassungen der Beteiligten gesetzt (OLG Frankfurt a. M. ZIP 2013, 2018 [2021]; Kübler HRI/*Becker* § 41 Rn. 18). Die Amtsermittlung erstreckt sich sodann auf die Richtigkeit der behaupteten Tatsachen durch Befragung der Beteiligten und andere Einholung ergänzender Informationen.

39 Bei dem **Ermittlungsaufwand** steht dem Gericht ein **Handlungsermessen** zu (HK-InsO/*Kirchhoff* § 5 Rn. 8; HK-InsO/*Haas* Rn. 14; MüKoInsO/*Ganther/Lohmann* § 5 Rn. 21; *Madaus,* Der Insolvenzplan, 284 f.). Es wäre ermessensfehlerhaft, aufwendige Ermittlungen durchzuführen, die die Gesamtheit der Gläubiger wegen der von allen zu tragenden Kosten (§ 54) schlechter stellt, wenn dem nur eine geringfügige Besserstellung einer (kleinen) Gruppe gegenübersteht (*Smid/Rattunde/Martini* Rn. 18.36 f., 18.40). Haben die dissentierenden Beteiligten ein so geringes Interesse, dass sie – wenngleich dazu nicht verpflichtet – ihre Entscheidung nicht begründen, und stellt auch kein Gruppenmitglied einen Minderheitenschutzantrag, für den die Schlechterstellung glaubhaft zu machen ist (§ 251 Abs. 2), ist das ein **Indiz** gegen eine hohe Belastung der dissentierenden Gruppe, die umfangreiche Ermittlungen rechtfertigt. Die Zustimmung der Gruppenmehrheit bietet zudem eine gewisse Richtigkeitsgewähr für den Plan. (Nach dem RegEInsO reichte sogar die Zustimmung nur einer Gruppe aus, um das Obstruktionsverbot zu prüfen, was jedoch im Gesetzgebungsverfahren geändert wurde, um die Legitimationsgrundlage zu erhöhen, BT-Drs. 12/2443, 55). Macht eine Gruppe geltend, dass sie im **Vergleich zur Regelabwicklung** benachteiligt wird (Absatz 1 Nr. 1), bedarf die Prüfung einer **anderen Intensität, als** wenn es nur um die **Angemessenheit** (Absatz 1 Nr. 2) **ihrer Beteiligung** am Plangewinn geht; denn scheitert die Bestätigung an der Angemessenheit, entfällt zugleich der Mehrbetrag und es bleibt nur noch das Liquidationsergebnis – ein Pyrrhussieg für die dissentierende Gruppe.

40 Das Gericht muss **Sachverständigengutachten** nicht grds. (LG Traunstein NZI 1999, 461 [463]; HK-InsO/*Haas* Rn. 14), sondern nur dann einholen, wenn die damit verbundene Verzögerung und die Kosten verhältnismäßig sind. Die von den ablehnenden Gruppen erstrebte Besserstellung – soweit bekannt – muss gegen die Kosten und va die Nachteile abgewogen werden, die eine Verzögerung für die Unternehmensfortführung bedeutet. Eine aufgrund einer Nachteilsabwägung vorzunehmende Planbestätigung ist zwar erst im Beschwerdeverfahren vorgesehen (§ 253 Abs. 4). Ermessensentscheidungen auf der vorgelagerten Ebene der Amtsermittlungen werden dadurch jedoch nicht versperrt. Das „Freigabeverfahren" würde unterlaufen werden, wenn die Verzögerungen, die es vermeiden soll, schon vorher beim Umfang der Amtsermittlung eintreten. Ein langwieriges Sachverständigenverfahren widerspricht überdies dem Beschleunigungsanliegen des ESUG.

41 Die größten Unsicherheiten gibt es bei dem für ein fortführungsfähiges **Unternehmen erzielbaren Preis.** Vielfach wird ein „Dual-Track-Verfahren" gefordert, bei dem außer einem Insolvenzplan mit den Altgesellschaftern auch noch eine Investorensuche für einen Asset-Deal bzw. – als dritte Variante – einen Share-Deal stattfindet. Ein Verkaufsprozess kostet viel Zeit und Geld. Kein seriöser Interessent wird sie aufwenden, wenn er weiß, dass es nur dem Markttest dient, ein Verkauf aber nicht ernsthaft beabsichtigt ist. Zudem ist ein Insolvenzverfahren nicht öffentlich, so dass bei der Offenlegung von Geschäftsgeheimnissen große Zurückhaltung geboten ist. Zudem bindet ein M & A-Prozess auch für den Schuldner erhebliche finanzielle und personelle Ressourcen. Auch Geschäftspartner reagieren mit Zurückhaltung. Bevor sie neue Geschäfte mit dem Schuldner eingehen, wollen sie erst einmal wissen, wer das „Sagen" hat. All diese Nachteile eines M & A-Prozesses können den Erkenntnisgewinn weit übersteigen. Deshalb ist ein **Bieterwettbewerb** weder tatsächlich noch rechtlich erforderlich (K. Schmidt/Uhlenbruck/*Spliedt,* Die GmbH in Krise, Sanierung und Insolvenz, 9. Teil A.II.4.b; aA *Leib/Rendels* EWiR 2015, 23 [24]; zweifelnd ua MüKoInsO/*Drukarczyk* Rn. 81 f.). Er kann aber notwendig sein, wenn eine Unternehmensbewertung schwierig ist. Das ist insbes. dann der Fall, wenn sich die Synergieeffekte, die Interessenten (teilw.) zu vergüten bereit sein könnten, nicht abschätzen lassen. **Angebote,** die Investoren (zB das Management) auf der Basis bereits vorhandener Kenntnisse unterbreiten, müssen berücksichtigt und **verhandelt** werden. Liegen keine Angebote vor, ist nach dem Ermessen des Gerichts (→ Rn. 40 f.) ein Sachverständigengutachten einzuholen. Es darf nicht unterstellt werden, dass ohne konkrete Übernahmeangebote eine Unternehmenszerschlagung die einzige Alternative wäre (so aber Uhlenbruck/*Lüer/Streit* Rn. 13; Braun/*Braun/Frank* Rn. 3; Kübler HRI/*Becker* § 41 Rn. 21). Das **Fehlen von Angeboten** ist **nur** ein **Indiz** für die Unveräußerlichkeit, zu deren Gründen sich der Verwalter/Sachwalter äußern muss.

3. Beweismaß. Im Amtsermittlungsverfahren gibt es **keine formelle Beweislast,** wohl aber Anforderungen an die Überzeugung des Gerichts. Die Angemessenheit der Beteiligung am Wert *„nach dem Plan"* gem. Absatz 2 bzw. die Gleichstellung gem. Absatz 3 beruhen ebenso wie die voraussichtliche Schlechterstellung größtenteils auf prognostischen Annahmen. Hier wie dort reicht die überwiegende Wahrscheinlichkeit. **Absatz 1 Nr. 1** verlangt, dass der Plan die Gruppenmitglieder voraussichtlich nicht schlechter stellt (→ Rn. 8 ff.). Es bedarf nicht des Beweismaßes der richterlichen Überzeugung iSv § 286 ZPO. Ein **Non-Liquet** wirkt **zugunsten** der **dissentierenden Gruppe** (HK-InsO/*Haas* Rn. 15). Gleiches gilt für die Angemessenheit der Planbeteiligung dissentierender Gruppen gem. Absatz 2 und 3. 42

Zustimmung nachrangiger Insolvenzgläubiger[1]

246 Für die Annahme des Insolvenzplans durch die nachrangigen Insolvenzgläubiger gelten ergänzend folgende Bestimmungen:

1. Die Zustimmung der Gruppen mit einem Rang hinter § 39 Abs. 1 Nr. 3 gilt als erteilt, wenn kein Insolvenzgläubiger durch den Plan besser gestellt wird als die Gläubiger dieser Gruppen.

2. Beteiligt sich kein Gläubiger einer Gruppe an der Abstimmung, so gilt die Zustimmung der Gruppe als erteilt.

[1] § 246 Nr. 1 aufgeh., bish. Nr. 2 und 3 werden Nr. 1 und 2 mWv 1.3.2012 durch G v. 7.12.2011 (BGBl. I S. 2582).

I. Normzweck

1 Die Vorschrift ist in Nr. 1 eine **besondere Ausprägung des Obstruktionsverbots zur Verfahrensvereinfachung** (BT-Drs. 12/2443, 209). Sie geht auf den RegEInsO zurück, der stets eine Gruppe der nachrangigen Gläubiger vorsah (BT-Drs. 12/2443, 51), zugleich aber die Zustimmungsersetzung erleichtern wollte, weil die nachrangigen Gläubiger nur selten mit einer Befriedigung zu rechnen haben (HK-InsO/*Haas* Rn. 1; Uhlenbruck/*Lüer/Streit* Rn. 1 ff.). Nach der Gesetz gewordenen Fassung ist eine Gruppenbildung nur noch notwendig, wenn die Forderungen der nachrangigen Gläubiger nicht gem. § 225 als erlassen gelten (§ 222 Abs. 1 S. 2 Nr. 3). Beteiligte, die keiner Gruppe angehören, haben kein Stimmrecht, so dass § 246 **in der Praxis kaum Bedeutung** hat. Nur wenn die nachrangigen Gläubiger eine Planquote erhalten, wird ihnen auch ein Stimmrecht gewährt. Es fehlt nicht etwa an einer Rechtsbeeinträchtigung, so dass das Stimmrecht gem. § 237 Abs. 2 ausgeschlossen wäre (so aber Uhlenbruck/*Lüer/Streit* Rn. 4, die ein Stimmrecht nur gewähren, wenn die Wiederauflebensklausel des § 255 Abs. 3 gestrichen wird; MüKoInsO/*Sinz* Rn. 6). Insofern ist nicht entscheidend, dass sie mehr als im Normalfall (§ 225 Abs. 1) erhalten, sondern dass ihnen nicht die volle Befriedigung gewährt wird.

2 Die **geltende Fassung** des § 246 beruht auf dem **ESUG.** Davor hieß es in Nr. 1 aF, dass die Zustimmung der Gruppen aus Gläubigern von Nebenforderungen, als erteilt gilt, wenn schon die Hauptforderung nicht bedient wird. Das wurde als sinnentleert gestrichen. Nr. 1 entspricht jetzt der Nr. 2 aF und Nr. 2 ist die Nr. 3 aF. Gläubiger mit Forderungen gem. **§ 39 Abs. 1 Nr. 3** (Ordnungsgelder etc) sind von der Zustimmungsfiktion ausgenommen, weil diese Ansprüche durch den Plan nicht beeinträchtigt werden (§ 225 Abs. 3).

II. Zustimmungsfiktion gem. Nr. 1

3 Nr. 1 sieht für die Gläubiger der **Rangklassen gem. § 39 Abs. 1 Nr. 4 und 5** (sowie im Nachlassinsolvenzverfahren des § 327 Abs. 1) die **Zustimmungsfiktion** vor, wenn die genannten nachrangigen Gläubiger den nicht nachrangigen Insolvenzgläubigern (§ 38) gleichgestellt werden (HK-InsO/*Haas* Rn. 3; MüKoInsO/*Sinz* Rn. 19; Leonhardt/Smid/Zeuner/*Rattunde* Rn. 4). Das geht nur, wenn entweder die Masse hoch ist oder die vorrangigen Gläubiger mit einer Kürzung ihrer Ansprüche zugunsten der nachrangigen einverstanden sind. Ohne das Einverständnis der nicht nachrangigen Gläubiger mit einer nur teilweisen Befriedigung würde der Plan am Obstruktionsverbot oder Minderheitenschutz scheitern, weil der auf Nachranggläubiger entfallende Anteil auf sie zu verteilen wäre. Da die Voraussetzungen der Nr. 1 meist nicht erfüllt sein werden, bedarf es für die Zustimmungsersetzung der in solchen Fällen regelmäßig vorliegenden Voraussetzungen des § 245.

III. Zustimmungsfiktion gem. Nr. 2

4 Nach Nr. 2 gilt die Zustimmung außerdem als erteilt, wenn sich **kein Gruppenmitglied an der Abstimmung beteiligt.** Das gilt auch für die Berechnung der nach § 245 Abs. 1 Nr. 3 für ein Obstruktionsverbot erforderlichen Gruppenmehrheit (→ § 245 Rn. 18, → § 244 Rn. 3).

5 Gem. **§ 210a Nr. 2** gilt bei angezeigter Masseunzulänglichkeit Nr. 2 für die nicht nachrangigen Insolvenzgläubiger entsprechend (→ § 210a Rn. 6). Die ohne Masseunzulänglichkeit nicht nachrangigen Gläubiger rücken in den Rang der nachrangigen Gläubiger, für die eine Gruppe nur vorgesehen werden muss, wenn sie eine Quote erhalten sollen (§§ 222 Abs. 1 Nr. 3, 245 Abs. 1).

Zustimmung der Anteilsinhaber[1]

246a Beteiligt sich keines der Mitglieder einer Gruppe der Anteilsinhaber an der Abstimmung, so gilt die Zustimmung der Gruppe als erteilt.

1 Die Vorschrift wurde durch das ESUG eingefügt. Sie ist eine Parallelnorm zu § 246 Nr. 2, die die nachrangigen Insolvenzgläubiger betrifft. Das Stimmrecht der Anteilsinhaber ist in § 238a geregelt, die obligatorische Gruppenbildung in § 222 Abs. 1 S. 2 Nr. 4. Die Regelung fingiert die Zustimmung der Gruppe der Anteilsinhaber, wenn sich **kein Gruppenmitglied** an der Abstimmung **beteiligt.** Sie ist als Vereinfachung des Abstimmungsverfahrens gedacht (BT-Drs. 17/5712, 34), ihre Rechtsfolge ergibt sich aber wie bei § 246 Nr. 2 bereits aus dem allgemeinen Grundsatz, dass passives Verhalten bei der Abstimmung nicht den Ausschlag geben soll (→ § 244 Rn. 3).

Zustimmung des Schuldners[1]

247 (1) **Die Zustimmung des Schuldners zum Plan gilt als erteilt, wenn der Schuldner dem Plan nicht spätestens im Abstimmungstermin schriftlich widerspricht.**

(2) **Ein Widerspruch ist im Rahmen des Absatzes 1 unbeachtlich, wenn**

1. **der Schuldner durch den Plan voraussichtlich nicht schlechter gestellt wird, als er ohne einen Plan stünde, und**
2. **kein Gläubiger einen wirtschaftlichen Wert erhält, der den vollen Betrag seines Anspruchs übersteigt.**

I. Normzweck

1 Durch den Insolvenzplan wird auch die **Rechtsstellung des Schuldners** zB hinsichtlich der restlichen Verbindlichkeiten oder eines Abwicklungsüberschusses geregelt. Sollten ihm Nachteile entstehen, muss er in der Lage sein, den Plan zu verhindern (BT-Drs. 12/2443, 210). Die **Erklärungsfrist** des Absatz 1 dient der Rechtssicherheit (BT-Drs. 12/2443, 210). **Unter** den in Absatz 2 genannten – **minimalen – Voraussetzungen** ist auch ein rechtzeitiger **Widerspruch unbeachtlich.** Im RegEInsO war noch ein Widerspruch der Gesellschaftermehrheit vorgesehen, wenn der Schuldner keine natürliche Person ist. Das entfiel auf Betreiben des Rechtsausschusses, weil die Gesellschafter außerhalb des Insolvenzplans bleiben sollten (BT-Drs. 12/7302, 184), und wurde auch durch das ESUG zu Recht nicht wieder eingeführt. Bei einer Fortführung werden die Gesellschafter jedoch entweder als Gruppe beteiligt, weil ein Fortführungsbeschluss zu fassen ist (→ § 222 Rn. 10), oder es ist für persönlich haftende Gesellschafter die Zustimmung erforderlich (§ 230 Abs. 1). Bei einem Abwicklungsplan haben die Gesellschafter hingegen nur über den Schuldner vermittelte Vermögensrechte inne, so dass sie kein eigenes Widerspruchsrecht benötigen.

II. Unbeachtlichkeit des Widerspruchs

2 **1. Form und Frist des Widerspruchs.** Der **Widerspruch** des Schuldners muss nach Absatz 1 **schriftlich** (§ 126 BGB, wobei als prozessuale Erklärung ein

---

[1] § 246a eingef. mWv 1.3.2012 durch G v. 7.12.2011 (BGBl. I S. 2582).

[1] § 247 Abs. 2 Nr. 1 geänd. durch G v. 19.12.1998 (BGBl. I S. 3836); Abs. 1 geänd. mWv 1.3.2012 durch G v. 7.12.2011 (BGBl. I S. 2582).

Telefax genügt, Palandt/*Ellenberger* BGB § 126 Rn. 12) **spätestens im Abstimmungstermin** erklärt werden. Wenn das Gericht den Beschluss über die Planbestätigung bereits im Abstimmungstermin verkündet (§ 252 Abs. 1 S. 1), ist ein unmittelbar zuvor erfolgter Widerspruch noch rechtzeitig (HK-InsO/*Haas* Rn. 2).

3 **2. Rechtsmissbrauch.** Hat der **Schuldner den Plan vorgelegt** (§ 218 Abs. 1), ist ein **Widerspruch** wegen des Verbots widersprüchlichen Verhaltens treuwidrig und damit **unbeachtlich,** auch hinsichtlich etwaiger vom Schuldner gem. § 240 noch vorgenommener Änderungen (HambK-InsO/*Thies* Rn. 4; MüKoInsO/*Sinz* Rn. 25; Leonhardt/Smid/Zeuner/*Rattunde* Rn. 11, 12; aA nur sobald Rücknahme/Änderung nicht mehr zulässig sind: HK-InsO/*Haas* Rn. 4).

4 **3. Voraussetzungen des Absatz 2.** Die in Absatz 2 für die Unbeachtlichkeit eines Widerspruchs genannten **Voraussetzungen** müssen **kumulativ** („*und*") vorliegen (Uhlenbruck/*Lüer/Streit* Rn. 8; MüKoInsO/*Sinz* Rn. 22; aA Leonhardt/Smid/Zeuner/*Rattunde* Rn. 9).

5 Nach **Nr. 1** darf der Schuldner durch den Plan **nicht schlechter** gestellt werden **als ohne Plan.** Da er ohne eine abweichende Regelung im Plan von seinen restlichen Verbindlichkeiten befreit wird (§ 227 Abs. 1), während er nach Abschluss eines Regelinsolvenzverfahrens unbeschränkt weiter haftet (§ 201 Abs. 1), kommt eine Schlechterstellung nur in seltenen Fällen in Betracht, zB bei einem Eingriff in das pfändungs- bzw. insolvenzfreie Vermögen/Einkommen oder bei Verhinderung eines an ihn gem. § 199 herauszugebenden Überschusses (HK-InsO/*Haas* Rn. 5; HambK-InsO/*Thies* Rn. 7; Uhlenbruck/*Lüer/Streit* Rn. 5; Leonhardt/Smid/Zeuner/*Rattunde* Rn. 7), was zugleich iSd Nr. 2 bedeutet, dass die Gläubiger mehr erhalten als ihnen zusteht. Auch die Restschuldbefreiung (§ 286) bei natürlichen Personen kann eine günstigere Alternative zum Plan sein (HK-InsO/*Haas* Rn. 5), wenn die Obliegenheiten des § 295 hinter den Planregelungen zurückblieben.

6 **Nr. 2** erfordert (wie § 245 Abs. 2 Nr. 1), dass durch den Plan **kein Gläubiger über** den Nominalwert seiner **Forderung** hinaus **befriedigt wird.** Es reicht, dass ein einzelner Gläubiger eine solche überobligationsmäßige Befriedigung erhält (HambK-InsO/*Thies* Rn. 8). In der Praxis kann das nur bei Leistungen an Erfüllungs statt vorkommen (→ § 245 Rn. 19).

7 **4. Verhältnis zu § 230 Abs. 1.** Sieht der Plan eine Unternehmensfortführung vor, bedarf es bei persönlich haftenden Schuldnern bzw. Gesellschaftern der **gesonderten Zustimmung** gem. § 230 Abs. 1, die nicht durch das Unterlassen eines Widerspruchs oder dessen Unbeachtlichkeit fingiert wird.

Gerichtliche Bestätigung[1]

248 (1) **Nach der Annahme des Insolvenzplans durch die Beteiligten (§§ 244 bis 246a) und der Zustimmung des Schuldners bedarf der Plan der Bestätigung durch das Insolvenzgericht.**

(2) **Das Gericht soll vor der Entscheidung über die Bestätigung den Insolvenzverwalter, den Gläubigerausschuß, wenn ein solcher bestellt ist, und den Schuldner hören.**

---

[1] § 248 Abs. 1 geänd. mWv 1.3.2012 durch G v. 7.12.2011 (BGBl. I S. 2582).

I. Erforderlichkeit einer Bestätigung (Absatz 1)

1 Absatz 1 regelt, dass der Plan nicht schon mit der Annahme durch die Beteiligten wirksam wird, sondern erst mit der gerichtlichen Bestätigung. Voraussetzung dafür ist, dass **jede Gruppe** dem Plan mit den in § 244 geregelten Mehrheiten **zugestimmt** hat **oder** die **Zustimmung** gem. den §§ 245, 246, 246a **ersetzt** wurde. Weiter ist erforderlich, dass der **Schuldner zugestimmt** hat bzw. sein etwaiger Widerspruch nach § 247 Abs. 2 unbeachtlich ist. Sodann hat das Gericht zu prüfen, ob die Bestätigung ggf. nach § 250 von Amts wegen zu versagen ist. Schließlich ist zu entscheiden, ob der Plan **nicht gegen** den **Minderheitenschutz verstößt,** falls das unter den Voraussetzungen des § 251 von einem Beteiligten beantragt wird. Zur Entscheidung über konkurrierende Pläne → § 218 Rn. 12, → § 235 Rn. 10.

2 Steht der Plan unter einer **Bedingung** (zB Leistung einer Zahlung durch einen Investor oder einen anderen Dritten), muss das Gericht auch deren **Erfüllung prüfen.** Ist die Bedingung nicht eingetreten, muss es dem Planinitiator eine angemessene Frist setzen. Liegen die Voraussetzungen auch nach Fristablauf nicht vor, hat das Gericht die Bestätigung von Amts wegen zu versagen (§ 249 S. 2). Ein Fortsetzungsbeschluss der Gesellschafter muss nicht mehr gesondert gefasst und mit dem Plan als Bedingung verbunden, sondern kann in den Plan aufgenommen werden. Dann ist für die Anteilsinhaber zwingend eine Gruppe zu bilden (→ § 222 Rn. 10).

II. Anhörung der Beteiligten (Absatz 2)

3 Nach **Absatz 2** soll das Gericht vor der Entscheidung den Insolvenzverwalter, einen etwaigen Gläubigerausschuss sowie den Schuldner hören. Wird der Beschluss bereits im Abstimmungstermin verkündet (s. § 252 Abs. 1), erfolgt die **Anhörung im Termin,** ansonsten **schriftlich** (HambK-InsO/*Thies* Rn. 4; Leonhardt/Smid/Zeuner/*Rattunde* Rn. 4). Da es sich um eine Soll-Vorschrift handelt, ist die Anhörung nicht zwingend (HambK-InsO/*Thies* Rn. 6). Die sofortige Beschwerde nach § 253 gegen den späteren Beschluss kann daher nicht auf die unterlassene Anhörung gestützt werden (Uhlenbruck/*Lüer/Streit* Rn. 4; aA Leonhardt/Smid/Zeuner/*Rattunde* Rn. 4).

III. Verfahren

4 Wenn die bei → Rn. 1 f. dargestellten Voraussetzungen vorliegen, was das Gericht von Amts wegen zu prüfen hat, muss es die **Bestätigung verkünden.** Ein Ermessen hat es nicht (HK-InsO/*Haas* Rn. 2; Uhlenbruck/*Lüer* Rn. 2). Die Planbestätigung erfolgt ebenso wie die Versagung der Bestätigung (HK-InsO/*Haas* Rn. 3; Uhlenbruck/*Lüer/Streit* Rn. 1) durch Beschluss (§ 252 Abs. 1).

Gerichtliche Bestätigung einer Planberichtigung[1]

248a (1) **Eine Berichtigung des Insolvenzplans durch den Insolvenzverwalter nach § 221 Satz 2 bedarf der Bestätigung durch das Insolvenzgericht.**

(2) **Das Gericht soll vor der Entscheidung über die Bestätigung den Insolvenzverwalter, den Gläubigerausschuss, wenn ein solcher bestellt ist,**

[1] § 248a eingef. mWv 1.3.2012 durch G v. 7.12.2011 (BGBl. I S. 2582).

die Gläubiger und die Anteilsinhaber, sofern ihre Rechte betroffen sind, sowie den Schuldner hören.

(3) **Die Bestätigung ist auf Antrag zu versagen, wenn ein Beteiligter durch die mit der Berichtigung einhergehende Planänderung voraussichtlich schlechtergestellt wird, als er nach den mit dem Plan beabsichtigten Wirkungen stünde.**

(4) [1] **Gegen den Beschluss, durch den die Berichtigung bestätigt oder versagt wird, steht den in Absatz 2 genannten Gläubigern und Anteilsinhabern sowie dem Verwalter die sofortige Beschwerde zu.** [2] **§ 253 Absatz 4 gilt entsprechend.**

I. Normzweck

1 Die **Vorschrift ergänzt § 221 S. 2 Alt. 2,** wonach der Insolvenzverwalter durch den Plan bevollmächtigt werden kann, offensichtliche Fehler zu berichtigen (→ § 221 Rn. 6), ohne dass über den Plan neu abgestimmt werden muss. Um sicherzustellen, dass der Verwalter die Grenzen seiner Befugnisse einhält, bedarf die Berichtigung der Bestätigung durch das Gericht nach Anhörung der Verfahrensorgane und Betroffenen (BT-Drs. 17/7511, 36). Sie wird entweder im selben Termin wie die Planbestätigung verkündet oder, wenn die Berichtigung später erfolgt, durch gesonderten Beschluss.

II. Bestätigungsanforderungen (Absatz 1)

2 Eine Berichtigung kommt erst in Betracht, nachdem ein Plan gem. §§ 244–246a **angenommenen und** der **Verwalter** darin nach § 221 S. 2 Alt. 2 **bevollmächtigt** wurde. Vor der Abstimmung sind Änderungen unter den erleichterten Voraussetzungen des § 240 möglich. Die Planberichtigung kann sowohl vor als auch nach der Bestätigung des (ungeänderten) Plans (§ 248) erfolgen, muss aber vor der Verfahrensaufhebung stattgefunden haben, weil damit das Amt des Verwalters endet (§ 259). Von der Berichtigungsbefugnis nicht erfasst wird der Fall, dass der Plan nicht von allen Gruppen angenommen wurde und erst anschließend durch die Berichtigung die Voraussetzungen für das Eingreifen des Obstruktionsverbots geschaffen werden sollen.

3 Die Berichtigung darf nur *„**offensichtliche Fehler** des Plans"* betreffen (§ 221 S. 2). Die Beschlussempfehlung des Rechtsausschusses vergleicht das mit den Durchführungs- und Vollzugsvollmachten in Notarverträgen. Erfasst werden sollen in erster Linie Formfehler, die die Eintragung von Rechtsänderungen in die jeweiligen Register verhindern. Die Berichtigungen dürfen über den gem. § 319 ZPO für ein Urteil zulässigen Umfang hinausgehen (zurückhaltend *Frind* ZInsO 2011, 2249 [2260]); denn Absatz 3 zeigt, dass sie bis hin zu Eingriffen in die Rechtsposition von Beteiligten gehen dürfen, weil sogar dann die Bestätigung nicht schon von Amts wegen, sondern nur auf Antrag versagt werden darf (Braun/*Braun/Frank* Rn. 6, 7; aA HambK-InsO/*Thies* Rn. 2). Entscheidend ist, dass der Wille der Beteiligten nicht verändert, sondern verwirklicht wird (BT-Drs. 17/7511, 35 f.).

III. Anhörung der Beteiligten (Absatz 2)

4 Nach Absatz 2 soll das Gericht zuvor den Insolvenzverwalter, einen etwaigen Gläubigerausschuss, den Schuldner sowie die Gläubiger und die Anteilsinhaber hören, falls ihre Rechte betroffen sind. Es gibt **keine Anhörung aller Gläubiger** bzw. Anteilsinhaber (BT-Drs. 17/7511, 36). Es handelt sich wie bei § 248 Abs. 2 um eine **Soll-Vorschrift,** deren Verletzung keine Beschwerde begründet.

IV. Schutz vor Schlechterstellung (Absatz 3)

Die Versagung der Bestätigung wegen Schlechterstellung erfordert einen **Antrag** des Betroffenen. Absatz 3 bezieht sich nicht auf die **Schlechterstellung** im Vergleich zur Regelabwicklung, sondern auf die im **Vergleich zum unveränderten Plan.** Die Regelungen in § 251 Abs. 1 Nr. 1 (vorheriger Widerspruch), § 251 Abs. 2 (Glaubhaftmachung) und § 251 Abs. 3 (Salvatorische Klausel/Nachbesserungsklausel) sind nicht anzuwenden. Der Antrag muss trotzdem unverzüglich gestellt werden, da das Gericht über die Berichtigung unverzüglich entscheiden muss. Allein die Darlegung der Schlechterstellung iRd Anhörung genügt nicht. 5

Wenn die Voraussetzungen des Absatz 3 vorliegen, muss das Gericht die Bestätigung der Planberichtigung versagen. Es hat **kein Ermessen.** 6

V. Rechtsmittel (Absatz 4)

Gegen die Entscheidung über die Berichtigung ist die **sofortige Beschwerde** gem. Absatz 4 zulässig. **Beschwerdeberechtigt** sind der Verwalter (Sachwalter, → § 218 Rn. 11) sowie die in Absatz 2 genannten **Gläubiger** und **Anteilsinhaber,** deren Rechte von der Berichtigung betroffen sind. Für den **Schuldner** gibt es **kein Rechtsmittel,** weil es an der gem. § 6 erforderlichen Anordnung fehlt. Er kann eine gegen seinen Willen vorgenommene Berichtigung nur zusammen mit dem Bestätigungsbeschluss angreifen (§ 253 Abs. 1), falls seine Zustimmung gem. §§ 230 Abs. 1, 247 erforderlich gewesen wäre, wenn die Änderung von vornherein Planinhalt gewesen wäre. Erfolgt die Änderung erst nach dem Bestätigungsbeschluss, hat er keinen Rechtsschutz (zur außerordentlichen Beschwerde → § 6 Rn. 61), sondern erhält rechtliches Gehör nur gem. Absatz 2. 7

Aus dem Verweis in Absatz 4 auf § 253 Abs. 4 folgt, dass die **Beschwerde zurückgewiesen** werden kann, **wenn** der Insolvenzverwalter dies beim Landgericht beantragt, um **überwiegende Nachteile einer Verzögerung** zu vermeiden („Freigabeverfahren"). Der Beschwerdeführer hat dann die Möglichkeit, seinen Schaden einzuklagen, wobei es im Zusammenhang mit § 248a allein um den aus der Planberichtigung resultierenden Schaden geht. Zu den Einzelheiten dieses „Freigabeverfahrens" → § 253 Rn. 15 ff. 8

Bedingter Plan

249 **[1] Ist im Insolvenzplan vorgesehen, daß vor der Bestätigung bestimmte Leistungen erbracht oder andere Maßnahmen verwirklicht werden sollen, so darf der Plan nur bestätigt werden, wenn diese Voraussetzungen erfüllt sind. [2] Die Bestätigung ist von Amts wegen zu versagen, wenn die Voraussetzungen auch nach Ablauf einer angemessenen, vom Insolvenzgericht gesetzten Frist nicht erfüllt sind.**

I. Planbedingung

Leistungen oder **Maßnahmen,** die vor der Planbestätigung (HK-InsO/*Haas* Rn. 4) erbracht werden sollen, können **mit** dem **Plan als Bedingung verknüpft** werden. Dazu gehören auch Leistungen Dritter (BGH NZI 2010, 603 Rn. 23), zB die Gewährung eines neuen Darlehens, die Bestellung neuer Sicherheiten, die Zusage der Weiterbelieferung, der Erlass der Steuer aus einem Sanierungsgewinn oder Zahlungen an die Masse durch nahe Angehörige. Durch die Verknüpfung müssen die Leistungen erst erbracht werden, wenn die Annahme des 1

Plans erfolgt ist. Das dient dem Schutz der Leistenden wie umgekehrt auch dem Schutz der stimmberechtigten Beteiligten, die auf diese Weise sicherstellen können, dass eine Bestätigung ohne Leistung der (Sanierungs-)Beiträge ausscheidet (HK-InsO/*Haas* Rn. 2). Nicht erforderlich, aber (außer beim Steuerschuldverhältnis) gebräuchlich ist es, dass sich die Dritten zu den Leistungen verpflichten und ihre Erklärungen gem. § 230 Abs. 3 dem Plan beigefügt werden.

2 **Vor** Inkrafttreten des **ESUG war § 249** auch **die Brücke** zwischen **Insolvenzplanverfahren und gesellschaftsrechtlichen Maßnahmen.** Es war möglich, diese (zB einen **Fortsetzungsbeschluss** oder einen **Kapitalschnitt**) als Planbedingung auszugestalten. Wegen der Möglichkeit zur Einbeziehung der Anteils- und Mitgliedschaftsrechte in das Planverfahren kann dies **nunmehr** unmittelbar **im Plan** geregelt werden (§ 225a Abs. 3 Alt. 1; → § 225a Rn. 37 f.).

II. Versagung der Planbestätigung

3 Gem. Satz 2 kann das Insolvenzgericht die Planbestätigung nur nach **fruchtlosem Ablauf einer** vom Gericht für den Bedingungseintritt gesetzten **angemessenen Frist** versagen. Der Beschluss ist sodann in einem alsbald zu bestimmenden Termin zu verkünden (§ 252 Abs. 1 S. 1). Die Angemessenheit richtet sich nach dem Einzelfall, insbes. nach der Art und dem Umfang der zu erfüllenden Bedingung (HambK-InsO/*Thies* Rn. 6).

Verstoß gegen Verfahrensvorschriften[1]

250 **Die Bestätigung ist von Amts wegen zu versagen,**

1. wenn die Vorschriften über den Inhalt und die verfahrensmäßige Behandlung des Insolvenzplans sowie über die Annahme durch die Beteiligten und die Zustimmung des Schuldners in einem wesentlichen Punkt nicht beachtet worden sind und der Mangel nicht behoben werden kann oder

2. wenn die Annahme des Plans unlauter, insbesondere durch Begünstigung eines Beteiligten, herbeigeführt worden ist.

Übersicht

[1] § 250 Nr. 1 und 2 geänd. mWv 1.3.2012 durch G v. 7.12.2011 (BGBl. I S. 2582).

I. Überblick

Zum **Schutz des Schuldners und der** den Plan **ablehnenden Minderheit** müssen die Einhaltung der Verfahrensvorschriften überwacht (Nr. 1), Rechtsänderungen geprüft und die unlautere Beeinflussung der Abstimmungsergebnisse verhindert (Nr. 2) werden. Diese Fürsorgeaufgabe wird dem Insolvenzgericht außer in § 250 auch in §§ 245, 248, 249 und 251 zugewiesen, die idR – zum Minderheitenschutzantrag → § 251 Rn. 29 – zu einer einheitlichen Bestätigungsentscheidung führen, so dass die Informationen, die das Gericht im Zusammenhang mit der Prüfung des Obstruktionsverbots oder eines Minderheitenschutzantrages erhält, auch im Hinblick auf § 250 verwertet werden müssen. 1

II. Zurückweisung wegen Mängel (Nr. 1)

1. Verstoß gegen Inhaltsvorschriften. Hinsichtlich des Planinhalts sind die Prüfungsanforderungen der Nr. 1 bei der jetzigen Endkontrolle **identisch mit** denen bei der Eingangskontrolle nach **§ 231 Abs. 1 Nr. 1.** Die durch das ESUG vorgenommene Ergänzung des § 231 Abs. 1 Nr. 1, dass insbes. die Gruppenbildung bei der Eingangsprüfung zu berücksichtigen ist, hatte nur deklaratorische Bedeutung (BT-Drs. 17/5712, 32). Dieser Punkt ist auch iRd § 250 zu beachten. De facto geht es bei der späteren Kontrolle zwar nur noch um **Planänderungen,** die der Planinitiator bis zum Abstimmungstermin vornehmen darf (§ 240). Das Ergebnis der früheren **Eingangsprüfung präjudiziert** das Gericht jedoch **nicht** (LG Berlin NZI 2005, 335; FK-InsO/*Jaffé* Rn. 5; HRI/*Westphal* § 42 Rn. 23; aA HK-InsO/*Haas* Rn. 2: Versagung nur bei neuem Vorbringen). Stellt es bspw. aufgrund von Einwänden im Erörterungstermin Mängel fest, die bereits die Zurückweisung gem. § 231 Abs. 1 erfordert hätten, muss es trotz etwaiger durch die Verzögerung drohender Amtshaftungsansprüche die Bestätigung versagen (BGH NZI 2005, 619). Nach der Eingangsprüfung gibt es keinen „Zulassungsbeschluss", der spätere Einwände präkludiert. 2

Keiner nachträglichen Kontrolle unterliegen die in **§ 231 Abs. 1 Nr. 2 und 3** für einen Schuldnerplan genannten besonderen Voraussetzungen; denn über die Annahme des Plans (§ 231 Abs. 1 Nr. 2) und die Risiken (§ 231 Abs. 1 Nr. 3) haben die Beteiligten entschieden. Das darf das Gericht nicht korrigieren (BGH NZI 2005, 619). 3

2. Verstoß gegen Verfahrensvorschriften. Den **Schwerpunkt** der Prüfung nach Nr. 1 **bildet** die **verfahrensmäßige Behandlung** des Plans gem. §§ 232–247 (HambK-InsO/*Thies* Rn. 5), insbes. die Ladungsvorschriften (§§ 235 Abs. 2 und 3, 241 Abs. 2) einschließlich der Übereinstimmung von Plan und nach § 235 Abs. 3 übersandten Zusammenfassung (offengelassen von BGH NZI 2014, 262), die Stimmrechtsfestsetzung (§§ 237–238a; anders früher wegen § 18 Abs. 3 RPflG aF, HK-InsO/*Haas* Rn. 4), das Erörterungs- sowie Abstimmungsverfahren (§§ 235 Abs. 1, 241 Abs. 1, 242–244, 246 f.), die Zustimmung des Schuldners (§ 247 bzw. § 230 Abs. 1 bei nachträglicher Planänderung) und schließlich die Eintragungsfähigkeit der Planregelungen in die Register (→ § 225a Rn. 53 f., → § 228 Rn. 6 f., → § 254a Rn. 7 f.). Wurde ein Stimmrecht gem. §§ 237 Abs. 1, 77 Abs. 2 vom Gericht festgesetzt, wird diese Entscheidung nicht erneut kontrolliert, weil diese Festsetzung unanfechtbar ist (BGH NZI 2009, 106 Rn. 8 ff.). 4

3. Wesentlichkeit eines Verstoßes. Die Bestätigung ist nur zu versagen, wenn eine Vorschrift **in einem *„wesentlichen Punkt"*** verletzt wurde. Das ist nicht identisch mit der Verletzung einer wesentlichen Vorschrift (HambK-InsO/*Thies* 5

Rn. 7). Maßgebend ist die **Ergebnisauswirkung** des Verfahrensverstoßes; denn der Insolvenzplan soll den Beteiligten einen eigenständigen Ausgleich ihrer Interessen ermöglichen. Nur was Einfluss auf die Annahme des Plans hat, legitimiert einen richterlichen Eingriff und ist deshalb als wesentlicher Verstoß anzusehen (BGH NZI 2010, 101 Rn. 9; 2010, 734 Rn. 38, 40, 44; 2012, 187 Rn. 11; WM 2012, 1640 Rn. 9; LG Berlin NZI 2015, 66 Rn. 32; 2005, 335 [337]; HK-InsO/*Haas* Rn. 5; MüKoInsO/*Sinz* Rn. 18 ff.; vgl. auch § 545 Abs. 1 ZPO). Die **Ergebnisauswirkung** muss im Gegensatz zu Nr. 2 (→ Rn. 16) nicht sicher sein, sondern nur **ernsthaft in Betracht** kommen, weil bereits dann Zweifel an der Legitimation des Plans bestehen.

6 Terminologisch ist die Wesentlichkeitsschwelle niedriger als die des besonders schweren Rechtsverstoßes, der gem. § 253 Abs. 4 einer Zurückweisung der Beschwerde auch dann entgegensteht, wenn der Vollzug des Plans zur Vermeidung größerer Nachteile erforderlich ist. Diese Nachteilsabwägung darf nur das Beschwerdegericht treffen (§ 253 Abs. 4 S. 1 aE). Daraus folgt jedoch nicht, dass das Insolvenzgericht den Plan bei Verstößen gegen einen wesentlichen Punkt und erkennbarer Eilbedürftigkeit bestätigen darf, um den Weg für eine Vollzugsentscheidung nicht zu versperren; denn in dem Verfahrensstadium vor der Bestätigung muss die Möglichkeit zur Behebung von Mängeln (→ § 231 Rn. 15 f.) genutzt werden.

7 **Wesentliche Verstöße** sind **bspw.** die Verletzung des Planinitiativrechts (§ 218 Abs. 1; MüKoInsO/*Sinz* Rn. 19); Verschweigen von Vermögensgegenständen, wobei Aufklärungsmaßnahmen nur soweit erforderlich sind, soweit sie die Vorlage des Plans nicht erheblich verzögern (BGH NZI 2010, 734 Rn. 52); Verschweigen einer Insolvenzstraftat, aufgrund derer die Unternehmensfortführung gefährdet ist (BGH NZI 2012, 139); zu kurzer Erörterungstermin, falls sich Mehrheiten nicht ohnehin konkret abzeichnen (BGH NZI 2010, 734 Rn. 36 ff.); fehlerhafte Gruppenbildung (§ 222; MüKoInsO/*Sinz* Rn. 10); unterbliebene öffentliche Bekanntmachung des Erörterungs- und Abstimmungstermins (§ 235 Abs. 2); fehlerhafte Ladungen (§§ 235 Abs. 2, 3, 241 Abs. 2; BGH ZIP 2011, 781 Rn. 5, allerdings unklar hinsichtlich der Unerheblichkeit von Ladungsmängeln), falls der Betroffene am Termin nicht teilnimmt; unterbliebene, zu kurze oder unvollständige Niederlegung des Plans (§§ 234 f.); Abstimmungsfehler wie Einheits-, statt Gruppenabstimmung (§ 244) oder falsche Berechnung der Kopf- und/oder Forderungsmehrheiten; unrichtige Stimmrechtsfestsetzung (§§ 237 ff.) oder Aufstellung der Stimmliste (§ 239); zu kurzer Erörterungstermin, falls sich Mehrheiten nicht unverrückbar abzeichnen (BGH NZI 2010, 734 Rn. 36 ff.); übersehene schriftliche Stimmabgaben (§ 242 Abs. 2) sowie Änderung des Plans unmittelbar vor der Abstimmung (§ 240), obwohl der Erörterungstermin beendet ist (zur Zulässigkeit → § 240 Rn. 6), jeweils nur bei möglicher Ergebnisauswirkung. Auf die Ursache des Fehlers kommt es nicht an.

8 **Keine wesentlichen Verstöße** sind hingegen nur kurze Angaben im darstellenden Teil, wenn dies dem Umfang und der wirtschaftlichen Bedeutung des Unternehmens gerecht wird (BGH NZI 2010, 101 Rn. 3; NZI 2010, 734 Rn. 45, 48), Verschweigen von Gründen, die im Regelinsolvenzverfahren eine Versagung der Restschuldbefreiung rechtfertigen könnten (BGH NZI 2009, 515), Änderungen des Sitzungssaals für den Erörterungs- und Abstimmungstermin, falls durch Aushang bekannt gemacht (BGH NZI 2010, 734), Verletzung der Mitwirkungsrechte des § 218 Abs. 3, da keine Weisungsbefugnisse bestehen (Uhlenbruck/*Lüer/Streit* Rn. 8), oder eine unterbliebene Übersendung des Plans an die in § 232 Abs. 1 genannten Votanten (aA, falls Plan nicht anderweitig erhalten: MüKoInsO/*Sinz* Rn. 21; HRI/*Westphal* § 42 Rn. 29), weil es an den Beteiligten ist zu entscheiden, ob sie den Plan deshalb ablehnen.

9 **4. Mängelbeseitigung.** Vor einer Versagung der Bestätigung hat das Gericht dem Planverfasser die **Möglichkeit** einzuräumen, **Verstöße** gegen Inhalts- oder Verfahrensvorschriften **zu beheben,** was bei inhaltlichen Mängeln nach dem Abstimmungstermin durch die Verwaltervollmacht und bei einzelne Beteiligte betreffenden verfahrensrechtlichen Mängeln ua durch nachträgliche Zustimmung von Schuldner oder Dritten möglich ist. Die **Wiederholung von Verfahrensabschnitten** ist allein aufgrund von Nr. 1 **nicht möglich** (HK-InsO/*Haas* Rn. 5; HambK-InsO/*Thies* Rn. 39), weil die Vorschrift eine abgeschlossene Willensbildung voraussetzt, die unmittelbar zur Bestätigungsentscheidung führen kann (Nerlich/Römermann/*Braun* Rn. 4). Das Gericht kann aber analog § 4 iVm § 156 ZPO das **Verfahren wieder eröffnen** und einen neuen Abstimmungstermin ansetzen, wobei es dem Beschleunigungszweck entspricht, nur die fehlerhafte Handlung zu wiederholen, falls sie nicht untrennbar mit anderen verbunden ist. Eine Rücknahme und erneute Einreichung des Plans mit der Folge, dass das gesamte Verfahren wiederholt werden muss, ist nicht erforderlich (aA HambK-InsO/*Thies* Rn. 10).

III. Zurückweisung wegen Unlauterkeit (Nr. 2)

10 **Unlauter** ist jedes gegen **Treu und Glauben** verstoßende Verhalten (HK-InsO/*Haas* Rn. 6; HambK-InsO/*Thies* Rn. 11).

11 **1. Täuschung.** Dazu gehört die **Täuschung** der Beteiligten **über wesentliche Entscheidungsgrundlagen,** zu denen in erster Linie die Vermögensverhältnisse gehören (MüKoInsO/*Sinz* Rn. 44 ff.). Praktische Relevanz hat das insbes. bei nicht bilanzierten Aktiva wie Haftungsansprüchen gegen Gesellschafter (BGH NZI 2010, 734 Rn. 49) aus der Verletzung von Kapitalaufbringungs- und -erhaltungsvorschriften oder gegen Geschäftsführer wegen masseschmälernder Zahlungen (§§ 64 GmbHG, 93 Abs. 3 Nr. 6 AktG) oder gegen nahestehende Personen wegen insolvenzrechtlicher Anfechtung (BGH NZI 2010, 734 Rn. 54). Der Umfang der Ausführungen hängt von dem Kenntnisstand ab, der angesichts der Eilbedürftigkeit des Verfahrens zu erlangen ist. Es genügt, die Ansprüche aufzuführen, wenn eine abschließende Beurteilung bei Planerstellung noch nicht möglich ist (BGH NZI 2010, 734 Rn. 51 f.). Das Fehlen solcher Angaben begründet zugleich einen **Inhaltsmangel** im darstellenden Teil (§ 220 Abs. 2), der bereits nach Nr. 1 die Versagung der Planbestätigung erfordert (BGH WM 2012, 1640 Rn. 9; NZI 2012, 139 Rn. 9 f.; 2010, 734 Rn. 45; 2010, 101 Rn. 3), wenn die Informationen im Zeitpunkt der Planerstellung bekannt sind (BGH NZI 2010, 734 Rn. 51). Allein Nr. 2 ist einschlägig, wenn sich erst später bis zum Abstimmungstermin wertaufhellende Erkenntnisse oder neue Tatsachen von wesentlicher Bedeutung ergeben. Dann ist es unlauter, die Beteiligten nicht darauf hinzuweisen.

12 **2. Manipulation der Forderungen.** Allein die **Aufteilung einer Forderung zur** Erreichung der **Kopfmehrheit** begründet noch keine Unlauterkeit (aA MüKoInsO/*Sinz* Rn. 47; FK-InsO/*Jaffé* Rn. 12). Die Verkehrsfähigkeit von Forderungen darf nicht eingeschränkt werden. Die Aufteilung auf mehrere „Köpfe" bedeutet im Umkehrschluss zu § 244 Abs. 2 nur, dass sich die Rechtsnachfolger auf eine Kopfstimme einigen müssen, wenn die anteilige Übertragung erst nach Eintritt des Eröffnungsgrundes erfolgte. Unsicherheiten über den Eintrittszeitpunkt müssen wie im unmittelbaren Anwendungsbereich des § 244 Abs. 2 hingenommen werden, was im Gegensatz zur Nichtigkeitsfolge bei Forderungs- und Anteilsübertragungen, die das übertragene Stimmrecht gänzlich entfallen lassen (→ Rn. 16 und → § 226 Rn. 5), auch tragbar ist.

13 **Konstruiert** der **Schuldner Verbindlichkeiten,** sind sie in der Stimmliste nicht zu berücksichtigen. Wird das erst später bemerkt, wurde die Annahme des Plans bei Entscheidungserheblichkeit der Scheinstimmen unlauter herbeigeführt.

14 **3. Begünstigung eines Beteiligten.** Als **Regelbeispiel** für die Unlauterkeit nennt Nr. 2 die Begünstigung eines Beteiligten. Das betrifft in erster Linie einen **Verstoß iSd § 226 Abs. 3,** so dass auf die dortige Kommentierung, insbes. zum Forderungs- und Anteilskauf verwiesen wird. Wie dort (→ § 226 Rn. 5) reicht auch hier das Verhalten eines Dritten („*anderer Personen*", § 226 Abs. 3) aus (BGH NZI 2005, 325; FK-InsO/*Jaffé* Rn. 12).

15 Keine unlautere Begünstigung ist die Übernahme der **Kosten für** einen **Stimmrechtsbevollmächtigten** (aA HambK-InsO/*Thies* Rn. 14). Dass ein bestimmtes Abstimmungsverhalten Motiv für die Zahlung ist, reicht zur Unlauterkeit nicht, solange der Vollmachtgeber zu Weisungen berechtigt bleibt.

16 **4. Kausalität.** Die Annahme des Plans muss durch die Begünstigung „*herbeigeführt*" worden sein. Das ist nach der bürgerlich-rechtlichen **conditio-sine-qua-non-Formel** (Palandt/*Grüneberg* BGB Vorb. v. § 249 Rn. 25) der Fall, wenn der Plan ohne die unlautere Maßnahme gescheitert wäre. Da die auf einem Forderungs- oder Stimmenkauf beruhende Stimmabgabe unwirksam ist, weil gem. § 226 Abs. 3 das „Abkommen" nichtig ist, kommt es nach Ansicht des BGH (NZI 2005, 325 aE; zustimmend *Smid* DZWIR 2005, 234; MüKoInsO/*Sinz* Rn. 59) für die Kausalität darauf an, ob der Plan auch ohne die „gekaufte" Stimme angenommen worden wäre. Die Annahme des Plans hängt jedoch von den Mehrheiten nur der abstimmenden Gläubiger ab. Die Behandlung der **„gekauften" Stimme** als nicht abgegeben bedeutet, dass die Mehrheiten durch ein „Schweigegeld" beeinflusst werden können. Um das zu vermeiden, müssen sie **wie Nein-Stimmen** gewertet werden. Außerdem ist für die Kausalität erforderlich, dass eine dadurch entstehende Gruppenablehnung nicht durch ein Obstruktionsverbot überwunden worden wäre. Zwar spricht Nr. 1 von der „*Annahme durch die Beteiligten*". Angenommen ist ein Plan jedoch auch, wenn die Zustimmungsfiktion des § 245 eingreift.

IV. Rechtsmittel

17 Die Entscheidung nach § 250 ist als Bestandteil des Beschlusses über die Planbestätigung nur einheitlich im Wege der sofortigen **Beschwerde nach § 253** gegen die Bestätigung angreifbar. Für deren Zulässigkeit reichte es bisher aus, dass der Beschwerdeführer nicht voll befriedigt werden sollte. Eine Schlechterstellung im Vergleich zur Regelabwicklung war nicht erforderlich (BGH NZI 2010, 734 Rn. 26; 2012, 139 Rn. 7), so dass die Einhaltung von § 250 unabhängig von den wirtschaftlichen Auswirkungen für den Beschwerdeführer überprüft wurde (*Koza* DZWiR 2011, 68 [69]). Seit dem ESUG muss eine wesentliche Schlechterstellung glaubhaft gemacht werden (§ 253 Abs. 3 Nr. 2). Das betrifft aber nur die Zulässigkeit. Ist die Glaubhaftmachung erfolgt, ist das Planverfahren auf sämtliche Rechtsverstöße und somit wie vor dem ESUG auch auf einen Verstoß gegen § 250 selbst dann zu überprüfen, wenn sich die nur glaubhaft gemachte wesentliche Schlechterstellung nicht bestätigt (BGH NZI 2014, 751 Rn. 35, 37 f.).

Minderheitenschutz[1]

251 (1) **Auf Antrag eines Gläubigers oder, wenn der Schuldner keine natürliche Person ist, einer am Schuldner beteiligten Person ist die Bestätigung des Insolvenzplans zu versagen, wenn**

1. **der Antragsteller dem Plan spätestens im Abstimmungstermin schriftlich oder zu Protokoll widersprochen hat und**
2. **der Antragsteller durch den Plan voraussichtlich schlechtergestellt wird, als er ohne einen Plan stünde.**

(2) **Der Antrag ist nur zulässig, wenn der Antragsteller spätestens im Abstimmungstermin glaubhaft macht, dass er durch den Plan voraussichtlich schlechtergestellt wird.**

(3) [1] **Der Antrag ist abzuweisen, wenn im gestaltenden Teil des Plans Mittel für den Fall bereitgestellt werden, dass ein Beteiligter eine Schlechterstellung nachweist.** [2] **Ob der Beteiligte einen Ausgleich aus diesen Mitteln erhält, ist außerhalb des Insolvenzverfahrens zu klären.**

Schrifttum: *Decher/Voland,* Kapitalschnitt und Bezugsrechtsausschluss im Insolvenzplan – kalte Enteignung oder Konsequenz des ESUG?, ZIP 2013, 103; *Lehmann/Rühle,* DieAusgleichsmittel gem. § 251 III InsO inner- und außerhalb des Insolvenzverfahrens, NZI 2015, 151; *Jungmann,* Schlechterstellungsverbote im Insolvenzplanverfahren – Zum Verhältnis und Verständnis der §§ 245 und 251 InsO –, KTS 2006, 135; *Thorwart/Schauer,* § 251 – effektiver Minderheitenschutz oder unüberwindbare Hürde?, NZI 2011, 574.

Übersicht

I. Normzweck

Der an den **best-interest-Test** in Chapter 11 des US Bankruptcy Code (vgl. → § 245 Rn. 8) angelehnte Minderheitenschutz ist gemeinsam mit dem Obstruktionsverbot (§ 245) das notwenige **Korrektiv für die** Unterwerfung der Beteiligten unter die **Mehrheits-Mehrheit** (→ § 245 Rn. 1). Im Vordergrund steht die bestmögliche Befriedigung der Gläubiger (BT-Drs. 12/2443, 91). Deshalb muss ein Minderheitenschutzantrag darauf gestützt werden, dass der gewählte Weg nicht optimal ist, weil bei der Regelabwicklung ein besseres Ergebnis erzielt 1

[1] § 251 neu gef. mWv 1.3.2012 durch G v. 7.12.2011 (BGBl. I S. 2582).

wird, das den Beteiligten durch § 251 *„garantiert"* wird (BGH NZI 2007, 409 Rn. 7; 2009, 515 Rn. 12; HK-InsO/*Haas* Rn. 1).

2 **§§ 251 und 245** bieten **abgestufte Schutzregelungen:** Votiert eine der Gruppen gegen den Plan, wirkt nicht nur ein non liquet zu ihren Gunsten (→ § 245 Rn. 43), sondern bedarf es auch noch weiterer Bedingungen, um ihre Zustimmung durch eine Obstruktionsentscheidung zu ersetzen (§ 245 Abs. 1 Nr. 2, Abs. 2), während es beim Minderheitenschutz nur noch um die Schlechterstellung geht und ein non liquet zulasten des Antragstellers wirkt (weitergehend *Jungmann* KTS 2006, 135 [143 ff.], der den Unterschied auch im Beurteilungsmaßstab sieht, indem er für § 245 Abs. 1 Nr. 1 eine *„vernünftige Chance"* fehlender Schlechterstellung ausreichen lässt, dazu → § 245 Rn. 8). Liegen die Voraussetzungen des § 251 vor, fehlt es erst recht an der Voraussetzung des § 245 Abs. 1 Nr. 1 für ein Obstruktionsverbot (*Jungmann* KTS 2006, 135 [149]). § 251 hat somit nur Bedeutung, wenn trotz Schlechterstellung sämtliche Gruppen zustimmen.

II. Formelle Voraussetzungen für den Antrag (Absatz 1 Nr. 1)

3 **1. Form.** Der **Antrag** kann **schriftlich oder** auch mündlich **zu Protokoll der Geschäftsstelle** erklärt werden (§ 4 iVm § 496 ZPO).

4 **2. Antragsbefugnis. Antragsberechtigt** ist jeder Beteiligte, der zwangsweise von den Planwirkungen gem. §§ 254 ff. erfasst wird. Aussonderungsgläubigern sowie Massegläubigern steht der Minderheitenschutzantrag nicht zu. Ein **Stimmrecht** ist **nicht erforderlich** (Braun/*Braun/Frank* Rn. 5; BT-Drs. 12/2443, 212; aA FK-InsO/*Jaffé Rn. 9*). Es fehlt, wenn in die Rechtsstellung des Beteiligten vermeintlich nicht eingegriffen wird (§§ 237 Abs. 2, 238 Abs. 2, 238a Abs. 2). Dass trotzdem ein Eingriff vorliegt, muss er auch ohne Stimmrecht rügen dürfen. Wird die Beteiligtenstellung bestritten, muss sie glaubhaft gemacht werden (BGH NZI 2010, 734 Rn. 20). Die **Anwesenheit** im Termin ist **nicht erforderlich** (Braun/*Braun/Frank* Rn. 5; Uhlenbruck/*Lüer/Streit* Rn. 13), wenn die Zulässigkeitsvoraussetzungen eingehalten werden. Da die Glaubhaftmachung der Schlechterstellung spätestens im Abstimmungstermin erfolgen muss, ist der Antrag auch ohne Anwesenheit bis dahin (ggf. schriftlich) zu stellen (HRI/*Burmeister/Schmidt-Hern* § 43 Rn. 28; HK-InsO/*Haas* Rn. 6; aA HambK-InsO/*Thies* Rn. 5; Kübler/Prütting/Bork/*Pleister* Rn. 5: bis zur Verkündung der Bestätigungsentscheidung). Begriffsjuristisch ist eine zeitliche Trennung von Glaubhaftmachung, Widerspruch und Antrag zwar möglich aber im Hinblick auf das Beschleunigungsanliegen des ESUG sinnwidrig. Er kann vorher eingereicht werden (HRI/*Burmeister/Schmidt-Hern* § 43 Rn. 35). Hat der Antragsteller dem **Plan zugestimmt,** ist der **Schutzantrag** wegen des Verbots widersprüchlichen Verhaltens **rechtsmissbräuchlich** (aA Uhlenbruck/*Lüer/Streit* Rn. 12), auch wenn dies ausdrücklich erst in § 253 Abs. 2 Nr. 2 für die Beschwerde genannt ist.

5 **3. Widerspruch.** Laut Absatz 1 Nr. 1 muss spätestens im Abstimmungstermin ein Widerspruch schriftlich oder im Termin zu Protokoll erklärt werden. § 253 Abs. 3, der für die Beschwerde Ausnahmen von dem rechtzeitigen Widerspruch vorsieht, findet auf den Minderheitenschutz keine analoge Anwendung, weil alsbald nach der Abstimmung über die Bestätigung zu entscheiden ist (§ 252 Abs. 1). Dem **Wortlaut** nach ist der **Widerspruch zusätzliche Voraussetzung** des Schutzantrages (Absatz 1 Nr. 1; HambK-InsO/*Thies* Rn. 6, 8; Uhlenbruck/*Lüer/Streit* Rn. 4 f.; HRI/*Burmeister/Schmidt-Hern* § 43 Rn. 30). Ihn neben dem Antrag zu fordern, wäre **jedoch** eine sinnvollen Rechtsschutz (Art. 19 Abs. 4 GG) erschwerende **Förmlei.** Der rechtzeitige **Antrag reicht aus** (anders zur alten Fassung des § 251: BGH NZI 2007, 522 Rn. 8, weil der Antrag entgegen

dem jetzigen Absatz 2 auch noch nach dem Abstimmungstermin gestellt werden konnte (Braun/*Braun/Frank* Rn. 5; aA HRI/*Burmeister/Schmidt-Hern* § 43 Rn. 30 f.), nicht hingegen ersetzt umgekehrt der Widerspruch den Antrag (Uhlenbruck/*Lüer/Streit* Rn. 5). Steht eine Forderung mehreren zu, ist der Widerspruch einheitlich zu erklären (§ 244 Abs. 2). Gleiches soll nach teilw. vertretener Ansicht bei der Teilabtretung einer Forderung gelten (→ § 244 Rn. 8).

III. Schlechterstellung des Antragstellers (Absatz 1 Nr. 2)

1. Prüfungsumfang. Die Prüfung der Begründetheit des Antrags hat sich auf die glaubhaft gemachten Tatsachen zu beschränken. Aus ihnen muss sich eine **Schlechterstellung** ergeben (BGH WM 2012, 1640 Rn. 6; NZI 2009, 515 Rn. 13; 2007, 409 Rn. 10). Auch für die Begründetheit genügt die überwiegende Wahrscheinlichkeit der Schlechterstellung. Diese Prognosewahrscheinlichkeit kommt somit doppelt zum Tragen: zunächst bei den glaubhaft gemachten Tatsachen und sodann bei der tatsächlich vorliegenden Schlechterstellung. Das erfordert eine **durch Tatsachen unterlegte Vergleichsrechnung** (BGH WM 2012, 1640; HK-InsO/*Haas* Rn. 7; HambK-InsO/*Thies* Rn. 9; *Thorwart/Schauer* NZI 2011, 574 [575]). Hängt die jeweilige Entwicklung von verschiedenen Schlüsselereignissen ab, ist eine mehrwertige Prognose zu erstellen, deren Ergebnisse zu gewichten sind (*Eidenmüller* NJW 1999, 1837 f.; → § 245 Rn. 10). Verbale Erläuterungen genügen (zB Verlust des Nachforderungsrechts gem. § 201), wenn sich daraus eine wirtschaftliche Schlechterstellung als überwiegend wahrscheinlich ergibt. 6

2. Wirtschaftliche Betrachtungsweise. Maßgebend ist ein **Vergleich** zwischen **Planergebnis** und dem **Ergebnis** der **Regelabwicklung.** Entscheidend ist die optimale Verwertung, so dass insbes. bei Unternehmen auch ein Fortführungswert realisiert werden kann (→ § 245 Rn. 6). Ob der Antragsteller angemessen am Planergebnis beteiligt ist (§ 245 Abs. 1 Nr. 2), ist unerheblich (BT-Drs. 12/2443, 211). Auch ein **Alternativplan** ist **irrelevant** (*„ohne einen Plan“*; LG Hamburg ZInsO 2015, 159). Über dessen Vorzugswürdigkeit zu entscheiden, ist allein Sache der Beteiligten, nicht des Gerichts (→ § 218 Rn. 10). Maßgebend für die Schlechterstellung ist wie bei § 245 eine **wirtschaftliche Betrachtungsweise** (MüKoInsO/*Sinz* Rn. 28; HK-InsO/*Haas* Rn. 8). Für die **Anteilsinhaber** folgt daraus, dass sie sich auf einen Verlust allein von Mitverwaltungsrechten nicht berufen dürfen. Dass sie bei einem Verkauf ihrer Anteile über die Börse besser stehen würden als bei einem Insolvenzplan, rechtfertigt ebenfalls keinen Minderheitenschutz, weil der Börsenwert weder bei der Regelabwicklung realisierbar ist noch verfassungsrechtlich den Mindestwert bildet (*Decher/Voland* ZIP 2013, 103 [110 f.]; → § 225a Rn. 8 f.). Ebenso wenig ist von Bedeutung, dass die Anteilsinhaber mit der Planbestätigung die Chance verlieren, den Insolvenzgrund durch eine Kapitalerhöhung zu beseitigen. Das ist selbst dann irrelevant, wenn sie dazu bereit wären (aA LG Bonn ZInsO 2015, 43); denn maßgebend ist der Vergleich mit der Regelabwicklung, nicht mit der hypothetischen Insolvenzbeseitigung. Auf **individuelle Besonderheiten** (zB Verbundeffekte) kommt es nicht an. Deshalb ist es ohne Bedeutung, ob einem Gläubiger durch hinausgeschobene Zahlungen größere Nachteile entstehen als einem anderen, sich die subjektiven Barwerte also unterscheiden. Subjektive Verzögerungsschäden begründen allenfalls nachrangige Forderungen (§ 39 Abs. 1 Nr. 1). Für bestimmte Gläubiger kann sich eine Schlechterstellung daraus ergeben, dass sie in einem **Sekundärinsolvenzverfahren** wegen eines besseren Ranges bei der Verteilung des Erlöses aus einer Verwertung des lokalen Vermögens eine höhere Quote erzielt hätten. Der Vergleich mit der Regelabwicklung impliziert jedoch nicht automatisch die 7

Durchführung eines Sekundärinsolvenzverfahrens. Auf die dabei erzielte Befriedigungsaussicht kommt es nur an, wenn der deutsche Verwalter von der künftig in **Art. 36 EuInsVO** vorgesehenen Möglichkeit Gebrauch gemacht hat, den lokalen Gläubigern eine Gleichbehandlung wie bei Eröffnung des Territorialverfahrens zuzusichern (synthetisches Sekundärverfahren).

8 Vorteile aus einer **Fortsetzung der Geschäftsverbindung** müssen nicht berücksichtigt werden (aA HRI/*Burmeister/Schmidt-Hern* § 43 Rn. 58), weil dafür die Vermutung des (neuen) äquivalenten Leistungsaustauschs gilt (§ 320 Abs. 1 BGB). Anderenfalls bestünde auch im Hinblick auf § 226 Abs. 1 die Gefahr, in der Vertragsfortsetzung einen Verstoß gegen das Verbot von Sondervorteilen zu sehen, was zu unüberwindbaren Schwierigkeiten bei einer Äquivalenzkontrolle führen würde.

9 Für die **Insolvenzgläubiger** wird eine voraussichtliche Schlechterstellung im Vergleich zur Regelabwicklung nur schwer darzulegen sein, weil das **gesamte Abwicklungsszenario** mit dem des Insolvenzplans zu vergleichen ist (BGH WM 2012, 1640). Ansprüche der Masse müssen nicht nur dem Grunde nach, sondern auch hinsichtlich ihrer wirtschaftlichen Durchsetzbarkeit vorgetragen werden (BGH NZI 2010, 734 Rn. 18; ähnlich bei § 309: BGH NZI 2014, 34). Bei einer Unternehmensfortführung muss der Antragsteller aufzeigen, dass eine andere Verwertung des Unternehmens erfolgreicher wäre. Dazu ist die Benennung konkreter Kaufinteressenten zwar nicht erforderlich (aA HRI/*Burmeister/Schmidt-Hern* § 43 Rn. 63; → § 245 Rn. 42), die es insbes. in einem Planverfahren der Eigenverwaltung kaum geben wird. Ausreichend ist die Glaubhaftmachung (insbes. durch Sachverständigengutachten). Aus den glaubhaft gemachten Tatsachen muss hervorgehen, dass ein höherer Erlös überwiegend wahrscheinlich ist, was angesichts eines immer bestehenden Prognoserisikos insbes. zum Ausgang von Verkaufsverhandlungen nur bei deutlichen Unterbewertungen bejaht werden wird. Das Prognoserisiko trägt der Antragsteller. Ähnlich der Ertragsfähigkeit bei Unternehmen hat sich bei natürlichen Personen der – glaubhaft zu machende – Vortrag auf die künftige Vermögensentwicklung zu erstrecken, wenn es darum geht, ob der Gläubiger durch den Verlust des Nachforderungsrechts (§ 201) schlechter gestellt wird (vgl. BGH NZI 2007, 409 Rn. 8 zum aufrechnungsbefugten Gläubiger).

10 **Absonderungsgläubiger** können sich auf einen **Verwertungsvergleich beim einzelnen Absonderungsgegenstand** beschränken. Ergänzend sind Zins- und Nutzungsentschädigungen bei einer hinausgeschobenen Verwertung zu berücksichtigen. An betriebsnotwendigen Gegenständen gesicherte Gläubiger haben de facto eine Blockadeposition. Sie brauchen nur ein höheres Vergleichsangebot eines Dritten zu präsentieren (vgl. § 168 Abs. 1). Selbst wenn sie intern dem Dritten gegenüber ausgleichspflichtig wären, bezahlen sie den Überpreis nur mit ihrer Quote auf den geminderten Teil der Ausfallforderung, haben aber die Chance, dass sie durch eine Planänderung vor dem Abstimmungstermin oder durch Mittel gem. Absatz 3 mit dem besseren (Schein-)Angebot gleichgestellt werden. Die Darlegung, dass ein solches Drittangebot rechtsmissbräuchlich ist, obliegt dem Planinitiator im Wege der Gegenglaubhaftmachung (→ Rn. 12). Nur wenn der höhere Wertansatz auf einer Übernahme durch den Absonderungsgläubiger beruht (§ 168 Abs. 3), ist es Sache des Absonderungsberechtigten, den höheren Wert glaubhaft zu machen.

11 Einem Absonderungsrecht ähnlich ist die **Aufrechnungsbefugnis** eines Gläubigers mit Insolvenzforderungen. Sie geht durch den Insolvenzplan gegenüber neuen Forderungen des Schuldners verloren, weil die Aufrechnung eine durchsetzbare eigene Forderung voraussetzt, was für die Insolvenzforderung an § 254 Abs. 1 scheitert. Nach der Aufhebung des Regelinsolvenzverfahrens gibt es diese Durchsetzungs- und damit auch Aufrechnungsbeschränkung hingegen nicht. Eine

im Vergleich dazu durch den Plan eintretende Schlechterstellung setzt voraus, dass Aufrechnungspositionen *„voraussichtlich"* entstehen werden (BGH NZI 2007, 409 Rn. 8). Praktische Relevanz hat das – außer bei Altfällen aus der Umstellung der KSt – nur für natürliche Personen und nur gegenüber dem Finanzamt, während juristische Personen nach Beendigung des Insolvenzverfahrens erlöschen und keine neue Geschäftstätigkeit mehr entfalten.

3. Berücksichtigung von Risiken. Jede Verzögerung bedeutet ein Risiko. 12
Das Gericht prüft die wirtschaftliche Erfüllbarkeit nur bei der Eingangskontrolle eines Schuldnerplans iRd § 231 Abs. 1 Nr. 3. Bei einer Folgeinsolvenz besteht die Gefahr, dass die Quote geringer ausfällt. Deshalb müssen bei einer Zahlungsstreckung die **Barwerte** miteinander verglichen werden. Ihre Höhe hängt von dem **Risikozuschlag** ab, mit dem künftige Zahlungen abgezinst werden. Der Zuschlag ist ein durchschnittlicher und kein individueller jedes einzelnen Gläubigers (→ Rn. 6 sowie → § 245 Rn. 11 f.). Der Zins, der aufgrund des ungestörten Schuldverhältnisses verlangt werden könnte (dazu BGH NJW 2006, 1873 bei Verwertungsverzögerungen im Regelverfahren), ist weder als Unter- noch als Obergrenze maßgebend. Einen Anhaltspunkt bieten die Konditionen derjenigen Kredite, die iRd Planüberwachung aufgenommen und nach §§ 264 ff. in einem Folgeinsolvenzverfahren bevorrechtigt sind. Der kalkulatorische Zins muss für die Insolvenzgläubiger bei gestreckter Zahlung über dem der Rahmenkreditgläubiger liegen, wobei Sicherheiten für Neukredite oder Insolvenzforderungen (Plangarantien) zinsmindernd zu berücksichtigen sind. Der für die Abzinsung maßgebende Stichtag ist derjenige, an dem bei der Regelabwicklung eine Quote – sei es auch nur als Vorabausschüttung gem. § 187 Abs. 2 – ausgeschüttet werden könnte.

IV. Glaubhaftmachung (Absatz 2)

Die voraussichtliche **Benachteiligung ist glaubhaft zu machen.** Dafür reicht 13
die **überwiegende Wahrscheinlichkeit** (BGH NZI 2007, 409 Rn. 10; 2010, 292 Rn. 6; Baumbach/Lauterbach/Albers/*Hartmann* ZPO § 294 Rn. 1; HRI/*Burmeister/Schmidt-Hern* § 43 Rn. 49; großzügiger: HK-InsO/*Haas* Rn. 5: *„mindestens möglich"* genüge; strenger: Uhlenbruck/*Vallender* § 309 Rn. 63 *„konkret absehbar"*). Der Planinitiator ist berechtigt, die glaubhaft gemachte Schlechterstellung mit einer Gegenglaubhaftmachung zu widerlegen (vgl. Zöller/*Greger* ZPO § 294 Rn. 2).

Die Glaubhaftmachung muss sich auf **konkrete Tatsachen** beziehen, aus 14
denen sich die Schlechterstellung ergibt (HRI/*Burmeister/Schmidt-Hern* § 43 Rn. 50). Die **formellen Anforderungen** ergeben sich aus **§ 4 iVm § 294 ZPO.** Danach sind alle Beweismittel des Strengbeweises zulässig, wenn die Beweisaufnahme sofort erfolgen kann (BGHZ 156, 139 [141]; BGH NZI 2009, 515 Rn. 14), bspw. Sachverständigengutachten, die Versicherung an Eides Statt oder auch die Vernehmung des anwesenden Planinitiators gem. § 445 ZPO (zur Vernehmung iRd Glaubhaftmachung: Zöller/*Greger* ZPO § 294 Rn. 3). Erfahrungssätze, die auch für den Vollbeweis genügen (Zöller/*Greger* ZPO § 286 Rn. 11 ff., 16), sind zu berücksichtigen. Das Verhalten von Schuldner oder Planinitiator hat bei der Glaubhaftmachung dieselbe Bedeutung wie beim Vollbeweis, so dass Auskunftsverweigerungen in die Würdigung der überwiegenden Wahrscheinlichkeit einfließen. Eine sekundäre Behauptungslast (dazu Zöller/*Greger* ZPO vor § 284 Rn. 34) wird jedoch trotz der verfassungsrechtlichen Relevanz (BVerfG NJW 2000, 1483) und ihrer Bedeutung gerade in Insolvenzverfahren wegen der dort regelmäßig vorhandenen Informationsdefizite für § 251 bisher nicht diskutiert. Wenn das Insolvenzgericht iRd Planbestätigung auch über das Obstruktionsverbot zu befinden hat, muss es einen dazu vorliegenden Vortrag

anderer Gläubiger als aktenkundig berücksichtigen (vgl. Zöller/*Greger* ZPO § 294 Rn. 3).

15 Die **Glaubhaftmachung** muss **bis** zum **Ende des Abstimmungstermins** erfolgen (Absatz 3). Dem Antragsteller ist **keine Nachfrist** zu gewähren (BGH NZI 2010, 226 Rn. 11; vgl. zu § 290: BGH NZI 2009, 523 Rn. 5 f.), selbst wenn die Bestätigungsentscheidung erst in einem gem. § 252 Abs. 1 zulässigen besonderen Termin verkündet wird. Auch eine Vertagung des Abstimmungstermins, um dem Antragsteller eine Glaubhaftmachung zu ermöglichen, kommt nicht in Betracht (unklar BGH NZI 2010, 226 Rn. 10, der nur eine Fristverlängerung ablehnt, da Vertagung nicht beantragt worden sei); denn die Glaubhaftmachung erfordert präsente Beweismittel und damit auch einen konkreten Vortrag. Selbst wenn die Ermittlung des Sachverhalts wie insbes. bei Haftungs- und Anfechtungsansprüchen dem Verwalter obliegt, kann auf eine Glaubhaftmachung nicht verzichtet werden (BGH NZI 2010, 734 Rn. 19).

16 Wird der Minderheitenschutzantrag bereits vor dem Abstimmungstermin eingereicht, können **Planänderungen** den bis dahin glaubhaft gemachten Tatsachen die Grundlage entziehen. Eine aus neuen Gründen folgende Schlechterstellung muss dann erneut glaubhaft gemacht werden. Wird der Antrag frühzeitig gestellt, ist ein **richterlicher Hinweis** gem. § 4 iVm § 139 ZPO zur Ergänzung der Glaubhaftmachung **nicht geboten,** weil sich das Gericht mit dem Antrag erst nach der Abstimmung zu befassen braucht. Eine **Wiedereinsetzung in den vorigen Stand** (§ 233 ZPO) kommt ebenfalls nicht in Betracht, weil die Glaubhaftmachung Antragsvoraussetzung und keine Antragsfrist ist (MüKoInsO/*Sinz* Rn. 12; HRI/*Burmeister/Schmidt-Hern* § 43 Rn. 41 ff.).

V. Verhältnis zur Beschwerdebefugnis

17 Unterblieb die rechtzeitige Antragstellung oder ausreichende Glaubhaftmachung, wird die **Beschwerde nicht präkludiert** (BGH NZI 2014, 751 Rn. 6 ff.). Sie setzt lt. § 253 Abs. 2 nicht voraus, dass zuvor vom Minderheitenschutz Gebrauch gemacht wurde. Die Glaubhaftmachung ist als Zulässigkeitsvoraussetzung für die Beschwerde nachzuholen, wobei nunmehr eine Wesentlichkeitsgrenze überschritten werden muss (BGH NZI 2014, 751 Rn. 35).

VI. Mittelbereitstellung zur Antragsabweisung (Absatz 3)

18 **1. Bereitstellungsart.** Absatz 3 bestimmt, dass der Minderheitenschutzantrag abzuweisen ist, wenn **zur Kompensation einer Schlechterstellung Mittel bereitstehen.** Das Insolvenzgericht hat kein Ermessen (BGH NZI 2014, 751 Rn. 23). In der BegrRegE (BT-Drs. 17/5712, 35) heißt es, der Ausgleich sei durch eine Rücklage, eine Bankbürgschaft oder „*in ähnlicher Weise*" zu sichern. Die Sicherungswirkungen von Bankbürgschaft und Rücklage sind jedoch so unterschiedlich, dass eine „Ähnlichkeit" kaum feststellbar ist. Eine Sicherheitsleistung gem. § 108 S. 2 ZPO, §§ 232 ff. BGB ist ausreichend, aber nicht zwingend, weil Absatz 3 Satz 1 nur von einer Bereitstellung „*im Plan*", nicht aber von einer Sicherheitsleistung iSd BGB bzw. ZPO spricht. Bei der **Art und Weise der Sicherheitsleistung** – wie auch bei deren Höhe (→ Rn. 20) – hat das Insolvenzgericht einen **Beurteilungsspielraum** (BT-Drs. 17/5712, 35).

19 Da § 258 Abs. 2 S. 2 sogar für die Gewährleistung der Erfüllung bestimmter Masseschulden einen **Finanzplan** ausreichen lässt, muss das erst recht für streitige Quoten auf Insolvenzforderungen genügen (zweifelnd: *Lehmann/Rühle* NZI 2015, 151 [153]). Streitige Mehrforderungen der Absonderungsgläubiger bedürfen keiner stärkeren Absicherung als unstreitige Masseforderungen, auch wenn Absonderungsansprüche vor einer Masseunzulänglichkeit (ggf. durch eine Ver-

walterhaftung, → § 60 Rn. 26) geschützt sind. Statt aus dem Schuldnervermögen können die Ausgleichsmittel von Dritten durch (werthaltige) Bürgschaften etc aufgebracht werden (MüKoInsO/*Eidenmüller* § 221 Rn. 49). Ihre Erklärung ist dem Plan gem. § 230 Abs. 3 beizufügen.

2. Bereitstellungshöhe. Der Antragsteller muss das genaue Ausmaß der Schlechterstellung bei der Glaubhaftmachung nicht beziffern (aA *Lehmann/Rühle* NZI 2015, 151 [154]). Erst die Zulässigkeit einer Beschwerde bedarf der Glaubhaftmachung, dass die Mittel zum Ausgleich der Schlechterstellung nicht genügen, § 253 Abs. 2 Nr. 3. Das Insolvenzgericht kann den Antragsteller aber auch schon iRd Minderheitenschutzes auffordern, Angaben zum Umfang der Schlechterstellung zu machen (vgl. §§ 108 S. 1 ZPO, 7 Abs. 2 S. 2 SpruchG). Sie sind nicht bindend, das **Gericht hat** einen **Beurteilungsspielraum** bei der Frage, ob die vom Planinitiator vorgesehenen Mittel ausreichen. Der Antragsteller darf durch überhöhte Forderungen nicht willkürlich Werte blockieren, die für die Unternehmensfortführung benötigt werden. Der **Ausgleich** einer Schlechterstellung kann **auf die bereitgestellten Mittel begrenzt** werden (Absatz 3 Satz 2: „*aus diesen Mitteln*"). Ein darüber hinausgehenden Schadensersatz wie bei der Zurückweisung einer Beschwerde (§ 253 Abs. 4) ist nicht vorgesehen. Zugunsten des schutzbedürftigen Antragstellers ist der Betrag tendenziell im oberen Bereich der wahrscheinlichen Schlechterstellung anzusiedeln. Anderenfalls würde der Schuldner im Ausgleichsprozess begünstigt: Er hätte die Chance, weniger zahlen zu müssen, der Kläger aber könnte niemals mehr verlangen. 20

Statt einer Begrenzung der Mittel ist auch eine unbegrenzte Zusage möglich, allerdings nur durch Dritte, weil eine Bereitstellung aus dem Schuldnervermögen schon deshalb begrenzt ist, weil dieser „Topf" als Vermögensposition bei Vergleichsrechnungen berücksichtigt werden muss und eine darüber hinausgehende Gesellschafterhaftung nicht schon kraft Gesetzes besteht. Ist die Kompensation auf einen Gesamtbetrag beschränkt, hat das zur Konsequenz, dass der Planinitiator den **Betrag für jeden Antragsteller definieren** muss (MüKoInsO/*Sinz* Rn. 38; aA *Lehmann/Rühle* NZI 2015, 151 [154]; zur Vorgehensweise nach der Abstimmung → Rn. 23). Relevant ist das va für die absonderungsberechtigten Gläubiger, deren Schlechterstellung sehr unterschiedlich ausfallen kann. Zwar wäre die Belastung des Schuldners geringer, wenn eine Pauschalsumme ausreichen würde (so HRI/*Burmeister/Schmidt-Hern* § 43 Rn. 96; HambK-InsO/*Thies* Rn. 18), bei der das Obsiegen einiger Kläger durch das Unterliegen anderer ausgeglichen werden könnte. Auch beschleunigt eine pauschale Prüfung das Verfahren gegenüber einer Prüfung des jeweiligen Einzelfalls. § 251 ist jedoch ein Individualrecht. Der Antragsteller darf nicht das Prätendentenrisiko tragen, indem eine Pauschale, die sich später als unzulänglich erweisen könnte, nur noch quotal verteilt wird. Entscheidend ist, ob der Antragsteller individuell gesichert ist. Da die sofortige Beschwerde auch denjenigen offensteht, die keinen Minderheitenschutzantrag gestellt haben (→ § 253 Rn. 6), ist im Vorwege ohne individuelle Zuordnung nicht zu beurteilen, ob ein „Topf" zur Kompensation einer Schlechterstellung ausreicht. Die Zuweisung eines bestimmten Betrages an den jeweiligen Antragsteller erleichtert dem Schuldner auch den späteren Ausgleichsprozess, weil er sonst jedem Prätendenten den Streit verkünden müsste, um später nicht dem Einwand ausgesetzt zu sein, einen überhöhten Betrag gezahlt und damit den Anspruch späterer Kläger unterlaufen zu haben. Eine Pauschalsumme ohne individuelle Zuordnung genügt nur dann, wenn die bereitgestellten Mittel zur Kompensation jeder sinnvollerweise in Betracht kommenden Schlechterstellung ausreichen. Das ist für das Gericht schwer zu beurteilen, weil die Antragsteller bei der späteren Ausgleichsklage an eine frühere Bezifferung nicht gebunden sind. Für den Antrag auf Bestätigungsversagung reicht es, dass überhaupt eine Schlechter- 21 stellung vorliegt. Außerdem können noch Beschwerdeführer hinzutreten, die durch die Mittel gem. § 253 Abs. 2 Nr. 3 geschützt werden sollen. Ein Minderheitenschutzantrag ist keine Voraussetzung der Beschwerde (→ § 253 Rn. 6).

22 Es ist Sache des Planinitiators, die **Begünstigten** (nachträglich, → Rn. 23) zu **benennen.** Ist er der Ansicht, dass einige Anträge schon aus anderen Gründen abgewiesen werden, nimmt er sie in den Kreis der Prätendenten nicht auf. Das ist kein Verstoß gegen § 226 Abs. 3, weil die Aufnahme in den Kreis der Begünstigten nicht zur Herbeiführung der Planzustimmung erfolgt, sondern nur zur Vermeidung einer außerhalb des Verfahrens zu klärenden Schlechterstellung (aA HRI/*Burmeister/Schmidt-Hern* § 43 Rn. 98 für Kompensationsklauseln). Mit der Herausnahme aus dem Kreis der Begünstigten kann der Antrag nicht mehr allein aufgrund von Absatz 3 zurückgewiesen werden.

23 **3. Bereitstellungszeitpunkt.** Die Mittel sollen sich **aus dem gestaltenden Teil des Plans ergeben,** über den idR abgestimmt wurde, bevor der Schutzantrag gestellt wird; denn das Gesetz verlangt nur einen Antrag spätestens im Abstimmungstermin, nicht aber vor der Abstimmung. Nachträgliche Planänderungen gem. § 240 sind dann nicht mehr möglich. Um gleichwohl von der salvatorischen Klausel Gebrauch machen zu können, besteht nur die Möglichkeit einer **Öffnungsklausel** im Plan, dass die **Begünstigten** vom Planinitiator **namentlich und mit** dem auf sie entfallenden **Betrag konkretisiert** werden dürfen. Die Gesamtmittel können entweder im Plan beziffert oder ebenfalls in Form einer Öffnungsklausel so geregelt werden, dass sie im erforderlichen Umfang bereitgestellt werden. Das wird meist – aber im Hinblick auf den nicht verteilungspflichtigen Fortführungsmehrwert (→ § 245 Rn. 23) nicht notwendigerweise – aus dem Vermögen Dritter geschehen. Fehlt es an einer Öffnungsklausel, ist eine Korrektur allein aufgrund einer Verwaltervollmacht (§§ 221 S. 2, 248a) nicht möglich, da es sich nicht um *„offensichtliche Fehler“* iSv § 221 handelt.

24 **4. Ausgleichsklage.** Der Streit über den finanziellen Ausgleich ist lt. Absatz 3 Satz 2 **außerhalb des Insolvenzverfahrens** zu führen. Nach der BegrRegE (BT-Drs. 17/5712, 35) ist damit die Zuständigkeit der **ordentlichen Gerichte** gemeint. Eine Zuständigkeit der Fachgerichte, wie sie kraft Sachzusammenhangs insbes. auch für insolvenzrechtliche Anfechtungsklagen gegen Arbeitnehmer vertreten wird (Gms-OBG NZI 2011, 15), kommt nicht in Betracht, da nicht über das dem Anspruch zugrunde liegende Rechtsverhältnis, sondern um die insolvenzspezifische Schlechterstellung gestritten wird. Für die örtliche Zuständigkeit fehlt es an einem Verweis auf § 180, so dass es auf den **allgemeinen Gerichtsstand** ankommt, was nach einer Sitzverlegung der Schuldnerin zur Zersplitterung führen kann.

25 Die Klageart ist eine **Zahlungsklage,** deren Höhe auf einen Ausgleich ***„aus diesen Mitteln“*** (Absatz 3 Satz 2) beschränkt ist. Bis zur Aufhebung des Verfahrens ist die Klage **gegen** den **Insolvenzverwalter** zu richten (HambK-InsO/*Thies* Rn. 21; Kübler HRI/*Burmeister/Schmidt-Hern* § 43 Rn. 87), wenn die Ausgleichsverpflichtung vom Schuldner übernommen wurde. Eine solch frühzeitige Klage ist zulässig, bedarf aber der Rechtskraft des Bestätigungsbeschlusses, weil vorher die Planwirkungen nicht eintreten (MüKoInsO/*Sinz* Rn. 45). Nach der Aufhebung ist nur der **Schuldner** der richtige Beklagte (anders § 20 Abs. 4 KreditReorgG), weil das Verwalteramt mit der Aufhebung erlischt (§ 259 Abs. 1). Statt gegen den Schuldner ist eine Klage auch gegen einen **Garanten** zulässig, der den Ausgleich einer Schlechterstellung unter Verzicht auf die Einrede der Vorausklage zugesichert hat. Durch den Wechsel vom Plan- in das Prozessverfahren tritt eine Verschärfung der Beweislast ein: Nunmehr bedarf die Schlechterstellung nicht mehr nur der Glaubhaftmachung, sondern des Vollbeweises (MüKoInsO/*Sinz* Rn. 47; *Lehmann/Rühle* NZI 2015, 151 [155]), wobei auch hier die Beweis-

erleichterung des § 287 ZPO gilt (Hüffer/*Koch* AktG § 246a Rn. 26 für den Schadensersatz beim aktienrechtlichen Freigabeverfahren).

Für die Klagefrist ist § 259b nicht anwendbar. Er gilt nur für Forderungen, die nicht bis zum Abstimmungstermin angemeldet wurden. Für eine analoge Anwendung fehlt es an einer Gesetzeslücke. Einschlägig ist die **regelmäßige Verjährungsfrist** des § 195 BGB. Sie beginnt mit Rechtskraft des Bestätigungsbeschlusses (vgl. BGH NZI 2010, 734 Rn. 8, 13). Will der Schuldner oder ein Plangarant vor Ablauf der Regelverjährung Gewissheit haben, ob ein Ausgleichsanspruch besteht, muss er eine negative Feststellungsklage erheben. Eine **Ausschlussfrist** im Plan **ist zulässig** (MüKoInsO/*Sinz* Rn. 46; *Lehmann/Rühle* NZI 2015, 151 [155]). Das folgt zwar nicht schon aus BGH NZI 2010, 734 Rn. 9 (so Kübler HRI/*Burmeister/Schmidt-Hern* § 43 Rn. 100), weil es dort nur um eine Ausschlussfrist für die anstehende Verteilung ging, dem Gläubiger aber keine Rechte endgültig genommen wurden. Demgegenüber verliert der den Minderheitenschutz begehrende Antragsteller durch eine Ausschlussfrist endgültig die Kompensationsmöglichkeit, weil er sie nur „*aus diesen Mitteln*“ beanspruchen kann. Da aber § 259b den vollständigen Ausschluss einer innerhalb Jahresfrist nicht geltend gemachten Forderung vorsieht, ist es eine zulässige Konkretisierung des ansonsten nicht disponiblen Minderheitenschutzes, Entsprechendes für den Zugriff auf die Ausgleichsmittel zu regeln. Eine Jahresfrist, die analog § 259b Abs. 2 mit Rechtskraft der Planbestätigung beginnt (vgl. BGH NZI 2010, 734 Rn. 12 ff.), darf jedoch nicht unterschritten werden (aA *Lehmann/Rühle* NZI 2015, 151 [156]: zwei Wochen ab Rechtskraft des Bestätigungsbeschlusses). 26

5. Verhältnis zu §§ 226, 245 Abs. 2 Nr. 2. Eine **salvatorische Klausel** (Kompensationsklausel) hielt bereits die BegrRegEInsO für zulässig (BT-Drs. 12/2443, 212). Entgegen teilw. vor dem ESUG vertretener Ansicht (Überblick bei MüKoInsO/*Sinz* Rn. 35) liegt **kein Verstoß gegen** das Gleichbehandlungsgebot des **§ 226** vor (MüKoInsO/*Breuer* § 226 Rn. 12; Uhlenbruck/*Lüer/Streit* § 226 Rn. 7; krit.: HK-InsO/*Haas* Rn. 12). Es bedarf auch nach einer gerichtlichen Entscheidung zugunsten des klagenden Gläubigers keiner nachträglichen Besserstellung der nicht klagenden. § 251 sieht anders als § 13 SpruchG keine Erstreckung der Rechtskraft auf andere Beteiligte vor (zustimmend schon vor dem ESUG: *Jaffé* ZGR 2010, 248 [259]; *Jacoby* ZGR 2010, 359 [379]). Ausgleichsmittel erhält nur derjenige, der darüber auch einen obsiegenden Prozess führt. Da jedem Gruppenmitglied dieselbe Möglichkeit offensteht, erfolgt die Ungleichbehandlung nicht durch den Plan, sondern durch den unterlassenen Schutzantrag. Umgekehrt müssen die Ausgleichsmittel bei Nicht-Inanspruchnahme nicht nachträglich an die Gläubiger verteilt werden (MüKoInsO/*Sinz* Rn. 49; Kübler HRI/*Burmeister/Schmidt-Hern* 2015 § 43 Rn. 101). Sieht der Plan eine Auskehrung unverbrauchter Mittel an den Schuldner vor, liegt darin **kein Verstoß gegen § 245 Abs. 2 Nr. 2** (kein wirtschaftlicher Wert zugunsten des Schuldners), der im Falle der Planablehnung durch eine Gruppenminderheit die Zustimmungsersetzung hindert. Auch diesbezüglich gilt, dass frei werdende Mittel dem Schuldner nicht durch den Plan zufließen, sondern wegen einer unterlassenen oder verlorenen Klage. Sollte beabsichtigt sein, die frei werdenden Beträge an Beteiligte auszuschütten, muss das im Plan ausdrücklich vorgesehen werden, weil der Schuldner nach Verfahrensaufhebung die unbeschränkte Verfügungsbefugnis zurückerhält (§ 259 Abs. 1). 27

VII. Entscheidung über Schutzantrag

Hat der Antragsteller die Schlechterstellung glaubhaft gemacht, ändert sich die Vortragslast dahingehend, dass nunmehr die **Amtsermittlung** des Gerichts gem. 28

§ 5 eingreift (BGH NZI 2014, 751 Rn. 23; 2003, 662 zu § 290), **beschränkt auf** die vom Antragssteller **glaubhaft gemachten Tatsachen** (BGH NZI 2014, 751 Rn. 23; 2007, 409 Rn. 10; 2009, 515 Rn. 13; 2011, 410 Rn. 9, 11; WM 2012, 1640 Rn. 6; Uhlenbruck/*Lüer/Streit* Rn. 21; *Jungmann* KTS 2006, 136 [145 f.]), nicht jedoch beschränkt auf die präsenten Beweismittel (aA *Thorwart/Schauer* NZI 2011, 574 [576]). Bei der Amtsermittlung gibt es zwar **keine verfahrensrechtliche Beweislast,** wohl **aber eine materiellrechtliche.** Zweifel gehen zu Lasten des Antragstellers, weil die Wahrscheinlichkeit einer Schlechterstellung dann nicht überwiegt.

29 Die Entscheidung über den Minderheitenschutzantrag ergeht durch **Beschluss,** der gesondert oder als Bestandteil des Bestätigungsbeschlusses verkündet wird. Anfechtbar ist nur der Bestätigungsbeschluss. Im Fall des Absatz 3 muss aus der **Begründung** hervorgehen, **welche Beteiligte** in **welcher Höhe** berechtigt sind, einen Prozess über die **Ausgleichsmittel** zu führen (zur Entbehrlichkeit dieser Angaben → Rn. 21). Im Tenor kann das analog §§ 302 Abs. 1, 599 Abs. 1 ZPO nicht enthalten sein, da der Beschluss den Minderheitenschutzantrag oder die Planbestätigung betrifft und Absatz 3 nur die Gründe.

Bekanntgabe der Entscheidung[1]

252 (1) [1] **Der Beschluß, durch den der Insolvenzplan bestätigt oder seine Bestätigung versagt wird, ist im Abstimmungstermin oder in einem alsbald zu bestimmenden besonderen Termin zu verkünden.** [2] **§ 74 Abs. 2 Satz 2 gilt entsprechend.**

(2) [1] **Wird der Plan bestätigt, so ist den Insolvenzgläubigern, die Forderungen angemeldet haben, und den absonderungsberechtigten Gläubigern unter Hinweis auf die Bestätigung ein Abdruck des Plans oder eine Zusammenfassung seines wesentlichen Inhalts zu übersenden.** [2] **Sind die Anteils- oder Mitgliedschaftsrechte der am Schuldner beteiligten Personen in den Plan einbezogen, so sind auch diesen die Unterlagen zu übersenden; dies gilt nicht für Aktionäre oder Kommanditaktionäre.** [3] **Börsennotierte Gesellschaften haben eine Zusammenfassung des wesentlichen Inhalts des Plans über ihre Internetseite zugänglich zu machen.**

I. Verkündung der Entscheidung (Absatz 1)

1 Das Gericht kann die **Bestätigungsentscheidung** im Abstimmungstermin (§§ 238, 241) oder in einem gesonderten Termin, der **alsbald** stattfinden muss, **verkünden** (§ 4 iVm § 329 Abs. 1 ZPO). Eine **öffentliche Bekanntmachung** des Beschlusses ist **nicht vorgesehen.** Aus dem Verweis in Absatz 1 Satz 2 auf § 74 Abs. 2 S. 2 folgt, dass auch ein besonderer Verkündungstermin nicht öffentlich bekannt zu machen ist, wenn er bereits im Abstimmungstermin angesetzt wird (HK-InsO/*Haas* § 253 Rn. 2; HambK-InsO/*Thies* Rn. 3). Wird er erst später bestimmt, muss er zwar bekannt gemacht werden, eine besondere Ladung ist aber nicht notwendig (HK-InsO/*Haas* § 253 Rn. 2; aA HambK-InsO/*Thies* Rn. 3).

2 Der Beschluss braucht bei der Verkündung noch nicht – wie meist, wenn es im Anschluss an die Abstimmung geschieht – schriftlich vorzuliegen. Die Aufnahme ins Protokoll reicht (§ 160 Abs. 3 Nr. 6 ZPO). Er ist insbes. im Hinblick auf Obstruktionsentscheidungen zu **begründen.** Die Verkündung setzt die Be-

---

[1] § 252 Abs. 1 Satz 2 angef. durch G v. 19.12.1998 (BGBl. I S. 3836); Abs. 2 Sätze 2 und 3 angef. mWv 1.3.2012 durch G v. 7.12.2011 (BGBl. I S. 2582).

schwerdefrist in Gang (§§ 253, 6 Abs. 2; HK-InsO/*Haas* Rn. 3). Das Insolvenzgericht ist nicht verpflichtet, eine Rechtsbehelfsbelehrung zu erteilen, eine fehlerhafte Belehrung hinsichtlich des Beginns der Rechtsmittelfrist ist unschädlich (BGH NZI 2004, 85).

II. Übersendung des Insolvenzplans

Im Fall der Planbestätigung ist gem. Absatz 2 den **Insolvenzgläubigern,** die Forderungen angemeldet haben, und den **absonderungsberechtigten Gläubigern** ein **Abdruck** des Plans **oder** eine **Zusammenfassung** zu **übersenden.** Beim Umfang der Zusammenfassung ist zu berücksichtigen, dass den Adressaten der wesentliche Inhalt – sofern es keine Änderungen gem. § 240 gab – schon aus der Ladung zum Erörterungs- und Abstimmungstermin (§ 235 Abs. 3) bekannt ist. Mit der Übersendung kann das Gericht nicht nach § 8 Abs. 3 den Verwalter beauftragen, weil es sich um keine Zustellung handelt (Uhlenbruck/*Lüer/Streit* Rn. 2; HambK-InsO/*Thies* Rn. 5). Ein einfaches Schreiben genügt trotz der mit der Übersendung verbundenen Unsicherheiten und des Beginns der Rechtsmittelfrist. Es ist Sache der Beteiligten, sich rechtzeitig nach dem Ergebnis des Verkündungstermins zu informieren. 3

Ähnlich wie nach §§ 235 Abs. 3 S. 3, 4, 241 Abs. 2 S. 2–4 sind die Unterlagen auch den **Gesellschaftern** (außer Aktionären oder Kommanditaktionären) zu **übersenden,** wenn die Anteils- und Mitgliedschaftsrechte nach § 217 S. 2 in den Plan einbezogen wurden. **Börsennotierte Gesellschaften** haben stattdessen eine Zusammenfassung über ihre Internetseite zugänglich zu machen (Absatz 2 Satz 2). 4

Rechtsmittel[1]

253 (1) **Gegen den Beschluss, durch den der Insolvenzplan bestätigt oder durch den die Bestätigung versagt wird, steht den Gläubigern, dem Schuldner und, wenn dieser keine natürliche Person ist, den am Schuldner beteiligten Personen die sofortige Beschwerde zu.**

(2) **Die sofortige Beschwerde gegen die Bestätigung ist nur zulässig, wenn der Beschwerdeführer**

1. **dem Plan spätestens im Abstimmungstermin schriftlich oder zu Protokoll widersprochen hat,**
2. **gegen den Plan gestimmt hat und**
3. **glaubhaft macht, dass er durch den Plan wesentlich schlechtergestellt wird, als er ohne einen Plan stünde, und dass dieser Nachteil nicht durch eine Zahlung aus den in § 251 Absatz 3 genannten Mitteln ausgeglichen werden kann.**

(3) **Absatz 2 Nummer 1 und 2 gilt nur, wenn in der öffentlichen Bekanntmachung des Termins (§ 235 Absatz 2) und in den Ladungen zum Termin (§ 235 Absatz 3) auf die Notwendigkeit des Widerspruchs und der Ablehnung des Plans besonders hingewiesen wurde.**

(4) [1] **Auf Antrag des Insolvenzverwalters weist das Landgericht die Beschwerde unverzüglich zurück, wenn das alsbaldige Wirksamwerden des Insolvenzplans vorrangig erscheint, weil die Nachteile einer Verzögerung des Planvollzugs nach freier Überzeugung des Gerichts die Nachteile für den Beschwerdeführer überwiegen; ein Abhilfeverfahren nach § 572 Absatz 1 Satz 1 der Zivilprozessordnung findet nicht statt.** [2] **Dies gilt nicht,**

[1] § 253 neu gef. mWv 1.3.2012 durch G v. 7.12.2011 (BGBl. I S. 2582).

wenn ein besonders schwerer Rechtsverstoß vorliegt. [3]Weist das Gericht die Beschwerde nach Satz 1 zurück, ist dem Beschwerdeführer aus der Masse der Schaden zu ersetzen, der ihm durch den Planvollzug entsteht; die Rückgängigmachung der Wirkungen des Insolvenzplans kann nicht als Schadensersatz verlangt werden. [4]Für Klagen, mit denen Schadensersatzansprüche nach Satz 3 geltend gemacht werden, ist das Landgericht ausschließlich zuständig, das die sofortige Beschwerde zurückgewiesen hat.

Schrifttum: *Brünkmans,* Der Rechtsschutz gegen den Bestätigungsbeschluss des Insolvenzplans vor dem Hintergrund des insolvenzrechtlichen Freigabeverfahrens nach § 253 Abs. 4 InsO, ZInsO 2014, 993; *Brünkmans/Übele,* Rechtsschutz gegen missbräuchliche Insolvenzanträge und insolvenzzweckwidrige Insolvenzpläne?, ZInsO 2014, 265; *Lehmann/Rühle;* Das beschleunigte Zurückweisungsverfahren gem. § 253 IV InsO in der Praxis, NZI 2014, 889; *Madaus,* Die Rechtsbehelfe gegen die Planbestätigung nach dem ESUG, NZI 2012, 597; *Pleister/Tholen,* Zum Siegeszug des insolvenzrechtlichen Freigabeverfahrens, ZIP 2015, 414; *Schröder,* Rechtlos im Insolvenzplanverfahren? Über den mangelnden Rechtsschutz nachrangiger Gläubiger bei Streit über den zu erwartenden Übererlös, ZInsO 2014, 2069; *Skauradszun,* Suhrkamp – Allgemeines Beschwerdeverfahrensrecht versus § 253 Abs. 4 InsO, DZWiR 2014, 338; *ders.,* Insolvenzpläne unter Beschuss – Erfahrungen, Strategien und Prognosen, DB 2014, 2694; *Smid,* Zu Fragen von Rechtsmitteln und rechtsbeschwerdegerichtlichen Entscheidungen im Insolvenzplanverfahren, ZInsO 2014, 1873, [2078].

Übersicht

I. Allgemeines

1 **1. Tragweite des § 253.** Absatz 1 bestimmt den Kreis der Beschwerdeberechtigten, Absatz 2 und 3 betreffen das Beschwerdeverfahren, das mit der Neuregelung durch das ESUG beschleunigt werden soll (BegrRegE BT-Drs. 17/5712, 35), indem die formellen und materiellen Voraussetzungen erschwert werden. Da das Insolvenzverfahren erst nach Rechtskraft des Bestätigungsbeschlusses aufgehoben werden kann (§ 258 Abs. 1), hat die Beschwerde aufschiebende Wirkung. Von einer Beseitigung des Suspensiveffekts hat der ESUG-Gesetzgeber Abstand ge-

nommen (BT-Drs. 17/5712, 35) und stattdessen in Abs. 4 eine teilw. wörtlich an die Voraussetzungen des aktienrechtlichen Freigabeverfahrens (§ 246a AktG) angelehnte Zurückweisung der Beschwerde vorgesehen, wenn der Insolvenzverwalter dies beantragt und die alsbaldige Rechtskraft der Planbestätigung größere Nachteile vermeidet. Eine unzulässige Beschränkung des Rechtsschutzes liegt darin nicht, wenn für die Bestätigung des Plans der Richter zuständig ist (zum Übergangsrecht für Altverfahren s. Art. 103g EG-InsO idFv 12.12.12), gegen dessen Entscheidung eine Beschwerdemöglichkeit verfassungsrechtlich nicht geboten ist (BVerfG NZI 2010, 57; KG NZI 2010, 416 Rn. 33). Da dem Beschwerdeführer die Möglichkeit bleibt, einen etwaigen durch die Freigabe entstandenen Schaden geltend zu machen, liegt auch kein unzulässiger Eingriff in seine verfassungsrechtlich geschützte Vermögensposition vor (OLG Ffm. ZIP 2010, 2500 Rn. 44 zu § 246a AktG).

2. Systematik. Sowohl für die Zulässigkeitsvoraussetzung der formellen und materiellen Beschwer als auch für die Begründetheit ist zu unterscheiden zwischen einer Beschwerde gegen eine Bestätigung des Plans und gegen die Bestätigungsversagung. 2

II. Beschwerdeberechtigte Beteiligte (Absatz 1)

Absatz 1 gewährt nur den dort aufgeführten Beteiligten eine Beschwerdebefugnis. Die Beteiligtenstellung ist glaubhaft zu machen, falls sie nicht unstreitig ist. Der **Verwalter** kann wegen § 6 kein Rechtsmittel einlegen, weil er in Absatz 1 als Beschwerdeberechtigter nicht genannt wird. Wird ein vom Schuldner vorgelegter Plan bestätigt, verliert er zwar sein Amt mit der Verfahrensaufhebung. Das verletzt ihn jedoch nicht in einem eigenen Recht. Auch eine etwaige Regelung seiner Vergütung ändert daran nichts, weil eine verbindliche Festsetzung erst durch gesonderten Beschluss erfolgt (§ 64 Abs. 1; BGH NZI 2007, 341 auch zur Treuwidrigkeit eines später höheren Antrages). 3

Aussonderungsgläubigern fehlt eine Beschwerdebefugnis, weil sich ein Plan auf ihre Rechtsstellung nicht erstrecken kann. Sie verfolgen ihre Rechte außerhalb des Insolvenzverfahrens (§ 47) und gehören nicht zu den Beteiligten, auf die sich die Wirkungen des Plans gem. §§ 254 f. auch ohne ihre Zustimmung erstrecken. Werden sie jedoch – fehlerhaft – in den Plan einbezogen, steht ihnen ebenso wie der „Scheinpartei" in einem unrichtig bezeichneten Titel (BGH MDR 1995, 1163; 1978, 307) das Rechtsmittel zur Verfügung (LG Frankfurt a. M. NZI 2007, 110; Leonhardt/Smid/Zeuner/*Rattunde* Rn. 9). 4

Ebenfalls kein Beschwerderecht haben die **Massegläubiger** (es sei denn, dass sie im Planverfahren bei Masseunzulänglichkeit an die Stelle der nicht nachrangigen Insolvenzgläubiger treten, § 210a Nr. 1). Seit dem ESUG muss die Erfüllung ihrer künftig fällig werdenden Ansprüche zwar nur noch durch einen Finanzplan gewährleistet sein (§ 258 Abs. 2), so dass die Masse als Haftungsobjekt entfällt (→ § 258 Rn. 13). Diese materielle Beschwer tritt jedoch erst mit Verfahrensaufhebung ein (§ 259 Abs. 1), nicht schon durch die Planbestätigung. 5

III. Zulässigkeit einer Bestätigungsbeschwerde

1. Formelle Beschwer (Absatz 2 Nr. 1 und 2). Absatz 2 Nr. 1 und 2 verlangen, dass der mit dem Plan nicht einverstandene Beteiligte vor der Bestätigung **gegen den Plan votiert und** ihm sodann noch im Abstimmungstermin schriftlich oder zu Protokoll **widersprochen** hat (anders vor ESUG: BGHZ 163, 344 [347]). Ein Minderheitenschutzantrag ersetzt nach der hier zu § 251 vertretenen Auffassung (→ § 251 Rn. 5) den Widerspruch. Die Ablehnung des Plans und der Widerspruch sind als Zulässigkeitsvoraussetzung entbehrlich, wenn darauf weder 6 in der öffentlichen Bekanntmachung des Termins noch in der Ladung, die gem. § 235 Abs. 3 den Beteiligten zugehen muss, gesondert hingewiesen wurde, wobei eine der beiden Unterlassungen genügt. Deshalb können auch **Nachzügler,** die bisher keine Forderung angemeldet hatten, **Beschwerde einlegen.** Planablehnung bzw. **Widerspruch** ist bei ihnen **nicht erforderlich.** Für alle Beteiligten gilt, dass ein über den Widerspruch hinausgehender **Minderheitenschutzantrag keine Beschwerdevoraussetzung** ist. Rechtsmittelvoraussetzungen dürfen aus verfassungsrechtlichen Gründen nicht über den Wortlaut hinaus verschärft werden (BGH NZI 2014, 751 Rn. 14 ff.). Das Rechtsschutzinteresse besteht auch dann, wenn der Beschwerdeführer zuvor nicht sämtliche Rechtsschutzmöglichkeiten ausgeschöpft und neben Widerspruch und Planablehnung auch noch einen formalen Minderheitenschutzantrag gestellt hat (aA *Fischer* NZI 2013, 513 [515]; *Brünkmans* ZInsO 2014, 993 [994]). Werden Beteiligte durch die Beschwerdeentscheidung erstmals belastet, erwächst ihnen ein neues Beschwerderecht (BGH NZI 2005, 619 [620]). Dem Schuldner fehlt eine **formelle Beschwer,** wenn er den **Plan** selbst **vorgelegt** hat (MüKoInsO/*Sinz* Rn. 40 ff.).

7 Wurde dem Beschwerdeführer **kein Stimmrecht** gewährt, weil der Planinitiator keine Rechtsbeeinträchtigung annahm (§§ 237 Abs. 2, 238 Abs. 2), besteht wie beim Minderheitenschutzantrag **gleichwohl** eine **Beschwerdebefugnis** (HK-InsO/*Flessner* Rn. 5), um gerade diese Annahme oder sonstige Fehler zu überprüfen. Der bisher stimmlose Beschwerdeführer konnte zwar nicht gegen den Plan votieren, muss **aber** dem **Plan** trotzdem **widersprochen** haben, um nicht gem. Absatz 1 Nr. 1 präkludiert zu sein. Das setzt kein Stimmrecht voraus. Nur wenn er nicht geladen wurde (§ 235 Abs. 3), entfällt die Ausschlusswirkung des unterlassenen Widerspruchs.

8 Will der **Schuldner** gegen die Bestätigung eines nicht von ihm stammenden Plans vorgehen, **muss** er ihm zuvor **gem. § 247 widersprochen haben** (LG Berlin ZInsO 2005, 609). Unterlässt er das, soll seine Beschwerde nach den Gesetzesmotiven rechtsmissbräuchlich sein, weil er die verfahrensmäßigen Möglichkeiten nicht ausgeschöpft hat (BT-Drs. 17/5712, 35). Dem steht nicht entgegen, dass der BGH für die Beteiligten auf den abschießenden Charakter der in Absatz 2 genannten Beschwerdevoraussetzungen hinweist. Für sie gibt es keine Zustimmungsfiktion wie für den Schuldner in § 247. Für die **Anteilsinhaber** folgt die Beschwerdebefugnis ebenfalls schon aus dem Wortlaut des Absatz 1. Werden sie nicht in den Plan einbezogen, was wegen des ansonsten notwendigen Fortsetzungsbeschlusses nur beim Liquidationsplan vorkommt, werden sie zum Erörterungs- und Abstimmungstermin nicht geladen (§ 235 Abs. 3), so dass der Widerspruch als Beschwerdevoraussetzung nicht eingreifen kann (Absatz 3).

9 **2. Materielle Beschwer (Absatz 2 Nr. 3).** Nach Absatz 2 Nr. 3 muss der Beschwerdeführer durch den Plan wesentlich schlechter gestellt werden, als er ohne einen Plan stünde. **Vor dem ESUG,** als § 253 nur die Zulässigkeit der Beschwerde anordnete, ohne weitere Voraussetzungen zu nennen, ließ es der BGH für die materielle Beschwer ausreichen, dass durch den Plan in das Recht des Beschwerdeführers dadurch eingegriffen wurde, dass er gem. § 254 Abs. 1 an Planwirkungen gebunden ist, die ihm keine volle Befriedigung gewähren. Eine Beschwer kann auch darin liegen, dass der Rechtsmittelführer bei einem fehlerfreien Plan ein besseres Ergebnis erzielt hätte (BGH NZI 2005, 619 [620]), obwohl der Erfolg eines Alternativplans nicht sicher ist. Einer **Schlechterstellung** im Vergleich zur Regelabwicklung bedurfte es vor dem ESUG nicht (BGH NZI 2010, 734 Rn. 26; 2012, 139 Rn. 7). Nunmehr ist die Glaubhaftmachung einer sogar wesentlichen Schlechterstellung Zulässigkeitsvoraussetzung. Das gilt auch dann, wenn sich der Beschwerdeführer nur auf eine Rechtsverletzung stützt (LG Düsseldorf ZInsO 2014, 1963; LG Bonn ZInsO 2015, 43). Nach dem klaren

Gesetzeswortlaut ist die Schlechterstellung gegenüber der Regelabwicklung, nicht gegenüber einem Alternativplan maßgebend (LG Hamburg ZInsO 2015, 159). Begründet kann die Beschwerde hingegen wie vor der Gesetzesänderung auch dann sein, wenn sich die wesentliche Schlechterstellung nicht bestätigt, sondern Planvorschriften verletzt wurden. Der Unterschied zeigt sich am Beweismaß: Für die Glaubhaftmachung als Zulässigkeitsvoraussetzung gilt nicht das Beweismaß wie beim Vollbeweis (Zöller/*Greger* ZPO § 294 Rn. 6), sondern es genügt eine der Eilbedürftigkeit des Verfahrens angemessene Glaubhaftigkeit des Vorbringens, das mit den Beweismitteln des § 294 ZPO unterlegt wird, während für die Prüfung der Begründetheit die Amtsermittlung eingreift (BGH NZI 2014, 751 Rn. 24).

a) Wesentlichkeitsschwelle. Die **Wesentlichkeitsgrenze** soll lt. BegrRegE bei einer Schlechterstellung von **10 %** erreicht sein (BT-Drs. 17/5712, 35; BGH NZI 2014, 751; LG Hamburg ZInsO 2015, 159). Eine geringere Schlechterstellung wird für verfassungsrechtlich unbedenklich gehalten (BVerfG ZIP 2010, 237), weil es bei der Beschwerde nicht um den Rechtseingriff als solchen, sondern um die Kontrolle der schon von einem Richter getroffenen Entscheidung über die Planbestätigung geht. Mit der Wesentlichkeitsschwelle soll der Erwerb kleiner Forderungen zum Zwecke einer Lästigkeitsentschädigung vermieden werden (BT-Drs. 17/5712, 35 f.). Eine prozentuale Grenze allein beseitigt dieses Störpotential nicht. Sie kann nur eines von mehreren Kriterien sein. Wer eine **Besserstellung** nicht **um den** für die Rechtsverfolgung **erforderlichen Aufwand** anstrebt, erwartet den Ausgleich durch eine darüber hinausgehende Lästigkeitsentschädigung und handelt missbräuchlich. **Andere Anhaltspunkte** sind wie beim Missbrauch der aktienrechtlichen Anfechtungsklage (*Hüffer* AktG § 245 Rn. 28) **vorausgegangene Verhaltensweisen** des Beschwerdeführers, wenn er bspw. Sonderkonditionen bei Fortsetzung einer betriebsnotwendigen Geschäftsverbindung verlangte. Allerdings reduziert der erst auf Empfehlung des Rechtsausschusses eingefügte Absatz 4 (→ Rn. 15 ff.) die Bedeutung der Wesentlichkeitsgrenze. 10

b) Ausgleichsmittel. Die materielle Beschwer fehlt, wenn sie durch die Mittel, die **zur Abwendung eines Minderheitenschutzantrages** bereitgestellt wurden (§ 251 Abs. 3), kompensiert wird. Das Mittelvolumen muss nur noch die wesentliche Schlechterstellung ausgleichen, also bis an die 10 %-Grenze heranreichen (Absatz 2 Nr. 3: „*dieser Nachteil*"), wobei das Gericht einen Beurteilungsspielraum hinsichtlich der angemessenen Höhe hat (→ § 251 Rn. 20). Da ein vorheriger Minderheitenschutzantrag keine Voraussetzung der Beschwerde ist, mag der Rechtsmittelführer entgegen § 251 noch nicht im Plan berücksichtigt worden sein. Der Planinitiator darf eine Änderung nach dem Abstimmungstermin nicht mehr vornehmen (§ 240). Hier kann nur eine **Öffnungsklausel** helfen (→ § 251 Rn. 23). 11

c) Glaubhaftmachung. Nach Absatz 2 Nr. 3 ist die Beschwerde zulässig, wenn die wesentliche Schlechterstellung glaubhaft gemacht wird (zu den Einzelheiten → § 251 Rn. 12 ff.). Das bezieht sich auf die realisierbaren Vermögenswerte der Schuldnerin mit und ohne Plan (LG Hamburg ZInsO 2015, 159), aber auch auf die Gläubigerstellung und den Bestand der Forderung, falls das bestritten wurde (BGH NZI 2010, 734 Rn. 20). Die **Glaubhaftmachung** muss **innerhalb der Beschwerdefrist** geschehen, weil ansonsten die Zulässigkeit fehlt und nach Fristablauf nur geheilt werden kann, wenn eine Wiedereinsetzung in den vorigen Stand gewährt wird, deren Voraussetzungen idR nicht erfüllt sein werden (§§ 569 Abs. 1, 233 ff. ZPO). § 571 Abs. 3 ZPO, wonach dem Beschwerdeführer zum Vorbringen von Angriffs- und Verteidigungsmitteln eine Frist gesetzt werden 12 kann, ist nicht einschlägig (aA HRI/*Burmeister/Schmidt-Hern* § 43 Rn. 149), weil sich dies nur auf die Beschwerdebegründung des § 571 Abs. 1 ZPO bezieht und nicht auf eine die Zulässigkeit betreffende Glaubhaftmachung. Die bloße Bezugnahme auf eine schon im Rahmen eines etwaigen – für die Beschwerde nicht erforderlichen – Minderheitenschutzantrages erfolgte Glaubhaftmachung der Schlechterstellung (§ 251 Abs. 2) reicht nicht, selbst wenn sie schon als wesentlich dargestellt wurde (vgl. BGH NZI 2014, 751 Rn. 25). Es bedarf eines selbständigen Vortrags, nur die bestehenden Glaubhaftmachungen müssen nicht wiederholt werden, wenn sich die Tatsachen in der Zwischenzeit nicht verändert haben.

13 **3. Begründetheit.** Ein Beschwerdegericht muss eine **vollständige Kontrolle der angegriffenen Entscheidung** in tatsächlicher und rechtlicher Hinsicht vornehmen (Zöller/*Heßler* ZPO § 571 Rn. 2). Die wesentliche Schlechterstellung ist gem. Absatz 2 Nr. 3 Zulässigkeits- (§ 572 Abs. 2 ZPO) und nicht Begründetheitsvoraussetzung (§ 572 Abs. 1 ZPO). Deshalb kann die Beschwerde auch begründet sein, wenn sich die glaubhaft gemachte wesentliche Schlechterstellung später nicht bestätigt (BGH NZI 2014, 751 Rn. 24, 34 ff.).Wie vor dem ESUG kann eine Beschwerde gegen den Plan auch bei Verstößen iSv § 250 Erfolg haben (→ § 250 Rn. 17; BGH NZI 2014, 751 Rn. 34 f.).Einer Schlechterstellung im Vergleich zur Regelabwicklung bedarf es nicht (BGH NZI 2010, 734 Rn. 23, 26; 2012, 139 Rn. 7; ZIP 2011, 781 Rn. 5).

14 Die Schlechterstellung gegenüber der Regelabwicklung ist bei einem Minderheitenschutzantrag zu berücksichtigen. Wurde er nicht gestellt, liegt in der trotz Schlechterstellung verkündeten Planbestätigung kein Verfahrensfehler. **Ohne Minderheitenschutzantrag** ist die individuelle **Schlechterstellung kein Prüfungskriterium** (BGH NZI 2014, 751 Rn. 27, 35; zur Gruppenbetrachtung beim Obstruktionsverbot, → § 245 Rn. 7 ff.).

15 Damit gibt es folgende **Staffelung:** Die wesentliche Schlechterstellung gegenüber der Regelabwicklung ist Zulässigkeitsvoraussetzung und muss nur glaubhaft gemacht werden. Die Beschwerde ist unzulässig, wenn diese Schlechterstellung durch die Mittel des § 225 Abs. 3 kompensiert wird. Ist das nicht der Fall, bleibt die Beschwerde zulässig, selbst wenn sich die wesentliche Schlechterstellung bei Prüfung der Begründetheit nicht bestätigt. Bestätigt sich nur eine unwesentliche Schlechterstellung iSv § 251 Abs. 1 Nr. 2, genügt das nur, wenn zuvor ein Minderheitenschutzantrag gestellt wurde. Unterblieb der Antrag, kann sich der Beschwerdeführer immer noch auf eine Schlechterstellung berufen, die einem Obstruktionsverbot gem. § 245 Abs. 1 Nr. 1 entgegengestanden hätte, weil eine Planbestätigung dann eine Rechtsverletzung gem. § 250 darstellen würde. Haben hingegen alle Gruppen dem Plan zugestimmt, scheidet diese Form der Schlechterstellung als Prüfungskriterium aus, und zwar selbst dann, wenn diese Schlechterstellung wesentlich war.

16 Diese Ansicht des BGH stößt entgegen der überwiegend zustimmenden Stellungnahmen (*Lehmann/Rühle* NZI 2014, 889 [892]; *Pleister/Tholen* ZIP 2015, 414; Skauradszun DB 2014, 2694; *Madaus* EWiR 2014, 521) auf **Bedenken.** Könnte die glaubhaft gemachte wesentliche Schlechterstellung durch die Bereitstellung von Mitteln iSd § 251 Abs. 3 kompensiert werden, fehlt es gem. Absatz 2 Nr. 3 an der Zulässigkeit der Beschwerde. Dann ist jede auch noch so gravierende Rechtsverletzung jeglicher Überprüfung entzogen. Wenn dann aber schon eine einfache Rechtsverletzung sogar zur Aufhebung des Bestätigungsbeschlusses selbst dann führt, wenn sich die bisher nur glaubhaft gemachte Schlechterstellung nicht bestätigt, ist das ein Wertungswiderspruch (aA *Madaus* EWiR 2014, 521, der die Schlechterstellung sogar als Zulässigkeitsvoraussetzung ablehnt). Der BGH rechtfertigt ihn allein mit dem Gesetzeswortlaut (BGH NZI 2014, 751 Rn. 37 ff.). Den Motiven ist aber im Gegenteil zu entnehmen, dass eine Gefährdung des

Sanierungserfolgs bei unwesentlicher Beeinträchtigung vermieden werden soll und dies verfassungsrechtlich unbedenklich sei (BT-Drs. 17/5712, 36), was dafür spricht, dass es einer wesentlichen Schlechterstellung auch zur Begründung der Beschwerde bedarf. Der BGH bezieht dieses Beschleunigungsanliegen indes allein auf die in Abs. 4 vorgesehene Vollzugsmöglichkeit (BGH NZI 2014, 904 Rn. 12).

4. Zurückweisung bei überwiegenden Nachteilen (Absatz 4). a) Antragstellung (Absatz 4 Satz 1). Die sofortige Beschwerde ist lt. Absatz 4 zurückzuweisen, wenn die Nachteile einer Verzögerung des Planvollzugs die Nachteile des Beschwerdeführers überwiegen. Die Rechtsfolge ist dem Freigabeverfahren des § 246a AktG nachgebildet (BT-Drs. 17/7511, 36). Der **Antrag** ist beim Beschwerdegericht einzureichen (HRI/*Burmeister/Schmidt-Hern* § 43 Rn. 166, 185). Ihn **kann nur** der **Insolvenzverwalter stellen,** nicht ein Beteiligter. Da der Verwalter gem. § 60 zur Wahrung der Sorgfalt eines ordentlichen und gewissenhaften Insolvenzverwalters verpflichtet ist, ist er zur Antragstellung sogar verpflichtet, wenn die Voraussetzungen gegeben sind. In der Eigenverwaltung hat der Schuldner das Antragsrecht, weil er die Verwaltungsbefugnisse ausübt (§ 270 Abs. 1). Ergänzend muss dem Sachwalter ein Antragsrecht zugebilligt werden, wenn er von der Gläubigerversammlung mit der Planerstellung beauftragt wird, da er dann deren Interesse an einer Beschleunigung wahrnehmen muss. 17

Der Antrag ist an keine formellen **Voraussetzungen** gebunden. Allerdings muss das Gericht die Zulässigkeit der Beschwerde prüfen, weil der Schadensersatzanspruch des Satzes 3 nur bei einer Zurückweisung wegen des Freigabeantrages gewahrt wird. Scheitert die Beschwerde schon an der Zulässigkeit, ist der Weg versperrt (aA *Lehmann/Rühle* NZI 2014, 889 [892]). Das ist nicht erst eine Vorfrage im Schadensersatzprozess. Zudem setzt eine Zurückweisung terminologisch im Gegensatz zur Verwerfung (§§ 522 Abs. 1, 572 Abs. 2 S. 2 ZPO) die Zulässigkeit der Beschwerde voraus. Hat das Gericht der Beschwerde nicht abgeholfen und der Beschwerdeführer dagegen eine (zugelassene) Rechtsbeschwerde eingelegt, ist das Beschwerdegericht an einer Zurückweisung wegen eines nunmehr gestellten Freigabeantrags gehindert; denn mit der ersten Zurückweisung/Verwerfung ist die Sache nicht mehr beim Beschwerdegericht anhängig. Es ist an seine Entscheidung analog § 318 ZPO gebunden, (BGH NZI 2014, 751 Rn. 28 ff.). Erst wenn die Sache nach einer Aufhebung der Beschwerdeentscheidung und Zurückverweisung wieder beim Beschwerdegericht anhängig ist, kann es die Beschwerde nunmehr nach Abs. 4 zurückweisen (LG Berlin ZIP 2014, 2197). Dem steht nicht entegen, dass die Zurückweisung „*unverzüglich*" erfolgen sollte. Solange der Eilbedarf besteht, ist dem Gesetzeszweck Genüge getan (*Pleister* ZIP 2015, 414 [416]). 18

b) Nachteilsabwägung (Absatz 4 Satz 1). Die **Nachteile der Verzögerung** können in einer Gefährdung der Planquote für die Insolvenzgläubiger oder in einer Gefährdung des Verwertungserlöses für die Absonderungsgläubiger oder in einer Gefährdung des Fortführungsmehrwerts für den Schuldner liegen, mithin bei Unternehmensinsolvenzen in einer Behinderung der Geschäftstätigkeit. Da die Planbefürworter bei einer Ablehnung der Bestätigung keinen Schadensersatzanspruch haben, ist die Nachteilsgefahr für sie höher als für die Beschwerdeführer, die einen solchen Anspruch gesondert verfolgen können. Deshalb ist dem Vollzugsantrag tendenziell stattzugeben (LG Berlin ZIP 2014, 2197 [2199]; *Pleister* ZIP 2015, 414 [416]; ähnlich HRI/*Burmeister/Schmidt-Hern* § 43 Rn. 173 ff.; anders bei § 246a AktG: Karsten Schmidt/Lutter/*Schwab* AktG § 246a Rn. 21), zumal eine Entscheidung nach Absatz 4 erst erforderlich wird, wenn der Beschwerdeführer schon eine wesentliche – durch Mittel des § 251 Abs. 3 nicht kompensierbare – Schlechterstellung glaubhaft gemacht hat. Das Freigabeverfah- 19 ren wäre überflüssig, hätte der Gesetzgeber solche Nachteile nicht akzeptieren wollen. Kann hingegen über die Beschwerde dem Grunde nach entschieden werden, hat das Vorrang, weil keine nur durch die Freigabeentscheidung vermeidbaren Verzögerungen eintreten können (LG Hamburg ZInsO 2015, 159), es sei denn, dass das Beschwerdegericht bei einer Sachentscheidung die Rechtsbeschwerde zulassen würde.

20 **c) Besonders schwerer Gesetzesverstoß (Absatz 4 Satz 2).** Die Zurückweisung unterbleibt bei einem **besonders schweren Gesetzesverstoß,** der kausal für die Planannahme gewesen sein könnte (LG Berlin ZIP 2014, 2197 [2203]). Erläuterungen gab der Rechtsausschuss, auf dessen Betreiben Abs. 4 eingefügt wurde, nicht (BT-Drs. 17/7511, 36). Wie bei § 246a AktG (MüKo-AktG/*Hüffer* § 246a Rn. 26) ist die einem Vollzug entgegenstehende Ausnahme des besonders schweren Rechtsverstoßes eng zu interpretieren. Im Vordergrund steht das für die Beteiligten optimale **Ergebnis** (HRI/*Burmeister/Schmidt-Hern* § 43 Rn. 172, 173 ff.), in dessen **Relation** die **Schwere des Rechtsverstoßes** zu würdigen ist. Es muss eine greifbare Gesetzeswidrigkeit (vgl. Zöller/*Heßler* ZPO vor § 567 Rn. 6 ff. zur außerordentlichen Beschwerde) vorliegen, indem **Verfahrensvorschriften offensichtlich** und **in unerträglicher Weise verletzt** wurden (LG Berlin ZIP 2014, 2197 [2203 f.]). Die Rechtslage muss nach Ansicht des BGH so eindeutig sein, dass sie keiner Klärung im Rahmen einer Rechtsbeschwerde bedürfe (BGH NZI 2014, 904 Rn. 18). Dazu gehören Fälle wie die unlautere Herbeiführung der Planannahme (§§ 250 Nr. 2, 226 Abs. 3), die evidente Ungleichbehandlung der Gruppenmitglieder ohne deren Zustimmung (§ 226 Abs. 1 und 2), die vorsätzliche Nichtbeteiligung bekannter Gläubiger am Planverfahren (LG Berlin ZIP 2014, 2197 [2204]), der ersatzlose Eingriff in Absonderungsrechte oder ein Debt-Equity-Swap ohne Zustimmung des Gläubigers (§ 225a Abs. 2). Die Masseschmälerung durch einen Verzicht auf Einlageansprüche gegen Gesellschafter oder Haftungsansprüche gegen Beteiligte können einen besonders schweren Rechtsverstoß begründen (§§ 9b Abs. 1, 19 Abs. 1 GmbHG, 9b Abs. 1, 19 Abs. 2 AktG), wenn es dafür an einem sachlichen Grund fehlt.

21 **d) Amtsermittlung.** Eine Glaubhaftmachung sieht Absatz 4 im Gegensatz zu § 246a Abs. 3 AktG nicht vor, so dass es bei dem **Amtsermittlungsgrundsatz** des § 5 Abs. 1 bleibt. Da jedoch schon das Beschwerdeverfahren ein Eilverfahren ist, der sofortige Vollzug also eine „Eil-Eil-Entscheidung" darstellt, die nur eine summarische Prüfung der vom Insolvenzverwalter vorgetragenen Tatsachen ermöglicht, wie sie für Verfahren im einstweiligen Rechtsschutz typisch ist (BGH NZI 2014, 904 Rn. 11, 14), ist die gerichtliche Prüfung de facto auf die Aktenlage beschränkt, was das Gesetz mit der „freien Überzeugung" als Beweismaß für die Nachteilsabwägung zum Ausdruck bringt.

22 **e) Rechtsbeschwerde gegen Freigabeentscheidung.** Eine Rechtsbeschwerde ist zulässig, wenn das Beschwerdegericht sie zugelassen hat (§ 572 Abs. 1 Nr. 2 ZPO). Die Freigabeentscheidung ist jedoch schon kraft Natur der Sache nicht angreifbar, weil das die Eilbedürftigkeit konterkariert, der summarische Charakter von Eilentscheidungen einer Überprüfung nur schwer zugänglich ist und der Gesetzgeber deshalb den besonderen Schadensersatzanspruch des Satzes 3 als Kompensation vorgesehen hat (BGH NZI 2014, 904 Rn. 14 ff.). Das steht im Einklang mit dem vom Gesetzgeber als Vorbild herangezogenen aktienrechtlichen Freigabebeschluss, für den § 246a Abs. 3 S. 4 AktG die Unanfechtbarkeit anordnet. Dass in Absatz 4 eine solche Regelung fehlt, hält der BGH für ein Redaktionsversehen (BGH NZI 2014, 904 Rn. 18; zur Kritik: *Spliedt* EWiR 2014, 685). Beim aktienrechtlichen Verfahren beinhaltet die Freigabe hingegen keine Ent-

scheidung über das Rechtsmittel (Anfechtungsklage; aA *Schäfer* ZIP 2014, 2417), während nach Absatz 4 die Beschwerde zurückgewiesen wird, so dass über die Begründetheit nur noch inzident im Schadensersatzprozess entschieden wird, und zwar auch nur dann, wenn eine Klage nicht schon am Schadensnachweis scheitert. Eine rechtliche Überprüfung, die der BGH durch die Beschränkung der wesentlichen Schlechterstellung auf die Zulässigkeit erleichtert hat (→ Rn. 9, 13), wird es in der Praxis jenseits besonders schwerer Gesetzesverstöße kaum noch geben, weil regelmäßig Freigabeanträge zu erwarten sind (*Skauradszun* DB 2014, 2694 [2696, 2698]), für die eine Vollzugsnotwendigkeit vorliegen wird. Wegen der geänderten Beweissituation – Amtsermittlung bei § 253, Vollbeweis beim Schadensersatzprozess – ist der Ausschluss dieser Begründetheitsprüfung keineswegs unbedeutend (aA *Pleister* ZIP 2015, 414 [419]).

f) Schadensersatz (Absatz 4 Satz 3). Weist das Gericht die Beschwerde aufgrund der Nachteilsabwägung zurück, ist dem Beschwerdeführer *„aus der Masse"* der **Schaden** zu **ersetzen,** der ihm durch den Planvollzug entsteht. Voraussetzung ist, dass die Beschwerde ohne die Zurückweisung nach Absatz 4 Erfolg gehabt hätte (BT-Drs. 17/7511, 36; *Skauradszun* DB 2014, 2694 [2696]; MüKoInsO/*Sinz* Rn. 74). Die *„Rückgängigmachung der Wirkungen des Insolvenzplans"* wird ausdrücklich ausgeschlossen. Entgegen der Formulierung handelt es sich bei dem Ausgleichsanspruch nicht um einen Schadensersatz-, sondern um einen Aufopferungsanspruch, da es allein auf die Schlechterstellung durch den Planvollzug im Vergleich zur Regelabwicklung ankommt unabhängig davon, ob die Bestätigung wegen einer (schuldhaften) Verletzung des § 250 rechtswidrig ist (aA wohl *Madaus* NZI 2012, 597 [599] u.). Auch die Formulierung, dass der Schaden *„aus der Masse"* zu ersetzen sei, ist fehlerhaft. **Haftungsobjekt** kann nur das **gesamte Schuldnervermögen** sein. Eine auf die noch vorhandenen Massegegenstände beschränkte Partikularhaftung analog der beschränkten Erbenhaftung kommt nicht in Betracht (aA HRI/*Burmeister/Schmidt-Hern* § 43 Rn. 192). 23

Der Schadensersatzanspruch ist im Zivilprozess durch **Zahlungsklage** bei dem Landgericht geltend zu machen, das die Beschwerde zurückgewiesen hat. Beklagte ist die Schuldnerin, weil das Amt des Insolvenzverwalters nach Verfahrensaufhebung nicht mehr existiert (§ 259 Abs. 1). Durch die **Zuständigkeit des Beschwerdegerichts** kann es zu Divergenzen mit Urteilen über die Ausgleichsmittel kommen, über die ein Prozess am allgemeinen Gerichtsstand zu führen ist. Macht der Beschwerdeführer geltend, dass die Ausgleichsmittel nicht genügen, könnte er sowohl auf deren Auszahlung als auch auf Schadensersatz klagen (*Madaus* NZI 2012, 597 [599]; HRI/*Burmeister/Schmidt-Hern* § 43 Rn. 194). Der Streitgegenstand ist unterschiedlich. Dort ist es ein Ausgleichsanspruch aufgrund des Plans, hier ein Schadensersatzanspruch wegen des Plans (*Madaus* NZI 2012, 597 [599]). Die Vorfragen sind jedoch dieselben. In Betracht kommt eine Verbindung gem. § 147 ZPO, was voraussetzt, dass die Ausgleichsprozesse wegen einer Sitzverlegung nicht am anderen Ort oder wegen des Streitwerts nicht beim LG anhängig sind. Dann ist nur eine Aussetzung gem. § 148 ZPO möglich. 24

IV. Beschwerde gegen die Bestätigungsversagung

1. Beschwerdebefugnis. Gegen die Ablehnung einer Planbestätigung hat der **Insolvenzverwalter** nach dem Wortlaut des Absatz 1 kein Beschwerderecht, obwohl die Ablehnung dem gemeinsamen Interesse der Beteiligten widersprechen kann (§ 78). Der ESUG-Gesetzgeber hielt die Beschwerdemöglichkeit des § 231 Abs. 3 entgegen dem Vorschlag des Bundesrats für ausreichend (BT-Drs. 17/5712, 69), obwohl die Zurückweisung mit denselben Gründen, die bei § 231 erheblich sind, auch erst aufgrund der gem. § 250 vorzunehmenden Prüfung erfolgen kann, 25 gegen die kein Rechtsmittel vorgesehen ist. Der **Schuldner** ist beschwerdebefugt, wenn er den Plan eingereicht hat (formelle Beschwer; HambK-InsO/*Thies* Rn. 10) bzw. – bei einem abgelehnten Verwalterplan – die Schuldbefreiung des § 227 nicht erhält (materielle Beschwer). Die **Gläubiger** sind zwar formell nicht beschwert, weil sie kein Planvorlagerecht haben. Ausreichend ist jedoch eine materielle Beschwer (dazu → Rn. 22). Haben sie den Plan hingegen abgelehnt, ist die Beschwerde gegen die Bestätigungsversagung rechtsmissbräuchlich (vgl. den umgekehrten Fall BGH NZI 2005, 619 [620]).

26 **2. Materielle Beschwer.** Eine materielle Beschwer der **Gläubiger** liegt schon dann vor, wenn sie Leistungen aus dem Plan erhalten sollen (HK-InsO/*Flessner* Rn. 11). Ein Vergleich mit dem Ergebnis der Regelabwicklung ist nicht erforderlich, weil Abs. 2 ausdrücklich nur für die Bestätigung des Plans, nicht aber für deren Versagung gilt. Der Beschwerdeführer muss nicht darlegen, dass die Planleistungen (wesentlich) höher sind als die bei einer Regelabwicklung (aA MüKoInsO/*Sinz* Rn. 23; HRI/*Burmeister/Schmidt-Hern* § 43 Rn. 131, 156). Allein der Umstand, dass er die plangemäßen Leistungen nicht erhält, begründet die materielle Beschwer. Die nachrangigen Gläubiger sind nur beschwert, wenn im Plan ausdrücklich eine Quote vorgesehen ist, weil die Forderungen anderenfalls erlöschen (§ 225 Abs. 1). Für den **Absonderungsberechtigten** gilt das Gleiche wie für den Insolvenzgläubiger: Erhält er Leistungen aus dem Plan, ist er beschwerdebefugt, ohne darlegen zu müssen, dass er bei der Regelabwicklung schlechter stünde. Dass im Plan ein Eingriff in sein Absonderungsrecht vorgesehen ist, der ohne Plan unterbliebe, hindert die Beschwerde nicht (aA HK-InsO/*Flessner* Rn. 8); denn auch bei einem Eingriff kann das Planergebnis vorteilhafter sein.

27 **3. Begründetheit der Beschwerde.** Die Beschwerde ist ua begründet, wenn das Insolvenzgericht einen **Plan fehlerhaft zurückgewiesen** (§ 250) **oder** die Annahme des Plans und hier insbes. das **Obstruktionsverbot** (§§ 244–246a) **zu Unrecht verneint** hat. Der Ausschluss einer Beschwerde gegen eine Stimmrechtsentscheidung (§§ 237 Abs. 1, 77 iVm 6 Abs. 1) darf jedoch nicht dadurch umgangen werden, dass diese Entscheidung nunmehr unter dem „Deckmantel" der Versagungsbeschwerde angegriffen wird (BVerfG NZI 2010, 57 zu BGH NZI 2009, 106).

V. Verfahrensgang

28 Zu den Formen und Fristen der Beschwerde → § 6 Rn. 10 f., zum Beschwerdeverfahren → § 6 Rn. 16 ff. und zu den Inhalten der Beschwerdeentscheidung → § 6 Rn. 21 f. **Notwendige Beteiligte** sind der **Insolvenzverwalter** als Vertreter der Gläubigerinteressen (BGH NZI 2005, 619 [620]) sowie der **Schuldner,** falls er den Plan vorgelegt hat (MüKoInsO/*Sinz* Rn. 92).

29 Hat die Beschwerde gegen eine Planbestätigung Erfolg, kann das Gericht die Entscheidung dem Insolvenzgericht (zurück-)übertragen (§ 572 Abs. 3 ZPO; BGH 7.5.2015 – IX ZB 75/14, NJW 2015, 2660 Rn. 43) oder bspw. **die Wiederholung einzelner Verfahrensabschnitte** anordnen. Es muss den Plan nicht ersatzlos aufheben (HK-InsO/*Haas* Rn. 14). IdR werden Änderungen des Plans erforderlich sein. Bleibt sein „Kern" unberührt, reicht es aus, den Erörterungstermin zu wiederholen, um Änderungen iSv § 240 zu ermöglichen. Ein kompletter Neubeginn des Planverfahrens ist nicht erforderlich.

30 Mit der beim Beschwerdegericht beantragten Zurückweisung der Beschwerde wegen überwiegender Nachteile einer Planverzögerung **(„Freigabeantrag")** entfällt die Abhilfebefugnis des Insolvenzgerichts, so dass die Sache samt Akten unverzüglich an das Beschwerdegericht geht (§§ 572 Abs. 1, 541 ZPO). Das

Landgericht ist auch dann zur Beschwerdeentscheidung berufen, wenn ein besonders schwerer Rechtsverstoß vorliegt. Absatz 4 Satz 2 bezieht sich auf den gesamten Satz 1 und nicht nur auf dessen letzten Halbsatz (BerRAusschBT-Drs. 17/7511, 36). Eine Zurückweisung des Antrags ist wie bei § 246a Abs. 3 AktG unanfechtbar, da die InsO Gegenteiliges nicht vorsieht (§ 6 Abs. 1). Wird dem Antrag hingegen stattgegeben, geschieht das durch Zurückweisung der Beschwerde gegen die Planbestätigung, so dass eine Rechtsbeschwerde nur noch in Betracht kommt, wenn sie ausdrücklich zugelassen wurde (§ 574 Abs. 1 Nr. 2 ZPO).

Für die Prüfung der Begründetheit gilt die **Amtsermittlung** (§ 5 Abs. 1, BGH NZI 2003, 662 zu § 290). Sie hat sich wie bei § 251 (dort → § 251 Rn. 28) auf die glaubhaft gemachten Tatsachen zu beschränken. Der Beschwerdeführer trägt dann zwar **keine formelle Vortragslast,** aber das **materielle Prognoserisiko,** ob die wesentliche Schlechterstellung voraussichtlich ist. 31

Zur **Rechtsbeschwerde** → Rn. 22 sowie → § 6 Rn. 24, 29 ff. 32

Dritter Abschnitt. Wirkungen des bestätigten Plans. Überwachung der Planerfüllung

Allgemeine Wirkungen des Plans[1]

254 (1) **Mit der Rechtskraft der Bestätigung des Insolvenzplans treten die im gestaltenden Teil festgelegten Wirkungen für und gegen alle Beteiligten ein.**

(2) [1] **Die Rechte der Insolvenzgläubiger gegen Mitschuldner und Bürgen des Schuldners sowie die Rechte dieser Gläubiger an Gegenständen, die nicht zur Insolvenzmasse gehören, oder aus einer Vormerkung, die sich auf solche Gegenstände bezieht, werden durch den Plan nicht berührt.** [2] **Der Schuldner wird jedoch durch den Plan gegenüber dem Mitschuldner, dem Bürgen oder anderen Rückgriffsberechtigten in gleicher Weise befreit wie gegenüber dem Gläubiger.**

(3) **Ist ein Gläubiger weitergehend befriedigt worden, als er nach dem Plan zu beanspruchen hat, so begründet dies keine Pflicht zur Rückgewähr des Erlangten.**

(4) **Werden Forderungen von Gläubigern in Anteils- oder Mitgliedschaftsrechte am Schuldner umgewandelt, kann der Schuldner nach der gerichtlichen Bestätigung keine Ansprüche wegen einer Überbewertung der Forderungen im Plan gegen die bisherigen Gläubiger geltend machen.**

Schrifttum: *Dellit/Hamann,* Forderungserlass und Insolvenzplan, ZIP 2015, 308; *Gehrlein,* Die Rechtsprechung des BGH zu gegenseitigen Verträgen in der Insolvenz, NZI 2015, 97; *Kreft,* Zur Dogmatik des § 103 InsO, FS Kübler, 2015, 359; *Mertzbach,* Aktuelle steuerliche Praxis-Probleme in Insolvenzplanverfahren von Kapitalgesellschaften, GmbHR 2013, 75; *Münzel,* Sanierender Insolvenzplan: Lähmung nach Konvaleszenz?, ZInsO 2014, 761; *Rugullis,* Aus der Vergangenheit lernen: Zum Verständnis der §§ 227, 254 und 255 InsO, KTS 2012, 269.

---

[1] § 254 Abs. 1 Sätze 2 und 3 aufgeh., Abs. 4 angef. mWv 1.3.2012 durch G v. 7.12.2011 (BGBl. I S. 2582).

Übersicht

I. Normzweck

1 Die §§ 254–254b **erstrecken** die **Planwirkungen** uno actu mit der rechtskräftigen Bestätigung **auf alle Beteiligte** und insbes. auf Akkordstörer. In der bis zum ESUG geltenden Fassung betraf § 254 sowohl die insolvenzverfahrensrechtlichen als auch sonstige Willenserklärungen. Letzte sind nunmehr zusammen mit den gesellschaftsrechtlichen Wirkungen in § 254a geregelt. Die ehemals in § 254 Abs. 1 aE enthaltene Bestimmung, dass auch die Insolvenzgläubiger, die ihre Forderungen nicht angemeldet oder dem Plan widersprochen haben, von den Planwirkungen erfasst werden, findet sich unter Einbeziehung der Anteilsinhaber jetzt in § 254b.

II. Forderungsbeschränkung (Absatz 1)

2 **1. Insolvenzgläubiger.** Die **Insolvenzgläubiger haben** – auch wenn sie ihre Forderung nicht angemeldet haben (§ 254b) – mit Rechtskraft des Bestätigungsbeschlusses **nur noch den Anspruch aus dem Plan.** IdR ist das eine Quotenzahlung, kann aber auch sonstige Leistungen betreffen, die bspw. aufgrund schwebender Geschäfte vereinbart werden. Eine Regelung, wonach die über die Quote hinausgehenden Forderungen als erlassen gelten, ist zulässig (vgl. den Plan bei BGH NZI 2011, 538). Ist im Plan hingegen nichts bestimmt, wird der **Schuldner von den restlichen Verbindlichkeiten** nach dem Wortlaut von § 227 Abs. 1 zwar erst mit der Planerfüllung **befreit** (HRI/*T. Schultze* § 46 Rn. 30; *Rugullis* KTS 2012, 269 [273 ff.]). Die Planwirkungen treten jedoch schon mit der rechtskräftigen Planbestätigung in Kraft, so dass ab diesem Zeitpunkt auch die Durchsetzungssperre für weitergehende Ansprüche eingreift (→ § 227 Rn. 2). Nicht erforderlich ist, dass der Plan erfüllt wird (MüKoInsO/*Breuer* § 227 Rn. 8; HambK-InsO/*Thies* § 227 Rn. 2; Uhlenbruck/*Lüer/Streit* § 227 Rn. 3; HK-InsO/*Haas* § 227 Rn. 3). Bedeutung hat das ua für die Bilanzierung, für die steuerliche Behandlung der wegfallenden Verbindlichkeiten und für (akzessorische) Sicherheiten. Dafür kommt es jedoch auf die Auswirkung der gem. § 254 eintretenden Beschränkung auf das jeweilige Rechtsverhältnis an. Der BFH misst dem Plan nicht nur eine rechtsbegrenzende, sondern auch eine rechtsbegründende Wirkung bei, so dass auf eine Änderung gem. § 164 Abs. 2 AO gestützte Erstattungsansprüche nicht bestehen (BFH NZI 2015, 292). Das entspräche Absatz 1 jedoch nur dann, wenn ausnahmsweise im gestaltenden Teil ein Anspruch begründet und nicht nur beschränkt wurde. Im Zweifel ist eine solche Begünstigung einzelner Gläubiger nicht gewollt. Hat der Schuldner vor Verfahrenseröffnung Rangrücktritts- oder Erlassvereinbarungen gegen **Besserungsschein** geschlossen und tritt die Besserungsbedingung mit dem Wegfall der übrigen Verbindlichkeiten ein, handelt es sich nicht um Neuverbindlichkeiten, sondern – da vor Verfahrenseröffnung entstanden (§ 38) – um Insolvenzforderungen mit der Folge, dass sie bei einem Rangrücktritt meist erlöschen (§ 225 Abs. 1) oder,

soweit sie wieder aufleben, nur mit der Quote zu bedienen sind (*Schultz/Tögel* ZIP 2011, 125).

Bei Verfahrenseröffnung iSv § 103 **beiderseits** noch **nicht vollständig erfüllte Verträge** bestehen schuldrechtlich nach Verfahrensaufhebung an sich fort (*Gehrlein* NZI 2015, 97; *Kreft* FS Kübler, 2015, 359 [369]). Gegen die Masse kann der Vertragspartner des Schuldners (= Gläubiger) während des Verfahrens seine Ansprüche außer in den von § 108 erfassten Dauerschuldverhältnissen jedoch nur durchsetzen, wenn der Verwalter die Erfüllung gem. § 103 verlangt, wie er umgekehrt bis zu dieser Erklärung (weitere) Leistungen gem. § 321 BGB verweigern darf. Der Vertrag endet – von der Unmöglichkeit der Erreichung des Vertragszwecks einmal abgesehen – erst, wenn der Gläubiger mangels Erfüllungswahl des Verwalters vom Vertrag zurücktritt (§ 323 BGB), was insbes. in der Anmeldung des Nichterfüllungsschadens (§§ 325 BGB, 103 Abs. 2) zu sehen ist (zum Ganzen → § 103 Rn. 51 ff.). Geschieht dies nicht, ist der Vertragspartner trotz des Schwebezustandes Insolvenzgläubiger, weil sein Anspruch gem. § 38 zur Zeit der Eröffnung des Verfahrens entstanden ist, mag auch die Durchsetzbarkeit an der Zug-um-Zug-Abrede scheitern (HK-InsO/*Marotzke* § 103 Rn. 66, 88 ff.). Es obliegt ihm zu entscheiden, ob er sich am Verfahren mit dem Schadensersatzanspruch beteiligt. Unterlässt er es, ändert das gem. § 254b nichts an den Wirkungen des § 254. Der Vertragspartner kann nicht mehr Erfüllung, sondern nur noch eine Quote auf den ggf. nachträglich geltend zu machenden Nichterfüllungsschaden verlangen (*Prahl* ZInsO 2007, 318 [319], anders im Regelverfahren: BGH DB 2013, 512). Die Forderung des Schuldners hingegen bleibt nach Verfahrensaufhebung durchsetzbar (BGH DB 2013, 512). Macht er davon Gebrauch, kann natürlich auch der Gläubiger gem. §§ 320 f. BGB die volle Gegenleistung verlangen. Davon unberührt bleibt das Recht des Gläubigers, sich gem. §§ 323 ff. BGB vom Vertrag zu lösen, falls die Durchführung für ihn nicht mehr von Interesse ist (HK-InsO/*Marotzke* § 103 Rn. 90). IErg **ähnelt** das **dem Übergang des Erfüllungswahlrechts auf den Schuldner** (Smid/Rattunde/*Martini* Insolvenzplan Rn. 6.42) mit dem Unterschied, dass §§ 105, 108 nicht gelten, so dass der Schuldner eine vom Gläubiger vor Verfahrenseröffnung bewirkte Teilleistung anrechnen muss. Eine **vorherige Erfüllungsablehnung des Verwalters präjudiziert** den Schuldner **nicht,** weil sie auf das Vertragsverhältnis nicht einwirkt. 3

2. Absonderungsgläubiger. Absonderungsberechtigte Gläubiger sind zugleich **Insolvenzgläubiger,** soweit ihnen der Schuldner auch persönlich haftet (§ 52 Abs. 1). Die Planwirkungen betreffen somit auch deren Forderung, was jedoch den Anspruch auf den Verwertungserlös entgegen §§ 1210 f. BGB unberührt lässt (§ 223 Abs. 1). Ihr **Absonderungsanspruch** wird **nur** erfasst, **wenn** der Plan das **ausdrücklich bestimmt** (§ 223 Abs. 1). Ob das auch für die Abtretung künftiger, erst nach Verfahrensaufhebung begründeter Ansprüche gilt, ist zweifelhaft. Der BGH hat das für die während der Dauer eines Insolvenzverfahrens erwirtschafteten Ansprüche aus einer nach § 35 Abs. 2 freigegebenen Tätigkeit bejaht (BGH NZI 2013, 641), was aber nicht nötigt, die Rechte des Zedenten nach Verfahrensaufhebung ebenso beurteilen zu müssen (zweifelnd auch *Münzel* ZInsO 2013, 761 [767]), da während der Verfahrensdauer keine Beschränkungswirkung analog § 254 Abs. 1 besteht. Das ließe sich jedenfalls nicht damit rechtfertigen, dass Absonderungsrechte durch den Plan nur bei einer abweichenden Regelung berührt werden. Der Begriff des Absonderungsrechts ist verfahrensbezogen. An künftigen, nach Verfahrensaufhebung entstehenden Forderungen ist ein Absonderungsrecht denknotwendig ausgeschlossen. Neue Sicherungsrechte sichern nur den nach dem Plan durchsetzbaren Anspruch (vgl. zur Aufrechnung mit neuen Verbindlichkeiten des Schuldners → § 251 Rn. 10). 4

5 **3. Aufrechnungsbefugte Gläubiger.** Im Gesetz nicht ausdrücklich geregelt ist die Aufrechnung, deren Wirkung einem Absonderungsrecht an der eigenen Forderung entspricht. War die Gegenforderung des Schuldners schon vor Verfahrenseröffnung entstanden, entspricht die Aufrechnungsbefugnis des Gläubigers wirtschaftlich einem **Pfandrecht an eigener Forderung,** das ebenso wie andere Absonderungsrechte nur dann vom Plan beschnitten wird, wenn es dort ausdrücklich bestimmt ist (§ 223 Abs. 1). Insbes. die Aufrechnung mit vor Verfahrenseröffnung entstandenen, mangels Festsetzung während des Verfahrens aber noch nicht genau bezifferbaren Steuererstattungsansprüchen des Schuldners sollte im Plan geregelt werden (zu den Einzelheiten der steuerrechtlichen Aufrechnungslagen s. *Mertzbach* GmbHR 2013, 75 ff.). Anderenfalls bleibt der Gläubiger **nach Aufhebung** des Insolvenzverfahrens **zur Aufrechnung befugt,** wenn die Aufrechnungslage schon bei Verfahrenseröffnung bestand (BGH NZI 2011, 538; zu Recht anders, wenn eine Forderungsverwertung durch Abtretung erfolgte: FG Bln-Bbg ZIP 2015, 844). Wegen des Absonderungscharakters ist die wieder zulässige Aufrechnung **kein Verstoß gegen § 226 Abs. 1** (zweifelnd: HK-InsO/*Haas* Rn. 5; HambK-InsO/*Thies* Rn. 7). Der Gläubiger darf, soweit es um einen noch verbliebenen ungesicherten Teil seiner Forderung geht, nicht mehr erhalten als die Quote auf den nach einer Aufrechnung verbleibenden Ausfall analog § 52. Die Quote darf nicht zunächst auf die ungeminderte Forderung berechnet und dann mit dem Rest aufgerechnet werden. Wird das nicht berücksichtigt, steht das Rückforderungsverbot des Absatz 3 einer Erstattung nicht entgegen, weil eine durch die Aufrechnung eintretende Zuvielzahlung nicht auf einer Leistung des Schuldners beruht. Ein **Verstoß gegen § 237 Abs. 2** (Stimmrecht nur bei Forderungseingriff) liegt ebenfalls **nicht vor** (so aber HK-InsO/*Haas* § 254 Rn. 5; HambK-InsO/*Thies* Rn. 7). Es verhält sich nicht anders als bei einem übersehenen Absonderungsrecht, das der Gläubiger nicht verliert, obwohl ihm das Stimmrecht auf eine irrtümlich zu hohe (Ausfall)forderung gewährt wurde.

6 Entsteht die Gegenforderung des Schuldners erst während des Insolvenzverfahrens oder erst nach Verfahrensaufhebung, ist eine Aufrechnung mit der Insolvenzforderung nicht zulässig (vgl. § 96 Abs. 1 Nr. 1), weil die **aufrechenbare Forderung erzwingbar** und damit einredefrei sein muss (§ 390 BGB).

7 Eine Zwitterstellung nimmt die **anfechtbare,** aber noch nicht vollzogene **Aufrechnungslage** ein. Aus der Anfechtbarkeit folgt während des Insolvenzverfahrens die Unzulässigkeit der Aufrechnung, § 96 Abs. 1 Nr. 3. Der Sache nach handelt es sich jedoch um eine Insolvenzanfechtung (BGH NZI 2007, 31 Rn. 23; 2007, 582 Rn. 12), so dass die unzulässig aufgerechnete Forderung des Schuldners innerhalb der Anfechtungsfrist des § 146 Abs. 1 geltend gemacht werden muss. Versäumt der Verwalter die Frist, bleibt es bei den zivilrechtlichen Wirkungen der Aufrechnung (BGH NZI 2008, 547 Rn. 19; 2007, 582 Rn. 12; *Kreft* FS Fischer, 2008, 299 [302 f.]). Gleiches gilt nach der Aufhebung des Insolvenzverfahrens, weil sich der Anfechtungsanspruch in der Hand des Schuldners nicht fortsetzt (BGH NZI 2009, 313 [314]), falls der Plan unter den engen Voraussetzungen des § 259 Abs. 3 keine andere Regelung enthält. So wie jedes Absonderungsrecht unberührt bleibt (§ 223 Abs. 1), bleibt auch die Aufrechnungslage bestehen, falls vorher nicht angefochten oder im Plan eine andere Regelung getroffen wird.

III. Mithaftung (Absatz 2)

8 **Rechte gegen Mitschuldner und Bürgen** sowie Rechte an Gegenständen, die nicht zur Insolvenzmasse gehören einschließlich der Vormerkung bezüglich solcher Gegenstände werden den Insolvenzgläubigern **nicht beschnitten.** Das gilt sowohl dann, wenn der Plan den (teilweisen) Erlass der gesicherten Forderung anordnet, als auch dann, wenn die die Quote übersteigende Forderung mangels

anderweitiger Bestimmung als Naturalobligation (→ Rn. 12 f.) fortbesteht. Eine **Beschränkung** der Drittsicherheit kann **im Plan geregelt** werden (OLG Dresden ZIP 2013, 1341), was zugunsten von Gesellschaftern der Schuldnerin häufig geschieht, bedarf dann aber der **Zustimmung des gesicherten Gläubigers** (§ 230 Abs. 3); denn Drittsicherheiten gehören nicht zu den zwangsweise planunterworfenen Rechten (arg. e §§ 223 Abs. 2, 254 Abs. 2). Der von Abs. 2 erfasste Anspruch muss unmittelbar gegen den Mitschuldner auf Leistung an den Gläubiger gerichtet sein, nicht nur auf Leistung an den Schuldner, wie häufig bei einer Patronatserklärung, soweit aus einer „harten" Erklärung keine direkten (Schadensersatz-)Ansprüche erwachsen. Zu der fortbestehenden **Haftung** gehört auch die **der Personengesellschafter,** wenn sie auf einem besonderen Verpflichtungsgrund wie insbes. einer Bürgschaft beruht (BGH NZI 2002, 483). Die Gesellschafter werden gem. § 227 Abs. 2 nur hinsichtlich ihrer gesellschaftsrechtlich vermittelten Haftung aus § 128 HGB frei (→ § 227 Rn. 6). Auch die steuerrechtliche Haftung gem. § 69 AO besteht fort (BFH ZIP 2013, 1732). Ebenso bleibt die Haftung aufgrund von persönlichen oder den gleichen Sicherheiten bestehen, die Gesellschafter einer Kapitalgesellschaft gestellt haben (*Thole* ZIP 2015, 1609 [1616 f.]).

Absatz 2 beschneidet zugleich den **Rückgriffsanspruch des Sicherungsgebers** gegen den Schuldner. Hat der Sicherungsgeber den gesicherten Gläubiger befriedigt, geht dessen Forderung qua lege oder qua Vereinbarung auf ihn über. Der Sicherungsgeber ist dann gleichfalls auf die Planquote beschränkt (§ 404 BGB). Diese Regelung ist eine Ergänzung zu § 44, wonach der Sicherungsgeber im Insolvenzverfahren keine Forderungen geltend machen darf. Dazu gehört auch ein vor der Befriedigung entstandener **Freihalteanspruch** des Sicherungsgebers gegen den Schuldner. Befriedigt der Sicherungsgeber den Gläubiger teilw., behält der Gläubiger regelmäßig den vollen Quotenanspruch bis zu seiner vollständigen Befriedigung (vgl. § 774 Abs. 1 S. 2 BGB). 9

Ist ein Gläubiger sowohl am Schuldnervermögen als auch durch Dritte besichert **(„Doppelsicherheit"),** kann er auf die Schuldnersicherheit verzichten. Die Konsequenzen für die Haftung des Dritten beurteilen sich allein nach dem Rechtsverhältnis zwischen ihm und dem Gläubiger (zB § 776 BGB einerseits, § 143 Abs. 3 andererseits). Davon hängt es auch ab, ob der Gläubiger einen Minderheitenschutzantrag nach § 251 stellen oder gar eine Beschwerde gegen die Planbestätigung (§ 253) einlegen muss, um die Drittsicherheit nicht zu verlieren. 10

Bei abhängigen Unternehmen führt Absatz 2 zu einer Insolvenz sämtlicher **Konzerngesellschaften,** wenn sie denselben Gläubigern jeweils Sicherheiten gewährt haben. Die Erstreckung der Planwirkungen auf verbundene Gesellschaften analog zur Haftungsbefreiung von Personengesellschaftern (§ 227 Abs. 2) würde jedoch eine entsprechende Anwendung von § 93 voraussetzen, was wiederum die Insolvenz mithaftender Gesellschaften zur Folge hätte, so dass eine Herausnahme der Konzerngesellschaften aus Absatz 2 auch de lege ferenda keine Vorteile brächte (aA *Pleister* ZIP 2015, 1037 [1105 f.]). Häufig haben Tochtergesellschaften dingliche Sicherheiten für Forderungen gestellt, die den Gläubigern gegen die Muttergesellschaft zustehen. Wenn eine Verwertung der Sicherheiten die Fortführung der Muttergesellschaft vereitelt, muss eine Beschränkung des Zugriffs im Plan der Muttergesellschaft geregelt werden. Das indes kann eine Schlechterstellung im Vergleich zur Regelabwicklung bedeuten, bei der das Verwertungsrecht nicht beeinträchtigt wird. Eine Ablehnung des Plans durch die konzerngesicherten Gläubiger wäre durch ein Obstruktionsverbot nicht zu überwinden. Eine Lösung wäre die Abtretung der Forderungen und Sicherheiten an Treuhänder oder eine Zweckgesellschaft, die sie sodann interessewahrend verwalten (*Hölzle* ESUG §§ 217, 227a Rn. 101 ff.; *Pleister* ZIP 2015, 1097 [1103]). 11

IV. Naturalobligation (Absatz 3)

12 In der Praxis sehen viele Pläne ein Erlöschen der Insolvenzforderung iSv § 397 Abs. 1 BGB vor, soweit sie die Planquote übersteigt. Das ist zulässig. Mangels anderweitiger Planregelung erlischt die **Forderung** nicht (*Rugullis* KTS 2012, 269 [271]). Sie ist gegen den Schuldner nur **nicht mehr durchsetzbar,** besteht aber als **unvollkommene Verbindlichkeit** (Naturalobligation) fort (aA *Dellit/Hamann* ZIP 2015, 308 [315] m. Konsequenzen für Sicherheiten und Aufrechnung), deren Erfüllung weiterhin möglich ist (BGH NZI 2011, 538 Rn. 8). Deshalb können auch über die Quote hinausgehende Leistungen gem. Absatz 3 ebensowenig wie bei der Restschuldbefreiung natürlicher Personen (§ 301 Abs. 3) zurückgefordert werden. Das betrifft auch Leistungen, die noch vor Planbestätigung erbracht wurden (Uhlenbruck/*Lüer/Streit* Rn. 17). Sie mögen während der Dauer des Verfahrens insolvenzzweckwidrig (→ § 80 Rn. 33) und deshalb bereicherungsrechtlich zu erstatten sein. Nach der Aufhebung des Verfahrens kann die Insolvenzzweckwidrigkeit jedoch nicht mehr geltend gemacht werden. Vor der Planbestätigung erfolgte Zahlungen sind auf die Quote, die dem Gläubiger für die ursprüngliche Insolvenzforderung zusteht, anzurechnen (HRI/*T. Schmitz* § 46 Rn. 139 ff.).

13 Die **Naturalobligation** besteht nur so weit, soweit die ursprüngliche Verbindlichkeit des Schuldners reicht. Für weitergehende Leistungen gilt Absatz 3 nicht (HambK-InsO/*Thies* Rn. 13). Auch **Geldstrafen** werden **nicht erfasst** (§§ 39 Abs. 1 Nr. 3, 225 Abs. 3), es sei denn, dass die Gläubiger gesondert wie Dritte zugestimmt haben (§ 230 Abs. 3).

V. Differenzhaftung (Absatz 4)

14 Absatz 4 betrifft die **Differenzhaftung** bei einer Überbewertung von Forderungen, die im **Rahmen eines Debt-Equity-Swaps** aufgrund von § 225a in Anteilsrechte getauscht werden. Werden die Forderungen zu hoch bewertet, hätte der einlegende Gläubiger nach hM (→ § 225a Rn. 23) die Differenz zwischen dem Nennwert der übernommenen Beteiligung und dem Verkehrswert der Forderung auszugleichen. **Absatz 4 soll** dieses **Risiko ausschließen,** um einen Anreiz für diese Gestaltung zu schaffen (BT-Drs. 17/5712, 36, 70).

15 Rechtstechnisch erfolgt die Haftungsbeschränkung dergestalt, dass Ansprüche des Schuldners beschnitten werden. Bei der Kapitalgesellschaft schützt dies die einlegenden Gläubiger, weil die Differenzhaftung über die Gesellschaft „abgerechnet“ wird. Bei der **Kommanditgesellschaft** wird jedoch zwischen Pflicht- und Hafteinlage unterschieden. Nur die Erstgenannte wird über den Schuldner „abgerechnet“, die Zweitgenannte gewährt hingegen einen direkten Anspruch der neuen Gläubiger. Deckt der Verkehrswert der Forderung nicht die im Handelsregister eingetragene Haftsumme, besteht zwar kein Anspruch der KG, weil der Kommanditist genau das eingelegt hat, wozu er verpflichtet war, wohl aber ein **Anspruch** der Gläubiger **gem. § 171 HGB** (BGHZ 61, 59 [70 f.]), der jedoch **analog Absatz 4 gesperrt** ist (*Karsten Schmidt* ZGR 2012, 566 [581 ff.]); denn die ratio legis, den Debt-Equity-Swap nicht durch Bewertungsrisiken zu erschweren, gilt unabhängig davon, ob eine Differenzhaftung nur intern oder auch extern als Direktanspruch der Gläubiger besteht. Ebenfalls analog anwendbar ist Abs. 4 auf die Haftung der Anmelder (§§ 57 Abs. 4, 9a, 8 Abs. 1 Nr. 5 GmbHG) für fehlerhafte Angaben zur Bewertung der Sacheinlage (aA *Haas* NZG 2012, 961 [967]). Die Haftung besteht neben der der Inferenten als Gesamtschuldner (Roth/Altmeppen/*Roth* GmbHG § 9a Rn. 11). Um Absatz 4 nicht zu unterlaufen, muss den Anmeldern der Rückgriff gem. § 426 Abs. 1 BGB gegen

die Inferenten verwehrt sein. Dieser gestörte Gesamtschuldnerausgleich (dazu Palandt/*Grüneberg* § 426 Rn. 18 f.) führt zum Haftungsausschluss auch der Anmelder, was zugleich dem Zweck des Absatz 4 entspricht, schnelle Entscheidungen durch das Risiko einer Differenzhaftung nicht zu erschweren.

Der Haftungsausschluss gilt **nicht** für **andere Sacheinlagen.** Auch die **Umwandlung von Forderungen gegen die Masse** wird **nicht erfasst,** weil die Massegläubiger nicht zu den Planbeteiligten gehören. Trotzdem können sie dem Plan freiwillig mit einer Forderungsumwandlung beitreten (§ 230 Abs. 3). Das Risiko der Differenzhaftung ist für sie überschaubar, weil ohne Anzeige der Masseunzulänglichkeit eine Vollwertigkeit unterstellt werden kann. Besteht hingegen Masseunzulänglichkeit, sind die Altmassegläubiger wie Insolvenzgläubiger zu behandeln (§ 210a Nr. 1), so dass die Umwandlung dann wieder vom Privileg des Abs. 4 erfasst wird. 16

Absatz 4 betrifft nur die im Zusammenhang mit dem plangemäßen Debt-Equity-Swap resultierende Differenzhaftung. Bereits **entstandene Ansprüche aus früherer Differenzhaftung** oder sonstiger **Verletzung** der **Kapitalaufbringungs- und -erhaltungsgebote** werden durch den Plan **nicht berührt.** Dem kann nur dadurch begegnet werden, dass derartige Ansprüche in den gestaltenden Teil des Plans aufgenommen werden, wobei dann aber zu berücksichtigen ist, dass zum Schutze der Gläubiger nur unter besonderen Voraussetzungen auf Forderungen verzichtet werden darf (vgl. zum Vergleich bei einer Differenzhaftung BGH NZG 2012, 69 Rn. 20; *Verse* ZGR 2012, 875 [885 ff.]). 17

Der Wegfall der Differenzhaftung soll lt. BegrRegE (BT-Drs. 17/5712, 36) durch eine auf § 60 gestützte *„mögliche"* **Haftung des Verwalters** wegen einer Falschbewertung kompensiert werden. Die Verwalterhaftung besteht jedoch nur gegenüber den Beteiligten für die Verletzung insolvenzspezifischer Pflichten. Obwohl auch die Anteilsinhaber zum geschützten Personenkreis gehören können (vgl. → § 60 Rn. 5), ist die Vermeidung einer unangemessenen Verwässerung der alten Anteilsrechte **keine insolvenzspezifische** Pflicht (zweifelnd *Karsten Schmidt* ZGR 2012, 566 [574]). Zudem kann ihnen ein **Schaden** durch eine Überbewertung der einzulegenden Forderungen **kaum entstehen** (*Kanzler/Mader* GmbHR 2012, 993 [995]). Solange die Masse nicht die Insolvenzforderungen übersteigt, ist der Anteilswert ohnehin Null. Auch für die nicht wandelnden Gläubiger tritt kein Nachteil ein, weil eine Überbewertung der einzulegenden Forderungen die verteilungsfähige Masse nicht berührt. Eine Gefahr besteht allenfalls gegenüber **Neugläubigern,** deren Vertrauen auf ein hohes Nominalkapital enttäuscht wird. Sie gehören jedoch **nicht zu dem von § 60 geschützten Personenkreis.** Die in der BegrRegE geäußerte Ansicht, dass der Verzicht auf die Differenzhaftung durch eine Verwalterhaftung kompensiert wird, ist somit unzutreffend (aA HambK-InsO/*Thies* § 254 Rn. 16). Zur Haftung des Verwalters als Anmelder einer Kapitalerhöhung → § 254a Rn. 5. 18

Die Vorschriften über die **Prüfung** von Satzungsänderungen **durch das Registergericht** wurden nicht geändert, so dass aufgrund der gesellschaftsrechtlichen Bestimmungen zB in §§ 56 Abs. 2, 9c GmbHG, § 184 Abs. 3 AktG die Eintragung einer Kapitalerhöhung durch Debt-Equity-Swap abgelehnt werden könnte, obwohl gem. Absatz 4 keine Haftung besteht. Insoweit ist jedoch eine **teleologische Reduktion des Prüfungsumfangs** vorzunehmen. Die Prüfung dient dem Gläubigerschutz (vgl. § 9c Abs. 2 Nr. 2 GmbHG; Karsten Schmidt/*Verse* GmbHG § 9c Rn. 21), den der ESUG-Gesetzgeber in Absatz 4 zugunsten der Plansicherheit verdrängt hat. Das Registergericht darf das nicht durch eine Ablehnung der Eintragung bei einer Überbewertung unterlaufen (aA *Horstkotte/Martini* ZInsO 2012, 557 Rn. 67). Allenfalls krasse Missbrauchsfälle wären von einer teleologischen Beschränkung der Prüfungskompetenz nicht mehr gedeckt. 19

Rechte an Gegenständen. Sonstige Wirkungen des Plans[1]

254a (1) **Wenn Rechte an Gegenständen begründet, geändert, übertragen oder aufgehoben oder Geschäftsanteile an einer Gesellschaft mit beschränkter Haftung abgetreten werden sollen, gelten die in den Insolvenzplan aufgenommenen Willenserklärungen der Beteiligten als in der vorgeschriebenen Form abgegeben.**

(2) [1] **Wenn die Anteils- oder Mitgliedschaftsrechte der am Schuldner beteiligten Personen in den Plan einbezogen sind (§ 225a), gelten die in den Plan aufgenommenen Beschlüsse der Anteilsinhaber oder sonstigen Willenserklärungen der Beteiligten als in der vorgeschriebenen Form abgegeben.** [2] **Gesellschaftsrechtlich erforderliche Ladungen, Bekanntmachungen und sonstige Maßnahmen zur Vorbereitung von Beschlüssen der Anteilsinhaber gelten als in der vorgeschriebenen Form bewirkt.** [3] **Der Insolvenzverwalter ist berechtigt, die erforderlichen Anmeldungen beim jeweiligen Registergericht vorzunehmen.**

(3) **Entsprechendes gilt für die in den Plan aufgenommenen Verpflichtungserklärungen, die einer Maßnahme nach Absatz 1 oder 2 zugrunde liegen.**

I. Rechtsänderungen gem. Absatz 1

1 **1. Sachlicher Anwendungsbereich.** Die gesellschafts- und sachenrechtlichen Formerfordernisse gelten durch den bestätigten Plan als eingehalten. Erfasst werden Rechtsänderungen an Sachen und Geschäftsanteilen an einer GmbH. Sie können auch massefremde Gegenstände betreffen, die Dritte zur Sanierung an den Schuldner übertragen. Absatz 1 betrifft nur **Willenserklärungen, nicht** hingegen weitere zur Rechtsübertragung erforderliche **Vollzugsakte** wie bspw. Besitzübergaben (zB §§ 929 ff., 1205 BGB) oder Eintragungen im Register bzw. Grundbuch (zB § 873 Abs. 1 BGB). Sie sind zusätzlich erforderlich, wobei der Eintragungsantrag gem. § 13 GBO oder die Eintragungsbewilligung (§ 19 GBO) in der Form des § 29 GBO durch die Vorlage einer Ausfertigung des Insolvenzplans mit Bestätigungsbeschluss und Rechtskraftzeugnis nachgewiesen werden kann (BT-Drs. 12/2443, 213). Nicht formbedürftige Willenserklärungen werden bereits von der allgemeinen Bestimmung des § 254 Abs. 1 erfasst.

2 **2. Persönlicher Anwendungsbereich.** Die Formersetzung **gilt** zunächst **für die Beteiligten.** Das sind die in § 222 genannten Gläubiger einschließlich der absonderungsberechtigten sowie die Anteilsinhaber, falls sie in den Plan einbezogen werden. Für **Verpflichtungen Dritter,** deren Erklärungen dem Plan gem. § 230 Abs. 3 beizufügen sind, gilt die Formersetzung **ebenfalls** (Absatz 3; HambK-InsO/*Thies* Rn. 3 f.; HK-InsO/*Haas* Rn. 7; MüKoInsO/*Eidenmüller* Rn. 18 f.). Die dortige Formulierung von Verpflichtungen *„gegenüber den Gläubigern"* setzt nicht voraus, dass den Gläubigern unmittelbare Forderungen gegen die Dritten eingeräumt werden (→ § 221 Rn. 6); denn die BegrRegEInsO (BT-Drs. 12/2443, 204) nennt beispielhaft, dass Dritte ein Unternehmen fortführen und aus den Einnahmen die Gläubiger befriedigen (vgl. § 260 Abs. 3). Dann müssen aber auch die Erklärungen zur Unternehmensübertragung von der Formersetzung umfasst sein. Sonst würde der Beschleunigungszweck des § 254a (§ 254 Abs. 1 aF) nicht erreicht werden. Ebenso wenig bedarf die Abtretung von GmbH-Anteilen an außenstehende, nicht zum Kreis der Beteiligten gehörende Investoren oder ihre Übernahme von Anteilen bei einer Kapitalerhöhung einer gesonderten

[1] § 254a eingef. mWv 1.3.2012 durch G v. 7.12.2011 (BGBl. I S. 2582).

Beurkundung (BT-Drs. 12/3803, 135 f.; aA *Horstkotte/Martini* ZInsO 2012, 557 Rn. 98).

Laut Absatz 3 werden die Formerfordernisse sowohl für **verfügende Erklärungen** (HambK-InsO/*Thies* Rn. 3 f.; HK-InsO/*Haas* Rn. 7; MüKoInsO/*Eidenmüller* Rn. 18 f., § 217 Rn. 161) als auch für die den Verfügungen zugrunde liegenden **Verpflichtungserklärungen** (zB §§ 311b, 873 Abs. 2, 875 Abs. 2 BGB, 15 Abs. 3 GmbHG) erfüllt. Zwar wird dadurch der mit einer notariellen Beurkundung (auch) bezweckte **Schutz des Dritten** (MüKoBGB/*Einsele* § 128 Rn. 1) beeinträchtigt. Dieser Schutz wird aber auch dem Plangaranten versagt, der zB die Planquote durch ein Grundpfandrecht besichert, ohne dafür eine direkte Gegenleistung zu erhalten. Trotzdem gilt dafür die Formersetzung schon aufgrund der wortgetreuen Anwendung des Absatz 3. Auch gibt es keinen Grund, Beteiligte nur deshalb geringer zu schützen, weil sie diese Positionen innehaben. Nach dem Wortlaut von Absatz 1 wird die Form unabhängig davon gewahrt, ob die Regelung insolvenzbezogene oder andere Rechte der Beteiligte erfasst (aA *Brünkmans* ZIP 2012, 1052 [1054 ff.] der (wohl) schon eine Regelung insolvenzfreier Rechtspositionen selbst der Beteiligten als unzulässigen Planinhalt ansieht → § 221 Rn. 5). Der dem Plan beitretende Dritte bedarf keines stärkeren Schutzes. 3

II. Gesellschaftsrechtliche Änderungen (Absatz 2)

1. Formerfordernisse. Sämtliche für **gesellschaftsrechtliche** Änderungen erforderliche **Formvorschriften** und **Vorbereitungsanforderungen** für Beschlüsse gelten gem. Absatz 2 als **gewahrt.** 4

2. Anmeldebefugnis des Insolvenzverwalters. Die im Plan vorgesehenen Änderungen darf der **Insolvenzverwalter** – nicht aber wegen der begrenzten Aufgabenzuweisung in § 284 der Sachwalter bei der Eigenverwaltung (BT-Drs. 17/5712, 37) – beim Registergericht **anmelden** (Absatz 2 Satz 3). Die **Berechtigung** ist **keine verdrängende,** sondern die Organe sind ebenfalls dazu befugt (HambK-InsO/*Thies* Rn. 9). Da Einzahlungen auf Kapitalerhöhungen zu der noch dem Beschlag unterliegenden Neumasse gehören, ist die bei der Anmeldung zu versichernde freie Verfügbarkeit in der Hand der Gesellschafter erst mit der anschließenden Aufhebung des Insolvenzverfahrens gegeben (§ 259 Abs. 1 S. 2). Deshalb ist die Anmeldung durch den Verwalter vorzuziehen. Ihn trifft auch eine **Anmelder-Haftung** für fehlerhafte Angaben. Zwar wird sie in den jeweiligen gesellschaftsrechtlichen Vorschriften (zB § 9a GmbHG) nur den anmeldenden Organen auferlegt. Durch die Möglichkeit, gesellschaftsrechtliche Maßnahmen in das Insolvenzplanverfahren einzubeziehen, ist bei der gesellschaftsrechtlich geregelten Anmelderhaftung eine Lücke entstanden, die durch deren analoge Anwendung auf den anmeldenden Verwalter zu schließen ist. Bei einer Überbewertung der im Wege des Debt-Equity-Swaps von einem Insolvenzgläubiger eingelegten Forderung trifft ihn wegen § 254 Abs. 4 eine Haftung genauso wenig wie sie den Geschäftsführer als Anmelder treffen würde (→ § 254 Rn. 15). 5

Der **Verwalter** ist nicht nur berechtigt, sondern auch **verpflichtet,** die Anmeldung vorzunehmen, wenn die Organe sie nicht mit der erforderlichen Beschleunigung betreiben (BT-Drs. 17/5712, 37) oder daran wegen der oben erwähnten freien Verfügbarkeit gehindert sind. Da von der Eintragung die Gläubigerbefriedigung abhängt, ist diese Pflicht auch insolvenzspezifisch iSv § 60. 6

3. Prüfung der Eintragungsfähigkeit. In der BegrRegE (BT-Drs. 17/5712, 37) heißt es, dass das Registergericht nur eine eingeschränkte Prüfungskompetenz habe, weil das wirksame Zustandekommen des Insolvenzplans bereits durch das Insolvenzgericht kontrolliert werde. Dem Registergericht komme va eine beurkundende Funktion zu. Auf das Drängen des Bundesrats nach einer klaren Kom- 7 petenzabgrenzung (BT-Drs. 17/5712, 56) ist die Bundesregierung nicht eingegangen. Die Prüfung des Insolvenzgerichts erstreckt sich entgegen teilw. vertretener Ansicht (MüKoInsO/*Breuer* § 231 Rn. 8 ff.; MüKoInsO/*Sinz* § 250 Rn. 5 ff.) auch auf die **registerrechtliche Eintragungsfähigkeit** (HK-InsO/*Haas* Rn. 6; → § 225a Rn. 10, 21); denn Zweck der Prüfung ist, das weitere Planverfahren (§ 231 Abs. 1 Nr. 1) bzw. die Bestätigung (§ 250) eines undurchführbaren Insolvenzplans zu vermeiden. Undurchführbar ist ein Plan auch dann, wenn die gesellschaftsrechtlichen Änderungen nicht eingetragen werden können.Das Gleiche gilt für Gestaltungen, die in andere Register eingetragen werden müssen (vgl. § 228 iVm § 28 GBO). Das Insolvenzgericht muss sich damit beim Obstruktionsverbot und Minderheitenschutzantrag beschäftigen, weil ein nicht vollziehbarer Plan wegen der damit verbundenen Verzögerung die Gefahr der Schlechterstellung im Vergleich zur Regelabwicklung birgt. Ein weiterer Prüfungsanlass sind Planänderungen, die der Insolvenzverwalter bei einer entsprechenden Ermächtigung im Plan vornehmen darf, um Eintragungshindernisse zu beseitigen. Sie werden erst wirksam mit Bestätigung des Insolvenzgerichts (§ 248a Abs. 1). Bestätigen sollte es nur das, was auch vollziehbar ist.

8 Kommt es zur **Divergenz zwischen Insolvenz- und Registergericht,** fehlt eine Regelung wie in § 246a Abs. 3 S. 5 AktG für das aktienrechtliche Freigabeverfahren, so dass das Registergericht gem. Art. 101 Abs. 1 S. 2 GG an Entscheidungen des Insolvenzgerichts nicht umfassend gebunden ist (AG Charlottenburg NZI 2015, 415; *Horstkotte* ZInsO 2015, 416; *Horstkotte/Martini* ZInsO 2012, 557 Rn. 67; *Müller* KTS 2012, 419 [448 f.]; aA *Hirte/Knof/Mock,* ESUG, 31; *Madaus* ZIP 2012, 2133 [2138 f.]; HK-InsO/*Haas* Rn. 6; MüKoInsO/*Madaus* Rn. 23). Andererseits darf ein zweites Gericht nicht das erneut prüfen, was ein erstes Gericht schon rechtskräfig entschieden hat (vgl. § 322 ZPO; *Brünkmans/Greif-Werner* ZInsO 2015, 1585 [1593]): Das Insolvenzgericht entscheidet über die planspezifischen Gesichtspunkte. Dazu gehören die formellen Anforderungen an Ladungen und Beschlussfassungen sowie an Erklärungen Dritter (§ 254a Abs. 2, 3; HambK-InsO/*Thies* Rn. 7, 8; MüKoInsO/*Madaus* Rn. 25) ebenso wie die Bewertung beim Debt-Equity-Swap (§ 254 Abs. 4; HK-InsO/*Haas* § 225a Rn. 21). Bei einer Kapitalerhöhung gegen (sonstige) Sacheinlage ist von einer gesonderten, vom Registergericht veranlassten Werthaltigkeitsprüfung abzusehen, wobei für die AG eine Prüfung zwingend ist, §§ 183 f. AktG. Ansonsten besteht wegen der planbedingten Transparenz und der gegenläufigen Interessen der Beteiligten keine Gefahr einer nicht nur unwesentlichen (§§ 38 Abs. 2 S. 2 AktG, 9c Abs. 1 S. 2 GmbHG) Überbewertung. Nur wenn Gestaltungen ohne jeglichen Beurteilungsspielraum nicht eingetragen werden dürfen, kann das Registergericht die Eintragung verweigern (*Horstkotte* ZInsO 2015, 416; enger, da nur bei nichtigkeitsbegründeten offensichtlichen Mängeln und bei Nova nach Bestätigungsbeschluss: *Brünkmans/Greif-Werner* ZInsO 2015, 1585 [1594]). Ein Beurteilungsspielraum fehlt bei Regelungen, die gem. § 241 Nr. 3 und 4 AktG wegen der Verletzung von Rechten unbeteiligter Dritter (AG Charlottenburg NZI 2015, 415 [417]) oder die wegen Verstoßes gegen zwingende Satzungsvorgaben wie zB § 5 Abs. 2 GmbHG oder § 53a AktG oder § 3 UmwG (dazu → § 225a Rn. 48) nichtig sind. Demgegenüber ist die Verletzung dispositiver Rechte der Beteiligten nach den planrechtlichen Vorschriften entweder i. R. des Gruppenschutzes (§§ 222, 226, 245) oder i. R. des Minderheitenschutzes (§ 251) bzw. der Beschwerde (§ 253) zu beurteilen. Eine nach § 225a Abs. 3 zulässige Regelung darf nicht am Registergericht scheitern. Das gilt auch, wenn sie wie im Falle des § 237 Abs. 1 S. 2 AktG von einer vorhergehenden Satzungsänderung abhängt, die jedoch nur dem im Plan nicht berücksichtigungsfähigen Schutz der Anteilsinhaber dient (*Brünkmans/Greif-Werner* ZInsO 2015, 1585 [1589]; aA AG Charlottenburg NZI 2015, 415; *Horstkotte* ZInsO 2015, 417 f.; → § 225a Rn. 37).

Wirkung für alle Beteiligten[1]

254b **Die §§ 254 und 254a gelten auch für Insolvenzgläubiger, die ihre Forderungen nicht angemeldet haben, und für Beteiligte, die dem Insolvenzplan widersprochen haben.**

Schrifttum: *J. Schmidt,* Nachzügler, FS Kübler, 2015, 621.

I. Normzweck

1 Sinnvoll ist ein Insolvenzplan nur, wenn er endgültig stabile Verhältnisse schafft und auch diejenigen Gläubiger bindet, die an dem Verfahren nicht teilgenommen haben, sowie Beteiligte, die dem Plan widersprochen haben. Das ergibt sich schon aus § 254 Abs. 1, so dass § 254b nur **klarstellende Bedeutung** hat (aA *J. Schmidt* FS Kübler, 2015, 621 [623] Fn. 8; zu Präklusionsklauseln → § 259b Rn. 6; zur Durchsetzung von Forderungen der Nachzügler → § 257 Rn. 5).

II. Nicht angemeldete Forderungen

2 Den im Plan nicht aufgenommenen **Nachzüglern** (zur Geltendmachung der Forderung → § 256 Rn. 5, → § 257 Rn. 5 und zur Ausschlussfrist → § 259b Rn. 6) gesteht die hM die Planquote vergleichbarer Gläubiger zu (BGH NZI 2015, 697 Rn. 12; NZI 2013, 84 Rn. 10 f.; OLG Celle NZI 2011, 691 [692]; BegrRegEBT-Drs. 17/5712, 37; HambK-InsO/*Thies* Rn. 3; Braun/*Braun/Frank* Rn. 1; *J. Schmidt* FS Kübler, 2015, 621 [623]; MüKoInsO/*Madaus* Rn. 4). Wären sie jedoch, wie es § 229 vorsieht, schon im Plan berücksichtigt worden, hätte das die Quote für alle Gläubiger gemindert. Einen nachträglichen Bereicherungsausgleich der Gläubiger untereinander gibt es nicht (BGH NJW 1984, 2154). Die übersehenen Nachzügler können aber auch keine Besserstellung im Vergleich zur Quote bei rechtzeitiger Berücksichtigung erwarten, so dass auf sie nur eine **geminderte Quote** entfällt, die sich aus denselben Aktiva im Verhältnis zu den um ihre Forderungen erhöhten Passiva errechnet (AG Leipzig NZI 2011, 327 [328 f.]). Die trotz dieser Minderung verbleibende Belastung des Schuldners mit unerwarteten Quotenzahlungen kann nur vermieden werden, wenn die endgültigen Quoten für alle Gläubiger erst nach Ablauf der in § 259b genannten Verjährung auf der Grundlage sämtlicher bis dahin eingegangener Anmeldungen berechnet werden, was aber die Planakzeptanz erschwert.

3 Die **Minderung kumuliert bei mehreren Nachzüglern.** Prozessual ist es Sache des Schuldners nachzuweisen, dass noch weitere im Plan unberücksichtigte Verbindlichkeiten als die des jeweiligen Nachzüglers geltend gemacht werden und berechtigt sind. Der Schuldner hat die volle Darlegungslast, die ansonsten bei der Regelabwicklung gem. § 179 Abs. 1 dem konkurrierenden Gläubiger zukäme.

Wiederauflebensklausel

255 (1) [1]**Sind auf Grund des gestaltenden Teils des Insolvenzplans Forderungen von Insolvenzgläubigern gestundet oder teilweise erlassen worden, so wird die Stundung oder der Erlaß für den Gläubiger hinfällig, gegenüber dem der Schuldner mit der Erfüllung des Plans erheblich in Rückstand gerät.** [2]**Ein erheblicher Rückstand ist erst anzunehmen, wenn der Schuldner eine fällige Verbindlichkeit nicht bezahlt hat, obwohl der Gläubiger ihn schriftlich gemahnt und ihm dabei eine mindestens zweiwöchige Nachfrist gesetzt hat.**

[1] § 254b eingef. mWv 1.3.2012 durch G v. 7.12.2011 (BGBl. I S. 2582).

(2) **Wird vor vollständiger Erfüllung des Plans über das Vermögen des Schuldners ein neues Insolvenzverfahren eröffnet, so ist die Stundung oder der Erlaß für alle Insolvenzgläubiger hinfällig.**

(3) **Im Plan kann etwas anderes vorgesehen werden. Jedoch kann von Absatz 1 nicht zum Nachteil des Schuldners abgewichen werden.**

Schrifttum: *Rugullis,* Aus der Vergangenheit lernen: Zum Verständnis der §§ 227, 254 und 255 InsO, KTS 2012, 269.

Übersicht

I. Allgemeines

1 **Absatz 1** hat eine **Druckfunktion** zur Erfüllung des Insolvenzplans, indem er es in die Hand jedes einzelnen Gläubigers legt, einen durch den Plan erfolgten Rechtseingriff wieder zu beseitigen, wenn der Schuldner mit der Planerfüllung in Verzug gerät. Die Voraussetzungen des Absatz 1 erklärt **Absatz 2** in einem **Folgeinsolvenzverfahren** zugunsten aller Gläubiger für entbehrlich. **Absatz 3** betont einerseits die Gläubigerautonomie und andererseits den Schuldnerschutz, indem er **andere Gestaltungsmöglichkeiten** zulässt, soweit sie nicht zulasten des Schuldners gehen.

II. Wiederaufleben einzelner Forderungen (Absatz 1)

2 **1. Persönlicher Anwendungsbereich.** Eine Stundung oder ein Erlass wird lt. Absatz 1 hinfällig, wenn der Schuldner mit der Erfüllung des Plans erheblich in Rückstand gerät. Das **betrifft** nur den **jeweiligen Gläubiger** der Forderung. Es hat keine Gesamtwirkung für andere Gläubiger.

3 In persönlicher Hinsicht muss es sich um Forderungen handeln, die den Gläubigern in ihrer Eigenschaft als **Insolvenzgläubiger** zustehen. Zu den Insolvenzgläubigern gehören Absonderungsgläubiger nur in Höhe ihres Ausfalls (§ 52; HambK-InsO/*Thies* Rn. 5). Allein eine verzögerte Verwertung von Absonderungsrechten führt nicht dazu, dass die Ausfallforderung wieder auflebt (aA Smid/Leonhardt/Zeuner/*Rattunde* Rn. 3; zur Auswirkung des Wiederauflebens auf Absonderungsrechte → Rn. 12). Für das Wiederaufleben im Folgeinsolvenzverfahren kommt es **nicht** darauf an, ob die Forderung **angemeldet** worden war. Für das individuelle Wiederaufleben **bestrittener Forderungen** trifft **§ 256** eine **Sonderregelung,** die analog auch für nachträglich geltend gemachte Forderungen gilt (BGH NJW-RR 2012, 1255 Rn. 22; dazu → § 256 Rn. 5).

4 Die in § 254 Abs. 2 genannten Mitschuldner können einen **Freihalteanspruch** durchsetzen, wenn die von ihnen gesicherte Forderung des Insolvenz-

gläubigers wieder auflebt. Nach Aufhebung des Insolvenzverfahrens (§§ 258 f.) steht § 44 dem ebenso wenig entgegen wie § 254 Abs. 2 (HRI/*T. Schultze* § 46 Rn. 181 ff.), dessen Durchsetzungssperre von der – infolge des Wiederauflebens entfallenden – Wirkung des § 254 Abs. 1 für die Hauptforderung abhängt. Das Verbot der Doppelanmeldung (§ 44) greift erst wieder im Folgeinsolvenzverfahren ein.

2. Gegenständlicher Anwendungsbereich. Absatz 1 betrifft nicht nur **Zahlungsansprüche,** sondern auch **sonstige schuldrechtliche Leistungsansprüche** der Gläubiger (Uhlenbruck/*Lüer/Streit* Rn. 2; FK-InsO/*Jaffé,* Rn. 9; aA HK-InsO/*Haas* Rn. 5; MüKoInsO/*Huber* Rn. 18; HRI/*T. Schultze* § 16 Rn. 169), wenn sie unbestritten sind (vgl. BGH NJW-RR 2012, 1255). Dass nicht auf Geld gerichtete Forderungen gem. § 45 für die Tabellenanmeldung umgerechnet werden, schließt nicht aus – bspw. bei Gläubigern aus bei Eröffnung noch schwebenden Verträgen iSv § 103 –, solche Leistungen im Insolvenzplan vorzusehen. Anders als bei § 256 und va § 257 ist eine Tabellenfähigkeit keine Voraussetzung für § 255. Nicht erfasst werden dingliche Ansprüche. Wurde auf **Sicherungsrechte** im Plan verzichtet, bleibt dies ab rechtskräftiger Planbestätigung wirksam (Uhlenbruck/*Lüer/Streit* Rn. 2 f.; Kübler/Prütting/Bork/*Otte* Rn. 10). Dagegen kann durch Planregelungen Vorsorge getroffen werden, die eine aufschiebende Bedingung des Rechtsverlustes oder eine erst spätere Freigabe der Sicherheit vorsehen, ggf. kombiniert mit einer Rangrücktrittserklärung zugunsten bestimmter Gläubiger, deren vorrangige Besicherung für die Geschäftsfortführung erforderlich ist. 5

Betroffen sind nur die Pflichten des Schuldners, die sich aus dem Plan ergeben. Die aus ihrer anschließenden Verletzung resultierenden **Sekundärpflichten** werden nicht durch § 254 Abs. 1 gesperrt, leben also auch nicht erst unter den Voraussetzungen des § 255 auf. **Forderungen, die** im Insolvenzplan **gänzlich erlassen** werden, ohne dass ein Zahlungsanspruch besteht (zB nach § 225 Abs. 1), werden naturgemäß von der Wiederauflebensklausel **nicht erfasst,** weil die Voraussetzungen des Absatz 1 nicht erfüllt werden können (Gleiches gilt für Absatz 2, dazu → Rn. 14). Wird hingegen nur der über den Quotenanspruch hinausgehende Teil der Forderung erlassen, ist der Gläubiger wieder so zu stellen, wie wenn die gesamte Forderung erhalten geblieben wäre, obwohl sie vorübergehend erloschen war und nicht als Naturalobligation fortbestand (dazu → § 254 Rn. 12 f.). 6

Weitere Voraussetzung des Wiederauflebens ist ein Rückstand gerade des Schuldners. **Gegenüber Dritten,** die sich durch persönliche Erklärung gem. § 230 Abs. 3 – zB eine Übernahmegesellschaft, vgl. § 260 Abs. 3 – zur Gläubigerbefriedigung verpflichtet haben, **greift § 255 nicht ein.** Deren Haftung kann sich nur nach den allgemeinen Verzugsvorschriften oder aufgrund einer Regelung im Plan erhöhen, der sie sich durch gesonderte Erklärung (§ 230 Abs. 3) unterworfen haben. 7

Hat **ein Gläubiger mehrere Forderungen,** müssen die Wiederauflebensvoraussetzungen **für jede einzelne Forderung** erfüllt sein (HK-InsO/*Haas* Rn. 9). Zwar bezieht sich der Wortlaut auf „*den Gläubiger*", woraus aber nicht geschlossen werden kann, dass der Gesetzgeber bei dieser Formulierung auch den Gläubiger mehrerer Forderungen vor Augen hatte (so aber MüKoInsO/*Huber* Rn. 29, *Rugullis* KTS 2012, 269 [278 f.]). Selbst wenn mehrere Forderungen in der Tabellenanmeldung zusammengefasst und einheitlich festgestellt wurden, bleiben die Ansprüche schuldrechtlich selbständig. Der Insolvenzplan begründet keine Novation (Uhlenbruck/*Lüer/Streit* § 254 Rn. 7; FK-InsO/*Jaffé* § 254 Rn. 2, 4). Was an durchsetzbarer Forderung erfüllt ist, kann nicht in Rückstand geraten und deshalb auch nicht wieder aufleben, mögen andere Ansprüche desselben Gläubigers auch noch unerfüllt sein. 8

9 **3. Rückstand.** Die **Forderung muss fällig sein** (Absatz 1 Satz 2). Die Fälligkeit tritt frühestens mit Rechtskraft der Planbestätigung ein (§ 254 Abs. 1; BGH NZI 2010, 734 Rn. 16; Uhlenbruck/*Lüer/Streit* Rn. 9; HambK-InsO/*Thies* § 258 Rn. 6), auch wenn der Plan einen früheren Termin vorsieht. Ist dort ein Termin genannt, der vor der Aufhebung des Insolvenzverfahrens liegt, kann der Schuldner gleichwohl noch nicht leisten, weil ihm die Verfügungsbefugnis über sein Vermögen fehlt (§ 259 Abs. 1). Ist vorgesehen, dass der Verwalter Zahlungen tätigt, begründet dessen Säumnis keinen Rückstand des Schuldners, da er nicht dessen Erfüllungsgehilfe ist. Eine Nachfrist kann deshalb frühestens ab Verfahrensaufhebung gesetzt werden. § 286 BGB findet keine Anwendung, insbes. braucht der Rückstand nicht schuldhaft eingetreten zu sein.

10 **4. Erheblichkeit des Rückstands.** Erforderlich ist ein *„erheblicher"* Rückstand. Die **„Erheblichkeit"** ist in Satz 2 definiert durch die **schriftliche Mahnung mit Nachfrist von mindestens zwei Wochen.** Ein Telefax erfüllt die Schriftform nicht (Palandt/*Ellenberger* BGB § 126 Rn. 12), da es sich um eine materielle und keine prozessuale Erklärung handelt. Einer **wirtschaftlichen Erheblichkeit bedarf es nicht.** Auch der Rückstand mit nur einer Rate kann die Fälligkeit der gesamten Restforderung herbeiführen. Eine zu kurze Nachfrist setzt keine angemessene in Gang (FK-InsO/*Jaffé* Rn. 18; MüKoInsO/*Huber* Rn. 19). Die Mahnung muss mit der richtigen Frist wiederholt werden. Für die **Einhaltung der Frist** kommt es bei Zahlungen nicht auf die Leistungshandlung (so MüKo-InsO/*Huber* Rn. 25), sondern auf den **Leistungserfolg** an (Palandt/*Grüneberg* BGB § 269 Rn. 5).

11 **5. Wiederauflebenswirkung. a) Insolvenzforderungen.** Die Planbeschränkung für die aufgrund des Bestätigungsbeschlusses nicht erloschene, sondern als Naturalobligation fortbestehende (→ § 254 Rn. 12 f.) Forderung entfällt. Dazu bedarf es keiner weiteren Gestaltungserklärung, wenn die Voraussetzungen des Absatz 1 erfüllt sind. Der Gläubiger kann die wieder aufgelebte Forderung nunmehr ungehindert gem. §§ 257 Abs. 1, 3, 201 **gegen den Schuldner vollstrecken.** Die **übrigen Wirkungen** des Insolvenzplans **bleiben bestehen,** namentlich auch gegenüber Dritten, die sich im Plan zu Leistungen in Erwartung der Restschuldbefreiung zugunsten des Schuldners verpflichtet haben. Die Bareinlage eines im Wege der Kapitalerhöhung in die schuldnerische Gesellschaft eingetretenen Investors kann genauso wenig zurückgefordert werden wie die Forderung eines Gläubigers, die er im Wege des Debt-Equity-Swaps (§ 225a Abs. 2) eingelegt hat. Sie ist durch die Einlage erloschen und besteht nicht als Naturalobligation fort (§ 254a), so dass ein Wiederaufleben nicht in Betracht kommt.

12 **b) Absonderungsrechte.** Dingliche **Sicherheiten** aus dem Schuldnervermögen, auf die im Plan (teilw.) verzichtet wurde, leben **nicht wieder auf** (einschränkend: MüKoInsO/*Huber* Rn. 15, 27), **es sei denn,** dass der Verzicht unter der **aufschiebenden Bedingung** einer Planerfüllung stand (Braun/*Braun/Frank* Rn. 5). Wurde der Absonderungsanspruch keiner Planregelung unterworfen (§ 223), sichert der Gegenstand – soweit im Schuldnervermögen noch vorhanden – auch die wiederauflebende Ausfallforderung, die durch die rechtkräftige Planbestätigung nicht erloschen ist (HK-InsO/*Haas* Rn. 4; → Rn. 11 und → § 254 Rn. 12 f.). Sollte die die Quote übersteigende Forderung hingegen nach dem Plan erlöschen und nicht, wie es § 254 Abs. 3 dispositiv vorsieht, als Naturalobligation fortbestehen, muss beim Fehlen einer aufschiebenden Bedingung die Sicherheit wieder neu eingeräumt werden, was angesichts der Anfechtungsgefahr in einem Folgeinsolvenzverfahren wenig Sinn macht. Die aus dem Schuldnervermögen allein zur Planerfüllung gestellten Sicherheiten (zB an iRd § 225a einge-

brachten Sacheinlagen) haften in der Regel nur für die Planquote, nicht auch für die wiederauflebenden Forderungen.

c) Haftung Dritter. Dingliche oder persönliche Sicherheiten, die Dritte einem Insolvenzgläubiger gestellt haben, bleiben von der Planbestätigung **unberührt** (§ 254 Abs. 2), so dass das Wiederaufleben der gesicherten Forderung darauf keine Auswirkung hat. Für die gesonderte Besicherung der Planforderung durch **Plangaranten** ist es eine Auslegungsfrage, ob sie auch eine wieder auflebende Forderung abdecken soll. Zweck der Drittbesicherung ist regelmäßig die plangemäße Sanierung des Schuldners, nicht die vollständige Gläubigerbefriedigung bei deren Scheitern. Eine über die **Planquote hinausgehende Haftung** wird ein Dritter **regelmäßig nicht gewollt** haben. Der Gläubiger wird die Sicherheit aber bei einer Folgeinsolvenz zumindest in Höhe der Planquote in Anspruch nehmen dürfen, weil gerade dieses Risiko abgedeckt werden soll. 13

III. Wiederaufleben sämtlicher Insolvenzforderungen (Absatz 2)

Mit der in Absatz 2 geregelten **Gesamtwirkung** soll vermieden werden, dass die schon im ersten Insolvenz(plan)verfahren nicht befriedigten Gläubiger im Folgeverfahren nur mit einer Quote auf die frühere Quote bedient werden. Gläubiger, die die **frühere Quote** bereits **erhalten** haben, sind mangels eines noch durchsetzbaren Anspruchs davon **nicht betroffen** (MüKoInsO/*Huber* Rn. 34, 38; Uhlenbruck/*Lüer/Streit* Rn. 20; aA HambK-InsO/*Thies* Rn. 12). Sie haben alles bekommen, was sie nach einem Plan erwarten dürfen (zum PSV → Rn. 17). Kann ein Verwalter im Folgeverfahren die **Befriedigung anfechten,** ist der Gläubiger gem. § 144 so zu behandeln, als wäre er nicht befriedigt worden, so dass er die gesamte Insolvenzforderung und nicht nur die erstattete Quote geltend machen kann. Forderungen, die im Plan **vollständig erlassen** werden (insbes. die in § 225 Genannten), **leben** ebenfalls **nicht wieder auf,** weil die Gläubiger keine geschützte Befriedigungserwartung haben. Eine **teilw. Befriedigung** steht dem Wiederaufleben der Restforderung nicht entgegen, wobei der Gläubiger vorbehaltlich einer Insolvenzanfechtung den erlangten Teil behalten darf. 14

Für das Wiederaufleben bedarf es nur der **Eröffnung des Folgeinsolvenzverfahrens,** auf eine bis dahin eingetretene Fälligkeit oder gar einen Rückstand iSv Absatz 1 kommt es nicht an (§ 41). Wird ein Antrag mangels Verfahrenskostendeckung abgewiesen, sind die Voraussetzungen des Absatz 2 nicht erfüllt. Dann bleibt es bei Absatz 1, so dass jeder Gläubiger die Wiederauflebensvoraussetzungen selbst herbeiführen muss (Uhlenbruck/*Lüer/Streit* Rn. 19; aA HambK-InsO/*Thies* Rn. 14), um anschließend die wieder aufgelebte Forderung gem. §§ 257 Abs. 3, 201 vollstrecken zu können. 15

IV. Abweichende Gestaltungen (Absatz 3)

Absatz 3 lässt abweichende Gestaltungen zu, soweit die Haftung des Schuldners im Vergleich zu Absatz 1 **nicht verschärft** wird. Von Bedeutung ist dies va für Absonderungsrechte, für die klargestellt werden sollte, ob die Sicherheit auch die wiederauflebende Forderung erfasst. Das Erfordernis einer schriftlichen Mahnung mit mindestens zweiwöchiger Nachfrist kann als Voraussetzung für das Wiederaufleben nicht abbedungen werden. Auch kann das Wiederaufleben nicht an ein bloß beantragtes Folgeinsolvenzverfahren geknüpft werden. Möglich ist, das Wiederaufleben zB durch eine längere Nachfrist zu erschweren oder auf Forderungsteile zu beschränken. 16

V. Sonderfall PSV

17 Zugunsten des Pensionssicherungsvereins (PSV) enthält § 9 Abs. 4 BetrAVG bei einer Folgeinsolvenz eine **Sonderregelung,** nach der der PSV die Erstattung der von ihm bis dahin **seit der Planbestätigung** im ersten Insolvenzverfahren **erbrachten Leistungen** verlangen kann, wenn innerhalb von drei Jahren nach der Aufhebung des ersten Verfahrens ein neuer Antrag gestellt wird. § 9 Abs. 4 BetrAVG kommt auch zum Zuge, wenn das Folgeinsolvenzverfahren trotz der vollständigen Planerfüllung beantragt wird, der PSV also schon die Quote für die auf ihn gem. § 9 Abs. 2 BetrAVG übergegangenen Ansprüche erhalten hat. Diese Besserstellung gegenüber anderen Insolvenzgläubigern (→ Rn. 8) beruht auf der Ansicht, dass sich für den PSV mit der Folgeinsolvenz ein **besonderes Risiko** verwirklichen würde (*Wohlleben* Kölner Schrift zur InsO², 2010, 1655 Rn. 54 ff.). Das ist ein Irrtum (*Grub* FS Ganter, 2000, 3 [9]), weil das Leistungsrisiko ein Wesensmerkmal jeder Versicherungszusage ist und bei der Höhe der Insolvenzforderung berücksichtigt wird (§§ 45 ff.). Angesichts des eindeutigen Wortlauts von § 9 Abs. 4 BetrAVG kommt eine einschränkende Auslegung jedoch nicht in Betracht. Erfasst werden alle Leistungen des PSV, nicht nur diejenigen, die aufgrund einer gem. § 7 Abs. 4 BetrAVG getroffenen Regelung die Schuldnerin hätte erbringen müssen, wegen der Folgeinsolvenz aber nicht erbracht hat. Unklar ist, ob und worauf die im ersten Planverfahren bezogene Quote anzurechnen ist, soweit sie auf den Teil der Zahlungen des PSV entfällt, die er nach der Planbestätigung erbracht hat; denn diese künftigen Leistungen sind schon Bestandteil der Berechnungsgrundlage für die Quote im Erstverfahren. Werden sie im Folgeverfahren erneut geltend gemacht, erhält der PSV – bezogen auf diesen Teil seiner Tabellenanmeldung – in beiden Verfahren eine Quote. Angesichts der von § 9 Abs. 4 BetrAVG gewollten Begünstigung des PSV kommt nur eine Anrechnung auf die im Folgeinsolvenzverfahren angemeldeten Forderungen in Betracht, nicht aber auf die in diesem Verfahren zu zahlende Quote.

Streitige Forderungen. Ausfallforderungen

256 (1) **[1] Ist eine Forderung im Prüfungstermin bestritten worden oder steht die Höhe der Ausfallforderung eines absonderungsberechtigten Gläubigers noch nicht fest, so ist ein Rückstand mit der Erfüllung des Insolvenzplans im Sinne des § 255 Abs. 1 nicht anzunehmen, wenn der Schuldner die Forderung bis zur endgültigen Feststellung ihrer Höhe in dem Ausmaß berücksichtigt, das der Entscheidung des Insolvenzgerichts über das Stimmrecht des Gläubigers bei der Abstimmung über den Plan entspricht. [2] Ist keine Entscheidung über das Stimmrecht getroffen worden, so hat das Gericht auf Antrag des Schuldners oder des Gläubigers nachträglich festzustellen, in welchem Ausmaß der Schuldner vorläufig die Forderung zu berücksichtigen hat.**

(2) **[1] Ergibt die endgültige Feststellung, daß der Schuldner zuwenig gezahlt hat, so hat er das Fehlende nachzuzahlen. [2] Ein erheblicher Rückstand mit der Erfüllung des Plans ist erst anzunehmen, wenn der Schuldner das Fehlende nicht nachzahlt, obwohl der Gläubiger ihn schriftlich gemahnt und ihm dabei eine mindestens zweiwöchige Nachfrist gesetzt hat.**

(3) **Ergibt die endgültige Feststellung, daß der Schuldner zuviel gezahlt hat, so kann er den Mehrbetrag nur insoweit zurückfordern, als dieser**

auch den nicht fälligen Teil der Forderung übersteigt, die dem Gläubiger nach dem Insolvenzplan zusteht.

Schrifttum: *Paul,* Insolvenzplan: Können nicht angemeldete Forderungen iS von §§ 255, 256 InsO „wieder aufleben"?, ZInsO 2011, 1590.

I. Normzweck

1 Der Insolvenzplan wirkt für und gegen sämtliche Insolvenzgläubiger (§ 254 Abs. 1). Sind Forderungen bestritten oder steht der Ausfall noch nicht fest, soll § 256 die Frage beantworten, welche Auswirkungen die damit verbundene Unsicherheit auf das Wiederaufleben gem. § 255 bis zu einer rechtskräftigen Entscheidung über dem Bestand der Forderung hat und wie ein späterer Ausgleich vorzunehmen ist. Die vorläufige Höhe der Forderung entspricht der Stimmrechtsfestsetzung. Das dient dem **Schutz des Schuldners** vor einem unbeabsichtigten Wiederaufleben **und** dem **anderer Gläubiger** vor einer Schmälerung des Schuldnervermögens durch unberechtigte Zahlungen (BGH NJW-RR 2012, 1255 Rn. 22).

II. Stimmrechtsfestsetzung (Absatz 1)

2 **1. Geprüfte Forderungen.** Eine Forderung ist bestritten, wenn sie gem. §§ 174, 177 Abs. 1 angemeldet und ihr entweder vom **Verwalter oder** einem **Gläubiger widersprochen** wurde (§ 178 Abs. 1). Ein **Widerspruch des Schuldners** ist für das Wiederaufleben **unbeachtlich** (§ 178 Abs. 1 S. 2; HambK-InsO/*Thies* Rn. 2; Uhlenbruck/*Lüer/Streit* Rn. 2), weil er auf die Verteilung keinen Einfluss hat. Auf sein Bestreiten kommt es erst an, wenn der Gläubiger gegen ihn aus dem Plan die Quote oder gar die schon wieder aufgelebte Forderung vollstrecken will (§ 257 Abs. 1). Für die **Ausfallforderung** des absonderungsberechtigten Gläubigers iRd § 237 gilt das entsprechend, wenn der Ausfall bestritten wird, weil er noch nicht analog § 190 Abs. 1 nachgewiesen oder analog § 190 Abs. 2 vom Schuldner festgestellt und mit ihm (vgl. → Rn. 4) keine Einigung über den mutmaßlichen Ausfall getroffen wurde.

3 Für den Insolvenzgläubiger ist der **Nachweis** analog § 189 Abs. 1 **nicht erforderlich, dass** die **Feststellung der Forderung betrieben wird** (aA HambK-InsO/*Thies* Rn. 3; MüKoInsO/*Huber* Rn. 7; Uhlenbruck/*Lüer/Streit* Rn. 2). Es fehlt an einer Bekanntmachung der Verteilungsquote (§ 188), an die die Ausschlussfrist des § 189 anknüpft. Die Rechtskraft des Bestätigungsbeschlusses eignet sich nicht für den Beginn einer solchen Ausschlussfrist (aA HambK-InsO/*Thies* Rn. 3), weil sie dem Gläubiger wegen möglicher Beschwerden nicht bekannt ist.

4 Maßgebend ist die **gerichtliche Stimmrechtsfestsetzung,** die gem. § 237 Abs. 1 iVm § 77 zum Zwecke der Abstimmung getroffen wird. Einigen sich gem. § 237 Abs. 1 iVm § 77 Abs. 2 S. 1 Verwalter und Gläubiger auf das Stimmrecht, genügt das zwar für das Abstimmungsverfahren und steht dort sogar einer gerichtlichen Festsetzung entgegen (§ 77 Abs. 2 S. 2), für die Zwecke des § 255 reicht das jedoch nicht. Hierfür bedarf es trotzdem der gerichtlichen Festsetzung (HambK-InsO/*Thies* Rn. 6; MüKoInsO/*Huber* Rn. 11; aA HK-InsO/*Haas* Rn. 5, 8; Uhlenbruck/*Lüer/Streit* Rn. 7), weil § 255 Abs. 3 Vereinbarungen zum Nachteil des Schuldners untersagt. Das Gleiche gilt, wenn eine Stimmrechtsfestsetzung gem. § 237 Abs. 2 ausblieb, weil die bestrittene Forderung, würde sie denn bestehen, durch den Plan nicht beeinträchtigt wird (HK-InsO/*Haas* Rn. 6). In all diesen Fällen ist die Entscheidung keine mehr über das Stimmrecht, sondern nur noch über die vorläufige Berücksichtigung im Hinblick auf § 255. Sie kann

auch nach Aufhebung des Insolvenzverfahrens getroffen werden, da Absatz 1 Nr. 2 keine zeitliche Begrenzung vorsieht.

5 **2. Ungeprüfte Forderungen.** Eine **Stimmrechtsfestsetzung** ist gem. § 237 iVm § 77 Abs. 2 S. 2 an sich nur für angemeldete Forderungen möglich. Auch für nach Ablauf der Frist des § 28 Abs. 1 angemeldete Forderungen ist ein Stimmrecht für die Abstimmung festzusetzen (→ § 77 Rn. 6). Das reicht für § 256 aus. Der Wortlaut des Absatz 1 Satz 1, der auf das Bestreiten im Prüfungstermin abstellt, steht dem nicht entgegen (MüKoInsO/*Huber* Rn. 7; aA Uhlenbruck/*Lüer/Streit* Rn. 4), weil Satz 2 nur auf eine bisher unterbliebene Festsetzung abstellt. Deshalb kann sogar für **nach Verfahrensaufhebung geltend gemachte Forderungen** von § 256 Gebrauch gemacht werden (BGH NJW-RR 2012, 1255 Rn. 15; OLG Celle NZI 2011, 690 [693]; Freudenberg EWiR 2011, 717 f.; HK-InsO/*Flessner* Rn. 7; *Paul* ZInsO 2011, 1590 [1592]; aA HambK-InsO/*Thies* Rn. 4).

6 **3. Antragslast bei der Stimmrechtsfestsetzung.** Nach bisheriger Auffassung oblag es dem Schuldner, die Stimmrechtsfestsetzung bei bestrittenen Forderungen zu beantragen, wollte er das Risiko eines Wiederauflebens durch Zahlungsrückstand vermeiden (BGH ZIP 1996, 183 [184] zu § 97 VerglO; OLG Celle NZI 2011, 690 [693]; aA *Freudenberg* EWiR 2011, 717 [718]; *Paul* ZInsO 2011, 1590 [1592]). Diese Auffassung beruhte auf der Handhabung nach der VerglO, die dem Schuldner wegen der Vergleichswürdigkeit die **Initiativlast** aufbürdete. Demgegenüber liegt dem Insolvenzplan (auch) das Ziel der bestmöglichen Befriedigung der Insolvenzgläubiger zugrunde. Es wäre gefährdet, wenn ein Gläubiger die Unsicherheit nutzen dürfte, um ohne eine vorläufige gerichtliche Entscheidung Zahlungen durchzusetzen. Deshalb kann der Schuldner bei bestrittenen Forderungen **erst in Rückstand** geraten, **nachdem** das **Insolvenzgericht** auf Antrag des Gläubigers einen **vorläufigen Betrag** festgesetzt hat, unabhängig davon, ob es sich um eine bestrittene Anmeldung vor oder nach Verfahrensaufhebung handelt (BGH NJW-RR 2012, 1255 Ls. 1). Zur Regelung einer Ausschlussfrist für ungeprüfte oder bestrittene Forderungen → § 259b Rn. 6.

III. Unterzahlung (Absatz 2)

7 Steht eine zunächst bestrittene Forderung des Gläubigers aufgrund eines rechtskräftigen Urteils (zur Klage von Nachzüglern → § 257 Rn. 5) fest, hat der Schuldner eine **Differenz** sofort **nachzuzahlen,** sobald sie bei zutreffender Berücksichtigung im Plan fällig geworden wäre. Der Gläubiger kann die **Wiederauflebensvoraussetzungen gem. § 255** herbeiführen, indem er eine schriftliche Nachfrist von mindestens zwei Wochen setzt. Versäumt der Schuldner die Zahlung, lebt die Forderung des Gläubigers wieder auf, auch wenn der Schuldner die der Stimmrechtsfestsetzung entsprechenden Quoten pünktlich entrichtet hat.

IV. Überzahlung (Absatz 3)

8 Ergibt sich aus dem Feststellungsurteil eine Überzahlung, kann der Schuldner die **Differenz** gem. Absatz 3 **zurückfordern.** Eine Berufung auf den Charakter des die Quote übersteigenden Anspruchs als Naturalobligation (§ 255 Abs. 3) kommt nicht in Betracht, weil auf die nur vorläufige Quote gezahlt wurde. Der Gläubiger kann sich nicht auf einen Wegfall der Bereicherung berufen; denn angesichts der Vorläufigkeit musste er iSv § 820 BGB mit der Rückzahlungsverpflichtung rechnen. Hat der Schuldner nur verfrüht zu viel gezahlt, weil die Forderung zwar geringer als nach der vorläufigen Stimmrechtsentscheidung festgestellt wurde, der an die Gläubiger entrichtete Betrag aber zu späteren Terminen

hätte geleistet werden müssen, kann der Schuldner diesen Teil entsprechend § 813 Abs. 2 BGB nicht zurückverlangen (Absatz 3 Hs. 2).

Vollstreckung aus dem Plan

257 (1) [1] **Aus dem rechtskräftig bestätigten Insolvenzplan in Verbindung mit der Eintragung in die Tabelle können die Insolvenzgläubiger, deren Forderungen festgestellt und nicht vom Schuldner im Prüfungstermin bestritten worden sind, wie aus einem vollstreckbaren Urteil die Zwangsvollstreckung gegen den Schuldner betreiben.** [2] **Einer nicht bestrittenen Forderung steht eine Forderung gleich, bei der ein erhobener Widerspruch beseitigt ist.** [3] **§ 202 gilt entsprechend.**

(2) **Gleiches gilt für die Zwangsvollstreckung gegen einen Dritten, der durch eine dem Insolvenzgericht eingereichte schriftliche Erklärung für die Erfüllung des Plans neben dem Schuldner ohne Vorbehalt der Einrede der Vorausklage Verpflichtungen übernommen hat.**

(3) **Macht ein Gläubiger die Rechte geltend, die ihm im Falle eines erheblichen Rückstands des Schuldners mit der Erfüllung des Plans zustehen, so hat er zur Erteilung der Vollstreckungsklausel für diese Rechte und zur Durchführung der Vollstreckung die Mahnung und den Ablauf der Nachfrist glaubhaft zu machen, jedoch keinen weiteren Beweis für den Rückstand des Schuldners zu führen.**

Übersicht

I. Normzweck

1 Nach Beendigung einer Regelabwicklung können die Gläubiger aus der Eintragung in der Tabelle wie aus einem Urteil die Zwangsvollstreckung gegen den Schuldner betreiben (§ 201 Abs. 2). Mit § 257 soll berücksichtigt werden, dass der **Insolvenzplan** die **Durchsetzbarkeit der Forderung** für und gegen alle Beteiligten **modifiziert** (§§ 224, 254 Abs. 1). Die praktische Relevanz ist gering, weil ein Schuldner, der die Planquote nicht aufbringen kann, meist erneut insolvent ist, so dass etwaige noch schnell durchgeführte Vollstreckungsmaßnahmen im Folgeinsolvenzverfahren leicht (§ 131) angefochten werden können.

2 In die Tabelle eingetragen werden **nur Geldforderungen** (§§ 174 Abs. 2, 45). Im Plan kann hingegen auf die nach § 45 erforderliche Umrechnung in Geld verzichtet werden, indem zB schwebende Liefer- oder Werkverträge im gestalten-

den Teil des Insolvenzplans geregelt werden. Mangels Tabellenfähigkeit ist § 257 auf Sachleistungsansprüche nicht anwendbar. Gleiches gilt für Ansprüche auf abgesonderte Befriedigung (HK-InsO/*Haas* Rn. 5). Absonderungsgläubiger können nach § 257 nur wegen ihres Ausfalls vorgehen.

II. Zwangsvollstreckung gegen den Schuldner (Absatz 1)

3 **1. Vollstreckungstitel. a) Nicht bestrittene Forderungen (Absatz 1 Satz 1).** Zur Zwangsvollstreckung ist wie nach einer Regelabwicklung der **Tabellenauszug** erforderlich, nunmehr ergänzt um den **Insolvenzplan** und den **Bestätigungsbeschluss** mit **Rechtskraftzeugnis** (Absatz 1 Satz 1). Voraussetzung für den vollstreckungsfähigen Tabellenauszug ist, dass die Forderung festgestellt wurde. Dafür reicht es aus, dass Gläubiger und Verwalter keinen Widerspruch erhoben haben (§ 178 Abs. 1, 3). Außerdem muss wegen der gegen ihn gerichteten Vollstreckung auch der **Widerspruch des Schuldners fehlen.**

4 **b) Bestrittene Forderungen (Absatz 1 Satz 2).** Gegen einen Widerspruch von Verwalter oder Gläubiger muss der Anmelder die Rechtsmittel des § 179 Abs. 1 und 2 und gegen einen des Schuldners das Rechtsmittel des § 184 einlegen. Die Widersprüche können auch nach Aufhebung des Verfahrens zurückgenommen werden, wobei die Befugnis zur Rücknahme des Verwalterwiderspruchs dem Schuldner zufällt (§ 259 Abs. 1). Die **Rücknahme des Widerspruchs oder** dessen **Beseitigung durch** rechtskräftiges **Urteil** ist **auf** dem **Tabellenauszug zu vermerken** (§ 183 Abs. 2) und das Urteil mit Rechtskraftzeugnis dem Tabellenauszug beizufügen. Zusammen mit dem Insolvenzplan und dem Bestätigungsbeschluss einschl. Rechtskraftvermerk sind sämtliche Teile zu einem einheitlichen Titel miteinander zu verbinden, wobei vom Plan analog § 317 Abs. 2 ZPO die vollstreckungsrelevanten Auszüge genügen (HK-InsO/*Haas* Rn. 6).

5 **c) Nachgemeldete Forderungen.** Die **Anmeldung** der Forderung kann **bis zur Aufhebung des Insolvenzverfahrens** erfolgen. Weder ist die im Eröffnungsbeschluss genannte Anmeldefrist (§ 28 Abs. 1) eine Ausschlussfrist noch kommt die nur für die Verteilung im Regelverfahren maßgebende Vorschrift des § 189 zur Anwendung. Gläubiger, die bis zur Aufhebung des Verfahrens eine Forderung anmelden, haben wegen der Titulierungswirkung des Tabellenauszugs ein rechtlich geschütztes Interesse an der Feststellung. Deshalb muss das Gericht auf Kosten der Anmelder noch einen **besonderen Prüfungstermin** anordnen (§ 177 Abs. 1), falls dadurch die alsbaldige Aufhebung des Insolvenzverfahrens nicht verzögert wird, was wegen der kurzen Fristen für die Einberufung einer Gläubigerversammlung (dazu → § 74 Rn. 21) selten der Fall ist. Alternativ kann die Prüfung im schriftlichen Verfahren erfolgen (§ 177). Eine „*Vollstreckung aus dem Plan*" kann hingegen nicht durchgeführt werden, wenn keine Prüfung der Forderung mehr stattgefunden hat. Bei **ungeprüften Forderungen** muss der Gläubiger auf die **Zahlung der Planquote klagen** und die gesamte Insolvenzforderung als Zwischenfeststellungsklage (§ 276 Abs. 2 ZPO) geltend machen, um bei einem Wiederaufleben gem. § 255 nicht erneut über das zugrunde liegende Rechtsverhältnis zu streiten. Steht der Betrag, den der Gläubiger aufgrund des Insolvenzplans verlangen kann, noch nicht fest, weil er bspw. von der Ergebnisentwicklung abhängt, kann er insgesamt nur auf die Feststellung klagen, dass er einen Anspruch gegen den Schuldner nach Maßgabe des Insolvenzplans hat (HRI/*T. Schultze* § 46 Rn. 106 ff. hält zu Recht eine Feststellungsklage generell für ausreichend). Hatte der Gläubiger bereits **vor Verfahrenseröffnung** einen **vollstreckbaren Titel** erlangt, kann er aus ihm vorgehen (zur Beschränkung auf die Planquote → Rn. 15).

2. Klauselerteilung. a) Allgemeine Vorgehensweise. Die **Klauselerteilung** ist ein Teil der verfahrensmäßigen Abwicklung, so dass das **Insolvenzgericht** auch nach einem rechtskräftigen Insolvenzplan ebenso **zuständig** ist wie nach Beendigung einer Regelabwicklung (§ 202). Durch den Verweis in § 257 Abs. 1 S. 3 auf § 202 ist klargestellt, dass dies hinsichtlich der sachlichen und örtlichen Zuständigkeit auch für Klagen im Zusammenhang mit der Klauselerteilung gilt. 6

Die **Klausel** ist **auf** dem – ggf. berichtigten (§ 183 Abs. 2) – **Tabellenauszug** (HK-InsO/*Haas* Rn. 6; MüKoInsO/*Huber* Rn. 27) zu erteilen (§ 4 iVm § 724 Abs. 1 ZPO), der mit den oben genannten Unterlagen zu verbinden ist. Der nach § 725 ZPO erforderliche Klauselwortlaut ist um den Hinweis der durch den Plan beschränkten Vollstreckbarkeit zu ergänzen. Da nach dem Gesetzeswortlaut nur die Rechtskraft des Bestätigungsbeschlusses erforderlich ist, darf die Vollstreckungsklausel schon vor Aufhebung des Verfahrens erteilt werden, was wegen des Fortbestehens des Vollstreckungsverbots (§ 89) allerdings kaum Vorteile bringt. 7

Ist die Durchsetzung der Planquote nur von dem Eintritt eines Kalendertages abhängig, reicht die **einfache Vollstreckungsklausel** (§ 725 ZPO) unter Angabe der Quote und der Fälligkeit aus. Erhalten die Gläubiger hingegen einen „Besserungsschein", bei dem sich die Quotenhöhe nach bestimmten „milestones" – in der Regel der Gewinnentwicklung – orientiert, bedarf es einer **qualifizierten Klausel** gem. § 726 ZPO. Voraussetzung ist, dass der Eintritt der die Durchsetzbarkeit begründenden Tatsachen durch öffentliche (§ 14 Abs. 1 ZPO) oder öffentlich beglaubigte (§ 129 BGB, § 40 BeurkG) Urkunde nachgewiesen wird. Nur offenkundige oder vom Schuldner zugestandene Tatsachen bedürfen keines Beweises (§§ 291, 288 ZPO). Im Hinblick auf § 726 ZPO ist es nach teilw. vertretener Ansicht zulässig, Erleichterungen der Nachweisführung zu vereinbaren (Überblick, jedoch ablehnend: Zöller/*Stöber* ZPO § 726 Rn. 16). Demnach könnte im Plan geregelt werden, dass ein Wirtschaftsprüfer in öffentlich beglaubigter Urkunde den Eintritt bestimmter Bedingungen feststellt. Die Beglaubigung (§ 129 BGB) bestätigt zwar nur die Echtheit der Unterschrift (§ 416 ZPO) und im Gegensatz zu öffentlichen Urkunden (§§ 415, 418 ZPO) nicht die Wahrheit der bezeugten Tatsachen. Im Plan kann jedoch die Wirtschaftsprüferbestätigung als solche – und nicht die zu erklärende Tatsache – als Vollstreckungsbedingung vereinbart werden; denn es ist anerkannt, dass die Vollstreckung vom Nachweis einseitiger Erklärungen abhängen darf (Zöller/*Stöber* § 726 Rn. 6). Wird daraufhin die Erteilung der Klausel beantragt, ist der Schuldner zu hören (§ 730 ZPO). 8

b) Besonderheiten für Absonderungsgläubiger. Der **Ausfall** eines absonderungsberechtigten Gläubigers ist **keine Bedingung** iSv § 726 ZPO. Seine Forderung wird in voller Höhe festgestellt, so dass der Tabellenauszug als Vollstreckungsgrundlage dient. Zwar steht die Verteilung unter dem Vorbehalt des Ausfalls (§ 52 S. 2), den nachzuweisen Aufgabe des Gläubigers ist (§ 190 Abs. 1, 2). Anders ist es, wenn die Verwertung – wie meist – durch den Verwalter erfolgt (§ 190 Abs. 3), weil der Gläubiger dann nicht über die erforderlichen Informationen verfügt. Ebenso verhält es sich in den typischen Insolvenzplänen, die die Verwertung dem Schuldner iRd Unternehmensfortführung zuweisen. Deshalb ist es gerechtfertigt, dem Schuldner analog § 190 Abs. 3 den **Nachweis des Ausfalls** über die Vollstreckungsabwehrklage (§ 767 ZPO) aufzubürden, wenn er die Verwertungsbefugnis hat. Daraus folgt, dass der Gläubiger seine ungeschmälerte Forderung zusammen mit dem Plan titulieren lassen kann. Die Vollstreckung ist auf die Quote beschränkt, solange die Wiederauflebensvoraussetzungen nicht eingreifen. Der **Anspruch auf** einen **Verwertungserlös** muss **gesondert tituliert** werden. Ist hingegen der Gläubiger verwertungsbefugt, verbleibt es bei seiner Nachweispflicht, die in den Formen des § 726 Abs. 1 ZPO erfüllt werden muss, 9 zB durch eine Pfandverwertung im Wege der Gerichtsvollzieherversteigerung (§§ 1235, 383 Abs. 3 BGB) oder durch Vorlage des Zuschlagsbeschlusses bei der Zwangsversteigerung. IÜ kann der Plan auch hier die Nachweisführung erleichtern (→ Rn. 8). Verzichtet der Gläubiger auf das Absonderungsrecht, was auch nach Verfahrensaufhebung möglich ist, reicht zum Nachweis des Ausfalls seine öffentlich beglaubigte Erklärung aus.

10 **3. Rechtsmittel gegen Versagung der Klauselerteilung.** Wird die Erteilung einer Klausel abgelehnt, hängt das weitere Vorgehen für den Gläubiger davon ab, ob sie ohne gesonderte Nachweise gem. § 724 ZPO oder erst bei Nachweis der in § 726 ZPO genannten Tatsachen zu erteilen ist. In der ersten Alternative ist der Urkundsbeamte der Geschäftsstelle des Insolvenzgerichts zuständig (§ 724 Abs. 2 ZPO; aA HambK-InsO/*Thies* Rn. 4: grds. der Rechtspfleger), so dass gegen dessen Entscheidung die **befristete Erinnerung** gem. § 573 ZPO möglich ist. In der zweiten Alternative liegt die Zuständigkeit beim Rechtspfleger (§ 20 Nr. 12 RpflG), gegen dessen Entscheidung die **sofortige Beschwerde** gem. § 11 Abs. 1 RpflG iVm § 567 Abs. 1 Nr. 2 ZPO eröffnet ist. Kann ein Gläubiger die Voraussetzung einer qualifizierten Klausel nicht gem. § 726 Abs. 1 ZPO durch öffentliche Urkunden etc nachweisen, muss er auf **Erteilung der Vollstreckungsklausel klagen** (§ 732 ZPO). Zuständig ist gem. §§ 257 Abs. 1 S. 3, 202 Abs. 1 das Insolvenzgericht oder – bei höherem Streitwert – das in dessen Bezirk ansässige Landgericht (HRI/*T. Schultze* § 46 Rn. 188). Gleiches gilt für Rechtsbehelfe des Schuldners gegen die Klauselerteilung (§§ 732, 767, 768 ZPO).

11 **4. Vollstreckungsgläubiger.** Vollstreckungsgläubiger sind die **aus der Tabelle** (§ 178 Abs. 2) **ersichtlichen Insolvenzgläubiger** (§ 257 Abs. 1) sowie deren Rechtsnachfolger (§§ 727 ff. ZPO). Wenn Dritten aus einer Beteiligung an dem Plan Forderungen erwachsen, können sie mangels Tabellenauszugs nicht nach § 257 vorgehen. Gleiches gilt für ausscheidende Gesellschafter, denen im Plan gem. § 225a Abs. 1 aE eine Abfindung zugestanden wird.

12 **5. Vollstreckung nur gegen Schuldner. Vollstreckungsschuldner** ist der **Insolvenzschuldner,** in dessen gesamtes Vermögen vollstreckt werden kann, über das er nach Verfahrensaufhebung wieder frei verfügt (§ 259 Abs. 1). Zum allgemeinen Haftungsvermögen gehören auch die zur Abwehr eines Minderheitenschutzantrages gem. § 251 Abs. 3 bereit gestellten Mittel, wenn sie nicht treuhänderisch an Dritte übertragen wurden.

13 Eine **Vollstreckung** der Planansprüche **gegen persönlich haftende Gesellschafter** ist gem. § 129 Abs. 4 HGB **nicht möglich.** Weder sind sie formell im Titel genannt noch ist es nach materiellem Recht selbstverständlich, dass sie für die Planquote oder gar eine wieder auflebende Forderung haften; denn ihrer Haftung könnten sie gem. § 93 bereits durch Zahlung in die Masse nachgekommen sein, selbst wenn der Betrag für Fortführungsverluste oder Verfahrenskosten verbraucht und nicht an die Gläubiger ausgeschüttet worden sein sollte (vgl. → § 93 Rn. 42). Der Plan bewirkt keine Novation der Gläubigeransprüche (→ § 254 Rn. 12 f.), für die die Gesellschafter erneut haften. Gegen sie muss ein Titel auf dem ordentlichen Rechtsweg erstritten werden, in dem eine etwa noch fortbestehende „alte" Haftung zu klären ist. Soll gegen die Gesellschafter vollstreckt werden, müssen sie sich einer Haftung als Dritte gem. Absatz 2 unterwerfen (Uhlenbruck/*Lüer*/*Streit* Rn. 14).

14 **6. Nachträgliche Einwände des Schuldners.** In den Plan einfließende Willenserklärungen sind mit Rechtskraft der Planbestätigung wirksam. Eine **Anfechtung der Unterlassung eines Bestreitens** ist **nicht** mehr **möglich** und hindert deshalb die Titulierung des Anspruchs nicht. Im Rahmen einer Vollstreckungsabwehrklage ist dieser Einwand gem. § 767 Abs. 2 ZPO präkludiert, da die

Titulierung lt. § 257 Abs. 1 einem Urteil entspricht. Gleiches gilt, wenn der Schuldner seinen eigenen oder den ehemals vom Verwalter erhobenen Widerspruch zurücknimmt bzw. der Widerspruch durch Urteil beseitigt wird (MüKo-InsO/*Huber* Rn. 41). In all diesen Fällen kann der Schuldner nur später entstandene Einwendungen vorbringen.

Hatten nicht anmeldende Gläubiger bereits **vor Verfahrenseröffnung vollstreckungsfähige Titel** erlangt, können sie aus diesen vorgehen (AG Leipzig NZI 2010, 327 [329]). Es ist an dem Schuldner, gegen eine über die Quote hinausgehende Vollstreckung im Wege der **Vollstreckungsabwehrklage** (§ 767 ZPO) einzuwenden, dass die Mehrforderung nicht durchsetzbar ist (§ 254 Abs. 1, 2; BGH NZI 2008, 737; AG Leipzig NZI 2010, 328; zur Quotenberechnung bei Nachzüglern → § 254b Rn. 2 f.). Ein **Titelverbrauch** tritt nicht schon durch die Verfahrenseröffnung ein, sondern erst, wenn – bei Anmeldung noch vor Verfahrensaufhebung – mit anschließendem **Tabellenauszug** ein **neuer Titel** geschaffen wurde (→ § 201 Rn. 5; vgl. MüKoInsO/*Huber* Rn. 25 f.). Geht der Gläubiger gleichwohl aus dem verbrauchten Titel vor, steht dem Schuldner die Erinnerung des § 766 ZPO offen, da es um den Verbrauch des Vollstreckungstitels geht und nicht, wie bei § 767 ZPO, um materielle Einwendungen gegen die nach wie vor bestehende Forderung (→ § 254 Rn. 12 f.). 15

III. Vollstreckung gegen Dritte (Absatz 2)

Weitere Vollstreckungsschuldner können gem. Absatz 2 **Dritte** sein, **die für** die **Erfüllung des Plans** „*neben dem Schuldner*“ **einstehen.** Erforderlich ist, dass sich die Ansprüche aus dem Plan iVm der Tabelle ergeben. Sonstige Verpflichtungen, die die Dritten gem. § 230 Abs. 3 gegenüber den Gläubigern oder gegenüber dem Schuldner eingegangen sind, fallen nicht in den Anwendungsbereich des § 257. Erforderlich ist eine schriftliche, den Verzicht auf die Einrede der Vorausklage enthaltende und beim Insolvenzgericht eingereichte Erklärung, die entweder gem. § 230 Abs. 3 dem Plan schon bei der Vorlage beigefügt oder später nachgereicht wird. Die Schriftform wird durch Erklärung zu Protokoll im Erörterungs- bzw. Abstimmungstermin gewahrt (§§ 162 ZPO, 126 Abs. 4 iVm § 127a BGB; HK-InsO/*Haas* Rn. 8). Analog § 794 Abs. 1 Nr. 5 ZPO muss sie einen vollstreckungsfähigen Inhalt haben und darf nicht von – ausdrücklich im Plan regelungsbedürftigen (Uhlenbruck/*Lüer/Streit* Rn. 24) – Einreden wie der der Vorausklage gegen den Schuldner abhängen. Außerdem ist sie mit dem Plan etc zu verbinden (HK-InsO/*Haas* Rn. 10), damit die Vollstreckung „*aus dem Plan*“ erfolgen kann. Da sich die Vollstreckung nicht gegen den Schuldner, sondern gegen den Dritten richtet, ist die Klausel auf dessen Verpflichtungserklärung zu erteilen. Gläubiger, deren Forderung nicht festgestellt wurde, können auch gegen Dritte nicht vollstrecken. Sie müssen erst aufgrund der gem. § 254 Abs. 1 auch zu ihren Gunsten eingreifenden Planwirkungen einen gesonderten Titel gegen den Dritten erwerben, der – vorbehaltlich anderslautender Planregelung – nicht einwenden kann, dass ihm der Gläubiger mangels Forderungsanmeldung bei Abgabe der Haftungserklärung nicht bekannt gewesen sei (Uhlenbruck/*Lüer/Streit* Rn. 25). Bestreitet der Dritte seine persönliche Haftung, muss er die Klauselabwehrklage des § 768 ZPO anstrengen, nicht die Vollstreckungsabwehrklage des § 767 ZPO, da es nicht um den Anspruch gegen den Schuldner, sondern nur um den Vollstreckungsadressaten geht (MüKoInsO/Huber Rn. 56). Zur Präklusion nachträglicher Einwände → Rn. 14. 16

IV. Wiederauflebende Forderung (Absatz 3)

17 Einen Sonderfall der bedingten Vollstreckbarkeit stellt das in Absatz 3 gesondert angesprochene Wiederaufleben der Forderung (§§ 255 f.) dar. In Abweichung von § 726 ZPO reicht es aus, dass der Gläubiger die **Mahnung** und die **Nachfrist glaubhaft macht.** Ein Nachweis durch öffentliche Urkunde ist genauso wenig erforderlich wie der Nachweis, dass sich der Schuldner im Rückstand befindet. Der Wegfall der Planbeschränkung muss aus der Klausel hervorgehen. Bestreitet der Schuldner die Wiederauflebensvoraussetzungen, muss er gegen formelle Fehler nach § 732 ZPO und gegen inhaltliche nach § 768 ZPO vorgehen.

Aufhebung des Insolvenzverfahrens[1]

258 **(1) Sobald die Bestätigung des Insolvenzplans rechtskräftig ist und der Insolvenzplan nicht etwas anderes vorsieht, beschließt das Insolvenzgericht die Aufhebung des Insolvenzverfahrens.**

(2) [1] Vor der Aufhebung hat der Verwalter die unstreitigen fälligen Masseansprüche zu berichtigen und für die streitigen oder nicht fälligen Sicherheit zu leisten. [2] Für die nicht fälligen Masseansprüche kann auch ein Finanzplan vorgelegt werden, aus dem sich ergibt, dass ihre Erfüllung gewährleistet ist.

(3) [1] Der Beschluß und der Grund der Aufhebung sind öffentlich bekanntzumachen. [2] Der Schuldner, der Insolvenzverwalter und die Mitglieder des Gläubigerausschusses sind vorab über den Zeitpunkt des Wirksamwerdens der Aufhebung (§ 9 Abs. 1 Satz 3) zu unterrichten. [3] § 200 Abs. 2 Satz 2 gilt entsprechend.

Schrifttum: *Wienberg/Dellit,* Masse- sowie Planquotenunzulänglichkeit im Insolvenzplanverfahren, FS Kübler, 2015, 805.

Übersicht

[1] § 258 Abs. 3 Satz 3 geänd. mWv 1.7.2007 durch G v. 13.4.2007 (BGBl. I S. 509); Abs. 1 geänd., Abs. 2 neu gef. mWv 1.3.2012 durch G v. 7.12.2011 (BGBl. I S. 2582).

I. Normzweck

1 Die Aufhebung des Insolvenzverfahrens bedarf einer gesonderten Entscheidung des Insolvenzgerichts. Würde sie mit Rechtskraft des Bestätigungsbeschlusses automatisch eintreten, könnte es die Beteiligten unvorbereitet treffen, weil sie nicht wissen, ob eine Beschwerde eingelegt und wann darüber mit welchem Ergebnis entschieden wird. Zudem müssen noch **Überleitungsmaßnahmen** getroffen werden, da das Amt des Verwalters mit der Verfahrensaufhebung erlischt und der Schuldner die Verfügungsbefugnis über die Masse wieder erlangt (§ 259 Abs. 1). Dazu gehören auch für den Vollzug des Plans erforderliche registerrechtliche Anmeldungen (§ 254a Abs. 2) sowie die Bezahlung von Masseschulden.

2 Durch das ESUG neu gefasst wurde Absatz 2. Bisher mussten die fälligen Masseschulden bedient und die künftig fälligen sowie streitigen besichert werden. Nunmehr verlangt Absatz 2 nur noch die **Bedienung der fälligen Verbindlichkeiten** und – jedenfalls dem Wortlaut nach – eine Besicherung der streitigen Verbindlichkeiten, während es für die noch **nicht fälligen statt** einer **Sicherheitsleistung** ausreicht, dass ein **Finanzplan** die **Erfüllung gewährleistet.**

II. Alsbaldige Aufhebung (Absatz 1)

3 **1. Vorbehalt anderer Regelungen.** Das Verfahren ist aufzuheben, sobald der Bestätigungsbeschluss rechtskräftig ist. Ein Ermessen über das „Ob" hat das Gericht bei einem **verfahrensbeendigenden Plan** nur hinsichtlich des Termins, der von den noch zu erledigenden Aufgaben abhängt, es sei denn, dass der Plan etwas anderes bestimmt. § 217 Abs. 1 lässt nunmehr (noch unentschieden vor dem ESUG bei BGH NZI 2009, 230 Rn. 27) einen **verfahrensleitenden Plan** zu, so dass in § 258 ein entsprechender Vorbehalt aufgenommen wurde.

4 **2. Unmöglichkeit des Planvollzugs.** Die (fortbestehende) **Erfüllbarkeit des Plans** ist **keine Voraussetzung der Aufhebung.** Das Gesetz hat keine Vorsorge dafür getroffen, dass zwischen Bestätigungsbeschluss und Eintritt der Rechtskraft Erfüllungshindernisse offenbar werden, wenn etwa im Plan vereinbarte Leistungen nicht erbracht oder Rechtsänderungen nicht wirksam werden, weil die dafür konstitutiven Registereintragungen (zB Handelsregister, Grundbuch) scheitern. Wird der Insolvenzgrund nicht beseitigt, darf ein Verfahren nicht aufgehoben werden; denn selbst wenn sofort ein neuer Insolvenzantrag gestellt werden würde, würden zwischenzeitliche Verfügungen des Schuldners wirksam werden (→ § 81 Rn. 16) und im Plan nicht berücksichtigte Anfechtungsansprüche teilw. entfallen (wenn § 139 Abs. 2 nicht analog angewendet wird). Bei einem dauerhaften Erfüllungshindernis darf das Insolvenzgericht das **Verfahren von Amts wegen fortsetzen,** was Gelegenheit bietet, einen veränderten Insolvenzplan einzureichen. Für den alten Plan ist trotz Rechtskraft des Bestätigungsbeschlusses die Geschäftsgrundlage entfallen (zur Anpassungspflicht der Beteiligten: MüKoInsO/*Eidenmüller* § 217 Rn. 55), obwohl die Bindungswirkung des Beschlusses nicht allein deshalb verneint werden kann, weil § 318 ZPO in § 329 Abs. 1 S. 2 ZPO nicht genannt ist (BGH NZI 2014, 751 Rn. 30 für nicht rechtskräftige Beschlüsse). Neben einer amtswegigen Fortsetzung kommt auch ein Gläubigerantrag in Betracht, wenn das Verfahren nicht aufgehoben und die Durchsetzung der Planforderungen deshalb scheitert (§ 257). Ein Beschluss der Gläubigerversammlung ist hingegen nicht erforderlich, weil einzelne Gläubiger und nicht nur die Mehrheit in der Lage sein müssen, die Fortsetzung des Verfahrens zu betreiben (aA *Wienberg/Dellit* FS Kübler, 2015, 805 [809 f.]).

5 Ein **Rücktritt der Gläubiger** vom Plan kommt indes nicht in Betracht, weil der Plan kein gegenseitiger Vertrag ist (→ § 217 Einführung Rn. 5 f.), auf den

§ 323 BGB angewendet werden könnte (teilw. bejahend: MüKoInsO/*Eidenmüller* § 217 Rn. 54). Deshalb bedarf die Nichterfüllung einer konstitutiv wirkenden Regelung in § 255. Nach dessen Absatz 2 leben sämtliche Insolvenzforderungen wieder auf, wenn ein „neues" Insolvenzverfahren eröffnet wird. Sollte das bisherige noch nicht aufgehoben worden sein, muss diese Vorschrift analog angewendet werden mit der Folge, dass ein Insolvenzgläubiger, dessen Forderung gem. § 255 Abs. 1 wieder aufgelebt ist, einen Antrag auf Fortsetzung des bisherigen Verfahrens stellen kann. Knüpft der Plan die Fälligkeit an den Aufhebungsbeschluss, muss sich der Schuldner analog § 162 BGB so behandeln lassen, als wenn innerhalb angemessener Frist die Aufhebung erfolgt wäre. Mit der Fortsetzung des Verfahrens wird die rechtskräftige Planbestätigung nicht rückwirkend unwirksam, so dass namentlich die Leistungen erbracht werden müssen, zu denen sich Dritte im Plan verpflichtet haben, falls dies nicht unter der Bedingung der Aufhebung stand. Dadurch werden sie nicht schlechter gestellt als in einem neuen Insolvenzverfahren, das wegen einer erst nach Verfahrensaufhebung eintretenden Säumnis des Schuldners eröffnet wird.

6 **3. Maßnahmen vor Aufhebung. a) Rechnungslegung.** Der Ergänzung des § 66 Abs. 1 durch das ESUG um den Satz 2, dass im Insolvenzplan zur **Rechnungslegung** eine Regelung vorgesehen werden kann, ist zu entnehmen, dass eine solche Pflicht des Verwalters grds. **auch im Insolvenzplanverfahren** besteht. Bisher war das umstr. (ablehnend ua FK-InsO/*Jaffé* Rn. 10 ff.; zustimmend ua HK-InsO/*Haas* Rn. 5). Erforderlich ist damit bei Fehlen einer abweichenden Bestimmung auch die Durchführung einer Gläubigerversammlung nach vorheriger Rechnungsprüfung durch das Insolvenzgericht (§ 66 Abs. 2; HRI/*J. Schmidt* § 44 Rn. 26). **Anderslautende Planregelungen** können den zeitlichen (zB ab Planvorlage, weil bis dahin im darstellenden Teil enthalten, oder bis zum Erörterungstermin, AG Ludwigshafen ZIP 2015, 991) bzw. gegenständlichen (zB für die nicht zur laufenden Fortführung gehörenden Geschäftsvorfälle) Umfang, die Art (zB nur handelsrechtlich, nicht pagatorisch) oder das Verfahren (nur gegenüber dem Gericht oder einem Sachverständigen, keine Gläubigerversammlung) und die Prüfung (*Gravenbrucher Kreis* ZIP 2014, 1262 [1265]) bis hin zum gänzlichen Verzicht der Rechnungslegung beinhalten (BT-Drs. 17/5712, 26 f.; AG Ludwigshafen ZIP 2015, 991; HambK-InsO/*Thies* Rn. 8; *Gravenbrucher Kreis* ZIP 2014, 1262 [1265]). Auch eine Verschiebung auf die Zeit nach Verfahrensaufhebung ist zulässig (BT-Drs. 17/5712, 26 f.), was zugleich den konkludenten Verzicht auf eine Genehmigung durch die Gläubigerversammlung bedeutet. Ein im Plan vorgesehener Verzicht auf die Rechnungslegung beseitigt nicht die Aufsichtsbefugnisse des Insolvenzgerichts gem. § 58, die sogar noch nach Verfahrensaufhebung ausgeübt werden können (*Harbeck* ZInsO 2014, 388 [390 f.]; aA Uhlenbruck/*Mock* § 66 Rn. 43), aber nur, soweit das im Hinblick auf den Verzicht noch angemessen ist (aA AG Ludwigshafen ZIP 2015, 991 [992]; *Harbeck* ZInsO 2014, 388 [391]), da die Aufsicht dem Gläubigerinteresse dient. Eine gesonderte Schlussrechnungsprüfung wird idR bei einem Planverzicht unangemessen sein. In der Eigenverwaltung gilt § 58 nach teilw. vertretener Ansicht (→ § 270 Rn. 2) ohnehin nicht, so dass ein Verzicht auf die Rechnungslegung endgültig ist. Die Rechnungslegung des vorläufigen Verwalters wird von einem Verzicht nur erfasst, wenn das ausdrücklich vorgesehen ist, da vorläufiger und endgültiger Verwalter amtsverschieden sind.

7 **b) Planerfüllung.** Seit der Ergänzung des Absatz 1 durch das ESUG muss das Verfahren nicht mehr alsbald nach der Rechtskraft des Bestätigungsbeschlusses aufgehoben werden, so dass die schon früher praktizierten Planregelungen zulässig (geworden) sind (dazu *Kühne/Hancke* ZInsO 2012, 812 [813]), dass das Verfahren erst endet, nachdem der **Verwalter Zahlungen an die Gläubiger** geleistet hat.

Nimmt er hingegen Zahlungen vor, obwohl der Plan Leistungen erst nach Verfahrensaufhebung vorsieht, haftet er dem Schuldner auf den Verfrühungsschaden, selbst wenn sich die Verfahrensaufhebung planwidrig verzögert und eine alsbaldige Zahlung erwartet wurde (LG Berlin ZInsO 2012, 326).

c) Vergütungsfestsetzung. Beschwerden über die Festsetzung der Vergütung von Verwalter und Mitgliedern des Gläubigerausschusses **hindern** die **Aufhebung nicht** (HRI/*J. Schmidt* § 44 Rn. 36; einschränkend: HambK-InsO/*Thies* Rn. 10). Der Wortlaut verlangt noch nicht einmal Vergütungsanträge. Zwar verlieren sie ihre Ämter. Den Vergütungsanspruch haben sie jedoch aus eigenem Recht, nicht aufgrund ihrer Amtsbefugnis. Die streitigen Ansprüche sind wie sonstige streitige Masseschulden zu behandeln (→ Rn. 10 ff., 15). Eine im Insolvenzplan vorgesehene Vergütung bindet den Verwalter, wenn er sich dem als Dritter gem. § 230 Abs. 3 unterworfen hat (zur Zulässigkeit von Vergütungsregelungen → § 217 Rn. 19). Hat der Verwalter sich dem Plan nicht unterworfen, kann ein Vergütungsantrag treuwidrig sein, wenn er wesentlich von dem abweicht, was er als Planinitiator angesetzt oder in seiner Stellungnahme (§ 232 Abs. 1 Nr. 3) unbeanstandet gelassen hatte (BGH NZI 2007, 341). Gleiches gilt umgekehrt für Einwände des Schuldners oder Beteiligter gegen einen Vergütungsantrag, der dem darstellenden Teil des Plans entspricht und dem sie zugestimmt haben. 8

III. Behandlung von Masseschulden (Absatz 2)

1. Arten von Masseschulden. Die wesentliche vor der Aufhebung zwingend zu erledigende Maßnahme ist die Regulierung der Masseschulden. Absatz 2 erfasst **sämtliche Masseverbindlichkeiten,** soweit mit dem Massegläubiger keine anderen Abreden getroffen werden (HK-InsO/*Haas* Rn. 7). Im Falle des gem. § 210a zulässigen Insolvenzplans **bei Masseunzulänglichkeit** treten die Altmassegläubiger (§ 209 Abs. 1 Nr. 3) an die Stelle der Insolvenzgläubiger, so dass zu Absatz 2 nur die nach Anzeige der Masseunzulänglichkeit entstandenen **Neumasseschulden** gehören (BegrRegEBT-Drs. 17/5712, 37). Unterschieden wird zwischen den fälligen, künftig fälligen und den streitigen Masseschulden. 9

Zu den später fällig werdenden Masseschulden gehört nicht die Vergütung aufgrund von **schwebenden Verträgen,** die bei Verfahrensaufhebung zu Lasten der Masse schon bestanden, soweit der Vertragspartner seine Leistung noch nicht erbracht hat (*Stapper* ZInsO 2010, 1735 [1736]). Das gilt unabhängig davon, ob die daraus resultierenden Ansprüche des Gläubigers unabhängig von der Leistungserbringung bereits entstanden waren (Bsp. bei BGH NJW 1990, 1113; 1990, 1785 zum Leasingvertrag) oder erst künftig entstehen (Bsp. bei BGH NZI 2010, 58 Rn. 10 zum Mietvertrag; NZI 2008, 563 Rn. 13 zum Dienstvertrag). Wie die Freigabeerklärung nach § 35 Abs. 2 (dazu BGH NZI 2012, 409 Rn. 19) leitet auch die Verfahrensaufhebung das Vertragsverhältnis von der Person des Verwalters auf die des Schuldners über. Künftige Leistungen des Vertragspartners kommen der Masse, aus der die künftigen Gegenleistungen sonst zu besichern wären, nicht mehr zugute. Wie bei der Freigabe (BGH NZI 2012, 409 Rn. 29) ist der **Leistungsstand** analog § 105 zeitanteilig **abzugrenzen** (aA HambK-InsO/*Thies* Rn. 14, der nur auf die Entstehung bzw. Fälligkeit abstellt). Wegen der Eilbedürftigkeit der Verfahrensaufhebung (§ 258 Abs. 1 *„sobald"*) ist das nur als grobe Schätzung möglich. Sinnvoll sind Abgrenzungsvereinbarungen mit dem Vertragspartner, die aber in größeren Verfahren die Aufhebung zu stark verzögern. 10

Ein **Streit über Masseschulden** ist nach Verfahrensaufhebung mit dem **Schuldner** (HRI/*J. Schmidt* § 44 Rn. 61) oder, wenn ein Dritter auf die Einrede der Vorausklage verzichtet hat, mit dem Dritten auszufechten. 11

12 **2. Besicherung streitiger oder künftig fälliger Schulden (Absatz 2 Satz 1).** Erforderlich ist stets, dass der **einzelne Gläubiger gesichert** wird, damit er seinen individuellen Anspruch unabhängig von anderen Masseverbindlichkeiten durchsetzen kann (Uhlenbruck/*Lüer/Streit* Rn. 8). Für die Art der Sicherheitsleistung ist eine der in §§ 232 ff. BGB genannten Formen ausreichend. Ebenso genügen werthaltige dingliche Sicherheiten zugunsten der jeweiligen Gläubiger aus dem Schuldnervermögen oder von Dritten. Auch die Separierung von Vermögensgegenständen (Bankguthaben) als **Sondervermögen** mit individueller Gläubigerzuordnung kommt in Betracht, wenn die Gegenstände dadurch **dem Vollstreckungszugriff anderer Gläubiger entzogen** sind. Allein eine Abhängigkeit von Verfügungen von der Zustimmung des Insolvenzverwalters i. R. der Planüberwachung (§ 263) reicht hingegen nicht (aA Uhlenbruck/*Lüer/Streit* Rn. 8, die andererseits eine Gesamthinterlegung nicht für ausreichend halten; Leonhardt/Smid/*Zeuner* Rn. 5), selbst wenn der Schuldner den Vermögensgegenstand (zB ein Kontoguthaben) separiert hat. Eine Vereinbarungstreuhand ohne dingliche Komponente begründet kein Aussonderungsrecht der begünstigten Gläubiger (→ § 47 Rn. 83). Dazu bedarf es vielmehr der **Vermögensübertragung** auf einen **Treuhänder.** Das kann der **Verwalter** als Doppeltreuhänder für den Schuldner und den jeweiligen Gläubiger sein. Ein Verstoß gegen § 450 BGB liegt nicht vor, da er im Fremdinteresse tätig bleibt. § 181 BGB steht der Treuhandschaft ebenfalls nicht entgegen, wenn die Vermögensübertragung erst mit der Verfahrensaufhebung wirksam wird, weil der Verwalter damit sein Amt verliert. Vorsorglich sollte diese **Verfahrensweise im Plan vorgesehen** werden, was sowohl von § 181 BGB als auch von § 450 BGB (s. § 451 Abs. 1 BGB) befreit und die Planbestätigung zudem als gerichtlicher Dispens von § 181 BGB anzusehen ist (zur Zulässigkeit vgl. → § 80 Rn. 32).

13 Für die **Bonitätsanforderungen** an die von Dritten gestellten Personalsicherheiten (zB Garantie, Bürgschaft) ist zu berücksichtigen, dass ein Massegläubiger auch ohne Verfahrensaufhebung das Risiko der Masseunzulänglichkeit läuft. Mit der Verfahrensaufhebung fällt der Verwalter als haftender Garant für die Ordnungsmäßigkeit der Abwicklung (§§ 209 f.) weg. Ausreichend ist eine Besicherung, die diesen Wegfall kompensiert, was namentlich bei jedem Bürgen vergleichbarer Bonität der Fall ist.

14 **Zur Höhe der Sicherheit** trifft das Gesetz keine Aussage. Die Höhe der streitigen Forderung ist nur maßgebend, wenn ein Titel vorliegt (§ 711 ZPO). Ansonsten kommt es auf den **„Verkehrswert" der Verbindlichkeit** an (vgl. zur Bewertung streitiger Verbindlichkeiten bei der Überschuldung → § 19 Rn. 40). Für künftig fällige unstreitige Verbindlichkeiten bestimmt sich die Sicherheitenhöhe nach dem abgezinsten Nominalwert.

15 **3. Erfüllungsgewährleistung für künftig fällige Masseschulden (Absatz 2 Satz 2). a) Anforderungen.** Für die künftig fällig werdenden Masseschulden reicht es statt einer Besicherung gem. Absatz 2 aus, dass sich die **Erfüllung aus einem Finanzplan** ergibt. Schon § 229 sieht einen Finanzplan im darstellenden Teil des Insolvenzplans vor. Er muss jedoch wegen des Zeitablaufs aktualisiert werden. Da es Sache des Verwalters ist, für die Erfüllung von Masseverbindlichkeiten Sorge zu tragen (§ 60 f.), muss der **Verwalter** auch den **Finanzplan verantworten,** der an die Stelle der Besicherung tritt, unabhängig davon, ob er Planinitiator ist, aA LAG Düsseldorf ZIP 2015, 1743 [1745] mit der widersprüchlichen Begründung, das Insolvenzgericht habe den Verwalter zur Erfüllung dieser Pflicht anzuhalten. Für die „*Gewährleistung*" reicht eine **belastbare Liquiditätsrechnung** (BT-Drs. 17/5712, 37). Die „Belastbarkeit" bedeutet nicht analog § 61 S. 2, dass keine Risiken erkennbar sind. Diese hohe Anforderung an die Vermeidung einer Verwalterhaftung gilt nur bei Begründung einer Masseschuld,

während es hier um die Erfüllung einer schon bestehenden Schuld geht. Der Massegläubiger muss nicht besser gestellt werden als ohne Insolvenzplan. Er muss nur vor Verteilungsfehlern geschützt werden, falls das Vermögen nicht zur Bedienung seiner Forderung ausreicht. Die Anforderungen sind deshalb dieselben wie an die Beobachtung einer drohenden Masseunzulänglichkeit (§ 208 Abs. 1 S. 2). Dazu bedarf es einer aktuellen Liquiditätsplanung. Die „*Gewährleistung*" in Abs. 2 ist deshalb iS der **voraussichtlichen Erfüllbarkeit analog § 208 Abs. 1** zu verstehen, bezogen auf den Kenntnisstand unmittelbar vor Verfahrensaufhebung.

b) Haftung. Eine Haftung des Verwalters für einen fehlerhaften Finanzplan kommt nur in Betracht, wenn der Massegläubiger ohne Aufhebung des Verfahrens befriedigt worden wäre (LAG Düsseldorf ZIP 2015, 1743 [1744 f.]). Masseschulden sind zwar auch Schuldnerschulden (→ § 53 Rn. 12). Für sie haftet nach Verfahrensaufhebung aber nur die zurückerlangte Masse. Der Finanzplan hingegen erfasst die Liquidität aus der gesamten künftigen Geschäftstätigkeit, nicht nur aus der Verwertung einzelner Vermögensgegenstände. Damit erstreckt sich bei einer Geschäftsfortführung die **Haftung** für (ehemalige) Masseschulden notgedrungen auch auf **das nach Verfahrenseröffnung erworbene Vermögen** (vgl. § 2005 Abs. 3 BGB). Auswirkungen hat das zugleich auf die **Haftung der Personengesellschafter.** Sie haben für die vom Verwalter begründeten Masseschulden nicht einzustehen (BGH NZI 2009, 841; → § 93 Rn. 16). Mit der Verfahrensaufhebung beginnt jedoch eine Vermischung von Masse- und Neuvermögen. Das Fehlen von Insolvenzantragspflicht und Kapitalschutzregeln muss durch eine persönliche Haftung **für die bei Verfahrensaufhebung noch offenen Masseschulden** kompensiert werden. Die Konsequenz der Haftung ist, dass der Schuldner und die persönlich haftenden Gesellschafter der späteren Erfüllung zustimmen müssen. Dafür reicht das nach § 230 Abs. 1 erforderliche Einverständnis des Schuldners bzw. der persönlich haftenden Gesellschafter mit der Unternehmensfortführung aus, wenn schon im Plan die Erfüllung der Masseschulden durch den Schuldner vorgesehen ist. Ergibt sich diese Variante der Bedienung von Masseschulden erst später, muss das Einverständnis ausdrücklich erklärt werden. Andernfalls ist die Erfüllung nicht „*gewährleistet*". 16

4. Erweiterung des Absatz 2 Satz 2 auf streitige Masseschulden. Die Erfüllungsgewährleistung reicht nach dem Wortlaut von Absatz 2 Satz 2 nur für künftig fällige Masseschulden aus, während es für die streitigen Verbindlichkeiten bei der Besicherungspflicht nach Satz 1 bleibt. Die liquiditätsbelastende Wirkung einer Besicherung streitiger Masseverbindlichkeiten ist jedoch dieselbe wie für die unstreitigen und nur noch nicht fälligen. Eine unterschiedliche Behandlung wird in den Gesetzesmaterialien nicht erläutert. Es handelt sich offenbar um ein Redaktionsversehen, so dass **auch für die streitigen Verbindlichkeiten** eine **Erfüllungsgewährleistung** lt. Plan **genügt** (*Braun/Heinrich* NZI 2011, 505 [514]; *Pape* ZInsO 2010, 2155 [2162]). 17

5. Nichterfüllung von Masseschulden. Das Gesetz enthält keine Regelung für den Fall, dass ein rechtskräftig bestätigter Plan nicht aufgehoben werden kann, weil die Erfüllung der Masseschulden entgegen Absatz 2 nicht gesichert ist. Eine Klärung kann dringend sein, wenn die Masseschulden nur durch Inanspruchnahme von Vermögensgegenständen erfüllt werden können, die für die plangemäße Fortführung vorgesehen sind. In dieser Situation können Gericht und Gläubiger wie in → Rn. 4 f. beschrieben vorgehen. 18

IV. Formalien (Absatz 3)

19 Die Aufhebung des Insolvenzverfahrens erfolgt durch **Beschluss.** Eine **Beschwerdemöglichkeit** ist **nicht gegeben** (§ 6 Abs. 1). Er ist **öffentlich bekannt zu machen** (Absatz 3 Satz 1), so dass die Aufhebung gem. § 9 Abs. 1 am dritten Tag nach der Veröffentlichung als bewirkt gilt, falls das Gericht keinen späteren Termin bestimmt (HK-InsO/*Haas* § 258 Rn. 9, 10). Die gegen eine abweichende Datierung beim Eröffnungsbeschluss vom BGH angeführten Gründe (BGH NZI 2004, 316 [317]) gelten hier nicht. Ergänzend sind die **registerrechtlichen** bzw. **grundbuchrechtlichen Eintragungen** vorzunehmen, was sich aus dem Verweis auf § 202 Abs. 2 S. 2 und dort auf §§ 31 ff. ergibt. Eine etwaige **Überwachung des Insolvenzplans** ist ebenfalls **bekannt zu machen** und bei den Registereintragungen zu berücksichtigen (§ 267). Wegen der mit der Wirksamkeit der Aufhebung sofort eintretenden Änderung der Verfügungsbefugnis sind Schuldner, Insolvenzverwalter und Gläubigerausschuss vorab über die voraussichtliche Wirksamkeit zu informieren.

Wirkungen der Aufhebung

259 (1) [1]**Mit der Aufhebung des Insolvenzverfahrens erlöschen die Ämter des Insolvenzverwalters und der Mitglieder des Gläubigerausschusses.** [2]**Der Schuldner erhält das Recht zurück, über die Insolvenzmasse frei zu verfügen.**

(2) **Die Vorschriften über die Überwachung der Planerfüllung bleiben unberührt.**

(3) [1]**Einen anhängigen Rechtsstreit, der die Insolvenzanfechtung zum Gegenstand hat, kann der Verwalter auch nach der Aufhebung des Verfahrens fortführen, wenn dies im gestaltenden Teil des Plans vorgesehen ist.** [2]**In diesem Fall wird der Rechtsstreit für Rechnung des Schuldners geführt, wenn im Plan keine abweichende Regelung getroffen wird.**

Schrifttum: *Hees,* Setzt die Prozessführungsbefugnis des Insolvenzverwalters gem. § 259 Abs. 3 Anfechtungsklage voraus?, ZInsO 2011, 953; *Kühne/Hancke,* Die einvernehmliche Beschränkung der Verfügungsbefugnis des Schuldners nach § 259 Abs. 1 Satz 2 im Insolvenzplan, ZInsO 2012, 812; *Pape,* Zum Verhältnis von Insolvenzanfechtung und Insolvenzplanverfahren, FS Kübler, 2015, 487; *Smid,* Prozessführungsbefugnis des Insolvenzverwalters wegen massezugehöriger Ansprüche nach Aufhebung des Insolvenzverfahrens, ZInsO 2010, 641; *Wollweber/Hennig,* Fortführung des Anfechtungsprozesses nach Planaufhebung – zum Begriff des „anhängigen Rechtsstreits" iSd § 259 Abs. 3 InsO, ZInsO 2013, 49.

Übersicht

I. Allgemeine Wirkungen (Absatz 1)

Mit der Aufhebung **erlöschen die Ämter** des Verwalters bzw. Sachwalters und des Gläubigerausschusses. Die Verwaltungs- und Verfügungsbefugnis fällt wieder an den Schuldner. An den Verwalter geleistete Zahlungen auf vor der Aufhebung begründete Forderungen haben keine Erfüllungswirkung. Er und nicht der Schuldner ist verpflichtet, vereinnahmte Zahlungen nach Bereicherungsgrundsätzen auszukehren, falls der Schuldner eine Erfüllungsannahme nicht genehmigt (BGH NZI 2011, 586). Im begrenzten Umfang können Regelungen zur **Planüberwachung** (§§ 260 ff.) etwas anderes vorsehen. Mit der Verfahrensaufhebung endet jedoch auch bei einer Überwachung der Vermögensbeschlag, so dass es keine Masse (§ 35) mehr gibt, was sich insbes. auf die Haftung für vor Aufhebung noch nicht beglichene Masseschulden auswirkt (→ § 258 Rn. 13) sowie auf die Behandlung von schwebenden Verträgen, deren Erfüllung der Verwalter nicht gewählt hat (→ § 254 Rn. 3). 1

1. Besitz. Spiegelbildlich zur Verfahrenseröffnung (→ § 148 Rn. 3, 9 f.) muss der **Schuldner** das gesamte Vermögen wieder **in** unmittelbaren **Besitz nehmen.** Als tatsächlicher Vorgang ist dies von den Rechtswirkungen des Plans oder der Verfahrensaufhebung nicht erfasst. Eine Besitznachfolge wie für den Erben lt. § 857 BGB gibt es nicht. Da im Planverfahren die Vermögensgegenstände typischerweise beim Schuldner verbleiben, endet das Besitzmittlungs- oder Besitzdienerverhältnis zwischen ihm und dem Verwalter (→ § 148 Rn. 9), so dass dann der Besitz ohne weitere Vollzugsakte wieder beim Schuldner liegt (Palandt/*Bassenge* § 855 Rn. 6, § 868 Rn. 15). 2

2. Verfügungen des Schuldners während der Verfahrensdauer. Die bis zur Verfahrensaufhebung **vom Verwalter vorgenommenen Verfügungen bleiben wirksam.** Ob das umgekehrt auch für **Verfügungen des Schuldners** (§ 81 Abs. 1) gilt, die er während des Verfahrens unter Verstoß gegen § 80 vorgenommen hat, ist umstr. Nach überwiegender Ansicht (→ § 81 Rn. 16) werden die Verfügungen **analog § 185 Abs. 2 S. 1 ex nunc wirksam,** sobald der Schuldner die Verfügungsbefugnis zurückerlangt und der Gegenstand dann noch im Schuldnervermögen ist (vgl. BGH NZI 2006, 224 Rn. 20). 3

3. Schwebende Verträge. Die bei Wirksamkeit der Verfahrensaufhebung – gem. § 9 Abs. 1 am dritten Tag nach Veröffentlichung – bestehenden **Verträge werden fortgesetzt.** Davon unberührt bleiben schuldrechtliche Befugnisse des Vertragspartners, sich ggf. vom Vertrag wegen einer veränderten Risikolage zu lösen. Die Erfüllungsablehnung des Insolvenzverwalters gem. § 103 Abs. 2 ändert für sich genommen noch nichts an dem Fortbestehen des Vertrages mit dem Schuldner (HRI/*T. Schultze* § 46 Rn. 35; → § 254 Rn. 3). 4

4. Rechtshängige Prozesse. Mit der Aufhebung des Insolvenzverfahrens erhält der Schuldner auch seine **Prozessführungsbefugnis** zurück, so dass die Unterbrechung der bei Verfahrenseröffnung rechtshängigen Prozesse spätestens dann endet (§ 240 S. 1 ZPO), wobei für die Klagen von Insolvenzgläubigern Erledigung eingetreten ist, wenn sie durch den Tabelleneintrag einen Titel erlangt haben (§§ 87, 201 Abs. 2). Mit dem Ende der Unterbrechung beginnen prozessuale Fristen automatisch von Neuem zu laufen (§ 248 Abs. 1 ZPO). Ein noch nicht erledigter Feststellungsprozess wegen einer Forderungsanmeldung (§ 180) wird, wenn er auf dem Bestreiten des Verwalters beruht, gegen den Schuldner als Feststellungsprozess (HRI/*T. Schultze* § 46 Rn. 97 ff.) fortgesetzt, weil der Verwalter mit dem Verlust seines Amtes auch die Dispositionsbefugnis über die Forderungsanerkennung verliert. Der Umstellung auf eine Leistungsklage bedarf 5 es nicht (aA MüKoInsO/*Schumacher* § 179 Rn. 52; HambK-InsO/*Herchen* § 179 Rn. 48), weil die Planwirkungen (= Quotenanspruch) gem. § 254 Abs. 1 qua lege eintreten. Eine **Unterbrechung analog § 240 ZPO erfolgt nicht** (Zöller/*Greger* ZPO § 240 Rn. 15, § 239 Rn. 7; aA Uhlenbruck/*Uhlenbruck* § 85 Rn. 71; HambK-InsO/*Kuleisa* § 85 Rn. 30 nur, falls der Verwalter keinen Prozessbevollmächtigten bestellt hat). Analog anwendbar sind die §§ 239, 246 ZPO mit der Folge, dass die Unterbrechung nur eintritt, wenn der Verwalter nicht durch einen Prozessbevollmächtigten vertreten war oder der Prozessbevollmächtigte einen Antrag auf Aussetzung des Verfahrens stellt (BGH NZI 2011, 27 Rn. 10). Gleiches gilt für einen vom Verwalter aufgenommenen oder eingeleiteten Aktivprozess sowie für die gegen ihn gerichtete Klage eines Massegläubigers. In letztgenanntem Fall muss der Schuldner beantragen, dass die Haftung auf die zurückerlangte Masse beschränkt ist, falls gem. § 258 Abs. 2 keine andere Regelung insbes. durch die Aufnahme der Verbindlichkeit in einen Finanzplan (→ § 258 Rn. 13 f.) getroffen wurde.

II. Abweichende Planregelungen

6 **1. Planüberwachung (Absatz 2) vs. verfahrensleitender Plan.** Die Rechtsfolgen des § 259 sind lt. Abs. 2 **dispositiv, soweit** das im Rahmen einer Planüberwachung **gem. §§ 260 ff. zulässig** ist. Die durch das ESUG in § 217 aufgenommene Möglichkeit, die Verfahrensabwicklung zu regeln, betrifft das fortbestehende, nicht aber das aufgehobene Insolvenzverfahren. Die Grenzen sind fließend. Da ein Abwicklungsplan eine Freigabe des Geschäftsbetriebs über § 35 Abs. 2 hinaus auch bei juristischen Personen vorsehen kann, kann es zu einer Art Partikularverfahren über bestimmte Vermögensbereiche des Schuldners kommen, während er iÜ seine Verfügungsbefugnisse zurückerhält. Insolvenzgläubiger sind dann vom Vollstreckungsverbot des § 89 auch bzgl. des freigegebenen Neuerwerbs betroffen, und den Neugläubigern haftet die Masse nicht, weil es an den Voraussetzungen des § 55 fehlt.

7 **2. Keine Nachtragsverteilung.** Die **Zurückbehaltung von Massegegenständen ist unzulässig,** mag das auch im Hinblick auf eine Sicherung der Ausgleichsmittel gem. § 251 Abs. 3 oder die Sicherstellung noch nicht fälliger Masseschulden gem. § 258 Abs. 2 sinnvoll sein. Eine Nachtragsverteilung (§ 203) kann im Plan nicht vorgesehen werden (BGH NZI 2008, 561 Rn. 10; 2009, 340 Rn. 9; 2010, 99 Rn. 9; HK-InsO/*Haas* Rn. 2; MüKoInsO/*Huber* Rn. 12; HambK-InsO/*Thies* Rn. 7; aA *Hingerl* ZInsO 2007, 870 [871]; *Kühne/Hancke* ZInsO 2012, 812 [813]), weil § 259 ausdrücklich die Wiedererlangung der Verfügungsbefugnis des Schuldners über die „*Insolvenzmasse*" anordnet. Der Verwalter kann in dieser Eigenschaft streitige Forderungen nicht gegen Drittschuldner weiter verfolgen, um Zahlungseingänge später an die Gläubiger zu verteilen. Der Schuldner kann sich jedoch verpflichten, den Forderungseinzug zu betreiben, ggf. damit den (früheren) Verwalter oder Dritte zu bevollmächtigen, um den Erlös anschließend an die Gläubiger zu verteilen, was von einer Zustimmungsbefugnis des Verwalters iRd Planüberwachung hinsichtlich der Forderung und des Erlöses (§ 263) flankiert werden kann. Als Ausweg bleibt ein verfahrensleitender Plan oder die Übertragung von Vermögensgegenständen an einen Treuhänder für die Gläubiger.

8 **3. Alternative: Treuhandschaft.** Im Plan kann vorgesehen werden, dass die Forderungen an den Verwalter zu eigenem Recht – denn das Amt endet mit der Aufhebung – abgetreten werden (§ 228) und er sich als Dritter (§ 230 Abs. 3) verpflichtet, die Forderung einzuziehen (BGH NZI 2009, 340 Rn. 9; *Kühne/Hancke* ZInsO 2012, 812 [813]) sowie den Erlös nach Maßgabe des Plans zu

verteilen. Das ist keine Umgehung des § 259, weil kein Massebeschlag aufrechterhalten wird, sondern nur eine Rechtsübertragung stattfindet. Der Verwalter ist sowohl gegenüber den Gläubigern als auch – soweit ihm Rechte zustehen sollten – gegenüber dem Schuldner als **Doppel-Treuhänder** tätig. Er handelt im eigenen Namen (BGH NJW-RR 2008, 860 Rn. 9 ff. = NZI 2009, 340), nicht wie bei der Fortsetzung einer Anfechtungsklage (dazu → Rn. 9) als gewillkürter Prozessstandschafter (aA *Smid* ZInsO 2010, 641 [646]), was offenzulegen wäre (BGH NZI 2008, 561 Rn. 13 ff.). §§ 450 f., 181 BGB stehen dem nicht entgegen, weil die Abtretung nicht durch den Verwalter an sich als Dritten, sondern durch den Plan erfolgt (§§ 228, 254). Da Absatz 1 auch den Schuldner vor einem dauerhaften Entzug der Verfügungsbefugnis trotz Aufhebung des Verfahrens schützt, bedarf es zu einer solchen Regelung seiner ausdrücklichen Zustimmung, für die § 247 gilt (*Smid* ZInsO 2010, 641 [645]). Statt des Verwalters kann auch jeder Dritte als Treuhänder fungieren und sich ebenfalls gem. § 230 Abs. 3 binden.

III. Sonderfall: Anfechtungsprozesse (Absatz 3)

1. Anhängigkeit. Der insolvenzrechtliche Anfechtungsanspruch entsteht mit 9 der Verfahrenseröffnung originär in der Person des Verwalters (→ § 129 Rn. 3). Ob der daraus folgenden Rückgewähranspruch (§ 143) mit der Verfahrensbeendigung erlischt oder zumindest im Falle einer Abtretung erhalten bleibt, hat der BGH bisher ausdrücklich offengelassen (BGH NZI 2011, 486 Rn. 15). Absatz 3 gestattet eine weitere Verfolgung der Insolvenzanfechtung nur, wenn bei Verfahrensaufhebung schon ein **Prozess anhängig** ist (BGH NZI 2010, 99). Anhängigkeit ist wie bei § 240 ZPO iVm § 85 Abs. 1 als Rechtshängigkeit zu verstehen (BGH NZI 2013, 489; 2010, 99 Rn. 10; *Wollweber/Henning* ZInsO 2013, 49 [50 ff.]). Damit kann nur eine Prozessverschleppung durch den Anfechtungsgegner vermieden werden (BT-Drs. 12/2443, 214), nicht aber eine außergerichtliche Hinauszögerung. Umgekehrt wird dadurch der Verwalter gezwungen, sich über andere Anfechtungsansprüche noch schnell mit den Gegnern zu einigen, was ihnen einen erheblichen Verhandlungsvorteil verschafft, oder für die Anhängigkeit Sorge zu tragen. Ob sich die Voraussetzung der Rechtshängigkeit durch eine **Abtretung** noch nicht anhängiger Ansprüche umgehen lässt (so Graf-Schlicker/*Kebekus/Wehler* Rn. 3), hängt davon ab, ob der Anfechtungsanspruch in der Hand des Zessionars die Verfahrensbeendigung überdauert (bejahend → § 143 Rn. 18; Uhlenbruck/*Ede/Hirte* § 143 Rn. 90). Der BGH hat das bisher offengelassen. Kommt der Vorteil den Gläubigern zugute, ist die Abtretung jedenfalls nicht insolvenzzweckwidrig (NZI 2013, 347 Rn. 10; 2011, 486 Rn. 9 f.; *Pape* FS Kübler, 2015, 487 [495]). Bei einem Fortführungsplan stellt sich auch nicht das Problem der Schutzwürdigkeit des Anfechtungsgegners, weil er seine nach § 144 wieder auflebenden Ansprüche als „Nachzügler" beim Schuldner geltend machen kann (→ Rn. 13, → § 259b Rn. 2), worauf er bei einer dem Absatz 3 entsprechenden Fortsetzung des Anfechtungsprozesses ebenfalls angewiesen ist. All das spricht für die Zuässigkeit einer Abtretung und den Fortbestand des Anfechtungsanspruchs auch nach planbedingter Verfahrensaufhebung.

2. Ausdrückliche Planbestimmung. Dem Wortlaut nach gilt die fortbeste- 10 hende Prozessführungsbefugnis nur für *„einen"* anhängigen Rechtsstreit. Gemeint ist damit nicht die zulässige Anzahl, sondern die Bestimmbarkeit. Dafür lässt es der BGH ausreichen, dass im gestaltenden Teil des Plans nur **allg. § 259 Abs. 3 für anwendbar erklärt** wird, selbst wenn mehrere Prozesse anhängig sind. Davon werden sogar Prozesse erfasst, die erst nach dem Abstimmungstermin anhängig gemacht werden und als solche im Insolvenzplan noch gar nicht berücksichtigt worden sein konnten (BGH NZI 2010, 99 Rn. 10; 2006, 100 [101]; aA *Woll-*

weber/Henning ZInsO 2013, 49 [50 ff.]). Genauso kann der Plan die Fortführung auf bestimmte Prozesse beschränken (BGH NZI 2013, 491). Fehlt es an der Ermächtigung im Plan, erledigt sich ein Anfechtungsprozess durch die Aufhebung des Verfahrens (BGH NZI 2010, 99 Rn. 7). Eine Ermächtigung zur Prozessführung durch das Insolvenzgericht ist unzulässig (BGH NZI 2010, 99 Rn. 12 ff.).

11 **3. Konsequenz: Prozessstandschaft des Verwalters.** Der Anfechtungsprozess wird wegen der nach Absatz 1 auf den Schuldner zurückfallenden Verfügungsbefugnis für seine Rechnung fortgesetzt. Der Verwalter handelt als **gewillkürter Prozessstandschafter** für fremdes Recht (BGH NZI 2014, 262; 2006, 100 [103]), was im Prozess offenzulegen ist (BGH NZI 2008, 561 Rn. 13 ff.). Im Insolvenzplan bei einer Eigenverwaltung tritt an die Stelle des Insolvenzverwalters der **Sachwalter** (§ 280; OLG Dresden NZI 2014, 703). Dem **Schuldner** fallen bei einem Erfolg der **Erlös** ebenso zu wie die **Kosten** bei einem Misserfolg (BT-Drs. 12/2443, 214). Zwar hat der BGH (NZI 2006, 100 [101]) als obiter dictum formuliert, der Plan müsse vorsehen, dass etwaige Erträge an die Gläubiger verteilt werden, ohne jedoch eine Rechtsgrundlage anzugeben oder deutlich zu machen, ob dies als Zulässigkeitsvoraussetzung verstanden werden soll. Ein Verteilungszwang ist abzulehnen, weil die Erfolgsaussichten des Anfechtungsprozesses va bei Zufuhr von Drittmitteln schon in den Plan „eingepreist" sein können, so dass eine anschließende Verteilung an die Gläubiger nicht mehr erforderlich ist. Im Plan kann das anders geregelt werden.

12 Wird während des Anfechtungsprozesses ein **neues Insolvenzverfahren** über das Vermögen des Schuldners eröffnet, wird der Prozess entsprechend § 240 ZPO unterbrochen. Der neue Verwalter kann über die Aufnahme entscheiden. Die Anfechtungsansprüche fallen auch dann in die Masse des Folgeverfahrens, wenn der im Erstverfahren erstellte Plan noch nicht voll erfüllt wurde (BGH NZI 2014, 262 Rn. 20 ff.). War in diesem Plan vorgesehen, dass die Gläubiger bei einem Anfechtungserfolg Zahlungen erhalten, konkurrieren sie nunmehr mit den bis zur Eröffnung des Folgeverfahrens hinzugekommenen Neugläubigern. Das birgt die Gefahr einer Schlechterstellung im Vergleich zur Regelabwicklung, reicht aber für ein Obstruktionsverbot oder einen Minderheitenschutzantrag nicht aus, weil sich diese Gefahr im Beurteilungszeitraum noch nicht konkretisiert hat. Angemessen ist die Auffassung des BGH jedoch nicht; denn Anspruchsgrundlage für die Anfechtung ist eine Benachteiligung der Gläubiger in dem Verfahren, mit dessen Eröffnung der Anspruch entstand. Deshalb wäre es richtig, aus dem Anfechtungserlös eine Sondermasse für die damaligen Gläubiger zu bilden, zumindest aber den Altgläubigern einen Vorrang analog §§ 264 f. einzuräumen; denn die Verfahrensaufhebung vor einer Realisierung von Anfechtungsansprüchen ähnelt wirtschaftlich einer Kreditgewährung durch die Gläubiger, deren Nachteile durch die Anfechtung ausgeglichen werden sollen. Unklar ist die Wirkung einer von Absatz 3 Satz 2 ausdrücklich zugelassenen Abweichung davon, dass der Rechtsstreit für Rechnung des Schuldners geführt wird. Der BGH knüpft die analoge Anwendung des § 240 ZPO an die Kostenlast der Masse. Im Umkehrschluss würde das bedeuten, dass der Anspruch nicht in die Masse fällt (*Madaus* EWiR 2014, 117 [118]; aA *Schmitz* NZI 2014, 266; HRI/*Schultze* § 46 Rn. 85), was allerdings zusätzlich voraussetzt, dass der Anspruch dinglich nicht (unbelastet) in die Masse des Folgeverfahrens fällt. Der BGH spricht von einer Prozessstandschaft für die Gläubiger (BGH NZI 2014, 262 Rn. 22).

13 Die Fortsetzung des Prozesses für Rechnung des Schuldners bedeutet nicht, dass der Anfechtungsgegner gegen seine Erstattungspflicht nunmehr wieder alle Einwendungen erheben darf, die ihm gegen den Schuldner zustanden. Das würde insbes. eine Deckungsanfechtung ad absurdum führen. Trotz der Verfahrensaufhebung **bleiben** die **anfechtungsrechtlichen Beschränkungen von Einwen-**

dungs- und Aufrechnungsbefugnissen bestehen (Uhlenbruck/*Lüer/Streit* Rn. 17). Eine durch anfechtbare Rechtshandlung erloschene Forderung des Anfechtungsgegners ist wie eine nachträglich angemeldete Insolvenzforderung zu berücksichtigen (§§ 144, 254b). §§ 259a f. finden keine Anwendung, weil die Forderung erst mit der Rückgewähr des Erlangten wieder auflebt, bis zum Abstimmungstermin also noch nicht angemeldet werden konnte.

Die Ermächtigung des Verwalters zur Fortsetzung des Prozesses ist materiell- 14
rechtlich auf die Anfechtung als Anspruchsgrundlage beschränkt. **Andere Ansprüche** wie bspw. eine Einlagenrückgewähr oder eine Geschäftsführerhaftung kann der Verwalter nur geltend machen, wenn sie ihm im Plan (BGH NZI 2009, 340) oder später abgetreten werden bzw. der Schuldner ihn zur Durchsetzung ermächtigt. Zur Organhaftung gem. §§ 64 GmbHG, 92 AktG ist streitig, unter welchen Voraussetzungen sie unabhängig von einem Insolvenzverfahren geltend gemacht werden kann (Meinungsstand bei Scholz/*Karsten Schmidt* GmbHG § 64 Rn. 72; Baumbach/Hueck/*Haas* GmbHG § 64 Rn. 11 ff.). Nach EuGH (NZI 2015, 88) und BGH (NZI 2015, 85) sind es insolvenzrechtliche Ansprüche, was bedeuten könnte, dass sie nach Verfahrensaufhebung nicht mehr durchgesetzt werden könnten. Es gibt jedoch keinen Grund, den haftenden Organvertreter besser zu stellen als bspw. einen Anfechtungsgegner, so dass bei entsprechenden Regelungen im Plan die Ansprüche weiterhin verfolgt werden können. Vorsorglich sollte auch hier davon ausgegangen werden, dass die Rechtshängigkeit vor Verfahrensaufhebung erforderlich ist.

Vollstreckungsschutz[1]

259a (1) [1]**Gefährden nach der Aufhebung des Verfahrens Zwangsvollstreckungen einzelner Insolvenzgläubiger, die ihre Forderungen bis zum Abstimmungstermin nicht angemeldet haben, die Durchführung des Insolvenzplans, kann das Insolvenzgericht auf Antrag des Schuldners eine Maßnahme der Zwangsvollstreckung ganz oder teilweise aufheben oder längstens für drei Jahre untersagen.** [2]**Der Antrag ist nur zulässig, wenn der Schuldner die tatsächlichen Behauptungen, die die Gefährdung begründen, glaubhaft macht.**

(2) **Ist die Gefährdung glaubhaft gemacht, kann das Gericht die Zwangsvollstreckung auch einstweilen einstellen.**

(3) **Das Gericht hebt seinen Beschluss auf Antrag auf oder ändert ihn ab, wenn dies mit Rücksicht auf eine Änderung der Sachlage geboten ist.**

Schrifttum: *J. Schmidt,* Nachzügler, FS Kübler, 2015, 621.

I. Überblick

Der Mittelbedarf für Nachzügler kann die Sanierung gefährden. § 259a bietet 1
die Möglichkeit, auf Antrag des Schuldners Maßnahmen der Zwangsvollstreckung (teilw.) aufzuheben, zu untersagen oder vorerst auch nur einstweilen einzustellen. Bei der **Aufhebung** wird die Vollstreckungsmaßnahme nachträglich beseitigt, so dass ein dadurch erlangtes Pfändungspfandrecht entfällt (§ 776 ZPO), bei der **Untersagung** sind künftige Vollstreckungen unzulässig, so dass dem Schuldner die Vollstreckungserinnerung zusteht (§ 766 ZPO) und bei der **einstweiligen Einstellung** werden die bisherigen Maßnahmen auf dem Status quo „eingefroren" (§ 775 ZPO).

[1] § 259a eingef. mWv 1.3.2012 durch G v. 7.12.2011 (BGBl. I S. 2582).

II. Aufhebung/Untersagung der Zwangsvollstreckung (Absatz 1)

2 **1. Erfasste Forderungen.** Der Vollstreckungsschutz richtet sich gegen Insolvenzgläubiger wegen ihrer persönlichen Forderung, nicht gegen Verwertungsansprüche der Absonderungsberechtigten, die nicht zur Tabelle angemeldet, sondern nur gem. § 28 Abs. 2 angezeigt werden können. Bei einem Plan in der Situation der Masseunzulänglichkeit kann sich der Vollstreckungsschutz auch gegen übersehene Alt-Massegläubiger richten (§ 210a Nr. 1). In zeitlicher Hinsicht werden die Forderungen erfasst, für die keine Anmeldung bis zum Abstimmungstermin vorlag. Diese Zäsur geht nicht völlig einher mit der Änderungsbefugnis gem. § 240; denn sie endet mit dem Ablauf des Erörterungstermins (→ § 240 Rn. 6), während der Abstimmungstermin naturgemäß fortdauert. Die Vorschrift ist deshalb erweiternd dahingehend anzuwenden, dass sie **sämtliche nach der letzten Änderungsmöglichkeit geltend gemachten Forderungen** erfasst (HambK-InsO/*Thies* Rn. 3). Gläubiger, die ihre Forderung zwar nicht angemeldet haben, aber gem. § 229 S. 3 im Plan berücksichtigt wurden, fallen ebenfalls unter § 259a. Anders als im Regelverfahren (arg. e § 189 Abs. 3) ist die Forderungsanmeldung keine Voraussetzung, um den bekannten Gläubiger bei der Verteilung zu berücksichtigen. Wird er nicht bedient, ist ein Schutzantrag des Schuldners missbräuchlich, was das Gericht in die Abwägung („*kann das Insolvenzgericht*") einfließen lassen muss.

3 Die Forderung muss sich **gegen den Insolvenzschuldner richten.** Andere Schuldner, die sich als Dritte gegenüber den Gläubigern verpflichtet haben (§ 230 Abs. 3), wozu insbes. auch eine Übernahmegesellschaft (§ 260 Abs. 3) gehört, werden von § 259a nicht geschützt. Ihnen bleibt nur der allgemeine Vollstreckungsschutz des § 765a ZPO, der von § 259a nicht verdrängt wird (BT-Drs. 17/5712, 37 f.).

4 **2. Gefährdung der Planerfüllung.** Voraussetzung für den Vollstreckungsschutz ist die Gefährdung der Planerfüllung. Das soll lt. Begr. zum ESUG (BT-Drs. 17/5712, 37) der Fall sein, wenn beträchtliche Forderungen durchgesetzt werden oder dem Unternehmen die zur Fortführung benötigten Gegenstände entzogen werden. Die absolute oder relative Höhe der Forderung ist jedoch nur ein Indiz. Mit der Gefährdung der Plandurchführung ist nicht die Erfüllung der Planquote gemeint, sondern die **Erreichung des Planziels** wie die Sanierung des Unternehmens (BT-Drs. 17/5712, 37). Voraussetzung ist, dass die Zahlung der Planquote an den Nachzügler nach dem Auslaufen des Vollstreckungsschutzes voraussichtlich erfolgen kann (BT-Drs. 17/5712, 37). Anderenfalls ist das Planziel ohnehin und nicht erst durch eine Vollstreckung gefährdet.

5 **3. Zuständigkeit, Antrag.** Zuständig für die Vollstreckungsbeschränkungen ist wegen der größeren Sachnähe das **Insolvenzgericht.** Der Antrag richtet sich immer gegen „*einzelne Insolvenzgläubiger*", nicht pauschal gegen alle Nachzügler. Er kann gestellt werden, sobald eine Gefährdung anzunehmen ist, die Zwangsvollstreckungsmaßnahme muss nicht unmittelbar bevorstehen (aA HRI/*J. Schmidt* § 45 Rn. 48).

6 **4. Glaubhaftmachung, Begründung.** Der Antrag ist **zulässig,** wenn die **tatsächlichen Behauptungen,** die die Gefährdung begründen, in einer der von § 294 ZPO genannten Formen, zu der insbes. die eidesstattliche Versicherung des Schuldners oder der für ihn tätigen Personen gehört, **glaubhaft** gemacht werden. Als Beweismaß reicht die überwiegende Wahrscheinlichkeit (BGH NZI 2003, 662; relativierend Zöller/*Greger* ZPO § 294 Rn. 6). Für die **Begründetheit** gilt das **Amtsermittlungsprinzip** (§ 5 Abs. 1; BT-Drs. 17/5712, 38).

5. Entscheidung, Abänderung. Dem Insolvenzgericht steht ein **Ermessen** zu, bei dem es ua berücksichtigen kann, ob die Gefährdung vom Schuldner durch Übergehen (§ 229 S. 3) oder vom Gläubiger durch Unterdrücken der Forderung eingetreten ist (*J. Schmidt* FS Kübler, 2015, 621 [625]). Es entscheidet durch **Beschluss,** gegen den es wegen § 6 Abs. 1 **kein Rechtsmittel** gibt (s. aber zur Gegenvorstellung Zöller/*Greger* ZPO § 567 Rn. 22 ff.). 7

6. Verhältnis zu § 765a ZPO. Der allgemeine **Vollstreckungsschutz des § 765a ZPO** ist dem Schuldner neben dem Antrag aufgrund von § 259a zwar **nicht verwehrt** (BT-Drs. 17/5712, 37 f.), aber wegen der strengeren Anforderungen irrelevant. Für verfahrensbegleitende Pläne bedarf es des § 259a wegen des weiterhin geltenden Vollstreckungsverbots (§ 89) nicht. 8

III. Einstweilige Einstellung der Zwangsvollstreckung (Absatz 2)

Besteht ein **sofortiger Handlungsbedarf,** so dass die Entscheidung auf einen Antrag nach Absatz 1 nicht abgewartet werden kann, bietet Absatz 2 dem Insolvenzgericht die Möglichkeit, die **einstweilige Einstellung (weiterer) Zwangsvollstreckungsmaßnahmen** anzuordnen, sie also gleichsam auf dem Status quo „einzufrieren". Dazu bedarf es nur einer Glaubhaftmachung, dass die Durchführung des Insolvenzplans gefährdet ist. Die im Rahmen von Absatz 1 erforderliche Amtsermittlung findet nicht statt. Die einstweilige Einstellung ist vom Antrag nach Absatz 1 umfasst, so dass das Gericht von sich aus entscheiden kann. 9

IV. Änderung der Sachlage (Absatz 3)

Zu einer **Änderung** seines **Beschlusses** ist das Insolvenzgericht lt. **Absatz 3** befugt, wenn das mit Rücksicht auf eine **neue Sachlage** – nicht allein der rechtlichen Beurteilung, sonst würde die fehlende Beschwerdemöglichkeit unterlaufen werden (s. aber zur Gegenvorstellung Zöller/*Greger* ZPO § 567 Rn. 22 ff.) – geboten ist. Voraussetzung ist ein Antrag einer der Parteien. Stellt der Schuldner den Antrag, weil ein früherer abgelehnt wurde, muss er die Nova für die Zulässigkeit analog Absatz 1 glaubhaft machen. Während der Amtsermittlung kann das Gericht wiederum nach **Absatz 2** verfahren. Stellt der Gläubiger den Antrag, um einen Vollstreckungsschutz zu beseitigen, bedarf es keiner Glaubhaftmachung der geänderten Sachlage. Vielmehr greift sofort die Amtsermittlung ein, bei der der Schuldner zu hören ist. 10

Besondere Verjährungsfrist[1]

259b (1) **Die Forderung eines Insolvenzgläubigers, die nicht bis zum Abstimmungstermin angemeldet worden ist, verjährt in einem Jahr.**

(2) **Die Verjährungsfrist beginnt, wenn die Forderung fällig und der Beschluss rechtskräftig ist, durch den der Insolvenzplan bestätigt wurde.**

(3) **Die Absätze 1 und 2 sind nur anzuwenden, wenn dadurch die Verjährung einer Forderung früher vollendet wird als bei Anwendung der ansonsten geltenden Verjährungsvorschriften.**

(4) [1]**Die Verjährung einer Forderung eines Insolvenzgläubigers ist gehemmt, solange wegen Vollstreckungsschutzes nach § 259a nicht vollstreckt werden darf.** [2]**Die Hemmung endet drei Monate nach Beendigung des Vollstreckungsschutzes.**

---

[1] § 259b eingef. mWv 1.3.2012 durch G v. 7.12.2011 (BGBl. I S. 2582).

I. Betroffene Forderungen (Absatz 1)

1 § 259b schützt die Durchführung eines bestätigten Plans vor Insolvenzgläubigern, die ihre Forderungen **nicht rechtzeitig angemeldet** haben. Die Vorschrift gilt nicht für angemeldete, aber bestrittene Forderungen (LAG Düsseldorf ZInsO 2014, 2119 ff.; 2014, 2378 ff.). Wie beim Vollstreckungsschutz zieht Absatz 1 die Grenze beim Abstimmungstermin, hier einschränkend verstanden als der **Zeitpunkt der letzten Änderungsmöglichkeit** gem. § 240 (→ § 259a Rn. 2). Die aus Absonderungsrechten im Schuldnervermögen folgenden Ansprüche bleiben unberührt (§§ 216 BGB, 231 Abs. 1). Gleiches gilt für Planansprüche gegen Dritte, bspw. Plangaranten oder Übernahmegesellschaften (→ § 259a Rn. 3). Ebenfalls keine Auswirkungen hat die Vorschrift auf die Haftung von Mitschuldnern etc für die ursprüngliche Insolvenzforderung; denn § 259a bezweckt – wie § 254 Abs. 1 – den Schutz des Schuldners vor weitergehenden Ansprüchen, nicht aber den Schutz von Dritten, für die es bei dem Grundsatz des § 254 Abs. 2 bleibt.

II. Fristbeginn (Absatz 2)

2 Die **Frist beginnt** lt. Absatz 2 mit Rechtskraft des Bestätigungsbeschlusses, frühestens jedoch mit der Fälligkeit der Forderung. Auf die gem. § 41 Abs. 1 fingierte Fälligkeit kommt es nicht an (HambK-InsO/*Thies* § 259b Rn. 3; aA HRI/*J. Schmidt* § 45 Rn. 70), weil sie nur für die Tabellenanmeldung Bedeutung hat (→ § 41 Rn. 13). Maßgebend ist die **Fälligkeit nach dem Schuldgrund.** Das entspricht der beiderseitigen Schutzwürdigkeit. Der Gläubiger wird sich vor der Fälligkeit nicht mit seinem Schuldner befassen, und der Schuldner wird dies nicht erwarten. Zwar werden die verfahrenswesentlichen Entscheidungen veröffentlicht. Würde aber allein das die Schutzwürdigkeit reduzieren, wäre sogar die Jahresfrist des Absatz 1 zu lang. Kann ein Gläubiger seinen Anspruch wie zB bei einem versteckten Mangel noch nicht kennen, beginnt die Verjährung erst mit Eintritt der in § 199 Abs. 1 Nr. 2 BGB genannten Umstände, soweit Gesetz oder Vertrag keine kenntnisunabhängige kürzere Frist vorsehen. Abs. 1 ist verfassungskonform einzuschränken, weil der Ausschluss von Gläubigern, die ihre Rechte nicht wahren können, ein unangemessener Eingriff in den nach Art. 14 GG gesicherten Anspruch darstellt. Die Bestellung eines Pflegers analog § 1913 BGB für Gläubiger unbekannter Forderungen beseitigt das Dilemma nicht (aA *Madaus* ZIP 2014, 160 [162]), weil dem Pfleger eine rechtswahrende Maßnahme nicht möglich ist. Die Verjährung kann auch dann nicht mit der Planbestätigung beginnen, wenn die Forderung des Gläubigers später entsteht, was insbes. auf den Anfechtungsgegner zutrifft, dessen Forderung erst mit der Erfüllung seiner Anfechtungsschuld wieder auflebt (§ 144 Abs. 1).

III. Höchstfrist (Absatz 3)

3 Nicht angemeldete Forderungen verjähren innerhalb eines Jahres, unabhängig davon, ob sie der Regelverjährung von drei Jahren (§ 195 BGB) oder bei titulierten Ansprüchen etc von 30 Jahren (§ 197 Abs. 1 BGB) unterliegen. Die Jahresfrist ist lt. Absatz 3 eine **Höchstfrist,** auf die es nur ankommt, wenn die Verjährung nach anderen Vorschriften nicht schon vorher eintritt.

IV. Hemmung (Absatz 4)

4 Die Verjährung ist **gehemmt,** solange **wegen** eines **Vollstreckungsschutzes gem. § 259a** nicht vollstreckt werden darf zuzüglich einer Reaktionsfrist von drei Monaten nach Wegfall des Hindernisses (Absatz 4).

5 Neben der besonderen Regelung in Absatz 4 sind die allgemeinen Hemmungstatbestände anwendbar. Gem. § 205 BGB ist der Fristlauf **gehemmt, solange** die **Planquote** noch **nicht fällig** ist. Zu den **Hemmungstatbeständen** gehört auch die **Anmeldung** im **Insolvenzverfahren** (§ 204 Abs. 1 Nr. 10 BGB). Der bürgerlich-rechtliche Hemmungstatbestand unterscheidet anders als Absatz 1 nicht zwischen einer Anmeldung vor und nach dem Abstimmungstermin. Daneben bleibt § 204 Abs. 1 Nr. 10 BGB als Schutz gegen die eigentumsbeschränkende Wirkung eines Verjährungseintritts anwendbar. Durch eine parallele Anwendung läuft Abs. 1 auch keineswegs leer, wenn man ihn auf Forderungen beschränkt, die bis zur Verfahrensaufhebung nicht in einer der Forderungsanmeldung entsprechenden Form geltend gemacht wurden. Das ist sinnvoll, weil sogar nach dem Abstimmungstermin noch die Möglichkeit der Tabellenfeststellung besteht (→ § 257 Rn. 5).

V. Abweichende Planregelungen

6 Statt eines Schutzes durch Vollstreckungs- und Verjährungsvorschriften wurde im Gesetzgebungsverfahren auch eine gesetzliche **Ausschlussfrist** erörtert, aber als unzweckmäßig abgelehnt. Aus verfassungsrechtlichen Gründen hätte zusätzlich eine Wiedereinsetzungsmöglichkeit geschaffen werden müssen, was zahlreiche Streitigkeiten provoziert hätte (BT-Drs. 17/5712, 37). Das steht zwar einer gewillkürten Präklusionsvorschrift im Plan nicht zwingend entgegen (HRI/*J. Schmidt* § 45 Rn. 12 ff., 16; *ders.* FS Kübler, 2015, 621 [630 f.]), da die Beteiligten untereinander nicht unmittelbar an die Grundrechte gebunden sind. Andererseits geht es um einen staatlichen Rechtseingriff durch die gesetzliche Erstreckung der Planwirkungen gem. § 254 Abs. 1 auf denjenigen, der sich am Plan nicht beteiligt hat. Wird dem Gläubiger das Recht zur Durchsetzung seiner Forderung verwehrt, bedarf es einer eindeutigen gesetzlichen Grundlage (BGH NZI 2013, 84 Rn. 10; BAG NZI 2013, 1076 Rn. 31). Die allgemeine, dem Planinitiator in § 217 eingeräumte Gestaltungsbefugnis genügt dem nicht. Im Gegenteil ist Absatz 1 im Umkehrschluss zu entnehmen, dass die gesetzlichen Wirkungen des Plans die Nachzügler nicht vor Ablauf der Jahresfrist beeinträchtigen sollen. Außerdem liegt ein Verstoß gegen das Gleichbehandlungsgebot des § 226 Abs. 1 vor, da die betroffenen Gläubiger unabhängig davon, ob sie eine Forderung angemeldet haben, zu den Beteiligten (§ 222) und damit regelmäßig auch in eine mit einer Planleistung bedachte Gruppe gehören. Eine „gedachte" Sondergruppe aus Gläubigern nicht angemeldeter Forderungen, deren Ungleichbehandlung wegen der Gruppenverschiedenheit nicht gegen § 226 Abs. 1 verstößt, ist unzulässig, da die Forderungsanmeldung kein iSv § 222 Abs. 2 sachgerechtes Abgrenzungskriterium ist (BGH NZI 2015, 697 Rn. 15). Präklusionsklauseln sind somit aus verfassungs- und planrechtlichen Gründen insgesamt **unwirksam** (BGH NZI 2015, 697 Rn. 11 ff.; dahingehend schon NJW-RR 2012, 1255 Rn. 10; BAG NZI 2013, 1076 Rn. 32 (jeweils tendierend); *Bremen* NZI 2014, 137 [142]; *Kölner Insolvenzrichter* ZIP 2014, 2153 [2160]; *Küpper/Heinze* ZInsO 2013, 471 [473 ff.]; *Schultze/Tögel* ZIP 2011, 1250 [1251]; *Schreiber/Flitsch* BB 2005, 1173 [1177]; aA *Otte/Wiester* NZI 2005, 70 [73 ff.]; zweifelnd *Bähr/Höpter* EWiR 2012, 151 f.). Unerheblich ist, dass sich die in den Motiven geäußerten Bedenken nur auf eine Ausschlussfrist beziehen. Ihre Wirkungen unterscheiden sich von der einer Ver-

jährungsfrist nur durch die Möglichkeit der Hemmung, deren Beginn gem. Absatz 2 entgegen § 199 Abs. 1 Nr. 2 BGB aber noch nicht einmal von der Kenntnis abhängt. Die forderungsenteignenden Wirkungen sind bei einer kurzen Klauselfrist keine geringeren als bei einer Ausschlussfrist. Sieht der Plan eine im Vergleich zu Absatz 1 strengere Regelung vor, muss das Insolvenzgericht ihn gem. §§ 231, 250 zurückweisen (aA *J. Schmidt* FS Kübler, 2015, 621 [631 f.]).

7 Problemlos zulässig sind hingegen Klauseln, die Gläubiger nicht angemeldeter oder bestrittener Forderungen analog § 189 **von** vorher **anstehenden Verteilungen ausschließen** (BGH NJW-RR 2012, 1255 Rn. 21; BGH NZI 2010, 734 Rn. 9; LAG Düsseldorf ZInsO 2014, 2378; 2014, 2119), falls sie die Anmeldung oder Feststellung nicht innerhalb von mindestens zwei Wochen nach Planbestätigung betreiben. Während das in der Regelabwicklung trotz Fortbestandes der Forderung wirtschaftlich meist den endgültigen Ausfall bedeutet, muss der plansanierte Schuldner die Nachzügler so stellen wie vergleichbare Gläubiger und entweder alsbald die Zahlung nachholen (→ § 255 Rn. 3, → § 256 Rn. 5) oder einen Vollstreckungsschutz (§ 259a) beantragen. Ebenfalls zulässig ist eine **Ausschlussklausel mit** einer dem Vollstreckungsschutzantrag gleichkommenden **vorübergehenden Wirkung,** weil der Gläubiger damit nur vorübergehend die Durchsetzbarkeit seines (Quoten-)Anspruchs verliert. Zulässig ist schließlich, angemeldete, aber **bestrittene** oder noch **ungeprüfte Forderungen wie verjährende** zu behandeln mit der Folge, dass sie ein Jahr nach Rechtskraft des Bestätigungsbeschlusses nicht mehr durchsetzbar sind, wenn keine verjährungshemmenden Maßnahmen ergriffen werden (*Küpper/Heinze* ZInsO 2013, 471 [473 ff.]).

Überwachung der Planerfüllung

260 (1) **Im gestaltenden Teil des Insolvenzplans kann vorgesehen werden, daß die Erfüllung des Plans überwacht wird.**

(2) **Im Falle des Absatzes 1 wird nach der Aufhebung des Insolvenzverfahrens überwacht, ob die Ansprüche erfüllt werden, die den Gläubigern nach dem gestaltenden Teil gegen den Schuldner zustehen.**

(3) **Wenn dies im gestaltenden Teil vorgesehen ist, erstreckt sich die Überwachung auf die Erfüllung der Ansprüche, die den Gläubigern nach dem gestaltenden Teil gegen eine juristische Person oder Gesellschaft ohne Rechtspersönlichkeit zustehen, die nach der Eröffnung des Insolvenzverfahrens gegründet worden ist, um das Unternehmen oder einen Betrieb des Schuldners zu übernehmen und weiterzuführen (Übernahmegesellschaft).**

I. Normzweck

1 **Die Überwachung der Planerfüllung** soll in Anlehnung an den früheren § 96 VerglO bis zur Erfüllung der Planansprüche (§ 268 Abs. 1 Nr. 1) die **Akzeptanz des gestaltenden Teils erhöhen.** Zugleich sollen ausgewählte **Neugläubiger privilegiert** werden, indem bestimmten Forderungen in einem Folgeinsolvenzverfahren ein besonderer Rang eingeräumt werden kann (§ 264).

2 Die Überwachung kann nicht bei einem **Fortführungsplan,** sondern auch bei einem Liquidationsplan vorgesehen werden (aA Leonhardt/Zeuner/Smid/*Rattunde* Rn. 2). Voraussetzung ist nur die Aufhebung des Insolvenzverfahrens (Absatz 2), so dass bei einem verfahrensbegleitenden Plan dafür naturgemäß kein Raum ist. Die Überwachung **dient** nur den Gläubigern, nicht dem Schuldner. Sie soll insbes. **nicht** die im Insolvenzplan vorgesehenen **Sanierungsmaßnahmen** unterstützen.

II. Gestaltungsmöglichkeiten

3 Die §§ 260 ff. sind dispositiv. Da gänzlich von einer Überwachung abgesehen werden kann, ist es auch zulässig, die Überwachung zu verkürzen oder auf einzelne Gläubigeransprüche zB hinsichtlich der Absonderungsrechte zu beschränken. **Überschreitungen der Grenzen gem. §§ 260 ff.** begründen jedoch nicht die dort vorgesehenen Rechtsfolgen (BT-Drs. 12/2443, 214; BGH NZI 2008, 561 Rn. 11; aA HambK-InsO/*Thies* Rn. 4). So darf die Dreijahresgrenze des § 268 Abs. 1 Nr. 2 nicht überschritten, ein Zustimmungsvorbehalt gem. § 263 nur für bestimmte, nicht aber für sämtliche Rechtsgeschäfte des Schuldners vorgesehen oder der Massebeschlag entgegen § 259 nicht teilw. aufrechterhalten werden. Genauso wenig kann dem Verwalter ein fortbestehendes Verwaltungsrecht (§ 80 Abs. 1) eingeräumt werden, mit dem er in Maßnahmen der Geschäftsführung eingreift. Derartiges ist nur als Reflex des begrenzten Zustimmungsvorbehalts möglich. Der Verwalter kann auch nicht zur Vornahme von Rechtsgeschäften ermächtigt werden. Anderenfalls würde neben der Regelabwicklung und der Eigenverwaltung eine dritte Verfahrensart zu planautonomen Bedingungen geschaffen werden. Das wäre mit der marktwirtschaftlichen Konzeption (BT-Drs. 12/2443, 75 f.) des Insolvenzrechts nicht vereinbar. Ein Nebeneinander von Restschuldbefreiung und Insolvenzverfahren ist eine Ausnahme, die nur bei natürlichen Personen eingreift (BGH NZI 2010, 111 Rn. 14 ff.). Zwar steht es den Beteiligten frei, von den §§ 260 ff. **abweichende Überwachungsregelungen** zu treffen. Sie **wirken** aber nur untereinander, **nicht gegenüber Dritten** (vgl. § 137 BGB), so dass insbes. § 263 unanwendbar ist (aA Leonhardt/Zeuner/Smid/*Rattunde* Rn. 5). Voraussetzung für über die §§ 260 ff. hinausgehende Regelungen ist ein ausdrückliches Einverständnis des Schuldners, weil die Fiktion des § 227 nur für die gesetzlichen Planwirkungen gilt.

4 Der **Insolvenzverwalter** ist kein Sanierungsbeauftragter und darf deshalb **keine Geschäftsführungsmaßnahmen** ergreifen (BGH NZI 2008, 561 Rn. 11; MüKoInsO/*Stephan* Rn. 16; Braun/*Braun/Frank* Rn. 4). Er kann nur mittelbar über den Zustimmungsvorbehalt gem. § 263 Einfluss nehmen. Ansprüche der Gläubiger gegen Dritte wie insbes. Plangaranten können Gegenstand der Überwachung sein, wenn sie sich dem durch eine Verpflichtungserklärung gem. § 230 Abs. 3 unterworfen haben.

III. Voraussetzungen (Absatz 1)

5 Formelle Voraussetzung der **Überwachung** ist, dass sie **im gestaltenden Teil** des Plans **vorgesehen** ist (Absatz 1). Eine Anordnung von Amts wegen kommt nicht in Betracht.

IV. Ziel (Absatz 2)

6 Mit der Überwachung soll die **Erfüllung der Ansprüche kontrolliert** werden, die den Gläubigern nach dem gestaltenden Teil des Plans zustehen. Das betrifft nicht nur Zahlungsansprüche, sondern auch sonstige im Plan geregelte Ansprüche, ua auch die der Absonderungsgläubiger (§ 223 Abs. 2). Ob Dritte die Beträge erbracht haben, zu denen sie sich gem. § 230 Abs. 3 verpflichtet haben, spielt nur mittelbar insoweit eine Rolle, als das Auswirkungen auf die Planerfüllung gegenüber den Insolvenzgläubigern hat. Die Erfüllung von Masseschulden ist hingegen – wenn kein Fall des § 210a vorliegt – nicht erfasst, obwohl es jetzt zulässig ist, dass auch sie erst zukünftig aus dem Schuldnervermögen bedient werden (§ 258 Abs. 2). Es kann also sein, dass die Überwachung endet, weil die

Insolvenzforderungen erfüllt wurden (§ 268), obwohl noch Masseschulden (zB langfristige Kredite) offenstehen.

V. Übernahmegesellschaft (Absatz 3)

7 Von diesem Grundsatz, dass sich die Überwachung nicht auf Dritte erstrecken kann, bildet **Absatz 3** eine Ausnahme. Danach kann sich die Planüberwachung mit den in §§ 261 ff. genannten Kompetenzen auch auf eine sog Übernahmegesellschaft erstrecken, die nach der Eröffnung des Insolvenzverfahrens gegründet wurde, um das Unternehmen oder einen Betrieb des Schuldners zu übernehmen und weiterzuführen. Die Begrenzung auf solche Zweckgesellschaften beruht darauf, dass sich die Gesellschafter schon bei der Gründung auf die mit einer Überwachung verbundenen Einschränkungen einstellen können (BT-Drs. 12/2443, 215). Diesem Motiv entsprechend wird man auch Vorrats- und Mantelgesellschaften – Letztgenannte aber nur ohne Altgläubiger – als eine Übernahmegesellschaft ansehen dürfen, wenn ihre Verwendung eine wirtschaftliche Neugründung darstellt (zu den Voraussetzungen zuletzt BGH NZI 2012, 460). Voraussetzung für die Überwachung ist weiterhin, dass den Gläubigern **direkte Ansprüche gegen die Übernahmegesellschaft** zustehen und nicht nur dem Schuldner aufgrund des Unternehmensverkaufs. Die Überwachung und insbes. der Zustimmungsvorbehalt gem. § 263 bedeuten für den Schuldner, dass die Wirkungen der Verfahrensaufhebung eingeschränkt werden. Demgegenüber treten die Auflagen für die nicht von dem Insolvenzverfahren erfasste Übernahmegesellschaft erstmals ein. Erforderlich ist deshalb, dass sie sich dem durch eine gesonderte Erklärung (§ 230 Abs. 3) unterwirft, was intern gesellschaftsrechtlich dadurch erleichtert wird, dass sie extra zu diesem Zweck gegründet worden sein muss.

VI. Exkurs: Insolvenzgeld bei Folgeinsolvenz

8 Die Arbeitnehmer eines Schuldners haben gem. §§ 165 ff. SGB III Anspruch auf Insolvenzgeld für die während der letzten drei Monate vor einem Insolvenzereignis entgangene Arbeitsvergütung. Ein Insolvenzereignis ist insbes. die Verfahrenseröffnung. Wird nach der Aufhebung eines Verfahrens während der Überwachungsphase ein **Folgeinsolvenzverfahren** eröffnet, handelt es sich trotz der neuen Eröffnungsentscheidung nach Auffassung des BSG (NZI 2003, 337; ablehnend: *Heinrich* NZI 2006, 83 [84 f.]) um **dasselbe Insolvenzereignis,** und zwar unabhängig davon, ob der Schuldner mit einer Planquote in Rückstand geraten war (BSG NZI 2015, 720 Rn. 17). Weitergehend ist die Auffassung, dass schon der Antrag während der Überwachungsphase als Indiz genügt, um eine fortwirkende Zahlungsunfähigkeit anzunehmen (BSG ZInsO 2008, 1325; SächsLSG ZInsO 2014, 1287; LSG NRW ZIP 2014, 1602). Die Folge ist, dass die Arbeitnehmer nicht erneut Insolvenzgeld in Anspruch nehmen können, was angesichts des Umstandes, dass ihre nach der ersten Kündigungsmöglichkeit anfallenden Forderungen auch nicht gem. § 264 in einem privilegierten Kreditrahmen unterzubringen sind (→ §§ 264–266 Rn. 13), das Abwandern von Leistungsträgern begünstigt.

Aufgaben und Befugnisse des Insolvenzverwalters

261 (1) [1] **Die Überwachung ist Aufgabe des Insolvenzverwalters.** [2] **Die Ämter des Verwalters und der Mitglieder des Gläubigerausschusses und die Aufsicht des Insolvenzgerichts bestehen insoweit fort.** [3] **§ 22 Abs. 3 gilt entsprechend.**

(2) [1]**Während der Zeit der Überwachung hat der Verwalter dem Gläubigerausschuß, wenn ein solcher bestellt ist, und dem Gericht jährlich über den jeweiligen Stand und die weiteren Aussichten der Erfüllung des Insolvenzplans zu berichten.** [2]**Unberührt bleibt das Recht des Gläubigerausschusses und des Gerichts, jederzeit einzelne Auskünfte oder einen Zwischenbericht zu verlangen.**

Schrifttum: *Lissner,* Die gesetzliche Planüberwachung in § 261 InsO – eine zum Teil fragwürdige Bestimmung?, ZInsO 2012, 1452.

I. Fortbestehen der Ämter

1 Die **Überwachung** wird **dem Insolvenzverwalter bzw.** nach einer Eigenverwaltung **dem Sachwalter** (§ 284 Abs. 2) **zugewiesen,** weil er mit den Verhältnissen des Schuldners vertraut ist. Trotz Aufhebung des Insolvenzverfahrens besteht sein Amt „*insoweit*" fort. Gleiches gilt für die Mitglieder des Gläubigerausschusses. Eine Abberufung bedarf für den Verwalter der Voraussetzungen des § 59 und für den Gläubigerausschuss des § 70. Der Verwalter unterliegt weiterhin der Aufsicht des Insolvenzgerichts (§§ 58 f.) und der Haftung nach § 60. Im Falle der Eigenverwaltung tritt an seine Stelle der Sachwalter (§ 284 Abs. 2). Der Plan kann auch **andere Personen** mit der Überwachung **beauftragen.** Das hat dann aber nicht mehr die verfahrensrechtlichen Konsequenzen der §§ 260 ff., sondern bindet die Beteiligten nur untereinander (Braun/*Braun/Frank* Rn. 1; HRI/*Mönning* § 47 Rn. 62; MüKoInsO/*Stephan* Rn. 11 ff.; HambK-InsO/*Thies* Rn. 5, der nur § 60 nicht für anwendbar hält; aA *Lissner* ZInsO 2012, 1452 [1453];).

II. Überwachungsaufgabe

2 Der Gegenstand der Überwachung ist die rechtzeitige **Erkennung von Erfüllungsrisiken.** Weil Geldforderungen erst bei Nichterfüllung mit anschließender Nachfrist wieder aufleben und eine abweichende Regelung zum Nachteil des Schuldners nicht zulässig ist (§ 255 Abs. 3 S. 2), geht es va um die Information der Absonderungsgläubiger, die Verwertung und Behandlung der Erlöse und die Information der Insolvenzgläubiger über den Erfolg der Unternehmensfortführung, wenn die Quote davon abhängt. Ansonsten dient die informatorische Überwachung der Ausübung eines etwaigen Zustimmungsvorbehalts (§ 263).

3 Der Verwalter muss einen Soll-Ist-Vergleich mit dem im darstellenden Teil enthaltenen Ergebnis- und Finanzplan (§ 229) anstellen und die Abweichungen klären. Die Prüfungstiefe hängt von den jeweiligen Verhältnissen im Unternehmen ab, insbes. davon, ob es interne Kontrollsysteme und testierte (Zwischen-)abschlüsse gibt. Wegen des großen Beurteilungsspielraums (HRI/*Mönning* § 47 Rn. 66 ff., 76, 78: deutlich unterhalb prognostischer Beurteilungen; FK-InsO/*Jaffé* § 262 Rn. 6 ff.: intensive Prüfungshandlungen) ist es sinnvoll, den **Aufgabenumfang im Plan** zu **regeln,** bspw. dahingehend, welche Informationen dem Verwalter durch wen in welchem Abstand zu erteilen sind. Eine Überwachung oder gar Beratung der Geschäftsführung gehört nicht zu seinen Aufgaben (Uhlenbruck/*Lüer/Streit* Rn. 3; HRI/*Mönning* § 47 Rn. 67). Über das Ergebnis hat der Verwalter dem Gericht und, falls vorhanden, dem Gläubigerausschuss **jährlich** zu **berichten,** wobei die Adressaten jederzeit Auskünfte und Zwischenberichte anfordern können. Da den Verwalter eine Anzeigepflicht gem. § 262 bereits dann trifft, wenn sich herausstellt, dass Ansprüche nicht erfüllt werden können, ist er auch ohne Anforderung zur **unterjährigen Prüfung** verpflichtet und muss ggf. ungefragt Informationen erteilen. Erstreckt sich die Überwachung gem. § 260 Abs. 3 auf eine Übernahmegesellschaft, ist die Prüfungsintensivität dieselbe wie bei der Überwachung des Schuldners.

4 Zur Informationsermittlung stehen dem Verwalter gem. Absatz 1 **sämtliche einem vorläufigen Verwalter in § 22 Abs. 3 eingeräumten Befugnisse** zu, und zwar wegen des Verweises in § 260 Abs. 3 auch gegen eine Übernahmegesellschaft. Der Schuldner bzw. dessen Organe und – was zur Kontrolle wichtig ist – Angestellte haben ihn bei der Überwachung zu unterstützen und ihm die erforderlichen Informationen zu erteilen (§ 22 Abs. 3 S. 2), wobei er ggf. das Insolvenzgericht um Durchsetzung dieser Pflichten ersuchen kann (§ 98).

III. Aufgaben des Gläubigerausschusses

5 Absatz 1 und 2 weisen dem Gläubigerausschuss nur die Pflicht zur Entgegennahme und ggf. Einholung ergänzender Informationen zu. Daneben bleibt es zwar bei den allg. in § 269 geregelten Aufgaben der Beratung, Unterstützung und Überwachung (HambK-InsO/*Thies* Rn. 6) des Verwalters. Angesichts seiner beschränkten Wirkungsmöglichkeiten ist die **Bedeutung** des Gläubigerausschusses während der Überwachungsphase **gering** (*Lissner* ZInsO 2012, 1452 [1454]).

Anzeigepflicht des Insolvenzverwalters

262 **[1] Stellt der Insolvenzverwalter fest, daß Ansprüche, deren Erfüllung überwacht wird, nicht erfüllt werden oder nicht erfüllt werden können, so hat er dies unverzüglich dem Gläubigerausschuß und dem Insolvenzgericht anzuzeigen. [2] Ist ein Gläubigerausschuß nicht bestellt, so hat der Verwalter an dessen Stelle alle Gläubiger zu unterrichten, denen nach dem gestaltenden Teil des Insolvenzplans Ansprüche gegen den Schuldner oder die Übernahmegesellschaft zustehen.**

1 Die Anzeigepflicht des Verwalters über eine eingetretene oder befürchtete Nichterfüllung des Insolvenzplans soll es jedem Gläubiger ermöglichen, von seinen Rechten Gebrauch zu machen. **Mitteilungsadressaten** bei gefährdeter Erfüllung sind das **Insolvenzgericht** und der **Gläubigerausschuss.** Obwohl der Ausschuss die Rechte des § 255 nicht wahrnehmen kann, ist eine Information der Gläubiger nur vorgesehen, wenn ein Ausschuss nicht bestellt wurde. Eine Form für die Benachrichtigung ist nicht vorgeschrieben. Sie kann auch per E-Mail erfolgen. Die Information auf einer für das Verfahren eingerichteten Internetseite (Gläubigerinformationssystem) reicht aus. Dann hat der Gläubiger zwar eine Nachfragelast, die ihm aber auch bei anderen nur durch öffentliche Bekanntmachung erfolgenden Informationen (→ § 9 Rn. 2 zur Bekanntmachung im Internet) zugemutet wird.

2 Der **Verwalter haftet** für eine verspätete oder falsche Anzeige **gem. § 60.** Da die Wiederauflebensklausel in § 255 jedoch nicht dispositiv ist, hat der einzelne Gläubiger vor der Fälligkeit seiner Forderung keine Handhabe gegen den Schuldner. Ein von Amts wegen zu eröffnendes Anschluss-Insolvenzverfahren, wie es die Reformkommission vorgeschlagen hatte (HK-InsO/*Haas* Rn. 2; vgl. auch § 96 Abs. 5 VglO), ist nicht vorgesehen. Sinn macht die Anzeigepflicht nur für Verpflichtungen des Schuldners, deren Fälligkeit für die Gläubiger nicht ohne weiteres erkennbar ist. Dazu gehören Erlösauskehransprüche der Absonderungsgläubiger, die vom Verwertungsstand abhängen, oder ergebnisabhängige Quoten. Der Verwalter wird eine negative Prognose wegen der Rufschädigung des Schuldners nur nach sehr intensiver Prüfung abgeben. In einem späteren Haftungsprozess trifft ihn die sekundäre Behauptungslast für die Beachtung der Sorgfaltsanforderungen (→ § 60 Rn. 52). Deshalb sollte er die Prognosegrundlagen dokumentieren.

Zustimmungsbedürftige Geschäfte

263 **[1] Im gestaltenden Teil des Insolvenzplans kann vorgesehen werden, daß bestimmte Rechtsgeschäfte des Schuldners oder der Übernahmegesellschaft während der Zeit der Überwachung nur wirksam sind, wenn der Insolvenzverwalter ihnen zustimmt. [2] § 81 Abs. 1 und § 82 gelten entsprechend.**

I. Normzweck

Ab der Aufhebung des Insolvenzverfahrens kann der Schuldner wieder frei über sein Vermögen verfügen (§ 259). Die teilw. Zurückbehaltung einer Verfügungsbefugnis des Verwalters ist unzulässig. Das schränkt § 263 ein, indem bestimmte Rechtsgeschäfte mit Wirkung gegenüber außenstehenden Dritten an die Zustimmung des Verwalters gebunden werden können. Damit soll das **Risiko** der Gläubiger insbes. bei einer **gestreckten Ausschüttung** oder **hinausgeschobenen Verwertung** von Sicherungsgegenständen **minimiert** werden. Ohne § 263 hätte eine Mitwirkungsbefugnis des Verwalters nur interne Bedeutung und könnte Dritten nicht entgegengehalten werden (§ 137 S. 2 BGB). Anders als der Zustimmungsvorbehalt, der einem vorläufigen Verwalter gem. § 21 Abs. 1 Nr. 2 Alt. 2 eingeräumt werden kann, erstreckt sich der hier geregelte nicht nur auf Verfügungen, sondern auf sämtliche Rechtsgeschäfte. 1

II. Anforderungen an die Vorbehaltsregelung

Die dem Vorbehalt unterliegenden **Rechtsgeschäfte** müssen wie bei § 277 Abs. 1 im Plan **genau bestimmt werden.** Eine Anlehnung an § 160 (so aber Uhlenbruck/*Lüer/Streit* Rn. 2) oder an einen Katalog für zustimmungspflichtige Geschäfte bei Aktiengesellschaften (vgl. §§ 82 Abs. 2, 111 Abs. 4 AktG) bzw. GmbHs (§§ 37, 45, 52 GmbHG) reicht nicht aus. Ob eine Rechtshandlung darunter fällt, ist bei unbestimmten Rechtsbegriffen für Außenstehende schwer zu beurteilen. Um eine Gefährdung des Rechtsverkehrs zu vermeiden, hat der Verstoß gegen Zustimmungsvorbehalte dort nur interne Bedeutung (vgl. § 164 sowie §§ 82 Abs. 1 AktG, 37 Abs. 2 GmbHG). Bei der Planüberwachung soll die fehlende Zustimmung jedoch Außenwirkung haben. Für den nur teilweisen Verlust der Verfügungs- und Empfangszuständigkeit muss § 263 wörtlich genommen werden, dass nur „*bestimmte*" Rechtsgeschäfte einem Zustimmungsvorbehalt unterworfen werden dürfen (MüKoInsO/*Stephan* Rn. 5; Braun/*Braun/Frank* Rn. 2). Sie müssen im Plan so bezeichnet werden, dass ein **Rückgriff auf weitere Unterlagen nicht erforderlich** ist. Anderenfalls ist der eingereichte Plan zurückzuweisen bzw. die Bestätigung zu versagen (§§ 231 Abs. 1 Nr. 1, 250 Nr. 1). Wurde er trotzdem bestätigt, ohne dass das Bestimmtheitserfordernis eingehalten wurde, fehlt es an den Tatbestandsvoraussetzungen des § 263 mit der Folge, dass Rechtsgeschäfte ohne Zustimmung wirksam sind. Für das Innenverhältnis zwischen den Beteiligten können die Grenzen hingegen großzügiger gezogen werden, was dann aber auch eine Regelung der Sanktionen erfordert. 2

Das Bestimmtheitserfordernis hat Konsequenzen für die Veröffentlichung; denn mit der **Bekanntmachung** der Verfahrensaufhebung darf der Rechtsverkehr grds. davon ausgehen, dass der Schuldner die freie Verfügungsbefugnis zurück erhalten hat. Nur soweit die Bekanntmachung gem. § 267 Abs. 1 Nr. 2 konkret Gegenteiliges bezeichnet, ist der Vertragspartner nicht schutzwürdig. Halten die Gläubiger das für zu starr, müssen sie auf eine gewillkürte Überwachung (→ § 260 Rn. 3) ausweichen, freilich um den Preis, dass sie sich nicht auf die absolute Unwirksamkeit der §§ 81 f. stützen können. 3

4 Zum Umfang der unterliegenden Geschäfte darf der Grundsatz, dass mit der Aufhebung des Insolvenzverfahrens die Verfügungsbefugnis an den Schuldner zurückfällt, nicht unterlaufen werden. Deshalb ist es **unzulässig,** die künftige **Tätigkeit** durch Zustimmungsvorbehalte **überwiegend einzuschränken.** Nur Vorgänge, die für die Gläubigerbefriedigung von besonderer Bedeutung sind, dürfen erfasst werden (FK-InsO/*Jaffé* Rn. 2; HRI/*Mönning* § 47 Rn. 137). Dazu kann neben wesentlichen Verträgen und Verfügungen insbes. die Verwertung von wesentlichen Absonderungsgegenständen gehören, falls der Schuldner im Verhältnis zum Sicherungsnehmer laut Plan verfügungsbefugt ist.

III. Zustimmungsverweigerung

5 Die Rechtsfolgen der Zustimmungsverweigerung ergeben sich für Verfügungen aus § 81 Abs. 1, der die Unwirksamkeit widerstreitender Verfügungen anordnet, so dass auch der **gute Glaube nicht geschützt** ist. Entsprechendes gilt für die Eingehung rechtsgeschäftlicher Verbindlichkeiten. Für **Leistungen an den Schuldner** ergeben sich die Rechtsfolgen aus § 82. Da der überwachende Verwalter einem Erfüllungsgeschäft nur zustimmen kann, nicht aber mehr die Empfangszuständigkeit besitzt, ist § 82 nur analog anwendbar in dem Sinne, dass der Schuldner zwar der richtige Leistungsadressat ist, die Erfüllungswirkung des § 362 Abs. 1 BGB aber nur bei Zustimmung des Verwalters eintritt (aA HRI/*Mönning* § 47 Rn. 141 ff., 145). Die Wirksamkeitsbeschränkungen können sowohl alternativ statt des Schuldners als auch kumulativ neben dem Schuldner (bei Verwertung nicht betriebsnotwendigen Vermögens) auf eine **Übernahmegesellschaft** erstreckt werden. Sie wird damit erstmals Handlungsbeschränkungen unterworfen, so dass sie sich einer solchen Planregelung ausdrücklich in der Form des § 230 Abs. 3 unterwerfen muss.

6 Die Zustimmung kann als **Einwilligung** (§ 183 BGB) vor oder als **Genehmigung** (§ 184 BGB) nach Abschluss des Rechtsgeschäfts erteilt werden. In der zweiten Alternative ist das Geschäft bis zur Genehmigung schwebend unwirksam. Wird sie verweigert oder erklärt sich der Verwalter innerhalb einer vom Vertragspartner gesetzten Frist nicht, ist das Geschäft analog §§ 108 Abs. 2, 177 Abs. 2 BGB absolut unwirksam. Einseitigen Rechtsgeschäften ist ein Schwebezustand nicht zuträglich. Sie bedürfen der vorherigen Einwilligung und sind ohne sie nichtig, es sei denn, dass der Erklärungsempfänger mit einem Schwebezustand einverstanden ist (MüKoBGB/*Bayreuther* § 182 Rn. 32).

7 Für die **Haftung** des Verwalters gilt **§ 60.** § 61 ist nicht anwendbar, weil die Verpflichtungen, denen der Verwalter zugestimmt hat, vom Schuldner und nicht von ihm begründet werden. Für die Haftung kommt es nicht auf die Vorteilhaftigkeit nur des einzelnen Rechtsgeschäfts an. Ein einzelnes Verlustgeschäft kann durchaus wegen erwarteter Folgeaufträge sinnvoll sein. Erforderlich ist mithin eine Gesamtbetrachtung, so dass der Verwalter die Unternehmensplanung bei seiner Entscheidung berücksichtigen muss. Das verlangt eine intensive Wahrnehmung der Überwachungsaufgabe gem. §§ 261 f., ein Aufwand, den die Planverfasser auch bei den Kosten (§ 269) berücksichtigen müssen.

Kreditrahmen

264 (1) [1] **Im gestaltenden Teil des Insolvenzplans kann vorgesehen werden, daß die Insolvenzgläubiger nachrangig sind gegenüber Gläubigern mit Forderungen aus Darlehen und sonstigen Krediten, die der Schuldner oder die Übernahmegesellschaft während der Zeit der Überwachung aufnimmt oder die ein Massegläubiger in die Zeit der Überwachung hinein stehen läßt.** [2] **In diesem Fall ist zugleich ein Gesamt-**

betrag für derartige Kredite festzulegen (Kreditrahmen). [3]Dieser darf den Wert der Vermögensgegenstände nicht übersteigen, die in der Vermögensübersicht des Plans (§ 229 Satz 1) aufgeführt sind.

(2) **Der Nachrang der Insolvenzgläubiger gemäß Absatz 1 besteht nur gegenüber Gläubigern, mit denen vereinbart wird, daß und in welcher Höhe der von ihnen gewährte Kredit nach Hauptforderung, Zinsen und Kosten innerhalb des Kreditrahmens liegt, und gegenüber denen der Insolvenzverwalter diese Vereinbarung schriftlich bestätigt.**

(3) **§ 39 Abs. 1 Nr. 5 bleibt unberührt.**

Nachrang von Neugläubigern

265 **[1]Gegenüber den Gläubigern mit Forderungen aus Krediten, die nach Maßgabe des § 264 aufgenommen oder stehen gelassen werden, sind nachrangig auch die Gläubiger mit sonstigen vertraglichen Ansprüchen, die während der Zeit der Überwachung begründet werden. [2]Als solche Ansprüche gelten auch die Ansprüche aus einem vor der Überwachung vertraglich begründeten Dauerschuldverhältnis für die Zeit nach dem ersten Termin, zu dem der Gläubiger nach Beginn der Überwachung kündigen konnte.**

Berücksichtigung des Nachrangs

266 (1) **Der Nachrang der Insolvenzgläubiger und der in § 265 bezeichneten Gläubiger wird nur in einem Insolvenzverfahren berücksichtigt, das vor der Aufhebung der Überwachung eröffnet wird.**

(2) **In diesem neuen Insolvenzverfahren gehen diese Gläubiger den übrigen nachrangigen Gläubigern im Range vor.**

Übersicht

I. Überblick

In einem **Folgeinsolvenzverfahren** sind sämtliche bis zu dessen Eröffnung begründete nicht nachrangige Forderungen gleich zu behandeln. Die gem. § 255 Abs. 2 wieder auflebenden alten Forderungen stehen im selben Rang wie die neuen, nach Verfahrensaufhebung begründeten Forderungen. Um die Kreditfähigkeit während der „*Anlaufzeit*" (BegrRegEInsO BT-Drs. 12/2443, 216) nach Verfahrensaufhebung zu verbessern, erlauben es die §§ 264 ff. **Neukreditgebern** für den Fall der Folgeinsolvenz den **Vorrang** sowohl gegenüber Alt- als auch einigen Neugläubigern einzuräumen. Da die Überwachung mit der Erfüllung des Insolvenzplans aufzuheben ist (§ 268 Abs. 1 Nr. 1), trifft der Mittelbedarf für die 1

Quotenzahlung auf den für die Tilgung der Vorrangforderungen. Die Vorrangermächtigung eignet sich deshalb nur für eine **kurzfristige Zwischenfinanzierung.** Die §§ 264 ff. gehören zu den zwingenden Planvorschriften, weil sie va die Rechte der am Plan nicht beteiligten Neugläubiger tangieren.

II. Voraussetzung: Rahmenkredit gem. § 264

2 **1. Planermächtigung (§ 264 Abs. 1). a) Höchstbetrag.** Die Vorrangermächtigung muss im gestaltenden Teil des Plans einen **Höchstbetrag** („*Kreditrahmen*") festlegen, der den Wert der **Vermögensgegenstände laut** der dem Plan beigefügten **Vermögensübersicht** (§ 229; Uhlenbruck/*Lüer/Streit* § 264 Rn. 13) nicht übersteigen darf. Das soll dem Schutz der durch § 265 zurückgestuften Gläubiger vor den Folgen einer übermäßigen Kreditaufnahme dienen (BT-Drs. 12/2443, 216). Wird der Kreditrahmen nicht definiert, muss das Insolvenzgericht den Plan zurückweisen (§§ 231 Abs. 1 Nr. 1, 250 Nr. 1). Übersieht es den Fehler, wird die Unwirksamkeit nicht durch den Bestätigungsbeschluss geheilt (Uhlenbruck/*Lüer/Streit* § 264 Rn. 15), weil der Vorrang Rechte der am Planverfahren nicht beteiligten Neugläubiger beeinträchtigt.

3 Zu den in der Übersicht verzeichneten Gegenständen gehören auch diejenigen, die mit Absonderungsrechten belastet sind (→ § 151 Rn. 5). Für sie werden zudem Fortführungs- und nicht die in einer Folgeinsolvenz meist nur noch realisierbaren Liquidationswerte angesetzt. Deshalb spiegelt ihr Wert nicht die Bonität des Schuldners wider (HambK-InsO/*Thies* § 264 Rn. 5). Trotzdem dürfen gegen den eindeutigen Wortlaut **keine anderen Vergleichsgrößen** wie bspw. der Cash Flow herangezogen werden. Sie können nur innerhalb des Kreditrahmens als Maßstab für dessen Ausnutzung im Insolvenzplan vereinbart werden.

4 Der **Höchstbetrag** ist absolut zu verstehen und **beinhaltet** auch die **Nebenforderungen.** Das sind nicht nur die in § 264 Abs. 2 S. 2 genannten, sondern sämtliche Sekundär- und Schadensersatzansprüche, die aus der Kreditgewährung resultieren (MüKoInsO/*Drukarczyk* § 264 Rn. 9). Nur deren Einbeziehung wird dem Anliegen des Gesetzgebers gerecht, die Neugläubiger vor unvorhersehbaren Vorrangforderungen zu schützen. Da es für die Vorrangermächtigung nur auf den Gesamtbetrag ankommt, kann sie auch **mehrfach ausgenutzt** werden, sobald ein Kredit erledigt ist. Umgekehrt ist es zulässig, die Vorrangermächtigung im Plan auf **bestimmte Kreditgeber** oder **bestimmte Kreditarten** (zB Festkredite, Kontokorrentkredite) zu **begrenzen.**

5 **b) Erfasste Kredite.** Die Privilegierung **beschränkt** sich lt. § 264 Abs. 1 auf **Darlehen** und **sonstige Kredite.** Sie entsprechen dem gegenständlichen Anwendungsbereich des § 39 Abs. 1 Nr. 5 (→ § 39 Rn. 51 ff.). Dazu gehören auch gestundete Forderungen wie bspw. Lieferantenkredite (BegrRegE, BT-Drs. 12/2443, 216), nicht aber Vergütungsansprüche für **künftige Leistungen aus Dauerschuldverhältnissen** (zB Finanzierungsleasingverträgen), obwohl die Vertragspartner ebenfalls eine langfristige Investitionsentscheidung treffen müssen. Anders ist es für die daraus resultierenden Vergütungsansprüche, wenn sie kreditiert werden.

6 Die Kredite müssen **während der Überwachung aufgenommen oder** als ehemalige **Masseschuld stehen gelassen** werden. Für die Aufnahme kommt es auf die Leistung der Gläubiger an. Wird das Darlehen, wie meist, schon vor Verfahrensaufhebung vereinbart, steht das einer späteren Privilegierung nicht entgegen, falls der Kreditgeber anderenfalls die Auszahlung in der Überwachungsphase verweigern könnte. Nur wenn eine Kündigung des Vertrages oder eine Leistungsverweigerung aufgrund einer zuvor getroffenen Vereinbarung nicht

mehr möglich ist, fehlt es an dem Tatbestandsmerkmal der Aufnahme während der Überwachung.

Hinsichtlich der **Masseschulden** hat der Gesetzgeber die bisherige Formulierung unverändert gelassen, obwohl es nunmehr gem. § 258 Abs. 2 ausreicht, dass die Erfüllung erst später fälliger Masseschulden aufgrund eines Finanzplans gewährleistet ist. Eine Entscheidung der Finanzplan-Massegläubiger ist nicht erforderlich. Damit fehlt es sowohl am Merkmal der Kreditaufnahme bzw. des Stehenlassens (§ 264 Abs. 1) als auch an einer Vorrangvereinbarung (§ 264 Abs. 2). Bei wortgetreuer Anwendung gibt es keine Möglichkeit, einen Vorrang im Folgeinsolvenzverfahren zu vereinbaren. Das steht im Widerspruch zur Behandlung von Ansprüchen aus den bei Verfahrenseröffnung bestehenden Dauerschuldverhältnissen. Sie sind gegenüber Kreditrahmen-Gläubigern bis zum Zeitpunkt der ersten Beendigungsmöglichkeit gleichrangig (§ 265 S. 2; → Rn. 13). Wenn Forderungen, die erst nach Verfahrensaufhebung erdient werden, gleichrangig mit den Kreditrahmen-Gläubigern behandelt werden, muss für ehemalige Massegläubiger, deren Ansprüche bereits zuvor erdient und nur noch nicht fällig waren, dieselbe Rechtsfolge gelten (HambK-InsO/*Thies* § 264 Rn. 3). Beide hatten bei Begründung ihrer Forderung keine Möglichkeit, sich auf den Vorrang anderer Gläubiger einzustellen. Durch die Neufassung des § 258 Abs. 2 ist eine Lücke entstanden, die dadurch zu schließen ist, dass die Massegläubiger aus dem Erstverfahren wie Gläubiger aus Dauerschuldverhältnissen bis zum ersten Kündigungstermin behandelt werden (HambK-InsO/*Thies* § 266 Rn. 5) mit der Folge, dass diese Forderungen auch **ohne Vereinbarung denselben Rang** wie Forderungen aus Dauerschuldverhältnissen bis zum ersten Kündigungstermin haben (dazu → Rn. 14). 7

§ 264 Abs. 1 lässt es ausdrücklich zu, im Insolvenzplan eine **Vorrangermächtigung** auch **zulasten der Gläubiger einer Übernahmegesellschaft** vorzusehen. Die Ermächtigung kann neben der für den Schuldner bestehen (Uhlenbruck/*Lüer/Streit* § 264 Rn. 12), da in etwaigen Folgeinsolvenzverfahren die Massen nicht vermischt werden. Eine Übernahmegesellschaft hat in einem Folgeinsolvenzverfahren fast keine Alt-Insolvenzgläubiger, weil sie definitionsgemäß nach Verfahrenseröffnung zum Zwecke der Übernahme des schuldnerischen Unternehmens oder Betriebes gegründet worden sein muss (§ 260 Abs. 3). Soweit **Alt-Gläubiger** aus vorbereitenden Tätigkeiten vorhanden sind, konnten sie sich bei Begründung der Forderung nicht auf einen Nachrang einstellen. Insofern gilt nichts anderes als für Massegläubiger des Schuldners, deren Befriedigung sich aus einem Finanzplan iSv § 258 Abs. 2 ergibt (→ Rn. 7). Ihr Rang entspricht demjenigen, den Gläubiger in einem Folgeinsolvenzverfahren über das Vermögen des Schuldners aufgrund von Ansprüchen aus Dauerschuldverhältnissen bis zum ersten Kündigungstermin innehaben. 8

2. Zustimmungsbedürftige Vorrangabrede (§ 264 Abs. 2). Der Vorrang bedarf lt. § 264 Abs. 2 – nach der bei → Rn. 7 vertretenen Ansicht nicht für die Finanzplan-Massegläubiger – einer ausdrücklichen **Vereinbarung zwischen** dem **Schuldner** und dem **Gläubiger** mit **schriftlicher Bestätigung** des **Insolvenzverwalters.** Die Vereinbarung muss die **Obergrenze benennen,** bis zu der der Gläubiger mit sämtlichen Haupt- und Nebenansprüchen vom Vorrang profitiert, damit keine Überschreitung des Kreditrahmens eintritt. Sie kann schon vor Verfahrensaufhebung geschlossen werden (→ Rn. 6; aA Uhlenbruck/*Lüer/Streit* § 264 Rn. 18). Nur die Bestätigung des Insolvenzverwalters ist erst in der Überwachungsphase möglich. Sie kann in einer vorherigen Einwilligung (§ 183 BGB) bestehen oder auch in einer nachträglichen Genehmigung (§ 184 BGB), auch wenn der Kredit bereits ausgereicht wurde (aA Uhlenbruck/*Lüer/Streit* § 264 Rn. 18), vorausgesetzt, dass dies nach Verfahrensaufhebung geschah (Abs. 1 Satz 1: „*während der Zeit der Überwachung*"). Bei einem im Zeitpunkt der Auf- 9 hebung fälligen Massekredit reicht es aus, dass er vorher valutiert wurde und die Einbeziehungsvereinbarung zusammen mit der Prolongation später geschlossen wird.

10 Der **Verwalter** ist nach überwiegender Ansicht (HK-InsO/*Haas* § 264 Rn. 7; Uhlenbruck/*Lüer/Streit* § 264 Rn. 22) und der BegrRegEInsO (BT-Drs. 12/2443, 216) nicht berechtigt, die Zweckmäßigkeit des Vertrages zu prüfen. Seine Beteiligung dient nur der Rechtssicherheit. Er darf **nur kontrollieren,** ob der **Kreditrahmen eingehalten** wird und die Vereinbarung einen **eindeutigen Inhalt** hat; denn nach Verfahrensaufhebung liegt die Verwaltungsbefugnis beim Schuldner, dem allein die kaufmännische Entscheidung über die Nutzung der Vorrangermächtigung obliegt (aA Leonhardt/Smid/Zeuner/*Rattunde* § 264 Rn. 8).

11 **3. Gesellschafterdarlehen (§ 264 Abs. 3). Kredite,** die unter den **Anwendungsbereich des § 39 Abs. 1 Nr. 5** fallen, können lt. § 264 Abs. 3 nicht privilegiert werden, falls ihre Kreditvergabe nicht vom Sanierungs- oder Kleinbeteiligtenprivileg (§ 39 Abs. 4, 5) erfasst wird, was ua bei einer Neufinanzierung der durch den Debt-Equity-Swap zum Gesellschafter gewordenen Insolvenzgläubiger der Fall sein kann (→ § 225a Rn. 32). Weder ist eine dahingehende Planklausel noch eine mit Zustimmung des Verwalters getroffene Vorzugsabrede wirksam. Das entspricht zwar dem zwingenden Charakter der Nachrangvorschrift, kollidiert aber mit § 258 Abs. 2, soweit es Masseschulden betrifft. Vom Insolvenzverwalter während des Verfahrens aufgenommene **Kredite** sind auch dann **als Masseschulden** zu behandeln, wenn sie von Gesellschaftern stammen. Sind sie bis zur Verfahrensaufhebung fällig und werden stehen gelassen, verdrängt § 264 Abs. 1 S. 1 Alt. 2 als speziellere Regelung den Absatz 3, sind sie noch nicht fällig und werden im Finanzplan berücksichtigt, gilt für sie das Gleiche wie für fremde Gläubiger (→ Rn. 7), so dass sie auch ohne gesonderte Vereinbarung denselben Rang wie erfüllungsgewährleistete Masseschulden haben (→ Rn. 7).

12 In Absatz 3 wird nicht Bezug genommen auf § 44a, der für **gesellschafterbesicherte Darlehen** das Recht beschränkt, Befriedigung aus der Insolvenzmasse zu erhalten. Ebenso wie § 39 Abs. 1 Nr. 5 unberührt bleibt, muss das auch für dessen Umgehung durch gesellschafterbesicherte Drittdarlehen gelten mit der Maßgabe, dass zwar der Gläubiger zunächst seine Befriedigung beim sichernden Gesellschafter suchen muss, wegen der Differenz aber seinen Vorrang behält. Nur für Masseschulden gilt nach → Rn. 11 etwas anderes.

III. Rangfolge (§ 265)

13 Der **Vorrang** besteht **gegenüber** allen **vertraglichen Neugläubigern,** deren Ansprüche während der Überwachung begründet wurden (§ 265 S. 1). Gegenüber Gläubigern aus einem vor der Verfahrensaufhebung begründeten **Dauerschuldverhältnis** wirkt der Vorrang nur für deren Ansprüche aus der Zeit nach der ersten Beendigungsmöglichkeit. Für neue Dauerschuldverhältnisse gilt das nicht. Gegenüber Massegläubigern aufgrund noch nicht fälliger oder streitiger Ansprüche greift der Vorrang nicht durch (→ Rn. 7). Neue **gesetzliche Ansprüche** werden durch den Vorrang ebenfalls nicht benachteiligt. Dazu gehören insbes. Ansprüche aus dem Steuerschuldverhältnis, aus unerlaubter Handlung und aus Bereicherung. Allerdings ist es bei Bereicherungsansprüchen nicht gerechtfertigt, einen Gläubiger, der ohne Vorrangvereinbarung geleistet hat, zu privilegieren, wenn sich später die Unwirksamkeit des Vertrages herausstellt. Analog §§ 814 f. BGB muss er gestellt werden wie bei einer Wirksamkeit des Vertrages, mit dessen Ansprüchen er keinen Vorrang gehabt hätte.

§ 265 muss dahingehend **eingeschränkt werden,** dass die Gläubiger aus gesetzlichen Schuldverhältnissen und aus Dauerschuldverhältnissen bis zum ersten Kündigungstermin nur um die Differenz zwischen der Quote besser gestellt werden, die sie in einem Folgeinsolvenzverfahren ohne Kreditrahmengläubiger bezogen hätten, und der reduzierten Quote, die sie wegen des Vorrangs beziehen (HambK-InsO/*Thies* § 266 Rn. 4; MüKoInsO/*Tetzlaff/Kern* § 266 Rn. 15 f.; aA Uhlenbruck/*Lüer/Streit* § 265 Rn. 3 f.: Vorrang im vollen Umfang); denn sie werden in § 265 nur deshalb nicht zu den nachrangigen Gläubigern gezählt, weil sie sich nicht auf den durch Veröffentlichung (§ 267) bekannt gemachten Kreditrahmen einstellen können (BT-Drs. 12/2443, 216 f.). Die Vorrangermächtigung dient jedoch nicht dazu, sie besser zu stellen als ohne Vorrang. 14

Zulasten der **Absonderungsgläubiger** geht der Vorrang nur hinsichtlich der Ausfallforderung; denn er betrifft allein die Rangfolge der §§ 38 f., nicht die Erlösverteilung gem. §§ 165 ff. bei der Masseverwertung im Folgeinsolvenzverfahren. 15

Somit ergeben sich im Folgeinsolvenzverfahren für die neuen Insolvenzgläubiger (zu denen auch alte Massegläubiger gehören können) **folgende Rangordnungen**: Im **Rang 1a** stehen die Kreditrahmen-Gläubiger. Es folgen im **Rang 1b** die ehemaligen Massegläubiger mit den gem. § 258 Abs. 2 im Finanzplan berücksichtigten Ansprüchen, die neuen gesetzlichen Gläubiger (was bei Bereicherungsgläubigern nur eingeschränkt gilt, → Rn. 13) sowie die Gläubiger aus vor Verfahrenseröffnung begründeten Dauerschuldverhältnissen mit Ansprüchen bis zum ersten Beendigungstermin. Deren Vorzug ist jedoch begrenzt auf die Quote, die sie in einer Folgeinsolvenz ohne Vorranggläubiger erhalten hätten. Den **Rang 2** belegen die Insolvenzgläubiger des Erstverfahrens (einschließlich der gem. § 255 Abs. 2 wieder auflebenden Ansprüche) und die nicht privilegierten Neugläubiger aus der Überwachungsphase. Schließlich folgen in den Rängen 3 ff. gem. § 266 Abs. 2 die nachrangigen Insolvenzgläubiger in der Reihenfolge des § 39, bei denen es sich wegen des regelmäßig im Erstverfahren für die Alt-Gläubiger eingreifenden Erlasses (§ 225) meist um neue Nachranggläubiger handelt. Für neue **Absonderungsgläubiger** ergibt sich **keine Änderung** der §§ 165 ff. im Folgeverfahren. Gleiches gilt für die Absonderungsgläubiger aus dem Erstverfahren, soweit der Plan ihre Rechte nicht endgültig beschnitten hat. Das kann im Interesse von Neukrediten in Kombination mit einer Vorrangermächtigung sinnvoll sein, um dadurch höhere Fortführungswerte zB bei unfertigen Erzeugnissen zu erzielen. 16

IV. Vorrangrealisierung (§ 266)

Der **Vorrang** kommt **erst in einem Folgeinsolvenzverfahren** zur Geltung (§ 265). Vorher muss der Schuldner – anders als bei einem Rangrücktritt – sämtliche Verbindlichkeiten bei Fälligkeit bedienen, auch wenn sie nicht in den Kreditrahmen aufgenommen wurden. Wird bei erneutem Eintritt eines Insolvenzgrundes der Antrag bei antragspflichtigen (§ 15a Abs. 1) Schuldnern verzögert, erstreckt sich die Insolvenzverschleppungshaftung auch auf den Teil des Quotenschadens (dazu allg. Scholz/*Karsten Schmidt* GmbHG § 64 Rn. 180 ff.), der dadurch eintritt, dass während der Verschleppung in den Kreditrahmen nicht aufgenommene Gläubiger befriedigt werden. 17

Für die **zeitliche Beschränkung** des Vorrangs gilt § 266: Er wirkt sich nur aus, wenn das Folgeinsolvenzverfahren vor Aufhebung der Überwachung eröffnet wird. Die Überwachung wird ua aufgehoben, sobald die Planansprüche erfüllt sind (§ 268 Abs. 1). Zwar kann die betriebswirtschaftliche Sanierung dann noch andauern. Das Gesetz eröffnet jedoch keinen Spielraum für eine Verlängerung. Ohne Planerfüllung endet die Überwachung spätestens nach drei Jahren. Da es für 18 den Vorrang auf den Zeitpunkt der Eröffnung des Folgeverfahrens ankommt (§ 265), verlängert sich die Überwachungsdauer, wenn innerhalb der drei Jahre ein Antrag auf Eröffnung gestellt wird.

19 Die im Zusammenhang mit der Vorrangermächtigung vorgenommenen Rechtshandlungen sind einer **Anfechtung** im Folgeinsolvenzverfahren nicht von vornherein entzogen (HambK-InsO/*Thies* § 264 Rn. 12; aA Uhlenbruck/*Lüer/Streit* § 264 Rn. 32). Ein Anfechtungsausschluss folgt nicht aus der Beteiligung des Überwachungs-Verwalters; denn die Anfechtung steht dem neuen Insolvenzverwalter zu, dem das Verhalten des Überwachers nicht als widersprüchlich zugerechnet werden kann. Auch prüft der Überwacher nur, ob der Kreditrahmen eingehalten wird. Stimmt er einer nachträglichen Privilegierung von während der Überwachungsphase bereits ausgereichten Krediten zu, kann darin eine anfechtbare Rechtshandlung liegen, und zwar nicht nur als Ermöglichung einer Deckung iSv §§ 130 f. (zur Gläubigerbenachteiligung vgl. BGH NZI 2012, 562), sondern auch iRd § 133. Die Vorrangabreden trifft der Schuldner und nicht der Verwalter, so dass die Tatbestandsvoraussetzung der Schuldnerhandlung gegeben ist. Ist die Kredittilgung im Verhältnis zu anderen Vorranggläubigern gläubigerbenachteiligend, kann die Anfechtbarkeit ebenfalls begründet sein. Allerdings muss dann dem Anfechtungsgegner im Folgeinsolvenzverfahren für die wieder auflebende Forderung (§ 144 Abs. 1) der Vorrang eingeräumt werden. Wäre die anfechtbare Befriedigung nämlich nicht erfolgt, hätte er für die bestehen gebliebene Forderung den Vorrang gewahrt.

V. Überschreitung des Kreditrahmens, Verwalterhaftung

20 Wurde die Ausschöpfung des Kreditrahmens übersehen, kann ein **Kreditgeber mit neuen Forderungen frühere** Gläubiger ohne deren Zutun **nicht verdrängen,** so dass das Risiko der Überschreitung ihn trifft. Er partizipiert am Vorrang nur mit dem Teil der Forderung, der noch innerhalb des Rahmens liegt (Uhlenbruck/*Lüer/Streit* § 265 Rn. 24). Wird der Kreditrahmen durch Nebenforderungen überschritten, indem bspw. die Zinsen mangels plangemäßer Tilgung weiter laufen, fällt das schon deshalb nicht in den Vorrang, weil die planwidrige Forderungserhöhung nicht Gegenstand der nach § 264 Abs. 2 erforderlichen Vereinbarung ist.

21 Stimmt der **Verwalter** einer Vorrangabrede zu, obwohl der Kreditrahmen ausgeschöpft ist, **haftet er** dem Gläubiger **gem. § 60.** Zwar sind die Vorranggläubiger erst bei einer Folgeinsolvenz Beteiligte. Der Beteiligtenbegriff ist jedoch kein eigenständiges Tatbestandsmerkmal. Entscheidend ist die Verletzung einer in der InsO geregelten Pflicht, zu der auch die Prüfung gehört, ob der Kreditrahmen eingehalten ist. Handelt der Verwalter sorgfaltswidrig, muss er für die Quotenverschlechterung durch die Nichterlangung des zugesagten Vorrangs einstehen. Eine Haftung gem. § 61 kommt hingegen nicht in Betracht, weil der Überwachungs-Verwalter den Kredit weder begründet noch dessen Rückzahlbarkeit zu prüfen hat.

Bekanntmachung der Überwachung

267 (1) **Wird die Erfüllung des Insolvenzplans überwacht, so ist dies zusammen mit dem Beschluß über die Aufhebung des Insolvenzverfahrens öffentlich bekanntzumachen.**

(2) **Ebenso ist bekanntzumachen:**

1. im Falle des § 260 Abs. 3 die Erstreckung der Überwachung auf die Übernahmegesellschaft;

2. im Falle des § 263, welche Rechtsgeschäfte an die Zustimmung des Insolvenzverwalters gebunden werden;
3. im Falle des § 264, in welcher Höhe ein Kreditrahmen vorgesehen ist.

(3) [1]**§ 31 gilt entsprechend.** [2]**Soweit im Falle des § 263 das Recht zur Verfügung über ein Grundstück, ein eingetragenes Schiff, Schiffsbauwerk oder Luftfahrzeug, ein Recht an einem solchen Gegenstand oder ein Recht an einem solchen Recht beschränkt wird, gelten die §§ 32 und 33 entsprechend.**

Jede Planüberwachung bedarf einer öffentlichen Bekanntmachung, weil damit Einschränkungen für den Schuldner im Vergleich zum Regelfall des § 259 verbunden sind. Die **Bekanntmachung** ist lt. Absatz 1 selbst dann erforderlich, wenn der Schuldner keinerlei Verfügungsbeschränkungen unterworfen wird. Sie erfolgt **zusammen mit der der Verfahrensaufhebung** (§ 258 Abs. 3) in der von § 9 vorgeschriebenen Form. Ergänzend verlangt Absatz 2, dass die Erstreckung der Überwachung auf eine Übernahmegesellschaft bekannt zu machen ist, weil sie bisher keinerlei Verpflichtungen gegenüber dem Verwalter unterlag. Als Übernahmegesellschaft kommt nur die in § 260 Abs. 3 genannte Neugründung infrage, nicht auch andere Gesellschaften, die den Geschäftsbetrieb des Schuldners erwerben. In die Bekanntmachung sind etwaige **Zustimmungsvorbehalte konkret** (→ § 263 Rn. 2) **aufzunehmen** sowie ein etwaiger Kreditrahmen zu benennen. 1

Absatz 3 verweist zur **Verhinderung eines** auf einer Registereintragung beruhenden **gutgläubigen Erwerbs** auf die §§ 31 ff., wobei die Eintragung in das Handelsregister etc stets, die in das Grundbuch sowie die Register für Schiffe und Luftfahrzeuge hingegen nur vorgenommen werden, falls sich eine Einschränkung der Verfügungsbefugnis des Schuldners darauf erstreckt. 2

Aufhebung der Überwachung

268 (1) **Das Insolvenzgericht beschließt die Aufhebung der Überwachung,**

1. wenn die Ansprüche, deren Erfüllung überwacht wird, erfüllt sind oder die Erfüllung dieser Ansprüche gewährleistet ist oder
2. wenn seit der Aufhebung des Insolvenzverfahrens drei Jahre verstrichen sind und kein Antrag auf Eröffnung eines neuen Insolvenzverfahrens vorliegt.

(2) [1]**Der Beschluß ist öffentlich bekanntzumachen.** [2]**§ 267 Abs. 3 gilt entsprechend.**

I. Aufhebungsbeschluss, Bekanntmachung

Die Überwachung endet nicht automatisch durch Zeitablauf oder Planerfüllung. Vielmehr ist ein **gesonderter Beschluss** des Insolvenzgerichts **über die Aufhebung** der Überwachung erforderlich. Die Aufhebung geschieht **von Amts wegen,** ebenso die Prüfung der Aufhebungsvoraussetzungen. Eines Antrages bedarf es nicht. Zuständig ist der Richter (§ 18 Abs. 1 S. 2 RpflG). Der Beschluss ist **unanfechtbar** (§ 6 Abs. 1) **und** wie die Anordnung der Überwachung **zu veröffentlichen.** Die Eintragung in die Register sind zu löschen (Abs. 2 iVm § 267 Abs. 3). 1

II. Aufhebungsvoraussetzungen

2 Die Überwachung ist aufzuheben, wenn die **Ansprüche,** die **laut Insolvenzplan** zu bedienen sind, entweder vollständig **erfüllt** sind **oder** ihre **Erfüllung gewährleistet** ist. Für eine Gewährleistung reicht es nicht aus, dass sich die Erfüllung wie bei § 258 Abs. 2 für frühere Masseschulden aus einem Finanzplan ergibt; denn der Finanzplan muss auch die Gläubigerquoten berücksichtigen, wenn sie innerhalb des Betrachtungszeitraums fällig werden, so dass es für § 268 höherer Anforderungen bedarf, damit eine Überwachung weiterhin möglich ist. Eine **Gewährleistung der Planerfüllung** wird man hier nur annehmen können, wenn die Ansprüche der Insolvenzgläubiger **am Schuldnervermögen oder durch Dritte besichert** sind. Die Möglichkeit, eine Planüberwachung auf eine Übernahmegesellschaft zu erstrecken, zeigt, dass nicht jede Zahlungszusage eines Dritten ausreicht, sondern sie auch zweifelsfrei werthaltig sein muss.

3 Die **Aufhebungsvoraussetzungen** sind **zwingend,** soweit es die maximale Dauer der Überwachung betrifft (HK-InsO/*Haas* Rn. 2; aA HambK-InsO/*Thies* Rn. 5), weil sie auch die Interessen von Neugläubigern und die wettbewerbliche Handlungsfreiheit des Schuldners tangiert. Der Insolvenzplan kann keine Abweichungen vorsehen und das auch nicht dadurch umgehen, dass dem Schuldner das Recht zu einer vorfristigen Tilgung (§ 271 Abs. 2 BGB) genommen wird. **Zulässig** ist nur eine **Verkürzung** der Überwachung **oder** eine **Regelung der Anforderungen an die Gewährleistung künftiger Erfüllung,** weil dies einen Beurteilungsspielraum beinhaltet, den die Beteiligten zweckmäßigerweise selbst ausüben. Von einer Aufhebung des förmlichen Überwachungsverfahrens unter gerichtlicher Kontrolle mit Außenwirkung (§ 263) zu unterscheiden ist eine Planregelung, in der sich der Schuldner gegenüber den Beteiligten einer **freiwilligen Überwachung** mit **nur intern** (§ 137 Abs. 2 S. 2 BGB) wirkenden Verfügungsbeschränkungen unterwirft. Das ist zulässig, bedarf aber einer genauen Ausgestaltung im Plan unter Beteiligung der Überwachungsperson als Dritten (§ 230 Abs. 3), weil die §§ 260 ff. hierfür nicht gelten (→ § 260 Rn. 3).

III. Aufhebungsfolgen

4 Durch die Aufhebung der Überwachung entfallen die Befugnisse und Pflichten des Insolvenzverwalters sowie etwaige Beschränkungen der Verfügungsmacht des Schuldners. Außerdem endet die Privilegierung der Kreditrahmengläubiger, selbst wenn kurz nach der Aufhebung ein Folgeinsolvenzverfahren beantragt werden sollte (§ 266 Abs. 1). Die Vergütungsfestsetzung für den Verwalter und den Gläubigerausschuss erfolgt gesondert (§ 269).

Kosten der Überwachung

269 **[1]Die Kosten der Überwachung trägt der Schuldner. [2]Im Falle des § 260 Abs. 3 trägt die Übernahmegesellschaft die durch ihre Überwachung entstehenden Kosten.**

1 Für die Kosten der Überwachung ist § 53 mangels einer nach der Verfahrensaufhebung noch fortbestehenden Insolvenzmasse nicht mehr anwendbar, so dass es der gesonderten Regelung in § 269 bedarf. Zu den Kosten gehören die **Eintragungskosten** im Register und **Veröffentlichungskosten** sowie die **Vergütungen** der Überwachungsorgane (Insolvenzverwalter, Gläubigerausschussmitglieder). Mangels eines eigenen Gebührentatbestandes entstehen keine gesonderten Gerichtskosten (MüKoInsO/*Stephan* Rn. 3).

Zur **Höhe der Vergütung** sieht § 6 Abs. 2 InsVV eine Festsetzung nach billigem Ermessen unter Berücksichtigung des Umfangs der Tätigkeit vor. Wegen des großen **Ermessensspielraums** empfiehlt es sich, die Berechnungsgrundlage in den Plan aufzunehmen und die Zustimmung der Überwachungsorgane als Dritterklärung gem. § 230 Abs. 3 beizufügen (zur Zulässigkeit einer Vergütungsregelung im Plan → § 217 Rn. 19). 2

Die Vergütung ist analog §§ 63, 64, 73 durch das **Insolvenzgericht festzusetzen** (Uhlenbruck/*Lüer*/*Streit* Rn. 3), da es sich (auch) um einen verfahrensrechtlichen Anspruch handelt. Die Festsetzung **wirkt** auch **gegen den** in den Beschluss aufzunehmenden **Vergütungsschuldner.** Einer zivilrechtlichen Titulierung eines nur der Höhe nach festgesetzten Betrages bedarf es nicht (LG Memmingen ZInsO 2011, 1567; aA MüKoInsO/*Stephan* Rn. 12). Die frühere und inzwischen durch § 26a überholte Auffassung des BGH, dass der Vergütungsanspruch eines vorläufigen Insolvenzverwalters nur im Zivilrechtsweg geltend gemacht werden kann, wenn es nicht zur Verfahrenseröffnung kommt (BGH NZI 2008, 170; 2010, 98), ist auf die Planüberwachung nicht übertragbar; denn lt. § 261 Abs. 1 bestehen die Ämter von Verwalter und Gläubigerausschuss fort, so dass auch die für die Amtsträger geltenden Vergütungsvorschriften der §§ 63 ff. und § 73 Anwendung finden. Wird eine Übernahmegesellschaft in die Überwachung einbezogen, erfolgt die Kostenfestsetzung (auch) ihr gegenüber, da sie durch ihr Einverständnis mit der Überwachung (→ § 260 Rn. 7) zur Verfahrensbeteiligten wird. 3

Der **Verwalter** (§ 259 Abs. 1) hat nicht mehr die Möglichkeit, die Überwachungskosten gem. § 53 aus der Masse zu begleichen, da seine Verfügungsbefugnis mit der Verfahrensaufhebung endete (§ 259 Abs. 1). Zur Reduzierung des Ausfallrisikos bei einer etwaigen Folgeinsolvenz einschließlich der damit verbundenen Anfechtung – die mit der Überwachung betraute Person wird wegen § 261 Abs. 2 regelmäßig die Voraussetzungen des § 138 Abs. 1 S. 3 erfüllen – ist eine **Besicherung der** erwarteten **Vergütung** (vgl. zur Anfechtbarkeit der Besicherung künftiger Ansprüche BGH NZI 2007, 158) und die Beantragung von **Vorschüssen** (§ 9 InsVV) für Verwalter und Gläubigerausschuss sinnvoll. 4

Siebter Teil. Eigenverwaltung

Vorbemerkungen zu §§ 270–285

Schrifttum zu §§ 270–285 (sa vor § 270a u. vor § 276a): *Bachmann,* Organhaftung in der Eigenverwaltung, ZIP 2015, 101; *Bartels,* Gemeinschaftliche Befriedigung durch Verfahren – Zur Gläubigerakzeptanz bei Eigenverwaltung, KTS 2010, 259; *Bilgery,* Die Eigenverwaltung in der Konzerninsolvenz, ZInsO 2014, 1694; *Brinkmann,* Haftungsrisiken im Schutzschirmverfahren und in der Eigenverwaltung, Teil 1, DB 2012, 1313; Teil 2, DB 2012, 1369; *Brinkmann/Zipperer,* Die Eigenverwaltung nach dem ESUG aus Sicht von Wissenschaft und Praxis, ZIP 2011, 1337; *Buchta/Ott,* Business Judgement Rule in der Eigenverwaltung – eine Betrachtung 3 Jahre nach Inkrafttreten des ESUG, ZInsO 2015, 288; *Dietrich,* Die Eigenverwaltung als Sanierungsweg nach dem neuen Insolvenzrecht, 2002; *Eidenmüller,* Die Eigenverwaltung im System des Restrukturierungsrechts, ZHR 175 (2011), 11; *Flöther/Smid/Wehdeking,* Die Eigenverwaltung in der Insolvenz, 2005; *Görg/Stockhausen,* Eigenverwaltung für Großinsolvenzen?, FS Metzeler, 2003, 105; *Graf/Wunsch,* Eigenverwaltung und Insolvenzplan – gangbarer Weg in der Insolvenz von Freiberuflern und Handwerkern?, ZIP 2001, 1029; *Graf-Schlicker,* Gefährdet die Eigenverwaltung die Unabhängigkeit des Insolvenzverwalters?, FS Kirchhof, 2003, 135; *Gulde,* Die Anordnung der Eigenverwaltung durch das Insolvenzgericht im Eröffnungsbeschluss, 2005; *Gundlach/Müller,* Die Anordnung von Zustimmungsvorbehalten von Amts wegen bei der Eigenverwaltung, ZInsO 2010, 2181; *Haas,* § 64 S. 1 GmbhG im (vorläufigen) Eigenverwaltungs- und Schutzschirmverfahren, ZHR 178 (2014), 603; *ders.,* Das gesellschaftsrechtliche Organisationsrecht in der (vorläufigen) Eigenverwaltung, FS Kübler, 2015, 203; *A. Henkel,* Die Voraussetzungen für die Anordnung der (vorläufigen) Eigenverwaltung, ZIP 2015, 562; *Hill,* Das Eigenverwaltungsverfahren des Diskussionsentwurfes des BMJ im Spannungsfeld zwischen Sanierungsinteresse und Gläubigerschutz, ZInsO 2010, 1825; *Hölzle,* Eigenverwaltung im Insolvenzverfahren nach ESUG – Herausforderungen für die Praxis, ZIP 2012, 158; *Hofmann, Matthias,* Die Vorschläge des DiskE-ESUG zur Eigenverwaltung und zur Auswahl des Sachwalters – Wege und Irrwege zur Erleichterung von Unternehmenssanierungen, NZI 2010, 798; *ders.,* Eigenverwaltung, 2014; *Hügel,* Die Eigenverwaltung als Modell zur Erhöhung der Insolvenzmasse, 2003; *Huhn,* Die Eigenverwaltung im Insolvenzverfahren, 2003; *Jacoby,* Die Haftung des Sanierungsgeschäftsführers in der Eigenverwaltung, FS Vallender, 2015, 261; *Jaffé,* Die Eigenverwaltung im System des Restrukturierungsrechts, ZHR 175 (2011), 38; *Jungmann,* Die Business Judgment Rule im Gesellschaftsinsolvenzrecht – Wider eine Haftungsprivilegierung im Regelinsolvenzverfahren und in der Eigenverwaltung, NZI 2009, 80; *Kammel/Staps,* Insolvenzverwalterauswahl und Eigenverwaltung im Diskussionsentwurf für ein Sanierungserleichterungsgesetz, NZI 2010, 791; *Kebekus/Zenker,* Das Gesellschaftsorgan als Insolvenzverwalter? – Zur Haftungssituation bei der Eigenverwaltung, FS Kübler, 2015, 331; *Klinck,* Die Geschäftsführerhaftung nach § 64 Satz 1 GmbHG im Eigenverwaltungs(eröffnungs)verfahren, DB 2014, 938; *Knöpnadel,* ESUG – Der Bescheiniger und der Eigenverwalter nach InsO, AnwBl 2012, 550; *Koch,* Die Eigenverwaltung nach der Insolvenzordnung, 1998; *Kruse,* Die Eigenverwaltung in der Insolvenz mit ihren gesellschaftsrechtlichen Bezügen, 2004; *Lau,* Das Eröffnungsverfahren (§ 270a InsO) mit anschließender Eigenverwaltung aus der Sicht eines (vorläufigen) Sachwalters, DB 2014, 1417; *Meyer-Löwy/Poertzgen,* Eigenverwaltung (§§ 270 ff. InsO) löst Kompetenzkonflikte nach der EUInsVO, ZInsO 2004, 195; *Noack,* „Holzmüller“ in der Eigenverwaltung – Zur Stellung von Vorstand und Hauptversammlung im Insolvenzverfahren, ZIP 2002, 1873; *Prütting,* Insolvenzabwicklung durch Eigenverwaltung und die Anordnung der Zustimmung des Sachwalters, FS Kirchhof, 2003, 433; *Rattunde/Stark,* Der Sachwalter, 2015; *Rendels,* Eigenverwaltung: Schutz der Masse durch Honorarkriterien, FS Kübler, 2015, 577; *Schlegel,* Die Eigenverwaltung in der Insolvenz, 1999; *A. Schmidt/Poertzgen,* Geschäftsführerhaftung (§ 64 S. 1 GmbHG) in Zeiten des ESUG, NZI 2013, 369; *K. Schmidt,* Gesellschaftsrecht und Insolvenzrecht im ESUG-Entwurf, BB 2011, 1603; *S. Schneider/Höpfner,* Die Sanierung von Konzernen durch Eigenverwaltung und Insolvenzplan, BB 2012, 87; *Smid,* Sanierungsverfahren nach neuem Insolvenzrecht, WM 1998, 2489; *ders.,* Zum Beweisverfahren im Eröffnungsverfahren der §§ 270a, 270b InsO und im eröffneten Eigenverwaltungsverfahren, ZInsO 2013, 209; *Thole/Brünkmans,* Die Haftung des Eigenverwalters und seiner

Organe, ZIP 2013, 1097; *Vallender,* Eigenverwaltung im Spannungsfeld zwischen Schuldner- und Gläubigerautonomie, WM 1998, 2129; *ders.,* Die Eigenverwaltung in neuem Gewand nach dem ESUG, GmbHR 2012, 445; *ders.*, Gerichtliche Erfahrungen mit Eigenverwaltung und Schutzschirmverfahren, DB 2015, 231; *N. Weber,* PKH für den eigenverwaltenden Schuldner, ZInsO 2014, 2151; *Westrick,* Chancen und Risiken der Eigenverwaltung nach der Insolvenzordnung, NZI 2003, 65.

I. Begriff und Zweck der Eigenverwaltung

1 Bei der Eigenverwaltung wird die **Verwaltungs- und Verfügungsbefugnis** über das zur Insolvenzmasse gehörende Vermögen **durch den Schuldner** ausgeübt. Er steht dabei aber unter der Aufsicht eines Sachwalters. Anders als im Regelfall des Insolvenzverfahrens wird die Verwaltungs- und Verfügungsbefugnis über die Insolvenzmasse also nicht vom Schuldner auf einen unabhängigen Insolvenzverwalter übertragen. Die Bestellung eines Insolvenzverwalters im Regelfall beruht darauf, dass einer Person, die den Eintritt der Insolvenz nicht hat verhindern können, zumeist nicht zugetraut wird, die Insolvenzmasse optimal zu verwerten und dabei die Interessen der Gläubiger über ihre eigenen Interessen zu stellen (so BT-Drs. 12/2443, 222). Auf der anderen Seite ist anerkannt, dass es Vorteile haben kann, dem Schuldner die Verwaltungs- und Verfügungsbefugnis zu belassen und daher die Eigenverwaltung anzuordnen. Die Gesetzesbegründung (BT-Drs. 12/2443, 223) führt dafür va an, dass bei einem Unternehmen so die Kenntnisse und Erfahrungen der Geschäftsleitung am besten genutzt werden können und die vom Insolvenzverwalter benötigte Einarbeitungszeit vermieden werde. Das Verfahren der Eigenverwaltung verursache insgesamt auch weniger Aufwand und Kosten. Schließlich soll es für den Schuldner auch einen Anreiz bieten, rechtzeitig einen Antrag auf Eröffnung des Insolvenzverfahrens zu stellen, wenn er damit rechnen könne, nicht völlig aus der Geschäftsführung verdrängt zu werden. Über die realistische Einschätzung dieser Vorteile der Eigenverwaltung herrscht Uneinigkeit (Gottwald InsR-HdB/*Haas* § 86 Rn. 14 mwN; *Jaffé* ZHR 175 (2011), 38 [42 ff.], zur rechtsökonomischen Analyse der Vorteile einer Eigenverwaltung *Eidenmüller* ZHR 175 (2011), 11). In der bis zum 1.3.2012 geübten Praxis ist von der Eigenverwaltung nur sehr zurückhaltend Gebrauch gemacht worden. Immerhin hatte sie sich in Fällen der Sanierung größerer Unternehmen bewährt (→ Rn. 5). Der Gesetzgeber hat daher durch das Gesetz zur weiteren Erleichterung der Sanierung von Unternehmen versucht, die Attraktivität der Eigenverwaltung zu steigern (Überblick zu den Änderungen → Rn. 6).

II. Entstehung der gesetzlichen Regelung

2 **1. KO, VerglO, § 150b ZVG.** Die Eigenverwaltung ist ohne gesetzliches Vorbild in der KO. Allerdings sah die VerglO vor, dass der Schuldner grds. die Verwaltungs- und Verfügungsbefugnis behielt und der Vergleichsverwalter lediglich Überwachungsaufgaben wahrnahm (MüKoInsO/*Tetzlaff* Vor §§ 270–285 Rn. 8; Gottwald InsR-HdB/*Haas* § 86 Rn. 8). Eine vergleichbare Regelung, die auch schon früher galt, enthält § 150b ZVG, der die Bestellung des Schuldners zum Verwalter bei der Zwangsverwaltung eines landwirtschaftlichen, forstwirtschaftlichen oder gärtnerischen Grundstücks vorsieht und damit ebenfalls einen Fall der Eigenverwaltung regelt. Solche Anlehnungen sollten aber nicht überschätzt werden, da sich daraus kaum noch Erkenntnisse für die insolvenzrechtliche Regelung herleiten lassen (aA offenbar MüKoInsO/*Tetzlaff* Vor §§ 270–285 Rn. 9).

3 **2. Debtor in possession im US-amerikanischen Insolvenzrecht.** Der Gesetzgeber hatte bei der Regelung der Eigenverwaltung auch das US-amerika-

nische Insolvenzrecht vor Augen, das iRd **Chapter 11 des United States Bankruptcy Code** (BC) für den Regelfall einen „debtor in possession" vorsieht, dem die Verwaltungs- und Verfügungsbefugnis verbleibt (vgl. BT-Drs. 12/2443, 106). Anders als das Chapter 11 BC Verfahren, das auf eine Sanierung des Schuldners zielt (*Smid* WM 1998, 2489 [2506]; *Bartels* KTS 2010, 259 [261]; Gottwald InsR-HdB/*Haas* § 86 Rn. 10), kann das Ziel der Eigenverwaltung auch in der Liquidation liegen, wenn sie auch häufig mit dem Ziel der Sanierung angeordnet wird (viele der in Eigenverwaltung durchgeführten Verfahren enden jedoch letztlich als Liquidationsverfahren). Ein wesentlicher Unterschied besteht auch darin, dass die Eigenverwaltung unter der Aufsicht eines Sachwalters erfolgt, während im Chapter 11 BC Verfahren nur im Ausnahmefall ein *examiner* oder ein *trustee* bestellt wird, iÜ aber die Kontrolle des Schuldners va durch die Gläubigerausschüsse erfolgt (*Smid* WM 1998, 2489 [2506]; Gottwald InsR-HdB/*Haas* § 86 Rn. 11). Gleichwohl sind die Erfahrungen mit dem US-amerikanischen Insolvenzrecht auch für die Fortentwicklung des deutschen Rechts aufschlussreich (ausf. zur Eigenverwaltung in den USA → Rn. 13 ff.). Zu weiteren Modellen der Eigenverwaltung in rechtsvergleichender Sicht *Eidenmüller* ZHR 175 (2011), 11 [18 ff.].

4 **3. Unterschiedliche Formen der Eigenverwaltung im Regierungsentwurf.** Der Gesetzentwurf der Bundesregierung zur InsO sah iRd Abschnittes „Besondere Arten des Insolvenzverfahrens" noch zwei unterschiedliche Formen der Eigenverwaltung vor, zum einen die **„Eigenverwaltung unter Aufsicht eines Sachwalters"**, zum anderen die **„Eigenverwaltung ohne Sachwalter bei Kleinverfahren".** Die Abgrenzung sollte ähnlich wie die zwischen Regelinsolvenzverfahren und Verbraucherinsolvenzverfahren erfolgen, dh bei natürlichen Personen, die nur einer unselbständigen oder einer geringfügigen selbständigen Tätigkeit bei überschaubaren Vermögensverhältnissen nachgehen, sollte eine Eigenverwaltung auch ohne besondere Aufsichtsperson erfolgen können, da das als unnötiger Aufwand angesehen wurde (BT-Drs. 12/2443, 227). Erst aufgrund der **Beschlussempfehlung des Rechtsausschusses** (BT-Drs. 12/7302, 193) wurde die Regelung zur Eigenverwaltung ohne Sachwalter gestrichen und stattdessen durch § 312 Abs. 2 aF (jetzt § 270 Abs. 1 S. 3) die Anwendbarkeit der Vorschriften zur Eigenverwaltung für Verbraucherinsolvenzverfahren und sonstige Kleinverfahren ausgeschlossen. Maßgeblich dafür war, dass das Verfahren in diesen Fällen so einfach wie möglich gestaltet werden sollte und die Gerichte so wenig wie möglich belastet werden sollten. Daher wurde die Regelung zur Eigenverwaltung nur für Unternehmensinsolvenzen, nicht aber für Verbraucherinsolvenzen als sinnvoll angesehen.

III. Diskussion und Reform der Eigenverwaltung

5 **1. Beurteilung im Gesetzgebungsprozess und nach Inkrafttreten der InsO.** Schon während des Gesetzgebungsprozesses ist die Änderung des Insolvenzverfahrens durch die Möglichkeit einer Eigenverwaltung außerordentlich **krit. und kontrovers** beurteilt worden. Maßgeblicher Gesichtspunkt war das Misstrauen in die Fähigkeit des Schuldners, die Eigenverwaltung frei von eigenen Interessen durchzuführen (*Häsemeyer* InsR Rn. 8.02 u. 8.04); es spreche daher normalerweise wenig dafür, „den Bock zum Gärtner zu machen" (so etwa *Bork* Einführung Rn. 401). Nach Inkrafttreten der InsO gab es zwar eine Reihe von Großinsolvenzen, die auf dem Weg der Eigenverwaltung zur Unternehmenssanierung führten (so etwa Agfa Photo GmbH, Babcock Borsig AG, Grundig AG, Herlitz AG, Ihr Platz GmbH & Co. KG, Kirch Media GmbH & Co. KGaA, Sinn Leffers GmbH). Dennoch wurde die Eigenverwaltung lange Zeit mit Skepsis betrachtet und ihre Anordnung der gesetzlichen Regelung entsprechend als Aus-

nahmefall angesehen (so zB *Häsemeyer* InsR Rn. 8.02). Auch die Gerichte ordneten die Eigenverwaltung über viele Jahre nur mit Zurückhaltung an (HambK-InsO/*Fiebig* Vor § 270 Rn. 5). Dies bewog den Gesetzgeber dazu, dem Schuldner den Zugang zur Eigenverwaltung mit dem ESUG (dazu → Rn. 6; → Einleitung Rn. 16) zu erleichtern.

6 **2. Das Gesetz zur weiteren Erleichterung der Sanierung von Unternehmen.** Nachdem das BMJ Mitte 2010 zunächst einen sog Diskussionsentwurf (abgedruckt etwa in ZIP-Beil. 1/2010, 28) vorgelegt hatte, sodann Anfang 2011 ein Referentenentwurf (abgedruckt etwa in ZIP-Beil. 1/2011, 6) bekannt wurde und schließlich zum 4.3.2011 ein Gesetzentwurf der Bundesregierung für ein Gesetz zur weiteren Erleichterung der Sanierung von Unternehmen **(ESUG)** in BR-Drs. 127/11 veröffentlicht wurde, ist dieses unter Berücksichtigung der Empfehlungen des Rechtsausschusses (BT-Drs. 17/7511) in der sich aus BR-Drs. 679/11 ergebenden Fassung am 1.3.2012 in Kraft getreten. Gemäß Art. 10 ESUG gelten auch die Änderungen zur Eigenverwaltung ab diesem Zeitpunkt. Maßgeblich ist, wie sich aus Art. 103g EGInsO ergibt, der Zeitpunkt des Eröffnungsantrages, so dass auf Insolvenzverfahren, die vor dem 1.3.2012 beantragt worden sind, die bis dahin geltenden Vorschriften weiter anzuwenden sind. Das ESUG setzt die Voraussetzungen für die Anordnung der Eigenverwaltung durch die Änderung von § 270 deutlich herab. Erstmals wird durch § 270a das Eröffnungsverfahren näher geregelt, daneben enthält § 270b eine eigenständige Regelung zur Vorbereitung der Sanierung mittels eines Insolvenzplans. Die Voraussetzungen der nachträglichen Anordnung der Eigenverwaltung werden durch § 271 neu geregelt, indem das Antragsrecht der Gläubigerversammlung einerseits erweitert wird, andererseits an die dafür erforderlichen Mehrheiten strengere Anforderungen gestellt werden. Die Voraussetzungen für die Aufhebung der Eigenverwaltung werden durch § 272 verschärft. § 276a enthält erstmals eine Regelung zu den Konsequenzen der Eigenverwaltung auf die Kompetenzverteilung bei einer juristischen Person oder einer Gesellschaft ohne Rechtspersönlichkeit.

7 Nachdem über die **Ausgewogenheit der Neuregelung** zur Eigenverwaltung durch das ESUG zu Beginn höchst unterschiedliche Auffassungen bestanden (s. zB *Eidenmüller* ZHR 175 (2011), 11 [36]; *Frind* ZInsO 2010, 1524 [1527]; *Hofmann* NZI 2010, 798 [805]; *Kammel/Staps* NZI 2010, 791 [798]; *Brinkmann/Zipperer* ZIP 2011, 1337 [1346]; *Hirte* ZInsO 2011, 401), wird zunehmend festgestellt, dass die Eigenverwaltung zu einem wichtigen Sanierungstool geworden ist, das vermehrt genutzt wird (Beispiele: die IVG Immobilien AG, die Pfleiderer AG oder auch der Suhrkamp Verlag GmbH & Co. KG, vgl. *Rattunde/Stark* Der Sachwalter Rn. 6). Sowohl der Gravenbrucher Kreis als auch der BAKinsO e. V. haben **Vorschläge zur Reform** der ESUG-Regelungen vorgelegt (jeweils auf der Homepage abrufbar). Sie betreffen ua den Zugang zur Eigenverwaltung, die Begründung von Masseverbindlichkeiten im Eröffnungsverfahren gem. § 270a, Haftungsfragen oder auch die Beendigung der Eigenverwaltung. Vor einer neuerlichen Umgestaltung der Vorschriften zur Eigenverwaltung sollte jedoch noch abgewartet werden, ob die Neuregelung zur nachhaltigen Verbesserung der Sanierungsmöglichkeiten von Unternehmen im Wege der Eigenverwaltung führen wird oder sich nicht vielmehr die bislang strenger beurteilten Risiken der Eigenverwaltung häufiger verwirklichen werden.

IV. Anwendungsbereich und Anwendungsfälle

8 **1. Zweckoffenheit.** Das Rechtsinstitut der Eigenverwaltung wird in erster Linie mit dem **Ziel der Sanierung** in Verbindung gebracht (charakteristisch die Diskussion um die durch das ESUG neu eingefügten Vorschriften der §§ 270a,

270b). Der gesetzlichen Regelung lässt sich jedoch nicht entnehmen, dass die Eigenverwaltung nur zum Zweck der Sanierung angeordnet werden dürfte. Vielmehr spricht insbes. § 282 dafür, dass **auch reine Liquidationsverfahren** in Eigenverwaltung durchgeführt werden können (LG Cottbus ZIP 2001, 2188; LG Potsdam ZIP 2001, 1689 f.; HambK-InsO/*Fiebig* § 270 Rn. 6; MüKoInsO/*Tetzlaff* Vor §§ 270–285 Rn. 39 u. § 270 Rn. 101; dagegen aber AG Lübeck DZWIR 00, 482 (Ls.); *Koch* Eigenverwaltung S. 93; offenbar auch AG Hamburg NZI 2014, 269 [270] mwN: sinnvoll nur bei Betriebsfortführungsverfahren mit konkreter Sanierungsaussicht). Bei reinen Liquidationsverfahren spielen die vom Gesetzgeber genannten Vorteile der Eigenverwaltung (dazu → Rn. 1) größtenteils aber gar keine Rolle (MüKoInsO/*Tetzlaff* § 270 Rn. 101). Deshalb wird man, wenn die Liquidation eines Unternehmens in Eigenverwaltung beabsichtigt ist, genau prüfen müssen, ob dies nicht zu Nachteilen für die Gläubiger führen wird, weil ein erfahrener Insolvenzverwalter häufig über bessere Möglichkeiten der Verwertung verfügt als der Schuldner (zurückhaltend auch HK-InsO/*Landfermann* Vor §§ 270 ff. Rn. 12).

9 **2. Verbraucherinsolvenzverfahren, besondere Arten des Insolvenzverfahrens.** Gem. **§ 270 Abs. 1 S. 3** (früher § 312 Abs. 2, bloße redaktionelle Änderung durch das Gesetz zur Verkürzung des Restschuldbefreiungsverfahrens und zur Stärkung der Gläubigerrechte mit Wirkung zum 1.7.2014) sind die Vorschriften über die Eigenverwaltung in Verbraucherinsolvenzverfahren und sonstigen Kleinverfahren nicht anwendbar (zu den Gründen bereits → Rn. 4). Im Wege des Umkehrschlusses als zulässig (aber praktisch wenig bedeutsam) anzusehen ist hingegen die Eigenverwaltung in den besonderen Arten des Insolvenzverfahrens (§§ 315 ff.), da die Eigenverwaltung für diese Verfahren nicht ausgeschlossen ist (MüKoInsO/*Tetzlaff* Vor §§ 270–285 Rn. 42; Uhlenbruck/*Zipperer* § 270 Rn. 36). Im **Nachlassinsolvenzverfahren** wird die Eigenverwaltung durch den Erben durchgeführt (→ Vor § 315 Rn. 18). Kommen wechselseitige Ansprüche zwischen Nachlass und Erben gem. §§ 1978, 1979 BGB oder Haftungsansprüche gem. § 1980 BGB gegen den Erben in Betracht, wird angesichts des drohenden Interessenkonflikts eine Eigenverwaltung idR ausscheiden (HambK-InsO/*Fiebig* § 270 Rn. 12; MüKoInsO/*Tetzlaff* Vor §§ 270–285 Rn. 43). Bei Erbengemeinschaften sollte die Eigenverwaltung angesichts der Schwerfälligkeit ihres Handelns (vgl. §§ 2038, 2040 BGB) nicht angeordnet werden (zweifelnd Ahrens/Gehrlein/Ringstmeier/*Ringstmeier* § 270 Rn. 5; aA HK-InsO/*Landfermann* Vor §§ 270 ff. Rn. 14).

10 **3. Konzerninsolvenzen, Sekundärinsolvenzverfahren.** Angesichts der Schwierigkeiten, mit den Mitteln des nationalen Insolvenzrechts Konzerninsolvenzen zu bewältigen, wird in der Eigenverwaltung auch ein geeignetes Mittel gesehen, Großunternehmen mit verschachtelten konzernrechtlichen Beziehungen abzuwickeln (Uhlenbruck/*Zipperer* § 270 Rn. 10 mwN, *Schneider/Höpfner* BB 2012, 87; eindringlich *Jaffé* ZHR 175 (2011), 38 [46 f.]; ausf. Kübler HRI/*Kübler* § 19). Dabei ist jedoch zu bedenken, dass es sich bei der Anordnung der Eigenverwaltung in solchen Fällen nur um einen von mehreren Bausteinen zur Bewältigung derart komplexer Verfahren handeln kann (so richtig Gottwald InsR-HdB/*Haas* § 86 Rn. 15), der eine Lücke füllt, die sich aus den (bislang noch) **fehlenden gesetzlichen Vorschriften zur Konzerninsolvenz** ergibt. Entsprechendes gilt auch für die Anordnung der Eigenverwaltung im Rahmen eines Sekundärinsolvenzverfahrens gemäß **Art. 3 Abs. 3 EuInsVO.** AG Köln (ZInsO 2004, 216) ordnete die Eigenverwaltung im Sekundärinsolvenzverfahren an, um so dem Verwalter des Hauptinsolvenzverfahrens auch im Sekundärinsolvenzverfahren die Verwaltungs- und Verfügungsbefugnis zu übertragen. Damit wurden die Schwierigkeiten vermieden, die sich aus den in Art. 31 EuInsVO vorgesehenen Koope-

rations- und Mitwirkungspflichten zwischen den Verwaltern des Haupt- und des Sekundärinsolvenzverfahrens ergeben (HambK-InsO/*Fiebig* Vor § 270 Rn. 6; *Smid* DZWIR 2004, 397 [406ff.]; *Meyer-Löwy/Poertzgen* ZInsO 2004, 195 [196]; umfassend Kübler HRI/*Dreschers* § 21 Rn. 70ff.). Sowohl für den Bereich der Konzerninsolvenzen als auch für das Sekundärinsolvenzverfahren ist die Bedeutung der Eigenverwaltung noch nicht ausreichend geklärt, insoweit ist die weitere Entwicklung abzuwarten (ähnlich Kübler/Prütting/Bork/*Pape* § 270 Rn. 35; zurückhaltend HambK-InsO/*Fiebig* Vor § 270 Rn. 6), wie sie sich insbes. aus der Veränderung der Rahmenbedingungen durch das ESUG ergeben wird. Für Konzerninsolvenzen ist insbes. zu berücksichtigen, dass durch § 276a die Einflussmöglichkeiten von Überwachungsorganen weitgehend zurückgedrängt sind und damit eine einheitliche Willensbildung kaum möglich ist (*Bilgery* ZInsO 2014, 1694 [1696]). Hier wird zukünftig die Koordination paralleler Verfahren bedeutsam werden (vgl. §§ 269d ff. im Entwurf eines Gesetzes zur Erleichterung der Bewältigung von Konzerninsolvenzen, BT-Drs. 18/407).

4. Falltypen der Eigenverwaltung. In der Praxis haben sich unterschiedliche Falltypen der Eigenverwaltung herausgebildet (dazu HK-InsO/*Landfermann* Vor §§ 270 ff. Rn. 12 ff.). 11

a) Sanierung von Großunternehmen. In der Öffentlichkeit haben bisher va die in Eigenverwaltung durchgeführten Insolvenzverfahren von Großunternehmen Beachtung gefunden. In diesen Fällen wird idR eine Sanierung oder doch jedenfalls Restrukturierung des Schuldnerunternehmens angestrebt. Zentrale Voraussetzung für das Gelingen ist die gründliche Vorbereitung des Insolvenzverfahrens. Dazu gehört die kurzfristige Vorlage eines Insolvenzplans („prepackaged plan"), der gem. § 270b ggf. in einem eigenständigen Sanierungsverfahren ausgearbeitet werden kann. Zunehmend werden im Zuge der Krise auch Teile der Geschäftsführung durch Sanierungsexperten ersetzt, um so das für die Eigenverwaltung notwendige Vertrauen der Gläubiger in die Kompetenz zur Bewältigung der Krise zu gewinnen (Uhlenbruck/*Zipperer* § 270 Rn. 7). Im Hinblick auf die Anordnung der Eigenverwaltung werden derartige Vorgänge unterschiedlich beurteilt (dazu → § 270 Rn. 13).

b) Regelinsolvenzverfahren bei freiberuflich Tätigen. Ein weiterer Typus der Eigenverwaltung betrifft bestimmte Regelinsolvenzverfahren über das Vermögen natürlicher Personen, insbes. von freiberuflich Tätigen wie Ärzte, Apotheker, Rechtsanwälte, Notare, Steuerberater, Architekten, Ingenieure usw. Ein zentraler Grund für die Anordnung der Eigenverwaltung wird hier darin gesehen, dass sich dadurch **Kollisionen zwischen Berufsrecht und Insolvenzverwaltung** vermeiden lassen (dazu *Graf/Wunsch* ZIP 2001, 1029; *Runkel* ZVI 2007, 45; *Tetzlaff* ZInsO 2005, 393): Der Insolvenzverwalter dürfe eine freiberufliche Praxis grds. nur fortführen, wenn er über die erforderliche Qualifikation verfügt. Zumeist sei der Verwalter daher ohnehin auf die Mitwirkung des Schuldners angewiesen (Uhlenbruck/*Hirte* § 35 Rn. 285). Die Fortführung einer Apotheke soll dementsprechend offenbar nur im Wege der Eigenverwaltung möglich sein (OVG Berlin ZVI 2004, 620). Bei manchen Berufsgruppen (etwa Rechtsanwälten, nicht jedoch Ärzten) ist weiter zu berücksichtigen, dass bei Eröffnung des Insolvenzverfahrens ein Widerruf der Zulassung droht (dazu *Tetzlaff* ZInsO 2005, 393; *Klose* BRAK-Mitt. 2010, 6). Die gesetzliche Vermutung des Vermögensverfalls bei Eröffnung des Insolvenzverfahrens über das Vermögen eines Rechtsanwalts (§ 14 Abs. 2 Nr. 7 Hs. 2 BRAO) wird durch die bloße Anordnung der Eigenverwaltung nicht widerlegt (BGH ZInsO 2011, 2234). 12

V. Eigenverwaltung in den USA

13 **1. Historischer Überblick. a) Kodifikation der Equity Receivership.** Wie in Deutschland auch sind in den USA sowohl die Vorstellung eines Schuldners, der „im Besitz" des Vermögensbestands der Insolvenzmasse bleibt, als auch der Umfang seiner Befugnisse zur Verwaltung der Insolvenzmasse Gegenstand energischer Diskussionen gewesen. Formell fand das Konzept der Eigenverwaltung im Jahr 1934 als Änderung (Act of June 7, 1934, Kap. 424, 48 Stat. 911, 912-25; vgl. auch *Leibell* Fordham Law Review 380 (1940), 390 ff.) des Bankruptcy Act of 1898 Aufnahme in das US-Bundesrecht (Act of July 1, 1898, Kap. 541, 30 Stat. 544, in seiner geänderten Fassung). Die neuen gesetzlichen Bestimmungen stellten den Versuch dar, das durch die Rspr. geschaffene Recht zur Unternehmenssanierung unter Bezugnahme auf ein Verfahren des *Common Law* zu reformieren und zu kodifizieren, das als *Equity Receivership* (etwa: Zwangsverwaltung nach Billigkeitsrecht) bezeichnet wurde. Bei dieser Form von Zwangsverwaltung wurde im Zuge der Umorganisation von Eisenbahngesellschaften häufig auf wohlgesonnene Gläubiger rekurriert, die mit der Geschäftsführung des Schuldners zusammenarbeiteten, um das verschuldete Unternehmen durch eine Umwandlung von Schulden in Beteiligungskapital (*debt for equity exchange*) neu zu strukturieren. Dabei wurde von den beteiligten Gläubigern häufig eine Bewertung vorgenommen, um die nicht beteiligungswilligen Gläubiger abzufinden; überdies fand häufig eine fiktive Zwangsversteigerung der schuldnereigenen Vermögenswerte statt, um lastenfreies Eigentum für eine neu zu bildende Kapitalgesellschaft zu schaffen, deren Gesellschaftsanteile an die beteiligten Gläubiger der alten Gesellschaft ausgegeben wurden (*Leibell* aaO S. 392 f.).

14 **b) Chandler Act von 1938.** Obwohl diese Zwangsverwaltungsverfahren von den Gerichten im Laufe der Zeit weiterentwickelt wurden, scheinen sie Gegenstand erheblichen Missbrauchs von Seiten der über Insider-Informationen verfügenden Beteiligten gewesen zu sein, dies zum Schaden nachrangiger Gruppen von einzelnen Aktionären (*public creditors*) und Kapitalanlegern (vgl. Securities and Exchange Commission Report on the Study and Investigation, Personnel and Functions of Protective and Reorganization Committees I, Strategy and Techniques of Protective and Reorganization Committees, S. 24–29 v. 10.5.1937). Es bestand außerdem die Befürchtung, dass die Unternehmensführung des Schuldners naturgemäß dazu neigen würde, zu Lasten der einzelnen, kleineren Aktionäre die Großgläubiger zu besänftigen, mit denen der Schuldner auch zukünftig wieder würde ins Geschäft kommen können (Sonderbericht Nr. 95–989 (1978), Ziffern 9–11). Aus diesem Grund stießen die die Eigenverwaltung regelnden Bestimmungen der Gesetzesänderung von 1934 auf harsche Kritik, insbes. von Seiten der *US Securities and Exchange Commission* (US-amerikanische Börsenaufsichtsbehörde): Diese empfahl, dass größere Sanierungsfälle nicht vom Schuldner selbst, sondern von einem neutralen Treuhänder verwaltet werden sollten (Report on the Commission on the Bankruptcy Laws of the United States, Dokument Nr. 93–137 des House of Representatives, Teil I, Kap. 9(B)(1), 1973). Daraufhin verabschiedete der Kongress im Jahr 1938 den so genannten „Chandler Act" (Act of June 22, 1938, Kap. 575, 52 Stat. 883 unter Abänderung des früheren Titels 11), mit dem das Konzept der Eigenverwaltung durch den Schuldner abgeschafft und die Einsetzung eines Treuhänders in nahezu allen Fällen der konkursbedingten Sanierung von an der Börse gehandelten Unternehmen vorgeschrieben wurde; diese sollte nunmehr nach Maßgabe des früheren *Chapter X* durchgeführt werden (*Leibell* aaO S. 395). Das Konzept der Eigenverwaltung wurde für Fälle eines Zwangsvergleichs (*arrangement,* im Unterschied zur Sanierung (*reorganization*)) gemäß dem früheren

Chapter XI beibehalten, das für Vergleichsverfahren kleinerer Kapitalgesellschaften (und Privatpersonen) genutzt werden sollte, bei denen kein gesichertes Fremdkapital bzw. keine Kapitalbeteiligungen betroffen waren.

c) Bankruptcy Code von 1979. In den folgenden Jahrzehnten bis 1973 war man jedoch vielerorts in der juristischen Forschung und auch in der Rechtsprechungspraxis zu dem Schluss gelangt, dass die durch den *Chandler Act* eingeführte Unterscheidung, ob ein Schuldner gemäß dem früheren *Chapter X* anstelle des früheren *Chapter XI* zu sanieren sei, nicht praktikabel war: Es wurde ein ungeheurer Aufwand zur Erreichung einer gerichtlichen Feststellung betrieben, ob gemäß *Chapter X* zu behandelnde Fälle auf *Chapter XI* umgestellt werden sollten oder umgekehrt (vgl. etwa Commission Report, Teil I, Kap. 9(B)(3) mit dem Fazit, dass eine willkürliche Unterscheidung durch nichts zu begründen sei, weshalb ein umfassendes Kapitel zur Unternehmenssanierung empfohlen wurde; *Berdan/Arnold* Marquette Law Review 67 (1983-84), 457), oder es wurden unsachgemäße Vergleiche ausgehandelt, um diese Rechtsstreitigkeiten zu vermeiden. Insbes. der zeitliche Aufwand wurde als einer der Faktoren herausgehoben, die erheblich zum Scheitern der gemäß *Chapter X* zu behandelnden Fälle beitrugen (124 Congressional Record H11101 von 1978). Die Kritiker waren der Ansicht, dass die Einzelanleger (*public investors*) in den meisten Fällen auch ohne Treuhänder hinreichend vor den Vertrauten und Geschäftspartnern des Schuldners geschützt seien, sofern nur das amerikanische Kapitalmarktrecht (das sich seit seiner Einführung im Jahr 1938 bewährt hatte) stringent angewendet, angemessene Darlegungspflichten während des Sanierungsverfahrens eingehalten, formelle Gläubigerausschüsse bestellt sowie die gerichtliche Aufsicht gewährleistet wurden. Nach ausführlicher Prüfung und Debatte stimmte der Kongress zu und ersetzte den Bankruptcy Act of 1898 vollständig durch den heute noch geltenden Bankruptcy Code (Act of Nov. 6, 1978, Pub. L. Nr. 95–598, 92 Stat. 2549, veröffentlicht in seiner geänderten Fassung in 11 U. S. C. §§ 101–1532), der am 1.10.1979 in Kraft trat und vorsieht, dass dem Schuldner in Sanierungsfällen (die jetzt in einem einheitlichen *Chapter 11* des Bankruptcy Code geregelt sind) im Allgemeinen die „Eigenverwaltung" zukommt, dass jedoch das Konkursgericht wie unten beschrieben den Schuldner seiner Funktion entheben und unter bestimmten Umständen die Bestellung eines Treuhänders zur Verwaltung der Insolvenzmasse anordnen kann. 15

2. Eigenverwaltung durch den debtor in possession. a) Einleitung des Konkursverfahrens und Übernahme der Eigenverwaltung. Meldet ein Schuldner aus freien Stücken gemäß dem Bankruptcy Code Konkurs an, steht diese dem Beschluss des Konkursgerichts (*order for relief*) gleich; eine Insolvenz oder sonstige Gründe sind nicht erforderlich, um freiwillig Konkurs anzumelden (allerdings muss die Anmeldung gutgläubig erfolgen, 11 U. S. C. §§ 301–302). Ebenso wenig besteht die Voraussetzung, dass Vermögenswerte in einem bestimmten Umfang für den Konkursverwalter zur Verfügung stehen müssen. Zwar können auch Gläubiger Verfahren einleiten, doch geschieht dies in der Praxis eher selten. Der Schuldner erhält Gelegenheit, die Konkursgründe, bspw. gesetzliche Insolvenz oder Insolvenz nach Equity-Recht (Unfähigkeit, laufende Schulden bei Fälligkeit zu begleichen), anzufechten, bevor der Gerichtsbeschluss (*order for relief*) ergeht. Hat der Schuldner damit Erfolg, wird das Gericht den Antrag abweisen (11 U. S. C. § 303). Bei einer unfreiwilligen (von Gläubigern beantragten) Unternehmenssanierung gemäß *Chapter 11* bleibt der Schuldner zwischenzeitlich im Besitz der Vermögenswerte. Mit Ausnahme der dem *Chapter 9* (Umschuldung für Kommunen) zuzuordnenden Fälle entsteht durch die Einleitung eines ordentlichen Verfahrens gemäß dem Bankruptcy Code eine Insolvenzmasse mit eigener Rechtspersönlichkeit, die im Allgemeinen aus dem gesamten im Eigentum des Schuldners stehenden Vermögen besteht (11 U. S. C. § 541; 7 *Collier on Bankruptcy* 16

1101.01[3], hrsg. v. Resnick/Sommer, 16. A). In all diesen Fällen, mit Ausnahme derjenigen gemäß *Chapter 11* (das heißt in den Fällen gemäß *Chapter* 7 (Liquidation), *Chapter 12* (Umschuldung für landwirtschaftliche Familienbetriebe und Fischer mit regelmäßigem Einkommen) oder *Chapter 13* (Umschuldung für Privatpersonen mit regelmäßigem Einkommen) wird ein Treuhänder als „Vertreter der Insolvenzmasse" ernannt (11 U. S. C. § 323(a)). Dabei ist anzumerken, dass *Chapter 11* zwar die einschlägige Bestimmung für die Sanierung von Unternehmen darstellt, die im Wege eines auszuhandelnden und gerichtlich bestätigten Insolvenzplans vollzogen wird, dass ein Verfahren gemäß *Chapter 11* jedoch auch zu einer Liquidation führen kann, sei es durch eine spätere Umwandlung des Verfahrens gemäß *Chapter 11* in ein Verfahren gemäß *Chapter* 7 (in dem die Liquidation geregelt ist), sei es durch einen Verkauf von Vermögenswerten nach Maßgabe oder vor Bestätigung des Insolvenzplans gemäß *Chapter 11,* der in diesem Fall eine Auskehrung der Verkaufserlöse an die Gläubiger vorsieht. In den gemäß *Chapter 11* abzuwickelnden Fällen bleibt der Schuldner jedoch als „*debtor in possession*" automatisch im Besitz des Vermögensbestands der Insolvenzmasse und übernimmt die Aufgaben eines Treuhänders mit nahezu allen Befugnissen und Pflichten eines solchen (11 U. S. C. § 1107, der dem Schuldner nahezu sämtlich Befugnisse und Pflichten eines Treuhänders überträgt, vorbehaltlich einer gerichtlichen Einschränkung dieser Befugnisse), einschließlich der Vollmacht, das schuldnereigene Unternehmen iRd üblichen Geschäftsbetriebs weiterzuführen (11 U. S. C. § 1108). Allerdings ist er gewissen Einschränkungen unterworfen (die gleichermaßen auch für Treuhänder gelten) und unterliegt einer weiteren Eingrenzung seiner Befugnisse als „*debtor in possession*", die das Gericht im eigenen Ermessen anordnen kann. Der Schuldner übernimmt im Rahmen von Verfahren gemäß *Chapter 11* so lange die Eigenverwaltung, bis das Verfahren abgeschlossen ist, nach Maßgabe eines anderen *Chapter* weitergeführt oder bis ein Treuhänder ernannt wird.

17 **b) Eigenverwaltung und Insolvenzplan.** *Chapter 11* ist in erster Linie auf die Sanierung von gewerblichen Unternehmen ausgerichtet und mündet in die gerichtliche Bestätigung eines gemäß *Chapter 11* aufgestellten Insolvenzplans. Auch eine vollständige oder teilw. Liquidation ist im Rahmen von *Chapter 11* möglich (11 U. S. C. §§ 1129(a)(11), 1141(d)(3)(A)), wobei der Verkauf von Vermögenswerten entweder nach Maßgabe eines gemäß *Chapter* 11 aufgestellten Insolvenzplans erfolgt (11 U. S. C. § 1123(b)(4)) oder zunehmend bereits während des Verfahrens, jedoch vor Beschluss eines Insolvenzplans; in diesen Fällen dient der Insolvenzplan lediglich als Hilfsmittel zur Auskehrung der mit dem Verkauf erzielten Erlöse (vgl. etwa *Committee of Equity Security Holders v. Lionel Corp. (In re Lionel Corp.),* 722 F.2d 1063, 2d Cir. 1983). Es steht auch natürlichen Personen offen, eine Umschuldung gemäß *Chapter 11* anzustreben (*Toibb v. Radloff,* 501 U. S. 157 (1991)), doch lassen die Komplexität dieses Verfahrens und seine Kostspieligkeit diesen Weg für Privatschuldner, mit Ausnahme sehr hoch verschuldeter Personen mit gleichermaßen hohem Einkommen, unattraktiv erscheinen (*Grassgreen,* Norton Annual Survey of Bankruptcy Law, 2006, Teil I § 12). *Chapter 13* gilt für in Not geratene Privatpersonen mit regelmäßigem Einkommen. Ein Schlüsselaspekt der vom „*debtor in possession*" ausgeübten Eigenverwaltung ist die ausschließlich ihm zu Gebote stehende Möglichkeit, innerhalb eines begrenzten Zeitraums einen Insolvenzplan vorzulegen und dafür um Zustimmung der Gläubiger zu werben. Üblicherweise kann nur der Schuldner während der ersten 120 Tage eines Verfahrens gemäß *Chapter 11* einen Sanierungsplan einreichen; ist dies fristgemäß erfolgt, darf vor Ablauf von 180 Tagen nach Eröffnung des Verfahrens kein weiterer Sanierungsplan vorgelegt werden (11 U. S. C. § 521(a)–(c)). Diese Fristen können auf Antrag eines der Verfahrensbeteiligten im Ermessen des Ge-

richts verkürzt oder verlängert werden; im Falle einer Verlängerung dürfen sie jedoch einen Zeitraum von 18 Monaten bzw. 2 Jahren nicht überschreiten (11 U. S. C. § 521(d)). Mit der Bestellung eines Treuhänders werden diese dem Schuldner gewährten Fristen für seine Tätigkeit in eigener Verantwortung (*exclusivity periods*) automatisch aufgehoben (11 U. S. C. § 521(c)(1)). Ein Schuldner kann auch vor Eröffnung des Verfahrens einen Insolvenzplan anbieten, den das Gericht dann seinerseits im Zuge des Verfahrens gemäß *Chapter 11* bestätigt (11 U. S. C. § 1126(b)), so dass der Schuldner zu Beginn des Verfahrens lediglich einen Gerichtsbeschluss zur Bestätigung des Plans erwirken muss. Ein derartiger Insolvenzplan wird gemeinhin als vorgefertigter (*„pre-packaged"*) Plan und das entsprechende Verfahren als vorgefertigtes (*„pre-packaged"*) Verfahren oder auch kurz als *„pre-pack"* bezeichnet. In der US-Praxis kann man drei Subtypen von gemäß *Chapter 11* zu behandelnden Fällen unterscheiden: 1) ein „traditionelles" *Chapter 11* Verfahren (Insolvenzplanentwicklung/-verhandlung nach der Verfahrenseröffnung entweder in einem *„free fall*" Verfahren (ein relativ ungeplanter Antrag auf Gläubigerschutz) oder in einem *„soft landing*" Verfahren (ein eher überlegter und geplanter Antrag), 2) ein *„pre-negotiated*" Verfahren nach *Chapter* 11 (Insolvenzplanentwicklung/-verhandlung vor der Verfahrenseröffnung mit einer verbindlichen oder unverbindlichen Einigung mit den Hauptgläubigern) oder 3) ein *„pre-packaged*" Verfahren gemäß Chapter 11 (*„pre-packaged*" Insolvenzplan (oder *„pre-pack*") (nach BC § 1126(b) genehmigt), das schon vor der Verfahrenseröffnung von den erforderlichen Gläubigermehrheiten angenommen worden ist).

c) Gründe der Eigenverwaltung. Die Gründe, aus denen ein Schuldner im Besitz der Vermögenswerte belassen werden kann, sind denjenigen vergleichbar, die in Deutschland in solchen Fällen gelten: (1) Das Wissen und die Erfahrung der bestehenden Geschäftsführung steht weiterhin zur Verfügung, (2) der mit der Einweisung und Vergütung des Treuhänders verbundene Aufwand kann gespart werden, (3) es lassen sich Anreize für eine Konkursanmeldung seitens der Geschäftsführung schaffen, bevor eine konkursbedingte Sanierung völlig aussichtslos wird, indem ehrlichen und kompetenten Geschäftsführern oder Vorständen zugesichert wird, dass sich ihre Positionen eher halten lassen, wenn Insolvenzschutz beantragt wird, als weiter auf eine Verbesserung der Unternehmenssituation ohne Konkursanmeldung zu hoffen und (4) die Interessen des Schuldners, der Inhaber von Stammaktien und der Geschäftsführung können in einem mit den Treuepflichten des Schuldners (und der Geschäftsführung des Schuldners) im Einklang stehenden Rahmen geschützt werden (House of Representatives Report Nr. 95–595, bei 233 (1978); *Collier* aaO 1104.02[1]). 18

d) Risiken der Eigenverwaltung. Das Konzept der Eigenverwaltung durch den *„debtor in possession*" birgt das Risiko, dass die Geschäftsführung des Schuldners versuchen könnte, sich auf Kosten Dritter Vorteile zu verschaffen, bspw. durch Vorlage von Sanierungsplänen, die die Befugnisse der Geschäftsführung festigen, ihr eine hohe Vergütung sichern oder sie von jeglicher Haftung freistellt. So kann ein Insolvenzplan etwa zugunsten der Geschäftsführung des Schuldners hohe Bonuszahlungen in bar, neue Stammaktien oder Optionen zum Kauf solcher Aktien vorsehen. Gemäß einer Studie zur Bewertung insolventer Unternehmen in den USA besteht eine Tendenz bei Sanierungsplänen, die der Geschäftsführung des Schuldners neue Stammaktien oder Optionen zubilligen, den Wert des Schuldners zu gering anzusetzen, der sich aber für die Geschäftsführung vorteilhaft auswirkt (*Gilson/Hotchkiss/Ruback,* Review of Financial Studies 13 (2000), Nr. 7, 43 ff.). Insolvenzpläne können auch Bestimmungen zur Unternehmensführung beinhalten, wie bspw. in zeitlicher Staffelung ernannte Mitglieder des *Board of Management* (*staggered board*) oder Maßnahmen zur Abwehr von Firmenübernahmen, so genannte *„poison pills*", mit Hilfe derer die Geschäftsführung sich im Sattel halten kann. 19

20 **e) Missbrauch der Eigenverwaltung.** Allerdings kann Missbrauch auch außerhalb des Planverfahrens auftreten. Bis zur Reform des Bankruptcy Code im Jahr 2005 erhielten Mitglieder der Geschäftsführung regelmäßig bereits im Vorfeld Barzahlungen, um ihnen den Verbleib beim Schuldner während des Konkursverfahrens schmackhaft zu machen. Nach derzeit geltendem Recht sind derartige Zahlungen in ihrer Höhe begrenzt und können verfahrensbeteiligten Mitgliedern der Geschäftsführung nur gezahlt werden, sofern (1) der durch Zahlungen zu begünstigende Beteiligte bereits eine andere Position angeboten bekam, die höher dotiert ist als seine bisherige Stelle, und (2) die Leistungen des Beteiligten für das Überleben des Unternehmens unentbehrlich sind (11 U. S. C. § 503(c)). Werden das Unternehmen und die Vermögenswerte des Schuldners an einen Dritten veräußert, so können verfahrensbeteiligte Mitglieder der Geschäftsführung sich veranlasst sehen, günstigere Verkaufsbedingungen anzubieten, um ihre Stellung im Unternehmen zu sichern oder gar eine bessere zu erlangen. Obwohl die meisten konkursbedingten Verkäufe im Wege einer Versteigerung erfolgen, bleibt der Geschäftsführung des Schuldners doch immer ein gewisser Spielraum für die Aushandlung einzelner Bedingungen und für die Festlegung, welches Gebot das höchste bzw. beste ist.

21 **3. Ernennung eines Treuhänders.** Die Umstände, unter denen das Gericht einen Treuhänder zu bestellen hat, waren im Zuge des Gesetzgebungsverfahrens für den Bankruptcy Code von 1978 Gegenstand heftiger Debatten im Kongress (vgl. *Berdan/Arnold* aaO Ziffer 460–469). Letztlich wurde den Gerichten in dieser Frage ein breiter Abwägungsspielraum eingeräumt, so dass sie bis heute heftig umstr. bleibt. Jeder Verfahrensbeteiligte (einschließlich der Gläubiger) oder der *United States trustee* (ein Beamter des US-Justizministeriums, dem zur Verwaltung von Konkursverfahren bestimmte Ermittlungs- und Verwaltungsbefugnisse übertragen werden und der nicht zu verwechseln ist mit einzelfallbasiert eingesetzten Treuhändern (*case trustees*), die in etwa den in Deutschland tätigen Insolvenzverwaltern entsprechen) kann die Ernennung eines Treuhänders „aus wichtigem Grund" beantragen oder „sofern dessen Ernennung im Interesse der Gläubiger, etwaiger Stammaktionäre sowie im Interesse sonstiger Belange der Insolvenzmasse steht." (11 U. S. C. § 1104(a)). Das Gesetz führt Beispiele solcher Gründe auf („einschließlich Betrugs, Unredlichkeit, Inkompetenz oder erheblicher Misswirtschaft im Hinblick auf die geschäftlichen Angelegenheiten des Schuldners seitens der amtierenden Geschäftsführung," 11 U. S. C. § 1104(a)) und räumt den Gerichten einen Ermessensspielraum für Fälle ein, in denen zwar die Abweisung des Verfahrens oder dessen Durchführung gemäß einer anderen gesetzlichen Regelung begründet wäre (wenn bspw. der Schuldner den Anordnungen des Gerichts, bestimmten Konkursvorschriften oder den Bestimmungen des gemäß *Chapter 11* aufgestellten Insolvenzplans nicht Folge leistet): Hier kann das Gericht feststellen, dass den Gläubigern besser damit gedient ist, das Verfahren gemäß *Chapter 11* unter Einschaltung eines Treuhänders fortzusetzen (11 U. S. C. §§ 1104(a)(3), 1112(a)).

22 Es heißt allerdings, dass erhebliche **Vorbehalte gegen die Ernennung** eines Treuhänders **per Gerichtsbeschluss** bestehen, und es liegen Entscheidungen von Gerichten vor, in denen die entsprechende Anordnung als „außerordentliches Rechtsmittel" (*extraordinary remedy*) bezeichnet wird (vgl. *Collier* aaO 1104.02[3][b][i]; *Yamauchi, The Reorganization of Insolvent Businesses: A Functional Comparison of the Canadian and American Models* unter 56 n.7, 9, 1994). Es ist daher vergleichsweise schwierig, Gründe für die Ernennung eines Treuhänders darzulegen, wenn es im Fall des zu sanierenden Unternehmens nicht zu Betrug oder erheblicher Misswirtschaft seitens der amtierenden Geschäftsführung des Schuldners gekommen ist. Sofern sich aber die im Amt befindliche Führungsriege des Schuldners

Anschuldigungen von Betrug oder Misswirtschaft ausgesetzt sieht, kann sie bereits vor Aufnahme des Verfahrens ausgetauscht werden, um die Chancen des Schuldners zu erhöhen, die Vermögenswerte in Eigenverwaltung zu betreuen. Bisweilen geschieht dies unter Einsetzung eines auf die Rettung angeschlagener Unternehmen spezialisierten, sog „*chief reorganization officer*" (CRO, Sanierungsvorstand). Die Bestellung eines CRO bedeutet nicht notwendigerweise, dass tatsächlich erhebliche Misswirtschaft oder Betrug vorliegen – mit dieser Maßnahme wird oft auch nur das fachliche Erfahrungswissen für Problemlösung und Unternehmenssanierung gewonnen bzw. den Gläubigern signalisiert, dass der Schuldner einen Konkurs gemäß *Chapter 11* ernsthaft in Erwägung zieht, sollte sich in außergerichtlichen Verhandlungen keine angemessene Lösung herbeiführen lassen (zur Einwechslung eines Restrukturierungsexperten als Geschäftsführungsorgan auch → § 270 Rn. 13).

4. Externe Kontrollen. a) Das Konkursgericht (Bankruptcy Court). Wie bereits oben ausgeführt, haben „*debtors in possession*" als die Eigenverwaltung ausübende Schuldner grds. dieselben Befugnisse wie die im Zuge eines Insolvenzverfahrens berufenen Treuhänder; sie sind in gleichem Maße durch die Treuepflichten wie Sorgfalts- und Loyalitätspflicht gegenüber der Insolvenzmasse gebunden (*Weinstein,* 372 U. S. 633, 651 (1963): „[W]illingess to leave the debtor in possession is premised upon an assurance that the officers and managing employees can be depended upon to carry out the fiduciary responsibilities of a trustee."). Umfang und Inhalt dieser Treuepflichten sind nicht eindeutig geklärt (vgl. *Miller,* 23 Seton Hall Law Review 1467 (1993); *Cieri et al.,* 3 Journal of Bankruptcy Law and Practice 405, 412 (1994). Allerdings ist anzumerken, dass diese Befugnisse in ihrer Reichweite nicht denjenigen eines deutschen Insolvenzverwalters entsprechen. In den Vereinigten Staaten sind besondere Konkursgerichte des Bundes für Insolvenzverfahren zuständig und haben dabei die Vollmacht, „Beschlüsse, Verfahrensanordnungen oder Entscheidungen zu treffen, die zur Umsetzung der Bestimmungen des Bankruptcy Code erforderlich oder zweckdienlich sind" („issue any order, process, or judgment that is necessary or appropriate to carry out the provisions of [the Bankruptcy Code]", 11 U. S. C. § 105(a)). Darüber hinaus kann das Konkursgericht eigeninitiativ die „erforderlichen oder zweckdienlichen" Maßnahmen ergreifen oder Beschlüsse fassen, um die eigenen Verfügungen oder Vorschriften „zu vollstrecken oder umzusetzen" oder um Prozessmissbrauch zu verhindern. Das Gericht ist somit in starkem Maße mit der Beaufsichtigung des Treuhänders oder des in Eigenverwaltung tätigen Schuldners befasst und ist, wie oben ausgeführt, ermächtigt, die Befugnisse eines *debtor in possession* zu beschränken (ausf. zur Position des Konkursgerichts *Miller,* 69 American Bankruptcy Law Journal 431 (1995)). 23

Üblicherweise kann der Treuhänder oder der in Eigenverwaltung agierende Schuldner Grundbesitz aus der Insolvenzmasse im üblichen Geschäftsgang veräußern, nutzen, vermieten oder verpachten; er bedarf jedoch der Einwilligung des Gerichts für den Einsatz von Barsicherheiten (das US-Recht gestattet grds. die Verbindung von Sicherungsrechten mit Barmitteln und geldnahen Anlagen) und für den Verkauf, die Nutzung, Vermietung oder Verpachtung sonstiger Liegenschaften der Insolvenzmasse außerhalb des üblichen Geschäftsgangs (11 U. S. C. § 363). Gläubiger, die an einzusetzenden Barsicherheiten beteiligt sind, haben ein Recht auf angemessenen Schutz ihrer Interessen (11 U. S. C. § 363(c)(2)). Der Treuhänder kann im üblichen Geschäftsgang Darlehen aufnehmen und dies mit Einwilligung des Gerichts auch außerhalb des üblichen Geschäftsgangs tun (11 U. S. C. § 364). Mit Einwilligung des Gerichts kann der Treuhänder anwaltliche Berater und sonstige Fachkräfte (bspw. Steuerberater, Versteigerer, Marketingexperten, Finanzberater, Investmentbanker) zur Unterstützung der Konkursver- 24 waltung in Anspruch nehmen (11 U.S.C. § 327); er kann des Weiteren zu erfüllende Verträge, Miet- oder Pachtverhältnisse übernehmen oder ablehnen (11 U.S.C. § 365). Sofern eine gerichtliche Bewilligung erforderlich ist, erhalten die Verfahrensbeteiligten – einschließlich der Gläubiger- oder Aktionärsausschüsse bzw. einzelner Gläubiger und Aktionäre – die Gelegenheit, Widerspruch einzulegen und vor Gericht angehört zu werden (11 U.S.C. §§ 102(1); 1109(b)). In der Regel folgt das Gericht dem geschäftlichen Sachverstand des Schuldners (oder des Treuhänders) bei der Entscheidungsfindung, unter der Voraussetzung, dass der Schuldner eine nachvollziehbare Entscheidungsgrundlage vorbringt und dass kein Anlass zu der Annahme besteht, dass der Schuldner unter Missachtung seiner Treuepflichten gegenüber der Insolvenzmasse und seinen Gläubigern handelt; allerdings besteht in der Rspr. keine völlige Übereinstimmung in der Frage, ob und wie die herkömmliche, für Mitglieder des *Board of Directors* und leitende Angestellte solventer Unternehmen geltende *business judgment rule* auf den *debtor in possession* anzuwenden ist (vgl. grds. *Harvey/Platkov,* Business and Securities Litigator 2005). Sofern nicht anderweitig vom Gericht bestimmt, muss der Treuhänder auf Anforderung der Verfahrensbeteiligten Auskunft über die Insolvenzmasse und deren Verwaltung erteilen (11 U.S.C. §§ 1106(a)(1); 704(a)(7)).

25 **b) Untersuchungsbeamte (Examiners).** Wurde die Einsetzung eines Treuhänders erfolglos beantragt, so kann das Gericht einen Untersuchungsbeamten (*examiner*) bestellen, der den Schuldner und dessen geschäftliche Angelegenheiten zu prüfen hat; das Gericht ist zu einer solchen Bestellung verpflichtet, sofern ein Verfahrensbeteiligter dies verlangt und sofern die ungesicherten Verbindlichkeiten des Schuldners gegenüber Dritten, die nicht Vertraute und Geschäftspartner des Schuldners sind, einen Betrag von 5.000.000 USD überschreiten. In diesem Fall kann das Gericht allerdings den Umfang der Prüfung beschränken (11 U.S.C. § 1104(c)). Ein Untersuchungsbeamter kann nicht anschließend die Funktion eines Treuhänders übernehmen (11 U.S.C. § 321(b)), da die Aussicht auf Ernennung als solcher den Untersuchungsbeamten dazu veranlassen könnte, bewusst Gründe für eine entsprechende Berufung vorzubringen. Das Gericht kann Untersuchungsbeamte auch dazu einsetzen, „Pflichten eines Treuhänders zu übernehmen, die das Gericht dem die Eigenverwaltung ausübenden Schuldner per Beschluss entzieht" („*duties of the trustee that the court orders the debtor in possession not to perform.*", 11 U.S.C. § 1106(b)).

26 **c) Ausschüsse.** In Ergänzung zur aktiven Aufsicht über das Verfahren durch das Gericht oder zum Einsatz eines Untersuchungsbeamten muss der *United States trustee* (außer in Fällen von Kleinbetrieben oder falls das Gericht aus anderen Gründen feststellt, dass ein Ausschuss entbehrlich ist) einen Ausschuss von Gläubigern nicht besicherter Forderungen einberufen, sofern entsprechende Gläubiger bereit sind, diese Funktion zu übernehmen (11 U.S.C. § 1102). Aufgabe des Ausschusses ist es, sich mit dem *debtor in possession* (oder dem Treuhänder) bei der Insolvenzverwaltung und der Erstellung des Insolvenzplans abzustimmen sowie die Maßnahmen, das Geschäftsgebaren, die Forderungen und Verbindlichkeiten sowie die Finanzlage des Schuldners, die Frage, ob eine Fortsetzung des Geschäftsbetriebs erwünscht ist oder sonstige für die Erstellung des Insolvenzplans einschlägige Fragen zu prüfen (11 U.S.C. § 1103). Der Ausschuss kann zudem mit Einwilligung des Gerichts Fachkräfte zu Rate ziehen, deren Honorare als Verwaltungskosten des Konkurses anzusetzen sind (11 U.S.C. § 1103(a)); des Weiteren haben die Ausschussmitglieder Anspruch auf Erstattung der ihnen im Zusammenhang mit den Ausschusspflichten entstehenden Kosten und Auslagen aus der Insolvenzmasse (11 U.S.C. § 503(b)(3)(F)). Sofern das Gericht diese für zweckdienlich hält, können weitere Ausschüsse bestimmter Gläubiger- oder Aktionärsgruppen in gleicher Weise einberufen werden (11 U.S.C. § 1102(a)(2)).

Ausschüsse dieser Art werden ins Leben gerufen, um die erschwerten Bedingungen zu bewältigen, unter denen **konzertiertes Handeln in Konkursfällen** stattfindet, in denen häufig kleine und verstreut zu findende Gläubiger betroffen sind (vgl. *Harner/Marincic,* 64 Vanderbilt Law Review 749, 756 n.40 (2011): „Collective action problems arise for creditors of troubled companies because those creditors are often dispersed and the cost of collection efforts may outweigh the value of any individual creditor's claim against the company"). Ausschüsse sind ausdrücklich als Verfahrensbeteiligte definiert, die berechtigt sind, vor Gericht Widerspruch gegen die Maßnahmen des Schuldners einzulegen (11 U. S. C. § 1109(b)). In etlichen Fällen jedoch findet sich kein Gläubiger dazu bereit, einen Sitz im Gläubigerausschuss einzunehmen, da dies zeitaufwändig sein und den Gläubiger davon abhalten kann, seine Forderungen im Wege des *claim trading* zu verkaufen. Und selbst bei Einberufung eines Ausschusses können dessen Mitglieder schlicht den Dingen ihren Lauf lassen und damit den Ausschuss de facto lahmlegen. In diesem Fall bleibt das Problem des konzertierten Handelns weitgehend ungelöst, auch wenn der *United States trustee* in solchen Fällen eine aktivere Rolle übernimmt. Zudem wurde nachgewiesen, dass Ausschussmitglieder trotz ihrer Treuepflicht gegenüber der Gesamtheit aller Gläubiger ihrerseits unter Verletzung dieser Pflichten anfällig für Manipulationen, interne Auseinandersetzungen und eigennütziges Verhalten sind. Über die Mitgliedschaft in einem Ausschuss dieser Art erhalten diese Gläubiger Zugang zu Informationen und die Möglichkeit, Verhandlungen direkt zu beeinflussen – diese Position kann unrechtmäßig genutzt werden, um eigene Interessen zu verfolgen, anstatt im gemeinschaftlichen Interesse der vertretenen Gläubiger zu handeln. Schenkt man den Berichten Glauben, so steigt die Zahl der Fälle, in denen eine solche Ausschussmitgliedschaft missbräuchlich ausgenutzt wird (vgl. dazu grds. *Harner/Marincic* aaO mit einer Analyse zur Effizienz der Gläubigerausschüsse). 27

d) Einzelne Gläubiger. Die nachteiligen Auswirkungen, die durch einen ineffektiven Ausschuss hervorgerufen werden, lassen sich teilw. durch den Umstand ausgleichen, dass einzelne Gläubiger und Aktionäre ebenfalls als Verfahrensbeteiligte bei Insolvenzverfahren gelten; sie können somit Anträge stellen und gegen Rechtsmittel Widerspruch einlegen, die von anderen, darunter auch dem *debtor in possession,* beantragt werden, oder in sonstiger Hinsicht eine Anhörung verlangen (11 U. S. C. § 1109(b)). 28

Voraussetzungen[1]

270 (1) [1]**Der Schuldner ist berechtigt, unter der Aufsicht eines Sachwalters die Insolvenzmasse zu verwalten und über sie zu verfügen, wenn das Insolvenzgericht in dem Beschluß über die Eröffnung des Insolvenzverfahrens die Eigenverwaltung anordnet.** [2]**Für das Verfahren gelten die allgemeinen Vorschriften, soweit in diesem Teil nichts anderes bestimmt ist.** [3]**Die Vorschriften dieses Teils sind auf Verbraucherinsolvenzverfahren nach § 304 nicht anzuwenden.**

(2) **Die Anordnung setzt voraus,**

1. daß sie vom Schuldner beantragt worden ist und

2. dass keine Umstände bekannt sind, die erwarten lassen, dass die Anordnung zu Nachteilen für die Gläubiger führen wird.

[1] § 270 Abs. 2 Nr. 1 geänd., Nr. 2 neu gef., Nr. 3 aufgeh., Abs. 3 neu gef., Abs. 4 angef. mWv 1.3.2012 durch G v. 7.12.2011 (BGBl. I S. 2582); Abs. 1 Satz 3 angef., Abs. 4 Halbs. 2 geänd. mWv 1.7.2014 durch G v. 15.7.2013 (BGBl. I S. 2379).

(3) [1] **Vor der Entscheidung über den Antrag ist dem vorläufigen Gläubigerausschuss Gelegenheit zur Äußerung zu geben, wenn dies nicht offensichtlich zu einer nachteiligen Veränderung in der Vermögenslage des Schuldners führt.** [2] **Wird der Antrag von einem einstimmigen Beschluss des vorläufigen Gläubigerausschusses unterstützt, so gilt die Anordnung nicht als nachteilig für die Gläubiger.**

(4) **Wird der Antrag abgelehnt, so ist die Ablehnung schriftlich zu begründen; § 27 Absatz 2 Nummer 4 gilt entsprechend.**

Übersicht

I. Regelungszweck und Regelungsinhalt

1 Die **Zwecke** der Eigenverwaltung ergeben sich aus → Vor §§ 270 ff. Rn. 1 ff. Die Vorschrift regelt in **Absatz 1 Satz 1** zunächst die **Zulässigkeit der Eigenverwaltung** und bestimmt als zentrale Rechtsfolge, dass der Schuldner berechtigt ist, unter der Aufsicht eines Sachwalters die Insolvenzmasse zu verwalten und über sie zu verfügen. Sodann werden in **Absatz 2** die **Voraussetzungen der Anordnung** festgelegt, die durch das ESUG (vgl. → Vor § 270 Rn. 6) gelockert worden sind. Die Eigenverwaltung ist keine eigene Form des Insolvenzverfahrens (BGH NZI 2007, 240 [240 f.]; aA noch Jaeger/*Schilken* § 34 Rn. 22), vielmehr handelt es sich bei der Entscheidung um eine vom Regelfall abweichende Zuweisung der Verwaltungs- und Verfügungsbefugnis an den Schuldner, die zu der Entscheidung über die Eröffnung des Insolvenzverfahrens hinzu kommt (HambK-InsO/*Fiebig* Rn. 1). **Absatz 3** sieht eine Pflicht des Gerichts zur **Anhörung des vorläufigen Gläubigerausschusses** vor. Eine ausreichende Unterstützung des vorläufigen Gläubigerausschusses macht eine inhaltliche Prüfung der Anordnungsvoraussetzungen durch das Gericht entbehrlich. **Absatz 4** bestimmt eine Pflicht für das Gericht zur **Begründung eines abgelehnten Antrages auf Eigenverwaltung,** um der Gläubigerversammlung nach Verfahrenseröffnung eine Grundlage für die Entscheidung über einen Antrag auf nachträgliche Anordnung der Eigenverwaltung zu geben (BR-Drs. 127/11, 60). Absatz 3 aF zur Bestellung des Sachwalters findet sich (seit dem ESUG) in § 270c wieder.

II. Geltung der allgemeinen Vorschriften

Gem. **§ 270 Abs. 1 S. 2** gelten für das Verfahren die allgemeinen Vorschriften, soweit in den Vorschriften über die Eigenverwaltung nichts anderes bestimmt ist. Die Bestimmung hat lediglich **deklaratorische Bedeutung.** Die Eigenverwaltung ist keine besondere Form des Insolvenzverfahrens (→ Rn. 1), so dass schon nach allgemeinen Grundsätzen die allgemeinen Vorschriften gelten, soweit die §§ 270–285 keine speziellen Regeln enthalten. Zu beachten ist, dass auch für den Schuldner eine Reihe von Vorschriften entsprechend gelten, die Pflichten des Insolvenzverwalters regeln (FK-InsO/*Foltis* Rn. 28; unklar BT-Drs. 12/2443, 223), was teilw. ausdrücklich geregelt ist (vgl. zB § 281 Abs. 1 S. 1). Die allgemeinen Vorschriften kommen zur Anwendung, wenn die besonderen Vorschriften der Eigenverwaltung keine abschließende Regelung enthalten. Dies kann nur im Wege der **Auslegung** ermittelt werden (Uhlenbruck/*Zipperer* Rn. 33). Zu den anzuwendenden allgemeinen Vorschriften gehören danach im Grundsatz die §§ 1–10 und die §§ 11–26 (aA FK-InsO/*Foltis* Rn. 34, der die Vorschriften zum Antragsverfahren jedenfalls nicht für direkt anwendbar hält; wie hier Kübler/Prütting/Bork/*Pape* Rn. 18). Damit gelten über § 4 subsidiär die Vorschriften der ZPO, so dass etwa gem. § 240 ZPO mit Anordnung der Eigenverwaltung im Eröffnungsbeschluss eine Verfahrensunterbrechung erfolgt (BGH NZI 2007, 188 [189]; nicht jedoch bereits mit dem Eröffnungsverfahren gem. § 270a, LG Freiburg ZIP 2014, 1351). Gem. § 5 Abs. 1 S. 1 gilt auch für die maßgeblichen Umstände der Eigenverwaltung die Pflicht des Gerichts zur Amtsermittlung (u. → Rn. 9). Für Sicherungsmaßnahmen im Eröffnungsverfahren gelten vorrangig die §§ 270a, 270b; auf die §§ 21, 22 kann daher nur zurückgegriffen werden, soweit ihre Anwendung durch die Sondervorschriften nicht ausgeschlossen ist (näher → § 270a Rn. 2f., 5, → § 270b Rn. 8, 11). Für den Insolvenzverwalter geltende Vorschriften können für den Schuldner iRd Eigenverwaltung nur entsprechend herangezogen werden, soweit dies mit den Zwecken der Eigenverwaltung und des Insolvenzverfahrens vereinbar ist. Daher findet zB § 58 keine Anwendung, da der Schuldner ausschließlich vom Sachwalter überwacht wird (Kübler/Prütting/Bork/*Pape* § 274 Rn. 34; HK-InsO/*Landfermann* § 274 Rn. 6; *Rattunde/Stark* Der Sachwalter Rn. 111; aA AG Hamburg ZIP 2013, 1684 [1685]; FK-InsO/*Foltis* § 270b Rn. 43). Auf **Verbraucherinsolvenzverfahren** nach § 304 finden die Vorschriften über die Eigenverwaltung gem. **Absatz 1 Satz 3** keine Anwendung (→ Vor §§ 270 ff. Rn. 4, 9). 2

III. Voraussetzungen der Anordnung

1. Formelle und materielle Voraussetzungen. Die Anordnung der Eigenverwaltung setzt einen entsprechenden Antrag des Schuldners voraus (Absatz 2 Nr. 1). Inhaltliche Voraussetzung für die Anordnung ist, dass keine Umstände bekannt sind, die erwarten lassen, dass die Anordnung zu Nachteilen für die Gläubiger führen wird (Absatz 2 Nr. 2). Das Vorliegen dieser Voraussetzung ist zu unterstellen, wenn der Antrag des Schuldners auf Eigenverwaltung von einem einstimmigen Beschluss des vorläufigen Gläubigerausschusses unterstützt wird (Absatz 3 Satz 2). Aus Absatz 2 Satz 1 ergeben sich die formellen Voraussetzungen für die Anordnung der Eigenverwaltung, Absatz 2 Nr. 2 und Absatz 3 Satz 2 betreffen demgegenüber die erforderlichen materiellen Voraussetzungen. Fehlt ein Antrag des Schuldners, so ist die Anordnung der Eigenverwaltung unzulässig. Fehlen die materiellen Voraussetzungen, so ist der Antrag unbegründet. 3

2. Antrag des Schuldners. Der gem. Absatz 2 Nr. 1 erforderliche Antrag des Schuldners auf Anordnung der Eigenverwaltung muss bis zur Entscheidung des 4

Gerichts über die Verfahrenseröffnung gestellt werden. Nach Verfahrenseröffnung kann der Schuldner keinen Antrag mehr auf Anordnung der Eigenverwaltung stellen, er kann lediglich seine Zustimmung zur von der Gläubigerversammlung gem. § 271 beantragten nachträglichen Anordnung der Eigenverwaltung geben (→ § 271 Rn. 4). Im Verfahren über die Beschwerde gegen den Eröffnungsbeschluss kann der **Antrag auf Eigenverwaltung** nicht nachgeschoben werden, da die Entscheidung darüber nicht zum Gegenstand des Beschwerdeverfahrens gehört und dazu auch nicht mehr gemacht werden kann, weil es sich um einen neuen zusätzlichen Antrag und nicht um eine bloße Änderung oder Erweiterung des bisherigen Antrages handelt (iErg Uhlenbruck/*Zipperer* Rn. 18; Gottwald InsR-HdB/*Haas* § 87 Rn. 4 mit der Auffassung, dadurch werde die Prüfungskompetenz des Insolvenzgerichts nach § 270 Abs. 2 unterlaufen; aA *Graf-Schlicker* Rn. 9: Nach allgemeinen Prozessregeln für das Beschwerdeverfahren seien in diesem Stadium auch noch Erweiterungen und Änderungen des Antrags möglich.). Zweckmäßig, aber nicht erforderlich ist es, wenn der Antrag auf Eigenverwaltung mit dem **Antrag auf Eröffnung des Insolvenzverfahrens** gestellt wird. Beide Anträge sind jedoch streng voneinander zu unterscheiden. Eine Verknüpfung beider Anträge derart, dass der Antrag auf Verfahrenseröffnung unter der Bedingung der Anordnung der Eigenverwaltung gestellt wird, ist nicht möglich (HambK-InsO/*Fiebig* Rn. 15; MüKoInsO/*Tetzlaff* Rn. 34, aA *Häsemeyer* InsR Rn. 8.09). Darin liegt eine unzulässige Bedingung für den Eröffnungsantrag, da die Annahme einer bloß innerprozessualen Bedingung der Eigenart des Insolvenzverfahrens nicht gerecht wird (aA *Kruse* S. 174 ff.).

5 Der Antrag auf Eigenverwaltung stellt eine **Prozesshandlung** dar (Uhlenbruck/*Zipperer* Rn. 42), für die über § 4 die allgemeinen zivilprozessualen Regeln entsprechend gelten, so dass der Antrag zB bedingungsfeindlich ist (Kübler/Prütting/Bork/*Pape* Rn. 80). Der Antrag kann schriftlich oder mündlich zum Protokoll der Geschäftsstelle des Insolvenzgerichts angebracht werden (§ 4 iVm § 496 ZPO, vgl. MüKoInsO/*Tetzlaff* Rn. 24; unnötig einschränkend Kübler/Prütting/Bork/*Pape* Rn. 79 Fn. 178). Der Antrag muss darauf gerichtet sein, dass der Schuldner das Insolvenzverfahren aufgrund eigener Verwaltungs- und Verfügungsbefugnisse abwickeln will (MüKoInsO/*Tetzlaff* Rn. 24). Eine Begründung ist für die Zulässigkeit des Antrages nicht erforderlich, infolge ihres Fehlens kann der Antrag aber unbegründet sein.

6 **Antragsberechtigt** ist bei juristischen Personen oder einer Gesellschaft ohne Rechtspersönlichkeit nach zivilprozessualen Grundsätzen (§ 51 Abs. 1 ZPO iVm § 4) der gesetzliche Vertreter. Diese Grundsätze verweisen auf die Vorschriften des bürgerlichen Rechts und damit die gesellschaftsrechtlichen Regeln (für deren Anwendung auch Mohrbutter/Ringstmeier/*Landry* § 15 Rn. 15; Gottwald InsR-HdB/*Haas* § 87 Rn. 12; MüKoInsO/*Tetzlaff* Rn. 29 ff.). Sinnvoll ist darüber hinaus, dass der Antrag auf Eigenverwaltung von sämtlichen vertretungsberechtigten Organen bzw. den persönlich haftenden Gesellschaftern gestellt wird (für entsprechendes Gebot FK-InsO/*Foltis* Rn. 42; Kübler/Prütting/Bork/*Pape* Rn. 84), da Fälle, in denen nur einzelne Organmitglieder den Antrag stellen, für die Eigenverwaltung zumeist ohnehin nicht geeignet sind (vgl. den Fall des AG Mannheim ZIP 2014, 484). Eine entsprechende Anwendung von § 15, wonach auch nicht vertretungsberechtigte Organmitglieder einen Eröffnungsantrag stellen können, ist ausgeschlossen, da die Regelung der besonderen haftungsrechtlichen und strafrechtlichen Verantwortung der Antragsberechtigten Rechnung trägt (Gottwald InsR-HdB/*Haas* § 87 Rn. 12; HK-InsO/*Landfermann* Rn. 10, aA Nerlich/Römermann/*Riggert* Rn. 19). Für die **Antragsrücknahme** gelten die gleichen Grundsätze wie für den Antrag selbst.

7 **Entbehrlich** ist nach der geltenden Fassung eine **Zustimmung eines Gläubigers** zum Antrag des Schuldners auf Eigenverwaltung. Gem. Absatz 2 Nr. 2 aF war

eine Zustimmung erforderlich, wenn der Eröffnungsantrag zeitlich vor dem Schuldner von einem Gläubiger gestellt worden war. Daraus sollte sich mittelbar für den Schuldner ein Anreiz zur frühzeitigen Antragstellung ergeben (MüKoInsO/*Tetzlaff* Rn. 38). Andererseits konnte der zuerst handelnde Gläubiger damit die Eigenverwaltung blockieren. Durch das ESUG ist das Erfordernis der Zustimmung des Gläubigers gestrichen worden, um für den Schuldner bestehende „Hindernisse auf dem Weg zur Eigenverwaltung auszuräumen" (BR-Drs. 127/11, 59).

3. Kenntnis von nachteiligen Umständen für die Gläubiger. a) Entscheidungsmaßstab. Inhaltlich setzt die Anordnung der Eigenverwaltung gem. Absatz 2 Nr. 2 voraus, dass keine Umstände bekannt sind, die erwarten lassen, dass die Anordnung zu Nachteilen für die Gläubiger führen wird. Dazu hat das Gericht eine **Prognoseentscheidung** zu treffen, indem es den voraussichtlichen Verlauf des Insolvenzverfahrens bei Anordnung der Eigenverwaltung mit dem voraussichtlichen Verlauf eines Insolvenzverfahrens bei Bestellung eines Insolvenzverwalters vergleicht (AG Köln ZIP 1999, 1646; NZI 2004, 151 [154]; Gottwald InsR-HdB/*Haas* § 87 Rn. 18; FK-InsO/*Foltis* Rn. 56; unzutreffend Kübler/Prütting/Bork/*Pape* Rn. 115, der das Vorliegen einer Prognoseentscheidung mit ihrer Begründung anhand von Tatsachen vermischt). Die inhaltlichen Voraussetzungen der Prognoseentscheidung sind durch das ESUG neuformuliert worden. Nach der jetzigen Gesetzesformulierung muss das Gericht aufgrund der Kenntnis bestimmter Umstände zu der Annahme gelangen, dass die Anordnung zu Nachteilen für die Gläubiger führen wird. Ist das Gericht davon nicht überzeugt, muss es die Eigenverwaltung anordnen, Zweifel gehen also (anders als früher) nicht mehr zu Lasten des Schuldners (BR-Drs. 127/11, 59). Das Gericht hat für seine Entscheidung sämtliche relevanten Umstände zu berücksichtigen, sie sorgfältig zu prüfen und abzuwägen. Dabei ist zu beachten, dass der Begriff des Nachteils so weit gefasst ist, dass für seine Ausfüllung ein Wertungsakt häufig unerlässlich ist. Nach Gesetzeswortlaut und Sinn und Zweck der Regelung schließen für die Gläubiger zu erwartende Nachteile die Anordnung aus, so dass einzelne Nachteile nicht etwa durch besondere Vorteile kompensiert werden können (so aber HK-InsO/*Landfermann* Rn. 12; Gottwald InsR-HdB/*Haas* § 87 Rn. 40), die Vorteile können vielmehr nur dazu führen, dass Nachteile nicht zu erwarten sind (vgl. AG Köln ZIP 2015, 440 [444]). 8

b) Amtsermittlungspflicht des Gerichts und Begründungspflicht des Schuldners. Die inhaltlichen Voraussetzungen für die Anordnung hat das Gericht gem. **§ 5 Abs. 1 S. 1** von Amts wegen zu ermitteln (HK-InsO/*Landfermann* Rn. 11; Kübler/Prütting/Bork/*Pape* Rn. 90; *Hofmann* Eigenverwaltung Rn. 18). Dabei ist auch nach der Neuformulierung von Absatz 2 Nr. 1 zu berücksichtigen, dass das Gericht eine Prognose machen muss, für die es eine Grundlage benötigt. Daraus ergibt sich zum einen eine verfahrensrechtliche **Obliegenheit des Schuldners,** seinen Antrag auf Eigenverwaltung zu begründen (so iErg auch Gottwald InsR-HdB/*Haas* § 87 Rn. 7; in der Tendenz ebenso HK-InsO/*Landfermann* Rn. 11; dagegen Kübler/Prütting/Bork/*Pape* Rn. 90; Uhlenbruck/*Zipperer* Rn. 43). Andererseits darf das Gericht nicht nur den Angaben des Schuldners nachgehen, sondern es hat von sich aus (ggf. durch **Einsetzung eines Sachverständigen,** dazu *Vallender* GmbHR 2012, 445 [447]) alle relevanten Umstände zu ermitteln (so wohl auch MüKoInsO/*Tetzlaff* Rn. 93; Graf-Schlicker/*Graf-Schlicker* Rn. 11; dagegen HambK-InsO/*Fiebig* Rn. 23; *Vallender* DB 2015, 231 [235]). Insoweit müssen sich verfahrensrechtliche Begründungspflicht des Schuldners und Amtsermittlungspflicht des Gerichts ergänzen. 9

c) Nachteile für die Gläubiger. Nachteile für die **Gläubiger** betreffen angesichts der offenen Formulierung nicht nur die Insolvenzgläubiger, sondern auch 10 die (künftigen) Absonderungsberechtigten. Sofern durch die Eigenverwaltung zu erwarten ist, dass die Interessen der Aussonderungsberechtigten oder der Massegläubiger beeinträchtigt werden, liegen ebenfalls Nachteile iSv Absatz 2 Nr. 2 vor, da im Insolvenzverfahren auch ihre Rechte zu beachten sind (*Hofmann* Eigenverwaltung Rn. 14; nur für Absonderungsberechtigte MüKoInsO/*Tetzlaff* Rn. 51; *Henkel* ZIP 2015, 562 [564]; aA Kübler HRI/*Neußner* § 10 Rn. 46).

11 **aa) Verzögerung des Verfahrens.** Nachteile für die Gläubiger sind insbes. dann zu erwarten, wenn die Anordnung der Eigenverwaltung zu einer Verzögerung des Verfahrens führen wird. Dies war in Absatz 2 Nr. 3 aF ausdrücklich hervorgehoben, das ESUG begnügt sich hingegen mit dem übergeordneten Begriff der Nachteile für die Gläubiger, ohne dass damit jedoch eine sachliche Änderung erkennbar ist (vgl. AG Hamburg ZIP 2013, 1684; AG Köln ZIP 2015, 440 [442]; Braun/*Riggert* Rn. 5; MüKoInsO/*Tetzlaff* Rn. 48; aA Ahrens/Gehrlein/Ringstmeier/*Ringstmeier* § 270 Rn. 12; Kübler/Prütting/Bork/*Pape* Rn. 98, 115: Auf Verzögerungsgesichtspunkte komme es nicht mehr an. Dabei wird übersehen, dass auch eine Verfahrensverzögerung einen Nachteil für die Gläubiger darstellt). Eine Verzögerung des Verfahrens ist zu erwarten, wenn es in Eigenverwaltung voraussichtlich länger dauert als bei Bestellung eines Insolvenzverwalters. Dabei ist iRd Verzögerungsprognose die für die Einarbeitung benötigte Zeit des Insolvenzverwalters zu berücksichtigen (*Häsemeyer* InsR Rn. 8.06), aber zu bedenken, dass diese sich bei vorheriger Tätigkeit als vorläufiger Sachwalter häufig reduziert. Der Austausch der kompletten Geschäftsführung vor Verfahrenseröffnung (vgl. → Rn. 13) und ihr Ersatz durch Sanierungsexperten führt dazu, dass diese ebenfalls Einarbeitungszeit benötigen (MüKoInsO/*Tetzlaff* Rn. 49). Infolge der Verfahrenseröffnung drohende Konflikte in der Geschäftsführung können zu Verzögerungen führen. Bei führungslosen Gesellschaften ist von einer Verzögerung auszugehen (Uhlenbruck/*Zipperer* Rn. 50). Aus bisherigen Verzögerungen durch den Schuldner (etwa verspätete Antragstellung, verspätete Vorlage von Verzeichnissen) können sich **Anhaltspunkte für zu erwartende weitere Verzögerungen** ergeben (vgl. AG Hamburg ZIP 2013, 1684; MüKoInsO/*Tetzlaff* Rn. 54). Für eine Verzögerung spricht auch, wenn aus dem Antrag des Schuldners keine klare Zielsetzung für das Insolvenzverfahren in Eigenverwaltung erkennbar ist (Gottwald InsR-HdB/*Haas* § 87 Rn. 25). Ist bereits bei Verfahrenseröffnung mit ausreichender Sicherheit erkennbar, dass die Gläubigerversammlung gem. § 272 Abs. 1 Nr. 1 die Aufhebung der Eigenverwaltung beantragen wird, spricht dies ebenfalls für eine zu erwartende Verzögerung des Verfahrens (vgl. Gottwald InsR-HdB/*Haas* § 87 Rn. 31), der bloße Widerspruch einzelner, auch wesentlicher Gläubiger genügt dafür aber nicht (aA *Hölzle* ZIP 2012, 158 [160]), allerdings kann sich daraus die Aussichtslosigkeit des verfolgten Sanierungskonzeptes ergeben (vgl. AG Köln ZIP 2013, 1390; *Leib/Rendels* EWiR 2013, 625 [626]). Bei professioneller Vorbereitung und Beratung wird der Schuldner Verzögerungen idR vermeiden können, umgekehrt ist besonders bei unvorbereiteten Insolvenzanträgen zu prüfen, ob der Schuldner über ausreichende insolvenzrechtliche Kenntnisse verfügt (vgl. AG Hamburg ZIP 2014, 487; → Rn. 12).

12 **bb) Sonstige Nachteile für die Gläubiger.** Sonstige Nachteile sind für die Gläubiger zu erwarten, wenn sie infolge der Eigenverwaltung voraussichtlich wirtschaftlich schlechter stehen als bei Einsetzung eines Insolvenzverwalters. Dafür kann es genügen, dass das Verfahren aufgrund der Handlungen des Schuldners ein geringeres Schutzniveau für die Gläubiger bietet (überzeugend *Rattunde/Stark* Der Sachwalter Rn. 360 f.). Sonstige Nachteile können insbes. aufgrund fehlender persönlicher **Eigenschaften des Schuldners** (wie Zuverlässigkeit, Geschäftserfahrenheit, Integrität) zu befürchten sein (*Häsemeyer* InsR Rn. 8.06; Gottwald InsR-HdB/*Haas* § 87 Rn. 23 ff.). So können etwa Vorstrafen va wegen Bank-

rottdelikten, bereits erfolgte gläubigerschädigende Handlungen, offensichtlich erkennbare Pflichtverletzungen oder auch mangelnde Kooperationsbereitschaft im Eröffnungsverfahren Indizien für zu erwartende Nachteile sein (MüKoInsO/*Tetzlaff* Rn. 59; Kübler/Prütting/Bork/*Pape* Rn. 107; zu schwerwiegenden Verletzungen der Informations- und Auskunftspflichten AG Potsdam ZIP 2013, 181; zur Verletzung der Pflicht, den Eintritt der Zahlungsunfähigkeit gem. § 270b Abs. 4 S. 2 anzuzeigen AG Hamburg ZIP 2013, 1684 [1685]; für Gläubigergefährdung bereits bei strafrechtlichen Ermittlungen gegen Gesellschafter/Geschäftsführer AG Hamburg ZIP 2014, 390 [391]; dazu differenzierter *Vallender* DB 2015, 231 [233]; zur Insolvenzverschleppung oder „Verfestigung" der Zahlungsunfähigkeit sowie zu Manipulationen im Hinblick auf die Zusammensetzung eines vorläufigen Gläubigerausschusses *Vallender* DB 2015, 231 [233]; zum Kontrollverlust aufgrund fehlender Mitwirkung des Schuldners *Rattunde/Stark* Der Sachwalter Rn. 341 f.). **Drohenden Interessenkonflikten** bei der Durchsetzung von Masseansprüchen (etwa bei gesellschaftsrechtlichen Haftungs- und Erstattungsansprüchen oder bei Anfechtungsansprüchen gegen Angehörige) trägt partiell § 280 Rechnung, so dass in diesen Fällen weitere Umstände für die Begründung zu befürchtender Nachteile hinzu kommen müssen (MüKoInsO/*Tetzlaff* Rn. 58, 60; zu Recht diff. bei Haftungsansprüchen insbes. zwischen derzeitigen und ehemaligen Organmitgliedern *Henkel* ZIP 2015, 562 [568]; strenger FK-InsO/*Foltis* Rn. 70; Gottwald InsR-HdB/*Haas* § 87 Rn. 35; wohl auch AG Hamburg ZInsO 2014, 566 [569]; zum Versuch, sich der Haftung zu entziehen *Vallender* DB 2015, 231 [234]). Fehlende erforderliche insolvenzrechtliche **Kenntnisse auf Schuldnerseite** (zB zur Behandlung von Insolvenzforderungen, zu Masseverbindlichkeiten, zur Sicherung von Fremdrechten, Unfähigkeit zur Insolvenzgeldvorfinanzierung, mangelhafte Liquiditätsplanung) begründen Anhaltspunkte für Nachteile (vgl. AG Hamburg ZIP 2014, 487). Die **Kosten** der regelmäßig erforderlichen Beratung des Schuldners begründen nur dann Nachteile, wenn zu erwarten ist, dass sie zu einer erheblichen Verschlechterung der Befriedigungsaussichten der Gläubiger führen (vgl. dazu AG Essen ZIP 2015, 842 [842 f.]; *Rendels* FS Kübler 2015, 577). Auch ein **Dissens** zwischen alleinvertretungsberechtigten Gesellschafter-Geschäftsführern führt zu Nachteilen, wenn deshalb nicht gewährleistet ist, dass die Eigenverwaltung im Interesse aller Gläubiger erfolgt (AG Mannheim ZIP 2014, 484; → Rn. 6). Insolvenzfremde **Eigeninteressen** der geschäftsleitenden Organe der Schuldnerin können Anlass für die Prognose von Nachteilen sein (AG Hamburg ZInsO 2014, 566 [568 f.]). Zu berücksichtigen ist auch, ob iRd Eigenverwaltung eine Sanierung oder eine Liquidation erfolgen soll (Gottwald InsR-HdB/*Haas* § 87 Rn. 34). Bei angestrebter Sanierung müssen die Sanierungschancen unter Berücksichtigung der Funktionstüchtigkeit des Geschäftsbetriebs beurteilt werden, bei angestrebter Liquidation müssen die besonderen Risiken masseschädigender Handlungen des Schuldners berücksichtigt werden. Versuche von Gläubigern, durch Einflussnahme auf den Schuldner einseitig ihre Interessen zu verfolgen, sind in die Betrachtung einzubeziehen (*Häsemeyer* InsR Rn. 8.06). Ist bei Verfahrenseröffnung erkennbar, dass die Gläubigerversammlung die Eigenverwaltung beantragen wird, schließt das (anders als im umgekehrten Fall, → Rn. 11 aE) die Prognose zu erwartender Nachteile nicht aus (anders Gottwald InsR-HdB/*Haas* § 87 Rn. 31). Denn die Gläubigerversammlung muss bei ihrem Antrag auf nachträgliche Anordnung der Eigenverwaltung nicht auf die für das Gericht geltenden Maßstäbe für die Anordnung der Eigenverwaltung bei Verfahrenseröffnung Rücksicht nehmen. Ein (ggf. sogar einstimmiges) **Votum des vorläufigen Gläubigerausschusses** zur Ablehnung der Eigenverwaltung ist iRd Gesamtwürdigung als Indiz zu berücksichtigen (LG Halle ZIP 2014, 2355 [2357], abschwächend *Vallender* DB 2015, 231 [232]). Wird zum Ablauf der gem. § 270b gesetzten Frist ohne ausreichenden Grund kein Insolvenzplan vorgelegt, wird ebenfalls von zu erwartenden Nachteilen auszugehen sein (*Vallender* DB 2015, 231 [237]).

13 Die teilw. oder vollständige **Auswechslung der bisherigen Geschäftsleitung des Schuldners** (Vorstand, Geschäftsführer) im Vorfeld der Insolvenz wurde vor dem ESUG unterschiedlich beurteilt (zur Bestellung eines CRO im US-amerikanischen Insolvenzrecht → Vor §§ 270 ff. Rn. 22). ZT wurde angeführt, dass es eine sinnvolle Maßnahme darstelle, auf diese Weise insolvenzrechtliche Kompetenzen dazu zu gewinnen und damit zugleich das Vertrauen der Gläubiger in die Fähigkeiten des schuldnerischen Unternehmens zur Sanierung zu stärken (Uhlenbruck/*Zipperer* Rn. 6 f.; *Görg/Stockhausen* FS Metzeler, 2003, 111; *Prütting* FS Kirchhof, 2003, 437). Dagegen ist va eingewandt worden, diese Verfahrensweise gefährde die richterliche Unabhängigkeit bei der Bestellung des Insolvenzverwalters, da darin der Versuch liege, die gerichtliche Auswahlentscheidung zu steuern (*Frind* ZInsO 2002, 745 [751]). Das AG Duisburg (ZIP 2002, 1636 [1639]) hat in einem solchen Vorgang der Sache nach eine „Fremdverwaltung im Kostüm der Eigenverwaltung" gesehen. Jedenfalls seit dem ESUG wird der Austausch oder die Ergänzung der bisherigen Geschäftsführung durch insolvenzrechtliche Experten im Grundsatz durchweg als sinnvolle Maßnahme angesehen, die für die Gläubiger keine Nachteile erwarten lässt, sofern das spezifische Unternehmenswissen trotz des Führungswechsels in dem Unternehmen noch vorhanden ist (dazu HambK-InsO/*Fiebig* 4. A. Rn. 25 u. 5. A. Rn. 22). Nachteile können sich im Einzelfall aber aus den weiteren Umständen des Führungswechsels ergeben. AG Köln (ZIP 2005, 1975 [1977]; zustimmend *Bähr/Landry* EWiR 2006, 153 [154]) sieht solche Nachteile erst, wenn der Schuldner beabsichtigt, die gewählte Konstruktion der Eigenverwaltung zu nutzen, um sich und/oder einzelnen Gläubigern ungerechtfertigte Vorteile zu verschaffen (ebenso *Graf-Schlicker* FS Kirchhof, 2003, 146; HK-InsO/*Landfermann* Vor §§ 270 ff. Rn. 13; Uhlenbruck/*Zipperer* Rn. 8). Nachteile für die Gläubiger können sich auch dann ergeben, wenn der eingewechselte Sanierungsexperte vor Verfahrenseröffnung erhebliche Geldbeträge erhält und dadurch die Liquidität des Schuldnerunternehmens schwächt (LG Bonn ZIP 2003, 1412 [1414]; bestätigt durch BGH ZIP 2004, 425), wenn die durch die Einwechslung verursachten Kosten voraussichtlich erheblich höher sind als im Regelinsolvenzverfahren (vgl. AG Hamburg ZIP 2014, 237 [239]) oder es Anhaltspunkte dafür gibt, dass die neue Geschäftsleitung sich nicht an den Zielen des Insolvenzverfahrens orientiert (HambK-InsO/*Fiebig* Rn. 22).

14 **cc) Unterstützung durch den vorläufigen Gläubigerausschuss.** Gem. **Absatz 3 Satz 2** gilt die Anordnung der Eigenverwaltung nicht als nachteilig, wenn der Antrag des Schuldners von einem einstimmigen Beschluss des vorläufigen Gläubigerausschusses unterstützt wird. Das bedeutet, in diesem Fall entfällt die Prüfung der Voraussetzungen von Absatz 2 Nr. 2. Zu diesem Zweck ist dem vorläufigen Gläubigerausschuss gem. **Absatz 3 Satz 1** Gelegenheit zur Äußerung zu geben, sofern dies nicht offensichtlich zu einer nachteiligen Veränderung in der Vermögenslage des Schuldners führt. Der vorläufige Gläubigerausschuss wird im Eröffnungsverfahren gem. §§ 21 Abs. 2 Nr. 1a, 22a vom Insolvenzgericht eingesetzt. Dies sichert die frühzeitige Mitwirkung der Gläubiger an einer Sanierung des schuldnerischen Unternehmens. Die Praxis der Bestellung von Mitgliedern des vorläufigen Gläubigerausschusses muss dabei zeigen, ob bei einer sachgerechten Aufstellung dieses Gremiums einstimmige Entscheidungen auch tatsächlich getroffen werden. Die Hürde liegt hoch. Gleichzeitig wird das Gericht von der Prüfung der inhaltlichen Voraussetzungen für die Anordnung der Eigenverwaltung entlastet. Dementsprechend liegt die Verantwortung und damit auch das Haftungsrisiko für fehlerhafte Einschätzungen (§§ 21 Abs. 2 Nr. 1a, 71) hier allein bei den Mitgliedern des vorläufigen Gläubigerausschusses (*Brinkmann* DB 2012,

1369 [1370]). Über deren Entscheidung darf sich das Gericht auch in Ausnahmefällen nicht hinwegsetzen, sofern sie durch wirksamen Beschluss getroffen worden ist (HK-InsO/*Landfermann* Rn. 19; *Smid* ZInsO 2013, 209 [211]; aA FK-InsO/*Foltis* Rn. 93; Kübler/Prütting/Bork/*Pape* Rn. 161). Wie die Anhörung des vorläufigen Gläubigerausschusses (im Unterschied zu seiner Einsetzung, für die § 22a Absatz 3 gilt) zu einer nachteiligen Veränderung in der Vermögenslage des Schuldners führen kann, ist nur schwer erkennbar. Auch die Gesetzesbegründung verweist zu der vergleichbaren Vorschrift des § 56a Abs. 1 darauf, dass die für den Fall einer nachteiligen Verzögerung bestehende Ausnahme kaum praktische Bedeutung haben werde (BR-Drs. 127/11, 39). Jedenfalls genügt es, dem bestellten vorläufigen Gläubigerausschuss eine zeitlich nur kurz bemessene Gelegenheit zur Stellungnahme zu geben, da das Eröffnungsverfahren als Eilverfahren zu behandeln ist, das auch dem vorläufigen Gläubigerausschuss Pflichten zu kurzfristigem Handeln auferlegt. Nur ein einstimmiger Beschluss, mit dem der Antrag des Schuldners auf Eigenverwaltung unterstützt wird, genügt für die Wirkung von Absatz 3 Satz 2. Äußert sich der vorläufige Gläubigerausschuss nicht oder nicht einstimmig, hat das Gericht das Vorliegen der Voraussetzungen von Absatz 2 Nr. 2 zu prüfen. Dasselbe gilt auch, wenn ein vorläufiger Gläubigerausschuss gar nicht bestellt worden ist. Der vorläufige Gläubigerausschuss kann seinen Beschluss zur Eigenverwaltung bis zur Entscheidung über ihre Anordnung wieder revidieren; insoweit besteht keine Selbstbindung (Kübler HRI/*Neußner* § 10 Rn. 42; *Hofmann* Eigenverwaltung Rn. 25). Zur Ablehnung der Eigenverwaltung durch den vorläufigen Gläubigerausschuss → Rn. 12 aE.

IV. Inhalt und Wirkungen der Anordnung

1. Inhalt der Anordnung. a) Anordnung der Eigenverwaltung. Bei Vorliegen der sich aus Absatz 2 ergebenden Voraussetzungen ordnet das Gericht im Eröffnungsbeschluss die Eigenverwaltung an und bestellt einen Sachwalter (vgl. § 27 Abs. 1). Ein Ermessen des Gerichts besteht insoweit nicht (HK-InsO/*Landfermann* Rn. 2; Mohrbutter/Ringstmeier/*Landry* § 15 Rn. 44), vielmehr hat der Schuldner dann einen Anspruch auf Anordnung der Eigenverwaltung (Kübler HRI/*Neußner* § 10 Rn. 34; *Rattunde/Stark* Der Sachwalter Rn. 10 mwN). Die Entscheidung ist unter den Voraussetzungen von § 272 wieder aufzuheben. Zuständig ist entsprechend § 18 Abs. 1 Nr. 1 RPflG der Richter, nicht der Rechtspfleger (Kübler/Prütting/Bork/*Pape* Rn. 133). Eine Begründung für die Anordnung ist gesetzlich nicht vorgesehen, zT wird sie für entbehrlich gehalten (Kübler/Prütting/Bork/*Pape* Rn. 164), zT wird sie nur empfohlen (HK-InsO/*Landfermann* Rn. 20). Überzeugender ist es, das Gericht nach dem sich aus Absatz 4 ergebenden Rechtsgedanken (→ Rn. 16) auch im Fall der Anordnung der Eigenverwaltung für verpflichtet zu halten, seine Entscheidung schriftlich zu begründen, um der Gläubigerversammlung ebenso eine Grundlage für ihre Entscheidungsfindung über die Aufhebung der Anordnung gem. § 272 zu geben (HambK-InsO/*Fiebig* Rn. 49). Die Anordnung ist mit dem Eröffnungsbeschluss gem. §§ 30, 9 öffentlich bekannt zu machen. Mit dem Eröffnungsbeschluss sind die Gläubiger gem. § 28 Abs. 1 und 2 zur Anmeldung ihrer Forderungen und zur Mitteilung ihrer Sicherungsrechte an den Sachwalter (vgl. § 270c S. 2) aufzufordern (Uhlenbruck/*Zipperer* Rn. 54). Dagegen unterbleibt eine Anordnung gem. § 28 Abs. 3, da der Schuldner berechtigt bleibt, Forderungen gegen Drittschuldner einzuziehen (MüKoInsO/*Tetzlaff* Rn. 114). Hat das Gericht bei Anordnung der Eigenverwaltung Umstände übersehen, die für die Gläubiger zu Nachteilen führen, so kommt eine Amtshaftung (§ 839 BGB, Art. 34 GG) in Betracht (*Brinkmann* DB 2012, 1369 [1370]), anders bei einstimmiger Unterstützung durch den vorläufigen Gläubigerausschuss (→ Rn. 14). 15

16 **b) Ablehnung der Eigenverwaltung.** Fehlen die Voraussetzungen für die Anordnung der Eigenverwaltung, so wird der Antrag des Schuldners im Eröffnungsbeschluss zurückgewiesen (Absatz 4 Hs. 2 mit entsprechender Anwendung von § 27 Abs. 2 Nr. 4). Der Übergang von Eigen- zu Regelverwaltung zum Zeitpunkt der Verfahrenseröffnung geschieht relativ häufig und ist per se kein Indiz dafür, dass das Management nicht vertrauenswürdig oder nicht handlungsfähig war. Die Ablehnung der Eigenverwaltung ist gem. Absatz 4 Hs. 1 schriftlich zu begründen. Zwar besteht kein Rechtsmittel (→ Rn. 26), die Gläubigerversammlung kann aber gem. § 271 die nachträgliche Anordnung der Eigenverwaltung beantragen. Dafür soll die Gläubigerversammlung die Möglichkeit haben, die Begründung des Gerichts in ihre Entscheidungsfindung miteinzubeziehen (BR-Drs. 127/11, 60). Zur Notwendigkeit eines vorherigen richterlichen Hinweises auf das Fehlen der Voraussetzungen für die Eigenverwaltung, um dem Schuldner Gelegenheit zu geben, den Eröffnungsantrag zurückzunehmen s. § 270a Abs. 2 (Einzelheiten → § 270a Rn. 9).

17 **2. Wirkungen der Anordnung. a) Rechtsstellung des Schuldners. aa) Eigenverwaltung als Amtswalter.** Mit der Anordnung der Eigenverwaltung erhält der Schuldner die **Verwaltungs- und Verfügungsbefugnis** über die Insolvenzmasse. Seine Rechtsstellung beruht auf der Übertragung haftungsrechtlicher Kompetenzen, so dass er – ähnlich wie sonst der Insolvenzverwalter – als Amtswalter mit gesetzlich bestimmten Rechten und Pflichten tätig wird (*Häsemeyer* Insolvenzrecht Rn. 8.13; Gottwald InsR-HdB/*Haas* § 90 Rn. 3; MüKoInsO/*Tetzlaff* Rn. 141, 149; anders etwa *Huhn* Eigenverwaltung Rn. 603; HK-InsO/*Landfermann* Rn. 27: Handeln „kraft ergänzter privatautonomer Rechtsmacht"; FK-InsO/*Foltis* Rn. 19: „zurückgewährte Rechtsmacht"). Diese Auffassung kann am besten erklären, dass er (etwa gem. §§ 279, 283 Abs. 1) Befugnisse erhält, die sich aus einem bloßen Fortbestand seiner privatautonomen Rechte nicht erklären ließen. Dementsprechend muss der Schuldner als Amtswalter die Insolvenzmasse im Interesse der Gläubiger verwalten und verwerten (*Häsemeyer* Insolvenzrecht Rn. 8.14). Dabei ist seine Rechtsmacht – wie die eines Insolvenzverwalters – derart beschränkt, dass evident insolvenzzweckwidrige Handlungen unwirksam sind (*Häsemeyer* InsR Rn. 8.13; HambK-InsO/*Fiebig* Rn. 35; MüKoInsO/*Tetzlaff* Rn. 141, 149). Aufgrund der Stellung als Amtswalter sind Handlungen des Eigenverwalters wie die eines Insolvenzverwalters unanfechtbar (→ § 129 Rn. 38; anders in den Verfahren gem. §§ 270a und 270b, sofern der Schuldner kraft seiner Privatautonomie handelt → § 270a Rn. 7, § 280 Rn. 2).

18 Aufgrund seiner Verwaltungs- und Verfügungsbefugnis hat der Schuldner insbes. die **Geschäftsführungsbefugnis,** außerdem die **Befugnisse als Arbeitgeber** (vgl. aber § 279 S. 2 und 3). Er entscheidet über die **Aufnahme von Prozessen,** die infolge der Verfahrenseröffnung gem. § 240 ZPO auch bei Anordnung der Eigenverwaltung unterbrochen werden (→ Rn. 2). Die Umstellung einer Klage auf Leistung an den Schuldner als Amtswalter hält der BGH nicht für erforderlich (BGH ZIP 2007, 249). Wie ein Insolvenzverwalter kann der Schuldner für die Prozesse der Masse **Prozesskostenhilfe** verlangen (*Weber* ZInsO 2014, 2151; aA LAG BW ZIP 2014, 1455). Ebenso ist er entsprechend § 253 Abs. 4 S. 1 berechtigt, den **Zurückweisungsantrag** auf die Beschwerde gegen die Bestätigung des Insolvenzplans zu stellen (LG Berlin ZIP 2014, 2197 [2199]). Die vom Schuldner für die Masse begründeten Verbindlichkeiten sind **Masseverbindlichkeiten** iSv § 55 Abs. 1 Nr. 1. Bei **Verletzung seiner Pflichten** haftet der Schuldner entsprechend §§ 60, 61 auch persönlich, was praktisch aber nur wenig bedeutsam ist, da idR keine zusätzliche Haftungsmasse vorhanden sein wird (Ausnahme zB: Haftung nach Restrukturierung des Unternehmens, vgl. Kübler HRI/*Koch/Jung* § 8 Rn. 220; zur Funktion der Haftung als „Transmissionsriemen" für

die Organhaftung *Thole/Brünkmans* ZIP 2013, 1097 [1103 ff.] → Rn. 20). Zwar sieht die gesetzliche Regelung eine Haftung nur für den Sachwalter in § 274 Abs. 1 vor, daraus lässt sich jedoch keine abschließende Regelung der Haftungsproblematik entnehmen. Die Aufteilung der Kompetenzen zwischen Schuldner und Sachwalter legt vielmehr auch eine insolvenzrechtliche Haftung des Schuldners nahe (überzeugend *Häsemeyer* Insolvenzrecht Rn. 8.14; *Thole/Brünkmans* ZIP 2013, 1097 [1101 ff.]; für § 60 auch AG Duisburg ZIP 2005, 2335; HambK-InsO/*Fiebig* Rn. 43; dagegen *Bachmann* ZIP 2015, 101 [102 ff.]; Kübler HRI/*Flöther* § 18 Rn. 2 ff.; Uhlenbruck/*Zipperer* Rn. 18).

bb) Besonderheiten der Eigenverwaltung bei Gesellschaften. Besondere Probleme ergeben sich bei Anordnung der Eigenverwaltung im Insolvenzverfahren über das **Vermögen einer juristischen Person oder einer Gesellschaft ohne Rechtspersönlichkeit.** Auch bei Anordnung der Eigenverwaltung wird die Gesellschaft durch die Eröffnung des Insolvenzverfahrens aufgelöst, die Gesellschafter können aber die Fortsetzung der Gesellschaft beschließen, wenn das Verfahren auf Antrag der Schuldnerin eingestellt wird oder das Verfahren nach der Bestätigung eines Insolvenzplans, der den Fortbestand der Gesellschaft vorsieht, aufgehoben wird (zB §§ 42 Abs. 1 S. 1 u. 2, 728 Abs. 1 S. 1 u. 2 BGB, §§ 131 Abs. 1 Nr. 3, 144, 161 Abs. 2 HGB, § 60 Abs. 1 Nr. 4 GmbHG, §§ 262 Abs. 1 Nr. 3, 274 Abs. 2 Nr. 1 AktG). Schon im Insolvenzverfahren ist die Verwaltung der Gesellschaft nicht auf den Zweck einer gesellschaftsrechtlichen Liquidation beschränkt, da insoweit der Vorrang der sich aus § 1 InsO ergebenden Zielsetzung einer optimalen Befriedigung der Gläubiger gilt (*Huhn* Eigenverwaltung Rn. 642; Gottwald InsR-HdB/*Haas* § 89 Rn. 19). Daher kann die in Eigenverwaltung tätig werdende Gesellschaft auch Geschäfte abschließen, die auf Gewinnerzielung gerichtet sind. Das richterrechtlich entwickelte Erfordernis eines Zustimmungsbeschlusses der Hauptversammlung einer AG zur Unternehmensveräußerung (BGHZ 83, 122 [131] – Holzmüller; 159, 30 – Gelatine I) besteht im Insolvenzverfahren mit Eigenverwaltung schon angesichts der dadurch veränderten Zwecksetzung nicht (*Noack* ZIP 2002, 1873 [1878 f.]), so dass dieses Ergebnis durch § 276a S. 1 nur bestätigt wird (ähnlich MüKoInsO/*Klöhn* § 276a Rn. 28); anders jedoch, wenn die Maßnahme bereits vor Verfahrenseröffnung getätigt wurde (LG Duisburg ZIP 2004, 76 [78]), da insoweit auch § 276a (→ § 276a Rn. 3) nicht gilt. 19

Neben der praktisch wenig bedeutsamen Haftung des Schuldners bei Verletzung seiner Pflichten iRd Eigenverwaltung (→ Rn. 18) besteht für Schäden der Gesellschaft ggf. eine **gesellschaftsinterne Haftung** (etwa des GmbH-Geschäftsführers nach § 43 Abs. 1 GmbHG, § 73 Abs. 3 GmbHG oder § 71 Abs. 4 GmbHG) fort (Gottwald InsR-HdB/*Haas* § 90 Rn. 18 und 54; für Haftung der Geschäftsführungsorgane des Schuldners analog §§ 60, 61 hingegen *Hill* ZInsO 2010, 1825 [1829]; Kübler HRI/*Flöther* § 18 Rn. 26 ff.; MüKoInsO/*Tetzlaff* § 270 Rn. 179; nur de lege ferenda befürwortend *Kebekus/Zenker* FS Kübler, 2015, 331 [340 f.]; dagegen *Thole/Brünkmans* ZIP 2013, 1097 [1104 ff.]; *Bachmann* ZIP 2015, 101 [108]; *Rattunde/Stark* Der Sachwalter Rn. 528 ff.). Solche Haftungsansprüche sind als Gesamtschäden gem. § 280 in entsprechender Anwendung von § 92 S. 2 vom Sachwalter geltend zu machen (Gottwald InsR-HdB/*Haas* § 89 Rn. 54; *Knöpnadel* AnwBl 12, 550 [552]). Dabei ist zu berücksichtigen, dass ein Schaden der Schuldner-Gesellschaft auch dann vorliegt, wenn diese durch das Handeln der Organe mit Haftungsansprüchen gem. §§ 60, 61 belastet wird (*Thole/Brünkmans* ZIP 2013, 1097 [1100, 1103 ff.]; ablehnend *Bachmann* ZIP 2015, 101 [104]). 20

Die Frage, ob Geschäftsführungsorgane iRd Eigenverwaltung nach § 64 S. 1 GmbHG oder § 92 Abs. 2 AktG für **Zahlungen nach Eintritt der Zahlungs-** 21

unfähigkeit oder Überschuldung haften, ist derzeit ungeklärt (zum Streitstand *Bachmann* ZIP 2015, 101; *Haas* ZHR 178 (2014), 603; *Thole/Brünkmans* ZIP 2013, 1097). Teils wird befürwortet, die Vorschriften auf Fälle zu reduzieren, in denen auch eine Verletzung der Antragspflicht gem. § 15a vorliegt, so dass schon ab Antragstellung eine Haftung ausschiede (*Brinkmann* DB 2012, 1369). Teils wird von der Anwendbarkeit der Vorschriften nur für das Eröffnungsverfahren, teils auch für das eröffnete Verfahren ausgegangen (vgl. *Siemon* ZInsO 2012, 1045 [1053]; *Siemon/Klein* ZInsO 2012, 2009; *Schmidt/Poertzgen* NZI 2013, 369 [374 ff.]; *Thole/Brünkmans* ZIP 2013, 1097 [1100 f.]; *Klinck* DB 2014, 938 [940 ff.]). Ein Ausschluss der Anwendung der Vorschriften (dafür *Haas* ZHR 178 (2014), 603) lässt sich sowohl für das eröffnete Verfahren als auch das Eröffnungsverfahren nur schwer begründen; es spricht daher mehr dafür, sie unter Berücksichtigung der Besonderheiten der (vorläufigen) Eigenverwaltung zu interpretieren, so dass Zahlungen eines Geschäftsführers mit der Sorgfalt eines ordentlichen eigenverwaltenden Geschäftsführers vereinbar sein müssen, der sich seinerseits an den für den Insolvenzverwalter geltenden Maßstäben zu orientieren hat (vgl. *Bachmann* ZIP 2015, 101 [108]; Kübler HRI/*M. Hofmann* § 7 Rn. 207; *Schmidt/Poertzgen* NZI 2013, 369 [375]; wohl auch *Klinck* DB 2014, 938 [942]). Daher sind Zahlungen auf Masseverbindlichkeiten bei ausreichender Masse stets sorgfaltsgemäß (*Rattunde/Stark* Der Sachwalter Rn. 525 f.). Ob eine Zustimmung des (vorläufigen) Sachwalters oder des (vorläufigen) Gläubigerausschusses eine Haftung des Geschäftsführers ausschließt, ist zweifelhaft (dafür *Schmidt/Poertzgen* NZI 2013, 369 [374]; Kübler HRI/*M. Hofmann* § 7 Rn. 207; dagegen *Klinck* DB 2014, 938 [941]).

22 Eine Haftung der Geschäftsführungsorgane für die Nichterfüllung von Masseverbindlichkeiten scheidet (vorbehaltlich einer Haftung im Innenverhältnis, → Rn. 20) idR aus, es sei denn, es liegen die besonderen Voraussetzungen von § 311 Abs. 3 S. 2 BGB vor (wie hier *Thole/Brünkmans* ZIP 2013, 1097 [1098 f.]; Uhlenbruck/*Zipperer* Rn. 20; zu weitgehend *Brinkmann* DB 2012, 1369 [1370]; ähnlich *Jacoby* FS Vallender, 2015, 261 [266 ff.: Organhaftung gegenüber den Gläubigern ab Insolvenzeröffnung gem. § 280 Abs. 1 BGB]); dann kann sich eine **Haftung aus § 280 Abs. 1 BGB** ergeben. IÜ kommt auch eine **eigene Haftung der Geschäftsführer aus §§ 823 ff. BGB** in Betracht (insbes. bei Verletzung von Aus- oder Absonderungsrechten; vgl. Kübler HRI/*Flöther* § 18 Rn. 25; *Thole/Brünkmans* ZIP 2013, 1097 [1099]). Zur Frage der Anwendbarkeit der Business-Judgement-Rule für Geschäftsführer iRd Eigenverwaltung *Brinkmann* DB 2012, 1369 [1369 f.]; *Buchta/Ott* ZInsO 2015, 288; ablehnend *Jungmann* NZI 2009, 80 [84 f.]

23 Ob eine **umsatzsteuerliche Organschaft** nach Eröffnung des Insolvenzverfahrens über das Vermögen des Organträgers und/oder der Organgesellschaft in Eigenverwaltung fortbesteht, ist nach der im einstweiligen Rechtsschutz ergangenen Entscheidung BFHE 244, 156 (= ZIP 2014, 889) „ernstlich zweifelhaft". Aufgrund der geänderten Pflichten spricht seit der Änderung der Rspr. durch BFHE 242, 433 (= ZIP 2013, 1773) zur Beendigung der organisatorischen Eingliederung bei Bestellung eines vorläufigen Insolvenzverwalters vieles dafür, dass die Organschaft bereits mit Bestellung eines vorläufigen Sachwalters in den vorläufigen Verfahren gem. §§ 270a, 270b endet (vgl. Kübler HRI/*Kahlert* § 57 Rn. 58 ff.). Allerdings hat das BMF aufgrund verschiedener Vorabentscheidungsersuchen des BFH an den EuGH mit Schreiben vom 5.5.2014 die Veröffentlichung dieser Entscheidung und damit ihre allgemeine Anwendung bis auf weiteres zurückgestellt (vgl. HambK-InsO/*Fiebig* Rn. 41). Dieselben Grundsätze gelten für die ertragsteuerliche Organschaft (Kübler HRI/*Kahlert* § 57 Rn. 64 f.).

24 Der **Versicherungsschutz** der geschäftsführenden Organe des schuldnerischen Unternehmens aus einer klassischen D&O-Versicherung bedarf der Prüfung im

Einzelfall. Ggf. deckt er Schäden aus der eigenverwaltenden Tätigkeit (und zwar schon ab dem Eröffnungsverfahren) nicht ab. Dann bedarf es einer *zusätzlichen* Versicherung der Geschäftsführungsorgane, da die vorhandenen Versicherungen nicht gekündigt werden sollten, um den Versicherungsschutz für die Vergangenheit nicht zu gefährden (sog Claims-made-Prinzip).

b) Bestellung eines Sachwalters. Mit der Anordnung der Eigenverwaltung wird gem. **§ 270c Abs. 1 S. 1** anstelle des Insolvenzverwalters ein Sachwalter bestellt. Die Rechtsstellung des Sachwalters wird durch § 274 näher geregelt (zu Einzelheiten dort). Die weiteren Vorschriften der §§ 275–285 dienen va auch der Abgrenzung der Befugnisse des Schuldners und des Sachwalters. Grundlegend für die Rechtsstellung des Sachwalters ist seine Aufgabe, den Schuldner umfassend zu beaufsichtigen und zu überwachen. Dazu kommen verschiedene Prüfungs- und Berichtspflichten (vgl. insbes. §§ 281, 283 Abs. 2). Außerdem sind ihm bestimmte Pflichten zur selbständigen Wahrnehmung zugewiesen, so die Ausübung und Durchsetzung der sich aus § 280 ergebenden Rechte, die Überwachung einer Planerfüllung gem. § 284 Abs. 2, die aus § 285 folgende Pflicht, die Masseunzulänglichkeit anzuzeigen (zur Aufgliederung der Pflichten *Häsemeyer* InsR Rn. 8.19). 25

V. Rechtsmittel

Bei **Ablehnung des Antrages auf Anordnung der Eigenverwaltung** scheidet eine isolierte Anfechtung dieser Entscheidung nach dem sich aus § 6 Abs. 1 ergebenden Grundsatz aus (LG Frankfurt a. M. ZIP 2014, 742). Die Ablehnung der Anordnung kann auch nicht mit der sofortigen Beschwerde gegen den Eröffnungsbeschluss angefochten werden (Uhlenbruck/*Zipperer* Rn. 56). Das hat der BGH (ZIP 2007, 448) va damit begründet, dass die Zusammenfassung mehrerer Entscheidungen in einem einheitlichen Beschluss, die teils anfechtbar, teils unanfechtbar sind, nichts an den Rechtsschutzmöglichkeiten ändere. Ebenso kann die Entscheidung über die Ablehnung der Eigenverwaltung auch nicht im Wege der sofortigen Beschwerde gegen die Abweisung des Antrages auf Eröffnung des Insolvenzverfahrens mangels Masse angefochten werden mit der Begründung, ein Massekostenvorschuss sei zu hoch berechnet worden, weil er die beantragte Eigenverwaltung nicht berücksichtige (BGH ZIP 2007, 394; aA Kübler/Prütting/Bork/*Pape* Rn. 171). Rechtsmittel sind nach diesen Grundsätzen auch bei **Anordnung der Eigenverwaltung** ausgeschlossen (FK-InsO/*Foltis* Rn. 27; Uhlenbruck/*Zipperer* Rn. 56). Gläubiger können daher die Aufhebung der Eigenverwaltung nur gem. § 272 betreiben (AG Köln ZIP 2005, 1975; MüKoInsO/*Tetzlaff* Rn. 119; krit. dazu *Häsemeyer* InsR Rn. 8.09). Bei einem Verstoß gegen das rechtliche Gehör kommt die Rüge gem. § 321a ZPO iVm § 4 in Betracht (Uhlenbruck/*Zipperer* Rn. 56). 26

Schrifttum zu §§ 270a, 270b: *Beth,* Die gerichtliche Prüfung der Voraussetzungen des Schutzschirmverfahrens nach § 270b InsO, ZInsO 2015, 369; *Brückl/Bellmann,* Gesetzlicher Sanierungsversuch zulasten der Solidargemeinschaft? – Zur Insolvenzanfechtung von Sozialversicherungsbeiträgen im Schutzschirmverfahren, ZInsO 2015, 1173; *Buchalik,* Das Schutzschirmverfahren nach § 270b InsO (incl. Musteranträge), ZInsO 2012, 349; *Buchalik/Kraus,* Die Abführung von Sozialversicherungsbeiträgen im Eigenverwaltungseröffnungsverfahren, ZInsO 2014, 2354; *Budnik,* Zur Regelvergütung des vorläufigen Sachwalters, NZI 2014, 247; *Bultmann,* Von der vorläufigen Eigen- zur Insolvenzverwaltung, ZInsO 2015, 188; *Desch,* Schutzschirmverfahren nach dem RegE-ESUG in der Praxis, BB 2011, 841; *Frind,* Die Begründung von Masseverbindlichkeiten im Eigenverwaltungseröffnungsverfahren, ZInsO 2012, 1099; *ders.,* Insolvenzgerichtliche Veröffentlichungsnotwendigkeiten bei der vorläufigen Sachwalterschaft, ZIP 2012, 1591; *ders.,* Der janusköpfige vorläufige Sachwalter?, ZInsO 2013, 2302; *ders.,* Bewertung des neuen IDW S 9 (Bescheinigung gem. § 270b InsO) aus gerichtlicher Sicht, ZInsO 2014, 2264; *ders.*, Haftungsgefahren für den vorläufigen Sachwalter in Eigenverwaltungs- und Schutzschirmverfahren – Eine Betrachtung aus insolvenzgerichtlicher Sicht, NZI 2014, 977; *ders.*, Insolvenzliche Eigenverwaltung und öffentlich-rechtliche Forderungen: Zahlen oder nicht?, GmbHR 2015, 128; *Ganter,* Betriebsfortführung im Insolvenzeröffnungs- und Schutzschirmverfahren, NZI 2012, 433; *ders.,* Zur drohenden Zahlungsunfähigkeit in § 270b InsO, NZI 2012, 985; *Geißler, Marcus,* Die Ermächtigung des Schuldners im Schutzschirmverfahren nach § 270b Abs. 3 InsO – Systematik und Auswirkungen auf die Insolvenzgeldsicherung, ZInsO 2013, 531; *A. Graeber/T. Graeber,* Der Abbruch der vorläufigen Eigenverwaltung als vergütungsrechtliches Problem, ZInsO 2015, 891; *Gutmann/Lauberean,* Schuldner und Bescheiniger im Schutzschirmverfahren, ZInsO 2012, 1861; *Hermanns,* Die Bescheinigung nach § 270b Abs. 1 Satz 3 InsO, ZInsO 2012, 2265; *ders.*, Anmerkungen zum Entwurf eines Leitfadens des BDU e. V. zur Struktur eines Grobkonzeptes im Rahmen der Bescheinigung nach § 270b InsO, ZInsO 2014, 922; *Hirte,* Anmerkungen zum von § 270b RefE-InsO ESUG vorgeschlagenen „Schutzschirm", ZInsO 2011, 402; *Hobelsberger,* Umsatzsteuerpflicht und -haftung in der vorläufigen Eigenverwaltung, DStR 2013, 2545; *Hölzle,* Insolvenzplan auf Initiative des vorläufigen Sachwalters im Schutzschirmverfahren – Oder: Wer erstellt und wer bezahlt den Insolvenzplan im Verfahren nach § 270b InsO?, ZIP 2012, 855; *ders.,* Gesellschaftsrechtliche Veränderungssperre im Schutzschirmverfahren, ZIP 2012, 2427; *Horstkotte,* Öffentliche Bekanntmachung der vorläufigen Sachwalterschaft nach ESUG durch das Insolvenzgericht?, ZInsO 2012, 1161; *ders.*, Der IDW ES 11 im Kontext der Zulässigkeitsprüfung von Schutzschirmverfahren gem. § 270b InsO, ZInsO 2015, 135; *Kahlert,* Steuerzahlungspflicht im Eröffnungsverfahren der Eigenverwaltung?, ZIP 2012, 2089; *Keller,* Bedarf die Bestellung eines vorläufigen Sachwalters im Schutzschirmverfahren nach § 270b InsO der öffentlichen Bekanntmachung?, ZIP 2012, 1895; *Klinck,* Die Begründung von Masseverbindlichkeiten durch den Schuldner im Eigenverwaltungs-Eröffnungsverfahren, ZIP 2013, 853; *ders.*, Die Einzelermächtigung des Schuldners zur Begründung von Masseverbindlichkeiten in den Eigenverwaltungs-Eröffnungsverfahren nach §§ 270a und 270b InsO, ZInsO 2014, 365; *Kolmann,* Schutzschirmverfahren, 2014; *Marotzke,* Masseschuldbegründungskompetenz des Schuldners im eigenverwalteten Insolvenzeröffnungsverfahren, DB 2013, 1283; *Nöll,* Masseschuldbegründung durch den Schuldner im vorläufigen Eigenverwaltungsverfahren nach § 270a InsO – Schutzschirm zum Nullltarif?, ZInsO 2013, 745; *Oppermann/Smid,* Ermächtigung des Schuldners zur Aufnahme eines Massekredits zur Vorfinanzierung des Insolvenzgeldes im Verfahren nach § 270a InsO, ZInsO 2012, 862; *B. Richter/M. Pluta,* Bescheinigung zum Schutzschirmverfahren gem. § 270b InsO nach IDW ES 9 im Praxistest, BB 2012, 1591; *Saenger/Al-Wraikat,* Insolvenzrecht versus Gesellschaftsrecht: Wer darf bei der GmbH wann den Schutzschirm öffnen?, NZG 2013, 1201; *Schelo,* Der neue § 270b InsO – Wie stabil ist das Schutzschirmverfahren in der Praxis? Oder: Schutzschirmverfahren versus vorläufige Eigenverwaltung, ZIP 2012, 712; *A. Schmidt/Linker,* Ablauf des sog. Schutzschirmverfahrens nach § 270b InsO, ZIP 2012, 963; *Schmittmann/Dannemann,* Massesicherungs- versus Steuerzahlungspflicht im Schutzschirmverfahren nach § 270b InsO – Einen Tod muss der Geschäftsführer sterben?!, ZIP 2014, 1405; *Schur,* Die Vergütung des vorläufigen Sachwalters – Regelvergütung, Berechnungsgrundlage, Zuschläge, ZIP 2014, 757; *Siemon,* Das ESUG und § 270b InsO in der Anwendung, ZInsO 2012, 1045; *Simon/Klein,* Haftung des (Sanierungs-)Geschäftsführers gem. § 64 GmbHG im Schutzschirmverfahren nach § 270b InsO, ZInsO 2012, 2009; *Thole,* Der Konflikt zwischen Steuerpflicht und Massesicherung in der vorläufigen Eigenverwaltung, DB 2015, 662; *Undritz,* Ermächtigung und Kompetenz zur Begründung von Masseverbindlichkeiten beim Antrag des Schuldners auf Eigenverwaltung, BB 2012, 1551; *ders.,* Vorläufige Eigenverwaltung? Der Weg des Schuldners zur Eigenverwaltung zwischen Skylla und Charybdis, FS Wehr, 2013, 339; *Vallender,* Das neue Schutzschirmverfahren nach dem ESUG, GmbHR 2012, 450; *Zimmer,* Wann kann ein (vorläufiger) Sachwalter Gläubiger einer sonstigen Masseverbindlichkeit i. S. d. § 55 InsO sein? – Eigenverwaltung und Insolvenzvergütungsrecht, ZInsO 2013, 2305; *Zipperer/Vallender,* Die Anforderungen an die Bescheinigung für das Schutzschirmverfahren, NZI 2012, 729.

Eröffnungsverfahren[1]

270a (1) [1] **Ist der Antrag des Schuldners auf Eigenverwaltung nicht offensichtlich aussichtslos, so soll das Gericht im Eröffnungsverfahren davon absehen,**

1. dem Schuldner ein allgemeines Verfügungsverbot aufzuerlegen oder
2. anzuordnen, dass alle Verfügungen des Schuldners nur mit Zustimmung eines vorläufigen Insolvenzverwalters wirksam sind.

[2] **Anstelle des vorläufigen Insolvenzverwalters wird in diesem Fall ein vorläufiger Sachwalter bestellt, auf den die §§ 274 und 275 entsprechend anzuwenden sind.**

(2) **Hat der Schuldner den Eröffnungsantrag bei drohender Zahlungsunfähigkeit gestellt und die Eigenverwaltung beantragt, sieht das Gericht jedoch die Voraussetzungen der Eigenverwaltung als nicht gegeben an, so hat es seine Bedenken dem Schuldner mitzuteilen und diesem Gelegenheit zu geben, den Eröffnungsantrag vor der Entscheidung über die Eröffnung zurückzunehmen.**

I. Regelungszweck

Die Bestimmungen der §§ 270 ff. enthielten vor dem ESUG keine besondere Regelung zu der Frage, welche Sicherungsmaßnahmen im Antragsverfahren bei einem Antrag auf Eigenverwaltung angeordnet werden können. Daher wurden die allgemeinen Regeln der §§ 21, 22 angewandt (Kübler/Prütting/Bork/*Pape* § 270 Rn. 120). Durch das **ESUG** ist mit § 270a eine spezielle Vorschrift zum Eröffnungsverfahren eingefügt worden, die die allgemeinen Vorschriften aber nur teilw. verdrängt. **Absatz 1 Satz 1** schließt Maßnahmen gem. § 21 Abs. 2 Nr. 2 ausdrücklich aus. Insoweit handelt es sich um eine Sonderregelung gegenüber dieser Vorschrift. Weitere Sonderregeln gegenüber den allgemeinen Vorschriften zur Anordnung von Sicherungsmaßnahmen enthält § 270b für bestimmte Fälle der Vorbereitung einer Sanierung. Statt eines „starken" oder „schwachen" vorläufigen Insolvenzverwalters ist gem. **Absatz 1 Satz 2** die **Bestellung eines vorläufigen Sachwalters** vorgesehen, für dessen Rechtsstellung auf die §§ 274, 275 verwiesen wird. Durch **Absatz 2** werden dem Gericht Hinweispflichten auferlegt, die dem Schuldner bei einem frühzeitigen Eröffnungsantrag dessen Rücknahme ermöglichen sollen. Mit der Regelung soll der Weg zur Eigenverwaltung über einen frühzeitig gestellten Eröffnungsantrag gefördert werden (BR-Drs. 127/11, 61). 1

II. Keine Anordnung eines allgemeinen Verfügungsverbots oder eines allgemeinen Zustimmungsvorbehalts

Das Gericht soll im Eröffnungsverfahren gem. Absatz 1 Satz 1 dem Schuldner weder ein allgemeines Verfügungsverbot auferlegen noch anordnen, dass alle Verfügungen des Schuldners nur mit Zustimmung eines vorläufigen Insolvenzverwalters wirksam sind. Danach sollen keine Maßnahmen gem. § 21 Abs. 2 Nr. 2 angeordnet werden. Die Bestimmung ist als **Sollvorschrift** gefasst und lässt daher in Einzelfällen **Ausnahmen** zu (ebenso LG Halle ZIP 2014, 2355 [2357]; HK-InsO/*Landfermann* Rn. 6; MüKoInsO/*Kern* Rn. 29; aA *Kammel/Staps* NZI 2010, 791 [795]; FK-InsO/*Foltis* Rn. 16). Die Vorschrift erwähnt selbst den Fall, dass die **Eigenverwaltung offensichtlich aussichtslos** ist. Das kann insbes. der Fall 2

[1] § 270a eingef. mWv 1.3.2012 durch G v. 7.12.2011 (BGBl. I S. 2582).

sein, wenn die Voraussetzungen von § 270 Abs. 2 Nr. 2 fehlen und dies ohne weitere Prüfungen erkennbar ist, etwa weil die Nachteile einer Eigenverwaltung auf der Hand liegen (zB weil auf Schuldnerseite keine ausreichenden insolvenzrechtlichen Kenntnisse bestehen, → § 270 Rn. 12). IÜ hat sich das Gericht an dem Gesetzeszweck zu orientieren, dass die Verfügungsmacht dem Schuldner über das Unternehmensvermögen deshalb nicht entzogen werden soll, damit die Vorteile der Eigenverwaltung nicht schon im Eröffnungsverfahren verloren gehen (BR-Drs. 127/11, 60). Insoweit war auch schon vor dem ESUG weitgehend anerkannt, dass die **Bestellung eines vorläufigen Insolvenzverwalters bei gleichzeitiger Anordnung eines allgemeinen Verfügungsverbotes** nur ausnahmsweise erfolgen sollte, wenn der Schuldner einen Antrag auf Eigenverwaltung gestellt hat, da dies zu seiner Verdrängung aus der Geschäftsführung führt und damit faktisch die Entscheidung über die Eigenverwaltung regelmäßig negativ präjudiziert (MüKoInsO/*Kern* Rn. 3). Wie vor dem ESUG muss das Gericht auch weiterhin prüfen, ob nicht ausnahmsweise angesichts der besonderen Umstände des Einzelfalles und unter Würdigung des Schuldnerinteresses an der Eigenverwaltung die Anordnung eines allgemeinen Verfügungsverbotes für den Schuldner gem. § 21 Abs. 2 Nr. 2 erforderlich ist (ähnlich Kübler/Prütting/Bork/*Pape* Rn. 9; zu solchen Umständen LG Halle ZIP 2014, 2355). Der bloße Umstand, dass der neu installierte Geschäftsführer der Schuldnergesellschaft ebenfalls als Verwalter bekannt ist und dies bei den Gläubigern zu Irritationen führt (so im Fall des LG Bonn ZIP 2003, 1412), kann dafür nicht mehr genügen, da auch die Gläubiger sich auf die „Verdoppelung" der insolvenzrechtlichen Kompetenzen einstellen müssen und auch eingestellt haben.

3 Die **Bestellung eines vorläufigen Insolvenzverwalters mit Zustimmungsvorbehalt** wurde vor dem ESUG als weitgehend vergleichbare Maßnahme zur späteren Einsetzung eines Sachwalters begriffen (*Vallender* WM 1998, 2129 [2132]), obwohl der Sachwalter idR Verfügungen des Schuldners nicht verhindern kann. Nach der Gesetzesbegründung soll insoweit aber auch verhindert werden, dass der Schuldner die Kontrolle über sein Unternehmen verliert (BR-Drs. 127/11, 61). Damit geht die Vorschrift davon aus, dass die Sicherungsinteressen der Gläubiger idR hinter den Interessen des Schuldners an der eigenständigen Fortführung seines Unternehmens zurücktreten. Sofern das Gericht aber erkennt, dass auch unter Berücksichtigung dieser Interessen des Schuldners erhebliche Sicherungsinteressen der Gläubiger ausnahmsweise überwiegen, hat es einen vorläufigen Insolvenzverwalter zu bestellen und anzuordnen, dass entweder nur bestimmte oder nötigenfalls alle Verfügungen des Schuldners nur mit Zustimmung eines vorläufigen Insolvenzverwalters wirksam sind. Insoweit erfordert die Handhabung der Vorschrift Klarheit darüber, ob im Einzelfall Sicherungsinteressen bestehen, die über den Normalfall erheblich hinausgehen. Gegen die Bestellung eines vorläufigen Insolvenzverwalters (statt eines vorläufigen Sachwalters) kann sich der Schuldner mit der sofortigen Beschwerde wehren, § 21 Abs. 1 S. 2 (MüKoInsO/*Kern* Rn. 52).

III. Bestellung eines vorläufigen Sachwalters und weitere Sicherungsmaßnahmen

4 **1. Bestellung eines vorläufigen Sachwalters.** Absatz 1 Satz 2 sieht anstelle des vorläufigen Insolvenzverwalters die Bestellung eines vorläufigen Sachwalters vor. Damit ist auch ein vorläufiger Sachwalter nur dann zu bestellen, wenn ein Sicherungsbedürfnis besteht. Für die Rechtsstellung des vorläufigen Sachwalters wird auf die **§§ 274, 275** verwiesen. Danach ist infolge des Verweises auf § 56a einem vorläufigen Gläubigerausschuss vor der Bestellung Gelegenheit zur Äußerung zu geben und dessen einstimmiger Vorschlag nur dann nicht bindend, wenn

die vorgeschlagene Person nicht geeignet ist. Der vorläufige Sachwalter hat va Prüfungs- und Aufsichtspflichten (§ 274 Abs. 2) und die Verpflichtung, dem vorläufigen Gläubigerausschuss und dem Insolvenzgericht drohende Nachteile anzuzeigen (§ 274 Abs. 3). Dies kann dann zu einem Antrag des vorläufigen Gläubigerausschusses gem. § 270b Abs. 3 auf Aufhebung des Verfahrens zur Vorbereitung der Sanierung führen oder auch zur Prüfung durch das Gericht, ob ausnahmsweise weitere Sicherungsmaßnahmen erforderlich sind. Bei der Begründung von Verbindlichkeiten (insbes. Masseverbindlichkeiten) durch den Schuldner wirkt der vorläufige Sachwalter nach Maßgabe von § 275 Abs. 1 mit. Außerdem kann er entsprechend § 275 Abs. 2 die Kassenführung übernehmen und damit die Verfügung über den Geldverkehr an sich ziehen (→ § 275 Rn. 7). Bei der Entscheidung darüber hat der vorläufige Sachwalter aber zu berücksichtigen, dass der Schuldner eine ausreichende Kontrolle über sein Unternehmen behalten soll. Es ist davon auszugehen, dass eine Verweisung auf **§ 277** bewusst ausgeschlossen worden ist, so dass das Gericht nicht schon im Eröffnungsverfahren die Zustimmungsbedürftigkeit für bestimmte Rechtsgeschäfte anordnen kann (wie hier AG Hannover ZIP 2015, 1893; Braun/*Riggert* Rn. 5; Graf-Schlicker/*Graf-Schlicker* Rn. 24; *Frind* NZI 2014, 977 [978]; aA die hM, zB Kübler HRI/*M. Hofmann* § 7 Rn. 103 ff.; Ahrens/Gehrlein/Ringstmeier/*Ringstmeier* Rn. 7; MüKoInsO/*Kern* Rn. 41; für Rückgriff auf § 21 Abs. 2 Nr. 2 2. Alt. Uhlenbruck/*Zipperer* Rn. 9). Ebenso gilt – nach dem Grundgedanken, dass der Schuldner die Kontrolle über sein Unternehmen nicht verlieren soll (→ Rn. 3) – auch **§ 276** nicht, so dass der Schuldner im Eröffnungsverfahren für bedeutsame Rechtshandlungen nicht verpflichtet ist, die Zustimmung des vorläufigen Gläubigerausschusses einzuholen (HK-InsO/*Landfermann* Rn. 16; Nerlich/Römermann/*Riggert* Rn. 15; aA *Frind* ZIP 2012, 1380 [1384] u. NZI 2014, 977 [980]; *Rattunde/Stark* Der Sachwalter Rn. 222). Schließlich findet auch **§ 276a** im Eröffnungsverfahren noch keine Anwendung (→ § 276a Rn. 3). IÜ gelten für die Rechtsstellung des vorläufigen Sachwalters die Verweisungen zur Bestellung, Beaufsichtigung, Haftung und Vergütung des Sachwalters entsprechend. Dabei hat es der Gesetzgeber versäumt, eine eigenständige **Vergütungsregelung** für den vorläufigen Sachwalter in der InsVV zu schaffen. Insoweit sollte die Vergütung in Anlehnung an § 11 InsVV festgesetzt werden (also 25 % von der Regelvergütung gem. § 2 Abs. 1 InsVV und nicht 25 % von 60 %, so aber AG Köln ZIP 2013, 426; AG Essen ZInsO 2014, 464 und 2398, LG Bonn ZIP 2014, 694 [695]; Kübler/Prütting/Bork/*Pape* Rn. 26; MüKoInsO/*Kern* Rn. 47), da es ein gravierender Wertungswiderspruch wäre, wenn der vorläufige Sachwalter wie der endgültige Sachwalter (dafür AG Göttingen ZIP 2013, 36; AG Hamburg ZIP 2014, 237; AG Potsdam NZI 2015, 247; HambK-InsO/*Fiebig* Rn. 29; *Budnik* NZI 2014, 247 [250]) und damit nach einem deutlich höheren Regelsatz als der vorläufige Insolvenzverwalter vergütet würde (wie hier Kübler HRI/*M. Hofmann* § 7 Rn. 91; *Rattunde/Stark* Der Sachwalter Rn. 603 f.; *Schur* ZIP 2014, 757, dort auch zur Berechnungsgrundlage und etwaigen Vergütungszuschlägen).

2. Weitere Sicherungsmaßnahmen. Die Regelung enthält in Absatz 1 keine Bestimmungen zu etwaigen weiteren Sicherungsmaßnahmen neben der Bestellung eines vorläufigen Sachwalters. Weitere Bestimmungen enthält nur § 270b Abs. 2. Allerdings führt nicht jeder Antrag des Schuldners auf Eigenverwaltung auch zur Anwendung von § 270b. Vielmehr setzt die Anwendung der Vorschrift einen entsprechenden Antrag des Schuldners voraus, va aber muss der Eröffnungsantrag bei drohender Zahlungsunfähigkeit oder Überschuldung gestellt worden sein. Bei Zahlungsunfähigkeit gelangen daher für weitere Sicherungsmaßnahmen im Eröffnungsverfahren **die allgemeinen Vorschriften der §§ 21, 22** zur Anwendung, da diese durch Absatz 1 Satz 1 nicht ausgeschlossen werden (ebenso 5

FK-InsO/*Foltis* Rn. 21). Das bedeutet, für das Eröffnungsverfahren, bei dem keine Anordnung iSv § 270b erfolgt, hat das Gericht gem. § 270 Abs. 1 S. 2 iVm §§ 21, 22 ggf. die dort vorgesehenen weiteren Sicherungsmaßnahmen anzuordnen. Insoweit bestehen für die Bestellung eines vorläufigen Gläubigerausschusses gem. §§ 21 Abs. 2 S. 1 Nr. 1a, 22a, Maßnahmen zum Schutz des Schuldners vor Vollstreckungen gem. § 21 Abs. 2 S. 1 Nr. 3, ggf. auch für Sicherungsmaßnahmen gem. § 21 Abs. 2 S. 1 Nr. 5 keine Besonderheiten. Das Recht, den Antrag auf einstweilige Einstellung einer von einem Gläubiger betriebenen Zwangsversteigerung zu stellen, steht gem. § 30d Abs. 4 S. 2 ZVG dem Schuldner zu. Der Antrag auf Einstellung einer Zwangsverwaltung ist hingegen gem. § 153b ZVG erst nach Verfahrenseröffnung möglich. Die Anordnung einer vorläufigen Postsperre gem. § 21 Abs. 2 S. 1 Nr. 4 wird nur ganz ausnahmsweise in Betracht kommen, da dies nicht mit dem Zweck der in Abs. 1 S. 1 getroffenen Regelung vereinbar ist, dem Schuldner die Kontrolle über sein Unternehmen zu erhalten. Für die **gerichtliche Veröffentlichung** der getroffenen Anordnungen besteht keine gesetzliche Grundlage (richtig *Horstkotte* ZInsO 2012, 1161; *Keller* ZIP 2012, 1895; → § 23 Rn. 4; aA *Frind* ZIP 2012, 1591; FK-InsO/*Foltis* Rn. 18; für Bekanntmachung nach pflichtgemäßem Ermessen AG Göttingen ZIP 2012, 2360; HK-InsO/*Landfermann* Rn. 12), vermutlich weil die Vorstellung bestand, es sei Aufgabe des Schuldners, selbst für die erforderliche Transparenz zu sorgen, wie es derzeit größtenteils auch geschieht.

6 **3. Ermächtigung des Schuldners zur Begründung von Masseverbindlichkeiten.** Für das allgemeine Eröffnungsverfahren ist im Unterschied zum sanierungsvorbereitenden Eröffnungsverfahren keine § 270b Abs. 3 (→ § 270b Rn. 12 ff.) entsprechende Regelung für eine gerichtliche Ermächtigung des Schuldners zur Begründung von Masseverbindlichkeiten vorgesehen. Andererseits ist auch kein abschließender Regelungswille des Gesetzgebers erkennbar. § 270b Abs. 3 konkretisiert vielmehr die Befugnisse des Gerichts zum Erlass von „Einzelfallermächtigungen", die in der bisherigen Rspr. nur für den vorläufigen Insolvenzverwalter bedeutsam gewesen sind (vgl. BGHZ 151, 353 = NZI 2002, 543). Es liegt nahe, angesichts der ausdrücklichen Regelung in § 270b Abs. 3 diese Rspr. auch auf den Schuldner im Antragsverfahren der Eigenverwaltung gem. § 270a zu übertragen und das Gericht (insoweit im Unterschied zu § 270b Abs. 3) nach seinem Ermessen im Rahmen einer **„Einzelfallermächtigung"** für berechtigt zu halten, den Schuldner zur Begründung von Masseverbindlichkeiten zu ermächtigen (überzeugend HambK-InsO/*Fiebig* Rn. 34; LG Duisburg ZIP 2012, 2453; AG Köln ZIP 2012, 788; AG München ZIP 2012, 1470; dagegen AG Fulda ZIP 2012, 1471; *Nöll* ZInsO 2013, 745). Die Auffassung, der Schuldner könne ohne gerichtliche Ermächtigung im Verfahren gem. § 270a Masseverbindlichkeiten begründen (so AG Montabaur ZIP 2013, 899; AG Hannover ZIP 2015, 1843; *Oppermann/Smid* ZInsO 2012, 862 [866]; *Frind* ZInsO 2012, 1099 [1101 ff.]; FK-InsO/*Foltis* Rn. 22), stützt sich zu Unrecht auf § 275, da die Vorschrift eine bloße Regelung der internen Aufgabenverteilung beinhaltet (→ § 275 Rn. 1 sowie *Undritz* BB 2012, 1551 [1555] und FS Wehr, 2012, 339 [352 ff.]), und missversteht daher auch § 270b Abs. 3 (dazu → § 270b Rn. 12 ff.). Statt den Schuldner will AG Hamburg ZIP 2012, 787 den vorläufigen Sachwalter ermächtigen, was aber dem Rechtsgedanken von § 270b Abs. 3 zuwiderläuft (ausf. *Undritz* BB 2012, 1551). Ein **Vorbehalt der Zustimmung** des vorläufigen Sachwalters gem. § 275 kann lediglich deklaratorische Bedeutung haben, da die gesetzliche Regelung der Mitwirkungsrechte des vorläufigen Sachwalters nicht zur Disposition des Gerichts steht (*Undritz* BB 2012, 1551 [1555 f.]; aA wohl AG Köln ZIP 2012, 788), für einen Vorbehalt gem. § 277 (dafür MüKoInsO/*Kern* Rn. 38, 41; *Zipperer* EWIR 2012, 361 [362]; für Analogie Kübler HRI/*M.*

Hofmann § 7 Rn. 103 ff.; dagegen *Frind* ZInsO 2012, 1099 [1103]; *Graf-Schlicker* Rn. 24) gibt es keine gesetzliche Grundlage (→ Rn. 4), da gem. Absatz 1 Satz 2 nur die §§ 274, 275 entsprechend anzuwenden sind; insoweit ist auch ein auf § 21 gestützter Vorbehalt (dafür zB FK-InsO/*Foltis* Rn. 21) fragwürdig. Im Unterschied zur Ermächtigung gem. § 270b Abs. 3 hat das Gericht vor der Ermächtigung zu prüfen, ob die Verbindlichkeiten erfüllt werden können (*Vallender* DB 2015, 231 [236]). Lehnt das Gericht eine Ermächtigung des Schuldners ab, so besteht kein Rechtsmittel, BGH ZIP 2013, 525. Die Begründung einer Masseverbindlichkeit gegenüber dem vorläufigen Sachwalter durch eigenständigen Beratungsvertrag ist insolvenzzweckwidrig (OLG Dresden ZIP 2015, 1937; *Frind* ZInsO 2013, 2302; HK-InsO/*Landfermann* Rn. 39 Fn. 87; diff. *Zimmer* ZInsO 2013, 2305).

4. Haftung des Schuldners und seiner Organe. Abgesehen vom Fall der Begründung von Masseverbindlichkeiten oder sonstigen Ermächtigungen (zB gem. § 21 Abs. 2 Nr. 5) handelt der Schuldner allein aufgrund seiner Privatautonomie (so auch Kübler HRI/*M. Hofmann* § 7 Rn. 31; Graf-Schlicker/*Graf-Schlicker* Rn. 13; ausf. *Undritz* FS Wehr, 2012, 339 [352 ff.]). Insbes. für die **pflichtwidrige Begründung von Masseverbindlichkeiten** kommt daher eine entsprechende Anwendung der §§ 60, 61 in Betracht (→ § 270 Rn. 18), für bloß privatautonomes Handeln scheidet sie aus (vgl. HambK-InsO/*Fiebig* Rn. 38). Insoweit kommt auch eine Haftung der Organe für die Schäden des Schuldners in Betracht (→ § 270 Rn. 20). Haftungsrisiken ergeben sich für die Organe des Schuldners daneben va im Hinblick auf die Pflicht zur Sicherung der künftigen Masse (dazu *Kahlert* ZIP 2012, 2084; Kübler HRI/*ders.* § 57 Rn. 5 ff.; *Undritz* FS Wehr, 2012, 339 [362 ff.]). Für **Steuern** und die Arbeitnehmer-Anteile an **Sozialversicherungsbeiträgen** bestehen **im Eröffnungsverfahren** für den Geschäftsführer gegensätzliche Normbefehle, nämlich die insolvenzrechtliche Pflicht zur Massesicherung einerseits und die durch §§ 823 Abs. 2 BGB iVm § 266a StGB bzw. §§ 69, 34 AO haftungsrechtlich bewehrten Zahlungspflichten andererseits. Nach verbreiteter Auffassung hat die Massesicherungspflicht Vorrang, so dass die Pflichten zur Zahlung (auf Insolvenzforderungen) suspendiert sind (so für Steuern *Kahlert* ZIP 2012, 2089; Kübler HRI/*ders.* § 57 Rn. 6 ff.; *Hobelsberger* DStR 2013, 2545 [2549]; *Schmittmann/Dannemann* ZIP 2014, 1405 [1406 f.]; krit. dazu aber *Rattunde/Stark* Der Sachwalter Rn. 530; *Thole* DB 2015, 662 [666 f.]). Angesichts fehlender höchstrichterlicher Klärung dieser Auffassung können solche Zahlungspflichten (bei gleichzeitiger Inkenntnissetzung des Gläubigers über den Eröffnungsantrag) dennoch erfüllt und die geleisteten Zahlungen später durch den Sachwalter angefochten werden (*Lau* DB 2014, 1417 [1422]; Kübler HRI/*M. Hofmann* § 7 Rn. 212; HambK-InsO/*Fiebig* Rn. 15b; *Rattunde/Stark* Der Sachwalter Rn. 531; *Thole* DB 2015, 662 [666, 668]). Die vereinzelte Ablehnung dieser Vorgehensweise (AG Hamburg ZIP 2014, 2101; *Frind* GmbHR 2015, 128 [131]) beruht insbes. auf der Übertreibung anfechtungsrechtlicher Risiken; zudem berücksichtigt sie nicht ausreichend, dass Sozialversicherungsbeiträge im Zuge der Zahlung des Insolvenzgeldes von der Bundesagentur für Arbeit getragen werden und Steuern bei vorläufiger Insolvenzverwaltung idR sogar gem. § 55 Abs. 4 Masseverbindlichkeiten darstellen (so dass die Ersetzung des „vorläufigen Eigenverwalters" durch einen vorläufigen Insolvenzverwalter keine Vorteile bringt). Für die Anordnung eines Zustimmungsvorbehalts zugunsten des vorläufigen Sachwalters bei der Zahlung solcher Verbindlichkeiten (so AG Düsseldorf ZInsO 2014, 2389 (Ls.); *Buchalik/Kraus* ZInsO 2014, 2354; *Thole* DB 2015, 662 [668 f.]) besteht keine rechtliche Grundlage (→ Rn. 4, 6). Zur Haftung von Geschäftsführungsorganen iÜ → § 270 Rn. 20 ff., zur Beendigung einer steuerlichen Organschaft → § 270 Rn. 23. 7

8 **5. Aufhebung der Bestellung des vorläufigen Sachwalters.** Anders als § 270b enthält die Vorschrift keine Regelung zur Aufhebung der Bestellung des vorläufigen Sachwalters. Eine Aufhebung entsprechend § 272 scheidet aus, da die Gläubiger erst nach Anordnung der Eigenverwaltung die Aufhebung beantragen können. Im Antragsverfahren erstreckt sich die Gläubigerautonomie gem. § 270 Abs. 3 S. 2 nur auf einen einstimmigen Unterstützungsbeschluss. Für die Voraussetzungen der Bestellung des vorläufigen Sachwalters gilt allein § 270a Abs. 1. Diese Voraussetzungen sind auch bei der Aufhebung der Bestellung des vorläufigen Sachwalters zu prüfen. Insoweit ist auf den sich aus § 21 Abs. 1 ergebenden Grundsatz zurückzugreifen, dass das Gericht die Notwendigkeit von Sicherungsmaßnahmen fortlaufend zu prüfen hat und die getroffenen Maßnahmen ggf. aufheben oder abändern muss (Uhlenbruck/*Vallender* § 25 Rn. 2). Deshalb hat das Gericht, wenn es zu der Auffassung gelangt, dass der Antrag des Schuldners auf Eigenverwaltung aussichtlos geworden ist, die Bestellung des vorläufigen Sachwalters aufzuheben und – bei entsprechendem Sicherungsbedürfnis – einen vorläufigen Insolvenzverwalter zu bestellen (vgl. FK-InsO/*Foltis* Rn. 29; HambK-InsO/*Fiebig* Rn. 3; MüKoInsO/*Kern* Rn. 24). Ebenso hat es einen vorläufigen Insolvenzverwalter anstelle des vorläufigen Sachwalters zu bestellen, wenn es erkennt, dass ein Ausnahmefall vorliegt, in dem die Sicherungsinteressen der Gläubiger so deutlich überwiegen, dass dahinter die Interessen des Schuldners an der eigenständigen Fortführung des Unternehmens zurücktreten müssen (vgl. → Rn. 2 f.; LG Halle ZIP 2014, 2355 [2357]; aA *Madaus* NZI 2014, 1053 [1054]: Aufhebung nur analog § 270b Abs. 4; für zusätzliche Analogie zu § 270b Abs. 4 *Bultmann* ZInsO 2015, 188 [190]). Zu den vergütungsrechtlichen Fragen bei Aufhebung der Bestellung des vorläufigen Sachwalters AG Ludwigshafen ZInsO 2015, 1639 [1640]; *Graeber/Graeber* ZInsO 2015, 891.

IV. Hinweispflichten des Gerichts

9 Hat der Schuldner den Antrag auf Eigenverwaltung zusammen mit dem Eigenantrag schon bei drohender Zahlungsunfähigkeit gestellt, ist das Gericht gem. **Absatz 2** verpflichtet, den Schuldner auf das Fehlen der Voraussetzungen für die Eigenverwaltung hinzuweisen und ihm Gelegenheit zu geben, den Insolvenzantrag zurückzunehmen. Richtigerweise ist insoweit eine **Überraschungsentscheidung** gemäß § 4 iVm § 139 ZPO auch bei anderen Eröffnungsgründen **unzulässig** (ebenso *Hofmann* Eigenverwaltung Rn. 57; so in der praktischen Handhabung auch AG Erfurt ZInsO 2012, 944 [945]; dagegen aber offenbar Uhlenbruck/*Zipperer* § 270 Rn. 37; verfehlt *Hölzle/Pink* ZIP 2011, 360 [365 f.]). Damit muss insbes. eine natürliche Person, die ohnehin keine Antragspflicht hat, auf die Gründe für die beabsichtigte Ablehnung einer Eigenverwaltung hingewiesen werden und ihr Gelegenheit zur Äußerung gegeben werden, sofern sie die maßgeblichen Gesichtspunkte erkennbar übersehen hat. Ein ausdrücklicher Hinweis auf die Möglichkeit der Rücknahme des Eröffnungsantrages ist hingegen nicht erforderlich (aA MüKoInsO/*Kern* Rn. 80). Ein erforderlicher Hinweis ist auch dann zu erteilen, wenn eine Antragspflicht besteht (so auch HK-InsO/*Landfermann* Rn. 25), da das Gericht nicht für die Erfüllung dieser Pflichten zu sorgen hat, sondern darauf zu achten hat, dass es Überraschungsentscheidungen vermeidet. Absatz 2 konkretisiert damit nur für einen Teilbereich die richterliche Hinweispflicht, iÜ bleibt es auch aus verfassungsrechtlichen Gründen (dazu Zöller/*Greger* ZPO Vor § 128 Rn. 6a) bei den allgemeinen Vorschriften.

das Sanierungskonzept von den wesentlichen Gläubigern mitgetragen wird oder diese es ablehnen (vgl. *Frind* ZInsO 2012, 540 [541]; *Krauss/Lenger/Radner* ZInsO 2012, 587 [589]). Die Bescheinigung ist nur dann taugliche Grundlage für eine Anordnung gem. Absatz 1, wenn der Aussteller für die Richtigkeit des zu bescheinigenden Inhalts auch die Verantwortung übernimmt. Verweise auf die Angaben Dritter genügen dafür grds. nicht (krit. auch HambK-InsO/*Fiebig* Rn. 16; zur Vorfassung des IDW S 9 *Frind* ZInsO 2012, 540 [541]; *Krauss/Lenger/Radner* ZInsO 2012, 587 [589]; anders *Richter/Pluta* BB 2012, 1591 [1595]; *Hermanns* ZInsO 2012, 2265 [2269]). Erforderlich ist eine **aktuelle Bescheinigung** über die zum Tag der Antragstellung gem. Absatz 1 Satz 1 erforderlichen Angaben (vgl. HambK-InsO/*Fiebig* Rn. 14). Dafür kann je nach Einzelfall eine Bescheinigung, die 3 Tage oder eine Woche alt ist, genügen (Ahrens/Gehrlein/Ringstmeier/*Ringstmeier* Rn. 14), insbes. wenn der Aussteller auf zukünftige Entwicklungen hingewiesen hat.

Bei **Unrichtigkeit der Bescheinigung** haftet der Aussteller gegenüber Alt- 6
und Neugläubigern nach den Grundsätzen des Vertrages mit Schutzwirkung (*Römermann/Praß* GmbHR 2012, 425 [431]; HambK-InsO/*Büchler* Anh. zu § 35 Abschn. K Rn. 12; ausf. *Brinkmann* DB 2012, 1313 [1315 ff.]; aA *Gutmann/Laubereau* ZInsO 2012, 1861 [1872]), da für Gutachter und sonstige Fachleute besondere Schutzpflichten bestehen, wenn sich aus dem Inhalt des Auftrags ergibt, dass das Gutachten auch den Interessen Dritter dient. Das Gutachten ist auch Grundlage der gerichtlichen Entscheidungen im Interesse der Gläubiger und für die Gläubiger selbst (dazu BGH ZIP 2012, 1353 [1355]). Hingegen dürfte eine Haftung entsprechend § 60 Abs. 1 ausscheiden (dafür Kübler/Prütting/Bork/*Pape* Rn. 53 ff.), da den Aussteller keine insolvenzspezifischen Pflichten treffen. Bei Vorsatz kommt eine Haftung aus § 826 BGB und § 823 Abs. 2 BGB iVm § 263 StGB in Betracht (MüKoInsO/*Kern* Rn. 66).

Ein **in Insolvenzsachen erfahrener Steuerberater, Wirtschaftsprüfer** 7
oder Rechtsanwalt oder eine Person mit vergleichbarer Qualifikation kann die Bescheinigung ausstellen. Die Gesetzesbegründung zählt zu den Personen mit vergleichbarer Qualifikation zB Steuerbevollmächtigte oder vereidigte Buchprüfer, aber auch Angehörige eines anderen Mitgliedsstaates der EU oder eines Vertragsstaates des Abkommens über den Europ. Wirtschaftsraum mit vergleichbarer Qualifikation, sofern sie ausreichende Erfahrung in Insolvenzsachen haben (BR-Drs. 127/11, 62). Wie und nach welchen Maßstäben das Gericht die ausreichende Erfahrung in Insolvenzsachen zu prüfen hat, ist unklar (krit. zu den gesetzlichen Vorgaben an die Person des Bescheinigenden *Hirte* ZInsO 2011, 401 [403]). Sofern die entsprechende Erfahrung nicht gerichtsbekannt ist, ist zu verlangen, dass der Schuldner zugleich auch die Erfahrung des Bescheinigenden in Insolvenzsachen zumindest darlegt und ggf. auch glaubhaft macht (weitergehend für Beweis iSv § 286 ZPO *Beth* NZI 2015, 369 [373]), da andernfalls die Bescheinigung keine ausreichende Grundlage für die Anordnung des sanierungsvorbereitenden Eröffnungsverfahrens darstellen kann. Eine Ermittlung von Amts wegen gem. § 5 Abs. 1 dürfte insoweit ausscheiden (so auch *Gutmann/Laubereau* ZInsO 2012, 1861 [1866]; Graf-Schlicker/*Graf-Schlicker* Rn. 15; aA etwa *Vallender* GmbHR 2012, 450 [451]), da es sich um einen Antrag im Zulassungsverfahren handelt, in dem grds. keine derartigen Pflichten bestehen (MüKoInsO/*Ganter/Lohmann* § 5 Rn. 13 mwN). Der Aussteller der Bescheinigung scheidet als vorläufiger Sachwalter aus (→ Rn. 10; zu weitgehend *Hölzle* ZIP 2012, 158 [161 f.], der analog §§ 56, 56a darüber hinaus verlangt, dass der Aussteller der Bescheinigung zuvor nicht beratend tätig war, dem folgend aber AG München ZIP 2012, 789; Kübler/Prütting/Bork/*Pape* Rn. 42; dagegen *Buchalik* ZInsO 2012, 349 [351]; *Schmidt/Linker* ZIP 2012, 963 [964]).

8 **3. Voraussetzungen des Eröffnungsverfahrens gemäß § 270a.** Das sanierungsvorbereitende Eröffnungsverfahren ist ein besonderes Eröffnungsverfahren im Rahmen einer beantragten Eigenverwaltung gegenüber dem für diesen Fall vorgesehenen allgemeinen Eröffnungsverfahren gem. § 270a, das seinerseits spezieller ist gegenüber dem Eröffnungsverfahren nach den allgemeinen Vorschriften der §§ 21 ff. Aus diesem Zusammenhang ergibt sich, dass für das sanierungsvorbereitende Verfahren auch die sich aus § 270a ergebenden Voraussetzungen für die Durchführung des Eröffnungsverfahrens vorliegen müssen (so auch Braun/*Riggert* Rn. 2, 8; HK-InsO/*Landfermann* Rn. 29; Uhlenbruck/*Zipperer* § 270a Rn. 1; aA MüKoInsO/*Kern* Rn. 39). Praktisch bedeutet dies, dass auch für das sanierungsvorbereitende Eröffnungsverfahren nicht nur die angestrebte Sanierung nicht offensichtlich aussichtslos sein darf (so Absatz 1 Satz 1), sondern auch der **Antrag auf Eigenverwaltung** darf **nicht offensichtlich aussichtlos** sein (so § 270a Abs. 1 S. 1). Es wäre unverständlich, wenn das sanierungsvorbereitende Eröffnungsverfahren zugelassen würde, obwohl Umstände bekannt sind, wonach eine Eigenverwaltung zu Nachteilen für die Gläubiger führen würde (überzeugend Braun/*Riggert* Rn. 8; aA HambK-InsO/*Fiebig* Rn. 10). Im Unterschied zu § 270a (→ § 270a Rn. 2 f.) schließt Absatz 2 Satz 1 aber die Bestellung eines vorläufigen Insolvenzverwalters aus (MüKoInsO/*Kern* Rn. 98).

III. Anordnung des sanierungsvorbereitenden Eröffnungsverfahrens und weitere Maßnahmen

9 **1. Prüfung und Anordnung durch das Gericht.** Liegt die erforderliche Bescheinigung vor, so hat das Gericht eine Frist zur Vorlage eines Insolvenzplans anzuordnen, die im Rahmen pflichtgemäßen Ermessens nach den Umständen des Einzelfalles (→ Rn. 2) zu bemessen ist, aber gem. Absatz 1 Satz 2 höchstens drei Monate betragen bedarf. Eine kürzere Frist kann bis zur Höchstfrist verlängert werden (FK-InsO/*Foltis* Rn. 25 mwN). Das Gericht hat bei seiner Entscheidung nur **wenige inhaltliche Prüfungsmöglichkeiten** (im Einzelnen streitig, s. *Desch* BB 2011, 841; *Hill* ZInsO 2010, 1825; *Hirte* ZInsO 2011, 401 [402 u. 404]; *Vallender* GmbHR 2012, 450 [451]; HK-InsO/*Landfermann* Rn. 28). Aus Absatz 1 Satz 1 lässt sich entnehmen, dass die angestrebte Sanierung darauf zu prüfen ist, ob sie nicht offensichtlich aussichtslos ist. Dies wird sich nur ausnahmsweise (etwa bei Ereignissen nach dem Antrag) feststellen lassen, wenn sich aus einer vom Schuldner beigefügten Bescheinigung das Gegenteil ergibt (→ Rn. 4). IÜ prüft das Gericht nur, ob es sich um eine ausreichende Bescheinigung iSv Absatz 1 Satz 3 handelt. Es muss also die ausreichende Qualifikation des Bescheinigenden feststehen und die ausreichende Begründung der Bescheinigung. Insoweit prüft das Gericht lediglich die Schlüssigkeit und die Plausibilität der Angaben. Die Einsetzung eines Sachverständigen zur Prüfung der Richtigkeit der Bescheinigung ist nach der Gesetzesbegründung durch Absatz 2 Satz 3 ausgeschlossen (BR-Drs. 127/11, 62 f.; ebenso Braun/*Riggert* Rn. 7; HK-InsO/*Landfermann* Rn. 14; *Desch* BB 2011, 841; *Schmidt/Linker* ZIP 2012, 963 [964]; insoweit iErg wohl auch *Vallender* GmbHR 2012, 450 [453]; aA *Frind* ZInsO 2011, 656 [660]; *Obermüller* ZInsO 2011, 1809 [1818]; *Buchalik* ZInsO 2012, 349 [352]; FK-InsO/*Foltis* Rn. 22; iErg AG Charlottenburg ZInsO 2013, 2501 sowie *Beth* NZI 2015, 369 [370 ff.]: Amtsermittlung sämtlicher Tatbestandsvoraussetzungen mit Ausnahme der Aussichtslosigkeit der Sanierung) und widerspricht auch dem Zweck der Bescheinigung, das Gericht von weitergehenden Prüfungen angesichts des hohen Zeitdruckes in diesem Stadium zu entlasten (dazu HambK-InsO/*Fiebig* Rn. 5). Auf etwaige Mängel des Antrages (insbes. der beigefügten Bescheinigung) hat das Gericht gem. § 4 iVm § 139 ZPO rechtzeitig hinzuweisen und nur kurze Frist zur Beseitigung des Mangels zu setzen (so auch *Schmidt/Linker* ZIP 2012, 963

[964]; *Hofmann* Eigenverwaltung Rn. 404; dagegen wegen des Eilcharakters des Verfahrens offenbar *Frind* ZInsO 2012, 540, der aber zugleich die Einsetzung eines Sachverständigen zur Prüfung der Voraussetzungen gem. Absatz 1 für möglich hält). Nach der (nicht öffentlich bekannt zu machenden, → § 270a Rn. 5) gerichtlichen Anordnung hat der Schuldner innerhalb der ihm gesetzten Frist einen Insolvenzplan vorzulegen. Unmittelbar nach Vorlage des Insolvenzplans oder nach Ablauf der dafür gesetzten Frist (Absatz 4 Satz 3) hat das Gericht bei Vorliegen der erforderlichen Voraussetzungen das Insolvenzverfahren zu eröffnen. Wird die Anordnung des sanierungsvorbereitenden Eröffnungsverfahrens abgelehnt, so besteht nach dem sich aus § 6 Abs. 1 ergebenden Grundsatz für den Schuldner kein Rechtsmittel.

2. Bestellung eines vorläufigen Sachwalters. In dem Beschluss, mit dem eine Frist zur Vorlage eines Insolvenzplans bestimmt wird, bestellt das Gericht zugleich einen vorläufigen Sachwalter. Für dessen Rechtsstellung wird auf § 270a Abs. 1 S. 2 verwiesen und damit auf die entsprechende Anwendung der §§ 274, 275 (→ § 270a Rn. 4). Die Zuerkennung eines Planinitiativrechts für den vorläufigen Sachwalter entsprechend § 284 Abs. 1 S. 1 (dafür *Hölzle* ZIP 2012, 855 [858 ff.]) widerspricht dem Grundgedanken, dass der Schuldner in diesem Stadium die Sicherheit haben soll, selbst einen Sanierungsplan zu erstellen, der danach in einem Insolvenzplan umgesetzt werden soll, vgl. BR-Drs. 127/11, 64 (krit. auch Graf-Schlicker/*Graf-Schlicker* § 284 Rn. 6 Fn. 7; HK-InsO/*Landfermann* Rn. 45). Wie sich aus **Absatz 2 Satz 2** ergibt, hat der Schuldner das **Recht, den vorläufigen Sachwalter vorzuschlagen.** Als spezielleres Vorschlagsrecht verdrängt es das allgemeinere Vorschlagsrecht des vorläufigen Gläubigerausschusses gem. §§ 270a Abs. 1 S. 2, 274, 56a (ebenso *Desch* BB 2011, 841 [842]; *Kammel/Staps* NZI 2010, 791 [795] zum DiskE-ESUG; HK-InsO/*Landfermann* Rn. 34), dies gilt auch für § 56a Abs. 3 (HambK-InsO/*Fiebig* Rn. 30; HK-InsO/*Landfermann* Rn. 34; aA *Graf-Schlicker* Rn. 19). Dieses Recht soll ihm die Sicherheit geben, die Sanierung mit einer Person zu betreiben, die für ihn vertrauenswürdig, gleichzeitig aber auch unabhängig ist (BR-Drs. 127/11, 62). Von dem Vorschlag des Schuldners kann das Gericht nur abweichen, wenn die vorgeschlagene Person offensichtlich für die Übernahme des Amtes nicht geeignet ist. Die Eignung ist – anders als bei einem Vorschlag des vorläufigen Gläubigerausschusses (vgl. § 56a Abs. 2) – nicht nach den vom Vorschlagenden bestimmten Anforderungen zu beurteilen, sondern nach objektiven Kriterien. Insoweit hat das Gericht sich insbes. an § 56 Abs. 1 S. 1 u. 3 zu orientieren. Im Zuge der Diskussion des ESUG war fraglich geworden, ob derjenige, der die Bescheinigung gem. Absatz 1 Satz 3 ausgestellt hat, auch als vorläufiger Sachwalter in Betracht kommt. Dazu stellt **Absatz 2 Satz 1** klar, dass der Aussteller der Bescheinigung als vorläufiger Sachwalter ausscheidet. Darüber hinaus wird der vorläufige Sachwalter schon wegen § 45 Abs. 3 BRAO auch nicht aus derselben Sozietät kommen dürfen wie der Aussteller der Bescheinigung (*Buchalik* ZInsO 2012, 349 [351]; *Frind* ZInsO 2012, 540). Eine Sanierungsberatung durch Bescheinigung für das sanierungsvorbereitende Eröffnungsverfahren und anschließende Tätigkeit als vorläufiger Sachwalter auf Vorschlag des Schuldners ist damit aus gutem Grund ausgeschlossen. Bestellt das Gericht eine andere als vom Schuldner vorgeschlagene Person, ist dies im Beschluss gem. Absatz 2 Satz 2 Hs. 2 zu begründen. Die Begründung soll Grundlage für die Entscheidung der Gläubiger nach Verfahrenseröffnung über die etwaige Wahl eines anderen Sachwalters sein (BR-Drs. 127/11, 62). Wegen dieser Möglichkeit sieht das Gesetz auch kein Rechtsmittel gegen die Bestellungsentscheidung des Gerichts vor (BR-Drs. 127/11, 39; AG Hamburg NZI 2013, 903). 10

3. Sicherungsmaßnahmen. Gem. Absatz 2 Satz 3 Hs. 1 kann das Gericht Sicherungsmaßnahmen gem. § 21 Abs. 1 und 2 Nr. 1a, 3–5 anordnen. Solche 11

Sicherungsmaßnahmen sind nicht erst ab Anordnung des sanierungsvorbereitenden Eröffnungsverfahrens zulässig, sondern bereits **nach dem entsprechenden Antrag des Schuldners** (so wohl BR-Drs. 127/11, 62 f.). Damit kann das Gericht – wie im allgemeinen Eröffnungsverfahren der Eigenverwaltung gem. § 270a – einen vorläufigen Gläubigerausschuss einsetzen (§ 21 Abs. 2 Nr. 1a) und muss dies auch unter den Voraussetzungen von § 22a (so iE auch Kübler HRI/*Koch/Jung* § 8 Rn. 138; *Kolmann* Schutzschirmverfahren Rn. 354 mwN; aA *Frind* ZIP 2012, 1380 [1384]). Zwar fehlt ein Verweis auf diese Vorschrift, andererseits ist aber auch keine Sonderregelung erkennbar, durch die sie verdrängt sein könnte. Der vorläufigen Gläubigerausschuss hat kein Vorschlagsrecht für den vorläufigen Sachwalter, da dies durch das speziellere Vorschlagsrecht des Schuldners (→ Rn. 10) verdrängt ist. Das Gericht hat dem vorläufigen Gläubigerausschuss aber Gelegenheit zu geben, sich entsprechend § 56a Abs. 1 zur Auswahl des vorläufigen Sachwalters zu äußern (ebenso HK-InsO/*Landfermann* Rn. 34; MüKoInsO/*Kern* Rn. 90). Für die Sicherungsmaßnahmen gem. § 21 Abs. 2 Nr. 3–5 gelten grds. keine Besonderheiten, allerdings ist die Anordnung einer vorläufigen Postsperre mit dem Zweck der Eigenverwaltung idR nicht vereinbar (→ § 270a Rn. 5). Nach Absatz 2 Satz 3 Hs. 2 hat das Gericht (auch schon vor der Entscheidung über den Antrag gem. § 270b) Maßnahmen gem. § 21 Abs. 2 Nr. 3 anzuordnen, wenn der Schuldner dies beantragt. Zwar wurden auch schon bisher nur geringe Anforderungen an die Erforderlichkeit der Einstellung und Untersagung von Maßnahmen der Zwangsvollstreckung gestellt (HambK-InsO/*Schröder* § 21 Rn. 53; Uhlenbruck/*Vallender* § 21 Rn. 5), die Regelung schafft für den Schuldner aber insoweit Rechtssicherheit (zu Schutzlücken im Bereich der EuInsVO *Piekenbrock* NZI 2012, 905 [908 ff.]). Wie idR im allgemeinen Eröffnungsverfahren der Eigenverwaltung gem. § 270a ist die Bestellung eines vorläufigen Insolvenzverwalters ausgeschlossen, da gerade nicht auf § 21 Abs. 2 Nr. 1 verwiesen ist (→ Rn. 8). Die Bestellung einer anderen Person zum Sachverständigen wird idR ausscheiden, da es naheliegt, den vorläufigen Sachwalter mit Prüfungsaufgaben als Sachverständigen zu beauftragen. Eine solche Beauftragung ist auch nicht etwa entbehrlich (unklar BR-Drs. 127/11, 62 f.), weil bereits eine Bescheinigung über einen Eröffnungsgrund und die Sanierungsmöglichkeit vorliegt, da das Gericht die für die Eröffnung des Insolvenzverfahrens maßgeblichen Umstände gem. § 5 Abs. 1 von Amts wegen zu ermitteln hat; iÜ ist damit auch die Deckung der Verfahrenskosten nicht geklärt (s. *Vallender* GmbHR 2012, 445 [446 und 450, 453]; aA Uhlenbruck/*Zipperer* Rn. 53).

12 **4. Ermächtigung des Schuldners zur Begründung von Masseverbindlichkeiten.** Nach der erst aufgrund der Beschlussempfehlungen des Rechtsausschusses (BT-Drs. 17/7511) eingefügten Regelung des **Absatz 3 Satz 1** hat das Gericht den Schuldner auf dessen Antrag zur Begründung von Masseverbindlichkeiten zu ermächtigen. Dadurch sollen die Voraussetzungen für eine Unternehmensfortführung durch den Schuldner im Antragsverfahren verbessert werden. Denn ohne eine solche Ermächtigung zur Begründung von Masseverbindlichkeiten müssten die Geschäftspartner des Schuldners befürchten, für ihre Lieferungen und Leistungen nur Insolvenzforderungen zu erhalten. Durch den in **Absatz 3 Satz 2** erfolgenden Verweis auf § 55 Abs. 2 erhält der Schuldner im Antragsverfahren ggf. die Möglichkeit, wie ein starker vorläufiger Insolvenzverwalter Masseverbindlichkeiten zu begründen. Zu bedenken ist dabei allerdings, dass das Risiko der späteren Masseunzulänglichkeit bei den Gläubigern bleibt und anders als im Fall der Begründung von Masseverbindlichkeiten durch den starken vorläufigen Insolvenzverwalter auch nicht durch § 61 aufgefangen werden kann. Zur Haftung von Geschäftsführungsorganen für die Nichterfüllung von Masseverbindlichkeiten → § 270 Rn. 22. Eine Amtshaftung des Gerichts gem. Art. 34

GG, § 839 BGB scheidet aus, weil die Ermächtigung vom Gericht ohne sachliche Prüfung ausgesprochen wird (vgl. → Rn. 13) und damit keine Pflichtverletzung vorliegen kann (*Vallender* GmbHR 2012, 450 [454]). Ohne Ermächtigung des Gerichts kann der Schuldner im Schutzschirmverfahren keine Masseverbindlichkeiten begründen (OLG Köln ZIP 2014, 2523; *Marotzke* DB 2013, 1283 [1286]).

Es besteht **kein richterliches Ermessen** bei der Ermächtigung zur Begründung von Masseverbindlichkeiten (Kübler/Prütting/Bork/*Pape* § 270b Rn. 74; MüKoInsO/*Kern* Rn. 107; zweifelnd *Hölzle* ZIP 2012, 158 [162]). Es ist Sache des Schuldners, bei seinem Antrag abzuwägen, ob in der konkreten Situation eine Einzelermächtigung oder eine globale Ermächtigung erforderlich ist (BT-Drs. 17/7511, 50). Absatz 3 gilt nicht nur für **Pauschalermächtigungen,** sondern (als bloßes Minus) auch für die praktisch bedeutsameren **Einzelermächtigungen,** da es nicht sachgerecht ist, diese unter Rückgriff auf § 21 in das Ermessen des Gerichts zu stellen (AG Köln ZIP 2012, 788; AG Ludwigshafen ZIP 2014, 1134 [1135]; HK-InsO/*Landfermann* Rn. 40; *Marotzke* DB 2013, 1283 [1287]; aA *Klinck* ZInsO 2012, 365 [369 f.]; HambK-InsO/*Fiebig* Rn. 34). Allerdings wird das Gericht idR vor einer Ermächtigung die Möglichkeit zur Erfüllung der beabsichtigten Masseverbindlichkeiten deshalb prüfen, weil es fortlaufend zu beobachten hat, ob die angestrebte Sanierung offensichtlich aussichtslos geworden ist und die Anordnung nach Absatz 1 dann gem. Absatz 4 Nr. 1 aufzuheben hat (*Undritz* BB 2012, 1551 [1555] und u. → Rn. 15; aA AG Ludwigshafen ZIP 2014, 1134 [1135]). Darüber hinaus hat es die ausreichende Bestimmtheit von Einzelermächtigungen zu prüfen (näher *Klinck* ZInsO 2012, 365 [368 ff.]; zur Auslegung einer sog Gruppenermächtigung OLG Naumburg ZIP 2014, 454). 13

Für die Begründung von Masseverbindlichkeiten, die nicht zum gewöhnlichen Geschäftsbetrieb gehören, soll der Schuldner gem. § 275 Abs. 1 S. 1 die Zustimmung des vorläufigen Sachwalters einholen, bei der es sich aber um keine Wirksamkeitsvoraussetzung handelt (→ § 275 Rn. 4). Zu Masseverbindlichkeiten werden (bei umfassender Ermächtigung) entsprechend **§ 55 Abs. 2** nicht nur die vom Schuldner durch Rechtsgeschäft oder aufgrund Gesetzes begründeten Verbindlichkeiten, sondern auch die Verbindlichkeiten aus einem früher begründeten Dauerschuldverhältnis, soweit der Schuldner daraus die Gegenleistung im sanierungsvorbereitenden Eröffnungsverfahren in Anspruch genommen hat (HambK-InsO/*Fiebig* Rn. 33). Entsprechend **§ 55 Abs. 3** führt die Insolvenzgeldvorfinanzierung auf Veranlassung des Schuldners hinsichtlich der Ansprüche auf Arbeitsentgelt zu keinen Masseverbindlichkeiten (*Buchalik* ZInsO 2012, 349 [355]; HK-InsO/*Landfermann* Rn. 40; zur Insolvenzgeldvorfinanzierung bei „vorläufiger Eigenverwaltung" vgl. auch die Weisungen der Bundesagentur für Arbeit, abgedruckt etwa ZIP 2012, 699). Dies soll aber nur dann gelten, wenn die Ansprüche gegenüber dem Schuldner iSv § 175 Abs. 1 SGB III bestehen geblieben und nicht durch Zahlung erfüllt worden sind (LG Hamburg ZInsO 2015, 451 [456 ff.]; zust. *Brückl/Bellmann* ZInsO 2015, 1173 [1176]; aA zu Recht LG Hamburg NZI 2015, 226 [228] unter Verweis auf die für den starken vorläufigen Insolvenzverwalter geltenden Regeln, vgl. dazu MüKoInsO/*Hefermehl* Rn. 234 ff.). Eine entsprechende Anwendung von **§ 55 Abs. 4** scheidet hingegen aus, da dies im Gesetzgebungsprozess zu Recht als systemwidrig beurteilt wurde (vgl. BT-Drs. 17/5712, 68; Kübler HRI/*Kahlert* § 57 Rn. 42 f.; aA *Geißler* ZInsO 2013, 531 [536]). Statt oder neben einer Ermächtigung zur Begründung von Masseverbindlichkeiten kann der Schuldner auch im Verfahren gem. § 270b die Betriebsfortführung durch Vereinbarung einer „Doppeltreuhand" organisieren (*Ganter* NZI 2012, 433 [439 f.]). Zu Haftungsrisiken wegen der Nichterfüllung von Masseverbindlichkeiten und der Verletzung von Pflichten zur Sicherung der künftigen Insolvenzmasse → § 270a Rn. 7. 14

IV. Aufhebung der Anordnung des sanierungsvorbereitenden Eröffnungsverfahrens

15 **1. Gründe für die Aufhebung. Absatz 4 Satz 1** enthält einen abschließenden Katalog von Voraussetzungen, bei deren Vorliegen das Gericht das „besondere Sanierungsverfahren" vorzeitig aufhebt. Die angestrebte Sanierung wird aussichtslos **(Nr. 1),** wenn für eine Sanierung durch Insolvenzplan keine Aussicht mehr auf Erfolg besteht. Dies kann seine Ursache in der fehlenden Bereitschaft von Gläubigern zur Unterstützung haben, etwa wenn Verhandlungen über weitere Kredite scheitern (BR-Drs. 127/11, 63), aber etwa auch in einer ungünstigen Entwicklung des Unternehmens im Eröffnungsverfahren. Aussichtslos wird die angestrebte Sanierung auch, wenn die Voraussetzungen gem. § 270a entfallen, weil etwa nachteilige Umstände einer Eigenverwaltung bekannt werden (*Hölzle* ZIP 2012, 855 [856]; aA HK-InsO/*Landfermann* Rn. 48). Zwar wird damit nicht zwingend die Sanierung aussichtslos, wohl aber die iRd Eigenverwaltung *angestrebte* Sanierung (zum Problem der Änderung des Sanierungsplans MüKoInsO/*Kern* Rn. 119). Das Gericht hat fortlaufend zu prüfen, ob die Sanierung aussichtslos geworden ist und daher die Anordnung aufgehoben werden muss (*Undritz* BB 2012, 1551 [1555]; *Brinkmann* DB 2012, 1369 [1371], dort auch zur Amtshaftung bei Verletzung dieser Pflichten; *Frind* NZI 2014, 977 [980]). Entsprechend § 274 Abs. 3 wird der vorläufige Sachwalter auch die dafür maßgeblichen Umstände mitzuteilen haben (Ahrens/Gehrlein/Ringstmeier/*Ringstmeier* Rn. 35; ähnlich *Kolmann* Schutzschirmverfahren Rn. 756; für den Fall, dass sich das Fehlen der Anordnungsvoraussetzungen herausstellt *Frind* NZI 2014, 977 [979]; aA HambK-InsO/*Fiebig* Rn. 36). Die Rechte der Gläubiger werden durch den vorläufigen Gläubigerausschuss wahrgenommen, der gem. §§ 21 Abs. 2 Nr. 1a, 72 mit einfacher Summenmehrheit die Aufhebung beantragen kann **(Nr. 2).** Nur wenn ein solcher Ausschuss nicht bestellt ist, besteht ein Antragsrecht für jeden absonderungsberechtigten Gläubiger und für jeden Insolvenzgläubiger **(Nr. 3).** Ein solcher Gläubiger muss für die Zulässigkeit seines Antrages glaubhaft machen, dass Umstände vorliegen, die erwarten lassen, dass die Anordnung zu Nachteilen für die Gläubiger führen wird. Insoweit bedarf es – ähnlich wie bei § 270 Abs. 2 Nr. 2 (→ § 270 Rn. 12) – des Vergleichs, ob die Gläubiger infolge der weiteren Durchführung des sanierungsvorbereitenden Eröffnungsverfahrens voraussichtlich wirtschaftlich schlechter stehen werden als bei einem Eröffnungsverfahren nach den allgemeinen Vorschriften. Nicht besonders geregelt ist der Fall, dass sich die vorzulegende Bescheinigung später als von Anfang an unrichtig herausstellt. Da schon die Voraussetzungen für die Anordnung nicht vorlagen, hat das Gericht die Anordnung gewissermaßen als actus contrarius von Amts wegen aufzuheben (s. HambK-InsO/*Fiebig* Rn. 44; FK-InsO/*Foltis* Rn. 44; *Schmidt/Linker* ZIP 2012, 963 [965]).

16 **Ursprünglich** sah die Regelung darüber hinaus vor, dass das sanierungsvorbereitende Eröffnungsverfahren bei **Eintritt der Zahlungsunfähigkeit** zu beenden ist. Dies beruhte auf der Vorstellung, das Unternehmen sei dann für das sanierungsvorbereitende Eröffnungsverfahren nicht mehr geeignet (BR-Drs. 127/11, 63; krit. etwa *Kammel/Staps* NZI 2010, 791 [796]). Vielmehr sollte es nur für Schuldner gedacht sein, die sich bereits im Vorfeld mit den maßgeblichen Gläubigern abgestimmt haben. Ohne solche Absprachen sei damit zu rechnen, dass Gläubiger versuchen werden, ihre Forderungen fällig zu stellen und dadurch Zahlungsunfähigkeit eintritt. Auf breite Kritik dieser Vorstellung ist stattdessen hervorgehoben worden, dass dadurch für einzelne Gläubiger durch Fälligstellung ihrer Forderungen erhebliche Möglichkeiten bestanden hätten, das Verfahren zu Fall zu bringen (BT-Drs. 17/7511, 50 f.). In der damit verbundenen Stärkung des

sanierungsvorbereitenden Verfahrens liegt aber zugleich auch eine konzeptionelle Schwächung der sinnvollen Abgrenzung zum Eröffnungsverfahren gem. § 270a (zum Vergleich beider Verfahren *Schelo* ZIP 2012, 712). Der Eintritt der Zahlungsunfähigkeit ist nach der Streichung der Regelung zur Zahlungsunfähigkeit als Aufhebungsgrund daraufhin zu prüfen, ob dies zur Aussichtslosigkeit der angestrebten Sanierung führt (*Richter/Pluta* BB 2012, 1591 [1593]; MüKoInsO/*Kern* Rn. 129; aA Braun/*Riggert* Rn. 18; für die Erforderlichkeit zusätzlicher Umstände HK-InsO/*Landfermann* Rn. 49). Außerdem kann dies auch für den vorläufigen Gläubigerausschuss oder einzelne Gläubiger Anlass sein, die Aufhebung des sanierungsvorbereitenden Verfahrens zu beantragen.

2. Verfahren. a) Anzeige der Zahlungsunfähigkeit und Prüfung des Gerichts. Gem. **Absatz 4 Satz 2** haben der Schuldner oder der vorläufige Sachwalter dem Gericht (trotz Wegfalls des entsprechenden Aufhebungsgrundes) den Eintritt der Zahlungsunfähigkeit unverzüglich anzuzeigen. Dies soll der Aufsicht durch das Gericht und auch der Wahrung der Gläubigerinteressen auf entsprechende Information dienen (vgl. BT-Drs. 17/7511, 51). Erfolgt eine solche Anzeige nicht oder nicht rechtzeitig, verletzen sowohl Schuldner als auch vorläufiger Sachwalter ihre Pflichten. Praktische Bedeutung wird dann in erster Linie der Haftung des vorläufigen Sachwalters zukommen (dazu *Hirte/Knof/Mock* DB 2011, 693 [696]). Ob darüber hinaus auch Ansprüche gegen den Schuldner oder dessen Geschäftsführungsorgane in Betracht kommen, ist unklar (nicht überzeugend *Hill* ZInsO 2010, 1826 [1829]: persönliche Haftung der Geschäftsführungsorgane des Schuldners analog §§ 60, 61; → § 270 Rn. 20). Allerdings stellt die nicht oder verspätet erfolgte Anzeige durch den Schuldner ein Indiz dar, das gegen die Anordnung der Eigenverwaltung sprechen kann (AG Hamburg ZIP 2013, 1684 [1685]; MüKoInsO/*Kern* Rn. 129; → § 270 Rn. 12). Die Prüfung des Gerichts für seine Entscheidung über die Aufhebung der Anordnung hängt vom Aufhebungsgrund ab: Die Aussichtslosigkeit der angestrebten Sanierung muss zu seiner Überzeugung feststehen. Dem Antrag des vorläufigen Gläubigerausschusses gibt es ohne inhaltliche Prüfung statt. Die Mitglieder des vorläufigen Gläubigerausschusses haften gem. §§ 21 Abs. 2 Nr. 1a, 71 nur den absonderungsberechtigten Gläubigern und den Insolvenzgläubigern, wenn sie bei „voreiligen Anträgen" schuldhaft ihre Pflichten verletzen, genauso wie auch bei unterlassenen Aufhebungsanträgen (*Brinkmann* DB 2012, 1369 [1370]). Bei dem Antrag eines einzelnen Gläubigers hat das Gericht iRd Begründetheit des Antrages festzustellen, ob es von den vom Antragsteller glaubhaft gemachten Umständen überzeugt ist. Vor seiner Entscheidung hat das Gericht dem Schuldner idR rechtliches Gehör zu gewähren (vgl. Braun/*Riggert* Rn. 16). 17

b) Fortführung des Eröffnungsverfahrens. Gem. **Absatz 4 Satz 3** entscheidet das Gericht nach Aufhebung der Anordnung über die Eröffnung des Insolvenzverfahrens. Sofern die Eröffnungsvoraussetzungen noch nicht ausreichend geklärt sind, gelten nach der Gesetzesbegründung die allgemeinen Vorschriften der §§ 21–25 sowie § 270a (BR-Drs. 127/11, 63). Insoweit ist zu differenzieren (ähnlich HambK-InsO/*Fiebig* Rn. 39; MüKoInsO/*Kern* Rn. 139): Vielfach wird mit dem Scheitern des sanierungsvorbereitenden Eröffnungsverfahrens auch die Eigenverwaltung gescheitert sein. Das gilt insbes., wenn das Gericht die Aussichtslosigkeit der angestrebten Sanierung feststellt, idR auch, wenn die Anordnung auf Antrag des vorläufigen Gläubigerausschusses aufgehoben wird. In diesem Fall kann auch § 270a nicht mehr zur Anwendung kommen, so dass uneingeschränkt auf die §§ 21, 22 zurückzugreifen ist. Sofern hingegen keine zwingenden Auswirkungen auf die angestrebte Eigenverwaltung bestehen, hat das Gericht das Eröffnungsverfahren nach § 270a fortzuführen, um dem Schuldner die Aussichten auf die Eigenverwaltung zu erhalten. Praktisch bedeutet dies va, 18 dass das Vorschlagsrecht des Schuldners für den vorläufigen Sachwalter entfallen ist. Das Gesetz sieht aber keine Regelung zur Neubestellung eines vorläufigen Sachwalters vor, so dass es bei dem bisherigen vorläufigen Sachwalter bleibt (ähnlich *Desch* BB 2011, 841 [845]). Dies ist auch sinnvoll, da die Rechte der Gläubiger ausreichend durch die Möglichkeit gewahrt sind, nach Verfahrenseröffnung eine andere Person zum Sachwalter zu wählen. Allerdings werden sich dann die praktischen Konsequenzen der Aufhebung der Anordnung bei fortbestehenden Aussichten auf die Eigenverwaltung idR darin erschöpfen, dass die dem Schuldner eingeräumte Frist zur Vorlage des Insolvenzplans entfällt und er damit jederzeit mit der Eröffnung des Verfahrens rechnen muss.

Bestellung des Sachwalters[1]

270c **[1] Bei Anordnung der Eigenverwaltung wird anstelle des Insolvenzverwalters ein Sachwalter bestellt. [2] Die Forderungen der Insolvenzgläubiger sind beim Sachwalter anzumelden [3] Die §§ 32 und 33 sind nicht anzuwenden.**

I. Regelungszweck

1 Die Vorschrift regelt **zentrale Rechtsfolgen der Eigenverwaltung,** und zwar in Satz 1 zunächst – in Ergänzung von § 270 Abs. 1 S. 1 – die Bestellung eines Sachwalters anstelle des Insolvenzverwalters. Satz 2 enthält eine Regelung zur Aufgabenverteilung im Hinblick auf Forderungsanmeldungen. Durch Satz 3 werden schließlich Registereintragungen nach §§ 32, 33 ausgeschlossen, da derartige Verfügungsbeschränkungen für den Schuldner in Folge der Eigenverwaltung nicht bestehen. Die Regelung befand sich ursprünglich in § 270 Abs. 3 und ist durch das ESUG verschoben worden.

II. Bestellung des Sachwalters und weitere Rechtsfolgen

2 Mit der Anordnung der Eigenverwaltung wird gem. **Satz 1** anstelle des Insolvenzverwalters ein Sachwalter bestellt, dessen Rechtsstellung durch § 274 näher geregelt wird. Danach gilt für die Bestellung des Sachwalters § 56 entsprechend (→ § 274 Rn. 2 f.). Abweichend von § 174 Abs. 1 S. 1 haben die Insolvenzgläubiger ihre Forderungen gem. **Satz 2** beim Sachwalter (und nicht etwa beim Schuldner) anzumelden. Damit ist der Sachwalter auch zur Tabellenführung verpflichtet (Kübler/Prütting/Bork/*Pape* Rn. 7). Dagegen sind die Nachweise gem. §§ 189, 190 gegenüber dem Schuldner zu führen, da sie die vom Schuldner gem. § 283 Abs. 1 S. 1 vorzunehmende Verteilung betreffen (Ahrens/Gehrlein/Ringstmeier/*Ringstmeier* Rn. 6). Die §§ 32, 33 sind bei Anordnung der Eigenverwaltung gem. **Satz 3** nicht anzuwenden, dh die Eröffnung des Insolvenzverfahrens (und damit die sonst bestehende Verfügungsbeschränkung des Schuldners) wird weder in das Grundbuch noch in die für Schiffe und Luftfahrzeuge bestehenden Register eingetragen. Maßgeblicher Grund dafür ist, dass eine derartige Eintragung entbehrlich ist, solange der Schuldner infolge der Eigenverwaltung verfügungsbefugt bleibt (BT-Drs. 12/2443, 223). Eine Eintragung hat allerdings zu erfolgen, wenn eine Verfügungsbeschränkung iRd Eigenverwaltung gem. § 277 Abs. 1 S. 1 angeordnet wird (→ § 277 Rn. 8). Eintragungen gem. § 31 erfolgen auch bei Anordnung der Eigenverwaltung.

---

[1] § 270c eingef. mWv 1.3.2012 durch G v. 7.12.2011 (BGBl. I S. 2582).

Nachträgliche Anordnung[1]

271 **[1] Beantragt die Gläubigerversammlung mit der in § 76 Absatz 2 genannten Mehrheit und der Mehrheit der abstimmenden Gläubiger die Eigenverwaltung, so ordnet das Gericht diese an, sofern der Schuldner zustimmt. [2] Zum Sachwalter kann der bisherige Insolvenzverwalter bestellt werden.**

I. Regelungszweck

Die durch das ESUG neugestaltete Vorschrift ermöglicht der Gläubigerversammlung, die Anordnung der Eigenverwaltung nach Eröffnung des Insolvenzverfahrens zu erwirken. Sie ähnelt damit der Regelung des § 57 S. 1, die der ersten Gläubigerversammlung die Möglichkeit eröffnet, einen anderen Insolvenzverwalter zu wählen (BT-Drs. 12/2443, 223). Das damit der Gläubigerversammlung gegebene Recht ist Ausfluss der **Gläubigerautonomie,** zu der auch die Entscheidung über die Durchführung des Insolvenzverfahrens in Eigenverwaltung gehört (HK-InsO/*Landfermann* Rn. 1). Die Rechte der Gläubiger werden ergänzt durch die Bestimmung des § 272, die ihnen auch die Aufhebung der Anordnung der Eigenverwaltung ermöglicht. Satz 1 ordnet die Voraussetzungen für die nachträgliche Anordnung der Eigenverwaltung an, in Satz 2 erfolgt eine Klarstellung zu der Möglichkeit, den bisherigen Insolvenzverwalter zum Sachwalter zu bestellen. 1

II. Voraussetzungen der nachträglichen Anordnung

1. Antrag der Gläubigerversammlung. Der Antrag der Gläubigerversammlung auf Anordnung der Eigenverwaltung erfordert einen entsprechenden **Beschluss der Gläubigerversammlung.** Für die Beschlussfassung ist nach der Neuregelung der Vorschrift durch das ESUG nicht nur die Summenmehrheit iSv § 76 Abs. 2 erforderlich, sondern auch die Mehrheit der abstimmenden Gläubiger, also die sog Kopfmehrheit. Dadurch soll vermieden werden, dass Entscheidungen über die Eigenverwaltung durch wenige Großgläubiger oder eine geschickt agierende Gruppe von Kleingläubigern gesteuert werden (BR-Drs. 127/11, 64). Nach der Neuregelung muss die Beschlussfassung auch nicht mehr in der ersten Gläubigerversammlung erfolgen; allerdings wird ein späterer Beschluss häufig keinen Sinn mehr machen, wenn das Insolvenzverfahren schon zu weit fortgeschritten ist. 2

Durch die Gläubigerversammlung überstimmte Gläubiger haben gem. § 78 Abs. 1 die Möglichkeit, einen **Antrag auf Aufhebung des Beschlusses der Gläubigerversammlung** zu stellen. Der Antrag hat Erfolg, wenn der Beschluss den gemeinschaftlichen Interessen der Gläubiger widerspricht. Dafür kann das Gericht auf die Kriterien zu § 270 Abs. 2 Nr. 2 zurückgreifen, sofern die entsprechenden Umstände voraussichtlich zu einer eindeutigen und nicht nur unerheblichen Verletzung der Gläubigerinteressen führen (*Häsemeyer* InsR Rn. 8.08; Kübler/Prütting/Bork/*Pape* Rn. 22; aA Graf-Schlicker/*Graf-Schlicker* Rn. 5: Orientierung an § 271 Abs. 1 Nr. 2, Abs. 2 S. 1). Allerdings hat BGH ZIP 2011, 1622 den Rechtsbehelf gem. § 78 Abs. 1 gegen den Beschluss der Gläubigerversammlung, die Aufhebung der Eigenverwaltung zu beantragen, wegen des Vorrangs der Gläubigerautonomie für nicht statthaft gehalten (→ § 272 Rn. 3). In der Konsequenz dieser Entscheidung dürfte es liegen, auch bei dem Beschluss der Gläubigerversammlung über den Antrag auf nachträgliche Anordnung der Eigenverwaltung den Rechtsbehelf aus § 78 Abs. 1 für nicht statthaft zu halten (so auch 3

[1] § 271 neu gef. mWv 1.3.2012 durch G v. 7.12.2011 (BGBl. I S. 2582).

Hofmann Eigenverwaltung Rn. 79; Nerlich/Römermann/*Riggert* Rn. 6; dagegen Kübler/Prütting/Bork/*Pape* Rn. 19). Eine derartige schrankenlose Anerkennung der Gläubigerautonomie ist jedoch nicht gerechtfertigt (krit. zur Argumentation des BGH auch HK-InsO/*Landfermann* Rn. 6). Dazu hätte der Gesetzgeber für diesen Bereich die Anwendung von § 78 Abs. 1 zumindest einschränken müssen, was jedoch nicht geschehen ist. Vielmehr ist der Gesetzgeber bei der ursprünglichen Fassung der Bestimmung von der Geltung der allgemeinen Vorschriften ausgegangen (BT-Drs. 12/2443, 224), und auch die Neuregelung lässt insoweit keine Veränderung erkennen. IÜ ist es keineswegs ein sinnloses Verfahren, wenn die Mehrheit der Gläubiger danach entweder auch die anderen Gläubiger von den Vorteilen der Eigenverwaltung überzeugen muss oder aber das Gericht.

4 **2. Zustimmung des Schuldners.** Nach der vor dem ESUG geltenden Regelung kam die Anordnung der Eigenverwaltung nur in Betracht, wenn der Schuldner einen Antrag auf Eigenverwaltung gestellt und das Gericht ihn abgelehnt hatte. Gleichwohl wurde in der Literatur die Auffassung vertreten, auch ein vom Schuldner erst nach Verfahrenseröffnung gestellter Antrag auf Eigenverwaltung könne für eine nachträgliche Anordnung genügen (vgl. Kübler/Prütting/Bork/*Pape* Rn. 10). Die Neuregelung durch das ESUG klärt diese Streitfrage. Nach der Gesetzesbegründung bestehen keine Gründe dafür, die Eigenverwaltung zu versagen, nur weil der Schuldner einen entsprechenden Antrag nicht bereits vor Eröffnung des Verfahrens gestellt hat, sofern Einvernehmen zwischen dem Schuldner und der Gläubigerversammlung über die Fortsetzung des Verfahrens in Eigenverwaltung besteht (BR-Drs. 127/11, 64). Dementsprechend bedarf es neben dem Antrag der Gläubigerversammlung einer Zustimmung des Schuldners zur Eigenverwaltung, da ohne seinen entsprechenden Willen eine Eigenverwaltung nicht möglich ist. Die Zustimmung ist mündlich oder schriftlich gegenüber dem Gericht zu erklären. Sie ist Prozesshandlung und kann damit insbes. nicht unter Bedingungen abgegeben werden.

III. Nachträgliche Anordnung der Eigenverwaltung

5 **1. Entscheidung des Gerichts.** Das Insolvenzgericht entscheidet über den Antrag der Gläubigerversammlung auf nachträgliche Anordnung der Eigenverwaltung durch **Beschluss.** Sofern sich der Richter die Entscheidung nicht gem. § 18 RPflG vorbehalten hat, ist der Rechtspfleger zuständig (Uhlenbruck/*Zipperer* Rn. 4). Bei Vorliegen der Voraussetzungen von Satz 1 ordnet das Gericht die Eigenverwaltung an. Es hat dabei **kein Ermessen.** Ist ein Widerspruch gem. § 78 S. 1 erhoben worden, sollte eine Entscheidung über die nachträgliche Anordnung nicht erfolgen, bevor das Verfahren über den Widerspruch rechtskräftig abgeschlossen worden ist (Kübler/Prütting/Bork/*Pape* Rn. 23; MüKoInsO/*Tetzlaff* Rn. 33). Ist hingegen der Antrag eines einzelnen Gläubigers auf Aufhebung der Anordnung gem. § 272 Abs. 1 Nr. 2 zu erwarten, muss zunächst die Anordnung der Eigenverwaltung erfolgen, damit der Antrag auf Aufhebung der Anordnung angebracht werden kann, obwohl dies ggf. zu einem unbefriedigenden Hin und Her durch Anordnung und Wiederaufhebung der Anordnung über die Eigenverwaltung führt, das möglichst vermieden werden sollte (Kübler/Prütting/Bork/*Pape* Rn. 23).

6 **2. Weitere Maßnahmen des Gerichts. a) Bestellung des Sachwalters.** Mit Anordnung der Eigenverwaltung wird ein Sachwalter bestellt. Gem. Satz 2 kann dazu der bisherige Insolvenzverwalter bestellt werden. Die Vorschrift stellt klar, dass seine bisherige Tätigkeit den Insolvenzverwalter für das Amt des Sachwalters nicht etwa ungeeignet macht (MüKoInsO/*Tetzlaff* Rn. 38). IdR wird es sich auch empfehlen, den bisherigen Insolvenzverwalter zum Sachwalter zu bestellen, da er

zumeist schon mit den Vermögensverhältnissen des Schuldners vertraut ist. Eine entsprechende Verpflichtung des Gerichts besteht aber nicht. Sinnvoll ist es, wenn die Gläubigerversammlung mit dem Antrag auch sogleich über die Person des Sachwalters entscheidet, ohne dass dies jedoch Voraussetzung für die Zulässigkeit ihres Antrages wäre (Kübler/Prütting/Bork/*Pape* Rn. 27; aA FK-InsO/*Foltis* Rn. 6). Eine Entscheidung der Gläubigerversammlung über die Person des Sachwalters führt aber weder zu einer Bindung des Gerichts noch zu einer Beschränkung des Rechts der Gläubiger, in der auf die Bestellung folgenden Gläubigerversammlung eine andere Person zum Sachwalter zu wählen (überzeugend Uhlenbruck/*Zipperer* Rn. 7; aA zur Bindung des Gerichts Ahrens/Gehrlein/Ringstmeier/*Ringstmeier* Rn. 8; Kübler/Prütting/Bork/*Pape* Rn. 25–28; MüKoInsO/*Tetzlaff* Rn. 39).

b) Folgemaßnahmen. Mit der nachträglichen Anordnung der Eigenverwaltung und der Bestellung des Sachwalters sollte zugleich klargestellt werden, dass das Amt des bisherigen Insolvenzverwalters endet und die Verwaltungs- und Verfügungsbefugnis, die dem Schuldner durch die Eröffnung des Insolvenzverfahrens entzogen worden war, wieder auf diesen übergegangen ist (MüKoInsO/*Tetzlaff* Rn. 37). In entsprechender Anwendung von § 27 Abs. 2 Nr. 3 sind der Tag und die Stunde der Entscheidung anzugeben, um Abgrenzungsschwierigkeiten zwischen den verschiedenen Verfahrensabschnitten zu vermeiden. Der Beschluss ist nach § 273 öffentlich bekannt zu machen. Da der Schuldner seine Verwaltungs- und Verfügungsbefugnis durch die Anordnung wieder zurückerhält, ist die Anordnung iSv § 28 Abs. 3 vom Gericht zurückzunehmen und zu veranlassen, dass Eintragungen gem. §§ 32, 33 wieder gelöscht werden (Kübler/Prütting/Bork/*Pape* Rn. 16; Uhlenbruck/*Zipperer* Rn. 6). 7

IV. Rechtsmittel und sonstige Rechtsbehelfe

Gegen die Entscheidung des Gerichts über den Antrag der Gläubigerversammlung auf Anordnung der Eigenverwaltung besteht nach dem sich aus **§ 6 Abs. 1** ergebenden Grundsatz kein Rechtsmittel (allg. Meinung, s. nur Uhlenbruck/*Zipperer* Rn. 8). Das gilt sowohl für stattgebende als auch ablehnende Entscheidungen des Gerichts. Gegen Entscheidungen des Rechtspflegers ist gem. § 11 Abs. 2 RPflG zur Gewährleistung eines Mindestmaßes an Rechtskontrolle die **Erinnerung** statthaft (so auch HK-InsO/*Landfermann* Rn. 5; Uhlenbruck/*Zipperer* Rn. 8). Dass dadurch die Autonomie der Gläubigerversammlung gefährdet sein könnte, wie verbreitet befürchtet wird (etwa Kübler/Prütting/Bork/*Pape* Rn. 17), ist nicht erkennbar. Der Richter entscheidet über die Erinnerung nach keinen anderen Grundsätzen als der Rechtspfleger; iÜ wird der Fall einer ablehnenden Entscheidung dabei offenbar gar nicht bedacht. Wird der Antrag der Gläubigerversammlung, über die nachträgliche Anordnung der Eigenverwaltung abzustimmen, durch das Gericht erst gar nicht zugelassen, ist ebenfalls die Erinnerung gem. § 11 Abs. 2 RPflG statthaft. Eine entsprechende Anwendung von § 18 Abs. 3 Hs. 2 RPflG (dafür AG Dresden ZInsO 2000, 48; HambK-InsO/*Fiebig* Rn. 15; dagegen Uhlenbruck/*Zipperer* Rn. 8) scheidet in diesem Fall mangels Vergleichbarkeit der Sachverhalte aus, so dass die Erinnerung nicht bis zum Schluss des Termins erfolgen muss. Zur Aufhebung des Beschlusses der Gläubigerversammlung in Folge eines Antrages gem. § 78 Abs. 1 → Rn. 3, zur Aufhebung der Anordnung gem. § 272 s. dort. 8

V. Rechtshandlungen des bisherigen Insolvenzverwalters

Entsprechend den Grundsätzen, die für die Wahl eines anderen Insolvenzverwalters gem. § 57 S. 1 begründet worden sind (vgl. dazu Uhlenbruck/*Vallender* 9

§ 57 Rn. 31), bleiben die Rechtshandlungen des früheren Insolvenzverwalters wirksam (HambK-InsO/*Fiebig* Rn. 11; Kübler/Prütting/Bork/*Pape* Rn. 29). Dies gilt etwa für die Ausübung des Wahlrechts gem. § 103 oder auch für die Begründung von Masseverbindlichkeiten, den Ausspruch einer Kündigung oder eine bereits erfolgte Insolvenzanfechtung (Uhlenbruck/*Zipperer* Rn. 9). IErg müssen Eigenverwalter und Sachwalter das Verfahren so übernehmen, wie sie es zum Zeitpunkt der Anordnung der Eigenverwaltung vorfinden (Kübler/Prütting/Bork/*Pape* Rn. 30). Für die Haftung des bisherigen Insolvenzverwalters insbes. bei späterer Anzeige der Masseunzulänglichkeit durch den Sachwalter gem. §§ 285, 208 gelten die allgemeinen Grundsätze, so dass er gem. § 61 haftet, wenn für ihn bei Begründung der Masseverbindlichkeit erkennbar war, dass die Masse voraussichtlich zur Erfüllung nicht ausreichen würde (HambK-InsO/*Fiebig* Rn. 13).

Aufhebung der Anordnung[1]

272 (1) **Das Insolvenzgericht hebt die Anordnung der Eigenverwaltung auf,**

1. **wenn dies von der Gläubigerversammlung mit der in § 76 Absatz 2 genannten Mehrheit und der Mehrheit der abstimmenden Gläubiger beantragt wird;**
2. **wenn dies von einem absonderungsberechtigten Gläubiger oder von einem Insolvenzgläubiger beantragt wird, die Voraussetzung des § 270 Absatz 2 Nummer 2 weggefallen ist und dem Antragsteller durch die Eigenverwaltung erhebliche Nachteile drohen;**
3. **wenn dies vom Schuldner beantragt wird.**

(2) [1] **Der Antrag eines Gläubigers ist nur zulässig, wenn die in Absatz 1 Nummer 2 genannten Voraussetzungen glaubhaft gemacht werden.** [2] **Vor der Entscheidung über den Antrag ist der Schuldner zu hören.** [3] **Gegen die Entscheidung steht dem Gläubiger und dem Schuldner die sofortige Beschwerde zu.**

(3) **Zum Insolvenzverwalter kann der bisherige Sachwalter bestellt werden.**

Übersicht

[1] § 272 Abs. 1 Nr. 1 geänd., Nr. 2 und Abs. 2 Satz 1 neu gef. mWv 1.3.2012 durch G v. 7.12.2011 (BGBl. I S. 2582).

I. Zweck und Inhalt der Regelung

1 Die Vorschrift führt auf Antrag zur **Korrektur** der Anordnung der Eigenverwaltung durch Aufhebung der Anordnung. Mit der **Neufassung** der Vorschrift **durch das ESUG** werden die Anforderungen an die Aufhebung zT erhöht, um dem Schuldner größere Planungssicherheit zu geben (BR-Drs. 127/11, 65). In **Absatz 1** wird der Gläubigerversammlung, einzelnen absonderungsberechtigten Gläubigern und Insolvenzgläubigern sowie dem Schuldner das Recht eingeräumt, die Aufhebung der Anordnung zu beantragen. Insoweit dient die Vorschrift unterschiedlichen Interessen. Das Antragsrecht der Gläubigerversammlung ist – genauso wie der in § 271 geregelte Fall des Antrages auf nachträgliche Anordnung der Eigenverwaltung – Ausfluss der Gläubigerautonomie. Das Antragsrecht einzelner Gläubiger trägt dem Risiko Rechnung, das die Eigenverwaltung für die Gläubiger bedeutet, und will diesen unter bestimmten Voraussetzungen die kurzfristige Beendigung der Eigenverwaltung ermöglichen (BT-Drs. 12/2443, 224). Damit sind einzelne Gläubiger nicht nur unabhängig von der Einberufung der Gläubigerversammlung, sondern auch von ihrer Willensbildung, so dass die Vorschrift minderheitenschützenden Charakter hat (→ Rn. 4). Zur Abwehr missbräuchlicher Anträge sieht **Absatz 2** besondere Zulässigkeitsvoraussetzungen für den Aufhebungsantrag eines einzelnen Gläubigers und das daraufhin folgende Verfahren vor. Das Antragsrecht des Schuldners resultiert aus der Einsicht, dass ohne die Bereitschaft des Schuldners zur Erfüllung der ihm zufallenden Aufgaben die Eigenverwaltung keinen Erfolg haben kann (BT-Drs. 12/2443, 224). Daher hat er, obwohl er die Eigenverwaltung selbst beantragt oder ihr zugestimmt hat, jederzeit das Recht, die Eigenverwaltung wieder zu beenden. **Absatz 3** enthält vor dem Hintergrund, dass bei Aufhebung der Anordnung ein Insolvenzverwalter zu bestellen ist, die Klarstellung, dass dafür auch der bisherige Sachwalter in Betracht kommt.

II. Voraussetzungen für die Aufhebung der Anordnung

2 **1. Aufhebung nur auf Antrag.** Die Vorschrift sieht in Absatz 1 vor, dass die Aufhebung der Eigenverwaltung nur auf Antrag erfolgt. Der Antrag muss schriftlich oder zum Protokoll der Geschäftsstelle des Insolvenzgerichts angebracht werden (§ 4 iVm § 496 ZPO). Weitere Erfordernisse bestehen gem. Absatz 2 Satz 1 nur für den Antrag eines Gläubigers auf der Grundlage von Absatz 1 Nr. 2. Der Gesetzessystematik nach ist die Regelung abschließend, so dass insbes. **keine Aufhebung der Anordnung von Amts wegen** erfolgen darf (LG Potsdam ZIP 2001, 1689 [1690]; Kübler/Prütting/Bork/*Pape* Rn. 32; Uhlenbruck/*Zipperer* Rn. 1). Dafür spricht va, dass §§ 271 und 272 die inhaltliche Entscheidung über die Eigenverwaltung nach Verfahrenseröffnung in die Hände des Schuldners und der Gläubiger legen. Damit nicht vereinbar wäre es, wenn in diesem Verfahrensstadium zusätzlich auch das Gericht noch von Amts wegen einmal getroffene Entscheidungen über die Eigenverwaltung korrigieren könnte und ggf. auch müsste. Das gilt auch in besonderen Ausnahmefällen, wie etwa der Aufdeckung einer Unterschlagung durch den Schuldner, da die Gläubiger in einem solchen Fall nur umso mehr Anlass haben, auf die Wahrung ihrer Interessen zu achten (aA HambK-InsO/*Fiebig* Rn. 14). Eine analoge Anwendung von § 59 S. 1 lässt sich für derartige Fälle nicht rechtfertigen, da im Regelinsolvenzverfahren eine § 272 vergleichbare Regelung, die die Aufhebung der Eigenverwaltung ermöglicht, fehlt (vgl. MüKoInsO/*Tetzlaff* Rn. 46; aA HambK-InsO/*Fiebig* Rn. 14). Auch in angeblichen Fällen nichtiger Anordnung scheidet eine Aufhebung von Amts wegen aus (aA FK-InsO/*Foltis* Rn. 5, 6): Bei Nichtigkeit der Anordnung besteht

kein Bedürfnis für eine Aufhebung, sondern allenfalls für eine Feststellung der Nichtigkeit. IÜ können lückenhafte Beschlüsse (etwa bei fehlender Bestellung eines Sachwalters) in entsprechender Anwendung von § 321 ZPO iVm § 4 ergänzt werden.

3 **2. Antrag der Gläubigerversammlung.** Das Recht der Gläubigerversammlung, die Aufhebung der Anordnung zu beantragen, ist Konsequenz des Grundsatzes der **Gläubigerautonomie.** Folgerichtig ist die Ausübung des Rechts an keine Voraussetzungen gebunden, so dass **keine Begründung** gegenüber dem Gericht nötig ist (MüKoInsO/*Tetzlaff* Rn. 12, 15). Erforderlich ist für die Entscheidung der Gläubigerversammlung ein Beschluss, für den aber nach der Neuregelung durch das ESUG nicht nur die Summenmehrheit iSv § 76 Abs. 2 genügt, sondern die Mehrheit der abstimmenden Gläubiger hinzukommen muss. Dies entspricht der für die nachträgliche Anordnung gem. § 271 erforderlichen Mehrheit und hat ebenso den Zweck, die Steuerung von Entscheidungen über die Eigenverwaltung durch wenige Großgläubiger oder eine geschickt agierende Gruppe von Kleingläubigern zu vermeiden (BR-Drs. 127/11, 64). Bei Erreichen der erforderlichen Mehrheiten soll der Gläubigerversammlung jederzeit das Recht zustehen, durch die Eigenverwaltung drohende Nachteile noch zu verhindern. Daher hat das Gericht auch **ohne inhaltliche Prüfung** die Anordnung der Eigenverwaltung aufzuheben (BGH NZI 2007, 240 [241]; Gottwald InsR-HdB/*Haas* § 89 Rn. 3; HambK-InsO/*Fiebig* Rn. 2). Eine Anhörung des Schuldners ist dafür weder erforderlich noch geboten. Einem einzelnen Gläubiger steht nicht das Recht zu, gem. § 78 Abs. 1 die Aufhebung des Beschlusses der Gläubigerversammlung zu beantragen (BGH ZIP 2011, 1622; MüKoInsO/*Tetzlaff* Rn. 16; aA FK-InsO/*Foltis* Rn. 9 ff.). Der BGH hat dies va mit dem Vorrang der Gläubigerautonomie begründet, ohne ausreichend zu berücksichtigen, dass auch die Ausübung autonomer Rechte nicht schrankenlos gewährt sein kann (krit. auch HK-InsO/*Landfermann* Rn. 5; *Flöther/Gelbrich* ZIP 2011, 1624 ff.). Richtiger erscheint es, den Rechtsbehelf gem. § 78 für den einzelnen Gläubiger als statthaft anzusehen, an ihn aber strenge inhaltliche Anforderungen der Begründetheit zu stellen, so dass er nur im Ausnahmefall Erfolgsaussichten haben kann (ähnlich Kübler HRI/*Flöther* § 17 Rn. 8; FK-InsO/*Foltis* Rn. 10c).

4 **3. Antrag eines Gläubigers.** Angesichts des Risikos, das in der Eigenverwaltung für die Gläubiger liegt, gibt die Vorschrift auch einzelnen Gläubigern das Recht, die Aufhebung der Anordnung zu beantragen (→ Rn. 1). Dieses Recht steht nur absonderungsberechtigten Gläubigern und Insolvenzgläubigern zu. Nachrangige Insolvenzgläubiger iSv § 39 sind nicht antragsberechtigt (FK-InsO/*Foltis* Rn. 18 mwN; aA Uhlenbruck/*Zipperer* Rn. 4). Sie haben gem. § 77 Abs. 1 S. 2 kein Stimmrecht in der Gläubigerversammlung und auch iÜ nur eine zurückgesetzte Stellung im Insolvenzverfahren (Mohrbutter/Ringstmeier/*Landry* § 15 Rn. 134 Fn. 283; MüKoInsO/*Tetzlaff* Rn. 22). Unter Hinweis auf die Gesetzesbegründung zur InsO (→ Rn. 1), die das Antragsrecht für einzelne Gläubiger damit begründet hat, dass unabhängig vom Zusammentritt der Gläubigerversammlung auch eine kurzfristige Möglichkeit bestehen muss, die Eigenverwaltung zu beenden, findet sich die Annahme, die Vorschrift sei nur auf Eilfälle zugeschnitten; der Antrag einzelner Gläubiger sei daher unzulässig, wenn eine Entscheidung der Gläubigerversammlung abgewartet werden könne (FK-InsO/*Foltis* Rn. 19; Kübler/Prütting/Bork/*Pape* Rn. 23; Mohrbutter/Ringstmeier/*Landry* § 15 Rn. 136; dagegen Gottwald InsR-HdB/*Haas* § 89 Rn. 7). Aus dem Gesetzeswortlaut lässt sich diese Einschränkung jedoch nicht entnehmen (HK-InsO/*Landfermann* Rn. 7). Überzeugender ist es daher, dem Antragsrecht einzelner Gläubiger auch minderheitenschützenden Charakter zuzusprechen und es **unabhängig von den Entscheidungen der Gläubigerversammlung** zu gewähren. Dies wird

bestätigt durch die Begründung zum ESUG, die davon ausgeht, dass das Antragsrecht einzelner Gläubiger *neben* dem Antragsrecht der Gläubigerversammlung steht (BR-Drs. 127/11, 64), und die gesetzliche Neuregelung – anders als bei § 270b Abs. 3 S. 1 Nr. 4 – darauf verzichtet hat, nur ein subsidiäres Antragsrecht einzelner Gläubiger vorzusehen. Es erscheint auch nicht richtig, dass es dem Gläubiger bei gegenteiliger Entscheidung der Gläubigerversammlung schwer fallen wird, das Fehlen der Voraussetzungen der Eigenverwaltung glaubhaft zu machen (so aber HK-InsO/*Landfermann* Rn. 7), da die Mehrheitsentscheidung der Gläubigerversammlung nicht notwendig etwas über den Wegfall der Voraussetzungen von § 270 Abs. 2 Nr. 2 besagt.

Durch das ESUG werden die **Anforderungen** an den Antrag des Gläubigers **verschärft.** Der Antrag des Gläubigers erfordert, dass die Voraussetzungen des § 270 Abs. 2 Nr. 2 weggefallen sind und ihm durch die Eigenverwaltung erhebliche Nachteile drohen. Es müssen also Umstände bekannt geworden sein, die erwarten lassen, dass die Anordnung zu Nachteilen für die Gläubiger führen wird. Dem **Wegfall der Voraussetzungen von § 270 Abs. 2 Nr. 2** ist der Fall gleichzustellen, dass die Voraussetzungen von § 270 Abs. 2 Nr. 2 von vornherein nicht vorlagen, sofern dies mit bisher für das Gericht nicht bekannten Tatsachen begründet wird (Kübler/Prütting/Bork/*Pape* Rn. 22; MüKoInsO/*Tetzlaff* Rn. 29). Dagegen kommt es auf die Kenntnis der Gläubigerversammlung von den maßgeblichen Voraussetzungen nicht an, da es darauf auch für die Anordnung der Eigenverwaltung nicht ankommt (aA Kübler/Prütting/Bork/*Pape* Rn. 22; HambK-InsO/*Fiebig* Rn. 8). Aus den bekannt gewordenen Umständen müssen dem Gläubiger **erhebliche Nachteile** drohen. Auch Verfahrensverzögerungen können zu solchen Nachteilen führen (AG Köln ZIP 2015, 440 [442]; → § 270 Rn. 11). Ist durch die Eigenverwaltung nur eine geringfügige Verschlechterung der Befriedigungsaussichten des Gläubigers zu erwarten, so genügt dies nicht. Zur Abwehr von missbräuchlichen Anträgen setzt die Zulässigkeit eines Gläubigerantrages gem. **Absatz 2 Satz 1** voraus, dass der Wegfall der Voraussetzungen des § 270 Abs. 2 Nr. 2 und die dem Gläubiger durch die Eigenverwaltung drohenden Nachteile glaubhaft gemacht werden. Danach muss der Gläubiger die fraglichen Tatsachen ausreichend darlegen und ihr Vorliegen durch eidesstattliche Versicherung oder ein anderes präsentes Beweismittel (§ 4 iVm § 294 ZPO) überwiegend wahrscheinlich machen. Vor der Entscheidung über den zulässigen Antrag ist der Schuldner gem. **Absatz 2 Satz 2** anzuhören. Die Anhörung des Schuldners, für die § 10 gilt, dient der Entscheidung über die Begründetheit des Antrages, für die die fraglichen Tatsachen nicht nur glaubhaft zu sein haben, sondern zur Überzeugung des Gerichts feststehen müssen. 5

4. Antrag des Schuldners. Der Schuldner kann jederzeit die Aufhebung der Eigenverwaltung beantragen, da ohne seine Bereitschaft zur Mitwirkung eine Eigenverwaltung nicht möglich ist. Bei einer juristischen Person oder einer Gesellschaft ohne Rechtspersönlichkeit sind (wie für den Antrag auf Anordnung der Eigenverwaltung → § 270 Rn. 6) mangels anderweitiger Regelung gem. § 4 iVm § 51 Abs. 1 ZPO nur die gesetzlichen Vertreter antragsbefugt, wobei Einzelvertretungsbefugnis genügt (→ § 270 Rn. 6; wie hier MüKoInsO/*Tetzlaff* Rn. 39; HK-InsO/*Landfermann* Rn. 10; aA FK-InsO/*Foltis* Rn. 28). Für den Vorstand einer AG bedarf es zur Stellung des Antrages keiner Zustimmung der Hauptversammlung (HambK-InsO/*Fiebig* Rn. 12). Dem Antrag des Schuldners hat das Gericht ohne inhaltliche Prüfung stattzugeben (MüKoInsO/*Tetzlaff* Rn. 38). 6

III. Aufhebung der Eigenverwaltung

7 **1. Entscheidung des Gerichts.** Eine inhaltliche Prüfung des Antrages erfolgt nur bei dem Antrag eines einzelnen Gläubigers (→ Rn. 5), einem Antrag der Gläubigerversammlung oder des Schuldners ist ohne eine derartige Prüfung stattzugeben. Für die Anordnung der Aufhebung der Eigenverwaltung gelten ähnliche Grundsätze wie in dem spiegelbildlichen Fall des § 271 (→ § 271 Rn. 5–7). Die Aufhebungsentscheidung erfolgt durch gerichtlichen Beschluss, für den, sofern kein Vorbehalt des Richters gem. § 18 RPflG besteht, der Rechtspfleger zuständig ist (Uhlenbruck/*Zipperer* Rn. 6). Eine Begründung der Entscheidung ist in jedem Fall erforderlich, soweit ein Rechtsmittel gegeben ist (→ Rn. 10), auch darüber hinaus ist sie empfehlenswert (vgl. Mohrbutter/Ringstmeier/*Landry* § 15 Rn. 144 mwN, der nur bei Rechtsmittelfähigkeit eine Begründung für erforderlich hält).

8 **2. Weitere Maßnahmen des Gerichts. a) Bestellung eines Insolvenzverwalters.** Mit der Aufhebung der Eigenverwaltung wird das Verfahren als Regelinsolvenzverfahren fortgeführt, so dass ein Insolvenzverwalter zu bestellen ist (*Häsemeyer* Insolvenzrecht Rn. 8.09). Auch für die Entscheidung über die Bestellung des Insolvenzverwalters ist, was angesichts der sonst bestehenden Richterkompetenz nicht zweifelsfrei ist, der Rechtspfleger zuständig (Kübler/Prütting/Bork/*Pape* Rn. 37). Abs. 3 stellt klar, dass seine bisherige Tätigkeit den Sachwalter für das Amt des Insolvenzverwalters nicht ungeeignet macht. Da dieser sich idR mit den Vermögensverhältnissen des Schuldners schon auskennt, wird sich seine Bestellung zumeist empfehlen. Bei einem Antrag der Gläubigerversammlung wird es sich auch empfehlen, wenn sie sogleich einen Beschluss über die Person des Insolvenzverwalters fasst, ohne dass dieser Beschluss aber zu einer Bindung des Gerichts führt oder zu einer Beschränkung des Rechts der Gläubiger, in der auf die Bestellung folgenden Gläubigerversammlung einen anderen Insolvenzverwalter zu wählen (vgl. Uhlenbruck/*Zipperer* Rn. 8).

9 **b) Folgemaßnahmen.** In entsprechender Anwendung von § 27 Abs. 2 Nr. 3 sind Tag und Stunde der Aufhebungsentscheidung anzugeben, um Abgrenzungsschwierigkeiten zwischen den verschiedenen Verfahrensabschnitten zu vermeiden (Gottwald InsR-HdB/*Haas* § 89 Rn. 10). Gem. § 28 Abs. 3 fordert das Gericht die Schuldner des Schuldners auf, nur noch an den Verwalter zu leisten. Der Beschluss ist nach § 273 öffentlich bekannt zu machen und den Beteiligten entsprechend § 30 Abs. 2 zuzustellen, wobei das Insolvenzgericht entsprechend § 8 Abs. 3 die sonstigen Zustellungen dem Insolvenzverwalter übertragen kann (MüKoInsO/*Tetzlaff* Rn. 53). Außerdem sind die Eintragungen gem. §§ 32, 33 und die erforderlichen Korrekturen in den von § 31 erfassten Registern zu veranlassen (Kübler/Prütting/Bork/*Pape* Rn. 33).

IV. Rechtsmittel und sonstige Rechtsbehelfe

10 Gegen die Entscheidung des Gerichts über einen Antrag auf Aufhebung der Eigenverwaltung besteht ein Rechtsmittel in Form der **sofortigen Beschwerde gem. Absatz 2 Satz 3** nur gegen die Entscheidung über den Antrag eines einzelnen Gläubigers (Absatz 1 Nr. 2), und zwar dann nicht nur für den betroffenen Gläubiger, sondern auch für den Schuldner. Nach dem sich aus § 6 Abs. 1 ergebenden Grundsatz besteht daher kein Rechtsmittel gegen die Entscheidung über einen Antrag der Gläubigerversammlung (Absatz 1 Nr. 1) oder des Schuldners (Absatz 1 Nr. 3). Die Unterscheidung beruht darauf, dass nur bei dem Antrag eines einzelnen Gläubigers eine inhaltliche Prüfung erforderlich ist. Maßgeblich für den Beginn der Rechtsmittelfrist ist gem. § 4 iVm § 569 Abs. 1 S. 2 ZPO

entweder der Ablauf des zweiten Tages nach der Bekanntmachung (§ 9 Abs. 3, Abs. 1 S. 3) oder eine frühere Zustellung des Beschlusses (BGH ZIP 2003, 768 [769]; Uhlenbruck/*Zipperer* § 273 Rn. 4). In den Fällen, in denen kein Rechtsmittel besteht, ist zur Gewährleistung eines Mindestmaßes an Rechtskontrolle gem. **§ 11 Abs. 2 RPflG** die **Erinnerung** statthaft, so zB bei ablehnenden Entscheidungen (so auch HK-InsO/*Landfermann* Rn. 13; aA FK-InsO/*Foltis* Rn. 33; Kübler/Prütting/Bork/*Pape* Rn. 34). Besteht vor Rechtskraft der Aufhebungsentscheidung ein sofortiger Bedarf zur Sicherung der Masse kann das Gericht entsprechend §§ 21, 22 Anordnungen treffen, insbes. die Verwaltungs- und Verfügungsbefugnis des Schuldners beschränken (Kübler/Prütting/Bork/*Pape* Rn. 36; diff. Uhlenbruck/*Zipperer* Rn. 7). Zum (nicht statthaften) Widerspruch einzelner Gläubiger gem. § 78 Abs. 1 gegen den Beschluss der Gläubigerversammlung über den Antrag auf Aufhebung der Eigenverwaltung → Rn. 3.

V. Rechtshandlungen im Rahmen der Eigenverwaltung

Die **Aufhebung** der Eigenverwaltung wirkt nur **ex nunc.** Entsprechend den 11 Grundsätzen, die bei nachträglicher Anordnung der Eigenverwaltung gelten (→ § 271 Rn. 9), muss der Insolvenzverwalter das Verfahren so übernehmen, wie er es im Zeitpunkt der Aufhebungsentscheidung vorfindet. Daher bleiben sowohl die iRd Eigenverwaltung vorgenommenen Rechtshandlungen des Schuldners wie auch die des Sachwalters wirksam. Das gilt bspw. für die Ausübung des Wahlrechts gem. § 103, den Ausspruch einer Kündigung, eine bereits erfolgte Insolvenzanfechtung oder die Begründung von Masseverbindlichkeiten (vgl. HambK-InsO/*Fiebig* Rn. 17; Kübler/Prütting/Bork/*Pape* Rn. 38). Bereits eingeleitete oder aufgenommene Prozesse werden nach hM durch die Aufhebung nicht unterbrochen, vielmehr soll der Insolvenzverwalter ohne weiteres als nachfolgender Amtswalter des eigenverwaltenden Schuldners in den Prozess eintreten (*Smid* WM 1998, 2489 [2511]; MüKoInsO/*Tetzlaff* Rn. 68). Beim Verwalterwechsel wird aber § 241 ZPO entsprechend angewandt (Uhlenbruck/*Vallender* § 57 Rn. 30; → § 57 Rn. 17), dies ist auch hier gerechtfertigt (ebenso *Hofmann* Eigenverwaltung Rn. 109; zT für Analogie zu § 240 ZPO Kübler HRI/*Flöther* § 17 Rn. 27).

Öffentliche Bekanntmachung

273 Der Beschluß des Insolvenzgerichts, durch den nach der Eröffnung des Insolvenzverfahrens die Eigenverwaltung angeordnet oder die Anordnung aufgehoben wird, ist öffentlich bekanntzumachen.

I. Regelungszweck

Die Vorschrift gibt eine **besondere Regelung** über die öffentliche Bekannt- 1 machung des Beschlusses des Insolvenzgerichts, durch den nach der Eröffnung des Insolvenzverfahrens die Eigenverwaltung angeordnet oder die Anordnung aufgehoben wird. Ihre Notwendigkeit ergibt sich daraus, dass nach der allgemeinen **Regelung des § 30** das Erfordernis der öffentlichen Bekanntmachung nur dann besteht, wenn die Eigenverwaltung schon im Eröffnungsbeschluss angeordnet wird. Auch spätere Entscheidungen über die Eigenverwaltung müssen aber nach der Gesetzesbegründung öffentlich bekannt gemacht werden, damit „im Geschäftsverkehr Klarheit über die Verfügungs- und Verwaltungsbefugnisse im Insolvenzverfahren" besteht (BT-Drs. 12/2443, 224). Sie sind daher auf der Grundlage dieser Vorschrift gesondert bekannt zu machen.

II. Nachträglicher Beschluss über die Eigenverwaltung

2 Die Vorschrift betrifft nur nach Verfahrenseröffnung erfolgende Beschlüsse über die Eigenverwaltung, und zwar die **nachträgliche Anordnung** gem. § 271 und die **Aufhebung der Anordnung** gem. § 272. Für nachträgliche Anordnungen über die Zustimmungsbedürftigkeit von Rechtsgeschäften des Schuldners enthält § 277 Abs. 3 S. 1 eine eigenständige Regelung. Ein nachträglicher Beschluss über die Eigenverwaltung liegt – wie sonst auch – vor, sobald die Entscheidung des Gerichts wirksam wird. Dies ist der Fall, wenn die Entscheidung aufhört, eine bloß interne Angelegenheit des Gerichts zu sein, indem sie in den Geschäftsgang abgegeben wird oder den Beteiligten kundgemacht wird (Uhlenbruck/*Zipperer* Rn. 3 mwN). Damit ist weder die öffentliche Bekanntmachung noch eine Zustellung des Beschlusses Voraussetzung für dessen Wirksamkeit.

III. Formalien

3 Die öffentliche Bekanntmachung erfolgt gem. **§ 9 Abs. 1 S. 1** durch Veröffentlichung im Internet (zu Einzelheiten s. dort). Sie hat unverzüglich nach Wirksamwerden des Beschlusses zu erfolgen; eine Zurückstellung bis zur Rechtskraft der Entscheidung kommt nicht in Betracht (FK-InsO/*Foltis* Rn. 2; HK-InsO/*Landfermann* Rn. 1). Es sind nicht nur die Entscheidung über die nachträgliche Anordnung oder die Aufhebung der Anordnung bekannt zu machen, sondern auch sämtliche weiteren damit verbundenen Anordnungen. Das betrifft Anordnungen über die Verwaltungs- und Verfügungsbefugnis, die Inkraftsetzung oder Aufhebung des Verbots von Leistungen an den Schuldner (§ 28 Abs. 3), Name und Anschrift des Sachwalters oder des Insolvenzverwalters (Kübler/Prütting/Bork/*Pape* Rn. 1c; MüKoInsO/*Tetzlaff/Kern* Rn. 6 f.).

IV. Weitere Maßnahmen des Gerichts

4 Das Gesetz enthält keine besondere Regelung zur **Zustellung** nachträglicher Entscheidungen über die Eigenverwaltung an die Beteiligten. Trotzdem ist zu empfehlen, den Beschluss **entsprechend § 30 Abs. 2** den Gläubigern, den Schuldnern des Schuldners und dem Schuldner selbst zuzustellen, da andernfalls die in §§ 81, 82 vorgesehenen Schutzwirkungen erst mit öffentlicher Bekanntmachung eintreten (MüKoInsO/*Tetzlaff/Kern* Rn. 10). Die Zustellung kann gem. § 8 Abs. 1 durch Aufgabe zur Post erfolgen, aber auch gem. § 8 Abs. 3 durch Beauftragung des Insolvenzverwalters mit der Zustellung. Dagegen ist die Übertragung an den Sachwalter ausgeschlossen, da ihm dies angesichts seiner bloßen Aufsichtsfunktion und der dementsprechend geringeren Vergütung nicht zugemutet werden kann (Kübler/Prütting/Bork/*Pape* Rn. 2; MüKoInsO/*Tetzlaff/Kern* Rn. 11). Eine vor der öffentlichen Bekanntmachung erfolgende Zustellung setzt ggf. den Lauf der Rechtsmittelfrist in Gang (→ § 272 Rn. 10). Zur Notwendigkeit der Veranlassung von Eintragungen und Korrekturen gem. **§§ 31–33** in **Register** vgl. → § 271 Rn. 7, → § 272 Rn. 9.

Rechtsstellung des Sachwalters[1]

274 **(1) Für die Bestellung des Sachwalters, für die Aufsicht des Insolvenzgerichts sowie für die Haftung und die Vergütung des Sachwalters gelten § 27 Absatz 2 Nummer 4, § 54 Nummer 2 und die §§ 56 bis 60, 62 bis 65 entsprechend.**

(2) [1]**Der Sachwalter hat die wirtschaftliche Lage des Schuldners zu prüfen und die Geschäftsführung sowie die Ausgaben für die Lebensführung zu überwachen.** [2]**§ 22 Abs. 3 gilt entsprechend.**

(3) [1]**Stellt der Sachwalter Umstände fest, die erwarten lassen, daß die Fortsetzung der Eigenverwaltung zu Nachteilen für die Gläubiger führen wird, so hat er dies unverzüglich dem Gläubigerausschuß und dem Insolvenzgericht anzuzeigen.** [2]**Ist ein Gläubigerausschuß nicht bestellt, so hat der Sachwalter an dessen Stelle die Insolvenzgläubiger, die Forderungen angemeldet haben, und die absonderungsberechtigten Gläubiger zu unterrichten.**

Übersicht

I. Regelungszweck

Die Vorschrift bestimmt die Rechtsstellung des Sachwalters und seine zentralen Pflichten. Durch die Verweisung in § 270a Abs. 1 S. 2 gilt die Vorschrift für den vorläufigen Sachwalter entsprechend. **Absatz 1** konkretisiert die **Rechtsstellung des Sachwalters,** indem für seine Bestellung, die Aufsicht durch das Insolvenzgericht sowie für seine Haftung und seine Vergütung auf die entsprechende Anwendung der insoweit für den Insolvenzverwalter geltenden Vorschriften verwiesen wird. Daraus ergibt sich, dass der Sachwalter eine insolvenzverwalterähnliche Stellung inne hat (Gottwald InsR-HdB/*Haas* § 90 Rn. 64). In **Absatz 2** wird als **zentrale Pflicht des Sachwalters** die Pflicht zur Prüfung der wirtschaftlichen Lage des Schuldners und die Überwachung der Geschäftsführung sowie der Ausgaben für die Lebensführung festgelegt. **Absatz 3** regelt darüber hinaus die **Pflicht,** den Gläubigern aus der Fortsetzung der Eigenverwaltung **drohende** 1

[1] § 274 Abs. 1 geänd. mWv 1.3.2012 durch G v. 7.12.2011 (BGBl. I S. 2582); Abs. 1 geänd. mWv 1.7.2014 durch G v. 15.7.2013 (BGBl. I S. 2379).

Nachteile anzuzeigen, und ermöglicht ihnen damit, in diesem Fall die Aufhebung der Anordnung der Eigenverwaltung zu beantragen (BT-Drs. 12/2443, 224). Darin liegt ein wichtiges Druckmittel, durch das der Schuldner zur Erfüllung seiner Pflichten als Eigenverwalter angehalten werden soll (*Häsemeyer* Insolvenzrecht Rn. 8.14, 8.19).

II. Bestellung, Beaufsichtigung, Haftung und Vergütung des Sachwalters (Absatz 1)

2 **1. Bestellung des Sachwalters.** In Folge der Verweisung auf § 56 gelten für die Bestellung des Sachwalters dieselben Voraussetzungen wie für die des Insolvenzverwalters, dh es ist eine für den jeweiligen Einzelfall geeignete, insbes. geschäftskundige und von den Gläubigern und dem Schuldner unabhängige natürliche Person zu bestellen. Besonders zu beachten ist § 56 Abs. 1 S. 3 Nr. 2. Danach kann ein früherer Berater des Schuldners, insbes. wenn er Einfluss auf die Geschäftsführung genommen hat, idR nicht zum Sachwalter bestellt werden; anders, wenn er nur in allgemeiner Form über den Ablauf eines Insolvenzverfahrens beraten hat (§ 56 Abs. 1 S. 3 Nr. 2; vgl. Uhlenbruck/*Zipperer* Rn. 3). Dabei hat die **Prüfung der Unabhängigkeit** nach wie vor anhand des Einzelfalles zu erfolgen. Darüber hinaus fehlt die erforderliche Unabhängigkeit auch dann, wenn Anhaltspunkte dafür bestehen, dass der frühere Berater des Schuldners von ihm Honorare in anfechtbarer Weise erlangt hat (Uhlenbruck/*Uhlenbruck* 13. Aufl. 2010, Rn. 7). Eine „Insolvenzberatung und -verwaltung aus einer Hand" in Form der Bestellung eines Schuldnerberaters zum Sachwalter ist damit ausgeschlossen (vgl. zu diesem Aspekt Kübler/Prütting/Bork/*Pape* Rn. 26; MüKoInsO/*Tetzlaff/Kern* Rn. 21). Zum Fall fehlender Unabhängigkeit des Sachwalters wegen umfangreicher früherer Geschäftsverbindung mit dem Sanierungsgeschäftsführer die kontrovers diskutierte Entscheidung des AG Stendal ZIP 2012, 1875. Die Bestellung einer Person, die im Vorfeld einen Insolvenzplan erarbeitet hat, wird zumeist ausgeschlossen sein (vgl. HambK-InsO/*Frind* § 56 Rn. 26e mwN). Als vorläufiger Sachwalter scheidet aus, wer eine Bescheinigung für das sanierungsvorbereitende Eröffnungsverfahren iSv § 270b ausgestellt hat (→ § 270b Rn. 10).

3 Für die **Auswahl des Sachwalters** gelten iÜ dieselben Grundsätze wie für die Auswahl des Insolvenzverwalters. Dabei sind an die Person des Sachwalters grds. die gleichen Anforderungen wie an die des Insolvenzverwalters zu stellen, zumal das Gericht auch die Möglichkeit einer späteren Aufhebung der Eigenverwaltung und einer etwaigen Bestellung des bisherigen Sachwalters zum Insolvenzverwalter berücksichtigen muss (MüKoInsO/*Tetzlaff/Kern* Rn. 14). Vor der Bestellung des Sachwalters ist entsprechend § 56a Abs. 1 einem **vorläufigen Gläubigerausschuss** Gelegenheit zur Äußerung zu geben. Ein einstimmiger Vorschlag des vorläufigen Gläubigerausschusses ist entsprechend § 56a Abs. 2 S. 1 für das Gericht bindend. Weicht es von einem solchen Vorschlag ab, weil es die Person für nicht geeignet hält, hat es dies entsprechend **§ 27 Abs. 2 Nr. 4** im Eröffnungsbeschluss zu begründen. Für die Bestellung des vorläufigen Sachwalters ist ggf. die **Sonderregelung des § 270b Abs. 2 S. 2** zu beachten (→ § 270b Rn. 10). Für Beginn und Beendigung des Amtes gilt **§ 56 Abs. 2** entsprechend. Entsprechend **§ 57 S. 1** kann in der ersten Gläubigerversammlung, die auf die Bestellung des Sachwalters folgt, eine andere Person an dessen Stelle gewählt werden.

4 **2. Aufsicht des Insolvenzgerichts.** Wie der Insolvenzverwalter – aber anders als der Schuldner (→ § 270 Rn. 2) – steht der Sachwalter **entsprechend § 58 Abs. 1 S. 1** unter der Aufsicht des Gerichts. Entsprechend § 58 Abs. 1 S. 2 kann das Gericht jederzeit von ihm einzelne Auskünfte oder einen Bericht über den Sachstand und die Geschäftsführung verlangen. Dabei ist zu berücksichtigen, dass

der Sachwalter die Geschäfte des Schuldners in erster Linie überwacht, so dass sich die Auskunfts- und Berichtspflichten auch nur auf seinen Pflichtenkreis beziehen können (FK-InsO/*Foltis* Rn. 16; Uhlenbruck/*Zipperer* Rn. 6; Einzelheiten bei Kübler/Prütting/Bork/*Pape* Rn. 35–37). Die Anordnung der Eigenverwaltung verlangt dem Gericht im Vergleich zur Bestellung eines Insolvenzverwalters keine erhöhten Kontrollmaßnahmen ab (HK-InsO/*Landfermann* Rn. 6; Kübler/Prütting/Bork/*Pape* Rn. 38, aA *Huhn* Eigenverwaltung Rn. 679 ff.). Bei Nichterfüllung der Pflichten des Sachwalters hat das Gericht die Sanktionsmöglichkeiten aus § 58 Abs. 2 (Androhung und Festsetzung von Zwangsgeld) und – als ultima ratio – aus § 59 Abs. 1 S. 1 (Entlassung aus wichtigem Grund).

3. Haftung des Sachwalters. a) Haftung gemäß § 60. Der Sachwalter ist entsprechend § 60 allen Beteiligten zum Schadensersatz verpflichtet, wenn er schuldhaft die ihm obliegenden insolvenzspezifischen Pflichten verletzt. Dabei ist zu berücksichtigen, dass der Sachwalter einen andersartigen **Pflichtenkreis** hat als der Insolvenzverwalter (→ § 270 Rn. 25). Dementsprechend kann sich seine Haftung in erster Linie nur aus der Verletzung der Prüfungs- und Überwachungspflichten gem. Absatz 2 oder auch aus der Verletzung der Anzeigepflichten gem. Absatz 3 ergeben (HambK-InsO/*Fiebig* Rn. 21; MüKoInsO/*Tetzlaff/Kern* Rn. 68). Weiterer Anknüpfungspunkt einer Haftung kann die Verletzung von Pflichten sein, die ihm zur selbständigen Wahrnehmung zugewiesen sind, so etwa der Pflichten aus §§ 270c S. 2, 280, 284 Abs. 2 oder 285 (Ahrens/Gehrlein/Ringstmeier/*Ringstmeier* Rn. 11; FK-InsO/*Foltis* Rn. 24; MüKoInsO/*Tetzlaff/Kern* Rn. 69). Der Sachwalter hat jedoch aus § 60 keine Pflicht, Vertragspartner des Schuldners vor der Gefahr der Nichterfüllung von Masseverbindlichkeiten zu warnen; insoweit trifft ihn vielmehr gem. § 285 nur die Pflicht zur Anzeige der Masseunzulänglichkeit (HK-InsO/*Landfermann* Rn. 7; MüKoInsO/*Tetzlaff/Kern* Rn. 72; aA offenbar FK-InsO/*Foltis* Rn. 32). Entsprechend § 60 Abs. 1 S. 2 hat der Sachwalter nur für die Sorgfalt eines ordentlichen und gewissenhaften Sachwalters einzustehen. Damit ist den Besonderheiten der Stellung des Sachwalters auch iRd Prüfung des **Verschuldens** einer Pflichtverletzung Rechnung zu tragen (FK-InsO/*Foltis* Rn. 26). Soweit der Sachwalter bei der Erfüllung seiner Pflichten Angestellte des Schuldners im Rahmen ihrer bisherigen Tätigkeit einsetzt (so etwa den Buchhalter des Schuldners, FK-InsO/*Foltis* Rn. 29), haftet er nur gem. § 60 Abs. 2 (MüKoInsO/*Tetzlaff/Kern* Rn. 70). Die Schadensersatzansprüche müssen ggf. gem. §§ 280, 92 S. 2 von einem neu bestellten Sachwalter geltend gemacht werden (MüKoInsO/*Tetzlaff/Kern* Rn. 71). Für die **Verjährung** der Ansprüche gilt § 62 entsprechend. 5

b) Anwendung von § 61. Eine Haftung des Sachwalters entsprechend § 61 kommt **grds. nicht** in Betracht. Absatz 1 schließt eine derartige Verweisung bewusst aus, weil Masseverbindlichkeiten iRd Eigenverwaltung idR nur durch den Schuldner begründet werden (HK-InsO/*Landfermann* Rn. 7). **Anders** ist dies, wenn der Sachwalter gem. § 277 Abs. 1 S. 1 bestimmten Rechtsgeschäften des Schuldners durch seine Zustimmung Wirksamkeit verleiht. Folgerichtig ordnet § 277 Abs. 1 S. 3 für diese Fälle die entsprechende Geltung von § 61 an (→ § 277 Rn. 6). Eine **entsprechende Anwendung von § 61** ist auch möglich, wenn der Sachwalter iRd Pflichten, die ihm zur selbständigen Wahrnehmung zugewiesen sind (→ Rn. 5), Masseverbindlichkeiten begründet (FK-InsO/*Foltis* Rn. 26; aA Uhlenbruck/*Zipperer* Rn. 9: „bewusste Haftungslücke"). Dafür wird va das Beispiel angeführt, dass der Schuldner bei Durchführung von Anfechtungsprozessen Masseverbindlichkeiten begründet (HK-InsO/*Landfermann* Rn. 7; MüKoInsO/*Tetzlaff/Kern* Rn. 73). Die Prozesskosten selbst werden jedoch nicht iSv § 61 begründet (Uhlenbruck/*Sinz* § 61 Rn. 10), so dass es sich hier primär nur um eine Haftung wegen rechtsgeschäftlicher Verbindlichkeiten handeln kann, die 6 im Zusammenhang mit der Tätigkeit begründet worden sind. Zudem ist zu berücksichtigen, dass der Sachwalter – anders als der Insolvenzverwalter – die Liquidität nicht selbst fortlaufend zu prüfen hat. Es ist ihm daher iRd Entlastung gem. § 61 S. 2 gestattet, sich nach eigener Plausibilitätsprüfung auf die vom Schuldner erstellten Liquiditätsrechnungen zu berufen (überzeugend Kübler/Prütting/Bork/*Pape* Rn. 59; weitergehend FK-InsO/*Foltis* Rn. 31, der die Beweislastumkehr in § 61 für nicht anwendbar hält). Für die Haftung des Sachwalters nach anderen Vorschriften (§§ 823 ff. BGB, Übernahme vertraglicher Verpflichtungen) gelten die allgemeinen Grundsätze.

7 **4. Vergütung des Sachwalters.** Für die Vergütung des Sachwalters gelten § 54 Nr. 2 und §§ 63–65 entsprechend. Aus der Verweisung auf § 54 Nr. 2 ergibt sich, dass die Vergütung des Sachwalters aus der Insolvenzmasse vorweg zu befriedigen ist. Entsprechend § 63 Abs. 1 S. 1 hat der Sachwalter einen Anspruch auf Vergütung für seine Geschäftsführung und Erstattung angemessener Auslagen. Die nähere Regelung der Vergütung findet sich in **§ 12 InsVV,** subsidiär gelten gem. § 10 InsVV die §§ 1–9 InsVV. Gem. § 12 Abs. 1 InsVV erhält der Sachwalter idR 60 % der Vergütung des Insolvenzverwalters. Berechnungsgrundlage ist gem. §§ 1, 10 InsVV der Wert der Insolvenzmasse bei Beendigung des Insolvenzverfahrens. Dabei scheidet die Anwendung von § 1 Abs. 2 Nr. 1 InsVV aus, da die Verwertung von Massegegenständen, an denen Absonderungsrechte bestehen, gem. § 282 Abs. 1 S. 1 durch den Schuldner erfolgt. Massebestandteile sind gem. § 282 Abs. 1 S. 3 die Verwertungskosten und die Umsatzsteuerbeträge (FKInsO/*Lorenz* InsVV § 12 Rn. 6). Nach § 12 Abs. 2 InsVV ist eine den Regelsatz übersteigende Vergütung insbes. dann festzusetzen, wenn das Insolvenzgericht gem. § 277 Abs. 1 die Zustimmungsbedürftigkeit bestimmter Rechtsgeschäfte angeordnet hat. Auch für anderweitige Tätigkeiten, die über das Normalverfahren hinausgehen, kann der Sachwalter gem. §§ 3, 10 InsVV Zuschläge beanspruchen, etwa bei Übernahme der Kassenführung iSv § 275 Abs. 2 (weitere Beispiele bei Kübler/Prütting/Bork/*Pape* Rn. 63; MüKoInsO/*Tetzlaff*/*Kern* § 274 Rn. 77). Gem. § 12 Abs. 3 InsVV erhält der Sachwalter statt einer Auslagenpauschale von 250 EUR lediglich eine solche von 125 EUR (krit. dazu Uhlenbruck/*Zipperer* Rn. 10). Zur Vergütung des vorläufigen Sachwalters → § 270a Rn. 4.

III. Prüfungs- und Aufsichtspflichten des Sachwalters (Absatz 2)

8 **1. Überwachung und Mitwirkung durch den Sachwalter.** Grundlegende Aufgabe des Sachwalters ist die Überwachung des Schuldners. Eine Reihe der folgenden Vorschriften knüpfen daran an und leiten aus der Überwachungstätigkeit des Sachwalters verschiedene weitere Pflichten her (so zB die Anzeigepflicht gem. Absatz 3, die verschiedenen Prüfungs- und Berichtspflichten gem. §§ 281, 283 Abs. 2 usw). Davon zu unterscheiden sind die Pflichten, die dem Sachwalter zur selbständigen Wahrnehmung zugewiesen sind (vgl. → § 270 Rn. 25 u. *Häsemeyer* InsR Rn. 8.19). Insoweit hat der Sachwalter auch Verwaltungsaufgaben, durch die er an der Eigenverwaltung des Schuldners mitwirkt.

9 **2. Prüfung der wirtschaftlichen Lage des Schuldners.** Die Pflicht zur Prüfung der wirtschaftlichen Lage des Schuldners soll dem Sachwalter ermöglichen, den Gläubigern drohende Nachteile rechtzeitig zu erkennen. Insoweit steht die **Prüfungspflicht** in engem Zusammenhang mit der Anzeigepflicht gem. Absatz 3. Darüber hinaus dient sie der Erfüllung der weiteren Aufgaben des Sachwalters, insbes. der Vorbereitung seiner Stellungnahme zum Bericht des Schuldners im Berichtstermin gem. § 281 Abs. 2 S. 1 und der ihm gem. § 285 obliegenden Einschätzung der Masseunzulänglichkeit (vgl. Kübler/Prütting/Bork/*Pape* Rn. 70 f.). Die Prüfungspflicht umfasst die permanente Prüfung der wirtschaftli-

chen Situation des Schuldners im Hinblick auf die ordnungsgemäße Durchführung der Eigenverwaltung (Uhlenbruck/*Zipperer* Rn. 12). Die **allgemeine Prüfungspflicht** wird durch eine Reihe von **besonderen Prüfungspflichten** konkretisiert: Der Sachwalter hat die vom Schuldner erstellten Verzeichnisse und die Vermögensübersicht zu prüfen (§ 281 Abs. 1 S. 2), die Schlussrechnung des Schuldners (§ 281 Abs. 3 S. 2) und das Verteilungsverzeichnis (§ 283 Abs. 2 S. 2). Außerdem hat er auch die Pflicht, angemeldete Forderungen zu prüfen und ggf. zu bestreiten (§ 283 Abs. 1 S. 1). Darüber hinaus hat er aufgrund seiner allgemeinen Prüfungspflicht die Fortführungskonzeption des Schuldners anhand der von diesem erstellten Liquiditätsplanungen auf ihre Richtigkeit zu prüfen (FK-InsO/*Foltis* Rn. 60; MüKoInsO/*Tetzlaff/Kern* Rn. 49; für den vorläufigen Sachwalter AG Hamburg ZIP 2014, 237 [239]; HambK-InsO/*Fiebig* § 270a Rn. 12). Die Aufstellung einer Vergleichsrechnung für den Insolvenzplan ist dagegen zumeist schon nicht Aufgabe des Sachwalters (und damit erst recht nicht des vorläufigen Sachwalters), sondern des Schuldners, da dieser idR den Plan vorlegt (aA AG Hamburg ZIP 2014, 237 [239]), der Sachwalter ist dabei aber gegenüber dem Schuldner zur Mitwirkung im Hinblick auf die Ermittlung von Ansprüchen gem. § 280 verpflichtet. IErg ist der Sachwalter im Vergleich zum Insolvenzverwalter damit nur von der Verantwortung für die Erstellung der maßgeblichen Pläne, Rechnungen und Verzeichnisse entlastet, ihre Prüfung hat er grds. genauso sorgfältig vorzunehmen, um fortwährend einen ausreichenden Überblick über die wirtschaftliche Situation des Schuldners zu haben (MüKoInsO/*Tetzlaff/Kern* Rn. 50). Zur Vermeidung eigener Haftung empfiehlt es sich für den Sachwalter, die eigenen Prüfungen zu dokumentieren und über ihr Ergebnis fortlaufend gegenüber dem Gericht zu berichten (Braun/*Riggert* Rn. 12).

3. Überwachung der Geschäftsführung und der Ausgaben für die Lebensführung. Die Pflicht zur Überwachung der Geschäftsführung erstreckt sich auf das wirtschaftliche Handeln des Schuldners. Bei der Prüfung des Zahlungsverkehrs ist insbes. darauf zu achten, dass ohne ausreichenden Grund keine Altverbindlichkeiten befriedigt werden (vgl. AG Hamburg ZIP 2014, 237 [239]). Durch verschiedene Vorschriften wird die Überwachungspflicht konkretisiert (MüKoInsO/*Tetzlaff/Kern* Rn. 52): Verbindlichkeiten, die nicht zum Geschäftsbetrieb gehören, soll der Schuldner nur mit Zustimmung des Sachwalters eingehen (§ 275 Abs. 1 S. 1); die Rechte aus §§ 103–128 soll der Schuldner nur im Einvernehmen mit dem Sachwalter ausüben (§ 279 S. 2); ebenso soll der Schuldner sein Verwertungsrecht im Einvernehmen mit dem Sachwalter ausüben (§ 282 Abs. 2). Zur Überwachung der Geschäftsführung gehört auch die Prüfung der Geschäftsbücher und der Kassenführung des Schuldners (MüKoInsO/*Tetzlaff/Kern* Rn. 51). Ebenso sind die Kosten der Eigenverwaltung unter Einbeziehung der Kosten der Berater des Schuldners zu prüfen (vgl. HambK-InsO/*Fiebig* Rn. 19). Der vorläufige Sachwalter soll sogar verpflichtet sein, dem Gericht zu Beginn seiner Tätigkeit eine prognostische Vergleichsrechnung vorzulegen, in der die Kosten der Eigenverwaltung einschl. der vorläufigen Sachwaltung denen einer vorläufigen Insolvenzverwaltung gegenübergestellt werden (AG Hamburg ZIP 2014, 237 [239]). Die Pflicht zur Überwachung der Ausgaben für die Lebensführung knüpft an die Regelung in § 278 Abs. 1 an, die dem Schuldner gestattet, für sich und seine Familienangehörigen die Mittel zur Lebensführung aus der Insolvenzmasse zu entnehmen. Die Überwachungspflicht soll gewährleisten, dass der Schuldner sein Entnahmerecht nicht zu Lasten der Gläubiger missbraucht. 10

4. Befugnisse des Sachwalters zur Erfüllung seiner Prüfungs- und Überwachungspflichten. Um dem Sachwalter die Erfüllung seiner Prüfungs- und Überwachungspflichten zu ermöglichen, ordnet Absatz 2 Satz 1 die **entsprechende Geltung von § 22 Abs. 3** an und räumt ihm damit dem vorläufigen 11

Insolvenzverwalter zustehende Befugnisse ein. Danach ist der Sachwalter berechtigt, die Geschäftsräume des Schuldners zu betreten und dort Nachforschungen anzustellen, er ist berechtigt, Einsicht in dessen Bücher und Geschäftspapiere zu verlangen, und er kann vom Schuldner alle erforderlichen Auskünfte verlangen. Zur Durchsetzung der entsprechenden Pflichten des Schuldners stehen prinzipiell auch die Zwangsmittel gem. § 98 zur Verfügung, deren Anwendung mit dem Zweck der Eigenverwaltung aber kaum vereinbar ist. IdR wird es genügen, in der Weigerung des Schuldners zur Erfüllung seiner Mitwirkungspflichten einen Umstand zu sehen, der bei Fortsetzung der Eigenverwaltung Nachteile für die Gläubiger erwarten lässt und daher gem. Absatz 3 anzuzeigen ist (MüKoInsO/*Tetzlaff/Kern* Rn. 56; ähnlich Uhlenbruck/*Zipperer* Rn. 14).

IV. Anzeigepflichten des Sachwalters bei drohenden Nachteilen (Absatz 3)

12 Stellt der Sachwalter konkrete Tatsachen fest, die erwarten lassen, dass die Fortsetzung der Eigenverwaltung zu Nachteilen für die Gläubiger führen wird, hat er dies unverzüglich dem Gläubigerausschuss und dem Insolvenzgericht anzuzeigen **(Absatz 3 Satz 1).** Ist ein Gläubigerausschuss nicht bestellt, so hat der Sachwalter an dessen Stelle (neben dem Insolvenzgericht) die Insolvenzgläubiger, die Forderungen angemeldet haben, und die absonderungsberechtigten Gläubiger zu unterrichten **(Absatz 3 Satz 2).** Auf diese Weise sollen die Gläubiger in die Lage versetzt werden, die Aufhebung der Eigenverwaltung zu beantragen (BT-Drs. 12/2443, 224); im Eröffnungsverfahren können sie ggf. einen Antrag gem. § 270b Abs. 4 Nr. 3 stellen. Stattdessen kann die Gläubigerversammlung auch Anordnungen nach § 277 beantragen (FK-InsO/*Foltis* Rn. 67; MüKoInsO/*Tetzlaff/Kern* Rn. 61). Das Insolvenzgericht kann in diesem Fall zwar nicht von Amts wegen die Eigenverwaltung aufheben (→ § 272 Rn. 2), es kann aber gem. § 74 eine Gläubigerversammlung einberufen, in der darüber zu entscheiden ist (MüKoInsO/*Tetzlaff/Kern* Rn. 65). Das Recht (aber nicht die Pflicht), entsprechend § 75 Abs. 1 Nr. 1 die Einberufung der Gläubigerversammlung zu beantragen, dürfte (neben dem Schuldner) auch der Sachwalter haben (Kübler/Prütting/Bork/*Pape* Rn. 83; aA HK-InsO/*Landfermann* Rn. 14; *Rattunde/Stark* Der Sachwalter Rn. 507). Um bei Fehlen eines Gläubigerausschusses eine vollständige Unterrichtung der Gläubiger zu gewährleisten, ist es ausreichend, wenn der Sachwalter die Anzeige an das Insolvenzgericht macht und das Gericht sie analog § 277 Abs. 3 S. 1 öffentlich bekannt macht (Uhlenbruck/*Zipperer* Rn. 17).

13 Mitzuteilen sind konkrete Tatsachen, aus denen sich ergibt, dass den Gläubigern bei Fortsetzung der Eigenverwaltung Nachteile drohen. Dazu gehören insbes. **nachteilige Verhaltensweisen des Schuldners** etwa in Form von Pflichtverletzungen, wirtschaftlichen Fehlentscheidungen, zu hohen Entnahmen für die Lebensführung, unkooperativem Verhalten, unzureichender Organisation und Planung der Geschäftsführung (s. HambK-InsO/*Fiebig* Rn. 19; HK-InsO/*Landfermann* Rn. 13; Kübler/Prütting/Bork/*Pape* Rn. 83; MüKoInsO/*Tetzlaff/Kern* Rn. 59). Mitzuteilen sind aber auch **nachteilige externe Faktoren,** etwa die Veränderung der konkreten Bedingungen des wirtschaftlichen Handelns (HK-InsO/*Landfermann* Rn. 11). Die Anzeigepflicht gehört zu den **insolvenzspezifischen Pflichten des Sachwalters,** die im Fall ihrer schuldhaften Verletzung zu einer Schadensersatzhaftung gem. §§ 274 Abs. 1, 60 führt (Uhlenbruck/*Zipperer* Rn. 16). Der Gläubigerausschuss hat aufgrund einer Anzeige des Sachwalters iSv Abs. 3 zu prüfen, ob er gem. § 75 Abs. 1 Nr. 2 die Einberufung der Gläubigerversammlung beantragt, damit diese über die Aufhebung der Eigenverwaltung entscheiden kann; im Eröffnungsverfahren hat er ggf. über einen Antrag gem. § 270b Abs. 4 Nr. 2 zu beschließen. Auch darin liegen insolvenzspezifische

Pflichten, deren schuldhafte Verletzung zum Schadensersatz gem. § 71 führen kann (MüKoInsO/*Wittig/Tetzlaff* Rn. 38).

Mitwirkung des Sachwalters

275 (1) [1]**Verbindlichkeiten, die nicht zum gewöhnlichen Geschäftsbetrieb gehören, soll der Schuldner nur mit Zustimmung des Sachwalters eingehen.** [2]**Auch Verbindlichkeiten, die zum gewöhnlichen Geschäftsbetrieb gehören, soll er nicht eingehen, wenn der Sachwalter widerspricht.**

(2) **Der Sachwalter kann vom Schuldner verlangen, daß alle eingehenden Gelder nur vom Sachwalter entgegengenommen und Zahlungen nur vom Sachwalter geleistet werden.**

I. Regelungszweck

Die Regelung knüpft an § 274 an und verleiht dem Sachwalter in Absatz 1 **Mitwirkungsrechte bei der Begründung von Verbindlichkeiten durch den Schuldner.** Dabei wird danach unterschieden, ob es sich um Verbindlichkeiten handelt, die zum gewöhnlichen Geschäftsbetrieb gehören. Absatz 2 gibt dem Sachwalter das **Recht, die Kassenführung an sich zu ziehen,** und beinhaltet insoweit ein Eingriffsrecht in die Geschäftsführung durch den Schuldner (HK-InsO/*Landfermann* Rn. 1). Die Regelung ist Bestandteil des Komplexes der §§ 275–277, aus denen sich abgestufte Kontrollmaßnahmen ergeben, die von der bloß internen Zustimmung des Sachwalters (§ 275 Abs. 1), über die ebenfalls bloß interne Zustimmung des Gläubigerausschusses (§ 276) bis hin zur Zustimmung des Sachwalters als Wirksamkeitsvoraussetzung für Rechtsgeschäfte des Schuldners (§ 277 Abs. 1) reichen (Kübler/Prütting/Bork/*Pape* Rn. 2; MüKoInsO/*Tetzlaff/Kern* Rn. 1). Durch die Verweisung in § 270a Abs. 1 S. 2 gilt die Vorschrift für den vorläufigen Sachwalter entsprechend. 1

II. Mitwirkung des Sachwalters bei der Begründung von Verbindlichkeiten im Geschäftsbetrieb (Absatz 1)

1. Informationslast für bevorstehende Geschäfte. Gehören Verbindlichkeiten, die der Schuldner eingehen will, zum gewöhnlichen Geschäftsbetrieb, soll er sie nicht eingehen, wenn der Sachwalter widerspricht **(Absatz 1 Satz 2),** gehören sie nicht dazu, soll der Schuldner sie nur mit Zustimmung des Sachwalters eingehen **(Absatz 1 Satz 1).** Der Unterscheidung liegt die Vorstellung zugrunde, dass bei außergewöhnlichen Verbindlichkeiten ein höherer Abstimmungsbedarf besteht. In beiden Fällen stellt sich die praktische Frage, auf welcher Informationsbasis der Sachwalter von seinem Zustimmungs- bzw. Widerspruchsrecht Gebrauch machen kann. Die Ausübung der Rechte setzt die **vorherige Kenntnis des Sachwalters** voraus, dass der Schuldner beabsichtigt, solche Geschäfte vorzunehmen. Insoweit besteht bei außergewöhnlichen Geschäften für die Zustimmung des Sachwalters eine Pflicht des Schuldners zur vorherigen Information (Kübler/Prütting/Bork/*Pape* Rn. 17). Im Hinblick auf den gewöhnlichen Geschäftsbetrieb wird man hingegen idR erwarten können, dass der Sachwalter sich darüber nach seiner Bestellung einen Überblick verschafft, diesen fortlaufend aktualisiert und auf dieser Grundlage ggf. von seinem Widerspruchsrecht Gebrauch macht (FK-InsO/*Foltis* Rn. 15; MüKoInsO/*Tetzlaff/Kern* Rn. 9; aA Kübler/Prütting/Bork/*Pape* Rn. 17; Uhlenbruck/*Zipperer* Rn. 4). Insoweit führt die Unterscheidung von gewöhnlichen und außergewöhnlichen Verbindlichkeiten 2 nicht nur zu verschiedenen Rechten des Sachwalters, sondern sie legt auch eine verschiedenartige Verteilung der Initiative zur Information über die entsprechenden Geschäfte nahe.

3 **2. Gewöhnliche und außergewöhnliche Verbindlichkeiten im Geschäftsbetrieb.** Die **Abgrenzung von Zustimmungs- und Widerspruchsrecht des Sachwalters** richtet sich danach, ob die bevorstehenden Verbindlichkeiten zum gewöhnlichen Geschäftsbetrieb gehören. Maßgeblich dafür sind Art und Umfang des bisherigen Geschäftsbetriebes (Kübler/Prütting/Bork/*Pape* Rn. 9; MüKoInsO/*Tetzlaff/Kern* Rn. 8). Zum gewöhnlichen Geschäftsbetrieb gehören alle regelmäßig wiederkehrenden Geschäfte, ohne dass deshalb nur Vorgänge des Tagesgeschäfts darunter fallen (so aber HambK-InsO/*Fiebig* Rn. 4). Bei der Aufnahme von Krediten und der Veräußerung oder Belastung von Immobilien kann es sich idR nur um außergewöhnliche Geschäfte handeln (Kübler/Prütting/Bork/*Pape* Rn. 11). Auch Bargeschäfte begründen nach dem Schutzzweck Verbindlichkeiten iSv § 275 Abs. 1 (MüKoInsO/*Tetzlaff/Kern* Rn. 6; aA Kübler/Prütting/Bork/*Pape* Rn. 7; Uhlenbruck/*Zipperer* Rn. 2). Verbindlichkeiten aus der privaten Lebensführung des Schuldners, die nur bei natürlichen Personen denkbar sind, gehören nicht zum Geschäftsbetrieb (MüKoInsO/*Tetzlaff/Kern* Rn. 5).

4 **3. Zustimmung und Widerspruch des Sachwalters.** Die Zustimmung iSv Absatz 1 Satz 1 **unterscheidet sich** in mehrfacher Hinsicht **von der Zustimmung iSv § 182 BGB:** Sie ist keine Wirksamkeitsvoraussetzung für die Begründung der Verbindlichkeit durch den Schuldner, sondern bloße interne Maßnahme (HK-InsO/*Landfermann* Rn. 6). Die Zustimmung kann ihrem Zweck nach nur gegenüber dem Schuldner (nicht gegenüber dem Vertragspartner) und auch nur vor Abschluss des Rechtsgeschäfts (nicht auch noch nachträglich) erteilt werden. Genauso ist auch der Widerspruch bloße interne Maßnahme ohne Auswirkung auf die Wirksamkeit für die Begründung der Verbindlichkeit; er muss ebenfalls vor ihrer Begründung gegenüber dem Schuldner erklärt werden. Der Sachwalter entscheidet über die Ausübung seiner Rechte nach pflichtgemäßem Ermessen unter Berücksichtigung etwaiger Nachteile für die Gläubiger (Kübler/Prütting/Bork/*Pape* Rn. 12 f.). Die Ausübung seiner Überwachungsaufgaben durch Zustimmung oder Widerspruch gehört zu den insolvenzspezifischen Pflichten des Sachwalters (vgl. FK-InsO/*Foltis* Rn. 15 zum Widerspruch). Bei Ermessensnicht- oder -fehlgebrauch kommt daher eine Haftung gem. §§ 274 Abs. 1, 60 in Betracht.

5 Die **Äußerung einer internen Zustimmung** hat ohne Hinzutreten weiterer Umstände keinen besonderen Erklärungswert (*Undritz* BB 2012, 1551 [1556]), iÜ gelten für Zahlungszusagen des Sachwalters uä die allgemeinen Grundsätze (näher *Rattunde/Stark* Der Sachwalter Rn. 450 ff.). Eine mit Zustimmung des vorläufigen Sachwalters vorgenommene Rechtshandlung des Schuldners schließt nicht ohne Weiteres – entsprechend den Grundsätzen der Rspr. zur Schaffung eines Vertrauenstatbestandes durch den schwachen vorläufigen Insolvenzverwalter (→ § 129 Rn. 38) – die Anfechtung aus (so aber Kübler HRI/*M. Hofmann* § 7 Rn. 159; *Rattunde/Stark* Der Sachwalter Rn. 463 ff.), da die Zustimmung (anders als die des vorläufigen Insolvenzverwalters) nur intern erteilt wird. Ob die ohne Vorbehalt gegenüber einem Gläubiger kundgemachte Zustimmung einen die Anfechtung ausschließenden Vertrauenstatbestand schaffen kann, erscheint zweifelhaft, da dies der bloß internen Bedeutung der Zustimmung widerspricht.

6 **4. Rechtsfolgen eigenmächtigen Schuldnerhandelns.** Bei der Mitwirkung des Sachwalters gem. Absatz 1 handelt es sich um eine **bloße interne Maßnahme.** Daher hat weder das Fehlen einer Zustimmung noch die Nichtbeachtung des Widerspruches Auswirkungen im Außenverhältnis und damit für die recht-

liche Wirksamkeit der vom Schuldner begründeten Verbindlichkeiten (Uhlenbruck/*Zipperer* Rn. 6). Bei arglistigem Zusammenwirken des Schuldners mit dem Vertragspartner ist Nichtigkeit nach § 138 Abs. 1 BGB möglich (HK-InsO/*Landfermann* Rn. 5; Uhlenbruck/*Zipperer* Rn. 6), in erster Linie ist aber an Unwirksamkeit wegen evident insolvenzzweckwidriger Handlung zu denken (Kübler/Prütting/Bork/*Pape* Rn. 23; MüKoInsO/*Tetzlaff/Kern* Rn. 15). Das eigenmächtige Handeln des Schuldners wird idR Anlass für eine Anzeige gem. § 274 Abs. 3 sein (HK-InsO/*Landfermann* Rn. 5; MüKoInsO/*Tetzlaff/Kern* Rn. 16; für Entbehrlichkeit der Anzeige bei Genehmigung des Sachwalters FK-InsO/*Foltis* Rn. 13).

III. Übernahme der Kassenführung durch den Sachwalter (Absatz 2)

1. Zweck. Der Sachwalter kann vom Schuldner gem. **Absatz 2** verlangen, dass 7
alle eingehenden Gelder nur vom Sachwalter entgegengenommen und Zahlungen nur noch an den Sachwalter geleistet werden, und dadurch die Kassenführung an sich ziehen. Die Kassenführung bezieht sich auf den **gesamten Geldverkehr** und damit insbes. auch die Verfügung über Bankkonten (HK-InsO/*Landfermann* Rn. 7; MüKoInsO/*Tetzlaff/Kern* Rn. 19). Auf diese Weise werden in erster Linie unwirtschaftliche Bargeschäfte des Schuldners oder sonstige nachteilige Vermögensabflüsse verhindert (s. MüKoInsO/*Tetzlaff/Kern* Rn. 17), zugleich behält der Sachwalter den Überblick über die finanziellen Mittel des Schuldners (HambK-InsO/*Fiebig* Rn. 12). Dementsprechend bietet sich die Übernahme der Kassenführung durch den Sachwalter zB dann an, wenn die Gefahr besteht, dass der Schuldner über das durch § 278 festgelegte Maß hinaus der Masse Mittel für seine Lebensführung entnimmt, oder auch wenn Masseunzulänglichkeit droht (HK-InsO/*Landfermann* Rn. 7). Die Entscheidung über die Kassenführung trifft der Sachwalter **nach pflichtgemäßem Ermessen** (Aufzählung der wichtigsten Fallgruppen bei *Rattunde/Stark* Der Sachwalter Rn. 391 mwN), das sich aber bei erheblichen Anhaltspunkten für drohende Nachteile auf Null reduzieren kann (FK-InsO/*Foltis* Rn. 21). Andererseits muss der Sachwalter auch berücksichtigen, dass die Übernahme der Kassenführung die eigenverwaltende Tätigkeit des Schuldners in erheblichem Maße beschneiden kann. Der Sachwalter kann sich im Rahmen seines Ermessens auf die Übernahme von Teilen der Kassenführung beschränken (sog modifizierte Kassenführung, vgl. *Hofmann* Eigenverwaltung Rn. 257 ff.; *Rattunde/Stark* Rn. 400 ff.). Da das Recht nur dem Sachwalter zusteht, ist die gerichtliche Anordnung der Kassenführung (dafür AG Hamburg ZIP 2014, 2101) unzulässig.

2. Geltendmachung und Rechtsfolgen. Die Übernahme der Kassenführung 8
erfolgt durch entsprechende Erklärung des Sachwalters gegenüber dem Schuldner (*Hofmann* Eigenverwaltung Rn. 254). Sofern der Sachwalter die Kassenführung auf Bitte des Schuldners oder in Abstimmung mit ihm übernimmt, wird er regelmäßig ebenfalls in Ausübung seines Kassenführungsrechts tätig. Aufgrund der **Geltendmachung des Kassenführungsrechts** ist der Schuldner verpflichtet, dem Sachwalter den Zugriff auf sämtliche Geldmittel zu überlassen. Dafür ist die Erteilung einer Kontovollmacht durch den Schuldner erforderlich, da auch Absatz 2 eine bloße interne Maßnahme regelt und sich daher daraus kein gesetzliches Zugriffsrecht gegenüber Dritten kraft der bloßen Stellung als Sachwalter ergibt (so aber HambK-InsO/*Fiebig* Rn. 13; MüKoInsO/*Kern* Rn. 19). Darüber hinaus trifft den Schuldner die Pflicht, keine Gelder mehr in Empfang zu nehmen und weitere Zahlungen zu unterlassen (Kübler HRI/*Minuth* § 12 Rn. 53; FK-InsO/*Foltis* Rn. 23). Der Sachwalter kann den Wegfall der Zugriffsmöglichkeiten des Schuldners auf den Zahlungsverkehr sicherstellen, indem er entweder den Zugriff

des Schuldners auf sein bisheriges Konto ausschließt oder ein Sonder- oder Anderkonto anlegt (Anderkonto str., dafür Ahrens/Gehrlein/Ringstmeier/*Ringstmeier* Rn. 8; HambK-InsO/*Fiebig* Rn. 15; aA FK-InsO/*Foltis* Rn. 35 mwN).

9 Infolge der Übernahme der Kassenführung handelt der Sachwalter bei der Entgegennahme und bei der Leistung von Zahlungen für den Schuldner als dessen **gesetzlicher Vertreter** (Uhlenbruck/*Zipperer* Rn. 8). Insoweit soll der Sachwalter zu allen damit zusammenhängenden Hilfsgeschäften berechtigt sein, etwa zu Zahlungsaufforderungen oder Mahnungen, nicht jedoch zur Prozessführung (FK-InsO/*Foltis* Rn. 32 f.; MüKoInsO/*Tetzlaff/Kern* Rn. 19; zu Recht wohl zweifelnd an dieser Differenzierung Kübler/Prütting/Bork/*Pape* Rn. 26). Da es sich bei der Übernahme der Kassenführung durch den Sachwalter ebenfalls nur um eine **interne Maßnahme** handelt, sind Zahlungen an oder durch den Schuldner wirksam (MüKoInsO/*Tetzlaff/Kern* Rn. 20). Auch wenn der Schuldner ohne Mitwirkung des Sachwalters gem. Absatz 1 Verbindlichkeiten begründet hat, sind diese durch den Sachwalter iRd Kassenführung zu erfüllen; erst bei Anzeige der Masseunzulänglichkeit gem. § 285 ist die Verteilungsreihenfolge gem. § 209 zu beachten (Uhlenbruck/*Zipperer* Rn. 8). Weder der vorläufige noch der endgültige Sachwalter dürfen wissentlich verfahrenswidrige Zahlungen vornehmen (so für das Antragsverfahren Kübler HRI/*M. Hofmann* § 7 Rn. 66 ff.). Die sich aus der Kassenführung ergebenden Aufgaben begründen **insolvenzspezifische Pflichten iSv § 60** sowohl gegenüber Dritten wie auch dem Schuldner (Uhlenbruck/*Zipperer* Rn. 9); eine Haftung aus § 61 scheidet hingegen aus, da die Verantwortlichkeit für die Begründung von Verbindlichkeiten beim Schuldner bleibt (Kübler/Prütting/Bork/*Pape* Rn. 28). Ob und unter welchen Voraussetzungen die Übernahme der Kassenführung dazu führt, dass der Sachwalter als Verfügungsberechtigter iSv § 35 AO anzusehen ist und ihn damit ggf. eine **Steuerhaftung** gem. § 69 AO trifft, ist unsicher (vgl. dazu Kübler HRI/*Kahlert* § 57 Rn. 70 mwN).

Mitwirkung des Gläubigerausschusses

276 **[1] Der Schuldner hat die Zustimmung des Gläubigerausschusses einzuholen, wenn er Rechtshandlungen vornehmen will, die für das Insolvenzverfahren von besonderer Bedeutung sind. [2] § 160 Abs. 1 Satz 2, Abs. 2, § 161 Satz 2 und § 164 gelten entsprechend.**

I. Regelungszweck

1 Die Vorschrift ist Teil des Komplexes der §§ 275–277, aus dem sich abgestufte Maßnahmen der Kontrolle des Schuldners ergeben (→ § 275 Rn. 1). Sie stellt klar, dass Geschäfte, für die im Regelinsolvenzverfahren die Zustimmung des Gläubigerausschusses einzuholen wäre, auch im Fall der Eigenverwaltung nur mit Zustimmung des Gläubigerausschusses vorgenommen werden dürfen (BT-Drs. 12/2443, 224). Insoweit wird in Satz 2 die **entsprechende Geltung der §§ 160 Abs. 1 S. 2, Abs. 2, 161 S. 2 und 164** angeordnet. Die Anordnung hat lediglich deklaratorischen Charakter, da sich die entsprechende Anwendung der Bestimmungen auch schon aus § 270 Abs. 1 S. 2 begründen ließe (Kübler/Prütting/Bork/*Pape* Rn. 4). Klärungsbedarf hat der Gesetzgeber – angesichts der ohnehin bestehenden Überwachung des Schuldners durch den Sachwalter – nur für die Mitwirkung des Gläubigerausschusses gesehen, nicht jedoch für die (selbstverständliche) Mitwirkung der Gläubigerversammlung. Deshalb ist die Anwendung der §§ 162, 163 durch die Verweisung in Satz 2 nicht etwa ausgeschlossen, vielmehr ergibt sie sich ohne weiteres aus der Verweisung in § 270 Abs. 1 S. 2

(vgl. HK-InsO/*Landfermann* Rn. 7). Im Eröffnungsverfahren gilt die Vorschrift noch nicht (→ § 270a Rn. 4).

II. Mitwirkung des Gläubigerausschusses

1. Rechtshandlungen von besonderer Bedeutung. Das Zustimmungserfordernis gilt nach Satz 1 nur, wenn der Schuldner Rechtshandlungen vornehmen will, die für das Insolvenzverfahren von besonderer Bedeutung sind. Aus der entsprechenden Anwendung von **§ 160 Abs. 2** ergibt sich, dass dazu insbes. die Veräußerung des Unternehmens im ganzen gehört, weiter etwa die freihändige Veräußerung einer Immobilie, eine zu erheblichen Belastungen für die Masse führende Darlehensaufnahme oder auch Entscheidungen über einen Rechtsstreit mit erheblichem Streitwert. Auf die Frage, ob durch die fragliche Rechtshandlung Verbindlichkeiten begründet werden, die zum gewöhnlichen Geschäftsbetrieb gehören oder darüber hinausgehen (§ 275 Abs. 1), kommt es nicht an, weil dadurch nur die Mitwirkungsrechte des Sachwalters festgelegt werden. IdR führt dies zur **Überschneidung der Aufgabenbereiche von Sachwalter und Gläubigerausschuss,** da zu der Zustimmung des Gläubigerausschusses zusätzlich die Zustimmung des Sachwalters oder die Nichtausübung des Widerspruchsrechts erforderlich ist (FK-InsO/*Foltis* Rn. 3; Kübler/Prütting/Bork/*Pape* Rn. 4; MüKoInsO/*Tetzlaff/Kern* Rn. 9; aA *Graf-Schlicker* Rn. 6). Die Verletzung der vom Schuldner zu beachtenden Mitwirkungsrechte des Sachwalters wird jedenfalls bei einer ausdrücklichen Zustimmung des Gläubigerausschusses idR aber keine Konsequenzen für die Eigenverwaltung haben. 2

2. Zustimmung des Gläubigerausschusses. Der Schuldner (nicht der Sachwalter) hat gem. Satz 1 vor der fraglichen Rechtshandlung die Zustimmung des Gläubigerausschusses einzuholen, sofern ein solcher nicht besteht, entsprechend **§ 160 Abs. 1 S. 2** die Zustimmung der Gläubigerversammlung (zur Möglichkeit sog Vorratszustimmungen für bereits im Vorhinein definierte Rechtsgeschäfte *Rattunde/Stark* Der Sachwalter Rn. 220). Daneben kann auch die Zustimmung der Gläubigerversammlung gem. **§ 162** erforderlich sein (MüKoInsO/*Tetzlaff/Kern* Rn. 12). Die nachträglich eingefügte Vorschrift des **§ 160 Abs. 1 S. 3** zur Fiktion der Zustimmungserklärung bei einberufener aber beschlussunfähiger Gläubigerversammlung findet ebenfalls entsprechende Anwendung, da ihre Nichterwähnung in Satz 2 offenbar auf einem Redaktionsversehen beruht (HK-InsO/*Landfermann* Rn. 4). Wird eine nachträgliche Zustimmung erteilt, wird dies idR die Erklärung beinhalten, aus dem eigenmächtigen Verhalten des Schuldners keine Konsequenzen ziehen zu wollen (ähnlich Kübler/Prütting/Bork/*Pape* Rn. 9). Der Gläubigerausschuss hat die gleichen Rechte und Pflichten wie im Regelinsolvenzverfahren, so dass er gem. § 71 für schuldhafte Pflichtverletzungen bei seinen Entscheidungen haftet (HambK-InsO/*Fiebig* Rn. 4). Die ohne die erforderliche Zustimmung des Gläubigerausschusses vorgenommene Rechtshandlung des Schuldners ist entsprechend **§ 164** wirksam, so dass die Zustimmung nur interne Bedeutung hat. IÜ gelten für die Rechtsfolgen des eigenmächtigen Handelns die Ausführungen unter → § 275 Rn. 6 entsprechend. 3

3. Vorläufige Untersagung der Rechtshandlung. In Folge der entsprechenden Anwendung von **§ 161 S. 2** kann das Insolvenzgericht, sofern die Gläubigerversammlung ihre Zustimmung nicht bereits erteilt hat, die Rechtshandlung vorläufig untersagen und eine Gläubigerversammlung einberufen, die über die Vornahme entscheidet. Einen entsprechenden Antrag kann nur der Schuldner oder die gem. § 75 Abs. 1 Nr. 3 qualifizierte Gläubigermehrheit stellen. Die Regelung gewährleistet auch iRd Eigenverwaltung das Recht einer ausreichenden Minderheit von Gläubigern, im Fall der Zustimmung des Gläubigerausschusses die Ein- 4 berufung der Gläubigerversammlung zu veranlassen (BT-Drs. 12/2443, 224). An Stelle des Insolvenzverwalters hat das Gericht vor seiner Entscheidung den Schuldner und den Sachwalter anzuhören (Uhlenbruck/*Zipperer* Rn. 5; aA Sachwalter: BT-Drs. 12/2443, 224; MüKoInsO/*Tetzlaff/Kern* Rn. 16). Wie sich aus § 164 ergibt, führt auch die Untersagungsanordnung des Gerichts nicht zur Unwirksamkeit der dennoch vorgenommenen Rechtshandlung, so dass sie ebenfalls nur interne Bedeutung hat (vgl. Uhlenbruck/*Zipperer* § 161 Rn. 13).

Schrifttum: *Klöhn,* Kann die Hauptversammlung in der Eigenverwaltung der Aktiengesellschaft nicht den Aufsichtsrat wählen? § 276a S. 1 InsO am Beispiel seiner ersten Gerichtsentscheidung, DB 2013, 41; *Ströhmann/Längsfeld,* Die Geschäftsführungsbefugnis in der GmbH im Rahmen der Eigenverwaltung – Welche Neuerungen brachte § 276a InsO?, NZI 2013, 271; *Zipperer,* Die Einflussnahme der Aufsichtsorgane auf die Geschäftsleitung in der Eigenverwaltung – eine Chimäre vom Gesetzgeber, Trugbild oder Mischwesen?, ZIP 2012, 1492.

Mitwirkung der Überwachungsorgane[1]

276a **[1] Ist der Schuldner eine juristische Person oder eine Gesellschaft ohne Rechtspersönlichkeit, so haben der Aufsichtsrat, die Gesellschafterversammlung oder entsprechende Organe keinen Einfluss auf die Geschäftsführung des Schuldners. [2] Die Abberufung und Neubestellung von Mitgliedern der Geschäftsleitung ist nur wirksam, wenn der Sachwalter zustimmt. [3] Die Zustimmung ist zu erteilen, wenn die Maßnahme nicht zu Nachteilen für die Gläubiger führt.**

I. Regelungszweck

1 Die durch das ESUG eingefügte Vorschrift bezweckt eine **Klärung des Verhältnisses der Eigenverwaltung zu den gesellschaftsrechtlichen Bindungen der Geschäftsleitung** (BR-Drs. 127/11, 65). Die gesetzliche Regelung führt zu erheblichen Eingriffen in die gesellschaftsrechtliche Aufgaben- und Kompetenzverteilung, indem sie die Befugnisse der Aufsichtsorgane weitgehend zurückdrängt (zur Diskussion hierüber vgl. → Rn. 2). Durch **Satz 1** wird bestimmt, dass die Überwachungsorgane keinen Einfluss auf die Geschäftsführung des Schuldners haben. Sie sollen keine weitergehenden Einflussmöglichkeiten haben als bei Bestellung eines Insolvenzverwalters (BR-Drs. 127/11, 65). Möglich bleibt gem. **Satz 2** der Wechsel der Geschäftsleitung, wenn der Sachwalter zustimmt, wozu er unter den Voraussetzungen von **Satz 3** verpflichtet ist.

II. Ausschluss des Einflusses der Überwachungsorgane auf die Geschäftsführung

2 Obwohl durch Eröffnung des Insolvenzverfahrens über eine juristische Person oder eine Gesellschaft ohne Rechtspersönlichkeit die Gesellschaft aufgelöst wird, bleiben die **Organe der Gesellschaft** erhalten. Durch die Eigenverwaltung wird zunächst einmal die Verwaltungs- und Verfügungsbefugnis über das zur Insolvenzmasse gehörende Schuldnervermögen im Außenverhältnis geregelt. **Satz 1** trifft darüber hinaus auch eine Regelung für das **Innenverhältnis der Gesellschaft,** indem die Bestimmung den Einfluss von Überwachungsorganen wie Aufsichtsrat, Hauptversammlung oder Gesellschafterversammlung auf die Geschäftsführung des Schuldners ausschließt. Dadurch werden nicht nur Weisungs- und Kontrollrechte, sondern auch allgemeine Prüfungs- und Auskunftsrechte ausgeschlossen (*Hirte/*

[1] § 276a eingef. mWv 1.3.2012 durch G v. 7.12.2011 (BGBl. I S. 2582).

Knof/Mock DB 2011, 693 [697]; *Klöhn* DB 2013, 41 [44]), so dass die Überwachung der Geschäftsführung des Schuldners allein durch den Sachwalter, den Gläubigerausschuss und die Gläubigerversammlung erfolgt. Der Ausschluss kann (etwa im Fall der Gesellschafterversammlung der GmbH, ähnlich bei OHG und KG) auch die Einflussnahme durch Beschluss in konkreten Angelegenheiten betreffen (HambK-InsO/*Fiebig* Rn. 5; Gottwald InsO-HdB/*Haas* § 90 Rn. 30 f.). Entgegen Satz 1 vorgenommene Maßnahmen sind unwirksam und können keine Bindung der Geschäftsführung herbeiführen (so zum früheren Recht bei zweckwidrigen Weisungsmaßnahmen AG Duisburg ZIP 2002, 1636 [1640]; ebenso Graf-Schlicker/*Graf-Schlicker* Rn. 2). Die Regelung beruht darauf, dass sich die Geschäftsführung jetzt an den Zwecken des Insolvenzverfahrens zu orientieren hat und dies von dem dafür bestellten Sachwalter und den Organen der Gläubiger zu kontrollieren ist. Zusätzliche Kontrollrechte können in dieser Situation nach der Vorstellung des Gesetzgebers kaum nützen, aber hemmend und blockierend wirken (BR-Drs. 127/11, 65). Der Ausschluss gesellschaftsrechtlicher Rechte führt für Gesellschaften zu einem veränderten Verständnis der Eigenverwaltung als **Eigenverwaltung durch die Geschäftsführung** (*Karsten Schmidt* BB 2011, 1603 [1607]). Näher hätte es gelegen, sämtliche Gesellschaftsorgane auf den Zweck des Insolvenzverfahrens zu verpflichten (*Hofmann* NZI 2010, 798 [804]), was einer verbreiteten Tendenz entsprach, Gesellschaftsrecht und Insolvenzrecht miteinander in Einklang zu bringen (vgl. *Noack* ZIP 2002, 1873).

Erst die Eröffnung des Insolvenzverfahrens führt zum Ausschluss des Einflusses 3
der Überwachungsorgane auf die Geschäftsführung, so dass im Antragsverfahren die Kontroll- und Weisungsrechte der Überwachungsorgane noch fortbestehen. Eine analoge Anwendung der Vorschrift für das **Antragsverfahren** scheidet schon deshalb aus, weil für einen derartigen Eingriff in die Kompetenzverteilung der Gesellschaft in dieser Phase keine ausreichende Legitimation besteht; im Antragsverfahren ist die Interessenlage insoweit noch eine andere als nach Verfahrenseröffnung (so iE auch Braun/*Riggert* Rn. 2; Kübler/Prütting/Bork/*Pape* Rn. 6; MüKoInsO/*Klöhn* Rn. 18; *Zipperer* ZIP 2012, 1942 [1944]; aA HK-InsO/*Landfermann* Rn. 16 f.; *Brinkmann* DB 2012, 1369 Fn. 50; *Ströhmann/Längsfeld* NZI 2013, 271 [273 f.]; nicht überzeugend auch *Hölzle* ZIP 2012, 2427 [2429], wonach §§ 217 S. 2, 225a Vorwirkungen für das Schutzschirmverfahren entfalten sollen und deshalb eine „Veränderungssperre" begründen). Der Austausch der Geschäftsführung im Antragsverfahren erfordert aber die genauere Prüfung des Gerichts, ob sich daraus Nachteile für die Gläubiger bei einer Eigenverwaltung ergeben (→ § 270 Rn. 13). De lege ferenda könnte es sich als sinnvoll erweisen, die Regelung auch schon auf das Antragsverfahren zu erstrecken und damit die Bindungen der Eigenverwaltung dann aber auch schon vorzuverlagern. Zum Ausschluss des Zustimmungserfordernisses der Hauptversammlung einer AG bei Unternehmensveräußerung → § 270 Rn. 19.

Satz 1 kann nur gelten, soweit die Insolvenzmasse betroffen ist. Für die **Restbe-** 4
fugnisse des Schuldners im sog insolvenzfreien Bereich bleiben im regulären Insolvenzverfahren die Gesellschaftsorgane alleinzuständig, sofern man mit der hM (Jaeger/*Windel* § 80 Rn. 30; Uhlenbruck/*Hirte* § 35 Rn. 305; aA insbes. *Karsten Schmidt* ZIP 2000, 1913 [1916 f., 1920]; *ders.* NJW 2010, 1489 [1492 f.]; *Bork* Rn. 133 ff.; dazu → § 35 Rn. 38) einen solchen Bereich anerkennt. Dies gilt auch bei Anordnung der Eigenverwaltung, da die Regelung nur verhindern will, dass infolge dessen weiter gehende Einflussmöglichkeiten der Überwachungsorgane auf die Geschäftsführung bestehen als bei Bestellung eines Insolvenzverwalters (→ Rn. 1; dazu HambK-InsO/*Fiebig* Rn. 7; *Klöhn* DB 2013, 41 [42 f.]; *Zipperer* ZIP 2012, 1942 [1945]; aA Kübler/Prütting/Bork/*Pape* Rn. 24). Daher kann die Hauptversammlung zB Aufsichtsratsmitglieder wählen und abberufen (vgl. *Noack* ZIP 2002, 1873); insoweit kann ein Aktionär gem. § 122 Abs. 1 AktG auch die

Einberufung einer Hauptversammlung verlangen (*Klöhn* DB 2013, 41; aA AG Montabaur ZIP 2012, 1307). Auch Satzungsänderungen, die keine Bedeutung für die Masse haben, bleiben möglich (Uhlenbruck/*Mock* § 80 Rn. 33). In diesem Bereich bestehen auch Weisungsrechte der Überwachungsorgane fort (etwa für die Anmeldung einer Satzungsänderung gem. § 54 GmbHG).

III. Wechsel in der Geschäftsleitung

5 Die **Abberufung und Bestellung von Mitgliedern der Geschäftsleitung,** also von Vorstandsmitgliedern oder Geschäftsführern, gehört grds. zum sog insolvenzfreien Bereich (MüKoInsO/*Ott/Vuia* § 80 Rn. 112a; aA *Haas* FS Kübler, 2015, 203 [210: „Mischbereich"]). Es sind dies rein gesellschaftsrechtliche Maßnahmen, so dass diese Kompetenz durch Satz 1 nicht beschnitten sein kann. Davon geht auch **Satz 2** aus, der die Wirksamkeit einer solchen Maßnahme aber dennoch von der **Zustimmung des Sachwalters** abhängig macht. Die Regelung trägt zum einen dem Umstand Rechnung, dass auch während eines in Eigenverwaltung durchgeführten Insolvenzverfahrens ein Wechsel in der Geschäftsleitung erforderlich sein kann (BR-Drs. 127/11, 65), etwa bei Krankheit oder Tod. Andererseits beinhaltet die Befugnis zum Austausch der Geschäftsleitung eine nicht unerhebliche Einflussmöglichkeit auf die Geschäftsführung. Zur Sicherung der Unabhängigkeit der Geschäftsleitung vor einem solchen Einfluss soll ein Austausch der Geschäftsleitung nur mit Zustimmung des Sachwalters erfolgen können. Damit ist die Regelung folgerichtige Konsequenz eines Konzepts der Eigenverwaltung durch die Geschäftsführung (→ Rn. 2).

6 Auf die Zustimmung hat das entsprechende Gesellschaftsorgan gem. **Satz 3** einen **Anspruch gegen den Sachwalter,** wenn die Maßnahme nicht zu Nachteilen für die Gläubiger führt. Solche Nachteile können sich insbes. aus zu erwartenden Verzögerungen (dazu → § 270 Rn. 11) oder dem Verlust bisherigen Unternehmenswissens (dazu → § 270 Rn. 13) ergeben. Die Darlegungslast für solche Nachteile liegt beim Sachwalter (FK-InsO/*Foltis* Rn. 10 f.; aA HK-InsO/*Landfermann* Rn. 13), allerdings muss für den Anspruch auf die Zustimmung nach der Gesetzesformulierung feststehen, dass die Maßnahme zu keinen Nachteilen für die Gläubiger führen wird, so dass bei Zweifeln keine Zustimmungspflicht besteht (aA Nerlich/Römermann/*Riggert* Rn. 5). Eine Beteiligung der Gläubiger ist bei dieser Entscheidung nicht vorgesehen. Häufig wird es sich aber um eine Rechtshandlung iSv § 160 S. 1 handeln, so dass der Sachwalter die Zustimmung des Gläubigerausschusses einzuholen hat. Ungeachtet einer Zustimmung oder der Verweigerung einer Zustimmung des Gläubigerausschusses kommt es für die Erteilung der Zustimmung zum Wechsel der Geschäftsleitung nur auf die Voraussetzungen von Satz 3 an. Für die Durchsetzung der Zustimmung dürfte eine Leistungsklage vor den Zivilgerichten geeigneter sein als Aufsichtmaßnahmen des Insolvenzgerichts gem. § 58 (Nerlich/Römermann/*Riggert* Rn. 5; aA FK-InsO/*Foltis* Rn. 12; MüKoInsO/*Klöhn* Rn. 61).

Anordnung der Zustimmungsbedürftigkeit

277 (1) [1] **Auf Antrag der Gläubigerversammlung ordnet das Insolvenzgericht an, daß bestimmte Rechtsgeschäfte des Schuldners nur wirksam sind, wenn der Sachwalter ihnen zustimmt.** [2] **§ 81 Abs. 1 Satz 2 und 3 und § 82 gelten entsprechend.** [3] **Stimmt der Sachwalter der Begründung einer Masseverbindlichkeit zu, so gilt § 61 entsprechend.**

(2) [1] **Die Anordnung kann auch auf den Antrag eines absonderungsberechtigten Gläubigers oder eines Insolvenzgläubigers ergehen, wenn sie**

unaufschiebbar erforderlich ist, um Nachteile für die Gläubiger zu vermeiden. [2]Der Antrag ist nur zulässig, wenn diese Voraussetzung der Anordnung glaubhaft gemacht wird.

(3) [1]**Die Anordnung ist öffentlich bekanntzumachen.** [2]**§ 31 gilt entsprechend.** [3]**Soweit das Recht zur Verfügung über ein Grundstück, ein eingetragenes Schiff, Schiffsbauwerk oder Luftfahrzeug, ein Recht an einem solchen Gegenstand oder ein Recht an einem solchen Recht beschränkt wird, gelten die §§ 32 und 33 entsprechend.**

I. Regelungszweck und Regelungsinhalt

1 Die Vorschrift schränkt die Verwaltungs- und Verfügungsbefugnis des Schuldners als Eigenverwalter in der Weise ein, dass gem. **Absatz 1 Satz 1** bestimmte Rechtsgeschäfte nur wirksam sind, wenn der Sachwalter ihnen zustimmt. Sie bezweckt damit den **Schutz der Gläubiger** vor nachteiligen Rechtsgeschäften des Schuldners. Die Vorschrift ist Teil des Komplexes der §§ 275–277, aus dem sich abgestufte Maßnahmen der Kontrolle des Schuldners ergeben (→ § 275 Rn. 1). Im Unterschied zu den Beschränkungen, die dem Schuldner nach §§ 275, 276 auferlegt werden, wirkt die in § 277 vorgesehene Beschränkung auch gegenüber Dritten und hat damit **Außenwirkung** (BT-Drs. 12/2443, 225). **Absatz 2** regelt besondere Voraussetzungen für die gerichtliche Anordnung der Zustimmungsbedürftigkeit von Rechtsgeschäften des Schuldners in Eilfällen. Die weiteren Regelungen sind Konsequenz der Außenwirkungen der Beschränkungen für den Schuldner: Gutgläubige Dritte werden in entsprechender Anwendung von § 81 Abs. 1 S. 2 und § 82 geschützt **(Absatz 1 Satz 2),** der Sachwalter haftet bei Nichterfüllung von Masseverbindlichkeiten, die mit seiner Zustimmung begründet worden sind, entsprechend § 61 **(Absatz 1 Satz 3),** die gerichtliche Anordnung der Zustimmungsbedürftigkeit ist öffentlich bekannt zu machen und ggf. in einem Register zu verlautbaren **(Absatz 3).**

II. Anordnung der Zustimmungsbedürftigkeit

2 **1. Antrag. a) Antrag der Gläubigerversammlung.** Die Anordnung der Zustimmungsbedürftigkeit erfolgt durch das Insolvenzgericht im Regelfall auf Antrag der Gläubigerversammlung. Der Antrag setzt einen Beschluss der Gläubigerversammlung voraus, der gem. § 76 Abs. 2 mit einfacher Mehrheit zustande kommt. Einer Begründung bedarf es nicht. Erforderlich ist die **Angabe bestimmter Rechtsgeschäfte,** die zustimmungsbedürftig sein sollen. Ein Zustimmungsvorbehalt für alle Rechtsgeschäfte, der auch nicht mit der Eigenart der Eigenverwaltung vereinbar wäre, ist damit ausgeschlossen (*Bork* InsR Rn. 407; MüKoInsO/*Tetzlaff/Kern* Rn. 15; aA HambK-InsO/*Fiebig* Rn. 6). Bei den Rechtsgeschäften kann es sich um Verpflichtungs- und Verfügungsgeschäfte handeln oder auch um einseitige Rechtsgeschäfte (vgl. Braun/*Riggert* Rn. 3; FK-InsO/*Foltis* Rn. 5; MüKoInsO/*Tetzlaff/Kern* Rn. 14). Die Bestimmtheit erfordert eine so genaue Bezeichnung, dass aufgrund der Anordnung unschwer festgestellt werden kann, ob ein Rechtsgeschäft vom Zustimmungsvorbehalt erfasst ist (FK-InsO/*Foltis* Rn. 4; Kübler/Prütting/Bork/*Pape* Rn. 10). Dafür genügt die Zusammenfassung zu einer Gruppe von Rechtsgeschäften, etwa anhand bestimmter Gegenstände („Verpflichtungen und Verfügungen über Grundstücke"; „Einziehung von Forderungen") oder durch Angabe eines bestimmten Volumens („Verpflichtungen und Verfügungen, die einen Betrag von 1 Mio. € übersteigen") (FK-InsO/*Foltis* Rn. 5; HambK-InsO/*Fiebig* Rn. 5; Uhlenbruck/*Zipperer* Rn. 2).

3 **b) Antrag einzelner Gläubiger.** Gem. Absatz 2 kann die Anordnung auch auf Antrag eines absonderungsberechtigten Gläubigers oder eines Insolvenzgläubigers ergehen. Der Antrag des Gläubigers ist nur zulässig, wenn er darlegt, dass die Anordnung unaufschiebbar erforderlich ist, um Nachteile für die Gläubiger zu vermeiden, und die entsprechenden Tatsachen glaubhaft macht. Dadurch soll in Eilfällen, insbes. dann, wenn ein nachteiliges Rechtsgeschäft des Schuldners unmittelbar bevorsteht, die Beschränkung auch auf Antrag eines einzelnen Gläubigers ermöglicht werden (BT-Drs. 12/2443, 225). Unaufschiebbar ist die Anordnung, wenn das Rechtsgeschäft unmittelbar bevorsteht und eine rechtzeitige Entscheidung der Gläubigerversammlung über einen entsprechenden Antrag nicht mehr möglich ist (Kübler/Prütting/Bork/*Pape* Rn. 30). Nachteile drohen dann, wenn die konkrete Gefahr einer Verkürzung der Masse besteht (MüKoInsO/*Tetzlaff/Kern* Rn. 12). Für die Glaubhaftmachung gelten § 4 iVm § 294 ZPO.

4 **2. Anordnung von Amts wegen.** Eine gerichtliche Anordnung von Amts wegen kommt weder bei Anordnung der Eigenverwaltung noch danach in Betracht. Die Vorschrift legt die Erwirkung von Zustimmungsvorbehalten allein in die Hände der Gläubiger, damit ist eine amtswegige Anordnung nicht vereinbar (Graf-Schlicker/*Graf-Schlicker* Rn. 3; Kübler/Prütting/Bork/*Pape* Rn. 12 ff.; MüKoInsO/*Tetzlaff/Kern* Rn. 7; aA AG Duisburg ZIP 2002, 1636 [1641]; FK-InsO/*Foltis* Rn. 2; HambK-InsO/*Fiebig* Rn. 2; Uhlenbruck/*Zipperer* Rn. 3). Die von der Gegenmeinung befürwortete **Analogie** zu § 21 Abs. 2 Nr. 2 InsO zur Korrektur „handwerklicher Fehler" ist daher **mangels Regelungslücke unzulässig.** Das gilt auch für die Auffassung, § 277 sei aus verfassungsrechtlichen Gründen analog für diejenigen Fälle anzuwenden, in denen das Gericht ohne die amtswegige Anordnung des Zustimmungsvorbehalts die Anordnung der Eigenverwaltung ablehnen müsste (so *Gundlach/Müller* ZInsO 2010, 2181), da eine derartige Argumentation nur im Rahmen verfassungskonformer Auslegung bei Mehrdeutigkeit der Norm möglich wäre. Die Anordnung scheidet auch im Eröffnungsverfahren aus (→ § 270a Rn. 4).

5 **3. Gerichtliche Anordnung.** Dem Antrag der Gläubigerversammlung hat das Gericht zu entsprechen, indem es den Zustimmungsvorbehalt für die im Antrag bestimmten Rechtsgeschäfte anordnet. Diese **Bindung des Gerichts** lässt keinen Ermessensspielraum (HambK-InsO/*Fiebig* Rn. 8). Bei einem zulässigen Antrag gem. Absatz 2 hat das Gericht hingegen iRd Begründetheit von Amts wegen (§ 5 Abs. 1) festzustellen, ob die vom Gläubiger vorgetragenen Tatsachen zu seiner Überzeugung vorliegen. Der Beschluss sollte Tag und Stunde angeben, um Abgrenzungsschwierigkeiten zu vermeiden (MüKoInsO/*Tetzlaff/Kern* Rn. 25). Rechtsmittel bestehen nach dem sich aus § 6 Abs. 1 ergebenden Grundsatz nicht, wohl aber die Erinnerung gem. § 11 Abs. 2 S. 1 RPflG, wenn der Rechtspfleger entschieden hat (HK-InsO/*Landfermann* Rn. 8; Kübler/Prütting/Bork/*Pape* Rn. 12). Auf Antrag der Gläubigerversammlung kann die Anordnung analog Absatz 1 Satz 1 aufgehoben werden, sofern sie sich nicht einfach erledigt hat (HK-InsO/*Landfermann* Rn. 11; Kübler/Prütting/Bork/*Pape* Rn. 39 ff.).

III. Rechtsfolgen der Anordnung

6 **1. Zustimmungserfordernis und Haftung des Sachwalters.** Aufgrund der Anordnung ist der Schuldner verpflichtet, vor der Vornahme die Zustimmung des Sachwalters zu dem betreffenden Rechtsgeschäft einzuholen. Über die **Zustimmung** entscheidet der Sachwalter **nach pflichtgemäßem Ermessen** (Uhlenbruck/*Zipperer* Rn. 7). Bei Zustimmung zur Begründung einer Verbindlichkeit haftet er nach der Verweisung in Absatz 2 Satz 3 für die Nichterfüllung der daraus resultierenden Masseverbindlichkeiten gem. **§ 61** (→ § 274 Rn. 6). Insoweit über-

ausfüllungsbedürftigen Begriff der „Familie" verwendet (MüKoInsO/*Tetzlaff/Kern* Rn. 25). Hat einer der genannten Familienangehörigen eigene Einkünfte, so ist dies nach dem Rechtsgedanken von **§ 850c Abs. 4 ZPO** auch ohne gerichtlichen Beschluss bei der Entnahme zu berücksichtigen (HambK-InsO/*Fiebig* Rn. 4).

b) Mittel für eine bescheidene Lebensführung. Die zu einer bescheidenen Lebensführung erforderlichen Mittel gehen über den bloß notwendigen Lebensunterhalt hinaus (BT-Drs. 12/2443, 225), so dass die Maßstäbe des SGB nicht herangezogen werden können. IÜ erfordert eine bescheidene Lebensführung jedenfalls weniger Mittel als eine „standesgemäße" Lebensführung (Kübler/Prütting/Bork/*Pape* Rn. 6). Als Orientierungspunkt für eine bescheidene Lebensführung können die **Pfändungsgrenzen** gemäß der Tabelle zu § 850c ZPO dienen, da diese idR deutlich über den bloß notwendigen Lebensunterhalt hinausgehen. Die zusätzliche **Berücksichtigung der bisherigen Lebensverhältnisse** ermöglicht es, den individuellen Verhältnissen ausreichend Rechnung zu tragen (etwa Sonderbedürfnissen, wie es etwa auch im Rahmen von § 850f ZPO geschieht), ohne dass dabei aber der Maßstab der Bescheidenheit verloren gehen darf (richtig MüKoInsO/*Tetzlaff/Kern* Rn. 19). Zu keiner Erhöhung der Mittel kann die Vorstellung führen, dem Schuldner solle ein Anreiz iS einer „Erfolgsprämie" für die Eigenverwaltung gegeben werden, da ein solcher Anreiz nicht durch das Entnahmerecht (im Wege der „Selbstbelohnung") gesetzt werden kann, sondern nur von den Gläubigern verantwortet werden kann (MüKoInsO/*Tetzlaff/Kern* Rn. 10; aA HambK-InsO/*Fiebig* Rn. 3; Ahrens/Gehrlein/Ringstmeier/*Ringstmeier* Rn. 6; auch → Rn. 6). 4

c) Berücksichtigung des unpfändbaren Einkommens. Ein Entnahmerecht entfällt, soweit der Entnahmeberechtigte ausreichende Mittel zu einer bescheidenen Lebensführung aus dem unpfändbaren Teil seines laufenden Einkommens hat (BT-Drs. 12/2443, 225). Soweit ihm unpfändbares Arbeitseinkommen gem. §§ 850c ff. ZPO zusteht, ist daher sein sich aus § 278 ergebender Bedarf befriedigt; nur soweit das nicht der Fall ist, steht ihm dann zusätzlich noch ein Entnahmerecht in Höhe der fehlenden Mittel zu (HambK-InsO/*Fiebig* Rn. 2, 6a; Uhlenbruck/*Zipperer* Rn. 2). Ist der Entnahmeberechtigte selbständig tätig (wozu auch die Tätigkeit iRd Eigenverwaltung gehören kann), kann er Pfändungsschutz gem. § 850i ZPO beantragen, was ihm im Interesse der Rechtsklarheit auch zu empfehlen ist. Geschieht dies nicht oder reicht der festgesetzte Betrag nicht für den sich aus § 278 ergebenden Bedarf, besteht ein **Entnahmerecht für die fehlenden Mittel.** Die Vereinnahmung unpfändbarer Beträge aus dem Schuldnervermögen ist keine Ausübung des Entnahmerechts, sondern kann Befriedigung einer Masseverbindlichkeit sein, die nach dem Rechtsgedanken von § 181 BGB (wegen ausschließlicher Erfüllung einer Verbindlichkeit) zulässig und wirksam ist. 5

d) Weitergehende Ansprüche. Da § 278 keine abschließende Regelung trifft, kann die Gläubigerversammlung auf der Grundlage von §§ 100, 101 Abs. 1 S. 3 aus der Insolvenzmasse Unterhalt gewähren, der über die Mittel zu einer bescheidenen Lebensführung hinausgeht (MüKoInsO/*Tetzlaff/Kern* Rn. 20). Der gewährte Unterhalt begründet Masseverbindlichkeiten (MüKoInsO/*Stephan* § 100 Rn. 18). Stattdessen möglich ist auch der Abschluss eines eigenständigen Vertrages mit dem Sachwalter auf der Grundlage eines Beschlusses der Gläubigerversammlung über die Mitarbeit des Entnahmeberechtigten, der ihm ausreichende Mittel für die Lebensführung (ebenfalls als Masseverbindlichkeiten) sichert und den Rückgriff auf § 278 ausschließt (FK-InsO/*Foltis* Rn. 8; Uhlenbruck/*Zipperer* § 100 Rn. 16). 6

7 **3. Entnahmerecht.** Der Entnahmeberechtigte darf die erforderlichen Mittel aus der Insolvenzmasse entnehmen, ohne dass es hierzu eines Beschlusses der Gläubigerversammlung oder der Zustimmung des Sachwalters bedürfte. Auf die Herkunft der Mittel kommt es dabei nicht an (so jetzt auch Kübler/Prütting/Bork/*Pape* Rn. 8 mwN). Die berechtigte Entnahme führt zur **Enthaftung des entnommenen Vermögens,** da es andernfalls gem. § 35 Abs. 1 als Neuerwerb wieder in die Insolvenzmasse fallen könnte (FK-InsO/*Foltis* Rn. 7). Das Entnahmerecht beruht auf der Verwaltungs- und Verfügungsbefugnis des Schuldners und beginnt und endet daher mit der Eigenverwaltung (Uhlenbruck/*Zipperer* Rn. 9). Nach Anzeige der Masseunzulänglichkeit durch den Sachwalter ist **§ 209 Abs. 1 Nr. 3 entsprechend** heranzuziehen (HambK-InsO/*Fiebig* Rn. 10; aA Ahrens/Gehrlein/Ringstmeier/*Ringstmeier* Rn. 11: Neumasseschuld gem. § 209 Abs. 1 Nr. 2; diff. Uhlenbruck/*Zipperer* Rn. 7), so dass eine Entnahme idR ausscheidet, da sie erst nach vollständiger Befriedigung der bevorrechtigten Massegläubiger zulässig wäre.

III. Rechtsfolgen unberechtigter Entnahmen

8 Für die Entnahme ist im Gesetz **kein gerichtlicher Kontrollmechanismus** vorgesehen. Den Sachwalter trifft insoweit gem. § 274 Abs. 2 eine Überwachungspflicht, gem. § 275 Abs. 2 kann er zur besseren Kontrolle die Kassenführung an sich ziehen. Stellt er unberechtigte Entnahmen fest, hat er dies gem. § 274 Abs. 3 den Gläubigern anzuzeigen, die dann Beschränkungen gem. § 277 Abs. 1 oder auch die Aufhebung der Eigenverwaltung beantragen können. Um derartige Schwierigkeiten zu vermeiden, sollte sich der Schuldner vorher um Abstimmung mit den Beteiligten bemühen (vgl. HambK-InsO/*Fiebig* Rn. 9). Unberechtigte Entnahmen sind bis zur Grenze evident insolvenzzweckwidrigen Handelns wirksam und führen zu wirtschaftlich zumeist bedeutungslosen Haftungsansprüchen gegen den Schuldner gem. § 60 (MüKoInsO/*Tetzlaff/Kern* Rn. 28–32).

Gegenseitige Verträge

279 **[1] Die Vorschriften über die Erfüllung der Rechtsgeschäfte und die Mitwirkung des Betriebsrats (§§ 103 bis 128) gelten mit der Maßgabe, daß an die Stelle des Insolvenzverwalters der Schuldner tritt. [2] Der Schuldner soll seine Rechte nach diesen Vorschriften im Einvernehmen mit dem Sachwalter ausüben. [3] Die Rechte nach den §§ 120, 122 und 126 kann er wirksam nur mit Zustimmung des Sachwalters ausüben.**

I. Regelungszweck

1 Die Vorschrift stellt in **Satz 1** klar, dass die Vorschriften der **§§ 103–128** auch iRd Eigenverwaltung gelten, die Rechte aber vom Schuldner an Stelle des Insolvenzverwalters ausgeübt werden. Dadurch wird gewährleistet, dass bei der Eigenverwaltung **kein besonderes materielles Insolvenzrecht gilt,** das bei der Entscheidung über die Anordnung zu berücksichtigen wäre (BT-Drs. 12/2443, 225; HK-InsO/*Landfermann* Rn. 1). Wegen des unmittelbaren Zusammenhangs mit der Geschäftsführungsbefugnis werden die Rechte vom Schuldner ausgeübt, der sie gem. **Satz 2** aber im Einvernehmen mit dem Sachwalter ausüben soll. Die Rechte nach den §§ 120, 122 und 126 kann der Schuldner hingegen gem. **Satz 3** nur mit Zustimmung des Sachwalters ausüben. Mit der Unterscheidung knüpft das Gesetz einerseits an das Regelungsmodell des § 275 Abs. 1 S. 2 an, das für die Begründung außergewöhnlicher Verbindlichkeiten gilt, anderseits an dasjenige,

welches für zustimmungsbedürftige Rechtsgeschäfte gem. § 277 Abs. 1 gilt (vgl. HK-InsO/*Landfermann* Rn. 1).

II. Ausübung der Rechte im Einvernehmen mit dem Sachwalter

Der Schuldner übt gem. Satz 1 an Stelle des Insolvenzverwalters die Rechte nach den §§ 103–128 aus. Er entscheidet (ggf. mit der Folge der Begründung von Masseverbindlichkeiten, s. HambK-InsO/*Fiebig* Rn. 2) insbes. über die Erfüllung gegenseitiger Verträge nach § 103 und § 107, über die Kündigung von Miet- und Pachtverhältnissen gem. § 109 oder von Arbeitsverhältnissen gem. § 113 sowie über die Aufstellung eines Sozialplans iSv § 123 und die Vereinbarung eines Interessenausgleichs iSv § 125 (FK-InsO/*Foltis* Rn. 7; Uhlenbruck/*Zipperer* Rn. 2). Bei der Ausübung der Rechte hat sich der Schuldner an den Interessen der Gläubiger zu orientieren. Diesem Zweck dient auch die Herstellung des gem. Satz 2 erforderlichen Einvernehmens zwischen Schuldner und Sachwalter bei der Ausübung der Rechte. Dafür ist ein aktives Bemühen des Schuldners insbes. durch vorherige Information des Sachwalters erforderlich (FK-InsO/*Foltis* Rn. 9). Die ohne Einvernehmen mit dem Sachwalter erfolgende Ausübung eines Rechts ist wirksam, ein Verstoß des Schuldners hat insoweit **keine Außenwirkung** (BT-Drs. 12/2443, 225). Etwas anderes gilt aber, wenn für die Ausübung des fraglichen Rechts die Zustimmungsbedürftigkeit gem. § 277 angeordnet war, da dies durch § 279 nicht ausgeschlossen wird (MüKoInsO/*Tetzlaff/Kern* Rn. 10). Außerdem gilt daneben auch § 276, so dass im Innenverhältnis ggf. auch die Zustimmung des Gläubigerausschusses erforderlich ist (Uhlenbruck/*Zipperer* Rn. 3). Eigenmächtiges Handeln des Schuldners wird der Sachwalter idR gem. § 274 Abs. 3 anzuzeigen haben, damit die Gläubigerversammlung die Zustimmungsbedürftigkeit gem. § 277 oder nach § 272 auch die Aufhebung der Eigenverwaltung beantragen kann. 2

III. Ausübung der Rechte mit Zustimmung des Sachwalters

Für die Ausübung der „besonders weitreichenden Rechte" (BT-Drs. 12/2443, 225) nach den §§ 120, 122 und 126 bedarf der Schuldner gem. Satz 3 der Zustimmung des Sachwalters. Die Zustimmung ist **Wirksamkeitserfordernis** für die Rechtsausübung und hat damit Außenwirkung. Das Zustimmungserfordernis beruht darauf, dass durch die Ausübung der betroffenen Rechte, die zu den Arbeitgeberbefugnissen des Schuldners gehören, ohne Zustimmung des Betriebsrates in die Rechtsstellung einer Vielzahl von Arbeitnehmern eingegriffen werden kann (BT-Drs. 12/2443, 225); insoweit hat es **arbeitnehmerschützende Funktion** (Uhlenbruck/*Zipperer* Rn. 4). Die Zustimmung des Sachwalters ist daher erforderlich für die vorzeitige Kündigung von Betriebsvereinbarungen (§ 120), für den Antrag auf gerichtliche Zustimmung zur Durchführung einer Betriebsänderung (§ 122) und für den Antrag auf gerichtliche Feststellung der sozialen Rechtfertigung der Entlassung bestimmter Arbeitnehmer (§ 126). Die ohne erforderliche Zustimmung vorgenommene Kündigung einer Betriebsvereinbarung ist, wie sich aus § 182 Abs. 3 BGB ergibt, nichtig (iErg FK-InsO/*Foltis* Rn. 15 mwN). Dagegen kann die für die Durchführung der gerichtlichen Verfahren nach den §§ 122, 126 erforderliche Zustimmung des Sachwalters auch noch nachträglich erfolgen (FK-InsO/*Foltis* Rn. 18). 3

Haftung. Insolvenzanfechtung

280 Nur der Sachwalter kann die Haftung nach den §§ 92 und 93 für die Insolvenzmasse geltend machen und Rechtshandlungen nach den §§ 129 bis 147 anfechten.

I. Regelungszweck

1 Abweichend von der iRd Eigenverwaltung dem Schuldner zugewiesenen Verwaltungs- und Verfügungsbefugnis räumt die Vorschrift dem Sachwalter das Recht ein, die Haftung nach den **§§ 92 und 93** für die Insolvenzmasse geltend zu machen und Rechtshandlungen nach den **§§ 129–147** anzufechten. Entgegen früherem Recht wird dadurch die Möglichkeit der Insolvenzanfechtung auch bei der Eigenverwaltung anerkannt. Nach der Gesetzesbegründung erscheint der Sachwalter für die Geltendmachung der Haftungsansprüche und die Ausübung des Anfechtungsrechts als „besser geeignet" (BT-Drs. 12/2443, 225). Tatsächlich bestünden andernfalls häufig **erhebliche Interessenkollisionen,** die eine Verfolgung der Rechte für den Schuldner nicht nur unzumutbar, sondern auch rechtlich unzulässig machen würden. Zu Recht wird darauf hingewiesen, dass der praktische Anwendungsbereich der Vorschrift deshalb nur eingeschränkt ist, weil die erfassten Fälle für die Eigenverwaltung jedenfalls zT ohnehin weniger geeignet erscheinen (*Koch* Eigenverwaltung S. 259 f.; HambK-InsO/*Fiebig* Rn. 3; HK-InsO/*Landfermann* Rn. 2).

II. Geltendmachung der Haftung und Insolvenzanfechtung durch den Sachwalter

2 Der Sachwalter kann die Haftung nach den **§§ 92, 93** geltend machen, also Gesamtschäden der Insolvenzgläubiger und die persönliche Haftung der Gesellschafter. Das Anfechtungsrecht nach den **§§ 129–147** beinhaltet das Recht zur Geltendmachung der Rechtsfolgen, die aus der Anfechtbarkeit resultieren (MüKoInsO/*Kayser* § 129 Rn. 194; HK-InsO/*Landfermann* Rn. 4). Zur Anfechtbarkeit mit Zustimmung des vorläufigen Sachwalters geleisteter Zahlungen → § 275 Rn. 5; zur Anfechtung von im Eröffnungsverfahren gezahlten Sozialversicherungsbeiträgen s. OLG Dresden NZI 2014, 703, iÜ → § 270a Rn. 4. Bei Ausübung der Rechte handelt der Sachwalter kraft Gesetzes mit denselben Befugnissen, wie sie insoweit ein Insolvenzverwalter hätte. Er kann daher in diesem Zusammenhang Masseverbindlichkeiten begründen, er führt Prozesse als **Partei kraft Amtes,** ein von ihm erstrittener Titel wirkt zugunsten der Insolvenzmasse, nimmt er zur Befriedigung der Rechte Gelder entgegen, so fallen sie in die Insolvenzmasse (FK-InsO/*Foltis* Rn. 4 ff.; Kübler/Prütting/Bork/*Pape* Rn. 5; Uhlenbruck/*Zipperer* Rn. 4). Vielfach ist der Sachwalter zur Vorbereitung und Durchsetzung der Rechte auf die Mitwirkung des Schuldners angewiesen, zu der dieser gem. §§ 274 Abs. 2 S. 2, 22 Abs. 3 verpflichtet ist; iÜ bleibt nur die Möglichkeit einer Anzeige gem. § 274 Abs. 3 (MüKoInsO/*Kirchhof* Rn. 5; aA FK-InsO/*Foltis* Rn. 13: entsprechende Anwendung von § 21). Der Sachwalter haftet für Pflichtverletzungen bei Verfolgung der Rechte gem. § 60 und ggf. auch § 61 (näher Kübler/Prütting/Bork/*Pape* Rn. 13 f.). IdR wird für die Tätigkeit ein Zuschlag zur Vergütung des Sachwalters festzusetzen sein.

Unterrichtung der Gläubiger

281 (1) [1] **Das Verzeichnis der Massegegenstände, das Gläubigerverzeichnis und die Vermögensübersicht (§§ 151 bis 153) hat der Schuldner zu erstellen.** [2] **Der Sachwalter hat die Verzeichnisse und die Vermögensübersicht zu prüfen und jeweils schriftlich zu erklären, ob nach dem Ergebnis seiner Prüfung Einwendungen zu erheben sind.**

(2) [1] **Im Berichtstermin hat der Schuldner den Bericht zu erstatten.** [2] **Der Sachwalter hat zu dem Bericht Stellung zu nehmen.**

(3) [1] **Zur Rechnungslegung (§§ 66, 155) ist der Schuldner verpflichtet.** [2] **Für die Schlußrechnung des Schuldners gilt Absatz 1 Satz 2 entsprechend.**

I. Regelungszweck

Die Vorschrift regelt die **Aufgabenverteilung zwischen Schuldner und Sachwalter** im Hinblick auf die Unterrichtung der Gläubiger. Da der Schuldner iRd Eigenverwaltung die Geschäfte führt, ist er zur Erstellung der erforderlichen Unterlagen und zur Erstattung des mündlichen Berichts verpflichtet (BT-Drs. 12/2443, 225). Der Sachwalter hat entsprechend seiner Aufsichtsfunktion nur eine Prüfungs- und Kontrollpflicht, die aber derart konkretisiert wird, dass er sich zu den Unterlagen des Schuldners schriftlich zu erklären und zu dem Bericht des Schuldners Stellung zu nehmen hat. Bei Verletzung seiner Pflichten kann der Sachwalter gem. §§ 274 Abs. 1, 60 haften. Die ordnungsgemäße Erfüllung der Unterrichtungspflichten wird den meisten Schuldnern von sich aus nicht möglich sein. Das rechtfertigt es nicht, dem Sachwalter insoweit Beratungsaufgaben zuzuweisen (so aber Kübler/Prütting/Bork/*Pape* Rn. 3); vielmehr muss der Schuldner dann ggf. entsprechende Dienstleistungen in Auftrag geben (MüKoInsO/*Tetzlaff/Kern* Rn. 6, 16). 1

II. Verzeichnisse und Vermögensübersicht

Nach **Absatz 1 Satz 1** hat der Schuldner (ggf. durch organschaftliche Vertreter) zur Vorbereitung des Berichtstermins das Verzeichnis der Massegegenstände (§ 151), das Gläubigerverzeichnis (§ 152) und die Vermögensübersicht (§ 153) zu erstellen. Für die Unterlagen gelten grds. dieselben Anforderungen wie im Regelinsolvenzverfahren. Der Sachwalter hat die Unterlagen des Schuldners gem. **Absatz 1 Satz 2** zu prüfen und schriftlich zu erklären, ob nach seinen Prüfungen Einwendungen zu erheben sind. Die Prüfung erstreckt sich zunächst auf die vollständige Erfassung der Gegenstände und Forderungen, dann aber auch auf ihre rechtlich richtige Bewertung (vgl. MüKoInsO/*Tetzlaff/Kern* Rn. 16; Uhlenbruck/*Zipperer* Rn. 3). Eine stichprobenartige Überprüfung muss dafür genügen (Uhlenbruck/*Zipperer* Rn. 3; aA Kübler/Prütting/Bork/*Pape* Rn. 1; MüKoInsO/*Tetzlaff/Kern* Rn. 31), da andernfalls die entsprechenden Aufgaben doppelt vergeben wären. 2

III. Berichterstattung

Im Berichtstermin hat der Schuldner (ggf. durch seine organschaftlichen Vertreter) gem. **Absatz 2 Satz 1** den Bericht zu erstatten. An den Inhalt des Berichtes sind dieselben Anforderungen zu stellen, wie sie im regulären Insolvenzverfahren gem. § 156 gelten. In entsprechender Anwendung von § 79 S. 1 ist die Gläubigerversammlung berechtigt, vom Schuldner weitere Auskünfte und Berichte über den Sachstand und die Geschäftsführung zu verlangen. Der Sachwalter hat 3 gem. **Absatz 2 Satz 2** zu dem Bericht Stellung zu nehmen. Dadurch werden die Gläubiger vor allzu optimistischen Darstellungen des Schuldners geschützt (MüKoInsO/*Tetzlaff*/*Kern* Rn. 23). Darüber hinaus trifft den Sachwalter eine gesetzlich nicht geregelte Pflicht, über die Aufgaben, die ihm zur selbständigen Wahrnehmung zugewiesen sind (→ § 270 Rn. 25), zu berichten und insoweit den Bericht des Schuldners zu ergänzen (FK-InsO/*Foltis* Rn. 3, 21). Hinsichtlich dieser Aufgaben hat der Sachwalter den Schuldner für die Erstellung der gem. §§ 151–153 erforderlichen Unterlagen rechtzeitig zu unterrichten (FK-InsO/*Foltis* Rn. 21).

IV. Rechnungslegung

4 Der Schuldner ist gem. Absatz 3 Satz 1 auch zur Rechnungslegung verpflichtet. Insoweit trifft ihn die **Pflicht zur insolvenzrechtlichen Rechnungslegung iSv § 66** gegenüber der Gläubigerversammlung über seine Verwaltung. Daneben hat er auch die **Pflicht zur handels- und steuerrechtlichen Rechnungslegung iSv § 155.** Nur für die Schlussrechnung iSv § 66 Abs. 1 gilt, wie sich aus der Verweisung in Absatz 3 Satz 2 ergibt, eine Prüfungs- und Erklärungspflicht des Sachwalters. Hinsichtlich der handels- und steuerrechtlichen Pflichten bleibt es daher bei bloßen Überwachungspflichten des Sachwalters (FK-InsO/*Foltis* Rn. 28); iÜ auch für Zwischenrechnungen iSv § 66 Abs. 3 (MüKoInsO/*Tetzlaff*/*Kern* Rn. 33; aA etwa FK-InsO/*Foltis* Rn. 31). Für die ihm zur selbständigen Wahrnehmung zugewiesenen Aufgaben ist der Sachwalter rechenschaftspflichtig (FK-InsO/*Foltis* Rn. 30).

Verwertung von Sicherungsgut

282 (1) [1]**Das Recht des Insolvenzverwalters zur Verwertung von Gegenständen, an denen Absonderungsrechte bestehen, steht dem Schuldner zu.** [2]**Kosten der Feststellung der Gegenstände und der Rechte an diesen werden jedoch nicht erhoben.** [3]**Als Kosten der Verwertung können nur die tatsächlich entstandenen, für die Verwertung erforderlichen Kosten und der Umsatzsteuerbetrag angesetzt werden.**

(2) **Der Schuldner soll sein Verwertungsrecht im Einvernehmen mit dem Sachwalter ausüben.**

I. Regelungszweck

1 Im Regelinsolvenzverfahren hat der Insolvenzverwalter unter den Voraussetzungen von §§ 165, 166 das Verwertungsrecht an beweglichen und unbeweglichen Gegenständen auch dann, wenn an ihnen ein Absonderungsrecht besteht. IRd Eigenverwaltung steht gem. **Absatz 1 Satz 1** dieses **Verwertungsrecht** dem Schuldner an Stelle des Insolvenzverwalters zu. Insbes. durch die Verwertungsbefugnis für bewegliche Gegenstände wird verhindert, dass das schuldnerische Vermögen vorzeitig auseinandergerissen wird, um damit Fortführungs- und Sanierungschancen zu wahren. Der Gesetzgeber ist davon ausgegangen, dass die Eigenverwaltung idR zur Sanierung des Schuldnerunternehmens erfolgt, und hat es daher für gerechtfertigt gehalten, die „gleichen günstigen Voraussetzungen für eine gemeinsame Verwertung verschiedener belasteter Gegenstände zu schaffen wie im sonstigen Insolvenzverfahren" (BT-Drs. 12/2443, 226). Die Regelung findet aber auch dann Anwendung, wenn der Schuldner die Liquidation seines Vermögens betreibt. Im Unterschied zur Regelung für das sonstige Insolvenzverfahren wird durch **Absatz 1 Satz 2 und 3** die Kostenerstattung zugunsten der Masse begrenzt, da der Gesetzgeber davon ausgegangen ist, dass derartige Kosten

typischerweise nicht anfallen (BT-Drs. 12/2443, 226). **Absatz 2** knüpft an die Regelung des § 279 S. 2 an und verpflichtet den Schuldner, sein Verwertungsrecht nur im Einvernehmen mit dem Sachwalter auszuüben.

II. Verwertungsbefugnis des Schuldners

Dem Schuldner steht nach Absatz 1 ein Verwertungsrecht **an Gegenständen mit Absonderungsrechten** nur zu, soweit es nach den allgemeinen Vorschriften dem Insolvenzverwalter zugestanden hätte. Danach steht dem Schuldner – neben dem Grundpfandgläubiger – gem. § 165 das Recht zu, die Zwangsversteigerung oder Zwangsverwaltung eines zur Insolvenzmasse gehörenden Grundstückes zu betreiben. Bewegliche Sachen, an denen ein Absonderungsrecht besteht, darf er gem. § 166 Abs. 1 verwerten, wenn er sie in seinem Besitz hat. Forderungen darf er gem. § 166 Abs. 2 im Fall der Sicherungsabtretung verwerten. Abgesehen von der Regelung zu den Kostenbeiträgen gelangen auch iÜ die Vorschriften der §§ 165–173 zur Anwendung, aus denen sich insbes. ein Recht zur Benutzung von Sicherungsgut ergibt (HK-InsO/*Landfermann* Rn. 3; Einzelheiten bei FK-InsO/*Foltis* Rn. 14). Für die **Befriedigung von Aussonderungsrechten** gelten gem. § 270 Abs. 1 S. 2 die allgemeinen Vorschriften, so dass der Schuldner Aussonderungsgut unter denselben Voraussetzungen herauszugeben hat wie ein Insolvenzverwalter (Kübler/Prütting/Bork/*Pape* Rn. 3). 2

III. Kostenbeiträge

Gem. **Absatz 1 Satz 2** werden – abweichend von §§ 170 Abs. 1 S. 1, 171 Abs. 1 sowie § 10 Abs. 1 Nr. 1a ZVG – keine Kosten für die Feststellung des Gegenstandes und der Rechte erhoben. Die Regelung beruht auf der Überlegung, dass der Schuldner idR über die Rechte des Gläubigers unterrichtet ist und daher typischerweise keine Feststellungskosten entstehen (BT-Drs. 12/2443, 226). Abweichend von §§ 170 Abs. 1 S. 1, 171 Abs. 2 wird der Masse auch keine Verwertungskostenpauschale zugestanden, sondern gem. **Absatz 1 Satz 3** können nur die tatsächlich entstandenen und erforderlichen Kosten angesetzt werden, so dass eine doppelte Einschränkung für die Berücksichtigung von Verwertungskosten besteht. Insoweit war der Gesetzgeber der Auffassung, die Veräußerung von belasteten Waren könne häufig ohne besondere Kosten im laufenden Geschäftsbetrieb erfolgen und auch die Einziehung sicherungshalber abgetretener Forderungen verursache idR geringere Kosten (BT-Drs. 12/2443, 226). Wie gem. § 171 Abs. 2 S. 3 kann aber ein sich aus der Verwertung ergebender Umsatzsteuerbetrag zugunsten der Masse angesetzt werden. Die für die Masse bei der Verwertung von Absonderungsgut im Vergleich zum Regelinsolvenzverfahren **geringeren Kostenbeiträge** werden häufig als ein Vorteil angeführt, der die Eigenverwaltung für die Gläubiger interessant mache (etwa Kübler HRI/*Minuth* § 12 Rn. 82). Allerdings kann sich dieser Vorteil in Fällen eines Zuschlags zur Vergütung des Sachwalters, weil dieser sich im Rahmen seiner Überwachungstätigkeit intensiv mit den Absonderungsrechten befasst hat, iErg zu Lasten der Insolvenzgläubiger auswirken (HK-InsO/*Landfermann* Rn. 2). Zudem müssen die Gläubiger etwaige Kostenvorteile auch mit den Risiken der Eigenverwaltung abwägen (MüKoInsO/*Tetzlaff*/*Kern* Rn. 7). Von Bedeutung können die geringeren Kostenbeiträge im Einzelfall für die Deckung der Verfahrenskosten sein (HambK-InsO/*Fiebig* Rn. 4) sowie für die Beurteilung der Schlechterstellung eines Gläubigers durch einen Insolvenzplan gem. § 251 Abs. 1 Nr. 2 (MüKo-InsO/*Tetzlaff*/*Kern* Rn. 22). 3

IV. Einvernehmen mit dem Sachwalter

4 Der Schuldner soll gem. **Absatz 2** sein Verwertungsrecht im Einvernehmen mit dem Sachwalter ausüben. Insoweit hat ein Verstoß des Schuldners (wie bei § 279 S. 2) **keine Außenwirkung,** so dass eine Veräußerung dennoch wirksam ist, soweit das Rechtsgeschäft nicht zustimmungsbedürftig (§ 277) oder evident insolvenzzweckwidrig war. Eigenmächtiges Handeln des Schuldners wird der Sachwalter idR gem. § 274 Abs. 3 anzuzeigen haben, damit die Gläubigerversammlung die Zustimmungsbedürftigkeit gem. § 277 oder nach § 272 auch die Aufhebung der Eigenverwaltung beantragen kann. Auch hier dient die Herstellung des Einvernehmens nur der Überwachung des Schuldners, eine Pflicht zur Beratung oder zur Erteilung von Hinweisen trifft den Sachwalter hinsichtlich der Verwertung nicht, ggf. muss der Schuldner bei fehlenden Kenntnissen einen Dienstleister beauftragen (aA Braun/*Riggert* Rn. 8: Hinweispflicht auf Separierung von Verwertungserlösen; noch anders FK-InsO/*Foltis* Rn. 18: Das Einvernehmen bestehe zunächst darin, dem Sachwalter die Feststellung und Verwertung im Wesentlichen zu überlassen).

Befriedigung der Insolvenzgläubiger

283 (1) [1]**Bei der Prüfung der Forderungen können außer den Insolvenzgläubigern der Schuldner und der Sachwalter angemeldete Forderungen bestreiten.** [2]**Eine Forderung, die ein Insolvenzgläubiger, der Schuldner oder der Sachwalter bestritten hat, gilt nicht als festgestellt.**

(2) [1]**Die Verteilungen werden vom Schuldner vorgenommen.** [2]**Der Sachwalter hat die Verteilungsverzeichnisse zu prüfen und jeweils schriftlich zu erklären, ob nach dem Ergebnis seiner Prüfung Einwendungen zu erheben sind.**

I. Regelungszweck und Regelungsinhalt

1 Die Vorschrift enthält in **Absatz 1** zunächst eine **Sonderregelung zur Feststellung der Forderungen.** Gem. § 178 Abs. 1 S. 1 gilt eine Forderung im Regelinsolvenzverfahren als festgestellt, soweit ein Widerspruch weder vom Insolvenzverwalter noch von einem Insolvenzgläubiger erhoben wird. Absatz 1 Satz 1 stellt klar, dass an Stelle des Insolvenzverwalters in der Eigenverwaltung sowohl der Schuldner als auch der Sachwalter angemeldete Forderungen bestreiten können, und zwar gem. Absatz 1 Satz 2 mit der Wirkung, dass die Forderung als nicht festgestellt gilt. **Absatz 2** betrifft die Aufgabenverteilung zwischen Schuldner und Sachwalter hinsichtlich der **Verteilung.**

II. Feststellung der Forderungen

2 Abweichend von § 178 Abs. 1 S. 2 hindert auch der **Widerspruch des Schuldners** die Feststellung der Forderung, da dieser insoweit idR als Amtswalter tätig wird. Von manchen wird allerdings zwischen einem dem Schuldner als Amtswalter und einem ihm persönlich zustehenden Widerspruchsrecht unterschieden (*Häsemeyer* InsR Rn. 8.16). Dem ist der BGH für den Fall, dass der Schuldner seinen Widerspruch auf den Rechtsgrund der vorsätzlichen unerlaubten Handlung beschränkt, gefolgt und hat dafür insbes. die unterschiedlichen Auswirkungen eines „doppelten Widerspruchsrechts" angeführt (BGH ZIP 2013, 2265 [2267]). Die Spaltung sollte jedoch auf sachlich begründete Ausnahmefälle beschränkt bleiben; im Regelfall ist nur von einem Bestreiten des Schuldners als

Eigenverwalter auszugehen. Ein solcher Widerspruch des Schuldners hat die gleichen Wirkungen wie ein Widerspruch von Gläubiger oder Insolvenzverwalter im regulären Insolvenzverfahren (Einzelheiten bei Uhlenbruck/*Zipperer* Rn. 3). Dabei ist zu beachten, dass nur § 179 zur Anwendung gelangt, nicht jedoch § 184, sofern der Schuldner nur als Amtswalter bestreitet (MüKoInsO/*Tetzlaff/Kern* Rn. 15).

III. Vornahme der Verteilungen

Die Verteilungen werden vom Schuldner gem. Absatz 2 Satz 1 auf der Grundlage der von ihm erstellten **Verteilungsverzeichnisse** (vgl. Absatz 2 Satz 2) vorgenommen. Grundlage des Verteilungsverzeichnisses ist die Insolvenztabelle, die vom Sachwalter zu führen ist (§ 270c S. 2). Gem. Absatz 2 Satz 2 hat der Sachwalter das Verteilungsverzeichnis zu prüfen und zu erklären, ob nach seinem Prüfungsergebnis **Einwendungen** zu erheben sind. Darin liegt jedoch nur die Stellungnahme des Sachwalters, das Insolvenzgericht berücksichtigt Einwendungen nur, wenn sie ein Gläubiger gem. §§ 194, 197 Abs. 3 erhebt (HK-InsO/*Landfermann* Rn. 7; aA FK-InsO/*Foltis* Rn. 8: § 194 gilt für den Sachwalter entsprechend). Der Sachwalter kann die Verteilung kontrollieren, indem er gem. § 275 Abs. 2 die Kassenführung an sich zieht (MüKoInsO/*Tetzlaff/Kern* Rn. 19). 3

Insolvenzplan

284 (1) [1] **Ein Auftrag der Gläubigerversammlung zur Ausarbeitung eines Insolvenzplans ist an den Sachwalter oder an den Schuldner zu richten.** [2] **Wird der Auftrag an den Schuldner gerichtet, so wirkt der Sachwalter beratend mit.**

(2) **Eine Überwachung der Planerfüllung ist Aufgabe des Sachwalters.**

I. Regelungszweck

Nach der allgemeinen Aufteilung der Befugnisse zwischen Schuldner und Sachwalter liegt es nahe, dass die Gläubigerversammlung den **Schuldner** mit der Ausarbeitung eines Insolvenzplans beauftragt (BT-Drs. 12/2443, 226). Erst im Laufe des Gesetzgebungsverfahrens ist zur Stärkung der Gläubigerautonomie und der flexibleren Gestaltung der Eigenverwaltung durch **Absatz 1 Satz 1** die Möglichkeit vorgesehen worden, den Insolvenzplan **alternativ** durch den **Sachwalter** und damit eine vom Schuldner unabhängige Person ausarbeiten zu lassen (BT-Drs. 12/7302, 186). Mit der Zuweisung der Aufgabe zur Überwachung der Planerfüllung durch **Absatz 2** werden die allgemeinen Überwachungspflichten des Sachwalters konkretisiert. 1

II. Vorlage eines Insolvenzplans

Der **Schuldner** ist gem. § 218 Abs. 1 S. 1 auch ohne Beauftragung durch die Gläubigerversammlung zur Vorlage eines Insolvenzplans berechtigt. Allerdings kann die Gläubigerversammlung bei der Beauftragung gem. Absatz 1 Satz 1 dem Schuldner entsprechend § 157 S. 2 zugleich auch das Ziel des Plans vorgeben. In diesem Fall wird die zusätzliche Vorlage eines Plans aus eigener Initiative sinnlos sein (MüKoInsO/*Tetzlaff/Kern* Rn. 15). Der **Sachwalter** (nicht der vorläufige Sachwalter, → § 270b Rn. 10) ist nach der als abschließend zu betrachtenden gesetzlichen Regelung nur bei entsprechender Beauftragung durch die Gläubigerversammlung zur Vorlage eines Plans berechtigt (MüKoInsO/*Tetzlaff/Kern* Rn. 16 mwN auch auf die Gegenauffassung). Sowohl der beauftragte Schuldner als auch 2 der Sachwalter haben den Plan gem. § 218 Abs. 2 binnen angemessener Frist dem Gericht vorzulegen und die Mitwirkungsrechte gem. § 218 Abs. 3 zu beachten.

III. Beratung und Überwachung durch den Sachwalter

3 Gem. **Absatz 1 Satz 2** wirkt der Sachwalter beratend mit, wenn der Auftrag zur Ausarbeitung eines Insolvenzplans an den Schuldner gerichtet wird, da dieser idR über keine ausreichende Sachkunde verfügen wird (Uhlenbruck/*Zipperer* Rn. 4). Die Beratung geht über die sonstige Aufsichtstätigkeit des Sachwalters deutlich hinaus und begründet daher einen Zuschlag zu dessen Vergütung gem. §§ 12 Abs. 2, 3 Abs. 1 InsVV (FK-InsO/*Foltis* Rn. 13). Unabhängig davon, wer den Insolvenzplan ausgearbeitet hat, ist die Überwachung der Planerfüllung gem. **Absatz 2** Aufgabe des Sachwalters, der insoweit Aufgaben wahrnimmt, die im regulären Insolvenzverfahren gem. § 261 Abs. 1 S. 1 der Insolvenzverwalter hat. Wie im regulären Insolvenzverfahren (§ 260 Abs. 1) erfolgt die Überwachung nur dann, wenn dies im Plan vorgesehen ist (MüKoInsO/*Tetzlaff/Kern* Rn. 31). Das Amt des Sachwalters besteht für die Überwachungsaufgabe trotz der Aufhebung des Insolvenzverfahrens gem. § 261 Abs. 1 S. 2 fort, während der Schuldner seine Amtsstellung uneingeschränkt verliert (FK-InsO/*Foltis* Rn. 18). Die Überwachungstätigkeit begründet keinen Zuschlag zur Regelvergütung des Sachwalters, sondern ist – wie im Regelinsolvenzverfahren – gem. §§ 12 Abs. 2, 6 Abs. 2 InsVV gesondert zu vergüten (Kübler/Prütting/Bork/*Pape* Rn. 23; MüKoInsO/*Tetzlaff/Kern* Rn. 33; aA Uhlenbruck/*Zipperer* Rn. 5), wobei abweichend von der Regel eine ungeschmälerte Vergütung und nicht nur 60% der Vergütung des Insolvenzverwalters gerechtfertigt ist (vgl. FK-InsO/*Foltis* Rn. 16). Für die Kosten der Überwachung gilt § 269.

Masseunzulänglichkeit

285 **Masseunzulänglichkeit ist vom Sachwalter dem Insolvenzgericht anzuzeigen.**

I. Regelungszweck

1 Ursprünglich war vorgesehen, dass sowohl der Schuldner als auch der Sachwalter im Fall der Masseunzulänglichkeit tätig werden können, da die **Feststellung der Masseunzulänglichkeit** möglichst schnell nach dem Eintritt der Masseunzulänglichkeit erfolgen sollte (BT-Drs. 12/2443, 226). Im Zuge der Änderung der Vorschriften zur Anzeige der Masseunzulänglichkeit ist die Aufgabe ohne nähere Begründung dem Sachwalter übertragen worden (s. BT-Drs. 12/7302, 186; krit. dazu Kübler/Prütting/Bork/*Pape* Rn. 10). Der Schuldner hat daneben kein Recht zur Anzeige der Masseunzulänglichkeit (FK-InsO/*Foltis* Rn. 1; aA *Rattunde/Stark* Der Sachwalter Rn. 254 ff.), er kann und muss den Sachwalter aber über die (drohende) Unzulänglichkeit der Masse informieren (Kübler/Prütting/Bork/*Pape* Rn. 12). Die Verletzung der Pflichten des Schuldners wird aber nur dann praktische Bedeutung haben, wenn dies zur persönlichen Haftung von geschäftsführenden organschaftlichen Vertretern führt (insoweit unzureichend MüKoInsO/*Tetzlaff/Kern* Rn. 3).

II. Anzeigepflicht des Sachwalters und Rechtswirkungen der Anzeige

2 Die Anzeigepflicht des Sachwalters erstreckt sich auf die Pflichten, die im Regelinsolvenzverfahren gem. § 208 der Insolvenzverwalter hat. Deshalb ist nicht

nur die bereits eingetretene, sondern auch die drohende Masseunzulänglichkeit anzuzeigen (Uhlenbruck/*Zipperer* Rn. 2). Dagegen bleibt es für den Fall der Masselosigkeit bei der Regelung des § 207 (MüKoInsO/*Tetzlaff*/*Kern* Rn. 21). Die fortlaufende Prüfung etwaiger Masseunzulänglichkeit gehört zu den Überwachungspflichten iSv § 274 Abs. 2. Bei Verletzung der Pflicht zur unverzüglichen Anzeige haftet der Sachwalter nur gem. §§ 274 Abs. 1, 60 (nicht auch gem. § 61). Nach Anzeige der Masseunzulänglichkeit ist die Verwaltung und Verwertung der Masse iSv § 208 Abs. 3 im Verfahren der Eigenverwaltung unter Beachtung der §§ 208–211 fortzusetzen, so dass der Schuldner die Massegläubiger in der sich aus § 209 ergebenden Rangfolge zu befriedigen hat (Kübler/Prütting/Bork/*Pape* Rn. 21). Der Sachwalter hat bei Eintritt (drohender) Masseunzulänglichkeit zugleich Stellung zu Nachteilen iSv § 274 Abs. 3 zu nehmen, um den Gläubigern ggf. die Möglichkeit zu geben, die Aufhebung der Eigenverwaltung zu beantragen (MüKoInsO/*Tetzlaff*/*Kern* Rn. 15). Mit der Einstellung des Verfahrens erhält der Schuldner gem. § 215 Abs. 2 S. 1 das Recht zurück, über die Insolvenzmasse frei von den Beschränkungen als Amtswalter zu verfügen. Für eine etwaige Restschuldbefreiung gilt § 289 Abs. 3, für die Nachhaftung gelten die allgemeinen Grundsätze (FK-InsO/*Foltis* Rn. 3, aA Kübler/Prütting/Bork/*Pape* Rn. 30).

Achter Teil. Restschuldbefreiung nF

Vor §§ 286–303a nF

1 Durch das **Gesetz zur Verkürzung des Restschuldbefreiungsverfahrens und zur Stärkung der Gläubigerrechte vom 15.7.2013** (BGBl. I S. 2379) sind die §§ 286–303a und insbes. einzelne Versagungsgründe, das Verfahren über die Erteilung der Restschuldbefreiung und die Vorschrift über die von der Restschuldbefreiung ausgenommenen Forderungen geändert worden. Die Änderungen sind gem. Art. 9 des Gesetzes grds. zum 1.7.2014 in Kraft getreten. Sie finden gem. Art. 6 des Gesetzes iVm Art. 103h EG-InsO Anwendung in allen **Verfahren, die ab dem 1.7.2014 beantragt** wurden (siehe zum Vorliegen mehrerer Anträge, die vor und ab dem 1.7.2014 eingegangen sind, *Blankenburg* ZInsO 2015, 293). Eine Ausnahme besteht nach Art. 103h S. 2 EGInsO hinsichtlich der Vorschriften zum Insolvenzplan nach §§ 217 ff., die auch in den bereits vor dem 1.7.2014 beantragten Verfahren gelten.

2 Die folgende Kommentierung stellt zunächst das für ab dem 1.7.2014 beantragte Verfahren geltende Recht mit dem Hinweis nF dar. Die für vor dem 1.7.2014 beantragte Verfahren maßgebliche alte Rechtslage wird anschließend mit dem Zusatz aF dargestellt. Eine Kommentierung der alten Rechtslage erfolgt nur, soweit sich Unterschiede zur Neufassung ergeben.

Grundsatz

286 Ist der Schuldner eine natürliche Person, so wird er nach Maßgabe der §§ 287 bis 303 von den im Insolvenzverfahren nicht erfüllten Verbindlichkeiten gegenüber den Insolvenzgläubigern befreit.

Schrifttum (Auswahl): *Ahrens,* Konkrete Normenkontrollverfahren zur Restschuldbefreiung unzulässig, ZInsO 2003, 197; *ders.,* Schuldbefreiung durch absolute Verjährungsfristen – 12 Antithesen, ZVI 2005, 1; *Bräuer,* Anwaltliche Beratung im Vorfeld oder Zusammenhang mit einer Insolvenz, AnwBl 2014, 354; *Forsblad,* Restschuldbefreiung und Verbraucherinsolvenz im künftigen deutschen Insolvenzrecht, 1997; *Graf-Schlicker/Livonius,* Restschuldbefreiung und Verbraucherinsolvenz nach der InsO, 1999; *Grote/Pape,* Ist die Restschuldbefreiung gerecht?, ZInsO 2009, 601; *Hauß,* Zur Zumutbarkeit der Einleitung eines Verbraucherinsolvenzverfahrens mit anschließender Restschuldbefreiung für den Unterhaltsschuldner, MDR 2003, 576; *Henning,* Der Ablauf eines Verbraucherinsolvenzverfahrens, NJW 2009, 2942; *ders.,* Die Stärkung der außergerichtlichen Verhandlungen, ZVI 2012, 126; *Heyer,* Strafgefangene im Insolvenz- und Restschuldbefreiungsverfahren, NZI 2010, 81; Homann, Praxis und Recht der Schuldnerberatung, 2009; *Medicus,* Schulden und Verschulden, DZWIR 2007, 221; *Menge,* Restschuldbefreiung für Strafgefangene?, ZInsO 2010, 2347; *Pape,* Muss es eine Restschuldbefreiung im Insolvenzverfahren geben?, ZRP 1993, 285; *Voigt,* Weiter im Schuldturm trotz Restschuldbefreiung? – Gedanken zur Auslegung von §§ 286, 301 InsO, ZInsO 2002, 569.

Übersicht

I. Normzweck

Die Vorschrift eröffnet den 8. Teil der InsO, in dem das **Verfahrensziel der Restschuldbefreiung** aus § 1 S. 2 (→ § 1 Rn. 10) konkretisiert und ausgestaltet wird (FK-InsO/*Ahrens* Rn. 1). Sie gibt dem Schuldner einen **Rechtsanspruch auf die Restschuldbefreiung** (MüKoInsO/*Stephan* aF Rn. 1), schränkt den Anwendungsbereich aber auf natürliche Personen ein. Die juristische Person kann ihre Entschuldung nur über das Insolvenzplanverfahren nach §§ 217 ff. erreichen (HK-InsO/*Waltenberger* aF Rn. 2). Die Restschuldbefreiung ist ein sowohl verfahrensrechtliches als auch materiellrechtliches Institut (Uhlenbruck/*Sternal* Rn. 1; FK-InsO/*Ahrens* Rn. 1 und 6). Sie ist die gesetzgeberische Antwort auf das relativ junge **soziale Problem der Überschuldung** größerer Bevölkerungsteile, die dem Schuldner im Gegensatz zur früheren Ausgrenzung (FK-InsO/*Ahrens* vor § 286 Rn. 9) die Möglichkeit der wirtschaftlichen Wiedereingliederung gibt. Aber auch **Allgemeininteressen** sprechen für die Restschuldbefreiung, da die Folgen der Überschuldung natürlicher Personen, wie Ausweitung der Schattenwirtschaft, dauerhafter Sozialleistungsbezug oder Sucht- und andere Langzeiterkrankungen verhindert oder zumindest eingeschränkt werden (BGH NJW 2015, 3029; FK-InsO/*Ahrens* vor § 286 Rn. 35). Aufgrund eines redaktionellen Versehens gibt die Vorschrift nur die §§ 287–303 und nicht auch § 303a an (MüKoInsO/*Stephan* nF). 1

II. Tatbestandsvoraussetzungen

1. Natürliche Person. Jede natürliche Person kann unabhängig von ihrem sozialen oder wirtschaftlichen Status die Restschuldbefreiung beantragen (Uhlenbruck/*Sternal* Rn. 4). **Einzelbeispiele** sind der Verbraucher, der selbstständig Tätige, der Freiberufler, der Beamte, der Arbeitslose, der Schüler, der Student, der Soldat oder der Strafgefangene (BGH NZI 2010, 911). Voraussetzung ist stets ein eigener Insolvenzantrag (FK-InsO/*Ahrens* Rn. 98). Der aktuell und ggf. auch der ehemalig **Selbstständige** hat gem. § 304 einen Regelinsolvenzantrag zu stellen (→ § 304 Rn. 4 f.). Der Schuldner, der gem. § 304 als Verbraucher gilt, hat zunächst gem. § 305 außergerichtliche Verhandlungen mit seinen Gläubigern zu führen und anschließend das Schuldenbereinigungsplanverfahren der §§ 306–310 InsO zu durchlaufen (→ § 304 Rn. 6). 2

Restschuldbefreiung kann nur in einem **Verfahren über das eigene Vermögen** erreicht werden. Daher können weder Eheleute (FK-InsO/*Ahrens* Rn. 81) die Restschuldbefreiung im Verfahren des Ehepartners erreichen, noch kann der haftende Gesellschafter (Uhlenbruck/*Sternal* Rn. 13) sie im Verfahren über das Vermögen der Gesellschaft erreichen. 3

Auch **Kinder und Jugendliche** können zahlungsunfähig sein (SGb 11, 521; SGb 11, 522) und unter Beachtung der allgemeinen Vertretungsregelungen Insolvenzantrag mit Restschuldbefreiungsantrag stellen (MüKoInsO/*Stephan* Rn. 5). Gleiches gilt für **Betreute** (FK-InsO/*Ahrens* Rn. 78). **Ausländer,** die ihren Lebensmittelpunkt im Geltungsbereich der InsO haben, erreichen Restschuldbefreiung auch gegenüber ausländischen Gläubigern (MüKoInsO/*Stephan* Rn. 7; Uhlenbruck/*Sternal* § 304 Rn. 6; → § 301 Rn. 2). 4

Ein **deutscher Schuldner ohne inländischen Wohnsitz** kann gem. § 4 InsO, § 13 ZPO keinen Antrag auf Eröffnung eines Insolvenzverfahrens nach der 5

InsO stellen (OLG Köln NZI 2001, 380; AG Hamburg ZVI 2007, 182). Eine Ausnahme gilt gem. § 15 ZPO nur für die im Ausland beschäftigten Angehörigen des öffentlichen Dienstes. Ein **im Ausland beschäftigter Deutscher** kann daher nur dann seine Entschuldung in einem Verfahren nach der InsO erreichen, wenn sein Lebensmittelpunkt (Zöller/*Vollkommer* § 13 Rn. 4–6) nach wie vor in Deutschland liegt. Dies kann bei Pendlern der Fall sein. Verlegt der Schuldner nach Antragstellung oder während des Verfahrens seinen Wohnsitz ins Ausland, berührt dies die Zuständigkeit des deutschen Gerichts nicht, denn entscheidend ist die Zuständigkeit zum Zeitpunkt der Antragstellung (EuGH ZIP 2006, 188 = NZI 2006, 153; BGH NZI 2006, 297 = ZIP 2006, 529).

6 **2. Insolvenzgläubiger.** Der Schuldner kann gem. §§ 286, 301 Abs. 1 S. 1 **Restschuldbefreiung nur gegenüber den Insolvenzgläubigern** erreichen (MüKoInsO/*Stephan* Rn. 17; Uhlenbruck/*Sternal* Rn. 17). Insolvenzgläubiger ist gem. § 38, wer bereits zum Zeitpunkt der Verfahrenseröffnung einen begründeten Zahlungsanspruch gegen den Schuldner hat. Trotz des im Gesetz verwendeten Plural ist die **Antragstellung auch bei nur einem Gläubiger** zulässig (Uhlenbruck/*Sternal* Rn. 18; HK-InsO/*Waltenberger* aF Rn. 5). **Nach Verfahrenseröffnung entstehende Verbindlichkeiten** sind entweder Masseverbindlichkeiten oder Neugläubigerforderungen. Zahlt der unterhaltspflichtige Schuldner nach Eröffnung den ihm auferlegten Unterhalt nicht, entstehen Neugläubigerforderungen, die von der Restschuldbefreiung nicht erfasst werden. Auch die aus einem Immobilieneigentum folgenden Verbindlichkeiten sind Masseverbindlichkeiten oder Neugläubigerforderungen (im Einzelnen → § 301 Rn. 5–7). Die Restschuldbefreiung kann daher die aus dem Eigentum einer **„Schrottimmobilie"** folgenden Probleme nur eingeschränkt lösen. Die Ansicht *Voigts* (*Voigt* ZInsO 2002, 569), die Restschuldbefreiung erfasse in diesen Fällen auch die nach Verfahrenseröffnung entstandenen Masseverbindlichkeiten, konnte sich nicht durchsetzen.

III. Verfassungsmäßigkeit der Restschuldbefreiung

7 Das Institut der **Restschuldbefreiung** wird mittlerweile von einem breiten gesellschaftlichen Konsens getragen (vgl. Erklärung der Verbände zur Stärkung der Verbraucherinsolvenz, InsbürO 2011, 162; *Ahrens* ZVI 2012, 122; *Henning* ZVI 2012, 126). Sie ist ein über das Insolvenzrecht hinaus **akzeptierter Bestandteil unserer Rechtsordnung** geworden, wie die vom BGH festgestellte Verpflichtung eines überschuldeten Unterhaltspflichtigen zeigt, zur Ordnung seiner finanziellen Verhältnisse und zur Sicherstellung der Unterhaltsleistungen ein Verbraucherinsolvenzverfahren zu beginnen (BGH FamRZ 2005, 608). Sie wird im Schrifttum zu Recht ganz überwiegend für **verfassungskonform** gehalten (HambK-InsO/*Streck* Rn. 5; HK-InsO/*Waltenberger* vor § 286 aF Rn. 14 ff.; FK-InsO/*Ahrens* Rn. 9 ff.). Gleichwohl ist die Frage ihrer Verfassungsmäßigkeit bis heute nicht abschließend entschieden. Dem BGH ist die Entscheidung über diese Frage verwehrt (BGH NZI 2004, 510), dem BVerfG wurde bislang keine zulässige Vorlage oder Beschwerde vorgelegt. In der Ablehnung einer unzulässigen Richtervorlage hat das BVerfG ua darauf hingewiesen, dass die Kreditvergabe an Verbraucher unter Verzicht auf eine Sicherheit ein bewusst riskantes Verhalten der Gläubiger darstellt, das bei der Prüfung der Verfassungsmäßigkeit der Restschuldbefreiung nicht unberücksichtigt bleiben kann (BVerfG ZVI 2006, 125).

IV. Stundung der Verfahrenskosten

8 Die Restschuldbefreiung wurde nach dem Inkrafttreten der InsO zum 1.1.1999 zunächst wegen der **ungeklärten Verfahrenskostenfrage** nur in geringem Um-

fang in Anspruch genommen. Die Mehrzahl der Insolvenzgerichte lehnte die Bewilligung von Prozesskostenhilfe ab und forderte einen Verfahrenskostenvorschuss von ca. 3.000 DM (*Hofmeister* ZInsO 2000, 587; *Pape* ZInsO 2001, 587). Mit der zum 1.12.2001 eingefügten **Stundungsregelung der §§ 4a ff.** ist das Verfahrenshindernis beseitigt worden. Die Stundung ist grds. zu gewähren, wenn die Verfahrenskosten nicht gedeckt sind und der Schuldner die Restschuldbefreiung beantragt hat (→ § 4a Rn. 7 ff.). Es ist seitdem zu einer starken Zunahme der Verfahren mit beantragter Restschuldbefreiung bis auf 126.446 Verfahren im Jahre 2011 gekommen (Stat. Bundesamt Presseerkl. 81/2012 vom 8.3.2012 www.destatis.de).

V. Zwingendes Recht

9 Die **Regelungen über die Restschuldbefreiung** sind zwingendes Recht und können nicht abbedungen werden (HK-InsO/*Waltenberger* aF Rn. 6). Von daher ist eine vertragliche Verpflichtung des Schuldners, während der Vertragslaufzeit keinen Antrag auf Restschuldbefreiung zu stellen, nichtig und nicht bindend (BGH NJW 2015, 3029; FK-InsO/*Ahrens* § 287 Rn. 97). Dies entspricht der allg. vollstreckungsrechtlichen Ansicht, dass ein Verzicht auf den Vollstreckungsschutz der ZPO nicht zulässig ist (FK-InsO/*Ahrens* § 287 Rn. 97). Auch ein Verzicht auf die Wirkungen der Restschuldbefreiung gem. § 301 ist unwirksam (FK-InsO/*Ahrens* § 301 Rn. 25).

VI. Tod des Schuldners

10 Stirbt der Schuldner im Eröffnungsverfahren oder im eröffneten Verfahren, wird das Verfahren durch selbsttätige Überleitung als **Nachlassinsolvenzverfahren** fortgesetzt, in dem keine Restschuldbefreiung mehr erteilt werden kann (→ Vor § 315 Rn. 24 f.). Nach Aufhebung des Verfahrens und Eintritt des Schuldners in die Wohlverhaltensphase kommt eine Überleitung in ein Nachlassinsolvenzverfahren nicht mehr in Frage, da die Verwertung der Insolvenzmasse bereits abgeschlossen ist (→ Vor § 315 Rn. 26). Das Restschuldbefreiungsverfahren kann in diesem Fall nicht fortgesetzt werden und ist in entsprechender Anwendung des § 299 vorzeitig zu beenden (FK-InsO/*Ahrens* Rn. 86; MüKoInsO/*Siegmann* vor § 315 Rn. 7). Eine vererbbare Rechtsposition hat der Schuldner noch nicht erlangt, da ihm in diesem Verfahrensstadium bislang lediglich die Restschuldbefreiung angekündigt, aber noch nicht gem. § 300 Abs. 1 erteilt wurde. Die Wohlverhaltensperiode beginnt am Tag des Erlasses des Aufhebungsbeschlusses um 12.00 Uhr, wenn keine andere Uhrzeit im Beschluss angegeben ist (BGHZ 186, 223).

11 Sind die **sechs Jahre des § 287 Abs. 2** bei Tod des Schuldners bereits abgelaufen, ohne dass die Restschuldbefreiung erteilt wurde, steht der Erteilung der Restschuldbefreiung kein Verfahrenshindernis entgegen (AG Duisburg NZI 2009, 659; FK-InsO/*Ahrens* Rn. 95; → Vor § 315 Rn. 27). Das Verfahren ist nicht einzustellen, sondern die Restschuldbefreiung ist zu erteilen, bzw. nach Beantragung und Prüfung der vorgetragenen Gründe zu versagen. Nach Erteilung der Restschuldbefreiung kann gem. § 303 auf Gläubigerantrag ein Widerrufsverfahren durchgeführt werden (FK-InsO/*Ahrens* Rn. 96).

Antrag des Schuldners[1]

287 (1) [1]**Die Restschuldbefreiung setzt einen Antrag des Schuldners voraus, der mit seinem Antrag auf Eröffnung des Insolvenzverfahrens verbunden werden soll.** [2]**Wird er nicht mit diesem verbunden, so ist er innerhalb von zwei Wochen nach dem Hinweis gemäß § 20 Abs. 2 zu stellen.** [3]**Der Schuldner hat dem Antrag eine Erklärung beizufügen, ob ein Fall des § 287a Absatz 2 Satz 1 Nummer 1 oder 2 vorliegt.** [4]**Die Richtigkeit und Vollständigkeit der Erklärung nach Satz 3 hat der Schuldner zu versichern.**

(2) **Dem Antrag ist die Erklärung beizufügen, daß der Schuldner seine pfändbaren Forderungen auf Bezüge aus einem Dienstverhältnis oder an deren Stelle tretende laufende Bezüge für die Zeit von sechs Jahren nach der Eröffnung des Insolvenzverfahrens (Abtretungsfrist) an einen vom Gericht zu bestimmenden Treuhänder abtritt.**

(3) **Vereinbarungen des Schuldners sind insoweit unwirksam, als sie die Abtretungserklärung nach Absatz 2 vereiteln oder beeinträchtigen würden.**

(4) **Die Insolvenzgläubiger, die Forderungen angemeldet haben, sind bis zum Schlusstermin zu dem Antrag des Schuldners zu hören.**

Schrifttum (Auswahl): *Ahrens,* Das neue Privatinsolvenzrecht, ZIP Praxisbuch, 2014, 193; *ders.,* Lohnabtretungen in der Insolvenz nach der Aufhebung von § 114 InsO, NZI 2014, 529; *Adam,* Die Klage des Treuhänders im RSB-Verfahren, ZInsO 2007, 198; *Foerste,* Risiken für Restschuldbefreiungsanträge im Fall des § 306 InsO, ZInsO 2009, 319; *Grahlmann,* Fortdauer der Einzugbefugnis des Treuhänders trotz Erteilung der Restschuldbefreiung, NZI 2010, 523; *Häsemeyer,* Die Nötigung des Insolvenzschuldners zum eigenen Eröffnungsantrag zwecks Restschuldbefreiung, KTS 2011, 151; *Kuleisa,* Aufhebung des § 114 InsO-Was wird aus der Abtretung von Bezügen während und nach der Insolvenz, ZVI 2015, 85; *Kupka/Schmittmann,* Freiwillige Abtretungen von Einkommensteuererstattungsansprüchen, NZI 2010, 669; *OFD Münster,* Abtretungen von Steuererstattungsansprüchen (§ 46 AO) im Zusammenhang mit einem Insolvenzverfahren, ZInsO 2009, 2050; *Riedel,* Wiederaufleben von Abtretungen und Pfändungen des Arbeitseinkommens, ZVI 2009, 174; *ders.,* Behandlung von Gehaltsabtretungen nach Wegfall des § 114 InsO, ZVI 2015, 91; *Schöttler/Siebert,* Änderungsbedarf der Versicherung zum Restschuldbefreiungsantrag in den neuen Verbraucherinsolvenzantragsformularen, NZI 2014, 681; *Stahlschmidt,* Zur Bedingungsfeindlichkeit des Eigenantrags auf Eröffnung des Insolvenzverfahrens, EWiR 2010, 493; *Stöber,* Die Forderungspfändung, 16. Aufl. 2013.

Übersicht

[1] § 287 Abs. 1 neu gef., Abs. 2 Satz 1 geänd. mWv 1.12.2001 durch G v. 26.10.2001 (BGBl. I S. 2710); Abs. 1 Sätze 3 und 4 angef., Abs. 2 Satz 1 geänd., Satz 2 aufgeh., Abs. 3 neu gef., Abs. 4 angef. mWv 1.7.2014 durch G v. 15.7.2013 (BGBl. I S. 2379).

I. Normzweck

Durch das **Antragserfordernis** des Absatz 1 Satz 1 wird die Eigeninitiative des Schuldners gefördert (HambK-InsO/*Streck* Rn. 1). Zugleich soll durch die Frist des Absatz 1 Satz 2 ein zügiges Verfahren gewährleistet werden (FK-InsO/*Ahrens* Rn. 5). Die Einbeziehung des pfändbaren Einkommensanteils durch die Abtretung des Absatz 2 in die vom Schuldner zu erbringenden Leistungen stärkt zum einen die Gläubigergleichbehandlung (Uhlenbruck/*Sternal* Rn. 2). Die Abtretung soll dem Schuldner aber auch verdeutlichen, welchen Regelungen er sich für die nächsten sechs Jahren zu unterwerfen hat, und hat so auch eine **Warnfunktion** (Uhlenbruck/*Sternal* Rn. 3). Absatz 3 schließlich schützt die Abtretung des Absatz 2 vor den in der arbeitsrechtlichen Praxis nicht seltenen Abtretungsverboten und -ausschlüssen und sichert so eine möglichst weitgehende Insolvenzgläubigerbefriedigung (FK-InsO/*Ahrens* Rn. 7; Uhlenbruck/*Sternal* Rn. 5). 1

II. Antrag auf Restschuldbefreiung

Die **Regelung des Absatz 1 Satz 1 und 2** birgt einige unerwartete Besonderheiten, die Risiken für den Antragsteller mit sich bringen (vgl. *Foerste* ZinsO 2009, 319). Mit der Rspr. ist daher zwischen dem Ablauf nach einem Schuldnerinsolvenzantrag und dem nach einem Gläubigerinsolvenzantrag zu unterscheiden. Des Weiteren ergeben sich Besonderheiten je nachdem, ob ein Regel- oder ein Verbraucherinsolvenzverfahren vorliegt. Ein Fehler des Schuldners oder seines Vertreters (siehe zur Haftung des anwaltlichen Vertreters OLG Düsseldorf MDR 2012, 1435) kann zur Eröffnung eines Insolvenzverfahrens führen, in dem der Schuldner keine Restschuldbefreiung erlangen kann. Eindeutig ist, dass der Schuldner zur Erlangung der Restschuldbefreiung stets einen **eigenen Insolvenzantrag** stellen muss (BGH NZI 2004, 511), auch wenn bereits ein Gläubigerantrag vorliegt. Dies folgt schon aus dem Wortlaut der Vorschrift (BGH NZI 2004, 593). 2

1. Formelle Voraussetzungen. a) Antrag des Schuldners mit Eigeninsolvenzantrag. Der **Antrag auf Restschuldbefreiung** kann nur vom Schuldner gestellt werden (FK-InsO/*Ahrens* Rn. 12; Uhlenbruck/*Sternal* Rn. 10). Ein Gläubigerantrag oder ein Restschuldbefreiungsverfahren von Amts wegen ist nicht 3 zulässig. Es ist kein höchstpersönlicher Antrag, der daher auch von einem **gesetzlichen oder gewillkürten Vertreter** gestellt werden kann (FK-InsO/*Ahrens* Rn. 12; Uhlenbruck/*Sternal* Rn. 14 f.). Dies kann nach der Änderung des § 305 Abs. 4 S. 1 auch eine nach § 305 Abs. 1 Nr. 1 anerkannte Person oder Stelle sein (FK-InsO/*Ahrens* Rn. 13). Die Antragstellung durch einen beauftragten Rechtsanwalt ist nicht durch §§ 115–117 (→ § 117 Rn. 8) ausgeschlossen, da die Insolvenzmasse durch den Antrag auf Restschuldbefreiung nicht berührt wird (BGH ZIP 2011, 1014).

4 Der Restschuldbefreiungsantrag ist nur in **Verbindung mit einem eigenen Insolvenzantrag** zulässig. Die Sollformulierung in Absatz 1 Satz 1 besagt lediglich, dass beide Anträge nicht gemeinsam gestellt werden müssen. Die Verbindung der Anträge kann auch in der Frist des Absatz 1 Satz 2 nachgeholt werden (BGH NZI 2004, 593). Weitere Ausnahmen ergeben sich aus der Sollformulierung nicht.

5 **b) Art und Form des Antrags.** Der **Antrag ist unbedingt** zu stellen (FK-InsO/*Ahrens* Rn. 22; AG Köln NZI 2000, 284). Ein Antrag, der unter der Bedingung der Anordnung von Sicherungsmaßnahmen gestellt wird, ist daher unzulässig (AG Göttingen ZInsO 1999, 659). Ein Antrag auf Restschuldbefreiung kann auch **nicht hilfsweise** nur für den Fall gestellt werden, dass der den Schuldnerantrag auslösende Gläubigerantrag zulässig ist (BGH NZI 2010, 441 = ZIP 2010, 888). Der Schuldner muss sich in diesem Fall entscheiden, ob er sich vorrangig gegen den Gläubigerinsolvenzantrag verteidigen oder das Erreichen einer Restschuldbefreiung sicherstellen will.

6 Die Vorschrift schreibt keine **Form** vor. Der Antrag kann daher schriftlich oder zu Protokoll der Geschäftsstelle erklärt werden (Uhlenbruck/*Sternal* Rn. 12; FK-InsO/*Ahrens* Rn. 22). Im **Verbraucherverfahren** ist der Antrag allerdings gem. § 305 Abs. 1 Nr. 2 schriftlich als Bestandteil des amtlichen Formulars (§ 305 Abs. 5) zu stellen (FK-InsO/*Ahrens* Rn. 21). Hat der Schuldner nicht ausdrücklich die Erteilung der Restschuldbefreiung beantragt, ist sein Antrag, mit dem eine „Entschuldung" oder der „Wegfall der Schulden" begehrt wird, auszulegen oder durch gerichtliches Nachfragen zu klären (Uhlenbruck/*Sternal* Rn. 16). Zu hohe formelle Anforderungen an die Antragstellung werden hier der Bedeutung der Restschuldbefreiung nicht gerecht.

7 **c) Zweiwochenfrist.** Die **Frist des Absatz 1 Satz 2** beginnt nur dann zu laufen, wenn ein eigener Insolvenzantrag ohne Antrag auf Restschuldbefreiung gestellt wurde und der Schuldner gem. § 20 Abs. 2 belehrt wurde. Wenn der Schuldner folglich nach einem Gläubigerantrag belehrt wird, die Möglichkeit eines Insolvenzantrags mit Antrag auf Restschuldbefreiung zu haben, daraufhin aber nichts unternimmt, läuft die Frist des Absatz 1 Satz 2 noch nicht (BGH NZI 2004, 593; FK-InsO/*Ahrens* Rn. 26).

8 Die **Frist des Absatz 1 Satz 2** ist keine Notfrist iSd § 224 Abs. 1 ZPO. **Verlängerung und Wiedereinsetzung** sind daher nicht möglich (BGH NZI 2009, 120; Uhlenbruck/*Sternal* Rn. 27; FK-InsO/*Ahrens* Rn. 42). Im Verbraucherinsolvenzverfahren gilt gem. des hier spezielleren § 305 Abs. 3 S. 2 eine Monatsfrist (FK-InsO/*Ahrens* Rn. 42).

9 **2. Antrag bei Eigeninsolvenzantrag des Schuldners. a) Belehrung des Schuldners.** Der Schuldner als natürliche Person verbindet seinen Insolvenzantrag zumeist mit einem Antrag auf Restschuldbefreiung, da diese Vorgehensweise seinem Hauptinteresse entsprechen dürfte. Unterlässt er bei Insolvenzantragstellung den Antrag auf Restschuldbefreiung, ist er vom Gericht gem. § 20 Abs. 2 zu belehren. Die **Belehrung** ist grds. an keine Form gebunden, muss dem Schuldner aber tatsächlich zugehen und ihn vollständig auch über den Fristablauf

informieren (BGH NZI 2004, 593). Wird die Belehrung mündlich in einem Anhörungstermin erteilt, ist sie zu protokollieren.

Kann das Gericht den Zugang der Belehrung nicht nachweisen oder unterlässt es sie, kann der **Antrag auf Restschuldbefreiung** bis zum Schlusstermin gestellt werden (MüKoInsO/*Schmahl/Vuia* § 20 Rn. 102; BGHZ 162, 181 = ZVI 2005, 220; BGH NZI 2008, 609). Eine **spätere Antragstellung** ist nicht möglich, da gem. § 290 Abs. 2 S. 2 nach dem Schlusstermin über die Restschuldbefreiung zu entscheiden ist (Uhlenbruck/*Sternal* Rn. 25). Ist das Verfahren bei Stellung des Antrags auf Restschuldbefreiung bereits eröffnet, muss der Schuldner keinen eigenen Insolvenzantrag mehr stellen (BGHZ 162, 181). Folglich sind auch keine außergerichtlichen Verhandlungen mehr zu führen und ein gerichtliches Schuldenbereinigungsplanverfahren findet nicht statt. 10

b) Eigenregelinsolvenzantrag. Versäumt der Schuldner die **Frist des Absatz 1 Satz 2** nach einem Regelinsolvenzantrag, kann er einen Antrag auf Restschuldbefreiung nicht mehr stellen (Uhlenbruck/*Sternal* Rn. 23; FK-InsO/*Ahrens* Rn. 32). Der Schuldner wäre ansonsten im Regelinsolvenzverfahren besser gestellt als im Verbraucherinsolvenzverfahren. Das Insolvenzverfahren wird bei ausreichender Masse gleichwohl auch ohne Antrag auf Restschuldbefreiung eröffnet. Eine Verfahrenskostenstundung ist allerdings ausgeschlossen, da sie gem. § 4a Abs. 1 S. 1 einen Antrag auf Restschuldbefreiung voraussetzt. Zur Wiedereinsetzung → Rn. 8. 11

c) Eigenverbraucherinsolvenzantrag. Im Verbraucherinsolvenzverfahren ist der **Antrag auf Restschuldbefreiung** oder die Erklärung, die Restschulbefreiung nicht beantragen zu wollen, gem. § 305 Abs. 1 Nr. 2. unabdingbarer Bestandteil des Insolvenzantrages. Ist dem Antrag daher keine von beiden Erklärungen beigefügt, ist der Antrag unvollständig iSd des § 305 Abs. 3. Die Norm geht gem. § 304 Abs. 1 S. 1 der Regelung des § 287 Abs. 1 als lex specialis vor (FK-InsO/*Ahrens* Rn. 42; Uhlenbruck/*Sternal* Rn. 19). Das Gericht hat den Schuldner aufzufordern, eine von beiden Erklärungen innerhalb eines Monats nachzureichen. Kommt der Schuldner dieser Aufforderung nicht nach, gilt sein Antrag als zurückgenommen. Eine **Verlängerung der Monatsfrist** ist gem. § 224 Abs. 2 ZPO nicht möglich, da gesetzliche Fristen nur in den vom Gesetz ausdrücklichen bestimmten Fällen verlängert werden können (FK-InsO/*Grote* § 305 Rn. 55). 12

3. Antrag bei Gläubigerinsolvenzantrag. Bei einem **Gläubigerantrag** auf Eröffnung des Insolvenzverfahrens hat die Zweiwochenfrist des Absatz 1 Satz 2 nur Bedeutung, wenn der Schuldner bereits einen eigenen Insolvenzantrag gestellt hat. Hat der Schuldner noch nichts unternommen, greift sie nicht (BGH NZI 2004, 593; FK-InsO/*Ahrens* Rn. 37). Folglich gibt das Gericht dem Schuldner nach einem Gläubigerantrag unter Setzung einer **angemessenen Frist** zunächst die Möglichkeit, einen eigenen Antrag zu stellen. Diese Frist, die in Anlehnung an § 305 Abs. 3 einen Monat betragen sollte und die auch verlängert werden kann (Uhlenbruck/*Sternal* Rn. 22), ist keine Ausschlussfrist (BGH ZVI 2009, 368). Denn die Fristversäumung bewirkt lediglich, dass das Gericht nicht länger mit der Entscheidung über den Gläubigerantrag zuwarten muss. Auch nach ihrem Ablauf kann der Schuldner daher noch bis zur Eröffnung des Verfahrens den eigenen Insolvenzantrag mit dem Antrag auf Restschuldbefreiung stellen. **Maßgeblicher Zeitpunkt** ist aber die Eröffnung des Verfahrens und nicht die Rechtskraft des Eröffnungsbeschlusses (BGH NZI 2015, 79). 13

Bei einem **Gläubigerantrag auf Eröffnung eines Verbraucherinsolvenzverfahrens** ergibt sich die Besonderheit, dass die Frist des Schuldners zur Stellung des eigenen Antrags gem. § 306 Abs. 3 drei Monate beträgt (FK-InsO/*Ahrens* 14

Rn. 35). Der Schuldner hat in dieser Zeit die außergerichtlichen Verhandlungen nach § 305 Abs. 1 Nr. 1 zu führen und dann einen den Anforderungen des § 305 Abs. 1 entsprechenden Antrag zu stellen.

15 **4. Fehlende Abtretungserklärung nach Absatz 2.** Ein **Antrag auf Restschuldbefreiung** ohne Abtretungserklärung des Absatz 2 ist unvollständig und von daher letztendlich als unzulässig zurückzuweisen (BGH NZI 2009, 120). Hat der Schuldner noch keine Abtretungserklärung vorgelegt, hat ihn das Gericht auf das Fehlende hinzuweisen und ihm in Anlehnung an § 305 Abs. 3 S. 2 eine Frist von einem Monat zur Nachreichung der Abtretungserklärung zu setzen (BGH NZI 2009, 120). Dies gilt sowohl in Regel- als auch in Verbraucherinsolvenzverfahren, da in beiden Verfahrensarten eine gesetzliche Regelung fehlt. Da es sich bei der Frist nicht um eine gesetzliche Frist handelt, ist sie auf Antrag auch verlängerbar (FK-InsO/*Ahrens* Rn. 43).

16 Die Gegenansicht will gem. § 20 Abs. 2 belehren und zur Nachreichung innerhalb der Frist des § 287 Abs. 1 S. 2 auffordern (Uhlenbruck/*Sternal* Rn. 45). Die Zweiwochenfrist, die nicht verlängerbar ist (→ Rn. 8), legt dem Schuldner aber eine unverhältnismäßig hohe Bürde auf, da er eine Abtretung kaum selbstsständig formulieren kann und von daher zunächst Hilfe durch eine Schuldnerberatungsstelle in Anspruch nehmen muss.

17 **5. Rücknahme des Antrags auf Restschuldbefreiung.** Der Antrag auf Erteilung der Restschuldbefreiung kann im Falle eines Eigenantrages des Schuldners mit dem Antrag auf Verfahrenseröffnung gem. § 13 Abs. 2 InsO bis zur Verfahrenseröffnung zurückgenommen werden. Da eine Stundung der Verfahrenskosten gem. § 4a Abs. 1 S. 1 nur bei einem Antrag auf Restschuldbefreiung in Frage kommt, kann der Schuldner bei einem Gläubigerantrag so uU die Verfahrenseröffnung verhindern. Zu einer möglichen Sperrfrist für einen erneuten Antrag siehe unter → Rn. 21.

18 Auch **nach Verfahrenseröffnung** kann der Schuldner gem. §§ 4, 269 ZPO seinen Antrag auf Restschuldbefreiung jeder Zeit zurücknehmen (BGH NZI 2005, 399 = NJW-RR 2005, 1363; LG Freiburg NZI 2004, 98; Uhlenbruck/*Sternal* Rn. 28 ff.). Nach Antragsrücknahme endet das Verfahren nach Aufhebung des Insolvenzverfahrens, ohne dass der Schuldner in die Wohlverhaltensphase eintritt. Im eröffneten Verfahren führt die Rücknahme des Antrags auf Restschuldbefreiung zudem gem. § 4a Abs. 1 S. 1 zur Aufhebung der Stundung, so dass das Verfahren im Falle der Masselosigkeit gem. § 207 einzustellen ist. Zu einer möglichen **Sperrfrist** für einen erneuten Antrag → Rn. 21.

19 **In der Wohlverhaltensperiode** ist die Antragsrücknahme ebenfalls möglich (BGHZ 186, 223 = NZI 2010, 741). Sie kann angebracht sein, wenn mit den Gläubigern ein Vergleich außerhalb des Insolvenzverfahrens gefunden wurde, wobei in diesem Fall auch die Restschuldbefreiung vorzeitig erteilt werden kann (BGH ZInsO 2011, 2100). Die Rücknahme des Antrags auf Restschuldbefreiung kommt ebenfalls in Betracht, wenn der Schuldner während des laufenden Verfahrens **neue Verbindlichkeiten** begründet hat. Denn wird ihm im bereits laufenden Verfahren die Restschuldbefreiung erteilt, folgt aus § 287a Abs. 2 Nr. 1 eine 10jährige Sperrfrist für einen erneuten Antrag. Die Rücknahme des Antrags auf Restschuldbefreiung dürfte in Anlehnung an die Rspr. zur früheren Lage lediglich zu einer 3-jährigen Sperrfrist führen (BGH NZI 2011, 544; *Lackmann* InsbürO 2015, 84).

20 Einer **Nachtragsverteilung** nach Ankündigung der Restschuldbefreiung kann der Schuldner entgegenhalten, dass gem. § 212 der Eröffnungsgrund weggefallen ist (BGHZ 186, 223 = NZI 2010, 741). Trägt der Schuldner so vor, liegt hierin zugleich die Rücknahme seines Antrags auf Restschuldbefreiung, da der Wegfall

des Eröffnungsgrundes und die somit wiederhergestellte Zahlungsfähigkeit einer Restschuldbefreiung entgegenstehen (BGHZ 186, 223 = NZI 2010, 741).

6. Zulässigkeit eines erneuten Antrags. In den bis zum 30.6.2014 beantragten Verfahren findet die **Sperrfrist-Rspr. des BGH** Anwendung (BGHZ 183, 13 = NZI 2009, 691), nach der ein erneuter Antrag auf Restschuldbefreiung in bestimmten, sanktionswürdigen Fällen erst nach 3 Jahren zulässig ist (hierzu → § 287 aF Rn. 2 f.). Diese Rspr. hat sich durch die Einfügung des § 287a und die Streichung des § 290 Abs. 1 Nr. 3 weitgehend erledigt (BT-Drs. 17/11268, 25 zu Nr. 20; BGH NZI 2014, 1017; *Schmerbach* VIA 2013, 41; *Grote/Pape* ZInsO 2013, 1433; *Waltenberger* ZInsO 2013, 1458). In den **ab dem 1.7.2014 beantragten Verfahren** ist ein erneuter Antrag auf Restschuldbefreiung daher nur in den in § 287a Abs. 2 vorgesehenen Fällen ausgeschlossen (AG Hannover ZInsO 2015, 368). Neben den dort gesetzlich geregelten Fällen wird eine 3-jährige Sperrfrist allenfalls dann anzunehmen sein, wenn sich der Schuldner durch eine missbräuchliche Rücknahme seines Restschuldbefreiungsantrags Verfahrensvorteile verschaffen will (*Lackmann* InsbürO 2015, 84; *Strüder* VIA 2014, 73). 21

7. Zulässigkeit eines Antrags über freigegebenes Vermögen. Hat der Insolvenzverwalter eine **selbstständige Tätigkeit des Schuldners freigegeben,** kann über dieses freigegebene Vermögen ein gesondertes Insolvenzverfahren durchgeführt werden (BGH ZIP 2011, 1326). **Restschuldbefreiung** kann in diesem Verfahren, zumindest wenn es vor dem 1.7.2014 beantragt wurde, in entsprechender Anwendung des § 290 Abs. 1 Nr. 3 nicht beantragt werden, solange nicht über den Restschuldbefreiungsantrag im Ausgangsverfahren entschieden ist (BGH ZInsO 2015, 499). Für Verfahren, die ab dem 1.7.2014 beantragt wurden, fehlt eine gesetzliche Regelung ebenfalls. Eine entsprechende Anwendung des § 287a Abs. 2 erscheint nicht ohne weiteres angebracht (vgl. AG Hannover ZInsO 2015, 368). 22

III. Erklärung gem. Absatz 1 Satz 3 und 4

Gem. Absatz 1 Satz 3 hat der Schuldner mit seinem Antrag auf Restschuldbefreiung eine Erklärung abzugeben, dass ein Fall des § 287a Abs. 2 nicht vorliegt, eine Erteilung oder Versagung der Restschuldbefreiung in den dort genannten Fristen somit nicht erfolgte. Hierdurch soll dem Gericht die **Entscheidung gem. § 287a Abs. 2** erleichtert werden (BT-Drs. 17/11268, 23; FK-InsO/*Ahrens* Rn. 49). Die Erklärung entspricht der Erklärung, die der Schuldner bislang iRd Stundung der Verfahrenskosten gem. § 4a Abs. 1 S. 3 abzugeben hatte. Unterlässt der Schuldner die Abgabe im Regelinsolvenzverfahren, ist er unter Fristsetzung zur Nachreichung aufzufordern. Unterbleibt die Einreichung weiterhin, ist der Antrag auf Restschuldbefreiung als unzulässig zu verwerfen (FK-InsO/*Ahrens* Rn. 54). Im **Verbraucherinsolvenzverfahren** ist die Erklärung Bestandteil des amtlichen Formulars. Wird sie auf Aufforderung des Gerichts nicht nachgereicht, gilt der Insolvenzantrag gem. § 305 Abs. 3 als zurückgenommen. 23

IV. Abtretungserklärung gem. Absatz 2 Satz 1

1. Bedeutung der Abtretung. Der Schuldner hat dem Antrag auf Restschuldbefreiung eine **Erklärung gem. Absatz 2 Satz 1** beizufügen, nach der er seine pfändbaren Einkommensanteile für einen Zeitraum von sechs Jahren ab Eröffnung an den Treuhänder abtritt. Die Erklärung ist unabhängig davon abzugeben, ob tatsächlich pfändbares Einkommen aus abhängiger Beschäftigung vorliegt (HambK-InsO/*Streck* Rn. 17), oder ob der Schuldner selbstständig tätig ist und von daher kein Einkommen aus einem Dienstverhältnis erzielt (BGH 24

ZInsO 2011, 2101; FK-InsO/*Ahrens* Rn. 102). Nur mit dieser Abtretung ist der weitere, zumindest teilw. Einzug von Vermögen des Schuldners in der Wohlverhaltensphase möglich, da sich nach Aufhebung des Insolvenzverfahrens die **vermögensrechtliche Stellung des Schuldners** wesentlich ändert. Während im eröffneten Insolvenzverfahren gem. §§ 35, 36 das gesamte pfändbare Vermögen des Schuldners einschließlich des Neuerwerbs in die Insolvenzmasse fällt, fehlt es in der Wohlverhaltensphase an einem vergleichbaren Automatismus. Der Neuerwerb steht vielmehr nach Aufhebung des Verfahrens grds. wieder dem Schuldner zu. Die Abtretung sichert damit für die nach der Aufhebung des Verfahrens noch verbleibende Restlaufzeit der sechs Jahre den pfändbaren Teil des schuldnerischen Einkommens für die Insolvenzgläubiger (Uhlenbruck/*Sternal* Rn. 2; FK-InsO/*Ahrens* Rn. 7). Die Berücksichtigung dieses Systemwechsels ist nicht nur für das Verständnis des § 287 sondern auch des Gesamtsystems „Restschuldbefreiung" von Bedeutung.

25 Der in § 287 Abs. 2 S. 1 InsO eingefügte **Begriff „Abtretungsfrist"** ist eine Legaldefinition, die den bisherigen Begriff der „Laufzeit der Abtretungsfrist" ersetzt. Durch diese Einfügung und Ersetzung, die auch in den §§ 294–300 InsO erfolgt ist, ist der Gesetzestext an die zum 1.12.2001 erfolgten Gesetzesänderungen, durch die die 6-Jahresfrist bereits mit Verfahrenseröffnung beginnt, angepasst worden (BT-Drs. 17/11268, 23/24).

26 **2. Rechtliche Einordnung.** Zu Recht ordnet die hM die Erklärung als **einseitige Prozesshandlung** ein (BGH NJW-RR 2006, 1554 = BGH NZI 2006, 599; FK-InsO/*Ahrens* Rn. 106 ff.; HambK-InsO/*Streck* Rn. 18; aA Uhlenbruck/*Sternal* Rn. 50). Gegen die Annahme einer **materiell-rechtlichen Erklärung,** die als Blankozession über das Gericht als Erklärungsboten dem Treuhänder zugehen soll (Uhlenbruck/*Sternal* Rn. 53), spricht ua, dass eine rechtsgeschäftliche Erklärung vom Schuldner wegen Willensmängeln angefochten werden könnte, und dass im Falle der Rücknahme des Restschuldbefreiungsantrags unklar bleibt, wie die Geltung der Abtretung beendet werden soll (BGH NJW-RR 2006, 1554 = NZI 2006, 599). Ist dem Antrag auf Restschuldbefreiung keine Abtretung beigefügt, ist der Antrag unvollständig und von daher nach Hinweis des Gerichts als unzulässig zurückzuweisen (hierzu → Rn. 15).

27 **3. Form und Inhalt.** Die Erklärung muss hinreichend bestimmt sein (Uhlenbruck/*Sternal* Rn. 33). Sie ist aber an **keine Form** gebunden. Sie kann auch zu Protokoll der Geschäftsstelle abgegeben werden (Uhlenbruck/*Sternal* Rn. 37; HambK-InsO/*Streck* Rn. 22). Soweit kein amtliches Formular verwandt wird, sollte sie wie folgt formuliert werden: „Für den Fall der gerichtlichen Ankündigung der Restschuldbefreiung trete ich meine pfändbaren Forderungen auf Bezüge aus einem Dienstverhältnis oder an deren Stelle tretende laufende Bezüge für die Zeit von 6 Jahren nach der Eröffnung des Insolvenzverfahrens an einen vom Gericht zu bestimmenden Treuhänder ab (Erklärung gem. § 287 Abs. 2 InsO)" (Uhlenbruck/*Vallender* Rn. 25). In der **Verbraucherinsolvenz** ist die Abtretungserklärung als Anlage 3 Bestandteil des zwingend zu benutzenden amtlichen Formulars (→ § 305 Rn. 29).

28 Die Erklärung ist nicht höchstpersönlicher Natur, sondern kann als Prozesserklärung vom **gesetzlichen oder gewillkürten Vertreter** abgegeben werden (HambK-InsO/*Streck* Rn. 22; OLG Zweibrücken NZI 2002, 670). Gleichwohl erwarten Insolvenzgerichte zum Teil mit Hinweis auf die missverständlichen Erläuterungen zum amtlichen Formular der Verbraucherinsolvenz (siehe Amtliches Hinweisblatt zum Verbraucherformular Rn. 20), dass der Schuldner die Abtretungserklärung eigenhändig unterzeichnet. Der Schuldner sollte dieser Erwartung zur Vermeidung von Verzögerungen nachkommen.

29 **4. Beginn der Wirksamkeit.** Die Abtretung wird erst mit der **Aufhebung des Insolvenzverfahrens** wirksam (BGHZ 186, 223 = NZI 2010, 741; HambK-InsO/*Streck* Rn. 22; Uhlenbruck/*Sternal* Rn. 49). Dies nimmt sowohl die zutreffende Ansicht an, die in der Abtretung eine Prozesserklärung sieht (FK-InsO/*Ahrens* Rn. 113), als auch die Ansicht, die sie als materiellrechtliche Erklärung einordnet und von ihrer Suspendierung während des eröffneten Verfahrens ausgeht (Uhlenbruck/*Sternal* Rn. 49 f.).

30 Das **Insolvenzverfahren endet** nach dem hier entsprechend anzuwendenden § 27 Abs. 3 am Tag des Erlasses der Aufhebung zur Mittagsstunde, wenn im Aufhebungsbeschluss keine andere Uhrzeit angegeben ist (BGHZ 186, 22 = NZI 2010, 741). Zu diesem Termin endet der Insolvenzbeschlag, und die Wirksamkeit der Abtretungserklärung sowie die Geltung des § 295 beginnen.

31 **5. Beginn und Ende der sechs Jahre. Fristbeginn** der sechsjährigen Laufzeit, nach deren Ablauf dem redlichen Schuldner die Restschuldbefreiung zu erteilen ist, ist der gem. § 27 Abs. 2 Nr. 3 im Eröffnungstermin genannte Zeitpunkt (HK-InsO/*Waltenberger* aF Rn. 32). Auf die Rechtskraft des Eröffnungsbeschlusses ist nicht abzustellen (so aber Uhlenbruck/*Sternal* Rn. 57). Der Fristbeginn gilt auch, wenn der Antrag auf Restschuldbefreiung ausnahmsweise erst nach Eröffnung des Verfahrens gestellt (hierzu → Rn. 10) oder wenn die Abtretung nachgereicht wird. Das **Fristende** ist nach allg. Regeln an dem Tag anzunehmen, der durch seine Zahl dem Tag des Eröffnungsbeschlusses entspricht, und zu der im Eröffnungsbeschluss angegebenen Uhrzeit.

32 **6. Altverfahren, die vor dem 1.12.2001 eröffnet wurden.** Die Änderungen des zum 1.12.2001 in Kraft getretenen Insolvenzrechtsänderungsgesetzes sind gemäß Art. 103a EGInsO in Insolvenzverfahren, die vor dem 1.12.2001 eröffnet worden sind, nicht anzuwenden. Dh, dass in den vor diesem Termin eröffneten Insolvenzverfahren die Laufzeit der Abtretungserklärung erst mit **Aufhebung des Insolvenzverfahrens** beginnt und grds. sieben Jahre dauert (BGH NZI 2008, 49). Der BGH hat die Verfassungsmäßigkeit dieser Übergangsregelung nicht in Frage gestellt (BGH NJW-RR 2004, 1192 = NZI 2004, 452). In diesen Verfahren ist aber zwölf Jahre nach Insolvenzeröffnung über den Antrag auf Restschuldbefreiung zu entscheiden (BGH WM 2013, 1569).

33 **7. Von der Abtretung erfasstes Einkommen. a) Einkommen aus einem Dienstverhältnis oder dieses ersetzende Bezüge. aa) Einkommen aus Dienstverhältnissen.** Hierunter fallen **alle Arten von Arbeitseinkommen** abhängig Beschäftigter, auch die Bezüge von Beamten und die Arbeitsentgelte der Strafgefangenen. Der Begriff ist weit zu verstehen (FK-InsO/*Ahrens* Rn. 133) und entspricht dem in § 81 Abs. 2. Damit ist jede Art von Arbeitseinkommen iSd § 850 ZPO von der Abtretung erfasst (HK-InsO/*Eickmann* § 81 Rn. 48), allerdings nicht das Einkommen Selbstständiger auch wenn es in der Einzelzwangsvollstreckung unter § 850 ZPO fällt (BGHZ 167, 363 = NJW 2006, 2485 = NZI 2006, 457). Neben dem eigentlichen Festeinkommen werden **auch Tantiemen, Provisionen oder andere Sonderzahlungen** erfasst (HambK-InsO/*Streck* Rn. 20), soweit sie nicht gem. § 850a ZPO unpfändbar sind. Die Abtretung erfasst auch **Naturalleistungen** des Arbeitgebers wie die Überlassung eines Dienstwagens (BGH ZInsO 2012, 2342).

34 **Beispiele Bezüge** aus einem Dienstverhältnis: **Arbeitsentgelte der Strafgefangenen** sind Einkommen iSd Absatz 2 (BGHZ 160, 112 = NJW 2004, 3714; LG Münster InVo 2001, 69). Kein Einkommen sind aber das Hausgeld (BGHZ 160, 112 = NJW 2004, 3714) und das am Ende der Haftzeit auszuzahlende Überbrückungsgeld (FK-InsO/*Ahrens* Rn. 146). Die **arbeitsrechtliche Abfindung** ist als einmalige Leistung des Arbeitgebers Bestandteil des Arbeitseinkom-

mens (BGH NJW-RR 2010, 1353 = NZI 2010, 564). Da es sich um eine nicht wiederkehrende Vergütung handelt, ist sie nicht gem. § 850c ZPO nach der Pfändungstabelle in einen pfändbaren und einen unpfändbaren Anteil zu trennen, sondern sie ist grds. nach Abzug der Steuern und Sozialabgaben voll pfändbar. Der Schuldner kann allerdings über einen Antrag gem. § 850i ZPO eine vollständige oder teilw. Unpfändbarkeit der Abfindung erreichen (LG Bochum ZVI 2010, 479; LG Duisburg 11.6.2012 – 7 T 68/12, BeckRS 2012, 12814). **Betriebsrenten** und ähnliche Leistungen der **betrieblichen Altersversorgung** sind trotz der Beendigung des Arbeitsverhältnisses Arbeitseinkommen (FK-InsO/*Ahrens* Rn. 148). Auch **Naturalleistungen** des Arbeitgebers wie das Zurverfügungstellen eines Firmen-PKW, der auch privat genutzt werden kann, sind gem. § 850e Abs. 3 ZPO Arbeitseinkommen. Die Berechnung des geldwerten Vorteils der Privatnutzung des PKW kann über die „1 %-Regelung" des Steuerrechts, aber auch auf anderem Wege erfolgen (vgl. LG Tübingen 3.2.1995 – 5 T 326/94, BeckRS 1995, 12364; *Stöber* Rn. 1168a). So kann der Schuldner, der den PKW nur in sehr geringem Umfang privat nutzt, über ein Fahrtenbuch die Anrechnung lediglich der tatsächlich gefahrenen Kilometer erreichen. Eine niedrigere Bewertung der Naturalleistung kann aber nur im Wege der Klage vor dem Prozessgericht erreicht werden (BGH NZI 2013, 98).

35 **Beispiele keine Bezüge** aus einem Dienstverhältnis: Von Kunden oder Gästen freiwillig gezahlte **Trinkgelder** gehören nicht zum Arbeitseinkommen und werden damit von der Abtretung nicht erfasst (BAG NJW 1996, 1012; FK-InsO/*Ahrens* Rn. 142). **Lohn- oder Einkommensteuererstattung** des Finanzamtes werden von der Abtretung nach Absatz 2 nicht erfasst, da es sich nicht um Arbeitseinkommen, sondern um Ansprüche des Schuldners aus dem Steuerrechtsverhältnis handelt (BGHZ 163, 391 = NJW 2005, 2988). Die Erstattung, die aus einem Besteuerungszeitraum folgt, der in die Zeit des eröffneten Insolvenzverfahrens fällt, wird zwar nicht von der Abtretung erfasst, fällt aber über die Nachtragsverteilung in die Insolvenzmasse (BGH NJW 2006, 1127 = NZI 2006, 246). **Vermögenswirksame Leistungen** des Arbeitgebers bzw. die **Arbeitnehmer-Sparzulage** sind nicht übertragbar und damit unpfändbar (FK-InsO/*Ahrens* Rn. 142). Sie können folglich keine Bezüge iSd § 287 Abs. 2 sein und sind bei der Berechnung des pfändbaren Einkommens nicht zu berücksichtigen. Gleiches gilt für Leistungen des Arbeitgebers zur **betrieblichen Altersvorsorge,** die kein Arbeitseinkommen sind, auch wenn sie auf einer Entgeltumwandlung beruhen (BAGE 88, 28 = NJW 2009, 167). Diese Leistungen sind bei der Berechnung des pfändbaren Einkommens nicht zu berücksichtigen. **Leistungen der Pflegeversicherung** sind nur dann Arbeitseinkommen, wenn sie vom Pflegebedürftigen im Rahmen eines Arbeitsverhältnisses an den Pflegenden gezahlt werden (*Sauer/Meiendresch* NJW 1996, 765). Ein Arbeitsverhältnis wird bei familiären Pflege in der Regel aber nicht anzunehmen sein.

36 **bb) Das Einkommen ersetzende Bezüge, insbesondere Sozialleistungen.** Die an die Stelle des Einkommens tretenden Bezüge sind typischerweise Sozialleistungen, müssen es aber nicht zwingend sein. Auch Renten und Zahlungen aus **privaten Versicherungen** werden von der Abtretung erfasst (FK-InsO/*Ahrens* Rn. 150). Beispiele sind Renten aus einer Lebensversicherung, Tagegelder einer Krankenversicherung oder auch die Zahlungen aus einer von einem Selbstständigen abgeschlossenen Versicherung (BGH NZI 2010, 72). Auch die **Arbeitskampfunterstützung** einer Gewerkschaft ersetzt die Bezüge aus einem Dienstverhältnis und wird von der Abtretung erfasst (FK-InsO/*Ahrens* Rn. 138).

37 **Sozialleistungen** sind gem. § 54 Abs. 4 SGB I pfändbar wie Arbeitseinkommen und werden damit von der Abtretung erfasst, soweit nicht ausdrücklich ihre

Unpfändbarkeit gesetzlich bestimmt ist (BGH ZInsO 2012, 2247). Unpfändbar sind Leistungen der Sozialhilfe gem. SGB XII, Erziehungsgeld nach Bundeserziehungsgeldgesetz und ähnliche Leistungen der Länder gem. § 54 Abs. 3 Nr. 1 SGB I, Pflegegeld der Pflegeversicherung an den Pflegebedürftigen gem. § 54 Abs. 3 Nr. 3 SGB I oder das Kindergeld gem. § 76 EStG. **Kindergeld** ist keine Leistung an das Kind (*Stöber* Rn. 1060) und ist folglich bei einer Berechnung gem. § 850c Abs. 4 ZPO kein Einkommen des Kindes. Erhalten Pflegeeltern iRd Betreuung des Pflegekindes einen Anerkennungsbetrag, ist dieser unpfändbar (BGH NJW-RR 2006, 5 = ZVI 2005, 588).

cc) Einkommen aus selbstständiger Tätigkeit. Einkommen des Schuldners aus selbstständiger Tätigkeit wird nicht von der Abtretung erfasst (BGH NJW-RR 2010, 1142 = NZI 2010, 72; BGH ZInsO 2011, 2101). Dies gilt auch für das Einkommen **arbeitnehmerähnlicher Selbstständiger** wie dem Handelsvertreter oder dem Kassenarzt, deren Einkommen in der Einzelzwangsvollstreckung als Arbeitseinkommen iSd § 850 ZPO angesehen wird (Prütting/Gehrlein/*Ahrens* § 850 Rn. 28). Der BGH hat diese Ausnahme vom sonstigen Gleichlauf des Zwangsvollstreckungs- und Insolvenzrechts zutr. mit den Besonderheiten des Insolvenzrechts begründet (BGH NJW 2006, 2485 = NZI 2006, 457). Das Einkommen des selbstständigen Schuldners ist daher in der Wohlverhaltensphase allein gem. § 295 Abs. 2 zu behandeln. Das Einkommen von selbstständigen Schuldnern kann in keinem Fall von einer gem. § 114 Abs. 1 privilegierten Abtretung erfasst werden (BGH NJW 2006, 2485 = NZI 2006, 457). 38

b) Pfändbarkeit des Einkommens. Die Pfändbarkeit der Bezüge und Leistungen an den Schuldner bestimmt sich nach §§ 850a–850i ZPO, die über § 292 Abs. 1 S. 3 iVm § 36 Abs. 1 S. 2 in der Wohlverhaltensphase Anwendung finden (FK-InsO/*Ahrens* Rn. 133). § 850c ZPO legt die **Höhe des pfändbaren Anteiles** des Einkommens fest und macht diesen von der Höhe des Nettoeinkommen und den bestehenden gesetzlichen Unterhaltsverpflichtungen des Schuldners abhängig (Uhlenbruck/*Sternal* Rn. 40). **Nach § 850a ZPO sind unpfändbar** ua die Hälfte der Überstundenvergütung, das Urlaubsgeld (BGH NZI 2012, 457) oder eine Aufwandsentschädigung wie zB eine Fahrtkostenerstattung oder eine Auslösung. Weihnachtsgeld ist gem. § 850a Nr. 4 ZPO pfändbar bis zum Betrag der Hälfte des monatlichen Arbeitseinkommens, höchstens aber bis zu einem Betrag von 500 EUR netto (zu Einzelheiten s. Prütting/Gehrlein/*Ahrens* § 850a oder *Stöber* Rn. 999). Bei der Berechnung des pfändbaren Anteils des Weihnachtsgelds ist die Nettomethode anzuwenden (BAG ZInsO 2013, 1485). Zuschläge für Spät-, Nacht- und Feiertagsdienst sind Erschwerniszulagen iSd § 850a Nr. 3 ZPO und damit unpfändbar (OVG Lüneburg KKZ 2011, 115; LG Hannover VuR 2013, 32; AG Dortmund 6.3.2014 – 257 IK 195/11, BeckRS 2015, 09249). 39

Unterhaltsverpflichtungen des Schuldners werden bei der Berechnung des pfändbaren Einkommensanteiles berücksichtigt, wenn eine gesetzliche Unterhaltspflicht besteht und tatsächlich Unterhalt geleistet wird. Kinder des Schuldners müssen für eine Berücksichtigung bei der Berechnung nicht auf der Lohnsteuerkarte vermerkt sein, der Schuldner kann seine Unterhaltspflicht auch durch andere Belege nachweisen. Befinden sich beide Elternteile in einem Insolvenzverfahren und unterliegen damit beide Einkommen der Abtretung des Absatz 2, sind unterhaltsberechtigte Kinder bei beiden Eltern zu berücksichtigen, da auch beide Eltern ihren Kindern gegenüber materiell-rechtlich zum Unterhalt verpflichtet sind (BAGE 27, 4 = FamRZ 1975, 488; *Stöber* Rn. 1060). Bei hohem Einkommen der Eltern kann aber anderes gelten (BGH NZI 2015, 561). 40

Nachzahlungen von Einkommen oder Sozialleistungen sind grds. pfändbar. Sie gelten aber nicht als Einmalzahlung, sondern als wiederkehrende Leistungen, die wie Arbeitseinkommen pfändbar sind (OLG Düsseldorf VIA 2011, 63; LG 41

Lübeck ZInsO 2005, 155 = ZVI 2005, 275). Sie sind daher auf die Monate umzulegen, für die sie gewährt wurden. Anschließend ist der pfändbare Anteil, ggf. unter Zusammenrechnung mit weiteren Einkommen, die in diesen Monaten gezahlt wurden, anhand der Tabelle zu § 850c Abs. 1 ZPO zu ermitteln.

42 **c) Pfändbarkeit durch besonderen Antrag.** Gewährt der Schuldner Angehörigen Unterhalt, die über eigenes ausreichendes Einkommen verfügen, kann der Treuhänder über einen **Antrag gem. §§ 850c Abs. 4 ZPO, 36 Abs. 4 S. 2** erreichen, dass die Angehörigen nicht mehr als unterhaltsberechtigt angesehen werden. Auch Unterhaltszahlungen an ein Kind sind als Einkommen dieses Kindes iSd § 850c Abs. 4 ZPO anzusehen (BGH NJW-RR 2009, 1279 = NZI 2009, 443). Der Beschluss nach § 850c Abs. 4 ZPO hat zumindest in den Fällen, in denen diese Angehörigen in häuslicher Gemeinschaft mit dem Schuldner leben, konstitutive Wirkung (BGH WM 2011, 2372). Ohne Beschluss sind die Angehörigen daher trotz ausreichendem eigenem Einkommen weiterhin bei der Pfändung als Unterhaltsberechtigte zu berücksichtigten.

43 Erzielt der Schuldner **mehrere Einkommen** aus verschiedenen Arbeitsverhältnissen oder Einkommen aus einem Arbeitsverhältnis und bei gleichzeitigem Bezug von Sozialleistungen, können diese auf Antrag des Treuhänders gem. §§ 850e Abs. 2 und Abs. 2a ZPO zusammengerechnet werden. Auch in diesem Fall hat die Zusammenrechnung konstitutive Wirkung (vgl. BGH WM 2011, 2372 zu § 850c Abs. 4 ZPO).

44 In entsprechender Anwendung des § 850h ZPO kann das Insolvenzgericht auf Antrag des Treuhänders feststellen, dass der Schuldner einer anderen als der von ihm gewählten **Steuerklasse** zuzuordnen ist, wenn der Schuldner seine Steuerklasse ohne sachlichen Grund gewählt hat (BGH NJW-RR 2006, 569 = NZI 2006, 114). Da **Lohnsteuererstattungen** nicht von der Abtretung nach Absatz 2 Satz 1 erfasst werden, könnte der Schuldner durch die Wahl einer für ihn zunächst ungünstigen Steuerklasse und der aus ihr folgenden hohen Besteuerung, sein Nettoeinkommen und damit seine pfändbaren Einkommensanteile reduzieren, um anschließend im Wege des Lohnsteuerjahresausgleiches die zuviel gezahlte Steuer zurückerhalten. Dieses Vorgehen kann der Treuhänder über den Antrag gem. § 850h ZPO verhindern. Andererseits ist es dem Schuldner aber nicht verwehrt, seine steuerrechtlichen Möglichkeiten auszuschöpfen. Er muss nicht stets die für die Gläubigerbefriedigung günstigste Steuerklasse wählen (aA Uhlenbruck/*Sternal* Rn. 40), sondern er darf die Steuerklasse wählen, die seinen tatsächlichen Einkommensverhältnissen entspricht (LG Dortmund NZI 2010, 581; AG Duisburg NZI 2002, 328 = ZInsO 2002, 383).

45 **d) Gerichtliche Zuständigkeiten und Rechtsmittelzug.** Gem. §§ 36 Abs. 1, 292 Abs. 1 gelten die **ZPO-Regelungen über die Pfändbarkeit** des schuldnerischen Einkommens in der Wohlverhaltensphase. Gem. §§ 36 Abs. 4 S. 2, 292 Abs. 1 S. 3 geht hierbei die Antragsberechtigung des Gläubigers, zB gem. § 850c Abs. 4 ZPO, auf den Treuhänder über (vgl. BGH WM 2011, 2372 zu § 850c Abs. 4 ZPO). Zuständiges Gericht ist gem. § 36 Abs. 4 S. 1 das Insolvenzgericht. Diese Zuständigkeit gilt gem. § 36 Abs. 4 S. 3 auch im Insolvenzeröffnungsverfahren.

46 Entscheidungen des Insolvenzgerichts nach § 36 Abs. 4 werden im **vollstreckungsrechtlichen Rechtsmittelzug** überprüft (BGH ZIP 2004, 732 = NZI 2004, 278). Gegen eine Entscheidung des Insolvenzgerichts zu Fragen der Pfändbarkeit des Einkommens ist somit gem. § 793 ZPO die sofortige Beschwerde zum Landgericht gegeben. Nur bei entsprechender Zulassung durch das Beschwerdegericht kann sich die Rechtsbeschwerde gem. § 574 ZPO zum BGH anschließen, wobei eine Nichtzulassungsbeschwerde gesetzlich nicht vorgesehen ist.

8. Rechte des Treuhänders aus der Abtretung. Der Treuhänder hat das Recht, die **abgetretene Forderung** gegenüber dem Arbeitgeber als Drittschuldner notfalls auch gerichtlich geltend zu machen (OLG Düsseldorf NZI 2011, 770; LAG Hamm BeckRS 2011, 78953; MüKoInsO/*Ehricke* § 292 Rn. 19; Uhlenbruck/*Sternal* Rn. 30). Gegen einen Insolvenzgläubiger kann der Treuhänder die **Verteilungsabwehrklage** entsprechend § 767 ZPO erheben, wenn dessen Forderung nachträglich erlischt (BGH NJW 2012, 1958 = NZI 2012, 513). 47

Eine **Geltendmachung gegenüber dem Schuldner,** der ein Arbeitsverhältnis nicht angegeben und die pfändbaren Einkommensanteile an sich genommen hat, kommt nicht in Betracht (aA LG Duisburg NZI 2011, 69). Der Treuhänder hat keine Rechte, die mit den Rechten des Insolvenzverwalters aus §§ 80 Abs. 1, 148 Abs. 1 vergleichbar sind. Er hat gem. § 292 Abs. 1 lediglich die Abtretung offen zu legen und die erhaltenen Beträge zu verteilen (vgl. BGH NJW 2013, 870). Zu Zwangsmaßnahmen dem Schuldner gegenüber ist er selbst dann nicht berechtigt, wenn er gem. § 292 Abs. 2 mit der Überwachung des Schuldners beauftragt wurde (OLG Düsseldorf NZI 2011, 770; MüKoInsO/*Ehricke* § 292 Rn. 18). **Verfehlungen des Schuldners** sind allein über die Versagung der Restschuldbefreiung gem. §§ 295, 296 zu ahnden (OLG Düsseldorf NZI 2011, 770; *Töreki* NZI 2011, 770; *Adam* ZInsO 2007, 198). 48

V. Unwirksamer Abtretungsausschluss gem. Absatz 3

Tarifverträge, Betriebsvereinbarungen oder auch der einzelne Arbeitsvertrag können sog **Abtretungsausschlüsse** enthalten, nach denen der Arbeitgeber Abtretungen des pfändbaren Einkommens nicht akzeptieren muss (siehe bspw. § 5 Pkt 7.4 des Bundesrahmentarifvertrag für das Baugewerbe vom 1.10.2007). Gem. § 287 Abs. 3 kann ein solcher Abtretungsausschluss die Abtretung nach § 287 Abs. 2 S. 1 nicht beeinträchtigen. Es handelt sich um eine **relative Unwirksamkeit** iSd §§ 135, 136 BGB (Uhlenbruck/*Sternal* Rn. 66). 49

VI. Anhörung gem. Absatz 4

Die **Anhörung der Insolvenzgläubiger** zum Antrag des Schuldners ist nach dem Grundsatz des rechtlichen Gehörs geboten, da mit der Erteilung der Restschuldbefreiung erheblich in die Rechte der Gläubiger eingegriffen wird (Uhlenbruck/*Sternal* Rn. 6). Die Einfügung des § 287 Abs. 4 InsO durch die Änderungen zum 1.7.2014 folgt aus der Umgestaltung des Verfahrens über die Erteilung der Restschuldbefreiung. Die Verpflichtung zur Anhörung der Gläubiger war bislang in § 289 Abs. 1 S. 1 InsO geregelt. Sie wurde im Anschluss an die Rspr. des BGH um den Hinweis ergänzt, dass nur die Gläubiger anzuhören sind, die eine Forderung angemeldet haben, da nur diese auch berechtigt sind, die Versagung der Restschuldbefreiung zu beantragen (BGH ZInsO 2009, 2215). Erforderlich ist hierbei nur die Forderungsanmeldung, nicht die Teilnahme an der Schlussverteilung (BGH NZI 2009, 856 = WM 2009, 2234). Auch Gläubiger, deren Forderungen bestritten wurden oder nachrangig sind, sind anzuhören (FK-InsO/*Ahrens* Rn. 237). Die Anhörung kann durch **Veröffentlichung eines Beschlusses im Internet** erfolgen (BGH WM 2012, 2250). Der Insolvenzverwalter ist nicht anzuhören, da er vom Restschuldbefreiungsverfahren nicht betroffen ist (FK-InsO/*Ahrens* Rn. 238). 50

Entscheidung des Insolvenzgerichts[1]

287a **(1) [1] Ist der Antrag auf Restschuldbefreiung zulässig, so stellt das Insolvenzgericht durch Beschluss fest, dass der Schuldner Restschuldbefreiung erlangt, wenn er den Obliegenheiten nach § 295 nachkommt und die Voraussetzungen für eine Versagung nach den §§ 290, 297 bis 298 nicht vorliegen. [2] Der Beschluss ist öffentlich bekannt zu machen. [3] Gegen den Beschluss steht dem Schuldner die sofortige Beschwerde zu.**

(2) [1] Der Antrag auf Restschuldbefreiung ist unzulässig, wenn

1. **dem Schuldner in den letzten zehn Jahren vor dem Antrag auf Eröffnung des Insolvenzverfahrens oder nach diesem Antrag Restschuldbefreiung erteilt oder wenn ihm die Restschuldbefreiung in den letzten fünf Jahren vor dem Antrag auf Eröffnung des Insolvenzverfahrens oder nach diesem Antrag nach § 297 versagt worden ist oder**
2. **dem Schuldner in den letzten drei Jahren vor dem Antrag auf Eröffnung des Insolvenzverfahrens oder nach diesem Antrag Restschuldbefreiung nach § 290 Absatz 1 Nummer 5, 6 oder 7 oder nach § 296 versagt worden ist; dies gilt auch im Falle des § 297a, wenn die nachträgliche Versagung auf Gründe nach § 290 Absatz 1 Nummer 5, 6 oder 7 gestützt worden ist.**

[2] In diesen Fällen hat das Gericht dem Schuldner Gelegenheit zu geben, den Eröffnungsantrag vor der Entscheidung über die Eröffnung zurückzunehmen.

Schrifttum (Auswahl): *Ahrens,* Das neue Privatinsolvenzrecht, ZIP Praxisbuch, 2014, 201; *ders.,* Systematisches und Unsystematisches bei den RSB-Versagungsverfahren, ZVI 2014, 227; *Frind,* Praxisprobleme des reformierten Privatinsolvenzverfahrens – Zur praktischen Umsetzung von „Eingangsentscheidung" und Verkürzung der Restschuldbefreiungserteilungszeit, ZInsO 2013, 1448; *ders.,* Gläubigerschutz bei der Verfahrenskostenstundung, ZInsO 2015, 542; *Graeber/Scholz-Schulze,* Checkliste der durch die Insolvenzgerichte zu beachtenden Änderungen ab dem 1.7.2014, ZInsO 2014, 587; *Graf-Schlicker,* Insolvenzrechtsreform 2014 – aus dem Blickwinkel des Gesetzgebungsverfahrens, ZVI 2014, 202; *Grote/Pape,* 1. Juli 2014: Reform der Entschuldung natürlicher Personen tritt in Kraft, AnwBl. 2014, 614; *dies.,* Das Ende der Diskussion? Die wichtigsten Neuregelungen zur Restschuldbefreiung, ZInsO 2013, 1433; *Henning,* Die aktuellen Änderungen des Insolvenzverfahrens natürlicher Personen aus Sicht des schuldnerberatenden Rechtsanwalt, ZAP Fach 2014, 671; *ders.,* Die Änderungen in den Verfahren der natürlichen Personen durch die Reform 2014, ZVI 2014, 7; *Klomfaß;* Ausgewählte Konsequenzen der Insolvenzrechtsreform zum 1.7.2014 in Bezug auf die Gläubigerstrategie, KKZ 2015, 8; *Schmerbach,* Aus und vorbei – der Abschied des BGH von der Sperrfristrechtsprechung?, NZI 2014, 990; *Schmidt,* Was wird aus der Sperrfrist-Rechtsprechung des BGH?, ZVI 2014, 211; *Streck,* Die Eingangsentscheidung gem. § 287a InsO – mehr Arbeit für Gerichte und Verwalter?, ZVI 2014, 205; *Strüder,* Die Eingangsentscheidung nach § 287a InsO, VIA 2014, 73; *Waltenberger,* Die neue Zulässigkeitsentscheidung des Restschuldbefreiungsantrags und die von der Restschuldbefreiung ausgenommenen Forderungen, ZInsO 2013, 1458.

Übersicht

[1] § 287a eingef. mWv 1.7.2014 durch G v. 15.7.2013 (BGBl. I S. 2379).

I. Normzweck

§ 287a ist die **zentrale Vorschrift** des umgestalteten Verfahrens zur Erteilung der Restschuldbefreiung. Sie soll eine frühzeitige Rechtsklarheit über die tatsächliche Erreichbarkeit der Restschuldbefreiung gewährleisten (BT-Drs. 17/11268, 24). **Offensichtlich aussichtslose Verfahren** sollen nicht mehr bis zum Schlusstermin geführt werden müssen, sondern möglichst nicht mehr eröffnet werden. Während der den Eröffnungsantrag prüfende Richter sich bislang mit möglichen Versagungsgründen lediglich gem. § 4a Abs. 1 S. 3 iRd Bewilligung der Verfahrenskostenstundung zu beschäftigen hatte, hat er nun gem. § 287a Abs. 2 das Vorliegen der bisherigen Versagungsgründe des § 290 Abs. 1 Nr. 3 zur Ermittlung der Zulässigkeit des Antrags von Amts wegen zu prüfen (Ahrens/Gehrlein/Ringstmeier/*Fischer* Rn. 2). Unverständlich bleibt, warum der Gesetzgeber diesen positiven Ansatz der frühzeitigen Rechtsklarheit bei der weiteren Umgestaltung des Verfahrens nicht beibehalten hat (vgl. AG Göttingen NZI 2014, 1054; Waltenberger ZInsO 2015, 72). So werden die nach Eröffnung des Verfahrens von Gläubigern vorgetragenen Versagungsgründe nach wie vor gem. § 290 Abs. 2 erst nach dem Schlusstermin geprüft, obwohl die schriftliche Versagungsantragstellung jetzt ausdrücklich jederzeit zulässig ist. 1

Durch den neuen § 287a Abs. 2 hat sich die weitergehende **Sperrfrist-Rspr. des BGH** wohl erledigt (vgl. *Schmerbach* VIA 2013, 41; *Grote/Pape* ZInsO 2013, 1433; *Strüder* VIA 2014, 73; *Waltenberger* ZInsO 2013, 1458; FK-InsO/*Ahrens* Rn. 47 ff.; AG Hannover ZInsO 2015, 368; siehe aber zu möglichen weiteren Sperrfristen *Lackmann* InsbürO 2015, 84). Denn der Wille des Gesetzgebers erscheint eindeutig („Sperrfristen für anderweitige Fälle vorhergehenden Fehlverhaltens des Schuldners sind nicht vorzusehen", BT-Drs. 17/11268, 25). Ausdrücklich spricht sich der Gesetzgeber auch gegen eine Sperrfrist im Falle einer **Versagung nach § 298** aus (vgl. aber BGH WM 2013, 1516 zur Rechtslage in den bis 30.6.2014 beantragten Verfahren). 2

II. Prüfungsablauf

Die **richterliche Prüfung des eingegangenen Antrags** einer natürlichen Person mit Restschuldbefreiung beginnt wie bisher mit der Feststellung der örtlichen Zuständigkeit, der Vollständigkeit des Insolvenz- und des Restschuldbefreiungsantrags und der zutreffenden Verfahrensart (vgl. BGH ZVI 2004, 281). Im nächsten Schritt erfolgt die Zulässigkeitsprüfung gem. § 287a Abs. 2 InsO (*Frind* ZInsO 2013, 1448; FK-InsO/*Ahrens* Rn. 24). Anschließend ist über die Stundung zu entscheiden (*Frind* ZInsO 2015, 542). Handelt es sich gem. § 304 um einen Verbraucher, folgt die Entscheidung gem. § 306 Abs. 1 und ggf. das Schuldenbereinigungsplanverfahren. 3

Zur **Prüfung gem. Absatz 2** kann sich der Richter zum einen auf die gem. § 287 Abs. 1 S. 3 vorzulegende Erklärung des Schuldners stützen (eing. zum Umfang der Prüfung *Frind* ZInsO 2013, 1448). Er kann des Weiteren über das Internet Einsicht in das seit dem 1.1.2013 elektronisch geführte **zentrale Schuldnerverzeichnis** beim zentralen Vollstreckungsgericht seines Bundeslandes nehmen. Hier werden gem. § 303a InsO die Versagung und der Widerruf der Restschuldbefreiung gespeichert. Nicht gespeichert wird allerdings die Erteilung der Restschuldbefreiung. Auch werden die Eintragungen gem. § 882e ZPO bereits nach drei Jahren gelöscht, was der fünfjährigen Frist des Absatz 2 Nr. 1 widerspricht. Die Gläubiger sind in diesem Verfahrensabschnitt mangels Forderungsanmeldungen nicht anzuhören (*Grote/Pape* ZInsO 2013, 1433; HambK-InsO/*Streck* Rn. 2; *Strüder* VIA 2014, 73). 4

III. Unzulässigkeit gem. Absatz 2

5 Die **Regelung des Absatz 2 Nr. 1** schließt den Schuldner von der Restschuldbefreiung aus, der in den letzten 10 Jahren vor dem Insolvenzantrag bereits die Restschuldbefreiung in einem vorherigen Verfahren erlangt hat. Die 10-Jahresfrist gilt auch im Falle der vorzeitigen Erteilung der Restschuldbefreiung (BGH NJW-Spezial 2010, 534 = NZI 2010, 655). Wenn ein **gerichtlicher Schuldenbereinigungsplan** scheitert, gilt die 10-Jahresfrist nicht (AG Göttingen ZVI 2005, 615 = ZInsO 2005, 1226). Gleiches gilt für die über einen **Insolvenzplan gem. § 227** erreichte Restschuldbefreiung (*Ahrens,* Das neue Privatinsolvenzrecht, ZIP Praxisbuch, 2014, Rn. 638). Auf **ausländische Restschuldbefreiungen** lässt sich die Frist auf jeden Fall nicht direkt anwenden (Uhlenbruck/*Sternal* Rn. 23). Entscheidend dürfte die Anerkennung des ausländischen Verfahrens in Deutschland sein (FK-InsO/*Ahrens* Rn. 30). Des Weiteren gilt eine Sperrfrist von 5 Jahren, wenn die Restschuldbefreiung gem. § 297 versagt wurde. Diese Frist steht in Einklang mit der Frist des § 290 Abs. 1 Nr. 1.

6 Eine **dreijährige Frist** gilt, wenn es sich um eine Versagung der Restschuldbefreiung gem. §§ 290 Abs. 1 Nr. 5, 6 oder 7, gem. § 296 oder § 297a iVm § 290 Abs. 1 Nr. 5, 6 oder 7 handelt. Die Versagungsgründe des § 290 Abs. 1 Nr. 1, 2 und 4 sind nicht aufgeführt, da sie eigene Fristen enthalten. Käme ein Sperrfrist hinzu, ergäben sich unverhältnismäßig lange Sperren (BT-Drs. 17/11268, 25; BGH ZInsO 2013, 262).

7 Die **Berechnung der Fristen** erfolgt über § 4 gem. §§ 222 Abs. 1 ZPO, 187 f. BGB. Die Fristen beginnen mit Rechtskraft der Entscheidungen (FK-InsO/*Ahrens* Rn. 42). Fristende ist der Antrag auf Eröffnung eines erneuten Insolvenzverfahrens. Liegen sowohl Gläubiger- als auch Schuldnerantrag vor, ist auf den Schuldnerantrag abzustellen, da nur dieser mit dem Antrag auf Restschuldbefreiung verbunden werden kann (AG Dortmund ZInsO 2009, 1077 zu § 290 Abs. 1 Nr. 2).

8 Absatz 2 enthält eine **abschließende Aufzählung der Unzulässigkeitsgründe** (FK-InsO/*Ahrens* Rn. 47 ff.; AG Hannover ZInsO 2015, 368; *Strüder* VIA 2014, 73). Weder Wortlaut noch Gesetzesbegründung stützen weitere Sperrfristen (BT-Drs. 17/11268, 24/25). Allenfalls die missbräuchliche Rücknahme eines Restschuldbefreiungsantrags kann ebenfalls eine 3jährige Sperrfrist auslösen (siehe hierzu *Lackmann* InsbürO 2015, 84). Eine entsprechende Anwendung des Absatz 2 im Fall eines weiteren Restschuldbefreiungsantrags in einem Verfahren über **gem. § 35 Abs. 2 freigegebenes Vermögen** erscheint nicht ohne weiteres möglich. Der BGH wendet in den vor dem 1.7.2014 beantragten Verfahren allerdings § 290 Abs. 1 Nr. 3 entsprechend an (BGH ZInsO 2015, 499).

IV. Entscheidung gem. Absatz 1

9 Nach der Prüfung gem. § 287a Abs. 2 ergeht die **Entscheidung gem. § 287a Abs. 1.** Der Wortlaut der Vorschrift entspricht dem des bisherigen § 291 Abs. 1, zu dem allgemeine Ansicht war, dass die Ankündigung der Restschuldbefreiung nur deklaratorischen Charakter hat (FK-InsO/*Ahrens,* 7. Aufl., § 291 Rn. 1). Auch die Entscheidung nach § 287a Abs. 1 gibt dem Schuldner daher lediglich die Rechtsklarheit, dass er bei weiterhin normgerechten Verhalten die Restschuldbefreiung erreichen kann. Weder aus der Gesetzesbegründung noch aus weiteren Aspekten ergibt sich daher eine weitergehende, mit der bisherigen Prüfung nach § 4a Abs. 1 S. 3 vergleichbaren Prüfungspflicht des Gerichts (BT-Drs. 17/11268, 25/26; aA AG Hamburg NZI 2015, 422; *Frind* ZInsO 2013, 1448).

Der Schuldner kann gem. Absatz 1 Satz 3 gegen die Verwerfung des Antrags als unzulässig **sofortige Beschwerde** erheben. Sie kann sich auch gegen eine nach Absatz 2 festgestellte Sperrfrist richten (FK-InsO/*Ahrens* Rn. 76). Das **Beschwerdegericht** ist vollständige zweite Tatsacheninstanz (BGH NZI 2009, 864). 10

V. Rücknahme des Insolvenzantrags

Die Möglichkeit der **Antragsrücknahme** dient der Verfahrensvereinfachung und -beschleunigung (FK-InsO/*Ahrens* Rn. 57). Das Gericht hat dem Schuldner zuvor die Möglichkeit zu geben, vorhandene Mängel des Antrags zu beseitigen, und ihn auf die Rücknahmemöglichkeit hinzuweisen (HambK-InsO/*Streck* Rn. 13). Die Rücknahme löst **keine Sperrfrist** aus (BT-Drs. 17/11268, 25). 11

Erwerbsobliegenheit des Schuldners[1]

287b Ab Beginn der Abtretungsfrist bis zur Beendigung des Insolvenzverfahrens obliegt es dem Schuldner, eine angemessene Erwerbstätigkeit auszuüben und, wenn er ohne Beschäftigung ist, sich um eine solche zu bemühen und keine zumutbare Tätigkeit abzulehnen.

Schrifttum (Auswahl): *Ahrens,* Das neue Privatinsolvenzrecht, ZIP Praxisbuch, 2014, 243; *Stephan,* Die Erwerbsobliegenheit des Schuldners ab Eröffnung des Insolvenzverfahrens, ZVI 2014, 214.

I. Normzweck

Der Schuldner hat nach der zum 1.7.2014 eingefügten Vorschrift nun auch im eröffneten Verfahren eine Erwerbsobliegenheit. Die Einfügung folgt aus der nach Sicht des Rechtsauschusses hohen Bedeutung einer durchgehenden Erwerbsobliegenheit für die **Akzeptanz der Restschuldbefreiung** (BT-Drs. 17/13535, 29). Der Rechtsausschuss wollte es daher auch nicht bei der Einfügung eines weiteren Versagungsgrundes in § 290 Abs. 1 belassen, sondern hielt die Einfügung einer eigenen Norm für angebracht (BT-Drs. 17/13535, 27/28). Bislang hatte der Schuldner formell im eröffneten Verfahren keine Erwerbsobliegenheit. Diese traf ihn gem. § 295 Abs. 1 Nr. 1 erst in der Wohlverhaltensphase. In der Praxis waren die Auswirkungen dieses Unterschieds meist gering, da iRd Verfahrenskostenstundung, die von der großen Mehrheit der Schuldner in Anspruch genommen werden muss, gem. § 4c Nr. 4 auch im eröffneten Verfahren eine Arbeitsverpflichtung bestand. In einigen Fallgestaltungen, bspw. bei der Freigabe einer selbstständigen Tätigkeit nach § 35 Abs. 2, wurde der Unterschied aber deutlich (vgl. BGH ZInsO 2013, 1586). 1

II. Tatbestandsvoraussetzungen

Die **Erwerbsobliegenheiten** entsprechen denen des § 295 Abs. 1 Nr. 1, auf den hier verwiesen wird. Ein Verstoß gegen die Erwerbsobliegenheit kann gem. § 290 Abs. 1 Nr. 7 nur dann zu einer Versagung der Restschuldbefreiung führen, wenn auch die **Befriedigung der Insolvenzgläubiger beeinträchtigt** wird, wozu auf § 296 Abs. 1 S. 1 verwiesen wird. Insofern ist der neue Versagungsgrund von den bisherigen des § 290 Abs. 1 Nr. 1–6 zu unterscheiden. Eine **selbstständige Tätigkeit** des Schuldners wird nicht ausdrücklich genannt, erfüllt 2

[1] § 287b eingef. mWv 1.7.2014 durch G v. 15.7.2013 (BGBl. I S. 2379).

die Obliegenheit aber ebenfalls (BT-Drs. 17/13535; FK-InsO/*Ahrens* Rn. 15). Die **Aufhebung der Stundung** gem. § 4c Nr. 4 bleibt neben der Versagung möglich (HambK-InsO/*Streck* Rn. 4).

Vorschlagsrecht[1]

288 **Der Schuldner und die Gläubiger können dem Insolvenzgericht als Treuhänder eine für den jeweiligen Einzelfall geeignete natürliche Person vorschlagen. [2] Wenn noch keine Entscheidung über die Restschuldbefreiung ergangen ist, bestimmt das Gericht zusammen mit der Entscheidung, mit der es die Aufhebung oder die Einstellung des Insolvenzverfahrens wegen Masseunzulänglichkeit beschließt, den Treuhänder, auf den die pfändbaren Bezüge des Schuldners nach Maßgabe der Abtretungserklärung (§ 287 Absatz 2) übergehen.**

I. Normzweck

1 Der Gesetzgeber hat das **Vorschlagsrecht** vorrangig geschaffen, um die Benennung von Personen zu ermöglichen, die das Amt des Treuhänders unentgeltlich ausüben (BT-Drs. 12/7302, 187). Auf diese Weise sollten die Verfahrenskosten gesenkt werden. Das Vorschlagsrecht hat in der Praxis aber keine Bedeutung erlangt (FK-InsO/*Ahrens* Rn. 1; HambK-InsO/*Streck* Rn. 1). Dies dürfte im Wesentlichen an der von allen Beteiligten gewünschten **Professionalität der Verfahrensabwicklung** liegen. So wird der bisherige Insolvenzverwalter zumeist auch zum Treuhänder der Wohlverhaltensphase bestellt (HambK-InsO/*Streck* Rn. 1). Der neu eingefügte Satz 2 ist eine Folgeänderung zur Aufhebung der §§ 291 und 313, nach denen bislang die Einsetzung des Treuhänders erfolgte (BT-Drs. 17/11268, 26).

II. Tatbestandsvoraussetzungen

2 Der **Vorschlag** ist nicht formbedürftig (Uhlenbruck/*Sternal* Rn. 5). Er sollte die ladungsfähige Anschrift sowie einige Angaben zu Qualifikation und Erfahrung des Vorgeschlagenen enthalten, um dem Gericht eine Kontaktaufnahme und Prüfung zu ermöglichen (Uhlenbruck/*Sternal* Rn. 5). Auch der **vorgeschlagene Treuhänder** muss unabhängig von Schuldner und Gläubiger sein (AG Göttingen NZI 2005, 117) und nach Qualifikation und Erfahrung eine sachgerechte Ausübung des Amtes gewährleisten (Uhlenbruck/*Sternal* Rn. 9).

III. Entscheidung des Gerichts

3 Der **Vorschlag ist lediglich eine Anregung** (Uhlenbruck/*Sternal* Rn. 3). Das Gericht hat nicht die Verpflichtung, auf die Möglichkeit des Vorschlags hinzuweisen (HK-InsO/*Waltenberger* aF Rn. 3). Es entscheidet grds. nach freiem Ermessen über den Vorschlag (Uhlenbruck/*Sternal* Rn. 3; FK-InsO/*Ahrens* Rn. 14). Erfüllt der Vorgeschlagene auch nach Ansicht des Gerichts diese Kriterien, dürfte das Auswahlermessen eingeschränkt sein (MüKoInsO/*Ehricke* Rn. 13). Ein **Rechtsmittel** gegen eine ablehnende Entscheidung ist nicht gegeben, da auch die Aufhebungs- oder Einstellungsentscheidung nicht angreifbar ist. Von daher muss eine Ablehnung vom Gericht auch nicht begründet werden (FK-InsO/*Ahrens* Rn. 14).

4 Die **Bestimmung des Treuhänders** hat nach Aufhebung des § 313 stets konstitutive Wirkung (HambK-InsO/*Streck* Rn. 3). Wird eine andere Person als

[1] § 288 neu gef. mWv 1.7.2014 durch G v. 15.7.2013 (BGBl. I S. 2379).

der bisherige Verwalter bestellt, ist daher dessen Entlassung nicht erforderlich. Die Zuständigkeit für die Entscheidung über die Bestellung liegt beim Rechtspfleger (*Ahrens,* Das neue Privatinsolvenzrecht, ZIP Praxisbuch, 2014, Rn. 911).

Einstellung des Insolvenzverfahrens[1]

289 **Im Fall der Einstellung des Insolvenzverfahrens kann Restschuldbefreiung nur erteilt werden, wenn nach Anzeige der Masseunzulänglichkeit die Insolvenzmasse nach § 209 verteilt worden ist und die Einstellung nach § 211 erfolgt.**

Die Vorschrift regelt nach den Änderungen zum 1.7.2014 die Erteilung der Restschuldbefreiung bei **Masseunzulänglichkeit** gem. § 211. Die Verfahrenskosten sind in diesem Fall durch vorhandene Masse oder Stundung gem. § 4a gedeckt (HambK-InsO/*Streck* Rn. 2). Auch im **masseunzulänglichen Verfahren** kann damit das Verfahren über den Antrag auf Restschuldbefreiung stattfinden (BGH ZVI 2009, 346). Ein **masseloses Verfahren** wird gem. § 207 ohne Verfahren über die Restschuldbefreiung eingestellt, wenn der Schuldner die Einstellung nicht gem. § 207 Abs. 1 S. 2 mit einem Antrag auf Stundung der Verfahrenskosten verhindert. 1

Ein Schlusstermin findet bei der **Einstellung wegen Masseunzulänglichkeit** nicht mehr statt (FK-InsO/*Ahrens* Rn. 13; HambK-InsO/*Streck* Rn. 3). Die Anhörung der Gläubiger nach § 287 Abs. 4 ist aber durchzuführen. Auch ist entsprechend § 290 Abs. 2 ein Termin zu bestimmen, bis zu dem Versagungsanträge gestellt werden können (BGH ZVI 2009, 346). 2

Die im masseunzulänglichen Verfahren nicht ausgeglichenen **Masseverbindlichkeiten** sind in der Wohlverhaltensphase nach einhelliger Ansicht (BGH NJW-RR 2005, 1363 = NZI 2005, 399; FK-InsO/*Ahrens* Rn. 14) bei der Verteilung der vom Treuhänder nach Aufhebung des Verfahrens eingenommenen Gelder vorrangig zu bedienen. Zunächst sind bei einer Verteilung die Kosten des Verfahrens einschließlich der Kosten der Wohlverhaltensphase, dann die Masseverbindlichkeiten und erst abschließend die Forderungen der Insolvenzgläubiger zu berücksichtigen (→ § 292 Rn. 12). 3

Versagung der Restschuldbefreiung[1]

290 (1) **Die Restschuldbefreiung ist durch Beschluss zu versagen, wenn dies von einem Insolvenzgläubiger, der seine Forderung angemeldet hat, beantragt worden ist und wenn**

1. **der Schuldner in den letzten fünf Jahren vor dem Antrag auf Eröffnung des Insolvenzverfahrens oder nach diesem Antrag wegen einer Straftat nach den §§ 283 bis 283c des Strafgesetzbuchs rechtskräftig zu einer Geldstrafe von mehr als 90 Tagessätzen oder einer Freiheitsstrafe von mehr als drei Monaten verurteilt worden ist,**
2. **der Schuldner in den letzten drei Jahren vor dem Antrag auf Eröffnung des Insolvenzverfahrens oder nach diesem Antrag vorsätzlich oder grob fahrlässig schriftlich unrichtige oder unvollständige Angaben**

---

[1] § 289 neu gef. mWv 1.7.2014 durch G v. 15.7.2013 (BGBl. I S. 2379).

[1] § 290 Abs. 1 einl. Satzteil und Nr. 1 neu gef., Nr. 3 aufgeh., Nr. 4–6 geänd., Nr. 7 angef., Abs. 2 neu gef., Abs. 3 angef. mWv 1.7.2014 durch G v. 15.7.2013 (BGBl. I S. 2379).

über seine wirtschaftlichen Verhältnisse gemacht hat, um einen Kredit zu erhalten, Leistungen aus öffentlichen Mitteln zu beziehen oder Leistungen an öffentliche Kassen zu vermeiden,
3. *(weggefallen)*
4. **der Schuldner in den letzten drei Jahren vor dem Antrag auf Eröffnung des Insolvenzverfahrens oder nach diesem Antrag vorsätzlich oder grob fahrlässig die Befriedigung der Insolvenzgläubiger dadurch beeinträchtigt hat, daß er unangemessene Verbindlichkeiten begründet oder Vermögen verschwendet oder ohne Aussicht auf eine Besserung seiner wirtschaftlichen Lage die Eröffnung des Insolvenzverfahrens verzögert hat,**
5. **der Schuldner Auskunfts- oder Mitwirkungspflichten nach diesem Gesetz vorsätzlich oder grob fahrlässig verletzt hat,**
6. **der Schuldner in der nach § 287 Absatz 1 Satz 1 vorzulegenden Erklärung und in den nach § 305 Absatz 1 Nummer 3 vorzulegenden Verzeichnissen seines Vermögens und seines Einkommens, seiner Gläubiger und der gegen ihn gerichteten Forderungen vorsätzlich oder grob fahrlässig unrichtige oder unvollständige Angaben gemacht hat,**
7. **der Schuldner seine Erwerbsobliegenheit nach § 287b verletzt und dadurch die Befriedigung der Insolvenzgläubiger beeinträchtigt; dies gilt nicht, wenn den Schuldner kein Verschulden trifft; § 296 Absatz 2 Satz 2 und 3 gilt entsprechend.**

(2) [1] **Der Antrag des Gläubigers kann bis zum Schlusstermin oder bis zur Entscheidung nach § 211 Absatz 1 schriftlich gestellt werden; er ist nur zulässig, wenn ein Versagungsgrund glaubhaft gemacht wird.** [2] **Die Entscheidung über den Versagungsantrag erfolgt nach dem gemäß Satz 1 maßgeblichen Zeitpunkt.**

(3) [1] **Gegen den Beschluss steht dem Schuldner und jedem Insolvenzgläubiger, der die Versagung der Restschuldbefreiung beantragt hat, die sofortige Beschwerde zu.** [2] **Der Beschluss ist öffentlich bekannt zu machen.**

Schrifttum (Auswahl): *Ahrens,* Das neue Privatinsolvenzrecht, ZIP Praxisbuch, 2014, 255; *ders.,* Restschuldbefreiung und Versagungsgründe, ZVI 2011, 273; *ders.,* Systematisches und Unsystematisches bei den RSB-Versagungsverfahren, ZVI 2014, 227; *Frind,* Der „auf Halde" gelegte Antrag auf Versagung der Restschuldbefreiung, NZI 2013, 729; *Gotzen,* Deutsche Restschuldbefreiung gegenüber US-amerikanischen Gläubigern, ZVI 2011, 439; *Kranenberg,* Steuerhinterziehung – (K)Ein Grund zur Versagung der Restschuldbefreiung, NZI 2011, 664; *Laroche/Siebert,* Neuerungen bei Versagung und Erteilung der Restschuldbefreiung, NZI 2014, 541 *Oberer,* Der deutsche Insolvenzschuldner im Ausland, ZVI 2009, 49; *Pape,* Die Familie des Schuldners: Mitgefangen – mitgehangen?, AnwBl 2009, 582; *Pape/Schaltke,* Bestreiten des Versagungsgrunds durch den Schuldner im Schlusstermin, NZI 2011, 238; *Paulus,* Die Versagung der Restschuldbefreiung nach aktueller höchstrichterlicher Rechtsprechung, ZInsO 2010, 1366; *Pieper,* Schuldentilgung in der finanziellen Krise – eine Vermögensverschwendung im Sinne von § 290 Abs. 1 Nr. 4 InsO?, ZVI 2009, 393; *Schmerbach,* Leitlinien einer Reform der Insolvenzverfahren natürlicher Personen, NZI 2011, 131; *Stephan,* Die Erwerbsobliegenheit des Schuldners ab Eröffnung des Insolvenzverfahrens, ZVI 2014, 214; *Vallender,* Wirkungen und Anerkennung einer im Ausland erteilten Restschuldbefreiung, ZInsO 2009, 616; *Waltenberger,* Die Suche der Praxis nach Vereinfachung, ZInsO 2015, 72; *Wiedemann,* Die Rechtsprechung zu den insolvenzrechtlichen Auswirkungen von Straftaten des Schuldners, ZVI 2011, 203.

Übersicht

I. Normzweck

§ 290 konkretisiert gemeinsam mit §§ 295–298 den Begriff der **Redlichkeit** 1
des § 1 S. 2 (Uhlenbruck/*Sternal* Rn. 2; HK-InsO/*Waltenberger* aF Rn. 1; HambK-InsO/*Streck* Rn. 1). In diesen Vorschriften werden abschließend Versagungstatbestände und Obliegenheiten aufgeführt, deren Vorliegen bzw. deren Nichterfüllung zu einer Versagung der Restschuldbefreiung führen können. Der Gesetzgeber hat sich bewusst gegen eine Generalklausel entschieden, um mit einer **abschließenden Aufzählung** Rechtssicherheit zu geben und ein zu weites Ermessen der Insolvenzgerichte zu verhindern (BR-Drs. 1/92, 190; Uhlenbruck/

Sternal Rn. 1). Auch Rspr. und Lit. haben grds. die abschließende Aufzählung nicht in Frage gestellt (BGH NZI 2003, 449; FK-InsO/*Ahrens* Rn. 9; Uhlenbruck/*Sternal* Rn. 3; HK-InsO/*Waltenberger* aF Rn. 1; HambK-InsO/*Streck* Rn. 1). Der BGH hat allerdings mit seiner **Sperrfristrechtsprechung** (BGHZ 183, 13 = NZI 2009, 691) zur Unzulässigkeit wiederholter Anträge die Versagungsgründe des Absatz 1 Nr. 3 doch erweitert. Der Gesetzgeber ist dieser Rspr. mit Streichung des Absatz 1 Nr. 3 und dem neuen § 287a Absatz 2 entgegen getreten, der jetzt eine abschließende Aufzählung zur Unzulässigkeit eines Antrags enthält (AG Hannover ZInsO 2015, 368).

2 Die **wesentliche Änderung des § 290** zum 1.7.2014 ist neben der Umgestaltung einzelner Versagungstatbestände die eingefügte Möglichkeit der Gläubiger, jederzeit schriftlich einen Versagungsantrag zu stellen. Hierdurch soll der Aufwand für die Gläubiger im Versagungsverfahren verringert und ihnen die Wahrnehmung ihrer Rechte erleichtert werden (BT-Drs. 17/11268, 27). Die Vorschrift dient mit ihrer **Konzentration auf den Schlusstermin** auch der Verfahrensbeschleunigung (BGH NZI 2009, 64), was hinsichtlich der späten Entscheidung über die jederzeit möglichen Versagungsanträge erst nach dem Schlusstermin nicht unumstritten ist (vgl. AG Göttingen NZI 2014, 1054). Durch das Erfordernis der Glaubhaftmachung sollen unsubstantiierte, auf reine Vermutungen gestützte Versagungsanträge zur Entlastung der Gerichte verhindert werden (BGH NZI 2009, 523).

II. System der Versagung der Restschuldbefreiung und Verfahrensablauf

3 **1. Versagung nach Verfahrensabschnitten.** Das System der Versagung der Restschuldbefreiung wird zunächst von der Möglichkeit des Gläubigers bestimmt, in den einzelnen Verfahrensabschnitten unter Beachtung strenger Ausschlussfristen jeweils gesonderte, abschließend aufgezählte Versagungsgründe oder Obliegenheitsverletzungen vortragen zu können (FK-InsO/*Ahrens* Rn. 10; HambK-InsO/*Streck* Rn. 1). Die **Versagungsgründe aus § 290 Abs. 1** können nur bis zum Schlusstermin vorgetragen werden, während eine Verletzung der **Obliegenheiten aus § 295** erst ab der Aufhebung des Verfahrens geltend gemacht werden kann. Ein Versagungsantrag kann daher je nach seiner Begründung erfolgreich nur in einem bestimmten Verfahrensabschnitt oder zeitlich begrenzt gestellt werden. So ist bspw. der Antrag auf Versagung gem. § 290, der erst in der Wohlverhaltensperiode gestellt wird, grds. unzulässig (BGH NZI 2006, 538 = ZInsO 2006, 647). Lediglich wenn der Gläubiger **gem. § 297a erst nach dem Schlusstermin** von einem Versagungsgrund des § 290 InsO erfährt, kann er auch noch nach dem Schlusstermin einen Versagungsantrag stellen.

4 Ein Insolvenzgläubiger kann die **Versagung der Restschuldbefreiung** bis zum Schlusstermin eines Gläubigers, der auf einen Versagungsgrund nach § 290 Abs. 1 Nr. 2–6 InsO gestützt wird, beantragen, wenn ein Grund aus Absatz 1 Nr. 2–7 vorliegt. Bis zum Schlusstermin, zwischen Schlusstermin und Aufhebung des Verfahrens und in der Wohlverhaltensphase kann die Versagung wegen Vorliegens einer Insolvenzstraftat gem. Absatz 1 Nr. 1 und § 297 beantragt werden. Nach dem Schlusstermin kann die Versagung wegen Verstoß gegen § 290 Abs. 1 Nr. 1–7 nur beantragt werden, wenn der Versagungsgrund erst nach dem Schlusstermin bekannt geworden ist. Wegen Vorliegens einer **Obliegenheitsverletzung aus § 295 Abs. 1** kann die Versagung ab Aufhebung des Verfahrens in der sich anschließenden Restlaufzeit der Abtretungsfrist bis zur Entscheidung des Gerichts gem. § 300 Abs. 1 beantragt werden. Der Gläubiger muss diesen Antrag gem. § 296 Abs. 1 S. 2 innerhalb eines Jahres stellen, nachdem ihm die Obliegenheitsverletzung bekannt geworden ist. Der **Widerruf der Erteilung der Restschuld-**

befreiung kann gem. § 303 Abs. 1 innerhalb eines Jahres nach Rechtskraft der Entscheidung über die Restschuldbefreiung beantragt werden, wenn der Schuldner seine Obliegenheiten während der Wohlverhaltensperiode vorsätzlich verletzt und die Gläubigerbefriedigung dadurch erheblich beeinträchtigt hat oder die weiteren Gründe des § 303 Abs. 1 Nr. 2 und 3 vorliegen. Der **Treuhänder** kann die Versagung der Restschuldbefreiung bis zur Entscheidung des Gerichts gem. § 300 Abs. 1 beantragen, wenn der Schuldner seiner Pflicht zur Zahlung der Mindestvergütung gem. § 298 Abs. 1 nicht nachgekommen ist.

2. Abschließend aufgezählte Versagungsgründe. Nicht jedes unredliche, deliktische oder strafbewehrte Verhalten des Schuldners vor Insolvenzantragstellung oder während des Verfahrens einschließlich der Wohlverhaltensphase führt zu einer Versagung der Restschuldbefreiung (FK-InsO/*Ahrens* Rn. 10). Die Versagungstatbestände und Obliegenheiten sind abschließend aufgezählt (→ Rn. 1). Eine Verurteilung des Schuldners wegen **Betruges gem. § 263 StGB** erfüllt für sich keinen Versagungstatbestand, da die Aufzählung in Absatz 1 Nr. 1 nur die §§ 283–283c StGB enthält (BGH NZI 2014, 817; Uhlenbruck/*Sternal* Rn. 3). Nach Insolvenzeröffnung **neu begründete Verbindlichkeiten** oder aus dem unpfändbaren Einkommen **beglichene Insolvenzforderungen** (BGH NZI 2010, 223) können entgegen einer weit verbreiteten Annahme ebenfalls nicht zu einer Versagung der Restschuldbefreiung führen. Wenn der Schuldner **keine Steuererklärung** abgibt, erfüllt er den Tatbestand des Absatz 1 Nr. 2 mangels unrichtiger schriftlicher Angaben nicht und verhält sich somit nicht unredlich (BGH NZI 2003, 449; FK-InsO/*Ahrens* Rn. 54). 5

3. Verfahrensablauf. Die Insolvenzgläubiger können Versagungsgründe gem. Absatz 2 schriftlich bis zum Schlusstermin oder bei schriftlicher Verfahrensführung bis zu dem gesetzten Termin glaubhaft machen und die Versagung der Restschuldbefreiung beantragen. Nur wenn einem Insolvenzgläubiger die Glaubhaftmachung eines Versagungsgrundes gelingt und der Versagungsantrag damit zulässig ist (BGHZ 156, 139), ermittelt das Gericht anschließend **von Amts wegen,** ob der Versagungsgrund vorliegt und entscheidet über den Versagungsantrag per Beschluss gem. Absatz 1 Hs. 1/Absatz 2 Satz 2. Ist der Restschuldbefreiungsantrag zulässig und liegen nach Ansicht des Gerichts keine Versagungsgründe vor, ist der Versagungsantrag zurückzuweisen (HambK-InsO/*Streck* Rn. 51). Liegt ein Versagungsgrund vor, ist die Restschuldbefreiung zu versagen. **Zuständig** für die Entscheidung über die Versagung ist der Richter (→ Rn. 60). 6

4. Entscheidung des Gerichts. Gem. Absatz 2 Satz 2 hat die Entscheidung über den Versagungsantrag nach dem Schlusstermin zu erfolgen. Somit können Versagungsanträge zwar jederzeit gestellt werden, werden aber zunächst nicht beschieden. Dieser für alle Beteiligten missliche Zustand wird zu Recht kritisiert (*Henning* ZVI 2014, 7). Zur Verfahrensvereinfachung wird die sofortige Verwerfung offensichtlich unzulässiger Versagungsanträge für zulässig gehalten (*Laroche/Siebert* NZI 2014; 543; *Frind* NZI 2013, 732; HambK-InsO/*Streck* Rn. 6) oder auch die sofortige Versagung der Restschuldbefreiung (AG Göttingen NZI 2014, 1054; ablehnend *Waltenberger* ZInsO 2015, 72). Angesichts des eindeutigen Wortlauts der Vorschrift ist aber zu bezweifeln, ob so vorgegangen werden kann. 7

III. Allgemeine Verfahrensregeln

1. Kontradiktorisches Verfahren. Das Verfahren über die Versagung der Restschuldbefreiung ist im Wesentlichen kontradiktorisch ausgestaltet (BGH NZI 2009, 523). Der Gläubiger muss daher die Versagung beantragen und die behaupteten Gründe schlüssig vortragen und glaubhaft machen, der Schuldner muss die 8

Verwerfung oder Zurückweisung des Antrages beantragen und auf die vorgetragenen Gründe erwidern. Unterlässt er die Erwiderung, gilt der Vortrag des Gläubigers als zugestanden (BGH NZI 2009, 256; HK-InsO/*Waltenberger* aF Rn. 50). Dies gilt sowohl bei mündlicher als auch bei schriftlicher Verfahrensführung. Für eine Ermittlung von Amts wegen ist dann kein Raum mehr und die Restschuldbefreiung ist zu versagen. Bestreitet der Schuldner das Vorliegen eines Versagungsgrundes, prüft das Gericht im Wege der **Amtsermittlung** nach § 5 Abs. 1, ob der Versagungsgrund vorliegt. Trotz Geltung des Amtsermittlungsgrundsatzes trägt aber der Gläubiger die Feststellungslast (BGHZ 156, 139 = NJW 2003, 3558; FK-InsO/*Ahrens* Rn. 225). Die Amtsermittlung ist zudem auf den vom Gläubiger vorgebrachten Versagungsgrund beschränkt (BGH NZI 2008, 48 = NJW-Spezial 2008, 22). Das Verfahren über die Versagung der Restschuldbefreiung ähnelt hinsichtlich der Verbindung von kontradiktorischem Verfahren und Amtsermittlung den Verfahren der §§ 606 ff. und 640 ff. ZPO und ist somit zivilprozessual keine Besonderheit (BGHZ 156, 139 = NJW 2003, 3558).

9 Aus der kontradiktorischen Ausgestaltung des Versagungsverfahrens folgt auch, dass dem Schuldner gem. § 4a Abs. 2 S. 1 auf seinen Antrag hin ein **Rechtsanwalt beizuordnen** ist (FK-InsO/*Kothe* § 4a Rn. 44). Denn trotz der dem Gericht obliegenden Fürsorgepflicht ist die Beiordnung nach den Grundsätzen der Waffengleichheit geboten (BT-Drs. 14/5680, 21).

10 **2. Der Regelfall des redlichen Schuldner.** Die **Gesetzesstruktur** geht vom redlichen Schuldner als Regelfall und von der Versagung der Restschuldbefreiung als Ausnahme aus (BGH NZI 2003, 662; FK-InsO/*Ahrens* Rn. 8). Nur wenn das Gericht iSd § 286 Abs. 1 ZPO zur vollen Überzeugung kommt, dass ein Versagungsgrund vorliegt, darf die Versagung erfolgen (BGHZ 156, 139 = NJW 2003, 3558). Kann das Gericht den erhobenen und glaubhaft gemachten Vorwurf im Wege der Amtsermittlung nicht aufklären oder bleiben Zweifel, geht dies zu Lasten des antragstellenden Gläubigers und die Restschuldbefreiung ist zu erteilen (FK-InsO/*Ahrens* Rn. 225).

11 **3. Verschulden des Vertreters.** Im Zivilprozess muss sich die Partei gem. § 85 Abs. 2 ZPO das Verschulden eines Bevollmächtigten zurechnen lassen. Diese Vorschrift kann aber im Verfahren über die Restschuldbefreiung weder über § 4 noch von ihrem Rechtsgedanken her zur Anwendung kommen (BGH NJW 2011, 1229 = NZI 2011, 254; HambK-InsO/*Streck* Rn. 48). Denn der Versagungsgrund muss nach Sinn und Zweck der Versagung in der **Person des Schuldners** entstehen. Aus einem Fehlverhalten eines Vertreters lässt sich aber nicht schließen, ob der Schuldner redlich oder unredlich ist.

12 **4. Verhältnismäßigkeit der Versagung.** Die Versagung der Restschuldbefreiung muss bezogen auf den Einzelfall verhältnismäßig sein (BGH NZI 2005, 233; 2011, 114 = ZIP 2011, 133; BGH NJW-RR 2009, 706 = NZI 2009, 253; BGH ZVI 2011, 190 = WM 2011, 416; HambK-InsO/*Streck* Rn. 41). Ganz unwesentliche Verstöße dürfen nicht zu einer Versagung führen, da dies rechtsmissbräuchlich wäre (BT-Drs. 12/7302, 188 zu § 346k). Eine **Unverhältnismäßigkeit der Versagung** ist bspw. anzunehmen, wenn sehr geringe Vermögenswerte betroffen sind. Einheitliche Grenzen lassen sich hierzu allerdings nicht festsetzen, da auf die Gesamtumstände des Einzelfalles abzustellen ist (BGH NZI 2005, 233). Die Nichtangabe eines Vermögenswertes in Höhe von 409,03 EUR kann im Einzelfall noch ein ganz unwesentlicher Verstoß sein (BGH NZI 2005, 233). Die Unverhältnismäßigkeit kann auch aus dem **Verhalten des Schuldners nach der Pflichtwidrigkeit** folgen. Korrigiert der Schuldner sein Fehlverhalten, bevor es bekannt wird, gilt es als geheilt (BGHZ 08, 623; BGH 22.10.2009 – IX ZB 9/09, BeckRS 2009, 29638; BGH ZVI 2011, 190 = WM 2011, 416). Unerlässliche

Voraussetzung dieser Heilung ist, dass die Gläubiger von dem Fehlverhalten noch keine Kenntnis haben und ein Versagungsantrag durch einen Gläubiger noch nicht gestellt wurde.

5. Entscheidungserheblicher Sachverhalt. Aus dem Grundsatz der **Gläubigerautonomie** folgt hinsichtlich der Versagung der Restschuldbefreiung, dass diese nur auf einen Grund gestützt werden darf, der von einem Gläubiger auch vorgetragen wurde (BGH NZI 2008, 48 = NJW-Spezial 2008, 22; Uhlenbruck/*Sternal* Rn. 5). Das Gericht kann folglich die Versagung nicht auf einen ihm bekannten, von einem Gläubiger aber nicht vorgetragenen Grund stützen (HambK-InsO/*Streck* Rn. 12). Insofern hat das Gericht bei der **Amtsermittlung** und seiner folgenden Entscheidung zu beachten, ob die ihm bekannt gewordenen und der Entscheidung zugrunde gelegten Tatsachen dem vom Gläubiger vorgetragenen Lebenssachverhalt zugeordnet werden können (HambK-InsO/*Streck* Rn. 7). Hat das Gericht bei seiner Versagungsentscheidung einen vom Gläubiger vorgebrachten und glaubhaft gemachten Grund nicht berücksichtigt, kann das **Beschwerdegericht** die Versagung der Restschuldbefreiung gleichwohl auf diesen Grund stützen, da es vollständige zweite Tatsacheninstanz ist (BGH NZI 2009, 864). 13

6. Nachschieben von Gründen. Ein Nachschieben von Gründen durch den Gläubiger ist im Versagungsverfahren nach dem Schlusstermin oder dem festgesetzten Stichtag ausgeschlossen (BGH NZI 2009, 64; VuR 2010, 187; FK-InsO/*Ahrens* Rn. 202; Uhlenbruck/*Sternal* Rn. 15). Dies folgt aus der vom Gesetzgeber mit dem Schlusstermin bewusst gesetzten Zäsur im Versagungsverfahren (BGH NZI 2009, 64), die auch der Verfahrensbeschleunigung dient. Wenn dem Gläubiger der Versagungsgrund belegbar erst nach dem Schlusstermin bekannt wird, hat er die Möglichkeit der Antragstellung gem. § 297a. 14

7. Beeinträchtigung der Gläubigerbefriedigung. Die **Versagungsgründe des Absatz 1 Nr. 1, 2 und 3** setzen schon von ihrem Inhalt und Normzweck her eine Beeinträchtigung der Gläubigerbefriedigung nicht voraus, da durch sie strafbares oder bewusst täuschendes Verhalten des Schuldners sanktioniert wird. Der **Versagungsgrund des Absatz 1 Nr. 4** setzt dagegen vom Wortlaut her eine Beeinträchtigung der Gläubigerbefriedigung gerade voraus, so dass bspw. Ausgaben des Schuldners aus dem Unpfändbaren nicht zu einer Verwirklichung des Tatbestandes führen können (FK-InsO/*Ahrens* Rn. 98). 15

Umstr. ist, ob die **Versagungsgründe des Absatz 1 Nr. 5 und 6** eine Beeinträchtigung der Gläubigerbefriedigung voraussetzen. Ein Teil von Rspr. und Lit. sehen zutr. ein entsprechendes **ungeschriebenes Tatbestandsmerkmal,** da eine bloße Bestrafung des Schuldners kaum Sinn und Aufgabe der Regelungen ist (FK-InsO/*Ahrens* Rn. 7; AG Memmingen ZVI 2004, 630). Der BGH verneint allerdings das gesonderte Erfordernis der Beeinträchtigung der Gläubigerbefriedigung (BGH NJW-RR 2009, 706 = NZI 2009, 253). Diese sei nicht mit Sinn und Zweck der Vorschrift zu vereinbaren, die den Schuldner zu einer uneingeschränkten und vorbehaltlosen Einhaltung der Pflichten anhalten wolle. Wichtige Umstände solle der Schuldner von sich aus ohne besondere Nachfrage offenbaren. Hierzu passe es nicht, wenn der Schuldner selbst abwägen könne, ob durch seine Mitwirkung die Gläubigerbefriedigung beeinträchtige werde oder nicht. Restschuldbefreiung könne nur der Schuldner erhalten, der sich seinen Gläubigern gegenüber nichts habe zu schulden kommen lassen. Mit Blick auf die **Gesamtsystematik der Versagung der Restschuldbefreiung** überzeugt diese Ansicht nicht. Nach §§ 296 Abs. 1 S. 1 Hs. 1 und 4c Nr. 4 ist die Versagung der Restschuldbefreiung in der Wohlverhaltensperiode oder die Aufhebung der Stundung der Verfahrenskosten im eröffneten Verfahren und in der Wohlverhaltensphase 16 ausdrücklich an eine Beeinträchtigung der Gläubigerbefriedigung geknüpft (zu § 4c BGH ZInsO 2010, 1153 = VuR 2011, 101). Die hier kritisierte Ansicht des BGH (BGH NJW-RR 2009, 706 = NZI 2009, 253) führt daher zu dem rechtspraktisch wenig überzeugenden Ergebnis, dass dem Schuldner, der eine neue Wohnanschrift nicht mitgeteilt hat, im eröffneten Verfahren die Restschuldbefreiung auch ohne, in der Wohlverhaltensphase aber nur mit zusätzlicher Beeinträchtigung der Gläubigerbefriedigung versagt werden kann. In einer weiteren Entscheidung zu § 4c Nr. 4 betont der BGH zudem ausdrücklich, dass das dem Schuldner hinsichtlich der Erteilung der Restschuldbefreiung abverlangte Verhalten keinen erzieherischen Selbstzweck erfüllen solle, sondern allein mit Blick auf die Gläubigerbefriedigung verlangt werde (BGH NZI 2009, 899). Dieser Vorgabe sollte auch bei der Frage des Erfordernis einer Beeinträchtigung der Gläubigerbefriedigung gefolgt werden.

IV. Zulässigkeit des Versagungsantrags

17 **1. Antrag eines Insolvenzgläubigers.** Die Restschuldbefreiung kann nur auf Gläubigerantrag hin versagt werden. Eine Versagung von Amts wegen oder auf Antrag des Insolvenzverwalters ist nicht zulässig (Uhlenbruck/*Sternal* Rn. 5; HambK-InsO/*Streck* Rn. 4). Gleichwohl ist der **Insolvenzverwalter** nicht zwingend neutral, da dies seiner Rolle im Verfahren und seinen Aufgaben, bspw. aus § 292 Abs. 2, kaum entsprechen dürfte (BGH NZI 2010, 781; aA AG Hamburg ZInsO 2004, 1324). Er kann daher Informationen zu Versagungsanträgen an Insolvenzgläubiger weitergeben und Versagungsanträge anregen, ist hierzu aber nicht verpflichtet. Seine **grundsätzliche Unabhängigkeit** sollte er bei jedem Vorgehen beachtet.

18 **Antragsberechtigt** ist gem. Absatz 1 Satz 1 nur ein Insolvenzgläubiger, der eine Forderung angemeldet hat. Nicht erforderlich ist die Teilnahme an der Schlussverteilung (BGH NZI 2009, 856 = WM 2009, 2234). Ist der Gläubiger ein Insolvenzverwalter, bleibt er auch antragsberechtigt, wenn das Insolvenzverfahren aufgehoben und die Nachtragsverteilung vorbehalten bleibt (BGH WM 2015, 1297). Auch **absonderungsberechtigte Gläubiger** sind antragsberechtigt (HambK-InsO/*Streck* Rn. 2), wenn sie ihren Ausfall glaubhaft machen (BGH NZI 2012, 892). Ein **Bestreiten der Forderung** durch den Verwalter hindert die Antragsbefugnis nicht (BGH NZI 2015, 516; aA HambK-InsO/*Streck* Rn. 2). Ein **Widerspruch des Schuldners** steht der Antragsberechtigung nicht entgegen, da dieser Widerspruch gem. § 201 Abs. 2 nur Bedeutung nach Verfahrensaufhebung hat. Der antragstellende Insolvenzgläubiger muss nicht vom Fehlverhalten des Schuldners direkt betroffen sein (BGH NZI 2007, 357; Uhlenbruck/*Sternal* Rn. 8).

19 Gläubiger können sich bei Antragstellung nach allg. Regeln anwaltlich vertreten lassen. **Inkassounternehmen** sind gem. § 305 Abs. 4 S. 2 nur zur Vertretung des Gläubigers im Verbraucherinsolvenzverfahren berechtigt (Uhlenbruck/*Sternal* Rn. 9). Im Falle der Anmeldung einer eigenen Forderung gilt dies allerdings nicht. **Schuldnerberatungsstellen** als anerkannte Stellen nach § 305 Abs. 1 Nr. 1 sind gem. § 305 Abs. 4 berechtigt, den Schuldner im Versagungsverfahren zu vertreten.

20 **2. Form und Zeitpunkt des Antrages.** Der Antrag kann gem. §§ 290 Abs. 2 bis zum **Schlusstermin schriftlich gestellt werden.** Bei mündlicher Verfahrensführung kann er auch mündlich im Schlusstermin gestellt werden (FK-InsO/Ahrens Rn. 178; Frind NZI 2013, 729; BT-Drs. 17/11268, 24). Bei **schriftlicher Verhandlungsführung** gem. § 5 Abs. 2 S. 2 ist der Antrag schriftlich bis zum gesetzten Stichtag zu stellen, wobei die Voraussetzungen eines bestimmenden

Schriftsatzes zu erfüllen sind (Uhlenbruck/*Sternal* Rn. 9). Da im **masseunzulänglichen Verfahren** ein Schlusstermin nicht stattfindet, hat das Gericht eine den Schlusstermin in diesem Fall ersetzende Gläubigerversammlung durchzuführen, in der die Versagung zu beantragen ist (BGH ZVI 2009, 346), oder es hat im schriftlichen Verfahren die Möglichkeit zur Antragstellung zu geben.

Nach dem Schlusstermin oder dem im schriftlichen Verfahren gesetzten Stichtag ist eine Antragstellung ausgeschlossen, wenn dem Gläubiger der Versagungsgrund schon bekannt war (→ Rn. 13; FK-InsO/*Ahrens* Rn. 86). Dies gilt auch, wenn der Gläubiger sich darauf beruft, keine Kenntnis von Insolvenzverfahren und Schlusstermin gehabt zu haben. War dem Gläubiger der Versagungsantrag bekannt, aber hat er die im Internet erfolgte Anhörung versäumt, ist er ausgeschlossen. Denn der Eröffnungsbeschluss ist gem. § 30 Abs. 1 öffentlich bekannt zu machen und ist damit gem. § 9 Abs. 3 den Beteiligten auch zugestellt worden (BGH NZI 2009, 66). Unkenntnis des Verfahrens kann daher nicht vorliegen. Nach Ansicht des BGH bleibt dem Gläubiger hier nur ein möglicher **Anspruch aus § 826 BGB** (BGH NZI 2009, 66). Eine **Wiedereinsetzung** bei unverschuldeter Versäumung von Schlusstermin oder Stichtag ist nicht möglich, da eine Notfrist nach § 224 Abs. 1 S. 2 ZPO nicht vorliegt (Uhlenbruck/*Sternal* Rn. 18; FK-InsO/*Ahrens* Rn. 206). Anderes kann bei einer fehlerhaften Veröffentlichung gelten (BGH NJW-RR 2014, 369). Der Gläubiger kann einen Antrag nach § 297a stellen, wenn er erst nach dem Schlusstermin von dem Versagungsgrund erfahren hat und dies glaubhaft machen kann. 21

3. Glaubhaftmachung des Antrages. a) Glaubhaftmachung gem. § 294 ZPO. Ein Versagungsantrag ist gem. § 290 Abs. 2 nur zulässig, wenn er vom antragstellenden Gläubiger glaubhaft gemacht wird. Die **Glaubhaftmachung** ist hier prozessrechtlich zu verstehen (BGHZ 156, 139 = NJW 2003, 3558; FK-InsO/*Ahrens* Rn. 213) und nicht wie vereinzelt vertreten wird, als besondere Art der Glaubhaftmachung, die lediglich eine plausible Darstellung des Sachverhaltes erfordert (so *Bruckmann,* Verbraucherinsolvenz in der Praxis, § 4 Rn. 41). Über § 4 findet § 294 ZPO Anwendung (BGHZ 156, 139 = NJW 2003, 3558; HambK-InsO/*Streck* Rn. 10). Es ist damit zunächst allein Sache des antragstellenden Gläubigers, die Beweismittel zur Glaubhaftmachung beizubringen. Die **Amtsermittlung** setzt erst ein, wenn nach Ansicht des Gerichts die Glaubhaftmachung gelungen ist (BGHZ 156, 139 = NJW 2003, 3558; FK-InsO/*Ahrens* Rn. 224). Der Gläubiger kann sich aller üblichen Beweismittel nach §§ 355–455 ZPO einschl. der eidesstattlichen Versicherung bedienen (HambK-InsO/*Streck* Rn. 10). Die Glaubhaftmachung erfordert nicht die volle Überzeugung des Gerichts iSd § 286 Abs. 1 ZPO, sondern es genügt, dass eine überwiegende Wahrscheinlichkeit für den vorgetragenen Sachverhalt spricht (BGHZ 156, 139 = NJW 2003, 3558; FK-InsO/*Ahrens* Rn. 215). Auch **die subjektiven Tatbestandsmerkmale** der groben Fahrlässigkeit oder des Vorsatzes müssen grds. glaubhaft gemacht werden (Uhlenbruck/*Sternal* Rn. 23; AG Göttingen ZVI 2007, 330). Der Gläubiger muss zumindest darlegen, aus welchen Umständen auf grobe Fahrlässigkeit oder Vorsatz zu schließen ist. 22

Dem Schuldner steht die Möglichkeit der **Gegenglaubhaftmachung** zu (Uhlenbruck/*Sternal* Rn. 24; FK-InsO/*Ahrens* Rn. 215), mit der er die Glaubhaftmachung des Gläubigers erschüttern kann. Das Gericht hat in diesem Fall zu entscheiden, ob der Vortrag der Glaubhaftmachung oder der Gegenglaubhaftmachung wahrscheinlicher ist. Kommt das Gericht nicht zu der Überzeugung, dass die überwiegende Wahrscheinlichkeit für den Vortrag des Gläubigers spricht, hat es den Antrag als unzulässig zu verwerfen (FK-InsO/*Ahrens* Rn. 215). 23

b) Mittel der Glaubhaftmachung. Der Glaubhaftmachung dienen die üblichen **Beweismittel der ZPO.** Dies ist neben den Beweismittel des Strengbewei- 24 ses nach §§ 371 ff. ZPO auch die eidesstattliche Versicherung. Die Beweismittel müssen gem. § 294 Abs. 2 ZPO im Schlusstermin präsent sein, womit als Zeuge vor allen Dingen der Insolvenzverwalter/Treuhänder in Frage kommt (FK-InsO/*Ahrens* Rn. 214). Schriftstücke können auch als unbeglaubigte Kopie vorgelegt werden (FK-InsO/*Ahrens* Rn. 214; Uhlenbruck/*Sternal* Rn. 21). Hier kommen insbes. **Berichte des Insolvenzverwalters** in Betracht, wobei allerdings eine pauschale Bezugnahme nicht ausreicht. Der Gläubiger muss vielmehr den Versagungsgrund benennen und vortragen, aus welchen Ausführungen sich die Pflichtverletzung des Schuldners konkret ergibt (BGH NZI 2012, 330; Uhlenbruck/*Sternal* Rn. 22). Auch Strafbefehle können als Schriftstück zur Glaubhaftmachung vorgelegt werden (BGHZ 156, 139 = NJW 2003, 3558; FK-InsO/*Ahrens* Rn. 214). Eigene **Berichte oder Schriftstücke des Gläubigers,** die nicht vom Schuldner gegengezeichnet sind, sind lediglich einfacher Sachvortrag, der über eine eidesstattliche Versicherung glaubhaft gemacht werden muss. Diese eidesstattliche Versicherung kann auch mündlich im Schlusstermin abgegeben werden (Zöller/*Geimer*/*Greger* ZPO § 294 Rn. 4). **Fremdsprachige Schriftstücke** müssen samt beglaubigter Übersetzung vorgelegt werden, um gem. § 294 Abs. 2 ZPO präsent zu sein, wenn nicht dem Gericht und den Beteiligten die Übersetzung ohne weiteres möglich ist (Uhlenbruck/*Sternal* Rn. 21; FK-InsO/*Ahrens* Rn. 214).

25 **c) Zeitpunkt der Glaubhaftmachung.** Die Glaubhaftmachung des Versagungsgrundes hat nach dem eindeutigen Wortlaut des § 290 Abs. 2 **bis zum Schlusstermin** zu erfolgen und kann nicht nachgeholt werden (BGH ZVI 2006, 596; Uhlenbruck/*Sternal* Rn. 23; HambK-InsO/*Streck* Rn. 6; FK-InsO/*Ahrens* Rn. 216). Bis zum Schlusstermin kann ein gestellter Antrag aber jederzeit nachgebessert werden.

26 **d) Wegfall des Erfordernis der Glaubhaftmachung. Unstreitige Versagungsgründe** muss der Gläubiger nicht glaubhaft machen (→ Rn. 8). Sei es, dass der Schuldner den schlüssigen Gläubigervortrag nicht schriftlich bestreitet, sei es, dass er im Schlusstermin nicht anwesend ist. Der Vortrag des Gläubigers gilt dann nach allg. zivilprozessualen Regeln als zugestanden (BGH NZI 2009, 256; HK-InsO/*Waltenberger* aF Rn. 50). Das Gericht hat in diesem Fall nur die Schlüssigkeit des Vortrags des Gläubigers zu prüfen. Liegt diese vor, ist für eine Prüfung der Glaubhaftmachung und eine Ermittlung von Amts wegen kein Raum mehr. Die Restschuldbefreiung ist zu versagen.

27 Dies gilt auch bei **schriftlicher Verfahrensführung** gem. § 5 Abs. 2. Das Gericht hat den schriftlichen Versagungsantrag des Gläubigers zunächst dem Schuldner unter Fristsetzung zur Stellungnahme zuzusenden. Erwidert der Schuldner nicht oder bestreitet er den Vorwurf nicht, ist bei schlüssigem Vortrag eine Glaubhaftmachung nicht erforderlich und somit vom Gericht auch nicht zu prüfen.

V. Begründetheit

28 Die Glaubhaftmachung ist im Versagungsverfahren lediglich eine Zulässigkeitsvoraussetzung. Ihr Vorliegen führt daher noch nicht zur Begründetheit des Versagungsantrages (FK-InsO/*Ahrens* Rn. 224). Nur wenn das Gericht nach erfolgreicher Glaubhaftmachung im Wege der **Amtsermittlung zur vollen Überzeugung iSd § 286 Abs. 1 ZPO** kommt, dass ein Versagungsgrund vorliegt, kann die Versagung erfolgen (BGHZ 156, 139 = NJW 2003, 3558). So kann zur Glaubhaftmachung einer Leistungsvermeidung nach Absatz 1 Nr. 2 die Vorlage einer zur Hauptverhandlung zugelassenen Anklageschrift ausreichen, die Versagung der Restschuldbefreiung kann das Insolvenzgericht aber nur auf einen

anschließend selbst ermittelten Sachverhalt stützen (BGH NZI 2010, 576). Kann das Gericht den erhobenen und glaubhaft gemachten Vorwurf im Wege der Amtsermittlung nicht aufklären oder bleiben Zweifel, geht dies zu Lasten des antragstellenden Gläubigers und die Restschuldbefreiung ist zu erteilen (FK-InsO/*Ahrens* Rn. 225).

VI. Erwiderung des Schuldners

Auch der Schuldner muss **bis zum Schlusstermin** oder bei schriftlich geführtem Verfahren **innerhalb der gesetzten Frist** zum Versagungsantrag des Gläubigers vortragen (BGH NZI 2009, 256; HambK-InsO/*Streck* Rn. 11). Der Schuldner ist daher zwingend zum Versagungsantrag anzuhören (FK-InsO/*Ahrens* Rn. 208). Nur ein unschlüssiger Versagungsantrag kann vom Gericht auch ohne Anhörung des Schuldners verworfen werden. Bietet der Schuldner einen Zeugenbeweis an, hat ihn das Gericht zu berücksichtigen (BGH NZI 2013, 1095). Schlüssig vorgetragene aber nicht glaubhaft gemachte Tatsachen, die der Schuldner nicht im Schlusstermin oder innerhalb der Frist bestreitet, gelten als zugestanden und damit unstreitig. Der Schuldner ist mit späterem Vortrag ebenso präkludiert (BGH NZI 2009, 256) wie der Gläubiger, der seinen Vortrag nicht spätestens bis zum Schlusstermin leistet (→ Rn. 25). 29

Wegen dieser weitreichenden Folgen einer unterlassenen Erwiderung hat der BGH zu Recht im Wege der Rechtsfortbildung die **Pflicht des Gerichts** festgestellt, den Schuldner vor dem Schlusstermin auf die Möglichkeit der Versagungsantragstellung durch einen Gläubiger und die nur bis zum Schlusstermin bestehende Gelegenheit zur Erwiderung auf diesen Versagungsantrag hinzuweisen (BGH WM 2011, 837; *Vallender* VIA 2009, 1). Unterlässt das Insolvenzgericht diesen Hinweis, kann der Schuldner auch noch nach dem Schlusstermin auf den Versagungsantrag erwidern. 30

VII. Antragsrücknahme

Der Versagungsantrag kann vom antragstellenden Gläubiger **jederzeit bis zur Rechtskraft der Entscheidung** des Gerichts zurückgenommen werden (BGH NJW-RR 2010, 1496 = NZI 2010, 780; Uhlenbruck/*Sternal* Rn. 10). Die Rücknahme löst die **Kostenfolge** des § 269 Abs. 3 ZPO aus, der hier über § 4 gilt (MüKoInsO/*Ganter* § 4 Rn. 54). Der Gläubiger kann die Hauptsache auch für erledigt erklären, um diese Kostenfolge zu vermeiden (Uhlenbruck/*Sternal* Rn. 10). Die Rücknahme des Versagungsantrags hat gegenüber dem Gericht zu erfolgen, bei dem das Verfahren zur Zeit der Rücknahme anhängig ist (BGH NJW-RR 2010, 1496 = NZI 2010, 780). 31

VIII. Die einzelnen Versagungsgründe

1. Verurteilung wegen einer Insolvenzstraftat Absatz 1 Nr. 1. Eine Versagung setzt die Verurteilung wegen § 283 StGB (Bankrott), § 283a StGB (besonders schwerer Fall des Bankrotts), § 283b StGB (Verletzung der Buchführungspflicht) oder § 283c StGB (Gläubigerbegünstigung) voraus. Diese **Aufzählung ist abschließend** (BGH NZI 2014, 817; HambK-InsO/*Streck* Rn. 10). Das Vorliegen anderer, ebenfalls insolvenzbezogener Straftaten gem. §§ 15a Abs. 4, 266a StGB oder 370 AO kann nicht zur Versagung führen (BGH NJW- Spezial 2011, 311 = NZI 2011, 149; FK-InsO/*Ahrens* Rn. 34). Die **Verurteilung wegen Versuchs** (HambK-InsO/*Streck* Rn. 15) reicht ebenso aus wie die fahrlässige Begehung (FK-InsO/Ahrens Rn. 32) oder die Verurteilung im Strafbefehlsverfahren (FK-InsO/*Ahrens* Rn. 35). Eine mit an Sicherheit grenzende Wahrschein- 32 lichkeit der Verurteilung reicht nach dem eindeutigen Wortlaut der Norm aber nicht aus (aA AG Lüneburg ZVI 2004, 56 = ZInsO 2003, 1108), ebenso nicht eine Einstellung des Verfahrens nach §§ 153, 153a StPO (FK-InsO/*Ahrens* Rn. 36). Die **Verwarnung unter Strafvorbehalt** ist keine Verurteilung iSd Abs. 1 Nr. 1, da der Tatbestand seit die Einfügung der Bagatellgrenze zum 1.7.2014 die Verurteilung zu einer Geldstrafe oder einer Gefängnisstrafe voraussetzt (HambK-InsO/*Streck* Rn. 22 mit zutreffendem Hinweis auf BGH WM 2012, 553 = ZInsO 2012, 543).

33 Die Verurteilung muss zum **Zeitpunkt der Antragstellung** im Schlusstermin rechtskräftig sein (FK-InsO/*Ahrens* Rn. 14; Uhlenbruck/*Sternal* Rn. 34). Wird die Verurteilung erst nach dem Schlusstermin rechtskräftig, ist eine Versagung nur nach § 297 möglich. Eine vor dem Schlusstermin rechtskräftig gewordene Verurteilung kann nur in einem Versagungsverfahren nach § 290 Abs. 1 geltend gemacht werden, da der Gläubiger mit einem späteren Vorbringen präkludiert ist (FK-InsO/*Ahrens* Rn. 14). Nur wenn der Gläubiger erst nach dem Schlusstermin von der vor dem Schlusstermin rechtskräftig gewordenen Verurteilung erfährt, kann er gem. § 297a die Versagung beantragen. Eine Aussetzung des Insolvenzverfahrens gem. § 148 ZPO, um das strafrechtliche Urteil abzuwarten, ist nicht zulässig (BGH NZI 2006, 642; FK-InsO/*Ahrens* Rn. 37). Es ist nicht erforderlich, dass die Straftat mit dem **konkreten Insolvenzverfahren in Zusammenhang** steht (BGH NJW 2003, 974 = NZI 2003, 163; HambK-InsO/*Streck* Rn. 15). Jeder Insolvenzgläubiger, nicht nur der von der Straftat betroffene, kann die Versagung gestützt auf Absatz 1 Nr. 1 beantragen (FK-InsO/*Ahrens* Rn. 38).

34 Der Versagungstatbestand des Absatz 1 Nr. 1 enthält im Gegensatz zur früheren Regelung **eine zeitliche Befristung** von fünf Jahren. Hiermit wurden die Fristen der Versagungsgründe des Absatz 1 harmonisiert (Gesetzesbegründung BT-Drs. 17/11268, 26). Mit der weiteren Änderung durch Einfügung der Begrenzung „zu einer Geldstrafe von mehr als 90 Tagessätzen oder einer Freiheitsstrafe von mehr als drei Monaten" zieht der Gesetzgeber zudem eine angebrachte Erheblichkeitsgrenze, nach der Verurteilungen wegen unbedeutender Straftaten keine Auswirkungen auf die Erteilung der Restschuldbefreiung mehr haben (Gesetzesbegründung BT-Drs. 17/11268, 26). Auf die Regelungen der **§§ 45 ff. Bundeszentralregistergesetz** ist nach der Neufassung der Vorschrift nicht mehr abzustellen (HambK-InsO/*Streck* Rn. 15).

35 **2. Unrichtige oder unvollständige Angaben Absatz 1 Nr. 2.** Die Norm sanktioniert den Schuldner, der in den letzten drei Jahren vor Insolvenzantragstellung oder nach diesem Antrag falsche Angaben gemacht hat, um Leistungen zu erhalten oder eigene Zahlungen zu vermeiden. Am häufigsten dürften **falsche Angaben bei der Kreditvergabe** (HambK-InsO/*Streck* Rn. 16) und **Steuerhinterziehung** (BGH NJW-Spezial 2011, 311 = NZI 2011, 149; BGH NJW-Spezial 2010, 535 = NZI 2010, 576) vorgetragen werden. Die Verwirklichung des Tatbestandes kann unabhängig davon erfolgen, ob gleichzeitig eine Straftat des Schuldners vorliegt, denn Absatz 1 Nr. 1 hat im Verhältnis zu Absatz 1 Nr. 2 keine Sperrwirkung (BGH NJW-Spezial 2011, 311 = NZI 2011, 149). **Antragsberechtigt ist jeder Insolvenzgläubiger** und nicht nur der vom unredlichen Verhalten konkret betroffene (BGH NZI 2007, 357; Uhlenbruck/*Sternal* Rn. 8).

36 **a) Objektiver Tatbestand.** Der Schuldner macht **unrichtige oder unvollständige Angaben,** wenn diese nicht der Wirklichkeit entsprechen (FK-InsO/*Ahrens* Rn. 48) oder durch die Nichtangabe wesentlicher Umstände ein falsches Gesamtbild entsteht (Uhlenbruck/*Sternal* Rn. 47). Die bloße Erklärung des Schuldners in der Bestätigung eines Darlehensvertrags, die fälligen Raten zahlen zu wollen, ist aber nicht gleichzeitig die Erklärung, in geordneten wirtschaftlichen Verhältnissen zu leben (LG Göttingen ZInsO 2001, 379). Nimmt der Schuldner

in einem Vertragsformular in dem Feld für »bestehende Verbindlichkeiten« keine Eintragung vor und lässt das Feld offen, liegt noch keine unwahre oder unvollständige Angabe vor (AG Berlin-Lichtenberg ZVI 2004, 541). Verneint der Schuldner hingegen bei Aufnahme eines Kredits zur Finanzierung eines Kfz schriftlich im Kreditformular Vorschulden, wenn tatsächlich bereits Verbindlichkeiten in Höhe von 36.000 EUR vorliegen, sind ohne weiteres unrichtige Angaben anzunehmen (AG Landau ZVI 2004, 629). Der Schuldner macht nicht zugleich Angaben iSd des Absatz 1 Nr. 2, wenn er vorinsolvenzlich eine **Ratenzahlungsvereinbarung** abschließt, die er später nicht einhalten kann (LG Göttingen NZI 2010, 351).

Nur schriftliche Angaben fallen unter Absatz 1 Nr. 2 (FK-InsO/*Ahrens* Rn. 53). Die gegenüber einem Versandhaus bei einer telefonischen Bestellung abgegebenen Erklärungen erfüllen dieses Kriterium nicht. Auch eine **E-Mail** enthält keine schriftlichen Angaben (LG Halle NZI 2014, 618; wohl aA FK-InsO/*Ahrens* Rn. 55) Ebenso macht der Schuldner keine unrichtigen oder unvollständigen Angaben, wenn er **keine Steuererklärung** abgibt (BGH NJW-RR 2006, 913 = NZI 2006, 249). Der Schuldner muss die schriftliche Angabe **grds. persönlich** gemacht haben. Wenn aber Dritte mit Billigung des Schuldners dessen Erklärung niedergelegt haben, muss der Schuldner sich diese zurechnen lassen (BGH NZI 2006, 414; FK-InsO/*Ahrens* Rn. 56). Das bloße Überreichen von Unterlagen, bspw. einer vom Steuerberater erstellten BWA, ist keine eigene schriftliche Angabe des Schuldners (AG Göttingen ZInsO 2002, 784). Falsche Angaben gegenüber einem Vollstreckungsbeamten und das anschließende Unterzeichnen des Vollstreckungsprotokolls sind schriftlich unwahre Angaben (BGH JurBüro 2009, 103; ZVI 2008, 83). Nur Angaben des Schuldners über **seine eigenen wirtschaftlichen Verhältnisse** fallen unter Absatz 1 Nr. 2. Damit werden Angaben zu Dritten, die bei einer Kreditvergabe gebürgt haben, nicht erfasst (FK-InsO/*Ahrens* Rn. 60). Die wirtschaftlichen Verhältnisse des Schuldners werden durch sein Einkommen und sein Vermögen bestimmt (vgl. § 115 Abs. 1 ZPO; FK-InsO/*Ahrens* Rn. 58; Uhlenbruck/*Sternal* Rn. 44). 37

Die Angaben müssen **innerhalb der letzten drei Jahre** vor dem Insolvenzantrag oder nach diesem (BGH WM 2012, 182) gemacht worden sein. Die Fristberechnung erfolgt über § 4 nach allg. Regeln (FK-InsO/*Ahrens* Rn. 72). Die Frist beginnt mit Eingang der Erklärung beim Gläubiger bzw. Empfänger (FK-InsO/*Ahrens* Rn. 73). Hinsichtlich des Insolvenzantrages ist allein auf den **Antrag des Schuldners** und nicht auf einen uU auch vorliegenden Gläubigerantrag abzustellen, da nur der Schuldnerantrag das Restschuldbefreiungsverfahren auslösen kann (FK-InsO/*Ahrens* Rn. 72; AG Dortmund ZInsO 2009, 1077). Hat der Schuldner früher als drei Jahre vor der Insolvenzeröffnung unrichtige Angaben gemacht, führt ein Unterlassen der Berichtigung dieser falschen Angaben innerhalb der Dreijahresfrist auch dann nicht zur Versagung, wenn der Schuldner zur Richtigstellung gesetzlich verpflichtet war (BGH ZInsO 2003, 610; Uhlenbruck/*Sternal* Rn. 55). Neben die 3-Jahresfrist tritt keine weitere Zulässigkeitssperre des § 287a Abs. 2 (→ § 287a Rn. 6). Macht der Schuldner **nach Insolvenzeröffnung** bis zum Schlusstermin falsche Angaben gegenüber einem Neugläubiger, um einen Kredit zu erhalten, liegt der Versagungsgrund ebenfalls vor (BGH WM 2012, 182; FK-InsO/*Ahrens* Rn. 71). 38

Der Begriff **Kredit** ist weit zu verstehen (Uhlenbruck/*Sternal* Rn. 50; HambK-InsO/*Streck* Rn. 22). Gemeint ist neben dem eigentlichen Darlehen gem. § 488 BGB auch jede andere Form der Kreditierung, bspw. der Kredit bei einem Versandhauskauf auf Ratenzahlungsbasis oder der Zahlungsaufschub (FK-InsO/*Ahrens* Rn. 63; Uhlenbruck/*Sternal* Rn. 50). 39

Zu den Leistungen aus öffentlichen Mitteln sind **der Bezug von Hilfen zum Lebensunterhalt nach den Sozialgesetzbüchern** (FK-InsO/*Ahrens* 40

Rn. 64 f.), das Kinder- und Erziehungsgeld sowie alle weiteren Unterstützungen der öffentlichen Hand zu zählen (Uhlenbruck/*Sternal* Rn. 51). Gibt der Schuldner daher während des Bezuges von Arbeitslosengeld dem Arbeitsamt ein Nebeneinkommen nicht an, um eine Anrechnung des Nebeneinkommens auf das Arbeitslosengeld zu vermeiden, erfüllt er den Tatbestand (LG Stuttgart ZInsO 2001, 134).

41 Häufigstes Beispiel der **Vermeidung von Leistungen an öffentliche Kassen** dürfte die Steuerhinterziehung sein (BGH NJW- Spezial 2011, 311 = NZI 2011, 149; BGH NJW-Spezial 2010, 535 = NZI 2010, 576). Aber auch falsche Angaben iRd Bezuges von Erziehungsgeld (HambK-InsO/*Streck* Rn. 22) oder im Zusammenhang mit der Festsetzung von Kindergartenbeiträgen, Fehlbelegungsabgaben oder zurückzuzahlenden Sozialleistungen kommen in Betracht (FK-InsO/*Ahrens* Rn. 65).

42 **b) Subjektiver Tatbestand.** Der Schuldner muss zunächst vorsätzlich oder grob fahrlässig gehandelt haben. Hier gelten die üblichen zivilrechtlichen Definitionen. Demnach ist **Vorsatz** als Wissen und Wollen der Verwirklichung des jeweiligen Tatbestandes des § 290 Abs. 1 (FK-InsO/*Ahrens* Rn. 74; HambK-InsO/*Streck* Rn. 24), **grobe Fahrlässigkeit** als Verletzung der im Verkehr erforderlichen Sorgfalt in einem besonders schweren Maße (BGH NJW-Spezial 2009, 454 = NZI 2009, 395 = ZIP 2009, 1683; Uhlenbruck/*Sternal* Rn. 57) zu verstehen. Bei grober Fahrlässigkeit sind stets die **individuellen Verhältnisse des Schuldners** zu berücksichtigen (FK-InsO/*Ahrens* Rn. 75 ff.). So ist bei der Beurteilung des konkreten Verhaltens des Schuldners auch seine ggf. mangelnde Erfahrung oder seine fehlende intellektuelle Fähigkeit einzubeziehen, wenn bspw. ein schwer verständliches, umfangreiches oder unübliches Formular auszufüllen war (Uhlenbruck/*Sternal* Rn. 57). Irrt sich der Schuldner offensichtlich und nachvollziehbar bei dem Ausfüllen eines Formulars und gibt anstatt der Gesamtverschuldung die monatliche Ratenbelastung an, liegt keine grobe Fahrlässigkeit vor (AG Göttingen ZVI 2006, 219). Diese kann auch ausscheiden, wenn der Schuldner zum Zeitpunkt der Abgabe der Angaben den Überblick über seine wirtschaftlichen Verhältnisse bereits verloren hatte. Ebenso können unpräzise, schwer verständliche Anfragen einem grob fahrlässigem Verhalten entgegenstehen (BGH NJW-Spezial 2009, 454 = NZI 2009, 395 = ZIP 2009, 1683). Auch ein Vertrauen des Schuldner darauf, dass ein Kreditvermittler Angaben wie abgesprochen einfügt, die dieser dann unterlässt, ist nicht grds. grob fahrlässig (BGH NZI 2005, 687). Reicht ein getrennt lebender Ehepartner des Schuldners gefälschte Unterlagen direkt bei einem Gläubiger ein, nachdem dies zwischen den Anwälten der Eheleute so vereinbart wurde, handelt der Schuldner nicht grob fahrlässig, wenn er die Unterlagen vorher nicht noch einmal überprüft (BGH WM 2012, 182).

43 Da der Versagungsgrund des Absatz 1 Nr. 2 einen **zweigliedrigen subjektiven Tatbestand** enthält, muss neben Vorsatz oder grober Fahrlässigkeit auch ein **finales Handeln** des Schuldners zur Verwirklichung des angestrebten Zieles vorliegen, wie die Formulierung „um … zu" verdeutlicht (BGH NJW-Spezial 2008, 214 = NZI 2008, 195; HK-InsO/*Waltenberger* aF Rn. 15). Unterlässt der Schuldner daher die Angabe eines Vermögenswertes in der Zwangsvollstreckung, da er diesen wegen hoher Belastungen für den Gläubiger für wirtschaftlich wertlos hält, erfüllt er den Versagungstatbestand nicht (BGH NJW-Spezial 2008, 214 = NZI 2008, 195).

44 **3. Gestrichener Absatz 1 Nr. 3.** Die Streichung des Absatz 1 Nr. 3 folgt aus der Einfügung des § 287a. Die Sperrfristen wegen erteilter oder versagter Restschuldbefreiung werden jetzt bei der Prüfung der Zulässigkeit des Insolvenzantrags von Amts wegen geprüft.

4. Unangemessene Verbindlichkeiten, Vermögensverschwendung und verzögerte Antragstellung Absatz 1 Nr. 4. Der Versagungsgrund soll eine **Verringerung der Insolvenzmasse** verhindert bzw. sanktionieren (FK-InsO/*Ahrens* Rn. 82). Eine allgemeine Pflicht, vorhandenes Vermögen nicht zum Lebensunterhalt zu verwenden, sondern in das Insolvenzverfahren einzubringen, hat der Schuldner aber nicht (BGH NJW-RR 2007, 116 = NZI 2006, 712). Der Schuldner hat als natürliche Person **keine Kapitalerhaltungspflicht** (BGH NJW-Spezial 2011, 629 = NZI 2011, 641). Die Änderung des Absatz 1 Nr. 4 InsO dient der Harmonisierung der Fristen im Versagungsverfahren, die nun allg. bei drei, fünf und zehn Jahren liegen sollen (Gesetzesbegründung BT-Drs. 17/11268, 27). Der Versagungsgrund hat in der Praxis bislang kaum eine Rolle gespielt (*Grote/Pape* ZInsO 2013, 1433). 45

a) Objektiver Tatbestand. Unangemessene Verbindlichkeiten sind anzunehmen, wenn sie in der konkreten Lebenssituation des Schuldners außerhalb einer nachvollziehbaren Nutzungsentscheidung stehen und wirtschaftlich unvernünftig sind (FK-InsO/*Ahrens* Rn. 83; Uhlenbruck/*Sternal* Rn. 69). Hierbei ist eine subjektive Beurteilung aus Sicht des Schuldners vorzunehmen, wobei seine individuellen Lebens- und bisherigen Vermögensverhältnisse zu berücksichtigen sind (FK-InsO/*Ahrens* Rn. 84). Einen objektiven Maßstab kann es bei der Beurteilung nicht geben (AG Oldenburg ZVI 2003, 367). Eine Flugreise in die Türkei für 590 DM ist daher nicht ohne weiteres unangemessen (AG Bonn ZInsO 2001, 1070). Nimmt der Schuldner im Rahmen einer Umschuldung einen Kredit auf, um andere Verbindlichkeiten zu befriedigen, liegt eine unangemessene Verbindlichkeit ebenfalls nicht vor (AG Hamburg ZInsO 2002, 339). 46

Vermögensverschwendung liegt vor, wenn Vermögen nicht nachvollziehbar verbraucht und grob gegen Gebote der wirtschaftlichen Vernunft verstoßen wird (BGH NJW-Spezial 2011, 629 = NZI 2011, 641; AG Duisburg NZI 2007, 473). Hierzu gehört insbes. auch ein **unangemessen luxuriöser Lebensstil** (BGH NZI 2005, 233; Uhlenbruck/*Sternal* Rn. 70). Ein Schuldner, der im Bewusstsein seiner Zahlungsunfähigkeit einen Betrag von 2.000 EUR beim Glücksspiel einsetzt und verliert, verschwendet daher Vermögen (AG Duisburg JurBüro 2007, 329; AG Göttingen NZI 2010, 866). Die Begleichung einer Verbindlichkeit ist ohne Hinzutreten weiterer Umstände keine Vermögensverschwendung, da der Schuldner als natürliche Person keine Kapitalerhaltungspflicht hat (BGH NJW-RR 2009, 984 = NZI 2009, 325). Verkauft der Schuldner im Jahr vor Insolvenzantragstellung seine Pizzeria und verwendet 2.000 EUR des Verkaufserlöses zur Finanzierung einer Urlaubsreise nach Spanien, liegt Verschwendung vor (LG Düsseldorf ZVI 2004, 547). Die Ausschlagung einer Erbschaft ist keine Vermögensverschwendung, da dem Schuldner im Insolvenzverfahren gem. § 83 das Recht zur Ausschlagung als höchstpersönliches Recht zusteht (LG Mainz ZInsO 2003, 525; vgl. auch BGH NJW-RR 2010, 121 = NZI 2009, 563). Die unentgeltliche Überlassung eines Hauses kann eine Verschwendung sein (BGH 10.12.2009 – IX ZB 20/08, BeckRS 2010, 00345). Eine Schenkung von Vermögensgegenständen mit nicht unerheblichem Wert ohne nachvollziehbaren Anlass kommt als Verschwendung in Betracht (BGH NJW-Spezial 2011, 629 = NZI 2011, 641), während das Verbergen eines Vermögensgegenstandes den Begriff der Verschwendung nicht erfüllt (BGH NJW-Spezial 2011, 629 = NZI 2011, 641). 47

Die **Verfahrensverzögerung** ist ein schwer zu erfassender Versagungsgrund, da die Regelung nach dem Willen des Gesetzgebers **keine Insolvenzantragspflicht** für natürliche Personen festschreiben sollte (BT-Drs. 12/2443, 190; BGH NZI 2012, 330; AG Göttingen NZI 2015, 40; Uhlenbruck/*Sternal* Rn. 75). Welches Verhalten des Schuldners aber konkret vom Tatbestand erfasst und der Vorstellung des Gesetzgeber entspricht, den Schuldner davon abzuhalten „durch 48 eine Täuschung der Gläubiger über seine Vermögensverhältnisse oder in ähnlicher Weise zu verhindern, dass ein unvermeidliches Insolvenzverfahren rechtzeitig beantragt und eröffnet wird" konnte die Rspr. bislang nicht herausarbeiten (vgl. Uhlenbruck/*Sternal* Rn. 76). Trägt der Gläubiger vor, dass der Schuldner nach einer zivilrechtlichen Verurteilung seine Zahlungsunfähigkeit hätte erkennen und Insolvenzantrag hätte stellen müssen, reicht dies zur Versagung nicht aus (AG Oldenburg ZVI 2003, 483). Es müssen weitere Umstände hinzukommen. Ob dies der querulatorische Gebrauch von Rechtsmitteln sein kann (Uhlenbruck/*Sternal* Rn. 76), erscheint schon deshalb zweifelhaft, da er ebenfalls kaum eindeutig festzustellen sein dürfte.

49 Absatz 1 Nr. 4 setzt nach seinem Wortlaut eine **Beeinträchtigung der Gläubigerbefriedigung** zur Verwirklichung des Tatbestandes voraus. Es muss ein kausaler Zusammenhang zwischen dem Fehlverhalten des Schuldners und der beeinträchtigten Befriedigung bestehen. Erfolgen verschwenderische Ausgaben des Schuldners aus dem Unpfändbaren oder verzögert er die Eröffnung eines masseunzulänglichen Verfahrens, liegt keine Beeinträchtigung der Befriedigung vor (AG Coburg ZVI 2004, 313; FK-InsO/*Ahrens* Rn. 98). Der Schuldner muss **in den letzten drei Jahr vor dem Insolvenzantrag oder nach diesem Antrag** gehandelt haben. Die Fristberechnung erfolgt über § 4 gem. §§ 222 Abs. 1 ZPO, 187 f. BGB (FK-InsO/*Ahrens* Rn. 100). Aus der Formulierung „nach diesem Antrag" folgt, dass der Schuldner den Tatbestand bis zum Schlusstermin verwirklichen kann (BGH WM 2012, 182).

50 **b) Subjektiver Tatbestand.** Der Schuldner muss **vorsätzlich oder grob fahrlässig** gehandelt haben (hierzu → Rn. 42), aber nicht mit einer besonderen Verschwendungsabsicht (BGH NJW-Spezial 2011, 629 = NZI 2011, 641).

51 **5. Verletzung von Auskunfts- und Mitwirkungspflichten Absatz 1 Nr. 5. a) Objektiver Tatbestand.** Die Vorschrift betrifft nach ihrem Wortlaut nur die **Auskunfts- und Mitwirkungspflichten des Schuldners nach der InsO.** Diese folgen im Wesentlichen aus §§ 20, 97, 98 oder 101 (LG Duisburg NZI 2001, 384; FK-InsO/*Ahrens* Rn. 103). Erfüllt der Schuldner daher eine iRd Fortführung einer selbstständigen Tätigkeit mit dem Insolvenzverwalter getroffene Vereinbarung nicht, liegt eine Verletzung der gesetzlichen Mitwirkungspflichten nicht vor (BGH NJW 2003, 2167 = NZI 2003, 389).

Die Auskunfts- und Mitwirkungspflichten sind ab Insolvenzantragstellung bis zum Schlusstermin zu erfüllen (Gesetzesbegründung BT-Drs. 17/11268, 27). Diese jetzt eingefügte Klarstellung folgt der BGH-Rspr. (BGH NJW-Spezial 2008, 214; ZInsO 2011, 1223). Eine Beeinträchtigung der Gläubigerbefriedigung durch die Pflichtverletzung muss nicht vorliegen (→ Rn. 16).

52 Der Schuldner hat die **Auskunftspflicht,** die für das Verfahren wesentlichen Umstände von sich aus, ohne besondere Nachfrage offen zu legen (BGH NZI 2010, 264). Der Begriff der „das Verfahren betreffenden Verhältnisse" ist weit auszulegen (BGH ZInsO 2013, 138; FK-InsO/*Ahrens* Rn. 111) und nicht auf die Vermögensverhältnisse beschränkt. Der Schuldner hat daher auch die rechtskräftige Verurteilung zu einer Insolvenzstraftat anzugeben, wenn der zeitliche Rahmen des Abs. 1 Nr. 1 noch gegeben ist. Der Schuldner hat des Weiteren „konkrete Fragen des Treuhänders konkret zu beantworten" (BGH WM 2011, 321). Es ist auch „nicht Sache des Schuldners, seine Aktiva zu bewerten und von Angaben zu vermeintlich wertlosen Gegenständen abzusehen" (BGH WM 2011, 321). Allerdings wird gerade dem Verbraucherschuldner nicht immer die Bedeutung eines Umstandes für das Insolvenzverfahren bewusst sein, so bspw. die Auswirkung eigener Einkommen der ihm gegenüber unterhaltsberechtigten Familienmitglieder (vgl. BGH NJW-RR 2010, 254 = NZI 2010, 26). In solchen Fällen muss ein Ausgleich zwischen dem berechtigtem Auskunftsanspruch und dem Schutz des

Schuldners vor überzogenen Anforderungen auf der objektiven oder subjektiven Tatbestandsebene gefunden werden. Die **Mitteilung** hat unverzüglich und damit im Regelfall **innerhalb von 14 Tagen** zu erfolgen (BGH NZI 2010, 489 zu § 295 Abs. 1 Nr. 3).

Mitzuteilen sind vom Schuldner nach der Rspr. ein Wechsel der Wohn- 53
anschrift (BGH ZInsO 2008, 975), die für eine Anfechtung erheblichen Umstände (BGH NJW-Spezial 2010, 437 = NZI 2010, 264), der Erwerb von Vermögensgegenstände (BGH NJW-Spezial 2010, 437 = NZI 2010, 530), die Aufnahme einer selbstständigen oder abhängigen Tätigkeit (BGH NJW- Spezial 2010, 437 = NZI 2010, 530; BGH ZInsO 2009, 2162) und besondere Einnahmen wie Steuererstattungen, Schenkungen sowie miet- oder sozialrechtliche Rückerstattungen (BGH 3.2.2011 – IX ZB 192/09, BeckRS 2011, 03768). Ebenso ist eine Erbschaft anzuzeigen (LG Göttingen NZI 2004, 678). Auch eine in seinen Augen wertlose Forderungen muss der Schuldner angeben (BGH ZInsO 2007, 96). Er handelt aber uU nicht vorsätzlich oder grob fahrlässig, wenn er irrtümlich davon ausgeht, dass die Forderung nicht zu seinem Vermögen gehört (BGH NZI 2010, 911). Fragt der Insolvenzverwalter nur ganz allg. nach »Veränderungen der Vermögensverhältnisse« kann es nach den Umständen des Einzelfalles nicht vorwerfbar sein, den Wegfall einer Unterhaltsverpflichtung, die keinen Einfluss auf das pfändbare Einkommen hatte, nicht anzugeben (BGH NJW-Spezial 2009, 454 = NZI 2009, 395 = ZIP 2009, 1683). Zahlt der Schuldner, der in seiner massezugehörigen Immobilie lebt, keine Nutzungsentschädigung an den Insolvenzverwalter, liegt keine Verletzung der Mitwirkungspflicht vor (AG Göttingen ZInsO 2015, 470). Leitet der Schuldner entgegen einer Vereinbarung mit dem Verwalter pfändbare Einkommensanteile nicht weiter, verletzt er seine Mitwirkungspflicht (BGH NZI 2013, 904).

Die **Mitwirkungspflichten** überschneiden sich teilw. mit den Auskunftspflich- 54
ten, bspw. wenn Auskünfte verweigert oder Fragen nicht beantwortet werden. Eine genaue Unterscheidung ist aber nicht erforderlich. Abzugrenzen sind die Mitwirkungspflichten allerdings von einer **Mitarbeitspflicht** des Schuldners, die im Insolvenzverfahren nicht besteht (FK-InsO/*Ahrens* Rn. 126; Uhlenbruck/*Sternal* Rn. 89). Der Schuldner verletzt die Mitwirkungspflicht daher nicht, wenn er seine selbstständige Tätigkeit im Insolvenzverfahren nicht fortsetzt. Der Schuldner ist ebenso nicht verpflichtet, **Steuererklärungen** anzufertigen, auch nicht für vorinsolvenzliche Zeiten, da dies Aufgabe des Insolvenzverwalters/Treuhänders ist (BGHZ 160, 176 = NJW 2004, 2976; BGH NZI 2009, 327). Der Schuldner hat dem Insolvenzverwalter aber die für die Anfertigung der Erklärungen notwendigen Unterlagen vorzulegen (Uhlenbruck/*Sternal* Rn. 90). Ärzte und Psychologen haben zur Durchsetzung von Honorarforderungen Patientendaten herauszugeben (BGH NJW 2009, 1603 = NZI 2009, 444). Die Vorlage eines sog „Nullplanes" ist keine Verletzung der Mitwirkungspflichten (AG Hamburg NZI 2000, 336; sa BGH NZI 2014, 34). Der Schuldner ist verpflichtet, verfahrenswidrige Handlungen, wie die Vernichtung von Unterlagen oder die Verschiebung von Vermögenswerten zu unterlassen (BGH BeckRS 2011, 17763).

b) Subjektiver Tatbestand. Der Schuldner muss **vorsätzlich oder grob** 55
fahrlässig gehandelt haben (hierzu → Rn. 42). Ein grob fahrlässiges oder vorsätzliches Handeln kann ausscheiden, wenn sich der Schuldner über Umstände irrt (BGH NZI 2010, 911) oder die Bedeutung der Umstände aus seiner subjektiven Sicht nachvollziehbar nicht erkennen kann (BGH NJW-RR 2010, 254 = NZI 2010, 26).

6. Unrichtige oder unvollständige Angaben in Verzeichnissen nach 56
§§ 287 Abs. 1 S. 3, 305 Abs. 1 Nr. 3 Abs. 1 Nr. 6. a) Objektiver Tatbestand. Die Vorschrift betrifft nicht nur die vom Schuldner im **Verbraucherin-**

solvenzverfahren iSd §§ 304 ff. bei Insolvenzantragstellung vorzulegenden Verzeichnisse (Uhlenbruck/*Sternal* Rn. 102), sondern ebenfalls die auch im Regelinsolvenzverfahren beizubringende Erklärung gem. § 287 Abs. 1 S. 3 (FK-InsO/*Ahrens* Rn. 136). Falsche Angaben einer natürlichen Person in einem gerichtlichen Anhörungsbogen zu einem Regelinsolvenzverfahren fallen aber nicht hierunter. Der Versagungsgrund greift nicht, wenn der Schuldner zu einem späteren Verfahrenszeitpunkt unzutreffende Angaben macht. **Maßgeblicher Zeitpunkt** ist die Antragstellung mit dem Einreichen der Unterlagen (OLG Celle ZInsO 2001, 757). Da es sich um Angaben in Erklärungen und Verzeichnissen handelt, kommen nur **schriftliche Falschangaben** in Betracht

57 Der Schuldner hat gem. § 305 Abs. 1 Nr. 3 **alle gegen ihn gerichteten Forderungen** und somit auch Forderungen anzugeben, die er bestreitet (BGH NJW-RR 2010, 60 = NZI 2009, 562). Der Schuldner macht unvollständige Angaben, wenn er im Vermögensverzeichnis ein Recht an einem Grundstück (AG Göttingen NZI 2000, 92) oder eine Sicherungsabtretung (LG Göttingen ZInsO 2002, 733) nicht angibt. Ebenso müssen neben dem Einkommen auch Zusatzleistungen des Arbeitgebers, wie bspw. die Möglichkeit der privaten Nutzung eines Firmen-PKW, angegeben werden (BGH 17.1.2008 – IX ZB 154/07, BeckRS 2008, 02107). Ein Verschulden seines Vertreters bei dem Ausfüllen der Verzeichnisse muss sich der Schuldner nicht zurechnen lassen (→ Rn. 11).

58 **b) Subjektiver Tatbestand.** Der Schuldner muss **vorsätzlich oder grob fahrlässig** gehandelt haben (hierzu → Rn. 42). Der Schuldner handelt uU lediglich leicht fahrlässig, wenn er die Übersicht über seine Vermögensverhältnisse und die gegebenen Sicherheiten verloren hat (AG Hamburg NZI 2001, 46). Vergisst der Schuldner eine Forderung, die lediglich 2,3% der Gesamtforderungen ausmacht und bereits 8 Jahre alt ist, handelt er nicht grob fahrlässig oder vorsätzlich (LG Berlin ZInsO 2004, 1264 = ZVI 2005, 96). Gleiches gilt, wenn der Schuldner noch innerhalb des Eröffnungsverfahrens von der ihm in §§ 305 Abs. 3 S. 1 und 307 Abs. 3 S. 1 InsO eingeräumten Möglichkeit, Fehlendes zu ergänzen oder unrichtige Angaben zu ändern, Gebrauch gemacht (BGH NZI 2005, 461).

59 **7. Verletzung der Erwerbsobliegenheit Absatz 1 Nr. 7.** Absatz 1 Nr. 7 sanktioniert eine Verletzung der gem. § 287b InsO neu eingefügten Arbeitsverpflichtung im eröffneten Verfahren. Die Norm enthält einen **Rechtsgrundverweis** auf § 287b (FK-InsO/*Ahrens* Rn. 164). Der Gesetzgeber gestaltet diese Versagungsmöglichkeit als Obliegenheit iSd des § 295 InsO aus, dh neben der Erfüllung des eigentlichen Tatbestandes ist auch eine Beeinträchtigung der Gläubigerbefriedigung erforderlich. Beide Umstände hat der Gläubiger glaubhaft zu machen. Kann der Schuldner auch bei Erfüllung seiner Arbeitsverpflichtung offensichtlich keine pfändbaren Einkommensanteile erzielen, können ihm daher mangelnde Bemühungen um einen Arbeitsplatz nicht vorgeworfen werden (BGH ZInsO 2009, 2210). Der **Verweis auf § 296 Abs. 2 S. 2** erscheint wegen der im eröffneten Verfahren bestehenden Auskunfts- und Mitwirkungspflichten unnötig (FK-InsO/*Ahrens* Rn. 170). Fraglich ist, ob ein zusätzlicher Versagungsgrund anzunehmen ist (FK-InsO/*Ahrens* Rn. 171). Der **objektive Tatbestand** ist erfüllt, wenn eine Verletzung der Obliegenheit und eine Beeinträchtigung der Gläubigerbefriedigung vorliegen. In **subjektiver Hinsicht** reicht wie bei § 296 Abs. 1 S. 1 leichte Fahrlässigkeit aus (HambK-InsO/*Streck* Rn. 50; → § 296 Rn. 22).

IX. Zuständigkeit, Rechtsmittel, Kosten und Vergütung

60 Die Zuständigkeit für die **Durchführung des Schlusstermins** liegt gem. § 18 Abs. 1 Nr. 1 beim **Rechtspfleger,** die Zuständigkeit für die Entscheidung über

einen Antrag auf **Versagung der Restschuldbefreiung** gem. § 18 Abs. 1 Nr. RPflG beim **Richter.** Die Frage, ob der Rechtspfleger schon bei Eingang des Versagungsantrags oder erst zum Schlusstermin vorlegen muss, dürfte in engem Zusammenhang mit dem vom Richter für zutr. gehaltenen Zeitpunkt der Bearbeitung stehen (→ Rn. 7). Die unterschiedlichen Zuständigkeiten verursachen bei **schriftlicher Verfahrensführung** keine Probleme. Der Rechtspfleger legt in diesem Fall die Akte dem Richter vor, der den weiteren Verfahrensablauf bestimmt. Bei **mündlichem Schlusstermin** besteht die Schwierigkeit, dass der hinsichtlich der Versagung unzuständige Rechtspfleger die Verhandlung im Schlusstermin unter Beachtung der üblichen Fürsorge- und Hinweispflichten führt und auch den entscheidungserheblichen Vortrag der Beteiligten, bspw. die Glaubhaftmachung des Versagungsgrundes oder die Erwiderung des Schuldners, zu beachten und zu protokollieren hat. Anschließend prüft aber der Richter diesen Vortrag der Beteiligten, weshalb auf eine genaue Protokollierung zu achten ist. Liegen **mehrere Versagungsanträge** vor, hat das Gericht über jeden Antrag zu entscheiden (FK-InsO/*Ahrens* Rn. 231).

Der **Schuldner** kann gem. Absatz 3 gegen die Versagung der Restschuldbefreiung sofortige Beschwerde erheben (FK-InsO/*Ahrens* Rn. 231). Wird dem Schuldner die Restschuldbefreiung angekündigt, kann ein **Insolvenzgläubiger,** der die Versagung beantragt hat, nur Rechtsmittel einlegen, wenn sein Versagungsantrag zurückgewiesen wurde (FK-InsO/*Ahrens* Rn. 231). 61

Das **Beschwerdegericht** ist vollständige zweite Tatsacheninstanz (BGH NZI 2009, 864). Zum einen hat der Schuldner daher im Beschwerdeverfahren die Möglichkeit des uneingeschränkten neuen Vorbringens (BGH ZInsO 2009, 872). Dem Gläubiger steht diese Möglichkeit eingeschränkt zu, da er nur zu einem Versagungsgrund vortragen kann, der bereits bis zum Schlusstermin glaubhaft gemacht wurde. Andererseits kann aber das Beschwerdegericht die Versagung der Restschuldbefreiung auf einen anderen Grund als das Ausgangsgericht stützen, soweit dieser Versagungsgrund vom Gläubiger ebenfalls glaubhaft gemacht wurde (BGH NZI 2009, 864). Der Schuldnern hat daher im Beschwerdeverfahren umfassend zu allen ursprünglichen Versagungsanträge Stellung nehmen, auch wenn das Insolvenzgericht nicht auf sie eingegangen ist. Der am Versagungsverfahren beteiligte Gläubiger sollte ggf. auf weitere noch nicht berücksichtigte Versagungsgründe hinweisen. 62

§ 7 InsO aF wurde mit Wirkung zum 27.10.2011 gestrichen (BGBl. I S. 2082; *Zimmer* ZInsO 2011, 2120). Die **Rechtsbeschwerde** zum BGH ist daher gem. § 574 Abs. 1 Nr. 2 ZPO nur statthaft, wenn sie durch das Beschwerdegericht zugelassen wurde. Die **Zulassung der Rechtsbeschwerde** muss im anzufechtenden Beschluss erfolgen und kann nicht nachgeholt werden (Prütting/Gehrlein/*Lohmann* § 574 Rn. 15). Der Beschwerdeführer sollte die Zulassung daher frühzeitig anregen. Die Nichtzulassung ist nicht angreifbar, da eine Nichtzulassungsbeschwerde nicht vorgesehen ist (Prütting/Gehrlein/*Lohmann* § 574 Rn. 15) 63

Gesonderte Gerichtskosten fallen für die Ankündigung oder die Versagung der Restschuldbefreiung nicht an (FK-InsO/*Ahrens* Rn. 232). Im Beschwerdeverfahren entstehen nach Nr. 2361 des Kostenverzeichnisses Kosten in Höhe 60 EUR. Für die **Tätigkeit im Verfahren** über die Versagung der Restschuldbefreiung erhalten sowohl der Vertreter eines Gläubigers als auch der des Schuldners eine 0,5 Gebühr gem. RVG 3321 VV. **Mehrere gleichzeitig anhängige Anträge** gelten als ein Verfahren. Im Beschwerdeverfahren entsteht eine weitere 0,5 Gebühr gem. RVG 3500. Der **Gegenstandswert** ist gem. § 28 RVG nach billigem Ermessen unter Berücksichtigung des wirtschaftlichen Interesses zu bestimmen und wird vom BGH mittlerweile regelmäßig mit 5.000 EUR angenommen (BGH NZI 2011, 861; 2012, 145). Es werden aber auch der hälftige Betrag der zur Insolvenztabelle angemeldeten Forderungen (LG Bochum ZInsO 2001, 564), 64 der Betrag der Forderung des Gläubigers, der die Versagung betreibt (*Beule* JurBüro 1999, 169 [171]) oder die noch bestehenden Restverbindlichkeiten des Schuldners (*Enders,* RVG für Anfänger, 16. Aufl. Rn. 2448) als Bezugspunkt angenommen. Ein Abstellen auf die Höhe der angemeldeten Forderungen kommt nur in Betracht, wenn sämtliche Forderungen auch werthaltig sind (BGH NZI 2012, 145).

291 *(weggefallen)*[1]

Rechtsstellung des Treuhänders[1]

292 (1) [1]**Der Treuhänder hat den zur Zahlung der Bezüge Verpflichteten über die Abtretung zu unterrichten.** [2]**Er hat die Beträge, die er durch die Abtretung erlangt, und sonstige Leistungen des Schuldners oder Dritter von seinem Vermögen getrennt zu halten und einmal jährlich auf Grund des Schlußverzeichnisses an die Insolvenzgläubiger zu verteilen, sofern die nach § 4a gestundeten Verfahrenskosten abzüglich der Kosten für die Beiordnung eines Rechtsanwalts berichtigt sind.** [3]**§ 36 Abs. 1 Satz 2, Abs. 4 gilt entsprechend.** [4]**Der Treuhänder kann die Verteilung längstens bis zum Ende der Abtretungsfrist aussetzen, wenn dies angesichts der Geringfügigkeit der zu verteilenden Beträge angemessen erscheint; er hat dies dem Gericht einmal jährlich unter Angabe der Höhe der erlangten Beträge mitzuteilen.**

(2) [1]**Die Gläubigerversammlung kann dem Treuhänder zusätzlich die Aufgabe übertragen, die Erfüllung der Obliegenheiten des Schuldners zu überwachen.** [2]**In diesem Fall hat der Treuhänder die Gläubiger unverzüglich zu benachrichtigen, wenn er einen Verstoß gegen diese Obliegenheiten feststellt.** [3]**Der Treuhänder ist nur zur Überwachung verpflichtet, soweit die ihm dafür zustehende zusätzliche Vergütung gedeckt ist oder vorgeschossen wird.**

(3) [1]**Der Treuhänder hat bei der Beendigung seines Amtes dem Insolvenzgericht Rechnung zu legen.** [2]**Die §§ 58 und 59 gelten entsprechend, § 59 jedoch mit der Maßgabe, daß die Entlassung von jedem Insolvenzgläubiger beantragt werden kann und daß die sofortige Beschwerde jedem Insolvenzgläubiger zusteht.**

Schrifttum (Auswahl): *Adam,* Die Klage des Treuhänders im RSB-Verfahren, ZInsO 2007, 198; *App,* Zum Treuhänder bei der Restschuldbefreiung und im vereinfachten Insolvenzverfahren, KKZ 2010, 31; *Gleissner/Schulz,* Die steuerlichen Pflichten des Treuhänders im Verbraucherinsolvenz- und Restschuldbefreiungsverfahren, InVo 2000, 365; *Graeber,* Die Vergütung des Treuhänders der Wohlverhaltensperiode nach § 293 InsO, § 14 InsVV und das Problem der erhöhten Mindestvergütung nach § 14 Abs. 3 Satz 2 InsVV bei zu geringer Masse, ZInsO 2006, 585; *Grahlmann,* Fortdauer der Einzugbefugnis des Treuhänders trotz Erteilung der Restschuldbefreiung, NZI 2010, 523; *Harder,* Aktuelle Rechtsprechung des BGH zur Entlassung des Treuhänders, NJW-Spezial 2012, 469; *Hergenröder,* Der Treuhänder im Spannungsfeld zwischen Gläubiger- und Schuldnerinteressen, ZVI 2005, 521; *Kohte* Zur

[1] § 291 aufgeh. mWv 1.7.2014 durch G v. 15.7.2013 (BGBl. I S. 2379).

[1] § 292 Abs. 1 Satz 2 geänd., Abs. 1 Satz 3 eingef., Abs. 1 bish. Satz 3 wird Satz 4 und geänd., Abs. 1 Satz 5 angef. mWv 1.12.2001 durch G v. 26.10.2001 (BGBl. I S. 2710); Abs. 1 Satz 4 neu gef., Satz 5 aufgeh. mWv 1.7.2014 durch G v. 15.7.2013 (BGBl. I S. 2379).

Erhöhung des unpfändbaren Betrags im Restschuldbefreiungsverfahren, VuR 2007, 354; *Kupka/Schmittmann,* Freiwillige Abtretungen von Einkommensteuererstattungsansprüchen, NZI 2010, 669; *Pape,* Linien der Rechtsprechung des IX. Zivilsenats zu den Verfahren der natürlichen Personen, ZVI 2010, 1; *Reinfelder,* Arbeitsgerichtliche Streitigkeiten und die Insolvenz des Arbeitnehmers, NZA 2009, 124; *T. Schmidt,* Der Massegläubiger im Restschuldbefreiungsverfahren, ZInsO 2003, 9.

Übersicht

I. Grundlagen

1. Normzweck. Die Norm beschreibt zunächst **Rechte und Pflichten des Treuhänders** (HK-InsO/*Waltenberger* aF Rn. 1; HambK-InsO/*Streck* Rn. 1), wobei eine vereinfachte und kostengünstige Abwicklung des Verfahren besonders im Vordergrund steht (Uhlenbruck/*Sternal* Rn. 1). Eine abschließende Regelung der **Rechtsstellung des Treuhänders** enthält die Vorschrift aber nicht (HK-InsO/*Waltenberger* aF Rn. 1). Der Verweis in Absatz 1 Satz 3 stellt sicher, dass die Regelungen der ZPO zur Pfändbarkeit des Einkommens in der Wohlverhaltensphase ebenfalls gelten. Absatz 1 Satz 4 enthält jetzt eine Verteilungsvereinfachung. Der bisherige Motivationsrabatt wurde gestrichen, da er in der Praxis keine Rolle mehr gespielt hat (BT-Drs. 17/11268, 28). Die Regelung in Absatz 2 soll nach dem Willen des Gesetzgebers klarstellen, dass der Treuhänder den Schuldner nur zu überwachen hat, wenn ihm hierfür einen besondere Vergütung gewährt wird (BT-Drs. 12/7302, 188). Absatz 3 schließlich dient der **Sicherstellung einer ordnungsgemäßen Amtsführung** des Treuhänders, indem er der Aufsicht des Gerichts unterstellt wird und Rechnung zu legen hat (HK-InsO/*Waltenberger* aF Rn. 1). 1

2. Treuhänderamt. Der Treuhänder übt ein **öffentliches Amt** aus und ist damit **Amtswalter** (FK-InsO/*Ahrens* Rn. 2). Er ist **doppelseitiger uneigennütziger Treuhänder** im Interesse der Gläubiger und des Schuldners (FK-InsO/*Grote* Rn. 2; HambK-InsO/*Streck* Rn. 6; Uhlenbruck/*Sternal* Rn. 8). Es entspricht gleichwohl einer realistischen Betrachtungsweise, den Treuhänder auch im Hinblick auf die Aufgaben aus Absatz 2 nicht für „absolut neutral" zu halten (BGH NZI 2010, 781). Der Treuhänder darf daher die Gläubiger über Obliegenheitsverletzungen des Schuldners informieren, auch wenn er nicht nach Absatz 2 mit der Überwachung beauftragt ist (BGH NZI 2010, 781). Als **höchstpersönliches Amt** kann das Treuhänderamt nicht auf Bevollmächtigte übertragen werden (Uhlenbruck/*Sternal* Rn. 7). Der Treuhänder erhält keine besondere Bestellungsurkunde und muss sich mit dem Beschl. gem. § 288 S. 2 und der Abtretungserklärung legitimieren (Uhlenbruck/*Sternal* Rn. 23). 2

3 Im **Unterschied zum Insolvenzverwalter** ist der Treuhänder mit deutlich weniger Rechten ausgestattet. Er kann über die Abtretung nach § 287 Abs. 2 nur noch auf das pfändbare Einkommen des Schuldners zugreifen. §§ 80 und 148 gelten nicht mehr. Der Treuhänder zieht damit zwar in vielen Fällen das einzige Vermögen des Schuldners ein (FK-InsO/*Grote* Rn. 2), andere Vermögenszuwächse aus einer Schenkung oder einem Lotteriegewinn bleiben aber beim Schuldner. Auch hinsichtlich der Auskunftspflichten (vgl. BGH NJW-RR 2010, 254 = NZI 2010, 26) steht der Treuhänder einem wesentlich freieren Schuldner gegenüber. Der Treuhänder der Wohlverhaltensperiode wird ebenfalls vom Gericht beaufsichtigt und ist zur Rechnungslegung verpflichtet. Insofern ist die Stellung des Treuhänders wieder mit der des Insolvenzverwalters vergleichbar (Uhlenbruck/*Sternal* Rn. 7).

II. Aufgaben

4 **1. Aufgaben und Pflichten. a) Einzug des pfändbaren Einkommens.** Die wichtigste Aufgabe des Treuhänders ist die **Entgegennahme und Verteilung der eingehenden Gelder.** Er hat hierzu die Abtretung nach § 287 Abs. 2 dem zur Zahlung verpflichteten Arbeitgeber oder anderen möglichen Drittschuldnern mitzuteilen und sie zur Auszahlung der pfändbaren Einkommensanteile nur an ihn aufzufordern (Uhlenbruck/*Sternal* Rn. 22). Dies hat unverzüglich nach Verfahrensaufhebung zu geschehen (HK-InsO/*Waltenberger* aF Rn. 3), da der Insolvenzbeschlag zu diesem Termin endet und die Abtretung ihre Wirkung entfaltet (BGHZ 186, 223 = NZI 2010, 741). Auch wenn es sich bei dem Schuldner um einen **Beamten oder im öffentlichen Dienst Beschäftigten** handelt, ist die Vorlage einer beglaubigten Abtretung nicht erforderlich, da es sich bei der Abtretung nicht um eine materiell-rechtliche Vereinbarung, sondern um eine Prozesserklärung des Schuldners handelt (→ § 287 Rn. 26). Die Vorschriften der §§ 308 ff., 411 BGB finden daher keine Anwendung (aA FK-InsO/*Grote* Rn. 6).

5 Der Treuhänder hat als Amtswalter **Kontrollpflichten** hinsichtlich der Berechnung des pfändbaren Einkommens und der Zahlungen des Drittschuldners (HK-InsO/*Waltenberger* aF Rn. 3; FK-InsO/*Grote* Rn. 7), da mit dem Forderungsübergang diese Pflichten nach Sinn und Zweck des Treuhänderamtes auf ihn übergehen. Er kann hierzu den Schuldner gem. § 295 Abs. 1 Nr. 3 zu Mitteilungen zu seiner Gehaltsabrechnung auffordern, um so die Abrechnung des Drittschuldners prüfen zu können (FK-InsO/*Grote* Rn. 7).

6 Leiten Arbeitgeber oder andere Drittschuldner die pfändbaren Einkommensanteile nicht an den Treuhänder weiter, hat dieser die **Beträge notfalls auch gerichtlich einzuziehen** (OLG Düsseldorf NZI 2011, 770; LAG Hamm 4.5.2011 – 2 Sa 2343/10, BeckRS 2011, 78953; FK-InsO/*Grote* Rn. 7; Uhlenbruck/*Sternal* Rn. 30). Die Prozessführungsbefugnis hierzu steht ihm zu (HK-InsO/*Waltenberger* aF Rn. 3). Die **Kosten** der gerichtlichen Geltendmachung können dem vom Treuhänder gem. § 292 Abs. 1 S. 2 verwalteten Sondervermögen entnommen werden (Uhlenbruck/*Sternal* Rn. 32). Der Treuhänder hat als Partei kraft Amtes ggf. auch einen Anspruch auf Bewilligung von **Prozesskostenhilfe** (FK-InsO/*Grote* Rn. 13; Uhlenbruck/*Sternal* Rn. 33). Die Anforderung eines Kostenvorschusses von den Gläubigern kommt ebenfalls in Betracht (FK-InsO/*Grote* Rn. 12).

7 Zahlt der Drittschuldner die pfändbaren Einkommensanteile irrtümlich oder bewusst an den Schuldner aus, ist streitig und noch nicht abschließend geklärt, ob der **Treuhänder** aus der Abtretung auch **gegen den Schuldner** vorgehen kann (im Einzelnen → § 287 Rn. 48). Die hM lehnt die Berechtigung dieses Vorgehen

zutr. mit Hinweis auf die in der Wohlverhaltensphase allein maßgeblichen Obliegenheiten des Schuldners aus § 295 ab.

Nach dem eindeutigen Wortlaut des Absatz 1 Satz 1 hat der **Treuhänder den Drittschuldner über die Abtretung zu informieren.** Dieser gesetzlichen Verpflichtung (BGH NZI 2011, 451) kommen in der Praxis gleichwohl immer wieder Treuhänder nicht nach, wenn sie vom Schuldner hierum gebeten werden oder selbst das Arbeitsverhältnis durch die Anzeige der Abtretung für gefährdet halten (FK-InsO/*Grote* Rn. 6; HambK-InsO/*Streck* Rn. 3). Der BGH hält dies für eine „möglicherweise letztlich nicht unbedenkliche Vorgehensweise" (BGH NZI 2011, 451) und weist damit auf das für den Treuhänder bestehende Haftungsrisiko hin. Der Treuhänder sollte daher bei unterlassener Anzeige der Abtretung die Vorgaben des BGH beachten und die vom Schuldner abzuführenden Beträge eigenverantwortlich berechnen und monatlich selbst beim Schuldner einziehen (BGH NZI 2011, 451; FK-InsO/*Grote* Rn. 6; HambK-InsO/*Streck* Rn. 3). 8

b) Verwahrung und Verteilung der eingenommenen Gelder. Der Treuhänder hat die eingegangenen Beträge von seinem Vermögen getrennt auf einem **Sonder- oder Anderkonto** zu verwahren (HK-InsO/*Waltenberger* aF Rn. 5) und für eine sichere **Verzinsung** zu sorgen (Uhlenbruck/*Sternal* Rn. 34; HK-InsO/*Waltenberger* aF Rn. 5). Neben den pfändbaren Einkommensanteilen nimmt der Treuhänder die Zahlungen des Schuldners gem. § 295 Abs. 1 Nr. 2 entgegen. Der Treuhänder hat die erhaltenen Beträge nur einmal jährlich an die Gläubiger auszuschütten (FK-InsO/*Grote* Rn. 14) und kann die Verteilung auch gem. Absatz 1 Satz 4 aussetzen. Maßgeblich für die Berechnung der Jahresfrist ist nicht das Kalenderjahr, sondern der Zeitpunkt der Aufhebung des Insolvenzverfahrens (FK-InsO/*Grote* Rn. 14; Uhlenbruck/*Sternal* Rn. 41). 9

Die **Verteilung** erfolgt auf der Grundlage des Schlussverzeichnisses, so dass nur an Gläubiger zu verteilen ist, die ihre Forderung im Insolvenzverfahren auch angemeldet haben (HK-InsO/*Waltenberger* aF Rn. 6). Eine „Nachmeldung" gegenüber dem Treuhänder ist nicht möglich (Uhlenbruck/*Sternal* Rn. 46). Aus der vom Gesetz vorgeschriebenen Verteilung aufgrund des Schlussverzeichnisses folgt auch, dass in **masseunzulänglichen Verfahren** entgegen der sonstigen Übung ebenfalls ein Schlussverzeichnis zu erstellen (FK-InsO/*Kießner* § 211 Rn. 11) bzw. zumindest ein Verteilungsschlüssel festzulegen ist (Uhlenbruck/*Sternal* Rn. 39). **Absonderungsberechtigte Gläubiger** nehmen an der Verteilung in der Wohlverhaltensphase nur teil, wenn sie ihren Ausfall gem. § 190 Abs. 1 nachgewiesen haben (BGH NJW-RR 2010, 59 = NZI 2009, 565; FK-InsO/*Grote* Rn. 18). Ein Widerspruch des Schuldners gegen die angemeldete Forderung kann die Verteilung in der Wohlverhaltensphase nicht verhindert (Uhlenbruck/*Sternal* Rn. 37). **Erlischt eine Insolvenzgläubigerforderung** bspw. durch Aufrechnung, ist sie bei der Verteilung nicht mehr zu berücksichtigen. Der Treuhänder ist berechtigt, dies mit der Verteilungsabwehr entsprechend § 767 ZPO geltend zu machen (BGH NJW 2012, 1958 = NZI 2012, 513). 10

Die **Verteilungserleichterung gem. Absatz 1 Satz 4** kann der Verwalter in eigenem Ermessen nach dem Aufwand für die Auszahlung und dem wirtschaftlichen Interesse der Gläubiger wählen (BT-Drs. 17/11268, 28). Eine gerichtliche Prüfung ist nicht vorgesehen (FK-InsO/*Grote* Rn. 22). 11

Da der Schuldner auch in einem **masseunzulänglichen Verfahren** gem. § 289 die Möglichkeit der Restschuldbefreiung hat, war schon der Gesetzgeber der Ansicht, dass vor einer Verteilung nach § 292 nicht nur die Kosten des Verfahrens, wie aus dem Wortlaut des Absatz 1 Satz 2 letz. Hs. geschlossen werden könnte, sondern auch die weiteren **Masseverbindlichkeiten** befriedigt sein müssen (BT-Drs. 12 2443, 222 zu § 329). Diese zutreffende Ansicht wird in Rspr. 12

und Schrifttum ganz überwiegend geteilt (BGH NJW-RR 2005, 1363 = NZI 2005, 399; HK-InsO/*Waltenberger* aF Rn. 8; Uhlenbruck/*Sternal* Rn. 39). In einem masseunzulänglichen Verfahren einer natürlichen Person mit beantragter Restschuldbefreiung ist daher nicht nur ein Schlussverzeichnis zu erstellen (→ Rn. 10), sondern auch eine sog **Massetabelle** (s. hierzu Beck/Depré Insolvenz/*Ringstmeier* Rn. 75), nach der die Verteilung gem. § 209 zu erfolgen hat. Der Insolvenzverwalter hat zudem aus vorhandener Insolvenzmasse eine **Rückstellung für die Kosten der Wohlverhaltensphase** zu bilden, wenn absehbar ist, dass der Schuldner in diesem Verfahrensabschnitt keine Einnahmen erzielen wird (BGH NZI 2015, 128; aA LG Duisburg 23.12.2004 – 7 T 282/04, BeckRS 2007, 00894).

13 Die **Verteilung der erhaltenen Gelder** erfolgt demnach in folgender Rangfolge: Im ersten Rang stehen die Verfahrenskosten, auch bei Kostenstundung (BGH NJW-RR 2010, 927 = NZI 2010, 188). Dies sind die Kosten des vorausgegangenen Insolvenzverfahrens und die Kosten der Wohlverhaltensphase einschließlich der Treuhändervergütung (MüKoInsO/*Ehricke* Rn. 37). Dann sind die sonstigen Masseverbindlichkeiten nach § 55 in der Rangfolge des § 209 Abs. 1 Nr. 2, 3 zu bedienen. Anschließend folgen die Forderungen möglicher Wohlverhaltensphasengläubiger, die durch eine Handlung des Treuhänders begründet wurden oder auf andere Weise, bspw. aus ungerechtfertigter Bereicherung, entstanden sind. An letzter Stelle folgen schließlich die Forderungen der Insolvenzgläubiger nach dem Schlussverzeichnis.

14 **c) Weitere Aufgaben.** Der Treuhänder ist nicht zur **Betreuung und Beratung des Schuldners** verpflichtet. Dies folgt schon aus der ihm obliegenden Unabhängigkeit. Auch die Einnahme der Gläubigerposition in Verfahren über die Pfändbarkeit des Einkommens gem. § 36 Abs. 4 S. 2 wiederspricht dieser Aufgabe. Eine Beratungsverpflichtung besteht insbes. nicht, wenn der Treuhänder mit der Überwachung des Schuldners gem. Absatz 2 beauftragt wurde (Uhlenbruck/*Sternal* Rn. 60). Fraglich und immer wieder Diskussionspunkt zwischen Treuhändern und Gerichten ist die **laufende Kontrolle und Überprüfung des Schuldners.** Zum Teil wird hier auch ohne besonderen Überwachungsauftrag gem. Absatz 2 eine weitgehende Verpflichtung des Treuhänders zur laufenden Kontrolle des Schuldners und insbes. seiner Einkommensverhältnisse bspw. hinsichtlich der gewählten Steuerklasse oder der Anzahl der Unterhaltsverpflichtungen gesehen. Der BGH hat allerdings zutr. festgestellt, dass der Treuhänder nur zu dieser Überwachung verpflichtet ist, soweit die Gläubiger gem. Absatz 2 einen entsprechenden Auftrag erteilt und die Kosten der Überwachung übernommen haben (BGH NJW-RR 2010, 254 = NZI 2010, 26). Der Treuhänder hat daher nur Kontrollpflichten, wenn dies durch besondere Umstände, wie bspw. einen vom Schuldner angezeigten Wechsel des Arbeitsplatzes, geboten ist (FK-InsO/*Grote* Rn. 6; HambK-InsO/*Streck* Rn. 4). Die **steuerlichen Verpflichtungen** des Schuldners hat der Treuhänder im Gegensatz zum Insolvenzverwalter des eröffneten Verfahrens nicht mehr zu erfüllen, da er weder Vermögensverwalter gem. § 34 Abs. 3 AO noch Verfügungsberechtigter gem. § 35 AO des Schuldners ist (Uhlenbruck/*Sternal* Rn. 19).

15 **2. Besondere Aufgaben gem. Absatz 2.** Die Gläubigerversammlung kann gem. Absatz 2 dem Treuhänder die Aufgabe der **Überwachung der Erfüllung der Obliegenheiten** des Schuldners aus § 295 übertragen (Uhlenbruck/*Sternal* Rn. 58). Diese Beauftragung hat **spätestens bis zum Schlusstermin** zu erfolgen, da die Einberufung einer Gläubigerversammlung in der Wohlverhaltensphase nicht mehr vorgesehen ist HK-InsO/*Waltenberger* aF Rn. 19; FK-InsO/*Grote* Rn. 29; HambK-InsO/*Streck* Rn. 11). Wegen der fehlenden Möglichkeit einer späteren Beauftragung bietet sich auch eine **bedingte Beauftragung** bspw. für

den Fall an, dass besondere Umstände, wie Arbeitslosigkeit oder Verringerung des Einkommens, auftreten (HK-InsO/*Waltenberger* aF Rn. 19; HambK-InsO/*Streck* Rn. 11). Die Übertragung der zusätzlichen Aufgabe kann der Treuhänder nicht ablehnen (FK-InsO/*Grote* Rn. 30; HambK-InsO/*Streck* Rn. 10). Er kann die Beauftragung nur gem. Absatz 2 Satz 3 von der Absicherung der ihm zustehenden zusätzlichen Vergütung gem. § 15 InsVV abhängig machen.

16 Die Beauftragung des Treuhänders ist in den Beschl. gem. § 288 aufzunehmen (Uhlenbruck/*Sternal* Rn. 58). Die **Gläubigerversammlung** kann dem Treuhänder **konkrete Vorgaben** für die Ausführung des Auftrages erteilen, die ebenfalls in den Beschluss nach § 288 aufzunehmen sind. Ansonsten liegt es im **pflichtgemäßen Ermessen** des Treuhänders, wie er seine zusätzliche Aufgabe erfüllt (Uhlenbruck/*Sternal* Rn. 60). Der Treuhänder wird die Überwachung in der Regel durch ein **gesteigertes Auskunftsverlangen** dem Schuldner gegenüber erledigen (HambK-InsO/*Streck* Rn. 13), denn detektivische Ermittlungen können von ihm kaum verlangt werden. Der Schuldner ist gem. § 295 Abs. 1 Nr. 3 dem Treuhänder gegenüber zur **Auskunftserteilung** verpflichtet. Über Zwangsmittel verfügt der Treuhänder allerdings nicht (HambK-InsO/*Streck* Rn. 13). Die Wohn- oder Geschäftsräume des Schuldners darf der Treuhänder nicht betreten oder durchsuchen (Uhlenbruck/*Sternal* Rn. 61). Der Treuhänder wird den Schuldner, der einer angemessenen Tätigkeit nachgeht, seltener zur Auskunft auffordern als den arbeitslosen Schuldner, der seine Bewerbungsbemühungen öfter wird belegen müssen (FK-InsO/*Grote* Rn. 32). Der **Umfang der Ermittlungen** wird mittelbar durch § 15 Abs. 2 S. 1 InsVV begrenzt, der die Vergütung für die zusätzliche Überwachung auf einen Betrag in Höhe des Gesamtvergütungsbetrags nach § 14 InsVV begrenzt (HK-InsO/*Waltenberger* aF Rn. 21). Eine darüber hinausgehende Vergütung muss die Gläubigerversammlung gem. § 15 Abs. 2 S. 2 InsVV ausdrücklich beschließen.

17 Hat der Treuhänder einen **Obliegenheitsverstoß** des Schuldners festgestellt, der auch darin liegen kann, dass Nachfragen des Treuhänders gem. § 295 Abs. 1 Nr. 3 nicht beantwortet wurden, hat er die Gläubiger gem. Absatz 2 Satz 2 **unverzüglich** über den Verstoß **zu benachrichtigen** (HambK-InsO/*Streck* Rn. 13). Die Benachrichtigung der Gläubiger sollte zur Vermeidung von Regressansprüchen im Wege der Zustellung erfolgen (FK-InsO/*Grote* Rn. 35). Fraglich ist, ob der Treuhänder nur seine tatsächliche Feststellung der objektiven Verletzung einer Obliegenheit mitteilen muss, also bspw. die unterlassenen Bemühungen des Schuldners um einen Arbeitsplatz, oder ob er zugleich eine **rechtliche Bewertung** unter Einbeziehung der Erfordernisse des § 296 und der subjektiven Tatbestandsmerkmale vorzunehmen hat (so FK-InsO/*Grote* Rn. 34; einschränkend Uhlenbruck/*Sternal* Rn. 64) und damit den Gläubiger im Grunde mitzuteilen hat, dass ein Antrag auf Versagung der Restschuldbefreiung aussichtsreich erscheint. Solch weitgehende rechtliche Beurteilungen überspannen die Anforderungen an den Treuhänder aber und legen ihm zudem über seine Haftung ungerechtfertigter Weise das Kostenrisiko eines Versagungsverfahrens auf.

18 **3. Pflichten gem. Absatz 3, Aufsicht des Gerichts und Entlassung des Treuhänders.** Das **Amt des Treuhänders endet** gem. § 299 bei Versagung der Restschuldbefreiung, bei rechtskräftiger Erteilung der Restschuldbefreiung nach § 300 sowie durch Tod des Schuldners oder durch Entlassung nach § 59 (FK-InsO/*Grote* Rn. 39). Die weitergehende Ansicht (AG Duisburg NZI 2010, 532), nach der das Amt erst mit Erledigung aller Aufgaben endet, ist abzulehnen (im einzelnen → § 287 Rn. 48).

19 Bei der Beendigung des Amtes hat der Treuhänder gem. Absatz 3 formlos Rechnung iSd des § 66 zu legen (Uhlenbruck/*Sternal* Rn. 69; FK-InsO/*Grote* Rn. 36). Er hat damit einen **Schlussbericht und eine Einnahmen- und Aus-**

gabenaufstellung vorzulegen (Uhlenbruck/*Sternal* Rn. 70). Die Rechnungslegung hat den Zeitraum von Aufhebung des Insolvenzverfahrens bis zum Ablauf der sechs Jahre zu erfassen (HambK-InsO/*Streck* Rn. 13a). Auch bei vorzeitiger Beendigung der Wohlverhaltensphase ist Rechnung zu legen (Uhlenbruck/*Sternal* Rn. 71). Kommt der Treuhänder seiner Verpflichtung nicht nach, kann ihm das Gericht gem. Absatz 3 S. 2 iVm § 58 Abs. 2 ein Zwangsgeld androhen und ggf. festsetzen (Uhlenbruck/*Sternal* Rn. 72). Den Gläubigern ist Einsicht in die Schlussrechnungsunterlagen zu gewähren (HK-InsO/*Waltenberger* aF Rn. 23).

20 Der Treuhänder steht gem. Absatz 3 S. 2 iVm § 58 Abs. 1 S. 1 unter **Aufsicht des Gerichtes.** Dieses hat die Pflicht, die ordnungsgemäße Aufgabenerfüllung des Treuhänder zu überwachen, wozu es seine Überwachungsrechte aus § 58 Abs. 1 S. 2 einsetzen kann (Uhlenbruck/*Sternal* Rn. 74). Das Gericht kann daher insbes. die Vorlage regelmäßiger, bspw. jährlicher Berichte vom Treuhänder verlangen.

21 Gem. Absatz 3 S. 2 iVm § 59 kommt auch eine **vorzeitige Entlassung des Treuhänders** aus wichtigem Grund in Frage. Eine Entlassung ohne sachlichen Grund ist nicht zulässig (BGH ZInsO 2012, 455). Da Gläubigerausschuss und Gläubigerversammlung in der Wohlverhaltensphase nicht mehr tätig sein können, liegt das Antragsrecht bei jedem Insolvenzgläubiger (HK-InsO/*Waltenberger* aF Rn. 24). Ein **wichtiger Grund** liegt bspw. vor, wenn der Treuhänder dem Sondervermögen unberechtigt Vorschüsse entnimmt (Uhlenbruck/*Sternal* Rn. 81), wenn er wiederholt seine Pflichten nicht nur unwesentlich verletzt (FK-InsO/*Grote* Rn. 39) oder wenn er ehrenrührige und beleidigende Kommentare über den Schuldner abgibt (BGH NZI 2009, 604). Die Entlassung kann nur erfolgen, wenn die Pflichtverletzung tatsächlich feststeht und es aufgrund ihrer Erheblichkeit nicht mehr vertretbar erscheint, den Treuhänder im Amt zu belassen (BGH NZI 2009, 604). Eine **Störung des Vertrauensverhältnisses** zwischen Gericht und Treuhänder reicht nach Ansicht des BGH selbst dann nicht für eine Entlassung aus, wenn eine gedeihliche Zusammenarbeit nicht mehr möglich ist. Hinzukommen muss vielmehr, dass die Störung des Vertrauensverhältnisses auf einem pflichtwidrigen Verhalten des Treuhänders beruht (BGH NZI 2012, 247 = ZInsO 2012, 269).

III. Haftung des Treuhänders

22 Der Treuhänder haftet nicht gem. § 60, da Absatz 3 Satz 2 auf diese Vorschrift nicht verweist, sondern gem. § 280 BGB (OLG Celle NZI 2008, 52; LG Hannover NZI 2011, 942; Uhlenbruck/*Sternal* Rn. 16; HambK-InsO/*Streck* Rn. 15). Die Gegenmeinung wendet § 60 analog an (HK-InsO/*Waltenberger* aF Rn. 25). Überprüft der Treuhänder die vom Drittschuldner überwiesenen pfändbaren Einkommensanteile nicht, haftet er den Insolvenzgläubigern gegenüber, wenn der Drittschuldner den pfändbaren Betrag zu gering berechnet hat (LG Hannover NZI 2011, 942). **Dem Schuldner gegenüber** haftet der Treuhänder, wenn er unpfändbare Einkommensanteile des Schuldners einzieht und diese an die Gläubiger ausschüttet (BGH ZInsO 2008, 971; LG Essen ZInsO 2015, 909; *Pape* ZVI 2010, 1). Im Zweifelsfall sollte der Treuhänder die Pfändbarkeit der Einkommensanteile über einen Antrag gem. § 36 Abs. 4 klären (Mohrbutter/Ringstmeier/*Mohrbutter* § 33 Rn. 90).

IV. Verweis auf § 36 in Absatz 1 Satz 3

23 Über den Verweis gem. Absatz 1 Satz 3 wird sichergestellt, dass die **Regelungen der ZPO zur Pfändbarkeit des Einkommens** einschl. der Erhöhung des Unpfändbaren oder der Zusammenrechnung verschiedener Einkommen in der Wohlverhaltensphase ebenfalls gelten (Uhlenbruck/*Sternal* Rn. 51; HK-InsO/

Waltenberger aF Rn. 10; siehe zu Einzelheiten → § 287 Rn. 39–46). Heiratet der Schuldner während der Wohlverhaltensphase, stellt sich die Frage der **Wahl der Steuerklasse.** Wählt der Schuldner eine Steuerklasse, die den tatsächlichen Einkommensverhältnissen nicht entspricht, kann der Treuhänder über einen Antrag gem. §§ 36, 850h ZPO erreichen, dass der Schuldner so behandelt wird, als habe er die zutreffende Steuerklasse gewählt (Uhlenbruck/*Sternal* Rn. 29). Der Schuldner muss aber nicht stets die für die Gläubigerbefriedigung günstigste Steuerklasse wählen, sondern er darf die Steuerklasse wählen, die seinen tatsächlichen Einkommensverhältnissen entspricht (AG Duisburg NZI 2002, 328 = ZInsO 2002, 383; LG Dortmund NZI 2010, 581).

Vergütung des Treuhänders[1]

293 (1) [1]**Der Treuhänder hat Anspruch auf Vergütung für seine Tätigkeit und auf Erstattung angemessener Auslagen.** [2]**Dabei ist dem Zeitaufwand des Treuhänders und dem Umfang seiner Tätigkeit Rechnung zu tragen.**

(2) **§ 63 Abs. 2 sowie die §§ 64 und 65 gelten entsprechend.**

Schrifttum (Auswahl): *Busch/Mäusezahl,* Restschuldbefreiungsverfahren – was kostet es wirklich?, ZVI 2005, 398; *Graeber/Graeber,* Die Vergütung des Treuhänders im vereinfachten Insolvenzverfahren und in der Wohlverhaltensperiode, Rechtspfleger 2010, 252; *Pape,* Aufhebung der Stundung der Verfahrenskosten im eröffneten Verfahren, ZInsO 2008, 143.

I. Grundlagen

Die Norm regelt die Selbstverständlichkeit (HambK-InsO/*Streck* Rn. 1), dass der Treuhänder als Träger eines öffentlichen Amtes (→ § 292 Rn. 2) nicht unentgeltlich tätig werden muss. Dies schließt einen Verzicht auf die Vergütung, den der Gesetzgeber durchaus zu Gunsten des Schuldners erwartet hatte (BT-Drs. 12/7302, 188 zu § 346h), nicht aus (FK-InsO/*Grote* Rn. 1). Durch die Verweise in Absatz 2 wird sichergestellt, dass die **Mindestvergütung** des Treuhänders gem. § 63 Abs. 2 durch die Stundung der Verfahrenskosten gedeckt ist, dass die Festsetzung der Vergütung gem. § 64 durch das Gericht erfolgt und dass das Bundesjustizministerium auch die Treuhändervergütung über eine Rechtsverordnung regeln kann (siehe §§ 14–16 InsVV). 1

Das Amt des Treuhänders der Wohlverhaltensphase ist vergütungsrechtlich von dem Amt des Insolvenzverwalters des eröffneten Verfahrens zu trennen (BGH NJW-RR 2004, 982 = NZI 2004, 156). Von daher ist zur Sicherstellung der Mindestvergütung in der Wohlverhaltensphase auch die ausdrückliche Stundung für diesen Verfahrensabschnitt erforderlich (BGH NJW-RR 2004, 982 = NZI 2004, 156; BGH WM 2013, 519). Die Pflicht des Insolvenzverwalters zur Rücklagenbildung (BGH NZI 2015, 128) sichert die Vergütung des Treuhänders. 2

II. Vergütung

1. Vergütung des Treuhänders. Die **Höhe der Vergütung** des Treuhänders folgt gem. § 14 Abs. 1 InsVV aus der Höhe der Summe der Beträge, die zur Befriedigung der Gläubiger beim Treuhänder während der Laufzeit der Abtretungserklärung nach Aufhebung des Insolvenzverfahrens eingehen. Es handelt sich um eine **degressive Staffelvergütung** (HambK-InsO/*Streck* Rn. 2), die mit einem Prozentsatz von 5 % bei einem eingezogenen Betrag bis zur Höhe von 25.000 EUR beginnt, bei dem Mehrbetrag bis 50.000 EUR 3 % beträgt und bei 3

[1] § 293 Abs. 2 neu gef. mWv 1.12.2001 durch G v. 26.10.2001 (BGBl. I S. 2710).

über 50.000 EUR bei 1 % liegt. Die Mindestvergütung beträgt gem. § 14 Abs. 3 InsVV 100 EUR pro angefangenem Jahr (FK-InsO/*Grote* Rn. 13). Der Zuschlag nach § 14 Abs. 3 InsVV gilt auch für die ersten fünf Gläubiger, wenn an mehr als fünf Gläubiger verteilt wird (BGH NZI 2011, 147). Bei vorzeitiger Beendigung der Wohlverhaltensphase ist die Vergütung nach den bis zur Beendigung eingegangenen Beträgen bzw. nach den verstrichenen und dem begonnenen Jahr festzusetzen (HambK-InsO/*Streck* § 292 Rn. 2).

4 Neben der eigentlichen Vergütung können **Auslagen** und die **Umsatzsteuer** abgerechnet werden. Der Auslagenbegriff orientiert sich an § 4 InsVV und umfasst bspw. Kosten für **Porto, Telefon, Kopien und Zustellungen** (FK-InsO/*Grote* Rn. 20). Auch **Rechtsverfolgungskosten** können Auslagen sein (FK-InsO/*Grote* Rn. 21; HambK-InsO/*Streck* Rn. 6). Die Kosten müssen im Einzelnen nachgewiesen werden, da eine Pauschalierung gem. § 16 Abs. 1 S. 3 InsVV nicht zulässig ist (FK-InsO/*Grote* Rn. 22). Die Berechtigung zur Abrechnung der Umsatzsteuer folgt aus § 16 Abs. 1 S. 4 InsVV iVm § 7 InsVV.

5 Reichen die Einnahmen des Treuhänders nicht aus, um die Mindestvergütung zu decken, obliegt es gem. § 298 grds. dem Schuldner, für diese aufzukommen. Wird ihm die Stundung der Verfahrenskosten bewilligt, haftet die Staatskasse subsidiär (BGH NZI 2014, 707) und es entsteht ein **selbstständiger Sekundäranspruch** des Treuhänders auf Zahlung der Mindestvergütung gegen die Staatskasse (FK-InsO/*Grote* Rn. 8). Eine Aufhebung der Stundung berührt diesen Anspruch solange nicht, bis der Treuhänder von der Aufhebung erfährt (BGH NZI 2014, 707). Außerhalb einer Stundung kommt eine Subsidiärhaftung der Staatskasse nicht in Betracht.

6 **2. Vergütung des Treuhänders mit Überwachungsauftrag.** Für die **Überwachung des Schuldners** gem. § 292 Abs. 2 erhält der Treuhänder eine Stundenvergütung gem. § 15 Abs. 1 S. 2 InsVV in Höhe von 35 EUR, wenn nicht das Gericht nach den Umständen des Einzelfalles einen niedrigen oder höheren Betrag festsetzt (FK-InsO/*Grote* Rn. 17; HambK-InsO/*Streck* Rn. 3). Der Betrag der Überwachungsvergütung ist gem. § 15 Abs. 2 S. 1 auf den Gesamtbetrag der Vergütung gem. § 14 InsVV beschränkt, wenn nicht die Gläubigerversammlung gem. § 15 Abs. 2 S. 2 etwas anderes beschließt (HambK-InsO/*Streck* Rn. 3). Entsprechende Entscheidungen der Gläubigerversammlung sind in den Beschl. gem. § 288 aufzunehmen (FK-InsO/*Grote* Rn. 19).

7 **3. Vorschuss.** Der Vergütungsanspruch des Treuhänders wird erst mit Beendigung des Amtes und Festsetzung der Vergütung gem. § 64 und damit zumeist erst nach mehreren Jahren fällig (HambK-InsO/*Streck* Rn. 4). Der Treuhänder darf sich daher gem. § 16 Abs. 2 InsVV **ohne Zustimmung des Gerichts** HK-InsO/*Waltenberger* aF Rn. 7) Vorschüsse aus den vereinnahmten Beträgen für bereits verdiente Vergütung entnehmen. Sind die Verfahrenskosten gestundet, kann das Gericht gem. § 16 Abs. 2 S. 3 Vorschüsse bewilligen.

8 **4. Verwirkung der Vergütung.** Der Vergütungsanspruch des Treuhänders kann verwirkt sein, wenn sich der Treuhänder einen **gewichtigen und vorsätzlichen Pflichtenverstößen** hat zu Schulden kommen lassen (BGH NZI 2011, 760 = ZIP 2011, 1526; Uhlenbruck/*Sternal* § 292 Rn. 82).

Gleichbehandlung der Gläubiger[1]

294 (1) **Zwangsvollstreckungen für einzelne Insolvenzgläubiger in das Vermögen des Schuldners sind in dem Zeitraum zwischen Beendigung des Insolvenzverfahrens und dem Ende der Abtretungsfrist nicht zulässig.**

(2) **Jedes Abkommen des Schuldners oder anderer Personen mit einzelnen Insolvenzgläubigern, durch das diesen ein Sondervorteil verschafft wird, ist nichtig.**

(3) **Eine Aufrechnung gegen die Forderung auf die Bezüge, die von der Abtretungserklärung erfasst werden, ist nicht zulässig.**

Schrifttum (Auswahl): *Adam,* Sondervorteile und Restschuldbefreiung, ZInsO 2006, 1132; *Ahrens,* Lohnabtretungen in der Insolvenz nach der Aufhebung von § 114 InsO, NZI 2014, 529; *Altmann,* Die sozialrechtliche Auf- und Verrechnung der Sozialleistungsträger im Insolvenzverfahren, Diss. Leipzig, 2008; *Benzel,* Aufrechnung von Steuervergütungsguthaben in der Insolvenz, NWB 2011, 782; *Fischer,* Vollstreckungstitel von Insolvenzgläubigern nach Eröffnung des Verbraucherinsolvenzverfahrens, ZInsO 2005, 69; *Grote,* Aufleben einer Kontenpfändung nach Aufhebung des Verfahrens?, ZInsO 2014, 1746; *Hackenberg,* Der Gerichtsvollzieher im Spannungsfeld zwischen Einzel- und Gesamtzwangsvollstreckung, ZVI 2009, 133; *Kuleisa,* Zwangsvollstreckung in der Insolvenz, ZVI 2014, 121; *R. Peto/Peto,* Die zivil- und strafrechtliche Beurteilung von Gläubigerbegünstigungen in der Insolvenz, ZVI 2011, 313; *Riedel,* Behandlung von Gehaltsabtretungen nach Wegfall des § 114 InsO, ZVI 2015, 91; *Schuster,* Erzwingungshaft bei Zahlungsunfähigkeit bzw. Insolvenz des Bußgeldschuldners, NZV 2009, 538; *Steder,* Der Deliktsgläubiger in Einzel- und Gesamtvollstreckung – Verfahrensrechtliche Neuerungen und Ungereimtheiten –, RpflStud 2003, 104.

I. Normzweck

Die Norm gewährleistet die **Gläubigergleichbehandlung** in der Wohlverhaltensphase (FK-InsO/*Ahrens* Rn. 1; HK-InsO/*Waltenberger* aF Rn. 1) und dient damit der dem gesamten Insolvenzverfahren zugrunde liegende „par condicio creditorum" (Uhlenbruck/*Sternal* Rn. 1). Durch das **Zwangsvollstreckungsverbot** soll erreicht werden, dass sich die Befriedigungsaussichten der Insolvenzgläubiger untereinander nicht verschieben (BGH NZI 2006, 602 = FamRZ 2006, 1524). Durch die **Nichtigkeit von Sonderabkommen** gem. Absatz 2 soll neben der Vereitelung zusätzlicher Zahlungen an einzelne Gläubiger auch verhindert werden, dass ein Gläubiger durch Sondervereinbarungen zu einem bestimmten Verhalten bspw. in einem Verfahren über die Versagung der Restschuldbefreiung gebracht wird (FK-InsO/*Ahrens* Rn. 5). Die **Unzulässigkeit der Aufrechnung** setzt die im eröffneten Verfahren gem. § 91 Abs. 1 geltende Unzulässigkeit fort, die dort seit Streichung des § 114 durchgängig besteht. 1

II. Zwangsvollstreckungsverbot gem. Absatz 1

Das **Vollstreckungsverbot** gilt einschränkungslos für alle Insolvenzgläubiger (Uhlenbruck/*Sternal* Rn. 5; HK-InsO/*Waltenberger* aF Rn. 3). Es gilt daher auch für Insolvenzgläubiger, die am Insolvenzverfahren nicht teilgenommen haben und die der Schuldner nicht in seinem Vermögensverzeichnis angegeben hat (BGH NZI 2006, 602 = ZVI 2006, 403). Ebenso gilt es für **Unterhalts- und Deliktsinsolvenzgläubiger,** die mit ihren Insolvenzforderungen nicht in den Vorrechtsbereich des § 850d oder § 850f Abs. 2 ZPO vollstrecken dürfen (BGH NZI 2006, 602 = ZVI 2006, 403; BGHZ InsO 2012, 1495; Uhlenbruck/*Sternal* Rn. 6). Auch die **Zwangsvollstreckung in Gegenstände,** die bereits im Insol- 2

[1] § 294 Abs. 1 geänd., Abs. 3 neu gef. mWv 1.7.2014 durch G v. 15.7.2013 (BGBl. I S. 2379).

venzverfahren aus der **Insolvenzmasse freigegeben** wurden, ist den Insolvenzgläubigern untersagt (BGH NJW-RR 2009, 923 = NZI 2009, 382). Die **Anordnung der Erzwingungshaft** nach §§ 96 ff. OWiG fällt unter das Vollstreckungsverbot, wenn die Geldbuße vor Eröffnung des Insolvenzverfahrens verhängt wurde und damit eine Insolvenzforderung ist (LG Bochum VIA 2013, 95; LG Flensburg SchlHA 2012, 77; LG Hannover NdsRpfl 2011, 78; LG Hechingen NZI 2009, 187; AG Ahrensburg ZInsO 2011, 1257; FK-InsO/*App* § 89 Rn. 18; aA LG Potsdam ZInsO 2006, 1114; LG Berlin NJW 2007, 1541).

3 **Neugläubiger,** deren Forderungen nach Eröffnung des Insolvenzverfahrens entstanden sind, unterliegen dem Vollstreckungsverbot nicht (HambK-InsO/*Streck* Rn. 4). Da die pfändbaren Einkommensanteile des Schuldners aber gem. § 287 Abs. 2 an den Treuhänder abgetreten sind, bleibt ihnen nur die Pfändung in das sonstige Vermögen des Schuldners, bspw. eines Kontoguthabens. Eine **oktroyierte Masseverbindlichkeit** kann ebenfalls vollstreckt werden (BGH NZI 2007, 670).

4 Das Vollstreckungsverbot gilt unmittelbar **ab Aufhebung oder Einstellung des Insolvenzerfahrens,** so dass zwischen eröffnetem Verfahren und Wohlverhaltensphase weder eine Verstrickung noch ein Pfändungspfandrecht entstehen können (FK-InsO/*Ahrens* Rn. 32; Uhlenbruck/*Sternal* Rn. 13). Es gilt nach dem Wortlaut der Vorschrift nur für die Dauer der Laufzeit der Abtretungserklärung. Nach Sinn und Zweck der Vorschrift ist aber der Zeitraum zwischen Ende der Wohlverhaltensphase und Rechtskraft der Erteilung Restschuldbefreiung vom Vollstreckungsverbot mit umfasst (HK-InsO/*Waltenberger* aF Rn. 7).

5 Gegen eine **unzulässige Zwangsvollstreckung** kann sich der Schuldner mit der Vollstreckungserinnerung nach § 766 ZPO zur Wehr zu setzen (OLG Köln Rpfleger 2010, 529; HK-InsO/*Waltenberger* aF Rn. 8; FK-InsO/*Ahrens* Rn. 45). Zuständig ist das **Vollstreckungsgericht,** nicht das Insolvenzgericht (FK-InsO/*Ahrens* Rn. 49; HK-InsO/*Waltenberger* aF Rn. 8; HambK-InsO/*Streck* Rn. 8). Eine vor Insolvenzeröffnung erwirkte Pfändung der laufenden Bezüge wird durch die Vollstreckungsverbote aus § 89 Abs. 1 und § 294 Abs. 1 nur insoweit unwirksam, als die Zwecke des Insolvenzverfahrens und der möglichen Restschuldbefreiung dies rechtfertigen (BGH NJW-RR 2011, 1495 = NZI 2011, 365).

6 Das Vollstreckungsverbot des Abs. 1 steht der **Klage eines Gläubigers,** der mit seiner Forderung nicht am Insolvenzverfahren teilgenommen hat, nicht entgegen (BGH ZVI 2011, 93 = ZInsO 2011, 102; FK-InsO/*Ahrens* Rn. 39; HK-InsO/*Waltenberger* aF Rn. 5; Uhlenbruck/*Sternal* Rn. 12). Das Rechtsschutzbedürfnis für die gerichtliche Geltendmachung des Anspruches in der Wohlverhaltensphase ist gegeben, da die spätere Erteilung der Restschuldbefreiung noch nicht feststeht (BGH ZVI 2011, 93 = ZInsO 2011, 102). Der Gläubiger geht mit dieser Klage aber ein **Kostenrisiko** ein, da die Kosten des Verfahrens keine Neugläubigerforderungen sind, sondern als Nebenforderung der Insolvenzforderung ebenfalls von der Restschuldbefreiung erfasst werden (FK-InsO/*Ahrens* Rn. 39; *Fischer* ZInsO 2006, 69; aA LG Saarbrücken DGVZ 2011, 112 = JurBüro 2011, 329).

III. Nichtigkeit von Sonderabkommen gem. Absatz 2

7 Der Begriff des **Abkommens** ist weit auszulegen (HambK-InsO/*Streck* Rn. 9). Erfasst werden nicht nur Verträge, sondern auch einseitige Rechtshandlungen, Prozesserklärungen oder Ermächtigungen (Uhlenbruck/*Sternal* Rn. 24; HambK-InsO/*Streck* Rn. 9). Das Abkommen kann sowohl vom Schuldner als auch von einer dritten Person geschlossen worden sein (Uhlenbruck/*Sternal* Rn. 25). Ein **Sondervorteil** liegt vor, wenn der Gläubiger etwas erhält, was an den Treuhänder abzuführen wäre (Uhlenbruck/*Sternal* Rn. 25). Der Schuldner darf aber aus

seinem unpfändbaren Einkommen oder dem ihm von einem Erbe nach § 295 Abs. 1 Nr. 2 verbliebenen Anteil **Zahlungen an die Insolvenzgläubiger** erbringen (BGH VuR 2011, 309; Uhlenbruck/*Sternal* Rn. 26). Anderes kann nur gelten, wenn der Schuldner mit den Zahlungen insolvenzwidrige Zwecke verfolgt (FK-InsO/*Ahrens* Rn. 59; Uhlenbruck/*Sternal* Rn. 26). Der Schuldner darf daher in der Wohlverhaltensperiode eine Immobilien- oder PKW-Finanzierung fortsetzen, er darf Zahlungen auf eine deliktische Forderung leisten, die nicht von der Restschuldbefreiung erfasst wird, oder er kann eine Geldstrafe aufgrund einer Ratenvereinbarung mit der Staatsanwaltschaft abtragen, soweit er hierfür keine pfändbaren Einkommensanteile einsetzt (Uhlenbruck/*Sternal* Rn. 26; FK-InsO/*Ahrens* Rn. 59; HambK-InsO/*Streck* Rn. 11).

Ein **unzulässiges Sonderabkommen** ist nichtig. Sowohl Verpflichtungs- als **8**
auch Verfügungsgeschäft werden unwirksam (Uhlenbruck/*Sternal* Rn. 28; HambK-InsO/*Streck* Rn. 13; FK-InsO/*Ahrens* Rn. 61). Das Geleistete kann gem. §§ 985, 812 ff. BGB heraus- bzw. zurückverlangt werden (HambK-InsO/*Streck* Rn. 13; HK-InsO/*Waltenberger* aF Rn. 14). Der **Rückforderungsausschluss des § 817 S. 2 BGB** greift nicht, da ansonsten ein erfülltes Sonderabkommen folgenlos bliebe (FK-InsO/*Ahrens* Rn. 61; Uhlenbruck/*Sternal* Rn. 31; HK-InsO/*Waltenberger* aF Rn. 14; HambK-InsO/*Streck* Rn. 13). Der Treuhänder kann unter Berufung auf die Nichtigkeit von der Abtretung erfasstes pfändbares Einkommen zurückfordern. Der Schuldner kann ebenfalls Rückforderungsansprüche geltend machen (Uhlenbruck/*Sternal* Rn. 29). Der Schuldner verletzt mit dem Abschluss eines Sonderabkommens seine Obliegenheit aus § 295 Abs. 1 Nr. 4 und gefährdet so seine Restschuldbefreiung (Uhlenbruck/*Sternal* Rn. 30; FK-InsO/*Ahrens* Rn. 62). Auch **Abtretungen künftiger Lohnansprüche** sind unzulässige Sonderabkommen und damit nichtig (*Ahrens* NZI 2014, 529).

IV. Einschränkung der Aufrechnung gem. Absatz 3

Die Regelung setzt das Aufrechnungsverbot des § 96 Abs. 1 in der Wohlver- **9**
haltensphase hinsichtlich des schuldnerischen Einkommens fort. Ein **allgemeines Aufrechnungsverbot** für die Insolvenzgläubiger besteht in der Wohlverhaltensphase aber nicht (BGHZ 163, 391 = NJW 2005, 2988; HambK-InsO/*Streck* Rn. 15; FK-InsO/*Ahrens* Rn. 65; Uhlenbruck/*Sternal* Rn. 35; aA Grote ZInsO 2001, 452). Das Aufrechnungsverbot des § 96 Abs. 1 besteht nur im eröffneten Verfahren. Die Finanzverwaltung kann daher in der Wohlverhaltensphase neu entstandene **Steuererstattungsansprüche** des Schuldners mit Insolvenzforderungen aufrechnen (BGHZ 163, 391 = NJW 2005, 2988; Uhlenbruck/*Sternal* Rn. 36). Macht sich der Schuldner in der Wohlverhaltensphase selbstständig, kann die Finanzverwaltung mit entstehenden Umsatzsteuererstattungsansprüchen aufrechnen (NdsFG ZInso 2010, 153; FK-InsO/*Ahrens* Rn. 66). Der abhängig beschäftige Schuldner kann bei hohen Werbungskosten über einen steuerlichen Freibetrag eine jährliche Steuerrückerstattung und damit die Aufrechnung verhindern. Mit **Erteilung der Restschuldbefreiung** verlieren die Insolvenzgläubiger ihr Recht zur Aufrechnung, da ihre Forderung zur unvollkommenen Forderung wird, mit der, wie mit der verjährten Forderung, nicht aufgerechnet werden kann (HambK-InsO/*Streck* Rn. 16).

Obliegenheiten des Schuldners[1]

295 (1) **Dem Schuldner obliegt es, in dem Zeitraum zwischen Beendigung des Insolvenzverfahrens und dem Ende der Abtretungsfrist**

1. eine angemessene Erwerbstätigkeit auszuüben und, wenn er ohne Beschäftigung ist, sich um eine solche zu bemühen und keine zumutbare Tätigkeit abzulehnen;
2. Vermögen, das er von Todes wegen oder mit Rücksicht auf ein künftiges Erbrecht erwirbt, zur Hälfte des Wertes an den Treuhänder herauszugeben;
3. jeden Wechsel des Wohnsitzes oder der Beschäftigungsstelle unverzüglich dem Insolvenzgericht und dem Treuhänder anzuzeigen, keine von der Abtretungserklärung erfaßten Bezüge und kein von Nummer 2 erfaßtes Vermögen zu verheimlichen und dem Gericht und dem Treuhänder auf Verlangen Auskunft über seine Erwerbstätigkeit oder seine Bemühungen um eine solche sowie über seine Bezüge und sein Vermögen zu erteilen;
4. Zahlungen zur Befriedigung der Insolvenzgläubiger nur an den Treuhänder zu leisten und keinem Insolvenzgläubiger einen Sondervorteil zu verschaffen.

(2) **Soweit der Schuldner eine selbständige Tätigkeit ausübt, obliegt es ihm, die Insolvenzgläubiger durch Zahlungen an den Treuhänder so zu stellen, wie wenn er ein angemessenes Dienstverhältnis eingegangen wäre.**

Schrifttum (Auswahl): *Adam,* Sondervorteile und Restschuldbefreiung, ZInsO 2006, 1132; *Bisle,* Testamentsgestaltung bei überschuldeten Erben, DStR 2011, 526; *Busch,* Schnittstellen zwischen Insolvenz- und Erbrecht, ZVI 2011, 77; *Ehlenz/Wiesmeier,* Zur Zulässigkeit von Zahlungen des Schuldners an einen Insolvenzgläubiger während der Wohlverhaltensphase, InVo 2007, 93; *v. Gleichenstein,* „Freigabe der selbstständigen Tätigkeit" und Zahlungspflicht des Schuldners gem. § 35 Abs. 2, § 295 Abs. 2 InsO, ZVI 2013, 409; *Grote,* Das Kreuz mit den Selbstständigen? – Vorschläge zum praktischen Umgang mit der Abführungspflicht nach § 295 Abs. 2 InsO in der Wohlverhaltensperiode und nach freigegebener Selbstständigkeit, InsbürO 2011, 438; *ders.,* § 35 Abs. 2 und § 295 Abs. 2 InsO – Echte oder scheinbare Probleme nach der Freigabe der Selbstständigkeit, ZInsO 2011, 1489; *ders.,* Zur Abführungspflicht des Selbstständigen gem. § 295 Abs. 2 InsO in der Wohlverhaltensperiode, ZInsO 2004, 1105; *Hackenberg,* Die Abtretung von Steuererstattungsansprüchen in der Wohlverhaltensphase, ZVI 2006, 49; *Herrler,* Vermögenssicherung bei erbrechtlichem Erwerb während des Insolvenzverfahrens und in der Wohlverhaltensperiode, NJW 2011, 2258; *Heyer,* Strafgefangene im Insolvenz- und Restschuldbefreiungsverfahren, ZVI 2011, 81; *Küpper/Heinze,* Zu den Risiken und Nebenwirkungen der Abführungspflicht aus selbstständiger Tätigkeit des Insolvenzschuldners, ZInsO 2009, 1785; *Schmidt,* Der Umfang der Obliegenheiten des selbstständig tätigen Schuldners in der Wohlverhaltensphase, ZVI 2014, 41; *Wischemeyer,* Die Zahlungspflicht des selbstständig tätigen Schuldners im eröffneten Insolvenzverfahren gem. §§ 35 Abs. 2 Satz 2, 295 Abs. 2 InsO, ZInsO 2010, 2068.

Übersicht

[1] § 295 Abs. 1 einl. Satzteil geänd. mWv 1.7.2014 durch G v. 15.7.2013 (BGBl. I S. 2379).

I. Grundlagen

1. Normzweck. Die Norm enthält die vom Schuldner während der Wohlverhaltensphase zu erfüllenden **Obliegenheiten** und hat damit zentrale Bedeutung in der Restschuldbefreiung (Uhlenbruck/*Sternal* Rn. 1; FK-InsO/*Ahrens* Rn. 3). Nach *Ahrens* hat sie die **vierfache Aufgabenstellung,** für eine bestmögliche Gläubigerbefriedigung zu sorgen, die Anforderungen an den Schuldner zu typisieren und damit einzugrenzen, dem Schuldner nach Eintritt in die Wohlverhaltensphase ausreichend Anreiz zum Erreichen des Zieles Restschuldbefreiung zu geben und schließlich die Gläubiger- und Schuldnerinteressen zu einem Ausgleich bringen (FK-InsO/*Ahrens* Rn. 3). Das dem Schuldner in der Wohlverhaltensphase abverlangte Verhalten soll dabei keinen erzieherischen Selbstzweck erfüllen, sondern allein der bestmöglichen Gläubigerbefriedigung dienen (BGH NZI 2009, 899). Durch die Änderung zum 1.7.2014 wird die Legaldefinition des § 287 Abs. 2 übernommen. 1

2. Systematik der Versagung der Restschuldbefreiung in der Wohlverhaltensphase. Die Versagung der Restschuldbefreiung in der Wohlverhaltensphase schließt an die Möglichkeit der Versagung gem. § 290 im eröffneten Verfahren an (vgl. → § 290 Rn. 3). Versagungsgründe aus § 290 können in der Wohlverhaltensphase, soweit nicht die Voraussetzungen des § 297a vorliegen, nicht mehr geltend gemacht werden (HambK-InsO/*Streck* Rn. 1). Genauso wenig können die Gründe aus § 295 bereits im eröffneten Verfahren vorgetragen werden (BGH NZI 2004, 635). Die Auflistung der Obliegenheiten in § 295 ist abschließend (FK-InsO/*Ahrens* Rn. 7; HambK-InsO/*Streck* Rn. 2). In der Wohlverhaltensphase kommt daher nur die Versagung aus den Gründen des § 295, nach § 297, nach § 297a, nach § 298 oder nach § 296 Abs. 2 S. 3 in Frage (FK-InsO/*Ahrens* Rn. 7). Erforderlich ist ein **Antrag eines Insolvenzgläubigers** auf Versagung der Restschuldbefreiung (BGH NJW-RR 2011, 1680 = NZI 2011, 640). Dies gilt insbes. auch im Falle der Versagung gem. § 296 Abs. 2 S. 3 (BGH NJW-RR 2011, 1680 = NZI 2011, 640). Nur § 298 setzt einen Antrag des Treuhänders voraus. 2

Wesentlicher Unterschied zur Versagung der Restschuldbefreiung gem. § 290 ist die bei der Versagung gem. § 295 erforderliche **Beeinträchtigung der Gläubigerbefriedigung** nach § 296 Abs. 1 S. 1 (siehe zur entgegengesetzten Situation bei der Versagung im eröffneten Verfahren → § 290 Rn. 15). Für diese Beeinträchtigung der Gläubigerbefriedigung reicht eine abstrakte Gefährdung der Befriedigungsinteressen der Gläubiger nicht aus. Es muss vielmehr bei wirtschaftlicher Betrachtung eine **konkrete, messbare Schlechterstellung** der Gläubiger wahrscheinlich sein (BGH ZInsO 2011, 2101). Diesen Umstand hat der antragstellende Gläubiger gem. § 296 Abs. 1 S. 3 glaubhaft zu machen. 3

4 **3. Zeitlicher Anwendungsbereich.** Die Obliegenheiten aus der Vorschrift gelten ab **Aufhebung des Insolvenzverfahrens** (BGHZ 186, 223 = NZI 2010, 741; FK-InsO/*Ahrens* Rn. 10). Nach dem hier entsprechend anzuwendenden § 27 Abs. 3 ist konkreter Zeitpunkt der **Tag des Erlasses der Aufhebung zur Mittagsstunde,** wenn im Aufhebungsbeschluss keine andere Uhrzeit angegeben ist (BGHZ 186, 223 = NZI 2010, 741).

5 Die Wohlverhaltensphase endet sechs Jahre nach Eröffnung des Insolvenzverfahrens. Das **Fristende** ist nach allg. Regeln an dem Tag anzunehmen, der durch seine Zahl dem Tag des Eröffnungsbeschlusses entspricht, und zu der im Eröffnungsbeschluss angegebenen Uhrzeit. Ist keine Uhrzeit angegeben, fallen gem. § 27 Abs. 3 Eröffnung des Verfahrens und damit auch Ende der Wohlverhaltensphase auf die Mittagsstunde.

II. Die einzelnen Obliegenheiten

6 **1. Erwerbsobliegenheit gem. Absatz 1 Nr. 1. a) Grundlagen.** Die Vorschrift wendet sich an den abhängig beschäftigten Schuldner bzw. den beschäftigungslosen Schuldner, der eine abhängige Beschäftigung anstrebt (FK-InsO/*Ahrens* Rn. 20). Für den selbstständigen Schuldner gilt sie nicht (HambK-InsO/*Streck* Rn. 3). Sie enthält **drei verschiedene Tatbestände,** die dem Schuldner aufgeben, eine angemessene Tätigkeit auszuüben, wenn er einer Arbeit nachgeht, und sich um eine angemessene Tätigkeit zu bemühen sowie eine zumutbare Arbeit nicht abzulehnen, wenn er beschäftigungslos ist (HambK-InsO/*Streck* Rn. 3; FK-InsO/*Ahrens* Rn. 20). Der Schuldner kann über diese Obliegenheiten nicht zu einer Arbeit gezwungen werden, da seine Arbeitskraft weder zur Insolvenzmasse gehört noch nach allg. Regeln pfändbar ist (BGH NJW 2009, 1750 = NZI 2009, 191; FK-InsO/*Ahrens* Rn. 19). Der Schuldner soll vielmehr durch die Obliegenheiten zur Erzielung pfändbarer Einkommensanteile motiviert werden, da ihm ansonsten die Versagung der Restschuldbefreiung droht (FK-InsO/*Ahrens* Rn. 19).

7 **b) Angemessene Tätigkeit.** Der **unbestimmte Rechtsbegriff** (HambK-InsO/*Streck* Rn. 4; FK-InsO/*Ahrens* Rn. 23) der angemessenen Erwerbstätigkeit beinhaltet verschiedene Komponenten. Die **Angemessenheit** einer Beschäftigung folgt aus der Ausbildung und Qualifikation, dem Lebensalter, dem bereits zurückgelegten Berufsweg, der sich noch bietenden beruflichen Perspektive, dem Gesundheitszustand, der Erfahrung, und der familiären Situation des Schuldners (AG Duisburg NZI 2004, 516 = ZVI 2004, 364; FK-InsO/*Ahrens* Rn. 26; HambK-InsO/*Streck* Rn. 4). Übt der Schuldner vor dem Verfahren bereits eine Tätigkeit aus, so spricht zunächst eine Vermutung für die Angemessenheit dieser Tätigkeit (FK-InsO/*Ahrens* Rn. 27).

8 **aa) Zeitlich und finanziell angemessen.** Die angemessene Erwerbstätigkeit hat zeitliche und finanzielle Voraussetzungen. **Zeitlich angemessen** ist grds. nur die Vollzeitbeschäftigung (BGH NZI 2010, 228; Uhlenbruck/*Sternal* Rn. 13; AG Hamburg NZI 2001, 103), deren konkrete Wochenstundenzahl sich aus tarifvertraglichen oder betrieblichen Regelungen ergibt und zumeist zwischen 35 und 40 Stunden liegen dürfte. Ein 30-jähriger, lediger und kinderloser Schuldner verletzt daher seine Erwerbsobliegenheiten, wenn er lediglich einer Teilzeittätigkeit von 25 Wochenstunden nachgeht und sich um eine Vollzeitbeschäftigung nicht bemüht (AG Hamburg NZI 2001, 103). Die grundsätzliche Verpflichtung zur Übernahme einer Vollzeitstelle kann durch **Erziehungspflichten** Kindern gegenüber oder aus gesundheitlichen sowie anderen Gründen eingeschränkt sein (BGH NJW-RR 2010, 628; FK-InsO/*Ahrens* Rn. 23).

Der Schuldner kann sich auf eine **Erziehungsverpflichtung** nur berufen, wenn die Betreuung der Kinder nicht durch den anderen Elternteil gewährleistet ist. Sind beide Elternteile berufstätig, kann aber auch der Schuldner die gesetzliche Möglichkeit eines **Erziehungsurlaubes** in Anspruch nehmen, solange die Inanspruchnahme sich nicht als offensichtlich rechtsmissbräuchlich darstellt. Übt der Schuldner wegen der Erziehungspflichten keine Vollzeitbeschäftigung mehr aus, hat er zumindest eine **angemessene Teilzeittätigkeit** aufzunehmen (BGH NJW-RR 2010, 628; FK-InsO/*Ahrens* Rn. 25). Hinsichtlich des Umfangs dieser Tätigkeit ist auf Anzahl und Alter der zu betreuenden Kinder abzustellen. Die insolvenzrechtliche Erwerbsobliegenheit bestimmt sich nach den zu § 1570 BGB entwickelten Grundsätzen der Familiengerichte (BGH NJW-RR 2010, 628). Diese Verpflichtung wird aber insolvenzrechtlich dadurch abgeschwächt, dass eine Obliegenheitsverletzung nur dann zu einer Versagung der Restschuldbefreiung führt, wenn durch sie gem. § 296 Abs. 1 auch die Gläubigerbefriedigung beeinträchtigt wird (BGH NZI 2009, 899). Dies wird im Hinblick auf den bereits bei nur einer Unterhaltsverpflichtung durch die Pfändungstabelle des § 850c ZPO pfandfrei gestellten Betrag in Höhe von 1.479 EUR netto, den die meisten Teilzeitbeschäftigten nicht erreichen dürften, eher selten der Fall sein. 9

Eine angemessene Tätigkeit erfordert auch eine **angemessene Vergütung** (BGH NZI 2012, 87; 2009, 326; FK-InsO/*Ahrens* Rn. 24; Uhlenbruck/*Sternal* Rn. 12). **Finanziell angemessen** ist eine Tätigkeit, mit der der Schuldner ein Einkommen erzielt, das üblich ist und einer tarifvertraglichen Vergütung entspricht (AG Dortmund NZI 1999, 420; Uhlenbruck/*Sternal* Rn. 12; HambK-InsO/*Streck* Rn. 5). Arbeitet der Schuldner bspw. als Zahntechnikermeister im familieneigenen Betrieb und erzielt hierbei ohne Unterhaltsverpflichtungen keine pfändbaren Einkommensanteile, liegt angesichts der üblichen, sehr viel höheren Vergütung keine angemessene Erwerbstätigkeit vor (AG Dortmund NZI 1999, 420). Der Schuldner übt keine angemessene Erwerbstätigkeit aus, wenn er trotz gleich lautender Anstellungsverträge und Beschäftigungsbedingungen eine fast um die Hälfte geringere Vergütung exakt in Höhe des Pfändungsfreibetrages erhält als ein Kollege im selben Betrieb (BGH NJW-Spezial 2010, 53 = ZInsO 2009, 2069). 10

bb) Beschäftigung im Ausland, Karriere, Fortbildung und Studium. Eine **Tätigkeit des Schuldners im Ausland** ist grds. zulässig und keine Obliegenheitsverletzung (Uhlenbruck/*Sternal* Rn. 12). Da aber auch bei einer Beschäftigung im Ausland die **Pfändungsvorschriften der ZPO** gelten (BGH ZInsO 2012, 1260; LG Traunstein NZI 2009, 818 = ZInsO 2009, 1026; *Oberer* ZVI 2009, 49), darf das Einkommen und damit der pfändbare Betrag durch den Wechsel ins Ausland nicht geringer werden als in Deutschland. Zieht der Schuldner daher in ein Land mit niedrigerem Lohnniveau, läuft er Gefahr, seine Obliegenheit zu verletzen, wenn er in Deutschland eine angemessene Beschäftigung mit pfändbaren Lohnanteilen hatte. Ein Metallbaumeister aus Hessen erfüllt seine Erwerbsobliegenheit nicht, wenn er als Tauchlehrer in Thailand arbeitet, hierbei keine oder nur geringe pfändbare Einkommensanteile erzielt, aber in Deutschland eine Beschäftigung mit höherem pfändbaren Einkommensanteilen finden könnte (BGH 20.5.2010 – IX ZB 262/09, BeckRS 2010, 13975). 11

Der Schuldner muss die Möglichkeiten einer üblichen **beruflichen Entwicklung und Karriere** nutzen und wahrnehmen, auch wenn hierdurch berufliche Mehrbelastungen entstehen. Nimmt er ein entsprechendes Angebot nicht an, übt er keine angemessene Tätigkeit mehr aus. Der Schuldner kann sich aber auf persönliche oder familiäre Gründe berufen, aus denen er eine berufliche Verbesserung ablehnt (Uhlenbruck/*Sternal* Rn. 19). Der Schuldner wird im Regelfall eine **Fortbildung oder Umschulung,** die mit einer Aufgabe der bisherigen 12

Beschäftigung und dem Wegfall des Einkommens verbunden ist, nur dann durchführen dürfen, wenn diese Maßnahme für die Gläubiger bezogen auf die gesamte Dauer der Wohlverhaltensperiode zumindest keine Verminderung der Zahlungen des Schuldners bedeutet, der Schuldner also den vorübergehenden Wegfall der Bezüge durch ein späteres höheres Einkommen ausgleicht (Uhlenbruck/*Sternal* Rn. 13; HK-InsO/*Waltenberger* aF Rn. 6). Ein **Studium** ist zulässig, wenn es dem üblichen Ausbildungsweg entspricht (AG Göttingen ZVI 2002, 81 = ZInsO 2002, 385). Die Aufnahme eines Studiums aus einer Beschäftigung heraus verletzt aber im Regelfall die Obliegenheit (Uhlenbruck/*Sternal* Rn. 13).

13 **cc) Wahl der Steuerklasse, Strafgefangene und Beendigung des Arbeitsverhältnisses.** Erzielt der Schuldner durch die Wahl einer für ihn ungünstigen **Steuerklasse** rechtsmissbräuchlich kein angemessenes Einkommen mehr, liegt ein Verstoß gegen die 1. Tatbestandsalt. vor (BGH NZI 2009, 326; HK-InsO/*Waltenberger* aF Rn. 7). Der Schuldner ist aber nicht gehindert, seine steuerlichen Möglichkeiten auszuschöpfen und die dem Einkommen der Eheleute angemessene Steuerklasse zu wählen (AG Duisburg NZI 2002, 328 = ZInsO 2002, 383; LG Dortmund NZI 2010, 581). Er muss also nicht stets die für die Gläubigerbefriedigung günstigste Steuerklasse wählen.

14 Auch **Strafgefangenen** ist grds. der Weg der Restschuldbefreiung eröffnet, auch wenn sie dem freien Arbeitsmarkt nicht zur Verfügung stehen (BGH NJW 2004, 3714 = ZVI 2004, 738; FK-InsO/*Ahrens* Rn. 29; HK-InsO/*Waltenberger* aF Rn. 8; aA LG Hannover ZVI 2002, 130). Hiervon ging schon der Gesetzgeber aus (BT-Drs. 12/2443, 136). Strafgefangene sind im Vollzug gem. § 41 StVollzG zur Arbeit verpflichtet und verfügen über durchschnittlich ca. 170 EUR monatlich pfändbares „Eigengeld" (Heyer ZVI 2010, 81). Verliert ein Schuldner aber in der Wohlverhaltensphase durch eine Straftat und die folgende Inhaftierung seinen Arbeitsplatz und mit ihm auch pfändbare Einkommensanteile, die er im Strafvollzug nicht mehr erzielen kann, kann eine Obliegenheitsverletzung vorliegen (BGH NJW-Spezial 2010, 694 = NZI 2010, 911).

15 **Endet das Arbeitsverhältnis** durch arbeitgeberseitige Kündigung, kann unter Umständen ein Obliegenheitsverstoß vorliegen, wenn der Schuldner die Kündigung durch sein Verhalten vorsätzlich oder grob fahrlässig herbeigeführt hat (FK-InsO/*Ahrens* Rn. 43 ff.; AG Holzminden ZVI 2006, 260). Der Schuldner ist verpflichtet, sich gegen eine Kündigung auch arbeitsgerichtlich zu wehren, wenn eine Klage Erfolg verspricht. **Kündigt der Schuldner selbst** oder schließt er einen **Aufhebungsvertrag,** liegt nur dann kein Obliegenheitsverstoß vor, wenn der Schuldner schwerwiegende Gründe für sein Verhalten anführen kann (FK-InsO/*Ahrens* Rn. 48; Uhlenbruck/*Sternal* Rn. 15). Diese können eine wiederholte Vertragsverletzung durch den Arbeitgeber, sog „mobbing" durch andere Arbeitnehmer oder eine gesundheitliche Belastung durch den Arbeitsplatz sein.

16 **c) Bemühen um eine angemessene Tätigkeit.** An den **arbeitslosen Schuldner** sind strenge Anforderungen bei dem Bemühen um eine angemessene Tätigkeit zu stellen (FK-InsO/*Ahrens* Rn. 59). Die Meldung bei der zuständigen Agentur für Arbeit und die Einhaltung der Verpflichtungen dieser gegenüber reichen allein nicht aus (BGH NJW-Spezial 2011, 501 = NZI 2011, 596; HambK-InsO/*Streck* Rn. 7). Vom Schuldner sind auch eigene Bemühungen, zB durch Initiativbewerbungen und aktive Stellensuche zu fordern. **2–3 Bewerbungen pro Woche** können hier durchaus vom Schuldner verlangt werden (BGH NJW-Spezial 2011, 501 = NZI 2011, 596). Begrenzt werden diese Anforderungen aber zum einen durch die finanziellen Möglichkeiten des Schuldners, die wegen der Arbeitslosigkeit im Regelfall gering sein dürften. Die Agentur für Arbeit kann dem Schuldner gem. § 45 SGB III Bewerbungsaufwendungen bis zu einer Höhe von 260 EUR pro Jahr erstatten. Mit diesem Betrag können 2–3

Bewerbungen pro Woche bei den auch von der Arbeitsagentur angenommenen Kosten einer Bewerbung in Höhe von 5 EUR nicht finanziert werden. Zum anderen können von einem Schuldner in offensichtlich aussichtsloser Bewerbungssituation kaum ständige, sinnlose Bewerbungen verlangt werden, die ihn eher demotivieren dürften (FK-InsO/*Ahrens* Rn. 64). In einem solchen Fall reicht daher die Meldung bei der zuständigen Agentur für Arbeit aus.

Beschränkt sich der Schuldner bei seinen Bemühungen um einen neuen Arbeitsplatz auf einen **zu kleinen Teil des Arbeitsmarktes,** kann eine Obliegenheitsverletzung vorliegen (LG Hamburg ZInsO 1999, 649). Das Gleiche gilt, wenn der Schuldner die Suche nach Arbeitsstellen und seine Bewerbungsbemühungen gänzlich einstellt (LG Kiel ZVI 2002, 474). Auch der im öffentlichen Dienst **teilzeitbeschäftigte Schuldner** muss sich um eine Vollzeitbeschäftigung bemühen und diese auch unter Aufgabe der Tätigkeit im öffentlichen Dienst annehmen, um seiner Obliegenheit gerecht zu werden (BGH 11.5.2010 – IX ZB 87/08, BeckRS 2010, 13679). Auch wenn sich der Schuldner nach dem Wortlaut des Abs. 1 Nr. 1 nur um eine angemessene, nicht aber um eine zumutbare Tätigkeit bemühen muss (FK-InsO/*Ahrens* Rn. 20), sollte er seine Bemühungen zur Vermeidung einer Versagung der Restschuldbefreiung eher umfassend gestalten (vgl. AG Hamburg NZI 2001, 103). 17

d) Annahme einer zumutbaren Tätigkeit. Zu diesem Tatbestand werden strenge Anforderungen an den Schuldner gestellt (HambK-InsO/*Streck* Rn. 9; Uhlenbruck/*Sternal* Rn. 19), die mit denen der **zumutbaren Beschäftigung des § 121 SGB III** vergleichbar sind (FK-InsO/*Ahrens* Rn. 73 f.). Eine Beschäftigung ist demnach unzumutbar, wenn sie gegen gesetzliche und tarifliche Arbeitsschutzbestimmungen verstößt (FK-InsO/*Ahrens* Rn. 74). Sie ist aber gem. § 121 Abs. 5 SGB III nicht schon deshalb unzumutbar, weil der Arbeit suchende Schuldner sie bislang noch nicht ausgeübt hat oder für sie nicht ausgebildet ist. § 121 Abs. 3 SGB III enthält eine mit fortschreitender Dauer der Arbeitslosigkeit **absinkende, flexible Zumutbarkeitsgrenze** hinsichtlich des mit der neuen Beschäftigung zu erzielenden Einkommens. Je länger der Schuldner arbeitslos ist, desto mehr ist er verpflichtet, auch eine im Vergleich zur vorherigen Tätigkeit geringer vergütete Tätigkeit anzunehmen. Eine Verschärfung dieser sozialrechtlichen Anforderungen im Insolvenzverfahren dürfte kaum den Interessen der Gläubiger entsprechen, da die vorschnelle Annahme eines schlecht vergüteten Arbeitsplatzes die pfändbaren Einkommensanteile des Schuldners sinken lässt. 18

Dem Schuldner ist grds. auch ein **Ortswechsel zur Arbeitsaufnahme** zuzumuten (HambK-InsO/*Streck* Rn. 9; Uhlenbruck/*Sternal* Rn. 19). Dies gilt insbes. für jüngere, alleinstehende Schuldner. Älteren oder familiär gebundenen Schuldnern dürfte ein Ortswechsel meist nicht zuzumuten sein (Uhlenbruck/*Sternal* Rn. 19; FK-InsO/*Ahrens* Rn. 78). Auch die Kosten eines Umzugs müssen bei der Beurteilung der Zumutbarkeit berücksichtigt werden. Ein **Pendeln zum Arbeitsplatz** ist gem. § 121 Abs. 4 SGB III bei Pendelzeiten von 2,5 Stunden bei mehr als sechsstündiger Tätigkeit und 2,0 Stunden bei bis zu sechsstündiger Tätigkeit zumutbar. Sind regional längere Pendelzeiten üblich, gelten diese. Schichtarbeit, auch in drei Schichten, ist grds. zumutbar. Sie kann aber im individuellen Fall aus gesundheitlichen oder zwingenden familiären Gründen unzumutbar sein (Uhlenbruck/*Sternal* Rn. 19). Auch die Aufnahme befristeter Arbeitsverhältnisse ist zumutbar. 19

2. Herausgabe des hälftigen Erbanteiles gem. Absatz 1 Nr. 2. Der Schuldner hat gem. Absatz 1 Nr. 2 einen Vermögenserwerb, der von Todes wegen oder mit Rücksicht auf ein künftiges Erbrecht erfolgt, zur Hälfte des Wertes an den Treuhänder herauszugeben. Dieser **Halbteilungsgrundsatz** (FK-InsO/*Ahrens* Rn. 80) stellt neben dem Einzug der pfändbaren Einkommensanteile des 20

Schuldners die einzige Ausnahme von der nach Abschluss des Insolvenzverfahrens beendeten Verwertung des Vermögens des Schuldners dar (HK-InsO/*Waltenberger* aF Rn. 16). Die Beschränkung auf die Herausgabe lediglich der Hälfte des Vermögenserwerbes soll den Schuldner veranlassen, die Erbschaft nicht auszuschlagen (FK-InsO/*Ahrens* Rn. 81; HK-InsO/*Waltenberger* aF Rn. 18). Denn die **Ausschlagung der Erbschaft,** die **Nichtgeltendmachung eines Pflichtteiles** oder der **Verzicht auf ein Vermächtnis** stehen gem. § 83 allein dem Schuldner als höchstpersönliches Recht zu und sind keine Obliegenheitsverletzungen (BGH NJW-RR 2010, 121 = NZI 2009, 563; HambK-InsO/*Streck* Rn. 10; HK-InsO/*Waltenberger* aF Rn. 18; Uhlenbruck/*Sternal* Rn. 25).

21 Die Obliegenheit betrifft jeden **Vermögenserwerb iSd § 1374 Abs. 2 BGB,** der hier zur Orientierung dienen kann (HambK-InsO/*Streck* Rn. 10). Der Vermögenserwerb tritt gem. § 1922 Abs. 1 BGB mit dem Todesfall ein (FK-InsO/*Ahrens* Rn. 82). Erfasst werden damit alle Fälle gesetzlicher, testamentarischer oder vertraglicher Erbfolge (HambK-InsO/*Streck* Rn. 10; Uhlenbruck/*Sternal* Rn. 22), die Mit-, Vor- oder Nacherbschaft (HambK-InsO/*Streck* Rn. 10; FK-InsO/*Ahrens* Rn. 85), Pflichtansprüche, Vermächtnisse, Abfindungen bei Erbverzicht oder Zahlungen aus Erbauseinandersetzungen (HambK-InsO/*Streck* Rn. 10). Eine **Nacherbschaft** ist erst bei Eintritt des Nacherbfalls zu berücksichtigen (FK-InsO/*Ahrens* Rn. 89). Der **Zugewinnausgleich** iF des Todes des Ehegatten ist wegen seines güterrechtlichen Hintergrundes kein Erwerb von Todes wegen (FK-InsO/*Ahrens* Rn. 93; HK-InsO/*Waltenberger* aF Rn. 20). Gleiches gilt für das Schenkungsversprechen von Todes wegen gem. § 2301 BGB (HambK-InsO/*Streck* Rn. 10). Mit **Rücksicht auf ein künftiges Erbrecht** erwirbt der Schuldner Vermögen, wenn eine Erbfolge oder Erbteilung vorweggenommen wird (FK-InsO/*Ahrens* Rn. 90; HambK-InsO/*Streck* Rn. 10). Dies kann auch bei einer **Schenkung** der Fall sein, wenn sie einen erbrechtlichen Einschlag hat (Uhlenbruck/*Sternal* Rn. 23). Auch mit einem **Kauf** kann Vermögen „mit Rücksicht auf ein künftiges Erbrecht" erworben werden. Im Wege der Auslegung des Vertrags muss aber unter Berücksichtigung aller Umstände einschließlich der Vorgeschichte und der Interessenlage der Beteiligten ermittelt werden, ob eine Vorwegnahme der Erbfolge gewollt war (LG Göttingen NZI 2008, 53; Uhlenbruck/*Sternal* Rn. 24).

22 Kann der Schuldner einen **Pflichtteilsanspruch** während des eröffneten Insolvenzverfahrens oder der Wohlverhaltensphase geltend machen, ist mit der Rspr. wie folgt zu differenzieren. Der Pflichtteilsanspruch entsteht gem. § 2317 Abs. 1 BGB mit dem Erbfall. Er ist gem. § 852 Abs. 1 ZPO **bedingt pfändbar** und damit im eröffneten Verfahren **Massebestandteil** (BGH NJW-RR 2009, 632 = NZI 2009, 191; FK-InsO/*Ahrens* Rn. 86). Er kann als **höchstpersönliches Recht** aber nur vom Schuldner geltend gemacht werden (BGH NJW-RR 2009, 632 = NZI 2009, 191). Unterlässt der Schuldner die Geltendmachung, geht der Anspruch der Masse verloren, ohne dass dies dem Schuldner vorgeworfen werden kann (BGH NJW-RR 2010, 121= NZI 2009, 563; FK-InsO/*Ahrens* Rn. 86). Macht der Schuldner einen bereits im eröffneten Verfahren entstandenen Anspruch erst in der Wohlverhaltensphase geltend, fällt der Anspruch wegen seiner bereits im eröffneten Verfahren eingetretenen bedingten Pfändbarkeit in die Insolvenzmasse (BGH NJW-RR 2009, 632 = NZI 2009, 191). Er ist im Wege der Nachtragsverteilung gem. § 203 in vollem Umfang zu verwerten und zu verteilen. Der Halbteilungsgrundsatz des Absatz 1 Nr. 2 gilt nicht. Entsteht der **Pflichtteilsanspruch erst in der Wohlverhaltensphase,** kann der Schuldner ihn innerhalb der dreijährigen Verjährungsfrist des § 2332 Abs. 1 BGB geltend machen. Macht er ihn noch in der Wohlverhaltensphase geltend, hat er die Hälfte des Vermögenserwerbs gem. Absatz 1 Nr. 2 herauszugeben. Macht der Schuldner aber einen vor Ablauf der Wohlverhaltensphase entstandenen Pflichtteilsanspruch

erst **nach Ablauf der Wohlverhaltensphase** geltend, gilt die Obliegenheit des Absatz 1 Nr. 2 nicht mehr. Der Schuldner ist daher nicht mehr zur hälftigen Herausgabe verpflichtet (BGH NJW 2011, 2291 = NZI 2011, 329; FK-InsO/*Ahrens* Rn. 86).

Herauszugeben hat der Schuldner die **Hälfte des Nettoerwerbs** (FK-InsO/ 23 *Ahrens* Rn. 94). Sachwerte hat er zu verwerten und den hälftigen Nettoerlös in Geld herauszugeben (BGH NJW 2013, 870; HambK-InsO/*Streck* Rn. 12). Zum einen sind **Kosten des Nachlasses** wie Nachlassverbindlichkeiten oder Verbindlichkeiten aus Pflichtteilen, Vermächtnissen oder Auflagen abzuziehen (Uhlenbruck/*Sternal* Rn. 29), zum anderen sind aber auch **Kosten des Schuldners** wie Verwertungskosten, Notargebühren oder auf das Erbe zu leistende Steuern zu berücksichtigen (HambK-InsO/*Streck* Rn. 12; FK-InsO/*Ahrens* Rn. 94). Die **Herausgabe** hat unverzüglich und damit im Regelfall **innerhalb von 14 Tagen** zu erfolgen (BGH NZI 2010, 489 zu § 295 Abs. 1 Nr. 3; aA FK-InsO/*Ahrens* Rn. 98). Es besteht nur die **Herausgabepflicht des Schuldners** als Obliegenheit, deren Verletzung bei einem entsprechenden Gläubigerantrag zur Versagung der Restschuldbefreiung führen kann. Der Treuhänder hat keinen durchsetzbaren Anspruch auf Zahlung oder Herausgabe. Auch die **Verwertung der übergegangenen Vermögensgegenstände** ist allein Sache des Schuldners (BGH NJW 2013, 870; HambK-InsO/*Streck* Rn. 12), mit der er zur Vermeidung einer Obliegenheitsverletzung innerhalb der 14-Tagesfrist zu beginnen hat. Dem Treuhänder bleibt bei einem Fehlverhalten des Schuldners nur, die Gläubiger zu informieren (BGH NJW-Spezial 2010, 662 = NZI 2010, 781).

Neben der Herausgabepflicht hat der Schuldner **keine besonderen Informa-** 24 **tionspflichten** dem Treuhänder oder den Gläubigern gegenüber (BGH NJW 2011, 2291 = NZI 2011, 329; FK-InsO/*Ahrens* Rn. 101; aA Uhlenbruck/*Sternal* Rn. 36). Der Schuldner muss den Treuhänder insbes. nicht gem. § 295 Abs. 1 Nr. 3 von sich aus über den Erbfall in Kenntnis setzen (BGH NJW 2011, 2291 = NZI 2011, 329). Ein „Verheimlichen" im Sinne dieser Vorschrift liegt nur vor, wenn der Schuldner die auf eine mögliche Erbschaft gerichtete Frage des Treuhänders nicht oder nicht vollständig beantwortet (BGH NJW-RR 2010, 254 = NZI 2010, 26).

3. Mitteilungs- und Auskunftspflichten des Schuldners gem. Absatz 1 25 **Nr. 3.** Die Norm enthält die Mitteilungs- und Auskunftspflichten des Schuldners, die sich trotz des umfänglichen Katalogs von **acht einzelnen Verpflichtungen** (FK-InsO/*Ahrens* Rn. 103) erheblich von den Auskunfts- und Mitwirkungspflichten des Schuldners im eröffneten Verfahren unterscheiden. Denn während der Schuldner im eröffneten Verfahren von sich aus ohne besondere Nachfrage alle Umstände mitteilen muss, die offensichtlich für das Insolvenzverfahren von Bedeutung sein könnten (BGH NZI 2010, 264), hat er in der Wohlverhaltensphase von sich aus nur den Wechsel des Wohnsitzes und der Beschäftigungsstelle anzuzeigen (BGH NJW-RR 2010, 254 = NZI 2010, 26). Es ist nach der Vorstellung des Gesetzgebers Sache der Gläubiger, diesen offensichtlichen Unterschied der Informationsverpflichtung des Schuldners durch eine Beauftragung des Treuhänders mit der Überwachung des Schuldners gem. § 292 Abs. 2 auszugleichen (BGH NJW-RR 2010, 254 = NZI 2010, 26).

Der Schuldner hat jeden **Wechsel des Wohnsitzes und der Beschäftigungs-** 26 **stelle** von sich aus dem Insolvenzgericht und dem Treuhänder anzuzeigen (BGH NJW-RR 2010, 254 = NZI 2010, 26). Eine Anzeige nur an Gericht oder Treuhänder reicht nicht aus (FK-InsO/*Ahrens* Rn. 105). **Wohnsitz** iSd Vorschrift ist die Anschrift, an der sich der Schuldner tatsächlich aufhält und an der er per Post oder persönlich zu erreichen ist (BGH NJW-RR 2010, 1639 = NZI 2010, 654; FK-InsO/*Ahrens* Rn. 107). Unter einem **Wechsel der Beschäftigungs-**

stelle ist auch die Aufnahme einer Tätigkeit aus der Arbeitslosigkeit heraus zu verstehen (BGH 2.12.2010 – IX ZB 220/09, BeckRS 2010, 30740). Auch die Aufnahme einer Nebentätigkeit ist anzuzeigen (BGH NZI 2010, 350). Beide Verpflichtungen hat der Schuldner **unverzüglich** und damit im Regelfall **innerhalb von 14 Tagen** zu erfüllen (BGH NZI 2010, 489; HambK-InsO/*Streck* Rn. 15).

27 Der Schuldner darf Einkommen, das von der Abtretungserklärung des § 287 Abs. 2 erfasst wird, und einen Erwerb von Todes wegen nach Absatz 1 Nr. 2 nicht verheimlichen. Ein **„Verheimlichen"** im Sinne dieser Vorschrift liegt nur vor, wenn der Schuldner an ihn gerichtete Fragen des Treuhänders oder des Gerichts nicht oder nicht vollständig beantwortet (BGH NJW-RR 2010, 254 = NZI 2010, 26; FK-InsO/*Ahrens* Rn. 119). Der Schuldner ist daher auch nicht verpflichtet, den Treuhänder von sich aus auf eine **Erhöhung seines Nettolohnes** oder darauf hinzuweisen, dass eine nach dem Gesetz ihm gegenüber unterhaltsberechtigte Person eigene Einkünfte iSd § 850c Abs. 4 ZPO hat (BGH NJW-RR 2010, 254 = NZI 2010, 26; siehe aber BGH NZI 2011, 451). Ebenso wenig hat der Schuldner die Verpflichtung, unaufgefordert eine noch ausschlagbare **Erbschaft,** ein noch ausschlagbares **Vermächtnis** oder einen noch nicht geltend gemachten **Pflichtteil** Gericht und Treuhänder anzuzeigen (BGH NJW 2011, 2291 = NZI 2011, 329).

28 Der Schuldner hat Treuhänder und Gericht auf Verlangen **Auskunft zu erteilen** über seine Erwerbstätigkeit, seine Bemühungen um einen Arbeitsplatz, seine Bezüge und sein Vermögen. Hinsichtlich der Bezüge ist auch Auskunft über Naturalleistungen des Arbeitgebers wie die Überlassung eines Dienstwagens zu erteilen (BGH ZInsO 2012, 2342). Eine Auskunftspflicht einzelnen oder mehreren Gläubigern gegenüber besteht nicht (FK-InsO/*Ahrens* Rn. 124; HambK-InsO/*Streck* Rn. 21). Auch nach Aufforderung durch den Treuhänder ist der Schuldner nicht verpflichtet, Gläubigern Auskunft zu erteilen (AG Leipzig ZInsO 2005, 387 = ZVI 2004, 758). Die Auskunft ist in der Regel schriftlich zu erteilen (Uhlenbruck/*Sternal* Rn. 48). Nach dem Wortlaut der Vorschrift kann die **Vorlage von Unterlagen** nicht verlangt werden (FK-InsO/*Ahrens* Rn. 127; Uhlenbruck/*Sternal* Rn. 48). Verlangt der Treuhänder aber bspw. die Vorlage der Gehaltsabrechnung, um so die Abrechnung des Drittschuldners prüfen zu können, macht es aus Schuldnersicht wenig Sinn, diese nicht vorzulegen, sondern deren Inhalt schriftlich mitzuteilen.

29 Problematisch ist die **Auskunftspflicht hinsichtlich des Vermögens,** da dieses bis auf die pfändbaren Einkommensanteile und den Erwerb von Todes wegen in der Wohlverhaltensphase allein dem Schuldner zusteht. *Ahrens* weist hierzu zutr. auf die **Begrenzung der Auskunftspflicht** durch ihren Zweck hin (FK-InsO/*Ahrens* Rn. 130). Verlangt der Treuhänder bspw. in dreimonatigem Turnus die Vorlage sämtlicher Kontoauszüge, dürfte dies kaum mit dem Zweck der Vorschrift zu begründen sein und den Schuldner daher unangemessen belasten sowie auch ungerechtfertigt in seiner Privatsphäre berühren. Gleiches gilt, wenn jährlich ein Vermögensverzeichnis auszufüllen ist, in das auch der allein dem Schuldner zustehende Neuerwerb aufzunehmen ist. Beachtet der Schuldner solch umfassende Anforderungen nicht, liegt eine Verletzung seiner Obliegenheit schon mangels Beeinträchtigung der Gläubigerbefriedigung nicht vor, da der Neuerwerb des Schuldners den Insolvenzgläubigern nicht zusteht (FK-InsO/*Ahrens* Rn. 130).

30 Auch wenn der Schuldner eine selbstständige Tätigkeit in der Wohlverhaltensphase ausübt, ist zumindest eine detaillierte Auskunftspflicht zu dieser Selbstständigkeit nicht nachvollziehbar (*Pape* InsbürO 2011, 319). Denn die Abführungspflicht des in der Wohlverhaltensphase selbstständigen Schuldners bezieht sich gem. Absatz 2 auf ein fiktives Einkommen und nicht auf den tatsächlichen wirtschaftlichen Erfolg seiner Tätigkeit (BGH NJW-RR 2006, 1138 = NZI 2006,

413; *Grote* ZInsO 2011, 1489). Zutr. sieht die Rspr. daher keine Verpflichtung des Schuldners, betriebswirtschaftliche Auswertungen oder sonstige Unterlagen über sein Einkommen aus selbstständiger Tätigkeit vorzulegen, soweit sie nicht erforderlich sind, um das fiktive Einkommen des Schuldners zu bestimmen (BGH WM 2013, 579; LG Göttingen ZInsO 2011, 1798). Der in der Wohlverhaltensphase selbstständige Schuldner hat keine Auskünfte über etwaige Gewinne aus seiner selbstständigen Tätigkeit zu erteilen. Verlangt das Gericht diese dennoch, kommt eine Versagung gem. § 296 Abs. 2 S. 3 InsO nicht in Frage, wenn der Schuldner die Auskünfte verweigert (BGH NZI 2013, 404).

4. Gleichbehandlung der Gläubiger. Die Obliegenheiten des Abs. 1 Nr. 4 31
stehen in engem Zusammenhang mit § 294 und insbes. mit § 294 Abs. 2 (→ § 294 Rn. 7–8). Beide Vorschriften sollen den **Grundsatz der Gläubigergleichbehandlung** auch in der Wohlverhaltensphase sicherstellen (FK-InsO/*Ahrens* Rn. 131; Uhlenbruck/*Sternal* Rn. 52). Während § 294 Abs. 2 Sonderabsprachen des Schuldners mit einzelnen Insolvenzgläubigern für nichtig erklärt und damit Rückforderungen möglich macht, drohen die beiden Tatbestandsalternativen des Absatz 1 Nr. 4 dem Schuldner im Falle der Zuwiderhandlung mit der Versagung der Restschuldbefreiung.

Das **Zahlungsgebot** (FK-InsO/*Ahrens* Rn. 132) gibt dem Schuldner auf, Zah- 32
lungen an die Insolvenzgläubiger nur über den Treuhänder zu leisten. **Zahlungen an Neugläubiger** werden von der Norm nicht erfasst (Uhlenbruck/*Sternal* Rn. 53). Zahlt der Schuldner aus seinem pfändbaren Einkommen Raten an die Staatsanwaltschaft, um die Vollstreckung einer Ersatzfreiheitsstrafe abzuwenden, verletzt er seine Obliegenheit (AG Mannheim ZVI 2005, 383; Uhlenbruck/*Sternal* Rn. 55). Der Schuldner darf aber aus seinem **unpfändbaren Einkommen** oder dem ihm von einem Erbe nach § 295 Abs. 1 Nr. 2 verbliebenen Anteil Zahlungen an die Insolvenzgläubiger erbringen (BGH VuR 2011, 309; FK-InsO/*Ahrens* Rn. 139; Uhlenbruck/*Sternal* Rn. 53). Der Schuldner darf daher in der Wohlverhaltensperiode eine Immobilien- oder PKW-Finanzierung fortsetzen, er darf Zahlungen auf eine deliktische Forderung leisten, die nicht von der Restschuldbefreiung erfasst wird, oder er kann eine Geldstrafe aufgrund einer Ratenvereinbarung mit der Staatsanwaltschaft abtragen, soweit er hierfür keine pfändbaren Einkommensanteile einsetzt.

Ein **Sondervorteil** (auch → § 294 Rn. 8) kann nur vorliegen, wenn der 33
Insolvenzgläubiger etwas erhält, was an den Treuhänder abzuführen wäre (Uhlenbruck/*Sternal* § 294 Rn. 26; FK-InsO/*Ahrens* Rn. 137). Der Schuldner muss den Sondervorteil zur Tatbestandsverwirklichung „verschafft“ haben, daher muss der Leistungserfolg eingetreten und nicht nur vereinbart worden sein (Uhlenbruck/*Sternal* Rn. 57; FK-InsO/*Ahrens* Rn. 137).

**5. Zahlungspflichten des selbstständig tätigen Schuldners gem. Ab- 34
satz 2.** Gem. Absatz 2 hat der in der Wohlverhaltensphase selbstständig tätige Schuldner Zahlungen an den Treuhänder in einem Umfang zu leisten, in dem er sie leisten würde, wenn er abhängig beschäftigt wäre. Aus dieser Regelung folgt zunächst, dass der Schuldner seine Restschuldbefreiung auch erreichen kann, wenn er in der Wohlverhaltensphase **selbstständig tätig** und nicht abhängig beschäftigt ist (BT-Drs. 12/2443, 192; Uhlenbruck/*Sternal* Rn. 60; HK-InsO/*Waltenberger* aF Rn. 9). Des weiteren folgt aus ihr, dass der Gesetzgeber aus Praktikabilitätsgründen (BT-Drs. 12/2443, 267 zu Nr. 33; *Grote* ZInsO 2004, 1105) die vom selbstständigen Schuldner in der Wohlverhaltensphase zu leistenden Zahlungen nicht an den wirtschaftlichen Erfolg seiner Tätigkeit, sondern an **ein fiktiv zu ermittelndes Einkommen** geknüpft hat (BGH WM 2013, 380; NJW-RR 2006, 1138 = NZI 2006, 413; BGH NZI 2011, 596; FK-InsO/*Ahrens* Rn. 160 f.). Die Abtretung des § 287 Abs. 2 kam hier als Regulativ nicht in Frage,

da sie die Einkünfte Selbstständiger nicht erfasst (BGHZ 167, 363 = NJW 2006, 2485 = NZI 2006, 457).

35 Eine **selbstständige Tätigkeit** des Schuldners liegt vor, wenn ein planmäßiges Auftreten am Markt gegeben ist (FK-InsO/*Kohte* § 304 Rn. 9). Die Verwaltung eigenen Vermögens und die Vermietung eigener Immobilien erfüllt diese Voraussetzung nicht (FK-InsO/*Kohte* § 304 Rn. 8). Die Tätigkeit muss sich zudem **organisatorisch verfestigt und einen nennenswerten Umfang** erreicht haben (BGH NJW-RR 2011, 1068 = NZI 2011, 410). Der BGH stellt hierzu auf die **Bagatellgrenze des § 3 Nr. 26 EStG** ab und verneint die Voraussetzungen bei jährlichen Einnahmen unter 2.400 EUR (BGH NJW-RR 2011, 1068 = NZI 2011, 410).

36 Auch **Mischformen** sind zulässig (FK-InsO/*Ahrens* Rn. 151; HK-InsO/*Waltenberger* aF Rn. 10). Der angestellt beschäftigte Schuldner kann daher zusätzlich eine selbstständige Tätigkeit ausüben. In diesem Fall ist das fiktive Einkommen aus der Selbstständigkeit zu ermitteln und der aus der angestellten Tätigkeit abzuführende Betrag entsprechend aufzustocken (BGH NJW-RR 2006, 1138 = NZI 2006, 413).

37 Die **Höhe der zu leistenden Zahlungen** hängt von dem für den jeweiligen Schuldner angemessenen Dienstverhältnis ab, das dieser alternativ hätte eingehen können. Die Gesetzesbegründung weist hierzu auf **Ausbildung und Vortätigkeiten** des Schuldners hin (BT-Drs. 12/2443, 192/193). Diese Kriterien stehen aber in keinem Rangverhältnis (*Grote* ZInsO 2004, 1105), sondern es ist ganz auf die individuellen Umstände abzustellen. So kann eine lang zurückliegende Ausbildung vor der zuletzt ausgeübten Tätigkeit in den Hintergrund treten (HambK-InsO/*Streck* Rn. 26). **Angemessen** ist nur eine dem Schuldner mögliche abhängige Tätigkeit (BGH WM 2013, 380; NJW-RR 2006, 1138 = NZI 2006, 413; FK-InsO/*Ahrens* Rn. 163). Hat der Schuldner aufgrund seines Alters und der problematischen Verhältnisse am Arbeitsmarkt nicht die Möglichkeit, in ein angemessenes abhängiges Beschäftigungsverhältnis zu wechseln, hat er keine Zahlungen zu leisten (BGH NZI 2009, 482). Auf bloß theoretische, tatsächlich aber unrealistische Möglichkeiten, einen angemessenen Arbeitsplatz zu erlangen, darf ein Schuldner nicht verwiesen werden (BGH ZInsO 2010, 1153). Auf eine Beurteilung der Arbeitsmarktchancen des Schuldners durch die **Bundesagentur für Arbeit** kann abgestellt werden (BGH NJW-RR 2006, 1138 = NZI 2006, 413). Die Aussichten eines 67-jährigen, einen Arbeitsplatz zu finden, dürften regelmäßig aussichtslos sei (AG Hamburg InsVZ 2009, 28). Der BGH betont allerdings, die Frage welche Zahlungen ein 66-jähriger, noch selbstständig tätiger Schuldner zu leisten, noch nicht entschieden zu haben (BGH 23.2.2012 – IX ZB 92/10, BeckRS 2012, 06009). Praktisch wird sich das fiktive Einkommen gut über **einschlägige Tarifverträge** (AG Darmstadt JurBüro 2006, 100) oder über eines der zahlreichen Internetangebote zu Gehaltsermittlung und -vergleich finden lassen.

38 Es ist grds. allein Aufgabe und Risiko des Schuldners, den zu zahlenden Betrag zu ermitteln (HK-InsO/*Waltenberger* aF Rn. 12; HambK-InsO/*Streck* Rn. 28). Weder ist dies Aufgabe des Gerichts noch des Treuhänders (BGH WM 2013, 380). Macht der Treuhänder dem Schuldner aber gleichwohl Vorgaben und hält der Schuldner diese ein, handelt der Schuldner uU nicht mehr schuldhaft iSd § 296 Abs. 1 (BGH NZI 2011, 596). Einen Zahlungsanspruch gegen den Schuldner hat der Treuhänder nicht (LG Düsseldorf ZInsO 2012, 2257). Der Schuldner entscheidet in eigener Verantwortung über den gem. § 295 Abs. 2 InsO abzuführenden Betrag. Er wird nicht dadurch entlastet, dass weder Gericht noch Treuhänder ihn darauf hingewiesen haben, der abgeführte Betrag sei zu gering (BGH NZI 2013, 189).

39 Hat der Schuldners ein fiktives Einkommen ermittelt, muss er das hieraus folgende **Nettoeinkommen** berechnen (*Grote* ZInsO 2004, 1105). Anschließend

hat er unter Berücksichtigung der **Unterhaltsverpflichtungen** anhand der Pfändungstabelle zu § 850c ZPO den pfändbaren Betrag zu ermitteln (*Grote* ZInsO 2004, 1105). Haben Unterhaltsberechtigte eigenes Einkommen, hat der Schuldner die **Prüfung nach § 850c Abs. 4 ZPO** selbst vorzunehmen und die Unterhaltsberechtigten ggf. nicht mehr zu berücksichtigen (*Grote* ZInsO 2004, 1105). Ist der Schuldner sowohl abhängig als auch selbstständig tätig, ist das fiktive Einkommen aus der Selbstständigkeit zu ermitteln und der aus der angestellten Tätigkeit abzuführende Betrag entsprechend aufzustocken (BGH NJW-RR 2006, 1138 = NZI 2006, 413). Überschreitet der Schuldner mit angestellter und selbstständiger Tätigkeiten die Regelarbeitszeit, kann in Anlehnung an die hälftige Unpfändbarkeit einer Überstundenvergütung gem. § 850a Nr. 1 ZPO ein geringerer pfändbarer Betrag angenommen werden (HK-InsO/*Waltenberger* aF Rn. 10).

Erzielt der Schuldner mit seiner selbstständigen Tätigkeit mehr Einkommen als mit der angemessenen abhängigen Beschäftigung, hat er diesen **„Mehrerlös"** nicht herauszugeben (FK-InsO/*Ahrens* Rn. 161; Uhlenbruck/*Sternal* Rn. 76; HambK-InsO/*Streck* Rn. 25). Bleibt das Einkommen des Schuldners aus der selbstständigen Tätigkeit hinter dem Vergleichseinkommen eines angemessenen Dienstverhältnisses zurück, hat der Schuldner grds. gleichwohl die ermittelten Zahlungen zu leisten (HK-InsO/*Landfermann* Rn. 13; Uhlenbruck/*Sternal* Rn. 72). Gelingt ihm dies nicht, erfüllt er seine Obliegenheit nicht. Wenn der Schuldner allerdings nachweisen kann, dass er sich gleichzeitig erfolglos um eine abhängige Beschäftigung beworben hat, liegt auch bei geringeren als den eigentlich erforderlichen Zahlungen keine Obliegenheitsverletzung vor (BGH NZI 2009, 482 = ZInsO 2009, 1217). 40

Der Schuldner hat zumindest **jährliche Zahlungen** zu erbringen, da auch der abhängig Beschäftigte regelmäßige Zahlungen leistet (BGH WM 2012, 1597). Die Gesetzesbegründung ging allerdings davon aus, dass der Schuldner lediglich bis zum Ende der Wohlverhaltensphase zu zahlen hat, und dass er die Zahlungen an seine jeweilige wirtschaftliche Situation anpassen kann (BT-Drs. 12/2443, 192/193). 41

Verstoß gegen Obliegenheiten[1]

296 (1) [1] **Das Insolvenzgericht versagt die Restschuldbefreiung auf Antrag eines Insolvenzgläubigers, wenn der Schuldner in dem Zeitraum zwischen Beendigung des Insolvenzverfahrens und dem Ende der Abtretungsfrist eine seiner Obliegenheiten verletzt und dadurch die Befriedigung der Insolvenzgläubiger beeinträchtigt; dies gilt nicht, wenn den Schuldner kein Verschulden trifft.** [2] **Der Antrag kann nur binnen eines Jahres nach dem Zeitpunkt gestellt werden, in dem die Obliegenheitsverletzung dem Gläubiger bekanntgeworden ist.** [3] **Er ist nur zulässig, wenn die Voraussetzungen der Sätze 1 und 2 glaubhaft gemacht werden.**

(2) [1] **Vor der Entscheidung über den Antrag sind der Treuhänder, der Schuldner und die Insolvenzgläubiger zu hören.** [2] **Der Schuldner hat über die Erfüllung seiner Obliegenheiten Auskunft zu erteilen und, wenn es der Gläubiger beantragt, die Richtigkeit dieser Auskunft an Eides Statt zu versichern.** [3] **Gibt er die Auskunft oder die eidesstattliche Versicherung ohne hinreichende Entschuldigung nicht innerhalb der ihm gesetzten Frist ab oder erscheint er trotz ordnungsgemäßer Ladung ohne hinreichende Entschuldigung nicht zu einem Termin, den das Gericht für die**

[1] § 296 Abs. 1 Satz 1 geänd. mWv 1.7.2014 durch G v. 15.7.2013 (BGBl. I S. 2379).

Erteilung der Auskunft oder die eidesstattliche Versicherung anberaumt hat, so ist die Restschuldbefreiung zu versagen.

(3) [1] **Gegen die Entscheidung steht dem Antragsteller und dem Schuldner die sofortige Beschwerde zu.** [2] **Die Versagung der Restschuldbefreiung ist öffentlich bekanntzumachen.**

Schrifttum (Auswahl): *Büttner,* Der Schutz des unredlichen Schuldners im Restschuldbefreiungsverfahren, ZVI 2007, 116; *Demme,* Das „Untertauchen" des Schuldners als Obliegenheitsverletzung gem. § 295 InsO, NZI 2010, 710; *Jacobi,* Versagung der Restschuldbefreiung ohne Gläubigerantrag, ZVI 2010, 289; *Laroche,* Die „amtswegige" Versagung nach § 296 Abs. 2 Satz 3 InsO, ZInsO 2011, 946; *Paulus,* Die Versagung der Restschuldbefreiung nach aktueller höchstrichterlicher Rechtsprechung, ZInsO 2010, 1366; *Rein,* Arbeitslosengeld II bei Erbschaft in der Wohlverhaltensphase, NJW-Spezial 2014, 149; *Schmittmann,* Restschuldbefreiung: Verhinderungsstrategien der öffentlich-rechtlichen Gläubiger, VR 2011, 73.

Übersicht

I. Grundlagen

1 **1. Normzweck und Verfahrensablauf.** Die Vorschrift regelt, unter welchen **Voraussetzungen** und nach welchem **Verfahren** die Verletzung einer Obliegenheit des § 295 zur Versagung der Restschuldbefreiung führt (FK-InsO/*Ahrens* Rn. 1). Darüber hinaus enthält Absatz 2 Satz 3 **weitere Obliegenheiten** des Schuldners im Verfahren über die Versagung, deren Verletzung ebenfalls zur Versagung der Restschuldbefreiung führen kann (FK-InsO/*Ahrens* Rn. 2). Die Norm stellt damit sicher, dass nur der redliche und auch im Verfahren loyale Schuldner die Restschuldbefreiung erreicht (Uhlenbruck/*Sternal* Rn. 1). Zum 1.7.2014 wurde die Legaldefinition „Abtretungsfrist" (§ 287 Abs. 2) eingefügt.

2 Im Unterschied zur Versagung der Restschuldbefreiung gem. § 290 ist bei der Versagung wegen der Verletzung einer Obliegenheit aus § 295 eine **Beeinträchtigung der Gläubigerbefriedigung** erforderlich. Für diese Beeinträchtigung der Gläubigerbefriedigung reicht eine abstrakte Gefährdung der Befriedigungsinteressen der Gläubiger nicht aus. Es muss vielmehr bei wirtschaftlicher Betrachtung eine **konkrete, messbare Schlechterstellung** der Gläubiger wahrscheinlich sein (→ § 295 Rn. 3).

3 Auch der Verfahrensablauf unterscheidet sich von dem des § 290 deutlich. Während das Verfahren des § 290 sehr auf den Schlusstermin fokussiert ist, haben die Insolvenzgläubiger in der Wohlverhaltensphase nicht nur die Möglichkeit, den **Versagungsantrag während der gesamten Laufzeit** sofort nach Aufdeckung der Obliegenheitsverletzung zu stellen, sondern das Gericht hat auch unmittelbar zu entscheiden. Die Gläubiger haben hierbei eine Ausschlussfrist von einem Jahr

ab Kenntnis des Versagungsgrundes zu beachten, nach deren Ablauf die Versagung nicht mehr beantragt werden kann. Beiden Verfahren gemeinsam ist das Erfordernis der Glaubhaftmachung des Fehlverhaltens des Schuldners durch den antragstellenden Gläubiger (Uhlenbruck/*Sternal* Rn. 2). Eine Versagung von Amts wegen oder auf Antrag des Treuhänders ist auch im Verfahren nach § 296 nicht vorgesehen (HambK-InsO/*Streck* Rn. 1).

2. Allgemeine Verfahrensregeln. Das **Verfahren über die Versagung der Restschuldbefreiung** nach dieser Norm ist wie das Verfahren gem. § 290 im Wesentlichen kontradiktorisch ausgestaltet (FK-InsO/*Ahrens* Rn. 38; → § 290 Rn. 7–8). Der Gläubiger muss daher die Versagung beantragen und die behaupteten Gründe schlüssig vortragen sowie glaubhaft machen. Der Schuldner muss die Verwerfung oder Zurückweisung des Antrages beantragen und auf die vorgetragenen Gründe erwidern. Unterlässt er die Erwiderung, gilt der Vortrag des Gläubigers als zugestanden (FK-InsO/*Ahrens* Rn. 59). Für eine **Ermittlung von Amts wegen** ist dann kein Raum mehr und die Restschuldbefreiung ist zu versagen. Bestreitet der Schuldner das Vorliegen eines Versagungsgrundes, prüft das Gericht im Wege der Amtsermittlung nach § 5 Abs. 1, ob der Versagungsgrund vorliegt. Die **Amtsermittlung** ist auf den vom Gläubiger vorgebrachten Versagungsgrund beschränkt (BGH NZI 2008, 48 = NJW-Spezial 2008, 22; FK-InsO/*Ahrens* Rn. 38; ergänzend auch → § 290 Rn. 7 f.). 4

Im Zivilprozess muss sich die Partei gem. § 85 Abs. 2 ZPO das **Verschulden eines Bevollmächtigten** zurechnen lassen. Diese Vorschrift kann aber im Verfahren über die Restschuldbefreiung weder über § 4 noch von ihrem Rechtsgedanken her zur Anwendung kommen (BGH NJW 2011, 1229 = NZI 2011, 254). Denn der Versagungsgrund muss nach Sinn und Zweck der Versagung in der Person des Schuldners entstehen. Aus einem Fehlverhalten eines Vertreters lässt sich aber nicht schließen, ob der Schuldner redlich oder unredlich ist. Informiert der beauftragte Rechtsanwalt entgegen der Anweisung des Schuldners Gericht und Treuhänder nicht über eine Änderung des Wohnsitzes, liegt daher keine Obliegenheitsverletzung des Schuldners vor. 5

Die Versagung der Restschuldbefreiung muss bezogen auf den Einzelfall **verhältnismäßig** sein (BGH NZI 2005, 233; 2011, 114 = ZIP 2011, 133; BGH NJW-RR 2009, 706 = NZI 2009, 253; BGH ZVI 2011, 190 = WM 2011, 416; HK-InsO/*Waltenberger* aF Rn. 7). Schon der Gesetzgeber ging davon aus, dass ganz unwesentliche Verstöße nicht zu einer Versagung führen dürfen, da anderenfalls Rechtsmissbrauch vorläge (BT-Drs. 12/7302, 188 zu § 346k). **Unverhältnismäßigkeit** liegt demnach zum einen vor, wenn die Beeinträchtigung der Gläubigerbefriedigung sehr gering ist (FK-InsO/*Ahrens* Rn. 31). Zum anderen kann die Unverhältnismäßigkeit aus dem Verhalten des Schuldners nach der Pflichtwidrigkeit folgen. **Korrigiert der Schuldner sein Fehlverhalten,** bevor es bekannt wird, gilt es als geheilt (NJW-RR 2010, 1200 = NZI 2010, 350). Die Restschuldbefreiung kann daher nicht versagt werden, wenn der Schuldner die Aufnahme einer Tätigkeit nachträglich mitteilt und dem Treuhänder den vorenthaltenen Betrag bezahlt, bevor sein Verhalten aufgedeckt und ein Versagungsantrag gestellt worden ist (NJW-RR 2010, 1200 = NZI 2010, 350). 6

Die Versagung der Restschuldbefreiung ist nur aus einem Grund möglich, der von einem Gläubiger vorgetragen wurde (BGH NJW-RR 2011, 1680 = NZI 2011, 640; BGH NZI 2007, 297; FK-InsO/*Ahrens* Rn. 38). Wenn ein Gläubiger die Versagung beantragt, da der Schuldner sein Einkommen nicht ordnungsgemäß abgeführt habe, kann das Gericht daher die Restschuldbefreiung nicht mit der Begründung versagen, es seien keine Auskünfte erteilt worden (BGH NZI 2007, 297). Ein **Nachschieben von Gründen** durch den Gläubiger ist im Versagungsverfahren nach §§ 295, 296 nur innerhalb der Jahresfrist des § 296 Abs. 1 S. 2 7 möglich (FK-InsO/*Ahrens* Rn. 49). Auch die **Glaubhaftmachung** hat innerhalb der Jahresfrist zu erfolgen und kann nach Ablauf der Frist nicht mehr nachgeholt werden (FK-InsO/*Ahrens* Rn. 51).

II. Zulässigkeit des Versagungsantrages

8 **1. Form und Antragsfrist.** Der Antrag kann **schriftlich oder mündlich zu Protokoll der Geschäftsstelle** erklärt werden (HambK-InsO/*Streck* Rn. 5). Ein Antrag ist nur zulässig, wenn er eine Obliegenheitsverletzung unter Vortrag eines konkreten Sachverhaltes darlegt (Uhlenbruck/*Sternal* Rn. 10). Hierzu kann durchaus auf Schriftstücke Dritter Bezug genommen werden. **Anträge „ins Blaue hinein"** (BGH VUR 2008, 434), die nur allgemeine Vorwürfe enthalten, oder Anträge, die lediglich die Aufforderung an das Gericht beinhalten, den Schuldner zu überprüfen, sind unzulässig.

9 Der Antrag kann nur **innerhalb eines Jahres** nach Kenntniserlangung des Antrag stellenden Gläubigers vom Obliegenheitsverstoß des Schuldners gestellt werden. **Bekanntwerden** iSd Vorschrift meint positive Kenntniserlangung (HambK-InsO/*Streck* Rn. 5). Ein Kennenkönnen oder -müssen reicht nicht aus (FK-InsO/*Ahrens* Rn. 47 f.). Der Antragsteller hat darzulegen, wann, von wem und unter welchen Umständen er von den Antragsgründen erfahren hat (Uhlenbruck/*Sternal* Rn. 11). Die **Einhaltung der Jahresfrist** ist gesondert glaubhaft zu machen (siehe zur Glaubhaftmachung und Mitteln der Glaubhaftmachung → § 290 Rn. 22–27). Der Gläubiger kann bspw. ein von Dritten an ihn gerichtetes Schreiben vorlegen oder Bezug auf einen Bericht des Treuhänders nehmen. Eigene Wahrnehmungen kann der Gläubiger mit der eidesstattlichen Versicherung glaubhaft machen. Auch die **Glaubhaftmachung der Einhaltung der Jahresfrist** muss innerhalb der Jahresfrist erfolgen und kann nach Ablauf der Frist nicht nachgeholt werden (FK-InsO/*Ahrens* Rn. 51 f.). Die Jahresfrist gilt nicht, wenn dem selbstständigen Schuldner vorgeworfen wird, nicht gem. § 295 Abs. 2 abgeführt zu haben. Hinsichtlich dieser Abführungspflicht beginnt die Frist erst mit Ablauf der Abtretungsfrist (BGH NZI 2014, 32).

10 Es handelt sich bei der Jahresfrist um eine **Ausschlussfrist,** die für jeden Versagungsgrund gesondert läuft (Uhlenbruck/*Sternal* Rn. 17). Sie ist von Amts wegen zu beachten (HambK-InsO/*Streck* Rn. 5). Die Fristberechnung erfolgt über § 4 gem. §§ 222 Abs. 1 ZPO, 187f BGB (FK-InsO/*Ahrens* Rn. 49). Eine Wiedereinsetzung ist nicht möglich (Uhlenbruck/*Sternal* Rn. 17).

11 **2. Antrag eines Insolvenzgläubigers.** Die Versagung der Restschuldbefreiung kann nur ein Insolvenzgläubiger beantragen, der im **Schlussverzeichnis** aufgeführt ist (NJW-RR 2011, 1680 = NZI 2011, 640; Uhlenbruck/*Sternal* Rn. 6). Von Amts wegen oder auf Antrag des Treuhänders ist eine Versagung nicht zulässig (Uhlenbruck/*Sternal* Rn. 5). Dies gilt insbes. auch im Falle der Versagung gem. § 296 Abs. 2 S. 3 (NJW-RR 2011, 1680 = NZI 2011, 640). **Deliktsgläubiger** nehmen ohne Einschränkungen als Insolvenzgläubiger am Verfahren teil und sind daher im Versagungsverfahren antragsberechtigt (HambK-InsO/*Streck* Rn. 4). Sie sollten einen Versagungsantrag mit Blick auf ihre Rechte aus § 302 aber bedenken (*Schmittmann* VR 2011, 73). **Masse-** (FK-InsO/*Ahrens* § 295 Rn. 37) und **Neugläubiger** (Uhlenbruck/*Sternal* Rn. 7) sind nicht antragberechtigt.

12 **3. Rücknahme des Versagungsantrages.** Der Versagungsantrag kann nach dem Verfahrensgrundsatz der Gläubigerautonomie durch den Antrag stellenden Gläubiger bis zum rechtskräftigen Abschluss des Versagungsverfahrens zurückgenommen werden (FK-InsO/*Ahrens* Rn. 40; auch → § 290 Rn. 31)

13 **4. Glaubhaftmachung.** Der Versagungsantrag ist gem. Absatz 1 Satz 3 InsO nur zulässig, wenn der Obliegenheitsverstoß, die Beeinträchtigung der Gläubigerbefriedigung und der Zeitpunkt der Kenntniserlangung glaubhaft gemacht werden. Die Glaubhaftmachung ist hier wie im Verfahren gem. §§ 289, 290 **prozessrechtlich** zu verstehen (BGHZ 156, 139 = NJW 2003, 3558; → § 290 Rn. 22). Über § 4 findet § 294 ZPO Anwendung (BGHZ 156, 139 = NJW 2003, 3558; HambK-InsO/*Streck* Rn. 6). Es ist damit zunächst allein Sache des antragstellenden Gläubigers, die Beweismittel zur Glaubhaftmachung beizubringen, die zudem gem. § 291 Abs. 2 ZPO in einem mundlichen Termin präsent (Prütting/Gehrlein/*Laumen* ZPO § 294 Rn. 4) sein müssen. Der Gläubiger kann sich aller üblichen **Beweismittel nach §§ 355–455 ZPO** einschl. der eidesstattlichen Versicherung bedienen (Uhlenbruck/*Sternal* Rn. 21). Die Glaubhaftmachung erfordert nicht die volle Überzeugung des Gerichts iSd § 286 Abs. 1 ZPO, sondern es genügt, dass eine überwiegende Wahrscheinlichkeit für den vorgetragenen Sachverhalt spricht (BGHZ 156, 139 = NJW 2003, 3558; siehe zu den Mitteln der Glaubhaftmachung im Einzelnen → § 290 Rn. 24).

14 Der Schuldner kann mit der **Gegenglaubhaftmachung** die Glaubhaftmachung des Gläubigers erschüttern (Uhlenbruck/*Sternal* Rn. 23). Das Gericht hat in diesem Fall zu entscheiden, ob der Vortrag der Glaubhaftmachung oder der Gegenglaubhaftmachung wahrscheinlicher ist. Kommt das Gericht nicht zur Überzeugung, dass die überwiegende Wahrscheinlichkeit für den Vortrag des Gläubigers spricht, hat es den Antrag als unzulässig zu verwerfen (Uhlenbruck/*Sternal* Rn. 23).

15 Es muss nicht glaubhaft gemacht werden, dass der Schuldner schuldhaft gehandelt hat, da es gem. § 296 Abs. 1 Hs. 2 Sache des Schuldners ist, sich von seinem vermuteten Verschulden zu entlasten (BGH NJW-Spezial 2010, 53 = ZVI 2009, 509; Uhlenbruck/*Sternal* Rn. 20; HambK-InsO/*Streck* Rn. 8; aA FK-InsO/*Ahrens* Rn. 57).

16 Zur Glaubhaftmachung der **Beeinträchtigung der Gläubigerbefriedigung** muss der antragstellende Gläubiger darlegen, dass „bei wirtschaftlicher Betrachtung eine konkret messbare Schlechterstellung der Gläubiger wahrscheinlich ist", wobei eine „bloße Gefährdung der Befriedigung der Insolvenzgläubiger" nicht ausreicht (BGH VuR 2008, 434). Wenn der Gläubiger darlegt, dass der Schuldner an den Treuhänder nicht den Betrag abgeführt hat, den er bei Ausübung einer vergleichbaren abhängigen Tätigkeit nach einem einschlägigen Tarifvertrag hätte abführen müssen, hat er seiner Verpflichtung zur Glaubhaftmachung genügt (BGH NJW-Spezial 2009, 583 = NZI 2009, 482). Kommt der Schuldner seiner Auskunftsverpflichtung aus Absatz 2 Satz 2 nicht nach, ist eine Glaubhaftmachung der Beeinträchtigung der Gläubigerbefriedung nicht erforderlich, da diese bei der Obliegenheit aus Absatz 2 Satz 2 gesetzlich nicht vorgesehen ist (BGH ZInsO 2009, 2162).

III. Begründetheit des Versagungsantrages

17 **1. Verletzung einer Obliegenheit aus § 295.** Der **redliche Schuldner ist als Regelfall** (BGHZ 156, 139 = NJW 2003, 3558), die Versagung der Restschuldbefreiung als Ausnahme anzunehmen (BGH NZI 2009, 523). Nur wenn das Gericht iSd § 286 Abs. 1 ZPO zur vollen Überzeugung kommt, dass ein Versagungsgrund vorliegt, darf die Versagung erfolgen (BGHZ 156, 139 = NJW 2003, 3558; FK-InsO/*Ahrens* Rn. 58). Kann das Gericht den erhobenen und glaubhaft gemachten Vorwurf im Wege der Amtsermittlung nicht aufklären oder bleiben Zweifel, geht dies zu Lasten des antragstellenden Gläubigers und die Restschuldbefreiung kann nicht versagt werden (FK-InsO/*Ahrens* Rn. 58).

18 Der **Antrag ist begründet,** wenn der Gläubiger den vollen Beweis führen kann, dass der Schuldner die objektiven Voraussetzungen eines der Versagungsgründe des § 295 erfüllt hat (FK-InsO/*Ahrens* Rn. 58). Die Versagung der Restschuldbefreiung wegen eines ganz unwesentlichen Verstoßes ist rechtsmissbräuchlich und daher ausgeschlossen (HK-InsO/*Waltenberger* aF Rn. 7). Sie darf nicht von Amts wegen auf einen anderen als den vom Gläubiger vorgetragenen Versagungsgrund gestützt werden (BGH NZI 2007, 297 = ZInsO 2007, 322). Die Verletzung der Obliegenheit muss während der Wohlverhaltensphase erfolgt sein (HambK-InsO/*Streck* Rn. 10), also zwischen Aufhebung des Insolvenzverfahrens und Ablauf der sechs Jahre (zu Einzelheiten → § 295 Rn. 4 f.).

19 **2. Beeinträchtigung der Gläubigerbefriedigung.** Der Obliegenheitsverstoß des Schuldners muss im Gegensatz zur Versagung gem. § 290 (→ § 290 Rn. 15) Auswirkungen auf die Befriedigung der Gläubiger haben (FK-InsO/*Ahrens* Rn. 18; HK-InsO/*Waltenberger* aF Rn. 2). Eine **Beeinträchtigung der Gläubigerbefriedigung** liegt vor, wenn „bei wirtschaftlicher Betrachtung eine konkret messbare Schlechterstellung der Gläubiger wahrscheinlich ist", wobei eine „bloße Gefährdung der Befriedigung der Insolvenzgläubiger" nicht ausreicht (BGH VuR 2008, 434). **Zur Feststellung der Schlechterstellung** ist im Rahmen einer Vergleichsrechnung die Differenz zwischen der Tilgung der Verbindlichkeiten mit und ohne Obliegenheitsverletzung zu ermitteln (BGH NZI 2009, 899; FK-InsO/*Ahrens* Rn. 25). Diese Schlechterstellung kann nicht vorliegen, wenn der Schuldner eine Tätigkeit aufgibt, mit der er keine pfändbaren Einkommensteile erzielt hat, oder wenn der Schuldner, der sich nicht um eine Arbeitsstelle bemüht hat, offensichtlich nicht in der Lage ist, pfändbare Einkommensanteile zu erzielen (BGH NZI 2009, 899). Ebenso führen Zahlungen des Schuldners aus seinem **unpfändbaren Vermögen** nicht zu einer Beeinträchtigung der Gläubigerbefriedigung (BGH VuR 2011, 309; FK-InsO/*Ahrens* Rn. 25). Zwischen der Obliegenheitsverletzung und der Gläubigerbeeinträchtigung muss nach der im Gesetz gewählten Formulierung „dadurch" ein **Kausalzusammenhang** bestehen (Uhlenbruck/*Sternal* Rn. 31; FK-InsO/*Ahrens* Rn. 20). Dieser liegt vor, wenn die Insolvenzgläubiger ohne die Obliegenheitsverletzung eine bessere Befriedigung im Hinblick auf ihre Forderungen hätten erreichen können (BGH NJW-RR 2006, 1138 = NZI 2006, 413).

20 Eine Beeinträchtigung der Gläubigerbefriedigung liegt auch vor, wenn durch die Obliegenheitsverletzung nur **Massegläubiger** beeinträchtigt werden (BGH NZI 2011, 639; HK-InsO/*Waltenberger* aF Rn. 5). Der BGH zieht zur Begründung seiner Entscheidung die Rspr. zum Anfechtungsrechts heran, nach der eine Masseunzulänglichkeit die Gläubigerbenachteiligung iSd § 129 ebenfalls nicht ausschließt. Nach dem Wortlaut des Absatz 1 Satz 1, der ausdrücklich auf die Insolvenzgläubiger abstellt, und wegen der abweichenden Stellung der Massegläubiger im Verfahren kann dies auch anders gesehen werden (FK-InsO/*Ahrens* Rn. 19).

21 Die **Heilung einer Obliegenheitsverletzung** ist nur unter ganz eingeschränkten Voraussetzungen möglich, auch wenn bspw. durch eine Nachentrichtung nicht abgeführter pfändbarer Einkommensanteile die Beeinträchtigung der Gläubigerbefriedigung entfallen würde (HambK-InsO/*Streck* Rn. 13). Die Regelungen zur Versagung der Restschuldbefreiung würden leer laufen und könnten ihren Zweck nicht erfüllen, wenn dem Schuldner eine jederzeitige Korrektur erlaubt wäre (BGH ZInsO 2008, 753). Ein Heilung kommt daher nur in Frage, wenn der Schuldner sein Fehlverhalten berichtigt, bevor es Gericht, Treuhänder oder Gläubigern bekannt geworden ist (BGH NJW-RR 2010, 1200 = NZI 2010, 350).

22 **3. Verschulden des Schuldners.** Der Schuldner muss schuldhaft gehandelt haben, wobei im Unterschied zur Versagung gem. §§ 289, 290 **leichte Fahr-**

lässigkeit ausreicht (HambK-InsO/*Streck* Rn. 14). Absatz 1 Satz 1 Hs. 2 enthält zudem eine **Beweislastumkehr,** nach der im Gegensatz zur üblichen Beweislast (Uhlenbruck/*Sternal* Rn. 34) nicht der Gläubiger das Vorliegen des subjektiven Tatbestandsmerkmales, sondern der Schuldner seine Schuldlosigkeit darlegen und beweisen muss (HambK-InsO/*Streck* Rn. 14; Uhlenbruck/*Sternal* Rn. 34; FK-InsO/*Ahrens* Rn. 13). Gelingt dem Schuldner dieser Nachweis nicht, so geht dies zu seinen Lasten. *Waltenberger* weist zutr. darauf hin, dass sich aus dieser Regelung übermäßige Härten für den Schuldner ergeben können, die das Gericht bei seiner Ermittlung von Amts wegen durch eingehende Prüfung der Gesamtumstände versuchen sollte, zu vermeiden (HK-InsO/*Waltenberger* aF Rn. 6). Dies dürfte der besonderen **Fürsorgepflicht des Gerichts** dem Schuldner gegenüber entsprechen, die der Gesetzgeber in § 4a Abs. 2 S. 1 verankert hat.

Das **Verschulden kann entfallen,** wenn sich der Schuldner eng an Vorgaben 23
des Treuhänders oder an die mit diesem getroffenen Absprachen bspw. hinsichtlich der gem. § 295 Abs. 2 zu leistenden Zahlungen oder der vom Schuldner monatlich zu erbringenden Bewerbungen um einen Arbeitsplatz hält (BGH NJW-Spezial 2011, 501). Auch wenn sich der Schuldner hinsichtlich seiner Bewerbungsbemühungen an Vorgaben der Sozialbehörden hält, handelt er uU nicht schuldhaft (BGH NZI 2012, 852).

IV. Verfahren über den Versagungsantrag gem. Absatz 2

Wird ein Versagungsantrag gestellt, entscheidet der gem. **§ 18 Abs. 1 Nr. 2** 24
RPflG zuständige Richter zunächst in freiem Ermessen, ob er das Verfahren schriftlich oder mündlich führen wird (HambK-InsO/*Streck* Rn. 15; Uhlenbruck/*Sternal* Rn. 38). Er hat dann zu prüfen, ob in dem Antrag eine Obliegenheitsverletzung des § 295, die Beeinträchtigung der Gläubigerbefriedigung sowie die Einhaltung der Jahresfrist unter Vortrag eines konkreten Sachverhaltes **schlüssig darlegt** sind (Uhlenbruck/*Sternal* Rn. 10) und der Antrag damit zulässig ist (NJW-RR 2011, 1680 = NZI 2011, 640). **Anträge „ins Blaue hinein"** (BGH VUR 2008, 434), die nur allgemeine Vorwürfe enthalten, oder Anträge, die lediglich die Aufforderung an das Gericht beinhalten, den Schuldner zu überprüfen, sind nicht zulässig und können ein Versagungsverfahren nicht in Gang setzen. Sie sind vom Gericht ohne weiteres und ohne Anhörung des Schuldners als unzulässig zu verwerfen.

Ist der Antrag zulässig, hört das Gericht den Schuldner iRd grds. kontradik- 25
torischen Ausgestaltung des Versagungsverfahrens (→ Rn. 4) zum Versagungsantrag an, indem es ihm den Antrag zur Stellungnahme zuleitet oder ihn mündlich anhört. Der Schuldner hat **auf die vorgetragenen Gründe zu erwidern** und die Verwerfung oder Zurückweisung des Antrages zu beantragen, wenn er sie für unberechtigt hält. Unterlässt er eine Erwiderung, gilt der Vortrag des Gläubigers als zugestanden (FK-InsO/*Ahrens* Rn. 59). Für eine Fortsetzung des Verfahrens und eine Ermittlung des Sachverhalts von Amts wegen ist dann kein Raum mehr. Die Restschuldbefreiung ist vielmehr zu versagen. Eine **Glaubhaftmachung ist nicht erforderlich** (BGH NJW-RR 2011, 1680 = NZI 2011, 640). Dies entspricht der Rechtslage im Verfahren über die Versagung der Restschuldbefreiung gem. § 290, in dem ebenfalls eine Glaubhaftmachung nicht erforderlich ist, wenn der Schuldner den Vorwurf im Schlusstermin nicht bestreitet (BGH NZI 2009, 256). Auch eine Anhörung der weiteren Beteiligten gem. Absatz 2 Satz 1 findet dann nicht mehr statt.

Bestreitet der Schuldner die Verletzung der Obliegenheit, hat das Gericht 26
zunächst die weiteren Zulässigkeitsvoraussetzungen des Versagungsantrags (→ Rn. 8–16) und insbes. die Glaubhaftmachung zu prüfen. Nur wenn das Gericht zu der Feststellung gelangt, dass der Versagungsantrag zulässig ist, prüft es

anschließend **im Wege der Amtsermittlung** iSd § 5, ob die Obliegenheitsverletzung vorliegt (BGHZ 156, 139 = NZI 2003, 662). Ist der Versagungsantrag unzulässig, ist er ohne weitere Amtsermittlung zu verwerfen. Die Amtsermittlung ist auf den vom Gläubiger vorgebrachten Versagungsgrund beschränkt (BGH NZI 2008, 48 = NJW-Spezial 2008, 22; FK-InsO/*Ahrens* Rn. 38).

27 Das **Gericht hat die Beteiligten** gem. Absatz 2 Satz 1 **anzuhören,** wobei alle am Insolvenzverfahren teilnehmenden Insolvenzgläubiger (→ Rn. 11) anzuhören sind (HambK-InsO/*Streck* Rn. 15). Die Anhörung kann auch über eine Veröffentlichung im Internet erfolgen (BGH WM 2012, 2250; HambK-InsO/*Streck* Rn. 15). Der **Schuldner** hat in der Anhörung gem. Absatz 2 die besonderen, verfahrensbezogenen Verpflichtungen, Auskunft über die Erfüllung seiner Obliegenheiten aus § 295 InsO zu erteilen, hierfür auf Ladung des Gerichts auch in einem anberaumten Termin zu erscheinen und die Richtigkeit seiner Auskünfte auf Gläubigerantrag an Eides statt zu versichern (HambK-InsO/*Streck* Rn. 18). Die Anhörung des unbekannt oder ins Ausland verzogenen Schuldners kann unterbleiben (FK-InsO/*Ahrens* Rn. 63; HambK-InsO/*Streck* Rn. 15). Erteilt der Schuldner keine Auskünfte, erscheint er zu einem anberaumten Termin nicht oder gibt er keine eidesstattliche Versicherung ab, versagt das Gericht die Restschuldbefreiung allein wegen dieses Fehlverhaltens des Schuldners im Anhörungsverfahren. Absatz 2 enthält insofern eigene Obliegenheiten neben denen des § 295 (FK-InsO/*Ahrens* Rn. 64), deren Verletzung ebenfalls zur Versagung der Restschuldbefreiung führt. Das Auskunftsverlangen des Gerichts muss aber durch § 295 Abs. 1 Nr. 3 gedeckt sein (BGH WM 2013, 579). Das Gericht prüft bei der Versagung wegen dieser **besonderen, verfahrensbezogenen Obliegenheiten** nicht, ob eine Obliegenheit aus § 295 verletzt wurde oder eine Beeinträchtigung der Gläubigerbefriedigung vorliegt (BGH ZVI 2009, 389; Uhlenbruck/*Sternal* Rn. 51). Voraussetzung der Versagung ist lediglich die Verletzung der Verfahrensobliegenheit und das Vorliegen eines zulässigen Versagungsantrages (BGH NJW-RR 2011, 1680 = NZI 2011, 640). Erteilt der Schuldner die vom Insolvenzgericht angeforderte schriftliche Auskunft über die Erfüllung seiner Obliegenheiten innerhalb der gesetzten Frist nicht dem Gericht, sondern dem Treuhänder, kann einen Versagung unverhältnismäßig sein (AG Duisburg NZI 2011, 816).

28 Absatz 2 Satz 3 enthält **keine allgemeine Obliegenheit** des Schuldners, dem Gericht auf Nachfrage Auskunft zu erteilen, sondern ist in das Versagungsverfahren nach §§ 295, 296 eingebunden (BGH NJW-RR 2011, 1680 = NZI 2011, 640; FK-InsO/*Ahrens* Rn. 65). Eine Versagung der Restschuldbefreiung von Amts wegen aufgrund der Nichterteilung von Auskünften außerhalb eines Versagungsverfahrens ist daher nicht zulässig (aA AG Mannheim NZI 2010, 490; AG Hamburg NZI 2010, 446).

V. Zuständigkeiten, Kosten, Vergütung und Rechtsmittel

29 Der **Richter ist gem. § 18 Abs. 1 Nr. 2 RPflG** im gesamten Verfahren über die Versagung der Restschuldbefreiung einschl. der Anhörungen und der Versagung wegen der besonderen, verfahrensbezogenen Obliegenheiten aus Absatz 2 zuständig (FK-InsO/*Ahrens* Rn. 76; Uhlenbruck/*Sternal* Rn. 56).

30 Für die **Entscheidung über den Antrag auf Versagung der Restschuldbefreiung** wird nach Nr. 2350 des Kostenverzeichnisses zum GKG eine Gebühr in Höhe von 35 EUR fällig (Uhlenbruck/*Sternal* Rn. 67). Die Gebühr entsteht nach dem eindeutigen Wortlaut nur, wenn es zu einer Entscheidung kommt, also nicht bei Antragsrücknahme. Kostenschuldner ist gem. § 23 Abs. 2 GKG allein der Antrag stellende Gläubiger, der auch für die weiteren Kosten, bspw. für die Veröffentlichung der Versagung, haftet. Dies gilt auch dann, wenn der Versagungsantrag begründet war (LG Göttingen ZInsO 2007, 1359). Der Gläubiger hat gegenüber dem Schuldner einen Anspruch auf Erstattung dieser Kosten (Uhlenbruck/*Sternal* Rn. 67). Die Gebühr im **Beschwerdeverfahren** beträgt nach Nr. 2361 des Kostenverzeichnisses 60 EUR.

Für die **anwaltliche Tätigkeit im Verfahren** über die Versagung der Restschuldbefreiung erhält der Rechtsanwalt eine 0,5 Gebühr gem. RVG 3321 VV. Das Verfahren über mehrere gleichzeitig anhängige Anträge ist hierbei eine Angelegenheit. Der **Gegenstandswert** ist gem. § 28 RVG nach billigem Ermessen unter Berücksichtigung des wirtschaftlichen Interesses zu bestimmen, und wird vom BGH regelmäßig mit 5.000 EUR angenommen (BGH NZI 2011, 861; WM 2012, 182). 31

Gem. Absatz 3 stehen dem Schuldner und dem antragstellenden Gläubiger gegen die Entscheidung des Gerichts die **sofortige Beschwerde** zu. Das Beschwerdegericht ist **vollständige zweite Tatsacheninstanz** (BGH NZI 2009, 864). Schuldner und Gläubiger haben daher im Beschwerdeverfahren die Möglichkeit des uneingeschränkten neuen Vorbringens (BGH ZInsO 2009, 872). Dem Gläubiger steht diese Möglichkeit nur zu, soweit er die Jahresfrist des Absatz 1 Satz 2 einhält. Das Beschwerdegericht kann die Versagung der Restschuldbefreiung auf einen anderen Grund als das Ausgangsgericht stützen, soweit dieser Versagungsgrund vom Gläubiger ebenfalls vorgetragen und glaubhaft gemacht wurde (BGH NZI 2009, 864). Der Schuldner sollte daher im Beschwerdeverfahren umfassend zu allen ursprünglichen Versagungsanträgen Stellung nehmen, auch wenn das Ausgangsgericht nicht auf sie eingegangen ist. Der am Versagungsverfahren beteiligte Gläubiger sollte ggf. im Beschwerdeverfahren auf weitere noch nicht berücksichtigte Versagungsanträge hinweisen. § 7 InsO aF wurde mit Wirkung zum 27.10.2011 gestrichen (BGBl. 2011 II I S. 2082; *Zimmer* ZInsO 2011, 2120). Die **Rechtsbeschwerde** zum BGH ist daher gem. § 574 Abs. 1 Nr. 2 ZPO nur noch statthaft, wenn sie durch das Beschwerdegericht zugelassen wurde. 32

Insolvenzstraftaten[1]

297 (1) **Das Insolvenzgericht versagt die Restschuldbefreiung auf Antrag eines Insolvenzgläubigers, wenn der Schuldner in dem Zeitraum zwischen Schlusstermin und Aufhebung des Insolvenzverfahrens oder in dem Zeitraum zwischen Beendigung des Insolvenzverfahrens und dem Ende der Abtretungsfrist wegen einer Straftat nach den §§ 283 bis 283c des Strafgesetzbuchs rechtskräftig zu einer Geldstrafe von mehr als 90 Tagessätzen oder einer Freiheitsstrafe von mehr als drei Monaten verurteilt wird.**

(2) **§ 296 Absatz 1 Satz 2 und 3, Absatz 3 gilt entsprechend.**

I. Norminhalt

Durch die Norm kann dem Schuldner die Restschuldbefreiung nicht nur gem. § 290 Abs. 1 Nr. 1 versagt werden, wenn er bis zum Schlusstermin rechtskräftig wegen einer Insolvenzstraftat verurteilt wird, sondern auch dann, wenn eine solche **Verurteilung erst nach dem Schlusstermin** und **bis zum Ende der Wohlverhaltensphase** erfolgt (BT-Drs. 12/2443, 257; FK-InsO/*Ahrens* Rn. 1). Die Regelung ist trotz ihres zeitlichen Geltungsbereiches systematisch den Versagungsgründen des § 290 Abs. 1 zuzuordnen, da sie nicht wie die Obliegenheiten des § 295 der Leistungsrealisierung (FK-InsO/*Ahrens* § 295 Rn. 1), sondern eher der Durchsetzung eines gesetzeskonformen Verhaltens des Schuldners dient 1

[1] § 297 neu gef. mWv 1.7.2014 durch G v. 15.7.2013 (BGBl. I S. 2379).

(ausf. FK-InsO/*Ahrens* Rn. 4 ff.). Folgerichtig ist die Versagung gem. § 297 auch nicht von einer Beeinträchtigung der Gläubigerbefriedigung abhängig. **Die Änderungen zum 1.7.2014** fügen die Legaldefinition des § 287 Abs. 2 und die Erheblichkeitsschwelle des neu gefassten § 290 Abs. 1 Nr. 1 in die Vorschrift ein (BT-Drs. 17/11268, 29).

II. Tatbestandsvoraussetzungen

2 Die **Versagung** erfolgt nicht von Amts wegen, sondern nur auf Gläubigerantrag (HambK-InsO/*Streck* Rn. 2). Von daher hat auch das Strafgericht keine Verpflichtung, das Insolvenzgericht über eine Verurteilung wegen einer Insolvenzstraftat zu informieren (Uhlenbruck/*Sternal* Rn. 10; HK-InsO/*Waltenberger aF* Rn. 4). Eine Versagung setzt die Verurteilung wegen § 283 StGB (Bankrott), § 283a StGB (besonders schwerer Fall des Bankrotts), § 283b StGB (Verletzung der Buchführungspflicht) oder § 283c StGB (Gläubigerbegünstigung) voraus. Eine **Verurteilung wegen Versuchs** reicht ebenso aus wie die fahrlässige Begehung oder die Verurteilung im Strafbefehlsverfahren. Die **Verwarnung unter Strafvorbehalt** ist keine Verurteilung iSd Absatz 1 Nr. 1, da der Tatbestand seit die Einfügung der Bagatellgrenze zum 1.7.2014 die Verurteilung zu einer Geldstrafe oder einer Gefängnisstrafe voraussetzt (HambK-InsO/*Streck* Rn. 22 mit zutreffendem Hinweis auf BGH WM 2012, 553 = ZInsO 2012, 543). Es ist nicht erforderlich, dass die Straftat mit dem konkreten Insolvenzverfahren in Zusammenhang steht. **Jeder Insolvenzgläubiger,** nicht nur der durch die Straftat betroffene, kann die Versagung beantragen.

3 **Der zeitliche Anwendungsbereich** der Norm reicht vom Ende des Schlusstermins bis zum Ablauf der Abtretungsfrist. Diese endet sechs Jahre nach Eröffnung des Insolvenzverfahrens an dem Tag, der durch seine Zahl dem Tag des Eröffnungsbeschlusses entspricht, zu der im Eröffnungsbeschluss angegebenen Uhrzeit. Ist keine Uhrzeit angegeben, fallen gem. § 27 Abs. 3 Eröffnung des Verfahrens und damit auch Ende der Wohlverhaltensphase auf die Mittagsstunde.

4 Entscheidend ist der **Zeitpunkt der Rechtskraft der Verurteilung,** nicht der der Begehung der Tat oder der Verurteilung (HK-InsO/*Waltenberger aF* Rn. 2; HambK-InsO/*Streck* Rn. 4). Erfolgt die **Verurteilung vor dem Schlusstermin,** wird aber erst nach dem Schlusstermin rechtskräftig, ist nur die Versagung gem. § 297 und nicht die gem. § 290 Abs. 1 zulässig. Eine vor dem Schlusstermin rechtskräftig gewordene Verurteilung kann auch dann nur in einem Versagungsverfahren nach § 290 Abs. 1 geltend gemacht werden, wenn der Gläubiger erst später von ihr erfährt, außer es liegen die besonderen Voraussetzungen des neuen § 297a vor (FK-InsO/*Ahrens* Rn. 4; HambK-InsO/*Streck* Rn. 4). **Erfolgt die Verurteilung vor dem Ablauf der Wohlverhaltensperiode,** wird sie aber erst nach ihrem Ablauf rechtskräftig, ist eine Versagung nicht mehr möglich, außer es liegen die besonderen Voraussetzungen des neuen § 303 Abs. 1 Nr. 2 vor (FK-InsO/*Ahrens* Rn. 10).

5 Ein **Versagungsantrag ohne Glaubhaftmachung** ist unzulässig (Uhlenbruck/*Sternal* Rn. 13). Es ist nicht nur die Verurteilung als solche glaubhaft zu machen, sondern auch ihre Rechtskraft (aA HambK-InsO/*Streck* Rn. 2), da die Rechtskraft ein wesentliches Merkmal des Versagungstatbestandes ist. Die Glaubhaftmachung kann durch Vorlage einer Abschrift des Urteils oder Strafbefehls oder durch die Abgabe einer eidesstattlichen Versicherung erfolgen (Uhlenbruck/*Sternal* Rn. 17). Der Gläubiger hat den Antrag gem. Absatz 2 innerhalb der Jahresfrist des § 296 Abs. 1 S. 2 zu stellen und seine Kenntniserlangung von der Verurteilung innerhalb der Frist ebenfalls glaubhaft zu machen (FK-InsO/*Ahrens* Rn. 19; HambK-InsO/*Streck* Rn. 2).

Eine **Anhörung des Schuldners** hat trotz des fehlenden Verweises auf § 296 Abs. 2 S. 1 zu erfolgen. Dies folgt aus der kontradiktorischen Ausgestaltung des Verfahrens und letztlich aus dem Anspruch des Schuldners auf rechtliches Gehör (Uhlenbruck/*Sternal* Rn. 20; HambK-InsO/*Streck* Rn. 5). Zum weiteren Verfahren über den Versagungsantrag sowie zu Zuständigkeiten, Rechtsmittel, Kosten und Vergütung siehe Parallelkommentierungen zu §§ 290 und 296. 6

Nachträglich bekannt gewordene Versagungsgründe[1]

297a (1) [1]**Das Insolvenzgericht versagt die Restschuldbefreiung auf Antrag eines Insolvenzgläubigers, wenn sich nach dem Schlusstermin oder im Falle des § 211 nach der Einstellung herausstellt, dass ein Versagungsgrund nach § 290 Absatz 1 vorgelegen hat.** [2]**Der Antrag kann nur binnen sechs Monaten nach dem Zeitpunkt gestellt werden, zu dem der Versagungsgrund dem Gläubiger bekannt geworden ist.** [3]**Er ist nur zulässig, wenn glaubhaft gemacht wird, dass die Voraussetzungen der Sätze 1 und 2 vorliegen und dass der Gläubiger bis zu dem gemäß Satz 1 maßgeblichen Zeitpunkt keine Kenntnis von ihnen hatte.**

(2) **§ 296 Absatz 3 gilt entsprechend.**

Schrifttum (Auswahl): *Ahrens,* Das neue Privatinsolvenzrecht, ZIP Praxisbuch, 2014, 303; *Laroche/Siebert,* Neuerungen bei Versagung und Erteilung der Restschuldbefreiung, NZI 2014, 541; *Pape,* Fortfall der Zweistufigkeit bei den RSB-Versagungsgründen, § 297a InsO n. F., ZVI 2014, 234.

I. Normzweck

Die **neu eingefügte Vorschrift** durchbricht mit der Möglichkeit, auch nach dem Schlusstermin einen auf § 290 Abs. 1 InsO gestützten Versagungsantrag zu stellen, die bisher absolut präkludierende Wirkung des Schlusstermins (FK-InsO/*Ahrens* Rn. 3). Nachträglich bekannt werdende Versagungsgründe aus § 290 Abs. 1 InsO sollen auch noch bis zur Erteilung der Restschuldbefreiung vorgetragen werden können. Durch diese **erweiterte Antragsmöglichkeit** soll die Akzeptanz der Restschuldbefreiung gestärkt werden (BT-Drs. 17/11268, 29). 1

II. Tatbestandsvoraussetzungen

Es können sämtliche **Versagungsgründe des § 290 Abs. 1** vorgetragen werden (FK-InsO/*Ahrens* Rn. 5). Wie bei einem Antrag gem. § 290 muss der antragstellende Gläubiger die objektiven und subjektiven Tatbestandsvoraussetzungen glaubhaft machen (FK-InsO/*Ahrens* Rn. 17). Des weiteren muss auch die **Unkenntnis des Versagungsgrunds** vor dem Schlusstermin glaubhaft gemacht werden (FK-InsO/*Ahrens* Rn. 17). Abzustellen ist auf die **Unkenntnis des antragstellenden Gläubigers** und nicht auf die aller Gläubiger (HambK-InsO/*Streck* Rn. 3; FK-InsO/*Ahrens* Rn. 11 f.). **Antragsberechtigt** sind wie bei § 290 nur Insolvenzgläubiger, die eine Forderung angemeldet haben (FK-InsO/*Ahrens* Rn. 14; HK-InsO/*Waltenberger* nF Rn. 4). Der Antrag ist schriftlich zu stellen (HK-InsO/*Waltenberger* nF Rn. 4). 2

Die **Antragstellung** kann spätestens bis zur Rechtskraft der Erteilung der Restschuldbefreiung gem. § 300 erfolgen, da anschließend nach der Gesetzessystematik nur noch ein Widerruf der Restschuldbefreiung gem. § 303 in Frage kommt (FK-InsO/*Ahrens* Rn. 10). Zum Teil wird eine Antragstellung auch nur bis zum Ende der Abtretungsfrist für zulässig gehalten (HK-InsO/*Waltenberger* nF

---

[1] § 297a eingef. mWv 1.7.2014 durch G v. 15.7.2013 (BGBl. I S. 2379).

Rn. 2). Die **Verwirklichung des Versagungsgrunds** muss nach dem eindeutigen Wortlaut bis zum Ende des Schlusstermins erfolgt sein. Eine Ausdehnung auf den Zeitraum zwischen Schlusstermin und Beginn der Wohlverhaltensphase widerspricht der hier gebotenen zurückhaltenen Auslegung einer in Rechte eingreifenden Norm (aA *Laroche/Siebert* NZI 2014, 541). Zu Rechtsmitteln s. § 296 Abs. 3.

Deckung der Mindestvergütung des Treuhänders[1]

298 (1) [1] **Das Insolvenzgericht versagt die Restschuldbefreiung auf Antrag des Treuhänders, wenn die an diesen abgeführten Beträge für das vorangegangene Jahr seiner Tätigkeit die Mindestvergütung nicht decken und der Schuldner den fehlenden Betrag nicht einzahlt, obwohl ihn der Treuhänder schriftlich zur Zahlung binnen einer Frist von mindestens zwei Wochen aufgefordert und ihn dabei auf die Möglichkeit der Versagung der Restschuldbefreiung hingewiesen hat.** [2] **Dies gilt nicht, wenn die Kosten des Insolvenzverfahrens nach § 4a gestundet wurden.**

(2) [1] **Vor der Entscheidung ist der Schuldner zu hören.** [2] **Die Versagung unterbleibt, wenn der Schuldner binnen zwei Wochen nach Aufforderung durch das Gericht den fehlenden Betrag einzahlt oder ihm dieser entsprechend § 4a gestundet wird.**

(3) **§ 296 Abs. 3 gilt entsprechend.**

Schrifttum (Auswahl): *Heinze,* Wann kann der Treuhänder bei aufgehobener Kostenstundung einen Versagungsantrag nach § 298 InsO stellen?, ZVI 2011, 18; *Homann,* Die dreijährige Sperrfrist beim Folgeantrag auf Restschuldbefreiung – Der Insolvenzrechtssenat des BGH als Ersatzgesetzgeber, VuR 2011, 169; *Lissner,* Fehlende Deckung der Mindestvergütung – praktische Umsetzungsprobleme bei der Versagung der Restschuldbefreiung nach § 298 InsO, ZInsO 2013, 162; *ders.,* Die Bildung von Rückstellungen für zukünftig anfallende Verfahrenskosten – au revoir § 298 InsO?, ZInsO 2015, 489.

I. Normzweck

1 Die Vorschrift soll die **Vergütung des Treuhänders** in der Wohlverhaltensphase sichern (FK-InsO/*Grote* Rn. 1) und legt hierfür bei fehlenden Einnahmen grds. dem Schuldner die Zahlung auf. Der Gesetzgeber war ursprünglich der verfassungsrechtlich nicht unbedenklichen Ansicht (HambK-InsO/*Streck* Rn. 1), der Schuldner müsse die **Mindestvergütung** notfalls auch aus seinem unpfändbarem Vermögen aufbringen (BT-Drs. 12/2443, 193 zu § 246). Diese Ansicht hat er mit der Einführung der Kostenstundung gem. §§ 4a–4d zum 1.12.2001 aufgegeben (BT-Drs. 14/5680, 20 ff.). Durch die **Kostenstundung** hat die Vorschrift ihre praktische Bedeutung im Grunde verloren (FK-InsO/*Grote* Rn. 2). Sie kommt nur noch in den Verfahren zum Tragen, in denen die Stundung wegen vorliegender Verfehlungen des Schuldners nicht bewilligt oder die bewilligte Stundung gem. § 4c wieder aufgehoben wurde.

II. Ablauf des Versagungsverfahren im Überblick

2 Stellt der Treuhänder fest, dass die **Mindestvergütung** im vergangenen Jahr nicht eingegangen ist, hat er den Schuldner unter Setzung einer Frist von mindestens zwei Wochen zur Zahlung der Mindestvergütung aufzufordern (Absatz 1

[1] § 298 Abs. 1 Satz 2 angef., Abs. 1 bish. Wortlaut wird Satz 1, Abs. 2 Satz 2 geänd. mWv 1.12.2001 durch G v. 26.10.2001 (BGBl. I S. 2710).

Satz 1, Absatz 2 Satz 2). Er hat den Schuldner zum einen auf die Möglichkeit des Treuhänders hinzuweisen, bei Nichtzahlung die Versagung der Restschuldbefreiung zu beantragen, zum anderen auf die Möglichkeit des Schuldners, die **Stundung der Verfahrenskosten** zu beantragen (FK-InsO/*Grote* Rn. 11; Uhlenbruck/*Sternal* Rn. 9). Zahlt der Schuldner nicht, kann der Treuhänder die Versagung der Restschuldbefreiung beantragen. Das Gericht hört auf einen **Versagungsantrag des Treuhänders** den Schuldner an, räumt ihm zur Zahlung der Mindestvergütung nochmals eine Frist von zwei Wochen ein und weist ihn auf die Möglichkeit eines Stundungsantrages hin (FK-InsO/*Grote* Rn. 14; Uhlenbruck/*Sternal* Rn. 18). Zahlt der Schuldner nicht und stellt er auch keinen Stundungsantrag, versagt das Gericht die Restschuldbefreiung. Gegen die Versagung oder die Ablehnung der Versagung steht dem Schuldner bzw. dem Treuhänder die **sofortige Beschwerde** zu. Bis zur Rechtskraft der Versagungsentscheidung kann der Schuldner noch einen Stundungsantrag nachholen und damit die Versagung verhindern (Uhlenbruck/*Sternal* Rn. 27). Seinen Antrag auf Versagung kann der Treuhänder bis zur Rechtskraft der Versagungsentscheidung zurücknehmen (HK-InsO/*Waltenberger* Rn. 2). Hat der Insolvenzverwalter trotz vorhandener Mittel im vorhergehenden Insolvenzverfahren keine **Rücklagen für die Kosten der Wohlverhaltensphase** gebildet, können dem Schuldner die Kosten nicht auferlegt werden (BGH NZI 2015, 128).

III. Mindestvergütung des vorangegangenen Jahres

Mindestvergütung iSd Vorschrift ist der Betrag in Höhe von 100 EUR gem. 3
§ 14 Abs. 3 S. 1 InsVV zzgl. der gesetzlichen Umsatzsteuer gem. §§ 16, 7 InsVV, soweit der Treuhänder umsatzsteuerpflichtig ist. Die weiteren Auslagen gem. § 16 Abs. 1 S. 2 InsVV oder die Überwachungsvergütung gem. § 292 Abs. 2, § 16 Abs. 1 S. 1 InsVV zählen nicht zur Mindestvergütung, da sie in Abs. 1 nicht genannt werden (FK-InsO/*Grote* Rn. 8). Hinsichtlich des **vorangegangenen Jahres** ist nicht auf das Kalenderjahr abzustellen, sondern die Jahresfristen sind von Beginn der Amtsübernahme durch den Treuhänder zu rechnen (LG Göttingen NZI 2010, 232; HK-InsO/*Waltenberger* aF Rn. 2; FK-InsO/*Grote* Rn. 9). Amt und Wohlverhaltensphase beginnen am Tag des Erlasses des Aufhebungsbeschlusses (BGHZ 186, 223 = NZI 2010, 741; → § 295 Rn. 4). Der Treuhänder kann einen Versagungsantrag nach dem Wortlaut der Vorschrift nur auf die nicht gezahlte Vergütung des vorangegangenen Jahres, nicht auf davor liegende Fehlbeträge stützen (FK-InsO/*Grote* Rn. 9; HK-InsO/*Waltenberger aF* Rn. 2). Im dritten Jahr der Wohlverhaltensphase kann folglich die Versagung nicht mehr auf die Nichtzahlung der Vergütung des ersten Jahres gestützt werden. Wenn die **Mindestvergütung nur teilw. gedeckt** ist, hat der Schuldner lediglich den Fehlbetrag auszugleichen (FK-InsO/*Grote* Rn. 7). Masseverbindlichkeiten aus dem vorausgegangenem Insolvenzverfahren sind aber erst nach den Kosten zu bedienen (siehe zur Verteilungsrangfolge in der Wohlverhaltensphase → § 292 Rn. 12).

IV. Aufforderung des Treuhänders

Die **Aufforderung des Treuhänders** hat schriftlich (FK-InsO/*Grote* Rn. 11; 4
HambK-InsO/*Streck* Rn. 4) und durch den Treuhänder persönlich zu erfolgen (LG Lübeck NZI 2010, 408). Eine **verfrühte oder pauschale Aufforderung** zu Beginn der Wohlverhaltensphase ist wirkungslos (Uhlenbruck/*Sternal* Rn. 7). Die vom Schuldner einzuzahlende Summe muss im Aufforderungsschreiben konkret angegeben werden (Uhlenbruck/*Sternal* Rn. 8). Die Zahlungsaufforderung muss auf die Möglichkeit der Versagung der Restschuldbefreiung hinweisen, ansonsten

ist der spätere Antrag auf Versagung nicht zulässig (BGH NZI 2010, 28 = NJW-Spezial 2010, 247; Uhlenbruck/*Sternal* Rn. 8). Der Treuhänder hat vernünftigerweise ebenso auf die Möglichkeit der **Stundung der Verfahrenskosten hinzuweisen** (Uhlenbruck/*Sternal* Rn. 9). *Grote* sieht hier sogar eine haftungsbewehrte Verpflichtung des Treuhänders (FK-InsO/*Grote* Rn. 11). Kann das **Schreiben an den Schuldner** nicht zugestellt werden, kann der Treuhänder gleichwohl nicht auf die Zusendung der Aufforderung verzichten. Er hat vielmehr die Anschrift des Schuldners zu ermitteln (BGH NZI 2010, 28 = NJW-Spezial 2010, 247). Auch eine spätere Zahlungsaufforderung durch das Gericht kann die schriftliche Aufforderung durch den Treuhänder nicht ersetzen (BGH NJW-Spezial 2010, 247 = NZI 2010, 265).

V. Versagungsantrag des Treuhänders

5 Hat der Schuldner nach **Ablauf der vom Treuhänder gesetzten mindestens zweiwöchigen Frist** die Mindestvergütung nicht gezahlt, kann der Treuhänder einen Versagungsantrag stellen, muss es aber nicht (Uhlenbruck/*Sternal* Rn. 3). Der Treuhänder kann auch auf eine Vergütung verzichten, was der Gesetzgeber durchaus als realistische Möglichkeit angesehen hat (BT-Drs. 12/7302, 187). Hat der Treuhänder dem Schuldner gegenüber zuvor auf eine Vergütung verzichtet, verstößt es gegen Treu und Glauben, wenn er dennoch die Versagung beantragt (Uhlenbruck/*Sternal* Rn. 4). Auch der Versagungsantrag muss die Jahresfrist einhalten (Uhlenbruck/*Sternal* Rn. 12). Er muss weiterhin eine **Aufstellung der eingegangenen Gelder** enthalten bzw. den Zeitraum angeben, in dem keine Beträge eingegangen sind, und ihm muss das Aufforderungsschreiben beigefügt sein (Uhlenbruck/*Sternal* Rn. 13). Der Zugang des Aufforderungsschreibens muss nicht belegt werden (BGH NJW-Spezial 2010, 247 = NZI 2010, 265). Bestreitet der Schuldner allerdings den Zugang des Schreibens, hat der Treuhänder ihn zu beweisen (BGH NJW-Spezial 2010, 247 = NZI 2010, 265). Eine **Glaubhaftmachung der Versagungsgründe** durch den Treuhänder ist nicht erforderlich (BGH NJW-Spezial 2010, 247 = NZI 2010, 265). Zahlt der Schuldner im weiteren Verlauf des Verfahrens oder werden ihm die Verfahrenskosten gestundet, kann der Treuhänder den Antrag zurücknehmen oder ihn im Hinblick auf die aus der Rücknahme folgende Kostenlast auch für erledigt erklären (HambK-InsO/*Streck* Rn. 5).

VI. Anhörung und Entscheidung des Gerichts

6 **Zuständig** für die Versagung ist nach hM der Rechtspfleger (HK-InsO/*Waltenberger* aF Rn. 3; Uhlenbruck/*Sternal* Rn. 20; HambK-InsO/*Streck* Rn. 7; FK-InsO/*Grote* Rn. 16). Das Gericht wird auch bei diesem Versagungsgrund nur auf Antrag tätig (Uhlenbruck/*Sternal* Rn. 11). Es hat zunächst die Zulässigkeit des Antrags sowie die geltend gemachte Mindestvergütung zu prüfen, dann den Schuldner schriftlich oder mündlich zum Versagungsantrag anzuhören (HambK-InsO/*Streck* Rn. 5) und ihn zur Zahlung der Mindestvergütung innerhalb von zwei Wochen aufzufordern. Hat der Insolvenzverwalter trotz vorhandener Mittel im vorhergehenden Insolvenzverfahren keine **Rücklagen für die Kosten der Wohlverhaltensphase** gebildet, können dem Schuldner die Kosten nicht auferlegt werden (BGH NZI 2015, 128). Hat der Schuldner nach Ablauf der vom Treuhänder gesetzten Frist, aber vor der Anhörung gezahlt, scheidet eine Versagung aus (Uhlenbruck/*Sternal* Rn. 10). Die **Zweiwochenfrist** beginnt bei mündlicher Anhörung am Tag der Anhörung, bei schriftlicher mit Zustellung der Zahlungsaufforderung (FK-InsO/*Grote* Rn. 14). Die Frist steht nicht im Ermessen des Gerichts und kann daher nicht verlängert werden (FK-InsO/*Grote* Rn. 14;

HambK-InsO/*Streck* Rn. 5). Die Zahlungsaufforderung des Gerichts muss den konkreten Betrag und die Angabe des Zahlungsweges enthalten (Uhlenbruck/*Sternal* Rn. 16). Das Gericht hat den Schuldner nach der ihm gem. § 4a Abs. 2 S. 1 obliegenden Fürsorgepflicht auch auf die Möglichkeit der Stundung hinzuweisen (Uhlenbruck/*Sternal* Rn. 3; FK-InsO/*Grote* Rn. 15). Gläubiger sind zum Versagungsantrag nicht anzuhören (HK-InsO/*Waltenberger* aF Rn. 3). **Zahlt der Schuldner nach Ablauf der Zweiwochenfrist** aber vor Rechtskraft der Versagungsentscheidung, soll er nach der Rspr. die Versagung hierdurch nicht mehr abwenden können (LG Göttingen NZI 2011, 292). Diese Ansicht überzeugt im Vergleich mit der Möglichkeit, eine Verfahrenseinstellung gem. § 26 Abs. 1 oder § 207 Abs. 1 durch Vorschusszahlung bis zur Rechtskraft des Abweisungsbeschlusses (hierzu → § 26 Rn. 51) abzuwenden, nicht. Die sich um ihre Restschuldbefreiung bemühende natürliche Person, die schließlich eine geforderte Mindestvergütung doch noch einzahlen kann, sollte nicht ohne Not und aus eher formalistischen Gründen schlechter gestellt werden als andere Verfahrensbeteiligte. Auch die Unabänderbarkeit der Zweiwochenfrist stützt die Ansicht nicht zwangsläufig, da diese mit der aus ihr folgenden Verfahrensbeschleunigung durchaus einen eigenen Zweck hat. Schließlich ist auch ein Antrag auf Stundung der Verfahrenskosten bis zur Rechtskraft der Versagungsentscheidung zulässig (HambK-InsO/*Streck* Rn. 6; Uhlenbruck/*Sternal* Rn. 27).

VII. Stundung der Verfahrenskosten

Die Stundung der Verfahrenskosten kann gem. **§ 4a Abs. 1 S. 2** ausdrücklich 7
auch für das Verfahren zur Restschuldbefreiung und damit auch noch in der Wohlverhaltensphase beantragt werden (Uhlenbruck/*Sternal* Rn. 27). Der **Antrag kann bis zur Rechtskraft der Versagungsentscheidung** gestellt werden (HambK-InsO/*Streck* Rn. 6; Uhlenbruck/*Sternal* Rn. 27). Gem. § 4a Abs. 3 S. 3 tritt die Wirkung der Stundung mit Antragstellung einstweilen ein, so dass über den Versagungsantrag erst nach rechtskräftiger Entscheidung über den Stundungsantrag entschieden werden kann (Uhlenbruck/*Sternal* Rn. 27). Durch die Stundung erhält der Treuhänder einen Sekundäranspruch gegen die Staatskasse (Uhlenbruck/*Sternal* Rn. 2).

VIII. Rechtsfolgen der Versagung

Die **Versagung der Restschuldbefreiung** gem. § 298 ist in § 287a Abs. 2 8
nicht aufgeführt und löst von daher keine Sperrfrist aus (BT-Drs. 17/11268, 25; AG Hannover ZInsO 2015, 368). Zu **Rechtsmitteln, Kosten und Vergütung** s. § 296.

Vorzeitige Beendigung[1]

299 Wird die Restschuldbefreiung nach den §§ 296, 297, 297a oder 298 versagt, so enden die Abtretungsfrist, das Amt des Treuhänders und die Beschränkung der Rechte der Gläubiger mit der Rechtskraft der Entscheidung.

Schrifttum (Auswahl): *Erdmann,* Vorzeitige Restschuldbefreiung trotz noch offener Massekosten in Stundungsfällen?, ZInsO 2007, 873; *Pape,* Zur vorzeitigen Erteilung der Restschuldbefreiung, ZInsO 2005, 599; *Schmerbach,* Tod des Schuldners im Verbraucherinsolvenzverfahren, NZI 2008, 353; *Winter,* Die vorzeitige Erteilung der Restschuldbefreiung vor Ablauf der Wohlverhaltenszeit, ZVI 2003, 211.

[1] § 299 geänd. mWv 1.7.2014 durch G v. 15.7.2013 (BGBl. I S. 2379).

Übersicht

I. Normzweck

1 Die Norm enthält die **Rechtsfolgen,** wenn dem Schuldner vor Ablauf der Laufzeit der Abtretungserklärung die Restschuldbefreiung gem. §§ 296, 297, 297a oder 298 versagt wird (BT-Drs. 12/2443, 193). Die Geltung der Abtretungserklärung gem. § 287 Abs. 2 S. 1 muss in diesem Fall ebenso beendet werden wie das Amt des gem. 288 eingesetzten Treuhänders. Zudem müssen die aus § 294 folgenden Beschränkungen der Rechte der Insolvenzgläubiger aufgehoben werden. Die Norm regelt ihrem Wortlaut nach nur den Fall der vorzeitigen Beendigung durch eine Versagung der Restschuldbefreiung, wird aber auf die **Beendigung aus anderen Gründen** entsprechend angewandt (BGH NZI 2005, 399). Sie stellt die Rechtsfolgen nicht abschließend, sondern nur exemplarisch dar (FK-InsO/*Ahrens* Rn. 3). Durch den neu gefassten § 300 sind zumindest einige der bislang über eine entsprechende Anwendung des § 299 gelösten Fälle gesetzlich geregelt worden (HK-InsO/*Waltenberger* nF Rn. 3).

II. Voraussetzungen

2 **1. Versagung der Restschuldbefreiung.** Die **Rechtsfolgen** treten nach dem Wortlaut der Vorschrift ein, wenn dem Schuldner die Restschuldbefreiung während der Wohlverhaltensphase wegen der Verletzung einer Obliegenheit nach § 296, wegen der Verurteilung wegen einer Insolvenzstraftat zwischen Schlusstermin und Ablauf der Wohlverhaltensphase gem. § 297, nachträglich gem. § 297a oder wegen Nichtdeckung der Mindestvergütung des Treuhänders gem. § 298 versagt wird. Eine **entsprechende Anwendung** der Vorschrift auf den Fall, dass die Versagung der Restschuldbefreiung gem. § 289, 290 im eröffneten Verfahren erfolgt, ist nicht erforderlich. Denn die Unterrichtung der Betroffenen über die Abtretungserklärung, deren Wirkung erst mit Aufhebung des Insolvenzverfahrens eintritt (→ § 287 Rn. 28), hat der Treuhänder gem. § 292 Abs. 1 S. 1 erst zu Beginn der Wohlverhaltensphase vorzunehmen. Klärungsbedarf hinsichtlich der Geltung der Abtretung kann daher bei einer Versagung der Restschuldbefreiung im eröffneten Verfahren noch nicht bestehen.

3 **2. Weitere Gründe einer vorzeitigen Beendigung.** Die **Beendigung der Wohlverhaltensphase** kann auch aus weiteren als den in der Norm genannten Gründen in Betracht kommen. Die Vorschrift zählt die Beendigungsgründe nicht abschließend auf, so dass die Rechtsfolgen in den weiteren Fällen einer Beendigung entsprechend gelten (BGH NZI 2011, 947; 2005, 399; Uhlenbruck/*Sternal* Rn. 7).

4 Die **Rücknahme des Antrags auf Erteilung der Restschuldbefreiung** in der Wohlverhaltensphase ist zulässig (BGHZ 186, 223 = NZI 2010, 741; im Einzelnen → § 287 Rn. 17–20). Sie kommt bspw. in Betracht, wenn sich der Schuldner mit seinen Gläubigern außerhalb des Verfahrens geeinigt hat. Der Schuldner kann auch durch eine Antragsrücknahme im Falle eines Gläubigerantrags auf Versagung der Restschuldbefreiung diese Versagung verhindern. Ob

ein solches Vorgehen nach der Neuregelung des § 287a Abs. 2 eine Sperrfrist auslöst, ist ungeklärt (→ § 287a Rn. 8).

5 Bei **Tod des Schuldner** in der Wohlverhaltensphase kommt eine Überleitung in ein Nachlassinsolvenzverfahren nicht mehr in Frage (→ Vor § 315 Rn. 26). Das Restschuldbefreiungsverfahren kann in diesem Fall nicht fortgesetzt werden und ist in entsprechender Anwendung des § 299 vorzeitig zu beenden (BGH NZI 2005, 399; FK-InsO/*Ahrens* § 286 Rn. 51; MüKoInsO/*Siegmann* vor § 315 Rn. 7). Eine Erteilung der Restschuldbefreiung erfolgt nicht. Die **Wirkung einer Stundung** entfällt, wobei die Erben für die noch offenen Verfahrenskosten nicht in Anspruch genommen werden können (OLG Thüringen NZI 2012, 197). Die Erben können zudem die Erbschaft ausschlagen, um eine Haftung für die Verbindlichkeiten des Erblassers zu verhindern (Ahrens/Gehrlein/Ringstmeier/*Weinland* Rn. 6).

III. Rechtsfolgen

6 Die Vorschrift führt drei **Rechtsfolgen der vorzeitigen Beendigung** auf. Diese **Aufzählung** ist nicht abschließend (FK-InsO/*Ahrens* Rn. 10). So sind zusätzlich mögliche Sperrfristen gem. § 287a Abs. 2 zu beachten. Auch endet die **Rechtshängigkeit** (FK-InsO/*Ahrens* Rn. 18).

7 Die **Laufzeit der Abtretung** endet mit Rechtskraft der Versagung der Restschuldbefreiung. Der Schuldner erlangt damit die volle Verfügungsgewalt über sein pfändbares Einkommen zurück (FK-InsO/*Ahrens* Rn. 14). Einer besonderen Freigabeerklärung oder einer Rückabtretung bedarf es nicht (Uhlenbruck/*Sternal* Rn. 3). Eine vor Eröffnung des Insolvenzverfahrens vereinbarte **Lohnabtretung des Schuldners** verliert ihre Wirksamkeit gem. § 91 bereits mit Eröffnung des Verfahrens.

8 Das **Amt des Treuhänders** endet ebenfalls. Er hat noch vorhandene Gelder gem. § 292 Abs. 1 S. 2 an die Gläubiger auszuschütten, dem Gericht abschließenden Bericht zu erstatten und Rechnung zu legen (Uhlenbruck/*Sternal* Rn. 4; FK-InsO/*Ahrens* Rn. 13; auch → § 292 Rn. 18 f.). Der Treuhänder kann nach Beendigung des Amtes gegen Drittschuldner oder Schuldner nicht mehr aus der Abtretung vorgehen (Einzelheiten → § 287 Rn. 47–48). Er hat nach Sinn und Zweck des § 292 Abs. 1 S. 1 den Drittschuldner über das vorzeitige Ende der Laufzeit der Abtretung zu informieren (FK-InsO/*Ahrens* Rn. 14). Erhält der Treuhänder nach vorzeitiger Beendigung noch Zahlungen, hat er diese an den Schuldner herauszugeben, kann aber mit offenen Vergütungsansprüchen aufrechnen (FK-InsO/*Ahrens* Rn. 14; Ahrens/Gehrlein/Ringstmeier/*Weinland* Rn. 14).

9 Auch die **Beschränkung der Gläubigerrechte** aus § 294 Abs. 1 wird aufgehoben. Die Insolvenzgläubiger können daher gem. § 201 Abs. 1 ihr unbeschränktes Nachforderungsrecht wieder geltend machen. Wurde die Forderung im Insolvenzverfahren angemeldet, hat die Zwangsvollstreckung mit einer vollstreckbaren Ausfertigung des Tabellenauszuges zu erfolgen, da frühere Titel mit der Anmeldung aufgezehrt wurden (FK-InsO/*Ahrens* Rn. 16). Hat der Schuldner der Forderungsanmeldung widersprochen, kann der Gläubiger einen früheren Titel nutzen, da er gem. § 201 Abs. 2 S. 1 einen vollstreckbaren Tabellenauszug nicht erhält (FK-InsO/*Ahrens* Rn. 16).

IV. Entscheidung des Gerichts

10 Die Rechtsfolgen einer vorzeitigen **Beendigung durch Versagung der Restschuldbefreiung** treten kraft Gesetzes ein. Eines besonderen Beschlusses des Gerichts oder einer Information der Insolvenzgläubiger hierzu bedarf es nicht, da der Beschluss über die Versagung der Restschuldbefreiung gem. § 296 Abs. 3 S. 2

veröffentlicht wird (Ahrens/Gehrlein/Ringstmeier/*Weinland* Rn. 18; Uhlenbruck/*Sternal* Rn. 5; HambK-InsO/*Streck* Rn. 4). Bei **entsprechender Anwendung der Vorschrift** ohne Erteilung der Restschuldbefreiung etwa im Fall des Todes des Schuldners hat das Gericht die Rechtsfolgen durch Beschluss auszusprechen, um Rechtsklarheit herzustellen (Ahrens/Gehrlein/Ringstmeier/*Weinland* Rn. 18).

V. Rechtsmittel

11 Rechtsmittel sind zum einen gegen die Entscheidung über die Versagung der Restschuldbefreiung gem. § 296 Abs. 3 gegeben. Wird die Vorschrift entsprechend angewandt, ist nur die **Rechtspflegererinnerung** gem. § 11 Abs. 2 RPflG statthaft.

Entscheidung über die Restschuldbefreiung[1]

300 (1) [1]**Das Insolvenzgericht entscheidet nach Anhörung der Insolvenzgläubiger, des Insolvenzverwalters oder Treuhänders und des Schuldners durch Beschluss über die Erteilung der Restschuldbefreiung, wenn die Abtretungsfrist ohne vorzeitige Beendigung verstrichen ist.** [2]**Hat der Schuldner die Kosten des Verfahrens berichtigt, entscheidet das Gericht auf seinen Antrag, wenn**

1. im Verfahren kein Insolvenzgläubiger eine Forderung angemeldet hat oder wenn die Forderungen der Insolvenzgläubiger befriedigt sind und der Schuldner die sonstigen Masseverbindlichkeiten berichtigt hat,

2. drei Jahre der Abtretungsfrist verstrichen sind und dem Insolvenzverwalter oder Treuhänder innerhalb dieses Zeitraums ein Betrag zugeflossen ist, der eine Befriedigung der Forderungen der Insolvenzgläubiger in Höhe von mindestens 35 Prozent ermöglicht, oder

3. fünf Jahre der Abtretungsfrist verstrichen sind.

[3]**Satz 1 gilt entsprechend.** [4]**Eine Forderung wird bei der Ermittlung des Prozentsatzes nach Satz 2 Nummer 2 berücksichtigt, wenn sie in das Schlussverzeichnis aufgenommen wurde.** [5]**Fehlt ein Schlussverzeichnis, so wird eine Forderung berücksichtigt, die als festgestellt gilt oder deren Gläubiger entsprechend § 189 Absatz 1 Feststellungsklage erhoben oder das Verfahren in dem früher anhängigen Rechtsstreit aufgenommen hat.**

(2) [1]**In den Fällen von Absatz 1 Satz 2 Nummer 2 ist der Antrag nur zulässig, wenn Angaben gemacht werden über die Herkunft der Mittel, die an den Treuhänder geflossen sind und die über die Beträge hinausgehen, die von der Abtretungserklärung erfasst sind.** [2]**Der Schuldner hat zu erklären, dass die Angaben nach Satz 1 richtig und vollständig sind.** [3]**Das Vorliegen der Voraussetzungen von Absatz 1 Satz 2 Nummer 1 bis 3 ist vom Schuldner glaubhaft zu machen.**

(3) **Das Insolvenzgericht versagt die Restschuldbefreiung auf Antrag eines Insolvenzgläubigers, wenn die Voraussetzungen des § 290 Absatz 1, des § 296 Absatz 1 oder Absatz 2 Satz 3, des § 297 oder des § 297a vorliegen, oder auf Antrag des Treuhänders, wenn die Voraussetzungen des § 298 vorliegen.**

(4) [1]**Der Beschluss ist öffentlich bekannt zu machen.** [2]**Gegen den Beschluss steht dem Schuldner und jedem Insolvenzgläubiger, der bei der Anhörung nach Absatz 1 die Versagung der Restschuldbefreiung be-**

[1] § 300 neu gef. mWv 1.7.2014 durch G v. 15.7.2013 (BGBl. I S. 2379).

antragt oder der das Nichtvorliegen der Voraussetzungen einer vorzeitigen Restschuldbefreiung nach Absatz 1 Satz 2 geltend gemacht hat, die sofortige Beschwerde zu. [3] Wird Restschuldbefreiung nach Absatz 1 Satz 2 erteilt, gelten die §§ 299 und 300a entsprechend.

Schrifttum (Auswahl): *Ahrens,* Das neue Privatinsolvenzrecht, ZIP Praxisbuch, 2014, 316; *v. Gleichenstein,* 6 Jahre und kein Ende? Restschuldbefreiung und Wegfall des Insolvenzbeschlags am Neuerwerb nach Ablauf des Abtretungszeitraums im laufenden Insolvenzverfahren, ZVI 2009, 93; *Grote/Pape,* Das Ende der Diskussion? Die wichtigsten Neuregelungen zur Restschuldbefreiung, ZInsO 2013, 1433; *Harder,* Der schnelle Weg zur Restschuldbefreiung, NJW-Spezial 2014, 277; *Henning,* Die Verkürzung des Restschuldbefreiungsverfahrens gem. § 300 InsO n.F. aus Schuldnersicht, ZVI 2014, 219; *Hentrich/Hollik,* Die vorzeitige Restschuldbefreiung im Verbraucherinsolvenzverfahren, ZInsO 2014, 1637; *Lissner,* Die Verkürzung des Restschuldbefreiungsverfahrens und der neue Insolvenzplan im Verbraucherverfahren – ein Wettstreit der Systeme?, ZInsO 2014, 1835; *Praß,* Reform 2014: Der Herkunftsnachweis nach § 300 Abs. 2 Satz 1 InsO, ZVI 2014, 170; *Ritter,* Die neue 25%-Quote zur Verkürzung der Restschuldbefreiungsphase – geht die Reform ins Leere?, ZVI 2013, 135; *Waltenberger,* Die vorzeitige Restschuldbefreiung und Problemfälle zum „neuen" § 300 InsO, ZInsO 2014, 808.

Übersicht

I. Normzweck und Grundlagen

1 Die Vorschrift regelt zum einen die **Erteilung der Restschuldbefreiung,** die nach Ablauf der Abtretungsfrist nicht ohne weiteres eintritt. Aus Gründen der Rechtssicherheit bleibt die Entscheidung über die Frage, ob der Schuldner die Restschuldbefreiung erhält, einem Beschluss des Gerichts vorbehalten (HK-InsO/*Waltenberger* aF Rn. 1; FK-InsO/*Ahrens* Rn. 1). Die Norm hat eine **Warnfunktion,** da die Gläubiger vor der Entscheidung mit Hinweis auf die beantragte Erteilung der Restschuldbefreiung nochmals anzuhören sind. Sie gilt auch in den **asymmetrischen Verfahren des § 300a,** in denen die Laufzeit der Abtretungsfrist endet, ohne dass das Verfahren aufgehoben wurde (HK-InsO/*Waltenberger* nF Rn. 3)

2 Mit dem **neu eingefügten Absatz 1 Satz 2** wird zum anderen die Vorgabe des Koalitionsvertrag von 2009 umgesetzt und die Laufzeit der Abtretungsfrist verkürzt (BT-Drs. 17/11268, 17). Der Gesetzgeber hielt die durchschnittlich 14 Jahre dauernde Finanzkrise des Schuldners für zu lang (vgl. *Grote/Pape* ZInsO 2013, 1433). Er beabsichtigte eine **Angleichung an die kürzeren Entschuldungszeiten** der europäischen Nachbarn (BT-Drs. 17/11268, 30). Dieses Ziel soll über ein **Anreizsystem** erreicht werden, das zur Erreichung einer Quote von 35% auch Gelder aus dem Verwandten- und Freundeskreis des Schuldners mobilisieren will (Gesetzesbegründung BT-Drs. 17/11268, 30). Die nach Diskussionen

im Rechtsausschuss gefundene Quote (BT-Drs. 17/13535, 39) ist nach Ansicht vieler Experten zu hoch (vgl. *Grote/Pape* ZInsO 2013, 1433; s. zur tatsächlich unter Berücksichtigung der Kosten aufzubringenden Quote Leipold ZInsO 2013, 2052; *Möhlen* ZInsO 2015, 1603). Nach der **Evaluierungsregelung** des Art. 107 EG InsO wird der Bundestag im Jahre 2018 prüfen, welchen Erfolg die Regelung gehabt hat. Der Gesetzgeber erwartet, dass eine Verkürzung in 15 % der Verfahren eintritt. Die **weiteren Änderungen** der insgesamt neugefassten Norm setzen ua Rspr. hinsichtlich der Beendigung des Verfahrens bei gänzlich fehlenden Forderungsanmeldungen um (Gesetzesbegründung BT-Drs. 17/11268, 30).

3 Der Schuldner kann in einem Verfahren mit dem Ziel Restschuldbefreiung nach der Neufassung des § 300 zumindest fünf Verfahren zur **Verkürzung der Dauer des Insolvenzverfahrens** nutzen: Die außergerichtliche Einigung mit den Gläubigern gem. § 305 Abs. 1 Nr. 1, den gerichtlichen Schuldenbereinigungsplan nach den §§ 306–309, den Insolvenzplan nach §§ 217 ff., das Verfahren nach § 300 und den Weg über § 213. Jedes dieser Verfahren kann, je nach dem in welchem Verfahrensabschnitt sich der Schuldner befindet, seinen spezifischen Vorteil haben, wie bspw. aus den Kostenregelungen der §§ 2 InsVV einerseits und 14 InsVV andererseits folgt (*Grote/Pape* ZInsO 2013, 1433). Die **Wahl des bestgeeigneten Verfahrens** wird insbes. unter wirtschaftlichen Gesichtspunkten erfolgen, um die einzusetzenden Mittel möglichst niedrig zu halten (vgl. *Grote/Pape* ZInsO 2013, 1433).

II. Erteilung im Regelfall

4 Die **Erteilung der Restschuldbefreiung** setzt gem. Abs. 1 Satz 1 den Ablauf der Abtretungsfrist (Legaldefinition des § 287 Abs. 2) voraus. Fälle der vorzeitigen Beendigung sind in § 299 geregelt. Gem. Abs. 2 ist die Erteilung der Restschuldbefreiung ausgeschlossen, wenn das Gericht auf Antrag eines Gläubigers die Restschuldbefreiung gem. §§ 296, 297, 297a oder 298 versagt. In Frage kommt damit nur die Versagung wegen der Verletzung einer Obliegenheit des § 295, einer Verletzung der Verfahrensobliegenheit des § 296 Abs. 2, wegen der Verurteilung aufgrund einer Insolvenzstraftat gem. § 297, die nachträgliche Versagung gem. § 297a oder wegen der fehlenden Mindestvergütung des Treuhänders gem. § 298. Die Norm enthält einen vollständigen Verweis auf diese Vorschriften (FK-InsO/*Ahrens* Rn. 38), so dass für eine Versagung der Restschuldbefreiung die gleichen Voraussetzungen wie bei einer Versagung während der Wohlverhaltensphase gelten. Ein **Prüfungsrecht oder Ermessen des Gerichts** besteht hinsichtlich der Erteilung der Restschuldbefreiung nicht (Ahrens/Gehrlein/Ringstmeier/*Weinland* Rn. 2; FK-InsO/*Ahrens* Rn. 1 und 38). Wird daher kein Versagungsantrag gestellt oder ein gestellter Antrag zurückgewiesen, ist die Restschuldbefreiung zu erteilen.

5 Nach **Ende der Laufzeit der Abtretungsfrist** hat das Gericht von Amts wegen tätig zu werden (BGH NZI 2010, 577) und zunächst Insolvenzgläubiger, Treuhänder und Schuldner anzuhören. Die **Anhörung** kann nicht bereits vor Ende der Laufzeit erfolgen (Ahrens/Gehrlein/Ringstmeier/*Weinland* Rn. 10). Sie kann schriftlich durchgeführt werden (FK-InsO/*Ahrens* Rn. 33) oder durch Veröffentlichung eines entsprechenden Beschlusses im Internet (BGH WM 2012, 2250). Sie besteht regelmäßig in den Hinweisen auf die beabsichtigte Erteilung der Restschuldbefreiung aufgrund des vorliegenden Schuldnerantrags sowie auf die Möglichkeit, die Versagung der Restschuldbefreiung zu beantragen (HK-InsO/*Waltenberger* nF Rn. Rn. 4). Das Gericht hat den Gläubigern eine angemessene **Frist zur Stellungnahme** zu setzen (Uhlenbruck/*Sternal* Rn. 28; HambK-InsO/*Streck* Rn. 3), die zumindest 14 Tage betragen sollte (HK-InsO/*Waltenberger* nF Rn. Rn. 4) und die gem. §§ 4, 224 Abs. 2 ZPO verlängerbar ist. Die Frist ist

wegen ihrer faktischen Ausschlusswirkung einer Notfrist gleichzusetzen, so dass auch eine Wiedereinsetzung in Frage kommt (BGH NJW-RR 2014, 369).

Das Gericht erteilt die Restschuldbefreiung, wenn kein Antrag auf Versagung der Restschuldbefreiung gestellt wird. **Zuständig** ist der Rechtspfleger. Liegt ein Antrag auf Versagung der Restschuldbefreiung gem. §§ 296, 297 oder 297a vor, wechselt die Zuständigkeit gem. § 18 Abs. 1 Nr. 2 RPflG zum Richter. Bei einem **Versagungsantrag gem. § 298** bleibt der Rechtspfleger zuständig (FK-InsO/*Ahrens* Rn. 44; → § 298 Rn. 6). Im Falle des unbegründeten Versagungsantrags ist die Restschuldbefreiung unter Zurückweisung des Versagungsantrags zu erteilen, im Falle des begründeten Antrags ist die Restschuldbefreiung zu versagen. Die Entscheidung des Gerichts ist gem. Absatz 4 zu veröffentlichen. Bei **Untätigkeit des Gerichts** nach Ende der Laufzeit der Abtretung hat der Schuldner keine Beschwerderechte aus Abs. 4 oder § 75 Abs. 3 (BGH NZI 2010, 577). 6

III. Erteilung vor Aufhebung des Verfahrens/Asymmetrische Verfahren

Der BGH hat zutr. festgestellt, dass über die **Erteilung der Restschuldbefreiung** gesondert zu entscheiden ist, wenn das Insolvenzverfahren nach Ablauf der Abtretungsfrist noch nicht aufgehoben werden kann (BGHZ 183, 258 = NZI 2010, 111). Es kann allerdings bezweifelt werden, ob die Fortführung des Verfahrens einer natürlichen Person über die Laufzeit der Abtretungsfrist hinaus wirklich erforderlich ist (hierzu → Rn. 10). *Ahrens* nennt als Beispiele, die zu diesen **asymmetrischen Verfahren** führen können, eine aufwändige Immobilienverwertung oder die Einsetzung eines neuen Insolvenzverwalters/Treuhänders (FK-InsO/*Ahrens* Rn. 63). Teilregelungen zu diesen Verfahren enthält jetzt § 300a (FK-InsO/*Ahrens* § 300a Rn. 1). 7

In den asymmetrischen Verfahren ergibt sich ein **abweichender Verfahrensablauf** (BGHZ 183, 258 = NZI 2010, 111; FK-InsO/*Ahrens* Rn. 64). So ist ein besonderer Termin anzuberaumen, in dem über die Restschuldbefreiung zu entscheiden ist, da der Schlusstermin noch nicht stattfinden kann. Eine schriftliche Durchführung gem. § 5 Abs. 2 ist zulässig (FK-InsO/*Ahrens* Rn. 65). Entscheidungsgrundlage können nur die Versagungsgründe des § 290 Abs. 1 sein, da die Obliegenheiten des § 295 erst ab Aufhebung des Verfahrens gelten (BGHZ 183, 258 = NZI 2010, 111; FK-InsO/*Ahrens* Rn. 66). Der **pfändbare Neuerwerb des Schuldners** nach Ablauf der Laufzeit der Abtretung ist gem. § 300a Abs. 2 S. 1 zunächst vom Insolvenzverwalter treuhänderisch zu vereinnahmen und zu verwalten (BGH NZI 2010, 577). Wird dem Schuldner die Restschuldbefreiung erteilt, steht ihm dieser Neuerwerb zu. Wird die Restschuldbefreiung versagt, fällt der Neuerwerb in die Insolvenzmasse (BGH NZI 2010, 577). Dies gilt für den **gesamten Neuerwerb** des Schuldners nach Ablauf der Laufzeit der Abtretung (BGH NZI 2014, 312; FK-InsO/*Ahrens* Rn. 71). 8

Die **Einleitung des besonderen Verfahrens** zur Erteilung der Restschuldbefreiung hat von Amts unverzüglich nach Ende der Laufzeit der Abtretungserklärung zu erfolgen, wenn eine reguläre Verfahrensbeendigung noch nicht möglich ist (BGH NZI 2010, 577). Das Gericht wird hierzu den Verwalter vor Ablauf der Laufzeit der Abtretung anfragen müssen, ob es zu einer regulären Verfahrensbeendigung kommen wird. Bei **Untätigkeit des Gerichts** hat der Schuldner keine Beschwerderechte aus Absatz 3 oder § 75 Abs. 3 (BGH NZI 2010, 577). Zum Teil wird eine Untätigkeitsbeschwerde für statthaft gehalten (FK-InsO/*Ahrens* Rn. 65). Auch Ansprüche nach dem Gesetz über den Rechtsschutz bei überlangen Gerichtsverfahren v. 24.11.2011 (BGBl. I S. 2302) oder Amtshaftungsansprüche können gegeben sein. 9

10 In dem nach Erteilung der Restschuldbefreiung **weiterlaufenden Insolvenzverfahren** ergeben sich zahlreiche offene Fragen (siehe *Büttner* ZInsO 2010, 1025; FK-InsO/*Ahrens* Rn. 69 ff.), die der Praxis und dem allgemeinen Geschäftsverkehr Probleme und Verständnisschwierigkeiten bereiten. Der Umstand bspw., dass einem Schuldner zwar die Restschuldbefreiung erteilt wurde, er sich aber gleichwohl noch in einem Insolvenzverfahren befindet, ist Kreditinstituten, Vermietern und anderen in einem weiteren Sinne Beteiligten schwer zu vermitteln. Von daher erscheint es eher angebracht, nach Ablauf der Laufzeit der Abtretung auch das Insolvenzverfahren aufzuheben. Bezüglich der noch zu verwertenden Vermögensgegenstände kann im Schlusstermin die Nachtragsverteilung angeordnet werden (Mohrbutter/Ringstmeier/*Ernestus* S. 531 Rn. 96), die auch noch nach Erteilung der Restschuldbefreiung erfolgen kann (BGH NZI 2008, 560). Durch die Nachtragsverteilung bliebe der Insolvenzbeschlag der noch nicht verwerteten Vermögensgegenstände erhalten, womit in einer rechtsklaren und dem Geschäftsverkehr verständlichen Situation das gleiche Ergebnis wie bei einer Fortführung des Verfahrens erreicht wäre.

IV. Erteilung in den Sonderfällen des Absatz 1 Satz 2 Nr. 1–3

11 **1. Fehlende Forderungsanmeldung oder Befriedigung aller Gläubiger.** Bei **gänzlich fehlenden Forderungsanmeldungen** konnte die Restschuldbefreiung bislang in entsprechender Anwendung des § 299 erteilt werden, wenn die Verfahrenskosten und die sonstigen Masseverbindlichkeiten getilgt waren (BGH ZInsO 2005, 597). Diese Rechtsanwendung wurde in den neugefassten § 300 übernommen (BT-Drs. 17/11268, 30). Wenn **alle Forderungen vom Verwalter oder den Insolvenzgläubigern bestritten** wurden, ist die vorzeitige Erteilung ebenfalls möglich (FK-InsO/*Ahrens* Rn. 9). Der Antrag kann nach Ablauf der Anmeldefrist des § 28 Abs. 1 gestellt werden (FK-InsO/*Ahrens* Rn. 10). Der **Schlusstermin** hat anschließend stattzufinden, da bis zu ihm eine Forderungsanmeldung möglich ist (HambK-InsO/*Streck* Rn. 6). Im Schlusstermin ist dem Schuldner dann die Restschuldbefreiung zu erteilen. **Nachrangige Insolvenzgläubiger** sind nicht gesondert nach § 174 Abs. 3 zur Anmeldung aufzufordern (FK-InsO/*Kießner* § 213 Rn. 8), da dies dem Sinn eines beschleunigten Erteilungsverfahren und auch dem bisherigen Desinteresse der Insolvenzgläubiger widersprechen würde (Uhlenbruck/*Ries* § 213 Rn. 5). Kann der Schuldner die Verfahrenskosten nicht aufbringen, kommt zur Vermeidung einer „inhaltsleeren" Wohlverhaltensphase auch eine Verfahrenskostenstundung gem. § 4b in Frage (AG Göttingen ZInsO 2015, 1357; AG Essen 23.2.2015 – 165 IK 218/14, nv; AG Essen VuR 2012, 196; *Kohte* VuR 2012, 197).

12 Einer **vollständigen Befriedigung** aller Gläubiger ist die teilw. Befriedigung in Verbindung mit einem Forderungserlass gleichgestellt (BT-Drs. 17/11268, 30; FK-InsO/*Ahrens* Rn. 11; HK-InsO/*Waltenberger* nF Rn. 13). Den Forderungserlass hat der Schuldner in außergerichtlichen Verhandlungen mit den Insolvenzgläubigern zu erreichen. Der Unterschied zu einer **Einstellung gem. § 213** besteht darin, dass im Verfahren nach § 213 die Erteilung der Restschuldbefreiung zwar möglich (LG Berlin ZInsO 2009, 443) aber nicht zwingend ist. Erfolgt keine Erteilung der Restschuldbefreiung, entfällt auch die Veröffentlichung gem. Absatz 4. Dies kann als Vorteil gesehen werden, der dem Nachteil der fehlenden Wirkung der Restschuldbefreiung entgegen zu stellen ist.

13 **2. Erfüllung der Quote.** Die vorzeitige Erteilung bei **Erfüllung der Quote** kann erst nach Ablauf von drei Jahren erfolgen, auch wenn die Quote bereits früher erreicht wird. Der **erforderliche Betrag** muss dem Insolvenzverwalter oder Treuhänder innerhalb der 3-Jahresfrist zugeflossen sein. Ein Überziehen

dieser Frist ist mangels Härtefallregel nicht möglich (*Grote/Pape* ZInsO 2013, 1433; Ahrens/Gehrlein/Ringstmeier/*Weinland* § 300 nF Rn. 7). Angesichts des eindeutigen Wortlauts ist zweifelhaft, ob auch **Zahlungen mit Zweckbestimmung** (Ahrens/Gehrlein/Ringstmeier/*Weinland* nF Rn. 4), **unter Vorbehalt,** in Anlehnung an § 230 Abs. 3 durch **Vorlage einer Drittmittelbescheinigung** oder einer **Bankbürgschaft** möglich sind (vgl. *Henning* ZVI 2014, 21). Die Quote ist gem. Absatz 1 Satz 4 aus den in das **Schlussverzeichnis** aufgenommenen Forderungen zu berechnen. Liegt das Schlussverzeichnis noch nicht vor, ist gem. Absatz 1 Satz 5 zu berechnen. Vom Schuldner generierte **Drittmittel** sind zunächst zur Insolvenzmasse einzuzahlen und schlagen so über die Vergütungsberechnung auf die Verfahrenskosten durch (BT-Drs. 17/11268, 30; *Grote/Pape* ZInsO 2013, 1433). Die tatsächlich vom Schuldner aufzubringende Quote steigt damit erheblich an (Berechnungsbeispiele bei *Leipold* ZInsO 2013, 2052; *Möhlen* ZInsO 2015, 1603). Das Insolvenzplanverfahren, in dem Drittmittel gem. § 1 Abs. 2 Nr. 5 InsVV bei der Kostenberechnung nicht zu berücksichtigen sind, dürfte daher in den meisten Fällen das kostengünstigere sein.

3. Begleichung der Verfahrenskosten. Die Regelung setzt dem Schuldner, der die Mindestbefriedigungsquote verfehlt hat, einen **weiteren Anreiz.** Da der Schuldner gem. § 4b Abs. 1 S. 2 iVm § 115 Abs. 2 S. 1 ZPO noch vier Jahre nach Erteilung der Restschuldbefreiung für die gestundeten Verfahrenskosten in Anspruch genommen werden kann, ist das Aufbringen der Verfahrenskosten für den Schuldner wirtschaftlich auch interessant. Der Betrag muss dem Verwalter oder Treuhänder innerhalb der Frist zugeflossen sein. Ein Überziehen der Frist ist nicht möglich (→ Rn. 13). 14

4. Verfahrensablauf. Die Verkürzung erfolgt gem. Absatz 1 Satz 2 nur auf **Antrag des Schuldners.** Eine Verfahrenseinleitung von Amts wegen ist nicht vorgesehen (*Frind* ZInsO 2013, 1448). Eine **gerichtliche Hinweispflicht** kann aber zumindest dann angenommen werden, wenn sich die Verkürzungsvoraussetzungen aus der Gerichtsakte ergeben. Der Antrag ist an keine Frist gebunden, kann also auch nach Ablauf der 3- oder 5-Jahresfrist gestellt werden. Eine **prophylaktische Antragstellung** schon mit der Insolvenzantragstellung kommt wegen der erforderlichen Glaubhaftmachung nicht in Frage. Der **Schuldner ist darlegungs- und beweispflichtig,** dass er die Voraussetzungen der Verkürzung erfüllt (BT-Drs. 17/11268, 31). Einen gesetzlich geregelten **Auskunftsanspruch** gegenüber Gericht oder Verwalter hat er jedoch nicht. Ein solcher Auskunftsanspruch ist aber anzunehmen (vgl. BGH ZInsO 2011, 777 zu § 213 InsO; *Frind* ZInsO 2013, 1448). Der Schuldner hat seine Angaben gem. Absatz 2 Satz 3 mit den Mitteln des § 294 ZPO glaubhaft zu machen (Ahrens/Gehrlein/Ringstmeier/*Weinland* nF Rn. 3). Ein Insolvenzgläubiger kann der Glaubhaftmachung des Schuldners mit einer Gegenglaubhaftmachung entgegentreten (Ahrens/Gehrlein/Ringstmeier/*Weinland* nF Rn. 6). 15

Die erst nach Diskussionen im Rechtsausschuss eingeführte **Herkunftsbescheinigung** des Absatz 2 Satz 1 (BT-Drs. 17/13535, 40) ist nur vorzulegen, wenn der Antrag erst nach Aufhebung des Verfahrens in der Wohlverhaltensphase gestellt wird (*Frind* ZInsO 2013, 1448). Denn nach dem Wegfall des Verbraucherinsolvenzverfahrens durch Streichung der §§ 312–314 wird der in Absatz 2 Satz 1 angeführte Treuhänder nur noch in der Wohlverhaltensphase tätig. Im eröffneten Insolvenzverfahren hat der Insolvenzverwalter über §§ 97 ff. ausreichende Aufklärungsmöglichkeiten. Legt der Schuldner eine **unrichtige Herkunftsbescheinigung** vor oder macht er in seiner Erklärung gem. Absatz 2 Satz 2 **unrichtige oder unvollständige Angaben** verletzt er keine spezifisch insolvenzrechtlichen Pflichten (str. wie hier FK-InsO/*Ahrens* Rn. 27). Eine Versagung der Restschuldbefreiung nach §§ 290 oder 295 kommt daher nicht in Betracht. 16

V. Wirkungen und Rechtsfolgen

17 Mit **Ablauf der Abtretungsfrist** endet die Wohlverhaltensphase (FK-InsO/*Ahrens* Rn. 31). Die pfändbaren Anteile des schuldnerischen Einkommens stehen nicht mehr dem Treuhänder, sondern wieder dem Schuldner zu. Die Verpflichtung des Schuldners gem. § 295 Abs. 1 Nr. 2 endet. Diese Wirkungen treten ohne besonderen Beschluss des Gerichts kraft Gesetzes ein (FK-InsO/*Ahrens* Rn. 31). Wegen der eindeutigen **zeitlichen Befristung der Abtretungserklärung** (vgl. BGHZ 183, 258 = ZVI 2010, 68) kann der Drittschuldner nach Ablauf der sechs Jahre schuldbefreiend nur noch an den Schuldner leisten. Nach Ablauf der sechs Jahre fällig werdende Vergütungsansprüche des Schuldners, die auch aus Beschäftigungszeiten vor Ablauf der Abtretungsfrist folgen, sind aus Praktikabilitätsgründen nicht mehr an den Treuhänder auszuzahlen, da allein die Fälligkeit der Ansprüche maßgeblich ist (FK-InsO/*Ahrens* Rn. 31).

18 Die **Zwangsvollstreckung** ist trotz des insoweit unklaren Wortlauts des § 294 Abs. 1 bis zur Entscheidung des Gerichts gem. § 300 Abs. 1 für die Insolvenzgläubiger untersagt (→ § 294 Rn. 4; Uhlenbruck/*Sternal* Rn. 47; HK-InsO/*Waltenberger* aF § 294 Rn. 7). Die Wirkungen der Erteilung der Restschuldbefreiung folgen aus §§ 301 und 302. Im Fall der **Versagung der Restschuldbefreiung** können die Insolvenzgläubiger gem. § 201 Abs. 1 ihr unbeschränktes Nachforderungsrecht wieder geltend machen. Vor Insolvenzeröffnung ausgebrachte Pfändungen leben wieder auf. Eine **Durchbrechung der Rechtskraft** wegen eines besonders vorwerfbaren Verhaltens des Schuldners kommt nicht in Betracht (Uhlenbruck/*Sternal* Rn. 50). Vom Schuldner vorsätzlich nicht am Verfahren beteiligte Gläubiger können aber **Ansprüche gem. § 826 BGB** geltend machen (→ § 301 Rn. 4). Die **Nachtragsverteilung** nach § 203 bleibt auch nach Erteilung der Restschuldbefreiung zulässig (BGH NZI 2008, 560 = WM 2008, 1691).

VI. Rechtsmittel, Kosten und Vergütung

19 Im Fall der **Versagung der Restschuldbefreiung** steht dem Schuldner gem. Absatz 4 die sofortige Beschwerde zu. Wird die Versagung der Restschuldbefreiung vom Gericht abgelehnt, kann jeder Gläubiger die Beschwerde erheben, der zuvor die Versagung beantragt hat. Die Rechtsbeschwerde ist nur statthaft, wenn sie zugelassen wurde. Dem **Treuhänder** steht bei Erteilung der Restschuldbefreiung trotz gestellten Versagungsantrags nach § 298 nur die Rechtspflegererinnerung gem. § 11 Abs. 2 RPflG zu (FK-InsO/*Ahrens* Rn. 27; HambK-InsO/*Streck* Rn. 6).

20 Die Erteilung der Restschuldbefreiung löst keine besonderen **Kosten** aus, soweit kein Versagungsantrag gestellt wurde (FK-InsO/*Ahrens* Rn. 29; Uhlenbruck/*Sternal* Rn. 54). Beantragt ein Gläubiger die Versagung der Restschuldbefreiung entsteht die Gebühr des KV GKG 2350 in Höhe von 35 EUR. Kostenschuldner ist gem. § 23 Abs. 2 GKG allein der antragstellende Gläubiger (→ § 296 Rn. 30 auch zu Kosten des Beschwerdeverfahrens). Über die **außergerichtlichen Kosten** ist gem. § 91 Abs. 1 ZPO zu entscheiden. Der Rechtsanwalt erhält im Versagungsverfahren eine 0,5 Gebühr gem. RVG 3321 (→ § 296 Rn. 31 auch zum Gegenstandswert). Aus der kontradiktorischen Ausgestaltung des Versagungsverfahrens folgt, dass dem Schuldner im Fall der **Verfahrenskostenstundung** auf seinen Antrag hin gem. § 4a Abs. 2 ein Rechtsanwalt beizuordnen ist (FK-InsO/*Kohte* § 4a Rn. 44).

Neuerwerb im laufenden Insolvenzverfahren[1]

300a (1) [1]**Wird dem Schuldner Restschuldbefreiung erteilt, gehört das Vermögen, das der Schuldner nach Ende der Abtretungsfrist oder nach Eintritt der Voraussetzungen des § 300 Absatz 1 Satz 2 erwirbt, nicht mehr zur Insolvenzmasse.** [2]**Satz 1 gilt nicht für Vermögensbestandteile, die auf Grund einer Anfechtung des Insolvenzverwalters zur Insolvenzmasse zurückgewährt werden oder die auf Grund eines vom Insolvenzverwalter geführten Rechtsstreits oder auf Grund Verwertungshandlungen des Insolvenzverwalters zur Insolvenzmasse gehören.**

(2) [1]**Bis zur rechtskräftigen Erteilung der Restschuldbefreiung hat der Verwalter den Neuerwerb, der dem Schuldner zusteht, treuhänderisch zu vereinnahmen und zu verwalten.** [2]**Nach rechtskräftiger Erteilung der Restschuldbefreiung findet die Vorschrift des § 89 keine Anwendung.** [3]**Der Insolvenzverwalter hat bei Rechtskraft der Erteilung der Restschuldbefreiung dem Schuldner den Neuerwerb herauszugeben und über die Verwaltung des Neuerwerbs Rechnung zu legen.**

(3) [1]**Der Insolvenzverwalter hat für seine Tätigkeit nach Absatz 2, sofern Restschuldbefreiung rechtskräftig erteilt wird, gegenüber dem Schuldner Anspruch auf Vergütung und auf Erstattung angemessener Auslagen.** [2]**§ 293 gilt entsprechend.**

Schrifttum (Auswahl): *Ahrens,* Das neue Privatinsolvenzrecht, ZIP Praxisbuch, 2014, 349; *Pape,* Reform des Verbraucherinsolvenz- und Restschuldbefreiungsverfahrens – Teil 13, InsbürO 2014, 299.

I. Normzweck

1 Die zum 1.7.2014 eingefügte Vorschrift regelt teilw. (FK-InsO/*Ahrens* Rn. 1) die **asymmetrischen Verfahren** (auch → § 300 Rn. 7–10). Sie spricht dem Schuldner den **Neuerwerb** im laufenden, noch nicht aufgehobenen Insolvenzverfahren zu, wenn die Abtretungsfrist von jetzt drei, fünf oder sechs Jahren abgelaufen ist und dem Schuldner die Restschuldbefreiung erteilt wurde, ohne dass das Insolvenzverfahren aufgehoben werden kann. Der Gesetzgeber ist der Rspr. des BGH (ZInsO 2010, 102; NZI 2014, 312) gefolgt und verhindert mit der Regelung, dass die Insolvenzgläubiger einen unberechtigten Vorteil aus einer überlangen Verfahrensdauer ziehen (BT-Drs. 17/11268, 31).

II. Tatbestandsvoraussetzungen

2 Der Insolvenzverwalter hat den **pfändbaren Neuerwerb** nach Ablauf der Abtretungsfrist zur Sicherung der Insolvenzmasse zunächst treuhänderisch zu vereinnahmen und zu verwalten (so schon BGH ZInsO 2010, 102), bis über die Erteilung der Restschuldbefreiung rechtskräftig entschieden ist. Wird dem Schuldner die **Restschuldbefreiung erteilt,** ist ihm der Neuerwerb herauszugeben. Wird die **Restschuldbefreiung versagt,** fällt der Neuerwerb in die Insolvenzmasse. **Neuerwerb** sind hier die pfändbaren Einkommensanteile, aber auch Schenkungen, Steuererstattungen aus Zeiten nach Ende der Abtretungsfrist oder Erbschaften (vgl. *Schmerbach* VIA 2013, 41). Auch die Einnahmen aus selbstständiger nicht freigegebener Tätigkeit (HambK-InsO/*Streck* Rn. 3) sind Neuerwerb. **Mieteinnahmen aus einer massezugehörigen Immobilie** dürften ebenfalls Neuerwerb sein, da sie aus dem Mietvertrag folgen und zumeist monatlich neu

[1] § 300a eingef. mWv 1.7.2014 durch G v. 15.7.2013 (BGBl. I S. 2379).

entstehen (aA Pape InsbürO 2014, 299). Denn im umgekehrten Fall, in dem eine Immobilie im laufenden Insolvenzverfahren aus der Insolvenzmasse freigegeben wurde, fallen die Mieteinahmen in die Insolvenzmasse (BGH ZInsO 2009, 830 Rn. 13). Eine zur Rückzahlung fällig werdende **Mietkaution** ist kein Neuerwerb, sondern massezugehörig (BGH NZI 2014, 1064). Gleiches kann für Zahlungen aus einer Risikolebensversicherung gelten (BGH NZI 2015, 180).

3 Die **Verwaltung der zurückgehaltenen Beträge** erfordert eine zumindest einfache Rechnungslegung mit Einnahmen/Ausgaben-Übersicht gegenüber dem Schuldner (HK-InsO/*Waltenberger* nF Rn. 8). Gem. Absatz 3 InsO erhält der Insolvenzverwalter für seine treuhänderische Tätigkeit eine **angemessene Vergütung** in Anlehnung an die Vergütung des Treuhänders in der Wohlverhaltensphase gem. § 293 InsO, § 14 InsVV. Der Vergütungsanspruch richtet sich gegen den Schuldner. Eine **Mindestvergütung** ist nicht zu zahlen, da die Vergütung nur anfallsabhängig entsteht (HK-InsO/*Waltenberger* nF Rn. 9; HambK-InsO/*Streck* Rn. 5). Die Vergütung wird gem. §§ 293, 65 vom Gericht festgesetzt. Schuldner und Verwalter stehen gem. § 64 Abs. 3 gegen die Festsetzung die sofortige Beschwerde zu.

Wirkung der Restschuldbefreiung

301 (1) [1] **Wird die Restschuldbefreiung erteilt, so wirkt sie gegen alle Insolvenzgläubiger.** [2] **Dies gilt auch für Gläubiger, die ihre Forderungen nicht angemeldet haben.**

(2) [1] **Die Rechte der Insolvenzgläubiger gegen Mitschuldner und Bürgen des Schuldners sowie die Rechte dieser Gläubiger aus einer zu ihrer Sicherung eingetragenen Vormerkung oder aus einem Recht, das im Insolvenzverfahren zur abgesonderten Befriedigung berechtigt, werden durch die Restschuldbefreiung nicht berührt.** [2] **Der Schuldner wird jedoch gegenüber dem Mitschuldner, dem Bürgen oder anderen Rückgriffsberechtigten in gleicher Weise befreit wie gegenüber den Insolvenzgläubigern.**

(3) **Wird ein Gläubiger befriedigt, obwohl er auf Grund der Restschuldbefreiung keine Befriedigung zu beanspruchen hat, so begründet dies keine Pflicht zur Rückgewähr des Erlangten.**

Schrifttum (Auswahl): *Ahrens,* Lohnabtretung in der Insolvenz nach der Aufhebung von § 114 InsO, NZI 2014, 529; BMF, Schreiben 22.12.2009 – IV C 6 – S 2140/07/10001-01, NZI 2010, 91; *Fischer,* Die Wirkungen der Restschuldbefreiung nach der Insolvenzordnung, RPfleger 2007, 173; *Janlewing,* Mitgefangen, Mitgehangen – Unterhaltsansprüche im Insolvenz – und Restschuldbefreiungsverfahren, FamRB 2011, 19; *dies.,* Die Insolvenz des selbständigen Unterhaltsschuldners, FPR 2012, 163; *Klose,* Die Bürgschaft bei Wegfall des Hauptschuldners, WM 2009, 300; *Kuleisa,* Aufhebung des § 114 InsO – Was wird aus der Abtretung von Bezügen während und nach der Insolvenz, ZVI 2015, 85; *Münzel,* Sanierender Insolvenzplan: Lähmung nach Konvaleszenz?, ZInsO 2014, 761; *Pape,* Die Immobilie in der Krise, AnwBl 2008, 494; *Riedel,* Wiederaufleben von Abtretungen und Pfändungen des Arbeitseinkommens, ZVI 2009, 174; *ders.,* Behandlung von Gehaltsabtretungen nach Wegfall des § 114 InsO, ZVI 2015, 91; *Schmittmann,* Besteuerung von Gewinnen aus Restschuldbefreiung, VIA 2010, 17; *Voigt,* Weiter im Schuldturm trotz Restschuldbefreiung? – Gedanken zur Auslegung von §§ 286, 301 InsO, ZInsO 2002, 569; *Wagner,* Das rechtliche Gehör vom Schuldner übersehener oder weggelassener Insolvenzgläubiger in Verfahren mit Restschuldbefreiung, ZVI 2007, 9; *Windel,* Die Nachhaftung für Masseverbindlichkeiten, KTS 2011, 25; *Wischemeyer,* Haftung und Restschuldbefreiung für die Forderungen der Massegläubiger, KTS 2008, 495.

Übersicht

I. Normzweck

Die Vorschrift regelt die **Wirkungen der gem. § 300 erteilten Restschuldbefreiung,** die der Gesetzgeber in Anlehnung an §§ 193 S. 2 KO, 82 Abs. 2 VerglO als Zwangsvergleich verstanden hat (BT-Drs. 12/2443, 194; HK-InsO/*Waltenberger* aF Rn. 1). Die Geltung der Restschuldbefreiung auch gegenüber den nicht am Verfahren beteiligten Gläubigern dient der Rechtsklarheit und der Effektivität der Restschuldbefreiung (FK-InsO/*Ahrens* Rn. 3). Nur die in § 302 aufgeführten Forderungen werden nicht von der Restschuldbefreiung erfasst. Gem. Absatz 2 soll die Restschuldbefreiung gegenüber den **Bürgen und Mitschuldnern** ausdrücklich nicht gelten, womit sich der Gesetzgeber bewusst gegen ein im Gesetzgebungsverfahren vom Bundesrat favorisiertes „Familieninsolvenzverfahren" ausgesprochen hat (vgl. HK-InsO/*Waltenberger* aF Rn. 10). Der Schuldner wird von **Rückgriffsansprüchen** der Bürgen und Mitschuldner befreit, damit die Restschuldbefreiung durch diese Ansprüche nicht ausgehebelt wird (Uhlenbruck/*Sternal* Rn. 2). Die von der Restschuldbefreiung erfasste Forderung wird gem. Absatz 3 wie eine verjährte Forderung zur **unvollkommenen Forderung,** die erfüllbar, aber nicht erzwingbar ist (BT-Drs. 12/2443, 194; Uhlenbruck/*Sternal* Rn. 3). Die auf diese Naturalobligation geleisteten Zahlungen können daher nicht wegen ungerechtfertigter Bereicherung zurück verlangt werden (Uhlenbruck/*Sternal* Rn. 37). 1

II. Erfasste Forderungen

1. Insolvenzgläubiger. Die Erteilung der Restschuldbefreiung wirkt gem. Absatz 1 gegen alle Insolvenzgläubiger iSd § 38, soweit es sich nicht um ausgenommene Forderungen gem. § 302 handelt. Damit werden alle zum Zeitpunkt der Eröffnung des Verfahrens ihrem Rechtsgrund nach entstandenen **Vermögensansprüche gegen den Schuldner** erfasst (im Einzelnen → § 38 Rn. 5 ff.; FK-InsO/*Ahrens* Rn. 3). Dies sind auch aufschiebend bedingte oder zum Zeitpunkt der Eröffnung des Verfahrens nicht fällige sowie Forderungen, zu denen eine Rechnungsstellung oder ein Kostenbescheid noch nicht ergangen sind. Bei **Steuerforderungen** muss daher nur der steuerliche Tatbestand vor Insolvenzeröffnung verwirklicht worden sein (FK-InsO/*Ahrens* Rn. 10). **Betriebskostennachforderungen** aus einem Mietverhältnis entstehen mit Ablauf des Abrechnungszeitraumes und nicht mit Erstellung der Abrechnung (BGH ZIP 2011, 924 = NZI 2011, 404). Die in dem Wirtschaftsplan einer **Wohnungseigentümergemeinschaft** beschlossenen Ansprüche auf monatliche Wohngeldvorschüsse sind bei Entstehen vor Insolvenzeröffnung Insolvenzforderung, während Wohngeldnachforderungen erst durch besonderen Beschluss der Wohnungseigentümergemeinschaft und nicht durch Ablauf der Abrechnungsperiode begründet werden (BGH NZI 2011, 731 = NJW 2011, 3098). Ein **prozessualer Kostenerstat-** 2

tungsanspruch entsteht bereits mit Rechtshängigkeit (BGH NZI 2005, 328). Auf die Kostengrundentscheidung ist daher nicht abzustellen (OLG Nürnberg NJW-RR 2012, 1259). Bei **laufenden Zahlungsansprüchen** wie familienrechtlichem Unterhalt oder Ansprüchen aus Dauerschuldverhältnissen (siehe bspw. § 108 Abs. 3) ist bezogen auf die Insolvenzeröffnung in Insolvenzforderungen und Neugläubigerforderungen aufzuteilen (FK-InsO/*Ahrens* Rn. 9; Uhlenbruck/*Sternal* Rn. 12). Auch die **Forderungen ausländischer Gläubiger** sind Insolvenzforderungen iSd § 38 und werden von der Restschuldbefreiung erfasst (Uhlenbruck/*Sternal* Rn. 8).

3 Die nach Insolvenzeröffnung entstehenden **Zinsforderungen** sind gem. § 39 Abs. 1 Nr. 1 nachrangige Insolvenzforderungen und werden demnach von der Restschuldbefreiung erfasst (HK-InsO/*Waltenberger* aF Rn. 5). § 39 Abs. 1 Nr. 1 ist nach Aufhebung des Verfahrens in der Wohlverhaltensphase entsprechend anzuwenden (Uhlenbruck/*Sternal* Rn. 15), so dass auch die in diesem Abschnitt entstehenden Zinsen der Restschuldbefreiung unterliegen. Lässt ein Gläubiger, der nicht am Verfahren teilgenommen hat, seine Forderung in der Wohlverhaltensperiode noch titulieren sind die Kosten dieses Verfahrens **Annexkosten der Insolvenzforderung** und werden ebenfalls von der Restschuldbefreiung erfasst (HambK-InsO/*Streck* Rn. 6; → § 294 Rn. 6).

4 **2. Nicht am Verfahren beteiligte Insolvenzgläubiger.** Die Restschuldbefreiung gilt gem. Absatz 1 Satz 2 ausdrücklich auch gegenüber den **Gläubigern, die ihre Forderung nicht im Verfahren angemeldet haben.** Ohne diese notwendige Regelung hätten es die Insolvenzgläubiger in der Hand, die Restschuldbefreiung durch eine Nichtbeteiligung leerlaufen zu lassen (FK-InsO/*Ahrens* Rn. 3). Es ist unerheblich, ob die Gläubiger gänzlich unbekannt sind, oder ob eine schuldlose Unterlassung der Forderungsanmeldung vorliegt (BGH ZInsO 2011, 244 = WM 2011, 271; FK-InsO/*Ahrens* Rn. 3; HK-InsO/*Waltenberger* aF Rn. 7). Eine Einbeziehung dieser Gläubiger bspw. über eine Wiedereinsetzung wäre nach zutreffender Ansicht des BGH mit der hier bezweckten und erforderlichen Rechtssicherheit nicht zu vereinbaren (BGH ZInsO 2011, 244 = WM 2011, 271). Ein **Schutz der Gläubigerinteressen** erfolgt über die Veröffentlichungen gem. § 9 Abs. 1 im Internet (siehe ua § 30 Abs. 1 S. 1, § 289 Abs. 2 S. 3 oder § 300 Abs. 3 S. 1), die gem. § 9 Abs. 3 als Nachweise der Zustellung an die Beteiligten ausreichen. Gegen diese Form der Zustellung dürften auch in einem Verfahren mit Restschuldbefreiung keine verfassungsrechtliche Bedenken bestehen (vgl. BVerfGE 77, 275 = ZIP 1988, 379; FK-InsO/*Ahrens* Rn. 3). Bei **fehlerhafter Veröffentlichung** ist eine Wiedereinsetzung im Verfahren über die Erteilung der Restschuldbefreiung aber grds. zu gewähren (BGH NJW-RR 2014, 369). Zudem können sich **Ansprüche des Gläubigers aus § 826 BGB** ergeben, wenn es der Schuldner vorsätzlich unterlassen hat, im Verfahren auf die bestehende Verbindlichkeit hinzuweisen (BGH ZInsO 2011, 244 = WM 2011, 271; FK-InsO/*Ahrens* 59 ff.; Uhlenbruck/*Sternal* Rn. 11). Geltend zu machender Schaden des Gläubigers ist der Betrag, der ihm bei der Verteilung im Verfahren entgangen ist (FK-InsO/*Ahrens* Rn. 62).

5 **3. Massegläubiger. Massegläubigerforderungen** werden nach dem Wortlaut der Vorschrift nicht von der Restschuldbefreiung erfasst. Ob sie dennoch der Restschuldbefreiung unterliegen, hat der BGH bislang offen gelassen (BGH NZI 2007, 670). VomVerwalter begründete oder oktroyierte, nicht im Verfahren beglichene Massegläubigerforderungen sind zunächst bei Verteilungen in der Wohlverhaltensphase vor den Insolvenzgläubigern zu berücksichtigen (→ § 292 Rn. 12 f.). Hieraus wird die zweifelhafte Konsequenz gezogen, dass verbleibende Masseverbindlichkeiten auch von der Restschuldbefreiung erfasst werden (HambK-InsO/*Streck* Rn. 3; aA FK-InsO/*Ahrens* Rn. 16). Für **reguläre Masse-**

verbindlichkeit ist die Haftung des Schuldners aber auf die nach Verfahrensaufhebung noch vorhandene Masse begrenzt, da der Verwalter auch nur die Masse verpflichten konnte (BGH NZI 2007, 670; OLG Stuttgart NZI 2007, 527). Dies sollte auch für **oktroyierte Masseverbindlichkeiten** gelten, da sie vor Insolvenzeröffnung angelegt sind, und mit der Restschuldbefreiung eine möglichst umfassende Entschuldung erreicht werden soll (*Wischemeyer* KTS 2008, 495; *Voigt* ZInsO 2002, 569; HambK-InsO/*Streck* Rn. 3; aA wohl BGH NZI 2007, 670). Bei den gem. § 4a **gestundeten Verfahrenskosten** ergibt sich aus § 4b eine besondere Nachhaftung des Schuldners, die den Regelungen zur Prozesskostenhilfe folgt (HK-InsO/*Waltenberger* Rn. 13; Einzelheiten s. § 4b).

4. Neugläubiger. Verbindlichkeiten, die der Schuldner ohne Zustimmung 6
oder Kenntnis des Verwalters/Treuhänders nach Verfahrenseröffnung eingeht, sind keine Masseverbindlichkeiten, sondern **Neugläubigerforderungen** (BFH ZInsO 2010, 1556 = ZIP 2010, 2014), die nicht von der Restschuldbefreiung erfasst werden. Problematisch sind aus Schuldnersicht **laufende Zahlungsverpflichtungen** wegen familienrechtlichem Unterhalt oder aus Immobilieneigentum, die ab Insolvenzeröffnung Neugläubigerforderungen sind (→ Rn. 2; aA Voigt ZInsO 2002, 569). Das Entstehen **unterhaltsrechtlicher Neuverbindlichkeiten** kann der Schuldner nur durch familiengerichtliche Abänderungsverfahren verhindern. IRd Ermittlung des unterhaltsrechtlichen Bedarfs und der Leistungsfähigkeit wird hierbei das Einkommen des Schuldners in den Grenzen des § 850c ZPO zu Grunde gelegt (*Janlewing* FamRB 2011, 19). Die Ermittlung der Leitungsfähigkeit des im Insolvenzverfahren selbstständigen Unterhaltsschuldners bereitet der Praxis noch Schwierigkeiten (vgl. *Janlewing* FPR 2012, 163). Soweit Unterhaltsansprüche nach Insolvenzeröffnung neu entstehen, können sie gem. § 89 Abs. 2 S. 2 auch in den sog Vorrechtsbereich des § 850d ZPO vollstreckt werden (Uhlenbruck/*Sternal* Rn. 14).

Neugläubigerforderungen aus **„Schrottimmobilieneigentum"** kann der 7
Schuldner uU durch eine Eigentumsaufgabe gem. § 928 BGB verhindern, die in notariell beglaubigter Form gegenüber dem Grundbuch zu erklären ist. Sie scheidet allerdings bei Wohnungs- oder Teileigentum aus (BGHZ 172, 338 = NJW 2007, 2547), es sei denn, alle Wohnungs- oder Teileigentümer erklären die Aufgabe gemeinsam (*Pape* AnwBl 2008, 494). Soweit die Eigentumsaufgabe unzulässig ist, kann bei wirtschaftlicher Wertlosigkeit des Immobilienbesitzes aus § 22 WEG, § 242 BGB auch ein Anspruch des Schuldners auf Aufhebung der Eigentümergemeinschaft in Frage kommen, der die Aufhebung der dann entstandenen Bruchteilsgemeinschaft gem. § 749 Abs. 1 BGB folgen kann (BGHZ 172, 338 = NJW 2007, 2547; *Pape* AnwBl 2008, 494).

III. Auswirkungen auf Sicherheiten

Die Restschuldbefreiung lässt grds. **persönliche und dingliche Sicherheiten** 8
unberührt und befreit den Schuldner zugleich von Rückgriffsansprüchen (HambK-InsO/*Streck* Rn. 11; HK-InsO/*Landfermann* Rn. 8). Die Personalsicherheit soll durch diese Durchbrechung der Akzessorität als Sicherungsmittel trotz der Restschuldbefreiung erhalten werden (Uhlenbruck/*Sternal* Rn. 22; HK-InsO/*Landfermann* Rn. 9). Der Schuldner wird aber gem. Absatz 2 Satz 2 von den **Rückgriffsforderungen** der in Anspruch Genommenen befreit, um eine umfassende Restschuldbefreiung zu gewährleisten (Uhlenbruck/*Sternal* Rn. 37).

Bürgen und Mitverpflichtete des Schuldners verlieren durch die grund- 9
sätzliche Möglichkeit einer Restschuldbefreiung nicht das Recht, sich auf die Sittenwidrigkeit der Bürgschaft wegen finanzieller Überforderung zu berufen (BGH NJW 2009, 2671 = NZI 2009, 609). Die Restschuldbefreiung gilt gegen-

über den **Rückgriffsberechtigten** gem. Absatz 2 Satz 2 „in gleicher Weise" wie gegenüber den Insolvenzgläubiger. Damit erhalten Insolvenzgläubiger und Rückgriffsberechtigte eine gemeinsame Quote, die den Rückgriffsberechtigten erst zufließen kann, wenn der Gläubiger keine Forderungen mehr stellt (Uhlenbruck/*Sternal* Rn. 36). Für Rückgriffsberechtigte kommt vor dem Hintergrund der sie zunächst vom Verfahren ausschließenden Regelung des § 44 zur Vermeidung von Rechtsverlusten auch eine **aufschiebend bedingte Forderungsanmeldung** in Frage. Hat ein Bürge oder Mitverpflichteter vor Verfahrenseröffnung die Verbindlichkeit des Schuldners vollständig ausgeglichen, wird er Insolvenzgläubiger der Forderung. Erfolgte eine Teilzahlung des Bürgen oder Mitverpflichteten vor Verfahrenseröffnung, nimmt dieser am Verfahren mit dem Teilrückgriffsanspruch teil. Begleichen Bürge oder Mitverpflichteter die Verbindlichkeit im Insolvenzverfahren vollständig, nehmen sie mit ihrer vollen Rückgriffsforderung an Stelle des Hauptgläubigers am weiteren Verfahren teil (Ahrens/Gehrlein/Ringstmeier/*Ahrens* § 44 Rn. 13). Erfolgen Zahlungen des Bürgen oder Mitverpflichteten in der Wohlverhaltensperiode, rücken diese mit ihren Rückgriffsansprüchen ebenfalls in die Stellung des Gläubigers ein.

10 **Dingliche Sicherheiten** aus §§ 49–51 wie Hypotheken, Zwangssicherungshypotheken, Grundschulden oder Pfandrechte bleiben auch nach Erteilung der Restschuldbefreiung bestehen (HK-InsO/*Waltenberger* aF Rn. 11). Gleiches gilt für die durch eine Vormerkung gesicherten Rechte (HambK-InsO/*Streck* Rn. 15; siehe § 106). Abtretung oder Pfändung des pfändbaren Einkommens des Schuldners sind schon nach Verfahrensöffnung gem. § 91 nicht mehr wirksam und können von daher auch nach Erteilung der Restschuldbefreiung keine Wirkung mehr entfalten (*Ahrens* NZI 2014, 529; *Kuleisa* ZVI 2015, 85; *Riedel* ZVI 2015, 91).

IV. Weitere Auswirkungen und Rechtsfolgen

11 Die im Verfahren nicht befriedigten Forderungen werden gem. Absatz 3 durch die Restschuldbefreiung zu **unvollkommenen Forderungen,** die freiwillig erfüllt aber nicht mehr zwangsweise durchgesetzt werden können (BGH ZVI 2009, 40; Uhlenbruck/*Sternal* Rn. 16). Auf diese Naturalobligation geleistete Zahlungen können nicht nach § 812 Abs. 1 S. 1 BGB zurückgefordert werden (HambK-InsO/*Streck* Rn. 20). Dies gilt aber nicht, wenn der Schuldner unter dem Druck einer nach Erteilung der Restschuldbefreiung nicht mehr zulässigen Zwangsvollstreckung zahlt. Die Regelung des Absatz 3 ist zwingendes Recht, das nicht abbedungen werden kann (Uhlenbruck/*Sternal* Rn. 18). Bei aktuell oder ehemalig selbstständig tätigen Schuldnern kann die Restschuldbefreiung grds. zu einem **steuerpflichtigen Sanierungsgewinn** führen (BMF NZI 2010, 91; *Schmittmann* VIA 2010, 17). Das BMF hat aber klargestellt, dass die durch die Restschuldbefreiung entstehende Steuer auf Antrag zu erlassen ist (BMF NZI 2010, 91). Schuldner, die zu keiner Zeit selbstständig waren oder sind, können nicht betroffen sein, da eine Entschuldung in der Privatsphäre steuerlich keine Auswirkungen hat (Uhlenbruck/*Sternal* Rn. 44).

12 Die trotz erteilter Restschuldbefreiung betriebene **Zwangsvollstreckung** kann der Schuldner nur mit der Vollstreckungsgegenklage abwehren, da er einen materiellrechtlichen Einwand erhebt (BGH NZI 2008, 737 = DGVZ 2009, 39). Dies gilt sowohl für die Vollstreckung aus dem Ursprungstitel als auch für die aus dem Tabelleneintrag (Uhlenbruck/*Sternal* Rn. 41). Der Schuldner kann vom Gläubiger nach Erteilung der Restschuldbefreiung **Titelherausgabe** in entsprechender Anwendung des § 371 BGB verlangen, die auch klageweise durchsetzbar ist (BGH NJW-RR 2008, 1512 = ZIP 2008, 2239; FK-InsO/*Ahrens* Rn. 12; Ahrens/Gehrlein/Ringstmeier/*Weinland* Rn. 8). Eine **Aufrechnung** mit nach

Insolvenzeröffnung neu entstehenden Forderungen des Schuldners ist dem Gläubiger nach Erteilung der Restschuldbefreiung verwehrt, da die Insolvenzforderung ihre Durchsetzbarkeit verloren hat und damit nicht mehr voll wirksam und fällig ist (HK-InsO/*Waltenberger* aF Rn. 4; Uhlenbruck/*Sternal* Rn. 17). Bestand die Aufrechnungslage allerdings schon vor Insolvenzeröffnung (vgl. zum bestätigten Insolvenzplan BGH NZI 2011, 538) oder handelt es sich nicht um einen Insolvenz- sondern eine Neugläubigerforderung, ist die Aufrechnung zulässig (HambK-InsO/*Streck* Rn. 10). Eine **Nachtragsverteilung** gem. § 203 bleibt auch nach Erteilung der Restschulbefreiung zulässig (BGH NZI 2008, 560 = DZWIR 2008, 473; HK-InsO/*Waltenberger* aF Rn. 8).

V. Wirkung einer ausländische Restschuldbefreiung

Eine dem Schuldner im Ausland erteilte Restschuldbefreiung wird in Deutschland grds. gem. § 343 Abs. 2 und Art. 16 EuInsVV anerkannt, soweit sie nicht gem. § 343 Abs. 1 S. 2 oder Art. 26 EuInsVV mit deutschem Recht gänzlich unvereinbar ist („ordre public“; vgl. BGH NZI 2001, 646). Sie wirkt aber nur in dem **Umfang der ausländischen Regelungen** und nicht gem. § 301 (Uhlenbruck/*Sternal* Rn. 20; siehe zu einigen ausländischen Regelungen die Übersicht von *Schönen* ZVI 2009, 229 und ZVI 2010, 81). Erwirkt der Schuldner eine **ausländische Restschuldbefreiung rechtsmissbräuchlich** oder war ihm die Restschuldbefreiung nach den ausländischen Regeln nicht zu erteilen, kann diese Restschuldbefreiung nicht unter Berufung auf § 343 Abs. 1 S. 2 oder Art. 26 EuInsVV vor der deutschen Gerichtsbarkeit angegriffen werden (aA wohl LG Köln NZI 2011, 957). Zuständig sind vielmehr die Gerichte des Landes, in dem die Restschuldbefreiung erteilt wurde (vgl. Cour d'appel Colmar ZInsO 2012, 441 = BeckRS 2012, 03424). 13

Ausgenommene Forderungen[1]

302 Von der Erteilung der Restschuldbefreiung werden nicht berührt:

1. **Verbindlichkeiten des Schuldners aus einer vorsätzlich begangenen unerlaubten Handlung, aus rückständigem gesetzlichen Unterhalt, den der Schuldner vorsätzlich pflichtwidrig nicht gewährt hat, oder aus einem Steuerschuldverhältnis, sofern der Schuldner im Zusammenhang damit wegen einer Steuerstraftat nach den §§ 370, 373 oder § 374 der Abgabenordnung rechtskräftig verurteilt worden ist; der Gläubiger hat die entsprechende Forderung unter Angabe dieses Rechtsgrundes nach § 174 Absatz 2 anzumelden;**
2. **Geldstrafen und die diesen in § 39 Abs. 1 Nr. 3 gleichgestellten Verbindlichkeiten des Schuldners;**
3. **Verbindlichkeiten aus zinslosen Darlehen, die dem Schuldner zur Begleichung der Kosten des Insolvenzverfahrens gewährt wurden.**

Schrifttum (Auswahl): *Ahrens,* Das neue Privatinsolvenzrecht, ZIP Praxisbuch, 2014, 356; *App,* Zur Angabe des Rechtsgrundes einer Insolvenzforderung und zur Bedeutung des Rechtsgrundes, KKZ 2011, 104; *Dornblüth/Pape,* Ausweitung der ausgenommenen Forderungen des § 302 Nr. 1 InsO ab 1.7.2014, ZInsO 2014, 1625; *Fahl/Winkler,* Nicht insolvenzfeste Forderungen aus vorsätzlicher unerlaubter Handlung (§ 302 Nr. 1 InsO) – Risiken für privilegierte Insolvenzgläubiger im geltenden Recht, NZI 2010, 288; *Grote,* Aushebelung der dreijährigen Verjährungsfrist bei Forderungen aus unerlaubter Handlung durch den BGH?,

[1] § 302 Nrn. 1 und 2 geänd., Nr. 3 angef. mWv 1.12.2001 durch G v. 26.10.2001 (BGBl. I S. 2710); Nr. 1 neu gef. mWv 1.7.2014 durch G v. 15.7.2013 (BGBl. I S. 2379).

NJW 2011, 1121; *ders.*, Die Verjährung von Forderungen aus vorsätzlich begangenen unerlaubten Handlungen nach rechtskräftigem Vollstreckungsbescheid, ZInsO 2008, 776; *Grote/Pape,* Das Ende der Diskussion? Die wichtigsten Neuregelungen zur Restschuldbefreiung, ZInsO 2013, 1433; *Henning,* Aktuelles zu Überschuldung und Insolvenzen natürlicher Personen, ZInsO 2004, 585; *Hornung,* Schuldenregulierungen durch die Marianne von Weizsäcker Stiftung, ZVI 2012, 140; *Janlewing,* Keine Restschuldbefreiung für „deliktische" Unterhaltsrückstände i. S. v. § 170 Abs. 1 StGB, FamRB 2012, 155; *v. Keitz,* Die Verjährung des Feststellungsbegehrens, ZInsO 2011, 1526; *Peters,* Die Forderung aus einer vorsätzlich begangenen unerlaubten Handlung in der Einzelzwangsvollstreckung und in der Insolvenz, KTS 2006, 127; *Pape,* Die Geltendmachung und Durchsetzung von Forderungen aus vorsätzlich begangenen unerlaubten Handlungen im Insolvenzverfahren, InVo 2007, 303 (Teil 1) und InVo 2007, 352 (Teil 2); *Roth,* Materielle Rechtskraft und rechtliche Qualifikation, ZZP 124 (2011), 3; *Smid,* Rechtsprobleme titelergänzender Feststellungsklagen, ZInsO 2011, 1327; *Stamm,* Gegen die Erstreckung des § 302 Nr. 1 InsO auf nachrangige Zinsansprüche, KTS 2011, 366; *Wiedemann,* Die Rechtsprechung zu den insolvenzrechtlichen Auswirkungen von Straftaten des Schuldners, ZVI 2011, 203; *Zimmer,* Das notarielle Schuldanerkenntnis des Arbeitnehmers bei Unterschlagungen, NJW 2011, 576.

Übersicht

I. Einführung und Normzweck

1 Die Vorschrift regelt die **Ausnahmen von der Wirkung der Restschuldbefreiung** gem. § 301 Abs. 1. Der Schuldner soll sich bestimmten, besonders belasteten Forderungen durch das Verfahren nicht entziehen können (BT-Drs. 12/2443, 194; HambK-InsO/*Streck* Rn. 1). Die Ausgleichsfunktion des Deliktsrechts, der Sanktionscharakter der Geldstrafen und besondere Finanzierungsmodelle sozialer Einrichtungen sollen so geschützt und erhalten werden (Uhlenbruck/*Sternal* Rn. 2). Die Regelung ist im internationalen Vergleich überzeugend klar und eindeutig formuliert und gibt so Rechtssicherheit (vgl. als Gegenbeispiel die „exceptions to discharge" in § 523 United States Codes). Die **Gesetzesänderung zum 1.12.2001** hat zudem durch das gem. Nr. 1 geltende Erfordernis der entsprechenden Anmeldung einer Forderung sichergestellt, dass der Schuldner frühzeitig erfährt, welche Forderungen nach Ansicht der Gläubiger nicht von der Restschuldbefreiung erfasst werden (BGBl. I S. 2710 [2712]). Aufgrund dieser Änderung sind aber nach wie vor Altfälle aus den vor dem 1.12.2001 eröffneten Verfahren sowie die späteren Neufälle zu unterscheiden.

2 Die von der Restschuldbefreiung ausgenommenen Forderungen wurden durch die **Änderungen zum 1.7.2014** um Forderungen erweitert, die auf einer Steuer-

hinterziehung oder einer vorsätzlich pflichtwidrigen Nichtleistung von Unterhalt beruhen. Der Unrechtsgehalt einer Steuerhinterziehung und einer vorsätzlichen Unterhaltspflichtverletzung rechtfertigen diese Änderung nach Ansicht des Gesetzgebers, auch wenn es sich nicht um Forderungen aus vorsätzlich unerlaubter Handlung iSd des § 823 BGB handelt (BT-Drs. 17/11268, 32). Die **Ausweitung der ausgenommenen Forderungen** wird allerdings als Systembruch allg. abgelehnt (vgl. *Grote/Pape* ZInsO 13, 1433; *Schmerbach* NZI 2013, 566). Es wird zu Recht die Gefahr gesehen, dass auf diese Änderungen weitere Gläubigerprivilegierungen folgen werden, die die Gläubigergleichbehandlung einschränken. Schuldner mit hohen deliktischen Forderungen können eine Entschuldung über ein Insolvenzplanverfahren gem. §§ 217 ff. erreichen (vgl. BGH NJW-Spezial 2010, 343).

II. Forderungen gem. Nr. 1

1. Voraussetzungen. Forderungen gem. Nr. 1 werden in Neufällen (siehe zur Abgrenzung zu Altfällen → Rn. 21; es besteht kein Zusammenhang mit den Änderungen zum 1.7.2014) unter den **kumulativen Voraussetzungen** von der Restschuldbefreiung nicht erfasst, dass der Gläubiger die Forderung gem. Nr. 1 unter Angabe des besonderen Forderungsgrunds angemeldet hat, und dass der Schuldner dieser Anmeldung nicht gem. § 178 Abs. 1 widersprochen hat. Die **deliktische Eigenschaft der Forderung** ist bei Erfüllung dieser Voraussetzungen gem. § 178 Abs. 3 wie in einem rechtskräftigen Urteil festgestellt. Der Schuldner kann den Deliktscharakter der Forderung im Regelfall nicht mehr angreifen, wenn er nicht fristgerecht widersprochen hat (siehe → Rn. 12). Widerspricht der Schuldner, folgt aus § 201 Abs. 2, dass der Gläubiger in einem **zivilgerichtlichen Feststellungsstreit** außerhalb des Insolvenzverfahrens die Deliktseigenschaft der Forderung durchsetzen muss. Erreicht der Gläubiger die Feststellung, berührt die später gem. § 300 Abs. 1 dem Schuldner erteilte Restschuldbefreiung die Deliktsforderung nicht, gelingt ihm die Feststellung nicht, wird seine Forderung von der Restschuldbefreiung erfasst. 3

2. Forderungen aus vorsätzlich begangener unerlaubter Handlung. Es muss eine **Forderung aus vorsätzlichem Handeln** vorliegen. Bedingter Vorsatz reicht aus (FK-InsO/*Ahrens* Rn. 23), grob fahrlässiges Handeln nicht (HambK-InsO/*Streck* Rn. 3). In Frage kommt nur ein vorsätzliches Handeln iSd §§ 823 ff. BGB (FK-InsO/*Ahrens* Rn. 15; Uhlenbruck/*Sternal* Rn. 6). Eine **entsprechende Anwendung der Vorschrift** auf vergleichbare Sachverhalte kommt entgegen einer vereinzelt gebliebenen Ansicht nach Wortlaut der Vorschrift und Willen des Gesetzgebers nicht in Betracht (FK-InsO/*Ahrens* Rn. 14; aA AG Siegen NZI 2003, 43). Nach der Rspr. kann allein aus dem Umstand der Zahlungsunfähigkeit des Schuldners nicht ohne weiteres auf seine Zahlungsunwilligkeit und einen Betrugsvorsatz geschlossen werden, wenn der Schuldner noch in der Lage und willens ist, einzelne Forderungen zu befriedigen (BGH wistra 1991, 218 = StV 1991, 419). Auch die Schadensfolge muss vom Vorsatz umfasst sein, was insbes. bei sog **„Vorsatz-Fahrlässigkeitskombinationen“** ausgeschlossen sein kann (BGH NJW 2007, 2854 = NZI 2007, 532; HambK-InsO/*Streck* Rn. 3; Uhlenbruck/*Sternal* Rn. 7). Fährt der Schuldner betrunken mit einem PKW und begeht so eine vorsätzliche Straßenverkehrsgefährdung gem. § 315c StGB, sind die Behandlungs- und Schadensersatzkosten des Beifahrers aus einem während der Trunkenheitsfahrt grob fahrlässig verursachten Unfall keine Forderungen aus vorsätzlich unerlaubtem Handeln (BGH NJW 2007, 2854 = NZI 2007, 532). 4

Nach einem **Forderungsübergang** kann sich auch der Zessionar auf die Deliktseigenschaft der Forderung berufen (BGH NZI 2010, 615), da ansonsten 5 die Ausgleichsfunktion des Deliktsrechts nicht ausreichend berücksichtigt würde (Uhlenbruck/*Sternal* Rn. 15). Auch **Kinder und Jugendliche** können vorsätzlich iSd des § 823 BGB handeln, soweit sie gem. § 828 Abs. 3 BGB einsichtsfähig sind (Uhlenbruck/*Sternal* Rn. 8; siehe zu möglichen Einschränkungen dieser Haftung gem. § 242 BGB FK-InsO/*Ahrens* Rn. 19). Sie können folglich in einem Restschuldbefreiungsverfahren, das ihnen grds. offen steht (→ § 286 Rn. 4), wie Volljährige keine Befreiung von deliktischen Verbindlichkeiten erreichen (Ahrens/Gehrlein/Ringstmeier/*Weinland* Rn. 16).

6 Privilegiert sind Forderungen, denen ein **Betrug gem. § 263 StGB** zugrunde liegt. Hierzu können auch Forderungen aus sogenanntem Mietnomadentum gehören (OLG Düsseldorf ZInsO 2011, 1707). Auch Forderungen aus Verletzungen der **§§ 15a Abs. 1 (64 Abs. 1 GmbHG aF), 264 und 264a StGB, 315c StGB oder 92 Abs. 2 AktG** können privilegiert sein (BGH NJW 2007, 2854 = NZI 2007, 532; Uhlenbruck/*Sternal* Rn. 11; FK-InsO/*Ahrens* Rn. 16). Deliktische Forderungen können sich auch aus Straftaten nach **§§ 142 und 185 StGB** ergeben (Uhlenbruck/*Sternal* Rn. 11). Ein erhöhtes Beförderungsentgelt nach Schwarzfahren ist keine deliktische Forderung (AG Regensburg ZVI 2014, 454). Keine Forderung aus vorsätzlich begangener unerlaubter Handlung ist der **Anspruch aus § 64 GmbHG,** der eine Forderung eigener Art ist (*Gehrlein* ZInsO 2015, 477; *Schmittmann* InsbürO 2011, 163).

7 Das **Nichtabführen der Arbeitnehmeranteile zur Sozialversicherung** kann eine Forderung aus einer vorsätzlichen unerlaubten Handlung begründen. § 266a Abs. 1 StGB ist Schutzgesetz iSd § 823 Abs. 2 BGB (Uhlenbruck/*Sternal* Rn. 12). Auch wenn kein Lohn mehr an die Arbeitnehmer ausgezahlt wird, kann eine Verletzung der Abführungspflicht vorliegen (BGHZ 144, 311 = NJW 2000, 2993 = NZI 2001, 301). Der Leistungsverpflichtete muss zum Fälligkeitszeitpunkt allerdings auch zahlungsfähig sein (BGH NJW 2002, 1123 = NZI 2002, 226). Er muss ggf. zur fristgemäßen Erbringung der Sozialversicherungsbeiträge Rücklagen bilden, aber er muss nicht einschränkungslos für seine finanzielle Leistungsfähigkeit einstehen (BGHSt 47, 318 = NZI 2002, 454). Ein nach § 823 Abs. 2 BGB in Verbindung mit § 266a Abs. 1 StGB ersatzfähiger Schaden des Sozialversicherungsträgers liegt nicht vor, wenn pflichtgemäß geleistete Zahlungen des Arbeitgebers hätten angefochten werden können (BGHZ 187, 337 = NZI 2011, 111). Die deliktische Haftung des GmbH-Geschäftsführers kann durch interne Zuständigkeitsvereinbarungen beschränkt sein (BGHZ 133, 370 = NJW 1997, 130 = ZIP 1996, 2017; BGH WM 2013, 329). Siehe zu den Darlegungs- und Beweislasten in dem auf einen Schuldnerwiderspruch folgenden Feststellungsverfahren → Rn. 16.

8 **3. Forderungen aus Steuerhinterziehung.** Forderungen aus **Steuerhinterziehungen oder Zollvergehen** sind keine Forderungen aus vorsätzlich begangener unerlaubter Handlung iSd §§ 823 ff. BGB (BFH BStBl. II 2008, 947 = DStR 2008, 2061 = NZI 2008, 764). Sie werden deshalb durch Nr. 1 gesondert von der Restschuldbefreiung ausgenommen. **Forderungen aus dem Steuerschuldverhältnis** sind die Forderungen, die in Strafurteil oder Strafbefehl zur Grundlage der Verurteilung gemacht wurden (*Dornblüth/Pape* ZInsO 2014, 1625). Urteil oder Strafbefehl müssen den Betrag ausweisen. Die Zivilgerichte sind in einem auf den schuldnerischen Widerspruch folgenden Feststellungsstreit an die Entscheidung des Strafgerichts gebunden (*Dornblüth/Pape* ZInsO 2014, 1625). **Im Bundeszentralregister gelöschte Entscheidungen** dürfen nicht mehr berücksichtigt werden, da sie gem. § 51 BZRG im Rechtsverkehr nicht mehr zum Nachteil des Betroffenen verwendet werden dürfen (FK-InsO/*Ahrens* Rn. 79).

9 Eine **rechtskräftige Verurteilung** muss bei Forderungsanmeldung noch nicht erfolgt sein (BT-Drs. 17/11268, 32). Dies folgt auch aus § 174 Abs. 2, nach dem ein Urteil oder Strafbefehl nicht Voraussetzung der besonderen Forderungsanmel-

dung ist. Die Verurteilung muss aber spätestens zum Schlusstermin vorliegen, da anschließend auch eine Forderungsanmeldung nicht mehr möglich ist (*Dornblüth/Pape* ZInsO 2014, 1625). In einem **asymmetrischen Verfahren** ist die Anmeldung einer deliktischen Forderung nach Erteilung der Restschuldbefreiung nicht mehr zulässig, auch wenn das Insolvenzverfahren noch nicht aufgehoben ist (BGH NZI 2013, 906). **Zinsen, Säumnis- und Verspätungszuschläge** werden ebenfalls nicht von der Restschuldbefreiung erfasst (*Pape/Dornblüth* ZInsO 2014, 1625).

4. Vorsätzlich pflichtwidrig nicht gewährter Unterhalt. Forderungen wegen einer **vorsätzlichen Verletzung der Unterhaltspflicht** sind schon vor dem 1.7.2014 nicht von der Restschuldbefreiung erfasst worden (vgl. *Janlewing* FamRB 2012, 155). § 170 StGB ist Schutzgesetz iSd § 823 Abs. 2. Dies gilt auch zugunsten des Trägers der Unterhaltsvorschusskasse, die anstelle des Unterhaltsverpflichteten Unterhalt geleistet hat (BGH NJW 2010, 2352 = NZI 2010, 615). Die Verwirklichung des Tatbestands setzt die Leistungsfähigkeit des Unterhaltsschuldners voraus, wobei nicht nur auf die tatsächlichen sondern auch auf die erzielbaren, also fiktiven Einkünften abzustellen ist (OLG Koblenz NStZ 2011, 423; *Janlewing* FamRB 2012, 155). Die Darlegungs- und Beweislast liegt im Unterschied zur Feststellung einer privilegierter Unterhaltsforderung gem. § 850d ZPO allerdings beim Unterhaltsgläubiger (OLG Düsseldorf 17.10.2006 – II-3 WF 192/06, BeckRS 2006, 14191; *Janlewing* FamRB 2012, 155). 10

Durch die Neuregelung entfällt das **Tatbestandsmerkmal der Gefährdung des Lebensbedarfes** aus § 170 StGB (*Dornblüth/Pape* ZInsO 2014, 1625). Unklar ist aber, was unter **vorsätzlich pflichtwidrig nicht gewährtem Unterhalt** zu verstehen sein soll. Die Gesetzesbegründung bietet keine weiteren Erläuterungen (BT-Drs. 17/11268, 32). Zunächst muss der Schuldner wohl leistungsfähig gewesen sein und die Unterhaltszahlung mit zumindest bedingtem Vorsatz unterlassen haben. Die weitere Bedeutung des Begriffspaares „vorsätzlich pflichtwidrig" dürfte sich erst auf der **Beweislastebene** ergeben (*Dornblüth/Pape* ZInsO 2014, 1628). Liegt bereits ein **Unterhaltstitel** vor, hat der Schuldner darzulegen und zu beweisen, dass er trotz Titel nicht leistungsfähig oder der Unterhaltsberechtigte nicht bedürftig war. Liegt kein Titel vor, hat der Unterhaltsgläubiger die Beweislast. Die Rspr. legt aber zum Teil auch dann dem Unterhaltsberechtigten die volle Darlegungs- und Beweislast auf, wenn bereits ein Unterhaltstitel vorliegt (OLG Hamm ZVI 2014, 384 n. rk.). 11

5. Nebenforderungen wie Zinsen, Kosten oder Säumniszuschläge. Zins- und Kostenerstattungsansprüche auf Ansprüche aus vorsätzlich begangener unerlaubter Handlung sind wie die Hauptforderung privilegiert und werden von der Restschuldbefreiung nicht erfasst (BGHZ 187, 337 = NJW 2011, 1133 = NZI 2011, 111; aA KG NZI 2009, 121 = MDR 2009, 414; OLG Saarbrücken ZVI 2010, 474). Nach Verfahrenseröffnung entstandene Zinsforderungen werden auch dann nicht von der Restschuldbefreiung erfasst, wenn sie mangels Aufforderung zur Anmeldung nachrangiger Forderungen nicht mit dem Rechtsgrund der vorsätzlich begangenen unerlaubten Handlung zur Insolvenztabelle angemeldet worden sind (BGH ZVI 2011, 93 = WM 2011, 131). **Säumniszuschläge** der Sozialversicherungsträger und anderer öffentlicher Einrichtungen hingegen unterliegen der Restschuldbefreiung, da es sich bei den gesetzlichen Anspruchsgrundlagen nicht um Schutzgesetze iSd § 823 Abs. 2 BGB handelt (BGH ZInsO 2012, 646; NZI 2008, 766). Die dem Schuldner auferlegten **Kosten eines Strafverfahrens** werden von der Restschuldbefreiung erfasst, da es sich nicht um Forderungen aus einer vorsätzlichen unerlaubten Handlung, sondern um öffentliche Abgaben handelt (BGH NZI 2011, 64). 12

6. Anmeldung durch den Gläubiger. Die Anmeldung der Forderung durch den Gläubiger als Forderung aus vorsätzlich begangener unerlaubter Handlung ist 13

Tatbestandsvoraussetzung der Norm (FK-InsO/*Ahrens* Rn. 31; Hamb/*Streck* Rn. 7). Eine nicht oder ohne den Hinweis auf den Rechtsgrund der vorsätzlich begangenen unerlaubten Handlung angemeldete Forderung in einem nach dem 30.11.2001 eröffneten Verfahren wird daher von der Restschuldbefreiung erfasst (BGH ZInsO 2011, 244; siehe zu Altfällen → Rn. 21). Dies gilt auch dann, wenn die unterbliebene oder unvollständige Anmeldung nicht auf einem Verschulden des Gläubigers beruht (BGH ZInsO 2011, 244). Dem Gläubiger bleiben in diesem Fall nur mögliche Ansprüche aus § 826 BGB (BGH ZInsO 2011, 244). Die **Nachmeldung** als Forderung aus vorsätzlich begangener unerlaubter Handlung zu einer bereits erfolgten regulären Anmeldung kann solange erfolgen, wie auch eine reguläre Anmeldung noch möglich ist (BGH NZI 2008, 250 = ZIP 2008, 566). **Nach Erteilung der Restschuldbefreiung** können Forderungen aus vorsätzlicher begangener unerlaubter Handlung in asymmetrischen Verfahren nicht mehr angemeldet werden (BGH NZI 2013, 906).

14 Die **Anmeldung** muss besondere Angaben gem. § 174 Abs. 2 zum Rechtsgrund der Forderung enthalten (im Einzelnen → § 174 Rn. 54). Es ist ein **Lebenssachverhalt** darzustellen, aus dem sich plausibel ergibt, auf Grund welcher Tatsachen der Gläubiger davon ausgeht, dass sein Anspruch auf einer vorsätzlich begangenen unerlaubten Handlung beruht (*Pape* InVo 2007, 303 [309]). Aus den vorgetragenen Tatsachen muss auch einem unbeteiligten Dritten die Rekonstruktion der angeblich vorsätzlich unerlaubten Handlung in Grundzügen möglich sein (HambK-InsO/*Preß/Henningsmeier* § 174 Rn. 17). Ein bloßes **Ankreuzen eines Kästchens** im Anmeldeformular, reine §§-Angaben, abstrakt rechtliche Ausführungen oder die Vorlage eines Vollstreckungsbescheides, in dem die Forderung als Forderung aus vorsätzlich begangener unerlaubter Handlung bezeichnet wird, reichen nicht aus (HK-InsO/*Depre* § 174 Rn. 11; Ahrens/Gehrlein/Ringstmeier/*Wagner* § 174 Rn. 14; *Henning* ZInsO 2004, 585). Dies gilt auch für die neu eingefügten Forderungen aus Steuerhinterziehung und Unterhaltsrückstand. Siehe zu den Auswirkungen einer unvollständigen Anmeldung in einem auf den Schuldnerwiderspruch folgenden Feststellungsverfahren → Rn. 16 f.

15 **7. Widerspruch gegen Anmeldung.** Der **Widerspruch des Schuldners** kann nur im Prüfungstermin oder bei schriftlicher Verfahrensführung innerhalb der gesetzten Frist erfolgen. Eine vorherige Anerkennung des besonderen Schuldgrunds durch den Schuldner ist unwirksam (BGH NJW 2015, 3029). Nur der Schuldner und nicht der Verwalter kann Widerspruch gegen die deliktische Anmeldung erheben (BGH NZI 2008, 250 = ZVI 2008, 116). Auch ein **isolierter Widerspruch** nur gegen den angeblichen Deliktscharakter der Forderung ist zulässig (BGH NZI 2007, 416 = WM 2007, 659). Der Widerspruch kann jederzeit durch Erklärung gegenüber dem Insolvenzgericht zurückgenommen werden (→ § 178 Rn. 10). In nach dem 30.11.2001 eröffneten Verfahren hat das Gericht dem Schuldner einen **Hinweis gem. § 175 Abs. 2** zu erteilen, dass eine deliktische Forderungsanmeldung vorliegt, welche Rechtsfolgen diese besondere Anmeldung hat, und dass der Schuldner die Möglichkeit des Widerspruchs gem. § 178 Abs. 1 hat. **Unterbleibt der Hinweis** und widerspricht der Schuldner daher der deliktischen Anmeldung nicht, kann der Schuldner auch außerhalb der Jahresfrist des § 234 Abs. 3 ZPO Wiedereinsetzung gem. § 186 beantragen (AG Duisburg NZI 2008, 628; vgl. auch AG Düsseldorf ZInsO 2014, 2281). **Widerspricht der Schuldner lediglich dem deliktischen Rechtsgrund** der Forderung, ist dem Gläubiger nach Erteilung der Restschuldbefreiung eine vollstreckbare Ausfertigung der Tabelle zu erteilen (BGH NJW-RR 2014, 875 mit kritischen Anmerkungen *Henning* NZI 2014, 568). Der folgenden Vollstreckung muss der Schuldner mit der Vollstreckungsgegenklage entgegentreten.

16 **8. Feststellungsrechtsstreit.** Der **Widerspruch des Schuldners** verhindert gem. § 201 Abs. 2 die Vollstreckung des Gläubigers aus dem Tabelleneintrag (FK-InsO/*Ahrens* Rn. 43/44), wenn der Schuldner der Forderung insgesamt widersprochen hat (→ Rn. 15). Der Gläubiger kann diesen Widerspruch gem. § 184 Abs. 1 mit der **Feststellungsklage** beseitigen und so gem. § 201 Abs. 2 S. 2 wieder zur Vollstreckung aus der Tabelle berechtigt sein. Wenn die bestrittene Forderung bereits tituliert ist, hat der Schuldner seinen **Widerspruch gem. § 184 Abs. 2** gerichtlich weiterzuverfolgen (siehe § 184 Rn. 10 ff.). Dies gilt allerdings nur dann, wenn nicht nur der Zahlungsanspruch, sondern auch der Forderungsgrund tituliert ist (BGH ZInsO 2011, 39 = DB 2011, 293). Ein Vollstreckungsbescheid kommt daher als „deliktischer" Titel iSd § 184 Abs. 2 nicht in Betracht, da Gegenstand des Mahnverfahrens nur eine Geldforderung und nicht der Forderungsgrund sein kann (BGH NJW 2005, 1663 = ZVI 2005, 253). Bei einer reinen Zahlungsklage erwächst nur der Zahlungsanspruch in Rechtskraft (BGHZ 183, 77 = NZI 2010, 69).

17 Eine **Verjährung des Feststellungsanspruchs** kommt nicht in Frage (BGHZ 187, 337 = NZI 2011, 111; aA mit bedenkenswerten Argumenten OLG Düsseldorf NZI 2010, 694; *Grote* NJW 2011, 1121). Soweit der Zahlungsanspruch selbst nicht verjährt ist, kann daher der Feststellungsanspruch des Gläubigers nicht gesondert verjähren. Die zivilrechtliche Verjährung eines Zahlungsanspruches wird durch einen **öffentlichrechtlichen Titel** aber nicht verhindert (OLG Hamm NZI 2012, 196). Hat der Gläubiger nur einen Beitragsbescheid erwirkt, kann der zivilrechtliche Zahlungs- und damit auch der Feststellungsanspruch verjährt sein. Im **Fall rückständiger Sozialversicherungsbeiträge** aus nicht angemeldeten Arbeitsverhältnissen erlangt bereits der Rentenversicherungsträger als Prüfbehörde Kenntnis hinsichtlich der Verjährung und nicht erst die Krankenkasse als Einzugsstelle (BGH NJW-RR 2009, 1471 = DB 2009, 1459). Bei angemeldeten Arbeitsverhältnissen liegt die Kenntnis der Umstände im Hinblick auf eine Verjährung bereits am Tag der Fälligkeit der Beiträge vor (BGH NZI 2001, 588).

18 Die **Feststellungsklage des Gläubigers** ist an keine Klagefrist gebunden (BGH NZI 2009, 189 = ZInsO 2009, 278) und kann daher bis zur absoluten Verjährung des zugrunde liegenden Zahlungstitels erhoben werden. Der Schuldner kann **negative Feststellungsklage** erheben, wenn der Gläubiger untätig bleibt (BGH NZI 2009, 189 = ZInsO 2009, 278). Diese kann auch schon im noch eröffneten Verfahren erhoben werden (BGH NZI 2013, 1025) und setzt keine vorprozessuale Abmahnung voraus (OLG Saarbrücken ZInsO 2015, 469). Eine nicht den Anforderungen des § 174 Abs. 2 entsprechende **unvollständige oder fehlerhafte Forderungsanmeldung** schließt den Gläubiger uU mit weiterem Vortrag im Feststellungsverfahren aus (OLG Düsseldorf JurBüro 2011, 200; AG Göttingen NZI 2012, 31). Denn im Feststellungsverfahren sind nur die Tatsachen zu berücksichtigen, die der Gläubiger bereits in seiner Forderungsanmeldung vorgetragen hat.

19 Im **Feststellungsrechtsstreit** gelten die allgemeinen zivilprozessualen Darlegungs- und Beweislasten (AG Neukölln ZVI 2009, 85). Der Gläubiger hat daher bei behaupteter **Verletzung eines Schutzgesetzes iSd § 823 Abs. 2 BGB** die Voraussetzung der Verletzung des Schutzgesetzes darzulegen und ggf. zu beweisen (OLG Hamm 9.9.2009 – I-13 W 51/08, BeckRS 2012, 20623; OLG Hamm 27.8.2009 – I-6 W 43/09, BeckRS 2012, 20742). Allein mit einem privatschriftlichen Schuldanerkenntnis kann er diesen Beweis nicht führen (AG Göttingen NZI 2012, 31). Der Gläubiger hat auch das vorsätzliche Handeln des Schuldners zu beweisen (BGH WM 2013, 329; AG Neukölln ZVI 2009, 85). Im Falle der behaupteten **Nichtabführung der Sozialversicherungsbeiträge iSd § 266a Abs. 1 StGB** hat der Gläubiger Anzahl und Namen der Beschäftigten, deren Beschäftigungszeiten, das zu zahlende Arbeitsentgelt und die Höhe der Beitrags-

sätze zu nennen (OLG Hamm ZInsO 2003, 35; 27.8.2009 – I-6 W 43/09, BeckRS 2012, 20742). Schätzungen, Berechnungen und Bescheide der Sozialversicherungsträger haben im Feststellungsverfahren keine Tatbestandswirkung, weil es sich nicht um richterliche Feststellungen handelt (vgl. zu ähnlich gelagerten Sachverhalten BGH NZI 2006, 249; BGHZ 158, 19 = WM 2004, 2268). Wenn ein sog **Strohmann-Geschäftsführer** keine Kenntnisse von Arbeitsverhältnissen und keine Hinweise auf nicht gezahlte Sozialversicherungsbeiträge hat, kann eine Haftung nach §§ 823 Abs. 2 BGB iVm § 266 Abs. 1 StGB ausscheiden (BGHSt 47, 318 = NZI 2002, 454; OLG Hamm NStZ-RR 2001, 173 = StV 2002, 204).

20 Die **Zuständigkeit** für den Streit über die Frage, ob eine Forderung aus unerlaubter Handlung stammt, liegt bei den ordentlichen Gerichten (BGH ZInsO 2011, 44 = FamRZ 2011, 476). Innerhalb der ordentlichen Gerichte sind die Familiengerichte gem. §§ 231 ff. FamFG zuständig, wenn um den Deliktscharakter von Unterhaltsforderungen gestritten wird (KG ZInsO 2011, 1843; OLG Celle JurBüro 2012, 439; *Janlewing* FamRB 2012, 155; aA OLG Rostock FamRZ 2011, 910). Der **Streitwert des Feststellungsverfahrens** wird zwar auch mit dem Nennwert der streitbefangenen Forderung angenommen (OLG Hamm ZInsO 2007, 215; OLG Rostock FamRZ 2011, 910), zutr. dürfte aber eine differenzierte Betrachtungsweise sein. So nimmt der BGH lediglich einen Streitwert in Höhe von 25 % des Nennwertes der Forderung an, wenn mit eher geringen Vollstreckungsaussichten für den Gläubiger zu rechnen ist (BGH NZI 2009, 255). Liegen keine besonderen Anhaltspunkte zu den Vollstreckungsaussichten vor, ist der halbe Nennwert der Forderung angemessen (BGH 5.11.2009 – IX ZR 239/07, BeckRS 2009, 88318).

21 **9. Besonderheit in den vor dem 1.12.2001 eröffneten Altfällen.** Die **gesetzliche Voraussetzung der Anmeldung** einer deliktische Forderung unter Angabe des besonderen Forderungsgrunds bestand in den vor dem 1.12.2001 eröffneten Verfahren noch nicht (siehe § 302 Nr. 1 in der damaligen Fassung). In diesen Altfällen konnte der Deliktsgläubiger gem. § 302 Nr. 1 aF auf die Forderungsanmeldung verzichten und seine Forderung nach Erteilung der Restschuldbefreiung mit dem ihm vorliegenden Titel gegenüber dem Schuldner geltend machen (HK-InsO/*Landfermann* Rn. 5; FK-InsO/*Ahrens,* 2. Aufl., Rn. 20). Der Schuldner konnte im Rahmen einer **Vollstreckungsgegenklage** Klärung erreichen, ob es sich tatsächlich um eine deliktische Forderung handelt. Da der Feststellungsanspruch des Gläubigers zum Forderungsgrund nach Ansicht des BGH nicht gesondert verjähren kann (BGHZ 187, 337 = NZI 2011, 111), können sich daher Gläubiger, deren Schuldnern bereits in einem vor dem 1.12.2001 eröffneten Altverfahren die Restschuldbefreiung erteilt wurde, bis zur absoluten Verjährung ihrer Ansprüche darauf berufen, dass es sich bei ihrer Forderung um eine deliktische Forderung handelt. Sie können mit dem ihnen vorliegenden Titel, der gem. § 178 Abs. 3 auch der Tabelleneintrag des durchgeführten Insolvenzverfahren sein kann, gegen den Schuldner vorgehen, der sich wiederum zur Klärung des Deliktscharakters der Forderung mit der Vollstreckungsgegenklage zur Wehr setzen muss. Der Schuldner kann sich ggf. durch eine **negative Feststellungsklage** Gewissheit über den Forderungsgrund verschaffen, wenn der Gläubiger in bewusst im Unklaren lässt (BGH NZI 2009, 189 = ZInsO 2009, 278).

III. Geldstrafen gem. Nr. 2

22 Geldstrafen und die ihnen gem. § 39 Abs. 1 Nr. 3 gleichgestellten Verbindlichkeiten sind auch ohne besondere Anmeldung im Insolvenzverfahren von der Restschuldbefreiung ausgenommen. Der Verweis auf § 39 Abs. 1 Nr. 3 bezieht

sämtliche Geldauflagen mit Sanktionscharakter ein (im Einzelnen → § 39 Rn. 15). Neben der Geldstrafe sind daher auch Geldbußen, Ordnungsgelder, Zwangsgelder, Bewährungsauflagen, Zahlungsauflagen gem. § 153a StPO (FK-InsO/*Ahrens* Rn. 85; HambK-InsO/*Streck* Rn. 8) oder die Einziehung des Wertersatzes gem. § 74c StGB (BGH ZInso 10, 1183) ausgenommen. Nicht privilegiert sind **Steuersäumniszuschläge** (soweit nicht ein Fall der Nr. 1 vorliegt), Vertragsstrafen (FK-InsO/*Ahrens* Rn. 85; HambK-InsO/*Streck* Rn. 9) oder die dem Schuldner in einem Strafverfahren auferlegten Gerichtskosten (BGH NZI 2011, 64). Die ausgenommenen Forderungen unterliegen im Verfahren grds. dem **Vollstreckungsverbot der §§ 89 und 294** (HK-InsO/*Waltenberger* aF Rn. 23). Geldstrafen können aber durch Anordnung der Ersatzfreiheitsstrafe vollstreckt werden (FK-InsO/*Ahrens* Rn. 84). Die Anordnung der Erzwingungshaft zur Durchsetzung der Zahlung einer Geldbuße fällt allerdings unter das Vollstreckungsverbot der §§ 89, 294 und ist nicht zulässig (→ § 294 Rn. 2). Der Schuldner kann **Zahlungen aus dem Unpfändbaren** auf die ausgenommenen Forderungen leisten, ohne hierdurch seine insolvenzrechtlichen Pflichten zu verletzten oder Rückforderungsansprüche des Verwalters/Treuhänders zu begründen (BGH NZI 2010, 223; VuR 2011, 309).

IV. Darlehen gem. Nr. 3

Die Darlehen iSd Nr. 3 sind ohne besondere Anmeldung im Verfahren von der Erteilung der Restschuldbefreiung ausgenommen. Mit dieser Regelung soll es Stiftungen sowie öffentlichen oder karitativen Einrichtungen ermöglicht werden, dem Schuldner die **Verfahrenskosten als zinsloses Darlehen** zur Verfügung zu stellen (HambK-InsO/*Streck* Rn. 10; s. zur Arbeit einer in diesem Bereich tätigen Stiftung *Hornung* ZVI 2012, 140). Es kommen nur zinslose, zweckgebundene Darlehen in Betracht (FK-InsO/*Ahrens* Rn. 88). Die Zweckbindung muss von vornherein feststehen (HambK-InsO/*Streck* Rn. 10). Die Zinslosigkeit des Darlehens darf nicht durch Bearbeitungs- oder Vermittlungskosten umgegangen werden (HK-InsO/*Waltenberger* aF Rn. 21). 23

V. Die ausgenommene Forderung in Verfahren und Wohlverhaltensphase

Die **Forderung aus vorsätzlich begangener unerlaubter Handlung** nimmt ohne Sonderrechte am Insolvenzverfahren teil (HK-InsO/*Waltenberger* aF Rn. 22; HambK-InsO/*Streck* Rn. 11). Sie wird in das Schlussverzeichnis aufgenommen und vom Insolvenzverwalterbei der Verteilung sowohl im Verfahren als auch in der Wohlverhaltensperiode quotenmäßig berücksichtigt. Die Vollstreckungsverbote der §§ 89 Abs. 1, 294 Abs. 1 gelten auch für die ausgenommene Forderung (HK-InsO/*Waltenberger* aF Rn. 23; HambK-InsO/*Streck* Rn. 11). Die **Privilegierung des § 89 Abs. 2 S. 2** gilt nicht für Insolvenzgläubiger sondern nur für Neugläubiger (BGH NZI 2008, 50; FamRZ 2008, 684). 24

Nach rechtskräftiger Erteilung der Restschuldbefreiung gilt das Vollstreckungsverbot des § 294 Abs. 1 nicht mehr (→ § 294 Rn. 4). Der Gläubiger einer ausgenommen Forderung kann ab diesem Zeitpunkt die Zwangsvollstreckung mit einer vollstreckbaren Ausfertigung der Tabelle betreiben (FK-InsO/*Ahrens* Rn. 93). Mit dem Tabellenauszug zu der ausgenommenen Forderung kann auch gem. § 850f Abs. 2 ZPO in den bevorrechtigten Bereich des § 850d ZPO vollstreckt werden (LG Düsseldorf ZInsO 2009, 1542; aA Prütting/Gehrlein/Ahrens § 850f Rn. 46). 25

Widerruf der Restschuldbefreiung[1]

303 (1) **Auf Antrag eines Insolvenzgläubigers widerruft das Insolvenzgericht die Erteilung der Restschuldbefreiung, wenn**

1. **sich nachträglich herausstellt, dass der Schuldner eine seiner Obliegenheiten vorsätzlich verletzt und dadurch die Befriedigung der Insolvenzgläubiger erheblich beeinträchtigt hat,**
2. **sich nachträglich herausstellt, dass der Schuldner während der Abtretungsfrist nach Maßgabe von § 297 Absatz 1 verurteilt worden ist, oder wenn der Schuldner erst nach Erteilung der Restschuldbefreiung wegen einer bis zum Ende der Abtretungsfrist begangenen Straftat nach Maßgabe von § 297 Absatz 1 verurteilt wird oder**
3. **der Schuldner nach Erteilung der Restschuldbefreiung Auskunfts- oder Mitwirkungspflichten vorsätzlich oder grob fahrlässig verletzt hat, die ihm nach diesem Gesetz während des Insolvenzverfahrens obliegen.**

(2) [1] **Der Antrag des Gläubigers ist nur zulässig, wenn er innerhalb eines Jahres nach der Rechtskraft der Entscheidung über die Restschuldbefreiung gestellt wird; ein Widerruf nach Absatz 1 Nummer 3 kann bis zu sechs Monate nach rechtskräftiger Aufhebung des Insolvenzverfahrens beantragt werden.** [2] **Der Gläubiger hat die Voraussetzungen des Widerrufsgrundes glaubhaft zu machen.** [3] **In den Fällen des Absatzes 1 Nummer 1 hat der Gläubiger zudem glaubhaft zu machen, dass er bis zur Rechtskraft der Entscheidung keine Kenntnis vom Widerrufsgrund hatte.**

(3) [1] **Vor der Entscheidung sind der Schuldner und in den Fällen des Absatzes 1 Nummer 1 und 3 auch der Treuhänder oder Insolvenzverwalter zu hören.** [2] **Gegen die Entscheidung steht dem Antragsteller und dem Schuldner die sofortige Beschwerde zu.** [3] **Die Entscheidung, durch welche die Restschuldbefreiung widerrufen wird, ist öffentlich bekanntzumachen.**

Schrifttum (Auswahl): *Ahrens,* Restschuldbefreiung und Versagungsgründe, ZVI 2011, 273; *ders.,* Das neue Privatinsolvenzrecht, ZIP Praxisbuch, 2014, 369; *App,* Widerruf der Restschuldbefreiung – Kurzüberblick über Antragsvoraussetzungen für den Gläubiger, MDR 2000, 1226; *Büttner,* Probleme bei der vorzeitigen Erteilung der Restschuldbefreiung nach Ablauf der Abtretungserklärung vor Abschluss oder Aufhebung des Insolvenzverfahrens, ZInsO 2010, 1025.

Übersicht

[1] § 303 Abs. 1 und 2 neu gef., Abs. 3 Satz 1 geänd. mWv 1.7.2014 durch G v. 15.7.2013 (BGBl. I S. 2379).

I. Normzweck

1 Der Gesetzgeber hält die **Durchbrechung der Rechtskraft zum Schutz der Gläubigerrechte** nur ausnahmsweise für angebracht, wenn es wegen der Schwere der Verfehlung gerechtfertigt ist (BT-Drs. 12/2443, 194), wenn eine Insolvenzstraftat vorliegt oder wenn es sich aus der Besonderheit der asymmetrischen Verfahren ergibt. Trotz dieser Ausnahmen vom Grundsatz der Rechtskraft der erteilten Restschuldbefreiung betont das deutsche Recht damit die Rechtssicherheit sehr viel stärker als das englische Recht, das keine Rechtskraft seines „bankruptcy order" kennt (vgl. 282 (1) (a) und 375 Insolvency Act 1986). Neben den Erfordernissen eines vorsätzlichen Handelns des Schuldners und einer erheblichen Beeinträchtigung der Gläubigerbefriedigung soll auch die **Verfahrensausgestaltung** dafür sorgen, dass ein Ausgleich der schützenswerten Schuldnerinteressen und des Widerrufsinteresses der Gläubiger gefunden wird (BT-Drs. 12/2443, 194; FK-InsO/*Ahrens* Rn. 4). Die **Weiterungen zum 1.7.2014** sollen sicherstellen, dass nur der redliche Schuldner die Restschuldbefreiung erreicht und damit die Gläubigerrechte stärken (Gesetzesbegründung BT-Drs. 17/11268, 32). Bislang konnte die Verurteilung wegen einer Insolvenzstraftat in der Wohlverhaltensphase, von der der Gläubiger erst nach Erteilung der Restschuldbefreiung Kenntnis erlangte, einen Widerruf nicht mehr rechtfertigen (AG Göttingen ZVI 2010, 283).

II. Verfahrensablauf

2 Das Widerrufsverfahren setzt zunächst einen **vollständigen Gläubigerantrag** voraus, der nur zulässig ist, wenn er im Jahr nach Rechtskraft der Erteilung der Restschuldbefreiung gestellt wird bzw. im Fall des Absatz 1 Nr. 3 innerhalb von 6 Monaten nach Rechtskraft der Aufhebung. Auch die Glaubhaftmachung muss innerhalb der Fristen erfolgen. Der Antrag kann nur auf die vorsätzlich **Verletzung einer Obliegenheit des § 295, die Verurteilung wegen einer Insolvenzstraftat oder eine Verletzung der Mitwirkungspflichten** gestützt werden. Der Gläubiger darf erst nach rechtskräftiger Erteilung der Restschuldbefreiung von der Verfehlung erfahren haben.

III. Antrag auf Widerruf

3 Nur ein **Insolvenzgläubiger,** der auch im vorausgegangenen Insolvenzverfahren eine Forderung angemeldet hat, ist antragsberechtigt (FK-InsO/*Ahrens* Rn. 31). Der Widerruf kann nicht von Amts wegen oder auf Antrag des Verwalters oder Treuhänders erfolgen. Die **Antragstellung** hat im Jahr nach Rechtskraft der Erteilung der Restschuldbefreiung zu erfolgen oder im Fall des Abs. 1 Nr. 3 innerhalb von 6 Monate. Die Fristen sind Ausschlussfristen, die das Gericht von Amts wegen zu beachten hat (MüKoInsO/*Stephan* nF Rn. 11; Ahrens/Gehrlein/Ringstmeier/*Weinland* Rn. 8). Die **Fristberechnung** erfolgt nach §§ 4 InsO iVm § 222 Abs. 1 ZPO und §§ 187, 188 BGB, wobei der Fristbeginn im Fall des beiderseitigen Rechtsmittelverzichts gem. §§ 187 Abs. 1, 188 Abs. 2 Alt. 1 und im Fall des Ablaufs der Rechtsmittelfrist gem. §§ 187 Abs. 2, 188 Abs. 2 Alt. 2 zu bestimmen ist (siehe im Einzelnen MüKoInsO/*Stephan* nF Rn. 12). Eine **Wiedereinsetzung** bei Fristversäumnis, eine Hemmung der Frist oder eine Fristverlängerung kommen nicht in Frage, da es sich um eine Ausschlussfrist handelt (MüKoInsO/*Stephan* Rn. nF 11 ff.; Ahrens/Gehrlein/Ringstmeier/*Weinland* Rn. 8; FK-InsO/*Ahrens* Rn. 32). Der Antrag ist an **keine Form** gebunden und kann schriftlich oder zu Protokoll der Geschäftsstelle erklärt werden (FK-InsO/*Ahrens* Rn. 31).

4 Der Antrag muss einen schlüssigen und glaubhaft gemachten Vortrag zur vorsätzlichen Verletzung einer Obliegenheit des § 295 oder den weiteren Widerrufsgründen enthalten. Des Weiteren hat in den Fällen des Absatz 1 Nr. 1 eine **Glaubhaftmachung der Kenntniserlangung** der Obliegenheitsverletzung erst nach rechtskräftiger Erteilung der Restschuldbefreiung zu erfolgen, die zumeist nur mit einer eidesstattlichen Versicherung des Gläubigers oder eines beteiligten Dritten erfolgen kann (MüKoInsO/*Stephan* nF Rn. 10). Auch die Glaubhaftmachung muss innerhalb der Jahresfrist erfolgen und kann nicht nachgeschoben werden (HambK-InsO/*Streck* Rn. 2). Ein Antrag ohne Glaubhaftmachung innerhalb der Jahresfrist ist als unzulässig zu verwerfen.

IV. Voraussetzungen des Widerrufs

5 **1. Obliegenheitsverletzung gem. Absatz 1 Nr. 1.** Es muss eine **Obliegenheitsverletzung gem. § 295** vorliegen, die zwischen Aufhebung des Verfahrens und Ende der Laufzeit der Abtretungserklärung (im Einzelnen → § 295 Rn. 4–6) begangen wurde (MüKoInsO/*Stephan* nF Rn. 15; FK-InsO/*Ahrens* Rn. 13). Versagungsgründe gem. § 290 Abs. 1, die nur bis zum Schlusstermin vorgetragen werden können, gem. § 297 oder gem. § 298 kommen nicht in Betracht, da es sich nicht um Obliegenheiten handelt (FK-InsO/*Ahrens* Rn. 14; MüKoInsO/*Stephan* Rn. 15).

6 Der Schuldner muss im Unterschied zur Regelung des § 296, der schon leichte Fahrlässigkeit ausreichen lässt (→ § 296 Rn. 22), vorsätzlich gehandelt haben. Der **Vorsatz** muss sich nur auf die Verwirklichung der Obliegenheitsverletzung und nicht auch auf die Beeinträchtigung der Gläubigerbefriedigung beziehen (FK-InsO/*Ahrens* Rn. 15). **Bedingter Vorsatz** reicht aus (Ahrens/Gehrlein/Ringstmeier/*Weinland* Rn. 14). Die **Beweislast** für das Vorliegen des vorsätzlichen Handelns liegt beim Gläubiger. Die Beweislastumkehr des § 296 Abs. 1 S. 1 Hs. 2 gilt nicht (MüKoInsO/*Stephan* nF Rn. 20; FK-InsO/*Ahrens* Rn. 15).

7 Es muss eine **erhebliche Beeinträchtigung der Gläubigerbefriedigung** vorliegen (siehe zur Beeinträchtigung der Gläubigerbefriedigung → § 296 Rn. 19–21), die durch die Obliegenheitsverletzung verursacht worden sein muss (MüKoInsO/*Stephan* Rn. 18). Die konkrete Beeinträchtigung muss aus einem Vergleich des ohne Obliegenheitsverletzung möglich gewesenen Zufluss an die Gläubiger mit dem tatsächlich durch die Obliegenheitsverletzung reduzierten Zufluss bestimmt werden. Kosten und andere Zahlungen, die vor Weiterleitung an die Gläubiger zu erbringen sind, sind bei dieser Vergleichsrechnung zu berücksichtigen (siehe zur Verteilung in der Wohlverhaltensphase → § 292 Rn. 11–12). Obwohl das Schrifttum grds. zu Recht **absolute oder relative Festbeträge** ablehnt (siehe Übersicht bei FK-InsO/*Ahrens* Rn. 17 oder MüKoInsO/*Stephan* Rn. 18), kann eine erhebliche Beeinträchtigung der Gläubigerbefriedigung erst bei einer mindestens um 10 % reduzierten Befriedigung angenommen werden, da sie ansonsten kaum ins Gewicht fallen dürfte (so auch Nerlich/Römermann/*Römermann* Rn. 4). Nach den Umständen des Einzelfalles kann auch ein höherer Prozentsatz in Frage kommen, wenn bspw. die Forderungen für die Gläubiger keine große Bedeutung haben (FK-InsO/*Ahrens* Rn. 17).

8 Der antragstellende Gläubiger darf erst nach rechtskräftiger Erteilung der Restschuldbefreiung **Kenntnis von der Obliegenheitsverletzung** erlangt haben. Ist die Erteilung der Restschuldbefreiung wegen laufender Rechtsmittelfrist oder wegen eines eingelegten Rechtsmittels noch nicht rechtskräftig, kann der Gläubiger die Erteilung nur mit der Beschwerde gem. § 300 Abs. 3 angreifen, nicht aber den Widerruf beantragen (FK-InsO/*Ahrens* Rn. 19). Es ist nicht auf ein Kennenmüssen, sondern auf die tatsächliche, sichere Kenntnis abzustellen (HambK-InsO/*Streck* Rn. 9). Dem Gläubiger bekannte Gerüchte oder Vermutungen begründen

noch keine Kenntnis (Uhlenbruck/*Sternal* Rn. 9). Die Kenntnis anderer Gläubiger muss sich der antragstellende Gläubiger nicht zurechnen lassen (Uhlenbruck/*Sternal* Rn. 8; Ahrens/Gehrlein/Ringstmeier/*Weinland* Rn. 17; aA FK-InsO/*Ahrens* Rn. 20). Anderes kann nur im Falle des offensichtlichen Missbrauchs gelten (HK-InsO/*Waltenberger* nF Rn. 4). Stützt der Gläubiger seinen Widerrufsantrag auf mehrere Obliegenheitsverletzungen, die ihm teilw. schon vor Rechtskraft der Erteilung bekannt waren, so ist er nicht mit seinem gesamten Antrag, sondern nur mit den ihm schon vorher bekannten Verstößen präkludiert (Ahrens/Gehrlein/Ringstmeier/*Weinland* Rn. 16).

In den sog **asymmetrischen Verfahren natürlicher Personen,** in denen die Restschuldbefreiung nach Ablauf der Laufzeit der sechs Jahre bereits erteilt wurde, obwohl das Insolvenzverfahren selbst noch nicht aufgehoben wurde, soll die Vorschrift analog gelten (BGHZ 183, 258 Rn. 24 = NZI 2010, 111; Ahrens/Gehrlein/Ringstmeier/*Weinland* Rn. 3), wobei der BGH eine analoge Anwendung nur in Betracht zieht und nicht näher begründet. *Ahrens* weist zu Recht auf die Unstimmigkeiten dieser analogen Anwendung hin (FK-InsO/*Ahrens* § 300 Rn. 68), die nicht erforderlich ist und einen erheblichen systematischen Bruch bedeutet. **Gegenüber den Erben des Schuldners** ist der Widerruf der dem Schuldner vor dessen Tod rechtskräftig erteilter Restschuldbefreiung möglich (Ahrens/Gehrlein/Ringstmeier/*Weinland* Rn. 2). 9

Der Gläubiger hat glaubhaft zu machen, dass eine **Obliegenheitsverletzung** und eine kausal mit ihr verbundene **Beeinträchtigung der Gläubigerbefriedigung** gem. §§ 295, 296 sowie **Vorsatz** des Schuldners und **Kenntniserlangung** erst nach rechtskräftiger Erteilung der Restschuldbefreiung vorliegen (siehe FK-InsO/*Ahrens* Rn. 18; MüKoInsO/*Stephan* Rn. 5–6). Auch die Glaubhaftmachung hat innerhalb der Jahresfrist zu erfolgen und kann nicht nachgeschoben werden (FK-InsO/*Ahrens* Rn. 18; HambK-InsO/*Streck* Rn. 2). Sie ist prozessrechtlich zu verstehen und kann sich der üblichen Beweismittel der ZPO bedienen (im Einzelnen → § 290 Rn. 26). Der Gläubiger hat sich gem. §§ 4, 294 Abs. 2 ZPO **präsenter Beweismittel** zu bedienen, was bspw. bedeutet, dass fremdsprachige Schriftstücke samt beglaubigter Übersetzung vorgelegt werden müssen, wenn nicht dem Gericht und den Beteiligten die Übersetzung ohne weiteres möglich ist (Uhlenbruck/*Sternal* § 290 Rn. 21; FK-InsO/*Ahrens* § 290 Rn. 90). Die Kenntniserlangung erst nach rechtskräftiger Erteilung der Restschuldbefreiung wird regelmäßig mit einer **eidesstattlichen Versicherung** glaubhaft zu machen sein, da kaum anders belegt werden kann, dass ein Ereignis nicht stattgefunden hat (Ahrens/Gehrlein/Ringstmeier/*Weinland* Rn. 10). Die eidesstattliche Versicherung muss dem Widerrufsantrag schriftlich beigefügt werden, um präsent zu sein. Dem Schuldner steht die Möglichkeit der **Gegenglaubhaftmachung** zu (FK-InsO/*Ahrens* Rn. 18; Uhlenbruck/*Sternal* Rn. 31; FK-InsO/*Ahrens* § 290 Rn. 90), mit der er die Glaubhaftmachung des Gläubigers erschüttern kann (im Einzelnen → § 290 Rn. 23). 10

2. Insolvenzstraftat gem. Absatz 1 Nr. 2. Die neu eingefügte Regelung schafft mit §§ 290 Abs. 1 Nr. 1, 297 und 297a ein **„Rundumschutzpaket"** (*Ahrens,* Das neue Privatinsolvenzrecht, ZIP Praxisbuch, 2014, Rn. 1163) gegen insolvenzstrafrechtliche Verfehlungen des Schuldners vor und während des gesamten Verfahrens. Die **rechtskräftige Verurteilung** muss gem. Absatz 2 Satz 1 innerhalb eines Jahres nach Rechtskraft der Erteilung vorliegen (HambK-InsO/*Streck* Rn. 5). 11

3. Verletzung von Auskunftspflichten gem. Absatz 1 Nr. 2. Die Widerrufsmöglichkeit soll die Mitwirkung des Schuldners in **asymmetrischen Verfahren** sichern, in denen dem Schuldner nach Ablauf der Abtretungsfrist die Restschuldbefreiung zu erteilen ist (BT-Drs. 17/11268, 33). Sanktioniert wird die 12

Verletzung der insolvenzspezifischen Auskunfts- und Mitwirkungspflichten gem. §§ 97, 98, 101, 20 (FK-InsO/*Ahrens* Rn. 27).

V. Verfahren und Rechtsfolgen

13 Über den Widerrufsantrag entscheidet gem. § 18 Abs. 1 Nr. 2 RPflG der **Richter.** Gem. Absatz 3 Satz 1 sind Schuldner und Treuhänder zum Widerrufsantrag anzuhören. Eine Verpflichtung des Gerichts, auch die Insolvenzgläubiger anzuhören, besteht nicht (HambK-InsO/*Streck* Rn. 7; Uhlenbruck/*Sternal* Rn. 33). Im Falle des Widerrufs der Restschuldbefreiung ist eine zusätzliche **Versagung der Restschuldbefreiung** nicht erforderlich (Ahrens/Gehrlein/Ringstmeier/*Weinland* Rn. 25–26; HK-InsO/*Landfermann* Rn. 6; aA FK-InsO/*Ahrens* Rn. 21). Denn mit der Widerrufsentscheidung, die gem. Absatz 3 zu veröffentlichen ist, wird ausreichend deutlich, dass das Restschuldbefreiungsverfahren zu einem negativen Ende gekommen ist (HK-InsO/*Landfermann* Rn. 6). Mit dem Widerruf der Erteilung der Restschuldbefreiung steht den Gläubigern gem. § 201 Abs. 1 ihr **freies Nachforderungsrecht** zu, das sie im Wege der Zwangsvollstreckung durchsetzen können (→ § 299 Rn. 12).

VI. Rechtsmittel, Kosten und Vergütung

14 Gem. Absatz 3 Satz 1 InsO können Schuldner und Antrag stellender Gläubiger die Entscheidung über den Antrag auf Widerruf mit der sofortigen Beschwerde angreifen (zum Beschwerdeverfahren → § 289 Rn. 11). Die Rechtsbeschwerde ist nur statthaft, wenn sie zugelassen wurde (→ § 289 Rn. 12–13).

15 Der Widerrufsantrag löst die Gebühr des KV GKG 2350 in Höhe von 30 EUR aus. Kostenschuldner ist gem. § 23 Abs. 2 GKG der antragstellende Gläubiger. Dies gilt auch dann, wenn der Widerrufsantrag begründet war (LG Göttingen ZInsO 2007, 1359). Über die **außergerichtlichen Kosten** ist gem. § 91 Abs. 1 ZPO zu entscheiden. Der Rechtsanwalt erhält im Versagungsverfahren eine 0,5 Gebühr gem. RVG 3321 (→ § 296 Rn. 31 auch zum Gegenstandswert). Aus der kontradiktorischen Ausgestaltung des Versagungsverfahrens folgt, dass dem Schuldner im Fall der Verfahrenskostenstundung auf seinen Antrag hin gem. § 4a Abs. 2 ein Rechtsanwalt beizuordnen ist (FK-InsO/*Kohte* § 4a Rn. 44).

Eintragung in das Schuldnerverzeichnis[1]

303a **[1] Das Insolvenzgericht ordnet die Eintragung in das Schuldnerverzeichnis nach § 882b der Zivilprozessordnung an. [2] Eingetragen werden Schuldner,**

1. denen die Restschuldbefreiung nach den §§ 290, 296, 297 oder 297a oder auf Antrag eines Insolvenzgläubigers nach § 300 Absatz 2 versagt worden ist,
2. deren Restschuldbefreiung widerrufen worden ist.

[3] Es übermittelt die Anordnung unverzüglich elektronisch dem zentralen Vollstreckungsgericht nach § 882h Absatz 1 der Zivilprozessordnung. [4] § 882c Absatz 2 und 3 der Zivilprozessordnung gilt entsprechend.

Schrifttum (Auswahl): *Ahrens,* Das neue Privatinsolvenzrecht, ZIP Praxisbuch, 2014, 374; *Gelbe-Haußen,* Redaktioneller Fehler im Gesetz zur Verkürzung des Restschuldbefreiungsverfahrens und zur Stärkung der Gläubigerrechte in § 303a InsO n. F., ZInsO 2014, 1375; *Heyer,* Eintragungen in das Schuldnerverzeichnis nach § 303a InsO n. F., ZVI 2014, 244.

[1] § 303a eingef. mWv 1.7.2014 durch G v. 15.7.2013 (BGBl. I S. 2379).

I. Normzweck

Die zum 1.7.2014 neu eingefügte Vorschrift schützt durch die Eintragung von Versagung (§§ 290, 296, 297, 297a) und Widerruf (§ 303) in das **elektronisch geführte Schuldnerverzeichnis** den Geschäftsverkehr (HambKInsO/*Streck* 1). Auch die gerichtliche **Eingangsentscheidung gem. § 287a Abs. 2** soll erleichtert werden (BT-Drs. 17/11268, 33). Versagung und Widerruf wurden bislang nur im Internet unter www.insolvenzbekanntmachungen.de für sechs Monate veröffentlicht. Die Speicherung dieser Daten soll nicht nur **privaten Wirtschaftsauskunfteien** überlassen werden (HK-InsO/*Waltenberger* nF Rn. 1). 1

II. Einzelheiten

Die **Versagung gem. § 298** wird nicht eingetragen, da sie keine Sperrfrist nach sich zieht (FK-InsO/*Ahrens* Rn. 4). Auch die **Erteilung der Restschuldbefreiung** wird nicht gespeichert, um den redlichen Schuldner nicht unnötig im Geschäftsverkehr zu benachteiligen (siehe *Henning* ZVI 2014, 219). In privaten Auskunfteien kann die Erteilung allerdings gem. § 35 Abs. 2 Nr. 4 BDSG bis zu 3 Jahre nach Ablauf des Jahres, in dem die Erteilung erteilt wurde, gespeichert werden. Dies wird als zu lang kritisiert (Jahresbericht 2013, Petitionsausschuss, Deutscher Bundestag S. 131). 2

Die Eintragung ist obligatorisch (HambK-InsO/*Streck* Rn. 1) und steht nicht im Ermessen des Gerichts. Einzutragen sind nur **rechtskräftige Entscheidungen** über Versagung oder Widerruf (FK-InsO/*Ahrens* Rn. 4). **Einsicht in das Schuldnerverzeichnis** ist gem. § 882f ZPO jedem gestattet, der ein berechtigtes Interesse nachweist. Der **Verweis auf § 300 Abs. 2** ist ein redaktioneller Fehler, der im Wege der korrigierenden Auslegung als Verweis auf § 300 Abs. 3 zu verstehen ist (FK-InsO/*Ahrens* Rn. 3). Zu den einzutragenden Daten siehe § 882b ZPO. Die **Löschung** erfolgt gem. § 882e Abs. 1 ZPO nach drei Jahren, was in gewissem Gegensatz zur fünfjährigen Frist des § 297 steht. **Rechtsbehelf** ist der Widerspruch gem. § 4 InsO, § 882d ZPO Abs. 1 S. 1. 3

Achter Teil. Restschuldbefreiung aF

Vor §§ 286–303 aF

1 Nachfolgend werden die **§§ 286–303 in der bis zum 30.6.2014 geltenden Fassung** wiedergegeben. Sie sind in den bis zum 30.6.2014 beantragten Verfahren ausschließlich anzuwenden. Nur die Vorschriften über einen **Insolvenzplan** nach den §§ 217 ff. gelten auch in den bis zum 30.6.2014 beantragten Verfahren, so dass in jedem eröffneten Verbraucherinsolvenzverfahren ein Insolvenzlan vorgelegt werden kann. Soweit nachfolgend eine Kommentierung nicht erfolgt, kann auf die Kommentierung der Neufassung zurückgegriffen werden.

Grundsatz

286 **Ist der Schuldner eine natürliche Person, so wird er nach Maßgabe der §§ 287 bis 303 von den im Insolvenzverfahren nicht erfüllten Verbindlichkeiten gegenüber den Insolvenzgläubigern befreit.**

[Altfassung entspricht Neufassung.]

Antrag des Schuldners[1]

287 (1)[1] **Die Restschuldbefreiung setzt einen Antrag des Schuldners voraus, der mit seinem Antrag auf Eröffnung des Insolvenzverfahrens verbunden werden soll.** [2] **Wird er nicht mit diesem verbunden, so ist er innerhalb von zwei Wochen nach dem Hinweis gemäß § 20 Abs. 2 zu stellen.**

(2)[1] **Dem Antrag ist die Erklärung beizufügen, daß der Schuldner seine pfändbaren Forderungen auf Bezüge aus einem Dienstverhältnis oder an deren Stelle tretende laufende Bezüge für die Zeit von sechs Jahren nach der Eröffnung des Insolvenzverfahrens an einen vom Gericht zu bestimmenden Treuhänder abtritt.** [2] **Hatte der Schuldner diese Forderungen bereits vorher an einen Dritten abgetreten oder verpfändet, so ist in der Erklärung darauf hinzuweisen.**

(3) **Vereinbarungen, die eine Abtretung der Forderungen des Schuldners auf Bezüge aus einem Dienstverhältnis oder an deren Stelle tretende laufende Bezüge ausschließen, von einer Bedingung abhängig machen oder sonst einschränken, sind insoweit unwirksam, als sie die Abtretungserklärung nach Absatz 2 Satz 1 vereiteln oder beeinträchtigen würden.**

I. Schuldnerberatungsstelle

1 Eine nach § 305 Abs. 1 Nr. 1 **anerkannte Person oder Stelle** darf den Schuldner gem. § 305 Abs. 4 aF nur bei Antragstellung und im gerichtlichen Schuldenbereinigungsplanverfahren vertreten (BGH ZVI 2004, 337). Nur in diesen Abschnitten darf daher auch der Antrag auf Restschuldbefreiung von der

[1] § 287 Abs. 1 neu gef., Abs. 2 Satz 1 geänd. mWv 1.12.2001 durch G v. 26.10.2001 (BGBl. I S. 2710).

anerkannten Person oder Stelle gestellt werden. Im eröffneten Verfahren kann sich der Schuldner nicht von der Schuldnerberatungsstelle vertreten lassen.

II. Sperrfristrechtsprechung

Die **Zulässigkeit eines erneuten Antrags auf Restschuldbefreiung** hatte die Rspr. zunächst dann angenommen, wenn nach Abschluss eines vorherigen Verfahrens ohne Erteilung einer Restschuldbefreiung der Schuldner neue Gläubiger vorweisen konnte (BGH NZI 2006, 601 = ZInsO 2006, 821). Von dieser Rspr. ist der BGH im Jahr 2009 abgerückt (BGHZ 183, 13) und hat seine **„Sperrfrist-Rechtsprechung"** begründet. Diese Grundsatzentscheidung ist zu Recht kritisiert worden (*Schmerbach* NZI 2009, 677), da sie die Annahme einer abschließenden Aufzählung der Versagungsgründe (FK-InsO/*Ahrens,* 7. Aufl., § 290 Rn. 5; BGH NZI 2003, 449 = NJW 2003, 2457) in § 290 Abs. 1 durchbrochen hat. Bislang ist es allerdings zu der befürchteten Ausweitung der Versagungsgründe des § 290 Abs. 1 nicht gekommen. Der BGH hat mittlerweile auch klargestellt, dass die Sperrfrist-Rspr. nicht auf alle Fälle der Versagung der Restschuldbefreiung anzuwenden ist (BGH WM 2013, 50). So gilt im Falle des § 290 Abs. 1 Nr. 2 allein die in der Vorschrift enthaltene 3-Jahresfrist. 2

Bei der Sperrfrist-Rechtsprechung sind die **einzelnen Fallgruppen** und der jeweilige Beginn der 3-Jahresfrist zu unterscheiden. Bei Versagung der Restschuldbefreiung gem. § 290 Abs. 1 Nr. 5 wegen Verletzung der Auskunfts- und Mitwirkungspflichten beginnt sie mit Rechtskraft des Versagungsbeschlusses (BGHZ 183, 13 = BGH NZI 2009, 691), bei einem unzulässigem Antrag auf Restschuldbefreiung ab Rechtskraft des die Unzulässigkeit feststellenden Beschlusses (BGH NZI 2010, 153), bei einem nicht gestellten oder vor Eröffnung zurückgenommenen Antrag auf Restschuldbefreiung ab Eröffnung des vorherigen Insolvenzverfahrens (BGH NZI 2010, 195 = NJW-RR 2010, 776), bei Ablehnung des Antrags auf Kostenstundung wegen offensichtlichen Vorliegens eines Versagungsgrundes ab Rechtskraft des Ablehnungsbeschlusses (BGH NZI 2010, 263) und bei Rücknahme des Antrags auf Restschuldbefreiung durch den Schuldner ab Eingang der Antragsrücknahme bei Gericht (BGH NZI 2011, 544). 3

III. Gehaltsabtretung

Gem. Absatz 2 Satz 2 soll der Schuldner in der Erklärung auf bereits bestehende Abtretungen, die gem. § 114 Abs. 1 im Verfahren privilegiert sind, hinweisen. Der Hinweis hat aber nicht in der Erklärung, sondern mit der Erklärung zu erfolgen (FK-InsO/*Ahrens* 7. Aufl. Rn. 137). Kommt der Schuldner dieser Verpflichtung nicht nach, kann bei grob fahrlässigen oder vorsätzlichen Falschangaben, insbes. nach nochmaligem Hinweis durch das Insolvenzgericht, eine **Verletzung der Verpflichtung aus § 290 Abs. 1 Nr. 5** vorliegen (FK-InsO/*Ahrens* Rn. 7. Aufl. 137). 4

Die Abtretung wird erst mit der **Aufhebung des Insolvenzverfahrens** wirksam (BGHZ 186, 223 = NZI 2010, 741; HambK-InsO/*Streck* 4. Aufl. Rn. 22; Uhlenbruck/*Vallender,* 13. Aufl., Rn. 44). Nach dem nicht geglückten Wortlaut (Uhlenbruck/*Vallender* Rn. 44) der Vorschrift könnte angenommen werden, dass die Abtretung bereits ab Verfahrenseröffnung gilt. Sie würde dann jedoch mit §§ 35, 36 kollidieren und eine wenig fruchtbare Klärung erforderlich machen, ob ein Vermögensgegenstand in die Insolvenzmasse fällt oder von der Abtretung erfasst wird. Der jetzige Wortlaut der Vorschrift geht auf eine Änderung im Jahre 2001 zurück, mit der lediglich der Beginn der Laufzeit der 6 Jahre vom Zeitpunkt der Aufhebung auf den Zeitpunkt der Eröffnung des Insolvenzverfahrens vorgezogen wurde (BT-Drs. 14/6468, 18; FK-InsO/*Ahrens* Rn. 119). Ein Vorrang der 5

Abtretung vor der Insolvenzmasse war nicht beabsichtigt. Sowohl nach der zutreffenden Ansicht, die in der Abtretung eine Prozesserklärung sieht (FK-InsO/*Ahrens* Rn. 128), als auch nach der Ansicht, die sie als materiellrechtliche Erklärung einordnet und von ihrer Suspendierung während des eröffneten Verfahrens ausgeht (Uhlenbruck/*Vallender,* 13. Aufl., Rn. 44), wird die Abtretung daher erst nach Aufhebung des Insolvenzverfahrens wirksam.

Vorschlagsrecht

288 **Der Schuldner und die Gläubiger können dem Insolvenzgericht als Treuhänder eine für den jeweiligen Einzelfall geeignete natürliche Person vorschlagen.**

[Altfassung ist in Neufassung enthalten.]

Entscheidung des Insolvenzgerichts

289 (1) [1]**Die Insolvenzgläubiger und der Insolvenzverwalter sind im Schlußtermin zu dem Antrag des Schuldners zu hören.** [2]**Das Insolvenzgericht entscheidet über den Antrag des Schuldners durch Beschluß.**

(2) [1]**Gegen den Beschluß steht dem Schuldner und jedem Insolvenzgläubiger, der im Schlußtermin die Versagung der Restschuldbefreiung beantragt hat, die sofortige Beschwerde zu.** [2]**Das Insolvenzverfahren wird erst nach Rechtskraft des Beschlusses aufgehoben.** [3]**Der rechtskräftige Beschluß ist zusammen mit dem Beschluß über die Aufhebung des Insolvenzverfahrens öffentlich bekanntzumachen.**

(3) [1]**Im Falle der Einstellung des Insolvenzverfahrens kann Restschuldbefreiung nur erteilt werden, wenn nach Anzeige der Masseunzulänglichkeit die Insolvenzmasse nach § 209 verteilt worden ist und die Einstellung nach § 211 erfolgt.** [2]**Absatz 2 gilt mit der Maßgabe, daß an die Stelle der Aufhebung des Verfahrens die Einstellung tritt.**

Übersicht

[In der Neufassung wurden die Abschnitte 1 und 2 gestrichen. Abs. 3 wurde bis auf S. 2 unverändert in die Neufassung übernommen und wird dort kommentiert.]

I. Normzweck

Die Vorschrift regelt zum einen den ersten Teil des **Verfahrens der Restschuldbefreiung,** der mit dem Antrag beginnt und mit der Ankündigung oder der Versagung der Restschuldbefreiung endet. Die endgültige Erteilung der Restschuldbefreiung erfolgt gem. § 300 Abs. 1 erst nach Ablauf der sechs Jahre. Zum Verfahrensablauf ist zu beachten, dass die Rspr. im Fall der beantragten Versagung der Restschuldbefreiung wichtige Verfahrensregeln im Wege der Rechtsfortbildung hinzugefügt hat (vgl. BGH NZI 2009, 256 und BGH ZInsO 2011, 837 = MDR 2011, 695). Absatz 2 gibt den Verfahrensbeteiligten die Möglichkeit der **sofortigen Beschwerde,** die durch die hohe Bedeutung der Restschuldbefreiung gerechtfertigt ist (HK-InsO/*Landfermann,* 6. Aufl., Rn. 2). 1

II. Verfahrensablauf

Die Norm ist in engem Zusammenhang mit § 290 zu sehen. Zum Abschluss des Insolvenzverfahrens soll zum einen über die **Zulässigkeit des Restschuldbefreiungsantrages** entschieden werden (FK-InsO/*Ahrens* Rn. 1), zum anderen soll darüber entschieden werden, ob der Schuldner sich bislang vor dem und im Verfahren redlich verhalten hat. Diese **Redlichkeit** wird angenommen, wenn ein Versagungsgrund gem. § 290 Abs. 1 nicht vorliegt. Die Obliegenheiten des § 295 Abs. 1 gelten erst anschließend ab Aufhebung des Verfahrens (BGHZ 186, 223 = NZI 2010, 741). 2

III. Anhörung im Schlusstermin

Das Insolvenzgericht hört gem. Absatz 1 die Insolvenzgläubiger und den Insolvenzverwalter bzw. Treuhänder zum Restschuldbefreiungsantrag des Schuldners an. Die Insolvenzgläubiger können Versagungsgründe gem. § 290 Abs. 1 InsO glaubhaft machen und die Versagung der Restschuldbefreiung beantragen. Nur wenn einem Insolvenzgläubiger die Glaubhaftmachung eines Versagungsgrundes gelingt (BGHZ 156, 139), ermittelt das Gericht anschließend von Amts wegen, ob der Versagungsgrund vorliegt, und entscheidet gem. Absatz 1 Satz 2 durch Beschluss. Ist der Restschuldbefreiungsantrag zulässig und liegen nach Ansicht des Gerichts keine Versagungsgründe vor, ergeht Beschluss mit der Ankündigung der Restschuldbefreiung gem. §§ 289 Abs. 1 S. 2, 291 Abs. 1. Ansonsten wird mit Beschluss die Erteilung der Restschuldbefreiung versagt. 3

Die **Anhörung gem. Absatz 1 Satz 1** hat grds. mündlich im Schlusstermin zu erfolgen (FK-InsO/*Ahrens* Rn. 5). Wenn das Verfahren gem. § 5 Abs. 2 schriftlich geführt wird, hat das Gericht unter Fristsetzung schriftlich anzuhören (BGH NZI 2006, 481; HambK-InsO/*Streck* Rn. 3). 4

1. Anhörung Insolvenzgläubiger. Die **Anhörung der Insolvenzgläubiger** folgt aus dem Grundsatz des rechtlichen Gehörs, da mit der Erteilung der Restschuldbefreiung erheblich in die Rechte der Gläubiger eingegriffen wird (Uhlenbruck/*Vallender,* 13. Aufl., Rn. 4). Die Anhörung ist für die Insolvenzgläubiger eine wichtige Zäsur, da anschließend Versagungsgründe aus § 290 Abs. 1 selbst dann nicht mehr vorgetragen werden können, wenn sie dem Gläubiger nicht bekannt waren (BGH NZI 2009, 64). Anzuhören sind nur die Insolvenzgläubiger, die auch eine Forderung im Verfahren angemeldet haben und damit einen Antrag auf Versagung der Restschuldbefreiung stellen können (BGH NZI 2007, 357). Erforderlich ist hierbei nur die Forderungsanmeldung, nicht die Teilnahme an der Schlussverteilung (BGH NZI 2009, 856 = WM 2009, 2234). 5

6 **2. Anhörung Schuldner.** Eine **Anhörung des Schuldners** ist nach dem Wortlaut der Vorschrift nicht vorgesehen. Ihre Notwendigkeit folgt aber aus den im Wege der Rechtsfortbildung entwickelten weiteren Verfahrensregeln (FK-InsO/*Ahrens* Rn. 5), nach denen der Schuldner im Schlusstermin zu einem Versagungsantrag eines Gläubigers abschließend vortragen muss (BGH NZI 2009, 256). Erscheint der Schuldner im Schlusstermin nicht oder unterlässt er einen widersprechenden Vortrag, gilt der Vortrag des Gläubigers als zugestanden. Der Schuldner kann dem Versagungsantrag nach dem Schlusstermin dann nicht mehr entgegen treten und ist mit weiterem Vortrag präkludiert (BGH NZI 2009, 256). Wegen dieser weitreichenden Folgen hat der BGH zu Recht die Pflicht des Gerichts festgestellt, den Schuldner vor dem Schlusstermin auf die Möglichkeit der Versagungsantragstellung durch einen Gläubiger und die nur im Schlusstermin bestehende Gelegenheit zur Erwiderung auf diesen Versagungsantrag hinzuweisen (BGH WM 2011, 837; *Vallender* VIA 2009, 1). Unterlässt das Insolvenzgericht diesen Hinweis, kann der Schuldner auch noch nach dem Schlusstermin auf den Versagungsantrag erwidern.

7 **3. Anhörung Insolvenzverwalter/Treuhänder.** Die **Anhörung des Insolvenzverwalters/Treuhänders** folgt nach allg. Ansicht nicht aus dem Grundsatz rechtlichen Gehörs, sondern dient allein der Ermittlung des Sachverhalts (FK-InsO/*Ahrens,* 7. Aufl., Rn. 4; Uhlenbruck/*Vallender,* 13. Aufl., Rn. 8). Der Gesetzgeber war der Ansicht, der Insolvenzverwalter/Treuhänder habe „… meist den besten Einblick in das Verhalten des Schuldners vor und während der Zeit des Insolvenzverfahrens …“ und seine Anhörung „… soll erst im Schlusstermin stattfinden, damit für die gesamte Verfahrensdauer festgestellt werden kann, ob der Schuldner seinen Auskunfts- und Mitwirkungspflichten genügt hat“ (BT-Drs. 12/2443, 189). Allerdings hat das Gericht nach der Systematik des Verfahrens über die Ankündigung oder Versagung der Restschuldbefreiung von Amts wegen erst zu ermitteln, wenn ein Versagungsgrund glaubhaft gemacht wurde. Demnach hat die Anhörung des Insolvenzverwalters/Treuhänders erst zu erfolgen, wenn ein Gläubiger im Schlusstermin entsprechenden Vortrag geleistet hat.

IV. Zuständigkeiten innerhalb des Gerichts

8 Über die **Zulässigkeit des Antrags** auf Restschuldbefreiung entscheidet der Rechtspfleger, der den Schlusstermin durchführt (FK-InsO/*Ahrens,* 7. Aufl., Rn. 20). Hält er den Antrag für unzulässig, da bspw. die Abtretungserklärung nicht beigefügt wurde, verwirft er den Antrag. Wird kein Versagungsantrag gestellt, entscheidet ebenfalls der Rechtspfleger und kündigt die Restschuldbefreiung an (HK-InsO/*Landfermann,* 6. Aufl., Rn. 5). Werden diese Entscheidungen im Schlusstermin verkündet, beginnt die Beschwerdefrist gem. § 6 Abs. 2 bereits mit der Verkündung.

9 Ist der Antrag auf Restschuldbefreiung zulässig und wird durch einen Gläubiger ein Versagungsantrag gestellt, geht die **Zuständigkeit** gem. § 18 Abs. 1 Nr. 2 RPflG auf den Richter über. Der Schuldner ist zunächst zum Versagungsantrag zu hören (HK-InsO/*Landfermann,* 6. Aufl., Rn. 4). Der Richter prüft Glaubhaftmachung und Darlegung des Versagungsgrundes, die Erwiderung des Schuldners und kündigt anschließend entweder die Restschuldbefreiung unter Abweisung des Antrages auf Versagung der Restschuldbefreiung an oder er versagt die Restschuldbefreiung.

V. Rechtsmittel

10 **1. Sofortige Beschwerde.** Der **Schuldner** kann gem. Absatz 2 Satz 1 gegen die Verwerfung des Antrags als unzulässig und gegen die Versagung der Rest-

schuldbefreiung sofortige Beschwerde erheben (FK-InsO/*Ahrens* Rn. 22). Wird dem Schuldner die Restschuldbefreiung angekündigt, kann der **Insolvenzgläubiger,** der die Versagung beantragt hat, Rechtsmittel einlegen.

Das **Beschwerdegericht** ist vollständige zweite Tatsacheninstanz (BGH NZI 2009, 864) Zum einen hat daher der Schuldner im Beschwerdeverfahren die Möglichkeit des uneingeschränkten neuen Vorbringens (BGH ZInsO 2009, 872). Dem Gläubiger steht diese Möglichkeit eingeschränkt zu, da er nur zu einem Versagungsgrund vortragen kann, der bereits im Schlusstermin glaubhaft gemacht wurde. Andererseits kann aber das Beschwerdegericht die Versagung der Restschuldbefreiung auf einen anderen Grund als das Ausgangsgericht stützen, soweit dieser Versagungsgrund vom Gläubiger ebenfalls glaubhaft gemacht wurde (BGH NZI 2009, 864). Der Schuldnern hat daher im Beschwerdeverfahren umfassend zu allen ursprünglichen Versagungsanträge Stellung nehmen, auch wenn das Insolvenzgericht nicht auf sie eingegangen ist. Der am Versagungsverfahren beteiligte Gläubiger sollte ggf. auf weitere noch nicht berücksichtigte Versagungsgründe hinweisen. 11

2. Rechtsbeschwerde. § 7 InsO aF wurde mit Wirkung zum 27.10.2011 gestrichen (BGBl. I S. 2082; *Zimmer* ZInsO 2011, 2120). Die Rechtsbeschwerde zum BGH ist daher gem. § 574 Abs. 1 Nr. 2 ZPO nur noch statthaft, wenn sie durch das Beschwerdegericht zugelassen wurde. Die **Zulassung der Rechtsbeschwerde** muss im anzufechtenden Beschluss erfolgen und kann nicht nachgeholt werden (Prütting/Gehrlein/*Lohmann* § 574 Rn. 15). Der Beschwerdeführer sollte die Zulassung daher frühzeitig anregen. Die Nichtzulassung ist nicht angreifbar, da eine Nichtzulassungsbeschwerde nicht vorgesehen ist (Prütting/Gehrlein/*Lohmann* § 574 Rn. 15) 12

VI. Gerichtskosten/Vergütung des Rechtsanwalts

1. Gerichtskosten. Gesonderte Gerichtskosten fallen für die Ankündigung oder die Versagung der Restschuldbefreiung nicht an (FK-InsO/*Ahrens* Rn. 26). Im Beschwerdeverfahren entstehen nach Nr. 2361 des Kostenverzeichnisses Kosten in Höhe 60 EUR. 13

2. Vergütung des Rechtsanwalts. Für die **Tätigkeit im Verfahren über die Versagung der Restschuldbefreiung** erhalten sowohl der Vertreter eines Gläubigers als auch der des Schuldners eine 0,5 Gebühr gem. RVG 3321 VV. Mehrere gleichzeitig anhängige Anträge gelten als ein Verfahren. Im Beschwerdeverfahren entsteht eine weitere 0,5 Gebühr gem. RVG 3500. Der **Gegenstandswert** ist gem. § 28 RVG nach billigem Ermessen unter Berücksichtigung des wirtschaftlichen Interesses zu bestimmen und wird vom BGH mittlerweile regelmäßig mit 5.000 EUR angenommen (BGH NZI 2011, 861; 2012, 145). 14

Versagung der Restschuldbefreiung

290 (1) **In dem Beschluß ist die Restschuldbefreiung zu versagen, wenn dies im Schlußtermin von einem Insolvenzgläubiger beantragt worden ist und wenn**

1. **der Schuldner wegen einer Straftat nach den §§ 283 bis 283c des Strafgesetzbuchs rechtskräftig verurteilt worden ist,**
2. **der Schuldner in den letzten drei Jahren vor dem Antrag auf Eröffnung des Insolvenzverfahrens oder nach diesem Antrag vorsätzlich oder grob fahrlässig schriftlich unrichtige oder unvollständige Angaben über seine wirtschaftlichen Verhältnisse gemacht hat, um einen Kredit**

zu erhalten, Leistungen aus öffentlichen Mitteln zu beziehen oder Leistungen an öffentliche Kassen zu vermeiden,

3. in den letzten zehn Jahren vor dem Antrag auf Eröffnung des Insolvenzverfahrens oder nach diesem Antrag dem Schuldner Restschuldbefreiung erteilt oder nach § 296 oder § 297 versagt worden ist,

4. der Schuldner im letzten Jahr vor dem Antrag auf Eröffnung des Insolvenzverfahrens oder nach diesem Antrag vorsätzlich oder grob fahrlässig die Befriedigung der Insolvenzgläubiger dadurch beeinträchtigt hat, daß er unangemessene Verbindlichkeiten begründet oder Vermögen verschwendet oder ohne Aussicht auf eine Besserung seiner wirtschaftlichen Lage die Eröffnung des Insolvenzverfahrens verzögert hat,

5. der Schuldner während des Insolvenzverfahrens Auskunfts- oder Mitwirkungspflichten nach diesem Gesetz vorsätzlich oder grob fahrlässig verletzt hat oder

6. der Schuldner in den nach § 305 Abs. 1 Nr. 3 vorzulegenden Verzeichnissen seines Vermögens und seines Einkommens, seiner Gläubiger und der gegen ihn gerichteten Forderungen vorsätzlich oder grob fahrlässig unrichtige oder unvollständige Angaben gemacht hat.

(2)**Der Antrag des Gläubigers ist nur zulässig, wenn ein Versagungsgrund glaubhaft gemacht wird.**

Übersicht

[Die allgemeinen Regeln des Versagungsverfahrens und die Glaubhaftmachung werden bei der Neufassung kommentiert. Die Versagungsgründe werden kommentiert, soweit sich Abweichungen zur Neufassung ergeben.]

I. Grundlagen

1 Das System der Versagung der Restschuldbefreiung wird zunächst von der Möglichkeit des Gläubigers bestimmt, in den einzelnen Verfahrensabschnitten unter Beachtung strenger Ausschlussfristen jeweils gesonderte, **abschließend aufgezählte Versagungsgründe** oder Obliegenheitsverletzungen vortragen zu können (FK-InsO/*Ahrens* Rn. 5; HambK-InsO/*Streck* Rn. 1). Die **Versagungsgründe aus § 290 Abs. 1** können nur bis zum Schlusstermin vorgetragen werden, während eine Verletzung der **Obliegenheiten aus § 295** erst ab der Aufhebung des Verfahrens geltend gemacht werden kann. Ein Versagungsantrag kann daher je nach seiner Begründung erfolgreich nur in einem bestimmten Verfahrensabschnitt oder zeitlich begrenzt gestellt werden (HambK-InsO/*Streck* Rn. 4). Die Prüfung der Frage, ob ein Fehlverhalten des Schuldners eine Versagung der Erteilung der Restschuldbefreiung gem. §§ 290, 295 nach sich ziehen

kann, erfordert daher stets eine exakte Orientierung über den jeweiligen Stand des Verfahrens und über die Art des möglichen Versagungsgrundes. So ist bspw. der Antrag eines Gläubigers, der auf einen Versagungsgrund nach § 290 Abs. 1 Nr. 2–6 InsO gestützt wird, aber erst in der Wohlverhaltensperiode gestellt wird, unzulässig (BGH NZI 2006, 538 = ZInsO 2006, 647).

Ein Insolvenzgläubiger kann die **Versagung der Restschuldbefreiung** bis 2 zum Schlusstermin beantragen, wenn ein Grund aus §§ 290 Abs. 1 Nr. 2–6, 314 Abs. 3 vorliegt. Bis zum Schlusstermin, zwischen Schlusstermin und Aufhebung des Verfahrens und in der sich anschließenden Restlaufzeit der Abtretungserklärung kann die Versagung gem. §§ 290 Abs. 1 Nr. 1, 297 Abs. 1 beantragt werden. Wegen Vorliegens einer Obliegenheitsverletzung aus § 295 Abs. 1 kann die Versagung ab Aufhebung des Verfahrens während der Restlaufzeit der Abtretungserklärung bis zur Entscheidung des Gerichts gem. § 300 Abs. 1 beantragt werden. Der Gläubiger muss diesen Antrag gem. § 296 Abs. 1 S. 2 innerhalb eines Jahres stellen, nachdem ihm die Obliegenheitsverletzung bekannt geworden ist. Der **Widerruf der Erteilung der Restschuldbefreiung** kann gem. § 303 Abs. 1 innerhalb eines Jahres nach Rechtskraft der Entscheidung über die Restschuldbefreiung beantragt werden, wenn der Schuldner seine Obliegenheiten während der Wohlverhaltensperiode vorsätzlich verletzt hat und die Gläubigerbefriedigung dadurch erheblich beeinträchtigt hat. Der Treuhänder kann die Versagung der Restschuldbefreiung bis zur Entscheidung des Gerichts gem. § 300 Abs. 1 beantragen, wenn der Schuldner seiner Pflicht zur Zahlung der Mindestvergütung gem. § 298 Abs. 1 nicht nachgekommen ist.

II. Verfahrensablauf

Die **Insolvenzgläubiger** können Versagungsgründe gem. § 290 Abs. 1 im 3 Schlusstermin oder bei schriftlicher Verfahrensführung bis zum gesetzten Termin glaubhaft machen und die Versagung der Restschuldbefreiung beantragen. Nur wenn einem Insolvenzgläubiger die Glaubhaftmachung eines Versagungsgrundes gelingt und der Versagungsantrag damit zulässig ist (BGHZ 156, 139), ermittelt das Gericht anschließend von Amts wegen, ob der Versagungsgrund vorliegt und entscheidet über den Versagungsantrag per Beschluss gem. § 289 Abs. 1 S. 2. Auf diesen Beschluss bezieht sich § 290 Abs. 1 Hs. 1. Ist der Restschuldbefreiungsantrag zulässig und liegen nach Ansicht des Gerichts keine Versagungsgründe vor, ergeht Beschluss mit der Ankündigung der Restschuldbefreiung gem. §§ 289 Abs. 1 S. 2, 291 Abs. 1. Ansonsten wird mit Beschluss die Erteilung der Restschuldbefreiung versagt. Zu beachten ist im Versagungsverfahren auch der Wechsel der Zuständigkeit vom Rechtspfleger auf den Richter.

III. Antragstellung

Antragsberechtigt ist nur ein Insolvenzgläubiger, der eine Forderung ange- 4 meldet hat (BGH NZI 2007, 357; aA Uhlenbruck/*Vallender,* 13. Aufl., Rn. 3). Nicht erforderlich ist aber die Teilnahme an der Schlussverteilung (BGH NZI 2009, 856 = WM 2009, 2234). Auch absonderungsberechtigte Gläubiger sind antragsberechtigt (HambK-InsO/*Streck* Rn. 2), wenn sie ihren Ausfall glaubhaft machen (BGH NZI 2012, 892). Ein **Bestreiten der Forderung** durch den Verwalter hindert die Antragsbefugnis nicht (BGH NZI 2015, 516; aA HambK-InsO/*Streck* Rn. 2). Ein Widerspruch des Schuldners steht der Antragsberechtigung nicht entgegen, da dieser Widerspruch gem. § 201 Abs. 2 nur Bedeutung nach Verfahrensaufhebung hat (aA HambK-InsO/*Streck* Rn. 2). Der antragstellende Insolvenzgläubiger muss nicht vom Fehlverhalten des Schuldners direkt betroffen sein (BGH NZI 2007, 357; Uhlenbruck/*Vallender,* 13. Aufl., Rn. 15a; aA FK-InsO/*Ahrens* Rn. 29).

5 Der Antrag ist gem. §§ 290 Abs. 1 Hs. 1, 289 Abs. 2 S. 1 **mündlich im Schlusstermin** zu stellen (BGH ZVI 2003, 170; Uhlenbruck/*Vallender,* 13. Aufl., Rn. 5). Die Bezugnahme auf einen Schriftsatz ist zulässig (FK-InsO/*Ahrens* 7. Aufl. Rn. 85). Bei **schriftlicher Verhandlungsführung** gem. § 5 Abs. 2 S. 2 ist der Antrag schriftlich bis zum gesetzten Stichtag zu stellen, wobei die Voraussetzungen eines bestimmenden Schriftsatzes zu erfüllen sind (Uhlenbruck/*Vallender,* 13. Aufl., Rn. 4). Ein vor dem Schlusstermin oder bei schriftlicher Verfahrensführung vor der Anhörung der Gläubiger gestellter Antrag gilt lediglich als Ankündigung eines Antrages, der die eigentliche Antragstellung nicht ersetzen kann (BGH NZI 2006, 481). Da im **masseunzulänglichen Verfahren** ein Schlusstermin nicht stattfindet, hat das Gericht eine den Schlusstermin in diesem Fall ersetzende Gläubigerversammlung durchzuführen, in der die Versagung zu beantragen ist (BGH ZVI 2009, 346), oder es hat im schriftlichen Verfahren die Möglichkeit zur Antragstellung zu geben.

6 **Nach dem Schlusstermin** oder dem im schriftlichen Verfahren gesetzten Stichtag ist eine Antragstellung ausgeschlossen (FK-InsO/*Ahrens* Rn. 86). Dies gilt auch, wenn der Gläubiger sich darauf beruft, keine Kenntnis von Insolvenzverfahren und Schlusstermin gehabt zu haben. Denn der Eröffnungsbeschluss ist gem. § 30 Abs. 1 öffentlich bekannt zu machen und ist damit gem. § 9 Abs. 3 den Beteiligten auch zugestellt worden (BGH NZI 2009, 66). Unkenntnis des Verfahrens kann daher nicht vorliegen. Nach Ansicht des BGH bleibt dem Gläubiger hier nur ein möglicher **Anspruch aus § 826 BGB** (BGH NZI 2009, 66). Eine Wiedereinsetzung bei unverschuldeter Versäumung von Schlusstermin oder Stichtag ist nicht möglich, da eine Notfrist nach § 224 Abs. 1 S. 2 ZPO nicht vorliegt (Uhlenbruck/*Vallender,* 13. Aufl., Rn. 8; FK-InsO/*Ahrens* Rn. 87).

IV. Erwiderung des Schuldners

7 Auch der Schuldner muss **im Schlusstermin oder** bei schriftlich geführtem Verfahren **innerhalb der gesetzten Frist** zum Versagungsantrag des Gläubigers vortragen (BGH NZI 2009, 256; HambK-InsO/*Streck* Rn. 6a). Schlüssig vorgetragene aber nicht glaubhaft gemachte Tatsachen, die der Schuldner nicht im Schlusstermin oder innerhalb der Frist bestreitet, gelten als zugestanden und damit unstreitig. Der Schuldner ist mit späterem Vortrag ebenso präkludiert (BGH NZI 2009, 256) wie der Gläubiger, der seinen Vortrag nicht spätestens im Schlusstermin leistet.

8 Wegen dieser weitreichenden Folgen einer unterlassenen Erwiderung hat der BGH zu Recht im Wege der Rechtsfortbildung die **Pflicht des Gerichts** festgestellt, den Schuldner vor dem Schlusstermin auf die Möglichkeit der Versagungsantragstellung durch einen Gläubiger und die nur im Schlusstermin bestehende Gelegenheit zur Erwiderung auf diesen Versagungsantrag hinzuweisen (BGH WM 2011, 837; *Vallender* VIA 2009, 1). Unterlässt das Insolvenzgericht diesen Hinweis, kann der Schuldner auch noch nach dem Schlusstermin auf den Versagungsantrag erwidern.

9 In welchem **Umfang** der Schuldner im Schlusstermin auf den Versagungsantrag zu erwidern hat, richtet sich nach allgemeinen zivilprozessualen Regeln. Nur auf den eigentlichen Zurückweisungsantrag bzw. ein grundsätzliches Bestreiten können sich die nachfolgenden, in der Praxis häufig zitierten Ausführungen des BGH beziehen (BGH NZI 2009, 256): „… Die Gründe, die zur Versagung der Restschuldbefreiung führen können, sind Gegenstand seiner eigenen Wahrnehmung. Zu der Frage, ob er sie bestreitet und damit die Pflicht des Insolvenzgerichts zur Ermittlung von Amts wegen auslöst (BGHZ 156, 139 [142]), kann er

stundeten Verfahrenskosten noch nicht berichtigt, werden Gelder an den Schuldner nur abgeführt, sofern sein Einkommen nicht den sich nach § 115 Abs. 1 der Zivilprozessordnung errechnenden Betrag übersteigt.

(2) [1]**Die Gläubigerversammlung kann dem Treuhänder zusätzlich die Aufgabe übertragen, die Erfüllung der Obliegenheiten des Schuldners zu überwachen.** [2]**In diesem Fall hat der Treuhänder die Gläubiger unverzüglich zu benachrichtigen, wenn er einen Verstoß gegen diese Obliegenheiten feststellt.** [3]**Der Treuhänder ist nur zur Überwachung verpflichtet, soweit die ihm dafür zustehende zusätzliche Vergütung gedeckt ist oder vorgeschossen wird.**

(3) [1]**Der Treuhänder hat bei der Beendigung seines Amtes dem Insolvenzgericht Rechnung zu legen.** [2]**Die §§ 58 und 59 gelten entsprechend, § 59 jedoch mit der Maßgabe, daß die Entlassung von jedem Insolvenzgläubiger beantragt werden kann und daß die sofortige Beschwerde jedem Insolvenzgläubiger zusteht.**

I. Überprüfung der Abtretung

1 Ebenso hat der Treuhänder eine im Hinblick auf § 114 Abs. 1 InsO vorgelegte Abtretung auf ihre Wirksamkeit hin zu überprüfen (HK-InsO/*Landfermann* Rn. 3; FK-InsO/*Grote* Rn. 10; aA Uhlenbruck/*Vallender,* 13. Aufl., Rn. 21).

II. Motivationsrabatt gem. Absatz 1 Satz 4 und 5

2 Der Treuhänder hat gem. § 292 Abs. 1 S. 4 und S. 5 **ab dem 4. Jahr der Wohlverhaltensphase** einen Teil der an ihn abgeführten Zahlungen als sog »Motivationsrabatt« an den Schuldner auszuzahlen (HK-InsO/*Landfermann* Rn. 12; Uhlenbruck/*Vallender,* 13. Aufl., Rn. 43). Durch die Gesetzesänderungen zum 1.12.2001 (BGBl. 2001 II I S. 2710), nach denen die sechs Jahre bereits mit Verfahrenseröffnung beginnen, hat der Bonus allerdings stark an Bedeutung verloren. Denn die vier bzw. fünf Jahre beginnen zumindest nach dem Wortlaut der Vorschrift weiterhin erst mit Aufhebung des Verfahrens und werden daher bei einer 1–2-jährigen Laufzeit des eröffneten Verfahrens kaum mehr erreicht (HK-InsO/*Landfermann* Rn. 12).

3 **Berechnungsgrundlage** für die an den Schuldner auszuzahlende Summe sind sämtliche Zahlungen, die der Treuhänder im vierten oder fünften Jahr vereinnahmt hat, also bspw. auch Zahlungen des Schuldners aus einer Erbschaft (HK-InsO/*Landfermann* Rn. 13; FK-InsO/*Grote* Rn. 19). Die Ausschüttungen haben mindestens jährlich zu erfolgen (FK-InsO/*Grote* Rn. 19). Bei höheren Beträgen kommt aber auch eine häufigere, auch eine monatliche Auszahlung in Frage (Uhlenbruck/*Vallender,* 13. Aufl., Rn. 48).

Vergütung des Treuhänders[1]

293 (1) [1]**Der Treuhänder hat Anspruch auf Vergütung für seine Tätigkeit und auf Erstattung angemessener Auslagen.** [2]**Dabei ist dem Zeitaufwand des Treuhänders und dem Umfang seiner Tätigkeit Rechnung zu tragen.**

(2) **§ 63 Abs. 2 sowie die §§ 64 und 65 gelten entsprechend.**

[Altfassung entspricht Neufassung.]

---

[1] § 293 Abs. 2 neu gef. mWv 1.12.2001 durch G v. 26.10.2001 (BGBl. I S. 2710).

Gleichbehandlung der Gläubiger

294 (1) **Zwangsvollstreckungen für einzelne Insolvenzgläubiger in das Vermögen des Schuldners sind während der Laufzeit der Abtretungserklärung nicht zulässig.**

(2) **Jedes Abkommen des Schuldners oder anderer Personen mit einzelnen Insolvenzgläubigern, durch das diesen ein Sondervorteil verschafft wird, ist nichtig.**

(3) **Gegen die Forderung auf die Bezüge, die von der Abtretungserklärung erfaßt werden, kann der Verpflichtete eine Forderung gegen den Schuldner nur aufrechnen, soweit er bei einer Fortdauer des Insolvenzverfahrens nach § 114 Abs. 2 zur Aufrechnung berechtigt wäre.**

[Nur geringfügige Änderungen durch die Neufassung, die aus dem Wegfall des § 114 InsO folgen.]

1 Absatz 3 schränkt iVm § 114 Abs. 2 die Aufrechnungsmöglichkeit der Insolvenzgläubiger und hier vor allen Dingen des Arbeitgebers des Schuldners **hinsichtlich der pfändbaren Bezüge** des Schuldners ein (HambK-InsO/*Streck* Rn. 13; Uhlenbruck/*Vallender,* Rn. 30). Die Aufrechnungsmöglichkeit besteht nach Abs. 3 iVm § 114 Abs. 2 nur für zwei Jahre ab Eröffnung des Insolvenzverfahrens, gleich ob das Verfahren schon aufgehoben wurde oder nicht (FK-InsO/*Ahrens* Rn. 48). Anschließend fällt das pfändbare Einkommen wieder in die Masse, soweit das Verfahren noch nicht aufgehoben ist, oder wird von der Abtretung erfasst, falls der Schuldner sich bereits in der Wohlverhaltensperiode befindet (HambK-InsO/*Streck* Rn. 13).

Obliegenheiten des Schuldners

295 (1) **Dem Schuldner obliegt es, während der Laufzeit der Abtretungserklärung**

1. **eine angemessene Erwerbstätigkeit auszuüben und, wenn er ohne Beschäftigung ist, sich um eine solche zu bemühen und keine zumutbare Tätigkeit abzulehnen;**
2. **Vermögen, das er von Todes wegen oder mit Rücksicht auf ein künftiges Erbrecht erwirbt, zur Hälfte des Wertes an den Treuhänder herauszugeben;**
3. **jeden Wechsel des Wohnsitzes oder der Beschäftigungsstelle unverzüglich dem Insolvenzgericht und dem Treuhänder anzuzeigen, keine von der Abtretungserklärung erfaßten Bezüge und kein von Nummer 2 erfaßtes Vermögen zu verheimlichen und dem Gericht und dem Treuhänder auf Verlangen Auskunft über seine Erwerbstätigkeit oder seine Bemühungen um eine solche sowie über seine Bezüge und sein Vermögen zu erteilen;**
4. **Zahlungen zur Befriedigung der Insolvenzgläubiger nur an den Treuhänder zu leisten und keinem Insolvenzgläubiger einen Sondervorteil zu verschaffen.**

(2) **Soweit der Schuldner eine selbständige Tätigkeit ausübt, obliegt es ihm, die Insolvenzgläubiger durch Zahlungen an den Treuhänder so zu stellen, wie wenn er ein angemessenes Dienstverhältnis eingegangen wäre.**

[Altfassung ist in Neufassung enthalten.]

Verstoß gegen Obliegenheiten

296 (1) [1]**Das Insolvenzgericht versagt die Restschuldbefreiung auf Antrag eines Insolvenzgläubigers, wenn der Schuldner während der Laufzeit der Abtretungserklärung eine seiner Obliegenheiten verletzt und dadurch die Befriedigung der Insolvenzgläubiger beeinträchtigt; dies gilt nicht, wenn den Schuldner kein Verschulden trifft.** [2]**Der Antrag kann nur binnen eines Jahres nach dem Zeitpunkt gestellt werden, in dem die Obliegenheitsverletzung dem Gläubiger bekanntgeworden ist.** [3]**Er ist nur zulässig, wenn die Voraussetzungen der Sätze 1 und 2 glaubhaft gemacht werden.**

(2) [1]**Vor der Entscheidung über den Antrag sind der Treuhänder, der Schuldner und die Insolvenzgläubiger zu hören.** [2]**Der Schuldner hat über die Erfüllung seiner Obliegenheiten Auskunft zu erteilen und, wenn es der Gläubiger beantragt, die Richtigkeit dieser Auskunft an Eides Statt zu versichern.** [3]**Gibt er die Auskunft oder die eidesstattliche Versicherung ohne hinreichende Entschuldigung nicht innerhalb der ihm gesetzten Frist ab oder erscheint er trotz ordnungsgemäßer Ladung ohne hinreichende Entschuldigung nicht zu einem Termin, den das Gericht für die Erteilung der Auskunft oder die eidesstattliche Versicherung anberaumt hat, so ist die Restschuldbefreiung zu versagen.**

(3) [1]**Gegen die Entscheidung steht dem Antragsteller und dem Schuldner die sofortige Beschwerde zu.** [2]**Die Versagung der Restschuldbefreiung ist öffentlich bekanntzumachen.**

[Altfassung ist in Neufassung enthalten.]

Insolvenzstraftaten

297 (1) **Das Insolvenzgericht versagt die Restschuldbefreiung auf Antrag eines Insolvenzgläubigers, wenn der Schuldner in dem Zeitraum zwischen Schlußtermin und Aufhebung des Insolvenzverfahrens oder während der Laufzeit der Abtretungserklärung wegen einer Straftat nach den §§ 283 bis 283c des Strafgesetzbuchs rechtskräftig verurteilt wird.**

(2) **§ 296 Abs. 1 Satz 2 und 3, Abs. 3 gilt entsprechend.**

[Altfassung ist in Neufassung enthalten.]

Deckung der Mindestvergütung des Treuhänders[1]

298 (1) [1]**Das Insolvenzgericht versagt die Restschuldbefreiung auf Antrag des Treuhänders, wenn die an diesen abgeführten Beträge für das vorangegangene Jahr seiner Tätigkeit die Mindestvergütung nicht decken und der Schuldner den fehlenden Betrag nicht einzahlt, obwohl ihn der Treuhänder schriftlich zur Zahlung binnen einer Frist von mindestens zwei Wochen aufgefordert und ihn dabei auf die Möglichkeit der Versagung der Restschuldbefreiung hingewiesen hat.** [2]**Dies**

[1] § 298 Abs. 1 S. 2 angef., Abs. 1 bish. Wortlaut wird Satz 1, Abs. 2 Satz 2 geänd. mWv 1.12.2001 durch G v. 26.10.2001 (BGBl. I S. 2710).

gilt nicht, wenn die Kosten des Insolvenzverfahrens nach § 4a gestundet wurden.

(2) [1] **Vor der Entscheidung ist der Schuldner zu hören.** [2] **Die Versagung unterbleibt, wenn der Schuldner binnen zwei Wochen nach Aufforderung durch das Gericht den fehlenden Betrag einzahlt oder ihm dieser entsprechend § 4a gestundet wird.**

(3) **§ 296 Abs. 3 gilt entsprechend.**

[Altfassung entspricht Neufassung.]

Vorzeitige Beendigung

299 Wird die Restschuldbefreiung nach §§ 296, 297 oder 298 versagt, so enden die Laufzeit der Abtretungserklärung, das Amt des Treuhänders und die Beschränkung der Rechte der Gläubiger mit der Rechtskraft der Entscheidung.

[Altfassung ist in Neufassung enthalten. Über die Norm werden in den bis zum 30.6.2014 beantragten Verfahren einige der Fallgestaltungen gelöst, die in den ab dem 1.7.2014 beantragten Verfahren vom neu gefassten § 300 geregelt werden (vgl. BGH NZI 2015, 240.]

I. Fehlende Forderungsanmeldungen

1 Liegen im Insolvenzverfahren **keine Forderungsanmeldungen** vor, kann dem Schuldner bereits im Schlusstermin die Restschulbefreiung erteilt werden, wenn Verfahrenskosten und sonstige Masseverbindlichkeiten beglichen sind (BGH NZI 2011, 947; 2005, 399). Gelingt dem Schuldner die Begleichung erst in der Wohlverhaltensphase, ist das Verfahren ebenfalls mit Erteilung der Restschuldbefreiung vorzeitig zu beenden (BGH NZI 2011, 947). Gleiches gilt, wenn eine **Befriedigung der Insolvenzgläubiger vor Ablauf der Wohlverhaltensphase** erreicht wurde, da die Einnahmen des Treuhänders gem. § 292 Abs. 1 S. 2 diese ermöglicht (Uhlenbruck/*Vallender,* 13. Aufl., Rn. 8; Ahrens/Gehrlein/Ringstmeier/*Weinland* Rn. 8). Wurden dem Schuldner die Verfahrenskosten gestundet, sollte die vorzeitige Beendigung im Falle der fehlenden Forderungsanmeldung allerdings nicht von der Begleichung der Kosten und Masseverbindlichkeiten abhängig gemacht werden, um dem Fiskus die weiteren Kosten einer an sich unnötigen Verfahrensfortführung zu ersparen (AG Essen 23.2.2015 – 165 IK 218/14, nv; AG Tempelhof-Kreuzberg Informationen der Bundesarbeitsgemeinschaft Schuldnerberatung 2006, 19; HK-InsO/*Landfermann* Rn. 8; *Erdmann* ZInsO 2007, 837; aA wohl BGH NZI 2011, 947; 2005, 399).

II. Einstellung mit Zustimmung der Gläubiger

2 Die vorzeitige Beendigung ist auch möglich, wenn der Schuldner die **Zustimmung der Gläubiger** beibringt, die Forderungen angemeldet haben (BGH NZI 2011, 947; LG Berlin ZInsO 2009, 443; FK-InsO/*Ahrens* Rn. 13). Denn dieser Fall gleicht dem der fehlenden Forderungsanmeldung (BGH NZI 2011, 947). Ein Teil der Rspr. wendet auch § 213 entsprechend an (LG Berlin ZInsO 2009, 443). Wenn der Schuldner neben der Zustimmung zur Beendigung auch einen ausdrücklichen **Verzicht der Gläubiger auf ihre Forderungen** vorlegt, kann ihm zusätzlich die Restschuldbefreiung erteilt werden (BGH NZI 2011, 947; 2005, 399). Nimmt der Schuldner neue Verbindlichkeiten auf, um einen außergerichtlichen Vergleich mit

den Gläubigern schließen zu können, ist dieser Gläubigertausch unschädlich, da die entstehenden Neugläubigerforderungen gem. § 301 Abs. 1 nicht von der Restschuldbefreiung erfasst werden (BGH NZI 2011, 947; FK-InsO/*Ahrens* Rn. 13; aA AG Köln NZI 2002, 218; Uhlenbruck/*Vallender,* 13. Aufl., Rn. 13). Der Schuldner hat in diesem Fall eigenverantwortlich zu entscheiden, ob die Begründung neuer Verbindlichkeiten einem Durchlaufen des gesamten Verfahrens einschließlich Erteilung der Restschuldbefreiung vorzuziehen ist.

Eine **Ablösung des künftigen Pfändungsbetrages** kann nur zu einer vorzeitigen Beendigung führen, wenn sie im Rahmen einer Einigung mit den Gläubigern erfolgt (FK-InsO/*Ahrens* Rn. 13; Ahrens/Gehrlein/Ringstmeier/*Weinland* Rn. 10). Eine einseitige Vorabzahlung der pfändbaren Einkommensanteile durch den Schuldner kann schon deshalb nicht zu einer vorzeitigen Beendigung führen, da nicht eindeutig absehbar ist, welche Zahlungen noch bis zum Abschluss der Wohlverhaltensphase durch den Schuldner zu leisten sind. 3

III. Rechtsfolgen

Die **Laufzeit der Abtretung** endet mit Rechtskraft der Versagung der Restschuldbefreiung. Der Schuldner erlangt damit die volle Verfügungsgewalt über sein pfändbares Einkommen zurück (FK-InsO/*Ahrens* Rn. 14). Einer besonderen Freigabeerklärung oder einer Rückabtretung bedarf es nicht (Uhlenbruck/*Vallender,* 13. Aufl., Rn. 3). Eine vor Eröffnung des Insolvenzverfahrens vereinbarte **Lohnabtretung des Schuldners** verliert ihre Wirksamkeit gem. § 91 mit Eröffnung des Verfahrens. Diese Zweijahresfrist wird durch eine vorzeitige Beendigung nicht berührt (FK-InsO/*Ahrens* Rn. 20). Eine nach Ablauf der zwei Jahre unwirksam gewordene Lohnabtretung lebt im Falle der vorzeitigen Beendigung nicht wieder auf (FK-InsO/*Ahrens* Rn. 20; HK-InsO/*Landfermann* Rn. 2; aA Uhlenbruck/*Vallender,* 13. Aufl., Rn. 7). Vor Eröffnung ausgebrachte **Lohnpfändungen** verlieren gem. § 114 Abs. 3 ihre Wirksamkeit nur insoweit, als dies durch den Zweck des Insolvenzverfahrens gerechtfertigt ist. Sie leben daher im Falle der vorzeitigen Beendigung wieder auf (BGH NZI 2011, 365 = NJW-RR 2011, 1495). Die vor Eröffnung ausgebrachte **Pfändung des gem. § 850d Abs. 1 ZPO bevorrechtigten Bereiches** hat gem. § 114 Abs. 3 S. 3 Hs. 2 iVm § 89 Abs. 2 S. 2 rangwahrenden Bestand hinsichtlich der nach Eröffnung entstehenden Forderungen des Gläubigers (siehe hierzu BAG NZI 2010, 35). Bei einer vorzeitigen Beendigung des Verfahrens können mit ihr auch wieder Insolvenzforderungen vollstreckt werden. 4

Entscheidung über die Restschuldbefreiung[1]

300 (1) **Ist die Laufzeit der Abtretungserklärung ohne eine vorzeitige Beendigung verstrichen, so entscheidet das Insolvenzgericht nach Anhörung der Insolvenzgläubiger, des Treuhänders und des Schuldners durch Beschluß über die Erteilung der Restschuldbefreiung.**

(2) **Das Insolvenzgericht versagt die Restschuldbefreiung auf Antrag eines Insolvenzgläubigers, wenn die Voraussetzungen des § 296 Abs. 1 oder 2 Satz 3 oder des § 297 vorliegen, oder auf Antrag des Treuhänders, wenn die Voraussetzungen des § 298 vorliegen.**

(3) [1]**Der Beschluß ist öffentlich bekanntzumachen.** [2]**Gegen den Beschluß steht dem Schuldner und jedem Insolvenzgläubiger, der bei der**

[1] § 300 Abs. 3 S. 2 aufgeh., Abs. 3 bish. Satz 3 wird Satz 2 mWv 1.12.2001 durch G v. 26.10.2001 (BGBl. I S. 2710).

Anhörung nach Absatz 1 die Versagung der Restschuldbefreiung beantragt hat, die sofortige Beschwerde zu.

Altfassung ist in Neufassung enthalten.

Wirkung der Restschuldbefreiung

301 (1) [1] **Wird die Restschuldbefreiung erteilt, so wirkt sie gegen alle Insolvenzgläubiger.** [2] **Dies gilt auch für Gläubiger, die ihre Forderungen nicht angemeldet haben.**

(2) [1] **Die Rechte der Insolvenzgläubiger gegen Mitschuldner und Bürgen des Schuldners sowie die Rechte dieser Gläubiger aus einer zu ihrer Sicherung eingetragenen Vormerkung oder aus einem Recht, das im Insolvenzverfahren zur abgesonderten Befriedigung berechtigt, werden durch die Restschuldbefreiung nicht berührt.** [2] **Der Schuldner wird jedoch gegenüber dem Mitschuldner, dem Bürgen oder anderen Rückgriffsberechtigten in gleicher Weise befreit wie gegenüber den Insolvenzgläubigern.**

(3) **Wird ein Gläubiger befriedigt, obwohl er auf Grund der Restschuldbefreiung keine Befriedigung zu beanspruchen hat, so begründet dies keine Pflicht zur Rückgewähr des Erlangten.**

[Altfassung entspricht Neufassung.]

Ausgenommene Forderungen[1]

302 **Von der Erteilung der Restschuldbefreiung werden nicht berührt:**

1. **Verbindlichkeiten des Schuldners aus einer vorsätzlich begangenen unerlaubten Handlung, sofern der Gläubiger die entsprechende Forderung unter Angabe dieses Rechtsgrundes nach § 174 Abs. 2 angemeldet hatte;**
2. **Geldstrafen und die diesen in § 39 Abs. 1 Nr. 3 gleichgestellten Verbindlichkeiten des Schuldners;**
3. **Verbindlichkeiten aus zinslosen Darlehen, die dem Schuldner zur Begleichung der Kosten des Insolvenzverfahrens gewährt wurden.**

[Altfassung ist in Neufassung enthalten.]

Widerruf der Restschuldbefreiung

303 (1) **Auf Antrag eines Insolvenzgläubigers widerruft das Insolvenzgericht die Erteilung der Restschuldbefreiung, wenn sich nachträglich herausstellt, daß der Schuldner eine seiner Obliegenheiten vorsätzlich verletzt und dadurch die Befriedigung der Insolvenzgläubiger erheblich beeinträchtigt hat.**

(2) **Der Antrag des Gläubigers ist nur zulässig, wenn er innerhalb eines Jahres nach der Rechtskraft der Entscheidung über die Restschuldbefrei-**

[1] § 302 Nr. 1 und 2 geänd., Nr. 3 angef. mWv 1.12.2001 durch G v. 26.10.2001 (BGBl. I S. 2710).

ung gestellt wird und wenn glaubhaft gemacht wird, daß die Voraussetzungen des Absatzes 1 vorliegen und daß der Gläubiger bis zur Rechtskraft der Entscheidung keine Kenntnis von ihnen hatte.

(3) [1] **Vor der Entscheidung sind der Schuldner und der Treuhänder zu hören.** [2] **Gegen die Entscheidung steht dem Antragsteller und dem Schuldner die sofortige Beschwerde zu.** [3] **Die Entscheidung, durch welche die Restschuldbefreiung widerrufen wird, ist öffentlich bekanntzumachen.**

[Altfassung ist in Neufassung enthalten.]

Neunter Teil. Verbraucherinsolvenzverfahren[1]

Vorbemerkungen zu den §§ 304–311

I. Allgemeines

1 Für Verbraucher sehen die §§ 304 ff. ein **besonderes Verfahren** vor, das sich von dem Regelinsolvenzverfahren durch ein vorgeschaltetes Verfahren zur vergleichsweisen Lösung einer Verbraucherinsolvenz unterscheidet. Durch das Gesetz zur Verkürzung des Restschuldbefreiungsverfahrens und zur Stärkung der Gläubigerrechte vom 15.7.2013 (BGBl. I S. 2379) sind die §§ 312–314 aufgehoben worden (→ Rn. 10). Auch wenn sich durch die Streichung der §§ 312–314 die Verfahrensarten einander annähern, ändert dies nichts an der Notwendigkeit der Unterscheidung zwischen dem Verbraucherinsolvenzverfahren und dem Regelinsolvenzverfahren als einander ausschließende, unterschiedlich strukturierte Verfahrensarten (*Laroche* VIA 2013, 52). Der Gesetzgeber wollte mit diesen Sonderregelungen die Gerichte vor übermäßigen Belastungen durch Verbraucherinsolvenzverfahren bewahren (BT-Drs. 12/7302, 151, 154, 189). Das auf die Bedürfnisse von Verbrauchern angepasste Verfahren dient nicht allein dazu, das Vermögen des Schuldners zur Befriedigung seiner Gläubiger unter Wahrung der Gleichbehandlung heranzuziehen. Es ist vielmehr für den in § 304 genannten Personenkreis, auch in den masselosen Fällen, die unabdingbare Vorstufe für die Restschuldbefreiung gem. den §§ 286 ff. (Uhlenbruck/*Sternal* Vorb. zu §§ 304–314 Rn. 1). Kein Spezifikum des Verbraucherinsolvenzverfahrens ist das auf besonderen Antrag durchgeführte Restschuldbefreiungsverfahren, dessen Treuhandperiode in praktischer Hinsicht als vierte Verfahrensstufe angesehen werden kann. Das Restschuldbefreiungsverfahren kann sich nicht nur an das Verbraucherinsolvenz-, sondern auch an das Regelinsolvenzverfahren anschließen.

II. Übersicht über den Verfahrensablauf

2 Das Verbraucherinsolvenzverfahren verläuft prinzipiell in **drei Stufen,** dem obligatorischen außergerichtlichen Einigungsversuch, §§ 305 Abs. 1 Nr. 1, 305a (erste Stufe), dem gem. § 306 Abs. 1 S. 3 in das Ermessen des Gerichts gestellten gerichtlichen Schuldenbereinigungsplanverfahren, §§ 306–310, und dem Insolvenzverfahren. Stellt allein ein Gläubiger den Insolvenzeröffnungsantrag und nutzt der Schuldner nicht sein gem. § 306 Abs. 3 S. 1 InsO bestehendes Recht auf einen Eigenantrag, sind die beiden Stufen des außergerichtlichen Einigungsversuchs und des gerichtlichen Schuldenbereinigungsplans entbehrlich. Es ist unmittelbar das Insolvenzverfahren einzuleiten. In diesem Fall kann der Schuldner keine Restschuldbefreiungsverfahren beantragen, da dieses einen eigenen Insolvenzantrag des Schuldners voraussetzt.

3 **Die erste Stufe, das außergerichtliche Einigungsverfahren** ist im Gesetz nur rudimentär ausgestaltet. Zum Inhalt und Ablauf des außergerichtlichen Verfahrens enthält das Gesetz keine Vorgaben. Vorgeschrieben ist allein die Bescheinigung einer geeigneten Person oder Stelle über den gescheiterten außergerichtlichen Einigungsversuch. Über die außergerichtliche Einigung selbst muss die Person oder Stelle nicht mit den Gläubigern verhandelt haben. Verlangt wird

[1] 9. Teil Überschrift neu gef., 1.–3. Abschnitt Überschrift aufgeh. mWv 1.7.2014 durch G v. 15.7.2013 (BGBl. I S. 2379).

lediglich eine verlässliche Bescheinigung über den durchgeführten und gescheiterten Einigungsversuch.

Das gerichtliche Schuldenbereinigungsplanverfahren (zweite Stufe) ist ein eigenständiges, vom gescheiterten außergerichtlichen Einigungsversuch losgelöstes Vergleichsverfahren (Graf-Schlicker/*Sabel* vor § 304 Rn. 2). Das Gericht kann vom Verfahren über einen Schuldenbereinigungsplan absehen, wenn nach seiner freien Überzeugung der Plan voraussichtlich nicht angenommen wird. Führt das Gericht ein Schuldenbereinigungsplanverfahren durch, ruht währenddessen das Verfahren über den Insolvenzeröffnungsantrag, § 306 Abs. 1 S. 1 InsO. Widerspricht ein Gläubiger nicht binnen einer Frist von einem Monat nach Zustellung des Plans, gilt sein Schweigen als Zustimmung, § 307 Abs. 2 InsO. Hat nur eine Minderheit der Gläubiger dem Plan widersprochen, kann das Gericht deren Zustimmung ersetzen, § 309 InsO. 4

Bleiben die Einigungsbestrebungen erfolglos oder ist allein ein Gläubigerantrag gestellt, wird ein **Insolvenzverfahren** durchgeführt **(dritte Stufe).** Liegt ein zulässiger und begründeter Insolvenzantrag vor und sind die Verfahrenskosten gedeckt oder gestundet, wird das Insolvenzerfahren eröffnet. Es bietet manche Verfahrenserleichterungen, weil es regelmäßig schriftlich durchgeführt werden kann, § 5 Abs. 2 S. 2, und kein Berichtstermin vorgesehen ist, § 29 Abs. 2. Eine Eigenverwaltung ist allerdings dem Regelinsolvenzverfahren vorbehalten (§ 270 Abs. 1 S. 3). 5

III. Antragsobliegenheiten im Verbraucherinsolvenzverfahren

Den Unterhaltsschuldner trifft eine Obliegenheit zur Einleitung der Verbraucherinsolvenz, wenn minderjährige Kinder vorhanden sind und dieses Verfahren zulässig und geeignet ist, deren laufenden Unterhalt sicherzustellen. Hinsichtlich der Frage der Geeignetheit sind die Umstände des Einzelfalls sorgfältig abzuwägen. Das gilt nur dann nicht, wenn der Unterhaltsschuldner Umstände vorträgt und gegebenenfalls beweist, die eine solche Obliegenheit im Einzelfall als unzumutbar darstellen (BGH NZI 2005, 342; 2008, 227). Diese Obliegenheit folgt aus der gesteigerten Leistungspflicht gem. § 1603 Abs. 2 S. 1 BGB beim Unterhaltsanspruch minderjähriger Kinder. Sie gilt nicht für andere Unterhaltsansprüche wie dem Trennungs- oder nachehelichen Unterhalt, da der mit einem Insolvenzeröffnungsantrag verbundene erhebliche Eingriff in die verfassungsrechtlich geschützte Handlungsfreiheit des Unterhaltsschuldners nur aus besonders wichtigen Gründen zu rechtfertigen ist, wie dem verfassungsrechtlichen Gebot zur Pflege und Erziehung der Kinder aus Art. 6 Abs. 2 und 5 GG (BGH NZI 2008, 193). 6

Der BGH hat die **Antragsobliegenheit** des Unterhaltsschuldners bislang nur **im Hinblick auf das Verbraucherinsolvenzverfahren** postuliert, nicht jedoch für den selbstständigen Schuldner, da wegen des unterschiedlichen Pfändungsschutzes in der Insolvenz eines selbstständig tätigen Schuldners nicht mit gleicher Sicherheit vorhersehbar ist, inwieweit die Einleitung eines Insolvenzverfahrens dem Unterhaltsgläubiger zum Vorteil gereicht (*Ahrens* NZI 2008, 159). 7

IV. Gesetzgebungsgeschichte

1. Urfassung. Die Kommission zur Reform des Insolvenzrechts hatte für natürliche Personen eine vereinfachte Schuldenregulierung ohne vereinfachtes Verfahren vorgeschlagen (vgl. Zweiter Bericht, Vorb. zu Leitsatz 6.2, S. 162–164). Der Bundesrat regte in seiner Stellungnahme vom 14.2.1992 an zu prüfen, ob die Schuldenbereinigung überschuldeter Verbraucher nicht in einem selbstständigen Verfahren außerhalb der Insolvenzordnung geregelt werden sollte (BT-Drs. 12/2443, 255 Nr. 28). Diese Anregung wies die Bundesregierung zurück (BT-Drs. 8

12/2443, 266 Nr. 28, 29). Während der Beratungen des Rechtsausschusses des deutschen Bundestages wurde der Neunte Teil der InsO mit seinen Regelungen für Verbraucher- und Kleininsolvenzverfahren ausgearbeitet und anstelle eines vom Bundesrat abgelehnten Kleininsolvenzverfahrens ohne Sachwalter am 21.4.1994 vom Deutschen Bundestag verabschiedet, Der Bundesrat forderte ein Konzept zur Verbraucherentschuldung außerhalb der InsO und weitgehend ohne gerichtliches Verfahren (vgl. BR-Drs. 336/94 und 337/94). Der Vermittlungsausschuss griff in seiner Sitzung vom 15.6.1994 das Anliegen des Bundesrats nicht auf. Die Reformgesetze blieben unverändert. Allein das Inkrafttreten der InsO wurde um weitere zwei Jahre hinausgeschoben. Bereits vor dem Inkrafttreten der InsO zum 1.1.1999 wurde durch Gesetz vom 19.12.1998 (BGBl. I S. 3836) die Vorschrift des § 305 durch Anfügung der Absätze 4 und 5 ergänzt.

9 **2. Gescheiterte Reformversuche.** Zur Beseitigung von Schwachstellen des neuen Verbraucherinsolvenzverfahrens wurde vom Deutschen Bundestag am 28.6.2001 das Gesetz zur Änderung der Insolvenzordnung und anderer Gesetze verabschiedet (BT-Drs. 14/6468), das zum 1.12.2001 in Kraft getreten ist. Insbes. wurde in § 304 die Abgrenzung der Verbraucher- und Kleininsolvenzverfahren vom Regelverfahren neu geregelt. Das gerichtliche Verfahren über den Schuldenbereinigungsplan wurde fakultativ ausgestaltet (§§ 305, 306). Die Möglichkeit, dem Schuldner die Verfahrenskosten zu stunden (§§ 4a–4d) wurde eingeführt. Die Möglichkeit, dem Schuldner die Verfahrenskosten zu stunden, führte zu einer starken Erhöhung der Zahl von Verbraucherinsolvenzverfahren. Dies wiederum löste eine intensive rechtspolitische Diskussion über weitere Änderungen der gesetzlichen Regelungen des Verbraucherinsolvenzverfahrens aus (*Wiedemann* ZVI 2004, 645). Die Konzeption, wonach auch bei Vermögenslosigkeit des Schuldners und dem Fehlen irgendwelcher Befriedigungschancen der Gläubiger die Erlangung der Restschuldbefreiung die Durchführung eines Insolvenzverfahrens voraussetzt, wurde in Frage gestellt. Das BMJ und die Landesjustizverwaltungen erarbeiteten ein Verfahren, in gesondertes eigenständiges und vereinfachtes „Entschuldungsverfahren" für den Schuldner, der nicht in der Lage ist, die Kosten des Verfahrens aufzubringen (DiskE eines Gesetzes zur Entschuldung völlig mittelloser Personen und zur Änderung des Verbraucherinsolvenzverfahrens, NZI Heft 4/2006, VII–XIV). Aufgrund überwiegend negativer Reaktionen in der Fachöffentlichkeit wurde der Plan eines eigenständigen Entschuldungsverfahrens fallen gelassen. Stattdessen beschloss die Bundesregierung am 22.8.2007 den RegE eines Gesetzes zur Entschuldung mittelloser Personen, zur Stärkung der Gläubigerrechte sowie zur Regelung der Insolvenzfestigkeit von Lizenzen (BT-Drs. 16/7416). Der Entwurf sah vor, in den Fällen, in denen die Kosten des Verfahrens nicht gedeckt waren, auf die Eröffnung eines Insolvenzverfahrens zu verzichten. Nach einer Abweisung des Insolvenzantrags mangels Masse sollte vom Eröffnungsverfahren unmittelbar in das Restschuldbefreiungsverfahren übergeleitet werden. Durch die obligatorische Beauftragung eines vorläufigen Treuhänders (§ 289a Abs. 1 RegE-InsO) sollte sichergestellt werden, dass die Vermögensverhältnisse des Schuldners weitgehend aufgeklärt werden und das Verfahren strukturiert wird. Der Wegfall der Stundungsvorschriften und eine Kostenbeteiligung des Schuldners sollte eine spürbare finanzielle Entlastung des Justizfiskus führen. Der Entwurf ist vor dem Ablauf der 16. Legislaturperiode nicht mehr verabschiedet worden und ist auch in der folgenden Legislaturperiode von der neuen Bundesregierung nicht mehr eingebracht worden.

10 **3. Gesetz zur Verkürzung der Restschuldbefreiungsverfahrens und zur Stärkung der Gläubigerrechte.** Mit dem **„Gesetz zur Verkürzung des Restschuldbefreiungsverfahrens und zur Stärkung der Gläubigerrechte vom 15.7.2013" (BGBl. I S. 2379),** das mit seinen wesentlichen Regelungen zum

1.7.2014 in Kraft getreten ist, wurde nicht nur das Restschuldbefreiungsverfahren erheblich verändert (vgl. → Vor §§ 286–303a nF). Auch in die Struktur des Verbraucherinsolvenzverfahrens ist ein umfassender Eingriff erfolgt (*Ahrens,* Die Reform des Privatinsolvenzrechts 2014, NJW 2014, 1841). Mehrere Änderungen in § 305. betreffen die Art und Weise der Beratung bei der Erteilung der Bescheinigung über den außergerichtlichen Einigungsversuch (Absatz 1 Nr. 1), die nachträgliche Ergänzung unvollständiger Erklärungen und Unterlagen (Absatz 3), sowie die Vertretungsbefugnis der geeigneten Person oder Stellen (Absatz 4). Von erheblicher Bedeutung ist die Aufhebung der §§ 312–314. Zum einen ist der Anwendungsbereich für das schriftliche Verfahren oder die Bestimmung nur eines Prüfungstermins auch auf Regelinsolvenzverfahren erweitert worden, wenn die Vermögensverhältnisse überschaubar und die Zahl der Gläubiger oder die Höhe der Verbindlichkeiten gering sind. Andere Regelungen in den §§ 312–314 haben die in das Verfahren gesetzten Erwartungen nicht erfüllen können (BT-Drs. 17/11268, 35). Der Wegfall der §§ 312–314 hat zur Folge, dass auch künftig im Verbraucherinsolvenzverfahren ein Insolvenzverwalter tätig wird. Damit entfallen die Aufgabenbegrenzungen des § 313 Abs. 2 und Abs. 3. **Der Insolvenzverwalter ist** nach den allgemeinen Grundsätzen **anfechtungsbefugt.** Die Verwertung von Sicherheiten kann wie im Regelinsolvenzverfahren vom Insolvenzverwalter vorgenommen werden. **Insolvenzpläne** nach den §§ 217 ff., InsO **werden im Verbraucherinsolvenzverfahren zugelassen.**

Grundsatz[1]

304 (1) [1] **Ist der Schuldner eine natürliche Person, die keine selbständige wirtschaftliche Tätigkeit ausübt oder ausgeübt hat, so gelten für das Verfahren die allgemeinen Vorschriften, soweit in diesem Teil nichts anderes bestimmt ist.** [2] **Hat der Schuldner eine selbständige wirtschaftliche Tätigkeit ausgeübt, so findet Satz 1 Anwendung, wenn seine Vermögensverhältnisse überschaubar sind und gegen ihn keine Forderungen aus Arbeitsverhältnissen bestehen.**

(2) **Überschaubar sind die Vermögensverhältnisse im Sinne von Absatz 1 Satz 2 nur, wenn der Schuldner zu dem Zeitpunkt, zu dem der Antrag auf Eröffnung des Insolvenzverfahrens gestellt wird, weniger als 20 Gläubiger hat.**

Schrifttum (Auswahl): *Ahrens,* Antragsobliegenheit und Unterhalt in der Insolvenz, NZI 2008, 159: *Bork,* Ex-Unternehmer als Verbraucher, ZIP 1999, 301; *Büttner,* Private Vermögensverwaltung – Abgrenzung zwischen Regel- und Verbraucherinsolvenzverfahren, ZInsO 2011, 2201; *Fuchs,* Die Änderungen im Verbraucherinsolvenzverfahren – Problemlösung oder neue Fragen?, NZI 2002, 239; *Graf-Schlicker,* Analysen und Änderungsvorschläge zum neuen Insolvenzrecht, WM 2000, 1984; *Mathäß,* Der Selbstständige im Wandel der Insolvenzordnung, ZInsO 2005, 1264; *Pape,* Aktuelle Entwicklungen im Verbraucherinsolvenzverfahren und Erfahrungen mit den Neuerungen des InsO-Änderungsgesetzes 2001, ZVI 2002, 225, 229; *Schmerbach,* Der Tod des Schuldners im Verbraucherinsolvenzverfahren, NZI 2008, 382; *Schmittmann,* Verbraucher- oder Regelinsolvenzverfahren für organschaftliche Vertreter einer Kapitalgesellschaft?, ZInsO 2002, 742; *Wiedemann,* Brauchen wir eine Reform der Verbraucherentschuldung?, ZVI 2004, 645.

---

[1] § 304 neu gef. mWv 1.12.2001 durch G v. 26.10.2001 (BGBl. I S. 2710).

Übersicht

I. Normzweck

1 Die Vorschrift bestimmt den **Personenkreis,** für den die Sondervorschriften des Verbraucher- und der Kleininsolvenzverfahren gelten sollen.

2 **Bis zum 1.12.2001** waren auch Kleinunternehmen in den Anwendungsbereich der §§ 304–312 einbezogen. Die Vorschrift wurde durch das InsOÄndG vom 26.10.2001 neugefasst, da die Einbeziehung von Kleinunternehmen in den Anwendungsbereich des Verbraucherinsolvenzverfahrens Abgrenzungsprobleme verursacht und zu einer erheblichen Justizbelastung beigetragen hatte (BT-Drs. 14/5680, 30).

II. Persönlicher Anwendungsbereich

3 **1. Natürliche Person.** Voraussetzung für die Anwendbarkeit der §§ 304 ff. ist zunächst, dass es sich bei dem Schuldner um eine natürliche Person handelt. Juristischen Personen, Gesellschaften und anderen insolvenzfähigen Vermögensmassen ist der Zugang zu diesem Verfahren verschlossen.

4 **2. Keine selbstständige wirtschaftliche Tätigkeit (Verbraucher). a) Grundsatz.** Das Unterscheidungsmerkmal zwischen dem persönlichen Anwendungsbereich des Regel- und des Verbraucherinsolvenzverfahrens bildet die selbständige wirtschaftliche Tätigkeit des Schuldners. Zur Abgrenzung können weder der Unternehmerbegriff aus § 14 BGB, weil er auf die Zweckrichtung eines konkreten rechtsgeschäftlichen Handelns verweist, noch der handelsrechtliche Begriff des Kaufmanns, da er auf eine gewerbliche Tätigkeit abstellt und Freiberufler ausblendet, noch die einkommensteuerrechtliche Differenzierung bei den Einkünften aus selbständiger Arbeit, §§ 2 Abs. 1 Nr. 3, 18 Abs. 1 EStG, weil sie etwa gewerbliche und landwirtschaftliche Tätigkeiten unberücksichtigt lässt, herangezogen werden (Gottwald InsR-HdB/*Ahrens* § 81 Rn. 19). Eine wirtschaftlich selbstständige Tätigkeit liegt grds. vor, wenn sie im eigenen Namen, in eigener Verantwortung, für eigene Rechnung und auf eigenes Risiko ausgeübt wird, also bei gewerblicher Tätigkeit, aber auch bei Ausübung freier Berufe, die kraft Gesetzes oder kraft Überlieferung nicht dem gewerblichen Bereich zugeordnet sind (BGH NZI 2005, 676). Kaufleute und andere gewerblich tätige Personen, Landwirte sowie niedergelassene Angehörige freier Berufe (BGH NJW 2003,

105), wie Ärzte, Zahnärzte, Psychologen (Gottwald InsR-HdB/*Ahrens* § 81 Rn. 20; aA BGH NZI 2003, 105 zu § 304 Abs. 2 InsO aF), Rechtsanwälte, Notare, Architekten, Steuerberater und Künstler (MüKoInsO/*Ott/Vuia* Rn. 53), sind selbständig wirtschaftlich tätig. Eine Unterscheidung zwischen haupt- und nebenberuflichen, gewerblichen und freiberuflichen oder sonstigen geringfügigen Tätigkeiten findet nicht statt Allerdings darf eine solche Tätigkeit nicht nur gelegentlich ausgeübt werden (→ Rn. 7). Auch „echte“ freie Mitarbeiter sind keine Verbraucher, da diese gerade nicht Einkünfte aus einer abhängigen Beschäftigung, sondern aus selbständiger Tätigkeit erzielen (Graf-Schlicker/*Sabel* Rn. 7; aA für arbeitnehmerähnliche Personen – freie Rundfunkmitarbeiter, Heimarbeiter, Einfirmenvertreter – Uhlenbruck/*Sternal* Rn. 4; FK-InsO/*Kohte* Rn. 9). Maßgeblich für die gerichtliche Festlegung auf eine Verfahrensart ist der Zeitpunkt der Antragstellung (BGH NJW 2003, 591).

b) Zurechnung selbstständiger wirtschaftlicher Tätigkeit. Bei der Zurechnung einer unternehmerischen Tätigkeit durch eine Gesellschafterstellung ist wie folgt zu unterscheiden. **Persönlich haftende Gesellschafter einer Personenhandelsgesellschaft** werden mit der Aufnahme des Geschäftsbetriebes Kaufleute (BGHZ 45, 282 [284]; BGH NZI 2005, 676) und sind damit selbständig beruflich tätig, weil sie die eigentlichen Unternehmensträger sind. Sie sind daher dem Personenkreis zuzuordnen, auf den die Vorschriften des Regelinsolvenzverfahrens Anwendung finden (BGH NZI 2005, 676; MüKoInsO/*Ott/Vuia* Rn. 50; HK-InsO/*Waltenberger* Rn. 8; Gottwald InsR-HdB/*Ahrens* § 81 Rn. 20). Gleiches gilt für den Mitgesellschafter einer GbR (Uhlenbruck/*Sternal* Rn. 15; LG Göttingen ZInsO 2002, 244). **Gesellschafter von Kapitalgesellschaften** und **Geschäftsführer einer GmbH** üben als solche keine selbständige wirtschaftliche Tätigkeit aus. Der **geschäftsführende Alleingesellschafter einer GmbH** ist allerdings selbständig wirtschaftlich tätig (BGH NJW 2006, 917 [918]). Dies gilt auch für den geschäftsführenden Mehrheitsgesellschafter, der 96 Prozent der Anteile hält (BGH NZI 2009, 384 [385]; Uhlenbruck/*Sternal* Rn. 17; aA *Fuchs* NZI 2002, 239). Die Grenze wird bei einer 50 prozentigen Beteiligung – ohne gleichzeitige Geschäftsführertätigkeit – liegen (LG Hamburg NZI 2013, 307; FK-InsO/*Kohte/Busch* Rn. 21; Gottwald HdBInsO/*Ahrens* § 81 Rn. 20). Der geschäftsführende Mehrheitsgesellschafter einer GmbH übt eine selbstständige wirtschaftliche Tätigkeit, wenn die GmbH persönlich haftende Gesellschafterin einer GmbH & Co. KG ist (BGH NZI 2009, 682). 5

3. Nichtselbstständige. a) Grundsatz. Alle natürlichen Personen, die überhaupt nicht wirtschaftlich tätig sind, unterliegen dem Anwendungsbereich des Verbraucherinsolvenzverfahrens, wenn diese nie einer selbstständigen wirtschaftlichen Tätigkeit nachgegangen waren. Dazu zählen Arbeitslose, Sozialhilfeempfänger, Rentner und Empfänger von Versorgungsbezügen. Dem Verbraucherinsolvenzverfahren sind ferner **alle Personen zuzuordnen, die in einer abhängigen und weisungsgebundenen Beschäftigung stehen** und nie eine selbstständige Tätigkeit ausgeübt haben. Neben Arbeitnehmern zählen dazu gleichermaßen Beamte, Studenten, Schüler, Auszubildende, Anlernlinge, Volontäre, Praktikanten und Soldaten (Uhlenbruck/*Sternal* Rn. 7). Wer nicht selbstständig tätig ist und auch nie eine selbstständige Tätigkeit ausgeübt hat, unterliegt stets dem Anwendungsbereich des Verbraucherinsolvenzverfahrens, auch wenn er ein großes Vermögen oder zahlreiche Gläubiger hat. 6

b) Nebentätigkeit. Abhängig Beschäftigte, Beamte, Rentner oder Empfänger von Versorgungsbezügen, die aus einer wirtschaftlich selbstständigen Nebentätigkeit Einkünfte erzielen, fallen nicht in den Anwendungsbereich des Verbraucherinsolvenzverfahrens. Dies gilt allerdings nur, wenn die Nebentätigkeit einen 7 nennenswerten Umfang erreicht und sich organisatorisch verfestigt hat (BGH NZI 2011, 410; FK-InsO/*Kohte/Busch* Rn. 9; Graf-Schlicker/*Sabel* Rn. 8; HK-InsO/*Waltenberger* Rn. 7; Uhlenbruck/*Sternal* Rn. 21). Damit soll verhindert werden, dass der Schuldner die bindenden gesetzlichen Regelungen für die Abgrenzung von Regel- und Verbraucherinsolvenzverfahren durch die bloß formale Aufnahme einer wirtschaftlich selbstständigen Tätigkeit unterläuft. Eine nur gelegentlich ausgeübte Tätigkeit, die sich nicht zu einer einheitlichen Organisation verdichtet hat, ist keine selbstständige Erwerbstätigkeit (BGH ZInsO 2011, 410). Erreichen die Einkünfte aus der Tätigkeit nicht einmal die Bagatellgrenze des § 3 Nr. 26 EStG (derzeit 2.400 EUR), spricht vieles für das Fehlen einer verfestigten organisatorischen Einheit (BGH NZI 2011, 410; Graf-Schlicker/*Sabel* Rn. 8). Der abhängig Beschäftigte, der nebenher gewerbsmäßig als Verkäufer in Internetportalen teilnimmt („Powerseller") ist kein Verbraucher iSd § 304 (Graf-Schlicker/*Sabel* Rn. 8). Hat der Schuldner vor der Antragstellung diese Tätigkeit eingestellt, hängt die Zulässigkeit des Verbraucherinsolvenzverfahrens von seiner Entschuldungsstruktur ab. Keine selbstständige wirtschaftliche Tätigkeit ist die **Vermietung von Immobilien,** sofern es sich um eine begrenzte Anzahl handelt. Nach Auffassung des LG Göttingen (ZInsO 2007, 166) liegt bei einer Vermietung von zwei Eigentumswohnungen noch keine wirtschaftlich selbstständige Tätigkeit vor. Entscheidendes Kriterium, ob bei einer privaten **Vermögensverwaltung** eine selbstständige wirtschaftliche Tätigkeit vorliegt, ist jedoch nicht die Anzahl der Wohnungen oder der aus den Vermietungen erzielte Ertrag (so aber *Pape/Sietz* in Mohrbutter/Ringsmeier, Insolvenzverwaltung, 8. Aufl. 2006, § 16 Rn. 14), sondern der Organisationsaufwand für die Vermögensverwaltung. Erfordert die Vermögensverwaltung einen planmäßigen Geschäftsbetrieb, wie etwa die Unterhaltung eines Büros oder einer Organisation, so liegt eine gewerbliche Tätigkeit vor (BGH NJW 2002, 368; *Büttner* ZInsO 2011, 2201).

8 **4. Frühere selbständige Tätigkeit (Absatz 1 Satz 1, Absatz 2). a) Überschaubare Vermögensverhältnisse.** Für früher selbständig wirtschaftlich tätige Personen ist das Regelinsolvenzverfahren eröffnet, es sei denn, ihre Vermögensverhältnisse sind überschaubar und es bestehen gegen sie keine Forderungen aus Arbeitsverhältnissen. Der Schuldner muss die selbstständige Tätigkeit zum Zeitpunkt der Antragstellung vollständig aufgegeben haben. Hat ein Schuldner seine selbstständige wirtschaftliche Tätigkeit zwar reduziert, liegt aber im Zeitpunkt der Antragstellung eine nachhaltige Aufgabe der zuvor ausgeübten Tätigkeit noch nicht vor, sind nicht die Vorschriften des Verbraucherinsolvenzverfahrens, sondern des Regelinsolvenzverfahrens einschlägig (OLG Celle NZI 2000, 259).

9 Nach **Absatz 2** sind die Lebensverhältnisse des Schuldners **überschaubar,** wenn er weniger als 20 Gläubiger hat. Maßgebend ist die Zahl der Gläubiger im Zeitpunkt der Antragstellung und zwar allein bei einer früher selbständig wirtschaftlich tätigen Person. Ist der Schuldner aktuell selbständig, muss er selbst bei einer geringeren Gläubigerzahl ein Regelinsolvenzverfahren absolvieren. War er niemals selbständig, steht ihm auch bei einer höheren Gläubigerzahl allein das Verbraucherinsolvenzverfahren offen. Abzustellen ist auf die Angaben im Gläubigerverzeichnis. Bei der Ermittlung der Gesamtzahl der am Verfahren beteiligten Gläubiger hat das Gericht allein auf die formale Gläubigerstellung abzustellen. Gläubiger, die mit mehreren Forderungen beteiligt sind, zählen als eine Person unabhängig davon, auf welchem Rechtsgrund ihre Forderungen beruhen, ob sie von verschiedenen, rechtlich unselbständigen Organisationseinheiten verwaltet werden, oder ob die Forderungen – etwa bei Forderungskauf oder Inkassozession – früher verschiedenen Gläubigern zustanden.

10 Unterschreitet die Gläubigerzahl diesen Schwellenwert, kann dennoch gem. Absatz 1 Satz 2 InsO ein Regelinsolvenzverfahren durchzuführen sein, wenn die

hinzuweisen, dass er zur Erreichung der Restschuldbefreiung nicht nur einen entsprechenden Antrag, sondern darüber hinaus auch einen Eigenantrag auf Insolvenzeröffnung stellen muss. Hat ein Gläubigerantrag zur Eröffnung des Insolvenzverfahrens geführt, kann der Schuldner keinen Eigenantrag mehr stellen. In einem Verbraucherinsolvenzverfahren kann in diesem Fall weder das außergerichtliche noch das gerichtliche Schuldenbereinigungsverfahren nachgeholt werden (BGH NZI 2005, 271). Hat das Insolvenzgericht die erforderlichen Hinweise zur Erlangung der Restschuldbefreiung fehlerhaft, unvollständig oder verspätet erteilt und ist das Insolvenzverfahren auf den Gläubigerantrag hin eröffnet worden, bevor der Schuldner den Eigenantrag stellt, genügt ein Antrag auf Restschuldbefreiung, um dem Schuldner die dahingehende Aussicht auf Erteilung der Restschuldbefreiung zu erhalten.

3. Rechtsmittel. Gegen die Entscheidung, in der das Gericht den Antrag als unzulässig zurückweist, weil es die beantragte Verfahrensart nicht für zulässig hält, ist die **sofortige Beschwerde** gem. § 34 Abs. 1 statthaft (BGH NZI 2013, 540; Graf-Schlicker/*Sabel* § 305 Rn. 4; aA LG Göttingen NZI 2002, 322). Ebenso ist der Schuldner beschwerdeberechtigt, wenn das Gericht auf einen Gläubigerantrag das Verbraucherinsolvenzverfahren eröffnet, der Schuldner jedoch das Regelinsolvenzverfahren für zulässig hält (OLG Köln NZI 2001, 216) oder das Verfahren nach Eröffnung der Verbraucherinsolvenz in ein Regelinsolvenzverfahren übergeleitet (BGH NZI 2013, 540). 17

IV. Der Tod des Schuldners im Verbraucherinsolvenzverfahren

Tod des Schuldners im Verbraucherinsolvenzverfahren. Stirbt nach Antragstellung der Schuldner im Verbraucherinsolvenzverfahren, so ist das Verfahren ohne Unterbrechung als Nachlassinsolvenzverfahren fortzuführen. Für die Verfahrensfortsetzung als Nachlassinsolvenzverfahren bedarf es weder eines Antrags noch einer Aufnahmeerklärung der Erben (BGH NZI 2008, 382; vgl. → Vor § 315 Rn. 25). Die selbsttätige **Überleitung des Verbraucherinsolvenzverfahrens in ein Nachlassinsolvenzverfahren** bewirkt jedoch nicht, dass der Treuhänder allein infolge der Verfahrensumgestaltung aus seiner Funktion in die eines Nachlassinsolvenzverwalters rückt. Wird in den Verfahren, die vor dem 1.7.2014 beantragt worden sind, der Treuhänder nach dem Tod des Schuldners von dem Insolvenzgericht nicht zum Nachlassinsolvenzverwalter bestellt, kann er weiterhin nur die Vergütung eines Treuhänders verlangen (abl. *Schmerbach* NZI 2008, 382). Die rechtskräftige Bestellung zum Treuhänder wirkt auch nach der Überleitung in ein Nachlassinsolvenzverfahren fort. Das Insolvenzgericht muss daher ihn – oder an seiner Stelle einen anderen Verwalter – nachträglich zum Insolvenzverwalter zu ernennen. Der nach Verfahrenseröffnung eingetretene Tod des Schuldners bildet eine neue, nicht durch die Rechtskraft präkludierte Tatsache (BGH NZI 2008, 382). Zum Tod des Schuldners nach Aufhebung des Verbraucherinsolvenzverfahrens und dem Eintritt des Schuldners in die Wohlverhaltensperiode → Vor § 315 Rn. 26 f. 18

Eröffnungsantrag des Schuldners[1]

305 (1) **Mit dem schriftlich einzureichenden Antrag auf Eröffnung des Insolvenzverfahrens oder unverzüglich nach diesem Antrag hat der Schuldner vorzulegen:**

1. **eine Bescheinigung, die von einer geeigneten Person oder Stelle auf der Grundlage persönlicher Beratung und eingehender Prüfung der Einkommens- und Vermögensverhältnisse des Schuldners ausgestellt ist und aus der sich ergibt, daß eine außergerichtliche Einigung mit den Gläubigern über die Schuldenbereinigung auf der Grundlage eines Plans innerhalb der letzten sechs Monate vor dem Eröffnungsantrag erfolglos versucht worden ist; der Plan ist beizufügen und die wesentlichen Gründe für sein Scheitern sind darzulegen; die Länder können bestimmen, welche Personen oder Stellen als geeignet anzusehen sind;**
2. **den Antrag auf Erteilung von Restschuldbefreiung (§ 287) oder die Erklärung, daß Restschuldbefreiung nicht beantragt werden soll;**
3. **ein Verzeichnis des vorhandenen Vermögens und des Einkommens (Vermögensverzeichnis), eine Zusammenfassung des wesentlichen Inhalts dieses Verzeichnisses (Vermögensübersicht), ein Verzeichnis der Gläubiger und ein Verzeichnis der gegen ihn gerichteten Forderungen; den Verzeichnissen und der Vermögensübersicht ist die Erklärung beizufügen, dass die enthaltenen Angaben richtig und vollständig sind;**
4. **einen Schuldenbereinigungsplan; dieser kann alle Regelungen enthalten, die unter Berücksichtigung der Gläubigerinteressen sowie der Vermögens-, Einkommens- und Familienverhältnisse des Schuldners geeignet sind, zu einer angemessenen Schuldenbereinigung zu führen; in den Plan ist aufzunehmen, ob und inwieweit Bürgschaften, Pfandrechte und andere Sicherheiten der Gläubiger vom Plan berührt werden sollen.**

(2) [1] **In dem Verzeichnis der Forderungen nach Absatz 1 Nr. 3 kann auch auf beigefügte Forderungsaufstellungen der Gläubiger Bezug genommen werden.** [2] **Auf Aufforderung des Schuldners sind die Gläubiger verpflichtet, auf ihre Kosten dem Schuldner zur Vorbereitung des Forderungsverzeichnisses eine schriftliche Aufstellung ihrer gegen diesen gerichteten Forderungen zu erteilen; insbesondere haben sie ihm die Höhe ihrer Forderungen und deren Aufgliederung in Hauptforderung, Zinsen und Kosten anzugeben.** [3] **Die Aufforderung des Schuldners muß einen Hinweis auf einen bereits bei Gericht eingereichten oder in naher Zukunft beabsichtigten Antrag auf Eröffnung eines Insolvenzverfahrens enthalten.**

(3) [1] **Hat der Schuldner die amtlichen Formulare nach Absatz 5 nicht vollständig ausgefüllt abgegeben, so fordert ihn das Insolvenzgericht auf, das Fehlende unverzüglich zu ergänzen.** [2] **Kommt der Schuldner dieser Aufforderung nicht binnen eines Monats nach, so gilt sein Antrag auf Eröffnung des Insolvenzverfahrens als zurückgenommen.** [3] **Im Falle des § 306 Abs. 3 Satz 3 beträgt die Frist drei Monate.**

---

[1] § 305 Abs. 1 Satz 1 geänd., Abs. 4 und 5 angef. durch G v. 19.12.1998 (BGBl. I S. 3836); Abs. 1 Nr. 1 geänd., Abs. 1 Nr. 3 neu gef., Abs. 3 Satz 3 angef. mWv 1.12.2001 durch G v. 26.10.2001 (BGBl. I S. 2710); Abs. 5 geänd. mWv 1.4.2005 durch G v. 22.3.2005 (BGBl. I S. 837); Abs. 4 Satz 2 neu gef. mWv 1.7.2008 durch G v. 12.12.2007 (BGBl. I S. 2840); Abs. 1 einl. Satzteil und Nr. 1 geänd., Abs. 3 Satz 1 neu gef., Abs. 4 Satz 1 geänd., Abs. 5 Satz 1 neu gef. mWv 1. 7. 2014 durch G v. 15.7.2013 (BGBl. I S. 2379); Abs. 5 Satz 1 geänd. mWv 8.9.2015 durch VO v. 31.8.2015 (BGBl. I S. 1474).

(4) [1] **Der Schuldner kann sich vor dem Insolvenzgericht von einer geeigneten Person oder einem Angehörigen einer als geeignet anerkannten Stelle im Sinne des Absatzes 1 Nr. 1 vertreten lassen.** [2] **Für die Vertretung des Gläubigers gilt § 174 Abs. 1 Satz 3 entsprechend.**

(5) [1] **Das Bundesministerium der Justiz wird ermächtigt, durch Rechtsverordnung mit Zustimmung des Bundesrates zur Vereinfachung des Verbraucherinsolvenzverfahrens für die Beteiligten Formulare für die nach Abs. 1 Nr. 1 bis 3 vorzulegenden Bescheinigungen, Anträge und Verzeichnisse einzuführen.** [2] **Soweit nach Satz 1 Formulare eingeführt sind, muß sich der Schuldner ihrer bedienen.** [3] **Für Verfahren bei Gerichten, die die Verfahren maschinell bearbeiten, und für Verfahren bei Gerichten, die die Verfahren nicht maschinell bearbeiten, können unterschiedliche Formulare eingeführt werden.**

§ 305 Abs. 1 Nr. 1, Abs. 3–5 aF Eröffnungsantrag des Schuldners (für die bis zum 30.6.2014 beantragten Verfahren fortgeltendes Recht)

1. *eine Bescheinigung, die von einer geeigneten Person oder Stelle ausgestellt ist und aus der sich ergibt, daß eine außergerichtliche Einigung mit den Gläubigern über die Schuldenbereinigung auf der Grundlage eines Plans innerhalb der letzten sechs Monate vor dem Eröffnungsantrag erfolglos versucht worden ist; der Plan ist beizufügen und die wesentlichen Gründe für sein Scheitern sind darzulegen; die Länder können bestimmen, welche Personen oder Stellen als geeignet anzusehen sind;*

(3) [1] Hat der Schuldner die in Absatz 1 genannten Erklärungen und Unterlagen nicht vollständig abgegeben, so fordert ihn das Insolvenzgericht auf, das Fehlende unverzüglich zu ergänzen. [2] Kommt der Schuldner dieser Aufforderung nicht binnen eines Monats nach, so gilt sein Antrag auf Eröffnung des Insolvenzverfahrens als zurückgenommen. [3] Im Falle des § 306 Abs. 3 Satz 3 beträgt die Frist drei Monate.

(4) [1] Der Schuldner kann sich im Verfahren nach diesem Abschnitt vor dem Insolvenzgericht von einer geeigneten Person oder einem Angehörigen einer als geeignet anerkannten Stelle im Sinne des Absatzes 1 Nr. 1 vertreten lassen. [2] Für die Vertretung des Gläubigers gilt § 174 Abs. 1 Satz 3 entsprechend.

(5) [1] Das Bundesministerium der Justiz wird ermächtigt, durch Rechtsverordnung mit Zustimmung des Bundesrates zur Vereinfachung des Verbraucherinsolvenzverfahrens für die Beteiligten Formulare für die nach Absatz 1 Nr. 1 bis 4 vorzulegenden Bescheinigungen, Anträge, Verzeichnisse und Pläne einzuführen. [2] Soweit nach Satz 1 Formulare eingeführt sind, muss sich der Schuldner ihrer bedienen. [3] Für Verfahren bei Gerichten, die die Verfahren maschinell bearbeiten, und für Verfahren bei Gerichten, die die Verfahren nicht maschinell bearbeiten, können unterschiedliche Formulare eingeführt werden.

Literatur (Auswahl): *Ahrens,* Die Reform des Privatinsolvenzrechts 14, NJW 2014, 1841; *ders.,* Rücknahmefiktion und Beschwerderecht bei § 305 III InsO, NZI 2000, 201; *Bayer/Fuchs,* Beratungshilfe im außergerichtlichen Teil des Verbraucherinsolvenzverfahrens, Rpfleger 00, 1; *Grote,* Der 1.7.1998, Startschuss für das Verbraucherinsolvenzverfahren? Neue Aufgaben für Schuldnerberatung und Anwaltschaft, ZInsO 1998, 107; *ders.,* Paradox: Der Zwang des Verbraucherschuldners zu Verhandlungen mit den Gläubigern verhindert außergerichtliche Einigungen, ZInsO 2001, 17; *Hackling,* Die Bescheinigung durch geeignete Stellen und Personen über das Scheitern der außergerichtlichen Einigung ohne Mitwirkung an der außergerichtlichen Einigung, ZVI 2006, 225; *Heyer,* Die qualifizierte Abschlussbescheinigung nach der Insolvenzrechtsreform 13/14, ZVI 2013, 214; *ders.,* Nochmals: problematischer Selbstversuch – außergerichtliche Einigungsversuche durch die Schuldner ohne hinreichende Unterstützung durch Beratungsstellen oder geeignete Personen, ZVI 2011, 41; *Houben,* Zur Gewährung von Beratungshilfe für die Inanspruchnahme eines Anwalts im Verbraucherinsolvenzverfahren, DZWIR 2005, 42; *Janlewing,* Anwaltliche und öffentlich geförderte Schuldnerberatung – zwei gleichberechtigte Hilfsangebote für Überschuldete, ZVI 2005, 617; *Klass,* Der Umfang der Prüfungskompetenz des Insolvenzgerichts im Rahmen des § 305 Abs. 1

InsO, ZInsO 1999, 620; *Kohte,* Zur Gewährung von Beratungshilfe für die außergerichtliche Schuldenbereinigung im Vorfeld eines Verbraucherinsolvenzverfahrens, VuR 2000, 23; *ders.,* Alte Schulden – neue Verfahren, ZInsO 2002, 53; *Pape,* Ein Jahr Verbraucherinsolvenz – eine Zwischenbilanz, ZIP 1999, 2037; *Pieper,* Verbraucherinsolvenz und Restschuldbefreiung – Notwendigkeit des Schuldners zur Angabe bestrittener Forderungen im Gläubiger- und Forderungsverzeichnis?, ZInsO 2010, 174; *Schmerbach,* Bundeseinheitlicher Vordruck zum Verbraucherinsolvenzverfahren, NZI 2002, 197; *Vallender,* Die bevorstehenden Änderungen des Verbraucherinsolvenz- und Restschuldbefreiungsverfahrens auf Grund des InsOÄndG 01 und ihre Auswirkungen auf die Praxis, NZI 2001, 561; *Vallender/Elschenbroich,* Konflikte zwischen dem Straf- und Insolvenzrecht bei der Vollstreckung von Geldstrafen im Verbraucherinsolvenz- und Restschuldbefreiungsverfahren, NZI 2002, 130; *Winter,* Anwaltliche Tätigkeit im Rahmen der vorgerichtlichen Einigung und des Insolvenzverfahrens, ZVI 2005, 351.

Übersicht

I. Normzweck

1 Die Vorschrift regelt **Form und Inhalt des Insolvenzantrags im Verbraucherinsolvenzverfahren.** Die Absatz 1 und 2 nennen die Unterlagen, die der Schuldner mit dem Eröffnungsantrag oder unverzüglich danach dem Gericht vorzulegen hat. Diese Unterlagen dienen zum einen als Grundlage für den gerichtlichen Einigungsversuch und sind bei dessen Scheitern für die Durchführung des vereinfachten Insolvenzverfahrens erforderlich. Absatz 3 befasst sich mit den Folgen eines unvollständigen Antrags. Die Vertretung des Schuldners durch eine geeignete Person oder durch einen Angehörigen einer als geeignet anerkannten Stelle ist in Absatz 4 geregelt. Eine Ermächtigungsgrundlage für die Einführung von Formularen für den Eröffnungsantrag und die einzureichenden Unterlagen enthält Absatz 5.

2 Die Vorschrift regelt in Absatz 1 Ziffer 1 auch mittelbar den **außergerichtlichen Einigungsversuch,** der zur Entlastung der Gerichte dem Insolvenzantrag eines Verbrauchers zwingend vorgelagert ist. Es ist die einzige gesetzliche Erwähnung des außergerichtlichen Einigungsversuch, ohne dieses Verfahren im Einzelnen zu regeln.

3 Durch das **Gesetz vom 19.12.1998** (EGInsOÄndG, BGBl. I S. 2836) wurden Abs. 4 und 5 angefügt. Den Schuldnerberatern wurde das Recht eingeräumt, den Schuldner auch im gerichtlichen Verfahren über den Schuldenbereinigungsplan zu vertreten. Durch das „Gesetz zur Verkürzung des Restschuldbefreiungsverfahrens und zur Stärkung der Gläubigerrechte vom 15.7.2013" (BGBl. I S. 2379), ist auch § 305 an mehreren Stellen geändert worden. Diese Änderungen betreffen die Art und Weise der Beratung bei der Erteilung der Bescheinigung über den außergerichtlichen Einigungsversuch (Absatz 1 Nr. 1), die nachträgliche Ergänzung unvollständiger Erklärungen und Unterlagen (Absatz 3), sowie die Vertretungsbefugnis der geeigneten Person oder Stellen (Absatz 4).

II. Der außergerichtliche Einigungsversuch

4 **1. Erforderlichkeit.** Zwingende Voraussetzung eines Verbraucherinsolvenzverfahrens ist die Durchführung eines außergerichtlichen Einigungsversuchs auf der **Grundlage eines Plans.** Ein Antrag auf Eröffnung eines Verbraucherinsolvenzverfahrens ist daher nur zulässig, wenn der Schuldner in den letzten sechs Monaten auf der Grundlage eines Plans eine außergerichtliche Einigung versucht hat. Das Scheitern der außergerichtlichen Einigung ist durch eine geeignete Person oder Stelle zu bescheinigen.

5 Wird der **Antrag** auf Eröffnung des Verbraucherinsolvenzverfahrens **von einem Gläubiger** gestellt, muss der Schuldner auch eine außergerichtliche Einigung versuchen. In diesem Fall hat das Gericht vor der Entscheidung über die Eröffnung dem Schuldner Gelegenheit zu geben, einen eigenen Insolvenzantrag zu stellen (§ 306 Abs. 3 S. 1). Stellt der Schuldner einen eigenen Antrag, ruht das Verfahren bis zur Entscheidung über den Schuldenbereinigungsplan. Dieser Zeitraum soll drei Monate nicht überschreiten.

6 Auch wenn der Schuldner weder Vermögen noch pfändbares Einkommen besitzt, ist ein außergerichtlicher Einigungsversuch erforderlich. Der **Zwang zum außergerichtlichen Einigungsversuch** in den Fällen, in denen der Schuldner seinen Gläubigern nichts anbieten kann, ist umstr. (*Grote* ZInsO 2001, 17). Da seit der Einführung der Stundungsregelung für mittellose Schuldner diese Fälle die Mehrzahl aller Insolvenzverfahren bilden, wird der obligatorische Einigungsversuch als ein unnötiger und die Vergleichsbereitschaft schädigender Verfahrensaufwand gesehen. Für die geeigneten Personen oder Stellen fallen aufwändige

und unnötige Arbeiten an. Gläubiger werden auf der anderen Seite mit aussichtslosen Vergleichsangeboten überschüttet, ohne einschätzen zu können, inwieweit es sich lohnt, sich ernsthaft mit dem Angebot des Schuldners zu beschäftigen (*Grote* ZInsO 2001, 17). In mehreren Gesetzentwürfen, zuletzt in dem Referentenentwurf eines „Gesetzes zur Verkürzung des Restschuldbefreiungsverfahrens, zur Stärkung der Gläubigerrechte und zur Insolvenzfestigkeit von Lizenzen" vom 18.1.2012, die bislang nicht umgesetzt werden konnten oder noch nicht umgesetzt sind, soll der Zwang zur außergerichtlichen Einigung gelockert werden. Danach soll ein außergerichtlicher Einigungsversuch nur noch erforderlich sein, wenn er nicht offensichtlich aussichtlos ist. Offensichtlich aussichtslos ist eine Einigung in der Regel, wenn die Gläubiger im Rahmen einer Schuldenbereinigung voraussichtlich nicht mehr als fünf Prozent ihrer Forderungen erhalten hätten oder der Schuldner nicht mehr als 20 Gläubiger hat.

7 **2. Zweck der außergerichtlichen Einigung.** Eine außergerichtliche Einigung dient zunächst der Einsparung der Verfahrenskosten zugunsten der Gläubiger, da die Verfahrenskosten zunächst aus der Insolvenzmasse (§ 53) bzw. aus den abgetretenen Bezügen (§ 292 Abs. 1 S. 2) zu berichtigen sind und somit die Zahlungen an die Gläubiger verringern. Die außergerichtliche Einigung dient ferner der Entlastung der Justizhaushalte, und ermöglicht eine einfachere, schnellere und dem Einzelfall angepasste Schuldenbereinigung. Der außergerichtliche Vergleich hat allerdings den Nachteil, dass die Gläubiger keinen Vollstreckungstitel erlangen

8 **3. Inhalt des außergerichtlichen Plans. a) Keine gesetzlichen Vorgaben.** Hinsichtlich des Inhalts und des Verfahrens der außergerichtlichen Schuldenbereinigung bestehen keine gesetzlichen Vorgaben. Es gilt der **Grundsatz der Privatautonomie.** Der außergerichtliche Plan kann alle Regelungen enthalten, die unter Berücksichtigung der Gläubigerinteressen sowie der Vermögens-, Einkommens- und Familienverhältnisse des Schuldners geeignet sind, zu einer angemessenen Schuldenbereinigung zu führen. Es können Ratenzahlungen oder Einmalzahlungen, Stundungen, Teilerlasse und Zinsverzichte vereinbart werden. Auch können Regelungen hinsichtl. des Schicksals bestehender Sicherheiten getroffen werden, zB deren Aufgabe oder das Hinausschieben ihrer Verwertung für einen bestimmten Zeitraum. **Gesicherte Gläubiger** wie Sicherungseigentümer, Sicherungszessionare oder Grundpfandgläubiger brauchen Eingriffe in ihre Rechtsposition nicht zu dulden. Sie können die Beeinträchtigung ihrer Sicherheiten dadurch verhindern, dass sie die Zustimmung zum Plan ganz verweigern oder davon abhängig machen, dass in den außergerichtlichen Plan eine ausdrückliche Regelung aufgenommen wird, die den Fortbestand der Sicherungsrechte und ihre Inanspruchnahme ermöglicht. **Anpassungsklauseln,** die die Änderungen der wirtschaftlichen Situation des Schuldners berücksichtigen, können dazu führen, den Gläubigern die Zustimmung zu erleichtern. IRd außergerichtlichen Einigungsversuchs ist die Staatsanwaltschaft nicht befugt, dem Angebot eines Schuldners, der zu einer Geldstrafe verurteilt worden ist, zu entsprechen und auf die Forderung zu verzichten oder einer Reduzierung zuzustimmen (*Vallender/Elschenbroich* NZI 2002, 130). Das Gleichbehandlungsgebot des § 294 Abs. 2 gilt nicht für den außergerichtlichen Plan. (Uhlenbruck/*Sternal* Rn. 20). Der Schuldner kann mit verschiedenen Gläubigern unterschiedliche Regelungen treffen.

9 **b) Zulässigkeit von Nullplänen.** Zulässig ist die Vorlage eines **sog (statischen) Nullplans,** in dem die Gläubiger unabhängig von der zukünftigen Entwicklung der wirtschaftlichen Verhältnisse des Schuldners vollständig auf ihre Forderungen verzichten (BayObLG NZI 1999, 451; OLG Karlsruhe NZI 2000, 163; FK-InsO/*Grote* § 305 Rn. 40; aA OLG Stuttgart ZVI 2015, 54; HK-InsO/

Waltenberger § 305 aF Rn. 21; *Heyer,* Restschuldbefreiung im Insolvenzverfahren, 19 ff.; MüKoInsO/*Ott/Vuia* Rn. 74 ff.). Das Gesetz verlangt keine Mindestquote. Eine inhaltliche Überprüfung des Plans durch das Gericht findet nicht statt. Die Ausgestaltung des Schuldenbereinigungsplans wird vom Grundsatz der Privatautonomie beherrscht. Es sind alle zivilrechtlich denkbaren Lösungen möglich, mithin ein vollständiger Erlass. Dementsprechend sieht das Gesetz auch keine Mindestbefriedigungsquote oder sonstige Mindestanforderungen für den Plan vor. Zulässig sind daher insbes. auch **sog flexible Nullpläne,** die eine Zahlungsverpflichtung für den Fall einer Einkommensverbesserung vorsehen.

c) Praxishinweis. Der Plan sollte sich jedoch im Hinblick auf ein mögliches 10
Zustimmungsersetzungsverfahren nach einem Scheitern der außergerichtlichen Einigung (§ 309) mittelbar an dem orientieren, was im gerichtlichen Schuldenbereinigungsverfahren zustimmungsfähig ist (Uhlenbruck/*Sternal* Rn. 19). Grds. ist daher im außergerichtlichen Vergleich der Barwert der Beträge anzubieten, der der sechsjährigen Zahlung aus dem abgetretenen pfändbaren Einkommen des Schuldners während der Laufzeit der Abtretungserklärung entspricht. Trotz dieser indirekten Vorgabe bestehen noch Spielräume für andere Vereinbarungen. Die Laufzeit der Abtretungserklärung kann verkürzt werden, ohne dass dadurch der Barwert der Zahlungen bei einer Durchführung des gerichtlichen Verfahrens unterschritten wird zB durch Zahlungen Dritter, Einmalzahlungen oder Zahlungen aus dem unpfändbaren Einkommen. In einem außergerichtlichen Plan können, ohne dass damit eine Schlechterstellung der Gläubiger erfolgt, Bedingungen vereinbart werden, die den Beteiligten erheblich mehr Vorteile erbringen als die Durchführung des gerichtlichen Verfahrens. In einem außergerichtlichen Vergleich werden die Kosten des gerichtlichen Verfahrens eingespart. Kürzere Pläne haben ein vermindertes Risiko. Auch die Einbeziehung des Ehepartners, insbes. bei einer Bürgschaft oder Mithaftung, kann ein gegenüber den Gläubigern anrechenbarer Vorteil sein. Kleingläubiger können durch sukzessive Zahlungen vorzeitig abgefunden werden um eine Vielzahl von geringen Überweisungen zu vermeiden und damit die Kosten zu senken.

4. Ernstliches Bemühen des Schuldners um eine außergerichtliche Ei- 11
nigung. Der Plan muss ein ernstliches Bemühen des Schuldner und seiner Berater um eine Einigung mit den Gläubigern erkennen lassen (krit. dazu *Grote* ZInsO 2001, 17). Ein **Einigungsversuch** ohne einen schriftlich ausgearbeiteten Plan entspricht nicht dem Erfordernis eines ernsthaften außergerichtlichen Einigungsversuchs (dazu Beschl.-Empfehlung des RechtsA zu § 357b, BT-Drs. 12/7302, 190). Ein mündlich unterbreiteter Vorschlag erlaubt dem Planadressaten regelmäßig keine hinreichende Überprüfung des unterbreiteten Angebots (Uhlenbruck/*Sternal* Rn. 13).

Streitig ist, ob der außergerichtliche Plan allen Gläubigern zuzustellen ist. Die 12
Verhandlungen mit den Gläubigern auf der Grundlage eines von Schuldner zugeleiteten Plans müssen nicht zwangsläufig mit allen Gläubigern parallel geführt werden (AG Köln ZVI 2002, 68; Graf-Schlicker/*Sabel* Rn. 19; FK-InsO/*Grote* Rn. 14; HambK-InsO/*Streck/Ritter* Rn. 16; aA AG Nürnberg ZVI 2004, 18; MüKoInsO/*Ott/Vuia* Rn. 25; Uhlenbruck/*Sternal* Rn. 22). Aus Kosten- und Zeitgründen kann es durchaus sinnvoll sein, den Plan zunächst den Hauptgläubigern zuzuleiten und zunächst mit diesen zu verhandeln. In der Anlage 2 des amtlichen Vordrucks ist in einem solchen Fall dies anzugeben und kurz zu begründen (Graf-Schlicker/*Sabel* Rn. 19). Abzulehnen ist daher die Auffassung, dass es keinen ernsthaften Einigungsversuch darstelle, wenn der Schuldner seinen Plan nur demjenigen zuleitet, von dem der größte Widerstand zu erwarten ist (so aber Uhlenbruck/*Sternal* Rn. 22). Zwar erlangt das Gericht in den Fällen, in denen der Plan allen Gläubigern zuleitet worden war, Kenntnis von dem Abstim-

mungsverhalten der Gläubiger und kann auf diese Weise einschätzen, ob ein gerichtliches Verfahren durchzuführen ist. Entsprechend verlangt das amtliche Formular zur Erstellung der Bescheinigung in der Anlage 2A entsprechende quotale Angaben zum Ausgang des außergerichtlichen Einigungsversuchs. Ist aufgrund der Reaktionen eines Teiles der Gläubiger zu erwarten, dass weder eine Einigung mit allen Gläubigern noch eine Zustimmungsersetzung nicht in Betracht kommt, wäre es bloßer Formalismus, den Plan nunmehr noch den übrigen Gläubigern zuzustellen (FK-InsO/*Grote* Rn. 14).

13 **5. Zustandekommen der außergerichtlichen Einigung.** Die außergerichtliche Einigung kommt zustande, wenn alle Gläubiger dem Plan des Schuldners zustimmen. Ein Schweigen auf den Vergleichsvorschlag gilt, anders als im gerichtlichen Schuldenbereinigungsverfahren (§ 308), nicht als Zustimmung. Es laufen daher auch keine Fristen für eine Zustimmung. Es gibt auch keine Mehrheitsentscheidungen.

14 **6. Wirkung des zustande gekommenen Plans.** Dem Plan kommt die Wirkung eines Vergleichs iSd § 779 Abs. 1 BGB zu. „Vergessene Gläubiger", dh Gläubiger die nicht beteiligt waren, können weiterhin ihre Forderung gegenüber dem Schuldner geltend machen. Einen Vollstreckungstitel bildet er nicht. Die im Plan übernommenen Zahlungsverpflichtungen muss der Gläubiger gegenüber dem Schuldner gesondert im Mahn- oder Klageverfahren gerichtlich geltend machen. Auf die ursprünglichen Forderungen können die am Plan beteiligten Gläubiger zurückgreifen, wenn dies im Plan durch eine Wiederaufleben- und Verfallklausel festgelegt ist.

15 **7. Beratungshilfe für die außergerichtliche Schuldenbereinigung. a) Grundsatz.** Die Ausarbeitung eines Schuldenbereinigungsplanes iRd komplexen Vorbereitung des Insolvenzantrags stellt eine vorgerichtliche Tätigkeit dar, für die der unbemittelte Schuldner im Zusammenhang mit der Durchführung des außergerichtlichen Einigungsversuchs anwaltliche Hilfe nach dem **Beratungshilfegesetz** in Anspruch nehmen kann (BGH NZI 2007, 418; HK-InsO/*Kirchhof* § 4 Rn. 9). Der Auffassung, dass es sich bei dieser Tätigkeit nicht um eine rechtliche Beratung, sondern um eine Beratung über die wirtschaftliche Situation des Schuldners handele und somit Beratungshilfe nur ausnahmsweise gewährt werden könne (so etwa AG Duisburg-Ruhrort ZVI 2005, 629; AG Lüdenscheid ZVI 2006, 296; AG Emmerich ZVI 2006, 296), kann nicht gefolgt werden. Keine Beratungshilfe kann einer anerkannten Stellen iSv § 305 Abs. 1 Nr. 1 InsO bewilligt werden. § 3 Abs. 1 BerHG kann nicht im Wege der Analogie auf anerkannte Stellen für Verbraucherinsolvenzberatung ausgedehnt werden; eine Vergütung für Beratungshilfe nach § 6 Abs. 1 BerHG kann an Personen gezahlt werden, die zur Gewährung von Beratungshilfe befugt sind, dazu gehören nicht die anerkannten Stellen (BVerfG NZI 2007, 181; OLG Düsseldorf ZInsO 2006, 775).

16 **b) Subsidiarität der Beratungshilfe.** Beratungshilfe kann gegenüber anderen Hilfsmöglichkeiten nur subsidiär gewährt werden, da nach § 1 Abs. 1 Nr. 2 BerHG Beratungshilfe nur gewährt wird, wenn keine anderen Möglichkeiten für eine Hilfe zur Verfügung stehen, deren Inanspruchnahme dem Rechtsuchenden zuzumuten ist (AG Mannheim ZInsO 2011, 348). Für ein außergerichtliches Schuldenbereinigungsverfahren gem. § 305 Abs. 1 Nr. 1 InsO stehen primär die Schuldnerberatungsstellen als andere Möglichkeit zur Hilfe gem. § 1 Abs. 1 Nr. 2 BerHG zur Verfügung (vgl. BVerfG NJW-RR 2007, 347; AG Darmstadt NZI 2012, 974). Schuldnerberatungsstellen sind wegen ihres umfassenden Ansatzes für die Durchführung des außergerichtlichen Schuldenbereinigungsversuchs nicht nur geeignet, sondern regelmäßig auch besonders qualifiziert (BVerfG NJW-RR 2007, 347). Absatz 1 Nr. 1 als regelt nur die Zulässigkeitsvoraussetzungen für

einen Antrag auf Eröffnung des Insolvenzverfahrens. Die dort vorgenommene Gleichstellung von Rechtsanwälten und Schuldnerberatungsstellen ersetzt nicht die Voraussetzungen für die Gewährung von Beratungshilfe. Wenn der Schuldner darlegen kann, dass die Schuldnerberatungen unzumutbar lange Wartezeiten haben, muss Beratungshilfe für den außergerichtlichen Einigungsversuch bewilligt werden. Das Bundesverfassungsgericht in seiner Entscheidung offen gelassen, wie lange die Wartezeit bei der Schuldnerberatungsstelle sein muss, damit nicht mehr von einer anderen Hilfsmöglichkeit iSd § 1 Abs. 1 Nr. 2 BerHG ausgegangen werden kann. Eine Wartezeit von mehr als sechs Monaten dürfte aber deutlich zu lang sein, um noch eine zumutbare anderweitige Möglichkeit anzunehmen. Abzustellen ist auf die kürzeste Wartezeit aller anerkannten Personen oder Stellen im Gerichtsbezirk (Gottwald InsR-HdB/*Ahrens* § 82 Rn. 3).

c) Verfahren. Über die Erteilung des Berechtigungsscheins nach §§ 4, 6 BerHG entscheidet am Amtsgeircht, in dessen Bezirk der Rechtssuchende seinen allgemeinen Gerichtsstand hat, der Rechtspfleger (§ 24 Abs. 1 Nr. 1 RPflG). Mit dem Berechtigungsschein kann sich der Rechtssuchende durch einen Rechtsanwalt seiner Wahl beraten lassen (§ 6 Abs. 1 BerHG). 17

Als **Rechtsbehelf gegen die Ablehnung von Beratungshilfe** steht dem Schuldner nur die Erinnerung nach § 7 BerHG zur Verfügung, über die der Richter entscheidet (LG Kleve ZVI 2006, 291). Die Befassung einer zweiten Instanz mit der Ablehnung ist ausgeschlossen. Gehörsrügen und Gegenvorstellungen können allenfalls beim entscheidenden Amtsgericht angebracht werden. 18

d) Gebühren für die Beratungstätigkeit. Für die Beratungstätigkeit zur Herbeiführung einer außergerichtlichen Einigung mit den Gläubigern über die Schuldenbereinigung auf der Grundlage eines Plans erhält der Rechtsanwalt gem. § 44 RVG iVm VV Nr. 2502 ff. einen Vergütungsanspruch gegen die Landeskasse iHv 70 EUR; für die Tätigkeit mit dem Ziel einer außergerichtlichen Einigung mit den Gläubigern eine Gebühr iHv 270 EUR. Bei mehr als fünf, mehr als zehn und mehr als fünfzehn Gläubigern erhöht sich die Gebühr um jeweils 135 EUR. Gegen den Rechtsuchenden steht dem Rechtsanwalt eine Gebühr von 15 EUR, (VV Nr. 2500) zu, die er erlassen kann (§ 8 Abs. 1 BerHG). Ohne Beratungshilfe gilt § 28 RVG iVm VV Nr. 3313 f. In der Praxis haben sich an die wirtschaftliche Leistungsfähigkeit des Schuldners angepasste Vergütungsvereinbarungen, welche auch in Ansehung der Zahl der Gläubiger abzuschließen sind, bewährt. Anerkannte Verbrauchsinsolvenzberatungsstellen haben allerdings keinen Anspruch auf Beratungshilfe. 19

III. Der Eröffnungsantrag

1. Formalien. Der Insolvenzeröffnungsantrag muss bei dem örtlich zuständigen Insolvenzgericht schriftlich gestellt werden. **Örtlich zuständig** ist das Gericht, in dessen Bezirk der Schuldner seinen Wohnsitz hat. Der Insolvenzantrag ist nicht von dem Formularzwang gem. Absatz 5 Satz 2 erfasst. Zwar ist auch für den Antrag auf Eröffnung des Insolvenzverfahrens ein Formular eingeführt. Verwendet der Schuldner dieses Formular nicht, kann sein Insolvenzantrag nicht als unzulässig zurückgewiesen werden. Das Gericht hat den Schuldner allerdings mit den in Absatz 3 normierten Folgen zur Abgabe vollständiger Formulare aufzufordern. Neben dem Eröffnungsantrag sind die sonstigen Unterlagen und Erklärungen schriftlich einzureichen. Auch der Schuldenbereinigungsplan muss schriftlich vorgelegt werden. Ergänzt der Schuldner seine Unterlagen und Erklärungen, muss dies ebenfalls schriftlich erfolgen. 20

21 **2. Formzwang.** Für die mit dem schriftlich einzureichenden Insolvenzantrag vorzulegenden Unterlagen besteht, seitdem das Bundesministerium der Justiz von der in § 305 Abs. 5 enthaltenen Ermächtigung Gebrauch gemacht und durch Rechtsverordnung mit Zustimmung des Bundesrates zum 1.3.2002 Vordrucke für die nach Absatz 1 Nr. 1–4 vorzulegenden Bescheinigungen, Anträge, Verzeichnisse und Pläne eingeführt hat (Verordnung zur Einführung von Vordrucken für das Verbraucherinsolvenzverfahren und das Restschuldbefreiungsverfahren – VbrInsVV) Vordruckzwang (→ Rn. 58).

22 **3. Gläubigermehrheit nicht erforderlich.** Ein Insolvenzantrag eines Schuldners mit nur einem Gläubiger ist zulässig (Uhlenbruck/*Sternal* Rn. 38; LG Göttingen DZWiR 2000, 119). Eine andere Sichtweise würde der Zielsetzung des Gesetzes, redlichen Schuldnern Gelegenheit zu geben, sich von ihren restlichen Verbindlichkeiten zu befreien (§ 1 S. 2), nicht entsprechen. Ein Schuldner, der bis auf einen Gläubiger seine Gläubiger befriedigt hat, wäre bspw. gezwungen, weitere Verbindlichkeiten zu begründen, um ein Insolvenzverfahren mit der Möglichkeit anschließender Restschuldbefreiung in zulässiger Weise beantragen zu können (AG Köln NZI 2003, 560). Der das Insolvenzverfahren betreibende Schuldner ist auch bei nur einem Gläubiger verpflichtet, dem Insolvenzgericht ein Gläubiger- und Forderungsverzeichnis sowie einen Schuldenbereinigungsplan vorzulegen (LG Göttingen ZInsO 2000, 118).

23 **4. Inhalt.** In dem Eröffnungsantrag muss der Schuldner einen **Eröffnungsgrund in substantiierter, nachvollziehbarer Weise darlegen.** Im Regelinsolvenzverfahren ist dazu nach der Judikatur des BGH die Mitteilung von Tatsachen erforderlich, aber auch genügend, welche die wesentlichen Merkmale eines Eröffnungsgrunds iSv §§ 17 f. InsO erkennen lassen. Im Verbraucherinsolvenzverfahren lassen sich die erforderlichen Daten den eingereichten Unterlagen entnehmen.

IV. Vorzulegende Unterlagen

24 **1. Bescheinigung über das Scheitern der außergerichtlichen Einigung.** Dem Eröffnungsantrag ist eine Bescheinigung einer geeigneten Person oder Stelle über das Scheitern der außergerichtlichen Schuldenbereinigung beizufügen. Es handelt sich um Anlage 2 des amtlichen Vordrucks. Mit dieser Bescheinigung soll gewährleistet werden, dass vor dem Insolvenzantrag ein ernsthafter außergerichtlicher Einigungsversuch vorgenommen wurde. Die Bescheinigung ist „auf der Grundlage persönlicher Beratung und eingehender Prüfung der Einkommens- und Vermögensverhältnisse des Schuldners" auszustellen. Eine **persönliche Beratung** verlangt eine Face-to-Face-Beratung (*Ahrens* NJW 2014, 1841) An Stelle einer Individualberatung ist auch eine Gruppenberatung zulässig (*Ahrens* NJW 2014, 1841; *Heyer* ZVI 2013, 214; *Frind* Praxishandbuch Privatinsolvenz Rn. 101; Kübler/Prütting/Bork/*Wenzel* Rn. 7). Nach Auffassung des AG Potsdam (ZInsO 2015, 599) erfüllt ausnahmsweise eine telefonische Beratung die Voraussetzungen des Absatz 1 Nr. 1, wenn das Telefonat zeitlich und inhaltlich umfangreich geführt wurde der der bescheinigenden Person die Unterlagen des Schuldners gleichzeitig vollständig vorliegen. Online-Angebote mit vorgefertigten Informationen sowie Formularen genügen dagegen nicht mehr (Kübler/Prütting/Bork/*Wenzel* Rn. 7; *Ahrens* NJW 2014, 1841). Die eingehende Prüfung der Einkommens- und Vermögensverhältnisse verbietet die ungeprüfte Übernahme von Schuldnerangaben ohne diese zu bewerten. Die Vorschrift bestimmt jedoch weder eine bestimmte Prüfungstiefe, noch die Durchsetzbarkeit der gesteigerten Beratungs- und Prüfungspflichten. Sie hat lediglich Appellcharakter an die Qualitätsanforderungen der geeigneten Stellen und Personen. Das Insolvenzgericht darf

lediglich prüfen, ob eine formal zutreffende Bescheinigung vorliegt. Dazu gehört die Erklärung, dass die Bescheinigung auf der Grundlage persönlicher Beratung und eingehender Prüfung der Einkommens- und Vermögensverhältnisse erfolgt ist (Anlage 2 des amtlichen Formulars). Die Einhaltung der Beratungs- und Prüfungspflichten wird allenfalls iRd Zulassungs- und Prüfungsverfahrens für die geeigneten Stellen (Absatz 1 Nr. 1) überprüfbar sein (*Heyer* ZVI 2013, 214; *Ahrens* Das neue Privatinsolvenzrecht Rn. 152 ff.; aA AG Potsdam ZInsO 2015, 599, wonach das Gericht von Amts wegen zu prüfen hat, ob die geeignete Stelle oder Person die Beratungs- und Prüfungspflichten erfüllt). Aus der Bescheinigung muss hervorgehen, dass sich der Schuldner auf der **Grundlage eines Plans** vergeblich versucht hat, mit seinen Gläubigern zu einigen. Dafür reichen unverbindliche Gespräche oder Telefonate nicht aus. Die geeignete Person oder Stelle, die die Durchführung eines außergerichtlichen Einigungsversuchs und dessen Scheitern bescheinigt, muss den Einigungsversuch nicht selbst durchgeführt haben (Graf-Schlicker/*Sabel* Rn. 18; aA *Hackling* ZVI 2006, 225; krit. *Heyer* ZVI 2013, 214).

Zur Wahrung des Zusammenhangs zwischen dem außergerichtlichen Eini- 25
gungsversuch und Insolvenzverfahren muss der Einigungsversuch **innerhalb der letzten sechs Monate vor dem Insolvenzantrag** des Schuldners erfolgt sein. Maßgeblich für den Fristbeginn ist allein der Zeitpunkt der letzten Ablehnung oder Zustimmung eines Gläubigers zum Schuldenbereinigungsplan bzw. der Ablauf einer vom Schuldner gesetzten Frist (Uhlenbruck/*Sternal* Rn. 75; FK-InsO/*Grote* Rn. 13). Die Angabe des Zeitpunkts des Scheiterns im amtlichen Antragsformular ist erforderlich, um dem Gericht die Prüfung der Einhaltung der Frist zu ermöglichen (AG Göttingen NZI 2005, 510). Ein nach Ablauf der Frist bei Gericht eingegangener Antrag ist unzulässig, weil er nicht die besondere Zulässigkeitsvoraussetzung des Absatz 1 Nr. 1 erfüllt.

Zusammen mit der Bescheinigung über den gescheiterten Einigungsver- 26
such muss gem. Absatz 1 Nr. 1 **der Plan** vorgelegt werden, der der außergerichtlichen Schuldenbereinigung zugrunde gelegt worden war. Der Schuldner hat zu erklären, ob allen im Gläubigerverzeichnis benannten Gläubigern dieser Plan übersandt worden ist und wann der Einigungsversuch endgültig gescheitert ist.

In der **Bescheinigung über den gescheiterten Einigungsversuch** (Anla- 27
ge 2A des amtlichen Vordrucks) sind die wesentlichen Gründe für das Scheitern dem Gericht mitzuteilen. Diese Verpflichtung begründet keine inhaltliche Prüfungskompetenz des Insolvenzgerichts. Die Darstellung der wesentlichen Gründe des Scheiterns soll dem Gericht die Beurteilung erleichtern, ob ein gerichtlicher Schuldenbereinigungsplan Aussicht auf Erfolg hat. Mitzuteilen ist zunächst der Anteil der ausdrücklich zustimmenden Gläubiger nach Köpfen und Summen sowie der Anteil der Gläubiger ohne Rückäußerung. Aus der Angabe, wie hoch der Anteil der Gläubiger ohne Rückäußerung ist, können Rückschlüsse auf die Erfolgsaussichten des Plans gezogen werden, da bei unverändertem Stimmverhalten diese Stimmen im gerichtlichen Planverfahren als Zustimmung zu werten sind. Ist der außergerichtliche Einigungsversuch aufgrund von Vollstreckungsmaßnahmen gescheitert, so sind der Name des vollstreckenden Gläubigers, das zuständige Amtsgericht sowie das gerichtliche Aktenzeichen und/oder das Geschäftszeichen des Gerichtsvollziehers anzugeben.

2. Die Erklärung zur Restschuldbefreiung. In der Regel verfolgt der 28
Schuldner mit dem Antrag auf Eröffnung des Insolvenzverfahrens das Ziel, dass ihm die gesetzliche Restschuldbefreiung erteilt wird. Das Verbraucherinsolvenzverfahren ist lediglich eine Durchgangsstation auf dem Weg zu Restschuldbefreiung. Daher muss in einem Verbraucherinsolvenzverfahren abweichend von § 287 Abs. 1 der Antrag auf Erteilung der Restschuldbefreiung zusammen mit dem Antrag auf Eröffnung des Insolvenzverfahrens oder unverzüglich nach diesem

gestellt werden. Der Schuldner hat, da das gerichtliche Schuldenbereinigungsverfahren und das vereinfachte Insolvenzverfahren dem Schuldner auch ohne einen Antrag auf Erteilung der Restschuldbefreiung zur Verfügung stehen, alternativ zu erklären, dass er einen Antrag auf Restschuldbefreiung nicht stellen wird. Diese Erklärung ist, da sie sonst ihren Zweck, Rechtsklarheit zu verschaffen, verfehlen würde, unwiderruflich (HK-InsO/*Waltenberger* § 305 aF Rn. 37; HambK-InsO/*Streck/Ritter* Rn. 20; zweifelnd MüKoInsO/*Ott/Vuia* Rn. 45). Das Hauptblatt des amtlichen Antragsformulars enthält daher neben dem Insolvenzantrag die nach Absatz 1 Nr. 2 erforderliche Erklärung zum Antrag auf Erteilung der Restschuldbefreiung. Füllt der Schuldner diese Erklärung in dem amtlichen Antragsformular nicht aus, muss das Gericht ihn zur Nachholung dieser Erklärung auffordern (Absatz 3 Satz 2). Kommt er dieser Aufforderung binnen eines Monats nicht nach, gilt sein Antrag als zurückgenommen. Die Frist des § 287 Abs. 1 S. 2, wonach zwei Wochen nach dem Hinweis des Gerichts auf die Möglichkeit der Restschuldbefreiung der entsprechende Antrag zu stellen ist, findet im Verbraucherinsolvenzverfahren keine Anwendung. Abs. 3 geht als Spezialregelung vor.

29 **3. Die Abtretungserklärung nach § 287 Abs. 2.** Zu den dem Antrag beizufügenden Unterlagen, deren Vorlage in Absatz 1 nicht verlangt wird, gehört die Abtretungserklärung nach § 287 Abs. 2. Da diese Abtretungserklärung nach § 287 Abs. 2 S. 1 dem Antrag auf Erteilung der Restschuldbefreiung beizufügen ist, ist in der Anlage 3 des amtlichen Formulars eine Abtretungserklärung vorgesehen. Ohne die vom Schuldner eigenhändig unterschriebene Abtretungserklärung ist der Restschuldbefreiungsantrag unvollständig. Der Formularzwang und die Folgen der unvollständigen Einreichung von Erklärungen und Unterlagen erstrecken sich daher auch auf die Abtretungserklärung.

30 **4. Verzeichnisse nach § 305 Abs. 1 Nr. 3. a) Allgemeines.** Mit dem Insolvenzantrag muss der Schuldner ein Vermögensverzeichnis, ein Gläubigerverzeichnis und ein Forderungsverzeichnis sowie in Form der Vermögensübersicht eine Zusammenfassung des Vermögensverzeichnisses vorlegen. Außerdem muss er versichern, dass die darin enthaltenen Angaben richtig und vollständig sind (krit. Gottwald InsR-HdB/*Ahrens* § 83 Rn. 10). Falsche oder unvollständige Angaben in den nach Absatz 1 Nr. 3 vorzulegenden Verzeichnissen stellen im Fall vorsätzlichen oder grob fahrlässigen Verhaltens einen eigenständigen Versagungsgrund dar (§ 290 Abs. 1 Nr. 6). Darüber hinaus können sie auch im Sinne eines Betrugsvorwurfs strafrechtlich relevant werden. Der Schuldner hat daher besonders sorgfältig die Verzeichnisse auszufüllen. Er kann, wenn er bemerkt, dass er fahrlässig unrichtige oder unvollständige Angaben gemacht hat, diese bis zum Zeitpunkt der Eröffnung des Insolvenzverfahrens berichtigen und auf diese Weise den Versagungsgrund des § 290 Abs. 1 Nr. 6 beseitigen (BGH NZI 2005, 461).

31 **b) Vermögensverzeichnis.** Das Vermögensverzeichnis (Anlage 5 mit den Ergänzungsblättern 5A bis 5K des amtlichen Vordrucks) dient zum einen der Information der Gläubiger über die Grundlagen der geplanten Schuldenbereinigung, zum anderen soll das Gericht anhand des Verzeichnisses ohne weitere Ermittlungen über den Eröffnungsgrund und die Stundungsvoraussetzungen entscheiden können (BGH NZI 2005, 461). Es handelt sich um eine Aufstellung des gesamten Vermögens und Einkommens des Schuldners zum Zeitpunkt der Antragstellung. Unter dieser Maßgabe sind im Vermögensverzeichnis Angaben zu Kontenguthaben, Wertpapieren, Darlehensforderungen, Kapitallebensversicherungen, Wertgegenständen, Fahrzeugen, Forderungen einschließlich Rechten aus Erbfällen, Immobilien und Immobiliarrechten, Beteiligungen, Aktien, immateriellen Vermögensgegenständen und eingeschränkt dem Hausrat sowie dem Mobiliar, außerdem noch das laufende – auch unpfändbare – Einkommen, Siche-

rungsrechte Dritter, Zwangsvollstreckungsmaßnahmen, regelmäßig wiederkehrende Verpflichtungen und Schenkungen aufzunehmen.

Der Schuldner darf nicht Vermögensbestandteile, die er für „wertlos“ oder „unpfändbar“ hält, weglassen. Der BGH (BGH NZI 2008, 506) hat offen gelassen, ob der Schuldner im Vermögensverzeichnis nur pfändbare Vermögenswerte anzugeben hat. Da es nicht der Beurteilung des Schuldners unterliegen darf, Angaben zu unterlassen, weil sie vermeintlich für die Gläubiger ohne Interesse sind, hat er auch das unpfändbare Vermögen vollständig zu offenbaren (Graf-Schlicker/*Sabel* Rn. 27).

Es ist nicht die Aufgabe des Schuldners, die in dem Vermögensverzeichnis 32
aufgeführten **Gegenstände zu bewerten.** Aus dem Nichtausfüllen der entsprechenden Spalte im amtlichen Vordruck können keine für den Schuldner nachteiligen Schlussfolgerungen hergeleitet werden (BGH WuM 2008, 416). Der Schuldner darf jedoch nicht vorsätzlich oder grob fahrlässig falsche Werte angeben (AG Oldenburg ZVI 2006, 446).

c) Vermögensübersicht. Der Schuldner hat neben dem eigentlichen Ver- 33
mögensverzeichnis „eine Zusammenfassung des wesentlichen Inhalts dieses Verzeichnisses“, die Vermögensübersicht (Anlage 4 des amtlichen Vordrucks) vorzulegen. Die Vermögensübersicht enthält die gedrängte Zusammenfassung des gesamten Vermögens des Schuldners. Sie dient den Gläubigern und dem Gericht dazu, sich einen raschen und im Wesentlichen vollständigen Überblick über das Vermögen des Schuldners zu verschaffen. Die Angaben in der Vermögensübersicht sind durch weitere Angaben in den Ergänzungsblättern zum Vermögensverzeichnis (5A bis 5K des amtlichen Vordrucks) zu ergänzen.

5. Gläubiger- und Forderungsverzeichnis. Im Gläubiger- und Forderungs- 34
verzeichnis (Anlage 6 des amtlichen Vordrucks) sind alle Gläubiger des Schuldners aufzunehmen. Hierunter sind die persönlichen Gläubiger zu verstehen, die in dem Zeitpunkt der angestrebten Eröffnung des Insolvenzverfahrens einen begründeten Vermögensanspruch gegen den Schuldner haben; denn ihrer Befriedigung dient das Insolvenzverfahren (BGH ZInsO 2005, 562). Es genügt die Kurzbezeichnung des Gläubigers, da die vollständigen Angaben zu den Gläubigern im „Allgemeinen Teil des gerichtlichen Schuldenbereinigungsplans“ (Anlage 7 des amtlichen Vordrucks) aufgenommen werden. Zu jedem Gläubiger sind die Forderungen zu erfassen, die gegen den Schuldner geltend gemacht werden. Hat ein Gläubiger mehrere rechtlich selbstständige Forderungen gegen den Schuldner ist jede Forderung gesondert aufzuführen. Die einzelnen Forderungen sind nach dem Betrag der Hauptforderung, den hierauf beanspruchten Zinsen und den vom Gläubiger geltend gemachten Kosten aufzuschlüsseln. Bei der Berechnung der Zinsen ist möglichst für alle Gläubiger ein einheitlicher Stichtag zugrunde zu legen. Der Tag, bis zu dem die Zinsen berechnet werden, ist anzugeben. Unrichtige und unvollständige Angaben im Gläubiger- und Forderungsverzeichnis gefährden die Restschuldbefreiung in gleicher Weise wie unzutreffende Angaben zum Vermögen.

Angabe bestrittener Forderungen im Gläubiger- und Forderungsver- 35
zeichnis. Der Schuldner muss im Forderungsverzeichnis alle „gegen ihn gerichteten Forderungen“ und somit alle Forderungen aufführen, die seine Gläubiger gegen ihn richten, unabhängig davon, ob und inwieweit er diese dem Grunde oder der Höhe nach für berechtigt hält (BGH NZI 2009, 562; ZInsO 2005, 537; LG Kassel ZInsO 2002, 1147; MüKoInsO/*Ott/Vuia* Rn. 48; HambK-InsO/*Streck/Ritter* Rn. 24; Graf-Schlicker/*Sabel* Rn. 31; *Pieper* ZInsO 2010, 174; aA Uhlenbruck/*Sternal* Rn. 94). Die Forderung ist in der von dem Gläubiger geltend gemachten Höhe anzugeben (Graf-Schlicker/*Sabel* Rn. 31; *Pieper* ZInsO 2010, 174; aA FK-InsO/*Grote* Rn. 31, wonach die streitige Forderung zumindest mit

dem Wert Null anzugeben ist). Der Schuldner muss allerdings im Verzeichnis deutlich machen, dass er die Forderung bestreitet. Dies ist schon deshalb notwendig, weil er sonst möglicherweise das Bestehen einer nicht begründeten Forderung vorspiegelt, was ebenfalls zur Versagung der Restschuldbefreiung wegen eines unrichtigen Verzeichnisses führen kann (BGH NZI 2009, 562). Im Schuldenbereinigungsplan kann der Schuldner die von ihm bestrittene Forderung mit dem Wert „Null" berücksichtigen. Kennt der Schuldner die genaue Höhe der Forderung nicht, kann er sie ebenfalls mit dem Betrag „0 Euro" in das Forderungsverzeichnis aufnehmen, wenn er die Unkenntnis glaubhaft versichert.

36 In das Gläubiger- und Forderungsverzeichnis sind auch **Verbindlichkeiten** aufzunehmen, **die gestundet oder aus anderen Gründen noch nicht fällig sind.** Der Gläubiger muss lediglich einen im Zeitpunkt der Eröffnung des Insolvenzverfahrens begründeten Vermögensanspruch gegen den Schuldner haben; das bedeutet, dass der anspruchsbegründende Tatbestand bereits vor Verfahrenseröffnung abgeschlossen sein muss. Begründet in diesem Sinne ist ein Anspruch, wenn das Schuldverhältnis vor Verfahrenseröffnung bestand, selbst wenn sich hieraus eine Forderung erst nach Verfahrenseröffnung ergibt (BGH ZInsO 2005, 537; BGHZ 72, 263; BFH ZIP 1994, 1286). Sind bei der Beantragung der Verfahrenseröffnung Forderungen noch gestundet oder aus anderen Gründen nicht fällig, muss angegeben werden, wann sie fällig werden. Nur dann ist nachprüfbar, ob ein Insolvenzgrund vorliegt (BGH ZInsO 2005, 537). Dies gilt auch für Ansprüche des Verfahrensbevollmächtigten des Schuldners auf Zahlung vereinbarter Vorschüsse und auf das Anwaltshonorar (Graf-Schlicker/*Sabel* Rn. 32).

37 **6. Schuldenbereinigungsplan. a) Allgemeines.** Der Schuldenbereinigungsplan, das Kernstück der vom Schuldner einzureichenden Unterlagen, unterliegt weitgehend der **Privatautonomie.** Der Inhalt kann von dem Schuldner frei festgelegt werden. Praktisch wird er allerdings zumeist an dem Plan orientiert sein, der beim außergerichtlichen Einigungsversuch vorgelegt wurde, obwohl dies nicht notwendig ist. Nach Abs. 4 kann der Schuldenbereinigungsplan alle Regelungen enthalten, die unter Berücksichtigung der Gläubigerinteressen sowie der Vermögens-, Einkommens- und Familienverhältnisse des Schuldners geeignet sind, zu einer angemessenen Schuldenbereinigung zu führen. Das Gesetz bestimmt lediglich dass der Plan **Regelungen über die Sicherheiten der Gläubiger** enthalten muss. Ferner sind die Vorgaben des amtlichen Formulars zu beachten. Eine inhaltliche Überprüfung des gerichtlichen Schuldenbereinigungsplans steht dem Insolvenzgericht grds. nicht zu. Es hat lediglich zu prüfen, ob die vorgelegten Schriftstücke die im Gesetz angeführten Unterlagen darstellen.

38 **b) Formelle Vorgaben des gerichtlichen Schuldenbereinigungsplans.** Der gerichtliche Schuldenbereinigungsplan besteht aus dem Allgemeinen Teil (Anlage 7 des amtlichen Vordrucks) und dem Besonderen Teil. Der amtliche Vordruck enthält für den Besonderen Teil zwei Muster bereit (Anlage 7A) und ergänzende Regelungen in der Anlage 7B. Ergänzend können Erläuterungen zur Ausgestaltung des Plans beigefügt werden, für die die Anlage 7 C des amtlichen Vordrucks ein Muster enthält. Der gerichtliche Schuldenbereinigungsplan ist nicht vom Formularzwang erfasst. Grund hierfür ist ein Redaktionsversehen des Gesetzgebers (*Ahrens* Das neue Privatinsolvenzrecht Rn. 177 ff.; HambK-InsO/*Streck*/*Ritter* Rn. 32). Der Schuldner ist frei in der Benutzung des Musterplans mit einer Einmalzahlung oder festen Raten oder des Musterplans mit flexiblen Raten. Ihm ist es freigestellt abweichend von diesen Musterplänen einen sonstigen Plan vorzulegen. Der Schuldner kann unverändert den gescheiterten außergerichtlichen Plan bei Gericht einreichen. Dieser Plan muss jedoch den Hinweis enthalten, dass es sich hierbei nun um den gerichtlichen Schuldenbereinigungsplan handelt.

Im Allgemeinen Teil des Schuldenbereinigungsplans sind die vollständigen, zustellungsfähigen Anschriften der Gläubiger oder ihrer Verfahrensbevollmächtigten anzugeben. Die Angabe von Postfachanschriften ist nicht zulässig. Bei Gesellschaften oder bei Minderjährigen ist der gesetzliche Vertreter zu benennen. Hat der Schuldner einen Verfahrensbevollmächtigten des Gläubigers benannt, bedarf es der Vorlage einer Vollmacht für das Verbraucherinsolvenzverfahren, damit das Gericht eine wirksame Zustellung an diese Person veranlassen kann. Der Umstand, dass ein Rechtsanwalt oder Rechtsbeistand für den Gläubiger beim außergerichtlichen Einigungsversuch tätig war, reicht nicht aus (Uhlenbruck/*Sternal* Rn. 105). Im Allgemeinen Teil sind ferner zu jedem Gläubiger die Gesamthöhe seine Forderungen sowie deren prozentualer Anteil an der Gesamtverschuldung mitzuteilen. 39

c) Inhalt des Schuldenbereinigungsplans. Der gerichtliche Schuldenbereinigungsplan wird sich voraussichtlich an den Ergebnissen orientieren, die bei der Durchführung des Insolvenz- und Restschuldbefreiungsverfahrens entstünden. Ein Plan, der den Gläubiger gegenüber der **fiktiven Durchführung des gerichtlichen Verfahrens** schlechter stellen würde, hätte keine Chance bei einer Zustimmungsersetzung, da diese gem. § 309 Abs. 1 nur erteilt werden kann, wenn der widersprechende Gläubiger durch den Plan voraussichtlich wirtschaftlich nicht schlechter gestellt wird als bei einer Durchführung eines Insolvenzverfahrens. Allerdings ist für den Schuldner bei der Planaufstellung eine realistische durchhaltbare Konzeption, auf die sich alle Beteiligten verlassen können, wichtiger als eine sklavische Orientierung an § 309 (FK-InsO/*Grote* Rn. 35). Da durch einen Schuldenbereinigungsplan Gerichts- und Treuhänderkosten gespart werden, kann eine kürzere Laufzeit als für die Abtretungserklärung im Restschuldbefreiungsverfahren vorgesehen werden, ohne die Gläubiger zu benachteiligen. 40

In der Regel sehen gerichtliche Schuldenbereinigungspläne **Stundungen** und **anteilige Kürzungen** vor. In der Praxis haben sich drei **Arten von Plänen** herausgebildet: Einmalzahlungen, feste Ratenzahlungen und Zahlungen, deren Höhe sich an der jeweiligen Pfändbarkeit des Schuldners orientiert (sog flexible Pläne). Eine hohe Zustimmung erlangen insbes. die Pläne, in denen den Gläubigern **Einmalzahlungen** angeboten werden können. Die Höhe der Einmalzahlung bemisst sich dabei oft an den Zahlungen, die bei Durchführung des Verbraucherinsolvenzverfahrens mit anschließender Restschuldbefreiung zu erwarten wären. Solche Einmalzahlungen können in der Regel vom Schuldner nur dann angeboten werden, wenn dieser von dritter Seite unterstützt wird, etwa durch Verwandtschaft oder durch die Unterstützung von Stiftungen. Bei **Plänen mit festen Ratenzahlungen** besteht das Risiko dass bei einer langen, in der Regel sechsjährigen, Laufzeit die Raten vom Schuldner nicht eingehalten werden können, wenn sich dessen Familien – oder Erwerbssituation verändert. Feste Raten sollten daher nur dann vereinbart werden, wenn die Laufzeit relativ kurz, die Zahlungsverpflichtungen nicht zu hoch sind und der Schuldner sich in einer stabilen Erwerbs- und Familiensituation befindet. In den meisten Fällen werden **flexible Zahlungspläne** angeboten, die in der Regel analog zur Laufzeit des zu erwartenden gerichtlichen Verfahrens eine Verteilung der jeweils gem. § 850c ZPO pfändbaren Beträge an die Gläubiger vorsehen. 41

Grds. kann der Schuldner seiner Pflicht zur Vorlage eines Schuldenbereinigungsplans auch dadurch genügen, dass er seinen Gläubigern einen sog **Nullplan** anbietet (→ Rn. 9; BGH NZI 2014, 34; BayObLG NJW 2000, 2201; OLG Köln NJW 2000, 223; OLG Karlsruhe NZI 2000, 163; FK-InsO/*Grote* § 309 Rn. 40; Nerlich/Römermann/*Römermann* Rn. 55; Gottwald InsR-HdB/*Ahrens* § 83 Rn. 23; *Pape/Uhlenbruck* Insolvenzrecht Rn. 893; aA OLG Bamberg NZI 2010, 949; AG Würzburg ZIP 1999, 319; MüKoInsO/*Ott/Vuia* Rn. 78; offen 42 gelassen von BGH NZI 2005, 45). Die Insolvenzordnung schreibt keine Mindestquote vor. Somit ist auch ein Plan, der den Gläubigern keine Zahlungen anbietet, als zulässig anzusehen. Ob der Schuldenbereinigungsplan angemessene Zahlungen an die Gläubiger vorsieht, ist keine Frage der Zulässigkeit des Plans, sondern der Zustimmungsersetzung (Graf-Schlicker/*Sabel* Rn. 37). Die Zulässigkeit des „absoluten Nullplans" ergibt sich iÜ auch aus der fehlenden inhaltlichen Überprüfung des Plans durch das Insolvenzgericht (OLG Karlsruhe NZI 2000, 163; Nerlich/Römermann/*Römermann* Rn. 60 ff.; FK-InsO/*Grote* Rn. 40). Nachdem durch die Gesetzesänderung vom 1.12.2001 die Durchführung des gerichtlichen Schuldenbereinigungsverfahrens in das Ermessen des Gerichts gestellt wurde, hat die Frage nach der Zulässigkeit von Null-Plänen an praktischer Bedeutung verloren.

43 Im Schuldenbereinigungsplan muss der Schuldner angeben, inwieweit Sicherheiten vom Plan berührt werden **(Absatz 1 Nr. 4).** Dadurch sollen Irrtümer der Beteiligten über die Wirkungen des Schuldenbereinigungsplans vermieden werden. Akzessorische Rechte, wie Bürgschaften, Pfandrechte und Hypotheken, erlöschen in dem Umfang, wie die gesicherte Schuld erlischt, wenn nicht etwas anderes vereinbart wird. Abstrakte Sicherheiten sind freizugeben, wenn der Wert der Sicherheit die gesicherte Forderung erheblich übersteigt. Auf Lohn- und Gehaltsabtretungen ist § 114 Abs. 1 InsO nicht anwendbar, da bei einem angenommenen Schuldenbereinigungsplan das Insolvenzverfahren nicht eröffnet wird. Aus diesem Grund muss der Schuldner in der Anlage 7B des amtlichen Formulars Angaben dazu machen, ob persönliche oder dingliche Sicherheiten vorhanden sind, und ob diese Sicherheiten durch den Plan berührt werden. Bei Personalsicherheiten besteht die Möglichkeit, die Sicherungsgeber in den Plan mit einzubeziehen. Dies bietet sich insbes. bei Bürgschaften und Mitverpflichtungen von Ehepartnern an (FK-InsO/*Grote* Rn. 42).

44 **Ergänzende Regelungen und Klauseln** kann der Schuldner in den Plan aufnehmen. Diese ergänzenden Regelungen bilden zwar keine Voraussetzung für eine Zustimmungsersetzung. Sie können jedoch die Zustimmungsbereitschaft der Beteiligten erleichtern. Sieht der Plan Ratenzahlungen in bestimmter Höhe vor, so kann es im Interesse des Schuldners liegen, eine **Anpassungsklausel** in den Plan für den Fall aufzunehmen, dass ihm die Zahlungen zeitweise wegen einer Veränderung in der Erwerbssituation, zB wegen nicht vorhersehbarer und unverschuldeter Arbeitslosigkeit nicht möglich ist. Andererseits kann eine Anpassungsklausel auch im Interesse der Gläubiger für den Fall vereinbart werden, dass sich die Einkommensverhältnisse des Schuldners verbessern. Gläubiger werden in der Regel bei der Plangestaltung auf sog **Verfallklauseln** oder sog **Wiederauflebensklauseln** bestehen. Fehlende Verfallklauseln können einer Zustimmungsersetzung im Wege stehen. Bei flexiblen Plänen kann es im Interesse der Gläubiger liegen, dass sich der Schuldner im Interesse der Erfüllung des Plans und zur berechtigten Kontrolle der Gläubiger zur Einhaltung bestimmter Verhaltensweisen entsprechend den Obliegenheiten gem. § 295 verpflichtet.

45 **7. Unterstützungspflicht der Gläubiger (Absatz 2 Satz 2).** Absatz 2 Satz 2 gewährt dem Schuldner einen Anspruch gegen jeden seiner Gläubiger auf **Erteilung einer schriftlichen Aufstellung** der gegen ihn gerichteten Forderungen. Auf Aufforderung des Schuldners sind die Gläubiger verpflichtet, in dieser schriftlichen Aufstellung ihre Forderungen nach Hauptforderung, Zinsen und Kosten aufgegliedert mitzuteilen. Für die Gläubiger ist damit in der Regel kein besonderer Aufwand verbunden; in jedem Fall ist ihnen die Erteilung der Aufstellung zumutbar, weil sie ihren eigenen Interessen dient und bei der weiteren Durchführung des Schuldenbereinigungsverfahrens und ggf. bei der Durchführung des Insolvenzverfahrens die Forderungen ohnehin genau berechnet werden müssen.

46 Die Aufstellung muss der Gläubiger dem Schuldner **unentgeltlich** anfertigen und übersenden. Dies ergibt sich aus dem eindeutigen Wortlaut der Norm „auf ihre Kosten". Allerdings kann es den Gläubigern nicht verwehrt werden, eine Vergütung für die Erstellung eines Forderungsverzeichnisses zu verlangen, wenn kein Antrag auf Eröffnung eines Insolvenzverfahrens gestellt wird oder dieser deshalb als zurückgenommen fingiert wird, weil der Schuldner der Aufforderung des Gerichts gem. Absatz 3 Satz 1 nicht nachgekommen ist (Kübler/Prütting/Bork/*Wenzel* Rn. 38). Der Schuldner hat auch einen Anspruch auf Anfertigung und Herausgabe von Kopien von Unterlagen. Die hierfür entstehenden Kosten sind jedoch dem Gläubiger zu erstatten (Uhlenbruck/*Sternal* Rn. 98).

47 Die **Aufforderung des Schuldners an den Gläubiger** muss einen Hinweis auf einen bereits bei Gericht eingereichten oder in naher Zukunft beabsichtigten Antrag auf Eröffnung eines Insolvenzverfahrens enthalten (Absatz 2 Satz 3). Dadurch soll der Gläubiger auf die Bedeutung der von ihm verlangten Forderungsaufstellung hingewiesen werden. Der Hinweis soll auch den Gläubiger vor wiederholten Aufforderungen des Schuldners schützen, die der Gläubiger zurückweisen kann.

48 **Erfüllt** ist der Anspruch auf Auskunftserteilung, wenn die schriftliche Auskunft den aktuellen Stand im Hinblick auf Hauptforderung, Zinsen und Kosten wiedergibt und unmissverständlich deutlich macht, dass darüber hinaus keine Ansprüche gegen den Schuldner geltend gemacht werden (LG Düsseldorf ZInsO 2000, 519).

49 **Kommt ein Gläubiger der Aufforderung des Schuldners nicht nach,** so kann der Schuldner das Forderungsverzeichnis insoweit selbst erstellen und die Forderungen des Gläubigers nur insoweit in das Forderungsverzeichnis aufnehmen, als sie für ihn sicher feststellbar sind und darauf hinweisen, dass der Gläubiger einer Aufforderung gem. Absatz 2 Satz 2 nicht nachgekommen ist. In diesem Fall hat der Gläubiger die Möglichkeit, das Forderungsverzeichnis nach Maßgabe des § 308 Abs. 3 S. 2 nachträglich zu ergänzen; macht er davon keinen Gebrauch, so erlöschen seine Forderungen (§ 308 Abs. 3 S. 2 Hs. 2). Diese Rechtsfolgen greifen jedoch nicht ein, wenn das Forderungsverzeichnis des Schuldners keinen Hinweis auf den Gläubiger enthält, der der Aufforderung nicht nachgekommen ist, und diesem das Forderungsverzeichnis deshalb auch nicht zugestellt worden ist. Der Schuldner kann zudem den Gläubiger **auf Auskunft verklagen.** Aus Kosten- und Zeitgründen ist eine solche Klage nicht sinnvoll. Die Verletzung der Auskunfts- und Unterstützungspflicht gem. Absatz 2 Satz 2 begründet weder Schadensersatzansprüche noch werden die Gläubiger vom Verfahren ausgeschlossen.

V. Nachträgliche Ergänzung der Unterlagen (Absatz 3)

50 Die von dem Schuldner eingereichten Unterlagen sind auf **Vollständigkeit** zu prüfen. Die Bestimmung der Grenzen der Prüfungskompetenz obliegt dem Insolvenzgericht grds. abschließend. Allg. gültige Regeln lassen sich auch insoweit nur aufstellen, als sich das Gericht in dieser Phase des Verfahrens auf eine Prüfung der Vollständigkeit der Erklärungen und eingereichten Unterlagen zu beschränken hat. Eine inhaltliche Prüfung hat das Gericht dagegen grds. nicht vorzunehmen (BGH NZI 2009, 900; HK-InsO/*Waltenberger* § 305 aF Rn. 58; MüKoInsO/*Ott*/*Vuia* Rn. 85; HambK-InsO/*Streck* Rn. 28; Uhlenbruck/*Sternal* Rn. 123).

51 Stellt das Gericht bei der Prüfung der von dem Schuldner eingereichten Unterlagen fest, dass die in Absatz 1 genannten Erklärungen und Unterlagen nicht vollständig oder widersprüchlich sind, hat es diesen Mangel zu beanstanden. Absatz 3 Satz 1 sieht vor, dass vom Schuldner nur die Angaben gefordert werden können, die in den amtlichen Formularen ausdrücklich genannt sind. Das Gesetz

zur Verkürzung des Restschuldbefreiungsverfahrens und zur Stärkung der Gläubigerrechte v. 15.7.2013 hat dies ausdrücklich klargestellt, um gelegentliche überzogene Auflagenanforderungen der Gerichte einzudämmen. Die **Vollständigkeitsprüfung** bezieht sich sowohl auf die vollständige Vorlage der amtlichen Formulare als auch auf deren vollständige Ausfüllung. Deshalb hat das Gericht die unvollständige Angabe von Gläubigeranschriften ebenso zu beanstanden wie lückenhafte oder widersprüchliche Angaben im Vermögens- oder Gläubigerverzeichnis (Graf-Schlicker/*Sabel* Rn. 41). Das Gericht muss den Schuldner auffordern, das Fehlende unverzüglich zu ergänzen (Absatz 3 Satz 1) und Widersprüche aufzuklären. In dieser Aufforderung muss das Gericht den Schuldner im Einzelnen konkrete Hinweise geben, welche Ergänzungen im Einzelnen erforderlich sind. Der Schuldner muss aus dem Hinweis erkennen, welche Ergänzungen er vornehmen muss, damit das Verfahren weitergeführt werden kann. Eine inhaltliche Prüfung ist damit nicht verbunden. Das Gericht hat weder die Richtigkeit der Bescheinigung über das Scheitern des Einigungsversuchs noch dem Inhalt des vorgelegten Schuldenbereinigungsplans zu überprüfen. Dem Gericht ist es nicht verwehrt, einen Anhörungstermin zu bestimmen, in dem die Mängel des Insolvenzantrags mit dem Schuldner mündlich erläutert werden (Uhlenbruck/*Sternal* Rn. 129). Dies ist aber in der Regel verfahrensverzögernd und daher nur ausnahmsweise sinnvoll. Im Falle einer mündlichen Anhörung beginnt die Monatsfrist nach mündlicher Erläuterung der Mängel zu laufen.

52 Das Gericht muss den Schuldner darauf hinweisen, dass, kommt er der Aufforderung, die konkret benannten unvollständigen, lückenhaften und widersprüchlichen zu ergänzen, **binnen eines Monats** nicht nach, sein Antrag auf Eröffnung des Insolvenzverfahrens als zurückgenommen gilt. Diese Aufforderung ist im Hinblick auf die hierdurch in Gang gesetzte Monatsfrist, dem Schuldner förmlich zuzustellen. Da es sich um eine gesetzliche Frist handelt, kann diese Frist nicht verlängert werden. Gem. Absatz 3 Satz 3 beträgt die Frist im Falle des Fremdantrags eines Gläubigers drei Monate, um dem Schuldner die Nachholung der außergerichtlichen Verhandlungen zu ermöglichen.

53 Mit **Verstreichen der Frist** tritt die gesetzliche **Fiktion der Antragsrücknahme** ohne weiteres ein. Auch eine Wiedereinsetzung in den vorigen Stand gegen die Versäumung der Frist scheidet, da es sich nicht um eine Notfrist handelt, aus (§ 233 ZPO, § 4). Das Gericht teilt dem Schuldner formlos mit, dass der Insolvenzantrag auf Grund der Fiktion des Absatz 3 Satz 2 als zurückgenommen gilt. Der Schuldner kann einen neuen Insolvenzantrag einreichen. Sind seit dem endgültigen Scheitern des außergerichtlichen Einigungsversuchs bereits mehr als sechs Monate verstrichen, muss der Schuldner auch den außergerichtlichen Einigungsversuch wiederholen. Eine dreijährige Sperrfrist entsprechend der in einer Analogie zu § 290 Abs. 1 Nr. 3 entwickelten BGH-Rspr. tritt nicht ein (AG Hannover ZInsO 2015, 368; AG Hamburg ZInsO 2011, 2038; HK-InsO/*Waltenberger* § 305 aF Rn. 62; MüKoInsO/*Ott/Vuia* Rn. 96; FK-InsO/*Grote* Rn. 64; aA BGH NZI 2014, 1017 in einem vor dem 1.7.2014 beantragten Verfahren, in dem das Gesetz zur Verkürzung des Restschuldbefreiungsverfahrens und zur Stärkung der Gläubigerrechte noch keine Anwendung findet (AG Hamburg ZInsO 2012, 195).

54 Weder gegen die kraft Gesetzes gem. Absatz 3 Satz 2 eingetretene Rücknahmewirkung noch gegen die den Eintritt dieser Wirkung feststellende Mitteilungen oder Beschlüsse des Insolvenzgerichts sieht die InsO ein Rechtsmittel vor (BGH NZI 2009, 900; NJW 2004, 67). Die Rücknahmefiktion ist auch dann unanfechtbar, wenn das Insolvenzgericht, ohne gegen das Willkürgebot zu verstoßen, dem Schuldner erfüllbare Auflagen unterbreitet, die dieser innerhalb der gesetzlichen Frist erfüllt, auch wenn diese Auflagen nicht rechtmäßig sind (BGH NZI 2009, 1068) In dem vom BGH entschiedenen Fall hatte das Insolvenzgericht den

Schuldner aufgefordert, Kontoauszüge für einen begrenzten Zeitraum dem Gericht zur Einsicht vorzulegen.

55 Offen gelassen hat der BGH bislang, ob entsprechend § 34 Abs. 1 eine **Beschwerde gegen die Rücknahmefiktion** zulässig ist, wenn die gerichtliche Aufforderung nach Absatz 3 Satz 1, Erklärungen oder Unterlagen zu ergänzen, nicht erfüllbar ist. In diesen Fällen kommt die Mitteilung oder der Beschluss über die Rücknahmefiktion materiell einer Ablehnung der Insolvenzeröffnung gleich, sodass in diesen Fällen die sofortige Beschwerde nach § 34 zulässig ist (LG Berlin ZVI 2011, 293; Graf-Schlicker/*Sabel* Rn. 43; aA Uhlenbruck/*Sternal* Rn. 147). Weist das Insolvenzgericht nicht in verständlicher Weise darauf hin, welche unvollständigen Erklärungen und Unterlagen zu ergänzen sind, so kommt dies ebenfalls einer Erteilung unerfüllbarer gerichtlicher Auflagen gleich. In diesem Fall ist die sofortige Beschwerde gegen die Mitteilung der Rücknahmefiktion analog § 34 Abs. 1 statthaft (LG Bonn NZI 2010, 863; Gottwald InsR-HdB/*Ahrens* § 83 Rn. 30).

VI. Vertretungsbefugnis der Schuldnerberater im gerichtlichen Verfahren (Absatz 4)

56 Absatz 4 stellt klar, dass sich **der Schuldner** im gesamten Verfahren – sowohl im gerichtlichen Schuldenbereinigungsverfahren als auch im eröffneten Insolvenzverfahren und in der Wohlverhaltensperiode – durch einen Vertreter einer als geeignet anerkannten Stelle oder von einer geeigneten Person vertreten lassen kann. Eine Verpflichtung der geeigneten Stelle oder Person zur Übernahme der Vertretung besteht nicht (BT-Drs. 17/11268, 34). Ist das Verfahren vor dem 1.7.2014 beantragt worden, bezieht sich die Vertretungsbefugnis der geeigneten Person oder Stelle lediglich auf das gerichtliche Schuldenbereinigungsverfahren.

57 Der am 1.7.2008 in Kraft getretene Absatz 4 Satz 2 erstreckt die Befugnis zur Vertretung auch auf **Inkassounternehmen,** die nach 10 Abs. 1 S. 1 des Rechtsdienstleistungsgesetzes registriert sind (vgl. → § 174 Rn. 19) Es stellt für den Gläubiger eine Vereinfachung dar, wenn er ein Inkassounternehmen, das für ihn schon mit dem außergerichtlichen Einigungsversuch befasst war, auch mit der Wahrung seiner Rechte im gerichtlichen Schuldenbereinigungsverfahren beauftragen kann (BT-Drs. 16/3655, 92).

VII. Formularzwang (Absatz 5)

58 Das Verbraucherinsolvenzverfahren bedarf als Massenverfahren einer **standardisierten Antragsbearbeitung** (Graf-Schlicker/*Sabel* Rn. 2). Absatz 5 ermächtigt das Bundesministerium der Justiz, durch Rechtsverordnung mit Zustimmung des Bundesrates zur Vereinfachung des Verbraucherinsolvenzverfahrens für die Beteiligten Vordrucke für die nach Absatz 1 Nr. 1–3 vorzulegenden Bescheinigungen, Anträge und Verzeichnisse einzuführen. Daneben soll der Vordruckzwang die Entwicklung einheitlicher Software für die Verfahrensbearbeitung fördern (Stellungn. des Bundesrates zum RegE EGInsOÄndG, BT-Drs. 14/49, 9). Auf der Grundlage dieser Angaben kann das Insolvenzgericht grds. ohne Einschaltung eines Sachverständigen den Insolvenzgrund ermitteln und feststellen, ob eine die Kosten des Verfahrens deckende Masse vorhanden ist. Abweichend von der Ermächtigung in der Neuregelung des § 305 Abs. 5 sieht die Verbraucherinsolvenzformularverordnung (VbrInsFV) auch für den in Absatz 1 Nr. 4 geregelten Schuldenbereinigungsplan ein Formular vor (Anlage 7 zur VbrInsFV). Dies beruht vermutlich auf einem Redaktionsversehen (→ Rn. 38). Aufgrund des eindeutigen Gesetzeswortlautes ist der Schuldner nicht verpflichtet, das entsprechende Formular für den gerichtlichen Schuldenbereinigungsplan zu benutzen.

59 Mit der Verordnung zur Einführung von Vordrucken für das Verbraucherinsolvenzverfahren und das Restschuldbefreiungsverfahren (**Verbraucherinsolvenzvordruckverordnung** [VbrInsVV]) v. 17.2.2002 (BGBl. I S. 703) hat das Bundesministerium der Justiz von der Ermächtigung Gebrauch gemacht und zum 1.3.2002 bundesweit einheitliche Antragsformulare, veröffentlicht am 22.2.2002 (BGBl. I S. 703), eingeführt. Die VbrInsVV ist mit Verordnung v. 23.6.2014 (BGBl. I S. 825) geändert worden. Die Änderungen sind am 30.6.2014 in Kraft getreten. Wegen der Ersetzung des Begriffs „Vordruck" durch den Begriff „Formular" heißt sie nunmehr Verbraucherinsolvenzformularverordnung (VbrInsFV). Die amtlichen Formulare werden bei den Insolvenzgerichten vorrätig gehalten und sind darüber hinaus auch im Internet abrufbar. Eine Gewähr für eine aktuelle und authentische Fassung bietet das gemeinsame Justizportal des Bundes und der Länder (http://www.justiz.de/Formulare). Den amtlichen Formularen ist ein umfangreiches Hinweisblatt beigefügt, das zahlreiche Ausfüllhinweise enthält und beachtet werden sollte. Durch die Änderung des Absatz 5 durch das Justizkommunikationsgesetz v. 22.3.2005 (BGBl. I S. 837) kann in Zukunft auch die Benutzung elektronischer Formulare vorgeschrieben werden. Die Möglichkeit der elektronischen Antragstellung ist noch nicht umgesetzt worden.

60 Reicht der Schuldner einen Antrag ein, ohne die Vordrucke zu benutzen, so hat ihm das Gericht Gelegenheit zu geben, den Mangel innerhalb einer bestimmten Frist zu korrigieren. Kommt der Schuldner der Auflage nicht nach, ist der Antrag als unzulässig zurückzuweisen, weil er nicht den besonderen Zulässigkeitsvoraussetzungen entspricht.

Scheitern der außergerichtlichen Schuldenbereinigung[1]

305a **Der Versuch, eine außergerichtliche Einigung mit den Gläubigern über die Schuldenbereinigung herbeizuführen, gilt als gescheitert, wenn ein Gläubiger die Zwangsvollstreckung betreibt, nachdem die Verhandlungen über die außergerichtliche Schuldenbereinigung aufgenommen wurden.**

Literatur (Auswahl): *Fuchs/Bayer,* Untersagung und einstweilige Einstellung der Zwangsvollstreckung während der Dauer des gerichtlichen Schuldenbereinigungsverfahrens, ZInsO 2000, 429; *Winter,* Einstellung der Zwangsvollstreckung in der außergerichtlichen Schuldenbereinigung, Rpfleger 02, 119.

I. Normzweck

1 Die Norm soll dem Schuldner unmittelbar nach der Einleitung von Zwangsvollstreckungsmaßnahmen durch einen Gläubiger während der außergerichtlichen Vergleichsverhandlungen, die Stellung eines Insolvenzantrags ermöglichen, um **Vollstreckungsschutz nach § 21** zu erlangen, da eine gerichtliche Einstellung des Zwangsvollstreckungsverfahrens, soweit nicht im Einzelfall die Voraussetzungen des § 765a ZPO vorliegen, erst nach Insolvenzantragstellung zulässig ist. Die Fiktion des Scheiterns soll außerdem einzelne Gläubiger davon abhalten, sich durch eine Zwangsvollstreckungsmaßnahme einen Vorteil zu verschaffen oder die Ausgangsposition des Schuldners für eine einvernehmliche Entschuldung unnötig erschweren (BT-Drs. 14/5680, 15 Nr. 4). Im Hinblick auf § 88, der eine Rückschlagsperre von drei Monaten im Verbraucherinsolvenzverfahren vorsieht, soll verhindert werden, dass sich der außergerichtliche Einigungsversuch über diesen Zeitraum hinaus hinzieht.

[1] § 305a eingef. mWv 1.12.2001 durch G v. 26.10.2001 (BGBl. I S. 2710).

Die Vorschrift wurde durch das **InsOÄndG 2001** in die InsO eingeführt. Die BReg hatte in dem Entwurf dieses Gesetzes versucht, zusätzlich in § 765a ZPO einen besonderen Vollstreckungsschutz für die außergerichtliche Schuldenbereinigung zu schaffen (BT-Drs. 14/5680, Art. 7, S. 9). Da mit dieser Änderung das InsOÄndG 2001 zustimmungsbedürftig geworden wäre, verzichtete die Bundesregierung auf die Ausdehnung des Vollstreckungsschutzes auf das außergerichtliche Schuldenbereinigungsverfahren (BR-Drs. 14/01). Die Norm hat bislang kaum eine praktische Bedeutung erlangt. 2

II. Voraussetzungen für die Annahme des Scheiterns

1. Betreiben der Zwangsvollstreckung. Ein Betreiben der Zwangsvollstreckung iSd § 305a liegt nur dann vor, wenn die Maßnahmen auf einen Zugriff auf das Vermögens des Schuldners abzielen. Maßnahmen, die die Zwangsvollstreckung lediglich vorbereiten, wie etwa das Zustellen des Titels oder ein Zwangsvollstreckungsantrag, genügen nicht. Auch die Ankündigung eines Gläubigers, Zwangsvollstreckungsmaßnahmen einzuleiten, reicht nicht aus (Uhlenbruck/*Sternal* Rn. 4). Jeder Vollstreckungsversuch auch nur eines einzelnen Gläubigers berechtigt zum Abbruch der Verhandlungen, unabhängig davon, ob er Kenntnis von dem Plan hatte. Die **Erhebung einer Leistungsklage** gegen den Schuldner löst nicht die Fiktion des § 305a aus (HK-InsO/*Waltenberger* § 305a aF Rn. 6). 3

Die Fiktion greift **nicht** ein, wenn ein Gläubiger nach der Aufnahme von Verhandlungen über einen Einigungsversuch keine Zwangsvollstreckungsmaßnahmen betreibt, sondern stattdessen einen **Antrag auf Eröffnung des Insolvenzverfahrens** stellt (aA Uhlenbruck/*Sternal* Rn. 7). Auch der Zweck der Norm, einzelnen Gläubiger die Möglichkeit einer vorrangigen Sicherung zu nehmen gebietet keine (analoge) Anwendung des § 305a, weil der Antrag eines Gläubigers ihm eine solche Position nicht verschafft. 4

2. Maßgeblicher Zeitpunkt. Der maßgebliche Zeitpunkt, von dem an eine Zwangsvollstreckung die Fiktion des Scheiterns auslöst, ist die Aufnahme der Verhandlungen über den Schuldenbereinigungsplan. Nicht ausreichend ist, dass der Schuldner die Gläubiger gem. § 305 Abs. 2 S. 2 zur Übersendung einer Forderungsaufstellung auffordert. Erst **mit der Übersendung des außergerichtlichen Plans** gelten die Verhandlungen über den außergerichtlichen Schuldenbereinigungsplan als aufgenommen (Begr. RegE InsOÄndG (§ 305a), BT-Drs. 14/5680, 31). Damit sind insbes. die Fälle abgedeckt, in denen Gläubiger durch die Vorlage des Plans erst Kenntnis von Vermögenswerten des Schuldners erhalten. Eine förmliche Planzustellung ist nicht erforderlich. 5

Vor Aufnahme der Verhandlungen über Verhandlungen über den außergerichtlichen Schuldenbereinigungsplan eingeleitete Zwangsvollstreckungsmaßnahmen lösen die Fiktion des § 305a InsO nicht aus. Der Beginn der Zwangsvollstreckung liegt daher in der ersten gegen den Schuldner gerichteten Vollstreckungshandlung eines Vollstreckungsorgans. 6

III. Folgen des Scheiterns der Verhandlungen

Betreibt ein Gläubiger die **Zwangsvollstreckung,** nachdem die Verhandlungen über die außergerichtliche Schuldenbereinigung aufgenommen wurden, ist der Schuldner nicht mehr verpflichtet, eine außergerichtliche Einigung mit seinen Gläubigern auf der Grundlage eines Plans zu versuchen. Begonnene Verhandlungen müssen nicht weiter fortgeführt werden. Eine Verpflichtung des Schuldners, die beteiligten Gläubiger über das Scheitern des außergerichtlichen Einigungsversuchs zu unterrichten, besteht nicht (Uhlenbruck/*Sternal* Rn. 12). 7

8 Der Schuldner kann die **Verhandlungen** über die außergerichtliche Schuldenbereinigung mit den Gläubigern fortzusetzen (FK-InsO/*Grote* Rn. 6; HK-InsO/*Waltenberger* Rn. 7; Uhlenbruck/*Sternal* Rn. 12; aA Kübler/Prütting/Bork/*Wenzel* Rn. 4). Er ist berechtigt, aber nicht verpflichtet, den Insolvenzantrag zu diesem Zeitpunkt zu stellen. In den meisten Fällen werden die Vollstreckungsversuche ohnehin fruchtlos verlaufen, so dass auch die Einigungschancen mit dem vollstreckenden Gläubiger grds. nicht aussichtslos sein werden.

IV. Vollstreckungsschutz nach § 765a ZPO

9 § 765a ZPO kann Anwendung finden, wenn die Einzelvollstreckung eines Gläubigers während der Verhandlungen über eine außergerichtliche Schuldenbereinigung mit den guten Sitten nicht vereinbar ist (FK-InsO/*Grote* Rn. 5; HK-InsO/*Waltenberger* § 305a aF Rn. 1; LG Itzehoe NZI 2001, 100; Graf-Schlicker/*Sabel* Rn. 1).

Ruhen des Verfahrens[1]

306 (1) [1] **Das Verfahren über den Antrag auf Eröffnung des Insolvenzverfahrens ruht bis zur Entscheidung über den Schuldenbereinigungsplan.** [2] **Dieser Zeitraum soll drei Monate nicht überschreiten.** [3] **Das Gericht ordnet nach Anhörung des Schuldners die Fortsetzung des Verfahrens über den Eröffnungsantrag an, wenn nach seiner freien Überzeugung der Schuldenbereinigungsplan voraussichtlich nicht angenommen wird.**

(2) [1] **Absatz 1 steht der Anordnung von Sicherungsmaßnahmen nicht entgegen.** [2] **Ruht das Verfahren, so hat der Schuldner in der für die Zustellung erforderlichen Zahl Abschriften des Schuldenbereinigungsplans und der Vermögensübersicht innerhalb von zwei Wochen nach Aufforderung durch das Gericht nachzureichen.** [3] **§ 305 Abs. 3 S. 2 gilt entsprechend.**

(3) [1] **Beantragt ein Gläubiger die Eröffnung des Verfahrens, so hat das Insolvenzgericht vor der Entscheidung über die Eröffnung dem Schuldner Gelegenheit zu geben, ebenfalls einen Antrag zu stellen.** [2] **Stellt der Schuldner einen Antrag, so gilt Absatz 1 auch für den Antrag des Gläubigers.** [3] **In diesem Fall hat der Schuldner zunächst eine außergerichtliche Einigung nach § 305 Abs. 1 Nr. 1 zu versuchen.**

Literatur (Auswahl): *Delhaes,* Zur Zulässigkeit des Restschuldbefreiungsantrags in einem durch Gläubigerantrag eingeleiteten Verbraucherinsolvenzverfahren, ZInsO 2000, 358; *Foerste,* Risiken für Restschuldbefreiungsanträge im Fall des § 306 InsO, ZInsO 2009, 319; *Grote,* Restschuldbefreiungsantrag des Verbraucherschuldners im Insolvenzverfahren, das auf Gläubigerantrag eröffnet wurde, ZInsO 2000, 146; *Heyer,* Restschuldbefreiung im Eigen- und Fremdantragsverfahren nach dem InsOÄndG 01, ZInsO 2002, 59; *Pape,* Erforderlichkeit eines Eigenantrags des Schuldners im Fall des Antrags auf Restschuldbefreiung bei Anschließung an einen Gläubigerantrag?, NZI 2002, 186; *G. Pape/I. Pape,* Vorschläge zur Reform des Insolvenzverfahrens, insbesondere des Verbraucherinsolvenzverfahrens, ZIP 2000, 1553; *Schmidt,* Der vorläufige Treuhänder im Verbraucherinsolvenzverfahren – „kleiner Bruder" des vorläufigen Insolvenzverwalters, ZIP 1999, 915.

---

[1] § 306 Abs. 1 Satz 3, Abs. 2 Sätze 2 und 3, Abs. 3 Satz 3 angef., Abs. 2 bish. Wortlaut wird Satz 1 mWv 1.12.2001 durch G v. 26.10.2001 (BGBl. I S. 2710).

Übersicht

I. Normzweck

Vor einer Eröffnung des Insolvenzverfahrens soll über den Schuldenbereinigungsplan entschieden werden. Damit soll der **Vorrang einer einvernehmlichen Schuldenbereinigung** vor dem gerichtlichen Verfahren gesichert werden. Die Vorschrift ordnet daher an, dass während des gerichtlichen Schuldenbereinigungsverfahrens der Eröffnungsantrag des Schuldners kraft Gesetzes ruht (Absatz 1 Satz 1). Das gerichtliche Schuldenbereinigungsverfahren ist in das Ermessen des Gerichts gestellt, um die Durchführung aussichtsloser Verfahren zu vermeiden (Absatz 1 Satz 2). Absatz 2 Satz 1 gestattet in diesem Verfahrensstadium die Anordnung von Sicherungsmaßnahmen. Absatz 2 Satz 2 regelt die Pflichten des Schuldners zu Durchführung des Schuldenbereinigungsverfahrens. Absatz 3 befasst sich mit dem Verfahren nach Eingang eines Gläubigerantrags gegen den Schuldner, der bislang noch keinen Insolvenzantrag gestellt hat. 1

Die ursprüngliche Fassung des § 306 wurde durch das **InsOÄndG** ergänzt. Mit dieser Neuregelung, der Ersetzung des obligatorischen gerichtlichen Schuldenbereinigungsverfahrens durch ein fakultatives Verfahren, hat der gerichtliche Schuldenbereinigungsplan in der Praxis erheblich an Bedeutung verloren. 2

II. Das gerichtliche Schuldenbereinigungsverfahren

1. Ruhen des Verfahrens. Das Ruhen des Verfahrens über den Eröffnungsantrag tritt kraft Gesetzes ein. Einer Beschlussfassung durch das Gericht bedarf es nicht. Es sollte aber den Verfahrensbeteiligten mitteilen, dass für die Dauer der gerichtlichen Schuldenbereinigung das Verfahren ruht (Uhlenbruck/*Sternal* Rn. 6). Werden während des Ruhens des Verfahrens weitere Anträge durch Gläubiger gestellt, erfasst das Ruhen des Verfahrens auch diese Anträge. In dieser Zeit sind alle nach außen wirkenden gerichtlichen Handlungen unzulässig, die mit der Entscheidung über den Eröffnungsantrag in Zusammenhang stehen (FK-InsO/*Grote* Rn. 7). Das Gericht ist jedoch verpflichtet, vorab die Statthaftigkeit der gewählten Verfahrensart (§ 304) und die Vollständigkeit des Insolvenzantrags (§ 305) zu prüfen (BGH ZVI 2004, 281). Eine entgegen Absatz 1 Satz 1 während des Schuldenbereinigungsverfahrens ergehende Entscheidung über den Eröffnungsantrag ist zwar nicht unwirksam, aber nach § 34 anfechtbar (FK-InsO/*Grote* Rn. 7). 3

4 Das Ruhen des Verfahrens **beginnt** mit dem Eingang des Eröffnungsantrags des Schuldners bei Gericht (Uhlenbruck/*Sternal* Rn. 7). Hat der Schuldner einen unvollständigen Eröffnungsantrag eingereicht, tritt das Ruhen des Verfahrens erst ein, nachdem der Schuldner fehlende Unterlagen gem. § 305 Abs. 3 ergänzt hat aA Uhlenbruck/*Sternal* Rn. 7. Es endet mit der Rechtskraft der Entscheidung über den Eröffnungsantrag oder mit dem Fortsetzungsbeschluss.

5 Der für die Durchführung des gerichtlichen Schuldenbereinigungsverfahrens erforderliche **Zeitraum** soll nicht mehr als drei Monate betragen (Absatz 1 Satz 2). Es handelt sich hierbei um eine bloße Ordnungsvorschrift, deren Nichteinhaltung ohne Folgen bleibt. Diese Frist kann ohnehin nur eingehalten werden, wenn es zu keinem Änderungsverfahren nach § 307 Abs. 3 kommt. Gleiches gilt bei einem Gläubigerantrag. Hier muss dem Schuldner ausreichend Gelegenheit gegeben werden, einen eigenen Antrag vorzulegen (Absatz 3 Satz 1).

6 **2. Das Schuldenbereinigungsverfahren. a) Anhörung des Schuldners.** Das Gericht hat, wenn es beabsichtigt, kein Schuldenbereinigungsverfahren durchzuführen sondern das Verfahren fortzusetzen, vor der Entscheidung den Schuldner anzuhören. Erklärt der Schuldner bereits mit seinem Eigenantrag, dass er auf eine Anhörung verzichtet, falls das Gericht wegen fehlender Erfolgsaussicht kein Schuldenbereinigungsplanverfahren durchführen will, ist keine gesonderte Anhörung erforderlich. Eine Anhörung des Schuldners kann auch unterbleiben, wenn der Schuldner seine Einschätzung der Erfolgsaussichten bereits in seinem Antrag umfassend dargelegt hat und das Gericht dieser Einschätzung folgen will (Graf-Schlicker/*Sabel* § 305 Rn. 11). Eine **Anhörung der Gläubiger** ist grds. nicht erforderlich. Ein Anlass die Gläubiger anzuhören besteht allenfalls, wenn der gerichtliche Schuldenbereinigungsplan eine wesentlich höhere Befriedigungsquote als der außergerichtliche Vergleichsvorschlag vorsieht und hat die überwiegende Zahl der Gläubiger zu dem außergerichtlichen Plan geschwiegen hat.

7 **b) Entscheidung des Gerichts.** Die Durchführung des gerichtlichen Schuldenbereinigungsverfahrens steht im **Ermessen des Gerichts.** Das Gericht hat eine Prognoseentscheidung zu treffen, ob ein gerichtliches Schuldenbereinigungsverfahrens Erfolg haben könnte. Auf der Grundlage des vom Schuldner vorgelegten außergerichtlichen Schuldenbereinigungsplans und der Darlegung der wesentlichen Gründe für das Scheitern des Einigungsversuchs müssen konkrete Anhaltspunkte dafür vorhanden sind, dass eine Mehrheit der Gläubiger nach Summen und Köpfen dem Schuldenbereinigungsplan zustimmen könnte und damit die Chance besteht, die Minderheit zwangsweise in die Schuldenbereinigung einzubinden (*Pape/Pape* ZIP 2000, 1553). Bei einem Nullplan dürfte hiervon regelmäßig nicht auszugehen sein (AG Göttingen ZVI 2002, 69 [70]). Nichts anderes gilt in den Fällen, in denen die Mehrheitsgläubiger, deren Zustimmung gem. § 309 nicht ersetzt werden kann, schon während des außergerichtlichen Einigungsversuchs eindeutig und unmissverständlich den ihnen zuletzt angebotenen Vorschlag zur Schuldenbereinigung abgelehnt haben und ein hiervon abweichender Schuldenbereinigungsplan nicht vorgelegt wird (*Vallender* NZI 2001, 561 [564]). Ist mit einer Annahme des Plans durch die Gläubiger offensichtlich nicht zu rechnen, ordnet das Gericht die Fortsetzung des Verfahrens an.

8 **3. Sicherungsmaßnahmen (Absatz 2 Satz 1).** Während des Ruhens des Verfahrens kann das Gericht Sicherungsmaßnahmen iSd § 21 anordnen. Es kann insbes. künftige **Zwangsvollstreckungsmaßnahmen gegen den Schuldner** untersagen sowie bereits eingeleitete einstellen (Uhlenbruck/*Sternal* Rn. 39; MüKoInsO/*Ott/Vuia* Rn. 17; *Fuchs,* Kölner Schrift zur InsO, S. 1703 Rn. 73). Denkbar ist auch ein **Verfügungsverbot zulasten des Schuldners;** hierzu wird im Verbraucherinsolvenzverfahren nur ausnahmsweise Anlass bestehen (Uhlen-

bruck/*Sternal* Rn. 37 f.). Die Einsetzung eines vorläufigen Insolvenzverwalters in den ab dem 1.7.2014 beantragten Insolvenzverfahren bzw. eines vorläufigen Treuhänders ist zulässig (AG Köln ZInsO 2000, 118; Nerlich/Römermann/*Römermann* Rn. 9; Kübler/Prütting/Bork/*Wenzel* Rn. 10; aA *Hess/Weis/Wienberg* Rn. 8), wird aber auch nur im Ausnahmefall erforderlich sein (HK-InsO/*Waltenberger* § 306 aF Rn. 17; Uhlenbruck/*Sternal* Rn. 32; vgl. zur Thematik auch *Schmidt* ZIP 1999, 915).

4. Vorlage der zuzustellenden Unterlagen (Absatz 2 Satz 2). Hält das Gericht ein gerichtliches Schuldenbereinigungsverfahren für sinnvoll, hat es den Schuldner gem. Absatz 2 Satz 2 aufzufordern, die für die Zustellung erforderlichen Abschriften des Schuldenbereinigungsplans und der Vermögensübersicht **innerhalb von zwei Wochen nach Aufforderung durch das Gericht** nachzureichen. Durch die Anfertigung der den Gläubigern zuzustellenden Unterlagen durch den Schuldner soll das Gericht entlastet werden. Die Frist beginnt mit Zugang der Aufforderung beim Schuldner. Sie kann weder abgekürzt oder verlängert werden (§ 4 iVm § 222 ZPO). Kommt der Schuldner der Aufforderung nicht nach, gilt sein Antrag als zurückgenommen (Absatz 3 Satz 2). Das Gericht hat den Schuldner wegen der weitreichenden Wirkungen einer Fristversäumnis ausdrücklich auf diese Folge hinzuweisen. Unterbleibt dieser Hinweis, läuft die Frist nicht. Im Falle der unvollständigen Unterlagen kann, das Gericht den Schuldner nicht entsprechend § 305 Abs. 3 S. 1 zur Ergänzung auffordern, da eine Fristverlängerung nicht möglich ist (Uhlenbruck/*Sternal* Rn. 54; aA Ahrens/Gehrlein/Ringstmeier/*Henning* Rn. 13). Gegen die Rücknahmefiktion des § 306 Abs. 2 S. 3 iVm § 305 Abs. 3 S. 2 ist kein Rechtsmittel gegeben (→ § 305 Rn. 54 f.). Gilt der Antrag als zurückgenommen, kann der Schuldner ohne Sperrfrist einen neuen Antrag stellen (vgl. → § 305 Rn. 53). 9

5. Anfechtbarkeit der Entscheidung des Gerichts über die Fortsetzung des Verfahrens. Die Entscheidung des Gerichts, das Verfahren über den Eröffnungsantrag fortzusetzen, (Absatz 1 Satz 3 InsO) ist weder mit der sofortigen Beschwerde als ordentlichem Rechtsmittel noch mit einem anderen Rechtsbehelf anfechtbar. (§ 6 InsO). Die Entscheidung kann allenfalls mit der Anhörungsrüge (§ 321a ZPO, § 4 InsO) angefochten werden (BGH BeckRS 2003, 08182; BGH BeckRS 2008, 06878; AG Duisburg NZI 2011, 863). Auch ein außerordentliches Beschwerderecht wegen vermeintlicher greifbarer Gesetzwidrigkeit ist nicht gegeben. Mit einer Gegenvorstellung kann der Schuldner das Gericht von der Notwendigkeit eines Schuldenbereinigungsverfahrens überzeugen. 10

III. Der Gläubigerantrag im Verbraucherinsolvenzverfahren (Absatz 3)

1. Allgemeines. Absatz 3 regelt das Verfahren nach Eingang eines Gläubigerantrags gegen den Schuldner, der selbst keinen Insolvenzantrag gestellt hat. Aufgrund ihrer systematischen Stellung erfasst die Vorschrift nur Gläubigeranträge gegen den Verbraucher iSd § 304 Abs. 1 (Graf-Schlicker/*Sabel* Rn. 22). Für das Gericht ist jedoch häufig bei Eingang eines Gläubigerantrags noch nicht erkennbar, ob der Schuldner dem Anwendungsbereich des § 304 Abs. 1 unterfällt. Daher gilt für einen Gläubigerantrag, der eine natürliche Person betrifft, nach der Rspr. des BGH (BGHZ 162, 181; BGH ZInsO 2008, 1138), dass das Gericht grds. nach Eingang des Gläubigerantrags den Schuldner darauf hinzuweisen hat, dass er zur Erreichung der Restschuldbefreiung einen entsprechenden Restschuldbefreiungsantrag sowie einen Eigenantrag auf Eröffnung des Insolvenzverfahrens stellen muss. Hat ein Gläubigerantrag zur Eröffnung des Insolvenzverfahrens geführt, kann der Schuldner keinen Eigenantrag mehr stellen. In einem Verbraucherinsol- 11 venzverfahren kann in diesem Fall weder das außergerichtliche noch das gerichtliche Schuldenbereinigungsverfahren nachgeholt werden. Hat das Insolvenzgericht die erforderlichen Hinweise zur Erlangung der Restschuldbefreiung fehlerhaft, unvollständig oder verspätet erteilt und ist das Insolvenzverfahren auf den Gläubigerantrag hin eröffnet worden, bevor der Schuldner den Eigenantrag stellt, genügt ausnahmsweise ein isolierter Antrag auf Restschuldbefreiung, um dem Schuldner die dahingehende Aussicht zu erhalten.

12 **2. Zulässigkeitsvoraussetzungen des Gläubigerantrags im Verbraucherinsolvenzverfahren.** Für einen Antrag eines Gläubigers im Verbraucherinsolvenzverfahren gelten die allgemeinen **Zulässigkeitsvoraussetzungen** des § 14. Es ist nicht Aufgabe des Gläubigers, zu prüfen und vorzutragen, ob das Verfahren dem Anwendungsbereich der §§ 304 ff. unterliegt oder nicht (Kübler/Prütting/Bork/*Wenzel* Rn. 14; Uhlenbruck/*Sternal* Rn. 57). Nur wenn ein Gläubiger ausdrücklich die Eröffnung eines Verbraucherinsolvenzverfahrens beantragt, trifft ihn auch die entsprechende Darlegungslast. Das Gericht hat, soweit nicht ausdrücklich ein Antrag auf Eröffnung des Verbraucherinsolvenzverfahrens vorliegt, zunächst von einem Regelinsolvenzverfahren auszugehen und nach Zulassung des Antrags dann von Amts wegen zu ermitteln, ob der Schuldner dem Personenkreis des § 304 Abs. 1 zuzuordnen ist (Kübler/Prütting/Bork/*Wenzel* Rn. 1; Uhlenbruck/*Sternal* Rn. 57). Ist dies der Fall, hat das Gericht nach Absatz 3 Satz 1 vor der Entscheidung über den Gläubigerantrag dem Schuldner Gelegenheit zu geben, ebenfalls einen Eigenantrag zu stellen. Hat der Schuldner, der einen Eröffnungsantrag stellen will, noch keinen außergerichtlichen Einigungsversuch unternommen, hat er diesen nachzuholen. Nur dadurch bleibt dem Schuldner die Möglichkeit erhalten, einen Einigungsversuch zu unternehmen und einen Antrag auf Restschuldbefreiung zu stellen.

13 Liegen die allgemeinen Zulässigkeitsvoraussetzungen des **§ 14** nicht vor, ist der Antrag des Gläubigers auf Eröffnung des Insolvenzverfahrens als **unzulässig** abzuweisen.

14 Ist nach den Feststellungen des Gerichts der Schuldner nicht dem Verbraucherinsolvenzverfahren zuzuordnen, wird das Regelinsolvenzverfahren fortgeführt. Hat jedoch der Gläubiger ausdrücklich einen Antrag auf Eröffnung des Verbraucherinsolvenzverfahrens gestellt, dann ist ihm Gelegenheit zu geben, seinen Antrag auf die zulässige Verfahrensart umzustellen. Kommt der Gläubiger diesem Hinweis des Gerichts nicht nach, ist sein Antrag insgesamt mit verfahrensabschließender Wirkung als unzulässig zurückzuweisen. Gegen den zurückweisenden Beschluss steht dem Gläubiger gem. § 34 das Rechtsmittel der sofortigen Beschwerde zu.

15 **3. Hinweispflicht des Gerichts.** Ist der Schuldner dem Verbraucherinsolvenzverfahren zuzuordnen (§ 304), so ist ihm nach Absatz 3 Gelegenheit zu geben, vor der Entscheidung über die Eröffnung des Insolvenzverfahrens, einen eigenen Insolvenzantrag zu stellen. Der Schuldner ist allerdings nicht verpflichtet, den Hinweis des Gerichts abzuwarten. Er kann bereits vorher einen Eigenantrag stellen (OLG Celle ZInsO 2001, 40). Die Frage, ob das Gericht den Schuldner auch darauf hinweisen muss, dass er zusammen mit dem Insolvenzantrag einen Restschuldbefreiungsantrag stellen muss, um in den Genuss einer Restschuldbefreiung zu gelangen oder ob der Hinweis des Gerichts mit dem nach § 20 Abs. 2 erforderlichen Hinweis an den Schuldner zu verbinden ist, stellt sich im Verbraucherinsolvenzverfahren nicht, da der im Anschluss an einen Gläubigerantrag gestellte Eigenantrag des Schuldners den Anforderungen des § 305 Abs. 1 genügen muss. Zu diesen Anforderungen gehört auch die Erklärung des Schuldners, ob er die Restschuldbefreiung beantragt oder einen solchen Antrag nicht stellt.

4. Frist zur Stellung eines Eigenantrags. Dem Schuldner ist zur Stellung des Eigenantrags eine richterliche Frist zu setzen, deren Dauer in das Ermessen des Gerichts gestellt ist. Es handelt sich nicht um eine Ausschlussfrist, sondern um eine Mindestfrist, nach deren Ablauf der Schuldner mit der Eröffnung eines Insolvenzverfahrens auf Antrag des Gläubigers und einer damit verbundenen Sperre für eine isolierte Stellung eines Antrags auf Restschuldbefreiung rechnen muss. Die Frist muss dem Schuldner ermöglichen, den Gläubigerantrag zu prüfen und fachkundigen Rat darüber einzuholen, ob er dem Antrag entgegentreten will oder sich ihm mit einem eigenen Insolvenz- und Restschuldbefreiungsantrag anschließen will (Graf-Schlicker/*Sabel* Rn. 25). Angemessen ist eine Vierwochenfrist, die, da es sich um eine richterliche Frist handelt, auch verlängert werden kann (BGH NJW 2005, 1433). Sie kann bei Bedarf auch gem. § 4 InsO iVm § 224 Abs. 2 ZPO verlängert werden (BGH NZI 2005, 271). Hat der Schuldner einen Eigenantrag gestellt, nicht jedoch den Restschuldbefreiungsantrag, so ist für die nachträgliche Stellung des Restschuldbefreiungsantrags die Frist des § 287 Abs. 1 einzuhalten (BGH NZI 2005, 271). Eine Fristversäumnis macht den verspäteten Eigenantrag des Schuldners nicht unzulässig, wenn dieser vor der Entscheidung über den Gläubigerantrag gestellt wird (BGH NJW 2008, 3494). 16

Stellt der Schuldner keinen eigenen Antrag, so wird, wenn die Eröffnungsvoraussetzungen vorliegen, das Insolvenzverfahren durchgeführt. 17

5. Anschließender Eigenantrag des Schuldners. Der im Anschluss an einen Gläubigerantrag gestellte Eigenantrag des Schuldners muss den Anforderungen des § 305 Abs. 1 genügen. Er muss die nach den Nr. 1–3 erforderlichen Unterlagen enthalten. Der Schuldner ist verpflichtet, einen außergerichtlichen Einigungsversuch zu unternehmen und eine entsprechende Bescheinigung über das Scheitern des außergerichtlichen Einigungsversuchs vorzulegen (Absatz 3 Satz 3). Für die außergerichtliche Einigung hat der Schuldner drei Monate Zeit (§ 305 Abs. 3 S. 3). Die Monatsfrist des § 305 Abs. 3 S. 2 gilt hier nicht. Der Schuldner ist nicht verpflichtet, die in § 305 Abs. 1 genannten Unterlagen gleichzeitig mit dem Antrag vorzulegen. Da er noch einen außergerichtlichen Einigungsversuch zu unternehmen hat, wäre er ohnehin nicht in der Lage, dem Erfordernis des § 305 Abs. 1 Nr. 1 zu genügen. Außerdem wäre bei einem erfolgreichen außergerichtlichen Einigungsversuch die Vorlage der Unterlagen überflüssig, da in einem solchen Fall sich alle anhängigen Insolvenzanträge in der Hauptsache erledigt hätten. 18

Die **Dreimonatsfrist** zur Aufnahme der Verhandlungen mit den Gläubigern beginnt mit dem Eingang des Insolvenzantrags des Schuldners bei Gericht (Uhlenbruck/*Sternal* Rn. 69). Es handelt sich um eine gesetzliche Ausschlussfrist (§ 305 Abs. 3 S. 3). Eine Verlängerung der Frist ist nicht möglich (§ 4 InsO iVm § 224 Abs. 2 ZPO). Gesetzliche Fristen können nur in den vom Gesetz ausdrücklich bestimmten Fällen verlängert werden. Über den Antrag auf die – nicht zulässige – Fristverlängerung hat das Insolvenzgericht durch Verfügung oder durch Beschluss zu entscheiden (§ 225 Abs. 1 ZPO iVm § 4 InsO). Diese Entscheidung ist unanfechtbar (§ 225 Abs. 3 ZPO). Eine Wiedereinsetzung in den vorigen Stand bei Fristversäumnis kommt nicht in Betracht, weil die Regelungen der §§ 233 ff. ZPO bei gesetzlichen Ausschlussfristen keine Anwendung finden. Nach dem fruchtlosen Ablauf der gesetzlichen Ausschlussfrist gilt der Antrag als zurückgenommen 19

Verfahren nach erfolglosem außergerichtlichem Einigungsversuch. Kommt es zu keinem erfolgreichen Abschluss eines außergerichtlichen Plans innerhalb der Dreimonatsfrist, hat der Schuldner unverzüglich die in § 305 Abs. 1 genannten Unterlagen vorzulegen. Kann der Schuldner die Unterlagen nicht fristgemäß vorlegen, so gilt der Antrag als zurückgenommen. In diesem Fall kann 20 der Schuldner zwar erneut einen erneute Antrag auf Eröffnung des Insolvenzverfahrens stellen, jedoch nur bis zum Zeitpunkt der Eröffnung des Insolvenzverfahrens aufgrund des Gläubigerantrags. Danach gestellte Schuldneranträge sind mangels Rechtsschutzbedürfnis als unzulässig zurückzuweisen.

21 Bei **Eröffnung des Insolvenzverfahrens aufgrund des Gläubigerantrags und des Schuldnerantrags,** sind die beiden Verfahren im Eröffnungsbeschluss unter Führung des Eigenantragsverfahrens zu verbinden (Graf-Schlicker/*Sabel* Rn. 32). Dies ist erforderlich, damit die nach § 88 Abs. 2 „erweiterte Rückschlagsperre" eintritt (in den bis zum 30.6.2014 eröffneten Verfahren nach § 312 Abs. 1 S. 2). Diese greift nur ein, wenn das Verfahren auf Antrag des Schuldners eröffnet worden ist (HK-InsO/*Waltenberger* § 307 aF Rn. 14).

Zustellung an die Gläubiger[1]

307 (1) **[1] Das Insolvenzgericht stellt den vom Schuldner genannten Gläubigern den Schuldenbereinigungsplan sowie die Vermögensübersicht zu und fordert die Gläubiger zugleich auf, binnen einer Notfrist von einem Monat zu den in § 305 Abs. 1 Nr. 3 genannten Verzeichnissen und zu dem Schuldenbereinigungsplan Stellung zu nehmen; die Gläubiger sind darauf hinzuweisen, dass die Verzeichnisse beim Insolvenzgericht zur Einsicht niedergelegt sind. [2] Zugleich ist jedem Gläubiger mit ausdrücklichem Hinweis auf die Rechtsfolgen des § 308 Abs. 3 S. 2 Gelegenheit zu geben, binnen der Frist nach Satz 1 die Angaben über seine Forderungen in dem beim Insolvenzgericht zur Einsicht niedergelegten Forderungsverzeichnis zu überprüfen und erforderlichenfalls zu ergänzen. [3] Auf die Zustellung nach Satz 1 ist § 8 Abs. 1 S. 2, 3, Abs. 2 und 3 nicht anzuwenden.**

(2) **[1] Geht binnen der Frist nach Absatz 1 Satz 1 bei Gericht die Stellungnahme eines Gläubigers nicht ein, so gilt dies als Einverständnis mit dem Schuldenbereinigungsplan. [2] Darauf ist in der Aufforderung hinzuweisen.**

(3) **[1] Nach Ablauf der Frist nach Absatz 1 Satz 1 ist dem Schuldner Gelegenheit zu geben, den Schuldenbereinigungsplan binnen einer vom Gericht zu bestimmenden Frist zu ändern oder zu ergänzen, wenn dies auf Grund der Stellungnahme eines Gläubigers erforderlich oder zur Förderung einer einverständlichen Schuldenbereinigung sinnvoll erscheint. [2] Die Änderungen oder Ergänzungen sind den Gläubigern zuzustellen, soweit dies erforderlich ist. [3] Absatz 1 Satz 1, 3 und Absatz 2 gelten entsprechend.**

Schrifttum: *Bernet,* Die Wirksamkeit der Einwendungen von Inkassounternehmen nach § 307 InsO und die Befugnis des Insolvenzgerichts zur Entscheidung streitiger Rechtsfragen, NZI 2001, 73; *Vallender/Caliebe,* Umfang und Grenzen der Befugnisse der Inkassounternehmen im Schuldenbereinigungsplanverfahren, ZInsO 2000, 301.

Übersicht

[1] § 307 Abs. 1 Satz 1 neu gef., Abs. 1 Satz 2 geänd. mWv 1.12.2001 durch G v. 26.10.2001 (BGBl. I S. 2710).

I. Normzweck

1 Die Vorschrift regelt den **Verfahrensablauf** des gerichtlichen Schuldenbereinigungsverfahrens. Durch eine Notfrist von einem Monat und der Fiktion des Einverständnisses bei einem Schweigen des Gläubigers (Absatz 2) soll zügig Klarheit über die Haltung der Gläubiger zu dem von dem Schuldner vorgelegten Schuldenbereinigungsplan erlangt werden. Absatz 3 eröffnet dem Gericht die Möglichkeit, auf sinnvolle Änderungen oder Ergänzungen des Planes hinzuwirken und dadurch eine einverständliche Schuldenbereinigung zu fördern (BT-Drs. 12/7302, 192). Gleichzeitig dient die Vorschrift der Wahrung der verfahrensrechtlichen Wahrung der Gläubigerrechte, insbes. Gewährleistung des rechtlichen Gehörs der Beteiligten.

2 Führt dieses Verfahren zu keiner einstimmigen Annahme des Schuldenbereinigungsplans, folgt das **Zustimmungsersetzungsverfahren gem. § 309** oder die Wiederaufnahme des Verfahrens über den Eröffnungsantrag.

3 Absatz 1 ist durch das **InsOÄndG vom 26.10.2001** (BGBl. I S. 2710) geändert worden. Die Neuregelung des Absatz 1 Satz 1, wonach neben dem Schuldenbereinigungsplan für eine Zustellung an die Gläubiger anstelle des Vermögens-, des Gläubiger- und des Forderungsverzeichnisses nur noch eine Vermögensübersicht verlangt wird, soll das Verfahren vereinfachen und Kosten ersparen (krit. Uhlenbruck/*Sternal* Rn. 22).

II. Die Zustellung des Schuldenbereinigungsplans

4 **1. Zustellung. Gegenstand der Zustellung** durch das Gericht sind die vom Schuldner erstellte Vermögensübersicht (Anlage 4 des amtlichen Vordrucks) und der Schuldenbereinigungsplan (Anlage 7, 7A7C des amtlichen Vordrucks). Die Verzeichnisse werden aus Kostengründen nicht zugestellt, sondern bei Gericht hinterlegt. Es ist jeweils eine **beglaubigte Abschrift** der vom Schuldner eingereichten und im Original bei den Gerichtsakten befindlichen Unterlagen zuzustellen. Eine Übersendung der vom Schuldner eingereichten Kopien ist auch dann nicht möglich, wenn der Schuldner diese Dokumente unterschreibt, weil hierdurch die Übereinstimmung der übersandten Dokumente mit dem in der Ge-

richtsakte befindlichen, allein maßgeblichen Plan nicht gewährleistet ist (Graf-Schlicker/*Sabel* Rn. 3; aA HK-InsO/*Waltenberger* § 307 aF Rn. 6; Andres/Leithaus/*Andres* Rn. 3). Die Beglaubigung erfolgt durch das Gericht oder einen Rechtsanwalt.

5 Bei der **von Amts wegen erfolgenden Zustellung** hat das Gericht zunächst nur eine Weiterleitungsfunktion. Es hat die Unterlagen lediglich auf ihre Vollständigkeit zu überprüfen. Sie sind ohne weitere inhaltliche Überprüfung an die vom Schuldner angegebenen Gläubiger zuzustellen (→ Rn. 9 ff.). Die Zustellung der in Absatz 1 Satz 1 genannten Unterlagen durch das Gericht setzt jedoch einen zulässigen Eröffnungsantrag voraus.

6 **2. Inhalt der Aufforderung. a) Aufforderung zur Stellungnahme.** Mit der Übersendung der Unterlagen fordert das Gericht jeden Gläubiger auf, binnen eines Monats zu den übersandten Verzeichnissen Stellung zu nehmen, die Angaben über seine Forderungen zu überprüfen und sich dazu zu äußern, ob er dem Schuldenbereinigungsplan zustimmt. Ferner hat das Gericht auf die Rechtsfolgen hinzuweisen, die eintreten, wenn ein Gläubiger zu seiner Forderung keine Stellung nimmt oder sich nicht zum Schuldenbereinigungsplan äußert. Schließlich sind die Gläubiger darauf hinzuweisen, dass die übrigen Verzeichnisse beim Insolvenzgericht zur Einsicht niedergelegt sind.

7 **b) Äußerungsfrist.** Die Frist zur Stellungnahme zum Schuldenbereinigungsplan beträgt einen Monat nach Zustellung der Aufforderung. Einwendungen, die nicht innerhalb der Monatsfrist vorgebracht wurden, sind präkludiert (LG Münster ZVI 2002, 267). Eine Verlängerung der gesetzlichen Frist durch das Gericht ist nicht möglich (§ 4 iVm § 224 ZPO). Da es sich um eine Notfrist handelt, ist bei einer Fristversäumnis eine Wiedereinsetzung in den vorigen Stand (§ 4 iVm § 233 ZPO) möglich. Welche unabwendbaren Ereignisse eine Wiedereinsetzung rechtfertigen, beurteilt sich nach den im Zivilprozess anerkannten Kriterien.

8 **3. Das Zustellungsverfahren. a) Förmliche Zustellung.** Der Schuldenbereinigungsplan, die Vermögensübersicht und die Hinweise des Gerichts sind **förmlich zuzustellen.** Die allgemeinen Erleichterungen für die Zustellungen im Insolvenzverfahren gelten hier nicht. Die Möglichkeit der Zustellung durch Aufgabe zur Post (§ 8 Abs. 1 S. 1) ist ausgeschlossen. Die Zustellung an nicht anwaltlich vertretenen Gläubiger sollte daher durch **Zustellungsurkunde** zu erfolgen. Diese hat gegenüber der nach § 175 ZPO ebenfalls zulässigen **Zustellung durch Einschreiben mit Rückschein** eine erhöhte Beweiskraft (Graf-Schlicker/*Sabel* Rn. 3). Die Zustellung wird durch den Rückschein als Privaturkunde iSd § 416 bewiesen. Dieser enthält allerdings keine Angaben über den Inhalt des übergebenen Schriftstücks. Eine Ersetzung der Zustellung durch eine **öffentliche Bekanntmachung** kommt grds. nicht in Frage (vgl. aber → Rn. 10). An Behörden oder im Plan aufgeführte Rechtsanwälte oder diesen in § 174 Abs. 1 ZPO gleichgestellte Personen **kann gegen Empfangsbekenntnis** zugestellt werden. Ist der vom Schuldner im Plan benannte Rechtsanwalt nicht im gerichtlichen Schuldenbereinigungsverfahren bevollmächtigt, ist er verpflichtet, die Zustellung unverzüglich zurückzuweisen.

9 **b) Adressaten der Zustellung.** Zustellungen gem. § 307 Abs. 1 S. 1 und S. 3 InsO iVm InsO § 4, ZPO §§ 166 ff., 208 ff. haben an die **Gläubiger persönlich** als Zustellungsadressaten zu erfolgen, soweit nicht ein Zustellungsbevollmächtigter oder Prozessbevollmächtigter gem. § 176 ZPO bestellt ist. Soweit ein **Gläubigervertreter** sich selbst oder der Gläubiger diesen gegenüber dem Insolvenzgericht angezeigt hat (auch konkludent durch Stellungnahme im Verfahren) ist gem. § 176 ZPO an diesen im weiteren Verfahren zuzustellen. Gem. §§ 80 Abs. 1, 88 Abs. 2 ZPO muss aber für Vertreter eine schriftliche Vollmacht dem Gericht

vorliegen, soweit der Vertreter kein Rechtsanwalt ist. Soweit ein Gläubigervertreter nur vom Schuldner benannt wurde, reicht dies als Bestellungsanzeige nur aus, wenn die Bevollmächtigung für das Schuldenbereinigungsplanverfahren nachgewiesen wird (AG Regensburg ZInsO 2000, 516).

Die Zustellung des Schuldenbereinigungsplans mit den nach Absatz 1 Satz 1 erforderlichen Unterlagen kann im Schuldenbereinigungsplanverfahren auch wirksam an ein **Inkassounternehmen** vorgenommen werden, sofern der Schuldner dieses Unternehmen entweder als Vertreter des Gläubigers oder nur das Inkassounternehmen benannt hat. Die Zustellung ist keine Prozesshandlung. Daher müssen für die Wirksamkeit der Zustellung die Prozesshandlungsvoraussetzungen, also Partei-, Prozess- und Postulationsfähigkeit sowie Vollmacht beim Zustellungsadressaten bzw. -empfänger nicht vorliegen (*Vallender/Caliebe* ZInsO 2000, 301). 10

Sind die Gläubiger **juristische Personen** mit Filialnetz, so kann sowohl an die Filiale, als auch an die Zentrale wirksam zugestellt werden (FK-InsO/*Grote* Rn. 4; Uhlenbruck/*Sternal* Rn. 12). 11

Handelt es sich beim Gläubiger um eine im Handelsregister **gelöschte GmbH,** kann von einer Zustellung nicht abgesehen werden; vielmehr hat der Schuldner beim zuständigen Registergericht einen Antrag auf Bestellung eines Nachtragsliquidators zu stellen (OLG Frankfurt a. M. ZInsO 2000, 566). 12

Unbekannter Aufenthalt eines Gläubigers. Kann eine Zustellung der Unterlagen nicht erfolgen, weil der Aufenthalt des Gläubigers unbekannt ist, ist dem Schuldner aufzugeben, binnen einer vom Gericht zu bestimmenden Frist die ladungsfähige Anschrift des Gläubigers zu ermitteln und dem Gericht mitzuteilen. Das Gericht muss die Anschrift nicht von Amts wegen ermitteln. Gelingt es dem Schuldner nicht innerhalb der vom Gericht gesetzten Frist die ladungsfähige Anschrift des Gläubigers in Erfahrung zu bringen, so ist das Verfahren nach § 311 fortzusetzen. Eine Ersetzung der Zustellung durch eine öffentliche Bekanntmachung gem. § 9 Abs. 3 ist nach dem Sinn der Regelung ausgeschlossen (HK-InsO/*Waltenberger* Rn. 6; Graf-Schlicker/*Sabel* Rn. 6; aA AG Saarbrücken ZInsO 2002, 247; FK-InsO/*Grote* Rn. 7; HambK-InsO/*Streck/Ritter* Rn. 4). Jeder Gläubiger muss unmittelbar Gelegenheit zur Stellungnahme erhalten. 13

Im Falle einer Auslandszustellung kann das Gericht aus Kostengründen die Zustellung zunächst zurückstellen und abwarten, ob der Plan von den übrigen Gläubigern mehrheitlich angenommen worden ist (Graf-Schlicker/*Sabel* Rn. 5). 14

Der **Plan und die Vermögensübersicht** sowie die Aufforderung, sich hierzu zu erklären ist an alle vom Schuldner genannte Gläubiger zuzustellen, auch an diejenigen, die zuvor bereits im außergerichtlichen Schuldenbereinigungsverfahren zugestimmt haben. 15

III. Stellungnahmen der Gläubiger

1. Ablehnung des Plans. a) Form und Frist. Einwendungen gegen den Schuldenbereinigungsplan sind innerhalb der Monatsfrist des Abs. 1 InsO geltend zu machen. Die Erklärung ist gegenüber dem Insolvenzgericht abzugeben. Eine gegenüber dem Schuldner bzw. Schuldner-Vertreter verweigerte Zustimmung ist nur dann beachtlich, wenn sie innerhalb der Monatsfrist des § 307 Abs. 1 S. 1 bei Gericht eingegangen ist (vgl. § 307 Abs. 2). **Die Ablehnung des Plans bedarf keiner Begründung** (OLG Celle NZI 2001, 27). Die Ablehnung hat schriftlich zu erfolgen und ist von dem Gläubiger persönlich oder einem ordnungsgemäß bevollmächtigten Vertreter zu unterzeichnen. Die nicht unterzeichnete Stellungnahme eines Gläubigers zum Schuldenbereinigungsplan ist keine wirksame Einwendung und gilt damit als Einverständnis zum Schuldenbereinigungsplan (LG Münster NZI 2002, 215). Auf die fehlende Unterschrift hat das Gericht hin- 16 zuweisen. Wenn noch ausreichend Zeit besteht, kann der Gläubiger den Mangel innerhalb der Monatsfrist noch beheben. Bei Ablauf der Monatsfrist muss das Schreiben unterzeichnet sein, weil die Heilung nur ex-nunc wirkt (Uhlenbruck/*Sternal* Rn. 40).

17 **b) Ablehnung durch einen Vertreter des Gläubigers.** Bei einer Erklärung eines anwaltlichen Vertreters gilt § 88 Abs. 2 ZPO. IÜ ist ein schriftlicher Vollmachtsnachweis bei der Ablehnung des Schuldenbereinigungsplans durch den Vertreter eines Gläubigers erforderlich. Es bedarf keiner besonderen Prozessvollmacht bei gesetzlichen Vertretern, die eine entsprechende Urkunde (zB Handelsregisterauszug) vorlegen. Gleiches gilt für Stellungnahmen von Behörden (Uhlenbruck/*Sternal* Rn. 42).

18 **c) Erklärung durch Inkassobüros.** Inkassobüros konnten bis zum Inkrafttreten des Rechtsdienstleistungsgesetzes am 1.7.2008 ohne anwaltliche Vertretung dem Schuldenbereinigungsplan nicht wirksam widersprechen, da sich die Rechtsberatungsbefugnis von Inkassobüros gemäß Art. 21 § 1 Abs. 1 S. 2 Nr. 5 RDG auf den außergerichtlichen Forderungseinzug beschränkt hatte (BGH NJW 1996, 393; NJW 1994, 997). Seit dem 1.7.2008 sieht § 305 Abs. 4 S. 2 die Befugnis von Personen, die Inkassodienstleistungen erbringen (registrierte Personen nach § 10 Abs. 1 Nr. 1 des Rechtsdienstleistungsgesetzes), zur Vertretung des Gläubigers im gerichtlichen Schuldenbereinigungsverfahren vor. Liegt keine Registrierung nach § 10 Abs. 1 Nr. 1 RDG vor, ist die entsprechende eigene Stellungnahme des Inkassoinstituts zum Schuldenbereinigungsplan unwirksam (AG Köln NZI 2000, 492; AG Regenburg ZInsO 2000, 516; *Vallender/Caliebe* ZInsO 2000, 301 [302]; aA *Bernet* NZI 2001, 73 [74]). In diesem Falle muss sich der Gläubiger so behandeln lassen, als wenn er zum Schuldenbereinigungsplan geschwiegen hätte (*Vallender/Caliebe* ZInsO 2000, 301 [303]. Dies gilt gem. Absatz 2 Satz 1 als Einverständnis mit dem Plan.

19 **d) Bedingte Zustimmung.** Erklärt ein Gläubiger, er nehme den Plan an, möchte aber gleichzeitig Auflagen wie Wiederauflebens- oder Verfallklauseln in den Plan aufgenommen sehen, handelt es sich nicht um eine Zustimmung zum Plan (BGH NZI 2006, 248). Eine Zustimmung zum Plan liegt nicht vor, wenn der Gläubiger sich in seiner fristgerecht eingegangenen Stellungnahme zum Schuldenbereinigungsplan die Zustimmungserklärung zunächst vorbehalten und von der Erfüllung bestimmter Auflagen abhängig gemacht hat (OLG Köln ZInsO 2001, 855). Als „Widerspruch" ist jede Stellungnahme in der Sache anzusehen ist, die nicht eindeutig als Einverständnis mit dem Schuldenbereinigungsplan zu verstehen ist. Kein eindeutiges Einverständnis stellt es dar, wenn der Gläubiger eine spätere Zustimmung lediglich in Aussicht stellt. Teilt ein Gläubiger mit, dass seine Forderung nicht in voller Höhe in den Plan aufgenommen worden ist, oder dass er weitere Forderungen gegen den Schuldner hat, so liegt darin ein Widerspruch gegen den Plan (Graf-Schlicker/*Sabel* Rn. 11). Eine bedingte Zustimmung kann für das Gericht ein Anlass sein, den Gläubiger zur Klarstellung seiner Stellungnahme aufzufordern bzw. dem Schuldner Gelegenheit zur Planergänzung zu geben (OLG Karlsruhe NZI 2000, 375).

20 **2. Einverständnis mit dem Plan.** Die Zustimmung der Gläubiger zum Plan kann in einer einfachen Einverständniserklärung ohne weitere Begründung bestehen. Ein **Widerruf der Zustimmung** ist grds. nicht möglich. Bei der Zustimmungserklärung handelt es sich um eine unwiderrufliche und unanfechtbare Prozesshandlung (Uhlenbruck/*Sternal* Rn. 50). Ein Gläubiger, der dem Schuldenbereinigungsplan innerhalb der Frist zur Stellungnahme widersprochen hat, kann auch nach Ablauf der Frist noch nachträgliche seine Zustimmung erklären (BGH NZI 2006, 248). Auch bei einer nach Ablauf der Monatsfrist des Absatz 1 Satz 1

erklärten Zustimmung eines Gläubigers zum Schuldenbereinigungsplan hat das Insolvenzgericht die Annahme des Plans nach InsO § 308 Abs. 1 S. 1 Alt. 1 festzustellen (AG Köln NZI 2000, 493).

3. Wirkungen des Schweigens. a) Zustimmung zum Schuldenbereinigungsplan. Abweichend von dem Grundsatz, dass bloßes Schweigen keinen Erklärungswert besitzt und keine Rechtsfolge auslösen kann, fingiert Absatz 2 das Schweigen auf den Planvorschlag des Schuldners als Zustimmung. Reicht ein Gläubiger bis zum Ablauf der Frist keine Stellungnahme bei Gericht ein, so gilt dies nach der gesetzlichen Fiktion des Absatz 2 als Zustimmung zu dem Plan. Dies setzt eine wirksame Zustellung der in Absatz 1 Satz 1 genannten Unterlagen sowie den Hinweis des Gerichts auf die Rechtsfolgen des Schweigens voraus. Auch eine unwirksame Stellungnahme wird so behandelt, als wenn der Gläubiger geschwiegen hätte. 21

b) Erlöschen der im Forderungsverzeichnis nicht benannten Forderungen. Die Fiktion des Einverständnisses mit dem Schuldenbereinigungsplan (Absatz 2 Satz 1) führt auch zu Erlöschen der im Forderungsverzeichnis nicht vermerkten Ansprüche. Dies bezieht sich auch auf Forderungen, die erst zwischen Einreichung des Forderungsverzeichnisses und dem Ablauf der Frist des Absatz 1 Satz 1 entstanden waren. 22

c) Fristversäumnis durch ein unabwendbares Ereignis. Ist das Schweigen des Gläubigers durch ein unabwendbares Ereignis verursacht worden, kann der Gläubiger nach § 4 iVm § 233 einen Antrag auf Wiedereinsetzung in den vorigen Stand stellen (HK-InsO/*Waltenberger* § 307 aF Rn. 15). Der Antrag auf Wiedereinsetzung muss die Angabe der die Wiedereinsetzung begründenden Tatsachen enthalten; diese sind bei der Antragstellung oder im Verfahren über den Antrag glaubhaft zu machen. Gleichzeitig ist die versäumte Prozesshandlung nachzuholen (§ 236 ZPO). 23

IV. Planänderungen durch den Schuldner (Absatz 3)

1. Voraussetzungen einer Planänderung. Widersprechen Gläubiger dem Plan und ist dadurch wegen fehlender Kopf- und Summenmehrheit eine Ersetzung der Zustimmung nach § 309 ausgeschlossen, ist dem Schuldner gem. Absatz 1 Satz 1 Gelegenheit zur Änderung bzw. Ergänzung des Plans zu geben, wenn dies dem Gericht aufgrund der Stellungnahme der Gläubiger erforderlich (Alt. 1) oder sinnvoll (Alt. 2) erscheint. Dabei hat das Gericht hat zu berücksichtigen, ob die Mehrheit deutlich verfehlt wurde und welche Einwendungen die den Plan ablehnenden Gläubiger erhoben haben. Das Gericht muss der Auffassung sein, dass ein modifizierter Plan Aussicht auf Erfolg hat. Bestehen konkrete Anhaltspunkte dafür, dass eine Einigung über einen geänderten Schuldenbereinigungsplan zustande kommen könnte, ist das Insolvenzgericht verpflichtet, nach Absatz 3 InsO vorzugehen (BGH NZI 2006, 248). 24

Erforderlich ist eine Ergänzung insbes. dann, wenn Gläubiger Forderungen geltend machen, die im Forderungsverzeichnis und im Plan bisher nicht berücksichtigt wurden (MüKoInsO/*Ott*/*Vuia* Rn. 14). Erhöhen sich die Forderungen der im Schuldenbereinigungsplan berücksichtigten Gläubiger nicht nur geringfügig, ist dem Schuldner die Möglichkeit zur erneuten Änderung und Zustellung zu gewähren, wenn die Annahme des geänderten Schuldenbereinigungsplans hinreichend wahrscheinlich ist, weil der Schuldner eine unveränderte Quote anbietet und er die Notwendigkeit der Nachbesserung nicht zu vertreten hat, da ihm die Erhöhung der Gläubigerforderungen erst nachträglich bekannt wurde (LG Traunstein ZVI 2002, 197; LG Hannover ZIP 2001, 208). Bei der Frage, ob 25 eine Änderung des Planes **sinnvoll** ist, ist die Wahrscheinlichkeit einer Einigung ist mir der Pflicht zur zügigen Durchführung des Planes **abzuwägen.**

26 Zur **Förderung einer einvernehmlichen Schuldenbereinigung** kann das Gericht dem Schuldner konkrete Hinweise zur Umgestaltung des Plans geben, insbes. bei der Aufnahme ergänzender Klauseln. Es kann diese im Sinne eines gerichtlichen Planvorschlags dem Schuldner und den Gläubigern vorab mitteilen, um die Einigungschancen zu erhöhen (Graf-Schlicker/*Sabel* Rn. 15).

27 **2. Entscheidung des Gerichts.** Hat das Gericht nach außen zu erkennen zu geben, dass es eine Änderung für sinnvoll bzw. erforderlich hält, bestimmt es nach eigenem Ermessen eine Frist, innerhalb der die Änderungen vorzunehmen sind (Ahrens/Gehrlein/Ringstmeier/*Henning* Rn. 14; HambK-InsO/*Streck/Ritter* Rn. 13; aA Uhlenbruck/*Sternal* Rn. 72 Notfrist von einem Monat). Hat der Schuldner den Schuldenbereinigungsplan geändert oder ergänzt, so ist den Gläubigern der modifizierte Plan erneut – soweit erforderlich – zuzustellen, verbunden mit der Aufforderung, binnen einer weiteren Notfrist von einem Monat hierzu Stellung zu nehmen (Absatz 3 Satz 2 und 3).

28 Wenn der Schuldner, nachdem ihm gem. Absatz 3 **Gelegenheit zur Änderung oder Ergänzung des Schuldenbereinigungsplans** gegeben worden ist, keinen neugefassten Plan vorlegt und die Voraussetzungen für eine Zustimmungsersetzung nicht gegeben sind, ist im Interesse eines zügigen Verfahrensfortgangs das Verfahren über den Eröffnungsantrag von Amts wegen als Insolvenzverfahren fortzusetzen (OLG Köln JurBüro 2002, 102).

29 Hat das Insolvenzgericht einem Schuldner gem. Absatz 3 Satz 1 die Möglichkeit eingeräumt, einen vorgelegten Schuldenbereinigungsplan binnen gesetzter Frist zu ändern oder zu ergänzen, ist gegen diese Entscheidung **kein Rechtsmittel** gegeben (OLG Köln JurBüro 2002, 102). Auch die ablehnende Entscheidung des Insolvenzgerichts, mit der dem Schuldner eine Gelegenheit zur Änderung des Schuldenbereinigungsplans nicht gegeben wird, ist unanfechtbar (LG Duisburg NZI 2001, 102).

30 **3. Erneute Abänderung oder Ergänzung des Schuldenbereinigungsplans.** Ob eine erneute Abänderung oder Ergänzung des Schuldenbereinigungsplans zulässig ist, ist umstr. Es wird die Auffassung vertreten, dass eine weitere Planänderung weder im Gesetz vorgesehen noch sachgerecht sei. Dem Schuldner könne nicht die Möglichkeit eröffnet werden, das gerichtliche Schuldenbereinigungsplanverfahren durch immer neue Angebote in die Länge zu ziehen, um die Grenzen der Zustimmungsbereitschaft der Gläubiger und der Bereitschaft des Insolvenzgerichts, eine fehlende Zustimmung zu ersetzen, auszuloten (LG Münster InVo 2001, 325; Andres/Leithaus/*Andres* Rn. 6; Braun/*Buck* Rn. 18; MüKoInsO/*Ott/Vuia* Rn. 15). Zwar soll durch eine erneute Abänderung oder Ergänzung des Schuldenbereinigungsplans das Verfahren nicht unnötig in die Länge gezogen werden. Im Einzelfall und unter Berücksichtigung des Interesses an einem zügigen Verfahrensablauf kann es jedoch in Ausnahmefällen geboten sein, dem Schuldner eine weitere Nachbesserungsmöglichkeit einzuräumen, insbes. dann, wenn die Annahme des Plans an förmlichen, ohne weiteres behebbaren Hindernissen gescheitert ist und mit der Annahme des nachgebesserten Plans zu rechnen ist (LG Heilbronn ZVI 2003, 163 [165]; LG Hannover ZIP 2000, 208 [209]; FK-InsO/*Grote* Rn. 15, 20; HambK-InsO/*Streck* Rn. 15; Kübler/Prütting/Bork/*Wenzel* Rn. 11; Graf-Schlicker/*Sabel* Rn. 19; HK-InsO/*Waltenberger* § 307 aF Rn. 19).

Annahme des Schuldenbereinigungsplans[1]

308 (1) [1]**Hat kein Gläubiger Einwendungen gegen den Schuldenbereinigungsplan erhoben oder wird die Zustimmung nach § 309 ersetzt, so gilt der Schuldenbereinigungsplan als angenommen; das Insolvenzgericht stellt dies durch Beschluß fest.** [2]**Der Schuldenbereinigungsplan hat die Wirkung eines Vergleichs im Sinne des § 794 Abs. 1 Nr. 1 der Zivilprozeßordnung.** [3]**Den Gläubigern und dem Schuldner ist eine Ausfertigung des Schuldenbereinigungsplans und des Beschlusses nach Satz 1 zuzustellen.**

(2) **Die Anträge auf Eröffnung des Insolvenzverfahrens und auf Erteilung von Restschuldbefreiung gelten als zurückgenommen.**

(3) [1]**Soweit Forderungen in dem Verzeichnis des Schuldners nicht enthalten sind und auch nicht nachträglich bei dem Zustandekommen des Schuldenbereinigungsplans berücksichtigt worden sind, können die Gläubiger von dem Schuldner Erfüllung verlangen.** [2]**Dies gilt nicht, soweit ein Gläubiger die Angaben über seine Forderung in dem beim Insolvenzgericht zur Einsicht niedergelegten Forderungsverzeichnis nicht innerhalb der gesetzten Frist ergänzt hat, obwohl ihm der Schuldenbereinigungsplan übersandt wurde und die Forderung vor dem Ablauf der Frist entstanden war; insoweit erlischt die Forderung.**

Schrifttum (Auswahl): *Fuchs,* Verbraucherinsolvenzverfahren und Restschuldbefreiung, Kölner Schrift, 2. Aufl. 2000, S. 1679 ff.; *Theiß,* Der Schuldenbereinigungsplan gemäß §§ 306 ff. InsO als Vergleich bürgerlichen Rechts – Möglichkeiten der Anfechtung und des Rücktritts, ZInsO 2005, 29; *Vallender,* Das Schicksal nicht berücksichtigter Forderungen im Verbraucherinsolvenz- und Restschuldbefreiungsverfahren, ZIP 2000, 1288; *ders.,* Verbraucherinsolvenz – Gefahrenquelle Planbestätigung, ZInsO 2000, 441.

Übersicht

[1] § 308 Abs. 3 Satz 2 neu gef. mWv 1.12.2001 durch G v. 26.10.2001 (BGBl. I S. 710).

I. Normzweck

1 Die Vorschrift regelt das Verfahren der Beendigung des gerichtlichen Schuldenbereinigungsverfahrens. Im Interesse der Rechtsklarheit hat das Gericht das Zustandekommen des Schuldenbereinigungsplans durch Beschluss festzustellen der zusammen mit einer Ausfertigung des Plans dem Schuldner und den Gläubigern zuzustellen ist (Absatz 1). Die Anträge auf Eröffnung des Insolvenzverfahrens und auf Erteilung von Restschuldbefreiung gelten als zurückgenommen (Absatz 2). Absatz 3 soll die aktive Beteiligung der Gläubiger an dem Schuldenbereinigungsverfahren fördern. § 308 ist durch das InsOÄndG v. 26.10.2001 in Absatz 3 Satz 2 an die Änderung des § 307 Abs. 1 S. 1 angepasst worden.

II. Die Annahme des Schuldenbereinigungsplans

2 **1. Voraussetzungen des Zustandekommens.** Der gerichtliche Schuldenbereinigungsplan kommt zustande, wenn alle Beteiligten ihm ausdrücklich oder gem. § 307 Abs. 2 stillschweigend zugestimmt haben oder Einwendungen einzelner Gläubiger rechtskräftig durch eine Zustimmung ersetzt worden sind. Liegt auch nur eine Einwendung eines Gläubigers vor, die nicht durch eine Zustimmung ersetzt werden kann, ist die gerichtliche Schuldenbereinigung gescheitert. Es gilt nicht wie für den Insolvenzplan das Mehrheitsprinzip (s. u. §§ 244 ff.), sondern das Einstimmigkeitsprinzip (Uhlenbruck/*Sternal* Rn. 4).

3 **2. Gewährung rechtlichen Gehörs.** Vor der Feststellung des Gerichts, dass der Schuldenbereinigungsplan zustande gekommen ist, hat das Gericht sämtliche vom Schuldner benannte Gläubiger **formlos** davon **zu unterrichten,** dass das Gericht von einer übereinstimmenden Annahme des Plans ausgeht (*Vallender* ZInsO 2000, 441).

4 **3. Rechtsnatur des Schuldenbereinigungsplans.** Der durch das Angebot des Schuldners und die Annahme der Gläubiger, zustande gekommene Schuldenbereinigungsplan ist ein **Vertrag eigner Art über** die Stundung oder den Erlass von Forderungen, der, falls er durch eine arglistige Täuschung oder Drohung zustande gekommen ist, angefochten werden kann (BT-Drs. 12/7302, 192; *Theiß* ZInsO 2005, 29; aA LG Hechingen ZInsO 2005, 49). Wegen der Fiktion nach Abs. 1 S. 1 ist nicht nur die ausdrückliche Annahmeerklärung anfechtbar, sondern darüber hinaus auch das Schweigen (Uhlenbruck/*Sternal* Rn. 5; Nerlich/Römermann/*Römermann* Rn. 16). Ein Irrtum über die Voraussetzungen der Zustimmung begründet dagegen keine Anfechtung. Ficht ein Insolvenzgläubiger einen Schuldenbereinigungsplan nach gerichtlicher Feststellung an, so entscheidet das Insolvenzgericht über die Wirksamkeit der Anfechtung (AG Mönchengladbach ZVI 2009, 150). Einer im Prozessrechtsweg verfolgten Feststellungsklage fehlt das Feststellungsinteresse (Uhlenbruck/*Sternal* Rn. 6). An dem Verfahren sind nicht nur der anfechtende Gläubiger und der Schuldner, sondern auch die weiteren Gläubiger zu beteiligen.

5 **4. Feststellung durch Beschluss (Satz 1 Hs. 2).** Das Gericht hat die Annahme des Schuldenbereinigungsplans durch Beschluss festzustellen. Der Beschluss hat nur eine klarstellende Funktion. Dem Insolvenzgericht kommt darüber hinaus keine materiell-rechtliche Prüfungskompetenz zu (BGH ZInsO 2011, 1711; aA LG Traunstein ZInsO 2001, 525). Er dokumentiert nur, dass gegen den Plan keine Einwendungen erhoben wurden oder fehlende Zustimmungen ersetzt wurden (Uhlenbruck/*Sternal* Rn. 10). Das Gericht hat daher keine Befugnis, den Plan zu ändern oder zu ergänzen, selbst wenn es die Vereinbarungen nicht für zweckmäßig erachtet.

Für den Beschluss (Absatz 1) gelten jedoch die allgemeinen Grundsätze, wonach staatliche Organe erkennbare gesetz-und sittenwidrige Handlungen nicht fördern dürfen (FK-InsO/*Grote* Rn. 20; Uhlenbruck/*Sternal* Rn. 7). Nach § 4 BeurkG soll ein Notar Beurkundungen nicht durchführen, wenn sie erkennbar gegen die guten Sitten oder Verbotsgesetze verstoßen. Diese Grenze ist nach allgemeiner Ansicht auch für das Gericht bei der Mitwirkung an einem Prozessvergleich zu beachten (MüKoZPO/*Wolfsteiner* § 794 Rn. 57). In solchen Fällen hat das Gericht auf die Bedenken gegen die Feststellung einer solchen Forderung hinzuweisen. Werden diese Bedenken nicht ausgeräumt, kann eine gerichtliche Feststellung der Annahme des Schuldenbereinigungsplans nicht erfolgen (FK-InsO/*Grote* Rn. 20). Ein Beispiel für eine gesetzwidrige Vereinbarung ist ein Verzicht auf künftigen Unterhalt, wenn das Risiko künftiger Unterhaltszahlungen auf den Träger der Sozialhilfe verschoben werden soll. Gem. § 1614 Abs. 1 BGB kann für die Zukunft auf den Unterhalt nicht verzichtet werden (Uhlenbruck/*Sternal* Rn. 7). 6

5. Zustellung des Beschlusses (Absatz 1 Satz 3). Der Beschluss ist den Gläubigern und dem Schuldner zusammen mit einer Ausfertigung des Schuldenbereinigungsplans zuzustellen (Absatz 1 Satz 3). Die gerichtliche Ausfertigung hat einen vom Urkundsbeamten der Geschäftsstelle unterschriebenen, mit dem Gerichtssiegel versehenen Ausfertigungsvermerk zu tragen. Im Hinblick auf die Bedeutung der Zustellung für die Wirksamkeit des Planes ist besondere Sorgfalt auf die Prüfung der Zustellung zu verwenden (Graf-Schlicker/*Sabel* Rn. 3). Die Zustellung kann durch Aufgabe zur Post erfolgen. § 8 gilt uneingeschränkt. Eine förmliche Zustellung wie im Falle des § 307 Abs. 3 S. 3 ist hier nicht vorgesehen. 7

6. Rechtsmittel. Gegen den Feststellungsbeschluss gem. Absatz 1 ist kein Rechtsmittel gegeben (BayObLG ZIP 2001, 204; FK-InsO/*Kohte* Rn. 19; HambK-InsO/*Streck* Rn. 6; Kübler/Prütting/Bork/*Wenzel* Rn. 3; *Vallender* ZInsO 2000, 441; Uhlenbruck/*Sternal* Rn. 12; Graf-Schlicker/*Sabel* Rn. 5; Andres/Leithaus/*Andres* Rn. 4). Eine sofortige Beschwerde ist unstatthaft. Ggf. kann ein Rechtsmittel gegen den Feststellungsbeschluss als Wiedereinsetzungsgesuch eines Schuldenbereinigungsplangläubigers gegen die Versäumung der Frist zur Stellungnahme nach § 307 Abs. 1 InsO ausgelegt werden. Gegen die Versäumung dieser Frist ist eine **Wiedereinsetzung in den vorigen Stand** gem. § 4, §§ 233 ff. ZPO möglich. Wird die Wiedereinsetzung gewährt, so wird der Feststellungsbeschluss ebenso wie die Rücknahmefiktionen nach Absatz 2 ohne weiteres gegenstandslos, ohne dass es einer förmlichen Aufhebung bedarf. Mit der Wiedereinsetzung ist das Verfahren über den Schuldenbereinigungsplan aufzunehmen. Je nach der Auswirkung der Einwendung ist eine Ersetzungsentscheidung zu treffen oder das Verfahren über den Eröffnungsantrag aufzunehmen (AG Hamburg NZI 2000, 446). 8

Eine sofortige Beschwerde gegen Feststellungsbeschluss gem. Absatz 1 kann auch als **Gegenvorstellung** ausgelegt werden (LG München NZI 2002, 325). Die Gegenvorstellung ist nicht fristgebunden. Mit ihr kann zB gerügt werden, dass tatsächlich die Zustimmung aller Gläubiger zu dem Schuldenbereinigungsplan nicht vorgelegen hat (LG München NZI 2002, 325). 9

III. Wirkungen des bestätigten gerichtlichen Schuldenbereinigungsplans (Absatz 1 Satz 2)

1. Vollstreckungstitel. Der zustande gekommene Schuldenbereinigungsplan iVm dem gerichtlichen Beschluss gem. Absatz 1 Satz 1 ist hinsichtlich seiner Rechtswirkungen **einem gerichtlichen Vergleich iSv § 794 Abs. 1 Nr. 1 ZPO gleichgestellt** (Absatz 1 Satz 2). Aus der Bezugnahme auf den Prozess- 10 vergleich folgt zunächst, dass die vom Plan erfassten Forderungen und Sicherungsrechte der Gläubiger durch den Plan materiell rechtlich umgestaltet werden. Die in den Plan einbezogenen Forderungen bestehen nur nach dessen Maßgabe, dh mit dort festgestelltem Inhalt und im dort festgestellten Umfang, fort. Formvorschriften, wie etwa eine nach § 313 BGB erforderliche notarielle Beurkundung, gelten als gewahrt. Die Verweisung auf den Prozessvergleich stellt außerdem die Vollstreckbarkeit des zustande gekommenen Schuldenbereinigungsplans sicher. Den Vollstreckungstitel bildet der Feststellungsbeschluss des Insolvenzgerichts iVm einem Auszug aus dem Schuldenbereinigungsplan. Die für die Zwangsvollstreckung erforderliche Vollstreckungsklausel erteilt der Urkundsbeamte der Geschäftsstelle. Ob neben der Vollstreckung aus dem Schuldenbereinigungsplan auch noch die Vollstreckung aus dem ursprünglichen Titel – gegebenenfalls beschränkt auf den Betrag, dem der Gläubiger im Schuldenbereinigungsplan zugestimmt hat – möglich ist, ist Sache der Vereinbarungen der Parteien im Schuldenbereinigungsplan (BGH ZInsO 2011, 1711). Ursprünglich erwirkte Titel oder Pfändungspfandrechte können aufrechterhalten, modifiziert, beschränkt oder beendet bzw. aufgehoben werden (LG Trier NZI 2005, 405). Insbes. bei bereits begonnener Vollstreckung kann wegen der rangwahrenden Wirkung von Pfändungsmaßnahmen hierfür ein Bedürfnis bestehen. Das ist von den Parteien frei vereinbar und gegebenenfalls durch Auslegung zu ermitteln. Der Schuldenbereinigungsplan hat daher nicht generell und in jedem Fall die Wirkung der Aufhebung oder Beschränkung eines früher ergangenen Titels über eine einbezogene Forderung oder der Unzulässigkeit der Zwangsvollstreckung aus diesem Titel. Gegen eine Vollstreckung aus dem alten Titel kann sich der Schuldner mit der Vollstreckungsgegenklage wehren. Vollstreckt ein Gläubiger aus einem bereits vorhandenen ursprünglichen Titel, so kann nicht allein deshalb nach § 775 Nr. 1 ZPO die Zwangsvollstreckung eingestellt werden, weil ein gerichtlich bestätigter Schuldenbereinigungsplan vorliegt (BGH ZInsO 2011, 1711). Der Schuldenbereinigungsplan selbst stellt keine gerichtliche Entscheidung iSd § 775 Nr. 1 ZPO dar.

11 Die Verweisung auf den Prozessvergleich unterstreicht, dass der Schuldenbereinigungsplan der **Vertragsfreiheit** unterliegt, so dass zur Lösung etwaiger Probleme im Zusammenhang mit der Abgabe von Erklärungen zum Zustandekommen des Schuldenbereinigungsplans die Regelungen des BGB herangezogen werden können (BT-Drs. 12/7302, 192).

12 **2. Die Auswirkungen des angenommenen Schuldenbereinigungsplans auf bestehende Sicherheiten.** Sie bestimmen sich nach den allgemeinen Regeln des materiellen Rechts. Maßgeblich ist zunächst die Vereinbarung selbst. Sofern sich daraus nichts anderes ergibt, bleiben nichtakzessorische Sicherheiten (zB Grundschuld, Sicherungsabtretung, Sicherungsübereignung) unverändert bestehen, während akzessorische Sicherheiten entfallen, soweit Gläubiger auf die gesicherten Forderungen verzichten. Die Bestimmungen der §§ 301 Abs. 2, 254 Abs. 2, denen zufolge die Ansprüche der Gläubiger gegen Mitschuldner und Bürgen durch die Restschuldbefreiung bzw. den Insolvenzplan nicht berührt werden, finden im gerichtlichen Schuldenbereinigungsplanverfahren keine Anwendung (LG Hamburg NZI 2002, 114; LG Gießen NZI 2000, 380).

13 **3. Anfechtung des Schuldenbereinigungsplans.** Als materiellrechtlicher Vergleich unterliegt er den zivilrechtlichen Vorschriften über Willensmängel. Der Schuldenbereinigungsplans kann daher wegen Irrtums gem. § 119 BGB oder wegen Drohung bzw. arglistiger Täuschung gem. § 123 BGB angefochten werden (BT-Drs. 12/7302, 192).

14 Erschleicht der Schuldner zB die Zustimmung des Gläubigers durch **falsche Angaben,** muss für den Gläubiger eine Möglichkeit bestehen, sich von dem Schuldenbereinigungsplan zu lösen, und zwar auch dann, wenn diese Möglichkeit

nicht explizit in die Regelungen des Schuldenbereinigungsplans aufgenommen wurde. Die Anfechtung ist auch möglich, wenn die Zustimmung des einzelnen Gläubigers ersetzt wurde. Sonst würde sich eine Benachteiligung derjenigen Gläubiger ergeben, die dem Plan noch nicht einmal zugestimmt haben. Maßgeblich ist dann der Irrtum des Gerichts. Rechtsfolge einer Anfechtung des Schuldenbereinigungsplans durch einen einzelnen Gläubiger ist die Nichtigkeit des Schuldenbereinigungsplanes mit Wirkung ex tunc, § 142 BGB. Der Schuldenbereinigungsplan wird dabei insgesamt hinfällig, da Voraussetzung seines Zustandekommens und Bestehens ist, dass sämtliche Gläubiger entweder zustimmen, keine Einwendung gegen den Plan vorgebracht haben (Absatz 1 Satz 1 Hs. 1 Alt. 1) oder ihre Zustimmung ersetzt wird, Absatz 1. Dies bedeutet, dass der Plan nicht nur im Verhältnis zum anfechtenden Gläubiger, sondern im Verhältnis zu allen Gläubigern hinfällig wird. Sämtliche ursprünglichen Forderungen leben wieder auf. Solange der Schuldner keine Vollstreckungsgegenklage gem. § 767 ZPO erhebt, bleibt es den Gläubigern jedoch unbenommen, die Vollstreckung weiter aus dem Schuldenbereinigungsplan als vollstreckbarem Titel nach Absatz 1 Satz 2 InsO zu verfolgen.

4. Mangelhafte Erfüllung des Plans. Erfüllt der Schuldner die im Plan 15 vorgesehenen Pflichten nicht, können die Gläubiger aus dem Schuldenbereinigungsplan vollstrecken. Die ursprünglichen Forderungen der Gläubiger leben nur auf, wenn dies im Schuldenbereinigungsplan durch eine entsprechende **Wiederauflebens- oder Verfallklausel** besonders vereinbart wurde. § 255, der im Insolvenzplanverfahren kraft Gesetzes ein Wiederaufleben der Forderung bei einem erheblichen Rückstand des Schuldners vorsieht, findet im Schuldenbereinigungsplanverfahren keine Anwendung (LG Hechingen ZInsO 2005, 49). Im Falle der schuldhaften Nichterfüllung der Verpflichtungen aus dem Schuldenbereinigungsplan kann der Gläubiger – auch ohne eine Widerauflebens- oder Verfallklausel – gem. § 323 Abs. 1 BGB vom Plan zurücktreten (HK-InsO/*Landfermann,* 6. Aufl. 2011, Rn. 10; *Theiß* ZInsO 2006, 79; Graf-Schlicker/*Sabel* Rn. 15; aA LG Hechingen ZInsO 2005, 49; HK-InsO/*Waltenberger* § 308 aF Rn. 9).

5. Plananpassung bei einer Änderung der wirtschaftlichen Verhältnisse. 16 Ändern sich die wirtschaftlichen Verhältnisse des Schuldners nachträglich wesentlich, kann der Schuldner im Wege einer **Klage auf Abänderung des Schuldenbereinigungsplans** eine Anpassung durchsetzen, auch wenn im Schuldenbereinigungsplan für einen solchen Fall keine Anpassungsklausel vereinbart wurde (HK-InsO/*Waltenberger* Rn. 8; Kübler/Prütting/Bork/*Wenzel* Rn. 6b; Uhlenbruck/*Vallender* Rn. 15; FK-InsO/*Kohte* Rn. 23; aA OLG Karlsruhe ZInsO 2001, 913; HambK-InsO/*Streck/Ritter* Rn. 5; Braun/*Buck* Rn. 11; Nerlich/Römermann/*Römermann* Rn. 17, wonach die Entscheidung des Gesetzgebers auf eine gerichtliche Anpassung bewusst zu verzichten, nicht durch einen Rückgriff auf § 323 Abs. 4 unterlaufen werden dürfe). Diese Anpassung kann auf § 323 Abs. 4 ZPO gestützt werden (FK-InsO/*Kohte* Rn. 24) befürwortet einen Rückgriff auf die Grundsätze über den Wegfall der Geschäftsgrundlage). Der BGH hat bislang offen gelassen auf welche Rechtsgrundlage eine Abänderung des Schuldenbereinigungsplans bei einer nachträglich eingetretenen wesentlichen Änderung der wirtschaftlichen Verhältnisse des Schuldners gestützt werden kann (BGH NZI 2008, 384).

IV. Verfahrensbeendigung (Absatz 2)

1. Rücknahmefiktion. Durch das Zustandekommen des Schuldenberei- 17 nigungsplans iVm der gerichtlichen Feststellung durch Beschluss haben sich sowohl der Antrag auf Durchführung des (vereinfachten) Insolvenzverfahrens als auch der ggf. gestellte Antrag auf Restschuldbefreiung erledigt. Absatz 2 bestimmt daher, dass die entsprechenden Anträge als zurückgenommen gelten. Dadurch wird sichergestellt, dass bei Zustandekommen eines Schuldenbereinigungsplans das Verfahren über die Anträge auf Eröffnung des Insolvenzverfahrens und auf Restschuldbefreiung nicht weiter betrieben wird. Durch die Annahme des Plans ist das gerichtliche Schuldenbereinigungsverfahren als Vermittlungsverfahren beendet. Das Gericht hat zuvor angeordnete Sicherungsmaßnahmen gem. § 25 aufzuheben. Waren Zwangsvollstreckungsmaßnahmen gem. § 21 Abs. 2 Nr. 2 eingestellt, gebührt der vom Einstellungsbeschluss erfasste Vermögenswert nach Aufhebung der Sicherungsmaßnahme uneingeschränkt dem ungeschützten Zugriff der Gläubiger. Pfändungsgläubiger dürfen sich aus dem zu ihren Gunsten entstandenen Pfandrecht befriedigen (Uhlenbruck/*Sternal* Rn. 31).

18 **2. Verfahrenskostenstundung.** Zugleich endet auch die Wirkung einer für das gerichtliche Schuldenbereinigungsverfahren gewährten Verfahrenskostenstundung. Alle Gerichtskosten werden sofort fällig. Bei der Abfassung des Plans sollten diese Wirkungen berücksichtigt werden, damit durch die Beitreibung der gerichtlichen Gebühren und Auslagen die Erfüllung des Plans nicht gefährdet ist (Graf-Schlicker/*Sabel* Rn. 7). § 4b der eine Anpassung und Verlängerung der gestundeten Beträge nach Erteilung der Restschuldbefreiung vorsieht, ist auf den angenommenen Schuldenbereinigungsplan nicht anzuwenden, weil gerade durch den Plan ein gerichtliches Verfahren ausgeschlossen werden soll (aA AG Hamburg ZVI 2009, 268).

V. Nicht in die Wirkungen des Schuldenbereinigungsplans einbezogene Forderungen (Absatz 3)

19 **1. Nicht am Plan beteiligte Gläubiger.** Von den Wirkungen des Plans werden grds. nur die Gläubiger betroffen, denen der Plan zusammen mit der Vermögensübersicht förmlich zugestellt wurde (§ 307 Abs. 1). Dies sind die Gläubiger, die der Schuldner in seinem Gläubigerverzeichnis, dessen Richtigkeit und Vollständigkeit er versichert hat (§ 305 Abs. 1 Nr. 3 InsO), benannt hat (§ 307 Abs. 1 S. 1 InsO). Gläubiger, die der Schuldner in seinem Gläubigerverzeichnis nicht benannt hat und denen der Schuldenbereinigungsplan nicht zugestellt worden war, können unbeeinträchtigt von dem Plan Erfüllung verlangen. Ist die Forderung des Gläubigers, der nicht am gerichtlichen Schuldenbereinigungsplan teilgenommen hat, tituliert, kann dieser auch während der Dauer der Planerfüllung durch den Schuldner gegen diesen die Zwangsvollstreckung betreiben.

20 Hat der Schuldner von einer zwischenzeitlich erfolgten **Abtretung der Forderung** seines Gläubigers keine Kenntnis erlangt und führt er deshalb den Altgläubiger im Plan auf, muss der Neugläubiger sich das Schweigen bzw. das sonstige Verhalten des Altgläubigers nach § 407 BGB zurechnen lassen (FK-InsO/*Kohte/Busch* Rn. 16; Kübler/Prütting/Bork/*Wenzel* Rn. 8). Zahlungen, die der Schuldner an den Altgläubiger (Zedenten) leistet, sind im Verhältnis zum Neugläubiger (Zessionar) wirksam. Erfährt der Schuldner zwischenzeitlich von der Abtretung, kann er nicht mehr schuldbefreiend an den Zedenten leisten (§ 407 Abs. 1). Erlangt allerdings das Insolvenzgericht Kenntnis von der Abtretung, ist die Zustellung gem. § 307 Abs. 1 an den Zessionar zu bewirken.

21 **2. Am Plan beteiligte Gläubiger.** Forderungen der am Plan beteiligten Gläubiger unterliegen nur insoweit den Wirkungen des zustande gekommenen Schuldenbereinigungsplans, als sie im Forderungsverzeichnis und entsprechend im Plan aufgeführt sind. Fehlt eine von mehreren Forderungen eines benannten Gläubigers im Forderungsverzeichnis und im zugestellten Schuldenbereinigungs-

plan oder ist eine aufgeführte Forderung zu niedrig angegeben und hat der Gläubiger dies nicht innerhalb von einem Monat nach Zustellung des Plans (§ 307 Abs. 1 S. 1) beanstandet, so erlischt die nicht aufgeführte Forderung (LG Göttingen ZInsO 2002, 41; HK-InsO/*Waltenberger* § 309 aF Rn. 13). Die Sanktion des Absatz 3 Satz 2 erfasst auch gesicherte Forderungen, nicht jedoch die der Forderung zugrunde liegenden Sicherheiten, selbst wenn diese gem. § 305 Abs. 1 Nr. 4 Gegenstand des Schuldenbereinigungsplans werden sollen (Uhlenbruck/*Sternal* Rn. 37). Die Forderung muss bereits zu dem Zeitpunkt entstanden sein, als der Gläubiger Gelegenheit zur Stellungnahme hatte.

Der **Anwendungsbereich des Absatz 3 Satz 2** erstreckt sich nicht auf strittige Teilforderungen (Kübler/Prütting/Bork/*Wenzel* Rn. 9; HK-InsO/*Waltenberger* § 309 aF Rn. 14; Graf-Schlicker/*Sabel* Rn. 10). Ergänzt ein Gläubiger innerhalb der Notfrist des § 307 Abs. 1 S. 1 die Angaben über seine Forderungen und lehnt der Schuldner eine Änderung des Plans ab, so bleibt dem Gläubiger die Forderung erhalten. Nach aA ist § 308 Abs. 3 auf Teilforderungen generell nicht anwendbar (AG Köln ZIP 2000, 83 [86]; Uhlenbruck/*Sternal* Rn. 40 f.). 22

Ersetzung der Zustimmung[1]

309 (1) [1] **Hat dem Schuldenbereinigungsplan mehr als die Hälfte der benannten Gläubiger zugestimmt und beträgt die Summe der Ansprüche der zustimmenden Gläubiger mehr als die Hälfte der Summe der Ansprüche der benannten Gläubiger, so ersetzt das Insolvenzgericht auf Antrag eines Gläubigers oder des Schuldners die Einwendungen eines Gläubigers gegen den Schuldenbereinigungsplan durch eine Zustimmung.** [2] **Dies gilt nicht, wenn**

1. **der Gläubiger, der Einwendungen erhoben hat, im Verhältnis zu den übrigen Gläubigern nicht angemessen beteiligt wird oder**
2. **dieser Gläubiger durch den Schuldenbereinigungsplan voraussichtlich wirtschaftlich schlechter gestellt wird, als er bei Durchführung des Verfahrens über die Anträge auf Eröffnung des Insolvenzverfahrens und Erteilung von Restschuldbefreiung stünde; hierbei ist im Zweifel zugrunde zu legen, daß die Einkommens-, Vermögens- und Familienverhältnisse des Schuldners zum Zeitpunkt des Antrags nach Satz 1 während der gesamten Dauer des Verfahrens maßgeblich bleiben.**

(2) [1] **Vor der Entscheidung ist der Gläubiger zu hören.** [2] **Die Gründe, die gemäß Absatz 1 Satz 2 einer Ersetzung seiner Einwendungen durch eine Zustimmung entgegenstehen, hat er glaubhaft zu machen.** [3] **Gegen den Beschluß steht dem Antragsteller und dem Gläubiger, dessen Zustimmung ersetzt wird, die sofortige Beschwerde zu.** [4] **§ 4a Abs. 2 gilt entsprechend.**

(3) **Macht ein Gläubiger Tatsachen glaubhaft, aus denen sich ernsthafte Zweifel ergeben, ob eine vom Schuldner angegebene Forderung besteht oder sich auf einen höheren oder niedrigeren Betrag richtet als angegeben, und hängt vom Ausgang des Streits ab, ob der Gläubiger im Verhältnis zu den übrigen Gläubigern angemessen beteiligt wird (Absatz 1 Satz 2 Nr. 1), so kann die Zustimmung dieses Gläubigers nicht ersetzt werden.**

---

[1] § 309 Abs. 1 Satz 2 Nr. 2 geänd. durch G v. 19.12.1998 (BGBl. I S. 3836); Abs. 2 Satz 4 angef. mWv 1.12.2001 durch G v. 26.10.2001 (BGBl. I S. 2710).

Literatur (Auswahl): *Grote,* Zur Berechnung der Summenanteile bei der Zustimmungsersetzung zum Schuldenbereinigungsplan, VuR 2008, 395; *Schäferhoff,* Probleme bei der gerichtlichen Zustimmungsersetzung nach § 309 InsO, ZInsO 2001, 687.

Übersicht

I. Normzweck

1 Die Vorschrift regelt das **Zustimmungsersetzungsverfahren.** Das Zustandekommen eines von einer Kopf- und Summenmehrheit gewünschten Plans, der der Entlastung der Gerichte von dem ansonsten durchzuführenden Insolvenz- und Restschuldbefreiungsverfahren dient, soll nicht an einer unbegründeten Zustimmungsverweigerung eines oder mehrerer Gläubiger scheitern. Die Ersetzung der Zustimmung ist somit ein wichtiges Instrument zur Förderung gütlicher Einigungen.

II. Voraussetzungen für die Durchführung des Zustimmungsersetzungsverfahrens

2 **1. Zustimmung der Mehrheit der Gläubiger (Absatz 1 Satz 1).** Das Gesetz verlangt für die Zustimmung zum Plan eine doppelte Mehrheit, nämlich eine Mehrheit nach der Höhe der Ansprüche (Summenmehrheit) und eine Mehrheit nach der Zahl der Gläubiger (Kopfmehrheit), wobei Schweigen als Zustimmung ausreicht (§ 307 Abs. 2 S. 1). Bei einer Pattsituation kann keine Ersetzung stattfinden. Grds. sind die Mehrheitsverhältnisse des Absatz 1 nach dem Maßstab der im Schuldenbereinigungsplan „benannten" Gläubiger zu ermitteln.

3 **a) Kopfmehrheit.** Das Gesetz enthält hinsichtlich der Ermittlung der nach Absatz 1 Satz 1 erforderlichen Kopfmehrheit keine ausdrückliche Regelung, insbes. ist nicht bestimmt, wie zu verfahren ist, wenn einem Gläubiger zwei Forderungen gegenüber dem Schuldner zustehen. Hinsichtlich der erforderlichen

Mehrheiten ist der Schuldenbereinigungsplan parallel zum Insolvenzplan (§ 244 InsO) gestaltet worden. Nach diesen Vorschriften wird bei der Bestimmung der Kopfmehrheiten ein Gläubiger mit mehreren Forderungen nur mit einer Stimme berücksichtigt, unabhängig davon, auf welchem Rechtsgrund ihre Forderungen beruhen, ob sie von verschiedenen, rechtlich unselbständigen Organisationseinheiten verwaltet werden, oder ob die Forderungen – etwa bei Forderungskauf oder Inkassozession – früher verschiedenen Gläubigern zustanden. Demgegenüber hat ein Vertreter mehrerer Gläubiger so viele Stimmen, als er Gläubiger vertritt.

Diese Grundsätze sind auch auf den Schuldenbereinigungsplan zu übertragen.

Als Gläubiger am Schuldenbereinigungsplanverfahren ist nur beteiligt, wer eine Forderung gegen den Schuldner geltend macht. Gläubiger, die vor der Einleitung des gerichtlichen Verfahrens einen **Forderungsverzicht** erklärt haben, dürfen erst gar nicht in den Plan aufgenommen werden. Zwar kann eine Forderung nicht durch einseitigen Verzicht, sondern nur durch einen gegenseitigen Vertrag erlassen werden. Im Zustimmungsersetzungsverfahren führen prozessrechtliche Erwägungen (vgl. § 306 ZPO) jedoch zur Nichtberücksichtigung von Forderungen verzichtender Gläubiger (AG Köln ZVI 2007, 252). Ist der vor Einleitung des Verfahrens verzichtende Gläubiger im Plan aufgenommen, darf er bei der Ermittlung des Abstimmungsergebnisses nicht berücksichtigt werden (BayObLG NZI 2001, 553; OLG Köln ZIP 2000, 2312; OLG Karlsruhe NZI 2000, 375) Teilt ein Gläubiger dagegen während des laufenden Planverfahrens erstmals mit, nicht am Verfahren teilnehmen zu wollen oder auf die weitere Geltendmachung seiner Forderung zu verzichten, so kann diese Erklärung insbes. dann, wenn sie als Reaktion auf die Übersendung eines „Nullplans" erfolgt, auch als Zustimmung zu dem Plan auszulegen sein (OLG Köln ZIP 2000, 2312). Dies ist, va dann, wenn die erforderlichen Mehrheiten erst durch eine Zustimmung des „verzichtenden" Gläubigers erreicht werden, durch Nachfrage zu klären. Eine Zustimmungsersetzung zulasten anderer, dem Plan widersprechender Gläubiger, kommt nach einem Verzicht einzelner Gläubiger auch bei Erreichen der erforderlichen Mehrheiten nicht in Betracht, wenn der Plan Zahlungen an die ausgeschiedenen Gläubiger vorsieht; in diesen Fällen bedarf es der Vorlage eines geänderten Plans, der regelt, ob und wie die frei gewordenen Mittel auf die verbleibenden Gläubiger verteilt werden sollen (AG Köln ZVI 2007, 252). 4

b) Summenmehrheit. Die Summe der Ansprüche der zustimmenden Gläubiger muss mehr als die Hälfte der Summe der Ansprüche aller benannten Gläubiger betragen. Die Feststellung der Summenmehrheit im Zustimmungsersetzungsverfahren gem. Absatz 1 InsO hat auf der Grundlage derjenigen Forderungen zu erfolgen, die der Schuldner in seinem Plan angegeben hat. Abweichende Angaben der Gläubiger zu Bestand und Höhe der Forderungen sind nicht erst nach Absatz 3 zu berücksichtigen (so aber AG Köln ZIP 2000, 83; *Schäferhoff* ZInsO 2001, 687), sondern schon bei der Feststellung der Summenmehrheit (BGH NZI 2005, 46). Zweifel am Bestand der vom Schuldner angegebenen Forderungen sind schon bei der Bestimmung der Kopf- und Summenmehrheit zu berücksichtigen sind, weil ansonsten dem Schuldner die Möglichkeit eröffnet würde, durch Falschangaben zum Bestand der gegen ihn gerichteten Forderungen die Mehrheitsverhältnisse so zu gestalten, dass ein Gläubiger die Unrichtigkeit der Angaben des Schuldners zwar glaubhaft machen kann, dies aber gleichwohl bezüglich der Ersetzung der Zustimmung des widersprechenden Gläubigers folgenlos bleibt, weil sich aus diesen Falschangaben keine unangemessene Beteiligung des Gläubigers ergibt, die neben der Glaubhaftmachung von Zweifeln zweite Voraussetzung für das Verbot der Zustimmungsersetzung nach Absatz 3 InsO ist. Um diese Lücke zu schließen, ist es gerechtfertigt, schon bei der Bestimmung der Kopf- und Summenmehrheiten glaubhaft gemachte Zweifel am Bestand und an der angege- 5 benenen Höhe der Forderungen zu berücksichtigen und die Mehrheiten unter Zugrundelegung der sich ergebenden Abweichungen neu zu berechnen.

6 **Die Gläubiger nachrangiger Forderungen** (§ 39) sind bei der Ermittlung der Summenmehrheiten nur mit einem Erinnerungswert zu berücksichtigen, solange nicht glaubhaft gemacht werden kann, dass in einem Insolvenzverfahren alle nicht nachrangigen Gläubiger voll befriedigt würden und eine Quote auch auf die Nachranggläubiger entfiele (BGH NZI 2008, 316).

7 Bei **absonderungsberechtigten Gläubigern** ist zu differenzieren: Wird in dem von dem Schuldner vorgelegten Schuldenbereinigungsplan das Absonderungsrecht des widersprechenden Gläubigers als berechtigt anerkannt und in seiner Durchsetzung nicht angetastet, ist der Gläubiger **nur mit seinem voraussichtlichen Forderungsausfall** an der Abstimmung über die Annahme des Plans zu beteiligen (BGH ZInsO 2008, 327; *Fuchs* Kölner Schrift S. 1710 Rn. 92). Ist die Werthaltigkeit des Sicherungsrechts streitig, obliegt es in diesem Fall gem. Absatz 3 dem Gläubiger, den voraussichtlichen Forderungsausfall – etwa durch Vorlage eines Sachverständigengutachtens – glaubhaft zu machen (BGH ZInsO 2008, 327). Gesicherte Gläubiger sind auch dann mit zu berücksichtigen, wenn sich die gesicherte Forderung nicht gegen den Schuldner, sondern gegen einen Dritten richtet.

8 **2. Ersetzungsantrag.** Eine Zustimmungsersetzung erfolgt nur auf Antrag eines Gläubigers oder der Schuldners. Sie ist nicht von Amts wegen möglich (BayObLG ZIP 2001, 204 [206]; LG Koblenz ZInsO 2000, 171; *Schäferhoff* ZInsO 2001, 687). Legt der Schuldner einen geänderten Plan vor, wird der Ersetzungsantrag für den ursprünglichen Schuldenbereinigungsplan unwirksam. Der Ersetzungsantrag kann schon mit der Einreichung des Insolvenzantrags und der Schuldenbereinigungsplans gestellt werden. Eine **Frist,** innerhalb der der Antrag gestellt werden muss, sieht das Gesetz nicht vor. Wird der Antrag erst nach der Wiederaufnahme des Insolvenzverfahrens nach § 311 gestellt, ist die Rückkehr in das Schuldenbereinigungsverfahren nur noch mit Zustimmung aller Einwendungsgläubiger zulässig (AG Hamburg NZI 2000, 445). Nach Eröffnung des Insolvenzverfahrens kann das Gericht auf Grund eines verspätet gestellten Ersetzungsantrags nicht mehr den Eröffnungsbeschluss aufheben und wieder in das Schuldenbereinigungsverfahren eintreten, da eine Aufhebung des Eröffnungsbeschlusses nur unter den Voraussetzungen des § 34 Abs. 2 in Betracht kommt (Uhlenbruck/*Sternal* Rn. 20). Eine **Rücknahme des Antrags** auf Ersetzung der Zustimmung ist jederzeit möglich.

9 Das Gericht trifft gem. § 4 iVm § 139 ZPO eine **Hinweispflicht,** wenn sich nach Auswertung der Stellungnahmen der Gläubiger ergibt, dass eine Ersetzung der Einwendungen der Gläubiger durch Zustimmung in Betracht kommt, ohne dass ein entsprechender Antrag vorliegt. Den Beteiligten ist eine Frist zur Stellung des Antrags zu setzen. Nach ergebnislosem Ablauf der Frist hat das Gericht das Verfahren über den Eröffnungsantrag wieder aufzunehmen (§ 311). Ein verspätet eingegangener Antrag kann so lange berücksichtigt werden, bis eine Entscheidung über den Eröffnungsantrag noch nicht ergangen ist.

10 **3. Ausschlussgründe.** Ein Gläubiger, der dem Schuldenbereinigungsplan widerspricht kann geltend machen, dass

- das Gericht zu Unrecht vom Vorliegen der erforderlichen Mehrheiten ausgegangen ist,
- er im Verhältnis zu den übrigen Gläubigern unangemessen beteiligt ist und
- er durch den Plan wirtschaftlich schlechter gestellt ist gegenüber der Durchführung es Insolvenz- und Restschuldbefreiungsverfahrens.

11 **a) Nichtvorliegen der erforderlichen Mehrheiten.** Die vorläufige Ermittlung der Mehrheiten durch das Gericht entfaltet als bloße Zwischenentscheidung

keine Rechtskraftwirkungen. Der Gläubiger kann daher im Zustimmungsersetzungsverfahren Fehler des Gerichts bei der Ermittlung der Mehrheiten rügen (Graf-Schlicker/*Sabel* Rn. 13). IRd abschließenden Prüfung, ob eine Kopf- oder Summenmehrheit vorliegt, kann der Gläubiger auch die Forderungen anderer Gläubiger bestreiten, oder glaubhaft machen, dass ihm selbst eine höhere oder eine zusätzliche Forderung gegen den Schuldner zusteht, da sich dieser Einwand auf die Feststellung der erforderlichen Mehrheiten auswirken kann. Dadurch kann der missbräuchlichen Erschleichung von Mehrheiten durch die Angabe fingierter Verbindlichkeiten entgegengewirkt werden.

b) Unangemessene Beteiligung des antragstellenden Gläubigers. Eine Ersetzung der Zustimmung gem. Absatz 1 Satz 2 Nr. 1 kommt nicht in Betracht, wenn der Einwendungen erhebende Gläubiger im Verhältnis zu den übrigen Gläubigern nicht angemessen beteiligt wird. Es kommt hierbei auf das Verhältnis desjenigen Gläubigers, der dem Plan widerspricht, zu den übrigen Gläubigern an. Auf eine Ungleichbehandlung anderer Gläubiger kann er sich nicht berufen (OLG Köln NZI 2001, 594). Maßstab ist dabei der Grundsatz, dass alle Gläubiger gleichmäßig zu behandeln sind, wobei die Wertungen der Insolvenzordnung zu berücksichtigen sind. Abweichungen von dem **Grundsatz des Gleichrangs der Forderungen** sind zwar zulässig, bedürfen jedoch einer sachlichen Rechtfertigung. Eine unangemessene Beteiligung liegt vor, wenn ein Insolvenzgläubiger mehr erhält, als seine Forderung wert ist, wenn gesicherte und ungesicherte Gläubiger gleichbehandelt werden oder Insolvenzgläubiger mit gleichwertigen Forderungen unterschiedlich behandelt werden. Bei der Auslegung des Begriffs „angemessene Beteiligung" iSd Absatz 1 Satz 2 Nr. 1 können die in § 245 Abs. 2 zugrundeliegenden Rechtsgedanken ergänzend herangezogen werden. 12

Eine mathematisch genaue Anteilsberechnung ist **nicht erforderlich.** 13
Geringfügige Abweichungen bei den Zahlungsmodalitäten oder durch eine uneinheitliche Berechnung von Zins- und Nebenforderungen, beteiligen den widersprechenden Gläubiger nicht unangemessen, wenn die Verteilung iÜ ausgewogen ist (OLG Köln NZI 2001, 594). So stellt eine Quotenabweichung von bis zu 0,50 % noch keine unangemessene Benachteiligung dar (Uhlenbruck/*Sternal* Rn. 37). Eine die Zustimmung hindernde Ungleichbehandlung liegt nicht vor, wenn eine Verteilung nur nach der Höhe der bestehenden Hauptforderungen der Gläubiger erfolgt (FK-InsO/*Grote* Rn. 12; aA Uhlenbruck/*Sternal* Rn. 38). Für die Bewertung der zu tolerierenden Ungleichbehandlung gibt es keine festen Grenzwerte. In der Rspr. werden Ungleichbehandlungen, die weniger als 50 EUR ausmachen, als unerheblich angesehen (AG Hamburg NZI 2000, 283; AG Göttingen DZWIR 2000, 526).

In der Gleichbehandlung ungleicher Gläubigergruppen kann eine un- 14
angemessene Benachteiligung liegen. Da das Gesetz den Inhabern von Absonderungsrechten im Insolvenzverfahren eine bevorzugte Stellung einräumt, ist den Inhabern dieser Rechte ein höherer Erlösanteil zuzubilligen als den ungesicherten Gläubigern. Unangemessen beteiligt ist ein gesicherter Gläubiger, wenn er auf Grund des Plans nicht mindestens eine solche Tilgung erhält, wie er sie bei der **Verwertung der Sicherheiten** erlangt hätte (Uhlenbruck/*Sternal* Rn. 39). Auch im Schuldenbereinigungsverfahren muss sich ein gesicherter Gläubiger keine Eingriffe gefallen lassen, die zu einer Beeinträchtigung seines Sicherungsrechts führen. Unterliegt die Sicherung des Gläubigers der **Rückschlagsperre nach § 88,** ist der Schuldner berechtigt, den so gesicherten Gläubiger im Schuldenbereinigungsplan als ungesicherten Gläubiger zu behandeln. Ein Gläubiger wird an dem Schuldenbereinigungsplan unangemessen beteiligt, wenn er trotz einer zu seinen Gunsten bestehenden Lohnabtretung in gleicher Weise wie die übrigen Gläubiger befriedigt werden soll (Uhlenbruck/*Sternal* Rn. 43). Etwas anderes gilt,

wenn das pfändbare Einkommen dauerhaft unterhalb der Pfändungsgrenze liegt (AG Nordhorn ZVI 2007, 70, bestätigt durch LG Osnabrück VuR 2008, 31). Für die ab dem 1.7.2014 beantragten Verfahren entfällt durch die Streichung des § 114 die vorgenannte Problematik der vorrangigen Abtretung. Die **Gläubiger nachrangiger Forderungen** können bei der Abstimmung über die Annahme eines Schuldenbereinigungsplans nur mit einem Erinnerungswert (= Null) beteiligt werden, solange der widersprechende Gläubiger nicht glaubhaft macht, dass die übrigen Insolvenzgläubiger voll befriedigt werden (BGH NZI 2008, 316 [317]).

15 Eine Ungleichbehandlung kann nicht durch den Rechtsgrund der Forderungen gerechtfertigt werden. So können **Unterhalts- und Mietforderungen oder Forderungen von Energielieferanten** nicht als wichtiger eingestuft werden als andere Forderungen. Gleiches gilt für die Forderungen von Sozialversicherungsträgern. Auch eine Ungleichbehandlung von titulierten und nicht titulierten Forderungen ist nicht gerechtfertigt, zumal im Verfahren gerade ein neuer Titel geschaffen wird.

16 Zulässig ist es, Kleingläubiger mit **Einmalzahlungen** und Großgläubiger mit Ratenzahlungen zu bedenken, wenn die Befriedigungsquote iErg gleich hoch ist und der Schuldner unzweifelhaft in der Lage ist, die angebotenen Ratenzahlungen künftig auch zu erbringen. Maßgebend ist nicht die identische Behandlung der Gläubiger, sondern das wirtschaftliche Ergebnis.

17 **c) Schlechterstellung gegenüber der Durchführung des Insolvenzverfahrens.** Die Zustimmungsersetzung ist ferner ausgeschlossen, wenn der widersprechende Gläubiger durch den Schuldenbereinigungsplan schlechter gestellt wird, als er bei der Durchführung des Plans stünde. **Vergleichsmaßstab** ist der wirtschaftliche Wert, den der Gläubiger im Verfahren über den Antrag auf Eröffnung des Insolvenzverfahrens und den Antrag auf Restschuldbefreiung erhalten würde. Das Gericht hat hierbei eine **Prognoseentscheidung** zu treffen (HK-InsO/*Waltenberger* § 309 aF Rn. 22; FK-InsO/*Grote* Rn. 22; MüKoInsO/*Ott/Vuia* Rn. 17; Kübler/Prütting/Bork/*Wenzel* Rn. 6). Bei der vorzunehmenden Vergleichsbetrachtung ist zu prüfen, wie der Gläubiger stünde, wenn nicht über den Antrag auf Ersetzung der Zustimmung zum Schuldenbereinigungsplan entschieden, sondern unmittelbar dem Antrag auf Eröffnung des Insolvenzverfahrens nachgegangen worden wäre (BGH ZInsO 2009, 2406). Für die vorausschauende Bewertung, ob eine wirtschaftliche Schlechterstellung des Gläubigers wahrscheinlicher ist als ihr Nichteintritt, hat das Insolvenzgericht selbstständig – regelmäßig ohne Hilfe eines Sachverständigen – einzuschätzen, wie sich die Einkommenssituation des Schuldners zukünftig entwickeln wird.

18 **Fiktive Vergleichsberechnung** Für die fiktive Vergleichsberechnung ist das Ergebnis der Vermögensverwertung während des vereinfachten Verfahrens und der Wert des Neuerwerbs in diesem und dem sich anschließenden Restschuldbefreiungsverfahren zu prognostizieren. Von diesem Betrag sind die Kosten des Verfahrens sowie der Selbstbehalt des Schuldners gem. § 292 Abs. 1 S. 3 in Abzug zu bringen. Die Verfahrenskosten umfassen die Gebühren und Auslagen eines fiktiven vereinfachten Insolvenzverfahrens einschließlich des Eröffnungsverfahrens sowie die Vergütung und Auslagen des Treuhänders im Restschuldbefreiungsverfahren. Zu beachten ist ferner, inwieweit eine Verkürzung der Laufzeit der Abtretungserklärung sowie eine Abtretung bzw. Verpfändung der Bezüge iSv § 114 Abs. 1 in Betracht kommen würde → aber Rn. 14. **Arbeitseinkommen** bleibt unberücksichtigt, soweit es sich innerhalb der Pfändungsgrenzen des § 850c ZPO. Werden Ansprüche erst durch eine gerichtliche Entscheidung von der Pfändbarkeit ausgenommen (zB § 850f ZPO), sind sie bei Fehlen einer entsprechend Entscheidung massezugehörig.

Wird im Schuldenbereinigungsplan eine **Einmalzahlung** angeboten, so ist bei der fiktiven Vergleichsrechnung diesem Betrag der Kapitalwert der den Gläubigern im eröffneten Insolvenzverfahren und in der Wohlverhaltensperiode als nachschüssige Jahresrente zufließenden Zahlungen – gemindert um die in diesen Verfahren anfallenden Kosten – gegenüberzustellen. Für die Bildung des Abzinsungsfaktors kommt es auf den für risikofreie Kapitalanlagen mittelfristig erzielbaren Zins, auf den für ersparte Verwaltungsaufwendungen einzusetzenden Prozentsatz der Forderungen und auf den Risikozuschlag im Einzelfall an. Die Laufzeit der Rente hängt von der voraussichtlichen Dauer des Insolvenzverfahrens und der Wohlverhaltensperiode, gegebenenfalls auch von der Lebenserwartung des Schuldners ab. Bei einem Altersrentner ist kein Risikozins für den Verlust des Arbeitseinkommens anzusetzen. Bezieht der Schuldner zusätzlich eine Betriebsrente oder vergleichbare Leistungen, kommt es auf die voraussichtliche Solvenz des Verpflichteten an. Auch wenn der so errechnete Barwert das Angebot insgesamt erheblich überschreitet, kann eine wirtschaftliche Schlechterstellung der ablehnenden Gläubiger nur festgestellt werden, wenn sie nicht nur relativ, sondern auch in absoluten Beträgen eine spürbare Minderung ihrer Forderungen hinnehmen müssten. Das ist jedenfalls dann nicht anzunehmen, wenn der Unterschiedsbetrag bei ihnen nicht einmal den halben Sozialhilfe-Regelsatz erreicht (AG Hamburg NZI 2001, 48). Für den Vergleich der wirtschaftlichen Situation des Gläubigers bei Durchführung des Schuldenbereinigungsverfahrens und bei Eröffnung des Insolvenzverfahrens werden nur die Zahlungen herangezogen, die der Gläubiger bei Eröffnung des Insolvenzverfahrens aus der Insolvenzmasse erhalten würde. Leistungen Dritter, wie zB Insolvenzgeld gem. § 183 Abs. 1 iVm § 208 Abs. 1 S. 1 SGB III, bleiben unberücksichtigt (LG Göttingen DZWIR 2001, 345; ZInsO 2001, 859 [860]; aA BayObLG NZI 2002, 110). **19**

Gehört der widersprechende Gläubiger zu dem Kreis der iSv **§ 302 privilegierten Gläubiger** ist seine Forderung, die nicht an der Restschuldbefreiung teilnimmt, durch eine höhere Leistung oder sonstige Zugeständnisse des Schuldners zu berücksichtigen. Dabei steht dem Gericht ein weiter Ermessensspielraum zu, da für diese Gläubiger eine vollständige Realisierung ihrer von der Restschuldbefreiung ausgenommenen Forderung auch nach erteilter Restschuldbefreiung nicht sicher ist. **20**

Eine wirtschaftliche **Schlechterstellung des Finanzamtes als Gläubiger** liegt nicht vor, wenn der Schuldner trotz erwarteter Steuererstattung keine Aufrechnungsmöglichkeit mit diesen Ansprüchen für das Finanzamt vorsieht. Dies folgt nach der hier vertretenen Ansicht daraus, dass dieser Erstattungsanspruch von der Abtretung nach § 287 Abs. 2 (iVm § 294 Abs. 3) erfasst ist, sowie daraus, dass sich hierdurch eine unangemessene Privilegierung des Finanzamtes ergeben würde. **21**

d) Unveränderbarkeit der wirtschaftlichen Verhältnisse, Nr. 2 Hs. 2. Bei dem Vergleich zwischen den nach dem Schuldenbereinigungsplan vorgesehenen Zahlungen gegenüber den prognostisch bei Durchführung des Insolvenzverfahrens zu erwartenden Beträgen ist nach Abs. 1 S. 2 Nr. 2 Hs. 2 im Zweifel davon auszugehen, dass die wirtschaftlichen und familiären Verhältnisse des Schuldners während der Dauer des Insolvenzverfahrens und der anschließenden Wohlverhaltensperiode bis zur gesetzlichen Restschuldbefreiung unverändert bleiben. Eine mögliche zukünftige Verbesserung der wirtschaftlichen Verhältnisse kann nur berücksichtigt werden, wenn der Gläubiger darlegen kann, dass konkrete Anhaltspunkte für eine solche Änderung vorliegen (OLG Karlsruhe ZInsO 2001, 913; Uhlenbruck/*Sternal* Rn. 60). Das ist zB der Fall bei einer bevorstehenden Beendigung einer Ausbildung (HK-InsO/*Waltenberger* Rn. 22) oder wenn aufgrund des Lebensalters eines Kindes absehbar ist, dass Unterhaltsverpflichtungen entfallen werden (Kübler/Prütting/Bork/*Wenzel* Rn. 20). **22**

23 **Klauseln im Schuldenbereinigungsplan.** Die Aufnahme bestimmter Klauseln in den Schuldenbereinigungsplan sieht das Gesetz nicht vor (OLG Frankfurt a. M. NZI 2000, 473). Ein Plan der kein Wiederaufleben des Ansprüche der Gläubiger für den Fall vorsieht, dass durch das Verschulden des Schuldners Gründe eintreten, die zu einer Versagung der Restschuldbefreiung führen würden, benachteiligt die widersprechenden Gläubiger in rechtlicher Hinsicht.

24 **Keine wirtschaftliche Schlechterstellung** des Gläubigers liegt vor, wenn im Falle der Insolvenzeröffnung eine Pfändung gem. § 114 Abs. 3 InsO nicht länger wirksam geblieben wäre als nach dem Schuldenbereinigungsplan. Eine durch Widerspruch und Rechtsmittel des Gläubigers verursachte Verzögerung des Verfahrens ist unbeachtlich.

25 **e) Zustimmungsersetzung bei Nullplänen.** Auch bei einem Nullplan, der von einkommens- und vermögenslosen Schuldnern vorgelegt werden kann und keinerlei Zahlungen zur Tilgung an die Gläubiger vorsieht, kommt eine Zustimmungsersetzung in Betracht (BGH NZI 2014, 34; OLG Frankfurt a. M. ZInsO 2000, 288; LG Memmingen NZI 2000, 233; LG Neubrandenburg ZInsO 2001, 1120; aA OLG Stuttgart ZVI 2015, 54; OLG Bamberg NZI 2010, 949; LG Mönchengladbach ZInsO 2001, 1115; Kübler/Prütting/Bork/*Wenzel* Rn. 24 ff.; MüKoInsO/*Ott/Vuia* Rn. 21 ff.). Da die Parteien den Inhalt des Schuldenbereinigungsplans privatautonom bestimmen, hat das Gericht weder die Aufgabe noch die Möglichkeit, den Inhalt des Plans zu kontrollieren oder zu beanstanden. Die Frage, ob der Sanierungsvorschlag des Schuldners inhaltlich angemessen ist, bestimmen die Gläubiger, nicht das Gericht.

III. Verfahren (Absatz 2 Satz 1, 2)

26 **1. Anhörung.** Das Insolvenzgericht muss den Gläubiger, der Einwendungen gegen den Schuldenbereinigungsplan erhoben hat, vor der Entscheidung über den Antrag auf Ersetzung seiner Zustimmung anhören. Auf die Anhörung kann grds. nicht verzichtet werden (OLG Köln ZInsO 2001, 807; aA AG Göttingen ZIP 1999, 1365). Für die Anhörung einer nicht erreichbaren Person gilt § 10. Soweit nicht bereits bei der Zustellung des Schuldenbereinigungsplans (§ 307) der Hinweis auf das Erfordernis der Glaubhaftmachung erfolgt ist, ist er spätestens nach den ablehnenden Stellungnahmen der Gläubiger zu geben.

27 **2. Darlegung und Glaubhaftmachung der einer Zustimmung entgegenstehenden Tatsachen.** Die Gründe, die einer Zustimmungsersetzung entgegenstehen, hat der Gläubiger zunächst glaubhaft zu machen (BGH NZI 2010, 948). Der widersprechende Gläubiger muss einen detaillierten Sachverhalt darlegen und konkrete Umstände glaubhaft machen, aus denen sich entweder eine Benachteiligung im Verhältnis zu den übrigen Gläubigern oder eine wirtschaftliche Schlechterstellung ergibt. Die Schlechterstellung ist in der Regel in Form einer **Vergleichsberechnung** darzulegen, dass der Gläubiger weniger erhält als andere, ihm rechtlich gleichgestellte Gläubiger bzw. dass er bei Durchführung eines Insolvenz- und Restschuldbefreiungsverfahrens voraussichtlich wesentlich mehr erhalten würde. Kann der Einwendungsgläubiger keinen Hinderungsgrund glaubhaft machen, muss das Gericht zwingend die Ersetzung der Zustimmung aussprechen. Das Gericht darf keine eigenen Ermittlungen anstellen.

28 Der Insolvenzgläubiger kann sich gem. § 4, § 294 Abs. 1 ZPO zur Glaubhaftmachung aller Beweismittel einschließlich der Versicherung an Eides Statt bedienen. In Betracht kommt die Vorlage unbeglaubigter Kopien (OLG Köln FamRZ 1983, 709; LG Stuttgart ZInsO 2001, 134). Die Vorlage von schriftlichen Zeugenaussagen oder die Bezugnahme auf Gerichtsakten, die das Gericht sofort beiziehen kann, sind zulässige Mittel der Glaubhaftmachung.

Die Anforderungen an die Glaubhaftmachung hängen von dem Verhalten des Schuldners ab. Die Glaubhaftmachung ist entbehrlich, sofern der Sachverhalt offensichtlich ist oder sich bereits aus dem Vortrag des Schuldners ergibt (AG Rosenheim ZVI 2003, 75; AG Hameln ZVI 2004, 468; aA FK-InsO/*Grote* Rn. 46). Eine schlüssige Darlegung des Sachverhalts durch den Gläubiger ist hier ausreichend. Hat ein Einwendungsgläubiger die Gründe, die einer Ersetzung seiner Einwendungen entgegenstehen glaubhaft gemacht, hat der Schuldner die Möglichkeit einer **Gegenglaubhaftmachung** (Uhlenbruck/*Sternal* Rn. 93). Das Gericht hat, wenn der Schuldner dem Vorbingen des Gläubigers substantiiert widersprochen hat und seinen Sachvortrag glaubhaft gemacht hat, zu prüfen, welcher Sachvortrag überwiegend wahrscheinlich ist. 29

3. Beiordnung eines Rechtsanwaltes (Absatz 2 Satz 4). Wegen der rechtlichen Schwierigkeiten im Zustimmungsersetzungsverfahren und im Hinblick auf die weitreichenden Wirkungen Schuldenbereinigungsverfahrens kann es in diesem Verfahrensstadium erforderlich sein, dem Schuldner einen **Rechtsanwalt** beizuordnen. Zeichnet sich ab, dass das Zustimmungsersetzungsverfahren streitig verlaufen wird und dadurch besondere Schwierigkeiten aufweist, liegen die Voraussetzungen für die Beiordnung eines Rechtsanwaltes vor. Für den Schuldner erfolgt die Beiordnung nach den Vorschriften über die Verfahrenskostenstundung, für den Gläubiger über die Gewährung von Prozesskostenhilfe. Die in Absatz 2 Satz 4 ausgesprochene Verweisung bezieht sich nicht notwendig auf das Beschwerdeverfahren (Graf-Schlicker/*Sabel* Rn. 42). 30

Die Beiordnung setzt voraus, dass der Schuldner einen **Antrag auf Stundung der Kosten** des Insolvenzverfahrens gestellt hat. Da die Entscheidung über die Stundung noch nicht im Schuldenbereinigungsplanverfahren erfolgt, bedurfte es der Verweisung in Absatz 2 Satz 4, dass die Vorschrift des § 4a Abs. 2 in diesem Verfahrensstadium entsprechend anzuwenden ist. Somit kann bereits im Schuldenbereinigungsverfahren über die Stundung der Verfahrenskosten entschieden werden. Gegen einen die Beiordnung des Rechtsanwalts ablehnenden Beschluss steht dem Schuldner ein Rechtsmittel nicht zu, weil gem. Absatz 2 Satz 4 nur § 4a Abs. 2, nicht aber auch § 4d Abs. 2 für entsprechend anwendbar erklärt wird. Im Falle der Beiordnung eines Rechtsanwalts steht der Staatskasse ebenso wenig ein Rechtsbehelf zu. 31

Für die **Gebühren** des Rechtsanwalts im Schuldenbereinigungsverfahren gilt § 28 RVG iVm VV Nr. 3315 bzw. 3316. 32

IV. Entscheidung über den Ersetzungsantrag

Die Prüfung des Gerichts ist auf diejenigen Gründe beschränkt, die der betreffende Gläubiger selbst geltend und glaubhaft macht (OLG Köln NZI 2001, 594). Die Ersetzung der Zustimmung des widersprechenden Gläubigers erfolgt durch einen Beschluss des Insolvenzgerichts. Funktional zuständig für diese Entscheidung ist der Richter (§ 18 Abs. 1 Nr. 1 RPflG). Die Entscheidung ist zu begründen. Hierbei ist auch der maßgebliche Sachverhalt, der der Entscheidung zugrunde liegt, wiederzugeben (BGH NZI 2006, 248). Haben mehrere Gläubiger Einwendungen erhoben, muss das Gericht, sofern die Entscheidung eines Gläubigers begründet ist, zu den Einwendungen der übrigen Gläubiger keine Ausführungen machen (Graf-Schlicker/*Sabel* § 310 Rn. 41). 33

V. Rechtsmittel

Ersetzt das Gericht die Einwendungen eines oder mehrerer Gläubiger durch seine Zustimmung, so steht dem Gläubiger dessen Zustimmung ersetzt worden ist, die **sofortige Beschwerde** zu. **Weist das Gericht den Ersetzungs-** 34

antrag des Schuldners zurück, kann der Schuldner gegen diese Entscheidung die sofortige Beschwerde einlegen. Die Beschwerde ist beim Insolvenzgericht einzulegen (§ 6 Abs. 1 S. 2). Das Insolvenzgericht hat zunächst zu prüfen, ob es die Beschwerde für begründet hält und ihr abhilft. Hilft das Insolvenzgericht der Beschwerde nicht ab, ist sie unverzüglich dem Beschwerdegericht vorzulegen (§ 4 iVm § 572 Abs. 1 S. 1 ZPO).

35 Fasst das Insolvenzgericht die eingegangenen Stellungnahmen der Gläubiger zu einem vom Schuldner vorgelegten Schuldenbereinigungsplan in einem Beschluss dahin zusammen, dass mehr als die Hälfte der benannten Gläubiger dem Plan zugestimmt haben und die Summe der Ansprüche der zustimmenden Gläubiger mehr als die Hälfte der Summe der Ansprüche der benannten Gläubiger beträgt, so steht damit noch nicht rechtskraftfähig fest, dass der Schuldenbereinigungsplan die erforderlichen Mehrheiten erreicht hat. Er kann nicht mit einem Rechtsmittel angefochten werden (BGH NZI 2008, 316).

VI. Streitige Forderungen (Absatz 3)

36 Die Zustimmung eines Gläubigers kann nicht ersetzt werden, wenn er eine vom Schuldner angemeldete Forderung bestreitet, darüber im Schuldenbereinigungsverfahren keine Einigung erzielt werden kann und vom Ausgang des Streits die Frage abhängt, ob der betroffene Gläubiger im Verhältnis zu den übrigen Gläubigern angemessen beteiligt wird (Absatz 3). Nicht erforderlich ist, dass der bestreitende Gläubiger selbst Inhaber der Forderung ist. Durch die **Aufnahme einer nicht oder nicht in der geltend gemachten Höhe bestehenden Forderung** kann es abhängen, dass ein widersprechender Gläubiger im Schuldenbereinigungsplan nicht angemessen berücksichtigt wird. Hierfür können bspw. Anhaltspunkte bestehen, wenn der Schuldner in größerem Umfang Forderungen von Verwandten oder Freunden aus „Privatdarlehen" angibt, um auf diese Weise die notwendige Mehrheit für die Zustimmungsersetzung zustande zu bringen (AG Bremen NZI 2011, 950). Zweifel am Bestehen dieser „Forderungen" werden nicht dadurch ausgeräumt, dass der Schuldner diese in Form notarieller Schuldanerkenntnisse hat titulieren lassen. Der Umstand allein, dass im Plan eine Forderung der Lebensgefährtin des Schuldners aufgeführt ist, rechtfertigt keine Zweifel am Bestand dieser Forderung (LG Memmingen NZI 2000, 233). Dies kann aber der Fall sein, wenn weitere Umstände bei Forderungen nahestehender Personen hinzukommen (LG Berlin ZInsO 2004, 214). Wenn hinreichende Verdachtsmomente gegeben sind, führt dies dazu, dass den Schuldner eine sekundäre Darlegungslast hinsichtlich der Forderung trifft (AG Bremen NZI 2011, 950; LG Berlin ZInsO 2004, 214). Grds. ist es in Insolvenzverfahren nichts Außergewöhnliches, wenn bei Transaktionen des Schuldners mit nahestehenden Personen ein besonderes Misstrauen angezeigt ist.

Andererseits richtet sich die **Angabe eines zu niedrigen Betrags** einer Forderung unmittelbar gegen den Gläubiger dieser Forderung, der dadurch im Verhältnis zu den Gläubigern, deren Forderungen in der richtigen Höhe angegeben werden, benachteiligt wird.

37 Die Gläubiger tragen für die Tatsachen, aus denen sich ernsthafte Zweifel am Bestehen der vom Schuldner angegebenen Forderungen ergeben, die **Last der Glaubhaftmachung** (BGH NZI 2010, 948). Macht ein Gläubiger Tatsachen glaubhaft, aus denen sich für das Gericht ernsthafte Zweifel am Bestehen oder der Höhe einer angegebenen Forderung ergeben, und sind diese Zweifel für die Beurteilung der Angemessenheit der Beteiligung von Bedeutung, so kann die Zustimmung dieses Gläubigers nicht ersetzt werden (BGH NZI 2005, 46). Das Zustimmungsersetzungsverfahren gem. § 309 ist nicht geeignet, den Streit über den Bestand oder die Höhe der Forderung zu klären, insbes. wenn es hierbei nicht nur um Rechtsfragen geht, sondern auch Tatsachen streitig sind.

VII. Gebühren und Kosten

Besondere Gerichtsgebühren fallen für das gerichtliche Schuldenbereinigungsverfahren nicht an. Es wird bis dahin lediglich die die Antragsgebühr nach KV GKG Nr. 2310 oder 2311 fällig. Auslagen entstehen insbes. für die Zustellungen des Schuldenbereinigungsplans an die Gläubiger nach § 307 Abs. 1 S. 1, 3, § 8. Für die **Beschwerde** wird eine Gebühr in Höhe von 60 EUR nach KV GKG Nr. 2361 nur fällig, wenn das Rechtsmittel verworfen oder zurückgewiesen wird. Auslagen und Gebühren entstehen nicht, wenn die Beschwerde ganz oder teilw. erfolgreich ist. Der Gegenstandswert bestimmt sich nach § 3 ZPO. 38

Für den Rechtsanwalt erhöht sich die Verfahrensgebühr für das Eröffnungsverfahren für die Vertretung des Schuldners von 1,0 auf 1,5 (Nr. 3315 VV RVG) und für die Vertretung des Gläubigers von 0,5 auf 0,1 (Nr. 3316 VV RVG). 39

Kosten

310 Die Gläubiger haben gegen den Schuldner keinen Anspruch auf Erstattung der Kosten, die ihnen im Zusammenhang mit dem Schuldenbereinigungsplan entstehen.

I. Normzweck

1 Die Vorschrift bezweckt eine umfassende **Freistellung des Schuldners** von Kostenerstattungsansprüchen des Gläubigers, die ansonsten als Verzugsschaden geltend gemacht werden könnten. Der nicht leistungsfähige Schuldner soll durch das Schuldenbereinigungsverfahren nicht mit zusätzlichen Kosten belastet werden. Die Mittel, über die er verfügt, sollen ungeschmälert für die Schuldenbereinigung eingeplant werden können. Ein Streit um die Angemessenheit der von den Gläubigern aufgewendeten Kosten soll verhindert werden. Ferner soll durch den Ausschluss jeglicher Kostenerstattung die Vergleichsbereitschaft der Gläubiger erhöht werden (BT-Drs. 17/7302, 193; FK-InsO/*Kohte* Rn. 1). Die Vorschrift des § 310 steht im Einklang mit der Regelung in § 305 Abs. 2 S. 2 (HK-InsO/*Waltenberger* § 310 aF Rn. 1), nach der die Gläubiger auf Aufforderung des Schuldners verpflichtet sind, auf ihre Kosten dem Schuldner zur Vorbereitung des Forderungsverzeichnisses eine schriftliche Aufstellung ihrer gegen diesen gerichteten Forderungen zu erteilen.

II. Reichweite der Ausschlusswirkung

2 Die Freistellung erfasst alle Kostenerstattungsansprüche, die den Gläubigern im Zusammenhang mit dem Schuldenbereinigungsplan entstehen. Der Ausschluss der Kostenerstattung erstreckt sich sowohl auf **prozessuale als auch auf materiellrechtliche Erstattungsansprüche** der Gläubiger und erfasst somit Gerichtskosten, Ansprüche auf Grund schadensersatzrechtlicher Haftungstatbestände oder vertragliche Kostenerstattungsregelungen. Der Ausschluss der Kostenerstattung wirkt sich va auf die **Erstattung von Rechtsanwaltsgebühren** aus, wenn sich der Gläubiger im Schuldenbereinigungsplanverfahren durch einen Rechtsanwalt vertreten lässt (Graf-Schlicker/*Sabel* Rn. 4).

3 Auch in kontradiktorischen Verfahren über die Ersetzung der Zustimmung eines Gläubigers (§ 309) kann keine Kostenentscheidung zu Lasten des unterliegenden Schuldners gem. § 4 iV mit § 91 ZPO ergehen. Wenn der Antrag eines

Schuldners auf Zustimmungsersetzung scheitert, steht dem beteiligten Gläubiger kein Erstattungsanspruch zu (LG Karlsruhe NZI 2004, 330; HK-InsO/*Waltenberger* § 310 aF Rn. 2). Auch im **Beschwerde- und Rechtsbeschwerdeverfahren** über die Ersetzung der Zustimmung ist ein Kostenerstattungsanspruch des widersprechenden Gläubigers ausgeschlossen. Das Gesetz differenziert weder nach dem Rechtszug noch nach dem Ausgang des Verfahrens (LG Karlsruhe NZI 2004, 330).

4 Ebenso sind die Kosten, die den Gläubigern im Zusammenhang mit dem **außergerichtlichen Einigungsversuch** entstehen, vom Schuldner nicht zu erstatten (HK-InsO/*Waltenberger* § 310 aF Rn. 1; Uhlenbruck/*Sternal* Rn. 3; MüKoInsO/*Ott/Vuia* Rn. 5; aA Graf-Schlicker/*Sabel* Rn. 3; offen lassend LG Karlsruhe NZI 2004, 330) Der Ausschluss der Kostenerstattungspflicht erfasst jedoch keinen Einigungsversuch mit den Gläubigern, dem kein Schuldenbereinigungsplan zugrunde gelegen hat (Uhlenbruck/*Sternal* Rn. 4). Kosten, die vor Beginn der außergerichtlichen Schuldenbereinigung entstanden sind, sind bleiben erstattungsfähig (Nerlich/Römermann/*Römermann* Rn. 3; Andres/Leithaus/*Andres* § 310).

5 Der Gläubiger kann diese Kosten weder zur Insolvenztabelle anmelden, noch – wenn die Hauptforderung als Deliktsforderung nach § 302 Nr. 1 von der Restschuldbefreiung ausgenommen ist oder dem Schuldner die Restschuldbefreiung versagt worden ist – nach Abschluss des Verfahrens gegen den Schuldner geltend machen. Durch § 310 ist die **Bewilligung von Prozesskostenhilfe** für die Vertretung des Gläubigers im kontradiktorischen Zustimmungsersetzungsverfahren nicht ausgeschlossen.

6 Ein **Kostenerstattungsanspruch des Schuldners** ist durch § 310 nicht ausgeschlossen, wenn dieser im kontradiktorischen Zustimmungsersetzungsverfahren obsiegt. In diesen Fällen muss das Gericht die außergerichtlichen Kosten des Verfahrens dem unterliegenden Gläubiger auferlegen (Ahrens/Gehrlein/Ringstmeier/*Henning* Rn. 5; Graf-Schlicker/*Sabel* Rn. 3).

III. Unabdingbarkeit

7 Die Vorschrift ist zwingend. Eine abweichende Vereinbarung ist unwirksam. Unzulässig sind ferner Entgeltregelungen, die als Aufwendungsersatz klassifiziert werden (Uhlenbruck/*Sternal* Rn. 6; Braun/*Buck* Rn. 4).

Aufnahme des Verfahrens über den Eröffnungsantrag

311 Werden Einwendungen gegen den Schuldenbereinigungsplan erhoben, die nicht gemäß § 309 durch gerichtliche Zustimmung ersetzt werden, so wird das Verfahren über den Eröffnungsantrag von Amts wegen wieder aufgenommen.

Schrifttum (Auswahl): *Marotzke,* Kostenfreie Weiterverfolgung eines von Gläubigerseite gestellten Insolvenzantrags trotz Wegfalls der zugrundeliegenden Forderung?, ZInsO 2011, 841; *Stephan,* Der vorläufige Treuhänder im Regierungsentwurf zur Entschuldung mittelloser Personen, ZVI 2007, 441.

Übersicht

I. Normzweck

§ 311 regelt die die Wiederaufnahme des Insolvenzverfahrens, nachdem, um eine einvernehmliche Schuldenbereinigung zu ermöglichen, das Verfahren gem. **§ 306 Abs. 1 S. 1** geruht hat. Scheitert der Schuldenbereinigungsplan an Einwendungen der Gläubiger, ist das Verfahren wieder aufzunehmen. Zweck des § 311 ist es, diese Aufnahme des Verfahrens über den Eröffnungsantrag zügig zu fördern. Aus diesem Grund ordnet die Vorschrift an, dass das Verfahren von Amts wegen aufzunehmen ist. 1

Eine **Aufnahme des Verfahrens** kommt nicht nur in Betracht, wenn nach dem Eröffnungsantrag ein Schuldenbereinigungsverfahren durchgeführt worden ist, das an Einwendungen der Gläubiger gescheitert ist. In der Praxis weit häufiger ist der Fall, dass das Gericht nach Anhörung des Schuldners die Fortsetzung des Verfahrens anordnet, weil der Schuldenbereinigungsplan, insbes. bei der Vorlage eines Nullplans, nach seiner freien Überzeugung keine Aussicht auf Erfolg hat (§ 306 Abs. 1 S. 3). 2

II. Beendigung des Ruhens des Verfahrens

Scheitern des Schuldenbereinigungsplans. Das Ruhen des Verfahrens beginnt mit dem Eingang des Eröffnungsantrags des Schuldners bei Gericht. Hat der Schuldner einen unvollständigen Eröffnungsantrag eingereicht, tritt das Ruhen des Verfahrens erst ein, nachdem der Schuldner die fehlenden Unterlagen gem. § 305 Abs. 3 ergänzt hat. Es endet, wenn das Schuldenbereinigungsplanverfahren endgültig gescheitert ist. Gescheitert ist der Plan, wenn weniger als die Hälfte der benannten Gläubiger zugestimmt hat und die Summer der Ansprüche der zustimmenden Gläubiger nicht mehr als die Hälfte der Summe der Ansprüche der benannten Gläubiger beträgt. Ein Scheitern des Plans liegt auch vor, wenn trotz des Erreichens der Kopf- und Summenmehrheit, das Gericht die Einwendungen eines Gläubigers nicht ersetzen kann. 3

Kein Fall des § 311 ist die Aufnahme des Verfahrens, wenn das Gericht nach Prüfung des vom Schuldner vorgelegten außergerichtlichen Plans und der Darlegung der wesentlichen Gründe für sein Scheitern von der Durchführung des Schuldenbereinigungsplanverfahrens absieht. Für diese in der Praxis weit häufiger vorkommenden Fälle, die das Ruhen des Verfahrens beenden, regelt § 306 Abs. 1 S. 3, dass das Gericht die **Fortsetzung des Verfahrens** über den Eröffnungsantrag anzuordnen hat. 4

III. Wiederaufnahme von Amts wegen

Die Aufnahme des Verfahrens über den Eröffnungsantrag **setzt keinen Antrag voraus.** § 311 sieht vor, dass das Insolvenzgericht das Verfahren von Amts wegen aufzunehmen hat. Es bedarf auch keines Beschlusses, der die Fortsetzung des Verfahrens anordnet. Der Fortgang des Verfahrens kann in Form einer Verfügung angeordnet werden. Nach der Wiederaufnahme des Verfahrens über den Insolvenzantrag ist eine Rückkehr in das Verfahren über den Schuldenbereinigungsplan nur noch mit Zustimmung aller Einwendungsgläubiger zulässig (AG Hamburg NZI 2000, 445). 5

Keine Rückkehr in das Schuldenbereinigungsverfahren liegt vor, wenn das Gericht von der Durchführung des Schuldenbereinigungsverfahrens abgesehen und die Fortsetzung des Verfahrens angeordnet hatte (§ 306 Abs. 1 S. 3) und es nach dieser Anordnung auf Grund besonderer Umstände die Durchführung des Schuldenbereinigungsverfahrens für sinnvoll erachtet. Solche Umstände können zB in der Mitteilung des Schuldners an das Gericht zu sehen sein, dass Haupt- 6 gläubiger nachträglich ihre Zustimmung zum Schuldenbereinigungsplan signalisiert hätten und auf Grund dessen eine Kopf- und Summenmehrheit zu erwarten sei. Rechtliche Bedenken gegen eine Aufhebung des Beschlusses und die (nachträgliche) Durchführung des Schuldenbereinigungsverfahrens bestehen nicht. Einer Anhörung oder gar Zustimmung der Gläubiger bedarf es nicht. Solange eine Entscheidung über den Eröffnungsantrag nicht getroffen ist, kann das Gericht die Zustellung der in § 307 Abs. 1 genannten Unterlagen an die Gläubiger anordnen. Dies gilt umso mehr, als nach dem Willen des Gesetzgebers das Schuldenbereinigungsverfahren als Regelfall durchgeführt werden soll (BegrRegE, BT-Drs. 14/5680, 51).

7 Mit der Aufnahme des Verfahrens setzt die **Amtsermittlungspflicht gem. § 5 Abs. 1** ein. Das Gericht hat insbes. zu ermitteln, ob ein Insolvenzeröffnungsgrund (§§ 17, 18) vorliegt und eine die Kosten des Verfahrens deckende Masse vorhanden ist (§ 26). Als Eröffnungsgründe kommen im Verbraucherinsolvenzverfahren nur die Zahlungsunfähigkeit und die drohende Zahlungsunfähigkeit in Betracht (§§ 17 und 18). Das Gericht wählt die – zulässigen und zweckmäßigen – Aufklärungsmittel nach pflichtgemäßem Ermessen aus (HK-InsO/*Kirchhof* § 5 Rn. 9). Da im Verbraucherinsolvenzverfahren ein ordnungsgemäßer Insolvenzantrag des Schuldners die Vorlage eines richtigen und vollständigen Verzeichnisses des vorhandenen Vermögens und Einkommens sowie eines Verzeichnisses der Gläubiger und der gegen ihn gerichteten Forderungen voraussetzt, bedarf es nach dem endgültigen Scheitern des Schuldenbereinigungsplanverfahrens regelmäßig keiner weiteren Ermittlungen zum Eröffnungsgrund und zur Massekostendeckung. In der Regel ist die **Beauftragung eines Sachverständigen,** die zu einer weiteren kostenmäßigen Belastung des Schuldners führt, entbehrlich sein (Graf-Schlicker/*Kexel* Rn. 4; *Stephan* ZVI 2007, 441). Das Gericht kann auch Sicherungsmaßnahmen anordnen, um nachteilige Veränderungen in der Vermögenslage des Schuldners zu verhindern und einen vorläufigen Treuhänder bestellen (§§ 21, 22). Dies wird jedoch im Verbraucherinsolvenzverfahren die Ausnahme bleiben, da es in diesen Verfahren in den meisten Fällen an einer zu sichernden Masse mangelt.

8 Bis zur Verfahrenseröffnung (§ 27) bzw. bis zur rechtskräftigen Abweisung kann der Antrag auf Eröffnung des Insolvenzverfahrens zurückgenommen werden. Im Falle einer **Rücknahme** hat der Antragsteller die Kosten des Eröffnungsverfahrens zu tragen (§ 4 iVm § 269 Abs. 3 S. 2 ZPO). Hat ein Gläubiger den Insolvenzantrag gestellt und wird danach die Forderung beglichen oder treffen die Parteien eine Ratenzahlungsvereinbarung, so kann der antragstellende Gläubiger die Hauptsache für erledigt erklären und beantragen eine Entscheidung über die Kostentragungspflicht zu treffen (§ 4 iVm § 91a ZPO). War im Falle der **Erfüllung der Forderung nach Antragstellung** in einem Zeitraum von zwei Jahren vor der Antragstellung bereits eine Antrag auf Eröffnung des Insolvenzverfahrens gestellt worden, so wird der Insolvenzantrag nicht allein dadurch unzulässig (§ 14 Abs. 1 S. 2).Wird in diesem Fall der Antrag wegen der Erfüllung nach Antragstellung als unbegründet abgewiesen, hat der Schuldner gem. § 14 Abs. 3 die Kosten des Verfahrens zu tragen (krit. *Marotzke* ZInsO 2011, 846).

IV. Abschließende Entscheidungen

9 Stellt das Gericht im Rahmen seiner Amtsermittlungen fest, dass die allgemeinen oder die besonderen Zulässigkeitsvoraussetzungen eines Insolvenzantrags nicht vorliegen, weist es den Antrag als **unzulässig zurück.** Eine solche Abweisung als unzulässig dürfte in diesem Verfahrensstadium in der Regel nicht mehr in Betracht kommen, da das Gericht im Verbraucherinsolvenzverfahren bereits unmittelbar nach Eingang der Insolvenzantrags die besonderen Zulässigkeitsvoraussetzungen

des § 305 zu prüfen hatte. Kann kein Insolvenzgrund festgestellt werden, so unterliegt der Antrag der Abweisung als **unbegründet.**

Liegt ein Insolvenzgrund vor und sind die Kosten des Verfahrens gedeckt, wird das Insolvenzverfahren eröffnet. Bei dieser Prognoseentscheidung ist auch der Neuerwerb des Schuldners, der mit den pfändbaren Einkommensanteilen oft das einzige Vermögen des Schuldners bildet, zu berücksichtigen. Die Kosten des Restschuldbefreiungsverfahrens gem. §§ 286 ff. sind nicht zu berücksichtigen, da mit Kosten des Verfahrens iSv § 26 Abs. 1 nur die Kosten des Insolvenzverfahrens gemeint sind (Uhlenbruck/*Sternal* Rn. 19). 10

Wird zwar ein Insolvenzgrund, nicht aber eine ausreichende Masse festgestellt, muss das Gericht, soweit ein Gläubiger den Antrag auf Eröffnung des Insolvenzverfahrens gestellt hat, diesem die Möglichkeit eröffnen, durch **Zahlung eines Kostenvorschusses,** die Eröffnung des Verfahrens herbeizuführen (§ 26 Abs. 1 S. 2). Vom Schuldner kann ein Vorschuss angefordert werden, wenn Anhaltspunkte dafür vorliegen, dass der Schuldner einen Vorschuss erbringen kann. Der vom Gericht angeforderte Verfahrenskostenvorschuss hat sich an den voraussichtlich entstehenden Verfahrenskosten zu orientieren. Die Abweisung des Insolvenzantrags unterbleibt, wenn ein ausreichender Geldbetrag vorgeschossen wird oder die **Kosten des Verfahrens nach § 4a gestundet** werden. Eine Kostenstundung ist nur möglich, wenn der Schuldner selbst die Eröffnung des Insolvenzverfahrens und die Erteilung der Restschuldbefreiung beantragt hat. 11

Allgemeine Verfahrensvereinfachungen [aufgehoben für die ab dem 1.7.2014 beantragten Verfahren; für die bis zum 30.6.2014 beantragten Verfahren fortgeltendes Recht] § 312 aufgeh. mWv 1.7.2014 durch G v. 15.7.2013 (BGBl. I S. 2379).

312 *(1) [1] Öffentliche Bekanntmachungen erfolgen auszugsweise; § 9 Abs. 2 ist nicht anzuwenden. [2] Bei der Eröffnung des Insolvenzverfahrens wird abweichend von § 29 nur der Prüfungstermin bestimmt. [3] Wird das Verfahren auf Antrag des Schuldners eröffnet, so beträgt die in § 88 genannte Frist drei Monate.*

(2) Die Vorschriften über den Insolvenzplan (§§ 217 bis 269) und über die Eigenverwaltung (§§ 270 bis 285) sind nicht anzuwenden.

Übersicht

I. Normzweck

§ 312 fasst einige Verfahrensvereinfachungen zusammen, die den allgemeinen Regeln vorgehen. Nach Abs. 1 S. 1 Hs. 1 iVm § 9 Abs. 1 erfolgen Veröffentlichungen nur auszugsweise im Internet. Absatz 1 Satz 1 sieht vor, dass die Anwendung des § 9 Abs. 2 im vereinfachten Verfahren ausgeschlossen ist. Wiederholte Veröffentlichungen und weitere Bekanntmachungen sind im Interesse der Minimierung der Kosten nicht mehr angezeigt. Eine Verfahrensvereinfachung ist 1 der Wegfall des Berichtstermins (§ 156 InsO), der im Regelinsolvenzverfahren neben den Prüfungstermin tritt (Absatz 1 Satz 2). Dem besonderen Schutz des Schuldners dient die Verlängerung der „Rückschlagsperre" des § 88 InsO auf 3 Monate im Fall eines Schuldnerantrags im vereinfachten Insolvenzverfahren. Sie soll den Schuldner vor Vollstreckungen während des außergerichtlichen Schuldenbereinigungsverfahrens sichern.

2 Durch das **InsOÄG 2001 vom 26.10.2001** (BGBl. I S. 2710) wurde Absatz 1 der Vorschrift ergänzt. Hinzugekommen sind die Beschränkungen der Veröffentlichungen (Absatz 1 Satz 1) und die Ausweitung der Rückschlagsperre des § 88 Abs. 1 S. 3. Die Neufassung des Satz 1 soll den Belangen der überschuldeten Verbraucher, die in einem Verbraucherinsolvenzverfahren anfallenden Kosten so gering als möglich zu halten, Rechnung tragen (BegrRegE, BT-Drs. 14/5680, 12). Die Ausdehnung der Rückschlagsperre (Absatz 1 Satz 3) soll Störungen des außergerichtlichen Einigungsversuchs durch den Vollstreckungszugriff einzelner Gläubiger unterbinden helfen (BegrRegE, BT-Drs. 14/5680, 54).

3 Das **Gesetz zur Vereinfachung des Insolvenzverfahrens** vom 13.4.2007 (BGBl. I S. 509) hob die Vorschrift des § 312 Abs. 2, nach der das Gericht anordnen kann, dass das Verfahren oder einzelne seiner Teile schriftlich durchgeführt werden, wenn die Vermögensverhältnisse des Schuldners überschaubar und die Zahl der Gläubiger oder die Höhe der Verbindlichkeiten gering sind, auf. Eine inhaltsgleiche Regelung findet sich nunmehr in § 5 Abs. 2 S. 1 und 2. Diese Verlagerung bewirkt, dass auch Kleinverfahren, die dem Regelinsolvenzverfahren unterliegen, schriftlich abgewickelt werden können.

4 **Die §§ 312–314 sind durch das Gesetz zur Verkürzung des Restschuldbefreiungsverfahrens, zur Stärkung der Gläubigerrechte vom 15.7.2013** mit Wirkung zum 1.7.2014 aufgehoben worden. In Verfahren, die vor dem 1.7.2014 beantragt worden sind, sind diese Vorschriften weiterhin anzuwenden. Die bislang in § 312 geregelten Verfahrensvereinfachungen gelten künftig nicht nur für das Verbraucherinsolvenzverfahren gelten, sondern für alle Kleinverfahren. Entscheidendes Kriterium für Verfahrenserleichterungen soll die Überschaubarkeit der Vermögensverhältnisse und die Zahl der Gläubiger oder die Höhe der Verbindlichkeiten sein. Die Möglichkeit, das Verfahren oder einzelne seiner Teile schriftlich durchzuführen, regelt nach dem ab 1.7.2014 geltenden Recht § 5, den Verzicht auf einen Berichtstermin § 29. Anders als in § 312 InsO, in dem diese Verfahrensvereinfachungen für die in den Anwendungsbereich des § 304 InsO fallenden Verfahren zwingend vorgeschrieben waren, entscheidet nunmehr das Gericht, ob es im konkreten Fall von den Verfahrensvereinfachungen Gebrauch machen will.

II. Auszugsweise Veröffentlichung (Absatz 1 Satz 1)

5 Öffentliche Bekanntmachungen sollen in Verbraucherinsolvenzverfahren und sonstigen Kleinverfahren nur auszugsweise erfolgen. Eine auszugsweise Veröffentlichung muss stets den Schuldner genau zu bezeichnen, insbes. sind seine Anschrift und sein Geschäftszweig anzugeben (§ 9 Abs. 1 S. 2). Der Auszug muss außerdem den bekanntzumachenden Vorgang erkennen lassen und sowie den Verwalter bzw. Treuhänder – falls ein solcher bestellt ist – und das Insolvenzgericht angeben. Zu einem Gerichtstermin sind Zeit und Ort mitzuteilen.

III. Ausschluss von wiederholten Veröffentlichungen und weiteren Bekanntmachungen (Absatz 1 Satz 1)

6 Eine weitere Veröffentlichung ist eine Veröffentlichung durch ein anderes Medium wie bei der Regelveröffentlichung, zB in einem Amtsblatt, in den Tages-

zeitungen oder durch Anschlag an der Gerichtstafel. Weitere Veröffentlichungen sollen die Publizitätswirkung steigern. Im Verbraucherinsolvenzverfahren soll diese weiteren Veröffentlichungen kein Gebrauch gemacht werden, um den Verbraucher als Schuldner vor unnötiger Publizität zu schützen. Ferner sollen durch diese Regelung die Kosten von Verbraucherinsolvenzverfahren niedrig gehalten werden. Seitdem die Veröffentlichungen nur noch zentral im Internet erfolgen, hat das Kostenargument an Gewicht verloren.

IV. Der Wegfall des Berichtstermins

Im vereinfachten Verfahren findet kein Berichtstermin statt. Der Berichtstermin, der im Regelinsolvenzverfahren dazu dient, die Gläubiger über das Verfahren zu informieren ist im vereinfachten Verfahren entbehrlich, da die Gläubiger im vereinfachten Verfahren in der Regel durch das vorangegangene Schuldenbereinigungsverfahren ausreichend über die Vermögens- und Einkommensverhältnisse des Schuldners informiert worden sind. Auch muss im Verbraucherinsolvenzverfahren nicht über den Fortgang des Verfahrens als Liquidations- oder Reorganisationsverfahren entschieden werden (§§ 156, 157). Mit der Eröffnung des vereinfachten Verfahrens wird daher nur der Prüfungstermin bestimmt, der auch im schriftlichen Verfahren durchgeführt werden kann (§ 5 Abs. 2). 7

Im **Prüfungstermin** werden nicht nur die angemeldeten Forderungen ihrem Betrag und ihrem Rang nach geprüft, erörtert und festgestellt. Im Prüfungstermin kann auch erörtert werden, ob der Treuhänder oder einzelne Gläubiger mit Anfechtungen beauftragt werden sollen (§ 313 Abs. 2 S. 3) oder ob eine vereinfachte Verteilung gem. § 314 in Betracht kommt. Weitere Tagungsordnungspunkte können die Wahl eines anderen Treuhänders (§§ 313 Abs. 1, 57), Unterhaltszahlungen aus der Masse (§ 100), Zustimmungen zu bedeutsamen Rechtshandlungen des Treuhänders, §§ 160–163, oder Auflagen an den Treuhänder, § 58, in Betracht (*Hintzen* Rpfleger 1999, 256 [262]) sein. 8

Absatz 1 Satz 2 schließt nicht aus, dass während des Verfahrens **weitere Gläubigerversammlungen** anberaumt werden, wenn dies von dem Treuhänder oder Gläubigern gem. § 75 beantragt wird. Auch das Gericht kann jederzeit, wenn es hierfür einen Bedarf sieht, weitere Termine einberufen. 9

Wird das Verfahren nicht aufgrund eines Einstellungsgrundes gem. den §§ 207–216 vorzeitig beendet, ist ein **Schlusstermin** zu bestimmen. Absatz 1 Satz 2 befreit nicht von der Ansetzung des Schlusstermins (Ahrens/Gehrlein/Ringstmeier/*Henning* Rn. 10). Auf ihn kann nur bei Anordnung des schriftlichen Verfahrens (§ 5 Abs. 2) verzichtet werden. Der Schlusstermin im vereinfachten Verfahren hat für das vereinfachte Verfahren eine besondere Bedeutung, da er auch dazu dient, die Beteiligten zu einem Antrag des Schuldners auf Erteilung der Restschuldbefreiung anzuhören (§ 289 Abs. 1 S. 1). 10

V. Die Erweiterung der Rückschlagsperre (Absatz 1 Satz 3)

Dem besonderen Schutz des Schuldners dient die **Verlängerung der „Rückschlagsperre" des § 88** auf einen Zeitraum von drei Monaten vor. Die Rückschlagsperre, nach der Sicherungen unwirksam sind, die bestimmte Gläubiger während der Krise durch Vollstreckung erlangt haben, soll die ungestörte Verfahrensabwicklung gewährleisten. Um Störungen des außergerichtlichen Einigungsversuchs durch den Vollstreckungszugriff einzelner Gläubiger effizienter entgegenzuwirken, sieht Absatz 1 Satz 3 eine Ausdehnung der Rückschlagsperre auf einen Zeitraum von drei Monaten vor, wenn das Verfahren auf Antrag des Schuldners eröffnet wird. Ein effektiver Schutz der Gläubigergesamtheit ist daher bei einem Zusammentreffen von Gläubiger- und Schuldnerantrag nur gewähr- 11 leistet, wenn das Insolvenzgericht bei Eröffnungsreife das Verfahren in jedem Fall auf Grund des Schuldnerantrags eröffnet (Uhlenbruck/*Vallender*, Insolvenzordnung, 13. Aufl. 2010, Rn. 19). Auch ein anfänglich mangelhafter Antrag, der zur Verfahrenseröffnung führt, löst die Rückschlagsperre aus (BGH NZI 2011, 600).

12 Die **Schutzwirkung des Absatz 2 Satz 3** setzt jedoch nicht in den Fällen ein, in denen der vollstreckende Gläubiger während der Drei-Monats-Frist Befriedigung aus seinem Pfandrecht erlangt. Die Rückschlagsperre ergreift gem. § 88 nur die erlangten dinglichen Sicherheiten. Sie führt jedoch nicht zu einer Unwirksamkeit der durch eine Zwangsmaßnahme erlangten Befriedigung des Gläubigers. In einem solchen Fall kann jedoch der Treuhänder nach einer entsprechenden Beauftragung durch die Gläubigerversammlung (§ 313 Abs. 3 S. 3) gem. § 131 Abs. 1 Nr. 1 die im Wege der Zwangsvollstreckung erlangte Befriedigung anfechten.

13 **Für die Berechnung** der in § 88 genannten Frist und folglich auch für die nach § 312 Abs. 1 S. 3 verlängerte Frist gilt § 139. Nach dessen Absatz 2 ist bei mehreren Eröffnungsanträgen der erste zulässige und begründete Eröffnungsantrag maßgeblich, auch wenn das Verfahren auf Grund eines späteren Antrags eröffnet worden ist. Die Zulässigkeit eines als Anknüpfungspunkt für die Rückschlagsperre in Betracht kommenden Eröffnungsantrags ist danach nur dann gesondert zu prüfen, wenn das Insolvenzverfahren auf Grund eines anderen Antrags eröffnet wird. Wird die Rückschlagsperre hingegen an den Antrag geknüpft werden, welcher zur Eröffnung des Verfahrens geführt hat, erübrigt sich eine solche Prüfung, weil das Verfahren nur auf einen zulässigen Antrag eröffnet werden darf. Die Rückschlagsperre wird daher durch jeden Antrag ausgelöst, der letztlich zur Verfahrenseröffnung geführt hat, auch wenn er zunächst mangelhaft war, weil er den gesetzlichen Anforderungen nicht entsprochen hat (BayObLG NZI 2000, 371; 2000, 427; HambK-InsO/*Kuleisa* § 88 Rn. 9). Hat zB ein Schuldner einen Antrag auf Eröffnung des Verbraucherinsolvenzverfahrens gestellt, ohne zuvor das nach § 305 Abs. 1 Nr. 1 vorgeschriebene außergerichtliche Schuldenbereinigungsverfahren durchzuführen, und führt dieser zur Eröffnung des Insolvenzverfahrens, so löst dieser zunächst unzulässige Antrag auch die Rückschlagsperre aus (BGH NZI 2011, 600). Dies gilt allerdings nicht, wenn der Eröffnungsgrund erst zu einem späteren Zeitpunkt eingetreten ist (BGH NZI 2011, 600).

VI. Unanwendbarkeit der Vorschriften über den Insolvenzplan und die Eigenverwaltung

14 Absatz 2 bestimmt, dass im vereinfachten Verfahren die Vorschriften über den Insolvenzplan und die Eigenverwaltung unanwendbar sind. Im Verbraucherinsolvenzverfahren übernimmt der Schuldenbereinigungsplan die Funktion, die im Regelinsolvenzverfahren dem Insolvenzplan zukommt. Die Eigenverwaltung dient in erster Linie dazu, dem unternehmerisch tätigen Schuldner die Fortführung seines Unternehmens zu ermöglichen. Im vereinfachten Verfahren geht es nach dem Scheitern des Schuldenbereinigungsplans um die baldige Verwertung des schuldnerischen Vermögens. Ein Bedarf für die Durchführung eines komplexen Eigenverwaltungsverfahrens besteht nicht.

Treuhänder [aufgehoben für die ab dem 1.7.2014 beantragten Verfahren; für die bis zum 30.6.2014 beantragten Verfahren fortgeltendes Recht] § 313 aufgeh. mWv 1.7.2014 durch G v. 15.7.2013 (BGBl. I S. 2379).

313 aF

(1) [1] Die Aufgaben des Insolvenzverwalters werden von dem Treuhänder (§ 292) wahrgenommen. [2] Dieser wird abweichend von § 291 Abs. 2 bereits bei der Eröffnung des Insolvenzverfahrens bestimmt. [3] Die §§ 56 bis 66 gelten entsprechend.

(2) [1] Zur Anfechtung von Rechtshandlungen nach den §§ 129 bis 147 ist nicht der Treuhänder, sondern jeder Insolvenzgläubiger berechtigt. [2] Aus dem Erlangten sind dem Gläubiger die ihm entstandenen Kosten vorweg zu erstatten. [3] Die Gläubigerversammlung kann den Treuhänder oder einen Gläubiger mit der Anfechtung beauftragen. [4] Hat die Gläubigerversammlung einen Gläubiger mit der Anfechtung beauftragt, so sind diesem die entstandenen Kosten, soweit sie nicht aus dem Erlangten gedeckt werden können, aus der Insolvenzmasse zu erstatten.

(3) [1] Der Treuhänder ist nicht zur Verwertung von Gegenständen berechtigt, an denen Pfandrechte oder andere Absonderungsrechte bestehen. [2] Das Verwertungsrecht steht dem Gläubiger zu. [3] § 173 Abs. 2 gilt entsprechend.

Schrifttum (Auswahl): *Birger,* Die Befugnis des Treuhänders im vereinfachten Insolvenzverfahren zum Widerruf von Lastschriften, DZWIR 2008, 364; *Dawe,* Verbraucherdarlehen und Restschuldversicherung im Insolvenzverfahren, Neue Wege der Massemehrung im Insolvenzverfahren des Verbrauchers, NZI 2008, 513; *Fuchs,* Die Anfechtungsbefugnis des Treuhänders im Verbraucherinsolvenzverfahren nach der Änderung des § 313 Abs. 2 S. 3 InsO durch das InsO-Änderungsgesetz 2001, ZInsO 2002, 358; *Gundlach/Frenzel/Schmidt,* Die Anfechtungsbefugnis des Treuhänders, ZVI 2002, 5; *Hergenröder,* Der Treuhänder im Spannungsfeld zwischen Gläubiger- und Schuldnerinteressen, ZVI 2005, 521; *Hintzen,* Grundstücksverwertung durch den Treuhänder in der Verbraucherinsolvenz, ZInsO 2004, 713; *ders.,* Grundstücksverwertung durch den Treuhänder in der Verbraucherinsolvenz, shy; ZInsO 2003, 586; *ders.,* Veräußerung des Grundbesitzes im vereinfachten Insolvenzverfahren, ZInsO 1999, 702.

Übersicht

I. Normzweck

1 Im vereinfachten Insolvenzverfahren (§§ 311–314) werden die Aufgaben des Insolvenzverwalters durch den Treuhänder wahrgenommen. Auf ihn geht mit der Eröffnung des Insolvenzverfahrens die Verwaltungs- und Verfügungsbefugnis über (Absatz 1). Die Bestellung eines Treuhänders im vereinfachten Insolvenzverfahren hat den Zweck, im Vorgriff auf die Restschuldbefreiung zu gewährleisten, dass **nur eine Person für die Verwalter- und Treuhänderaufgaben bestellt** wird (vgl. Beschlussempfehlung des Rechtsausschusses, BT-Drs. 12/7302, 193). Die Befugnisse des Treuhänders sind im Hinblick auf die Besonderheiten des vereinfachten Verfahrens erheblich eingeschränkt. Bestimmte Aufgaben, die im Regelinsolvenzverfahren dem Verwalter obliegen, sind zum Zwecke der Verfahrensvereinfachung und der kostengünstigeren Abwicklung auf die Gläubiger verlagert. Das Anfechtungsrecht steht ihm vereinfachten Verfahren nicht dem Treuhänder, sondern den Gläubigern zu (Absatz 2). Der Entlastung des Treuhänders dient auch die Übertragung der Verwertungsbefugnis von Gegenständen, an denen Pfandrechte oder andere Absonderungsrechte bestehen, auf den Gläubiger (Absatz 3).

2 Das **Gesetz zur Verkürzung des Restschuldbefreiungsverfahrens,** zur Stärkung der Gläubigerrechte vom 15.1.2012 hat § 313 ersatzlos aufgehoben, da die praktischen Erfahrungen gezeigt haben, dass ein Gläubiger kaum einen Anreiz hat, den mit einer Insolvenzanfechtung verbundenen Aufwand auf sich zu nehmen, und zwar auch dann nicht, wenn er von der Gläubigerversammlung damit beauftragt worden ist und mit der Erstattung seiner Kosten rechnen kann. Der Verwalter im Verbraucherinsolvenzverfahren soll mit der Streichung von § 313 Abs. 2 ein originäres Anfechtungsrecht erhalten.Gleiches gilt für die Regelung, wonach die Verwertung von Gegenständen, an denen Absonderungsrechte bestehen, den absonderungsberechtigten Gläubigern zustehen soll. Diese Aufgabenverlagerung auf die Gläubiger hat sich auch nicht bewährt.

3 Gleiches gilt für die Regelung, wonach die Verwertung von Gegenständen, an denen Absonderungsrechte bestehen, den absonderungsberechtigten Gläubigern zustehen soll. Diese Aufgabenverlagerung auf die Gläubiger hat sich auch nicht bewährt.

II. Die Stellung des Treuhänders

4 **1. Die Bestellung des Treuhänders.** Die Bestellung des Treuhänders erfolgt im Eröffnungsbeschluss durch den Richter (§ 313 Abs. 1 S. 1, § 56). Die Bestellung zum Treuhänder im vereinfachten Insolvenzverfahren umfasst, sofern die Bestellung im Eröffnungsbeschluss keine Einschränkung enthält, auch das Restschuldbefreiungsverfahren (BGH ZInsO 2012, 455; NZI 2008, 114; ZInsO 2003, 750; ZVI 2004, 544; WM 2008, 35 Rn. 8). Dies folgt nicht nur aus dem Gesetzeswortlaut des Absatz 1. Es entspricht auch der Vorstellung des Gesetzgebers, der mit der Regelung in Abs. 1 gewährleisten wollte, dass bei Kleininsolvenzen nur eine Person für die Wahrnehmung der Verwalter- und Treuhänderaufgaben bestellt wird, weil dies zu einer Vereinfachung des Verfahrens und damit auch dazu führe, dass kostengünstiger abgewickelt werden könne (BT-Drs. 12/7302, 193 zu § 357j RegE-InsO).

5 Bestellt das Insolvenzgericht im vereinfachten Insolvenzverfahren **für die Wohlverhaltensperiode einen neuen Treuhänder,** liegt darin zugleich die schlüssige Entlassung des ursprünglich – mit Wirkung auch für die Wohlverhaltensphase – bestellten Treuhänders; denn es können für die Wohlverhaltensperiode nicht nebeneinander zwei Treuhänder bestellt sein, die unabhängig voneinander dieselben Aufgaben wahrzunehmen haben (BGH BeckRS 2007, 19966; BGH

ZInsO 2007, 1348). Die Entlassung des Treuhänders im vereinfachten Insolvenzverfahren setzt wie die Entlassung eines Insolvenzverwalters einen wichtigen, die Entlassung rechtfertigenden Grund voraus (§ 313 Abs. 1 S. 3, § 59 Abs. 1 S. 1 InsO). Der Treuhänder kann daher zu Beginn der Wohlverhaltensperiode nicht ohne sachlichen Grund ausgewechselt werden (aA Uhlenbruck/*Vallender,* 13. Aufl. 2010, Rn. 3; Gottwald InsR-HdB/*Ahrens* § 84 Rn. 6).

Die Bestellung eines **vorläufigen Treuhänders** ist im Wege einer Rechtsfortbildung durch die Rspr. zulässig. Schon während des gerichtlichen Schuldenbereinigungsplanverfahrens, welches dem vereinfachten Insolvenzverfahren vorausgeht, können gem. § 306 Abs. 2 S. 1 Sicherungsmaßnahmen angeordnet werden. In dieser Ermächtigung liegt eine Analogverweisung auf die §§ 21, 22 InsO. Sie setzt die Existenz eines dem vorläufigen Insolvenzverwalter des Regelinsolvenzverfahrens entsprechenden Amtes voraus (BGH VuR 2007, 470). 6

2. Auswahl des Treuhänders. Der Treuhänder im vereinfachten Verfahren muss eine geschäftskundige und von den Gläubigern und dem Schuldner unabhängige natürliche Person sein muss (§ 56 Abs. 1 S. 1) sein. Das Erfordernis der Geschäftskunde schließt nicht aus, dass im Hinblick auf die Beschränkung des Aufgabenbereichs eine geringere Qualifikation als für den Insolvenzverwalter im Regelinsolvenzverfahren ausreichend ist. An Organisation, Personal und Büroausstattung sind andere Anforderungen zu stellen. Mit der Verpflichtung, einen vom Schuldner unabhängigen Treuhänder auszuwählen, ist die Bestellung des Vertreters des Schuldners im außergerichtlichen und gerichtlichen Schuldenbereinigungsplanverfahren und im Insolvenzeröffnungsverfahren zum Treuhänder im vereinfachten Insolvenzverfahren nicht vereinbar (OLG Celle NZI 2002, 169). Schuldnerberater scheiden somit als Treuhänder aus. Der Treuhänder ist verpflichtet, dem Insolvenzgericht rechtzeitig von sich aus einen Sachverhalt anzuzeigen, der die ernstliche Besorgnis rechtfertigen kann, dass er als befangen an seiner Amtsführung verhindert ist (BGH ZIP 2012, 1187). 7

3. Aufgaben des Treuhänders. Für die Rechte und Pflichten des Treuhänders gelten die Vorschriften über den Insolvenzverwalter gem. Absatz 1 Satz 3 (§§ 56–66) entsprechend. Der Treuhänder nimmt als Partei kraft Amtes die die gleiche Rechtsstellung ein, wie der Insolvenzverwalter im Regelverfahren. Er unterliegt der Aufsicht des Insolvenzgerichts aus § 58 InsO, haftet nach den §§ 60–62 InsO und muss entsprechend § 66 InsO Rechnung legen. Bestimmte Aufgaben sind allerdings auf die Gläubiger verlagert. Kraft seines Amtes ist der Treuhänder nicht zur **Anfechtung von Rechtshandlungen** nach den §§ 129–147 berechtigt (→ Rn. 18). Das **Verwertungsrecht** von Gegenständen, an denen Pfandrechte oder andere Absonderungsrechte bestehen, obliegt grds. dem Gläubiger und nicht dem Treuhänder (→ Rn. 25). 8

Durch die **Eröffnung des vereinfachten Insolvenzverfahrens** geht das Recht des Schuldners, das zu Insolvenzmasse gehörende Vermögen zu verwalten und über es zu verfügen, auf den Treuhänder über. Er hat das zur Insolvenzmasse gehörende Vermögen in Besitz zu nehmen und dafür zu sorgen, dass der pfändbare Arbeitsanteil des Schuldners zur Masse fließt. 9

Zur Wahrung der **Interessen der Gläubiger** hat der Treuhänder auch Anträge auf Herabsetzung der Pfändungsfreigrenzen zu stellen, über die das Insolvenzgericht zu entscheiden hat (BGH NJW 2012, 393). 10

Steuerklärungen sind während der Dauer des Insolvenzverfahrens vom Treuhänder abzugeben, da er als Vertreter des Schuldners iSd §§ 34, 35 AO angesehen wird (BMF-Schreiben ZIP 1999, 775). Der Schuldner ist dem Treuhänder nur zur Vorlage der für die Steuerklärung erforderlichen Unterlagen verpflichtet, nicht dagegen zur Anfertigung der Steuererklärung selbst. Dies ist Aufgabe des Treuhänders (LG Mönchengladbach ZInsO 2005, 104; Uhlenbruck/*Vallender,* 11

13. Aufl. 2010, Rn. 48). Der Treuhänder soll gewöhnlich auch über die Art der steuerlichen Veranlagung von Ehegatten nach § 26 EStG entscheiden dürfen (AG Essen ZInsO 2004, 401).

12 **Lastschriften.** Der Treuhänder darf im Einzugsermächtigungsverfahren erfolgten Lastschriften widersprechen, und zwar unabhängig davon, ob dem Schuldner eine sachlich-rechtliche Einwendung gegen die Gläubigerforderung zusteht (LG Lübeck NZI 2010, 229). Allerdings darf er nicht schematisch allen Lastschriften widersprechen, da ihm die Rechtsmacht fehlt, die Genehmigung von Lastschriften zu verweigern, die unter Einsatz des unpfändbaren Schuldnervermögens eingelöst worden sind (HK-InsO/*Waltenberger* § 313a aF Rn. 12).

13 **Widerruf von Darlehens- und Restschuldversicherungsvertrag.** Darlehens- und ein Restschuldversicherungsvertrag können als verbundene Geschäfte vom Treuhänder widerrufen werden. Ein Rückzahlungsanspruch aus einer gekündigten Restschuldversicherung steht der Insolvenzmasse zu (AG Göttingen NZI 2011, 192).

14 **4. Haftung des Treuhänders. a) Grundsatz.** Haftungsrechtlich ist der Treuhänder dem Insolvenzverwalter gleichgestellt. Er haftet für die **Verletzung seiner insolvenzspezifischen Pflichten.** Der Treuhänder des eröffneten Verfahrens unterliegt damit im gleichen Maße wie ein Insolvenzverwalter der Haftung nach § 60 InsO für die Verletzung verfahrensspezifischer Pflichten sowie der Haftung nach § 61 InsO bei Nichterfüllung von Masseverbindlichkeiten.

15 **b) Besonderheiten bei der Haftung des Treuhänders.** Da dem Treuhänder grds. die einem Insolvenzverwalter obliegenden Anfechtungen nach den §§ 129–147 entzogen sind, ist der Treuhänder weder gezwungen Anfechtungstatbestände zu ermitteln, noch muss er dafür Sorge tragen, dass bestehende Anfechtungsansprüche durch einzelne Gläubiger durchgesetzt werden. Er ist nicht verpflichtet, die Insolvenzgläubiger auf Anfechtungsmöglichkeiten oder eine drohende Verjährung solcher Ansprüche hinzuweisen. Haftungsrisiken eines Insolvenzverwalters im Zusammenhang mit der Ermittlung und Durchsetzung von Haftungsansprüchen treffen den Treuhänder erst dann, wenn die Gläubigerversammlung ihn gem. Absatz 2 Satz 3 InsO durch Beschluss mit der Anfechtung beauftragt.

16 Im vereinfachten Insolvenzverfahren erstreckt sich die Tätigkeit des Treuhänders insbes. auf die **Einziehung des pfändbaren Einkommens** des Schuldners. Der Treuhänder hat zu überwachen, ob der Insolvenzschuldner ein pfändbares Einkommen erzielt und die pfändbaren Beträge ordnungsgemäß an die Insolvenzmasse abführt. Daher trägt ein Treuhänder, der eine Zahlung des pfändbaren Einkommens an den Insolvenzschuldner zulässt, das Risiko, nach § 60 InsO für die Beträge haften zu müssen, die der Insolvenzschuldner unberechtigterweise verbraucht.

17 **5. Vergütung des Treuhänders.** Die Vergütung des Treuhänders im vereinfachten Verfahren richtet sich nach den §§ 293, 64, 65; § 13 InsVV. Die Höhe der Vergütung orientiert sich an dem Wert der Insolvenzmasse zum Zeitpunkt des Schlusstermins (§ 63 Abs. 1 S. 2, § 66 Abs. 1). Von der sich aus der Schlussrechnung ergebenden vergütungsrechtlichen Insolvenzmasse erhält der Treuhänder als Regelvergütung linear 15 % (§ 13 Abs. 1 S. 2 InsVV). Eine Ermittlung von Zu- und Abschlägen erfolgt grds. nicht, weil § 13 Abs. 2 InsVV die Anwendbarkeit von § 3 InsVV ausschließt. Das bedeutet aber nur, dass die dortigen Regelfälle nicht angewandt werden können. Zu- und Abschläge sind jedoch in besonders gelagerten Ausnahmefällen möglich (BGH WM 2012, 1135; ZInsO 2005, 760; ZIP 2011, 2158). Zu- und Abschläge können demnach, vom Regelfall des § 13 Abs. 1 S. 2 InsVV abgesehen, dann in Betracht kommen, wenn erhebliche Ab-

weichungen von dem Tätigkeitsbild vorliegen, wie es typischerweise beim Treuhänder gegeben ist und dem Verordnungsgeber vorschwebte (BGH NZI 2005, 567; 2008, 382; BGHZ 175, 307 Rn. 23). Ebenso wenig findet die Vorschrift des § 2 Anwendung. Der Regelsatz von 15% kann je nach den Umständen des Einzelfalls sowohl unter- als auch überschritten werden (OLG Schleswig ZVI 2002, 428; *Haarmeyer/Wutzke/Förster* InsVV, 4. Aufl. 2007, § 13 Rn. 8; aA Kübler/Prütting/Bork/*Staffler* § 13 InsVV Rn. 23; *Keller* S. 127 Rn. 225). Die Mindestvergütung des Treuhänders beträgt 600 EUR, die sich je nach Gläubigerzahl weiter erhöht (§ 13 Abs. 1 S. 3–5 InsVV).

III. Anfechtung von Rechtshandlungen (Absatz 2)

1. Besonderheiten bei der Anfechtung. Im vereinfachten Verfahren steht die Befugnis zu Anfechtung grds. nicht dem Treuhänder zu. Vielmehr ist jeder Insolvenzgläubiger allein oder gemeinsam mit anderen oder allen Gläubigern zur Anfechtung von Rechtshandlungen nach den §§ 129–147 InsO berechtigt. Es gelten die Vorschriften der §§ 129 ff. 18

Gem. § 313 Abs. 2 S. 3 InsO, eingeführt durch das Insolvenzänderungsgesetz 2001, kann die Gläubigerversammlung **den Treuhänder oder einen Gläubiger mit der Anfechtung beauftragen.** Die Beauftragung des Treuhänders zur Anfechtung von Rechtshandlungen bedarf eines Beschlusses der Gläubigerversammlung. Als Gläubigerversammlung ist dabei ausschließlich eine vom Insolvenzgericht einberufene und vom Gericht geleitete Zusammenkunft der Gläubiger anzuerkennen (Kübler/Prütting/Bork/*Wenzel* Rn. 2a; *Gundlach/Frenzel/Schmidt* ZVI 2002, 5; *Fuchs* ZInsO 2002, 359). Eine spontane oder eine vom Verwalter einberufene Zusammenkunft ist keine Gläubigerversammlung im vorgenannten Sinn. 19

Wird der Treuhänder im Wege der Beauftragung durch die Gläubigerversammlung mit der Führung eines Anfechtungsprozesses betraut, so kann er, im Gegensatz zu dem von der Gläubigerversammlung beauftragten Gläubiger, den Auftrag zur Anfechtung nicht ablehnen. Soweit die Gläubigerversammlung von ihrem in Abs. 2 Satz 3 InsO verankerten Recht der Beauftragung Gebrauch macht, erwächst aus dieser Entscheidung eine entsprechende Pflicht des Treuhänders zum Tätigwerden (Uhlenbruck/*Vallender,* 13. Aufl. 2010, Rn. 85). Nach entsprechender Beauftragung durch die Gläubigerversammlung führt der Treuhänder den Prozess als Partei kraft Amtes in gesetzlicher Prozessstandschaft (Uhlenbruck/*Vallender,* 13. Aufl. 2010, Rn. 86). 20

2. Anfechtung durch Insolvenzgläubiger (Absatz 2 Satz 1 und Satz 3). Der Gläubiger macht kein eigenes Recht geltend, sondern ein Recht, das zur Insolvenzmasse gehört. Was der Gläubiger durch die Anfechtung erlangt hat, muss er zur Insolvenzmasse herausgeben. Er darf allerdings die ihm durch die Anfechtung entstandenen Kosten vorweg entnehmen. 21

3. Anfechtung durch den Treuhänder (Absatz 2 Satz 2). Grundlage des Anfechtungsrechts des Treuhänders ist der Beschluss der Gläubigerversammlung. Es ist ausreichend, wenn in der vom Gericht einberufenen und geleiteten Gläubigerversammlung ein einziger Gläubiger erscheint und für die Beauftragung stimmt (BGH NZI 2007, 938; HK-InsO/*Waltenberger* § 313 aF Rn. 21). Das Gericht kann dem Treuhänder das Anfechtungsrecht nicht übertragen, auch dann nicht, wenn zum Termin der Gläubigerversammlung kein Gläubiger erscheint. 22

Die Übertragung des Anfechtungsrechts auf die Gläubiger betrifft nur **Anfechtungen nach der InsO,** nicht jedoch die Weiterverfolgung von Anfechtungsansprüchen nach dem AnfG (OLG Koblenz ZInsO 2007, 224). 23

24 Die **Beauftragung durch die Gläubigerversammlung** kann sich auf die Anfechtung einer einzelnen Rechtshandlung beschränken oder auch jede mögliche Anfechtung umfassen. Der Treuhänder kann den Auftrag zur Anfechtung nicht ablehnen.

IV. Verwertung von Sicherheiten (Absatz 3)

25 **1. Verwertungsrecht der gesicherten Gläubiger.** Im vereinfachten Verfahren finden die Vorschriften über das Verwertungsrecht des Insolvenzverwalters bei „besitzlosen Mobiliarsicherheiten" gem. den §§ 166–169 keine Anwendung. Ebenso wenig steht dem Treuhänder das Recht zu, nach § 172 ZVG die Zwangsversteigerung oder die Zwangsverwaltung eines Grundstücks der Insolvenzmasse entsprechend § 165 zu beantragen.

Zur Verwertung von Gegenständen, an denen **Pfandrechte oder andere Absonderungsrechte** bestehen sind die gesicherten Gläubiger berechtigt und zwar nach den Regeln, die für die Verwertung außerhalb des Insolvenzverfahrens gelten würden.

26 Unter **„Verwertung"** ist nicht jegliche Verfügung über den von Absonderungsrechten betroffenen Gegenstand zu verstehen, sondern nur das Verfahren nach dem ZVG (§ 49 InsO).

27 Durch Absatz 3 Satz 1 wird die Verfügungsbefugnis des Treuhänders über das Schuldnervermögen nicht eingeschränkt (OLG Hamm NZI 2012, 41). Die Vorschrift regelt lediglich, wem das Verwertungsrecht zusteht.

28 **2. Kein Kostenbeitrag des gesicherten Gläubigers.** Bei einer Verwertung eines mit einem Absonderungsrecht belasteten Gegenstand durch den gesicherten Gläubiger, hat dieser keinen Kostenbeitrag gem. §§ 170, 171 zu leisten. Der verwertende Gläubiger hat einen Anspruch auf den vollen Verwertungserlös. Auch bei der Verwertung eines mit einem Grundpfandrecht belasteten Grundstücks fällt kein Kostenbeitrag für die Feststellung des mithaftenden Zubehörs gem. § 10 Abs. 1 Nr. 1 ZVG an.

29 **3. Verfahren bei Untätigkeit des gesicherten Gläubigers.** Verwertet der gesicherte Gläubiger den mit einem Absonderungsrecht belasteten Gegenstand nicht, kann das Gericht auf Antrag des Treuhänders eine Frist für die Verwertung durch den gesicherten Gläubiger bestimmen. Hat der gesicherte Gläubiger die vom Insolvenzgericht gesetzte Verwertungsfrist ungenutzt verstreichen lassen, ist der Treuhänder zur Verwertung berechtigt (§ 173 Abs. 2 S. 2). Innerhalb der Verwertungsfrist muss die Verwertung durch den Absonderungsberechtigten abgeschlossen sein. Der Treuhänder beginnt mit der Verwertung oder führt eine bereits begonnene Verwertung zu Ende. Der Treuhänder darf die Verwertung in Wege der Zwangsversteigerung oder durch freihändige Veräußerung vornehmen. Er kann auch das auf ihn übergegangene Verwertungsrecht auf den Gläubiger zurückübertragen. Sinnvoll ist dies in den Fällen, in denen der gesicherte Gläubiger über eine bessere Verwertungsmöglichkeit verfügt. In diesem Fall findet die Vorschrift des § 170 Abs. 2 entsprechende Anwendung. In diesem Fall hat der verwertende Gläubiger aus dem von ihm erzielten Verwertungserlös einen Betrag in Höhe der Kosten der Feststellung sowie des Umsatzsteuerbetrages (§ 171 Abs. 2 S. 3) vorweg an die Masse abzuführen.

Vereinfachte Verteilung [aufgehoben für die ab dem 1.7.2014 beantragten Verfahren; für die bis zum 30.6.2014 beantragten Verfahren fortgeltendes Recht] § 314 aufgeh. mWv 1.7.2014 durch G v. 15.7.2013 (BGBl. I S. 2379).

314 aF *(1) [1] **Auf Antrag des Treuhänders ordnet das Insolvenzgericht an, daß von einer Verwertung der Insolvenzmasse ganz oder teilweise abgesehen wird.** [2] **In diesem Fall hat es dem Schuldner zusätzlich aufzugeben, binnen einer vom Gericht festgesetzten Frist an den Treuhänder einen Betrag zu zahlen, der dem Wert der Masse entspricht, die an die Insolvenzgläubiger zu verteilen wäre.** [3] **Von der Anordnung soll abgesehen werden, wenn die Verwertung der Insolvenzmasse insbesondere im Interesse der Gläubiger geboten erscheint.***

*(2) **Vor der Entscheidung sind die Insolvenzgläubiger zu hören.***

*(3) [1] **Die Entscheidung über einen Antrag des Schuldners auf Erteilung von Restschuldbefreiung (§§ 289 bis 291) ist erst nach Ablauf der nach Absatz 1 Satz 2 festgesetzten Frist zu treffen.** [2] **Das Gericht versagt die Restschuldbefreiung auf Antrag eines Insolvenzgläubigers, wenn der nach Absatz 1 Satz 2 zu zahlende Betrag auch nach Ablauf einer weiteren Frist von zwei Wochen, die das Gericht unter Hinweis auf die Möglichkeit der Versagung der Restschuldbefreiung gesetzt hat, nicht gezahlt ist.** [3] **Vor der Entscheidung ist der Schuldner zu hören.***

Schrifttum (Auswahl): *Hergenröder,* Der Treuhänder im Spannungsfeld zwischen Gläubiger- und Schuldnerinteressen, ZVI 2005, 521; *Vallender,* Die vereinfachte Verteilung im Verbraucherinsolvenzverfahren, NZI 1999, 385.

Übersicht

I. Normzweck

§ 314 soll den Verfahrensaufwand in einem Verbraucherinsolvenzverfahren auf ein Minimum reduzieren und die Verfahrenskosten insgesamt niedrig halten (Begr.RAusschuss, BT-Drs. 12/7302, 194). Zu diesem Zweck kann von einer Verwertung des Insolvenzmasse ganz oder teilw. abgesehen, wenn dem Schuldner einen dem Wert der Masse entsprechenden Betrag zur Verteilung an die Gläubiger zur Verfügung stellt. Sofern der Schuldner einen dem Wert des Massegegenstandes entsprechenden Betrag aufbringen kann, kommt es durch den Verzicht auf die Verwertung durch den Treuhänder zu einer Verringerung der Kosten. Die ver- 1 einfachte Verteilung soll daher nur stattfinden, wenn der Schuldner in der Lage ist, den Ablösungsbetrag aus seinem pfändungsfreien Vermögen oder aus Zuwendungen Dritter aufzubringen (Begr. RAusschuss, BT-Drs. 12/7302, 194). Die Verwertung nach § 314 ist eine qualifizierte Freigabe, die das Verfahren zu einem frühzeitigen Abschluss bringen kann (Uhlenbruck/*Vallender,* 13. Aufl. 2010, Rn. 1).

2 Durch das „Gesetz zur Verkürzung des Restschuldbefreiungsverfahrens, zur Stärkung der Gläubigerrechte und zur Insolvenzfestigkeit von Lizenzen vom 15.1.2012" ist § 314 ersatzlos aufgehoben worden, da die praktischen Erfahrungen bei der Anwendung dieser Vorschrift gezeigt haben, dass entgegen dem Regelungszweck die vereinfachte Verteilung einen erheblichen Aufwand verursacht hat. Mit der Verlagerung des Verwertungsrisikos auf den Schuldner schuf dieses Verfahren erhebliche Risiken für den Schuldner (FK-InsO/*Busch* Rn. 3d).

II. Voraussetzungen einer vereinfachten Verteilung

3 Die vereinfachte Verteilung kann nur hinsichtlich der Masse oder einzelner Gegenstände durchgeführt werden, die dem Insolvenzbeschlag unterliegen. Gegenstände die der Verwalter in Besitz genommen hat, obgleich sie zum insolvenzfreien Vermögen des Schuldners gehören, können nicht Gegenstand der vereinfachten Verteilung sein. Ein PKW des Schuldners unterliegt häufig nicht dem Insolvenzbeschlag des Schuldners, da er gem. den § 36 Abs. 2 Nr. 2 InsO, § 811 Nr. 5 ZPO unpfändbar ist.

4 Eine vereinfachte Verteilung ist nicht zulässig für Gegenstände, an denen ein Absonderungsrecht besteht. Ist zB das Einfamilienhaus des Schuldners mit Grundpfandrechten belastet ist, kommt die Anordnung einer vereinfachten Verteilung nicht in Betracht, da gem. Absatz 3 Satz 2 der Treuhänder nicht zur Verwertung von Gegenständen, an denen Pfandrechte oder andere Absonderungsrechte bestehen, befugt ist; das Verwertungsrecht steht insoweit dem absonderungsberechtigtem Gläubiger zu. Diesem steht es indes frei, dem Schuldner die Gegenstände gegen Zahlung des Wertes zu belassen. Diese Zahlung fließt allerdings nicht in die Masse, sondern ist dem gesicherten Gläubiger zu überlassen. Da dem Treuhänder ein Verwertungsrecht nicht zusteht, können Absonderungsberechtigte auch ohne dessen Zustimmung dem Schuldner die Verwertungsbefugnis einräumen.

5 Ein Verzicht auf die Verwertung der Insolvenzmasse ist in Erwägung zu ziehen, wenn die verwertbare Masse durch die Kosten der Verwertung nahezu aufgezehrt wird oder eine Verwertung kaum aussichtsreich erscheint. Dies gilt auch für Gegenstände, deren Verkaufswert vergleichsweise gering, deren Nutzungswert für den Schuldner aber hoch ist. Ferner muss der Schuldner in der Lage sein, aus seinem pfändungsfreien Vermögen oder aus Zuwendungen Dritter an den Treuhänder einen bestimmten Betrag zu zahlen, um den massezugehörigen Gegenstand in das insolvenzfreie Vermögen des Schuldners zu überführen.

III. Verfahrensablauf

6 **1. Antrag des Treuhänders.** Das Gericht ordnet die vereinfachte Verwertung nicht von Amts wegen an, sondern wird nur auf Antrag des Treuhänders tätig. Weder dem Schuldner noch der Gläubigerversammlung oder einem einzelnen Insolvenzgläubiger ist ein Antragsrecht eingeräumt. Der Treuhänder ist nicht verpflichtet, sich mit dem Schuldner darüber abzustimmen, ob er auf die Verwertung von Massegegenständen verzichtet oder nicht. Der Schuldner kann eine Anordnung gem. Absatz 1 anregen kann, um auf diese Weise für ihn besonders wichtige Gegenstände, wie bspw. sein Fahrzeug, vor einer Verwertung zu bewahren. Tritt der Schuldner an den Treuhänder heran und bietet ihm an, die Masse oder

zumindest einen Gegenstand durch Zahlung abzulösen, hat der Treuhänder diesem Angebot grds. nachzugehen. Dies gilt va dann, wenn der Schuldner ein konkretes Angebot unterbreitet, für einzelne Massegegenstände entsprechend dem Verkehrswert einen bestimmten Geldbetrag zu zahlen und schlüssig darlegt, hierzu innerhalb einer angemessenen Frist in der Lage zu sein. Lässt der Treuhänder dieses Angebot unbeachtet, würde er seine auch gegenüber dem Schuldner als Beteiligtem des Verfahrens bestehenden Pflichten verletzen. Unabhängig davon sollte der Treuhänder bei Vorliegen der Voraussetzungen für einen Verzicht auf die Verwertung mit dem Schuldner abklären, ob er den Betrag aufzubringen in der Lage ist, der dem Wert der Masse entspricht, die an die Insolvenzgläubiger zu verteilen wäre. Ohne eine solche Abstimmung besteht die Gefahr, dass die erfolgreiche Umsetzung des gerichtlichen Beschlusses nicht gewährleistet ist. Dies führt iErg zu einer Verzögerung des Verfahrens.

Der Antrag des Treuhänders auf Anordnung der vereinfachten Verteilung kann 7
entweder **schriftlich oder mündlich** in der Gläubigerversammlung gestellt werden. Der Antragstellung sollte eine Abstimmung mit dem Schuldner vorangehen, um zu klären, ob der Schuldner zur Aufbringung des Geldbetrages in der Lage ist.

Der Antrag des Treuhänders ist näher zu begründen, um dem Gericht eine 8
tragfähige Entscheidungsgrundlage zu schaffen. Eine **Begründung des Antrags** trägt ferner den Belangen der Insolvenzgläubiger hinreichend Rechnung, da eine sachgerechte Stellungnahme iRd Anhörung gem. Absatz 2 ohne Darlegung der Gründe, die einen Verzicht auf die Verwertung rechtfertigen, angesichts des Informationsdefizits der Gläubiger kaum möglich ist.

2. Anhörung der Insolvenzgläubiger. Zu dem Antrag des Treuhänders sind 9
die Insolvenzgläubiger anzuhören. Die **Anhörung kann in der Gläubigerversammlung** erfolgen. In diesem Fall ist der entsprechende Tagesordnungspunkt in den Eröffnungsbeschluss oder in der Einberufung der weiteren Versammlung aufzunehmen. Fehlt die Hinweis in der Ladung kann der dem Termin ferngebliebene Insolvenzgläubiger geltend machen, dass ein Recht auf Gehör verletzt worden sei (Uhlenbruck/*Vallender,* 13. Aufl. 2010, Rn. 12). Ein Beschluss der Gläubigerversammlung, eine vereinfachte Verteilung durchzuführen, entfaltet gegenüber dem Insolvenzgericht keine Bindungswirkung.

Die **Anhörung der Gläubiger** kann auch im **schriftlichen Verfahren** erfol- 10
gen. Das Gericht kann in diesem Fall nach Ablauf der gesetzten Erklärungsfrist seine Entscheidung treffen. Die Anhörung der Gläubiger kann auch durch öffentliche Bekanntmachung erfolgen. Dies empfiehlt sich bei einer großen Zahl von Gläubigern.

Auf eine **Anhörung** der Gläubiger kann **verzichtet** werden, wenn dem 11
Schuldner die Verfahrenskosten gestundet worden sind, keine Masse vorhanden ist und der an die Masse zu erstattende Betrag unter den zu erwartenden Verfahrenskosten liegt (HambK-InsO/*Ritter* Rn. 3).

3. Anhörung des Schuldners. Eine Anhörung des Schuldners zu dem Antrag 12
auf vereinfachte Verteilung sieht das Gesetz nicht vor. Dennoch ist der Schuldner dazu anzuhören, ob ihm eine wirtschaftlich sinnvolle und dem Treuhänder zumutbare Verwertungsmöglichkeit bekannt ist, ob der Schuldner, sich selbst um eine solche Verwertungsmöglichkeit bemüht hat und ob der vom Treuhänder genannte Geldbetrag auf andere Weise aufgebracht werden kann oder aus welchen Gründen ihm die Zahlung nicht zuzumuten sei. Hat der Treuhänder den Antrag auf Anregung des Schuldners gestellt, kann auf dessen Anhörung verzichtet werden. Der Schuldner ist zu den gem. Absatz 2 eingegangenen Stellungnahmen der Gläubiger anzuhören.

13 **4. Entscheidung des Insolvenzgerichts.** Die Entscheidung des Gerichts gem. Absatz 1 Satz 1 ist eine **Ermessensentscheidung.** Der Antrag ist abzulehnen, wenn das Interesse der Gläubiger an einer Verwertung durch den Treuhänder höher einzustufen ist. Ein Interesse der Gläubiger an einer Verwertung durch den Treuhänder liegt vor, wenn der Schuldner ersichtlich die Raten nicht aufbringen kann, wenn der Bestand der zu verwertenden Sache gefährdet ist oder hinsichtlich der Bewertung der abzulösenden Sache Streit besteht. Im Interesse der Gläubiger kann eine Verwertung durch den Schuldner sein, wenn diese zu einer schnelleren Beendigung des Verfahrens führt, ohne dass damit erhebliche Vermögenseinbußen der Insolvenzgläubiger verbunden sind. Einen Verzicht auf die Verwertung durch den Treuhänder ist in Erwägung zu ziehen, wenn die verwertbare Masse durch die Kosten der Verwertung nahezu aufgezehrt wird oder eine Verwertung kaum aussichtsreich erscheint. Dies gilt auch für Gegenstände, deren Verkehrswert vergleichsweise gering, deren Nutzungswert für den Schuldner aber hoch ist.

14 **Funktional zuständig** für die Entscheidung ist der Rechtspfleger (§ 18 RPflG). Gibt das Gericht dem Antrag des Treuhänders statt, ordnet es an, dass von einer Verwertung ganz oder teilw. abgesehen wird. Bezieht sich der Verzicht auf die Verwertung nur auf einzelne Massegegenstände, sind diese genau zu bezeichnen (Nerlich/Römermann/*Römermann* § 314 Rn. 7). Das Gericht hat in dem Beschluss dem Schuldner zusätzlich aufzugeben, binnen einer bestimmten Frist an den Treuhänder den Betrag zu zahlen, der dem Wert der Masse entspricht, die an die Insolvenzgläubiger zu verteilen wäre (Absatz 1 Satz 2). Der zu zahlende Betrag ist genau anzugeben.

15 **Begründung** Der Beschluss ist, wenn der Rechtspfleger entscheidet, zu begründen, da er dem Rechtsmittel der Rechtspflegererinnerung (§ 11 RPflG) unterliegt. Hat sich der Richter das Verfahren vorbehalten, muss der richterliche Beschluss nicht zwingend begründet werden, da er keinem Rechtsmittel zugänglich ist. Zur Unterrichtung der Verfahrensbeteiligten empfiehlt sich jedoch eine Begründung (Uhlenbruck/*Vallender,* 13. Aufl. 2010, Rn. 16).

16 **5. Rechtsmittel.** Eine Anfechtung des Beschlusses, mit dem die vereinfachte Verteilung angeordnet wird, ist nur möglich, wenn der Rechtspfleger entschieden hat. In diesem Fall sieht das Gesetz die Rechtspflegererinnerung gem. § 11 Abs. 2 RPflG vor. Neben einer etwaigen Verletzung des rechtlichen Gehörs können Insolvenzgläubiger zB geltend machen, dass die verfahrens- und materiellrechtlichen Voraussetzungen einer qualifizierten Freigabe nicht vorliegen. Mit dem Rechtsmittel kann auch die Höhe des zu zahlenden Betrages oder die Länge der vom Gericht festgesetzten Frist beanstandet werden. Hat sich der Richter das Verfahren vorbehalten und die Entscheidung getroffen, ist diese nicht anfechtbar, weil § 314 InsO insoweit ein Rechtsmittel nicht vorsieht (vgl. § 6 Abs. 1 InsO).

17 **6. Aufhebung oder Abänderung der Anordnung.** Das Gericht kann die Anordnung der vereinfachten Verteilung aufheben oder abändern, wenn sie sich als unzweckmäßig erweist (MüKoInsO/*Ott/Vuia* Rn. 8; Uhlenbruck/*Vallender,* 13. Aufl. 2010, Rn. 24; Kübler/Prütting/Bork/*Wenzel* Rn. 5a; Graf-Schlicker/*Kexel* Rn. 10; HK-InsO/*Waltenberger* Rn. 5). Eine Aufhebung oder Abänderung kann in Betracht kommen, wenn der Schuldner nicht in der Lage ist, den festgesetzten Betrag fristgemäß zu zahlen. Bliebe die Anordnung aufrecht erhalten, müsste die Restschuldbefreiung gem. Absatz 3 Satz 2 auch dann versagt werden, wenn der Schuldner hinsichtlich der unterbliebenen Zahlung kein Verschulden trifft (MüKoInsO/*Ott/Vuia* Rn. 8). Hat der Treuhänder bereits die Freigabe des Massegegenstandes erklärt hat, ist der Aufhebungs- oder Änderungsbeschluss mit der Auflage zu versehen, dass seine Wirksamkeit davon abhängt, dass der Schuldner dem Treuhänder wieder das Verwertungsrecht an dem Gegenstand einräumt (Kübler/Prütting/Bork/*Wenzel* Rn. 5a).

IV. Umsetzung der Anordnung (Absatz 3 Satz 1)

18 Es ist die Aufgabe des Treuhänders sicherzustellen, dass der im gerichtlichen Beschluss festgesetzte Betrag an ihn gezahlt. Aus diesem Grund muss zunächst der Schuldner den Freigabebetrag an den Treuhänder zahlen. Erst nach diesem Zeitpunkt erfolgt die Freigabe (*Hergenröder* ZVI 2005, 521 [525 ff.]; HK-InsO/*Waltenberger* Rn. 8). Für die Freigabe bedarf es einer einseitigen empfangsbedürftigen Willenserklärung des Treuhänders, mit der dieser seinen Willen, die Massezugehörigkeit des Gegenstandes auf Dauer aufzugeben, zum Ausdruck bringt (BGHZ 127, 156). Mit der Freigabe endet der Insolvenzbeschlag. Der Schuldner erhält die Verwaltungs- und Verfügungsbefugnis zurück.

V. Risiken der vereinfachten Verteilung für den Schuldner

19 **1. Versagung der Restschuldbefreiung (Absatz 3).** Zahlt der Schuldner den festgesetzten Betrag nicht, so kann dem Schuldner die Restschuldbefreiung versagt werden. Die Versagung setzt einen **Antrag eines Insolvenzgläubigers** voraus (Absatz 3 Satz 2). Das Gericht kann nicht von Amts wegen die Restschuldbefreiung versagen. Außerdem muss das Gericht dem Schuldner eine **Nachfrist von zwei Wochen** zur Zahlung des Geldbetrages setzen. Die Nachfristsetzung ist mit dem **Hinweis** zu verbinden, dass im Falle der Nichtzahlung die Restschuldbefreiung versagt werden kann (Absatz 3 Satz 2). Dem Schuldner ist vor der Entscheidung des Gerichts **rechtliches Gehör** zu gewähren (Absatz 3 Satz 2). Erst nach Ablauf der Frist und nach Anhörung des Schuldners kann das Gericht über den Versagungsantrag entscheiden. Die Frist von zwei Wochen kann nicht verlängert werden, da es sich um eine gesetzliche Frist handelt. Fehlt die Nachfristsetzung oder ist die Belehrung unterlassen worden, stellt dies einen nicht behebbaren Verfahrensmangel dar (Uhlenbruck/*Vallender,* 13. Aufl. 2010, Rn. 34). Durch die Bezugnahme in Absatz 3 Satz 1 ist klargestellt, dass der Versagungsantrag im Schlusstermin zu stellen ist (§ 290 Abs. 1 S. 1) und die Entscheidung darüber erst nach dem Schlusstermin erfolgen kann.

20 **Verschulden.** Die Versagung nach Absatz 3 Satz 2 setzt ein Verschulden des Schuldners voraus. Dies ist zwar nicht ausdrücklich in dieser Norm geregelt. Absatz 2 Satz 3 enthält keinen eigenständigen Versagungsgrund, sondern ist ein **Sonderfall des § 290 Abs. 1 Nr. 5** (Uhlenbruck/*Vallender,* 13. Aufl. 2010, Rn. 34), der die Versagung der Restschuldbefreiung bei einer Verletzung von Auskunfts- oder Mitwirkungspflichten regelt. Eine Versagung wegen Verletzung dieser Pflichten setzt ein Verschulden voraus. Eine Versagung der Restschuldbefreiung ist demnach nur zulässig, wenn der Schuldner entgegen der gerichtlichen Anordnung über die vereinfachte Verwertung und Verteilung den festgesetzten Geldbetrag auch innerhalb der Nachfrist von zwei Wochen nicht gezahlt hat und ihm insoweit **Vorsatz oder grobe Fahrlässigkeit** vorzuwerfen ist (HambK-InsO/*Ritter* Rn. 6).

21 **Funktionelle Zuständigkeit.** Zuständig für die Versagungsentscheidung ist der Richter (FK-InsO/*Busch* Rn. 37; Kübler/Prütting/Bork/*Wenzel* § 286 Rn. 99; HambK-InsO/*Nies* Rn. 6; Graf-Schlicker/*Kexel* Rn. 18; Braun/*Buck* Rn. 17; aA Uhlenbruck/*Vallender,* 13. Aufl. 2010, Rn. 35; HK-InsO/*Waltenberger* Rn. 7). Die Versagung nach Abs. 2 S. 3 ist ein Sonderfall des § 290 Abs. 1 Nr. 5. Die Entscheidung ergeht nach den §§ 289–291 und unterfällt damit der Aufzählung in § 18 Abs. 1 RPflG.

22 **Rechtsmittel.** Das Insolvenzgericht entscheidet durch Beschluss. Dem Schuldner sowie jedem Insolvenzgläubiger, der im Schlusstermin erfolglos die Versagung

der Restschuldbefreiung beantragt hat, steht die sofortige Beschwerde zu (§§ 6, 289 Abs. 2 S. 1, 314 Abs. 3 S. 1).

23 **2. Zugriff der Neugläubiger auf die freigegebenen Gegenstände. Neugläubigern** ist im eröffneten Verfahren die Zwangsvollstreckung in die aus der Masse freigegebenen Gegenstände nicht verwehrt, da das Vollstreckungsverbot des § 89 nur die Insolvenzgläubiger erfasst. Ebenso hindert sie das Vollstreckungsverbot des § 294 Abs. 1 in der Wohlverhaltensphase nicht an der Zwangsvollstreckung. Die Freigabe aus der Masse nach Begleichung des Geldbetrags schützt somit nicht gegen den Zugriff aus einer zulässigen Zwangsvollstreckung (HambK-InsO/*Ritter* Rn. 7).

Zehnter Teil. Besondere Arten des Insolvenzverfahrens

Erster Abschnitt. Nachlaßinsolvenzverfahren

Vor § 315

Schrifttum: *Busch,* Schnittstellen zwischen Insolvenz- und Erbrecht, ZVI 2011, 77; *du Carrois,* Der Insolvenzplan im Nachlassinsolvenzerfahren, 2009; *Dauner-Lieb,* Zwangsvollstreckung bei Nachlassverwaltung und Nachlasskonkurs, FS Gaul, 1997, 93; *Döbereiner,* InsR-HdB §§ 111–119; *Elfring,* Die Lebensversicherung im Erbrecht, ZEV 2004, 305; *Geitner,* Der Erbe im Insolvenzrecht, 2007; *Grziwotz,* (Risiko-)Lebensversicherung und Nachlassinsolvenz – kritische dogmatische Fragen, ZIP 2012, 715; *Hanisch,* Nachlassinsolvenzverfahren und materielles Recht, FS Henckel, 1995, 369; *Heyrath/Jahnke/Kühn,* Der Tod des Schuldners im Insolvenz- und Restschuldbefreiungsverfahren, ZInsO 2007, 1202; *Hillebrand,* Die Nachlassverwaltung, 1998; *Hüsemann,* Das Nachlassinsolvenzverfahren, Diss. Münster 1997; *Jünemann,* Nachlassinsolvenz, ZErb 2011, 59; *Köke/Schmerbach,* Tod des Schuldners in der Insolvenz, ZVI 2005, 727; *Krug,* Das neue Nachlassinsolvenzrecht, ZErb 1999, 7; *Marotzke,* Die Stellung der Nachlassgläubiger in der Eigeninsolvenz des Erben, FS Otte, 2005, 223; *Meßink,* Die unternehmenstragende Erbengemeinschaft in der Insolvenz, 2007; *Messner,* Dissonanzen zwischen Insolvenz- und Erbrecht, ZVI 2004, 433; *Nöll,* Der Tod des Schuldners in der Insolvenz, 2007; *ders.,* Die massenhafte Abwicklung überschuldeter Nachlässe durch Nachlasspfleger und Fiskalerben – bürgernahe Verwaltungspraxis oder staatlich organisierte Insolvenzverschleppung?, ZInsO 2012, 814; *Pfeuffer,* Praxishandbuch für Nachlassinsolvenzverfahren, 2009; *Jan Roth,* Die Eröffnungsgründe im Nachlassinsolvenzverfahren, ZInsO 2009, 2265; *ders.,* Umfang der Insolvenzmasse im Nachlassinsolvenzverfahren, ZInsO 2010, 118; *Rugullis,* Nachlassverwaltung und Nachlassinsolvenzverwaltung, ZEV 2007, 117, 156; *Karsten Schmidt,* Nachlassinsolvenzverfahren und Personengesellschaften, FS Uhlenbruck, 2000, 655; *Schmidt-Kessel,* Was ist Nachlass? Kann die Insolvenzpraxis dazu beitragen, den Begriff „Nachlass" und die ihm zukommende haftungsrechtliche Funktion besser zu verstehen?, WM 2003, 2086; *Siegmann,* Ungereimtheiten und Unklarheiten im Nachlassinsolvenzverfahren, ZEV 2000, 221; *ders.,* Der Tod des Schuldners im Insolvenzverfahren, ZEV 2000, 345; *Staufenbiel/Brill,* Das Nachlassinsolvenzverfahren, ZInsO 2012, 1395; *Vallender,* Doppelinsolvenz: Erben- und Nachlassinsolvenz, NZI 2005, 318; *Vallender/Fuchs/Rey,* Der Antrag auf Eröffnung eines Nachlassinsolvenzverfahrens und seine Behandlung bis zur Eröffnungsentscheidung, NZI 1999, 55.

I. Grundlagen

1. Zweck und Funktionen des Nachlassinsolvenzverfahrens. a) Sonderinsolvenzverfahren. Das Nachlassinsolvenzverfahren gehört zu den **Sonderinsolvenzverfahren** nach § 11 Abs. 2 Nr. 2 (→ § 11 Rn. 25) und ist unter ihnen das praktisch bedeutendste (zur unterschiedlichen Akzeptanz vgl. aber auch MüKoInsO/*Siegmann* Rn. 16). Seine **Funktion** deckt sich nur teilw. mit den in **§ 1** definierten Verfahrenszielen. Zwar sind die Zwecke der gleichmäßigen Vermögensverteilung an die Gläubiger und einer abweichenden Regelung durch Insolvenzplan (§ 1 S. 1) durchaus auch für das Nachlassinsolvenzverfahren maßgeblich. Aber die Hauptbedeutung liegt bei **§ 1975 BGB.** Danach bewirkt die Eröffnung des Nachlassinsolvenzverfahrens die Beschränkung der Erbenhaftung (§ 1967 BGB) auf den Nachlass. **Zweck** des Nachlassinsolvenzverfahrens ist insofern die Nachlasssonderung zur Haftungsbeschränkung (BGB § 1975) und zur ausschließlichen Verwendung der Nachlassmasse für die Befriedigung der Nachlassgläubiger. Das Nachlassinsolvenzverfahren ist jedoch zulässig auch nach 1

Eintritt der unbeschränkten Erbenhaftung (§ 316 Abs. 1). Hinzu kommt, dass die Insolvenzordnung mit dem Versuch, der Nachlassinsolvenz ein dynamisches Gesicht zu geben (→ § 320 Rn. 3), auch die Grundlagen der Nachlassinsolvenz verändern will.

2 **b) Vorgängerregeln.** Vorgänger der §§ 315 ff. waren die §§ 214 ff. KO über den Nachlasskonkurs sowie § 113 VglO über den Nachlassvergleich. Die Veränderungen gegenüber der Konkursordnung sind vergleichsweise gering. Die augenfälligste Neuerung besteht darin, dass das Verfahren auch im Fall der Zahlungsunfähigkeit eröffnet werden kann (§ 320 gegenüber § 215 KO; dazu → § 320 Rn. 1).

3 **2. Das Prinzip der Vermögenstrennung. a) Das Sondervermögen.** Die erbrechtliche Haftungsbeschränkung ist eine gegenständliche, nicht (wie zB die Kommanditistenhaftung nach §§ 171 f. HGB) eine summenmäßige. Sie basiert auf der **Separierung des Nachlasses als Sondervermögen** (vgl. BGH NJW 2014, 389 [391] = ZIP 2014, 137 [138]; eing. BK-InsO/*Goetsch* § 315 Rn. 8) Diese Separierung tritt allerdings nicht automatisch ein, sondern sie wird mit teils dinglicher, teils schuldrechtlicher Rückwirkung (§§ 1976–1979 BGB) durch die Verfahrenseröffnung herbeigeführt. Das Gesetz kompensiert durch diese Rückwirkung das Fehlen einer automatischen Vermögenstrennung: Rechtsverhältnisse zwischen dem Erben und dem Erblasser gelten im Nachlassinsolvenzverfahren als nicht erloschen (§ 1976 BGB, § 326 InsO), Vollstreckungshandlungen in den Nachlass als wirkungslos (§ 321), und Aufrechnungen von Nachlass- oder Privatgläubigern gegen Forderungen des Erben bleiben nur wirksam, wenn auch die Gegenforderung des Erben zur „richtigen" Vermögensmasse gehört (§ 1977 BGB).

4 **b) Schutz des Privatvermögens.** Konsequenz der Vermögenstrennung ist ein **Schutz des bzw. der Erben gegen den Zugriff von Nachlassgläubigern auf das Privatvermögen:** Endet das Nachlassinsolvenzverfahren durch Verteilung der Masse (§ 200) oder durch einen Insolvenzplan (§ 258), so kann der Erbe die weitere Befriedigung von Nachlassgläubigern durch Erhebung der Erschöpfungseinrede verweigern (§§ 1989, 1973 BGB). Wird das Nachlassinsolvenzverfahren mangels Masse nicht eröffnet (§ 26) oder eingestellt (§ 207), so steht dem Erben die sog Dürftigkeitseinrede zu (§ 1990 BGB), mit der Maßgabe, dass er nach § 1978 BGB für die bisherige Verwaltung des Nachlasses verantwortlich und seinerseits nach Maßgabe des § 1979 BGB zur Kompensation erbrachter Zahlungen durch den Nachlass berechtigt ist (§ 1991 BGB).

5 **c) Schutz des Nachlasses.** Mit dem Schutz des oder der Erben gegen persönliche Inanspruchnahme geht ein **Schutz der Nachlassgläubiger vor einem Zugriff der Privatgläubiger** des (der) Erben einher. Nur Nachlassgläubiger können als Insolvenzgläubiger auf den Nachlass zugreifen (§ 325), im Fall von Pflichtteilen, Vermächtnis- oder Auflagengläubigern sogar nur nachrangig (§ 327).

6 **d) Rechtspolitische Beurteilung.** Die praktische Bedeutung des Nachlassinsolvenzverfahrens liegt mehr bei der Verwirklichung der beschränkten Erbenhaftung als in bedeutenden gesamtwirtschaftlichen Effekten (InsHdb/*Döbereiner* § 111 Rn. 7 f.). Das gesetzliche Konzept kann als durchdacht und im Wesentlichen gelungen betrachtet werden. Gerügt wird allerdings, dass das Sonderinsolvenzverfahren über den Nachlass kein Gegenkonzept in Gestalt eines Sonderverfahrens über das Erbenvermögen unter Ausschluss des Nachlasses kennt (*Häsemeyer* Rn. 33.06). Gerügt wird sodann, dass die Rückschlagsperre des § 321 nicht auch beendete Vollstreckungsmaßnahmen erfasst (ebd. Rn. 33.05) und dass § 324 nicht

auch Masseschulden aus Verwaltungshandlungen des Erben erfasst (ebd. Rn. 33.05a). Da im Nachlassinsolvenzverfahren, anders als zuvor im Nachlasskonkursverfahren (§ 215 KO) die allgemeinen Eröffnungsgründe der §§ 17–19 gelten (näher dazu bei § 320), wird eine Missbrauchsanfälligkeit des Verfahrens gemutmaßt: Durch Eigenanträge, zB wegen drohender Zahlungsunfähigkeit, könnten die Erben den Umständlichkeiten und Kosten der Erbauseinandersetzung durch Einleitung eines Insolvenzverfahrens aus dem Wege gehen (Braun/*Bauch* § 320 Rn. 12).

3. Sinnwandel durch die Insolvenzordnung. Das Konzept der Nachlassinsolvenz geht im Kern auf das BGB von 1896 und die Anpassung der KO an das BGB im Jahr 1898 zurück und blieb auch in der Insolvenzordnung weitgehend unverändert, soweit es sich um die Abstimmung mit dem BGB und um den alltäglichen Vollzug des Nachlassinsolvenzverfahrens handelt (vgl. auch → § 320 Rn. 3). Gleichwohl hat die Insolvenzordnung **konzeptionelle Änderungen** mit sich gebracht. Diese ergeben sich (a) aus der Ausweitung der Eröffnungsgründe bis hin zur drohenden Zahlungsunfähigkeit (→ § 320 Rn. 1), sodann (b) aus der Zulässigkeit der Eigenverwaltung (→ Rn. 18) und schließlich (c) aus dem Insolvenzplanverfahren (→ Rn. 20), dessen Möglichkeiten über diejenigen des vormaligen Nachlassvergleichsverfahrens (§ 113 VglO) deutlich hinausgehen. Während das Nachlasskonkursverfahren alten Rechts nichts anderes sein wollte als ein die Haftungsbeschränkung unter Gläubigergleichbehandlung sicherndes Abwicklungsverfahren für einen überschuldeten Nachlass, kann das Nachlassinsolvenzverfahren nach der Insolvenzordnung jedenfalls seiner Anlage nach schon vor der materiellen Insolvenz, nämlich bei bloß drohender Zahlungsunfähigkeit, eingeleitet und durch Eigenverwaltung und Insolvenzplan auch als ein kooperatives Schuldenbereinigungsverfahren durchgeführt werden. Die Insolvenzpraxis hat allerdings diese konzeptionelle Veränderung, soweit ersichtlich, wenig gespürt. Auch Missbrauchseffekte (Braun/*Bauch* § 320 Rn. 12) sind nicht in dem befürchteten Ausmaß erkennbar. 7

II. Institutionen des Nachlassinsolvenzverfahrens

1. Schuldner. a) Grundsatz. Schuldner im Nachlassinsolvenzverfahren ist **der Erbe** als Träger in der Masse vereinter Vermögenswerte und Nachlassverbindlichkeiten (RG Warn 15 Nr. 27; RErbhG HRR 1940, 423; BayObLG HRR 1932, 1388; OLG Köln ZIP 2005, 1435; Braun/*Bauch* § 315 Rn. 16b; HambK-InsO/*Böhm* Rn. 13; MüKoInsO/*Siegmann* Anh. § 315 Rn. 1; hM). Die vom Schuldner handelnden Vorschriften sind für die Zeit vor dem Erbfall auf den Erblasser (wichtig für Anfechtung nach Maßgabe der §§ 129 ff. und für Verträge des Erblassers im Hinblick auf §§ 103 ff.), für die Folgezeit auf den Erben als solchen zu beziehen (zu Fragen betreffend den vorläufigen Erben vgl. BGH NJW 1969, 1349). Die staatsbürgerlichen Rechte des Erben bleiben ungeschmälert. Außerverfahrensrechtliche Beschränkungen bürgerlicher Rechte (→ § 80 Rn. 7) treffen ihn (mangels ausdrücklich anderweitiger Bestimmungen) nicht. Auch sonst sind Rechtsverhältnisse, an denen der Erbe unabhängig vom Erbfall beteiligt war, von der Nachlassinsolvenz nicht betroffen: keine Auflösung einer Gesellschaft nach § 728 BGB; kein Ausscheiden aus einer Gesellschaft nach § 131 Abs. 3 Nr. 2 HGB; keine Anwendung des § 773 Nr. 3 BGB. 8

b) Erbengemeinschaft. Im Fall einer **Mehrheit von Erben** ist umstr., wer **Schuldner iS der InsO** ist: die **Erbengemeinschaft** (so Braun/*Bauch* § 315 Rn. 4 [jedoch widersprüchlich]; Nerlich/Römermann/*Riering* § 315 Rn. 15; FK-InsO/*Schallenberg/Rafiqpoor* vor §§ 315 ff. Rn. 29) **oder jeder Miterbe** (so BGH NJW 2014, 391 [393] = ZIP 2014, 134 [136]; *Meßink* S. 64 f.; InsHdB/ 9

Döbereiner § 112 Rn. 7; BK-InsO/*Goetsch* § 315 Rn. 22; HambK-InsO/*Böhm* Rn. 13; MüKoInsO/*Siegmann* Anh. § 315 Rn. 5, § 316 Rn. 6; Uhlenbruck/*Lüer* § 315 Rn. 11; Kübler/Prütting/Bork/*Pape* § 315 Rn. 5). Nach hM ist die Erbengemeinschaft, anders als eine Außen-Personengesellschaft, nicht rechtsfähig (zum Streitstand vgl. MüKoBGB/*Gergen* § 2032 Rn. 12; unklar *Hess* § 315 Rn. 37; für Rechtsfähigkeit *Grunewald* AcP 197 (1997), 305) und damit als solche auch nicht insolvenzrechtsfähig (→ § 11 Rn. 24). Es gibt deshalb keinen kollektiven Insolvenzschuldner. Selbst im Fall eines vererbten Unternehmens wird dessen Insolvenz als Nachlassinsolvenzverfahren abgewickelt (hM; insofern übereinstimmend auch *Meßink* S. 60 ff.). Mangels einer rechtsfähigen Organisation der Erbengemeinschaft ist jeder Erbe als Schuldner berechtigt und verpflichtet, wenn auch in Bezug auf den gesamthänderisch gebundenen Nachlass (näher MüKoInsO/*Siegmann* Anh. § 315 Rn. 5). Zu Verfügungen über Nachlassgegenstände sind außerhalb des Insolvenzverfahrens alle Erben nur gemeinsam berechtigt (§ 2040 BGB). Aber im Insolvenzverfahren über den Nachlass macht jeder Miterbe seine individuellen Schuldnerrechte geltend. Jeder Erbe kann der Feststellung einer Forderung im Prüfungstermin widersprechen. Der Widerspruch nur eines Miterben hindert jedoch im Fall der Verfahrenseinstellung die Vollstreckung in den Nachlass nach Maßgabe des § 201 Abs. 2 gegenüber den anderen nicht (Uhlenbruck/*Lüer* § 315 Rn. 13). – Die insolvenzrechtliche Feststellung einer Forderung zur Tabelle entzieht auch bei fehlendem Widerspruch des Erben diesem nicht die Möglichkeit, die Beschränkung seiner Haftung auf den Nachlass geltend zu machen (Uhlenbruck/*Lüer* § 315 Rn. 13). Da die Tabelle über die Grenzen der Erbenhaftung keine Auskunft gibt, kann auch das Fehlen eines Vorbehalts der beschränkten Erbenhaftung in der Tabelle keine Präklusionsfolgen iSd § 780 Abs. 1 ZPO auslösen.

10 **c) Nachlasspflegschaft.** Im Fall einer Nachlasspflegschaft nimmt der Pfleger die Rechte der unbekannten Erben wahr.

11 **d) Testamentsvollstreckung.** Bei Testamentsvollstreckung bleibt der Erbe Schuldner (BGHZ 167, 352 [355] = ZEV 2006, 405 [406 f.] mAnm *Siegmann;* Kübler/Prütting/Bork/*Holzer* § 315 Rn. 8). Die Aufgaben des Testamentsvollstreckers bestehen in der Wahrnehmung von Schuldnerrechten des Erben, zB beim Bestreiten von Forderungen nach § 176 S. 2 (vgl. Uhlenbruck/*Lüer* § 315 Rn. 16). Dazu gehört auch die Kompetenz zur Bestreitung von angemeldeten Forderungen (BeckRS 2014, 08857 = ZInsO 2014, 1761). Dagegen endet eine Nachlassverwaltung mit der Verfahrenseröffnung (§ 1988).

12 **e) Erbschaftskauf.** Im Fall des Erbschaftskaufs sind die Regeln des § 330 zu beachten: Der Erbschaftskäufer tritt als Schuldner an die Stelle des Erben.

13 **f) Erbes-Erbfall.** Bei einem Erbes-Erbfall ist zu unterscheiden. Schuldner ist der Erbeserbe, aber die Nachlässe und Nachlassgläubigerkreise nach dem (Erst-)Erblasser und dem (Erst-)Erben decken sich nur teilw. Nach dem Tod des (Erst-)Erben kann nicht nur über dessen Nachlass das Nachlassinsolvenzverfahren eröffnet werden, sondern auch über den Nachlass des (Erst-)Erblassers. War vor dem Tod des (Erst-)Erben das Regelinsolvenzverfahren über sein Vermögen eröffnet, so gelten die bei → Rn. 25 dargestellten Grundsätze (eing. *Vallender* NZI 2005, 318 ff.).

14 **2. Die Insolvenzmasse. a) Nachlass.** Die Insolvenzmasse bestimmt sich mangels spezieller Vorschriften nach **§§ 35–36** (Uhlenbruck/*Lüer* § 315 Rn. 7; eing. *Roth* ZInsO 2010, 118 ff.; zum alten Recht vgl. *Hanisch* FS Henckel, 1995, 369 [374]). Der **Nachlass** unter Einschluss seiner Surrogate und des Hinzuerwerbs (→ Rn. 15) ist Gegenstand der Insolvenzverwaltung und Auseinandersetzung

(*Schmidt-Kessel* WM 2003, 2086 ff.), nicht auch der Erbteil eines Miterbes (§ 36 Abs. 3) oder ein noch so bedeutender Nachlassgegenstand (→ § 316 Rn. 8). Die **Pfändbarkeit von Nachlassgegenständen,** welche nach § 36 die Insolvenzbefangenheit bestimmt, ist bei relativ pfändbaren Gegenständen (ZPO § 811 Nr. 1–7, 10) aus der Person des Erben zu beurteilen (Uhlenbruck/*Lüer* § 315 Rn. 7). Ein **Personengesellschaftsanteil** kann **als Nachlassgegenstand** in die Insolvenzmasse fallen (vgl. → Rn. 29; Nerlich/Römermann/*Riering* § 315 Rn. 43). Zu seiner **Behandlung im Fall einer Erbengemeinschaft,** insbes. zur Frage, ob beim **Direktanfall eines ererbten Personengesellschaftsanteils an einen Miterben** (BGHZ 68, 225 = NJW 1977, 1339) dieser Anteil in die ungeteilte Masse zurückfällt, vgl. → Rn. 15. Zur Frage, ob die Eröffnung des Nachlassinsolvenzverfahrens zum Ausscheiden des Gesellschafters nach **§ 131 Abs. 3 Nr. 2 HGB** führt, so dass nur ein Abfindungsanspruch in die Masse fällt, vgl. → Rn. 29. Nicht zum Nachlass gehörig, sondern dem Bezugsberechtigten direkt zufallend und damit **kein Massebestandteil** ist das Bezugsrecht aus einer Lebensversicherung (vgl. HambK-InsO/*Böhm* Rn. 12; MüKoInsO/*Siegmann* Anh. § 315 Rn. 35; Abgrenzung bei OLG Zweibrücken BeckRS 2013, 03731). Zur möglichen Anfechtbarkeit der Einräumung oder des Widerrufs eines Bezugsrechts vgl. BGHZ 156, 350 = NJW 2004, 214; BGH NZI 2010, 640; krit. besprochen von *Grziwotz* ZIP 2012, 715 ff. (vgl. auch → § 143 Rn. 35, 53; → § 140 Rn. 20).

b) Umfang. Der **Umfang der Insolvenzmasse** wird bestimmt durch den **Zeitpunkt der Insolvenzverfahrenseröffnung,** nicht den des Erbfalls 15
(RErbhG HRR 1940, 423; hM; anders vereinzelt *Hess* § 315 Rn. 19) und bezieht den Hinzuerwerb des Nachlasses ein (vgl. § 35; vgl. auch §§ 2041, 2111 BGB), nicht dagegen den Hinzuerwerb im Eigenvermögen des oder der Erben (MüKoInsO/*Siegmann* Anh. § 315 Rn. 9). Zwischenzeitliche Mehrungen der Nachlassmasse (insbes. Erwerb für diese) sowie auch Ersatzansprüche gegen den Erben oder Nachlassverwalter aus zwischenzeitlicher Vermögensverwaltung und wegen Verletzung der Insolvenzantragspflicht (§§ 1978 Abs. 1 S. 1, 1980 Abs. 1 S. 2, 1985 Abs. 2 S. 2 BGB) gehören zur Insolvenzmasse, §§ 1978 Abs. 2, 1980, 1985 Abs. 2 BGB, 328 Abs. 2 InsO (zum Sonderfall des Todes nach eröffnetem Regelinsolvenzverfahren vgl. BGH NJW 2014, 389 f. = ZIP 2014, 137; dazu auch → Rn. 25). **§ 36** ist nach hM anwendbar, unpfändbares Vermögen (InsHdB/*Döbereiner* § 114 Rn. 2; also auch in der Nachlassinsolvenz massefrei (MüKoInsO/*Siegmann* Anh. § 315 Rn. 10; zw.). – Handelt es sich um eine **Erbengemeinschaft,** so wird grds. das Gesamthandsvermögen insgesamt im Nachlassinsolvenzverfahren abgewickelt (einschließlich Surrogation nach § 2041). Nicht zur Insolvenzmasse gehört, was der Erbe zwischenzeitlich der Insolvenzmasse durch Verfügung entzogen hat. Den Ausgleich bringt § 1978 BGB (in Verbindung mit §§ 667, 681 S. 2), der aber keine dingliche Surrogation bewirkt, sondern der Masse nur ein Forderungsrecht gibt (str.; vgl. RGZ 134, 257 [259]; BGH NJW-RR 1989, 1226 [1227]; Braun/*Bauch* § 315 Rn. 5; MüKoBGB/*Küpper* § 1978 Rn. 6; Palandt/*Weidlich* § 1978 Rn. 3; aA: Erman/*C.-H. Horn* § 1978 Rn. 3a; Staudinger/*Marotzke* § 1978 Rn. 17; ausf. dazu *Roth* ZInsO 2010, 118 ff.). Was schon im Wege der **Teilauseinandersetzung** in Privatvermögen überführt ist, muss als Soll-Masse entsprechend §§ 80, 148 an den Verwalter ausgeantwortet werden (→ § 316 Rn. 6). **Gesellschaftsanteile,** die in den Nachlass fallen, sind bis zur Auskehrung Massebestandteile (so auch der Anteil des verstorbenen persönlich haftenden Gesellschafters, vgl. → Rn. 14). Im Fall von Miterben wird ein ererbter Personenanteil automatisch als durch Teilauseinandersetzung verteilt behandelt (vgl. → Rn. 14), ist aber als Nachlassbestandteil an dem Privatvermögen des Erben in die Masse (zurück) zu übertragen und gehört damit haftungsrechtlich

zur Masse (→ Rn. 29). Der **Direktanfall eines Personengesellschaftsanteils** bei den einzelnen Miterben bzw. im Fall einer qualifizierten Nachfolgeklausel bei einem Nachfolger-Erben (→ Rn. 14) ändert hieran nichts (BGHZ 98, 48 = NJW 1986, 2431; MüKoHGB/*Karsten Schmidt* § 139 Rn. 12). Für **Massezugehörigkeit eines** vom Erblasser betriebenen **Unternehmens** bei Fortführung durch den Erben vgl. HK-InsO/*Marotzke* § 315 Rn. 4; Kübler/Prütting/Bork/*Holzer* § 315 Rn. 13; MüKoBGB/*Küpper* § 1978 Rn. 7; MüKoInsO/*Siegmann* Anh. § 315 Rn. 15 ff.; sowie OLG Braunschweig HRR 1919, 231; diff. nach Dauer der Fortführung Nerlich/Römermann/*Riering* § 315 Rn. 36. Wie stets bei Unternehmensinsolvenzen sprechen hier gute Gründe dafür, das Anlage- und Umlaufvermögen sowie alle Erträge des Unternehmens in die Masse einzubeziehen (in gleicher Richtung wohl Staudinger/*Marotzke* BGB § 1922 Rn. 218 ff.). Nach OLG Braunschweig OLGE 19, 232 soll allerdings bei einem Unternehmen, bei dem es maßgeblich auf die persönliche Leistung ankommt, der vom Erben erwirtschaftete Ertrag und endlich sogar das Unternehmen selbst massefrei sein. Das mag zutreffen, wenn der Erbe eine eigene, nicht mehr dem Nachlass zuzurechnende Unternehmenstätigkeit aufnimmt. Nicht durchgesetzt hat sich der Standpunkt von *Mückenberger* (KuT 36, 200 ff.), der nach Ablauf der Frist gem. § 27 Abs. 2 HGB das Handelsgeschäft nicht mehr als Massebestandteil ansieht (ablehnend bereits Jaeger/*Weber* KO § 214 Rn. 29; Kilger/*Karsten Schmidt* § 214 KO Anm. 2). **Bei unbeschränkter Erbenhaftung** sind nach § 2013 BGB die §§ 1978–1980 nicht anwendbar. Dann beschränkt sich die Insolvenzmasse schlechthin auf die bei Insolvenzverfahrenseröffnung vorhandenen Nachlassgegenstände. Die Unanwendbarkeit des § 1978 BGB befreit den Erben aber nicht von der Pflicht zur Herausgabe der Nachlassgegenstände selbst, weil diese Pflicht nicht auf § 1978 BGB, sondern auf § 148 beruht (MüKoInsO/*Siegmann* Anh. § 315 Rn. 9; Nerlich/Römermann/*Riering* § 315 Rn. 32).

16 **c) Insolvenzanfechtung.** Zur Masseerweiterung durch Insolvenzanfechtung vgl. § 322, §§ 129 ff. Zur Frage, inwieweit **§ 92** bei Insolvenzverschleppung zur Anwendung kommt, vgl. → § 320 Rn. 18.

17 **3. Organe des Nachlassinsolvenzverfahrens. a) Regelverfahren.** Für den (vorläufigen) **Insolvenzverwalter, Gläubigerausschuss** und **Gläubigerversammlung** gelten die allgemeinen Grundsätze (OLG Köln ZIP 1988, 1203 = *Marotzke* EWiR 1988, 911; Nerlich/Römermann/*Riering* § 315 Rn. 47; Kübler/Prütting/Bork/*Holzer* § 315 Rn. 10). Als Schuldner müssen im Fall einer Erbengemeinschaft (→ Rn. 9) alle Miterben angehört werden (so wohl auch HK-InsO/*Marotzke* Rn. 9).

18 **b) Eigenverwaltung.** Eigenverwaltung (§§ 270 ff.) ist rechtlich zulässig (MüKoInsO/*Siegmann* Rn. 9; Nerlich/Römermann/*Riggert* § 270 Rn. 15; HK-InsO/*Marotzke* Rn. 3; aA HambK-InsO/*Böhm* Rn. 1), ist aber wohl eher ein **theoretischer Fall.** Sie verträgt sich nicht mit dem Ziel der Sonderung von Nachlass und Eigenvermögen des Erben und passt wenig zum spezifischen Zweck des Nachlassinsolvenzverfahrens (→ Rn. 1). Auch kann § 270 Abs. 2 Nr. 3 entgegenstehen, va, wenn Forderungen zwischen dem Nachlass und dem Erben persönlich oder umgekehrt, insbes., nach §§ 1978–1980 BGB im Raum stehen (→ § 270 Rn. 10; HambK-InsO/*Böhm* Rn. 1; siehe dazu auch MüKoInsO/*Siegmann* Rn. 9). Im Fall einer Erbengemeinschaft kann Eigenverwaltung nur durch alle Miterben gemeinschaftlich ausgeübt werden (vgl. § 2040 BGB).

19 **4. Ablauf und Entscheidungen.** Auf der Schuldnerseite erforderlich ist **Tod oder Todeserklärung** (zur Todeserklärung vgl. MüKoInsO/*Siegmann* Rn. 8). Nicht erforderlich ist die Annahme der Erbschaft (§ 316 Abs. 1 Alt. 1) oder auch nur das Bekanntsein des Erben (Nachlasspflegschaft genügt; vgl. → Rn. 10). Zur

Fortsetzung eines zu Lebzeiten beantragten oder eröffneten Insolvenzverfahrens vgl. → Rn. 24 f. Im Fall einer Todeserklärung nach dem VerschG bleibt die Verfahrenseröffnung auch dann wirksam, wenn sich die Todeserklärung als unrichtig erweist. Der fälschlich für tot Erklärte muss, um das Insolvenzverfahren zu beenden (und kann auch nach Ablauf der Frist gem. § 6) die Verfahrenseröffnung mit der sofortigen Beschwerde angreifen (ausf. Kübler/Prütting/Bork/*Holzer* § 315 Rn. 33). Über **Antragsberechtigte, Antragsfristen** und **Antragsgründe** vgl. Erl. zu §§ 317, 319, 320.

5. Insolvenzplan. Das **Insolvenzplanverfahren** nach §§ 217 ff. ist im Verfahren der Nachlassinsolvenz zulässig (InsHdb/*Döbereiner* § 116 Rn. 1; MüKoInsO/*Siegmann* Rn. 10; Nerlich/Römermann/*Riering* § 315 Rn. 56; HK-InsO/*Marotzke* Rn. 4). Gegenstand des Insolvenzplans ist der Nachlass im Ganzen, auch im Fall eines vererbten Unternehmens, nicht bloß das Unternehmensvermögen (so wohl auch *Meßink* S. 110 ff.). Die persönliche Erbenhaftung wird einbezogen (ebd.). Bei der **Bildung von Gruppen** ist auf die Besonderheiten der Nachlassinsolvenz Rücksicht zu nehmen. 20

6. Verhältnis zur Einzelzwangsvollstreckung. Vor der Insolvenzverfahrenseröffnung gelten für die Vollstreckung in den Nachlass die §§ 778–780 ZPO. Nach der Verfahrenseröffnung gelten die §§ 784 ZPO, 321 ff. InsO. Der Erbe kann, um den Zugriff auf sein Privatvermögen abzuwenden, unter den Voraussetzungen der §§ 780, 781, 785, 786 ZPO Vollstreckungsgegenklage erheben (eing. *Dauner-Lieb* FS Gaul, 1997, 93 ff.; *Karsten Schmidt* JR 1989, 45 ff.). 21

7. Einreden des Erben bei Ablehnung oder Einstellung des Verfahrens. Im Fall der **Masselosigkeit** wird das Nachlassinsolvenzverfahren abgelehnt (§ 26) bzw. eingestellt (§ 207). Für den Erben begründet dies gegenüber den Nachlassgläubigern die **Dürftigkeitseinrede** (§ 1990 BGB). Deshalb kommt nach hM eine Haftung nach § 26 Abs. 3 für ihn nicht in Betracht (→ § 26 Rn. 81; in Fällen einer Verletzung des § 1980 wohl nicht zweifelsfrei). Wird das Verfahren durchgeführt und durch Verteilung der Masse bzw. durch einen Insolvenzplan beendet, so kann der Erbe die **Erschöpfungseinrede** erheben (§ 1989 BGB). 22

III. Verhältnis zur Erbeninsolvenz

1. Keine Separatinsolvenz über das Eigenvermögen. Da vor der Verfahrenseröffnung der Nachlass des Erben (bei Teilauseinandersetzung auch etwaiger Miterben) nicht dinglich von seinem (ihrem) Eigenvermögen separiert ist (→ Rn. 3), kann **kein Sonderinsolvenzverfahren über das Eigenvermögen des Erben** eröffnet werden (krit. *Häsemeyer* Rn. 33.06). Das **Insolvenzverfahren über das Erbenvermögen** erfasst grds. dessen gesamtes Vermögen (§ 35) unter Einschluss des Nachlasses (vgl. InsHdB/*Döbereiner* § 119 Rn. 2; *Marotzke* FS Otte, 2005, 223 [225]; *Häsemeyer* Rn. 33.04). Das gilt auch im Fall der Testamentsvollstreckung, jedoch unter Beachtung von § 2214 BGB (BGHZ 167, 352 [354] = NJW 2006, 2698 = ZEV 2006, 405 mAnm *Siegmann*: Sondermasse in der Insolvenzmasse; zum Ausfallprinzip in diesem Fall vgl. → § 331 Rn. 5). Nicht ausgeschlossen ist aber ein **Nebeneinander von Erbeninsolvenz und Nachlassinsolvenz** (→ § 331 Rn. 2). **Im eröffneten Erben-Insolvenzverfahren** kann der Insolvenzverwalter den **Antrag auf Nachlassinsolvenzverfahrenseröffnung** stellen (→ § 317 Rn. 3). War bereits das **Nachlassinsolvenzverfahren eröffnet,** so erfasst ein sich anschließendes Insolvenzverfahren über das Erbenvermögen zwar auch dessen Nachlass (aM Gottwald InsR-HdB/*Döbereiner* § 119 Rn. 4; *Marotzke* FS Otte, 2005, 223 [225]), dies jedoch mit der Maßgabe, dass der Nachlass als Massebestandteil der Erbeninsolvenz seinerseits nachlassinsol- 23 venzbefangen ist (Insolvenz in der Insolvenz; anders hM: Nebeneinander zweier Insolvenzverfahren). Der Erben-Insolvenzverwalter übt dann, bezogen auf das Nachlassinsolvenzverfahren, die Schuldnerrechte des Erben aus. Er führt das Nachlassinsolvenzverfahren, das als solches vom Insolvenzverfahren über das Erbenvermögen unberührt bleibt. Von den Verwaltungsbefugnissen bezüglich des Nachlasses ist er nach § 80 genauso ausgeschlossen wie der Erbe selbst. Tritt im eröffneten Regelinsolvenzverfahren über das Vermögen des Erben eine Überschuldung oder Zahlungsunfähigkeit des Nachlasses ein, so ist der Insolvenzverwalter zur Stellung des Eröffnungsantrags für die Nachlassinsolvenz berechtigt (→ § 317 Rn. 3) und ggf. verpflichtet (→ § 320 Rn. 13), der Erbe ist dies nur im Fall der Eigenverwaltung (aM *Marotzke* FS Otte, 2005, 223 [227]).

24 **2. Tod des Schuldners im Insolvenz(eröffnungs)verfahren. a) Eröffnungsverfahren.** Der **Tod im Insolvenzeröffnungsverfahren,** also nach Insolvenzantrag und vor der Verfahrenseröffnung oder rechtskräftigen Ablehnung führt ohne Unterbrechung nach § 239 ZPO (BGHZ 175, 307 [311 f.] = NJW-RR 2008, 873 [874] = ZIP 2008, 798 [799]; diff., auf Anwendbarkeit der §§ 239, 779 ZPO in der Zwangsvollstreckung abstellend, *Nöll* Rn. 132 ff.) in ein Eröffnungsverfahren nach §§ 215 ff. (*Heyrath/Jahnke/Kühn* ZInsO 2007, 1202 [1203]; nur für den Gläubigerantrag ebenso unter Heranziehung von § 779 ZPO *Nöll* Rn. 133 ff.). Das Verfahren kann ohne weiteres als Nachlassinsolvenzverfahren eröffnet werden (vgl. BGHZ 157, 350 [354] = NJW 2004, 1444 [1445] = ZIP 2004, 513 [514]; HambK-InsO/*Böhm* Rn. 16; Kübler/Prütting/Bork/*Holzer* § 315 Rn. 31; MüKoInsO/*Siegmann* Rn. 4; für Unterbrechung analog § 239 ZPO *Nöll* Rn. 182 ff., 234 ff.). Ein Antrag auf Eigenverwaltung wird grds. fallen gelassen oder abgelehnt (nach *Nöll* Rn. 237 wird dieser Antrag sogar gegenstandslos). Wurde das Verfahren in Unkenntnis des Todesfalls als Regelinsolvenzverfahren eröffnet, so ist es gleichwohl nach den §§ 315 ff. abzuwickeln; die Eröffnungsformel kann gem. § 319 ZPO iVm § 4 berichtigt werden (MüKoInsO/*Siegmann* Rn. 4). Ein Antrag auf Restschuldbefreiung wird unzulässig (*Nöll* Rn. 213 ff.; MüKoInsO/*Siegmann* Rn. 6; *ders.* ZEV 2000, 345 [348]; **aM** *Hüsemann* S. 102 f., 215, 219). Die automatische Überleitung in das Verfahren nach §§ 315 ff. gilt trotz des unterschiedlichen Verfahrenszwecks auch, wenn ein Verbraucherinsolvenz- oder ein Kleinverfahren beantragt worden ist (vgl. sinngemäß → Rn. 24; BGHZ 175, 307 [311 f.] = NJW-RR 2008, 873 [874] = ZIP 2008, 798 [799]). Die Gerichtszuständigkeit bleibt unverändert (vgl. Uhlenbruck/*Lüer* § 315 Rn. 18). Eine **Eröffnung** des Nachlassinsolvenzverfahrens **als Kleinverfahren** nach §§ 311 ff. ist de lege lata **nicht möglich** (anders vereinzelt *Nöll* Rn. 218 ff., 509).

25 **b) Regelinsolvenzverfahren.** Der **Tod des Schuldners im eröffneten Regelinsolvenzverfahren** lässt dieses ohne weiteres in ein Nachlassinsolvenzverfahren übergehen (BGHZ 157, 350 [354] = NJW 2004, 1444 [1445] = ZIP 2004, 513 [514]; BGHZ 175, 307 [311] = NJW-RR 2008, 873 [874] = ZIP 2008, 798 [799]; BGH NZI 2011, 138 [139] = ZIP 2011, 387 [388]; BGH NJW 2014, 389 [390] = ZIP 2014, 137 [138]; *Nöll* Rn. 258 ff., 510; Braun/*Bauch* § 315 Rn. 16; HambK-InsO/*Böhm* Rn. 16; Kübler/Prütting/Bork/*Holzer* § 315 Rn. 31; MüKoInsO/*Siegmann* Rn. 3; Nerlich/Römermann/*Riering* § 315 Rn. 54; Uhlenbruck/*Lüer* § 315 Rn. 18; *Heyrath/Jahnke/Kühn* ZInsO 2007, 1202 [1204]). Zur **Insolvenzmasse** in diesem Fall vgl. → Rn. 15. Der Insolvenzverwalter bleibt im Amt. Das Verfahren wird nicht nach § 240 unterbrochen. Eine angeordnete **Eigenverwaltung** endet nach hM automatisch, so dass vorbehaltlich besonderer Anordnung der Eigenverwaltung ein Insolvenzverwalter bestellt werden muss (Braun/*Bauch* § 315 Rn. 16; HK-InsO/*Marotzke* Rn. 3; MüKoInsO/*Siegmann* Rn. 9; *Siegmann* ZEV 2000, 345 [347]). Die **Haftung des bzw. der Erben**

beschränkt sich ohne weitere Verfahrenshandlung gem. § 1975 BGB auf den Nachlass (*Nöll* Rn. 475). Es erfolgt keine Verweisung an das nach § 315 zuständige Gericht (Kübler/Prütting/Bork/*Holzer* § 315 Rn. 31). Das gilt auch für das Verbraucherinsolvenz- oder Kleinverfahren (BGHZ 175, 307 [311, 314] = NJW-RR 2008, 873 [874, 875] = ZIP 2008, 798 Rn. 11, 19; HambK-InsO/*Böhm* Rn. 16; Kübler/Prütting/Bork/*Holzer* § 315 Rn. 31 f.). Dieses wird im Todesfall des Schuldners nicht nach den Regeln des Verbraucher- oder Kleininsolvenzverfahrens fortgeführt, sondern nach den allgemeinen Regeln des Nachlassinsolvenzverfahrens (ebd.). Der vom Gericht ernannte Treuhänder wird nicht automatisch, sondern nur durch insolvenzgerichtliche Ernennung zum Insolvenzverwalter (BGHZ 175, 307 = NJW-RR 2008, 873 = ZIP 2008, 798 Rn. 14; missverständlich Kübler/Prütting/Bork/*Holzer* § 315 Rn. 32: automatische Verwandlung in Nachlassinsolvenzverwalter). Er kann deshalb ohne Ernennung nur die Vergütung eines Treuhänders beanspruchen (BGHZ 175, 307 = NJW 2008, 873 = ZIP 2008, 798; iErg ebenso Kübler/Prütting/Bork/*Holzer* § 315 Rn. 32). Soweit er typische Nachlassinsolvenzverwalteraufgaben wahrnimmt, kommt allerdings eine den Regelsatz übersteigende Vergütung in Betracht (BGHZ 175, 307 = NJW 2008, 873 = ZIP 2008, 798). Eine Verweisung an das nach § 315 zuständige Gericht findet in diesen Fällen nicht statt (Kübler/Prütting/Bork/*Holzer* § 315 Rn. 31).

c) Restschuldbefreiungsverfahren. Der **Tod des Schuldners im Restschuldbefreiungsverfahren** (§§ 286 ff.) kann nicht zu dessen Fortführung führen (vgl. auch → § 286 Rn. 11), weil Nachlassinsolvenzverwaltung und Restschuldbefreiung miteinander unvereinbar sind (vgl. → Rn. 24). Der Antrag auf Restschuldbefreiung (§ 287) wird mit dem Tod des Schuldners gegenstandslos (MüKoInsO/*Siegmann* vor § 315 Rn. 6; *ders.* ZEV 2000, 345 [347]; *Heyrath/Jahnke/Kühn* ZInsO 2007, 1202 [1206]; *Nöll* Rn. 488 ff.; Braun/*Bauch* Rn. 16; InsHdB/*Döbereiner* § 113 Rn. 31). Das Verfahren kann für erledigt erklärt oder der Restschuldbefreiungsantrag abgewiesen werden (*Heyrath/Jahnke/Kühn* ZInsO 2007, 1202 [1206]). 26

d) Wohlverhaltensperiode. Der **Tod des Schuldners während der Wohlverhaltensperiode** beendet, obwohl nicht in § 299 geregelt, die Wohlverhaltensperiode und das Verfahren der Restschuldbefreiung (BGH NZI 2005, 399 [400] mAnm *Ahrens;* InsHdB/*Döbereiner* § 113 Rn. 32; Nerlich/Römermann/*Riering* § 315 Rn. 57; MüKoInsO/*Siegmann* Rn. 7; *Pape* NJW 2006, 2744 [2747]; MüKoInsO/*Ehricke* § 299 Rn. 16; HK-InsO/*Waltenberger* § 299 Rn. 4; Uhlenbruck/*Sternal* § 299 Rn. 11; **aM** FK-InsO/*Ahrens* § 299 Rn. 8; § 286 Rn. 38 ff.; HK-InsO/*Marotzke* Rn. 3; zu dieser Thematik ausf. *Heyrath/Jahnke/Kühn* ZInsO 2007, 1202 [1206 f.]). Ob analog § 303 auch ein Widerruf einer bereits erteilten Restschuldbefreiung wegen des Erbfalls zulässig ist, ist umstr. Die Frage sollte bejaht werden (MüKoInsO/*Siegmann* Rn. 7). **Nach Ablauf der Wohlverhaltensperiode** hindert der Tod des Schuldners nicht mehr die Erteilung der Restschuldbefreiung (vgl. → § 286 Rn. 13; AG Duisburg ZInsO 2009, 2353). 27

IV. Unternehmensrechtliche Fragen

1. Einzelunternehmen in der Nachlassinsolvenz. Das **Einzelunternehmen** im Erbgang kann **Massebestandteil in der Nachlassinsolvenz** sein (→ Rn. 15). Die hiermit verbundene Beschränkung der Erbenhaftung (§ 1975 BGB) erfasst nicht die persönliche Eigenhaftung aus § 27 HGB. Zur Anwendung des § 93 im Fall einer Erbengemeinschaft vgl. → § 93 Rn. 12. 28

29 **2. Gesellschaftsanteile. a) Massezugehörigkeit.** Ererbte Gesellschaftsanteile können **Massebestandteile in der Nachlassinsolvenz** sein. Das gilt auch für Personengesellschaftsanteile im Fall einer Erbengemeinschaft, obwohl diese den Miterben automatisch geteilt außerhalb der Erbengemeinschaft angefallen sind (→ Rn. 15). Umstr. ist, ob die **Nachlassinsolvenz als Ausscheidensgrund nach § 131 Abs. 3 Nr. 2 HGB bzw.** bei der GbR **als Auflösungsgrund nach § 728 Abs. 2 BGB** zu gelten hat. Die hM verneint dies im Anschluss an die noch zu der § 728 BGB entsprechenden alten Fassung des § 131 HGB ergangene Entscheidung BGHZ 91, 132 = NJW 1984, 2104 = JZ 1984, 890 mAnm *Brox* (vgl. statt vieler MüKoBGB/*Schäfer* § 728 Rn. 35; MüKoInsO/*Siegmann* Anh. § 315 Rn. 21; Staub/*Schäfer* HGB § 131 Rn. 73 mwN). Dieser hM ist aus andernorts dargelegten Gründen nicht zu folgen (MüKoHGB/*Karsten Schmidt* § 131 Rn. 73; *ders.* FS Uhlenbruck, 2000, 655 [658 ff.]). Da der Anteil ungeachtet der individuellen Zuordnung zu einzelnen Miterben Nachlassgegenstand ist (BGHZ 98, 48 = NJW 1986, 2431; BGHZ 108, 187 [192] = NJW 1989, 3152 [3154]) und der Verwalter entgegen der Annahme des BGH unmittelbar Zugriff auf einen zur Masse gehörenden Gesellschaftsanteil hat, ist die Anwendung des § 131 Abs. 3 Nr. 2 HGB bzw. des § 728 Abs. 2 BGB richtigerweise zu bejahen.

30 **b) Gesellschafterhaftung.** Die **gesellschaftsrechtliche Eigenhaftung nachrückender Erben** für Alt- und Neuverbindlichkeiten (vgl. §§ 130, 128 HGB) wird durch die Eröffnung des Nachlassinsolvenzverfahrens nur mit der Wirkung ex nunc berührt. Diese Eigenhaftung ist nicht nach §§ 1975 BGB, 315 ff. InsO beschränkbar. Sie endet durch die Verfahrenseröffnung bezüglich neuer Verbindlichkeiten nur, weil die gesellschaftsrechtliche Haftungsgrundlage (Gesellschaftereinfluss) entfällt (vgl. sinngemäß → § 93 Rn. 12). Ex tunc wirkt dagegen die **Haftungsbeschränkung des Komplementärerben nach § 139 Abs. 4 HGB.** Bei dieser geht es nicht um die Beschränkung der aus § 1967 BGB resultierenden Haftung des Erben für Nachlassverbindlichkeiten, sondern um die aus §§ 128, 130 HGB (ggf. iVm § 161 HGB) herrührende gesellschaftsrechtliche **Eigenhaftung** des Komplementärerben als nachrückender Gesellschafter für Altverbindlichkeiten (§ 130 HGB) und Neuverbindlichkeiten der Gesellschaft (§ 128 HGB). Diese kann nach Maßgabe des § 139 Abs. 4 HGB mit Wirkung ex tunc beseitigt bzw. durch eine Kommanditistenhaftung ersetzt werden. Es handelt sich bei § 139 Abs. 4 HGB um ein die **Gesellschafter-Eigenhaftung des Erben** betreffendes Privileg. Mit dieser geht die nach §§ 1975 BGB, 315 ff. InsO beschränkbare erbrechtliche Haftung aus § 1967 BGB für die schon gegen den Erblasser begründeten (Alt-)Verbindlichkeiten aus § 128 HGB einher (vgl. eing. MüKoHGB/*Karsten Schmidt* § 139 Rn. 111).

31 **3. Analoge Anwendung der §§ 315 ff. HGB bei gesellschaftsrechtlicher Gesamtrechtsnachfolge. a) Herrschende Auffassung.** Analog anzuwenden sind § 1975 BGB, §§ 315 ff. InsO auf die Haftungsbeschränkung eines Rechtsnachfolgers, dem durch Gesamtrechtsnachfolge außerhalb des Umwandlungsgesetzes das Gesellschaftsvermögen mit allen Aktiven und Passiven zufällt. Diese Analogie zu §§ 315 ff. ist hM (Angaben auch bei HK-InsO/*Marotzke* Rn. 12). Zweck ist die Erhaltung der für eine beschränkte Haftung des Gesamtrechtsnachfolgers erforderlichen Vermögenstrennung. Die Leitentscheidung des OLG Hamm wurde in ZIP 2007, 1233 = *Herchen* EWiR 2007, 527 mit folgenden Leitsätzen abgedruckt: „**(1.)** Wird die Eröffnung des Insolvenzverfahrens über das Vermögen der Komplementär-GmbH einer zweigliedrigen GmbH & Co. KG mangels Masse abgelehnt, scheidet die Komplementär-GmbH erst mit ihrer Vollbeendigung aus der KG analog § 131 Abs. 3 S. 1 Nr. 1 HGB aus, was zur liquidationslosen Vollbeendigung der KG (unter Gesamtrechtsnachfolge ihres verbliebenen Kommanditisten) führt. Nach der Eröffnung des Insolvenzverfahrens

über das Vermögen der KG geht das Regelinsolvenzverfahren in diesem Fall ohne Weiteres analog §§ 315 ff. InsO in ein Partikularinsolvenzverfahren (in Rechtsträgerschaft des Gesamtrechtsnachfolgers) über. **(2.)** Die Prozessführungsbefugnis des Insolvenzverwalters der KG (hier: aus § 93 InsO) bleibt hiervon aus Gründen der Verfahrenskontinuität sowie der Bindungswirkung des Eröffnungsbeschlusses unberührt. **(3.)** Eine Aussetzung der vom Insolvenzverwalter der KG geführten Rechtsstreitigkeiten analog §§ 239, 246 ZPO kommt nicht in Betracht, weil dort der Insolvenzverwalter (und nicht die KG) Partei des Rechtsstreits ist (sog. Partei kraft Amtes); für Rechtsstreitigkeiten, die erst nach Vollbeendigung der KG anhängig gemacht wurden, scheidet eine Analogie zu § 239 ZPO bereits aus Normzweckgründen aus."

b) Stellungnahme. Der analogen Anwendbarkeit der §§ 315 ff. InsO zur Erhaltung der Haftungsbeschränkung bei gesellschaftsrechtlicher Gesamtrechtsnachfolge **ist zuzustimmen** (so zB auch KG ZIP 2012, 1817; Staub/*Schäfer* HGB § 131 Rn. 114; MüKoHGB/*Karsten Schmidt* § 131 Rn. 75; *Marotzke* ZInsO 2009, 590 ff.; reserviert Gottwald InsOhHdB/*Döbereiner* § 111 Rn. 13). Vorrang hat aber die Prüfung, ob die Gesamtrechtsnachfolge in den Komplementäranteil überhaupt eintritt. Im Fall der Insolvenz des Komplementärs kann eine haftungserweiternde Gesamtrechtsnachfolge des letztverbleibenden Kommanditisten durch teleologische Reduktion des § 131 Abs. 3 HGB vermieden werden (MüKoHGB/*Karsten Schmidt* § 131 Rn. 75; str.). Noch sicherer wären (aber aus psychologischen Gründen ungebräuchlich sind) Vertragsklauseln, die den Anfall des Gesellschaftsvermögens beim einzigen Kommanditisten verhindern. 32

Örtliche Zuständigkeit

315 **[1]Für das Insolvenzverfahren über einen Nachlass ist ausschließlich das Insolvenzgericht örtlich zuständig, in dessen Bezirk der Erblasser zur Zeit seines Todes seinen allgemeinen Gerichtsstand hatte. [2]Lag der Mittelpunkt einer selbständigen wirtschaftlichen Tätigkeit des Erblassers an einem anderen Ort, so ist ausschließlich das Insolvenzgericht zuständig, in dessen Bezirk dieser Ort liegt.**

I. Generalia

Die Bestimmung regelt als Spezialnorm zu § 3 die **örtliche Zuständigkeit** in Nachlassinsolvenzsachen. Die sachliche Zuständigkeit folgt dem § 2 (vgl. dort). Die Zuständigkeit nach § 315 und die Zuständigkeit für Nachlasssachen nach § 343 FamFG können auseinanderfallen. 1

II. Die örtliche Zuständigkeit nach § 315

1. Mittelpunkt der selbständigen wirtschaftlichen Tätigkeit des Erblassers. Den **Vorrang** vor Satz 1 **hat Satz 2:** Hatte der Erblasser eine selbständige wirtschaftliche Tätigkeit (→ § 3 Rn. 6) ausgeübt, so richtet sich der ausschließliche Gerichtsstand nach dem Ort dieser Tätigkeit (vgl. Satz 2 und dazu sinngemäß → § 3 Rn. 3 f.). In anderen Fällen kommt es auf den allgemeinen Gerichtsstand des Erblassers an (vgl. Satz 1 und dazu sinngemäß → § 3 Rn. 5). Letzteres gilt auch, wenn der Geschäftsbetrieb im Todeszeitpunkt eingestellt war (vgl. statt vieler MüKoInsO/*Siegmann* Rn. 3; differenzierend InsHdB/*Döbereiner* § 113 Rn. 27; Uhlenbruck/*Lüer* Rn. 17). Kein solcher Fall liegt vor, wenn die Geschäftstätigkeit höchstpersönlich ist und nicht auf die Erben übergeht (zB Tod 2 eines Notars oder Einzelanwalts). Dies ist und bleibt ein Fall des Satzes 2. Für den Gerichtsstand eines Personengesellschafters vgl. sinngemäß → § 3 Rn. 6.

3 **2. Allgemeiner Gerichtsstand.** Kommt Satz 2 nicht zum Zuge, so bleibt der allgemeine Gerichtsstand des Erblassers nach Satz 1 maßgebend (dazu sinngemäß → § 3 Rn. 4).

4 **3. Gerichtsstand bei Tod während eines Insolvenzverfahrens.** Verstirbt ein Schuldner während des Eröffnungsverfahrens oder des eröffneten Insolvenzverfahrens, so wird dieses als Nachlassinsolvenzverfahren weitergeführt (→ Vor § 315 Rn. 24, 25). Der Gerichtsstand ändert sich nicht. Eine nochmalige Prüfung der Zuständigkeit gem. § 315 findet nicht statt (vgl. statt vieler Braun/*Bauch* Rn. 9; Uhlenbruck/*Lüer* Rn. 18).

III. Internationale Zuständigkeit

5 Die **§§ 343–358 InsO** sowie die Bestimmungen der **EuInsVO** gelten auch für das Nachlassinsolvenzverfahren (HK-InsO/*Marotzke* Rn. 8). Für den Fall, dass die internationale Zuständigkeit für die Eröffnung eines Hauptinsolvenzverfahrens fehlte, kann nach § 354 bzw. nach Art. 3 Abs. 4 EuInsVO ein Partikularinsolvenzverfahren eröffnet werden (HK-InsO/*Marotzke* Rn. 11).

Zulässigkeit der Eröffnung

316 (1) **Die Eröffnung des Insolvenzverfahrens wird nicht dadurch ausgeschlossen, daß der Erbe die Erbschaft noch nicht angenommen hat oder daß er für die Nachlaßverbindlichkeiten unbeschränkt haftet.**

(2) **Sind mehrere Erben vorhanden, so ist die Eröffnung des Verfahrens auch nach der Teilung des Nachlasses zulässig.**

(3) **Über einen Erbteil findet ein Insolvenzverfahren nicht statt.**

I. Generalia

1 **1. Übernahme aus der Konkursordnung.** Die **Absätze 1 und 2** basieren auf § 216 KO. **Absatz 3** war in § 235 KO enthalten. Der Regierungsentwurf hatte es bei dieser Trennung belassen (§§ 359, 377 RegE InsO). Der Ausschussbericht fasste sie zum heutigen § 316 zusammen. § 216 Abs. 1 KO unterschied sich von § 113 Abs. 1 Nr. 3 VglO (kein Nachlassvergleichsverfahren bei unbeschränkter Erbenhaftung oder nach Nachlassteilung). Das beruhte darauf, dass das Nachlassvergleichsverfahren alten Rechts der Erhaltung des Nachlasses als einer wirtschaftlichen Einheit diente und nicht von den Nachlassgläubigern beantragt werden konnte. Diese Besonderheit des Vergleichs gegenüber dem Konkursverfahren hat in dem einheitlichen Nachlassinsolvenzverfahren keinen Platz mehr (BegrRegE BT-Drs. 12/2443, 230 zu § 359 RegE InsO).

2 **2. Zulässigkeitsvoraussetzungen.** Die Vorschrift enthält keine allgemeine Regelung über die Zulässigkeit der Eröffnung eines Nachlassinsolvenzverfahrens. Sie regelt **nur einzelne Aspekte** der Zulässigkeit. Zur **Zulässigkeit des Nachlassinsolvenzverfahrens** gehören insbes. noch: das Vorhandensein eines Nachlasses (also der Erbfall), die Zuständigkeit des Gerichts (dazu § 315), die Antragsberechtigung (§§ 317, 318), die Wirksamkeit des Antrags und das Vorhandensein eines Eröffnungsgrunds (§ 320). **Nicht erforderlich** ist das Vorhandensein konkurrierender Gläubiger (BGH ZIP 2006, 247; HK-InsO/*Marotzke* Rn. 3; aM vereinzelt AG Tübingen DZWIR 2003, 307 = ZVI 2003, 671). Ein wirksam

erlassener Eröffnungsbeschluss hat für Zivilprozesse Bindungswirkung (BGH NJW 2014, 391 = ZIP 2014, 134).

II. Die Regelungen im Einzelnen

1. Absatz 1 und 2. Nach Absatz 1 und 2 liegt **kein Zulässigkeitshindernis** 3
für die Eröffnung des Nachlassinsolvenzverfahrens vor, sofern

– die **Erbschaft noch nicht angenommen** ist; dh wenn die Ausschlagungsfrist 4
(§§ 1943, 1944 BGB) oder die Frist zur Anfechtung der Annahme oder der Ausschlagungsversäumung (§§ 1954, 1956 BGB) noch läuft. Der Antrag kann schon von den vorläufigen Erben oder von Nachlassgläubigern gestellt werden. In dem Antrag eines vorläufigen Erben liegt deshalb nicht notwendig bereits eine Erbschaftsannahme (vgl. Braun/*Bauch* Rn. 4; s. auch Uhlenbruck/*Lüer* Rn. 2).

– **der Erbe** gegenüber einzelnen Gläubigern oder allg. **endgültig unbeschränkt** 5
haftet. Wegen der Geltendmachung der Forderung im Fall der Verwirkung gegenüber einzelnen Gläubigern ist auf § 326 Abs. 2 und 3 zu verweisen (vgl. → § 326 Rn. 3 f.).

– bei Erbenmehrheit der **Nachlass geteilt** ist (vgl. auch → Vor § 315 Rn. 15). In 6
diesem Fall sind die Miterben nach Maßgabe der §§ 80, 148 Abs. 1 zur Ausantwortung der Nachlassgegenstände als Soll-Masse verpflichtet (vgl. → Vor § 315 Rn. 15). Für die Erbenhaftung ist § 2060 Nr. 3 BGB zu beachten.

2. Der Nachlass als Einheit. a) Kein Insolvenzverfahren über Erbteile 7
(Absatz 3). Nur über den **Nachlass** als ganzen, **nicht** über einzelne **Erbteile** kann ein Nachlassinsolvenzverfahren eröffnet werden. Es gibt mit anderen Worten **keine Separat-Nachlassinsolvenz eines Miterben,** sondern nur die Nachlassinsolvenz der Erbengemeinschaft. Dies entspricht der Rechtsnatur der Erbengemeinschaft als einer Gemeinschaft zur gesamten Hand (§§ 2032 ff. BGB) und der gesamtschuldnerischen Haftung der Miterben für die gemeinschaftlichen Nachlassverbindlichkeiten (§ 2058 BGB). Der **Erbteil** ist Bestandteil des Vermögens eines Miterben. Er fällt im Fall seiner Privatinsolvenz in seine Insolvenzmasse (vgl. für den Fall der gleichzeitigen Nachlassinsolvenz Erl. zu § 331; für nachträgliche Nachlassinsolvenz → Vor § 315 Rn. 24).

b) Kein Nachlassinsolvenzverfahren über einzelne Nachlassgegenstän- 8
de. Ebenso wenig wie ein Insolvenzverfahren über einen Erbteil findet ein Sonderinsolvenzverfahren über einzelne Nachlassgegenstände, zB ein Unternehmen, statt (→ § 11 Rn. 22). Eine nur scheinbare Ausnahme ist der Fall, dass der Erblasser ein Unternehmen als Einpersonengesellschaft betrieb. Hier kann es außer zur Nachlassinsolvenz auch zum Insolvenzverfahren über das GmbH-Vermögen kommen, aber dieses Verfahren wird nicht über Nachlassgegenstände eröffnet (das wären die GmbH-Geschäftsanteile), sondern über das Vermögen der GmbH als einer selbständigen Rechtsträgerin nach § 11 Abs. 1.

Antragsberechtigte

317 (1) **Zum Antrag auf Eröffnung des Insolvenzverfahrens über einen Nachlaß ist jeder Erbe, der Nachlaßverwalter sowie ein anderer Nachlaßpfleger, ein Testamentsvollstrecker, dem die Verwaltung des Nachlasses zusteht, und jeder Nachlaßgläubiger berechtigt.**

(2) [1] **Wird der Antrag nicht von allen Erben gestellt, so ist er zulässig, wenn der Eröffnungsgrund glaubhaft gemacht wird.** [2] **Das Insolvenzgericht hat die übrigen Erben zu hören.**

(3) **Steht die Verwaltung des Nachlasses einem Testamentsvollstrecker zu, so ist, wenn der Erbe die Eröffnung beantragt, der Testamentsvollstrecker, wenn der Testamentsvollstrecker den Antrag stellt, der Erbe zu hören.**

Übersicht

I. Generalia

1 **1. Normzweck.** Die Bestimmung ist **aus § 217 KO übernommen,** allerdings dadurch erweitert, dass nunmehr alle Nachlassgläubiger ausnahmslos zum Antrag berechtigt sind (§ 219 KO hatte den im Aufgebotsverfahren ausgeschlossenen oder ihnen gleichgestellten Gläubigern das Antragsrecht versagt). Die Regierungsbegründung zu § 360 RegE InsO (BT-Drs. 12/2443, 230) hat stattdessen auf die individuelle Prüfung des Rechtsschutzbedürfnisses antragstellender Gläubiger nach § 14 Abs. 1 verwiesen und einen generellen Ausschluss bestimmter Gläubigergruppen abgelehnt.

2 **2. Norminhalt.** Die Bestimmung regelt nicht nur die **Antragsbefugnis** (Absatz 1), sondern sie enthält auch **Verfahrensregeln** über die Glaubhaftmachung (Absatz 2 Satz 1) und die Anhörung von Beteiligten (Absatz 2 Satz 2, Absatz 3). **Nicht** in § 317 geregelt sind **Insolvenzantragspflichten.** Sie ergeben sich aus § 1980 BGB und sind erläutert bei → § 320 Rn. 7 ff.

II. Antragsberechtigte nach Abs. 1

3 **1. Erben. a) Erbenstellung.** Antragsberechtigt ist jeder **Erbe** vor und nach Erbschaftsannahme (vgl. → Rn. 5), bei beschränkter und unbeschränkter Haftung (ausf. FK-InsO/*Schallenberg/Rafiqpoor* Rn. 6). Der Insolvenzantrag stellt nicht in jedem Fall eine konkludierte Annahme der Erbschaft dar (MüKoInsO/*Siegmann* Rn. 2) Im **Fall des Erbschaftskaufs** gilt § 330. Ein **Vorerbe** ist antragsberechtigt bis zum Eintritt des Nacherbfalls (unklare Abstellung auf den „Besitz" des Nachlasses noch bei Kilger/*Karsten Schmidt* § 217 KO Anm. 1a), der **Nacherbe** vom Eintritt des Nacherbfalls an (eing. FK-InsO/*Schallenberg/Rafiqpoor* Rn. 9; ebenso

HK-InsO/*Marotzke* Rn. 4; Uhlenbruck/*Lüer* Rn. 2; *Vallender/Fuchs/Rey* NZI 1999, 355; hM). Im Fall des Berliner Testaments (§ 2269 BGB) ist der Schlusserbe erst als Erbeserbe antragsberechtigt (vgl. auch Kübler/Prütting/Bork/*Holzer* Rn. 4). Bloßer Erbschaftsbesitz (§ 2018 BGB) genügt nicht. Im **Fall der Erbeninsolvenz** (→ Vor § 315 Rn. 23) ist der Insolvenzverwalter zur Antragstellung für ein Nachlassinsolvenzverfahren befugt (HK-InsO/*Marotzke* Rn. 11; *ders.* FS Otte, 2005, 223 [230 f.]) und ggf. auch verpflichtet (→ § 320 Rn. 13), der Erbe nur im Fall der Eigenverwaltung (aM *Marotzke* FS Otte, 2005, 223 [227]: immer).

b) Erbengemeinschaft. Im Fall einer Erbengemeinschaft ist **jeder Erbe** antragsberechtigt (vgl. Wortlaut Absatz 1 und Absatz 2). Es müssen aber die Verfahrensregeln des Absatz 2 über die Glaubhaftmachung und Anhörung eingehalten werden (dazu → Rn. 10 ff.). Diese Regeln gelten auch, wenn die Verfahrenseröffnung nach Auseinandersetzung der Erbengemeinschaft beantragt wird. 4

c) Ausschlagungsfall. Durch wirksame Ausschlagung (§§ 1944 ff. BGB) verliert ein vorläufiger Erbe sein Antragsrecht (BGH NZI 2011, 653 = ZEV 2011, 544 mAnm *Marotzke;* OLG Koblenz Rpfleger 1989, 501; Braun/*Bauch* Rn. 3; Uhlenbruck/*Lüer* Rn. 2). Wer die Versäumung der Anfechtungsfrist angefochten hat, wird bis zur Klärung ebenso behandlet (BGH NZI 2011, 653 = ZEV 2011, 544 mAnm *Marotzke*). Schlägt der vorläufige Erbe nach Insolvenzverfahrenseröffnung aus, was in Anbetracht der Ausschlagungsfrist unwahrscheinlich ist, so bleibt die Insolvenzverfahrenseröffnung als Staatsakt wirksam (es bedarf hierfür keiner analogen Anwendung des § 1959 Abs. 2 BGB; vgl. auch HK-InsO/*Marotzke* Rn. 3). 5

2. Nachlassverwalter und Testamentsvollstrecker. a) Nachlassverwalter. 6
Antragsberechtigt ist ein etwa vorhandener **Nachlassverwalter** (§§ 1975 ff. BGB) oder anderer **Nachlasspfleger** nach §§ 1960 ff. BGB (dazu KG KTS 1975, 230 = MDR 1975, 581 = OLGE 75, 161). Das Antragsrecht des Erben bleibt unberührt (Braun/*Bauch* Rn. 5; HK-InsO/*Marotzke* Rn. 9; Kübler/Prütting/Bork/*Holzer* Rn. 9; MüKoInsO/*Siegmann* Rn. 4) Ein Nachlasspfleger nimmt das Antragsrecht ausschließlich im Interesse des Erben und nicht der Nachlassgläubiger wahr und ist deshalb auch nicht, wie der Erbe, nach § 1980 BGB zur Antragstellung verpflichtet (BGHZ 161, 281 = NJW 2005, 765; auch → § 320 Rn. 14).

b) Testamentsvollstrecker. Ein Testamentsvollstrecker ist antragsbefugt, wenn er zur Verwaltung des Nachlasses befugt (§§ 2197 ff. BGB) und nicht als bloßer Auseinandersetzungstestamentsvollstrecker bestellt ist (Vgl. Braun/*Bauch* Rn. 8; Kübler/Prütting/Bork/*Holzer* Rn. 11; MüKoInsO/*Siegmann* Rn. 4; Uhlenbruck/*Lüer* Rn. 8). Das Antragsrecht des Erben bleibt auch hier unberührt (arg. Absatz 3). Zur Antragspflicht vgl. → § 320 Rn. 14. 7

c) Mehrheit von Nachlassverwaltern oder Testamentsvollstreckern. Sind mehrere Nachlasspfleger oder mehrere nachlassverwaltende Testamentsvollstrecker bestellt, so müssen diese den Antrag gemeinsam stellen (Braun/*Bauch* Rn. 6, 8; FK-InsO/*Schallenberg/Rafiqpoor* Rn. 20; Kübler/Prütting/Bork/*Holzer* Rn. 11; Uhlenbruck/*Lüer* Rn. 8). Bei Meinungsverschiedenheit entscheidet das Nachlassgericht (§ 2224 BGB). 8

3. Nachlassgläubiger. Jeder Nachlassgläubiger ist zur Antragstellung befugt (vgl. → Rn. 1). Voraussetzung für einen zulässigen Antrag ist das Rechtsschutzbedürfnis (§ 14 Abs. 1) und die Wahrung der Antragsfrist nach § 319. Die noch in § 219 KO enthaltene Sonderregel (Einschränkung des Antragsrechts für ausgeschlossene Nachlassgläubiger, Vermächtnis- und Auflagengläubiger sowie Ehegatten) wurde nicht in die InsO aufgenommen (ausf. HK-InsO/*Marotzke* Rn. 18 f.). 9

III. Besondere Verfahrensregeln

10 **1. Glaubhaftmachung des Eröffnungsgrunds.** Eine Glaubhaftmachung des Eröffnungsgrunds (§ 320) ist beim **Erbenantrag** vorgeschrieben, wenn im Fall einer Erbengemeinschaft nicht alle Erben den Antrag stellen (Absatz 2 Satz 1). Über Einzelheiten vgl. *Vallender/Fuchs/Rey* NZI 1999, 355 f.

11 **2. Anhörungspflichten. a) Absatz 2.** Im Fall des Absatz 2 hat das Insolvenzgericht diejenigen Erben zu hören, die sich nicht an dem Antrag beteiligen (Absatz 2 Satz 2).

12 **b) Absatz 3.** Nach Absatz 3 ist im Fall der Verwaltungstestamentsvollstreckung der Testamentsvollstrecker zu hören, wenn der Erbe (ein Erbe oder jeder Erbe) den Antrag stellt. Ebenso sollte das Insolvenzgericht im Fall der Nachtragsverwaltung verfahren (für analoge Anwendung HK-InsO/*Marotzke* Rn. 9).

13 **3. Prozesskostenhilfe.** Ob für den Antrag Prozesskostenhilfe gewährt werden kann, ist str. (bejahend LG Göttingen ZInsO 2000, 619; **aM** LG Berlin ZInsO 2004, 626; LG Neuruppin ZInsO 2004, 1090; sa AG Hildesheim ZInsO 2004, 1154). Eine Verfahrenskostenstundung nach § 4a ist nicht möglich (HambK-InsO/*Böhm* Rn. 8; Nerlich/Römermann/*Becker* § 4a Rn. 8; Uhlenbruck/*Mock* § 4a Rn. 10).

14 **4. Beschwerdeberechtigung.** Als Grundsatz gilt § 6. Nach § 34 Abs. 1 steht bei Ablehnung der Eröffnung dem Antragsteller, nach § 34 Abs. 2 bei Eröffnung jedem (Mit-)Erben, wenn er keinen Eröffnungsantrag gestellt hat, die sofortige Beschwerde zu. Wer selbst den Antrag als Erbe gestellt hat, kann den Eröffnungsbeschluss nach hM nicht mit der Begründung anfechten, die beantragte Eröffnung hätte nach § 26 abgelehnt werden müssen (vgl. → § 34 Rn. 13 f.; Angaben bei MüKoInsO/*Siegmann* Rn. 13); anders im Fall eines Fremdantrags (BGH NZI 2004, 625 = ZIP 2004, 1727).

Antragsrecht beim Gesamtgut[1]

318 (1) [1]**Gehört der Nachlaß zum Gesamtgut einer Gütergemeinschaft, so kann sowohl der Ehegatte, der Erbe ist, als auch der Ehegatte, der nicht Erbe ist, aber das Gesamtgut allein oder mit seinem Ehegatten gemeinschaftlich verwaltet, die Eröffnung des Insolvenzverfahrens über den Nachlaß beantragen.** [2]**Die Zustimmung des anderen Ehegatten ist nicht erforderlich.** [3]**Die Ehegatten behalten das Antragsrecht, wenn die Gütergemeinschaft endet.**

(2) [1]**Wird der Antrag nicht von beiden Ehegatten gestellt, so ist er zulässig, wenn der Eröffnungsgrund glaubhaft gemacht wird.** [2]**Das Insolvenzgericht hat den anderen Ehegatten zu hören.**

(3) **Die Absätze 1 und 2 gelten für Lebenspartner entsprechend.**

I. Generalia

1 **1. Geschichte der Norm.** Die **Absätze 1 und 2** sind ohne nennenswerte Änderungen aus § 218 KO idF des Gleichberechtigungsgesetzes von 1957 hervorgegangen. **Absatz 3** wurde durch Art. 5 Abs. 22 Nr. 3 des Gesetzes zur Überarbeitung des Lebenspartnerschaftsrechts vom 15.12.2004 (BGBl. I S. 3396) angefügt.

[1] § 318 Abs. 3 angef. mWv 1.1.2005 durch G v. 15.12.2004 (BGBl. I S. 3396).

2. Anwendungsbereich und Normzweck. Nach § 1416 Abs. 1 S. 2 BGB gehört auch der Hinzuerwerb eines Ehegatten zum Gesamtgut. Dazu kann auch ein Nachlass gehören, sofern er nicht nach § 1418 Abs. 2 Nr. 2 BGB zum Vorbehaltsgut erklärt ist. Für diesen Fall klärt § 318 die Antragsberechtigung, und zwar nicht für das Sonderinsolvenzverfahren nach §§ 332–334, sondern für das Nachlassinsolvenzverfahren. 2

II. Norminhalt

1. Absatz 1. a) Satz 1. Nach Absatz 1 Satz 1 kann, wenn ein Nachlass zum Gesamtgut einer Gütergemeinschaft gehört und das Gesamtgut von den Ehegatten gemeinschaftlich verwaltet wird, jeder Ehegatte die Eröffnung des Nachlassinsolvenzverfahrens beantragen. Gleiches gilt, wenn ein Nachlass zum Gesamtgut gehört und das Gesamtgut von dem Ehegatten allein verwaltet wird, der nicht der Erbe ist. Dann ist der eine kraft Erbenstellung antragsbefugt, der andere kraft Verwaltungsbefugnis. 3

b) Satz 2. Satz 2 besagt, dass die Antragsbefugnis eine **Einzelantragsbefugnis** ist. Es bedarf nicht, wie dies nach §§ 1423 ff., 1451 ff. naheliegen könnte, der Zustimmung oder Mitwirkung des anderen Ehegatten (vgl. aber Absatz 2). 4

2. Absatz 2. Absatz 2 stimmt inhaltlich mit dem früheren Recht überein. Die Vorschrift entspricht dem § 317 Abs. 2. Auf → § 317 Rn. 10 kann verwiesen werden. 5

3. Absatz 3. Lebenspartner (§ 1 LPartG) können nach §§ 7 LPartG, 1415 ff. BGB den Güterstand der Gütergemeinschaft begründen. Fällt in das Gesamtgut ein Nachlass (vgl. → Rn. 2), so gelten auch hier die Regeln der Absätze 1 und 2. 6

Antragsfrist

319 Der Antrag eines Nachlaßgläubigers auf Eröffnung des Insolvenzverfahrens ist unzulässig, wenn seit der Annahme der Erbschaft zwei Jahre verstrichen sind.

I. Vorgeschichte und Normzweck

Die Vorschrift ist mit nur redaktionellen Änderungen aus **§ 220 KO** übernommen. Diese Bestimmung war am 17.5.1898 gemeinsam mit § 1981 Abs. 2 S. 2 BGB (Zweijahresfrist für Antrag auf Nachlassverwaltung) in Kraft getreten und basiert wie diese Fristregelung auf der Annahme, dass Dritte – im Gegensatz zu dem oder den Erben – nicht unbefristet auf einer Separierung von Nachlass und Eigenvermögen bestehen können (Kübler/Prütting/Bork/*Holzer* Rn. 1 mwN). Auf die im Gesetz nicht vorgesehenen Sekundär-Nachlassinsolvenzverfahren bei fehlender internationaler Hauptverfahrenszuständigkeit (→ § 315 Rn. 5) passt die Befristung nicht (HK-InsO/*Marotzke* Rn. 2). 1

II. Norminhalt

1. Nur Gläubigerantrag. Nur der Eröffnungsantrag des Nachlassgläubigers ist nach § 319 befristet. Da Nachlassinsolvenzverfahren im Hinblick auf den Zweck der Haftungsbeschränkung (→ Vor § 315 Rn. 1) regelmäßig von Erben oder Testamentsvollstreckern beantragt werden, ist die Bedeutung des § 319 gering. 2

2. Fristbeginn. Die nur für Nachlassgläubiger geltende Frist zur Stellung des Antrags auf Insolvenzverfahrenseröffnung beginnt mit Annahme der Erbschaft 3

(§ 1943 BGB) bei Erbenmehrheit, wenn sämtliche Erben angenommen haben (Braun/*Bauch* Rn. 2). Bei Nacherbfolge entscheidet die Annahme der Nacherbschaft (Kübler/Prütting/Bork/*Holzer* Rn. 3 mwN; Uhlenbruck/*Lüer* Rn. 3). Im Fall der Testamentsvollstreckung wird vorgeschlagen, die Frist erst mit deren Beendigung beginnen zu lassen (HK-InsO/*Marotzke* Rn. 4; Uhlenbruck/*Lüer* Rn. 3). Dafür sprechen weder hier noch bei § 1981 Abs. 2 überzeugende Gründe.

4 **3. Rechtsfolgen.** Die Frist ist eine Ausschlussfrist. Ein nach Ablauf gestellter Antrag ist unwirksam, eine darauf gestützte Verfahrenseröffnung unzulässig, also rechtsfehlerhaft. Nicht ausgeschlossen ist die Geltendmachung der den Nachlassgläubigern zustehenden Forderungen, auch in einem zulässigerweise oder jedenfalls wirksam eröffneten (Nachlass-)Insolvenzverfahren.

Eröffnungsgründe

320 **[1]Gründe für die Eröffnung des Insolvenzverfahrens über einen Nachlaß sind die Zahlungsunfähigkeit und die Überschuldung. [2]Beantragt der Erbe, der Nachlaßverwalter oder ein anderer Nachlaßpfleger oder ein Testamentsvollstrecker die Eröffnung des Verfahrens, so ist auch die drohende Zahlungsunfähigkeit Eröffnungsgrund.**

Übersicht

I. Grundlagen

1. Die gesetzlichen Eröffnungsgründe. Nach **§ 215 KO** war Eröffnungsgrund nur die Überschuldung des Nachlasses (anders § 1 Abs. 1 S. 1 GesO: Zahlungsunfähigkeit oder Überschuldung). Grundlage war der Gedanke, dass allein die „Suffizienz oder Insuffizienz" des Nachlasses den Ausschlag für die Eröffnung des Verfahrens geben könne (*Hahn,* Materialien, 1881, 399 f.; s. auch *Roth* ZInsO 2009, 2265). Der InsO-Gesetzgeber sah den Grund für diese Sonderbehandlung des Nachlasskonkurses allein in einer statischen Betrachtungsweise des vormaligen Nachlasskonkurses, die nach dem Wortlaut des § 1 KO eine Einbeziehung des Hinzuerwerbs in die Masse ausschließen sollte (dazu → § 35 Rn. 3). Schon dieser Befund ist nicht über jeden Zweifel erhaben (vgl. nämlich für Unternehmen und Unternehmensanteile im Nachlass bereits Kilger/*Karsten Schmidt,* 17. Aufl., § 214 KO Anm. 2). Hinzu kommt, dass die vermeintlich statische Betrachtungsweise der Konkursordnung nicht die einzige Erklärung für die Begrenzung auf den Überschuldungsfall war. Nicht zu vernachlässigen ist nämlich, dass es im Recht der Nachlassinsolvenz auch um die Herbeiführung der Haftungsbeschränkung (§ 1975 BGB und dazu → Vor § 315 Rn. 1) und um die Abgrenzung des haftenden Vermögens (dazu → Vor § 315 Rn. 3 ff.) geht. Im Fall der Zahlungsunfähigkeit kam unter der Geltung der Konkursordnung nur die Nachlassverwaltung in Frage (Kilger/*Karsten Schmidt,* 17. Aufl., § 215 KO Anm. 1). Die Regierungsbegründung zu § 363 RegE InsO führt für die Erfassung aller Eröffnungsgründe nach §§ 17–19 folgende Erwägungen an: Der Nachlass sei ein dynamisches Sondervermögen, das sich vergrößern oder verringern könne, nicht zuletzt, wenn ein Unternehmen im Nachlass sei. Auch sei die Überschuldung nicht selten schwer feststellbar. Eine hieraus resultierende Verzögerung des Nachlassinsolvenzverfahrens gefährde, weil selbst unter Nachlassverwaltung noch vollstreckt werden könne, den Bestand des Nachlasses. Schließlich helfe die Anpassung an das Regelinsolvenzverfahren bei der Vermeidung von Schwierigkeiten, auch in Fällen des Wechsels zwischen Regelinsolvenzverfahren und Nachlassinsolvenz (zust. zu all dem HK-InsO/*Marotzke* Rn. 8). Hervorgehoben wird, dass dies erst recht gelte, wenn das Verfahren zu Lebzeiten des Erblassers als Verbraucher- oder Kleininsolvenzverfahren eröffnet worden sei (ebd.). 1

2. Rechtspolitische Beurteilung. a) Position der KO. Die **vormalige Begrenzung auf den Eröffnungsgrund der Überschuldung** war nicht ohne Plausibilität (vgl. auch → Rn. 1). Sie basierte auf dem Verständnis des Nachlasses als einer Liquidationsmasse, die für die private Abwicklung entweder zureichend oder unzureichend ist und im letzteren Fall insolvenzrechtlich abgewickelt werden muss. Diese Sichtweise, konsequent verfolgt, musste einen dreifachen Effekt haben: **erstens** die Begrenzung des Insolvenzverfahrens auf Überschuldungsfälle, **zweitens** die Orientierung des Überschuldungsbegriffs an der Liquidationsperspektive ohne die prognostische Überlebenshypothese (dazu → Rn. 4) und **drittens** die Koordinierung der Berechtigung und der Verpflichtung (§ 1980 BGB) zur Insolvenzantragstellung in einem mindestens theoretisch kristallklaren Zeitpunkt (*Karsten Schmidt,* Wege zum Insolvenzrecht der Unternehmen, 1990, 58; Kilger/*Karsten Schmidt* KO § 215 Rn. 1, KO § 217 Rn. 2). 2

b) Neues Verständnis. Aus der **Anwendbarkeit der §§ 16–19** auf die Eröffnung der Nachlassinsolvenz spricht nicht nur ein unterschiedliches Opportunitätskalkül des InsO-Gesetzgebers im Vergleich zur Konkursordnung, sondern auch ein **neues Verständnis der Nachlassinsolvenz** (dazu auch → Vor § 315 Rn. 7). Das Insolvenzverfahren dient nicht mehr nur der Zerschlagung eines für die Gläubigerbefriedigung insuffizienten Sondervermögens, sondern auch der Orga- 3 nisation eines geordneten Schuldendienstes unter Einschluss sogar des Insolvenzplanverfahrens (dazu → Vor § 315 Rn. 20), evtl. sogar unter Eigenverwaltung (dazu → Vor § 315 Rn. 18). In dieser **Dynamisierung** des vormals rein statisch begriffenen Bilds der Nachlassinsolvenz wird eine Modernisierung des Verfahrens erblickt (vgl. nur FK-InsO/*Schallenberg/Rafiqpoor* Rn. 9 f.). Mit der praktischen Funktion des Nachlassinsolvenzverfahrens und dessen erbrechtlichem Hauptzweck (→ Vor § 315 Rn. 1) verträgt sich dies nicht uneingeschränkt.

II. Die Eröffnungsgründe

4 **1. Überschuldung.** Modellhaft kann nach wie vor die Überschuldung als Grundtatbestand für die Nachlassinsolvenz angesehen werden. Die Gesetzesverfasser gingen offenkundig davon aus, dass die Überschuldungsdefinition des § 19 für § 320 maßgeblich ist (BegrRegE InsO zu § 320). Dies wird verschiedentlich auch vertreten (Braun/*Bauch* Rn. 4; HambK-InsO/*Böhm* Rn. 4; *Hess* Rn. 16; HK-InsO/*Marotzke* Rn. 3; MüKoInsO/*Siegmann* Rn. 4). Indes war schon unter der Geltung der Konkursordnung der Überschuldungsbegriff des § 215 KO richtigerweise von dem auf juristische Personen, insbes. Handelsgesellschaften, bezogenen Überschuldungsbegriff zu unterscheiden (Kilger/*Karsten Schmidt* § 215 KO Anm. 1). Das mochte sich anders verhalten, solange die Urfassung des § 19 die im Urteil BGHZ 119, 201 = NJW 1992, 2891 akzeptierte (damals) „neue" zweistufige Überschuldungsprüfung zurückgewiesen und auf einen rein bilanziellen Überschuldungsbegriff bestanden hatte (dazu → § 19 Rn. 5). Inzwischen ist seit dem Finanzmarktstabilisierungsgesetz vom 17.10.2008 (BGBl. I S. 1982) gem. § 19 Abs. 2 wieder die vom InsO-Gesetzgeber ursprünglich abgelehnte prognoseorientierte Methode maßgebend (dazu → § 19 Rn. 5). Diese stellt auf die Unternehmensfortführung (nach → § 19 Rn. 46 genauer auf die Rechtsträgerfortführung) ab. Sie passt nicht auf den Nachlass als Abwicklungsmasse (InsHdb/*Döbereiner* § 112 Rn. 17; Graf-Schlicker/*Messner* Rn. 4; Kübler/Prütting/Bork/*Holzer* Rn. 4; Uhlenbruck/*Lüer* Rn. 3; *Roth* ZInsO 2009, 2265; **aM** InsHdB/*Döbereiner* § 113 Rn. 17; Braun/*Bauch* Rn. 4; HambK-InsO/*Böhm* Rn. 4; HK-InsO/*Marotzke* Rn. 3; undeutlich MüKoInsO/*Siegmann* Rn. 4). Hier **bleibt es bei der rein bilanziellen Methode des § 19 Abs. 2 aF,** wobei der Begriff „Schuldner" durch „Nachlass" zu ersetzen ist. Das bedeutet: Überschuldung liegt vor, wenn der Nachlass die Nachlassverbindlichkeiten nicht deckt (§ 19 Abs. 2 S. 1 aF). Befindet sich unter den Nachlassgegenständen ein Unternehmen, so ist bei dessen Bewertung die Fortführung zugrunde zu legen, wenn diese nach den Umständen überwiegend wahrscheinlich ist (§ 19 Abs. 2 S. 2 aF, wiedergegeben bei → § 19 Rn. 4; wie hier insofern MüKoInsO/*Siegmann* Rn. 5). Der Grund liegt nicht, wie im direkten Anwendungsfall des § 19, darin, dass im Fall einer Fortführungsprognose der Nachlass (die Erbengemeinschaft) als Unternehmensträger ohne Insolvenzverfahrenseröffnung Bestand haben soll. Der Grund liegt vielmehr in dem zu erwartenden Erlös einer Unternehmensverwertung im Zuge der Nachlassverwertung (ggf. Erbteilung). Ein für die Gesamtwertung geeignetes Unternehmen wird, wie jeder Vermögensgegenstand des Nachlasses, nach diesem Maßstab bewertet und im Überschuldungsstatus aktiviert. Eine Kontrollüberlegung unterstreicht dies: War der Erblasser Alleingesellschafter einer GmbH, so ist der Wert des Anteils im Nachlass zu aktivieren. War der Erblasser Alleinunternehmer, so kommt es auf den Wert des Unternehmens an. Theoretisch müsste das Ergebnis in beiden Fällen sogar dasselbe sein, dies aber nur theoretisch (weil der Geschäftsanteil an der GmbH bei gleichem Unternehmenswert leichter veräußerlich ist, während im Fall des Einpersonenunternehmens evtl. sogar dessen Zerschlagung droht). Ist das im Nachlass befindliche Unternehmen für die Fortführung – also

für die Gesamtverwertung – nicht geeignet, so werden die Unternehmensbestandteile zu Zerschlagungswerten bewertet.

2. Zahlungsunfähigkeit (§ 17). Es gelten die Voraussetzungen des § 17, jedoch mit der Maßgabe, dass das Wort „Schuldner" in § 17 durch „Nachlass" zu ersetzen ist. **Zahlungsunfähigkeit des Nachlasses** liegt vor, wenn die fälligen Zahlungspflichten nicht aus dem Nachlass erfüllt werden können (Braun/*Bauch* Rn. 6; HK-InsO/*Marotzke* Rn. 5; Kübler/Prütting/Bork/*Holzer* Rn. 3; Uhlenbruck/*Lüer* Rn. 2; *Roth* ZInsO 2009, 2262 [2268 f.]). Auch die Zahlungseinstellung (§ 17 Abs. 2 S. 2) ist auf den Nachlass zu beziehen. Die Vermutungswirkung des § 17 Abs. 2 S. 2 gilt auch hier (HK-InsO/*Marotzke* Rn. 6, berechtigte Mahnung zu vorsichtigem Gebrauch bei MüKoInsO/*Siegmann* Rn. 2). Privatvermögen des Erben ist bei der Feststellung der Zahlungsunfähigkeit nicht mitzurechnen (statt vieler Kübler/Prütting/Bork/*Holzer* Rn. 3). 5

3. Drohende Zahlungsunfähigkeit. Wie bei § 18 gilt dieser Eröffnungsgrund nur für Eigenanträge (Absatz 1 Satz 2). Es gilt, bezogen allerdings auf den Nachlass, § 18 Abs. 2 (*Döbereiner* InsO-HdB § 113 Rn. 16 ff.; BK-InsO/*Goetsch* Rn. 14 f.; Braun/*Bauch* Rn. 8; Kübler/Prütting/Bork/*Holzer* Rn. 6; Uhlenbruck/*Lüer* Rn. 4). Drohende Überschuldung des Nachlasses liegt vor, wenn der Nachlass voraussichtlich nicht ausreicht, um die bestehenden Zahlungspflichten im Zeitpunkt ihrer Fälligkeit zu erfüllen (Kübler/Prütting/Bork/*Holzer* Rn. 6; BK-InsO/*Goetsch* Rn. 14 f.; Braun/*Bauch* Rn. 8; Uhlenbruck/*Lüer* Rn. 4). Die praktische Bedeutung des § 18 InsO für das Nachlassinsolvenzverfahren ist schwer einzuschätzen. Wenn es auf § 18 gestützte Eigenanträge geben sollte, dürften diese in erster Linie der Verdeckung von Verstößen gegen § 1980 BGB (→ Rn. 9 ff.) dienen. 6

III. Insolvenzantragspflicht nach § 1980 BGB

1. Norm und Normzweck. a) Gesetzeslage. Mit der Möglichkeit einer Haftungsbeschränkung durch Nachlassinsolvenz (§ 1975 BGB) bzw. Dürftigkeitseinrede (§ 1990 BGB) geht eine **Pflicht zur Eröffnung des Nachlassinsolvenzverfahrens bei Zahlungsunfähigkeit oder Überschuldung des Nachlasses** einher. Geregelt ist diese Pflicht in **§ 1980 BGB.** Die Vorschrift hat folgenden Wortlaut: 7

(1) Hat der Erbe von der Zahlungsunfähigkeit oder der Überschuldung des Nachlasses Kenntnis erlangt, so hat er unverzüglich die Eröffnung des Nachlassinsolvenzverfahrens zu beantragen. Verletzt er diese Pflicht, so ist er den Gläubigern für den daraus entstehenden Schaden verantwortlich. Bei der Bemessung der Zulänglichkeit des Nachlasses bleiben die Verbindlichkeiten aus Vermächtnissen und Auflagen außer Betracht.

(2) Der Kenntnis der Zahlungsunfähigkeit oder der Überschuldung steht die auf Fahrlässigkeit beruhende Unkenntnis gleich. Als Fahrlässigkeit gilt es insbesondere, wenn der Erbe das Aufgebot der Nachlassgläubiger nicht beantragt, obwohl er Grund hat, das Vorhandensein unbekannter Nachlassverbindlichkeiten anzunehmen; das Aufgebot ist nicht erforderlich, wenn die Kosten des Verfahrens dem Bestand des Nachlasses gegenüber unverhältnismäßig groß sind.

b) Schutz der Nachlassgläubiger. Nicht nur in diesem Normzweck ähnelt § 1980 BGB dem § 15a. Gleichwohl gibt es Unterschiede. § 15a geht von juristischen Personen und Personengesellschaften aus, bei denen es – selbst noch während der Insolvenzverschleppung – keine persönliche Gesellschafterhaftung gibt, während der Erbe in der Verschleppungsphase einstweilen noch persönlich haftet (§ 1967 BGB) und auch im Fall der Insolvenzverfahrenseröffnung nicht jeder Haftung ledig ist (§ 1978 BGB). Gleichwohl besteht ein Interesse an der 8

Erhaltung des Nachlasses als des für die Begleichung von Nachlassverbindlichkeiten unmittelbar zuständigen Sondervermögens und, sobald die Gläubigerbefriedigung aus diesem Vermögen nicht mehr gewährleistet ist, an der alsbaldigen Verfahrenseröffnung.

9 **2. Der Tatbestand der Antragspflicht. a) Beginn.** Die Vorschrift beschreibt die Insolvenzantragspflicht dahin, dass sie **mit der Kenntnis (§ 1980 Abs. 1 S. 1) oder fahrlässigen Unkenntnis (§ 1980 Abs. 2 S. 1)** von der Zahlungsunfähigkeit oder Überschuldung einsetzt (so zB auch InsHdb/*Döbereiner* § 113 Rn. 11). Diese Formulierung vermischt unzulässig den objektiven Tatbestand mit der Haftungsvoraussetzung vorsätzlichen oder fahrlässigen Verschuldens. **Der objektive Tatbestand** der Insolvenzantragspflicht ist bereits mit dem **Eintritt der Zahlungsunfähigkeit oder Überschuldung** des Nachlasses erfüllt (MüKoBGB/*Küpper* § 1980 Rn. 6; sa Staudinger/*Marotzke* § 1980 Rn. 9). Nur für die Haftung des oder der Erben gilt, dass sie erst ab Kenntnis oder fahrlässiger Unkenntnis beginnt (dazu → Rn. 15 ff.; so wohl auch MüKoBGB/*Küpper* § 1980 Rn. 8). Lag etwa bei Annahme der Erbschaft am 1.2. bereits eine Nachlassüberschuldung vor und war dies einem Miterben am 1.3. bekannt und einem weiteren ab 1.4. bei hinlänglicher Sorgfalt erkennbar, so bestand die Antragspflicht schon von Anfang an, aber die Verschuldenshaftung der Erben trat sukzessiv ein.

10 **b) Konkurrenz der Antrags(pflicht)-Gründe. Überschuldung,** bis zum Inkrafttreten der InsO noch der einzige Insolvenztatbestand, muss nach wie vor als Grundtatbestand in der Nachlassinsolvenz gelten (→ Rn. 4). Gleichgestellt ist seit Inkrafttreten der InsO die **Zahlungsunfähigkeit** (→ Rn. 5), so dass auch der Erbe eines nicht überschuldeten Nachlasses zum Schutz der Liquiditätsinteressen der Nachlassgläubiger insolvenzantragspflichtig sein kann. Bloß drohende Zahlungsunfähigkeit (§ 18) reicht dagegen nicht aus. **Dürftigkeit des Nachlasses** iSv § 1990 BGB schließt die Antragspflicht iRd § 1980 BGB aus (vgl. im Gegensatz hierzu → § 15a Rn. 25). Das ergibt sich aus der gezielten Nichterwähnung des § 1980 BGB in § 1991 (ausf. MüKoBGB/*Küpper* § 1980 Rn. 13) sowie daraus, dass die Dürftigkeitseinrede schon erhoben werden kann, wenn das Nachlassinsolvenzverfahren mangels Masse „nicht tunlich" ist (§ 1990 Abs. 1 BGB). Das schließt indessen nicht aus, dass vor Eintritt der Masselosigkeit bereits gegen § 1980 BGB verstoßen worden ist.

11 **3. Antragspflichtige Personen. a) Jeder Erbe.** Die Erben, dh der Alleinerbe (das Gesetz sagt: „der Erbe") und im Fall einer Erbengemeinschaft jeder Miterbe, sind insolvenzantragspflichtig (statt aller MüKoBGB/*Küpper* § 1980 Rn. 10; Staudinger/*Marotzke* § 1980 Rn. 16; InsHdb/*Döbereiner* § 113 Rn. 11). Erbe iSv § 1980 ist nur der endgültige, nicht der nur vorläufige Erbe (BGHZ 161, 281 [284] = NJW 2005, 756 [757]; MüKoInsO/*Siegmann* § 317 Rn. 7; MüKoBGB/*Küpper* § 1980 Rn. 9; Staudinger/*Marotzke* § 1980 Rn. 15). Wer, insbes. durch Annahme der Erbschaft, **endgültiger Erbe** geworden ist, verliert diese Eigenschaft nicht schon dadurch, dass die Erbenstellung streitig und ein Erbprätendentenstreit anhängig ist (BGHZ 161, 281 = NJW 2005, 756). Nachlasspflegschaft beseitigt die Antragspflicht des Erben nicht (vgl. → Rn. 14). Anders die Nachlassverwaltung (zur Antragspflicht des Nachlassverwalters vgl. → Rn. 14) und nach richtiger, jedoch nicht herrschender Ansicht auch die Verwaltungstestamentsvollstreckung (→ Rn. 14). Der bloße **Erbschaftsbesitzer** (§ 2018 BGB) wird dem nicht gleichgestellt (vgl. auch → § 317 Rn. 3). Eine der Verantwortlichkeit faktischer Organe von Handelsgesellschaften (→ § 15a Rn. 16) entsprechende Verantwortung eines nur „faktischen Erben" hat sich nicht etabliert.

12 **b) Gesetzliche Vertreter.** Im **Fall einer gesetzlichen Vertretung des Erben** richtet sich die Pflicht aus § 1980 BGB direkt gegen den oder die gesetzli-

chen Vertreter (die Frage wird, soweit ersichtlich, nicht diskutiert). Das gilt sowohl für die gesetzlichen Vertreter einer natürlichen Person als auch für die Vertretungsorgane einer juristischen Person oder rechtsfähigen Personengesellschaft. Dass für deren Verschulden auch die juristische Person oder Personengesellschaft als Erbin haftet, ergibt sich aus dem Gedanken des § 31 BGB (vgl. → Rn. 16).

c) Privat-Insolvenzverwalter. In der **Privatinsolvenz eines Erben** (→ Vor 13 § 315 Rn. 23) fällt der ihm zugefallene Nachlass in die Insolvenzmasse (BGHZ 167, 352 = NJW 2006, 2698 = ZIP 2006, 1258). In diesem Fall ist **der dieses Vermögen verwaltende Insolvenzverwalter** zum Insolvenzantrag, bezogen auf den Nachlass, berechtigt (→ Vor § 315 Rn. 23; → § 317 Rn. 3; vgl. zu dieser Thematik *Marotzke* FS Otte, 2005, 226 ff., der iErg eine Antragsberechtigung des Erben und des Insolvenzverwalters annimmt) und ggf. auch verpflichtet (aM insofern *Marotzke,* ebd. S. 232 ff.). Im Fall einer Überschuldung des Nachlasses leitet die hM diese Antragspflicht des Insolvenzverwalters nicht aus § 1980 Abs. 1 BGB her, sondern aus der allgemeinen Pflicht des Privat-Insolvenzverwalters auf Schutz der von ihm verwalteten Insolvenzmasse vor einem Zugriff der Nachlassgläubiger (BGHZ 167, 352 [357] = NJW 2006, 2698 [2699]; Uhlenbruck/*Lüer* § 317 Rn. 10; Braun/*Kroth* § 83 Rn. 4; Kübler/Prütting/Bork/*Lüke* § 83 Rn. 6; Nerlich/Römermann/*Wittkowski/Kruth* § 83 Rn. 6). Die Annahme einer solchen Pflicht des Insolvenzverwalters ist berechtigt. Daneben ist aber der Insolvenzverwalter, wenn man ihn richtig als Organ der Schuldnerin bzw. als gesetzlichen Vertreter des Schuldners versteht (eing. *Karsten Schmidt* KTS 1984, 345 ff.; zur abweichenden hM vgl. → § 80 Rn. 19), auch nach § 1980 Abs. 1 an Stelle des Erben zur Antragstellung verpflichtet. Der Erbe ist hierzu nur im Fall der Eigenverwaltung (§ 270) verpflichtet, sonst nicht (aM *Marotzke* FS Otte, 2005, 223 [227]).

d) Nachlassverwalter, Nachlasspfleger, Testamtentsvollstrecker. Der 14 Nachlassverwalter ist kraft Verweisung antragspflichtig (§ 1985 Abs. 2 BGB). Nachlasspfleger und Testamentsvollstrecker sind zwar nach § 317 Abs. 1 zum Insolvenzantrag berechtigt, aber nach hM zu diesem nicht verpflichtet (vgl. BGHZ 161, 281 [287] = NJW 2005, 756 [758]; Palandt/*Weidlich* § 1980 Rn. 3 aE; Meinungsüberblick bei MüKoBGB/*Küpper* § 1980 Rn. 12). Bezüglich des Nachlasspflegers lässt sich diese hM über den Gegenschluss aus § 1985 Abs. 2 BGB mit der Erwägung begründen, dass er seiner Rechtsstellung nach dem oder den Erben zur Sorgfalt und damit evtl. auch zur Insolvenzantragstellung verpflichtet ist, nicht aber gem. § 1980 BGB gegenüber den Nachlassgläubigern (näher BGHZ 161, 281 [287] = NJW 2005, 756 [758]; Kübler/Prütting/Bork/*Holzer* § 317 Rn. 10). Steht der endgültige Erbe fest, so bleibt er trotz Nachlasspflegschaft antragspflichtig (vgl. nur MüKoBGB/*Küpper* § 1980 Rn. 12). Für den **Verwaltungstestamentsvollstrecker** kann dies nicht gelten (zu dieser Differenzierung vgl. bereits Kilger/*Karsten Schmidt* § 217 KO Anm. 2). Zwar erkennt auch hier die hM nur eine Verantwortlichkeit des Testamentsvollstreckers gegenüber dem oder den Erben gem. § 2219 BGB und keine Antragspflicht nach § 1980 BGB an (Kübler/Prütting/Bork/*Holzer* § 317 Rn. 12). Aber der Verwaltungstestamentsvollstrecker hat weit über diejenigen eines Nachlasspflegers hinausgehende Aufgaben. Deshalb ist die hM, wonach der Erbe auch im Fall der Verwaltungstestamentsvollstreckung antragspflichtig bleibt (repräsentativ MüKoInsO/*Siegmann* § 317 Rn. 7; MüKoBGB/*Küpper* § 1980 Rn. 12; Staudinger/*Marotzke* BGB § 1980 Rn. 20), abzulehnen.

4. Die Verschuldenshaftung. a) Tatbestand. Haftungsgrundlage ist 15 **§ 1980 Abs. 1 S. 2 mit Abs. 2 BGB.** Eine antragspflichtige Person (→ Rn. 11–14), die nicht unverzüglich nach Eintritt der Zahlungsunfähigkeit oder

Überschuldung des Nachlasses das Nachlassinsolvenzverfahren beantragt, ist nach § 1980 Abs. 1 S. 2 BGB den Gläubigern zum Schadensersatz verpflichtet. Das Merkmal **„unverzüglich“** (= ohne schuldhaftes Zögern, vgl. § 121 Abs. 1 S. 1 BGB) bildet, anders als es dem unnötig komplizierten Wortlaut nach erscheint (→ Rn. 9), das zentrale objektiv-subjektive Verschuldensmerkmal. Schuldhaftes Zögern, also **schuldhafte Nachlassinsolvenzverschleppung,** liegt vor, wenn der Schuldner trotz Kenntnis der Zahlungsunfähigkeit oder Überschuldung (§ 1980 Abs. 1 S. 1 BGB) mit dem Antrag zuwartet oder die Antragstellung dadurch versäumt, dass er die Solvenz bzw. Schuldendeckung sorgfaltswidrig verkennt (Absatz 2 Satz 2). **Absatz 2 Satz 2** beschreibt beispielhaft einen typischen Anwendungsfall **(Versäumung des Aufgebotsantrags).** Die Insolvenzverschleppung ist ein **Dauertatbestand.** Der Verstoß beginnt, sobald Überschuldung bzw. Zahlungsunfähigkeit und das Verschleppungsverschulden zusammentreffen.

16 **b) Verschuldenszurechnung.** Eine Verschuldenszurechnung gibt es iRd § 31 BGB (Haftung einer juristischen Person als Erbin für ihre Leitungsorgane), nicht dagegen nach § 278 (also keine Haftung des Erben für Erfüllungsgehilfen, sondern nur Haftung für Eigenverschulden). Für schuldhaft verspätete Antragstellung durch einen Nachlasspfleger (BGHZ 161, 281 = NJW 2005, 756) oder Testamentsvollstrecker (RGZ 159, 337 [352]) haftet der Erbe nicht (Palandt/*Weidlich* § 1980 Rn. 6).

17 **c) Miterben.** Miterben haften gesamtschuldnerisch (§ 840 BGB; vgl. MüKoBGB/*Küpper* § 1980 Rn. 10), jedoch jeweils nach Maßgabe des eigenen Verschuldens (keine wechselseitige Verschuldenszurechnung).

18 **5. Der Schadensersatz. a) § 1980 Abs. 1 S. 2 BGB.** Zu ersetzen ist der **Verschleppungsschaden** der Gläubiger (§ 1980 Abs. 1 S. 2 BGB). Dieser besteht für Altgläubiger (aus der Zeit vor der Verschleppungsperiode) in ihrer Quoteneinbuße, für Nachlasserbengläubiger (Neugläubiger) aus der Verschleppungsphase (Neugläubiger iSv → § 15a Rn. 38) ggf. ausgedehnt auf deren Vertrauensschaden (negatives Interesse). Dass ein Schaden erst durch den Zugriff einzelner Nachlassgläubiger entstehen könne (MüKoBGB/*Küpper* § 1980 Rn. 10), lässt sich nur bei einem rein statisch verwalteten Nachlassvermögen sagen. Wird, wenn auch verspätet, das Nachlassinsolvenzverfahren eröffnet, so wird der Gesamtschaden der Gläubiger analog § 92 vom Insolvenzverwalter liquidiert (Staudinger/*Marotzke* BGB § 1980 Rn. 17; iErg ähnlich MüKoBGB/*Küpper* § 1980 Rn. 11: Anspruch als Massebestandteil). Eine Beschränkung dieser Klagebefugnis auf die Schäden der sog Altgläubiger (BGHZ 138, 211 = NJW 1998, 2667 und dazu krit. → § 15a Rn. 39 f.; → § 92 Rn. 19) ist nicht anzuerkennen. Allerdings müssen Neugläubiger, dh Gläubiger aus der Verschleppungsphase, ihren über den Quotenschaden hinausgehenden Individualschaden selbst einklagen (vgl. sinngemäß → § 15a Rn. 40). Wird die Erschöpfungs- oder Dürftigkeitseinrede (§§ 1989 f. BGB) erhoben, so muss (und kann!) jeder Insolvenzgläubiger seinen Schaden individuell geltend machen (dies spricht gegen die Annahme einer Nachlasszugehörigkeit des Ersatzanspruchs). Zum Verhältnis zwischen Dürftigkeitseinrede und § 1980 vgl. → Rn. 10.

19 **b) § 823 Abs. 2 BGB.** Neben § 1980 Abs. 1 S. 2 BGB kommt § 823 Abs. 2 BGB in Betracht (zur Schutzgesetzeigenschaft des § 1980 BGB vgl. Staudinger/*Marotzke* BGB § 1980 Rn. 16). Nachlasserbengläubiger als Neugläubiger machen ihre Ansprüche, auf das negative Interesse gerichtet, individuell geltend, dies allerdings nur, soweit nicht rechtsähnlich § 92 der Nachlassinsolvenzverwalter auch zu ihren Gunsten den Gesamt-Nachlassgläubigerschaden liquidiert (str.; vgl. → Rn. 18 sowie sinngemäß → § 15a Rn. 41).

Zwangsvollstreckung nach Erbfall

321 **Maßnahmen der Zwangsvollstreckung in den Nachlass, die nach dem Eintritt des Erbfalls erfolgt sind, gewähren kein Recht zur abgesonderten Befriedigung.**

Übersicht

I. Generalia

1. Vorgeschichte. Die Vorschrift entspricht § 221 KO. § 221 KO hatte allerdings, weil es noch keine allgemeine **Rückschlagsperre** (§ 88) gab, eine ausgeprägt singuläre Stellung. Die dort noch besonders hervorgehobenen Fälle des Arrests (§ 221 Abs. 1 KO) und der einstweiligen Verfügung (§ 221 Abs. 2 KO) brauchten in der Neuformulierung nicht mehr besonders genannt zu werden (BegrRegE InsO zu § 364 BT-Drs. 12/2443, 231). Eine sachliche Änderung war mit der Neuformulierung der Bestimmung nicht intendiert (LG Stuttgart ZEV 2002, 370 [371]; vgl. auch MüKoInsO/*Siegmann* Rn. 1 aE: lückenfüllende Interpretation; vgl. aber auch ebd. Rn. 7: Analogie). 1

2. Normzweck. Im Verein mit § 322 dient die Vorschrift einer möglichst weitgehenden Erhaltung der zur Zeit des Erbfalls bestehenden Vermögenslage (vgl. → § 322 Rn. 1). Es handelt sich um eine **nachlassinsolvenzspezifische** Umsetzung des Konzepts der **Rückschlagsperre** gem. § 88 (anders wohl Uhlenbruck/*Lüer* Rn. 1: Erweiterung des § 89). Die Rückwirkung der Vollstreckungssperre soll in möglichst weitem Umfang die **Trennung zwischen Nachlass und Eigenvermögen** des (der) Erben wiederherstellen (BegrRegE InsO zu §§ 364, 365). Rechtspolitische oder gar verfassungsrechtliche Einwände gegen § 321 sind nicht ersichtlich (aM HK-InsO/*Marotzke* Rn. 1). 2

3. Konkurrenzen. § 321 verdrängt nicht den **§ 89** (BK-InsO/*Goetsch* Rn. 1; Nerlich/Römermann/*Riering* Rn. 2; Uhlenbruck/*Lüer* Rn. 1). Zwangsvollstreckungsmaßnahmen während des Nachlassinsolvenzverfahrens sind nach § 89 unzulässig, so dass § 321, wie § 88, nur bei Vollstreckungsmaßnahmen vor der Verfahrenseröffnung zum Zuge kommt (Braun/*Bauch* Rn. 5; *Hess* Rn. 10; MüKoInsO/*Siegmann* Rn. 4). Unklar ist das Verhältnis zu **§ 88** (Spezialität oder Konkurrenz des § 321?). Die Frage kann ausnahmsweise bedeutsam werden, wenn vor dem Erbfall vollstreckt wurde und das Nachlassinsolvenzverfahren alsbald nach dem Erbfall beantragt wurde. Richtigerweise schließt § 321 den § 88 nicht aus, so dass in diesem Fall § 88 zum Zuge kommen kann (Braun/*Bauch* Rn. 4; HK- 3

InsO/*Marotzke* Rn. 1; MüKoInsO/*Siegmann* Rn. 4). Darüber hinaus kommt nur eine Anfechtung nach § 129 ff., 322 in Betracht (Braun/*Bauch* Rn. 6).

II. Der Tatbestand

4 **1. Zwangsvollstreckung in den Nachlass.** Der Begriff **„Maßnahme der Zwangsvollstreckung"** ist teils weiter, teils enger als im allgemeinen Zwangsvollstreckungsrecht zu verstehen. **Nachlassgläubiger und Eigengläubiger des Erben** sind gleichermaßen erfasst (Braun/*Bauch* Rn. 9; HK-InsO/*Marotzke* Rn. 7; Kübler/Prütting/Bork/*Holzer* Rn. 5; FK-InsO/*Schallenberg/Rafiqpoor* Rn. 3).

5 **a) Begriff. Zwangsvollstreckung** ist nur die **Durchsetzung eines Vollstreckungstitels mit Hilfe eines Vollstreckungsorgans, wie zB Pfändungen und Maßnahmen der Immobiliarzwangsvollstreckung.** Der Vollstreckungstitel muss keine Insolvenzforderung zur Grundlage haben. Erfasst sind Vollstreckungen sowohl der Nachlassgläubiger als auch der Eigengläubiger des (eines) Erben. Auch für die Steuervollstreckung nach §§ 281 ff. AO (Uhlenbruck/*Lüer* Rn. 2) gilt § 321. Auch die Vollziehung von Arrest und einstweiliger Verfügung ist erfasst (→ Rn. 1 aE). **Private Verfügungen,** auch wenn sie vollstreckungsähnlich wirken (zB die Aufrechnung), fallen **nicht** unter § 321. Das gilt insbes. für den rechtsgeschäftlichen oder gesetzlichen Pfandrechtserwerb (Uhlenbruck/*Lüer* Rn. 3). Dagegen ist die Fiktion einer Willenserklärung nach § 894 ZPO Vollstreckungsmaßnahme, soweit sie die Masse betrifft (zB dingliche Einigung nach § 873 oder § 929 BGB).

6 **b) Massebezug.** Nur **massewirksame Vollstreckungsmaßnahmen** sind erfasst. Dazu gehören unstreitig Pfändungen sowie Zwangsversteigerungs- oder Zwangsverwaltungsmaßnahmen nach dem ZVG (statt aller Uhlenbruck/*Lüer* Rn. 2). Im Fall einer **Vorpfändung** (§ 845 ZPO) ist sowohl diese selbst als auch die spätere Vollpfändung erfasst (vgl. FK-InsO/*Schallenberg/Rafiqpoor* Rn. 7; Kübler/Prütting/Bork/*Holzer* Rn. 4). Zum Sonderfall einer dem Erbfall vorausgegangenen Vorpfändung vgl. → Rn. 8. Der Gesetzeswortlaut ließe vermuten, dass nur absonderungswirksame Vollstreckungsmaßnahmen erfasst sind, nicht auch zB die zwangsweise durchgesetzte **Eintragung einer Vormerkung,** die nicht zur Absonderung (§§ 49 ff.), sondern zur Sicherung des vorgemerkten Anspruchs nach § 106 führt (ausdrücklich geregelt noch in § 221 Abs. 2 KO). Da § 321 nicht hinter altem Recht zurückbleiben soll, ist aber auch dieser Fall erfasst (LG Stuttgart ZEV 2002, 370 mAnm *Siegmann;* HK-InsO/*Marotzke* Rn. 4; Kübler/Prütting/Bork/*Holzer* Rn. 3; MüKoInsO/*Siegmann* Rn. 7; hM).

7 **c) Abgrenzung. Nicht massewirksame Vollstreckungen** fallen **nicht** unter § 321. Das gilt zunächst für Zwangsvollstreckungen, die die Masse nicht berührt haben.

8 **2. Maßgebender Zeitpunkt. a) Beginn. Nach dem Erbfall** muss die Vollstreckungsmaßnahme vollzogen sein (FK-InsO/*Schallenberg/Rafiqpoor* Rn. 4; MüKoInsO/*Siegmann* Rn. 4; Uhlenbruck/*Lüer* Rn. 4). Aber eine vor dem Erbfall erfolgte Vorpfändung (§ 845 ZPO) schadet nicht, wenn die Vollstreckungsmaßnahme selbst erst nach dem Erbfall erfolgt (Braun/*Bauch* Rn. 8; FK-InsO/*Schallenberg/Rafiqpoor* Rn. 7; MüKoInsO/*Siegmann* Rn. 4).

9 **b) Zeitliche Begrenzung. Nicht mehr anwendbar** ist § 321, wenn die Zwangsmaßregel bereits **vor** Insolvenzeröffnung, wenn auch nur aufgrund eines nur vorläufig vollstreckbaren Titels, zur **vollständigen Befriedigung** des Gläubigers geführt hat (Kübler/Prütting/Bork/*Holzer* Rn. 7; BK-InsO/*Goetsch* Rn. 7;

HK-InsO/*Marotzke* Rn. 8; MüKoInsO/*Siegmann* Rn. 5; Uhlenbruck/*Lüer* Rn. 2). Eine solche Befriedigung eines Gläubigers führt aber möglicherweise zur Anfechtung nach §§ 129 ff., idR als inkongruente Deckung nach § 131 Abs. 1 Nr. 1 (LG Köln ZIP 2010, 2060). Auch ist ein Eigengläubiger des Erben, welcher aufgrund zulässigen Zwangszugriffs Befriedigung aus Nachlassgegenständen erwirkt hat, in der Nachlassinsolvenz so zu behandeln, als habe er Befriedigung aus fremdem Vermögen erlangt. Daraus ergibt sich für die Masse ein Anspruch aus ungerechtfertigter Bereicherung (Braun/*Bauch* Rn. 9; FK-InsO/*Schallenberg/Rafiqpoor* Rn. 8; HK-InsO/*Marotzke* Rn. 8; Uhlenbruck/*Lüer* Rn. 2; Nerlich/Römermann/*Riering* Rn. 7). Nach einer Gegenauffassung richtet sich der Anspruch nur gegen den Erben (MüKoInsO/*Siegmann* Rn. 5; HK-InsO/*Marotzke* Rn. 8; *Dauner-Lieb* FS Gaul, 1997, 93 [97]).

III. Rechtsfolgen

1. Insolvenzverfahren. § 321 spricht den **Wegfall des insolvenzrechtlichen Vorzugsrechts** (abgesonderte Befriedigung, § 106) aus. Bestehen bleibt die Forderung, zu deren Durchsetzung vollstreckt werden sollte. Der betroffene Gläubiger hat (vorbehaltlich anderweitigen Vorzugsrechts) nur die Rechtsstellung eines einfachen Insolvenzgläubigers und muss seine Forderung als ein solcher zur Tabelle anmelden (Kübler/Prütting/Bork/*Holzer* Rn. 14). Gegenüber Verwertungsmaßnahmen steht dem Insolvenzverwalter die Erinnerung nach § 766 ZPO zu (Braun/*Bauch* Rn. 11; FK-InsO/*Schallenberg/Rafiqpoor* Rn. 18; MüKoInsO/*Siegmann* Rn. 6; Uhlenbruck/*Lüer* Rn. 5). 10

2. Bereicherungsausgleich. § 321 hat auch einen materiellrechtlichen Gehalt. Der Gesetzeswortlaut der Konkursordnung brachte dies in § 221 Abs. 2 zum Ausdruck, wonach **eine nach dem Eintritt des Erbfalls im Wege der einstweiligen Verfügung erlangte Vormerkung unwirksam** war. Diese in der Insolvenzordnung nicht mehr herausgestellte Wirkung gilt fort (LG Stuttgart ZEV 2002, 370 [371] mAnm *Siegmann*). Die entgegen der Bestimmung getroffenen Maßnahmen sind der Insolvenzmasse gegenüber unwirksam (RGZ 157, 294 [295]; OLG Köln MDR 1969, 401; InsHdB/*Döbereiner* § 114 Rn. 45; Uhlenbruck/*Lüer* Rn. 5). Die Vorschrift schafft also insoweit für die Dauer der Insolvenz einen Zustand sachlichen Rechts, welcher bei Verwertung der Sache in der Insolvenz endgültig wird, andernfalls aber nach Beendigung der Insolvenz oder Freigabe der Sache endet, so dass die durch die Vollstreckung erworbenen Rechte wieder in vollem Umfange gelten (RGZ 157, 295 f.; danach kann der Nachlassinsolvenzverwalter unter Umständen Löschung einer Hypothek verlangen, die nach dem Erbfall auf einem Nachlassgrundstück im Wege der Zwangsvollstreckung eingetragen wurde; so auch OLG Köln MDR 1969, 401). 11

Anfechtbare Rechtshandlungen des Erben

322 Hat der Erbe vor der Eröffnung des Insolvenzverfahrens aus dem Nachlaß Pflichtteilsansprüche, Vermächtnisse oder Auflagen erfüllt, so ist diese Rechtshandlung in gleicher Weise anfechtbar wie eine unentgeltliche Leistung des Erben.

I. Grundlagen

Die auf **§ 222 KO** fußende Bestimmung teilt mit § 321 den **Normzweck,** so weit wie möglich die zur Zeit des Erbfalls bestehende Rechtslage wieder herzustellen (BegrRegE InsO §§ 364, 365). § 322 wirkt aber nicht, wie die Rück- 1 schlagsperre des § 321, automatisch, sondern **erweitert die Anfechtungstatbestände** der §§ 129 ff. Die erweiterte Anfechtung trifft Leistungen, die ihrem Wesen nach nur aus Überschüssen der Nachlassmasse zu erbringen sind (vgl. § 227, § 1991 Abs. 4 BGB). Sie werden wie unentgeltliche Leistungen behandelt (→ Rn. 6).

II. Norminhalt

2 **1. Tatbestand. a) Anfechtungsadressaten. Nur Pflichtteils-, Vermächtnis- und Auflagengläubiger** kommen als Anfechtungsadressaten in Betracht, wobei die gesetzlichen Vermächtnisse des § 1932 BGB (Voraus) und § 1969 BGB (Dreißigster) wie die Pflichtteilsrechte miterfasst sind (MüKoInsO/*Siegmann* Rn. 2). Nach einer gebräuchlichen Formulierung (so auch noch *Kilger/Karsten Schmidt,* 17. Aufl. 1997, § 222 KO Anm. 1) scheiden „ererbte" Pflichtteils-, Vermächtnis- und Auflageforderungen aus (vgl. etwa InsHdB/*Döbereiner* § 114 Rn. 38; Uhlenbruck/*Lüer* Rn. 1). Das ist missverständlich. Ist der Pflichtteils-, Vermächtnis- oder Auflagenberechtigte vor der Erfüllung oder danach (in diesem Fall § 145) verstorben, so kann die auf § 322 gestützte Anfechtung ohne weiteres auch gegen dessen Erben wirken (vgl. auch → Rn. 8 aE). Nicht anwendbar ist § 322 dagegen, bezogen auf das laufende Nachlassinsolvenzverfahren, wenn es sich um vom Erblasser seinerseits ererbte Pflichtteils-, Vermächtnis- oder Auflagenansprüche handelt (deutlich MüKoInsO/*Siegmann* Rn. 2). Das beruht einfach auf der Tatsache, dass die Erfüllung in diesen Fällen nicht aus dem Nachlass dieses Erblassers erfolgt, sondern aus dem Nachlass eines Dritten (in dessen Nachlassinsolvenzverfahren § 322 seinerseits zum Zuge kommen könnte).

3 **b) Weiter Begriff. „Erfüllung" durch den Erben** (so der Gesetzeswortlaut) erfasst **Begleichung oder Besicherung** (RG LZ 1908, 946) **der Forderung auf Kosten des Nachlasses,** gleich ob durch Erfüllung (§ 362 BGB), Leistung an Erfüllungs statt, Aufrechnung (§ 389 BGB) oder Zwangsvollstreckung (Braun/*Bauch* Rn. 2; MüKoInsO/*Siegmann* Rn. 3).

4 **c) Erfüllung aus dem Nachlass.** Sie liegt unbedenklich vor, wenn die Erfüllung **aus Mitteln des Nachlasses** erfolgt ist (MüKoInsO/*Siegmann* Rn. 3), auch wenn dies durch einen Nachlasspfleger, Nachlassverwalter oder Testamentsvollstrecker geschehen ist (ebd. Rn. 4). Aber es genügt eine **Erfüllung für Rechnung des Nachlasses.** Diese liegt vor bei einer Bewirkung aus Eigenvermögen des Erben, wenn der Erbe den Nachlass für vollkommen zulänglich halten durfte und nicht bereits unbeschränkt haftete, denn in diesem Fall hat der Erbe einen Masseanspruch auf Aufwendungsersatz erworben (§ 324 Abs. 1 Nr. 1, §§ 1978 Abs. 3, 1979 BGB; eing. InsHdB/*Döbereiner* § 114 Rn. 38; MüKoInsO/*Siegmann* Rn. 3).

5 **d) Gläubigerbenachteiligung.** Die erforderliche **Gläubigerbenachteiligung** (vgl. → § 129 Rn. 45 ff.) liegt grds. nur vor, wenn der Nachrang der von § 322 betroffenen Gläubiger (§ 327) verletzt ist. Das ist zweifelhaft, wenn der Erbe in Kenntnis oder in schuldhafter Unkenntnis der Unzulänglichkeit des Nachlasses, also unter Verletzung des § 1979, mit Nachlassmitteln geleistet hat, denn dann steht der Masse ein Ersatzanspruch gegen den Erben aus §§ 280 Abs. 1, 1978 Abs. 1 S. 1 BGB zu (vgl. BK-InsO/*Goetsch* Rn. 4). Die hM sieht diesen Ersatzanspruch als vorrangig und eine Gläubigerbenachteiligung in diesem Umfang nur als gegeben an, wenn der Ersatzanspruch gegen den Erben nicht durchsetzbar ist (statt vieler InsHdB/*Döbereiner* § 114 Rn. 39; MüKoBGB/*Siegmann* Rn. 3; Uhlenbruck/*Lüer* Rn. 4).

2. Rechtsfolgen. a) Verweisung auf § 134. Für die Anfechtbarkeit der Rechtshandlungen wird die Erfüllung der Ansprüche einer unentgeltlichen Leistung (§ 134) gleichgestellt. Anwendbar ist damit auch § 134 Abs. 2 (keine Anfechtbarkeit von sog Gelegenheitsgeschenken; vgl. MüKoInsO/*Siegmann* Rn. 5). Diese Einschätzung mag etwa bei geringwertigen Vermächtnissen einmal zum Zuge kommen, ist aber sonst keine praxisrelevante Begrenzung des § 322. 6

b) Zeitschranken. Die Zeitschranken der § 134, 146 gelten auch hier (keine Anfechtbarkeit von Erfüllungshandlungen, die bei der Verfahrenseröffnung mehr als vier Jahre zurückliegen; dreijährige Kalenderjahrverjährung ab Verfahrenseröffnung). Auf die Erläuterung der §§ 134, 146 wird verwiesen. 7

c) § 143. Für den **Rückgewährungsanspruch** gilt § 143 unter Einschluss seines Absatzes 2: Ein gutgläubiger Empfänger haftet nur auf die Bereicherung; ein bösgläubiger Empfänger (Kennen oder Kennenmüssen der Masseunzulänglichkeit zur Befriedigung aller besser- oder gleichberechtigten Nachlassverbindlichkeiten) hat den vollen Empfang zurückzugewähren. Für die **Haftung von Rechtsnachfolgern** gilt § 145. 8

d) Verfahren. Auch für das Verfahren (in der Regel: Klage oder außerprozessuale Geltendmachung seitens des Nachlassinsolvenzverwalters) gelten die allg. für die Anfechtung nach §§ 129 ff. maßgeblichen Regeln (MüKoInsO/*Siegmann* Rn. 7). 9

Aufwendungen des Erben

323 Dem Erben steht wegen der Aufwendungen, die ihm nach den §§ 1978, 1979 des Bürgerlichen Gesetzbuchs aus dem Nachlaß zu ersetzen sind, ein Zurückbehaltungsrecht nicht zu.

I. Grundlagen

Die Bestimmung, Nachfolgeregelung von § 223 KO, nimmt Bezug auf die **§§ 1978, 1979 BGB über den Aufwendungsersatz des beschränkt haftenden Erben** für die bisherige Nachlassverwaltung. Der sich aus §§ 683, 670 BGB ergebende Aufwendungsersatzanspruch ist einerseits Masseforderung nach **§ 324 Abs. 1 Nr. 1** (vgl. → § 324 Rn. 3) und selbst im Fall der Masseunzulänglichkeit privilegiert (vgl. §§ 324 Abs. 2, 209 Abs. 1 Nr. 3). Ein Zurückbehaltungsrecht an Nachlassgegenständen kann aber im Nachlassinsolvenzverfahren nicht auf diese Ansprüche gestützt werden (Kritik und Anstoß zu teleologischer Reduktion deshalb bei HK-InsO/*Marotzke* Rn. 2; Staudinger/*Marotzke*, 2010, BGB § 1978 Rn. 30). 1

II. Anwendungsbereich

1. Personell. Nur die **Zurückbehaltung seitens des Erben** gegenüber dem insolvenzbefangenen Nachlass wird beschränkt (BK-InsO/*Goetsch* Rn. 5). Dies gilt auch für die Ausübung von Erbenrechten durch gesetzliche Vertreter, Nachlasspfleger und Testamentsvollstrecker. Doch können diese wie Dritte eigene Zurückbehaltungsrechte haben. Allerdings hat ein Nachlassverwalter wegen seines als Masseverbindlichkeit (§ 324) zu begleichenden Vergütungsanspruchs kein Zurückbehaltungsrecht an Massegegenständen (AG Ottweiler ZInsO 2000, 520; Kübler/Prütting/Bork/*Holzer* Rn. 5). Dritter ist auch der Erbschaftsbesitzer. § 323 ist nicht analog anzuwenden auf sein Zurückbehaltungsrecht nach §§ 2022, 1000 BGB. 2

3 **2. Gegenständlich. a) Nachlass.** Nur auf **Nachlassgegenstände** bezieht sich § 323 (vgl. MüKoInsO/*Siegmann* Rn. 2; Uhlenbruck/*Lüer* Rn. 1). An Gegenständen, die der Erbe unabhängig von seiner Erbschaftseigenschaft auf Grund besonderer Rechtsverhältnisse besitzt, kann ihm unter den Voraussetzungen des § 273 BGB das Zurückbehaltungsrecht zustehen (auch gegenüber einem dritten Eigentümer nach § 1000 BGB).

4 **b) Aufwendungsersatzansprüche aus §§ 1978, 1979 BGB.** Nur sie sind von § 323 erfasst.

5 **3. Sachlich. a) § 273 BGB.** Nur das **Zurückbehaltungsrecht gem.** § 273 BGB ist betroffen.

6 **b) Nicht** in § 323 geregelt ist die Zulässigkeit einer **Aufrechnung** des Erben. Hier gelten die §§ 94–98 (ausf. MüKoInsO/*Siegmann* Rn. 3 f.).

Masseverbindlichkeiten

324 (1) **Masseverbindlichkeiten sind außer den in den §§ 54, 55 bezeichneten Verbindlichkeiten:**

1. **die Aufwendungen, die dem Erben nach den §§ 1978, 1979 des Bürgerlichen Gesetzbuchs aus dem Nachlaß zu ersetzen sind;**
2. **die Kosten der Beerdigung des Erblassers;**
3. **die im Falle der Todeserklärung des Erblassers dem Nachlaß zur Last fallenden Kosten des Verfahrens;**
4. **die Kosten der Eröffnung einer Verfügung des Erblassers von Todes wegen, der gerichtlichen Sicherung des Nachlasses, einer Nachlaßpflegschaft, des Aufgebots der Nachlaßgläubiger und der Inventarerrichtung;**
5. **die Verbindlichkeiten aus den von einem Nachlaßpfleger oder einem Testamentsvollstrecker vorgenommenen Rechtsgeschäften;**
6. **die Verbindlichkeiten, die für den Erben gegenüber einem Nachlaßpfleger, einem Testamentsvollstrecker oder einem Erben, der die Erbschaft ausgeschlagen hat, aus der Geschäftsführung dieser Personen entstanden sind, soweit die Nachlaßgläubiger verpflichtet wären, wenn die bezeichneten Personen die Geschäfte für sie zu besorgen gehabt hätten.**

(2) **Im Falle der Masseunzulänglichkeit haben die in Absatz 1 bezeichneten Verbindlichkeiten den Rang des § 209 Abs. 1 Nr. 3.**

I. Grundlagen

1 **1. Herkunft der Norm.** Die Vorschrift geht auf **§ 224 KO** zurück. Absatz 2, der auf § 60 Abs. 1 Nr. 3 KO verwiesen hatte, wurde auf § 209 InsO umgestellt.

2 **2. Normzweck.** Die Bestimmung **ergänzt** die allgemeinen Regeln über Masseverbindlichkeiten (**§§ 54, 55**) um typische Fälle des Aufwendungsersatzes aus dem Nachlass.

II. Norminhalt

3 **1. Der Katalog der Masseverbindlichkeiten (Absatz 1). a) Nr. 1.** Masseverbindlichkeiten sind nach **Absatz 1 Nr. 1** die den Erben nach §§ 1978, 1979 BGB aus dem Nachlass zu ersetzenden **Aufwendungen.** Die Aufwendungen müssen einer ordnungsmäßigen Nachlassverwaltung entspringen (RGZ 90, 91;

jetzt „nur die Nachlassverbindlichkeit"). Sachlich besagt die geltende Fassung dasselbe wie die des § 226 Abs. 1 KO. Die vormaligen Absätze 2–4 des § 226 KO über nachrangige Verbindlichkeiten sind nunmehr in § 327 enthalten. Die Voraussetzung des § 325 gilt auch dort (→ § 327 Rn. 3).

2. Normzweck. Die Bestimmung ist die **Kehrseite der Trennung zwischen dem Nachlass und dem Eigenvermögen** des (der) Erben (zust. BGH NJW 2014, 389 [391]= ZIP 2014, 137 [138]; vgl. auch Vorb. → Vor § 315 Rn. 3). Im Verfahren der Nachlassinsolvenz werden nur Nachlassgläubiger bedient. Den Eigengläubigern eines Erben steht dessen Privatinsolvenzverfahren zur Verfügung. Mit dem Zusammentreffen beider Verfahren befasst sich § 331 (Erläuterung ebd.). 2

II. Nachlassverbindlichkeiten

Der **Begriff „Nachlassverbindlichkeiten"** umfasst alle Fälle des § 1967 BGB (vgl. RGZ 62, 38 ff.; OLG Kassel OLGE 19, 137; FK-InsO/*Schallenberg/Rafiqpoor* Rn. 3; Kübler/Prütting/Bork/*Holzer* Rn. 2; MüKoInsO/*Siegmann* Rn. 3 ff.). Wegen der Einzelheiten wird auf die Kommentierungen zu § 1967 BGB verwiesen. Unterschieden werden (vgl. → Rn. 4–7): 3

– Erblasserschulden
– Erbfallschulden
– Nachlasskostenschulden
– Nachlasserbenschulden

1. Arten von Nachlassverbindlichkeiten. a) Erblasserschulden. Dies sind solche Verbindlichkeiten, die bereits in der Person des Erblassers entstanden, wenn auch nicht notwendig fällig geworden sind und nicht mit dem Tod erloschen (zB § 1615 BGB) oder, zB durch Fortsetzung eines Mietverhältnisses, zu Eigenschulden des Erben geworden sind (vgl. nur FK-InsO/*Schallenberg/Rafiqpoor* Rn. 4; Kübler/Prütting/Bork/*Holzer* Rn. 3 f.; MüKoInsO/*Siegmann* Rn. 3; ausf. Uhlenbruck/*Lüer* Rn. 3 ff.). Steuerschulden sind Erblasserschulden, soweit sie zu Lasten des Erblassers entstanden sind. Dazu müssen sie noch nicht veranlagt sein (MüKoBGB/*Lange* § 2311 Rn. 18). 4

b) Erbfallschulden. Dies sind Verbindlichkeiten, die aus Anlass des Erbfalls unmittelbar in der Person des Erben entstehen (InsHdB/*Döbereiner* § 112 Rn. 22; Kübler/Prütting/Bork/*Holzer* Rn. 5; MüKoInsO/*Siegmann* Rn. 4; Uhlenbruck/*Lüer* Rn. 8). Dazu gehören zunächst die Ansprüche gem. § 324 Abs. 1 Nr. 2 und 3 (Beerdigung, Todeserklärung), sodann Ansprüche aus Pflichtteilen, Vermächtnissen und Auflagen (MüKoBGB/*Küpper* § 1967 Rn. 10). Auch Erbschaftsteuerverbindlichkeiten sollten als Erbfallschulden anerkannt werden (aA OLG Hamm MDR 1990, 1014; FK-InsO/*Schallenberg/Rafiqpoor* Rn. 9), nicht dagegen die fortlaufende Einkommen- oder Umsatzsteuer (BFH NJW 1993, 350; vgl. zur Problematik ausf. MüKoInsO/*Siegmann* Rn. 13). Zur Frage, inwieweit Steuerschulden Nachlasserbenschulden sein können, vgl. → Rn. 10. 5

c) Nachlasskostenschulden und Nachlassverwaltungsschulden. Hierunter fallen Verbindlichkeiten aus der Verwaltung und Auseinandersetzung des Nachlasses einschließlich der durch Geschäfte des noch nicht abgewickelten und in das Eigenvermögen des oder der Erben überführten Nachlasses (MüKoBGB/*Küpper* § 1967 Rn. 11 f.). Das sind zunächst die in § 324 Abs. 1 Nr. 3 und 4 genannten Verbindlichkeiten (MüKoInsO/*Siegmann* Rn. 5) und als Verwaltungskosten die in § 324 Abs. 1 Nr. 1 und 6 genannten Verbindlichkeiten (Aufwendungsersatz nach §§ 1978, 1979 BGB sowie gegenüber einem Nachlasspfleger, Testamentsvollstrecker oder vorläufigen Erben), ferner die Kosten einer Nachlasspflegschaft (§ 1961 6

BGB), eines Gläubigeraufgebots (§ 1970 BGB) und die Nachlasssicherungskosten (§ 1960 BGB) (Uhlenbruck/*Lüer* Rn. 9).

7 **d) Nachlasserbenschulden.** Dies sind Verbindlichkeiten, die der Erbe selbst für den Nachlass und in der Regel zugleich für sich selbst eingegangen ist (MüKoBGB/*Küpper* Rn. 15 ff.). Sie sind Eigenschulden des Erben und fallen doch zugleich als Nachlassverbindlichkeiten unter § 325 (MüKoInsO/*Siegmann* Rn. 8). Es handelt sich um Verbindlichkeiten des – häufig nur vorläufigen – Erben, die dieser in ordnungsmäßiger Verwaltung des Nachlasses eingeht (MüKo-InsO/*Siegmann* Rn. 8). Die Begründung rechtsgeschäftlicher Verbindlichkeiten kann der Erbe durch Vereinbarung mit dem Gläubiger auf den Nachlass begrenzen (RGZ 146, 343 [344]; BGH WM 1968, 798; MüKoBGB/*Küpper* § 1967 Rn. 23; Uhlenbruck/*Lüer* Rn. 10). Anderenfalls wird zugleich eine Eigenverbindlichkeit und eine Nachlassverbindlichkeit begründet (MüKoInsO/*Siegmann* Rn. 8). Eine Nachlassverbindlichkeit entsteht nur dann nicht, wenn eine Haftung mit dem Nachlass ausgeschlossen wird (MüKoInsO/*Siegmann* Rn. 7). **Reine Eigenverbindlichkeiten** des Erben – auch solche, die im Zusammenhang mit Nachlassgegenständen, jedoch nicht mit Bezug auf die Nachlassverwaltung, entstehen (MüKoBGB/*Küpper* § 1967 Rn. 25) – nehmen an dem Nachlassinsolvenzverfahren **nicht** teil (MüKoInsO/*Siegmann* Rn. 7).

8 **2. Sonderkonstellationen. a) Geschäftsverbindlichkeiten.** Geschäftsverbindlichkeiten in der Nachfolge nach einem Einzelunternehmer können **Erblasserschulden** (→ Rn. 4), **Nachlasserbenschulden** (→ Rn. 7) **oder Eigenverbindlichkeiten** des Erben (→ Rn. 7 aE) sein. Die **Haftung für Altverbindlichkeiten** begründet, soweit auf § 1967 BGB gestützt, Nachlassverbindlichkeiten (vgl. MüKoHGB/*Thiessen* § 27 Rn. 33 ff.). Aber daneben tritt, sofern nicht nach § 27 Abs. 2 HGB ausgeschlossen, die handelsrechtliche, nicht erbrechtliche Eigenhaftung (aM MüKoHGB/*Thiessen* § 27 Rn. 3 ff.). Bei der Haftung aus § 27 HGB handelt es sich um **Eigenverbindlichkeiten** (so wohl auch MüKoBGB/*Küpper* § 1967 Rn. 39 ff.; aM MüKoHGB/*Thiessen* § 27 Rn. 33 ff.). Diese Haftung läuft neben der sich aus § 1967 BGB ergebenden beschränkbaren, endgültig beschränkten oder unbeschränkten Erbenhaftung her. Nur diese letztere und nicht die Haftung aus § 27 HGB wird als solche in das Nachlassinsolvenzverfahren einbezogen (vgl. EBJS/*Strohn*/*Zimmer* HGB § 27 Rn. 3). Erst recht gilt dies für die in Fortführung des Unternehmens begründeten **Neuverbindlichkeiten** (MüKoHGB/*Thiessen* § 27 Rn. 76 ff.), die allerdings in engen Grenzen der Nachlassverwaltung auch Nachlasserbenschulden (→ Rn. 7) begründen können (vgl. MüKoHGB/*Thiessen* § 27 Rn. 33).

9 **b) Gesellschafterhaftung.** Die **Gesellschafterhaftung eines Gesellschafter-Erben** für Gesellschaftsverbindlichkeiten aus dem ererbten Anteil ist Nachlassverbindlichkeit, soweit sie den Erben nach § 1967 BGB trifft. Die auf § 130 HGB beruhende, allerdings nach § 139 Abs. 4 HGB beschränkbare, Eigenhaftung des Gesellschaftererben begründet keine Nachlassverbindlichkeiten (MüKoHGB/*Karsten Schmidt* § 139 Rn. 108). Sie besteht bezüglich der Altverbindlichkeiten selbständig neben der auf § 1967 BGB auf den Erben übergegangenen Nachlassverbindlichkeit (MüKoHGB/*Karsten Schmidt* § 130 Rn. 14, § 139 Rn. 98 ff.; sa MüKoBGB/*Küpper* § 1967 Rn. 45).

10 **c) Öffentlich-rechtliche Verbindlichkeiten.** Öffentlich-rechtliche Verbindlichkeiten können als **Erblasserschulden** unter § 225 fallen, soweit sie nach § 1967 BGB auf den Erben übergehen (vgl. hierzu MüKoBGB/*Küpper* § 1967 Rn. 47 f.; Bamberger/Roth/*Lohmann* § 1967 Rn. 15). Soweit es sich um **Geldschulden** handelt, gelten die allgemeinen Voraussetzungen nach → Rn. 4 ff. Über **Erbschaftsteuerschulden** als Erbfallschulden vgl. → Rn. 5. Schwierig ist die

Frage, inwieweit öffentlich-rechtliche Verbindlichkeiten **Nachlasserbenschulden** sind.

Ordnungspflichten gehen nicht nach § 1967 BGB als Nachlassverbindlichkeiten über (str.; vgl. MAHErbR/*Siegmann* 2010 § 23 Rn. 108), können aber in der Person des Rechtsnachfolgers neu entstehen (zB nach § 4 BodSchG). Dagegen können Gebühren, Ordnungsgelder und Ersatzvornahmekosten Nachlassverbindlichkeiten begründen. 11

d) Fortsetzung eines Insolvenzverfahrens als Nachlass. Im Fall einer **Fortsetzung des zu Lebzeiten des Erblassers eröffneten Insolvenzverfahrens als Nachlassinsolvenzverfahren** (→ § 315 Rn. 25) wird nach hM § 38 nicht durch § 325 verdrängt, so dass Verbindlichkeiten des Schuldners, die dieser nach der Eröffnung des Insolvenzverfahrens begründet hat, auch im Nachlassinsolvenzverfahren keine Insolvenzforderungen begründen, wenn sie gem. § 1967 BGB mit dem Erbfall Nachlassverbindlichkeiten geworden sind (BGH NJW 2014, 389 [390] = ZIP 2014, 137 [138]; Kübler/Prütting/Bork/*Holzer* § 315 Rn. 331; MüKoInsO/*Siegmann* vor § 315 Rn. 5, 5a; *Roth/Pfeuffer* S. 425 f. mwN). Die Folge ist, dass sich diese Gläubiger nicht am Nachlassinsolvenzverfahren beteiligem können und sich an frei werdendes Restvermögen halten müssen (BGH aaO; zur Gegenansicht vgl. namentlich *Nöll* Rn. 354 ff., 437). Ob sich dies mit einem modernen Verständnis des Nachlassinsolvenzverfahrens verträgt (vgl. dazu → Vor § 315 Rn. 7; → § 320 Rn. 3), ist zu bezweifeln. 12

III. Rechtsfolgen

Bei der **Forderungsanmeldung** (§§ 174 ff.) wird geprüft, ob eine Nachlassverbindlichkeit vorliegt. Dies kann im Streitfall nach §§ 178 ff. geprüft werden. Die Eintragung in die Insolvenztabelle hat Feststellungswirkung nach § 178 Abs. 3 (BGH NJW 2014, 391 [393] = ZIP 2014, 137 [138]). 13

Ansprüche des Erben

326 (1) **Der Erbe kann die ihm gegen den Erblasser zustehenden Ansprüche geltend machen.**

(2) **Hat der Erbe eine Nachlaßverbindlichkeit erfüllt, so tritt er, soweit nicht die Erfüllung nach § 1979 des Bürgerlichen Gesetzbuchs als für Rechnung des Nachlasses erfolgt gilt, an die Stelle des Gläubigers, es sei denn, daß er für die Nachlaßverbindlichkeiten unbeschränkt haftet.**

(3) **Haftet der Erbe einem einzelnen Gläubiger gegenüber unbeschränkt, so kann er dessen Forderung für den Fall geltend machen, daß der Gläubiger sie nicht geltend macht.**

I. Grundlagen

Die auf § 225 KO zurückgehende Bestimmung handelt von der **Stellung des Erben als Gläubiger im Nachlassinsolvenzverfahren.** 1

II. Die drei Absätze des § 326

1. Absatz 1. Absatz 1 beruht auf der mit dem Nachlassinsolvenzverfahren verbundenen Trennung zwischen Nachlass und Eigenvermögen des Erben (MüKoInsO/*Siegmann* Rn. 2). Nach **§ 1976 BGB** leben bei Eröffnung des Nachlassinsolvenzverfahrens die infolge des Erbgangs durch Vereinigung von Recht 2 und Verbindlichkeit und von Recht und Belastung erloschenen Rechtsverhältnisse (Rechte mit Nebenrechten), auch wenn der Erbe bereits unbeschränkt haftet, rückwirkend wieder auf. Absatz 1 eröffnet die Geltendmachung der wiedererstandenen Rechte des Erben im Nachlassinsolvenzverfahren, und zwar je nach ihrer Rechtsnatur als Aussonderungsrecht, als absonderungsgesicherte Forderung, als einfache Insolvenzforderung, als Vorrechtsforderung oder als nachrangige Forderung. Sicherungsrechte und Vormerkungen gelten nicht als erloschen (MüKo-InsO/*Siegmann* Rn. 2). Zwischenzeitiger Dritterwerb verliert allerdings nicht seinen Rang (ebd.). Grundgedanke der Bestimmungen ist, dass der Erbe im Fall der Nachlassinsolvenz mit seinen gegen den Erblasser begründeten Forderungen nicht gegenüber den sonstigen Nachlassgläubigern benachteiligt werden soll (BGHZ 48, 214 [219]). Die Regeln des Absatz 1 gelten gleichermaßen für den beschränkt oder unbeschränkt haftenden Erben (vgl. statt vieler Kübler/Prütting/Bork/*Holzer* Rn. 2).

3 **2. Absatz 2. a) Tatbestand.** Diese Bestimmung **gilt nur für den nicht unbeschränkt haftenden Erben.** Ihn soll die Nachlassverbindlichkeit nicht persönlich treffen. Soweit eine Zahlung nach § 1979 BGB als für Rechnung des Nachlasses geleistet gilt, steht dem Erben ein Aufwendungsersatzanspruch nach § 1978 Abs. 3 BGB zu, der nach § 324 Abs. 1 Nr. 1 als Masseforderung zu begleichen ist. Absatz 2 befasst sich mit dem Fall, dass eine an den Gläubiger geleistete Zahlung nicht nach § 1979 BGB als für Rechnung des Nachlasses geleistet gilt. Auch dann soll sie nicht den Effekt einer unbeschränkten Erbenhaftung haben. Diesen Effekt hätte sie aber, wenn er aus Mitteln der Nachlassmasse oder aus eigenen Mitteln eine Nachlassverbindlichkeit erfüllt hat und die Berichtigung dieser Verbindlichkeit **nicht nach § 1979 BGB** als für Rechnung des Nachlasses erfolgt gilt und keinen Aufwendungsersatz nach § 1978 Abs. 3 BGB auslöst. Der klassische Fall des Absatz 2 ist der Fall einer **Forderungsbegleichung aus dem Eigenvermögen des Erben** ohne Regress nach § 1978 Abs. 3 BGB (vgl. nur OLG Düsseldorf ZEV 2000, 236; HK-InsO/*Marotzke* Rn. 4). Aber auch der Fall, dass **aus dem Nachlass** gezahlt wurde, kann uU unter Absatz 2 fallen (zu pauschal der anders lautende nicht amtliche Leitsatz 3 bei OLG Düsseldorf ZEV 2000, 236). Dies ist zunächst der Fall, wenn der Erbe die aus dem Nachlass geleistete Zahlung aus dem Privatvermögen ausgeglichen hat (OLG Düsseldorf ZEV 2000, 236 [239]). Zweifelhaft ist dagegen, ob die Zahlung aus dem Nachlass eine Anwendung des Absatz 2 auch schon vor einer solchen Erstattung seitens des Erben rechtfertigen kann (verneinend OLG Düsseldorf ZEV 2000, 236 [239]; bejahend FK-InsO/*Schallenberg/Rafiqpoor* Rn. 6 im Anschluss an *Kilger/Karsten Schmidt* § 225 KO Anm. 2). Dafür spricht, dass eine nicht durch § 1979 gedeckte Zahlung aus dem Nachlass Erstattungspflichten des Erben auslöst und sein Eigenvermögen in diesem Fall indirekt treffen würde (Kübler/Prütting/Bork/*Holzer* Rn. 4). Da der Forderungsübergang keine Masseforderung des Erben begründet und eine Aufrechnung gegen die Erstattungspflicht nach § 96 Abs. 1 Nr. 2 ausgeschlossen ist, bleibt das praktische Ergebnis dasselbe: Der Erbe muss die Zahlung aus seinem Eigenvermögen erstatten und kann nur die Gläubigerforderung zur Tabelle anmelden.

4 **b) Rechtsfolge.** Nach Absatz 2 tritt kraft gesetzlichen Forderungsübergangs **der Erbe an die Stelle des Gläubigers.** Er erwirbt die Forderung so, wie sie dem befriedigten Gläubiger zustand, dh als Masseforderung oder als Insolvenzforderung mit Nebenrechten (HK-InsO/*Marotzke* Rn. 5), evtl. aber auch belastet mit den Einwendungen, welche dem Zedenten gegenüber vorgebracht werden konnten (RGZ 55, 157 [161]; Kübler/Prütting/Bork/*Holzer* Rn. 4; MüKoInsO/*Siegmann* Rn. 6).

c) Verhältnis zwischen Absatz 2 und § 1979 BGB. Zu dieser wohl wenig bedeutsamen Frage vgl. HK-InsO/*Marotzke* Rn. 3, 6. *Marotzke* tritt für eine analoge Anwendung des Absatz 2 mit Wahlrecht des Erben ein für den Fall, dass die Zahlung nach § 1979 BGB als für Rechnung des Nachlasses erbracht angesehen wird. Ein Bedürfnis hierfür könnte allenfalls im Übergang von Nebenrechten oder der Umschreibbarkeit von Vollstreckungstiteln liegen (§ 727 ZPO). 5

3. Absatz 3. Die Vorschrift betrifft den **Sonderfall,** dass der Erbe einzelnen Gläubigern unbeschränkt haftet (§ 2006 Abs. 3 BGB, § 780 Abs. 1 ZPO). Dann tritt bei Berichtigung dieser Nachlassverbindlichkeiten im Verhältnis zu diesen Gläubigern kein gesetzlicher Forderungsübergang nach Absatz 2 ein. Der Erbe kann aber im Nachlassinsolvenzverfahren die Forderung des Gläubigers für den Fall geltend machen, dass der Gläubiger sie nicht geltend macht. Die vom Erben geltend gemachte Forderung ist bis zur Schlussverteilung als aufschiebend bedingt zu behandeln. Ist der Gläubiger Insolvenzverfahrensgläubiger, so findet § 191 entsprechende Anwendung (Uhlenbruck/*Lüer* Rn. 5; vgl. sinngemäß bereits *Kilger/Karsten Schmidt,* 17. Aufl. 1997, § 225 KO Anm. 3). 6

Nachrangige Verbindlichkeiten[1]

327 (1) **Im Rang nach den in § 39 bezeichneten Verbindlichkeiten und in folgender Rangfolge, bei gleichem Rang nach dem Verhältnis ihrer Beträge, werden erfüllt:**

1. die Verbindlichkeiten gegenüber Pflichtteilsberechtigten;

2. die Verbindlichkeiten aus den vom Erblasser angeordneten Vermächtnissen und Auflagen.

(2) [1] **Ein Vermächtnis, durch welches das Recht des bedachten auf den Pflichtteil nach § 2307 des Bürgerlichen Gesetzbuchs ausgeschlossen wird, steht, soweit es den Pflichtteil nicht übersteigt, im Rang den Pflichtteilsrechten gleich.** [2] **Hat der Erblasser durch Verfügung von Todes wegen angeordnet, daß ein Vermächtnis oder eine Auflage vor einem anderen Vermächtnis oder einer anderen Auflage erfüllt werden soll, so hat das Vermächtnis oder die Auflage den Vorrang.**

(3) [1] **Eine Verbindlichkeit, deren Gläubiger im Wege des Aufgebotsverfahrens ausgeschlossen ist oder nach § 1974 des Bürgerlichen Gesetzbuchs einem ausgeschlossenen Gläubiger gleichsteht, wird erst nach den in § 39 bezeichneten Verbindlichkeiten und, soweit sie zu den in Absatz 1 bezeichneten Verbindlichkeiten gehört, erst nach den Verbindlichkeiten erfüllt, mit denen sie ohne die Beschränkung gleichen Rang hätte.** [2] **Im übrigen wird durch die Beschränkungen an der Rangordnung nichts geändert.**

I. Generalia

1. Systematik. Die Bestimmung basiert als Nachfolgeregelung auf **§ 226 Abs. 2–4 KO.** Diese Bestimmungen regelten ausf. den Nachrang von Forderungen in der Nachlassinsolvenz. Absatz 1 war ein ausführlicher Katalog. Der InsO-Gesetzgeber hat diese Bestimmungen auf die neue **Grundregel über nachrangige Insolvenzforderungen (§ 39)** abgestimmt und dadurch gekürzt und verändert **(Absatz 1).** Die **Absätze 2 und 3** sind hervorgegangen aus § 223 Abs. 3 und 4 KO. Eine Nr. 3 des Absatz 1 (Erbersatzansprüche) wurde durch Gesetz 1

[1] § 327 Abs. 1 Nr. 3 aufgeh. durch G v. 16.12.1997 (BGBl. I S. 2968).

vom 16.12.1997 (BGBl. I S. 2969) gestrichen. Die von § 327 betroffenen Forderungen werden durch **§ 328** noch zusätzlich zurückgesetzt.

2 **2. Normzweck.** Der allgemeine Normzweck des Nachrangs ist bei § 39 erläutert. Im Fall des § 327 geht es um Ansprüche, die wesensgemäß aus den Überschüssen des Nachlasses berichtigt werden sollen (vgl. auch § 1991 Abs. 4 BGB). Nach Absatz 1 rangieren Pflichtteilsansprüche sowie Ansprüche aus Vermächtnissen und Auflagen noch hinter den Ansprüchen nach § 39. Wie nachrangige Forderungen gem. § 39 werden auch die in § 327 aufgezählten Forderungen erst zur Tabelle angemeldet, wenn das Gericht hierzu auffordert (§ 174 Abs. 3). Zur Stellung nachrangiger Gläubiger iÜ vgl. → § 39 Rn. 3 ff.

II. Die Rangfolge

3 **1. Die Forderungen nach § 39.** Nachrang nach allen einfachen, jedoch nicht nachrangigen Forderungen, aber Vorrang vor den in § 327 genannten Forderungen haben zunächst die in § 39 aufgelisteten Forderungen **(§ 39 Abs. 1)** unter Einschluss der durch Rangrücktritt nachrangigen Forderungen, sofern dies nicht in der Nachrangvereinbarung anders geregelt ist **(§ 39 Abs. 2).** Es versteht sich, dass eine unter § 327 fallende Forderung nicht durch Rangrücktritt in den Rang des § 39 Abs. 2 aufsteigen kann. Bezüglich des § 39 Abs. 1 sind im Nachlassinsolvenzverfahren Besonderheiten zu bedenken (ausf. Kübler/Prütting/Bork/*Holzer* Rn. 3–34; MüKoInsO/*Siegmann* Rn. 3; *Siegmann* ZEV 2000, 221 [222 f.]). Nur soweit es sich überhaupt um Nachlassverbindlichkeiten handelt (→ § 325 Rn. 3 ff.) können diese im Nachlassinsolvenzverfahren nachrangig sein. Das gilt va für Geldstrafen, Geldbußen, Ordnungsgelder und Zwangsgelder (§ 39 Abs. 1 Nr. 5). Dieser Anpassungsbedarf bei Absatz 1 wird dem Gesetzgeber als Redaktionsversehen angekreidet (vgl. HK-InsO/*Marotzke* Rn. 3; Kübler/Prütting/Bork/*Holzer* Rn. 3 im Anschluss an *Siegmann* ZEV 2000, 221 [222]). Es handelt sich indes nur um einen Schönheitsfehler, der darauf beruht, dass der heutige § 325 (vormals § 226 Abs. 1 KO) dem § 327 (vormals § 226 Abs. 2–4 KO) nicht mehr als Absatz 1 vorangestellt ist: nur Nachlassverbindlichkeiten! Wo § 39 Abs. 1 in einem Nachlassinsolvenzverfahren naturgemäß nicht zum Zuge kommt, braucht der Gesetzgeber dies nicht klarzustellen (vgl. insoweit auch HK-InsO/*Marotzke* Rn. 2). Bezüglich **§ 39 Abs. 1 Nr. 5** stellt sich die Frage der Anwendbarkeit nur, wenn die §§ 315 ff., wie in den Erläuterungen → Vor § 315 Rn. 31 geschildert, analog auf den Gesamtrechtsnachfolger eines von dieser Bestimmung erfassten Gesellschafters angewendet werden (ganz unanwendbar nach Kübler/Prütting/Bork/*Holzer* Rn. 3c). Die Anwendbarkeit sollte unter dieser Voraussetzung bejaht werden, doch wird die Frage praktisch kaum relevant. Mehrere **gleichrangige Forderungen** werden nach dem Verhältnis ihrer Beträge, also quotenmäßig, bedient (Ausnahme: Absatz 2 Satz 2 und dazu → Rn. 5).

4 **2. Die Forderungen nach Absatz 1, 2. a) Absatz 1 Nr. 1.** Pflichtteilsansprüche sind nachrangig nach den Ansprüchen gem. § 39, rangieren jedoch unter denen des § 327 als erste. Im Erbes-Erbfall ist zu bedenken, dass § 327 nur in der Nachlassinsolvenz des Erblasser gilt, nicht in einer Nachlassinsolvenz nach dem Tod des mit dem Pflichtteil beschwerten Erben (FK-InsO/*Schallenberg/Rafiqpoor* Rn. 10).

5 **b) Absatz 1 Nr. 2.** Ansprüche aus Vermächtnissen (§§ 2147 ff. BGB) und Auflagen (§ 2194 BGB) rangieren hinter den Pflichtteilsansprüchen. Unter Nr. 2 fallen auch die gesetzlichen Vermächtnisse des § 1932 BGB (Voraus) und des § 1969 BGB (Dreißigster). Zwar sind sie nicht vom Erblasser angeordnet, aber die Regelung ist analog anwendbar (Braun/*Bauch* Rn. 8; FK-InsO/*Schallenberg/*

Rafiqpoor Rn. 9). Wird ein Pflichtteilsberechtigter mit einem Vermächtnis bedacht, so muss er das Vermächtnis nicht ausschlagen (§ 2307 Abs. 1 S. 1 BGB), um in Höhe des Pflichtteils den Rang der Nr. 1 zu wahren **(Absatz 2 Satz 1).** Die Ansprüche aus Vermächtnissen oder Auflagen sind untereinander gleichrangig (vgl. Absatz 1), doch kann der Erblasser durch letztwillige Verfügung eine Reihenfolge festlegen **(Absatz 2 Satz 2).** Weitere Abweichungen von § 327 sind nicht (auch nicht durch § 2189 BGB) gestattet (Braun/*Bauch* Rn. 11). Kein Vermächtnis ist der Unterhalt der werdenden Mutter eines Erben nach § 1963 BGB (vgl. Palandt/*Weidlich* BGB § 1963 Rn. 3). Er ist nicht nachrangig nach § 327 (so bereits *Kilger/Karsten Schmidt* § 226 KO Anm. 3c). Auch Absatz 1 Nr. 2 gilt nicht in einer Nachlassinsolvenz nach dem Tod des mit Vermächtnis oder Auflage beschwerten Erben (FK-InsO/*Schallenberg/Rafiqpoor* Rn. 10).

3. Ausgeschlossene Gläubiger (Absatz 3). Absatz 3 handelt von Gläubi- 6
gern, die im **Aufgebotsverfahren nach §§ 1970 ff. BGB, 454 ff. FamFG** ausgeschlossen worden sind. Das Aufgebotsverfahren führt nicht zum Erlöschen der Forderung, sondern zu einem qualifizierten Nachrang dieser Forderung (vgl. → Rn. 7 f.). Die nach § 1974 einem ausgeschlossenen Gläubiger gleichgestellten Gläubiger werden auch hier einbezogen.

a) Fälle außerhalb des Absatz 1. Nicht von Absatz 1 erfasste ausgeschlossene 7
oder nach § 1974 BGB gleichgestellte Gläubiger erhalten durch den Ausschluss im Aufgebotsverfahren einen Rang nach den gem. § 39 nachrangigen Gläubigern, jedoch vor denjenigen des Absatz 1.

b) Fälle des Absatz 1. Von Absatz 1 erfasste ausgeschlossene Gläubiger und 8
solche, die nach §§ 1972, 1974 BGB einem ausgeschlossenen Gläubiger gleich stehen, stehen nicht nur den in § 39 genannten Forderungen nach, sondern auch den Gläubigern ihrer eigenen Forderungsgruppe nach Absatz 1 Nr. 1 oder Nr. 2.

Zurückgewährte Gegenstände

328 (1) **Was infolge der Anfechtung einer vom Erblasser oder ihm gegenüber vorgenommenen Rechtshandlung zur Insolvenzmasse zurückgewährt wird, darf nicht zur Erfüllung der in § 327 Abs. 1 bezeichneten Verbindlichkeiten verwendet werden.**

(2) **Was der Erbe auf Grund der §§ 1978 bis 1980 des Bürgerlichen Gesetzbuchs zur Masse zu ersetzen hat, kann von den Gläubigern, die im Wege des Aufgebotsverfahrens ausgeschlossen sind oder nach § 1974 des Bürgerlichen Gesetzbuchs einem ausgeschlossenen Gläubiger gleichstehen, nur insoweit beansprucht werden, als der Erbe auch nach den Vorschriften über die Herausgabe einer ungerechtfertigten Bereicherung ersatzpflichtig wäre.**

I. Normzweck

Die nur redaktionell verändert aus **§ 228 KO** übernommene Bestimmung 1
knüpft ihrem **Normzweck** nach mit **Absatz 1** bei **§ 327 Abs. 1** an und überträgt die Nachrangigkeit der dort genannten Nachlassverbindlichkeiten auf das durch Insolvenzanfechtung zur Masse gezogene Vermögen (vgl. → Rn. 2). **Absatz 2** knüpft bei **§ 1973 Abs. 2 BGB** an: Ansprüche aus der **Schadensersatzpflicht des Erben** mit Rücksicht auf seine bisherige Vermögensverwaltung und wegen Verletzung der Insolvenzantragspflicht (vgl. §§ 1978–1980) kommen den ausgeschlossenen und den diesen gleichgestellten Gläubigern nur zugute, soweit der Erbe ungerechtfertigt bereichert sein würde (→ Rn. 6).

II. Die Regelungen im Einzelnen

2 **1. Absatz 1. a) Begrenzung der Anfechtungsvorteile.** Eine Masseerweiterung durch eine den Erben treffende (§ 145 Abs. 1) Anfechtung der vor dem Erbfall vorgenommenen Rechtshandlungen (§§ 129 ff., 143) soll nur denjenigen zugutekommen, die bereits Gläubiger des Erblassers waren. Die nach § 327 nachrangigen Pflichtteilsberechtigten bzw. Gläubiger aus Vermächtnissen bzw. Auflagen sollen hieran nicht einmal nachrangig partizipieren (Begr. KO-Novelle 1898 in *Hahn/Mugdan* VII S. 256; Uhlenbruck/*Lüer* Rn. 1, 2). Sie müssen den Nachlass so nehmen, wie er ohne Anfechtung ist.

3 **b) Geltungsbereich.** Anfechtung iSv Absatz 1 ist die Anfechtung nach **§§ 129 ff.,** ggf. auch eine nach **§ 16 AnfG** auf den Insolvenzverwalter übergegangene Anfechtung nach dem AnfG. **Nicht** erfasst ist die ganz andersartige Anfechtung nach §§ 119 ff., 142 ff. BGB (Braun/*Bauch* Rn. 2; HK-InsO/*Marotzke* Rn. 2; Uhlenbruck/*Lüer* Rn. 2). Sie kann sich masseerweiternd auswirken und kommt dann allen Gläubigern zugute.

4 **c) Bedeutung im Anfechtungsprozess.** Da die mit der Anfechtung beabsichtigte Massevergrößerung den in § 327 genannten Gläubigern nicht zugutekommen soll (→ Rn. 2), ergibt sich aus Absatz 1 **ein im Anfechtungsprozess erheblicher Einwand** (allgM). Ein Anfechtungsanspruch besteht nicht, zum Schutz der Forderungen nach § 327 Abs. 1. Die **Darlegungs- und Beweislast** trifft nach hM grds. den Insolvenzverwalter (so auch noch *Kilger/Karsten Schmidt* § 231 KO Anm. 1), weil dieser im Anfechtungsprozess die Gläubigerbenachteiligung darzulegen und zu beweisen hat (vgl. → § 129 Rn. 72). Einschränkend heißt es aber, dass die Darlegungs- und Beweislast auf den Anfechtungsgegner übergeht, wenn das Nachlassinsolvenzverfahren wegen Zahlungsunfähigkeit oder Überschuldung eröffnet worden ist (vgl. BGH NJW-RR 1986, 991; 1993, 235; ZIP 1997, 853 [854]; vgl. nur MüKoInsO/*Siegmann* Rn. 3; Uhlenbruck/*Lüer* Rn. 2). Dem ist zuzustimmen, woraus zu folgern ist, dass die angebliche Regel nur in einem wegen drohender Zahlungsunfähigkeit eröffneten Nachlassinsolvenzverfahren (→ § 320 Rn. 6) zum Zuge kommt, also **nur in Ausnahmefällen.** Als **Regel** (nämlich bei Verfahrenseröffnung wegen Überschuldung oder Zahlungsunfähigkeit) muss daher gelten, dass bei der Anfechtung einer abstrakt gläubigerschädigenden Rechtshandlung der Anfechtungsgegner darlegen und ggf. beweisen muss, dass der Anfechtungserlös im konkreten Fall wegen hinlänglicher Insolvenzmasse nur den nach § 327 Abs. 1 nachrangigen Gläubigern zugutekäme (ebenso MüKoInsO/*Siegmann* Rn. 3).

5 **d) Verbleibender Überschuss.** Nach Befriedigung der von Absatz 1 nicht betroffenen Altgläubiger ist ein etwa aus Anfechtungserlösen verbliebener Überschuss dem (den) Anfechtunsgegner(n) zurückzuerstatten (Braun/*Bauch* Rn. 3; FK-InsO/*Schallenberg/Rafiqpoor* Rn. 2; hM). Der Fall ist eher theoretisch.

6 **2. Absatz 2. a) Funktionsweise.** Absatz 2 enthält eine **ähnliche Regelung für den Zugriff auf die Masseerweiterung durch Erbenhaftung.** Nach §§ 1978–1980 BGB haftet der Erbe der Masse für Schäden aus sorgfaltswidriger Verwaltung (§ 1978 BGB), für die unberechtigte Berichtigung von Nachlassverbindlichkeiten (§ 1979 BGB) und für Insolvenzverfahrensverschleppung (§ 1980 BGB). Nach **§ 1973 BGB** kann der Erbe eine Befriedigung ausgeschlossener Nachlassgläubiger verweigern, soweit dies nicht zu einer ungerechtfertigten Bereicherung führt. Gläubiger nach **§ 1974 BGB** stehen dem gleich. Absatz 2 erstreckt diesen Gedanken auf die Masse im Nachlassinsolvenzverfahren.

b) Geltendmachung. Schon **im Haftungsprozess** kann der Einwand gegenüber einem ausgeschlossenen Nachlassgläubiger geltend gemacht werden (vgl. MüKoBGB/*Küpper* § 1978 Rn. 2). Im **Nachlassinsolvenzverfahren** bedeutet dies, dass nur gehaftet wird, wenn noch Gläubiger zu befriedigen sind, die nicht nach §§ 1973, 1974 BGB ausgeschlossen sind (ähnlich MüKoInsO/*Siegmann* Rn. 4). Das ist allerdings idR der Fall. 7

c) Unbeschränkte Erbenhaftung. Im Fall der unbeschränkten Erbenhaftung finden nach § 2013 BGB die §§ 1973 ff. BGB keine Anwendung. Der Ausschluss des § 1973 BGB gilt auch für § 328 Abs. 2 (allgM; vgl. etwa Braun/*Bauch* Rn. 4; *Hess* Rn. 7; Graf-Schlicker/*Busch* Rn. 3; Uhlenbruck/*Lüer* Rn. 4; MüKoInsO/*Siegmann* Rn. 4). Die Erbenhaftung nach §§ 1978–1980 BGB kommt demgemäß auch den ausgeschlossenen Gläubigern zugute. 8

Nacherbfolge

329 **Die §§ 323, 324 Abs. 1 Nr. 1 und § 326 Abs. 2, 3 gelten für den Vorerben auch nach dem Eintritt der Nacherbfolge.**

I. Generalia

1. Normzweck. Die Bestimmung geht auf § 231 KO zurück. Sie stellt die **Rechtsfolgen des Nacherbfalls** klar. Mit dem Nacherbfall tritt der Nacherbe als Rechtsnachfolger des Erblassers (nicht des Vorerben!) an dessen Stelle (entscheidender Zeitpunkt ist der Nacherbfall, nicht die Annahme der Nacherbschaft; vgl. MüKoInsO/*Siegmann* Rn. 3). Der Vorerbe (bzw. wenn sein Tod den Nacherbfall bildet, sein Erbe) verliert die Erbenstellung, nicht aber hierauf gestützte Ansprüche. § 329 befasst sich mit **Nachwirkungen der vormaligen Erbenstellung** eines Vorerben während des Nacherbfalls (InsHdB/*Döbereiner* § 118 Rn. 7). 1

2. Die Verweisungen. Die Verweisung auf **§ 323** schließt ein Zurückbehaltungsrecht wegen Aufwendungen, die dem Erben nach §§ 1978 f. BGB zu ersetzen sind, auch nach dem Nacherbfall aus. Diese Aufwendungen begründen aber nach **§ 324 Abs. 1 Nr. 1** auch nach dem Nacherbfall Masseverbindlichkeiten. Auch die sich aus **§ 326 Abs. 2, 3** ergebenen Ansprüche des Erben kann der vormalige Vorerbe nach wie vor geltend machen. 2

II. Fallvarianten

1. Nacherbfall im eröffneten Nachlassinsolvenzverfahren. Im Fall der Nacherbfolge nach Eröffnung des Nachlassinsolvenzverfahrens tritt der Nacherbe als Schuldner in das Verfahren ein in der Lage, in welcher es sich befindet. Das ist der **Fall des § 329.** Der bisherige Vorerbe kann ihm zustehende Gläubigerrechte so wie bisher, also wie nach §§ 323, 324 Abs. 1 Nr. 1, 326 Abs. 2 und 3, im Insolvenzverfahren weiter verfolgen. In entsprechender Anwendung des § 326 Abs. 1 ZPO gilt dies auch, wenn der Vorerbe den Schuldnerwiderspruch gegen die Feststellung einer angemeldeten Forderung unterlassen hat (InsHdB/*Döbereiner* § 118 Rn. 2; HK-InsO/*Marotzke* Rn. 5; FK-InsO/*Schallenberg/Rafiqpoor* Rn. 5). 3

2. Nacherbfall vor Verfahrenseröffnung. Bei **Insolvenzverfahrenseröffnung nach Eintritt der Nacherbfolge** ist nur der Nacherbe Schuldner. Für Fragen der Anfechtbarkeit können jedoch Rechtshandlungen des Vorerben als solche des „Schuldners“ dem Nacherben zuzurechnen sein. § 329 gilt auch in diesem Fall (InsHdB/*Döbereiner* § 118 Rn. 5). 4

5 **3. Privatinsolvenz des Vorerben.** Wurde vor dem Nacherbfall das Insolvenzverfahren über das Vermögen des Vorerben eröffnet, so gilt zunächst § 83 Abs. 2 (näher → § 83 Rn. 21 ff.).

Erbschaftskauf

330 (1) **Hat der Erbe die Erbschaft verkauft, so tritt für das Insolvenzverfahren der Käufer an seine Stelle.**

(2) [1]**Der Erbe ist wegen einer Nachlaßverbindlichkeit, die im Verhältnis zwischen ihm und dem Käufer diesem zur Last fällt, wie ein Nachlaßgläubiger zum Antrag auf Eröffnung des Verfahrens berechtigt.** [2]**Das gleiche Recht steht ihm auch wegen einer anderen Nachlaßverbindlichkeit zu, es sei denn, daß er unbeschränkt haftet oder daß eine Nachlaßverwaltung angeordnet ist.** [3]**Die §§ 323, 324 Abs. 1 Nr. 1 und § 326 gelten für den Erben auch nach dem Verkauf der Erbschaft.**

(3) **Die Absätze 1 und 2 gelten entsprechend für den Fall, daß jemand eine durch Vertrag erworbene Erbschaft verkauft oder sich in sonstiger Weise zur Veräußerung einer ihm angefallenen oder anderweitig von ihm erworbenen Erbschaft verpflichtet hat.**

I. Grundsätzliches

1 Die Bestimmung setzt sich zusammen aus den vormaligen **§§ 232 KO** (jetzt § 330 Abs. 1 und 2) **und 233 KO** (jetzt § 330 Abs. 3). Noch der Regierungsentwurf hatte die Trennung der Vorschriften fortgeschrieben (§§ 374, 375 RegE InsO). Die sinnvolle Zusammenlegung fand im Rechtsausschuss statt (Ausschussbericht zu § 374 RegE). Der **Normzweck** resultiert aus der rechtsnachfolgeähnlichen Wirkung des Erbschaftskaufs. Obwohl für den Vollzug des Erbschaftskaufs das Spezialitätsprinzip gilt, haftet schon mit dem Kaufvertrag der Käufer zwingend für die Nachlassverbindlichkeiten (§ 2382 BGB) nach Maßgabe der unbeschränkten, beschränkbaren oder unbeschränkbaren Erbenhaftung (näher § 2383 BGB). Hieraus zieht § 330 die Konsequenzen.

II. Die Einzelregelungen

2 **1. Absatz 1. a) Tatbestand.** Die Bestimmung des Absatz 1 ergibt sich aus der dem **Erbschaftskäufer** nach §§ 2382 f. BGB zugewiesenen Rechtsstellung. Sie gilt sowohl für den Fall eines Nachlassinsolvenzverfahrens vor dem Verkauf als auch für ein bereits begonnenes Verfahren (Braun/*Bauch* Rn. 6), aber nicht für einen Miterben, der im Wege der Auseinandersetzung einen Erbteil von einem anderen Miterben erworben hat (MüKoInsO/*Siegmann* Rn. 7).

3 **b) Rechtfolge.** Der Erbschaftskäufer tritt **mit Abschluss des Erbschaftskaufs** (§ 2382 BGB) in Ansehung eines Nachlassinsolvenzverfahrens **an die Stelle des Erben.** Die **Rechte und Pflichten des Schuldners** gelten von diesem Zeitpunkt an nur für den Erbschaftskäufer. Nach diesem Zeitpunkt ist der Erbe lediglich noch als Nachlassgläubiger zum Insolvenzantrag berechtigt (vgl. auch Absatz 2). Wie ein Nachlassgläubiger ist er wegen einer Nachlassverbindlichkeit, welche im Innenverhältnis zwischen ihm und dem Käufer diesem zur Last fällt (§ 2378 BGB), zum Insolvenzantrag berechtigt; wegen einer anderen Nachlassverbindlichkeit (§§ 2376, 2379 S. 2, 2383 BGB) gleichfalls, sofern er nicht unbeschränkt haftet und eine Nachlassverwaltung nicht angeordnet ist (vgl. Absatz 2).

c) Insolvenzmasse. Zur Insolvenzmasse gehören die Nachlassgegenstände, mögen sie sich noch in der Hand des Erben oder bereits in der Hand des Erbschaftskäufers befinden. Massebestandteile sind ferner Ersatzansprüche der Nachlassgläubiger gegen den Erben und den Käufer aus der Geschäftsführung dieser Personen nach Maßgabe der §§ 1978–1980, 2013 BGB (vgl. auch § 1978 Abs. 2). **Anfechtbar** (§§ 129 ff.) können Rechtshandlungen sein, welche vom Erblasser, vom Erben, vom Erbschaftskäufer oder gegen diese Personen vorgenommen sind. Prozesse über Nachlassverbindlichkeiten, die gegen den Erbschaftskäufer anhängig sind, werden bei Insolvenzeröffnung nach Erbschaftskauf nicht nach § 240 ZPO unterbrochen. 4

2. Absatz 2. Absatz 2 **Satz 1** stellt bezüglich einer dem Erbschaftskäufer zur Last fallenden Nachlassverbindlichkeit den Erben für den Insolvenzantrag einem Nachlassgläubiger gleich. Weitgehend dasselbe gilt für andere Nachlassverbindlichkeiten (näher **Absatz 2 Satz 2**). Vom Erben als Gläubiger handelt **Absatz 2 Satz 3.** 5

3. Absatz 3. a) Geringe Bedeutung. Absatz 3 beruht, ebenso wie **§ 2385 I BGB,** lediglich darauf, dass § 2371 BGB den Erbschaftskauf als einen Verkauf durch den Erben definiert und deshalb den Weiterverkauf durch den Erbschaftskäufer ausdrücklich gleichstellen muss. 6

b) Verbindung mit Absatz 2. Zur Bedeutung des **§ 2385 BGB** für Absatz 3 in Verbindung mit Absatz 2 vgl. Braun/*Bauch* Rn. 10; FK-InsO/*Schallenberg/Rafiqpoor* Rn. 11. 7

Gleichzeitige Insolvenz des Erben

331 (1) **Im Insolvenzverfahren über das Vermögen des Erben gelten, wenn auch über den Nachlaß das Insolvenzverfahren eröffnet oder wenn eine Nachlaßverwaltung angeordnet ist, die §§ 52, 190, 192, 198, 237 Abs. 1 Satz 2 entsprechend für Nachlaßgläubiger, denen gegenüber der Erbe unbeschränkt haftet.**

(2) **Gleiches gilt, wenn ein Ehegatte der Erbe ist und der Nachlaß zum Gesamtgut gehört, das vom anderen Ehegatten allein verwaltet wird, auch im Insolvenzverfahren über das Vermögen des anderen Ehegatten und, wenn das Gesamtgut von den Ehegatten gemeinschaftlich verwaltet wird, auch im Insolvenzverfahren über das Gesamtgut und im Insolvenzverfahren über das sonstige Vermögen des Ehegatten, der nicht Erbe ist.**

I. Normzweck

Die auf **§ 234 KO** zurückgehende Bestimmung schützt den Erben (BGH NJW 1994, 2286 [2287]), im Fall des Absatz 2 den Ehegatten (Absatz 2, erste Variante) und dessen Gläubiger. Der Normzweck erklärt sich aus der **Möglichkeit einer Doppelinsolvenz bezüglich des Eigenvermögens und des Nachlasses bzw. des Gesamtguts** (dazu → Vor § 315 Rn. 23; vgl. auch FK-InsO/*Schallenberg/Rafiqpoor* Rn. 6; MüKoInsO/*Siegmann* Rn. 1). Die Grundkonstellation beider Absätze ist die folgende: Wenn das Nachlassinsolvenzverfahren (§§ 315 ff.) oder das Insolvenzverfahren über ein Gesamtgut (§ 332) eröffnet ist, können die jeweiligen Privatgläubiger nicht mehr auf das Sondervermögen (Nachlass, Gesamtgut) zugreifen. Ist aber unbeschränkte Erbenhaftung eingetreten, so können die Nachlassgläubiger auf das Privatvermögen zugreifen. Im Doppelinsolvenzverfahren über das Gesamtvermögen und das Sondervermögen (Nachlass, Gesamtgut) sorgt § 331 dafür, dass die Gläubiger im Privatinsolvenzverfahren nur inso- 1 weit ihre Forderungen geltend machen können, als sie im Sondervermögensinsolvenzverfahren ausgefallen sind oder auf die Geltendmachung verzichtet haben (eing. *Vallender* NZI 2005, 318 ff.). Dieses Ausfallprinzip gilt nur, wenn Nachlassverwaltung angeordnet oder das Nachlassinsolvenzverfahren (bzw. das Gesamtgutsinsolvenzverfahren) eröffnet ist, nicht im Fall einer Ablehnung mangels Masse (RGZ 74, 231 [235]). **Nicht** in § 331 geregelt sind die Rechtsfolgen des Todes des Schuldners im Regelinsolvenzverfahren (vgl. dazu → Vor § 315 Rn. 25 ff.).

II. Einzelregelungen

2 **1. Absatz 1: Nachlass- und Eigeninsolvenz.** Ist über einen Nachlass das Insolvenzverfahren eröffnet oder ist eine Nachlassverwaltung angeordnet, so können nach Absatz 1 (entsprechend dem früheren Recht) Nachlassgläubiger, denen gegenüber der Erbe uneingeschränkt (also nicht mehr beschränkbar) haftet, in einem Insolvenzverfahren über das Eigenvermögen des Erben nach näherer Maßgabe der Vorschriften, auf die § 331 Abs. 1 verweist, nur für den Teil ihrer Forderungen anteilmäßige Befriedigung verlangen, mit dem sie im Nachlassinsolvenzverfahren auf Befriedigung verzichten. Die Bestimmung gilt entsprechend, wenn neben der Eigeninsolvenz Testamentsvollstreckung angeordnet ist (→ Rn. 5). Sie gilt nicht, wenn der Erbe nur aus besonderem Rechtsgrund, zB Bürgschaft oder Schuldübernahme, unbeschränkt haftet (RGZ 74, 231 [234]; 154, 72 [79]; MüKoInsO/*Siegmann* Rn. 5). Insgesamt ist eine **Eigenhaftung des Erben im Gegensatz zur Erbenhaftung nach § 1967 BGB nicht von Absatz 1 betroffen** (FK-InsO/*Schallenberg/Rafiqpoor* Rn. 10). Das gilt auch für Nachlasserbenschulden (zu ihnen → § 325 Rn. 7) und für die Eigenhaftung des Unternehmens nach § 27 HGB oder des Gesellschaftererben nach § 130 HGB (dazu → § 325 Rn. 8; sa MüKoInsO/*Siegmann* Rn. 5).

3 **2. Absatz 2: Gesamtgutsinsolvenz und Eigeninsolvenz. a) Erste Variante.** Die erste Variante des Absatz 2 betrifft den Fall, dass ein Ehegatte Erbe ist und der Nachlass zum Gesamtgut gehört, das von dem anderen Ehegatten allein verwaltet wird. Im Insolvenzverfahren des verwaltenden Ehegatten fällt dann das Gesamtgut nach § 37 Abs. 1 in dessen Insolvenzmasse. Dann gilt die Regelung des Absatz 1 auch in dem Insolvenzverfahren über das Vermögen des anderen Ehegatten, auf das sonst die Gläubiger des erbenden und unbeschränkt haftenden Ehegatten nach § 1437 BGB unbegrenzt zugreifen könnten. IErg gilt das Ausfallprinzip also, wenn ein Ehegatte der Erbe ist und der Nachlass zum Gesamtgut gehört, das von dem anderen Ehegatten allein verwaltet wird, sowohl in dem Insolvenzverfahren über das Vermögen des Ehegatten, der Erbe ist (unmittelbare Anwendung des Absatz 1), wie auch in dem Insolvenzverfahren über das Vermögen des verwaltenden Ehegatten (Verweisung gem. Absatz 2).

4 **b) Zweite Variante.** Verwalten die Ehegatten das Gesamtgut gemeinschaftlich, so gilt die zweite Variante. Wenn ein Ehegatte Erbe ist und der Nachlass zum Gesamtgut gehört, gilt nach Absatz 2 die Regelung des Absatz 1 auch in dem Insolvenzverfahren über das Gesamtgut und in dem Insolvenzverfahren über das sonstige Vermögen des Ehegatten, der nicht Erbe ist. Die Regelung des Abs. 1 gilt also, wenn ein Ehegatte den anderen beerbt und der Nachlass zum gemeinschaftlich verwalteten Gesamtgut gehört, unmittelbar im Insolvenzverfahren über das Eigenvermögen des erbenden Ehegatten, der Erbe ist, und darüber hinaus auf Grund der Verweisung des Absatz 1 sowohl im Gesamtgutsinsolvenzverfahren als auch im Insolvenzverfahren über das Vermögen des Ehegatten, der nicht Erbe ist.

III. Testamentsvollstreckung und Erbeninsolvenz

Ein unter Testamentsvollstreckung stehender Nachlass kann in die **Insolvenzmasse eines insolventen Erben** fallen (→ Vor § 315 Rn. 23; BGHZ 167, 352 = NJW 2006, 2698 = ZEV 2006, 405 mAnm *Siegmann;* OLG Köln NZI 2005, 268 = ZIP 2005, 452; str.; **aM** namentlich *Muscheler,* Die Haftungsordnung der Testamentsvollstreckung, 1994, 110). Die Testamentsvollstreckung endet aber nicht durch Eröffnung des Insolvenzverfahrens. Der Nachlass bildet deshalb innerhalb der Insolvenzmasse eine Sondermasse (BGHZ 167, 352 = NJW 2006, 2698 = ZEV 2006, 405 mAnm *Siegmann*). Die Verfügungs- und Vollstreckungsbeschränkungen der §§ 2211, 2214 BGB bestehen fort (Palandt/*Weidlich* § 2205 Rn. 2). Nur die Nachlassgläubiger können auf den unter Testamentsvollstreckung stehenden Nachlass zugreifen (BGHZ 167, 352 = NJW 2006, 2698 = ZEV 2006, 405 mAnm *Siegmann*). § 331 Abs. 1 ist entsprechend anwendbar (ebd. Rn. 22). Pflichtteilsansprüche sind dagegen nach der Auffassung des BGH auch im Insolvenzverfahren nicht gegen den Testamentsvollstrecker geltend zu machen (vgl. § 2213 Abs. 1 S. 3 BGB), sondern gegen den Insolvenzverwalter (ebd. Rn. 25 ff.; str.), allerdings mit Beschränkung auf den vom Testamentsvollstrecker verwalteten Nachlass (ebd., Leitsatz d und Rn. 31). Befriedigung aus der nachlassfreien Insolvenzmasse können die Gläubiger nur nach dem Ausfallprinzip des § 52 verlangen, wenn sie auf die Befriedigung aus dem Nachlass verzichten oder dabei ausgefallen sind (ebd. Rn. 35). 5

Zweiter Abschnitt. Insolvenzverfahren über das Gesamtgut einer fortgesetzten Gütergemeinschaft

Verweisung auf das Nachlaßinsolvenzverfahren

332 (1) **Im Falle der fortgesetzten Gütergemeinschaft gelten die §§ 315 bis 331 entsprechend für das Insolvenzverfahren über das Gesamtgut.**

(2) **Insolvenzgläubiger sind nur die Gläubiger, deren Forderungen schon zur Zeit des Eintritts der fortgesetzten Gütergemeinschaft als Gesamtgutsverbindlichkeiten bestanden.**

(3) [1] **Die anteilsberechtigten Abkömmlinge sind nicht berechtigt, die Eröffnung des Verfahrens zu beantragen.** [2] **Sie sind jedoch vom Insolvenzgericht zu einem Eröffnungsantrag zu hören.**

Übersicht

I. Grundlagen

1 **1. Normativer Bezug.** Es handelt sich um die **Nachfolgevorschrift des § 236 KO** über das **Partikularinsolvenzverfahren bei fortgesetzter Gütergemeinschaft.** Die in § 332 angeordnete entsprechende Anwendung der §§ 315–331 auf die Gesamtgutsinsolvenz bei Fortsetzung der Gütergemeinschaft (vgl. §§ 1483 ff. BGB) ist im Zusammenhang mit § 1489 Abs. 2 BGB und § 11 Abs. 2 Nr. 2 InsO zu lesen. Der Anwendungsbereich ist durch das Recht der Gütergemeinschaft bestimmt (§§ 1415–1518 BGB) und umfasst nicht nur die eheliche Gütergemeinschaft, sondern auch die eingetragene Lebenspartnerschaft aufgrund Lebenspartnerschaftsvertrag nach § 7 LPartG. Die praktische Bedeutung ist wegen der Seltenheit der fortgesetzten Gütergemeinschaft gering.

2 **2. Haftungsrechtliche Grundlagen.** Nach **§ 1483 BGB** besteht die Gütergemeinschaft für die Zeit zwischen dem Tod des erstversterbenden und des zweitversterbenden Ehegatten (§ 1494 BGB) vorbehaltlich vorheriger Ablehnung (§ 1484 BGB) oder Aufhebung (§§ 1493, 1495 BGB) fort, wenn dies ehevertraglich angeordnet ist. Für die Gesamtgutsverbindlichkeiten (§ 1488 BGB) haftet dann der überlebende Ehegatte persönlich (§ 1489 Abs. 1 BGB). Er kann aber bezüglich derjenigen Verbindlichkeiten, die ihn nur infolge des Eintritts der fortgesetzten Gütergemeinschaft treffen, die Haftung nach den für die Erbenhaftung geltenden Vorschriften beschränken **(§ 1489 Abs. 2 BGB),** also durch Nachlassverwaltung, Nachlassinsolvenz oder Dürftigkeitseinrede. Die persönliche Haftung für diese Verbindlichkeiten trifft den vorher nicht persönlich haftenden Ehegatten zwar nicht kraft Erbrechts (§ 1967 BGB), aber doch kraft Erbfalls. Dies ist der Grund für die Gleichstellung: Dem überlebenden Gesellschafter wird die Haftungsbeschränkungsmöglichkeit eröffnet, den von Absatz 2 erfassten Gläubigern der Zugriff auf sein sonstiges Vermögen verwehrt (vgl. auch BGH NJW 1994, 2286 [2287]).

3 **3. Verhältnis zu anderen Insolvenzverfahren. a) Nachlassinsolvenzverfahren.** Das Sonderinsolvenzverfahren nach § 332 hindert nicht ein simultan verlaufendes **Nachlassinsolvenzverfahren über den Nachlass des verstorbenen Ehegatten.** Die Massen beider Sonderinsolvenzverfahren sind voneinander verschieden (§§ 1483 Abs. 1 S. 3, 1485 BGB).

4 **b) Regelinsolvenzverfahren.** Auch ein **Regelinsolvenzverfahren über das Vermögen des überlebenden Ehegatten** kann mit dem Sonderinsolvenzverfahren nach § 332 einhergehen. § 331 Abs. 1 findet dann Anwendung (vgl. MüKoInsO/*Siegmann* Rn. 6).

5 **c) Erbenstellung eines Ehegatten.** Über das **Nachlassinsolvenzverfahren** bei **Erbenstellung eines in Gütergemeinschaft lebenden Ehegatten** vgl. die Erläuterungen zu § 318 und zu § 331.

II. Einzelregelungen

6 **1. Entsprechende Anwendung der Bestimmungen über das Nachlassinsolvenzverfahren (Absatz 1).** Für den **Gerichtsstand** gilt § 315. **Eröffnungsgründe** sind Zahlungsunfähigkeit, Überschuldung und im Fall eines Eigenantrags

auch die drohende Zahlungsunfähigkeit (§ 320). Ein Eröffnungsgrund muss im Zeitpunkt der Verfahrenseröffnung bestehen (nicht: bei Eintritt der fortgesetzten Gütergemeinschaft). **Schuldner** ist nur der überlebende Ehegatte, nicht auch ein nach § 1489 Abs. 3 nicht haftender Abkömmling (ausf. FK-InsO/*Schallenberg/Rafiqpoor* Rn. 36). Die **Insolvenzmasse** beschränkt sich auf das in § 1485 BGB definierte Gesamtgut in dem Bestand, den es zur Zeit des Eintritts der fortgesetzten Gütergemeinschaft hatte (vgl. § 1489 Abs. 2 BGB). Mit einbezogen wird Zuwachs dieses Vermögens, der ohne Zutun des Überlebenden zustande kommt (hM; vgl. nur MüKoInsO/*Siegmann* Rn. 5), zB also Surrogate des Gesamtguts wie Versicherungsleistungen (vgl. §§ 1473, 1485 BGB). Rechtsgeschäftlicher Neuerwerb zählt nicht dazu (vgl. statt vieler FK-InsO/*Schallenberg/Rafiqpoor* Rn. 41; str.).

2. Insolvenzgläubiger (Absatz 2). Die **Beschränkung des Insolvenzgläubigerkreises** auf diejenigen, deren Forderungen schon zur Zeit des Eintritts der fortgesetzten Gütergemeinschaft als Gesamtgutsverbindlichkeiten bestanden, entspricht dem bei → Rn. 1 beschriebenen Normzweck. Diese Gläubiger werden durch die Insolvenzverfahrenseröffnung (oder durch Gesamtgutsverwaltung oder durch Dürftigkeitseinrede) auf das Gesamtgut verwiesen. 7

3. Antragsberechtigung (Abs. 3 iVm Abs. 1). a) Schuldnerantrag. Als Schuldner ist antragsberechtigt – und gem. §§ 1489 Abs. 2, 1980 BGB ggf. auch antragspflichtig – der überlebende Ehegatte. 8

b) Gläubigerantrag. Als Gläubiger antragsberechtigt sind nur die Insolvenzgläubiger iSv Absatz 2, also diejenigen Gläubiger des überlebenden Ehegatten, die bereits bei Eintritt der fortgesetzten Gütergemeinschaft Gesamtgutsgläubiger waren (dazu → Rn. 7). Weggefallen ist gegenüber § 236 KO dessen S. 3, wonach ein Gläubiger nicht antragsberechtigt war, dem gegenüber der überlebende Ehegatte im Zeitpunkt des Eintritts der fortgesetzten Gütergemeinschaft persönlich haftete. Anders als der KO-Gesetzgeber meinte der InsO-Gesetzgeber, auch diesen auf das Sonderinsolvenzverfahren nicht angewiesenen Gläubigern das Antragsrecht nicht versagen zu sollen (BegrRegE InsO zu § 378, BT-Drs. 12/2443, 233). 9

c) Gesamtgutsverwalter. Ein Gesamtgutsverwalter (§§ 1489 Abs. 2, 1975, 1981 BGB) ist gleichfalls antragsberechtigt (vgl. § 317 Abs. 1). 10

d) Nicht: Abkömmlinge. Nicht antragsberechtigt, sondern nur anzuhören sind anteilsberechtigte Abkömmlinge (Absatz 3). 11

Dritter Abschnitt. Insolvenzverfahren über das gemeinschaftlich verwaltete Gesamtgut einer Gütergemeinschaft

Antragsrecht. Eröffnungsgründe

333 (1) **Zum Antrag auf Eröffnung des Insolvenzverfahrens über das Gesamtgut einer Gütergemeinschaft, das von den Ehegatten gemeinschaftlich verwaltet wird, ist jeder Gläubiger berechtigt, der die Erfüllung einer Verbindlichkeit aus dem Gesamtgut verlangen kann.**

(2) [1] **Antragsberechtigt ist auch jeder Ehegatte.** [2] **Wird der Antrag nicht von beiden Ehegatten gestellt, so ist er zulässig, wenn die Zahlungsunfähigkeit des Gesamtguts glaubhaft gemacht wird; das Insolvenzgericht hat**

den anderen Ehegatten zu hören. [3] Wird der Antrag von beiden Ehegatten gestellt, so ist auch die drohende Zahlungsunfähigkeit Eröffnungsgrund.

I. Grundlagen

1 **1. Normativer Bezug.** Die Vorschrift ist in einem **Wirkungszusammenhang mit § 11 Abs. 2 Nr. 2 und mit § 37 Abs. 2** zu sehen. Wird im Fall der Gütergemeinschaft (§§ 1415 ff. BGB) das Gesamtgut von einem Ehegatten allein verwaltet, so gehört das Gesamtgut im Insolvenzverfahren über das Vermögen des verwaltenden Ehegatten zur Insolvenzmasse (§ 37 Abs. 1 S. 1). Ein Insolvenzverfahren über das Vermögen des nicht verwaltenden Ehegatten lässt das Gesamtgut unberührt (§ 37 Abs. 1 S. 3). Wegen der Einzelheiten wird auf die Kommentierung des § 37 verwiesen, wegen der Nachlassinsolvenz auf § 331 Abs. 2. Verwalten beide Ehegatten das Gesamtgut gemeinsam (§§ 1450 ff. BGB), so können die Gläubiger Befriedigung der Gesamtverbindlichkeiten nicht nur aus dem Gesamtgut verlangen (§ 1459 Abs. 1 BGB), sondern für diese Verbindlichkeiten haften auch die Ehegatten als Gesamtschuldner persönlich (§ 1459 Abs. 2 S. 1 BGB). In diesem Fall gestattet § 11 Abs. 2 Nr. 2 die **Eröffnung eines Partikularinsolvenzverfahrens** über das Gesamtgut (→ § 11 Rn. 25). Mit diesem Insolvenzverfahren befasst sich § 333, mit der persönlichen Haftung der Ehegatten der ergänzende § 334. Die Bestimmung enthält Sonderregeln nur für die Antragsberechtigung und die Eröffnungsgründe. IÜ gelten im Sonderinsolvenzverfahren nach § 333 die allgemeinen Regeln. Die praktische Bedeutung ist in Anbetracht der geringen Akzeptanz der Gütergemeinschaft gering.

2 **2. Normgeschichte.** Die **Vorgängerbestimmungen** der §§ 236a–c KO waren durch Art. 3 des Gleichberechtigungsgesetzes von 1957 (BGBl. I S. 609) eingeführt und durch das Konkursausfallgeldgesetz von 1974 (BGBl. I S. 1481) geringfügig geändert worden (*Kilger/Karsten Schmidt,* 17. Aufl. 1997, Vorb. § 236a KO). Der RegE InsO hatte die jetzigen §§ 333, 334 im jeweiligen Sachbezug des Insolvenzverfahrens regeln wollen (§§ 19, 105 Abs. 2, 270 Abs. 3 RegE InsO). Der Rechtsausschuss hat die Bestimmungen wieder an die Regelungen über die Nachlassinsolvenz (§§ 315–331) und die Insolvenz der fortgesetzten Gütergemeinschaft (§ 332) angehängt.

II. Antragsberechtigung nach Absatz 1 und 2

3 **1. Gläubigerantrag. Jeder Gesamtgutsgläubiger** ist antragsberechtigt (Absatz 1). Wer dazugehört, ergibt sich aus §§ 1459 ff. BGB. Gläubiger, denen nur das Vorbehalts- oder Sondergut eines Ehegatten haftet (§§ 1418, 1417), gehören nicht dazu.

4 **2. Ehegattenantrag. Jeder Ehegatte** ist antragsberechtigt (Absatz 2 Satz 1). Stellen beide den Antrag, so kann dieser auch auf drohende Zahlungsunfähigkeit gestützt werden (Absatz 2 Satz 3), und ein auf Zahlungsunfähigkeit gestützter Antrag ist ohne Glaubhaftmachung der Zahlungsunfähigkeit des Gesamtguts zulässig, als Einzelantrag dagegen nur mit Glaubhaftmachung der Zahlungsunfähigkeit (Absatz 2 Satz 2; vgl. zu dieser Glaubhaftmachung sinngemäß → § 14 Rn. 23; → § 15 Rn. 23 ff.).

III. Weitere Verfahrensgrundsätze

5 **1. Schuldner.** Nicht die Gütergemeinschaft oder das Gesamtgut ist Schuldner, sondern dies sind **beide Ehegatten.** Verfahrenshandlungen müssen grds. von beiden Ehegatten bzw. gegenüber beiden Ehegatten vorgenommen werden. Ge-

setzliche Schuldnerpflichten gelten dagegen für jeden Ehegatten allein (HambK-InsO/*Böhm* Rn. 4; Uhlenbruck/*Lüer* Rn. 4; FK-InsO/*Schallenberg/Rafiqpoor* Rn. 15; hM). Auch Rechtsbehelfe einschließlich des Rechts, Forderungen nach § 176 S. 2 zu bestreiten, stehen jedem Ehegatten zu (FK-InsO/*Schallenberr/Rafiqpoor* Rn. 12). Dasselbe gilt für das Antragsrecht (→ Rn. 4).

2. Eröffnungsgründe. Eröffnungsgrund ist die Zahlungsunfähigkeit (§ 17) des Gesamtguts (vgl. Absatz 2 Satz 2), für den Insolvenzantrag beider Ehegatten auch die drohende Zahlungsunfähigkeit (§ 18) des Gesamtguts (Absatz 2 Satz 3). Einen Eröffnungsgrund der Überschuldung gibt es nicht (Braun/*Bauch* Rn. 3; HK-InsO/*Marotzke* Rn. 3; Nerlich/Römermann/*Riering* Rn. 5). 6

3. Insolvenzmasse. Das Gesamtgut bildet die Insolvenzmasse (MüKoInsO/*Schumann* Rn. 17). Die Zugehörigkeit von Vermögensgegenständen zum Vorbehalts- oder Sondergut begründet Aussonderungsrechte (ebd.). 7

Persönliche Haftung der Ehegatten

334 (1) **Die persönliche Haftung der Ehegatten für die Verbindlichkeiten, deren Erfüllung aus dem Gesamtgut verlangt werden kann, kann während der Dauer des Insolvenzverfahrens nur vom Insolvenzverwalter oder vom Sachwalter geltend gemacht werden.**

(2) **Im Falle eines Insolvenzplans gilt für die persönliche Haftung der Ehegatten § 227 Abs. 1 entsprechend.**

I. Normzweck

Die Vorschrift befasst sich mit dem Verhältnis der Sonderinsolvenz über das gemeinschaftlich verwaltete Gesamtgut zur persönlichen Haftung der Ehegatten. **Absatz 1** ist, ähnlich wie § 93, eine Neuerung gegenüber der Konkursordnung, während Abs. 2 an die Regelungen des § 236b **Abs. 2** KO bzw. § 114a Nr. 3 VglO anschließt. Der Regierungsentwurf hatte Abs. 1 bei § 93 und Abs. 2 bei § 227 angesiedelt (§§ 105 Abs. 2, 270 Abs. 3 RegE InsO). Der Rechtsausschuss hat die Vorschriften wegen des Zusammenhangs an § 333 angehängt. 1

II. Die Regelungen

1. Geltendmachung der persönlichen Haftung (Absatz 1). Absatz 1 betrifft ein ähnliches Problem wie § 93: die Haftungskonzentration im Insolvenzverfahren. Der Insolvenzverwalter bzw. Sachverwalter und nur er **(Sperrfunktion)** ist ermächtigt, die persönliche Haftung der Ehegatten für die aus dem Gesamtgut zu begleichenden Verbindlichkeiten geltend zu machen **(Ermächtigungsfunktion).** Wegen der Einzelheiten kann auf die Erläuterungen zu § 93 verwiesen werden. Das gilt auch für die Frage, ob der Insolvenzverwalter die Ehegatten auf die Summe aller Insolvenzforderungen in Anspruch nehmen kann oder nur für die Unterdeckung. 2

2. Haftungsbeschränkung durch Insolvenzplan (Absatz 2). Die Regelung verweist auf § 227 Abs. 1. Ein die Gesamtgutsverbindlichkeiten begrenzender Insolvenzplan kommt haftungsrechtlich auch den Ehegatten zugute. 3

Elfter Teil. Internationales Insolvenzrecht

Erster Abschnitt. Allgemeine Vorschriften

Vorbemerkung zu §§ 335 ff.

Schrifttum: Für ausführliche Nachweise, die auch das ältere Schrifttum umfassen, sei auf MüKoInsO/*Reinhart* Vor. §§ 335 ff. verwiesen. Aus Platzgründen wird hier nur die jüngere Literatur nachgewiesen: *Carli/Weissinger,* Das Scheme of Arrangement: Neue Einsatzmöglichkeiten für deutsche Kreditnehmer, DB 2014, 1474; *Eidenmüller/Frobenius,* Die internationale Reichweite eines englischen Scheme of Arrangement, WM 2011, 1210; *Freund,* Die Sanierung der Kapitalgesellschaft, 2014; *Gebler,* Ausländische Insolvenzverfahren zur Sanierung deutscher Unternehmen, NZI 2010, 665; *Habscheid,* Konkurs in den USA und seine Wirkungen in Deutschland (und umgekehrt), NZI 2003, 238; *Klockenbrink,* Der Einfluss der Gläubigerstellung unter dem Einfluss der EuInsVO und des deutschen internationalen Insolvenzrechts, 2008; *Kusche,* Die Anerkennung des Scheme of Arrangement in Deutschland, 2014, *Ludwig,* Neuregelungen des deutschen Internationalen Insolvenzverfahrensrechts, Diss. Köln 2004; *Liersch,* Deutsches Internationales Insolvenzrecht, NZI 2003, 302; *Mankowski,* Anerkennung englischer Solvent Schemes of Arrangement in Deutschland, WM 2011, 1201; *Paulus,* Grundlagen des neuen Insolvenzrechts, DStR 2005, 334; *ders.,* Das englische Scheme of Arrangement, ZIP 2011, 1077; *Petrovic,* Die rechtliche Anerkennung von Solvent Schemes of Arrangement in Deutschland, ZInsO 2010, 265; *Schümann-Kleber,* Recognition of English solvent schemes of arrangement affecting dissenting creditors of German companies, IILR 2011, 447; *Stoll,* Stellungnahmen und Gutachten zur Reform des deutschen internationalen Insolvenzrechts, 2002; *Thole,* Sanierung mittels Scheme of Arrangement im Blickwinkel des Internationalen Privat- und Verfahrensrechts, ZGR 2013, 109; *Trunk,* Internationales Insolvenzrecht, 1998; *Westpfahl/Knapp,* Die Sanierung deutscher Gesellschaften über ein englisches Scheme of Arrangement, ZIP 2011, 2033.

I. Begriff und Regelungsgegenstand des internationalen Insolvenzrechts

1 Die vier **Kernfragen des internationalen Insolvenzrechts** lauten:

1. Welche Gerichte sind für die Eröffnung eines Insolvenzverfahrens international zuständig?
2. Unter welchen Voraussetzungen werden die im Rahmen des Insolvenzverfahrens ergehenden Entscheidungen in einem anderen Staat anerkannt?
3. Wie wirkt sich ein ausländisches Verfahren im Inland aus?
4. Welches Recht gilt für das Insolvenzverfahren und seine Wirkungen?

2 Das internationale Insolvenzrecht ist damit eine Querschnittsmaterie, die sowohl Fragen des internationalen Verfahrensrechts (internationale Zuständigkeit, Anerkennung) als auch kollisionsrechtliche Probleme, also Fragen des IPR umfasst.

II. Entstehung der Vorschriften

3 Die §§ 335 ff. gehen auf den „Vorentwurf von Vorschriften zur Neuordnung des Internationalen Insolvenzrechts" aus dem Jahr 1989 zurück (abgedruckt bei *Stoll,* Stellungnahmen und Gutachten, 14 ff.). Dieser Vorentwurf fand als neunter Teil Eingang in den Regierungsentwurf zur Insolvenzordnung (BT-Drs. 12/2443). Während des Gesetzgebungsverfahrens nahm man aber im Hinblick auf die parallel laufenden Beratungen zur Schaffung eines Europäischen Insolvenzüber-

einkommens (vgl. → Vor EuInsVO Rn. 1) von einer autonomen Regelung Abstand, da man davon ausging, die Regeln des Übereinkommens nach ihrem Inkrafttreten auch auf Drittstaatensachverhalte erstrecken zu können (BT-Drs. 12/7303, 117). Daher schuf man damals nur eine rudimentäre Regelung in Art. 102 EGInsO aF.

Nach dem **Inkrafttreten der EuInsVO im Jahr 2002** stellte sich für den deutschen Gesetzgeber die Frage der angemessenen Regelung von Drittstaatensachverhalten und anderer Konstellationen, die nicht von der EuInsVO erfasst werden, vgl. → Rn. 7. Hierbei entschied man sich ausdrücklich gegen eine Übernahme der Verordnung auch für das autonome Recht. Ein globaler Verweis auf die EuInsVO könne zu „gewissen Friktionen" führen: „Was für einen eng verflochtenen Wirtschaftsraum mit transparentem Rechtssystem konzipiert ist, kann bei weltweiter Anwendung zu erheblichen Problemen führen. Deshalb sollte das autonome internationale Insolvenzrecht zumindest in gewissen Bereichen weniger kooperationsfreundlich sein als die Verordnung (EG) Nr. 1346/2000." (BT-Drs. 15/16, 13). Für die Regelung des autonomen Insolvenzrechts griff man daher auf Vorschriften des Regierungsentwurfs zur Insolvenzordnung zurück und „lehnt sich weitgehend an diese Regelung an" (BT-Drs. 15/16, 14). Eine ausführliche Darstellung der Entwicklung des deutschen internationalen Insolvenzrechts bietet MüKoInsO/*Reinhart* Vor § 335 Rn. 4 ff. 4

Aus dieser Entstehungsgeschichte folgt, dass die EuInsVO nicht in allen Bereichen als Interpretationshilfe für die §§ 335 ff. herangezogen werden kann. Einschränkungen gelten jedenfalls für die Fragen der Zuständigkeit, der Anerkennung und der Wirkungserstreckung. 5

Die auch historische **Selbständigkeit des autonomen Rechts** führt vor allem dazu, dass die Rechtsprechung des EuGH etwa in ***Eurofood*** (EuGH NZI 2006, 360 = IPRax 2007, 120; vgl. näher → EuInsVO Art. 2 Rn. 8) und ***Deko Marty*** (NZI 2009, 199 = ZEuP 2010, 904 mAnm *Thole* ZEuP 2010, 907 f. = IPRax 2009, 513 mAnm *Fehrenbach,* IPRax 2009, 513; vgl. näher → EuInsVO Art. 3 Rn. 33) keine unmittelbare Bedeutung für die Auslegung des deutschen Rechts hat, vgl. → § 339 Rn. 7. 6

III. Verhältnis zur EuInsVO und zu den Richtlinien 2001/17/EG und 2001/24/EG

Dem europäischen Recht kommt gegenüber dem nationalen Recht (sog „autonomes", also weder europa- noch völkerrechtlich determiniertes Recht) ein **Anwendungsvorrang** zu (EuGH 15.7.1964 – 6/64, NJW 1964, 2371 – Costa/E. N. E. L.). Daher verdrängt die EuInsVO in ihrem Anwendungsbereich die §§ 335 ff. Sofern der Schuldner seinen Sitz iSv Art. 3 Abs. 1 EuInsVO in einem EuInsVO-Staat (alle EU-Mitgliedstaaten außer Dänemark) hat, der Schuldner nicht zu den in Art. 1 Abs. 2 EuInsVO genannten Unternehmen gehört und das eröffnete Verfahren ein Insolvenzverfahren iSd EuInsVO ist, richten sich grenzüberschreitende Fragen grds. nach der EuInsVO (zum Anwendungsbereich der EuInsVO vgl. → EuInsVO Art. 1 Rn. 9). Das wird oft verkannt (zB FG München BeckRS 2015, 95144). 7

Auch die **Richtlinien 2001/17/EG über die Sanierung und Liquidation von Versicherungsunternehmen** und **2001/24/EG über die Sanierung und Liquidation von Kreditinstituten** beeinflussen den Umgang mit dem autonomen Recht. Denn die §§ 335–338 setzen die insolvenzrechtlichen Regelungen dieser Richtlinien um (§ 338 setzt zugleich die Finalitätsrichtlinie [98/26/EG] um). Für den Umgang mit diesen Vorschriften ist das Gebot der richtlinienkonformen Auslegung zu beachten, so dass auch hier dem Europäischen Insolvenz- 8 recht und seinem Verständnis der verwendeten Begriffe Bedeutung zukommt, vgl. etwa → § 335 Rn. 5 für den Begriff des Insolvenzverfahrens.

IV. Grundzüge der Regelung

9 Die Antworten, die die §§ 335 ff. auf die in → Rn. 1 skizzierten Kernfragen des internationalen Insolvenzrechts geben, entsprechen im Grundsatz denen der EuInsVO (für die internationale Zuständigkeit → Rn. 13).

10 Auch nach § 343 sind **ausländische insolvenzrechtliche Entscheidungen grundsätzlich anzuerkennen.** Ob sie in das Inland wirken, also auch im Inland belegene Vermögensgegenstände erfassen, ist eine Frage der *lex fori concursus.* Eine **Wirkungserstreckung** findet daher nur statt, wenn das ausländische Verfahren nach seinem Recht universale Wirkung entfaltet. Die universalen Wirkungen eines ausländischen Verfahrens können durch ein inländisches Sekundärverfahren, §§ 356 ff., begrenzt werden. Das Insolvenzverfahren und seine Wirkungen unterliegen grundsätzlich der *lex fori,* wobei auch die §§ 336 ff. – wie die Art. 5 ff. EuInsVO – Ausnahmen vorsehen.

11 Die **Abweichungen der §§ 335 ff. von der EuInsVO** betreffen eher Details. Die Unterschiede lassen sich überwiegend darauf zurückführen, dass außerhalb des europäischen Justizraums der „Grundsatz des gegenseitigen Vertrauens" (Erwägungsgrund 22 zur EuInsVO) nicht (besser: noch weniger) anwendbar ist. Dies zeigt sich bei den Maßstäben für die **Anerkennungsfähigkeit ausländischer Entscheidungen:** Nach § 343 ist eine ausländische Entscheidung nach autonomem Recht nur anerkennungsfähig, wenn das entscheidende Gericht aus deutscher Sicht international zuständig war (→ § 343 Rn. 10), dies ist im Rahmen der Anerkennung zu überprüfen. Für die Anerkennungsfähigkeit einer Entscheidung eines Gerichts eines anderen EuInsVO-Staats spielt es dagegen keine Rolle (bzw. kann nicht überprüft werden), ob das Gericht seine Zuständigkeit zu Recht angenommen hat, → EuInsVO Art. 16 Rn. 7. Es widerspräche dem Grundsatz des gegenseitigen Vertrauens in die Gleichwertigkeit der Zivilrechtspflege, die internationale Zuständigkeit des Eröffnungsstaats zu überprüfen.

12 Ein weiteres Beispiel für die Unterschiede zwischen autonomem und europäischem Recht sind die **Voraussetzungen, unter denen ein Partikularverfahren eröffnet werden kann:** Nach autonomem Recht kann gem. § 354 ein Partikularverfahren schon dann eröffnet werden, wenn im Inland Vermögen des Schuldners belegen ist, sofern hierfür aus Gläubigersicht ein erhebliches Interesse besteht. Nach der EuInsVO können die universalen Wirkungen des Hauptverfahrens gem. Art. 3 Abs. 2 EuInsVO dagegen nur dann durch ein Partikularverfahren suspendiert werden, wenn der Schuldner im Partikularverfahrensstaat eine Niederlassung hat. Aufgrund des gegenseitigen Vertrauens kann innerhalb der Union dem Gläubiger die Rechtsdurchsetzung im Ausland eher zugemutet werden.

V. Internationale Zuständigkeit

13 **1. Doppelfunktionale Anwendung von § 3.** Das deutsche autonome internationale Insolvenzrecht kennt ebenso wie das autonome deutsche internationale Zivilprozessrecht **keine eigenständige Regelung der internationalen Zuständigkeit** (Eine Ausnahme macht insoweit § 354, der die internationale Zuständigkeit zur Eröffnung eines Partikularverfahrens regelt.). Um diese Lücke zu füllen, wendet man die **Regeln über die örtliche Zuständigkeit doppelfunktional** auch auf die internationale Zuständigkeit an. Die internationale Zuständigkeit zur Eröffnung eines Hauptinsolvenzverfahrens bestimmt sich demnach analog § 3 (vgl. AG Hamburg ZVI 2007, 182) nach dem allgemeinen Gerichtsstand des

Schuldners. Für **natürliche Personen** sind zur Eröffnung eines Insolvenzverfahrens somit die Gerichte im Wohnsitzstaat, § 13 ZPO, zuständig (→ § 3 Rn. 5). Hieraus ergibt sich eine gewisse Abweichung gegenüber Art. 3 EuInsVO, nach dem es auf den gewöhnlichen Aufenthalt ankommt (→ EuInsVO Art. 3 Rn. 8, dort auch zur Abgrenzung der Begriffe). Für **juristische Personen und andere Verbände** ist gem. § 3 Abs. 1 S. 2 der Mittelpunkt der selbständigen wirtschaftlichen Tätigkeit entscheidend (→ § 3 Rn. 6). Für **Briefkastengesellschaften** und (Schein-)**Auslandsgesellschaften** folgt hieraus, dass ein Insolvenzverfahren in dem Staat eröffnet werden kann, in dem sie ihrer wirtschaftlichen Tätigkeit nachgehen – der satzungsmäßige Sitz ist nicht ausschlaggebend. Maßgeblich zur Bestimmung des Mittelpunkts der wirtschaftlichen Tätigkeit ist wie im Europäischen Recht (→ EuInsVO Art. 3 Rn. 5) die **Perspektive der Gläubiger**. Die Kriterien des autonomen Rechts für die internationale Eröffnungszuständigkeit bei juristischen Personen und anderen Verbänden decken sich weitgehend mit denen, die iRv Art. 3 EuInsVO verwendet werden (Gottwald InsO-HdB/*Kolmann/Keller* § 132 Rn. 11). Hierzu im Einzelnen → EuInsVO Art. 3 Rn. 5–19.

2. Zeitpunkt. Maßgeblich ist der **Zeitpunkt der Antragstellung**, vgl. → EuInsVO Art. 3 Rn. 6. Hat das Unternehmen seine **wirtschaftliche Tätigkeit vor Antragstellung eingestellt**, ist für die Bestimmung der internationalen Zuständigkeit auf den Zeitpunkt der Einstellung des Geschäftsbetriebs abzustellen. Die Grundsätze der *Interedil*-Entscheidung des EuGH (NZI 2011, 990 = ZIP 2011, 2153 Rn. 58, hierzu → EuInsVO Art. 3 Rn. 7) sind in das autonome Recht zu übertragen. Durch dieses „Einfrieren" des COMI wird vermieden, dass die Einstellung der werbenden Tätigkeit bei Gesellschaften mit Satzungssitz im Ausland automatisch zu einer Veränderung des COMI führt (BGH ZIP 2012, 139 Rn. 15). 14

Grundsatz

335 Das Insolvenzverfahren und seine Wirkungen unterliegen, soweit nichts anderes bestimmt ist, dem Recht des Staats, in dem das Verfahren eröffnet worden ist.

Schrifttum: S. die Nachweise zu Vor. §§ 335 ff.

Übersicht

I. Überblick

§ 335 ist eine Kollisionsnorm. Sie verweist für insolvenzrechtliche Fragen auf die ***lex fori concursus***, also auf das Recht des Staates, in dem das Insolvenzverfahren eröffnet wurde. § 335 entspricht mit dieser Regelanknüpfung Art. 4 EuInsVO. Der Verweis auf das Recht des Eröffnungsstaates wird durch eine Reihe von Sonderanknüpfungen und Sachnormen, die sich aus den §§ 336 ff. ergeben, 1 durchbrochen („… soweit nichts anderes bestimmt ist …"). § 335 enthält eine **allseitige Kollisionsnorm** (HambK-InsO/*Undritz* Rn. 1), die Vorschrift verweist also nicht nur auf das deutsche Sachrecht, sondern kann auch zur Anwendung ausländischen Rechts führen. Die Verweisung gilt **für verfahrens- wie für insolvenzrechtliche Fragen**; zur Abgrenzung des Insolvenzstatuts im Einzelnen bei → Rn. 12 ff.

2 § 335 setzt zugleich Art. 9 der Richtlinie 2001/17/EG über die Sanierung und Liquidation von Versicherungsunternehmen sowie Art. 10 der Richtlinie 2001/24/EG über die Sanierung und Liquidation von Kreditinstituten für das deutsche Recht um.

II. Anwendungsbereich und Voraussetzungen

3 **1. Vorrang der EuInsVO.** Die **EuInsVO** genießt gegenüber den §§ 335 ff. **Anwendungsvorrang**. Die §§ 335 ff. können nur dann angewendet werden, wenn der Anwendungsbereich der EuInsVO nicht eröffnet ist (übersehen von HessLAG 8.8.2005 – 16/15 Sa 516/01, BeckRS 2008, 54598). Letzteres ist jedenfalls immer dann der Fall, wenn das Insolvenzverfahren in einem Drittstaat (Nicht-EU-Mitgliedstaaten sowie Dänemark) eröffnet wurde. Ist das Verfahren in einem EuInsVO-Staat eröffnet worden, findet die EuInsVO keine Anwendung, wenn es sich um **ein in den Anhängen A und B zur EuInsVO nicht genanntes Verfahren** handelt. Zur Anwendbarkeit des autonomen Rechts in diesem Fall bei → Rn. 7. Weiter kann die Anwendbarkeit der Verordnung daran scheitern, dass ihr persönlicher Anwendungsbereich nach Art. 1 Abs. 2 EuInsVO nicht eröffnet ist. Schließlich setzt die Anwendbarkeit der EuInsVO für bestimmte Fragen einen **qualifizierten Binnenmarktbezug** voraus. So ist sie etwa vor dem Hintergrund von Art. 13 EuInsVO auf anfechtungsrechtliche Fragen nur anwendbar, wenn für die fragliche Rechtshandlung das Recht eines Mitgliedstaats maßgeblich ist (→ EuInsVO Art. 4 Rn. 41).

4 **2. Eröffnung eines Insolvenzverfahrens.** § 335 bestimmt das anwendbare Recht nicht nur für das **eröffnete** (Haupt- oder Partikular-)**Verfahren,** sondern auch für das **Eröffnungsverfahren** und die Eröffnungsentscheidung selbst.

5 **Qualifikation als Insolvenzverfahren.** § 335 ist nur anwendbar auf **Verfahren, die als „Insolvenzverfahren" zu qualifizieren** sind. Nach der Gesetzesbegründung soll es iRd Qualifikation darauf ankommen, ob das ausländische Verfahren „im Wesentlichen den gleichen Zielen dient" wie ein Verfahren nach der InsO. Dies ist so zu verstehen, dass es auf die **Funktionsähnlichkeit des ausländischen Instituts** ankommt, wobei sich die Funktionsähnlichkeit nach dem Regelungsgegenstand (und nicht nach dem Regelungszweck) bemisst. Danach sind solche Verfahren erfasst, welche die vermögensrechtlichen Folgen einer **Insuffizienz des Vermögens eines Rechtsträgers unter Beteiligung aller oder eines wesentlichen Teils der Gläubiger** regeln (MüKoInsO/*Reinhart* Vor §§ 335 ff. Rn. 100; ebenso HK-InsO/*Stephan* Rn. 6; *Rendels/Körner* EWiR 2009, 781). Unbeachtlich ist dagegen, ob das Verfahren in erster Linie der Reorganisation des Schuldners (wie zB das Verfahren nach Chapter 11 U. S.-Bankruptcy Code, dazu *Hergenröder/Gotzen* DZWIR 2010, 273) oder in erster Linie der Befriedigung der Insolvenzgläubiger dient. Daher können auch **Zwangsvergleichsverfahren** wie zum Beispiel der indische CDR-Mechanismus unter den Begriff des Insolvenzverfahrens fallen.

6 Zu bevorzugen ist eine **einheitliche Auslegung des Begriffs in § 335 und der EuInsVO.** Danach ist ein Verfahren dann ein Insolvenzverfahren, wenn es sich um ein **Gesamtverfahren** handelt, das die **Insolvenz des Schuldners** voraussetzt und den vollständigen oder teilweisen **Beschlag des schuldneri-**

schen Vermögens sowie die **Bestellung eines Verwalters** zur Folge hat. Jedenfalls solche Verfahren, bei denen es sich um „Insolvenzverfahren“ iSd EuInsVO und der Richtlinien handelt – also die in den Anhängen A und B zur EuInsVO genannten Verfahrensarten, sind daher auch von § 335 InsO erfasst (*Piekenbrock* LMK 2010, 295925; Graf-Schlicker/*Bornemann/Sabel/Schlegel* Rn. 4). Die hier vorgeschlagene einheitliche Auslegung von Verordnung und autonomem Recht ist vor dem Hintergrund des Gebots der richtlinienkonformen Auslegung zwingend, wenn man annimmt, dass das europäische Sekundärrecht (also die EuInsVO und die einschlägigen Richtlinien) einen einheitlichen Insolvenzverfahrensbegriff verwendet, und wenn man zugleich eine gespaltene Auslegung des autonomen Insolvenzverfahrensbegriffs (für Unternehmen, die unter Art. 1 Abs. 2 EuInsVO fallen, einerseits und andere Schuldner andererseits) vermeiden will.

Die §§ 335 ff. können jedoch auch auf **Verfahren in anderen Mitgliedstaaten** angewendet werden, für die die EuInsVO in sachlicher Hinsicht nicht anwendbar ist, weil sie nicht in den Anhängen A und B zur EuInsVO genannt sind (vgl. → EuInsVO Art. 2 Rn. 2), sofern dieses Verfahren die materiellen Anforderungen des Begriffs des Insolvenzverfahrens (Insolvenz des Schuldners als Voraussetzung, Vermögensbeschlag gegen den Schuldner, die Bestellung eines Verwalters) erfüllt (LAG Düsseldorf NZI 2011, 874 m. zust. Anm. *Mankowski* NZI 2011, 876). Auf diese Weise können Lücken im Katalog der Anhänge A und B durch die Anwendung des autonomen Rechts geschlossen werden. 7

a) Verfahren nach Chapter 11 U. S. Bankruptcy Code. Unter den Begriff des Insolvenzverfahrens fällt auch ein **Verfahren nach Chapter 11 U. S. Bankruptcy Code** (BGH NZI 2009, 859 = IPRax 2011, 181 mAnm *Brinkmann* IPRax 2011, 143; BAG NZI 2008, 122; anders noch OLG Hamburg IPRax 1992, 170). Weder steht einer solchen Qualifikation entgegen, dass im Rahmen solcher Verfahren die materielle Insolvenz nicht geprüft wird, denn das ist etwa auch bei Anträgen wegen drohender Zahlungsunfähigkeit der Fall, noch schadet es, dass der Schuldner in einem solchen Verfahren die Verfügungsbefugnis behält, denn ebenso liegt es zB bei der Eigenverwaltung nach §§ 270 ff. Gleichfalls erfasst sind beispielsweise Verfahren in **Kanada** nach dem Companies' Creditors Arrangement Act (LG Frankfurt TranspR 2006, 461). Gegen das Erfordernis einer formellen Feststellung der Insolvenz im Sinne von Zahlungsunfähigkeit oder Überschuldung spricht insbesondere, dass auch nach deutschem Recht gem. § 18 InsO schon die drohende Zahlungsunfähigkeit einen Antrag des Schuldners auf Eröffnung des Verfahrens begründen kann. Zu Recht lässt es daher der BGH genügen, dass das ausländische Verfahren faktisch die Insuffizienz des schuldnerischen Vermögens voraussetzt (BGH NZI 2009, 859 = IPRax 2011, 181 mAnm *Brinkmann* IPRax 2011, 143). 8

b) Das *Scheme of Arrangement* nach englischem Recht. Kein Insolvenzverfahren iSd § 343 ist das englische ***Scheme of Arrangement*** nach den Teilen 26 und 27 des Companies Act 2006 (BGH NZI 2012, 425 = ZIP 2012, 740 Rn. 21; Gottwald InsO-HdB/*Kolmann/Keller* § 134 Rn. 23; *Petrovic* ZInsO 2010, 265 [267]; *Laier* GWR 2011, 252; *Mankowski* WM 2011, 1201 [1202]; *Carli/Weissinger* DB 2014, 1474 [1479]; konkludent auch *Eidenmüller/Frobenius* WM 2011, 1210 [1214]; aA LG Rottweil ZIP 2010, 1964 = ZInsO 2010, 1854). Hierfür spricht zunächst, dass es nicht in den Anhängen zur EuInsVO aufgeführt ist. Ferner ist beim *Scheme of Arrangement* die Insolvenz der Gesellschaft keine Eröffnungsvoraussetzung. In der Praxis unterziehen sich zwar in erster Linie sanierungsbedürftige Unternehmen, die eine gewisse Insolvenznähe aufweisen, diesem Verfahren. Ein solches Verfahren kann aber auch in nicht-insolvenzbedingten Restrukturierungsvorhaben eingesetzt werden (*Petrovic* ZInsO 2010, 265 [267]). Schließlich sieht das 9

Scheme of Arrangement weder einen Vermögensbeschlag vor, noch wird ein Insolvenzverwalter eingesetzt (Graf-Schlicker/*Bornemann/Sabel/Schlegel* Rn. 6). Damit fehlen ihm alle Kriterien, die zur Qualifikation eines Verfahrens als Insolvenzverfahren erforderlich sind. Näher zum *Scheme of Arrangement Petrovic* ZInsO 2010, 265; *Gebler* NZI 2010, 665 [668]; *Maier* NZI 2011, 305; *Westpfahl/Knapp* ZIP 2011, 2033; *Freund* S. 95 ff.

10 Richtigerweise richtet sich die **Anerkennung eines *solvent Scheme of Arrangement*** nach der EuGVVO (tendenziell ebenso BGH NZI 2012, 425 = KTS 2013, 63 mAnm *Oberhammer* = ZIP 2012, 74 Rn. 25; dazu kritisch *Mäsch* IPRax 2013, 234; ebenso *Kusche* S. 126; *Mankowski* EWiR 2009, 711 [712]; *Petrovic* ZInsO 2010, 265; *Mankowski* WM 2011, 1201 [1203]; *Westpfahl/Knapp* ZIP 2011, 2033 [2044]; *Freund* S. 185 ff.; *Thole* ZGR 2013, 109 [113]; *Carli/Weissinger* DB 2014, 1474 [1479]; aA *Schümann-Kleber* IILR 2011, 447 [449] sowie *Bormann* NZI 2011, 892 [896] die meinen, dass es sich bei einem *Scheme* nicht um eine gerichtliche Entscheidung handele. Ebenso *Lüke/Scherz* ZIP 2012, 1101 [1106]). Zweifel an der Anwendbarkeit der EuGVVO äußern allerdings die englischen Gerichte (im Hinblick auf die internationale Zuständigkeit). Bisher hat der High Court of Justice London die Frage offen gelassen (ZIP 2011, 1017 – Rodenstock; ZIP 2012, 440 – Primacom). Von der verfahrensrechtlichen Anerkennung ist die materiellrechtliche Vergleichswirkung eines *Scheme* zu unterscheiden, die nur die Forderungen erfassen kann, die englischem Recht unterliegen (*Kusche* S. 183; *Mankowski* WM 2011, 1201 [1207]; *Paulus* ZIP 2011, 1077 [1081]; *Eidenmüller/Frobenius* WM 2011, 1210 [1215 f.]).

III. Die Verweisung auf die *lex fori concursus*

11 Die in § 335 enthaltene Verweisung auf die *lex fori concursus* ist eine **Sachnormverweisung.** Dies ergibt sich aus dem europarechtlichen Hintergrund der Vorschrift. Denn die kollisionsrechtlichen Vorschriften der umgesetzten Richtlinien sind ihrem klaren Wortlaut nach Sachnormverweisungen, so dass wegen des Gebots der europarechtskonformen Auslegung jedenfalls insoweit auch für § 335 anzunehmen ist, dass er nur auf die Sachvorschriften der *lex fori concursus* verweist. Ein gespaltenes Verständnis der Rechtsfolge des § 335 – je nachdem, ob es sich bei dem Schuldner um ein Kreditinstitut oder eine Bank einerseits oder einen sonstigen Schuldner, der nicht in den Anwendungsbereich der einschlägigen Richtlinien fällt, andererseits handelt – wäre aber wenig überzeugend.

IV. Die Abgrenzung des Insolvenzstatuts

12 § 335 bestimmt nur das für „das Insolvenzverfahren und seine Wirkungen" maßgebliche Recht. Die Vorschrift enthält also eine Verweisung nur für das sogenannte Insolvenzstatut, dessen Reichweite deshalb von anderen Statuten, für die andere Anknüpfungen gelten, abzugrenzen ist. Entsprechend den Überlegungen in → Rn. 6 kann auch insoweit auf die Ausführungen zu Art. 4 EuInsVO verwiesen werden. Hierfür spricht nicht zuletzt der Wortlaut des § 335, der eindeutig an Art. 4 EuInsVO angelehnt ist. Entsprechend geht auch der deutsche Gesetzgeber davon aus, dass der Beispielskatalog des Art. 4 Abs. 2 EuInsVO „als Interpretationshilfe" zur Auslegung des § 335 herangezogen werden kann (BT-Drs. 15/16, 18).

13 Die **Abgrenzungsprobleme zum Gesellschaftsrecht** stellen sich allerdings im Anwendungsbereich der §§ 335 ff. nicht mit derselben Schärfe wie i. R. der EuInsVO. Denn für Gesellschaften, die nach dem Recht eines Nicht-Mitgliedstaates gegründet wurden und die sich auch nicht auf staatsvertraglich vereinbarte Niederlassungsrechte berufen können (etwa nach dem dt.-amerikanischen

Freundschaftsvertrag), gilt nach der **Trabrennbahn-Entscheidung** des BGH nach wie vor die **Sitztheorie,** so dass sich das auf sie anwendbare Gesellschaftsrecht nach dem Recht des Staates bemisst, in dem sie ihren tatsächlichen Verwaltungssitz haben (BGHZ 178, 192 = NJW 2009, 289 = IPRax 2009, 259 mAnm *Weller* IPRax 2009, 202). Diese Anknüpfung führt dazu, dass Insolvenz- und Gesellschaftsstatut demselben Recht zu entnehmen sind, so dass die Qualifikation im Ergebnis offen bleiben kann (MüKoBGB/*Kindler* IntGesR Rn. 455).

Vertrag über einen unbeweglichen Gegenstand

336 **[1] Die Wirkungen des Insolvenzverfahrens auf einen Vertrag, der ein dingliches Recht an einem unbeweglichen Gegenstand oder ein Recht zur Nutzung eines unbeweglichen Gegenstandes betrifft, unterliegen dem Recht des Staats, in dem der Gegenstand belegen ist. [2] Bei einem im Schiffsregister, Schiffsbauregister oder Register für Pfandrechte an Luftfahrzeugen eingetragenen Gegenstand ist das Recht des Staats maßgebend, unter dessen Aufsicht das Register geführt wird.**

Schrifttum: S. die Nachweise zu Vor. §§ 335 ff.

Übersicht

I. Überblick

1 Für schuldrechtliche Verträge über unbewegliche Gegenstände, die nicht im Staat der Verfahrenseröffnung belegen sind (Grundstückskauf- oder Nutzungsüberlassungsverträge über Gründstücke) ist abweichend von § 335 nicht die *lex fori concursus*, sondern gem. Satz 1 das **Recht am Belegenheitsort** anwendbar. Die entsprechende Ausnahme ergibt sich aus Satz 2 für die genannten beweglichen Vermögensgegenstände, die in eines der entsprechenden Register eingetragen sind. Für Verträge über diese Gegenstände ist das **Recht des Registerstaates** maßgeblich.

2 Neben der Berücksichtigung der gerade bei Grundstücken besonders engen Verbindung mit dem Recht des Lageortes verfolgt die Sonderanknüpfung nach Ansicht des Gesetzgebers (BT-Drs. 15/16, 18) auch soziale Motive, indem sie den Mieter von Räumen in der (Auslands-)Insolvenz seines Vermieters dem inländischen Sachrecht unterwirft und ihn so vor den Regelungen des ausländischen Insolvenzrechts schützt. Dies ist wenig plausibel. Zunächst verkehrt sich dieser angebliche Schutz in sein Gegenteil, sollte das ausländische Insolvenzrecht mieterfreundlicher ausgestaltet sein als das Insolvenzrecht des Staates des Belegenheitsortes. Einen Günstigkeitsvergleich sieht die Vorschrift nicht vor. Vollends zweifelhaft wird dieser angebliche Normzweck, wenn man berücksichtigt, dass die Regelung nicht auf Verhältnisse über Wohnräume beschränkt ist, sondern auch

die Miete von Geschäftsräumen erfasst, bei der kein Schutzbedürfnis erkennbar ist (*Liersch* NZI 2003, 302 [304]). Funktional entspricht die Vorschrift eher Art. 4 Abs. 1 lit. c Rom I-VO, dem gleichfalls kein mieterschützender Zweck beigemessen wird.

3 Die Regelung entspricht inhaltlich teilweise Art. 8 EuInsVO, geht allerdings über dessen Anwendungsbereich hinaus, da sie auch andere Rechtsgeschäfte als Verträge zum Erwerb oder zur Nutzung eines Grundstücks erfasst (zB Sicherungsgeschäfte, *v. Bismarck/Schümann-Kleber* NZI 2005, 89 [94]).

4 § 336 setzt zugleich Art. 19 lit. b der Richtlinie 2001/17/EG über die Sanierung und Liquidation von Versicherungsunternehmen sowie Art. 20 der Richtlinie 2001/24/EG über die Sanierung und Liquidation von Kreditinstituten für das deutsche Recht um.

II. Anwendungsbereich

5 Die Sonderanknüpfung ist wie alle Vorschriften des ersten Abschnitts eine **allseitige Kollisionsnorm** (MüKoInsO/*Reinhart* § 338 Rn. 1). **Vorbehaltlich der Anwendbarkeit der EuInsVO** ist sie sowohl in Bezug auf inländische wie ausländische Insolvenzverfahren anwendbar. Wurde das Insolvenzverfahren in einem EU-Mitgliedstaat eröffnet, ist § 336 wegen des Vorrangs der EuInsVO nur einschlägig, wenn der persönliche Anwendungsbereich der Verordnung gem. Art. 1 Abs. 2 EuInsVO nicht eröffnet ist. Bei einem mitgliedstaatlichen Insolvenzverfahren kann die EuInsVO ferner deswegen nicht anwendbar sein, weil sich der Lageort bzw. das Register außerhalb des Hoheitsgebiets eines Mitgliedsstaats iSv Art. 8 EuInsVO befindet (zum Erfordernis des idS qualifizierten Binnenmarktbezugs → EuInsVO Art. 8 Rn. 2).

III. Verträge über unbewegliche Gegenstände, Satz 1

6 **1. Vertragsschluss.** Nach der *lex causae* ist zu beurteilen, ob und wann ein Vertrag zustande gekommen ist. § 336 erfasst nur solche Verträge, die im **Zeitpunkt** der Eröffnung des Verfahrens – maßgeblich ist der Eröffnungsbeschluss – bereits wirksam geschlossen worden waren (MüKoInsO/*Reinhart* § 338 Rn. 5). Inwieweit Bedingungen oder Befristungen die Wirksamkeit des Vertrags berühren, ist nach der *lex causae* zu entscheiden.

7 **2. Unbewegliche Gegenstände.** Unbewegliche Gegenstände sind **Grundstücke mit ihren wesentlichen Bestandteilen** (§§ 93, 94 BGB). Ob ein bestimmter Gegenstand ein **wesentlicher Bestandteil** eines Grundstücks ist, so dass auch für ihn die *lex rei sitae* gilt, ist eine selbständig anzuknüpfende Vorfrage, die nach der *lex rei sitae* zu beurteilen ist (MüKoBGB/*Kindler* InsO § 338 Rn. 3; MüKoInsO/*Reinhart* § 338 Rn. 5).

8 Unter den Begriff des unbeweglichen Gegenstands fallen auch im Rahmen von § 336 wie bei Art. 8 EuInsVO (→ Art. 8 EuInsVO) **nur Verträge über Grundstücke sowie ihre wesentlichen Bestandteile**. Die hM (MüKoBGB/*Kindler* Rn. 3; MüKoInsO/*Reinhart* § 338 Rn. 5; HK-InsO/*Stephan* Rn. 3) nimmt bei in Deutschland belegenen Vermögensgegenständen dagegen an, dass der Begriff des unbeweglichen Gegenstands in Übereinstimmung mit § 49 zu verstehen sei. Danach fallen unter diesen Begriff sämtliche Gegenstände, die der Zwangsvollstreckung in das unbewegliche Vermögen unterliegen. Hierzu gehören nach § 865 Abs. 1 ZPO auch die Gegenstände, die in den hypothekarischen Haftungsverband fallen. Insbesondere würde die *lex rei sitae* nach dieser Ansicht gelten für den Verkauf von **Erzeugnissen** des Grundstücks, für den Verkauf von **Grundstückszubehör** (§§ 97 f. BGB), das im Eigentum des Grundstückseigentümers steht (§ 1120 BGB), sowie für die Übertragung von **Miet- oder Pachtforderungen**

(§ 1123 BGB). Für eine derartige Erstreckung der *lex rei sitae* und für eine so weitreichende Ausnahme von der *lex fori concursus* und vom Universalitätsprinzip fehlt jede Rechtfertigung. § 335 soll nur solche Geschäfte der *lex fori concursus* entziehen, die eine besonders enge Anbindung an eine andere Rechtsordnung besitzen. Dies mag man für Verträge, die das Grundstück selbst betreffen, bejahen können, für Verträge über bewegliche Sachen jedoch selbst dann nicht, wenn die Sachen in einem Haftungsverband mit einem Grundstück stehen. Etwas anderes ergibt sich auch nicht aus dem Klammerzusatz in § 49. Er enthält eine Fiktion, die nur der sprachlichen Vereinfachung dient, aber nicht den Anwendungsbereich des § 336 beeinflussen sollte. Bei gemischten Verträgen, wie etwa **Unternehmenskaufverträgen,** sind die Vertragsteile aufzuspalten.

3. Verträge über dingliche Rechte an unbeweglichen Gegenständen, Alt. 1. § 336 erfasst neben **Verfügungen** über Grundstücke (Uhlenbruck/*Lüer* Rn. 9; MüKoBGB/*Kindler* Rn. 5) auch **Verpflichtungen zur Verfügung** über ein Grundstück oder Verpflichtungen zur Verfügung über ein Recht an einem (dinglichen) Recht an einem Grundstück. § 336 entzieht damit unter anderem Kaufverträge, Auflassungen, Verpflichtungen zur Belastung und Bestellungen von Sicherungsrechten der *lex fori concursus*, soweit sich diese Verträge auf ein Grundstück beziehen. Als dingliche Rechte im Sinne des § 336 sind solche zu qualifizieren, die absolut wirken, also gegenüber jedermann durchsetzbar sind. Entscheidend ist insoweit, ob sie nach dem jeweiligen nationalen Recht insolvenzbeständig sind, also eine der Aus- oder Absonderung vergleichbare Stellung vermitteln. Auch die **Einräumung eines nur schuldrechtlich wirkenden Vorkaufsrechts** (§§ 463 ff. BGB) ist danach ein Vertrag im Sinne des § 336 S. 1 Alt. 1, da hierdurch eine (bedingte, MüKoBGB/*Westermann* § 463 Rn. 7) Verpflichtung zur Auflassung des Grundstücks begründet wird (HambK-InsO/*Undritz* Rn. 1). Im Ergebnis entspricht dieses Verständnis der autonomen Auslegung des Art. 8 EuInsVO (→ Art. 8 EuInsVO). Für **vormerkungsgesicherte Ansprüche** ist § 349 Abs. 2 zu beachten. 9

4. Nutzungsverträge, Alt. 2. Alt. 2 erfasst sämtliche Verträge, die einem Teil ein Recht zur Nutzung eines Grundstücks verschaffen. Ob diese Verträge schuldrechtlicher **(Miete, Pacht, Leasing)** oder dinglicher **(Nießbrauch)** Natur sind, ist unbeachtlich. Der Nießbrauch fällt als Vertrag über ein dingliches Recht zugleich unter die Alt. 1 der Vorschrift. Welche Vertragspartei insolvent geworden ist, ist irrelevant. Es ist nicht die Funktion des § 336, speziell den Mieter in der Auslandsinsolvenz des Vermieters zu schützen, vgl. → Rn. 2. 10

5. Verweisung. Die *lex rei sitae* verdrängt in Bezug auf die von § 336 erfassten Gegenstände die *lex fori concursus*. Die erfassten Verträge werden dadurch nicht vollständig von der Eröffnung des ausländischen Insolvenzverfahrens abgeschirmt, sondern es gelten die entsprechenden insolvenzrechtlichen Regelungen des Belegenheitsorts. Bei Satz 1 handelt es sich wegen des europarechtlichen Hintergrunds der Vorschrift (→ Rn. 14) um eine **Sachnormverweisung** (aA MüKoInsO/*Reinhart* Rn. 14). 11

Die insolvenzrechtlichen Vorschriften der *lex rei sitae* entscheiden bspw. über den **Fortbestand** des Vertrags, eventuelle **Wahlrechte** des Verwalters und den Rang der sich aus den Verträgen ergebenden Forderungen. Für die Frage der **Anfechtbarkeit** ist zu unterscheiden: Die Erfüllung von Forderungen, die sich aus schuldrechtlichen Verträgen über die Nutzung von Grundstücken ergeben, unterliegt nach § 339 der *lex fori concursus*. Soweit aber der Vertrag selbst angefochten werden soll, verdrängt § 336 auch § 339, so dass die *lex rei sitae* maßgeblich ist. Die Auflassung eines außerhalb des Staats der Verfahrenseröffnung belegenen Grundstücks kann daher nur nach den am Belegenheitsort geltenden Anfech- 12 tungsvorschriften angefochten werden. Anders als § 335 lässt § 336 keine Ausnahme von der Anwendbarkeit der *lex rei sitae* zu.

IV. Schiffe, Luftfahrzeuge, Satz 2

13 Satz 2 verweist für das Insolvenzstatut in Bezug auf Verträge über registrierte Schiffe und Luftfahrzeuge auf das Recht des Staates, der das Register führt, in dem sie eingetragen sind. Damit gilt auch für das Insolvenzstatut das **Herkunftslandprinzip.** Auch Satz 2 ist eine **Sachnormverweisung.**

14 Für Schiffe entspricht diese Verweisung auf das Recht des Registerstaates auch der Anknüpfung der sachenrechtlichen Verhältnisse nach Art. 45 Abs. 1 Nr. 2 EGBGB. Für Luftfahrzeuge knüpft Art. 45 Abs. 1 Nr. 1 EGBGB zwar an die Staatszugehörigkeit an, diese bemisst sich allerdings wiederum nach der Registrierung (Prütting/Wegen/Weinreich/*Brinkmann* EGBGB Art. 45 Rn. 4).

15 Auch **privat geführte Register** genügen Satz 2, sofern der Staat das Register kontrolliert und es wenigstens auch im öffentlichen Interesse unterhalten wird. Auf die öffentliche Zugänglichkeit des Registers kommt es nicht an. Inhaltlich genügt jede elektronische oder schriftliche Sammlung von Daten, der sich Informationen über die sachenrechtlichen Verhältnisse an dem fraglichen Gegenstand entnehmen lassen.

Arbeitsverhältnis[1]

337 Die Wirkungen des Insolvenzverfahrens auf ein Arbeitsverhältnis unterliegen dem Recht, das nach der Verordnung (EG) Nr. 593/2008 des Europäischen Parlaments und des Rates vom 17. Juni 2008 über das auf vertragliche Schuldverhältnisse anzuwendende Recht (Rom I) (ABl. L 177 vom 4.7.2008, S. 6) für das Arbeitsverhältnis maßgebend ist.

Schrifttum: S. die Nachweise zu Vor. §§ 335 ff. Ferner: *Liebmann,* Der Schutz des Arbeitnehmers bei grenzüberschreitenden Insolvenzen, 2005.

I. Überblick

1 Die Vorschrift enthält wie Art. 10 EuInsVO eine **akzessorische Sonderanknüpfung insolvenzarbeitsrechtlicher Fragen an das Statut des Arbeitsvertrags**. Hiermit wird ein Auseinanderfallen von Insolvenzstatut einerseits und arbeitsvertraglichem sowie sozialrechtlichem Statut andererseits vermieden.

II. Anwendungsbereich

2 Die Vorschrift ist anwendbar, wenn das Insolvenzverfahren in einem Drittstaat eröffnet wurde, oder wenn das Verfahren zwar in einem Mitgliedstaat eröffnet wurde, das Statut des Arbeitsvertrags aber dem Recht eines Drittstaats zu entnehmen ist (vgl. → EuInsVO Art. 10 Rn. 6). Ferner greift § 337 in der Insolvenz von Versicherungsunternehmen oder Kreditinstituten sowie anderer Schuldner, die vom persönlichen Anwendungsbereich der EuInsVO (Art. 1 Abs. 2 EuInsVO) nicht erfasst sind. § 337 setzt Art. 19 lit. a der Richtlinie 2001/17/EG sowie Art. 20 lit. a der Richtlinie 2001/24/EG um.

3 § 337 erfasst nur die **Wirkungen des Insolvenzverfahrens in Bezug auf Fortsetzung und Bestand des Arbeitsverhältnisses**. Im deutschen Recht sind das insbesondere die §§ 103 ff. (MüKoInsO/*Reinhart* Rn. 9) sowie §§ 113, 120 ff.

[1] § 337 geänd. mWv 1.3.2012 durch G v. 7.12.2011 (BGBl. I S. 2582).

(LAG Hessen InsO 2015, 404). Andere mit dem Arbeitsverhältnis zusammenhängende Fragen richten sich dagegen gem. § 335 nach der *lex fori concursus* (→ EuInsVO Art. 10 Rn. 4). Der **Begriff des Arbeitsverhältnisses** umfasst Vereinbarungen, die eine Seite zu einer abhängigen, weisungsgebundenen, entgeltlichen Tätigkeit verpflichten. Er stammt aus Art. 6 des EVÜ (Art. 30 EGBGB aF) und wurde dort verwendet, um auch nichtige Arbeitsverträge in den Anwendungsbereich der Kollisionsnorm zu bringen. Nach dem Außerkrafttreten der Art. 27 ff. EGBGB ist der Begriff „Arbeitsverhältnis" im Sinne des Art. 8 Rom I-VO auszulegen, der von „Individualarbeitsverträgen" handelt. Über Art. 12 Abs. 1 lit. e Rom I-VO sind auch nichtige Arbeitsverträge erfasst.

III. Rechtsfolge

§ 337 verweist seit der Neufassung durch das ESUG auf die Rom I-VO, die an die Stelle der Art. 27 ff. EGBGB getreten ist. **Mangels einer Rechtswahl** für den Arbeitsvertrag stellt nach Art. 8 Abs. 2 Rom I-VO (ähnlich Art. 6 EVÜ bzw. Art. 30 EGBGB aF) grundsätzlich das **Recht des Staates** das **Arbeitsvertragsstatut, in dem oder von dem aus der Arbeitnehmer gewöhnlich seine Arbeit verrichtet**. Nach diesem Recht richtet sich gem. § 337 auch das Schicksal eines Arbeitsvertrags, an dem der Schuldner als Arbeitgeber oder -nehmer beteiligt ist. 4

Aufrechnung

338 Das Recht eines Insolvenzgläubigers zur Aufrechnung wird von der Eröffnung des Insolvenzverfahrens nicht berührt, wenn er nach dem für die Forderung des Schuldners maßgebenden Recht zur Zeit der Eröffnung des Insolvenzverfahrens zur Aufrechnung berechtigt ist.

Schrifttum: S. die Nachweise zu Vor. §§ 335 Ferner: *Bork,* Die Aufrechnung im internationalen Insolvenzverfahrensrecht, ZIP 2002, 690; *Jeremias,* Internationale Insolvenzaufrechnung, 2005; *Gruschinske,* Die Aufrechnung in grenzüberschreitenden Insolvenzverfahren – eine Untersuchung anhand der vereinheitlichten europäischen Regelungen des Internationalen Privat- und Zivilverfahrensrechts, EuZW 2011, 171.

I. Überblick

§ 338 schützt die Aufrechnungsmöglichkeit eines Insolvenzgläubigers, sofern nach dem Statut der Hauptforderung (Passivforderung) die Aufrechnung auch in der Insolvenz zulässig ist. Der durch § 338 vermittelte Schutz der Aufrechnungsmöglichkeit kommt zum Tragen, wenn die Aufrechnung nach der durch § 335 grundsätzlich berufenen *lex fori concursus* unzulässig wäre, sie aber nach der *lex causae* zulässig ist. Im Ergebnis setzt sich damit das aufrechnungsfreundlichere der beiden Rechte durch (Kübler/Prütting/Bork/*Paulus* Rn. 7). Die Vorschrift entspricht Art. 6 EuInsVO. § 338 setzt Art. 23 der Richtlinie 2001/24/EG des Europäischen Parlaments und des Rates vom 4.4.2001 über die Sanierung und Liquidation von Kreditinstituten und Art. 22 der Richtlinie 2001/17/EG über die Sanierung und Liquidation von Versicherungsunternehmen um. 1

II. Anwendungsbereich

§ 338 ist sowohl in Bezug auf inländische Insolvenzverfahren wie auf ausländische Insolvenzverfahren anzuwenden, sofern nicht der **vorrangige Art. 6 EuInsVO** eingreift. Wird ein Insolvenzverfahren in einem Mitgliedsstaat eröffnet, ist die Vorschrift daher nur anwendbar, wenn der persönliche Anwendungsbereich 2 der EuInsVO (Art. 1 Abs. 2 EuInsVO) nicht eröffnet ist. Für die Anwendbarkeit der EuInsVO kommt es nicht darauf an, ob das Statut der Passivforderung das Recht eines Mitgliedstaats oder eines Drittstaats ist (str., vgl. → EuInsVO Art. 6 Rn. 3).

III. Voraussetzungen

3 Die Anwendung der Vorschrift setzt voraus, dass der **Gläubiger** im Moment der Eröffnung des Insolvenzverfahrens materiellrechtlich **zur Aufrechnung befugt** war. Hierüber entscheidet das nach Art. 17 Rom I-VO zu bestimmende Aufrechnungsstatut, das sich ebenso wie die insolvenzrechtliche Zulässigkeit nach dem Statut der Hauptforderung richtet (*Bork* ZIP 2002, 690 [692]; MüKoInsO/*Reinhart* Rn. 7). Soweit das deutsche Recht das Statut der Hauptforderung stellt, sind also die §§ 387 ff. BGB zu befragen (aA MüKoBGB/*Kindler* Rn. 3, der in diesem Zusammenhang die §§ 94 ff. InsO anführt).

4 § 338 ist nur einschlägig, wenn die Aufrechnungsbefugnis im **Moment der Verfahrenseröffnung** bereits bestand (so die hM *Jeremias* S. 281; Kübler/Prütting/Bork/*Paulus* Rn. 3; *Smid* Rn. 5; HK-InsO/*Stephan* Rn. 6). Tritt die Aufrechnungslage erst während des Verfahrens ein, bleibt es bei der Maßgeblichkeit der *lex fori concursus* (MüKoBGB/*Kindler* Rn. 4). Nach der Gegenmeinung genügt es, wenn die Forderungen zum Zeitpunkt der Verfahrenseröffnung existiert (so MüKoInsO/*Reinhart* Rn. 10; ähnlich Uhlenbruck/*Lüer* Rn. 11). Die Minderansicht ist mit dem Wortlaut nicht vereinbar. Auch ist ein derart weitgehender Schutz weder durch die Richtlinien, die § 338 umsetzt, noch durch den Sinn und Zweck der Norm geboten. Das Vertrauen auf die Entstehung einer Aufrechnungslage ist nicht im selben Maß schutzwürdig wie das Vertrauen auf den Erhalt einer bereits bestehenden Aufrechnungsbefugnis.

IV. Rechtsfolge

5 § 338 erhält dem Gläubiger, der nach den **insolvenzrechtlichen Vorschriften des Statuts der Passivforderung** (also der Forderung des Insolvenzschuldners) aufrechnen kann, die Aufrechnungsmöglichkeit auch für den Fall, dass er nach der *lex fori concursus* an der Ausübung seiner Aufrechnungsbefugnis gehindert wäre. Durch die subsidiäre Verweisung auf das Statut der Hauptforderung wird das Insolvenzstatut mit dem nach Art. 17 Rom I-VO zu bestimmenden Aufrechnungsstatut gleichgeschaltet.

Insolvenzanfechtung

339 Eine Rechtshandlung kann angefochten werden, wenn die Voraussetzungen der Insolvenzanfechtung nach dem Recht des Staats der Verfahrenseröffnung erfüllt sind, es sei denn, der Anfechtungsgegner weist nach, dass für die Rechtshandlung das Recht eines anderen Staats maßgebend und die Rechtshandlung nach diesem Recht in keiner Weise angreifbar ist.

Schrifttum: S. die Nachweise zu Vor. §§ 335 ff. S. ferner die Nachweise zu Art. 13 EuInsVO.

I. Überblick

1 § 339 regelt die Frage, welches Recht über die Anfechtbarkeit einer Rechtshandlung entscheidet. Die Vorschrift schränkt die Anfechtbarkeit nach der *lex fori concursus* insoweit ein, wie die Rechtshandlung nach der *lex causae* anfechtungsfest

ist. Im Ergebnis entspricht die Regelung weitgehend Art. 4 Abs. 2 EuInsVO iVm Art. 13 EuInsVO (BT-Drs. 15/16, 19), auf deren Kommentierung daher ergänzend verwiesen wird. § 339 setzt Art. 24 der Richtlinie 2001/17/EG über die Sanierung und Liquidation von Versicherungsunternehmen sowie Art. 30 der Richtlinie 2001/24/EG über die Sanierung und Liquidation von Kreditinstituten für das deutsche Recht um.

§ 339 ist eine **Sachnormverweisung** (aA MüKoInsO/*Reinhart* Rn. 6). Hierfür spricht neben dem Wortlaut und dem europarechtlichen Hintergrund der Vorschrift auch die entsprechende Einordnung des Art. 13 EuInsVO. 2

II. Anwendungsbereich

Die Vorschrift ist im räumlich-persönlichen Anwendungsbereich der EuInsVO nicht anwendbar. Die EuInsVO ist auch auf solche Fälle anwendbar, in denen das Insolvenzverfahren in einem Mitgliedstaat eröffnet wurde, der Sitz des Anfechtungsgegners aber in einem Drittstaat ist und auch sonst keine Bezüge zu einem Mitgliedstaat bestehen (EuGH NZI 2014, 134 – Schmid). Zusätzlich ist aber für die Anwendung von Art. 4 Abs. 2 lit. m EuInsVO iVm Art. 13 EuInsVO ein **qualifizierter Binnenmarktbezug** in dem Sinn erforderlich, dass die eingrenzende *lex causae* die Rechtsordnung eines Mitgliedstaats sein muss (→ EuInsVO Art. 4 Rn. 41). Daher kommt § 339 als Kollisionsnorm auch dann zur Anwendung, wenn das Insolvenzverfahren zwar in einem EuInsVO-Staat eröffnet wurde, die *lex causae* aber dem Recht eines Drittstaats zu entnehmen ist. Die *lex causae* ist nach den im Inland geltenden kollisionsrechtlichen Vorschriften zu ermitteln. 3

III. Einschränkung der *lex fori concursus*

Ist die fragliche Rechtshandlung nach der *lex fori concursus* anfechtbar, muss der Anfechtungsgegner „nachweisen", dass die Rechtshandlung nach der *lex causae* anfechtungsfest wäre. Prozessual handelt es sich um eine **vom Anfechtungsgegner zu erhebende Einrede.** Will der Anfechtungsgegner diese geltend machen, muss er zunächst zeigen, dass die *lex causae* von der *lex fori concursus* abweicht. Sodann muss er nachweisen, dass die Rechtshandlung nach der *lex causae* insolvenzfest wäre. Zu den Anforderungen an den vom Anfechtungsgegner zu erbringenden Nachweis im Einzelnen bei → EuInsVO Art. 13 Rn. 21. Im **Prozess** gilt für den Nachweis des Inhalts einer ausländischen *lex causae* § 293 ZPO. § 339 enthält eine Beweislastregel, nach der Zweifel bezüglich des Inhalts des ausländischen Rechts zu Lasten des Anfechtungsgegners gehen (*Thole* S. 826). 4

Gelingt dem Anfechtungsgegner der Nachweis der Insolvenzfestigkeit nach der *lex causae*, sind sämtliche anfechtungsrechtlich zu qualifizierenden Vorschriften der *lex fori concursus* unanwendbar. Die *lex causae* entfaltet insofern eine umfassende **Immunisierungswirkung**. Bei der Frage, inwieweit die *lex fori concursus* derogiert wird, ist das Gebot der funktionalen Qualifikation zu beachten. Sämtliche Institute der *lex fori concursus*, die dazu dienen, gläubigerbenachteiligende Rechtshandlungen unschädlich zu machen, welche vor Verfahrenseröffnung vorgenommen wurden, sind unanwendbar. Zu diesen zählt im deutschen Recht auch die **Rückschlagssperre** des § 88 (aA Andres/Leithaus/*Dahl* Rn. 2). Auch die **Verjährungsvorschriften** der *lex causae* sind zu berücksichtigen, da auch diese verkehrsschützende Funktion haben (Schlussanträge *GA Szpunar* C-557/13 – *Lutz* NZI 2015, 44; Geimer/Schütze EuZVerfR/*Gruber* B Vor I 20b EuInsVO Art. 13 Rn. 6; *Klumb* S. 105; Uhlenbruck/*Lüer* EuInsVO Art. 13 Rn. 11). Die Gegenansicht (*Klockenbrink* S. 183; MüKoBGB/*Kindler* Rn. 5; *Liersch* NZI 2003, 302 [305]) qualifiziert die Verjährung zu Unrecht als prozessuale Regelung. 5

IV. Die internationale Zuständigkeit für den Anfechtungsprozess

6 Bis zur Deko Marty-Entscheidung des EuGH (NZI 2009, 199 = IPRax 2009, 513) wurde für das deutsche Recht keine *vis attractiva concursus* angenommen (BGH NJW 1990, 990; 2003, 2916), so dass die internationale Zuständigkeit für den Anfechtungsstreit den allgemeinen international-zivilprozessualen Vorschriften zu entnehmen war. Nach der Entscheidung des EuGH in *Deko Marty* haben die deutschen Gerichte aber eine internationale Zuständigkeit der Gerichte des Eröffnungsstaates (nicht des Insolvenzgerichts!) analog § 19a ZPO für Anfechtungsprozesse jedenfalls im Anwendungsbereich der EuInsVO anerkannt (BGH NJW 2009, 2215; OLG Naumburg ZInsO 2010, 2325). In das autonome Recht ist diese Rechtsprechung nicht zu übertragen (BGH ZIP 2013, 374 Rn. 13; OLG Frankfurt ZIP 2013, 277 = EWiR 2013, 159 [*Brinkmann*]; *M. Stürner* FS Kaissis, 2012, 975 [983]; *Brinkmann* IPRax 2014, 243; aA MüKoBGB/*Kindler* Rn. 8; *Ruzik* Finanzmarktintegration S. 946). Gegen eine Übertragung sprechen vor allem die parallel zu behandelnden Anerkennungsfragen (vgl. → § 343 Rn. 17). Gegen die von *Kindler* vorgeschlagene (doppelte) Analogie zu § 19a ZPO ist einzuwenden, dass die hierfür erforderliche Regelungslücke nicht besteht, weil sich Anfechtungsprozesse – wie die bisherige Praxis zeigt – zwanglos unter die §§ 12 ff. ZPO subsumieren lassen. Die von *Kindler* vertretene Ansicht lässt überdies offen, ob die Zuständigkeit aus § 19a ZPO – wie die analog Art. 3 Abs. 1 EuInsVO (→ EuInsVO Art. 3 Rn. 35) – eine ausschließliche sein soll. Der Wortlaut des § 19a ZPO könnte ein solches Verständnis jedenfalls nicht rechtfertigen. Auch der englische Supreme Court lehnt eine Übertragung der *Deko Marty*-Rechtsprechung ins **autonome englische Recht** ab (zur Anerkennung ausländischer Anfechtungsurteile *Rubin v. Eurofinance SA* [2012] UKSC 46 = 12 WL 4866933).

7 Ein Sonderproblem ergibt sich bei der Auslegung von § 46e KWG und § 88 Abs. 1a VAG. Diese Vorschriften regeln die internationale Zuständigkeit für die **Insolvenz von Kreditinstituten bzw. Versicherungen**. Sie setzen die Richtlinien 2001/17/EG und 2001/24/EG um. Es ist zu erwarten, dass der EuGH die *Deko Marty*-Rechtsprechung auf diese Richtlinien überträgt, so dass sich das Problem der europarechtskonformen Rechtsfortbildung stellt (hierzu *Brinkmann* IPRax 2014, 243; zur richtlinien konformen Rechtsfortbildung aus methodologischer Sicht Riesenhuber Methodenlehre/*W.-H. Roth/Jopen* S. 263 Rn. 48 ff.).

8 Für die Zuweisung der **Anfechtungsbefugnisse zwischen Haupt- und Sekundärverwalter** s. die übertragbaren Ausführungen bei → EuInsVO Art. 13 Rn. 19.

Organisierte Märkte. Pensionsgeschäfte[1]

340 (1) **Die Wirkungen des Insolvenzverfahrens auf die Rechte und Pflichten der Teilnehmer an einem organisierten Markt nach § 2 Abs. 5 des Wertpapierhandelsgesetzes unterliegen dem Recht des Staats, das für diesen Markt gilt.**

(2) **Die Wirkungen des Insolvenzverfahrens auf Pensionsgeschäfte im Sinne des § 340b des Handelsgesetzbuchs sowie auf Schuldumwandlungsverträge und Aufrechnungsvereinbarungen unterliegen dem Recht des Staats, das für diese Verträge maßgebend ist.**

(3) **Für die Teilnehmer an einem System im Sinne von § 1 Abs. 16 des Kreditwesengesetzes gilt Absatz 1 entsprechend.**

---

[1] § 340 Abs. 3 geänd. mWv 9.4.2004 durch G v. 5.4.2004 (BGBl. I S. 502).

III. Mehrfache Anmeldung, Absatz 1

Nach Absatz 1 kann ein Gläubiger seine Forderung in jedem Haupt- oder Partikularverfahren anmelden. Die Mehrfachanmeldung verbessert die Befriedigungsaussichten des Gläubigers. Die **Anrechnung der Verteilungen** regelt § 342. Da Absatz 1 wortgleich ist mit Art. 32 Abs. 1 EuInsVO, kann für die Einzelheiten auf die dortige Kommentierung verwiesen werden. 3

IV. Ausübung der Gläubigerrechte durch den Verwalter, Absatz 2 und 3

1. Verwalter als Vertreter des Gläubigers. Auch Absatz 2 und 3 setzen ein im Inland eröffnetes Insolvenzverfahren voraus. Die Vorschrift verschafft dem inländischen Verwalter die Befugnis, eine bei ihm angemeldete Forderung auch in einem ausländischen Verfahren anzumelden – unabhängig davon, ob diese in einem Mitgliedstaat oder in einem Drittstaat stattfinden. Der Verwalter fungiert insoweit als Vertreter des Gläubigers. Die Anmeldung im ausländischen Verfahren ist allerdings nur dann zulässig, wenn auch das dortige Insolvenzrecht eine dem Absatz 1 entsprechende Regelung kennt. 4

2. Keine Pflicht zur Anmeldung der Forderung. Aus Absatz 2 ergibt sich **keine Pflicht zur Anmeldung der Forderung;** der Verwalter wird vielmehr prüfen müssen, ob eine Anmeldung angesichts der Kosten sinnvoll erscheint (*Klockenbrink* S. 148). Eine Pflicht zur Anmeldung wird man vor dem Hintergrund der Bindung des Verwalters an das Gläubigerinteresse nur annehmen können, wenn sich in einem anderen Verfahren ein Masseüberschuss abzeichnet (MüKoInsO/*Reinhart* § 358 Rn. 6; MüKoBGB/*Kindler* § 358 Rn. 2; Uhlenbruck/*Lüer* § 358 Rn. 2 f.; FK-InsO/*Wenner/Schuster* Rn. 6; BK-InsO/*Pannen* § 358 Rn. 1 f.). Entscheidet sich der inländische Verwalter, die Forderung zB aus Kostengründen nicht im ausländischen Verfahren anzumelden, muss er den Gläubiger hiervon informieren (HambK-InsO/*Undritz* Rn. 1), um eine Haftung nach § 60 zu vermeiden. Der Gläubiger kann einer Anmeldung seiner Forderung im Ausland zB zur Kostenvermeidung widersprechen (BT-Drs. 15/16, 21). 5

3. Ausübung von Stimmrechten. Ein inländischer Verwalter ist gem. Absatz 3 grds. befugt, im ausländischen Verfahren Stimmrechte wahrzunehmen, die auf Forderungen entfallen, die auch in „seinem" Verfahren angemeldet sind. Von dieser Berechtigung kann der Verwalter auch in Verfahren Gebrauch machen, die in einem anderen Mitgliedstaat eröffnet wurden (→ EuInsVO Art. 32 Rn. 8). 6

Da es sich auch hierbei um eine **vertretungsweise Ausübung des Stimmrechts** handelt und Absatz 3 eine Bevollmächtigung nur widerleglich vermutet (aA Kübler/Prütting/Bork/*Paulus* Rn. 17), kann der Gläubiger dem Verwalter Weisungen erteilen oder ihm das Ausübungsrecht entziehen (HambK-InsO/*Undritz* Rn. 2). Probleme kann diese Regelung bei drei oder mehr Insolvenzverfahren über das Vermögen eines Schuldners erzeugen, wenn eine Forderung von verschiedenen Verwaltern angemeldet wurde, die nun auf der Grundlage ihres Rechts, die entsprechenden Stimmrechte ausüben wollen. Hier muss der Gläubiger für eine einheitliche Ausübung des Stimmrechts sorgen, sonst sind die Stimmen wegen Perplexität ungültig. 7

4. Forderungsanmeldung durch ausländischen Verwalter in Inlandsverfahren. Nach den Vorstellungen des Gesetzgebers sind die Absatz 2 und 3 wohl auch anwendbar auf **ausländische Verwalter, die Forderungen im Inland anmelden** wollen. Dies zeigt der Verweis in der Begründung zum Regierungsentwurf auf § 77 (BT-Drs. 15/16, 21). Gegen eine solche Erstreckung der Vor- 8 schrift spricht jedoch, dass die Abgrenzung der Kompetenzen eines Verwalters im Verhältnis zu „seinen" Gläubigern eine Frage des Rechts ist, nach dem der Verwalter bestellt wurde (MüKoInsO/*Reinhart* Rn. 11). Immerhin lässt sich aber § 341 Abs. 2 die klarstellende Aussage entnehmen, dass eine Bevollmächtigung eines ausländischen Verwalters, die sich ggf. aus dem ausländischen Insolvenzrecht ergibt, auch im deutschen Recht akzeptiert wird und die Anmeldung nicht etwa höchstpersönlich vorgenommen werden muss.

Herausgabepflicht. Anrechnung

342 (1) [1] **Erlangt ein Insolvenzgläubiger durch Zwangsvollstreckung, durch eine Leistung des Schuldners oder in sonstiger Weise etwas auf Kosten der Insolvenzmasse aus dem Vermögen, das nicht im Staat der Verfahrenseröffnung belegen ist, so hat er das Erlangte dem Insolvenzverwalter herauszugeben.** [2] **Die Vorschriften über die Rechtsfolgen einer ungerechtfertigten Bereicherung gelten entsprechend.**

(2) [1] **Der Insolvenzgläubiger darf behalten, was er in einem Insolvenzverfahren erlangt hat, das in einem anderen Staat eröffnet worden ist.** [2] **Er wird jedoch bei den Verteilungen erst berücksichtigt, wenn die übrigen Gläubiger mit ihm gleichgestellt sind.**

(3) **Der Insolvenzgläubiger hat auf Verlangen des Insolvenzverwalters Auskunft über das Erlangte zu geben.**

Schrifttum: S. die Nachweise zu Vor. §§ 335 ff. sowie bei Art. 20 EuInsVO.

Übersicht

I. Überblick

1 § 342 regelt die **Behandlung von Befriedigungen, die ein Gläubiger für seine Forderung aus nicht im Inland belegenen Vermögensgegenständen des Schuldners** erzielt. Sachlich entspricht die Vorschrift – abgesehen von Absatz 3 – weitgehend Art. 20 EuInsVO, dessen Absatz 1 – anders als § 342 – nur auf nach der Eröffnung des Insolvenzverfahrens erzielte Befriedigungen anwendbar ist.

2 **Absatz 1** verschafft dem inländischen Verwalter einen Herausgabeanspruch bezüglicher solcher Befriedigungen, die ein Gläubiger unter Verletzung des Universalitätsprinzips erlangt hat. Die Vorschrift sanktioniert Verletzungen der §§ 87 ff. durch Zugriffe auf im Ausland belegenes massezugehöriges Vermögen. Nach **Absatz 2** sind Auskehrungen, die ein Gläubiger auf seine (auch) in einem ausländischen Verfahren angemeldete Forderung erhalten hat, bei der Verteilung im Rahmen des inländischen Insolvenzverfahrens anzurechnen. Gem. **Absatz 3**

kann der inländische Verwalter vom Gläubiger Auskunft über im Ausland erlangte Befriedigungen verlangen.

Als **Sachnorm** findet die Vorschrift auf im Inland eröffnete Insolvenzverfahren Anwendung. Der Vorrang der EuInsVO, insbesondere des Art. 20 EuInsVO, ist zu beachten (MüKoInsO/*Reinhart* Rn. 6). 3

II. Herausgabeanspruch des Verwalters, Absatz 1

Nach Absatz 1 kann der Insolvenzverwalter vom Gläubiger Auskehrung der Beträge verlangen, die dieser unter Verletzung der Vollstreckungssperre des § 89 oder auf sonstige gleichbehandlungswidrige Weise durch Befriedigung aus im Ausland belegenen massezugehörigen Vermögensgegenständen erlangt hat. Dies entspricht der früheren Rechtsprechung (vgl. BGHZ 88, 147 = NJW 1983, 2147). Das Erfordernis der Unvereinbarkeit mit der haftungsrechtlichen Befriedigungsordnung lässt sich in dem Merkmal „auf Kosten der Insolvenzmasse" verorten. *Reinhart* (MüKoInsO Rn. 15) weist zu Recht darauf hin, dass es zu Friktionen kommen kann, wenn ein ausländisches Urteil über den Einwand der Eröffnung des Insolvenzverfahrens (zB im Rahmen des Vollstreckungsverfahrens) schon entschieden hat. Dann ist unter den Voraussetzungen des § 328 ZPO dieses Urteil anzuerkennen und ein Herausgabeanspruch abzulehnen. 4

1. Etwas erlangt durch Zwangsvollstreckung, durch eine Leistung des Schuldners oder in sonstiger Weise. Grundsätzlich sind nur **nach Verfahrenseröffnung erhaltene Befriedigungen** zurückzugewähren, weil dies der für den Gleichbehandlungsgrundsatz maßgebliche Bezugspunkt ist. § 88 macht aber auch im Ausland durchgeführte Vollstreckungsmaßnahmen, die vor Verfahrenseröffnung vorgenommen wurden, haftungsrechtlich unwirksam. Auch solche Befriedigungen sind daher „auf Kosten der Insolvenzmasse" erlangt und müssen vom Gläubiger herausgegeben werden. 5

2. Auf Kosten der Insolvenzmasse. Absatz 1 ist nur anwendbar, wenn **im Inland ein Hauptinsolvenzverfahren** und zugleich **im Belegenheitsstaat kein Sekundärinsolvenzverfahren** eröffnet wurde. Denn nur dann unterliegt der Vermögensgegenstand den durch Absatz 1 geschützten extraterritorialen Wirkungen eines inländischen Verfahrens (MüKoBGB/*Kindler* Rn. 5). Ist im Belegenheitsstaat ein Sekundärinsolvenzverfahren eröffnet worden und hat der Gläubiger in diesem Verfahren ordnungsgemäße Verteilungen erhalten, gilt nicht Absatz 1, sondern Absatz 2. Denn zum einen gehört die Masse des ausländischen Partikularverfahrens nicht zur Masse des inländischen Hauptverfahrens, zum anderem erfolgen Verteilungen iRd Partikularverfahrens wegen der nach Absatz 2 gebotenen Anrechnung nicht „auf Kosten" der Insolvenzmasse des Hauptverfahrens. 6

Eine **Leistung des Insolvenzschuldners nach Verfahrenseröffnung** erfolgt „auf Kosten der Insolvenzmasse", wenn sie trotz § 81 (zB wegen abweichender Sachnormen der *lex rei sitae*) dinglich wirksam ist. Hierzu kann es kommen, wenn das am Belegenheitsort anwendbare Recht – anders als § 349 – auch für bewegliche Sachen die Möglichkeit eines gutgläubigen Erwerbs nach Eröffnung eines Insolvenzverfahrens im Ausland kennt. 7

§ 342 gilt nach der hier vertretenen Auffassung grds. auch für **Gläubiger, die Sicherungsrechte an im Ausland belegenen Vermögensgegenständen** haben und aus diesen Befriedigung für ihre Insolvenzforderung erhalten. Soweit diese Befriedigung nicht mit den anwendbaren haftungsrechtlichen Befriedigungsregeln im Einklang steht, haben auch absonderungsberechtigte Gläubiger erlangte Zahlungen an den Verwalter auszukehren. § 351 hat mit diesem Problem nichts zu tun, denn bei § 351 geht es um die Wirkungen eines ausländischen Verfahrens im Inland; hier geht es um die Frage, ob sich die inländischen Be- 8 friedigungsregeln auch dann durchsetzen, wenn der Vermögensgegenstand in einem anderen Staat liegt. Dies ist zu bejahen, wobei betont werden muss, dass hier nicht die Verwertungsbefugnis (§§ 165, 166) in Rede steht, sondern die Frage, ob der Gläubiger den gesamten Erlös für sich behalten darf oder ob der Gläubiger Kostenbeiträge nach §§ 170, 171 zu leisten hat. Eine Befriedigung eines absonderungsberechtigten Insolvenzgläubigers erfolgt daher dann auf Kosten der Masse, wenn zu Lasten der inländischen Masse Feststellungs- oder Verwertungskosten angefallen sind und der Gläubiger gleichwohl den Befriedigungserlös vollständig vereinnahmt hat.

9 **3. Rechtsfolge: Herausgabe des Erlangten entsprechend §§ 812 ff. BGB, Absatz 1 Satz 2.** Der Gläubiger hat dem Verwalter etwaige Befriedigungen herauszugeben. Für den Inhalt des Herausgabeanspruchs verweist Absatz 1 Satz 2 auf das Bereicherungsrecht. Ist dem Gläubiger der Eröffnungsbeschluss nach § 30 Abs. 2 zugestellt worden, haftet er infolge seiner Bösgläubigkeit nach § 819 BGB verschärft.

10 Der **inländische Verwalter kann auch** mit dem Herausgabeanspruch gegen den Quotenanspruch des Gläubigers im inländischen Verfahren **aufrechnen.** Das ist keine „Anrechnung" nach Absatz 2, sondern eine echte Aufrechnung nach § 387 BGB, die nur unter den dortigen Voraussetzungen zulässig ist.

11 Aus § 342 Abs. 1 ergibt sich auch ein **Unterlassungsanspruch** des Verwalters gegen den Gläubiger im Hinblick auf von diesem im Ausland angestrengte Klagen oder eingeleitete Zwangsvollstreckungsmaßnahmen gegen den Schuldner (aA MüKoInsO/*Reinhart* § 342 Rn. 17). Die gegen gerichtliche Prozessführungsverbote (*anti suit-injunctions*) in *Turner ./. Grovit* (EuGH IPRax 2004, 425) und *West Tankers* (EuGH NJW 2009, 1655) geltend gemachten Bedenken greifen nicht, da es hier um Justizkonflikte mit Drittstaaten geht, so dass die im Europäischen Zivilprozessrecht geltende Annahme der Gleichwertigkeit der Rechtspflegesysteme nicht berührt ist. Die vor dem Hintergrund des Justizgewährungsanspruchs geltend gemachten Bedenken (*Linke/Hau* IntZVerfR Rn. 265 mwN) müssen jedenfalls dann zurücktreten, wenn die Verwirklichung des Herausgabeanspruchs aus Absatz 1 gefährdet wäre, etwa weil dieser voraussichtlich im Ausland zu vollstrecken wäre.

12 Die **Geltendmachung des Anspruchs** erfolgt im Wege eines Annexverfahrens, für das die allgemeinen zivilprozessualen Regeln gelten. Die internationale Zuständigkeit richtet sich nach §§ 12 ff. ZPO, die Vollstreckbarerklärung nach §§ 722, 723 ZPO (aA MüKoBGB/*Kindler* Rn. 6, § 19a sei entsprechend anzuwenden, dagegen bei → § 339 Rn. 7). Die EuGVVO ist wegen der Auslegung der Bereichsausnahme in Art. 1 Abs. 2 lit. b EuGVVO durch den EuGH in der Rs. *Deko Marty* (NZI 2009, 199 = IPRax 2009, 513) nicht anwendbar.

III. Anrechnung des im Ausland Erlangten bei inländischen Verteilungen, Absatz 2

13 Nach Absatz 2 Satz 1 darf der Gläubiger, der sich um eine Verfahrensteilnahme im Ausland erfolgreich bemüht hat, jedenfalls dasjenige behalten, was er im ausländischen Verfahren bekommen hat. **Rückzahlungen sind** also auch dann **ausgeschlossen,** wenn ihm Beträge ausgekehrt wurden, die die Quote des inländischen Verfahrens überschreiten. Im übrigen sieht aber Absatz 2 Satz 2 eine **Anrechnung** vor, wodurch die selbständige Verfahrensteilnahme im Ausland weitgehend unattraktiv wird: Der Gläubiger, an den im Ausland Erlöse ausgeschüttet wurden, bekommt im inländischen Verfahren so lange keine Ausschüttungen, wie seine Gesamtquote die Quote derjenigen Gläubiger übersteigt, die ihre Forderungen nur im Inland angemeldet haben. Hierdurch werden die Befriedigungsquoten im Interesse der gleichmäßigen Befriedigung nivelliert.

14 Die praktische Bedeutung dieser Anrechnungslösung sollte nicht überbewertet werden. Denn nach § 341 ist der inländische Verwalter berechtigt, die Forderungen aller Gläubiger im Ausland anzumelden, so dass nur selten einzelne Gläubiger von Ausschüttungen in einem ausländischen Verfahren partizipieren.

IV. Auskunftsanspruch des Verwalters, Absatz 3

15 Sowohl zur Geltendmachung des Herausgabeanspruchs aus Absatz 1 als auch zur Durchführung der Anrechnung nach Absatz 2 benötigt der inländische Verwalter Informationen über Höhe und Art der Befriedigungen, die der Gläubiger erlangt hat. Diese Kenntnisse wird der Verwalter sich meist zwar durch Anfragen beim ausländischen Verwalter (vgl. zur Zusammenarbeit der Verwalter § 357) oder durch eigene Nachforschungen bezüglich des Schicksals der im Ausland belegenen Massegegenstände beschaffen können; ergänzend sieht aber Absatz 3 einen entsprechenden Auskunftsanspruch des Verwalters gegen den Gläubiger vor.

Zweiter Abschnitt. Ausländisches Insolvenzverfahren

Anerkennung

343 (1) [1] **Die Eröffnung eines ausländischen Insolvenzverfahrens wird anerkannt.** [2] **Dies gilt nicht,**

1. wenn die Gerichte des Staats der Verfahrenseröffnung nach deutschem Recht nicht zuständig sind;

2. soweit die Anerkennung zu einem Ergebnis führt, das mit wesentlichen Grundsätzen des deutschen Rechts offensichtlich unvereinbar ist, insbesondere soweit sie mit den Grundrechten unvereinbar ist.

(2) **Absatz 1 gilt entsprechend für Sicherungsmaßnahmen, die nach dem Antrag auf Eröffnung des Insolvenzverfahrens getroffen werden, sowie für Entscheidungen, die zur Durchführung oder Beendigung des anerkannten Insolvenzverfahrens ergangen sind.**

Schrifttum: S. die Nachweise zu Vor. §§ 335 ff. Ferner: *Hergenröder/Gotzen,* Insolvenzrechtliche Anerkennung des US-Chapter 11-Verfahrens, DZWIR 2010, 273; *M. Stürner,* Juris-diction for Avoidance claims, FS Kaissis, 2012, 975.

Übersicht

I. Überblick

1 Die Vorschrift regelt die **Anerkennung ausländischer Eröffnungsentscheidungen, Sicherungsmaßnahmen und Nebenentscheidungen.** Diese Entscheidungen sind grundsätzlich anzuerkennen, es sei denn, es liegt eines der in Absatz 1 Nr. 1 und 2 genannten Anerkennungshindernisse vor. Die **Anerkennung erfolgt** bei Vorliegen der Voraussetzungen **automatisch**, es bedarf keines eigenständigen Anerkennungsverfahrens. Ob die in § 343 nominierten Voraussetzungen der Anerkennung vorliegen, prüft das für das jeweilige Verfahren zuständige Gericht als Vorfrage (OLG Bamberg BeckRS 2015, 14273; OLG Düsseldorf BeckRS 2015, 11879, beide für das Grundbuchamt).

2 § 343 ist das funktionale Äquivalent zu den vorrangigen Art. 16, 25 EuInsVO. Der wesentliche **Unterschied zu Art. 16 EuInsVO** besteht darin, dass im Rahmen von § 343 die internationale Zuständigkeit der Gerichte des Eröffnungsstaats von den deutschen Gerichten nachzuprüfen ist, während eine solche Nachprüfung im Anwendungsbereich der EuInsVO aufgrund des Grundsatzes des gegenseitigen Vertrauens in die Justizsysteme der Mitgliedstaaten nicht stattfindet (→ EuInsVO Art. 16 Rn. 7). Weiterhin regelt § 343 Abs. 2 auch die Anerkennung von anderen Maßnahmen als der Eröffnungsentscheidung. Die EuInsVO behandelt diese Frage gesondert in Art. 25 EuInsVO.

3 Die **Art. 16, 25 EuInsVO** sind **vorrangig**. Die Anerkennung von Eröffnungsentscheidungen ausländischer Gerichte richtet sich daher nur dann nach § 343, wenn das ausländische Gericht seine internationale Zuständigkeit nicht auf der Grundlage von Art. 3 EuInsVO angenommen hat (MüKoInsO/*Reinhart* Rn. 8). Dies ist der Fall, wenn 1. die Eröffnungsentscheidung nicht von dem Gericht eines Mitgliedstaats erlassen wurde oder 2. zwar ein mitgliedstaatliches Gericht entschieden hat, aber der persönliche Anwendungsbereich der EuInsVO (Art. 1 Abs. 2) nicht eröffnet war.

II. Anerkennung und Wirkungserstreckung

4 § 343 macht ebenso wenig wie Art. 16 Abs. 1 EuInsVO einen Unterschied zwischen Haupt- oder Partikularinsolvenzverfahren. Unter den Voraussetzungen in Absatz 1 Satz 2 Nr. 1 u. 2 ist daher auch die Eröffnung eines ausländischen Partikularverfahrens anzuerkennen (MüKoBGB/*Kindler* Rn. 16). Hieraus folgt aber nur eine **Erstreckung der Geltung** des Eröffnungsbeschlusses ins Inland. Diese ist von der Frage zu unterscheiden, ob auch die Wirkungen des ausländischen Verfahrens in das Inland zu erstrecken sind, ob also etwa auch im Inland belegene Vermögensgegenstände von der ausländischen Verfahrenseröffnung erfasst werden. Diese **Wirkungserstreckung** wird in der EuInsVO von Art. 17 EuInsVO geregelt. Auch im autonomen Insolvenzrecht richtet sich die Reichweite der Wirkungen nach der Art des ausländischen Verfahrens, genauer danach, welche Reichweite die *lex fori concursus* dem eröffneten Verfahren beimisst (vgl. schon BGHZ 95, 256): Erfasst das ausländische Verfahren nach der *lex fori concursus* auch Vermögensgegenstände, die in anderen Staaten als dem Eröffnungsstaat belegen sind, so sind auch die in Deutschland belegenen Vermögensgegenstände vom Insolvenzbeschlag erfasst, sofern die Eröffnungsentscheidung anerkennungsfähig ist. Legt dagegen das ausländische Insolvenzrecht dem eröffneten Verfahren keine Wirkung für im Ausland belegene Vermögensgegenstände bei, so ändert hieran auch die Anerkennung gem. § 343 nichts, denn die Frage der Wirkungserstreckung richtet sich nach der *lex fori concursus*.

5 Die Anerkennung einer ausländischen Entscheidung, mit der ein Insolvenzverfahren eröffnet worden ist, welches universale Wirkungen zeitigt (in der Diktion

der EuInsVO: „Hauptverfahren"), führt somit zu einer **Geltungs- und Wirkungserstreckung** der ausländischen Entscheidung im Inland. Folge der Geltungserstreckung ist es unter anderem, dass im Inland kein weiteres Hauptverfahren eröffnet werden kann (Prioritätsprinzip, § 3 Abs. 2 analog). Die Anerkennung der Eröffnung eines Hauptverfahrens im Ausland hindert aber nach § 356 Abs. 1 nicht die Eröffnung eines Sekundärverfahrens im Inland.

III. Die Anerkennung ausländischer Eröffnungsentscheidungen, Absatz 1

6 **1. Voraussetzungen. a) Insolvenzverfahren.** Das im Ausland eröffnete Verfahren muss ein „Insolvenzverfahren" iSv § 335 InsO sein, zur Auslegung des Begriffs → § 335 Rn. 5 (dort auch zur Behandlung des *Scheme of Arrangement* nach englischem Recht). Die Anerkennung nicht insolvenzrechtlich zu qualifizierender Entscheidungen von Gerichten aus Drittstaaten richtet sich nach § 328 ZPO.

7 **b) Gegenstand der Anerkennung nach Absatz 1. aa) Nur Eröffnungsentscheidungen fallen unter Absatz 1.** Sonstige insolvenzverfahrensrechtliche Entscheidungen sind nach Absatz 2 anzuerkennen. Gegenstand der Anerkennung nach Absatz 1 ist somit die formelle Insolvenzeröffnungsentscheidung (BGHZ 134, 79; unter Hinweis auf die Notwendigkeit einer funktionellen Qualifikation großzügiger MüKoInsO/*Thole* Rn. 13). Auf deren Rechtskraft kommt es nicht an, es genügt die Wirksamkeit (BGHZ 95, 256 [270]; Kübler/Prütting/Bork/*Paulus* Rn. 7; MüKoBGB/*Kindler* Rn. 31). Gleichfalls ist unbeachtlich, ob die Entscheidung von einem Gericht oder einer anderen staatlichen Behörde erlassen wurde. Anerkennungsfähig sind sowohl Entscheidungen über die Eröffnung von **Haupt-** wie über die **Eröffnung von Partikularverfahren** (→ Rn. 4).

8 Die **Antragstellung im Ausland** als solche ist nach autonomem Recht nicht anerkennungsfähig, so dass sie auch keine Sperrwirkung zur Eröffnung eines Verfahrens im Inland entfalten kann (aA Kübler/Prütting/Bork/*Paulus* Rn. 14). § 3 Abs. 2 muss insoweit für grenzüberschreitende Sachverhalte modifiziert werden.

9 **bb) Keine Übertragung der *Eurofood*-Rechtsprechung.** Außerhalb des Anwendungsbereichs der EuInsVO sollte es dabei bleiben, dass nur formelle Eröffnungsbeschlüsse Prioritätswirkung vor dem Hintergrund des § 3 Abs. 2 entfalten können. Die Aussage der *Eurofood*-Entscheidung (EuGH NZI 2006, 360 = IPRax 2007, 120; vgl. hierzu näher → EuInsVO Art. 2 Rn. 8), dass auch bestimmte Beschlüsse über Sicherungsmaßnahmen im Eröffnungsverfahren als Eröffnungsentscheidungen qualifiziert werden können, ist nicht in das autonome Recht zu übertragen (ebenso MüKoInsO/*Thole* Rn. 53). Gegen die Übertragung spricht die Funktion der *Eurofood*-Entscheidung, Zuständigkeitswettläufe möglichst frühzeitig zu unterbinden, vgl. → EuInsVO Art. 2 Rn. 10. Die Zuständigkeitswettläufe ergeben sich im europäischen Recht daraus, dass die Eröffnung eines Hauptverfahrens in einem Mitgliedstaat gem. Art. 16 Abs. 1 EuInsVO in allen anderen Mitgliedsstaaten anzuerkennen ist. Die Anerkennung ist insbesondere unabhängig davon, ob das Gericht des Eröffnungsstaates seine Zuständigkeit zu Recht angenommen hat. Gerade weil die Zuständigkeitsentscheidung von den anderen Mitgliedstaaten zwingend zu akzeptieren ist, kommt es zu einem Wettlauf hinsichtlich der Eröffnung eines Hauptverfahrens. Die Eröffnung des Hauptverfahrens erzeugt nach Art. 3 Abs. 3 EuInsVO eine Sperrwirkung in dem Sinn, dass in einem anderen Staat allenfalls noch ein Sekundärverfahren eröffnet werden kann. Einen solchen Automatismus kennt das autonome Recht nicht. Denn hier hängt die Anerkennung gem. § 343 Abs. 1 Nr. 1 davon ab, dass die Gerichte des Eröffnungsstaats nach dem Spiegelbildprinzip auch aus der Sicht der inländischen Gerichte international zuständig waren, vgl. → Rn. 10. Insofern gilt im auto-

nomen Recht anders als im europäischen Recht kein striktes Prioritätsprinzip, so dass im autonomen Recht nicht die Gefahr von Zuständigkeitswettläufen besteht.

10 **c) Internationale Zuständigkeit der Gerichte des Eröffnungsstaats, Absatz 1 Nr. 1.** Die Anerkennung einer ausländischen Eröffnungsentscheidung setzt voraus, dass die Behörden oder **Gerichte des Eröffnungsstaates international zuständig** waren. Wie bei der Anerkennung ausländischer Urteile nach § 328 ZPO kommt es hierbei nach dem Spiegelbildprinzip darauf an, ob nach den deutschen Vorschriften die internationale Zuständigkeit gegeben war. Es ist irrelevant, ob eine internationale Zuständigkeit der Gerichte des Eröffnungsstaates nach deren *lex fori* gegeben war. Es geht nicht um eine Richtigkeitskontrolle der Entscheidung (*révision au fond*), sondern um eine Prüfung, ob die Bejahung der Zuständigkeit durch die ausländischen Gerichte mit dem deutschen Zuständigkeitssystem harmoniert.

11 Steht die **Anerkennung der Eröffnung eines Hauptinsolvenzverfahrens** in Rede, prüft ein deutsches Gericht analog § 3, ob die Gerichte des Eröffnungsstaats international zuständig waren (MüKoBGB/*Kindler* Rn. 14; zur Unanwendbarkeit von Art. 3 EuInsVO MüKo-InsO/*Thole* Rn. 28). Es kommt insofern auf den Mittelpunkt einer selbstständigen wirtschaftlichen Tätigkeit des Schuldners, hilfsweise auf seinen allgemeinen Gerichtsstand an (im Ergebnis ebenso MüKo-InsO/*Thole* Rn. 28; Gottwald InsO-HdB/*Kolmann/Keller* § 134 Rn. 31).

12 Sind nach § 3 mehrere Zuständigkeiten zu bejahen und sind auch mehrere Verfahren eröffnet worden, ist im Hinblick auf das **Prioritätsprinzip des § 3 Abs. 2** das Verfahren als Hauptinsolvenzverfahren anzuerkennen, dessen Eröffnung zuerst beantragt wurde (MüKoBGB/*Kindler* Rn. 15; Gottwald InsO-HdB/*Kolmann/Keller* § 134 Rn. 30). Bei ausländischen **Partikularverfahren** richtet sich die Anerkennungszuständigkeit nach § 354.

13 **d) Kein Verstoß gegen den inländischen *ordre public*, Absatz 1 Nr. 2.** Die ausländische Entscheidung ist dann nicht anzuerkennen, wenn es hierdurch zu einem **Verstoß gegen die inländische öffentliche Ordnung** käme. Ein solcher Verstoß liegt sowohl dann vor, wenn wesentliche Verfahrensgrundsätze verletzt werden, als auch dann, wenn einzelne Wirkungen des ausländischen Rechts gegen materiellrechtliche Grundsätze, insbesondere gegen Grundrechte verstoßen. Im Hinblick auf den verfahrensrechtlichen *ordre public* kommt dem Gesichtspunkt des Rechts auf rechtliches Gehör, Art. 103 GG, besonderes Gewicht zu. Dass jedoch einzelne Beteiligungsrechte anders ausgestaltet sind, ist kein Anlass, einen *ordre public*-Verstoß anzunehmen. Auch der Grundsatz der Gläubigerautonomie gehört nicht zum *ordre public* (MüKoInsO/*Thole* Rn. 57).

14 § 343 Abs. 1 Nr. 2 regelt nur den anerkennungsrechtlichen *ordre public.* Der **kollisionsrechtliche *ordre public*-Vorbehalt** ist Art. 6 EGBGB zu entnehmen. Dieser greift ein, wenn ein deutsches Gericht aufgrund einer Kollisionsnorm ausländisches (Insolvenz-) Recht anwenden muss und dies zu einem Ergebnis führte, das mit der deutschen öffentlichen Ordnung nicht vereinbar wäre. Hinzu kommen muss, dass der Fall hinreichenden Inlandsbezug besitzt. Ein Verstoß gegen den kollisionsrechtlichen *ordre public* durch eine bestimmte Wirkung des Insolvenzverfahrens erzeugt kein Anerkennungshindernis im Hinblick auf das Verfahren als solches. Vielmehr ist das ausländische Recht nach Art. 6 EGBGB insoweit nicht anwendbar (Gottwald InsO-HdB/*Kolmann/Keller* § 133 Rn. 33; differenzierend MüKoInsO/*Thole* Rn. 50). BGH und BAG haben geprüft, ob der ***automatic stay*** des Chapter 11-Verfahrens nach U. S.-Bankruptcy Code *ordre public*-widrig ist, weil er die Aufnahmemöglichkeiten inländischer Prozesse zu weitgehend ausschließt (BGH NZI 2009, 859 = IPRax 2011, 181 mAnm *Brinkmann* IPRax 2011, 143; BAG NZI 2009, 122). Beide Gerichte verneinen dies im Ergebnis unter Hinweis auf die Möglichkeit des *relief from stay.* Richtigerweise

hätte auf die Aufnahmemöglichkeiten nach der *lex fori*, also nach deutschem Recht, abgestellt werden müssen (→ § 352 Rn. 7). Zur Vereinbarkeit von **Art. 303 Abs. 2** schweizerisches **SchKG** mit dem *ordre public* OLG Brandenburg 27.3.2014 – 12 U 182/12, BeckRS 2014, 07701; OLG Hamm 18.7.2013 – I-6 U 215/11, 6 U 215/11, BeckRS 2013, 14286.

2. Folgen der Nichtanerkennung. Ist das Verfahren im Inland nicht anerkennungsfähig, so erzeugt es im Inland keine Wirkungen, weil die Anerkennung des Verfahrens Voraussetzung für die Erstreckung seiner Wirkungen ist. Auf verfahrensrechtlicher Ebene wirkt sich die Nichtanerkennung dahingehend aus, dass ein anderes, anerkennungsfähiges Verfahren, dessen Eröffnung später beantragt wurde als die des nicht-anerkennungsfähigen Verfahrens, als Hauptinsolvenzverfahren anerkannt werden kann. Dem nicht-anerkennungsfähigen ausländischen Verfahren kommt keine Sperrwirkung zu (MüKoInsO/*Thole* Rn. 74). 15

IV. Die Anerkennung von Sicherungsmaßnahmen und Nebenentscheidungen, Absatz 2

Nebenentscheidungen werden gem. Absatz 2 unter denselben Voraussetzungen anerkannt wie die Eröffnungsentscheidung selbst. Dies betrifft in erster Linie Sicherungsmaßnahmen wie zB **Vollstreckungsverbote** oder **Verfügungsbeschränkungen,** deren Vollstreckung im Inland sich allerdings nach § 344 richtet. Auch die **Bestellung des (vorläufigen) Verwalters** ist nach § 343 Abs. 2 anzuerkennen (MüKoInsO/*Thole* Rn. 80). Gleiches gilt für **Insolvenzpläne, Restschuldbefreiungen** sowie die **Beendigung des Verfahrens.** 16

V. Die Anerkennung von Annexentscheidungen

Die **Anerkennung von sogenannten Annexentscheidungen**, also von Entscheidungen, die „unmittelbar aus dem Insolvenzverfahren hervorgehen und eng mit diesem verbunden sind" (vgl. zu diesem Begriff und seiner Abgrenzung im Europäischen Insolvenzrecht → EuInsVO Art. 3 Rn. 33) **richtet sich außerhalb des Anwendungsbereichs der EuInsVO nach § 328 ZPO.** § 343 ist nicht anwendbar. Die *Deko-Marty*-Rechtsprechung des EuGH (NZI 2009, 199 = IPRax 2009, 513; hierzu im Einzelnen → EuInsVO Art. 3 Rn. 34) ist nicht in das autonome Recht zu übertragen (wie hier MüKoInsO/*Thole* Rn. 85; HambK-InsO/*Undritz* Rn. 6; *M. Stürner* FS Kaissis, 2012, 975 [983]; aA MüKoBGB/*Kindler* Rn. 38; Kübler/Prütting/Bork/*Adolphsen* § 147 Anhang II C Rn. 42; unentschieden Gottwald InsO-HdB/*Kolmann/Keller* § 134 Rn. 95. Zum englischen Recht s. die Entscheidung des Supreme Court in Sachen *Rubin v. Eurofinance SA* [2012] UKSC 46 = 12 WL 4866933). Das Argument, dass die EuInsVO für das Verständnis der §§ 335 ff. eine „Interpretationshilfe" sein könne, überzeugt nicht. In der Gesetzesbegründung wird das Wort nur im Zusammenhang mit der Abgrenzung des Insolvenzstatuts – Art. 4 EuInsVO – verwendet (BT-Drs. 15/16, 18). Im Übrigen betont die Gesetzesbegründung im Gegenteil die Eigenständigkeit des autonomen Rechts (BT-Drs. 15/16, 13 f.). Vorbild für die §§ 335 ff. sind zwar die Vorschriften des neunten Teils des Regierungsentwurfs zur Insolvenzordnung gewesen (vgl. auch → Vor §§ 335 ff. Rn. 5) und diese Vorschriften sind ihrerseits im Zusammenhang mit dem Entwurf zum EuInsÜ erarbeitet worden, das wiederum Grundlage für die EuInsVO war. Dass dieser entstehungsgeschichtliche Zusammenhang aber **keine Übertragung von *Deko Marty*** rechtfertigt, zeigt sich schon daran, dass auch zum EuInsÜ umstritten war, ob aus diesem eine *vis attractiva concursus* folgt (*Herchen*, Übereinkommen über Insolvenzverfahren, 228). Die hM in Deutschland lehnte eine solche seinerzeit 17 gerade ab (BGH NJW 1990, 990; 2003, 2916; Stoll/*Leipold,* Vorschläge und Gutachten zur Umsetzung des Eu-Übereinkommens über Insolvenzverfahren, 199).

18 Gegen eine Übertragung der *Deko Marty*-Rechtsprechung spricht auch, dass im autonomen Recht eine Art. 25 Abs. 1 UAbs. 2 EuInsVO entsprechende Vorschrift fehlt. Annexverfahren sind gerade nicht ausdrücklich von § 343 Abs. 2 erfasst. Es bedürfte daher – anders als im europäischen Recht – sowohl hinsichtlich der internationalen Zuständigkeit wie für die Anerkennungsfragen einer Analogie, für die es aber an einer Lücke fehlt.

19 Eine Anwendung des § 328 ZPO für die Anerkennung ist jedenfalls außerhalb des europäischen Justizraumes auch sachgerecht. Denn bei einer Anwendung des § 343 wäre es nicht möglich, die Anerkennung einer Entscheidung zu verweigern, die unter Verstoß gegen § 328 Abs. 1 Nr. 2 und 3 ZPO zustande gekommen ist. Annexverfahren sind typische kontradiktorische Verfahren, so dass Entscheidungen, die in solchen Verfahren ergehen, nur anerkannt werden können, wenn sämtliche Voraussetzungen des § 328 ZPO erfüllt sind. Dies gilt insbesondere für das von § 328 Abs. 1 Nr. 3 ZPO geregelte Problem des Schutzes der materiellen Rechtskraft einer entgegenstehenden inländischen Entscheidung. Die Gefahr sich widersprechender Entscheidungen besteht im mitgliedstaatlichen Rechtsverkehr wegen des gegenseitigen Vertrauens in die Gleichwertigkeit der Justizsysteme nicht in gleichem Maße.

Sicherungsmaßnahmen

344 (1) **Wurde im Ausland vor Eröffnung eines Hauptinsolvenzverfahrens ein vorläufiger Verwalter bestellt, so kann auf seinen Antrag das zuständige Insolvenzgericht die Maßnahmen nach § 21 anordnen, die zur Sicherung des von einem inländischen Sekundärinsolvenzverfahren erfassten Vermögens erforderlich erscheinen.**

(2) **Gegen den Beschluss steht auch dem vorläufigen Verwalter die sofortige Beschwerde zu.**

Schrifttum: S. die Nachweise zu Vor. §§ 335 ff.

I. Überblick

1 § 344 Abs. 1 verschafft dem in einem ausländischen Eröffnungsverfahren eingesetzten vorläufigen Insolvenzverwalter die Befugnis, im Inland Anträge für Sicherungsmaßnahmen nach § 21 zu stellen. Die EuInsVO regelt die Antragsbefugnis eines vorläufigen Insolvenzverwalters für Schutzmaßnahmen in einem anderen Staat in Art. 38 EuInsVO.

2 Die **Bedeutung der Vorschrift ist unklar.** Fraglich ist schon, ob Schutzmaßnahmen durch ein inländisches Gericht überhaupt erforderlich sind. Immerhin können die Gerichte des Sitzstaates schon während des Hauptinsolvenzeröffnungsverfahrens Schutzmaßnahmen anordnen, die nach § 343 Abs. 2 im Inland anzuerkennen sind (MüKoInsO/*Thole* Rn. 2; HambK-InsO/*Undritz* Rn. 3). Der Weg des § 344 könnte allerdings im Einzelfall einfacher sein, weil es keines Exequaturverfahrens, vgl. → § 353 Rn. 1, bedarf. Teilweise wird § 344 als „Ausgleich" dafür gesehen (MüKoBGB/*Kindler* Rn. 2), dass nach § 356 Abs. 2 nur der endgültige Verwalter im Inland ein Insolvenzeröffnungsverfahren einleiten kann (→ § 356 Rn. 6). Nach der Begründung des Regierungsentwurfs (BT-Drs. 15/16, 22) hat die Vorschrift auch Bedeutung für die Abwicklung grenzüberschreitender Insolvenzverfahren in der EU. § 344 bestimme „das zuständige Insolvenzgericht" und räume dem ausländischen vorläufigen Verwalter die Beschwerdebe-

fugnis ein. Das kann schon deshalb nicht richtig sein, weil § 344 keine Aussage über das zuständige Gericht enthält (wie hier MüKoInsO/*Thole* Rn. 3). Die örtliche Zuständigkeit für Anträge nach Art. 38 EuInsVO richtet sich nach Art. 102 § 1 Abs. 2 EGInsO.

II. Anwendungsbereich

Neben der Einleitung eines Verfahrens zur Eröffnung eines Hauptinsolvenzverfahrens in einem Drittstaat (oder über das Vermögen eines unter Art. 1 Abs. 2 EuInsVO fallenden Schuldners) ist erforderlich, dass in diesem Verfahren ein vorläufiger Insolvenzverwalter eingesetzt wurde. Ob die Einsetzungsentscheidung im Inland anerkannt wird, ist ein Problem des § 343, dort → § 343 Rn. 16. Der vorläufige Verwalter muss seine Bestellung analog § 347 Abs. 1 durch eine beglaubigte Abschrift der Entscheidung, durch die er bestellt worden ist, oder durch eine andere von der zuständigen Stelle ausgestellte Bescheinigung nachweisen (MüKoInsO/*Thole* Rn. 8). **3**

Der Anwendungsbereich des § 344 ist in zeitlicher Hinsicht in dreifacher Weise begrenzt: Die Antragsbefugnis entsteht erst ab der **Einleitung eines Eröffnungsverfahrens im Ausland.** Sie besteht nur bis zur Eröffnung dieses Verfahrens, denn danach hat der ausländische Insolvenzverwalter gem. § 356 Abs. 2 die Befugnis, ein inländisches Eröffnungsverfahren durch die Stellung eines Antrags auf Eröffnung eines Sekundärverfahrens einzuleiten. Schließlich besteht die Befugnis nach § 344 Abs. 1 nur so lange, wie im Inland nicht ein Sekundärinsolvenzverfahren eingeleitet wurde. **4**

§ 344 setzt voraus, dass der Schuldner **Vermögen im Inland** hat. Anders als nach Art. 38 EuInsVO (vgl. → EuInsVO Art. 38 Rn. 5) ist nicht erforderlich, dass der Schuldner im Inland eine Niederlassung hat. **5**

III. Rechtsfolge

Absatz 1 vermittelt dem ausländischen vorläufigen Insolvenzverwalter die Befugnis, Schutzmaßnahmen nach § 21 in Bezug auf das im Inland belegene Vermögen zu beantragen. Die **örtliche und sachliche Zuständigkeit** für diesen Antrag richtet sich nach § 348. **6**

IV. Die Entscheidung des Gerichts

Der Richter (§ 18 Abs. 1 Nr. 3 RPflG) hat **Ermessen,** ob er die beantragten Schutzmaßnahmen anordnet (MüKoInsO/*Thole* Rn. 14; MüKoBGB/*Kindler* Rn. 9). Das Ermessen bezieht sich sowohl auf das „Ob" (Entschließungsermessen) als auch auf die Frage, welche Maßnahmen des § 21 angeordnet werden (Auswahlermessen). Eine Bindung an den Antrag des vorläufigen Verwalters besteht insoweit nicht. **7**

Gegen die ihn beschwerende gerichtliche Entscheidung kann der ausländische vorläufige Verwalter gem. Absatz 2 die **sofortige Beschwerde** nach § 6 einlegen. Eine Beschwer des Verwalters kann sich daraus ergeben, dass eine andere als die beantragte Maßnahme angeordnet wurde oder dass der Antrag vom Richter vollständig abgelehnt wurde. Eine sofortige Beschwerde des Schuldners ist nach § 21 Abs. 1 S. 2 statthaft. **8**

Öffentliche Bekanntmachung[1]

345 (1) [1]**Sind die Voraussetzungen für die Anerkennung der Verfahrenseröffnung gegeben, so hat das Insolvenzgericht auf Antrag des ausländischen Insolvenzverwalters den wesentlichen Inhalt der Entscheidung über die Verfahrenseröffnung und der Entscheidung über die Bestellung des Insolvenzverwalters im Inland bekannt zu machen.** [2]**§ 9 Abs. 1 und 2 und § 30 Abs. 1 Satz 1 gelten entsprechend.** [3]**Ist die Eröffnung des Insolvenzverfahrens bekannt gemacht worden, so ist die Beendigung in gleicher Weise bekannt zu machen.**

(2) [1]**Hat der Schuldner im Inland eine Niederlassung, so erfolgt die öffentliche Bekanntmachung von Amts wegen.** [2]**Der Insolvenzverwalter oder ein ständiger Vertreter nach § 13e Abs. 2 Satz 5 Nr. 3 des Handelsgesetzbuchs unterrichtet das nach § 348 Abs. 1 zuständige Insolvenzgericht.**

(3) [1]**Der Antrag ist nur zulässig, wenn glaubhaft gemacht wird, dass die tatsächlichen Voraussetzungen für die Anerkennung der Verfahrenseröffnung vorliegen.** [2]**Dem Verwalter ist eine Ausfertigung des Beschlusses, durch den die Bekanntmachung angeordnet wird, zu erteilen.** [3]**Gegen die Entscheidung des Insolvenzgerichts, mit der die öffentliche Bekanntmachung abgelehnt wird, steht dem ausländischen Verwalter die sofortige Beschwerde zu.**

Schrifttum: S. die Nachweise zu Vor §§ 335 ff.

I. Überblick

1 Die Vorschrift dient der Umsetzung und der praktischen Beachtung der Wirkungen eines anzuerkennenden ausländischen Insolvenzverfahrens. Die Bekanntmachung spielt vor allem im Zusammenhang mit Leistungen an den Schuldner (§ 350) und Verfügungen seitens des Schuldners nach Verfahrenseröffnung eine Rolle. Im Europäischen Insolvenzrecht findet sich eine weitgehend parallele **(vorrangige) Regelung in Art. 21 EuInsVO.**

2 Die Hauptbedeutung liegt bei der Eröffnung des Hauptverfahrens. Aber auch Partikularverfahren können nach § 345 bekannt gemacht werden.

II. Voraussetzungen

3 **1. Antrag des Verwalters (Absatz 1).** Nach Absatz 1 kann der **ausländische Verwalter die Bekanntmachung beantragen**. Die Antragstellung liegt in seinem Ermessen. Er hat die Vorteile der Bekanntmachung (Ausschluss des Gutglaubensschutzes) mit den **Kosten der Bekanntmachung** (§ 24 GKG iVm Nr. 9004 Anlage 1 GKG) abzuwägen, welche die Masse zu tragen hat.

4 Der Antrag ist gem. Absatz 3 Satz 1 nur zulässig, wenn der Verwalter nach § 294 ZPO glaubhaft macht, dass das bekanntzumachende ausländische Insolvenzverfahren den **Anerkennungsvoraussetzungen des § 343** genügt.

5 **2. Bekanntmachung von Amts wegen (Absatz 2).** Nur wenn der Schuldner im Inland über eine Niederlassung iSv § 354 Abs. 1 (→ § 354 Rn. 5) verfügt, erfolgt die **Bekanntmachung anerkennungsfähiger Verfahren nach Absatz 2 von Amts wegen.** Eine Kostenpflicht der Masse bei einer amtswegigen

[1] § 345 Abs. 1 Satz 2 geänd. mWv 1.7.2007 durch G v. 13.4.2007 (BGBl. I S. 509); Abs. 2 Satz 2 geänd. mWv 1.11.2008 durch G v. 23.10.2008 (BGBl. I S. 2026); Abs. 1 Satz 2 geänd. mWv 1.7.2014 durch G v. 15.7.2013 (BGBl. I S. 2379).

Bekanntmachung sieht das Gesetz nicht vor. Eine Bekanntmachung von Amts wegen kann nur erfolgen, wenn das Gericht überhaupt von der Eröffnung des ausländischen Verfahrens weiß. Daher bestimmt Absatz 2 Satz 2, dass der ausländische Verwalter oder ein ständiger Vertreter für die Tätigkeit der inländischen Niederlassung nach § 13e Abs. 2 S. 5 Nr. 3 HGB das zuständige Insolvenzgericht informieren. Eine **Pflicht zur Information** folgt nur für die ständigen Vertreter der Niederlassung aus § 13e Abs. 3 HGB (MüKoInsO/*Thole* Rn. 18). Der Verwalter kann sich ggü. den Insolvenzgläubigern nach der *lex fori concursus* schadensersatzpflichtig machen, wenn er nicht die Bekanntmachung der Verfahrenseröffnung in anderen Staaten betreibt, in denen der Schuldner über Vermögen verfügt. Die **örtliche und sachliche Zuständigkeit** für den Antrag bzw. die amtswegige Bekanntmachung bestimmt sich nach § 345.

3. Sonstige Voraussetzungen. Eine Bekanntmachung des ausländischen Verfahrens kann grds. nur solange verlangt werden (bzw. darf von Amts wegen erfolgen), wie **im Inland noch kein (Partikular-)Insolvenzverfahren eingeleitet** oder gar eröffnet wurde (aA MüKoInsO/*Thole* Rn. 7). Denn ein solches Verfahren verdrängt die Wirkungen des ausländischen Hauptverfahrens, vgl. → § 356 Rn. 4, so dass eine Bekanntmachung (auch) des ausländischen Verfahrens zu Verwirrungen führen könnte. Allenfalls kommt eine Bekanntmachung zusammen mit dem klarstellenden Hinweis auf das im Inland laufende Partikularverfahren in Betracht. Die erforderlichen Informationen über das Hauptverfahren sind dem Gläubiger vom inländischen Sekundärverwalter zur Verfügung zu stellen. 6

III. Die Bekanntmachung

Wird dem Antrag des Verwalters stattgegeben oder wird das inländische Insolvenzgericht *ex officio* tätig, macht das Insolvenzgericht den **Eröffnungsbeschluss** sowie die **Bestellung des Verwalters** bekannt. Sofern weitere Angaben wichtig erscheinen, können auch diese bekannt gemacht werden. Welche dies im Einzelnen sind, bemisst sich nach §§ 27–30. Erfolgt auf den Antrag des Verwalters hin eine Bekanntmachung, ist dem Verwalter nach Absatz 3 Satz 2 eine Ausfertigung des entsprechenden Beschlusses zu erteilen. 7

Die **Art und Weise der Bekanntmachung** richtet sich nach § 9. Nach Absatz 1 Satz 2 muss auch die **Beendigung des Verfahrens** bekannt gemacht werden, wenn zuvor seine Eröffnung bekannt gemacht wurde. Wie zu verfahren ist, wenn nachträglich im Inland ein Sekundärverfahren eröffnet wird, ist nicht geregelt. Wegen der bei → Rn. 6 beschriebenen Irreführungsgefahr hinsichtlich des maßgeblichen Verfahrens sollte in solchen Situationen ein klarstellender Hinweis über die verdrängende Wirkung des Partikularverfahrens veröffentlicht werden. Sofern sich das als unmöglich erweisen sollte, ist die Bekanntmachung des ausländischen Verfahrens zu löschen. 8

IV. Rechtsbehelfe

1. Verwalter. Absatz 3 Satz 3 betrifft unmittelbar nur die Bekanntmachung auf Antrag des Verwalters. Wird dieser Antrag abgelehnt oder genügt die Bekanntmachung nicht den unter → Rn. 5 dargestellten Voraussetzungen, so steht dem ausländischen Verwalter nach Abs. 3 S. 3 iVm § 6 die sofortige Beschwerde zu. 9

2. Schuldner. Nicht geregelt ist, wie sich der Schuldner gegen die Bekanntmachung wehren kann, wenn er etwa geltend machen will, dass das Verfahren nicht anerkennungsfähig sei. Gegenüber Bekanntmachungen nach Art. 21 EuInsVO kann gem. **Art. 102 § 7 EGInsO** (auch) der Schuldner sofortige Beschwerde 10 einlegen. Zur Schließung der im autonomen Recht insoweit bestehenden Regelungslücke ist diese Vorschrift analog anzuwenden (wie hier MüKoInsO/*Thole* Rn. 19).

Grundbuch

346 (1) **Wird durch die Verfahrenseröffnung oder durch Anordnung von Sicherungsmaßnahmen nach § 343 Abs. 2 oder § 344 Abs. 1 die Verfügungsbefugnis des Schuldners eingeschränkt, so hat das Insolvenzgericht auf Antrag des ausländischen Insolvenzverwalters das Grundbuchamt zu ersuchen, die Eröffnung des Insolvenzverfahrens und die Art der Einschränkung der Verfügungsbefugnis des Schuldners in das Grundbuch einzutragen:**

1. bei Grundstücken, als deren Eigentümer der Schuldner eingetragen ist;

2. bei den für den Schuldner eingetragenen Rechten an Grundstücken und an eingetragenen Rechten, wenn nach der Art des Rechts und den Umständen zu befürchten ist, dass ohne die Eintragung die Insolvenzgläubiger benachteiligt würden.

(2) [1] **Der Antrag nach Absatz 1 ist nur zulässig, wenn glaubhaft gemacht wird, dass die tatsächlichen Voraussetzungen für die Anerkennung der Verfahrenseröffnung vorliegen.** [2] **Gegen die Entscheidung des Insolvenzgerichts steht dem ausländischen Verwalter die sofortige Beschwerde zu.** [3] **Für die Löschung der Eintragung gilt § 32 Abs. 3 Satz 1 entsprechend.**

(3) **Für die Eintragung der Verfahrenseröffnung in das Schiffsregister, das Schiffsbauregister und das Register für Pfandrechte an Luftfahrzeugen gelten die Absätze 1 und 2 entsprechend.**

Schrifttum: S. die Nachweise zu Vor. §§ 335 ff.

I. Überblick

1 Die Vorschrift ist das **registerrechtliche Seitenstück zu § 349.** Indem der ausländische Verwalter die Eröffnung des Verfahrens in die entsprechenden inländischen Register eintragen lässt, stellt er sicher, dass nach Verfahrenseröffnung niemand mehr Rechte an massezugehörigen Gegenständen erwerben kann. Die **vorrangige Parallelvorschrift** in der EuInsVO ist Art. 22, mit der dazugehörigen deutschen Ausführungsvorschrift in Art. 102 EGInsO § 6.

II. Voraussetzungen

2 **1. Insolvenz(eröffnungs)verfahren in einem Drittstaat.** Die Vorschrift ist anwendbar, wenn ein **Hauptinsolvenzverfahren im Ausland** eröffnet wurde oder wenn im Rahmen eines **Eröffnungsverfahrens in einem Drittstaat** Sicherungsmaßnahmen angeordnet wurden.

3 **2. Massezugehörige unbewegliche Gegenstände im Inland.** Im Inland müssen sich **Grundstücke des Schuldners oder grundstücksgleiche Rechte** des Schuldners im Sinne von § 32 Abs. 1 Nr. 2 befinden. Über Absatz 3 sind auch ins Schiffsregister eingetragene **Schiffe** und **Schiffsbauwerke** sowie Luftfahrzeuge erfasst.

4 **3. Antrag des ausländischen (vorläufigen) Verwalters.** Der Antragsteller muss als (vorläufiger) Insolvenzverwalter in einem anerkennungsfähigen ausländischen (Eröffnungs-)Verfahren bestellt sein. Hierunter fällt auch der eigenverwal-

tende Schuldner. Das ausländische Verfahren muss zu einer nach deutschem Recht eintragungsbedürftigen Beschränkung der Verfügungsbefugnis des Schuldners geführt haben.

Der **Antrag** ist **an das Insolvenzgericht** zu richten. Die örtliche **Zuständigkeit** bestimmt sich nach § 348. Das Insolvenzgericht ersucht die registerführende Stelle, die Eintragung vorzunehmen, nachdem es von Amts wegen (Uhlenbruck/*Lüer* Rn. 7) die Anerkennungsfähigkeit der ausländischen Eröffnungsentscheidung bzw. der Sicherungsmaßnahme geprüft hat. Grundlage dieser Prüfung ist die Glaubhaftmachung der hierfür erforderlichen tatsächlichen Voraussetzungen, Absatz 2 Satz 1. 5

III. Die Eintragung

Die Wirkungen eines Auslandsverfahrens auf Rechte des Schuldners an unbeweglichen Gegenständen richten sich gem. § 351 Abs. 2 nach deutschem Recht. Ebenso richten sich die **Eintragungsfähig- und die Eintragungsbedürftigkeit** der Eröffnung bzw. der Sicherungsmaßnahme nach deutschem Recht. Es kommt nicht darauf an, ob das Insolvenzstatut ebenfalls die Eintragung der Verfahrenseröffnung vorsieht. 6

IV. Rechtsbehelfe, Absatz 2 Satz 2

Gegen die Entscheidung des Insolvenzgerichts, die Eröffnung des Verfahrens bzw. die Verfügungsbeschränkung nicht einzutragen, steht dem ausländischen Insolvenzverwalter gem. Absatz 2 Satz 2 die **sofortige Beschwerde** nach § 6 InsO zu. Analog Art. 102 § 7 EGInsO (vgl. auch → § 345 Rn. 10) kann der Schuldner, gegen den die Eintragung vorgenommen wurde, sofortige Beschwerde einlegen (MüKoInsO/*Thole* Rn. 13). 7

V. Haftung des Verwalters

Eine Pflicht des Verwalters, einen Eintragungsantrag zu stellen, besteht nicht. Allerdings wird er sich zumeist gegenüber den Insolvenzgläubigern schadensersatzpflichtig machen, wenn er keine Eintragung veranlasst und der Masse dadurch Vermögenswerte entzogen werden. Die Schadensersatzpflicht richtet sich nach der *lex fori concursus*. 8

VI. Löschung, Absatz 2 Satz 3

Fallen die Voraussetzungen des § 346 weg, weil der Verwalter das Grundstück veräußert oder freigegeben hat, so dass die Massezugehörigkeit beseitigt wurde, kann der ausländische Insolvenzverwalter oder der Schuldner (MüKoInsO/*Thole* Rn. 12) beim inländischen Insolvenzgericht beantragen, die registerführende Stelle um Löschung des Eintrags zu ersuchen. Zu beachten ist, dass Absatz 2 Satz 3 nur auf den ersten Satz des § 32 Abs. 3 verweist, so dass die Löschung nicht direkt beim Grundbuchamt beantragt werden kann. 9

Nachweis der Verwalterbestellung. Unterrichtung des Gerichts

347 (1) [1] **Der ausländische Insolvenzverwalter weist seine Bestellung durch eine beglaubigte Abschrift der Entscheidung, durch die er bestellt worden ist, oder durch eine andere von der zuständigen Stelle ausgestellte Bescheinigung nach.** [2] **Das Insolvenzgericht kann eine Übersetzung verlangen, die von einer hierzu im Staat der Verfahrenseröffnung befugten Person zu beglaubigen ist.**

(2) **Der ausländische Insolvenzverwalter, der einen Antrag nach den §§ 344 bis 346 gestellt hat, unterrichtet das Insolvenzgericht über alle wesentlichen Änderungen in dem ausländischen Verfahren und über alle ihm bekannten weiteren ausländischen Insolvenzverfahren über das Vermögen des Schuldners.**

Schrifttum: S. die Nachweise zu Vor. §§ 335 ff.

I. Überblick

1 **Absatz 1** dient der Erleichterung des Nachweises der Bestellung zum Verwalter (Kübler/Prütting/Bork/*Paulus* Rn. 1). Er bestimmt, in welcher Form sich ein ausländischer Insolvenzverwalter gegenüber deutschen Behörden, Gerichten, Drittschuldnern und Gläubigern zu legitimieren hat.

2 Nach **Absatz 2** ist ein ausländischer Verwalter, der im Inland Unterstützungshandlungen gem. §§ 344–346 beantragt, verpflichtet, das inländische Insolvenzgericht über die wesentlichen Umstände im Hinblick auf die Entwicklung des ausländischen Insolvenzverfahrens zu unterrichten.

II. Anwendungsbereich

3 § 347 ist anwendbar – in Abgrenzung zum beinahe gleichlautenden Art. 19 EuInsVO –, wenn ein Insolvenzverwalter (oder der Schuldner in Eigenverwaltung) tätig wird, der in einem Drittstaat bestellt wurde, sowie dann, wenn zwar der räumliche Anwendungsbereich der Verordnung betroffen ist, aber die Anwendung der Verordnung an der Bereichsausnahme des Art. 1 Abs. 2 EuInsVO scheitert (MüKoInsO/*Thole* Rn. 3).

III. Nachweis der Verwalterbestellung, Absatz 1

4 **1. Anwendbarkeit auf den vorläufigen Verwalter.** Über den Wortlaut hinaus, der ein bereits eröffnetes Insolvenzverfahren erfordert – implizit also schon einen endgültig eingesetzten Verwalter voraussetzt –, gelten die normierten Erleichterungen des Bestellungsnachweises auch für **vorläufige ausländische Insolvenzverwalter** (MüKoInsO/*Thole* Rn. 4; Uhlenbruck/*Lüer* Rn. 2; MüKoBGB/*Kindler* Rn. 1; BK-InsO/*Pannen* Rn. 2; FK-InsO/*Wenner/Schuster* Rn. 1; Kübler/Prütting/Bork/*Paulus* Rn. 3).

5 **2. Beglaubigte Abschrift.** Den Nachweis seiner Bestellung kann der Verwalter durch eine beglaubigte Abschrift eines der seine Bestellung bzw. seine Stellung als Verwalter bekundenden Dokumente erbringen (MüKoInsO/*Thole* Rn. 5). Mehr ist zum Nachweis seiner Bestellung nicht zu verlangen. Insbesondere bedarf es weder der Legalisation noch einer Apostille (Uhlenbruck/*Lüer* Rn. 3; MüKoBGB/*Kindler* Rn. 5). Die Beglaubigung ist von einer hierzu im Staat der Verfahrenseröffnung befugten Stelle vorzunehmen (MüKoInsO/*Thole* Rn. 5).

6 Mehr als der Bestellungsakt selbst ist nicht von der Nachweiserleichterung erfasst. Alle darüber hinausgehenden Entscheidungen des Insolvenzgerichts zu Stellung und Befugnissen des Verwalters bedürfen der üblichen im internationalen Rechtsverkehr anerkannten Legitimation (MüKoInsO/*Thole* Rn. 4; MüKoBGB/*Kindler* InsO Rn. 6). Insbesondere regelt § 347 nicht den Umfang der Befugnisse des Verwalters. Diese ergeben sich aus der *lex fori concursus* des Eröffnungsstaates (FK-InsO/*Wenner/Schuster* Rn. 3; Kübler/Prütting/Bork/*Paulus* Rn. 3, 5).

7 **3. Übersetzung, Absatz 1 Satz 2.** Der Nachweis kann grds. in der Sprache des Eröffnungsstaates beigebracht werden (Kübler/Prütting/Bork/*Paulus* Rn. 6). Verlangt das Gericht die Übersetzung der vorgelegten Dokumente, so ist der

Verwalter verpflichtet, eine solche einzureichen. Die Übersetzung muss durch eine hierzu im Staat der Verfahrenseröffnung befugte Person beglaubigt werden (BK-InsO/*Pannen* Rn. 5; FK-InsO/*Wenner/Schuster* Rn. 2). Anderen Personen verschafft die Vorschrift kein Recht, eine Übersetzung zu verlangen (FK-InsO/*Wenner/Schuster* Rn. 2; *Liersch* NZI 2003, 302 [307]; Andres/Leithaus/*Dahl* Rn. 2; aA Kübler/Prütting/Bork/*Paulus* Rn. 6).

IV. Unterrichtungspflicht, Absatz 2

Unter Absatz 2 fallen alle Änderungen, die für das Insolvenzgericht von Bedeutung sein können (Kübler/Prütting/Bork/*Paulus* Rn. 9). Diese Unterrichtungspflicht dient dazu, dem Insolvenzgericht notwendige Informationen zugänglich zu machen, die es andernfalls als bloß unterstützende Stelle nicht ohne weiteres erlangen könnte (MüKoInsO/*Thole* Rn. 2). Der **Umfang der Informationspflicht** ist im Zusammenhang mit den beantragten Unterstützungshandlungen zu sehen. Dem Insolvenzgericht sind nur solche Informationen zu verschaffen, die für die jeweilige Unterstützungshandlung bedeutsam sind (MüKoInsO/*Thole* Rn. 7). Die Unterrichtung hat unverzüglich, dh ohne schuldhaftes Zögern (MüKoInsO/*Thole* Rn. 8), zu erfolgen. Gegenüber der Masse oder den Gläubigern haftet der Verwalter für Verletzungen der Unterrichtungspflicht allenfalls nach der *lex fori* (MüKoInsO/*Thole* Rn. 9), wobei die Kausalität der Verletzung für etwaige Schäden kaum einmal gegeben sein dürfte. 8

Zuständiges Insolvenzgericht. Zusammenarbeit der Insolvenzgerichte[1]

348 (1) [1] **Für die Entscheidungen nach den §§ 344 bis 346 ist ausschließlich das Insolvenzgericht zuständig, in dessen Bezirk die Niederlassung oder, wenn eine Niederlassung fehlt, Vermögen des Schuldners belegen ist.** [2] **§ 3 Abs. 2 gilt entsprechend.**

(2) **Sind die Voraussetzungen für die Anerkennung eines ausländischen Insolvenzverfahrens gegeben oder soll geklärt werden, ob die Voraussetzungen vorliegen, so kann das Insolvenzgericht mit dem ausländischen Insolvenzgericht zusammenarbeiten, insbesondere Informationen weitergeben, die für das ausländische Verfahren von Bedeutung sind.**

(3) [1] **Die Landesregierungen werden ermächtigt, zur sachdienlichen Förderung oder schnelleren Erledigung der Verfahren durch Rechtsverordnung die Entscheidungen nach den §§ 344 bis 346 für die Bezirke mehrerer Insolvenzgerichte einem von diesen zuzuweisen.** [2] **Die Landesregierungen können die Ermächtigungen auf die Landesjustizverwaltungen übertragen.**

(4) [1] **Die Länder können vereinbaren, dass die Entscheidungen nach den §§ 344 bis 346 für mehrere Länder den Gerichten eines Landes zugewiesen werden.** [2] **Geht ein Antrag nach den §§ 344 bis 346 bei einem unzuständigen Gericht ein, so leitet dieses den Antrag unverzüglich an das zuständige Gericht weiter und unterrichtet hierüber den Antragsteller.**

Schrifttum: S. die Nachweise zu Vor. §§ 335 ff. Ferner: *Mankowski,* Rechtsbehelfe gegen Zwangsvollstreckungsmaßnahmen, die trotz einer ausländischen Insolvenz erfolgen, ZInsO 2007, 1324; *Vallender,* Ein längst überfälliger Schritt – der geplante § 348 II des Referenten-

[1] § 348 Überschr. neu gef., Abs. 2 eingef., bish. Abs. 2 und 3 werden Abs. 3 und 4 mWv 1.3.2012 durch G v. 7.12.2011 (BGBl. I S. 2582).

entwurfs eines Gesetzes zur weiteren Erleichterung der Sanierung von Unternehmen, NZI Heft 4, 2011, V-VI.

I. Überblick

1 Absatz 1 regelt die **örtliche und die sachliche Zuständigkeit für die Anordnung von Schutzmaßnahmen nach § 344** sowie für **Bekanntmachungen und Eintragungen nach §§ 345, 346.** Die Absätze 3 und 4 Satz 1 enthalten Ermächtigungen für die Konzentration der Zuständigkeit, von denen aber bisher (bedauerlicherweise) kein Gebrauch gemacht wurde. Der durch das ESUG eingefügte Absatz 2 legitimiert die schon bisherige Praxis der Zusammenarbeit der Insolvenzgerichte bei grenzüberschreitenden Insolvenzverfahren.

II. Zuständigkeit des Insolvenzgerichts, Absatz 1

2 Nach Absatz 1 ist das Insolvenzgericht für Maßnahmen nach §§ 344–346 sachlich zuständig. **Funktionell zuständig** ist der Richter gem. § 18 Abs. 1 Nr. 3 RPflG (MüKoInsO/*Thole* Rn. 6). **Örtlich zuständig** ist das Gericht, in dessen Bezirk sich eine inländische Niederlassung iSv § 354 des Schuldners befindet. Hat der Schuldner im Inland **mehrere Niederlassungen,** so ist das Gericht der Hauptniederlassung zuständig (Begr. zu § 3 RegE, BT-Drs. 12/2443, 110; *Pannen/Riedemann* NZI 2004, 301 [302]). Bei mehreren gleichberechtigten Niederlassungen gilt gem. § 3 Abs. 2 das Prioritätsprinzip, so dass es darauf ankommt, bei welchem Gericht der Insolvenzantrag zuerst gestellt wurde.

3 Hat der Schuldner **im Inland keine Niederlassung,** ist jedes Insolvenzgericht örtlich zuständig, in dessen Bezirk Vermögen des Schuldners belegen ist. Hat der Schuldner an verschiedenen Orten im Inland Vermögen, so entscheidet auch hier das Prioritätsprinzip analog § 3 Abs. 2.

4 **Andere Maßnahmen als Entscheidungen nach §§ 344–346** sind von der Vorschrift nicht erfasst. Einschlägig sind insoweit die allgemeinen zwangsvollstreckungsrechtlichen Zuständigkeitsregelungen und Rechtsbehelfe. So ist gegen Maßnahmen der Einzelzwangsvollstreckung trotz der Eröffnung eines Insolvenzverfahrens im Ausland die Erinnerung statthaft, vgl. MüKoZPO/*Karsten Schmidt/Brinkmann* § 766 Rn. 25; MüKoInsO/*Thole* Rn. 4; aA LG Kiel DZWIR 2007, 173; abl. dazu *Mankowski* ZInsO 2007, 1324.

III. Zusammenarbeit der Insolvenzgerichte, Absatz 2

5 Nach Absatz 2 kann das zuständige Insolvenzgericht mit dem ausländischen Insolvenzgericht zusammenarbeiten und Informationen weitergeben, die für das ausländische Verfahren von Bedeutung sind. Absatz 2 soll insbesondere den Informationsaustausch zwischen den Insolvenzgerichten auf eine zuverlässige Grundlage stellen. Für die Intensität und Effektivität der Zusammenarbeit wird die Handhabung in der Praxis durch Richter und Rechtspfleger ausschlaggebend sein (*Vallender* NZI Heft 4/2011, V [VI]; vgl. auch *Paulus* RIW 2014, 194). Die Vorschrift enthält anders als Art. 25 des UNCITRAL Modellgesetzes für grenzüberschreitende Insolvenzen nur eine **Befugnis, aber keine Pflicht zur Kooperation.** Zur gerichtlichen Zusammenarbeit im Europäischen Insolvenzrecht → EuInsVO Art. 31 Rn. 9.

IV. Weiterleitung nach Absatz 4 Satz 2

6 Nach Absatz 4 Satz 2 ist ein Gericht, das für einen bei ihm gestellten Antrag auf Anordnung von Maßnahmen nach §§ 344–346 unzuständig ist, verpflichtet, den

Antrag an das zuständige Gericht weiterzuleiten. So wird vermieden, dass Anträge nach §§ 344 ff. an der aus dem Ausland uU schwierig zu beurteilenden Zuständigkeit scheitern. Anders als bei § 281 Abs. 1 ZPO erfolgt die Weiterleitung iRv § 348 Abs. 4 S. 2 von Amts wegen. Um **negative Zuständigkeitskonflikte** zu vermeiden, sollte § 281 Abs. 2 S. 4 ZPO über § 4 entsprechend angewendet werden, so dass das Gericht, an das der Antrag weitergeleitet wurde, nicht seinerseits weiter- oder zurückverweisen kann (aA MüKoInsO/*Thole* Rn. 11). Über die Weiterleitung ist der Antragsteller zu unterrichten.

Verfügungen über unbewegliche Gegenstände

349 (1) **Hat der Schuldner über einen Gegenstand der Insolvenzmasse, der im Inland im Grundbuch, Schiffsregister, Schiffsbauregister oder Register für Pfandrechte an Luftfahrzeugen eingetragen ist, oder über ein Recht an einem solchen Gegenstand verfügt, so sind die §§ 878, 892, 893 des Bürgerlichen Gesetzbuchs, § 3 Abs. 3, §§ 16, 17 des Gesetzes über Rechte an eingetragenen Schiffen und Schiffsbauwerken und § 5 Abs. 3, §§ 16, 17 des Gesetzes über Rechte an Luftfahrzeugen anzuwenden.**

(2) **Ist zur Sicherung eines Anspruchs im Inland eine Vormerkung im Grundbuch, Schiffsregister, Schiffsbauregister oder Register für Pfandrechte an Luftfahrzeugen eingetragen, so bleibt § 106 unberührt.**

Schrifttum: S. die Nachweise zu Vor. §§ 335 ff.

Übersicht

I. Überblick

Absatz 1 enthält zum Schutz des inländischen Rechtsverkehrs eine von § 335 **abweichende Sonderanknüpfung für Verfügungen über bestimmte massezugehörige Gegenstände**. Die Vorschrift hat ihre Parallele in dem vorrangigen **Art. 14 EuInsVO** (unrichtig insoweit *Cranshaw* jurisPR-InsR 21/2010 Anm. 2, der Art. 14 EuInsVO als Verweisung auf § 349 versteht. Art. 14 EuInsVO verweist auf die Sachvorschriften des Belegenheitsrechts, → EuInsVO Art. 14 Rn. 8). 1

Absatz 2 gewährleistet die **Insolvenzfestigkeit der Vormerkung auch im Fall einer Auslandsinsolvenz.** Die entsprechende Regelung in der EuInsVO findet sich in **Art. 5 Abs. 3 EuInsVO.** 2

Die Vorschrift ist nur **anwendbar,** wenn das Insolvenzverfahren in einem Nicht-EuInsVO-Staat eröffnet wurde (oder der sachliche Anwendungsbereich der EuInsVO nicht eröffnet ist) und sich das Verfügungsobjekt bzw. der Gegenstand, an dem ein Recht vorgemerkt wurde, im Inland befindet oder in ein hier geführtes Register eingetragen ist. Sofern das Verfahren in einem EuInsVO-Staat eröffnet wurde, sind Art. 14 bzw. Art. 5 Abs. 3 EuInsVO anwendbar. 3

II. Verfügungen des Schuldners über massezugehörige unbewegliche Gegenstände, Absatz 1

4 Nach Absatz 1 sind auf Verfügungen, die der Schuldner nach Verfahrenseröffnung über bestimmte im Inland belegene Gegenstände trifft, die entsprechenden deutschen Vorschriften über den gutgläubigen Erwerb anwendbar. Ein gutgläubiger Erwerb ist danach möglich, solange eine durch ein ausländisches Verfahren eingetretene Verfügungsbeschränkung nicht nach § 346 in das entsprechende Register eingetragen ist.

5 Neben **massezugehörigen Grundstücken** (und **Wohnungseigentum**) erfasst die Vorschrift auch **Schiffe, Schiffsbauten** und **Luftfahrzeuge,** sofern diese Gegenstände in eines der bezeichneten Register eingetragen sind. Anders als Art. 14 EuInsVO ist die Vorschrift **nicht auf den Erwerb von Rechten an Wertpapieren anwendbar,** die in ein gesetzlich vorgeschriebenes Register eingetragen sind.

6 Die Massezugehörigkeit beurteilt sich nach der *lex fori concursus.* Diese Gegenstände müssen im Moment der Eröffnung des Auslandsverfahrens **im Inland belegen** bzw. in ein deutsches Register eingetragen sein.

7 Nur **Verfügungen,** also Rechtsgeschäfte sind erfasst. Gleichgültig ist, ob das **Vollrecht** übertragen wird, oder ob es um den **Erwerb eines beschränkten dinglichen Rechts** („Recht an einem solchen Gegenstand") geht. Anders als bei Art. 14 EuInsVO kommt es nicht darauf an, ob die Verfügung entgeltlich oder unentgeltlich erfolgte. Dies ist überzeugend, da auch die inländischen sachenrechtlichen Vorschriften über den gutgläubigen Erwerb eine solche Differenzierung nicht kennen.

8 Absatz 1 verweist auf die deutschen Vorschriften über den gutgläubigen Erwerb. Die Norm ist eine **einseitige Kollisionsnorm,** die ausdrücklich auf die §§ 878, 892, 893 BGB für Verfügungen über Grundstücke, auf die §§ 3 Abs. 3, 16, 17 des Gesetzes über eingetragene Rechte an Schiffen und Schiffsbauwerken sowie auf die §§ 5 Abs. 3, 16, 17 des Gesetzes über Rechte an Luftfahrtzeugen verweist. Die **Eintragung der durch ausländische Verfahren ausgelösten Verfügungsbeschränkung** richtet sich nach § 346.

9 Durch den Verweis auf § 893 BGB, § 17 SchRG, § 17 LuftRG werden neben Verfügungen auch **Leistungen an den Schuldner** erfasst. § 349 Abs. 1 ist insoweit *lex specialis* zu § 350 (MüKoInsO/*Thole* Rn. 12; Kübler/Prütting/Bork/*Paulus* Rn. 9; Uhlenbruck/*Lüer* Rn. 12; HK-InsO/*Stephan* Rn. 7).

10 Die **Anfechtbarkeit von Verfügungen** iSd § 349 richtet sich nach der *lex fori concursus*, wobei der Anfechtungsgegner den Vorbehalt des § 349 Abs. 1 Hs. 2 geltend machen kann.

III. Insolvenzfestigkeit der inländischen Vormerkung in der Auslandsinsolvenz, Absatz 2

11 § 106 ist gem. Absatz 2 auch im Fall eines in einem Drittstaat eröffneten Insolvenzverfahrens anwendbar. Abs. 2 ist eine **einseitige Kollisionsnorm.** Sie gewährleistet als *lex specialis* zu § 336 (MüKoInsO/*Thole* Rn. 15) die **Insolvenzfestigkeit einer Vormerkung** (→ § 106 Rn. 1) auch für den Fall, dass im Nicht-EuInsVO-Ausland ein Insolvenzverfahren über das Vermögen eines Schuldners eröffnet wird, dem im Inland ein Grundstück gehört, an welchem ein Anspruch vorgemerkt wurde.

Leistung an den Schuldner

350 **[1]Ist im Inland zur Erfüllung einer Verbindlichkeit an den Schuldner geleistet worden, obwohl die Verbindlichkeit zur Insolvenzmasse des ausländischen Insolvenzverfahrens zu erfüllen war, so wird der Leistende befreit, wenn er zur Zeit der Leistung die Eröffnung des Verfahrens nicht kannte. [2]Hat er vor der öffentlichen Bekanntmachung nach § 345 geleistet, so wird vermutet, dass er die Eröffnung nicht kannte.**

Schrifttum: S. die Nachweise zu Vor §§ 335 ff.

I. Überblick

1 § 350 überträgt die Wertung des § 82 auf **grenzüberschreitende Leistungen an den Insolvenzschuldner nach Verfahrenseröffnung.** Auch für grenzüberschreitende Leistungen kommt es hinsichtlich der Befreiungswirkung auf die Gutgläubigkeit des Leistenden an, wobei für die Beweislast entscheidend ist, ob das ausländische Insolvenzverfahren in Deutschland nach § 345 bekannt gemacht worden war. **Art. 24 EuInsVO ist vorrangig.** Für Leistungen an einen Schuldner als Inhaber eines registrierten Rechts an einem Grundstück, Schiff oder Luftfahrzeug ist § 349 *lex specialis*, vgl. → § 349 Rn. 9.

II. Anwendungsbereich

2 Die Leistung muss im Inland vorgenommen worden sein. Entscheidend ist danach, wo der Leistungsort iSv § 269 BGB liegt (BT-Drs. 15/16, 23). Der Erfolgsort oder der Sitz des Leistenden sind irrelevant. Vor allem erfasst sind daher **Schickschulden, bei denen der Versendungsort im Inland und der Erfolgsort im außereuropäischen Ausland** liegt.

3 Die Vorschrift setzt voraus, dass **im Ausland** ein **Insolvenzverfahren eröffnet** worden ist, durch das der Insolvenzschuldner seine Empfangszuständigkeit für Erfüllungen massezugehöriger Forderungen verloren hat. Grundsätzlich ist die Vorschrift auch auf ausländische **Partikularverfahren** anwendbar (aA Braun/*Ehret* Rn. 5; MüKoBGB/*Kindler* Rn. 6). Dies spielt freilich nur eine Rolle, wenn Leistungsort und Sitz des Drittschuldners auseinander fallen und der Sitz des Drittschuldners im Partikularverfahrensstaat angesiedelt ist. Sofern der Schuldner die Empfangszuständigkeit bereits durch das **Insolvenzeröffnungsverfahren** verliert, ist die Vorschrift auch auf Leistungen während dieser Zeit anwendbar (MüKoInsO/*Thole* Rn. 6, 11).

III. Regelungsinhalt

4 Hinsichtlich der Voraussetzungen und der Rechtsfolgen von Satz 1 kann auf die Kommentierung zu § 82 verwiesen werden. Wie dort schadet auch im Rahmen von § 350 nur positive Kenntnis von der Verfahrenseröffnung (→ § 82 Rn. 12). Abweichungen gegenüber § 82 ergeben sich nur hinsichtlich der öffentlichen Bekanntmachung, die für die Beweislastverteilung entscheidend ist. Maßgeblich ist, ob das ausländische Verfahren bereits im Inland bekanntgemacht wurde. Hierfür kann der ausländische Verwalter durch eine öffentliche Bekanntmachung nach § 345 sorgen. Ab dem Zeitpunkt der Bekanntmachung trägt der im Inland leistende Drittschuldner die Beweislast hinsichtlich seiner Unkenntnis, während bis zu diesem Zeitpunkt die Gutgläubigkeit vermutet wird.

Dingliche Rechte

351 (1) **Das Recht eines Dritten an einem Gegenstand der Insolvenzmasse, der zur Zeit der Eröffnung des ausländischen Insolvenzverfahrens im Inland belegen war, und das nach inländischem Recht einen Anspruch auf Aussonderung oder auf abgesonderte Befriedigung gewährt, wird von der Eröffnung des ausländischen Insolvenzverfahrens nicht berührt.**

(2) **Die Wirkungen des ausländischen Insolvenzverfahrens auf Rechte des Schuldners an unbeweglichen Gegenständen, die im Inland belegen sind, bestimmen sich, unbeschadet des § 336 Satz 2, nach deutschem Recht.**

Schrifttum: S. die Nachweise zu Vor. §§ 335 ff.

I. Überblick

1 Die Vorschrift **begrenzt die Wirkungen eines Auslandsverfahrens,** soweit es um dingliche Rechte geht, die an im Inland belegenen Gegenständen bestehen. **Absatz 1** nimmt **dingliche Rechte Dritter** von den Wirkungen der Auslandsinsolvenz aus; die Bestimmung setzt Art. 20 Richtlinie 2001/17/EG sowie Art. 21 Richtlinie 2001/24/EG um. Eine vergleichbare (vorrangige!) Regelung findet sich in **Art. 5 EuInsVO**. **Abs. 2** betrifft **Rechte des Schuldners an Grundstücken,** die im Inland belegen sind. Für die Behandlung dieser Rechte verweist Abs. 2 auf das deutsche Recht. Die Vorschrift entspricht dem vorrangigen **Art. 11 EuInsVO.**

II. Dingliche Rechte Dritter an im Inland belegenen Vermögensgegenständen, Absatz 1

2 **1. Anwendungsbereich.** Die Vorschrift ist anwendbar, wenn im Ausland ein Hauptinsolvenzverfahren eröffnet worden ist, das nicht in den Anwendungsbereich der EuInsVO fällt. Weiter muss die Eröffnung dieses Insolvenzverfahrens im Inland nach § 343 anerkennungsfähig sein. Ist im Inland ein Partikularverfahren eröffnet worden, besitzt die Vorschrift keine Bedeutung, denn dessen Wirkungen unterliegen ohnehin deutschem Insolvenzrecht.

3 Die Vorschrift setzt voraus, dass an den im Inland belegenen Gegenständen, die zur Ist-Masse des ausländischen Verfahrens zählen, Aus- oder Absonderungsrechte bestehen. Ob ein solches Recht eines Dritten (der zugleich Insolvenzgläubiger sein kann, aber nicht muss, MüKoInsO/*Thole* Rn. 7) besteht, ist eine sachenrechtliche (Vor-)Frage, die bei Sicherungsrechten an Sachen gem. Art. 43 EGBGB grundsätzlich der *lex rei sitae* unterliegt. Zur kollisionsrechtlichen Behandlung von Sicherheiten an Forderungen → EuInsVO Art. 5 Rn. 8. Zu Sicherheiten an **gewerblichen Schutzrechten** s. MüKoInsO/*Thole* Rn. 9.

4 **2. Rechtsfolge.** Was es bedeutet, dass das Sicherungsrecht von der Eröffnung des Auslandsverfahrens „unberührt" bleibt, ist im Rahmen von § 351 Abs. 1 ähnlich umstritten wie im Rahmen von Art. 5 EuInsVO. Auch für § 351 Abs. 1 ist ein **kollisionsrechtliches Verständnis** zu befürworten (vgl. → EuInsVO Art. 5 Rn. 8). Die Gesetzesbegründung erlaubt keinen eindeutigen Schluss auf die Vorstellungen des Gesetzgebers. Gegen die hier befürwortete kollisionsrechtliche Deutung des § 351 Abs. 1 spricht allerdings seine systematische Stellung im Abschnitt über die Anerkennung der Wirkungen ausländischer Verfahren. Der unklare Wortlaut und die mehrdeutige Formulierung des Gesetzgebers gestatten

es jedoch, auch hier die Verweisung auf das Insolvenzrecht des Belegenheitsortes, wie sie sich etwa in § 336 findet, entsprechend anzuwenden (aA die hM Kübler/Prütting/Bork/*Paulus* Rn. 9; MüKoInsO/*Thole* Rn. 10; MüKoBGB/*Kindler* Rn. 9; Uhlenbruck/*Lüer* Rn. 14; HK-InsO/*Stephan* Rn. 6). Der Streit hat im Rahmen von § 351 Abs. 1 aber geringere praktische Auswirkungen als im Rahmen von Art. 5 EuInsVO, denn zu unterschiedlichen Ergebnissen gelangt man nur, wenn im Inland kein Partikularverfahren eröffnet wurde und ein solches kann nach autonomen Recht auch dann eröffnet werden, wenn im Inland keine Niederlassung besteht.

III. Rechte des Schuldners an im Inland belegenen Immobilien, Schiffen und Luftfahrzeugen, Absatz 2

1. Anwendungsbereich. Absatz 2 erfasst neben **Grundstücken** auch **Wohneigentum, Schiffe** und **Luftfahrzeuge,** sofern letztere im Schiffsregister bzw. in die Luftfahrtrolle eingetragen sind. 5

Die Vorschrift ist nur anwendbar, wenn der fragliche Gegenstand zum Vermögen des Schuldners gehört, also **Teil der Insolvenzmasse** ist, und **im Inland „belegen** ist". Für Grundstücke ist der Lageort maßgeblich. Für Schiffe und Luftfahrzeuge bemisst sich die Belegenheit jedoch nicht nach dem physischen Lageort (so aber MüKoInsO/*Thole* Rn. 15), sondern in Anlehnung an § 336 S. 2 danach, welcher Staat die Aufsicht über das jeweilige Register führt. Nur eine solche Abgrenzung wird dem auf die Funktionsfähigkeit des Registers bezogenen Schutzzweck der Vorschrift (dazu → Rn. 8) gerecht. § 351 Abs. 2 ist danach nur anwendbar, wenn das Schiff bzw. das Luftfahrzeug in ein deutsches Register eingetragen wurde. 6

2. Rechtsfolge. Nach Absatz 2 entscheidet das deutsche (Register-)Recht darüber, welche Wirkungen einer Auslandsinsolvenz wie einzutragen sind und welche Konsequenzen die (Nicht-)Eintragung hat. Hiermit wird die Funktionsfähigkeit der inländischen Register geschützt, die damit von Eintragungen freigehalten werden, die dem inländischen Registerrecht fremd sind (auch → EuInsVO Art. 11 Rn. 1). Die in Absatz 1 genannten Rechte (bspw. das Eigentum an Grundstücken) unterliegen nicht im Ganzen deutschem Recht, sondern nur diejenigen Regelungen, die die Eintragungsfähig- und Eintragungspflichtigkeit dieser Rechte betreffen. 7

Die **Verwertung des Gegenstands** hat nach dem ZVG zu erfolgen, es sei denn die *lex fori concursus* gestattet dem Verwalter die freihändige Verwertung (BT-Drs. 15/16, 24). Unabhängig davon, ob das Insolvenzverfahren im In- oder im Ausland eröffnet wurde, hat der Insolvenzverwalter nicht das Recht, die **Aufhebung einer inländischen Wohnungseigentümergemeinschaft** zu verlangen. Das hat allerdings nichts mit § 351 Abs. 2 zu tun (so aber BT-Drs. 15/16, 24), sondern beruht darauf, dass § 11 Abs. 2 WEG nicht insolvenzrechtlich (sondern sachenrechtlich) zu qualifizieren ist, so dass er auf deutsche Wohnungseigentümergemeinschaften unabhängig davon anwendbar ist, wo das Insolvenzverfahren eröffnet wurde. 8

Unterbrechung und Aufnahme eines Rechtsstreits

352 (1) [1] **Durch die Eröffnung des ausländischen Insolvenzverfahrens wird ein Rechtsstreit unterbrochen, der zur Zeit der Eröffnung anhängig ist und die Insolvenzmasse betrifft.** [2] **Die Unterbrechung dauert an, bis der Rechtsstreit von einer Person aufgenommen wird, die nach**

dem Recht des Staats der Verfahrenseröffnung zur Fortführung des Rechtsstreits berechtigt ist, oder bis das Insolvenzverfahren beendet ist.

(2) **Absatz 1 gilt entsprechend, wenn die Verwaltungs- und Verfügungsbefugnis über das Vermögen des Schuldners durch die Anordnung von Sicherungsmaßnahmen nach § 343 Abs. 2 auf einen vorläufigen Insolvenzverwalter übergeht.**

Schrifttum: S. die Nachweise zu Vor. §§ 335 ff. Ferner: *Brinkmann,* Die Auswirkungen der Eröffnung eines Verfahrens nach Chapter 11 U. S. Bankruptcy Code auf im Inland anhängige Prozesse, IPRax 2011, 143; *Mankowski,* EuInsVO und Schiedsverfahren, ZIP 2010, 2478; *Rugullis,* Litispendenz im Europäischen Insolvenzrecht, 2002; *G. Wagner,* Insolvenz und Schiedsverfahrens KTS 2010, 39.

I. Überblick

1 Die Vorschrift regelt die **Auswirkungen der Eröffnung eines Insolvenzverfahrens im Ausland auf im Inland anhängige Prozesse.** § 352 ist **subsidiär zu Art. 15 EuInsVO** (übersehen von OLG Brandenburg ZInsO 2011, 398 sowie von OLG Nürnberg ZIP 2012, 241). Anders als Art. 15 EuInsVO ist § 352 eine (prozessual zu qualifizierende) Sachnorm, die in Absatz 1 Satz 1 unmittelbar die Unterbrechungswirkung anzuerkennender ausländischer Eröffnungsentscheidungen bestimmt. Absatz 1 Satz 2 regelt die Aufnahmemöglichkeiten. Absatz 2 betrifft die **Auswirkungen von Sicherungsmaßnahmen**, die im Zusammenhang mit Insolvenzeröffnungsverfahren angeordnet wurden. Die Vorschrift setzt Art. 32 der Richtlinie 2001/24/EG sowie Art. 26 der Richtlinie 2001/17/EG um.

II. Anwendungsvoraussetzungen

2 Die Anwendung der Vorschrift setzt voraus, dass im Moment der Verfahrenseröffnung bzw. der Anordnung der Sicherungsmaßnahme (Absatz 2) ein **Rechtsstreit über massezugehöriges Vermögen im Inland anhängig** ist. Ob der streitbefangene Vermögensgegenstand Massebezug hat, ist nach der *lex fori concursus* zu ermitteln. Erfasst sind **Aktiv- wie Passivprozesse.**

3 Anders als im Rahmen von Art. 15 EuInsVO muss das Prozessgericht bei der Anwendung von § 352 prüfen, ob das ausländische Verfahren nach § 343 anzuerkennen ist. Für den Eintritt der Unterbrechungswirkung ist unbeachtlich, ob die Eröffnung des Verfahrens zu einem Verlust der Verfügungsbefugnis führt (zum Verfahren nach Chapter 11 U. S. Bankruptcy Code BGH NZI 2009, 859 = IPRax 2011, 181 mAnm *Brinkmann* IPRax 2011, 143 [146]; BGH NZI 2012, 572 Rn. 40; MüKoInsO/*Thole* Rn. 5; aA *Piekenbrock* LMK 2010, 295925). Nach Auffassung des BGH (NZI 2012, 572 = ZIP 2012, 1527 Rn. 44) soll es zwar „nicht entscheidend" darauf ankommen, ob auch das Recht des Insolvenzverfahrensstaats eine Prozessunterbrechung vorsieht. Eine automatische Unterbrechung von inländischen Prozessen sei jedoch dann nicht gerechtfertigt, wenn die Verfahrenseröffnung nach diesem Recht „keinerlei Einfluss" auf im Verfahrensstaat anhängige Prozesse habe. Dieser Rechtsprechung ist nicht zuzustimmen. Nach § 352 führt jedes anerkennungsfähige Verfahren zu Unterbrechung inländischer Prozesse (*Brinkmann* IPRax 2011, 143 [144]; *Buntenbroich* NZI 2012, 547; Braun/*Ehret* Rn. 2; Gottwald InsO-HdB/*Kolmann/Keller* § 134 Rn. 65; Zöller/*Greger* § 240 Rn. 6; s. ferner die frühere Rechtsprechung BGH NJW 1997, 2525). Die (neuere) Auffassung des BGH ist methodisch eine teleologische Reduktion, deren Voraussetzungen angesichts der Anwendbarkeit von § 240 ZPO auf Eigenverwaltungsverfahren (→ § 270 Rn. 2) nicht vorliegen.

Anhängigkeit meint, dass die Klage oder das sonstige verfahrenseinleitende Schriftstück bereits beim Gericht eingereicht sein muss. Eine Zustellung an den Prozessgegner (Rechtshängigkeit) ist nicht erforderlich. Gleichgültig ist, bei welcher Gerichtsbarkeit der Rechtsstreit anhängig ist. 4

Richtigerweise erfasst § 352 auch **Schiedsverfahren** (*G. Wagner* KTS 2010, 39 [62]; MüKoInsO/*Thole* Rn. 15; Kübler/Prütting/Bork/*Paulus* Rn. 4). Die Gegenansicht geht dagegen meist ohne Begründung davon aus, dass die Norm nur das Verfahren vor staatlichen Gerichten erfasse (HK-InsO/*Stephan* Rn. 8), so dass es für die Unterbrechungswirkung eines Schiedsverfahrens darauf ankommt, ob das Schiedsverfahrensrecht oder die jeweilige Schiedsordnung eine Unterbrechung anordnen. Diese (bis vor Kurzem herrschende) Auffassung missachtet die verfassungsrechtliche Dimension der Unterbrechungswirkung. Da die Verfahrenspause der Verwirklichung des Rechts auf rechtliches Gehör dient, das gem. § 1042 Abs. 1 ZPO auch Schiedsgerichte zu beachten haben, ist verfassungsrechtlich eine Unterbrechung auch für Schiedsverfahren geboten. Für die sachliche Angemessenheit dieses Ergebnisses spricht die Begründung zum UNCITRAL Model Law on Cross-Border Insolvency, aus der hervorgeht, dass die dort in Art. 20 geregelte Verfahrensunterbrechung auch Schiedsverfahren betrifft. 5

III. Rechtsfolge

1. Unterbrechung des Rechtsstreits, Absatz 1 Satz 1. Absatz 1 Satz 1 normiert einen eigenständigen Unterbrechungstatbestand. Die Unterbrechung hat das Prozessgericht von Amts wegen zu berücksichtigen (BGH NZI 2012, 572 Rn. 12). 6

2. Aufnahmemöglichkeiten. Absatz 1 Satz 2 regelt die Dauer der Unterbrechung. Die hM entnimmt der Vorschrift zu Unrecht eine Verweisung für die Aufnahmemöglichkeiten auf die *lex fori concursus* (BGH NZI 2009, 859 = IPRax 2011, 181 Rn. 26; ebenso BAG IPRax 2009, 343, mAnm *Temming* IPRax 2009, 327; Braun/*Ehret* Rn. 7; *Häsemeyer* Rn. 35.22). Das BAG und der BGH deuten die Vorschrift somit als Kollisionsnorm hinsichtlich der Aufnahmemöglichkeiten, so dass sich der BGH genötigt sieht eine ***ordre public*-Kontrolle** vor dem Hintergrund vorzunehmen, dass die Anwendung ausländischen Rechts keine „nachgeordneten Folgewirkungen" zeitigen dürfe, die gegen den deutschen *ordre public* verstoßen (BGH NZI 2009, 859 = IPRax 2011, 181). Eine derartige Verweisung auf die *lex fori concursus* wäre aber nicht nur eine überraschende Abweichung von der Regelung in der EuInsVO, sondern auch eine Durchbrechung des Grundsatzes, dass prozessuale Fragen von der Rechtsordnung entschieden werden, in welcher der Streit geführt wird. Auch die Gesetzesbegründung zu § 352 Abs. 1 S. 2 spricht gegen die vom BGH im Anschluss an das BAG gewählte Interpretation, denn dort heißt es, dass für die Frage, wer zur Aufnahme des Rechtsstreits berechtigt ist, die Prozessführungsbefugnis nach dem Recht des Eröffnungsstaats entscheidend sein soll. Es solle nicht in die vom ausländischen Insolvenzrecht getroffenen Regelungen der Befugnisse der Beteiligten eingegriffen werden (BT-Drs. 15/16, 24, wortgleich mit BT-Drs. 12/2443, 244). Der Gesetzgeber wollte mit der Regelung in Satz 2 lediglich eine **Sonderanknüpfung für die Frage schaffen, wem die Aufnahme*befugnis* zusteht**, keinesfalls wollte er auch für die Aufnahme*möglichkeit* auf die *lex fori concursus* verweisen. Die **Aufnahmemöglichkeiten richten sich** richtigerweise **nach dem inländischen Prozessrecht** (wie hier MüKoInsO/*Thole* Rn. 13). Maßgeblich sind die §§ 85 ff. (zum Ganzen *Brinkmann* IPRax 2011, 143 [146]). Nur die (insolvenzrechtliche) Frage, ob der Verwalter oder der (eigenverwaltende) Schuldner den Rechtsstreit aufnehmen kann, unterliegt der *lex fori concursus*. 7

8 Für die sich bei der **Aufnahme von Passivprozessen** stellende (Vor-)Frage, ob § 86 oder § 87 anzuwenden ist, ist das ausländische Insolvenzrecht dahingehend zu befragen, wie die im Prozess geltend gemachte Forderung einzuordnen ist: Wenn es sich nach dem Insolvenzstatut um eine Insolvenzforderung handelt, gilt § 87, so dass der Gläubiger die Forderung im ausländischen Verfahren geltend machen muss. Erst wenn sie dort bestritten wird, kann der Kläger den inländischen Prozess entsprechend § 180 Abs. 2 aufnehmen. Es ist ein Problem der Anerkennung, welche Wirkung ein im inländischen Prozess gegen den Verwalter ergehendes (Feststellungs-)Urteil im ausländischen Insolvenzverfahren hat.

IV. Insolvenzeröffnungsverfahren, Absatz 2

9 Das autonome Recht regelt anders als die EuInsVO (→ EuInsVO Art. 15 Rn. 7) auch die Auswirkungen von Sicherungsmaßnahmen im Eröffnungsverfahren ausdrücklich. Nach Abs. 2 wird ein inländischer Prozess auch durch Sicherungsmaßnahmen unterbrochen, die im Rahmen eines Insolvenzeröffnungsverfahren vorgenommen werden, wenn hierdurch die Verwaltungs- und Verfügungsbefugnis auf einen vorläufigen Insolvenzverwalter übergeht, vgl. § 22 Abs. 1.

Vollstreckbarkeit ausländischer Entscheidungen

353 (1) [1] **Aus einer Entscheidung, die in dem ausländischen Insolvenzverfahren ergeht, findet die Zwangsvollstreckung nur statt, wenn ihre Zulässigkeit durch ein Vollstreckungsurteil ausgesprochen ist.** [2] **§ 722 Abs. 2 und § 723 Abs. 1 der Zivilprozessordnung gelten entsprechend.**

(2) **Für die in § 343 Abs. 2 genannten Sicherungsmaßnahmen gilt Absatz 1 entsprechend.**

Schrifttum: S. die Nachweise zu Vor. §§ 335 ff.

I. Überblick

1 Damit eine ausländische Gerichtsentscheidung im Inland vollstreckt werden kann, muss sie zuvor im Inland für vollstreckbar erklärt werden. Gem. Abs. 1 S. 1 iVm §§ 722, 723 ZPO erfolgt die Vollstreckbarerklärung insolvenzrechtlicher Entscheidungen im Wege einer Klage auf Erlass eines Vollstreckungsurteils durch die inländischen Gerichte. Damit entspricht das Verfahren weitgehend den allgemein für die Vollstreckbarerklärung von Zivilurteilen geltenden Vorschriften. Im Rahmen dieses Exequaturverfahrens ist insbesondere die Anerkennungsfähigkeit der ausländischen Entscheidung zu prüfen. Zwar bestimmt die Vorschrift nicht ausdrücklich, dass eine Entscheidung nur dann für vollstreckbar erklärt werden kann, wenn sie nach § 343 anerkennungsfähig ist, hierbei handelt es sich aber um ein Redaktionsversehen (MüKoInsO/*Thole* Rn. 8).

2 Im Europäischen Insolvenzrecht ist die Vollstreckbarerklärung der Eröffnungsentscheidung sowie anderer mit dem Insolvenzverfahren zusammenhängender Entscheidungen in Art. 25 EuInsVO geregelt, der seinerseits auf die EuGVVO verweist. Diese Regeln sind gegenüber dem Verfahren nach § 353 vorrangig.

II. Die Vollstreckbarerklärung von Entscheidungen zur Eröffnung und Durchführung eines Insolvenzverfahrens nach Absatz 1

3 **1. Entscheidung.** Der Begriff ist weit zu verstehen. Hierunter fallen nicht nur gerichtliche Urteile und Beschlüsse, sondern auch andere hoheitliche Akte auslän-

discher Behörden, sofern sie im Insolvenzverfahren ergehen und einen vollstreckungsfähigen Inhalt haben. Die formelle Rechtskraft der ausländischen Entscheidung ist nicht erforderlich, es genügt ihre Wirksamkeit (BT-Drs. 15/16, 24).

Von § 353 Abs. 1 ist nicht nur die Vollstreckbarerklärung der Eröffnungsent- 4
scheidung erfasst. Weiter gehören zu den unter Abs. 1 fallenden Entscheidungen auch Urteile und Beschlüsse, die „in" einem ausländischen Verfahren ergehen. Die Gesetzesbegründung nennt beispielhaft Entscheidungen des ausländischen Insolvenzgerichts über die **Auskunftsleistung, Verfahrensmitwirkung, Vorführung oder Verhaftung von Verfahrensbeteiligten,** die **Postsperre** sowie **die gerichtliche Bestätigung eines Vergleichs oder Insolvenzplans** (BT-Drs. 15/16, 24). Diese Entscheidungen betreffen die Durchführung des Insolvenzverfahrens, ihre Anerkennung richtet sich nach § 343 Abs. 2.

Dagegen richtet sich die Vollstreckbarerklärung einer Entscheidung über die 5
Feststellung einer bestrittenen Insolvenzforderungen entgegen der Gesetzesbegründung richtigerweise nicht nach § 353, sondern nach §§ 722 f. ZPO, denn diese Entscheidung ergeht jedenfalls nach deutschem Verständnis nicht „im" Verfahren, sondern in einem eigenständigen kontradiktorischen Verfahren (MüKoInsO/*Thole* Rn. 3). Ebenso ist § 353 auf **Entscheidungen in anderen Annexverfahren,** die nur im Zusammenhang mit dem Insolvenzverfahren stehen, weder unmittelbar noch analog anwendbar, vgl. → Rn. 9.

2. Prüfung der Anerkennungsfähigkeit. Der Erlass eines Vollstreckbarkeits- 6
urteils setzt die **Anerkennungsfähigkeit** der Entscheidung nach § 343 voraus. Gem. § 353 Abs. 1 S. 2 iVm § 723 Abs. 1 ZPO darf das Gericht vor dem Erlass des Vollstreckbarkeitsurteils jedoch nicht die ausländische Entscheidung auf ihre Richtigkeit hin überprüfen (Verbot der *révision au fond*).

III. Die Vollstreckbarerklärung von Sicherungsmaßnahmen, Absatz 2

Nach Absatz 2 sind auch Sicherungsmaßnahmen durch ein Vollstreckbarkeits- 7
urteil im Inland für vollstreckbar zu erklären. Zu den unter Absatz 2 fallenden Maßnahmen gehören **Anordnungen nach Art der in § 21 genannten Maßnahmen,** die von einem ausländischen Gericht vor Erlass der formellen Entscheidung zur Eröffnung eines Insolvenzverfahrens getroffen werden, um die künftige Insolvenzmasse zu sichern. Alternativ oder kumulativ kann der ausländische vorläufige Insolvenzverwalter auch Sicherungsmaßnahmen im Inland nach § 344 beantragen, die keiner Vollstreckbarerklärung bedürfen.

IV. Der Ablauf des Exequaturverfahrens

Das Exequaturverfahren wird eingeleitet durch die Erhebung einer Klage auf 8
Erlass eines Vollstreckungsurteils. Die örtliche **Zuständigkeit** bestimmt sich nach § 722 Abs. 2 ZPO, die sachliche Zuständigkeit richtet sich nach §§ 23, 71 GVG. Gegen das Urteil ist die Berufung der statthafte Rechtsbehelf.

V. Die Vollstreckbarerklärung von Annexentscheidungen

Die Vollstreckbarerklärung von Entscheidungen **in ausländischen Anfech-** 9
tungsprozessen und andere Annexentscheidungen erfolgt gem. §§ 722, 723 ZPO. Die Anerkennungshindernisse sind § 328 ZPO zu entnehmen, vgl. → § 343 Rn. 17 (MüKoInsO/*Thole* Rn. 3; FK-InsO/*Wenner/Schuster* Rn. 4; aA MüKoBGB/*Kindler* Rn. 38; Kübler/Prütting/Bork/*Adolphsen* § 147 Anhang II C Rn. 42; offen Gottwald InsO-HdB/Keller/*Kolmann/Keller* § 134 Rn. 95). Die Anwendbarkeit der Art. 39 ff. EuGVVO scheitert an Art. 1 Abs. 2 lit. b EuGVVO

(*M. Stürner* FS Kaissis, 2012, 975 [980] [zur internationalen Zuständigkeit]). Dies gilt auch für Entscheidungen dänischer Gerichte. Eine gespaltene Auslegung der Bereichsausnahme ist nicht zu befürworten (aA MüKoInsO/*Thole* Rn. 3).

Dritter Abschnitt. Partikularverfahren über das Inlandsvermögen

Voraussetzungen des Partikularverfahrens

354 (1) **Ist die Zuständigkeit eines deutschen Gerichts zur Eröffnung eines Insolvenzverfahrens über das gesamte Vermögen des Schuldners nicht gegeben, hat der Schuldner jedoch im Inland eine Niederlassung oder sonstiges Vermögen, so ist auf Antrag eines Gläubigers ein besonderes Insolvenzverfahren über das inländische Vermögen des Schuldners (Partikularverfahren) zulässig.**

(2) [1] **Hat der Schuldner im Inland keine Niederlassung, so ist der Antrag eines Gläubigers auf Eröffnung eines Partikularverfahrens nur zulässig, wenn dieser ein besonderes Interesse an der Eröffnung des Verfahrens hat, insbesondere, wenn er in einem ausländischen Verfahren voraussichtlich erheblich schlechter stehen wird als in einem inländischen Verfahren.** [2] **Das besondere Interesse ist vom Antragsteller glaubhaft zu machen.**

(3) [1] **Für das Verfahren ist ausschließlich das Insolvenzgericht zuständig, in dessen Bezirk die Niederlassung oder, wenn eine Niederlassung fehlt, Vermögen des Schuldners belegen ist.** [2] **§ 3 Abs. 2 gilt entsprechend.**

Schrifttum: S. die Nachweise zu Vor. §§ 335 ff.

Übersicht

I. Überblick

1 Die internationale Zuständigkeit der inländischen Gerichte zur Eröffnung eines universal wirkenden Insolvenzverfahrens ist nur gegeben, wenn der Schuldner im Inland seinen Sitz iSv § 3 hat oder über einen allgemeinen Gerichtsstand iSd §§ 12 ff. ZPO verfügt, vgl. → § 3 Rn. 14 ff.; → Vor §§ 335 ff. Rn. 4. Doch auch bei Schuldnern, die ihren Sitz oder allgemeinen Gerichtsstand nicht im Inland haben, kann es zum Schutz der inländischen Interessen zweckmäßig sein, im Inland ein Insolvenzverfahren durchzuführen. § 354 schafft die Möglichkeit, ein solches Verfahren neben einem ausländischen Hauptverfahren oder unabhängig von einem solchen zu eröffnen. Ausgeschlossen ist die Durchführung eines Par-

tikularverfahrens gem. § 46e Abs. 2 KWG für Einlagenkreditinstitute und nach § 88 Abs. 1b VAG für Versicherungsunternehmen.

Ein **Partikularverfahren erfasst nur das inländische Vermögen**, es hat somit keine universalen Wirkungen. Wird im Sitzstaat ein Hauptverfahren eröffnet, so wird das inländische Partikularverfahren zu einem Sekundärverfahren, für das neben den §§ 354, 355 auch die §§ 356–358 gelten. 2

Die Vorschriften der InsO über Partikularverfahren sind nur anwendbar, wenn entweder der Sitz des Schuldners (iSd Art. 3 Abs. 1 EuInsVO) nicht in einem EuInsVO-Staat liegt oder der Schuldner unter Art. 1 Abs. 2 EuInsVO fällt (BGH NZI 2011, 120). Im zweiten Fall sind die § 46e Abs. 2 KWG und § 88 Abs. 1b VAG zu berücksichtigen. 3

II. Voraussetzungen für die Eröffnung eines Partikularverfahrens

1. Internationale Zuständigkeit. Die internationale Zuständigkeit zur Eröffnung eines Partikularinsolvenzverfahrens ist gegeben, wenn der Schuldner entweder eine **Niederlassung oder sonstiges Vermögen im Inland** hat. Demgegenüber kann nach Art. 3 Abs. 2 EuInsVO nur in den Staaten ein Partikularinsolvenzverfahren eröffnet werden, in denen der Schuldner eine Niederlassung iSv Art. 2 lit. h EuInsVO hat. 4

a) Niederlassung im Inland. Der **Begriff der Niederlassung** ist wie in § 21 ZPO zu verstehen (MüKoInsO/*Reinhart* Rn. 7). Danach kommt es darauf an, dass eine gewerbliche Tätigkeit von einer ständig betriebenen und auf eine gewisse Dauer errichteten Geschäftsstelle ausgeübt wird. Die Niederlassung muss über eine hinreichende Organisation zur Aufrechterhaltung des Gewerbes verfügen und berechtigt sein, selbsttätig Geschäfte abzuschließen (Musielak/*Heinrich* ZPO § 21 Rn. 2). Maßgeblich ist der Zeitpunkt der Antragstellung (LG Frankfurt a. M. ZIP 2012, 2454). 5

b) Vermögen im Inland. Die Belegenheit eines Vermögensgegenstands ist grundsätzlich wie iRv § 23 ZPO zu beurteilen. Maßgeblich ist der Zeitpunkt der Verfahrenseröffnung. Bei **Sachen** iSv § 90 BGB kommt es auf den Lageort an, wobei für Sachen, die sich auf dem Transport und damit eher zufällig im Inland befinden ***(res in transitu)***, Ausnahmen zu machen sind (aA MüKoInsO/*Reinhart* Rn. 13). Für bestimmte **Transportmittel** (Luft-, Wasser- und Schienenfahrzeuge) ist der nach Art. 45 EGBGB zu bestimmende Herkunftsstaat maßgeblich. 6

Für (nicht-verbriefte) **Forderungen** kommt es nach § 23 S. 2 ZPO auf den Wohnsitz (§§ 7 ff. BGB) des Schuldners an, vgl. auch Art. 2 lit. g. § 23 S. 2 Alt. 2 ZPO ist iRv § 354 nicht anwendbar, da der Belegenheitsort einer Drittsicherheit nicht die Eröffnung eines Insolvenzverfahrens rechtfertigt (MüKoInsO/*Reinhart* Rn. 15). 7

Eine Ausnahme von der Anknüpfung an den Schuldnersitz ist für den **Anfechtungsanspruch** zu machen. Durch die Anfechtung soll eine Masseschmälerung ausgeglichen werden. Insofern ist darauf abzustellen, welcher Teilmasse die Rückgängigmachung der anfechtbaren Rechtshandlung zu Gute käme (ähnlich MüKoInsO/*Reinhart* Rn. 20). Aus dieser Zuordnung darf aber nicht abgeleitet werden, dass eine Gläubigerbenachteiligung aus Sicht des Partikularverfahrens allein daraus resultieren kann, dass ein Vermögensgegenstand aus dem Gebiet des Partikularverfahrens in einen anderen Staat verbracht wurde (MüKoInsO/*Reinhart* Rn. 20; näher → EuInsVO Art. 13 Rn. 21). 8

Für **andere Rechte als Forderungen** ist zu unterscheiden: Ist die Inhaberschaft an einem Recht in ein Register eingetragen (Buchgrundpfandrechte), so ist der Registerstaat der Belegenheitsort. Bei verbrieften Rechten, kommt es nach 9 traditioneller Auffassung auf den Ort an, an dem sich das Papier befindet (vgl. RGZ 102, 44; OLG Frankfurt a. M. NJW-RR 1996, 187; Zöller/*Vollkommer* ZPO § 23 Rn. 10; Stein/Jonas/*Roth* § 23 Rn. 29). Das ist jedenfalls im Hinblick auf § 354 schon für verbriefte Forderungen, aber erst recht für in einer **Globalurkunde** verbriefte Rechte zweifelhaft. Es sollte generell auf den Ort abgestellt werden, an dem sich das „Objekt" des verbrieften Rechts befindet: bei **Gesellschaftsanteilen** auf den Sitz der Gesellschaft, bei **Briefgrundschulden** auf die Belegenheit des Grundstücks (unabhängig vom Lageort des Briefes) etc (ähnlich MüKoInsO/*Reinhart* Rn. 17). Bei **Immaterialgüterrechten** kommt es auf das Land an, für das das jeweilige Recht Schutz vermittelt.

10 **2. Sachliche und örtliche Zuständigkeit.** Sachlich ist für die Eröffnungsentscheidung das Insolvenzgericht zuständig. Die **örtliche Zuständigkeit** bestimmt sich nach Absatz 3. Bestehen im Inland mehrere Niederlassungen, so ist die Hauptniederlassung maßgeblich. Kann eine solche nicht festgestellt werden, greift das Prioritätsprinzip des § 3 Abs. 2. Sofern überhaupt keine inländische Niederlassung vorhanden ist, kommt es auf den Ort an, an dem Vermögen des Schuldners belegen ist.

11 **3. Antragsbefugnis.** Ein Partikularverfahren wird nur auf Antrag eröffnet. Antragsbefugt sind nach § 354 in Abweichung von § 13 Abs. 1 S. 2 nur die Gläubiger und nicht der Schuldner selbst (BT-Drs. 15/16, 25; HK-InsO/*Stephan* Rn. 17; aA ohne Begründung MüKoInsO/*Reinhart* Rn. 23; Uhlenbruck/*Lüer* Rn. 19). Der Schuldner kann und soll durch Stellung eines Antrags in seinem Sitzstaat ein (Haupt-)Insolvenzverfahren einleiten. Er soll nicht die „Unternehmung von ihren Rändern her" liquidieren können (BT-Drs. 15/16, 25).

12 **4. Glaubhaftmachung eines besonderen Interesses, Absatz 2. Verfügt der Schuldner nicht über eine inländische Niederlassung,** sondern nur über einzelne Vermögensgegenstände, muss der Gläubiger nach Absatz 2 ein **„besonderes Interesse"** an der Eröffnung des Partikularverfahrens glaubhaft machen, vgl. § 294 ZPO. Nach Abs. 2 S. 1 Hs. 2 kann sich ein solches Interesse daraus ergeben, dass der Gläubiger im ausländischen Verfahren erheblich schlechter stehen würde als in einem inländischen Verfahren (das inländischem Recht unterliegt). Eine solche Schlechterstellung kann etwa darauf beruhen, dass die Forderung des Gläubigers vom ausländischen Recht als nachrangig eingeordnet wird. Das von Abs. 2 verlangte besondere Interesse besteht auch dann, wenn die Aussichten, im Zuge eines ausländischen Insolvenzverfahrens befriedigt zu werden, aus praktischen Gründen äußerst gering sind (AG Göttingen NZI 2011, 160: Schuldner hatte sich nach Thailand abgesetzt, einziges nennenswertes Vermögen war ein in Deutschland belegenes Grundstück). Die Beteiligung am ausländischen Verfahren ist dann unzumutbar (so schon *Leipold* FS Henckel, 1995, 533 ff.; rechtspolitisch kritisch gegenüber dem Erfordernis des besonderen Interesses *Habscheid* NZI 2003, 238 [242]).

13 **5. Insolvenzgrund und kostendeckende Masse.** Für die Eröffnung eines Partikularverfahrens muss grds. ein Insolvenzgrund nach §§ 17, 19 vorliegen; eine Ausnahme gilt nur dann, wenn ein Sekundärverfahren eröffnet werden soll, → § 356 Rn. 7. Die Prüfung der **Überschuldung** bereitet dabei Schwierigkeiten, da an sich die weltweite Aktiv- und Passivmasse in die Überschuldungsbilanz einzustellen sind. Über die hierzu erforderlichen Informationen wird das Insolvenzgericht kaum einmal verfügen, und auch ein Gläubiger wird die erforderlichen Kenntnisse nur sehr selten besitzen. Einzig praktischer Antragsgrund ist daher die **Zahlungsunfähigkeit**, die im Wege des Nachweises der Zahlungseinstellung bewiesen werden kann.

Auch ein Partikularverfahren kann nur eröffnet werden, wenn das inländische Vermögen voraussichtlich die **Kosten des Verfahrens** deckt, § 26. 14

III. Wirkungen der Eröffnung eines Partikularverfahrens

Das Partikularverfahren unterliegt deutschem Recht, soweit die §§ 336 ff. keine Sonderanknüpfungen enthalten. In Modifikation des § 35 (→ § 35 Rn. 2) erfasst das Partikularverfahren nur das inländische Vermögen. Auf der Passivseite können alle Gläubiger des Schuldners – also nicht nur die inländischen – ihre Forderungen anmelden. Schwierig kann sich daher die Versendung der Aufforderung zur Forderungsanmeldung nach § 28 Abs. 1 S. 1 gestalten. Fehler bei der Versendung der Aufforderung lassen die Wirksamkeit des Eröffnungsbeschlusses unberührt, → § 28 Rn. 3; HK-InsO/*Kirchhof* § 28 Rn. 6. 15

Restschuldbefreiung. Insolvenzplan

355 (1) **Im Partikularverfahren sind die Vorschriften über die Restschuldbefreiung nicht anzuwenden.**

(2) **Ein Insolvenzplan, in dem eine Stundung, ein Erlass oder sonstige Einschränkungen der Rechte der Gläubiger vorgesehen sind, kann in diesem Verfahren nur bestätigt werden, wenn alle betroffenen Gläubiger dem Plan zugestimmt haben.**

Schrifttum: S. die Nachweise zu Vor §§ 335 ff.

I. Überblick

Die Vorschrift trifft **Sonderregelungen für die Restschuldbefreiung und die Bestätigung von Insolvenzplänen im Rahmen eines inländischen Partikularinsolvenzverfahrens** außerhalb des Anwendungsbereichs der EuInsVO. Das Regelungsbedürfnis ergibt sich daraus, dass sowohl die Restschuldbefreiung, § 301, als auch die in einem Insolvenzplan typischerweise vorgesehenen Eingriffe in die Insolvenzforderungen mit den territorial begrenzten Wirkungen eines Insolvenzverfahrens nur schwer zu vereinbaren sind. Denn nach deutschem Recht werden die Insolvenzforderungen durch die Regelungen des Insolvenzplans bzw. durch die Restschuldbefreiung zu unvollkommenen Verbindlichkeiten (→ § 301 Rn. 11). Die Restschuldbefreiung bzw. der Insolvenzplan erfassen die Insolvenzforderung somit auf materiellrechtlicher Ebene, so dass sie ihre Durchsetzbarkeit an sich auch in anderen Rechtsordnungen verlöre. Eine solche „extraterritoriale" Wirkung widerspräche aber dem Charakter des Partikularverfahrens als Territorialverfahren. 1

Das Unionsrecht regelt die Frage einer Restschuldbefreiung im Partikularverfahren durch den **vorrangigen Art. 17 Abs. 2 EuInsVO** und die Frage der Wirkungen eines Insolvenzplans durch den **vorrangigen Art. 34 Abs. 2 EuInsVO.** 2

II. Keine Restschuldbefreiung im Partikularverfahren, Absatz 1

Absatz 1 schließt die Anwendung der §§ 286 ff. in deutschen Partikularverfahren aus. Eine Verkürzung der Insolvenzforderungen durch eine Anwendung von § 301 ließe sich nicht damit vereinbaren, dass im Partikularverfahren nur das im Inland belegene Vermögen des Schuldners verwertet wird (BT-Drs. 15/16, 25). Dagegen ist im europäischen Insolvenzrecht nach Art. 17 Abs. 2 EuInsVO eine Schuldbefreiung durch das Insolvenzverfahren theoretisch nicht ausgeschlossen, 3 allerdings ist sie nur gegenüber den Gläubigern wirksam, die einem solchen Eingriff in ihre Forderung zugestimmt haben.

III. Bestätigung von Insolvenzplänen im Partikularverfahren, Absatz 2

4 Nach Absatz 2 kann ein in einem Partikularverfahren aufgestellter Insolvenzplan nur bestätigt werden, wenn sämtliche Gläubiger dem Plan zugestimmt haben. Die Regelung modifiziert § 248, indem die Mehrheitsregeln des § 244 verdrängt werden und Zustimmungsersetzungen nach § 245 ausgeschlossen sind (MüKoInsO/*Reinhart* Rn. 8). Die Vorschrift ist wortgleich mit Art. 102 § 9 EGInsO und bedarf wie dieser der **einschränkenden Auslegung,** um absurde Ergebnisse zu vermeiden.

5 Wie bei Art. 102 § 9 EGInsO (→ Art. 102 § 9 EGInsO Rn. 7) kann es schon aus praktischen Gründen auch iRv § 355 nur auf die **Zustimmung der Gläubiger** ankommen**, die ihre Forderung** entweder im Partikularverfahren oder in einem etwaigen ausländischen Hauptverfahren **angemeldet** haben. Die Zustimmung sämtlicher betroffener Gläubiger zu fordern, wäre sinnlos, da von einem Insolvenzplan auch die Gläubiger „betroffen" sind, die gar nicht am Verfahren teilnehmen. Von deren Existenz weiß das Insolvenzgericht aber nichts, so dass es die Erfüllung des Zustimmungserfordernisses nie positiv bejahen könnte.

6 Das Erfordernis einer Zustimmung aller Gläubiger ist nur sinnvoll, wenn der Plan die Befriedigungsmöglichkeiten in anderen Staaten berührt, wenn er also in diesem Sinn **extraterritoriale Wirkungen** hat. Ein Plan, der nur vollstreckungsbeschränkende Vereinbarungen enthält und damit nur im Inland wirkt, kann auch ohne die Zustimmung aller Gläubiger bestätigt werden (→ Art. 102 § 9 EGInsO Rn. 7 aE). Es bleibt dann bei den Bestätigungsvoraussetzungen des § 248. Zu weitgehend aber *Kindler*, der eine Bestätigung auch extraterritorial wirkender Pläne dann für möglich hält, wenn in allen anderen Partikular- oder Hauptverfahren über das Vermögen desselben Schuldners parallele Pläne verabschiedet und auch im Inland die nach § 244 erforderlichen Mehrheiten erreicht wurden (MüKoBGB/*Kindler* Rn. 5). Für eine solche Auslegung fehlt der Ansatzpunkt im Wortlaut der Vorschrift.

Sekundärinsolvenzverfahren

356 (1) [1] **Die Anerkennung eines ausländischen Hauptinsolvenzverfahrens schließt ein Sekundärinsolvenzverfahren über das inländische Vermögen nicht aus.** [2] **Für das Sekundärinsolvenzverfahren gelten ergänzend die §§ 357 und 358.**

(2) **Zum Antrag auf Eröffnung des Sekundärinsolvenzverfahrens ist auch der ausländische Insolvenzverwalter berechtigt.**

(3) **Das Verfahren wird eröffnet, ohne dass ein Eröffnungsgrund festgestellt werden muss.**

Schrifttum: S. die Nachweise zu Vor §§ 335 ff.

I. Überblick

1 Das Sekundärverfahren ist eine **besondere Form des Partikularverfahrens.** Sekundärverfahren finden parallel zu einem universal wirkenden Hauptverfahren statt, das in einem Drittstaat – also einem Nicht-EuInsVO-Staat – eröffnet wurde. Die Parallelität zweier Insolvenzverfahren über das Vermögen desselben Schuldners wirft besondere Koordinationsprobleme auf, die im autonomen Recht nur

unvollständig geregelt sind. Zur Funktion eines Sekundärverfahrens kann auf die Ausführungen zu → EuInsVO Art. 27 Rn. 4ff. verwiesen werden. Im Zentrum steht der Schutz inländischer Interessen.

2 Ist das Hauptverfahren in einem EuInsVO-Staat eröffnet worden, sind die **Art. 27ff. EuInsVO vorrangig** für ein inländisches Sekundärverfahren anwendbar (BGH NZI 2011, 120). Die §§ 356ff. kommen daher nur zur Anwendung, wenn der Schuldner seinen Sitz in einem Drittstaat hat. Inhaltlich deckt sich die Regelung in den §§ 356–358 teilweise mit den Art. 27–38 EuInsVO.

II. Der Zusammenhang zwischen Sekundärverfahren und Hauptverfahren, Absatz 1

3 Absatz 1 Satz 1 stellt klar, dass trotz der Eröffnung eines ausländisc20hen Hauptinsolvenzverfahrens ein Partikularverfahren über das Vermögen des Schuldners im Inland eröffnet werden kann, wenn die Voraussetzungen des § 354 vorliegen. Für das Sekundärverfahren gelten neben den §§ 356–358 auch die für andere Partikularverfahren geltenden §§ 354, 355. Das Sekundärverfahren kann auch in **Eigenverwaltung** durchgeführt werden (str., vgl. → EuInsVO Art. 27 Rn. 24; AG Köln ZIP 2004, 472; AG Rottenburg DZWIR 2004, 434).

4 Durch die Eröffnung eines solchen Sekundärverfahrens werden für die im Inland belegenen Vermögensgegenstände die Wirkungen des Hauptverfahrens durch die des Sekundärverfahrens verdrängt. Hierdurch kann es zu Gesamtmassemehrungen oder -minderungen kommen, vgl. → EuInsVO Art. 27 Rn. 17. Von einem „Vorrang des Hauptverfahrens" kann nur unter dem Gesichtspunkt gesprochen werden, dass nach § 358 ein Überschuss im Sekundärverfahren an den Verwalter des Hauptverfahrens herauszugeben ist. Auch kommen dem Hauptverwalter im Sekundärverfahren bestimmte Antragsbefugnisse, Informationsrechte und Vetorechte zu, § 357.

III. Eröffnungsantrag, Absatz 2

5 Ein Sekundärverfahren wird nur auf Antrag eröffnet. Nach § 356 Abs. 2 sind die **Gläubiger** und der ausländische Hauptinsolvenzverwalter antragsbefugt. Die Vorschrift erweitert somit den Kreis der insolvenzantragsberechtigten Personen nach § 13 Abs. 1 S. 2. Der Schuldner ist nicht befugt, die Eröffnung eines Partikularverfahrens zu beantragen, → § 354 Rn. 11. **Örtliche und sachliche Zuständigkeit** für die Verfahrenseröffnung richten sich nach § 354 Abs. 3.

6 Die Vorschrift gilt **nicht für einen ausländischen vorläufigen Verwalter,** der im Inland nur Schutzmaßnahmen nach § 344 beantragen kann, vgl. → § 344 Rn. 6 (HambK-InsO/*Undritz* Rn. 4; aA MüKoInsO/*Reinhart* Rn. 10). Eine Anwendung auf den vorläufigen Verwalter ist abzulehnen, weil die *Eurofood*-Entscheidung nicht ins autonome Recht übertragen werden sollte, → § 343 Rn. 9.

IV. Keine Prüfung des Vorliegens eines Insolvenzgrunds, Absatz 3

7 Nach Absatz 3 wird bei Vorliegen eines zulässigen Antrags auf Eröffnung eines Sekundärververfahrens vom Insolvenzgericht nicht geprüft, ob ein **Insolvenzgrund** besteht. Dies entspricht der Regelung in Art. 27 Abs. 1 S. 1 EuInsVO. Selbst wenn kein Insolvenzgrund iSv §§ 17ff. vorliegen sollte, kann ein Bedürfnis für die Eröffnung eines Sekundärverfahrens bestehen, um inländische Interessen vor den Wirkungen des ausländischen Hauptverfahrens zu schützen.

Zusammenarbeit der Insolvenzverwalter

357 (1) [1]**Der Insolvenzverwalter hat dem ausländischen Verwalter unverzüglich alle Umstände mitzuteilen, die für die Durchführung des ausländischen Verfahrens Bedeutung haben können.** [2]**Er hat dem ausländischen Verwalter Gelegenheit zu geben, Vorschläge für die Verwertung oder sonstige Verwendung des inländischen Vermögens zu unterbreiten.**

(2) **Der ausländische Verwalter ist berechtigt, an den Gläubigerversammlungen teilzunehmen.**

(3) [1]**Ein Insolvenzplan ist dem ausländischen Verwalter zur Stellungnahme zuzuleiten.** [2]**Der ausländische Verwalter ist berechtigt, selbst einen Plan vorzulegen.** [3]**§ 218 Abs. 1 Satz 2 und 3 gilt entsprechend.**

Schrifttum: S. die Nachweise zu Vor. §§ 335 ff. Ferner: *Ahrens,* Rechte und Pflichten ausländischer Insolvenzverwalter, 2002.

Übersicht

I. Überblick

1 § 357 verpflichtet den inländischen Sekundärverwalter zur Kooperation mit dem ausländischen Hauptinsolvenzverwalter. Der inländische Sekundärverwalter muss nach Absatz 1 den Hauptverwalter unverzüglich über alle relevanten Umstände informieren. Schließlich steht dem Hauptinsolvenzverwalter gem. Absatz 3 ein Stellungnahme- und Initiativrecht in Bezug auf Insolvenzpläne im Sekundärverfahren zu. In der Praxis werden zur Erleichterung der Zusammenarbeit der Insolvenzverwalter mitunter Vereinbarungen **(protocols)** getroffen. Zu diesen näher bei → EuInsVO Art. 31 Rn. 10.

2 Anders als die **vorrangige Parallelvorschrift in Art. 31 EuInsVO** ist § 357 nur an den inländischen Sekundärverwalter adressiert und statuiert insofern nur eine **einseitige Kooperationspflicht.** Im Wege der Analogie ist der Vorschrift eine Kooperationspflicht des inländischen Sekundärverwalters mit anderen ausländischen Sekundärverwaltern zu entnehmen (HK-InsO/*Stephan* Rn. 3; aA MüKoBGB/*Kindler* Rn. 3).

3 Ein **deutscher Hauptverwalter** ist mittelbar nach § 60 zur Kooperation mit einem ausländischen Sekundärverwalter verpflichtet, sofern und soweit die Zusammenarbeit im Interesse der Gläubiger liegt (vgl. *Flessner* IPRax 1997, 1 [4]; HambK-InsO/*Undritz* Rn. 2).

II. Voraussetzung

4 Die Anwendung des § 357 setzt die (anerkennungsfähige) **Eröffnung eines Hauptinsolvenzverfahrens in einem Drittstaat** sowie die Eröffnung eines

Sekundärverfahrens gem. § 356 im Inland voraus. Im Wege der Analogie sollte aber auch der **vorläufige Verwalter** jedenfalls den Mitteilungspflichten nach Absatz 1 Satz 1 unterworfen sein (ähnlich MüKoInsO/*Reinhart* Rn. 9).

III. Pflicht zur unverzüglichen Information, Absatz 1 Satz 1

Der inländische Sekundärverwalter muss den ausländischen Hauptinsolvenzverwalter nach Absatz 1 Satz 1 unverzüglich, also ohne schuldhaftes Zögern, über alle Umstände informieren, die für das Hauptverfahren von Bedeutung sein können. Zu diesen Umständen gehören ua die **Eröffnung des Verfahrens,** der **Stand der Forderungsanmeldungen,** die **Durchführung von Verwertungsmaßnahmen,** die **Vornahme von Verteilungen,** die **Einstellung des Betriebs einer Niederlassung** sowie die **Aufhebung oder Einstellung des Verfahrens.** Die Informationspflicht endet dort, wo der Verwalter gegen inländische Daten- oder Geheimnisschutzvorschriften verstoßen würde (HK-InsO/*Stephan* Rn. 7; vgl. auch Art. 31 Abs. 1 S. 1 EuInsVO). Bei **Nichtbefolgung der Unterrichtungspflicht** kann ein Zwangsgeld nach § 58 Abs. 2 festgesetzt werden (BT-Drs. 15/16, 26). 5

Die Unterrichtung kann in jeder sinnvollen **Art und Weise,** insbesondere auch per E-Mail erfolgen. Nicht geregelt ist, in welcher **Sprache** die Information zu übermitteln ist. Der ausländische Verwalter kann nicht verlangen, dass er in einer Amtssprache des Hauptverfahrensstaats informiert wird. Wenn es dem inländischen Verwalter zumutbar ist, die Information in einer auch dem Hauptinsolvenzverwalter verständlichen Sprache zu verschaffen, so ist er hierzu aus dem Sinn und Zweck der Vorschrift, nämlich eine möglichst reibungslose Kooperation zu ermöglichen, verpflichtet. 6

IV. Rechte des ausländischen Hauptinsolvenzverwalters im inländischen Sekundärinsolvenzverfahren

1. Vorschlagsrecht für Verwertungsmöglichkeiten. Nach **Absatz 1 Satz 2** hat der Hauptinsolvenzverwalter das Recht, Vorschläge für die Verwertung der Sekundärmasse zu machen. Der Sekundärverwalter hat die faktischen Voraussetzungen für die Ausübung des Vorschlagsrechts zu schaffen. Deswegen muss er den Hauptinsolvenzverwalter rechtzeitig vor der Durchführung einer Verwertungsmaßnahme unterrichten, sofern diese nicht nur untergeordnete Bedeutung hat. Der Sekundärverwalter ist an den Vorschlag nicht gebunden. Das Recht, die Aussetzung der Verwertung der Sekundärverfahrensmasse zu erwirken, hat der Hauptinsolvenzverwalter anders als nach Art. 33 EuInsVO im autonomen Recht nicht. 7

2. Recht zur Teilnahme an den Gläubigerversammlungen. Der Hauptverwalter ist gem. **Absatz 2** berechtigt, an den Gläubigerversammlungen im Sekundärverfahren teilzunehmen. Dieses Recht umfasst ein **Rederecht,** allerdings **kein Stimmrecht.** Ein Stimmrecht kann sich nur daraus ergeben, dass der Hauptinsolvenzverwalter nach der *lex fori concursus* des Hauptverfahrens oder durch Rechtsgeschäft befugt sein kann, die Rechte der Insolvenzgläubiger in (aus dieser Perspektive) ausländischen Verfahren auszuüben (MüKoInsO/*Reinhart* Rn. 15). Ein Recht auf Mitgliedschaft im Gläubigerausschuss besteht nicht. 8

3. Sekundärverfahren als Insolvenzplanverfahren. Absatz 3 stärkt die Stellung des Hauptinsolvenzverwalters im Insolvenzplanverfahren, um Sanierungen zu fördern. Nach Satz 1 hat er ein **Recht zur Stellungnahme** bezüglich eines im Sekundärverfahren vorgelegten Insolvenzplans. 9

10 Nach Satz 2 kann der Hauptinsolvenzverwalter **selbst einen Insolvenzplan vorlegen.** Hierdurch wird der Kreis der nach § 218 Abs. 1 vorlageberechtigten Personen erweitert. Die Planvorlage kann mit dem Eröffnungsantrag nach § 356 Abs. 2 verbunden werden (§ 357 Abs. 3 S. 3 iVm § 218 Abs. 1 S. 2). Der Plan muss vor dem Schlusstermin beim Insolvenzgericht eingehen (§ 357 Abs. 3 S. 3 iVm § 218 Abs. 1 S. 3).

11 Der ausländische Hauptinsolvenzverwalter hat nach autonomem Recht – anders als nach der EuInsVO (Art. 34 Abs. 1 S. 2 EuInsVO) – keine Blockadeposition. Seine Zustimmung ist zur Planbestätigung nicht erforderlich.

Überschuss bei der Schlussverteilung

358 Können bei der Schlussverteilung im Sekundärinsolvenzverfahren alle Forderungen in voller Höhe berichtigt werden, so hat der Insolvenzverwalter einen verbleibenden Überschuss dem ausländischen Verwalter des Hauptinsolvenzverfahrens herauszugeben.

Schrifttum: S. die Nachweise zu Vor. §§ 335 ff. Ferner: *Flessner,* Internationales Insolvenzrecht in Deutschland nach der Reform, IPRax 1997, 1; Stoll/*Thieme,* Partikularkonkurs, Stellungnahmen und Gutachten zur Reform des deutschen internationalen Insolvenzrechts, 1992, 212.

I. Überblick

1 § 358 stellt klar, dass der Verwalter des Sekundärverfahrens einen Masseüberschuss abweichend von § 199 nicht an den Schuldner herausgeben darf, sondern an den Verwalter des ausländischen Hauptverfahrens auskehren muss. Der **Vorrang des Art. 35 EuInsVO** ist zu beachten.

2 Die **praktische Bedeutung** der Vorschrift ist **gering.** Sollte sich jemals eine Vollbefriedigung aller Gläubiger des Sekundärverfahrens abzeichnen, so werden idR auch die Gläubiger des Hauptverfahrens ihre Forderungen gem. § 341 Abs. 1 (bzw. der Hauptverwalter gem. § 341 Abs. 2) anmelden, so dass der Überschuss hierdurch absorbiert wird.

II. Anwendungsbereich und Rechtsfolge

3 **„Überschuss"** ist wie in § 199 zu verstehen (Uhlenbruck/*Lüer* Rn. 5). Eine solche Auskehr kann im Hauptinsolvenzverfahren zu Nachtragsverteilungen führen (MüKoInsO/*Reinhart* Rn. 5; Uhlenbruck/*Lüer* Rn. 4; BK-InsO/*Pannen* Rn. 7).

Zwölfter Teil. Inkrafttreten[1*]

Verweisung auf das Einführungsgesetz[1]

359 **Dieses Gesetz tritt an dem Tage in Kraft, der durch das Einführungsgesetz zur Insolvenzordnung bestimmt wird.[2]**

1* Bish. Elfter Teil wird Zwölfter Teil mWv 20.3.2002 durch G v. 14.3.2003 (BGBl. I S. 345).

1 Bish. § 335 wird § 359 mWv 20.3.2002 durch G v. 14.3.2003 (BGBl. I S. 345).

2 Inkrafttreten gem. Art. 110 Abs. 1 EGInsO am 1.1.1999; § 2 Abs. 2, § 7 Abs. 3 sowie die Ermächtigung der Länder in § 305 Abs. 1 Nr. 1 sind gem. Art. 110 Abs. 2 EGInsO bereits am 19.10.1994 in Kraft getreten.

Einführungsgesetz zur Insolvenzordnung

Dritter Teil. Internationales Insolvenzrecht. Übergangs- und Schlußvorschriften

Artikel 102. Durchführung der Verordnung (EG) Nr. 1346/2000 über Insolvenzverfahren

Vorbemerkungen zu Art. 102 §§ 1 ff. EGInsO

Schrifttum: *Cranshaw,* Aktuelle Fragen zur europäischen Insolvenzverordnung vor dem Hintergrund der Rechtsprechung des EuGH, DZWIR 2009, 353; *Fehrenbach,* Die prioritätswidrige Verfahrenseröffnung im europäischen Insolvenzrecht, IPRax 2009, 51; *Liersch,* Deutsches Internationales Insolvenzrecht, NZI 2003, 302; *Pannen/Riedemann,* Die deutschen Ausführungsbestimmungen zur EuInsVO – Ein Überblick zu den Regelungen des Art. 102 EGInsO n. F., NZI 2004, 301; *Siemonsen,* Die deutschen Ausführungsvorschriften zur Europäischen Insolvenzverordnung, 2009; *Vallender,* Aufgaben und Befugnisse des deutschen Insolvenzrichters in Verfahren nach der EuInsVO, KTS 2005, 283.

I. Funktion des Art. 102 EGInsO

Die EuInsVO gilt als europäische Verordnung gemäß Art. 288 Abs. 2 AEUV 1 unmittelbar in allen Mitgliedstaaten (mit Ausnahme Dänemarks). Einer Umsetzung in nationales Recht bedarf es daher anders als bei einer Richtlinie nach Art. 288 Abs. 3 AEUV nicht. Die Verordnung findet vielmehr unmittelbare Anwendung. Gleichwohl kann es erforderlich sein, das nationale Recht an die Verordnung anzupassen, gerade um deren Anwendbarkeit im Zusammenspiel mit den nationalen (Verfahrens-)Regeln zu gewährleisten. Diese Anpassung leisten die in Art. 102 enthaltenen Durchführungsvorschriften.

II. Entstehungsgeschichte

Die Vorschrift wurde durch das Gesetz v. 14.3.2003 (BGBl. I S. 345) neu 2 gefasst. Art. 102 EGInsO aF enthielt eine rudimentäre Regelung des autonomen Insolvenzrechts. Dieses ist nun in den §§ 335 ff. InsO geregelt.

Örtliche Zuständigkeit

§ 1 (1) **Kommt in einem Insolvenzverfahren den deutschen Gerichten nach Artikel 3 Abs. 1 der Verordnung (EG) Nr. 1346/2000 des Rates vom 29. Mai 2000 über Insolvenzverfahren (ABl. EG Nr. L 160 S. 1) die internationale Zuständigkeit zu, ohne dass nach § 3 der Insolvenzordnung ein inländischer Gerichtsstand begründet wäre, so ist das Insolvenzgericht ausschließlich zuständig, in dessen Bezirk der Schuldner den Mittelpunkt seiner hauptsächlichen Interessen hat.**

(2) [1]**Besteht eine Zuständigkeit der deutschen Gerichte nach Artikel 3 Abs. 2 der Verordnung (EG) Nr. 1346/2000, so ist ausschließlich das Insolvenzgericht zuständig, in dessen Bezirk die Niederlassung des Schuldners liegt.** [2]**§ 3 Abs. 2 der Insolvenzordnung gilt entsprechend.**

(3) [1]**Unbeschadet der Zuständigkeit nach den Absätzen 1 und 2 ist für Entscheidungen oder sonstige Maßnahmen nach der Verordnung (EG) Nr. 1346/2000 jedes inländische Insolvenzgericht zuständig, in dessen Bezirk Vermögen des Schuldners belegen ist.** [2]**Die Landesregierungen werden ermächtigt, zur sachdienlichen Förderung oder schnelleren Erledigung der Verfahren durch Rechtsverordnung die Entscheidungen oder Maßnahmen nach der Verordnung (EG) Nr. 1346/2000 für die Bezirke mehrerer Insolvenzgerichte einem von diesen zuzuweisen.** [3]**Die Landesregierungen können die Ermächtigung auf die Landesjustizverwaltungen übertragen.**

Schrifttum: S. Vorbemerkungen zu Art. 102 §§ 1 ff.

I. Überblick

1 Die Vorschrift regelt die **örtliche Zuständigkeit** in Situationen, in denen sich nach Art. 3 EuInsVO eine internationale Zuständigkeit der deutschen Gerichte zur Eröffnung eines Haupt- (Absatz 1) oder eines Partikularinsolvenzverfahrens (Absatz 2) ergibt. Absatz 3 regelt die örtliche Zuständigkeit für andere Entscheidungen oder Maßnahmen als die Eröffnung eines Insolvenzverfahrens, wenn das Insolvenzverfahren in einem anderen Mitgliedstaat eröffnet wurde. Der BGH wendet die Vorschrift ferner auch zur Bestimmung der örtlichen Zuständigkeit für Annexverfahren an (→ Rn. 5).

II. Örtliche Zuständigkeit zur Eröffnung von Hauptinsolvenzverfahren, Absatz 1

2 Absatz 1 normiert einen ausschließlichen Auffangtatbestand hinsichtlich der örtlichen Zuständigkeit, die eingreift, wenn der Schuldner zwar sein COMI im Sinne der EuInsVO im Inland hat, aber hier nicht über einen allgemeinen Gerichtsstand im Sinne der § 3 InsO iVm §§ 12 ff. ZPO verfügt. Nach Absatz 1 ist das Insolvenzgericht am inländischen COMI (→ EuInsVO Art. 3 Rn. 5 ff.) des Schuldners zuständig. Hierdurch werden Zuständigkeitslücken vermieden, die dadurch entstehen können, dass Art. 3 Abs. 1 EuInsVO einerseits und § 3 InsO andererseits nicht auf identische Anknüpfungspunkte abstellen.

III. Örtliche Zuständigkeit für die Eröffnung von Partikularverfahren, Absatz 2

3 Zur **Eröffnung inländischer Partikularverfahren** gemäß Art. 3 Abs. 2 EuInsVO ist nach Absatz 2 nur ein Insolvenzgericht örtlich zuständig, in dessen Bezirk der Schuldner eine Niederlassung im Sinne von Art. 2 lit. h EuInsVO hat (*Siemonsen* S. 56). Hat der Schuldner im Inland mehrere Niederlassungen, so ist das Gericht der Hauptniederlassung zuständig (Begr. zu § 3 RegE, BT-Drs. 12/2443, 110; *Pannen/Riedemann* NZI 2004, 301 [302]). Bei mehreren gleichberechtigten Niederlassungen gilt gemäß § 3 Abs. 2 InsO das Prioritätsprinzip, so dass es darauf ankommt, bei welchem Gericht der Insolvenzantrag zuerst gestellt wurde.

IV. Mitwirkungshandlungen inländischer Gerichte bei ausländischem Insolvenzverfahren, Absatz 3

4 Absatz 3 regelt die örtliche Zuständigkeit für Mitwirkungshandlungen inländischer Gerichte im Falle eines in einem anderen Mitgliedstaat eröffneten Insolvenzverfahrens. Der Wortlaut des Absatz 3 ist insofern zu weit geraten, als hiernach auch andere Entscheidungen – wie etwa die Anordnung von Verwertungs-

handlungen – erfasst sein könnten. Wie sich aus den Materialien ergibt (BT-Drs. 15/15, 14), sollen aber nur solche Entscheidungen und Maßnahmen unter Absatz 3 fallen, die unmittelbar aufgrund einer in der EuInsVO enthaltenen Sachnorm ergehen. Die Begründung nennt ausdrücklich die **öffentliche Bekanntmachung** sowie die **Eintragung in ein öffentliches Register** nach Art. 21, 22 EuInsVO (s. insoweit auch die Verweise in § 5 Abs. 1 S. 1 sowie § 6 Abs. 1 S. 1 auf § 1). Die Anordnung der Zwangsversteigerung oder andere gerichtliche Mitwirkungshandlungen im Rahmen der Verwertung richten sich daher nicht nach Absatz 3, sondern nach den allgemeinen Regeln über die örtliche Zuständigkeit. Von der Möglichkeit der Zuständigkeitskonzentration nach Absatz 3 Satz 2 hat bisher kein Bundesland Gebrauch gemacht. Es bleibt daher bei der Zuständigkeit jedes Insolvenzgerichts, in dessen Bezirk Vermögen des Schuldners belegen ist.

V. Örtliche Zuständigkeit für sog Annexverfahren, Absatz 1 analog

Die Vorschrift bestimmt in entsprechender Anwendung auch die örtliche Zuständigkeit für sog Annexverfahren, also für Anfechtungsklagen und andere Verfahren, die „eng mit dem Insolvenzverfahren zusammenhängen und unmittelbar aus ihm hervorgehen" (zur Abgrenzung im Einzelnen → EuInsVO Art. 3 Rn. 33 ff.), so dass eine **örtliche Zuständigkeit des Gerichts im Bezirk des Insolvenzgerichts** besteht (BGH ZIP 2009, 1287 = NZI 2009, 532 m. krit. Anm. *Mock* NZI 2009, 534 f.; BGH NZI 2014, 672 = ZIP 2014, 1132 Rn. 8). Bei dieser Zuständigkeit soll es sich um eine **hilfsweise ausschließliche Zuständigkeit** handeln (BGH aaO Rn. 23). Sie kommt nur dann zum Zuge, wenn weder ein allgemeiner noch ein besonderer Gerichtsstand im Inland besteht (*Cranshaw* DZWIR 2009, 353; *Mock* NZI 2009, 534). Als besondere Gerichtsstände kommen insbesondere §§ 21, 23 ZPO sowie uU § 25 ZPO in Betracht. Für Anfechtungsklagen ist ein besonderer Gerichtsstand nach § 32 ZPO allenfalls dann gegeben, wenn die anfechtbare Handlung stellt zugleich ein Delikt darstellt (BGH ZIP 2009, 1287 = NZI 2009, 532 Rn. 12; *Mock* NZI 2009, 535). 5

Begründung des Eröffnungsbeschlusses

2 Ist anzunehmen, dass sich Vermögen des Schuldners in einem anderen Mitgliedstaat der Europäischen Union befindet, sollen im Eröffnungsbeschluss die tatsächlichen Feststellungen und rechtlichen Erwägungen kurz dargestellt werden, aus denen sich eine Zuständigkeit nach Artikel 3 der Verordnung (EG) Nr. 1346/2000 für die deutschen Gerichte ergibt.

Schrifttum: S. Vorbemerkungen zu Art. 102 §§ 1 ff.

I. Überblick

Die Vorschrift sieht in Ergänzung von § 27 InsO vor, dass das Insolvenzgericht im Eröffnungsbeschluss Ausführungen zu seiner internationalen Zuständigkeit machen muss, wenn die Gefahr eines Zuständigkeitskonflikts besteht. Damit wird einerseits voreiligen Inanspruchnahmen der Zuständigkeit vorgebeugt, andererseits kann die Zuständigkeitsentscheidung des Insolvenzgerichts anhand der Begründung im Rahmen des Beschwerdeverfahrens nach § 34 InsO überprüft werden. In Teilen nimmt die Vorschrift Art. 4 Abs. 1 S. 2 EuInsVO nF vorweg. Problematisch an der Regelung ist, dass die Eröffnung des Insolvenzverfahrens im Sinne der EuInsVO bereits durch die Anordnung von Sicherungsmaßnahme 1 erfolgt, das Gericht muss seine internationale Zuständigkeit also schon zu diesem Zeitpunkt prüfen (→ Rn. 3).

II. Einzelheiten zur Begründungspflicht

2 Die Begründungspflicht besteht nur dann, wenn ein Insolvenzverfahren (möglicherweise) grenzüberschreitende Bezüge hat. Das Gericht muss dann die tatsächlichen und rechtlichen Grundlagen seiner Eröffnungsentscheidung kurz erläutern. Weiterhin ist erforderlich, dass das Gericht klarstellt, ob ein Partikular- oder ein Hauptinsolvenzverfahren eröffnet wird.

3 Diese Klarstellungs- und Begründungspflicht gilt analog für die **Anordnung von Sicherungsmaßnahmen** i. R. des Eröffnungsverfahrens, wenn diese dazu führen, dass die vom EuGH in der *Eurofood*-Entscheidung (EuGH NZI 2006, 360 = IPRax 2007, 120) entwickelten Kriterien für den Begriff des „Insolvenzverfahrens" erfüllt sind (AG Hamburg NZI 2009, 343). Ausreichend ist danach die Anordnung eines allgemeinen oder begrenzten Zustimmungsvorbehalts (→ EuInsVO Art. 2 Rn. 8; → EuInsVO Art. 3 Rn. 26). Der Charakter als Eröffnungsbeschluss iSv Art. 3 Abs. 1 ist dann im Beschluss deutlich zu machen, dieser ist entsprechend § 9 InsO bekannt zu machen.

4 Ein **Verstoß** gegen § 2 macht den Beschluss weder anfechtbar noch gar nichtig; es handelt sich um eine reine Ordnungsvorschrift (MüKoBGB/*Kindler* Rn. 6). Das Insolvenzgericht kann den Beschluss auch noch nachträglich ergänzen (MüKoInsO/*Reinhart* Rn. 10), wobei es sich dann um einen Änderungsbeschluss handelt.

Vermeidung von Kompetenzkonflikten

3 (1) [1]**Hat das Gericht eines anderen Mitgliedstaats der Europäischen Union ein Hauptinsolvenzverfahren eröffnet, so ist, solange dieses Insolvenzverfahren anhängig ist, ein bei einem inländischen Insolvenzgericht gestellter Antrag auf Eröffnung eines solchen Verfahrens über das zur Insolvenzmasse gehörende Vermögen unzulässig.** [2]**Ein entgegen Satz 1 eröffnetes Verfahren darf nicht fortgesetzt werden.** [3]**Gegen die Eröffnung des inländischen Verfahrens ist auch der Verwalter des ausländischen Hauptinsolvenzverfahrens beschwerdebefugt.**

(2) **Hat das Gericht eines Mitgliedstaats der Europäischen Union die Eröffnung des Insolvenzverfahrens abgelehnt, weil nach Artikel 3 Abs. 1 der Verordnung (EG) Nr. 1346/2000 die deutschen Gerichte zuständig seien, so darf ein deutsches Insolvenzgericht die Eröffnung des Insolvenzverfahrens nicht ablehnen, weil die Gerichte des anderen Mitgliedstaats zuständig seien.**

Schrifttum: S. Vorbemerkungen zu Art. 102 §§ 1 ff.

I. Vermeidung positiver Kompetenzkonflikte, Absatz 1

1 Absatz 1 Satz 1 zieht die Konsequenz aus dem in Art. 3 Abs. 2 EuInsVO formulierten **Prioritätsprinzip:** Nach der Eröffnung eines Hauptverfahrens in einem Mitgliedstaat kann in anderen Mitgliedstaaten nur noch ein Partikularverfahren eröffnet werden. Nach Absatz 1 Satz 1 sind Anträge auf Eröffnung eines Hauptverfahrens unzulässig, wenn das Gericht durch eine stattgebende Entscheidung gegen dieses Prioritätsprinzip verstoßen würde. Kommt es dennoch zur Eröffnung eines solchen Verfahrens, darf dieses nach Satz 2 nicht weitergeführt werden. Gegen den rechtswidrigen Eröffnungsbeschluss kann nach Absatz 1

Satz 3 auch der im ausländischen Verfahren bestellte Verwalter sofortige Beschwerde nach § 34 InsO iVm § 6 InsO einlegen. Auch ohne dass ein Rechtsbehelf eingelegt wird, ist das Verfahren nach Art. 102 § 4 von Amts wegen einzustellen. Ist das zweite Verfahren in Kenntnis der Existenz eines Verfahren in einem anderen Mitgliedstaat eröffnet worden, so ist der Eröffnungsbeschluss nichtig (BGH NZI 2008, 572 [575]; näher Art. 102 § 4 Rn. 7). Eine Neueröffnung als Sekundärverfahren ist auf entsprechenden Antrag hin möglich.

II. Vermeidung negativer Kompetenzkonflikte, Absatz 2

Die EuInsVO behandelt das Problem negativer Kompetenzkonflikte nicht. Für das deutsche Recht trifft Absatz 2 eine Lösung: Hat ein Gericht eines anderen EuInsVO-Staats sich für unzuständig erklärt mit der Begründung, dass sich das COMI des Schuldners in Deutschland befinde, so sind die deutschen Gerichte nach Absatz 2 daran gehindert anzunehmen, dass der Schuldner sein COMI doch in dem anderen Mitgliedstaat habe. Allerdings können die deutschen Gerichte die Verfahrenseröffnung mit der Begründung ablehnen, dass der Schuldner sein COMI in einem dritten Staat habe (bei diesem dritten Staat muss es sich nicht um einen EuInsVO-Staat handeln). So kann es zwar zu Verweisungsketten, aber nicht zu Verweisungszirkeln kommen. 2

Einstellung des Insolvenzverfahrens zugunsten der Gerichte eines anderen Mitgliedstaats

4 (1) **[1]Darf das Insolvenzgericht ein bereits eröffnetes Insolvenzverfahren nach § 3 Abs. 1 nicht fortsetzen, so stellt es von Amts wegen das Verfahren zugunsten der Gerichte des anderen Mitgliedstaats der Europäischen Union ein. [2]Das Insolvenzgericht soll vor der Einstellung den Insolvenzverwalter, den Gläubigerausschuss, wenn ein solcher bestellt ist, und den Schuldner hören. [3]Wird das Insolvenzverfahren eingestellt, so ist jeder Insolvenzgläubiger beschwerdebefugt.**

(2) **[1]Wirkungen des Insolvenzverfahrens, die vor dessen Einstellung bereits eingetreten und nicht auf die Dauer dieses Verfahrens beschränkt sind, bleiben auch dann bestehen, wenn sie Wirkungen eines in einem anderen Mitgliedstaat der Europäischen Union eröffneten Insolvenzverfahrens widersprechen, die sich nach der Verordnung (EG) Nr. 1346/2000 auf das Inland erstrecken. [2]Dies gilt auch für Rechtshandlungen, die während des eingestellten Verfahrens vom Insolvenzverwalter oder ihm gegenüber in Ausübung seines Amtes vorgenommen worden sind.**

(3) **[1]Vor der Einstellung nach Absatz 1 hat das Insolvenzgericht das Gericht des anderen Mitgliedstaats der Europäischen Union, bei dem das Verfahren anhängig ist, über die bevorstehende Einstellung zu unterrichten; dabei soll angegeben werden, wie die Eröffnung des einzustellenden Verfahrens bekannt gemacht wurde, in welchen öffentlichen Büchern und Registern die Eröffnung eingetragen und wer Insolvenzverwalter ist. [2]In dem Einstellungsbeschluss ist das Gericht des anderen Mitgliedstaats zu bezeichnen, zu dessen Gunsten das Verfahren eingestellt wird. [3]Diesem Gericht ist eine Ausfertigung des Einstellungsbeschlusses zu übersenden. [4]§ 215 Abs. 2 der Insolvenzordnung ist nicht anzuwenden.**

Schrifttum: S. Vorbemerkungen zu Art. 102 §§ 1 ff.

I. Überblick

1 Absatz 1 bestimmt, dass Verfahren, die unter Verstoß gegen das in Art. 3 Abs. 3 EuInsVO normierte Prioritätsprinzip im Inland eröffnet wurden, von Amts wegen einzustellen sind. Nach Absatz 2 sollen deren Wirkungen aber von der Einstellung unberührt bleiben – insbesondere sollen Rechtshandlungen des Verwalters ihre Wirksamkeit behalten; der BGH nimmt allerdings eine teleologische Reduktion insoweit vor, dass dies nur dann gilt, wenn das inländische Verfahren irrtümlich als Hauptverfahren eröffnet wurde (BGH ZIP 2008, 2029). Absatz 3 regelt den Ablauf der Einstellung und insbesondere die Information des ausländischen Gerichts.

II. Einstellung des Verfahrens von Amts wegen, Absatz 1

2 Verfahren, die entgegen Art. 3 Abs. 3 EuInsVO iVm Art. 102 § 3 Abs. 1 S. 1 EGInsO eröffnet worden sind, sind von Amts wegen einzustellen (vgl. AG Düsseldorf NZI 2004, 269). Der Einstellungsbeschluss ist vom Richter zu fassen, § 19a Nr. 1 RPflG; ein vom Rechtspfleger erlassener Beschluss ist gemäß § 8 Abs. 4 S. 1 RPflG unwirksam (BGH ZIP 2008, 2029 Rn. 17). In dem Einstellungsbeschluss ist nach Absatz 3 Satz 2 das Gericht zu bezeichnen, das den zu respektierenden vorrangigen Eröffnungsbeschluss erlassen hat.

3 Eine **Umwandlung des Verfahrens von einem Hauptverfahren in ein Sekundärverfahren** oder gar eine „Berichtigung des Eröffnungsbeschlusses" kommt schon deshalb nicht in Frage, weil ein Sekundärverfahren gemäß Art. 29 nur auf entsprechenden Antrag hin eröffnet werden kann (Kübler/Prütting/Bork/*Kemper* Rn. 3; aA MüKoInsO/*Reinhart* Rn. 2). Der Antrag eines Gläubigers auf Eröffnung eines Sekundärinsolvenzverfahrens kann nicht ohne Weiteres in einen Antrag auf Eröffnung eines Hauptinsolvenzverfahrens umgedeutet werden. Daher geht es auch nicht an, das prioritätswidrig eröffnete Verfahren unter Berufung auf Art. 3 Abs. 3 als „Sekundärverfahren kraft Gesetzes" zu behandeln (*Herchen*, Das Übereinkommen über Insolvenzverfahren, 40; *ders.* EWiR 2009, 17 f.; *Fehrenbach* IPRax 2009, 51 [55]).

4 Vor Erlass des Einstellungsbeschlusses ist nach Absatz 1 Satz 2 dem Schuldner, dem inländischen Insolvenzverwalter sowie ggf. dem Gläubigerausschuss **rechtliches Gehör** zu gewähren. Gegen den Einstellungsbeschluss kann jeder Insolvenzgläubiger nach Abs. 1 S. 3 iVm § 216 (analog), § 6 InsO, § 567 ZPO **sofortige Beschwerde** einlegen. Dieses Recht haben auch Insolvenzgläubiger mit Absonderungsrechten (aA MüKoInsO/*Reinhart* Rn. 8; MüKoBGB/*Kindler* Rn. 6; *Smid* Rn. 2). Dies ergibt sich schon aus dem Wortlaut der Vorschrift iVm § 52 InsO. Für eine teleologische Reduktion des Anwendungsbereichs besteht kein Anlass.

III. Grundsätzlich keine Rückwirkung der Verfahrenseinstellung, Absatz 2

5 Einstellungsbeschlüsse nach Absatz 1 wirken (wie Beschlüsse nach §§ 207, 211, 212 InsO) grds. nur *ex nunc*. **Rechtshandlungen,** die der Verwalter vor Einstellung vorgenommen hat, werden durch den Einstellungsbeschluss **nicht rückwirkend unwirksam.**

6 Die Einstellung des rechtswidrig (aber wirksam, → Rn. 5) eröffneten Verfahrens nach Absatz 2 führt nicht dazu, dass im Inland belegenes Vermögen insolvenzfrei wird, denn es bleibt von den Wirkungen des im Ausland eröffneten Hauptinsolvenzverfahrens erfasst – jedenfalls so lange, wie nicht im Inland ein Sekundär-

verfahren eröffnet wird. Masseverbindlichkeiten, die in dem rechtswidrig eröffneten Verfahren entstanden sind, sind vom Verwalter dieses Verfahrens analog § 209 InsO zu begleichen (MüKoBGB/*Kindler* Rn. 12), hierbei hat er sich entsprechend Art. 31 EuInsVO mit dem Verwalter des Hauptverfahrens abzustimmen.

Anders ist es, wenn das inländische Verfahren in Kenntnis des ausländischen 7
Verfahrens als Hauptverfahren eröffnet wurde, so dass ein **bewusster Verstoß gegen das Prioritätsprinzip** vorliegt. Der Fehler des Eröffnungsbeschlusses ist in einer solchen Situation evident, so dass der **Beschluss nichtig** ist (vgl. BGHZ 29, 223 [229]; 113, 216 [218]; ZIP 2008, 2029). So kann einer Strategie der Schaffung vollendeter Tatsachen wirksam vorgebeugt werden (vgl. *Mankowski* NZI 2009, 575 [576]). Gleichfalls nichtig ist die Bestellung des Verwalters, woraus folgt, dass auch die Rechtshandlungen, die er in Ausübung seines (Schein-)Amtes vorgenommen hat, unwirksam sind und allenfalls Schadensersatzansprüche gegen ihn persönlich oder in der Form von Amtshaftungsansprüchen auslösen können. Insbesondere kann der Scheinverwalter keine Masseverbindlichkeiten für ein später ggf. eröffnetes Partikularverfahren begründen (BGH ZIP 2008, 2029). Gegen die Rechtsprechung des BGH führt *Kemper* (Kübler/Prütting/Bork Rn. 15 ff.) in erster Linie Bedenken im Hinblick auf die Rechtssicherheit an. Diese Argumente vermögen allerdings gerade in den Fällen der bewusst rechtswidrigen Verfahrenseröffnung nicht zu überzeugen; die Rechtssicherheit hat hier hinter der Rechtsmäßigkeit zurückzustehen. Der Schutz Dritter (Vertragspartner etc) kann durch Schadensersatzansprüche gewährleistet werden.

IV. Informationspflichten, Absatz 3

Das deutsche Gericht muss das Gericht des Eröffnungsstaats vor der Einstellung 8
informieren. Neben der beabsichtigten Einstellung ist auch mitzuteilen, wie die Eröffnung des einzustellenden Verfahrens bekannt gemacht wurde, in welchen öffentlichen Büchern und Registern die Eröffnung eingetragen wurde und wer als Insolvenzverwalter bestellt worden war. Diese Informationen sollen den im ausländischen Hauptverfahren eingesetzten Verwalter in die Lage versetzen, zügig von der im Inland belegenen Masse Besitz zu ergreifen und diese so im Interesse der Insolvenzgläubiger zu sichern. Das inländische Gericht ist nicht verpflichtet, der formlosen Mitteilung nach Satz 1 eine Übersetzung in einer Amtssprache des Eröffnungsstaats beizufügen.

Öffentliche Bekanntmachung[1]

5 (1) [1] **Der Antrag auf öffentliche Bekanntmachung des wesentlichen Inhalts der Entscheidungen nach Artikel 21 Abs. 1 der Verordnung (EG) Nr. 1346/2000 ist an das nach § 1 zuständige Gericht zu richten.** [2] **Das Gericht kann eine Übersetzung verlangen, die von einer hierzu in einem der Mitgliedstaaten der Europäischen Union befugten Person zu beglaubigen ist.** [3] **§ 9 Abs. 1 und 2 und § 30 Abs. 1 der Insolvenzordnung gelten entsprechend.**

(2) [1] **Besitzt der Schuldner im Inland eine Niederlassung, so erfolgt die öffentliche Bekanntmachung nach Absatz 1 von Amts wegen.** [2] **Ist die Eröffnung des Insolvenzverfahrens bekannt gemacht worden, so ist die Beendigung in gleicher Weise bekannt zu machen.**

Schrifttum: S. Vorbemerkungen zu Art. 102 §§ 1 ff.

[1] § 5 Abs. 1 S. 3 zuletzt geänd. mWv 1.7.2014 durch G v. 15.7.2013 (BGBl. I S. 2379).

I. Überblick

1 Die Vorschrift regelt die von Art. 21 EuInsVO ermöglichte Bekanntmachung der Eröffnung eines Insolvenzverfahrens. Sie bestimmt, an welches Gericht sich der ausländische Verwalter mit dem Bekanntmachungsantrag wenden muss und welche Formalitäten hierbei erfüllt sein müssen. Absatz 2 Satz 1 sieht eine Bekanntmachung von Amts wegen vor, wenn der Schuldner, über dessen Vermögen in einem EuInsVO-Staat das Insolvenzverfahren eröffnet wurde, im Inland über eine Niederlassung verfügt. Die Anordnung von Sicherungsmaßnahmen im Rahmen eines **Insolvenzeröffnungsverfahrens** kann nach Art. 25 Abs. 1 UAbs. 3, 38 EuInsVO analog Art. 21 EuInsVO iVm Art. 102 EGInsO § 5 im Inland bekannt gemacht werden, wenn das ausländische Eröffnungsverfahren bekanntmachungsbedürftige Rechtsfolgen erzeugt (→ EuInsVO Art. 21 Rn. 6).

II. Bekanntmachung auf Antrag des Verwalters, Absatz 1

2 **1. Voraussetzungen der Bekanntmachung, Absatz 1 Satz 1, 2.** Für den Antrag, den Art. 21 Abs. 1 EuInsVO für die Bekanntmachung erfordert, ist gem. Absatz 1 das nach Art. 102 EGInsO § 1 zu ermittelnde Insolvenzgericht zuständig. Dieses kann die Anerkennungsfähigkeit der Entscheidung prüfen, wobei es die Anerkennung nur wegen eines Verstoßes gegen den inländischen *ordre public,* Art. 26 EuInsVO, oder gegen Art. 25 Abs. 3 EuInsVO versagen kann (→ Art. 16 Rn. 3 ff.). Zur entsprechenden Prüfung der Eröffnungsentscheidung sowie für die Zwecke der Veröffentlichung kann das Gericht eine Übersetzung des Eröffnungsbeschlusses ins Deutsche verlangen, Absatz 1 Satz 2. Der antragstellende Verwalter kann seine Bestellung, die ihm iVm Art. 21 EuInsVO seine Antragsberechtigung vermittelt, durch die Vorlage einer Bestellungsurkunde nach Art. 19 EuInsVO nachweisen. Die **Zulässigkeit des Antrags nach Absatz 1** hängt nicht davon ab, dass der Schuldner im Inland über Vermögen oder gar eine Niederlassung verfügt.

3 Die Entscheidung über die Bekanntmachung ist im Hinblick auf den Beginn der Beschwerdefrist dem Insolvenzverwalter sowie dem Schuldner nach der EG-Zustellungsverordnung (VO (EG) 1348/2000) zuzustellen (MüKoInsO/*Reinhart* EGInsO Art. 102 § 7 Rn. 6).

4 **2. Art und Weise der Bekanntmachung, Absatz 1 Satz 3.** Die öffentliche Bekanntmachung der ausländischen Eröffnungsentscheidung erfolgt gemäß dem Verweis auf §§ 9 Abs. 1, 2 und 30 Abs. 1 S. 1 auf dieselbe Art und Weise wie bei inländischen Entscheidungen. Die Eröffnung des Auslandsverfahrens ist daher unter <www.insolvenzbekanntmachungen.de> im Internet zu veröffentlichen. Bekannt zu machen ist dort nach Art. 21 EuInsVO der wesentliche Inhalt der Entscheidung, zu dem die **Bezeichnung des Schuldners,** die Angabe der **Verfahrensart**, der **Zeitpunkt der Eröffnung** sowie das **entscheidende Organ** gehören (Kübler/Prütting/Bork/*Kemper* EuInsVO Art. 21 Rn. 3). Ferner ist der **Name der zum Verwalter bestellten Person** zu veröffentlichen, und es ist nach Art. 21 Abs. 1 S. 2 EuInsVO anzugeben, ob es sich bei dem Verfahren um ein Haupt- oder ein Sekundärverfahren handelt.

5 Ebenfalls entsprechend § 9 InsO ist die **Beendigung des ausländischen Verfahrens** bekannt zu machen, vgl. Absatz 2 Satz 2, der entgegen seiner systematischen Stellung auch auf die Bekanntmachung nach Absatz 1 zu beziehen ist.

6 **3. Rechtsbehelfe.** Gegen die Bekanntmachung bzw. gegen ihre Verweigerung können der Schuldner oder der ausländische Verwalter nach Art. 102 EGInsO § 7 sofortige Beschwerde einlegen; Näheres s. dort.

III. Bekanntmachung von Amts wegen bei Niederlassung im Inland, Absatz 2

Nach Absatz 2 sind die inländischen Insolvenzgerichte verpflichtet, ausländische Verfahrenseröffnungen entsprechend § 9 InsO bekannt zu machen, wenn im Inland eine Niederlassung des Schuldners existiert. Diese Pflicht ist teleologisch auf die **Eröffnung von ausländischen Hauptverfahren** zu reduzieren (MüKoInsO/*Reinhart* Rn. 9). Hierfür spricht, dass Art. 21 Abs. 2 EuInsVO nur bei der Eröffnung eines Hauptverfahrens die Bekanntmachung ermöglicht. Inwieweit die Mitgliedstaaten ihre eigenen Organe zur Bekanntmachung von Auslandsverfahren zwingen, bleibt zwar grds. ihnen überlassen, es fehlt aber im deutschen Recht eine Kostenvorschrift für die amtswegige Bekanntmachung von Sekundärverfahren, so dass die teleologische Reduktion sinnvoll ist, um zu vermeiden, dass die Justizkasse mit den Eintragungskosten belastet wird. 7

Aus Art. 102 EGInsO § 5 folgt **keine Ermittlungspflicht des Insolvenzgerichts,** es muss nur solche ausländischen Verfahren von Amts wegen bekannt machen, von denen es Kenntnis erhält, ohne dass ein Eintragungsantrag nach Absatz 1 gestellt wird. Ob sich aus Abs. 2 eine Mitteilungspflicht des ausländischen Verwalters ergibt (so *Pannen/Riedemann* NZI 2004, 303; Uhlenbruck/*Lüer* Rn. 5), dürfte praktisch irrelevant sein. 8

IV. Kosten

Die Kosten der Bekanntmachung nach Absatz 1 (Nr. 9004 Kostenverzeichnis GKG) trägt gemäß § 24 GKG der Insolvenzverwalter, es handelt sich nach Art. 23 EuInsVO um Kosten des ausländischen Verfahrens. Für die Kosten der amtswegigen Bekanntmachung nach Absatz 2 trifft das Gesetz keine Regelung. Grds. ist hier der Insolvenzschuldner der Kostenschuldner nach § 23 Abs. 3 GKG (MüKoInsO/*Reinhart* Rn. 16; Pannen EuInsVO/*Eickmann* Rn. 20). 9

Eintragung in öffentliche Bücher und Register

6 (1) [1]**Der Antrag auf Eintragung nach Artikel 22 der Verordnung (EG) Nr. 1346/2000 ist an das nach § 1 zuständige Gericht zu richten.** [2]**Dieses ersucht die registerführende Stelle um Eintragung, wenn nach dem Recht des Staats, in dem das Hauptinsolvenzverfahren eröffnet wurde, die Verfahrenseröffnung ebenfalls eingetragen wird.** [3]**§ 32 Abs. 2 Satz 2 der Insolvenzordnung findet keine Anwendung.**

(2) [1]**Die Form und der Inhalt der Eintragung richten sich nach deutschem Recht.** [2]**Kennt das Recht des Staats der Verfahrenseröffnung Eintragungen, die dem deutschen Recht unbekannt sind, so hat das Insolvenzgericht eine Eintragung zu wählen, die der des Staats der Verfahrenseröffnung am nächsten kommt.**

(3) **Geht der Antrag nach Absatz 1 oder nach § 5 Abs. 1 bei einem unzuständigen Gericht ein, so leitet dieses den Antrag unverzüglich an das zuständige Gericht weiter und unterrichtet hierüber den Antragsteller.**

Schrifttum: S. Vorbemerkungen zu Art. 102 §§ 1 ff.

Übersicht

I. Überblick

1 Der Verwalter des Hauptverfahrens wird sich bemühen, möglichst rasch die Verfahrenseröffnung bzw. die Anordnung einer Verfügungsbeschränkung in ausländische Register eintragen zu lassen, um zu verhindern, dass ein Dritter nach Art. 14 EuInsVO iVm den Verkehrsschutzvorschriften des Rechts des Registerstaates nach Verfahrenseröffnung Rechte an im Ausland belegenem Vermögen erwirbt. Die **Eintragung ist keine Voraussetzung für die Anerkennung** des Insolvenzverfahrens (*Virgós/Schmit* Rn. 182), vielmehr ist umgekehrt die Anerkennung nach Art. 16 EuInsVO Voraussetzung der Eintragung.

2 Nach Art. 102 EGInsO § 6 ist für das Eintragungsverfahren das Insolvenzgericht zuständig. Für den Verwalter ist diese Regelung vorteilhaft, da er sich nur an eine Stelle wenden muss; die Zentralisierung hat den weiteren Vorteil, dass so zentral die Zulässigkeitsvoraussetzungen des Antrags geprüft werden können, wodurch die registerführenden Stellen entlastet werden. Außerhalb des Anwendungsbereichs der EuInsVO trifft § 346 InsO eine vergleichbare Regelung.

II. Erfasste Register

3 Die Vorschrift regelt nur das Eintragungsverfahren in öffentliche Register. Ein Register ist öffentlich, wenn Dritte die Möglichkeit der Einsichtnahme haben. Erfasst sind neben dem **Grundbuch** sowie dem **Handelsregister** auch das **Genossenschafts-, Partnerschafts-, Vereins-, (Binnen-)Schiffs-, Luftfahrzeugregister** und **Register für gewerbliche Schutzrechte** (Patente, Marken, eingetragene Designs und Gebrauchsmuster).

III. Das Eintragungsverfahren und -voraussetzungen

4 Der ausländische Verwalter kann die **Eintragungsanträge** bei dem nach Art. 102 EGInsO § 1 zu bestimmenden Insolvenzgericht stellen, gleich auf welches Register sie sich beziehen. Er kann den Antrag dagegen nicht direkt beim Grundbuchamt stellen, wie sich aus Absatz 1 Satz 3 ergibt. Stellt der Verwalter den Antrag bei einem sachlich oder örtlich unzuständigen Gericht, leitet dieses nach Abs. 3 den Antrag an das nach seiner Beurteilung zuständige Gericht weiter und informiert den Insolvenzverwalter hierüber.

5 Die **Antragsbefugnis des Insolvenzverwalters** ergibt sich aus Art. 22 EuInsVO iVm seiner Bestellung als Verwalter in einem Hauptinsolvenzverfahren. Diese Bestellung kann er durch Vorlage einer Bescheinigung nach Art. 19 EuInsVO nachweisen. Das Insolvenzgericht kann den Antrag ablehnen, wenn der Anerkennung der Eröffnungsentscheidung der inländische *ordre public*, Art. 26 EuInsVO, entgegensteht.

6 Die **Eintragung** ist entgegen Absatz 1 Satz 2 Hs. 2 auch dann vorzunehmen, wenn die *lex fori concursus* eine Eintragung der Verfahrenseröffnung nicht kennt. Das in Absatz 1 Satz 2 Hs. 2 formulierte Erfordernis ist unbeachtlich, da Art. 22

EuInsVO eine entsprechende Voraussetzung nicht kennt. Die Berücksichtigung der *lex fori concursus* widerspräche der Funktion des Art. 22 EuInsVO, der auf den Verkehrsschutz und die Funktionsfähigkeit der Register im Registerstaat abzielt; ob auch der Eröffnungsstaat eine Registereintragung vorsieht, ist irrelevant (MüKoInsO/*Reinhart* Rn. 9).

Ist der Eintragungsantrag zulässig, ersucht das **Insolvenzgericht** die jeweiligen registerführenden Stellen für die Gegenstände, von denen es Kenntnis hat (§ 32 Abs. 2 S. 1 InsO), von Amts wegen um die Eintragung. Die Entscheidung ist im Hinblick auf den Beginn der Beschwerdefrist dem Insolvenzverwalter sowie dem Schuldner zuzustellen; anwendbar ist insoweit die EG-Zustellungsverordnung (VO (EG) 1348/2000) (MüKoInsO/*Reinhart* EGInsO Art. 102 § 7 Rn. 6). 7

IV. Inhalt und Form der Eintragung, Absatz 2

Inhalt und Form der Eintragung richten sich nach deutschem Recht. Abs. 2 besitzt für von Art. 11 EuInsVO erfasste Gegenstände nur klarstellende Funktion, da insoweit schon die EuInsVO bestimmt, dass sich die Wirkungen eines Auslandsverfahrens nach der *lex libri siti* richten. Hierbei sind die Wirkungen des Auslandsverfahrens an das inländische Recht anzupassen. So wird vermieden, dass dem deutschen Sachen- und Registerrecht vollkommen fremde Eintragungen vorgenommen werden müssen. 8

V. Rechtsbehelfe

Gegen die Entscheidung des Insolvenzgerichts über den Eintragungsantrag ist nach Art. 102 EGInsO § 7 iVm § 6 InsO die **sofortige Beschwerde** statthaft. Beschwerdebefugt sind der Schuldner und der Insolvenzverwalter, s. → Art. 102 EGInsO § 7 Rn. 4. 9

VI. Löschungen

Fallen die Eintragungsvoraussetzungen weg, etwa weil der Gegenstand verwertet oder freigegeben wurde, wird die Eintragung auf Antrag des Verwalters oder des Schuldners beim Insolvenzgericht gelöscht; § 32 Abs. 3 S. 1 InsO ist entsprechend anzuwenden. 10

VII. Kosten

Die Kosten für Maßnahmen des Insolvenzgerichts nach Art. 102 EGInsO § 6 sind nicht geregelt (MüKoInsO/*Reinhart* EuInsVO Art. 23 Rn. 3). Die Eintragung des Insolvenzvermerks selbst ist nach §§ 69 Abs. 2, 87 Nr. 1 KostO kostenfrei. 11

Rechtsmittel[1]

7 **[1] Gegen die Entscheidung des Insolvenzgerichts nach § 5 oder § 6 findet die sofortige Beschwerde statt. [2] Die §§ 574 bis 577 der Zivilprozessordnung gelten entsprechend.**

Schrifttum: S. Vorbemerkungen zu Art. 102 §§ 1 ff.

[1] § 7 S. 2 neu gef. mWv 27.10.2011 durch G v. 21.10.2011 (BGBl. I S. 2082).

I. Überblick

1 Gegen die Entscheidung des Insolvenzgerichts über den Antrag auf Bekanntmachung der Eröffnung des Insolvenzverfahrens nach § 5 oder auf Eintragung eines Insolvenzvermerks nach § 6 ist die sofortige Beschwerde nach § 567 ZPO statthaft. § 7 verweist nach der Neufassung im Zuge der Aufhebung von § 7 InsO nunmehr unmittelbar in die ZPO. Hieraus muss man folgern, dass § 6 InsO nicht entsprechend gilt (anders zur aF ohne Begründung die hM Uhlenbruck/*Lüer* Rn. 5; MüKoInsO/*Reinhart* Rn. 1; FK-InsO/*Wenner/Schuster* Rn. 1). Dies führt dazu, dass Entscheidungen nach Art. 102 EGInsO §§ 5, 6 stets zugestellt werden müssen, um den Lauf der Beschwerdefrist in Gang zu setzen (MüKoInsO/*Reinhart* Rn. 6; zur Zustellungsbedürftigkeit nicht verkündeter, beschwerdefähiger Entscheidungen im nationalen Recht → § 8 Rn. 4). Wegen des hiermit verbundenen Aufwands besteht nach wie vor gesetzgeberischer Reformbedarf.

2 Die Vorschrift ist analog anzuwenden, wenn es um die **Rechtsbehelfe des Schuldners gegen Bekanntmachungen nach autonomem Recht** (§§ 345, 346 InsO) geht, vgl. → InsO § 345 Rn. 10.

II. Die sofortige Beschwerde, Satz 1

3 **1. Statthaftigkeit der Beschwerde.** Die Beschwerde ist statthaft gegen **Entscheidungen des Insolvenzgerichts nach Art. 102 §§ 5, 6.** Ob die Entscheidung von Amts wegen (§ 5 Abs. 2) oder auf Antrag ergangen ist, ist unbeachtlich (MüKoInsO/*Reinhart* Rn. 3).

4 **2. Beschwerdebefugnis.** § 7 regelt die Beschwerdebefugnis nicht ausdrücklich. Richtigerweise sind sowohl der **Insolvenzverwalter** wie der **Schuldner** beschwerdebefugt. Teilweise wird dagegen die Beschwerdemöglichkeit für den Schuldner verneint (FK-InsO/*Wenner/Schuster* Rn. 3; Kübler/Prütting/Bork/*Kemper* Rn. 3; Uhlenbruck/*Lüer* Rn. 3). Auch nach der Gesetzesbegründung (BT-Drs. 15/16, 16) soll nur der Antragsteller gegen die ablehnende Entscheidung beschwerdebefugt sein. Hierbei wird verkannt, dass der Schuldner sich gegen stattgebende Entscheidungen des Gerichts mit dem Einwand wenden können muss, dass die ausländische Eröffnungsentscheidung im Inland wegen Verstoßes gegen den *ordre public*, Art. 26 EuInsVO, nicht anzuerkennen sei (wie hier MüKoInsO/*Reinhart* Rn. 3, 4). Ferner kann er die Unzuständigkeit des Gerichts rügen. Das Recht auf rechtliches Gehör gebietet es, dass er diese Einwände im Rechtsbehelfsverfahren geltend machen kann, denn im Verfahren nach Art. 102 §§ 5, 6 wird er nicht gehört.

5 **3. Beschwer.** Der ausländische Insolvenzverwalter ist beschwert durch die Ablehnung seines Antrags oder die Bekanntmachung bzw. Eintragung in anderer als der beantragten Art und Weise. Eine von Amts wegen ergangene Bekanntmachungsentscheidung beschwert den Verwalter, sofern er hierdurch mit Kosten belastet wird. Der Schuldner ist beschwert durch positive Entscheidungen des Insolvenzgerichts.

6 **4. Weitere Zulässigkeitsvoraussetzungen.** Die Frist und die Form der Beschwerde richten sich nach § 569 ZPO. Es gilt eine **Notfrist von zwei Wochen** ab Zustellung der Entscheidung. Die Beschwerde ist **schriftlich** beim entscheidenden Insolvenzgericht einzulegen. Nach § 571 Abs. 1 ZPO soll die Beschwerde begründet werden.

III. Die Rechtsbeschwerde, Satz 2

Gegen die Entscheidung über die sofortige Beschwerde ist die Rechtsbeschwerde nach Art. 102 EGInsO § 7 S. 2 zulässig. Das Rechtsbeschwerdeverfahren richtet sich nach §§ 574 ff. ZPO. 7

Vollstreckung aus der Eröffnungsentscheidung

8 (1) [1] **Ist der Verwalter eines Hauptinsolvenzverfahrens nach dem Recht des Staats der Verfahrenseröffnung befugt, auf Grund der Entscheidung über die Verfahrenseröffnung die Herausgabe der Sachen, die sich im Gewahrsam des Schuldners befinden, im Wege der Zwangsvollstreckung durchzusetzen, so gilt für die Vollstreckbarerklärung im Inland Artikel 25 Abs. 1 Unterabs. 1 der Verordnung (EG) Nr. 1346/2000.** [2] **Für die Verwertung von Gegenständen der Insolvenzmasse im Wege der Zwangsvollstreckung gilt Satz 1 entsprechend.**

(2) **§ 6 Abs. 3 findet entsprechend Anwendung.**

Schrifttum: S. Vorbemerkungen zu Art. 102 §§ 1 ff.

I. Überblick

Die Vorschrift regelt die Vollstreckbarerklärung eines in einem anderen EuInsVO-Staat ergangenen Beschlusses zur Eröffnung eines Hauptinsolvenzverfahrens nach der alten EuGVVO. **Absatz 1** betrifft die Vollstreckung zur Herausgabe und zur Verwertung von Massegegenständen. Er hat eher klarstellende Funktion, da sein Regelungsgehalt nicht über Art. 16, 18, 25 EuInsVO hinausgeht (Kübler/Prütting/Bork/*Kemper* Rn. 1; MüKoInsO/*Reinhart* Rn. 2; widersprüchlich *Siemonsen* S. 161, die Absatz 1 Satz 1, 2 einerseits nur klarstellende Funktion zuweist, die Vorschriften aber andererseits für verordnungswidrig hält). Nach diesen Vorschriften wird die ausländische Eröffnungsentscheidung automatisch im Inland anerkannt und ihre Wirkungen werden auf das Inland erstreckt. Zur Vollstreckung bedarf es nach der Neufassung der EuGVVO (VO 1215/2012) keiner inländischen Vollstreckbarkeitserkärung. 1

Absatz 2 soll Zeitverluste vermeiden, die sich daraus ergeben können, dass der Verwalter seinen Antrag auf Vollstreckbarerklärung an ein unzuständiges Gericht richtet. Das unzuständige Gericht hat den Antrag an das nach seiner Beurteilung zuständige weiterzuleiten und den Verwalter hierüber zu informieren. 2

II. Das Vollstreckbarerklärungsverfahren (Exequatur) bei der Vollstreckung ausländischer Entscheidungen im Inland, Absatz 1

Die **Eröffnungsentscheidung** kann – abhängig von der jeweiligen *lex fori concursus* – zugleich als **Herausgabetitel** fungieren, vgl. für das deutsche Recht § 148 Abs. 2 InsO, und dem Verwalter dadurch die Befugnis verschaffen, auch die in anderen EuInsVO-Staaten belegenen Vermögensgegenstände in Besitz zu nehmen. Nach Art. 39 neuen EuGVVO (VO 1215/2012) bedürfen Urteile aus anderen Mitgliedstaaten nicht mehr einer Vollstreckbarerklärung (Exequatur) im Inland, sondern sind ohne Weiteres vollstreckbar. Allerdings kann der Vollstreckungsschuldner ein Verfahren auf Versagung der Vollstreckung nach Art. 47 ff. EuGVVO nF einleiten. Hier kann er wegen Art. 25 Abs. 1 S. 2 EuInsVO allerdings nur eine Verletzung des inländischen *ordre public* geltend machen und 3 nicht auch die anderen Anerkennungshindernisse des Art. 45 Abs. 1 EuGVVO nF, vgl. → Art. 25 Rn. 11.

4 Das **Vollstreckungsverfahren** selbst richtet sich ausschließlich nach nationalem Recht, also im Fall der Herausgabevollstreckung nach den §§ 883 ff. ZPO; im Fall der Verwertung zB eines Grundstücks nach dem ZVG.

III. Unzuständiges Gericht, Absatz 2

5 Stellt der ausländische Insolvenzverwalter den Antrag auf Vollstreckbarerklärung bei einem unzuständigen Gericht, leitet dieses den Antrag unverzüglich an das nach seiner Beurteilung zuständige Gericht weiter und setzt den Antragsteller hierüber in Kenntnis. Zur Vermeidung negativer Kompetenzkonflikte ist eine **Bindungswirkung der Verweisung** entsprechend § 281 Abs. 2 S. 4 ZPO anzunehmen.

Insolvenzplan

9 Sieht ein Insolvenzplan eine Stundung, einen Erlass oder sonstige Einschränkungen der Rechte der Gläubiger vor, so darf er vom Insolvenzgericht nur bestätigt werden, wenn alle betroffenen Gläubiger dem Plan zugestimmt haben.

Schrifttum: S. Vorbemerkungen zu Art. 102 §§ 1 ff.

I. Überblick

1 Art. 102 § 9 setzt das Einstimmigkeitserfordernis aus Art. 34 Abs. 2 EuInsVO hinsichtlich der **Bestätigung eines Insolvenzplans in Sekundärverfahren** für das deutsche Recht um. Aus teleologischen Gründen ist der Anwendungsbereich des Einstimmigkeitserfordernisses dem des Art. 34 Abs. 2 EuInsVO anzupassen, so dass eine Zustimmung aller Gläubiger nur erforderlich ist, wenn der Plan auch Vollstreckungshindernisse in Bezug auf in anderen Mitgliedstaaten belegenes Vermögen erzeugen soll (anders Kübler/Prütting/Bork/*Kemper* Rn. 4).

II. Rechtsfolge

2 Das Gericht darf solche extraterritorial wirkenden Sekundärverfahrenspläne nur bestätigen, wenn alle „betroffenen" Gläubiger zugestimmt haben. „Betroffen" in diesem Sinn sind nicht nur die Gläubiger, die ihre Forderungen angemeldet haben, sondern an sich auch die Gläubiger, die ihre Forderungen nicht in dem deutschen Sekundärverfahren angemeldet haben (MüKoInsO/*Reinhart* Rn. 11). Aus praktischen Gründen muss man aber die Zustimmung aller Gläubiger ausreichen lassen, die ihre Forderung entweder im Haupt- oder im inländischen Sekundärverfahren angemeldet haben (vgl. → EuInsVO Art. 34 Rn. 8). Selbst wenn man diese Einschränkung des Einstimmigkeitserfordernisses vornimmt, wird die Erfüllung dieses Zustimmungserfordernisses die absolute Ausnahme bleiben (*Siemonsen* S. 170, hält die Vorschrift daher für überflüssig). Ist das Einstimmigkeitserfordernis nicht gewahrt, kann nur ein Plan bestätigt werden, der territorial begrenzte Vollstreckungsbeschränkungen vorsieht.

Aussetzung der Verwertung

10 Wird auf Antrag des Verwalters des Hauptinsolvenzverfahrens nach Artikel 33 der Verordnung (EG) Nr. 1346/2000 in einem inländi-

schen Sekundärinsolvenzverfahren die Verwertung eines Gegenstandes ausgesetzt, an dem ein Absonderungsrecht besteht, so sind dem Gläubiger laufend die geschuldeten Zinsen aus der Insolvenzmasse zu zahlen.

Schrifttum: S. Vorbemerkungen zu Art. 102 §§ 1 ff.

I. Normzweck

§ 10 konkretisiert den Begriff der „angemessenen Maßnahmen", die das Insolvenzgericht des Sekundärverfahrens von dem Hauptinsolvenzverwalter gem. **Art. 33 Abs. 1 S. 1 EuInsVO** verlangen kann, wenn auf dessen Antrag die Verwertung von mit Absonderungsrechten belasteten Gegenständen der Sekundärinsolvenzmasse ganz oder teilweise ausgesetzt wird (Kübler/Prütting/Bork/*Kemper* Rn. 1; aA FK-InsO/Wimmer/*Wenner/Schuster* Rn. 1, die die Vorschrift als Einschränkung der Antragsbefugnis des ausländischen Verwalters deuten und insofern Zweifel an der Vereinbarkeit mit der vorrangigen EuInsVO äußern). Als Mindestschutz für die absonderungsberechtigten Gläubiger wird in Anlehnung an § 169 InsO und § 30e ZVG die laufende Gewährung der geschuldeten Zinsen aus der Insolvenzmasse festgeschrieben (MüKoInsO/*Reinhart* Rn. 1; Nerlich/Römermann/*Commandeur* Rn. 2; Uhlenbruck/*Lüer* Rn. 1; FK-InsO/Wimmer/*Wenner/Schuster* Rn. 1; Kübler/Prütting/Bork/*Kemper* Rn. 3; BK-InsO/*Pannen* Rn. 3). Die **Bedeutung der Vorschrift ist begrenzt,** weil § 169 InsO über Art. 4 EuInsVO ohnehin anwendbar ist. Selbständige Bedeutung hat die Vorschrift nur für solche absonderungsberechtigten Gläubiger, denen die Verwertung nach §§ 165 ff. InsO selbst zusteht (MüKoInsO/*Reinhart* Rn. 3). 1

§ 10 statuiert nur einen **Mindestschutz.** Darüber hinausgehende Maßnahmen zum Schutze der absonderungsberechtigten Gläubiger oder zugunsten einfacher Insolvenzgläubiger sind daher zulässig (MüKoInsO/*Reinhart* Rn. 2; FK-InsO/Wimmer/*Wenner/Schuster* Rn. 3; Nerlich/Römermann/*Commandeur* Rn. 4; Uhlenbruck/*Lüer* Rn. 5; HambK-InsO/*Undritz* Rn. 2; BK-InsO/*Pannen* Rn. 5; *Pannen/Riedemann* NZI 2004, 301 [305]). 2

II. Aussetzung der Verwertung als Voraussetzung

Die Vorschrift setzt voraus, dass das Insolvenzgericht die Verwertung eines Gegenstandes der Sekundärverfahrensmasse auf Antrag des Hauptverwalters ausgesetzt hat. Der Verwertungsbegriff ist im Sinne von Art. 33 EuInsVO zu verstehen (vgl. → EuInsVO Art. 33 Rn. 9). An dem von der Verwertungsaussetzung nach Art. 33 EuInsVO betroffenen Gegenstand der Sekundärmasse muss ein Absonderungsrecht iSv §§ 49 ff. InsO bestehen. 3

III. Rechtsfolge

1. Zinszahlung. Dem absonderungsberechtigten Gläubiger sind laufend, dh in regelmäßigen Abständen, die geschuldeten Zinsen aus der Insolvenzmasse zu zahlen. Sowohl die zeitlichen Abstände wie die Höhe der Zahlungen sind in Anlehnung an § 169 InsO zu bestimmen (→ § 169 Rn. 4, 8). Für beides gilt primär eine etwaige vertragliche Vereinbarung. Ist eine solche nicht getroffen, ist der gesetzliche Verzugszins anzusetzen, der in monatlichen oder quartalsmäßigen Intervallen zu zahlen ist (MüKoInsO/*Reinhart* Rn. 6; Uhlenbruck/*Lüer* Rn. 1, 4; Wimmer/*Wenner/Schuster* Rn. 5; Kübler/Prütting/Bork/*Kemper* Rn. 5; BK-InsO/*Pannen* Rn. 4). 4

Die **Frist** zur Zahlung der auf diesem Wege bestimmten Zinsen beginnt mit der Wirksamkeit des Beschlusses über die Aussetzung der Verwertung und endet 5 mit ihrer Aufhebung oder dem Ende der Verwertung (MüKoInsO/*Reinhart* Rn. 6; Uhlenbruck/*Lüer* Rn. 4; Kübler/Prütting/Bork/*Kemper* Rn. 6).

6 **2. Schuldner der Zinszahlungspflicht.** Die Zinsen sind vom **Verwalter des Hauptverfahrens** zu zahlen und aus dessen Masse aufzubringen. Denn Art. 33 Abs. 1 Hs. 2 EuInsVO verlangt die Erbringung von Schutzmaßnahmen vom Hauptverwalter, der nur zu Lasten „seiner" Masse handeln kann, Art. 18 EuIns-VO (MüKoInsO/*Reinhart* Rn. 7; Uhlenbruck/*Lüer* Rn. 4; FK-InsO/Wimmer/*Wenner/Schuster* Rn. 7; Kübler/Prütting/Bork/*Kemper* Rn. 5; *Liersch* NZI 2003, 302 [310]).

Unterrichtung der Gläubiger

11 (1) [1] **Neben dem Eröffnungsbeschluss ist den Gläubigern, die in einem anderen Mitgliedstaat der Europäischen Union ihren gewöhnlichen Aufenthalt, Wohnsitz oder Sitz haben, ein Hinweis zuzustellen, mit dem sie über die Folgen einer nachträglichen Forderungsanmeldung nach § 177 der Insolvenzordnung unterrichtet werden.** [2] **§ 8 der Insolvenzordnung gilt entsprechend.**

Schrifttum: S. Vorbemerkungen zu Art. 102 §§ 1 ff.

I. Überblick

1 Art. 40 EuInsVO verpflichtet das Insolvenzgericht oder den Insolvenzverwalter, Gläubiger, die in anderen Mitgliedstaaten ansässig sind, von der Eröffnung eines Insolvenzverfahrens in Kenntnis zu setzen. § 11 regelt, wie diese Information bei einem in Deutschland eröffneten (Haupt- oder Partikular-) Verfahren zu erfolgen hat. Für Einzelheiten zur Reichweite der Informationspflicht, insbesondere zur Frage, welche Gläubiger informiert werden müssen, siehe die Kommentierung zu Art. 40 EuInsVO. Die Information von Gläubigern, die in einem Drittstaat ansässig sind, richtet sich nach § 30 Abs. 2 InsO.

II. Regelungsgehalt

2 **1. Information mittels eines Formblatts.** Art. 40 EuInsVO verlangt, dass die Gläubiger durch eine „individuelle Übersendung" eines Vermerks von der Verfahrenseröffnung unterrichtet werden. Das BMJV hält zu diesem Zweck ein entsprechendes **Formblatt** bereit. Dieses ist auf der Website des Ministeriums mit Hilfe der Suchfunktion und der Eingabe des Suchworts „EuInsVO" zu finden. Das Formblatt ist derzeit (Stand August 2015) in allen Amtssprachen der Organe der Union (außer Irisch und Maltesisch) verfügbar. Nach Art. 40 EuInsVO genügte an sich ein Vermerk in einer Amtssprache des Eröffnungsstaats. Der andererseits von Art. 40 EuInsVO gebotene Warnhinweis in allen Amtssprachen der Organe der Union (Art. 55 EUV) ist dagegen nur in 20 Sprachen abgedruckt.

3 **2. Zustellung.** Der Eröffnungsbeschluss und der Hinweis sind den Gläubigern gem. § 11 zuzustellen. Damit geht die Vorschrift über die Erfordernisse des Art. 42 EuInsVO hinaus und sorgt hinsichtlich des Informationskanals für einen Gleichlauf mit § 30 Abs. 2 InsO, der gleichfalls die Zustellung des Eröffnungsbeschlusses verlangt. Die Einzelheiten der Zustellung richten sich nach § 8 InsO auf den § 11 verweist. Hieraus folgt, dass an Gläubiger mit unbekanntem Aufenthalt nicht zugestellt wird, § 8 Abs. 2 S. 1 InsO. Da die Zustellung in einem anderen Mitgliedstaat zu erfolgen hat, ist Rechtshilfe durch diesen Staat erforder-

lich. Insoweit steht das Verfahren nach der Europäischen Zustellungsverordnung zur Verfügung (1393/2007/EG, hierzu *Sujecki* NJW 2008, 1628).

Nach § 11 muss grundsätzlich das **Gericht** die Zustellung vornehmen. Aus dem Verweis in § 11 S. 2 auf § 8 InsO ergibt sich allerdings, dass das Insolvenzgericht auch den Verwalter mit der Vornahme der Zustellungen beauftragen kann. 4

Verordnung (EG) Nr. 1346/2000 des Rates vom 29. Mai 2000 über Insolvenzverfahren – ABl. L 160/1 – EuInsVO –

Vorbemerkungen zur EuInsVO

Schrifttum: *Brinkmann,* Von COMI, forum shopping und Insolvenztourismus – Ein kurzer Rundgang durch das internationale Insolvenzrecht, Bonner Rechtsjournal 2013, 5; *Clavora/Garber,* Grenzüberschreitende Insolvenzen im europäischen Binnenmarkt – die EuInsVO, 2011; *Eidenmüller,* Europäische Verordnung über Insolvenzverfahren und zukünftiges deutsches internationales Insolvenzrecht, IPRax 2001, 2; *Eidenmüller/Frobenius,* Ein Regulierungskonzept zur Bewältigung von Gruppeninsolvenzen: Verfahrenskonsolidierung im Kontext nationaler und internationaler Reformvorhaben, ZIP-Beil. 3/2013, 1; *Gebauer/Wiedmann,* Zivilrecht unter Europäischem Einfluss, 2005; *Geimer/Schütze,* Der Internationale Rechtsverkehr in Zivil- und Handelssachen, Stand 6/2011; Roth/*Gottwald,* Europäisches Insolvenzrecht – ein noch junges Rechtsgebiet, Europäisierung des Rechts, 2010, 53; *Herchen,* Das Übereinkommen über Insolvenzverfahren der Mitgliedstaaten der Europäischen Union vom 23.11.1995, 2000; *Huber,* Internationales Insolvenzrecht in Europa, ZZP 114 (2001), 133; *Isaac/Fletcher/Moss,* The EC Regulation on Insolvency Proceedings, 2002; *Kemper,* Die Verordnung (EG) Nr 1346/2000 über Insolvenzverfahren, ZIP 2001, 1609; *Kienle,* Grundlagen des internationalen Insolvenzrechts, NotBZ 2008, 245; *Klockenbrink,* Die Gläubigerstellung unter dem Einfluss der EuInsVO und des deutschen internationalen Insolvenzrechts, 2008; *Kropholler/v. Hein,* Europäisches Zivilprozessrecht, 2011; *Leible/Staudinger,* Die europäische Verordnung über Insolvenzverfahren, KTS 2000, 533; *Martini,* Die Europäische Insolvenzverordnung über Insolvenzverfahren v. 29.5.2000, ZInsO 2002, 905; *McBryde/Flessner/Kortmann,* Principles of European Insolvency Law, 2003; MüKoBGB, Bd. 11, Internationales Wirtschaftsrecht, 5. Aufl. 2010; *Oberhammer,* Von der EuInsVO zum europäischen Insolvenzrecht, KTS 2009, 27; *Pannen,* Aspekte der europäischen Konzerninsolvenz, ZInsO 2014, 222; *Paulus,* Europäische Insolvenzverordnung (EuInsVO), 2013; *ders.,* Die ersten Jahre mit der Europäischen Insolvenzverordnung, RabelsZ 70 (2006), 458; *ders.,* Änderungen des deutschen Insolvenzrechts durch die Europäische Insolvenzverordnung, ZIP 2002, 729; *Pannen,* Europäische Insolvenzverordnung, 2007; *Rauscher,* Europäisches Zivilprozess- und Kollisionsrecht (EuZPR/EuIPR), 2015; *Reuß,* „Forum Shopping" in der Insolvenz, 2011; *Schack,* Internationales Zivilverfahrensrecht, 2010; *Schmiedeknecht,* Der Anwendungsbereich der Europäischen Insolvenzverordnung und die Auswirkungen auf das deutsche Insolvenzrecht, 2004; *Siemon/Frind,* Der Konzern in der Insolvenz, NZI 2013, 1; *Smid,* Deutsches und europäisches Internationales Insolvenzrecht (DtEuropInsR), 2004; *ders.,* Internationales Insolvenzrecht (IntInsR), 2009; *Taupitz,* Das (zukünftige) europäische Internationale Insolvenzrecht – insbesondere aus internationalprivatrechtlicher Sicht, ZZP 111 (1998), 315; *Trunk,* Internationales Insolvenzrecht, 1998; *Vallender/Deyda,* Brauchen wir einen Konzerninsolvenzgerichtsstand?, NZI 2009, 825; *Virgós/Garcimartin,* The European Insolvency Regulation, 2004; *Virgós/Schmit,* Erläuternder Bericht zu dem EU-Übereinkommen zu Insolvenzverfahren, 1996; *Wehdeking,* Reform des Internationalen Insolvenzrechts in Deutschland und Österreich, DZWIR 2003, 133; *Westpfahl/Goetker/Wilkens,* Grenzüberschreitende Insolvenzen, 2008.

Übersicht

I. Überblick über die Vorgeschichte der Verordnung

1 Die Europäische Insolvenzverordnung wurde vom Rat der Europäischen Union am 29.5.2000 beschlossen. Sie ist am 31.5.2002 für die damaligen Mitgliedstaaten in Kraft getreten. Inhaltlich entspricht die Verordnung nahezu vollständig dem Entwurf zum nie verabschiedeten Europäischen Insolvenzübereinkommen, der eine völkervertragliche Regelung des Internationalen Insolvenzrechts vorsah. Nach dem endgültigen Scheitern des Übereinkommens brachte die Kommission den Text des Entwurfs als Verordnungsvorschlag ins Europäische Parlament ein, um eine gemeinschaftsrechtliche Regelung des internationalen Insolvenzrechts zu schaffen (ausführlich zur Genese der EuInsVO MüKoInsO/*Reinhart* EuInsVO Vor Art. 1 Rn. 1 ff.).

II. Rechtsgrundlagen und Ziele

2 Als **Verordnung** iSv Art. 288 AEUV ist die EuInsVO in allen Mitgliedstaaten (außer Dänemark → Art. 1 Rn. 10) gem. Art. 288 AEUV verbindlich und **wirkt unmittelbar**. Die **unionsrechtliche Kompetenz** zur Regelung des internationalen Insolvenzrechts ergibt sich aus Art. 81 Abs. 2 lit. c AEUV. Zwar dienen Maßnahmen nach Art. 81 AEUV „insbesondere" dem reibungslosen Funktionieren des Binnenmarkts, hieraus ergibt sich aber nicht, dass die EuInsVO nur anwendbar wäre, wenn der Sachverhalt einen **Binnenmarktbezug** in dem Sinn hat, dass grenzüberschreitende Bezüge zu mehreren Mitgliedstaaten bestehen. Es genügt vielmehr, wenn der Schuldner sein COMI in einem EuInsVO-Staat hat (EuGH NZI 2014, 134 = IPRax 2014, 425 – Schmid [mAnm *Arts* IPRax 2014, 390]; näher → Art. 1 Rn. 14).

3 Durch die Vereinheitlichung der Regeln über die internationale Zuständigkeit und der kollisionsrechtlichen Vorschriften soll verhindert werden, dass „es für die Parteien vorteilhafter ist, Vermögensgegenstände oder Rechtsstreitigkeiten von einem Mitgliedstaat in einen anderen zu verlagern, um auf diese Weise eine verbesserte Rechtsstellung anzustreben" (Erwägungsgrund 4). Hierdurch soll insolvenzrechtliches ***forum shopping*** unterbunden werden. Weil die Verordnung schon mangels entsprechender Kompetenz der Union keine Sachvorschriften für nicht grenzüberschreitende Sachverhalte enthält, kann dieses Ziel allerdings nur sehr unvollkommen erreicht werden. Viele insbesondere der kollisionsrechtlichen Vorschriften der Verordnung stellen darauf ab, wo sich ein Vermögensgegenstand befindet (zB Art. 5, 7). Entsprechend können die Parteien über die Veränderung des Lageorts als dem maßgeblichen Anknüpfungspunkt auch das anwendbare Recht beeinflussen. Ähnliches gilt für die Beeinflussung der internationalen Zuständigkeit durch Verlegungen des COMI vor Stellung des Insolvenzantrags (→ Art. 3 Rn. 16).

III. Der Umgang mit der Verordnung

4 Beim Umgang mit der Verordnung ist das **Gebot der autonomen Auslegung** zu beachten. Die Vorschriften und Begriffe der Verordnung sind nicht als nationale, sondern als originär gemeinschaftsrechtliche Konzepte zu verstehen. Bedeutungen, die ein bestimmter Begriff im nationalen Kontext hat, dürfen keine Rolle spielen, wenn es darum geht, den entsprechenden Begriff als Teil einer unionsrechtlichen Norm zu interpretieren.

5 Verfahrensrechtlich wird die einheitliche Auslegung durch das **Vorlageverfahren nach Art. 267 AEUV** gesichert. Nach dieser Vorschrift können nationale Gerichte, die Zweifel bei der Auslegung einer Norm des Sekundär- oder des Primärrechts haben, diese Frage dem Gerichtshof der Europäischen Union zur

verbindlichen Vorabentscheidung vorlegen. Wird eine derartige Vorlagefrage in einem schwebenden Verfahren bei einem einzelstaatlichen Gericht gestellt, dessen Entscheidungen selbst nicht mehr mit Rechtsmitteln des innerstaatlichen Rechts angefochten werden können, besteht nach Art. 267 Abs. 3 AEUV eine **Vorlagepflicht**, deren willkürliche Nichtbeachtung das Recht auf den gesetzlichen Richter aus Art. 101 Abs. 1 S. 2 GG verletzt (vgl. BVerfG NJW 2010, 3422).

IV. Verhältnis zum nationalen Recht

6 Als unmittelbar anwendbares (Art. 288 Abs. 2 AEUV) europäisches Sekundärrecht besitzt die EuInsVO **Anwendungsvorrang vor nationalem Recht** gleich welchen Ranges. Das in den §§ 335 ff. InsO enthaltene autonome deutsche internationale Insolvenzrecht kann somit nur angewendet werden, wenn die EuInsVO unanwendbar ist (BGH NZI 2011, 420). Zum Anwendungsbereich der Verordnung s. die Erläuterungen bei → Art. 1 Rn. 2 ff. Für die **Ausführung der Verordnung** durch die deutschen Gerichte hat der deutsche Gesetzgeber in Art. 102 EGInsO Ausführungsbestimmungen erlassen.

7 Informationen über die Insolvenzrechte der meisten Mitgliedstaaten sind über das **„Europäische Netzwerk für Zivil- und Handelssachen"** unter <http://ec.europa.eu/civiljustice/bankruptcy/bankruptcy_gen_de.htm> (Stand August 2015) abrufbar.

V. Grundlegende Regelungsmechanismen der Verordnung

8 Prägend für die Verordnung ist die **universale** (= unionsweite) **Wirkung des nach Art. 3 Abs. 1 eröffneten Hauptverfahrens**. Die Eröffnung des Insolvenzverfahrens in einem Mitgliedstaat wird grundsätzlich ohne Weiteres in allen anderen Mitgliedstaaten anerkannt (Art. 16) und entfaltet in der gesamten Union die Wirkungen, die ihr nach dem Recht des Eröffnungsstaates zukommen (Art. 17 iVm Art. 4). Automatische Anerkennung und Wirkungserstreckung werden nur durch den *ordre public*-Vorbehalt des Art. 26 sowie durch Art. 25 Abs. 3 begrenzt. Vom Hauptverfahren werden grundsätzlich alle Vermögensgegenstände des Schuldners erfasst – seien sie im Eröffnungsstaat, in anderen Mitgliedstaaten oder in Drittstaaten belegen. Für **Drittstaaten** richtet es sich nach deren internationalem Insolvenzrecht, ob die Wirkungen eines in einem Mitgliedstaat eröffneten Insolvenzverfahrens anerkannt werden.

9 Das Universalitätsprinzip wird für den Bereich der EuInsVO-Staaten durchbrochen, wenn in einem Mitgliedstaat ein **Partikularverfahren** (auch „Territorialverfahren") eröffnet wird. Ausweislich des Erwägungsgrunds 19 sollen Partikularverfahren zum einen dem Schutz inländischer Interessen vor den extraterritorialen Wirkungen des Hauptverfahrens dienen. Sie sollen zum anderen auch eine effizientere Verwertung des schuldnerischen Vermögens ermöglichen. Die Verordnung unterscheidet zwei Arten von Partikularverfahren: **Sekundärinsolvenzverfahren** sind solche Partikularverfahren, die gem. Art. 3 Abs. 3 eröffnet wurden, nachdem in einem anderen Mitgliedstaat ein Hauptinsolvenzverfahren eröffnet wurde. **Unabhängige Partikularverfahren** können dagegen unter den Voraussetzungen des Art. 3 Abs. 4 auch ohne vorherige Eröffnung eines Hauptinsolvenzverfahrens eröffnet werden. Partikularverfahren erfassen nur die Vermögensgegenstände, die im Gebiet des Eröffnungsstaats belegen sind (Art. 3 Abs. 2 S. 2) und begrenzen zugleich die Wirkungen eines parallel laufenden Hauptverfahrens. Ein Partikularverfahren kann in einem Mitgliedstaat allerdings nur dann eröffnet werden, wenn der Schuldner dort eine Niederlassung im Sinne von Art. 2 lit. h hat (→ Art. 27 Rn. 11).

ERWÄGUNGSGRÜNDE

DER RAT DER EUROPÄISCHEN UNION –

gestützt auf den Vertrag zur Gründung der Europäischen Gemeinschaft, insbesondere auf Artikel 61 Buchstabe c) und Artikel 67 Absatz 1,

auf Initiative der Bundesrepublik Deutschland und der Republik Finnland,

nach Stellungnahme des Europäischen Parlaments,

nach Stellungnahme des Wirtschafts- und Sozialausschusses,

in Erwägung nachstehender Gründe:

(1) Die Europäische Union hat sich die Schaffung eines Raums der Freiheit, der Sicherheit und des Rechts zum Ziel gesetzt.

(2) Für ein reibungsloses Funktionieren des Binnenmarktes sind effiziente und wirksame grenzüberschreitende Insolvenzverfahren erforderlich; die Annahme dieser Verordnung ist zur Verwirklichung dieses Ziels erforderlich, das in den Bereich der justitiellen Zusammenarbeit in Zivilsachen im Sinne des Artikels 65 des Vertrags fällt.

(3) Die Geschäftstätigkeit von Unternehmen greift mehr und mehr über die einzelstaatlichen Grenzen hinaus und unterliegt damit in zunehmendem Maß den Vorschriften des Gemeinschaftsrechts. Da die Insolvenz solcher Unternehmen auch nachteilige Auswirkungen auf das ordnungsgemäße Funktionieren des Binnenmarktes hat, bedarf es eines gemeinschaftlichen Rechtsakts, der eine Koordinierung der Maßnahmen in bezug auf das Vermögen eines zahlungsunfähigen Schuldners vorschreibt.

(4) Im Interesse eines ordnungsgemäßen Funktionierens des Binnenmarktes muß verhindert werden, daß es für die Parteien vorteilhafter ist, Vermögensgegenstände oder Rechtsstreitigkeiten von einem Mitgliedstaat in einen anderen zu verlagern, um auf diese Weise eine verbesserte Rechtsstellung anzustreben (sog. „forum shopping").

(5) Diese Ziele können auf einzelstaatlicher Ebene nicht in hinreichendem Maß verwirklicht werden, so daß eine Maßnahme auf Gemeinschaftsebene gerechtfertigt ist.

(6) Gemäß dem Verhältnismäßigkeitsgrundsatz sollte sich diese Verordnung auf Vorschriften beschränken, die die Zuständigkeit für die Eröffnung von Insolvenzverfahren und für Entscheidungen regeln, die unmittelbar aufgrund des Insolvenzverfahrens ergehen und in engem Zusammenhang damit stehen. Darüber hinaus sollte diese Verordnung Vorschriften hinsichtlich der Anerkennung solcher Entscheidungen und hinsichtlich des anwendbaren Rechts, die ebenfalls diesem Grundsatz genügen, enthalten.

(7) Konkurse, Vergleiche und ähnliche Verfahren sind vom Anwendungsbereich des Brüsseler Übereinkommens von 1968 über die gerichtliche Zuständigkeit und die Vollstreckung gerichtlicher Entscheidungen in Zivil- und Handelssachen in der durch die Beitrittsübereinkommen zu diesem Übereinkommen geänderten Fassung ausgenommen.

(8) Zur Verwirklichung des Ziels einer Verbesserung der Effizienz und Wirksamkeit der Insolvenzverfahren mit grenzüberschreitender Wirkung ist es notwendig und angemessen, die Bestimmungen über den Gerichtsstand, die Anerkennung und das anwendbare Recht in diesem Bereich in einem gemeinschaftlichen Rechtsakt zu bündeln, der in den Mitgliedstaaten verbindlich ist und unmittelbar gilt.

(9) Diese Verordnung sollte für alle Insolvenzverfahren gelten, unabhängig davon, ob es sich beim Schuldner um eine natürliche oder

juristische Person, einen Kaufmann oder eine Privatperson handelt. Die Insolvenzverfahren, auf die diese Verordnung Anwendung findet, sind in den Anhängen aufgeführt. Insolvenzverfahren über das Vermögen von Versicherungsunternehmen, Kreditinstituten und Wertpapierfirmen, die Gelder oder Wertpapiere Dritter halten, sowie von Organismen für gemeinsame Anlagen sollten vom Geltungsbereich dieser Verordnung ausgenommen sein. Diese Unternehmen sollten von dieser Verordnung nicht erfaßt werden, da für sie besondere Vorschriften gelten und die nationalen Aufsichtsbehörden teilweise sehr weitgehende Eingriffsbefugnisse haben.

(10) Insolvenzverfahren sind nicht zwingend mit dem Eingreifen eines Gerichts verbunden. Der Ausdruck „Gericht" in dieser Verordnung sollte daher weit ausgelegt werden und jede Person oder Stelle bezeichnen, die nach einzelstaatlichem Recht befugt ist, ein Insolvenzverfahren zu eröffnen. Damit diese Verordnung Anwendung findet, muß es sich aber um ein Verfahren (mit den entsprechenden Rechtshandlungen und Formalitäten) handeln, das nicht nur im Einklang mit dieser Verordnung steht, sondern auch in dem Mitgliedstaat der Eröffnung des Insolvenzverfahrens offiziell anerkannt und rechtsgültig ist, wobei es sich ferner um ein Gesamtverfahren handeln muß, das den vollständigen oder teilweisen Vermögensbeschlag gegen den Schuldner sowie die Bestellung eines Verwalters zur Folge hat.

(11) Diese Verordnung geht von der Tatsache aus, daß aufgrund der großen Unterschiede im materiellen Recht ein einziges Insolvenzverfahren mit universaler Geltung für die gesamte Gemeinschaft nicht realisierbar ist. Die ausnahmslose Anwendung des Rechts des Staates der Verfahrenseröffnung würde vor diesem Hintergrund häufig zu Schwierigkeiten führen. Dies gilt etwa für die in der Gemeinschaft sehr unterschiedlich ausgeprägten Sicherungsrechte. Aber auch die Vorrechte einzelner Gläubiger im Insolvenzverfahren sind teilweise völlig verschieden ausgestaltet. Diese Verordnung sollte dem auf zweierlei Weise Rechnung tragen: Zum einen sollten Sonderanknüpfungen für besonders bedeutsame Rechte und Rechtsverhältnisse vorgesehen werden (z. B. dingliche Rechte und Arbeitsverträge). Zum anderen sollten neben einem Hauptinsolvenzverfahren mit universaler Geltung auch innerstaatliche Verfahren zugelassen werden, die lediglich das im Eröffnungsstaat belegene Vermögen erfassen.

(12) Diese Verordnung gestattet die Eröffnung des Hauptinsolvenzverfahrens in dem Mitgliedstaat, in dem der Schuldner den Mittelpunkt seiner hauptsächlichen Interessen hat. Dieses Verfahren hat universale Geltung mit dem Ziel, das gesamte Vermögen des Schuldners zu erfassen. Zum Schutz der unterschiedlichen Interessen gestattet diese Verordnung die Eröffnung von Sekundärinsolvenzverfahren parallel zum Hauptinsolvenzverfahren. Ein Sekundärinsolvenzverfahren kann in dem Mitgliedstaat eröffnet werden, in dem der Schuldner eine Niederlassung hat. Seine Wirkungen sind auf das in dem betreffenden Mitgliedstaat belegene Vermögen des Schuldners beschränkt. Zwingende Vorschriften für die Koordinierung mit dem Hauptinsolvenzverfahren tragen dem Gebot der Einheitlichkeit des Verfahrens in der Gemeinschaft Rechnung.

(13) Als Mittelpunkt der hauptsächlichen Interessen sollte der Ort gelten, an dem der Schuldner gewöhnlich der Verwaltung seiner Interessen nachgeht und damit für Dritte feststellbar ist.

(14) Diese Verordnung gilt nur für Verfahren, bei denen der Mittelpunkt der hauptsächlichen Interessen des Schuldners in der Gemeinschaft liegt.

(15) Die Zuständigkeitsvorschriften dieser Verordnung legen nur die internationale Zuständigkeit fest, das heißt, sie geben den Mitgliedstaat an, dessen Gerichte Insolvenzverfahren eröffnen dürfen. Die innerstaatliche Zuständigkeit des betreffenden Mitgliedstaats muß nach dem Recht des betreffenden Staates bestimmt werden.

(16) Das für die Eröffnung des Hauptinsolvenzverfahrens zuständige Gericht sollte zur Anordnung einstweiliger Sicherungsmaßnahmen ab dem Zeitpunkt des Antrags auf Verfahrenseröffnung befugt sein. Sicherungsmaßnahmen sowohl vor als auch nach Beginn des Insolvenzverfahrens sind zur Gewährleistung der Wirksamkeit des Insolvenzverfahrens von großer Bedeutung. Diese Verordnung sollte hierfür verschiedene Möglichkeiten vorsehen. Zum einen sollte das für das Hauptinsolvenzverfahren zuständige Gericht vorläufige Sicherungsmaßnahmen auch über Vermögensgegenstände anordnen können, die im Hoheitsgebiet anderer Mitgliedstaaten belegen sind. Zum anderen sollte ein vor Eröffnung des Hauptinsolvenzverfahrens bestellter vorläufiger Insolvenzverwalter in den Mitgliedstaaten, in denen sich eine Niederlassung des Schuldners befindet, die nach dem Recht dieser Mitgliedstaaten möglichen Sicherungsmaßnahmen beantragen können.

(17) Das Recht, vor der Eröffnung des Hauptinsolvenzverfahrens die Eröffnung eines Insolvenzverfahrens in dem Mitgliedstaat, in dem der Schuldner eine Niederlassung hat, zu beantragen, sollte nur einheimischen Gläubigern oder Gläubigern der einheimischen Niederlassung zustehen beziehungsweise auf Fälle beschränkt sein, in denen das Recht des Mitgliedstaats, in dem der Schuldner den Mittelpunkt seiner hauptsächlichen Interessen hat, die Eröffnung eines Hauptinsolvenzverfahrens nicht zuläßt. Der Grund für diese Beschränkung ist, daß die Fälle, in denen die Eröffnung eines Partikularverfahrens vor dem Hauptinsolvenzverfahren beantragt wird, auf das unumgängliche Maß beschränkt werden sollen. Nach der Eröffnung des Hauptinsolvenzverfahrens wird das Partikularverfahren zum Sekundärverfahren.

(18) Das Recht, nach der Eröffnung des Hauptinsolvenzverfahrens die Eröffnung eines Insolvenzverfahrens in dem Mitgliedstaat, in dem der Schuldner eine Niederlassung hat, zu beantragen, wird durch diese Verordnung nicht beschränkt. Der Verwalter des Hauptverfahrens oder jede andere, nach dem Recht des betreffenden Mitgliedstaats dazu befugte Person sollte die Eröffnung eines Sekundärverfahrens beantragen können.

(19) Ein Sekundärinsolvenzverfahren kann neben dem Schutz der inländischen Interessen auch anderen Zwecken dienen. Dies kann der Fall sein, wenn das Vermögen des Schuldners zu verschachtelt ist, um als ganzes verwaltet zu werden, oder weil die Unterschiede in den betroffenen Rechtssystemen so groß sind, daß sich Schwierigkeiten ergeben können, wenn das Recht des Staates der Verfahrenseröffnung seine Wirkung in den anderen Staaten, in denen Vermögensgegenstände belegen sind, entfaltet. Aus diesem Grund kann der Verwalter des Hauptverfahrens die Eröffnung eines Sekundärverfahrens beantragen, wenn dies für die effiziente Verwaltung der Masse erforderlich ist.

(20) Hauptinsolvenzverfahren und Sekundärinsolvenzverfahren können jedoch nur dann zu einer effizienten Verwertung der Insolvenzmasse beitragen, wenn die parallel anhängigen Verfahren koordiniert werden. Wesentliche Voraussetzung ist hierzu eine enge Zusammenarbeit der verschiedenen Verwalter, die insbesondere einen hinreichenden Informationsaustausch beinhalten muß. Um die dominierende Rolle des Haup-

tinsolvenzverfahrens sicherzustellen, sollten dem Verwalter dieses Verfahrens mehrere Einwirkungsmöglichkeiten auf gleichzeitig anhängige Sekundärinsolvenzverfahren gegeben werden. Er sollte etwa einen Sanierungsplan oder Vergleich vorschlagen oder die Aussetzung der Verwertung der Masse im Sekundärinsolvenzverfahren beantragen können.

(21) Jeder Gläubiger, der seinen Wohnsitz, gewöhnlichen Aufenthalt oder Sitz in der Gemeinschaft hat, sollte das Recht haben, seine Forderungen in jedem in der Gemeinschaft anhängigen Insolvenzverfahren über das Vermögen des Schuldners anzumelden. Dies sollte auch für Steuerbehörden und Sozialversicherungsträger gelten. Im Interesse der Gläubigergleichbehandlung muß jedoch die Verteilung des Erlöses koordiniert werden. Jeder Gläubiger sollte zwar behalten dürfen, was er im Rahmen eines Insolvenzverfahrens erhalten hat, sollte aber an der Verteilung der Masse in einem anderen Verfahren erst dann teilnehmen können, wenn die Gläubiger gleichen Rangs die gleiche Quote auf ihre Forderung erlangt haben.

(22) In dieser Verordnung sollte die unmittelbare Anerkennung von Entscheidungen über die Eröffnung, die Abwicklung und die Beendigung der in ihren Geltungsbereich fallenden Insolvenzverfahren sowie von Entscheidungen, die in unmittelbarem Zusammenhang mit diesen Insolvenzverfahren ergehen, vorgesehen werden. Die automatische Anerkennung sollte somit zur Folge haben, daß die Wirkungen, die das Recht des Staates der Verfahrenseröffnung dem Verfahren beilegt, auf alle übrigen Mitgliedstaaten ausgedehnt werden. Die Anerkennung der Entscheidungen der Gerichte der Mitgliedstaaten sollte sich auf den Grundsatz des gegenseitigen Vertrauens stützen. Die zulässigen Gründe für eine Nichtanerkennung sollten daher auf das unbedingt notwendige Maß beschränkt sein. Nach diesem Grundsatz sollte auch der Konflikt gelöst werden, wenn sich die Gerichte zweier Mitgliedstaaten für zuständig halten, ein Hauptinsolvenzverfahren zu eröffnen. Die Entscheidung des zuerst eröffnenden Gerichts sollte in den anderen Mitgliedstaaten anerkannt werden; diese sollten die Entscheidung dieses Gerichts keiner Überprüfung unterziehen dürfen.

(23) Diese Verordnung sollte für den Insolvenzbereich einheitliche Kollisionsnormen formulieren, die die Vorschriften des internationalen Privatrechts der einzelnen Staaten ersetzen. Soweit nichts anderes bestimmt ist, sollte das Recht des Staates der Verfahrenseröffnung (lex concursus) Anwendung finden. Diese Kollisionsnorm sollte für Hauptinsolvenzverfahren und Partikularverfahren gleichermaßen gelten. Die lex concursus regelt alle verfahrensrechtlichen wie materiellen Wirkungen des Insolvenzverfahrens auf die davon betroffenen Personen und Rechtsverhältnisse; nach ihr bestimmen sich alle Voraussetzungen für die Eröffnung, Abwicklung und Beendigung des Insolvenzverfahrens.

(24) Die automatische Anerkennung eines Insolvenzverfahrens, auf das regelmäßig das Recht des Eröffnungsstaats Anwendung findet, kann mit den Vorschriften anderer Mitgliedstaaten für die Vornahme von Rechtshandlungen kollidieren. Um in den anderen Mitgliedstaaten als dem Staat der Verfahrenseröffnung Vertrauensschutz und Rechtssicherheit zu gewährleisten, sollten eine Reihe von Ausnahmen von der allgemeinen Vorschrift vorgesehen werden.

(25) Ein besonderes Bedürfnis für eine vom Recht des Eröffnungsstaats abweichende Sonderanknüpfung besteht bei dinglichen Rechten, da diese für die Gewährung von Krediten von erheblicher Bedeutung sind. Die Begründung, Gültigkeit und Tragweite eines solchen dinglichen Rechts

sollten sich deshalb regelmäßig nach dem Recht des Belegenheitsorts bestimmen und von der Eröffnung des Insolvenzverfahrens nicht berührt werden. Der Inhaber des dinglichen Rechts sollte somit sein Recht zur Aus- bzw. Absonderung an dem Sicherungsgegenstand weiter geltend machen können. Falls an Vermögensgegenständen in einem Mitgliedstaat dingliche Rechte nach dem Recht des Belegenheitsstaats bestehen, das Hauptinsolvenzverfahren aber in einem anderen Mitgliedstaat stattfindet, sollte der Verwalter des Hauptinsolvenzverfahrens die Eröffnung eines Sekundärinsolvenzverfahrens in dem Zuständigkeitsgebiet, in dem die dinglichen Rechte bestehen, beantragen können, sofern der Schuldner dort eine Niederlassung hat. Wird kein Sekundärinsolvenzverfahren eröffnet, so ist der überschießende Erlös aus der Veräußerung der Vermögensgegenstände, an denen dingliche Rechte bestanden, an den Verwalter des Hauptverfahrens abzuführen.

(26) Ist nach dem Recht des Eröffnungsstaats eine Aufrechnung nicht zulässig, so sollte ein Gläubiger gleichwohl zur Aufrechnung berechtigt sein, wenn diese nach dem für die Forderung des insolventen Schuldners maßgeblichen Recht möglich ist. Auf diese Weise würde die Aufrechnung eine Art Garantiefunktion aufgrund von Rechtsvorschriften erhalten, auf die sich der betreffende Gläubiger zum Zeitpunkt der Entstehung der Forderung verlassen kann.

(27) Ein besonderes Schutzbedürfnis besteht auch bei Zahlungssystemen und Finanzmärkten. Dies gilt etwa für die in diesen Systemen anzutreffenden Glattstellungsverträge und Nettingvereinbarungen sowie für die Veräußerung von Wertpapieren und die zur Absicherung dieser Transaktionen gestellten Sicherheiten, wie dies insbesondere in der Richtlinie 98/26/EG des Europäischen Parlaments und des Rates vom 19. Mai 1998 über die Wirksamkeit von Abrechnungen in Zahlungs- sowie Wertpapierliefer- und -abrechnungssystemen geregelt ist. Für diese Transaktionen soll deshalb allein das Recht maßgebend sein, das auf das betreffende System bzw. den betreffenden Markt anwendbar ist. Mit dieser Vorschrift soll verhindert werden, daß im Fall der Insolvenz eines Geschäftspartners die in Zahlungs- oder Aufrechnungssystemen oder auf den geregelten Finanzmärkten der Mitgliedstaaten vorgesehenen Mechanismen zur Zahlung und Abwicklung von Transaktionen geändert werden können. Die Richtlinie 98/26/EG enthält Sondervorschriften, die den allgemeinen Regelungen dieser Verordnung vorgehen sollten.

(28) Zum Schutz der Arbeitnehmer und der Arbeitsverhältnisse müssen die Wirkungen der Insolvenzverfahren auf die Fortsetzung oder Beendigung von Arbeitsverhältnissen sowie auf die Rechte und Pflichten aller an einem solchen Arbeitsverhältnis beteiligten Parteien durch das gemäß den allgemeinen Kollisionsnormen für den Vertrag maßgebliche Recht bestimmt werden. Sonstige insolvenzrechtliche Fragen, wie etwa, ob die Forderungen der Arbeitnehmer durch ein Vorrecht geschützt sind und welchen Rang dieses Vorrecht gegebenenfalls erhalten soll, sollten sich nach dem Recht des Eröffnungsstaats bestimmen.

(29) Im Interesse des Geschäftsverkehrs sollte auf Antrag des Verwalters der wesentliche Inhalt der Entscheidung über die Verfahrenseröffnung in den anderen Mitgliedstaaten bekannt gemacht werden. Befindet sich in dem betreffenden Mitgliedstaat eine Niederlassung, so kann eine obligatorische Bekanntmachung vorgeschrieben werden. In beiden Fällen sollte die Bekanntmachung jedoch nicht Voraussetzung für die Anerkennung des ausländischen Verfahrens sein.

(30) Es kann der Fall eintreten, daß einige der betroffenen Personen tatsächlich keine Kenntnis von der Verfahrenseröffnung haben und gutgläubig im Widerspruch zu der neuen Sachlage handeln. Zum Schutz solcher Personen, die in Unkenntnis der ausländischen Verfahrenseröffnung eine Zahlung an den Schuldner leisten, obwohl diese an sich an den ausländischen Verwalter hätte geleistet werden müssen, sollte eine schuldbefreiende Wirkung der Leistung bzw. Zahlung vorgesehen werden.

(31) Diese Verordnung sollte Anhänge enthalten, die sich auf die Organisation der Insolvenzverfahren beziehen. Da diese Anhänge sich ausschließlich auf das Recht der Mitgliedstaaten beziehen, sprechen spezifische und begründete Umstände dafür, daß der Rat sich das Recht vorbehält, diese Anhänge zu ändern, um etwaigen Änderungen des innerstaatlichen Rechts der Mitgliedstaaten Rechnung tragen zu können.

(32) Entsprechend Artikel 3 des Protokolls über die Position des Vereinigten Königreichs und Irlands, das dem Vertrag über die Europäische Union und dem Vertrag zur Gründung der Europäischen Gemeinschaft beigefügt ist, haben das Vereinigte Königreich und Irland mitgeteilt, daß sie sich an der Annahme und Anwendung dieser Verordnung beteiligen möchten.

(33) Gemäß den Artikeln 1 und 2 des Protokolls über die Position Dänemarks, das dem Vertrag über die Europäische Union und dem Vertrag zur Gründung der Europäischen Gemeinschaft beigefügt ist, beteiligt sich Dänemark nicht an der Annahme dieser Verordnung, die diesen Mitgliedstaat somit nicht bindet und auf ihn keine Anwendung findet –

HAT FOLGENDE VERORDNUNG ERLASSEN:

Kapitel I. Allgemeine Vorschriften

Anwendungsbereich

1 (1) **Diese Verordnung gilt für Gesamtverfahren, welche die Insolvenz des Schuldners voraussetzen und den vollständigen oder teilweisen Vermögensbeschlag gegen den Schuldner sowie die Bestellung eines Verwalters zur Folge haben.**

(2) **Diese Verordnung gilt nicht für Insolvenzverfahren über das Vermögen von Versicherungsunternehmen oder Kreditinstituten, von Wertpapierfirmen, die Dienstleistungen erbringen, welche die Haltung von Geldern oder Wertpapieren Dritter umfassen, sowie von Organismen für gemeinsame Anlagen.**

Schrifttum: S. die Nachweise in der Vorbemerkung. Ferner: *Carstens,* Die internationale Zuständigkeit im europäischen Insolvenzrecht, 2005; *Mankowski*, Internationale Nachlassinsolvenzen, ZIP 2011, 1501; *Reinhart,* Die Bedeutung der EuInsVO im Insolvenzeröffnungsverfahren – Verfahren bei internationaler Zuständigkeit nach Art. 102 EGInsO, NZI 2009, 73; *ders.*, Die Bedeutung der EuInsVO im Insolvenzeröffnungsverfahren – Besonderheiten paralleler Eröffnungsverfahren, NZI 2009, 201; *M. Stürner,* Jurisdiction for Avoidance Claims of Insolvent Investment Undertakings, FS Kaissis, 2012, 975.

Übersicht

I. Überblick

Art. 1 regelt in Absatz 1 den gegenständlichen und in Absatz 2 den persönlichen Anwendungsbereich der EuInsVO. Die Bestimmung des Anwendungsbereichs ist nicht zuletzt zur **Abgrenzung gegenüber den Vorschriften des autonomen internationalen Insolvenzrechts** in §§ 335 ff. InsO bedeutsam. Das nationale Recht kann nur dann angewendet werden, wenn der sachliche, räumliche oder persönliche Anwendungsbereich der Verordnung nicht eröffnet ist (→ Vorb. EuInsVO Rn. 6). Zur Abgrenzung gegenüber der EuGVVO → Rn. 6. Der **zeitliche Anwendungsbereich** der Verordnung wird durch Art. 43 festgelegt. Gem. **Art. 84 der neuen EuInsVO** findet der neue Text auf Verfahren Anwendung, die nach dem 26.6.2017 eröffnet werden. **1**

II. Sachlicher Anwendungsbereich der EuInsVO, Absatz 1

2 **1. Die Anwendung auf Insolvenzverfahren. a) Der Begriff des Insolvenzverfahrens.** Absatz 1 bestimmt den sachlichen Anwendungsbereich der Verordnung. Vier Kriterien müssen kumulativ erfüllt sein, damit ein „Insolvenzverfahren" vorliegt, auf das die Verordnung angewendet werden kann. Es muss sich um ein a) **Gesamtverfahren** handeln, das b) die **Insolvenz** des Schuldners voraussetzt und das c) zu einem **Vermögensbeschlag** führt und in dessen Rahmen schließlich d) ein **Verwalter** eingesetzt wird. Die Bedeutung dieser Kriterien für die Anwendung der Verordnung wird erheblich dadurch reduziert, dass Anhang A eine **abschließende Aufzählung der verschiedenen nationalen Verfahren** enthält, die „Insolvenzverfahren" im Sinne der Verordnung sind (vgl. EuGH NZI 2013, 106 = ZIP 2012, 2403 Rn. 33 – Bank Handlowy; EuGH EuZW 2013, 72 Rn. 24 – Radziejewski; BAG NZI 2013, 758 Rn. 37; auch → Art. 2 Rn. 2, dort auch zum *Scheme of Arrangement*). Ist ein bestimmtes Verfahren nach dem Recht eines Mitgliedstaats nicht in Anhang A genannt, ist zu prüfen, ob es unter den Begriff des „Insolvenzverfahrens" nach nationalem Recht fällt (→ § 335 Rn. 5). Zur Einordnung von **Nachlassinsolvenzverfahren** → Art. 2 Rn. 3.

3 **b) Anwendung auf Insolvenzeröffnungsverfahren.** Die Verordnung kann grundsätzlich **nicht unmittelbar auf Insolvenzeröffnungsverfahren** angewendet werden, weil das Eröffnungsverfahren nicht in Anhang A genannt ist. Materiell ist dies dadurch gerechtfertigt, dass Insolvenzeröffnungsverfahren nicht die materielle Insolvenz des Schuldners voraussetzen, sondern gerade ihrer Prüfung dienen. Eine Ausnahme ist nach der *Eurofood*-Entscheidung (EuGH NZI 2006, 360 = IPRax 2007, 120, näher → Art. 2 Rn. 8; → Art. 3 Rn. 26) für den Begriff der Eröffnung des (Haupt-)Insolvenzverfahrens in Art. 3 und Art. 16 zu machen. Die auf die möglichst rasche Beendigung von Zuständigkeitskonflikten abzielende Auslegung des EuGH sollte jedoch nicht auf andere Normen der EuInsVO übertragen werden. Für andere Vorschriften, die die Eröffnung eines Insolvenzverfahrens voraussetzen, kommt daher allenfalls eine **analoge Anwendung auf Insolvenzeröffnungsverfahren** in Frage. Inwieweit diese Analogie jeweils zu bejahen ist, wird bei den jeweiligen Vorschriften behandelt; insbesondere hinsichtlich der kollisionsrechtlichen Vorschriften der Verordnung (Art. 4 ff.) ist eine entsprechende Anwendung zu befürworten. Eine generelle Anwendung der Verordnung auf Eröffnungsverfahren ist jedoch abzulehnen, wobei der EuGH in der *Eurofood*-Entscheidung bereits angedeutet hat, dass er jedenfalls im Rahmen von Art. 29 und Art. 38 auch ein Insolvenzeröffnungsverfahren, durch das ein Vermögensbeschlag gegen den Schuldner angeordnet wird oder in dem ein in Anhang C genannter Verwalter bestellt wird, als Insolvenzverfahren iSd Vorschriften einordnet. Diese Sichtweise wird hier jedenfalls für Art. 29 für verfehlt gehalten, vgl. → Art. 29 Rn. 4. Die Grundsätze der *Eurofood*-Entscheidung sollten nur dort zur Auslegung des Begriffs „Insolvenzverfahren" herangezogen werden, wo es um die Vermeidung von Prioritätskonflikten geht (vgl. GA Kokott Schlussanträge ZIP 2012, 1133 Rn. 37).

4 **c) Reform des Anwendungsbereichs.** Die Reform erweitert den Anwendungsbereich der EuInsVO. Insbesondere ist nicht mehr erforderlich, dass das Verfahren „die Insolvenz des Schuldners voraussetzt", es genügt, wenn es „auf der Grundlage einer gesetzlichen Regelung zur Insolvenz" stattfindet. Hieraus folgt, dass die EuInsVO künftig auch Eröffnungsverfahren und (außergerichtliche) Sanierungsverfahren erfasst. Die Anwendbarkeit auf Sanierungsverfahren folgt insbesondere aus Art. 1 Abs. 1 lit. c, der auch Verfahren erfasst, die eine „vorüberge-

hende Aussetzung von Einzelvollstreckungsverfahren von einem Gericht oder kraft Gesetzes“ gewähren, „um Verhandlungen zwischen dem Schuldner und seinen Gläubigern zu ermöglichen, sofern das Verfahren, in dem die Aussetzung gewährt wird, geeignete Maßnahmen zum Schutz der Gesamtheit der Gläubiger vorsieht und in dem Fall, dass keine Einigung erzielt wird, einem der in den Buchstaben a oder b genannten Verfahren vorgeschaltet ist.“

Die Erweiterung der Kriterien besitzt für die Rechtsanwendung keine unmittelbare Bedeutung, da Art. 1 Abs. 1 aE nF klarstellt, dass die Aufzählung der Insolvenzverfahren iSd EuInsVO in Anhang A abschließend ist, so dass die VO nur auf die dort genannten Verfahren anwendbar ist. Die Neufassung des Art. 1 Abs. 1 ist nur für die sich im Rahmen eines legislativen Prozesses stellende Frage relevant, ob ein nationales Verfahren in den Anhang A aufgenommen werden kann. Allerdings wird das Verfahren nach Art. 45 zur vereinfachten Änderung der Anhänge durch die neue EuInsVO abgeschafft, so dass es zur Änderung der Anhänge einer Änderung der Verordnung bedarf. Es ist zu befürchten, dass der Katalog in Anhang A bald veraltet. 5

2. Die Abgrenzung der EuInsVO von der EuGVVO. Nach Art. 1 Abs. 2 lit. b EuGVVO ist die EuGVVO auf Konkurse, Vergleiche und ähnliche Verfahren nicht anwendbar. Das **Insolvenzverfahren selbst** unterfällt daher nicht der EuGVVO, sondern allein der EuInsVO. 6

Auch Erkenntnisverfahren, die im Zusammenhang mit dem Insolvenzverfahren stehen und unmittelbar aus diesem hervorgehen („**Annexverfahren**“), unterfallen nach der Rspr. des EuGH nicht der EuGVVO (Slg. 1979, 733, 744 = RIW 1979, 273 – Gourdain/Nadler). In *Deko Marty* (NZI 2009, 199 = ZEuP 2010, 904 [mAnm *Thole*] = IPRax 2009, 513 [mAnm *Fehrenbach* IPRax 2009, 492]) hat der EuGH für den Anfechtungsprozess entschieden, dass es sich bei diesem um ein Annexverfahren im Sinne der *Gourdain ./. Nadler*-Formel handelt, und auf dieses Art. 3 (analog) angewandt. Hinsichtlich des Anwendungsbereichs der EuInsVO ergibt sich hieraus, dass die Zuständigkeitsvorschriften der Verordnung nicht nur auf die in Anhang A genannten Insolvenzverfahren anzuwenden sind, sondern (analog) auch auf solche Erkenntnisverfahren, die „unmittelbar aus dem Insolvenzverfahren hervorgehen und in engem Zusammenhang damit stehen“. Die neue EuInsVO enthält eine entsprechende, ausdrückliche Regelung in Art. 6 nF. Näher zum Ganzen sowie zur Frage, welche Verfahren als Annexverfahren zu behandeln sind, → Art. 3 Rn. 36 ff. 7

III. Persönlicher Anwendungsbereich der EuInsVO, Absatz 2

Versicherungsunternehmen, Kreditinstitute, Wertpapierfirmen, die Dienstleistungen erbringen, welche die Haltung von Geldern oder Wertpapieren Dritter umfassen, sowie Organismen für gemeinsame Anlagen sind gem. Absatz 2 vom Anwendungsbereich ausgenommen (OLG Frankfurt a. M. IPRax 2014, 276 [mAnm *Brinkmann* IPRax 2014, 243] zur Lehman-Insolvenz). Diese Beschränkung des persönlichen Anwendungsbereichs erklärt sich jedenfalls für **Kreditinstitute** und **Versicherungsunternehmen** daraus, dass für Insolvenzverfahren über das Vermögen solcher Institute Sonderregeln bestehen (vgl. die Richtlinien 2001/24/EG über die Sanierung und Liquidation von Kreditinstituten und 2001/17/EG über die Sanierung und Liquidation von Versicherungsunternehmen). Ob ein Kreditinstitut oder ein Versicherungsunternehmen vorliegt, ist anhand der in den Richtlinien enthaltenen Definitionen (bzw. den jeweiligen Umsetzungsvorschriften) zu prüfen. Die insolvenzrechtlichen Bestimmungen dieser Richtlinien hat der deutsche Gesetzgeber vor allem in den §§ 335 ff. InsO umgesetzt. Inhaltlich ergeben sich nur wenige Abweichungen gegenüber der EuInsVO. Zur Frage, 8 ob auch den Richtlinien eine Regelung der internationalen Zuständigkeit für Annexverfahren zu entnehmen ist, s. *Brinkmann* IPRax 2014, 243.

9 **Wertpapierfirmen** werden durch Art. 4 Abs. 1 Nr. 1 der Richtlinie über Märkte für Finanzinstrumente (2004/39/EG) als juristische Personen definiert, die im Rahmen ihrer üblichen beruflichen oder gewerblichen Tätigkeit gewerbsmäßig Wertpapierdienstleistungen für Dritte erbringen und/oder eine oder mehrere Anlagetätigkeiten ausüben. Aufgrund dieser Bereichsausnahme fällt beispielsweise das Insolvenzverfahren über das Vermögen der Phoenix Kapitaldienst GmbH aus dem Anwendungsbereich der EuInsVO heraus (*M. Stürner* FS Kaissis, 2012, 975 [978]). Die internationale Zuständigkeit für die im Zusammenhang mit der Insolvenz einer Wertpapierfirma rechtshängig gemachten Annexverfahren beurteilt sich richtigerweise weder nach der EuGVVO noch nach der EuInsVO, sondern nach dem autonomen nationalen Recht. Die Bereichsausnahme der EuGVVO ist für sich unabhängig von der Anwendbarkeit der EuInsVO (auch wenn sie in einem entstehungsgeschichtlichen Zusammenhang zum nie in Kraft getretenen EuInsÜ steht). Die Unanwendbarkeit der EuGVVO beruht nicht auf einem Vorrang der EuInsVO, sondern auf einer der EuGVVO eigenen Bereichsausnahme, die ihrerseits von der Anwendbarkeit der EuInsVO unabhängig ist. Endgültig gesichert ist das allerdings nicht, da der EuGH die dahingehende zweite Vorlagefrage im *Deko Marty*-Verfahren (NZI 2009, 199 = ZEuP 2010, 904 [mAnm *Thole*] = IPRax 2009, 513 [mAnm *Fehrenbach* IPRax 2009, 492]) unbeantwortet gelassen hat. Allein der Rückgriff auf das autonome internationale Zivilprozessrecht der Mitgliedstaaten entspricht aber der *ratio* der Bereichsausnahme für Wertpapierfirmen in Art. 1 Abs. 2 EuInsVO, durch die die Regelungskompetenz der nationalen Gesetzgeber und die Eingriffsbefugnisse der nationalen Aufsichtsbehörden (Erwägungsgrund 9) insoweit erhalten bleiben sollte. Das gilt jedenfalls bis zum Inkrafttreten einer spezifischen gemeinschaftsrechtlichen Regelung, zu der es jedoch in Bezug auf Wertpapierfirmen bisher nicht gekommen ist (MüKoBGB/*Kindler* Rn. 18).

10 **Organismen für gemeinsame Anlagen** werden vom Gemeinschaftsrecht in Art. 1 Abs. 2 der Richtlinie 85/611 EWG als Organismen angesehen, deren ausschließlicher Zweck es ist, beim Publikum beschaffte Gelder für gemeinsame Rechnung nach dem Grundsatz der Risikobetreuung in Wertpapieren anzulegen, und deren Anteile auf Verlangen der Anteilsinhaber unmittelbar oder mittelbar zu Lasten des Vermögens dieser Organismen zurückgenommen oder ausgezahlt werden. Hiervon sind in erster Linie **Investmentfonds** erfasst.

IV. Sachlich-räumlicher Anwendungsbereich der EuInsVO

11 **1. Insolvenzverfahren in einem Mitgliedstaat.** Die EuInsVO ist nur anwendbar, wenn ein Insolvenzverfahren in einem Mitgliedstaat eröffnet wurde. Dies ergibt sich mittelbar über die Begrenzung des sachlichen Anwendungsbereichs auf die in Anhang A genannten Verfahren nach den verschiedenen mitgliedstaatlichen Insolvenzrechten. Das eröffnete Verfahren kann ein Haupt- oder ein Partikularverfahren, wobei auf letztere die VO nur anwendbar ist, wenn der Schuldner sein COMI (zum Begriff näher → Art. 3 Rn. 5 ff.) in einem Mitgliedstaat hat bzw. in einem Mitgliedstaat ein Hauptverfahren eröffnet wurde, vgl. Erwägungsgrund 14.

12 Aus Erwägungsgrund 33 sowie daraus, dass in Anhang A Verfahren nach dänischem Recht nicht aufgezählt sind, folgt, dass **Dänemark kein Mitgliedstaat im Sinne der EuInsVO** ist. Die Unanwendbarkeit der Verordnung beruht darauf, dass Dänemark sich nicht an den Projekten der justitiellen Zusammenarbeit in Zivilsachen beteiligt. Anders als für die EuGVVO existiert für die EuInsVO auch kein völkerrechtlicher Vertrag, der die Anwendbarkeit der EuIns-

VO auch auf Dänemark erstrecken würde. Dänemark ist daher zu den Drittstaaten zu zählen, gegenüber denen das autonome Recht anwendbar ist (→ Vor EuInsVO Rn. 6).

2. Keine Anwendung auf Insolvenzverfahren ohne Auslandsbezug. Als Regelung des internationalen Privat- und Verfahrensrechts regelt die Verordnung nur grenzüberschreitende Sachverhalte. Sie ist daher nur einschlägig für Verfahren, die **grenzüberschreitende Bezüge zu mindestens einem anderen Staat** aufweisen. Dieser Staat muss kein Mitgliedstaat sein (→ Rn. 14). Der Auslandsbezug in diesem Sinn besteht schon dann, wenn ein Gläubiger seinen Sitz im Ausland hat (AG Hamburg NZI 2006, 652; MüKoInsO/*Reinhart* Rn. 13) oder Vermögensgegenstände des Schuldners im Ausland belegen sind (zur Ansässigkeit eines Drittschuldners im Ausland *Reinhart* NZI 2009, 73 [76]). 13

3. Kein allgemeines Erfordernis eines qualifizierten Binnenmarktbezugs. Die Verordnung ist auch dann anwendbar, wenn ein Verfahren keine Bezüge zu anderen Mitgliedstaaten besitzt, sondern ausschließlich zu Drittstaaten (also zu Nicht-Mitgliedstaaten oder zu Dänemark, so genannter einfacher Auslandsbezug). Für die Eröffnung des räumlichen Anwendungsbereichs genügt es, wenn der Schuldner sein COMI in einem EuInsVO-Staat hat (so in Bezug auf die internationale Zuständigkeit für Annexverfahren EuGH NZI 2014, 134 = ZIP 2014, 181 = IPRax 2014, 425 – Schmid [mAnm *Arts* IPRax 2014, 390]; dazu auch *Paulus* EWiR 2014, 85; *Kindler* RIW 2014, 137; *Schulz* EuZW 2014, 264; s. dazu die Folgeentscheidung BGH ZIP 2014, 1132; für Klagen aus § 64 GmbHG EuGH NZI 2015, 88 = ZIP 2015, 196 Rn. 34 – H./H. K.; s. auch High Court of Justice Chancery Division Companies Court (England) ZIP 2003, 813; ebenso MüKoInsO/*Reinhart* Rn. 16; Geimer/Schütze EuZVerfR/*Huber* B Vor I 20b Art. 1 Rn. 19 ff.; *Wiedemann* IPRax 2012, 226; zur früher herrschenden Gegenansicht *Eidenmüller* IPRax 2001, 2 [5]; MüKoBGB/*Kindler* Rn. 28; *Paulus* NZI 2001, 505 [507]; *ders.* ZIP 2002, 729 [732]; *Smid* DtEuInsR Rn. 8; HambK-InsO/*Undritz* Rn. 6). Für die hier vertretene Ansicht spricht insbesondere, dass sonst Abgrenzungsprobleme entstehen können, da gerade bei der Eröffnung eines Verfahrens oft noch nicht klar ist, ob und mit welchem Staat ein Auslandsbezug besteht. 14

Allerdings erfordern einzelne Vorschriften der EuInsVO einen **„qualifizierten Binnenmarktbezug“.** So setzt etwa Art. 5 voraus, dass das Sicherungsgut im Eröffnungszeitpunkt „in einem anderen Mitgliedstaat belegen ist“. Ähnlich verlangt Art. 7, dass sich das Vorbehaltsgut in diesem Moment in einem anderen Mitgliedstaat befindet. Vergleichbare Voraussetzungen kennen die Art. 8, 9, 10, 11, 13 und 15. 15

Aus dieser Beschränkung des Anwendungsbereichs einzelner Sonderkollisionsnormen folgt, dass auch die **Regelanknüpfung nach Art. 4** in diesen Fragen **nur** dann **anwendbar** ist, **wenn** ein **qualifizierter Binnenmarktbezug im Sinne der jeweiligen Sonderkollisionsnorm besteht**: Art. 4 ist daher auf Sicherungsrechte nicht anwendbar, wenn sich das Sicherungsgut in einem Drittstaat befindet (→ Art. 4 Rn. 3), entsprechend ist Art. 4 auf das Schicksal von Arbeitsverträgen unanwendbar, wenn diese dem Recht eines Drittstaats unterliegen (→ Art. 4 Rn. 3; → Art. 10 Rn. 8; *Virgós/Schmit* Rn. 44; Gebauer/Wiedmann/*Haubold* EuInsVO Art. 4 Rn. 108; *Leible/Staudinger* KTS 2000, 533 [551]; MüKoBGB/*Kindler* EuInsVO Art. 5 Rn. 12; *Paulus* EuInsVO Art. 5 Rn. 4, Art. 7 Rn. 4; *Schmiedeknecht* S. 108; aA Rauscher EuZPR/EuIPR/*Mäsch* EGInsVO Art. 4 Rn. 5). Die Fragen sind jeweils durch die Anwendung autonomen Rechts zu entscheiden (zum Ganzen MüKoInsO/*Reinhart* Rn. 19; aA *Huber* ZZP 114 (2001), 133 [152] für Aufrechnungsfragen; für Anfechtungsfragen Geimer/Schütze EuZVerfR/*Gruber* B Vor I 20b Art. 13 Rn. 3). Die Gegenansicht muss 16 die im Zuge der Anwendung von Art. 4 gefundenen Ergebnisse durch die Anwendung von Sonderkollisionsnormen des nationalen Rechts zu korrigieren und vermischt damit nicht nur die Rechtsquellen, sondern missachtet auch den Anwendungsvorrang des europäischen Sekundärrechts.

Definitionen

2 Für die Zwecke dieser Verordnung bedeutet

a) „Insolvenzverfahren" die in Artikel 1 Absatz 1 genannten Gesamtverfahren. Diese Verfahren sind in Anhang A aufgeführt;

b) „Verwalter" jede Person oder Stelle, deren Aufgabe es ist, die Masse zu verwalten oder zu verwerten oder die Geschäftstätigkeit des Schuldners zu überwachen. Diese Personen oder Stellen sind in Anhang C aufgeführt;

c) „Liquidationsverfahren" ein Insolvenzverfahren im Sinne von Buchstabe a), das zur Liquidation des Schuldnervermögens führt, und zwar auch dann, wenn dieses Verfahren durch einen Vergleich oder eine andere die Insolvenz des Schuldners beendende Maßnahme oder wegen unzureichender Masse beendet wird. Diese Verfahren sind in Anhang B aufgeführt;

d) „Gericht" das Justizorgan oder jede sonstige zuständige Stelle eines Mitgliedstaats, die befugt ist, ein Insolvenzverfahren zu eröffnen oder im Laufe des Verfahrens Entscheidungen zu treffen;

e) „Entscheidung", falls es sich um die Eröffnung eines Insolvenzverfahrens oder die Bestellung eines Verwalters handelt, die Entscheidung jedes Gerichts, das zur Eröffnung eines derartigen Verfahrens oder zur Bestellung eines Verwalters befugt ist;

f) „Zeitpunkt der Verfahrenseröffnung" den Zeitpunkt, in dem die Eröffnungsentscheidung wirksam wird, unabhängig davon, ob die Entscheidung endgültig ist;

g) „Mitgliedstaat, in dem sich ein Vermögensgegenstand befindet", im Fall von

– körperlichen Gegenständen den Mitgliedstaat, in dessen Gebiet der Gegenstand belegen ist,

– Gegenständen oder Rechten, bei denen das Eigentum oder die Rechtsinhaberschaft in ein öffentliches Register einzutragen ist, den Mitgliedstaat, unter dessen Aufsicht das Register geführt wird,

– Forderungen den Mitgliedstaat, in dessen Gebiet der zur Leistung verpflichtete Dritte den Mittelpunkt seiner hauptsächlichen Interessen im Sinne von Artikel 3 Absatz 1 hat;

h) „Niederlassung" jeden Tätigkeitsort, an dem der Schuldner einer wirtschaftlichen Aktivität von nicht vorübergehender Art nachgeht, die den Einsatz von Personal und Vermögenswerten voraussetzt.

Schrifttum: S. die Nachweise in der Vorbemerkung. Ferner: *Albers,* Die Begriffe der Niederlassung und der Hauptniederlassung im internationalen Privat- und Zivilverfahrensrecht, 2010; *Deyda,* Der Konzern im europäischen Insolvenzrecht, 2008; *Thomas,* Grenzüberschreitende Insolvenzeröffnungsverfahren, 2013.

Übersicht

I. Normzweck

Art. 2 enthält Legaldefinitionen für die wichtigsten Begriffe der Verordnung, wodurch die autonome Auslegung des Texts erleichtert wird. 1

II. Die Definitionen im Einzelnen

1. Insolvenzverfahren, Verwalter und Liquidationsverfahren, lit. a–c. Die Begriffe „Insolvenzverfahren", „Verwalter" und „Liquidationsverfahren" definiert die Verordnung zwar auch abstrakt, sie werden aber im Interesse größerer Rechtssicherheit zusätzlich durch Enumeration konkretisiert. Die Anhänge A, C und B enthalten abschließende Aufzählungen der jeweiligen nationalen Institute, die unter die Begriffe fallen. Das **System der Enumeration** dient der Rechtssicherheit und Rechtsklarheit und ist einer erweiternden Auslegung oder gar einer Analogie nicht zugänglich (EuGH EuZW 2013, 72 Rn. 24 – Radziejewski *Mankowski* NZI 2011, 876 f.). ***Scheme of Arrangements*** nach englischem Recht fallen daher nicht unter die EuInsVO (*Petrovic* ZInsO 2010, 265; *Bormann* NZI 2011, 892 [896]; *Eidenmüller/Frobenius* WM 2011, 1210 [1214]; *Laier* GWR 2011, 252; *Mankowski* WM 2011, 1201 [1202]; *Schümann/Kleber* IILR 2011, 447 [449]; *Westpfahl/Knapp* ZIP 2011, 2033 [2044]; *Lüke/Scherz* ZIP 2012, 1101 [1104]; *Thole* ZGR 2013, 109 [114]). Ihre Anerkennung richtet sich nach der EuGVVO, → InsO § 335 Rn. 9. 2

Dagegen sind Sonderformen der in den Anhängen genannten Verfahren erfasst. Daher fallen auch das **Nachlassinsolvenzverfahren** (AG Köln NZI 2011, 159; ebenso *Schmiedeknecht* S. 144) und Verfahren, in denen die **Eigenverwaltung** angeordnet wurde, unter den Begriff des Insolvenzverfahrens iSd EuInsVO. Für das Verfahren nach Art. 14 A des griechischen Gesetzes Nr. 3429/2005 ist die Einordnung streitig (für die Anwendbarkeit der EuInsVO HessLAG ZIP 2011, 2218; dagegen LAG Düsseldorf NZI 2011, 874). Für mitgliedstaatliche Verfahren, die nicht in Anhang A aufgeführt sind, ist zu prüfen, ob sie nach §§ 343 ff. InsO anzuerkennen sind (→ InsO § 335 Rn. 7; LAG Düsseldorf NZI 2011, 874 [m. zust. Anm. *Mankowski*]). 3

2. Gericht, lit. d. Der Begriff „Gericht" umfasst neben den Gerichten als Organen der Judikative auch sonstige staatliche Stellen, denen vom nationalen Recht rechtspflegerische Aufgaben im Rahmen der Begleitung und Durchführung von Insolvenzverfahren zugewiesen sind. 4

3. Entscheidung, lit. e. Die Definition stellt klar, dass nicht nur Urteile und Beschlüsse erfasst sind, sondern auch gerichtliche Verfügungen und andere Maßnahmen von Behörden (MüKoInsO/*Reinhart* Art. 3 Rn. 6; Moss/Fletcher/Isaacs/*Moss/Smith* Rn. 8.20). 5

6 **4. Zeitpunkt der Verfahrenseröffnung, lit. f.** Maßgeblich ist der Moment der **Wirksamkeit der Entscheidung.** Ob die Einlegung eines Rechtsbehelfs den Zeitpunkt der Verfahrenseröffnung aufschiebt, hängt davon ab, ob er nach der *lex fori concursus* aufschiebende Wirkung hat. Nach der Gegenansicht (MüKoBGB/*Kindler* Rn. 14) soll die Einlegung von Rechtsbehelfen unabhängig von deren Wirkungen nach der *lex fori concursus* stets unbeachtlich sein. Dies führt zu dem sinnwidrigen Ergebnis, dass Entscheidungen eine Sperrwirkung auslösen können, die im Erlassstaat uU nie wirksam geworden sind.

7 Auf den Zeitpunkt der Verfahrenseröffnung stellen neben Art. 3 unter anderem auch die Art. 5, 7, 14, 15, 16, 18 Abs. 2 S. 1 und 20 ab. Seit der *Eurofood*-Entscheidung (EuGH NZI 2006, 360 = IPRax 2007, 120) ist allerdings zwischen dem Begriff des Zeitpunkts der Verfahrenseröffnung in Art. 3 einerseits und der Verwendung dieses Ausdrucks in anderen Vorschriften andererseits zu differenzieren. In ***Eurofood*** hat der EuGH **im Hinblick auf Art. 3 Abs. 3** entschieden, dass „als ‚Eröffnung eines Insolvenzverfahrens' im Sinne der Verordnung nicht nur eine Entscheidung zu verstehen [ist], die in dem für das Gericht, das die Entscheidung erlassen hat, geltenden Recht des Mitgliedstaats förmlich als Eröffnungsentscheidung bezeichnet wird, sondern auch die Entscheidung, die infolge eines auf die Insolvenz des Schuldners gestützten Antrags auf Eröffnung eines in Anhang A der Verordnung genannten Verfahrens ergeht, *wenn diese Entscheidung den Vermögensbeschlag gegen den Schuldner zur Folge hat und durch sie ein in Anhang C der Verordnung genannter Verwalter bestellt wird*" (EuGH NZI 2006, 360 = IPRax 2007, 120 Rn. 54, Hervorhebung nicht im Original). S. hierzu auch die beachtlichen Vorschläge von *Reuß* (S. 352) für die Einführung einer Rechtshängigkeitssperre, die sich als flexibler als die starre *Eurofood*-Regel erweisen könnte.

8 **Für das deutsche Recht** folgt hieraus, dass auch schon die Einleitung eines Insolvenzeröffnungsverfahrens die Sperrwirkung des Art. 3 Abs. 3 auslösen kann. Voraussetzung ist lediglich, dass ein **„schwacher" vorläufiger Insolvenzverwalter** eingesetzt wird und dem Schuldner ein **(beschränkter) Zustimmungsvorbehalt** auferlegt wird (ausführlich *Thomas* S. 104 ff.; *Dammann/Müller* NZI 2011, 752 [755]; auch → Art. 3 Rn. 23). Die **Einleitung eines Eröffnungsverfahrens in Eigenverwaltung** – ob mit oder ohne Anordnung eines Schutzschirms nach **§ 270b InsO** – ist **keine Verfahrenseröffnung** iSv Art. 2 lit. f (*Thole* FS Simotta, 2012, 613 [616]; *ders.* ZGR 2013, 109 [158]; *Piekenbrock* NZI 2012, 905 [908]). Auch nach der Überarbeitung der Anhänge im Jahr 2014 ist der vorläufige Sachwalter nicht in Anhang C genannt (wohl aber der vorläufige Insolvenzverwalter), so dass die in der Vorauflage vertretene Gegenansicht nicht mehr aufrecht erhalten werden kann. Hieraus folgt, dass die Einleitung eines Eröffnungsverfahrens in Eigenverwaltung keine Sperrwirkung erzeugt.

9 Zu beachten ist, dass die deutsche Rechtsprechung die **Anordnung von Sicherungsmaßnahmen** zwar grundsätzlich von der Zulässigkeit des Insolvenzantrags abhängig macht. Allerdings können nach einer Entscheidung des BGH auch bei zweifelhaftem Gerichtsstand berechtigte Sicherungsinteressen der Insolvenzgläubiger es gebieten, Sicherungsmaßnahmen vor der Feststellung der Zulässigkeit des Insolvenzantrags zu treffen, wenn sich das Insolvenzgericht letzte Gewissheit erst im weiteren Verfahrensablauf verschaffen kann (BGH NZI 2007, 344 = ZIP 2007, 878; BGH EWiR 2008, 181; hierzu auch *Reinhart* NZI 2009, 73). Im Hinblick auf die Sperrwirkung, die die Anordnung von Sicherungsmaßnahmen nach der *Eurofood*-Entscheidung entfalten kann, ist dieses Vorgehen europarechtlich – jedenfalls wenn es um die internationale Zuständigkeit geht – unzulässig. Dies stellt **Art. 4 der neuen EuInsVO** klar, nach dem ein Gericht von Amts wegen prüft, ob es nach Art. 3 zuständig ist (→ Art. 3 Rn. 22). In der Entscheidung zur Eröffnung des Verfahrens – also im deutschen Recht im Be-

schluss über die Anordnung von Sicherungsmaßnahmen – muss das Gericht gem. Art. 4 Abs. 1 S. 2 nF seine Zuständigkeitsentscheidung begründen. Ferner gewährt Art. 5 nF den ausländischen Gläubigern einen Rechtsbehelf gegen die Eröffnung eines Insolvenzverfahrens (→ Art. 3 Rn. 23).

Außerhalb von Art. 3 und 16 sollte es grundsätzlich dabei bleiben, dass der Zeitpunkt der Verfahrenseröffnung der Moment ist, in dem das Insolvenzverfahren formell eröffnet wird. Denn die Argumentation des EuGH in *Eurofood* ist ersichtlich von dem Ziel geprägt, den Wettlauf um die internationale Zuständigkeit möglichst rasch zu beenden. Diese beschränkte Bedeutung bestätigt auch das Urteil im Verfahren *Bank Handlowy* (EuGH NZI 2013, 106 = ZIP 2012, 2403 Rn. 45). Insofern erschöpft sich die Interpretation des Eröffnungszeitpunkts „in der Konkretisierung des gemeinschaftlichen Prioritätsprinzips zur Regelung transnationaler Zuständigkeitskonflikte" (*Hess/Laukemann/Seagon* IPRax 2007, 89 [95]). Die stark zweckorientierte Auslegung des EuGH sollte daher nicht auf andere Normen der EuInsVO übertragen werden, bei denen vergleichbare Kompetenzkonflikte nicht zu befürchten sind (vgl. bereits → Art. 1 Rn. 3; *Brinkmann* IPRax 2007, 235 [236]). Außerhalb von Art. 3 ist jeweils im Einzelfall zu prüfen, inwieweit die konkrete Vorschrift im Wege der Analogie auch auf Eröffnungsverfahren anwendbar ist. Allerdings hat der EuGH in der *Eurofood*-Entscheidung bereits angedeutet, dass er jedenfalls im Rahmen von Art. 29 und Art. 38 auch ein Insolvenzeröffnungsverfahren, durch das ein Vermögensbeschlag gegen den Schuldner angeordnet wird oder in dem ein in Anhang C genannter Verwalter bestellt wird, als Insolvenzverfahren iSd Vorschriften einordnet. Diese Sichtweise wird hier abgelehnt, vgl. → Art. 29 Rn. 4, ist aber für die Praxis zu berücksichtigen. 10

5. Mitgliedstaat, in dem sich ein Vermögensgegenstand befindet, lit. g. 11
Für **„körperliche Gegenstände"**, also bewegliche oder unbewegliche Sachen, kommt es nach Spiegelstrich 1 insoweit auf den Lageort an. Dies gilt mangels einer Ausweichklausel auch bei der Verortung von Sachen, die sich auf dem Transport befinden ***(res in transitu)***. Dass die hierbei erzielten Ergebnisse gewissen Zufälligkeiten unterliegen, ist unerfreulich, aber unvermeidlich, da Art. 2 lit. g keine Ausweichklausel vorsieht, die es erlauben würde, an das Absende- oder das Bestimmungsland anzuknüpfen (MüKoBGB/*Kindler* Rn. 20; MüKoInsO/*Reinhart* Rn. 17).

Gegenstände, bei denen das Eigentum in ein öffentliches Register einzutragen ist, werden in dem Staat lokalisiert, der das Register führt. Welche Gegenstände die Regelung im Einzelnen erfasst, hängt von der Reichweite der jeweiligen nationalen Register ab. Das Register muss die Inhaberschaft des Rechts ausweisen; es genügt nicht, wenn das Register lediglich die an einem fraglichen Gegenstand bestehenden Sicherungsrechte enthält. Ein Register ist öffentlich, wenn es durch den Staat selbst oder durch eine private Stelle unter staatlicher Aufsicht geführt wird. Ob es von der Öffentlichkeit eingesehen werden kann, ist unerheblich. 12

Bedeutung besitzt die Vorschrift auch in Bezug auf **Transportmittel,** bei denen die Eigentümerstellung in ein Register einzutragen ist, insbesondere **Schiffe, Luft- und Schienenfahrzeuge.** Nach dem Spiegelstrich 2 ist unbeachtlich, wo sich der Gegenstand im Moment der Verfahrenseröffnung befindet, maßgeblich ist allein, in welchem Staat er hätte registriert werden können – ob die Registrierung tatsächlich vorgenommen wurde oder ob eine dahingehende Rechtspflicht bestand, ist unbeachtlich. Die Vorschrift ist auch für **gewerbliche Schutzrechte** anwendbar, für die nach nationalem Recht jedenfalls die Möglichkeit einer Registrierung besteht (MüKoInsO/*Reinhart* Rn. 20, dort auch zu Registern, die auf Grund internationaler Übereinkommen geführt werden). Ne- 13 ben **Patenten** und **Designs** sind auch **Marken** von lit. g Spiegelstrich 2 erfasst. Wegen der territorial begrenzten Wirkung einer Eintragung kann beispielsweise eine in der gesamten Gemeinschaft verwendete Marke (auch) in die Masse eines Partikularverfahrens fallen. Dies löst Verwertungsprobleme aus. Für **Gemeinschaftsmarken** und für das **Gemeinschaftspatent** legt Art. 12 abweichend von der Definition in Art. 2 lit. g zweiter Spiegelstrich fest, dass diese in die Masse des Hauptinsolvenzverfahrens fallen, also dort belegen sind, wo der Schuldner nach Art. 3 Abs. 1 sein COMI hat (→ Art. 12 Rn. 1). Für **nicht registrierte Immaterialgüterrechte** kommt es auf das Land an, für das das jeweilige Recht Schutz vermittelt.

14 Nach Spiegelstrich 3 ist für **Forderungen** der Mittelpunkt der hauptsächlichen Interessen des Drittschuldners maßgebend. Hieraus folgt, dass Sicherungsrechte an Forderungen des Schuldners gegen Dritte dann Art. 5 unterfallen, wenn der Drittschuldner seinen Sitz in einem anderen Mitgliedstaat hat. Entsprechend fällt eine Forderung des Insolvenzschuldners gegen einen Dritten in die Masse eines Partikularverfahrens, wenn der Drittschuldner den Mittelpunkt seiner hauptsächlichen Interessen in dem Partikularverfahrensstaat hat.

15 Der Sitz des Drittschuldners ist auch für **verbriefte Forderungen** maßgeblich. Die Verordnung kennt keine Ausnahme von der Maßgeblichkeit des Schuldnersitzes zu Gunsten des Belegenheitsorts der Urkunde (MüKoInsO/*Reinhart* Rn. 22; Geimer/Schütze EuZVerfR/*Huber* B Vor I 20b EuInsVO Art. 2 Rn. 6; Nerlich/Römernann/*Nerlich* Rn. 8; aA *Virgós/Garcimartin* Rn. 313; Rauscher EuZPR/EuIPR/*Mäsch* Rn. 10).

16 Bei **Beteiligungen an Kapital- oder Personengesellschaften** ist zu differenzieren: Sofern diese Anteile in ein Register im Sinne des Spiegelstrichs 2 einzutragen sind, sind die Mitglieds- und Beteiligungsrechte in dem Land belegen, unter dessen Aufsicht das Register geführt wird (Rauscher EuZPR/EuIPR/*Mäsch* Rn. 11). Das deutsche **Aktienregister für Namensaktien** (§ 67 AktG) ist kein Register iSv Art. 2 lit. g Spiegelstrich 2 ist, da es sich nicht um ein „öffentliches" Register handelt, weil es von der Gesellschaft in Eigenverantwortung geführt wird. Nicht iSd zweiten Spiegelstrichs registrierte Beteiligungen sind am COMI der Gesellschaft belegen (*Paulus* EuInsVO Rn. 26). Dies gilt auch dann, wenn die Beteiligung verbrieft ist. Insbesondere für **sammelverwahrte und globalverbriefte Wertpapiere** sollte nicht auf den Verwahrungsort, sondern auf das COMI der Gesellschaft abgestellt werden. Hierdurch wird die Durchführung eines *Debt-Equity-Swap* (hierzu § 225a) im Verfahren über das Gesellschaftsvermögen erleichtert (zu den steuerrechtlichen Folgen s. *Haase* IStR 2013, 192). Ein Übermaß an Rechtsunsicherheit wird durch das Abstellen auf den tatsächlichen Verwaltungssitz nicht erzeugt, denn auch hier ist die Vermutung des Art. 3 Abs. 1 S. 2 heranzuziehen.

17 **6. Niederlassung, lit. h.** Der Niederlassungsbegriff der EuInsVO ist von dem der „Zweigniederlassung" in Art. 7 Nr. 5 EuGVVO (hierzu EuGH Slg. 1978, 2183) und dem Niederlassungsbegriff des internationalen Arbeitsvertragsrechts (hierzu EuGH ZIP 2012, 143 – Voosgerd) zu unterscheiden (zu den historischen Gründen näher *Virgós/Schmit* Rn. 70; MüKoInsO/*Reinhart* Rn. 26 f.). Lit. h fordert **vier kumulative** (*Albers* S. 293) **Kriterien** für das Vorliegen einer Niederlassung, nämlich (a) eine wirtschaftliche Aktivität, (b) von nicht vorübergehender Art, die (c) den Einsatz von Personal und (d) den Einsatz von Vermögenswerten voraussetzt. Das Vorliegen dieser Kriterien muss auf der **Grundlage objektiver und durch Dritte feststellbarer Umstände** beurteilt werden (EuGH NZI 2011, 990 = ZIP 2011, 2153 Rn. 60 ff. – Interedil).

18 Die **wirtschaftliche Aktivität** kann sowohl industrieller als auch freiberuflicher Natur sein (*Virgós/Schmit* Rn. 70). Auch natürliche Personen können somit

Niederlassungen iSv Art. 2 lit. h bilden (LG Hannover NZI 2008, 631 für einen in England wohnhaften Arzt, der als Chefarzt und Prokurist in einer deutschen Klinik arbeitet). Auf eine Gewinnerzielungsabsicht kommt es nicht an. Entscheidend ist, wie die Aktivität nach außen hin erscheint und nicht welche Zwecke der Schuldner damit verfolgt (*Virgós/Schmit* Rn. 70). Auch die Verwaltung von Vermögen kann eine wirtschaftliche Aktivität darstellen, wobei es nicht auf den Ort der Belegenheit des Vermögens, sondern auf den Ort ankommt, von dem aus es verwaltet wird, wo also die zur Verwaltung erforderlichen Personal- und Sachmittel eingesetzt werden. Alleine das **Innehaben von Vermögen** wie zB Grundstücken, Bankkonten oder Wertpapierdepots, oder das Vermieten einer (Ferien-) Wohnung **genügt nicht** um eine Niederlassung zu begründen (EuGH NZI 2011, 990 = ZIP 2011, 2153 Rn. 64 – Interedil). Bei der Verwaltung einer größeren, gewerblich genutzten Immobilie, die den Einsatz von Personal erfordert, ist eine Niederlassung zu bejahen (LG Hildesheim NZI 2013, 110 (Warenhaus); *Paulus* EuInsVO Rn. 33); wobei es nicht ausreicht, wenn bloß ein Steuerberater mit der Erstellung der Steuererklärung beauftragt wird (BGH ZIP 2012, 1920). Die wirtschaftliche Aktivität darf **nicht nur vorübergehend** ausgeübt werden, sondern muss auf eine bestimmte Dauer angelegt sein. Eine zeitliche Mindestgrenze lässt sich nicht angeben, es kommt auf den Einzelfall an. Bei einem **Notar** endet die wirtschaftliche Aktivität schon mit der vorläufigen Amtsenthebung nach § 54 BNotO (BGH NZI 2012, 377 = IPRax 2013, 356 [mAnm *Ringe* IPRax 2013, 330]).

Schließlich ist erforderlich, dass die Aktivität den **Einsatz von Personal und** 19 **Vermögenswerten** in einem gewissen Mindestumfang erfordert. Damit soll sichergestellt werden, dass die wirtschaftliche Tätigkeit in dem Staat auch eine gewisse ökonomische Relevanz zeitigt, die die Eröffnung eines Partikularverfahrens rechtfertigt. Gleichgültig ist, ob es sich bei den eingesetzten Vermögensgegenständen um massezugehöriges Vermögen handelt; auch gemietete oder geleaste Gegenstände genügen.

An dem Erfordernis des Einsatzes von Personal und Vermögenswerten wird bei 20 (Schein-)**Auslandsgesellschaften** die Eröffnung eines Partikularinsolvenzverfahrens im Satzungssitzstaat zumeist scheitern. Sofern am Satzungssitz nur eine Postadresse existiert, hinter der keinerlei administrative Organisation steht, ist den Anforderungen der lit. h nicht genügt. Dass das „Vertrauen der Gläubiger in die Möglichkeit der Durchführung eines – wenn auch territorial beschränkten – Insolvenzverfahrens" eine Analogie zu lit. h rechtfertigen soll (MüKoInsO/*Reinhart* Rn. 33), vermag nicht einzuleuchten, denn ein solches Verfahren wäre im Regelfall nahezu masse- und dadurch funktionslos. Der Satzungssitz ist gegenüber der Niederlassung kein Mehr, sondern ein aliud (vgl. AG Köln NZI 2004, 151). Dies zeigt sich auch darin, dass im Satzungssitzstaat ein Sekundärverfahren eröffnet werden kann (EuGH NZI 2014, 964 = ZIP 2014, 2513 Rn. 39 – Burgo Group; dazu *Schulz* EuZW 2015, 38).

Auch für die **Insolvenz einer in einen Konzern eingegliederten Gesell-** 21 **schaft** ist daran festzuhalten, dass eine Gesellschaft, die ihr COMI in einem Mitgliedstaat hat, nicht zugleich eine Niederlassung einer in einem anderen Mitgliedstaat residierenden Gesellschaft sein kann (im Ergebnis ebenso MüKoBGB/*Kindler* Rn. 28; *Deyda* S. 45; aA AG München NZI 2007, 495 – BenQ; Geimer/Schütze EuZVerfR/*Huber* B Vor I 20b Art. 2 Rn. 9 mwN; *Paulus* ZIP 2002, 729. Ausführlich zur internationalen Konzerninsolvenz *Deyda* S. 35 ff.). Die gesellschaftsrechtliche Selbständigkeit der Rechtsträger kann *de lege lata* insolvenzrechtlich nicht ignoriert werden. Die Mutter entfaltet eben in der Regel keine „eigene" wirtschaftliche Tätigkeit am Sitz der Tochter. Näher zur Bestimmung des COMI bei konzernabhängigen Gesellschaften → Art. 3 Rn. 13.

Internationale Zuständigkeit

3 (1) [1] **Für die Eröffnung des Insolvenzverfahrens sind die Gerichte des Mitgliedstaats zuständig, in dessen Gebiet der Schuldner den Mittelpunkt seiner hauptsächlichen Interessen hat.** [2] **Bei Gesellschaften und juristischen Personen wird bis zum Beweis des Gegenteils vermutet, daß der Mittelpunkt ihrer hauptsächlichen Interessen der Ort des satzungsmäßigen Sitzes ist.**

(2) [1] **Hat der Schuldner den Mittelpunkt seiner hauptsächlichen Interessen im Gebiet eines Mitgliedstaats, so sind die Gerichte eines anderen Mitgliedstaats nur dann zur Eröffnung eines Insolvenzverfahrens befugt, wenn der Schuldner eine Niederlassung im Gebiet dieses anderen Mitgliedstaats hat.** [2] **Die Wirkungen dieses Verfahrens sind auf das im Gebiet dieses letzteren Mitgliedstaats belegene Vermögen des Schuldners beschränkt.**

(3) [1] **Wird ein Insolvenzverfahren nach Absatz 1 eröffnet, so ist jedes zu einem späteren Zeitpunkt nach Absatz 2 eröffnete Insolvenzverfahren ein Sekundärinsolvenzverfahren.** [2] **Bei diesem Verfahren muß es sich um ein Liquidationsverfahren handeln.**

(4) **Vor der Eröffnung eines Insolvenzverfahrens nach Absatz 1 kann ein Partikularverfahren nach Absatz 2 nur in den nachstehenden Fällen eröffnet werden:**

a) falls die Eröffnung eines Insolvenzverfahrens nach Absatz 1 angesichts der Bedingungen, die in den Rechtsvorschriften des Mitgliedstaats vorgesehen sind, in dem der Schuldner den Mittelpunkt seiner hauptsächlichen Interessen hat, nicht möglich ist;

b) falls die Eröffnung des Partikularverfahrens von einem Gläubiger beantragt wird, der seinen Wohnsitz, gewöhnlichen Aufenthalt oder Sitz in dem Mitgliedstaat hat, in dem sich die betreffende Niederlassung befindet, oder dessen Forderung auf einer sich aus dem Betrieb dieser Niederlassung ergebenden Verbindlichkeit beruht.

Schrifttum: S. die Nachweise in der Vorbemerkung. Ferner: *W. Ahrens,* Rechte und Pflichten ausländischer Insolvenzverwalter, 2002; *Althammer/Tolani,* Der klageweise Zugriff des Insolvenzverwalters auf ausländisches Vermögen – insolvenzrechtliche Annexklagen als rechtliche Schnittstellenproblematik, FS Schilken, 2015, 589; *Ambach,* Reichweite und Bedeutung von Art. 25 EuInsVO, 2009; *Attinger,* Der Mittelpunkt der hauptsächlichen Interessen nach der EuInsVO, 2008; *d'Avoine,* Internationale Zuständigkeit des deutschen Insolvenzgerichts bei offenkundiger „Rückkehroption", NZI 2011, 312; de la Feria/Vogenauer/*Armour,* Abuse of Rights in EU Law: Some Reflections with Particular Reference to Financial Law, Prohibition of Abuse of Law, 2011, 157; *Brinkmann,* Zu Voraussetzungen und Wirkungen der Artt. 15, 25 EuInsVO, IPRax 2007, 235; *Brünkmans,* Die Koordinierung von Insolvenzverfahren konzernverbundener Unternehmen nach deutschem und europäischem Insolvenzrecht, 2009; *Carstens,* Die internationale Zuständigkeit im europäischen Insolvenzrecht, 2005; *Hess/Laukemann/Seagon,* Europäisches Insolvenzrecht nach Eurofood, IPRax 2007, 89; *Dammann/Müller,* Erste Anwendung der Interedil-Rechtsprechung des EuGH, NZI 2012, 643; de la Feria/Vogenauer/*Eidenmüller,* Abuse of Law in the Context of European Insolvency Law, Prohibition of Abuse of Law, 2011, 137; *ders.*, Abuse of Law in the Context of European Insolvency Law, ECFR 2009, 1; *Eidenmüller/Frobenius/Prusko,* Regulierungswettbewerb im Unternehmensinsolvenzrecht: Ergebnisse einer empirischen Untersuchung, NZI 2010, 545; *Griffiths/Hellmig,* Insolvenzkulturen – Kampf oder Harmonisierung? – Eine angelsächsische Perspektive, NZI 2008, 418; *Gruber,* Die europäische Insolvenzzuständigkeit und der Einwand des Rechtsmissbrauchs, FS Schilken, 2015, 679; *Grund,* Die Flucht vor deutschen Insolvenzgerichten nach England – Die Entscheidungen in dem Insolvenzverfahren Hans Brochier Holdings Ltd., NZI 2007, 137; *Haas,* Insolvenzrechtliche Annexverfahren und insolvenzrechtliche Zuständigkeit, ZIP 2013, 2381;

Herchen, Wer zuerst kommt, mahlt zuerst! – Die Bestellung eines „schwachen" vorläufigen Insolvenzverwalters als Insolvenzverfahrenseröffnung im Sinne der EuInsVO, NZI 2006, 435; *Hergenröder*, Entschuldung durch Restschuldbefreiungstourismus?, DZWIR 2009, 309; *Hölzle*, Wege in die Restschuldbefreiung und Schuldenerlass im Exil – Oder: Lohnt die Flucht nach Frankreich wirklich?, ZVI 2007, 1; *Keggenhoff*, Internationale Zuständigkeit bei grenzüberschreitenden Insolvenzverfahren, 2006; *Klöhn*, Verlegung des Mittelpunkts der hauptsächlichen Interessen vor Stellung des Insolvenzantrags, KTS 2006, 259; *Kourouvani*, Autonome Auslegung des Art. 3 Abs. 1 Satz 2 EuIns-VO, 2010; *Leipold*, Zuständigkeitslücken im neuen europäischen Insolvenzrecht, FS Ishikawa, 2001, 221; *Lorenz*, Annexverfahren bei Internationalen Insolvenzen, 2005; *Mankowski*, Gläubigerstrategien zur Fixierung des schuldnerischen Centre of Main Interests (COMI), ZIP 2010, 1376; *Oberhammer*, Im Holz sind Wege: EuGH SCT ./. Alpenblume und der Insolvenztatbestand des Art. 1 Abs. 2 lit. b) EuGVVO, IPRax 2010, 317; *Probst*, Die Internationale Zuständigkeit zur Eröffnung von Insolvenzverfahren im europäischen Insolvenzrecht, 2007; *Reinhart*, Die Bedeutung der EuInsVO im Insolvenzeröffnungsverfahren – Besonderheiten paralleler Eröffnungsverfahren, NZI 2009, 201; *Reuß*, „Forum Shopping" in der Insolvenz, 2011; *Karsten Schmidt*, Konzern-Insolvenzrecht – Entwicklungsstand und Perspektiven, KTS 2010, 1; Stürner/Kawano/*Stadler*, International Jurisdiction under the Regulation 1346/2000/EC on Insolvency Proceedings, Cross Border Insolvency, Intellectual Property Litigation, Arbitration and Ordre Public 2011, 13; Stoecker/*Zschaler*, Internationale Zuständigkeit für Insolvenzanfechtungsklagen: Die Entscheidung *Seagon ./. Deko Marty* in der Rechtsprechung deutscher Landgerichte, NZI 2010, 757; *Strobel*, Die Abgrenzung zwischen EuGVVO und EuInsVO im Bereich insolvenzbezogener Einzelentscheidungen, 2006; *Thole*, Missbrauchskontrolle im Europäischen Zivilverfahrensrecht, ZZP 122 (2009,) 423; *Thomas*, Grenzüberschreitende Insolvenzeröffnungsverfahren, 2013; *Vallender*, Gefahren für den Insolvenzstandort Deutschland, NZI 2007, 129; *Wais*, Internationale Zuständigkeit bei gesellschaftsrechtlichen Ansprüchen aus Geschäftsführerhaftung, IPRax 2011, 138; *Weber*, Gesellschaftsrecht und Gläubigerschutz im Internationalen Zivilverfahrensrecht, 2011; *Wedemann*, Die internationale Zuständigkeit für Haftungsklagen gegen Gesellschafter und Geschäftsleiter, ZEuP 2014, 861; *M.-P. Weller*, Die Wechselbalgtheorie, FS Goette, 2011, 583; *ders.*, Windscheids Anspruchsbegriff im Strudel der Insolvenzrechtsarbitrage, IPRax 2011, 150; *ders.*, Die intertemporale Behandlung der Insolvenzverschleppungshaftung beim Insolvenzstatutenwechsel, FS Ganter, 2010, 439; *ders.*, Die Verlegung des Centre of Main Interest von Deutschland nach England, ZGR 2008, 835; *Wessels*, COMI: Are English courts coming out? Standford International Bank case on appeal, IILR 2010, 57; *Willemer*, Vis attractiva concursus und die EuInsVO, 2006.

Übersicht

I. Überblick

1 Die Bedeutung des Art. 3 reicht über die **Regelung der internationalen Zuständigkeit für die Eröffnung des Haupt-** (Absatz 1, → Rn. 5 ff.) **und eines Partikularverfahrens** (Absätze 2 und 4, → Rn. 24 ff.) weit hinaus: Absatz 3 entscheidet **Kompetenzkonflikte zwischen Gerichten verschiedener Mitgliedstaaten** zugunsten der Gerichte des Staates, in dem zuerst ein Hauptinsolvenzverfahren eröffnet wird (Prioritätsprinzip, näher → Rn. 24). Der EuGH entnimmt der Vorschrift seit der *Deko Marty* Entscheidung (Slg. I 2009, 791 = NJW 2009, 2189 = IPRax 2009, 513 [mAnm *Fehrenbach* IPRax 2009, 492] = ZIP 2009, 427) schließlich auch eine **Regelung der internationalen Zuständigkeit für sogenannte Annexverfahren**, also für solche Prozesse, die eng mit dem Insolvenzverfahren verbunden sind (→ Rn. 36 ff.).

2 Die Frage, in welchem Staat ein Verfahren eröffnet wird, also die internationale Zuständigkeit, hat wesentliche Bedeutung auch für die Frage des anwendbaren Rechts, da nach Art. 4 grundsätzlich das Recht des Orts der Verfahrenseröffnung das Insolvenzstatut stellt (Prinzip der Geltung der *lex fori concursus*). Der durch diese Verknüpfung begründeten **Versuchung des *forum shopping***, also der strategischen Auswahl eines Verfahrensstandorts mit dem Ziel, ein für den Antragsteller möglichst günstiges Recht zur Anwendung zu bringen (der Begriff wird hier also im Sinne *Schacks* IZVR Rn. 251 verstanden; enger im Sinne einer Zuständigkeitserschleichung etwa *Reuß* S. 6), ist durch eine rigide Auslegung des COMI-Begriffs (dazu sogleich) Rechnung zu tragen.

II. Allgemeines zur internationalen Zuständigkeit nach der EuInsVO

3 Art. 3 Abs. 1 u. 2 regeln die internationale Zuständigkeit zur Eröffnung von Haupt- sowie von Partikularinsolvenzverfahren. Hierbei handelt es sich um **ausschließliche Zuständigkeiten** (Kübler/Prütting/Bork/*Kemper* Rn. 1). Vereinbarungen der Parteien hinsichtlich der Zuständigkeit sind unwirksam (LG Gießen 6.5.2009 – 5 O 35/09, BeckRS 2014, 10148; im Ergebnis ebenso *Mankowski* ZIP 2010, 1376 [1377]). Die internationale Zuständigkeit hat das Gericht von Amts

wegen zu prüfen (AG Köln NZI 2009, 133 [134]), wobei Ermittlungen hinsichtlich einer Widerlegung der Vermutung aus Absatz 1 Satz 2 nur bei begründeten Zweifeln aufgrund konkreter Anhaltspunkte erforderlich sind (Rauscher EuZPR/EuIPR/*Mäsch* Rn. 15). Die Einsetzung eines Sachverständigen zur Ermittlung der maßgeblichen Tatsachen ist zulässig (BGH NZI 2012, 823). Zur Regelung der internationalen Zuständigkeit für die Eröffnung des Hauptverfahrens durch die **neue EuInsVO** → Rn. 21 ff.

Positive **Kompetenzkonflikte** zwischen Gerichten verschiedener Mitglied- 4
staaten werden gem. Absatz 3 durch das Prioritätsprinzip entschieden. Die Lösung negativer Kompetenzkonflikte ergibt sich aus dem nationalen Recht, in Deutschland aus Art. 102 § 3 EGInsO.

III. Die internationale Zuständigkeit zur Eröffnung eines Hauptinsolvenzverfahrens, Absatz 1

1. Die Anknüpfung an den Mittelpunkt der hauptsächlichen Interessen 5
des Schuldners (COMI). Nach Art. 3 Abs. 1 sind die Gerichte des EuInsVO-Staates zur Eröffnung eines Hauptinsolvenzverfahrens zuständig, in dem der Schuldner den Mittelpunkt seiner hauptsächlichen Interessen hat. Entsprechend dem englischen Text (*centre of main interests*) hat sich für diese Anknüpfung die Abkürzung „COMI" eingebürgert. Der Begriff des COMI ist autonom auszulegen (EuGH NZI 2011, 990 = ZIP 2011, 2153 Rn. 43 – Interedil). Er hat in dieser Form keine Parallelen in anderen Rechtsakten der Union. Die Verordnung enthält keine Definition des Mittelpunkts der hauptsächlichen Interessen (EuGH NZI 2011, 990 = ZIP 2011, 2153 Rn. 47 – Interedil). Nur für Gesellschaften folgt aus Absatz 1 Satz 2 eine widerlegliche Vermutung, dass das COMI am satzungsmäßig bestimmten Sitz liegt. Bei der Auslegung des COMI-Begriffs sind im Hinblick auf die Rechtssicherheit und Vorhersehbarkeit in erster Linie **objektive und für Dritte feststellbare Kriterien** maßgeblich (Erwägungsgrund 13; EuGH Slg. I 2006, 3854 = NZI 2006, 360 = IPRax 2007, 120 [mAnm *Hess/Laukemann/Seagon* IPRax 2007, 89] = ZIP 2006, 907 – Eurofood; NZI 2011, 990 = ZIP 2011, 2153 Rn. 47 – Interedil. Zur Anwendung des COMI-Begriffs durch die englischen Gerichte *Wessels* IILR 2010, 57). Das COMI ist kein statischer Anknüpfungspunkt, sondern verändert sich (und mit ihm die internationale Zuständigkeit), wenn der Schuldner seinen Interessenmittelpunkt verlegt (Schlussanträge GA *Kokott* C-396/09 – *Interedil* ZIP 2011, 918 Rn. 47).

2. Der maßgebliche Zeitpunkt. Der maßgebliche Zeitpunkt für die Bestim- 6
mung des COMI ist nach dem EuGH der **Zeitpunkt der Antragstellung** (EuGH NZI 2006, 153 – Susanne Staubitz-Schreiber; NZI 2011, 990 = ZIP 2011, 2153 Rn. 54 ff. – Interedil). Eine spätere Verlegung des COMI ist hiernach grds. unbeachtlich, so dass eine *perpetuatio fori*-Doktrin ähnlich wie nach § 261 Abs. 3 Nr. 2 ZPO gilt.

Bei Insolvenzverfahren über das Vermögen von **Gesellschaften, die sich im** 7
Moment der Antragstellung schon im Liquidationsverfahren befinden und ihre werbende Tätigkeit eingestellt haben, nimmt der EuGH in *Interedil* (NZI 2011, 990 = ZIP 2011, 2153 Rn. 58) eine andere Anknüpfung vor. Er stellt hier auf den Zeitpunkt ab, zu dem die Gesellschaft ihre geschäftliche Tätigkeit vollständig eingestellt hat (ebenso BGH ZIP 2012, 139, ähnlich schon AG Hamburg NZI 2006, 652). Durch dieses „Einfrieren" des COMI wird vermieden, dass die Einstellung der werbenden Tätigkeit bei Gesellschaften mit Satzungssitz im Ausland automatisch zu einer Veränderung des COMI führt (BGH ZIP 2012, 139 Rn. 15). Das Verfahren kann an dem Ort geführt werden, an dem die Gesellschaft

zum Zeitpunkt ihrer werbenden Tätigkeit ihr COMI hatte. Zu **Verlegungen des COMI vor Antragstellung** auch → Rn. 16 ff.

8 **3. Das COMI nicht-unternehmerisch tätiger natürlicher Personen.** Natürliche Personen, die keiner selbständigen gewerblichen oder freiberuflichen Tätigkeit nachgehen, haben ihr COMI an ihrem **tatsächlichen gewöhnlichen Aufenthaltsort** (AG Köln NZI 2009, 133 [134]; *Carstens* S. 53 ff.; MüKoBGB/*Kindler* Rn. 38). Der Begriff des gewöhnlichen Aufenthalts ist nicht gleichbedeutend mit dem des Wohnsitzes, wie ihn die EuGVVO und auch das autonome Recht (§ 3 InsO iVm § 13 ZPO) verwenden. Im Unionsrecht wird der Begriff des gewöhnlichen Aufenthalts allgemein als der Ort verstanden, an dem eine Person den Schwerpunkt ihrer Lebensverhältnisse hat (MüKoBGB/*Junker* Rom II-VO Art. 23 Rn. 16), an dem also für eine gewisse Dauer ihr tatsächlicher Lebensmittelpunkt liegt (MüKoBGB/*Martiny* Rom I-VO Art. 19 Rn. 12). Auch wenn die EuInsVO selbst den Begriff des gewöhnlichen Aufenthalts nicht kennt, trifft diese Anknüpfung insofern das Richtige, als dieser Ort zugleich in dem Staat liegen wird, in dem der Schuldner „gewöhnlich der Verwaltung seiner Interessen nachgeht", worauf es nach Erwägungsgrund 13 ankommen soll. Das Attribut „gewöhnlich" verdeutlicht, dass der Tatbestand ein gewisses Zeitelement in dem Sinn enthält, dass der **Aufenthalt auf eine gewisse Dauer** angelegt ist und nicht nur vorübergehend ist (Stichwort „Insolvenztourismus mit Rückkehroption", vgl. → Rn. 19). Keine Bedeutung hat es, welche **Staatsangehörigkeit** der Schuldner hat. Die EuInsVO ist auch anwendbar auf Verfahren über das Vermögen von Drittstaatern, sofern sie ihren gewöhnlichen Aufenthalt in einem EuInsVO-Staat haben. Mit der Feststellung der maßgeblichen Tatsachen kann ein **Sachverständiger** beauftragt werden (BGH ZIP 2012, 1615; sa AG Köln NZI 2012, 379 zur **Darlegungs- und Beweislast**).

9 Der **gewöhnliche Aufenthaltsort von Grenzgängern,** also natürlicher Personen, die in einem Mitgliedstaat leben, aber in einem andern Mitgliedstaat einer abhängigen Beschäftigung nachgehen, ist in dem Staat anzusiedeln, in dem der Grenzgänger lebt und eben nicht dort, wo er als Arbeitnehmer tätig ist (vgl. den Tatbestand des Beschlusses des LG Traunstein ZVI 2009, 121 = NZI 2009, 818, wie hier Gottwald InsO-HdB/*Kolmann/Keller* § 131 Rn. 28; iErg auch MüKo-InsO/*Reinhart* Rn. 43).

10 **4. Das COMI gewerblich oder freiberuflich tätiger Personen.** Geht es um ein Insolvenzverfahren über das Vermögen einer natürlichen Person, die einer gewerblichen oder beruflichen Tätigkeit nachgeht (für die Stellung als geschäftsführender Mehrheitsgesellschafter einer GmbH, AG Köln NZI 2011, 159), sind **die Gerichte des Staates zuständig, in dem sie dieser Tätigkeit nachgeht**, denn in diesem Staat liegt der Schwerpunkt der wirtschaftlichen Interessen (BGH ZInsO 2009, 1955; ZIP 2007, 878 = NZI 2007, 344 [345]; ZIP 2011, 284; LG Göttingen ZInsO 2007, 1358). Maßgeblich ist also der Staat, in dem sich die Kanzlei, die Praxis, die Geschäftsräume oder die Werkstatt befinden. Ist die aktive Tätigkeit zum Zeitpunkt der Antragstellung bereits aufgegeben worden, kommt es darauf an, ob die geschäftliche Tätigkeit bereits weitgehend abgewickelt ist, so dass die Bindungen an den Staat der ehemaligen gewerblichen Tätigkeit aufgehoben sind (BGH NZI 2010, 153). In diesem Fall gilt das in → Rn. 8 Gesagte. Bestehen dagegen die Bindungen an den Staat der früheren unternehmerischen Tätigkeit noch fort, obwohl diese eingestellt ist, ist das COMI entsprechend der *Interedil*-Entscheidung (→ Rn. 7) am Ort der früheren unternehmerischen Tätigkeit anzusiedeln.

11 **5. Die Bestimmung des COMI bei Gesellschaften und sonstigen Schuldnern.** Für Gesellschaften und (andere) juristische Personen stellt Absatz 1

Satz 2 eine **widerlegliche Vermutung** auf, **dass sich** ihr **COMI am Ort ihres satzungsmäßigen Sitzes befindet** (zu den beweisrechtlichen Konsequenzen dieser Vermutung, die sich nicht nach der *lex fori processus* richten, ausführlich *Kourouvani*, Autonome Auslegung, 2010). In den Entscheidungen Eurofood (Slg. I 2006, 3854 = NZI 2006, 360) und Interedil (NZI 2011, 990 = ZIP 2011, 2153 Rn. 53) hat der EuGH Kriterien dafür entwickelt, wann die Vermutung aus Absatz 1 Satz 2 widerlegt werden kann. Hierbei hat der EuGH der **Erkennbarkeit für Dritte** bei der Bestimmung des COMI besonderes Gewicht beigemessen (vgl. Slg. I 2006, 3854 = NZI 2006, 360 Rn. 33 – Eurofood). Entscheidend ist danach, wo aus der Sicht Dritter der Interessenmittelpunkt der Gesellschaft liegt (zur Entwicklung der Rechtsprechung Stürner/Kawano/*Stadler* Cross Border Insolvency, 13, 18), und nicht der Ort, an dem die strategischen Entscheidungen über das Schicksal einer Gesellschaft tatsächlich getroffen werden (*mind of management*-Theorie). Der EuGH stützt sich für seinen Ansatz auf Erwägungsgrund 13 und meint ferner, dass dieses Vorgehen auch der Vorhersehbarkeit des anwendbaren Insolvenzrechts für die Gläubiger einer Gesellschaft (*Virgós/Schmit* Rn. 75) diene. Dem Gesichtspunkt der Vorhersehbarkeit sollte allerdings angesichts der Möglichkeit der Verlegung des COMI nach dem Zeitpunkt der Begründung der Forderung nur untergeordnete Bedeutung zugemessen werden (*Oberhammer* KTS 2009, 27 [35], der auch im Übrigen dem Kriterium der Erkennbarkeit für Dritte kritisch gegenüber steht). Ein Vorteil des Abstellens auf die Erkennbarkeit für die potentiellen Gläubiger ist jedoch, dass eine aktive Insolvenzrechtswahl erschwert wird. Den tatsächlichen Verwaltungssitz eines Unternehmens in einer Weise zu verlegen, die auch aus Sicht der Gläubiger zu einer Verschiebung des Interessenmittelpunkts führt, ist zumeist mit großem Aufwand und hohen Kosten verbunden (vgl. *Eidenmüller/Frobenius/Prusko* NZI 2010, 545).

Für die **Widerlegung der Vermutung** aus Art. 3 Abs. 1 S. 2 ist eine Gesamt- 12
betrachtung sämtlicher objektiver Faktoren vorzunehmen, die für Dritte erkennbar sind (EuGH NZI 2011, 990 = ZIP 2011, 2153 Rn. 52 – Interedil). Zu den zu berücksichtigenden Faktoren gehören nach Ansicht des EuGH ua alle Orte, an denen die Schuldnergesellschaft eine wirtschaftliche Tätigkeit ausübt und alle Orte, an denen sie Vermögenswerte besitzt, sofern diese Orte für Dritte erkennbar sind (aaO Rn. 52). Im Rahmen der anzustellenden Gesamtbetrachtung sei die **Belegenheit von Vermögensgegenständen** (Immobilien) in einem anderen Staat als dem Staat des Satzungssitzes nur einer von mehreren zu berücksichtigenden Faktoren, der für sich nicht ausreiche, die Vermutung aus Absatz 1 Satz 2 zu widerlegen (EuGH NZI 2011, 990 = ZIP 2011, 2153 Rn. 53). Entsprechend kann es nicht ausreichen, wenn gezeigt wird, dass die Gesellschaft auch in einem anderen Staat als dem Satzungssitzstaat einer wirtschaftlichen Tätigkeit nachgeht – hinzukommen muss, dass sie im Satzungssitzstaat keine den Gläubigern erkennbare Tätigkeit entfaltet oder diese doch nur ganz untergeordnete Bedeutung hat. Bei sogenannten **„Briefkastengesellschaften"**, die an ihrem Satzungssitz nur eine Postadresse haben, ihre Aktivität aber in einem anderen Staat entfalten, lässt sich nach diesen Kriterien die Vermutung des Absatz 1 Satz 2 stets widerlegen (vgl. AG Ludwigshafen ZIP 2014, 1746).

a) Kein Konzerngerichtsstand. Einen einheitlichen internationalen Ge- 13
richtsstand für alle zu einem Konzern gehörenden Unternehmensträger kennt die EuInsVO weder in ihrer gegenwärtig anwendbaren noch in ihrer neuen Fassung. Das Insolvenzverfahren über das Vermögen einer abhängigen Konzerngesellschaft wird auch dann nicht am Sitz der Mutter eröffnet, wenn von dort die Geschicke der Tochter gelenkt werden und dort die wesentlichen Entscheidungen fallen (vgl. aber noch High Court of Justice Birmingham NZI 2005, 467 – MG Rover; High

Court of Justice Leeds NZI 2004, 219 – MG Rover; ferner das *Automold*-Verfahren hierzu *Meyer-Löwy/Poertzgen* ZInsO 2004, 195; AG München NZI 2004, 450 – Hettlage). Wie die konzerninternen Entscheidungsprozesse strukturiert sind, ist unbeachtlich (AG Mönchengladbach NZI 2004, 383 – EMBIC). Allerdings schloss es der EuGH in Eurofood (Slg. I 2006, 3854 = NZI 2006, 360 = IPRax 2007, 120 [mAnm *Hess/Laukemann/Seagon* IPRax 2007, 89] = ZIP 2006, 907) nicht aus, dass im Einzelfall – bei entsprechender Erkennbarkeit für künftige Gläubiger – das COMI der Tochter am Sitz der Mutter ist (*Vallender/Deyda* NZI 2009, 825 [831]; *Keggenhoff* S. 123; *Brünkmans* S. 342). Da die Konzerngesellschaft in ihrem (Satzungs-) Sitzstaat in einem solchen Fall zumeist über eine betriebliche Organisation verfügen wird, ist es ohne Weiteres möglich, im Satzungssitzstaat der Tochter ein Partikularverfahren zu eröffnen (EuGH NZI 2014, 964 [mAnm *Mankowski*] = ZIP 2014, 2513 Rn. 39 – Burgo Group [*Undritz* EWiR 2015, 81]; Geimer/Schütze EuZVerfR/*Huber* B Vor I 20b Art. 2 Rn. 10). Umgekehrt ist es – etwa bei einer **Zwischenholding** – denkbar, dass deren COMI am Sitz der abhängigen Gesellschaft lokalisiert wird, wenn dies der Staat ist, zu dem die für die Gesellschaftsgläubiger erkennbaren Indizien (zB Postadresse, Kontoauszugsadresse, Adresse eines Geschäftsführers) weisen (AG Mönchengladbach ZIP 2012, 383 = ZInsO 2011, 1752 [*Mankowski* EWiR 2012, 21]).

14 Auch die **Vermischung des Vermögens** zweier Gesellschaften rechtfertigt für sich nicht, eine einheitliche internationale Zuständigkeit anzunehmen (EuGH ZInsO 2012, 93 = ZIP 2012, 183 – Rastelli Davide [*Paulus* EWiR 2012, 87]). Die Schwierigkeiten, die sich aus dieser Rechtsprechung für die Koordination von Konzerninsolvenzen ergeben, sind *de lege lata* nur durch Kooperation der Insolvenzverwalter zu lösen. Siehe hierzu *de lege ferenda* einerseits den Regierungsentwurf eines Gesetzes zur Erleichterung der Bewältigung von Konzerninsolvenzen (BT-Drs. 18/40) und andererseits die dem deutschen Entwurf stark angelehnten **Art. 56–77 der neuen EuInsVO**.

15 **b) Abwicklungsgesellschaften.** Bei Gesellschaften, die nicht mehr werbend tätig sind, kommt es darauf an, in welchem Staat ihr COMI im Moment der Einstellung des Geschäftsbetriebs lag (EuGH NZI 2011, 990 = ZIP 2011, 2153 Rn. 54 – Interedil; näher → Rn. 7). Danach kann auch über das Vermögen von Auslandsgesellschaften, die im Staat des Satzungssitzes bereits gelöscht wurden, am Ort ihrer früheren Tätigkeit ein Insolvenzverfahren eröffnet werden, vorausgesetzt das dortige Recht hält auch gelöschte Rechtsträger für insolvenzfähig.

16 **6. Die Verlegung des COMI vor Verfahrenseröffnung. a) Die Verlegung des COMI in der Unternehmensinsolvenz – *forum shopping*.** Durch eine Verlegung des Mittelpunkts seiner hauptsächlichen Interessen vor der Stellung des Insolvenzantrags kann der Schuldner die internationale Zuständigkeit und mit ihr das anwendbare Recht beeinflussen (vgl. die Verfahren der Deutsche Nickel AG, hierzu *Vallender* NZI 2007, 129 [131], und der Schefenacker AG, hierzu *Griffiths/Hellmig* NZI 2008, 418 [419]. Sa *M.-P. Weller* IPRax 2011, 150 [154]). Für eine Verlegung des COMI genügt es nicht, den Satzungssitz eines Unternehmens zu verlegen (AG Nürnberg NZI 2007, 186 – Brochier; dazu *Grund* NZI 2007, 137). Die erforderliche tatsächliche Verlegung des objektiv für Dritte erkennbaren Mittelpunkts der hauptsächlichen Interessen ist bei einem „lebenden" Unternehmen ein aufwändiges Unterfangen, dessen enorme Kosten offenbar nur wenige Unternehmen auf sich nehmen (*Eidenmüller/Frobenius/Prusko* NZI 2010, 545). *Forum shopping* durch COMI-Verlegung ist insofern wohl – jedenfalls **für werbend tätige Gesellschaften** – ein in erster Linie theoretisches Problem, das allenfalls bei Konzerngesellschaften und bei Finanzierungsgesellschaften praktisch wird. Wie insbesondere das Beispiel des *Brochier*-Verfahrens zeigt, bedarf es auch keines Rückgriffs auf das Institut des Rechtsmissbrauchs (hierzu *Thole* ZZP 122

(2009), 423 [433]; *Gruber* FS Schilken, 2015, 679 ff.) zur angemessenen Erfassung der Sachverhalte. Die Probleme können durch eine präzise Handhabung des COMI-Begriffs gelöst werden (wie hier *M.-P. Weller* ZGR 2008, 835 [849]; aA MüKoInsO/*Reinhart* Rn. 53 ff.; *Reuß* S. 340, der allerdings nur einen „bedingten und punktuellen" Einsatz der Rechtsmissbrauchslehre befürwortet; *Eidenmüller* in de la Feria/Vogenauer S. 137; *ders.* ECFR 2009, 1 [24], der *de lege lata* einen Rechtsmissbrauchstest befürwortet, *de lege ferenda* tritt er für eine Anknüpfung an den Satzungssitz ein; den rechtspolitischen Vorschlägen *Eidenmüllers* zustimmend *Armour* in de la Feria/Vogenauer S. 157; dagegen *Reuß* S. 348 ff., der stattdessen für eine weitere Konkretisierung des COMI-Konzepts der *lex lata* eintritt; ähnlich *Attinger* S. 291 ff.).

Auch bei **Firmenbestattungen im Ausland** (vgl. den Sachverhalt der Entscheidung des BGH EWiR 2008, 181. Allgemein zum Problem *M.-P. Weller* FS Ganter, 2010, 439; *ders.* ZIP 2009, 2029; zu der strafrechtlichen Dimension: *Büchler* in Clavora/Garber S. 191 ff.) bedarf es keines Rückgriffs auf die Rechtsmissbrauchslehre. In diesen Fällen wird der Sitz einer materiell zumeist bereits insolventen Gesellschaft ins Ausland verlegt, um den Gläubigern die Durchsetzung und Verfolgung ihrer Ansprüche zu erschweren und zugleich möglichst Haftungsansprüche nach altem Sitzrecht zu vermeiden oder abzustreifen. Wird der Sitz verlegt, nachdem das Unternehmen seine Geschäftstätigkeit bereits eingestellt hat und die unternehmenstragende Gesellschaft womöglich schon gelöscht ist, so ist dies irrelevant, da es bei Abwicklungsgesellschaften für die Feststellung des COMI auf den Zeitpunkt der Einstellung der Geschäftstätigkeit ankommt (EuGH NZI 2011, 990 = ZIP 2011, 2153 Rn. 52 – Interedil; näher → Rn. 7). Eine **vorgetäuschte Verlegung des COMI** ist für die internationale Zuständigkeit und damit für das anwendbare Recht von vornherein irrelevant (BGH IPRspr 254/2007, 722; *M.-P. Weller* IPRax 2011, 150). 17

Gelingt es der Gesellschaft, ihr **COMI** vor Einstellung des Geschäftsbetriebs ins **Ausland** zu verlegen, so sind die Gerichte des neuen Sitzstaates für die Eröffnung des Insolvenzverfahrens zuständig. Grundsätzlich werden sie nach Art. 4 Abs. 1 ihr eigenes Recht anwenden. Die Frage, ob eine vor der Sitzverlegung bereits verwirklichte Haftung wegen Insolvenzverschleppung erlischt, ist nach den Grundsätzen des intertemporalen Rechts zu entscheiden (*M.-P. Weller* FS Ganter, 2010, 439). Das zeitlich später anwendbare Statut kann grundsätzlich keine Rückwirkung auf bereits abgeschlossene Tatbestände entfalten, so dass eine im Moment der Sitzverlegung bereits verwirklichte Haftung wegen Insolvenzverschleppung von der Sitzverlegung unberührt bleibt. Grundsätzlich gilt also, dass auch insolvenzrechtlich zu qualifizierende Ansprüche, die bereits vor der COMI-Verlegung entstanden sind, nicht infolge dieser erlöschen, sondern vom Verwalter eines am neuen COMI eröffneten Insolvenzverfahrens oder im Fall der masselosen Insolvenz von den Gläubigern selbst geltend gemacht werden können. Für die teilweise befürwortete **Anfechtbarkeit der Verlegung des COMI** (*Hess/Laukemann/Seagon* IPRax 2007, 89 [91]; dagegen *M.-P. Weller* ZGR 2008, 835 [850]) besteht vor diesem Hintergrund kein Bedürfnis. 18

b) Die Verlegung des COMI bei natürlichen Personen – Insolvenztourismus. Bei natürlichen Personen erfolgt die Verlegung des COMI vor Verfahrenseröffnung typischerweise, um in den Genuss liberalerer Restschuldbefreiungsvorschriften zu kommen. Diese Aussicht hat zu einem sogenannten Insolvenztourismus (*Hergenröder* DZWIR 2009, 309; *Goslar* NZI 2012, 912) geführt; die Attraktivität solcher Strategien hat zuletzt aufgrund der sorgfältigeren Prüfung der internationalen Zuständigkeit seitens der Gerichte abgenommen (vgl. die Entscheidung des High Court *Official Receiver v. Mitterfellner* [2009] BPIR 1075; AG Köln NZI 2009, 133; ferner den Tatbestand der Entscheidung des BGH in 19

ZIP 2011, 284; sa *Hölzle* ZVI 2007, 1; *Mankowski* NZI 2011, 958; *Beck* ZVI 2011, 355). Gelingt es dem Schuldner, sein COMI tatsächlich zu verlegen, so ist das insolvenzverfahrensrechtlich zu akzeptieren. Die Probleme, die ein Teil der Lehre durch die Anwendung der Rechtsmissbrauchslehre lösen will (*Eidenmüller* ECFR 2009, 1), sind auch hier auf tatbestandlicher Ebene anzugehen (auch das Berufungsgericht Colmar ZInsO 2014, 562, wendet die Rechtsmissbrauchslehre im Ergebnis zu Recht nicht an). Hält sich der Schuldner etwa offensichtlich eine Rückkehroption offen, hat er eben nicht dauerhaft seinen gewöhnlichen Aufenthalt verlegt.

20 **7. Erfasste Entscheidungen.** Ausdrücklich behandelt Art. 3 nur die **Eröffnungsentscheidung**. Aus der Kompetenz, das Verfahren zu eröffnen, folgt aber zugleich die Kompetenz, es zu beenden. Art. 3 gilt damit auch – und zwar in unmittelbarer Anwendung – für Entscheidungen zur **Aufhebung oder Einstellung** des Verfahrens. Ebenso ist der Vorschrift die Zuständigkeitsgrundlage für Entscheidungen über die **Restschuldbefreiung** und andere verfahrensbezogene Handlungen des Gerichts zu entnehmen. Zu Anerkennung und Vollstreckbarerklärung dieser Entscheidungen vgl. → Art. 25 Rn. 6 f.

21 **8. Die internationale Zuständigkeit für die Eröffnung des Hauptverfahrens nach der neuen EuInsVO.** Art. 3 Abs. 1 der neuen EuInsVO normiert im Wesentlichen die bisherige Rechtsprechung des EuGH. Dieser lautet:

„(1) Für die Eröffnung des Insolvenzverfahrens sind die Gerichte des Mitgliedstaats zuständig, in dessen Hoheitsgebiet der Schuldner den Mittelpunkt seiner hauptsächlichen Interessen hat (im Folgenden „Hauptinsolvenzverfahren"). Mittelpunkt der hauptsächlichen Interessen ist der Ort, an dem der Schuldner gewöhnlich der Verwaltung seiner Interessen nachgeht und der für Dritte feststellbar ist.

Bei Gesellschaften oder juristischen Personen wird bis zum Beweis des Gegenteils vermutet, dass der Mittelpunkt ihrer hauptsächlichen Interessen der Ort ihres Sitzes ist. Diese Annahme gilt nur, wenn der Sitz nicht in einem Zeitraum von drei Monaten vor dem Antrag auf Eröffnung des Insolvenzverfahrens in einen anderen Mitgliedstaat verlegt wurde.

Bei einer natürlichen Person, die eine selbständige gewerbliche oder freiberufliche Tätigkeit ausübt, wird bis zum Beweis des Gegenteils vermutet, dass der Mittelpunkt ihrer hauptsächlichen Interessen ihre Hauptniederlassung ist. Diese Annahme gilt nur, wenn die Hauptniederlassung der natürlichen Person nicht in einem Zeitraum von drei Monaten vor dem Antrag auf Eröffnung des Insolvenzverfahrens in einen anderen Mitgliedstaat verlegt wurde.

Bei allen anderen natürlichen Personen wird bis zum Beweis des Gegenteils vermutet, dass der Mittelpunkt ihrer hauptsächlichen Interessen der Ort ihres gewöhnlichen Aufenthalts ist. Diese Annahme gilt nur, wenn der gewöhnliche Aufenthalt nicht in einem Zeitraum von sechs Monaten vor dem Antrag auf Eröffnung des Insolvenzverfahrens in einen anderen Mitgliedstaat verlegt wurde."

Die neu geschaffenen Vermutungen (COMI von unternehmerisch tätigen Personen im Zweifel am Ort der Hauptniederlassung (UAbs. 3), COMI von Verbrauchern am Ort des gewöhnlichen Aufenthalts (UAbs. 4)), dürften in der Praxis keine sehr großen Veränderungen bringen, weil sie der Rechtsprechung des EuGH entsprechen. Auch der Ausschluss der Anwendbarkeit der Vermutungen bei vorherigem Wechsel des Satzungssitzes, des Orts der Hauptniederlassung bzw. des gewöhnlichen Aufenthalts bringen in der Sache kaum Neues. Dem Insolvenztourismus natürlicher Personen wird man so nicht Einhalt gebieten können.

Gewisse Änderungen enthalten die Art. 4 und 5 nF: 22

„Artikel 4 Prüfung der Zuständigkeit

(1) Das mit einem Antrag auf Eröffnung eines Insolvenzverfahrens befasste Gericht prüft von Amts wegen, ob es nach Artikel 3 zuständig ist. In der Entscheidung zur Eröffnung des Insolvenzverfahrens sind die Gründe anzugeben, auf denen die Zuständigkeit des Gerichts beruht sowie insbesondere, ob die Zuständigkeit auf Artikel 3 Absatz 1 oder Absatz 2 gestützt ist.

(2) Unbeschadet des Absatzes 1 können die Mitgliedstaaten in Insolvenzverfahren, die gemäß den nationalen Rechtsvorschriften ohne gerichtliche Entscheidung eröffnet werden, den in einem solchen Verfahren bestellten Verwalter damit betrauen, zu prüfen, ob der Mitgliedstaat, in dem der Antrag auf Eröffnung des Verfahrens anhängig ist, gemäß Artikel 3 zuständig ist. Ist dies der Fall, führt der Verwalter in der Entscheidung zur Verfahrenseröffnung die Gründe auf, auf welchen die Zuständigkeit beruht sowie insbesondere, ob die Zuständigkeit auf Artikel 3 Absatz 1 oder Absatz 2 gestützt ist.

Artikel 5 Gerichtliche Nachprüfung der Entscheidung zur Eröffnung des Hauptinsolvenzverfahrens

(1) Der Schuldner oder jeder Gläubiger kann die Entscheidung zur Eröffnung des Hauptinsolvenzverfahrens vor Gericht aus Gründen der internationalen Zuständigkeit anfechten.

(2) Die Entscheidung zur Eröffnung des Hauptinsolvenzverfahrens kann von anderen als den in Absatz 1 genannten Verfahrensbeteiligten oder aus anderen Gründen als einer mangelnden internationalen Zuständigkeit angefochten werden, wenn dies nach nationalem Recht vorgesehen ist."

Schon nach der alten EuInsVO sind die Gerichte gehalten, bei der Verfahrenseröffnung die internationale Zuständigkeit zu prüfen und klarzustellen, ob das eröffnete Verfahren ein Haupt- oder ein Sekundärverfahren sein soll, → Rn. 24. Art. 4 nF stellt dies nun klar und normiert zusätzliche eine **Begründungspflicht**.

Art. 5 nF enthält eine Sachnorm, die jedem Gläubiger mit Sitz in einem anderen Staat als dem der Verfahrenseröffnung einen **Rechtsbehelf gegen die Eröffnungsentscheidung** verschafft, mit dem er die fehlende internationale Zuständigkeit des eröffnenden Gerichts geltend machen kann. Für das deutsche Recht ist dies so umzusetzen, dass ein Rechtsbehelf der ausländischen Gläubiger gegen die Anordnung von Sicherungsmaßnahmen im Rahmen des Eröffnungsverfahrens geschaffen werden muss, da hierin die Verfahrenseröffnung iSd EuIns-VO liegt (im Einzelnen *Brinkmann* FS Schilken, 2015, 631 ff.). 23

IV. Die Sperrwirkung der Eröffnung eines Hauptinsolvenzverfahrens, Absatz 3

Nach Absatz 3 erzeugt die Eröffnung eines Hauptinsolvenzverfahrens eine Sperrwirkung dahingehend, dass in jedem anderen Mitgliedstaat nur noch Sekundärverfahren eröffnet werden können, die stets Liquidationsverfahren sein müssen (anders Absatz 3 nF). **Positive Kompetenzkonflikte** zwischen Gerichten verschiedener Mitgliedstaaten werden also durch das Prioritätsprinzip entschieden (zu negativen Kompetenzkonflikten s. Art. 102 § 3 EGInsO). Vor diesem Hintergrund sollte das entscheidende Gericht in dem entsprechenden Beschluss klarstellen, ob es ein Territorial- oder ein Hauptinsolvenzverfahren eröffnet (AG Hamburg NZI 2009, 343). Art. 4 Abs. 1 S. 2 Hs. 2 regelt dies für die **neue EuInsVO** ausdrücklich (→ Art. 3 Rn. 22). 24

25 Die Gerichte eines anderen Staates können nicht überprüfen, ob die **Gerichte des Ersteröffnungsstaates** ihre Zuständigkeit zu Unrecht angenommen haben. Die Gerichte anderer Mitgliedstaaten sind vielmehr nach Art. 16 gezwungen, die Eröffnungsentscheidung anzuerkennen. Ihre Grenze findet die Anerkennungspflicht im *ordre public*-**Vorbehalt** des Art. 26 (EuGH NZI 2006, 360 = ZIP 2006, 907 – Eurofood; AG Nürnberg NZI 2007, 185; öst. OGH NZI 2005, 465) und in Art. 25 Abs. 3. Verletzt ein Gericht diese Anerkennungspflicht möglicherweise in Unkenntnis einer ausländischen Verfahrenseröffnung, muss das Verfahren eingestellt werden, Art. 102 § 4 EGInsO.

26 Der **Vorrang des zuerst eröffneten Verfahrens** begründet die Gefahr eines *race to the courtroom* mit dem Interesse, die frühzeitige Eröffnung eines Insolvenzverfahrens in einem für den jeweiligen Antragsteller möglichst günstigen *forum* zu erreichen. Teilweise scheinen sich sogar die Gerichte selbst an diesem Wettlauf zu beteiligen (vgl. die Entscheidung des Tribunale di Parma ZIP 2004, 1220 in der Eurofood-Insolvenz). Der EuGH hat durch seine Eurofood-Entscheidung gewissermaßen die „Renndistanz“ etwas verkürzt, indem er unter bestimmten Voraussetzungen auch schon dem **Beginn eines Insolvenzeröffnungsverfahrens** die skizzierte Sperrwirkung zugeschrieben hat (aaO Rn. 54). Für die Auslösung der Sperrwirkung reicht danach die Einleitung eines in Anhang A genannten Insolvenzverfahrens, sofern der Schuldner hierdurch die Verfügungsbefugnis über sein Vermögen verloren hat und ein Verwalter der in Anhang C genannten Art eingesetzt wurde. Für das deutsche Recht genügt diesen Anforderung bereits die Anordnung von Sicherungsmaßnahmen, mit denen dem Schuldner ein allgemeiner oder begrenzter Zustimmungsvorbehalt auferlegt wird (LG Patra ZIP 2007, 1875; *Dammann/Müller* NZI 2011, 752 [755] m. Hinweisen auf Rspr. ausländischer Gerichte; *Herchen* NZI 2006, 435 [437]; *Westpfahl/Goetker/Wilkens* Rn. 72; *Thomas* S. 104 ff.; nur für den Verwalter mit allgemeinem Zustimmungsvorbehalt *Hess/Laukemann/Seagon* IPRax 2007, 89 [94]; aA wohl Cour d'appel Colmar EWiR 2010, 453 [*Mankowski*] für einen vorläufigen Insolvenzverwalter mit Zustimmungsvorbehalt; aA auch *Paulus* NZG 2006, 609 [613], der nur einen starken Verwalter für ausreichend hält). Auch die Gewährung eines vorläufigen gerichtlichen Zahlungsaufschubs nach niederländischem Recht (***surseance van betaling***) ist eine Verfahrenseröffnung iSd Eurofood-Kriterien (Arrondissementsgericht Amsterdam ZIP 2007, 492; AG München ZIP 2007, 495). Keine Bedeutung kommt für die Auslösung der Sperrwirkung dem Zeitpunkt der Stellung des Insolvenzantrags zu (MüKoBGB/*Kindler* Art. 2 Rn. 17; aA Stadtgericht Prag ZIP 2005, 1431).

V. Die internationale Zuständigkeit für die Eröffnung eines Partikularverfahrens, Absatz 2, 4

27 Partikularverfahren entfalten gem. Absatz 2 Satz 2 nur territoriale Wirkung in dem Sinn, dass sie nur die Vermögensgegenstände erfassen, die im Gebiet des Partikularverfahrensstaats belegen sind. Der Belegenheitsort ist nach Art. 2 lit. h zu bestimmen. Die Eröffnung eines Partikularverfahrens kommt nur in Frage, wenn der Schuldner sein **COMI in einem anderen Mitgliedstaat** hat – Verfahren, die im COMI-Staat eröffnet werden, sind immer Hauptverfahren mit universaler Wirkung. Hat der Schuldner sein COMI in einem Nicht-EuInsVO-Staat, richtet sich die Eröffnung eines Partikularverfahrens im Inland nach § 354 InsO. Für die Eröffnung eines Partikularverfahrens nach Art. 3 Abs. 2 muss weiter hinzukommen, dass der Schuldner zum Zeitpunkt der Antragstellung (BGH NZI 2012, 377) eine **Niederlassung** iSv Art. 2 lit. h (→ Art. 2 Rn. 17) in dem Staat hat, in dem das Partikularverfahren eröffnet werden soll. Maßgeblich ist auch hier der Zeitpunkt der Antragstellung. In einem Staat, in dem das Unternehmen keine

Niederlassung hat, kann auch dann kein Partikularverfahren eröffnet werden, wenn der Verwalter des Hauptverfahrens keine Versuche zur Verwertung des dort belegenen Vermögens unternimmt (BGH NZI 2011, 120). Zur Funktion von Partikularverfahren → Art. 27 Rn. 4.

1. Sekundärinsolvenzverfahren. Ein **Partikularverfahren, das nach der Eröffnung eines Hauptinsolvenzverfahrens** in einem anderen EuInsVO-Staat eröffnet wird, ist ein sog Sekundärinsolvenzverfahren. Diese Verfahren unterliegen den Art. 27 ff. Nach **Absatz 3 Satz 2** muss ein solches Verfahren zwingend eines der in Anhang B genannten Liquidationsverfahren (Art. 2 lit. c) sein. Zu den Liquidationsverfahren nach Anhang B zählt auch das Insolvenzverfahren nach der InsO. Ferner kann das Sekundärverfahren auch als **Planverfahren** geführt werden. Entsprechend kann im Sekundärinsolvenzverfahren auch die **Eigenverwaltung** angeordnet werden (AG Köln NZI 2004, 151 – Automold). Richtigerweise wird hierdurch allerdings nicht der ausländische Hauptverwalter zum eigenverwaltenden Schuldner, sondern es bleibt dabei, dass die Verwaltungs- und Verfügungsbefugnis dem Schuldner selbst übertragen wird (aA AG Köln NZI 2004, 151; wie hier *Brünkmans* S. 378 ff.). Zulässig kann es allerdings im Einzelfall sein, den **ausländischen Hauptverwalter als Sachwalter** zu bestellen, wenn er die nach dem Recht des Sekundärverfahrensstaats erforderliche Kompetenz besitzt. In Konstellationen, in denen am Ende des Sekundärverfahrens die **Sanierung des Unternehmens** steht – etwa bei einem Insolvenzplan in einem deutschen Sekundärverfahren –, sind die Sonderregelungen des Art. 34 zu berücksichtigen. 28

Die in Art. 3 Abs. 3 angelegte Verschiedenbehandlung von Sanierungs- und Liquidationsverfahren überzeugt nicht, da es von Zufälligkeiten der nationalen Gesetzgebungstechnik abhängt, ob – wie in Deutschland – das Insolvenzverfahren sowohl der Zerschlagung wie der Sanierung dienen kann, oder ob eine Rechtsordnung streng zwischen Sanierungs- und Liquidationsverfahren trennt. Während im ersten Fall auch das Sekundärverfahren mit einer Sanierung enden kann, ist im zweiten Fall an sich die Liquidation der einzig mögliche Weg. Ist das Hauptverfahren ein Sanierungsverfahren, könnte aber die Durchführung eines Sekundärverfahrens als Liquidationsverfahren den Zweck des Hauptverfahrens uU vereiteln. Nach dem EuGH ist in einem solchen Fall das Gericht des Sekundärverfahrensstaats verpflichtet, „unter Beachtung des Grundsatzes der loyalen Zusammenarbeit die Ziele des Hauptinsolvenzverfahrens zu berücksichtigen und der Systematik der Verordnung Rechnung zu tragen" (EuGH NZI 2013, 106 = ZIP 2012, 2403 Rn. 63 – Bank Handlowy; dazu *Brinkmann* LMK 2013, 342774; *Jopen* EWiR 2013, 173; *Schulz* EUZW 2013, 147). Es ist zu begrüßen, dass die **Reform der EuInsVO** die Beschränkung auf Liquidationsverfahren beseitigt. Gemäß Art. 3 Abs. 3 nF können Sekundärverfahren nach der neuen EuInsVO auch als Sanierungsverfahren eröffnet werden. 29

2. Unabhängige Partikularverfahren, Absatz 4. Grundsätzlich ist zum Schutz lokaler Gläubigerinteressen auch die **Eröffnung eines Partikularverfahrens ohne vorherige Eröffnung eines Hauptinsolvenzverfahrens** denkbar. Erforderlich ist allerdings, dass eine der Alternativen des Absatz 4 erfüllt ist. Hierdurch soll verhindert werden, dass das Universalitätsprinzip in zu großem Umfang durchbrochen wird. 30

Für ein unabhängiges Partikularverfahren gelten die Art. 4 ff. entsprechend. Neben den Voraussetzungen der Art. 3 Abs. 2 und 4 müssen daher auch die inländischen Eröffnungsvoraussetzungen vorliegen (Insolvenzgrund, hinreichende Masse). Die Prüfung der materiellen Insolvenz hat dabei das gesamte Vermögen des Schuldners ebenso wie alle seine Verbindlichkeiten in den Blick zu nehmen (MüKoInsO/*Reinhart* Rn. 78; vgl. zum parallelen Problem im autonomen Recht 31

→ § 354 Rn. 13). Wird nach der Eröffnung eines unabhängigen Partikularverfahrens nach Art. 3 Abs. 4 lit. b ein Hauptinsolvenzverfahren am COMI eröffnet, so greifen nach Art. 36 die Vorschriften über Sekundärinsolvenzverfahren.

32 **a) Unzulässigkeit des Hauptverfahrens, lit. a.** Ein unabhängiges Partikularverfahren kann eröffnet werden, wenn die Eröffnung eines Hauptverfahrens im COMI-Staat aus bestimmten Gründen (zB wg. Insolvenzunfähigkeit des Schuldners nach dem Recht des COMI-Staats) unmöglich ist. Die „Unmöglichkeit der Eröffnung des Hauptverfahrens" nach Art. 3 Abs. 4 lit. a ist von der Unzulässigkeit eines bestimmten Insolvenzantrags zu unterscheiden, die sich auch aus der fehlenden Antragsberechtigung des Antragstellers ergeben kann. Lit. a greift dagegen nur ein, wenn die Eröffnung eines Verfahrens über das Vermögen des Schuldners objektiv unmöglich ist (EuGH ZIP 2011, 2415 = ZInsO 2011, 2270 – Zaza Retail).

33 **b) Antragsbefugnis inländischer Gläubiger, lit. b Alt. 1.** Unabhängig von den Voraussetzungen der lit. a kann ein Partikularverfahren eröffnet werden, wenn der antragstellende Gläubiger seinen Wohnsitz, gewöhnlichen Aufenthalt oder seinen Sitz in dem Partikularverfahrensstaat hat. Der **Begriff „Wohnsitz"** wird in der EuInsVO nicht definiert, er ist entsprechend Art. 62 EuGVVO nach der jeweiligen *lex fori* zu bestimmen. Zum Begriff des gewöhnlichen Aufenthalts → Rn. 8. Der **Begriff „Sitz"** ist gleichfalls im Sinne der EuGVVO (Art. 63) zu verstehen, so dass es genügt, wenn der satzungsmäßige Sitz einer Gesellschaft, ihre Hauptverwaltung oder ihre Hauptniederlassung in dem Staat der beantragten Verfahrenseröffnung liegt (für effektiven Verwaltungssitz Kübler/Prütting/Bork/*Kemper* Rn. 42). Unter den Begriff „Gläubiger" fallen nur Personen, die ihre Berechtigung zur Stellung eines Insolvenzantrags aus einer Forderung gegen den Schuldner herleiten. Behörden, die im Interesse der Allgemeinheit handeln, sind danach auch dann keine „Gläubiger" iSv Art. 3 Abs. 4 lit. b, wenn sie nach der *lex fori* antragsberechtigt sind (EuGH ZIP 2011, 2415 = ZInsO 2011, 2270 – Zaza Retail).

34 **c) Zulässigkeit bei Forderung mit Niederlassungsbezug, lit. b Alt. 2.** Schließlich kann ein unabhängiges Partikularverfahren eröffnet werden, wenn die Forderung, auf die der Antragsteller seine Antragsbefugnis stützt, aus dem Betrieb der in dem Partikularverfahrensstaat belegenen Niederlassung herrührt. Der erforderliche Niederlassungsbezug ist entsprechend der zu Art. 7 Nr. 5 EuGVVO (Gerichtsstand der Zweigniederlassung) ergangenen Rechtsprechung zu ermitteln. Danach genügt es, wenn der Vertrag mit Vertretungsorganen der Niederlassung geschlossen oder der zum Vertragsschluss führende Schriftverkehr mit der Niederlassung geführt wurde (MüKoInsO/*Reinhart* Rn. 77). Die Niederlassungsbezogenheit besteht weiter bei vertraglich oder außervertraglich begründeten Forderungen bezüglich der Führung der Niederlassung und bei Forderungen gegen das Stammhaus, die im Vertragsstaat der Niederlassung zu erfüllen sind. Niederlassungsbezogen sind auch Forderungen, die aus einer Tätigkeit entstehen, welche für Rechnung des Stammhauses über die Niederlassung abgewickelt wird (MüKoZPO/*Gottwald* EuGVVO Art. 5 Rn. 80).

35 **3. Die örtliche Zuständigkeit zur Eröffnung des Insolvenzverfahrens.** Art. 3 bestimmt nur die internationale Zuständigkeit. Die örtliche Zuständigkeit beurteilt sich gem. Art. 4 nach der *lex fori concursus*, → Art. 4 Rn. 18. Für das deutsche Recht ist insoweit für **Hauptinsolvenzverfahren** in erster Linie § 3 InsO maßgeblich. Lässt sich nach § 3 InsO kein inländischer Gerichtsstand ermitteln, weil der Ausnahmefall vorliegt, dass der Schuldner trotz der Lokalisierung des COMI im Inland seinen allgemeinen Gerichtsstand (§ 3 InsO iVm §§ 13 ff. ZPO) nicht hier hat, ist über Art. 102 § 1 Abs. 1 EGInsO das Gericht zuständig,

in dessen Bezirk der Schuldner sein COMI hat (→ Art. 102 § 1 EGInsO Rn. 2). Die **örtliche Zuständigkeit zur Eröffnung von Partikularverfahren** richtet sich nach Art. 102 § 1 Abs. 2 EGInsO. Hiernach ist das Gericht örtlich zuständig, in dessen Bezirk sich eine inländische Niederlassung befindet (→ Art. 102 § 1 EGInsO Rn. 3).

VI. Die Zuständigkeit für Annexverfahren

1. Die internationale Zuständigkeit für Annexverfahren. a) Die (analoge) Anwendbarkeit von Art. 3 auf Annexverfahren. Auf Verfahren, die „unmittelbar aus dem [Insolvenz]-Verfahren hervorgehen und sich eng innerhalb des Rahmens eines Konkurs- oder Vergleichsverfahrens halten", ist die EuGVVO aufgrund der Bereichsausnahme in Art. 1 Abs. 2 lit. b EuGVVO nach der Rechtsprechung des EuGH nicht anwendbar (EuGH Slg. 1979, 733 [744] = RIW 1979, 273 = NJW 1979, 1771 – Gourdain/Nadler). An dieser Aussage hat der EuGH auch in allen späteren Entscheidungen festgehalten (NZI 2009, 199 = ZEuP 2010, 904 [mAnm *Thole*] = IPRax 2009, 513 – **Deko Marty** [mAnm *Fehrenbach* IPRax 2009, 492]; NZI 2009, 570 = IPRax 2010, 353 – **Alpenblume** [mAnm *Oberhammer* IPRax 2010, 317]; NZI 2009, 741 = IPRax 2010, 355 – **German Graphics** [mAnm *Brinkmann* IPRax 2010, 324]; EuGH NZI 2012, 469 = ZIP 2012, 1049 – F-Tex; ausführliche Nachweise zu der intensiv geführten Debatte *Oberhammer* KTS 2009, 27 [40 ff.]; *Haas* ZIP 2013, 2381). Auch für den Umgang mit dem **Luganer Übereinkommen** ist dieses Verständnis maßgeblich (schweizerisches Bundesgericht ZIP 2014, 2095, dazu *Mankowski* EWiR 2014, 691 sowie *Piekenbrock* IILR 2015, 164). 36

Der EuGH leitet die internationale Zuständigkeit für diese mit dem Insolvenzverfahren in Verbindung stehenden Erkenntnisverfahren seit der Entscheidung in *Deko Marty* aus Art. 3 EuInsVO ab (NZI 2009, 199 = ZEuP 2010, 904 [mAnm *Thole*] = IPRax 2009, 513 [mAnm *Fehrenbach* IPRax 2009, 492]; hierzu auch die Anm. v. *Matthias Weller* LMK 2009, 292909. So schon zuvor *Lorenz* S. 104 ff.; *Oberhammer* KTS 2009, 27 [47]; aA *Hau* KTS 2009, 382; kritisch auch *Mörsdorf-Schulte* ZIP 2009, 1456 ff.). Methodisch handelt es sich bei der vom EuGH vorgenommenen Anwendung des Art. 3 auf Annexverfahren um eine Analogie (ebenso *Mankowski/Willemer* RIW 2009, 669; MüKoBGB/*Kindler* Rn. 85; *Simotta* in Clavora/Garber S. 65, 74; *Willemer* S. 90 ff.). Die (entsprechende) Anwendung von Art. 3 für Annexverfahren verleiht dem Insolvenzverfahren eine die Zuständigkeit konzentrierende Wirkung ***(vis attractiva concursus),*** die sich aber nur auf die internationale Zuständigkeit bezieht. Zur örtlichen und sachlichen Zuständigkeit → Rn. 61. Diese Rechtsprechung ist auch auf **Annexverfahren zu Sekundärverfahren** anwendbar (EuGH 11.6.2015 – C-649/13; NZI 2015, 663 = ZIP 2015, 1299 – Nortel, Rn. 32; Handelsgericht Nomtere 24.10.2013, dazu *Degenhardt* IILR 2015, 31). Zur (abzulehnenden) **Übertragbarkeit dieser Rechtsprechung in das autonome deutsche Recht** vgl. → InsO § 343 Rn. 9; BGH ZIP 2013, 374 Rn. 13. 37

EuGVVO und EuInsVO greifen nahtlos ineinander (BGH NZI 2014, 723 = ZIP 2014, 1131; vgl. auch *Eidenmüller/Frobenius* WM 2011, 1210 [1213]; sa für Annexverfahren außerhalb des persönlichen Anwendungsbereichs der EuInsVO → § 339 Rn. 7 sowie *Braun/Heinrich* NZI 2005, 578). Der Annahme, es gebe auch solche Verfahren, die weder unter die EuGVVO (wegen der Konkursbereichsausnahme) noch unter die EuInsVO fallen, ist spätestens seit der Entscheidung in *German Graphics* der Boden entzogen (*Brinkmann* IPRax 2009, 324 [326]). 38

Ob es sich bei der Zuständigkeit der Gerichte des Eröffnungsstaats (analog) Art. 3 für Annexverfahren um eine **ausschließliche Zuständigkeit** handelt, hat 39 der EuGH noch nicht entschieden. Für eine **Klage im Wohnsitzstaat des Beklagten** fehlt eine Zuständigkeitsgrundlage, denn Art. 4 EuGVVO nF ist wegen Art. 1 Abs. 2 lit. b EuGVVO nicht anwendbar und der Rückgriff auf das nationale Recht ist wegen des Vorrangs der EuInsVO versperrt. Insofern ist Art. 3 EuInsVO die einzige Vorschrift, aus der eine internationale Zuständigkeit für Annexverfahren abgeleitet werden kann, so dass jedenfalls im Ergebnis Art. 3 eine ausschließliche Zuständigkeit normiert.

40 In der **neuen EuInsVO** wird die bisherige Rechtsprechung des EuGH in einem neuen Art. 6 ausdrücklich geregelt:

„(1) Die Gerichte des Mitgliedstaats, in dessen Hoheitsgebiet das Insolvenzverfahren nach Artikel 3 eröffnet worden ist, sind zuständig für alle Klagen, die unmittelbar aus dem Insolvenzverfahren hervorgehen und in engem Zusammenhang damit stehen, wie beispielsweise Anfechtungsklagen.

(2) Steht eine Klage nach Absatz 1 im Zusammenhang mit einer anderen zivil- oder handelsrechtlichen Klage gegen denselben Beklagten, so kann der Verwalter beide Klagen bei den Gerichten in dem Mitgliedstaat, in dessen Hoheitsgebiet der Beklagte seinen Wohnsitz hat, oder – bei einer Klage gegen mehrere Beklagte – bei den Gerichten in dem Mitgliedstaat, in dessen Hoheitsgebiet einer der Beklagten seinen Wohnsitz hat, erheben, vorausgesetzt, die betreffenden Gerichte sind nach der Verordnung (EU) Nr. 1215/2012 zuständig.

Unterabsatz 1 gilt auch für den Schuldner in Eigenverwaltung, sofern der Schuldner in Eigenverwaltung nach nationalem Recht Klage für die Insolvenzmasse erheben kann.

(3) Klagen gelten für die Zwecke des Absatzes 2 als miteinander im Zusammenhang stehend, wenn zwischen ihnen eine so enge Beziehung gegeben ist, dass eine gemeinsame Verhandlung und Entscheidung zweckmäßig ist, um die Gefahr zu vermeiden, dass in getrennten Verfahren miteinander unvereinbare Entscheidungen ergehen."

41 Nach **Art. 6 Abs. 2 nF** kann der Verwalter eine Annexklage auch gemeinsam mit anderen zivil- oder handelsrechtlichen Klagen gegen denselben Beklagten in dessen Wohnsitzstaat erheben. Dies ermöglicht die gemeinsame Erledigung verschiedener Sachen im Wohnsitzstaat des Klagegegners. Eine derartige Zusammenfassung könnte zum Beispiel sinnvoll sein, wenn es um Ansprüche gegen den Geschäftsführer wegen Verletzung seiner Organpflichten (§ 43 GmbHG) einerseits (zu deren Einordnung in die EuGVVO *Weber* IPRax 2013, 69) und andererseits Ansprüche gegen den Geschäftsführer aus § 64 GmbHG geht, die als Annexverfahren zu qualifizieren sind (→ Rn. 50).

42 Weil insofern Annexverfahren im Fall des Art. 6 Abs. 2 nF auch in einem anderen Staat als dem Verfahrensstaat anhängig gemacht werden können, ist die **Zuständigkeit** nach Art. 6 Abs. 1 nF nicht im technischen **Sinn ausschließlich.** Es bleibt aber dabei, dass sich für Annexverfahren nur eine Zuständigkeit aus Art. 6 nF ergeben kann. Weil die Neuregelung in Abs. 1 nur die sog *Gourdain Nadler*-Formel wiederholt, beseitigt sie auch nicht die erheblichen Abgrenzungsschwierigkeiten zwischen Annexverfahren und normalen Erkenntnisverfahren, für die sich die Zuständigkeit nach der EuGVVO richtet.

43 **b) Abgrenzungskriterien.** Der Ausgangspunkt der **Unterscheidung zwischen** insolvenzbezogenen Erkenntnisverfahren **(„Annexverfahren") und sonstigen Verfahren,** auf die die EuGVVO anwendbar ist, ist, dass der Gerichtshof in *German Graphics* den Anwendungsbereich der EuGVVO als „weit" bezeichnet hat, woraus er weiter gefolgert hat, dass derjenige der EuInsVO „nicht weit" sei (NZI 2009, 741 = IPRax 2010, 355 Rn. 23–25). Im Zweifel wird man also der EuGVVO den Vorrang geben können (*Willemer* S. 124).

In seiner neueren Rechtsprechung stellt der EuGH entscheidend darauf ab, ob die Rechtsgrundlage der Klage „den allgemeinen Regeln des Zivil- und Handelsrechts entspringt, oder aber den abweichenden Spezialregelungen für Insolvenzverfahren" (EuGH NZI 2014, 919 = ZIP 2015, 96 Rn. 27 – Nickel & Goeldner). Der „prozessuale Kontext" sei nicht ausschlaggebend. Es ist noch ungeklärt, wie sich dieses Kriterium zur F-Tex-Rechtsprechung (NZI 2012, 469 = ZIP 2012, 1049, dazu kritisch *Brinkmann* EWiR 2012, 383) verhält, in der der EuGH mehrfach darauf abgestellt hatte, dass die Differenzierung anhand eines doppelten Kriteriums, das einen materiellen und einen prozessualen Aspekt hat, getroffen werden müsse. Vieles spricht für eine kumulative Anwendung dieser Kriterien. Danach muss die streitentscheidende Norm insolvenzrechtlich zu qualifizieren sein. In prozessualer Hinsicht muss die **Eröffnung eines Insolvenzverfahrens** Voraussetzung dafür sein, dass das fragliche Verfahren mit seinen konkreten Beteiligten und dem konkreten Streitgegenstand so stattfindet. Es ist nach dem EuGH unschädlich, wenn der geltend gemachte Anspruch auch außerhalb des Insolvenzverfahrens geltend gemacht werden könnte, sofern er nur „tatsächlich im Rahmen eines Insolvenzverfahrens erhoben wird" (EuGH NZI 2014, 919 = ZIP 2015, 96 Rn. 20 – Nickel & Goeldner). Hieraus folgt zunächst, dass nur Verfahren, an denen der Verwalter als Partei beteiligt ist, Annexverfahren sein können. Dies muss man aus der insoweit zwar nicht überzeugenden, aber vom EuGH auch nicht aufgegebenen F-Tex-Entscheidung folgern, nach der ein Verfahren, mit dem ein Gläubiger den ihm abgetretenen Anfechtungsanspruch geltend macht, nicht der EuInsVO unterfällt (aA *Haas* ZIP 2013, 2381 [2386]). Bei Klagen des Verwalters (Aktivprozessen) muss hinzukommen, dass er ein **insolvenzverfahrensspezifisches Recht** (ebenso *Haas* ZIP 2013, 2381 [2385]) im Hinblick auf Art. 4 auch *servatius* DB 2015, 1087 [1089]) geltend macht, wie es etwa das Insolvenzanfechtungsrecht ist. Bei der Abgrenzung kann man sich an Art. 4 orientieren (*Mankowski* EWiR 2014, 691). Klagt der Verwalter dagegen aus einem gegenseitigen Vertrag, der zur Masse zu erfüllen ist, so macht er ein Recht geltend, das für den Schuldner auch außerhalb des Verfahrens bestünde, so dass die Klage nicht der EuInsVO unterfällt (EuGH NZI 2014, 919 = ZIP 2015, 96 Rn. 27 ff. – Nickel & Goeldner [*Zarth* EWiR 2015, 31]). Auch Klagen gegen den Verwalter müssen in dem Sinn insolvenzspezifisch sein, dass das Verfahren ohne das Insolvenzverfahren einerseits und die materielle Insolvenz andererseits nicht denkbar wäre. 44

Die EuInsVO ist nur dann anwendbar, wenn die insolvenzrechtliche Frage den **„Gegenstand des Rechtsstreits** bildet. Es genügt nicht, wenn der insolvenzrechtliche Bezug lediglich Randbereiche des Rechtsstreits berührt. Die Abgrenzung im Einzelnen ist unklar. *Haas* (ZIP 2013, 2381 [2388]) hat vorgeschlagen, sich bei der Abgrenzung an der Rechtsprechung des EuGH zu Art. 24 Nr. 2 EuGVVO nF (EuGH ZIP 2011, 1071 – BVG) zu orientieren. Danach muss die insolvenzrechtliche Frage „Hauptgegenstand" der gerichtlichen Prüfung sein, es muss sich „in erster Linie" um eine der EuInsVO unterliegende Frage drehen. 45

c) Einzelfälle. aa) EuInsVO anwendbar. Anfechtungsklagen des Insolvenzverwalters gegen einen Dritten auf Rückgewähr anfechtbar erlangter Vermögensgegenstände sind Annexverfahren und somit in dem Staat zu erheben, in dem das Insolvenzverfahren eröffnet wurde (NZI 2009, 199 = ZEuP 2010, 904 [mAnm *Thole*] = IPRax 2009, 513 – Deko Marty [mAnm *Fehrenbach* IPRax 2009, 492]; ebenso für negative Feststellungsklage gegen drohende Insolvenzanfechtungsklage LG Innsbruck NZI 2014, 286 [287] [mAnm *Mäsch*]). Ihren unmittelbaren Bezug zum Insolvenzverfahren verliert die Klage, wenn es nicht der Verwalter ist, der den Anspruch geltend macht, sondern ein Gläubiger, dem der Anspruch abgetreten wurde und der auf eigene Rechnung klagt 46

(EuGH NZI 2012, 469 = ZIP 2012, 1049 – F-Tex; dazu *Brinkmann* EWiR 2012, 383).

47 Entsprechend sind **Klagen des Verwalters, die auf § 135 InsO oder §§ 32a, b GmbHG aF** gestützt werden, insolvenzrechtlich zu qualifizieren (zur kollisionsrechtlichen Behandlung → Art. 4 Rn. 9, 39). Diese Ansprüche sind daher analog § 3 InsO am Ort der Eröffnung des Insolvenzverfahrens über das Gesellschaftsvermögen geltend zu machen. Die vom LG Essen in seinem Vorlagebeschluss v. 25.11.2010 (ZIP 2011, 875; vgl. auch *Stoecker/Zschaler* NZI 2010, 757 [759]) angenommene unterschiedliche Zuständigkeit für Anfechtungsansprüche und Ansprüche aus einer Verletzung der §§ 32a, b GmbHG aF besteht daher nicht.

48 Auch die in Gourdain ./. Nadler (EuGH Slg. 1979, 733, 744 = RIW 1979, 273 = NJW 1979, 1771) behandelten Ansprüchen aus einer ***action en comblent de passif social*** nach französischem Recht unterfallen der EuInsVO. Für die **Ansprüche wegen Insolvenzverschleppung aus § 823 Abs. 2 BGB iVm § 15a InsO** ist zu differenzieren. Für die Gesamtschadensersatzansprüche der Altgläubiger ist eine insolvenzrechtliche Qualifikation zu bejahen (*Weber* S. 147). Zwar ist die Eröffnung eines Verfahrens nicht materielle Voraussetzung für die Entstehung des Anspruchs, sehr wohl aber für die konkrete Klage des Verwalters, der sich ja auf seine Prozessführungsbefugnis aus § 92 InsO beruft (→ § 92 Rn. 11). Dagegen ist für die **Schäden der Neugläubiger,** die ihren gesamten Kontrahierungsschaden ersetzt verlangen können, eine **deliktsrechtliche Qualifikation** zu befürworten (*Freitag* ZIP 2014, 302; *Haas* NZG 2013, 1161 [1165]; *Ambach* S. 170; *Wedemann* ZEuP 2014, 861 [871]; für das anwendbare Recht *Servatius* DB 2015, 1087 [1092]). Praktisch wird sich diese unterschiedliche Anknüpfung kaum auswirken, denn auch bei einer Anwendung der EuGVVO ergibt sich für den Verwalter die Möglichkeit, den Geschäftsführer nach Art. 7 Nr. 3 EuGVVO nF am Handlungs- oder am Erfolgsort zu verklagen, so dass auch hiernach die Gerichte des Staates zuständig wären, in dem der Schuldner sein COMI hatte.

49 An diese Grundsätzen ist auch nach der **ÖFAB Entscheidung** des EuGH (ZIP 2013, 1933 = ZInsO 2013, 2584 – ÖFAB) festzuhalten. Das Urteil betraf die gesellschaftsrechtliche Haftung wegen Unterkapitalisierung nach schwedischem Recht. Für die Einordnung von Ansprüchen, die in der Insolvenz vom Insolvenzverwalter nach § 92 InsO geltend gemacht werden, gibt die Entscheidung nichts her (*Wedemann* ZEuP 2014, 861 [871]; aA *Freitag* ZIP 2014, 302; *Haas* NZG 2013, 1161).

50 Auf Klagen nach **§ 64 S. 1** und **S. 3 GmbHG** sowie nach **§ 130a HGB** ist Art. 3 EuInsVO anwendbar (für § 64 S. 1 GmbHG – jedenfalls wenn die Klage im Rahmen eines Insolvenzverfahrens erhoben wird – EuGH NZI 2015, 88 = ZIP 2015, 196 Rn. 24 – H./H. K.; KG IPRax 2010, 449 [m. zust. Anm. *Kindler* 430]; MüKoBGB/*ders.* IntGesR Rn. 631; *Thole* ZIP 2012, 605 [607]; *Wais* IPRax 2011, 176; aA OLG Karlsruhe ZIP 2010, 2123 = IPRax 2011, 279; OLG Düsseldorf IPRax 2011, 176 [zum parallel zu behandelnden LugÜ]; OLG Köln NZI 2012, 52 [für faktischen Geschäftsführer]; offen gelassen von BGH NZI 2014, 881). Dies beruht auf dem engen funktionalen Zusammenhang dieser Zahlungsverbote mit der Insolvenzantragspflicht – also mit einer auf das Verfahren bezogenen Vorschrift –, der auch nach dem Inkrafttreten des MoMiG fortbesteht (Karsten Schmidt/Uhlenbruck/*Karsten Schmidt*, Die GmbH in Krise Sanierung und Insolvenz, Rn. 11.34). Werden diese Ansprüche **außerhalb eines Insolvenzverfahrens** geltend gemacht, können sie in den Anwendungsbereich der EuGVVO bzw. des LugÜ fallen, weil es dann an dem notwendigen verfahrensrechtlichen Bezug fehlt (EuGH NZI 2015, 88 = ZIP 2015, 196 Rn. 25 – H./H. K.).

51 Klagen eines neuen Insolvenzverwalters, der über § 92 InsO die **Schadensersatzhaftung des alten Insolvenzverwalters** geltend macht, sind im Verfah-

rensstaat zu erheben (*Willemer* S. 393). Auch hier begründet § 92 InsO den erforderlichen Verfahrensbezug. Die Gerichte des Eröffnungsstaats sind nicht zuletzt unter den Gesichtspunkten der Sach- und Beweisnähe besonders gut geeignet, über das Bestehen solcher Ansprüche zu entscheiden, weil es in erster Linie um eine Verletzung der Amtspflichten des Verwalters geht.

In Sachen SCT Industri AB i likvidation ./. Alpenblume AB (2.7.2010 – C-111/08, ZIP 2009, 1441 = NZI 2009, 570 = IPRax 2010, 353, [mAnm *Oberhammer* IPRax 2010, 317) schrieb der EuGH einer Klage, mit der geltend gemacht wurde, dass eine Übertragung von Beteiligungen der Insolvenzschuldnerin an einer ausländischen Gesellschaft durch den Insolvenzverwalter unwirksam sei, einen „besonders engen" Zusammenhang mit dem Insolvenzverfahren zu, so dass auch insoweit der Anwendungsbereich der EuGVVO nicht eröffnet sei (sehr kritisch *Oberhammer* IPRax 2010, 317; *ders.* ZIK 2010, 6 [7 ff.]; ähnlich *Mankowski* NZI 2009, 570). 52

Rangstreitigkeiten der Insolvenzgläubiger untereinander oder mit dem Insolvenzverwalter betreffen Verteilungsfragen, über die die Gerichte des Staates der Verfahrenseröffnung entscheiden sollten (MüKoBGB/*Kindler* Rn. 93; *Willemer* S. 347). Untrennbar mit Rangfragen verknüpft sind **Feststellungsstreitigkeiten** in Bezug auf Insolvenzforderungen, die daher auch unter Art. 3 EuInsVO gefasst werden sollten (schweizerisches Bundesgericht ZIP 2014, 2095 (zu Art. 1 Abs. 2 Nr. 2 LuGÜ); *Ambach* S. 172; *Cranshaw* DZWiR 2009, 353 V. 4. a) (1); MüKoBGB/*Kindler* Rn. 93; *Piekenbrock* ZIP 2014, 2067 [2072]; *Willemer* S. 347; aA *Ahrens* S. 136; *Haubold* IPRax 2002, 157 [162 f.]; *Homann*, System der Anerkennung, 2000, 145; *Kropholler/v. Hein* EUZivilProzR EuGVO Art. 1 Rn. 37; *Oberhammer* KTS 2009, 27 [45 f.]; MüKoInsO/*Reinhart* Rn. 93. Offengelassen von BFH NZI 2011, 198 = ZIP 2011, 328 Rn. 11). Der Insolvenzverfahrensbezug ist für den Feststellungsprozess gegeben, weil Klageantrag und Parteien des Rechtsstreits ohne die Verfahrensöffnung in dieser Form nicht denkbar wären. Der in Rede stehende Anspruch ist zwar von der materiellen Insolvenz unabhängig, die Klage ist aber auf die Anerkennung eines Teilnahmerechts an der Verteilung der Masse gerichtet und insofern auch materiell insolvenzspezifisch. 53

Klagen, mit denen Vorzugsrechte bei der Befriedigung aus der Insolvenzmasse **(Absonderungsrechte)** geltend gemacht werden, sind entgegen der hM insolvenzrechtlich zu qualifizieren (aA *Ambach* S. 166; *Lorenz* S. 64; *Strobel* S. 261 f.; *Willemer* S. 367; *Haubold* IPRax 2002, 157 [163]; MüKoBGB/*Kindler* Art. 3 Rn. 93; MüKoInsO/*Reinhart* Rn. 96). Anders als beim Aussonderungsstreit (→ Rn. 55) geht es bei der Absonderung darum, dass der Gläubiger auf einen Massebestandteil zugreifen will. Dies allein genügt jedoch nicht für eine insolvenzrechtliche Qualifikation wie die Behandlung der Ansprüche gegen die Masse (→ Rn. 66) zeigt. Entscheidend ist, dass hier die allseitige Haftungsabwicklung der Insolvenzgläubiger berührt ist, denn der Gläubiger macht ein Befriedigungsvorrecht geltend. Der Streit über das Bestehen eines Absonderungsrechts trägt also Züge einer Rangstreitigkeit, für die auch die hM eine Anwendbarkeit der EuInsVO annimmt. Die Ähnlichkeit zur Rangstreitigkeit besteht jedenfalls, sofern das Absonderungsrecht für die Befriedigung einer Insolvenzforderung geltend gemacht wird. Ebenso ist es, wenn der absonderungsberechtigte Gläubiger mit dem Verwalter um ein **Verwertungsrecht** streitet. 54

bb) EuInsVO nicht anwendbar. Die **Klage eines Vorbehaltseigentümers** gegen den Insolvenzverwalter auf Herausgabe der Vorbehaltsware und andere Klagen, mit denen **Aussonderungsrechte** geltend gemacht werden, unterfallen der EuGVVO (EuGH NZI 2009, 741 = IPRax 2010, 355 – German Graphics) und nicht der EuInsVO. Auch **Kündigungsschutzklagen** sind keine Annexverfahren (BAG NZI 2012, 1011 = ZIP 2012, 2312). 55

56 Wird mit einer Klage das Bestehen eines bestimmten **Anspruchs gegen die Masse** aus einem vom Verwalter geschlossenen Vertrag geltend gemacht, richtet es sich zwar nach der *lex fori concursus*, ob eine vorab zu befriedigende Masseverbindlichkeit vorliegt, dennoch ist auch für Klagen, mit denen Masseforderungen geltend gemacht werden, eine insolvenzrechtliche Einordnung zu verneinen. Insbesondere ist hier nicht die allseitige Haftungsabwicklung berührt. Weiter würde damit dem Insolvenzverwalter die Möglichkeit genommen, in von ihm abgeschlossenen Verträgen Gerichtsstandsvereinbarungen zu treffen. Daher ist hier eine Anwendung der EuGVVO zu befürworten (*Willemer* S. 374).

57 Klagen nach **§§ 30, 31 GmbHG** (OLG München ZIP 2006, 2402) und **§ 11 Abs. 2 GmbHG** (OLG Rostock GmbHR 2014, 1264 = ZInsO 2014, 1498, allerdings mit unrichtigem Vergleich zur Haftung nach § 64 GmbHG) gehören nicht zu den Annexverfahren. Die Zuständigkeit richtet sich nach der EuGVVO, Art. 24 Nr. 2 EuGVVO nF ist nicht anwendbar, so dass es auf den Beklagtenwohnsitz nach Art. 4 EuGVVO nF ankommt. Ebenso unterfällt eine **Durchgriffshaftung wegen materieller Unterkapitalisierung** nach schwedischem Recht nicht der EuInsVO, weil entsprechende Klagen „keine im Interesse aller Gläubiger auszuübenden ausschließlichen Prärogativen des Verwalters sind", sondern es sich um Rechte handelt, die die Schuldnerin auch außerhalb der Insolvenz in ihrem eigenen Interesse wahrnehmen kann (EuGH ZIP 2013, 1933 = ZInsO 2013, 2584 – ÖFAB; dazu *Freitag* ZIP 2014, 302; *Haas* NZG 2013, 1161 ff.)

58 Im Ergebnis dasselbe gilt für die Inanspruchnahme durch den Verwalter bezüglich der **Haftung wegen existenzvernichtenden Eingriffs** (zur materiellrechtlichen Qualifikation → Art. 4 Rn. 10), so dass Art. 3 auf diese nicht anwendbar ist.

59 Klagen des Insolvenzverwalters nach **§ 93 InsO**, mit denen er die **persönliche Haftung der Gesellschafter für die Gesellschaftsverbindlichkeiten** geltend macht, sind keine Annexverfahren (wie hier *Ambach* S. 169, die das allerdings zu Unrecht auch für § 92 InsO unterfallende Klagen annimmt. Anders wohl Roth/*Gottwald*, Europäisierung des Rechts, 53, 70). Der Verwalter nimmt hier zwar als gesetzlicher Prozessstandschafter die Rechte der Gesellschaftsgläubiger wahr, so dass ein prozessualer Bezug zum Verfahren besteht, materiell geht es jedoch um die Ansprüche aus § 128 HGB, die nicht insolvenzbezogen sind. Allein die Sperr- und Ermächtigungswirkung, die § 93 InsO erzeugt, rechtfertigt keine Einordnung der Klage als Annex zum Insolvenzverfahren, denn § 93 InsO betrifft nur die verfahrensrechtliche Befugnis zur Geltendmachung des Anspruchs (ausführlich *Brinkmann*, Die Bedeutung der §§ 92, 93 InsO, 108 ff.). Insofern fehlt der Bezug zur materiellen Insolvenz.

60 Macht der Verwalter **Ansprüche aus Verträgen** geltend, die der Insolvenzschuldner vor Verfahrenseröffnung geschlossen hat, handelt es sich nicht um ein Annexverfahren. Die Zuständigkeit für solche Klagen richtet sich nach der EuGVVO (EuGH NZI 2014, 919 = ZIP 2015, 96 – Nickel & Goeldner). Auch die Geltendmachung vor Verfahrenseröffnung entstandener bereicherungsrechtlicher Ansprüche durch den Verwalter richtet sich nicht nach der EuInsVO (*Riewe* NZI 2014, 1047).

61 **2. Die örtliche und sachliche Zuständigkeit für Annexverfahren.** Sind die deutschen Gerichte aufgrund der entsprechenden Anwendung von Art. 3 international zuständig, besteht hinsichtlich der örtlichen Zuständigkeit eine Gesetzeslücke, wenn der Beklagte seinen Wohnsitz nicht im Inland hat und sich auch aus anderen Vorschriften (zB über § 23 ZPO) keine örtliche Zuständigkeit eines inländischen Gerichts ergibt. Diese ist durch eine **analoge Anwendung von § 19a ZPO iVm § 3 InsO, Art. 102 § 1 EGInsO** zu schließen (BGH NJW 2009, 2215 = ZIP 2009, 1287; NZI 2014, 672 = ZIP 2014, 1132 Rn. 8).

Zuständig ist hiernach das nach den allgemeinen Vorschriften (§§ 23, 71 GVG) sachlich zuständige Gericht am Ort des für das Verfahren zuständigen Insolvenzgerichts.

Anwendbares Recht

4 (1) **Soweit diese Verordnung nichts anderes bestimmt, gilt für das Insolvenzverfahren und seine Wirkungen das Insolvenzrecht des Mitgliedstaats, in dem das Verfahren eröffnet wird, nachstehend „Staat der Verfahrenseröffnung" genannt.**

(2) [1] **Das Recht des Staates der Verfahrenseröffnung regelt, unter welchen Voraussetzungen das Insolvenzverfahren eröffnet wird und wie es durchzuführen und zu beenden ist.** [2] **Es regelt insbesondere:**

a) **bei welcher Art von Schuldnern ein Insolvenzverfahren zulässig ist;**
b) **welche Vermögenswerte zur Masse gehören und wie die nach der Verfahrenseröffnung vom Schuldner erworbenen Vermögenswerte zu behandeln sind;**
c) **die jeweiligen Befugnisse des Schuldners und des Verwalters;**
d) **die Voraussetzungen für die Wirksamkeit einer Aufrechnung;**
e) **wie sich das Insolvenzverfahren auf laufende Verträge des Schuldners auswirkt;**
f) **wie sich die Eröffnung eines Insolvenzverfahrens auf Rechtsverfolgungsmaßnahmen einzelner Gläubiger auswirkt; ausgenommen sind die Wirkungen auf anhängige Rechtsstreitigkeiten;**
g) **welche Forderungen als Insolvenzforderungen anzumelden sind und wie Forderungen zu behandeln sind, die nach der Eröffnung des Insolvenzverfahrens entstehen;**
h) **die Anmeldung, die Prüfung und die Feststellung der Forderungen;**
i) **die Verteilung des Erlöses aus der Verwertung des Vermögens, den Rang der Forderungen und die Rechte der Gläubiger, die nach der Eröffnung des Insolvenzverfahrens aufgrund eines dinglichen Rechts oder infolge einer Aufrechnung teilweise befriedigt wurden;**
j) **die Voraussetzungen und die Wirkungen der Beendigung des Insolvenzverfahrens, insbesondere durch Vergleich;**
k) **die Rechte der Gläubiger nach der Beendigung des Insolvenzverfahrens;**
l) **wer die Kosten des Insolvenzverfahrens einschließlich der Auslagen zu tragen hat;**
m) **welche Rechtshandlungen nichtig, anfechtbar oder relativ unwirksam sind, weil sie die Gesamtheit der Gläubiger benachteiligen.**

Schrifttum: S. die Nachweise in der Vorbemerkung. Ferner: *Ambach,* Reichweite und Bedeutung von Art. 25 EuInsVO, 2009; *Bicker,* Gläubigerschutz in der grenzüberschreitenden Konzerngesellschaft, 2007; *Eidenmüller,* Gesellschaftsstatut und Insolvenzstatut, RabelsZ 70 (2007), 474; *Fehrenbach,* Kapitalmaßnahmen im grenzüberschreitenden Reorganisationsverfahren, ZIP 2014, 2485; *Gruschinske,* Die Aufrechnung in grenzüberschreitenden Insolvenzverfahren, ZEuW 2011, 171; *Haas,* Die Verwertung der im Ausland belegenen Insolvenzmasse im Anwendungsbereich der EuInsVO, FS Gerhardt, 2004, 319; *Ulrich Huber,* Inländische Insolvenzverfahren über Auslandsgesellschaften nach der Europäischen Insolvenzverordnung, FS Gerhardt, 2004, 397; *Jeremias,* Internationale Insolvenzaufrechnung, 2005; *Kindler,* Internationales Gesellschaftsrecht 2009: MoMiG, Trabrennbahn, Cartesio und die Folgen, IPRax 2009, 189; *ders.,* Zum Kollisionsrecht der Zahlungsverbote in der Gesellschaftsinsolvenz, IPRax 2010, 430; *Klöhn/Schaper,* Grenzüberschreitende Kombination von Gesellschaftsformen und Niederlassungsfreiheit, ZIP 2013, 49; *J. Lieder,* Die Haftung der Geschäftsführer und Gesellschafter von EU-Auslandsgesellschaften mit tatsächlichem Verwaltungssitz in Deutschland, DZWIR 2005, 399; *Mankowski*, EuInsVO und Schiedsverfahren, ZIP 2010, 2478; *ders.*, Bestimmung der Insolvenzmasse und Pfändungsschutz unter der EuInsVO, NZI 2009, 785; *Meyer-Löwy/Plank*, Entbehrlichkeit des Sekundärinsolvenzverfahrens bei flexibler Verteilung der Insolvenzmasse im Hauptinsolvenzverfahren?, NZI 2006, 622; *Moss*, Legal capacity, arbitration and private international law, Liber Amicorum Siehr, 2010, 619; *Pfeiffer*, Die Unwirksamkeit insolvenzbedingter Lösungsklauseln im Internationalen Privat- und Verfahrensrecht, FS Schütze, 2014, 421; *Piekenbrock*, Das ESUG – fit für Europa?, NZI 2012, 905; *Thole*, Gläubigerschutz durch Insolvenzrecht, 2010; *Poertzgen*, Geschäftsführerhaftung aus § 64 Satz 1 GmbHG, ZInsO 2011, 305; *Servatius*, Insolvenznahe Geschäftsleiterhaftung bei EU-Auslandsgesellschaften, DB 2015, 1087; *Stöber*, Insolvenzverschleppungshaftung in Europa, ZHR 176 (2012), 326; *P. Wagner*, Abstimmungsfragen zwischen Internationalem Insolvenzrecht und internationaler Schiedsgerichtsbarkeit, 2008; *Weber*, Gesellschaftsrecht und Gläubigerschutz im Internationalen Zivilverfahrensrecht, 2011; *Wedemann*, Die Regelungen des deutschen Eigenkapitalersatzrechts: Insolvenz- oder Gesellschaftsrecht?, IPRax 2012, 226; Clavora/Garber/*M. Weller*, Die Aufrechnung nach der Europäischen Insolvenzverordnung, Grenzüberschreitende Insolvenzen im Europäischen Binnenmarkt, 2011, 105; *M.-P. Weller*, Europäische Rechtsformwahlfreiheit und Gesellschafterhaftung, 2004; *ders.*, Die Neuausrichtung der Existenzvernichtungshaftung durch den BGH und ihre Implikationen durch die Praxis, ZIP 2007, 1681.

Übersicht

I. Überblick

1 Die Art. 4 ff. bestimmen das auf das Insolvenzverfahren in materieller wie formeller Hinsicht anwendbare Recht. Art. 4 Abs. 1 enthält die **Regelanknüpfung** an den Staat der Eröffnung des Insolvenzverfahrens, während sich aus den Art. 5 ff. **Sonderanknüpfungen** ergeben. Informationen über den Inhalt der nationalen Insolvenzrechtsordnungen sind über das „Europäische Netzwerk für Zivil- und Handelssachen" unter <http://ec.europa.eu/civiljustice/bankruptcy/

bankruptcy_gen_de.htm> (zuletzt besucht im August 2015) zugänglich. Die Vorschrift **entspricht Art. 7 EuInsVO nF**.

Wie die anderen Kollisionsnormen der Verordnung ist auch Art. 4 eine **Sachnormverweisung,** so dass die insolvenzkollisionsrechtlichen Vorschriften des Eröffnungsstaates nicht anzuwenden sind (*Virgós/Schmit* Rn. 87; MüKoInsO/*Reinhart* Rn. 1). Nur ein solches Verständnis entspricht dem Charakter der Verordnung als Gemeinschaftsrechtsakt zur Vereinheitlichung des internationalen Insolvenzrechts im Binnenmarkt. Hierfür spricht auch, dass Art. 4 Abs. 1 auf „das *Insolvenz*recht" des Eröffnungsstaates und damit eben gerade nicht auf sein Kollisionsrecht verweist (*Haas* FS Gerhardt, 2004, 319 [325]). 2

Art. 4 gilt für **Haupt- sowie für Partikularverfahren nach der EuInsVO**. Für Partikularverfahren findet sich eine Art. 4 Abs. 1 wiederholende Verweisung in Art. 28. Voraussetzung der Anwendbarkeit auf Partikularverfahren ist, dass sich das COMI des Schuldners in einem EuInsVO-Staat befindet. Für einige spezielle Fragen ist zu beachten, dass die Verordnung darüber hinaus einen **qualifizierten Binnenmarktbezug** fordert. So ist der sachliche Anwendungsbereich der Verordnung etwa für unter lit. m fallende Fragen (Anfechtung gläubigerbenachteiligender Rechtshandlungen) nur eröffnet, wenn die *lex causae* das Recht eines Mitgliedstaats ist. Dies ergibt sich aus Art. 13. Auch der Anwendungsbereich von Art. 4 auf dingliche Rechte ist, wie Art. 5 zeigt, nur dann eröffnet, wenn sich der Gegenstand, an dem das Recht besteht, in einem EuInsVO-Staat befindet. Ähnliches gilt für Art. 7, 8, 9, 10, 11 und 15. Ist der Anwendungsbereich der Verordnung nicht eröffnet, ist für deutsche Gerichte § 335 InsO maßgeblich. 3

Die Art. 4 ff. bestimmen in entsprechender Anwendung auch das für **Insolvenzeröffnungsverfahren** anwendbare Recht (→ Art. 1 Rn. 3). Wurde (zB mangels Masse) **kein Insolvenzverfahren eröffnet,** sind die Art. 4 ff. auf insolvenzrechtlich zu qualifizierende Fragen (wie zum Beispiel die Insolvenzverschleppungshaftung, → Rn. 12) entsprechend anzuwenden, so dass es auf die hypothetische *lex fori concursus* ankommt (*M.-P. Weller* FS Ganter, 2010, 439 [448]). 4

II. Die Abgrenzung des Insolvenzstatuts

1. Insolvenzverfahrensbezug insolvenzrechtlicher Normen. Die Verweisung auf die *lex fori concursus* bezieht sich auf das **Insolvenzverfahrensrecht** und auf das **materielle Insolvenzrecht**. Absatz 2 zählt einige Fragen, die zum Insolvenzstatut zu zählen sind, in nicht abschließender Weise auf. Ist die zu entscheidende Frage in diesem Katalog nicht enthalten, muss im Wege der Qualifikation ermittelt werden, ob ein bestimmtes Institut des nationalen Rechts zum Insolvenzstatut iSd Verordnung gehört. Die Auslegung der von der Verordnung verwendeten Begriffe, also die Bestimmung der Reichweite der Formulierung „Insolvenzverfahren und seine Wirkungen" muss autonom vorgenommen werden (EuGH NZI 2011, 990 = ZIP 2011, 2153 Rn. 42 ff. – Interedil; Gebauer/Wiedmann/*Haubold* EuInsVO Rn. 90; *Mankowski* RIW 2004, 481 [486]; *Paulus* EuInsVO Rn. 4; *Weller* S. 237; aA Kübler/Prütting/Bork/*Kemper* Rn. 5, nach der die Verordnung auch bzgl. der Qualifikation auf das Recht des Eröffnungsstaates verweise). 5

Allgemein ist eine Sachnorm des nationalen Rechts dann insolvenzrechtlich zu qualifizieren, wenn ihre Anwendung die **Eröffnung eines Verfahrens voraussetzt** (wie etwa die Insolvenzanfechtung) **oder** sie die **Verletzung insolvenzverfahrensspezifischer Vorschriften** sanktioniert (Insolvenzverschleppungshaftung). Der erforderliche Zusammenhang mit dem Insolvenz*verfahren* ist auch dann gegeben, wenn die Vorschrift eine Vorwirkung des Verfahrens – wie etwa Antragspflichten und die Sanktion ihrer Verletzung – regelt (enger *Ambach* S. 160, die eine insolvenzrechtliche Qualifikation davon abhängig machen will, dass ein 6

Anspruch nur i. R. eines eröffneten Verfahrens geltend gemacht werden kann). Die jeweilige Sachnorm muss in funktionaler Hinsicht auf den Verfahrenszweck bezogen sein (Geimer/Schütze EuZVerfR/*Haß/Herweg* B Vor I 20b Art. 4 Rn. 11; *Virgós/Schmit* Rn. 90). So ist die **Insolvenzanfechtung** nach den §§ 129 ff. InsO insolvenzrechtlich zu qualifizieren, denn die Ausübung der besonderen Insolvenzanfechtungsmöglichkeiten durch den Verwalter setzt die Eröffnung eines Insolvenzverfahrens voraus. Die **Gläubigeranfechtung** nach dem AnfG ist dagegen vollstreckungsrechtlich zu qualifizieren (vgl. OGH IPRax 2007, 457; sa § 19 AnfG). Für eine insolvenzrechtliche Qualifikation fehlt es am tatbestandlichen Bezug zum Insolvenzverfahren (aA *Wedemann* IPRax 2012, 226 [233], die unzulässigerweise von der Situation der masselosen Insolvenz verallgemeinert). Ebenso ist für die **Beschränkungen des verlängerten und erweiterten Eigentumsvorbehalts,** die etwa die skandinavischen Rechtsordnungen kennen (*Brinkmann* Kreditsicherheiten, 2011, 332 f.), zu entscheiden. Diese sind nicht insolvenzrechtlich zu qualifizieren, da sie nicht die Eröffnung eines Verfahrens tatbestandlich voraussetzen.

7 Für ein in diesem Sinne **enges Verständnis des Insolvenzstatuts** spricht die Formulierung des EuGH in German Graphics (NZI 2009, 741 = IPRax 2010, 355), dass der Anwendungsbereich der EuInsVO „nicht weit" (aaO Rn. 25) auszulegen sei, wobei zu beachten ist, dass diese Entscheidung im Hinblick auf die Abgrenzung der EuInsVO von der EuGVVO ergangen ist; also die internationale Zuständigkeit betrifft.

8 **2. Die Behandlung einzelner Institute des deutschen Sachrechts. a) Kapitalerhaltungsregeln.** Wegen des fehlenden Bezugs zum Insolvenzverfahren ist das **Kapitalerhaltungsrecht** der §§ 30, 31 GmbHG nicht insolvenz-, sondern gesellschaftsrechtlich zu qualifizieren (ausführlich *Bicker* S. 221 ff.; *Eidenmüller* RabelsZ 70 (2007), 474 [492]; MüKoInsO/*Reinhart* Rn. 5 m. zahlr. wN; für die Ausschüttungssperren nach § 82 österreichisches GmbHG, die § 30 GmbHG funktional entsprechen, auch BGH NZI 2011, 198 = ZIP 2011, 328 Rn. 16). Aus der gesellschaftsrechtlichen Qualifikation folgt seit der Entscheidung des EuGH in Inspire Art (NJW 2003, 3331) für sog **EU-Scheinauslandsgesellschaften** die Maßgeblichkeit des Gründungsrechts. Für solche im Inland ansässigen Gesellschaften, die nach dem Recht eines anderen Mitgliedstaats gegründet wurden, führt die gesellschaftsrechtliche Qualifikation des Kapitalerhaltungsrechts dazu, dass diese Vorschriften auf sie nicht anwendbar sind. Insolvenz- und Gesellschaftsstatut fallen in einem solchen Fall auseinander.

9 **b) Gesellschafterdarlehen und Nutzungsüberlassung.** Das **Recht der Gesellschafterdarlehen** (§§ 39 Abs. 1 Nr. 5, 135 Abs. 1 und 2 InsO) ist insolvenzrechtlich einzuordnen (*Thole* S. 819 ff.; ebenso der – wegen des Erfordernisses der autonomen Qualifikation nicht ausschlaggebende – Wille des MoMiG-Gesetzgebers BT-Drs. 16/6140, 57). Der BGH bejaht die insolvenzrechtliche Qualifikation auch für die **§§ 32a, 32b GmbHG aF** (BGH NJW 2011, 3784 = ZIP 2011, 1775). Wenn der BGH aus dieser Qualifikation folgert, dass die §§ 32a, 32b GmbHG dann auch auf ausländische Kapitalgesellschaften anwendbar seien, handelt es sich um eine versteckte Rechtsfortbildung, da die Vorschriften an sich nur Gesellschaften erfassen, die sich als GmbH nach dem GmbHG inkorporiert haben (krit. gegenüber der Entscheidung daher *Schall* NJW 2011, 3745 [3755]). Auch § 135 Abs. 3 ist insolvenzrechtlich zu qualifizieren (*Wedemann* IPRax 2012, 226 [234]). Die sog **Rechtsprechungsregeln** ordnet der BGH dagegen gesellschaftsrechtlich ein (BGH NZI 2011, 198 = ZIP 2011, 328 Rn. 20, wobei die Qualifikation besser offen gelassen worden wäre, da Satzungssitzstaat und COMI zusammenfielen; richtig OLG Naumburg ZInsO 2010, 2325 = ZIP 2011, 677 Rn. 34). Allerdings ist die **Frage, ob eine Person Gesellschafter ist,** eine selbständig

anzuknüpfende Vorfrage, die sich nach dem Gesellschaftsstatut richtet (*Huber* FS Gerhardt, 2004, 417).

10 **c) Existenzvernichtungshaftung.** Die Haftung der Gesellschafter für existenzvernichtende Eingriffe (vgl. BGHZ 173, 246 = NJW 2007, 2689 – Trihotel); hierzu *Weller* ZIP 2007, 1681) ist nicht insolvenzrechtlich zu qualifizieren, denn das Institut stellt tatbestandlich nur auf die materielle Insolvenz der Gesellschaft ab, also auf die Insuffizienz ihres Vermögens, nicht dagegen auf die Eröffnung eines Insolvenzverfahrens wie es nach der hier vertretenen Ansicht für eine insolvenzrechtliche Qualifikation nach Art. 4 erforderlich ist. Daher ist mit der hM eine **deliktsrechtliche Qualifikation** der Existenzvernichtungshaftung zu befürworten (MüKoBGB/*Wagner* § 826 Rn. 135; *M.-P. Weller* ZIP 2007, 1681 [1688]; *Servatius* DB 2015, 1087 [1093] zur Haftung der Geschäftsführer aus Beihilfe; anders *Kindler* IPRax 2009, 189 [193] dort für eine insolvenzrechtliche Qualifikation; *ders.* MünchKommBGB Rn. 101 für eine Doppelqualifikation; *Eidenmüller* RabelsZ 70 (2007), 474 [487 ff.] befürwortete [vor der Trihotel-Entscheidung] eine gesellschaftsrechtliche Qualifikation; ebenso *Stöber* ZIP 2013, 2295 [2302]). Für im Inland ansässige Gesellschaften, die nach ausländischem Recht gegründet wurden, hat die deliktsrechtliche Qualifikation die Konsequenz, dass die Existenzvernichtungshaftung auf sie anwendbar ist, denn die für Delikte maßgebliche Regelanknüpfung aus Art. 4 Abs. 1 Rom II-VO knüpft an den Erfolgsort einer unerlaubten Handlung an. Hieraus folgt, dass das Recht des Staates maßgeblich ist, in dem das Vermögen der Gesellschaft belegen ist, so dass dort der Erfolgsort zu lokalisieren ist. Dieser wird in der überwiegenden Zahl der Fälle mit dem COMI zusammenfallen.

11 **d) Insolvenzantragspflicht.** Die sich aus § 15a InsO ergebende Insolvenzantragspflicht ist nach herrschender Meinung **insolvenzrechtlich zu qualifizieren** (→ § 15a Rn. 10; sa LG Kiel NZI 2006, 482; *Bicker* S. 232; *Albrecht* ZInsO 2013, 1623 [1627]; *Borges* ZIP 2004, 733 [739]; *Eidenmüller* NJW 2005, 1619 [1621]; *Goette* DStR 2005, 197 [200]; *Lieder* DZWIR 2005, 399 [406]; *Müller* NZG 2003, 414 [416]; MüKoInsO/*Reinhart* Rn. 7; *Pannen/Riedemann* NZI 2005, 413 [414]; *Weller* IPRax 2003, 520 [522]; *Zimmer* NJW 2003, 3585 [3589]. Bedenken gegen die hM vor dem Hintergrund der Niederlassungsfreiheit bei Uhlenbruck/*Hirte* § 15a Rn. 3 sowie bei *Stöber* ZHR 176 (2012), 325 [329]; für eine gesellschaftsrechtliche Qualifikation *Groß/Schork* NZI 2006, 10 [14]; *Mock/Schildt* ZInsO 2003, 396 [399 f.]; *Müller* DB 2006, 824 [827]; *Spindler/Berner* RIW 2004, 7 [12]). Der hM ist zuzustimmen, da § 15a InsO eine das Insolvenzverfahren – nämlich seine Eröffnung – regelnde Vorschrift ist. Dass die Verordnung auch insoweit anwendbar ist, zeigt Art. 4 Abs. 2 S. 1, der auch die Eröffnungsvoraussetzungen als Teil des Insolvenzstatuts nennt. Eine insolvenzrechtliche Qualifikation entspricht auch dem Willen des MoMiG-Gesetzgebers (BT-Drs. 16/6140, 55), wobei dieser Wille angesichts der Notwendigkeit einer autonomen Qualifikation nicht ausschlaggebend sein kann. Auf Gesellschaften, die ihr COMI nicht im Inland haben, ist § 15a unanwendbar.

12 **e) Insolvenzverschleppungshaftung.** Auch die Folgen der Verletzung einer Antragspflicht sind **insolvenzrechtlich zu qualifizieren** (LG Kiel NZI 2006, 482; *Bicker* S. 232; *Albrecht* ZInsO 2013, 1623 [1627]; *Eidenmüller* NJW 2005, 1619 [1621]; MüKoInsO/*Reinhart* Rn. 7; *Kuntz* NZI 2005, 424 [428]; *Lieder* DZWIR 2005, 399 [404]; *Servatius* DB 2015, 1087 [1092]). Die Stimmen aus dem deutschen Schrifttum, die für eine gesellschaftsrechtliche Qualifikation eintraten (*Jachmann/Klein* StB 2005, 374 [376]; *Kiethe* RIW 2005, 649 [655]; *Spindler/Berner* RIW 2004, 7 [12]; *Ulmer* NJW 2004, 1201 [1207]), sind nach dem Inkrafttreten des MoMiG weitgehend verstummt (s. aber *Stöber* ZHR 176 (2012),

325 [329], der vor dem Hintergrund der Niederlassungsfreiheit eine gesellschaftsrechtliche Qualifikation befürwortet). Gegen eine insolvenzrechtliche Verortung könnte eingewendet werden, dass die Insolvenzverschleppungshaftung ebenso wenig wie die Existenzvernichtungshaftung ein eröffnetes Insolvenzverfahren voraussetzt. Für eine insolvenzrechtliche Qualifikation spricht jedoch, dass es nahe liegt, die Folgen der Verletzung einer Pflicht akzessorisch zur Gebotsnorm anzuknüpfen (Baumbach/Hueck/*Haas* GmbHG § 64 Rn. 148; ähnlich *Eidenmüller* RabelsZ 70 (2007), 474 [496]). Zu berücksichtigen ist auch, dass eine deliktsrechtliche Qualifikation erhebliche Unwägbarkeiten mit sich brächte. Es ist nämlich keineswegs ausgemacht, dass auch bei diesem Vorgehen das Recht des Eröffnungsstaates anwendbar ist (so aber Uhlenbruck/*Lüer* Art. 4 Rn. 16). Vielmehr droht die Gefahr, dass es zu einer Zersplitterung kommt, da der Erfolgsort bei Vermögensschädigungen dort anzusiedeln ist, wo sich das geschädigte Vermögen befindet (MüKoBGB/*Junker* Rom II-VO Art. 4 Rn. 21; vgl. auch EuGH NJW 2004, 2441). Die geschädigten Vermögen sind aber bei der Insolvenzverschleppungshaftung nach der Konstruktion des BGH die einzelnen Vermögen der Gesellschaftsgläubiger, wie insbesondere die Einbeziehung des Kreditgewährungsschadens der Neugläubiger in die Insolvenzverschleppungshaftung zeigt (BGHZ 126, 181 [190 ff.] = NJW 1994, 2220). Der „Schaden" ist hiernach nicht die Schmälerung der Insolvenzmasse, sondern die Verkürzung der Insolvenzquoten sowie bei den Neugläubigern der Vertrauensschaden. Die drohende Zersplitterung der anwendbaren Rechte könnte nur durch eine Anwendung der Ausweichklausel des Art. 4 Abs. 3 Rom II-VO überwunden werden. Diese Unsicherheiten kann eine insolvenzrechtliche Qualifikation von vornherein vermeiden. Daher ist einer insolvenzrechtlichen Qualifikation der Vorzug zu geben. Diese ist davon unabhängig, ob später tatsächlich ein Verfahren eröffnet wurde: Auch wenn zB mangels ausreichender Masse ein Insolvenzverfahren nicht eröffnet wurde, richtet es sich nach dem analog Art. 4 Abs. 1 zu bestimmenden hypothetischen Insolvenzstatut, ob und wie die Geschäftsleiter haften (→ Rn. 4). Zu beachten ist weiter, dass bereits entstandene Ansprüche wegen Insolvenzverschleppung auch nicht durch eine **Sitzverlegung ins Ausland** abgestreift werden können, vgl. → Art. 3 Rn. 18.

13 **f) Zahlungsverbote.** Die aus § 64 S. 1, 3 GmbHG folgenden Zahlungsverbote sind gleichfalls **insolvenzrechtlich zu qualifizieren**. Hierfür spricht insbesondere die Entscheidung des EuGH in der Rechtssache H./H.K., in der der EuGH eine auf § 64 GmbHG gestützte Klage hinsichtlich der internationalen Zuständigkeit insolvenzrechtlich qualifiziert hat (NZI 2015, 88 = ZIP 2015, 196; → Art. 3 Rn. 42). Ebenso OLG Jena NZI 2013, 807 = IPRax 2014, 357 [mAnm *Weller/Schulz* 336]); KG NZI 2010, 542 = IPRax 2010, 449 [m. zust. Anm. *Kindler* 430], Baumbach/Hueck/*Haas* GmbHG § 64 Rn. 21; Henssler/Strohn/*Servatius*, Gesellschaftsrecht, Internationales Gesellschaftsrecht, Rn. 179; ausführlich *Poertzgen* ZInsO 2011, 305; *Hübner* IPRax 2015, 297 [300]; *Servatius* DB 2015, 1087 [1090]; zweifelnd OLG Karlsruhe NZG 2010, 509 = ZIP 2010, 2123 = IPRax 2011, 179). Zwar knüpfen die Zahlungsverbote tatbestandlich nur an die materielle Insolvenz an, so dass insofern ein nicht zuletzt durch die F-Tex-Entscheidung (EuGH NZI 2012, 469) geforderter Verfahrensbezug fehlt, allerdings steht die Haftung nach § 64 S. 1 und S. 3 GmbHG historisch und systematisch in engem Zusammenhang mit der Insolvenzantragspflicht (*Karsten Schmidt* in Karsten Schmidt/Uhlenbruck, Die GmbH in Krise Sanierung und Insolvenz, Rn. 11.34), so dass auch diese Vorschriften eine spezifisch auf den Schutz der Insolvenzmasse bezogene Funktion besitzen. Die Frage ist Gegenstand eines Vorlageverfahrens vor dem EuGH (C-594/14, s. hierzu den Vorlagebeschluss des BGH NZI 2015, 85 = ZIP 2015, 68; dazu *Müller* EWiR 2015, 99; *Hübner* IPRax 2015, 297).

In Insolvenzverfahren in Deutschland über eine **nach ausländischem Recht gegründete Gesellschaft** ist eine Anwendung von § 64 GmbHG möglich, wobei die Begriffe „Geschäftsführer" und „Gesellschaft" durch die entsprechenden Begriffe des Gesellschaftsstatuts substituiert werden müssen (*Hübner* IPRax 2015, 297 [301]). Ein unzulässiger Eingriff in die Niederlassungsfreiheit liegt hierin nicht (so auch *Wedemann* IPRax 2012, 226 [230]; *Hübner* IPRax 2015, 297 [302]), wobei die Begründung umstritten ist. Teilweise wird angenommen, dass insolvenzrechtlich zu qualifizierende Regelungen überhaupt keinen Eingriff in die Niederlassungsfreiheit darstellen können (*Ulmer* KTS 2004, 291 [295 f.]; *ders.* NJW 2004, 1201 [1207]; MüKo-BGB/*Kindler* IntGesR Rn. 437; dagegen *Schall* NJW 2011, 3745 [3747]); andere halten eine Rechtfertigung vor dem Hintergrund der Gebhard-Kriterien (EuGH Slg. 1995, I-4165 = BeckRS 2004, 77557) für erforderlich und möglich (*Teichmann* BB 2011, 18 [19] für die Regeln über Gesellschafterdarlehen). Nach der Gebhard-Formel darf inländisches (Insolvenz-) Recht nicht in diskriminierender Weise angewendet werden, die sich hieraus ergebenden Beschränkungen müssen aus zwingenden Gründen des Allgemeininteresses gerechtfertigt sein, sie müssen geeignet sein, die Verwirklichung des mit ihnen verfolgten Zieles zu gewährleisten, und sie dürfen nicht über das hinausgehen, was zur Erreichung dieses Zieles erforderlich ist. 14

g) Die Abgrenzung des Insolvenzstatuts vom Statut eines Schiedsverfahrens. Str. ist, ob sich auch die Wirksamkeit der Schiedsabrede nach Eröffnung des Insolvenzverfahrens nach der *lex fori concursus* bemisst (so für das autonome schweizerische IPR das schweizerische Bundesgericht, BG ZIP 2010, 2530; dazu *Kasolowsky/Steup* IPRax 2010, 180; das schwedische Svea Hovrätt 17.12.2007 – T 3108-06; *Moss* Liber Amicorum Siehr, 2010, 619; *Mankowski* ZIP 2010, 2478). Die Gegenansicht reklamiert eine weitgehende Abschirmung des Schiedsverfahrens von den Wirkungen der Eröffnung des Insolvenzverfahrens, indem sie solche Regelungen der *lex fori concursus* für unbeachtlich hält, die eine Schiedsvereinbarung des Schuldners in der Insolvenz für unwirksam erklären oder dem Schuldner nach Eröffnung des Insolvenzverfahrens die subjektive Schiedsfähigkeit absprechen – wie es etwa das polnische Recht tut. Diese Regelungen seien nicht insolvenzrechtlich, sondern prozessual zu qualifizieren, weshalb sie von der Verweisung des Art. 4 nicht erfasst würden. 15

Der letztgenannten Auffassung ist nicht zu folgen. Die Normen, die zur Unwirksamkeit der Schiedsabrede in der Insolvenz führen, sind **insolvenzrechtlich zu qualifizieren.** Denn die EuInsVO sieht in Art. 4 Abs. 2 lit. e ausdrücklich vor, dass die *lex fori concursus* die Auswirkungen der Eröffnung des Verfahrens auf laufende Verträge des Schuldners regelt. Es sind keine Gründe ersichtlich, warum diese Vorschrift nicht auch auf vom Schuldner geschlossene Prozessverträge anwendbar sein sollte (*Mankowski* ZIP 2010, 2478 [2484]; *P. Wagner* S. 147). Das Insolvenzstatut kann sich jedoch nicht durchsetzen, wenn das **Schiedsverfahren bereits begonnen** und der Schuldner sich auf dieses rügelos eingelassen hat (§ 1040 Abs. 2 ZPO). In diesem Fall entscheidet gem. Art. 15 (nur) die *lex arbitri* darüber, welche Auswirkungen die Eröffnung des Insolvenzverfahrens über das Vermögen einer der Parteien hat (eine ähnliche Differenzierung verwendet auch der Court of Appeal England ZIP 2010, 2528; dazu *Kasolowsky/Steup* IPRax 2010, 180; etwas anders *Mankowski* ZIP 2010, 2478). 16

Für eine idS differenzierende Anwendung des Art. 4 Abs. 2 lit. e auf Schiedsvereinbarungen spricht, dass sich der Zweck einer Schiedsvereinbarung – jedenfalls soweit sie den Ausschluss des Rechtswegs zu den staatlichen Gerichten betrifft – in dem Moment erledigt hat, in dem das Schiedsverfahren begonnen hat und der Schuldner die Schiedsabrede akzeptiert hat. Ab diesem Moment ist die Schiedsvereinbarung kein „laufender" Vertrag mehr im Sinne von Art. 4 Abs. 2 17 lit. e, denn sie hat ihren Zweck erreicht (vgl. → Rn. 28). Art. 4 Abs. 2 lit. e beruft das Insolvenzstatut nur zur Entscheidung über im Eröffnungszeitpunkt schwebende Verträge, im Übrigen gibt er der Rechtssicherheit den Vorzug, indem es bei der *lex causae* bleiben soll. Für **Prozessverträge** bedeutet diese Abgrenzung, dass auf sie das Insolvenzstatut nur solange anwendbar ist, wie die fragliche Prozesshandlung zum Zeitpunkt der Eröffnung des Insolvenzverfahrens noch nicht vorgenommen worden ist. Diese Auslegung führt zu dem unter Rechtssicherheits- und Kostengesichtspunkten wünschenswerten Ergebnis, dass bereits erreichte Prozessergebnisse dem anderen Teil auch im Falle der Eröffnung eines Insolvenzverfahrens nicht aus der Hand geschlagen werden. Sie stellt andererseits sicher, dass die *lex fori concursus* darüber entscheidet, ob der Verwalter an Prozessverträge des Schuldners gebunden ist, die im Zeitpunkt der Eröffnung des Verfahrens noch (im oben beschriebenen Sinn) „laufen".

III. Der Beispielskatalog des Absatz 2

18 Absatz 2 nennt in nicht abschließender Aufzählung einige Fragen, die sich nach dem durch Art. 4 Abs. 1 bestimmten Insolvenzstatut richten. Absatz 2 Satz 1 stellt zunächst klar, dass das Insolvenzstatut, also das Recht des Staates der Verfahrenseröffnung, die Voraussetzungen der Eröffnung eines Insolvenzverfahrens regelt und auch darüber bestimmt, wie das Verfahren durchzuführen und zu beenden ist. Hiervon sind neben verfahrensrechtlichen Fragen wie der **Antragsberechtigung,** die **Insolvenzfähigkeit** (sa lit. a), der **sachlichen** und der **örtlichen Zuständigkeit**, den **Eröffnungs**- und **Einstellungsgründen auch materiellinsolvenzrechtliche Fragen** umfasst, wie sich aus der konkretisierenden Aufzählung des Absatz 2 Satz 2 ergibt.

19 **1. Insolvenzfähigkeit, lit. a.** Lit. a stellt klar, dass die *lex fori concursus* über die Insolvenzfähigkeit entscheidet. Sind die deutschen Gerichte zuständig – weil der Schuldner sein COMI im Inland hat –, so wenden sie zur Beurteilung der Insolvenzfähigkeit die §§ 11, 12 InsO an. Dies gilt auch dann, wenn es sich um den Bürger eines anderen Staates oder eine Gesellschaft handelt, die nach einem anderen Recht gegründet wurde. Für **natürliche Personen** kommt es daher nicht darauf an, ob sie nach ihrem Heimatrecht insolvenzfähig sind. Ebenso wenig ist es gem. Art. 16 Abs. 1 S. 2 für die Anerkennung der Eröffnungsentscheidung im Ausland entscheidend, ob der Schuldner auch nach dem Recht des Anerkennungsstaates insolvenzfähig wäre (MüKoInsO/*Reinhart* Rn. 16). So muss beispielsweise die Eröffnung eines Insolvenzverfahrens über das Vermögen eines Nicht-Kaufmanns auch in Italien anerkannt werden, auch wenn dort natürlichen Personen, die nicht Kaufleute sind, die Insolvenzfähigkeit fehlt (vgl. zum italienischen Recht MüKoInsO/*Santonocito/Mare-Ehlers* Anh. Italien Rn. 12).

20 Für Gesellschaften und Personenmehrheiten kommt es für die Insolvenzfähigkeit gem. § 11 InsO auf die Rechtsfähigkeit an (*Häsemeyer* Rn. 6.17). Ob eine (Schein-)**Auslandsgesellschaft** rechtsfähig – und damit nach deutschem Recht insolvenzfähig – ist, ist eine selbständig anzuknüpfende Vorfrage, die – soweit es um Binnenmarktfälle geht – nach dem Gesellschaftsstatut zu beurteilen ist, das seinerseits an das Recht angeknüpft wird, nach dem die Gesellschaft gegründet wurde (sog „Gründungstheorie", EuGH ZIP 2003, 1885 – Inspire Art; BGHZ 154, 185; 164, 148; BGH ZIP 2005, 805). Für EU-Auslandsgesellschaften mit Sitz in Deutschland bedeutet das, dass sie dann insolvenzfähig sind, wenn sie nach ihrem Gründungsrecht rechtsfähig sind (AG Nürnberg NZI 2007, 186; AG Saarbrücken ZIP 2005, 2027; AG Hamburg ZIP 2003, 1008). Auch wenn ein **Rechtsträger nach seinem Gründungsrecht nicht mehr existent** ist, richtet es sich nach der *lex fori concursus*, ob über das Vermögen eine Nachtragsliquidation zum Zwecke der Gläubigerbefriedigung durchgeführt werden kann (EuGH ZIP 2011, 2153 Rn. 24 – Interedil).

2. Umfang der Insolvenzmasse, lit. b. Welche Gegenstände zur Insolvenzmasse gehören, richtet sich nach dem Recht des Staates, in dem das Verfahren eröffnet wurde. Das Insolvenzstatut entscheidet nur über die Reichweite des Insolvenzbeschlags. Die einzelnen Massegegenstände behalten auch nach Verfahrenseröffnung ihr eigenes Statut, das nach allgemeinem Kollisionsrecht zu ermitteln ist (OLG Hamm IPRax 2012, 351; dazu *Althammer/Tolani* FS Schillken, 2015, 589; *Mankowski* EWiR 2012, 51). Das Insolvenzstatut entscheidet auch darüber, ob ein **Neuerwerb** in die Masse fällt, oder ob dieser beschlagsfrei bleibt. Bei in Deutschland eröffneten Insolvenzverfahren sind also die §§ 35 ff. InsO anzuwenden. Auch die **Pfändungsfreigrenzen** richten sich nach dem Insolvenzstatut, denn hierbei handelt es sich um eine insolvenzrechtliche Fragestellung, wie Art. 4 Abs. 2 lit. b klarstellt (*Mankowski* NZI 2009, 785). Entsprechend hat auch das LG Traunstein (ZVI 2009, 121 = NZI 2009, 818) zu Recht die Pfändbarkeitsgrenzen hinsichtlich des Arbeitslohns eines in Deutschland wohnenden, aber in Österreich arbeitenden Schuldners nach deutschem Recht bestimmt (ebenso *Paulus* Rn. 19; Geimer/Schütze EuZVerfR/*Hass/Herweg* B Vor I 20b Art. 4 Rn. 25; MüKoBGB/*Kindler* Rn. 18; Pannen EuInsVO/*Pannen/Riedemann* EuInsVO Rn. 44; MüKoInsO/*Reinhart* EuInsVO Art. 10 Rn. 17; *Hergenröder* DZWiR 2009, 309 [317]; ebenso für den Fall, dass Schuldner nach Verfahrenseröffnung ins Ausland verzieht LG Passau NZI 2014, 1019 [mAnm *Mankowski*]. AA AG München NZI 2010, 664; AG Passau NZI 2009, 820; *Haas* FS Gerhardt, 2004, 319 [325 ff.]; zum autonomen Recht BGH NZI 2012, 672; zum alten deutschen Kollisionsrecht BGHZ 118, 151 = NJW 1992, 2026 [2028]). Eine Sonderanknüpfung an das Recht des Staates, in dem eine Einzelzwangsvollstreckung durchgeführt werden müsste, ist mit der Verordnung nicht vereinbar (vgl. auch *Reisenhofer* in *Clavora/Garber* S. 165 f., die das Problem für das österreichische Recht als unselbständig anzuknüpfende Teilfrage einordnet). Den sozialpolitischen Zwecken, die mit Pfändungsverboten und -freigrenzen verfolgt werden, kann im Einzelfall durch eine Anwendung des *ordre public*-Vorbehalts des Art. 26 Rechnung getragen werden. 21

3. Abgrenzung der Befugnisse zwischen Verwalter und Schuldner, lit. c. Lit. c stellt klar, dass auch die Abgrenzung der Befugnisse von Schuldner und Verwalter nach der *lex fori concursus* zu beurteilen ist (zur Anwendung auf § 276a InsO; *Piekenbrock* NZI 2012, 905 [912]). Inwieweit der Schuldner also seine **Verfügungsbefugnis** verliert oder inwieweit er auf die Zustimmung des Verwalters zu Verfügungen angewiesen ist, entscheidet das Recht des Staates der Verfahrenseröffnung. Art. 14 sieht eine **Sonderanknüpfung hinsichtlich des gutgläubigen Erwerbs** von Rechten an bestimmten Gegenständen vor. 22

Weiter ist Art. 18 Abs. 3 für die Ausübung der extraterritorialen Befugnisse des Verwalters zu berücksichtigen. Hiernach muss der Verwalter bei **Verwertungsmaßnahmen** das Recht des Mitgliedstaats beachten, in dessen Gebiet er handeln will (vgl. → Art. 18 Rn. 11 ff.). 23

4. Aufrechnung, lit. d. Art. 4 Abs. 2 lit. d verweist hinsichtlich der Voraussetzungen der Wirksamkeit einer in der Insolvenz durch einen Gläubiger erklärten Aufrechnung auf das Recht des Eröffnungsstaates. Anders als nach § 338 InsO entscheidet nach der EuInsVO die *lex fori concursus* grds. auch über die **insolvenzrechtliche Zulässigkeit einer Aufrechnung**. Sollte sich allerdings nach der *lex fori concursus* ergeben, dass die Aufrechnung unzulässig ist, ist gem. Art. 6 weiter zu prüfen, ob sich die Zulässigkeit der Aufrechnung aus dem Statut ergibt, dem die Forderung des Insolvenzschuldners unterliegt. Ferner sieht Art. 9 eine Sonderan- 24 knüpfung für **Aufrechnungsmöglichkeiten in Zahlungs- oder Abwicklungssystemen** vor, durch welche die Anknüpfung an das Recht des Eröffnungsstaates verdrängt wird.

25 Die **Reichweite der Verweisung** des Art. 4 Abs. 2 lit. d auf die *lex fori concursus* ist auf die spezifisch insolvenzrechtlichen Auswirkungen der Verfahrenseröffnung zu begrenzen (*Bork* ZIP 2002, 694; *Ehricke/Ries* Jus 2003, 313 [316]; *Gruschinske* ZEuW 2011, 171 [174]; *Herchen* S. 134 f.; MüKoInsO/*Reinhart* Rn. 22; Pannen EuInsVO/*Pannen/Riedemann* EuInsVO Rn. 52; *Westphahl/Goetker/Wilkens* Rn. 396). Die materiellrechtlichen Voraussetzungen einer Aufrechnung richten sich dagegen auch in der Insolvenz nach dem Aufrechnungsstatut, das gem. Art. 17 Rom I-VO dem Statut der Hauptforderung folgt (MüKoBGB/*Spellenberg* Rom I-VO Art. 17 Rn. 3). Die Gegenmeinung nimmt an, dass die *lex fori concursus* das Statut der Hauptforderung vollständig verdränge, so dass sich auch die materiellrechtlichen Voraussetzungen der Aufrechnung nach dem Recht am Ort der Eröffnung des Insolvenzverfahrens richten (*Jeremias* S. 240 ff.; Clavora/Garber/*M. Weller* S. 105, 116; Duursma-Kepplinger/Duursma/Chalupsky EuInsVO/*Duursma-Kepplinger* Art. 4 Rn. 16; *Huber* ZZP 114 (2001), 133 [161]; MüKoBGB/*Kindler* Rn. 23; *Leible/Staudinger* KTS 2000, 533 [555]). Die Verfahrenseröffnung führt nach dieser Ansicht hinsichtlich des Aufrechnungsstatuts zu einem Statutenwechsel (Clavora/Garber/*M. Weller* S. 105, 114 ff.).

26 Die **Bedeutung des Streits** ist auf Fälle beschränkt, für die das Recht am Ort der Verfahrenseröffnung in größerem Umfang Aufrechnungsmöglichkeiten vorsieht, als dies nach dem Aufrechnungsstatut der Fall ist. Denn in Fällen, in denen das Recht am Ort der Verfahrenseröffnung restriktiver ist und eine nach dem Aufrechnungsstatut gegebene Aufrechnungsbefugnis nicht anerkennt, greift **Art. 6**, so dass sich das liberalere Aufrechnungsstatut durchsetzt. Gegen die hier abgelehnte Ansicht spricht, dass nach ihr die Eröffnung des Insolvenzverfahrens zu einem „unverdienten Glücksfall" (Geimer/Schütze EuZVerfR/*Gruber* B Vor I 20b Art. 6 Rn. 6) für den Gläubiger werden könnte. Denn durch die Eröffnung des Insolvenzverfahrens könnten Aufrechnungsmöglichkeiten geschaffen werden, die außerhalb der Insolvenz nicht gegeben wären. Ein insolvenzrechtlicher Schutz ist jedoch nur dann angezeigt, wenn materiellrechtlich eine Aufrechnungslage besteht. Hierüber entscheidet vor wie nach der Eröffnung des Insolvenzverfahrens das Statut der Hauptforderung, Art. 17 Rom I-VO. Ebenso wenig wie sich durch Art. 4 Abs. 2 lit. c das Vertragsstatut wandelt, zeitigt die Eröffnung des Insolvenzverfahrens einen Wechsel in Bezug auf das Aufrechnungsstatut. Qualifikationsprobleme werden durch die hier vertretene Ansicht nicht ausgelöst. Es ist lediglich zu überprüfen, ob die *lex fori concursus* Vorschriften kennt, die spezifisch für die Insolvenz eine ansonsten bestehende Aufrechnungsbefugnis ausschließen. Wenn dies der Fall ist, ist nach Art. 6 zu prüfen, ob die Aufrechnungsbefugnis gleichwohl Bestand hat.

27 **5. Auswirkungen auf laufende Verträge, lit. e.** Die Folgen der Eröffnung des Insolvenzverfahrens auf laufende Verträge des Schuldners unterliegen der *lex fori concursus*. Damit entscheidet unabhängig vom Vertragsstatut das Recht des Staates der Verfahrenseröffnung über den **Fortbestand der wechselseitigen Vertragspflichten** und ein eventuelles **Wahlrecht des Verwalters** (*Dammann/Lehmkuhl* NJW 2012, 3069 [3071]; aA OLG Karlsruhe NJW 2012, 3166). Bei in Deutschland eröffneten Insolvenzverfahren folgt aus lit. e, dass die §§ 103 ff. InsO insolvenzrechtlich zu qualifizieren sind. Auch die Entscheidung über die Wirksamkeit von **Lösungsklauseln** obliegt dem Insolvenzstatut (*Löffler* BB 2014, 1283 [1288]; *Pfeiffer* FS Schütze, 2014, 421 [426]). **Sonderanknüpfungen** sehen Art. 8 für Verträge über unbewegliche Gegenstände und Art. 10 für Arbeitsverträge vor. Für den Eigentumsvorbehalt in der Verkäuferinsolvenz findet sich in Art. 7 Abs. 2

eine Sachnorm, die § 107 Abs. 1 InsO entspricht (→ Art. 7 Rn. 7. Vgl. zur Rechtslage vor Inkrafttreten der EuInsVO *Schollmeyer*, Gegenseitige Verträge im internationalen Insolvenzrecht, 1996).

Art. 4 Abs. 2 lit. e erfasst nicht nur **schuldrechtliche Austauschverträge**, sondern alle freiwillig eingegangenen Verpflichtungen (zu Art. 5 Nr. 1 EuGVVO aF EuGH Slg. 2004, I-1543 = NJW-RR 2004, 1291 – Frahuil). Insofern verweist lit. e auch für **Prozessverträge** auf die *lex fori concursus* (*Mankowski* ZIP 2010, 2478 [2484]; für die Schiedsabrede → Rn. 15). Nach lit. e ist die *lex fori concursus* aber nur für die Wirkungen der Verfahrenseröffnung auf ***laufende* Verträge** berufen. Dieser Begriff sollte weit ausgelegt werden. Anders als nach § 103 InsO (→ § 103 Rn. 16) ist ein Vertrag auch dann noch als „laufend" iSv lit. e anzusehen, wenn eine Seite ihre Leistung schon vollständig erbracht hat. Maßgeblich ist, ob sich der Zweck des Vertrags zum Eröffnungszeitpunkt bereits vollständig verwirklicht hat. 28

6. Auswirkungen auf Rechtsverfolgungsmaßnahmen einzelner Gläubiger, lit. f. Nach lit. f gilt das Insolvenzstatut auch für Rechtsverfolgungsmaßnahmen einzelner Gläubiger, wobei der 2. Halbsatz klarstellt, dass anhängige Rechtsstreitigkeiten hiervon nicht erfasst sind. Für diese gilt die in Art. 15 enthaltene Sonderanknüpfung an die *lex fori processus*. Art. 4 Abs. 2 lit. f betrifft also vor allem die Fragen, ob ein Gläubiger nach Verfahrenseröffnung seine Forderung selbständig einklagen, ob er ein vor Verfahrenseröffnung erstrittenes Urteil noch vollstrecken kann und ob er im Wege des einstweiligen Rechtsschutzes trotz Eröffnung eines Hauptinsolvenzverfahrens im Ausland noch Sicherungsmaßnahmen in das schuldnerische Vermögen ausbringen kann (EuGH NZI 2010, 156 = IPRax 2011, 589 – MG Probud Gdynia zu einem in Deutschland beantragten Arrest nach Eröffnung eines Hauptinsolvenzverfahrens in Polen). 29

Lit. f betrifft somit die **Durchsetzung von Masse- wie von Insolvenzforderungen**, wobei die Anmeldung von Insolvenzforderungen zur Insolvenztabelle gesondert durch lit. h erfasst wird (MüKoInsO/*Reinhart* Rn. 29). Im deutschen Recht erfasst die Vorschrift damit die **§§ 87, 89, 90, 91 InsO**. Die wohl hM wendet lit. f auch auf die **Rückschlagsperre** des § 88 InsO an (MüKoInsO/*Reinhart* Rn. 27; MüKoBGB/*Kindler* Rn. 32; *Thole* S. 814). Richtigerweise ist die Rückschlagsperre funktional den Anfechtungsvorschriften gleichzustellen, so dass eine Anwendung von lit. m näher liegt (ebenso GA Szpunar Schlussanträge ZIP 2015, 381 Rn. 46 ff. – Lutz). Praktisch resultiert aus der hier vertretenen Ansicht Folgendes: Hat der Gläubiger bereits vor Verfahrenseröffnung eine **Sicherung im Wege der Zwangsvollstreckung** erlangt, so ist Art. 5 zu beachten (Geimer/Schütze EuZVerfR/*Haß*/*Herweg* B Vor I 20b Art. 4 Rn. 38). Art. 5 Abs. 4 verweist allerdings auf Art. 4 Abs. 2 lit. m, so dass sich die Anfechtbarkeit dieses Erwerbs nach dem Insolvenzstatut richtet. Soweit dieses das deutsche Recht ist, ist dann auch § 88 InsO anzuwenden. Nach Art. 13 kann dessen Anwendbarkeit allerdings durch das Recht des Vollstreckungsstaats als der maßgeblichen *lex causae* ausgeschlossen sein, wenn nach diesem Recht der Vollstreckungsakt insolvenzfest wäre. Der Unterschied der hier vertretenen Ansicht zur hM liegt darin, dass sich nach hM eine längere Rückschlagsfrist der *lex fori concursus* durchsetzen soll (MüKoInsO/*Reinhart* Rn. 27). 30

Lässt es die *lex fori concursus* nicht zu, dass nach der Eröffnung eines Insolvenzverfahrens gegen den Schuldner **Vollstreckungsverfahren in Bezug** auf die Vermögenswerte eingeleitet werden, die zur **Insolvenzmasse** gehören, so sind im Ausland gleichwohl vorgenommene Zwangsvollstreckungsmaßnahmen insolvenzrechtlich unwirksam (EuGH NZI 2010, 156 = IPRax 2011, 589 Rn. 44 – MG Probud Gdynia). Es richtet sich nach dem Recht des Vollstreckungsstaats, ob dieser Fehler zur Nichtigkeit oder nur zur Anfechtbarkeit der Maßnahme führt. 31

Die Fehlerfolgen sind nicht mehr insolvenzrechtlich zu qualifizieren, da hier vor allem Fragen des Verkehrsschutzes des Vollstreckungsstaats betroffen sind (aA *Würdinger* IPRax 2011, 562 [565] für Nichtigkeit; für Unwirksamkeit „ipso iure" MüKoBGB/*Kindler* Rn. 31; *J. Schmidt* EWiR 2010, 77 [78]).

32 **7. Anmeldungs-, Prüfungs- und Verteilungsverfahren, lit. g–i.** Nach den lit. g–i unterliegen sowohl Rangfragen (inklusive der Abgrenzung von Masse- und Insolvenzforderungen) als auch das Anmeldungs- und Feststellungs- sowie das Verteilungsverfahren dem Insolvenzstatut. Die Abgrenzung der Buchstaben untereinander ist zum Teil schwierig, kann aber offenbleiben, da in jedem Fall die *lex fori concursus* zur Anwendung kommt. Im Einzelnen werden folgende Fragen dem Insolvenzstatut zugewiesen

– welche Forderungen als **Insolvenzforderungen** und welche als Masseverbindlichkeiten zu qualifizieren sind,
– wie **Masseverbindlichkeiten** befriedigt werden,
– wie **Insolvenzforderungen angemeldet** – wobei die EuInsVO diesbezüglich in Art. 32 und 39 weitere Sachnormen enthält –, **geprüft und festgestellt** werden (auch die Rechtsfolgen einer unterbliebenen oder verspäteten Anmeldung richten sich nach der *lex fori concursus*, MüKoInsO/*Reinhart* Rn. 34),
– wie das **Verteilungsverfahren** ausgestaltet ist,
– welchen **Rang** eine Forderung bei der Verteilung der Masse einnimmt,
– und wie ein gesicherter Gläubiger am Verfahren teilnehmen kann, soweit er mit seiner Sicherheit teilweise ausfällt (vgl. § 52 InsO).

33 **Abweichende Vereinbarungen** zwischen Insolvenzverwalter und Gläubigern von den gewöhnlichen Verteilungsregeln der *lex fori concursus* werden durch die Verweisung des Art. 4 nicht ausgeschlossen (High Court of Justice London NZI 2006, 654). Sie sind (ggf. nach Zustimmung des Gerichts) zulässig, sofern die *lex fori concursus* ihre eigenen Regeln insoweit als dispositiv ansieht (*Meyer-Löwy/Plank* NZI 2006, 622).

34 **8. Beendigung des Insolvenzverfahrens, lit. j, k.** Die Frage, wie und unter welchen Voraussetzungen das Insolvenzverfahren eingestellt, aufgehoben oder auf andere Art und Weise (zB durch Vergleich oder nach Bestätigung eines Insolvenzplans) beendet werden kann, richtet sich gem. j) nach der *lex fori concursus*. Die Frage der Verfahrensbeendigung ist also dem nationalen Recht überlassen (EuGH NZI 2013, 106 = ZIP 2012, 2403 Rn. 50 – Bank Handlowy). Auch die **Instrumente des Planverfahrens**, mit denen gem. § 225a gesellschaftsrechtliche Umstrukturierungen vorgenommen werden können, sind insolvenzrechtlich zu qualifizieren (*Fehrenbach* ZIP 2014, 2485 [2489]), wobei die Maßnahmen nach dem jeweiligen Gesellschaftsstatut gem. § 225a Abs. 3 InsO zulässig sein müssen.

35 Lit. k stellt klar, dass auch für die **Nachhaftung** und die **Restschuldbefreiung** des Insolvenzschuldners die *lex fori concursus* anwendbar ist (BGH NZI 2014, 283 = ZIP 2014, 394 Rn. 12; BGH NZI 2014, 969 = ZIP 2014, 2092). Eine entsprechende gerichtliche Entscheidung ist nach Art. 25 grds. in allen EuInsVO-Staaten anzuerkennen. Gleichfalls erstrecken sich die Auswirkungen eines ausländischen Insolvenzverfahrens auch auf die **Klagbarkeit der Forderungen** gem. Art. 17 iVm Art. 4 Abs. 2 lit. k (OLG Celle IPRax 2011, 186 [mAnm *M.-P. Weller* IPRax 2011, 150] für die Wirkungen der Einstellung eines französischen Privatinsolvenzverfahrens mangels Masse).

36 **9. Kostentragungslast, lit. l.** Die Frage, wer die Kosten und Auslagen des Verfahrens zu tragen hat, ist nach der *lex fori concursus* zu entscheiden. Ebenso ist die vorgelagerte Frage, welche Kosten und Auslagen durch das Verfahren entstehen – also insbesondere die Höhe der **Verwaltervergütung** – vom Recht des Staates der Verfahrenseröffnung zu beantworten (*Virgós/Schmit* Rn. 91; Mü-

KoBGB/*Kindler* Rn. 49; ausführlich *Mock* ZInsO 2013, 2245 [2248]; zur Berechnung der Höhe der Vergütung des Sekundärverwalters LG Aachen NZI 2014, 830).

Die Frage, ob die **gesicherten Gläubiger** bei der Verwertung ihres Sicherungsrechts **Abschläge vom Erlös** zugunsten der Masse hinnehmen müssen, ist allerdings durch Art. 5 von den Wirkungen der *lex fori concursus* ausgenommen, sofern sich das Sicherungsgut zum Zeitpunkt der Verfahrenseröffnung in einem anderen EuInsVO-Staat befindet (→ Art. 5 Rn. 13 ff.). Bei einem in Deutschland eröffneten Verfahren können also die §§ 170, 171 InsO nicht über Art. 4 Abs. 2 lit. m angewendet werden, Art. 5 ist insoweit spezieller (iErg ebenso MüKoInsO/ *Reinhart* Rn. 39; Geimer/Schütze EuZVerfR/*Hass/Herweg* B Vor I 20b Art. 4 Rn. 45). 37

10. Insolvenzfestigkeit gläubigerbenachteiligender Rechtshandlungen, lit. m. Die Frage, ob eine Rechtshandlung im Hinblick auf ihre gläubigerbenachteiligenden Wirkungen anfechtbar, nichtig oder relativ unwirksam ist, unterliegt – jedenfalls im ersten Schritt – den Sachvorschriften der *lex fori concursus.* Welche Rechtsfolge die *lex fori concursus* hierbei im Einzelnen vorsieht, ist für die Anwendbarkeit der *lex fori concursus* unbeachtlich. Diese Rechtsfolgenoffenheit entspricht dem Gebot der funktionalen Qualifikation. Entscheidend für die Anwendbarkeit einer Vorschrift der *lex fori concursus* ist gem. Art. 4 Abs. 2 lit. m, dass sie die negativen Folgen solcher Rechtshandlungen „neutralisieren" (MüKoInsO/ *Reinhart* Rn. 40) soll, die die Insolvenzgläubiger als Gruppe treffen (zu der Diskussion, die sich aus dem englischen Wortlaut *„all creditors"* ergeben hat, Moss/ Fletcher/Isaacs/*Smith* Rn. 8.80). 38

Nicht alle Vorschriften, die funktional dem Gläubigerschutz dienen, sind insolvenzrechtlich zu qualifizieren sind. Hinzu kommen muss der tatbestandliche Bezug zum Insolvenzverfahren (→ Rn. 6). Dieser Bezug ist für die **Insolvenzverschleppungshaftung** zu bejahen (→ Rn. 12). Ebenso ist die Insolvenzanfechtung nach §§ 129 ff. InsO (inklusive § 135 Abs. 1 und 2 InsO) unter lit. m zu fassen (*Behrens* IPRax 2010, 230 [231]; ausführlich *Thole* S. 820 ff.). Sich in diesem Rahmen stellende Vorfragen sind ggf. gesondert anzuknüpfen. So richtet sich zB die Inkongruenz einer Deckung nach dem Vertragsstatut (BGH NZI 2015, 183 = ZIP 2015, 42 Rn. 12; dazu *Fehrenbach* NZI 2015, 157). In den Anwendungsbereich der Vorschrift fällt ferner die **Rückschlagsperre des § 88 InsO** (str.; → Rn. 30). Nicht insolvenzrechtlich zu qualifizieren sind hingegen die Vorschriften der **Gläubigeranfechtung** nach dem AnfG und die **Haftung wegen existenzvernichtenden Eingriffs** (hierzu → Rn. 10). 39

Bei der Anwendung der durch lit. m berufenen *lex fori concursus* ist stets die **Sonderanknüpfung des Art. 13 zu beachten**, der es dem anderen Teil ermöglicht, einzuwenden, dass die Rechtshandlung nach der *lex causae* insolvenzfest ist, → Art. 13 Rn. 14. 40

Art. 4 ist nur anwendbar, wenn ein **Haupt- oder ein Partikularverfahren** (zur Abgrenzung der Anfechtungsbefugnisse und zur Ermittlung der Gläubigerbenachteiligung → Art. 13 Rn. 21; → Art. 18 Rn. 10) **in einem EuInsVO-Staat** eröffnet wurde. Für die Anwendung von Art. 4 Abs. 2 lit. m ist darüber hinaus ein **qualifizierter Binnenmarktbezug** erforderlich, wie Art. 13 zeigt. Dieser besteht nur dann, wenn die auf die Rechtshandlung anzuwendende *lex causae* dem Recht eines EuInsVO-Staats zu entnehmen ist (zur Bestimmung der *lex causae* → Art. 13 Rn. 4 ff.). Sofern es sich bei der *lex causae* um das Recht eines Drittstaats handelt, richtet sich das auf die Anfechtbarkeit, Nichtigkeit etc der Rechtshandlung anwendbare Recht nach autonomem Kollisionsrecht. So ist gewährleistet, dass die Verweisung des Art. 4 nur dann greift, wenn auch ihre Beschränkung aus Art. 13 anwendbar ist (aA MüKoInsO/*Reinhart* EuInsVO 41

Art. 13 Rn. 20, der in dieser Situation zwar Art. 4, aber nicht Art. 13 anwenden will. Wie *Reinhart* konzediert, ist das Ergebnis unbefriedigend, da die Einschränkung der Anfechtbarkeit durch die *lex causae* sowohl vom nationalen Recht wie von der EuInsVO anerkannt wird).

Dingliche Rechte Dritter

5 (1) **Das dingliche Recht eines Gläubigers oder eines Dritten an körperlichen oder unkörperlichen, beweglichen oder unbeweglichen Gegenständen des Schuldners – sowohl an bestimmten Gegenständen als auch an einer Mehrheit von nicht bestimmten Gegenständen mit wechselnder Zusammensetzung –, die sich zum Zeitpunkt der Eröffnung des Insolvenzverfahrens im Gebiet eines anderen Mitgliedstaats befinden, wird von der Eröffnung des Verfahrens nicht berührt.**

(2) **Rechte im Sinne von Absatz 1 sind insbesondere**

a) das Recht, den Gegenstand zu verwerten oder verwerten zu lassen und aus dem Erlös oder den Nutzungen dieses Gegenstands befriedigt zu werden, insbesondere aufgrund eines Pfandrechts oder einer Hypothek;

b) das ausschließliche Recht, eine Forderung einzuziehen, insbesondere aufgrund eines Pfandrechts an einer Forderung oder aufgrund einer Sicherheitsabtretung dieser Forderung;

c) das Recht, die Herausgabe des Gegenstands von jedermann zu verlangen, der diesen gegen den Willen des Berechtigten besitzt oder nutzt;

d) das dingliche Recht, die Früchte eines Gegenstands zu ziehen.

(3) **Das in einem öffentlichen Register eingetragene und gegen jedermann wirksame Recht, ein dingliches Recht im Sinne von Absatz 1 zu erlangen, wird einem dinglichen Recht gleichgestellt.**

(4) **Absatz 1 steht der Nichtigkeit, Anfechtbarkeit oder relativen Unwirksamkeit einer Rechtshandlung nach Artikel 4 Absatz 2 Buchstabe m) nicht entgegen.**

Schrifttum: S. die Nachweise in der Vorbemerkung. Ferner: *Ahrens,* Rechte und Pflichten ausländischer Insolvenzverwalter im internationalen Insolvenzrecht, 2002; *Beck,* Verteilungsfragen im Verhältnis zwischen Haupt- und Sekundärinsolvenzverfahren nach der EuInsVO, NZI 2007, 1; *v. Bismarck/Schümann-Kleber,* Insolvenz eines ausländischen Sicherungsgebers – Anwendung deutscher Vorschriften auf die Verwertung in Deutschland belegener Kreditsicherheiten, NZI 2005, 147; *dies.,* Insolvenz eines deutschen Sicherungsgebers – Auswirkungen auf die Verwertung im Ausland belegener Kreditsicherheiten, NZI 2005, 89; *Flessner,* Internationales Insolvenzrecht nach der Reform, IPRax 1997, 1; *ders.,* Dingliche Sicherungsrechte nach dem Europäischen Insolvenzübereinkommen, FS Drobnig, 1998, 277; *Haas,* Die Verwertung der im Ausland belegenen Insolvenzmasse im Anwendungsbereich der EuInsVO, FS Gerhardt, 2004, 319; *Herchen,* Die Befugnisse des deutschen Insolvenzverwalters hinsichtlich der „Auslandsmasse" nach In-Kraft-Treten der EG-Insolvenzverordnung (Verordnung des Rates Nr. 1346/2000), ZInsO 2002, 345; *Kodek,* The Treatment of Security Rights – The Austrian Perspective, IILR 2015, 10; *Liersch,* Sicherungsrechte im Internationalen Insolvenzrecht, NZI 2002, 15; *Marshall,* The Future of the European Insolvency Regulation – Rights in rem, IILR 2011, 263; *Naumann,* Die Behandlung dinglicher Kreditsicherheiten und Eigentumsvorbehalte nach den Artikeln 5 und 7 EuInsVO sowie nach autonomem deutschen Insolvenzkollisionsrecht, 2004; *Plappert,* Dingliche Sicherungsrechte in der Insolvenz, 2008; *Reinhart,* Die Durchsetzung im Inland belegener Sicherungsrechte bei ausländischen Insolvenzverfahren, IPRax 2011, 417; *Schmitz,* Dingliche Mobiliarsicherheiten im internationalen Insolvenzrecht, 2011; *Veder,* The Future of the European Insolvency Regulation – Applicable law, in particular security rights, IILR 2011, 285.

Übersicht

I. Überblick

1 Art. 5 Abs. 1 nimmt dingliche (Sicherungs-)Rechte an Gegenständen, die sich zum Zeitpunkt der Verfahrenseröffnung in einem anderen Mitgliedstaat befinden, von den extraterritorialen Wirkungen der *lex fori concursus* aus. Die insolvenzrechtlichen Vorschriften des Verfahrensstaates über die Verwertungsbefugnis, Abschläge auf Verwertungserlöse zu Gunsten der Masse, Kostenbeiträge etc sind daher auf **Sicherungsrechte an im Ausland belegenen Vermögensgegenständen** nicht anwendbar. Hintergrund ist die große Sensibilität der Mitgliedstaaten, soweit es um Eingriffe aufgrund ausländischen Rechts in Berechtigungen an im Inland belegenen Vermögensgegenständen geht. Der in Erwägungsgrund 24 geltend gemachte „kollisionsrechtliche Vertrauensschutz" (MüKoBGB/*Kindler* EuInsVO Art. 5 Rn. 2) dürfte demgegenüber weniger geeignet sein, die Ausnahme von der *lex fori concursus* zu begründen, denn gerade bei beweglichen Gegenständen kann es oft zufällig sein, in welcher Rechtsordnung sich die Sache im Moment der Verfahrenseröffnung befindet.

2 Entgegen der herrschenden Meinung werden Rechte an außerhalb des Staats der Verfahrenseröffnung belegenem Vermögen durch Art. 5 aber **nicht vollständig von den Auswirkungen der Verfahrenseröffnung abgeschirmt;** vielmehr richten sich die Konsequenzen nach dem Recht des Mitgliedstaats, in dem sich der fragliche Vermögensgegenstand befindet (im Einzelnen → Rn. 17 ff.). Die Vorschrift **entspricht Art. 8 EuInsVO nF.**

3 **Absatz 2** zählt beispielhaft einige Typen von Berechtigungen auf, welche unter den abstrakten Begriff des dinglichen Rechts aus Absatz 1 fallen. **Absatz 3** erstreckt die Rechtsfolge des Absatz 1 auf bestimmte, registermäßig publizierte Anwartschaften, wie zB eine Vormerkung nach § 883 BGB. **Absatz 4** schließlich stellt klar, dass trotz der Begrenzung der *lex fori concursus* durch Absatz 1 das Recht des Staates der Verfahrenseröffnung weiterhin über Nichtigkeit und Anfechtbarkeit eines dinglichen Rechts an einem in einem anderen Mitgliedstaat belegenen Vermögensgegenstand entscheidet.

II. Voraussetzungen

4 **1. Dingliche Rechte. a) Autonome Auslegung.** Die Verordnung definiert nicht, was unter einem dinglichen Recht (*right in rem*) zu verstehen ist. Auch insoweit ist der Grundsatz der autonomen Auslegung zu beachten (*Haas* FS Gerhardt, 2004, 332; Geimer/Schütze EuZVerfR/*Huber* B Vor I 20b Art. 5 Rn. 3 f.; MüKoInsO/*Reinhart* Art. 5 Rn. 3; Rauscher EuZPR/EuIPR/*Mäsch* Rn. 7). Gewisse Anhaltspunkte dafür, was die Verordnung unter dinglichen Rechten versteht, ergeben sich aus dem (nicht abschließenden) Katalog des Absatz 2. Weitere Orientierungspunkte liefern Art. 4 Abs. 1 lit. c, Art. 11 Abs. 5 Rom I-VO sowie Art. 6 Nr. 4 und Art. 24 Nr. 1 EuGVVO nF, die gleichfalls diesen Begriff verwenden. In allen Fällen geht es um solche Rechte, die **Befugnisse gegenüber jedermann** (Absolutheit) **in Bezug auf einen Vermögensgegenstand** begründen. Ob diese Gegenstände körperlich (in der deutschen Dogmatik: **bewegliche und unbewegliche Sachen**) oder körperlos **(Forderungen und andere Rechte)** sind, spielt keine Rolle. Dingliche Rechte *par excellence* sind **Eigentum** und **Forderungsinhaberschaft.** Für das **Vorbehaltseigentum** ist allerdings die Spezialregelung in Art. 7 zu berücksichtigen. Zur **Behandlung des Besitzes** → Rn. 6. Ob das dingliche Recht von einem Gläubiger des Insolvenzschuldners oder einem Dritten (Bsp.: vom Insolvenzschuldner bestellte Drittsicherheiten) geltend gemacht wird, ist irrelevant.

5 Der unionsrechtliche Begriff des dinglichen Rechts wird nicht durch das **Spezialitätsprinzip** begrenzt. Dingliche Rechte im Sinne des Art. 5 können also auch **Sachgesamtheiten** oder das **Vermögen als Ganzes** betreffen. **Unternehmenspfandrechte,** wie sie etwa das französische (*Nantissement du fonds de commerce*), das englische (*floating charge*) oder das schwedische Recht (*företagshypotek*) kennt, sind daher ebenso erfasst wie **revolvierende Globalsicherheiten** (MüKoBGB/*Kindler* Rn. 7).

6 **b) Die Aufzählung des Absatz 2.** Die Aufzählung des Absatz 2 ist nicht abschließend. Lit. a erfasst neben **Pfandrechten** an beweglichen Sachen und (Zwangs-)**Hypotheken** auch die **Sicherungsübereignung** sowie **Grundschulden**. Lit. b betrifft **Sicherungsrechte an Forderungen**. Von lit. c wird unstreitig das **Volleigentum** an einer Sache erfasst. Der **Besitz** fällt dagegen nicht hierunter, er ist kein dingliches Recht iSd EuInsVO. Zwar kann nach deutschem Recht der frühere Besitzer von jedermann unter den Voraussetzungen des § 861 BGB Herausgabe der Sache verlangen, aber durch diesen Schutz wird der Besitz nicht zum Recht. Er bleibt eine rein tatsächliche Position einer Person in Bezug auf eine Sache. Auch dass im nationalen Kollisionsrecht der Besitz als Recht an einer Sache im Sinne von Art. 43 EGBGB behandelt wird (Staudinger/*Mansel* EGBGB Art. 43 Rn. 596), ist unschädlich; denn dass das Unionsrecht zwischen dinglichem Recht und Besitz unterscheidet, ergibt sich aus Art. 4 Abs. 1 lit. c Rom I-VO: Wenn der Besitz ein dingliches Recht im Sinne dieser Vorschrift wäre, wäre die ausdrückliche Einbeziehung von Miete und Pacht überflüssig. Der Besitz an einer im Ausland belegenen Sache (ob unberechtigt oder berechtigt) führt also nicht dazu, dass der Inhaber von den Wirkungen des Insolvenzverfahrens freigestellt wäre. Lit. d erfasst im deutschen Recht beispielsweise den **Nießbrauch**.

7 **c) Maßgeblichkeit des Kollisionsrechts der *lex fori processus* für Wirkung und Bestehen eines dinglichen Rechts.** Nicht in Art. 5 geregelt ist die Frage, welche Rechtsordnung über Bestand und Wirkungen eines Rechts entscheidet. Nach hM soll die maßgebliche Kollisionsnorm der *lex fori concursus* zu entnehmen sein (Duursma-Kepplinger/Duursma/Chalupsky EuInsVO/*Duursma-Kepplinger* Rn. 21 f.; *Eidenmüller* IPRax 2001, 2 [6] Fn. 29; Geimer/Schütze EuZVerfR/

Huber B Vor I 20b Art. 5 Rn. 8; *Leible/Staudinger* KTS 2000, 533 [551]; *Paulus* EuInsVO Rn. 7; *Schmitz* S. 72; *Taupitz* ZZP 111 (1998), 315 [335]). Diese Meinung überzeugt nicht (so jetzt auch Rauscher EuZPR/EuIPR/*Mäsch* Rn. 4). Denn die EuInsVO enthält eine entsprechende Kollisionsnorm überhaupt nicht. Der allein in Frage kommende Art. 4 EuInsVO betrifft nur das auf das Insolvenzverfahren und seine Wirkungen anwendbare Recht. Im hier interessierenden Zusammenhang geht es aber um **sachen- bzw. schuldrechtliche Fragen** (MüKoInsO/*Reinhart* Rn. 3). Richtigerweise ist die Frage als **Vorfrage** selbständig anzuknüpfen, so dass die kollisionsrechtlichen Vorschriften der *lex fori processus* über das anwendbare Recht entscheiden. Ein deutsches Gericht wird also in Bezug auf ein an einer Sache geltend gemachtes Recht anhand von Art. 43 ff. EGBGB die anwendbare Rechtsordnung ermitteln und entsprechend (bei Anwendbarkeit des Art. 43 Abs. 1 EGBGB) nach den Vorschriften der *lex rei sitae* prüfen, ob das Recht besteht und welche Wirkungen es erzeugt. Ob die so ermittelten Wirkungen genügen, um das Recht als „dingliches" im Sinne von Art. 5 zu bezeichnen, ist dann eine Frage der autonomen Auslegung der Verordnung (wie hier MüKoInsO/*Reinhart* Rn. 3; MüKoBGB/*Kindler* Rn. 8). Der BGH hat dem EuGH die Frage vorgelegt, ob öffentliche Lasten gem § 12 GrStG dinglich Rechte iSv Art. 5 sind (BGH ZIP 2015, 1134 = NZI 2015, 668; anhängig unter C-195/15).

Der Streit ist relevant für **Sicherheiten an Forderungen.** Denn für dingliche Rechte an körperlichen Gegenständen besteht faktisch Einheitsrecht, da alle mitgliedstaatlichen Rechtsordnungen grundsätzlich an den Belegenheitsort der Sache anknüpfen. Für Sicherungsrechte an Forderungen ist dagegen das Kollisionsrecht der Mitgliedstaaten trotz des Inkrafttretens von **Art. 14 Rom I-VO** gerade im Hinblick auf die Anknüpfung der dinglichen Wirkungen nicht vereinheitlicht (ausführlich *Kieninger,* Europäisches Kreditsicherungsrecht, 147 ff.; aA *Flessner* IPRax 2009, 35 [39]). **8**

2. Registrierte Anwartschaften, Absatz 3. Sofern Anwartschaften auf den Erwerb eines dinglichen Rechts in einem öffentlichen Register eingetragen sind, werden sie durch Absatz 3 den dinglichen Rechten gleichgestellt. Im deutschen Recht sind hierdurch die **Vormerkung** (§ 883 BGB) und das **dingliche Vorkaufsrecht** (§ 1094 BGB) in den Anwendungsbereich des Art. 5 einbezogen (MüKoBGB/*Kindler* Rn. 28), wobei man für Letzteres auch eine Anwendung von Absatz 1 bejahen könnte. Die **Vormerkung des österreichischen Rechts** (§ 438 ABGB) fällt dagegen weder unter Art. 5 Abs. 1 noch unter Absatz 3, da diese keine dingliche Wirkung besitzt (Duursma-Kepplinger/Duursma/Chalupsky EuInsVO/*Duursma-Kepplinger* Rn. 51). **9**

3. Belegenheit in einem anderen Mitgliedstaat. Ob sich der fragliche Vermögensgegenstand in einem anderen Mitgliedstaat befindet, ist nach Art. 2 lit. g zu beurteilen, Einzelheiten → Art. 2 Rn. 11 ff. **10**

Befindet sich der **Gegenstand in einem Drittstaat**, ist weder Art. 5 noch Art. 4 anwendbar. Die Wirkungen eines Verfahrens bestimmen sich nach dem autonomen Recht des Verfahrenstaats sowie dem Recht des Belegenheitsstaats (→ Art. 1 Rn. 16; → Art. 4 Rn. 3). Für Verfahren in Drittstaaten und deren Wirkung auf in Deutschland belegenes Vermögen ist § 351 InsO zu beachten. **11**

4. Maßgeblicher Zeitpunkt. Es entscheidet der **Zeitpunkt der förmlichen Eröffnung des (Haupt-)Verfahrens**. Dieser Zeitpunkt ist nach Art. 2 lit. f zu bestimmen. Der Eurofood-Entscheidung (EuGH NZI 2006, 360 = IPRax 2007, 120) und der sich aus ihr ergebenden Vorverlegung des Eröffnungszeitpunkts kommt hier keine Bedeutung zu, da es nicht um die Vermeidung von Zuständigkeitskonflikten geht (*Schmitz* S. 72; auch → Art. 2 Rn. 10). **12**

III. Rechtsfolgen

13 **1. Die Situation bei Eröffnung eines Sekundärverfahrens im Belegenheitsstaat.** Art. 5 ist nicht anwendbar, wenn der Insolvenzschuldner in dem Staat, in dem sich der Gegenstand befindet, ein Sekundärinsolvenzverfahren nach Art. 3 Abs. 2 iVm Art. 27 ein eröffnet wird (MüKoInsO/*Reinhart* Rn. 9). Denn nach Art. 28 gilt für das im Sekundärverfahrensstaat belegene Vermögen die *lex fori concursus* des Sekundärverfahrens. Die von Art. 5 Abs. 1 vorgesehene Begrenzung der *lex fori concursus* des Hauptverfahrens wird in dieser Situation also schon durch die Eröffnung des Sekundärverfahrens herbeigeführt. Das dingliche Recht kann daher im Sekundärverfahren nur nach den für dieses Verfahren geltenden Regeln geltend gemacht werden.

14 **2. Keine Eröffnung eines Sekundärverfahrens.** Str. ist die Situation, wenn im Belegenheitsstaat kein Sekundärverfahren eröffnet wurde, etwa weil dort mangels einer Niederlassung keine Zuständigkeit nach Art. 3 Abs. 2 begründet ist (zum Streit *Marshall* IILR 2011, 263, der zu Recht eine Klarstellung im Zuge einer Reform der EuInsVO für erforderlich hält, die die neue EuInsVO aber nicht leistet).

15 **a) Herrschende Meinung: Privilegierung der Sicherungsrechte an Auslandsvermögen.** Nach hM führt Art. 5 dazu, dass Rechte an Auslandsvermögen trotz der Eröffnung des Insolvenzverfahrens so geltend gemacht und durchgesetzt werden können, als existiere kein Insolvenzverfahren (ausführlich *Schmitz* S. 73 ff.; *Naumann* S. 363; s. ferner *Herchen* ZInsO 2002, 345 ff.; Duursma-Kepplinger/Duursma/Chalupsky EuInsVO/*Duursma-Kepplinger* Rn. 28 ff.; MüKoBGB/*Kindler* Rn. 14 ff.; MüKoInsO/*Reinhart* Rn. 14; *ders.* IPRax 2012, 417 [419]; Gottwald InsO-HdB/*Kolmann/Keller* § 133 Rn. 43; Uhlenbruck/*Lüer* EuInsVO Rn. 2; *Paulus* EuInsVO Rn. 1; *Naumann* S. 363. Differenzierend *Plappert* S. 283, der insoweit die *lex fori concursus* anwenden will, wie die entsprechenden Wirkungen auch der *lex rei sitae* bekannt sind. BGH ZIP 2011, 926 lässt die Frage offen). Art. 5 Abs. 1 sei eine Sachnorm, die nicht auf ein anderes Recht verweise, sondern lediglich die Wirkungen der *lex fori concursus* begrenze. Die Verfahrenseröffnung wirkt sich nach dieser Ansicht nur insofern aus, dass der Sicherungsnehmer einen etwaigen bei der Verwertung erzielten Übererlös an den ausländischen Verwalter (und nicht an den Sicherungsgeber selbst) auskehren muss, damit der Mehrerlös der Masse zu Gute kommt (*Virgós/Schmit* Rn. 97; *Beck* NZI 2007, 1 [7]). Ferner kann die Verfahrenseröffnung eine **Titelumschreibung** auf den Insolvenzverwalter und eine **Zustellung** an ihn erforderlich machen. Zu dieser vollstreckungsverfahrensrechtlichen Frage enthält Art. 5 keine Regelung, so dass eine solche Umschreibung nach deutschem Recht dann erforderlich ist, wenn die Verfügungsbefugnis auf den ausländischen Verwalter übergegangen ist (BGH ZIP 2011, 926). Im Übrigen sei der Gläubiger aber weder den Verwertungsvorschriften der *lex fori concursus* noch der entsprechenden Regeln des Belegenheitsrechts unterworfen.

16 Einzelne Autoren kritisieren zwar die Privilegierung des Gläubigers, der sich ein Sicherungsrecht an einem im Ausland belegenen Vermögensgegenstand habe bestellen lassen (MüKoInsO/*Reinhart* Art. 5 Rn. 14; Gottwald InsO-HdB/*Kolmann/Keller* § 133 Rn. 43), sehen sich jedoch durch den Wortlaut und den Willen des Verordnungsgebers an einem anderen Verständnis gehindert.

17 **b) Hier vertretene Ansicht: Verweisung auf die insolvenzrechtlichen Vorschriften der *lex rei sitae*.** Richtigerweise ist Art. 5 Abs. 1 dagegen als **Kollisionsnorm** zu verstehen, die für die insolvenzrechtlichen Wirkungen der

Verfahrenseröffnung auf Sicherungsrechte an in einem anderen Mitgliedstaat belegenen Vermögensgegenständen auf das Recht dieses Staates verweist (*Kodek* IILR 2015, 10 [14]; *v. Bismarck/Schümann-Kleber* NZI 2005, 147; *Flessner* IPRax 1997, 1 [7 f.]; *ders.* FS Drobnig, 1998, 277 [282 ff.]; *Fritz/Bähr* DZWIR 2001, 221 [227]; *Guski*, Sittenwidrigkeit und Gläubigerbenachteiligung, 371; *Haas* FS Gerhardt, 2004, 319 [329]; *Kemper* ZIP 2001, 1609 [1616]; Kübler/Prütting/Bork/*dies.* Rn. 14; *Lehr* KTS 2000, 577 [580]; *Oberhammer* ZInsO 2004, 761 [772]; *ders.* KTS 2009, 27 [39]; wohl auch *Prütting* ZIP 1996, 1277 [1284]; konkludent auch *Smid* DtEuInsR Rn. 19). Für dieses Verständnis spricht nicht zuletzt die systematische Stellung der Vorschrift. Art. 5 wäre, wenn man ihn mit der herrschenden Meinung als Sachnorm verstünde, innerhalb der Art. 4 ff. ein Fremdkörper, weil diese sonst abgesehen von Art. 7 Abs. 2 nur Kollisionsnormen enthalten. Art. 5 ist daher so zu lesen, dass er eine **Beschränkung der Verweisung aus Art. 4** für Rechte an in Drittstaaten belegenem Vermögen enthält. An die Stelle der *lex fori concursus* tritt das Recht, das am Ort der Belegenheit des Gegenstands gilt. Befindet sich der Gegenstand also in Deutschland und wird das Insolvenzverfahren in Österreich eröffnet, so kann der Sicherungsnehmer sein Recht nur nach den §§ 165 ff. InsO geltend machen.

Nach dem **EuGH** ist „Art. 5 Abs. 1 EuInsVO dahin zu verstehen, dass er es abweichend von der Regel des Eröffnungsstaats erlaubt, auf das dingliche Recht eines Gläubigers oder eines Dritten an bestimmten dem Schuldner gehörenden Vermögensgegenständen das Recht des Mitgliedstaats anzuwenden, in dessen Gebiet sich der fragliche Vermögensgegenstand befindet" (EuGH ZIP 2012, 1815 = IPRax 2013, 175 Rn. 42 – ERSTE BANK). Diese Sichtweise spricht eher dafür, dass der EuGH Art. 5 kollisionsrechtlich deutet (*Magnus* LMK 2012, 337559), wobei die Formulierung auch nicht überbewertet werden sollte (*Laukemann* IPRax 2013, 150 [151]). 18

Eine ausdrückliche **Verweisung auf die *lex rei sitae*** enthält Art. 5 allerdings nicht. Dieser Einwand gegen die hier befürwortete Ansicht kann überwunden werden, wenn man hierin eine planwidrige Regelungslücke sieht, die durch eine **Analogie zu der in Art. 8 enthaltenen Verweisung** geschlossen werden kann. Die Lücke ergibt sich daraus, dass bei Unanwendbarkeit auch der entsprechenden Vorschriften der *lex rei sitae* die betroffenen massezugehörigen Gegenstände faktisch insolvenzfrei würden. Denn die hM führt dazu, dass aus Rechten, die sowohl nach der *lex fori concursus* wie nach dem Lageortrecht nur zur abgesonderten Befriedigung berechtigen, der Sache nach Aussonderungsrechte werden, die nach den „außerhalb des Insolvenzverfahrens geltenden Gesetzen" geltend gemacht werden können. Vertrauensschutzargumente können für diese „Hochzonung" zu Gunsten der herrschenden Meinung nicht angeführt werden (so aber MüKoBGB/*Kindler* Rn. 22): Bei beweglichen Gegenständen scheidet ein schützenswertes Vertrauen schon deswegen aus, weil sich der Lageort verändern kann. Auch bei sonstigen Gegenständen ist nicht ersichtlich, wieso die Hoffnung eines Gläubigers, sich vollständig von den Wirkungen einer Insolvenz seines Schuldners immunisieren zu können, schutzwürdig sein soll. Wenigstens mit den aus der *lex rei sitae* resultierenden Beschränkungen wird er rechnen müssen (ähnlich *Veder* IILR 2011, 285 [292]). Dass er auf eine Exemption von deren insolvenzrechtlichen Vorschriften vertrauen darf, bloß weil der Sicherungsgeber sein COMI im Ausland hat, leuchtet nicht ein. Diese Lücke ist auch „planwidrig", wenn man sich das in Erwägungsgrund 4 zum Ausdruck kommende Ziel des Verordnungsgebers vor Augen führt, es zu verhindern, dass es „für die Parteien vorteilhafter ist, Vermögensgegenstände (…) von einem Mitgliedstaat in einen anderen zu verlagern, um auf diese Weise eine verbesserte Rechtsstellung anzustreben (sog „*forum shopping*")". Die (Sachnorm-)Verweisung auf die *lex rei sitae* ist auch interessengerecht, denn mit deren Anwendbarkeit im Hinblick auf die materiellrechtlichen 19

Vorfragen muss der Gläubiger ohnehin rechnen. Für eine Anwendung der *lex rei sitae* zur Bestimmung der Verwertungsbefugnisse lässt sich schließlich auch Art. 18 heranziehen, der dem Insolvenzverwalter für das Gebiet eines anderen Mitgliedstaats die Befugnisse zuspricht, die er nach dem dortigen Recht hätte. Der ausdrückliche Vorbehalt zu Gunsten von Art. 5 und 7, der sich in Art. 18 Abs. 1 S. 2 findet, ändert daran nichts, sondern stellt nur klar, dass der Verwalter keine Gegenstände entfernen darf, an denen Sicherungsrechte bestehen, wenn ihm von der *lex rei sitae* nicht die entsprechende Befugnis zugewiesen wird.

20 *Huber* (Geimer/Schütze EuZVerfR/*Huber* B Vor I 20b Art. 5 Rn. 25) meint demgegenüber, dass nur die Frage, ob das fragliche Recht ein Aus- oder ein Absonderungsrecht vermittelt, vom Belegenheitsstatut entschieden werde; die Modalität der Verwertung sollen aber nach der *lex fori concursus* zu bestimmen sein. Dies begründet er mit Anpassungsschwierigkeiten, wenn der Insolvenzverwalter ausländische Verwertungsvorschriften zu beachten habe. Gegen diese Ansicht spricht, dass sie den Normzweck des Art. 5 hinsichtlich der praktisch bedeutsamen Zuweisung der Verwertungsbefugnis aus dem Blick verliert. Auch diese Frage soll sich nach dem insoweit klaren Wortlaut des Art. 5 Abs. 1 nicht nach der *lex fori concursus* richten (wie hier *Ahrens* S. 304).

IV. Vorbehalt der Nichtigkeit oder Anfechtbarkeit nach der *lex fori concursus*, Absatz 4

21 Die Nichtigkeit, Anfechtbarkeit oder relative Unwirksamkeit einer Rechtshandlung bestimmt sich trotz der Regelung in Absätzen 1–3 gem. Absatz 4 nach der *lex fori concursus*. Der Verweis auf Art. 4 Abs. 2 lit. m macht deutlich, dass sich dieser Vorbehalt nur auf **insolvenzrechtlich zu qualifizierende Nichtigkeitsgründe** bezieht. Insbesondere die **Insolvenzanfechtung** einer Sicherheit richtet sich daher nach der *lex fori concursus*, wobei Art. 13 zu beachten bleibt. Auch die **Rückschlagsperre** nach § 88 InsO ist als Nichtigkeitsgrund im Sinne von Art. 4 Abs. 2 lit. m zu qualifizieren (→ Art. 4 Rn. 39; *Schmitz* S. 87).

Aufrechnung

6 (1) **Die Befugnis eines Gläubigers, mit seiner Forderung gegen eine Forderung des Schuldners aufzurechnen, wird von der Eröffnung des Insolvenzverfahrens nicht berührt, wenn diese Aufrechnung nach dem für die Forderung des insolventen Schuldners maßgeblichen Recht zulässig ist.**

(2) **Absatz 1 steht der Nichtigkeit, Anfechtbarkeit oder relativen Unwirksamkeit einer Rechtshandlung nach Artikel 4 Absatz 2 Buchstabe m) nicht entgegen.**

Schrifttum: S. die Nachweise in der Vorbemerkung. Ferner: *Bork*, Die Aufrechnung im internationalen Insolvenzverfahrensrecht, ZIP 2002, 690; *Jeremias*, Internationale Insolvenzaufrechnung, 2005; *Gruschinske*, Die Aufrechnung in grenzüberschreitenden Insolvenzverfahren – eine Untersuchung anhand der vereinheitlichten europäischen Regelungen des Internationalen Privat- und Zivilverfahrensrechts, EuZW 2011, 171; Garber/*M. Weller*, Die Aufrechnung nach der Europäischen Insolvenzverordnung, I. Österreichische Assistententagung, Institut für Österreichisches und Internationales Zivilgerichtliches Verfahren, Insolvenzrecht und Agrarrecht, 2011, 105.

I. Überblick

1 Art. 6 ist im Zusammenhang mit Art. 4 Abs. 2 lit. d zu lesen. Danach richten sich die Voraussetzungen für die Wirksamkeit einer Aufrechnung nach der *lex fori* *concursus*. Art. 6 ergänzt diese Verweisung dahingehend, dass er eine Aufrechnung auch dann ermöglicht, wenn sie zwar nicht nach der *lex fori concursus*, aber nach dem Insolvenzrecht zulässig wäre, dem die Hauptforderung, also die Forderung des Insolvenzschuldners unterliegt. Durch diese **subsidiäre Anknüpfung an das Forderungsstatut** wird der aufrechnungsbefugte Gläubiger privilegiert und dessen **Vertrauen in die Aufrechnungsmöglichkeit** geschützt. Dieser ergänzende Schutz der Aufrechnungsbefugnis durch die insolvenzrechtlichen Vorschriften des Statuts der Hauptforderung korrespondiert mit Art. 17 Rom I-VO, nach dem auch die materiellrechtlichen Voraussetzungen der Aufrechnung diesem Recht unterliegen. Durch Art. 6 werden also Aufrechnungsstatut und Insolvenzstatut insoweit gleichgeschaltet. Gem. Erwägungsgrund 26 steht hinter dieser Regelung der Gedanke, dass sich der Gläubiger auch in der Insolvenz auf die „Garantiefunktion", die die Vorschriften des Statuts der Hauptforderung haben, verlassen können soll (rechtspolitisch kritisch *Gruschinske* ZEuW 2011, 171 [175]). Die Vorschrift **entspricht Art. 9 EuInsVO nF.**

II. Voraussetzungen

1. Aufrechnungslage bei Verfahrenseröffnung. Des durch Art. 6 bewirkten ergänzenden Schutzes bedarf es nur dort, wo nach der durch Art. 4 Abs. 2 lit. d berufenen *lex fori concursus* die Aufrechnung unzulässig wäre. Der Schutz des Art. 6 greift ferner nur dann, wenn nach materiellem Recht in der juristischen Sekunde vor der Verfahrenseröffnung die Aufrechnung möglich gewesen wäre (*Jeremias* S. 257). Ob dies der Fall ist, richtet sich gem. Art. 17 Rom I-VO gleichfalls nach dem Statut, dem die Hauptforderung unterliegt (Forderungsstatut). Der für Art. 4 Abs. 2 lit. d geführte Streit, ob das Aufrechnungsstatut vom Insolvenzstatut verdrängt wird (→ Art. 4 Rn. 25), spielt somit für Art. 6 keine Rolle, da hier Aufrechnungsstatut und Insolvenzstatut ohnehin gleichlaufen. 2

Für Prozesse vor deutschen Gerichten kommt es im Ergebnis nicht darauf an, ob Art. 6 nur anwendbar ist, wenn das **Statut der Hauptforderung das Recht eines Mitgliedstaats** ist (so die hM; vgl. *Bork* ZIP 2002, 690 [694]; *Jeremias* S. 257). Denn diejenigen, die eine solche Begrenzung des Anwendungsbereichs befürworten, halten dann einen Rückgriff auf nationales autonomes Recht für geboten (*Huber* ZZP 114 (2001), 133 [152]), wodurch aus deutscher Sicht § 338 InsO zur Anwendung käme, der ebenfalls auf das Statut der Hauptforderung verweist (*Paulus* EuInsVO Rn. 3). Aus systematischer Sicht ist gegen eine solche Sichtweise einzuwenden, dass die subsidiäre Anwendung nationalen Rechts zur Korrektur eines durch Anwendung von Art. 4 Abs. 2 lit. d gewonnenen Ergebnisses nicht überzeugt. Die hier vorgeschlagene Anwendung des Art. 6 auch auf Fälle, in denen die Forderung dem Recht eines Drittstaats unterliegt, vermeidet diese Vermischung der Rechtsquellen. Sie führt wegen der identischen Rechtsfolgen von § 338 InsO und Art. 6 nicht zu anderen Ergebnissen als die herrschende Meinung. Der Wortlaut des Art. 6 steht seiner Anwendung in solchen Fällen nicht entgegen, denn der Norm ist – anders als bei Art. 5, 7, 8, 9, 10 und 12 – kein Hinweis darauf zu entnehmen, dass sie keine **Verweisung auf das Recht eines Drittstaats** trägt (MüKoInsO/*Reinhart* Rn. 10, der allerdings Art. 6 nur für anwendbar hält, wenn der Gläubiger seinen Interessenmittelpunkt in einem Mitgliedstaat hat; aA MüKoBGB/*Kindler* Rn. 4; Kübler/Prütting/Bork/*Kemper* Rn. 4; Pannen EuInsVO/*Ingelmann* EuInsVO Rn. 7; *Virgós/Schmit* Rn. 93, zu beachten ist, dass in der deutschen Übersetzung des Berichts von *Virgós/Schmit* entgegen der üblichen deutschen Terminologie die Forderung des Insolvenzschuldners, an deren Statut Art. 6 den Erhalt der Aufrechnungsbefugnis anknüpft, als „Gegenforderung" bezeichnet wird). 3

4 **2. Aufrechnungsvereinbarungen.** Art. 6 setzt voraus, dass es sich um eine Forderung eines Insolvenzgläubigers gegen den Insolvenzschuldner handelt. Auf vertragliche Vereinbarungen, die vom Gegenseitigkeitserfordernis entbinden **(Konzernverrechnungsklauseln),** ist die Vorschrift daher nicht anwendbar. Deren Insolvenzfestigkeit bemisst sich stets nach der *lex fori concursus.*

5 Betrifft die Vereinbarung dagegen die Fälligkeit der Forderung als Voraussetzung der Aufrechnung (zB die bei **Netting-Verträgen** gängige Klausel, dass sämtliche Forderungen der Teilnehmer zu einem bestimmten Zeitpunkt automatisch fällig werden; hierzu *Paech* WM 2010, 1965), so ist gem. Art. 4 Abs. 2 lit. e nach der *lex fori concursus* zu untersuchen, ob eine solche **Fälligkeitsvereinbarung** insolvenzrechtlich Bestand hat (MüKoInsO/*Reinhart* Rn. 5). Nur wenn dies der Fall ist, ist die von Art. 6 vorausgesetzte Aufrechnungsbefugnis gegeben – allerdings auch nur dann, wenn dieser Zeitpunkt vor der Verfahrenseröffnung lag.

III. Rechtsfolgen

6 Nach Art. 4 Abs. 2 lit. d iVm Art. 6 Abs. 1 ist die **Aufrechnungsmöglichkeit** im Ergebnis **insolvenzfest, wenn entweder die *lex fori concursus* oder die insolvenzrechtlichen Regeln des Statuts der Hauptforderung dies vorsehen**. Im Ergebnis setzt sich damit das aufrechnungsfreundlichere Recht durch. Der aufrechnungsbefugten Gläubiger ist hierduch auch vor nach der *lex fori concursus* erteilten Restschuldbefreiungen, sofern das Statut der Hauptforderung eine solche „Restschuldbefreiungsfestigkeit" der Aufrechnungslage vorsieht (FG München BeckRS 2015, 95144), wie es etwa nach deutschem Recht der Fall ist (Jaeger/*Windel* § 94 Rn. 23).

7 Durch die subsidiäre Anknüpfung an das Statut der Hauptforderung für die Frage des Schicksals der Aufrechnungsbefugnis in der Insolvenz wird die ***lex fori concursus*** insoweit **verdrängt**. Nach **Absatz 2** ist diese aber weiterhin maßgeblich für die Nichtigkeit, die Anfechtbarkeit oder die relative Unwirksamkeit einer Rechtshandlung mit gläubigerbenachteiligender Wirkung. Für diese Fragen bleibt es bei der Verweisung auf die *lex fori concursus* aus Art. 4 Abs. 2 lit. m. Sowohl die Begründung der Gegenforderung als auch die anderweitige Erlangung der Aufrechnungsbefugnis (zB im Wege der Abtretung der Gegenforderung) kann der Insolvenzverwalter also nach der *lex fori concursus* anfechten (HambK-InsO/*Undritz* Rn. 7).

Eigentumsvorbehalt

7 (1) **Die Eröffnung eines Insolvenzverfahrens gegen den Käufer einer Sache läßt die Rechte des Verkäufers aus einem Eigentumsvorbehalt unberührt, wenn sich diese Sache zum Zeitpunkt der Eröffnung des Verfahrens im Gebiet eines anderen Mitgliedstaats als dem der Verfahrenseröffnung befindet.**

(2) **Die Eröffnung eines Insolvenzverfahrens gegen den Verkäufer einer Sache nach deren Lieferung rechtfertigt nicht die Auflösung oder Beendigung des Kaufvertrags und steht dem Eigentumserwerb des Käufers nicht entgegen, wenn sich diese Sache zum Zeitpunkt der Verfahrenseröffnung im Gebiet eines anderen Mitgliedstaats als dem der Verfahrenseröffnung befindet.**

(3) **Die Absätze 1 und 2 stehen der Nichtigkeit, Anfechtbarkeit oder relativen Unwirksamkeit einer Rechtshandlung nach Artikel 4 Absatz 2 Buchstabe m) nicht entgegen.**

Schrifttum: S. die Nachweise in der Vorbemerkung sowie Art. 5.

I. Überblick

Art. 7 enthält Sonderregelungen für den einfachen **Eigentumsvorbehalt** in Situationen, in denen sich die Kaufsache in einem anderen Mitgliedstaat als dem der Verfahrenseröffnung befindet. Nach der hier vertretenen Ansicht enthält Absatz 1 für die **Käuferinsolvenz** eine kollisionsrechtliche Verweisung auf die insolvenzrechtlichen Vorschriften des Belegenheitsstaates. Absatz 2 enthält eine Sachnorm für die **Verkäuferinsolvenz**, die dem Käufer das Fortbestehen seiner Berechtigung trotz der Eröffnung des Insolvenzverfahrens sichert. Absatz 3 enthält den aus Art. 5 Abs. 4 und Art. 6 Abs. 2 bekannten Vorbehalt zu Gunsten der *lex fori concursus* für Anfechtungs- und Nichtigkeitsgründe. Die Vorschrift **entspricht Art. 10 EuInsVO nF.** 1

II. Anwendungsbereich

1. Der Eigentumsvorbehalt. Die **Definition** des Eigentumsvorbehalts ist in Art. 4 der Zahlungsverzugsrichtlinie (2000/35/EG) zu entnehmen. Erfasst sind danach Vereinbarungen, nach denen „der Verkäufer bis zur vollständigen Bezahlung das Eigentum an Gütern behält". Von Art. 4 der Zahlungsverzugsrichtlinie ist somit nur der **einfache Eigentumsvorbehalt** erfasst. Dieses Verständnis ist auch für Art. 7 zu befürworten. Für **Verlängerungs- und Erweiterungsformen** ist nicht Art. 7, sondern Art. 5 anwendbar (Pannen EuInsVO/*Ingelmann* Rn. 4; Duursma-Kepplinger/Duursma/Chalupsky EuInsVO/*Duursma-Kepplinger* Rn. 32; *Paulus* EuInsVO Rn. 3; *Schmitz* S. 97; aA MüKoBGB/*Kindler* Rn. 21, der diese Sicherungsrechte weder unter Art. 5 noch unter Art. 7 fassen will. Wieso aber beispielsweise eine Sicherungsabtretung deshalb nicht unter Art. 5 fallen soll, weil sie Teil eines verlängerten Eigentumsvorbehalts ist, vermag nicht einzuleuchten). Für diese Begrenzung der Definition spricht, dass die Zulässigkeit von Erweiterungs- und Verlängerungsklauseln in den Mitgliedstaaten sehr unterschiedlich beurteilt wird (*Graham-Siegenthaler*, Kreditsicherungsrechte im internationalen Rechtsverkehr, 224 f. für Italien, 315 für Frankreich, 436 ff. für England; *Kieninger*, Mobiliarsicherheiten im Europäischen Binnenmarkt, 83 ff.; *dies.*, Security Rights in Movable Property, 351 ff.; zur Behandlung im österreichischen Recht *Duursma* S. 85 ff.). So wirkt sich etwa nach schwedischem, finnischem und dänischem Recht die Vereinbarung einer Verlängerungsklausel schon auf die Wirksamkeit der Klausel insgesamt aus, so dass nicht einmal ein einfacher Eigentumsvorbehalt entsteht (*Brinkmann*, Kreditsicherheiten, 333). Diese erheblichen Divergenzen gestatten es nicht, den verordnungsautonom auszulegenden Begriff des „Eigentumsvorbehalts" so weit zu verstehen, dass auch Verlängerungs- und Erweiterungsformen erfasst würden (anders MüKoInsO/*Reinhart* Rn. 2, nach dem Art. 7 jedenfalls bis zum Erweiterungs- bzw. Verlängerungsfall anwendbar sein soll). 2

Ob ein Eigentumsvorbehalt **materiellrechtlich wirksam** vereinbart wurde, ist eine Frage der *lex causae*. Diese ist anhand der kollisionsrechtlichen Vorschriften der *lex fori processus* zu bestimmen (→ Art. 5 Rn. 7). Maßgeblich wird für die dingliche Wirksamkeit regelmäßig die ***lex rei sitae*** sein (*Huber* ZZP 114 (2001), 133 [159]). 3

2. Belegenheit des Vorbehaltsguts in einem anderen Mitgliedstaat. Art. 7 greift nur, wenn das Vorbehaltsgut in einem anderen Mitgliedstaat als dem der Verfahrenseröffnung belegen ist, Art. 2 lit. g erster Spiegelstrich. Entscheidend ist der **Zeitpunkt der förmlichen Eröffnung des Insolvenzverfahrens,** Art. 2 lit f. 4

III. Der Eigentumsvorbehalt in der Käuferinsolvenz, Absatz 1

5 Art. 7 Abs. 1 ist entgegen der hM als **Kollisionsnorm** zu verstehen. Die Vorschrift enthält für die Frage, wie sich die Eröffnung des Verfahrens über das Vermögen des Vorbehaltskäufers auf die Berechtigung des Verkäufers auswirkt, eine **Verweisung auf die insolvenzrechtlichen Wirkungen der *lex rei sitae*** (*Flessner* FS Drobnig, 1998, 277 [287]; Kübler/Prütting/Bork/*Kemper* Rn. 8; in diese Richtung auch *Huber* EuZW 2002, 490 [493]. Anders die hM: MüKoInsO/*Reinhart* Rn. 8; MüKoBGB/*Kindler* Rn. 9; Duursma-Kepplinger/Duursma/Chalupsky EuInsVO/*Duursma-Kepplinger* Rn. 17; unklar Pannen EuInsVO/*Ingelmann* EuInsVO Rn. 6). Der teilweise zu Gunsten der herrschenden Meinung angeführten Entscheidung des EuGH in *German Graphics* (IPRax 2010, 355) sollte nicht zu viel Bedeutung beigemessen werden. Der EuGH bezeichnet dort Art. 7 (der im konkreten Fall nicht einschlägig war) als „materiell-rechtliche Vorschrift". Aus dem Kontext der Entscheidung und dem Zusammenhang mit der vom vorlegenden Gericht gestellten Frage ergibt sich, dass hiermit nur ein prozessualer Charakter der Vorschrift abgelehnt werden sollte (der EuGH hatte über die Zuständigkeit zur Entscheidung eines Aussonderungsbegehrens zu entscheiden). Der EuGH misst der Vorschrift Schutzfunktion zu, was sich vollständig mit der hier vertretenen Auffassung deckt: Der Vorbehaltsverkäufer ist vor den Wirkungen des Insolvenzrechts des Eröffnungsstaates zu schützen – aber nicht vor den Wirkungen der Eröffnung des Insolvenzverfahrens insgesamt.

6 Nach der hier vertretenen Ansicht unterliegt der Verkäufer im Falle der Belegenheit der Sache in Deutschland den Beschränkungen, die aus **§ 107 Abs. 2** und **§ 112 InsO** resultieren (anders Duursma-Kepplinger/Duursma/Chalupsky EuInsVO/*Duursma-Kepplinger* Rn. 12; Geimer/Schütze EuZVerfR/*Huber* B Vor I 20b EuInsVO Art. 7 Rn. 13, die insoweit die *lex fori concursus* heranziehen wollen. Noch anders *Schmitz* S. 98, der weder die *lex rei sitae* noch die *lex fori concursus* für anwendbar hält). Die Anwendbarkeit der insolvenzrechtlichen Verwertungsvorschriften des Belegenheitsrechts hängt nicht davon ab, dass im Belegenheitsstaat ein Sekundärverfahren eröffnet wurde.

IV. Der Eigentumsvorbehalt in der Verkäuferinsolvenz, Absatz 2

7 Art. 7 Abs. 2 enthält eine **Sachnorm**, nach der die Eröffnung des Insolvenzverfahrens über das Vermögen des Verkäufers nicht dazu führt, dass der Eigentumsvorbehaltskauf aufgelöst wird. Die Regelung entspricht § 107 Abs. 1 InsO, so dass die **Insolvenzfestigkeit der Position des Vorbehaltskäufers** („Anwartschaftsrecht") auch europarechtlich abgesichert ist. Richtigerweise gilt dies auch dann, wenn im Belegenheitsstaat ein Sekundärinsolvenzverfahren eröffnet wurde (MüKoBGB/*Kindler* Rn. 15; *Schmitz* S. 100; aA Pannen EuInsVO/*Herchen* EuInsVO Art. 28 Rn. 27). Das Unionsrecht schützt die (aufschiebend) bedingte Rechtsstellung des Vorbehaltskäufers umfassend. Ob das Recht, unter dem der Eigentumsvorbehalt vereinbart wurde, die Position des Vorbehaltskäufers insolvenzfest ausgestaltet, ist unbeachtlich (aA *Paulus* EuInsVO Art. 7 Rn. 11).

V. Vorbehalt der Nichtigkeit oder Anfechtbarkeit nach der *lex fori concursus*, Absatz 3

8 Absatz 3 enthält einen Art. 5 Abs. 4 und Art. 6 Abs. 2 entsprechenden Vorbehalt zu Gunsten der *lex fori concursus* in Bezug auf insolvenzrechtliche Vorschriften, welche die Anfechtbarkeit, Nichtigkeit oder Unwirksamkeit gläubigerschädigender Rechtshandlungen regeln. Die Anfechtbarkeit der Bestellung eines

Eigentumsvorbehalts richtet sich somit grds. nach der *lex fori concursus* iVm mit den sich aus Art. 13 ergebenden Einschränkungen.

Vertrag über einen unbeweglichen Gegenstand

8 Für die Wirkungen des Insolvenzverfahrens auf einen Vertrag, der zum Erwerb oder zur Nutzung eines unbeweglichen Gegenstands berechtigt, ist ausschließlich das Recht des Mitgliedstaats maßgebend, in dessen Gebiet dieser Gegenstand belegen ist.

Schrifttum: S. die Nachweise in der Vorbemerkung. Ferner: *Mankowski*, Verträge über unbewegliche Gegenstände im europäischen Internationalen Insolvenzrecht (Art. 8 EuIns-VO), FS Görg, 2010, 273 ff.

I. Überblick

Gemäß Art. 4 Abs. 2 lit. e richtet sich das Schicksal laufender Verträge in der Insolvenz nach dem Recht des Eröffnungsstaates. Hiervon macht Art. 8 für bestimmte grundstücksbezogene Verträge eine Ausnahme, indem er für diese auf die *lex rei sitae* verweist. Diese **Einschränkung der *lex fori concursus*** wird mit einem Hinweis auf die besonders enge Verbindung grundstücksbezogener Verträge mit dem Belegenheitsort gerechtfertigt. Funktional hat die Vorschrift insofern Bezüge zu Art. 4 Abs. 1 lit. c Rom I-VO, der für das Vertragsstatut in Bezug auf Verträge, die ein dingliches Recht an unbeweglichen Sachen sowie die Miete oder Pacht unbeweglicher Sachen zum Gegenstand haben, bei Fehlen einer Rechtswahl gleichfalls an den Belegenheitsort anknüpft. In der in Art. 8 enthaltenen Verweisung auf das Belegenheitsstatut spiegelt sich aber auch das große Interesse der Mitgliedstaaten wider, die Anwendung ihres jeweils eigenen Rechts für Grundstücke ihres Territoriums auch insolvenzrechtlich abzusichern (MüKoInsO/*Reinhart* Rn. 1). Die **Anwendbarkeit der Vorschrift** hängt nicht davon ab, welche Vertragspartei (Mieter oder Vermieter, Käufer oder Verkäufer) insolvent wird (Uhlenbruck/*Lüer* Rn. 2). Die Vorschrift **entspricht Art. 11 Abs. 1 EuInsVO nF.** Art. 10 Abs. 2 EuInsVO nF enthält die (fragwürdige) Regelung, dass für die Änderung grundstücksbezogener Verträge iSv Absatz 1 das Gericht zuständig ist, das das Hauptinsolvenzverfahren eröffnet hat. Hiermit wird eine partielle *vis attractiva concursus* auch für die örtliche und sachliche Zuständigkeit eingeführt. 1

II. Anwendungsbereich

1. Territorial. Art. 8 erfasst nur den Fall, dass sich der **vertragsgegenständliche unbewegliche Gegenstand in einem EuInsVO-Staat** befindet und das **Insolvenzverfahren in einem anderen EuInsVO-Staat** eröffnet wurde. In allen anderen Fällen wendet ein deutsches Gericht § 336 InsO an. 2

2. Gegenständlich. a) Unbewegliche Gegenstände. Welche Gegenstände „unbewegliche Gegenstände" iSd Vorschrift sind, ist autonom zu bestimmen (aA *Paulus* EuInsVO Rn. 5). Nach dem Sinn und Zweck der Norm sind dies **Grundstücke und Gebäude,** wobei für Letztere wie für alle anderen Bestandteile von Grundstücken nach der *lex rei sitae* zu entscheiden ist, ob sie überhaupt sonderrechtsfähig sind. Auch **Wohnungseigentum** ist erfasst. 3

b) Erfasste Verträge. Art. 8 ist auf **Schenk-, Kauf-, Miet-, Pacht- und ähnliche Verträge** anwendbar, die eine Nutzungs- oder Erwerbsberechtigung in Bezug auf unbewegliche Gegenstände begründen. Dies können auch im deutschen Sinn **„dinglich" wirkende Verträge** sein (MüKoBGB/*Kindler* Rn. 5). 4

Insoweit ist allerdings der speziellere Art. 11 zu berücksichtigen, der für eintragungspflichtige Rechte auf das Recht verweist, dem das Register unterliegt. Der **Nießbrauch** und das **Erbbaurecht** sind daher unter Art. 11 zu fassen (wegen Art. 2 lit. g 2. Spiegelstr. macht dies freilich im Ergebnis keinen Unterschied, da Registerstaat und Belegenheitsstaat identisch sind). Allenfalls für die entsprechenden schuldrechtlichen Verpflichtungsverträge, die nicht eintragungsbedürftig sind, kann Art. 8 herangezogen werden (Geimer/Schütze EuZVerfR/*Huber* B Vor I 20b Art. 8 Rn. 4; *Paulus* EuInsVO Rn. 3; MüKoInsO/*Reinhart* Rn. 9). Anders als § 336 InsO (→ § 336 Rn. 9) erfasst Art. 8 ferner **weder Grundpfandrechte noch Sicherungsabreden** in Bezug auf Immobiliarsicherheiten (*Paulus* EuInsVO Rn. 4), da ein Sicherungsrecht kein Nutzungsrecht an dem Sicherungsgegenstand vermittelt.

5 Lassen sich bei **typengemischten Verträgen** die grundstücksbezogenen Erwerbs- bzw. Nutzungsberechtigungen klar von sonstigen Vertragsteilen trennen, ist eine **gespaltene Anknüpfung** vorzunehmen. Ein solches Vorgehen hängt nicht davon ab, ob die Aufspaltung des Vertrags dem Willen der Parteien entspricht (aA MüKoInsO/*Reinhart* Rn. 5). Wegen der insoweit nicht bestehenden Rechtswahlfreiheit kann dem Parteiwillen erst dann Rechnung getragen werden, wenn sich ergibt, dass nach dem jeweiligen Recht die Verträge ein unterschiedliches Schicksal erfahren. Hieraus können sich je nach Gestaltung Rücktrittsrechte auch hinsichtlich des noch wirksamen Vertragsteils ergeben. Eine solche Lösung führt insbesondere für **Bauträgerverträge** zu angemessenen Ergebnissen. Nur wenn das grundstückbezogene Element weit überwiegt, wie etwa bei der Pacht eines Grundstücks samt Zubehör, sollte der Vertrag einheitlich dem Insolvenzstatut der *lex rei sitae* unterworfen werden (ähnlich Uhlenbruck/*Lüer* Rn. 9). Gerade bei einem **Grundstücksgeschäft im Rahmen eines Unternehmenskaufvertrags** kann es umgekehrt so liegen, dass der grundstücksbezogene Vertragsteil eine eher untergeordnete Rolle spielt. Wegen der besonderen Bedeutung, die der Verordnungsgeber den grundstücksbezogenen Rechtsgeschäften zugemessen hat, muss dieser Vertragsteil trotz seiner untergeordneten Bedeutung für das Gesamtgeschäft, gesondert angeknüpft werden (aA MüKoInsO/*Reinhart* Rn. 5).

6 Erforderlich ist weiter, dass die entsprechenden Verträge zum **Zeitpunkt der Eröffnung des Insolvenzverfahrens schon und noch „laufen"**; dies ergibt sich daraus, dass Art. 8 als Ausnahmevorschrift zu Art. 4 Abs. 2 lit. e konzipiert ist (→ Art. 4 Rn. 28).

III. Rechtsfolge

7 Art. 8 ist eine **Sachnormverweisung** (*Mankowski* FS Görg, 2010, 273 [285]), so dass sich die Verweisung nicht auf die kollisionsrechtlichen, sondern nur auf die sachrechtlichen Vorschriften am Belegenheitsort bezieht (MüKoInsO/*Reinhart* Rn. 15; MüKoBGB/*Kindler* Rn. 1). Deren insolvenzrechtlichen Bestimmungen ist zu entnehmen, welche Folgen die Eröffnung des Insolvenzverfahrens für das Schicksal der vertraglichen Berechtigungen hat; die *lex fori concursus* wird insoweit verdrängt.

8 Die *lex fori concursus* bleibt dagegen für die **Nichtigkeit, Anfechtbarkeit oder die relative Unwirksamkeit einer Rechtshandlung** iSv Art. 4 Abs. 2 lit. m maßgeblich. Zwar enthält Art. 8 – anders als Art. 5, 6, 7 und 9 – keinen entsprechenden ausdrücklichen Vorbehalt. Eines solchen Vorbehalts bedurfte es jedoch auch nicht, denn Art. 8 nimmt nicht den Vertrag als Ganzes, sondern nur dessen Abwicklung im Insolvenzverfahren von der *lex fori concursus* aus (iErg ebenso LG Göttingen IPRspr 320/2011, 836 Rn. 22).

Zahlungssysteme und Finanzmärkte

9 (1) **Unbeschadet des Artikels 5 ist für die Wirkungen des Insolvenzverfahrens auf die Rechte und Pflichten der Mitglieder eines Zahlungs- oder Abwicklungssystems oder eines Finanzmarktes ausschließlich das Recht des Mitgliedstaats maßgebend, das für das betreffende System oder den betreffenden Markt gilt.**

(2) **Absatz 1 steht einer Nichtigkeit, Anfechtbarkeit oder relativen Unwirksamkeit der Zahlungen oder Transaktionen gemäß den für das betreffende Zahlungssystem oder den betreffenden Finanzmarkt geltenden Rechtsvorschriften nicht entgegen.**

Schrifttum: S. die Nachweise in der Vorbemerkung. Ferner: *Ehricke,* Zum anwendbaren Recht auf ein in einem Clearing-System vereinbartes Glattstellungsverfahren im Fall der Insolvenz ausländischer Clearing-Teilnehmer, WM 2006, 2109; *Ruzik,* Finanzmarktintegration durch Insolvenzrechtsharmonisierung, 2010.

I. Überblick

Nach Erwägungsgrund 27 besteht für Zahlungssysteme und Finanzmärkte ein besonderes Schutzbedürfnis, das sich aus der Gefahr von Dominoeffekten ergibt. Diesem Schutzbedürfnis trägt Art. 9 Rechnung, indem er die Rechte und Pflichten, die sich aus einem der erfassten Systeme ergeben, umfassend von den Wirkungen der *lex fori concursus* ausnimmt. Im autonomen Recht wird dieser Schutz durch § 340 InsO verwirklicht. Nach Erwägungsgrund 27 sollen die in der Finalitätsrichtlinie enthaltenen „Sondervorschriften (…) den allgemeinen Regelungen dieser Verordnung vorgehen". Gemeint ist hiermit, dass durch Art. 9 sichergestellt wird, dass den nationalen Vorschriften, die die Sondervorschriften der Richtlinie umsetzen, Vorrang vor den allgemeinen kollisions- und sachrechtlichen Regelungen der EuInsVO zukommt. Insbesondere **verdrängt Art. 9** den **Art. 6**. Die Vorschrift **entspricht Art. 12 EuInsVO nF.** 1

II. Voraussetzungen

1. Eröffnung des Insolvenzverfahrens über das Vermögen eines Mitglieds eines Zahlungs- oder Abwicklungssystems oder eines Finanzmarktes. Voraussetzung für die Anwendbarkeit der Vorschrift ist, dass in einem EuInsVO-Staat das Insolvenzverfahren über das Vermögen eines Teilnehmers an einem Zahlungs- oder Abwicklungssystem oder einem Finanzmarkt eröffnet wird. Zur Auslegung **der Begriffe „Zahlungs- oder Abwicklungssystem"** ist auf die Finalitätsrichtlinie zurückzugreifen. Nach deren Art. 2 lit. a ist ein „Zahlungs- oder Abwicklungssystem" eine förmliche Vereinbarung, die – ohne Mitrechnung einer etwaigen Verrechnungsstelle, einer zentralen Vertragspartei, einer Clearingstelle oder eines etwaigen indirekten Teilnehmers – zwischen mindestens drei Teilnehmern getroffen wurde und gemeinsame Regeln und vereinheitlichte Vorgaben für die Ausführung von Zahlungs- bzw. Übertragungsaufträgen zwischen den Teilnehmern vorsieht. Der Anwendungsbereich von Art. 9 geht allerdings insofern über den der Richtlinie hinaus, als nicht erforderlich ist, dass das System der Kommission gemeldet wurde, vgl. Art. 10 Finalitätsrichtlinie. 2

Eine Erweiterung des Anwendungsbereichs ergibt sich auch daraus, dass **Rechte und Pflichten von Mitgliedern eines „Finanzmarktes"** erfasst sind. Nach *Virgós/Schmit* (Erläuternder Bericht Rn. 120) ist hierunter „ein Markt in einem Vertragsstaat zu verstehen, auf dem Finanzinstrumente, sonstige Finanzwerte oder Warenterminkontrakte oder -optionen gehandelt werden, der regelmäßig funk- 3 tioniert, dessen Funktions- und Zugangsbedingungen durch Vorschriften geregelt sind und der dem Recht des jeweiligen Vertragsstaates unterliegt, einschließlich einer etwaigen entsprechenden Aufsicht von Seiten der zuständigen Behörden dieses Vertragsstaates." Von dieser Definition sind auch nicht-förmliche Abrechnungssysteme erfasst (MüKoInsO/*Reinhart* Rn. 3), wie etwa **Inter-Company-Netting Agreements, Termintransaktionen über Clearing Systeme** oder **Warenterminbörsen** (Pannen EuInsVO/*Pannen* EuInsVO Rn. 11).

4 **2. *Lex causae* eines Mitgliedstaats.** Art. 9 ist nur dann anwendbar, wenn das Statut des betroffenen Systems das Recht eines Mitgliedstaats ist. Unterliegt das System dem Recht eines Drittstaats, greift autonomes Kollisionsrecht.

III. Rechtsfolge

5 Art. 9 ermöglicht es den Mitgliedern eines erfassten Systems, mittels der Bestimmung des auf ihr System anwendbaren Rechts auch festzulegen, welches Insolvenzrecht anwendbar ist, falls über das Vermögen eines ihrer Mitglieder ein Insolvenzverfahren eröffnet wird. Die ***lex causae* des Systems stellt das anwendbare Insolvenzstatut**, soweit es um die Rechte und Pflichten des Schuldners sowie sonstiger Dritter im Zusammenhang mit den sich aus dem Verbund ergebenden Rechten und Pflichten geht. „Unberührt" bleibt freilich Art. 5 Abs. 1, so dass für **dingliche Sicherheiten** die *lex rei sitae* maßgeblich ist (→ Art. 5 Rn. 17).

6 Der aus Art. 5, 6, 7, 8 bekannte **Vorbehalt zu Gunsten der *lex fori concursus*** in Bezug auf das Anfechtungsrecht gilt hinsichtlich von Rechten und Pflichten aus einem der erfassten Abwicklungssysteme nicht. Art. 9 Abs. 2 beruft vielmehr auch insoweit die *lex causae* des Zahlungssystems.

Arbeitsvertrag

10 Für die Wirkungen des Insolvenzverfahrens auf einen Arbeitsvertrag und auf das Arbeitsverhältnis gilt ausschließlich das Recht des Mitgliedstaats, das auf den Arbeitsvertrag anzuwenden ist.

Schrifttum: S. die Nachweise in der Vorbemerkung. Ferner: *Liebmann,* Der Schutz des Arbeitnehmers bei grenzüberschreitenden Insolvenzen, 2005.

I. Überblick

1 Art. 10 knüpft die Auswirkungen der Eröffnung des Insolvenzverfahrens auf Arbeitsverträge **akzessorisch an das Statut des Arbeitsvertrags** an. Dieses ist nach Art. 8 Rom I-VO zu bestimmen. Zur Begründung dieser Sonderanknüpfung wird in Erwägungsgrund 28 der „Schutz der Arbeitnehmer und der Arbeitsverhältnisse" angeführt. Wieso durch die akzessorische Anknüpfung des Insolvenzstatuts an das Vertragsstatut einem Schutzbedürfnis der Arbeitnehmer besonders Rechnung getragen wird, ist allerdings nicht ersichtlich, denn die Vorschrift sieht keinen Günstigkeitsvergleich zwischen der *lex fori concursus* und der *lex causae* vor. Ferner ist sie unabhängig davon anwendbar, ob der Arbeitgeber oder der Arbeitnehmer insolvent wird. Die Regelung zielt vielmehr darauf, die Rechtsordnung des Staates, mit dem der Arbeitsvertrag besonders eng verbunden ist – etwa weil der Arbeitnehmer in diesem Staat die Arbeit verrichtet –, auch über das insolvenzrechtliche Schicksal des Arbeitsvertrags entscheiden zu lassen. Damit wird in erster Linie dem besonderen Interesse der Mitgliedstaaten Rechnung getragen, ihre insolvenzarbeitsrechtlichen Vorschriften auch bei einer Auslandsinsolvenz zur Anwendung zu bringen. Dieses Interesse ergibt sich aus der engen **Verzahnung**

von materiellem Arbeitsrecht, Insolvenz- und Sozialrecht (MüKoInsO/*Reinhart* Rn. 1). Art. 10 ist über Art. 28 auch in **Sekundärverfahren** anwendbar. Eine entsprechende Regelung enthält **im autonomen Recht** § 337 InsO. Die Vorschrift **entspricht Art. 13 Abs. 1 EuInsVO nF.** Nach Art. 13 Abs. 2 EuInsVO nF verbleibt die Zuständigkeit für eine ggf. erforderliche Zustimmung zur Änderung oder Beendigung bei den Gerichten des Mitgliedstaats, in dem ein Sekundärinsolvenzverfahren eröffnet werden kann, auch wenn in dem betreffenden Mitgliedstaat kein Insolvenzverfahren eröffnet worden ist.

II. Voraussetzungen

1. Arbeitsvertrag oder Arbeitsverhältnis. Die Begriffe „Arbeitsvertrag" und „Arbeitsverhältnis" sind wie in **Art. 8 Rom I-VO** auszulegen. Dort wird der Begriff „Individualarbeitsvertrag" verwendet, nicht mehr der Begriff „Arbeitsverhältnis" (wie noch in Art. 6 EVÜ). Daraus und aus Art. 12 Rom I-VO ergibt sich, dass es auf die **Wirksamkeit der Verpflichtung** für die Anwendbarkeit von Art. 10 EuInsVO ebenso wenig ankommt wie darauf, ob der **Schuldner als Arbeitgeber oder als Arbeitnehmer** am Vertragsverhältnis beteiligt ist. 2

Erfasst sind von Art. 10 demnach **Vereinbarungen, die eine Seite zu einer abhängigen, weisungsgebundenen, entgeltlichen Tätigkeit** verpflichten (EuGH Slg. 2004, I-2703 Rn. 26 = EuZW 2004, 507 – Collins/Secretary of State for Work and Pensions; EuZW 2008, 529 = NZA 2008, 995 – Raccanelli/Max-Planck-Gesellschaft; weitere Nachweise bei MüKoBGB/*Martiny* Rom I-VO Art. 8 Rn. 18). Auch die **Anstellungsverträge von Gesellschaftsorganen** sind als Arbeitsverträge im Sinne des Unionsrechts zu qualifizieren, wenn das Organ weisungsabhängig ist. Insbesondere für Geschäftsführer einer GmbH ist daher die Arbeitnehmereigenschaft zu bejahen (OLG München IPRax 2000, 416; *Mankowski* RIW 2004, 167). **Handelsvertreter sowie Vertriebs- und Vertragshändler** fallen dagegen nicht in den Anwendungsbereich von Art. 10 EuInsVO, weil für deren Tätigkeit die selbständige Vermittlung bzw. der selbständige Abschluss von Verträgen kennzeichnend ist (zur entsprechenden Behandlung unter der Rom I-VO MüKoBGB/*Martiny* Rom I-VO Art. 4 Rn. 140 ff.). 3

2. Recht eines Mitgliedstaats als Vertragsstatut. Art. 10 ist nur anwendbar, wenn das Vertragsstatut das Recht eines Mitgliedstaats ist. Dass die Parteien in Folge der von Art. 8 Rom I-VO eingeräumten Rechtswahlfreiheit damit mittelbar über die Anwendbarkeit der Verordnung entscheiden können (so der Einwand von *Reinhart:* MüKoInsO/*Reinhart* Rn. 20), ist die Konsequenz der akzessorischen Anknüpfung an das Statut des Arbeitsvertrags in Verbindung mit der Tatsache, dass Art. 10 nur auf mitgliedstaatliche Rechtsordnungen verweist. 4

Reinhart (MüKoInsO/*Reinhart* Rn. 18) beschränkt die sachlich-räumliche Anwendbarkeit von Art. 10 auf Fälle, in denen der gewöhnliche Arbeitsort in einem Mitgliedstaat liegt. Für eine solche Begrenzung des Anwendungsbereichs könnte zwar das Erfordernis des Binnenmarktbezugs ins Feld geführt werden. Allerdings ist diesem Kriterium iRd Art. 10 schon durch zwei andere Gesichtspunkte Rechnung getragen: Das Insolvenzverfahren muss in einem Mitgliedstaat eröffnet worden sein und Vertragsstatut muss das Recht eines Mitgliedstaats sein. Der Wortlaut des Art. 10 trägt das von *Reinhart* postulierte Erfordernis nicht. Dem Kriterium des gewöhnlichen Arbeitsortes kann insofern nur im Rahmen von Art. 8 Rom I-VO bei der Bestimmung des anwendbaren Rechts Bedeutung zukommen – es begrenzt nicht unmittelbar den Anwendungsbereich von Art. 10 EuInsVO. 5

3. Recht eines Drittstaats als Vertragsstatut. Umstritten ist, was gilt, wenn die *lex contractus* nicht das Recht eines Mitgliedstaats, sondern eines Drittstaats ist. 6

Zu folgen ist der Ansicht, die für die Anwendbarkeit der Verordnung für die insolvenzrechtlichen Auswirkungen auf Arbeitsverträge einen **qualifizierten Binnenmarktbezug** fordert (*Liebmann* S. 181; MüKoBGB/*Kindler* Rn. 11; Pannen EuInsVO/*Dammann* EuInsVO Rn. 12; Kübler/Prütting/Bork/*Kemper* Rn. 6). Dieser qualifizierte Binnenmarktbezug besteht nur dann, wenn die *lex causae* des Arbeitsvertrags das Recht eine EuInsVO-Staats ist. Ist das nicht der Fall, ist die Frage des anwendbaren Arbeitsinsolvenzrechts in vollem Umfang nach dem Kollisionsrecht der *lex fori processus* zu beurteilen. Ist ein deutsches Gericht mit einer insolvenzarbeitsrechtlichen Frage befasst und ist das Statut des Arbeitsvertrags das Recht eines Drittstaats, hat es § 337 InsO anzuwenden. Durch das Kriterium des qualifizierten Binnenmarktbezugs kann vermieden werden, dass arbeitsinsolvenzrechtliche Vorschriften eines Mitgliedstaats in Situationen angewendet werden, in denen nicht zugleich auch die materiellen arbeitsrechtlichen sowie die sozialrechtlichen Regelungen dieses Mitgliedstaats zum Zuge kommen. Ein solches Auseinanderfallen – zu dem es käme, wenn man in diesen Situationen über Art. 4 die *lex fori concursus* für die insolvenzarbeitsrechtlichen Fragen anwendete (so *Isaac/Fletcher/Moss* Rn. 4.33) – liefe dem mit Art. 10 erstrebten Zweck zuwider.

III. Rechtsfolge

7 **1. Anknüpfung an das Vertragsstatut.** Art. 10 knüpft die insolvenzrechtlichen Folgen der Verfahrenseröffnung an das **Statut des Arbeitsvertrags.** Dieses ist grundsätzlich gem. Art. 8 Rom I-VO zu bestimmen, wobei dessen zeitlicher Anwendungsbereich, Art. 28 Rom I-VO, zu beachten ist. Für vor dem 17.12.2009 geschlossene Verträge ist das jeweilige nationale Kollisionsrecht der *lex fori processus* (MüKoInsO/*Reinhart* Rn. 22) anzuwenden. Mangels einer **Rechtswahl** für den Arbeitsvertrag stellt nach Art. 8 Abs. 2 Rom I-VO (ähnlich Art. 6 EVÜ bzw. Art. 30 EGBGB) grundsätzlich das **Recht des Staates** das **Arbeitsvertragsstatut, in dem oder von dem aus der Arbeitnehmer gewöhnlich seine Arbeit verrichtet.** Verrichtet der Arbeitnehmer seine Tätigkeit also gewöhnlich im Inland, so findet auf seinen Arbeitsvertrag – unabhängig davon, wo das Insolvenzverfahren eröffnet wurde – deutsches Insolvenzrecht Anwendung. Zu hierdurch erforderlich werdenden Anpassungen, BAG ZIP 2012, 2312.

8 **2. Reichweite des Vertragsstatuts.** Das Vertragsstatut entscheidet insbesondere über die **Fortsetzung oder Beendigung von Arbeitsverhältnissen** nach der Verfahrenseröffnung. Der Verwalter kann also Arbeitsverträge, die dem Recht eines anderen Mitgliedstaats unterliegen, nach den insolvenzarbeitsrechtlichen Bestimmungen dieses Rechts kündigen (zum Interessenausgleich nach § 125 InsO durch engl. *administrator* BAG NZI 2012, 1011 = ZIP 2012, 2312; dazu *Abele* FS v. Hoyningen-Huene, 2014, 1 sowie *Giesen* EuZA 2013, 350 und *Mückl* GWR 2013, 28; HessLAG ZIP 2011, 683). Andere Fragen, die mit dem Arbeitsverhältnis zusammenhängen, wie etwa, ob die Forderungen der Arbeitnehmer durch ein Vorrecht geschützt sind und welchen Rang dieses Vorrecht ggf. besitzt, bestimmen sich nach dem Recht des Eröffnungsstaats (Erwägungsgrund 28). Insbesondere regelt die *lex fori concursus* die **Einordnung einer Lohnforderung** als **Masse- oder Insolvenzforderung** (High Court of Justice Birmingham NZI 2005, 515; Pannen EuInsVO/*Dammann* EuInsVO Rn. 9; MüKoBGB/*Kindler* Rn. 6; MüKoInsO/*Reinhart* Rn. 9). In der Insolvenz des Arbeitnehmers richtet sich auch der **Pfändungsschutz** für Gehaltsforderungen nach der jeweiligen *lex fori concursus*, → Art. 4 Rn. 21.

9 Selbständig anzuknüpfen ist der **Anspruch auf Insolvenzgeld**. Nach § 165 SGB III hat der Arbeitnehmer unabhängig vom Sitz des Arbeitgebers dann einen

Anspruch auf Insolvenzgeld, wenn der Arbeitnehmer im Inland beschäftigt war (ausführlich MüKoInsO/*Reinhart* Rn. 11 ff.; *Liebmann* S. 198 ff.; s. hierzu auch die Entscheidung des EuGH NZI 2011, 496 – Charles Defossez/Christian Wiart; LAG Saarl ZInsO 2012, 1838).

IV. Reform

Art. 13 nF entspricht in Absatz 1 sachlich Art. 10 aF. Nach dem neuen Absatz 2 sind für die **Zustimmung zu einer Beendigung** oder Änderung eines Arbeitsvertrags iSv Art. 13 nF „die Gerichte des Mitgliedstaats zuständig, in dem ein Sekundärverfahren eröffnet werden kann, auch wenn in dem betreffenden Mitgliedstaat kein Sekundärverfahren eröffnet worden ist." Wegen Art. 3 Abs. 2 setzt die Anwendung dieses Zuständigkeitsvorbehalts voraus, dass der Arbeitgeber in dem betreffenden Staat eine Niederlassung hat. 10

Wirkung auf eintragungspflichtige Rechte

11 Für die Wirkungen des Insolvenzverfahrens auf Rechte des Schuldners an einem unbeweglichen Gegenstand, einem Schiff oder einem Luftfahrzeug, die der Eintragung in ein öffentliches Register unterliegen, ist das Recht des Mitgliedstaats maßgebend, unter dessen Aufsicht das Register geführt wird.

Schrifttum: S. die Nachweise in der Vorbemerkung. Ferner: *v. Bismarck/Schümann-Kleber*, Insolvenz eines deutschen Sicherungsgebers – Auswirkungen auf die Verwertung im Ausland belegener Kreditsicherheiten, NZI 2005, 89.

I. Überblick

Die Vorschrift steht in **Zusammenhang mit Art. 5, 8, 14 und 22**. Nach zutreffender Auffassung schützt sie die **Funktionsfähigkeit und Zuverlässigkeit der national geführten Register** (MüKoInsO/*Reinhart* Rn. 2). In ein Register sollen nur solche Wirkungen eines (Auslands-)Insolvenzverfahrens eingetragen werden können, die auch das Recht kennt, dem das Register unterliegt. So wird verhindert, dass der Informationswert eines Registers durch von einem Auslandsverfahren veranlasste Eintragungen gestört wird, die ihrer Art nach dem Register fremd sind (*Balz* ZIP 1996, 948 [950] zu Art. 11 EuInsÜ). Mittelbar wird damit zugleich der numerus clausus der Sachenrechte geschützt. Die Vorschrift **entspricht Art. 14 EuInsVO nF.** Im **autonomen Recht** korrespondiert Art. 11 mit § 351 Abs. 2 InsO. 1

II. Voraussetzungen

Art. 11 setzt voraus, dass in einem Mitgliedstaat ein Insolvenzverfahren eröffnet wurde und dem Schuldner **Rechte an einem Grundstück, einem Schiff oder einem Luftfahrzeug** zustehen, wobei diese Rechte in ein unter der Aufsicht eines anderen Mitgliedstaats geführtes Register eingetragen sind oder eingetragen sein müssten. Bei fakultativen Eintragungen (so etwa bei Binnenschiffen, § 3 Abs. 3 Schiffsregisterordnung) ist Art. 11 nur anwendbar, sofern die Eintragung tatsächlich erfolgt ist. 2

Wird das **Register unter der Aufsicht eines Drittstaats** geführt, ist die Verordnung nicht anwendbar, so dass das anwendbare Recht durch Befragung des autonomen Kollisionsrechts der *lex fori concursus* zu ermitteln ist. Aus deutscher Sicht ist § 351 Abs. 2 InsO einschlägig, der allerdings nur für den Fall einer 3

Auslandsinsolvenz gilt, wenn der Schuldner Rechte an einem im Inland belegenen Grundstück geltend macht.

4 Die Begriffe „unbeweglicher Gegenstand", „Schiff" und „Luftfahrzeug" sind autonom auszulegen. Zu den unbeweglichen Gegenständen gehören jedenfalls **Grundstücke und Gebäude,** wobei für Letztere wie für alle anderen Bestandteile von Grundstücken nach der *lex rei sitae* zu entscheiden ist, ob sie überhaupt sonderrechtsfähig sind. Auch **Wohnungseigentum** ist erfasst. Im Übrigen ist die Vorschrift weit auszulegen, um zu vermeiden, dass ein Gegenstand, der nach nationalem Recht registerpflichtig ist, gleichwohl nicht in den sachlichen Anwendungsbereich von Art. 11 fällt. Um dieser Gefahr zu begegnen, tritt *Reinhart* (MüKonsO/*Reinhart* Rn. 4) für eine Qualifikation nach dem Recht des Registerstaates ein. Auch wenn hieraus im Einzelfall kaum einmal unterschiedliche Ergebnisse resultieren sollten, erscheint eine autonome Qualifikation vorzugswürdig, weil dies dem Charakter der EuInsVO als Einheitsrecht entspricht.

III. Rechtsfolgen

5 Art. 11 unterstellt die Wirkungen der *lex fori concursus* im Hinblick auf die Eintragungsfähig- und Eintragungsbedürftigkeit bestimmter Rechtsfolgen dem Recht des Registerstaates (***lex libri siti***). Auch die Frage, welche Folgen eine Nichteintragung im Hinblick auf den **Schutz des guten Glaubens Dritter** (bspw. Erwerber) hat, richtet sich gem. Art. 14 nach diesem Recht (Duursma-Kepplinger/Duursma/Chalupsky EuInsVO/*Duursma-Kepplinger* Rn. 5; Stoll/*Flessner*, Vorschläge und Gutachten, 219). Art. 11 hat nichts mit der Frage zu tun, ob der Verwalter ein Grundstück freihändig verwerten darf. Diese Frage richtet sich – vorbehaltlich Art. 5 – nach der *lex fori concursus* (MüKoInsO/*Reinhart* Art. 18 Rn. 15).

6 Art. 11 führt zu einer Art **Kumulation von *lex libri siti* und *lex fori concursus*** (*Virgós/Schmit* Rn. 130; MüKoBGB/*Kindler* Rn. 9; Pannen EuInsVO/*Dammann* EuInsVO Rn. 9 mwN). Denn die Wirkungen des Insolvenzverfahrens (zB eine Verfügungsbeschränkung oder der Verlust der Verfügungsbefugnis) richten sich – vorbehaltlich Art. 5 und Art. 8 – grundsätzlich nach dem Recht des Eröffnungsstaates. Allerdings entscheidet das Recht des Registerstaates darüber, ob 1.) eine konkrete Wirkung eintragungsbedürftig ist (zB nach § 32 InsO), 2.) wenn ja, ob sie eintragungsfähig ist und schließlich 3.) auch darüber, welche Folgen jeweils daraus resultieren, dass die Wirkung eingetragen bzw. nicht eingetragen wurde, wobei insoweit auch Art. 14 zu berücksichtigen ist. Hierbei stellen sich auf den Stufen 1.) und 2.) unter Umständen **Substitutionsprobleme.** Deswegen allerdings von einer durch die *lex libri siti* gezogenen „Obergrenze" zu sprechen, ist eher verwirrend (so aber Duursma-Kepplinger/Duursma/Chalupsky EuInsVO/*Duursma-Kepplinger* Rn. 7; Geimer/Schütze EuZVerfR/*Huber* B Vor I 20b Art. 11 Rn. 4; Pannen EuInsVO/*Dammann* EuInsVO Rn. 9; MüKoBGB/*Kindler* Rn. 9; *Smid* DtEuInsR Rn. 7; ähnlich auch *v. Bismarck/Schümann-Kleber* NZI 2005, 89).

Gemeinschaftspatente und -marken

12 Für die Zwecke dieser Verordnung kann ein Gemeinschaftspatent, eine Gemeinschaftsmarke oder jedes andere durch Gemeinschaftsvorschriften begründete ähnliche Recht nur in ein Verfahren nach Artikel 3 Absatz 1 miteinbezogen werden.

Schrifttum: S. die Nachweise in der Vorbemerkung.

I. Überblick

Art. 12 betrifft die **Abgrenzung der Massen zwischen Haupt- und Partikularverfahren**: Gemeinschaftsrechtlich begründete Schutzrechte fallen nur und stets in die Masse des Hauptinsolvenzverfahrens. Eine solche Regelung ist für gemeinschaftsrechtlich begründete Schutzrechte erforderlich, da bei diesen Rechten das Territorialitätsprinzip keine Lokalisierung ermöglicht. Die Lokalisierung am COMI hat den Vorteil, dass das Schutzrecht vollständig in die Masse des Hauptverfahrens fällt und dort verwertet werden kann. Es handelt sich um eine **Sachnorm** (Kübler/Prütting/Bork/*Kemper* Rn. 1). Die Vorschrift **entspricht Art. 15 EuInsVO nF**. 1

Art. 12 ist vor dem Hintergrund der Regelungen in den Verordnungen zur **Gemeinschaftsmarke** ((EG) 40/94, Art. 21 aF geändert durch die Änderungsverordnung 422/2004) und zum gemeinschaftlichen **Pflanzensortenschutz** ((EG) 2100/94, Art. 25) zu lesen. Diese bestimmten, dass solche Rechte in das jeweils zuerst eröffnete Insolvenzverfahren – gleich ob es sich hierbei um ein Haupt- oder Sekundärverfahren handelt – einbezogen werden sollten. Die Geltung der Bestimmungen waren allerdings bis zum Inkrafttreten einer gemeinschaftsweiten Regelung über Insolvenzverfahren begrenzt, so dass Art. 12 an ihre Stelle getreten ist (Kübler/Prütting/Bork/*Kemper* Rn. 6; *Paulus* EuInsVO Rn. 1, 2). 2

II. Anwendungsbereich

Art. 12 ist in räumlicher Hinsicht nur anwendbar, wenn das **Hauptinsolvenzverfahren in einem EuInsVO-Staat** zu eröffnen wäre, weil der Schuldner in einem solchen Staat sein COMI im Sinne von Art. 3 Abs. 1 hat. Ob ein solches Verfahren tatsächlich eröffnet wurde, ist irrelevant; die Vorschrift gilt auch, wenn ein isoliertes Partikularverfahren stattfindet (MüKoInsO/*Reinhart* Art. 12 Rn. 8). Ist der **räumliche Anwendungsbereich** der EuInsVO nicht eröffnet, weil der Schuldner seinen Sitz in einem Drittstaat hat, sollen nach herrschender Meinung die in → Rn. 2 bezeichneten Prioritätsregeln der Verordnungen anwendbar sein (Duursma-Kepplinger/Duursma/Chalupsky EuInsVO/*Duursma-Kepplinger* Rn. 12; Geimer/Schütze EuZVerfR/*Huber* B Vor I 20b Art. 12 Rn. 4; Kübler/Prütting/Bork/*Kemper* Rn. 7; MüKoInsO/*Reinhart* Rn. 9; HK-InsO/*Stephan* Rn. 2; aA *Schack* IZVR Rn. 1073). Nach der hM kann die Marke in diesem Fall nicht in ein in einem Mitgliedstaat eröffnetes Partikularverfahren einbezogen werden. 3

Art. 12 ist nicht in der Insolvenz eines der in Art. 1 Abs. 2 genannten Institute anwendbar. Insoweit bestimmt Art. 21 Abs. 1 UAbs. 2 der VO (EG) 40/94 für die Gemeinschaftsmarke (in der Fassung der Änderungsverordnung 422/2004), dass ein Recht an einer Gemeinschaftsmarke in der **Insolvenz von Versicherungsunternehmen und Kreditinstituten** nur in ein Verfahren einbezogen werden kann, das in einem Staat eröffnet wurde, in dem das Institut zugelassen ist. Eine entsprechende Regelung enthält Art. 25 der Verordnung (EG) 2100/94 auch für den gemeinschaftlichen Sortenschutz, nicht jedoch für das Gemeinschaftsgeschmacksmuster. Hier gilt Art. 31 Geschmacksmusterverordnung (Art. 31 VO 6/2002). Dessen Anwendungsbereich erfasst auch die unter Art. 1 Abs. 2 fallenden Institute und wird, soweit er dadurch über den Anwendungsbereich des Art. 12 hinausgeht, als *lex specialis* nicht von diesem verdrängt. 4

III. Gemeinschaftsrechtlich begründete gewerbliche Schutzrechte

5 Art. 12 ist nur anwendbar auf gewerbliche Schutzrechte, die vor der Eröffnung des Insolvenzverfahrens (Kübler/Prütting/Bork/*Kemper* Rn. 7) auf der Grundlage eines gemeinschaftsrechtlichen Rechtsaktes begründet wurden. Neben der ausdrücklich genannten **Gemeinschaftsmarke** nach der Verordnung (EG) 40/94 sind dies das **Gemeinschaftsgeschmacksmuster** nach der VO 6/2002 sowie Rechte nach der VO 2100/94 zum **gemeinschaftlichen Sortenschutz.** Letztere sind als „ähnliche Rechte" von Art. 12 erfasst. Nicht erfasst sind die ergänzenden Schutzzertifikate für Arznei- (EWG 1768/92) und Pflanzenschutzmittel ((EG) 1610/96), da diese Rechtsakte kein eigenständiges, originär gemeinschaftsrechtliches Schutzrecht schaffen (MüKoInsO/*Reinhart* Rn. 6).

6 Erfasst ist auch das sog **EU-Patent** (Europäisches Patent mit einheitlicher Wirkung), das auf der Grundlage der VO (EU) 1257/2012 erteilt wird.

7 Das einfache **Europäische Patent,** das auf der Grundlage des Europäischen Patentübereinkommens erteilt wird, fällt dagegen nicht unter Art. 12 (MüKoInsO/*Reinhart* Rn. 4; MüKoBGB/*Kindler* Rn. 2), weil es sich hierbei lediglich um eine Bündelung jeweils nationaler Rechte handelt, sodass die grundsätzliche Geltung des Territorialitätsprinzips beim Europäischen Patent nicht aufgehoben ist. Im Hinblick auf die Effektivität der Verwertung ist das eine sehr unbefriedigende Rechtslage – ein Analogieschluss ist gleichwohl methodisch unzulässig.

IV. Rechtsfolgen

8 **Gemeinschaftsrechtlich begründete gewerbliche Schutzrechte** können in ein Insolvenzverfahren, das in einem EuInsVO-Staat eröffnet wurde, nur dann einbezogen werden, wenn es sich um ein Hauptinsolvenzverfahren iSv Art. 3 Abs. 1 handelt. Das Recht kann dagegen nicht in die Masse eines Partikularverfahrens einbezogen werden, das nach Art. 3 Abs. 2 eröffnet wurde, selbst wenn es sich um ein selbständiges Partikularverfahren handelt.

9 Aus Art. 12 folgt ferner, dass **Sicherungsrechte an den betreffenden Schutzrechten** nur nach den Vorschriften der ***lex fori concursus*** des Hauptverfahrens geltend gemacht werden können, wenn ein solches eröffnet wurde. Von einem Partikularverfahren werden die Rechte nicht berührt. Art. 5 ist daher nie auf Sicherungsrechte an gemeinschaftlichen Schutzrechten anwendbar (iErg ebenso Gebauer/Wiedmann/*Haubold* EuInsVO Art. 12 Rn. 143; *Paulus* EuInsVO Rn. 4; MüKoInsO/*Reinhart* Rn. 10). Die abweichende Ansicht von *Huber* (Geimer/Schütze EuZVerfR/*Huber* B Vor I 20b Art. 12 Rn. 5) führt nur dann zu Unterschieden, wenn Sitz (iSv Art. 16 GemeinschaftsmarkenVO) und COMI iSv Art. 3 Abs. 1 des Rechtsinhabers auseinanderfallen. Gerade in diesem Fall erscheint eine Anwendung der *lex fori concursus* aber angemessen (ausführlich MüKoInsO/*Reinhart* Rn. 11), so dass eine Anwendung von Art. 5 abzulehnen ist.

Benachteiligende Handlungen

13 **Artikel 4 Absatz 2 Buchstabe m) findet keine Anwendung, wenn die Person, die durch eine die Gesamtheit der Gläubiger benachteiligende Handlung begünstigt wurde, nachweist,**

- **daß für diese Handlung das Recht eines anderen Mitgliedstaats als des Staates der Verfahrenseröffnung maßgeblich ist und**
- **daß in diesem Fall diese Handlung in keiner Weise nach diesem Recht angreifbar ist.**

Schrifttum: S. die Nachweise in der Vorbemerkung. Ferner: *Fumagalli*, Avoidance Proceedings before the Italian Courts – Avoiding Art. 13 EIR, IILR 2011, 460; *U. Huber*, Das für die anfechtbare Rechtshandlung maßgebende Recht, FS Heldrich, 2005, 695; *Klockenbrink*, Die Gläubigerstellung unter dem Einfluss der EuInsVO und des deutschen internationalen Insolvenzrechts, 2008; *Klumb*, Kollisionsrecht der Insolvenzanfechtung, 2005; *Stürner/Fix*, Das maßgebliche Recht im Sinne des Art. 13 EuInsVO – Bestimmung und Geltungsumfang, FS Wellensiek, 2011, 833; *Paulus*, Anfechtungsklagen im grenzüberschreitenden Insolvenzverfahren, ZInsO 2006, 295; *Prager/Keller*, Die Einrede des Art. 13, NZI 2011, 697; *Schall*, Crossborder-Gesellschafterdarlehen in der Insolvenz, ZIP 2011, 2177; *Thole*, Gläubigerschutz durch Insolvenzrecht, 2010; *Thole*, Die Anwendung des Art. 13 EuInsVO bei Zahlungen auf fremde Schuld, NZI 2013, 113; *Zeeck*, Die Anknüpfung der Insolvenzanfechtung, ZInsO 2005, 281.

Übersicht

I. Überblick

1 Nach Art. 13 entfaltet das für die Rechtshandlung maßgebliche Recht (*lex causae*) eine **Sperrwirkung** (MüKoInsO/*Reinhart* Rn. 15) **hinsichtlich der Anfechtbarkeit** einer Rechtshandlung, die ausgelöst wird, wenn der andere Teil nachweist, dass die Rechtshandlung nach der *lex causae* „in keiner Weise angreifbar" ist. Die Vorschrift **entspricht Art. 16 EuInsVO nF.** Im **autonomen Recht** sieht § 339 InsO eine entsprechende Regelung vor.

2 Grundsätzlich entscheidet nach Art. 4 Abs. 2 lit. m die *lex fori concursus* über die Anfechtbarkeit oder die Nichtigkeit einer gläubigerschädigenden Rechtshandlung. Sofern das Anfechtungsrecht der *lex fori concursus* eine Anfechtbarkeit unter niedrigeren Voraussetzungen oder in größerem Umfang zulässt als die anfechtungsrechtliche Regelung der *lex causae*, also des iÜ auf die Rechtshandlung anzuwendenden Rechts, bestünde bei einer unmodifizierten Anwendung der *lex fori concursus* die Gefahr, dass der Vertragspartner des Insolvenzschuldners eine Leistung herausgeben muss, die er nach der *lex causae* hätte behalten können. Art. 13 schützt vor diesem Hintergrund den Rechtsverkehr davor, dass Transaktionen, die nach der *lex causae* anfechtungsfest wären, infolge der Eröffnung des Insolvenzverfahrens über das Vermögen eines der Vertragspartner in einem anderen Staat als dem der *lex causae* angreifbar sind. Inwieweit ein solcher Verkehrs- oder gar **Vertrauensschutz** (*Virgós/Schmit* Rn. 138) berechtigt ist, ist sehr zweifelhaft (*Zeeck* ZInsO 2005, 281 [287]; *Paulus* ZInsO 2006, 295 ff.). Immerhin hatten die Parteien – wenn es nicht zwischenzeitlich zur Verlegung des COMI gekommen ist – schon im Vertragsabschlusszeitpunkt die Möglichkeit, die Insolvenzfestigkeit der Transaktion nach den jeweiligen Sitzrechten – also den potentiellen Insolvenzstatuten zu prüfen (MüKoInsO/*Reinhart* Rn. 1; kritisch auch Kübler/Prütting/Bork/*Adolph*-

sen § 147 Anh. II B Rn. 90; zu den Schwierigkeiten der italienischen Gerichte, die Norm richtig anzuwenden *Fumagalli* IILR 2011, 460).

II. Anwendungsbereich

3 Die Vorschrift findet nur Anwendung, wenn ein **Haupt- oder ein Sekundärverfahren in einem EuInsVO-Staat** eröffnet wurde. Maßgeblich ist die formelle Eröffnungsentscheidung – auch die Eurofood-Entscheidung (EuGH NZI 2006, 360 = IPRax 2007, 120) führt nicht zu einer Maßgeblichkeit der Anordnung von Sicherungsmaßnahmen iRd Eröffnungsverfahrens (*Prager/Keller* NZI 2011, 697 [698]). Ferner muss der persönliche Anwendungsbereich der EuInsVO, Art. 1 Abs. 2, eröffnet sein. Art. 13 ist nur anwendbar, wenn es sich bei der ***lex causae*** der Transaktion um das **Recht eines anderen Mitgliedstaats** handelt. Die *lex causae* ist nach dem Kollisionsrecht der *lex fori processus* zu bestimmen (Kübler/Prütting/Bork/*Adolphsen* § 147 Anh. II B Rn. 96; MüKoBGB/*Kindler* Rn. 9; Geimer/Schütze EuZVerfR/*Gruber* B Vor I 20b Art. 13 Rn. 3; MüKoInsO/*Reinhart* Rn. 6).

4 Welche Kollisionsnorm die *lex causae* bestimmt, hängt von der **Art der angegriffenen Rechtshandlung** ab: Bei der **Anfechtung von Schuldverträgen** kommt es auf das nach der Rom I-VO zu ermittelnde Vertragsstatut an; bei der **Anfechtung einer Verfügung** auf das Sach- bzw. Abtretungsstatut (so im Ausgangspunkt auch LG Krefeld ZIP 2014, 1940 [1941] dazu krit. *J. Schmidt* EWiR 2014, 659); bei der Anfechtung der Rückzahlung von **Gesellschafterdarlehen** nach § 135 InsO kann das Statut der Gesellschaft die *lex causae* sein (OLG Naumburg ZInsO 2010, 2325 = ZIP 2011, 677; zust. *Knof* EWiR 2011, 709; krit. *Schall* ZIP 2011, 2177 [2179]; ebenfalls krit. *Kolmann* IILR 2011, 193 [195]; *Prager/Keller* NZI 2011, 697 [700]; wie hier *Paulus* EuInsVO Rn. 13; Cranshaw/Hinkel/*ders.* Rn. 20; aA MüKoBGB/*Kindler* Rn. 12; Gottwald InsO-HdB/*Kolmann/Keller* § 133 Rn. 96). Ein Gesellschafterdarlehen ist eine Finanzierungsmaßnahme seitens des Gesellschafters, bei der er nicht darauf vertrauen kann, dass sie insolvenzrechtlich nur nach dem Statut des Schuldvertrags beurteilt wird. Entsprechend beurteilt sich auch die vorinsolvenzliche Rückzahlung von Eigenkapital nach dem Gesellschaftsstatut (§§ 30, 31 GmbHG, → Art. 4 Rn. 8).

5 Nach anderer Ansicht (*Huber* FS Heldrich, 2005, 697 [702]; *Thole* S. 831) soll die *lex causae* dagegen stets – unabhängig von der konkret angefochtenen Rechtshandlung – das Statut eines zwischen den Parteien bestehenden Schuldvertrags sein. Begründet wird diese Ansicht damit, dass insbesondere ein Erfüllungsgeschäft für sich genommen „anfechtungsneutral" sei. Es sei vielmehr ausschließlich die Kausalbeziehung, die die Anfechtbarkeit des Erwerbs begründe. Zum einen ist dies anfechtungsrechtlich nicht richtig – wenn man etwa an die Anfechtung nach § 130 InsO denkt, die gänzlich unabhängig von der Ausgestaltung des Kausalgeschäfts ist. Zum anderen gibt es eine Reihe von anfechtbaren Rechtshandlungen, denen keine schuldvertragliche *causa* zu Grunde liegt. Dies wird schon deutlich, wenn man an die Anfechtung von Zwangsvollstreckungsmaßnahmen denkt.

6 Für die **Anfechtung von Erfüllungshandlungen** ist das Schuldvertragsstatut maßgeblich (*Stürner/Fix* FS Wellensiek, 2011, 833 [838 ff.]). Zwar handelt es sich bei Erfüllungshandlungen um Verfügungen (Übereignung, Zahlung), „angefochten" wird jedoch nicht die dingliche Wirkung, sondern die Erfüllungswirkung der Zahlung. Art. 12 Abs. 1 lit. b der Rom I-VO verweist für die Frage der Erfüllung eines Schuldvertrags auf das Schuldvertragsstatut. Hieraus folgt aber nicht, dass auf die **Bestellung von Sicherheiten** das Statut anzuwenden wäre, dem die besicherte Forderung unterliegt (so aber *Huber* FS Heldrich, 2005, 697 [712]). Angefochten wird hier das Insolvenzvorrecht des gesicherten Gläubigers. Dieses ist das

Produkt einer Verfügung, so dass hier das Verfügungsstatut die im Rahmen von Art. 13 maßgebliche *lex causae* stellt. Auf Zahlungen auf fremde Schuld sind diese Überlegungen nicht ohne Weiteres übertragbar, hierzu im Einzelnen *Thole* NZI 2013, 113 [117].

Sofern es sich bei der *lex causae* um das **Recht eines Drittstaates** handelt, ist schon Art. 4 Abs. 2 lit. m wegen des fehlenden qualifizierten Binnenmarktbezuges (dazu → Art. 1 Rn. 15; → Art. 4 Rn. 41) nicht anwendbar. In diesem Fall entscheidet das autonome Recht, auf welches Recht es dann für die Anfechtbarkeit der Rechtshandlung ankommt. Bei einem in Deutschland geführten Anfechtungsprozess sind §§ 335, 339 InsO anzuwenden (iErg ebenso MüKoBGB/*Kindler* Rn. 4; Geimer/Schütze EuZVerfR/*Gruber* B Vor I 20b Art. 13 Rn. 3, der allerdings Art. 4 Abs. 2 lit. m für anwendbar hält, zur Begrenzung aber auf § 339 InsO zurückgreifen will. Art. 4 kann als europarechtliche Norm aber nicht durch nationale Vorschriften begrenzt werden). Der sich nach der hier vertretenen Ansicht ergebenden Möglichkeit, durch entsprechende Rechtswahl die Anwendbarkeit der Verordnung insoweit auszuschließen, ist durch die Anfechtung der Rechtswahl zu begegnen (→ Rn. 13). 7

Der **Lageort des Gegenstands**, der zur Masse gezogen werden soll, ist gleichgültig. Auch wenn er in einem Drittstaat belegen ist, ist nicht das autonome Recht, sondern die EuInsVO anzuwenden (aA MüKoInsO/*Reinhart* Rn. 19; sa EuGH NJW 2014, 610 – Schmid – allerdings zur Frage der internationalen Zuständigkeit). 8

III. Voraussetzungen

1. Gläubigerbenachteiligende Rechtshandlung. Die Vorschrift ist entgegen der bisher hM auch anwendbar, wenn die **Rechtshandlung nach Verfahrenseröffnung** vorgenommen wurde. Art. 13 soll das Vertrauen darauf schützen, dass sich die Beziehung der Parteien (nur) nach der *lex causae* richtet. Dieses Vertrauen wird im Zeitpunkt des Vertragsschlusses (und nicht dem der Rechtshandlung) betätigt. Daher muss dieser Zeitpunkt für die Anwendung von Art. 13 maßgeblich sein. Nimmt man diesen (fragwürdigen!) Zweck ernst, dann lässt sich nicht begründen, wieso ein solcher Vertrauensschutz nach Verfahrenseröffnung nicht mehr gerechtfertigt sein sollte. Eine teleologische Reduktion von Art. 13 ist daher nicht zu befürworten (nunmehr auch EuGH 16.4.2015 – C-557/13, NZI 2015, 478 – Lutz, Tz. 43; aA MüKoBGB/*Kindler* Rn. 8; HambK-InsO/*Undritz* Rn. 3; Geimer/Schütze EuZVerfR/*Gruber* B Vor I 20b Art. 13 Rn. 8; Pannen EuInsVO/*Dammann* EuInsVO Rn. 9; *Huber* ZZP 114 (2001), 133 [166]). 9

Das Merkmal der Gläubigerbenachteiligung in Art. 13 wiederholt lediglich die Voraussetzungen des Art. 4 Abs. 2 lit. m, um die Anwendungsbereiche der Vorschriften aufeinander abzustimmen. Es hat keine eigenständige Bedeutung. 10

2. Anfechtbarkeit nach der *lex fori concursus*, Unangreifbarkeit nach der *lex causae*. Art. 13 setzt voraus, dass die Rechtshandlung nach der *lex fori concursus* wegen ihrer gläubigerbenachteiligenden Wirkungen nichtig, unwirksam oder anfechtbar ist. Eine Anfechtbarkeit nur nach der *lex causae* ist irrelevant. 11

Weitere Voraussetzung ist, dass die Rechtshandlung **nach der *lex causae* „in keiner Weise angreifbar** ist". Der insolvenzrechtlichen Wirksamkeit der konkreten Rechtshandlung dürfen im Ergebnis keinerlei Gründe entgegenstehen. Ob diese Gründe materiell- oder insolvenzrechtlich zu qualifizieren sind, ist unbeachtlich (Geimer/Schütze EuZVerfR/*Gruber* B Vor I 20b Art. 13 Rn. 3). Hinsichtlich materiellrechtlicher Unwirksamkeitsgründe läuft die Vorschrift freilich leer, denn diese Einwände sind unabhängig von einer Anfechtung ohnehin zu berücksichtigen. Relevanz kommt ihr daher nur für **insolvenzrechtlich zu qualifizierende** 12

Unwirksamkeitsgründe zu. „Angreifbar" iSd Vorschrift ist eine Rechtshandlung auch, wenn sie Rückgewähr- oder Schadensersatzansprüche auslöst.

13 Eine Rechtshandlung ist auch dann „in keiner Weise angreifbar", wenn ein **Anfechtungsanspruch zwar besteht, aber verjährt** ist (EuGH 16.4.2015 – C-557/13, NZI 2015, 478 Rn. 49 – Lutz; Geimer/Schütze EuZVerfR/*Gruber* B Vor I 20b Art. 13 Rn. 6; *Klumb* S. 105; Uhlenbruck/*Lüer* Rn. 11; offen gelassen von OLG Stuttgart ZIP 2012, 2162). Das folgt daraus, dass auch die Verjährungsvorschriften und Ausschlussfristen materiellrechtliche Regelungen sind. Nach der Gegenansicht (*Klockenbrink* S. 183; zu § 339 InsO MüKoBGB/*Kindler* InsO § 339 Rn. 5; *Liersch* NZI 2003, 302 [305]) soll auch ein nach der *lex causae* verjährter Anfechtungsanspruch der Voraussetzung „in keiner Weise angreifbar" entgegenstehen. Diese Ansicht qualifiziert die Verjährung zu Unrecht als prozessual, wofür gerade aus autonomer Sicht kein Anlass besteht (vgl. Art. 12 lit. d Rom I-VO).

14 Auch die **Unterbrechung oder Hemmung der Verjährung** ist nach der *lex causae* zu beurteilen (EuGH 16.4.2015 – C-557/13, NZI 2015, 478 – Lutz, Rn. 56; sa Schlussanträge GA Szupar ZIP 2015, 381; dazu krit. *Stangl* NZI 2015, 44). Verlangt die *lex causae* die Klageerhebung zur Verjährungshemmung, so muss der Verwalter den Anfechtungsanspruch innerhalb der sich aus der *lex causae* ergebenden Frist (im Staat der Verfahrenseröffnung, → Rn. 19) klageweise geltend machen. Die Klageerhebung ist als solche zwar eine Prozesshandlung, sie ist jedoch materiellrechtlich zu qualifizieren, soweit es um ihre verjährungshemmende oder -unterbrechende Wirkung geht (MüKoBGB/*Spellenberg* Rom I-VO Art. 12 Rn. 124; zustimmend *Undritz* EWiR 2014, 185; anders OLG Stuttgart ZIP 2012, 2162 [2164]). Die bloße außergerichtliche Geltendmachung des Anspruchs mag zwar geeignet sein, ein etwaiges Vertrauen in die Unanfechtbarkeit nach der *lex fori concursus* zu erschüttern, hierauf kommt es jedoch nach Art. 13 nicht an (aA OLG Stuttgart ZIP 2012, 2162 [2164]). Denn Art. 13 setzt kein konkret existierendes Vertrauen voraus, sondern gewährleistet einen abstrakten Vertrauensschutz immer dann, wenn die Rechtshandlung nach der *lex causae* unangreifbar ist. Die Unangreifbarkeit tritt ein, wenn die Frist nicht durch die nach der *lex causae* erforderlichen Handlungen – unter Berücksichtigung der Möglichkeit der Substitution (hierzu MüKoBGB/*Spellenberg* Rom I-VO Art. 12 Rn. 124) – gewahrt wurde.

15 **3. Die Anfechtung einer Rechtswahl.** Auch eine vom Schuldner und einem Dritten vorinsolvenzlich vorgenommene Rechtswahl kann anfechtbar sein. Die Anfechtbarkeit einer Rechtswahl unterliegt grds. der *lex fori concursus*. Für die Anwendung des Art. 13 ist auf das von den Parteien gewählte Recht abzustellen (wie hier Geimer/Schütze EuZVerfR/*Gruber* B Vor I 20b Art. 13 Rn. 7). Die Gegenansicht stellt auf das Statut ab, das bei einer objektiven Anknüpfung die *lex causae* bilden würde (MüKoInsO/*Reinhart* Rn. 5). Damit soll vor allem eine missbräuchliche Rechtswahl unschädlich gemacht werden. Angesichts der schon kollisionsrechtlichen Unwirksamkeit einer **missbräuchlichen Rechtswahl**, die nur mit Blick auf die Umgehung der Anfechtbarkeit eines Geschäfts vorgenommen wurde, und der Beschränkungen hinsichtlich der Folgen einer Rechtswahl aus Art. 3 Abs. 3 und Abs. 4 Rom I-VO ist ein solches Vorgehen aber nicht erforderlich: Von den zwingenden Vorschriften einer Rechtsordnung – also auch vom Insolvenzanfechtungsrecht – können die Parteien nach Art. 3 Abs. 3 Rom I-VO ohnehin nur dann abweichen, wenn der Sachverhalt grenzüberschreitende Bezüge besitzt und nicht ausschließlich mit einer Rechtsordnung verknüpft ist. Zu diesen zwingenden Vorschriften gehören auch die anfechtungsrechtlichen Regeln (*Thole* S. 839).

IV. Rechtsfolge: Immunisierung der Rechtshandlung

Sofern die Voraussetzungen von Art. 13 erfüllt sind, ist Art. 4 Abs. 2 lit. m – also die Verweisung auf die *lex fori concursus* – nicht anwendbar. Damit sind alle funktional als anfechtungsrechtlich zu qualifizierenden Normen der *lex fori concursus* derogiert. Zu diesen zählt im deutschen Recht auch die **Rückschlagsperre** des § 88 InsO (→ Art. 4 Rn. 6) (aA Andres/Leithaus/*Dahl* InsO § 339 Rn. 2 für das autonome deutsche Recht, der fälschlich meint, § 88 InsO könne nur im Wege einer Analogie unter § 339 InsO fallen; anders auch *Thole* S. 814, der die Rückschlagsperre unter Art. 4 Abs. 2 lit. f fassen will). 16

Die Rechtshandlung kann in diesem Fall **nach keinem Recht angegriffen** werden. Die Unanfechtbarkeit nach der *lex causae* immunisiert die Rechtshandlung gegenüber aus anderen Rechten hergeleiteten Nichtigkeits-, Unwirksamkeits- oder Anfechtungsgründen. Es wäre widersinnig, insoweit das autonome Kollisionsrecht für anwendbar zu erachten, weil dadurch der Zweck des Art. 13 – eine Beschränkung der Anfechtungsmöglichkeiten und dadurch der Schutz des Rechtsverkehrs – nicht sicher erreicht werden könnte. 17

V. Die Geltendmachung der Anfechtbarkeit

1. Möglichkeiten der Geltendmachung. Die Anfechtbarkeit einer Rechtshandlung kann im deutschen Recht geltend gemacht werden: 1.) durch Rückforderung des anfechtbar Erlangten (§ 143 InsO), 2.) als Einwand gegen eine Aufrechnung des anderen Teils (§ 96 Abs. 1 Nr. 3 InsO) oder 3.) als Einrede gegen einen anfechtbar begründeten Anspruch. Gleichgültig auf welche Weise der Verwalter das Anfechtungsrecht *in concreto* geltend macht, stets kann der andere Teil nach Art. 13 einwenden, dass die Rechtshandlung nach der *lex causae* nicht anfechtbar sei, und so den Angriff abwehren bzw. die Verteidigung des Verwalters überwinden. 18

2. Die internationale Zuständigkeit für den Anfechtungsprozess. Soll ein durch Anfechtbarkeit entstehender Rückgewähranspruch klageweise durchgesetzt werden, sind dafür die Gerichte des Staates der Verfahrenseröffnung (analog) Art. 3 zuständig (EuGH Slg. 2009, I-767 = NJW 2009, 2189 = IPRax 2009, 513 – Christopher Seagon/Deko Marty. Die deutschen Gerichte folgen dieser Vorgabe BGH NJW 2009, 2215; OLG Naumburg ZInsO 2010, 2325 = ZIP 2011, 677). Der Anfechtungsstreit gehört damit zu den sogenannten Annexverfahren, für die die Zuständigkeit entsprechend Art. 3 der EuInsVO zu bestimmen ist (→ Art. 3 Rn. 46). 19

Sind hiernach die deutschen Gerichte international zuständig, folgt die **örtliche Zuständigkeit** aus einer analogen Anwendung von § 19a ZPO iVm § 3 InsO, Art. 102 § 1 EGInsO (BGH NJW 2009, 2215). Zuständig ist das Prozessgericht, nicht das Insolvenzgericht. 20

Ob der **Verwalter des Haupt- oder der des Sekundärverfahrens** befugt ist, den Rückgewähranspruch prozessual geltend zu machen, richtet sich danach, aus welcher Masse der zurückzuholende Gegenstand stammte, bzw. in welche er ohne die benachteiligende Handlung gefallen wäre (ähnlich EuGH 11.6.2015 – C-649/13, NZI 2015, 663 = ZIP 2015, 1299 Rn. 33 – Nortel; MüKoInsO/*Reinhart* Rn. 17; ausführlich *Thole* S. 849). In einem Sekundärverfahren kann die **Gläubigerbenachteiligung** nicht allein daraus hergeleitet werden, dass ein Gegenstand vor Verfahrenseröffnung in einen anderen Staat verbracht wurde (str.; wie hier MüKoInsO/*Reinhart* InsO § 354 Rn. 20). Zwar wird dadurch die Masse des Sekundärverfahrens vermindert, dies korrespondiert jedoch mit einer entsprechenden Massemehrung des Hauptverfahrens. Bei der Bestimmung der Gläubi- 21 gerbenachteiligung ist eine isolierte Betrachtung der Massen zu vermeiden, da es sonst zu Anfechtungsprozessen zwischen den Verwaltern kommt, die für die Gläubiger nichts außer Kosten bringen. Umgekehrt gilt dasselbe, wenn ein Gegenstand vor Verfahrenseröffnung in einen Staat verbracht wurde, in dem später ein Sekundärverfahren eröffnet wurde: Die Schmälerung der Masse des Hauptverfahrens korrespondiert mit einer Erhöhung der Masse des Sekundärverfahrens. Näher hierzu bei → Art. 18 Rn. 10.

22 Hat der Hauptinsolvenzverwalter eine Klage erhoben, mit der er einen **Anspruch** geltend macht, **der in die Masse eines danach eröffneten Sekundärverfahrens** fällt, verliert er mit der Eröffnung des Sekundärverfahrens die Prozessführungsbefugnis sowie die Aktivlegitimation (Geimer/Schütze EuZVerfR/*Gruber* B Vor I 20b Art. 13 Rn. 17; MüKoInsO/*Reinhart* Rn. 18). Um (Kosten-)Nachteile zu vermeiden, empfiehlt sich in einer solchen Situation eine gewillkürte Prozessstandschaft oder die Abtretung des Anspruchs.

23 **3. Darlegungs- und Beweislast.** Der Verwalter, der die Anfechtung geltend machen will, muss deren Voraussetzungen nach der *lex fori concursus* darlegen und ggf. beweisen. Den Nachweis, dass eine andere Rechtsordnung als die *lex fori concursus* die *lex causae* stellt und dass die angegriffene Rechtshandlung nach diesem Recht nicht anfechtbar ist, muss dann der andere Teil führen. Dabei genügt nicht die schlichte Behauptung, dass die Rechtshandlung nach der *lex causae* anfechtungsfest wäre (Geimer/Schütze EuZVerfR/*Gruber* B Vor I 20b Art. 13 Rn. 13). Ebenso reicht es nicht aus, wenn der Anfechtungsgegner zeigt, dass die vom Anfechtenden geltend gemachten Anfechtungsgründe nach der *lex causae* nicht durchgreifen. Er muss vielmehr zeigen, dass es auch keine anderen Institute in der *lex causae* gibt, die das Geschäft invalidieren. Der Anfechtungsgegner ist gehalten, diese Behauptung durch die Vorlage von Gutachten hinreichend zu substantiieren. Ein ***non liquet* hinsichtlich der Insolvenzfestigkeit** nach der *lex causae* geht zu Lasten des Anfechtungsgegners (EuGH 15.10.2015 – C-310/14).

24 Hinsichtlich der **Beweislast für das Nichtvorliegen der Anfechtungsvoraussetzungen** ist Art. 13 als Sachnorm zu verstehen, nach der der Anfechtungsgegner das konkrete Nichteingreifen der Vorschriften zu beweisen hat (MüKoInsO/*Reinhart* Rn. 10). Hierbei genügt es allerdings zu zeigen, dass ein Tatbestandsmerkmal nicht vorliegt. Auch **Vermutungen oder Beweislastumkehrungen**, die dem Anfechtungsgegner nach der *lex causae* zu Gute kommen, sind zu berücksichtigen. Dies ergibt sich aus der materiellrechtlichen Qualifikation dieser Institute. Es genügt daher, wenn der Anfechtungsgegner zeigt, dass es jedenfalls dem Verwalter nicht gelingen wird, das positive Eingreifen einer Anfechtungsvorschrift der *lex causae* zu beweisen. Sollte das deutsche Recht die *lex causae* stellen, so ginge etwa ein *non liquet* hinsichtlich der Frage der Kenntnis von der Zahlungsunfähigkeit (§ 130 Abs. 1 Nr. 1 InsO) zu Lasten des Verwalters.

25 Die **Fragen des Beweismaßes und des Umgangs mit ausländischem Recht** sind prozessual zu qualifizieren, so dass sie sich nach der jeweiligen *lex fori processus* richten (iErg ebenso Geimer/Schütze EuZVerfR/*Gruber* B Vor I 20b Art. 13 Rn. 12; anders für die Frage des Umgangs mit ausländischem Recht MüKoInsO/*Reinhart* Rn. 13).

Schutz des Dritterwerbers

14 **Verfügt der Schuldner durch eine nach Eröffnung des Insolvenzverfahrens vorgenommene Rechtshandlung gegen Entgelt**

– über einen unbeweglichen Gegenstand,

– über ein Schiff oder ein Luftfahrzeug, das der Eintragung in ein öffentliches Register unterliegt, oder

– über Wertpapiere, deren Eintragung in ein gesetzlich vorgeschriebenes Register Voraussetzung für ihre Existenz ist,

so richtet sich die Wirksamkeit dieser Rechtshandlung nach dem Recht des Staates, in dessen Gebiet dieser unbewegliche Gegenstand belegen ist oder unter dessen Aufsicht das Register geführt wird.

Schrifttum: S. die Nachweise in der Vorbemerkung. Ferner: *Anthimos*, zur Anwendung des Art. 14 EuInsVO in Griechenland, IPRax 2014, 450; *Reinhart*, Die Bedeutung der EuInsVO im Insolvenzeröffnungsverfahren – Besonderheiten paralleler Eröffnungsverfahren, NZI 2009, 201.

I. Überblick

Art. 14 enthält eine **Sonderanknüpfung** hinsichtlich des **Schutzes des guten Glaubens** eines Dritten, der während des Insolvenzverfahrens einen der bezeichneten Gegenstände vom Insolvenzschuldner rechtsgeschäftlich erwirbt. Die Wirksamkeit dieses Erwerbs, der an dem von der *lex fori concursus* angeordneten Verlust der Verfügungsbefugnis des Schuldners scheitern könnte, richtet sich gem. Art. 14 nicht nach der EuInsVO, sondern nach dem Belegenheitsrecht bzw. nach dem Recht des betreffenden Registerstaates. Die Vorschrift dient damit dem Verkehrsschutz. Die Norm zeigt zugleich, dass die materiellrechtlichen Auswirkungen einer insolvenzrechtlich veranlassten Verfügungsbeschränkung von der Verordnung insolvenzrechtlich qualifiziert werden, denn sonst bedürfte es des Art. 14 nicht, da bei einer sachenrechtlichen Qualifikation ohnehin das Lageortrecht angewendet würde. Hieraus folgt, dass im Fall der Unanwendbarkeit des Art. 14 die Frage, ob der Erwerb wirksam ist, von der *lex fori concursus* entschieden wird (vgl. das Beispiel bei Duursma-Kepplinger/Duursma/Chalupsky EuInsVO/*Duursma-Kepplinger* Rn. 24, das die Konsequenzen des Fehlens einer Parallelvorschrift zu § 91 Abs. 2 InsO im österreichischen Recht anschaulich macht). Deswegen richtet sich der Erwerb von **Rechten an beweglichen Sachen,** soweit es auf den Schutz des guten Glaubens des Vertragspartners ankommt, nach der *lex fori concursus* (*Ahrens* S. 174). 1

Die Vorschrift steht in engem Zusammenhang mit Art. 11, der für die Eintragungsfähig- und Eintragungsbedürftigkeit einer infolge der Verfahrenseröffnung eingetretenen Verfügungsbeschränkung gleichfalls auf das Recht des Registerstaates verweist (→ Art. 11 Rn. 5). Die Vorschrift **entspricht** der Sache nach **Art. 17 EuInsVO nF**. Im autonomen Recht sieht **§ 349 InsO** eine vergleichbare Regelung vor. 2

II. Voraussetzungen

1. Gegenständlicher Anwendungsbereich. Neben **massezugehörigen Grundstücken** und **Wohnungseigentum** erfasst die Vorschrift auch **Schiffe** und **Luftfahrzeuge.** Insoweit ist der Anwendungsbereich deckungsgleich mit Art. 11 (→ Art. 11 Rn. 2 ff.). Ferner ist auch der Erwerb von **Rechten an Wertpapieren** erfasst, sofern deren Eintragung in ein gesetzlich vorgeschriebenes Register Voraussetzung für ihre Existenz ist. **Nicht erfasst** sind **Namensaktien** (*Born*, Europäisches Kollisionsrecht des Effektengiros, 187), **Patente und andere gewerbliche Schutzrechte**, da es sich bei ihnen nicht um Wertpapiere handelt. 3

Diese Gegenstände müssen sich in einem **anderen Staat als dem der Verfahrenseröffnung** befinden. Der Lageort bestimmt sich nach Art. 2 lit. g (→ Art. 2 Rn. 11). Bei Grundstücken kommt es auf die Belegenheit und bei anderen Gegenständen darauf an, welcher Staat die Aufsicht über das Register führt (→ Art. 2 Rn. 12). Befindet sich der Gegenstand in einem Drittstaat, ist die Verordnung wegen des fehlenden qualifizierten Binnenmarktbezugs nicht an- 4 wendbar, so dass das autonome Kollisionsrecht der *lex fori processus* zu befragen ist (→ Art. 1 Rn. 16; MüKoBGB/*Kindler* Rn. 16).

5 **2. Rechtsgeschäftlicher Erwerb vom Schuldner während des (Eröffnungs-)Verfahrens.** Nur der **rechtsgeschäftliche Erwerb** ist vom Anwendungsbereich der Norm umfasst. Unbeachtlich ist, ob das **Vollrecht** übertragen wird oder ob es um den **Erwerb eines beschränkten dinglichen Rechts** geht; in beiden Fällen ist Art. 14 einschlägig, sofern der Schuldner **nach Eröffnung des Verfahrens** verfügt hat, wobei der Eröffnungszeitpunkt gem. Art. 2 lit. f zu bestimmen ist.

6 Art. 14 ist entsprechend auf **Verfügungen** anzuwenden, die der Schuldner **während des Eröffnungsverfahrens** trifft (*Reinhart* NZI 2009, 201). Sofern in diesem Rahmen eine nach Art. 25 Abs. 1 UAbs. 3 anzuerkennende Anordnung ergeht, durch welche die Verfügungsbefugnis des Schuldners beschränkt wird, richtet es sich entsprechend Art. 14 nach dem Recht des Belegenheitsstaates, ob der Vertragspartner gleichwohl ein Recht an dem Gegenstand erwerben kann (vgl. MüKoInsO/*Reinhart* Art. 22 Rn. 3).

7 **3. Entgeltlichkeit des Erwerbs.** Nur der entgeltliche Erwerb ist vom Anwendungsbereich der *lex fori concursus* ausgenommen. Die Voraussetzung der Entgeltlichkeit ist im Hinblick auf den von der Vorschrift bezweckten Verkehrsschutz weit auszulegen (Geimer/Schütze EuZVerfR/*Gruber* B Vor I 20b Art. 14 Rn. 8). Auch eine **gemischte Schenkung** ist daher von Art. 14 erfasst; nur Verfügungen ohne jede Gegenleistung sind hinsichtlich des Schutzes des guten Glaubens nach der *lex fori concursus* zu beurteilen (MüKoBGB/*Kindler* Rn. 5). Nicht zu folgen ist der Ansicht von *Gruber* (Geimer/Schütze EuZVerfR/*Gruber* B Vor I 20b Art. 14 Rn. 10), nach der in einem solchen Fall der gutgläubige Erwerb gänzlich ausgeschlossen sein soll. Eine solche sachrechtliche Regelung lässt sich der Vorschrift nicht entnehmen.

III. Rechtsfolge: Maßgeblichkeit der Verkehrsschutzvorschriften des Registerstaates

8 Nach Art. 14 entscheiden die **Sachvorschriften des Registerstaates** (bzw. bei unbeweglichen Sachen des Belegenheitsortes) darüber, ob der Vertragspartner das Recht noch wirksam erwerben kann, obwohl der Insolvenzschuldner durch die Verfahrenseröffnung die Verfügungsbefugnis verloren hat (OLG Thessaloniki mAnm *Anthimos* IPRax 2014, 450). Befindet sich der Gegenstand im Inland, kommt ein Gutglaubensschutz nach §§ 81 Abs. 1 S. 2, 91 Abs. 2 InsO iVm § 892 BGB in Betracht. Anders *Cranshaw* (jurisPR-InsR 21/2010 Anm. 2), der Art. 14 als Verweisung auf § 349 InsO versteht, was jedoch mit dem einheitsrechtlichen Charakter der Verordnung nicht vereinbar ist.

Wirkungen des Insolvenzverfahrens auf anhängige Rechtsstreitigkeiten

15 Für die Wirkungen des Insolvenzverfahrens auf einen anhängigen Rechtsstreit über einen Gegenstand oder ein Recht der Masse gilt ausschließlich das Recht des Mitgliedstaats, in dem der Rechtsstreit anhängig ist.

Schrifttum: S. die Nachweise in der Vorbemerkung. Ferner: *Brinkmann*, Zu Voraussetzungen und Wirkungen der Art. 15, 25 EuInsVO, IPRax 2007, 235; *ders.*, Die Auswirkungen der Eröffnung eines Verfahrens nach Chapter 11 U.S. Bankruptcy Code auf im Inland anhängige Prozesse, IPRax 2011, 143; *Mankowski*, EuInsVO und Schiedsverfahren, ZIP 2010, 2478; *Rugullis*, Litispendenz im Europäischen Insolvenzrecht, 2002.

Übersicht

I. Überblick

1 Art. 15 enthält eine **Sonderanknüpfung für die Frage** vor, **wie sich die Eröffnung des Insolvenzverfahrens auf zu diesem Zeitpunkt anhängige massebezogene Erkenntnisverfahren** auswirkt. Nach Art. 15 entscheidet hierüber nicht die *lex fori concursus*, sondern die *lex fori processus*. Es geht um eine prozessuale Fragestellung, die sich entsprechend den allgemeinen Regeln nach dem Recht des Staates richtet, in dem der Prozess anhängig ist. Außerhalb des Anwendungsbereichs der EuInsVO ist für die Wirkungen ausländischer Insolvenzverfahren auf im Inland anhängige Rechtsstreitigkeiten **§ 352 InsO** anzuwenden. Die Vorschrift **entspricht** der Sache nach **Art. 18 EuInsVO nF,** der überdies klarstellt, dass die Unterbrechungswirkung auch **Schiedsverfahren** betrifft (→ Rn. 11).

II. Voraussetzungen

2 **1. Insolvenzverfahren in einem Mitgliedstaat.** Die Vorschrift ist nur anwendbar, wenn ein Insolvenzverfahren in einem Mitgliedstaat eröffnet wurde, das nach Art. 16 anzuerkennen ist. Unbeachtlich ist, ob es sich um ein **Hauptverfahren** oder um ein **unabhängiges Partikularverfahren** nach Art. 3 Abs. 4 handelt (MüKoBGB/*Kindler* Rn. 10).

3 **2. Rechtsstreit über einen Gegenstand oder ein Recht der Masse.** Der Begriff „Rechtsstreit" ist autonom auszulegen (aA *Paulus* EuInsVO Rn. 3, der in weitem Umfang auf die *lex fori processus* zurückgreifen will). Er ist als Unterfall der „Rechtsverfolgungsmaßnahmen" zu verstehen, wie Art. 4 lit. f Hs. 2 zeigt. Hieraus ergibt sich, dass unter Art. 15 **nur Erkenntnisverfahren** fallen, nicht hingegen Maßnahmen der Einzelzwangsvollstreckung. Vollstreckungsrechtliche Rechtsbehelfsverfahren (zB die Vollstreckungsabwehrklage) sind jedoch als Erkenntnisverfahren iSd Art. 15 zu qualifizieren. Zu den erfassten Verfahren gehören auch Verfahren nach dem FamFG (hM Gottwald InsO-HdB/*Kolmann/Keller* § 133 Rn. 66; Geimer/Schütze EuZVerfR/*Gruber* B Vor I 20b Art. 15 Rn. 5; *Smid* DtEuInsR Rn. 14; MüKoInsO/*Reinhart* Rn. 3; aA Pannen EuInsVO/*Dammann* EuInsVO Rn. 8; MüKoBGB/*Kindler* Rn. 5) und in Verfahren vor den Finanzgerichten (BFH ZIP 2015, 996). Erfasst sind nicht nur Verfahren vor staatlichen Gerichten, sondern auch **Verfahren vor privaten Schiedsgerichten** (Court of Appeal England ZIP 2010, 2528 [mAnm *Mankowski* ZIP 2010, 2478]; MüKoInsO/*Reinhart* Rn. 4; Pannen EuInsVO/*Dammann* EuInsVO Rn. 8), wie Art. 18 nF im Zuge der **Reform der EuInsVO** klarstellt. Ebenso ist unbeacht-

lich, welcher staatlichen Gerichtsbarkeit der Streit zugewiesen ist: Sofern der Massebezug zu bejahen ist, erfüllt auch eine verwaltungsrechtliche Streitigkeit den Tatbestand. Sogar **Verfahren vor Verwaltungsbehörden** können Rechtsstreitigkeiten im Sinne des Art. 15 sein, wenn sie als zweiseitiges Verfahren ausgestaltet sind, an dessen Ende eine rechtskräftige Entscheidung stehen kann (Vorverfahren nach §§ 68 ff. VwGO). Zu den erfassten Rechtsstreitigkeiten gehört auch das **Beschwerdeverfahren gemäß Art. 43 EuGVVO aF** iVm §§ 11 ff. AVAG aF (OLG Köln ZIP 2007, 2287; berechtigterweise anders für das erstinstanzliche (einseitige) Verfahren gem. Art. 40, 41 EuGVVO aF OLG Bamberg ZIP 2006, 1066) und das **Versagungsverfahren nach Art. 46 ff. EuGVVO** nF iVm § 1115 ZPO.

4 **3. Anhängigkeit in einem anderen Mitgliedstaat.** Die Vorschrift setzt voraus, dass der Rechtsstreit in einem anderen Mitgliedstaat anhängig ist. Art. 15 verlangt insofern einen qualifizierten Binnenmarktbezug; ist der Rechtsstreit in einem Nicht-EuInsVO-Staat anhängig oder ist der Sitz des Schiedsverfahrens in einem Drittstaat, gilt autonomes Recht. Im Falle eines in Deutschland anhängigen Prozesses ist in einem solchen Fall § 352 InsO anzuwenden, der eine Sachnorm enthält, die unmittelbar die Unterbrechung solcher Rechtsstreitigkeiten anordnet.

5 Der **Begriff der Anhängigkeit** ist autonom und zwar im Sinne des Art. 32 EuGVVO nF (= Art. 30 EuGVV aF) auszulegen (vgl. *Rugullis* S. 53 f.). Danach gilt ein Gericht als „angerufen“, wenn das **verfahrenseinleitende Schriftstück** bei Gericht oder der für die Zustellung verantwortlichen Stelle **eingereicht** worden ist (die zweite Alternative ist relevant für die Mitgliedstaaten, in denen die Zustellung vor Einreichung des verfahrenseinleitenden Schriftstücks bei Gericht erfolgt). Hinzukommen muss, dass der Kläger alle notwendigen Schritte unternommen hat, die Voraussetzung für eine Fortführung des Verfahrens sind. Welche Maßnahmen dies im Einzelnen sind, richtet sich nach der *lex fori processus* (vgl. Musielak/Voit/*Stadler* EuGVVO Art. 30 Rn. 1).

6 **4. Zeitpunkt der Verfahrenseröffnung.** Der Rechtsstreit muss im Zeitpunkt der Verfahrenseröffnung anhängig sein. Gem. Art. 2 lit. f ist dies der Moment, in dem die Eröffnungsentscheidung wirksam wird. Grundsätzlich ist damit die **Wirksamkeit der formellen Eröffnungsentscheidung bezüglich des Insolvenzverfahrens** gemeint (→ Art. 2 Rn. 10). Teilweise wird vertreten, dass die vom EuGH in *Eurofood* vorgenommene Vorverlegung des Eröffnungszeitpunkts auf die Anordnung von Sicherungsmaßnahmen und die Einsetzung eines vorläufigen Insolvenzverwalters (EuGH NZI 2006, 360 = IPRax 2007, 120 Rn. 54) auch im Rahmen von Art. 15 zu übernehmen sei (österreich. OGH IPRax 2007, 225; OLG München ZIP 2012, 2419; MüKoInsO/*Reinhart* Rn. 6). Dem ist zu widersprechen. Die auf die möglichst rasche Beendigung von Zuständigkeitskonflikten abzielende Auslegung des EuGH sollte nicht auf andere Normen der EuInsVO übertragen werden, im Einzelnen → Art. 2 Rn. 10.

7 Art. 15 kann auch nicht analog auf **Rechtsstreitigkeiten vor Verfahrenseröffnung** angewandt werden, da es (anders als bei Art. 14, → Art. 14 Rn. 6) an der erforderlichen Regelungslücke fehlt. Die Einleitung des Eröffnungsverfahrens und die Einsetzung eines vorläufigen Insolvenzverwalters sind als Entscheidungen über Sicherungsmaßnahmen iSv Art. 25 Abs. 1 UAbs. 3 in den übrigen Mitgliedstaaten anzuerkennen. Diese Anerkennung führt auch zu einer prozessualen Relevanz dieser Maßnahmen entsprechend der jeweiligen *lex fori concursus*. Die Brücke in das Prozessrecht des Staates, in dem der Rechtsstreit anhängig ist, ist also bei Insolvenzeröffnungsverfahren nicht Art. 15 sondern Art. 25 Abs. 1 UAbs. 3 (zum Ganzen *Brinkmann* IPRax 2007, 235 [236]). Von Bedeutung ist dies, wenn die *lex fori processus* unterschiedliche Konsequenzen an die formelle Eröffnungsentschei-

dung einerseits und an die Einleitung eines Insolvenzeröffnungsverfahrens andererseits knüpft.

5. Massebezogenheit des Rechtsstreits. Art. 15 setzt schließlich voraus, dass der Rechtsstreit „über einen Gegenstand oder ein Recht der Masse" geführt wird. Die Massezugehörigkeit richtet sich nach der *lex fori concursus,* Art. 4 Abs. 2 lit. b. Hierbei spielt es keine Rolle, ob mit dem Prozess ein Recht für die Masse behauptet wird **(Aktivprozess),** oder ob mit der Klage ein Recht gegen die Masse geltend gemacht werden soll **(Passivprozess)** (Duursma-Kepplinger/Duursma/Chalupsky EuInsVO/*Duursma-Kepplinger* Rn. 20; vgl. für den Patentnichtigkeitsstreit BGH NZI 2013, 690 = ZIP 2013, 1447; für ein (sonstiges) Aussonderungsbegehren OLG München NZI 2010, 826 [828]). 8

III. Rechtsfolge

Art. 15 EuInsVO verweist sowohl hinsichtlich der **Unterbrechungswirkung** als auch für die **Aufnahmemöglichkeiten** auf die Sachvorschriften der ***lex fori processus*** (*Paulus* EuInsVO Rn. 6). Gleichfalls nach der *lex fori processus* zu beurteilen ist die Frage, ob eine vom Schuldner erteilte **Prozessvollmacht** von der Eröffnung des Verfahrens berührt wird (*Herchen* S. 208; Duursma-Kepplinger/Duursma/Chalupsky EuInsVO/*Duursma-Kepplinger* Rn. 36; *Smid* DtEuInsR Rn. 8; Geimer/Schütze EuZVerfR/*Gruber* B Vor I 20b Art. 15 Rn. 8). Hierbei handelt es sich um eine prozessual zu qualifizierende Frage, für die nach allgemeinen Regeln die *lex fori processus* maßgeblich ist. Die Gegenansicht (MüKoInsO/*Reinhart* Rn. 8) wendet unter Rückgriff auf Art. 4 Abs. 2 lit. e die *lex fori concursus* auf die Prozessvollmacht an und verkennt dadurch den Charakter der Prozessvollmacht als Prozesshandlung (hierzu aus der Sicht des deutschen Rechts BGHZ 41, 104 [105]). Bei einem **in Deutschland anhängigen Rechtsstreit** führt also die Eröffnung eines Insolvenzverfahrens in einem EuInsVO-Staat zur Unterbrechung des Rechtsstreits nach § 240 ZPO (zur Bedeutung dieser Vorschrift für die Verwirklichung des Rechts auf rechtliches Gehör *Brinkmann* IPRax 2011, 143). Die Möglichkeiten, **einen im Inland anhängigen Rechtsstreit aufzunehmen,** richten sich nach §§ 85 ff. InsO (*Brinkmann* IPRax 2011, 143 [146]; MüKoInsO/*Reinhart* Rn. 14). Die Aufnahmemöglichkeiten sind dabei abzugrenzen von der Aufnahmebefugnis (ähnlich *Mankowski* ZIP 2010, 2478 [2482]), die sich nach der *lex fori concursus* richtet, denn insoweit geht es um die Frage, wer (Schuldner oder Verwalter, bzw. welcher Verwalter) nach dem anwendbaren Recht die Aufnahmemöglichkeiten ausüben kann (OLG München NZI 2010, 826 [828]; MüKoInsO/*Reinhart* Rn. 14). 9

Für die sich bei der **Aufnahme von Passivprozessen** stellende (Vor-)Frage, ob § 86 oder § 87 InsO anzuwenden ist, ob es sich also um eine Insolvenzforderung oder um eine privilegierte Forderung handelt, ist das ausländische Insolvenzrecht dahingehend zu befragen, wie die im Prozess geltend gemachte Forderung einzuordnen ist: Wenn es sich nach dem Insolvenzstatut um eine Insolvenzforderung handelt, gilt § 87 InsO, so dass der Gläubiger die Forderung im ausländischen Verfahren geltend machen muss. Erst wenn sie dort bestritten wird, kann der Kläger den inländischen Prozess entsprechend § 180 Abs. 2 InsO aufnehmen. Welche Wirkung das in diesem Prozess gegen den Verwalter ergehende (Feststellungs-) Urteil im ausländischen Insolvenzverfahren hat, ist ein Problem der Anerkennung dieser Entscheidung, die sich nach der EuGVVO richtet (→ Art. 25 Rn. 20). 10

In Bezug auf **Schiedsverfahren** ist Art. 15 als eine Verweisung auf die ggf. gewählte Schiedsordnung und subsidiär auf die *lex loci arbitri* zu verstehen. Ein deutschem Recht unterliegendes Schiedsverfahren wird vor dem Hintergrund des 11

Rechts auf rechtliches Gehör (§ 1042 Abs. 1 S. 2 ZPO) durch die Eröffnung des Insolvenzverfahrens über das Vermögen einer der Parteien zwingend unterbrochen (ähnlich *Kröll* in Mistelis/Lew, Pervasive Problems in International Arbitration, Rn. 18–36, der meint, eine Verlängerung der Einlassungsfristen sei aufgrund der *due process*-Regel zwingend geboten). Haben die Parteien ein anderes Recht als das Recht am Schiedsort als Schiedsverfahrensstatut bestimmt, so ist dieses maßgeblich (*Mankowski* ZIP 2010, 2478 [2482]).

Kapitel II. Anerkennung der Insolvenzverfahren

Grundsatz

16 (1) **Die Eröffnung eines Insolvenzverfahrens durch ein nach Artikel 3 zuständiges Gericht eines Mitgliedstaats wird in allen übrigen Mitgliedstaaten anerkannt, sobald die Entscheidung im Staat der Verfahrenseröffnung wirksam ist.**

Dies gilt auch, wenn in den übrigen Mitgliedstaaten über das Vermögen des Schuldners wegen seiner Eigenschaft ein Insolvenzverfahren nicht eröffnet werden könnte.

(2) [1]**Die Anerkennung eines Verfahrens nach Artikel 3 Absatz 1 steht der Eröffnung eines Verfahrens nach Artikel 3 Absatz 2 durch ein Gericht eines anderen Mitgliedstaats nicht entgegen.** [2]**In diesem Fall ist das Verfahren nach Artikel 3 Absatz 2 ein Sekundärinsolvenzverfahren im Sinne von Kapitel III.**

Schrifttum: S. die Nachweise in der Vorbemerkung. Ferner: *Brinkmann*, Ausländische Insolvenzverfahren und deutscher Grundbuchverkehr, IPRax 2013, 333; *Herchen*, International-insolvenzrechtliche Kompetenzkonflikte in der Europäischen Gemeinschaft, ZInsO 2004, 61; Clavora/Garber/*Konecny*, Vertrauen ist gut – will aber verdient sein!, Grenzüberschreitende Insolvenzen im Europäischen Binnenmarkt, 2011, 17; *Mock*, Internationale Restschuldbefreiung, KTS 2013, 423; Clavora/Garber/*Krautgasser*, Rechtsprobleme der Prüfung der Zuständigkeit nach der EuInsVO Clavora/Garber/*Nunner-Krautgasser*, Grenzüberschreitende Insolvenzen im Europäischen Binnenmarkt, 2011, 31.

I. Überblick

Nach Art. 16 ist ein in einem Mitgliedstaat eröffnetes Haupt- oder Sekundärinsolvenzverfahren ohne Weiteres, also ohne besonderes Verfahren, in allen anderen Mitgliedstaaten anzuerkennen („automatische Anerkennung"). Die Anerkennung erzeugt eine Bindung der innerstaatlichen Gerichte an die Entscheidungen der Gerichte des anderen Mitgliedstaats in dem Sinn, dass die innerstaatlichen Gerichte die ausländischen Entscheidungen nicht in Frage stellen dürfen. Die **Anerkennung** ist insofern **als Geltungserstreckung** zu verstehen. Anerkennung und **Wirkungserstreckung** nach Art. 17 sind von einander zu trennen, zu den Unterschieden → Art. 17 Rn. 1. 1

Die Gerichte eines Mitgliedstaats können die Anerkennung der Eröffnungsentscheidung durch die Gerichte eines anderen Mitgliedstaats nur unter Berufung auf den *ordre public*-Vorbehalt des Art. 26 verweigern. Mit diesem **Prinzip der automatischen Anerkennung** trägt die EuInsVO dem das Europäische Zivilverfahrensrecht prägenden **Grundsatz des gegenseitigen Vertrauens in die Rechtspflege der Mitgliedstaaten** Rechnung (EuGH NZI 2006, 360 Rn. 39 – Eurofood; dazu die Beiträge von *Konecny* und von *Nunner-Krautgasser* in Clavora/Garber S. 17 ff.; S. 31 ff.). Das Prinzip der automatischen Anerkennung ist ein Spezifikum des europäischen Justizraums. Art. 16 entspricht **Art. 19 der neuen EuInsVO**. **Im autonomen Recht** sieht **§ 343 InsO** zwar unter entsprechenden Voraussetzungen eine Anerkennung von Insolvenzverfahren außerhalb des Anwendungsbereichs der EuInsVO vor; anders als im Rahmen von Art. 16 kann und muss ein deutsches Gericht bei der Prüfung der Anerkennungsfähigkeit einer ausländischen Eröffnungsentscheidung nach § 343 InsO allerdings auch prüfen, 2 ob das ausländische Gericht seine internationale Eröffnungszuständigkeit zu Recht angenommen hat (→ InsO § 343 Rn. 10).

II. Voraussetzungen der Anerkennung nach Absatz 1

3 **1. Wirksamer Eröffnungsbeschluss als Gegenstand der Anerkennung.** Art. 16 erfasst nur **Eröffnungsentscheidungen mitgliedstaatlicher Gerichte** (zum Begriff des „Gerichts" → Art. 2 Rn. 4). Sachlich sind solche Verfahren ausgenommen, die sich auf Vermögen eines in Art. 1 Abs. 2 genannten Rechtsträgers beziehen. Ob mit der Entscheidung ein **Haupt- oder ein Sekundärverfahren** eröffnet wurde, ist unbeachtlich; Absatz 1 erfasst beide Verfahrensarten, denn nach Absatz 1 kommt es auf die Zuständigkeit nach Art. 3 an, der die Zuständigkeitsgrundlage sowohl für Haupt- wie für Sekundärverfahren enthält (MüKoInsO/*Reinhart* Rn. 7).

4 Die Anerkennung greift ab dem **Zeitpunkt der Wirksamkeit des Eröffnungsbeschlusses.** Damit stellt Art. 16 auf den in Art. 2 lit. f beschriebenen Zeitpunkt ab (→ Art. 2 Rn. 6 ff.). Auf die Rechtskraft des Eröffnungsbeschlusses kommt es nicht an.

5 Die **Anerkennung anderer Entscheidungen** als der Eröffnungsentscheidung bemisst sich nach Art. 25, der insoweit auf die EuGVVO verweist. Vor dem Hintergrund der Eurofood-Entscheidung (EuGH NZI 2006, 360 = IPRax 2007, 120) ist allerdings zu berücksichtigen, dass auch die **Einsetzung eines vorläufigen Insolvenzverwalters** iVm der Anordnung eines Zustimmungsvorbehalts eine Verfahrenseröffnung im Sinne von Art. 3 Abs. 3 sein kann (im Einzelnen → Art. 2 Rn. 8). Ein Beschluss, mit dem im Eröffnungsverfahren Sicherungsmaßnahmen angeordnet werden, hat eine Doppelnatur: Einerseits bedeutet er eine Verfahrenseröffnung im Sinne von Art. 3 Abs. 3; andererseits erzeugt er Wirkungen, die spezifisch auf das Eröffnungsverfahren gerichtet sind. Für die Anerkennung solcher Sicherungsmaßnahmen ist zu differenzieren: Sofern es um ihre Anerkennung als Eröffnungsentscheidung im Sinne von Art. 3 Abs. 3 geht, ist Art. 16 einschlägig (AG Köln NZI 2009, 133 [135]; County Court Croydon NZI 2009, 136; OLG Innsbruck ZIP 2008, 1647). Soweit es um die Anerkennung des Beschlusses als Sicherungsmaßnahme geht, ist Art. 25 Abs. 1 anzuwenden (Cour d'Appel Colmar ZIP 2010, 1460; sa *Brinkmann* IPRax 2007, 235; MüKoInsO/*Reinhart* Rn. 8). Art. 16 kann im Hinblick auf Sicherungsmaßnahmen daher nur angewendet werden, sofern deren Anerkennung im Hinblick auf die prioritätssichernde Sperrwirkung in Rede steht.

6 **2. Internationale Zuständigkeit des entscheidenden Gerichts nach der EuInsVO.** Die automatische Anerkennung nach Absatz 1 bezieht sich nur auf solche Eröffnungsbeschlüsse, für die das entscheidende Gericht seine **Zuständigkeit aus Art. 3 abgeleitet** hat. Entscheidungen auf der Grundlage des autonomen internationalen Insolvenzrechts eines Mitgliedstaats sind nicht nach Art. 16 anzuerkennen, sondern nach den entsprechenden autonomen Vorschriften des anerkennenden Mitgliedstaats.

7 Entgegen der Formulierung des Art. 16 sind die Gerichte des Anerkennungsstaates nicht befugt zu prüfen, ob die Gerichte des Eröffnungsstaates „tatsächlich" nach Art. 3 zuständig waren (OLG Frankfurt a. M. ZVI 2014, 414; OLG Nürnberg ZIP 2012, 241; aA OLG Düsseldorf ZVI 2014, 425 [428]). Eine **Überprüfung der Anerkennungszuständigkeit** widerspräche dem Grundsatz des gegenseitigen Vertrauens in die Gleichwertigkeit der Justizsysteme. Die Gerichte des Anerkennungsstaates können (und müssen) also nur prüfen, ob das eröffnende Gericht eines anderen Mitgliedstaats seine Zuständigkeit auf der Grundlage von Art. 3 angenommen hat (*Würdinger* IPRax 2011, 562), nicht aber, ob das Gericht

des Eröffnungsstaats sich zu Recht nach Art. 3 für international zuständig gehalten hat (vgl. LG Mosbach ZInsO 2015, 316; OLG Celle ZIP 2013, 945 [946] – allerdings mit unrichtigem Rückgriff auf das autonome Recht; OLG München NZI 2010, 826 [828]). Für diese Auffassung spricht insbesondere auch Erwägungsgrund 22, nach dem die Gerichte anderer Mitgliedstaaten die Entscheidung des eröffnenden Gerichts nicht überprüfen dürfen (MüKoBGB/*Kindler* Rn. 9, der meint, dass eine teleologische Reduktion des Art. 16 erforderlich sei).

3. Kein ordre public-Verstoß. Die Gerichte eines Mitgliedstaats können die Anerkennung einer Eröffnungsentscheidung eines Gerichts eines anderen Mitgliedstaats nur unter Berufung auf den *ordre public*-Vorbehalt des Art. 26 verweigern. Dieser verlangt, dass die Anerkennung zu einem Ergebnis führen würde, das offensichtlich nicht mit wesentlichen Grundprinzipien des Anerkennungsstaats vereinbar wäre (Einzelheiten bei Art. 26). Allerdings kann eine Verletzung des *ordre public*-Vorbehalts nicht allein aus der fehlerhaften (aus der Sicht des anerkennenden Gerichts) Anwendung der Regeln über die internationale Zuständigkeit hergeleitet werden (→ Art. 26 Rn. 9). 8

III. Anerkennung des Hauptverfahrens und Eröffnung eines Sekundärverfahrens, Absatz 2

Art. 16 Abs. 2 S. 1 stellt klar, dass die Anerkennung der Eröffnung eines Hauptverfahrens der Eröffnung eines Sekundärverfahrens nach Art. 3 Abs. 2 im Anerkennungsstaat nicht entgegensteht. Absatz 2 Satz 2 unterstreicht, dass es sich bei dem im Anerkennungsstaat eröffneten Verfahren zwingend um ein Partikularverfahren handelt, vgl. Art. 3 Abs. 3 S. 1. 9

Wirkungen der Anerkennung

17 **(1) Die Eröffnung eines Verfahrens nach Artikel 3 Absatz 1 entfaltet in jedem anderen Mitgliedstaat, ohne daß es hierfür irgendwelcher Förmlichkeiten bedürfte, die Wirkungen, die das Recht des Staates der Verfahrenseröffnung dem Verfahren beilegt, sofern diese Verordnung nichts anderes bestimmt und solange in diesem anderen Mitgliedstaat kein Verfahren nach Artikel 3 Absatz 2 eröffnet ist.**

(2) [1] **Die Wirkungen eines Verfahrens nach Artikel 3 Absatz 2 dürfen in den anderen Mitgliedstaaten nicht in Frage gestellt werden.** [2] **Jegliche Beschränkung der Rechte der Gläubiger, insbesondere eine Stundung oder eine Schuldbefreiung infolge des Verfahrens, wirkt hinsichtlich des im Gebiet eines anderen Mitgliedstaats belegenen Vermögens nur gegenüber den Gläubigern, die ihre Zustimmung hierzu erteilt haben.**

Schrifttum: S. die Nachweise zu Art. 16.

Übersicht

I. Überblick

1 Während sich Art. 16 mit der Anerkennung der Eröffnungsentscheidung befasst, regelt Art. 17 die hiervon zu trennende Frage der **Reichweite der Wirkungen der Verfahrenseröffnung**. Der **Unterschied zwischen Anerkennung und Wirkungserstreckung** zeigt sich va bei einem Territorialverfahren: Dessen Eröffnung ist in allen anderen Staaten gem. Art. 16 Abs. 1 anzuerkennen. Hieraus folgt etwa, dass die Gerichte des Hauptverfahrensstaats eine Beschränkung der Wirkungen dieses Hauptverfahrens infolge der Eröffnung des Sekundärverfahrens hinnehmen müssen. Die Wirkungserstreckung betrifft demgegenüber die Reichweite der *Rechtsfolgen* des (anerkennungsfähigen) Eröffnungsbeschlusses (wie hier *Klockenbrink* S. 72 ff.). Im Falle eines Sekundärverfahrens bleiben diese gem. Art. 3 Abs. 2 S. 2 auf Gegenstände begrenzt, die im Gebiet des Verfahrensstaats belegen sind. Art. 17 entspricht **Art. 20 der neuen EuInsVO**.

2 **Absatz 1** erstreckt die **Wirkungen der Eröffnung des Hauptinsolvenzverfahrens** auf alle anderen Mitgliedstaaten, ohne dass es hierfür irgendwelcher Förmlichkeiten bedürfte. Die Vorschrift ist die deutlichste Ausprägung des der Verordnung zugrunde liegenden Prinzips der **Universalität des Hauptverfahrens**. Die in Art. 17 Abs. 1 geregelte Wirkungserstreckung setzt die aus der Anerkennung gem. Art. 16 folgende Geltungserstreckung voraus (wie hier *Klockenbrink* S. 72 ff.). Eine **Beschränkung dieser unionsweiten Wirkungserstreckung** besteht, wenn ein Anerkennungshindernis nach Art. 25 Abs. 3 oder Art. 26 vorliegt. Ferner wird die Reichweite der Wirkungen des Hauptverfahrens begrenzt, wenn in einem anderen Staat ein Sekundärverfahren iSv Art. 3 Abs. 2 eröffnet wird, dessen Wirkungen die Wirkungen des ausländischen Hauptverfahrens verdrängen.

3 **Absatz 2** regelt die **Reichweite der Wirkungen eines Partikularverfahrens**. Dessen Wirkungen sind gem. Art. 3 Abs. 2 S. 2 auf Vermögensgegenstände beschränkt, die im Verfahrensstaat belegen sind; Art. 17 Abs. 2 S. 1 verdeutlicht, dass trotz dieser Begrenzung auch ein Partikularverfahren Wirkungen außerhalb des Eröffnungsstaats entfalten kann. Art. 17 Abs. 2 S. 2 befasst sich mit der Wirkung von **Restschuldbefreiungen und Stundungen** im Territorialverfahren. Für die Wirkungserstreckung der **Befugnisse eines im Verfahrensstaat eingesetzten Insolvenzverwalters** enthält Art. 18 eine Sonderregelung.

II. Die Reichweite der Wirkung des Hauptverfahrens, Absatz 1

4 **1. Universale Wirkungserstreckung.** Die Rechtsfolgen der Eröffnung eines Hauptverfahrens erstrecken sich grundsätzlich auf alle EuInsVO-Staaten. Von der Frage der Wirkungserstreckung ist die des anwendbaren Rechts zu trennen: Dass die Rechtsfolgen der Verfahrenswirkung in anderen Staaten nach den Art. 5–13 einem anderen Recht als dem Recht des Staats der Verfahrenseröffnung zu entnehmen sein können, ändert nichts daran, dass auch in den anderen Staaten die Verfahrenseröffnung Rechtsfolgen zeitigt und ihre Wirkungen insofern „erstreckt" werden (die sich nur eben beispielsweise nach dem Ortsrecht richten),

vgl. näher → Rn. 8. Mit der Berufung der *lex fori concursus* für insolvenzrechtliche Fragen hat das Universalitätsprinzip daher richtigerweise nichts zu tun (etwas ungenau EuGH NZI 2010, 156 = IPRax 2011, 589 Rn. 26, 45 – MG Probud Gdynia).

Die Erstreckung der Wirkungen erfolgt ohne „irgendwelche Förmlichkeiten“ – ein **gesondertes Anerkennungsverfahren** findet nicht statt (auch die Eintragung eines Insolvenzvermerks in das Grundbuch ist keine Anerkennungsvoraussetzung, unrichtig OLG Düsseldorf ZIP 2012, 1675 = IPRax 2014, 358 [mAnm *Brinkmann* IPRax 2014, 333]). Zu Entscheidungen, die nicht der EuInsVO unterfallen → EuInsVO Art. 25 Rn. 20 f. 5

2. Grenzen der Wirkungserstreckung. a) Die Eröffnung eines Sekundärverfahrens, Art. 17 Abs. 1 aE Var. 2. Die Universalität des Hauptverfahrens wird begrenzt, wenn in einem anderen Staat ein Sekundärverfahren eröffnet wird, Art. 17 Abs. 1 aE Var. 2. Das Sekundärverfahren verdrängt das Hauptverfahren für das Gebiet des Sekundärverfahrensstaats. Nach Beendigung des Sekundärverfahrens gilt die Universalität wieder uneingeschränkt (BGH NZI 2015, 183 = ZIP 2015, 42 Rn. 10). Zum Zusammenhang zwischen Sekundärverfahren und Hauptverfahren im Einzelnen bei → Art. 27 Rn. 21. 6

b) Anderweitige Bestimmung durch die Verordnung, Art. 17 Abs. 1 aE Var. 1. Die Universalität des Hauptverfahrens wird ferner durch anderweitige Bestimmungen der Verordnung selbst begrenzt. Die von Art. 17 Abs. 1 aE Var. 1 angesprochene andere Bestimmung durch die Verordnung, bezieht sich in erster Linie auf die **Anerkennungshindernisse der Art. 25 Abs. 3 und 26**. Soweit diese eingreifen, werden die Wirkungen des Hauptverfahrens nicht auf das Gebiet des Staates erstreckt, der sich auf eines der Anerkennungshindernisse beruft. Eine Begrenzung der Wirkungserstreckung sehen auch die Sachnormen in Art. 7 Abs. 2 (vgl. → Art. 7 Rn. 7) und Art. 24 vor, die die Verfahrenseröffnung in einem Staat unter bestimmten Voraussetzungen und für bestimmte Fragen für unbeachtlich erklären. 7

Nicht hierher gehören richtigerweise die **Sonderanknüpfungen der Art. 6, 8–11 und 13–15** (aA die hM: Gebauer/Wiedmann/*Haubold* EuInsVO Art. 16, 17 Rn. 166; *Huber* ZZP 114 (2001), 133 [148]; Rauscher EuZPR/EuIPR/*Mäsch* Rn. 7; Pannen EuInsVO/*Pannen/Riedemann* EuInsVO Rn. 9; *Paulus* EuInsVO Rn. 3; HambK-InsO/*Undritz* Rn. 5). Diese Sonderanknüpfungen regeln nur, welchem Recht die Rechtsfolgen der Eröffnung des Hauptverfahrens zu entnehmen sind. Auch wenn etwa nach Art. 8 das Recht des Belegenheitsortes anwendbar sein sollte, bleibt es dabei, dass die Rechtsfolge, die sich aus dem Ortsrecht ergibt, eine Wirkung der Eröffnung des Hauptverfahrens ist, so dass die Universalität der Wirkungserstreckung nicht berührt ist. Eingeschränkt wird nur die Universalität der Anwendbarkeit der *lex fori concursus* (insoweit wie hier MüKoInsO/*Reinhart* Rn. 10; HK-InsO/*Stephan* Rn. 5). Da nach der hier vertretenen Ansicht auch Art. 5 und 7 Abs. 1 „nur“ als Kollisionsnormen zu verstehen sind (→ Art. 5 Rn. 17; → Art. 7 Rn. 5), folgt auch aus diesen Vorschriften keine Begrenzung der Wirkungserstreckung, sondern lediglich eine andere Anknüpfung der Wirkungen. 8

III. Die Wirkung von Territorialverfahren, Absatz 2

1. Die Reichweite der Wirkungen von Territorialverfahren, Absatz 2 Satz 1. Partikularverfahren erfassen gem. Art. 3 Abs. 2 S. 2 nur solche Gegenstände, die im Staat der Verfahrenseröffnung belegen sind (zur Bestimmung der Belegenheit vgl. Art. 2 lit. g). Dies bedeutet nicht, dass die Wirkungen eines Territorialverfahrens nicht über das Gebiet des Verfahrensstaates hinausreichen 9 können. Denn auch Territorialverfahren vermitteln dem Territorialinsolvenzverwalter gem. Art. 18 Abs. 2 auch jenseits der Grenzen des Eröffnungsstaates gewisse Befugnisse. Ebenso kann der Territorialverwalter in anderen Staaten Prozesse führen, die sich auf Vermögensgegenstände beziehen, die der Masse des Partikularverfahrens zuzurechnen sind. Um diese Fälle zu erfassen (MüKoInsO/*Reinhart* Rn. 13) und zugleich deutlich zu machen, dass auch Partikularverfahren in der gesamten Union anzuerkennen sind, hat der Verordnungsgeber eine negative Formulierung gewählt, nach der die Wirkungen eines Partikularverfahrens „in anderen Mitgliedstaaten nicht in Frage gestellt" werden dürfen. Es ist eine Frage des nationalen Verfahrensrechts, dass auch der Staat der Territorialinsolvenz selbst die Wirkungen der Eröffnung des Verfahrens nicht in Frage stellen sollte (verkannt von OLG Düsseldorf NZI 2004, 628 = ZIP 2004, 1514: Trotz der Eröffnung eines Sekundärverfahrens in Deutschland hat es eine *administration order*, mit der in England das Hauptverfahren eröffnet worden war, im Inland für vollstreckbar erklärt; vgl. hierzu auch → Art. 27 Rn. 22).

10 **2. Die Wirkung von Stundungen oder einer Restschuldbefreiung im Partikularverfahren. Absatz 2 Satz 2** bestimmt, dass Stundungen oder Restschuldbefreiungen, die in einem Partikularverfahren erfolgt sind, außerhalb des Verfahrensstaates nur den Gläubigern gegenüber wirken, die dem Eingriff in ihre Forderung zugestimmt haben. Die Zustimmung ist erforderlich, weil ein (Teil-) Erlass das Forderungsrecht materiellrechtlich verkürzt, so dass die Forderung an sich auch in anderen Verfahren nicht mehr in der ursprünglichen Höhe geltend gemacht werden kann. Ein Eingriff in die Forderung hat insofern – jedenfalls wenn er die Forderung auf der materiellrechtlichen Ebene trifft – immer universale Wirkung. Eine solche lässt sich aber nicht mit der begrenzten Wirkung eines Partikularverfahrens vereinbaren und ist daher nur bei Zustimmung des Gläubigers zu rechtfertigen.

11 Die **Wirkung der Stundung oder der Restschuldbefreiung für das Gebiet des Partikularverfahrensstaates** ist jedoch nicht von der Zustimmung der Gläubiger abhängig. Hierbei handelt es sich nicht um eine materielle Verkürzung des Forderungsrechts, sondern um ein territorial wirkendes Vollstreckungshindernis, vgl. → Art. 34 Rn. 6, das nur die Vollstreckung der betroffenen Forderung im Partikularverfahrensstaat beschränkt.

12 **3. Abgrenzung gegenüber Art. 34 Abs. 2.** Art. 17 Abs. 2 S. 2 ist abzugrenzen gegenüber Art. 34 Abs. 2. Zu differenzieren ist nach der Funktion des Eingriffs in die Forderung: Dient er der **Sanierung des Schuldners**, richten sich die Voraussetzungen der extraterritorialen Wirkung nach Art. 34 Abs. 2, so dass alle betroffenen Gläubiger zustimmen müssen, geht es dagegen um eine **Restschuldbefreiung iSd §§ 286 ff.** InsO, so genügt es für die extraterritoriale Wirkung, wenn nur der konkrete Gläubiger zustimmt. Die unterschiedlichen Anforderungen – Einstimmigkeit bei Art. 34 Abs. 2, Einzelzustimmung bei Art. 17 Abs. 2 – erklären sich daraus, dass eine isolierte Sanierung im Sekundärverfahren nur in dem Ausnahmefall Aussicht auf Erfolg hat, dass alle Gläubiger einverstanden sind. Dagegen ist nicht einzusehen, warum nicht ein Gläubiger isoliert (teilweise) auf seine Forderung verzichten können soll, um dem Schuldner insoweit eine Schuldbefreiung zu gewähren. Das konzertierte Handeln ist bei der Restschuldbefreiung keine Funktionsbedingung des Erlasses (wobei solche isolierten Zustimmungen in der Praxis selten sein werden).

Befugnisse des Verwalters

18 (1) [1] **Der Verwalter, der durch ein nach Artikel 3 Absatz 1 zuständiges Gericht bestellt worden ist, darf im Gebiet eines anderen Mitgliedstaats alle Befugnisse ausüben, die ihm nach dem Recht des Staates der Verfahrenseröffnung zustehen, solange in dem anderen Staat nicht ein weiteres Insolvenzverfahren eröffnet ist oder eine gegenteilige Sicherungsmaßnahme auf einen Antrag auf Eröffnung eines Insolvenzverfahrens hin ergriffen worden ist.** [2] **Er kann insbesondere vorbehaltlich der Artikel 5 und 7 die zur Masse gehörenden Gegenstände aus dem Gebiet des Mitgliedstaats entfernen, in dem sich die Gegenstände befinden.**

(2) [1] **Der Verwalter, der durch ein nach Artikel 3 Absatz 2 zuständiges Gericht bestellt worden ist, darf in jedem anderen Mitgliedstaat gerichtlich und außergerichtlich geltend machen, daß ein beweglicher Gegenstand nach der Eröffnung des Insolvenzverfahrens aus dem Gebiet des Staates der Verfahrenseröffnung in das Gebiet dieses anderen Mitgliedstaats verbracht worden ist.** [2] **Des weiteren kann er eine den Interessen der Gläubiger dienende Anfechtungsklage erheben.**

(3) [1] **Bei der Ausübung seiner Befugnisse hat der Verwalter das Recht des Mitgliedstaats, in dessen Gebiet er handeln will, zu beachten, insbesondere hinsichtlich der Art und Weise der Verwertung eines Gegenstands der Masse.** [2] **Diese Befugnisse dürfen nicht die Anwendung von Zwangsmitteln oder das Recht umfassen, Rechtsstreitigkeiten oder andere Auseinandersetzungen zu entscheiden.**

Schrifttum: S. die Nachweise in der Vorbemerkung. Ferner: *Ahrens,* Rechte und Pflichten ausländischer Insolvenzverwalter im internationalen Insolvenzrecht, 2002; *Bierbach,* Wettlauf der Gläubiger um den Insolvenzgerichtsstand – Anfechtungsbefugnisse des Insolvenzverwalters nach Art. 18 Abs. 2 Satz 2 EuInsVO, ZIP 2008, 2203; *Haas,* Die Verwertung der im Ausland belegenen Insolvenzmasse im Anwendungsbereich der EuInsVO, FS Gerhardt, 2004, 319; *Oberhammer,* Zur internationalen Anfechtungsbefugnis des Sekundärverwalters nach Europäischem Insolvenzrecht, KTS 2008, 271.

Übersicht

I. Überblick

Art. 18 ist eine **Spezialvorschrift für die Wirkungserstreckung hinsichtlich der Befugnisse des Insolvenzverwalters.** Während Absatz 1 die Universalität der Befugnisse eines Hauptinsolvenzverwalters gewährleistet, verdeutlicht Absatz 2, dass auch ein Territorialverwalter – also ein Insolvenzverwalter, der in 1 einem nach Art. 3 Abs. 2 eröffneten Verfahren eingesetzt wurde – nicht nur im Gebiet des Verfahrensstaats handeln, sondern die Zugehörigkeit von Vermögensgegenständen zu „seiner" Masse auch in anderen Mitgliedstaaten geltend machen kann. Art. 18 Abs. 3 stellt klar, dass der Verwalter (auch) bei extraterritorialem Handeln an das örtliche Verkehrs- und Verfahrensrecht gebunden ist. Auch darf er im Ausland keine hoheitlichen Befugnisse ausüben, selbst wenn ihm solche nach der *lex fori concursus* übertragen sein sollten.

2 Die Vorschrift ist nur auf **Verwalter** iSv Art. 2 lit. b, also auf die in Anhang C genannten Personen anwendbar. Aus deutscher Sicht folgt hieraus, dass Art. 18 auch für vorläufige Insolvenzverwalter gilt. Art. 18 entspricht **Art. 21 der neuen EuInsVO**.

II. Die Reichweite der Befugnisse des Hauptinsolvenzverwalters, Absatz 1

3 **1. Universale Wirkungserstreckung.** Absatz 1 erfasst nur Verwalter, die in einem Hauptinsolvenzverfahren nach Art. 3 Abs. 1 eingesetzt wurden. Die Formulierung „durch ein nach Art. 3 Abs. 1 zuständiges Gericht" bedeutet nicht, dass die Wirkungen nur erstreckt werden, wenn das Gericht seine Zuständigkeit zu Recht angenommen hat. Ein Überprüfung der vom Eröffnungsgericht angenommenen internationalen Zuständigkeit ist im Rahmen von Art. 18 ebenso unzulässig wie bei Art. 16, vgl. → EuInsVO Art. 16 Rn. 6.

4 Absatz 1 Satz 1 bestimmt, dass die **Befugnisse des Hauptinsolvenzverwalters grds. universale Reichweite** haben – also in allen Unionsstaaten bestehen. Absatz 1 Satz 2 aE regelt, dass der Verwalter aufgrund der Universalität seiner Verwaltungsbefugnis auch im Ausland belegene Vermögensgegenstände etwa zum Zwecke der Verwertung in den Eröffnungsstaat verbringen kann (sofern kein Sekundärverfahren eröffnet wurde oder an den Gegenständen Sicherungsrechte bestehen, vgl. → Rn. 5 f.). Der **Inhalt und der Umfang der Befugnisse** richten sich grds. nach der *lex fori concursus*, Art. 4 Abs. 2 lit. c. Diese universalen Befugnisse nach der *lex fori concursus* sind von den Gerichten anderer EuInsVO-Staaten zu beachten, wenn der ausländische Verwalter seine Einsetzung in der Form des Art. 19 nachweist. Um die Rechtsanwendung durch die ausländischen Gerichte zu erleichtern, kann es sinnvoll sein, dass das Gericht, das den Verwalter eingesetzt hat, dessen Kompetenzen durch ergänzende Beschlüsse (vgl. High Court of Justice Birmingham NZI 2005, 515) oder informatorische Hinweise klarstellt. Auch das „Europäische Netzwerk für Zivil- und Handelssachen" (abrufbar unter: http://ec.europa.eu/civiljustice/bankruptcy/bankruptcy_gen_de.htm) enthält Informationen über die verschiedenen mitgliedstaatlichen Regelungen.

5 Durch Art. 18 werden die **Sonderanknüpfungen der Art. 5 ff. nicht verdrängt** (MüKoInsO/*Reinhart* Rn. 5; MüKoBGB/*Kindler* Rn. 8). Nur sofern diese Regeln nicht anwendbar sind, bleibt es bei der Maßgeblichkeit der *lex fori concursus*. Dies wird bestätigt durch den Vorbehalt in Art. 18 Abs. 1 S. 2 zu Gunsten der Art. 5 und 7: Die extraterritorialen Befugnisse des Verwalters richten sich bezüglich der erfassten Sicherungsgüter nicht nach der *lex fori concursus*, sondern nach der *lex rei sitae*, str.; vgl. → Art. 5 Rn. 17.

6 **2. Begrenzungen der universalen Wirkung durch Sekundärverfahren oder Schutzmaßnahmen im Rahmen eines Insolvenzeröffnungsverfahrens.** Wie sich aus Art. 17 Abs. 1 aE ergibt, wird die grds. universale Wirkung des Hauptverfahrens durch die Eröffnung eines Partikularverfahrens in Bezug auf die Gegenständen verdrängt, die sich im Sekundärverfahrensstaat befinden. Gleiches gilt gem. Art. 18 Abs. 1 S. 1 aE für die Abgrenzung der Befugnisse zwischen Haupt- und Sekundärverwalter: Auch die gegenständliche Reichweite der Befug-

V. Keine extraterritorialen hoheitlichen Befugnisse des Insolvenzverwalters, Absatz 3 Satz 2

Art. 18 Abs. 1 und Abs. 2 bestätigen, dass ein Insolvenzverwalter auch im Ausland handeln kann. Der Umfang seiner Befugnisse richtet sich dabei grundsätzlich nach der *lex fori concursus,* also nach dem Recht des Staates, in dem er bestellt worden ist. Soweit dieses Recht dem Verwalter hoheitliche Befugnisse überträgt, droht ein Eingriff in die Souveränität der anderen EuInsVO-Staaten. Ein solche **Verletzung der Souveränität** wird durch Absatz 3 Satz 2 ausgeschlossen. Hiernach kann der Verwalter im Ausland keine Rechtsstreitigkeiten entscheiden – dies ist als hoheitliche Tätigkeit in Deutschland den Gerichten vorbehalten, Art. 92 GG. Er kann auch keine Zwangsmittel anwenden, für die somit das Gewaltmonopol des Staates, in dem gehandelt werden soll, unangetastet bleibt. 15

Nachweis der Verwalterstellung

19 **Die Bestellung zum Verwalter wird durch eine beglaubigte Abschrift der Entscheidung, durch die er bestellt worden ist, oder durch eine andere von dem zuständigen Gericht ausgestellte Bescheinigung nachgewiesen.**

[1]Es kann eine Übersetzung in die Amtssprache oder eine der Amtssprachen des Mitgliedstaats, in dessen Gebiet er handeln will, verlangt werden. [2]Eine Legalisation oder eine entsprechende andere Förmlichkeit wird nicht verlangt.

Schrifttum: S. die Nachweise in der Vorbemerkung sowie zu Art. 18.

I. Überblick

Art. 19 erleichtert dem Verwalter den Nachweis seiner Bestellung (durch das Gericht des Hauptverfahrens) sowie seiner grds. Handlungsbefugnisse in anderen Mitgliedstaaten als dem Eröffnungsstaat, damit er durch zügiges Handeln die Insolvenzmasse zu sichern vermag (Kübler/Prütting/Bork/*Kemper* Rn. 1). Die Vorschrift gewährleistet einen schnellen und kostengünstigen Weg des Nachweises (MüKoBGB/*Kindler* Rn. 1). Auf die sonst im internationalen Zivil- und Verfahrensrecht üblichen Formen, beispielsweise die Legalisation (vgl. Art. 19 UAbs. 2 S. 2 EuInsVO) oder die im Anwendungsbereich des Haager Übereinkommens vom 5.10.1961 zur Befreiung ausländischer öffentlicher Urkunden von der Legalisation übliche Apostille, kann verzichtet werden (Kübler/Prütting/Bork/*Kemper* Rn. 5; MüKoBGB/*Kindler* Rn. 10). Art. 19 entspricht **Art. 22 der neuen EuInsVO.** 1

II. Anwendungsbereich und Voraussetzungen

1. Anwendungsbereich. Der Anwendungsbereich der Norm ist auf den **Nachweis der Bestellung zum Verwalter** beschränkt, sodass darüber hinausgehende Entscheidungen des Insolvenzgerichts nicht erfasst sind, bspw. die Anordnung etwaiger besonderer Befugnisse zu Gunsten des Verwalters. 2

Da der **vorläufige Verwalter** gem. dem Verweis in Art. 2 lit. b in Anhang C zur EuInsVO aufgeführt ist, gilt die Vorschrift auch für diesen (EuGH NZI 2006, 360 = IPRax 2007, 120 – Eurofood; Uhlenbruck/*Lüer* Rn. 4; Nerlich/Römermann/*Nerlich* Rn. 1; MüKoInsO/*Reinhart* Rn. 2). 3

4 **2. Beglaubigte Abschrift oder Bescheinigung.** Der Verwalter kann seine Bestellung dadurch nachweisen, dass er entweder eine **beglaubigte Abschrift der Entscheidung,** durch er bestellt wurde (für Deutschland § 27 Abs. 2 Nr. 2 InsO), oder eine andere von dem zuständigen Gericht ausgestellte Bescheinigung (für Deutschland etwa § 56 Abs. 2 InsO) vorzulegt. Die Beglaubigung der Entscheidungsabschrift muss von einer zur Beglaubigung nach dem Recht des Herkunftsstaates der Entscheidung ermächtigten Person stammen (*Virgós/Schmit* Rn. 168; Duursma-Kepplinger/Duursma/Chalupsky EuInsVO/*Duursma-Kepplinger* Rn. 3; MüKoBGB/*Kindler* Rn. 5). Der Verwalter sollte die Abschrift von dem den Beschluss fassenden Gericht selbst beglaubigen lassen, sofern dieses nach seinem Recht dazu ermächtigt ist (MüKoInsO/*Reinhart* Rn. 6).

5 **3. Übersetzung.** Auf Grundlage von Art. 19 UAbs. 2 S. 1 kann von dem Verwalter, der in einem anderen Mitgliedstaat tätig werden will, eine Übersetzung in die Amtssprache oder in eine der Amtssprachen des betroffenen Mitgliedstaates von der Abschrift bzw. der Bescheinigung nach UAbs. 1 verlangt werden. Diese Übersetzung ist gleichfalls zu beglaubigen (MüKoBGB/*Kindler* Rn. 9; Nerlich/Römermann/*Nerlich* Rn. 2). Befugt dazu ist eine diesbezüglich im Herkunftsstaat oder im Empfängerstaat ermächtigte Person (MüKoInsO/*Reinhart* Rn. 7; *Virgós/Schmit* Rn. 170; Duursma-Kepplinger/Duursma/Chalupsky EuInsVO/*Duursma-Kepplinger* Rn. 6; *Smid* DtEuInsR Rn. 4; Uhlenbruck/*Lüer* Rn. 8).

III. Rechtsfolgen

6 **1. Nachweiserleichterung.** Bei Vorlage der entsprechenden Unterlagen nach UAbs. 1 in einem anderen Mitgliedstaat, ist die darin dokumentierte Bestellung wie die eines inländischen Gerichts zu behandeln. Ein Ermessen bezüglich der Frage, ob die Bestellungsurkunde als echt anzusehen ist, besteht anders als nach § 438 ZPO nicht (Kübler/Prütting/Bork/*Kemper* Rn. 5; MüKoBGB/*Kindler* Rn. 10).

7 **2. Umfang.** Die Nachweiserleichterungen beziehen sich lediglich auf den Bestellungsakt und sind **nicht auf den Umfang der Befugnisse des Verwalters** zu übertragen (MüKoInsO/*Reinhart* Rn. 9; Nerlich/Römermann/*Nerlich* Rn. 3; Uhlenbruck/*Lüer* Rn. 10; aA BK-InsO/*Pannen* Rn. 3; *Virgós/Garcimartin* Rn. 372 (b); *Fletcher* Insolvency In Private International Law S. 286). Vielmehr obliegt es dem Verwalter, seine Befugnisse nachzuweisen, wobei eine Bescheinigung über den Umfang seiner Befugnisse durch das Insolvenzgericht des Hauptverfahrens durchaus als Indiz dienen kann (Kübler/Prütting/Bork/*Kemper* Rn. 4; MüKoInsO/*Reinhart* Rn. 9; MüKoBGB/*Kindler* Rn. 11; Duursma-Kepplinger/Duursma/Chalupsky EuInsVO/*Duursma-Kepplinger* Rn. 7; Uhlenbruck/*Lüer* Rn. 11; *Pannen/Kühnle/Riedmann* NZI 2003, 72 [73]; Graf-Schlicker/*Bornemann/Sabel/Schlegel* Rn. 4). Das Gericht stellt insoweit keine Ermittlungen von Amts wegen an (Uhlenbruck/*Lüer* Rn. 12; Geimer/Schütze EuZVerfR/*Gruber* B Vor I 20b Art. 19 Rn. 4).

8 **3. Kosten.** Die Frage, wer die Kosten zu tragen hat, die durch die Beglaubigung und die Übersetzung entstehen, richtet sich nach der *lex fori concursus* des Hauptverfahrens (Wimmer/*Wenner/Schuster* Rn. 3; Kübler/Prütting/Bork/*Kemper* Rn. 4; MüKoInsO/*Reinhart* Rn. 10; aA MüKoBGB/*Kindler* Rn. 7 f.; Duursma-Kepplinger/Duursma/Chalupsky EuInsVO/*Duursma-Kepplinger* Rn. 4: Kosten seien Masseverbindlichkeiten).

Herausgabepflicht und Anrechnung

20 (1) **Ein Gläubiger, der nach der Eröffnung eines Insolvenzverfahrens nach Artikel 3 Absatz 1 auf irgendeine Weise, insbesondere durch Zwangsvollstreckung, vollständig oder teilweise aus einem Gegenstand der Masse befriedigt wird, der in einem anderen Mitgliedstaat belegen ist, hat vorbehaltlich der Artikel 5 und 7 das Erlangte an den Verwalter herauszugeben.**

(2) **Zur Wahrung der Gleichbehandlung der Gläubiger nimmt ein Gläubiger, der in einem Insolvenzverfahren eine Quote auf seine Forderung erlangt hat, an der Verteilung im Rahmen eines anderen Verfahrens erst dann teil, wenn die Gläubiger gleichen Ranges oder gleicher Gruppenzugehörigkeit in diesem anderen Verfahren die gleiche Quote erlangt haben.**

Schrifttum: S. die Nachweise in der Vorbemerkung. Ferner: *W. Ahrens,* Rechte und Pflichten ausländischer Insolvenzverwalter im internationalen Insolvenzrecht, 2002; *Beck*, Verteilungsfragen im Verhältnis zwischen Haupt- und Sekundärinsolvenzverfahren nach der EuInsVO, NZI 2007, 1; *Duursma-Kepplinger,* Einfluss der Eröffnung eines Sekundärinsolvenzverfahrens, ZIP 2007, 752; *Martius,* Verteilungsregeln in der grenzüberschreitenden Insolvenz, 2004; *Oberhammer,* Zur internationalen Anfechtungsbefugnis des Sekundärverwalters nach Europäischem Insolvenzrecht, KTS 2008, 271; *Stehle,* Die Auslandsvollstreckung – ein Mittel zur Flucht aus dem deutschen Insolvenzrecht?, DZWIR 2008, 53.

Übersicht

I. Überblick

Art. 20 regelt die Behandlung von Befriedigungen, die ein Gläubiger für seine 1
Forderung aus nicht im Inland belegenen Vermögensgegenständen des Schuldners erzielt. Die Vorschrift soll die **Gleichmäßigkeit der Befriedigung der Insolvenzgläubiger** in Situationen sicherstellen, in denen sich **Vermögensgegenstände des Insolvenzschuldners in verschiedenen Mitgliedstaaten** befinden. Die Vorschrift entspricht **Art. 23 der neuen EuInsVO.** Ferner entspricht die Norm sachlich weitgehend § 342 Abs. 1 und 2 InsO des autonomen Rechts, der wegen des Anwendungsvorrangs des Europarechts hinter Art. 20 zurücktritt. Der in § 342 Abs. 3 InsO normierte **Auskunftsanspruch des Insolvenzverwalters** soll dagegen nach herrschender, aber hier abgelehnter Meinung auch im räumlich/sachlichen Anwendungsbereich der EuInsVO anwendbar sein (Geimer/

Schütze EuZVerfR/*Gruber* B Vor I 20b Art. 20 Rn. 15; MüKoBGB/*Kindler* InsO § 342 Rn. 12; Rauscher EuZPR/EuIPR/*Mäsch* Rn. 19. Differenzierend MüKoInsO/*Reinhart* Rn. 21; näher → Rn. 12 ff.).

II. Herausgabeanspruch des Verwalters, Absatz 1

2 **1. Anwendungsbereich.** Die Vorschrift ist eine **Sachnorm,** die auf in einem Mitgliedstaat eröffnete Insolvenzverfahren Anwendung findet. Absatz 1 ist nur anwendbar, wenn es sich bei diesem Verfahren um ein **Hauptinsolvenzverfahren** handelt und es um Befriedigungen geht, die in einem anderen Mitgliedstaat unter Verletzung der universalen Wirkungen dieses Hauptverfahrens erzielt wurden. Die Anwendung von Absatz 1 scheidet aus, wenn ein **Partikularverfahren** in dem Staat eröffnet wurde, in dem die Befriedigungen erzielt wurden, denn dieses beschränkt die universalen Wirkungen des Hauptverfahrens.

3 **2. Voraussetzungen. a) Befriedigung aus massezugehörigem Vermögen.** Nur Befriedigungen aus **massezugehörigem Vermögen** können den Gleichbehandlungsgrundsatz verletzen. Welche Gegenstände zur Masse gehören beurteilt sich gem. Art. 4 Abs. 2 lit. b nach der *lex fori concursus.* Voraussetzung für den Herausgabeanspruch aus Abs. 1 ist dem Wortlaut nach weiter, dass sich der **fragliche Vermögensgegenstand** vor der Befriedigung des Gläubigers **in einem anderen EuInsVO-Staat** befunden hat (anders MüKoInsO/*Reinhart* Rn. 5, der es ausreichen lassen will, wenn nur der Ort des Befriedigungserfolges in einem anderen Mitgliedstaat liegt). Dies ist nach Art. 2 lit. g (→ Art. 2 Rn. 11) zu beurteilen. Befand sich der Gegenstand in einem Drittstaat, so ist das autonome Recht anwendbar.

4 **b) Art und Weise der Befriedigung.** Auf welche Art und Weise der Gläubiger Befriedigung für seine Forderung erlangt hat, ist gleichgültig. Ausgenommen ist lediglich die Befriedigung in Folge von **Ausschüttungen im Rahmen eines ausländischen (Territorial-)Verfahrens,** da diese Konstellation in Absatz 2 gesondert geregelt ist. Von Abs. 1 ist insbesondere auch die **Befriedigung durch Zwangsvollstreckung** erfasst, die bei einem in Deutschland eröffneten Insolvenzverfahren gegen § 89 InsO verstößt (vgl. zur Behandlung von Auslandsvollstreckungen vor oder nach Verfahrenseröffnung *Stehle* DZWiR 2008, 53).

5 **c) Zeitpunkt der Befriedigung.** ***Nach*** **der Eröffnung des Hauptinsolvenzverfahrens** muss die Befriedigung erlangt worden sein (zum Zeitpunkt der Verfahrenseröffnung vgl. → Art. 2 Rn. 6 ff.). Zum Schicksal von Befriedigungen, die *vor* Verfahrenseröffnung erlangt wurden, enthält die EuInsVO keine spezielle Regelung. Insoweit ist gem. Art. 4 Abs. 2 lit. m die *lex fori concursus* maßgeblich. Hieraus folgt, dass Vollstreckungen, die gegen § 88 InsO verstoßen, nicht vom Herausgabeanspruch des Art. 20 Abs. 1 erfasst sind. Hierfür spricht neben der sich aus dem Wortlaut ergebenden Begrenzung des zeitlichen Anwendungsbereichs auch die Beschränkung auf „vollständige oder teilweise Befriedigungen", um die es bei § 88 InsO, der nur auf Sicherungen abstellt, gerade nicht geht.

6 **d) Teleologische Reduktion bei fehlender Verletzung des Gleichbehandlungsgrundsatzes.** Nach Absatz 1 kann der Verwalter eines Hauptinsolvenzverfahrens vom Gläubiger **Herausgabe solcher Befriedigungen verlangen, die der Gläubiger unter Verletzung der universalen Wirkungen des Hauptverfahrens** in gleichbehandlungswidriger Weise erlangt hat, indem er sich aus im Ausland belegenen massezugehörigen Vermögensgegenständen befriedigt hat (kritisch zum *telos* der Vorschrift *Martius* S. 102 ff.). Ein Verstoß gegen den Gleichbehandlungsgrundsatz liegt nicht vor, wenn sich die **Befriedigung im Einklang mit dem nach Art. 5 und 7** anwendbaren Recht befindet, wie

Art. 20 ausdrücklich klarstellt. Bei der Verwertung von Sicherungsrechten an Gegenständen der Masse kommt es nach der hier vertretenen Ansicht darauf an, ob die Befriedigung mit den insolvenzrechtlichen Vorschriften der *lex rei sitae* vereinbar ist (→ Art. 5 Rn. 17).

Doch auch sonstige extraterritoriale Befriedigungen, die im Einklang mit dem von der EuInsVO bestimmten Recht stehen, begründen keinen Herausgabeanspruch, denn solchen Befriedigungen fehlt es an der mit dem Herausgabeanspruch zu sanktionierenden Gleichbehandlungswidrigkeit. Die **Vorschrift ist insoweit teleologisch zu reduzieren.** Insbesondere gilt dies für **Aufrechnungen,** die durch Art. 6 geschützt werden. Wenn der Gläubiger gegen eine Forderung des Schuldners aufrechnet, die im Sinne von Art. 2 lit. g 3. Spiegelstr. in einem anderen Staat belegen ist, kann der Verwalter keinen Wertersatz verlangen, wenn entweder die *lex fori concursus* oder die insolvenzrechtlichen Regeln des Statuts der Hauptforderung die Aufrechnung als insolvenzfest erachten (str., wie hier *Ahrens* S. 307; *Balz* ZIP 1996, 948 [952]; Duursma-Kepplinger/Duursma/Chalupsky EuInsVO/*Duursma-Kepplinger* Rn. 8, 26; Geimer/Schütze EuZVerfR/*Gruber* B Vor I 20b Art. 20 Rn. 10; MüKoInsO/*Reinhart* Rn. 11; *Smid* DtEuInsR Rn. 14; Kübler/Prütting/Bork/*Kemper* Rn. 9; MüKoBGB/*Kindler* Rn. 13). 7

3. Rechtsfolge: Herausgabe des Erlangten. Die durch Art. 20 Abs. 1 angeordnete Herausgabepflicht bezieht sich auf das vom Gläubiger Erlangte. Ob hierzu auch Zinsen und andere Nutzungen gehören, ist autonom zu bestimmen und lässt sich nicht durch Rückgriff auf § 818 BGB beantworten (hM statt vieler Gebauer/Wiedmann/*Haubold* EuInsVO Art. 20 Rn. 178; aA *Paulus* EuInsVO Rn. 9; anders auch MüKoBGB/*Kindler* Rn. 17, der eine Nutzungsherausgabepflicht unter Hinweis auf den engen Wortlaut ablehnt). 8

III. Anrechnung des im Ausland Erlangten bei inländischen Verteilungen, Absatz 2

1. Voraussetzungen: Mehrfache Anmeldung derselben Forderung in verschiedenen Verfahren. Der Anwendungsbereich von Absatz 2 ist eröffnet, wenn innerhalb des räumlichen Anwendungsbereichs der EuInsVO ein Haupt- oder ein Partikularverfahren eröffnet wurde und in einem anderen Mitgliedstaat oder einem Drittstaat ein weiteres Insolvenzverfahren über das Vermögen desselben Schuldners eröffnet wurde. Die von Absatz 2 angeordnete Anrechnung setzt voraus, dass der Gläubiger nach Art. 32 seine Forderung nicht nur im Hauptinsolvenzverfahren, sondern auch in einem Sekundärverfahren über das Vermögen des Schuldners angemeldet hat und hier eine Ausschüttung erhalten hat. Absatz 2 erfasst auch **Ausschüttungen, die ein Gläubiger in Verfahren in Drittstaaten** erzielt (Geimer/Schütze EuZVerfR/*Gruber* B Vor I 20b Art. 20 Rn. 12; Rauscher EuZPR/EuIPR/*Mäsch* Rn. 18; MüKoInsO/*Reinhart* Rn. 15; aA Duursma-Kepplinger/Duursma/Chalupsky EuInsVO/*Duursma-Kepplinger* Rn. 31). 9

2. Rechtsfolge: Anrechnung der erlangten Befriedigung. Art. 20 Abs. 2 sieht eine Anrechnung der Ausschüttungen vor, die ein Insolvenzgläubiger auf seine Insolvenzforderung im Ausland erhält. Die ausländischen Teilbefriedigungen werden also nicht als Teilerfüllungen behandelt, die die angemeldete Insolvenzforderung verkürzen würden, sondern werden erst bei der Frage berücksichtigt, ob der Gläubiger eine Ausschüttung verlangen kann: Der Gläubiger, der im Rahmen eines ausländischen Verfahrens quotale Befriedigung durch Ausschüttungen auf die Insolvenzforderung erlangt hat, bekommt im inländischen Verfahren also so lange keine Ausschüttungen, wie seine Gesamtquote die Quote derjenigen Gläubiger übersteigt, die ihre Forderungen nur im Inland angemeldet haben (*Virgós/Schmit* Rn. 175). Die Gefahr eines Verstoßes gegen den Grundsatz der 10 gleichmäßigen Befriedigung ist in der Praxis allerdings gering. Nach Art. 32 Abs. 2 können sowohl der Insolvenzverwalter des Hauptinsolvenzverfahrens als auch in Partikularverfahren eingesetzte Verwalter die bei ihnen angemeldeten Forderungen jeweils auch in anderen Verfahren anmelden, so dass die Ungleichverteilungen, die Absatz 2 nivellieren will, selten auftreten werden.

11 Aus der Anrechnungslösung des Absatz 2 folgt zugleich, dass der Gläubiger **in keinem Fall die ausländischen Befriedigungen zurückzahlen** muss. Ungleichmäßige Befriedigungen werden also nicht vollkommen ausgeschlossen; sie sind dadurch gerechtfertigt, dass der Gläubiger das (Kosten-)Risiko der ausländischen Verfahrensteilnahme auf sich genommen hat.

IV. Auskunftsanspruch des Verwalters

12 Anders als § 342 InsO sieht Art. 20 keinen Auskunftsanspruch des Verwalters über im Ausland erzielte Befriedigungen im Sinne von Absatz 1 oder Ausschüttungen auf die Insolvenzforderung iSv Absatz 2 vor. Die hM meint daher, § 342 Abs. 3 auch im sachlich-räumlichen Anwendungsbereich der EuInsVO anwenden zu können, da die Verordnung insofern lückenhaft sei (Geimer/Schütze EuZVerfR/*Gruber* B Vor I 20b Art. 20 Rn. 15; MüKoBGB/*Kindler* InsO § 342 Rn. 12; Rauscher EuZPR/EuIPR/*Mäsch* Rn. 19). Dieses Vorgehen missachtet den Anwendungsvorrang der EuInsVO, ohne dass die hM nachgewiesen hätte, dass bezüglich des nicht geregelten Auskunftsanspruchs eine planwidrige Regelungslücke besteht.

13 Aus diesem Grund ist daher *Reinhart* (MüKoInsO Rn. 21) zuzustimmen, der zwischen Absatz 1 und Absatz 2 differenziert: Für **Ausschüttungen** iSv Absatz 2 will er einem Informationsdefizit durch die **Verpflichtung der Insolvenzverwalter zur gegenseitigen Unterrichtung gem. Art. 31** abhelfen. Informieren sich die Verwalter wechselseitig darüber, welche Befriedigungen die Gläubiger in den jeweiligen Verfahren erlangt haben, besteht für einen zusätzlichen Auskunftsanspruch kein Bedürfnis.

14 Im Hinblick auf **Befriedigungen** iSv Absatz 1 können sich **Auskunftsansprüche aus der *lex fori concursus* des Hauptverfahrens** ergeben; sofern das Hauptinsolvenzverfahren in Deutschland eröffnet wurde, ist § 342 Abs. 3 InsO anwendbar (MüKoInsO/*Reinhart* Rn. 22).

Öffentliche Bekanntmachung

21 (1) [1] **Auf Antrag des Verwalters ist in jedem anderen Mitgliedstaat der wesentliche Inhalt der Entscheidung über die Verfahrenseröffnung und gegebenenfalls der Entscheidung über eine Bestellung entsprechend den Bestimmungen des jeweiligen Staates für öffentliche Bekanntmachungen zu veröffentlichen.** [2] **In der Bekanntmachung ist ferner anzugeben, welcher Verwalter bestellt wurde und ob sich die Zuständigkeit aus Artikel 3 Absatz 1 oder aus Artikel 3 Absatz 2 ergibt.**

(2) [1] **Jeder Mitgliedstaat, in dessen Gebiet der Schuldner eine Niederlassung besitzt, kann jedoch die obligatorische Bekanntmachung vorsehen.** [2] **In diesem Fall hat der Verwalter oder jede andere hierzu befugte Stelle des Mitgliedstaats, in dem das Verfahren nach Artikel 3 Absatz 1 eröffnet wurde, die für diese Bekanntmachung erforderlichen Maßnahmen zu treffen.**

Schrifttum: S. die Nachweise in der Vorbemerkung. Ferner: *W. Ahrens,* Rechte und Pflichten ausländischer Insolvenzverwalter im internationalen Insolvenzrecht, 2002; *Reinhart,* Die Bedeutung der EuInsVO im Insolvenzeröffnungsverfahren – Besonderheiten paralleler

Eröffnungsverfahren, NZI 2009, 201; *Wagner*, Insolvenzantragstellung nur im EU-Ausland? Zivil- und strafrechtliche Risiken für den GmbH-Geschäftsführer, ZIP 2005, 1566.

I. Überblick

Art. 21 ist eine Sachnorm, die dem ausländischen Verwalter eines Haupt- oder Sekundärverfahrens das Recht vermittelt, die Verfahrenseröffnung mittels der entsprechenden Publikationsorgane in anderen Mitgliedstaaten öffentlich zu machen. Absatz 2 überlässt es den Mitgliedstaaten, eine entsprechende Pflicht des Verwalters anzuordnen. Durch die Bekanntmachung der Verfahrenseröffnung wird der Geschäfts- und **Rechtsverkehr im Bekanntmachungsstaat geschützt** (Erwägungsgrund 29). Ihr kommt besondere Bedeutung im Rahmen von Art. 24 zu, der die befreiende Wirkung von Leistungen an den Insolvenzschuldner ab Verfahrenseröffnung regelt. Dem Verkehrsschutzzweck der Vorschrift wird durch die **Vernetzung der nationalen Insolvenzregister**, die die neue EuInsVO unionsweit in den Art. 27–27 vorsieht und die für Deutschland, Estland, die Niederlande, Österreich, Slowenien und die Tschechische Republik schon Realität ist (https://e-justice.europa.eu/content_interconnected_insolvency_registers_search-246-de.do), wesentlich effektiver Rechnung getragen, als durch die in Art. 21 geregelte Bekanntmachung in den jeweiligen nationalen Registern, die überdies *de lege lata* in das Ermessen des Verwalters gestellt ist (MüKoInsO/*Reinhart* Rn. 16; *Reuß* S. 361 ff.). **Art. 28 der neuen EuInsVO** statuiert eine Pflicht des Verwalters, die Eintragung in den Registern anderer Mitgliedstaaten zu betreiben. 1

Die **Anerkennung ist von der Frage der Bekanntmachung zu trennen.** Ein Auslandsverfahren ist auch ohne Bekanntmachung im Inland anzuerkennen (*Ahrens* S. 290). Umgekehrt ist allerdings die Eröffnung eines Auslandsverfahrens nur bekanntzumachen, wenn dieses im Inland anerkannt wird. 2

Die **Kosten der Bekanntmachung** gelten nach Art. 23 als Kosten des Insolvenzverfahrens. Das deutsche Bekanntmachungsverfahren ist in **Art. 102 § 5 EGInsO** geregelt. Die **Rechtsbehelfe** für Schuldner und Verwalter ergeben sich aus Art. 102 § 7 EGInsO. 3

II. Antragsrecht des Verwalters, Absatz 1

1. Bestellung als Insolvenzverwalter in einem Haupt- oder Sekundärverfahren. Die Eintragung setzt voraus, dass im **EuInsVO-Ausland ein Haupt- oder Sekundärverfahren** eröffnet wurde. Das Recht zur Antragstellung kommt einer Person dann zu, wenn sie in einem Auslandsverfahren als Verwalter im Sinne von Art. 2 lit. b bestellt wurde. Die Bestellung kann gegenüber dem Empfänger des Antrags (in Deutschland das Insolvenzgericht, Art. 102 § 5 EGInsO) durch die Vorlage einer Bescheinigung nach Art. 19 nachgewiesen werden. 4

Ob der Verwalter einen solchen Antrag stellt, liegt *de lege lata* vorbehaltlich einer Bekanntmachungspflicht nach Art. 21 Abs. 2 in seinem Ermessen. Zur Vermeidung einer Inanspruchnahme für Schäden der Masse, die dieser infolge einer unterbliebenen Bekanntmachung entstehen können, wird er allerdings im Normalfall bemüht sein, die Verfahrenseröffnung weiträumig bekannt zu machen. Art. 28 Abs. 1 nF schafft eine Antragspflicht in den Mitgliedstaaten, in denen der Schuldner eine Niederlassung unterhält. 5

2. Anwendbarkeit auf Insolvenzeröffnungsverfahren. Trotz des engen Wortlauts ist Art. 21 ebenso wie Art. 22 auch auf ein **Insolvenzeröffnungsverfahren entsprechend anwendbar,** sofern dieses in die Rechte des Schuldners eingreift und ein vorläufiger Verwalter mit Verfügungsbefugnis oder Zustimmungsvorbehalt bestellt wurde (vgl. *Wagner* ZIP 2005, 1566 [1568] für den Fall der Bestellung eines vorläufigen starken Verwalters; vgl. auch *Reinhart* NZI 2009, 6

201). Danach kann auch vorläufigen Insolvenzverwaltern die Antragsbefugnis zukommen.

7 **3. Publikationsorgan.** Über welches Medium die Verfahrenseröffnung bekannt gemacht wird, richtet sich nach dem Recht des Bekanntmachungsstaates. Auf Bekanntmachungsanträge in Deutschland ist § 9 InsO anwendbar, der eine Veröffentlichung im Internet unter <www.insolvenzbekanntmachungen.de> vorsieht, → § 9 Rn. 13.

8 **4. Inhalt der Bekanntmachung.** Das Recht des Bekanntmachungsstaates ist auch maßgeblich für den Inhalt der Eintragung. Allerdings sieht Art. 21 einen gewissen Mindestbestand an Informationen vor. Hierzu gehören der wesentliche Inhalt der Entscheidung über die Verfahrenseröffnung (Bezeichnung des Schuldners, Angabe der Verfahrensart, Zeitpunkt der Eröffnung, entscheidendes Organ, Kübler/Prütting/Bork/*Kemper* Rn. 3) sowie der Name der zum Verwalter bestellten Person und ob es sich bei dem Verfahren um ein Haupt- oder ein Sekundärverfahren handelt. Vor diesem Hintergrund sollte das Gericht im Eröffnungsbeschluss klarstellen, um was für ein Verfahren es sich handelt (AG Hamburg NZI 2009, 343), wie Art. 4 Abs. 1 EuInsVO nF klarstellt.

III. Obligatorische Eintragung nach nationalem Recht, Absatz 2

9 Absatz 2 räumt den Mitgliedstaaten die Befugnis ein, ausländische Insolvenzverwalter zur Bekanntmachung einer Verfahrenseröffnung zu verpflichten oder die Bekanntmachung auf andere Weise obligatorisch zu machen. Eine entsprechende Pflicht kann allerdings nur für den Verwalter eines Hauptinsolvenzverfahrens statuiert werden (dazu → Art. 22 Rn. 8) und greift auch nur dann, wenn der Schuldner im Inland eine Niederlassung im Sinne von Art. 2 lit. h besitzt. Deutschland hat von dieser Befugnis Gebrauch gemacht, indem nach **Art. 102 § 5 Abs. 2 EGInsO** die **Verfahrenseröffnung von Amts wegen bekannt zu machen** ist, wenn der Schuldner des Auslandsverfahrens im Inland eine Niederlassung hat. Nach § 219 Abs. 1 österreichische InsO trifft dagegen den ausländischen Hauptinsolvenzverwalter eine Pflicht, einen Bekanntmachungsantrag in Österreich zu stellen, wenn der Schuldner dort eine Niederlassung hat. Art. 28 Abs. 1 EuInsVO nF schafft eine Sachnorm, die eine entsprechende Pflicht für den Verwalter normiert.

Eintragung in öffentliche Register

22 (1) **Auf Antrag des Verwalters ist die Eröffnung eines Verfahrens nach Artikel 3 Absatz 1 in das Grundbuch, das Handelsregister und alle sonstigen öffentlichen Register in den übrigen Mitgliedstaaten einzutragen.**

(2) [1]**Jeder Mitgliedstaat kann jedoch die obligatorische Eintragung vorsehen.** [2]**In diesem Fall hat der Verwalter oder [eine] andere hierzu befugte Stelle des Mitgliedstaats, in dem das Verfahren nach Artikel 3 Absatz 1 eröffnet wurde, die für diese Eintragung erforderlichen Maßnahmen zu treffen.**

Hinweis: Das in Klammern hinzugefügte Wort „eine" fehlt in der amtlichen deutschen Fassung der Verordnung.

Schrifttum: S. die Nachweise in der Vorbemerkung.

I. Überblick

Die Wirkungen eines ausländischen Hauptinsolvenzverfahrens sind mit dem inländischen **Verkehrsschutz** abzustimmen, insbesondere soweit er auf Registereintragungen beruht. Dass die Eröffnung des Hauptverfahrens in von anderen Mitliedstaaten geführte Register eingetragen wird, ist von entscheidender Bedeutung. Denn Art. 14 beruft das Recht des Belegenheitsortes zur Entscheidung darüber, ob Verfügungen wirksam sind, die der Schuldner nach dem verfahrensbedingten Verlust der Verfügungsbefugnis über bestimmte massezugehörige Vermögensgegenstände trifft. **Art. 29 der neuen EuInsVO** enthält eine Art. 22 weitgehend entsprechende Regelung, allerdings sind die Absätze vertauscht und Absatz 1 nF enthält eine Sachnorm, nach der der Verwalter verpflichtet ist, die Eintragung im Register durch alle erforderlichen Maßnahmen sicherzustellen. 1

Absatz 1 bezieht sich nur auf das **Hauptverfahren** (MüKoInsO/*Reinhart* Rn. 2), da nur dieses extraterritoriale Wirkungen zeitigt (*Virgós/Schmit* Rn. 184). Im autonomen Recht findet sich die entsprechende Regelung in § 346 InsO. 2

Absatz 2 räumt den Mitgliedstaaten die Befugnis ein, den inländischen Insolvenzverwalter zu verpflichten, in entsprechenden ausländischen Registern Eintragungen vornehmen zu lassen. 3

II. Das Antragsrecht des Verwalters, Absatz 1

1. Eintragung der Verfahrenseröffnung oder eines Verlusts der Verfügungsbefugnis im Eröffnungsverfahren. Der Verwalter des Hauptverfahrens ist nach Absatz 1 befugt, die Eröffnung des Verfahrens (oder die Anordnung eines im **Eröffnungsverfahren** angeordneten Verlusts der Verfügungsbefugnis, → Art. 21 Rn. 6; *Reinhart* NZI 2009, 201 [203]) in ausländische Register eintragen zu lassen. Anwendbar ist die Vorschrift nur auf **Register,** die grundsätzlich **der Öffentlichkeit zugänglich** sind und vom Staat selbst oder unter staatlicher Aufsicht geführt werden. Für die Anwendbarkeit von Art. 22 genügt es, wenn dem Register nur eine Informationsfunktion zukommt. Erfasst sind neben dem beispielhaft bezeichneten **Grundbuch** sowie dem **Handelsregister** auch **Genossenschafts-, Partnerschafts-, Vereins-, Schiffs-, Luft- und Kraftfahrzeugregister** (soweit das nationale Recht ein solches kennt) und **Register für gewerbliche Schutzrechte** (Patente, Marken, Geschmacks- und Gebrauchsmuster) (Rauscher EuZPR/EuIPR/*Mäsch* Rn. 3; MüKoInsO/*Reinhart* Rn. 5). 4

Über die **Statthaftigkeit eines Eintragungsantrags** entscheidet das Recht des Registerstaates. Einem Antrag auf Eintragung kann daher nur stattgegeben werden, sofern das nationale Recht eine solche Eintragungsmöglichkeit kennt. Nach dem Recht des Registerstaates richtet es sich auch, wie die Verfahrenseröffnung in die bezeichneten Register einzutragen ist (→ Rn. 7). 5

2. Überprüfungsbefugnis. Die (Register-)Gerichte können auch im Rahmen des Eintragungsverfahrens prüfen, ob der **ordre public-Vorbehalt des Art. 26** der Anerkennung der Eröffnungsentscheidung entgegensteht. Im Übrigen müssen die nationalen Eintragungsvoraussetzungen vorliegen, wobei die persönliche **Antragsbefugnis des Verwalters** unmittelbar aus Art. 22 iVm der Bestellung als Verwalter nach Art. 2 lit. b iVm Anh. C der EuInsVO folgt. Überprüft werden kann insoweit nur die Wirksamkeit der Bestellung als Verwalter, wobei der Verwalter nach Art. 19 einen entsprechenden Nachweis durch die Vorlage einer beglaubigten Abschrift der Entscheidung führen kann, durch die er bestellt worden ist (Uhlenbruck/*Lüer* Rn. 6). 6

7 **3. Rechtsfolgen, Ablauf des Eintragungsverfahrens, Kosten.** Die **Rechtsfolgen** der Eintragung unterliegen gem. Art. 8, 14 nationalem Recht. Für das **Verfahren** ist – soweit es um eine Eintragung in deutsche Register geht – Art. 102 § 6 EGInsO zu berücksichtigen (näheres s. in der Kommentierung zu Art. 102 § 6 EGInsO). Die **Kosten** der Eintragung sind nach Art. 23 als Kosten des Verfahrens anzusehen.

III. Vorbehalt einer obligatorischen Eintragung nach nationalem Recht, Absatz 2

8 Das Recht des Staates, in dem sich Vermögen der genannten Art oder eine Niederlassung befindet, kann entweder eine Eintragung von Amts wegen vorsehen oder den ausländischen Verwalter verpflichten, die Verfahrenseröffnung ins inländische Register eintragen zu lassen. Diese Pflicht spielt insbesondere für die Haftung des Verwalters (→ Rn. 9) eine Rolle. Die Pflichtwidrigkeit ist im Einzelfall zu prüfen. **Das deutsche Recht** kennt keine entsprechende Antragspflicht, die **neue EuInsVO** schafft in Art. 29 Abs. 1 eine entsprechende Sachnorm.

IV. Haftung des Verwalters

9 Versäumt der Verwalter die Stellung eines Eintragungsantrags und wird hierdurch einem Dritten der Erwerb eines massezugehörigen Gegenstands nach Verfahrenseröffnung ermöglicht, haftet der Verwalter für den der Masse bzw. den Insolvenzgläubigern entstandenen Schaden nach der *lex fori concursus,* bei inländischen Verfahren also nach **§ 60 InsO**. Dass die Unterlassung der Antragstellung pflichtwidrig war, kann sich daraus ergeben, dass er gegen eine Antragspflicht nach Absatz 2 verstoßen hat, sie kann aber auch aus allgemeinen Regeln folgen.

10 Inwieweit der **Verwalter Dritten gegenüber haftet**, die infolge der unterbliebenen Eintragung mit dem Insolvenzschuldner kontrahiert und hierdurch einen Schaden erlitten haben, bestimmt sich dagegen nach dem Recht des Registerstaates (aA MüKoInsO/*Reinhart* Rn. 19), da diese Frage nicht insolvenzrechtlich, sondern registerrechtlich zu qualifizieren ist.

Kosten

23 Die Kosten der öffentlichen Bekanntmachung nach Artikel 21 und der Eintragung nach Artikel 22 gelten als Kosten und Aufwendungen des Verfahrens.

Schrifttum: S. die Nachweise in der Vorbemerkung.

I. Anwendungsbereich

1 Die Vorschrift betrifft etwaige Gerichts- und Registerkosten, aber auch Auslagen zB für Übersetzungen, die bei Anträgen des Verwalters nach Art. 21 Abs. 1, 22 Abs. 1 anfallen. Sie erfasst auch Kosten und Aufwendungen, die aus einer obligatorischen Bekanntmachung bzw. Eintragung nach Art. 21 Abs. 2, 22 Abs. 2 entstehen. Zu den Kosten einer Bekanntmachung oder Eintragung in Deutschland → Art. 102 § 5 EGInsO Rn. 10 und Art. 102 § 6 EGInsO Rn. 11.

II. Rechtsfolge

2 Die Kosten und Aufwendungen gelten als Verfahrenskosten des ausländischen Verfahrens. Inwieweit sie dort privilegiert sind (vgl. § 53 InsO), ist eine Frage der *lex fori concursus*.

Leistung an den Schuldner

24 (1) **Wer in einem Mitgliedstaat an einen Schuldner leistet, über dessen Vermögen in einem anderen Mitgliedstaat ein Insolvenzverfahren eröffnet worden ist, obwohl er an den Verwalter des Insolvenzverfahrens hätte leisten müssen, wird befreit, wenn ihm die Eröffnung des Verfahrens nicht bekannt war.**

(2) [1] **Erfolgt die Leistung vor der öffentlichen Bekanntmachung nach Artikel 21, so wird bis zum Beweis des Gegenteils vermutet, daß dem Leistenden die Eröffnung nicht bekannt war.** [2] **Erfolgt die Leistung nach der Bekanntmachung gemäß Artikel 21, so wird bis zum Beweis des Gegenteils vermutet, daß dem Leistenden die Eröffnung bekannt war.**

Schrifttum: S. die Nachweise in der Vorbemerkung. Ferner: *Reinhart*, Die Bedeutung der EuInsVO im Insolvenzeröffnungsverfahren – Besonderheiten paralleler Eröffnungsverfahren, NZI 2009, 201.

I. Überblick

Die Vorschrift bestimmt, wann eine **Leistung an den Insolvenzschuldner** durch einen Dritten befreiende Wirkung entfaltet, obwohl angesichts der Verfahrenseröffnung an den Verwalter zu leisten gewesen wäre. Wie nach § 82 kommt es auch nach Art. 24 Abs. 1 insoweit auf die Gutgläubigkeit des Leistenden hinsichtlich der Verfahrenseröffnung an. Absatz 2 enthält eine **Vermutung der Gutgläubigkeit** bezüglich solcher Leistungen, die vor der Bekanntmachung der Verfahrenseröffnung nach Art. 21 erfolgt sind. Es handelt sich um eine **Sachnorm** (EuGH NZI 2013, 1039 [mAnm *Schäfer* NZI 2013, 1041 f.] = ZIP 2013, 1971 Rn. 23 – Christian Van Buggenhout; *Paulus* EWiR 2013, 719). Eine entsprechende Regelung enthält **Art. 31 der neuen EuInsVO**. 1

II. Anwendungsbereich

Die Vorschrift gilt in erster Linie für eröffnete **Hauptinsolvenzverfahren**; bei Partikularverfahren kann sie nur dann angewendet werden, wenn sich der Sitz des Drittschuldners im Partikularverfahrensstaat befindet (sonst wird die Forderung von diesem Verfahren nicht erfasst) und sich zugleich der Leistungsort in einem anderen EuInsVO Staat befindet. Erforderlich ist in jedem Fall, dass der Schuldner sein COMI in einem EuInsVO-Staat hat. Sofern bereits das **Insolvenzeröffnungsverfahren** zu einem Verlust der Empfangszuständigkeit des Insolvenzschuldners geführt hat, greift der Schutz des Art. 24 in entsprechender Anwendung auch hier (ebenso *Reinhart* NZI 2009, 201 [203]. Unrichtig *Prager/Keller* NZI 2011, 697 [698], die eine kollisionsrechtliche Lösung über Art. 4 Abs. 2 lit. m vorschlagen und dabei Art. 24 als vorrangige Sachnorm übersehen). Die Anwendbarkeit der Vorschrift auf Eröffnungsverfahren sollte allerdings nicht unter Rückgriff auf die *Eurofood*-Entscheidung (NZI 2006, 360 = IPRax 2007, 120 – Eurofood) begründet werden, da es hier nicht um die Vermeidung von Prioritätskonflikten geht (vgl. → Art. 2 Rn. 10). Die Anwendbarkeit ergibt sich aus der Funktion der Vorschrift selbst. Denn auch in Eröffnungsverfahren, in denen dem Schuldner ein Verfügungsverbot auferlegt wurde, besteht ein identisches Schutzbedürfnis für denjenigen, der gutgläubig an den Schuldner leistet. 2

Es muss sich um eine **grenzüberschreitende Leistung mit Binnenmarktbezug** handeln. Erforderlich ist, dass die Leistung in einem anderen EuInsVO-Staat als dem der Verfahrenseröffnung erbracht wurde (vgl. MüKoInsO/*Reinhart* Rn. 6; Graf-Schlicker/*Bornemann/Sabel/Schlegel* Rn. 3; MüKoBGB/*Kindler* Rn. 9 3 will auf den Ort abstellen, an dem der Drittschuldner hätte leisten müssen). Dass der Anwendungsbereich nur eröffnet ist, wenn nicht nur Leistungsort und Verfahrensstaat, sondern auch Sitz des Drittschuldners und Verfahrensstaat auseinanderfallen (so MüKoInsO/*Reinhart* Rn. 7), ergibt sich aus der Vorschrift nicht. Vor allem erfasst sind daher **Schickschulden,** bei denen der Versendungsort in dem einen und der Erfolgsort in einem anderen Mitgliedstaat liegt, wobei das Insolvenzverfahren nicht im Staat des Versendungsorts eröffnet sein darf. Sofern ein Binnenmarktbezug in diesem Sinn fehlt, ist auf grenzüberschreitende Leistungen an einen insolventen Schuldner **§ 350 InsO** anwendbar, der für das deutsche autonome internationale Insolvenzrecht eine sinngleiche Regelung enthält.

III. Grundsätzliche Unwirksamkeit von Leistung an den Schuldner nach Verfahrenseröffnung

4 Infolge des Verlusts der Verfügungsbefugnis durch die Eröffnung des Insolvenzverfahrens hat der Insolvenzschuldner auch die Befugnis zur befreienden Annahme von Leistungen auf massezugehörige Forderungen verloren. Empfangszuständig ist nunmehr allein der Insolvenzverwalter. Im deutschen Recht ergibt sich das aus § 80 InsO (MüKoInsO/*Ott/Vuia* § 82 Rn. 1). Leistungen an den Insolvenzschuldner haben hiernach keine befreiende Wirkung, vgl. → InsO § 82 Rn. 7; der Drittschuldner muss also an sich erneut an den Verwalter leisten und ist auf einen Kondiktionsanspruch gegen den Insolvenzschuldner verwiesen. Nicht erfasst sind Zahlungen eines Dritten, die im Auftrag des Schuldners an einen Gläubiger dieses Schuldners erfolgt sind (EuGH NZI 2013, 1039 [mAnm *Schäfer* NZI 2013, 1041 f.] = ZIP 2013, 1971 Rn. 38 – Christian Van Buggenhout; *Paulus* EWiR 2013, 719).

IV. Befreiungswirkung bei Gutgläubigkeit

5 Art. 24 ordnet (ebenso wie das deutsche materielle Recht in § 82 InsO und das autonome internationale Insolvenzrecht in § 350 InsO) daher die befreiende Wirkung von Leistungen an, die nach Verfahrenseröffnung an den Insolvenzschuldner zur Erfüllung massezugehöriger Forderungen erbracht wurden, sofern der Leistende **keine positive Kenntnis** von der Verfahrenseröffnung hatte. Grobe Fahrlässigkeit schadet nicht. Die Regelung schützt den Rechtsverkehr vor erheblichen Transaktionskosten, denn sonst müsste sich jeder, der eine Forderung begleicht, vor der Zahlung vergewissern, dass über das Vermögen des Gläubigers kein Insolvenzverfahren eröffnet worden ist.

V. Beweislast

6 Absatz 2 enthält zwei Beweislastregeln hinsichtlich der Gutgläubigkeit: Nach Satz 1 wird **bis zur Bekanntmachung der Verfahrenseröffnung** nach Art. 21 (widerleglich) vermutet, dass der Leistende die Verfahrenseröffnung nicht kannte. Umgekehrt enthält Satz 2 für Leistungen **ab der Bekanntmachung** eine widerlegliche Vermutung, dass die Verfahrenseröffnung dem Leistenden bekannt war. Inhaltlich entspricht diese Beweislastverteilung der Regelung in § 82 InsO.

7 Durch den **Verweis auf Art. 21** ist klargestellt, dass es nicht auf die Bekanntmachung im Staat der Eröffnung des Verfahrens ankommen kann, denn diese Bekanntmachung erfolgt nicht nach Art. 21, sondern nach der *lex fori concursus*. Nach *Reinhart* (MüKoInsO Rn. 11) soll schon die Bekanntmachung entweder am Leistungsort oder am Sitz des Leistenden die Vermutung nach Satz 2 auslösen. Da nach der hier vertretenen Ansicht der Sitz des Leistenden auch keine Bedeutung für den Anwendungsbereich des Art. 24 besitzt, es vielmehr nur darauf ankommt,

dass der Leistungsort nicht im Verfahrensstaat, sondern in einem anderen EuInsVO-Staat liegt, sollte auch insoweit der Sitz des Leistenden irrelevant sein.

Der **Beweis der Unkenntnis nach Absatz 2 Satz 2** ist zwar schwierig zu 8
führen, es ist aber keineswegs so, dass er sich in der Praxis kaum erbringen lassen wird (so aber MüKoBGB/*Kindler* Rn. 14). Der Leistende kann sich nämlich auf die beweisrechtlichen Erleichterungen der *lex fori* berufen. Nach deutschem Beweisrecht genügt es etwa, wenn der Leistende zeigen kann, dass er über keine Informationskanäle verfügte, über die er Kenntnis von der Verfahrenseröffnung hätte erlangen können. Die bloße Existenz eines Internetanschlusses genügt nach Auffassung des BGH auch dann nicht, wenn die Verfahrenseröffnung im Internet bekannt gemacht wurde (BGH NZI 2010, 480 = KTS 2010, 339 [mAnm *Brinkmann*]).

Anerkennung und Vollstreckbarkeit sonstiger Entscheidungen

25 (1) [1] **Die zur Durchführung und Beendigung eines Insolvenzverfahrens ergangenen Entscheidungen eines Gerichts, dessen Eröffnungsentscheidung nach Artikel 16 anerkannt wird, sowie ein von einem solchen Gericht bestätigter Vergleich werden ebenfalls ohne weitere Förmlichkeiten anerkannt.** [2] **Diese Entscheidungen werden nach den Artikeln 31 bis 51 (mit Ausnahme von Artikel 34 Absatz 2) des Brüsseler Übereinkommens über die gerichtliche Zuständigkeit und die Vollstreckung gerichtlicher Entscheidungen in Zivil- und Handelssachen in der durch die Beitrittsübereinkommen zu diesem Übereinkommen geänderten Fassung vollstreckt.**

Unterabsatz 1 gilt auch für Entscheidungen, die unmittelbar aufgrund des Insolvenzverfahrens ergehen und in engem Zusammenhang damit stehen, auch wenn diese Entscheidungen von einem anderen Gericht getroffen werden.

Unterabsatz 1 gilt auch für Entscheidungen über Sicherungsmaßnahmen, die nach dem Antrag auf Eröffnung eines Insolvenzverfahrens getroffen werden.

(2) **Die Anerkennung und Vollstreckung der anderen als der in Absatz 1 genannten Entscheidungen unterliegen dem Übereinkommen nach Absatz 1, soweit jenes Übereinkommen anwendbar ist.**

(3) **Die Mitgliedstaaten sind nicht verpflichtet, eine Entscheidung gemäß Absatz 1 anzuerkennen und zu vollstrecken, die eine Einschränkung der persönlichen Freiheit oder des Postgeheimnisses zur Folge hätte.**

Schrifttum: S. die Nachweise in der Vorbemerkung. Ferner: *Ambach,* Reichweite und Bedeutung von Art. 25 EuInsVO, 2009; *Brinkmann,* Zu Voraussetzungen und Wirkungen der Art. 15, 25 EuInsVO, IPRax 2007, 235; *ders.,* Der Aussonderungsstreit im internationalen Insolvenzrecht, IPRax 2010, 324; *Mansel,* Grenzüberschreitende Restschuldbefreiung, FS v. Hoffmann, 2012, 683; *Prager/Keller,* Die Anerkennung deutscher Postsperren im Vereinigten Königreich, NZI 2012, 829; *Thole,* Sanierung mittels Scheme of Arrangement im Blickwinkel des Internationalen Privat- und Verfahrensrechts, ZGR 2013, 109; *ders.,* Die Restrukturierung von Schuldverschreibungen im Insolvenzverfahren, ZIP 2014, 293; *Thomas,* Grenzüberschreitende Insolvenzeröffnungsverfahren, 2013.

Übersicht

I. Überblick

1 Für insolvenzrechtliche Entscheidungen ist die EuGVVO gem. Art. 1 Abs. 2 lit. b EuGVVO nicht anwendbar. Anerkennung und Auslandsvollstreckung solcher Entscheidungen richten sich nach der EuInsVO. Die EuInsVO behandelt die Anerkennung der Eröffnungsentscheidung in Art. 16, während sich die Anerkennung und Vollstreckung anderer insolvenznaher Entscheidungen nach Art. 25 richten. Entscheidungen, die der Durchführung und der Beendigung eines Verfahrens dienen (Absatz 1 UAbs. 1), Annexentscheidungen (Absatz 1 UAbs. 2) sowie Sicherungsmaßnahmen im Eröffnungsverfahren (Absatz 1 UAbs. 3) sind vorbehaltlich des in Art. 26 geregelten *ordre public*-Vorbehalts sowie des Vorbehalts aus Art. 25 Abs. 3 ohne Weiteres anzuerkennen.

2 Für die Frage der Vollstreckbarkeit im Ausland verweisen Art. 25 Abs. 1 und Abs. 2 in ihrer gegenwärtigen Fassung (zu den Änderungen unter der neuen EuInsVO → Rn. 3) auf das EuGVÜ. Das EuGVÜ ist durch die (alte) EuGVVO (v. 22.12.2000 Nr. 44/2001) ersetzt worden, ohne dass sich allerdings das Verfahren der Vollstreckbarerklärung in der Sache geändert hatte. Der Verweis des Art. 25 auf die Art. 31–51 EuGVÜ wurde gem. Art. 68 Abs. 2 EuGVVO aF als „dynamischer" Verweis auf die Art. 38 ff. der (alten) EuGVVO verstanden (BGH WM 2013, 45 Rn. 4). Seit Januar 2015 ist die **neue EuGVVO** (VO Nr. 1215/2001 vom 12.12.2012) anwendbar. Nach dieser bedürfen zivil- und handelsrechtliche Entscheidungen nicht mehr der Vollstreckbarerklärung, damit sie im Hoheitsgebiet eines anderen Staates vollstreckt werden können. Das so genannte **Exequaturverfahren** ist damit für den Anwendungsbereich der neuen EuGVVO **abgeschafft**. Diese Erleichterung des Rechtsverkehrs zwischen den Mitgliedstaaten gilt auch für insolvenzrechtliche Entscheidungen, denn gem. Art. 80 EuGVVO nF sind Verweisungen auf die alte EuGVVO nunmehr als Verweis auf die entsprechenden Vorschriften der neuen EuGVVO zu verstehen. Über die doppelte Brücke aus Art. 80 EuGVVO nF und Art. 68 Abs. 2 EuGVVO aF ist Art. 25 Abs. 1, 2 im Ergebnis als **Verweis auf die Art. 39 ff. EuGVVO nF** zu lesen.

3 Die **neue EuInsVO** wird den Wirrwarr um die Verweisung beseitigen, denn Art. 32 nF verweist ausdrücklich auf die Art. 39–44 der neuen EuGVVO. In der Sache bringt die neue EuInsVO also keine Änderung. Das **autonome Recht**

regelt die Anerkennung sämtlicher insolvenzrechtlicher Entscheidungen einheitlich in § 343 InsO und die Vollstreckbarerklärung in § 353 InsO.

II. Anwendungsbereich

1. Eröffnung eines Insolvenzverfahrens in einem Mitgliedstaat. Die Vorschrift kann – wie Absatz 1 UAbs. 1 S. 1 zeigt – nur angewendet werden, wenn in einem Mitgliedstaat ein Insolvenzverfahren eröffnet wurde, das nach Art. 16 anzuerkennen ist. Dabei kann es sich um ein **Haupt- oder ein Partikularverfahren** handeln (beachte aber → Rn. 18 für Absatz 1 UAbs. 3), denn Art. 16 Abs. 1 regelt die Anerkennung beider Verfahrensarten (→ Art. 16 Rn. 3). 4

2. Gerichtliche Entscheidungen. Der Begriff der Entscheidung ist autonom auszulegen. Hierbei kann auf Art. 2 lit. a EuGVVO nF zurückgegriffen werden (MüKoInsO/*Reinhart* Rn. 6). Art. 25 Abs. 1 regelt daher nur die Anerkennung und Vollstreckbarerklärung von **Entscheidungen durch ein Gericht** iSv Art. 2 lit. d. Ob und inwieweit Maßnahmen des Verwalters in anderen Rechtsordnungen Wirkungen zeitigen, ist kein anerkennungsrechtliches, sondern ein kollisions- oder materiellrechtliches Problem. Die extraterritorialen Befugnisse des Verwalters richten sich nach Art. 18 Abs. 2. 5

III. Die Anerkennung und Vollstreckbarerklärung von Entscheidungen nach Absatz 1 UAbs. 1

1. Erfasste Entscheidungen. a) Die Eröffnungsentscheidung. Die Anerkennung der Eröffnungsentscheidung richtet sich nach Art. 16. Ihre Vollstreckung ist aber weder dort noch in Art. 25 Abs. 1 ausdrücklich geregelt. Auch eine Vollstreckung aus der Eröffnungsentscheidung ist aber – je nach nationalem Recht – denkbar, wie § 148 Abs. 2 InsO zeigt. Insofern kann auch eine Eröffnungsentscheidung einen **vollstreckungsfähigen Inhalt** haben. Daher ist Absatz 1 UAbs. 1 S. 2 auch auf Eröffnungsentscheidungen, aus denen vollstreckt werden soll, anzuwenden (insoweit zutreffend OLG Düsseldorf ZIP 2004, 1514; ähnlich MüKoBGB/*Kindler* Rn. 1, Rn. 10). Für die Vollstreckung ausländischer Eröffnungsentscheidungen in Deutschland ergibt sich das auch aus Art. 102 § 8 EGInsO, → Art. 102 § 8 EGInsO Rn. 3. Ist ein Sekundärinsolvenzverfahren eröffnet worden, ist im Sekundärverfahrensstaat die Vollstreckung aus dem Hauptverfahrenseröffnungsbeschluss wegen der begrenzenden Wirkungen des Sekundärverfahrens (→ Art. 17 Rn. 6) ausgeschlossen (aA OLG Düsseldorf ZIP 2004, 1514; vgl. → Art. 27 Rn. 22). 6

b) Entscheidungen zur Durchführung oder Beendigung des Insolvenzverfahrens. Von Absatz 1 UAbs. 1 Var. 1 sind **Folgeentscheidungen zur Eröffnungsentscheidung** erfasst. Zu diesen gehören die **Verwalterbestellung** (MüKoInsO/*Reinhart* Art. 18 Rn. 1) und verfahrensleitende Verfügungen, außerdem **Aufhebungs-** oder **Einstellungsentscheidungen.** Für die Anordnung einer **Restschuldbefreiung** kommt es darauf an, ob diese eine Wirkung der Einstellungsentscheidung oder – wie nach englischem Recht – eine Folge schon der Eröffnungsentscheidung ist. Im ersten Fall richtet sich die Anerkennung nach Art. 25 Abs. 1 UAbs. 1, im zweiten Fall nach Art. 16, 17 (*Vallender* ZInsO 2009, 616 [618]; *Mankowski* KTS 2011, 185 [201]; *Mansel* FS v. Hoffmann, 2012, 683 [685]; zur Reichweite der Restschuldbefreiung nach englischem Recht insbesondere im Hinblick auf Organhaftungsansprüche *Dornblüth* ZIP 2014, 712; sa OLG Köln NZI 2013, 506 = ZIP 2013, 644). 7

Art. 25 Abs. 1 regelt nur die Anerkennung und Vollstreckung der genannten Entscheidungen. Eine Grundlage für die **internationale Zuständigkeit** enthält 8 die Vorschrift nicht. Diese ergibt sich aus Art. 3, dem neben der Regelung der internationalen Zuständigkeit für die Eröffnungsentscheidung auch eine Kompetenz für die Aufhebung und Beendigung des Verfahrens zu entnehmen ist (vgl. → Art. 3 Rn. 20; MüKoBGB/*Kindler* Rn. 14).

9 **c) Bestätigung von Vergleichen.** Auch gerichtliche Bestätigungen bestimmter Beschlüsse der Gläubiger etwa über die **Annahme eines Insolvenzplans** sind nach Absatz 1 anzuerkennen und vollstreckbar (MüKoBGB/*Kindler* Rn. 2). Zu den erfassten Entscheidungen gehören auch Sanierungsvergleiche, soweit sie einer gerichtlichen Bestätigung bedürfen. Die in Vergleichen oder Insolvenzplänen vorgesehenen Forderungskürzungen sind daher unabhängig vom Forderungsstatut verfahrensrechtlich anzuerkennen (*Thole* ZIP 2014, 293 [294]). Nicht erfasst ist dagegen das ***Company Voluntary Arrangement*** nach englischem Recht (MüKoInsO/*Reinhart* Rn. 8), da hier die gerichtliche Beteiligung nur eine ganz untergeordnete Bedeutung besitzt und insoweit insbesondere keine inhaltliche Prüfung stattfindet. Die Anerkennung der Wirkungen eines CVA kann daher nur auf kollisionsrechtlicher Ebene erfolgen.

10 **2. Die Anerkennung nach Absatz 1 UAbs. 1 S. 1.** Die EuInsVO kennt – wie die neue EuGVVO (vgl. Art. 36 Abs. 1 EuGVVO nF) – kein gesondertes Anerkennungsverfahren. Die Anerkennung erfolgt vielmehr automatisch. Die **Hindernisse für die Anerkennung** insolvenzrechtlicher Entscheidungen sind abschließend in Art. 25 Abs. 3, Art. 26 normiert. Eine Prüfung der Anerkennungshindernisse nach der EuGVVO (Art. 45 EuGVVO) findet nicht statt. Gleichfalls ist eine **Prüfung der internationalen Zuständigkeit** im Rahmen der Anerkennung nach Art. 25 Abs. 1 ebenso wie im Rahmen von Art. 16 unzulässig.

11 **3. Die Vollstreckung im Ausland nach Absatz 1 UAbs. 1 S. 2.** Für die Vollstreckbarerklärung anzuerkennender Entscheidungen verweist Absatz 1 UAbs. 2 S. 2 noch auf das außer Kraft getretene EuGVÜ. Der Satz ist als Verweis auf die Art. 39 ff. der neuen EuGVVO zu lesen (→ Rn. 2), wie es die neue EuInsVO in Art. 32 klarstellen wird.

12 Eines Exequaturverfahrens bedarf es nach Art. 39 EuGVVO nF nicht mehr. Vielmehr ist die Entscheidung ohne Weiteres vollstreckbar. Nach Art. 42 EuGVVO nF muss der Vollstreckungsgläubiger im Vollstreckungsstaat die Ausfertigung der Entscheidung nebst einer Vollstreckbarkeitsbescheinigung iSv Art. 53 EuGVVO nF vorlegen. Das Formular für diese Bescheinigung findet sich in Anhang I der EuGVVO nF. Da es für kontradiktorische Verfahren konzipiert ist, passt es nicht auf alle insolvenzrechtlichen Entscheidungen und muss ggf. angepasst werden.

13 Gegen die Vollstreckbarkeit kann sich der Schuldner im Vollstreckungsstaat mittels eines Antrags nach Art. 46 EuGVVO nF auf Versagung der Vollstreckung wenden. In diesem Rahmen kann er aber **nur die Anerkennungshindernisse der EuInsVO**, also eine Verletzung der in Art. 25 Abs. 3 genannten Grundrechte oder einen *ordre public*-Verstoß iSv Art. 26 geltend machen. Die in Art. 45 EuGVVO nF genannten Anerkennungshindernisse sind nach dem Klammerzusatz in Art. 25 Abs. 1 UAbs. 1 S. 2 nicht anwendbar. Hieraus folgt insbesondere, dass eine Verletzung einer ausschließlichen Zuständigkeit (wie zB nach Art. 3) unter der EuInsVO anders als unter der EuGVVO (Art. 45 Abs. 1 lit. e EuGVVO nF) die Anerkennung und die Vollstreckung nicht hindert, vgl. auch → Art. 102 § 8 EGInsO Rn. 3 (zu den Gründen für die Erleichterungen gegenüber der EuGVVO *Ambach* S. 83 ff.).

14 Die deutschen **Ausführungsvorschriften zur neuen EuGVVO** finden sich in §§ 1110 ff. ZPO. Nach § 1112 ZPO bedarf es bei der Vollstreckung ausländischer Titel im Anwendungsbereich der EuGVVO keiner Vollstreckungsklausel.

IV. Die Anerkennung und Vollstreckung von Annexentscheidungen iSv Absatz 1 UAbs. 2

1. Erfasste Entscheidungen. Absatz 1 UAbs. 2 erfasst Entscheidungen, die nicht zu den verfahrensbezogenen Entscheidungen iSv UAbs. 1 gehören, aber „aufgrund des Insolvenzverfahrens ergehen und in engem Zusammenhang damit stehen". Für diese Art von Entscheidungen hat sich der Begriff der **Annexentscheidung** eingebürgert. Die Attribute, die Art. 25 Abs. 1 UAbs. 2 zu ihrer Charakterisierung verwendet, entsprechen nahezu wörtlich der Gourdain./.Nadler-Entscheidung des EuGH (NJW 1979, 1771), in welcher der EuGH sich erstmals mit der Auslegung von Art. 1 Abs. 2 lit. b des EuGVÜ (wortgleich mit Art. 1 Abs. 2 lit. b EuGVVO nF) befasste. Anhand dieser unbestimmten Tatbestandsmerkmale ist die Abgrenzung zwischen der EuGVVO und der EuInsVO zu treffen. Das Problem spielt allerdings weniger auf der Anerkennungs- und Vollstreckungsebene eine Rolle (weil Art. 25 Abs. 1 EuInsVO ohnehin auf die EuGVVO verweist und nur die Anerkennungshindernisse anders ausgestaltet sind), sondern vor allem auf der Ebene der internationalen Zuständigkeit (vgl. → Art. 3 Rn. 33 ff.). 15

2. Anerkennung und Vollstreckung. Für die Anerkennung und Vollstreckung verweist UAbs. 2 auf UAbs. 1. Hieraus folgt, dass Entscheidungen in Annexverfahren gem. Art. 25 Abs. 1 UAbs. 1 S. 1 „ohne weitere Förmlichkeiten" anerkannt werden. Die Vollstreckung richtet sich gem. Absatz 1 UAbs. 1 S. 2 grds. nach der EuGVVO, wobei im Rahmen des Versagungsverfahrens nach Art. 46 EuGVVO nF nur die Anerkennungshindernisse der EuInsVO geprüft werden dürfen. 16

V. Die Anerkennung und Vollstreckung von Sicherungsmaßnahmen iSv Absatz 1 UAbs. 3

Die Anerkennung und Vollstreckung von Sicherungsmaßnahmen im Rahmen eines Eröffnungsverfahrens richtet sich nach dem in Absatz 1 UAbs. 1 beschriebenen Verfahren, wie sich aus der Verweisung in Absatz 1 UAbs. 3 ergibt. Zu den erfassten Sicherungsmaßnahmen gehören aus deutscher Sicht neben der **Einsetzung eines vorläufigen Insolvenzverwalters** nach § 21 Abs. 2 Nr. 1 InsO (AG Hamburg ZIP 2007, 1767) auch die **Anordnung eines Verfügungsverbots** nach § 21 Abs. 2 S. 1 Nr. 2 InsO (Cour d'Appel Colmar ZIP 2010, 1460; *Brinkmann* IPRax 2007, 235 [236 f.]) auch sofern diese im Rahmen eines Schutzschirmverfahrens ergeht (*Thole* ZGR 2013, 109, 158). 17

Erforderlich ist die **Einleitung eines Verfahrens, das auf die Eröffnung eines Hauptverfahrens** iSv Art. 3 Abs. 1 gerichtet ist. Eröffnungsverfahren von Partikularverfahren sind von der Vorschrift nicht erfasst, da diese wegen ihrer nur territorialen Wirkung nicht die Anordnung von im Ausland zu vollstreckenden Schutzmaßnahmen erlauben (*Thomas* S. 120). 18

Maßnahmen, die **nach Art. 38** vom vorläufigen Verwalter im Ausland beantragt werden, fallen nicht unter Art. 25 Abs. 1 UAbs. 3, weil in diesem Fall keine Vollstreckung im Ausland begehrt wird. Denn bei Art. 38 wird vom Gericht eine Sicherungsmaßnahme mit Wirkung für das eigene Hoheitsgebiet angeordnet, vgl. → Art. 38 Rn. 8. Ebenso wenig sind Maßnahmen, die der vorläufige Verwalter selbst trifft, nach UAbs. 3 „anzuerkennen". Bei Handlungen des vorläufigen Verwalters handelt es sich nicht um Hoheitsakte, so dass sich Anerkennungs- und Vollstreckbarkeitsprobleme nicht stellen (*Thomas* S. 121). 19

VI. Anerkennung und Vollstreckung sonstiger Entscheidungen, Absatz 2

20 Absatz 2 bestätigt die grds. Anwendbarkeit der EuGVVO für Entscheidungen, die nicht unter die EuInsVO fallen. Eigenständige Bedeutung kommt der Verweisung nicht zu, denn trotz dieser Verweisung bleibt die Anwendbarkeit der EuGVVO zu prüfen, die etwa daran scheitern kann, dass keine Zivil- und Handelssache iSv Art. 1 Abs. 1 EuGVVO vorliegt. Allerdings zeigt Absatz 2, dass grds. von einem **nahtlosen Ineinandergreifen von EuGVVO und EuInsVO** auszugehen ist. Dies ergibt sich mittelbar auch aus der Entscheidung des EuGH in der Rechtssache German Graphics (NZI 2009, 741 = IPRax 2010, 355 [mAnm *Brinkmann* IPRax 2010, 326]). Der EuGH zieht hier aus seiner Bestimmung des Anwendungsbereichs der EuGVVO Konsequenzen für den Anwendungsbereich der EuInsVO. Ein solcher Schluss ist logisch nur zulässig, wenn man von einem lückenlosen Ineinandergreifen der Verordnungen ausgeht.

21 Die Nahtlosigkeit lässt sich nicht mehr durchhalten, wenn es um die **Insolvenz eines unter Art. 1 Abs. 2 fallenden Schuldners** geht. Die EuInsVO ist auf solche Verfahren und ihre Annexverfahren nicht anwendbar, doch auch der Anwendungsbereich der EuGVVO ist wegen der Bereichsausnahme in Art. 1 Abs. 2 lit. b für Konkurse nicht eröffnet. Hier bleibt nur der Rückgriff auf das nationale Recht.

VII. Verweigerung der Anerkennung bei Einschränkungen von Grundrechten, Absatz 3

22 Nach Absatz 3 können die Mitgliedstaaten die Anerkennung verweigern, wenn die fragliche ausländische Entscheidung die persönliche Freiheit oder das Postgeheimnis einschränken würde. Auf einen *ordre public*-Verstoß kommt es hiernach nicht an. Dieses Anerkennungshindernis, das nur im Rahmen eines Versagungsantrags nach Art. 46 EuGVVO nF zu prüfen ist, sollte eng interpretiert werden. Insbesondere ist die Vorschrift einschränkend dahingehend auszulegen, dass die Anerkennung von Brief- oder E-Mailsperren nur dann verweigert werden kann, wenn die drohende Einschränkung der genannten Rechte mit dem Recht des Anerkennungsstaates unvereinbar wäre (für eine Verhältnismäßigkeitskontrolle *Prager/Keller* NZI 2012, 829 [830]). So kann etwa die **Anerkennung einer Postsperre** im Inland nicht verweigert werden, denn auch das deutsche Recht kennt eine solche Beschränkung der Rechte des Schuldners sogar schon im Eröffnungsverfahren, vgl. § 21 Abs. 2 Nr. 4 InsO (ähnlich *Thomas* S. 126; MüKoInsO/*Reinhart* Rn. 20). Die **neue EuInsVO** kennt kein dem Art. 25 Abs. 3 entsprechendes Anerkennungshindernis.

Ordre Public[1]

26 Jeder Mitgliedstaat kann sich weigern, ein in einem anderen Mitgliedstaat eröffnetes Insolvenzverfahren anzuerkennen oder eine in einem solchen Verfahren ergangene Entscheidung zu vollstrecken, soweit diese Anerkennung oder diese Vollstreckung zu einem Ergebnis führt, das offensichtlich mit seiner öffentlichen Ordnung, insbesondere mit den Grundprinzipien oder den verfassungsmäßig garantierten Rechten und Freiheiten des einzelnen, unvereinbar ist.

[1] **[Amtl. Anm.:]** Siehe die Erklärung Portugals zur Anwendung der Artikel 26 und 37 (ABl. C 183 vom 30.6.2000, S. 1).

Schrifttum: S. die Nachweise in der Vorbemerkung. Ferner: *Hess*, Die Reform der EuGVVO und die Zukunft des Europäischen Zivilprozessrechts, IPRax 2011, 125; *Laukemann,* Der *ordre public* im europäischen Insolvenzverfahren, IPRax 2012, 207; *ders.*, Die ordre public-Kontrolle bei Erschleichung von Zuständigkeit und Restschuldbefreiung im Europäischen Insolvenzverfahren, IPRax 2014, 258; *Mankowski,* Ordre public im europäischen und deutschen Insolvenzrecht, KTS 2011, 185; *Mansel*, Grenzüberschreitende Restschuldbefreiung, FS v. Hoffmann, 2012, 683; *Oberhammer*, The Abolition of Exequatur, IPRax 2010, 197.

Übersicht

I. Überblick

1 Nach Art. 16 und 25 sind die Eröffnungsentscheidung sowie andere insolvenzverfahrensrechtliche Entscheidungen automatisch anzuerkennen. Art. 26 ist (neben Art. 25 Abs. 3) die einzige Durchbrechung des die EuInsVO prägenden Grundsatzes des gegenseitigen Vertrauens in die Gleichwertigkeit der Justizsysteme der Mitgliedstaaten (*Laukemann* IPRax 2012, 207). Die Vorschrift erlaubt es, einer ausländischen Entscheidung im Inland die Wirkung zu versagen, weil und soweit die Anerkennung der Entscheidung zu Ergebnissen führen würde, die mit der inländischen öffentlichen Ordnung offensichtlich unvereinbar wären. Auch in der Praxis spielt Art. 26 die ihm von den Verordnungsgebern zugedachte Rolle einer **ultima ratio für Ausnahmefälle** (EuGH NZI 2006, 360 = IPRax 2007, 120 Rn. 62 – Eurofood). Im Einzelnen ist zwischen dem **anerkennungsrechtlichen ordre public** (→ Rn. 4 ff.), durch den die Anerkennung einer ausländischen Entscheidung für das Inland verweigert werden kann, und dem **kollisionsrechtlichen ordre public** (→ Rn. 10 ff.), durch den die Anwendung einer ausländischen Rechtsnorm verweigert werden kann, zu unterscheiden.

2 Art. 26 entspricht **Art. 33 der neuen EuInsVO**. Der *ordre public*-Vorbehalt für die Anerkennung von Entscheidungen, die außerhalb des räumlichen oder persönlichen Anwendungsbereichs der EuInsVO liegen, ist in **§ 343 Abs. 1 Nr. 2 InsO** normiert.

II. Voraussetzungen des *ordre public*-Vorbehalts

3 Der Begriff „öffentliche Ordnung" bezieht sich auf die **einzelnen mitgliedstaatlichen Rechtsordnungen**, deren Grundwertungen durch den Anerkennungsvorbehalt geschützt werden sollen. Allerdings ist der Begriff europarechtlich insbesondere durch das Primärrecht begrenzt, so dass vom EuGH geprüft werden kann, ob die Anwendung des *ordre public*-Vorbehalts europarechtswidrig ist (EuGH NZI 2006, 360 = IPRax 2007, 120 Rn. 63 – Eurofood: Zuständigkeit des EuGH über die Grenzen des *ordre public*-Vorbehalts zu wachen). Der hinreichende **Inlandsbezug** hat als selbständige Anwendungsvoraussetzung nur seine Berechtigung im Rahmen des kollisionsrechtlichen *ordre public* (*Mankowski* KTS 2011, 185 [189]; dazu → Rn. 9). Das Kriterium der **„Offensichtlichkeit"** soll andeuten,

dass das durch die Anerkennung und Vollstreckung bewirkte Ergebnis in einem nicht hinnehmbaren Gegensatz zur Rechtsordnung des Vollstreckungsstaates stehen muss (MüKoBGB/*Kindler* Rn. 20); auch hierdurch wird der Ausnahmecharakter der Vorschrift unterstrichen.

4 **1. Anerkennungsrechtlicher *ordre public*.** Die Verweigerung der Anerkennung einer ausländischen Entscheidung auf der Grundlage von Art. 26 setzt voraus, dass die Anerkennung zu Ergebnissen führen würde, die mit den Grundwertungen der inländischen Rechtsordnung – insbesondere mit den (Verfahrens-)Grundrechten offensichtlich unvereinbar wären. Auch zahlreiche andere Verordnungen kennen den *ordre public*-Vorbehalt als Anerkennungshindernis. Insbesondere findet er sich in Art. 45 Abs. 3 EuGVVO nF, der in Bezug auf Art. 26 EuInsVO als Auslegungshilfe dienen kann (EuGH NZI 2006, 360 = IPRax 2007, 120 Rn. 64 – Eurofood).

5 **a) Entscheidung eines Gerichts eines anderen Mitgliedstaats.** Gegenstand der Anerkennung und Wirkungserstreckung nach Art. 16, 17, 25 sind nur Entscheidungen der Gerichte anderer Mitgliedstaaten, die im räumlichen, persönlichen und sachlichen Anwendungsbereich der EuInsVO ergehen. Vom Anwendungsbereich des Art. 26 sind neben der **Eröffnungsentscheidung** nach Art. 3 (Haupt- oder Sekundärverfahren) auch **sonstige Entscheidungen iSv Art. 25** erfasst. Für das Verständnis des Begriffs „Gericht" ist die Begriffsbestimmung in Art. 2 lit. d zu beachten (→ Art. 2 Rn. 4).

6 **b) Offensichtliche Unvereinbarkeit mit der inländischen öffentlichen Ordnung. aa) Verletzung von Verfahrensgrundrechten.** Die offensichtliche Unvereinbarkeit einer Entscheidung mit der inländischen öffentlichen Ordnung kann sich zum einen daraus ergeben, dass die nach inländischem Recht bestehenden **Verfahrensgrundrechte** einer Partei im ausländischen Verfahren missachtet wurden. Unabhängig von den materiellen Wirkungen einer Entscheidung kann ihre Anerkennung und Vollstreckung also dann verweigert werden, wenn sie auf einem Verfahren beruht, das offensichtlich inländischen Grundwertungen prozeduraler Gerechtigkeit widerspricht. Ein Verstoß kann etwa bei einer **Verletzung des Rechts auf rechtliches Gehör** vorliegen (zu Art. 27 EuGVÜ EuGH NJW 2000, 1853 – Krombach; BGH WM 2013, 45 Rn. 3). Im Insolvenzverfahren ist freilich zu berücksichtigen, dass aus Praktikabilitäts- und Effektivitätserwägungen nicht allen Beteiligten in gleicher Weise Gehör zu gewähren ist. Dies gilt insbesondere für Eilentscheidungen. Jede Beschränkung der Ausübung des Rechts auf Beteiligung am Verfahren muss aber ordnungsgemäß gerechtfertigt werden und mit Verfahrensgarantien einhergehen, die für die von einem solchen Verfahren betroffenen Personen eine effektive Möglichkeit sicherstellen, getroffene Eilmaßnahmen anzufechten (EuGH NZI 2006, 360 = IPRax 2007, 120 Rn. 66 – Eurofood). **Effektive Rechtsschutzmöglichkeiten im Erlassstaat** schließen eine Berufung auf den *ordre public*-Vorbehalt im Anerkennungsland aus (*Laukemann* IPRax 2012, 207 [213]; *ders.* IPRax 2014, 258 [260]).

7 **bb) Unvereinbare materielle Wirkungen.** Zum anderen kann die Anerkennung verweigert werden, wenn die Entscheidung materielle Wirkungen zeitigt, die mit inländischen Grundwertungen unvereinbar wären. Allerdings kann etwa die Anerkennung einer in einem anderen Mitgliedstaat ausgesprochenen **Restschuldbefreiung** im Inland nicht schon deswegen verweigert werden, weil im Inland schärfere Voraussetzungen für die Entschuldung gelten (vgl. BGH NJW 2002, 960). Vom *ordre public* sind nur die wesentlichen Grundsätze des inländischen Rechts umfasst – nicht das gesamte zwingende Recht. Vor diesem Hintergrund hat der BGH zu Recht Zweifel daran angedeutet, dass es gegen den *ordre public* verstößt, wenn eine nach englischem Recht erlangte Restschuldbefreiung auch

Forderungen wegen des Vorenthaltens von Arbeitnehmeranteilen zur Sozialversicherung erfasst (BGH NZI 2014, 283 [285]). Siehe ferner BAG NZI 2013, 758 zur Vereinbarkeit von Art. 14a des griechischen Sonderliquidationsverfahrens für öffentliche Unternehmen mit dem deutschen *ordre public.*

Portugal hat gegenüber der Anwendung des Art. 37 erklärt, dass die Umwandlung eines Sanierungsverfahrens im Rahmen eines Partikularverfahrens in ein Liquidationsverfahren unter dem Vorbehalt des Art. 26 stehe (ABl. 2000 C 183, S. 1). Die Rechtmäßigkeit dieser Erklärung, die allenfalls die portugiesischen Gerichte betreffen kann, ist zweifelhaft vor dem Hintergrund, dass hier einer Regelung der Verordnung bescheinigt wird, zu *ordre public*-widrigen Ergebnissen zu führen (daher ablehnend MüKoInsO/*Reinhart* Rn. 17). 8

cc) Fehlerhafte Annahme der internationalen Zuständigkeit. Die fehlerhafte Annahme der internationalen Zuständigkeit stellt für sich **keinen *ordre public*-Verstoß** dar (EuGH NZI 2006, 360 = IPRax 2007, 120 – Eurofood; NZI 2010, 156 = IPRax 2011, 589 Rn. 29 – MG Probud; OVG Bautzen 16.5.2014 – 5 A 754/11 Rn. 20 ff.; OLG Celle ZIP 2013, 945 [946]; HessLAG NZI 2011, 203; OLG Wien NZI 2005, 56; *Virgós/Schmit* Rn. 202; MüKoInsO/*Reinhart* Rn. 12; *Herchen* ZInsO 2004, 61 [65]; Kübler/Prütting/Bork/*Kemper* Rn. 11; *Mock* KTS 2013, 423 [448]). Etwas anderes soll nach teilweise vertretener Ansicht gelten, wenn die Entscheidung des ausländischen Gerichts auf einer Zuständigkeitserschleichung beruht (OLG Düsseldorf ZVI 2014, 425 [428]; LG Berlin NZI 2014, 581; AG Göttingen NZI 2013, 206 = IPRax 2014, 285 [mAnm *Laukemann* IPRax 2014, 258]; AG Nürnberg NZI 2007, 185 – Brochier; zustimmend MüKoBGB/*Kindler* Rn. 12; ähnlich LG Köln NZI 2011, 957 = ZIP 2011, 2119). Dem kann nur dann zugestimmt werden, wenn in der Zuständigkeitserschleichung zugleich eine Verletzung des Rechts auf ein faires Verfahren liegt (MüKoInsO/*Reinhart* Rn. 7; Gottwald InsO-HdB/*Kolmann/Keller* § 134 Rn. 33; ähnlich *Laukemann* IPRax 2014, 258 [262], der eine Verweigerung der Anerkennung für möglich hält, wenn die ausländischen Gläubiger nicht über die Verfahrenseröffnung informiert waren); dies kann etwa der Fall sein, wenn die Entscheidung auf einem **Prozessbetrug** beruht (*Mankowski* KTS 2011, 185; *Mansel* FS v. Hoffmann, 2012, 683 [687]). Ein *ordre public*-Verstoß kann auch nicht aus einer fehlenden Begründung der internationalen Zuständigkeit hergeleitet werden (österr. OGH NZI 2005, 465; OLG Innsbruck NZI 2008, 700). Erst wenn die **Entscheidung willkürlich** erscheint, kommt uU eine Versagung der Anerkennung in Betracht (vgl. OLG Nürnberg ZIP 2012, 241 [242] *obiter dictum*). 9

2. Kollisionsrechtlicher *ordre public.* Der kollisionsrechtliche *ordre public* steht in Rede, wenn die **Anwendung einer ausländischen Rechtsnorm durch ein inländisches Gericht** aufgrund einer entsprechenden Kollisionsnorm zu einem Ergebnis führen würde, das mit inländischen rechtlichen Grundprinzipien nicht vereinbar wäre (vgl. Art. 6 EGBGB, Art. 21 Rom I-VO, Art. 26 Rom II-VO). Seinem Wortlaut sowie seiner systematischen Stellung nach erfasst Art. 26 den kollisionsrechtlichen *ordre public* nicht, sondern nur den anerkennungsrechtlichen (*Mankowski* KTS 2011, 185 [188]). Nach hM deckt Art. 26 jedoch auch die Nicht-Anwendung einer nach der Verordnung an sich anwendbaren ausländischen Rechtsnorm, wenn nur hierdurch Ergebnisse vermieden werden können, die beispielsweise mit den Grundrechten der *lex fori* nicht vereinbar sind (MüKoInsO/*Reinhart* Rn. 2, 15; für entsprechende Anwendung des Art. 26 Gottwald InsO-HdB/*Kolmann/Keller* § 134 Rn. 33; aA *Mankowski* KTS 2011, 185 [188]). Für eine solche erweiternde Auslegung des Art. 26 spricht, dass die EuInsVO sonst keine Regelung für den Fall enthielte, dass ein Gericht aufgrund einer in der EuInsVO enthaltenen Kollisionsnorm ausländisches Recht anwenden muss und dabei zu einem Ergebnis kommt, das mit inländischen Grundprinzipien nicht 10 vereinbar ist. Die Anwendung des kollisionsrechtlichen *ordre public*-Vorbehalts setzt einen **hinreichend starken Inlandsbezug** voraus.

III. Rechtsfolgen des Eingreifens des *ordre public*-Vorbehalts

11 Verstößt eine ausländische Entscheidung **gegen den anerkennungsrechtlichen *ordre public,*** ist sie im Inland nicht anzuerkennen. Weil die Anerkennung Voraussetzung der Wirkungserstreckung ist (→ Art. 17 Rn. 2), erzeugt die Entscheidung dann auch keine Wirkungen im Inland; ebenso wenig ist sie im Inland vollstreckbar. Dabei kann sich die Unwirksamkeit auf die gesamte Entscheidung oder auch nur auf einen Teil beziehen (*Mankowski* KTS 2011, 185). Der *ordre public*-Verstoß muss im Rahmen eines Versagungsverfahrens nach Art. 46 EuGVVO nF geltend gemacht werden, vgl. → Art. 25 Rn. 13.

12 Bei einem **Verstoß gegen den kollisionsrechtlichen *ordre public*** hängt die Rechtsfolge vom Einzelfall und nicht zuletzt von der Art der ausgeschlossenen Norm ab. Durch die Nichtanwendung der betreffenden Norm der *lex causae* kann eine Lücke entstehen. Es ist str., wie diese zu schließen ist. Man kann hier an eine Anpassung des ausländischen Rechts denken oder eine Anwendung der *lex fori* befürworten (MüKoBGB/*von Hein* EGBGB Art. 6 Rn. 214 ff.).

Kapitel III. Sekundärinsolvenzverfahren

Verfahrenseröffnung

27 **[1] Ist durch ein Gericht eines Mitgliedstaats ein Verfahren nach Artikel 3 Absatz 1 eröffnet worden, das in einem anderen Mitgliedstaat anerkannt ist (Hauptinsolvenzverfahren), so kann ein nach Artikel 3 Absatz 2 zuständiges Gericht dieses anderen Mitgliedstaats ein Sekundärinsolvenzverfahren eröffnen, ohne daß in diesem anderen Mitgliedstaat die Insolvenz des Schuldners geprüft wird. [2] Bei diesem Verfahren muß es sich um eines der in Anhang B aufgeführten Verfahren handeln. [3] Seine Wirkungen beschränken sich auf das im Gebiet dieses anderen Mitgliedstaats belegene Vermögen des Schuldners.**

Schrifttum zu Kapitel III: *Beck*, Verwertungsfragen im Verhältnis zwischen Haupt- und Sekundärinsolvenzverfahren nach der EuInsVO, NZI 2006, 609; *ders.*, Verteilungsfragen im Verhältnis zwischen Haupt- und Sekundärinsolvenzverfahren nach der EuInsVO, NZI 2007, 1; *Brinkmann*, Grenzüberschreitende Sanierung und europäisches Insolvenzrecht, KTS 2014, 381; *Chalupsky/Bierbach*, Die Europäische Insolvenzverordnung (EuInsVO) Grundlagen, Ausblick und Praxisanwendung, KSI 2013, 23; *Cranshaw*, Partikulare Insolvenzverfahren nach der EuInsVO, DZWIR 2014, 473; *Duursma-Kepplinger*, Einfluss der Eröffnung eines Sekundärinsolvenzverfahrens auf die Befriedigung von zuvor begründeten Masseverbindlichkeiten, ZIP 2007, 752; *Ehricke*, Zur Einflussnahme des Hauptinsolvenzverwalters auf die Verwertungshandlungen des Sekundärinsolvenzverwalters nach der EuInsVO, ZInsO 2004, 633; *ders.*, Das Verhältnis des Hauptinsolvenzverwalters zum Sekundärinsolvenzverwalter bei grenzüberschreitenden Insolvenzen nach der EuInsVO, ZIP 2005, 1104; *Fehrenbach*, Haupt- und Sekundärinsolvenzverfahren, 2014; *Lüke*, Das europäische internationale Insolvenzrecht, ZZP 111 (1998), 275; *Koller*, Zielkonflikt im Europäischen Insolvenzrecht, IPRax 2014, 490; *Oberhammer*, Zur internationalen Anfechtungsbefugnis des Sekundärverwalters nach Europäischem Insolvenzrecht, KTS 2008, 271; *Paulus*, Die europäische Insolvenzverordnung und der deutsche Insolvenzverwalter, NZI 2001, 505; *Pogacar*, Rechte und Pflichten des Hauptverwalters im Sekundärverfahren, NZI 2011, 46; *Reinhart*, Die Bedeutung der EuInsVO im Insolvenzverfahren – Besonderheiten paralleler Eröffnungsverfahren, NZI 2009, 201; *Sabel*, Hauptsitz als Niederlassung im Sinne der EuInsVO?, NZI 2004, 126; *Schmitz*, Dingliche Mobiliarsicherheiten im Internationalen Insolvenzrecht, 2010; Schmüser, Das Zusammenspiel zwischen Haupt- und Sekundärinsolvenzverfahren nach der EuInsVO, 2009; *Siemonsen*, Die deutschen Ausführungsvorschriften zur Europäischen Insolvenzverordnung, 2009; *Smid*, Voraussetzungen der Eröffnung eines deutschen Sekundärinsolvenzverfahrens – Geltendes Recht und Reformpläne, ZInsO 2013, 953; *Staak*, Mögliche Probleme der Koordination von Haupt- und Sekundärinsolvenzverfahren nach der Europäischen Insolvenzordnung (EuInsVO), NZI 2004, 480; *Vallender*, Aufgaben und Befugnisse des deutschen Insolvenzrichters in Verfahren der EuInsVO, KTS 2005, 283; *M.-P. Weller*, Inländische Gläubigerinteressen bei internationalen Konzerninsolvenzen, ZHR 169 (2005), 570; *Wimmer*, Die Besonderheiten von Sekundärinsolvenzverfahren unter besonderer Berücksichtigung des Europäischen Insolvenzübereinkommens, ZIP 1998, 982.

Übersicht

I. Überblick über die Art. 27–38

1 Kapitel III enthält **Sonderregelungen für Sekundärinsolvenzverfahren** iSv Art. 3 Abs. 2. Die Art. 27–38 sind somit nur anwendbar, wenn zuvor ein Hauptinsolvenzverfahren nach Art. 3 Abs. 1 eröffnet wurde. Das Hauptverfahren kann ein Liquidations- oder ein Sanierungsverfahren sein (EuGH NZI 2013, 106 = IPRax 2014, 530 [mAnm *Koller* IPRax 2014, 490] Rn. 63 – Bank Handlowy, dazu *Brinkmann* LMK 2013, 342774; *Jopen* EWiR 2013, 173). Auf unabhängige Partikularverfahren iSv Art. 3 Abs. 4 sind die Art. 27 ff. nicht anwendbar, denn solche Verfahren werfen nicht die von diesen Vorschriften geregelten Abstimmungsfragen zwischen einem universalen und einem territorialen Insolvenzverfahren auf.

2 Die **Dominanz des Hauptverfahrens** (vgl. Erwägungsgrund 20) beschränkt sich auf die in Art. 31 Abs. 3, 33 und 34 normierten Rechte des Hauptinsolvenzverwalters (wie hier ausführlich *Fehrenbach* S. 467 ff.; anders *Geroldinger* in Clavora/Garber S. 123 ff., der dem Hauptverfahren den „Vorrang" zuschreibt; *ders.* Verfahrenskoordination S. 317 ff.). Dieser ist dem Sekundärverwalter gegenüber aber nicht weisungsberechtigt, → Art. 31 Rn. 3. Im **autonomen Recht** enthalten die §§ 353 ff. InsO Regeln über inländische Partikularverfahren, die nur anwendbar sind, sofern der Anwendungsbereich der Art. 27 ff. nicht eröffnet ist, insbesondere also, wenn der Schuldner sein COMI in einem Drittstaat hat. Das autonome Recht regelt Sekundärverfahren in §§ 356–358 InsO.

3 Auch die **neue EuInsVO** kennt das Institut des Sekundärverfahrens, so dass es auch künftig möglich sein wird, die universale Wirkung des Hauptverfahrens durch die Eröffnung eines Sekundärverfahrens zu begrenzen (Art. 34 ff. nF). Die hiermit einhergehenden **Erschwerungen im Hinblick auf Sanierungen,** die das gesamte Vermögen des Schuldners erfassen, werden in Kauf genommen, um den Schutz der lokalen Gläubiger und des Interesses der Mitgliedstaaten an der Anwendung ihres jeweils eigenen Insolvenzrechts zu gewährleisten (*Brinkmann* KTS 2014, 381 [393]). Auch eine Monopolisierung der Antragsbefugnisse beim Hauptverwalter ist nicht vorgesehen. Allerdings schaffen die Art. 36 ff. EuInsVO nF für den Hauptverwalter die Möglichkeit, die Eröffnung eines Sekundärverfahrens zu vermeiden, indem er zusichert, dass er die Gläubiger so stellt, als wäre in dem fraglichen Staat ein Sekundärverfahren eröffnet worden. Durch dieses Vorgehen soll einerseits den Schutz- und Rechtsanwendungsinteressen Rechnung getragen werden, andererseits soll das Konfliktpotential, das sich nicht zuletzt aus der Bestellung zweier Verwalter ergibt, minimiert werden. Vorbild dieser Regelung ist die **Praxis der sog synthetischen Sekundärverfahren,** die ua in den Verfahren *Collins & Aikman* (*Collins & Aikman Europe SA Collins* [2006] EWHC

1343), *MG Rover* (*MG Rover Belux SA/NV* [2007] BCC 446) und *Nortel Networks* (dazu *Paulus* EWiR 2009, 177) erfolgreich angewendet wurde. Allerdings ist die Regelung der neuen EuInsVO derart komplex und aufwändig, dass nicht zu erwarten ist, dass sie einen nennenswerten Beitrag zum Abbau des aus einem Sekundärverfahren resultierenden Störpotentials für Sanierungen leistet (*Brinkmann* KTS 2014, 381 [398]).

II. Funktionen eines Sekundärverfahrens

Einem Sekundärverfahren werden herkömmlich vor allem zwei Funktionen beigemessen: der Schutz inländischer Interessen sowie die Unterstützung des Hauptverfahrens (vgl. *Schmüser* S. 35 mwN). Beim **„Schutz inländischer Interessen"** geht es einerseits darum, auch Kleingläubigern effektive und zumutbare Möglichkeiten zur Verfügung zu stellen, ihre Forderungen geltend zu machen. Sie sollen nicht auf die Teilnahme an einem ausländischen Verfahren in fremder Sprache verwiesen werden. Andererseits ist auch zu berücksichtigen, dass die Eröffnung eines Sekundärverfahrens gem. Art. 28 zur Anwendbarkeit des Insolvenzrechts des Sekundärverfahrensstaats führt, so dass infolge der Durchführung eines Sekundärverfahrens im Inland auch die Wertentscheidungen des inländischen Insolvenzrechts (Vorrechte, Masseverbindlichkeiten, Arbeitnehmerschutz etc) zur Geltung gebracht werden können (vgl. zu den Vorteilen, die sich aus der Durchführung eines Sekundärverfahrens vor diesem Hintergrund ergeben und zu dem insofern bestehenden Erpressungspotential High Court of Justice Birmingham NZI 2005, 515). 4

Ein **Sekundärverfahren zur Unterstützung des Hauptverfahrens** durchzuführen, ist vor allem sinnvoll, wenn man der hier abgelehnten herrschenden Meinung zum Verständnis von Art. 5 und 7 folgt, nach der Sicherungsrechte an im Ausland belegenen Vermögensgegenständen von der Eröffnung des Hauptverfahrens vollständig unberührt bleiben (→ Art. 5 Rn. 15). Nach dieser Ansicht kann eine Einbeziehung der Sicherungsrechte nur durch die Eröffnung eines Sekundärverfahrens im Belegenheitsstaat erfolgen (Pannen EuInsVO/*Herchen* Rn. 14). Nach der hier vertretenen kollisionsrechtlichen Deutung von Art. 5 greifen für im Ausland belegene Sicherungsrechte auch ohne Eröffnung eines Sekundärverfahrens die insolvenzrechtlichen Regeln des Sekundärverfahrensstaats (→ Art. 5 Rn. 17). Bei diesem Verständnis bedarf das Hauptverfahren unter diesem Aspekt grds. nicht der Unterstützung durch ein Sekundärverfahren. Auch die in Erwägungsgrund 19 genannte Hilfe bei verschachteltem Vermögen kann das Sekundärinsolvenzverfahren in der Praxis nicht immer leisten (Pannen EuInsVO/*Herchen* Rn. 13). Nicht selten werden im Gegenteil der durch ein zweites Verfahren ausgelöste Koordinationsaufwand und die zusätzlichen Kosten insoweit eher kontraproduktiv sein (*Schmüser* S. 38, meint, dass die Unterstützungsfunktion „nachrangig" sei). Nur im Einzelfall können durch die Eröffnung eines Sekundärverfahrens die faktischen Probleme vermieden werden, die sich bei der Ausübung der extraterritorialen Befugnisse eines Hauptverwalters ergeben können (zu einem solchen *Chalupsky/Bierbach* KSI 2013, 23 [25]). 5

III. Voraussetzungen der Eröffnung eines Sekundärverfahrens

Die Eröffnungsvoraussetzungen richten sich grds. nach dem **Recht des Sekundärverfahrensstaates** (EuGH NZI 2014, 964 = ZIP 2015, 2513 Rn. 67 – Burgo; MüKoBGB/*Kindler* Rn. 18). Die Art. 27 ff. enthalten allerdings einige das nationale Recht modifizierende Sachnormen. 6

1. Antrag. Auch Sekundärverfahren werden nicht von Amts wegen eröffnet. 7
Die **Antragsbefugnis** richtet sich nach Art. 29. Danach ist neben den nach dem

Recht des Sekundärverfahrens antragsberechtigten Personen auch der **Verwalter des Hauptverfahrens** zur Stellung eines Eröffnungsantrags berechtigt, vgl. → Art. 29 Rn. 2.

8 **2. Eröffnung eines Hauptinsolvenzverfahrens in einem anderen Mitgliedstaat.** Ohne die Eröffnung eines Hauptinsolvenzverfahrens gibt es kein Sekundärverfahren. Die Entscheidung des Insolvenzgerichts über die Eröffnung des Hauptverfahrens muss den **Anerkennungsvoraussetzungen des Art. 16** genügen.

9 Da es nach Art. 3 Abs. 2 **nur ein einziges Hauptverfahren** geben kann, ist jedes später in einem anderen Mitgliedstaat eröffnete Insolvenzverfahren über das Vermögen desselben Schuldners ein Sekundärverfahren. Nach der Eurofood-Entscheidung des EuGH (NZI 2006, 360 = IPRax 2007, 120) kann unter Umständen schon die Einleitung eines Eröffnungsverfahrens eine Sperrwirkung hinsichtlich der Eröffnung eines Hauptinsolvenzverfahrens in einem anderen Mitgliedstaat auslösen. Hierüber gehen seine Wirkungen aber nicht hinaus, vgl. → Art. 3 Rn. 26; → Art. 2 Rn. 10. Insbesondere erfüllt die Einleitung eines Eröffnungsverfahrens nicht die Voraussetzung des Art. 27, dass in einem anderen Staat ein Hauptinsolvenzverfahren eröffnet sein muss. Auch nach Eurofood sollte daran festgehalten werden, dass nur die formelle Eröffnungsentscheidung in einem anderen Staat die Eröffnung eines Sekundärverfahrens in einem anderen Staat ermöglicht (wie hier MüKoInsO/*Reinhart* Rn. 9; Pannen EuInsVO/*Herchen* Rn. 20). Eine andere Sichtweise ließe sich nicht damit vereinbaren, dass nach Art. 27 S. 1 bei der Eröffnung des Sekundärverfahrens das Vorliegen eines Insolvenzgrundes grundsätzlich nicht geprüft wird (dazu → Rn. 12). Eine Übertragung der *Eurofood*-Grundsätze würde somit die Gefahr begründen, dass ein Sekundärverfahren eröffnet wird, obwohl das Gericht des Hauptverfahrens noch keine positive Entscheidung über das Vorliegen eines Insolvenzgrundes getroffen hat.

10 Kommt es zu einer **Einstellung des Hauptverfahrens**, führt dies allein nicht dazu, dass auch das Sekundärverfahren automatisch beendet ist, denn nach Art. 27 ist das Vorliegen eines Hauptverfahrens nur eine Eröffnungsvoraussetzung für ein Sekundärverfahren (Pannen EuInsVO/*Herchen* Rn. 22). Durch die Einstellung des Hauptverfahrens wird das Sekundärverfahren zu einem unabhängigen Partikularverfahren nach Art. 3 Abs. 4. Nach dem Recht des Sekundärverfahrens wird dieses allerdings nur fortgeführt werden können, wenn eine jetzt erforderliche Prüfung des Insolvenzgrundes positiv ausfällt, denn mit dem Hauptverfahren ist auch die Entbehrlichkeit der Prüfung eines Insolvenzgrundes im Sekundärverfahren weggefallen.

11 **3. Niederlassung im Sekundärverfahrensstaat.** Die internationale Zuständigkeit zur Eröffnung eines Sekundärverfahrens ist nach Art. 3 Abs. 2 nur gegeben, wenn der Schuldner im Sekundärverfahrensstaat über eine Niederlassung iSv Art. 2 lit. h verfügt (→ Art. 3 Rn. 24). Zum Begriff der Niederlassung → Art. 2 Rn. 17 ff.

12 **4. Keine Prüfung des Vorliegens eines Insolvenzgrundes, Satz 1.** Nach Satz 1 kann ein Sekundärverfahren eröffnet werden, ohne dass im Sekundärverfahrensstaat die Insolvenz des Schuldners geprüft werden muss. Die Prüfung ist entbehrlich, weil in diesen Fällen bereits das Gericht des Hauptinsolvenzverfahrens einen Insolvenzgrund bejaht hat. Nach dem Urteil des EuGH in der Sache Bank Handlowy (NZI 2013, 106 = IPRax 2014, 530 [mAnm *Koller* IPRax 2014, 490] Rn. 74; dazu *Brinkmann* LMK 2013, 342774; *Jopen* EWiR 2013, 173) kann das Gericht des Sekundärverfahrens das Vorliegen eines Insolvenzgrunds auch dann nicht prüfen, wenn die materielle Insolvenz bei der Eröffnung des Hauptverfahrens nicht geprüft wurde, wie es zB bei einem ***Sauvegarde***-Verfahren nach franzö-

sischem Recht der Fall ist. Die Vorschrift ist eine Sachnorm, die **das nationale Recht modifiziert** (MüKoBGB/*Kindler* Rn. 20. Etwas anders MüKoInsO/*Reinhart* Rn. 16, der Satz 1 als unwiderlegliche Vermutung bezüglich des Vorliegens eines Insolvenzgrundes deutet. Wiederum anders Pannen EuInsVO/*Herchen* Rn. 31, nach dem die Eröffnung des Hauptverfahrens einen selbstständigen, autonomen Insolvenzgrund für die Eröffnung eines Sekundärverfahrens bilden soll).

Weil das Sekundärverfahren mit der **Einstellung des Hauptverfahrens** *ex lege* in ein Partikularverfahren iSv Art. 3 Abs. 4 umgewandelt wird, für das Art. 27 nicht gilt, muss das Vorliegen eines Insolvenzgrundes in einer solchen Situation nachträglich geprüft werden. Ergibt sich, dass ein solcher nach dem Recht des Partikularverfahrensstaates nicht (mehr) besteht, ist das Verfahren einzustellen, → Rn. 10 (vgl. für ein deutsches Partikularverfahren § 212 InsO). 13

Nach **Art. 34 der neuen EuInsVO** wird das Vorliegen eines Insolvenzgrunds dann nicht geprüft, wenn dessen Vorliegen schon im Rahmen der Eröffnung des Hauptverfahrens bejaht wurde. Die Änderung ergibt sich daraus, dass nach der neuen EuInsVO die Insolvenz des Schuldners keine Voraussetzung der Eröffnung eines Insolvenzverfahrens iSd EuInsVO mehr ist. 14

IV. Sekundärverfahren als Liquidationsverfahren nach Anhang B, Satz 2

Schon aus Art. 3 Abs. 3 S. 2 folgt, dass ein Sekundärverfahren nur ein Liquidationsverfahren iSv Anhang B sein kann. Dies wird in Art. 27 S. 2 wiederholt. Für das deutsche Recht hat die Vorschrift keine Bedeutung, da das deutsche Recht kein spezielles Sanierungsverfahren kennt, sondern nur das ergebnisoffene Insolvenzverfahren. Weder Art. 3 Abs. 3 S. 2 noch Art. 27 S. 2 schließen aus, dass ein deutsches Sekundärverfahren als Insolvenzplanverfahren (diese Möglichkeit wird von Art. 34 vorausgesetzt) oder als Eigenverwaltungsverfahren geführt wird (AG Köln ZIP 2004, 472; Clavora/Garber/*Reisinger* S. 143, 148; kritisch *Beck* NZI 2006, 609 [616]; Pannen EuInsVO/*Herchen* Rn. 91; vgl. auch → Rn. 24). Um eine im Hauptverfahren angestrebte Sanierung nicht durch das Sekundärverfahren zu konterkarieren, hat EuGH das Gericht des Sekundärverfahrensstaats für verpflichtet gehalten, „unter Beachtung des Grundsatzes der loyalen Zusammenarbeit die Ziele des Hauptinsolvenzverfahrens zu berücksichtigen und der Systematik der Verordnung Rechnung zu tragen" (EuGH NZI 2013, 106 = IPRax 2014, 530 [mAnm *Koller* IPRax 2014, 490] Rn. 63 – Bank Handlowy; dazu *Brinkmann* LMK 2013, 342774; *Jopen* EWiR 2013, 173). **Nach der neuen EuInsVO** können Sekundärverfahren auch als Sanierungsverfahren geführt werden (hierzu *Brinkmann* KTS 2014, 381 [390]). 15

V. Wirkungen der Eröffnung eines Sekundärverfahrens, Satz 3

1. Die Aktivmasse des Sekundärverfahrens. Durch die Eröffnung des Sekundärverfahrens, die nach Art. 16 Abs. 1 in anderen Staaten anzuerkennen ist, unterfällt das inländische Vermögen dem Insolvenzbeschlag des Sekundärverfahrens und bildet dessen Aktivmasse. Bezogen auf das Hauptverfahren führt die Eröffnung des Sekundärverfahrens dazu, dass dessen grds. universale Wirkungen begrenzt werden, so dass die im Sekundärverfahrensstaat belegenen Vermögensgegenstände aus der Masse des Hauptverfahrens heraus fallen. Die Belegenheit eines Vermögensgegenstandes richtet sich nach Art. 2 lit. g, vgl. → Art. 2 Rn. 11. Maßgeblich ist der Zeitpunkt der Wirksamkeit der formellen Eröffnungsentscheidung bezüglich des Sekundärverfahrens, die Grundsätze der Eurofood-Entscheidung (EuGH NZI 2006, 360 = IPRax 2007, 120) spielen hier keine Rolle (MüKoInsO/*Reinhart* Rn. 23). 16

17 Die **Eröffnung des Sekundärverfahrens** kann wegen der Unterschiede der Insolvenzrechte des Primär- und des Sekundärverfahrensstaates zu **Gesamtmassemehrungen** (der Insolvenzbeschlag des Sekundärverfahrens reicht weiter als der des Primärverfahrens) sowie zu **Gesamtmasseverkürzungen** (der Massebeschlag des Sekundärverfahrens reicht weniger weit als der des Hauptverfahrens) führen. Demgegenüber vertritt *Herchen* (Pannen EuInsVO/*Herchen* Rn. 49) die Auffassung, dass in der zweiten Situation keine Masseminderung eintrete, weil dann der Insolvenzbeschlag durch das Hauptverfahren bestehen bleibe, da er nicht von dem des Sekundärverfahrens verdrängt werde. Dem kann nicht zugestimmt werden, denn das Recht des Sekundärverfahrens verdrängt das Recht des Hauptverfahrens vollständig, soweit es um das im Inland belegene Vermögen geht. Nur so ist gewährleistet, dass den Schutzanliegen des Sekundärverfahrensrechts, deren Verwirklichung die Funktion eines Sekundärverfahrens ist, in vollem Umfang Rechnung getragen werden kann.

18 Die **Überführung von Gegenständen von der einen in die andere Masse** kann durch entsprechende Verträge der Verwalter bewirkt werden. Sofern die Verfahrenseröffnung die vermögensrechtliche Zuordnung der Massegegenstände unberührt lässt – wie nach deutschem Recht – liegt hierin keine Übereignung (insoweit zutreffend MüKoBGB/*Kindler* Rn. 30), sondern nur ein die Kompetenzen der Verwalter abgrenzender Vertrag.

19 Eine **Freigabe** eines Vermögensgegenstandes durch den Sekundärverwalter führt nicht zu einem Rückerwerb der Verwaltungs- und Verfügungsbefugnis des Hauptverwalters (aA Pannen EuInsVO/*Herchen* Rn. 81; *Lüke* ZZP 111 (1998), 275 [307]). Gibt der Sekundärverwalter einen Gegenstand frei, endet dessen Beschlag durch das Sekundärverfahren. Der Beschlag durch das Primärverfahren kann aber auch nicht wieder aufleben, da dessen Wirkungen durch die Eröffnung des Sekundärverfahrens für das Territorium dieses Staates vollständig verdrängt werden (→ Rn. 16, 21). Vor dem Hintergrund des Art. 35 sollte allerdings die Freigabe durch den Sekundärverwalter nur mit Zustimmung des Hauptverwalters erfolgen, vgl. → Art. 35 Rn. 2.

20 **2. Die Passivmasse des Sekundärverfahrens.** In die Passivmasse des Sekundärverfahrens fallen neben den (auch) in diesem Verfahren nach Art. 32 angemeldeten Insolvenzforderungen auch diejenigen **Masseverbindlichkeiten,** für die die Masse des Sekundärverfahrens haftet. Dies sind zunächst die Masseverbindlichkeiten, die durch den Verwalter des Sekundärverfahrens begründet werden (MüKoInsO/*Reinhart* Rn. 27). Für Masseverbindlichkeiten, die vor der Eröffnung des Sekundärverfahrens vom Hauptinsolvenzverwalter begründet wurden, haftet sowohl die Aktivmasse des Haupt- wie die des Sekundärverfahrens (*Schmüser* S. 155; *Duursma-Kepplinger* ZIP 2007, 752 [754]; *Beck* NZI 2007, 1 [3]) wobei die Sekundärmasse nur mit den Gegenständen haftet, die zum Zeitpunkt der Eröffnung des Verfahrens bereits zu ihr gehörten (Pannen EuInsVO/*Herchen* Rn. 53).

21 **3. Territoriale Beschränkung der Wirkungen des Hauptverfahrens.** Die Eröffnung des Sekundärverfahrens führt dazu, dass die Universalität des Hauptverfahrens eingeschränkt wird, indem das Territorium des Sekundärverfahrensstaates von den Wirkungen des Hauptverfahrens ausgenommen wird. Die Wirkungserstreckung des Art. 17 Abs. 1 wird hierdurch für die Dauer des Sekundärverfahrens (BGH NZI 2015, 183 = ZIP 2015, 42 Rn. 10) begrenzt, vgl. → Art. 17 Rn. 6. Die Begrenzung der Wirkungen des Hauptverfahrens beziehen sich auch auf **Restschuldbefreiungen**, die **im Hauptverfahren** nach der Eröffnung des Sekundärverfahrens erteilt werden. Diese verkürzen nicht das Recht des Gläubigers, mit seiner Forderung an der Verteilung der Masse des Sekundärverfahrens teilzunehmen (BGH NZI 2014, 969 = ZIP 2014, 2092 Rn. 31; dazu *Mankowski* EWiR 2014, 751). Zu den **Auswirkungen der Eröffnung eines**

Sekundärverfahrens auf Sanierungsmaßnahmen im Hauptverfahren *Koller* IPRax 2014, 490 [492 ff.].

22 Die Begrenzung der Wirkungserstreckung steht der nach alter EuGVVO erforderlichen **Vollstreckbarerklärung der Eröffnungsentscheidung** des ausländischen Gerichts **bezüglich des Hauptverfahrens** entgegen stehen (aA OLG Düsseldorf ZIP 2004, 1514 = NZI 2004, 628; zustimmend *Pannen/Riedemann* EWiR 2005, 177). Die Vollstreckbarerklärung ist hinreichende Bedingung für die Erteilung der Vollstreckungsklausel, wie sich auch aus §§ 8, 9 AVAG aF ergibt. Durch die Vollstreckbarerklärung wird somit die Gefahr begründet, dass der Hauptinsolvenzverwalter in den Besitz eines Vollstreckungstitels kommt, der insolvenzrechtlich im Inland wegen der Verdrängungswirkung des Sekundärverfahrens nicht vollstreckt werden darf, wobei diese Begrenzung dem Titel oder der Klausel nicht zu entnehmen ist. Durch die Vollstreckbarerklärung wird somit die Gefahr unzulässiger Vollstreckungen heraufbeschworen. Nach der neuen EuGVVO ist die infolge der Eröffnung des Sekundärverfahrens fehlende Vollstreckbarkeit des Hauptverfahrenseröffnungsbeschlusses ggf. im Wege des **Versagungsverfahrens nach Art. 46 EuGVVO** nF geltend zu machen.

23 **4. Der Verwalter des Sekundärverfahrens.** Die Bestellung des Sekundärverfahrensverwalters richtet sich nach dem Recht des Sekundärverfahrensstaates (MüKoInsO/*Reinhart* Rn. 30). Sofern der **Verwalter des Hauptverfahrens** die Qualifikationsanforderungen dieser Rechtsordnung erfüllt, spricht nichts dagegen, ihn auch in diesem Verfahren als Verwalter zu bestellen. Ein **Verbot der Personalunion besteht nicht** (so aber MüKoBGB/*Kindler* Rn. 38). Der „Unterstützungsfunktion" des Sekundärverfahrens (→ Rn. 5) wird durch ein solches Vorgehen in besonderem Maße Rechnung getragen. Auch aus der Funktion des Sekundärverfahrens, nationale Schutzinteressen zur Durchsetzung zu bringen, lassen sich allenfalls im Einzelfall Einwände herleiten, denn auch der ausländische Verwalter ist an das inländische Insolvenzrecht gebunden. Die Gefahr von Interessenkollisionen mag zwar theoretisch bestehen (Pannen EuInsVO/*Herchen* Rn. 89), allerdings mag es gerade dann besonders gut gelingen, diese Konflikte aufzulösen, wenn derselbe Verwalter eingesetzt ist. Zu einer Übervorteilung einer Seite muss es nicht zwingend kommen (iErg wie hier MüKoInsO/*Reinhart* Rn. 30, der zu Recht auf das parallele Problem bei Konzerninsolvenzen hinweist).

24 Es spricht nichts dagegen, das **Sekundärverfahren in Eigenverwaltung** durchzuführen (AG Köln ZIP 2004, 472; Clavora/Garber/*Reisinger* S. 143, 148; MüKoInsO/*Reinhart* Rn. 31 mwN auch zur Gegenansicht; kritisch *Beck* NZI 2006, 609 [616]; Pannen EuInsVO/*Herchen* Rn. 91). Hierdurch wird allerdings **nicht der ausländische Hauptinsolvenzverwalter zum Eigenverwalter,** sondern richtigerweise der Schuldner selbst (anders AG Köln ZIP 2004, 472). Der Hauptinsolvenzverwalter kann im Inland höchstens zum Sachwalter bestellt werden, näher → Art. 3 Rn. 28.

25 **5. Abgrenzung der Befugnisse zwischen Haupt- und Sekundärverwalter.** Die Abgrenzung der Kompetenzen zwischen Haupt- und Sekundärverwalter bereitet keine Schwierigkeiten, soweit es um die **Befugnisse in Bezug auf bestimmte Vermögensgegenstände** des Schuldners geht: Nur soweit sich diese im Sekundärverfahrensstaat befinden, ist der Sekundärverwalter verwaltungs- und verfügungsbefugt. Bei der **Geltendmachung von Anfechtungsrechten** ist darauf abzustellen, zu welcher Masse der Vermögensgegenstand zurückzugewähren wäre (EuGH 11.5.2015 – C-649/13, NZI 2015, 663 [mAnm *Fehrenbach*] = ZIP 2015, 1299; → Art. 13 Rn. 19; → Art. 18 Rn. 9). Für bestimmte **verfahrensbeendende Handlungen**, insbesondere für Sanierungspläne, trifft Art. 34 eine Sonderregelung, nach der diese im Sekundärverfahren nur mit Zustimmung des Hauptinsolvenzverwalters durchgeführt werden können.

26 Für die **Ausübung von Wahlrechten in Bezug auf die Erfüllung schwebender Verträge** ist darauf abzustellen, ob die vertragscharakteristische Leistung einen Bezug zur Niederlassung im Sekundärverfahrensstaat aufweist (*M. Weller* ZHR 169 (2005), 570 [590 f.]; ebenso Pannen EuInsVO/*Herchen* Rn. 77). Ist die vertragscharakteristische Leistung entweder durch die Niederlassung zu erbringen, oder soll sie gerade ihr zu Gute kommen, steht das Wahlrecht dem Sekundärverwalter zu. Nach der Gegenansicht (MüKoInsO/*Reinhart* Rn. 24) soll es auf die Belegenheit der sich aus dem Vertrag für den Insolvenzschuldner ergebenden Forderung ankommen, die sich gem. Art. 2 lit. g 3. Spiegelstrich nach dem COMI des Drittschuldners richtet. Das überzeugt nicht, weil diese Anknüpfung zu zufälligen Ergebnissen führt, die weder den Interessen des Haupt- noch denen des Sekundärverfahrens entsprechen.

Anwendbares Recht

28 Soweit diese Verordnung nichts anderes bestimmt, finden auf das Sekundärinsolvenzverfahren die Rechtsvorschriften des Mitgliedstaats Anwendung, in dessen Gebiet das Sekundärinsolvenzverfahren eröffnet worden ist.

Schrifttum: S. die Nachweise bei Art. 27.

I. Überblick

1 Art. 28 stellt klar, dass auch für Sekundärverfahren die *lex fori* das anwendbare Recht stellt. Hauptverfahrens- und Sekundärverfahrensstatut fallen damit zwingend auseinander. Die Vorschrift ist überflüssig, da sich die entsprechende kollisionsrechtliche Regelung schon aus Art. 4 ergibt, der nicht zwischen Haupt- und Partikularverfahren differenziert (→ Art. 4 Rn. 3). Die **Vorschrift entspricht Art. 35 EuInsVO nF**.

II. Ausnahmen von der Geltung des Rechts des Sekundärverfahrensstaats

2 Die Regelverweisung des Art. 28 wird einerseits durch die in den Art. 27 ff. enthaltenen Sachnormen durchbrochen, die das nationale Insolvenzrecht modifizieren, ergänzen oder verdrängen: So erklärt beispielsweise Art. 27 S. 1 die **Prüfung eines Insolvenzgrundes** bei der Eröffnung eines Sekundärverfahrens für entbehrlich; Art. 29 lit. a verschafft dem Verwalter des Hauptverfahrens ein Recht, die **Eröffnung des Sekundärverfahrens zu beantragen;** Art. 30 verleiht ihm die Befugnis, einen **Kostenvorschuss** zu zahlen; nach Art. 32 kann der Hauptverwalter **Forderungen im Sekundärverfahren anmelden.** Art. 33 gibt dem Hauptverwalter ein Recht, die **Verwertung im Sekundärverfahren** auszusetzen; Art. 34 trifft Sonderregelungen über **Sanierungspläne im Sekundärverfahren.** Art. 35 schließlich weist einen **Überschuss im Sekundärverfahren** dem Hauptverfahren zu.

3 Neben diesen Ausnahmen sind die **Ausnahmen zur Regelanknüpfung aus Art. 4**, die sich aus den Art. 5–15 ergeben, jedenfalls grundsätzlich ebenfalls bei der Frage des im Sekundärverfahren anwendbaren Rechts zu berücksichtigen (MüKoBGB/*Kindler* Rn. 11). Uneingeschränkt gilt die Anwendbarkeit auf Sekundärverfahren nur für die Art. 6 sowie Art. 8–15.

4 Für **Art. 5 und 7** sind Differenzierungen notwendig: Art. 5 und 7 Abs. 1 regeln Situationen, die sich in Sekundärverfahren so nicht stellen können, denn das Sekundärverfahren hat nur territoriale Wirkungen, so dass eine Freistellung im

Ausland belegener Vermögensgegenständen von den Wirkungen dieses Verfahrens – wie Art. 5 und 7 Abs. 1 sie vorsehen – ins Leere ginge (Pannen EuInsVO/*Herchen* Rn. 30). Im Ausgangspunkt dasselbe gilt auch für Art. 7 Abs. 2 (MüKoInsO/*Reinhart* Rn. 6). Für im Ausland belegenes Vermögen kann das Recht des Sekundärverfahrens nie einschlägig sein. Nach der hier vertretenen Ansicht greift der **Schutz des Anwartschaftsrechts** über Art. 7 Abs. 2 auch dann, wenn im Belegenheitsstaat ein Sekundärverfahren eröffnet wurde (→ Art. 7 Rn. 7; ebenso MüKoBGB/*Kindler* Art. 7 Rn. 15; *ebd.* Art. 28 Rn. 7; *Schmitz* S. 100). Nach der Gegenansicht (Pannen EuInsVO/*Herchen* Rn. 27) ist dagegen die Anwendbarkeit von Art. 7 Abs. 2 in einer solchen Situation abzulehnen. Es richte sich nach dem Recht des Sekundärverfahrens, ob das Anwartschaftsrecht des Käufers in der Verkäuferinsolvenz Bestand hat. Eine solche eingrenzende Auslegung des Art. 7 Abs. 2 ergibt sich weder aus dem Wortlaut der Vorschrift, noch ist sie mit deren Sinn und Zweck vereinbar, die Position des Vorbehaltskäufers bei grenzüberschreitenden Geschäften insolvenzfest auszugestalten, um so Handelshemmnisse im Binnenmarkt abzubauen.

Antragsrecht

29 Die Eröffnung eines Sekundärinsolvenzverfahrens können beantragen:

a) der Verwalter des Hauptinsolvenzverfahrens,

b) jede andere Person oder Stelle, der das Antragsrecht nach dem Recht des Mitgliedstaats zusteht, in dessen Gebiet das Sekundärinsolvenzverfahren eröffnet werden soll.

Schrifttum: S. die Nachweise bei Art. 27.

I. Überblick

Art. 29 regelt die Befugnis zur Stellung des Antrags auf Eröffnung eines Sekundärverfahrens. Art. 29 lit. a ist eine Sachnorm, während Art. 29 lit. b eine Kollisionsnorm darstellt, die keinen über Art. 28 hinausreichenden Inhalt hat (MüKoInsO/*Reinhart* Rn. 1; MüKoBGB/*Kindler* Rn. 2; Nerlich/Römermann/*Commandeur* Rn. 1; Kübler/Prütting/Bork/*Kemper* Rn. 1 f.). Art. 29 EuInsVO ist nicht auf unabhängige Partikularverfahren anwendbar, vgl. → Art. 27 Rn. 1. Die **Vorschrift entspricht Art. 37 Abs. 1 EuInsVO nF.** 1

II. Antragsrecht

1. Verwalter des Hauptinsolvenzverfahrens, lit. a. Als Sachnorm ergänzt Art. 29 lit. a das grds. anwendbare Sachrecht des Sekundärverfahrensstaats, indem ein **eigenständiges Antragsrecht des Verwalters des Hauptverfahrens** auf Eröffnung des Sekundärverfahrens geschaffen wird, welches die meisten mitgliedstaatlichen Rechte nicht kennen (MüKoInsO/*Reinhart* Rn. 2; MüKoBGB/*Kindler* Rn. 2; Nerlich/Römermann/*Commandeur* Rn. 1). Hierdurch wird dem Hauptinsolvenzverwalter ermöglicht, die insolvenzrechtlichen Folgen eines Verfahrens auch auf solche Gegenstände zu erstrecken, die gem. Art. 5 Abs. 1 nicht von der Eröffnung des Hauptverfahrens berührt werden, wofür insbesondere nach der (hier abgelehnten, vgl. → Art. 5 Rn. 15 ff.) herrschenden Meinung, die Art. 5 als Sachnorm einordnet, ein erhebliches Interesse besteht (MüKoInsO/*Reinhart* Rn. 4; Nerlich/Römermann/*Commandeur* Rn. 2; BK-InsO/*Pannen* Rn. 1; HambK-InsO/*Undritz* Rn. 4; Pannen EuInsVO/*Herchen* Rn. 5). 2

3 Aus den verbesserten Verwertungsmöglichkeiten kann sich eine **Pflicht des Hauptverwalters ergeben, die Eröffnung eines Sekundärverfahrens zu beantragen,** sofern und weil er nach dem Recht des Hauptverfahrens verpflichtet ist, die Masse möglichst effektiv zu verwerten (MüKoInsO/*Reinhart* Rn. 5; MüKoBGB/*Kindler* Rn. 5; Pannen EuInsVO/*Herchen* Rn. 13).

4 **2. Vorläufiger Hauptinsolvenzverwalter.** Der **vorläufige Hauptinsolvenzverwalter** hat nach hL kein Antragsrecht nach Art. 29 lit. a (*Herchen*, Das Übereinkommen über Insolvenzverfahren, 162; MüKoBGB/*Kindler* Rn. 4; Uhlenbruck/*Lüer* Rn. 2; Nerlich/Römermann/*Commandeur* Rn. 3; BK-InsO/*Pannen* Rn. 2; HambK-InsO/*Undritz* Rn. 2; Kübler/Prütting/Bork/*Kemper* Rn. 5; Pannen EuInsVO/*Herchen* Rn. 20. AA MüKoInsO/*Reinhart* Rn. 3; *Dammann/Müller* NZI 2011, 752 [756] unter Berufung auf eine Entscheidung des Handelsgerichts von Nanterre v. 8.7.2011). In der Eurofood-Entscheidung, nach der auch die Einsetzung eines vorläufigen Verwalters als Eröffnung eines Insolvenzverfahrens iSv Art. 3 Abs. 1 zu verstehen sein kann (NZI 2006, 360 = IPRax 2007, 120 Rn. 57), hat der EuGH allerdings zu erkennen gegeben, dass nach seiner Auffassung **auch der vorläufige Verwalter antragsbefugt** nach Art. 29 ist, sofern er in Anhang C genannt ist. Überzeugend ist das freilich insbesondere vor dem Hintergrund der Konsequenzen für die Auslegung von Art. 38 nicht (→ Art. 38 Rn. 2). Für die hL spricht vor allem, dass es mit der Funktion des vorläufigen Verwalters – Sicherung der Insolvenzmasse – kaum vereinbar ist, ihm die Antragstellung in anderen Staaten zu ermöglichen. Gleichwohl wird sich die Praxis an dem *obiter dictum* des EuGH orientieren müssen.

5 **3. Antragsrecht nach dem Recht des Verfahrensstaates, lit. b. a) Antragsrecht des Gläubigers.** Die Antragsbefugnis der Gläubiger für die Eröffnung eines Sekundärverfahrens richtet sich grundsätzlich nach nationalem Recht. Allerdings wäre eine Regelung, nach der nur inländische Gläubiger ein Sekundärinsolvenzverfahren beantragen können, europarechtswidrig (EuGH NZI 2014, 964 = ZIP 2015, 2513 Rn. 51 – Burgo). Anders als bei einem Antrag auf Eröffnung eines unabhängigen Partikularverfahrens gem. Art. 3 Abs. 4 lit. b darf es bei dem Antrag auf Eröffnung eines Sekundärverfahrens nicht darauf ankommen, wo der antragstellende Gläubiger seinen Sitz hat (MüKoInsO/*Reinhart* Rn. 6 f.; MüKoBGB/*Kindler* Rn. 7; Kübler/Prütting/Bork/*Kemper* Rn. 6; Duursma-Kepplinger/Duursma/Chalupsky EuInsVO/*Duursma-Kepplinger* Rn. 13; Pannen EuInsVO/*Herchen* Rn. 4). Weitere Voraussetzungen, wie etwa ein besonderes Interesse gerade an der Eröffnung des Sekundärverfahrens, fordert die EuInsVO nicht (Nerlich/Römermann/*Commandeur* Rn. 7; MüKoInsO/*Reinhart* Rn. 7; BK-InsO/*Pannen* Rn. 4; Kübler/Prütting/Bork/*Kemper* Rn. 7; aA Wimmer/*Wenner/Schuster* Rn. 8; Pannen EuInsVO/*Herchen* Rn. 31–35).

6 **b) Antragsrecht des Schuldners.** Es richtet sich nach dem Recht des Sekundärverfahrensstaats, ob der Schuldner ein etwaiges Recht zur Beantragung der Eröffnung eines Insolvenzverfahrens durch die Eröffnung des Hauptverfahrens verliert. Art. 29 lit. b trifft hierüber keine Aussage (MüKoInsO/*Reinhart* Rn. 8; Uhlenbruck/*Lüer* Rn. 3; Wimmer/*Wenner/Schuster* Rn. 10; Pannen EuInsVO/*Herchen* Rn. 21). Bei der Eröffnung eines Hauptinsolvenzverfahrens in Deutschland sind insofern die §§ 80, 81 InsO einschlägig. Dabei ist zu beachten, dass die Eröffnung des Sekundärverfahrens einer Verfügung über Massegegenstände gleichkommt, da durch sie dem Hauptinsolvenzverfahren Massegegenstände entzogen werden. Daher hat ein deutscher Schuldner kein Recht, im Ausland ein Sekundärinsolvenzverfahren über sein Vermögen zu beantragen (MüKoInsO/*Reinhart* Rn. 8; Pannen EuInsVO/*Herchen* Rn. 22; MüKoBGB/*Kindler* Rn. 12; HambK-InsO/*Undritz* Rn. 3; iE auch *Paulus* EuInsVO Rn. 6; aA AG Köln ZIP

2004, 471 [473] aE; *Kemper* ZIP 2001, 1609 [1613]; *Lüke* ZZP 111 (1998), 275 [302]).

Kostenvorschuß

30 Verlangt das Recht des Mitgliedstaats, in dem ein Sekundärinsolvenzverfahren beantragt wird, daß die Kosten des Verfahrens einschließlich der Auslagen ganz oder teilweise durch die Masse gedeckt sind, so kann das Gericht, bei dem ein solcher Antrag gestellt wird, vom Antragsteller einen Kostenvorschuß oder eine angemessene Sicherheitsleistung verlangen.

Schrifttum: S. die Nachweise bei Art. 27.

I. Überblick

Die Vorschrift enthält eine **Ermächtigungsgrundlage** für das Gericht des Sekundärverfahrensstaates einen Kostenvorschuss oder eine Sicherheitsleistung vom Antragsteller zu verlangen, sofern das Sekundärverfahrensrecht die Kostendeckung als Eröffnungsvoraussetzung bestimmt. Damit setzt die Vorschrift voraus, dass der nach Art. 29 lit. a im Sekundärverfahrensstaat antragsberechtigte Verwalter durch die Zahlung eines Kostenvorschusses oder die Erbringung einer Sicherheitsleistung, die Eröffnungsvoraussetzungen im Sekundärverfahrensstaat erfüllen kann (Duursma-Kepplinger/Duursma/Chalupsky EuInsVO/*Duursma-Kepplinger* Rn. 3; FK-InsO/*Wimmer* Anh. I Rn. 100; MüKoInsO/*Reinhart* Rn. 2; MüKoBGB/*Kindler* Rn. 1 f.; BK-InsO/*Pannen* Rn. 3; Uhlenbruck/*Lüer* Rn. 2; *Pogacar* NZI 2011, 46 [51]). Die Vorschrift entspricht **Art. 40 EuInsVO nF**. 1

Die in Art. 30 ausgesprochene Möglichkeit, bei fehlender Massedeckung für die anfallenden Verfahrenskosten einen **Kostenvorschuss** oder eine **Sicherheitsleistung** zu erbringen, ergibt sich in der Regel bereits aus Art. 28 iVm der entsprechenden nationalen Kostenregelung (Wimmer/*Wenner/Schuster* Rn. 1; MüKoInsO/*Reinhart* Rn. 1; MüKoBGB/*Kindler* Rn. 1; Uhlenbruck/*Lüer* Rn. 1). 2

II. Voraussetzungen

Art. 30 ist nur anwendbar, wenn das Recht des Sekundärverfahrensstaats die Deckung der Kosten als Eröffnungsvoraussetzung bestimmt. Soweit das der Fall ist, bestätigt Art. 30, dass diese Regelung auch für das Sekundärinsolvenzverfahren uneingeschränkt gilt, so dass sich das Vorliegen einer Masseunzulänglichkeit sowie die Verpflichtung zur Leistung eines Kostenvorschusses oder einer Sicherheit (vgl. für Deutschland § 26 Abs. 1 S. 2 InsO) nach dem Recht des Sekundärverfahrens bestimmen (MüKoInsO/*Reinhart* Rn. 3; MüKoBGB/*Kindler* Rn. 2; *Smid* DtEuInsR Rn. 4; *Virgós/Schmit* Rn. 228). Auch der für die Beurteilung der Massedeckung maßgebliche Zeitpunkt richtet sich nach dem Recht des Sekundärinsolvenzverfahrens. 3

III. Rechtsfolge: Kostenvorschussmöglichkeit

Neben der (wiederholenden) Verweisung auf das Recht des Sekundärverfahrens enthält die Vorschrift eine weitergehende **sachrechtliche Regelung** dahingehend, dass **unabhängig von der nationalen Regelung eine Vorschussmöglichkeit für den Verwalter besteht** (so MüKoBGB/*Kindler* Rn. 1; Uhlenbruck/*Lüer* Rn. 1). Die Gegenansicht (MüKoInsO/*Reinhart* Rn. 5; Wimmer/*Wenner/Schuster* Rn. 3) lehnt es ab, der Vorschrift eine solches Vorschussrecht zu 4 entnehmen. Zu unterschiedlichen Ergebnissen kommen die beiden Ansichten nur in den Fällen, in denen das nationale Recht zwar die Kostendeckung als Eröffnungsvoraussetzung kennt, insoweit aber keine Vorschussmöglichkeit vorsieht. Die Verbesserung der Eröffnungsmöglichkeiten des Sekundärverfahrens spricht dafür, der Vorschrift in diesen eher seltenen Fällen eine Rechtsgrundlage für die Einforderung des Kostenvorschusses oder der Sicherheitsleistung vom Antragsteller zu entnehmen, so dass das Gericht dem Antragsteller entsprechende Gelegenheit zur Vorschusszahlung geben muss, indem es ihn vor Abweisung des Antrags auf die fehlende Kostendeckung und die Möglichkeit einer Vorschusszahlung oder der Erbringung einer Sicherheitsleistung hinweist.

5 Unstreitig räumt die Vorschrift dem Gericht des Sekundärverfahrens durch die Formulierung „kann … verlangen" **keinen Ermessensspielraum** ein, der nicht schon nach dem Recht des Sekundärverfahrens besteht (MüKoInsO/*Reinhart* Rn. 3; Duursma-Kepplinger/Duursma/Chalupsky EuInsVO/*Duursma-Kepplinger* Rn. 2; HK-InsO/*Stephan* Art. 30 Rn. 2; MüKoBGB/*Kindler* Rn. 3; Wimmer/*Wenner/Schuster* Rn. 2; Uhlenbruck/*Lüer* Rn. 3).

Kooperations- und Unterrichtungspflicht

31 (1) [1] **Vorbehaltlich der Vorschriften über die Einschränkung der Weitergabe von Informationen besteht für den Verwalter des Hauptinsolvenzverfahrens und für die Verwalter der Sekundärinsolvenzverfahren die Pflicht zur gegenseitigen Unterrichtung.** [2] **Sie haben einander unverzüglich alle Informationen mitzuteilen, die für das jeweilige andere Verfahren von Bedeutung sein können, insbesondere den Stand der Anmeldung und der Prüfung der Forderungen sowie alle Maßnahmen zur Beendigung eines Insolvenzverfahrens.**

(2) **Vorbehaltlich der für die einzelnen Verfahren geltenden Vorschriften sind der Verwalter des Hauptinsolvenzverfahrens und die Verwalter der Sekundärinsolvenzverfahren zur Zusammenarbeit verpflichtet.**

(3) **Der Verwalter eines Sekundärinsolvenzverfahrens hat dem Verwalter des Hauptinsolvenzverfahrens zu gegebener Zeit Gelegenheit zu geben, Vorschläge für die Verwertung oder jede Art der Verwendung der Masse des Sekundärinsolvenzverfahrens zu unterbreiten.**

Schrifttum: S. die Nachweise bei Art. 27. Ferner: *Czaja,* Umsetzung der Kooperationsvorgaben durch die Europäische Insolvenzverordnung im deutschen Insolvenzverfahren, 2009; *Eidenmüller,* Der nationale und der internationale Insolvenzverwaltungsvertrag, ZZP 114 (2001), 3; *Hrycaj,* The Cooperation of Court Bodies of International Insolvency Proceedings, IILR 2011, 7; *Paulus,* „Protokolle" – ein anderer Zugang zur Abwicklung grenzüberschreitender Insolvenzen, ZIP 1998, 977; *ders.,* Globale Grundsätze für die Zusammenarbeit in grenzüberschreitenden Insolvenzverfahren, RIW 2014, 194; *Vallender,* Aufgaben und Befugnisse des deutschen Insolvenzrichters in Verfahren nach der EuInsVO, KTS 2005, 283; *ders.,* Die Zusammenarbeit von Richtern in grenzüberschreitenden Insolvenzverfahren nach der EuInsVO, FS Lüer, 2008, 479; *ders.,* Judicial cooperation within the EC Insolvency Regulation, IILR 2011, 309; *Wittinghofer,* Der nationale und internationale Insolvenzverwaltungsvertrag: Koordination paralleler Insolvenzverfahren durch Ad-hoc-Vereinbarungen, 2004.

Übersicht

I. Überblick

1 Das Nebeneinander mehrerer Insolvenzverfahren über das Vermögen desselben Schuldners erzeugt unter einer Reihe von Aspekten **Abstimmungsbedarf**. Besonders groß ist der Koordinationsbedarf, wenn eine Sanierung unter Einbeziehung des gesamten schuldnerischen Vermögens erreicht werden soll. Aber auch in Zerschlagungsverfahren ist ein Informationsaustausch schon zur Ermittlung der Befriedigungsquoten vor dem Hintergrund der Anrechnungsregel in Art. 20 Abs. 2 unerlässlich. Das ALI und III haben gemeinsam „allgemeine Grundsätze für die Zusammenarbeit und Kommunikation zwischen Gerichten in grenzüberschreitenden Insolvenzverfahren" (s. http://iiiglobal.org/component/jdownloads/finish/557/5932.htm) entwickelt, die als Leitlinien für die konkrete Zusammenarbeit dienen können (eine deutsche Übersetzung findet sich bei *Paulus* RIW 2014, 195).

2 Art. 31 normiert in **Absatz 1** wechselseitige Informationspflichten. In **Absatz 2** ist eine Pflicht zur Zusammenarbeit statuiert. Wie diese durchzuführen ist, bestimmt die Vorschrift nicht näher. Auch Fragen der **Kooperation der Insolvenzgerichte** regelt Art. 31 nicht (anders High Court of Justice London ZIP 2009, 578 = NZI 2009, 450; Oberlandesgericht Wien NZI 2005, 56 [61]; vgl. hierzu und zur Neuregelung durch Art. 42 der neuen EuInsVO näher bei → Rn. 16). Der **Anwendungsbereich** der Vorschrift ist eröffnet, wenn in einem EuInsVO-Staat ein Haupt- und in mindestens einem anderen EuInsVO-Staat ein Sekundärverfahren eröffnet wurde und der Schuldner nicht unter die Bereichsausnahmen des Art. 1 Abs. 2 fällt.

3 Die Kooperation der Verwalter ist davon geprägt, dass es **kein Weisungsrecht des Haupt- gegenüber dem Sekundärverwalter** gibt (Landesgericht Leoben NZI 2005, 646; MüKoBGB/*Kindler* Rn. 3). Ein „dominierende Rolle" (Erwägungsgrund 20) des Hauptverfahrens ergibt sich lediglich daraus, dass der Hauptinsolvenzverwalter Initiativ- und Vorschlagsrechte bezüglich Sanierungs- und Verwertungsmaßnahmen nach Art. 34 Abs. 1 u. 3, Art. 31 Abs. 3 besitzt (*Czaja* S. 69). Außerdem kann er nach Art. 33 eine Einstellung der Verwertung der Masse des Sekundärververfahrens erwirken. Schließlich können Sanierungspläne im Sekundärverfahren nicht ohne seine Beteiligung geschlossen werden. In der Praxis wird das Verhältnis der Verfahren zueinander entscheidend davon geprägt sein, in welchem Staat sich der Schwerpunkt des Vermögens des Schuldners befindet.

4 Die **Art. 41–44 der neuen EuInsVO** sehen erheblich umfangreichere Regeln über die Kommunikation und wechselseitigen Unterrichtung vor (hierzu *Brinkmann* KTS 2014, 381 [394]). Insbesondere ist hier die Zusammenarbeit von Gerichten untereinander und die Möglichkeit des Abschlusses von Kooperationsverträgen (sog *protocols*) geregelt. Nach Art. 43 der neuen Fassung müssen Haupt- und Sekundärverwalter in den Grenzen der *lex fori concursus* auch mit allen anderen beteiligten Gerichten zusammenarbeiten, soweit hierdurch keine Interessenkonflikte entstehen.

II. Kooperation der Insolvenzverwalter

5 **1. Unterrichtungspflichten, Absatz 1.** Absatz 1 Satz 1 sieht eine wechselseitige Pflicht der Verwalter (aller Sekundär- sowie des Hauptinsolvenzverwalters) vor, einander die jeweils relevanten Informationen zur Verfügung zu stellen. Aus der Vorschrift ergibt sich somit ein **materiellrechtlicher Auskunftsanspruch,** der – jedenfalls theoretisch – auch mit einer Leistungsklage durchgesetzt werden kann (MüKoInsO/*Reinhart* Rn. 16; *Czaja* S. 217). Grundsätzlich ist über alle Umstände zu informieren, die objektiv für das andere Verfahren von Bedeutung sind oder werden können. Hierbei ist allerdings zwischen dem möglichen Nutzen und den etwaigen Kosten der Informationsgewinnung und -übermittlung, die die informierende Masse tragen muss, abzuwägen. Nach Satz 1 wird die Informationspflicht durch die **geheimnis- und datenschutzrechtlichen Vorschriften** des am Verfahrensort anwendbaren Rechts begrenzt: Die Informationspflicht endet dort, wo der Verwalter bei Weitergabe der Information gegen nationales Recht verstoßen würden. In Frage kommen hier beispielsweise Verstöße gegen das Bank- oder Arztgeheimnis oder das Bundesdatenschutzgesetz. Im Einzelfall ist zu prüfen, ob ein solcher Verstoß überhaupt vorliegt, wenn der ausländische Verwalter, dem die Information übermittelt wird, den inländischen Schweigepflichten unterworfen werden kann.

6 Absatz 1 Satz 2 enthält **Beispiele für die Informationspflichten** nach Satz 1. Mitzuteilen sind insbesondere der **Stand der Anmeldung und der Prüfung der Forderungen** sowie alle Maßnahmen zur Beendigung des Insolvenzverfahrens. Die auf die angemeldeten Forderungen bezogenen Informationen sind vor dem Hintergrund des Art. 20 Abs. 2 von besonderer Bedeutung auch für die übrigen Verfahren über das Vermögen desselben Schuldners, denn Art. 20 Abs. 2 sieht vor, dass ein in einem anderen Verfahren (teilweise) befriedigter Gläubiger erst dann Ausschüttungen aus einer anderen Masse erhält, wenn deren Insolvenzgläubiger eine identische Befriedigungsquote erreicht haben (vgl. → Art. 20 Rn. 10).

7 Über **Maßnahmen zur Beendigung eines Sekundärverfahrens** ist der Hauptinsolvenzverwalter zu informieren, weil durch die Einstellung des Sekundärverfahrens dessen Insolvenzbeschlag endet und die Wirkungen des Hauptverfahrens auch das in diesem Staat belegene Vermögen (wieder) erfassen. Da der Hauptverwalter auch diese Masse in Besitz zu nehmen hat, ist es sinnvoll, wenn er sich darauf vorbereiten kann. Eine Pflicht zur **Information über beabsichtigte Sanierungen** im Sekundärverfahren ist schon vor dem Hintergrund des Vetorechts des Hauptverwalters aus Art. 34 Abs. 1 UAbs. 2 sinnvoll.

8 Umgekehrt hat der Sekundärinsolvenzverwalter ein Interesse daran, frühzeitig über **verfahrensbeendende Maßnahmen im Hauptverfahren** informiert zu werden, weil „sein" Verfahren hierdurch von einem Sekundär- zu einem unabhängigen Partikularverfahren iSv Art. 3 Abs. 4 wird, für das die Art. 27 ff. nicht gelten.

9 In welcher **Form** der Verwalter zu informieren ist, ist nicht geregelt. Im Einzelfall kann es sinnvoll sein, gemeinsam genutzte Datenbestände anzulegen. Hinsichtlich der **Frist** sieht Absatz 1 eine unverzügliche Information vor. Die Informationen sind damit so schnell wie möglich zu übermitteln. Eine **Übersetzung** in seine Verfahrenssprache kann der informationsberechtigte Verwalter nicht nach Absatz 1 verlangen (aA wohl MüKoBGB/*Kindler* Rn. 14). Eine Pflicht zur Übersetzung in eine Sprache, die der andere Verwalter spricht, mag sich unter Umständen aus der Kooperationspflicht des Absatz 2 ergeben, wenn der informationsbelastete Verwalter aufgrund eigener Sprachkenntnisse die Informationen ohne nennenswerten Aufwand auch in einer dem anderen Verwalter verständli-

chen Sprache übermitteln könnte. Dies zu verweigern, verstieße gegen den Geist der Kooperationspflicht.

2. Kooperationspflichten, Absatz 2. Absatz 2 hat trotz der Formulierung einer „Pflicht zur Zusammenarbeit" keine konkrete Rechtsfolge, sondern eher programmatischen Gehalt. Die Zusammenarbeit dient dem Ziel der bestmöglichen Befriedigung der Gläubiger. Hieraus folgt etwa, dass Streitigkeiten, ob ein Gegenstand in die eine oder in die andere Masse fällt, oder in welche Masse Anfechtungsansprüche fallen, möglichst einvernehmlich beizulegen sind. Aus Gläubigersicht verursachen entsprechende Prozesse nur Kosten. Nur scheinbar entstehen in solchen Situationen Spannungsverhältnisse zur Bindung des Verwalters an die Interessen der in seinem Verfahren teilnehmenden Gläubiger: Zwar kann die Kooperation zu einer Benachteiligung der einen Masse dadurch führen, dass man sich dahin einigt, dass der Gegenstand nicht in diese Masse fällt. Dieser Verlust kann aber von einem Zuwachs der anderen Masse (mehr als) aufgewogen werden. In einem solchen Fall sollte das Gesamtinteresse dem Partikularinteresse vorgehen; der Verwalter muss also unter Umständen gegen die Interessen „seiner" Gläubiger handeln, wenn dadurch insgesamt eine höhere Quote erzielt werden kann. An diesem Mehrerlös in einem anderen Verfahren kann der Verwalter des durch die Kooperation benachteiligten Verfahrens auch seine Gläubiger partizipieren lassen, indem er ihre Forderungen nach Art. 32 Abs. 2 im begünstigten Verfahren anmeldet. 10

Solche und andere Absprachen (Zuweisung von Anfechtungsrechten, Führung von Feststellungsprozessen, Einziehung von Forderungen etc) werden in der Praxis typischerweise schriftlich fixiert werden. Solche **Insolvenzverwaltungsverträge** (auch **„protocols"**; vgl. *Paulus* ZIP 1998, 977) sind auch schon nach geltendem Recht zulässig und wirksam, also rechtlich bindend (*Eidenmüller* ZZP 114 (2001), 3 [15 ff.], der sie als öffentlich-rechtliche Verträge einstuft; ihm folgend: *Wittinghofer* S. 54 ff.; *Ehricke* ZIP 2005, 1104 [1111]). Gegen die Ansicht, dass solche Verträge unzulässig bzw. nicht bindend seien (zB MüKoBGB/*Kindler* Rn. 20) spricht, dass es dem Verwalter fraglos möglich ist, Gegenstände aus der Masse freizugeben und Dritten Aufträge zu erteilen oder eine Prozessstandschaft einzuräumen, so dass es nicht einzusehen ist, warum er sich nicht in entsprechender Weise gegenüber einem anderen Verwalter rechtlich binden können sollte, sofern der Vertragsinhalt mit seinen Amtspflichten nach seiner *lex fori concursus* vereinbar ist. Wenn es sich bei dem Vertrag dem Inhalt nach um eine besonders bedeutsame Rechtshandlung handelt, muss ein deutscher Verwalter gem. § 160 die Zustimmung des Gläubigerausschusses einholen. Im übrigen kann sich eine Unwirksamkeit nach allgemeinen Regeln daraus ergeben, dass die Absprache verfahrenszweckwidrig ist (→ § 80 Rn. 34). Eine befürchtete „Bürokratie der Zusammenarbeit" (so MüKoBGB/*Kindler* Rn. 20) droht keineswegs; im Gegenteil können solche Absprachen eine klare und verlässliche Grundlage für die Koordination der verschiedenen Verfahren über das Vermögen desselben Schuldners bieten (iErg ebenso MüKoInsO/*Reinhart* Rn. 41). **Art. 41 Abs. 1 S. 2 der neuen EuInsVO** stellt klar, dass der Abschluss solcher *protocols* in den Grenzen der jeweiligen *lex fori concursus* zulässig ist. 11

Wegen des eher programmatischen Gehalts von Art. 31 Abs. 2 ist die dort formulierte **Pflicht zur Kooperation** als solche **nicht einklagbar** (MüKoBGB/*Kindler* Rn. 21). Das schließt aber nicht aus, dass aus Art. 31 Abs. 2 ein Anspruch auf ein bestimmtes Tun oder Unterlassen folgt, wenn sich die Kooperationspflicht zB durch entsprechende Abreden zwischen den Verwaltern oder aufgrund der Umstände des Falles zu einem Anspruch auf ein bestimmtes Verhalten verdichtet hat. Die Nichtvornahme eines solchen Verhaltens kann auch **Schadensersatzansprüche der Insolvenzgläubiger** (im deutschen Recht aus § 60 InsO) aus- 12 lösen, wenn durch die Weigerung die Befriedigungsaussichten verkürzt wurden (MüKoInsO/*Reinhart* Rn. 36 f.).

13 **3. Vorschlagsrecht des Hauptinsolvenzverwalters zur Masseverwertung, Absatz 3.** Während Absatz 1 und 2 wechselseitige Informations- und Kooperationspflichten anordnen, privilegiert Absatz 3 nur den Hauptinsolvenzverwalter dahingehend, dass er Vorschläge für die Art und Weise der Verwertung im Sekundärverfahren machen kann. Die Vorschrift ergänzt Art. 34 Abs. 1 UAbs. 1, der dem Hauptinsolvenzverwalter im Sekundärverfahren ein Initiativrecht für Sanierungspläne verschafft, vgl. → Art. 34 Rn. 3. Sie ist ferner im Zusammenhang mit Art. 33 zu sehen, wonach der Hauptinsolvenzverwalter die Einstellung der Verwertung im Sekundärverfahren veranlassen kann.

14 Durch das Vorschlagsrecht soll eine **koordinierte Verwertung** – etwa im Wege eines *asset deal* bezüglich des gesamten schuldnerischen Vermögens – erleichtert werden.

15 Die Möglichkeit zur Unterbreitung von Vorschlägen ist so rechtzeitig zu geben, dass der Hauptverwalter noch auf den Entscheidungsprozess Einfluss nehmen kann. In deutschen Sekundärverfahren folgt hieraus, dass der **Hauptverwalter zum Berichtstermin zu laden** ist und ihm hier Gelegenheit gegeben werden muss, eigene Vorschläge zu unterbreiten (MüKoInsO/*Reinhart* Rn. 28). Die Gläubiger des Sekundärverfahrens bzw. der Sekundärverwalter können nicht zur Annahme der Vorschläge gezwungen werden.

III. Kooperation der Insolvenzgerichte

16 Das UNCITRAL-Modellgesetz (Art. 25 dazu *Vallender* IILR 2011, 309 [311]), § 348 Abs. 2 InsO sowie **Art. 42 der neuen EuInsVO** sehen eine Pflicht zur Zusammenarbeit der Gerichte vor. Der Wortlaut des Art. 31 trägt eine entsprechende Pflicht zur Kooperation nicht (ebenso *Hrycaj* IILR 2011, 7 [11]; *Schmüser* S. 160; *Vallender* FS Lüer, 2008, 479 [480]; *Czaja* S. 237). Gleichwohl haben Gerichte verschiedener europäischer Staaten der Vorschrift eine Kooperationspflicht auch der Gerichte entnommen (High Court of Justice London ZIP 2009, 578 = NZI 2009, 450; Oberlandesgericht Wien NZI 2005, 56 [61] [jeweils in der Nortel-Insolvenz]). Methodisch ist das angesichts des klaren Wortlauts unzulässig (*Staak* NZI 2004, 480 [483]); die Norm ist einer Analogie nicht zugänglich. Wenn insofern Art. 31 auch **keine gerichtliche Kooperations*pflicht*** enthält, statuiert die Vorschrift auch kein entsprechendes Verbot (*Eidenmüller* IPRax 2001, 2 [9]; *Vallender* NZI Heft 4/2011 V). Daher ist die zu beobachtende Praxis, dass sich Insolvenzgerichte auch über die Grenze hinweg austauschen, um effiziente Ergebnisse zu erreichen, sehr zu begrüßen. Es hängt freilich sehr vom Einzelfall und auch dem Geschick der Beteiligten ab, wie erfolgreich ein solcher Austausch ist (*Mankowski* NZI 2009, 451 [452]).

Ausübung von Gläubigerrechten

32 (1) **Jeder Gläubiger kann seine Forderung im Hauptinsolvenzverfahren und in jedem Sekundärinsolvenzverfahren anmelden.**

(2) **Die Verwalter des Hauptinsolvenzverfahrens und der Sekundärinsolvenzverfahren melden in den anderen Verfahren die Forderungen an, die in dem Verfahren, für das sie bestellt sind, bereits angemeldet worden sind, soweit dies für die Gläubiger des letztgenannten Verfahrens zweckmäßig ist und vorbehaltlich des Rechts dieser Gläubiger, dies abzulehnen oder die Anmeldung zurückzunehmen, sofern ein solches Recht gesetzlich vorgesehen ist.**

(3) **Der Verwalter eines Haupt- oder eines Sekundärinsolvenzverfahrens ist berechtigt, wie ein Gläubiger an einem anderen Insolvenzverfahren mitzuwirken, insbesondere indem er an einer Gläubigerversammlung teilnimmt.**

Schrifttum: S. die Nachweise bei Art. 27; ferner *Klockenbrink*, Der Einfluss der Gläubigerstellung unter dem Einfluss der EuInsVO und des deutschen internationalen Insolvenzrechts, 2008.

I. Überblick

Absatz 1 stellt – unabhängig von der *lex fori concursus* – das Recht eines Gläubigers klar, mit seiner Forderung an mehreren Insolvenzverfahren teilzunehmen, die in verschiedenen Mitgliedstaaten über das Vermögen des Schuldners eröffnet wurden. **Absatz 2** verschafft jedem Verwalter die Befugnis, die in seinem Verfahren angemeldeten Forderungen auch in anderen Insolvenzverfahren über das Vermögen des Schuldners anzumelden. **Absatz 3** gewährt dem Verwalter in ausländischen Verfahren ein Mitwirkungsrecht, das er durch Teilnahme an den Gläubigerversammlungen ausüben kann. Die Vorschrift entspricht **Art. 45 der neuen Fassung der EuInsVO.** 1

Die Regelung ist weitgehend inhaltsgleich mit **§ 341 InsO,** den sie in ihrem Anwendungsbereich verdrängt. § 341 Abs. 3 InsO geht allerdings insofern über Art. 32 Abs. 3 hinaus, als er dem Verwalter auch ein Ausübungsrecht bezüglich der Stimmrechte verschafft (vgl. → Rn. 8). 2

II. Anmelderecht der Gläubiger, Absatz 1

Nach Absatz 1 kann ein Gläubiger seine Forderung nicht nur in einem, sondern **in sämtlichen Verfahren** über das Vermögen des Schuldners anmelden. Ob es sich um Haupt-, Sekundär- oder mehrere unabhängige Partikularverfahren handelt, ist gleichgültig (MüKoBGB/*Kindler* Rn. 4). Voraussetzung ist aber, dass das Verfahren in einem Mitgliedstaat eröffnet wurde. Würde dem Gläubiger das Recht zur mehrfachen Anmeldung nicht gewährt, könnte er auf den Haftungswert des von dem Beschlag eines anderen Insolvenzverfahrens erfassten Vermögens nicht zugreifen. Aus dem Anmelderecht folgt daher auch das Recht, in allen anderen Verfahren die Insolvenzquote ausgezahlt zu bekommen (MüKoInsO/*Reinhart* Rn. 6). Die Stellung des Gläubigers in den Insolvenzverfahren beurteilt sich nach der jeweiligen *lex fori concursus*. Bei der Entscheidung, ob der Gläubiger von seinem Recht zu Anmeldung Gebrauch macht, wird er die Befriedigungsaussichten in dem Verfahren, die nach Art. 20 Abs. 2 vorzunehmende Anrechnung sowie das Kostenrisiko gegeneinander abwägen müssen. 3

Eine ausdrückliche **Beschränkung des Anmelderechts** auf solche Gläubiger, die ihren gewöhnlichen Aufenthalt, Wohnsitz oder Sitz in einem EuInsVO-Staat haben, lässt sich der Vorschrift nicht entnehmen. Richtigerweise können sich daher auch **Gläubiger aus Drittstaaten** auf das Recht zur mehrfachen Anmeldung der Forderung berufen. Die hM nimmt dennoch unter Berufung auf Art. 39 an, dass nur Gläubigern aus Mitgliedstaaten die Anmeldemöglichkeit von der Verordnung gewährleistet werde (MüKoBGB/*Kindler* Rn. 4; Nerlich/Römermann/*Commandeur* Rn. 2; Kübler/Prütting/Bork/*Kemper* Rn. 2; *Paulus* EuInsVO Rn. 3). Wegen des unterschiedlichen Regelungsgegenstands von Art. 39 und Art. 32 ist es allerdings unzulässig, die in Art. 39 enthaltene Beschränkung auch auf Art. 32 zu übertragen (wie hier MüKoInsO/*Reinhart* Rn. 7). 4

III. Anmeldebefugnis des Verwalters, Absatz 2

5 Nach Absatz 2 ist der Verwalter berechtigt, die Forderungen, die in „seinem" Verfahren angemeldet worden sind, auch in ausländischen Parallelverfahren anzumelden. Der **Verwalter** handelt insoweit **als Vertreter der Gläubiger** (*Virgós/Schmit* Rn. 238). Die erforderliche Vertretungsmacht verschafft ihm Art. 32 Abs. 2. Im Übrigen richtet sich das Anmeldeverfahren nach der *lex fori concursus*. Aus der Anmeldebefugnis des einen Verwalters erfolgt aber keine Pflicht des anderen Verwalters zur prüfungslosen Eintragung der Forderung in die Tabelle (*Paulus* RabelsZ 70 (2006), 458 [472]). Neben dem Bestand der Forderung wird der Verwalter, bei dem angemeldet wurde, auch prüfen müssen, ob nicht vielleicht noch ein anderer (dritter) Verwalter dieselbe Forderung angemeldet hat, um auszuschließen, dass die selbe Forderung im selben Verfahren mehrfach berücksichtigt wird.

6 Absatz 2 regelt die Vertretungsbefugnis **auch für Verfahren in Drittstaaten**, dies gilt jedenfalls, wenn man einen Binnenmarktbezug für die Anwendbarkeit der Verordnung insgesamt nicht verlangt (vgl. → Art. 1 Rn. 14).

7 Eine **Pflicht des Verwalters zur Anmeldung** kann sich aus den Amtspflichten des Verwalters ergeben, wenn die Anmeldung zur Wahrung der Gläubigerinteressen zweckmäßig erscheint. Maßgeblich ist, ob die eventuellen Kosten und Aufwendungen, die zu erwartenden Erlöse übersteigen. Auch die sich aus der Anmeldung ergebenden Einflussnahmemöglichkeiten stellen einen hinreichenden Grund dar (MüKoInsO/*Reinhart* Rn. 9; enger MüKoBGB/*Kindler* Rn. 10). Erteilt ein Gläubiger dem Verwalter allerdings eine Weisung, seine Forderung nicht anzumelden, hat der Verwalter dies zu respektieren. Meldet der Verwalter die Forderung nicht an, obwohl dies zweckmäßig erscheint und der Gläubiger auch keine entsprechende Weisung erteilt hatte, kann er sich nach Maßgabe der *lex fori concursus* (§ 60 InsO) schadensersatzpflichtig machen.

IV. Mitwirkungsrecht des Verwalters, Absatz 3

8 Absatz 3 normiert das **Verfahrensteilnahmerecht** des in einem anderen Insolvenzverfahren bestellten Verwalters. Die Vorschrift regelt insofern die Stellung des Verwalters im ausländischen Verfahren. Absatz 3 sichert ihm in diesem Verfahren ein Mitwirkungsrecht, das er durch **Teilnahme an den Gläubigerversammlungen** ausüben kann. Er hat dort auch ein **Rederecht**. *Reinhart* (MüKoInsO Rn. 14) vertritt dagegen die Auffassung, dass der Verwalter der in Vertretung der Gläubiger die Forderungen nach Art. 32 Abs. 2 angemeldet hat, auch die aus der Anmeldung folgenden Gläubigerrechte, insbesondere die **Stimmrechte**, wahrnehmen dürfe (aA MüKoBGB/*Kindler* Rn. 17). Neben der Geschichte der Vorschrift (*Virgós/Schmit* Rn. 240) sprechen gegen diese Auffassung, die Probleme, die entstehen können, wenn über das Vermögen des Schuldners drei oder mehr Insolvenzverfahren eröffnet worden sind: Dann besteht die Gefahr, dass dieselbe Forderung von verschiedenen Verwaltern angemeldet wird, die alle das sich aus ihr ergebende Stimmrecht ausüben wollen (Nerlich/Römermann/*Commandeur* Rn. 8). Eine **rechtsgeschäftliche Bevollmächtigung** bleibt freilich möglich. Für einen **deutschen Verwalter** ergibt sich die Ausübungsermächtigung aus § 341 Abs. 3.

9 Über das Teilnahmerecht hinaus verschafft die Verordnung insbesondere einem Hauptinsolvenzverwalter weitere Rechte in Sekundärverfahren über das Vermögen des Schuldners. So kann er nach Art. 33 die **Aussetzung der Verwertung** im Rahmen eines Sekundärverfahrens beantragen und während dieser Phase nach Art. 34 einen Insolvenzplan vorschlagen (MüKoInsO/*Reinhart* Rn. 16).

Aussetzung der Verwertung

33 (1) [1]**Das Gericht, welches das Sekundärinsolvenzverfahren eröffnet hat, setzt auf Antrag des Verwalters des Hauptinsolvenzverfahrens die Verwertung ganz oder teilweise aus; dem zuständigen Gericht steht jedoch das Recht zu, in diesem Fall vom Verwalter des Hauptinsolvenzverfahrens alle angemessenen Maßnahmen zum Schutz der Interessen der Gläubiger des Sekundärinsolvenzverfahrens sowie einzelner Gruppen von Gläubigern zu verlangen.** [2]**Der Antrag des Verwalters des Hauptinsolvenzverfahrens kann nur abgelehnt werden, wenn die Aussetzung offensichtlich für die Gläubiger des Hauptinsolvenzverfahrens nicht von Interesse ist.** [3]**Die Aussetzung der Verwertung kann für höchstens drei Monate angeordnet werden.** [4]**Sie kann für jeweils denselben Zeitraum verlängert oder erneuert werden.**

(2) **Das Gericht nach Absatz 1 hebt die Aussetzung der Verwertung in folgenden Fällen auf:**

- **auf Antrag des Verwalters des Hauptinsolvenzverfahrens,**
- **von Amts wegen, auf Antrag eines Gläubigers oder auf Antrag des Verwalters des Sekundärinsolvenzverfahrens, wenn sich herausstellt, daß diese Maßnahme insbesondere nicht mehr mit dem Interesse der Gläubiger des Haupt– oder des Sekundärinsolvenzverfahrens zu rechtfertigen ist.**

Schrifttum: S. die Nachweise bei Art. 27.

Übersicht

I. Überblick

1 Nach Art. 33 kann der Hauptinsolvenzverwalter eine Aussetzung der Verwertung im Sekundärverfahren veranlassen. Hierdurch kann er den sich aus dem nach der aktuellen Fassung zwingenden Charakter des Sekundärverfahrens als Liquidationsverfahren (Art. 3 Abs. 3 S. 2) ergebenden Zerschlagungsmechanismus überwinden (zu den Änderungen durch die neue EuInsVO → Art. 3 Rn. 29; *Brinkmann* KTS 2014, 381 [389]). Eine solche Aussetzung kann insbesondere für die Wahrung von Sanierungschancen (zB durch übertragende Sanierung) wichtig sein (MüKoBGB/*Kindler* Rn. 3; Nerlich/Römermann/*Commandeur* Rn. 1; HambK-InsO/*Undritz* Rn. 1; Kübler/Prütting/Bork/*Kemper* Rn. 1; MüKoInsO/*Reinhart* Rn. 1; BK-InsO/*Pannen* EuInsVO Rn. 3; *Staak* NZI 2004, 480 [485]; *Wimmer* ZIP 1998, 982 [988]). Art. 33 ist eine Sachnorm, die abweichende Anordnungen des Rechts des Sekundärinsolvenzverfahrens verdrängt (MüKoInsO/*Reinhart* Rn. 2; MüKoBGB/*Kindler* Rn. 1; Kübler/Prütting/Bork/*Kemper* Rn. 1). Das deutsche Recht regelt die **Durchführung der Aussetzung** in Art. 102 § 10 EGInsO. Die Vorschrift **entspricht** (abgesehen von einer sprachlichen Anpassung) **Art. 46 der neuen EuInsVO.**

II. Aussetzung der Verwertung, Absatz 1

2 **1. Voraussetzungen der Aussetzung.** Die Aussetzung von Verwertungshandlungen im Sekundärinsolvenzverfahren erfolgt auf **Antrag des Hauptverwalters**, der beim Gericht des Sekundärverfahrens zu stellen ist. In welcher **Form** der Antrag einzureichen ist, ergibt sich aus dem Recht des Sekundärverfahrens (Kübler/Prütting/Bork/*Kemper* Rn. 3).

3 Das Gericht gibt dem Antrag statt, es sei denn, die Aussetzung ist für die Gläubiger des Hauptinsolvenzverfahrens offensichtlich nicht von Interesse. Das ist nur der Fall bei erkennbar missbräuchlichem Verhalten des Hauptverwalters (OLG Graz NZI 2006, 660 [661]; MüKoBGB/*Kindler* Rn. 9; MüKoInsO/*Reinhart* Rn. 5; Nerlich/Römermann/*Commandeur* Rn. 13; HambK-InsO/*Undritz* Rn. 8; Kübler/Prütting/Bork/*Kemper* Rn. 8). Mehr als eine **plausible Darlegung der Interessen der Gläubiger des Hauptverfahrens** ist vom Verwalter insoweit nicht zu verlangen. Die Substantiierungslast sollte nicht überspannt werden (MüKoInsO/*Reinhart* Rn. 5; Nerlich/Römermann/*Commandeur* Rn. 13).

4 Bei der **Bewertung der Interessen** der Hauptverfahrensgläubiger sind alle im Recht des Hauptinsolvenzverfahrens anerkannten Interessen mit einzubeziehen, so dass nicht ausschließlich die bestmögliche Befriedigung der Gläubiger maßgeblicher Bewertungsmaßstab ist (MüKoInsO/*Reinhart* Rn. 4; Kübler/Prütting/Bork/*Kemper* Rn. 7; aA wohl MüKoBGB/*Kindler* Rn. 8).

5 Die Tatsache, dass das **Hauptinsolvenzverfahren auf Liquidation** gerichtet ist, hat nicht notwendig zur Folge, dass auch das Interesse der Gläubiger dieses Verfahrens an der Aussetzung der Verwertung im Sekundärverfahren zu verneinen wäre (so aber Uhlenbruck/*Lüer* Rn. 1). So mag zB das Zusammenhalten der Masse des Sekundärverfahrens nötig sein, um eine Veräußerung des Gesamtunternehmens zu going concern-Werten (auch das ist Liquidation – nämlich des Unternehmensträgers) zu ermöglichen (MüKoInsO/*Reinhart* Rn. 7; Duursma-Kepplinger/Duursma/Chalupsky EuInsVO/*Duursma-Kepplinger* Rn. 4; MüKoBGB/*Kindler* Rn. 4). Wie aus deutscher Sicht die §§ 166 ff. InsO zeigen, kann sich ein Interesse der Gläubiger des Hauptverfahrens auch daraus ergeben, dass eine Aussetzung zu einer Verhinderung der Verwertung dinglicher Rechte im Sekundärverfahren führt (MüKoInsO/*Reinhart* Rn. 7; aA MüKoBGB/*Kindler* Rn. 5; Duursma-Kepplinger/Duursma/Chalupsky EuInsVO/*Duursma-Kepplinger* Rn. 4). So können Verwertungen verhindert werden, die aufgrund des Zeitpunkts oder der Art und Weise bezogen auf die Gesamtmasse ungünstig sind.

6 Die Vorschrift ist entsprechend auf **Verwertungshandlungen** eines **vorläufigen Sekundärverwalters** anzuwenden (MüKoInsO/*Reinhart* Rn. 8; Wimmer/*Wenner/Schuster* Anh. I EuInsVO Art. 33 Rn. 4; aA Rauscher EuZPR/EuIPR/*Mäsch* Rn. 3; HambK-InsO/*Undritz* Rn. 5; *Vallender* KTS 2005, 283 [305]).

7 **2. Die Aussetzungsentscheidung nach Absatz 1.** Das Insolvenzgericht des Sekundärverfahrens gibt dem Antrag des Hauptverwalters statt, indem es die Aussetzung der Verwertung anordnet. Sind dem Gericht widerstreitende **Interessen der Gläubiger des Sekundärverfahrens** bekannt, sind diese mit dem Interesse an der Aussetzungsentscheidung abzuwägen (OLG Graz NZI 2006, 660 [662]; *Beck* NZI 2006, 609 [612 f.]; MüKoBGB/*Kindler* Rn. 10; *Burgstaller/Neumayr/Kodek* Rn. 3; *Paulus* NZI 2005, 647 [648]; MüKoInsO/*Reinhart* Rn. 14). Zwar ist die Berücksichtigung der Interessen der Sekundärverfahrensgläubiger im Wortlaut des Absatz 1 nicht ausdrücklich erwähnt, sie ergibt sich aber daraus, dass nach Absatz 2 2. Spiegelstr. eine Aufhebung der Aussetzung von Amts wegen auch im Interesse der Gläubiger des Sekundärverfahrens möglich ist (aA MüKoInsO/*Reinhart* Rn. 6; Gebauer/Wiedmann/*Haubold* EuInsVO Art. 33 Rn. 238).

Der Aussetzungsbeschluss ist dem Sekundärverwalter zuzustellen (vgl. LG Loeben NZI 2006, 663), wobei die Entscheidung auch ohne **Zustellung** wirksam ist. Es wird allein die Verwertung ausgesetzt, nicht aber das Sekundärverfahren selbst (OLG Graz NZI 2006, 660; MüKoBGB/*Kindler* Rn. 7, 12; Uhlenbruck/*Lüer* Rn. 3; Nerlich/Römermann/*Commandeur* Rn. 6; BK-InsO/*Pannen* Rn. 6; HambK-InsO/*Undritz* Rn. 2; Kübler/Prütting/Bork/*Kemper* Rn. 10). Ob eine Verwertung bereits begonnen hat, ist irrelevant (OLG Graz NZI 2006, 660 [662]). 8

Welche Maßnahmen unter den **Begriff „Verwertung"** fallen, ist verordnungsautonom zu bestimmen. Zu den „Verwertungshandlungen" gehören jedenfalls solche Maßnahmen, die die **Veräußerung von Massegegenständen** zur Folge haben (MüKoInsO/*Reinhart* Rn. 9; MüKoBGB/*Kindler* Rn. 12). Da nur die Verwertung ausgesetzt ist, können jedoch weiterhin Aussonderungsrechte geltend gemacht werden und Massegegenstände genutzt werden (Nerlich/Römermann/*Commandeur* Rn. 6; Uhlenbruck/*Lüer* Rn. 3; Kübler/Prütting/Bork/*Kemper* Rn. 10). Auch die **Stilllegung der Niederlassung** im Sekundärverfahrensstaat ist als Vorstufe der Veräußerung umfasst. Eine Stilllegung kann eine übertragende Sanierung des gesamten Unternehmens gefährden, da dieses zumeist nur als lebende Einheit günstig verkauft werden kann (MüKoInsO/*Reinhart* Rn. 10; Wimmer/*Wenner/Schuster* Anh. I EuInsVO Art. 33 Rn. 2). Eine **Änderung der Art und Weise der Verwertung** kann jedoch über Art. 33 Abs. 1 S. 1 nicht erreicht werden (Nerlich/Römermann/*Commandeur* Rn. 8; Kübler/Prütting/Bork/*Kemper* Rn. 5; aA *Ehricke* ZInsO 2004, 633). 9

Maßnahmen zum Schutz der Gläubiger des Sekundärverfahrens nach Absatz 1 S. 1 Hs. 2 sollen die Nachteile ausgleichen, welche die Gläubiger infolge der Aussetzungsanordnung des Gerichts erleiden (MüKoInsO/*Reinhart* Rn. 11; MüKoBGB/*Kindler* Rn. 14). Solche Nachteile können etwa daraus entstehen, dass der Wert einzelner Massegegenstände infolge ihrer weiteren Nutzung sinkt. Unter den Schutzmaßnahmen sind daher in erster Linie **Zinszahlungen** im Sinne von **Art. 102 § 10 EGInsO.** Darüber hinaus können auch Maßnahmen zum Schutz und zur Obhut der Massegegenstände erforderlich sein. 10

Die Aussetzung darf für **höchstens drei Monate** angeordnet werden. Sie kann jeweils für drei Monate verlängert oder erneuert werden, Art. 33 Abs. 1 S. 4 (MüKoBGB/*Kindler* Rn. 13; Nerlich/Römermann/*Commandeur* Rn. 3; Kübler/Prütting/Bork/*Kemper* Rn. 15). Während der Aussetzung kann ein Sanierungsplan oder ein Sanierungsvergleich gem. Art. 34 Abs. 3 nur vom Verwalter des Hauptverfahrens oder vom Schuldner mit dessen Zustimmung vorgeschlagen werden, vgl. → Art. 34 Rn. 4. 11

III. Aufhebung der Aussetzung, Absatz 2

Die Aussetzung der Verwertung ist auf **Antrag des Verwalters des Hauptverfahrens** ohne Weiteres aufzuheben, Absatz 2 Spiegelstrich 1. Aufhebungsanträgen durch die unter Spiegelstrich 2 genannten Berechtigten ist stattzugeben, wenn sich die Umstände verändert haben und dadurch die Aussetzung nicht mehr mit dem Interesse der Gläubiger des Haupt- oder des Sekundärinsolvenzverfahrens zu rechtfertigen ist. In diesem Fall ist die Aussetzung auch ohne Antrag von Amts wegen aufzuheben. Bei der Interessenabwägung sind die Interessen der Sekundärverfahrensgläubiger gleichrangig mit den Interessen der Gläubiger des Hauptverfahrens zu berücksichtigen. Eine Vermutung, dass die Aussetzung im Interesse der Gläubiger des Hauptverfahrens liegt, besteht nicht. Die erforderlichen Veränderungen der Umstände können etwa in dem Scheitern der Sanierungsbemühungen im Hauptverfahren liegen. Eine Aufhebung ist auch gerechtfertigt, wenn der Hauptverwalter die vom Insolvenzgericht verlangten Schutzmaßnahmen nicht 12 durchgeführt hat (MüKoInsO/*Reinhart* Rn. 15; MüKoBGB/*Kindler* Rn. 16; Uhlenbruck/*Lüer* Rn. 5; Kübler/Prütting/Bork/*Kemper* Rn. 20).

Verfahrensbeendende Maßnahmen

34 (1) **Kann das Sekundärinsolvenzverfahren nach dem für dieses Verfahren maßgeblichen Recht ohne Liquidation durch einen Sanierungsplan, einen Vergleich oder eine andere vergleichbare Maßnahme beendet werden, so kann eine solche Maßnahme vom Verwalter des Hauptinsolvenzverfahrens vorgeschlagen werden.**

Eine Beendigung des Sekundärinsolvenzverfahrens durch eine Maßnahme nach Unterabsatz 1 kann nur bestätigt werden, wenn der Verwalter des Hauptinsolvenzverfahrens zustimmt oder, falls dieser nicht zustimmt, wenn die finanziellen Interessen der Gläubiger des Hauptinsolvenzverfahrens durch die vorgeschlagene Maßnahme nicht beeinträchtigt werden.

(2) **Jede Beschränkung der Rechte der Gläubiger, wie zum Beispiel eine Stundung oder eine Schuldbefreiung, die sich aus einer in einem Sekundärinsolvenzverfahren vorgeschlagenen Maßnahme im Sinne von Absatz 1 ergibt, kann nur dann Auswirkungen auf das nicht von diesem Verfahren betroffene Vermögen des Schuldners haben, wenn alle betroffenen Gläubiger der Maßnahme zustimmen.**

(3) **Während einer nach Artikel 33 angeordneten Aussetzung der Verwertung kann nur der Verwalter des Hauptinsolvenzverfahrens oder der Schuldner mit dessen Zustimmung im Sekundärinsolvenzverfahren Maßnahmen im Sinne von Absatz 1 des vorliegenden Artikels vorschlagen; andere Vorschläge für eine solche Maßnahme dürfen weder zur Abstimmung gestellt noch bestätigt werden.**

Schrifttum: S. die Nachweise bei Art. 27.

I. Überblick

1 Die Vorschrift regelt die **Abstimmung von Haupt- und Sekundärverfahren** in Situationen, in denen das Sekundärverfahren durch eine **Reorganisation** (also nicht durch eine Liquidation des Unternehmensträgers) beendet werden kann. Gem. **Art. 3 Abs. 3 S. 2** muss es sich beim Sekundärverfahren nach der aktuellen Fassung der EuInsVO zwar um ein Liquidationsverfahren handeln, damit sind jedoch nur die ausschließlich in Anhang A aufgeführten Verfahrensarten für das Sekundärverfahren ausgeschlossen. Soweit auch mit den in Anhang B genannten Verfahrensarten eine Sanierung erreicht werden kann – wie etwa mit Hilfe eines Insolvenzplans in einem deutschen Insolvenzverfahren – führt auch das Sekundärverfahren nicht zwingend zur Liquidation des Rechtsträgers.

2 **Abstimmungsbedarf zwischen Haupt- und Sekundärverfahren** besteht unter zwei Aspekten: Zum einen muss gesichert sein, dass die Sanierung im Sekundärverfahren nicht dadurch ins Leere läuft, dass im Hauptverfahren der Rechtsträger liquidiert wird. Eine Sanierung im Sekundärverfahren erfordert also immer die Einbindung des Hauptverwalters, sonst droht die Entstehung rechtsträgerfreien Vermögens. Diesem Zweck dienen die **Beteiligungsrechte des Hauptverwalters** aus Absatz 1 (insbes. UAbs. 2) und Absatz 3. Zum anderen muss gewährleistet sein, dass der Sanierungsplan grundsätzlich nur das Vermögen betrifft, das im Sekundärverfahrensstaat belegen ist. Eingriffe in Insolvenzforderungen, die ein solcher Sanierungsplan vorsieht, hindern die Gläubiger daher grundsätzlich nicht, ihre Insolvenzforderung in voller Höhe in anderen Staaten

durchzusetzen. Eine **extraterritoriale Wirkung eine Sekundärverfahrensplans** ist nach Absatz 2 nur denkbar, wenn alle betroffenen Gläubiger zugestimmt haben. Absatz 1 und 2 entsprechen weitgehend **Art. 47 der neuen EuInsVO**. Absatz 3 hat im neuen Recht keine unmittelbare Entsprechung, an seine Stelle tritt funktional die Möglichkeit für den Hauptinsolvenzverwalter, die Eröffnung des Sekundärinsolvenzverfahrens durch Abgabe einer Zusicherung nach Art. 36 EuInsVO nF zu verhindern.

II. Beteiligungsrechte des Hauptverwalters

1. Vorschlagsrecht des Hauptverwalters für Sanierungspläne im Sekundärverfahren, Absatz 1 UAbs. 1. Nach Absatz 1 UAbs. 1 kann der Hauptinsolvenzverwalter im Sekundärverfahren Sanierungspläne vorschlagen. Bezogen auf ein deutsches Sanierungsverfahren ergänzt die Vorschrift § 218 Abs. 1 S. 1 InsO. Dem Hauptinsolvenzverwalter wird es hierdurch ermöglicht, einen einheitlichen oder jedenfalls abgestimmte Insolvenzpläne im Haupt- und in den Sekundärverfahren vorzulegen. Ein solcher Plan kann etwa auch einen **Asset Deal unter Einbeziehung der Insolvenzmassen sämtlicher Partikularverfahren** vorsehen (MüKoInsO/*Reinhart* Rn. 13). 3

2. Ausschließliches Vorschlagsrecht des Hauptverwalters bei Aussetzung der Verwertung im Sekundärverfahren. Absatz 3 verschafft dem Hauptverwalter ein exklusives Planvorschlagsrecht, sofern zuvor die Verwertung im Sekundärverfahren nach Art. 33 ausgesetzt wurde. **Absatz 3** verdrängt die nach nationalem Recht bestehenden Vorschlagsrechte. Die Aussetzungsentscheidung erzeugt daher nicht nur einen Verwertungsstopp, sondern monopolisiert auch die Initiativrechte für Sanierungspläne beim Hauptverwalter, so dass sichergestellt ist, dass dessen Sanierungsstrategie nicht durch ein unabgestimmtes Vorgehen in einem Sekundärverfahrensstaat gestört wird. Neben dem Hauptverwalter ist auch der Schuldner initiativberechtigt, wobei er entsprechende Vorschläge nur mit Zustimmung des Hauptverwalters machen kann. 4

3. Zustimmung des Hauptverwalters als Bestätigungsvoraussetzung für Sanierungspläne im Sekundärverfahren, Absatz 1 UAbs. 2. Absatz 1 UAbs. 2 gewährleistet, dass in Sekundärverfahren **keine Insolvenzpläne gegen den Willen des Hauptverwalters** durchgeführt werden. So wird vermieden, dass im Hauptverfahren der Unternehmensträger liquidiert wird, während im Sekundärverfahren eine Fortführung versucht wird (Pannen EuInsVO/*Herchen* EuInsVO Rn. 6). Die Zustimmung des Hauptverwalters ist eine Bestätigungsvoraussetzung iSv § 248 InsO für einen Insolvenzplan. Sie ist nur ausnahmsweise entbehrlich, wenn die finanziellen Interessen der Gläubiger des Hauptverfahrens durch den Sanierungsplan des Sekundärverfahrens nicht beeinträchtigt werden. Ob die finanziellen Interessen der Gläubiger des Hauptverfahrens beeinträchtigt werden, ist durch einen Vergleich der fiktiven Insolvenzquoten im Hauptverfahren mit und ohne Sanierung im Partikularverfahren zu ermitteln (*Virgós/Schmit* Rn. 249; MüKoBGB/*Kindler* Rn. 10). In den Vergleich sind ferner die Insolvenzquoten im Sekundärverfahren einzubeziehen, an denen über Art. 32 Abs. 2 auch die Gläubiger des Hauptverfahrens partizipieren (ähnlich MüKoInsO/*Reinhart* Rn. 9). Wird der schuldnerische Rechtsträger im Hauptverfahren abgewickelt, ist für den sanierten Unternehmensteil im Sekundärverfahrensstaat ggf. eine Auffanggesellschaft zu gründen. 5

III. Extraterritoriale Wirkungen von Sanierungsmaßnahmen im Sekundärverfahren, Absatz 2

6 Absatz 2 regelt die **Wirkung von Stundungen, Forderungsverzichte oder vergleichbare Maßnahmen,** die der in einem Sekundärverfahren gefasste Sanierungsplan vorsieht. Die Vorschrift ist abzugrenzen von Art. 17 Abs. 2 S. 2, der sich mit der grds. nur territorialen Wirkung von Restschuldbefreiungen befasst. Die in einem Sekundärverfahrensplan vorgesehenen Forderungseingriffe sind aufgrund der nur territorialen Wirkung des Sekundärverfahrens gem. Art. 3 Abs. 2 S. 2; 27 S. 3 (→ Art. 3 Rn. 27) als Vollstreckungshindernisse in Form einer vollstreckungsbeschränkenden Vereinbarung zu deuten, die nur territorial begrenzt wirken (ähnlich Pannen EuInsVO/*Herchen* EuInsVO Rn. 51). Der materiellrechtliche Bestand des Rechtsverhältnisses bleibt in allen Rechtsordnungen unberührt. Richtiger **Rechtsbehelf gegen planwidrige Vollstreckungen** ist im deutschen Recht die Erinnerung nach § 766 ZPO (vgl. MüKoZPO/*Karsten Schmidt/Brinkmann* § 766 Rn. 33).

7 Für eine **Sanierung des gesamten schuldnerischen Unternehmens** muss der im Hauptverfahren zu beschließende Plan mit entsprechenden Plänen in den Partikularverfahren abgestimmt werden.

8 Extraterritoriale Wirkungen sind nur auf der Grundlage eines einstimmigen Beschlusses aller „betroffenen" Gläubiger denkbar. **Betroffene Gläubiger** sind an sich auch die Gläubiger, die ihre Forderung nicht im Sekundärverfahren angemeldet haben, sofern das Recht des Sekundärverfahrensstaats die Wirkungen eines Insolvenzplans auch auf nicht teilnehmende Gläubiger erstreckt, wie es etwas das deutsche Recht tut (§ 254). Aus praktischen Gründen – wie soll das Insolvenzgericht von der Existenz solcher Gläubiger wissen? – wird man aber die Zustimmung der Gläubiger ausreichen lassen müssen, die ihre Forderung im Haupt- oder im Sekundärverfahren angemeldet haben. Auch wenn man die Vorschrift in dieser Weise begrenzt, wird die Durchführung von Sekundärverfahrensplänen, die auch Vollstreckungsbeschränkungen in anderen Mitgliedstaaten vorsehen, praktisch nahezu unmöglich sein, da Mehrheitsbeschlüsse, Obstruktionsverbote und Zustimmungsfiktionen ausgeschlossen sind. Entsprechend bedeutungslos dürfte die **Durchführungsbestimmung in Art. 102 § 9 EGInsO** bleiben.

Überschuß im Sekundärinsolvenzverfahren

35 Können bei der Verwertung der Masse des Sekundärinsolvenzverfahrens alle in diesem Verfahren festgestellten Forderungen befriedigt werden, so übergibt der in diesem Verfahren bestellte Verwalter den verbleibenden Überschuß unverzüglich dem Verwalter des Hauptinsolvenzverfahrens.

Schrifttum: S. die Nachweise bei Art. 27.

I. Überblick

1 Die Vorschrift regelt die Behandlung von Überschüssen im Sekundärverfahren. Art. 35 ist eine Sachnorm, die nationale Regelungen (zB § 199 InsO) verdrängt (Kübler/Prütting/Bork/*Kemper* Rn. 1; MüKoBGB/*Kindler* Rn. 1; MüKoInsO/*Reinhart* Rn. 3). Die Regelung ist in Zusammenhang mit Art. 32 Abs. 1 zu sehen, wonach ua jeder Gläubiger des Hauptinsolvenzverfahrens seine Forderungen auch zugleich im Sekundärinsolvenzverfahren anmelden kann. In der Praxis kommt es deswegen so gut wie nie zu der von Art. 35 angeordneten Ausschüttung eines

etwaigen Überschusses aus dem Sekundärverfahren, da jede noch so große Sekundärverfahrensmasse dadurch aufgezehrt werden wird, dass über Art. 32 Abs. 1 alle Gläubiger des Schuldners auf sie zugreifen können (BK-InsO/*Pannen* Rn. 2; MüKoInsO/*Reinhart* Rn. 2; MüKoBGB/*Kindler* Rn. 3; Uhlenbruck/*Lüer* Rn. 2; Duursma-Kepplinger/Duursma/Chalupsky EuInsVO/*Duursma-Kepplinger/Chalupsky* Rn. 2; *Beck* NZI 2007, 1 [6]; *Pogacar* NZI 2011, 46 [50]). Die Vorschrift **entspricht Art. 49 der neuen EuInsVO.**

II. Herausgabe eines Masseüberschusses im Sekundärverfahren

Wenn nach vollständiger Befriedigung der Masseverbindlichkeiten und aller im Sekundärverfahren festgestellten Insolvenzforderungen ein Überschuss verbleibt, muss der Verwalter des Sekundärverfahrens diesen „unverzüglich" („immediately"), also **ohne schuldhaftes Zögern** an den Verwalter des Hauptverfahrens übergeben (*Pogacar* NZI 2011, 46 [50]). Eine **Freigabe** von Bestandteilen der Sekundärverfahrensmasse an den Schuldner darf nur nach vorheriger Absprache mit dem Hauptverwalter stattfinden (MüKoInsO/*Reinhart* Rn. 8). 2

Nachträgliche Eröffnung des Hauptinsolvenzverfahrens

36 **Wird ein Verfahren nach Artikel 3 Absatz 1 eröffnet, nachdem in einem anderen Mitgliedstaat ein Verfahren nach Artikel 3 Absatz 2 eröffnet worden ist, so gelten die Artikel 31 bis 35 für das zuerst eröffnete Insolvenzverfahren, soweit dies nach dem Stand dieses Verfahrens möglich ist.**

Schrifttum: S. die Nachweise bei Art. 27.

I. Überblick

Art. 36 ordnet eine modifizierte Anwendung der Kooperationspflichten nach den Art. 31 ff. auch für den Fall an, dass zunächst ein Partikularinsolvenzverfahren gem. Art. 3 Abs. 2, 4 eröffnet wurde und erst danach die Entscheidung über die Eröffnung des Hauptverfahrens gem. Art. 3 Abs. 1 wirksam wird. Die Vorschrift **entspricht** (mutatis mutandis) **Art. 50 der neuen EuInsVO**. 1

II. Voraussetzungen

1. Unabhängiges Partikularverfahren vor Hauptverfahren. Der **Eröffnungszeitpunkt** ist unter Berücksichtigung der Eurofood-Entscheidung des EuGH (NZI 2006, 360 = IPRax 2007, 120) zu bestimmen. Danach ist bereits dann eine Eröffnung anzunehmen, wenn ein vorläufiger Verwalter eingesetzt und Sicherungsmaßnahmen angeordnet wurden, die den Beschlag der Masse zur Folge haben (→ Art. 2 Rn. 6 ff.; MüKoInsO/*Reinhart* Rn. 2). 2

2. Anwendung bei Sanierungspartikularverfahren. Mit der Eröffnung des Hauptverfahrens wandelt sich das Partikularverfahren automatisch in ein Sekundärinsolvenzverfahren (Wimmer/*Wenner/Schuster* Rn. 1; Uhlenbruck/*Lüer* Rn. 2; Nerlich/Römermann/*Commandeur*). Das Partikularverfahren kann entgegen Art. 27 Abs. 1 S. 2, Art. 3 Abs. 3 S. 2 auch ein Sanierungsverfahren sein, wie sich aus Art. 34 EuInsVO ergibt (wie hier Wimmer/*Wenner/Schuster* Rn. 2; Kübler/Prütting/Bork/*Kemper* Rn. 2; MüKoBGB/*Kindler* Rn. 4; *Smid* DtEuInsR Rn. 2; Duursma-Kepplinger/Duursma/Chalupsky EuInsVO/*Duursma-Kepplinger/Chalupsky* Rn. 4; aA Moss/Fletcher/Isaacs/*Moss/Smith* Rn. 8.262). Nach Art. 37 3 kann der Verwalter des Hauptinsolvenzverfahrens beantragen, dass das Partikularverfahren in ein Zerschlagungsverfahren umgewandelt wird.

III. Rechtsfolge

4 Art. 36 verweist auf die Art. 31–35, sofern deren Anwendung nach dem Stand des ersten Verfahrens „möglich" ist. Der Begriff ist weit auszulegen (Kübler/Prütting/Bork/*Kemper* Rn. 4; MüKoInsO/*Reinhart* Rn. 3; Uhlenbruck/*Lüer* Rn. 3). Dies ist dann nicht der Fall, wenn eine Koordination der Verfahren nicht mehr hergestellt werden kann, etwa durch zeitliche Überholung oder das fortgeschrittene Stadium des Sekundärverfahrens (MüKoBGB/*Kindler* Rn. 4; MüKoInsO/*Reinhart* Rn. 3; Uhlenbruck/*Lüer* Rn. 4).

5 Die Kooperationspflichten gelten auch schon im **Eröffnungsstadium des Hauptverfahrens.** Da insbesondere Verwertungshandlungen endgültige Tatsachen schaffen, ist vom Verwalter des Sekundärverfahrens zu erwarten, dass er gravierende Verwertungshandlungen unterlässt, wenn sich die Eröffnung eines Hauptverfahrens abzeichnet, so dass Art. 33 genügt werden kann (MüKoInsO/*Reinhart* Rn. 5).

Umwandlung des vorhergehenden Verfahrens[1]

37 Der Verwalter des Hauptinsolvenzverfahrens kann beantragen, daß ein in Anhang A genanntes Verfahren, das zuvor in einem anderen Mitgliedstaat eröffnet wurde, in ein Liquidationsverfahren umgewandelt wird, wenn es sich erweist, daß diese Umwandlung im Interesse der Gläubiger des Hauptverfahrens liegt.

Das nach Artikel 3 Absatz 2 zuständige Gericht ordnet die Umwandlung in eines der in Anhang B aufgeführten Verfahren an.

Schrifttum: S. die Nachweise bei Art. 27.

I. Überblick

1 Ist zunächst gem. Art. 3 Abs. 4 ein selbständiges **Partikularverfahren** eröffnet worden, das auf Sanierung gerichtet ist, und wird erst danach das **Hauptinsolvenzverfahren** in einem anderen Mitgliedstaat über das Vermögen desselben Schuldners eröffnet, kann der Verwalter des Hauptverfahrens gem. Art. 37 die Umwandlung des nunmehr Sekundärverfahrens in ein Verfahren nach Anhang B vornehmen (Uhlenbruck/*Lüer* Rn. 1; HambK-InsO/*Undritz* Rn. 3; Wimmer/*Wenner/Schuster* Rn. 1; Kübler/Prütting/Bork/*Kemper* Rn. 1). Die Umwandlung selbst richtet sich nach dem Recht des Sekundärverfahrensstaats (MüKoInsO/*Reinhart* Rn. 1). Die Vorschrift entspricht im Wesentlichen **Art. 51 der neuen EuInsVO,** der zusätzlich in Absatz 2 ein Recht des über die Umwandlung entscheidenden Gerichts enthält, Informationen von beiden Verwaltern zu fordern.

2 Soweit das Recht der Mitgliedstaaten keine strikte Trennung zwischen **Sanierungs- und Liquidationsverfahren** kennt, wie etwa das **deutsche Recht** (vgl. § 1 S. 1 InsO), hat Art. 37 keine Bedeutung (MüKoInsO/*Reinhart* Rn. 2; MüKoBGB/*Kindler* Rn. 2; Nerlich/Römermann/*Commandeur* Rn. 2; BK-InsO/*Pannen* Rn. 4; Wimmer/*Wenner/Schuster* Rn. 2).

---

[1] **[Amtl. Anm.:]** „Siehe die Erklärung Portugals zur Anwendung der Artikel 26 und 37 (ABl. C 183 vom 30.6.2000, S. 1)." Dazu Rn. 7.

II. Voraussetzungen

3 Bei dem zunächst eröffneten selbständigen Partikularverfahren muss es sich um ein ausschließlich in **Anhang A** der Verordnung aufgeführtes Verfahren handeln (MüKoBGB/*Kindler* Rn. 3; *Virgós/Schmit* Rn. 261).

4 Zur Umwandlung ist ein **Antrag des Hauptverwalters** erforderlich. Ob er diesen stellt, liegt in seinem Ermessen (MüKoInsO/*Reinhart* Rn. 5; MüKoBGB/*Kindler* Rn. 7). Die bereits nach dem Recht des Sekundärverfahrens bestehenden Rechte zur Beantragung der Verfahrensumwandlung werden von Art. 37 aber nicht beeinträchtigt (MüKoInsO/*Reinhart* Rn. 5).

5 Für die Voraussetzung, dass die Umwandlung im **Interesse der Gläubiger des Hauptverfahrens** genügt die substantiierte Darlegungen des Interesses durch den Verwalter (MüKoInsO/*Reinhart* Rn. 7 f.; *Smid* Rn. 6; Uhlenbruck/*Lüer* Rn. 5; für einen Vollbeweis MüKoBGB/*Kindler* Rn. 6 f.; Duursma-Kepplinger/Duursma/Chalupsky EuInsVO/*Duursma-Kepplinger* Rn. 5; Kübler/Prütting/Bork/*Kemper* Rn. 5). Die Interessen der **Gläubiger des Sekundärverfahrens** sind nicht zu berücksichtigen (Nerlich/Römermann/*Commandeur* Rn. 4; Wimmer/*Wenner/Schuster* Rn. 4).

III. Die Entscheidung des Gerichts

6 Liegt ein Antrag des Hauptverwalters vor und hat er das Umwandlungsinteresse der Gläubiger schlüssig dargelegt, hat das Insolvenzgericht die Umwandlung anzuordnen. Eine weitergehende Prüfungsbefugnis oder gar ein Ermessen hinsichtlich des Erlasses des Umwandlungsbeschlusses steht dem Insolvenzgericht nicht zu (MüKoInsO/*Reinhart* Rn. 9; *Virgós/Garcimartin* Rn. 457; aA *Smid* DtEuInsR Rn. 7; Moss/Fletcher/Isaacs/*Moss/Smith* Rn. 8.267). Der Beschluss ist dem Verwalter des Sekundärverfahrens zuzustellen.

IV. Vorbehalt Portugals

7 Portugal hat für den Fall eines Sekundärverfahrens in Portugal einseitig den Vorbehalt erklärt, eine Umwandlung ablehnen zu dürfen (ABl. 2000 C 183, S. 1). Hierbei hat es sich auf den nationalen *ordre public* berufen. Diese Erklärung steht jedoch nicht im Einklang mit der Verordnung, da der *ordre public*-Vorbehalt nicht gegenüber Wirkungen aktiviert werden kann, die sich unmittelbar aus der Verordnung selbst ergeben (MüKoInsO/*Reinhart* Rn. 12; → EuInsVO Art. 26 Rn. 17; *Virgós/Garcimartin* Rn. 408; Uhlenbruck/*Lüer* Rn. 7). Der Vorbehalt ist daher unwirksam.

Sicherungsmaßnahmen

38 Bestellt das nach Artikel 3 Absatz 1 zuständige Gericht eines Mitgliedstaats zur Sicherung des Schuldnervermögens einen vorläufigen Verwalter, so ist dieser berechtigt, zur Sicherung und Erhaltung des Schuldnervermögens, das sich in einem anderen Mitgliedstaat befindet, jede Maßnahme zu beantragen, die nach dem Recht dieses Staates für die Zeit zwischen dem Antrag auf Eröffnung eines Liquidationsverfahrens und dessen Eröffnung vorgesehen ist.

Schrifttum: S. die Nachweise bei Art. 27. Ferner: *Thomas,* Grenzüberschreitende Insolvenzeröffnungsverfahren, 2013.

I. Überblick

1 Die Vorschrift verschafft dem vorläufigen Hauptinsolvenzverwalter die Befugnis, auch in anderen Staaten Sicherungsmaßnahmen zu beantragen. Solche Schutzmaßnahmen nach dem Ortsrecht können effektiver sein als Maßnahmen im Hauptverfahrensstaat, die zwar nach Art. 25 Abs. 1 in allen EuInsVO-Staaten anzuerkennen sind und die universale Wirkung entfalten (→ Art. 25 Rn. 17). Denn in entsprechender Anwendung von Art. 17 Abs. 1 aE kommt den nach Art. 38 beantragten Maßnahmen des Niederlassungsstaats der Vorrang vor den extraterritorialen Wirkungen des Hauptverfahrens zu. Maßnahmen, die ein Gericht des Niederlassungsstaats nach Art. 38 trifft, verdrängen insofern Maßnahmen, die ein Gericht des COMI-Staats nach Art. 25 Abs. 1 UAbs. 3 getroffen hat (MüKoInsO/*Reinhart* Rn. 17). Die Vorschrift entspricht weitgehend **Art. 52 der neuen EuInsVO**, dort ist allerdings das Wort „Liquidationsverfahrens" durch „Insolvenzverfahrens" als Folgeänderung zur Streichung des Art. 3 Abs. 3 S. 2 der gegenwärtigen Fassung ersetzt worden. Das **autonome Recht** regelt inländische Sicherungsmaßnahmen während der Eröffnungsphase eines ausländischen Hauptinsolvenzverfahrens in § 344 InsO.

II. Voraussetzungen

2 **1. Einleitung eines Verfahrens zur Eröffnung eines Hauptverfahrens.** Art. 38 setzt zunächst voraus, dass ein Antrag auf Eröffnung eines Hauptinsolvenzverfahrens in einem EuInsVO-Staat gestellt und daraufhin ein vorläufiger (Haupt-) Insolvenzverwalter eingesetzt wurde. Ein Insolvenzeröffnungsverfahren, das die *Eurofood*-Kriterien erfüllt, ordnet der EuGH auch im Rahmen von Art. 38 als eröffnetes Insolvenzverfahren ein (NZI 2006, 360 = IPRax 2007, 120 Rn. 57; vgl. → Art. 2 Rn. 6 ff.), so dass der Anwendungsbereich des Art. 38 nicht (mehr) eröffnet ist.

3 Ist das **Hauptverfahren eröffnet** worden (iSd Eurofood-Rechtsprechung), richten sich die extraterritorialen Befugnisse des Hauptverwalters nach Art. 18 Abs. 1 und Art. 29, der dem Hauptinsolvenzverwalter die Antragsbefugnis zur Einleitung eines Sekundärverfahrens vermittelt (zur Anwendung des Art. 29 auf den vorläufigen Verwalter → Art. 29 Rn. 4).

4 **2. Vermögensgegenstände im anderen EuInsVO-Staat.** Die Antragsbefugnis für Schutzmaßnahmen besteht nur, wenn in dem anderen Mitgliedstaat Vermögen des Schuldners belegen ist. Nur dann ist überhaupt ein Bedürfnis nach einer Sicherung des schuldnerischen Vermögens anzuerkennen. Die Belegenheit eines Vermögensgegenstands bestimmt sich nach Art. 2 lit. g, vgl. → Art. 2 Rn. 11.

5 Weiter ist erforderlich, dass in dem anderen Mitgliedstaat ein Sekundärverfahren eröffnet werden könnte, dass der **Schuldner** dort also **über eine Niederlassung verfügt** (NZI 2006, 360 = IPRax 2007, 120 Rn. 57; Duursma-Kepplinger/Duursma/Chalupsky EuInsVO/*Duursma-Kepplinger* Rn. 9 ff.; MüKoInsO/*Reinhart* Rn. 8 ff.; Gebauer/Wiedmann/*Haubold* EuInsVO Art. 38 Rn. 248; Geimer/Schütze EuZVerfR/*Heiderhoff* B Vor I 20b Art. 38 Rn. 2; *Thomas* S. 133; die in der Vorauflage vertretene aA wird aufgegeben). Eine schlüssige Darlegung durch den vorläufigen Hauptverwalter genügt (MüKoInsO/*Reinhart* Rn. 11). Zwar ergibt sich dieses Erfordernis nicht aus dem Wortlaut der Vorschrift, aus der Systematik der EuInsVO folgt sich aber, dass sie der Sicherung der Masse eines Sekundärverfahrens dient, das nur eröffnet werden kann, wenn in dem Staat eine Niederlassung vorhanden ist.

Art. 38 wird nicht durch **Art. 5 oder 7** begrenzt. Denn von einem Sekundärverfahren würden auch die im Sekundärverfahrensstaat belegenen Vermögensgegenstände erfasst, da die absonderungsberechtigten Gläubiger vor den Wirkungen eines Sekundärverfahrens nicht durch Art. 5 und 7 geschützt werden. 6

3. Kein Partikularverfahren eröffnet oder eingeleitet. Die Antragsbefugnis des vorläufigen Hauptinsolvenzverwalters besteht nur so lange, wie in dem anderen Staat kein Partikularinsolvenzverfahren eingeleitet oder gar eröffnet wurde, denn ab diesem Zeitpunkt ist die Sicherung der Sekundärinsolvenzmasse Sache des Sekundärinsolvenzgerichts und eines eventuell von diesem eingesetzten vorläufigen Sekundärinsolvenzverwalters. 7

III. Rechtsfolgen

Art. 38 verschafft dem vorläufigen Hauptinsolvenzverwalter die Befugnis, Schutzmaßnahmen nach der *lex fori territorialis* bei einem Gericht des Staates der Niederlassung zu beantragen. Die **örtliche Zuständigkeit** ergibt sich für das deutsche Recht aus Art. 102 § 1 Abs. 2 EG-InsO in entsprechender Anwendung (wie hier MüKoInsO/*Reinhart* Rn. 13; aA offenbar die Entwurfsbegründung zu § 344 InsO, BT-Drs. 15/16, 22, die § 344 für einschlägig hält; hierzu bei → § 344 Rn. 2). Die amtswegige Anordnung von Schutzmaßnahmen kommt nach Art. 38 nicht in Frage (MüKoInsO/*Reinhart* Art. 38 Rn. 12). 8

Welche Maßnahmen das Gericht treffen kann, richtet sich nach der *lex fori territorialis*. Nach deutschem Recht kann der vorläufige Hauptverwalter etwa die Einsetzung eines vorläufigen Insolvenzverwalters beantragen, § 21 Abs. 2 Nr. 1 InsO (MüKoInsO/*Reinhart* Rn. 16). Die *lex fori territorialis* entscheidet richtigerweise auch darüber, inwieweit das Gericht ein **Ermessen bei der Entscheidung** über den Antrag hat (ausführlich *Thomas* S. 141 ff.; aA Rauscher EuZPR/EuIPR/*Mäsch* Rn. 13; MüKoInsO/*Reinhart* Rn. 15, nach denen das Gericht immer ein Ermessen hat. Nach MüKoBGB/*Kindler* Rn. 13 kann das Gericht prüfen, ob die Maßnahmen zweckmäßig sind; noch enger *Vallender* KTS 2005, 283 [308], der meint, der Richter könne nur solche Maßnahmen ablehnen, die das nationale Recht nicht kennt). 9

Kapitel IV. Unterrichtung der Gläubiger und Anmeldung ihrer Forderungen

Recht auf Anmeldung von Forderungen

39 Jeder Gläubiger, der seinen gewöhnlichen Aufenthalt, Wohnsitz oder Sitz in einem anderen Mitgliedstaat als dem Staat der Verfahrenseröffnung hat, einschließlich der Steuerbehörden und der Sozialversicherungsträger der Mitgliedstaaten, kann seine Forderungen in dem Insolvenzverfahren schriftlich anmelden.

Schrifttum: S. die Nachweise in der Vorbemerkung. Ferner: *Mankowski*, Neues zur grenzüberschreitenden Forderungsanmeldung unter der EuInsVO, NZI 2011, 887; *Klockenbrink*, Der Einfluss der Gläubigerstellung unter dem Einfluss der EuInsVO und des deutschen internationalen Insolvenzrechts, 2008.

I. Überblick über die Art. 39–42

1 Die Art. 39–42 ergänzen und überlagern als Sachnormen die gem. Art. 4 Abs. 2 lit. h grds. anwendbare *lex fori concursus*. Dies betrifft das **Recht von Gläubigern, die in einem anderen Mitgliedstaat** ansässig sind, ihre Forderungen anzumelden (Art. 39), den Inhalt der Anmeldung (Art. 41), die Unterrichtung der ausländischen Gläubiger von der Eröffnung des Verfahrens (Art. 40) sowie die Sprache der Unterrichtung und der Anmeldung (Art. 42) (zum Ganzen *Klockenbrink* S. 144 ff.). Unter **der neuen EuInsVO** ist die Forderungsanmeldung für ausländische Gläubiger (auch aus Drittstaaten) ua durch die Einführung eines Formblatts (Art. 55 EuInsVO nF) vereinfacht. Die Unterrichtungspflicht des Art. 40 werden durch Art. 54 EuInsVO nF deutlich umfangreicher geregelt.

II. Gläubiger aus dem EuInsVO-Ausland

2 Art. 39 regelt die Rechte solcher Gläubiger, die ihren gewöhnlichen Aufenthalt, ihren Wohnsitz oder Sitz in einem anderen Mitgliedstaat als dem Staat der Verfahrenseröffnung haben. Der Begriff „gewöhnlicher Aufenthalt" ist für natürliche, nicht gewerblich tätige Personen mit dem nach Art. 3 Abs. 1 maßgeblichen COMI gleichzusetzen (→ Art. 3 Rn. 8). Der Begriff „Wohnsitz" ist wie in Art. 3 Abs. 4 zu verstehen (→ Art. 3 Rn. 33), so dass auf Art. 62 EuGVVO nF zurückzugreifen ist, der seinerseits auf das Recht des Verfahrensstaates verweist. Der Wohnsitz ist also nach der *lex fori concursus* zu ermitteln, bei Verfahren in Deutschland sind somit die §§ 7 ff. BGB einschlägig. Bei juristischen Personen und anderen Gesellschaften ist dagegen der „Sitz" maßgeblich. Eine Legaldefinition des Gesellschaftssitzes fehlt in der Verordnung. Richtigerweise ist auch hier auf die Ausführungen zu Art. 3 Abs. 4 (→ Art. 3 Rn. 33) zurückzugreifen, so dass der Sitz anhand Art. 63 EuGVVO nF zu ermitteln ist. Danach genügt es, wenn der Gläubiger seinen satzungsmäßigen Sitz, seine Hauptverwaltung oder seine Hauptniederlassung in einem anderen Mitgliedstaat hat (wie hier MüKoInsO/*Reinhart* Rn. 5; Rauscher EuZPR/EuIPR/*Mäsch* Rn. 6; aA Kübler/Prütting/Bork/*Kemper* Rn. 3 für effektiven Verwaltungssitz).

III. Regelungsinhalt

1. Recht zur Anmeldung. Die Vorschrift garantiert, dass **Gläubiger aus dem EuInsVO-Ausland** ihre Forderungen anmelden können. Gem. Art. 32 können sie ihre Forderungen auch in mehreren (Partikular-)Verfahren anmelden. Art. 39 hat insoweit nur klarstellenden Charakter, denn eine Diskriminierung wäre schon primärrechtlich unzulässig, so dass auch in Dänemark ansässige Gläubiger nicht an der Anmeldung ihrer Forderungen gehindert werden dürfen (MüKoInsO/*Reinhart* Rn. 4). Für **Gläubiger aus Drittstaaten** richtet sich die Anmeldeberechtigung nach autonomem Recht (vgl. → InsO § 341 Rn. 3). 3

Das Anmeldungsrecht bezieht sich auch auf **Steuerbehörden und Sozialversicherungsträger anderer Mitgliedstaaten**. Hierdurch werden etwaige abweichende nationale Regelungen derogiert, die eine Verfahrensteilnahme ausländischer Staaten oder öffentlich-rechtlicher Körperschaften ausschließen. Über den Wortlaut hinausgehend ist die Garantie des Art. 39 auf sämtliche Forderungen der öffentlichen Hand auszudehnen (Kübler/Prütting/Bork/*Kemper* Rn. 5; MüKoInsO/*Reinhart* Rn. 7). Zur zwischenstaatlichen Amtshilfe bei der Steuererhebung im Zusammenhang mit grenzüberschreitenden Insolvenzverfahren Rn. 3.1.3 und Rn. 4.2.5 des entsprechenden Merkblatts v. 23.1.2014 vom Bundesministerium der Finanzen. 4

Wie der nach der *lex fori concursus* anmeldungsbefugte Gläubiger bei der Anmeldung vertreten wird, ist eine selbständig anzuknüpfende Vorfrage. Sofern es bei Gesellschaften um eine organschaftliche Vertretungsmacht geht, ist die Frage der Vertretungsmacht gesellschaftsrechtlich anzuknüpfen (*Mankowski* NZI 2011, 887 [888]). Nach Art. 53 S. 2 EuInsVO nF kann eine verfahrensrechtliche Vertretung durch einen Rechtsanwalt durch das nationale Recht nicht gefordert werden. 5

2. Form der Anmeldung. Die **Anmeldung muss schriftlich** erfolgen. Das Erfordernis der Schriftform ist im Sinne von Art. 25 EuGVVO nF zu verstehen, so dass auch die Telefaxkopie ausreicht, da auch hier die Erklärung in einem sichtbaren Text verkörpert ist, der den Urheber erkennen lässt (BGH NJW 2001, 1731). Die **elektronische Form** genügt nicht, da in der EuInsVO eine Art. 23 Abs. 2 EuGVVO entsprechende Vorschrift fehlt, mit der die elektronische Form der Schriftform gleichgestellt wird. Nach Art. 53 der neuen EuInsVO kann die Anmeldung in jeder dem Recht des Verfahrensstaats genügenden Form erfolgen. 6

Es bleibt den Mitgliedstaaten jedoch unbenommen, neben oder statt der schriftlichen Anmeldung weitere Formen vorzusehen, solange dadurch die Verfahrensteilnahme der Auslandsgläubiger nicht erschwert wird (*Virgós/Schmit* Rn. 270). Sieht das nationale Recht strengere Formvorschriften vor, sind diese für die in anderen Mitgliedstaaten ansässigen Gläubiger unwirksam. Es kommt dadurch hinsichtlich der inländischen Gläubiger zu einer (europarechtlich zulässigen) Inländerdiskriminierung (aA Pannen EuInsVO/*Riedemann* EuInsVO Rn. 21, die für eine „teleologische Reduktion" der nationalen Vorschriften eintritt. Ob eine solche geboten oder zulässig ist, ist jedoch eine Frage des jeweiligen nationalen Rechts). Einzelheiten zum Inhalt der Anmeldung regelt Art. 41; für die **Sprache der Anmeldung** ist Art. 42 zu beachten. 7

Pflicht zur Unterrichtung der Gläubiger

40 (1) **Sobald in einem Mitgliedstaat ein Insolvenzverfahren eröffnet wird, unterrichtet das zuständige Gericht dieses Staates oder der von diesem Gericht bestellte Verwalter unverzüglich die bekannten Gläu-**

biger, die in den anderen Mitgliedstaaten ihren gewöhnlichen Aufenthalt, Wohnsitz oder Sitz haben.

(2) [1]**Die Unterrichtung erfolgt durch individuelle Übersendung eines Vermerks und gibt insbesondere an, welche Fristen einzuhalten sind, welches die Versäumnisfolgen sind, welche Stelle für die Entgegennahme der Anmeldungen zuständig ist und welche weiteren Maßnahmen vorgeschrieben sind.** [2]**In dem Vermerk ist auch anzugeben, ob die bevorrechtigten oder dinglich gesicherten Gläubiger ihre Forderungen anmelden müssen.**

Schrifttum: S. die Nachweise in der Vorbemerkung. Ferner: *Mankowski,* Neues zur grenzüberschreitenden Forderungsanmeldung unter der EuInsVO, NZI 2011, 887; *Mansel,* Grenzüberschreitende Restschuldbefreiung, FS v. Hoffmann, 2012, 683.

I. Überblick

1 Die Vorschrift soll dafür sorgen, dass auch die Gläubiger, die ihren Sitz in einem anderen EuInsVO-Staat haben, von der Eröffnung des Verfahrens erfahren, damit auch ihnen die Teilnahme am Verfahren ermöglicht wird. Art. 40 ist eine **Sachnorm,** die bei im Inland eröffneten Insolvenzverfahren § 30 Abs. 2 InsO teilweise verdrängt. Einzelheiten der nach Art. 40 durchzuführenden Information regelt **Art. 102 § 11 EGInsO.** Die Vorschrift **entspricht Art. 54 Abs. 1 und 2 der neuen EuInsVO,** abgesehen davon, dass Art. 54 EuInsVO nF auch Gläubiger aus Drittstaaten erfasst. Art. 54 EuInsVO nF enthält in den Absätzen 3 und 4 Regelungen zum Inhalt und zur Sprache des Formulars zur Unterrichtung der Gläubiger.

2 Ein **Verstoß gegen die Informationspflicht** kann einen Schadensersatzanspruch nach den Vorschriften der *lex fori concursus* gegen den Staat (Amtshaftung) oder gegen den Verwalter (§ 60 InsO) begründen (Duursma-Kepplinger/Duursma/Chalupsky EuInsVO/*Duursma-Kepplinger* Rn. 5; Rauscher EuZPR/EuIPR/*Mäsch* Rn. 13; MüKoInsO/*Reinhart* Rn. 14; *Smid* DtEuInsR Rn. 5). Eine nach Fristablauf erfolgte Forderungsanmeldung ist auch dann verspätet, wenn die Fristüberschreitung auf einem Verstoß gegen Art. 40 beruhte (aA *Mankowski* NZI 2011, 887 [890]). Denn dann würde die Verletzung einer dem Verwalter oder dem Gericht gegenüber einem Gläubiger obliegenden Pflicht Konsequenzen für das Verhältnis der Insolvenzgläubiger untereinander haben. Richtigerweise ist Sanktion für die Pflichtverletzung ein Schadensersatzanspruch.

II. Voraussetzungen der Informationspflicht

3 Art. 40 regelt (anders als Art. 54 EuInsVO nF) nur die Information der **Gläubiger, die in einem anderen Mitgliedstaat ansässig** sind. Die Information der Gläubiger, die im Inland oder in einem Drittstaat ansässig sind, richtet sich nach der *lex fori concursus* – bei einem in Deutschland eröffneten Verfahren also nach § 30 Abs. 2 InsO. Zur Bestimmung der Begriffe „gewöhnlicher Aufenthalt", „Wohnsitz" und „Sitz" → Art. 39 Rn. 2.

4 Unterrichtet werden müssen nur die dem Gericht oder dem Verwalter „bekannten" Gläubiger. Dazu zählen alle Gläubiger, die sich aus den dem Verwalter zugänglichen Unterlagen des Schuldners ergeben, sowie ihm anderweitig bekannte Gläubiger. Darüber hinausgehende **Ermittlungen sind nicht erforderlich** (Gebauer/Wiedmann/*Haubold* Art. 40 Rn. 250; MüKoInsO/*Reinhart* Rn. 5). Da die EuInsVO keine Nachforschungspflicht des Verwalters vorsieht, kann sich aus der Nichtunterrichtung „unbekannter" Gläubiger auch kein *ordre public*-Verstoß ergeben (*Mansel* FS v. Hoffmann, 2012, 683 [689]).

III. Informationsverpflichteter

Ob das Gericht oder der Verwalter die Gläubiger zu informieren hat, lässt Art. 40 offen. Für das deutsche Recht weist Art. 102 § 11 EGInsO grundsätzlich dem **Insolvenzgericht** die Informationspflicht zu. Dieses kann allerdings gem. § 8 Abs. 3 InsO, auf den Art. 102 § 11 EGInsO verweist, den Verwalter beauftragen, die Zustellungen vorzunehmen. 5

IV. Frist, Form und Inhalt der geschuldeten Information

Die Gläubiger sind **so schnell wie möglich** („unverzüglich") zu informieren. 6
Absatz 2 erfordert die „individuelle Übersendung" eines Vermerks. Die Bekanntgabe im Internet oder die öffentliche Bekanntmachung genügt nicht. Zwar ist nach Absatz 2 auch nicht umgekehrt zwingend erforderlich, dass dem Gläubiger ein solche Vermerk förmlich zugestellt wird, gleichwohl hat sich der deutsche Gesetzgeber entschieden, über das Mindesterfordernis der „individuellen Übersendung" hinauszugehen und in Art. 102 § 11 EGInsO eine **förmliche Zustellung** des Eröffnungsbeschlusses sowie eines Hinweises auf die Folgen einer nachträglichen Forderungsanmeldung anzuordnen (vgl. Art. 102 § 11 EGInsO).

Nach Absatz 2 müssen die Gläubiger über die einzuhaltenden Fristen, die Ver- 7
säumnisfolgen, die für die Entgegennahme der Anmeldungen zuständige Stelle sowie über etwaige weitere erforderliche Maßnahmen informiert werden. Auch muss gem. Art. 40 Abs. 2 in dem Vermerk angegeben werden, ob die bevorrechtigten oder dinglich gesicherten Gläubiger ihre Forderungen anmelden müssen. Zur Information ist das **Formblatt „Aufforderung zur Anmeldung einer Forderung"** zu verwenden, das über die Website des BMJV in verschiedenen Sprachen abgerufen werden kann. Zur **Sprache,** in der die Gläubiger zu informieren sind, s. Art. 42.

Inhalt einer Forderungsanmeldung

41 Der Gläubiger übersendet eine Kopie der gegebenenfalls vorhandenen Belege, teilt die Art, den Entstehungszeitpunkt und den Betrag der Forderung mit und gibt an, ob er für die Forderung ein Vorrecht, eine dingliche Sicherheit oder einen Eigentumsvorbehalt beansprucht und welche Vermögenswerte Gegenstand seiner Sicherheit sind.

Schrifttum: S. die Nachweise in der Vorbemerkung.

I. Überblick

Art. 41 legt fest, welchen Inhalt die **Forderungsanmeldung eines in einem** 1
anderen Mitgliedstaat ansässigen Gläubigers haben muss. Soweit das nationale Recht Anforderungen kennt, die über Art. 41 hinausgehen, sind diese jedenfalls für die auswärtigen Gläubiger unwirksam (*Virgós/Schmit* Rn. 273). Nach **Art. 55 der neuen EuInsVO** kann die Anmeldung mittels des Formblatts „Forderungsanmeldung" erfolgen, das über das Europäische Justizportal abrufbar sein wird.

II. Regelungsinhalt

Der schriftlichen (Art. 39) Forderungsanmeldung hat der Gläubiger gegebe- 2
nenfalls vorhandene **Belege in Kopie** beizufügen. Weiter muss er die **Art**, den **Entstehungszeitpunkt** und den **Betrag der Forderung** mitteilen. Schließlich muss er auch angeben, ob er für die Forderung ein **Vorrecht,** eine **dingliche**

Sicherheit oder einen **Eigentumsvorbehalt** beansprucht und welche Vermögenswerte Gegenstand seiner Sicherheit sind. Sicherungsrechte und Eigentumsvorbehalte sind gem. Art. 41 ungeachtet Art. 5 und 7 auch dann anzuzeigen, wenn das Sicherungsgut in einem anderen Staat als dem der Verfahrenseröffnung belegen ist. Die Konsequenzen einer den Erfordernissen des Art. 41 nicht genügenden Forderungsanmeldung richten sich nach der *lex fori concursus*.

Sprachen

42 (1) [1] **Die Unterrichtung nach Artikel 40 erfolgt in der Amtssprache oder einer der Amtssprachen des Staates der Verfahrenseröffnung.** [2] **Hierfür ist ein Formblatt zu verwenden, das in sämtlichen Amtssprachen der Organe der Europäischen Union mit den Worten „Aufforderung zur Anmeldung einer Forderung. Etwaige Fristen beachten!" überschrieben ist.**

(2) [1] **Jeder Gläubiger, der seinen gewöhnlichen Aufenthalt, Wohnsitz oder Sitz in einem anderen Mitgliedstaat als dem Staat der Verfahrenseröffnung hat, kann seine Forderung auch in der Amtssprache oder einer der Amtssprachen dieses anderen Staates anmelden.** [2] **In diesem Fall muß die Anmeldung jedoch mindestens die Überschrift „Anmeldung einer Forderung" in der Amtssprache oder einer der Amtssprachen des Staates der Verfahrenseröffnung tragen.** [3] **Vom Gläubiger kann eine Übersetzung der Anmeldung in die Amtssprache oder eine der Amtssprachen des Staates der Verfahrenseröffnung verlangt werden.**

Schrifttum: S. die Nachweise in der Vorbemerkung.

I. Überblick

1 Art. 42 regelt als **Sachnorm**, in welchen Sprachen im Ausland ansässige Gläubiger nach Art. 40 zu informieren sind (Absatz 1) und in welcher Sprache die Gläubiger ihre Forderungen anmelden können (Absatz 2). **In der neuen EuInsVO** sind diese Fragen in Art. 54 Abs. 3 und 55 Abs. 5 teilweise abweichend geregelt.

II. Sprache des Vermerks nach Art. 40

2 Nach Absatz 1 soll die gem. Art. 40 zu übersendende Information in einer **Amtssprache des Staates der Verfahrenseröffnung** gefasst sein. Dem Vermerk ist ein warnender Hinweis auf seinen Inhalt in sämtlichen Amtssprachen der Organe der Union (vgl. Art. 55 EUV) voranzustellen. Aus der Unterrichtung eines ausländischen Gläubigers in der Verfahrenssprache kann kein *ordre public*-Verstoß abgeleitet werden (*Mansel* FS v. Hoffmann, 2012, 683 [691]).

III. Sprache der Forderungsanmeldung

3 Nach Art. 42 Abs. 2 kann ein Gläubiger, der in einem anderen Mitgliedstaat als dem der Verfahrenseröffnung ansässig ist (vgl. → Art. 39 Rn. 9), seine **Forderung in einer Amtssprache seines Mitgliedstaats anmelden**. Allerdings muss die Forderungsanmeldung mit „Anmeldung einer Forderung" in einer Amtssprache des Verfahrensstaates überschrieben sein. Die zu verwendenden Formulierungen sind auf <http://www.insol-europe.org/technical-content/european-insolvency-regulation-articles-4042> (Stand September 2015) zu finden. Der Verwalter bzw. das Gericht kann gem. Absatz 2 Satz 3 vom Gläubiger eine Übersetzung der

Forderungsanmeldung verlangen. Die **Anmeldefrist** wird aber bereits durch die Absendung der Forderungsanmeldung in der Heimatsprache des Gläubigers (mit übersetzter Überschrift) gewahrt (MüKoInsO/*Reinhart* Rn. 5). Zur **Regelung in der neuen EuInsVO** s. Art. 55 Abs. 5 EuInsVO nF.

Kapitel V. Übergangs- und Schlußbestimmungen

Zeitlicher Geltungsbereich

43 **[1] Diese Verordnung ist nur auf solche Insolvenzverfahren anzuwenden, die nach ihrem Inkrafttreten eröffnet worden sind. [2] Für Rechtshandlungen des Schuldners vor Inkrafttreten dieser Verordnung gilt weiterhin das Recht, das für diese Rechtshandlungen anwendbar war, als sie vorgenommen wurden.**

Schrifttum: S. die Nachweise in der Vorbemerkung.

I. Insolvenzverfahren, Satz 1

1 Satz 1 der Vorschrift legt den zeitlichen Anwendungsbereich der Verordnung fest. Maßgeblich ist danach, ob der Zeitpunkt der Verfahrenseröffnung, Art. 2 lit. f, nach dem Zeitpunkt des Inkrafttretens iSv Art. 47 lag. Im Sinne der Rechtssicherheit ist auf den **Zeitpunkt der Wirksamkeit der formalen Eröffnungsentscheidung** abzustellen (MüKoInsO/*Reinhart* Rn. 5).

2 Die **Abgrenzung gegenüber der neuen EuInsVO** richtet sich nach Art. 84 EuInsVO nF. Danach ist auf Insolvenzverfahren, die nach dem 26.6.2017 eröffnet werden, die neue EuInsVO anwendbar. Für Insolvenzverfahren, die zu diesem Zeitpunkt schon eröffnet sind, bleibt somit die alte EuInsVO gem. Art. 84 Abs. 2 EuInsVO nF einschlägig. Maßgeblich ist auch insoweit der **Zeitpunkt der formalen Eröffnungsentscheidung**.

II. Rechtshandlungen, Satz 2

3 Für Rechtshandlungen, die vorgenommen wurden, bevor die Verordnung in Kraft getreten ist, entfaltet die Verordnung keine Rückwirkung, wie Satz 2 klarstellt. So wird ausgeschlossen, dass zunächst unanfechtbare Rechtshandlungen nachträglich durch das Inkrafttreten der Verordnung und ihrer Anwendbarkeit auf ein später eröffnetes Verfahren anfechtbar werden. Weil die Vorschrift nur auf **Rechtshandlungen des Schuldners** abstellt, ist der Wortlaut zu eng. Einen entsprechenden Vertrauensschutz verdienen auch **Rechtshandlungen Dritter sowie Zwangsvollstreckungsmaßnahmen.** Insoweit ist Art. 43 S. 2 analog anzuwenden (MüKoInsO/*Reinhart* Rn. 8). Zum zeitlichen Anwendungsbereich bei Beitrittsstaaten → Art. 47 Rn. 1.

Verhältnis zu Übereinkünften[1]

44 **(1) Nach ihrem Inkrafttreten ersetzt diese Verordnung in ihrem sachlichen Anwendungsbereich hinsichtlich der Beziehungen der Mitgliedstaaten untereinander die zwischen zwei oder mehreren Mitgliedstaaten geschlossenen Übereinkünfte, insbesondere**

a) das am 8. Juli 1899 in Paris unterzeichnete belgisch-französische Abkommen über die gerichtliche Zuständigkeit, die Anerkennung und

---

[1] Art. 44 Abs. 1 geänd. mWv 1.5.2004 durch Akte v. 16.4.2003 (ABl. 2004 L 236, 33); Abs. 1 Buchst. x–ad angef. mWv 1.1.2007 durch VO v. 20.11.2006 (ABl. 2006 L 363, 1).

die Vollstreckung von gerichtlichen Entscheidungen, Schiedssprüchen und öffentlichen Urkunden;

b) das am 16. Juli 1969 in Brüssel unterzeichnete belgisch-österreichische Abkommen über Konkurs, Ausgleich und Zahlungsaufschub (mit Zusatzprotokoll vom 13. Juni 1973);

c) das am 28. März 1925 in Brüssel unterzeichnete belgisch-niederländische Abkommen über die Zuständigkeit der Gerichte, den Konkurs sowie die Anerkennung und die Vollstreckung von gerichtlichen Entscheidungen, Schiedssprüchen und öffentlichen Urkunden;

d) den am 25. Mai 1979 in Wien unterzeichneten deutsch-österreichischen Vertrag auf dem Gebiet des Konkurs- und Vergleichs-(Ausgleichs-)rechts;

e) das am 27. Februar 1979 in Wien unterzeichnete französisch-österreichische Abkommen über die gerichtliche Zuständigkeit, die Anerkennung und die Vollstreckung von Entscheidungen auf dem Gebiet des Insolvenzrechts;

f) das am 3. Juni 1930 in Rom unterzeichnete französisch-italienische Abkommen über die Vollstreckung gerichtlicher Urteile in Zivil- und Handelssachen;

g) das am 12. Juli 1977 in Rom unterzeichnete italienisch-österreichische Abkommen über Konkurs und Ausgleich;

h) den am 30. August 1962 in Den Haag unterzeichneten deutsch-niederländischen Vertrag über die gegenseitige Anerkennung und Vollstreckung gerichtlicher Entscheidungen und anderer Schuldtitel in Zivil- und Handelssachen;

i) das am 2. Mai 1934 in Brüssel unterzeichnete britisch-belgische Abkommen zur gegenseitigen Vollstreckung gerichtlicher Entscheidungen in Zivil- und Handelssachen mit Protokoll;

j) das am 7. November 1993 in Kopenhagen zwischen Dänemark, Finnland, Norwegen, Schweden und Irland geschlossene Konkursübereinkommen;

k) das am 5. Juni 1990 in Istanbul unterzeichnete Europäische Übereinkommen über bestimmte internationale Aspekte des Konkurses;

l) das am 18. Juni 1959 in Athen unterzeichnete Abkommen zwischen der Föderativen Volksrepublik Jugoslawien und dem Königreich Griechenland über die gegenseitige Anerkennung und Vollstreckung gerichtlicher Entscheidungen;

m) das am 18. März 1960 in Belgrad unterzeichnete Abkommen zwischen der Föderativen Volksrepublik Jugoslawien und der Republik Österreich über die gegenseitige Anerkennung und die Vollstreckung von Schiedssprüchen und schiedsgerichtlichen Vergleichen in Handelssachen;

n) das am 3. Dezember 1960 in Rom unterzeichnete Abkommen zwischen der Föderativen Volksrepublik Jugoslawien und der Republik Italien über die gegenseitige justizielle Zusammenarbeit in Zivil- und Handelssachen;

o) das am 24. September 1971 in Belgrad unterzeichnete Abkommen zwischen der Sozialistischen Föderativen Republik Jugoslawien und dem Königreich Belgien über die justizielle Zusammenarbeit in Zivil- und Handelssachen;

p) das am 18. Mai 1971 in Paris unterzeichnete Abkommen zwischen den Regierungen Jugoslawiens und Frankreichs über die Anerken-

nung und Vollstreckung gerichtlicher Entscheidungen in Zivil- und Handelssachen;

q) das am 22. Oktober 1980 in Athen unterzeichnete Abkommen zwischen der Tschechoslowakischen Sozialistischen Republik und der Hellenischen Republik über die Rechtshilfe in Zivil- und Strafsachen, der zwischen der Tschechischen Republik und Griechenland noch in Kraft ist;

r) das am 23. April 1982 in Nikosia unterzeichnete Abkommen zwischen der Tschechoslowakischen Sozialistischen Republik und der Republik Zypern über die Rechtshilfe in Zivil- und Strafsachen, der zwischen der Tschechischen Republik und Zypern noch in Kraft ist;

s) den am 10. Mai 1984 in Paris unterzeichneten Vertrag zwischen der Regierung der Tschechoslowakischen Sozialistischen Republik und der Regierung der Französischen Republik über die Rechtshilfe und die Anerkennung und Vollstreckung gerichtlicher Entscheidungen in Zivil-, Familien- und Handelssachen, der zwischen der Tschechischen Republik und Frankreich noch in Kraft ist;

t) den am 6. Dezember 1985 in Prag unterzeichneten Vertrag zwischen der Tschechoslowakischen Sozialistischen Republik und der Republik Italien über die Rechtshilfe in Zivil- und Strafsachen, der zwischen der Tschechischen Republik und Italien noch in Kraft ist;

u) das am 11. November 1992 in Tallinn unterzeichnete Abkommen zwischen der Republik Lettland, der Republik Estland und der Republik Litauen über Rechtshilfe und Rechtsbeziehungen;

v) das am 27. November 1998 in Tallinn unterzeichnete Abkommen zwischen Estland und Polen über Rechtshilfe und Rechtsbeziehungen in Zivil-, Arbeits- und Strafsachen;

w) das am 26. Januar 1993 in Warschau unterzeichnete Abkommen zwischen der Republik Litauen und der Republik Polen über Rechtshilfe und Rechtsbeziehungen in Zivil-, Familien-, Arbeits- und Strafsachen;

x) das am 19. Oktober 1972 in Bukarest unterzeichnete Abkommen zwischen der Sozialistischen Republik Rumänien und der Hellenischen Republik über die Rechtshilfe in Zivil- und Strafsachen mit Protokoll;

y) das am 5. November 1974 in Paris unterzeichnete Abkommen zwischen der Sozialistischen Republik Rumänien und der Französischen Republik über die Rechtshilfe in Zivil- und Handelssachen;

z) das am 10. April 1976 in Athen unterzeichnete Abkommen zwischen der Volksrepublik Bulgarien und der Hellenischen Republik über die Rechtshilfe in Zivil- und Strafsachen;

aa) das am 29. April 1983 in Nikosia unterzeichnete Abkommen zwischen der Volksrepublik Bulgarien und der Republik Zypern über die Rechtshilfe in Zivil- und Strafsachen;

ab) das am 18. Januar 1989 in Sofia unterzeichnete Abkommen zwischen der Volksrepublik Bulgarien und der Regierung der Französischen Republik über die gegenseitige Rechtshilfe in Zivilsachen;

ac) den am 11. Juli 1994 in Bukarest unterzeichneten Vertrag zwischen Rumänien und der Tschechischen Republik über die Rechtshilfe in Zivilsachen;

ad) den am 15. Mai 1999 in Bukarest unterzeichneten Vertrag zwischen Rumänien und Polen über die Rechtshilfe und die Rechtsbeziehungen in Zivilsachen.

(2) Die in Absatz 1 aufgeführten Übereinkünfte behalten ihre Wirksamkeit hinsichtlich der Verfahren, die vor Inkrafttreten dieser Verordnung eröffnet worden sind.

(3) Diese Verordnung gilt nicht

a) in einem Mitgliedstaat, soweit es in Konkurssachen mit den Verpflichtungen aus einer Übereinkunft unvereinbar ist, die dieser Staat mit einem oder mehreren Drittstaaten vor Inkrafttreten dieser Verordnung geschlossen hat;

b) im Vereinigten Königreich Großbritannien und Nordirland, soweit es in Konkurssachen mit den Verpflichtungen aus Vereinbarungen, die im Rahmen des Commonwealth geschlossen wurden und die zum Zeitpunkt des Inkrafttretens dieser Verordnung wirksam sind, unvereinbar ist.

Schrifttum: S. die Nachweise in der Vorbemerkung.

I. Überblick

Die Vorschrift regelt das **Verhältnis der Verordnung zu völkerrechtlichen Verträgen der Mitgliedstaaten auf dem Gebiet des Insolvenzrechts.** Absatz 1 und 2 betreffen Übereinkommen der Mitgliedstaaten untereinander. Absatz 3 betrifft Verträge mit Drittstaaten. 1

II. Übereinkommen zwischen Mitgliedstaaten, Absatz 1 und 2

1. Die sachliche Kollision, Absatz 1. Übereinkommen zwischen den Mitgliedstaaten werden gem. Absatz 1 durch die Verordnung in vollem Umfang ersetzt. Dies gilt nur im sachlichen Anwendungsbereich der Verordnung, so dass entsprechende Übereinkommen in der Insolvenz eines Kredit- oder Versicherungsinstituts oder einer Wertpapierfirma (Art. 1 Abs. 2) zur Anwendung kommen können. 2

Die Aufzählung ist nicht abschließend, sodass der Vorschrift die allgemeine Regelung zu entnehmen ist, dass die Verordnung innerhalb ihres sachlichen und persönlichen Anwendungsbereichs völkerrechtliche Vereinbarungen der Mitgliedstaaten untereinander verdrängt. Aus deutscher Sicht ist insbesondere auf den in lit. d erwähnten **deutsch-österreichischen Konkursvertrag** sowie auf den in lit. h genannten **deutsch-niederländischen Vertrag** über die gegenseitige Anerkennung und Vollstreckung gerichtlicher Entscheidungen in Zivil- und Handelssachen hinzuweisen. 3

2. Die intertemporale Kollision, Absatz 2. Die verdrängende Wirkung der Verordnung gilt nicht für solche Verfahren, die vor dem Inkrafttreten der Verordnung eröffnet worden sind (vgl. → Art. 43 Rn. 1). 4

III. Bestehende Übereinkommen mit Drittstaaten

Abkommen, die einzelne oder mehrere Mitgliedstaaten vor Inkrafttreten der Verordnung mit Drittstaaten geschlossen haben, bleiben nach Abs. 3 lit. a anwendbar, auch soweit sie mit der Verordnung nicht vereinbar sind. Für Deutschland bestehen solche Übereinkommen nicht (MüKoInsO/*Reinhart* Rn. 6). Eine sachlich entsprechende Regelung sieht Abs. 3 lit. b für Vereinbarungen vor, die Großbritannien oder Irland im Rahmen des Commonwealth geschlossen haben. 5

Ausweislich der Entschließung des Rates vom 30.6.2000 (ABl. 2000 C 183, 2) hindert die Verordnung einen Mitgliedstaat nicht, „mit Nicht-Mitgliedstaaten 6

Abkommen zu schließen, die sich auf denselben Bereich wie diese Verordnung beziehen, sofern das betreffende Abkommen diese Verordnung nicht berührt."

Änderung der Anhänge

45 Der Rat kann auf Initiative eines seiner Mitglieder oder auf Vorschlag der Kommission mit qualifizierter Mehrheit die Anhänge ändern.

I. Verfahren

1 Art. 45 sieht ein gegenüber dem ordentlichen Gesetzgebungsverfahren nach Art. 294 AEUV **vereinfachtes Verfahren bezüglich der Änderung der drei Anhänge zur EuInsVO** vor. Hiermit wird die notwendige Flexibilität insbesondere für die Folgen eines Beitritts neuer Mitgliedstaaten sowie bei Änderungen der nationalen Insolvenzrechte geschaffen. Nach Art. 45 liegt das **Initiativrecht für Änderungen der Anhänge** sowohl bei den einzelnen Mitgliedstaaten als auch bei der Kommission. Der Rat entscheidet über den Vorschlag mit qualifizierter Mehrheit gem. Art. 238 Abs. 2 AEUV. **Die neue EuInsVO** kennt das vereinfachte Verfahren zur Änderung der Anhänge nicht mehr, so dass diese nur durch eine Änderung der Verordnung selbst modifiziert werden können.

II. Anwendungsfälle

2 Von Art. 45 wurde bislang mehrfach Gebrauch gemacht: **Anhang II** der Akte über die Bedingungen des Beitritts der Tschechischen Republik, der Republik Estland, der Republik Zypern, der Republik Lettland, der Republik Litauen, der Republik Ungarn, der Republik Malta, der Republik Polen, der Republik Slowenien und der Slowakischen Republik und die Anpassungen der die Europäische Union begründenden Verträge, ABl. 2003 L 236, 711. **Anhang I** der Verordnung (EG) Nr. 603/2005 des Rates vom 12.4.2005 zur Änderung der Liste von Insolvenzverfahren, Liquidationsverfahren und Verwaltern in den Anhängen A, B und C der Verordnung (EG) Nr. 1346/2000 über Insolvenzverfahren, ABl. 2005 L 100, 1. **Verordnung (EG) Nr. 694/2006** des Rates vom 27.4.2006 zur Änderung der Liste von Insolvenzverfahren, Liquidationsverfahren und Verwaltern in den Anhängen A, B und C der Verordnung (EG) Nr. 1346/2000 über Insolvenzverfahren, ABl. 2006 L 121, 1. **Durchführungsverordnung (EU) Nr. 583/2011** des Rates vom 9.6.2011, ABl. 2011 L 160, 52. **Durchführungsverordnung** (EU) Nr. 663/2014, ABl. 2014 L 179, 4.

Bericht

46 [1] Die Kommission legt dem Europäischen Parlament, dem Rat und dem Wirtschafts- und Sozialausschuß bis zum 1. Juni 2012 und danach alle fünf Jahre einen Bericht über die Anwendung dieser Verordnung vor. [2] Der Bericht enthält gegebenenfalls einen Vorschlag zur Anpassung dieser Verordnung.

1 Der von Art. 46 geforderte Bericht wurde am 12.12.2012 gemeinsam mit Vorschlägen für eine Reform der Verordnung vorgelegt. Hierzu → Vor EuInsVO Rn. 11.

Inkrafttreten

47 Diese Verordnung tritt am 31. Mai 2002 in Kraft.

1 Art. 47 regelt den Zeitpunkt des Inkrafttretens, auf den Art. 43 und Art. 44 Bezug nehmen. Für Mitgliedstaaten, die nach dem 31.5.2002 der Union beigetreten sind, ist die Verordnung erst mit der Wirksamkeit des Beitritts in Kraft getreten (ausführlich *Nagy* GPR 13, 354): für Estland, Lettland, Litauen, Malta, Polen, Slowakei, Slowenien, die Tschechische Republik, Ungarn und Zypern am 1.1.2004 (Art. 2 der Akte über die Bedingungen des Beitritts, ABl. 2003 L 236, S. 33), für Bulgarien und Rumänien trat die Verordnung zum 1.1.2007 (vgl. Art. 2 der Akte über die Bedingungen des Beitritts, ABl. 2005 L 157, S. 203). Für Kroatien zum 1.7.2013 (vgl. Art. 2 der Akte über die Bedingungen des Beitritts, ABl. 2012 L 112, S. 21 vom 5.12.2011). Ab den genannten Zeitpunkten müssen die Gerichte in den Beitrittsstaaten auch solche Insolvenzverfahren nach der EuInsVO anerkennen, die in anderen Mitgliedsstaaten zuvor eröffnet worden waren (EuGH ZIP 2012, 1815 – ERSTE BANK).

ANHANG A

Insolvenzverfahren nach Artikel 2 Buchstabe a
BELGIË/BELGIQUE
- Het faillissement/La faillite,
- De gerechtelijke reorganisatie door een collectief akkoord/La réorganisation judiciaire par accord collectif,
- De gerechtelijke reorganisatie door overdracht onder gerechtelijk gezag/La réorganisation judiciaire par transfert sous autorité de justice,
- De collectieve schuldenregeling/Le règlement collectif de dettes,
- De vrijwillige vereffening/La liquidation volontaire,
- De gerechtelijke vereffening/La liquidation judiciaire,
- De voorlopige ontneming van beheer, bepaald in artikel 8 van de faillisse mentswet/Le dessaisissement provisoire, visé à l'article 8 de la loi sur les faillites,

БЪЛГАРИЯ
- Производство по несъстоятелност,

ČESKÁ REPUBLIKA
- Konkurs,
- Reorganizace,
- Oddlužení,

DEUTSCHLAND
- Das Konkursverfahren,
- Das gerichtliche Vergleichsverfahren,
- Das Gesamtvollstreckungsverfahren,
- Das Insolvenzverfahren,

EESTI
- Pankrotimenetlus,

ÉIRE/IRELAND
- Compulsory winding-up by the court,
- Bankruptcy,
- The administration in bankruptcy of the estate of persons dying insolvent,
- Winding-up in bankruptcy of partnerships,
- Creditors' voluntary winding-up (with confirmation of a court),
- Arrangements under the control of the court which involve the vesting of all or part of the property of the debtor in the Official Assignee for realisation and distribution,
- Company examinership,
- Debt Relief Notice,
- Debt Settlement Arrangement,
- Personal Insolvency Arrangement,

ΕΛΛΑΔΑ
- Η πτώχευση,
- Η ειδική εκκαθάριση εν λειτουργία,
- Σχέδιο αναδιοργάνωσης,
- Απλοποιημένη διαδικασία επί πτωχεύσεων μικρού αντικειμένου,

ESPAÑA
- Concurso,

FRANCE
– Sauvegarde,
– Redressement judiciaire,
– Liquidation judiciaire,

HRVATSKA
– Stečajni postupak,

ITALIA
– Fallimento,
– Concordato preventivo,
– Liquidazione coatta amministrativa,
– Amministrazione straordinaria,

ΚΥΠΡΟΣ
– Υποχρεωτική εκκαθάριση από το Δικαστήριο,
– Εκούσια εκκαθάριση από πιστωτές κατόπιν Δικαστικού Διατάγματος,
– Εκούσια εκκαθάριση από μέλη,
– Εκκαθάριση με την εποπτεία του Δικαστηρίου,
– Πτώχευση κατόπιν Δικαστικού Διατάγματος,
– Διαχείριση της περιουσίας προσώπων που απεβίωσαν αφερέγγυα,

LATVIJA
– Tiesiskās aizsardzības process,
– Juridiskās personas maksātnespējas process,
– Fiziskās personas maksātnespējas process,

LIETUVA
– Įmonės restruktūrizavimo byla,
– Įmonės bankroto byla,
– Įmonės bankroto procesas ne teismo tvarka,
– Fizinio asmens bankroto byla,

LUXEMBOURG
– Faillite,
– Gestion contrôlée,
– Concordat préventif de faillite (par abandon d'actif),
– Régime spécial de liquidation du notariat,
– Procédure de règlement collectif des dettes dans le cadre du surendettement,

MAGYARORSZÁG
– Csődeljárás,
– Felszámolási eljárás,

MALTA
– Xoljiment,
– Amministrazzjoni,
– Stralċ volontarju mill-membri jew mill-kredituri,
– Stralċ mill-Qorti,
– Falliment f'każ ta' negozjant,

NEDERLAND
– Het faillissement,
– De surséance van betaling,
– De schuldsaneringsregeling natuurlijke personen,

ÖSTERREICH

– Das Konkursverfahren (Insolvenzverfahren),
– Das Sanierungsverfahren ohne Eigenverwaltung (Insolvenzverfahren),
– Das Sanierungsverfahren mit Eigenverwaltung (Insolvenzverfahren),
– Das Schuldenregulierungsverfahren,
– Das Abschöpfungsverfahren,
– Das Ausgleichsverfahren,

POLSKA

– Postępowanie naprawcze,
– Upadłość obejmująca. likwidację,
– Upadłość z możliwością zawarcia układu,

PORTUGAL

– Processo de insolvência,
– Processo especial de revitalização,

ROMÂNIA

– Procedura insolvenței,
– Reorganizarea judiciara;
– Procedura falimentului,

SLOVENIJA

– Stečajni postopek,
– Skrajšani stečajni postopek,
– Postopek prisilne poravnave,
– Prisilna poravnava v stečaju,

SLOVENSKO

– Konkurzné konanie,
– Reštrukturalizačné konanie,

SUOMI/FINLAND

– Konkurssi/konkurs,
– Yrityssaneeraus/företagssanering,

SVERIGE

– Konkurs,
– Företagsrekonstruktion,

UNITED KINGDOM

– Winding-up by or subject to the supervision of the court,
– Creditors' voluntary winding-up (with confirmation by the court),
– Administration, including appointments made by filing prescribed documents with the court,
– Voluntary arrangements under insolvency legislation,
– Bankruptcy or sequestration.

ANHANG B

Liquidationsverfahren nach Artikel 2 Buchstabe c

BELGIË/BELGIQUE

- **Het faillissement/La faillite,**
- **De vrijwillige vereffening/La liquidation volontaire,**
- **De gerechtelijke vereffening/La liquidation judiciaire,**
- **De gerechtelijke reorganisatie door overdracht onder gerechtelijk gezag/La réorganisation, judiciaire par transfert sous autorité de justice,**

БЪЛГАРИЯ

- Производство по несъстоятелност,

ČESKÁ REPUBLIKA

- **Konkurs,**

DEUTSCHLAND

- **Das Konkursverfahren,**
- **Das Gesamtvollstreckungsverfahren,**
- **Das Insolvenzverfahren,**

EESTI

- **Pankrotimenetlus,**

ÉIRE/IRELAND

- **Compulsory winding-up,**
- **Bankruptcy,**
- **The administration in bankruptcy of the estate of persons dying insolvent,**
- **Winding-up in bankruptcy of partnerships,**
- **Creditors' voluntary winding-ndash;up (with the confirmation of a court),**
- **Arrangements under the control of the court which involve the vesting of all or part of the property of the debtor in the Official Assignee for realisation and distribution,**

ΕΛΛΑΔΑ

- Η πτώχευση,
- Η ειδτκή εκκαθάριση,
- Απλοποιημένη διαδικασία επί πτωχεύσεων μικρού αντικειμένου,

ESPAÑA

- **Concurso,**

FRANCE

- **Liquidation judiciaire,**

HRVATSKA

- **Stečajni postupak,**

ITALIA

- **Fallimento,**
- **Concordato preventivo,**
- **Liquidazione coatta amministrativa,**
- **Amministrazione straordinaria,**

ΚΥΠΡΟΣ

- Υποχρεωτική εκκαθάριση από το Δικαστήριο,
- Εκκαθάριση με την εποπτεία του Δικαστηρίου,

– Εκούσια εκκαθάριση από πιστωτές (με την επικύρωση του Δικαστηρίου),
– Πτώχευση,
– Διαχείριση της περιουσίας προσώπων που απεβίωσαν αφερέγγυα,

LATVIJA
– Juridiskās personas maksātnespējas process,
– Fiziskās personas maksātnespējas process,

LIETUVA
– Įmonės bankroto byla,
– Įmonės bankroto procesas ne teismo tvarka,

LUXEMBOURG
– Faillite,
– Régime spécial de liquidation du notariat,
– Liquidation judiciaire dans le cadre du surendettement,

MAGYARORSZÁG
– Felszámolási eljárás,

MALTA
– Stralċ volontarju,
– Stralċ mill-Qorti,
– Falliment inkluż il-ħruġ ta' mandat ta' qbid mill-Kuratur f'każ ta' negozjant fallut,

NEDERLAND
– Het faillissement,
– De schuldsaneringsregeling natuurlijke personen,

ÖSTERREICH
– Das Konkursverfahren (Insolvenzverfahren),

POLSKA
– Upadłość obejmująca. likwidację,

PORTUGAL
– Processo de insolvência,

ROMÂNIA
– Procedura falimentului,

SLOVENIJA
– Stečajni postopek,
– Skrajšani stečajni postopek,

SLOVENSKO
– Konkurzné konanie,

SUOMI/FINLAND
– Konkurssi/konkurs,

SVERIGE
– Konkurs,

UNITED KINGDOM
– Winding-up by or subject to the supervision of the court,
– Winding-up through administration, including appointments made by filing prescribed documents with the court,
– Creditors' voluntary winding-up (with confirmation by the court),
– Bankruptcy or sequestration.

ANHANG C

Verwalter nach Artikel 2 Buchstabe b
BELGIË/BELGIQUE
- **De curator/Le curateur,**
- **De gedelegeerd rechter/Le juge-délégué,**
- **De gerechtsmandataris/Le mandataire de justice,**
- **De schuldbemiddelaar/Le médiateur de dettes,**
- **De vereffenaar/Le liquidateur,**
- **De voorlopige bewindvoerder/L'administrateur provisoire,**

БЪЛГАРИЯ
- Назначен предварително временен синдик,
- Временен синдик,
- (Постоянен) синдик,
- Служебен синдик,

ČESKÁ REPUBLIKA
- **Insolvenční správce,**
- **Předběžný insolvenční správce,**
- **Oddělený insolvenční správce,**
- **Zvláštní insolvenční správce,**
- **Zástupce insolvenčního správce,**

DEUTSCHLAND
- **Konkursverwalter,**
- **Vergleichsverwalter,**
- **Sachwalter (nach der Vergleichsordnung),**
- **Verwalter,**
- **Insolvenzverwalter,**
- **Sachwalter (nach der Insolvenzordnung,**
- **Treuhänder,**
- **Vorläufiger Insolvenzverwalter,**

EESTI
- **Pankrotihaldur,**
- **Ajutine pankrotihaldur,**
- **Usaldusisik,**

ÉIRE/IRELAND
- **Liquidator,**
- **Official Assignee,**
- **Trustee in bankruptcy,**
- **Provisional Liquidator,**
- **Examiner,**

ΕΛΛΑΔΑ
- Ο σύνδικος,
- Ο προσωρινός διαχειριστής. Η διοικούσα επιτροπή των πιστωτών,
- Ο ειδικός εκκαθαριστής,
- Ο επίτροπος,

ESPAÑA
- **Administradores concursales,**

FRANCE

– Mandataire judiciaire,
– Liquidateur,
– Administrateur judiciaire,
– Commissaire à l'exécution du plan,

HRVATSKA

– Stečajni upravitelj,
– Privremeni stečajni upravitelj,
– Stečajni povjerenik,
– Povjerenik,

ITALIA

– Curatore,
– Commissario giudiziale,
– Commissario straordinario,
– Commissario liquidatore,
– Liquidatore giudiziale,

ΚΥΠΡΟΣ

– Εκκαθαριστής και Προσωρινός Εκκαθαριστής,
– Επίσημος Παραλήπτης,
– Διαχειριστής της Πτώχευσης Εξεταστής,

LATVIJA

– Maksātnespējas procesa administrators,

LIETUVA

– Bankrutuojančių įmonių administratorius,
– Restruktūrizuojamų įmonių administratorius,

LUXEMBOURG

– Le curateur,
– Le commissaire,
– Le liquidateur,
– Le conseil de gérance de la section d'assainissement du notariat,
– Le liquidateur dans le cadre du surendettement,

MAGYARORSZÁG

– Vagyonfelügyelő,
– Felszámoló,

MALTA

– Amministratur Proviżorju,
– Riċevitur Uffiċjali,
– Stralċjarju,
– Manager Speċjali,
– Kuraturi f'każ ta' proċeduri ta' falliment,

NEDERLAND

– De curator in het faillissement,
– De bewindvoerder in de surséance van betaling,
– De bewindvoerder in de schuldsaneringsregeling natuurlijke personen,

ÖSTERREICH

– Masseverwalter,
– Sanierungsverwalter,
– Ausgleichsverwalter,

– Besonderer Verwalter,
– Einstweiliger Verwalter,
– Sachwalter,
– Treuhänder,
– Insolvenzgericht,
– Konkursgericht,

POLSKA

– Syndyk,
– Nadzorca sądowy,
– Zarządca,

PORTUGAL

– Administrador da insolvência,
– Administrador judicial provisório

ROMÂNIA

– Practician în insolvență,
– Administrator judiciar,
– Lichidator,

SLOVENIJA

– Upravitelj prisilne poravnave,
– Stečajni upravitelj,
– Sodišče, pristojno za postopek prisilne poravnave,
– Sodišče, pristojno za stečajni postopek,

SLOVENSKO

– Predbežný správca,
– Správca,

SUOMI/FINLAND

– Pesänhoitaja/boförvaltare,
– Selvittäjä/utredare,

SVERIGE

– Förvaltare,
– Rekonstruktör,

UNITED KINGDOM

– Liquidator,
– Supervisor of a voluntary arrangement,
– Administrator,
– Official Receiver,
– Trustee,
– Provisional Liquidator,
– Judicial factor.

Anhang Steuerrecht

Schrifttum: *Bartone,* Die Insolvenz des Abgabenschuldners, 2000; *Bös/Schwarz,* Das Steuergeheimnis in Angelegenheiten des Insolvenzrechts, KSI 2014, 223; *Busch/Winkens/Büker,* Insolvenzrecht und Steuern visuell, 2. Aufl. 2014; *Dobler,* Der BFH als Finanzierungshindernis?, ZInsO 2011, 1775; *Ebbinghaus/Neu/Hinz,* Forderungsverzicht oder Debt-Equity-Swap bei der Eigensanierung im Insolvenzplanverfahren, NZI 2014, 729; *Eilers/Bühring,* Sanierungssteuerrecht, 2012; *Farr,* Die Besteuerung in der Insolvenz, 2005; *Farr,* Vollstreckungsschutz, Stundung und Erlaß, 2008; *Feuerborn,* Privilegien des Fiskus im Insolvenzverfahren – Ökonomische Analyse des Rechts unter besonderer Berücksichtigung von § 55 Abs. 4 InsO und der jüngeren Rechtsprechung des BFH, 2015, zugl. Univ., Diss. 2014; *Frotscher,* Besteuerung bei Insolvenz, 8. Aufl. 2014; *Gutike/Thierhoff/Westrick,* Allgemeines Insolvenzsteuerrecht nach neuem Insolvenzrecht, WPg 2001, 762; *Jasse,* Umsatzsteuer in der Insolvenz, 2. Aufl. 2011; *Jäger,* Anfechtung und Aufrechnung bei Insolvenz des Abgabenschuldners in der Rechtsprechung des BFH, ZInsO 2014, 1353; *Kahlert,* Insolvenzrecht und Steuerrecht – Gemeinsam für ein wettbewerbsfähiges Insolvenzrecht, ZIP 2014, 1101; *Kahlert,* Ein neuer Schöpfungsakt des V. BFH-Senats zur Umsatzsteuer im Insolvenzverfahren und seine Entschlüsselung, ZIP 2015, 11; *Kahlert,* Steuerliche Aspekte der GmbH-Sanierung, 2015; *Kahlert/Rühland,* Sanierungs- und Insolvenzsteuerrecht, 2. Aufl. 2011; *Krüger,* Insolvenzsteuerrecht Update 2014, ZInsO 2014, 578; *Kolmann,* Schutzschirmverfahren, 2014; *Krüger,* Insolvenzsteuerrecht Update 2015, ZInsO 2015, 613; *Löhr/Schmitz,* Zur Aufrechnung durch das Finanzamt im Insolvenzverfahren, Verbraucherinsolvenz aktuell 2014, 65; *Maus,* Steuern im Insolvenzverfahren, 2004; *Mönning,* Betriebsfortführung in der Insolvenz, 2. Aufl. 2014; *Nachtmann,* Das Fiskusvorrecht im deutschen Steuerrecht – Eine Untersuchung der aktuellen Entwicklung, des aktuellen Stands und der Verfassungsmäßigkeit des Fiskusvorrechts im geltenden Insolvenzrecht, 2015, zugl. Univ., Diss. 2014; *Nacke,* Steuerliche Haftung in der Insolvenz, DB 2013, 1629; *Onusseit/Kunz,* Steuern in der Insolvenz, 1994; *Pflugbeil,* Steuerliche Auswirkungen von Sanierungsmaßnahmen bei Kapitalgesellschaften, Diss. 2006; *Roth,* Insolvenz Steuerrecht, 2011; *Sämisch/Adam,* Fiskalische Begehrlichkeiten: Insolvenzforderung oder Masseverbindlichkeit?, ZInsO 2010, 934; *Schmittmann,* Steuerrechtliche Folgen einer Insolvenzanfechtung, NZI 2014, 638; *Schmittmann,* Steuerliche Behandlung nicht insolvenzbefangener Einkünfte und Umsätze des Schuldners, StuB 2015, 228; *Schmittmann/Dannemann,* Massesicherungs- versus Steuerzahlungspflicht im Schutzschirmverfahren nach § 270b InsO – Einen Tod muss der Geschäftsführer sterben ?!, ZIP 2014, 1405; *Schmittmann/Theurich/Brune,* Das insolvenzrechtliche Mandat, 4. Aufl. 2013; *Schulze,* Das Besteuerungsverfahren der Personengesellschaft bei Insolvenz, 2010; *Schuster,* Die neuere BFH-Rechtsprechung zur Steuer in der Insolvenz – Fiskusprivileg versus Gläubigergleichbehandlung, DStR 2013, 150; *Skauradszun/Schmidt,* Detailfragen zur steuerlichen Haftung des Insolvenzverwalters, ZInsO 2014, 1784 ff.; *Sommer,* Das Steuerprivileg von Stiftungen im Insolvenzverfahren, ZInsO 2014, 1642; *Steinbach/Claußen,* Die Bilanzierung latenter Steuern in der Liquidations-Rechnungslegung nach HGB, ZInsO 2013, 1109; *Thole,* Der Konflikt zwischen Steuerpflicht und Massesicherung in der vorläufigen Eigenverwaltung, DB 2015, 662 *Trottner/Baum,* Steuern in der Insolvenz und andere Verfahrensfragen, Teil 1, NWB 2013, 1892; Teil 2, NWB 2013, 1991; *Uhländer,* Aktuelle Entwicklungen im Insolvenzsteuerrecht 2010, AO-StB 2010, 81; *Uhländer,* Einkommensteuer in der Insolvenz, in Pape/Uhländer, InsO – Kommentar, 2013;; *Uhländer,* Eigenkapitalersetzende Darlehen im Steuer- und Gesellschaftsrecht – ein systematischer Überblick, BB 2005, 70; Uhländer/Steinbeck, Besteuerung von Unternehmen in der Insolvenz – ein aktueller Gesamtüberblick, Teil I: Steuer & Studium 2014, 344; Teil II, Steuer & Studium 2014, 417; *Waza/Uhländer/Schmittmann,* Insolvenzen und Steuern, 11. Aufl. 2015; *Weiß,* Insolvenz und Steuern, 1989; *Wipperfürth,* Das Grundstück in der Insolvenz, 2014; *Ziegenhagen/Thieme,* Besteuerung in Krise und Insolvenz, 2010.

Wichtige Verwaltungsanweisungen des Bundesfinanzministeriums:

BMF Schreiben v. 10.12.1998 – IV D 6 – S 1900 – 45/98, BStBl. I 1998 I, 1497: Kriterien für die Entscheidung über einen Antrag auf außergerichtliche Schuldenbereinigung

BMF Schreiben v. 17.12.1998 – IV A 4 – S 0550 – 28/98, BStBl. I 1998 I, 1500: Behandlung von Ansprüchen aus dem Steuerschuldverhältnis im Insolvenzverfahren

BMF Schreiben v. 8.6.1999 – IV C 2 – S 2244 – 12/99, BStBl. I 1999 I, 545: Darlehensverlust eines wesentlich i. S. des § 17 EStG beteiligten Gesellschafters

BMF Schreiben v. 27.3.2003 – IV A 6 – S 2140 – 8/03, BStBl. II 2003 I, 240: Ertragsteuerliche Behandlung von Sanierungsgewinnen; Steuerstundung und Steuererlaß aus sachlichen Billigkeitsgründen (§§ 163, 222, 227 AO)

BMF Schreiben v. 2.12.2003 – IV A 2 – S 2743 – 5/03, BStBl. II 2004 I, 369: Ertragsteuerliche Beurteilung des Forderungsverzichts des Gesellschafters einer Kapitalgesellschaft gegen Besserungsschein; Folgen aus der Entscheidung des Großen Senats des BFH vom 9.6.1997 (BStBl. I 1998 II, 307)

BMF Schreiben v. 8.9.2006 – IV B 2 – S 2133 – 10/06, BStBl. II 2006 I, 497

BMF Schreiben v. 17.12.2008 – IV A 3 – S 0030/08/10001, BStBl. II 2009 I, 6: Erteilung von Auskünften über Daten, die zu einer Person im Besteuerungsverfahren gespeichert sind

BMF, Schreiben v. 1.12.2009 – IV B 8 – S 7105/09/10003, BStBl. II 2009 I, 1609: Umsatzsteuerliche Organschaft (§ 2 Abs. 2 Nr. 2 UStG); Konsequenzen des BFH-Urt. v. 29.1.2009 – V R 67/07

BMF, Schreiben v. 30.4.2010 – IV C – S 2745-a/08/10005:002, BStBl. II 2010 I, 488: Sanierungsklausel der Regelung zur Verlustverrechnungsbeschränkung bei Körperschaften (§ 8c KStG)

BMF Schreiben v. 21.10.2010 – IV C 6 – S 2244/08/10001, BStBl. I 2010, 832: Auswirkungen des MoMiG auf nachträgliche Anschaffungskosten gemäß § 17 Abs. 2 EStG (ergänzend: OFD Niedersachsen, Verfügung v. 15.7.2011 – S 2244 – 118 – St 244, DStR 2011, 1762)

BMF Schreiben v. 9.12.2011 – IV D 2 – S 7330/09/10000:001, DOK 2011/ 0992053, BStBl. I 2011, 1273 = DStR 2011, 2412: Berichtigung der Bemessungsgrundlage wegen Uneinbringlichkeit im Insolvenzverfahren

BMF Schreiben v. 17.1.2012 – IV A 3 – S 0550/10/10020-05 DOK 2012/ 0042691, BStBl. I 2012, 120 = DStR 2012, 241: Anwendungsfragen zu § 55 Abs. 4 InsO

BMF Schreiben v. 30.4.2014 – IV D 2 – S 7100/07/10037, BStBl. I 2014, 816 = NZI 2014, 600

BMF Schreiben v. 5.5.2014 – IV D 2 – 7105/11/10001/IV D 2 – S 7105/13/ 10003, BStBl. I 2014, 820 (Umsatzsteuerliche Organschaft)

BMF Schreiben v. 20.5.2015 – IV A 3 – S 0550/10/10020-05, BStBl. I 2015, 476 (Anwendungsfragen zu § 55 Abs. 4 InsO)

Wichtige Verwaltungsanweisungen der Länder:

OFD Münster/OFD Rheinland Vfg. v. 5.9.2011 – S 0550 – 22. St 32 – 41/ S 7532 – 14 – St 44 – 32 – S 0550 – 1042 – St 315/S 7271 A – 1000 – St 444/O 2006 – LZ 251, ZInsO 2011, 1942 (vorläufige Verfügung zur Anwendbarkeit des § 55 Abs. 4 InsO).

Finanzministerium Schleswig-Holstein Erlass v. 17.4.2012 – VI 304 – S 2140 – 017/05, NZI 2012, 405 (Ertragsteuerlichen Behandlung von Sanierungsgewinnen; Anwendung der BMF-Schreiben vom 27.3.2003 sowie vom 22.12.2009)

OFD Frankfurt a. M. Vfg. v. 3.11.2011 – S 2140 A – 4 – St 213, DB 2012, 1473 (Ertragsteuerlichen Behandlung von Sanierungsgewinnung: Steuerstundung und Steuererlass aus sachlichen Billigkeitsgründen)

OFD Frankfurt a. M. Vfg. v. 14.2.2013 – S O 166 A – 6 – St 23, ZInsO 2013, 66 (Abtretung und Verpfändung von Erstattungs- und Vergütungsansprüchen nach § 46 AO)

OFD Münster Kurzinformation Verfahrensrecht Nr. 10/09 v. 28.9.2009, Abtretung von Steuererstattungsansprüchen (§ 46 AO) im Zusammenhang mit einem Insolvenzverfahren, DB 2009, 2183

OFD Münster Kurzinformation v. 18.9.2012, Kurzinformation Einkommensteuer Nr. 19/2012, DStR 2013, 811 (Zufluss von vorfinanziertem Insolvenzgeld)

OFD Niedersachsen Vfg. v. 19.6.2012 – S 2140 – 8 – St 248 (Ertragsteuerliche Behandlung von Sanierungsgewinnen; Steuerstundung und Steuererlass aus sachlichen Billigkeitsgründen)

OFD Magdeburg Vfg. v. 21.3.2013 – G 1498 – 3 – St 213 (Gewerbesteuerkartei-Kartei ST § 16 GewStG Karte 1), ZInsO 2013, 1068

OFD Frankfurt a. M. Vfg. v. 9.8.2013 – S 2244 A – 61 – St 215, DStR 2013, 1838 (Ablösung von Gesellschafterdarlehen als nachträgliche Anschaffungskosten – Gestaltungsmißbrauch nach § 42 AO)

OFD Frankfurt a. M. Vfg. v. 11.9.2013 – S 2244 A – 37 – St 215, DStR 2013, 2221 = DB 2013, 2418 (Auswirkungen des Zwerganteils- und des Sanierungsprivilegs auf nachträgliche Anschaffungskosten bei § 17 EStG)

OFD Frankfurt a. M. Vfg. v. 5.12.2013 – S 0130A – 115 – St 23, ZInsO 2014, 774 (Auskunftserteilung in Angelegenheiten des Insolvenzrechts)

OFD Münster Kurzinformation ESt Nr. 24/2013 v. 18.10.2013, DB 2013, 2478 (Zufluss von vorfinanziertem Insolvenzgeld)

OFD Münster Vfg. v. 7.7.2014 – S 2241 – 2014/0015 – St 113, DB 2014, 1584 (Bürgschaften von Kommanditisten für Verbindlichkeiten der KG)

OFD Münster Kurzinformation v. 6.2.2015 – GewSt Nr. 02/2015, DB 2015, 345 = StuB 2015, 197

Übersicht

A. Grundlagen

I. Verhältnis Steuerrecht und Insolvenzrecht

Schrifttum: *Busch/Winkens,* Verpflichtung zur Abgabe von Steuererklärungen, Veranlagungswahlrecht und eigenhändige Unterschrift des Insolvenzverwalters bzw. Treuhänders, ZInsO 2009, 2173; *Fischer,* Verbindlichkeiten des Insolvenzschuldners aus dem Steuerschuldverhältnis, DB 2012, 885; *Jatzke,* Einschränkungen der Aufrechnungsbefugnis der Finanzbehörden in der Insolvenz des Steuerschuldners durch Änderung der BFH-Rechtsprechung, DStR 2011, 919; *Lemken,* Das Schutzschirmverfahren – ein Überblick nach 2½ Jahren ESUG, InsbürO 2014, 423; *Merath,* Aufrechnung von Steuererstattungsansprüchen mit Insolvenzforderungen durch die Finanzbehörden aufgrund von BFH, Urt. v. 25.7.2012 – VII R 29/11, ZInsO 2012, 2142 erschwert, ZInsO 2013, 2415; *Nayel,* Aufrechterhaltung der Beschlagnahmewirkung im Schlußtermin am Beispiel von Steuererstattungsansprüchen, ZInsO 2011, 153; Tipke/Kruse/*Loose,* AO/FGO – Kommentar, 140. EL, 2015, § 34 Rn. 25; *Waza/Uhländer/Schmittmann,* Insolvenzen und Steuern, Rn. 482 ff.

Das **Verhältnis von Steuer- und Insolvenzrecht** ist im deutschen Recht seit jeher nicht abschließend definiert. Die Insolvenzordnung trifft hierzu lediglich in § 155 InsO (→ § 155 Rn. 1) eine Regelung zum Fortbestehen der handels- und steuerrechtlichen Pflichten des Schuldners und zum Übergang dieser Pflichten auf den Insolvenzverwalter. Die AO bestimmt lediglich, dass gemäß § 251 Abs. 2 S. 1 AO die Vorschriften der InsO unberührt bleiben. Macht die Finanzbehörde im Insolvenzverfahren einen Anspruch aus dem **Steuerschuldverhältnis** als Insolvenzforderung geltend, so stellt sie erforderlichenfalls die Insolvenzforderung durch schriftlichen **Verwaltungsakt** fest (§ 251 Abs. 3 AO). Im Übrigen finden sich in §§ 75 Abs. 2, 171 Abs. 13, 231 Abs. 1 und Abs. 2 und 282 AO Hinweise auf das Insolvenzverfahren (vgl. *Waza/Uhländer/Schmittmann,* Insolvenzen und Steuern, Rn. 462). 1

Der Grundsatz „Konkursrecht geht vor Steuerrecht" (RFH Urt. v. 25.10.1926 – GrS 1/26, RFHE 19, 355), wurde nach dem Inkrafttreten der InsO als **Grundsatz „Insolvenzrecht geht vor Steuerrecht"** fortgeführt (so ausdrücklich FG Saarl Urt. v. 31.5.2001 – 1 K 322/00, EFG 2001, 1174 ff. Rn. 49; VG Schwerin Urt. v. 5.1.2006 – 4 A 2466/00, Rn. 30 erwähnt bei BFH, Beschl. v. 15.11.2012 2

– VII B 105/12, BFH/NV 2013, 587 = StuB 2013, 233; Tipke/Kruse//Loose AO § 251 Rn. 5; *Waza/Uhländer/Schmittmann,* Insolvenzen und Steuern, Rn. 463; kritisch: *Frotscher,* Besteuerung bei Insolvenz, S. 18). Nach Eröffnung des Konkurs- bzw. Insolvenzverfahrens darf das Finanzamt bis zum Prüfungstermin Steuern nicht mehr festsetzen, die zur Konkurs- bzw. Insolvenztabelle anzumelden sind, und **Feststellungsbescheide** nicht mehr erlassen, in denen Besteuerungsgrundlagen mit Auswirkung für das Vermögen des Schuldners festgestellt werden (vgl. zu Wirkung und Änderung eines im Insolvenzverfahren ergangenen bestandskräftigen Feststellungsbescheides: BFH Urt. v. 11.12.2013 – XI R 22/11, BFHE 244, 209 = BStBl. II 2014, 332 = ZIP 2014, 427). Dies gilt auch für Besteuerungsgrundlagen, die einheitlich und gesondert festzustellen sind (so BFH Urt. v. 24.8.2004 – VIII R 14/02, BFHE 207, 10 = BStBl. II 2005, 246 = ZIP 2004, 2392), zB bei Personengesellschaften. Bei Personengesellschaften gilt weiterhin die Besonderheit, dass das Feststellungsverfahren als insolvenzfreie Angelegenheit angesehen wird und die Vertretungsbefugnis des Geschäftsführers fortbesteht (so BFH Urt. v. 30.8.2012 – IV R 44/10, BFH/NV 2013, 376 Rn. 19).

II. Stellung des vorläufigen Insolvenzverwalters und des Insolvenzverwalters

Schrifttum: *Fischer,* Verbindlichkeiten des Insolvenzschuldners aus dem Steuerschuldverhältnis, DB 2012, 885; *Gundlach/Rautmann,* Änderungen der Insolvenzordnung durch das Haushaltsbegleitgesetz 2011, DStR 2011, 82; *Jungclaus/Keller,* Die Änderungen der InsO durch das Haushaltsbegleitgesetz 2011, NZI 2010, 808; *Kahlert,* „Wiedereinführung" des Fiskusvorrechts im Insolvenzverfahren? – Die Fiskusvorrechte sind schon lange da!, ZIP 2010, 1274; *Kahlert,* Die Neugeburt eines Fiskusprivilegs im Insolvenzverfahren nach Art. 3 Nr. 2 und Nr. 3 des HBeglG-E 2011, ZIP 2010, 1887; *Marotzke,* Sinn und Unsinn einer insolvenzrechtlichen Privilegierung des Fiskus, ZInsO 2010, 2163; *Meier,* Die Wiedereinführung von Insolvenzvorrechten durch das Hauptportal – § 28e Abs. 1 Satz 2 SGB IV, Die Ziele des Koalitionsvertrages und das Sparpaket der Bundesregierung, ZInsO 2010, 1121; *Nachtmann,* Das Fiskusvorrecht im deutschen Steuerrecht, 106; *Nawroth,* Der neue § 55 Abs. 4 InsO – Die Gedanken sind frei …, ZInsO 2011, 107; *Onusseit,* Zur Neuregelung des § 55 Abs. 4 InsO, ZInsO 2011, 641; *Pape,* Zum Fortgang der Arbeiten auf der Dauerbaustelle InsO, ZInsO 2011, 1; *Rauschenbusch,* Umsatzsteuerliche Praxisprobleme im Rahmen der Anwendung des § 55 Abs. 4 InsO, KSI 2013, 113; *Rennert-Bergenthal/Dähling,* Die Handhabung des § 55 Abs. 4 InsO in der Praxis, ZInsO 2011, 1922; *Roth,* Anfechtbarkeit von Umsatzsteuerforderungen gem. § 55 Abs. 4 InsO, ZInsO 2011, 1779; *Sämisch/Adam,* Fiskalische Begehrlichkeiten: Insolvenzforderung oder Masseverbindlichkeit?, ZInsO 2010, 934; *Schacht,* Vorrechte öffentlicher und fiskalischer Forderungen im Insolvenzverfahren, ZInsO 2011, 1048; *Schacht,* Erneute Stärkung der Fiskusvorrechte im Insolvenzverfahren durch den BFH?, ZInsO 2011, 1787; *Schmittmann,* Das Haushaltsbegleitgesetz 2011 aus insolvenzsteuerlicher Sicht, StuB 2010, 877; *Schmittmann,* § 1 InsO n. F.: Das Insolvenzverfahren dient der Befriedigung des Finanzamtes, INDat-Report 3/2011, 26; *Schmittmann,* Verbindlichkeiten aus dem Steuerschuldverhältnis im vorläufigen und eröffneten Insolvenzverfahren zwischen BMF und BFH, StuB 2012, 273; *Schmittmann,* Einkommensteuerliche Problemstellungen in und nach der Insolvenz des Steuerpflichtigen, StuB 2012, 404; *Schmittmann,* Handels- und steuerrechtliche Pflichten in der Insolvenz und ihre Durchsetzung, StuB 2013, 67; *Schmittmann,* Steuererklärungspflicht des Insolvenzverwalters bzw. Treuhänders, NZI 2014, 596; *Sinz/Oppermann,* § 55 Abs. 4 InsO und seine Anwendungsprobleme in der Praxis, DB 2011, 2185; Tipke/Kruse/*Loose,* AO/FGO – Kommentar, 131. EL, 2012, § 34 Rn. 25; *Trottner,* Wiedereinführung des Fiskusprivilegs?, NWB 2011, 309; *Trottner,* Anwendungsfragen zu § 55 Abs. 4 InsO, NWB 2012, 920; *Waza/Uhländer/Schmittmann,* Insolvenzen und Steuern, Rn. 484; *Weber/Hiller,* Das Zusammenwirken von § 55 Abs. 4 InsO und § 13b Abs. 2 Nr. 2 UStG bei der Verwertung von Sicherungsgut im vorläufigen Insolvenzverfahren, ZInsO 2014, 2555; *Weiland,* Wi(e)der die Privilegierung der öffentlich-rechtlichen Gläubiger, DZWIR 2011, 224; *Zimmer,* Haushaltsbegleitgesetz 2011 (§ 55 Abs. 4 InsO n. F.) – Erste Anwendungsprobleme, ZInsO 2010, 2299.

1. Stellung des vorläufigen Insolvenzverwalters. Nach Eingang eines zulässigen Insolvenzantrags hat das Insolvenzgericht ggf. **Sicherungsmaßnahmen** zu treffen (→ § 21 Rn. 33). 3

Starker vorläufiger Insolvenzverwalter. Der starke vorläufige Insolvenzverwalter hat grundsätzlich die gleichen Rechte und Pflichten wie ein Insolvenzverwalter im eröffneten Insolvenzverfahren (so BFH Beschl. v. 16.10.2009 – VIII B 346/04, BFH/NV 2010, 56 Rn. 7; *Waza/Uhländer/Schmittmann,* Insolvenzen und Steuern, Rn. 483; *Busch/Winkens/Büker,* Insolvenzrecht und Steuern visuell, S. 120; Mönning BetriebsF Inso/*Schmittmann* § 33 Rn. 59). 4

Schwacher vorläufiger Insolvenzverwalter/vorläufiger Sachwalter. Wird **kein allgemeines Verfügungsverbot** angeordnet, sondern lediglich ein **Zustimmungsvorbehalt,** steht die **Vermögensverwaltung** noch nicht dem vorläufigen Insolvenzverwalter zu. Es liegt daher kein Fall von § 34 Abs. 3 und Abs. 1 AO vor. Der „schwache" vorläufige Insolvenzverwalter ist daher weder berechtigt noch verpflichtet, die steuerlichen Angelegenheiten des Schuldners zu regeln (so Karsten Schmidt/*Thole* § 55 Rn. 46; Tipke/Kruse/*Loose* § 251 Rn. 28; *Busch/Winkens/Büker,* Insolvenzrecht und Steuern visuell, S. 120; *Waza/Uhländer/Schmittmann* Insolvenzen und Steuern Rn. 484; *Schmittmann* StuB 2012, 237). Daran ändert auch die Neuregelung des § 55 Abs. 4 InsO (→ Rn. 113 und → § 55 Rn. 44) nichts (so *Waza/Uhländer/Schmittmann,* Insolvenzen und Steuern, Rn. 481; FG Düsseldorf Beschl. v. 21.3.2012 – 1 V 152/12 A (U), ZIP 2012, 688 = EWiR 2012, 323 [*Schmittmann/Gorris*]. Auch der **vorläufige Sachwalter** ist nicht Vertreter des Schuldners (so *Schmittmann/Dannemann* ZIP 2014, 1405 [1407]; *Lemken* InsbürO 2014, 423 [427]). 5

Ein „schwacher" vorläufiger Insolvenzverwalter mit Zustimmungsvorbehalt kann selbst dann nicht als **Vermögensverwalter** im Sinne von § 34 Abs. 3 AO oder als **Verfügungsberechtigter** im Sinne von § 35 AO angesehen werden, wenn er die ihm vom Insolvenzgericht übertragenen Verwaltungsbefugnisse überschreitet und tatsächlich über Gelder des noch verfügungsberechtigten Schuldners verfügt (so BFH Beschl. v. 27.5.2009 – VII B 156/08, BFH/NV 2009, 1591 f. = ZIP 2009, 2255 f. Rn. 9). Als **Verfügungsberechtigter** nach § 35 AO kann eine Person nur dann angesehen werden, wenn sie auch in der Lage ist, die Pflichten eines gesetzlichen Vertreters rechtlich und tatsächlich zu erfüllen. Dazu bedarf es der Fähigkeit, aufgrund bürgerlich-rechtlicher **Verfügungsmacht** im Außenverhältnis wirksam zu handeln (so BFH Urt. v. 21.2.1989 – VII R 165/85, BFHE 156, 46 = BStBl. II 1989, 491 Rn. 6). 6

Wer seine **Verfügungsbefugnis** lediglich vortäuscht, ohne die mit der behaupteten Befugnis verbundenen steuerlichen Pflichten tatsächlich und rechtlich erfüllen zu können, ist kein Verfügungsberechtigter im Sinne von § 35 AO (so BFH Beschl. v. 27.5.2009 – VII B 156/08, BFH/NV 2009, 1591 f. = ZIP 2009, 2255 f. Rn. 9). 7

Neuregelung des § 55 Abs. 4 InsO. Für Insolvenzverfahren, die nach dem 31.12.2010 beantragt worden sind, gilt die Neufassung des § 55 Abs. 4 InsO, wonach **Verbindlichkeiten** des Insolvenzschuldners aus dem **Steuerschuldverhältnis,** die von einem vorläufigen Insolvenzverwalter oder vom Schuldner mit Zustimmung eines vorläufigen Insolvenzverwalters begründet worden sind, nach Eröffnung des Insolvenzverfahrens als Masseverbindlichkeiten gelten (umfassend: BMF Schreiben v. 20.5.2015 – IV A 3 – S 0550/10/10020-05, BStBl. I 2015, 476 (Anwendungsfragen zu § 55 Abs. 4 InsO); → § 55 Rn. 44; *Onusseit* ZInsO 2011, 641 ff.; *Schmittmann* StuB 2010, 877 f.; ZInsO 2011, 439; StuB 2012, 237). Diese Regelung findet in der vorläufigen Eigenverwaltung keine Anwendung (so AG Hamburg Beschl. v. 14.7.2014 – 67b IN 196/14, ZInsO 2014, 2390; *Kolmann* Schutzschirmverfahren, Rn. 305; *Kahlert* ZIP 2014, 1101 [1106]; *Schmittmann/Dannemann* ZIP 2014, 1405 [1407]). Sie führt zu einer Privilegierung des Fiskus, 8 die sanierungsfeindliche und damit insgesamt schädliche Auswirkungen hat (so *Feuerborn,* Privilegien des Fiskus im Insolvenzverfahren, 193) sowie gegen wesentliche Grundgedanken der InsO sowie gegen Art. 14 GG verstößt (so *Nachtmann,* Das Fiskusvorrecht im deutschen Steuerrecht, 223).

9 **Der vorläufige Insolvenzverwalter** wird daher, sofern ein **Zustimmungsvorbehalt** angeordnet ist, nicht nur für eine getrennte Erfassung der von ihm genehmigten Umsätze des Schuldners sorgen müssen, sondern auch zu berücksichtigen haben, dass über § 55 Abs. 4 InsO mit Verfahrenseröffnung **Masseverbindlichkeiten** entstehen, wobei die Einzelheiten noch teilweise ungeklärt sind (vgl. *Waza/Uhländer/Schmittmann* Insolvenzen und Steuern Rn. 681 ff.; *Zimmer* ZInsO 2010, 2299 ff.). Für den starken vorläufigen Insolvenzverwalter gilt unverändert § 55 Abs. 2 InsO (→ § 55 Rn. 40).

10 Die **Insolvenzgerichte** behelfen sich zum einen damit, dass sie zwar einen vorläufigen Insolvenzverwalter bestellen, diesem aber lediglich Ermächtigungen erteilen, die keine steuerlichen Konsequenzen haben (vgl. AG Düsseldorf Beschl. v. 8.2.2011 – 503 IN 20/11, ZInsO 2011, 438 f. mAnm *Schmittmann* ZInsO 2011, 439).

11 Der **Gesetzgeber** begründet die Neuregelung damit, dass die Insolvenzgerichte regelmäßig vorläufige Verwalter bestellen, auf die die Verfügungsbefugnis über das schuldnerische Vermögen nicht übergeht (sog „schwache" vorläufige Verwalter). Dies führe dazu, dass die im Eröffnungsverfahren mit Zustimmung des Verwalters begründeten Verbindlichkeiten ganz überwiegend **Insolvenzforderungen** darstellen, obwohl insbesondere für die **Umsatzsteuerforderung** in der Begründung des Regierungsentwurfs zur Insolvenzordnung (vgl. BT-Drs. 12/2443, 26) die gegenteilige Erwartung geäußert wurde. Durch die Umsatztätigkeit eines „schwachen" vorläufigen Insolvenzverwalters entstünden im Insolvenzeröffnungsverfahren weitere Steuerrückstände, ohne dass das **Finanzamt** hierauf Einfluss nehmen könnte, so dass der Fiskus gegenüber anderen Gläubigern benachteiligt sei, die im Eröffnungsverfahren Vorkehrungen gegen drohende Verluste durchsetzen könnten (so BT-Drs. 17/330, 42 f.). Gegen die Norm sprechen erhebliche **verfassungsrechtliche Bedenken,** insbesondere im Hinblick auf den **Gleichheitssatz** aus Art. 3 Abs. 1 GG (so *Schmittmann* StuB 2010, 877 [878]) und die **Eigentumsgarantie** aus Art. 14 Abs. 1 GG (vgl. *Bauer* ZInsO 2010, 1917 [1919]). Zweifelhaft ist, ob allein aufgrund der Norm des § 55 Abs. 4 InsO Steuerverbindlichkeiten aus der Zeit des vorläufigen Verfahrens zu Masseverbindlichkeiten erstarken können (FG Düsseldorf Beschl. v. 21.9.2012 – 1 V 152/12 A (U), ZIP 2012, 688 = EWiR 2012, 323 [*Schmittmann/Gorris*]).

12 **2. Stellung des Insolvenzverwalters.** Mit **Verfahrenseröffnung** ernennt das Insolvenzgericht den **Insolvenzverwalter** (→ § 27 Rn. 25), auf den die **Verwaltungs- und Verfügungsbefugnis** übergeht (→ § 80 Rn. 14). Ferner gilt § 155 InsO (→ § 155 Rn. 12). Wird kein Insolvenzverwalter ernannt, sondern **Eigenverwaltung** gem. §§ 270 ff. InsO angeordnet (→ § 270 Rn. 14) und ein Sachwalter bestellt (→ § 270 Rn. 20), bleibt die Verwaltungs- und Verfügungsbefugnis beim Schuldner (so BFH Urt. v. 27.2.2014 – V R 21/11, BStBl. II 2014, 501 = ZIP 2014, 894 = DStRE 2014, 617 Rn. 14; AG Hamburg Beschl. v. 14.7.2014 – 67b IN 196/14, ZInsO 2014, 2390). Der **Sachwalter** ist nicht Vermögensverwalter im Sinne des § 34 Abs. 3 AO (s. *Frotscher,* Besteuerung bei Insolvenz, S. 22; *Waza/Uhländer/Schmittmann* Insolvenzen und Steuern Rn. 484; *Lemken* InsbürO 2014, 423 [427]; Mönning BetriebsF Inso/*Schmittmann* § 33 Rn. 65).

13 Der **Insolvenzverwalter** ist verfahrensrechtlich **Vermögensverwalter** im Sinne von § 34 Abs. 3 AO und hat daher gemäß § 34 Abs. 1 AO die steuerlichen Pflichten des Insolvenzschuldners im Insolvenzverfahren zu erfüllen (BFH Beschl.

v. 15.9.2010 – II B 4/10, BFH/NV 2011, 2 f. Rn. 6; Karsten Schmidt/*Sternal* § 80 Rn. 70; → § 80 Rn. 79; *Wipperfürth* Grundstück Rn. 740; vgl. zum **Betreuer:** FG Rheinland-Pfalz, Urt. v. 18.7.12 – 5 K 1348/09, DStRE 2013, 680 [682], und zum **Kanzleiabwickler:** FG Berlin-Brandenburg, Urt. v. 17.1.2013 – 7 K 7141/09, DStRE 2013, 946). Die Rechtshandlungen des Insolvenzverwalters berechtigen und verpflichten den Insolvenzschuldner persönlich, da dieser steuerrechtsfähig bleibt (so *Frotscher,* Besteuerung bei Insolvenz, S. 22; Kübler/Prütting/Bork/*Olbing* Anh. Steuerrecht II Rn. 5; *Waza/Uhländer/Schmittmann* Insolvenzen und Steuern Rn. 482). Der **Insolvenzschuldner** bleibt verfahrensrechtlich **Beteiligter** im Sinne von § 78 AO; er verliert allerdings mit Eröffnung des Insolvenzverfahrens die nach § 79 AO erforderliche **Handlungsfähigkeit** in Bezug auf die Insolvenzmasse. Der Insolvenzverwalter hat daher insbesondere die sich aus den §§ 90, 93 ff., 137 ff., 140 ff. und 149 ff. AO ergebenden Pflichten (so → § 80 Rn. 70; *Waza/Uhländer/Schmittmann* Insolvenzen und Steuern Rn. 514) zu erfüllen. Mit der Regelvergütung abgegolten sind im Verhältnis zur Größe des Verfahrens wenige, einfach zu erstellende **Steuererklärungen** (so BGH Beschl. v. 14.11.2013 – IX ZB 161/11, BFH/NV 2014, 479 = ZIP 2014, 2413 = ZVI 2014, 38 = EWiR 2014, 87 f. [*Ries*]; vgl. dazu: *Schmittmann* NZI 2014, 596).

Die **Einbindung des Insolvenzverwalters** in das Steuerschuldverhältnis über 14
das Vermögen des Schuldners ist von einer eventuellen Masseunzulänglichkeit unabhängig (so BFH Urt. v. 6.11.2012 – VII R 72/11, DStR 2013, 37; vgl. dazu *Schmittmann* StuB 2013, 67). **Steuerberatungskosten** können nicht unausweichlich sein, wenn der Steuerberater zu Lasten der Masse mit Aufgaben betraut wird, deren Erfüllung dem Insolvenzverwalter selbst obliegt (so BGH Beschl. v. 13.3.2014 – IX ZB 204/11, NZI 2014, 399). Die Verantwortlichkeit endet nicht mit der **Aufhebung** des Insolvenzverfahrens; sie bleibt bis zur Erledigung sämtlicher steuerlicher Verpflichtungen bestehen (so *Busch/Winkens/Büker,* Insolvenzrecht und Steuern visuell, S. 123; FG Nürnberg 30.3.2010 – 2 K 1438/08, BeckRS 2010, 26029613; Nichtzulassungsbeschwerde wurde als unzulässig verworfen: BFH Beschl. v. 30.6.2011 – VII B 124/10, BFH/NV 2011, 2112 ff.; vgl. auch BFH, Beschl. v. 22.10.2007 – VIII B 55/07, BFH/NV 2008, 187). Dies gilt insbesondere, wenn das Gericht eine **Nachtragsverteilung** angeordnet hat, so dass der frühere Insolvenzverwalter insoweit auch prozessführungsbefugt (so BFH Urt. v. 26.2.2014 – I R 12/14, ZIP 2014, 2260 [Ls.]; BFH Urt. v. 6.7.2011 – II R 34/10, NZI 2011, 911 = StuB 2011, 967 mAnm *jh;* FG Berlin-Brandenburg Urt. v. 16.12.2010 – 10 K 15202/09, ZInsO 2011, 1804 [1805]). Der Treuhänder hat im Fall der Nachtragsverteilung die Steuererklärung (mit-) zu unterschreiben (so FG Düsseldorf ZInsO 2015, 323 = VIA 2015, 32 mAnm *Schmittmann*). Wegen eines Steuererstattungsanspruchs in Höhe von 97,36 Euro, der auf 25 Gläubiger zu verteilen ist, soll eine Nachtragsverteilung nicht angeordnet werden, da ein grobes Missverhältnis vorliegt (so LG Göttingen Beschl. v. 16.12.2011 – 10 T 110/11, NZI 2012, 277).

3. Besonderheiten bei der Eigenverwaltung. 15

Schrifttum: *Hobelsberger,* Umsatzsteuerpflicht und -haftung in der vorläufigen Eigenverwaltung, DStR 2013, 2545; *Klusmeier,* Ist die Umsatzsteuer in der vorläufigen Eigenverwaltung keine Masseverbindlichkeit iSd § 55 Abs. 4 InsO?, ZInsO 2014, 488; *Kahlert,* Insolvenzrecht und Steuerrecht – Gemeinsam für ein wettbewerbsfähiges Insolvenzrecht, ZIP 2014, 1101 [1105].

Hat das Gericht die **Eigenverwaltung** angeordnet (vgl. *Undritz* § 270 Rn. 14), geht die Verwaltungs- und Verfügungsbefugnis nicht über. Der Schuldner ist berechtigt, unter **Aufsicht eines Sachwalters** die Insolvenzmasse zu verwalten und über sie zu verfügen (vgl. *Waza/Uhländer/Schmittmann* Insolvenzen und Steuern Rn. 279). Der Schuldner hat die öffentlich-rechtlichen Pflichten zu erfüllen (so MüKoInsO/*Wittig/Tetzlaff* § 270 Rn. 76a); er handelt allerdings weiterhin autonom. Nach Auffassung von *Kahlert* (ZIP 2014, 1101 [1106]) wird er *Amtswalter* und verliert seine Autonomie (vgl. LAG Baden-Württemberg Beschl. v. 3.7.2014 – 10 TaBV 3/14, ZIP 2014, 1455 [1456]).

16 Der Sachwalter ist nicht **Vermögensverwalter** iS des § 34 Abs. 3 AO (vgl. *Waza/Uhländer/Schmittmann* Insolvenzen und Steuern Rn. 484; BFH Urt. v. 18.5.88 – X R 27/80, BFHE 153, 299 = BStBl. I 1988, 716 zu § 92 VerglO) und hat daher nicht die steuerlichen Pflichten des Schuldners zu erfüllen (so *Roth* Insolvenz Steuerrecht Rn. 3.24; *Kahlert* ZIP 2014, 1101 [1106]; *Schmittmann/Dannemann* ZIP 2014, 1405 [1407]). Bei **Personengesellschaften** gelten die allgemeinen Vorschriften; es ist allerdings zu berücksichtigen, dass die Einkommensteuer auf der Ebene der Gesellschafter und nicht der Gesellschaft anfällt (→ Rn. 94).

17 **4. Stellung des Treuhänders.** Der Begriff des **Treuhänders** wurde in der InsO bis zum 1.7.2014 in zwei unterschiedlichen Bedeutungen verwendet (→ § 313 Rn. 4 f.; *Waza/Uhländer/Schmittmann* Insolvenzen und Steuern Rn. 1162; *Schmittmann* StuB 2012, 404; Mönning BetriebsF Inso/*Schmittmann* § 33 Rn. 68).

18 Im **vereinfachten Insolvenzverfahren** wurden die Aufgaben des Insolvenzverwalters vom **Treuhänder** wahrgenommen (§ 313 Abs. 1 S. 1 InsO). Dieser wurde abweichend von § 291 Abs. 2 InsO bereits bei der Eröffnung des Insolvenzverfahrens bestimmt (§ 313 Abs. 1 S. 2 InsO). Mit Wirkung ab dem 1.7.2014 sind die §§ 312–314 InsO weggefallen. Es gibt nunmehr lediglich im eröffneten Verfahren einen einheitlichen Insolvenzverwalter. Die §§ 56–66 InsO galten nach bisheriger Rechtslage ohnehin entsprechend (§ 313 Abs. 1 S. 3 InsO). Der Treuhänder hatte die steuerlichen Pflichten wie ein Insolvenzverwalter zu erfüllen (so *Frotscher,* Besteuerung bei Insolvenz, S. 52).

19 Hat der Schuldner das **Regelinsolvenzverfahren** durchlaufen und wird ihm die Restschuldbefreiung angekündigt, so bestimmt das Gericht den **Treuhänder,** auf den die pfändbaren Bezüge des Schuldners nach Maßgabe der **Abtretungserklärung** (§ 287 Abs. 2 InsO) übergehen (§ 291 Abs. 2 InsO). Der **Treuhänder im Restschuldbefreiungsverfahren** (§§ 286 ff. InsO) wird erst mit Ankündigung der Restschuldbefreiung bestellt. Seine Aufgabe beschränkt sich darauf, die pfändbaren Bezüge des Schuldners nach Maßgabe der Abtretungserklärung (§ 287 Abs. 2 InsO) einzuziehen. Dazu hat er den zur Zahlung der Bezüge Verpflichteten über die Abtretung zu unterrichten (§ 292 Abs. 1 S. 1 InsO). Der **Treuhänder in der Wohlverhaltensphase** ist daher nicht Verwalter im Sinne von § 34 Abs. 3 InsO (so *Waza/Uhländer/Schmittmann* Insolvenzen und Steuern Rn. 1163; *Schmittmann* StuB 2012, 404; *Wipperfürth/Busch/Schmittmann* InsbürO 2013, 478 [481]). Demgegenüber gelten für den Treuhänder im vereinfachten Insolvenzverfahren bis zu dessen Aufhebung die §§ 56–66 InsO entsprechend (§ 313 Abs. 1 S. 3 InsO), so dass die vorstehenden Ausführungen hinsichtlich des **Insolvenzverwalters** ebenfalls anzuwenden sind.

20 Befindet sich der Schuldner in der **Wohlverhaltensphase,** ist der Treuhänder nicht mehr Vermögensverwalter im Sinne von § 34 Abs. 1 und Abs. 3 AO (so *Frotscher,* Besteuerung bei Insolvenz, S. 51), so dass die steuerlichen Verpflichtungen an den Schuldner zurückfallen (so *Schmittmann/Theurich/Brune* Das insolvenzrechtliche Mandat § 9 Rn. 57).

III. Festsetzungsverfahren

21 **1. Unterbrechung des Festsetzungsverfahrens.** Das **Festsetzungs- und Feststellungsverfahren** (§§ 155 ff. AO) wird mit **Anordnung eines Ver-**

fügungsverbotes und Bestellung eines „starken“ vorläufigen Insolvenzverwalters bzw. **Eröffnung des Insolvenzverfahrens** und Ernennung des Insolvenzverwalters gemäß § 240 S. 1 ZPO bzw. § 240 S. 2 ZPO analog unterbrochen (so BFH Beschl. v. 10.11.2010 – IV B 11/09, BFH/NV 2011, 649; BFH Urt. v. 2.7.1997 – I R 11/97, BFHE 183, 365 = BStBl. II 1998, 428 = ZIP 1997, 2160 Rn. 8; BFH Urt. v. 10.12.1975 – II R 150/67, BFHE 118, 412 = BStBl. II 1976, 506 Rn. 10; BFH Urt. v. 10.6.1970 – III R 128/67, BFHE 99, 348 = BStBl. II 1970, 665 Rn. 6). Die Bestellung eines „schwachen“ vorläufigen Insolvenzverwalters führt nicht zur Unterbrechung (so BFH Beschl. v. 8.8.2013 – II B 3/13, BFH/NV 2013, 1805). Die mittelbare **Auswirkung auf das Vermögen des Schuldners** reicht aus, um die Insolvenzmasse im Sinne des § 240 ZPO als betroffen anzusehen (vgl. bereits zum Konkursrecht: RGZ 45, 374; BGH Urt. v. 21.11.1953 – VI ZR 203/52, LM Nr. 4 zu § 146 KO). Eine trotz der **Unterbrechungswirkung** ergangene Entscheidung ist aus Gründen der **Rechtsklarheit** aufzuheben (so BFH Beschl. v. 24.11.2010 – IV B 136/08, BFH/NV 2011, 613; BFH Beschl. v. 26.6.2009 – V B 23/08, BFH/NV 2009, 18 [19]).

Die **Unterbrechungswirkung** aus § 240 ZPO greift auch bei einem anzuer- 22
kennenden ausländischen Insolvenzverfahren im Inland ein, sofern das ausländische Recht die ausschließliche Prozessführungsbefugnis des Insolvenzverwalters, auch in Bezug auf Schuldnervermögen in fremden Staaten, vorsieht (so BFH Beschl. v. 21.1.1998 – I ER – P – 1/98, BFH/NV 1998, 980; SächsFG 4.3.2009 – 8 K 690/08, BeckRS 2009, 2602686 Rn. 12; *Waza/Uhländer/Schmittmann* Insolvenzen und Steuern Rn. 491).

Auch das **Rechtsbehelfs- und Rechtsmittelverfahren** wird durch die Eröff- 23
nung des Insolvenzverfahrens oder die Bestellung eines „starken“ vorläufigen Insolvenzverwalters unterbrochen. Die Bestimmungen der §§ 347 ff. AO enthalten zwar keine Regelungen über die Unterbrechung des außergerichtlichen Rechtsbehelfsverfahrens durch Insolvenzeröffnung. Diese Gesetzeslücke ist aber in entsprechender Anwendung des § 240 ZPO zu schließen. Das außergerichtliche Rechtsbehelfsverfahren ist bis zur **Aufhebung des Insolvenzverfahrens** oder bis zu seiner **Aufnahme durch den Insolvenzverwalter** unterbrochen, wenn es die Insolvenzmasse betrifft (so BFH Urt. v. 2.7.1997 – I R 11/97, BFHE 183, 365 = BStBl. II 1998, 428; BFH Urt. v. 10.12.1975 – II R 150/67, BFHE 118, 412 = BStBl. II 1976, 506; BFH Urt. v. 10.6.1970 – III R 128/67, BFHE 99, 348 = BStBl. II 1970, 665; OFD Hannover Vfg v. 26.2.2008 – S 0625 – 40 – StO 141, ZInsO 2008, 923; *Waza/Uhländer/Schmittmann* Insolvenzen und Steuern Rn. 561).

Rechtshängige **Finanzgerichtsverfahren** und **Klagefristen** werden ebenfalls 24
nach § 155 FGO in Verbindung mit § 240 S. 2 ZPO unterbrochen (so BFH Beschl. v. 20.12.2013 – II E 18/12, BFH/NV 2014, 726 = NZI 2014, 381 mAnm *Schmittmann;* BFH Beschl. v. 5.11.2013 – IV B 108/13, BFH/NV 2014, 379; *Waza/Uhländer/Schmittmann* Insolvenzen und Steuern Rn. 561). Durch die Eröffnung des Insolvenzverfahrens wird im Übrigen auch das **Nichtzulassungsbeschwerdeverfahren** unterbrochen (so BFH 20.12.2008 – I B 130/08, BeckRS 2008, 25014746). Ist gleichwohl ein Beschluss ergangen, so muss dieser aufgrund der Rechtsklarheit aufgehoben werden (vgl. BFH Beschl. v. 27.11.2003 – VII B 236/02, BeckRS 2003, 25002811).

Die Insolvenz einer **Personen(handels-)Gesellschaft** führt indes nicht zu 25
einer Unterbrechung des Rechtsbehelfs- und Rechtsmittelverfahrens hinsichtlich der gesonderten und einheitlichen **Gewinnfeststellung** (§§ 179 ff. AO). Die Insolvenzeröffnung bzw. die Bestellung eines „starken“ vorläufigen Insolvenzverwalters berührt das Verfahren der Gewinnfeststellung nicht, da seine steuerlichen Folgen nur die Gesellschafter persönlich und nicht den nach Insolvenzrecht abzuwickelnden **Vermögensbereich der Personengesellschaft** betreffen (so BFH

15.3.2007 – IV R 52/04, BeckRS 2007, 25011470; BFH Urt. v. 23.8.1994 – VII R 143/92, BeckRS; BFHE 175, 309 = BStBl. II 1995, 194; BFH Urt. v. 24.7.1990 – VIII R 194/84, BFHE 161, 509 = BStBl. II 1992, 508; BFH Urt. v. 21.6.1979 – IV R 131/74, BFHE 128, 322 = BStBl. II 1979, 780; BFH Urt. v. 13.719.67 – IV 191/63, BFHE 90, 87 = BStBl. III 1967, 790; vgl. BGH Beschl. v. 2.4.1998 – IX ZR 187/97, ZIP 1998, 1076 [1077]).

26 Die **Unterbrechungswirkung** gilt sowohl gegenüber dem Insolvenzverwalter und dem Schuldner als auch gegenüber dem Insolvenzgläubiger (Finanzamt), soweit der Rechtsstreit nicht wiederaufgenommen worden ist oder für die **Wiederaufnahme** Prozesskostenhilfe durch den Insolvenzverwalter beantragt worden ist (vgl. BFH Beschl. v. 2.7.2009 – X S 4/08, BFH/NV 2009, 1660; *Waza/Uhländer/Schmittmann* Insolvenzen und Steuern Rn. 564). Sie **dauert bis zur Beendigung des Insolvenzverfahrens** an **oder bis zur Aufnahme des Verfahrens** nach den Bestimmungen der InsO. Rechtsstreitigkeiten über das zur Insolvenzmasse gehörende Vermögen, die zur Zeit der Eröffnung des Insolvenzverfahrens für den Schuldner anhängig sind, können in der Lage, in der sie sich befinden, gemäß § 85 Abs. 1 InsO vom Insolvenzverwalter aufgenommen werden (→ § 85 Rn. 40). Lehnt der Verwalter die Aufnahme des Rechtsstreits ab, so können sowohl der Schuldner als auch der Gegner den Rechtsstreit gemäß § 85 Abs. 2 InsO aufnehmen (→ § 85 Rn. 53). Entscheidend für die Frage, ob ein die Aufnahmebefugnis des Schuldners eröffnender sog insolvenzrechtlicher **Aktivprozess** vorliegt, ist nicht die formelle Parteirolle, sondern allein, ob in dem anhängigen Rechtsstreit über eine Pflicht zu einer Leistung gestritten wird, die in die Masse zu gelangen hat (so BFH Beschl. v. 19.3.2009 – X B 224/08, BFH/NV 2009, 1149; BGH Beschl. v. 14.4.2005 – IX ZR 221/04, ZIP 2005, 952 [953]).

27 **Passivprozesse** können sowohl vom Insolvenzverwalter als auch vom Gegner aufgenommen werden, wenn sie die Aussonderung eines Gegenstandes aus der Insolvenzmasse (§ 86 Abs. 1 Nr. 1 InsO), die abgesonderte Befriedigung (§ 86 Abs. 1 Nr. 2 InsO) oder eine Masseverbindlichkeit (§ 86 Abs. 1 Nr. 3 InsO) betreffen. Ein insolvenzrechtlicher **Masseprozess** liegt vor, wenn vom Gläubiger ein Recht zu Lasten der Insolvenzmasse beansprucht wird, so dass ein Unterliegen des Schuldners zu einer Verringerung der Masse führen würde (so BFH Beschl. v. 19.3.2009 – X B 224/08, BFH/NV 2009, 1149; BFH Urt. v. 7.3.2006 – VII R 11/05, BFHE 212, 11 = BStBl. II 2006, 573). Es ist grundsätzlich denkbar, dass sich ein Verfahren, das vor Eröffnung des Insolvenzverfahrens ein insolvenzrechtlicher **Passivprozess** ist, während der Unterbrechung in einen **Aktivprozess** verwandeln kann, was allerdings bislang vom BFH (Beschl. v. 19.3.2009 – X B 224/08, BFH/NV 2009, 1149) offengelassen worden ist.

28 Wird der **Schuldner** in der irrigen Annahme einer eigenen **Prozessführungsbefugnis** in einem vom Insolvenzverwalter nicht aufgenommenen Prozess tätig, so ist er während der Dauer des Insolvenzverfahrens durch Beschluss aus dem Prozess zu weisen (so BFH Beschl. v. 19.3.2009 – X B 224/08, BFH/NV 2009, 1149; BFH Urt. v. 7.3.2006 – VII R 11/05, BFHE 212, 11 = BStBl. II 2006, 576; FG Hannover Urt. v. 14.3.2014 – 6 K 251/12, ZIP 2014, 2080).

29 **2. Zuständigkeit der Finanzbehörden nach Eröffnung.** Geht die **örtliche Zuständigkeit** durch eine Veränderung der sie begründenden Umstände von einer Finanzbehörde auf eine andere Finanzbehörde über, so tritt der Wechsel der Zuständigkeit in dem Zeitpunkt ein, in dem eine der beiden Finanzbehörden hiervon erfährt (§ 26 S. 1 AO). Gemäß § 26 S. 3 AO (eingeführt durch Gesetz v. 20.12.2007, BGBl. 2007 II I S. 3150) tritt ein **Zuständigkeitswechsel** solange nicht ein, wie (1.) über einen Insolvenzantrag noch nicht entschieden wurde, (2.)

ein eröffnetes Insolvenzverfahren noch nicht aufgehoben wurde oder (3.) sich eine Personengesellschaft oder eine juristische Person in Liquidation befindet. Diese Regelung soll zum einen verhindern, dass durch die Aktenabgabe Fristen und Termine versäumt werden und dadurch Steuerausfälle eintreten und zum anderen, dass dem Unwesen der **Firmenbestattung** (vgl. *Haarmeyer/Huber/Schmittmann* Praxis der Insolvenzanfechtung Teil IV. Rn. 748 ff.) entgegengewirkt werden soll, das oftmals darauf abzielt, durch eine **Sitzverlegung** in der Krise Zeit zu gewinnen (vgl. BR-Drs. 544/07, 105; *Waza/Uhländer/Schmittmann* Insolvenzen und Steuern Rn. 494).

3. Pflichten des Insolvenzverwalters im Festsetzungsverfahren. Der **Insolvenzverwalter** hat, soweit seine Verwaltung reicht, dieselben steuerlichen 30
Pflichten zu erfüllen wie die gesetzlichen Vertreter natürlicher und juristischer Personen sowie die Geschäftsführer von nicht rechtsfähigen Personenvereinigungen und Vermögensmassen (→ § 80 Rn. 70). Ihn treffen daher alle Pflichten, die dem Schuldner oblägen, wenn über sein Vermögen nicht das Insolvenzverfahren eröffnet worden wäre. Dazu gehört auch die **Steuererklärungspflicht** gemäß § 149 Abs. 1 AO und, wenn der Schuldner eine gewerbesteuerpflichtige Personengesellschaft ist, die Verpflichtung zur **Buchführung** und **Bilanzierung.** Dies gilt auch für Steuerabschnitte, die vor Insolvenzeröffnung liegen (so BFH Beschl. v. 19.11.2007 – VII B 104/07, BFH/NV 2008, 334 Rn. 6; BFH Urt. v. 23.8.1994 – VII R 143/92, BFHE 175, 309 = BStBl. II 1995, 194 Rn. 7; BFH Urt. v. 10.10.1951 – IV 144/51, BFHE 55, 522 = BStBl. III 1951, 212 Rn. 5; *Waza/Uhländer/Schmittmann* Insolvenzen und Steuern Rn. 496 ff.; → § 155 Rn. 12; vgl. zum Betreuer: FG RhPf Urt. v. 18.7.2012 – 5 K 1348/09, DStRE 2013, 680, das beim Unterlassen der Erklärungspflichten eine Steuerhinterziehung annimmt). Das Finanzamt handelt nach Auffassung des BFH (Urt. v. 6.11.2012 – VII R 72/11, BFHE 239, 15 = BStBl. II 2013, 141 = ZIP 2013, 83 = BFH/NV 2013, 284 = ZIP 2013, 83) nicht ermessensfehlerhaft, wenn es gegen den Insolvenzverwalter ein **Zwangsgeld zur Durchsetzung der Steuererklärungspflicht** festsetzt, obwohl bekannt ist, dass sich aus den Steuererklärungen keine steuerlichen Auswirkungen ergeben (aA Vorinstanz: FG Thüringen Urt. v. 1.9.2011 – 1 K 355/10, DStRE 2012, 704; kritisch dazu: *Schmittmann* StuB 2013, 67 [68]). Das **Zwangsgeld** ist gegen den Insolvenzverwalter persönlich zu richten und nicht gegen das verwaltete Vermögen (so HessFG Beschl. v. 18.4.2013 – 4 V 1796/12, EFG 2013, 994).

4. Ermittlung der Besteuerungsgrundlagen. Die Eröffnung des Insolvenz- 31
verfahrens berührt die Art und Weise der **Ermittlung der Besteuerungsgrundlagen** nicht. Die Finanzbehörde hat weiterhin die Befugnis, gemäß §§ 88, 90 ff. AO die Besteuerungsgrundlagen zu ermitteln (so *Waza/Uhländer/Schmittmann* Insolvenzen und Steuern Rn. 513).

5. Festsetzung der Steuern und Besteuerungsgrundlagen. Die **Insol-** 32
venzgläubiger können ihre Forderungen nur nach den Vorschriften über das Insolvenzverfahren verfolgen (→ § 87 Rn. 11). Daraus folgt, dass die Finanzverwaltung nach Eröffnung des Insolvenzverfahrens einen **Steuerbescheid mit Leistungsgebot** hinsichtlich einer Insolvenzforderung nicht mehr erlassen darf (so bereits RFH Urt. v. 25.10.1926 – GrS 1/26, RStBl. 1926, 337; BFH Urt. v. 29.6.1965 – VI 13/64 S, BFHE 82, 678 = BStBl. III 1965, 491; BFH Urt. v. 10.6.1970 – III R 128/67, BFHE 99, 348 = BStBl. II 1970, 665; BFH Urt. v. 17.6.1985 – I R 117/84, BFHE 144, 198 = BStBl. II 1985, 650; BFH Urt. v. 18.12.2002 – I R 33/01, BFHE 201, 392 = BStBl. II 2003, 630; BFH Beschl. v. 31.1.2012 – I S 15/11, BeckRS 2012, 94812; Tipke/Kruse/*Loose* § 251 Rn. 44; *Waza/Uhländer/Schmittmann* Insolvenzen und Steuern Rn. 526). Die Forderung

kann nur noch durch Anmeldung zur Insolvenztabelle geltend gemacht werden (so BFH Beschl. v. 31.1.2012 – I S 15/11, BeckRS 2012, 94812; BFH Urt. v. 10.12.2008 – I R 11/05, nv; BFHE 212, 11 = BFH/NV 2009, 719; BFH Urt. v. 18.12.2002 – I R 33/01, BFHE 201, 392 = BStBl. II 2003, 630; BFH Urt. v. 4.5.2004 – VII R 45/03, BFHE 205, 409 = BStBl. II 2004, 815). Ein trotzdem erlassener, mit einem Leistungsgebot versehener **Steuerbescheid** ist grundsätzlich unwirksam. Dies gilt auch für Steuerbescheide, zB Gewerbesteuermessbescheide, in denen **Besteuerungsgrundlagen** ausschließlich zu dem Zweck ermittelt und festgestellt werden, um Steuerforderungen zur Insolvenztabelle anmelden zu können. Wird eine angemeldete Steuerforderung im Prüfungstermin bestritten, so ist sie im Regelfall durch Bescheid gemäß § 251 Abs. 3 AO festzustellen (so BFH Urt. v. 2.7.1997 – I R 11/97, BFHE 183, 365 = BStBl. II 1998, 428 = ZIP 1997, 2160 Rn. 10).

33 Erlässt das Finanzamt gleichwohl einen **Bescheid,** so kann der Insolvenzverwalter dagegen **Einspruch** einlegen, um Rechtssicherheit zu erhalten. Aus Gründen der **Rechtsklarheit** ist der Bescheid ersatzlos aufzuheben, ohne dass über die materiell-rechtliche Steuerfestsetzung zu entscheiden ist (so *Waza/Uhländer/Schmittmann* Insolvenzen und Steuern Rn. 527).

34 Auch **Änderungsbescheide** nach § 164 Abs. 2 AO und §§ 172 ff. AO zu Ungunsten des Insolvenzschuldners sind unzulässig (so BFH Urt. v. 7.3.1968 – IV R 278/66, BFHE 92, 153 = BStBl. II 1968, 496; *Uhlenbruck/Mock* InsO § 80 Rn. 240; *Waza/Uhländer/Schmittmann* Insolvenzen und Steuern Rn. 526).

35 Die Praxis behilft sich wegen der Unzulässigkeit des Erlasses von Bescheiden wegen **Insolvenzforderungen** (§ 38 InsO) mit sog „formlosen **Steuerberechnungen**" oder „informatorischen **Steuermitteilungen**", die dem Insolvenzverwalter ohne Rechtsbehelfsbelehrung übersandt werden. Hierbei handelt es sich um eine Berechnung der zur **Tabelle** anzumeldenden Steuern, die gleichzeitig zur inhaltlichen Begründung der Steuerschulden dient (so *Waza/Uhländer/Schmittmann* Insolvenzen und Steuern Rn. 528).

36 Sofern es sich um Steueransprüche handelt, die nach Eröffnung des Insolvenzverfahrens begründet worden sind, sind diese als **Masseverbindlichkeiten** durch **Steuerbescheid** gegenüber dem Insolvenzverwalter geltend zu machen (so BFH Urt. v. 24.8.1995 – V R 55/94, BFHE 175, 485 = BStBl. II 1995, 808; BFH Urt. v. 21.7.1994 – V R 114/91, BFHE 175, 164 = BStBl. II 1994, 878; BFH Urt. v. 6.6.1991 – V R 115/87, BFHE 165, 113 = BStBl. II 1991, 817; BFH Urt. v. 4.6.1987 – V R 57/79, BFHE 150, 379 = BStBl. II 1987, 741). **Steuerschuldner** ist der Insolvenzschuldner. Steuerschuldner ist weder die Insolvenzmasse als solche oder der Insolvenzverwalter (so *Waza/Uhländer/Schmittmann* Insolvenzen und Steuern Rn. 530).

37 Trotz Eröffnung des Insolvenzverfahrens können **Erstattungen** zugunsten der Insolvenzmasse, die nach Eröffnung des Insolvenzverfahrens begründet sind, durch Steuerbescheid festgesetzt werden. Auch Steuererstattungen und Steuerfestsetzungen in Höhe von 0,00 EUR können mittels Steuerbescheid erfolgen (so BFH Urt. v. 10.10.2008 – I R 41/07, BFH/NV 2009, 719 Rn. 10). Insbesondere ist mit einer **Steuerfestsetzung** auf 0,00 EUR nicht zugleich ein Ausschluss eines Erstattungsanspruchs verbunden. Ein Erstattungsanspruch kann sich allein auf der Grundlage eines Abrechnungsverfahrens ergeben. Dieses ist aber gleichwohl noch möglich.

38 Die Eröffnung des Insolvenzverfahrens hindert auch nicht die **Erteilung eines Abrechnungsbescheides** gemäß § 218 Abs. 2 AO, indem ein Erstattungsanspruch als Differenz der Gegenüberstellung des Steueranspruchs und der Zahlungen ermittelt werden. Ein **Abrechnungsbescheid** kann nach Verfahrenseröffnung schon deshalb ergehen, weil er kein Leistungsgebot enthält. Er kann durch den Insolvenzverwalter im Wege des Einspruchs- und Klageverfahrens angegriffen werden. In diesem Verfahren wird auch die **Höhe der Steuerberechnung** überprüft (so *Waza/Uhländer/Schmittmann* Insolvenzen und Steuern Rn. 533). Abrechnungsbescheide werden bei kommunalen Steuern durch die Gemeinde erlassen (so VG Göttingen Beschl. v. 29.8.2013 – 1 C 70/86, NZI 2013, 864; *Wipperfürth* Grundstück Rn. 766). Abrechnungsbescheide über Insolvenzanfechtungsansprüche dürfen nicht erlassen werden, da es sich bei der **Rückgewähr insolvenzrechtlich angefochtener Leistungen** nicht um Ansprüche aus dem Steuerschuldverhältnis handelt (so BFH Urt. v. 12.11.2013 - VII R 15/13, ZIP 2014, 690 = DB 2014, 698 = EWiR 2014, 357 [*Schmittmann*]; BFH Beschl. v. 5.9.2012 – VII B 95/12, ZIP 2012, 2073 mAnm *Kahlert* = EWiR 2012, 701 [*Schmittmann*]).

Die gesonderte **Feststellung von Besteuerungsgrundlagen** sowie die **Festsetzung von Steuermessbeträgen**ist problematisch. Nach Eröffnung des Insolvenzverfahrens dürfen keine Bescheide mehr erlassen werden, in denen Besteuerungsgrundlagen festgestellt oder festgesetzt werden, die die Höhe der zur Insolvenztabelle anzumeldenden Steuerforderungen beeinflussen könnten. Denn anderenfalls könnten die Finanzbehörden das insolvenzrechtlich vorgeschriebene Verfahren unterlaufen (so BFH Urt. v. 2.7.1997 – I R 11/97, BFHE 183, 365 = BStBl. II 1998, 428). **39**

Der sich aus § 87 InsO ergebende **Vorrang des Insolvenzverfahrens** gegenüber dem Festsetzungs- und Feststellungsverfahren nach der AO würde unterlaufen, wenn die Finanzämter nach Eröffnung des Insolvenzverfahrens und vor Abschluss der Prüfungen gemäß §§ 176, 177 InsO noch mit Bindungswirkung **Bescheide über die Feststellung oder Festsetzung von Besteuerungsgrundlagen** erlassen dürften, die sich auf die Höhe der als Insolvenzforderung zur Eintragung in die Tabelle anzumeldenden Ansprüche aus dem Steuerschuldverhältnis auswirken könnten. Es kommt nicht darauf an, ob sich die festgestellten Besteuerungsgrundlagen tatsächlich auf anzumeldende Steuerforderungen auswirken oder nicht. Entscheidend ist, ob die festgestellten Besteuerungsgrundlagen abstrakt geeignet sind, sich auf möglicherweise als **Insolvenzforderungen** anzumeldende Steueransprüche auszuwirken (so BFH Urt. v. 18.12.2002 – I R 33/01, BFHE 201, 392 = BStBl. II 2003, 630 Rn. 9 und Rn. 11). Dies gilt auch für **Bescheide** über die gesonderte **Feststellung von verbleibenden Verlustabzügen** nach § 10d EStG (so BFH Urt. v. 7.9.2005 – VIII R 4/05, BFH/NV 2006, 12 Rn. 12). **40**

Folgende **Feststellungsbescheide** dürfen nach Eröffnung des Insolvenzverfahrens grundsätzlich nicht mehr erlassen werden, soweit sie sich auf **Insolvenzforderungen** beziehen (so *Waza/Uhländer/Schmittmann* Insolvenzen und Steuern Rn. 539): **41**

- gesonderte Feststellung des vortragsfähigen Gewerbeverlustes nach § 10a GewStG;
- gesonderte Feststellung des verbleibenden Verlustabzuges nach § 10d EStG;
- gesonderte Feststellung nach § 47 KStG aF;
- gesonderte Feststellung nach den §§ 151 ff. BewG;
- gesonderte Feststellung von Einheitswerten nach Maßgabe des BewG (§ 179 in Verbindung mit § 180 Abs. 1 Nr. 1 AO);
- Grundsteuermeßbescheide (§ 184 AO);
- Bescheide zur einheitlichen und gesonderten Feststellung des Gewinns (§§ 179 Abs. 2 S. 2, 180 Abs. 1 Nr. 2 lit. a AO).

Liegt bei Eröffnung des Insolvenzverfahrens eine **bestandskräftige Steuerfestsetzung** und damit ein **Schuldtitel** im Sinne des § 179 Abs. 2 InsO vor (s. → § 179 Rn. 32), ist das Finanzamt im Falle des Bestreitens der Forderung durch den Insolvenzverwalter berechtigt, das Bestehen der angemeldeten Forde- **42** rung durch **Bescheid** festzustellen, wenn der Insolvenzverwalter seinen Widerspruch auf die von ihm behauptete Unwirksamkeit der Forderungsanmeldung stützt (so BFH Urt. v. 23.2.2010 – VII R 48/07, BFHE 228, 134 = BStBl. II 2010, 562). Der Insolvenzverwalter kann klageweise nach erfolglosem Widerspruchsverfahren beantragen, den Bescheid aufzuheben oder den Widerspruch für begründet zu erklären (so BFH Urt. v. 3.5.1978 – II R 148/75, BStBl. II 1978, 472; FG Hamburg Urt. v. 12.12.2011 – 6 K 150/10, BeckRS 2012, 94440).

43 **6. Bekanntgabe von Verwaltungsakten.** Nach Eröffnung des Insolvenzverfahrens dürfen **Verwaltungsakte, die die Insolvenzmasse betreffen,** nicht mehr dem Schuldner, sondern nur noch dem **Insolvenzverwalter** bekanntgegeben werden. Sofern der Schuldner vorinsolvenzlich einen steuerlichen Vertreter hatte, so endet gemäß § 115 Abs. 1 InsO mit Eröffnung des Insolvenzverfahrens auch der einem Bevollmächtigten erteilte Auftrag einschließlich **Zustellungsvollmacht. Bekanntgabeadressat** aller die Insolvenzmasse betreffenden Verwaltungsakte ist daher der Insolvenzverwalter (so → § 80 Rn. 40; *Waza/Uhländer/Schmittmann* Insolvenzen und Steuern Rn. 541; Tipke/Kruse/*Loose* § 251 Rn. 40).

44 Der Insolvenzverwalter ist nicht Adressat der Verwaltungsakte, die das **insolvenzfreie Vermögen des Insolvenzschuldners** betreffen, oder der **Feststellungsbescheide,** wenn über das Vermögen der Gesellschaft, nicht aber der Gesellschafter das Insolvenzverfahren eröffnet worden ist (so Tipke/Kruse/*Loose* § 251 Rn. 40). Bei **Personengesellschaften** gilt das **Feststellungsverfahren** als insolvenzfreie Angelegenheit, so dass die Vertretungsbefugnis des Geschäftsführers fortbesteht (so BFH Urt. v. 30.8.2012 – IV R 44/10, BFH/NV 2013, 376 Rn. 19).

45 Ein **Steuerbescheid,** der sich an den Schuldner „zu Händen …" ohne Bezeichnung als Insolvenzverwalter richtet, ist dem Insolvenzverwalter nicht wirksam bekanntgegeben worden (so BFH Urt. v. 15.3.1994 – XI R 45/93, BFHE 174, 290 ff. = ZIP 1994, 1371 ff. = HFR 1994, 580 Rn. 14). Es ist ein Zusatz im Anschriftenfeld erforderlich, aus dem deutlich wird, dass der Insolvenzverwalter **Bekanntgabeadressat** sein soll. Auch wenn sich die Funktion als Insolvenzverwalter nicht aus dem Anschriftenfeld ergibt, so genügt es für die wirksame Bekanntgabe des Bescheids, dass sich aus dem Inhalt des Bescheids die Funktion des Angesprochenen als Insolvenzverwalter ergibt (so BFH Beschl. v. 22.6.1999 – VII B 244/98, BFH/NV 1999, 1583 Rn. 8).

46 Hinsichtlich folgender **Bescheide** erfolgt die **Bekanntgabe** gegenüber dem **Insolvenzverwalter** (so *Waza/Uhländer/Schmittmann* Insolvenzen und Steuern Rn. 542):

- Feststellungsbescheide nach § 251 Abs. 3 AO (ggf. neben einer Bekanntgabe an den widersprechenden Gläubiger, § 179 Abs. 1 InsO);
- Verwaltungsakte nach § 218 Abs. 2 AO;
- Steuerbescheide wegen Steueransprüchen, die nach der Verfahrenseröffnung entstanden und damit sonstige Masseverbindlichkeiten sind;
- Steuerbescheide wegen Steueransprüchen, die aufgrund einer neuen beruflichen oder gewerblichen Tätigkeit des Insolvenzschuldners entstanden sind (sog Neuerwerb, § 35 InsO);
- Gewerbesteuermessbescheide (§ 184 AO) und Zerlegungsbescheide (§ 188 AO) nach einem Widerspruch gegen die Anmeldung von Gewerbesteuerforderungen durch die erhebungsberechtigte Körperschaft;
- Bescheide, die Besteuerungsgrundlagen feststellen, die eine vom Insolvenzverwalter im Prüfungstermin bestrittene Steuerforderung betreffen;
- Prüfungsanordnungen (§ 197 AO).

IV. Vollstreckungsverfahren

47 Die Zulässigkeit der **Zwangsvollstreckung** richtet sich grundsätzlich nach den Vorschriften der AO, die durch die Vorschriften der InsO modifiziert werden. Nach Stellung eines zulässigen Insolvenzantrags hat das Gericht gemäß § 21 Abs. 1 S. 1 InsO **Sicherungsmaßnahmen** zu treffen (→ § 21 Rn. 7 ff.). Die Anordnung des Insolvenzgerichts gemäß § 21 Abs. 2 S. 1 Nr. 3 InsO hindert auch die Ausbringung von Zwangsvollstreckungsmaßnahmen durch die Finanzverwaltung.

48 Während der Dauer eines Insolvenzverfahrens findet für die **Insolvenzgläubiger** keine **Zwangsvollstreckung** statt (§ 89 Abs. 1 InsO; vgl. → § 89 Rn. 16), so dass auch ein Antrag auf Aussetzung der Vollziehung nach § 361 AO bzw. § 69 FGO mangels Rechtsschutzbedürfnis unzulässig ist, soweit es um **Insolvenzforderungen** geht (so *Waza/Uhländer/Schmittmann* Insolvenzen und Steuern Rn. 568).

49 **Zwangsvollstreckungen** wegen **Masseverbindlichkeiten,** die nicht durch eine Rechtshandlung des Insolvenzverwalters begründet worden sind, sind für die Dauer von sechs Monaten seit der Eröffnung des Insolvenzverfahrens unzulässig (§ 90 Abs. 1 InsO). Masseverbindlichkeiten können vom Gläubiger – außer in den Fällen des § 90 InsO und bei **Masseunzulänglichkeit** gemäß § 210 InsO – zwangsweise geltend gemacht werden. Ein Rechtsschutzbedürfnis für einen **Antrag auf Aussetzung der Vollziehung** nach Eröffnung des Insolvenzverfahrens ist zu bejahen, wenn der Anspruch erst nach Eröffnung des Insolvenzverfahrens entstanden ist. Auch das zeitweise **Vollstreckungsverbot** nach § 90 Abs. 1 InsO führt nicht zum Wegfall des Rechtsschutzbedürfnisses (so FG Berlin Beschl. v. 14.7.2003 – 7 B 7184/03, EFG 2003, 1520 [1521] zu einem Rückforderungsanspruch nach § 37 Abs. 2 AO).

50 Wird ein Steueranspruch durch einen an den Insolvenzverwalter gerichteten **Steuerbescheid** als Masseverbindlichkeit geltend gemacht, stehen dem Insolvenzverwalter die Rechtsschutzmöglichkeiten der AO und der FGO zu. Der Insolvenzschuldner wird vom Insolvenzverwalter vertreten, soweit nicht ausnahmsweise die **Eigenverwaltung** nach §§ 270 ff. InsO angeordnet worden ist (so BFH Beschl. v. 12.5.2009 – VIII B 27/09, BFH/NV 2009, 1449 [1450]).

51 Die **Rückschlagsperre** aus § 88 InsO führt dazu, dass ein Insolvenzgläubiger, der im letzten Monat vor dem Antrag auf Eröffnung des Insolvenzverfahrens oder nach diesem Antrag durch **Zwangsvollstreckung** eine Sicherung an dem zur Insolvenzmasse gehörenden Vermögen des Schuldners erlangt hat, diese Sicherung mit Eröffnung des Verfahrens verliert. Die Bestimmung des § 88 InsO regelt lediglich die Erlangung einer vollstreckungsrechtlichen Sicherung, sodass im Falle der Befriedigung § 88 InsO nicht greift, sondern eine Anfechtung gemäß § 131 Abs. 1 Nr. 1 InsO zu prüfen ist (so HambK-InsO/*Kuleisa* § 88 Rn. 7). Im Verbraucherinsolvenzverfahren verlängert sich die Frist um drei Monate (§ 88 Abs. 2 InsO).

52 Das **Vollstreckungsverbot** dauert an, bis das Insolvenzverfahren aufgehoben worden ist. Nach Aufhebung des Insolvenzverfahrens können die Insolvenzgläubiger ihre restlichen Forderungen gegen den Schuldner unbeschränkt geltend machen (§ 201 Abs. 1 InsO). Ausnahmen gelten im Insolvenzplanverfahren (§§ 217 ff. InsO), im Verbraucherinsolvenzverfahren (§§ 304 ff. InsO) und bei erteilter Restschuldbefreiung (§§ 286 ff. InsO).

V. Abtretung, Verpfändung und Pfändung

Schrifttum: *Best/Ende,* Fallstrick § 46 Abs. 4 AO – Abtretung von Steuererstattungsansprüchen an Steuerberater, DStR 2007, 595; *Grönwoldt,* Abtretung von Steuererstattungsansprüchen – Alternativen insbesondere im Lichte des Insolvenzrechts, DStR 2007, 1058;

Harder, Ausgewählte Fragen zur Pfändung und Abtretung von Steuererstattungs- und Steuervergütungsansprüchen unter Berücksichtigung aktueller Rechtsänderungen, DB 1996, 2004; *Kupka/Schmittmann,* Freiwillige Abtretungen von Einkommensteuererstattungsansprüchen, NZI 2010, 669; *Mink,* Abtretung von Steuererstattungs- und Vergütungsansprüchen nach § 46 AO, DB 1994, 702; *Nayel,* Aufrechterhaltung der Beschlagnahmewirkung im Schlusstermin am Beispiel von Steuererstattungsansprüchen, ZInsO 2011, 153; OFD Münster, Kurzinformation Verfahrensrecht Nr. 10/09 vom 28.9.2009, Abtretung von Steuererstattungsansprüchen (§ 46 AO) im Zusammenhang mit einem Insolvenzverfahren, DB 2009, 2183; OFD Frankfurt am Main, Vfg. v. 14.2.2012 – S O 166 A – 6 – St 23, Abtretung und Verpfändung von Erstattungs- und Vergütungsansprüchen nach § 46 AO, ZInsO 2013, 66.

53 **Ansprüche auf Erstattung von Steuern,** Haftungsbeträgen, steuerlichen Nebenleistungen und auf Steuervergütungen können abgetreten, verpfändet und gepfändet werden (§ 46 Abs. 1 AO).

54 **1. Abtretung.** Die **Abtretung** wird erst durch die **Anzeige** gegenüber der zuständigen Finanzbehörde unter Angabe des Abtretenden, des Abtretungsempfängers sowie der Art und Höhe des abgetretenen Anspruchs und des Abtretungsgrundes auf einem amtlich vorgeschriebenen und vom Abtretenden und vom Abtretungsempfänger zu unterschreibenden Vordruck wirksam (§ 46 Abs. 2 und Abs. 3 AO). Die **Abtretung** kann erst nach Entstehung des Anspruchs angezeigt werden (§ 46 Abs. 2 AO). **Der geschäftsmäßige Erwerb** von Erstattungs- oder Vergütungsansprüchen zum Zweck der Einziehung oder sonstigen Verwertung auf eigene Rechnung ist nicht zulässig. Dies gilt nicht für die Fälle der Sicherungsabtretung. Zum geschäftsmäßigen Erwerb und zur geschäftsmäßigen Einziehung der zur Sicherung abgetretenen Ansprüche sind nur Unternehmen befugt, denen das Betreiben von Bankgeschäften erlaubt ist (§ 46 Abs. 4 AO; vgl. umfassend: OFD Frankfurt a. M. ZInsO 2013, 66).

55 Stellt der **Insolvenzverwalter** nach Eröffnung des Insolvenzverfahrens fest, dass **Steuererstattungsansprüche** seitens des Schuldners abgetreten worden sind (vgl. systematisch: *Nayel* ZInsO 2011, 153 [158]), so wird er im Interesse der Insolvenzmasse zunächst die **Wirksamkeit der Abtretungserklärung** prüfen. Hat sich nicht schon wegen der Formvorschriften aus § 46 Abs. 2 und Abs. 3 AO eine Unwirksamkeit ergeben, so schließt sich die Prüfung an, ob ein Verstoß gegen § 46 Abs. 4 AO vorliegt (vgl. *Schmittmann* StuB 2005, 639 f.; *Kupka/Schmittmann* NZI 2010, 669 [671]; *Nayel* ZInsO 2011, 153 [159]). Letztlich ist auch zu prüfen, ob die Abtretung anfechtbar ist (vgl. *Haarmeyer/Huber/Schmittmann* Praxis der Insolvenzanfechtung Rn. 482 ff.).

56 Insolvenzverfahren über das Vermögen von natürlichen Personen werden häufig unter Bewilligung der **Stundung der Verfahrenskosten** eröffnet, so dass es im Interesse der Insolvenzgerichte liegt, dass der Insolvenzverwalter/Treuhänder eine möglichst hohe Insolvenzmasse zur Kostendeckung des Verfahrens generiert. Da die **Steuererstattungsansprüche** in der **Wohlverhaltensphase** nicht mehr zur Insolvenzmasse gehören, lassen sich Treuhänder – zum Teil nach ausdrücklichen Hinweisen durch die Insolvenzgerichte – zu Beginn eines jeden Kalenderjahres formularmäßig die Steuererstattungsansprüche des Schuldners abtreten, was den Vorteil hat, dass die Verfahren kurzfristig abgeschlossen werden können und die Kosten in vielen Fällen vorzeitig getilgt sind (vgl. *Kupka/Schmittmann* NZI 2010, 669 [671]; *Nayel* ZInsO 2011, 153 [159]).

57 Die OFD Münster (Kurzinformation Verfahrensrecht Nr. 10/09 v. 28.9.2009, DB 2009, 2183 = ZInsO 2009, 2050; vgl. dazu: *Nayel* ZInsO 2011, 153 [159]) sieht solche **Abtretungen** als unwirksam an. Ein Verstoß gegen § 46 Abs. 1 AO liegt aber mE schon deshalb nicht vor, weil dem „Restschuldbefreiungs-Treuhänder" die Steuererstattungsansprüche nicht in seinem eigenen, sondern in fremdem Interesse abgetreten werden und daher der Schutzzweck des § 46 Abs. 4 AO,

nämlich dem Schutz vor „Lohnsteuerkartenhandel" und „unseriösen Kreditgebern" (so Tipke/Kruse-*Kruse* § 46 Rn. 29) überhaupt gar nicht eingreift (so *Kupka/Schmittmann* NZI 2010, 669 [671]; *Zimmer* ZInsO 2009, 2372 [2374]). Hintergrund der restriktiven Auffassung der Finanzverwaltung ist offenbar, dass in der **Wohlverhaltensphase** durch die Finanzverwaltung mit Steuerverbindlichkeiten des Schuldners im Rang einfacher Insolvenzverbindlichkeiten im Sinne von § 38 InsO aufgerechnet werden soll, da hier das Aufrechnungsverbot nicht mehr gilt (so BFH Urt. v. 28.2.2012 – VII R 36/11, BFHE 236, 202 = BStBl. II 2012, 1188 = ZIP 2012, 933 = DB 2012, 1018 mit Besprechungsaufsatz *Schmittmann* StuB 2012, 404; BFH Urt. v. 21.11.2006 – VII R 1/06, BFHE 216, 1 ff. = BStBl. II 2008, 272 ff. = BB 2007, 202 f.; FG Thüringen Urt. v. 18.10.2011 – 3 K 868/10, StE 12, 8 = EFG 2012, 795; BGH Urt. v. 21.7.2005 – IX ZR 115/04, BGHZ 163, 391 ff. = NZI 2005, 565 ff. = ZInsO 2005, 873 ff. = ZVI 2005, 437; differenzierend: FG Bln-Bbg Urt. v. 25.8.2010 – 12 K 2060/08, DStRE 2011, 589 [590]). Dem kann durch die Anordnung einer Nachtragsverteidigung begegnet werden (so BFH Urt. v. 28.2.2012 – VII R 36/11, BFHE 236, 202 = BStBl. II 2012, 1188 = ZIP 2012, 933 = EWiR 2012, 463 [*Sinz/Hiebert*]; *Lissner* InsbürO 2014, 268 [269]; *Schmittmann* StuB 2012, 404 [405]). Dazu reicht es aus, wenn das Insolvenzgericht im Aufhebungsbeschluss den Vorbehalt für „evtl. Erstattungsansprüche gegen das Finanzamt" angeordnet, da es sich dabei nur um nach Aufhebung des Insolvenzverfahrens entstandene, aber bereits während seiner Dauer insolvenzrechtlich begründete Steuererstattungsansprüche des Schuldners handeln kann, die die Beteiligten bekannt sind, da sie sich aus den Steuerakten ergeben (so FG Köln Urt. v. 6.8.2014 – 12 K 791/11, ZIP 2014, 2456 (rkr.)). Wird die **Restschuldbefreiung im andauernden Insolvenzverfahren** erteilt, entfällt der Insolvenzbeschlag für den Neuerwerb ab dem Zeitpunkt des Ablaufs der Abtretungserklärung, so dass danach anfallende Steuererstattungsansprüche nicht mehr in die Insolvenzmasse fallen (so BGH Beschl. v. 13.2.2014 – IX ZB 23/13, ZVI 2014, 147 [148]).

Für den Insolvenzverwalter und Treuhänder zutreffender Rechtsbehelf ist hier **58**
die Beantragung eines **Abrechnungsbescheides** gemäß § 218 Abs. 2 AO (so BFH Urt. v. 28.2.2012 – VII R 36/11, BFHE 236, 202 = BStBl. II 2012, 1188 = ZIP 2012, 933; *Schmittmann* StuB 2012, 404 [405]) und gegebenenfalls nach erfolglosem Einspruchsverfahren Klage vor dem Finanzgericht (so *Kupka/Schmittmann* NZI 2010, 669 [672]).

2. Verpfändung

Schrifttum: *Gern,* Die Rechtsnatur der Abtretung und Verpfändung von Ansprüchen aus dem Abgabenschuldverhältnis, KStZ 1986, 128; *Hildesheim,* Die Rechte des Pfandgläubigers im Rahmen der Antragsveranlagung nach § 46 Abs. 2 Nr. 8 EStG, DStZ 1998, 576.

Abtretung und **Verpfändung** werden gemäß 46 AO gleichbehandelt (§ 46 **59**
Abs. 6 S. 3 AO).

Der Pfandgläubiger erwirkt durch die **Verpfändung** ein dinglich wirkendes **60**
Recht zur Sicherung seiner Forderung, das ihn berechtigt, sich durch die **Verwertung des Pfandes** zu befriedigen. Die Befriedigung erfolgt nach §§ 1273, 1274, 1279 BGB und wird durch Anzeige an den Schuldner wirksam, § 1280 BGB, § 46 Abs. 2 und Abs. 6 S. 3 AO (so Tipke/Kruse-*Kruse* § 46 Rn. 15).

Die **Verpfändung** von Steuererstattungsansprüchen kommt in der Praxis selten **61**
vor.

3. Pfändung

Schrifttum: *Harder,* Ausgewählte Fragen zur Pfändung und Abtretung von Steuererstattungs- und Steuervergütungsansprüchen unter Berücksichtigung aktueller Rechtsänderungen, DB 1996, 2004; *Tiedtke,* Die Pfändung von Lohnsteuererstattungsansprüchen, NJW 1979, 1640; *Wilke,* Pfändung und Vorpfändung von Steuererstattungsansprüchen, NJW 1978, 2380.

62 Ein **Pfändungs- und Überweisungsbeschluss** oder eine Pfändungs- und Einziehungsverfügung dürfen nicht erlassen werden, bevor der Anspruch entstanden ist; anderenfalls ist der erwirkte Beschluss oder die erwirkte Verfügung nichtig (§ 46 Abs. 6 S. 1 und S. 2 AO).

63 Die **Wirksamkeit der Pfändung** setzt ua hinreichende **Bestimmtheit** der Bezeichnung der **Forderung** voraus. Die Forderung muss so bestimmt bezeichnet sein, dass sie identifiziert und von den anderen Forderungen unterschieden werden kann, und zwar nicht nur seitens des Vollstreckungsgläubigers, des Vollstreckungsschuldners sowie des Drittschuldners, sondern auch durch weitere Gläubiger. Dies erfordert regelmäßig die **Angabe des Gegenstandes** und **des Schuldgrundes der Forderung,** wobei das zugrundeliegende Rechtsverhältnis wenigstens in allgemeinen Umrissen anzugeben ist; übermäßige Anforderungen dürfen nicht gestellt werden, da der **Vollstreckungsgläubiger** die Verhältnisse des Vollstreckungsschuldners meist nur oberflächlich kennen wird (so BFH Urt. v. 1.6.1989 – V R 1/84, BFHE 157, 32 = BStBl. II 1990, 35). Für die **Klage** des Vollstreckungsgläubigers **gegen das Finanzamt als Drittschuldner auf Auszahlung** eines durch Beschluss des Amtsgerichts gepfändeten und zur Einziehung überwiesenen Steuererstattungsanspruchs ist der **Finanzrechtsweg** gegeben (so BFH Urt. v. 14.7.1987 – VII R 116/86, BFHE 150, 396 = BStBl. II 1987, 863).

64 Der Insolvenzverwalter wird insbesondere bei gepfändeten **Steuererstattungsansprüchen** die **Anfechtungsmöglichkeiten** gem. §§ 129 ff. InsO prüfen (vgl. *Haarmeyer/Huber/Schmittmann* Praxis der Insolvenzanfechtung Teil IV. Rn. 519).

VI. Sonstiges

1. Zinsen

Schrifttum: *Roth* Insolvenz Steuerrecht Rn. 3.236 ff.; *Waza/Uhländer/Schmittmann* Insolvenzen und Steuern Rn. 2611 ff.

65 **Ansprüche** aus dem Steuerschuldverhältnis (§ 37 AO) werden nur **verzinst,** soweit dies gesetzlich vorgeschrieben ist (§ 233 S. 1 AO). Ansprüche auf steuerliche Nebenleistungen (§ 3 Abs. 4 AO) und die entsprechenden Erstattungsansprüche werden nicht verzinst (§ 233 S. 2 AO).

66 Die Anmeldung von Zinsen, die vor Eröffnung des Insolvenzverfahrens entstanden sind, ist ausgeschlossen, wenn sie ohnehin vom Finanzamt aus Gründen der **Billigkeit** erlassen werden müssten, was insbesondere bei **Stundungszinsen** (§ 234 Abs. 2 AO) und **Aussetzungszinsen** (§ 237 Abs. 4 AO) in Betracht kommt, wenn ihre Erhebung aus persönlichen oder sachlichen Gründen unbillig ist (so *Waza/Uhländer/Schmittmann* Insolvenzen und Steuern Rn. 2613; *Roth,* Insolvenz Steuerrecht, Rn. 3.238).

2. Säumnis- und Verspätungszuschläge

Schrifttum: *Busch/Winkens/Bücker,* Insolvenzrecht, S. 51; *Kahlert/Rühland* Sanierungs- und Insolvenzsteuerrecht Rn. 9.1058 ff.; *Roth* Insolvenz Steuerrecht Rn. 3.224 ff.; *Waza/Uhländer/Schmittmann* Insolvenzen und Steuern Rn. 2571 ff.

67 Säumniszuschläge nach § 240 AO dienen einem dreifachen Zweck (vgl. *Waza/Uhländer/Schmittmann* Insolvenzen und Steuern Rn. 2571). Sie sind ein **Druckmittel eigener Art,** das den Steuerschuldner zur rechtzeitigen Zahlung der

Steuer anhalten soll. Darüber hinaus dienen sie zur **Abschöpfung des wirtschaftlichen Vorteils,** der beim Steuerpflichtigen durch die verspätete Zahlung fälliger Steuern entsteht (so BFH Urt. v. 21.9.1973 – III R 154/72, BFHE 110, 318 = BStBl. II 1974, 17; BFH Urt. v. 9.7.2003 – V R 57/02, BFHE 203, 8 = BStBl. II 2003, 901). Schließlich soll durch die Säumniszuschläge der **Verwaltungsaufwand** abgegolten werden, der der steuerverwaltenden Behörde durch die Tilgung der Schuld erst nach der Fälligkeit entsteht (so BFH Urt. v. 29.8.1991 – V R 78/86, BFHE 165, 178 = BStBl. II 1991, 906 [908]; BFH Urt. v. 16.7.1997 – XI R 32/96, BFHE 184, 193 = BStBl. II 1998, 7). Säumniszuschläge dürfen nicht festgesetzt werden, wenn bei aufschiebend bedingten Masseverbindlichkeiten gem. § 55 Abs. 4 InsO noch kein **Leistungsgebot** erlassen worden ist (vgl. FG Düsseldorf Beschl. v. 21.3.2012 – 1 V 152/12 A (U), ZIP 2012, 688 = EWiR 2012, 343 [*Schmittmann/Gorris*]).

Sachlich unbillig ist die Erhebung von Säumniszuschlägen, wenn dem Steuerpflichtigen die rechtzeitige Zahlung der Steuer wegen Überschuldung und Zahlungsunfähigkeit unmöglich ist und deshalb die Ausübung von Druck zur Zahlung ihren Sinn verliert (so BFH Urt. v. 30.3.2006 – V R 2/04, BFHE 212, 23 = BStBl. II 2006, 612; BFH Urt. v. 9.7.2003 – V R 57/02, BFHE 203, 8 = BStBl. II 2003, 901). Da Säumniszuschläge auch als **Gegenleistung** für das Hinausschieben der Fälligkeit und zur Abgeltung des Verwaltungsaufwandes dienen, kommt regelmäßig nur ein **Teilerlass** in Betracht, wenn sie ihren Zweck als Druckmittel verfehlen. Sie sind dann nur zur Hälfte zu erlassen, denn ein Säumiger soll grundsätzlich nicht besser stehen als ein Steuerpflichtiger, dem Aussetzung der Vollziehung oder Stundung gewährt wurde (so BFH Beschl. v. 21.4.1999 – VII B 347/98, BFH/NV 1999, 1440; BFH Urt. v. 18.6.1998 – V R 13/98, BFH/NV 1999, 10; BFH Urt. v. 30.3.2003 – V R 2/04, BFHE 212, 23 = BStBl. II 2006, 612). 68

Bei Zahlungsunfähigkeit und Überschuldung ist ein weitergehender **Erlass von Säumniszuschlägen** möglich (zB BFH Urt. v. 16.7.1997 – XI R 32/96, BFHE 184, 193 = BStBl. II 1998, 7; BFH Beschl. v. 4.1.1996 – VII B 209/95, BFH/NV 1996, 526). Insofern bedarf es aber zusätzlicher besonderer **Gründe persönlicher oder sachlicher Billigkeit** (so BFH Urt. v. 3.3.2006 – V R 2/04, BFHE 212, 23 = BStBl. II 2006, 612). Eine solche Situation kann gegeben sein, wenn durch die Erhebung die wirtschaftliche oder persönliche Existenz des Steuerpflichtigen vernichtet oder ernstlich gefährdet würde (so BFH Urt. v. 7.7.1999 – X R 87/96, BFH/NV 2000, 161); ist aber bereits Überschuldung oder Zahlungsunfähigkeit eingetreten, greifen diese Gesichtspunkte nicht mehr ein, weil ein Erlass nicht mehr mit einem wirtschaftlichen Vorteil des Steuerpflichtigen verbunden wäre (so BFH Beschl. v. 21.4.1999 – VII B 347/98, BFH/NV 1999, 1440). 69

Oftmals versuchen steuerliche Berater für ihre Mandanten einen **Erlass von Säumniszuschlägen** mit der Begründung einer Überschuldung und/oder Zahlungsunfähigkeit zu erlangen. Bei insolvenzantragspflichtigen Rechtsträgern ist hier Vorsicht geboten, da gegebenenfalls später die **Stundungsanträge** für den Insolvenzverwalter und die Staatsanwaltschaft wichtiges Material bei der Geltendmachung der zivil- und strafrechtlichen Verantwortlichkeit des organschaftlichen Vertreters und des steuerlichen Beraters darstellen (vgl. *Waza/Uhländer/Schmittmann* Insolvenzen und Steuern Rn. 2580 ff.). 70

Ein **sachlicher Billigkeitsgrund** liegt nicht schon darin, dass die Steuerfestsetzung zugunsten des Steuerpflichtigen herabgesetzt oder möglicherweise geändert werden wird (so BFH Urt. v. 30.3.2006 – V R 2/04, BFHE 123, 23 = BStBl. II 2006, 612; BFH Urt. v. 29.8.1991 – V R 78/86, BFHE 165, 178 = BStBl. II 1991, 906). 71

Die gleichen Grundsätze gelten für **Verspätungszuschläge** nach § 152 AO (so *Waza/Uhländer/Schmittmann* Insolvenzen und Steuern Rn. 2572). Sie sind kein 72

Zwangsmittel, sondern dienen dazu, den rechtzeitigen Eingang der Steuererklärung und damit auch die rechtzeitige Festsetzung und Entrichtung der Steuer sicherzustellen. Ihr Charakter ist sowohl repressiv als auch präventiv, so dass es sich um ein **Druckmittel eigener Art** handelt, das auf die besonderen Bedürfnisse des Steuerrechts zugeschnitten ist (so BFH Urt. v. 19.1.2005 – VII B 286/04, BFH/NV 2005, 1001 f.).

73 Die bis zur Verfahrenseröffnung begründeten Säumnis- und Verspätungszuschläge sind **Insolvenzforderungen** im Sinne von § 38 InsO (vgl. *Schmittmann* StuB 2006, 527 f.; *Waza/Uhländer/Schmittmann* Insolvenzen und Steuern Rn. 2573; *Roth* Insolvenz Steuerrecht Rn. 3.226). Vor Eröffnung des Insolvenzverfahrens festgesetzte Säumnis- und Verspätungszuschläge sind keine Zwangsgelder im Sinne von § 39 Abs. 1 Nr. 3 InsO und damit nicht nachrangig (so BFH Urt. v. 19.1.2005 – VII B 286/04, BFH/NV 2005, 1001 f.).

74 Die seit der **Eröffnung des Insolvenzverfahrens** laufenden **Säumniszuschläge** auf Forderungen der Insolvenzgläubiger sind **nachrangig** (§ 39 Abs. 1 Nr. 1 InsO). Für Säumnis- und Verspätungszuschläge, die der Insolvenzverwalter nach Verfahrenseröffnung verwirkt, gelten die allgemeinen Grundsätze.

75 Die Zeit von der Eröffnung des Insolvenzverfahrens bis zum Berichtstermin ist in gesetzliche Fristen für die Aufstellung oder die Offenlegung des Jahresabschlusses nicht einzurechnen (§ 155 Abs. 2 S. 2 InsO). Es ist sachgerecht, diese Frist auch bei der Festsetzung von **Verspätungszuschlägen,** sofern diese überhaupt gegen den Insolvenzverwalter festgesetzt werden sollen, zu berücksichtigen.

3. Vollstreckungskosten

Schrifttum: *Roth* Insolvenz Steuerrecht Rn. 3.239; *Waza/Uhländer/Schmittmann* Insolvenzen und Steuern Rn. 2601.

76 Im Vollstreckungsverfahren werden **Kosten** (Gebühren und Auslagen) erhoben (§ 337 Abs. 1 S. 1 AO). **Schuldner** dieser Kosten ist der Vollstreckungsschuldner (§ 237 Abs. 1 S. 2 AO).

77 Die vor Insolvenzeröffnung entstandenen Vollstreckungskosten sind **Insolvenzforderungen** gemäß § 38 InsO und können lediglich zur Insolvenztabelle angemeldet werden (so *Waza/Uhländer/Schmittmann* Insolvenzen und Steuern Rn. 2601; *Roth* Insolvenz Steuerrecht Rn. 3.239).

78 **4. Zwangs- und Ordnungsgelder.** Ein Verwaltungsakt, der auf Vornahme einer Handlung oder auf Duldung oder Unterlassung gerichtet ist, kann mit **Zwangsmitteln** (Zwangsgeld, Ersatzvornahme oder unmittelbarer Zwang) durchgesetzt werden (§ 328 Abs. 1 S. 1 AO). Das einzelne **Zwangsgeld** darf 25.000 EUR nicht übersteigen (§ 329 AO).

79 Mit Eröffnung des Insolvenzverfahrens ist ein **Zwangsverfahren gegen den Schuldner** einzustellen, da er die versäumte Handlung nicht mehr selbst nachholen kann. Bereits verwirkte Zwangsgelder sind nachrangige Insolvenzforderungen gemäß § 39 Abs. 1 Nr. 3 InsO und dürfen nur angemeldet werden, sofern das Gericht dazu aufgefordert hat (so *Waza/Uhländer/Schmittmann* Insolvenzen und Steuern Rn. 2631).

80 **5. Geldbußen und Geldstrafen.** Steuerstraftaten können mit **Freiheitstrafe** oder **Geldstrafe** bestraft werden (§§ 369 ff. InsO). Steuer- und Zollordnungswidrigkeiten können mit **Geldbuße** geahndet werden (§§ 377 ff. AO).

81 Es handelt sich um **nachrangige Insolvenzforderungen** im Sinne von § 39 Abs. 1 Nr. 3 InsO (so *Waza/Uhländer/Schmittmann* Insolvenzen und Steuern Rn. 2632; *Roth* Insolvenz Steuerrecht Rn. 3.243). Diese können gem. § 174 Abs. 3 InsO nur zur **Insolvenztabelle** angemeldet werden, wenn das Gericht dazu besonders auffordert (vgl. → § 174 Rn. 63).

6. Haftung des Insolvenzverwalters

Schrifttum: *Adam,* Die Haftung des Insolvenzverwalters aus § 61 InsO, DZWIR 2008, 14; *App,* Zur Haftung eines vorläufigen Insolvenzverwalters, ZKF 2010, 131; *Bartone,* Haftung des Insolvenzverwalters für Lohnsteuer-Schulden des Insolvenzschuldners bei Neuerwerb, DB 2010, 359; *Jatzke,* Die Haftung des (vorläufigen) Insolvenzverwalters nach §§ 69, 34 (35) AO, ZIP 2007, 1977; *Kahlert,* Fiktive Masseverbindlichkeiten im Insolvenzverfahren – Wie funktioniert § 55 Abs. 4 InsO?, ZIP 2011, 401; *Laws,* Insolvenzverwalter-Haftung wegen Nichterfüllung von Masseverbindlichkeiten nach § 61 InsO, MDR 2003, 787; *Meyer/Schultheis,* Die Haftung des Insolvenzverwalters gemäß §§ 60, 61 InsO bei der Fortführung von Unternehmen, DZWIR 2004, 319; *Nacke,* Keine Haftung des Insolvenzverwalters für Lohnsteuer der GmbH, NWB 2010, 432; *Roth* Insolvenz Steuerrecht Rn. 2.332 ff.; *Schmittmann,* Kollision von steuer- und insolvenzrechtlichen Pflichten: Geschäftsführer zwischen Skylla und Charybdis?, StuB 2007, 667; *Schmittmann,* Umsatzsteuer aus Einzug von Altforderungen nach Insolvenzeröffnung, ZIP 2011, 1125; *Waza/Uhländer/Schmittmann* Insolvenzen und Steuern Rn. 1241 ff.; *Wölber/Ebeling,* Haftung der Insolvenzmasse für Umsatzsteuerforderungen wegen Überwachungsverschuldens des Insolvenzverwalters?, ZInsO 2011, 264.

Der Insolvenzverwalter ist – im Gegensatz zum Treuhänder in der Wohlver- 82
haltensphase – stets **Vermögensverwalter** im Sinne von § 34 Abs. 3 AO (vgl. → Rn. 12). Die in den §§ 34 und 35 AO bezeichneten Personen haften, soweit Ansprüche aus dem Steuerschuldverhältnis (§ 37 AO) infolge vorsätzlicher oder grob fahrlässiger **Verletzung** der ihnen auferlegten **Pflichten** nicht oder nicht rechtzeitig festgesetzt oder erfüllt oder soweit infolgedessen Steuervergütungen oder Steuererstattungen ohne rechtlichen Grund gezahlt werden (§ 69 S. 1 AO). Die Haftung umfasst auch die infolge der Pflichtverletzung zu zahlenden Säumniszuschläge (§ 69 S. 2 AO).

Ein sog schwacher vorläufiger Insolvenzverwalter mit Zustimmungsvorbehalt 83
kann selbst dann nicht als **Vermögensverwalter** im Sinne von § 34 Abs. 3 AO oder als Verfügungsberechtigter im Sinne von § 35 AO angesehen werden, wenn er die ihm vom Insolvenzgericht übertragenen Verwaltungsbefugnisse überschreitet und tatsächlich über Gelder des noch verfügungsberechtigten Schuldners verfügt (so BFH Beschl. v. 27.5.2009 – VII B 156/08, BFH/NV 2009, 1591 [1592]).

Der Insolvenzverwalter unterliegt sowohl der abgabenrechtlichen **Haftung** 84
nach § 69 AO als auch der insolvenzrechtlichen Haftung nach §§ 60, 61 InsO (→ § 60 Rn. 47; → § 80 Rn. 70). Die Haftung des Insolvenzverwalters ist persönlich und unbeschränkt. Dies bedeutet, dass das gesamte Vermögen des Insolvenzverwalters – und nicht lediglich die möglicherweise unzulängliche Masse – dem Zugriff des Steuergläubigers unterliegt (vgl. *Waza/Uhländer/Schmittmann* Insolvenzen und Steuern Rn. 1251). Die Haftung setzt eine abgabenrechtliche Pflichtverletzung voraus, die zB darin besteht, dass der Insolvenzverwalter Mitwirkungs- und Leistungspflichten im Festsetzungs- und Erhebungsverfahren verletzt hat oder entstandene Steuern aus der Fortführung des Betriebs nicht entrichtet (vgl. *Waza/Uhländer/Schmittmann* Insolvenzen und Steuern Rn. 1252). Die Haftung setzt weiterhin voraus, dass ein **Schaden** entstanden ist. Dieser besteht darin, dass Ansprüche aus dem Steuerschuldverhältnis nicht oder nicht rechtzeitig festgesetzt oder erfüllt werden (so Tipke/Kruse/*Loose* AO § 69 Rn. 13). Weiterhin setzt eine Haftung voraus, dass eine Kausalität zwischen Pflichtverletzung und Steuerausfall besteht (vgl. BFH Urt. v. 5.3.1991 – VII R 93/88, BFHE 164, 203 = BStBl. II 1991, 678; BFH Urt. v. 21.6.1994 – VII R 34/92, BFHE 175, 198 = BStBl. II 1995, 230; BFH Urt. v. 19.12.1995 – VII R 53/95, BFH/NV 1996, 522; Tipke/Kruse/*Loose* AO § 69 Rn. 20). Eine Haftung scheidet aus, wenn die Nichtzahlung der Steuer auf **Masseunzulänglichkeit** beruht und der Insolvenzverwalter die **Befriedigungsreihenfolge** des § 209 InsO eingehalten hat (so BGH Beschl. v. 14.10.2010 – IX ZB 224/08, ZIP 2010, 2252 = ZVI 2011, 226 = NZI 2011, 60).

85 Der Insolvenzverwalter ist als **Vermögensverwalter** verpflichtet, die Mittel so zu verwalten, dass sie zur pünktlichen Tilgung auch der erst künftig fällig werdenden Steuerschulden zur Verfügung stehen, so dass eine **Pflichtverletzung** auch dann vorliegt, wenn der gesetzliche Vertreter sich durch Vorwegbefriedigung anderer Gläubiger oder in sonstiger Weise schuldhaft außerstande setzt, künftig fällig werdende Steuerschulden, deren Entstehung ihm bekannt ist, zu tilgen (so BFH Urt. v. 26.4.1984 – V R 128/79, BFHE 141, 443 = BStBl. II 1984, 776; *Waza/Uhländer/Schmittmann* Insolvenzen und Steuern Rn. 1254).

86 Ein Insolvenzverwalter verletzt die ihm obliegenden Pflichten auch dann, wenn er nicht unter Heranziehung aller verfügbaren Informationen und Unterlagen sowie unter Berücksichtigung der aktuellen Steuerrechtsprechung die **Erfolgsaussichten einer Klage** gegen Einspruchsentscheidungen des Finanzamtes prüft (so LG Düsseldorf Urt. v. 10.1.2011 – 7 O 193/09, ZIP 2011, 441 ff. = NZI 2011, 190 ff.; bestätigt durch: OLG Düsseldorf Beschl. v. 25.7.2012 – I-7 422/11, ZInsO 2012, 2296).

7. Auskunftsansprüche des Insolvenzverwalters

Schrifttum: *Bächer,* Steuergeheimnis bei Zusammenveranlagung?, ZInsO 2009, 1147; *Beck,* Auskunftsanspruch des Insolvenzverwalters gegenüber der Finanzverwaltung, ZIP 2006, 2009; *Beckemper,* Das neue Informationsfreiheitsgesetz des Bundes, LKV 2006, 301; *Beckmann,* Informationsfreiheitsgesetz des Landes NRW, DVP 2003, 142; *Blank/Blank,* Der Auskunftsanspruch des Insolvenzverwalters nach IFG bei fiskalischem Handeln der Behörde zur Vorbereitung einer insolvenzrechtlichen Anfechtung, ZInsO 2009, 1881; *Bräutigam,* Das deutsche Informationsfreiheitsgesetz aus rechtsvergleichender Sicht, DVBl. 2006, 950; *Bruns,* Auskunftsanspruch für Insolvenzverwalter nach dem Hamburgischen Transparenzgesetz (HmbTG), ZInsO 2013, 1892; *Bull,* Informationsfreiheitsgesetze – wozu und wie?, ZG 2002, 201; *Dahl,* Rechtsweg bei Ansprüchen des Verwalters aus IFG, NJW-Spezial 2013, 21; *Eversloh,* Auskunft nach dem Informationsfreiheitsgesetz NRW, AO-StB 2003, 293; *Fechner,* Zur Auskunftspflicht von Vollstreckungsbehörden gegenüber dem Insolvenzverwalter, InsbürO 2010, 468; *Gotzen,* Das Recht auf Informationszugang, KommJur 2004, 171; *Grundmann,* Erweiterter Informationszugang gegenüber den Finanzbehörden durch die Informationsfreiheitsgesetze?, AO-StB 2004, 133; *Gundlach/Frenzel,* Neue Auskunftsansprüche des Insolvenzverwalters gegen bestimmte Anfechtungsgegner, NZI 2009, 719; *Kloepfer,* Grundprobleme der Gesetzgebung zur Informationszugangsfreiheit, K&R 2006, 19; *Kloepfer,* Informationszugangsfreiheit und Datenschutz: Zwei Säulen des Rechts der Informationsgesellschaft, DÖV 2003, 221; *Kloepfer/v. Lewinski,* Das Informationsfreiheitsgesetz des Bundes, DVBl. 2005, 1277; *Matthes,* Das Informationsfreiheitsgesetz, 2006; *Misoch/Schmittmann,* Das Auskunftsverfahren nach dem Informationsfreiheitsgesetz des Bundes, VR 2012, 181; *Nöcker,* Klartextkontoauszug an den Insolvenzverwalter: Streitigkeiten im Grenzbereich von Steuer-, Zivil-, Insolvenz- und Informationsfreiheitsrecht, AO-StB 2010, 44; *Reinhart,* Das gläserne Amt, DÖV 2007, 18; *Schaake,* Informationsansprüche des Insolvenzverwalters gegenüber der Finanzverwaltung, Diss. 2014; *Schmittmann,* Das Finanzamt, die Anfechtung und die Auskunft, StuB 2010, 69; *Schmittmann,* Auskunftsansprüche des Insolvenzverwalters gegen die Finanzverwaltung anhand der aktuellen Rechtsprechung, ZInsO 2010, 1469; *Schmittmann,* Ansprüche des Insolvenzverwalters gegen die Finanzverwaltung aus dem Informationsfreiheitsrecht, NZI 2012, 633; *Schmittmann,* Aktuelle Entwicklungen im Steuerrecht in der Informationstechnologie 2013/14, K&R 2015, 23 [25]; *Schmittmann,* Update Informationsfreiheitsrecht 2014/15, K&R 2015, 372; *Schmittmann,* Auskunftsansprüche des Insolvenzverwalters gegen die Finanzverwaltung auf Grundlage der Landesinformationsfreiheitsgesetze, NZI 2015, 594; *Schmittmann/Böing,* Die Auskunft, der Rechtsweg und das Geheimnis – neue Erkenntnisse zu Auskunftsansprüchen gegenüber Sozialversicherungsträgern und Finanzverwaltung, InsbürO 2010, 15; *Schmittmann/Kupka,* Auskunftsansprüche des Insolvenzverwalters gegen potentielle Anfechtungsgegner unter besonderer Berücksichtigung von Auskunftsansprüchen nach dem Informationsfreiheitsgesetz gegen Sozialversicherungsträger, InsbürO 2009, 83; *Schmittmann/Kupka,* Auskunftsansprüche gegen Sozialversicherungsträger nach dem Informationsfreiheitsgesetz und unzutreffende Rechtsmittelbelehrung, NZI 2009, 367; *Schmitz/Jastrow,* Das Informationsfreiheitsgesetz des Bundes, NVwZ 2005, 984; *Schoch,* Informationsfreiheitsgesetz, 2009; *Schoch,* Das Recht auf Zugang zu staatlichen Informationen, DÖV 2006, 1; *Schoch,* Das Grundrecht der Informationsfreiheit, Jura 2008, 25; *Sittard/Ulbrich,* Informationsfreiheitsgesetze, JA 2008, 205; *Sitsen,* Das Informationsfreiheitsgesetz des Bundes, Diss. 2009.

Die **Informationsfreiheitsgesetze** des Bundes und der Länder (vgl. die **87** Zusammenstellung bei *Haarmeyer/Huber/Schmittmann* Praxis der Insolvenzanfechtung Teil IV. Rn. 208) geben dem Insolvenzverwalter einen **Anspruch auf Erteilung von Auskünften** gegen Sozialversicherungsträger hinsichtlich vom Schuldner vorinsolvenzlich geleisteter Zahlungen (so BVerwG Beschl. v. 9.11.2010 – 7 B 43/10, ZIP 2011, 41 ff.; OVG Koblenz Urt. v. 23.4.2010 – 10 A 1091/10, ZIP 2010, 1091 ff.; OVG Münster Urt. v. 28.7.2008 – 8 A 1548/07, ZIP 2008, 1542 f.; VG Gelsenkirchen Urt. v. 16.9.2010 – 17 K 5018/09, BeckRS 2010, 54109; VG Hamburg Urt. v. 7.5.2010 – 19 K 288/10, ZInsO 2010, 1098 ff.; VG Stuttgart Urt. v. 18.8.2009 – 8 K 1011/09, NZI 2009, 739 ff.; VG Freiburg Urt. v. 21.9.2011 – 1 K 734/10, ZInsO 2011, 1956 ff. = NZI 2011, 825 ff. mAnm *Schmittmann*). Für die Geltendmachung des Anspruchs auf Informationserteilung gegenüber den **Sozialversicherungsträgern** sind die **Verwaltungsgerichte** (so BSG Beschl. v. 4.4.2012 – B 12 SF 1/10 R, BeckRS 2012 69378; Vorinstanz: LSG BW Beschl. v. 12.11.2010 – L 5 KR 1815/10 B, Verbraucherinsolvenz aktuell 2011, 23 f. mAnm *Schmittmann*; VG Stuttgart Urt. v. 18.8.2009 – 8 K 1011/09, NZI 2009, 739 ff.; VG Freiburg Urt. v. 21.9.2011 – 1 K 734/10, ZD 2011, 189 ff. = NZI 2011, 825 ff. mAnm *Schmittmann* NZI 2011, 827; *Schmittmann/Kupka* NZI 2009, 367 f.; *Schmittmann/Böing* InsbürO 2010, 15 ff.; *Schmittmann* NZI 2012, 633 [634]) zuständig; nach aA die Sozialgerichte (so LSG NRW 26.4.2010 – L 16 B 9/09 SV, BeckRS 2010, 69270).

Dem Insolvenzverwalter stehen **Auskunftsansprüche** gegen die **Finanzverwaltung** aus den Informationsfreiheitsgesetzen auf Auskunft über die gespeicherten Informationen (Zahlungen) durch **Herausgabe von Jahreskontoauszügen** zu (vgl. *Waza/Uhländer/Schmittmann* Insolvenzen und Steuern Rn. 3220 ff.; BVerwG Beschl. v. 14.5.2012 – 7 B 53/11, ZIP 2012, 1258 = EWiR 2012, 527 [*Pricke*], Vorinstanz: OVG Münster Urt. v. 15.6.2011 – 8 A 1150/10, ZD 2011, 141 = NZI 2011, 915 mAnm *Schmittmann;* VG Aachen NZI 2014, 328 mAnm *Schmittmann;* VG Münster Urt. v. 27.6.2014 – 1 K 343/13, BeckRS 2014, 53802 = Verbraucherinsolvenz aktuell 2014, 79 mAnm *Schmittmann;* VG Köln Urt. v. 27.3.2014 – 13 K 60/13, BeckRS 2014, 51631; OVG Berlin-Brandenburg Beschl. v. 26.1.2011 – 12 M 67/10, ZIP 2011, 447 f., das zumindest Prozesskostenhilfe für einen solchen Anspruch gewährt hat; vgl. umfassend: *Schaake,* Informationsansprüche, S. 40 ff.), sofern das Landesrecht, zB Sachsen-Anhalt, diesen Anspruch nicht explizit ausschließt (so OVG Magdeburg Urt. v. 23.4.2014 – 3 L 319/13, NZI 2014, 873 mAnm *Schmittmann*). Für diese Klagen sind die **Verwaltungsgerichte** zuständig (so OVG Hamburg Beschl. v. 21.12.2011 – 5 So 111/11, ZIP 2012, 492 = ZInsO 2012, 222; OVG Münster Urt. v. 15.6.2011 – 8 A 1150/10, ZD 2011, 141 = NZI 2011, 915 mAnm *Schmittmann;* OVG Berlin-Brandenburg Beschl. v. 26.1.2011 – 12 M 67/10, ZIP 2011, 447 f.; VG Hamburg Beschl. v. 17.5.2010 – 7 K 429/09, ZInsO 2010, 1097 f.; FG Münster Beschl. v. 25.6.2012 – 15 K 874/10, EFG 2012, 1270 = ZD 2012, 443 = ZVI 2012, 315 = ZIP 2012, 2323; *Schmittmann* NZI 2012, 633 [636]; *Schmittmann/Kupka* NZI 2009, 367 [368]; *Haarmeyer/Huber/Schmittmann* Praxis der Insolvenzanfechtung Teil IV. Rn. 218; aA FG Hamburg Beschl. v. 2.7.2010 – 6 K 75/09, EFG 2010, 2018 f.; bestätigt durch BFH ZIP 2011, 883 f.; umfassend: *Schaake,* Auskunftsansprüche, S. 95 ff.), sofern in dem betreffenden Bundesland ein IFG besteht. Im übrigen bleibt es bei den Vorschriften der AO (so BFH Urt. v. 19.3.2013 – II R

17/11, BFHE 240, 497 ff. = BStBl. II 2013, 639 ff. = ZD 2013, 521 f. = ZIP 2013, 1133 ff. = EWiR 2013, 487 f. [*von Spiessen*] = ZVI 2013, 396 ff. = NZI 2013, 706 ff. mAnm *Schmittmann*). Das **Insolvenzgericht** kann auch einen „schwachen" vorläufigen Insolvenzverwalter ermächtigen, **Steuerakten** und deren Anlagen beim zuständigen Finanzamt des Schuldners im Rahmen von Ermittlungen gem. § 5 InsO einzusehen sowie die Rechte des Schuldners aus dem Steuerschuldverhältnis geltend zu machen (so LG Hamburg Beschl. v. 9.12.2014 – 326 T 149/14, ZInsO 2015, 45).

89 Zu einer selbständigen Ermittlung der **Zahlungsunfähigkeit** des Schuldners und der Gläubigerbenachteiligung im Zeitpunkt der jeweiligen Zahlungseingänge ist die Finanzverwaltung nicht verpflichtet (so BFH Beschl. v. 14.4.2011 – VII B 201/10, BFH/NV 2011, 1296 ff.).

90 Mit der Eröffnung des Insolvenzverfahrens steht dem Insolvenzverwalter gegenüber der Finanzverwaltung ein Anspruch zu, dass diese über einen **Antrag auf Akteneinsicht** nach pflichtgemäßem Ermessen entscheidet (so BFH Beschl. v. 15.9.2010 – II B 4/10, BFH/NV 2011, 2). Zum Teil differenzieren die Gerichte danach, ob das Besteuerungsverfahren bestandskräftig abgeschlossen ist (so FG RhPf Urt. v. 24.11.2009 – 1 K 1752/07, ZIP 2010, 892 ff.; kritisch: *Schmittmann* NZI 2012, 633 [635]). Zum Teil wird die Auskunftserteilung vollständig abgelehnt, obwohl der Insolvenzverwalter für den Schuldner Steuererklärungen ua abzugeben und eventuell fehlerhafte Erklärungen zu berichtigen hat (so FG Hessen 31.8.2010 – 7 K 3725/06, BeckRS 2014, 13555). Das **Rechtsstaatsprinzip** und die aus Art. 19 Abs. 4 GG resultierenden **Verfahrensgrundrechte** sprechen dafür, dass die Finanzverwaltung zumindest dann ermessensfehlerhaft handelt, wenn sie dem Insolvenzverwalter die beantragte Auskunft nicht erteilt. Es ist vielmehr zu berücksichtigen, dass sich Insolvenzverwalter und Finanzamt nicht nur in einem zivilrechtlich geprägten Insolvenzrechtsverhältnis, sondern auch in einem öffentlich-rechtlichen Steuerrechtsverhältnis gegenüberstehen (so FG Münster Urt. v. 17.9.2009 – 3 K 1514/08, ZIP 2009, 2400 f.; *Haarmeyer/Huber/Schmittmann* Praxis der Insolvenzanfechtung Teil IV. Rn. 199; *Waza/Uhländer/Schmittmann* Insolvenzen und Steuern Rn. 3201).

91 Es entspricht der ordnungsgemäßen Aufgabenwahrnehmung des Insolvenzverwalters, über die bloße Befragung des Schuldners hinaus alle Möglichkeiten der **Informationsbeschaffung** wahrzunehmen, also auch Ermittlungen bei Körperschaften des öffentlichen Rechts, einschließlich der Finanzverwaltung, anzustellen (so VG Minden Gerichtsbescheid v. 12.8.2010 – 7 K 23/10, ZInsO 2010, 1839 [1841]; *Waza/Uhländer/Schmittmann* Insolvenzen und Steuern Rn. 3219). Für Auskunftserteilung in Form von schlichten Ausdrucken dürfen keine gesonderte **Gebühren** über 0,25 EUR Kosten für den Ausdruck hinaus verlangt werden (so VG Gelsenkirchen Urt. v. 8.1.2015 – 17 K 5214/13, NZI 2015, 525; VG Gelsenkirchen Urt. v. 8.1.2015 – 17 K 6106/13, www.nrwe.de).

B. Einkommensteuer

I. Grundlagen

Schrifttum: *Busch/Winkens,* Verpflichtung zur Abgabe von Steuererklärungen, Veranlagungswahlrecht und eigenhändige Unterschrift des Insolvenzverwalters bzw. Treuhänders, ZInsO 2009, 2173; *Casse,* Einkommensteuer als Masseverbindlichkeit? – Klarheit durch den BFH, ZInsO 2011, 2309; *Eisolt,* Einkommensteuer-Vorauszahlungen in der Insolvenz natürlicher Personen, ZInsO 2014, 334; *Hoffmann,* Rangrücktritt als steuerlicher Eigenkapitalgenerator, StuB 2015, 561; *Jakob,* Einkommensteuer, 4. Aufl. 2008; *Kahlert,* Die Wahl der Steuerklasse im Insolvenzverfahren, DB 2011, 2516; *Kahlert,* Beendigung der ertragsteuerlichen Organschaft im vorläufigen Insolvenzverfahren, DStR 2014, 73; *Kahlert,* Steuerbilanzielle Behandlung des Rangrücktritts nach dem Konzept des IX. Senats des BGH, DStR 2015, 734; *Kammeter/Kammeter,* Der Lohn- und Einkommensteueranspruch gegen den insolventen Arbeitnehmer, NWB 2011, 4012; *Lissner,* Der Steuererstattungsanspruch und die Nachtragsverteilung, InsbürO 2014, 268; *Schmidt,* EStG – Kommentar, 34. Aufl. 2015; *Mayer/Betzinger,* Verbindlichkeiten in der Liquidation – Anmerkungen zum Urteil des BFH vom 5.2.2014 (I R 34/12), DStR 2014, 1573; *Ott,* Gesellschafterdarlehen bei der GmbH: Steuerliche Folgen in Krisensituationen oder bei Insolvenz, StuB 2015, 43; *Schmidt,* Rangrücktritt bei Gesellschafterdarlehen: Problem gebannt ?, DB 2006, 2503; *Schmidt,* Rangrücktritt insolvenzrechtlich/Rangrücktritt steuerrechtlich, DB 2015, 600; *Schmittmann,* Einkommensteuerlichen Problemstellungen in und nach der Insolvenz des Steuerpflichtigen, StuB 2012, 404; *Schmittmann,* Steuerliche Behandlung nicht insolvenzbefangener Einkünfte und Umsätze des Schuldners, StuB 2015, 228; *Schmittmann/Gorris,* Steuerliche Fragestellungen im Zusammenhang mit der Zwangsverwaltung, InsbürO 2006, 89; *Schöler,* Verlustvortrag und Zusammenveranlagung in der Insolvenz eines Ehegatten, DStR 2013, 1453; *Tipke/Lang,* Steuerrecht, 22. Aufl. 2015, § 9; *Waza/Uhländer/Schmittmann* Insolvenzen und Steuern Rn. 1331; *Waclawik,* Die steuerliche Verlustnutzung unter Eheleuten in der Insolvenz eines Ehegatten, DStR 2011, 480; *Wolf,* Die Rückzahlung von Gesellschafterdarlehen „in der Krise", BB 2010, 1187; *Ziegenhagen/Thieme,* Besteuerung in Krise und Insolvenz, 2010, 194.

Die Einkommensteuer hat die **natürliche Person** zum Steuersubjekt (so *Tipke/Lang* Steuerrecht § 9 Rn. 20). Neben der **Einzelveranlagung** kennt das Einkommensteuerrecht auch die **Zusammenveranlagung** von Ehegatten (§ 26b EStG). **92**

Kapitalgesellschaften, Erwerbs- und Wirtschaftsgenossenschaften sowie sonstige Kapitalgesellschaften sind Subjekte der **Körperschaftsteuer** (§ 1 KStG). **93**

Personengesellschaften (Gesellschaften bürgerlichen Rechts, offene Handelsgesellschaften und Kommanditgesellschaften) oder **Gemeinschaften** sind weder Einkommensteuer- noch Körperschaftsteuerschuldner. Die von den Gesellschaften oder Gemeinschaften erzielten Gewinne werden den Gesellschaftern oder Gemeinschaftern zugerechnet und bei diesen einkommensteuerlich oder körperschaftsteuerlich erfasst (vgl. *Tipke/Lang* Steuerrecht § 9 Rn. 21). **94**

Die Kernvorschrift des Einkommensteuerrechts liegt in **§ 2 EStG.** Der Einkommensteuer unterliegen die in § 2 Abs. 1 EStG genannten Einkünfte, die der Steuerpflichtige während seiner **unbeschränkten Einkommensteuerpflicht** oder als inländische Einkünfte während seiner **beschränkten Einkommensteuerpflicht** erzielt. **95**

Das Einkommensteuerrecht unterscheidet zwischen den **Gewinneinkünften** (Land- und Forstwirtschaft, Gewerbebetrieb und selbständiger Arbeit; § 2 Abs. 2 S. 1 Nr. 1 EStG) und den **Überschusseinkünften** bei den anderen Einkunftsarten (§ 2 Abs. 2 S. 1 Nr. 2 EStG). **96**

Der **Gesamtbetrag der Einkünfte** ist die Summe der Einkünfte, vermindert um den Altersentlastungsbetrag, den Entlastungsbetrag für Alleinerziehende und den Abzug nach § 13 Abs. 3 EStG und § 2 Abs. 3 EStG. Das **Einkommen** ist der Gesamtbetrag der Einkünfte, vermindert um die Sonderausgaben und die außergewöhnlichen Belastungen (§ 2 Abs. 4 EStG). Das **zu versteuernde Einkommen,** das die Bemessungsgrundlage für die tarifliche Einkommensteuer bildet, ist das Einkommen vermindert um die Freibeträge nach § 32 Abs. 6 EStG und um die sonstigen vom Einkommen abzuziehenden Beträge (§ 2 Abs. 5 EStG). **97**

Die Einkommensteuer ist eine **Jahressteuer** (§ 2 Abs. 7 EStG), woraus sich Abgrenzungsfragen hinsichtlich von Insolvenzforderungen und Masseverbindlichkeiten ergeben. Das Einkommensteuerrecht unterscheidet zwischen **steuerbaren** (vgl. im einzelnen *Tipke/Lang* Steuerrecht § 9 Rn. 121 ff.) und **steuerfreien Einkünften** (vgl. im Einzelnen *Tipke/Lang* Steuerrecht § 9 Rn. 137 ff.). **98**

99 Wegen der Einzelheiten, soweit sie nicht spezifisch insolvenzsteuerrechtlicher Art sind, kann lediglich auf die steuerrechtliche Literatur verwiesen werden.

100 **Ehegatten,** die beide unbeschränkt einkommensteuerpflichtig sind und nicht dauernd getrennt leben, und bei denen diese Voraussetzung zu Beginn des Veranlagungszeitraumes vorgelegen haben oder im Laufe des Veranlagungszeitraums eingetreten sind, können zwischen **getrennter Veranlagung** (§ 26a EStG) und **Zusammenveranlagung** (§ 26b EStG) wählen; für den Veranlagungszeitraum der Eheschließung können sie stattdessen die besondere Veranlagung nach § 26c EStG wählen (§ 26 Abs. 1 S. 1 EStG).

101 Das **Wahlrecht des Ehegatten** gemäß § 26 Abs. 2 EStG ist kein höchstpersönliches, sondern ein personenmäßiges Recht, dessen Verwaltung ausschließlich dem Insolvenzverwalter zusteht (vgl. OFD Frankfurt a. M., Vfg. v. 12.8.2011 – S 2262 A – 9 – St 216, DB 2011, 2520; BFH Urt. v. 29.10.1963 – VI 266/61, BFHE 77, 754 = BStBl. III 1963, 597; FG Münster Urt. v. 7.12.2006 – 2 K 5809/04 E, ZInsO 2007, 383 f.; *Schmittmann/Theurich/Brune* Das insolvenzrechtliche Mandat § 9 Rn. 54; *Kahlert* DB 2011, 2516 [2517]).

102 In der Insolvenz eines Ehegatten wird das **Wahlrecht** für eine Getrennt- oder Zusammenveranlagung durch den **Insolvenzverwalter** ausgeübt (so BFH Beschl. v. 22.3.2011 – III B 114/09, BFH/NV 2011, 1142 = ZIP 2011, 1162 Rn. 12; BGH Urt. v. 18.11.2010 – IX ZR 240/07, ZIP 2010, 2515 [2516] = DStR 2011, 277 [278] mAnm *Goette;* BGH Urt. v. 24.5.2007 – IX ZR 8/06, NZI 2007, 455 [456]; LG Kleve Urt. v. 13.6.2012 – 2 O 433/11, ZVI 2012, 383 = ZIP 2013, 85; Berufung anhängig: OLG Düsseldorf Az. 24 U 116/12). Der Insolvenzverwalter hat allerdings keinen Anspruch gegen den anderen Ehegatten auf Zustimmung zur steuerlichen **Zusammenveranlagung,** um den dem anderen Ehegatten zustehenden **Verlustvortrag** zu nutzen (so OLG Schleswig Beschl. v. 23.5.2014 – 10 UF 63/13, BeckRS 2014, 17794 = ZVI 2015, 35 = NZI 2014, 1021 ff. = NJW 2014, 3523 = Verbraucherinsolvenz aktuell 2014, 85 mit krit. Anm. *Schmittmann*).

103 Der Insolvenzverwalter kann seine **Zustimmung** nicht davon abhängig machen, dass sich der Ehegatte zur Auszahlung des Wertes des durch die Zusammenveranlagung erzielten **Steuervorteils** verpflichtet (so BGH Urt. v. 18.5.2011 – XII ZR 67/09, NZI 2011, 647 [648] = NJW 2011, 2725 [2726] = DB 2011, 1749; BGH Urt. v. 18.11.2010 – IX ZR 240/07, ZIP 2010, 2515 [2516]= DStR 2011, 277 [278] mAnm *Goette;* vgl. dazu differenzierend: *Waclawik* DStR 2011, 480 ff.; LG Kleve Urt. v. 13.6.2012 – 2 O 433/11, ZVI 2012, 383, das für einen Fall aus 2008 zumindest die Rechtswidrigkeit einer Forderung des Insolvenzverwalters nach Ausgleich des Vorteils verneint). Die Befugnis des Insolvenzverwalters bzw. Treuhänders kann nicht weiter reichen, als die Befugnis des Schuldners selbst. Ist der Schuldner in der intakten Ehe zur gemeinsamen Veranlagung verpflichtet, kann sich auch der Insolvenzverwalter bzw. Treuhänder darüber nicht hinwegsetzen (so AG Essen Urt. v. 10.2.2004 – 13 C 479/03, ZInsO 2004, 401 [402]; *Schmittmann/Theurich/Brune* Das insolvenzrechtliche Mandat § 9 Rn. 54). Der **Anspruch auf Zustimmung** zur Zusammenveranlagung richtet sich gegen den Insolvenzverwalter bzw. Treuhänder und ist keine Insolvenzforderung (so BGH Urt. v. 18.5.2011 – XII ZR 67/09, DB 2011, 1748 [1749]). Dies hat zur Konsequenz, dass der Ehegatte im Insolvenzverfahren des Schuldners dessen **Verlustvortrag** aufbrauchen könne, ohne dass der Insolvenzmasse ein Ausgleich zuteil wird (kritisch: *Kahlert* EWiR 2008, 47 [48]).

Im Bereich der **Veräußerung von Anteilen an einer Kapitalgesellschaft** gelten gem. § 17 EStG Besonderheiten (vgl. BMF Schreiben v. 16.12.2014 – IV C 1 – S 2252/14/10001:001, BStBl. I 2015, 24 = StuB 2015, 73; *Niemeyer/Stock,* Notleidende Gesellschafterdarlehen im Lichte der Abgeltungssteuer, DStR 2011, 445 ff.; *Maciejewski,* Die steuerliche Behandlung von Gesellschafterdarlehen nach

MoMiG und Unternehmenssteuerreformgesetz, GmbHR 2012, 1335 ff.; *Röck/Hucke,* Die Weitergeltung des Eigenkapitalersatzrechts, GmbHR 2013, 791 ff.; *Ott,* Gesellschafterdarlehen bei der GmbH – StuB 2015, 42 ff.).

II. Abgrenzung Insolvenzforderungen, Masseverbindlichkeiten und insolvenzfreie Verbindlichkeiten

1. Insolvenzforderungen. a) Grundsätze. Insolvenzgläubiger sind persönliche Gläubiger des Schuldners, die einen zur Zeit der Eröffnung des Insolvenzverfahrens begründeten Vermögensanspruch gegen den Schuldner haben (§ 38 InsO; vgl. dazu ausführlich: → § 38 Rn. 14). **104**

Das Insolvenzrecht knüpft schon nach dem Wortlaut der Bestimmung des § 38 InsO an den eigenständigen insolvenzrechtlichen **Begriff der „Begründetheit"** eines Anspruchs an (so zuletzt BFH Urt. v. 24.8.2011 – V R 53/09, BFHE 235, 5 = BStBl. II 2012, 256 = BFH/NV 2012, 148 = ZIP 2011, 2421 = ZInsO 2012, 228 = DStR 2011, 2396 mAnm *Ma*), der weder mit dem Begriff der Entstehung noch dem Begriff der Fälligkeit verwechselt werden darf (vgl. → § 38 Rn. 14; Kübler/Prütting/Bork/*Holzer* § 38 Rn. 36, HK-InsO/*Eickmann* § 38 Rn. 18; *Uhlenbruck/Sinz* § 38 Rn. 67; *Waza/Uhländer/Schmittmann* Insolvenzen und Steuern Rn. 703). **105**

Für § 38 InsO ist ausschließlich die **insolvenzrechtliche Vermögenszuordnung** maßgebend. Rechtsgrundlage für die Entstehung einer Forderung ist grundsätzlich der sie begründende Tatbestand, der sog **„Schuldrechtsorganismus"** (so → § 38 Rn. 21; *Uhlenbruck/Sinz* § 38 Rn. 67; *Waza/Uhländer/Schmittmann* Insolvenzen und Steuern Rn. 704). Entscheidend ist, ob die **Hauptforderung** ihrem Kern nach bereits vor Eröffnung des Insolvenzverfahrens entstanden ist. Es kommt nicht darauf an, ob der Anspruch zum Zeitpunkt der Eröffnung des Insolvenzverfahrens im steuerrechtlichen Sinne entstanden ist, sondern darauf, ob in diesem Zeitpunkt nach insolvenzrechtlichen Grundsätzen der Rechtsgrund für den Anspruch bereits gelegt war (so BFH Beschl. v. 1.4.2008 – X B 201/07, BFH/NV 2008, 925 = ZIP 2008, 1780; BFH Beschl. v. 6.10.2005 – VII B 309/04, BFH/NV 2006, 369). Wird das Insolvenzverfahren unterjährig eröffnet, richtet sich die **Anrechnung** von nach Insolvenzeröffnung geleisteten **Einkommensteuervorauszahlungen** auf die in Insolvenzforderungen und Masseverbindlichkeiten aufgeteilte einheitliche Einkommensteuerschuld danach, ob der Steuertatbestand der Vorauszahlung vor oder nach Insolvenzeröffnung entstanden ist (so FG München Urt. v. 7.5.2014 – 9 K 2072/13, ZIP 2014, 1892 = EWiR 2014, 631 [*Kahlert*]). **106**

Eine **Steuerforderung** ist immer dann **Insolvenzforderung** im Sinne des § 38 InsO, wenn sie vor Eröffnung des Insolvenzverfahrens in der Weise begründet worden ist, dass der **zugrundeliegende zivilrechtliche Sachverhalt,** der zu der Entstehung der Steueransprüche führt, bereits **vor Eröffnung des Insolvenzverfahrens verwirklicht** worden ist (→ § 38 Rn. 21). Nach denselben Grundsätzen muss auch der Zeitpunkt der insolvenzrechtlichen **Entstehung,** dass heißt die Zugehörigkeit zur Insolvenzmasse (§ 35 InsO) eines steuerrechtlichen **Vergütungs- oder Erstattungsanspruchs des Schuldners** beurteilt werden (so BFH Beschl. v. 6.10.2005 – VII B 309/04, BFH/NV 2006, 369; BFH Urt. v. 1.8.2000 – VII R 31/99, BFHE 193, 1 = BStBl. II 2002 S. 323; BFHE 188, 149 = BStBl. II 1999, 423; BFH Urt. v. 21.9.1993 – VII R 68/92, BFH/NV 1994, 521 = ZIP 1993, 1892; BFH Urt. v. 21.9.1993 – VII R 119/91, BFHE 172, 308 = BStBl. II 1994, 83; → § 35 Rn. 10). **107**

Das **Begründetsein** ist für jeden **Steueranspruch** und jede **Steuerart** gesondert zu prüfen (vgl. HK-InsO/*Eickmann* § 38 Rn. 22). Im insolvenzrechtlichen Sinne kann eine Steuerforderung begründet sein, obwohl sie nach Steuerrecht **108** noch gar nicht entstanden ist. Der **Rechtsgrund** muss aber bereits gelegt sein (vgl. *Waza/Uhländer/Schmittmann* Insolvenzen und Steuern Rn. 705).

109 **b) Problemfelder bei der Einkommensteuer.** Die Einkommensteuer ist eine **Jahressteuer,** da sie nach Ablauf des Kalenderjahres **(Veranlagungszeitraum)** nach dem Einkommen veranlagt wird, dass der Steuerpflichtige in diesem Veranlagungszeitraum bezogen hat (§ 25 Abs. 1 EStG). Die Eröffnung des Insolvenzverfahrens beeinflusst das **Besteuerungsverfahren** nicht. Die Verfahrenseröffnung ist lediglich die Ursache für die zeitliche **Aufteilung des Besteuerungszeitraums** mit dem Ziel der einheitlichen Befriedigung der Gläubiger. Die insolvenzrechtliche Einordnung richtet sich danach, wann und in welcher Höhe die Einkommensteuer begründet worden ist (so *Waza/Uhländer/Schmittmann* Insolvenzen und Steuern Rn. 1440).

Bei der **Vorfinanzierung von Insolvenzgeld** fließt dieses bereits zu dem Zeitpunkt zu, im der Arbeitnehmer das Entgelt von der Bank enthält (so BFH Urt. v. 1.3.2012 – VI R 4/11, BStBl. II 2012, 596; OFD Münster DStR 2013, 811 [812]).

110 Die im Zeitpunkt der Verfahrenseröffnung begründeten Forderungen sind als **Insolvenzforderungen** zu befriedigen; bei den später begründeten Steuerforderungen handelt es sich um **Masseverbindlichkeiten,** die vorweg aus der Insolvenzmasse zu befriedigen sind (so BFH Urt. v. 29.3.1984 – IV R 271/83, BFHE 141, 2 = BStBl. II 1984, 602). Bei den später begründeten Steuerforderungen kann sich allerdings auch um Forderungen gegen das **insolvenzfreie Vermögen des Schuldners** handeln (vgl. BFH Urt. v. 14.2.1978 – VIII R 28/73, BFHE 124, 411 = BStBl. II 1978, 356).

111 Nach diesen Grundsätzen ist die **Einkommensteuerschuld** des Schuldners **im Jahr der Insolvenzeröffnung zu beurteilen** und **ggf. aufzuteilen** (→ § 38 Rn. 27; BFH Urt. v. 7.11.1963 – IV 210/62 S, BStBl. III 1964, 70). Nicht entscheidend ist, dass die Einkommensteuerschuld erst mit Ablauf des Veranlagungszeitraums entsteht; ausschlaggebend ist vielmehr wann und in welchem Umfang sie begründet wurde, und ob es sich danach um eine Insolvenzforderung, eine Masseverbindlichkeit oder eine insolvenzfreie Forderung handelt (so BFH Urt. v. 29.3.1984 – IV R 271/83, BFHE 141, 2 = BStBl. II 1984, 602).

112 Gesondert sind die Fälle zu betrachten, in denen das Gericht einen **vorläufigen Insolvenzverwalter** bestellt hatte. Ist die **Verwaltungs- und Verfügungsbefugnis** auf einen „starken" vorläufigen Insolvenzverwalter übergegangen, so werden durch ihn **Masseverbindlichkeiten** gemäß § 55 Abs. 2 InsO begründet (so *Waza/Uhländer/Schmittmann* Insolvenzen und Steuern Rn. 1434). War lediglich ein **Zustimmungsvorbehalt** angeordnet, also ein schwacher vorläufiger Insolvenzverwalter bestellt, konnte dieser bislang keine Masseverbindlichkeiten begründen, sofern keine Einzelermächtigung dazu erteilt war (→ § 22 Rn. 7).

113 Nach neuer Rechtslage (Einführung eines § 55 Abs. 4 InsO durch das **Haushaltsbegleitgesetz** 2011) sind alle Verbindlichkeiten des Insolvenzschuldners aus dem **Steuerschuldverhältnis,** die von einem vorläufigen Insolvenzverwalter oder vom Schuldner mit Zustimmung eines vorläufigen Insolvenzverwalters begründet worden sind, nach Eröffnung des Insolvenzverfahrens als Masseverbindlichkeiten anzusehen (vgl. → Rn. 8 ff.). Dies bedeutet, dass für Verfahren, die nach dem 31.12.2010 beantragt worden sind, nicht mehr danach zu differenzieren ist, ob ein „schwacher" oder „starker" vorläufiger Insolvenzverwalter bestellt worden ist, sondern lediglich danach, ob die **Steuerverbindlichkeiten mit Zustimmung des vorläufigen Verwalters** begründet worden sind (→ § 55 Rn. 44). Das BMF (Schreiben v. 17.1.2012 – IV A 3 – S 0550/10/10020-05, BStBl. I 2012, 120) hat die Einzelheiten geregelt (vgl. dazu: *Trottner* NWB 2012, 920; *Schmittmann* ZIP

2012, 249). Steuerschuldner bleibt im vorläufigen Insolvenzverfahren der Schuldner, sofern kein starker vorläufiger Verwalter bestellt worden ist (vgl. → § 55 Rn. 46).

Insolvenzverfahren werden in aller Regel nicht nur am 1.1. eröffnet, sondern **114**
zu beliebigen Zeitpunkten während des gesamten Jahres, so dass sich die Abgrenzungsfrage zwischen **Insolvenzforderung** und **Masseverbindlichkeiten** bei der Einkommensteuer schwierig zu beantworten ist. Einfacher ist dies zB bei der Umsatzsteuer und bei der Grunderwerbsteuer, da diese jeweils an einzelne wirtschaftliche Vorgänge anknüpfen, die entweder vor oder nach Eröffnung liegen.

Schon im Hinblick auf den **Einkommensteuertarif** und die auf das Kalender- **115**
jahr abzielenden **Freibeträge** und **Freigrenzen** kann die Einkommensteuerschuld nur einheitlich ermittelt werden, was allerdings noch nicht die Frage klärt, welcher Teil der einheitlich ermittelten Einkommensteuerschuld Insolvenzforderung und Masseverbindlichkeit ist (so *Waza/Uhländer/Schmittmann* Insolvenzen und Steuern Rn. 1433).

Die im **Veranlagungszeitraum** erzielten Einkünfte sind in drei **Einkünfteer-** **116**
mittlungszeiträume aufzuteilen, nämlich in Einkommen, das der Schuldner vor Verfahrenseröffnung erzielt hat, in Einkommen, das durch die Verwertung im Insolvenzverfahren erzielt wurde und solches, das ihm (unpfändbar) erst nach Verfahrenseröffnung zugeflossen ist (so BFH Urt. v. 11.11.1993 – XI R 73/92, BFH/NV 1994, 477 = ZIP 1994, 1286; vgl. *Hartwig/Schmittmann* InsbürO 2014, 347 [349]). Klärungsbedürftig ist die **Frage des Aufteilungsmaßstabes.**

Der RFH (Urt. v. 17.12.1930 – VI A 820/29, RFHE 27, 335 = RStBl. 1931, **117**
197) hat zunächst die **Separationstheorie** vertreten, wonach mit Eröffnung des Konkursverfahrens eine Trennung von Gemeinschuldner und Konkursmasse eintreten und zukünftig zwei Subjekte einkommensteuerpflichtig sein sollten. Die Separationstheorie hat der RFH später aufgegeben (so RFH Urt. v. 22.6.1938 – VI 687/37, RFHE 44, 162 = RStBl. 1938, 669; RFH Urt. v. 13.7.1938 – I 89/38, RFHE 44, 249 = RStBl. 1938, 843; RFH Urt. v. 25.10.1938 – I 138/38, StuW 1938, II Nr. 695; RFH Urt. v. 5.3.1940 – I 44/40, RFHE 48, 241 = RStBl. 1940, 715; RFH Urt. v. 26.4.1939 – VI 58/39, StuW 1939 II, Nr. 320). Dem hat der BFH sich zunächst angeschlossen (so BFH Urt. v. 11.11.1993 – XI R 73/92, BFH/NV 1994, 477 = ZIP 1994, 1286).

Es ist nach **Maßstab des Verhältnisses der jeweiligen Teileinkünfte** auf- **118**
zuteilen. Diese Methode ist in Ansehung der **progressiven Einkommensteuerbelastung** sachgerecht, weil zur Jahressteuerschuld ununterscheidbar alle Einkommensteile unabhängig von ihrem zeitlichen Anfall beigetragen haben (so BFH Urt. v. 11.11.1993 – XI R 73/92, BFH/NV 1994, 477 = ZIP 1994, 1286; BFH Urt. v. 29.3.1984 – IV R 271/83, BFHE 141, 2 = BStBl. II 1984, 602 = NJW 1985, 511). Aufgrund der **Progression des Einkommensteuertarifs** kann diese Aufteilungsmethode zu ungelegenen Ergebnissen führen, so dass eine analoge Anwendung von § 38a Abs. 3 EStG, wonach das jeweilige Teileinkommen auf ein Jahreseinkommen umgerechnet, aus diesem die Jahressteuer ermittelt und zeitanteilig angesetzt wird, vorgeschlagen wird (so *Uhlenbruck/Sinz* § 38 Rn. 74; *Jaeger/Henckel* § 38 Rn. 136).

Die Folgen der **Progression** können durch **fiktive getrennte Veranlagun-** **119**
gen nach §§ 268 ff. AO im Wege von **Teilveranlagungen** herabgemildert werden. Für die unterschiedlichen Zeiträume sind dann jeweils **Gewinnermittlungen** und **Schattenveranlagungen** durchzuführen, bei denen die Sonderausgaben und außergewöhnlichen Belastungen nach Anlass zugerechnet und die Pauschbeträge zeitanteilig berücksichtigt werden. Anschließend werden für die Teilveranlagungen jeweils die Steuerschulden errechnet und zueinander ins Verhältnis gesetzt. Grundlage für die Aufteilung der einheitlichen Steuerschuld sind die Steuerbeträge, bei denen das Progressionselement zumindest eingeflossen ist (so

Waza/Uhländer/Schmittmann Insolvenzen und Steuern Rn. 1461; *Weiß* FR 1992, 255 [259]).

120 **2. Masseverbindlichkeiten. a) Einkommensteuer aus Verwertung der Masse.** Masseverbindlichkeiten aus Einkommensteuer (→ § 55 Rn. 20) sind gegen die Insolvenzmasse festzusetzen. Hierbei handelt es sich zunächst um die aus der **Verwertung der Insolvenzmasse** ergebende Einkommensteuerschuld. Die Einkommensteuerschuld, die aus der Verwertung der zur Insolvenzmasse (und zum Betriebsvermögen) gehörenden Wirtschaftsgüter resultiert, ist als sonstige Masseverbindlichkeit iS des § 55 Abs. 1 Nr. 1 InsO zu qualifizieren (so BFH Beschl. v. 18.12.2014 – X B 89/14, ZIP 2015, 389 = EWiR 2015, 157 [*de Weerth*] = InsbürO 2015, 357 mAnm *Schmittmann;* BFH Urt. v. 16.5.2013 – IV R 23/11, DStR 2013, 1584 = ZIP 2013, 1481 = EWiR 2013, 621 [*Schmittmann*]) und in einem auf den Zeitraum nach Insolvenzeröffnung beschränkten **Einkommensteuerbescheid** gegenüber dem Insolvenzverwalter festzusetzen. Die **einheitliche Einkommensteuerschuld** eines Kalenderjahres ist in eine Insolvenzforderung, eine Masseforderung und eine insolvenzfreie Forderung aufzuteilen. Insolvenzforderungen sind zur Tabelle anzumelden; Steuern, die auf Einkünften der Insolvenzmasse beruhen und zu Massekosten führen, sind durch **Steuerbescheid** festzusetzen (so BFH Urt. v. 5.3.2008 – X R 60/04, BFHE 220, 299 = BStBl. II 2008, 787 = ZIP 2008, 1643; BFH Urt. v. 25.7.1995 – VIII R 61/94, BFH/NV 1996, 117; BFH Urt. v. 11.11.1993 – XI R 73/92, BFH/NV 94, 477 = ZIP 1994, 1286).

121 Keine **Masseverbindlichkeit** liegt vor, wenn der Schuldner mit Duldung des Insolvenzverwalters einer **Geschäftsführertätigkeit** nachgeht und nach Eröffnung des Insolvenzverfahrens die von der insolventen GmbH geschuldeten Lohnsteuern nicht abführt. Die bloße Duldung der Geschäftsführertätigkeit ist nicht als Verwalten der Insolvenzmasse im Sinne von § 55 Abs. 1 Nr. 1 Hs. 2 InsO anzusehen. Der Insolvenzverwalter hat bei einem nicht selbständigen Geschäftsführer ohnehin keine Möglichkeit, diese Tätigkeit zu unterbinden oder sonst zu beeinflussen. Die nach Insolvenzeröffnung neu erworbenen Lohn- und Gehaltsansprüche sind nicht anders zu beurteilen als jene, auf die bereits bei Eröffnung des Verfahrens ein Anspruch bestand. Sie fallen mit dem Betrag in die **Insolvenzmasse,** mit dem sie auch der Einzelzwangsvollstreckung unterliegen, dh mit dem Nettobetrag unter Berücksichtigung der Pfändungsfreigrenzen. Schadenersatz- oder Haftungsansprüche aus der Tätigkeit beeinflussen den Lohn- und Gehaltsanspruch nicht unmittelbar und sind daher keine Masseverbindlichkeiten (so BFH Urt. v. 21.7.2009 – VII R 49/08, BFHE 226, 97 = BStBl. II 2010, 13 = ZIP 2009, 2208). Auch die Einkommensteuer auf unpfändbare **Rentenbezüge** des Schuldners ist keine Masseverbindlichkeit (so FG Düsseldorf Urt. v. 19.8.2011 – 11 K 4201/10, ZIP 2011, 2070 f.).

122 **b) Probleme bei Personengesellschaften.** War oder ist der Schuldner **Gesellschafter einer Personengesellschaft,** so sind auch die sich aus „echten“ Gewinnen der Personengesellschaft ergebenden Einkommensteuerschulden nach Verfahrenseröffnung Masseverbindlichkeiten, wobei der gegen die Gesellschaft gerichtete Gewinnanspruch unmittelbar der Insolvenzmasse des Gesellschafters zugute kommt. Masseverbindlichkeiten sind aber auch die Einkommensteuerschulden, die sich daraus ergeben, dass nach Auflösung einer Rückstellung auf der Ebene der Gesellschaft ein Gewinn entsteht. In diesen Fällen handelt es sich zwar nicht um einen Gewinn, der zu einer **Vermögensmehrung** führt, es wird vielmehr der Gewinn der Vorjahre nachversteuert. Erfolgt dies nach Insolvenzeröffnung über das Vermögen des Gesellschafters, entsteht durch die **Auflösung der Rückstellung** ohne Einflussnahme des Insolvenzverwalters des Gesellschafters oder eine anderweitige Gewinnentstehung auf der Ebene der Gesellschaft eine

Masseverbindlichkeit in dessen Insolvenzverfahren (so BFH Beschl. v. 18.12.2014 – X B 89/14, ZIP 2015, 389; BFH Urt. v. 18.5.2010 – X R 60/08, BFHE 229, 62 = ZIP 2010, 1612 = ZInsO 2010, 1553). Dies ist schon deshalb bedenklich, weil der Insolvenzverwalter zum einen keinerlei Einfluss auf die Auflösung der Rückstellung bei der Gesellschaft hat, an der der Schuldner beteiligt ist. Zum anderen kann die als **Masseverbindlichkeit** festgesetzte Einkommensteuerschuld die Insolvenzmasse in vollem Umfang aufzehren, ohne dass ein Massezufluss erzielt wird.

Die Grundsätze zur **Mitunternehmerschaft** hat der BGH (Urt. v. 9.12.14 – X R 12/12, ZIP 2015, 1016 = EWiR 2015, 357 [*Schmittmann*]) auf die Mitglieder einer Erbengemeinschaft erweitert und zudem entschieden, dass ein **Zwangsverwalter** nicht die Einkommensteuer der Mitglieder der Erbengemeinschaft zu zahlen hat. Daran hält der BFH (Urt. v. 10.2.2015 – IX R 23/14, ZfIR 2015, 573 ff. mAnm *Onusseit* = ZIP 2015, 1503 ff. = NZI 2015, 672 ff. = NJW 2015, 2524 ff. mAnm *Drasdo* = ZInsO 2015, 1265 ff. = StuB 2015, 555 mAnm *jh* = IGZInfo 2015, 81 ff.) allerdings nicht mehr fest (vgl. *Breidert,* Einkommensteuer – Zur Entrichtungspflicht des Zwangsverwalters, IGZInfo 2015, 48 ff.; *Schmittmann,* Einnahmen in der Zwangsverwaltung und Einkommensteuer, ZfIR 2015, 545 ff.; *de Weerth,* Praxisfragen zur Einkommensteuererklärung bei Zwangsversteigerung und -verwaltung, NZI 2015, 643 ff.).

c) Aufdeckung stiller Reserven. Die Besteuerung von stillen Reserven, die in betrieblichen Wirtschaftsgütern enthalten sind, wird erst durch entsprechende Verwertungshandlungen ausgelöst. Das **Ansammeln und Halten stiller Reserven** ist einkommensteuerrechtlich irrelevant; ihre Erfassung in diesem Stadium der betrieblichen Vermögensbildung widerspräche sowohl dem **Realisationsprinzip** als auch dem **Leistungsfähigkeitsprinzip.** Dies ist auch für die insolvenzrechtliche Beurteilung ausschlaggebend. Die mit der Versilberung der Insolvenzmasse in Zusammenhang stehende Einkommensteuerschuld stellt deshalb grundsätzlich eine **Masseverbindlichkeit** dar (so BFH Urt. v. 11.11.1993 – XI R 73/92, BFH/NV 1994, 477 = ZIP 1994, 1286; BFH Urt. v. 29.3.1984 – IV R 271/83, BFHE 141, 2 = BStBl. II 1984, 602 = NJW 1985, 511; BFH Urt. v. 7.11.1963 – IV 210/62 S, BFHE 78, 172 = BStBl. III 1964, 70; ebenso FG Düsseldorf Urt. v. 19.8.2011 – 11 K 4201/10, ZIP 2011, 2070 f.). Es kommt danach nicht auf die **Wertsteigerungen** durch die vorinsolvenzrechtliche Betätigung des Insolvenzschuldners an, sondern allein durch die Realisierung des Gewinns, was freilich angreifbar ist. Die Auffassung des BFH blendet systemwidrig den Umstand aus, dass das Insolvenzverfahren der gemeinschaftlichen Befriedigung der Gläubiger aus der Insolvenzmasse dient und insoweit dem **Verkehrswert der Vermögensgegenstände** das entscheidende Gewicht beizumessen ist (so *Waza/Uhländer/Schmittmann* Insolvenzen und Steuern Rn. 1469). Die Begründung des BFH lässt tief blicken: „Gerade der vorliegende – selten vorkommende – Fall der restlosen Befriedigung aller Konkursgläubiger zeigt, wie **Veräußerungsgewinne,** die meist ohne besondere Mühe zu erzielen sind, den Konkursgläubigern zustatten kommen können. Es erscheint nicht gerechtfertigt zu sein, den Steuerfiskus von der Teilnahme an diesen Gewinnen auszuschließen“ (so BFH Urt. v. 7.11.1963 – IV 210/62 S, BFHE 78, 172 = BStBl. III 1964, 70 Rn. 31). Es entspricht offenbar der Denkungsweise der Finanzgerichtsbarkeit, dass Veräußerungsgewinne „böse“ sind, weil sie ohne besondere Mühe zu erzielen sind und darüber hinaus der Fiskus an diesen Gewinnen teilnehmen soll. 123

Die Verwertung des Wirtschaftsgutes, also die **Umwandlung des Substanzwertes in Barvermögen,** ist mE insolvenzrechtlich belanglos, was schon der Begriff „Aufdeckung“ indiziert. Nach richtiger Ansicht ist der **Vermögenszuwachs** als Unterschiedsbetrag zwischen Buch- und Marktwert schon im Zeit- 124 punkt der Insolvenzeröffnung vorhanden und wird der Insolvenzmasse nicht etwa nachträglich zugeführt. Die Besteuerung stiller Reserven kann daher nach richtiger Betrachtung keine Masseverbindlichkeiten, sondern lediglich einfache **Insolvenzforderungen** auslösen, und zwar unabhängig davon, wann die Auflösung der stillen Reserven geschieht.

125 **d) Verwertung von Vermögensgegenständen mit Absonderungsrechten.** Der Insolvenzverwalter darf zwar gemäß § 166 Abs. 1 InsO eine **bewegliche Sache,** an der ein **Absonderungsrecht** besteht, freihändig verwerten (→ § 166 Rn. 3). Demgegenüber können Insolvenzgläubiger, sofern ihnen **Grundpfandrechte** zustehen, daraus außerhalb des Insolvenzverfahrens vorgehen. Dies geschieht durch Beantragung und Anordnung der **Zwangsverwaltung** und **Zwangsversteigerung.** Sofern die **Zwangsverwaltung** angeordnet wird, erfolgt die Befriedigung der Grundpfandgläubiger aus den eingehenden Miet- und Pachtzinsen, wobei diese dem Schuldner trotz mangelnden Zuflusses ertragsteuerlich zuzurechnen sind (vgl. *Schmittmann/Gorris* InsbürO 2006, 89 ff.). Bei der **Zwangsversteigerung einer Immobilie** sind aus dem Erlös neben den Kosten des Verfahrens vorrangig die Grundpfandrechtgläubiger zu befriedigen, so dass auch hier der Schuldner keinen Liquiditätszufluss erlangt. Dies kann dazu führen, dass der gesamte Erlös dem absonderungsberechtigten Gläubiger zufällt, während der Schuldner den Gewinn zu versteuern hätte.

126 Eine **Masseverbindlichkeit** nach § 55 Abs. 1 Nr. 1 InsO kann lediglich durch eine Handlung des Insolvenzverwalters im Sinne von Verwaltung, Verwertung und Verteilung begründet werden. Eine bei der Zwangsvollstreckung in das unbewegliche Vermögen erfolgte Beschlagnahme ist deshalb auch den Insolvenzgläubigern gegenüber wirksam; die Verwertungsbefugnis verbleibt den absonderungsberechtigten Gläubigern nach Insolvenzeröffnung und geht nicht auf den Insolvenzverwalter über. Wird die Verwertung ausschließlich von einem absonderungsberechtigten Gläubiger betrieben, liegt **keine steuerauslösende Verwertungshandlung** durch den Insolvenzverwalter vor, so dass es nicht zu einer Belastung der Insolvenzmasse kommen darf (so BFH Urt. v. 14.2.1978 – VIII R 28/73, BFHE 124, 411 = BStBl. II 1978, 356 = NJW 1978, 1824). Im Ergebnis kann daher nur eine steuerliche Belastung der Insolvenzmasse mit einem zur Masse gelangenden **Mehrerlös** zulässig sein (vgl. im Einzelnen *Waza/Uhländer/Schmittmann* Insolvenzen und Steuern Rn. 1490; *Uhlenbruck/Sinz* § 38 Rn. 73). Dies entsprach bereits der Rechtsprechung des RFH: Wird während einer Zwangsverwaltung das Konkursverfahren über das Vermögen des Vollstreckungsschuldners eröffnet und die Zwangsverwaltung während des Konkursverfahrens fortgeführt, so gehört die auf die **Einkünfte aus dem zwangsverwalteten Gegenstand** entfallende Körperschaftsteuer insoweit nicht zu den Massekosten (§ 58 KO), als diese Einkünfte der Konkursmasse nicht zugeflossen sind (so RFH Urt. v. 19.3.1940 – I 316/39).

3. Steuerverbindlichkeiten aus Neuerwerb bei natürlichen Personen

Schrifttum: *Arens,* Steuerforderungen im Zusammenhang mit dem Neuerwerb nach Neuregelung des § 35 InsO, DStR 2010, 446; *Bartone,* Haftung des Insolvenzverwalters für Lohnsteuer-Schulden des Insolvenzschuldners bei Neuerwerb, DB 2010, 359; *Fritz,* Kein steuerpflichtiger Neuerwerb bei Einkünften aus selbständiger Arbeit unterhalb der Pfändungsgrenze NZI 2010, 332; *Frystatzki,* Steuerpflicht bei selbständiger Tätigkeit des Insolvenzschuldners, EStB 2005, 232; *Maus,* Die Steuerzahlungspflicht des Insolvenzverwalters bei Neuerwerb des Schuldners ZInsO 2001, 493; *Maus,* Steuern bei Neuerwerb im Insolvenzverfahren oder – der ungeliebte Neuerwerb, ZIP 2004, 389; *Olbrich,* Steuerpflichten des Verwalters bei Neuerwerb des Schuldners?, ZInsO 2004, 1292; *Olbrich,* Zur Umsatzsteuerpflicht des Verwalters bei Neuerwerb des Schuldners, ZInsO 2005, 860; *Schmittmann,* Handhabung von Steuerguthaben nach Freigabe gemäß § 35 Abs. 2 InsO durch den Insolvenzverwalter, InsbürO 2011, 246; *Schmittmann/Kaufmann,* Neuerwerb und Umsatzsteuer, InsbürO 2007, 362; *Schmittmann/Kupka,* Freigabe einer selbständigen Tätigkeit und Übertragung der Betriebs- und Geschäftsausstattung nach § 35 Abs. 2 InsO n. F., InsbürO 2007, 386; *Uhländer,* Aktuelle Besteuerungsfragen in der Insolvenz ZInsO 2005, 1192; *Waza,* Besteuerung des Neuerwerbs in der Insolvenz, NWB Fach 2, 8837; *Werth,* Die Besteuerung des Neuerwerbs im Insolvenzverfahren, DStZ 2009, 760.

Der **Neuerwerb** ist differenziert zu betrachten. Grundsätzlich folgt aus § 35 **127** Abs. 1 InsO, dass das Insolvenzverfahren das gesamte Vermögen umfasst, das dem Schuldner zur Zeit der Eröffnung des Verfahrens gehört und das er während des Verfahrens erlangt. Durch das **Gesetz zur Vereinfachung des Insolvenzverfahrens** vom 13.4.2007 (BGBl. 2007 II I S. 509) wurde die Möglichkeit einer formalisierten Freigabe gemäß § 35 Abs. 2 InsO geschaffen (→ § 35 Rn. 49). Schon nach bisherigem Recht konnte der Insolvenzverwalter durch empfangsbedürftige einseitige Willenserklärung oder durch schlüssiges Handeln gegenüber dem Schuldner Gegenstände aus der Insolvenzmasse entlassen (vgl. → § 35 Rn. 52; HK-InsO/*Eickmann* § 35 Rn. 42 ff.; Haarmeyer/Wutzke/Forster/*Huhnold* § 35 Rn. 16). Es fehle allerdings an einer öffentlichen **Bekanntmachung** und damit an einer Möglichkeit für die Gläubiger und zukünftigen Geschäftspartner des Schuldners, sich über die Freigabe über allgemein zugängliche Quellen zu informieren.

Hat der Insolvenzverwalter eine wirksame **Freigabeerklärung** abgegeben, so **128** hat der Schuldner gemäß § 35 Abs. 2 S. 2 InsO iV mit § 295 Abs. 2 InsO die Insolvenzgläubiger durch Zahlungen an den Treuhänder/Insolvenzverwalter so zu stellen, wie wenn er ein angemessenes **Dienstverhältnis** eingegangen wäre.

Neben den Insolvenzforderungen und Masseverbindlichkeiten kann somit noch **129** ein dritter Bereich der Einkommensteuer entstehen. Einkommensteuerschulden, die im Veranlagungsjahr durch eine **insolvenzfreie Tätigkeit des Insolvenzschuldners** entstanden sind, sind nicht dem zur Insolvenzmasse gehörenden Vermögen zuzuordnen und nehmen damit auch nicht am Insolvenzverfahren teil (so BFH Urt. v. 14.2.1978 – VIII R 28/73, BFHE 124, 411 = BStBl. II 1978, 356 = NJW 1978, 1824; FG Münster Urt. v. 29.3.2011 – 10 K 230/10, EFG 2011, 1806; *Waza/Uhländer/Schmittmann* Insolvenzen und Steuern Rn. 1455). Sofern sich aus dem freigegebenen Bereich aufgrund gezahlter Einkommensteuervorauszahlungen **Erstattungsansprüche** ergeben, so stehen diese dem Schuldner zu. Eine **Aufrechnung** der Finanzverwaltung mit Insolvenzforderungen ist zulässig (so BFH Urt. vom 26.11.2014 – VII R 32/13, ZIP 2015, 532 = NZI 2015, 386 mAnm *de Weerth* = StuB 2015, 238 mAnm *jh;* BFH Beschl. v. 6.3.2014 – VII S 47/13, BFH/NV 2014, 1013 Rn. 8; FG Münster Urt. v. 27.9.2013 – 13 K 1917/12, NZI 2013, 1038 = Verbraucherinsolvenz aktuell 2014, 7 mAnm *Schmittmann; Schmittmann* StuB 2015, 76).

Die aus der insolvenzfreien Tätigkeit des Schuldners resultierenden Steuern sind **130** durch **Leistungsbescheid** unmittelbar gegenüber dem Steuerschuldner festzusetzen. Dies gilt auch für die nicht als Masseverbindlichkeit anzusehenden **Einkommensteuer-Vorauszahlungen.** Die auf die **Einkünfte des Schuldners aus selbständiger Arbeit** entfallenden Ertragsteuern sind keine „in anderer Weise" durch die Verwaltung, Verwertung und Verteilung der Insolvenzmasse begründeten Masseverbindlichkeiten nach § 55 Abs. 1 Nr. 1 InsO, wenn der Schuldner die **Tätigkeit nach Freigabe** durch den Insolvenzverwalter ausgeübt hat und die Erträge tatsächlich nicht zur Masse gelangt sind (so NdsFG Urt. v. 1.10.2009 – 15 K 110/09, EFG 2010, 332 = DStRE 2010, 632; der BFH Urt. v. 18.9.2012 – VIII R 47/09, BFH/NV 2013, 411, hat die Revision zurückgewiesen; NdsFG Urt. v. 28.10.2008 – 13 K 457/07, EFG 2009, 486 = ZIP 2009, 772; vgl. auch BFH Urt. v. 18.5.2010 – X R 60/08, BFHE 229, 62 = ZIP 2010, 1612; *Wipperfürth/Busch/Schmittmann* InsbürO 2013, 478 [481]).

131 Die durch den Insolvenzschuldner aufgrund einer nach Insolvenzeröffnung ausgeübten **nicht selbständigen Tätigkeit** begründeten **Einkommensteuerverbindlichkeiten** sind **keine Masseverbindlichkeiten** und deshalb nicht gegenüber dem Treuhänder festzusetzen (so BFH Urt. v. 24.2.2011 – VI R 21/10, BFHE 232, 318 = BStBl. II 2011, 520; vgl. *Casse* ZInsO 2011, 2309 ff.; *Schmittmann* StuB 2012, 404 f.; Vorinstanz: SchlHFG Urt. v. 14.2.2010 – 2 K 90/08, EFG 2010, 883 = DStRE 2010, 995).

132 Bei unselbständigen Schuldnern ist gemäß §§ 850 ff. ZPO und insbesondere gemäß § 850e Nr. 1 ZPO der Lohnanspruch nur in Höhe des um die **Lohnsteuer** verminderten Bruttolohns pfändbar. Damit fällt der **Lohn als Neuerwerb** nur in Höhe des Nettolohns in die Insolvenzmasse. Der als Lohnsteuer an das Finanzamt abgeführte Betrag gehört zu dem unpfändbaren Teil des Lohns, so dass die Lohnsteuer vor Abführung des Neuerwerbs an die Insolvenzmasse entrichtet ist. Stimmt die abgeführte Lohnsteuer nicht mit dem tatsächlich aus der unselbständigen Tätigkeit entstehenden Steueranspruch überein, führt dies dazu, dass sich die an die Erzielung von Einkünften aus nicht selbständiger Tätigkeit anknüpfenden Einkommensteuerforderungen des Finanzamtes als mit dem Neuerwerb verbundene und durch Tätigkeit des Insolvenzschuldners begründete Verpflichtungen gegen das **insolvenzfreie Vermögen** des Schuldners richten (vgl. BFH Urt. v. 7.4.2005 – V R 5/04, BStBl. II 2005, 848 = ZIP 2005, 1376; BFH Urt. v. 24.2.2011 – VI R 21/10, BFHE 232, 318 = BStBl. II 2011, 520; BFH Urt. v. 27.7.2011 – VI R 9/11, ZInsO 2011, 2186 [2187] mAnm *Roth;* vgl. *Kahlert* DStR 2011, 2516 ff.).

133 **Masseverbindlichkeiten** aus Einkommensteuer nach Verfahrenseröffnung entstehen nur dann, wenn die Masse tatsächlich vermehrt worden ist. Eine **Vermehrung der Insolvenzmasse** liegt nicht vor, wenn der Schuldner hinter dem Rücken des Insolvenzverwalters eine selbständige Tätigkeit fortsetzt oder aufnimmt und die sich daraus ergebenden Erlöse nicht abführt. Der Schuldner darf dem Insolvenzverwalter und den Gläubigern auch keinen lästigen Neuerwerb aufdrängen. Der Insolvenzverwalter kann nicht verpflichtet sein, Erträge zu versteuern, die er nicht erhalten hat (so BFH Urt. v. 18.5.2010 – X R 11/09, BFH/NV 2010, 2114 = ZIP 2010, 2014, unter ausdrücklicher Berufung auf *Waza/Uhländer/Schmittmann* Insolvenzen und Steuern Rn. 398; Vorinstanz: FG Nürnberg Urt. v. 11.12.2008 – 4 K 1394/07, ZInsO 2009, 488 mAnm *Schmittmann*). Auch die (bloße) **Duldung der selbständigen Tätigkeit** erfüllt nicht das Tatbestandsmerkmal des Verwaltens der Insolvenzmasse iS des § 55 Abs. 1 Nr. 1 Alt. 2 InsO (so FG Köln Urt. v. 19.1.2011 – 7 K 3547/07, ZInsO 2011, 1117 [1119 f.]).

134 Das **Kindergeldrecht** ist aufgrund der einheitlichen Ausgestaltung des Familienleistungsausgleichs in das Einkommensteuerrecht verlagert worden (vgl., auch kritisch, im einzelnen Ludwig Schmidt/*Weber-Grellet* EStG § 62 Rn. 2). Der Anspruch auf Kindergeld kann nur wegen gesetzlicher Unterhaltsansprüche eines Kindes, das bei der Festsetzung des Kindergeldes berücksichtigt wird, gepfändet werden (§ 76 S. 1 EStG). Sofern der Insolvenzschuldner einen Anspruch auf **Kindergeld** besitzt, so muss eine Festsetzung von Kindergeld auch während eines laufenden Insolvenzverfahrens ihm gegenüber erfolgen, da dieser Anspruch zum insolvenzfreien Vermögen gehört (so FG Münster Urt. v. 19.9.2007 – 9 K 4047/06, EFG 2008, 462). Fordert die Familienkasse die Erstattung von nach Insolvenzeröffnung ausgezahltem Kindergeld, so kann sie einen Aufhebungs- und Rückforderungsbescheid gegenüber dem Schuldner erlassen, da der **Rückforderungsanspruch** keine Insolvenzforderung im Sinne des § 38 InsO ist (vgl. FG Münster Urt. v. 19.9.2007 – 9 K 4047/06, EFG 2008, 462; *Waza/Uhländer/Schmittmann* Insolvenzen und Steuern Rn. 1456).

4. Zinsabschlagsteuer und Kapitalertragsteuer (Abgeltungsteuer)

Schrifttum: *Endres,* Zinsabschlagsteuern und Insolvenzrechnungslegung, ZInsO 2011, 258; *Frystatzki,* Insolvenz der Personengesellschaft, EStB 2004, 215; *Krüger,* Die Festgeldzinseinnahme des Konkursverwalters und das Zinsabschlaggesetz, BB 1995, 960; *Maus,* Auswirkungen des Zinsabschlaggesetzes auf die Insolvenzverfahren, ZIP 1993, 743; *Waza/Uhländer/Schmittmann* Insolvenzen und Steuern Rn. 1551 ff.

a) Überblick. Nach dem **Gesetz zur Neuregelung der Zinsbesteuerung** 135
vom 9.11.1992 (Zinsabschlaggesetz; BGBl. 1992 I I S. 1553) mussten seit dem Jahre 1993 Bankinstitute für im Inland ausgezahlte Kapitalerträge nach § 43a Abs. 1 Nr. 3 EStG grundsätzlich 30 % Zinsabschlagsteuer einbehalten und an die Finanzbehörden abführen. Bei Tafelgeschäften mussten 35 % einbehalten und abgeführt werden. Für **Kapitalerträge,** die nach dem 31.12.2008 zufließen, gilt eine Neuregelung. Auf der Ebene des Privatvermögens gilt grundsätzlich eine Abgeltungsteuer in Höhe von 25 % und auf der Ebene des Betriebsvermögens sowie im Anwendungsbereich des § 17 EStG das sog **„Teileinkünfteverfahren"** (so *Waza/Uhländer/Schmittmann* Insolvenzen und Steuern Rn. 1551). Bei der Kapitalertragsteuer handelt es sich um eine besondere Erhebungsform der auf bestimmte inländische Kapitalerträge erhobenen Einkommensteuer. Sie soll die Besteuerung sichern, vereinfachen und beschleunigen. Die Kapitalertragsteuer umfasst den Steuerabzug (bisher Zinsabschlag), die Bemessung, die Entrichtung, die Haftung, die Freistellung und Abstandnahme, die Erstattung sowie die Anmeldung. Seit 2009 hat die Kapitalertragsteuer Abgeltungswirkung (vgl. im Einzelnen: Schmidt/*Weber-Grellet* EStG § 43 Rn. 1; Bundesministerium der Finanzen Schreiben v. 22.12.2009 – IV C 1 – S 2252/08/10004, BStBl. I 2010, 94 ff.).

Treuhandkonten sind im Rahmen der **Abgeltungsteuer** nach den für die 136
Einkünfte aus Kapitalvermögen geltenden Regeln, dh grundsätzlich wie Privatkonten zu behandeln. Die Verlustverrechnung und die Anrechnung ausländischer Quellensteuer hat nach § 43a Abs. 3 EStG zu erfolgen (BMF Rn. 152). Bei Treuhandkonten scheidet eine Abstandnahme vom Steuerabzug aufgrund eines Freistellungsauftrages oder einer NV-Bescheinigung aus, da nach § 44a Abs. 6 EStG Voraussetzung für die Abstandnahme ist, dass Kontoinhaber und Gläubiger der Kapitalerträge identisch sind (BMF Rn. 153).

Betriebliche Konten und Depots, die durch einen Insolvenzverwalter ver- 137
waltet werden, fallen nicht unter die Regelungen der Tz. 152 und 154. Zum Nachweis, dass es sich um ein betriebliches Konto handelt, reicht eine Bestätigung des Insolvenzverwalters gegenüber dem Kreditinstitut aus (BMF Rn. 155).

Eine **Freistellung des Betriebsvermögens** gemäß § 43 Abs. 2 S. 3 EStG von 138
den neuen Kapitalertragssteuerbeständen ist bei Treuhandkonten nicht möglich (BMF Rn. 154).

b) Treuhandkonten in der Insolvenz natürlicher Personen. In der Insol- 139
venz von natürlichen Personen wirft die **Abgeltungssteuer** wenig Schwierigkeiten auf, da hier Kongruenz zwischen dem Gläubiger der Kapitalerträge und dem Steuerschuldner besteht. Probleme ergeben sich bei **Masseunzulänglichkeit.** Durch das **Steuerabzugsverfahren** (§ 43 EStG) verschafft sich die Finanzverwaltung gegenüber allen anderen Gläubigern einen Vorteil dahin, dass die Schuldner der Kapitalerträge bei Meidung der eigenen Haftung (§ 44 Abs. 5 EStG) verpflichtet sind, die Steuer einzubehalten und abzuführen. In masseunzulänglichen Insolvenzverfahren (§ 208 InsO) wird durch den Steuerabzug die **Befriedigungsreihenfolge des § 209 InsO** unterlaufen, indem die Finanzverwaltung die Steuerzahlung, die Masseverbindlichkeit im Sinne von § 55 Abs. 1 Nr. 1 InsO ist, von dem Kreditinstitut erhält, ohne dass der Insolvenzverwalter darauf Einfluss hat. Die Zahlung kann auch nicht nach §§ 129 ff. InsO angefochten werden, da es sich um einen Vorgang nach Eröffnung des Insolvenzverfahrens

handelt. In der Literatur wird zum Teil darauf hingewiesen, dass der Insolvenzverwalter gegenüber der auszahlenden Stelle Masseunzulänglichkeit geltend machen muss, um das Kreditinstitut zu veranlassen, den Einbehalt und die Abführung zu unterlassen. Sofern die Masseunzulänglichkeit erst später eintritt, so soll das Finanzamt die Kapitalertragsteuer an den Insolvenzverwalter erstatten müssen (so *Maus* Steuern im Insolvenzverfahren Rn. 402, zum Zinsabschlag).

140 **c) Treuhandkonten in der Insolvenz von Personengesellschaften.** Wie bereits früher bei der Zinsabschlagsteuer treten die **Schwierigkeiten bei Personengesellschaften** auf, weil hier eine Inkongruenz zwischen dem Gläubiger der Kapitalerträge und dem Steuerschuldner gegeben ist. Die Einkünfte aus dem Gesamthandsvermögen stehen zivilrechtlich der Gesellschaft als Gläubigerin zu und fallen in die **Insolvenzmasse.** Die **Zinsen,** die insbesondere durch die Anlage von Festgeld gezogen werden, fallen in die Insolvenzmasse und stehen daher zur Gläubigerbefriedigung zur Verfügung (vgl. *Maus* Steuern im Insolvenzverfahren Rn. 402; *Waza/Uhländer/Schmittmann* Insolvenzen und Steuern Rn. 1552). Die Kapitalertragsteuer ist **Masseverbindlichkeit** im Sinne von § 55 Abs. 1 Nr. 1 InsO (so bereits BFH Urt. v. 9.11.1994 – I R 5/94, BFHE 176, 248 = BStBl. II 1995, 255, zur Zinsabschlagsteuer im Konkursverfahren).

141 **Steuerschuldner der Einkommensteuer** auf die Zinsen sind die **Gesellschafter.** Der Abzug der Zinsabschlagsteuer entzieht der Insolvenzmasse Mittel, da die Zinserträge aus dem Gesamthandsvermögen der insolventen **Personen (handels)gesellschaft** als Früchte der Insolvenzmasse in die Insolvenzmasse fallen und grundsätzlich zur Verteilung an die Gläubiger zur Verfügung stehen (so BFH Urt. v. 9.11.1994 – I R 5/94, BFHE 176, 248 = BStBl. II 1995, 255). Die Belastung der Insolvenzmasse durch Steuern resultiere aus den vom Insolvenzverwalter getätigten Geschäften, nämlich der zinsbringenden Anlage der liquiden Mittel. Demnach sind Einkommensteuerforderungen aus nach der Insolvenzeröffnung erzielten Gewinnen jedenfalls dann als **Masseverbindlichkeiten** anzusehen, wenn die den Gewinnen entsprechenden Vermögensmehrungen zur Insolvenzmasse gelangt sind (so BFH Urt. v. 11.11.1993 – XI R 93/92, BFH/NV 1994, 477 = ZIP 1994, 1286; BFH Urt. v. 29.3.1984 – IV R 271/83, BFHE 141, 2 = BStBl. II 1984, 602; BFH Urt. v. 14.2.1978 – VIII R 28/73, BFHE 124, 411 = BStBl. II 1978, 356).

142 Die vom Schuldner der Kapitalerträge (Bank) abzuführende **Kapitalertragsteuer** kommt der Insolvenzmasse nicht zugute, sondern wird auf die persönliche **Steuerschuld des Gesellschafters** angerechnet (§ 36 Abs. 2 Nr. 2 EStG; § 180 Abs. 1 Nr. 2a AO). Die Verbindlichkeiten des Gesellschafters gegenüber der Finanzverwaltung werden somit auf Kosten der Insolvenzgläubiger gemindert (vgl. *Waza/Uhländer/Schmittmann* Insolvenzen und Steuern Rn. 1553). Aus Sicht des Insolvenzrechts handelt es sich um eine **Fehlverwendung der Insolvenzmasse,** die allerdings nicht auf öffentlich-rechtlicher Basis beseitigt werden kann. Dem Insolvenzverwalter kann nach § 44a Abs. 2 Nr. 2 EStG keine Nichtveranlagungsbescheinigung ausgestellt werden, da der Mitunternehmer Gläubiger der von seiner Gesellschaft bezogenen Kapitalerträge sei, ohne Kontoinhaber zu sein. Die Ausstellung einer Nichtveranlagungsbescheinigung für die Gesellschaft ist somit ausgeschlossen (kritisch: *Waza/Uhländer/Schmittmann* Insolvenzen und Steuern Rn. 1555).

143 Die **Fehlleitung der Kapitalertragsteuer** ist daher auf gesellschafts- und insolvenzrechtlicher Ebene zu neutralisieren. Im ersten Schritt ist der Gesellschafter einer insolventen Personenhandelsgesellschaft aus seiner **gesellschaftsrechtlichen Treuepflicht** heraus gehalten, die zu Lasten der Masse abgeführten Zahlungen auf die Kapitalertragsteuer und auf den Solidaritätszuschlag als anzurechnenden Zinsabschlag in die eigene Steuererklärung einzustellen. Dadurch erreicht

der Gesellschafter eine Minderung seiner eigenen Einkommensteuerlast. Für diese Verlagerung des Gesellschaftsvermögens auf den Gesellschafter fehlt eine gesellschaftsrechtliche Legitimation, so dass er den bezogenen Vorteil an die Insolvenzmasse erstatten muss (so OLG Dresden Beschl. v. 29.11.2004 – 2 U 1507/04, GmbHR 2005, 238 = StuB 2005, 516). Unterlässt der Gesellschafter die Abgabe der Steuererklärung gegenüber dem Finanzamt, so liegt ein **gesellschaftsrechtlicher Pflichtenverstoß** vor, der zu einem **Schadensersatzanspruch** der Gesellschaft gegen dem Gesellschafter in Höhe der von diesem nicht geltend gemachten Kapitalertragsteuer führt (so OLG Dresden Beschl. v. 29.11.2004 – 2 U 1507/04, GmbHR 2005, 238 ff. = StuB 2005, 516).

Der Insolvenzverwalter braucht sich auch nicht darauf verweisen zu lassen, dass **144** der Gesellschafter ihm seinen **Steuererstattungsanspruch** gegenüber der Finanzverwaltung abtreten kann, da zwischen dem der Gesellschaft durch die Abführung der Kapitalertragsteuer und des Solidaritätszuschlags entstandenen Vermögensnachteil einerseits sowie einem etwaigen Anspruch des Gesellschafters auf Steuererstattung andererseits zumindest in aller Regel keine betragsmäßige Identität besteht. **Grund und Höhe des Erstattungsanspruchs** hängen von den konkreten steuerlichen Verhältnissen des Steuerpflichtigen und die abgeführten Beträge bilden einen bloßen Rechnungsposten (so OLG Dresden Beschl. v. 29.11.2004 – 2 U 1507/04, GmbHR 2005, 238 ff. = StuB 2005, 516; LG Freiburg Urt. v. 3.8.1999 – 12 O 39/99, ZIP 1999, 2063 ff. = NZI 2000, 87 f. = KTS 2000, 272 f.).

Zur Vermeidung der eigenen Haftung darf der Insolvenzverwalter nicht ver- **145** säumen, die **Ansprüche gegen die Gesellschafter** rechtzeitig geltend zu machen. Sofern nicht nur die Gesellschaft, sondern auch der Gesellschafter insolvent ist, ist der Anspruch im dortigen Insolvenzverfahren geltend zu machen (vgl. *Waza/Uhländer/Schmittmann* Insolvenzen und Steuern Rn. 1566).

d) Treuhandkonten in der Insolvenz von Kapitalgesellschaften. In der **146** Insolvenz von Kapitalgesellschaften kann der Insolvenzverwalter unproblematisch die **Erstattung der Kapitalertragsteuer** gegenüber der Finanzverwaltung verlangen, da die Kapitalgesellschaft selbst Steuerschuldnerin ist, während bei der Personenhandelsgesellschaft der einzelne Gesellschafter steuerpflichtig ist. Hierin liegt kein Verstoß gegen Art. 3 GG (so BFH Urt. v. 15.3.1995 – I R 82/93, BFHE 177, 257 = NJW 1995, 3408 = DStR 1995, 1303 f.).

III. Besteuerung von Sanierungsgewinnen

Schrifttum: *Bareis/Kaiser,* Sanierungsfall als Steuersparmodell, DB 2004, 1841; *Bauschatz,* Steuerpflicht des Sanierungsgewinns im Spannungsfeld zwischen Mindestbesteuerung und Billigkeitsmaßnahmen, GmbHR 2008, 1204; *Blaas/Schwahn,* Steueroptimierte Restrukturierung, DB 2013, 2412; *Braun/Geist,* Zur Steuerfreiheit von Sanierungsgewinnen – Bestandsaufnahme und Empfehlungen, BB 2009, 2508; *Bremen,* Das Leitbild des sanierten Unternehmens im Schutzschirmverfahren, NZI 2014, 137; *Bruschke,* Der steuerfreie Sanierungsgewinn, DStZ 2009, 166; *Dziadkowski/Treisch,* Zur Steuerfreiheit des Sanierungsgewinns nach § 3 Nr. 66 EStG, FR 1995, 330; *Ebbinghaus/Neu,* Der Sanierungsgewinn bei Einstellung der Geschäftstätigkeit, DB 2012, 2831; *Ebbinghaus/Neu/Hinz,* Forderungsverzicht oder Debt-Equity-Swap bei der Eigensanierung im Insolvenzplanverfahren, NZI 2014, 729; *Eilers,* Das neue Sanierungssteuerrecht – Ein wirksamer Beitrag zur Krisenbewältigung?, StuW 2010, 205; *Eilers/Bühring,* Das Ende des Schönwetter-Steuerrechts, DStR 2009, 137; *Eilers/Bühring,* Sanierungssteuerrecht, 2012; *Fichtelmann,* Neuere Entwicklungen zur Steuerfreiheit des Sanierungsgewinns nach § 3 Nr. 66 EStG – Teil I, DStR 1992, 237 und Teil II, DStR 1992, 314; *Fichtelmann,* Steuerfreier Sanierungsgewinn für Kommanditisten mit negativem Eigenkapital, DStZ 1990, 1; *Flies,* Unternehmenssanierung, StBP 1994, 87; *Frey/Mückl,* Sanierungen – Steuerliche Fallstricke und Gestaltungsmöglichkeiten in der Praxis, GmbHR 2010, 1193; *Fritsche,* Die Streichung von § 3 Nr. 66 EStG als Sanierungshindernis und die

Sicherung des Sanierungserfolgs mittels Erlass nach §§ 163, 227 AO, DStR 2000, 2171; *Geist,* Die Besteuerung von Sanierungsgewinnen – Zur Anwendbarkeit, Systematik und Auslegung des BMF-Schreibens vom 27. März 2003, BB 2008, 2658; *Gerbers,* Sanierungsgewinn versus Realisierung stiller Reserven im Insolvenzverfahren über das Vermögen einer Gesellschaft ohne Rechtspersönlichkeit, ZInsO 2006, 633; *Gragert,* Besteuerung von Sanierungsgewinnen, NWB 2011, 1438; *Gragert,* Steuerliche Behandlung von Sanierungsgewinnen – Fortentwicklung der Verwaltungsauffassung bei der Gewährung von Billigkeitsmaßnahmen, NWB 2013, 2141; *Grögler/Schneider,* Neues vom BGH zum Thema „Rangrücktrittsvereinbarungen": Eine Herausforderung für die Angehörigen der rechts- und steuerberatenden Berufe!, ZInsO 2015, 1528 ff.; *Groh,* Abschaffung des Sanierungsprivilegs?, DB 1996, 1890; *Hartmann,* Die Krise und ihre Auswirkungen auf das Gesellschafts-, Steuer- und Insolvenzrecht, NZG 2010, 211; *Herrmann,* Beihilferechtliche Risiken im Alltag der Sanierungspraxis – Steuerfreiheit von Sanierungsgewinnen als rechtswidrige Beihilfe?, ZInsO 2003, 1069; *Hierstetter,* Steuerliche Risiken der Entschuldung einer Kapitalgesellschaft in der Krise, DStR 2010, 882; *Horst,* Sanierungsbedürftigkeit eines Einzelunternehmers nur bei Einbeziehung des Privatvermögens, DB 2014, 1642; *Janssen,* Sanierungserlass nach Abschluss eines Insolvenzverfahrens, NWB 2010, 1854; *Kahlert,* Ein Plädoyer für eine gesetzliche Regelung der Steuerfreiheit des Sanierungsgewinns, ZIP 2009, 643; *Kahlert,* Insolvenzrecht und Steuerrecht – Gemeinsam für ein wettbewerbsfähiges Insolvenzrecht, ZIP 2014, 1101; *Kahlert/Gehrke,* ESUG macht es möglich: Ausgliederung statt Asset Deal im Insolvenzplanverfahren, DStR 2013, 975; *Kahlert/Rühland,* Sanierungs- und Insolvenzsteuerrecht, Rn. 2.1 ff.; *Kanzler,* Sanierungsgewinn auch weiterhin steuerfrei – oder: Zurück zu den Wurzeln?, FR 1997, 677; *Kanzler,* Tod auf Raten – Steht die Steuerbefreiung des Sanierungsgewinns vor dem endgültigen Ableben?, FR 2008, 1116; *Khan/Adam,* Die Besteuerung von Sanierungsgewinnen aus steuerrechtlicher, insolvenzrechtlicher und europarechtlicher Sicht, ZInsO 2008, 899; *Knebel,* Der Forderungsverzicht als Sanierungsmaßnahme, DB 2009, 1094; *Lukas,* Steuerfreiheit von Sanierungsgewinnen nach dem Wegfall des § 3 Nr. 66 EStG – Steuerliche und betriebswirtschaftliche Voraussetzungen, NWB 2011, 3022; *Maile,* SchenkSt beim Forderungsverzicht im Sanierungsfall?, DB 2012, 1952; *Maus,* Steuern im Insolvenzverfahren, Rn. 407 ff.; *Rauber,* Erlaß der Gewerbesteuer auf Sanierungsgewinne?, Gemeindehaushalt 2010, 83; *Schäfer-Elmayer/Müller,* Besteuerung in Sanierungsfällen, StB 2009, 190; *Schmidt,* Rangrücktritt insolvenzrechtlich / Rangrücktritt steuerrechtlich, DB 2015, 600; *Schmittmann,* Besteuerung von Gewinnen aus Restschuldbefreiung, Vertrauensinsolvenz aktuell 2012, 17; *Schmittmann,* Maßnahmen zur Beseitigung der Insolvenz, BBB 2006, 188; *Schmittmann,* Rechtsfragen rund um den Erlaß von Sanierungsgewinnen, StuB 2010, 711; *Schmittmann,* Tu felix Austria: Sanierungsbesteuerung in Deutschland und Österreich, ZInsO 2006, 1187; *Schmittmann,* Turnaround durch steuerliche Gestaltungsmöglichkeiten und Besteuerung von Sanierungsgewinnen, in: Heinrich, Krisen im Aufschwung, 2009, S. 83; *Schmittmann,* Besteuerung von Sanierungsgewinnen: Der BFH lässt Wirksamkeit des BMF-Schreibens vom 27.3.2003 offen, StuB 2014, 27; *Schmittmann,* Besteuerung von Sanierungsgewinnen: Der BFH lässt neuerlich die Wirksamkeit des BMF-Schreibens vom 27.3.2003 offen, StuB 2015, 389; *Seer,* Der sogenannte Sanierungserlaß vom 27. März 2003 als Rechtsgrundlage für Maßnahmen aus sachlichen Billigkeitsgründen, FR 2010, 306; *Seer,* Insolvenz, Sanierung und Ertragsteuern – verfassungs- und europarechtliche Überlegungen, FR 2014, 721; *Slomma,* Probleme mit steuerfreien Sanierungsgewinnen, DStZ 1989, 558; *Thiele,* Steuerliche Folgen von Sanierungsschritten innerhalb außerhalb der Insolvenz – Teil 1, ZInsO 2014, 325, Teil 2, ZInsO 2014, 373; *Thouet,* Der Sanierungserlaß des BMF – (k)eine Rechtswohltat contra legem, ZInsO 2008, 664; *Vögeli,* Sanierungsgewinn oder Grund erneuter Insolvenz, ZInsO 2000, 144; *Waza/Uhländer/Schmittmann,* Insolvenzen und Steuern, Rn. 1681; *Wehner,* Der Sanierungserlass des BMF vom 27.3.2003 – Ein Verstoß gegen EU-Beihilferecht?, NZI 2012, 537; *Winnefeld,* Die Ausweitung des steuerfreien Sanierungsgewinns gem. § 3 Nr. 66 EStG, DB 1991, 2208; *Wolf,* Rechtsfolgen einer Rangrücktrittserklärung – Anmerkungen zum BGH-Urteil vom 5.3.2015 – IX ZR 133/14, StuB 2015, 461; *Ziegenhagen/Thieme,* Besteuerung in Krise und Insolvenz, 2010, S. 99.

147 **1. Rechtsentwicklung und Überblick. Sanierungsgewinne** waren gemäß § 3 Nr. 66 EStG, § 8 Abs. 1 KStG und § 7 GewStG bis 31.12.1997 steuerfrei (vgl. *Seer* FR 2014, 721 [724]; *Schmittmann,* Turnaround durch steuerliche Gestaltungsmöglichkeiten und Besteuerung von Sanierungsgewinnen, S. 83, 104; *Schmittmann* ZInsO 2006, 1187 ff.; *Waza/Uhländer/Schmittmann* Insolvenzen und Steuern Rn. 1681 ff.). Aufgrund der Abschaffung der §§ 3 Nr. 66 EStG, 8 Abs. 1

KStG und 7 GewStG wurden sog **„Sanierungsgewinne"** mit Wirkung vom 1.1.1998 nach den allgemeinen Grundsätzen steuerpflichtig (vgl. *Waza/Uhländer/Schmittmann* Insolvenzen und Steuern Rn. 1681). Im **Anwendungsbereich des § 3 Nr. 66 EStG aF** kommt eine Revision zum BFH nicht mehr in Betracht, da die Rechtsfrage ausgelaufenes Recht betrifft (so BFH Beschl. v. 3.11.2010 – X B 101/10, BFH/NV 2011, 285 f.; nach Auffassung des FG Münster Urt. v. 27.5.2004 – 2 K 1307/02, EFG 2004, 1572 = ZInsO 2004, 1322, kann weiterhin nach diesen Grundsätzen verfahren werden). Bei einem Wechsel der Gesellschafter einer Personengesellschaft ist der Ertrag aus einem **Forderungsverzicht** der Gesellschaftsgläubiger dem Neugesellschafter zuzurechnen, wenn nach den im konkreten Fall getroffenen Vereinbarungen der Neugesellschafter die betreffenden Verbindlichkeiten anstelle des Altgesellschafters wirtschaftlich tragen sollte. Ist vereinbart, dass der Neugesellschafter die betreffenden Verbindlichkeiten nicht tragen soll, so ist der entsprechende Ertrag dem Altgesellschafter zuzurechnen, der durch den Erlass der Schulden von seiner Haftung entbunden wird (so BFH Urt. v. 22.1.2015 – IV R 38/10, ZIP 2015, 631).

Das Insolvenzrecht soll insbesondere auch die **Sanierung von Unternehmen** 148
fördern, so dass sich das Bundesministerium der Finanzen veranlasst sah, einen Erlass der Steuern auf Sanierungsgewinne nach Maßgabe der §§ 163, 227 ff. AO anzuordnen (BMF Schreiben v. 27.3.2003 – IV A 6 – S 2140 – 8/03, BStBl. I 2003, 240 ff. = ZInsO 2003, 363 ff. = DB 2003, 797; vgl. dazu *Schmittmann* ZInsO 2003, 505 ff.; *Strüber/von Donat* BB 2003, 2036 ff.; *Janssen* DStR 2003, 1055 ff.; *Blöse* GmbHR 2003, 579 ff.; *Ritzer/Stangl* INF 2003, 547 ff.; *Vater* StuB 2003, 553 ff.; *Romswinkel/Weßling* ZInsO 2003, 886 ff.; *Linse* ZInsO 2003, 934 ff.; *Becker* ZVI 2003, 320 ff.; DStR 2003, 1602 ff.; *Nolte* NWB 2005, 3855 ff.; *Uhländer* ZInsO 2005, 76 f.; *Hölzle* FR 2004, 1193 ff.; *Gerbers* ZInsO 2006, 633 ff.). Die derzeitigen **Unsicherheiten** bei der Behandlung der Sanierungsgewinne (→ Rn. 119) stellen sich als echtes **Investitionshemmnis** dar. Der Gesetzgeber ist daher dringend aufgerufen, eine eindeutige Regelung zu schaffen (so *Schmittmann* StuB 2010, 711 [712]; *Wehner* NZI 2012, 537 [540]).

Die Probleme, die sich bei der **Besteuerung des Sanierungsgewinns** auf 149
körperschaft- und gewerbesteuerrechtlicher Ebene ergeben, werden in den dortigen Abschnitten behandelt.

2. Regelung der Besteuerung von Sanierungsgewinnen durch das BMF. 150
a) Sanierung von Unternehmen. Eine **Sanierung von Unternehmen** kann innerhalb oder außerhalb eines Insolvenzverfahrens erfolgen. Erfolgt die Sanierung außerhalb eines Insolvenzverfahrens, so wird regelmäßig mit einer **Rangrücktrittserklärung** der Gesellschafter gearbeitet (vgl. jüngst: BGH Urt. v. 5.3.2015 – IX ZR 133/14, ZIP 2015, 638 mAnm *Bitter/Heim* = EWiR 2015, 219 [*Bork*]; vgl. dazu *Schmidt,* ZIP 2015, 901; *Wolf,* StuB 2015, 461; → § 19 Rn. 35), die zu einem **Buchgewinn** auf der Ebene der Gesellschaft führen kann (vgl. *Waza/Uhländer/Schmittmann* Insolvenzen und Steuern Rn. 1791 ff.).

Ein vom Gesellschafter hinsichtlich einer Darlehensforderung erklärter **Rangrücktritt** wirkt bereits vorinsolvenzlich als **Durchsetzungssperre,** hindert aber nicht nach § 5 Abs. 2a EStG den Ansatz als Verbindlichkeit bei der Gesellschaft (so im Einzelnen: → § 19 Rn. 35; → § 39 Rn. 22; *Schmidt* FS Frotscher, 13, 535 ff.; *Schmidt,* Rangrücktritt insolvenzrechtlich/Rangrücktritt steuerrechtlich, DB 2015, 600; aA *Kahlert* DStR 2015, 734, vgl. NdsFG Urt. v. 12.6.2014 – 6 K 324/12, EFG 2014, 1601 = NZG 2014, 1198; die Revision war erfolgreich: BFH Urt. v. 15.4.2015 – I R 44/14, ZIP 2015, 1386 mAnm *Kahlert* = ZInsO 2015, 1503 mAnm *Rekers* = StuB 2015, 552 mAnm *jh*). Nach Auffassung des BFH unterliegt eine Verbindlichkeit, die nach einer im Zeitpunkt der Überschuldung getroffenen Rangrücktrittsvereinbarung nur aus einem zukünftigen Bilanzgewinn und aus einen etwaigen Liquidationsüberschuss zu tilgen ist, dem **Passivierungsverbot** des § 5 Abs. 2a EStG.

Die Anweisung des BMF (BStBl. I 2003, 240 ff.) stellt ausschließlich auf eine **unternehmensbezogene Sanierung** ab (ebenso OFD Hannover Vfg. v. 11.2.2009 – S 2140 – 8 – StO 241; Landesamt für Steuern Bayern Vfg. v. 24.6.2008 – S 0336.1.1. – 1/3 St 41; OFD Frankfurt am Main Vfg. v. 2.3.2007 – S 2140 A – 4 – St 213; OFD Chemnitz Vfg. v. 11.10.2006 – S 2140 – 25/19 – St 21; vgl. *Schmittmann* Verbraucherinsolvenz aktuell 2010, 17; *Schmittmann* StuB 2010, 711).

Zunächst hat das FG München (Urt. v. 12.12.2007 – 1 K 4487/06, EFG 2008, 615 = BB 2008, 2656 mAnm *Kroninger* = ZIP 2008, 1784 = EWiR 2008, 231 [*Jungbluth/Lohmann*]) das Schreiben des BMF (BStBl. I 2003, 240) als Verstoß gegen eine Entscheidung des Gesetzgebers (Abschaffung von § 3 Nr. 66 EStG aF) und damit rechtswidrig angesehen (ebenso FG Sachsen Urt. v. 14.3.2013 – 5 K 1113/12, DStR 2014, 190; FG Sachsen Urt. v. 24.4.2013 – 1 K 759/12, EFG 2013, 1898 = ZIP 2013, 2274; offengelassen: FG Bln-Bbg Urt. v. 7.1.2014 – 6 K 6209/11, EFG 2014, 975 = DStRE 2014, 1460). Zum Teil wird auch vertreten, dass die Regelung gegen europäisches Recht verstößt (vgl. *Wehner* NZI 2012, 537; für den Fall der gemeinschaftsrechtswidrigen Gewährung von **Beihilfen** sind die Mitgliedstaaten zur Rückgängigmachung verpflichtet, so BFH Beschl. v. 30.1.2009 – VII B 180/08, BFH/NV 2009, 857 = ZfZ 2009, 193 = DStRE 2009, 886). Über die Revision gegen FG München (EFG 2008, 615) wurde nicht mehr entschieden, nachdem die Parteien nach Erteilung der **Restschuldbefreiung** zugunsten des Klägers den Rechtsstreit für in der Hauptsache erledigt erklärt haben; die Kosten hat der BFH (Beschl. v. 28.2.2012 – VIII R 2/08, BFH/NV 2012, 1135 = ZIP 2012, 989 = DStR 2012, 943 mit krit. Anm. *Kahlert*) den Parteien jeweils zur Hälfte auferlegt (vgl. auch Finanzministerium Schleswig-Holstein Erlass v. 17.4.2012 – VI 304 – S 2140 – 017/05, NZI 2012, 405 = DStR 2012, 969).

Der BGH (Urt. v. 13.3.2014 – XI ZR 23/10, ZIP 2014, 882 = DB 2014, 945 = DStR 2014, 895 = EWiR 2014, 323 [*Anzinger*]) läßt die Wirksamkeit der Verwaltungsanweisung des BMF (BStBl. I 2003, 240) ebenso wie der BFH (Beschl. v. 24.3.2015 – X B 127/14, BFH/NV 2015, 809 f.; Urt. v. 12.12.2013 – X R 39/10, ZIP 2014, 638 = EWiR 2014, 255 [*Schmittmann*]; vgl. *Schmittmann,* StuB 2015, 389 [390]) in seiner jüngeren Rechtsprechung offen. Die Frage, ob das BMF-Schreiben v. 27.3.2003 – IV A 6-S 2140-8/03 (BStBl. I 2003, 240; ergänzt durch das BMF-Schreiben v. 22.12.2009 IV C 6-S 2140/07/10001-01, BStBl. I 2010, 18; sog Sanierungserlass) gegen den Grundsatz der **Gesetzmäßigkeit der Verwaltung,** verstößt, liegt inzwischen dem Großen Senat des BFH vor (so BFH Beschl. v. 25.3.2015 – X R 23/13, ZIP 2015, 1352 ff. = ZInsO 2015, 1331 ff. mAnm *Rekers* = StuB 2015, 513 [Ls.] mAnm *jh*).

151 Eine **unternehmensbezogene Sanierung** liegt vor, wenn ein Unternehmen oder ein Unternehmensträger vor dem finanziellen Zusammenbruch zu bewahren ist und wieder **ertragsfähig** gemacht werden soll. Wird das Unternehmen nicht fortgeführt oder trotz der Sanierungsmaßnahme eingestellt, liegt eine Sanierung im Sinne des BMF nur dann vor, wenn die Schulden aus betrieblichen Gründen erlassen werden. Keine begünstigte Sanierung ist gegeben, soweit die Schulden erlassen werden, um dem Steuerpflichtigen oder einem Beteiligten einen schuldenfreien Übergang in sein Privatleben oder den Aufbau einer anderen Existenzgrundlage zu ermöglichen.

152 Ein **Sanierungsgewinn** ist die **Erhöhung des Betriebsvermögens,** die dadurch entsteht, dass Schulden zum Zweck der Sanierung ganz oder teilweise erlassen werden. Das BMF stellt fest, dass die Erhebung der Steuer auf einen nach Ausschöpfen der ertragssteuerrechtlichen Verlustverrechnungsmöglichkeiten verbleibenden Sanierungsgewinn für den Steuerpflichtigen aus sachlichen Billigkeitsgründen eine erhebliche Härte bedeute. Die entsprechende Steuer ist daher auf Antrag des Steuerpflichtigen nach § 163 AO abweichend festzusetzen und nach § 222 AO mit dem Ziel des späteren Erlasses zunächst unter Widerrufsvorbehalt ab Fälligkeit zu stunden. Zu diesem Zweck sind die Besteuerungsgrundlagen in der Weise zu ermitteln, dass Verluste/negative Einkünfte unbeschadet von Ausgleichs- und Verrechnungsbeschränkungen für die Anwendung des BMF-Schreibens im Steuerfestsetzungsverfahren bis zur Höhe des Sanierungsgewinns vorrangig mit dem **Sanierungsgewinn** verrechnet werden. Die Verluste/negativen Einkünfte sind insoweit aufgebraucht; sie gehen daher nicht in den nach § 10d Abs. 4 EStG festzustellenden verbleibenden Verlustvortrag oder den nach § 15a Abs. 4 und Abs. 5 EStG festzustellenden verrechenbaren Verlust ein (vgl. die Vorlage an das BVerfG: BFH Beschl. v. 26.2.2014 – I R 59/12, BFH/NV 2014, 1674 = ZIP 2014, 70). Ist der Buchgewinn aus dem Erlaß von Verbindlichkeiten bei einer Mitunternehmerschaft angefallen, ist im Gewinnfeststellungsverfahren über die Anwendung der Sanierungsregeln zu entscheiden (vgl. BFH Beschl. v. 8.10.2014 – X B 24/14, BFH/NV 2015, 152, Rn. 25; BFH Urt. v. 3.7.1997 – IV R 31/96, BFHE 183, 509 = BStBl. II 1997, 690; BFH Urt. v. 24.4.1986 – VI R 282/84, BFHE 146, 549 = BStBl. II 1986, 672).

Nach abschließender Prüfung und nach Feststellung der endgültigen auf den **153** verbleibenden zu versteuernden Sanierungsgewinn entfallenden **Steuer** ist die Steuer nach § 227 AO zu **erlassen** (Ermessensreduzierung auf Null). Gegebenenfalls erhobene Stundungszinsen sind nach § 227 AO zu erlassen, soweit sie auf gestundete Steuerbeträge entfallen, die erlassen worden sind. Ein Unternehmen ist als sanierungsbedürftig anzusehen, wenn ohne die Sanierung die für eine erfolgreiche Weiterführung des Betriebes und die Abdeckung der bestehenden Verpflichtungen erforderliche Betriebssubstanz nicht erhalten werden könnte. Wird das Unternehmen in der Rechtsform einer Personengesellschaft geführt, liegt **Sanierungsbedürftigkeit** nur vor, wenn der erforderliche Finanzbedarf im Zeitpunkt des Schuldenerlasses auch aus dem Privatvermögen der persönlich haftenden Gesellschafter nicht gedeckt werden kann (so BFH Urt. v. 10.4.2003 – IV R 63/01, BFHE 202, 452 = BStBl. II 2004, 9).

Der Annahme eines steuerfreien Sanierungsgewinns gemäß § 3 Nr. 66 EStG aF **154** steht nicht entgegen, dass für den Schuldenerlass neben der **Sanierungsabsicht** auch eigennützige Motive des Gläubigers eine Rolle spielen (so BFH Beschl. v. 8.9.2010 – IV B 109/09, BFH/NV 2011, 30). **Billigkeitsmaßnahmen** nach den Vorgaben des BMF-Schreibens vom 27.3.2003 sind in Fällen von unternehmerbezogenen Sanierungen nicht möglich. Die Steuerfreiheit soll unternehmensbezogene Sanierungen erleichtern und den Fortbestand des Unternehmens sichern, was in der Regel ausscheidet, wenn das Unternehmen seine werbende Tätigkeit bereits vor dem Schuldenerlass eingestellt hat (so BFH Urt. v. 14.7.2010 – X R 34/08, BFHE 229, 502 = BStBl. II 2010, 916; vgl. *Schmittmann* StuB 2010, 711 f.; die eingelegte Verfassungsbeschwerde wurde vom BVerfG (Beschl. v. 14.7.2011 – 2 BvR 2583/10) nicht zur Entscheidung angenommen.

Verliert ein Gesellschafter – insbesondere wegen Insolvenz der Gesellschaft – **155** seinen Anspruch auf Rückzahlung eines von ihm der Gesellschaft hingegebenen Darlehens **(Gesellschafterdarlehens),** ist der Verlust nur abziehbar, wenn er gesellschaftsrechtlich veranlasst ist (vgl. Schmidt/*Weber-Grellet* EStG § 17 Rn. 170 ff.).

Werden Anteile im **Privatvermögen** gehalten, kann der Ausfall von Gesellschafterdarlehen steuerlich nur bei sog Krisendarlehen bzw. krisenbestimmten Darlehen in vollem Umfang berücksichtigt werden (so BMF Schreiben v. 21.10.2010 – IV C 6 – S 2244/08/10001, BStBl. I 2010, 832; *Ott* StuB 2015, 43 [45]). Ungeklärt ist die Frage, ob eine vollständige Berücksichtigung eines Darlehensverlustes möglich ist, wenn wertlose Gesellschafterdarlehen veräußert werden (vgl. dazu: *Ott* StuB 2015, 45 [48]).

156 **b) Restschuldbefreiung.** Da das Schreiben des BMF vom 27.3.2003 stets auf eine **Unternehmenssanierung** abstellte, war fraglich, wie zu verfahren ist, wenn eine natürliche Person **Restschuldbefreiung** erlangt, also kein Sanierungsverfahren durchläuft. Die OFD Münster (Kurzinformation Einkommensteuer Nr. 027 v. 21.10.2005, ZInsO 2006, 135 f. mAnm *Schmittmann*) vertrat die Auffassung, dass im Fall der Restschuldbefreiung kein begünstigter Sanierungsgewinn vorliege, so dass ein Erlass etwaiger Einkommensteuernachforderung aus sachlichen Billigkeitsgründen nicht in Betracht komme. Es müsse im Einzelfall ein Erlass aus persönlichen Billigkeitsgründen geprüft werden.

157 Das BMF (Schreiben v. 22.12.2009 – IV C 6 – S 2140/07/10001-01, DB 2010, 83; vgl. *Schmittmann* InsbürO 2010, 94 [95]; *Schmittmann* Verbraucherinsolvenz aktuell 2010, 17) hat allerdings – immerhin mehr als zehn Jahre nach Inkrafttreten der Insolvenzordnung und der Einführung der Möglichkeit der **Restschuldbefreiung** – verfügt, dass das Schreiben v. 27.3.2003 auf Gewinne aus einer Restschuldbefreiung (§§ 286 ff. InsO) und aus einer Verbraucherinsolvenz (§§ 304 ff. InsO) entsprechend anzuwenden sei. Auch die aufgrund einer Restschuldbefreiung (§§ 286 ff. InsO) oder einer Verbraucherinsolvenz (§§ 304 ff. InsO) entstehende Steuer ist auf Antrag des Steuerpflichtigen nach § 163 AO abweichend festzusetzen und nach § 222 AO mit dem Ziel des späteren Erlasses (§ 227 AO) zunächst unter Widerrufsvorbehalt ab Fälligkeit zu stunden. Die Regelung schafft Rechtssicherheit und gibt natürlichen Personen, die betriebliche Verbindlichkeiten im Insolvenzverfahren erlassen bekommen, die Möglichkeit, einen Erlassantrag zu stellen, dem die Finanzverwaltung stattgeben wird, da im Schreiben vom 27.3.2003 das Ermessen der einzelnen Finanzämter auf Null reduziert worden ist (so *Schmittmann* InsbürO 2010, 94 [96]).

157a **c) Verbindlichkeiten am Ende der Liquidation.** Für die **Bewertung der Schulden** im Abwicklungs-Endvermögen gilt die Bestimmung des § 12 Abs. 1 BewG. Danach sind ua Schulden mit dem **Nennwert** anzusetzen, wenn nicht besondere Umstände einen höheren oder geringeren Wert begründen. Der BFH hat entschieden, dass zwar für Schulden nicht die Bestimmung des § 12 Abs. 2 BewG gilt, wonach Forderungen, die uneinbringlich sind, außer Ansatz bleiben; jedoch sind Ausnahmefälle denkbar, in denen mit einer bestehenden Schuld keine wirtschaftliche Belastung (mehr) verbunden ist und in denen die Schulden demnach außer Ansatz bleiben(so BFH Urt. v. 5.2.2014 – I R 34/12, BFH/NV 2014, 1014 = DStR 2014, 1573; BFH Urt. v. 26.2.2003 – II R 19/01, BFHE 201, 531 = BStBl. II 2003, 561; vgl. dazu und zum gewinnwirksamen Wegfall von betrieblichen Verbindlichkeiten im Insolvenz- und Restschuldbefreiungsverfahren: OFD Nordrhein-Westfalen Kurzinfo ESt Nr. 46/2014 v. 21.11.2014, StuB 2015, 32; vgl. zur Nichtpassivierung verjährter Verbindlichkeiten: BFH Beschl. v. 21.5.2014 – I B 64/13, BGH/NV 2014, 1543).

IV. Bauabzugsteuer

Schrifttum: *Ballof,* Die Bauabzugsteuer, EStB 2004, 167; *Drenckhan,* Behandlung der Bauabzugsteuer in der Insolvenz zwischen Eröffnungsantrag und Schlußverteilung ZInsO 2003, 405; *Drenckhan,* Die Abkehr von der bisherigen Rspr zur Bauabzugsteuer in Insolvenzverfahren ZInsO 2003, 111; *Eisolt,* Erteilung einer Freistellungsbescheinigung nach § 48b EStG an den Insolvenzverwalter, ZInsO 2013, 1564; *Feuerborn,* Privilegien des Fiskus im Insolvenzverfahren, 57; *Fuhrmann,* Erste Praxiserfahrungen mit der „Bauabzugssteuer", KÖSDI 2003, 13771; *Gundlach/Frenzel/Schirrmeister,* Der Anspruch des Insolvenzverwalters auf einen Freistellungsbescheid gemäß § 48b EStG, DStR 2003, 823; *Heidland,* Die neue Bauabzugsteuer – Haftungsrisiken in der Insolvenz, ZInsO 2001, 1095; *Heinze,* Die Anfechtung von Bauabzugsteuern, DZWIR 2005, 282; *Mitlehner,* Bauabzugsteuer in der Insolvenz des Bauunternehmers – Widerruf der Freistellungsbescheinigung, NZI 2003, 171; *Schmittmann/Theurich/Brune* Das insolvenzrechtliche Mandat § 9 Rn. 91 ff.; *Schwarz,* Bauabzugsteuer, DZWIR 2003, 17; *Waza/Uhländer/Schmittmann* Insolvenzen und Steuern Rn. 1594 ff.

1. Überblick. Die Bauabzugsteuer ist ebenso wie die Zinsabschlag- und Kapitalertragsteuer keine eigene Steuerart, sondern stellt lediglich eine **besondere Erhebungsform** der Einkommen- und Körperschaftsteuer dar. Aufgrund des Gesetzes zur Eindämmung illegaler Betätigung im Baugewerbe vom 30.8.2001 (BGBl. 2003 II I S. 2001) haben nach §§ 48 ff., 52 Abs. 56 EStG unternehmerisch tätige Auftraggeber von Bauleistungen **(Leistungsempfänger)** im Inland für Gegenleistungen, die nach dem 31.12.2001 erbracht werden, einen Steuerabzug für Rechnung des die Bauleistung erbringenden Unternehmens **(Leistender)** vorzunehmen, wenn bestimmte Freigrenzen nicht überschritten werden, oder eine gültige, vom zuständigen Finanzamt des Leistenden ausgestellte **Freistellungsbescheinigung** nicht vorliegt (vgl. *Schmittmann/Theurich/Brune* Das insolvenzrechtliche Mandat § 9 Rn. 91; *Waza/Uhländer/Schmittmann* Insolvenzen und Steuern Rn. 1594). Die Einführung der Bauabzugsteuer beruht auf der Beobachtung, dass im Bereich von Bauleistungen in erheblichem Umfang **Steuerausfälle** zu verzeichnen sind. Durch die Bauabzugsteuer wird ein Zahlungseinbehalt mit **Sicherungsfunktion** geschaffen (so L. Schmidt/*Drenseck* EStG § 48 Rn. 1). 158

Das Königreich Belgien hat dadurch gegen seine Verpflichtungen aus Art. 49 EGV und Art. 50 EGV verstoßen, dass es Auftraggeber und Unternehmer, die nicht in Belgien registrierte Vertragspartner beauftragen, verpflichtet, von dem für die geleisteten Arbeiten zu zahlenden Betrag 15 vom Hundert abzuziehen und ihnen die gesamtschuldnerische Haftung für Abgabenschulden dieser Vertragspartner auferlegt hat (so EuGH Urt. v. 9.11.2006 – Rs. C-433/04, DStRE 2007, 655 ff.). Da die deutsche Bauabzugsteuer anders ausgestaltet ist als die belgische, bestehen keine Zweifel an der **Vereinbarkeit** der deutschen Regelung **mit europäischem Recht** (so *Schmittmann/Theurich/Brune* Das insolvenzrechtliche Mandat § 9 Rn. 91). 159

2. Verfahren. Soweit der **Abzugsbetrag** einbehalten und angemeldet worden ist, erfolgt die **Anrechnung** gemäß § 43c EStG. Zahlt der Besteller nach versehentlich vollständiger Zahlung des Werklohns an den Unternehmer die Bauabzugsteuer an das Finanzamt, trifft den Unternehmer eine aus dem Vertragsverhältnis resultierende Nebenpflicht, diesen Betrag an den Besteller zu erstatten (so BGH Urt. v. 26.9.2013 – VII ZR 2/13, ZInsO 2013, 2209 Rn. 23). 160

Der Steuerabzug muss nicht vorgenommen werden, wenn der Leistende dem Leistungsempfänger eine gültige **Freistellungsbescheinigung** vorlegt (§§ 48 Abs. 2, 48b EStG).

Bei Insolvenz eines im Besitz **einer gültigen Freistellungsbescheinigung** befindlichen Bauleistenden stellt sich die Frage, was mit der Freistellungsbescheinigung geschieht. Eine Freistellungsbescheinigung ist zu widerrufen, wenn der Steueranspruch gefährdet erscheint. Eine **Gefährdung des Steueranspruchs** kann bereits vor Stellung eines Insolvenzantrags vorliegen (so OFD Hannover Vfg. v. 22.4.2003 – S 2272b – 9 – StO 223/S 2272b – 2 – StH 216, DB 2003, 1250). Beantragt der Insolvenzverwalter, bei dem davon auszugehen ist, dass er seine steuerlichen Pflichten erfüllt, eine Freistellungsbescheinigung, so ist ihm diese grundsätzlich auszustellen. Hierbei spielt es keine Rolle, ob die Bauleistungen vor oder nach Insolvenzeröffnung erbracht wurden. Die Bescheinigung braucht daher nicht auftragsbezogen erteilt werden (so OFD Hannover Vfg. v. 22.4.2003, DB 2003, 1250; *Schmittmann/Theurich/Brune,* Das insolvenzrechtliche Mandat, § 9 Rn. 95). Beantragt ein „starker" vorläufiger Insolvenzverwalter eine Freistel- 161 lungsbescheinigung, so ist ihm diese grundsätzlich auszustellen, sofern davon auszugehen ist, dass er seine steuerlichen Pflichten erfüllt und das Insolvenzverfahren auch tatsächlich eröffnet wird (so OFD Hannover Vfg. v. 22.4.2003, DB 2003, 1250). Wenn nicht mit einer Eröffnung des Insolvenzverfahrens zu rechnen ist, ist von einer Gefährdung des Steueranspruchs auszugehen und daher von einer Ausstellung einer Freistellungsbescheinigung abzusehen (so OFD Hannover Vfg. v. 22.4.2003, DB 2003, 1250; *Waza/Uhländer/Schmittmann* Insolvenzen und Steuern Rn. 1596).

162 **3. Bauabzugsteuer in der Insolvenz des Leistenden.** Die **Insolvenz des Leistenden** berührt die Verpflichtung des Leistungsempfängers **(Bestellers)** zur Vornahme des Steuerabzugs nicht (so FG München Urt. v. 24.9.2009 – 7 K 1238/08, DStRE 2011, 156 – rkr.).

163 Ist über das Vermögen eines Bauunternehmers das Insolvenzverfahren eröffnet worden, so darf dem **Insolvenzverwalter** eine **Freistellungsbescheinigung** gemäß § 48b EStG regelmäßig nicht versagt werden. Der Anspruch kann auch im Wege der Regelungsanordnung im Sinne des § 114 Abs. 1 S. 2 FGO geltend gemacht werden, ohne dass dem der Gesichtspunkt einer Vorwegnahme der Entscheidung in der Hauptsache entgegensteht (so BFH Beschl. v. 13.11.2002 – I B 147/02, BFHE 201, 80 = BStBl. II 2003, 716).

164 **Steuerabzugsbeträge,** die auf Bauleistungen beruhen, die vor Eröffnung des Insolvenzverfahrens ausgeführt wurden und vor der Insolvenzeröffnung durch den **Leistungsempfänger** an das Finanzamt gezahlt wurden, sind auf Steuern anzurechnen, die vor Eröffnung des Insolvenzverfahrens begründet wurden (so BMF Schreiben v. 4.9.2003 – IV A 5 – S 2272b – 20/03, NZI 2003, 643 [644]).

165 Wird Bauabzugsteuer **nach Verfahrenseröffnung** beim leistenden Unternehmen an das Finanzamt **abgeführt,** so darf das Finanzamt den abgeführten Betrag nicht außerhalb des Insolvenzverfahrens vereinnahmen. Vielmehr steht ihm als **Steuergläubiger** auch in diesem Fall für seinen Steueranspruch gegenüber dem Bauunternehmer nur die nach Insolvenzrecht zu ermittelnde **Verteilungsquote** zu (so BFH Beschl. v. 13.11.2002 – I B 147/02, BFHE 201, 80 = BStBl. II 2003, 716). Das steuerrechtliche **Abzugsverfahren** dient ausschließlich dem Ziel, Steuerausfälle zu vermeiden oder zu vermindern, die durch ein pflichtwidriges Verhalten des Steuerschuldners verursacht werden können. Dass durch das Abzugsverfahren darüber hinaus die insolvenzrechtliche Stellung des Steuergläubigers verbessert werden soll, lässt sich weder dem Gesetzeswortlaut noch der Gesetzesbegründung entnehmen, so dass der Steuergläubiger ab Verfahrenseröffnung nicht mehr bevorzugt wird (so BFH Beschl. v. 13.11.2002 – I B 147/02, BFHE 201, 80 = BStBl. II 2003, 716).

166 **4. Haftung.** Die **Haftung des Leistungsempfängers** für den Steuerabzug bei einer Bauleistung gemäß § 48a Abs. 3 EStG ist nicht streng akzessorisch iS von § 191 Abs. 5 AO in Bezug auf einen Steueranspruch gegenüber dem Leistenden. Das Bestehen von Steueransprüchen gegen den Leistenden ist jedoch im Rahmen der **Ermessensentscheidung** zu berücksichtigen (so FG München Urt. v. 24.9.2009 – 7 K 1238/08, DStRE 2011, 156 – rkr.).

C. Körperschaftsteuer

I. Grundlagen

Schrifttum: *Tipke/Lang* Steuerrecht § 11 Rn. 1 ff.; *Gundlach/Rautmann,* Aufrechnung des Finanzamts mit dem Erstattungsanspruch gemäß § 37 Abs. 5 KStG in der Insolvenz, DStR 2011, 1404; *Kahlert,* Beendigung der ertragsteuerlichen Organschaft im vorläufigen Insolvenzverfahren, DStR 2014, 73; *Kahlert,* Hat eine Kapitalgesellschaft ihre Verbindlichkeiten im Insolvenzverfahren ertragswirksam aufzulösen?, DStR 2014, 1906; *Uhlenbruck/Sinz,* § 38 Rn. 72 ff.; *Roth* Insolvenz Steuerrecht Rn. 4.227 ff.; *Waza/Uhländer/Schmittmann* Insolvenzen und Steuern Rn. 1631 ff.

1. System der Körperschaftsteuer. Während Personengesellschaften nach dem Transparenzprinzip besteuert werden, so dass der Gewinn unmittelbar und ausschließlich beim Gesellschafter der progressiven Einkommensteuer unterliegt, gilt bei Körperschaften das **Trennungsprinzip.** Daraus ergibt sich, dass sich Körperschaft und Anteilseigner grundsätzlich wie fremde Dritte gegenüberstehen. Körperschaften unterliegen als eigenständige **Steuersubjekte** der proportionalen Körperschaftsteuer (vgl. *Tipke/Lang* Steuerrecht § 11 Rn. 1). Die Körperschaftsteuer stellt sich als Einkommensteuer der Körperschaften dar. **167**

Gemäß § 31 Abs. 1 S. 1 KStG sind auf die **Durchführung der Besteuerung** einschließlich der Anrechnung, Entrichtung und Vergütung der Körperschaftsteuer sowie die Festsetzung und Erhebung von Steuern, die nach der veranlagten Körperschaftsteuer bemessen werden (Zuschlagsteuern), die für die Einkommensteuer geltenden Vorschriften entsprechend anzuwenden. **168**

Aufgrund der **Unternehmenssteuerreform 2008** (Unternehmenssteuerreformgesetz 2008 v. 14.8.2007, BGBl. 2007 II I 1912) beträgt der **Steuersatz** ab VZ 2008 lediglich 15 %, während thesaurierte Gewinne von Körperschaften vor 1990 noch entsprechend dem damaligen Einkommensteuerspitzensatz mit 56 vom Hundert belastet worden sind. Die Gewerbesteuer hat daher im Verhältnis zur Körperschaftsteuer erheblich an Gewicht gewonnen. Sie übersteigt zum Teil – je nach Hebesatz – die Körperschaftsteuer (vgl. *Tipke/Lang* Steuerrecht § 11 Rn. 4). **169**

Da sowohl die Körperschaft mit Körperschaftsteuer als auch der Anteilseigner mit **Einkommensteuer** belastet wird, sofern es sich um eine natürliche Person handelt, muss das Körperschaftsteuersystem sicherstellen, dass die **wirtschaftliche Doppelbelastung** vertretbar ist. In Deutschland galt von 1977 bis 2000 das Prinzip der Vollanrechnung der Körperschaftsteuer auf den ausgeschütteten Gewinn unter Anwendung eines ermäßigten Ausschüttungssteuersatzes auf der Ebene der Körperschaftsteuer (so *Tipke/Lang* Steuerrecht § 11 Rn. 9). Seit dem 1.1.2001 findet in Deutschland das Halb- bzw. seit dem 1.1.2009 das **Teileinkünfteverfahren** Anwendung. Der Gewinn wird auf der Ebene der Körperschaftsteuer besteuert. Auf der Ebene des Gesellschafters findet eine teilweise Entlastung statt (vgl. *Tipke/Lang* Steuerrecht § 11 Rn. 11 ff.). Das **Teileinkünfteverfahren** (§ 3 Nr. 40 S. 1 lit. c EStG) und das **Teilabzugsverbot** (§ 3c Abs. 2 EStG) sind bei der Rückzahlung eines Teils des Stammkapitals in Form von Liquidationsraten an den Anteilseigner bei der Liquidation einer Kapitalgesellschaft anzuwenden (so BFH Urt. v. 6.5.2014 – IX R 19/13, BStBl. II 2014, 682 = DB 2014, 1592). **170**

2. Körperschaftsteuer im Insolvenzverfahren. a) Körperschaftsteuerpflicht und Besteuerungszeitraum. Ungeachtet dessen, dass eine Körperschaft kraft Gesetzes mit Insolvenzeröffnung aufgelöst wird (§§ 262 Abs. 1 Nr. 3, 264 Abs. 1, 274 Abs. 2 Nr. 1 AktG, §§ 60 Abs. 1 Nr. 4, 66 Abs. 1 GmbHG, §§ 101, 117 GenG), besteht die **Körperschaftsteuerpflicht** fort. Selbst eine Löschung im Handelsregister beendet die Körperschaftsteuerpflicht nicht, wenn die Körperschaft werbend tätig bleibt (so *Waza/Uhländer/Schmittmann* Insolvenzen und Steuern Rn. 1633). Wird eine unbeschränkte steuerpflichtige Körperschaft nach der Auflösung abgewickelt, so ist der im Zeitraum der Abwicklung erzielte Gewinn der Besteuerung zugrunde zu legen (§ 11 Abs. 1 S. 1 KStG). Der **Besteuerungszeitraum** soll drei Jahre nicht übersteigen (§ 11 Abs. 1 S. 2 KStG). Zwar beginnt mit der Eröffnung des Insolvenzverfahrens ein neues Geschäftsjahr (§ 155 Abs. 2 S. 1 KStG); sie unterbricht allerdings den Veranlagungszeitraum nicht, so dass die **171**

einheitlich ermittelte und festgesetzte Steuerschuld verhältnismäßig in Insolvenzforderung und Masseverbindlichkeit aufzuteilen ist (so *Waza/Uhländer/Schmittmann* Insolvenzen und Steuern Rn. 1633). Die **Zwischenveranlagungen** sind auch dann endgültig, wenn es sich um Berechnungen handelt (so FG Köln Urt. v. 27.9.2012 – 10 K 2838/11, ZIP 2013, 40).

172 **b) Abgrenzung.** Die Zuordnung zu **Insolvenzforderungen** (§ 38 InsO) und **Masseverbindlichkeiten** (§ 55 InsO) richtet sich nach den allgemeinen Regeln (→ § 38 Rn. 21), so dass zu ermitteln ist, ob die Körperschaftsteuer vor oder nach Insolvenzeröffnung begründet ist. Führt der Insolvenzverwalter den Betrieb nach Eröffnung des Insolvenzverfahrens fort, richtet sich die Verteilung danach, wann, durch welche Vorgänge und in welchem Umfang die Steuerschuld im Wirtschaftsjahr begründet wurde. Die **Jahressteuerschuld** ist im prozentualen Verhältnis der vor und nach Insolvenzeröffnung erzielten Teileinkünfte zu bestimmen (so *Waza/Uhländer/Schmittmann* Insolvenzen und Steuern Rn. 1633).

173 Die **Körperschaftsteuervorauszahlungen** entstehen mit Beginn des Kalendervierteljahres, in dem die Vorauszahlungen zu entrichten sind, oder, wenn die Steuerpflicht erst im Laufe des Kalenderjahres begründet wird, mit Begründung der Steuerpflicht (§§ 30, 31 KStG). Die vor Insolvenzeröffnung begründete Vorauszahlungsschuld ist auflösend bedingt durch die Jahressteuerschuld. Sie wird aber nach § 42 InsO wie eine unbedingte Forderung berücksichtigt. Soweit sie vor der Insolvenzeröffnung begründet ist, kann sie als **Insolvenzforderung** zur Tabelle angemeldet werden (so *Waza/Uhländer/Schmittmann* Insolvenzen und Steuern Rn. 1634).

Die nachinsolvenzliche **Änderung** einer vorinsolvenzlich erfolgten **Körperschaftsteuerfestsetzung** gem. § 164 Abs. 2 AO ist nach rechtskräftiger **Bestätigung eines Insolvenzplans,** der die vom Finanzamt angemeldete und im Prüfungstermin vom Steuerpflichtigen nicht bestrittene Körperschaftsteuerforderung erfasst, nicht mehr zulässig (so BFH Urt. v. 22.10.2014 – I R 39/13, ZIP 2015, 141 ff. = EWiR 2015, 87 [*Schmittmann*].

174 **c) Erstattungsansprüche.** Stellt sich bei der **Jahresveranlagung** heraus, dass die Summe der entrichteten Vorauszahlungen und Abzugsbeträge die Jahressteuerschuld übersteigt, so entsteht zugunsten der Körperschaft ein **Erstattungsanspruch** nach § 37 Abs. 2 AO. Insolvenzrechtlich ist darauf abzustellen, wann der Rechtsgrund für den Erstattungsanspruch gelegt worden ist (so *Waza/Uhländer/Schmittmann* Insolvenzen und Steuern Rn. 1635; BFH Urt. v. 9.2.1993 – VII R 12/92, BFHE 170, 300 = BStBl. II 1994, 207). Nach der materiellen Rechtsgrundtheorie entsteht der Erstattungsanspruch schon dann, wenn etwas gezahlt wird, was nach dem materiellen Recht nicht geschuldet wird. Die formelle Rechtsgrundtheorie verlangt darüber hinaus die Aufhebung oder Änderung der **Steuerfestsetzung,** aufgrund dessen die materiell-rechtlich nicht geschuldete Steuer geleistet worden ist (vgl. BFH Urt. v. 9.2.1993 – VII R 12/92, BFHE 170, 300 = BStBl. II 1994, 207 [208]). Für die Frage, ob ein steuerrechtlicher Anspruch zur Insolvenzmasse gehört oder ob die Forderung des Gläubigers eine Insolvenzforderung ist, kommt es nicht darauf an, ob der Anspruch zum Zeitpunkt der Eröffnung des Insolvenzverfahrens im steuerrechtlichen Sinne entstanden war, sondern darauf, ob in diesem Zeitpunkt nach insolvenzrechtlichen Grundsätzen der Rechtsgrund für den Anspruch bereits gelegt war (so BFH Urt. v. 31.5.2005 – VII R 74/04, BFH/NV 2005, 1745).

175 Da eine Körperschaft nicht über einen **insolvenzfreien Bereich** verfügt, weil ihr Pfändungsfreibeträge etc nicht zur Verfügung stehen und das Insolvenzverfahren auch das während des Verfahrens erlangte Vermögen umfasst, steht der von der Finanzverwaltung zu erstattende Betrag immer der Insolvenzmasse zur Verfügung (so *Waza/Uhländer/Schmittmann* Insolvenzen und Steuern Rn. 1636).

II. Körperschaftsteuerguthaben in der Insolvenz

Schrifttum: *Binnewies,* Das Ende des Fiskalspiels mit dem Körperschaftsteuerguthaben: Das Bundesverfassungsgericht pfeift ab, GmbHR 2010, 408; *Deppe/Schmittmann,* Körperschaftsteuerguthaben in der Insolvenz: Steuerliche und insolvenzrechtliche Aspekte, InsbürO 2008, 367; *Eisolt,* Verwendung des Körperschaftsteuerguthabens eines Schuldners bei Masseunzulänglichkeit und Nachtragsverteilung, ZInsO 2014, 1095; *Fett,* Die Aufrechnung eines nach § 37 Abs. 5 KStG entstandenen Erstattungsanspruchs mit Insolvenzforderungen, DStZ 2008, 768; *Grashoff/Kleinmanns,* Vorsicht Falle: Die Abtretung von Körperschaftsteuerguthaben in der Insolvenz, ZInsO 2008, 609; *Hubertus/Fürwentsches,* Das Körperschaftsteuerguthaben in der Insolvenz, DStR 2010, 2382; *Krüger,* Kommt die Kehrtwende bei der Aufrechnung von Körperschaftsteuerguthaben im Insolvenzverfahren?, ZInsO 2010, 1732; *Ladiges,* Der Auszahlungsanspruch nach § 37 Abs. 5 KStG – Probleme bei Aufrechnung und Insolvenz, DStR 2008, 2041; *Ladiges,* Nochmals: Aufrechnung gegen den Auszahlungsanspruch gem. § 37 Abs. 5 KStG, ZInsO 2011, 1001; *Roth* Insolvenz Steuerrecht Rn. 4.292; *Schmittmann,* Körperschaftsteuerguthaben in der Insolvenz, StuB 2011, 70; *Schmittmann,* Körperschaftsteuerguthaben nach dem Jahressteuergesetz 2008: Konsequenzen für laufende Insolvenzverfahren, StuB 2008, 83; *Schmittmann,* Nochmals: Körperschaftsteuerguthaben im Insolvenzverfahren, ZInsO 2008, 502; *Schmittmann,* Körperschaftsteuerguthaben in der Insolvenz, StuB 2011, 70; *Schüppen,* Die Besteuerung der Kapitalgesellschaft in der Insolvenz, Jahrbuch der Fachanwälte für Steuerrecht 2009/2010, 340; *Sterzinger,* Probleme bei der Auszahlung des Körperschaftsteuerguthabens im Insolvenzverfahren, BB 2008, 1480; *v. Craushaar/Holdt,* Verwertung des Körperschaftsteuerguthabens im Insolvenzverfahren, NZI 2011, 350; *Waza/Uhländer/Schmittmann,* Insolvenzen und Steuern, 9. Aufl. 2012, Rn. 1631.

1. Ausgangslage. Im Jahre 2001 wurde auf das Halb- und im Jahre 2009 auf das **Teileinkünfteverfahren** umgestellt, so dass die bisherige Anrechnung entfallen ist. Die Kapitalgesellschaft zahlt weiterhin Körperschaftsteuer und der eine Ausschüttung empfangende Gesellschafter Einkommensteuer auf einen Teil der ihm zugeflossenen Gewinne. Bei Ausschüttungen der Gesellschaft an die Anteilsinhaber wurde nach dem Systemwechsel zunächst das **Körperschaftsteuerguthaben** ausgezahlt. Aufgrund unerwartet hoher Ausschüttungen an die Anteilsinhaber entschloss sich der Gesetzgeber zur Schonung des Fiskus zu einem **Körperschaftsteuermoratorium** und fror mit dem Steuervergünstigungsabbaugesetz vom 16.5.2003 (BGBl. 2003 II I S. 660) die Guthaben für Ausschüttungen zwischen dem 14.4.2003 und vor dem 1.1.2006 ein. Für ordentliche Gewinnausschüttungen ab dem 1.1.2006 wurde die Körperschaftsteuerminderung wieder gewährt, allerdings der Höhe nach auf den Betrag begrenzt, der sich durch eine fiktive gleichmäßige Verteilung des Körperschaftsteuerguthabens auf die Restlaufzeit der Übergangsregelung bis zum Jahre 2019 ergab (§ 37 Abs. 2a Nr. 2 KStG). Das BVerfG (Urt. v. 17.11.2009 – 1 BvR 2192/05, BVerfG 125, 1 ff. = BGBl. 2010 I, 326 ff. = StuB 2010, 304 f.) hat entschieden, dass es mit Art. 3 Abs. 1 GG unvereinbar ist, dass die Übergangsregelungen von körperschaftsteuerrechtlichen Anrechnungs- zum Halbeinkünfteverfahren bei einzelnen Unternehmen zu einem **Verlust von Körperschaftsteuerminderungspotential** führen, der bei einer anderen Ausgestaltung des Übergangs ohne Abstriche an den gesetzgeberischen Zielen vermieden werden könnte (vgl. dazu *Binnewies* GmbHR 2010, 408 ff.). Die Frage, ob ein Anspruch auf Auszahlung eines auf das gemäß § 37 Abs. 5 KStG festgestellten Körperschaftsteuerguthabens entfallenden **Solidaritätszuschlags** besteht (ablehnend: OFD Münster Vgf. v. 19.8.2010, DB 2010, 2079), liegt derzeit dem BVerfG vor (BFH Vorlagebeschl. v. 10.8.2011 – I R 39/10, DStR 2011, 2287 ff.). 176

Bis zum Jahre 2000 entstandene **Körperschaftsteuerguthaben** konnten nach dem Systemwechsel ohne Ausschüttung zunächst nicht mehr realisiert werden und waren daher im Fall der Insolvenz der Körperschaft verloren (vgl. *Deppe/Schmittmann* InsbürO 2008, 367). Im Zuge der **Europäisierung des Umwand-** 177

lungssteuerrechts wurde die Erstattung der im Anrechnungsverfahren gebildeten Körperschaftsteuerguthaben neu geregelt. Während die Realisierung von Körperschaftsteuerguthaben aus der Zeit des **Anrechnungsverfahrens** von einer Ausschüttung abhing, wurde durch das Gesetz über steuerliche Begleitmaßnahmen zur Einführung der Europäischen Gesellschaft und zur Änderung weiterer steuerlicher Vorschriften (SEStEG BGBl. 2006 II I S. 2782; berichtigt BGBl. 2007 II I S. 68) eine **ausschüttungsunabhängige ratierliche Auszahlung** des zum 31.12.2006 vorhandenen Körperschaftsteuerguthabens angeordnet. Der Anspruch wurde gemäß § 37 Abs. 5 S. 3 KStG für den gesamten Auszahlungszeitraum durch Bescheid festgesetzt (vgl. im Einzelnen: OFD Koblenz Rundvfg. v. 7.12.2007 – S 0453 A/S 0550 A/S 0166 A – St 341/St 34 2/St 35 8, DStR 2008, 354; OFD Münster – Fragen im Zusammenhang mit der Neuregelung der Vorschriften zum Körperschaftsteuerguthaben (§ 37 KStG), DB 2007, 1001 = ZInsO 2007, 706 ff. mAnm *Schmittmann; v. Craushaar/Holdt* NZI 2011, 350 [351]).

178 Die **Auszahlung** erfolgt grundsätzlich **in zehn gleichen Jahresbeträgen** bis 2017 (§ 37 Abs. 5 S. 1 KStG), sofern das Körperschaftsteuerguthaben nicht mehr als 1.000 EUR beträgt (§ 37 Abs. 5 S. 6 KStG). Dies verstößt nicht gegen Art. 14 Abs. 1 GG (so FG Nürnberg Urt. v. 24.5.2011 – 1 K 443/10, DStRE 2012, 1192). Der Insolvenzverwalter kann den Anspruch zur Verkürzung des Insolvenzverfahrens verkaufen und abtreten. Das **Aufrechnungsverbot** gem. § 96 Abs. 1 InsO besteht dann – entgegen § 406 BGB – zu Gunsten des Zessionars auch über den Zeitpunkt der Einstellung des Insolvenzverfahrens weiter (so FG Berlin-Brandenburg, Urt. v. 2.12.2014 – 6 K 6119/12, ZIP 2015, 844 [n. rkr.]).

179 **2. Geltendmachung des Körperschaftsteuerguthabens in der Insolvenz. a) Überblick.** Durch das **SEStEG** vom 7.12.2006 (→ Rn. 176) wurde eine **ausschüttungsunabhängige Auszahlung** in Abkehr des bisherigen Systems für die Jahre 2008 bis 2017 in zehn gleichen Jahresbeträgen angeordnet (§ 37 Abs. 5 KStG; dies ist auch unter Berücksichtigung des insolvenzrechtlichen Beschleunigungs- und Wirtschaftlichkeitsgebotes verfassungsgemäß, so FG Schleswig-Holstein Urt. v. 7.6.2012 – 1 K 69/12, DStRE 2013, 411; NZB verworfen: BFH Beschl. v. 11.1.2013 – I B 96/12, BFH/NV 2013, 1236). Die erstmalige Auszahlung erfolgte im Wege des sog „kleinen Körperschaftsteuermoratoriums" zum 30.9.2008 (vgl. *Tipke/Lang* Steuerrecht § 11 Rn. 10). Da es nunmehr für die Realisierung des Körperschaftsteuerguthabens nicht mehr auf eine Ausschüttung an die Anteilsinhaber ankommt, kann es auch für die Insolvenzmasse realisiert werden. Durch die **gestreckte Auszahlung bis 2017** wird häufig ein schneller Abschluss des Insolvenzverfahrens verhindert, so dass vorgeschlagen wurde, die Körperschaftsteuerguthaben abgezinst zur Auszahlung zu bringen (*Schmittmann* ZInsO 2008, 502 [503]). Diesem Vorschlag ist der Gesetzgeber, offenbar aus Gründen der Liquiditätsschonung für die öffentliche Hand, nicht gefolgt, so dass Insolvenzverwalter andere Mittel zur Realisierung des Körperschaftsteuerguthabens gesucht haben, zB durch den **Verkauf von Körperschaftsteuerguthaben** aus der Insolvenzmasse (*Schmittmann* StuB 2011, 70).

180 Ob der Zessionar bei **Erwerb eines Körperschaftsteuerguthabens** aus der Insolvenzmasse Gefahr läuft, dass ihm die Finanzverwaltung die Regelung des § 406 BGB entgegenhält, ist noch nicht abschließend geklärt. Nach § 406 BGB kann der Schuldner eine ihm gegen den bisherigen Gläubiger zustehende Forderung auch dem neuen Gläubiger gegenüber aufrechnen. Die Finanzverwaltung könnte also nach **Aufhebung des Insolvenzverfahrens** mit Insolvenzforderungen aufrechnen, weil das Aufrechnungsverbot nach § 96 InsO dann nicht mehr gilt (so *Schmittmann* StuB 2008, 83 [85]; *v. Craushaar/Holdt* NZI 2011, 350 [353]). Demgegenüber vertreten *Grashoff/Kleinmanns* (ZInsO 2008, 609 [612]) die Auffassung, dass die spätere Aufhebung des Insolvenzverfahrens das Schicksal der

Forderung gegen die Finanzverwaltung nicht mehr ändern könne. Die insolvenzrechtlich gebotene Verwertung eines nicht fälligen Anspruchs durch Forderungsverkauf sei sonst nicht möglich. Dies greift mE nicht durch, da aus dem gewünschten Ergebnis die Nichtanwendbarkeit der Norm des § 406 BGB geschlossen wird. Die Finanzverwaltung ist nach Aufhebung des Insolvenzbeschlags zur **Aufrechnung** berechtigt, sofern das Gericht nicht hinsichtlich des Körperschaftsteuerguthabens eine Nachtragsverteilung anordnet (→ § 203 Rn. 13).

b) Verfahren, die vor dem 1.1.2007 eröffnet worden sind. Die **Finanzverwaltung** (OFD Münster DB 2007, 1001) hat ausdrücklich angeordnet, dass das Körperschaftsteuerguthaben kraft Gesetzes mit Ablauf des 31.12.2006 begründet ist und daher nicht mit Insolvenzforderungen aufgerechnet werden kann, wenn das Insolvenzverfahren vor dem 1.1.2007 eröffnet worden war. Einer **Aufrechnung** des Finanzamtes gegen den Anspruch auf Auszahlung des Körperschaftsteuerguthabens während eines vor dem 31.12.2006 eröffneten Insolvenzverfahrens steht das Aufrechnungsverbot des § 96 Abs. 1 Nr. 1 InsO entgegen (so nun BFH Urt. v. 23.2.2011 – I R 20/10, BFHE 233, 114 = BStBl. II 2011, 822 = BFH/NV 2011, 1209 = ZInsO 2011, 1163; BFH Urt. v. 23.2.2011 – I R 38/10, BFH/NV 2011, 1298 = NZI 2012, 335 = HFR 2011, 1098; so bereits *Schmittmann* StuB 2011, 70 [71]). 181

Der **künstlichen Differenzierung,** wonach der Anspruch auf Auszahlung des Körperschaftsteuerguthabens gemäß § 37 Abs. 2 S. 2 KStG lediglich steuerlichrechtlich mit Ablauf des 31.12.2006 entstehe, insolvenzrechtlich aber durch die Tatsache begründet sei, dass die Körperschaften ein **Körperschaftsteuerguthaben** während der Geltung des Anrechnungsverfahrens aufgebaut haben (so aber ThürFG Urt. v. 18.2.2010 – 2 K 215/09, EFG 2010, 750 ff. mAnm *Loose* EFG 2010, 752) erteilt der BFH (Urt. v. 23.2.2011 – I R 20/10, DStR 2011, 1029 [1031]; ebenso schon *Schmittmann* StuB 2011, 70 f.; vgl. auch *Gundlach/Rautmann* DStR 2011, 1404 ff.) eine Absage. Die **Durchführung der Ausschüttung** stellt auch nicht lediglich den Eintritt einer Bedingung im Sinne des § 95 Abs. 1 InsO dar, der dem Finanzamt die Möglichkeit zur Aufrechnung mit bereits bestehenden und fälligen Steuerforderungen biete (so aber noch Niedersächsisches FG Urt. v. 20.5.2010 – 6 K 408/09, EFG 2009, 1390 ff.; aufgehoben durch BFH Urt. v. 23.2.2011 – I R 38/10, BFH/NV 2011, 1298 = HFR 2011, 1098; Niedersächsisches FG Urt. v. 20.5.2010 – 6 K 434/09, EFG 2010, 1393 ff. mAnm *Loose* EFG 2010, 1396 f.; die Revision wurde eingelegt, aber zurückgenommen; BFH Beschl. v. 26.10.2010 – VII R 35/10; vgl. *Gundlach/Rautmann* DStR 2011, 1404 ff.). Das ThürFG und das Niedersächsische FG wollen darauf abstellen, wann die Körperschaft die Körperschaftsteuer an die Finanzverwaltung abgeführt hat. Danach ist das Körperschaftsteuerguthaben als abstraktes Körperschaftsteuerminderungspotential (regelmäßig) durch Feststellung des Endbetrages des mit einer Körperschaftsteuer von 40 % belasteten Teilbetrages mit Ablauf des 31.12.2000 entstanden. Dieses Potential konnte aber nach alter Rechtslage nur durch einen **offenen Gewinnverwendungsbeschluss** mobilisiert werden (vgl. im Einzelnen: *Gundlach/Rautmann* DStR 2011, 1404 ff.; *Hubertus/Fürwentsches* DStR 2010, 2382 [2385]; *Schmittmann* StuB 2011, 70 [71]). Erst durch das SEStEG wurde ein ausschüttungsunabhängiger Anspruch auf das Körperschaftsteuerguthaben eingeführt (so ausdrücklich OFD Münster – Fragen im Zusammenhang mit der Neuregelung der Vorschriften zum Körperschaftsteuerguthaben (§ 37 KStG), DB 2007, 1001 = ZInsO 2007, 706 ff. mAnm *Schmittmann;* OFD Koblenz Rundvfg. v. 7.12.2007 – S 0453 A/S 0550 A/S 0166 A – St 341/St 34 2/St 35 8, DStR 2008, 354). Es kommt demnach gerade nicht darauf an, wann die Körperschaft die Körperschaftsteuer an die Finanzverwaltung abgeführt hat. Nach der früheren Regelung existierte kein ausschüttungsunabhängiger Anspruch auf das Körper- 182 schaftsteuerguthaben, so dass dieser erst durch das SEStEG entstanden ist. Zutreffenderweise ist daher auf das Inkrafttreten des SEStEG am 13.12.2006 abzustellen. Bei dem **Körperschaftsteuerguthaben** handelt es sich um eine **betagte Forderung,** die im Zeitpunkt der Eröffnung des Insolvenzverfahrens noch nicht fällig war, was aber gleichwohl einer Aufrechnung nicht entgegensteht, da der Steuererstattungsanspruch nicht aufgrund einer willentlichen Parteihandlung nach Verfahrenseröffnung entsteht (so *Hubertus/Fürwentsches* DStR 2010, 2382 [2385]; aA *Loose* EFG 2010, 1396 f.).

183 Die **Finanzverwaltung** folgt der jüngsten Rspr. des BFH (vgl. OFD Münster Kurzinformation v. 5.8.2011, Kurzinformation Körperschaftsteuer Nr. 03, DStR 2011, 1667; OFD Koblenz Kurzinformation v. 12.8.2011 – S 0550 A-St 34 1, BeckVerw 253904).

184 **c) Verfahren, die nach dem 31.12.2006 eröffnet worden sind.** In Insolvenzverfahren, die nach dem 31.12.2006 eröffnet worden sind, ist eine **Aufrechnung** des Körperschaftsteuerguthabens mit **Insolvenzforderungen** möglich (so OFD Koblenz Rundverfügung v. 7.12.2007 – S 0453 A/S 0550 A/S 0166 A – St 341/St 34 2/St 35 8, DStR 2008, 354; OFD Münster – Fragen im Zusammenhang mit der Neuregelung der Vorschriften zum Körperschaftsteuerguthaben (§ 37 KStG), DB 2007, 1001 = ZInsO 2007, 706 ff. mAnm *Schmittmann; Waza/Uhländer/Schmittmann* Insolvenzen und Steuern Rn. 1631; *v. Craushaar/Holdt* NZI 2011, 350 [351]).

185 **d) Körperschaftsteuererhöhungsbetrag.** Die nach § 38 Abs. 5 ff. KStG erforderliche **Nachversteuerung des EK 02** (Körperschaftsteuererhöhungsbetrag) ist differenziert zu betrachten. In Insolvenzverfahren, die nach dem 1.1.2007 eröffnet worden sind, erfolgt eine Anmeldung als **Insolvenzforderung;** im Übrigen liegt eine **Masseverbindlichkeit** vor (so OFD Münster Kurzinformation KSt Nr. 03, DB 2011, 2293 = ZInsO 2011, 2224 f.).

186 **e) Vorgehen bei Nichtauszahlung.** Soweit die Finanzämter zum Teil dazu übergehen, Körperschaftsteuerguthaben kommentarlos nicht mehr zur Auszahlung zu bringen, ist die Beantragung eines **Abrechnungsbescheides** gemäß § 218 Abs. 2 AO zweckmäßig (vgl. *Waza/Uhländer/Schmittmann* Insolvenzen und Steuern Rn. 533; *Schmittmann* StuB 2011, 70 [71]).

III. Sanierungsklausel (§ 8c Abs. 1a KStG)

Schrifttum: *Bethmann/Mammen/Sassen,* Alternativkonzepte zu § 8c KStG, DStR 2012, 1941; *Bien/Wagner,* Erleichterungen bei der Verlustabzugsbeschränkung und der Zinsschranke nach dem Wachstumsbeschleunigungsgesetz, BB 2009, 2627; *Blumenberg,* „Steuerliche Sanierungsklausel", DB Standpunkte 2011, 21 f.; *Breuninger/Ernst,* Der Beitritt eines rettenden Investors als (stiller) Gesellschafter und der „neue" § 8c KStG, GmbHR 2010, 561; *Cloer/Vogel,* Die Sanierungsklausel auf dem Prüfstand, IWB 2010, 439; *Cortez/Brucker,* Änderungen der Verlustabzugsbeschränkungsregelung des § 8c KStG durch das Wachstumsbeschleunigungsgesetz vom 22. Dezember 2009, BB 2010, 734; *Crezelieus,* Zum Grundverständnis des Mantelkaufs, DB 2002, 2613; *de Weerth,* Die Sanierungsklausel des § 8c KStG und europäisches Beihilferecht, DB 2010, 1205; *de Weerth,* Sanierungsklausel des § 8c KStG verstößt gegen europäisches Beihilferecht, ZInsO 2011, 419; *Dorfmueller,* Sanierungsklausel des § 8c Abs. 1a KStG nicht mit den EU-Beihilferegeln vereinbar, StuB 2011, 147; *Dörr,* Wachstumsbeschleunigung durch den neuen § 8c KStG, NWB 2010, 18; *Drüen,* Die Sanierungsklausel des § 8c KStG als europarechtswidrige Beihilfe, DStR 2011, 289; *Ehrmann,* Beihilferechtliche Zulässigkeit des § 8c Abs. 1a KStG, DStR 2011, 5; *Frey/Mückl,* Konzeption und Systematik der Änderungen beim Verlustabzug (§ 8c KStG), GmbHR 2010, 71; *Herzig,* Sanierungsklausel als unzulässige Beihilfe?, DB 0404151 (2011, Heft 8, M 1); *Hey,* Umsetzung der Rspr des Europäischen Gerichtshofs im nationalen Steuerrecht, StuW 2010, 301; *Klemt,* Richtungsentscheidung für Kompetenzen in Europa – lässt das Beihilferecht die Sanierungsklausel in § 8c Abs. 1a KStG zu ?, DStR 2013, 1057; *Kußmaul/Weiler,* Die Änderungen beim Mantelkauf durch das Wachstumsbeschleunigungsgesetz, ZSteu 2010, 41; *Lang,* Die neue Sanierungsklausel in § 8c KStG, DStZ 2009, 751; *Mückl/Remplik,* Die Sanierungsklausel gemäß § 8c Abs. 1a KStG n. F., FR 2009, 689; *Musil,* Warum die Sanierungsklausel keine Beihilfe ist, DB Standpunkte 2011, 19; *Nacke,* Wachstumsbeschleunigungsgesetz, StuB 2010, 182; *Rädler,* Die „Sanierungsklausel" stellt eine rechtswidrig gewährte Beihilfe dar, DB Standpunkte 2011, 17; *Roser,* Auslegungsfragen zu der Sanierungsklausel des § 8c KStG, FR 2009, 937; *Scheunemann,* Sanierungsklausel vor dem EuGH – ein Sanierungsfall für den Gesetzgeber!?, BB 23/11, Die Erste Seite; *Schwedhelm,* Die Neuregelung des Mantelkaufs in § 8c KStG – verfassungs- und steuersystematische Würdigung, GmbHR 2008, 404; *Seer,* Insolvenz, Sanierung und Ertragsteuern – verfassungs- und europarechtliche Überlegungen, FR 2014, 721; *Sistermann/Brinkmann,* Die neue Sanierungsklausel in § 8c KStG, DStR 2009, 1452; *Sistermann/Brinkmann,* Wachstumsbeschleunigungsgesetz: Die Änderungen bei der Mantelkaufregelung, DStR 2009, 2633; *Welling,* Wirbel um Sanierungsklausel offenbart die systematischen Verwerfungen des § 8c KStG, DB Standpunkte 2011, 23; *Wittkowski/Hielscher,* Änderungen des § 8c KStG durch das Wachstumsbeschleunigungsgesetz, DB 2010, 11; *Ziegenhagen/Thewes,* Die neue Sanierungsklausel in § 8c Abs. 1a KStG, BB 2009, 2116; *Ziegenhagen/Thieme,* Besteuerung in Krise und Insolvenz, 2010, 121; *Zimmer,* Abschaffung der Sanierungsklausel (§ 8c Abs. 1a KStG) und Debt-Equity-Swap nach ESUG, ZInsO 2011, 950.

1. Entwicklung der Vorschrift. Die Regelung des § 8c KStG wurde mit Wirkung ab dem Veranlagungszeitraum 2008 bzw. ab dem 1.1.2008 (§ 34 Abs. 7b S. 1 KStG) durch Gesetz vom 14.8.2007 (BGBl. 2007 II I S. 1912) eingeführt (vgl. *Seer* FR 2014, 721 [727]). Durch das Gesetz zur Modernisierung der Rahmenbedingungen für Kapitalbeteiligungen (MoRaKG) vom 12.8.2008 (BGBl. 2008 II I S. 1672 [1677]) wurde in § 8c Abs. 2 KStG eine Ausnahme für **Wagniskapitalgesellschaften** eingeführt, die aber an der mangelnden Genehmigung der Europäischen Kommission (E. v. 30.9.2009 – 2010/13/EG, ABl. 10 L 6, S. 32) scheiterte (vgl. *Drüen* DStR 2011, 289; *Welling* DB Standpunkte 2011, 23; vgl. zur Verfassungswidrigkeit des § 8c KStG: HmbFG Beschl. v. 4.4.2011 – 2 K 33/10, DB 2011, 1259 f. mAnm *Ernst*). Mit dem Gesetz zur verbesserten steuerlichen Berücksichtigung von Vorsorgeaufwendungen **(Bürgerentlastungsgesetz Krankenversicherung)** vom 16.7.2009 (BGBl. 2009 II I S. 1959) wurde die **Sanierungsklausel** des § 8c Abs. 1a KStG eingeführt (vgl. *Drüen* DStR 2011, 289) und zwar erstmals für den Veranlagungszeitraum 2008 und auf Anteilsübertragungen nach dem 31.12.2007 (§ 34 Abs. 7c S. 1 KStG). 187

Durch das Gesetz zur Beschleunigung des Wirtschaftswachstums **(Wachstumsbeschleunigungsgesetz)** vom 22.12.2009 (BGBl. 2009 II I S. 3950) wurde der **schädliche Beteiligungserwerb** eingeschränkt. Die Neuregelung ist erstmals auf schädliche Beteiligungserwerbe nach dem 31.12.2009 anzuwenden (§ 34 Abs. 7b S. 2 KStG). 188

Die EU-Kommission hat am 24.2.2010 ein förmliches **beihilferechtliches Prüfungsverfahren** (BStBl. I 2010, 482; vgl. zu Beihilfen: EU-Leitlinien für staatliche Beihilfen zur Rettung nichtfinanzieller Unternehmen in Schwierigkeiten [RuU-LL], ZInsO 2014, 2088) wegen § 8c Abs. 1a KStG eröffnet (vgl. *de Weerth* ZInsO 2011, 419). Das BMF (Schreiben v. 30.4.2010 – IV C 2 – S 2745 – a -/08/10005:002, BStBl. I 2010, 488) hat den Beschluss der Europäischen Kommission vom 24.2.2010 veröffentlicht. Demnach war die Sanierungsklausel nach § 8c Abs. 1a KStG vorläufig nicht mehr anzuwenden (*de Weerth* ZInsO 2011, 419). Die EU-Kommission (E. v. 26.1.2011 – C -710, DB 2011, 2069 f. mAnm *de Weerth*) hat die Sanierungsklausel als nicht mit dem Gemeinschaftsrecht vereinbar angesehen, so dass etwaige Steuervorteile zurückzuerstatten sind. Die Rückerstattung gilt seit Inkrafttreten der Sanierungsklausel (so *de Weerth,* Sanierungsklausel des § 8c KStG verstößt gegen europäisches Beihilferecht, DB 2011, Heft 5, M 10). Die Entscheidung der EU-Kommission ist bereits umfassend 189 kritisiert worden (vgl. insbesondere *Drüen* DStR 2011, 289). Hinsichtlich der **Rückforderungsansprüche** besteht kein Vertrauensschutz. Gewährte Beihilfen sind von der Finanzverwaltung zurückzufordern, selbst wenn diese im Vorfeld eine verbindliche Auskunft erteilt haben (so *Ehrmann* DStR 2011, 5 [8]; *Cloer/Vogel* IWB 10, 439 [448]; *Hey* StuW 2010, 301 [309]).

190 Das Bundesfinanzministerium hat am 7.4.2011 eine **Nichtigkeitsklage** gegen die Entscheidung der EU-Kommission vom 26.1.2011 eingereicht, die inzwischen vom EuG (Beschl. v. 18.12.2012 – T-205/11, DStR 2013, 132 = StuB 2013, 116; bestätigt durch EuGH BB 2014, 1878) wegen nicht fristgerechter Einlegung als unzulässig abgewiesen worden ist. Eine Nichtigkeitsklage hatte ohnehin keine aufschiebende Wirkung, so dass bereits gewährte Steuervorteile innerhalb von vier Monaten zurückgefordert werden mussten. Die OFD Magdeburg (Vfg. v. 28.9.2011 – S 2745 a-5-St 216, BeckVerw 254111 = DStR 2011, 2253 f. = DB 2001, 2685 f.) hatte im Hinblick auf die Nichtigkeitsklage das Ruhen der Einspruchsverfahren angeordnet, gewährt aber keine Aussetzung der Vollziehung (aA FG Münster Beschluss vom 1.8.2011 – 9 V 357/11, ZIP 2011, 1771).

Das Abweichen vom **Verbot des Verlustabzugs** bei einem Wechsel der Gesellschafter kann eine „staatliche Beihilfe" iS des Art. 107 Abs. 1 AEUV sein, wenn sich die Entscheidung der zuständigen Steuerbehörde auf Kriterien stützt, die dem Systemsystem fremd sind (so EuGH Urt. v. 18.7.2013 – Rs. C-6/12, DStR 2013, 1588 – P Oy). Auch eine „implizite **Bürgschaft**" stellt eine Beihilfe dar (so EuGH Urt. v. 3.4.2014 – Rs. C-559/12 P, NJW 2014, 1874 [Ls.]) oder auch ein innerhalb eines Insolvenzplanverfahrens erklärter Verzicht (so EuGH Urt. v. 24.1.2013 – Rs. C-73/11, NZI 2013, 337 Rn. 69 – Frucona Kosice).

191 **2. Hinweise zu § 8 Abs. 4 KStG aF.** Überwiegend **neues Betriebsvermögen** im Sinne des § 8 Abs. 4 S. 2 KStG aF liegt vor, wenn das zugegangene Aktivvermögen das vorher vorhandene Restaktivvermögen übersteigt. Dies ist anhand einer gegenständlichen Betrachtungsweise zu ermitteln; eine Verrechnung von Zu- und Abgängen zu einem betragsmäßigen Saldo ist nicht vorzunehmen (so BFH Urt. v. 5.6.2007 – I R 106/05, BFHE 218, 195 = BStBl. II 2008, 986; BFH Urt. v. 8.8.2001 – I R 29/00, BFHE 196, 178 = BStBl. II 2002, 392; BFH Urt. v. 13.8.1997 – I R 89/96, BFHE 183, 556 = BStBl. II 1997, 829). Der steuerlichen Berücksichtigung der in den Jahren vor dem Wechsel der Beteiligten einer GmbH erzielten Verluste steht § 8 Abs. 4 KStG aF nicht entgegen, wenn die Erhöhung des Aktivvermögens der GmbH aus der Erhöhung des Umlaufvermögens durch die eigene Geschäftstätigkeit, zB Forderungen aus Lieferungen und Leistungen, in derselben Branche erfolgt, so dass kein Verlust der wirtschaftlichen Identität anzunehmen ist (so FG Köln Beschl. v. 12.2.2009 – 13 K 787/05, EFG 2009, 967 ff. mAnm *Herlinghaus*).

192 Eine **Reduzierung des Geschäftsbetriebs** auf einen geringfügigen Teil der bisherigen Tätigkeit verbunden mit einer späteren Ausbreitung auf eine völlig andersartige, wieder sehr viel umfangreichere Tätigkeit kann eine mit einer Einstellung und Wiederaufnahme des Geschäftsbetriebs im Sinne von § 8 Abs. 4 S. 2 KStG aF wirtschaftlich vergleichbare Identität begründen, die zu einem Verlust der wirtschaftlichen Identität nach § 8 Abs. 4 S. 1 KStG aF führt (so BFH Urt. v. 5.6.2007 – I R 9/06, BFHE 218, 207 = BStBl. II 2008, 988).

193 **3. Wirkung der Sanierungsklausel.** Durch die Sanierungsklausel wird die **Anteilsübertragung** an einer Kapitalgesellschaft unter Nutzung ihrer ansonsten untergehenden Verlustvorträge ermöglicht, sofern die **Übertragung zum Zwecke der Sanierung** erfolgt (vgl. *de Weerth* ZInsO 2011, 419; *Drüen* DStR 2011, 289 [293]). Die Sanierungsklausel führt dazu, dass die Übertragung von Anteilen einer Gesellschaft in der Krise im Vergleich zu einer sonstigen Anteilsübertragung begünstigt wird. Staatliche oder aus staatlichen Mitteln gewährte Beihilfen gleich welcher Art, die durch die Begünstigung bestimmter Unternehmen oder Produktionszweige den Wettbewerb verfälschen oder zu verfälschen drohen, sind gemäß Art. 107 Abs. 1 AEUV mit dem Binnenmarkt unvereinbar, soweit sie den Handel zwischen Mitgliedstaaten beeinträchtigen (vgl. zu Beihilfen: EU-Leitlinien für staatliche Beihilfen zur Rettung nichtfinanzieller Unternehmen in Schwierigkeiten [RuU-LL], ZInsO 2014, 2088), so dass die Europäische Kommission die deutsche Regelung beanstandet hat (→ Rn. 188). Durch § 34 Abs. 7c KStG i. d. Fassung des Beitreibungsrichtlinie-Umsetzungsgesetzes (BGBl. 2011 II I S. 2592) wird die Regelung bis zur Entscheidung des EuGH ausgesetzt.

Zweifel an der Auffassung der Europäischen Kommission (→ Rn. 158) hat das 194
FG Münster (Beschl. v. 1.8.2011 – 9 V 357/11, NZI 2011, 723 ff.), das mit sehr ausführlicher Begründung die Aussetzung der Vollziehung von Steuerbescheiden gewährt hat, in denen das Finanzamt unter Hinweis auf § 8c Abs. 1 KStG Verluste nicht mehr berücksichtigt hat, obwohl die Voraussetzungen der **Sanierungsklausel** gegeben waren. Daran wird im Hinblick auf die unzulässige Klage der Bundesrepublik Deutschland gegen Kommission nicht mehr festgehalten werden können.

D. Umsatzsteuer

Schrifttum: *Arens,* Steuerforderungen im Zusammenhang mit dem Neuerwerb nach Neuregelung des § 35 InsO, DStR 2010, 446; *Berner,* Die Krise des Sicherheitenpools – Treuhandabrede, Umsatzsteuerhaftung und Interessenkollission, KTS 2006, 359; *Busch/Büker,* Masseverbindlichkeiten gem. § 55 Abs. 4 InsO – quo vadis ?, InsbürO 2015, 124; *Dobler,* Was nun? Handlungsmöglichkeiten beim Umgang mit dem Urteil des BFH v. 9.12.2010 – V R 22/10, ZInsO 2011, 823; ZInsO 2011, 1098; *Dobler,* Der BFH als Finanzierungshindernis?, ZInsO 2011, 1775; *Dobler,* Masseverbindlichkeiten aus Forderungseinzug – Sorgt das BMF-Schreiben vom 9.12.2011 für Klarheit?, ZInsO 2012, 208; *Feuerborn,* Privilegien des Fiskus im Insolvenzverfahren, 85; *Fischer,* Verbindlichkeiten des Insolvenzschuldners aus dem Steuerschuldverhältnis, DB 2012, 885; *Hartwig/Schmittmann,* Die freihändige Verwertung von Immobiliarvermögen im Insolvenzverfahren, InsbürO 2014, 347; *Heinze,* Umsatzsteuern aus dem Forderungseinzug des Insolvenzverwalters, DZWIR 2011, 276; *Heinze,* Umsatzsteuern aus schwacher vorläufiger Verwaltung als Masseverbindlichkeiten nach § 55 Abs. 4 InsO, ZInsO 2011, 603; *Herget/Kreuzberg,* Umsatzsteuerliche Fallstriche bei der Verwertung von Kreditsicherheiten, NZI 2013, 118; *Hobelsberger,* Umsatzsteuerpflicht und-haftung in der vorläufigen Eigenverwaltung, DStR 2013, 2545; *Jacoby,* Zur umsatzsteuerlichen Behandlung der Insolvenzverwalterleistung – Das Argument von der Höchstpersönlichkeit, ZIP 2009, 554; *Kahlert,* Umsatzsteuerfolgen von Veräußerungen über Insolvenzanfechtung, ZIP 2012, 1433; *Kahlert,* Der V. Senat des BFH als Schöpfer von Fiskusvorrechten im Umsatzsteuerrecht, DStR 2011, 921; *Kahlert,* Fiktive Masseverbindlichkeiten im Insolvenzverfahren – Wie funktioniert § 55 Abs. 4 InsO, ZIP 2011, 401; *Kahlert,* Zur Dogmatik der Umsatzsteuer im Insolvenzverfahren, DStR 2011, 1973; *Kahlert,* Umsatzsteuerliche Behandlung der Einschaltung eines externen Kassenprüfers im Insolvenzverfahren, DStR 2011, 2439; *Kahlert,* Insolvenzrechtliche Aufrechnungsverbote im Umsatzsteuerrecht – Aktuelle Entwicklungen und Auswirkungen auf die Insolvenzpraxis, ZIP 2013, 300; *Kahlert,* Ein neuer Schöpfungsakt des V. BFH-Senats zur Umsatzsteuer im Insolvenzverfahren und seine Entschlüsselung, ZIP 2015, 11; *Kahlert/Onusseit,* Der V. Senat des BFH legt nach – Neue Entwicklungen im Insolvenzsteuerrecht, DStR 2012, 334; *Kahlert/Schmidt,* Umsatzsteuerinsolvenzrecht im Lichte des BMF-Schreibens vom 9.12.2011, DB 2012, 197; *Klink/Wüllrich,* Die umsatzsteuerliche Organschaft – Gesellschaftsrechtliche Fallstricke bei der organisatorischen Eingliederung, BB 2014, 1757; *Klusmeier,* Der Umsatzsteuer-Anspruch im Insolvenzfall, ZInsO 2011, 1340; *Klusmeier,* Ist die Umsatzsteuer in der vorläufigen Eigenverwaltung keine Masseverbindlichkeit i. S. d. § 55 Abs. 4 InsO?, ZInsO 2014, 488; *Knittel,* Gerichtsseitige Übertragung der Kassenführungsbefugnis auf den vorläufigen Sachwalter, KSI 2015, 120; *Krüger,* Insolvenzsteuerrecht Update 2014, ZInsO 2014, 578; *Lenger,* Anwendbarkeit des § 55 IV InsO bei Umsatzsteuerkorrekturen nach § 17 UStG während der vorläufigen Insolvenzverwaltung, NZI 2014, 144; *Liebgott,* Besonderheiten und Fragen zur Umsatzsteuer im Insolvenzplanverfahren, UR

2014, 141; *Lippross,* Verwertung von Sicherheiten aus umsatzsteuerlicher Sicht, SteuK 2010, 8; *Lüdenbach,* Steuerlatenzen bei Begründung und Beendigung einer Organschaft, StuB 2014, 422; *Moderegger,* Umsatzsteueransprüche bei der Verwertung von sicherungsübereigneten Gegenständen im Insolvenzverfahren anhand von Praxisbeispielen (BMF-Schreiben v. 30.4.2014 – IV D2-S 7100/07/10037), InsbürO 2014, 378; *Müller/Stöcker/Lieber,* Die Organschaft, 9. Aufl. 2014; *Nachtmann,* Das Fiskusvorrecht im deutschen Steuerrecht, 101; *Nawroth,* Der neue § 55 Abs. 4 InsO – Die Gedanken sind frei …, ZInsO 2011, 107; *Nowak,* BMF Schreiben v. 20.5.2015 zu § 55 Abs. 4 InsO – zur Istversteuerung in vier Akten, ZInsO 2015, 1189; *Onusseit,* Umsatzsteuer aufgrund einer unternehmerischen Tätigkeit des Schuldners nach Eröffnung des Insolvenzverfahrens, ZInsO 2010, 1482; *Onusseit,* Zur Neuregelung des § 55 Abs. 4 InsO, ZInsO 2011, 641; *Onusseit,* Das Urteil des BFH vom 9.12.2010 – V R 22/10, DZWIR 2011, 239, Kritik und Folgen, DZWIR 2011, 353; *Onusseit,* Neues zum Insolvenzsteuerrecht vom Bundesfinanzhof, ZInsO 2014, 59; *Ries,* § 13b Abs. 1 Satz 1 Nr. 2 UStG – Ende aller Diskussion (!?), ZInsO 2010, 689; *Rondorf,* Umsatzsteuer bei der Verwertung sicherungsübereigneter Gegenstände, NWB 2009, 2477; *Rosenmüller/Schulz,* Die Rechtsprechung des V. Senats des BFH – Ein Glücksfall für (viele) Insolvenzverwalter?, ZInsO 2010, 558; *Roth* Insolvenz Steuerrecht Rn. 4.313 ff.; *Roth,* Umsatzsteuer und Insolvenz, ZInsO 2014, 309; *Schacht,* Erneute Stärkung der Fiskusvorrechte im Insolvenzverfahren durch den BFH?, ZInsO 2011, 1787; *Schirmer,* Kosten für einen externen Kassenprüfer im Insolvenzverfahren – Auslagen oder Masseverbindlichkeiten nach § 55 InsO?, DStR 2012, 733; *Schmittmann,* Umsatzsteuer aus Einzug von Altforderungen nach Insolvenzeröffnung, ZIP 2011, 1125; *Schmittmann,* § 1 InsO n. F.: Das Insolvenzverfahren dient der Befriedigung des Finanzamtes, INDat-Report 3/2011, 26; *Schmittmann,* Das Bundesfinanzministerium, der V. Senat des BFH und die Umsatzsteuer in der Insolvenz, ZIP 2012, 249; *Schmittmann,* Umsatzsteuer, Aufrechnung und Insolvenz in der aktuellen Rechtsprechung des Bundesfinanzhofs, StuB 2012, 874; *Schmittmann,* Steuerliche Behandlung nicht insolvenzbefangener Einkünfte und Umsätze des Schuldners, StuB 2015, 228; *Seifert,* Umkehr der Steuerschuldnerschaft nach § 13b UStG, StuB 2014, 671; *Staats,* Die umsatzsteuerliche Organschaft im vorläufigen Insolvenzverfahren – Einflüsse des § 55 Abs. 4 InsO und der aktuellen BFH-Rechtsprechung, ZInsO 2011, 2173; *Stadie,* Umsatzsteuer und Insolvenz: kritische Anmerkungen zu neueren BGH- und BFH-Entscheidungen, UR 2013, 158; *Sterzinger,* Umsatzsteuer im Insolvenzverfahren, NZI 2012, 63; *Uhländer,* Aktuelle Entwicklungen im Insolvenzsteuerrecht 2010, AO-StB 2010, 81; *Uhländer,* Steuern als Masseverbindlichkeiten im Sinne des § 55 Abs. 4 InsO, AO-StB 2011, 84; *Viertelhausen,* Verrechnung von negativer Umsatzsteuer im Insolvenzverfahren, ZInsO 2010, 2213; *Viertelhausen,* Umsatzsteuerbelastung bei Quotenzahlungen auf Sammelanmeldungen, InsbürO 2012, 96; *Wäger,* Insolvenzforderung und Masseverbindlichkeit bei Umsatzbesteuerung im Insolvenzfall, ZInsO 2012, 520; *Wäger,* Vorsteuer- und Steuerberichtigung aufgrund Uneinbringlichkeit in der Insolvenz des Unternehmens, DB 2012, 1460; *Wäger,* Soll- und Istbesteuerung vor sowie in der Unternehmensinsolvenz, UR 2013, 673; *Wäger,* Umsatzsteuer in der Insolvenz – Istbesteuerung und Einschränkung von § 55 Abs. 4 InsO als Regelungsalternativen ?, ZInsO 2014, 1121; *Wagner,* Das Schicksal der umsatzsteuerlichen Organschaft bei Eröffnung des Insolvenzverfahrens über das Vermögen von Konzerngesellschaften, BB 2014, 2583; *Waza/Uhländer/Schmittmann* Insolvenzen und Steuern Rn. 1911; *Weber/Hiller,* Das Zusammenwirken von § 55 Abs. 4 InsO und § 13b Abs. 2 Nr. 2 UStG bei der Verwertung von Sicherungsgut im vorläufigen Insolvenzverfahren, ZInsO 2014, 2555 ff.; *de Weerth,* Umsatzsteuer als Masseverbindlichkeit bei Entgeltvereinnahmung durch Insolvenzverwalter und Sicherungszession, ZInsO 2011, 853; *de Weerth,* Umsatzsteuerliche Organschaft und Insolvenz, DStR 2010, 590; *de Weerth,* Umsatzsteuerpflicht von Massekostenbeiträgen und Inkassogebühren zugunsten der Insolvenzmasse bei mit Grundpfandrechten belasteten Grundstücken, DStRE 2009, 1395; *de Weerth,* Zu den Auswirkungen des Insolvenzverfahrens auf die Umsatzbesteuerung von Leistungen, NZI 2010, 274; *de Weerth,* Neues zur Besteuerung in der Insolvenz – Die BMF-Schreiben vom 9.12.2011 und vom 17.1.2012, ZInsO 2012, 212; *de Weerth,* Umsatzsteuer bei Verwertung sicherungsübereigneter Gegenstände bei Eigenverwaltung, NZI 2013, 922; *Welte/Friedrich-Vache,* Masseverbindlichkeit bei Entgeltvereinnahmung für vorinsolvenzlich ausgeführte Leistungen: Chancen und Risiken der geänderten Rechtsprechung des BFH, ZIP 2011, 1595; *Wölber/Ebeling,* Haftung der Insolvenzmasse für Umsatzsteuerforderungen wegen Überwachungsverschuldens des Insolvenzverwalters?, ZInsO 2011, 264; *Zeeck,* Die Umsatzsteuer in der Insolvenz, KTS 2006, 407; *Ziegenhagen/Thieme,* Besteuerung in Krise und Insolvenz, 2010, S. 148 und S. 221; *Zimmer,* Haushaltsbegleitgesetz 2011 (§ 55 Abs. 4 InsO n. F.) – Erste Anwendungsprobleme, ZInsO 2010, 2299.

195 Der Aufbau der nachstehenden Darstellung folgt der **Systematik** des Umsatzsteuergesetzes und greift die in der Insolvenz bedeutsamen Fragestellungen auf.

I. Steuerbare Umsätze

Schrifttum: *Roth* Insolvenz Steuerrecht Rn. 4.313 ff.; *Waza/Uhländer/Schmittmann* Insolvenzen und Steuern Rn. 1911 ff.

196 **1. Grundlagen.** Gemäß § 1 Abs. 1 UStG unterliegen der Umsatzsteuer folgende Umsätze:

- Die **Lieferungen** und **sonstigen Leistungen,** die ein Unternehmer im Inland gegen Entgelt im Rahmen seines Unternehmens ausführt (§ 1 Abs. 1 Nr. 1 UStG);
- die **Einfuhr** von Gegenständen im Inland oder in den österreichischen Gebieten Jungholz und Mittelberg (Einfuhrumsatzsteuer; § 1 Abs. 1 Nr. 4 UStG);
- der **innergemeinschaftliche Erwerb** im Inland gegen Entgelt (§ 1 Abs. 1 Nr. 5 UStG).

197 Die Einzelheiten ergeben sich aus **§ 1 UStG,** der durch Vorschriften zum innergemeinschaftlichen Erwerb (§ 1a UStG), zum innergemeinschaftlichen Erwerb neuer Fahrzeuge (§ 1b UStG) und dem innergemeinschaftlichen Erwerb durch diplomatische Missionen, zwischenstaatliche Einrichtungen und Streitkräfte der Vertragsparteien des Nordatlantikvertrages (§ 1c UStG) ergänzt wird. Der entgeltliche Verzicht auf das Insolvenzanfechtungsrecht ist eine sonstige Leistung iS von § 1 Abs. 1 Nr. 1, 3 Abs. 9 UStG (so BFH Urt. v. 30.11.2011 – IV R 5/09, BFH/NV 2011, 1724; *Kahlert* ZIP 2012, 1433).

198 Nicht steuerbar ist eine **Geschäftsveräußerung im Ganzen,** so dass der Lieferer, zB der **Insolvenzverwalter,** der einen **Betrieb** veräußert, Umsatzsteuer nicht ausweisen darf. Eine Geschäftsveräußerung liegt vor, wenn ein **Unternehmen** oder ein in der Gliederung eines Unternehmens **gesondert geführter Betrieb im Ganzen** entgeltlich oder unentgeltlich **übertragen** oder in eine Gesellschaft **eingebracht wird** (§ 1 Abs. 1a S. 2 UStG). Der erwerbende Unternehmer tritt an die Stelle des Veräußerers (§ 1 Abs. 1a S. 3 UStG). Eine **Geschäftsveräußerung** ist dann gegeben, wenn die wesentlichen Grundlagen eines Unternehmens oder eines gesondert geführten Betriebes an einen Unternehmer für dessen Unternehmen übertragen werden, wobei die unternehmerische Tätigkeit des Erwerbers auch erst mit dem Erwerb des Unternehmens oder des gesondert geführten Betriebes beginnen kann. Die übertragenen Vermögensgegenstände müssen ein hinreichendes Ganzes bilden, um dem Erwerber die Fortsetzung einer bisher durch den Veräußerer ausgeübten unternehmerischen Tätigkeit zu ermöglichen, und der Erwerber muss dies auch tatsächlich tun (vgl. BFH Urt. v. 18.9.2008 – V R 21/07, BFHE 222, 70 = BStBl. II 2009, 254; Abschn. 1.5 UStAE). Die Regelung über die **Geschäftsveräußerung** im ganzen dient der Umsetzung von Art. 5 Abs. 8 und Art. 6 Abs. 5 Richtlinie 77/388/EWG in nationales Recht und ist daher richtlinienkonform auszulegen (so BFH Urt. v. 20.10.2010 – V R 22/09, BFH/NV 2011, 854 ff.; vgl. EuGH Urt. v. 10.11.2011 – Rs. C-444/10, BStBl. II 2011, 2583 ff., DB 2011, 2583 ff. – Schriever).

199 Erteilt der Veräußerer, zB der **Insolvenzverwalter,** dem Empfänger einer nach § 1 Abs. 1a UStG nicht steuerbaren Geschäftsveräußerung gleichwohl eine **Rechnung** mit gesondertem Umsatzsteuerausweis, so ist der Rechnungsempfänger gleichwohl nicht zum **Vorsteuerabzug** berechtigt und unterliegt im Falle einer rechtswidrigen Inanspruchnahme des Vorsteuerabzugs der Vollverzinsung nach § 233a AO (so BFH Beschl. v. 29.10.2010 – V B 48/10, BFH/NV 2011, 856 f.).

Der Fiskus als Steuergläubiger hat hinsichtlich der Umsatzsteuerforderung kein **Aussonderungsrecht** iS von § 47 InsO (so *Wäger* UR 2013, 673 [679]; *Kahlert* ZIP 2015, 11 [15]; aA *Stadie* UR 2013, 158 [169]). *Seer* (Vortrag zur 1. Jahrestagung des Instituts für Insolvenz- und Sanierungsrecht der Heinrich-Heine-Universität Düsseldorf am 21.11.2014, http://www.isr.hhu.de/fileadmin/redaktion/Fakultaeten/Juristische_Fakultaet/ISR/1._Jahrestagung/ISR_Jahrestagung__Praesentation_Seer.pdf) fordert im Hinblick auf den unionsrechtlichen Grundsatz der **Wettbewerbsneutralität** der Umsatzsteuer ein Aussonderungsrecht de lege lata (vgl. *Kahlert* ZIP 2015, 11 [15]).

200 **2. Ort der Lieferung oder sonstigen Leistung.** Der **Ort der Lieferung oder sonstigen Leistung** ist nach den allgemeinen Vorschriften zu bestimmen. Insolvenzspezifische Besonderheiten bestehen nicht.

3. Bemessungsgrundlage

Schrifttum: *Schmehl/Mohr,* Umsatzsteuer auf die Verwalterhaftung nach § 61 InsO?, NZI 2006, 276; *Siebert,* Vereinbarte Beteiligung am Verwertungserlös steuerbar, UStB 2006, 49; *de Weerth,* Umsatzsteuer bei der Verwertung sicherungsübereigneter Gegenstände, UR 2003, 161.

201 Der Umsatz wird bei Lieferungen und sonstigen Leistungen nach dem **Entgelt** bemessen (§ 10 Abs. 1 S. 1 UStG). Entgelt ist alles, was der Leistungsempfänger aufwendet, um die Leistung zu erhalten, jedoch abzüglich der Umsatzsteuer (§ 9 Abs. 1 S. 2 UStG). Insolvenzspezifische Besonderheiten sind nicht zu berücksichtigen.

II. Unternehmer und Unternehmen

Schrifttum: *de Weerth,* Umsatzsteuerliche Organschaft und Insolvenz, DStR 2010, 590; *Dusch,* Aufrechnung und § 74 AO – Möglichkeit zur Regulierung geplanter Organschaften?, DStR 2012, 1537; *Eisolt,* Ende der USt-Organschaft in der Doppelinsolvenz von Organträger und Organgesellschaft bei identischem Insolvenzverwalter, ZInsO 2015, 1429; *Ganter/Brünink,* Insolvenz und Umsatzsteuer aus zivilrechtlicher Sicht, NZI 2006, 257; *Hölzle,* Umsatzsteuerliche Organschaft und Insolvenz der Organgesellschaft, DStR 2006, 1210; *Hubert,* Erneute Änderungen zur umsatzsteuerlichen Organschaft: Anmerkungen zum BMF-Schreiben vom 5.5.2014 zur organisatorischen Eingliederung, StuB 2014, 721; *Hubertus/Fetzer,* Umsatzsteuerliche Organschaft: Personengesellschaft kann Organgesellschaft sein, DStR 2013, 1468; *Klink/Wüllrich,* Die umsatzsteuerliche Organschaft ? Gesellschaftsrechtliche Fallstricke bei der organisatorischen Eingliederung, BB 2014, 1757; *Lemken,* Folgen der Beendigung einer umsatzsteuerlichen Organschaft durch Insolvenz, InsbürO 2012, 417; *Lemken,* Umsatzsteuerliche Organschaft in der Insolvenz: Rechtsprechungsänderung des BFH, InsbürO 2013, 483; *Lenger/Khanian,* Beendigung der umsatzsteuerlichen Organschaft in der vorläufigen Eigenverwaltung, NZI 2014, 385; *Lüdenbach,* Steuerlatenzen bei Begründung und Beendigung einer Organschaft, StuB 2014, 422; *Marchal/Oldiges,* Beendigung der umsatzsteuerlichen Organschaft auch bei Bestellung eines schwachen vorläufigen Insolvenzverwalters, DStR 2013, 2211; *Schmittmann,* Gefahren für die Organschaft in der Insolvenz, ZSteu 2007, 191; *Schmittmann,* Organschaft in der Insolvenz und Umsatzsteuer, InsbürO 2007, 265; *Schmittmann,* Aktuelles zur körperschaft- und umsatzsteuerlichen Organschaft, StuB 2008, 531; *Schmittmann,* Betriebsaufspaltung, Organschaft und Zwangsverwaltung, IGZInfo 2008, 103; *Schmittmann,* Nochmals: Organschaft und Einkünfte des Insolvenzverwalters in der Rechtsprechung, StuB 2009, 71; *Schmittmann,* Handhabung von Steuerguthaben nach Freigabe gemäß § 35 Abs. 2 InsO durch den Insolvenzverwalter, InsbürO 2011, 246; *Schmittmann,* Die umsatzsteuerliche Organschaft im Europa- und Insolvenzrecht, StuB 2013, 706; *Schmittmann,* Die Organschaft ist der Organschaft ihr Tod, InsbürO 2014, 249; *Trinks,* Die Eingliederung der umsatzsteuerlichen Organgesellschaft und ihr Bestand im Insolvenzfall, UVR 2010, 12; *Uhländer,* Aktuelle Entwicklungen im Insolvenzsteuerrecht 2010, AO-StB 2010, 81; *Wagner,* Das Schicksal der umsatzsteuerlichen Organschaft bei Eröffnung des Insolvenzverfahrens über das Vermögen von Konzerngesellschaften, BB 2014, 2583; *Walter/Stümper,*

Überraschende Gefahren nach Beendigung einer Organschaft, GmbHR 2006, 68; *Zeeck,* Die Umsatzsteuer in der Insolvenz, KTS 2006, 407; *Ziegenhagen/Thieme,* Besteuerung in Krise und Insolvenz, 2010, 240.

1. Unternehmerbegriff. Der Unternehmerbegriff ergibt sich aus § 2 Abs. 1 UStG. Der Grundsatz der **Unternehmereinheit** besteht nach Verfahrenseröffnung fort (vgl. BFH Urt. v. 1.9.2010 – VII R 35/08, BFHE 230, 490 = DB 2010, 2596). 202

Die **Eröffnung des Insolvenzverfahrens** berührt weder die **Unternehmereigenschaft** des Insolvenzschuldners (§ 2 Abs. 1 S. 1 UStG) noch den Umstand, dass das Unternehmen gemäß § 2 Abs. 1 S. 2 UStG die gesamte gewerbliche und berufliche Tätigkeit des Unternehmens erfasst. Die Verfahrenseröffnung ändert auch nichts daran, dass das **Unternehmen** gemäß § 2 Abs. 1 S. 2 UStG die gesamte gewerbliche und berufliche Tätigkeit des Unternehmers erfasst (BFH Urt. v. 14.5.1998 – V R 74/97, BFHE 185, 552 = BStBl. II 1998, 634; BFH Urt. v. 15.6.1999 – VII R 3/97, BFHE 189, 14 = BStBl. II 2000, 46; BFH Urt. v. 28.6.2000 – V R 87/99, BFHE 192, 132 = BStBl. II 2000, 639; *Waza/Uhländer/Schmittmann* Insolvenzen und Steuern Rn. 1912). 203

Die **Umsatzsteuer** für das **gesamte Unternehmen des Schuldners** bestimmt sich zunächst ohne Rücksicht auf die Vorschriften des Insolvenzrechts ausschließlich nach dem Umsatzsteuerrecht. Die Umsatzsteuer ist, soweit sie vor Insolvenzeröffnung begründet wurde (vgl. zur Begründetheit von Einkommensteuerforderungen in der Insolvenz: → Rn. 104), als **Insolvenzforderung** zur Tabelle anzumelden und, soweit sie nach Insolvenzeröffnung begründet und **Masseverbindlichkeit** ist, durch einen an den Insolvenzverwalter gerichteten **Steuerbescheid** geltend zu machen und von diesem vorweg aus der Insolvenzmasse zu befriedigen (so BFH Urt. v. 2.9.2010 – V R 34/09, BFHE 231, 321 = BFH/NV 2010, 383). Unionsrechtliche Fragen sind nach Auffassung des BFH (Beschl. v. 11.3.2014 – V B 61/13, ZIP 2014, 1237) nicht betroffen, da nach Art. 90 MWStSystRL die Regelungen zur Annullierung, Rückgängigmachung und Nichtbezahlung von den Mitgliedstaaten zu treffen sind. 204

Wird das Unternehmen des Schuldners zum Teil vom Konkursverwalter im Rahmen des ihm zustehenden Verwaltungs- und Verfügungsrechts und zum Teil vom Unternehmer (Gemeinschuldner) mit Mitteln betrieben wird, die nicht dem Verwaltungs- und Verfügungsrecht des Konkursverwalters unterliegen, ist die Umsatzsteuer in zwei **getrennten Umsatzsteuerbescheiden** festzusetzen, von denen der eine an den Gemeinschuldner persönlich und der andere an den Konkursverwalter zu richten ist (so BFH Urt. v. 15.6.1999 – VII R 3/97, BFHE 189, 14 = BStBl. II 2000, 46; BFH Urt. v. 28.6.2000 – V R 87/99, BFHE 192, 132 = BStBl. II 2000, 639). 205

Durch die **Eröffnung des Insolvenzverfahrens** über das Vermögen des leistenden Unternehmers zu einer **Aufspaltung** des Unternehmens in mehrere **Unternehmensteile** kommt. So ist zB zwischen der Insolvenzmasse und dem vom Insolvenzverwalter freigegebenen Vermögen zu unterscheiden. Weiterhin sei die Vermögensmasse „Altunternehmen" abzugrenzen. Dadurch sei der Grundsatz der Unternehmenseinheit aber nicht beeinträchtigt, da es ausreiche, dass die **Summe der für alle Unternehmensteile** insgesamt **festgesetzten** oder **angemeldeten Umsatzsteuer** der Umsatzsteuer für das gesamte Unternehmen entspricht (so BFH 9.12.2010 – V R 22/10, BeckRS 2011, 95026 Rn. 28, BFHE 232, 301 = BStBl. II 2011, 996 = BFH/NV 2011, 952 = ZIP 2011, 782 = NZI 2011, 336 ff.; unter Hinweis auf BFH BStBl. II 2000, 639; bestätigt durch BFH Beschl. v. 11.3.2014 – V B 61/13, ZIP 2014, 1237; aA FG Bln-Bbg Beschl. v. 18.3.2013 – 7 V 7279/12, Bln-Bbg EFG 2013, 1076 = NZI 2013, 603 mAnm *Werres* = ZIP 2013, 1184 = EWiR 2013, 387 [*Mitlehner*]; aufgehoben durch BFH 206

Beschl. v. 11.7.2013 – XI B 41/13, BFH/NV 2013, 1647 = NZI 2013, 992; vgl. *Wäger* ZInsO 2012, 520 [526]; kritisch: *Onusseit* DZWIR 2011, 353 ff.; *Schmittmann* ZIP 2011, 1125 [1127]; *Schwarz* NZI 2011, 613 [614]; *Kahlert* DStR 2011, 1973 [1975]; vgl. zur Anwendung: BMF Schreiben BStBl. I 2011, 1273 = DStR 2011, 2412). Dies gilt auch bei Bestellung eines „starken" vorläufigen Insolvenzverwalters (so BFH Beschl. v. 11.7.2013 – XI B 41/13, BFH/NV 2013, 1647 = NZI 2013, 992). Wird ein „schwacher" vorläufiger Insolvenzverwalter bestellt, ein Zustimmungsvorbehalt angeordnet und der vorläufige Insolvenzverwalter ermächtigt, die Entgeltforderungen des Schuldners einzuziehen, so wird das Entgelt bereits zu diesem Zeitpunkt uneinbringlich mit der Konsequenz, die **Umsatzsteuerschuld** im **Zeitpunkt der Vereinnahmung Masseverbindlichkeit** wird (so BFH Urt. v. 24.9.2014 – V R 48/13, ZIP 2014, 2451 = DStR 2014, 2452 = EWiR 2015, 19 [*Schmittmann*]; kritisch: *Kahlert,* Ein neuer Schöpfungsakt des V. BFH-Senats zur Umsatzsteuer im Insolvenzverfahren und seine Entschlüsselung, ZIP 2015, 11; *Knittel,* Gerichtsseitige Übertragung der Kassenführungsbefugnis auf den vorläufigen Sachwalter, KSI 2015, 120).

207 Mit **Eröffnung des Insolvenzverfahrens** tritt der Insolvenzverwalter in die Stellung des Schuldners als Unternehmen ein. Der **Insolvenzverwalter** selbst ist darüber hinaus ebenfalls Unternehmer, da er eine nachhaltige Tätigkeit zur Erzielung von Einnahmen ausübt. Davon zu trennen ist aber die **Stellung als Insolvenzverwalter** über das Vermögen des Schuldners. Insoweit wird der Insolvenzverwalter als Verwalter fremden Vermögens tätig (§ 34 Abs. 3 AO).

208 **2. Ausschluss der Unternehmereigenschaft durch Organschaft.** Die gewerbliche oder berufliche Tätigkeit wird nicht selbständig ausgeübt, wenn eine juristische Person nach dem Gesamtbild der tatsächlichen Verhältnisse finanziell, wirtschaftlich und organisatorisch in das Unternehmen des Organträgers eingegliedert ist (**Organschaft;** § 2 Abs. 2 Nr. 2 UStG; vgl. zur Geschichte der Organschaft: *Schmittmann* InsbürO 2014, 249). Voraussetzung einer umsatzsteuerlichen Organschaft ist die **finanzielle, wirtschaftliche und organisatorische Eingliederung** der Organgesellschaft in das Unternehmen des Organträgers (vgl. *Schmittmann* ZSteu 2007, 191 ff.; InsbürO 2007, 265 ff.; StuB 2008, 531 ff.; IGZInfo 2008, 103 ff.; StuB 2009, 71 f.). Organgesellschaft kann auch eine Personengesellschaft sein (FG München Urt. v. 13.3.2013 – 3 K 235/10, EFG 2013, 1434, DStR 2013, 1471; *Hubertus/Fetzer* DStR 2013, 1468 ff.; Revision eingelegt: BFH Az. V R 25/13).

Zieht das Finanzamt im Falle der Organschaft aufgrund einer Lastschriftermächtigung Steuerbeträge vom Konto der Organgesellschaft ein, so macht sie den **Haftungsanspruch aus § 73 AO** geltend (vgl. *Schmittmann* InsbürO 2007, 265 [269]), so dass eine Insolvenzanfechtung durchgreift und der Insolvenzverwalter ein Wahlrecht hat, ob er gegenüber der Finanzverwaltung oder gegenüber dem Organträger anficht (→ § 134 Rn. 54) ausscheidet (so BGH Urt. v. 19.1.2012 – IX ZR 2/11, DStR 2012, 527 = *Bork* EWiR 2012, 149). Die **Zuweisung des Vorsteuerabzugsrechts** an den Organträger ist lediglich formeller, der Abwicklung des Steuerschuldverhältnisses dienender Natur, so dass der Organträger der Organgesellschaft im **Innenverhältnis** zum Ausgleich der Vorsteuerabzugsbeträge verpflichtet ist, die auf Leistungsbezüge der Organgesellschaft entfallen und die lediglich infolge der umsatzsteuerlichen Organschaft dem Organträger zu Gute kommen (so BGH Urt. v. 28.1.2013 – II ZR 91/11, ZIP 2013, 409 = NZG 2013, 298 = EWiR 2013, 187 [*Schmittmann*]). Sowohl die **Anordnung eines Verfügungsverbotes** als auch die **Eröffnung des Insolvenzverfahrens** kann Auswirkungen auf die Organschaft haben. Mit Beendigung der **Organschaft** werden Organträger und Organgesellschaft wieder selbständige Rechtssubjekte mit der Folge, dass die Umsätze wieder dem jeweiligen

Rechtsträger zuzurechnen sind (vgl. *Waza/Uhländer/Schmittmann* Insolvenzen und Steuern Rn. 1932).

Hat die **Organgesellschaft** vor Insolvenzeröffnung Umsatzsteuern für den Organträger an das Finanzamt gezahlt und zahlt das Finanzamt die Beträge nach einer vom Insolvenzverwalter der Organgesellschaft geltend gemachten Insolvenzanfechtung freiwillig zurück und ergibt sich sodann aufgrund eines von der Organgesellschaft verursachten Vorsteuerüberhangs eine Erstattung zu Gunsten des Organträgers, so hat das Finanzamt diesen Erstattungsanspruch nach Treu und Glauben nicht zu erfüllen. Denn der Organträger würde sonst dauerhaft etwas behalten können, das ihm ohne die **Insolvenzanfechtung** nicht zugestanden hätte (so BFH Urt. v. 26.8.2014 – VII R 16/13, ZIP 2014, 2404 mit krit. Anm. *Kahlert*).

3. Beendigung der Organschaft. Die **organisatorische Eingliederung** 209 wird nach neuerer Rspr. (BFH Urt. v. 3.7.2014 – V R 32/13, ZIP 2014, 2045 = DB 2014, 2512 = DStR 2014, 2020 = EWiR 2014, 719 [*Schmittmann*]; BFH Urt. v. 8.8.2013 – V R 18/13, BFH/NV 2013, 1747 = NZI 2013, 857 mAnm *de Weerth* = DB 2013, 2065 ff. = DStR 2013, 1883 = DStRE 2013, 1147 [Ls.] = ZIP 2013, 1773 = EWiR 2013, 619 [*Onusseit*] = NWB 2013, 2974 mAnm *Korn;* vgl. *Marchal/Oldiges* DStR 2013, 2211; *Lemken* InsbürO 2013, 483; *Schmittmann* StuB 2013, 706; vgl. dazu BMF-Schreiben v. 5.5.2014 – IV D 2 – S 7105/11/10001, das die Anwendung dieser Rechtsprechung über den Einzelfall hinaus zunächst zurückstellt) durch die **Bestellung eines schwachen vorläufigen Insolvenzverwalters** beendet. Mit der Bestellung eines „schwachen" vorläufigen Insolvenzverwalters entsteht der Vorsteuerberichtigungsanspruch gem. § 17 Abs. 2 Nr. 1 Abs. 1 S. 1 Nr. 2 UStG, der sich gegen den Organträger richtet (BFH Urt. v. 3.7.2014 – V R 32/13, BFH/NV 2014, 1867 = ZIP 2014, 2045 = DB 2014, 2512 = DStR 2014, 2020 = EWiR 2014, 719 [*Schmittmann*]). Nach früherer Rechtsprechung bestand die Organschaft fort, wenn der **Organträger** weiterhin als Geschäftsführer der von der Insolvenz bedrohten Organgesellschaft tätig und die Verwaltungs- und Verfügungsbefugnis über das Vermögen der Organgesellschaft noch nicht auf den vorläufigen Insolvenzverwalter übergegangen ist (so BFH Urt. v. 22.10.2009 – V R 14/09, BFH/NV 2010, 773 ff.; BFH Urt. v. 29.1.2009 – V R 67/07, BFHE 225, 172 = BStBl. II 2009, 1029 ff.; BFH Beschl. v. 10.3.2009 – XI B 66/08, BFH BFH/NV 2009, 977 ff.; *Lemken* InsbürO 2012, 417 [420]). Auch in atypischen Fällen, in denen zwar ein „schwacher" vorläufiger Insolvenzverwalter bestellt wird, diesem aber zusätzliche Befugnisse eingeräumt werden **(„halbstarker" vorläufiger Insolvenzverwalter),** gilt nichts anderes (so BFH Beschl. v. 27.6.2008 – IX B 224/07). Lediglich dann, wenn ein allgemeines Verfügungsverbot angeordnet, also ein **starker vorläufiger Insolvenzverwalter** bestellt wird, endet die **organisatorische Eingliederung** (so BFH Beschl. v. 27.6.2008 – XI B 224/07, BeckRS 2008, 25013688).

Die **organisatorische Eingliederung** der Organgesellschaft endet auch, wenn 210 die Verwaltungs- und Verfügungsbefugnis zwar nicht vollem Umfang auf den vorläufigen Insolvenzverwalter übertragen wird, aber faktisch für den gesamten noch verbleibenden operativen Geschäftsbereich übergeht (so BFH Urt. v. 24.8.2011 – V R 53/09, BFHE 235, 5 = ZIP 2011, 2421 = DStR 2011, 2396 mAnm *Ma*).

Die Frage, ob eine **Organschaft endet,** wenn sich der vorläufige „schwache" 211 Insolvenzverwalter die Befugnisse eines „starken" Insolvenzverwalters anmaßt, wurde bislang offengelassen (so BFH Beschl. v. 15.11.2006 – V B 115/06, BFH/NV 2007, 787). Zutreffend ist vom Fortbestand der Organschaft auszugehen, da das Hinausgehen über die vom Gericht eingeräumte Verfügungsmacht keine umsatzsteuerlichen Konsequenzen haben kann.

212 Die Regelung des § 55 Abs. 4 InsO (in der Fassung des Haushaltsbegleitgesetzes 2010; → Rn. 8) hat auf die umsatzsteuerliche Organschaft keine Auswirkungen, da die Anordnung von Sicherungsmaßnahmen lediglich dazu führt, dass nach Verfahrenseröffnung **Masseverbindlichkeiten** fingiert werden. Der vorläufige Verwalter wird nicht Vertreter iS von § 34 Abs. 3 InsO (→ Rn. 5).

213 Die **Abweisung eines Antrags auf Eröffnung des Insolvenzverfahrens** mangels einer die Kosten des Verfahrens deckenden Masse führt nicht zur Beendigung der Organschaft (BFH 28.9.2009 – V B 213/06, BeckRS 2007, 2501294).

214 Die **Finanzverwaltung** folgt der Rspr. des BFH (zB OFD Frankfurt 20.7.2009 – S 7105 A – 21 – St 110, DStR 2009, 1911; Abschn. 2.8 Abs. 8 USt-AE).

215 Es ist weder systemwidrig noch widerspricht es grundlegenden Wertungen des UStG, wann ein FA die von einer **Organgesellschaft** bis zur Insolvenzeröffnung verursachte Umsatzsteuer gegenüber dem **Organträger** feststeht, obwohl dieser von der Organgesellschaft keine Mittel erhalten hat, um die Steuer zu entrichten (so BFH BFN/NV 2012, 1493; Vorinstanz: FG BW Urt. v. 8.9.2009 – 14 K 254/04, BeckRS 2009, 26028349).

216 Ordnet das Insolvenzgericht mit Verfahrenseröffnung die **Eigenverwaltung** an, also verliert der Schuldner nicht die Verwaltungs- und Verfügungsbefugnis, sondern wird lediglich ein Sachwalter bestellt, ergeben sich keine Auswirkungen auf das Weiterbestehen der Organschaft. Die **Verwaltungs- und Verfügungsbefugnis** verbleibt beim **Insolvenzschuldner** (so BFH BStBl. II 2014, 501 = ZIP 2014, 894 Rn. 14; AG Hamburg Beschl. v. 14.7.2014 – 67b IN 196/14, ZInsO 2014, 2390; vgl. *Waza/Uhländer/Schmittmann* Insolvenzen und Steuern Rn. 1935). Lediglich dann, wenn dem Sachwalter so weitreichende Befugnisse eingeräumt werden, dass eine vom Willen des Organträgers abweichende Willensbildung möglich ist, kommt eine Beendigung der Organschaft in Betracht (vgl. OFD Hannover Vfg. v. 11.10.2004 – S 7105 – 49 – StO 171, BeckVerw 07071; *Waza/Uhländer/Schmittmann* Insolvenzen und Steuern Rn. 1935).

217 Die **Eröffnung des Insolvenzverfahrens** über das **Vermögen des Organträgers** beendete das umsatzsteuerliche Organschaftsverhältnis nach bisheriger Rspr. grundsätzlich nicht (so BFH Urt. v. 1.4.2004 – V R 24/03, BFHE 204, 520 = BStBl. II 2004, 905; vgl. *Waza/Uhländer/Schmittmann* Insolvenzen und Steuern Rn. 1936; *Hölzle* DStR 2006, 1210 ff.; *Blank* EWiR 2004, 1095 f.). Das **Abhängigkeitsverhältnis** der Organgesellschaft zum Organträger verändert sich nicht durch die Eröffnung des Insolvenzverfahrens über das Vermögen des Trägers. Hier geht lediglich die Zuständigkeit für die Willensbildung auf den Insolvenzverwalter über. Für die organisatorische Eingliederung der Organgesellschaft ist es unbeachtlich, durch welche Person des Organträgers sie bestimmt wird. Ob es sich um den Insolvenzverwalter oder den organschaftlichen Vertreter handelt, ist irrelevant. Lediglich dann, wenn der Insolvenzverwalter nicht die **laufende Geschäftsführung der Organgesellschaft** nicht bestimmen kann, endet die Organschaft ausnahmsweise mit Eröffnung des Insolvenzverfahrens über das Vermögen des Organträgers (vgl. *Waza/Uhländer/Schmittmann* Insolvenzen und Steuern Rn. 1937, unter Hinweis auf BFH Urt. v. 28.1.1999 – V R 32/98, BFHE 187, 355 = BStBl. II 1999, 258). Es ist nach neuer Rspr. des BFH (Beschl. v. 19.3.2014 – V B 14/14, BFHE 244, 156 = BFH/NV 2014, 999 = NZI 2014, 421 = ZIP 2014, 889 = InsbürO 2014, 406 mAnm *Lemken* = EWiR 2014, 329 [*Debus/Elpers*] = ZInsO 2014, 955 ff. = StuB 2014, 350 mAnm *jh* [Vorinstanz: Hessisches FG Beschl. v. 6.11.2013 – 6 V 2469/12, NZI 2014, 425 = ZIP 2014, 532 = ZInsO 2014, 681 = DStR 2014, 415 mAnm *Kahlert/Schmidt*] ernstlich zweifelhaft, ob die Zusammenfassung mehrerer Personen zu einem Unternehmen durch die umsatzsteuerliche Organschaft nach der Eröffnung des Insolvenzverfahrens fortbesteht. Dies gilt gleichermaßen für die Insolvenzeröffnung beim Organträger wie auch bei der Organgesellschaft.

218 Wird der Organträger liquidiert, endet die Organschaft spätestens mit dem **Beginn der Liquidation,** weil durch die Einstellung der aktiven unternehmerischen Tätigkeit beim Organträger die wirtschaftliche Eingliederung der Organgesellschaft nicht mehr gegeben ist (so *Waza/Uhländer/Schmittmann* Insolvenzen und Steuern Rn. 1938).

219 Die **Finanzverwaltung** differenziert danach, ob für den Organträger und die Organgesellschaft **derselbe Insolvenzverwalter** bestellt wird. Bei der Bestellung der gleichen Person zum Insolvenzverwalter über das Vermögen der Organgesellschaft und über das Vermögen des Organträgers sei die einheitliche Willensbildung weiterhin gewährleistet, so dass die organisatorische Eingliederung fortbestehe (zB OFD Hannover Schreiben v. 6.8.2007 – S 7105-49 – StO 172, BeckVerw 098908 Rn. 1.3.2; OFD Frankfurt Schreiben v. 20.7.2009 – S 7105 A – 21 – St 110; BeckVerw 228879 Rn. 2.3). Lediglich wenn **verschiedene Insolvenzverwalter** eingesetzt werden, sei der Insolvenzverwalter des Organträgers nicht mehr in der Lage, seinen Willen in der Organgesellschaft durchzusetzen, da diese durch einen anderen Insolvenzverwalter verwaltet werde. In der Konsequenz sei damit die umsatzsteuerliche Organschaft beendet. Die Auffassung der Finanzverwaltung greift zu kurz. Auch wenn dieselbe Person zum Insolvenzverwalter über das Vermögen des Organträgers und der Organgesellschaft bestellt wird, so ist sie lediglich den **Interessen der Beteiligten des Verfahrens** verpflichtet, für das sie bestellt worden ist. Der Insolvenzverwalter über das Vermögen der Organgesellschaft hat die Interessen der Beteiligten dieses Verfahrens zu fördern. Das Organschaftsverhältnis ist daher im Falle der Insolvenz von Organträger und Organgesellschaft unabhängig von der Person des eingesetzten (starken vorläufigen) Insolvenzverwalters mit Anordnung eines Verfügungsverbotes bzw. Eröffnung des Insolvenzverfahrens ungeachtet der Personenidentität für beendet anzusehen (so *Waza/Uhländer/Schmittmann* Insolvenzen und Steuern Rn. 1940; *Onusseit* ZIP 2003, 743 [752]; differenzierend: *Maus* GmbHR 2005, 859 [863]).

220 **4. Konsequenzen der Beendigung der Organschaft.** Ist die Organschaft beendet, stellen sowohl Organträger als auch Organgesellschaft wieder **zwei selbständige Rechtsobjekte** dar (so *Waza/Uhländer/Schmittmann* Insolvenzen und Steuern Rn. 1942).

221 Hinsichtlich der **Zuordnung der Umsätze** ist eine differenzierte Betrachtung geboten. Unabhängig davon, ob die hierauf entfallende Umsatzsteuer erst nach Beendigung der Organschaft entsteht, sind Umsätze, die von der Organgesellschaft noch vor Beendigung der Organschaft ausgeführt worden sind, dem Organträger zuzurechnen und von diesem zu versteuern. Umsätze, die nach Beendigung der Organschaft von der Organgesellschaft ausgeführt werden, sind grundsätzlich von der Organgesellschaft als leistendem Unternehmer zu versteuern (so *Waza/Uhländer/Schmittmann* Insolvenzen und Steuern Rn. 1943; BFH Urt. v. 21.6.2001 – V R 68/00, BFHE 195, 446 = BStBl. II 2002, 255; BFH Urt. v. 20.2.1992 – V R 80/85, BFH/NV 1993, 133).

222 Bei **An- und Vorauszahlungen** auf Umsätze, die der Organträger bereits der Umsatzbesteuerung unterworfen hat (§ 13 Abs. 1 Nr. 1 lit. a S. 4, lit. b UStG), bleibt die Besteuerung auch nach Beendigung der Organschaft bestehen. Die Organgesellschaft hat demnach nur noch den im Zeitpunkt der Beendigung der Organschaft offenen Restpreis zu versteuern (so BFH Urt. v. 21.6.2001 – V R 68/00, BFHE 195, 446 = BStBl. II 2002, 255).

223 Der **Vorsteuerabzug** steht noch dem Organträger zu, sofern die Lieferungen oder sonstigen Leistungen vor Beendigung der Organschaft an die Organgesellschaft erfolgt sind, und zwar unabhängig davon, ob die Rechnung erst nach Beendigung der Organschaft bei der Organgesellschaft eingeht und von dieser beglichen wird (so OFD Hannover Schreiben v. 6.8.2007 – S 7105-49 – StO 172,

BeckVerw 098908 Textziff. 2.4; *Waza/Uhländer/Schmittmann,* Insolvenzen und Steuern, Rn. 1943).

224 **Vorsteuern** aus Leistungen, die die Organgesellschaft nach Beendigung der Organschaft bezieht, können grundsätzlich nur von der Organgesellschaft genutzt werden. Dem Organträger steht der vorgezogene Vorsteuerabzug aus den An- und Vorauszahlungen zu (so BFH Urt. v. 21.6.2001 – V R 68/00, BFHE 195, 446 = BStBl. II 2002, 255).

225 Bei der **Vorsteuerberichtigung** gemäß § 17 Abs. 1 UStG ist zu differenzieren. Wird das Entgelt für eine während des Bestehens einer Organschaft bezogene Leistung nach Beendigung der Organschaft uneinbringlich, ist der Vorsteuerabzug nicht gegenüber dem bisherigen Organträger, sondern gegenüber dem im Zeitpunkt des Uneinbringlichwerdens bestehendem Unternehmen, dem früheren Organ, zu berichtigen (so BFH Urt. v. 7.12.2006 – V R 2/05, BStBl. II 2007, 848). Ist die **Uneinbringlichkeit** vor der Organschaftsbeendigung eingetreten oder ist durch die Insolvenzeröffnung sowohl die Organschaftsbeendigung als auch die Uneinbringlichkeit gleichzeitig erfolgt, richtet sich der Vorsteuerberichtigungsanspruch gegen den Organträger (so BFH Urt. v. 11.4.1991 – V R 126/87, BFH/NV 1992, 140; BFH Beschl. v. 12.8.1993 – V B 230/91, BFH/NV 94, 277; BFH Beschl. v. 7.9.1998 – V B 34/98, BFH/NV 99, 226; BFH Beschl. v. 6.6.2002 – V B 110/01, BFH/NV 2002, 1267; BFH Beschl. v. 5.12.2008 – V B 101/07, BFH/NV 2009, 432).

226 **5. Sonderfall der unerkannten Organschaft.** Das Vorliegen der Tatbestandsvoraussetzungen einer umsatzsteuerlichen Organschaft führt zwingend zum Eintritt der damit einhergehenden Rechtsfolgen (BFH Urt. v. 17.1.2002 – V R 37/00, BFHE 197, 357 = BStBl. II 2002, 373). Das Gemeinschaftsrecht sieht kein **Wahlrecht** für finanziell, wirtschaftlich und organisatorisch verbundene Unternehmen vor, von den Regeln der umsatzsteuerlichen Organschaft Gebrauch zu machen (bestätigt durch BFH Beschl. v. 28.11.2002 – V B 126/02, BFH/NV 2003, 515; zweifelnd, auch unter dem Gesichtspunkt der Rechtsformneutralität, FG RhPf Beschl. v. 11.3.2008 – 6 V 2395/07, UR 2008, 542; vgl. Reiß/Kraeusel/Langer/*Reiß* UStG § 2 Rn. 98; RDFG/*Stadie* UStG § 2 Rn. 623; und unter Berücksichtigung des Gleichheitssatzes aus Art. 3 Abs. 1 GG: *Schmittmann* StuB 2009, 71). Der **Insolvenzverwalter** hat zu prüfen, ob eine **unerkannte Organschaft** vorliegt. Sofern er eine verdeckte Organschaft feststellt, so hat er die steuerlich erforderlichen Konsequenzen zu ziehen. Dies gilt unabhängig davon, ob die Finanzverwaltung eine Korrektur wünscht (vgl. *Schmittmann* ZSteu 2007, 191 ff.; InsbürO 2007, 265 ff.). Auch wenn in der Vergangenheit Fälle bekanntgeworden sind, in denen die Finanzverwaltung sich mit den Beteiligten geeinigt hat, die Organschaft erst ab einem bestimmten Zeitpunkt „umzusetzen", ist dies unzulässig.

227 **6. Auswirkungen der Freigabe auf den Unternehmerbegriff.** Der **Begriff der Freigabe** ist in mehrfacher Hinsicht zu verstehen, zum einen betrifft er die formalisierte Freigabe gemäß § 35 Abs. 2 InsO (→ § 35 Rn. 49) und zum anderen die Freigabe in anderer Weise (→ § 35 Rn. 37). Weiterhin sind die **„echte" und „modifizierte" Freigabe** zu unterschieden (→ § 35 Rn. 39 und 40; *Ganter/Brünink* NZI 2006, 257 [261]; *Schmittmann* ZInsO 2006, 1299 [1300]).

228 Hat der Insolvenzverwalter dem Insolvenzschuldner eine gewerbliche Tätigkeit durch **Freigabe gemäß § 35 Abs. 2 InsO** aus dem Insolvenzbeschlag ermöglicht, fällt ein durch diese Tätigkeit erworbener **Umsatzsteuervergütungsanspruch** nicht in die Insolvenzmasse und kann vom Finanzamt mit vorinsolvenzlichen Steuerschulden verrechnet werden (so BFH Beschl. v. 1.9.2010 – VII R 35/08; BFHE 230, 490 = BStBl. II 2011, 336).

Bei einer „echten" Freigabe eines Neugeschäftsbetriebes steht der **Aufrechnung** von nicht in die Insolvenzmasse fallenden, aus dem neuen Betrieb resultierenden **Steuererstattungsansprüchen** (hier: Umsatzsteuervergütungsansprüchen) mit **Masseverbindlichkeiten** (hier: Lohnsteuer) die Regelung des § 96 Abs. 1 Nr. 1 InsO nicht entgegen (so FG Bln-Bbg Urt. v. 29.5.2010 – 1 K 2014/06, EFG 2010, 1568 [1569]). 229

Verfahrensrechtlich erhält der Schuldner für seine neue unternehmerische Tätigkeit eine weitere Steuernummer (sog **„dritte Steuernummer"**), wenn die Finanzverwaltung von einer wirksamen Freigabe ausgeht (vgl. *Waza/Uhländer/Schmittmann* Insolvenzen und Steuern Rn. 1999). Auch in den Fällen, in denen keine Freigabe vorliegt, sondern der Schuldner schlicht durch seine Arbeitskraft oder durch den Einsatz einer gemäß § 811 Abs. 1 Nr. 5 ZPO unpfändbaren Betriebs- und Geschäftsausstattung Umsätze erzielt, ist eine dritte Steuernummer zuzuteilen. 230

Trotz der **Abführungspflicht** nach § 35 Abs. 2 S. 2 InsO in Verbindung mit § 295 Abs. 2 InsO kann die Finanzverwaltung **Insolvenzforderungen** mit den im Rahmen des Neuerwerbs erzielten Umsatzsteuerguthaben **aufrechnen** (so BFH Urt. v. 15.12.2009 – VII R 18/09, BFHE 228, 6 = BStBl. II 2010, 758; FG Sachsen 21.9.2010 – 3 K 1110/07), was freilich der Finanzverwaltung eine Vorrangstellung gegenüber allen anderen Gläubigern verschafft, die sachlich nicht gerechtfertigt ist. 231

Übt der Schuldner hinter dem Rücken des Insolvenzverwalters, ohne dessen Kenntnis und ohne dass Beträge zur Insolvenzmasse fließen eine Tätigkeit aus, so werden keine **Masseverbindlichkeiten** nach § 55 Abs. 1 Nr. 1 InsO begründet (so BFH Urt. v. 18.5.2010 – XR 11/09, BFH/NV 2010, 2114 ff.; Vorinstanz: FG Nürnberg Urt. v. 11.12.2008 – 4 K 1394/07, ZInsO 2009, 488 ff. mAnm *Schmittmann* = EFG 2009, 867 ff. mAnm *Loose;* ebenso FG München Urt. v. 10.4.2008 – 1 K 757/07 ZIP 2008, 1889 ff.). 232

Die **Vergabe unterschiedlicher Steuernummern** erfolgt ausschließlich unter dem Gesichtspunkt der unterschiedlichen Geltendmachung und Qualität der Forderungen (Insolvenzforderungen, Masseverbindlichkeiten oder Zurechnung zum insolvenzfreien Vermögen). Sie dienen der erleichterten Bekanntgabe von Verwaltungsakten sowie der Überprüfung von Aufrechnungsmöglichkeiten, begründen aber keine unterschiedlichen Rechtspersönlichkeiten (so ThürFG EFG 2008, 1485 ff.). 233

Eine **Freigabe in anderer Weise** erfolgte vor Einführung der Vorschrift des § 35 Abs. 2 InsO oder heute, wenn der Insolvenzverwalter lediglich einzelne Gegenstände aus dem Insolvenzbeschlag entlassen will. Die Umsatzsteuer für die **steuerpflichtige Lieferung eines mit Grundpfandrechten belasteten Grundstücks** im Konkurs durch den Gemeinschuldner nach „Freigabe" durch den Konkursverwalter gehört zu den Massekosten und ist durch Steuerbescheid gegen den Konkursverwalter festzusetzen (so Urt. v. 16.8.2001 – V R 59/99; BFHE 196, 341 = BStBl. II 2003, 208 ff.; entgegen BFH Urt. v. 12.5.1993 – XI R 49/90; BFH/NV 1994, 271 = ZIP 1993, 1247; vgl. dazu *Ganter/Brünink* NZI 2006, 257 [260]). Dies dürfte auch im Geltungsbereich der Insolvenzordnung gelten (so *Schmittmann* ZInsO 2006, 1299 [1300]). 234

Nimmt der Schuldner während des Insolvenzverfahrens eine **neue Erwerbstätigkeit** auf, indem er durch seine Arbeit und mit Hilfe von nach § 811 Nr. 5 ZPO unpfändbaren Gegenständen steuerpflichtige Leistungen erbringt, zählt die hierfür geschuldete Umsatzsteuer nicht nach § 55 Abs. 1 Nr. 1 InsO zu den **Masseverbindlichkeiten** (so BFH Urt. v. 7.4.2007 – V R 5/04; BFHE 210, 156 = BStBl. II 2005, 848 mAnm *Schmittmann* ZInsO 2005, 774 ff.). 235

Hat der Insolvenzverwalter dem Schuldner zB gestattet, ein von dem Insolvenzverfahren betroffenes Ladengeschäft selbständig weiterzuführen, fallen die hierdurch entstandenen **Umsatzsteuervergütungsansprüche** des Schuldners auf- 236 grund von § 35 Abs. 1 InsO – wie jedweder Neuerwerb eines Insolvenzschuldners – in die Insolvenzmasse und könnten daher von dem Aufrechnungsverbot des § 96 Abs. 1 Nr. 1 InsO betroffen sein (so BFH 16.2.2009 – VII B 80/08, BeckRS 2009, 25015240). Ein vom Schuldner während des Insolvenzverfahrens im Zusammenhang mit einer freiberuflichen Tätigkeit erlangter Umsatzsteuervergütungsanspruch fällt in die Insolvenzmasse, wenn er nicht vom Insolvenzverwalter freigegeben worden ist; das gilt auch bei **Nutzung und Verwertung ausschließlich unpfändbarer Gegenstände** des Vermögens des Schuldners (so BFHE 228, 6 = BStBl. II 2010, 758). In dieser Entscheidung war § 35 Abs. 2 InsO noch nicht anzuwenden, jedoch bestätigte der BFH explizit, dass das **Institut der Freigabe** (vgl. BGH Urt. v. 1.2.2007 – IX ZR 178/05; NZI 2007, 407 [408]) allgemein anerkannt sei. Gegenstände, die nicht der Zwangsvollstreckung unterlägen, gehörten nach § 36 Abs. 1 InsO von vornherein nicht zur Insolvenzmasse. **Umsatzsteuervergütungsansprüche** sind nicht deshalb vom Insolvenzbeschlag frei, weil sie von einem Schuldner während eines Insolvenzverfahrens durch eine Tätigkeit unter Einsatz pfändungsfreier Gegenstände erworben worden sind. Ein Umsatzsteuervergütungsanspruch aufgrund eines Überhangs anrechenbarer Vorsteuer über die zu Lasten des Unternehmers entstandene Umsatzsteuer fällt vielmehr in die Insolvenzmasse, wenn er während des Insolvenzverfahrens durch eine unternehmerische Tätigkeit des Schuldners entstanden ist, es sei denn, diese ist mit allen Aktiva und Passiva vom Insolvenzverwalter freigegeben worden (so BFH Urt. v. 1.9.2010 – VII R 25/09; BFH/NV 2011, 647; BFH Beschl. v. 23.8.2011 – VII B 8/11; 11, 2115 = ZIP 2011, 2067 = ZInsO 2011, 2037). Es bedarf nach Auffassung des BFH keiner Vertiefung, dass ein Umsatzsteuervergütungsanspruch, wie er bei einem Überhang anrechenbarer **Vorsteuer** über die zu Lasten des Unternehmers entstandene Umsatzsteuer entsteht, einen Vermögensgegenstand darstellt, der in die Insolvenzmasse fällt. Der BFH räumt allerdings ein, dass es vom Zufall abhängt, ob sich anrechenbare Vorsteuer in einer Verminderung der Umsatzsteuerzahllast oder in einem die Insolvenzmasse mehrenden Vergütungsanspruch niederschlägt. Gleichwohl sei der Vergütungsanspruch nicht vom Insolvenzbeschlag freizustellen (vgl. *Schmittmann* InsbürO 2011, 246 ff.).

III. Steuerbefreiungen und Verzicht auf Steuerbefreiungen

Schrifttum: *Hahne,* Umsatzsteuerliche Behandlung des Verkaufs notleidender Bankforderungen, UR 2008, 194; *Loose,* Abzugsfähigkeit von Vorsteuern aus der Vergütung des Insolvenzverwalters bei Verwertung eines im Privatvermögen des Schuldners befindlichen Grundstücks, EFG 2010, 1844; *Schmittmann,* Geldspielgeräte und Umsatzsteuer, ZInsO 2005, 976; *Schmittmann,* Schlaglichter der Steuerberaterhaftung, ZInsO 2010, 2123; *de Weerth,* Die Bemessungsgrundlage für Kostenpauschalen nach § 171 InsO – Entgelt oder Preis?, ZInsO 2007, 70; *de Weerth,* Umsatzsteuer bei der Verwertung sicherungsübereigneter Gegenstände, UR 2003, 161; *Zeeck,* Die Umsatzsteuer in der Insolvenz, KTS 2006, 407.

237 **1. Steuerbefreiungen.** Gemäß § 4 Nr. 1 bis Nr. 28 UStG sind von den unter § 1 Abs. 1 Nr. 1 UStG fallenden Umsätzen bestimmte **steuerfrei.** Wegen der Einzelheiten ist auf die Kommentare zum Umsatzsteuergesetz zu verweisen.

238 Für den Insolvenzverwalter ist die Vorschrift des § 4 Nr. 1 bis Nr. 28 UStG insbesondere deshalb von Bedeutung, weil vom **Vorsteuerabzug** gemäß § 15 Abs. 2 Nr. 1 UStG die Steuer für Lieferungen, die Einfuhr und den innergemeinschaftlichen Erwerb von Gegenständen sowie für sonstige Leistungen, die der Unternehmer zur Ausführung steuerfreier Umsätze verwendet, ausgeschlossen ist. Ein **unberechtigter Vorsteuerabzug** und eine damit gegebenenfalls verbundene **Steuerhinterziehung** gemäß § 370 Abs. 1 AO sind dadurch zu vermeiden, dass geprüft wird, ob eine steuerbefreite Lieferung oder sonstige Leistung vorliegt. Ist

ein Umsatz schon nicht steuerbar, zB im Rahmen einer Geschäftsveräußerung gemäß § 1 Abs. 1a UStG (→ Rn. 196), ist mangels Steuerbarkeit eine Steuerbefreiung nicht mehr zu prüfen.

Besondere Sorgfalt ist bei Umsätzen, die unter das **Grunderwerbsteuergesetz** fallen, § 4 Nr. 9 lit. a UStG geboten. Hier ist allerdings ein Verzicht auf die Steuerbefreiung **(Option)** gemäß § 9 Abs. 1 UStG möglich (→ Rn. 241). **239**

Weiterhin sind die Umsätze steuerbefreit, die unter das **Rennwett- und Lotteriegesetz** fallen (§ 4 Nr. 9 lit. a UStG). Nicht befreit von der Umsatzsteuer befreit sind die unter das Rennwett- und Lotteriegesetz fallenden Umsätze, die von der Rennwett- und Lotteriesteuer befreit sind oder von denen diese Steuer allgemein nicht erhoben wird (§ 4 Nr. 9 lit. a S. 2 UStG). Hier kam es insbesondere im Zusammenhang mit dem Vorsteuerabzug im Zusammenhang mit dem **Betrieb von Spielhallen** zu Haftungsfällen (vgl. *Schmittmann* ZInsO 2010, 2123 ff.; 2005, 976 ff.). Der EuGH (Urt. v. 17.2.2005 – Rs. C – 453/02 und Rs. C – 462/02, DStR 2005, 371 ff.; auf Vorlage des BFH Beschl. v. 6.11.2002 – V R 7/02, BFH/NV 2003, 275 ff. = DStRE 2003, 179 ff.) hat entschieden, dass die Richtlinie dahin auszulegen ist, dass sie nationalen Rechtsvorschriften entgegensteht, wonach die **Veranstaltung oder der Betrieb von Glückspielen** und Glückspielgeräten aller Art in zugelassenen öffentlichen Spielbanken steuerfrei ist, während diese Steuerbefreiung für die Ausübung der gleichen Tätigkeit durch Wirtschaftsteilnehmer, die nicht Spielbankbetreiber sind, nicht gilt. Art. 13 Teil B lit f. Sechste Richtlinie 77/388/EWG hat demnach unmittelbare Wirkung in dem Sinne, dass sich ein Veranstalter oder Betreiber von Glückspielen oder Glückspielgeräten vor den nationalen Gerichten darauf berufen kann, um die Anwendung mit dieser Bestimmung unvereinbarer innerstaatlicher Vorschriften zu verhindern. In vielen Fällen haben Steuerberater es unterlassen, zumindest nach dem Vorlagebeschluss des BFH, Steuerfestsetzungen der Finanzverwaltung offenzuhalten und damit die Festsetzung einer Umsatzsteuerschuld gegen den Spielhallenbetreiber zu vermeiden (vgl. im einzelnen *Schmittmann* ZInsO 2010, 2123 ff.). **240**

Der **innergemeinschaftliche Erwerb** ist gemäß § 4b Nr. 1 bis Nr. 5 UStG bei bestimmten Gegenständen steuerbar. **241**

Die Steuerbefreiungen bei der **Einfuhr** sind in § 5 UStG und bei der **Ausfuhr** in § 6 UStG geregelt. **242**

2. Verzicht auf Steuerbefreiungen (Option). Bei bestimmten Umsätzen kann der Unternehmer einen nach § 4 UStG steuerfreien Umsatz als steuerpflichtig behandeln, wenn der Umsatz an einen anderen Unternehmer für dessen Unternehmen ausgeführt wird **(Option).** **243**

Der **Verzicht auf Steuerbefreiung** nach § 9 Abs. 1 UStG ist bei Lieferungen von Grundstücken (§ 4 Nr. 9 lit. a UStG) im **Zwangsversteigerungsverfahren** durch den Vollstreckungsschuldner an den Ersteher bis zur Aufforderung zur Abgabe von Geboten im Versteigerungstermin zulässig (§ 9 Abs. 3 S. 1 UStG). Bei anderen Umsätzen im Sinne von § 4 Nr. 9 lit. a UStG kann der Verzicht auf Steuerbefreiung nach § 9 Abs. 1 UStG nur in dem gemäß § 311b Abs. 1 BGB notariell zu beurkundenden Vertrag erklärt werden (§ 9 Abs. 3 S. 2 UStG). **244**

Die **Inanspruchnahme der Vorsteuer** durch den Leistungsempfänger kann trotz zulässiger Option als **missbräuchliche Gestaltung** (§ 42 Abs. 1 AO) angesehen werden, wenn der Leistungsempfänger die Vorsteuer bewusst verzögert geltend macht und der ihm bekannte zwischenzeitliche Vermögensverfall des Verkäufers die Realisierung der Steuerschuld durch das Finanzamt verhindert (so FG Münster Urt. v. 8.3.2007 – 5 K 1992/03, EFG 2007, 1562 – rechtskräftig). **245**

Der Unternehmer ist nicht verpflichtet, bei der **Ausübung des** ihm zustehenden **Wahlrechts** auf das Interesse des Fiskus Rücksicht zu nehmen, nicht Vorsteuer ohne die gesicherte Erwartung vergüten zu müssen, seine Umsatzsteuer- **246** forderung gegen den Leistenden durchsetzen zu können (so BFH Urt. v. 28.11.2002 – VII R 41/01, BFHE 200, 482 = BStBl. II 2003, 337; BFH Urt. v. 16.12.2003 – VII R 42/01, BFH/NV 2004, 908 ff.). Verzichtet ein Insolvenzverwalter auf die Steuerbefreiung für einen Grundstücksumsatz, liegt darin keine einen Haftungstatbestand auslösende **Pflichtverletzung;** eine Pflichtverletzung liegt aber darin, dass er nicht durch eine Nettokaufpreisvereinbarung dafür Sorge trägt, dass der Schuldner über den der Umsatzsteuer entsprechenden Anteil des vom Erwerber im Hinblick auf die Option gezahlten Kaufpreises verfügen kann (so BFH Urt. v. 16.12.2003 – VII R 42/01, BFH/NV 2004, 908 ff. – Konkursverwalter; BFH Urt. v. 16.12.2003 – VII R 77/00, BFHE 205, 391 = BStBl. II 2005, 249 ff. – Liquidator). Das sich hieraus ergebende **Missbrauchspotential** ist nicht mehr gegeben, da inzwischen gemäß § 13b Abs. 2 Nr. 3 UStG für Umsätze, die unter das Grunderwerbsteuergesetz fallen, die **Umkehr der Steuerschuldnerschaft** gilt, also der Leistungsempfänger Steuerschuldner ist. Umsatzsteuer und Vorsteuer heben sich daher auf (vgl. auch BFH Beschl. v. 30.6.2011 – V R 37/10, BFHE 233, 477 = BStBl. II 2011, 842 = DB 2011, 1728 – Vorlage an den EuGH zu den Voraussetzungen des Übergangs der **Steuerschuldnerschaft** nach § 13b UStG). Eine Auszahlung findet nach neuem Recht nicht statt (vgl. im Einzelnen → Rn. 223).

247 Gegebenenfalls kann zur **Verhinderung** eines höheren **Vorsteuerberichtigungsanspruchs** nach § 15a UStG wegen Änderung der Verhältnisse (vgl. → Rn. 249 ff.) eine Option zur Umsatzsteuerpflicht zweckmäßig sein (vgl. *Waza/Uhländer/Schmittmann* Insolvenzen und Steuern Rn. 2283).

IV. Steuer und Vorsteuer

248 **1. Steuersätze.** Hinsichtlich des Steuersatzes gelten gemäß § 12 Abs. 1 UStG ein **Regelsteuersatz** in Höhe von 19 % und gemäß § 12 Abs. 2 UStG ein **ermäßigter Steuersatz** in Höhe von 7 %; insolvenzsteuerliche Besonderheiten ergeben sich nicht.

2. Entstehung der Steuer

Schrifttum: *Krüger,* Insolvenzsteuerrecht Update 2010, ZInsO 2010, 164; *Leibner,* Umsatzsteuerliche Fragen in der Insolvenz, UStB 2004, 133; *Rosenmüller/Schulz,* Die Rechtsprechung des V. Senats des BFH – Ein Glücksfall für (viele) Insolvenzverwalter?, ZInsO 2010, 558; *Schmittmann,* Umsatzsteuer aus Einzug von Altforderungen nach Insolvenzeröffnung, ZIP 2011, 1125; *Waza/Uhländer/Schmittmann* Insolvenzen und Steuern Rn. 1961; *de Weerth,* Neues zur Besteuerung in der Insolvenz – Die BMF-Schreiben vom 9.12.2011 und vom 17.1.2012, ZInsO 2012, 212; *Zeeck,* Die Umsatzsteuer in der Insolvenz, KTS 2006, 407.

249 Die Steuer entsteht gemäß § 13 Abs. 1 Nr. 1a UStG bei der **Berechnung der Steuer nach vereinbarten Entgelten** (§ 16 Abs. 1 S. 1 UStG) mit **Ablauf des Voranmeldungszeitraums,** in dem die Leistungen ausgeführt worden sind. Der Zeitpunkt der „Entstehung der Steuer" – so die Begrifflichkeit des UStG – ist nicht mit dem insolvenzrechtlichen Begriff der **Begründetheit** identisch (→ Rn. 105).

250 Die Umsatzsteuer war nach bisheriger Anschauung im Sinne des § 38 InsO begründet, wenn der Umsatzsteuer auslösende Tatbestand bereits vor Eröffnung des Insolvenzverfahrens verwirklicht ist. Die bis zur Insolvenzeröffnung ausgeführten Umsätze führten hinsichtlich der Umsatzsteuerbeträge somit immer zu einer einfachen **Insolvenzforderung** (so *Waza/Uhländer/Schmittmann* Insolvenzen und Steuern Rn. 1978). Der BFH (Urt. v. 5.12.2010 – V R 22/10, BFHE 232, 301 = BStBl. II 2011, 996 = BFH/NV 2011, 952 ff. = ZIP 2011, 782 ff.; → § 38 Rn. 24; *Schmittmann* ZIP 2011, 1125 ff.) ist der Auffassung, dass es auf die Entgeltvereinnahmung ankommt, so dass die Umsatzsteuer eine **Masseverbindlichkeit**

im Sinne von § 55 Abs. 1 Nr. 1 InsO darstellt, sofern der Insolvenzverwalter eine vorinsolvenzlich entstandene Forderung einzieht (vgl. → Rn. 205 vgl. → § 166 Rn. 24).

Die Steuer entsteht gemäß § 13 Abs. 1 Nr. 1b UStG bei der Berechnung der **Steuer nach vereinnahmten Entgelten** (§ 20 UStG) mit Ablauf des Voranmeldungszeitraums, in dem die Entgelte vereinnahmt worden sind. Vereinnahmt der Insolvenzverwalter nach Eröffnung des Insolvenzverfahrens im Rahmen der Ist-Besteuerung Entgelte für Leistungen, die bereits vor Verfahrenseröffnung erbracht wurden, handelt es sich bei der für die Leistung entstehenden Umsatzsteuer um eine Masseverbindlichkeit nach § 55 Abs. 1 Nr. 1 InsO (so BFH Urt. v. 29.1.2009 – V R 64/07, BFHE 224, 24 = BStBl. II 2009, 682). **251**

Die Steuer entsteht gemäß § 13 Abs. 1 Nr. 1a S. 4 UStG bei **Vereinnahmung des Entgelts** oder eines Teils des Entgelts, bevor die Leistung oder die Teilleistung ausgeführt worden ist, mit Ablauf des **Voranmeldungszeitraums,** in dem das Entgelt oder das Teilentgelt vereinnahmt worden ist. Diese Vorschrift enthält einen selbständigen und abschließenden **Steuerentstehungstatbestand,** so dass die auf An- oder Vorauszahlungen entfallende Umsatzsteuer eine Insolvenzforderung ist, wenn diese vor Eröffnung des Insolvenzverfahrens vereinnahmt wurde (so BFH Urt. v. 21.6.2001 – V R 68/00, BFHE 195, 446 = BStBl. II 2002, 255; *Waza/Uhländer/Schmittmann* Insolvenzen und Steuern Rn. 1981). **252**

3. Steuerschuldner

Schrifttum: *Bös/Schwarz,* Haftung des Zessionars für Umsatzsteuervorauszahlungen bei späterer Insolvenz des Zedenten, KSI 2014, 126; *Dobler,* Der BFH als Finanzierungshindernis?, ZInsO 2011, 1775; *Hahne,* Umsatzbesteuerung der Verwertung von Sicherungseigentum außerhalb des Insolvenzverfahrens, StuB 2006, 700; *Hahne,* Umsatzbesteuerung der Verwertung von Sicherungseigentum im Rahmen von Insolvenzverfahren, StuB 2006, 780; *Kahlert,* „Wiedereinführung" des Fiskusvorrechts im Insolvenzverfahren? – Die Fiskusvorrechte sind schon lange da!, ZIP 2010, 1274; *Küpper/Heinze,* Haftung für Umsatzsteuer bei Abtretung u. a. nach § 13c UStG in der Insolvenz – Gebt dem Staate, was dem Staate gebührt, InsbürO 2012, 83; *Lippross,* Verwertung von Sicherheiten aus umsatzsteuerlicher Sicht, SteuK 2010, 8; *Onusseit,* Umsatzsteuerrechtliche Folgen der Verwertung von Sicherungsgut, ZInsO 2014, 1461; *Rehwagen,* Umsatzsteuerwechsel zum Reverse-Charge-Verfahren, StuB 2006, 349; *Roth* Insolvenz Steuerrecht Rn. 4.500; *Rondorf,* Umsatzsteuer bei der Verwertung sicherungsübereigneter Gegenstände, NWB 2009, 2477; *Schießl,* Umsatzsteuerhaftung nach § 13c UStG, StuB 2014, 441; *Schmittmann,* Verbindlichkeiten aus dem Steuerschuldverhältnis im vorläufigen und eröffneten Insolvenzverfahren zwischen BMF und BFH, StuB 2012, 237; *Siebert,* Verwertung von Pfändern im Insolvenzsteuerrecht, NZI 2007, 17; *Waza/Uhländer/Schmittmann* Insolvenzen und Steuern Rn. 2314; *de Weerth,* Dreifachumsatz bei Verwertung sicherungsübereigneter Gegenstände im eröffneten Insolvenzverfahren ?, NZI 2014, 597.

a) Überblick. Die **Steuerschuldnerschaft** ist dem Grundsatz nach in § 13a Abs. 1 UStG geregelt. Grundsätzlich ist der Leistungserbringer Steuerschuldner. **253**

Von diesem Grundsatz gibt es aber zahlreiche Abweichungen, in denen der **Leistungsempfänger Steuerschuldner** ist. Dies ist häufig der Beobachtung des Gesetzgebers geschuldet, dass bei bestimmten Branchen (zB Bauwesen) oder bestimmten Leistungen (zB Gebäudereinigungsleistungen oder Lieferungen von Gold) besonders hohe Umsatzsteuerausfälle zu verzeichnen sind, so dass der Leistungsempfänger zwar gegenüber der Finanzverwaltung einen Vorsteuererstattungsanspruch geltend gemacht hat, die Finanzverwaltung aber hinsichtlich ihres Umsatzsteueranspruchs gegen den Leistungserbringer ausfällt. Zu Recht wird die Umkehr der Steuerschuldnerschaft daher auch als **Privilegierung der Finanzverwaltung** angesehen (so *Kahlert* ZIP 2010, 1274 [1275]; *Schmittmann* ZIP 2011, 1125). **254**

Bei **Lieferungen sicherungsübereigneter Gegenstände** durch den Sicherungsgeber an den Sicherungsnehmer außerhalb des Insolvenzverfahrens schuldet **255** der Leistungsempfänger gemäß § 13b Abs. 5 S. 1 UStG in Verbindung mit § 13b Abs. 2 Nr. 2 UStG die Steuer, wenn er ein Unternehmer oder eine juristische Person ist. Die Steuer entsteht gemäß § 13b Abs. 2 UStG mit Ausstellung der Rechnung, spätestens jedoch mit Ablauf des der Ausführung der Leistung folgenden Kalendermonats (vgl. OFD Frankfurt am Main Vfg. v. 29.2.2012 – S 7279 S – 5 – SA – St 113, DB 2012, 1412 = StuB 2012, 371).

256 Verkauft der **Sicherungsgeber** im eigenen Namen, aber für Rechnung des Sicherungsnehmers die diesem zur Sicherheit übereigneten Gegenstände an einen Dritten, führt er an den Dritten eine entgeltliche Lieferung aus; dieser kann deshalb die ihm vom Sicherungsgeber in Rechnung gestellte Umsatzsteuer unter den weiteren Voraussetzungen des § 15 Abs. 1 Nr. 1 UStG als Vorsteuer abziehen. Zwischen dem Sicherungsnehmer (Kommittent) und dem Sicherungsgeber (Kommissionär) liegt eine Lieferung vor, bei der der Sicherungsgeber (Kommissionär) als Abnehmer gilt. Gleichzeitig erstarkt die **Sicherungsübereignung** zu einer Lieferung im Sinne des § 1 Abs. 1 Nr. 1 UStG des Sicherungsgebers an den Sicherungsnehmer, so dass es zu einem **Dreifachumsatz** kommt (so BFH Urt. v. 6.10.2005 – V R 20/04, BFH/NV 2006, 222; BFH Urt. v. 30.3.2006 – V R 9/03, BFHE 213, 144 = BStBl. II 2006, 933 vgl. → § 166 Rn. 15; → § 171 Rn. 26).

257 **b) Steuerschuldnerschaft im Insolvenzeröffnungsverfahren.** Im Insolvenzeröffnungsverfahren ist der **vorläufige Insolvenzverwalter** grundsätzlich zur Verwertung nicht berechtigt, da das Verwertungsrecht des § 166 InsO erst mit Eröffnung des Insolvenzverfahrens entsteht (so Schmidt/*Sinz* § 166 Rn. 11; *Roth* Insolvenz Steuerrecht Rn. 4.453). Der **starke vorläufige Insolvenzverwalter** kann schuldnerische Vermögensgegenstände im Rahmen des üblichen Geschäftsbetriebes veräußern. Der **schwache vorläufige Insolvenzverwalter** kann dem Schuldner gestatten, im Rahmen des üblichen Geschäftsbetriebes Gegenstände zu veräußern. In diesen Fällen kommt es lediglich zu einem **Einfachumsatz** (vgl. *Roth* Insolvenz Steuerrecht Rn. 4.454). Ungeachtet dessen, ob es sich um einen starken oder schwachen vorläufigen Insolvenzverwalter handelt, wird die Umsatzsteuer gemäß § 55 Abs. 4 UStG mit Verfahrenseröffnung **Masseverbindlichkeit** (vgl. → Rn. 8). Ob eine Zwangsvollstreckung wegen dieser Forderungen an § 90 Abs. 1 InsO scheitert, ist umstritten (vgl. NdsFG Urt. v. 7.8.2014 – 15 V 75/14, ZInsO 2014, 2331).

258 **c) Steuerschuldnerschaft im Insolvenzverfahren.** Der **Insolvenzverwalter** kann dem Gläubiger einen Gegenstand, zu dessen Verwertung der Insolvenzverwalter nach § 166 InsO berechtigt ist, dem Gläubiger zur Verwertung überlassen. In diesem Fall hat der Gläubiger aus dem vom ihm erzielten Verwertungserlös gemäß § 170 Abs. 2 InsO einen Betrag in Höhe der **Kosten der Feststellung** sowie des **Umsatzsteuerbetrages** (§ 171 Abs. 2 S. 3 InsO) vorweg an die Masse abzuführen (§ 170 Abs. 2 InsO). Verwertet der Insolvenzverwalter selbst, so sind aus dem **Verwertungserlös** die Kosten der Feststellung und der Verwertung vorweg für die Insolvenzmasse zu entnehmen (§ 170 Abs. 1 S. 1 InsO; vgl. → § 171 Rn. 20; *Roth,* Insolvenz Steuerrecht, Rn. 4.459).

259 Die **Feststellungskosten** gemäß § 171 Abs. 1 InsO führen nicht zu einer umsatzsteuerbaren Leistung, da der Insolvenzverwalter dadurch keine Leistung gegen Entgelt an den Sicherungsnehmer erbringt (so BFH 18.8.2005 – V R 31/04, BFHE 211, 551 = BStBl. II 2007, 183). Die **Verwertungskosten** gemäß § 171 Abs. 2 InsO sind (so BFH Urt. v. 28.7.2011 – V R 28/09, BFHE 235, 22 Rn. 29 = BStBl. II 2014, 406 = BFH/NV 2011, 1985 = DB 2011, 2177 ff. = InsbürO 2012, 111 mAnm *Schmittmann* = ZInsO 2011, 1904 ff. mAnm *Schmittmann*) als steuerpflichtige Leistung der Insolvenzmasse an den gesicherten Gläubi-

ger anzusehen (unter ausdrücklicher Aufgabe von BFH Urt. v. 18.8.2005 – V R 31/04, BFHE 211, 551 = BStBl. II 2007, 183) und Unterliegen dem Regelsteuersatz (so *Schmittmann* InsbürO 2012, 111 [115]). Das BMF (Schreiben v. 30.4.2014 – IV D 2 – S 7100/07/10037 DOK 2014/0332437, BStBl. I 2014, 816) hat diese Entscheidung erst spät zur Veröffentlichung bestimmt und zugleich umfassend kommentiert (→ § 171 Rn. 34).

Steuerpflicht ist immer gegeben, wenn der absonderungsberechtigte Grund- **260**
pfandgläubiger und der Insolvenzverwalter vereinbaren, dass der Insolvenzverwalter ein **Grundstück** für Rechnung des Grundpfandgläubigers veräußert und vom Veräußerungserlös einen **Massekostenbeitrag** einbehalten darf. Hier führt der Insolvenzverwalter neben der Grundstückslieferung an den Erwerber eine **sonstige entgeltliche Leistung** aus. Der für die Masse einbehaltene Betrag ist das **Entgelt für die Leistung** und somit umsatzsteuerpflichtig (so BFH Urt. v. 18.8.2005 – V R 31/04, BFHE 211, 551 = BStBl. II 2007, 183 ff.; *Wipperfürth* Grundstück Rn. 748; *Schmittmann* ZInsO 2006, 1299 [1301]).

Ob der Insolvenzverwalter die Kosten im Sinne von § 171 InsO vom umsatz- **261**
steuerlichen Entgelt, also vom **Nettoerlös,** zu berechnen hat, oder den **Bruttobetrag** zugrunde legen muss, ist streitig. Nach zutreffender Auffassung des LG Düsseldorf (Urt. v. 15.1.2004 – 21 S 156/03, ZInsO 2004, 1091; *Waza/Uhländer/Schmittmann* Insolvenzen und Steuern Rn. 2209; *Roth* Insolvenz Steuerrecht Rn. 4.459) ist der als Verwertungserlös tatsächlich erzielte Betrag einschließlich des darauf entfallenden Mehrwertsteuerbetrages *(Bruttoerlös)* zugrunde zu legen. Eine Mindermeinung stellt auf den Nettoerlös ab (vgl. *de Weerth* ZInsO 2007, 70; *Viertelhausen* InVo 2001, 349 [352]; *Geurts* DB 1999, 818 [819]).

Hat das Gericht die **Eigenverwaltung** angeordnet, so kann der Insolvenz- **262**
schuldner das Sicherungsgut in gleicher Weise wie der Insolvenzverwalter verwerten. Die Umsatzsteuer, die dadurch entsteht, ist Masseverbindlichkeit nach § 55 Abs. 1 Nr. 1 InsO (vgl. *Waza/Uhländer/Schmittmann* Insolvenzen und Steuern Rn. 2246).

d) Haftung des gesicherten Gläubigers. Die Vorschrift des § 13c Abs. 1 **263**
UStG regelt die **Haftung bei Abtretung, Verpfändung oder Pfändung** von Forderungen. In diesen Fällen haftet der Abtretungsempfänger nach Maßgabe von § 13c Abs. 2 UStG für die in der Forderung enthaltene Umsatzsteuer, soweit sie im vereinnahmten Betrag enthalten ist (vgl. *Schießl* StuB 2014, 441; *Dobler* ZInsO 2011, 1775 ff.). Die Haftung des Abtretungsempfängers nach § 13c UStG umfasst alle Formen der Abtretung – auch die Globalzession – von Forderungen des Abtretenden aus Umsätzen (so BFH Urt. v. 20.3.2013 – XI R 11/12, BFHE 241, 89 = BFH/NV 2013, 1361 = ZIP 2013, 1289 = EWiR 2013, 495 [*Schmittmann*]; vgl. *Schießl* StuB 2014, 441). Zessionar und Zedent werden mit Festsetzung der Haftungsschuld **Gesamtschuldner** (so BGH Urt. v. 17.1.2007 – VIII ZR 171/06, BGHZ 170, 311 unter II. 6.; BFH Urt. v. 21.11.2013 – V R 21/12, BFH/NV 2014, 646 = NZI 2014, 280 = ZIP 2014, 737 Rn. 25; vgl. dazu *Bös/Schwarz* KSI 2014, 126). Die Regelung begründet im Fall der Insolvenzanfechtung kein Zurückbehaltungsrecht des Anfechtungsgegner (hier: kontoführende Bank), da nach Rückgewähr an den Insolvenzverwalter § 13c UStG nicht mehr anwendbar ist (so AG Mannheim Urt. v. 4.4.2014 – 3 C 332/13, ZInsO 2014, 1213). Die Haftungsnorm des § 13c UStG ist zwar insolvenzrechtlich motiviert (so *Küpper/Heinze* InsbürO 2012, 83) und führt zu einer **„Garantiehaftung“,** widerspricht aber nicht **Vorgaben** des **Unionsrechts** (so BFH Urt. v. 21.11.2013 – V R 21/12, BFH/NV 2014, 646 = NZI 2014, 280 = ZIP 2014, 737 Rn. 15; *Schießl* StuB 2014, 441 [445]) und rechtfertigt sich als verschuldensunabhängige Haftungsnorm ohne Ermessensspielraum aus bereicherungsrechtlichen Erwägungen (so FG München Urt. v. 22.6.2010 – 14 K 1707/07, DStRE 2011, 237 [238] = EFG

2010, 1937 [1938]). Die Haftung nach § 13c UStG kann nicht durch eine zivilrechtliche Vereinbarung ausgeschlossen werden, nach der es sich bei dem weitergeleiteten Betrag um einen Nettobetrag ohne Umsatzsteuer handeln soll (so BFH Urt. v. 20.3.2013 – XI R 11/12, BFHE 241, 89 = BFH/NV 2013, 1361 = ZIP 2013, 1289 = EWiR 2013, 495 [*Schmittmann*]; vgl. *Schießl* StuB 2014, 441). Die Regelung verstößt weder gegen höherrangiges Recht noch gegen allgemeine Rechtsgrundsätze (so BFH Urt. v. 21.11.2013 – V R 21/12, BFH/NV 2014, 646 = NZI 2014, 280 = ZIP 2014, 737 Rn. 16).

264 Hat ein vorläufiger Insolvenzverwalter aufgrund richterlicher Ermächtigung eine zur Sicherheit abgetretene Forderung eingezogen und den Erlös an den **Abtretungsempfänger** weitergeleitet, haftet der Abtretungsempfänger nach § 13c UStG für die im vereinnahmten und an ihn weitergeleiteten Forderungsbetrag enthaltene Umsatzsteuer (so BFH Urt. v. 20.3.2013 – XI R 11/12, BFHE 241, 89 = BFH/NV 2013, 1361 = ZIP 2013, 1289 = EWiR 2013, 495 [*Schmittmann*]; vgl. *Schießl* StuB 2014, 441).

Die **Haftung** greift nicht ein, wenn die Forderung vor dem 8.11.2003 abgetreten worden ist (so BFH Urt. v. 3.6.2009 – XI R 57/07, BFHE 226, 183 = BStBl. II 2010, 520). Im Hinblick auf die Rspr. des BFH (Urt. v. 9.12.2010 – V R 22/10, BFHE 232, 301 = BStBl. II 2011, 996 = BFH/NV 2011, 952 = ZIP 2011, 782) wird möglicherweise die Haftungsnorm des § 13c UStG neue Bedeutung erhalten, jedenfalls dann, wenn der Insolvenzverwalter aufgrund von Masseunzulänglichkeit die Umsatzsteuer aus der Insolvenzmasse nicht zahlen kann (vgl. *Schmittmann* INDat-Report 3/2011, 26 [27]).

4. Ausstellung und Aufbewahrung von Rechnungen

Schrifttum: *Eckert,* Umsatzsteuerliche Neuregelung ab 2004 und Auswirkungen auf die Insolvenzpraxis, ZInsO 2004, 702; *Kroth,* Steuerrecht versus Insolvenzrecht oder: (Wider) die Auferstehung des Fiskalprivilegs?, NZI 2004, 345; *Krüger,* Insolvenzsteuerrecht Update 2010, ZInsO 2010, 164; *Maus,* Umsatzsteuer bei Sicherheitenverwertung durch den Gläubiger im Insolvenzverfahren, ZInsO 2005, 82; *Marchal/Nobereit,* Berichtigung von Rechnungen mit unrichtigem oder unberechtigtem Umsatzsteuerausweis durch den Insolvenzverwalter – ein Mittel zur Mehrung der Insolvenzmasse, ZInsO 2014, 2308; *Nieskens,* Vorsteuerabzug bei überhöhtem Steuerausweis, UStB 2000, 143; *Schmittmann,* Rechnungsanforderungen im Insolvenzverfahren, InsbürO 2006, 383; *Waza/Uhländer/Schmittmann* Insolvenzen und Steuern Rn. 2071.

265 Die **Ausstellung von Rechnungen** ist in § 14 UStG geregelt. Der **Insolvenzverwalter** wird sowohl bei von ihm selbst ausgestellten Rechnungen als auch bei Eingangsrechnungen, aus denen Vorsteuer gezogen werden soll (§ 15 Abs. 1 UStG), darauf achten, dass sämtliche notwendigen Bestandteile enthalten sind. Der Insolvenzverwalter haftet gegebenenfalls persönlich, wenn die Rechnungsanforderungen nicht eingehalten werden (vgl. im einzelnen: *Schmittmann* InsbürO 2006, 383 f.).

266 Der **Leistungserbringer** ist verpflichtet, dem Leistungsempfänger, zumindest dann, wenn dieser vorsteuerabzugsberechtigt ist, eine **Originalrechnung** auszustellen. Diese Verpflichtung gilt auch für den **Insolvenzverwalter** bei der Geltendmachung von Forderungen (so OLG Brandenburg 22.12.2006 – 7 U 100/06). Der Insolvenzverwalter ist auch gegenüber dem Schuldner zur Erteilung einer Rechnung mit ausgewiesener Umsatzsteuer verpflichtet, da er die gezahlte Umsatzsteuer ansonsten nicht als Vorsteuer abziehen darf (so BFH Beschl. v. 7.4.2005 – V B 187/04, BFH/NV 2005, 1640). Selbst wenn im Beschluss des Amtsgerichts über die **Vergütung** die Umsatzsteuer nicht gesondert ausgewiesen ist, ist der Insolvenzverwalter gleichwohl zur Ausstellung einer **Rechnung mit gesondertem Steuerausweis** berechtigt (so BFH Beschl. v. 7.4.2005 – V B 187/04, BFH/NV 2005, 1640).

5. Unrichtiger oder unberechtigter Steuerausweis

Schrifttum: *Schmittmann,* Rechnungsanforderungen im Insolvenzverfahren, InsbürO 2006, 383; *Waza/Uhländer/Schmittmann* Insolvenzen und Steuern Rn. 2074.

Bei unrichtigem oder unberechtigtem **Steuerausweis** greift die **Haftungsnorm** des § 14c UStG. Hat der Unternehmer in einer Rechnung für eine Lieferung oder sonstige Leistung einen höheren Steuerbetrag, als er nach diesem Gesetz für den Umsatz schuldet, gesondert ausgewiesen (unrichtiger Steuerausweis), schuldet er auch den Mehrbetrag (§ 14c Abs. 1 S. 1 UStG). Eine Berichtigung ist möglich. Das gleiche gilt sinngemäß bei einem unberechtigten Steuerausweis, also wenn der Rechnungsaussteller zum gesonderten Ausweis der Steuer nicht berechtigt ist. 267

Die Umsatzsteuerschuld entsteht im Zeitpunkt der **Rechnungsausgabe.** Die Vergütung des entsprechenden Betrages erfolgt erst in dem Besteuerungszeitraum, in dem die Rechnung berichtigt wird, auch wenn die Umsatzsteuer noch nicht festgesetzt oder angemeldet worden war. Der **Vergütungsanspruch** entsteht insolvenzrechtlich im Zeitpunkt der Rechnungsausgabe, so dass bei einer vorinsolvenzlichen Rechnung im Insolvenzverfahren mit der Umsatzsteuerforderung aufgerechnet werden darf (so BFH Urt. v. 4.2.2005 – VII R 20/04, BFHE 209, 13 = BStBl. II 2010, 55 = ZIP 2005, 997). Hinsichtlich des Vorsteuervergütungsanspruchs aus der Tätigkeit des vorläufigen Insolvenzverwalters ist das **Aufrechnungsverbot aus § 96 Abs. 1 Nr. 3 InsO** zu beachten (so BFH Urt. v. 5.5.2015 – VII R 37/13, ZIP 2015, 1598 = DB 2015, 1819; Vorinstanz: NdsFG Urt. v. 6.6.2013 – 5 K 2/13, ZIP 2014, 1748 mAnm *Kahlert*). 268

6. Vorsteuerabzug

Schrifttum: *Dobler,* Masseverbindlichkeiten aus Forderungseinzug – Sorgt das BMF-Schreiben vom 9.12.2011 für Klarheit?, ZInsO 2012, 208; *Krüger,* Insolvenzsteuerrecht Update 2011, ZInsO 2011, 593; *Madaus,* Grundlagen und Grenzen der Bestellung von fachverständigen in der gerichtlichen Schlussrechnungsprüfung, NZI 2012, 119; *Reck,* Das Ende der Erhöhung der Insolvenzmasse aufgrund von Vorsteuererstattungen aus der Vergütung?, ZInsO 2011, 267; *Schmittmann,* Vorsteuer aus Verwaltervergütung, InsbürO 2011, 224; *Schmittmann,* Zwischenruf: Unsystematische Anfechtungsausschlüsse außerhalb des Insolvenzverfahrens, ZInsO 2011, 1941; *Viertelhausen,* Verrechnung von Vorsteuer aus der vorläufigen Insolvenzverwaltung, UR 2008, 873; *Waza/Uhländer/Schmittmann* Insolvenzen und Steuern Rn. 2091; *Wäger,* Vorsteueraufteilung: Renaissance des Umsatzsteuerschlüssels ?, DB 2014, 1397.

a) Überblick. Der **Schuldner** bleibt auch nach Eröffnung des Insolvenzverfahrens **Unternehmer,** so dass der **Vorsteuerabzug** gemäß § 15 UStG fortbesteht. Für den Insolvenzverwalter bietet sich daher die Möglichkeit, die in den Besteuerungszeitraum fallenden, nach § 15 UStG abziehbaren Vorsteuerbeträge von der Umsatzsteuerschuld in Abzug zu bringen. Dies setzt voraus, dass eine **Rechnung an die Masse** vorliegt, die den Insolvenzschuldner erkennen lässt (vgl. *Schmittmann* InsbürO 2006, 383 f.). Darüber hinaus ist erforderlich, dass der Insolvenzverwalter mit der Insolvenzmasse vorsteuerunschädliche Umsätze getätigt hat (so *Waza/Uhländer/Schmittmann* Insolvenzen und Steuern Rn. 2091). Der Insolvenzverwalter ist verpflichtet, Eingangsrechnungen auf die Einhaltung der Erfordernisse gem. § 14 UStG zu prüfen (so *Dobler* ZInsO 2012, 209 [211]). 269

b) Abgrenzung Insolvenzforderungen und Masseverbindlichkeiten. Hinsichtlich der Zuordnung zu Insolvenzforderungen oder Masseverbindlichkeiten gelten die allgemeinen Grundsätze. Es kommt nicht darauf an, ob der Anspruch zum Zeitpunkt der Eröffnung des Insolvenzverfahrens im steuerrechtlichen Sinne entstanden war, sondern darauf, ob in diesem Zeitpunkt nach insolvenzrechtlichen Grundsätzen der Rechtsgrund für den Anspruch bereits gelegt war (vgl. → Rn. 105). Die **Vorsteuervergütung** für einen bestimmten Besteuerungs- 270 zeitraum wird die Finanzverwaltung in dem Zeitpunkt „zur Insolvenzmasse schuldig" im Sinne des § 96 Abs. 1 Nr. 1 InsO, in dem ein anderer Unternehmer eine Lieferung oder sonstige Leistung für das Unternehmen des zum Vorsteuerabzug berechtigten Schuldners erbringt (so BFH Urt. v. 7.10.2004 – VII R 69/03, BFHE 208, 10 = BStBl. II 2005, 195 ff.; BFH Urt. v. 16.11.2004 – VII R 75/03, BFH BFH/NV 2005, 730; BFH Urt. v. 16.1.2007 – VII R 7/06, BFHE 216, 390 = BStBl. II 2007, 745 ff.; BFH Beschl. v. 7.7.2010 – VII B 253/09, BFH/NV 2010, 2019 f.).

271 Das Vertrauen in diese Rspr. wurde erschüttert, als der BFH (Urt. v. 29.1.2009 – V R 64/07, BFHE 224, 24 = BStBl. II 2009, 684) entschied, dass bei der **Vereinnahmung von Entgelten** für Leistungen, die bereits vor Verfahrenseröffnung erbracht worden sind, die Umsatzsteuer als **Masseverbindlichkeit** nach § 55 Abs. 1 Nr. 1 InsO durch die Forderungsvereinnahmung seitens des Insolvenzverwalters entsteht. Die Vereinnahmung des Entgeltes sei maßgeblich, da bei der Umsatzsteuer die Besonderheit bestehe, dass der Unternehmer – und damit nach Eröffnung des Insolvenzverfahrens über das Vermögen des Unternehmers für diesen der Insolvenzverwalter – „als Steuereinnehmer für Rechnung des Staates tätig" ist und dabei öffentliche Gelder im Interesse der Staatskasse vereinnahmt. Als „Steuereinnehmer" sei der Unternehmer für die Vereinnahmung einer vom Endverbraucher zu tragenden Verbrauchsteuer tätig (so BFH Urt. v. 29.1.2009 – V R 64/07, BFHE 224, 24 = BStBl. II 2009, 682; unter Berufung auf EuGH Urt. v. 20.10.1993 – Rs. C-10/92, Slg. 1993, I-5105 Rn. 25; EuGH Urt. v. 21.2.2008 – Rs. C-271/06, BFH/NV Beilage 2008, 199 Rn. 21). Dies gilt im Grundsatz nach der Rspr. des BFH (Urt. v. 9.12.2010 – V R 22/10, BFHE 232, 301 = BStBl. II 2011, 996 = BFH/NV 2011, 952 = ZIP 2011, 782) nunmehr auch für die Fälle der Sollversteuerung, allerdings mit der dogmatischen Begründung, dass eine Berichtigung im Zeitpunkt der Verfahrenseröffnung nach § 17 UStG erforderlich ist (vgl. → Rn. 253).

272 Für das materielle Entstehen des **Vorsteueranspruchs** ist der Besitz an der Rechnung nicht maßgeblich. Der Besitz der Rechnung ist indes für die Ausübung des Vorsteueranspruchs erforderlich. Der **Zeitpunkt der Rechnungserteilung** ist daher auch unter Berücksichtigung der neuen Rspr. des V. Senates nicht maßgeblich (so *Waza/Uhländer/Schmittmann* Insolvenzen und Steuern Rn. 2094; *Maus* ZInsO 2004, 1078).

273 **c) Vorsteuer aus der Rechnung des vorläufigen Insolvenzverwalters.** Besondere Probleme ergeben sich beim Vorsteuerabzug aus der **Rechnung des vorläufigen Insolvenzverwalters** gegenüber der Insolvenzmasse. Abgesehen davon, dass ein Vorsteuervergütungsanspruch nur in Betracht kommt, wenn der (vorläufige) Insolvenzverwalter dem Insolvenzschuldner eine ordnungsgemäße Rechnung ausgestellt hat, wird die Finanzverwaltung prüfen, ob mit Insolvenzforderungen im Sinne des § 38 InsO aufgerechnet werden kann (vgl. *Waza/Uhländer/Schmittmann* Insolvenzen und Steuern Rn. 2101).

274 Die **Vergütung für das vorläufige Insolvenzverfahren** wird erst nach Eröffnung des Insolvenzverfahrens durch das Insolvenzgericht festgesetzt, so dass auch zu diesem Zeitpunkt erstmals die Voraussetzungen des Vorsteuerabzugs gemäß § 15 Abs. 1 UStG eintreten können. Der BFH (Urt. v. 16.11.2004 – VII R 75/03, BFHE 208, 296 = BStBl. II 2006, 193) hat dazu früher entschieden, dass es nicht darauf ankomme, ob der Anspruch zum Zeitpunkt der Eröffnung des Insolvenzverfahrens im steuerrechtlichen Sinne entstanden war, sondern darauf, ob in diesem Zeitpunkt nach insolvenzrechtlichen Grundsätzen der Rechtsgrund für den Anspruch bereits gelegt war. Daraus zog der BFH den Schluss, dass die Regelung des § 96 Abs. 1 Nr. 3 InsO die **Aufrechnung** durch das Finanzamt mit Steuerforderungen aus der Zeit vor der Eröffnung des Insolvenzverfahrens nicht hindere (vgl. im Einzelnen *Haarmeyer/Huber/Schmittmann* Praxis der Insolvenzanfechtung Rn. 278).

Der BFH (Urt. v. 2.11.2010 – VII R 6/10, BFHE 231, 488 = BStBl. II 2011, **275** 493) hält die **Verrechnung von Insolvenzforderungen** des Finanzamtes mit einem **Vorsteuervergütungsanspruch** des Schuldners für unzulässig, sofern bei Erbringung der diesem Anspruch zugrundeliegenden Leistungen die Voraussetzungen des § 130 InsO oder des § 131 InsO vorgelegen haben. Dies bedeutet, dass bei Kenntnis des Finanzamtes vom Insolvenzantrag eine **Anfechtbarkeit** gemäß § 130 Abs. 1 Nr. 2 InsO immer durchgreift, was insbesondere dann gegeben ist, wenn die Finanzverwaltung selbst Antragsteller ist. Darüber hinaus kann § 131 Abs. 1 InsO eingreifen, was regelmäßig dann der Fall ist, wenn es sich um eine inkongruente Deckung handelt. Eine solche sieht der BFH in der Aufrechnungsmöglichkeit (so BFH Urt. v. 2.11.2010 – VII R 62/10, BStBl. II 2011, 439; *Haarmeyer/Huber/Schmittmann* Praxis der Insolvenzanfechtung Rn. 278; *Lechner/Johann* DB 2011, 1131 ff.). Hiergegen richteten sich Bestrebungen des Bundesrates im Rahmen der Gesetzgebung zum **Beitreibungsrichtlinie-Umsetzungsgesetz** (vgl. *Schmittmann* INDAT-Report 6/2011, 20; *Schmittmann* ZInsO 2011, 1941 [1942]), der zwar im Gesetzgebungsverfahren erfolglos geblieben sind, allerdings vom BFH (Urt. v. 24.11.2011 – V R 13/11, BStBl. II 2012, 298 = DB 2011, 2818 ff.) inhaltlich aufgegriffen wurden und zur einer faktischen Nichtanwendung der Anfechtungsregelungen im Rahmen der Berechnung der Umsatzsteuerschuld führen werden (kritisch: *Schmittmann* ZIP 2012, 249 [251]).

d) Vorsteuer aus der Vergütung des Insolvenzverwalters. Hinsichtlich der **276** Vorsteuer aus der Vergütung des Insolvenzverwalters, des Sachwalters und des Treuhänders liegen Leistungen vor, die nach Eröffnung des Insolvenzverfahrens ausgeführt worden sind, so dass eine **Aufrechnung von Vorsteuerüberhängen** mit Forderungen im Sinne von § 38 InsO ausscheidet (so *Waza/Uhländer/Schmittmann* Insolvenzen und Steuern Rn. 2102). Eine Aufrechnung kommt allenfalls mit Masseverbindlichkeiten, § 55 Abs. 1 InsO, in Betracht. Der Abzug von Vorsteuern aus der Rechnung des Insolvenzverwalters ist nur möglich, sofern das Insolvenzverfahren noch nicht aufgehoben ist. Auf die Durchführung des Schlusstermins (§ 197 InsO) kommt es nicht an (aA *Waza/Uhländer/Schmittmann* Insolvenzen und Steuern Rn. 2099). Das Insolvenzverfahren endet nicht mit dem Schlusstermin, sondern mit der Aufhebung. Diese erfolgt nach der **Schlussverteilung** (§ 200 Abs. 1 InsO). Bis zu diesem Zeitpunkt kann der Insolvenzverwalter daher die Vorsteuer aus der Vergütung realisieren. **Steuererstattungsansprüche,** die aus der Vorsteuer aus der Verwaltervergütung resultieren, sind als weitere Einnahmen zu betrachten, die die Teilungsmasse erhöhen. Die Umsatzsteuererstattung, die bei Einreichung der Schlussrechnung mit Sicherheit noch zu erwarten ist, wird bei der Bemessungsgrundlage für die Vergütung berücksichtigt (so BGH Beschl. v. 25.10.2007 – IX ZB 147/06, NZI 2008, 97 f.; *Schmittmann/Theurich/Brune* Das insolvenzrechtliche Mandat § 8 Rn. 5). Eine zu erwartende Umsatzsteuererstattung an die Insolvenzmasse wegen des Vorsteuerabzugs hinsichtlich der festzusetzenden Vergütung des Verwalters ist im Voraus bei der Berechnungsgrundlage für die Vergütung des Verwalters nur in der Höhe zu berücksichtigen, die sich aus der ohne Vorsteuererstattung berechneten Vergütung ergibt (so BGH Beschl. v. 26.2.2015 – IX ZB 9/13, ZIP 2015, 696 = EWiR 2015, 353 [*Zimmer*] = NZI 2015, 388 mAnm *Graeber*). Dient ein Insolvenzverfahren sowohl der Befriedigung von Verbindlichkeiten des – zum Vorsteuerabzug berechtigten – Unternehmens wie auch der Befriedigung von **Privatverbindlichkeiten** des Unternehmers, ist der Unternehmer aus der Leistung des Insolvenzverwalters grundsätzlich im Verhältnis der unternehmerischen zu den privaten Verbindlichkeiten, die im Insolvenzverfahren jeweils als Insolvenzforderungen geltend gemacht werden, zum anteiligen Vorsteuerabzug berechtigt (so BFH Urt. v. 15.4.2015 – V R 44/14, ZIP 2015, 1237 ff. mAnm *Kahlert* = EWiR 2015, 489 [*Schmittmann*]). Eine im Hinblick auf die Insolvenzverwaltervergütung erforderliche **Aufteilung der Vorsteuern** für Leistungsbezüge, die einer wirtschaftlichen und einer nichtwirtschaftlichen Tätigkeit des Schuldners dienen, richtet sich nach der Quote der betrieblichen Insolvenzforderungen an den Gesamtverbindlichkeiten (so FG Köln Urt. v. 9.5.2014 – 4 K 2584/13, ZIP 2014, 1796 [Revision anhängig: BFH – XI R 28/14]). Die Vorsteuer aus der Rechnung eines vorläufigen Insolvenzverwalters kann auch dann in vollem Umfang zu Gunsten der Insolvenzmasse als Vorsteuer abgezogen werden, wenn im Rahmen des Insolvenzverfahrens steuerfreie Umsätze erzielt wurden (so FG Köln Urt. v. 29.1.2015 – 7 K 25/13, ZIP 2015, 1241 [Revision anhängig: BFH Az. V R 15/15]).

Ein **Vorsteuererstattungsanspruch** der Masse ergibt sich nach Einreichung der Schlussrechnung nur dann, wenn für den maßgeblichen Besteuerungszeitraum ein Überschuss der Vorsteuerbeträge festgestellt wird; dieser ist dann vom Finanzamt zu erstatten und an die Masse auszuzahlen (so BGH Beschl. v. 10.3.2011 – IX ZB 210/09, ZInsO 2011, 791 [792]).

277 Ein **Vorsteuererstattungsanspruch** aus der **Rechnung des (vorläufigen) Insolvenzverwalters** besteht nach Auffassung der Finanzverwaltung nur, wenn die Leistungen des Verwalters dem unternehmerischen Bereich des Schuldners zuzuordnen sind (OFD Münster, Kurzinfo USt Nr. 9/11 v. 15.6.2011, DB 2011, 2005). Das Erfordernis der Aufteilung der Vorsteuer folgt aus § 15 Abs. 4 UStG (so BFH Urt. v. 7.5.2014 – V R 1/10, DB 2014, 1408 [1409]). Der **Aufteilungsmaßstab** und die Einzelheiten sind umstritten (vgl. FG Nürnberg 11.5.2010 – 2 K 1513/08, BeckRS 2010, 26029497; aufgehoben durch: BFH Urt. v. 26.9.2012 – V R 8/11, ZIP 2013, 325, der die Rechtsfrage allerdings offenlässt, da es ohnehin an einer ordnungsgemäßen Rechnung mangelte; FG München Urt. v. 21.4.2010 – 3 K 3736/07, DStRE 2011, 1411 [1412]; *Schmittmann* InsbürO 2011, 224 ff.). Eine Aufteilung bei einem wirtschaftlich und nichtwirtschaftlich tätigen Schuldner im Verhältnis der betrieblichen und nicht betrieblichen Insolvenzforderungen ist zulässig (so FG Köln Urt. v. 9.5.2014 – 4 K 2584/13, ZIP 2014, 1796 = ZInsO 2014, 2000; Revision anhängig: BFH Az. IX R 28/14).

278 Gelingt es dem Insolvenzverwalter nicht, den **Vorsteuervergütungsanspruch** vor Aufhebung des Verfahrens zur Masse zu ziehen und hat das Insolvenzgericht auch keine **Nachtragsverteilung** angeordnet, so ist der Vorsteuerstattungsanspruch verloren. Die Leistung des Insolvenzverwalters endet regelmäßig mit Abschluss der Schlussverteilung. Ändert sich zwischen der Eröffnung des Insolvenzverfahrens und dem Zeitpunkt, an dem die Tätigkeit des Insolvenzverwalters endet, der Steuersatz, so ist der Steuersatz anzuwenden, der bei Abschluss der Schlussverteilung galt (so *Waza/Uhländer/Schmittmann* Insolvenzen und Steuern Rn. 2100; OFD Frankfurt am Main ZInsO 2007, 537; AG Potsdam Beschl. v. 22.11.2006 – 35 IN 658/04, ZInsO 2006, 1263 [1264]).

279 **e) Vorsteuer aus der Vergütung des Kassenprüfers.** Aus der **Rechnung des** vom Gläubigerausschuss eingesetzten **Kassenprüfers** kann unter Berücksichtigung der übrigen Voraussetzungen ebenfalls der **Vorsteuerbetrag** geltend gemacht werden (so *Kahlert* DStR 2011, 2439 [2440] aA *Schirmer* DStR 2012, 733).

280 **f) Vorsteuer aus der Vergütung des Schlussrechnungsprüfers.** Aus der **Rechnung des** vom Gericht eingesetzten **Schlussrechnungsprüfers** (vgl. zu den Grenzen der Bestellung eines Sachverständigen zur Schlussrechnungsprüfung: *Madaus* NZI 2012, 119) kann Vorsteuer nicht geltend gemacht werden, da Auftraggeber das Insolvenzgericht ist und daher der Schuldner nicht Leistungsempfänger ist.

7. Berichtigung des Vorsteuerabzugs

Schrifttum: *Gotthardt/Kubaczynska,* Wirkungsweise des § 17 UStG – Widerstreitende Rechtsprechung des V. und des VII. Senats des BFH, DStR 2009, 1015; *Kahlert,* „Wiedereinführung" des Fiskusvorrechts im Insolvenzverfahren? – Die Fiskusvorrechte sind schon lange da!, ZIP 2010, 1274; *Kahlert,* Umsatzsteuerfolgen von Vereinbarungen über Insolvenzanfechtung, ZIP 2012, 1433; *Krüger,* Insolvenzsteuerrecht Update 2011, ZInsO 2011, 593; *Rüsken,* Aufrechnung von Steuern im Insolvenzverfahren in der neueren Rechtsprechung des Bundesfinanzhofes, ZIP 2007, 2053; *Waclawik,* Vorsteuerberichtigung nach § 15a UStG in der Insolvenz, ZIP 2010, 1465; *Waza/Uhländer/Schmittmann* Insolvenzen und Steuern Rn. 2116; *de Weerth,* Umsatzsteuerliche Organschaft und Insolvenz, DStR 2010, 590.

a) Vorsteuerberichtigung wegen Änderung der maßgeblichen Verhältnisse (§ 15a UStG). Gemäß § 15a Abs. 1 UStG ist eine ratierliche **Vorsteuerberichtigung** erforderlich, wenn sich die maßgeblichen Verhältnisse innerhalb von fünf Jahren ab dem Zeitpunkt der erstmaligen Verwendung bzw. innerhalb von zehn Jahren bei Grundstücken ändern. Bei einer Geschäftsveräußerung im Sinne von § 1 Abs. 1a UStG wird der maßgebliche Berichtigungszeitraum nicht unterbrochen (§ 15a Abs. 10 UStG). 281

Aus der **Verwertungshandlung eines Insolvenzverwalters** (vgl. zu § 15a UStG im Fall der **Zwangsverwaltung:** BFH Beschl. v. 28.6.2011 – IX B 18/11, ZInsO 2011, 1803 f. = NZI 2011, 737 f. mAnm *Drasdo*) kann eine Vorsteuerberichtigung nach § 15a Abs. 1 UStG zu Ungunsten des Unternehmers resultieren, zB wenn der Insolvenzverwalter eine bisher unter Option zur Umsatzsteuer (→ Rn. 211) an einen anderen Unternehmer vermietete Immobilie nunmehr an einen nicht zum Vorsteuerabzug berechtigten Mieter vermietet. Dies ist etwa dann der Fall, wenn zunächst an einen Rechtsanwalt und später an einen Arzt vermietet wird. Weiterhin kann der **Berichtigungstatbestand** des § 15a UStG ausgelöst werden, wenn der Insolvenzverwalter ein Grundstück durch freihändigen Verkauf veräußert und nicht zur Umsatzsteuer optiert, obwohl beim Erwerb seitens des schuldnerischen Unternehmers zur Umsatzsteuer optiert worden ist (vgl. *Waza/Uhländer/Schmittmann* Insolvenzen und Steuern Rn. 2146). 282

Entsteht der **Vorsteuerberichtigungsanspruch** nach § 15a UStG dadurch, dass der Insolvenzverwalter ein Wirtschaftsgut abweichend von den für den ursprünglichen Vorsteuerabzug **maßgebenden Verhältnissen** verwendet, gehört er zu den **Masseverbindlichkeiten** im Sinne des § 55 Abs. 1 Nr. 1 InsO und kann durch **Steuerbescheid** gegenüber dem Insolvenzverwalter geltend gemacht werden (so BFH Urt. v. 9.2.2011 – XI R 35/09, ZIP 2010, 1222 = ZInsO 2011, 1217 ff.). Daran hat BFH (Urt. v. 9.12.2010 – V R 22/10, BStBl. II 2011, 996) nichts geändert (so ausdrücklich BFH Urt. v. 8.3.2012 – V R 24/11, DB 2012, 724 = StuB 2012, 412 mAnm *jh* = ZIP 2012, 684 = EWiR 2012, 289 [*Schmittmann*]. Die frühere Diskussion, ob es möglicherweise zweckmäßig ist, dem Schuldner im vorläufigen Insolvenzverfahren die schädliche **Verwertung** oder **Nutzungsänderung** zu gestatten, um den Berichtigungsanspruch gemäß § 15a InsO in den Rang einer einfachen Insolvenzforderung zurückfallen zu lassen (vgl. *Schmittmann* ZInsO 2006, 1299 [1303]), ist durch die Einführung von § 55 Abs. 4 InsO obsolet geworden, so dass es auf die Frage, ob darin gegebenenfalls ein **Missbrauch von rechtlichen Gestaltungsmöglichkeiten** gesehen werden kann (§ 42 Abs. 1 AO), nicht mehr ankommt. 283

Zum Teil wird verlangt, dass für den Fall, dass der Schuldner den **Berichtigungstatbestand** nach § 15a UStG bereits vor Verfahrenseröffnung ausgelöst hat, der Insolvenzverwalter verpflichtet sein soll, alles Notwendige zu unternehmen, um weitere Vorsteuerberichtigungsbeträge zu Lasten der Insolvenzmasse zu verhindern, also zB ein steuerfreies Mietverhältnis sofort zu kündigen (so *Waza/Uhländer/Schmittmann* Insolvenzen und Steuern Rn. 2151). Dies trifft nicht zu, da der Insolvenzverwalter der **Gläubigergemeinschaft** insgesamt verpflichtet ist 284 und nicht lediglich dem Fiskus. Der Insolvenzverwalter wird sein Verhalten daher danach ausrichten, durch welche Art der Vermietung er den höchsten Erlös für die Insolvenzmasse erzielen kann.

285 **b) Vorsteuerberichtigung nach § 17 UStG.** Der leistende Unternehmer hat den geschuldeten **Vorsteuerbetrag** zu berichtigen, wenn sich die Bemessungsgrundlage für einen steuerpflichtigen Umsatz im Sinne des § 1 Abs. 1 Nr. 1 UStG geändert hat (§ 17 Abs. 1 S. 1 UStG). Dies gilt gemäß § 17 Abs. 2 Nr. 1 UStG auch dann, wenn das **vereinbarte Entgelt** für eine steuerpflichtige Lieferung, sonstige Leistung oder einen steuerpflichtigen innergemeinschaftlichen Erwerb **uneinbringlich geworden** ist. Die **Uneinbringlichkeit der Forderung** ist gegeben, wenn der Anspruch auf Entrichtung des Entgelts nicht erfüllt wird und bei objektiver Betrachtung damit zu rechnen ist, dass der Leistende die **Entgeltforderung** (ganz oder teilweise) jedenfalls auf absehbare Zeit nicht durchsetzen kann (so BFH Urt. v. 20.7.2006 – V R 13/04, BFHE 214, 471 = BStBl. II 2007, 22; BFH Urt. v. 22.4.2004 – V R 72/03, BFHE 205, 525 = BStBl. II 2004, 684; BFH Urt. v. 13.1.2005 – V R 21/04, BFH/NV 2005, 928). Der V. Senat vertritt die Auffassung, dass die Entgeltforderungen aus Lieferungen und sonstigen Leistungen an den späteren Schuldner unbeschadet einer möglichen Insolvenzquote im Augenblick der Insolvenzeröffnung in voller Höhe uneinbringlich werden (so BFH Urt. v. 6.6.2002 – V R 22/01, BFH/NV 2002, 1352; BFH Urt. v. 28.6.2000 – V R 45/99, BFHE 192, 129 = BStBl. II 2000, 703). Zu diesem Zeitpunkt ist die Umsatzsteuer des leistenden Unternehmers und dementsprechend der Vorsteuerabzug des Leistungsempfängers nach § 17 Abs. 1 UStG spätestens zu berichtigen. Die Berichtigung gemäß § 17 UStG führt bei dem Unternehmer, an den der Umsatz ausgeführt worden ist, zu einer **Vorsteuerberichtigung** (§ 17 Abs. 1 S. 2 UStG). Bei **nachträglicher Vereinnahmung** des Entgelts, sind Steuerbetrag und Vorsteuerabzug erneut zu berichtigen (§ 17 Abs. 2 Nr. 1 S. 2 UStG; vgl. für den Fall der Insolvenz: *Schmittmann* StuB 2006, 855).

286 Der Umsatzsteuer unterliegende Entgeltforderungen werden im Zeitpunkt der **Insolvenzeröffnung** des Leistungsempfängers uneinbringlich, unabhängig davon, ob später eine Quote gezahlt wird. Eine Uneinbringlichkeit kann im Einzelfall bereits bei **Antragstellung** vorliegen, zumindest dann, wenn dem Antrag der Insolvenzgrund der Zahlungsunfähigkeit oder Überschuldung zugrunde liegt (so *Waza/Uhländer/Schmittmann* Insolvenzen und Steuern Rn. 2122).

287 Die **Quotenzahlung** in Insolvenzverfahren führt zu einer erneuten Berichtigung (so BFH Urt. v. 22.10.2009 – V R 14/08, BFHE 227, 513 = ZIP 2010, 383 = BFH/NV 2010, 773). Der teilbefriedigte Gläubiger hat den in der Quotenzahlung enthaltenen Umsatzsteuerbetrag an die Finanzverwaltung abzuführen; spiegelbildlich steht dem Schuldner ein quotaler Vorsteuererstattungsbetrag zu (vgl. *Waza/Uhländer/Schmittmann* Insolvenzen und Steuern Rn. 2124).

288 Auf Seiten des Schuldners ist der **Insolvenzverwalter** für die **Berichtigung** zuständig. Nach der früheren Auffassung des VII. Senates des BFH (Beschl. v. 12.8.2008 – VII B 213/07, BFH/NV 2008, 1819) kann die Finanzverwaltung gegen einen aus der Berichtigung entstandenen **Erstattungsanspruch** die **Aufrechnung** erklären (so auch FG Bln-Bbg Urt. v. 10.5.2011 – 5 K 5350/09, DStRE 2012, 313); sofern der Gegenanspruch nicht in anfechtbarer Weise entstanden ist (so BFH Urt. v. 2.11.2010 – VII R 6/10, BFHE 231, 488 = BFH/NV 2011, 516). Dies beruht darauf, dass es sich bei dem **Berichtigungsanspruch** um eine bereits vor Eröffnung des Insolvenzverfahrens **aufschiebend bedingt begründete Forderung** handeln soll. Der V. Senat des BFH (Urt. v. 29.1.2009 – V R 64/07, BFHE 224, 24 = BStBl. II 2009, 682) stellt auf den Zeitpunkt ab, zu dem der den Umsatzanspruch begründende Tatbestand vollständig verwirklicht und damit abgeschlossen ist. Damit wäre zu begründen, dass der Berichtigungs-

anspruch nicht mit **Insolvenzforderungen** gemäß § 38 InsO aufgerechnet werden darf (vgl. auch *Waza/Uhländer/Schmittmann* Insolvenzen und Steuern Rn. 2126). Dem folgt auch der VII. Senat des BFH (Urt. v. 25.7.2012 – VI R 29/11, ZIP 2012, 2217 = EWiR 2013, 17 [*Ries*] = NZI 2012, 1022 mAnm *Uhländer*).

Eine völlig neue Betrachtung der **Uneinbringlichkeit** ergibt sich aus der Entscheidung des BFH (Urt. v. 9.12.2010 – V R 22/10, BFHE 232, 301 = BStBl. II 2011, 996 = BFH/NV 2011, 952 = ZIP 2011, 782) in der er die Überlegung entwickelt, dass für den Fall, dass der Unternehmer, über dessen Vermögen das Insolvenzverfahren eröffnet wird, für eine Leistung vor Insolvenzeröffnung, die zu diesem Zeitpunkt noch nicht bezahlt ist, mit Eröffnung des Insolvenzverfahrens Uneinbringlichkeit eintritt (BFH Rn. 27). Dem stehe auch der **Grundsatz der Unternehmereinheit** nicht entgegen. Vielmehr komme es durch die Eröffnung des Insolvenzverfahrens über das Vermögen des leistenden Unternehmers zu einer **Aufspaltung des Unternehmens** in mehrere Unternehmensteile, bei denen es sich zB um die Insolvenzmasse und das vom Insolvenzverwalter freigegebene Vermögen handeln kann. So seien zB weitere Vorsteuerbeträge, die sich für die Insolvenzmasse ergeben, nicht nach § 16 Abs. 2 S. 1 UStG von der Steuer, die sich aus Leistungen für den insolvenzfreien Unternehmensteil ergeben, abzusetzen und könnten daher trotz einer Steuerschuld für den insolvenzfreien Unternehmensteil zu einem Vorsteuerüberschuss und damit zu einer Umsatzsteuervergütung für die dem Verwaltungs- und Verfügungsrecht des Insolvenzverwalters unterliegende Insolvenzmasse führen (BFH Rn. 28). Neben der **Insolvenzmasse** und dem vom Insolvenzverwalter freigegebenen Vermögen bestehe ein **vorinsolvenzrechtlicher Unternehmensteil.** Die diesen Unternehmensteil betreffenden Umsatzsteueransprüche können nur zur Insolvenztabelle angemeldet, nicht aber wie zB **Masseverbindlichkeiten** durch Steuerbescheid gegen den Insolvenzverwalter festgesetzt werden (BFH Rn. 29). Mit Insolvenzeröffnung gehe nach § 80 Abs. 1 InsO die Empfangszuständigkeit für alle Leistungen, welche auf die zur Insolvenzmasse gehörenden Forderungen erbracht werden, auf den Insolvenzverwalter über, so dass der Unternehmer selbst aus rechtlichen Gründen nicht mehr in der Lage sei, rechtswirksam Entgeltforderungen in seinem vorinsolvenzrechtlichen Unternehmensteil selbst zu vereinnahmen (BFH Rn. 30). Demnach werde die Entgeltforderung für vor Verfahrenseröffnung erbrachte Leistungen mit der Eröffnung des Insolvenzverfahrens uneinbringlich, so dass die spätere Entgeltvereinnahmung durch den Insolvenzverwalter eine erneute Berichtigung nach § 17 Abs. 2 Nr. 1 S. 2 UStG begründe. Diese Berichtigung sei nach § 17 Abs. 2 in Verbindung mit Abs. 1 S. 7 UStG erst im Zeitpunkt der Vereinnahmung vorzunehmen. Die erste Vorsteuerberichtigung aufgrund der Uneinbringlichkeit im vorinsolvenzrechtlichen Unternehmensteil und die zweite Steuerberichtigung aufgrund der Vereinnahmung führen nach Auffassung des BFH somit zu einer zutreffenden Besteuerung des Gesamtunternehmens (→ Rn. 31; kritisch: *Schmittmann* ZIP 2011, 1125 ff.). 289

Folge dieser neuen Rspr. ist eine deutliche **Verbesserung der Rechtsstellung der Finanzverwaltung,** da die aufgrund der Vereinnahmung entstehende Steuerberichtigung eine **Masseverbindlichkeit** im Sinne von § 55 Abs. 1 Nr. 1 InsO begründe. Der sich aus § 17 Abs. 2 Nr. 1 S. 2 UStG ergebende Steueranspruch sei erst mit der Vereinnahmung vollständig verwirklicht und damit abgeschlossen. Diese Ansicht führe auch zu einer Übereinstimmung zwischen Unternehmern, die der Ist- und Sollbesteuerung unterliegen (BFH Rn. 32; kritisch: *Schmittmann* ZIP 2011, 1125 ff.). 290

Vereinnahmt der Unternehmer eine **Anzahlung,** ohne die dafür geschuldete Leistung zu erbringen, kommt es erst nach der **Rückgewähr der Anzahlung** zur **Minderung der Bemessungsgrundlage** nach § 17 Abs. 2 Nr. 2 UStG (so BFH 291

Urt. v. 2.9.2010 – V R 34/09, BFHE 231, 321 = BFH/NV 2011, 383; BFH Urt. v. 18.9.2008 – V R 56/06, BFHE 222, 162 = BStBl. II 2009, 250; entgegen BFH Urt. v. 24.8.1995 – V R 55/94, BFHE 178, 485 = BStBl. II 1995, 808; FG München Urt. v. 26.2.2010 – 14 K 3491/08, BeckRS 2011, 96429; die Beschwerde wurde vom BFH Beschl. v. 3.8.2011 – V B 36/10, BFH/NV 2011, 2131, zurückgewiesen).

292 Der **Vorsteuerberichtigungsanspruch** zu Lasten des Schuldners wird von der Finanzverwaltung durch Anmeldung zur **Insolvenztabelle** geltend, für die in aller Regel die Berechnungsgrundlagen nicht feststellbar sind, so dass aus Vereinfachungsgründen die Vorsteuerbeträge aus den letzten sechs Monaten vor Eröffnung des Insolvenzverfahrens als vorläufiger Rückforderungsbetrag geltend gemacht werden (so *Waza/Uhländer/Schmittmann* Insolvenzen und Steuern Rn. 2123). Der **Insolvenzverwalter** ist verpflichtet, den Vorsteuerberichtigungsanspruch gemäß § 17 UStG selbst zu ermitteln, was ihm auch ohne weiteres möglich ist, da ihm anhand der zur **Insolvenztabelle** angemeldeten Insolvenzforderungen gemäß § 38 InsO bekannt ist, welche Eingangsrechnungen unbezahlt geblieben sind.

293 Die Wechselwirkung zwischen § 103 Abs. 2 InsO, also der **Ablehnung der Vertragserfüllung** durch den Insolvenzverwalter, und der **Vorsteuerberichtigung** gemäß § 17 Abs. 2 Nr. 2 UStG ist im Einzelnen umstritten (vgl. *Waza/Uhländer/Schmittmann,* Insolvenzen und Steuern, Rn. 2133). Ebenso problematisch sind die Auswirkungen der Insolvenzanfechtung auf die Korrektur der Umsatzsteuer nach § 17 UStG (vgl. BFH Urt. v. 30.11.2011 – XI R 5/09, BFH/NV 2011, 1724; FG Münster Urt. v. 17.3.2011 – 5 K 1861/07, n. v.; *Kahlert* ZIP 2012, 1433).

294 **c) Berichtigung bei Organschaft.** Wird die Berichtigung nach § 17 UStG im Rahmen einer umsatzsteuerlichen **Organschaft** erforderlich, richtet sich der **Vorsteuerberichtigungsanspruch** gegen das (frühere) Organ, sofern das Entgelt für eine während des Bestehens einer Organschaft bezogene Leistung erst nach Beendigung der Organschaft uneinbringlich geworden ist. Ist die Uneinbringlichkeit allerdings bereits vor der Organschaftsbeendigung eingetreten oder erfolgt sie gleichzeitig mit der Organschaftsbeendigung, richtet sich der Vorsteuerberichtigungsanspruch gegen den (früheren) Organträger (so BFH Beschl. v. 5.12.2008 – V B 101/07, BFH/NV 2009, 432 f.).

V. Besteuerung

Schrifttum: *Bächer,* Umsatzsteuer als Masseverbindlichkeit bei Ist-Besteuerung?, ZInsO 2009, 1634; *Fichtelmann,* Geltendmachung von Masseverbindlichkeiten gegen Insolvenzverwalter und Schuldner in gesonderten Steuerbescheiden?, UStB 2008, 317; *Harder,* Verzicht auf die Kleinunternehmerregelung im Insolvenzfall, ZInsO 2013, 917; *Heinze,* Umsatzsteuern aus dem Forderungseinzug des Insolvenzverwalters, DZWIR 2011, 276; *Heinze,* Umsatzsteuern aus schwacher vorläufiger Verwaltung als Masseverbindlichkeit nach § 55 Abs. 4 InsO, ZInsO 2011, 603; *Kahlert,* Der V. Senat des BFH als Schöpfer von Fiskusvorrechten im Umsatzsteuerrecht, DStR 2011, 921; *Rosenmüller/Schulz,* Die Rechtsprechung des V. Senates des BFH – Ein Glücksfall für (viele) Insolvenzverwalter?, ZInsO 2010, 558; *Schmittmann,* Umsatzsteuer aus Einzug von Altforderungen nach Insolvenzeröffnung, ZIP 2011, 1125; *Schmittmann,* § 1 InsO n. F.: Das Insolvenzverfahren dient der Befriedigung des Finanzamtes, INDat-Report 3/2011, 26; *Scholz/Nattkämper,* Anrechnung/Erstattung geleisteter Sondervorauszahlungen erst nach der Umsatzsteuer-Jahreserklärung, NWB 2011, 2200; *Waza/Uhländer/Schmittmann* Insolvenzen und Steuern Rn. 2031; *Zimmer,* Haushaltsbegleitgesetz 2011 (§ 55 Abs. 4 InsO n. F.) – Erste Anwendungsprobleme, ZInsO 2010, 2299.

BMF, Schreiben vom 20.5.15 – IV A 3 – S 0550/10/10020-05, BStBl. I 2015, 476 (Anwendungsfragen zu § 55 Abs. 4 InsO)

1. Steuerberechnung, Besteuerungszeitrum und Einzelbesteuerung. Aus der Regelung des § 16 Abs. 1 S. 1 UStG ergibt sich, dass die **Steuer nach vereinbarten Entgelten** (Soll-Besteuerung) zu berechnen ist, soweit die Voraussetzungen für die **Berechnung nach vereinnahmten Entgelten** (Ist-Besteuerung) nicht gegeben sind (§ 20 UStG). 295

Besteuerungszeitraum ist das **Kalenderjahr** (§ 16 Abs. 1 S. 2 UStG). Durch die Eröffnung des Insolvenzverfahrens über das Vermögen des Unternehmers wird der **Besteuerungszeitraum** nicht unterbrochen (so BFH Urt. v. 18.7.2002 – V R 56/01, BStBl. II 2002, 705; BFH Urt. v. 6.11.2002 – V R 21/02, BStBl. II 2003, 39; BFH Urt. v. 16.12.2008 – VII R 17/08, BStBl. II 2010, 91). 296

Wird die **Dauerfristverlängerung** für die Abgabe der Umsatzsteuervoranmeldungen widerrufen und die Sondervorauszahlung auf die Vorauszahlung für den letzten Voranmeldungszeitraum, für den die Fristverlängerung gilt, angerechnet, ist der insoweit nicht verbrauchte Betrag der **Sondervorauszahlung** nicht zu erstatten, sondern mit der Jahressteuer zu verrechnen. Nur soweit die Sondervorauszahlung auch durch diese Verrechnung nicht verbraucht ist, entsteht ein **Erstattungsanspruch** (so BFH Urt. v. 16.12.2008 – VII R 17/08, BFHE 224, 463 = BStBl. II 2010, 91). Die **Abgabe der Umsatzsteuer-Voranmeldung** durch den Insolvenzschuldner, die zur Aufrechnungslage führt, **keine insolvenzrechtlich anfechtbare Rechtshandlung,** so dass die Finanzverwaltung ein Guthaben mit Steuerforderungen aufrechnen kann, soweit der Erstattungsanspruch vor Eröffnung des Insolvenzverfahrens begründet worden ist (so BFH Beschl. v. 14.1.2009 – VII S 24/08, BFH/NV 2009, 885 f.). Dagegen spricht, dass eine **Anfechtung** unter dem Gesichtspunkt möglich sein könnte, dass die Umsatzsteuerforderung des Finanzamtes aus Lieferungen und sonstigen Leistungen des Schuldners resultiert, die in den letzten drei Monaten vor Eröffnung des Insolvenzverfahrens erbracht worden sind, so dass §§ 130, 131 InsO gegebenenfalls eine Anfechtung ermöglichen (vgl. BFH Urt. v. 2.11.2010 – VII R 6/10, BFHE 231, 488 = BFH/NV 2011, 516). 297

Die steuerverfahrensrechtliche **Verrechnung** steuerrechtlich unselbständiger Ansprüche nach § 16 UStG ändert wegen des grundsätzlichen Vorrangs des Insolvenzrechts vor dem Steuerverfahrensrecht (→ Rn. 2) nichts an dem **Aufrechnungsverbot** nach § 96 Abs. 1 Nr. 3 InsO. Ein danach bestehendes insolvenzrechtliches Aufrechnungsverbot nach Maßgabe des Insolvenzrechts kann durch die Besonderheiten der umsatzsteuerlichen Verrechnung von Umsatz- und Vorsteuern nicht überlagert werden (so FG BW Urt. v. 6.4.2011 – 1 K 808/08, EFG 2011, 1407 = ZInsO 2011, 2341; aufgehoben durch BFH Urt. v. 25.7.2012 – VII R 30/11, BFH/NV 2013, 603). Dass eine Umsatzsteuerforderung oder ein Umsatzsteuerguthaben nicht durch die einzelnen Lieferungen und sonstigen Leistungen entsteht, sondern erst aus der mit der Steueranmeldung gemäß § 16 UStG für den jeweiligen Voranmeldungszeitraum vorzunehmende Steuerberechnung, ist unbeachtlich (so BFH Beschl. v. 14.1.2009 – VII S 24/08, BFH/NV 2009, 885). 298

Der aus § 14c Abs. 1 S. 2 in Verbindung mit § 17 Abs. 1 UStG begründete **Erstattungsanspruch** wegen **Berichtigung des unrichtigen Steuerbetrages** ist insolvenzrechtlich bereits mit der Ausgabe der unrichtigen Rechnung begründet (so BFH Urt. v. 4.2.2005 - VII R 20/04, BFHE 209, 13 = BStBl. II 2010, 55 = BFH/NV 2005, 942 ff.; SchlHFG Urt. v. 22.6.2010 – 4 K 80/07, EFG 2011, 394). 299

2. Änderung der Bemessungsgrundlage. Hat sich die **Bemessungsgrundlage** für einen steuerpflichtigen Umsatz im Sinne des § 1 Abs. 1 Nr. 1 UStG geändert, hat der Unternehmer, der diesen Umsatz ausgeführt hat, den dafür geschuldeten Steuerbetrag zu **berichtigen** (§ 17 Abs. 1 S. 1 UStG). Ebenfalls ist 300 der Vorsteuerabzug bei dem Unternehmer, an den dieser Umsatz ausgeführt wurde, zu berichtigen (§ 17 Abs. 1 S. 2 UStG; → Rn. 253).

301 Die Bestimmung des § 17 UStG regelt einen eigenständigen materiell-rechtlichen **Berichtigungstatbestand** gegenüber den Änderungsvorschriften der AO. Liegen die Voraussetzungen für eine Berichtigung im Sinne von § 17 UStG vor, führt dies nicht zu einer rückwirkenden Änderung der ursprünglichen Steuerfestsetzung. Dieser Sachverhalt ist vielmehr als unselbständige Besteuerungsgrundlage im Sinne von § 157 Abs. 2 AO in der Umsatzsteuerfestsetzung für den maßgeblichen Besteuerungszeitraum (§ 17 Abs. 1 S. 3 UStG) zu berücksichtigen (vgl. BFH Beschl. v. 17.7.2006 – V B 70/06, BFHE 214, 467 = BStBl. II 2007, 415). Der anfänglich nach im Rahmen der **Soll-Besteuerung** vorgenommene Vorsteuerabzug ist (lediglich) tatbestandliche Voraussetzung der materiellen Regelung nach § 17 UStG (so BFH Urt. v. 7.12.2006 – V R 2/05, BFHE 216, 375 = BStBl. II 2007, 848).

3. Besteuerungsverfahren

Schrifttum: *Eckert,* Änderung bei der Umsatzsteuer ab 2011, BBK 2011, 221; *Huschens,* Änderungen des Umsatzsteuerrechts durch das JStG 2009, NWB 2009, 36; *Huschens,* Änderungen des Umsatzsteuerrechts, NWB 2010, 4092; *Seifert/Krain,* Wichtige Neuerungen durch das Jahressteuergesetz 2010, StuB 2011, 21; *Stadie,* Änderungen des Umsatzsteuergesetzes durch das Jahressteuergesetz 2010, UR 2011, 125; *Waza/Uhländer/Schmittmann* Insolvenzen und Steuern Rn. 2031; *Weber,* Änderungen des Umsatzsteuerrechts durch das Jahressteuergesetz 2010, UVR 2011, 11.

302 **a) Voranmeldungsverfahren.** Die Umsatzsteuer ist eine **Selbstberechnungssteuer.** Der Unternehmer hat bis zum 10. Tag nach Ablauf jedes Voranmeldungszeitraums eine Voranmeldung nach amtlich vorgeschriebenem Datensatz durch Datenfernübertragung nach Maßgabe der Steuerdaten-Übermittlungsverordnung zu übermitteln, in der er die Steuer für den Voranmeldungszeitraum **(Vorauszahlung)** selbst zu berechnen hat (§ 18 Abs. 1 S. 1 UStG). Auf Antrag kann das Finanzamt zur Vermeidung von unbilligen Härten auf eine elektronische Übermittlung verzichten; in diesem Fall hat der Unternehmer eine Voranmeldung nach amtlich vorgeschriebenem Vordruck abzugeben (§ 18 Abs. 1 S. 2 UStG).

303 Der **Voranmeldungszeitraum** ist das **Kalendervierteljahr** (§ 18 Abs. 2 S. 1 UStG). Unter bestimmten Voraussetzungen kann das Finanzamt den Unternehmer von der Verpflichtung zur Abgabe der Voranmeldungen befreien, so dass er lediglich noch die Jahreserklärung abzugeben hat (§ 18 Abs. 2 UStG). Nimmt der Unternehmer seine berufliche oder gewerbliche Tätigkeit auf, ist im laufenden und folgenden Kalenderjahr Voranmeldungszeitraum der **Kalendermonat** (§ 18 Abs. 2 S. 4 UStG).

304 Der Unternehmer hat im Übrigen ein **Wahlrecht,** ob er anstelle der quartalsweisen Abgabe die monatliche Abgabe wählt, wenn sich für das vorangegangene Kalenderjahr ein Überschuss von mehr als 7.500 EUR ergeben hat (§ 18 Abs. 2a S. 1 UStG). Weitere Einzelheiten ergeben sich aus dem Gesetz.

305 Gegen ein sich aus der **Umsatzsteuervoranmeldung** des Insolvenzschuldners ergebendes **Guthaben** kann das Finanzamt mit Steuerforderungen aufrechnen, soweit der Erstattungsanspruch vor Eröffnung des Insolvenzverfahrens begründet worden ist. Die Abgabe der Umsatzsteuervoranmeldung durch den Insolvenzschuldner, die zur **Aufrechnungslage** führt, ist keine insolvenzrechtlich anfechtbare Rechtshandlung (so BFH Beschl. v. 14.1.2009 – VII S 24/08, BFH/NV 2009, 885 [886]), wohl aber die Aufrechnung durch das Finanzamt (so BGH Urt. v. 22.10.2009 – IX ZR 147/06, ZIP 2010, 90 = NZI 2010, 17 mAnm *Schmittmann* NZI 2010, 55). Für die Wirksamkeit der **Aufrechnung** kommt nicht auf die Fälligkeit der Steuerforderung vor Insolvenzeröffnung an, sondern allein auf die **Entstehung der Gegenforderung** vor Insolvenzeröffnung. Bei der Forderung aus einer Umsatzsteuervoranmeldung ist der Rechtsgrund für den Anspruch auf Zahlung der Umsatzsteuer bereits dann gelegt, wenn der zugrundeliegende zivilrechtliche Sachverhalt, der zur Entstehung der Umsatzsteuerforderung führt, vor Eröffnung des Insolvenzverfahrens verwirklicht worden ist (so OLG Frankfurt a. M. Urt. v. 28.6.2006 – 17 U 27/06, BeckRS 2009, 86971; bestätigt durch BGH Urt. v. 22.10.2009 – IX ZR 147/06, ZIP 2010, 55 = NZI 2010, 17).

b) Dauerfristverlängerung. Widerruft das Finanzamt nach Stellung des Antrags auf Eröffnung des Insolvenzverfahrens unterjährig eine gewährte Dauerfristverlängerung, ist der durch die Leistung der **Sondervorauszahlung** eingetretene Nachteil für den Unternehmer durch sofortige Anrechnung zu beseitigen. Dies gilt auch im Falle der späteren Eröffnung des Insolvenzverfahrens. Aus der Regelung des § 48 Abs. 4 UStDV ergibt sich nicht, dass eine Anrechnung der Umsatzsteuer-Sondervorauszahlung im Voranmeldungszeitraum Dezember eines Jahres zu erfolgen hat (so FG Bln-Bbg Urt. v. 17.3.2009 – 5 K 433/05, EFG 2009, 1349 mAnm *Büchter-Hole*). **306**

Wird die **Dauerfristverlängerung** für die Abgabe der Umsatzsteuervoranmeldung widerrufen und die **Sondervorauszahlung** auf die Vorauszahlung für den letzten Voranmeldungszeitraum, für den die Fristverlängerung gilt, angerechnet, ist der insoweit nicht verbrauchte Betrag der Sondervorauszahlung nicht zu erstatten, sondern es findet eine **Verrechnung mit der Jahressteuer** statt. Ein **Erstattungsanspruch** entsteht nur dann, wenn die Sondervorauszahlung durch die Verrechnung nicht verbraucht ist (so BFH Urt. v. 16.12.2008 – VII R 17/08, BFHE 224, 463 = BStBl. II 2010, 91). **307**

4. Besteuerung von Kleinunternehmern. Die **Option des Kleinunternehmers** gemäß § 19 Abs. 2 UStG ist von der Option gemäß § 9 UStG zu unterscheiden. Bei § 9 UStG wird auf Steuerbefreiungen nach § 4 UStG verzichtet, was auch lediglich für die steuerfreien Umsätze nach § 4 Nr. 8 lit. 1a bis g, Nr. 9 lit. a, Nr. 12, Nr. 13 oder Nr. 19 UStG zulässig ist. Der **Insolvenzverwalter** ist befugt, über den Verzicht auf die Steuerbefreiung zu entscheiden. Die Kleinunternehmerregelung kann wegen des Grundsatzes der Unternehmenseinheit im Umsatzsteuerrecht nur einheitlich in Anspruch genommen werden, auch wenn ein Unternehmen aus mehreren unternehmerischen Tätigkeiten besteht. **308**

Nach **Freigabe der Tätigkeit des Schuldners** nach Verfahrenseröffnung (→ § 35 Rn. 37) wird verfahrensrechtlich eine zweite, ggf. auch eine dritte Steuernummer vergeben. Das **Recht zur Option** steht dem **Insolvenzverwalter** gleichwohl dann zu, wenn er eine Abrechnung über die Einkünfte fordert. Dann ist von einem einheitlichen Unternehmen auszugehen, so dass auch nur eine **einheitliche Option** in Betracht kommt (so BFH Urt. v. 20.12.2012 – V R 23/11, DStR 2013, 359 = ZIP 2013, 469; Vorinstanz: SächsFG Urt. v. 11.5.2011 – 2 K 535/10, EFG 2012, 1204 = BeckRS 2011, 9500; vgl. *Harder* ZInsO 2013, 917 ff.). **309**

5. Berechnung der Steuer nach vereinnahmten Entgelten

Schrifttum: *Bächer,* Umsatzsteuer als Masseverbindlichkeit bei Ist-Besteuerung?, ZInsO 2009, 1634; *Eckert,* Umsatzsteuerliche Neuregelungen ab 2004 und Auswirkungen auf die Insolvenzpraxis, ZInsO 2004, 702; *Onusseit,* Steuerrechtliche Probleme aus den Verfahren der natürlichen Personen, ZVI 2009, 353; *Schacht,* Vorrechte öffentlicher und fiskalischer Forderungen im Insolvenzverfahren, ZInsO 2011, 1048; *Waza/Uhländer/Schmittmann* Insolvenzen und Steuern Rn. 1917; *Zimmer,* Haushaltsbegleitgesetz 2011 (§ 55 Abs. 4 InsO n. F.) – Erste Anwendungsprobleme, ZInsO 2010, 2299.

Die Bestimmung des § 20 UStG regelt die Berechnung der **Steuer nach vereinnahmten Entgelten** (sog **„Ist-Besteuerung"**). **310**

311 Unterfällt der Schuldner der **Ist-Besteuerung,** muss für das Entstehen der Steuerschuld zu der Ausführung der Lieferung oder sonstigen Leistung die **Vereinnahmung des Entgeltes** durch den Insolvenzverwalter hinzutreten (so *Waza/Uhländer/Schmittmann* Insolvenzen und Steuern Rn. 1979). Bei der Vereinnahmung von Entgelten für Leistungen, die bereits vor Verfahrenseröffnung erbracht wurden, handelt es sich bei der für die Leistung entstehende Umsatzsteuer um eine **Masseverbindlichkeit** nach § 55 Abs. 1 Nr. 1 InsO (so BFH Urt. v. 29.1.2009 – V R 64/07, BFHE 224, 24 = BStBl. II 2009, 684; entgegen zB *Waza/Uhländer/Schmittmann,* Insolvenzen und Steuern, 7. Aufl., Rn. 1595; *Frotscher* Besteuerung bei Insolvenz S. 225 f.; *Onusseit* ZInsO 2006, 516 ff., wonach es sich um eine **Insolvenzforderung** handelt). Diese Auffassung privilegiert die Finanzverwaltung und wurde daher zT durch einen Wechsel von der Ist- zur Soll-Besteuerung zu unterlaufen versucht, was allerdings sogleich von der Finanzverwaltung mit einem Verbotserlass sanktioniert wurde (so *Schmittmann* ZIP 2011, 1125 [1126]).

312 Die Entgeltvereinnahmung löst auch bei der **Soll-Besteuerung** eine **Masseverbindlichkeit** aus (so BFH Urt. v. 9.12.2010 – V R 22/10, BFHE 232, 301 = BStBl. II 2011, 996 = ZIP 2011, 782; bestätigend: BFH Urt. v. 24.11.2011 – V R 13/11, BFHE 235, 137 = BStBl. II 2012, 298 = ZIP 2011, 2481; vgl. kritisch: *Schmittmann* ZIP 2011, 1125 ff.; *Wagner/Köhler* BB 2011, 1510 f.; *Weiland* DZWIR 2011, 224 ff.; *Heinze* DZWIR 2011, 276 ff.). Explizit folgt das FG Köln (Urt. v. 21.4.2011 – 6 K 1598/07, ZIP 2011, 1878 = EFG 2011, 1878) dieser Rspr.

VI. Sonderregelungen

Schrifttum: *Billig,* Missbräuchliche Praktiken im Bereich des Mehrwertsteuerrechts, UR 2006, 437; *de Weerth,* Haftung für nicht abgeführte Umsatzsteuer nach § 25d UStG im Insolvenzverfahren, ZInsO 2008, 613; *Farr,* Haftung nach § 25d UStG im vorläufigen Insolvenzverfahren, DStR 2007, 706; *Merkt,* Mehrwertsteuerbetrug des innergemeinschaftlichen Erwerbers, UR 2008, 757.

313 Von den **Sonderregelungen** im UStG ist aus insolvenzrechtlicher Sicht lediglich § 25d UStG **(Haftung für die schuldhaft nicht abgeführte Steuer)** von praktischer Bedeutung. Der Unternehmer haftet für die Steuer aus einem vorangegangenen Umsatz, soweit diese in einer nach § 14 UStG ausgestellten Rechnung ausgewiesen wurde, der Aussteller der Rechnung entsprechend seiner vorgefassten Absicht die ausgewiesene Steuer nicht entrichtet oder sich vorsätzlich außerstande gesetzt hat, die ausgewiesene Steuer zu erstatten und der Unternehmer bei Abschluss des Vertrages über seinen Eingangsumsatz davon Kenntnis hatte oder nach Sorgfalt eines ordentlichen Kaufmanns hätte haben müssen (§ 25d Abs. 1 S. 1 UStG). Der Anspruch wird durch **Haftungsbescheid** geltend gemacht. Die Vorschrift betrifft in erster Linie Fälle der Beteiligung an einer **systematischen Umsatzsteuerhinterziehung** (vgl. EuGH Urt. v. 12.1.2006 – Rs. C-354/03, C-355/03 und C-484/03, Slg. 2006, I-483 ff. Rn. 51; EuGH Urt. v. 6.7.2006 – Rs. C-439/04 und 440/04, Slg. 2006, I-6161; BFH Urt. v. 12.8.2009 – XI R 48/07, BFH/NV 2010, 259; BFH Beschl. v. 17.6.2010 – XI B 88/09, BFH/NV 2010, 1875 f.).

314 Die Vorschrift ist nicht im **Insolvenzeröffnungsverfahren** nach **Anordnung von Sicherungsmaßnahmen** anwendbar ist. Der Unternehmer, der vom Schuldner nach Bestellung eines vorläufigen Insolvenzverwalters Lieferungen und Leistungen bezieht, haftet nicht nach § 25d Abs. 1 UStG. In Insolvenzfällen kann nicht generell davon ausgegangen werden kann, dass der spätere Schuldner die Absicht hat, die von ihm in einer Rechnung ausgewiesene Umsatzsteuer nicht zu entrichten (so BFH Urt. v. 28.2.2008 – V R 44/06, BFHE 221, 415 = BStBl. II

2008, 586). Dies ist zumindest insoweit richtig, dass in den Fällen, in denen der **Forderungseinzug** durch den vorläufigen Insolvenzverwalter oder den Insolvenzverwalter erfolgt, eine Masseverbindlichkeit gemäß § 55 Abs. 1 Nr. 1 InsO, gegebenenfalls in Verbindung mit § 55 Abs. 4 InsO, entsteht.

VII. Bußgeld-, Straf- und Verfahrensvorschriften

Insolvenzrechtliche Besonderheiten bei den **Bußgeld-, Straf- und Verfahrensvorschriften** ergeben sich nicht. 315

E. Gewerbesteuer

Schrifttum: *App,* Prüfung von Gewerbesteuer und Grundsteuer im Insolvenzfall, KKZ 2009, 25; *Ebbinghaus/Hinz,* Sanierungshindernis Gewerbesteuer ?, ZInsO 2013, 911; *Fest,* Plädoyer für ein effektives Verfahren über den Gewerbesteuererlass im RegE-ESUG, NZI 2011, 345; *Frotscher* Besteuerung bei Insolvenz S. 190; *Loose/Stehling,* Rechtsänderung in § 184 AO – Abweichende Festsetzung des Gewerbesteuermessbetrags durch das Finanzamt auf der Grundlage des Sanierungserlasses mit positiver Auswirkung auf die Restrukturierungspraxis, ZInsO 2015, 439; *Roth* Insolvenz Steuerrecht Rn. 4.542; *Schmittmann,* Restschuldbefreiung: Verhinderungsstrategien der öffentlich-rechtlichen Gläubiger, VR 2011, 73; *Vogel/Schlüter,* GewSt auf den Sanierungsgewinn, DB 2015, 344; *Waza/Uhländer/Schmittmann* Insolvenzen und Steuern Rn. 1851; *Wipperfürth/Schmittmann,* Die Gewerbesteuer in der Insolvenz, InsbürO 2014, 471; *Ziegenhagen/Thieme,* Besteuerung in Krise und Insolvenz, 2010, 217; *Zimmer,* Haushaltsbegleitgesetz 2011 (§ 55 Abs. 4 InsO n. F.) – Erste Anwendungsprobleme, ZInsO 2010, 2299.

I. Grundlagen

Mit **Verfahrenseröffnung** verliert der Schuldner nicht seinen Status als **Gewerbetreibender.** Er ist lediglich nicht mehr verwaltungs- und verfügungsbefugt, weil die Verwaltungs- und Verfügungsbefugnis gemäß § 80 Abs. 1 InsO auf den Insolvenzverwalter übergegangen ist (→ § 80 Rn. 14; *Waza/Uhländer/Schmittmann* Insolvenzen und Steuern Rn. 1856; *Wipperfürth/Schmittmann* InsbürO 2014, 471 [472]). 316

Bei Einzelgewerbetreibenden und Personenhandelsgesellschaften endet die Gewerbesteuerpflicht erst mit völliger **Beendigung der werbenden Tätigkeit des Betriebes** (so *Frotscher,* Besteuerung bei Insolvenz, S. 206). Im Fall der Eröffnung des **Insolvenzverfahrens** ist auf die **Veräußerung der wesentlichen Betriebsgrundlagen** abzustellen (so *Waza/Uhländer/Schmittmann* Insolvenzen und Steuern Rn. 1857). Führt der Insolvenzverwalter den Betrieb fort, so besteht die Gewerbesteuerpflicht weiter. Die Veräußerung des Anlagevermögens und damit gegebenenfalls eine Aufdeckung stiller Reserven unterliegt nicht mehr der Gewerbesteuer (so BFH Urt. v. 24.4.1980 – IV R 68/77, BFHE 131, 70 = BStBl. II 1980, 658 [659]). 317

Kapitalgesellschaften, Genossenschaften sowie Versicherungs- und Pensionsfondsvereine auf Gegenseitigkeit sind gemäß § 2 Abs. 2 S. 1 GewStG rechtsformabhängig für die gesamte Dauer ihrer Existenz gewerbesteuerpflichtig. Die Abwicklung ist noch als gewerbliche Tätigkeit anzusehen. Ein **Ende der Gewerbesteuerpflicht** liegt erst dann vor, wenn das gesamte Vermögen der Gesellschaft verteilt worden ist (so *Waza/Uhländer/Schmittmann* Insolvenzen und Steuern Rn. 1859; *Frotscher* Besteuerung bei Insolvenz S. 206; *Roth* Insolvenz Steuerrecht Rn. 4.556). 318

II. Insolvenzrechtliche Zuordnung

319 Die Gewerbesteuer entsteht erst mit **Ablauf des Erhebungszeitraums,** für den die Festsetzung vorgenommen wird (§ 18 GewStG). Somit entsteht Gewerbesteuer regelmäßig erst nach Eröffnung des Insolvenzverfahrens. Die Eröffnung des Insolvenzverfahrens unterbricht den **Veranlagungszeitraum** nicht, so dass auch für das Jahr der Insolvenzeröffnung ein einheitlicher **Messbetrag** ermittelt wird. Es ist somit eine gemeinsame Veranlagung für die Zeit vor und nach der Insolvenzeröffnung vorzunehmen. Die von der hebeberechtigten Gemeinde festzusetzende Gewerbesteuer ist allerdings auf der Grundlage des einheitlichen Messbetrages entsprechend dem Zeitpunkt des Begründetseins im Sinne von § 38 InsO **Insolvenzforderung** oder als **Masseverbindlichkeit** nach § 55 InsO einzuordnen (so *Waza/Uhländer/Schmittmann* Insolvenzen und Steuern Rn. 1852). Für die **Aufteilung** gelten die allgemeinen insolvenzrechtlichen Grundsätze.

320 Die **Abschlusszahlung** des Jahres der Insolvenzeröffnung ist **Insolvenzforderung** (§ 38 InsO), soweit sie vor Insolvenzeröffnung begründet war; sie ist **Masseverbindlichkeit** (§ 55 InsO), soweit sie danach begründet war (so *Roth* Insolvenz Steuerrecht Rn. 4.549; *Frotscher* Besteuerung bei Insolvenz S. 209; *Wipperfürth/Schmittmann* InsbürO 2014, 471 [473]). Die **Abschlusszahlung** für einen bei Insolvenzeröffnung schon beendeten Veranlagungszeitraum ist gemäß § 41 InsO als Insolvenzforderung abgezinst zur Insolvenztabelle anzumelden (so *Waza/Uhländer/Schmittmann* Insolvenzen und Steuern Rn. 1885; *Frotscher* Besteuerung bei Insolvenz S. 209).

321 Die **Gewerbesteuervorauszahlungen** entstehen jeweils mit Beginn des Kalendervierteljahres, in dem sie zu leisten sind oder, wenn die Steuerpflicht erst im Laufe des Kalenderjahres begründet wird, mit Begründung der Steuerpflicht. Bei den Vorauszahlungen handelt es sich somit um Insolvenzforderungen, soweit das Insolvenzverfahren nach dem Beginn des Vorauszahlungszeitraums eröffnet worden ist (so *Waza/Uhländer/Schmittmann* Insolvenzen und Steuern Rn. 1886).

322 Nach Eröffnung des Insolvenzverfahrens darf die Finanzverwaltung der hebeberechtigten Gemeinde lediglich eine formlose Mitteilung über den **Gewerbesteuermessbetrag** zur Verfügung stellen, damit die Gemeinde die Gewerbesteuerforderung berechnen und zur Insolvenztabelle anmelden kann. Erlässt die Finanzverwaltung gleichwohl einen **Gewerbesteuermessbescheid,** so ist dieser unwirksam (so BFH Urt. v. 2.7.1997 – I R 11/97, BFHE 183, 365 = BStBl. II 1998, 428; *Waza/Uhländer/Schmittmann* Insolvenzen und Steuern Rn. 1893).

III. Gewerbeertrag in der Insolvenz

323 Ein **Gewerbeertrag** ist der nach den Vorschriften des Einkommensteuergesetzes oder des Körperschaftsteuergesetzes zu ermittelnde Gewinn aus dem Gewerbebetrieb, der bei der Ermittlung des Einkommens für den dem Erhebungszeitraum (§ 14 GewStG) entsprechenden Veranlagungszeitraum zu berücksichtigen ist, vermehrt und vermindert um die in den §§ 8 und 9 GewStG bezeichneten Beträge (§ 7 S. 1 GewStG). Hinsichtlich der **Hinzurechnungen** (§ 8 GewStG) und der **Kürzungen** (§ 9 GewStG) wird auf Gesetz und weiterführende Literatur verwiesen.

324 Der Gewerbeertrag, der bei einem in der Abwicklung befindlichen Gewerbebetrieb im Sinne des § 2 Abs. 2 GewStG im Zeitraum der Abwicklung entstanden ist, ist auf die Jahre des Abwicklungszeitraums zu **verteilen** (§ 16 Abs. 1 GewStDV). Das gilt entsprechend für Gewerbebetriebe, wenn über das Vermögen des Unternehmens ein Insolvenzverfahren eröffnet worden ist (§ 16 Abs. 2 GewStDV).

Auf **Liquidationsgewinne** einer Kapitalgesellschaft ist § 16 Abs. 4 EStG sowohl bei der Ermittlung des körperschaftsteuerpflichtigen Einkommens als auch bei der Ermittlung des Gewerbeertrags im Sinne von § 7 GewStG anzuwenden (so BFH Urt. v. 8.5.1991 – I R 33/90, BFHE 165, 191 = BStBl. II 1992, 437). **325**

Der Ertrag des **Liquidationszeitraums** ist zeitanteilig auf die einzelnen Jahre des Abwicklungszeitraums zu verteilen. Zu diesem Zweck ist die Anzahl der Kalendermonate, für die in dem jeweiligen Jahr die Gewerbesteuerpflicht bestand, ins Verhältnis zu setzen mit der Gesamtzahl der Kalendermonate des Zeitraums, in dem die Steuerpflicht während des Insolvenzverfahrens bestand (so *Waza/Uhländer/Schmittmann* Insolvenzen und Steuern Rn. 1867; *Roth* Insolvenz Steuerrecht Rn. 4.552). **326**

Besonderheiten gelten bei der **Organschaft** im Gewerbesteuerrecht im Sinne von § 2 Abs. 2 S. 2 GewStG (vgl. *Waza/Uhländer/Schmittmann* Insolvenzen und Steuern Rn. 1870). **327**

IV. Erlass von Gewerbesteuerverbindlichkeiten

Früher waren gemäß § 3 Nr. 66 EStG, § 8 Abs. 1 KStG und § 7 GewStG Sanierungsgewinne bis zum 31.12.1997 steuerfrei (→ Rn. 116). Mit dem Wegfall dieser Bestimmungen trat erhebliche Rechtsunsicherheit ein, die zum Teil dadurch beseitigt worden ist, dass das BMF (Schreiben v. 27.3.2003 – IV A 6 – S 2140 – 8/03, BStBl. I 2003, 240; vgl. *Schmittmann* ZInsO 2003, 505; *Uhländer* ZInsO 2005, 76; *Gerbers* ZInsO 2006, 366; *Ebbinghaus/Hinz* ZInsO 2013, 911) eine den früheren Sanierungsvorschriften entsprechende Verwaltungsregelung verfügt hat. Diese sieht für die Gemeinden hinsichtlich des Erlasses aus Billigkeitsgründen eine „Ermessensreduzierung auf Null" vor. Dabei übersieht das BMF allerdings, dass für Stundung und Erlass der Gewerbesteuer ausschließlich die jeweilige **Gemeinde** zuständig ist (so BFH Urt. v. 25.4.2012 – I R 24/11, BFH/NV 2012, 1516 = ZIP 2012, 1571 = Der Gemeindehaushalt 2013, 24; *Waza/Uhländer/Schmittmann* Insolvenzen und Steuern Rn. 1871; *Gehm* KStZ 14, 6 [10]; *Rauber* Der Gemeindehaushalt 2010, 83 [84]). Bei jeder einzelnen Gemeinde ist ein Stundungsantrag und ein Erlassantrag zu stellen, was insbesondere im Zusammenhang mit Insolvenzplänen von Unternehmen mit zahlreichen Niederlassungen zu erheblichen praktischen Problemen führt (vgl. *Wipperfürth/Schmittmann* InsbürO 2014, 471 [474]). Die Grundsätze aus dem Schreiben des BMF vom 27.3.2003 können von den Gemeinden angewendet werden (Landesamt für Steuern Bayern 8.8.2006 – 6 St 3102 M). Die Finanzverwaltung übernimmt die **Unterrichtung der Gemeinde** im Rahmen der Erteilung des Gewerbesteuermessbescheids im Verfahren nach § 184 Abs. 2 AO über die Grundlagen einer möglicherweise abweichenden Festsetzung des Gewerbeertrags und die Höhe des Sanierungsgewinns (so OFD Magdeburg Vfg. v. 21.3.2013 – G 1498 – 3 – St 213, ZInsO 2013, 1068). Durch das **Zollkodexanpassungsgesetz** hat § 184 Abs. 2 AO folgenden Wortlaut erhalten: „Die Befugnis, Realsteuermessbeträge festzusetzen, schließt auch die Befugnis zu Maßnahmen nach § 163 Satz 1 ein, soweit für solche Maßnahmen in einer allgemeinen Verwaltungsvorschrift der Bundesregierung, der obersten Bundesfinanzbehörde oder einer obersten Landesfinanzbehörde Richtlinien aufgestellt worden sind. Eine Maßnahme nach § 163 Satz 2 wirkt, soweit sie die gewerblichen Einkünfte als Grundlage für die Festsetzung der Steuer vom Einkommen beeinflusst, auch für den Gewerbeertrag als Grundlage für die Festsetzung des Gewerbesteuermessbetrags." Mit dieser Regelung sollen die sich aus der Entscheidung des BFH (Urt. v. 25.4.2012 – I R 24/11, BFH/NV 2012, 1516 = ZIP 2012, 1571 = Der Gemeindehaushalt 2013, 24) ergebenden Zweifel beseitigt und klargestellt werden, dass Billigkeitsregelungen des BMF auch bei der Festsetzung des Gewerbesteuermessbetrags seitens der Landesfinanzbehörden Ein- **328** gang finden (so Gesetzesbegründung, BT-Drs. 18/3017, 34; vgl. *Loose/Stehling* ZInsO 2015, 439; OFD Münster, Kurzinformation v. 6.2.2015 – GewSt Nr. 02/2015, DB 2015, 345 = StuB 2015, 197; Landesamt für Steuern Bayern, Vfg. v. 17.3.2015 – G 1413.1.1–2/4 St 31 / S 2140 – 6 – St 3102; kritisch: *Vogel/Schlüter* DB 2015, 344).

329 Jede **Gemeinde** muss für Zwecke der Feststellung und der Erhebung der Gewerbesteuer in eigener Zuständigkeit prüfen, ob ein **Sanierungsgewinn** vorliegt und eine sachliche oder persönliche Unbilligkeit für den Gewerbetreibenden anzunehmen ist. Eine Zuständigkeit der Finanzverwaltung besteht nicht (so OVG Berlin-Brandenburg 11.2.2008 – 9 S 38/07, BeckRS 2008, 36001 Rn. 7). Eine Gemeinde kann auf einen auf sachliche Unbilligkeit nach § 227 AO gestützten Antrag auf Erlaß ermessensfehlerfrei mit der Begründung ablehnen, mit der Aufhebung des § 3 Nr. 66 EStG habe der Gesetzgeber eine Härte für den Steuerpflichtigen bewußt in Kauf genommen (so VG Münster Urt. v. 21.5.2014 – 9 K 1251/11, ZInsO 2014, 1817). Ein rechtskräftiger Insolvenzplan und die Abhebung des Insolvenzverfahrens hindert die Festsetzung von **Gewerbesteuer** und **Nachzahlungszinsen** durch die Gemeinde nicht. Erst im nachgelagerten Erhebungsverfahren ist die Rechtswirkung des Insolvenzplans zu berücksichtigen, zB im Rahmen eines **Abrechnungsbescheides** (so VG Göttingen Beschl. v. 29.8.2013 – 1 C 70/86, NZI 2013, 864).

V. Aufrechnung durch die Gemeinde

330 Wenn der Insolvenzverwalter einen Anspruch gegen die Gemeinde auf teilweise **Rückerstattung** der aufgrund von Vorauszahlungsbescheiden zu viel geleisteten Gewerbesteuer geltend macht, hat die hebeberechtigte Gemeinde eine **Aufrechnungsmöglichkeit.** Ein Verstoß gegen § 96 Abs. 1 Nr. 1 InsO liegt nicht vor, da der Erstattungsanspruch des Insolvenzverwalters aufschiebend bedingt mit der Beendigung des Erhebungszeitraums entsteht (so *Roth* Insolvenz Steuerrecht Rn. 4.558).

F. Grunderwerbsteuer

Schrifttum: *Boruttau,* Grunderwerbsteuergesetz – Kommentar, 17. Aufl. 2011; *Farr* Besteuerung in der Insolvenz Rn. 427; *Felix,* Erhöhung der Grunderwerbsteuer – Neuer Nachteil für den Standort Deutschland und gesellschaftsrechtliche Umstrukturierungen, ZIP 1996, 2099; *Frotscher* Besteuerung bei Insolvenz S. 280; *Gottwald,* Grunderwerbsteuer, 3. Aufl. 2009; *Gottwald/Steer,* Teilweise Rückerstattung der Grunderwerbsteuer bei Insolvenz des Bauträgers?, MittBayNot 2005, 278; *Heine,* Die grunderwerbsteuerliche Unbedenklichkeitsbescheinigung im Insolvenzverfahren, ZInsO 2004, 230; *Kahlert/Rühland* Sanierungs- und Insolvenzsteuerrecht Rn. 9.1001 ff.; *Krüger,* Insolvenzsteuerrecht Update 2008, ZInsO 2008, 1295; *Maus* Steuern im Insolvenzverfahren Rn. 462; *Roth* Insolvenz Steuerrecht Rn. 4.614; *Waza/Uhländer/Schmittmann* Insolvenzen und Steuern Rn. 2411; *Wipperfürth* Grundstück Rn. 751; *Ziegenhagen/Thieme,* Besteuerung in Krise und Insolvenz, 2010, 163.

331 Der Grunderwerbsteuer unterliegen die in § 1 Abs. 1 Nr. 1 bis Nr. 7 GrEStG genannten Rechtsvorgänge, soweit sie sich auf **inländische Grundstücke** beziehen (§ 1 Abs. 1 GrEStG). Die Grunderwerbsteuer sieht die Befreiung von der Umsatzsteuer nach sich (so *Sinz* § 165 Rn. 35). Die Grunderwerbsteuerforderung gilt nach § 41 Abs. 2 InsO als insolvenzrechtlich fällig und darf mit dem abgezinsten Betrag angemeldet werden, auch wenn ein Bescheid noch nicht ergangen ist (so *Waza/Uhländer/Schmittmann* Insolvenzen und Steuern Rn. 2412).

332 Die Grunderwerbsteuer ist den **Insolvenzforderung** (§ 38 InsO), wenn der Grunderwerbssteuertatbestand verwirklicht ist, selbst dann, wenn der Erwerb noch

vom Eintritt einer Bedingung abhängt oder eine Genehmigung erteilt werden muss (so *Waza/Uhländer/Schmittmann* Insolvenzen und Steuern Rn. 2413). Macht der Insolvenzverwalter von seinem **Wahlrecht nach § 103 Abs. 1 InsO** Gebrauch, so lässt dies die Einordnung als Insolvenzforderung im Sinne von § 38 InsO unberührt. Der Rechtsgrund für die Entstehung des Anspruchs liegt in der Vereinbarung des Erwerbsgeschäfts (so *Waza/Uhländer/Schmittmann* Insolvenzen und Steuern Rn. 2415; *Roth* Insolvenz Steuerrecht Rn. 4.626).

Eine **Masseverbindlichkeit** gemäß § 55 Abs. 1 InsO entsteht, wenn der Insolvenzverwalter ein zur Masse gehörendes Grundstück nach Verfahrenseröffnung veräußert (so *Waza/Uhländer/Schmittmann* Insolvenzen und Steuern Rn. 2417; *Kahlert/Rühland* Sanierungs- und Insolvenzsteuerrecht Rn. 2481; *Roth* Insolvenz Steuerrecht Rn. 4.628). 333

Erfolgt durch den Insolvenzverwalter gemäß §§ 129 ff. InsO eine erfolgreiche **Insolvenzanfechtung** hinsichtlich eines vor Verfahrenseröffnung geschlossenen Grundstückskaufvertrags, so führt dies nicht zur Nichtigkeit oder Unwirksamkeit der angefochtenen Rechtshandlung. Vielmehr entsteht ein schuldrechtlicher **Rückgewähranspruch** (vgl. *Schmittmann/Theurich/Brune* Das insolvenzrechtliche Mandat § 4 Rn. 200). Auf Antrag wird sowohl für den Rückerwerb als auch für den vorausgegangenen Erwerbsvorgang die Steuer nicht festgesetzt oder die Steuerfestsetzung aufgehoben, wenn infolge einer Anfechtung das dem Erwerbsvorgang zugrundeliegende Rechtsgeschäft als von Anfang an nichtig anzusehen ist (§ 16 Abs. 2 Nr. 2 GrEStG). 334

Einigt sich der Insolvenzverwalter mit dem Erwerber auf die Zahlung eines zusätzlichen Entgelts anstatt die **Insolvenzanfechtung** geltend zu machen, ist die **überschießende Gegenleistung** nach § 9 Abs. 2 Nr. 1 GrEStG grunderwerbsteuerpflichtig, obwohl sie nicht unmittelbar an den Schuldner als Veräußerer, sondern an die Insolvenzmasse zu Händen des Insolvenzverwalters fließt (so BFH Urt. v. 13.4.1994 – II R 93/90, BFHE 174, 380 = BStBl. II 1994, 817). Der Nachforderungsbetrag ist **Masseverbindlichkeit** gemäß § 55 Abs. 1 Nr. 1 InsO und wird durch Steuerbescheid gegenüber dem Insolvenzverwalter geltend gemacht. Daneben haftet gemäß § 13 Nr. 1 GrEStG auch der Erwerber des Grundstücks (so *Waza/Uhländer/Schmittmann* Insolvenzen und Steuern Rn. 2419). 335

Eine **abgesonderte Befriedigung** des Steuergläubigers für die Grunderwerbsteuer kommt gemäß § 49 InsO nicht in Betracht, da die Grunderwerbsteuer nicht als öffentliche Last auf dem Grundstück ruht (so *Wipperfürth,* Grundstück, Rn. 752; *Waza/Uhländer/Schmittmann* Insolvenzen und Steuern Rn. 2422). 336

G. Grundsteuer

Schrifttum: *App,* Haftung des Insolvenzverwalters für nach Freigabe eines Grundstücks aus der Insolvenzmasse fällig werdende Grundsteuer, KKZ 2005, 50; *App,* Prüfung von Gewerbesteuer und Grundsteuer im Insolvenzfall, KKZ 2009, 25; *Frotscher* Besteuerung bei Insolvenz S. 282 f.; *Hackenberg,* Die Grundsteuer in der Insolvenz, ZfIR 2007, 264; *Kahlert/Rühland* Sanierungs- und Insolvenzsteuerrecht Rn. 2490; *Maus* Steuern im Insolvenzverfahren Rn. 465; *Mayer,* Grundsteuer im Insolvenzverfahren, in der Zwangsversteigerung und der Zwangsverwaltung, RPfleger 2000, 260; *Roth* Insolvenz Steuerrecht Rn. 4.636; *Stöckel/Volquardsen,* Grundsteuerrecht 2. Aufl. 2010; *Waza/Uhländer/Schmittmann* Insolvenzen und Steuern Rn. 2441; *Wipperfürth* Grundstück Rn. 754; *Wipperfürth/Schmittmann,* Die Grundsteuer bei der freihändigen Immobilienverwertung im Insolvenzverfahren, InsbürO 2014, 221; *Wipperfürth/Schmittmann,* Grundbesitzabgaben im Insolvenzverfahren, InsbürO 2014, 382.

Die Finanzbehörden erlassen einen **Messbescheid** (§ 13 GrStG), während das Heberecht selbst den Gemeinden zusteht (Art. 108 Abs. 4 GG; vgl. *Wipperfürth/* 337

Schmittmann InsbürO 2014, 221 *Stöckel/Volquardsen* § 13 Rn. 1). Im Insolvenzverfahren ist somit die **Gemeinde** Gläubiger (so *Waza/Uhländer/Schmittmann* Insolvenzen und Steuern Rn. 2444; *Roth* Insolvenz Steuerrecht Rn. 4.636). Die Grundsteuer wird für das **Kalenderjahr** festgesetzt (§ 27 Abs. 1 S. 1 GrStG).

338 Für die Abgrenzung zwischen **Insolvenzforderungen** im Sinne von § 38 InsO und **Masseverbindlichkeiten** im Sinne von § 55 InsO gelten die allgemeinen Grundsätze (ebenso OVG Magdeburg Beschl. v. 5.11.2009 – 4 L 243/08, ZInsO 2010, 51 [53]; OVG Münster Beschl. v. 10.1.2014 – 14 E 893/13, ZInsO 2014, 1999 [2000] zu freigegebenen Grundstücken). Grundsteuerschulden, die **Veranlagungszeiträume** betreffen, die bereits vor dem Kalenderjahr endeten, in das die Insolvenzeröffnung fällt, sind stets einfache Insolvenzforderungen gemäß § 38 InsO (so *Roth* Insolvenz Steuerrecht Rn. 4.641; *Wipperfürth/Schmittmann* InsbürO 2014, 221 [222]). Für die **Festsetzung** der Grundsteuer sind ausschließlich die Verhältnisse zu Beginn des Kalenderjahres maßgeblich. Daher kommt nicht – wie beispielsweise bei der Kraftfahrzeugsteuer – eine Aufteilung nach Kalendertagen in Betracht. Aufgrund des Stichtagprinzips entsteht die Steuerbelastung mit Beginn des Kalenderjahres (§ 9 Abs. 1 GrStG). Eine zeitanteilige Aufteilung der Grundsteuerschuld im Veranlagungszeitraum der Insolvenzeröffnung kommt somit nicht in Betracht (so *Roth* Insolvenz Steuerrecht Rn. 4.642).

339 Bei **Freigabe** (→ Rn. 127 ff.) einer der Grundsteuer unterliegenden **Immobilie** durch den Insolvenzverwalter endet die Verpflichtung des Insolvenzverwalters zur Zahlung der Grundsteuer ab dem auf die **Freigabe** folgende **Kalenderjahr** (so *Roth* Insolvenz Steuerrecht Rn. 4.644; ebenso OVG Münster Beschl. v. 10.1.2014 – 14 E 893/13, ZIP 2014, 693 [694] = ZInsO 2014, 1999 [2000]). Bei einer gleichzeitigen Insolvenz- und Zwangsverwaltung beziehen sich die Pflichten des Zwangsverwalters nur auf die laufenden (wiederkehrenden) Beträge der öffentlichen Lasten, aber nicht auf einmalige öffentliche Lasten, zB Herstellungsbeiträge (so VGH Hessen Beschl. v. 2.10.2014 – 5 B 1466/14, NZI 2015, 45).

340 Die Grundsteuer berechtigt den Gläubiger zur abgesonderten Befriedigung im Sinne von § 49 InsO, da sie als **öffentliche Last** auf dem Steuergegenstand ruht (vgl. BGH Urt. v. 18.2.2010 – IX ZR 101/09, NZI 2012, 482; *Wipperfürth* Grundstück Rn. 758; der BGH (Beschl. v. 12.3.2015 – V ZB 41/14, ZIP 2015, 1134 = ZInsO 2015, 1213 = NZI 2015, 668 mAnm *Fritz*) hat dem EuGH die Frage vorgelegt, ob der Begriff des dinglichen Rechts gem. Art. 5 Abs. 1 EuInsVO eine nationale Regelung wie § 12 GrStG i. V. mit § 77 Abs. 2 Satz 1 AO erfaßt, wonach Grundsteuerforderungen kraft Gesetzes als öffentliche Last auf dem Grundstück ruhen und der Eigentümer insoweit die Zwangsvollstreckung in den Grundbesitz dulden muss). Der Gläubiger kann aufgrund der **dinglichen** Haftung nach §§ 3 Abs. 2, 77 Abs. 2 AO die Zwangsversteigerung betreiben (so *Waza/Uhländer/Schmittmann* Insolvenzen und Steuern Rn. 2447; *Roth* Insolvenz Steuerrecht Rn. 4.645; *Wipperfürth/Schmittmann* InsbürO 2014, 221 [223]; OLG Hamm Urt. v. 21.10.1993 – 27 U 125/93, NJW-RR 1994, 469) und Duldungsbescheide erlassen (so OVG Saarlouis Beschl. v. 12.10.2007 – 1 B 340/07, NJW 2008, 250).

341 Nach Eröffnung des Insolvenzverfahrens dürften keine **Grundlagenbescheide** mehr erlassen werden, die Auswirkungen auf nach § 174 InsO zur Tabelle anzumeldende Steuerforderungen haben können, so dass fraglich ist, ob noch **Grundsteuermessbescheide** und **Einheitswertbescheide** erlassen werden können. Da im Einheitswertbescheid Besteuerungsgrundlagen nicht ausschließlich zu dem Zweck ermittelt und festgestellt werden können, um Grundsteuerforderungen zur Tabelle anmelden zu können, dürfen Bescheide zur Feststellung des Einheitswerts eines Grundstücks auch nach Verfahrenseröffnung noch ergehen (so BFH Beschl. v. 24.7.2002 – II B 52/02, BFH/NV 2003, 8 [9]). Somit ist bei der Grundsteuer anders als bei der Gewerbesteuer eine Festsetzung noch möglich (vgl.

zum Gewerbesteuermeßbescheid: BFH Urt. v. 2.7.1997 – I R 11/97, BFHE 183, 365 = BStBl. II 1998, 428).

Unter den Voraussetzungen der **§§ 32 und 33 GrStG** ist die Grundsteuer für Kulturgüter und Grünanlagen sowie wesentlicher Ertragsminderung zu erlassen. Der **Erlass** wird jeweils nach Ablauf eines Kalenderjahres für die Grundsteuer ausgesprochen, die für das Kalenderjahr festgesetzt worden ist **(Erlasszeitraum).** Maßgebend für die Entscheidung über den Erlass sind die Verhältnisse des Erlasszeitraums (§ 34 Abs. 1 GrStG). Der Erlass wird nur auf Antrag, der bis zum 31.3. des Folgejahres zu stellen ist, gewährt (§ 34 Abs. 2 GrStG). In Insolvenzfällen sollte der Insolvenzverwalter Anträge auf Erlass oder Minderung der Grundsteuer stellen, um **Masseverbindlichkeiten** zu vermeiden (vgl. *Waza/Uhländer/Schmittmann* Insolvenzen und Steuern Rn. 2450). Da die Erlassvorschrift des § 33 GrStG auf die Erhaltung der wirtschaftlichen Existenz des Grundsteuerschuldners gerichtet ist, scheidet ein Erlass aus, wenn die wirtschaftliche Existenz bereits vernichtet ist (so VG Köln Urt. v. 28.6.2008 – 23 K 4903/07, ZInsO 2009, 192 [193]; aA: *Roth* Insolvenz Steuerrecht Rn. 4.653, der darauf abstellt, dass es im Insolvenzverfahren nicht generell ausgeschlossen ist, dass der Erlass zumindest dazu beiträgt, eine Sanierung zu ermöglichen). 342

H. Indirekte Verbrauchsteuern und Zölle

Schrifttum: *Kahlert/Rühland* Sanierungs- und Insolvenzsteuerrecht Rn. 9.968; *Roth* Insolvenz Steuerrecht Rn. 4.656; *Waza/Uhländer/Schmittmann* Insolvenzen und Steuern Rn. 2472.

I. Steuergegenstand

Gegenstand der **indirekten Verbrauchsteuern** sind Energie, Strom, Kaffee, Schaumweine, Branntwein, Tabak, Bier und Alcopops (vgl. *Roth* Insolvenz Steuerrecht Rn. 4.567). 343

Rechtsgrundlage für die Erhebung von Zöllen ist der **Zollkodex** (Verordnung (EG) Nr. 450/2008 des Europäischen Parlaments und des Rates vom 23.4.2008 zur Festlegung des Zollkodex der Gemeinschaft – Modernisierter Zollkodex). Nach § 4 Nr. 13 ZK ist eine Zollschuld die Verpflichtung einer Person zur **Entrichtung eines Betrages** in Höhe der vorgesehenen **Einfuhr- und Ausfuhrabgaben** für eine bestimmte **Ware** im Sinne der zollrechtlichen Vorschriften. 344

II. Abgrenzung von Insolvenzforderungen und Masseverbindlichkeiten

Grundsätzlich gelten die allgemeinen Abgrenzungskriterien (→ Rn. 105). Besonderheiten ergeben sich bei der **Energiesteuer.** Sie knüpft steuertechnisch nicht erst an den Verbrauchszeitpunkt an, sondern der Steuertatbestand wird bereits mit der **Entfernung des Energieerzeugnisses** gemäß § 1 Abs. 2 und Abs. 3 EnergieStG aus dem Steuerlager erfüllt, ohne dass sich ein weiteres Steueraussetzungsverfahren oder ein Zollverfahren anschließt (§ 8 EnergieStG). Der Energiesteueranspruch des Fiskus ist insolvenzrechtlich im Sinne von § 38 InsO begründet, wenn der Steuertatbestand erfüllt wird. Wird die Steuer vor Eröffnung des Insolvenzverfahrens begründet, handelt es sich um eine **Insolvenzforderung** im Sinne von § 38 InsO. Wird der Steuertatbestand erst nach Eröffnung des Insolvenzverfahrens erfüllt, so handelt es sich um eine **Masseverbindlichkeit** im Sinne von § 55 InsO (so *Waza/Uhländer/Schmittmann* Insolvenzen und Steuern Rn. 2472). 345

346 Bei nach § 2 Abs. 1 Nr. 1–4 EnergieStG versteuerten Energieerzeugnissen wird dem Verkäufer auf Antrag eine **Steuerentlastung** gemäß § 60 EnergieStG gewährt, wenn er beim Warenempfänger wegen **Zahlungsunfähigkeit** ausfällt. Die Steuerentlastung wird gewährt, wenn

- der Steuerbetrag bei Eintritt der Zahlungsunfähigkeit 5.000 EUR übersteigt (vgl. BFH Urt. v. 1.12.1998 – VII R 27/97, BFH/NV 1999, 831 – echter Selbstbehalt);
- keine Anhaltspunkte dafür vorliegen, dass die Zahlungsunfähigkeit im Einvernehmen mit dem Verkäufer herbeigeführt worden ist;
- der Zahlungsausfall trotz vereinbarten Eigentumsvorbehalts, laufender Überwachung der Außenstände, rechtzeitiger Mahnung bei Zahlungsverzug unter Fristsetzung und gerichtlicher Verfolgung (vgl. BFH Urt. v. 19.4.2007 – VII R 45/05, BFH/NV 2007, 1433 [1434]) des Anspruchs nicht zu vermeiden war;
- Verkäufer und Warenempfänger nicht wirtschaftlich miteinander verbunden sind; sie gelten auch als verbunden, wenn sie Teilhaber oder Gesellschafter desselben Unternehmens oder Angehörige im Sinne des § 15 AO sind oder wenn Verkäufer oder Warenempfänger der Leitung des Geschäftsbetriebs des jeweils anderen angehören (vgl. *Waza/Uhländer/Schmittmann* Insolvenzen und Steuern Rn. 2473).

347 Die **Steuerentlastung** hängt gemäß § 60 Abs. 2 EnergieStG davon ab, dass sie bis zum Ablauf des Jahres, das dem Jahr folgt, in dem die Zahlungsunfähigkeit des Warenempfängers eingetreten ist, schriftlich beantragt wird. Die Steuerentlastung erfolgt gemäß § 60 Abs. 3 EnergieStG unter der auflösenden Bedingung einer nachträglichen Leistung des Warenempfängers (vgl. *Waza/Uhländer/Schmittmann* Insolvenzen und Steuern Rn. 2474 f.).

III. Zollrechtliche Besonderheiten

348 Die Bedeutung von Zöllen im Insolvenzverfahren ist gering (vgl. *Roth* Insolvenz Steuerrecht Rn. 4.687 ff.). Es ist noch ungeklärt, ob eine **Zollschuld,** welche im Verfahren der aktiven Veredelung nach dem Nichterhebungsverfahren mit dem Ablauf der Frist für die Beendigung des Verfahrens für bis dahin nicht zu einem Zollverfahren angemeldete Veredelungserzeugnisse oder unveränderte Waren entsteht, insolvenzrechtlich als bereits zu einem früheren Zeitpunkt begründet anzusehen ist und daher eine **Insolvenzforderung** iS von § 38 InsO darstellt, nämlich mit dem Verbringen der Waren in das Zollgebiet der Union, oder ihrer Überführung in den aktiven Veredelungsverkehr, also erst zu einem späteren Zeitpunkt und damit eine **Masseverbindlichkeit** begründet (vgl. BFH Beschl. v. 19.4.2011 – VII B 234/10, BFH/NV 2011, 1202 [1203]).

IV. Sachhaftung

349 Bei den Verbrauchsteuern und Zöllen gilt die Besonderheit, dass gemäß § 76 Abs. 1 AO verbrauchsteuerpflichtige Waren und einfuhr- und ausfuhrabgabenpflichtige Waren ohne Rücksicht auf die Rechte Dritter als **Sicherheit** für die darauf ruhenden Steuern dienen **(Sachhaftung).** Die Sachhaftung schafft ein dingliches (öffentlich-rechtliches) **Verwertungsrecht** und gibt dem Steuergläubiger die Befugnis, sich ohne Rücksicht auf Rechte Dritter, zB Eigentumsvorbehalt, an die Ware zu halten, die Bezahlung durch deren Zurückhaltung zu erzwingen und zur Sicherung dieses Rechtes die tatsächliche Verfügung Dritter über die Ware zu verhindern (so BFH Urt. v. 21.2.1989 – VII R 165/85, BFHE 156, 46 = BStBl. II 1989, 491). Bund, Länder, Gemeinden und Gemeindeverbände, soweit ihnen zoll- und steuerpflichtige Sachen nach gesetzlichen Vorschriften als Sicherheit für öffentliche Abgaben dienen, sind sonstige Absonderungsberechtigte im

Sinne von § 51 Nr. 4 InsO. Der Ausfallgläubiger ist zur anteilsmäßigen Befriedigung aus der Insolvenzmasse nur berechtigt, soweit er auf eine abgesonderte Befriedigung verzichtet oder bei ihr ausgefallen ist (§ 52 S. 2 InsO; vgl. → § 52 Rn. 10).

Die **Sachhaftung** steht neben der Haftung nach § 25 HGB **(Haftung des Übernehmers),** auf die sich auch die öffentliche Hand berufen kann. Die Haftung nach §§ 191 AO, 25 Abs. 1 HGB erfaßt auch die bei Betriebs- bzw. Firmenübergang festgesetzten Nachzahlungszinsen (so OVG Münster Beschl. v. 11.11.2013 – 14 A 1347/11, KStZ 14, 74 [75]).

Die Finanzbehörde befriedigt sich an dem der Sachhaftung unterliegenden **350** Gegenstand durch dessen **Verwertung** gemäß § 327 S. 1 AO, der auf §§ 259 ff. AO verweist. Demnach ist grundsätzlich eine **öffentliche Versteigerung** durchzuführen (vgl. *Roth* Insolvenz Steuerrecht Rn. 4.671). Im Regelfall wird jedoch der Schuldner versuchen, den Gegenstand durch Zahlung freizubekommen. Dies birgt in Insolvenznähe erhebliche **Anfechtungsgefahren** für die Finanzverwaltung (eine Anfechtungsmöglichkeit verneinend: BFH Urt. v. 24.11.2011 – V R 13/11, ZIP 2011, 2481). Entsteht an einem Gegenstand, den der Schuldner herstellt, eine **Sachhaftung** zur Sicherung einer Verbrauchsteuer, wird dadurch eine objektive **Gläubigerbenachteiligung** bewirkt, selbst wenn mit dem Herstellungsvorgang eine übersteigende Wertschöpfung zugunsten des Schuldnervermögens erzielt wurde (so BGH Urt. v. 9.7.2009 – IX ZR 86/08, ZIP 2009, 1674 ff. = ZInsO 2009, 1585 ff. mit Besprechungsaufsatz *Schmittmann* ZInsO 2009, 1949 f.; *Smid* DZWIR 2011, 133 ff.). Der BGH hatte hier zur Biersteuer entschieden, dass sich durch das Brauen des Bieres die Befriedigungsmöglichkeiten der anderen Insolvenzgläubiger verschlechtert haben. Daran ändere sich nichts dadurch, dass sich durch dieselbe Handlung die Aktivmasse erhöht hat. Eine Sanierung der Vor- und Nachteile finde im Anfechtungsrecht nicht statt; eine Vorteilsausgleichung nach schadensersatzrechtlichen Grundsätzen sei im Insolvenzanfechtungsrecht nicht zulässig. Vielmehr müsse für die Zwecke des Anfechtungsrechts das Entstehen der Sachhaftung und damit des Absonderungsrechts zu Lasten der übrigen Insolvenzgläubiger isoliert betrachtet werden (so BGH Urt. v. 9.7.2009 – IX ZR 86/08, ZIP 2009, 1674 Rn. 26).

I. Kraftfahrzeugsteuer

Schrifttum: *Bächer,* Kfz-Steuererstattungsansprüche bei unpfändbaren Fahrzeugen, ZInsO 2010, 939; *Busch/App,* Behandlung der Kraftfahrzeugsteuer im Insolvenzverfahren und im Insolvenzeröffnungsverfahren, SVR (Straßenverkehrsrecht) 2010, 166; *Busch/Hilbertz,* Aufrechnung von Kraftfahrzeugsteuer im eröffneten Insolvenzverfahren, ZInsO 2005, 195; *Busch/Winkens/Büker* Insolvenzrecht S. 34; *Farr,* Belastung der Masse mit Kraftfahrzeugsteuer, NZI 2008, 78; *Farr* Besteuerung in der Insolvenz Rn. 432; *Feuerborn,* Privilegien des Fiskus im Insolvenzverfahren, 103; *Hartman,* Kraftfahrzeugsteuer in der Insolvenz nach neuer BFH-Rechtsprechung, NZI 2012, 168; *Horner/Rand,* Kfz-Steuer: Massehaftung für insolvenzfreies Vermögen?, NZI 2011, 898; *Kahlert/Rühland* Sanierungs- und Insolvenzsteuerrecht Rn. 9.956; *Kögel,* Die Kfz-Steuer ist Masseverbindlichkeit – wirklich immer!?, ZInsO 2010, 1780; *Krüger,* Insolvenzsteuerrecht Update 2011, ZInsO 2011, 593; *Looff,* Kraftfahrzeugsteuerschuld im Insolvenzverfahren nach neuester BFH-Rechtsprechung, ZInsO 2008, 75; *Maus* Steuern im Insolvenzverfahren Rn. 467; *Menn,* Kfz-Steuer im Insolvenzverfahren: Masseverbindlichkeit oder Forderung gegen das insolvenzfreie Vermögen des Schuldners?, ZInsO 2009, 1189; *Roth* Insolvenz Steuerrecht Rn. 4.561; *Schacht,* Vorrechte öffentlicher und fiskalischer Forderungen im Insolvenzverfahren, ZInsO 2011, 1048; *Waza/Uhländer/Schmittmann* Insolvenzen und Steuern Rn. 2531; *Wohlers,* Die Kraftfahrzeugsteuer im Insolvenzverfahren – Insolvenzforderung oder Masseverbindlichkeit?, ZInsO 2002, 1074; *Zimmer,* Haushaltsbegleitgesetz 2011 (§ 55 Abs. 4 InsO n. F.) – Erste Anwendungsprobleme, ZInsO 2010, 2299.

I. Grundlagen

351 Die Steuer ist jeweils für die **Dauer eines Jahres** im Voraus zu entrichten (§ 11 Abs. 1 KraftStG). Die Steuer wird, wenn der Zeitpunkt der Beendigung der Steuerpflicht nicht feststeht, unbefristet, in allen anderen Fällen für einen bestimmten Zeitraum oder tageweise festgesetzt (§ 12 Abs. 1 S. 1 KraftStG). Die gegebenenfalls bis zum Tag der Eröffnung des Insolvenzverfahrens nicht bezahlte Kraftfahrzeugsteuer ist als **Insolvenzforderung** im Sinne von § 38 InsO zur Insolvenztabelle anzumelden. Auch in der Insolvenz des Halters kann die Neuzulassung eines Fahrzeugs – zumindest in Niedersachsen – vom Ausgleich der Rückstände abhängig gemacht werden (so VG Lüneburg Beschl. v. 10.10.2013 – 1 B 72/13, ZInsO 2013, 2387 Rn. 11).

II. Fortdauer der Nutzung oder Neuanmeldung des Fahrzeugs durch den Insolvenzverwalter

352 Eine **Masseverbindlichkeit** gemäß § 55 Abs. 1 Nr. 1 InsO liegt vor, wenn der Insolvenzverwalter oder der Schuldner das Fahrzeug nach Eröffnung des Insolvenzverfahrens für die Insolvenzmasse nutzt oder ein Fahrzeug neu angemeldet wird (so *Waza/Uhländer/Schmittmann* Insolvenzen und Steuern Rn. 2533; *Roth* Insolvenz Steuerrecht Rn. 4.571; vgl. zur Abgrenzung bei Insolvenz- und Zwangsverwaltung: FG München Urt. v. 23.3.2011 – 4 K 812/08, StE 2011, 440; bei **Freigabe** einer selbständigen Tätigkeit gemäß § 35 Abs. 2 InsO entsteht keine Masseverbindlichkeit, so BFH Urt. v. 9.9.2011 – II R 54/10, ZInsO 2011, 2339; aA *Hartman* NZI 2012, 168 [170]).

353 Die **Kraftfahrzeugsteuerschuld** ist im Falle der Eröffnung des Insolvenzverfahrens über das Vermögen des Kraftfahrzeughalters **aufzuteilen** auf die Tage vor und die Tage nach Eröffnung des Verfahrens. Hinsichtlich der Tage, die nach Verfahrenseröffnung liegen, und für die Kraftfahrzeugsteuer im voraus entrichtet worden ist, entsteht im Zeitpunkt der Verfahrenseröffnung ein **Erstattungsanspruch,** gegen den das Finanzamt mit Insolvenzforderungen aufrechnen kann (so BFH Beschl. v. 16.9.2014 – II B 52/14, BFH/NV 2015, 240 = NZI 2015, 41 f. mAnm *de Weerth* Rn. 6; BFH Beschl. v. 26.11.2013 – VII B 243/12, BFH/NV 2014, 581 Rn. 8; BFH Urt. v. 16.11.2004 – VII R 62/03, BFHE 207, 371 = BStBl. II 2005, 309 = NZI 2005, 279 mAnm *Gundlach/Frenzel;* unter Aufgabe der früheren Rspr.: BFH Urt. v. 18.12.1953 – II 190/52 U, BStBl. III 1954, 49).

354 Diese Rspr. führt zu einer **Privilegierung der Finanzverwaltung.** Hat der Schuldner sich rechtstreu verhalten und die Kraftfahrzeugsteuer im Voraus bezahlt, spielt die Rspr. des BFH der Finanzverwaltung eine sachlich nicht gerechtfertigte Aufrechnungsposition in die Hände. Der Insolvenzverwalter – bzw. der Schuldner bei Freigabe – ist mit einer Masseverbindlichkeit bzw. Neuverbindlichkeit belastet. Es ist daher richtigerweise darauf abzustellen, dass der Erstattungsanspruch wegen für den Entrichtungszeitraum „vorausgezahlter" Steuer bereits vor Verfahrenseröffnung gelegt worden ist und daher erst durch die Zwangsabmeldung im Zeitpunkt der Verfahrenseröffnung zum Vollrecht erstarkt (vgl. *Waza/Uhländer/Schmittmann* Insolvenzen und Steuern Rn. 2536).

III. Veräußerung des Fahrzeugs durch den Insolvenzverwalter

355 Veräußert der Insolvenzverwalter das Fahrzeug und zeigt dies der Zulassungsstelle ordnungsgemäß an oder wird das Fahrzeug durch den Insolvenzverwalter abgemeldet, ist damit die Kraftfahrzeugsteuer beendet. Der **Erstattungs-**

anspruch, der taggenau zu berechnen ist, steht der **Insolvenzmasse** zu (so *Waza/Uhländer/Schmittmann* Insolvenzen und Steuern Rn. 2537).

IV. Unpfändbares Fahrzeug

Gegenstände, die nicht der **Zwangsvollstreckung** unterliegen, gehören gemäß § 36 Abs. 1 InsO nicht zur Insolvenzmasse, so dass Fahrzeuge, die zB vom Schuldner benötigt werden um zur Arbeit zu gelangen, gemäß § 811 Abs. 1 Nr. 5 ZPO nicht zur Insolvenzmasse gehören (→ § 36 Rn. 6). Ein Gegenstand, der nicht der Zwangsvollstreckung unterliegt, ist daher insolvenzfreies Vermögen des Schuldners und wird nicht vom Insolvenzverwalter verwaltet (so BFH Urt. v. 13.4.2011 – II R 49/09, BStBl. II 2011, 944 = ZIP 2011, 1882 ff. = DStRE 2011, 1278 ff. = NJW-Spezial 2011, 694 = DB 2011, 2531 f. = ZInsO 2011, 2188 ff. = StuB 2011, 804 mAnm *jh;* ebenso FG Saarl Urt. v. 4.5.2011 – 1 K 1195/08, NZI 2011, 912 [913]; zweifelnd: BFH Beschl. v. 8.9.2009 – II B 63/09, BFH/NV 2010, 68 [69]; aA *Hartman* NZI 2012, 168 [170]). Hinsichtlich solcher Kraftfahrzeuge kann die Kraftfahrzeugsteuer nie Masseverbindlichkeit im Sinne von § 55 Abs. 1 Nr. 1 InsO sein kann, da es schon an der Massezugehörigkeit fehlt (so schon *Waza/Uhländer/Schmittmann* Insolvenzen und Steuern Rn. 2539, *Roth* Insolvenz Steuerrecht Rn. 4.582). Ebenso unterbleibt auch eine Aufteilung vorausgezahlter Kraftfahrzeugsteuer auf Zeiten vor und nach Insolvenzeröffnung (so FG Bln-Bbg Beschl. v. 8.7.2013 – 8 K 8078/13, ZVI 2013, 359 = NZI 2013, 912 = Verbraucherinsolvenz aktuell 2013, 79 mAnm *Schmittmann*). **356**

V. Freigegebenes Fahrzeug

Während in den Fällen des § 811 Abs. 1 Nr. 5 ZPO bereits originär keine Massezugehörigkeit vorliegt, führt eine **Freigabe** durch den Insolvenzverwalter zu einer Beendigung der Massezugehörigkeit (aA *Hartman* NZI 2012, 168 [171]). Diese erfolgt zB, weil ein Übererlös nicht zu erwarten ist. Ein Gegenstand kann nur dann aus dem Massebeschlag freigegeben werden, wenn er vorher von diesem umfasst war. Mit der Freigabe endet die **Halterstellung** des Insolvenzverwalters (vgl. *Roth* Insolvenz Steuerrecht Rn. 4.587). **357**

Zwischen Eröffnung des Insolvenzverfahrens und wirksamer Freigabe entstehen **Masseverbindlichkeiten** im Sinne von § 55 Abs. 1 Nr. 1 InsO. Allein die Mitteilung des Insolvenzverwalters bzw. Treuhänders an das Straßenverkehrsamt, ein Fahrzeug werde nicht zur Masse gezogen, beendet die Schuldnerschaft für die Kraftfahrzeugsteuer nicht. Eine Änderung der Halterzuordnung tritt erst ein, wenn der Insolvenzverwalter den Mitteilungspflichten nach §§ 13, 14 Kraftfahrzeug-Zulassungsverordnung nachkommt (so BFH Beschl. v. 10.3.2010 – II B 172/09, BFH/NV 2010, 1136 [1137] = NZI 2010, 497 mit kritischer Anm. *Ries;* vgl. *Hartman* NZI 2012, 168 [171]). **358**

VI. Verwertung des Fahrzeugs nach § 314 InsO

Im **vereinfachten Insolvenzverfahren** konnte das Gericht bis zur Neuregelung ab 1.7.2014 auf Antrag des Treuhänders gemäß § 314 Abs. 1 S. 1 InsO anordnen, dass von einer Verwertung der Insolvenzmasse ganz oder teilweise abgesehen wird. Dem Schuldner wurde dann aufgegeben, den Betrag an die Masse zu zahlen, der dem Wert der Masse entspricht, die zu verteilen wäre (§ 314 Abs. 1 S. 2 InsO). Ein solcher Fall trat im Zusammenhang mit Fahrzeugen regelmäßig dann auf, wenn der Schuldner zwar über ein Fahrzeug verfügt, dieses aber nicht gemäß § 811 Abs. 1 Nr. 5 ZPO iV mit § 36 Abs. 1 InsO unpfändbar, weil es vom Schuldner nicht für seine Erwerbstätigkeit benötigt wird, der Schuldner **359** das Fahrzeug aber ungern zur Verwertung herausgeben möchte. Veräußerte der Treuhänder das Fahrzeug an einen Dritten, so hatte er es sofort abzumelden und damit den Anfall der Kfz-Steuer vermeiden. Dies kam allerdings bei der vereinfachten Verwertung nicht in Betracht, da ein Kaufvertrag mit dem Schuldner nicht geschlossen werden kann. Darüber hinaus war der Schuldner regelmäßig auch nur in der Lage, den Wert des Gegenstandes in Raten zu begleichen. Im Ergebnis blieb das Fahrzeug dann bis zur vollständigen Bezahlung des Wertes Bestandteil der Insolvenzmasse und die Insolvenzmasse gemäß § 55 Abs. 1 Nr. 1 InsO mit der Kraftfahrzeugsteuer als **Masseverbindlichkeit** im Sinne von § 55 Abs. 1 Nr. 1 InsO belastet (so *Waza/Uhländer/Schmittmann* Insolvenzen und Steuern Rn. 2553).

360 Nach der vereinfachten Verteilung gemäß § 314 Abs. 1 InsO wurde das Fahrzeug **insolvenzfreies Vermögen** des Schuldners. Zahlt der Schuldner die Kraftfahrzeugsteuer nicht aus seinem unpfändbaren Vermögen, kann die Finanzverwaltung gemäß § 14 Abs. 1 KraftStG vorgehen. Die Zulassungsbehörde kann auf Antrag der Finanzverwaltung den Kraftfahrzeugschein einziehen, etwa ausgestellte Anhängerverzeichnisse berichtigen und das amtliche Kennzeichen entstempeln. Die Finanzverwaltung kann die Abmeldung von Amts wegen gemäß § 14 Abs. 2 KraftStG auch selbst vornehmen, wenn die Zulassungsbehörde das Verfahren noch nicht eingeleitet hat (vgl. *Waza/Uhländer/Schmittmann* Insolvenzen und Steuern Rn. 2555).

J. Erbschaft- und Schenkungsteuer

Schrifttum: *Broekelschen/Maiterth,* Funktionsweise und Verfassungskonformität der neuen steuerlichen Grundstücksbewertung, DStR 2009, 833; *Carle,* Insolvenz einer übertragenen Beteiligung als Rücktritts- oder Widerrufsgrund?, ErbStB 2010, 21; *Dillberger/Fest,* Der Verschonungsabschlag des § 13a ErbStG n. F. als Motiv für einen Personalabbau bei Betriebsübergang, DStR 2009, 671; *Feick/Nordmeier,* Der Abschluss von Poolvereinbarungen nach dem neuen Erbschaftsteuerrecht – Empfehlungen und erste Erfahrungen aus der Praxis, DStR 2009, 893; *Große-Wilde,* Die Rechtsprechung zum Erbrecht seit der Erbrechtsreform, MDR 2011, 769; *Hübner,* Erbschaftsteuerreform 2009, 2009; *Kahlert/Rühland* Sanierungs- und Insolvenzsteuerrecht Rn. 9.962; *Krüger,* Insolvenzsteuerrecht Update 2011, ZInsO 2011, 593; *Lüdicke/Fürwentsches,* Das neue Erbschaftsteuerrecht, DB 2009, 12; *Merker,* Erbschaftsteuerreform verabschiedet, StuB 2009, 20; *Maile,* SchenkSt beim Forderungsverzicht im Sanierungsfall?, DB 2012, 1952; *Moench/Hübner,* Erbschaftsteuer, 2. Aufl. 2009; *Pach-Hanssenheimb,* Der Verschonungsabschlag bei gemischten Schenkungen, DStR 2009, 466; *Pauli,* Ausnahmen zum Verwaltungsvermögen – Chancen und Risiken der Immobilienwirtschaft, DB 2009, 641; *Rohde/Gemeinhardt,* Bewertung von Betriebsvermögen nach der Erbschaftsteuerreform 2009, StuB 2009, 167; *Rohde/Gemeinhardt,* Besteuerung des Betriebsvermögens nach der Erbschaftsteuerreform 2009, StuB 2009, 217; *Piltz,* Erbschaftsteuer – Bewertungserlass: Allgemeines und Teil A, DStR 2009, 1829; *Roth* Insolvenz Steuerrecht Rn. 4.598; *Scheider-Scheumann,* Auswirkungen der Insolvenz einer Personengesellschaft auf die Erhebung der Erbschaftsteuer, DB 2005, 468; *Scholl/Riedel,* Die ESt-Schuld des Erblasses als Nachlassverbindlichkeit, DB 2012, 1236; *Scholten/Korezkij,* Begünstigungen für Betriebsvermögen nach der Erbschaftsteuerreform – Begünstigte Erwerbe und begünstigtes Vermögen, DStR 2009, 73; *Scholten/Korezkij,* Begünstigungen für Betriebsvermögen nach der Erbschaftsteuerreform – Verwaltungsvermögen, DStR 2009, 147; *Scholten/Korezkij,* Begünstigungen für Betriebsvermögen nach der Erbschaftsteuerreform – Lohnsummenprüfung, DStR 2009, 253; *Scholten/Korezkij,* Begünstigungen für Betriebsvermögen nach der Erbschaftsteuerreform – Behaltensregelungen und Nachversteuerung, DStR 2009, 304; *Schulze zur Wiesche,* Nachversteuerung des verschonten Betriebsvermögens im Falle einer Insolvenz, UVR 2010, 286; *Schulze zur Wiesche,* Sonderbetriebsvermögen und Verwaltungsvermögenstest nach § 13a und § 13b ErbStG, DStR 2009, 732; *Stützel,* Befristete Chance zur Erbschaftsteuerersparnis durch Anwendung neuen Rechts, DStR 2009, 843; *Völkers/Weinmann/Jordan,* Erbschaft- und Schenkungssteuerrecht, 3. Aufl. 2009.

I. Erbschaftsteuerschuld als Nachlassverbindlichkeit

Ob die vom Erben geschuldete **Erbschaftsteuer** eine **Nachlassverbindlichkeit** darstellt oder als Eigenschuld des Erben zu qualifizieren ist, ist streitig (vgl. *Roth* Insolvenz Steuerrecht Rn. 4.602; *Scholl/Riedel* DB 2012, 1236). Die Erbschaftsteuer ist nach überwiegende Auffassung bereits mit dem Tode des Erblassers entstanden und mithin **Erbfallschuld** und Nachlassverbindlichkeit sei (so OLG Köln Urt. v. 7.5.2001 – 2 Wx 6/01, MDR 2001, 1320; OLG Naumburg Urt. v. 20.10.2006 – 10 U 33/06, ZEV 2007, 381; BFH Urt. v. 18.6.1986 – II R 38/84, BFHE 146, 519 = BStBl. II 1986, 704; BFH Urt. v. 28.4.1992 – VII R 33/91, BFHE 168, 206 = BStBl. II 1992, 781; BFH Urt. v. 11.8.1998 – VII R 118/95, BFHE 186, 328 = BStBl. II 1998, 705; BFH Urt. v. 4.7.2012 – II R 15/11, DB 2012, 2204 mAnm *Riedel;* keine echte Nachlassverbindlichkeit, da sie den Erben persönlich mit seinem ganzen Vermögen treffe: RG Urt. v. 15.11.1943 – III – 77/43, RStBl. 1944, 131). 361

II. Nachversteuerung in Insolvenzfällen

Neben den allgemeinen Steuerbefreiungen in § 13 ErbStG sind in § 13a ErbStG **Steuerbefreiungen** für Betriebsvermögen, Betriebe der Land- und Forstwirtschaft und Anteilen an Kapitalgesellschaften geregelt. Voraussetzung für den sog „Verschonungsabschlag" ist, dass die Summe der maßgeblichen jährlichen Lohnsummen des Betriebs, bei Beteiligungen an einer Personengesellschaft oder Anteilen an einer Kapitalgesellschaft des Betriebs der jeweiligen Gesellschaft, innerhalb von fünf Jahren nach dem Erwerb (Lohnsummenfrist) 400 Prozent der Ausgangslohnsumme nicht unterschreitet (Mindestlohnsumme). Die Regelung gilt gemäß § 13a Abs. 1 S. 4 nicht, wenn die Ausgangslohnsumme Null Euro beträgt oder der Betrieb nicht mehr als zwanzig Beschäftigte hat. Steuerpflichtige, die eine Verlängerung gemäß § 13a Abs. 8 ErbStG in Betracht ziehen, sollten das **Insolvenzrisiko** des begünstigten Vermögens prüfen. Im Hinblick auf die Unwägbarkeiten zukünftiger wirtschaftlicher Entwicklungen kann in der Regel von einer freiwilligen Fristverlängerung nur abgeraten werden (so *Waza/Uhländer/Schmittmann,* Insolvenzen und Steuern, Rn. 2706). 362

Der **Verschonungsabschlag** gemäß § 13a Abs. 1 ErbStG und der Abzugsbetrag gemäß 13a Abs. 2 ErbStG fallen unter anderem dann weg, soweit der Erwerber innerhalb von fünf Jahren (Behaltensfrist) den Gewerbebetrieb veräußert oder einstellt. Die insolvenzbedingte **Veräußerung des Betriebsvermögens** und der damit einhergehende Wegfall der Vergünstigung ist kein sachlicher Grund für einen Erlass nach § 227 AO (so BFH Urt. v. 4.2.2010 – II R 25/08, BFHE 228, 130 = BStBl. II 2010, 363; BFH 4.2.2010 – II R 27/08). Auch der Wegfall der Vergünstigung infolge einer insolvenzbedingten **Aufgabe des Betriebs** ist kein sachlicher Grund für einen Erlass gemäß § 227 AO (so BFH Urt. v. 4.2.2010 – II R 35/09, BFH/NV 2010, 1601). 363

Es ist aber ernstlich zweifelhaft im Sinne des § 69 Abs. 2 S. 2 FGO, ob die **Steuervergünstigungen** des § 13a ErbStG für den Erwerb eines Anteils an einer Kommanditgesellschaft nachträglich wieder entfallen, wenn der Anteil dadurch untergeht, dass über das Vermögen der KG das Konkursverfahren eröffnet wird und der Konkursverwalter den Gewerbebetrieb der Kommanditgesellschaft aufgibt (so BFH Beschl. v. 7.7.2004 – II B 32/04, BFHE 206, 370 = BStBl. II 2004, 747). 364

Die **Steuervergünstigungen** nach 13a ErbStG für den Erwerb eines GmbH-Anteils fallen mit Eröffnung des Insolvenzverfahrens über das Vermögen der GmbH rückwirkend weg (so BFH Urt. v. 21.3.2007 – II R 19/06, BFH/NV 365

2007, 1321 f.). Insbesondere ist der Anwendungsbereich von § 13a ErbStG nicht durch teleologische Reduktion auf Fälle zu beschränken, in denen die Auflösung der Kapitalgesellschaft freiwillig erfolgt (so BFH Urt. v. 21.3.2007 – II R 19/06, BFH/NV 2007, 1321 f.).

K. Versagung der Restschuldbefreiung wegen steuerlicher Verfehlungen

Schrifttum: *Grunicke,* Der neue § 302 Nr. 1 InsO – Fiskusprivileg durch die Hintertür ?, ZVI 2014, 361; *Kranenberg,* Steuerhinterziehung – (K)Ein Grund zur Versagung der Restschuldbefreiung, NZI 2011, 664; *Kranneberg,* Versorgung der Restschuldbefreiung und Steuerunterziehung – Bessere Kosten für das Finanzamt?, NZI 2012, 613; *Schmittmann,* Versagung der Restschuldbefreiung durch die Hintertür: Widerruf der Verfahrenskostenstundung bei mangelnder Mitwirkung des Schuldners, Verbraucherinsolvenz aktuell 2011, 57; *Schmittmann,* Versagung der Restschuldbefreiung unter Berücksichtigung steuerlicher Pflichten und Obliegenheiten des Schuldners, Verbraucherinsolvenz aktuell 2010, 33; *Schmittmann,* Versagung der Restschuldbefreiung wegen unberechtigter Geltendmachung von Vorsteuer, Verbraucherinsolvenz aktuell 2010, 12; *Schmittmann,* Restschuldbefreiung für hinterzogene Steuern, Verbraucherinsolvenz aktuell 2013, 1; *Schmittmann,* Versagung der Restschuldbefreiung oder Feststellung einer ausgenommenen Forderung ? – Der Steuerhinterzieher und sein Gläubiger in der InsO, Verbraucherinsolvenz aktuell 2015, 57.

366 Ist der Schuldner eine natürliche Person, so strebt er in aller Regel die Erteilung der **Restschuldbefreiung** an (→ § 300 Rn. 1).

367 Eine **Versagung der Restschuldbefreiung** kommt zB gemäß § 290 Abs. 1 Nr. 2 InsO in Betracht, wenn der Schuldner **zu Unrecht Vorsteuerbeträge** geltend macht, weil ihm ordnungsgemäße, den Vorschriften des Umsatzsteuergesetzes entsprechende Rechnungen nicht vorliegen (vgl. BGH Beschl. v. 12.11.2009 – IX ZB 98/09, BFH/NV 2010, 591; vgl. *Kranenberg* NZI 2011, 664 ff.; *Schmittmann* Verbraucherinsolvenz aktuell 2010, 12 f.). Das schlichte **Nichtabgeben von Steuererklärungen** stellt demgegenüber keine unrichtigen oder unvollständige Angaben dar (so OLG Köln Beschl. v. 14.2.2001 – 2 W 249/00, NZI 2001, 205; *Schmittmann* Verbraucherinsolvenz aktuell 2010, 33 [34]). Ein bestandskräftiger, teilweise auf Schätzungen des Finanzamtes beruhender Steuerbescheid beweist für sich genommen nicht die **Unrichtigkeit der Steuererklärung** des Steuerpflichtigen (so BGH Beschl. v. 12.1.2006 – IX ZB 29/04, NZI 2006, 249). Ein Versagungsgrund kann weiter gegeben sein, wenn der Schuldner durch die fortdauernde Verweigerung seiner Mitwirkungspflichten die Durchsetzung eines Steuererstattungsanspruchs zu verhindern sucht, zB wenn der Schuldner die Lohnsteuerkarte nebst ergänzenden Unterlagen nicht einreicht, obwohl er vom Verwalter dazu aufgefordert worden ist (so BGH Beschl. v. 18.12.2008 – IX ZB 197/08, NZI 2009, 327).

368 Mit Wirkung ab 1.7.2014 wurden die **Deliktforderungen** dahin erweitert, dass an der Erteilung der Restschuldbefreiung Verbindlichkeiten des Schuldners aus einem Steuerschuldverhältnis nicht teilnehmen, sofern der Schuldner im Zusammenhang damit wegen einer Steuerstraftat nach den §§ 370, 373 oder 374 AO rechtskräftig verurteilt worden ist.

Der Gesetzgeber reagiert mit der Gesetzesänderung auf die Rspr. des BFH, wonach **Steuerhinterziehung** keine Restschuldbefreiung ausschließende vorsätzlich begangene unerlaubte Handlung darstelle, da es sich bei der Regelung des § 370 AO nicht um ein **Schutzgesetz iS des § 823 Abs. 2 BGB** handele. Die Norm des § 370 AO schütze keine Individualinteressen, sondern das öffentliche **Interesse des Fiskus** und damit des Staates am rechtzeitigem und vollständigem Aufkommen bestimmter einzelner Steuern (so BFH Urt. v. 19.8.2008 – VII R 6/

07, BFHE 222, 199 = BStBl. II 2008, 947 = ZInsO 2008, 1208 = NZI 2008, 764 Rn. 9; Pape/Uhländer/*Pape* § 302 Rn. 15). Zweifelsfrei ist diese Auffassung nicht, zumal *Seer* (in *Tipke/Lang,* Steuerrecht, 20. Aufl. 2010, § 23 Rn. 1) zu Recht darauf hinweist, dass durch Steuerstraftaten die ehrlichen Steuerzahler geschädigt werden (ebenso *Schmittmann* Verbraucherinsolvenz aktuell 2013, 1). Im Übrigen ist es kaum nachvollziehbar, dass für nicht abgeführte Arbeitnehmeranteile zur **Sozialversicherung** keine Restschuldbefreiung gewährt wird, für nicht abgeführte Lohnsteuerbeträge gleichwohl (so bereits Stellungnahme des Bundesrates v. 15.4.2011, BR-Drs. 12711, 9 zum ESUG, *Schmittmann/Dannemann* VR 2012, 73 [79]).

Nach Auffassung des Regierungsentwurfs rechtfertigt es der „Unrechtsgehalt der genannten Straftaten", die in diesem Zusammenhang bestehenden Verbindlichkeiten des Schuldners dem „unbegrenzten **Nachforderungsrecht** des Fiskus zu unterwerfen". Das Erfordernis der rechtskräftigen Verurteilung des Schuldners wurde vorgesehen, um dem Gericht zu ersparen, selbst die „objektiven und subjektiven Voraussetzungen einer solchen Straftat feststellen zu müssen" (Regierungsentwurf v. 12.7.2012, S. 53).

Der Bundesrat hatte vorgeschlagen, auf das Kriterium der rechtskräftigen Verurteilung zu verzichten und der Finanzverwaltung die Möglichkeit zu geben, gem. § 251 Abs. 3 S. 2 AO durch Verwaltungsakt festzustellen, dass die Steuerforderung Gegenstand einer Steuerstraftat nach den §§ 370, 373 oder 374 AO gewesen ist (so Stellungnahme des Bundesrates v. 21.9.2012, BR-Drs. 467/2012, 7). Dem ist der Gesetzgeber nicht gefolgt.

Es steht zu erwarten, dass die Neuregelung in der Praxis wenig **Anwendungsfelder** finden wird, da gerade in den Fällen, in denen es um komplexe Steuerstraftaten geht, häufig eine Einstellung des Verfahrens gem. § 153a StPO nach Erfüllung von Auflagen erfolgt (so *Schmittmann* Verbraucherinsolvenz aktuell 2013, 1 [3]). Es mag allerdings sein, dass die Bereitschaft der Strafverfolgungsbehörden, einer Einstellung nach § 153a StPO zuzustimmen, nachlässt.

L. Besteuerung der Einkünfte des Insolvenzverwalters

I. Einkommensteuer

Schrifttum: *Bernütz/Kreusch/Loll,* Infektion, Abfärbung, Vervielfältigung: Rechtsanwaltssozietäten und die Gefahren der Gewerblichkeit, BRAK-Mitt. 2009, 146; *Grashoff/Kleinmanns,* Umsatzsteuerpflicht der Leistung des Insolvenzverwalters in einer Sozietät, DB 2009, 1900; *Habscheidt,* Einkünfte des Rechtsanwalts als Betreuer, NJW 2005, 1257; *Hallerbach,* Aktuelle Probleme bei der Besteuerung von Freiberuflern, StuB 2011, 250; *Jacoby,* Zur umsatzsteuerlichen Behandlung der Insolvenzverwalterleistung – das Argument der Höchstpersönlichkeit, ZIP 2009, 554; *Kindler,* Steuerliche Qualifizierung der Einkünfte eines als Insolvenzverwalter tätigen Rechtsanwaltes, DStR 2008, 220; *Kopp,* Insolvenzverwalter: BFH gibt Vervielfältigungstheorie auf, NJW 2011, 1560; *Leibner,* Die Gewerblichkeit der Insolvenzverwaltertätigkeit, DZWIR 2002, 272; *Mitlehner,* Insolvenzverwaltung als gewerbliche Tätigkeit, NZI 2002, 190; *Olbing,* Eingriffe in die anwaltliche Berufsfreiheit durch das Steuerrecht, AnwBl. 2006, 221; *Olbing/Zumwinkel,* Insolvenzverwaltung und Anwälte: BFH lenkt ein – Ende gut, alles gut?, AnwBl. 2011, 718; *Schick,* Der Konkursverwalter – berufs- und steuerrechtliche Aspekte, NJW 1991, 1328; *Schmid,* Der Rechtsanwalts-Insolvenzverwalter als „Gewerbetreibender"?, DZWIR 2002, 316; *Schmittmann,* EStG: Einkünfte eines Insolvenzverwalters, ZInsO 2007, 928; *Schmittmann,* Gewerbesteuer für Verwalter: Wer nicht höchstpersönlich verwaltet, den straft das Finanzamt, INDAT-Report 1/2010, 26; *Schmittmann,* Insolvenzverwaltertätigkeit und gewerbliche Einkünfte, StuB 2011, 385; *Schmittmann,* Nochmals: Organschaft und Einkünfte von Insolvenzverwaltern in der Rechtsprechung, StuB 2009, 71; *Siemon,* Der Insolvenzverwalter ist nicht gewerbesteuerpflichtig – Das Ende der Vervielfältigungstheorie, ZInsO 2011, 764; *Sterzinger,* Der angestellte Rechtsanwalt als Gewerbesteuerfalle?, NJW 2008, 20; *Waza/Uhländer/Schmittmann,* Insolvenzen und Steuern, 9. Aufl. 2012, Rn. 2741.

369 **1. Rechtsentwicklung.** Der **Insolvenzverwalter,** der zwingend natürliche Person sein muss (so BGH Beschl. v. 19.9.2013 – IX AR (VZ) 1/12, DB 2013, 2439 Rn. 8 ff.; → § 56 Rn. 10), erzielt Einkünfte aus selbständiger Arbeit iS von § 18 Abs. 1 EStG. Es war lange Zeit umstritten, ob der Insolvenzverwalter, zumindest dann, wenn er Rechtsanwalt, Steuerberater oder Wirtschaftsprüfer ist, Einkünfte aus freiberuflicher Tätigkeit (§ 18 Abs. 1 Nr. 1 EStG) oder **Einkünfte aus sonstiger selbständiger Arbeit** (§ 18 Abs. 1 Nr. 3 EStG) erzielt.

370 Die Tätigkeit als **Konkurs- bzw. Zwangsverwalter** wird als vermögensverwaltende Tätigkeit angesehen (so BFH Urt. v. 5.7.1973 – IV R 127/69, BFHE 110, 40 = BStBl. II 1973, 730; BFH Urt. v. 11.5.1989 – IV R 152/86, BFHE 157, 148 = BStBl. II 1989, 729; während der RFH Urt. v. 28.7.1938 – IV 75/38, RStBl. 1938, 809, die Konkursverwaltung durch einen Rechtsanwalt als anwaltstypische Tätigkeit beurteilte).

371 Ein **Rechtsanwalt als Gesamtvollstreckungsverwalter** erzielt Einkünfte aus sonstiger selbständiger Arbeit iS des § 18 Abs. 1 Nr. 3 EStG. Diese Einkünfte können unter den Voraussetzungen der sog **Vervielfältigungstheorie** als **Einkünfte aus Gewerbebetrieb** zu beurteilen sei (so BFH Urt. v. 12.12.2001 – XI R 56/00, BStBl. II 2002 II, 202 ff.; der Entscheidung ging ein Gerichtsbescheid voraus: BFH Gerichtsbescheid v. 14.8.2001 – XI R 56/00, ZInsO 2001, 954 ff.; die gegen die Entscheidung des BFH eingelegte Verfassungsbeschwerde blieb ohne Erfolg). An dieser Rspr. hat der BFH zunächst festgehalten und sie fortentwickelt (so BFH Beschl. v. 14.7.2008 – VIII B 179/07, BFH/NV 2008, 1874 ff.; BFH Beschl. v. 7.4.2009 – VIII B 191/07, BFH/NV 2009, 1078 ff.).

372 Die **Finanzgerichte** haben diese Rspr. – zum Teil sehr einzelfallabhängig – bestätigt und fortentwickelt (FG RhPf Urt. v. 21.6.2007 – 4 K 2063/05, ZInsO 2007, 892; FG Köln Urt. v. 28.5.2008 – 12 K 3735/05, EFG 2008, 1876 ff. = DStRE 2009, 341 ff.; FG Hmb Urt. v. 27.5.2009 – 2 K 72/07, ZIP 2009, 1729 ff.; FG Düsseldorf Urt. v. 18.11.2009 – 7 K 3041/07, ZIP 2010, 539 ff.; FG Düsseldorf Urt. v. 21.1.2010 – 14 K 575/08, ZIP 10, 533 ff.; FG MV Urt. v. 23.9.2010 – 2 K 173/08, BeckRS 2011, 94819; NdsFG Urt. v. 29.9.2009 – 13 K 170/07, DStRE 2010, 1116).

373 **2. Aufgabe der Vervielfältigungstheorie und Einführung der Stempeltheorie.** Einkünfte aus einer Tätigkeit als **Insolvenzverwalter** oder aus der **Zwangsverwaltung** von Liegenschaften sind, auch wenn sie von Rechtsanwälten erzielt werden, grundsätzlich den **Einkünften aus sonstiger selbständiger Arbeit** im Sinne des § 18 Abs. 1 Nr. 3 EStG zuzurechnen. Dies gilt unter **Aufgabe der Vervielfältigungstheorie** auch dann, wenn der Insolvenz- oder Zwangsverwalter die Tätigkeit unter Einsatz vorgebildeter Mitarbeiter ausübt, sofern er dabei selbst leitend und eigenverantwortlich tätig bleibt (so BFH Urt. v. 15.12.2010 – VIII R 50/09, BFHE 232, 162 = BStBl. II 2011, 506 = ZIP 2011, 582; BFH Urt. v. 15.12.2010 – VIII R 37/09, BFH/NV 2011, 1303 = ZIP 2011, 1329; BFH Urt. v. 15.12.2010 – VIII R 12/10, BFH/NV 2011, 1306; BFH Urt. v. 15.12.2010 – VIII R 13/10, BFH/NV 2011, 1309). Erforderlich ist jedoch immer, dass der Insolvenzverwalter dem Insolvenzverfahren den **„Stempel seiner Persönlichkeit“** aufdrückt. Der Berufsträger muss trotz fachlich vorgebildeter Mitarbeiter weiterhin seinen Beruf leitend und eigenverantwortlich im Sinne des § 18 Abs. 1 Nr. 1 S. 3 EStG ausüben. Die Berufsausübung muss über die Festlegung der Grundzüge der Organisation und der dienstlichen Aufsicht hinaus durch Planung, Überwachung und Kompetenz zur Entscheidung in Zweifelsfällen gekennzeichnet sein und die Teilnahme des Berufsträgers an der praktischen

Arbeit in ausreichendem Maße gewährleisten. Dies ist eine Frage der Tatsachenfeststellung und -würdigung, die den Finanzgerichten obliegt. Grundsätzlich ist vom Vorliegen einer leitenden und eigenverantwortlichen Tätigkeit auszugehen (so OFD Koblenz Kurzinfo ESt v. 23.9.2011 – S 2246 A – St 314, DB 2011, 2631 [2632] = DStR 2012, 188).

Diese Rspr. gilt auch für einen als Insolvenzverwalter tätigen Rechtsanwalt und **Wirtschaftsprüfer** (so BFH Urt. v. 26.1.2011 – VIII R 29/08, BFH/NV 2011, 1314 ff.), eine aus einem beratenden Betriebswirt und einem Dipl.-Ökonom bestehende Partnerschaftsgesellschaft (so BFH Urt. v. 26.1.2011 – VIII R 3/10, BStBl. II 2011, 498 ff. = NZI 2011, 418 ff.) sowie eine **Partnerschaftsgesellschaft** aus Rechtsanwälten, Wirtschaftsprüfern und Steuerberatern (so BFH Urt. v. 15.12.2010 – VIII R 37/09, BFH/NV 2011, 1303 ff. = ZIP 2011, 1329 ff.). 374

Ein Insolvenzverwalter hat die erforderlichen höchstpersönlichen **Organisations- und Entscheidungsleistungen** im Regelfall selbst bei einer Mehrzahl beschäftigter qualifizierter Personen erbracht, wenn er über das „Ob" der einzelnen Abwicklungsmaßnahmen in jedem der von ihm betreuten Verfahren entschieden hat. Insoweit ist es unschädlich, wenn er einen Rechtsanwalt beschäftigt, der als Fachanwalt für Arbeitsrecht überwiegend zivil- und arbeitsrechtliche Angelegenheiten, insbesondere im Rahmen von Insolvenzverfahren, bearbeitet. Es schadet auch nicht, wenn er notwendige Tätigkeiten wie Finanzbuchhaltung, Jahresabschlüsse und Auktionatortätigkeit grundsätzlich an Dritte vergibt (so BFH Urt. v. 15.12.2010 – VIII R 12/10, BFH/NV 2011, 1306 ff.). 375

Der BFH hat damit dem **„Grauverwaltertum"** (vgl. *Schmittmann* INDat-Report 01/2010, 26) eine klare Absage erteilt. Der BFH hat den Finanzämtern und Finanzgerichten aufgegeben, im Einzelfall zu prüfen, was nach den Regelungen der Insolvenzordnung zu den höchstpersönlich auszuführenden Aufgaben eines Insolvenzverwalters gehört. Dabei kann es bei einfacher kaufmännisch-praktischer Tätigkeit einen größeren Spielraum für den Einsatz von Mitarbeitern geben, während Grundentscheidungen in der Durchführung des Insolvenzverfahrens eine **höchstpersönliche Tätigkeit des Berufsträgers** erfordern. Danach ist für die Abgrenzung von zulässiger Mitarbeiterbeschäftigung und gebotener höchstpersönlicher Berufsausübung des Insolvenzverwalters entscheidend, ob Organisation und Abwicklung des Insolvenzverfahrens insgesamt den „Stempel der Persönlichkeit" desjenigen tragen, dem nach § 56 InsO das Amt des Insolvenzverwalters vom Insolvenzgericht übertragen worden ist (so *Waza/Uhländer/Schmittmann* Insolvenzen und Steuern Rn. 2741). Der Insolvenzverwalter muss über das „Ob" bestimmter Maßnahmen selbst entscheiden, zB die Führung eines Anfechtungsprozesses oder die Aufnahme eines nach § 240 ZPO unterbrochenen Prozesses, die Entscheidung über die Kündigung und Entlassung von Arbeitnehmern sowie die Entscheidung über die Verwertung der Masse. Der Insolvenzverwalter muss auch seiner Berichtspflicht gegenüber dem Insolvenzgericht, der Gläubigerversammlung und dem Gläubigerausschuss selbst nachkommen. Auch die Schlussrechnungslegung obliegt ihm selbst, wobei er sich allerdings entsprechender Zulieferungs- und Hilfsarbeiten bedienen kann. Das „Wie", nämlich die kaufmännisch-technische Umsetzung dieser Entscheidung, darf er anderen überlassen (so BFH Urt. v. 15.12.2010 – VIII R 12/10, BFH/NV 2011, 1306; BFH Urt. v. 15.12.2010 – VIII R 50/09, BFHE 232, 162 = BStBl. II 2011, 506; *Waza/Uhländer/Schmittmann* Insolvenzen und Steuern Rn. 2471; *Schmittmann* StuB 2011, 385 [386]). 376

Die Anwendung der **Abfärbetheorie** nach § 15 Abs. 3 Nr. 1 EStG ist ausgeschlossen, wenn die erzielten gewerblichen Einkünfte mit einem Anteil von weniger als 1% innerhalb der Bagatellgrenze von unter 1,25% der Einkünfte bleiben (so BFH Urt. v. 15.12.2010 – VIII R 50/09, BFHE 232, 162 = BStBl. II 2011, 506). 377

378 Ein **angestellter Insolvenzverwalter** erzielt Einkünfte aus nicht selbständiger Tätigkeit im Sinne von § 19 Abs. 1 Nr. 1 EStG (so *Waza/Uhländer/Schmittmann* Insolvenzen und Steuern Rn. 2781). Dies birgt allerdings die Gefahr, dass eine Gewerblichkeit auf der Ebene des Arbeitgebers eintritt. Eine Rechtsanwalts-GbR ist gewerblich tätig, soweit sie einem angestellten Rechtsanwalt die **eigenverantwortliche Durchführung von Insolvenzverfahren** überträgt. Ihre Einkünfte werden dadurch nicht insgesamt nach § 15 Abs. 3 Nr. 1 EStG zu solchen aus **Gewerbetrieb** umqualifiziert, wenn die Nettoumsatzerlöse aus dieser auf den Angestellten übertragenen Tätigkeit 3% der Gesamtumsatzerlöse der Gesellschaft und den Betrag von 24.500 EUR im Veranlagungszeitraum nicht übersteigen (so BFH Urt. v. 27.8.2014 – VIII R 6/12, BFH/NV 2015, 597, ZIP 2015, 486 = DB 2015, 353).

379 Für die Einkünfte gemäß § 19 Abs. 1 Nr. 1 EStG gilt das **Zuflussprinzip.** Da die Einkünfte aus der Insolvenzverwaltervergütung in der Regel nicht dem angestellten Rechtsanwalt, sondern der Sozietät zufließen, sind sie auch von dieser der Besteuerung zu unterwerfen (so *Waza/Uhländer/Schmittmann* Insolvenzen und Steuern Rn. 2782). Die Insolvenzverwaltervergütung wird in der Regel am Ende des Verfahrens gezahlt. Es können aber durch das Insolvenzgericht **Vergütungsvorschüsse** festgesetzt werden (vgl. zur Gewinnrealisation bei Vergütungsvorschüssen: OFD Rheinland Vfg. v. 28.3.2011 – S 2134 – 2010/0002 – St 14, DB 2011, 847 = ZInsO 2011, 1595; OFD Münster Kurzinfo ESt Nr. 32/11 v. 27.10.2011, DB 2011, 2460 f. = StuB 2012, 116).

II. Umsatzsteuer

1. Hinweise zum Konkursrecht

Schrifttum: *Berwanger,* Ermäßigter Umsatzsteuersatz für Konkursverwaltervergütung eines Rechtsanwalts, BB 1981, 660; *Bilsdorfer,* Zur Höhe des Umsatzsteuersatzes bei Rechtsanwälten als Konkursverwalter, ZIP 1980, 93; *Graeber,* Zur Vergütung des Konkursverwalters nach § 4 V VergVO: Vergütungserhöhung trotz entgegenstehender Rechtsvorschrift?, NZI 2000, 522; *Haarmeyer,* Insolvenzrechtliche Vergütung und Umsatzsteuer, ZInsO 1998, 70; *Heilmann,* Vergütung des Konkurs- oder Vergleichsverwalters und Umsatzsteuer, KTS 1980, 727; *Schmittmann,* Umsatzsteuer auf die Konkursverwaltervergütung, NZI 2000, 406; *Schmittmann,* Umsatzsteuer bei der Festsetzung der Konkursverwaltervergütung, ZInsO 2001, 984; *Waza/Uhländer/Schmittmann* Insolvenzen und Steuern Rn. 2849.

380 Die **Regelvergütung des Konkursverwalters** stellt auch nach Inkrafttreten der InsVV weiterhin eine Bruttovergütung dar, die im Umfang des ermäßigten Satzes nach § 12 Abs. 2 UStG die von dem Konkursverwalter zu zahlende Umsatzsteuer enthält, so dass diesem zusätzlich zu der Regelvergütung als Ausgleich lediglich der Unterschiedsbetrag zur Umsatzsteuer nach dem allgemeinen Satz zusteht (so BGH Beschl. v. 20.11.2003 – IX ZB 469/02, ZIP 2004, 81 ff. = NZI 2004, 142 ff.; entgegen LG Magdeburg Beschl. v. 24.4.1996 – 3 T 251/96, ZIP 1996, 927; LG Flensburg Beschl. v. 18.8.1999 – 5 T 71/99, NZI 2000, 441; LG Darmstadt Beschl. v. 30.11.1999 – 5 T 792/99, NZI 2000, 440; LG München II Beschl. v. 12.11.2002 – 7 T 7260/01, ZInsO 2002, 1179; *Schmittmann* ZInsO 2001, 984 [987]; *Waza/Uhländer/Schmittmann* Insolvenzen und Steuern Rn. 2851 ff.).

2. Insolvenzrecht

Schrifttum: *Dahms,* Umsatzbesteuerung des (angestellten) Insolvenzverwalters, ZInsO 2008, 1174; *Graeber,* Zur Vergütung des Konkursverwalters nach § 4 Abs. 5 VergVO: Vergütungserhöhung trotz entgegenstehender Rechtsvorschrift?, NZI 2000, 522; *Grashoff/Kleinmanns,* Umsatzsteuerpflicht der Leistungen des Insolvenzverwalters in einer Sozietät, DB 2009, 1900; *Linse/Glaubitz,* Umsatzsteuerpflicht für angestellte Rechtsanwälte bei Ausübung höchstpersönlicher Ämter?, DStR 2008, 2052; *Obermair,* Angestellte Rechtsanwälte als Insolvenzverwalter, NWB Fach 7, 6979; *Onusseit,* Umsatzsteuerrechtliche Behandlung der Insolvenzverwalterleistung, ZInsO 2008, 1337; *Siebert,* Umsatzsteuer bei angestellten Insolvenzverwaltern, UStB 2009, 266; *Waza/Uhländer/Schmittmann* Insolvenzen und Steuern Rn. 2741.

Der **Insolvenzverwalter** erbringt gegenüber dem Schuldner eine **sonstige Leistung,** die nach allgemeinen umsatzsteuerlichen Regelungen der Umsatzsteuer unterliegt (vgl. zur früheren Diskussion um die Höhe des Steuersatzes: *Waza/Uhländer/Schmittmann* Insolvenzen und Steuern Rn. 2821; *Schmittmann* ZInsO 2001, 984 ff.; *Schmittmann* NZI 2000, 406 f.; *Graeber* NZI 2000, 522 ff.). **381**

Die von einem für eine Rechtsanwaltskanzlei als Insolvenzverwalter tätigen Rechtsanwalt ausgeführten Umsätze sind der Kanzlei auch dann zuzurechnen, wenn ein **angestellter Rechtsanwalt** als Insolvenzverwalter tätig wird. Gleiches gilt, wenn ein **Gesellschafter** als Insolvenzverwalter tätig wird. Daher hat die Kanzlei unter ihrer eigenen Steuernummer die Rechnung zu erteilen. Ein **Leistungsaustausch** zwischen der Kanzlei und dem einzelnen Rechtsanwalt findet nicht statt. Es wird allerdings nicht beanstandet, wenn in vor dem 1.1.2010 erteilten Rechnungen die Steuernummer des tätigen Rechtsanwalts angegeben worden ist (so BMF Schreiben BStBl. I 2009, 864; *Waza/Uhländer/Schmittmann* Insolvenzen und Steuern Rn. 1917 f.; vgl. zur früheren Praxis: HessFG Urt. v. 4.1.2007 – 6 V 1450/06, EFG 2007, 548; OFD Karlsruhe DStR 2008, 929; OFD Frankfurt 14.3.2008 – S 7104 A – 81 – St 11, BeckVerw 125146; *Obermair* NWB Fach 7, 6979 ff.; *Linse/Glaubitz* DStR 2008, 2052 ff.; *Onusseit* ZInsO 2009, 1337 ff.). **382**

Sachverzeichnis

Fettgedruckte Zahlen = Paragrafen, magere Zahlen = Randnummern